Hamburg

D1620146

Busse/Keukenschrijver
PatG
Patentgesetz
De Gruyter Kommentar

Busse/Keukenschrijver

Patentgesetz

---

unter Berücksichtigung des Europäischen Patentübereinkommens,
der Regelungen zum Patent mit einheitlicher Wirkung
und des Patentzusammenarbeitsvertrags
mit Patentkostengesetz, Gebrauchsmustergesetz und
Gesetz über den Schutz der Topographien von
Halbleitererzeugnissen, Gesetz über Arbeitnehmererfindungen
und Gesetz über internationale Patentübereinkommen

Kommentar

8., neu bearbeitete und erweiterte Auflage

begründet von
Dr. Rudolf Busse
weiland Senatspräsident beim Deutschen Patentamt

herausgegeben von
Alfred Keukenschrijver,
Richter am Bundesgerichtshof a.D.

fortgeführt und bearbeitet von
Rainer Engels, Franz Hacker, Thomas Kaess, Alfred Keukenschrijver,
Dieter Schneider, Gabriele Schuster, Peter Tochtermann

DE GRUYTER

Rainer Engels, Vorsitzender Richter am Bundespatentgericht, Mail: Rainer.Engels@bpatg.bund.de

Dr. Franz Hacker, Vorsitzender Richter am Bundespatentgericht, Honorarprofessor an der Universität Augsburg,
  Mail: Franz.Hacker@bpatg.bund.de

Thomas Kaess, Vorsitzender Richter am Landgericht a.D., Mail: thomaskaess@gmx.de

Alfred Keukenschrijver, Richter am Bundesgerichtshof a.D., Mail: Keukenschrijver@gmx.de

Dipl.-Chem. Dr. Dieter Schneider, Hauptabteilungsleiter beim Deutschen Patent- und Markenamt a.D.,
  Mail: hpdrschneider@arcor.de; dieter.schneider@bardehle.de

Gabriele Schuster, Richterin am Bundesgerichtshof, Mail: schuster-gabriele@bgh.bund.de

Dr. Peter Tochtermann, Richter am Landgericht, Mail: Peter.Tochtermann@lgmannheim.justiz.bwl.de;
  petertochtermann@web.de

Zitiervorschlag: z.B. Engels in Busse/Keukenschrijver PatG § 59 Rn 321

ISBN 978-3-11-032378-8
e-ISBN (PDF) 978-3-11-032677-2
e-ISBN (EPUB) 978-3-11-038987-6

Library of Congress Cataloging-in-Publication Data
A CIP catalog record for this book has been applied for at the Library of Congress.

Bibliografische Information der Deutschen Nationalbibliothek
Die Deutsche Nationalbibliothek verzeichnet diese Publikation in der Deutschen
Nationalbibliografie; detaillierte bibliografische Daten sind im Internet
über http://dnb.dnb.de abrufbar.

© 2016 Walter de Gruyter GmbH, Berlin/Boston
Datenkonvertierung und Satz: jürgen ullrich typosatz, 86720 Nördlingen
Druck und Bindung: Druckerei C.H. Beck, Nördlingen
♾ Gedruckt auf säurefreiem Papier
Printed in Germany

www.degruyter.com

Vorwort

Der Busse'sche Kommentar ist erstmals 1937 mit einem Umfang von 548 Seiten in Stilkes Rechtsbibliothek erschienen, von der zweiten Auflage (1956) bis zur fünften in der Sammlung Guttentag (Band 244), seither als de Gruyter Kommentar. Die dritte Auflage folgte 1964, die vierte 1972, die fünfte, völlig neuerarbeitete, 1999, die sechste zum Jahresende 2003 und die siebente zum Jahresende 2012. Die nunmehrige achte bringt den Kommentar im Wesentlichen auf den Stand von Ende Februar 2016 mit Aktualisierungen bis Ende Juni 2016. An gewichtigeren Rechtsänderungen waren seit Erscheinen der Vorauflage nur die Patentrechtsnovelle 2013 und das Gesetz zur Änderung des Designgesetzes und weiterer Vorschriften des gewerblichen Rechtsschutzes zu verzeichnen; belastbare Gesetzesvorschläge für die Einfädelung des EU-Patents mit einheitlicher Wirkung in das nationale Recht liegen seit 27. Mai 2016 als Regierungsentwurf vor. Die Schaffung dieses Einheitspatents selbst ist noch nicht wirksam geworden, weil das Übereinkommen über ein einheitliches Patentgericht noch nicht von der erforderlichen Anzahl von Vertragsmitgliedstaaten ratifiziert wurde, zudem ist durch den „Brexit" Unsicherheit eingetreten.

Bei der Kommentar- und Lehrbuchliteratur waren wieder diverse Neuerscheinungen und Neuauflagen zu berücksichtigen, so insbesondere die 9. Auflage des *Schulte*, die 11. Auflage des nationalen *Benkard*, die allerdings wegen ihres Erscheinens erst im Herbst 2015 nicht mehr mit der gebotenen Gründlichkeit eingearbeitet werden konnte, die 2. Auflage des *Benkard-EPÜ*, der Patentrechtskommentar von *Fitzner/Lutz/Bodewig* in der Tradition des alten *Klauer/Möhring*, die 4. Auflage des *Mes*, die 3. Auflage des *Büscher/Dittmer/ Schiwy* und die 5. Auflage des Kommentars zum Arbeitnehmererfinderrecht von *Bartenbach/Volz*, weiter die Neuauflagen der Handbücher von *Kühnen* (7. Auflage, die 8. Auflage konnte außer vor § 139 und bei § 139 PatG sowie bei §§ 140b–140d PatG nur noch punktuell berücksichtigt werden) und *Schramm*. Soweit Neuauflagen für das Jahresende 2015 oder später angekündigt wurden, war ihre Berücksichtigung grundsätzlich nicht mehr möglich, jedoch konnte die Neuauflage des Lehrbuchs von *Kraßer/Ann* noch in der Einl PatG und bei §§ 1–8 PatG eingearbeitet werden, die 7. Auflage des Kommentars zum EPÜ von *Singer/ Stauder* ist in den von *Engels* und *Kaess* bearbeiteten Teilen, bei §§ 1–5 PatG, vor § 26–§ 34 PatG, §§ 36–49 PatG, im Anhang zu § 65 PatG, bei den Bestimmungen über das erstinstanzliche Nichtigkeitsverfahren (vor § 81–§ 84 PatG; zum zweitinstanzlichen Verfahren wird er nicht zitiert) sowie beim Gesetz über Internationale Patentübereinkommen berücksichtigt.

Bei den Bearbeitern ist Claus-Dieter *Brandt* auf eigenen Wunsch ausgeschieden; seinen (von *Klaus Schwendy* übernommenen) Bearbeitungsanteil hat großenteils der Unterzeichner fortgeführt. Ausgeschieden ist auch *Thomas Baumgärtner*, der über drei Auflagen das Recht der Verfahrenskostenhilfe und zuletzt auch die Wiedereinsetzung und das Zustellungsrecht sowie das Recht der Inlandsvertretung betreut hat; ihm gilt ein besonderer Dank. Neu eingetreten ist *Peter Tochtermann*, der bis vor kurzem als wissenschaftlicher Mitarbeiter am Bundesgerichtshof tätig war und die Kommentierung des Prioritätsrechts übernommen hat. Die Bearbeitungen von Frau *Schuster* haben im Patentgesetz sowie in der Einleitung zum Patentkostengesetz der Unterzeichner und in der Kommentierung des Patentkostengesetzes Herr *Tochtermann* aktualisiert, bei einzelnen Meinungsunterschieden aber die Ansicht von Frau *Schuster* gewahrt. Die Kommentierung der Regelungen zum Einheitspatent hat dankenswerterweise *Dieter Schneider*, ehemals Hauptabteilungsleiter beim Deutschen Patent- und Markenamt, übernommen; auf die Auswirkungen des „Brexit" konnte noch kurz verwiesen werden. Die Erstellung des Registers hat dankenswerter Weise Rechtsanwalt *Christian Klie* übernommen.

München und Karlsruhe, im Juli 2016   *A. Keukenschrijver*

Inhalts- und Bearbeiterverzeichnis

Engels (E); Prof. Dr. Hacker (H); Kaess (Ka), Keukenschrijver (K); Dr. Schneider (Sch), Schuster (St); Dr. Tochtermann (T)

Patentgesetz

vom 5.5.1936
in der Fassung der Bekanntmachung vom 16.12.1980

Zweiter Abschnitt. Patentamt:

Dritter Abschnitt. Verfahren vor dem Patentamt:

Vierter Abschnitt. Patentgericht:

Fünfter Abschnitt. Verfahren vor dem Patentgericht:

Patentkostengesetz

vom 13.12.2001
(St, soweit nicht anders angegeben)

Gebrauchsmustergesetz

vom 5.5.1936
in der Fassung der Bekanntmachung vom 28.8.1986
(K, soweit nicht anders angegeben)

Gesetz über den Schutz der Topographien von elektronischen Halbleitererzeugnissen

vom 22.10.1987
(K)

Erster Abschnitt. Der Schutz der Topographien:

Zweiter Abschnitt. Änderung von Gesetzen auf dem Gebiet des gewerblichen Rechtsschutzes:

Gesetz über Arbeitnehmererfindungen

vom 25.7.1957
(K)

Gesetz über internationale Patentübereinkommen

vom 21.6.1976
(K)

Einheitlicher Patentschutz in Europa

(Sch)

Anhang

Hinweise auf Datenbanken und Materialien

Entscheidungen des Bundesgerichtshofs seit 2000 sind in das Internet eingestellt (http://juris. bundesgerichtshof.de/cgi-bin/rechtsprechung/list.py?Gericht=bgh&Art=en&Datum=Aktuell&Sort=12288) und dort über das Aktenzeichen abrufbar. Dasselbe gilt für Entscheidungen des Bundespatentgerichts seit 2006 (http://juris.bundespatentgericht.de/cgi-bin/rechtsprechung/list.py?Gericht=bpatg&Art=en&Sort=12 288&Datum=Aktuell). Entscheidungen der Beschwerdekammern des EPA sind über die Homepage des EPA abrufbar (http://www.epo.org/law-practice/case-law-appeals/advanced-search_de.html). Einigungsvorschläge der Schuedsstelle für Arbeitnehmererfindungen bis Mitte 2012 wurden auf der CD-ROM „Aktuelle Schiedsstellenpraxis" veröffentlicht, seither sind sie in anonymisierter Form über die Internetseite des Deutschen Patent- und Markenamts abrufbar (http://www.dpma.de/amt/aufgaben/schiedsstelle_arbeit nehmererfindungen/suche/index.html). Entscheidungen der Instanzgerichte finden sich in (kostenpflichtigen) Datenbanken wie juris und BeckRS; Rechtsprechung zu Verletzungssachen (hauptsächlich aus Düsseldorf) im „Düsseldorfer Archiv" (http://www.duesseldorfer-archiv.de/). Auch ausländische Rechtsprechung, hauptsächlich der Obergerichte, ist im Internet recherchierbar.

Materialien zum PatG: Motive zum PatG 1877 in: Stenographische Berichte des Reichstages vom Jahre 1877 Bd III Anl S 26; Verhandlungen des Deutschen Reichstages 1977, Aktenstück Nr 8; Drucksachen des Reichstags pro 1877 Bd II Nr 144; Verlauf und Ergebnis der über die reichsgesetzliche Regelung des Patentwesens durch Beschluß des Bundesrats veranlaßten Sachverständigenvernehmungen, 1877; Entwurf, Reichsanzeiger 21./22.11.1876; Reichstagsvorlage Drs 3. Legislaturperiode, I. Session 1877 Nr 8; zum Entwurf *Alexander-Katz* Bemerkungen zum Entwurf eines Patentgesetzes, 1877; *Lenz* Entwurf eines Patentgesetzes, 1877. Materialien zum PatG 1891: Entwurf, veröffentlicht 17.3.1890; Reichstagsvorlage Drs 1890 Nr 152; Kommissionsbericht Drs 1890/91 Nr 322; zum Entwurf *Bojanowski* Über die Entwicklung des deutschen Patentwesens, 1890; *Bolze* Der Entwurf einer Patentnovelle, 1890; *Gareis* Die Frage der Revision eines Patentgesetzes, Jahrbuch für Nationalökonomie neue Folge 16, 1; *Meibom* Bemerkungen zum Entwurf des Gesetzes betr die Abänderung des Patentgesetzes, 1890; *Nolte* Die Reform des deutschen Patentrechts, 1890; *Pieper* Gewerbe- und Industrieschutz, 1890; ders Zur Reform des Patentgesetzes, 1890; *Weber* Die deutsche Patentgesetzgebung und ihre Reform, 1890. Entwurf 1913 mit Erläuterungen: Beilage zu BlPMZ 1913 Heft 7/8. Begr zum PatG 1936 BlPMZ 1936, 103. Begr zum 6. ÜberlG BlPMZ 1961, 140. Begr zum PatÄndG 1967 BlPMZ 1967, 244. Begr zum IntPatÜG BlPMZ 1976, 322 = BTDrs 7/3712. Denkschrift zum GPÜ BlPMZ 1979, 325. Begr, Stellungnahme des Bundesrats, Gegenäußerung der Bundesregierung, Beschlussempfehlung und Bericht des Rechtsausschusses zum PrPG (BTDrs 11/5744) BlPMZ 1990, 173; Bericht der Bundesregierung zum PrPG BTDrs 12/4427, vgl GRUR 1993, 455. Begr zum 2. PatGÄndG, Stellungnahme des Bundesrats, Gegenäußerung der Bundesregierung BTDrs 13/9971 = BlPMZ 1998, 393; Beschlussempfehlung und Bericht des Rechtsausschusses BTDrs 13/10847 = BlPMZ 1998, 416, Gesetzesbeschluss BRDrs 479/98. Zum Patentrechtsvereinfachungs- und Modernisierungsgesetz Begr BTDrs 16/11339, Ausschussbericht BTDrs 16/13099; Stellungnahme der DVGR GRUR 2008, 881. Zur Patentrechtsnovelle 2013 Begr BTDrs 17/10308 = BlPMZ 2013, 366, Ausschussbericht und Beschlussempfehlung BTDrs/17/14221, 14222 = BlPMZ 2013, 376 f. Regierungsentwurf des Gesetzes zur Änderung des Designgesetzes und weiterer Vorschriften des gewerblichen Rechtsschutzes BTDrs 18/7195.

Materialien zum PatKostG: Entwurfsbegründung BTDrs 14/6203 = BlPMZ 2002, 36, Beschlussempfehlung und Bericht BTDrs 14/7140 = BlPMZ 2002, 65; Änderungen durch das Transparenz- und Publizitätsgesetz: Beschlussempfehlung und Bericht BTDrs 14/9079 = BlPMZ 2002, 298 (Auszug). Änderungen durch das GeschmMRefG BTDrs 15/1075, 15/2191 = BlPMZ 2004, 222, 253 ff.

Materialien zum GebrMG: Bericht der XI. Kommission, Reichstags-Drs 1890/91 Nr 398; Entwurf vom 25.11.1890 mit Begr, stenographische Berichte über die Verhandlungen des Reichstages, 8. Legislaturperiode, I. Session 1890/91, zweiter Anlagenband Nr 153, S 978; Begr GebrMG 1936 BlPMZ 1936, 103, 116; Bericht des Unterausschusses Gebrauchsmusterrecht, GRUR 1979, 29; Begr GebrMÄndG BTDrs 10/3903 = BlPMZ 1986, 320; Sitzungsbericht 225. Sitzung vom 26.6. 1986; BRDrs 305/86 und 365/86; Rechtliche und wirtschaftliche Bedeutung des Gebrauchsmusters (Bericht), GRUR Int 1986, 334; Beschlussempfehlung und Bericht des Rechtsausschusses des Bundestags zum PrPG BTDrs 11/5744 = BlPMZ 1990, 195; Kurzprotokoll des Ausschusses für Wirtschaft vom 18.10.1989; Sitzungsprotokoll des Rechtsausschusses vom 18.10.1989; stenographischer Bericht über die Sitzung des Bundestages vom 14.12.1989; BRDrs 39/90; Diskussionsentwurf des Max-Planck-Instituts für ausländisches und internationales Patent-, Urheber- und Wettbewerbsrecht für ein europäisches Gebrauchsmusterrecht, GRUR Int 1994, 569; *Kraßer* Bericht der Deutschen Landesgruppe der AIPPI für den Kongress in Montreal 1995 zu Frage Q 117: Einführung neuer und Harmonisierung bestehender Systeme zum Schutz von Gebrauchsmustern, GRUR Int 1995, 214; EG-Grünbuch: Gebrauchsmusterrecht im Binnenmarkt (EG-Dokument KOM 95/370 vom 19.7.1995, Ratsdokument 9720/95, BRDrs 618/95); Stellungnahme des Wirtschafts- und Sozialausschusses ABl EG 1996 C 174/6; Entschließung des Europäischen Parlaments Abl EG 1996 C 347/40; Eingabe zur Europäischen Vereinheitlichung des Gebrauchsmusterschutzes GRUR 1996, 186; *Commission européenne (Hrsg)* L'avenir du modèle d'utilité dans l'union européenne. Colloque international Grenoble 27.1.1995 (1995); *EU-Kommission* Vorschlag über eine Richtlinie des Europäischen Parlaments und des Rates über die Angleichung der Rechtsvorschriften betreffend den Schutz von Erfindungen durch Gebrauchsmuster vom 12.12.1997, Dok. KOM (97) 691 endg.

Materialien zum HlSchG: Begr, Stellungnahme des Bundesrats, Beschlussempfehlung und Bericht des Rechtsausschusses des Bundestags BTDrs 11/754 v. 1.9.1987, BlPMZ 1987, 374; Merkblatt für Anmelder BlPMZ 1987, 390; Anmeldeformular BlPMZ 1987, 389.

Materialien zum ArbEG: BTDrs II/1648 und II/3327, BlPMZ 1957, 224 und 249; zu den Änderungen 2009 s unter Materialien zum PatG.

Materialien zum IntPatÜG: Begr BTDrs 7/3712 = BlPMZ 1976, 322; Bericht der deutschen Delegation über die Washingtoner Konferenz vom 25.5.–19.6.1970, GRUR Int 1971, 101.

Materialien zur PVÜ: Zur Lissaboner Konferenz Sonderheft GRUR 1958 und GRUR Februar 1959, zur Stockholmer Konferenz GRUR Int 1967, 425 ff.

Materialien zum EPÜ: (ausführlich in *MGK/Haertel* Geschichtliche Entwicklung Anh B) Vorentwurf eines Abkommens über ein europäisches Patent (1962; GRUR Int 1962, 561); Erster Vorentwurf eines Übereinkommens über ein europäisches Patenterteilungsverfahren (1970) nebst Berichten hierzu (1970; GRUR Int 1970, 102); Zweiter Vorentwurf eines Übereinkommens über ein europäisches Patenterteilungsverfahren sowie erster Vorentwurf und erster Vorentwurf einer Gebührenordnung (1971) nebst Berichten hierzu (1971); Münchner diplomatische Konferenz über die Einführung eines europäischen Patenterteilungsverfahrens, vorbereitende Dokumente (1972); Entwurf eines Übereinkommens über ein europäisches Patenterteilungsverfahren (endgültiges Dokument Nr 1) (1972); Entwurf einer Ausführungsordnung zum Übereinkommen über ein europäisches Patenterteilungsverfahren (endgültiges Dokument Nr 2) (1972); Entwurf eines Protokolls über die Anerkennung von Entscheidungen über den Anspruch auf Erteilung eines europäischen Patents (endgültiges Dokument Nr 3) (1972); Entwurf eines Protokolls über Vorrechte und Befreiungen der Europäischen Patentorganisation (endgültiges Dokument Nr 4) (1972); Entwurf eines Protokolls über die Zentralisierung des europäischen Patentsystems und seine Einführung (endgültiges Dokument Nr 5) (1972); Empfehlung betr die Patentdokumentation für die Recherche (endgültiges Dokument Nr 6) (1972); Empfehlung betr den Status und die Vergütung der in Artikel 159 Abs 2 des Übereinkommens genannten Bediensteten (endgültiges Dokument Nr 7) (1972); Empfehlung betr vorbereitende Arbeiten für die Eröffnung des Europäischen Patentamts (endgültiges Dokument Nr 8) (1972); Berichte der Münchner diplomatischen Konferenz über die Einführung eines europäischen Patenterteilungsverfahrens (ohne Jahr); Entwurf der PrRl (1976/78); *Europäisches Patentamt (Hrsg)* Nationales Recht zum EPÜ; *Europäisches Patentamt (Hrsg)* Durchführungsvorschriften zum EPÜ. Materialien zur Revision 2000: Revisionsakte Dokument MR/3/00/rev., Basic Proposal Dokument MR/2/00.

Materialien zum GPÜ und zur GPVO s *7. Aufl.*

Materialien zum PCT: BIRPI-Plan für ein Abkommen über die Zusammenarbeit auf dem Gebiet des Patentrechts (GRUR Int 1969, 269); Bericht der deutschen Delegation über die Washingtoner Konferenz vom 25.5.–19.6.1970, GRUR Int 1971, 101; Die Grundzüge des Vertrags über die internationale Zusammenarbeit auf dem Gebiet des Patentwesens (PCT), WIPO-Veröffentlichung Nr 433 (G), 1993; *WIPO (Hrsg)* PCT-Leitfaden für Anmelder (Loseblattausgabe, 2 Bde; deutsche Ausgabe hrsg vom DPMA); *WIPO* The First Twenty-Five Years of the Patent Cooperation Treaty (PCT) 1970–1995, 1995.

Hinweis zur Zitierweise und zur Nomenklatur

Veröffentlichte inländische Gerichtsentscheidungen sind, soweit in der entsprechenden autorisierten Entscheidungssammlung (insbesondere BGHZ, BPatGE, RGZ) veröffentlicht, nach dieser zitiert, weiter und sonst nach einer Zeitschriftenfundstelle (grundsätzlich in der Reihenfolge GRUR, GRUR Int, Mitt, InstGE, BlPMZ, NJW und GRUR-RR, sonstige), Entscheidungen des BGH und des RG auf dem Gebiet des gewerblichen Rechtsschutzes und benachbarten Gebieten zusätzlich mit einem Schlagwort. Nicht oder nur im Leit- oder Orientierungssatz im Druck veröffentlichte Entscheidungen sind regelmäßig mit dem Entscheidungsdatum, dem Aktenzeichen und der Fundstelle des Leit- oder Orientierungssatzes mit dem Zusatz „Ls" oder „KT" (für Kurztext) zitiert. Soweit im Einzelfall undokumentierte Entscheidungen des BPatG berücksichtigt sind, ist dies im allgemeinen erwähnt („undok"). Entscheidungen der Instanzgerichte ohne Veröffentlichungsangaben sind undokumentiert, teilweise aber im Internet verfügbar. Entsprechendes gilt für Entscheidungen anderer inländischer Stellen (insbesondere des DPMA und der Schiedsstelle nach dem Gesetz über Arbeitnehmererfindungen, letztere sind jedoch auf CD-ROM oder im Internet verfügbar). Entscheidungen der Beschwerdekammern des EPA sind mit Aktenzeichen, Fundstelle im ABl EPA und in GRUR Int, soweit dort veröffentlicht, ausnahmsweise auch mit anderen Fundstellen, zitiert, gedruckte Entscheidungen in der Regel mit einem Schlagwort; die Entscheidungen sind durchwegs im Internet abrufbar. Entscheidungen des EuGH sind mit der Fundstelle in der Amtlichen Sammlung (Slg), soweit dort veröffentlicht, und einer weiteren Fundstelle zitiert. Bei ausländischen Entscheidungen richtet sich die Zitierweise in erster Linie nach der Erreichbarkeit der Fundstelle. Entscheidungsanmerkungen und -besprechungen sind am allgemeinen nicht zitiert.

Die Gerichte (außer EuGH, BVerfG, BGH, BVerwG, BPatG uä) werden grundsätzlich nach ihrem Sitz genannt, auch wenn ihre amtliche Bezeichnung abweicht (zB LAG Hannover statt Niedersächsisches LAG, OVG Bautzen statt Sächsisches OVG).

In diesem Kommentar wird wie bisher im Text des deutschen Patentgesetzes (anders zB in einigen Verordnungstexten sowie nunmehr in der Schweiz) generell das generische Maskulinum verwendet, dies nicht etwa, um Frauen zu diskriminieren, sondern einmal, weil generische Bezeichnungen nichts über das natürliche Geschlecht der mit ihnen bezeichneten Person aussagen (sollten), zum anderen, weil sie fast immer knapper als andere sind (vgl Art 8 Abs 2 schweiz PatGG: „Dem Bundespatentgericht gehören zwei hauptamtliche Richterinnen beziehungsweise Richter sowie eine ausreichende Anzahl nebenamtlicher Richterinnen beziehungsweise Richter an. Die Mehrheit der nebenamtlichen Richterinnen beziehungsweise Richter muss technisch ausgebildet sein.") und der Verlag darauf achtet, dass der Kommentar einen vorgegebenen Umfang nicht überschreitet. Die sich damit vielleicht als nicht angemessen angesprochen ansehenden Präsidentinnen, Richterinnen, Patentanwältinnen, Protokollführerinnen, Klägerinnen, Nebenintervenientinnen usw mögen Nachsicht üben! Selbstverständlich wird bei generisch weiblichen Bezeichnungen (wie „die Gesellschaft") das generische Maskulinum nicht benutzt.

Allgemeine und abgekürzt zitierte Literatur, Lehrbücher, Kommentare und Einführungen

Ahrens	Der Wettbewerbsprozess[7], 2013, bearbeitet von *Achilles, Ahrens, Bacher, Bähr, Bornkamm, Büttner, Jestaedt, Scharen, Singer, Spätgens*
Allfeld	Kommentar zu den Reichsgesetzen über das gewerbliche Urheberrecht (Patent-, Geschmacksmuster-, Gebrauchsmuster-, Warenzeichengesetz), 1904
Allfeld	Grundriß des gewerblichen Rechtsschutzes, 1910
Allfeld	Gewerblicher Rechtsschutz, 1923/25
Ammendola	La brevettabilità nella Convenzione di Monaco, Mailand 1981
Ann/Barona	Schuldrechtsmodernisierung und gewerblicher Rechtsschutz, 2002
Bartenbach/Volz	Arbeitnehmererfindungsgesetz[5], 2013
Bartenbach/Volz VergRl	Arbeitnehmererfindervergütung[3], 2009 (Neuauflage im Erscheinen)
Baumbach/Hefermehl	Warenzeichenrecht[12], 1985
Bausch	Nichtigkeitsrechtsprechung in Patentsachen, Bd 1 (BGH 1994–1998), Bd 2 (BPatG 1994–1998), 2000, Bd 3 (BGH 1999–2001), 2002; Bd 4 (BGH 1986–1993), 2007
Beier/Haertel/Schricker (Hrsg)	Europäisches Patentübereinkommen, Münchner Gemeinschaftskommentar (zit MGK/Bearbeiter), 2014 bis 30. Lieferung
Beil	Grundzüge des gewerblichen Rechtsschutzes und des Erfinderrechts, 1961
Benkard	Patentgesetz Gebrauchsmustergesetz[11], 2015, bearbeitet von *Asendorf, Bacher, Deichfuß, Engel, Fricke, Goebel, Grabinski, Hall, Kober-Dehm, Melullis, Nobbe, Rogge, Schäfers, Scharen, Schmidt, Schramm, Schwarz, Tochtermann, Ullmann. Zülch*
Benkard-EPÜ	Europäisches Patentübereinkommen[2], 2012, bearbeitet von *Adam, Beckedorf, Birken, Dobrucki, Ehlers, Grabinski, Günzel, Irmscher, Jestaedt, Joos, Karamanli, Kinkeldey, Melullis, Osterrieth, Pignatelli, Rogge, Schäfers, Scharen, Thums, Ullmann, van Raden*
Bertschinger/Geiser/Münch	Schweizerisches und europäisches Patentrecht, 2002, bearbeitet von *Bertschinger, Blumer, Comte ua*
Blum/Pedrazzini	Das schweizerische Patentrecht[2], 2 Bde 1975
Blumer	Formulierung und Änderung der Patentansprüche im europäischen Patentrecht, 1998
Bodenhausen	Pariser Verbandsübereinkunft zum Schutz des gewerblichen Eigentums, 1971
Boeters	Handbuch Chemiepatent[2], 1989
Brändel	Technische Schutzrechte, 1995
Braitmayer/van Hees	Verfahrensrecht in Patentsachen[4], 2010, 5. Aufl angekündigt für März 2016
Bremi	The European Patent Convention, 2008
Bruchhausen	Patent-, Sortenschutz- und Gebrauchsmusterrecht, 1985
Buddeberg	Beck'sche Formularsammlung zum gewerblichen Rechtsschutz mit Urheberrecht[3], 2015
Bühring	Gebrauchsmustergesetz[8], 2011
Büscher/Dittmer/Schiwy (Hrsg)	Gewerblicher Rechtsschutz, Urheberrecht, Medienrecht[3], 2015, PatG und GebrMG bearbeitet von *Obenland, von Samson-Himmelstjerna, Lippich, von Pichler, Trimborn, Köhler, Kanz, Lunze, Kasper, Schoenen*
Bunte (Hrsg)	Lexikon des Rechts, Wettbewerbsrecht, Gewerblicher Rechtsschutz, 1996
Busche/Stoll/Wiebe	TRIPs, Internationales und europäisches Recht des geistigen Eigentums[2], 2013
Bußmann/Pietzcker/Kleine	Gewerblicher Rechtsschutz und Urheberrecht[3], 1929
Bußmann/Pietzcker/Kleine	Gewerblicher Rechtsschutz und Urheberrecht, 1962
Cepl/Voß	Prozesskommentar zum Gewerblichen Rechtsschutz, 2015, bearbeitet von *Augenstein, Bacher, Cassardt, Cepl, Guhn, Haft, Hahn, Jacobs, Lunze, Matthes,*

	Müller, Nielen, Rinken, Rüting, Schilling, Thomas, Tochtermann, Voß, Werner, Zigann
Chrocziel	Einführung in den Gewerblichen Rechtsschutz und das Urheberrecht[2], 2002
Cohausz	Patente und Muster, 1993
Cole (Hrsg)	C.I.P.A. Guide to the Patent Acts[7], 2012
Däbritz/Jesse/Bröcher	Patente. Wie versteht man sie? Wie bekommt man sie? Wie geht man mit ihnen um?[3] 2009
Damme/Lutter	Das deutsche Patentrecht[3], 1925
Dernburg	Das bürgerliche Recht des Deutschen Reichs und Preußens, 6. Bd Urheber-, Patent-, Zeichenrecht ..., 1910 (patentrechtlicher Teil von *Kohler*)
Dybdahl-Müller	Europäisches Patentrecht[3], 2009
Eichmann/v. Falcken-stein/Kühne	Designgesetz[5], 2015
Eisenmann/Jautz	Grundriss Gewerblicher Rechtsschutz und Urheberrecht[10], 2015
Ekey/Bender/Fuchs-Wissemann	Markenrecht[3], Bd 1, 2014, bearbeitet von *Bender, Eisfeld, F. Ekey, V. Ekey, Fuchs-Wissemann, Geitz, Hoppe, Jansen, Klippel, Kramer, Pahlow, Seiler, Spuhler*
Elster	Urheber- und Erfinder-, Warenzeichen- und Wettbewerbsrecht (Gewerblicher Rechtsschutz)[2], 1928
Engels	Patent-, Marken- und Urheberrecht[9], 2015 (bis 7. Auflage: *Ilzhöfer*)
Ensthaler	Gewerblicher Rechtsschutz und Urheberrecht[3], 2009
Fezer	Markenrecht[4], 2009
Fezer	Handbuch der Markenpraxis[3], 2016
Fischer	Grundzüge des gewerblichen Rechtsschutzes[2], 1986
Fitzner/Lutz/Bodewig	Patentrechtskommentar[4], 2012, bearbeitet von *Fitzner, Lutz, Bodewig* (zugl Hrsg), *Ahrens, Beckmann, Einsele, Eisenrauch, Ensthaler, Feuerlein, Fischer, Gleiter, Haertel, Hauck, Heinrich, Hofmeister, Hössle, Kiefer, Kircher, Kubis, Loth, Metternich, Müller, Münch, Pitz, Rauch, Rinken, Schnekenbühl, Stortnik, Voß, Wickenhöfer, Wilhelmi*
Formular-Kommentar	Bd 3, Handels- und Wirtschaftsrecht III, Gewerblicher Rechtsschutz[21], 1979
Gall	Die europäische Patentanmeldung und der PCT in Frage und Antwort[7], 2006
Gaul/Bartenbach	Handbuch des gewerblichen Rechtsschutzes, 1969 ff
Geigel	Patent- und Gebrauchsmusterrecht[3], 1962
Gleiss	Gewerblicher Rechtsschutz, 2002
Geissler	Halbleiterschutzgesetz/Semiconductor Protection Act, Textausgabe mit Erläuterungen, 1988
Goebel	Das Patentgesetz in der Praxis des Deutschen Patentamts, 1984
Götting	Gewerblicher Rechtsschutz[10], 2014, begründet von *Hubmann*
Götting/Hetmank/Schwipps	Patentrecht, 2014
Gruber/von Zumbusch/Haberl/Oldekop	Europäisches und internationales Patentrecht[7], 2012
Günther/Beyerlein	DesignG, 2015
Haedicke	Patentrecht[2], 2013
Haedicke/Timmann	Patentrecht (auch englisch: Patent Law, 2014), bearbeitet von *Bühler, Bukow, Chakraborty, Haedicke, Harbsmeier, Kamlah, Lasndry, Nack, Nägerl, Pansch, Stief, Timmann, Verhauwen, Walder-Hartmann, Zigann* (zitiert: Haedicke Hdb)
Haedicke	Patente und Piraten, 2011
Hassemer	Patentecht mit mit Arbeitnehmererfindungsrecht, Gebrauchsmusterrecht, Sortenschutzrecht und Patentmanagement[2], 2015
Heine/Rebitzki	Arbeitnehmererfindungen[3], 1966
Heinrich	PatG/EPÜ[2], 2010 (Schweiz)
Hilti	Europäisches und schweizerisches Patent- und Patentprozessrecht, 2008

Hirsch	Chemie-Erfindungen und ihr Schutz nach neueren Gerichtsentscheidungen und Entscheidungen der Beschwerdekammern des Europäischen Patentamts[2], 1987
Hirsch/Hansen	Der Schutz von Chemie-Erfindungen, 1995
Hoeren	Der Schutz von Mikrochips in der Bundesrepublik Deutschland, 1988
Ingerl/Rohnke	Markengesetz[3], 2010
Isay	Patentgesetz und Gesetz, betreffend den Schutz von Gebrauchsmustern[6], 1932
Jestaedt	Patentrecht[2], 2008
Kelbel	Patentrecht und Erfinderrecht, 2 Bde 1966/67
Kent	Patentgesetz, 2 Bde, 1906/7
Keukenschrijver	Sortenschutzgesetz, 2001
Keukenschrijver	Patentnichtigkeitsverfahren[6], 2016
Kirchhoff	Das deutsche Patentwesen[2], 1949
Kisch	Handbuch des Deutschen Patentrechts, 1923
Klauer/Möhring	Patentrechtskommentar[3], 1971, bearbeitet von *Möhring, Wilde, Wuesthoff, Nirk, Bendler, Hesse* und *Technau*, 4. Aufl 2012, hrsg von *Fitzner, Lutz, Bodewig* (s dort)
Kley/Gundlach	Kommentar zum EPÜ 2000, Loseblatt, 2008
Köhler/Bornkamm	Wettbewerbsrecht[34], 2016
Kohler	Deutsches Patentrecht systematisch bearbeitet unter vergleichender Berücksichtigung des französischen Patentrechts, 1878
Kohler	Forschungen aus dem Patentrecht, 1888
Kohler	Handbuch des deutschen Patentrechts in rechtsvergleichender Darstellung, 1900 f
Kohler	Lehrbuch des Patentrechts, 1908
Kraßer	Patentrecht, WissFS 50 Jahre BGH Bd 2, 647
Kraßer	Patentrecht[6], 2009 (bis 4. Aufl 1986 *Bernhardt/Kraßer* Lehrbuch des Patentrechts), 7. Aufl als *Kraßer/Ann* 2016
Kremnitz	Patentrecht von A–Z (1976/84)
Kucsko	Geistiges Eigentum, 2003
Kühnen	Die Teilung des Patents, 2000 (*Kühnen* Teilung)
Kühnen Hdb	Handbuch der Patentverletzung[7], 2014 (bis 4. Aufl *Kühnen/Geschke* Die Durchsetzung von Patenten in der Praxis), auch engl Ausgabe unter dem Titel: Patent Litigation Proceedings in Germany, 2013, 8. Aufl im Dezember 2015 erschienen
Lehr/Göckmann	Leitfaden zum gewerblichen Rechtsschutz, Urheberrecht und Multimedia, 1999
Lendvai/Rebel	Gewerbliche Schutzrechte[7], angekündigt für Oktober 2016
Liedel	Das deutsche Patentnichtigkeitsverfahren, 1979
Lindenmaier	Das Patentgesetz[6], 1973, bearbeitet von *Weiss, Zeunert, Röhl*
Lindenmaier/Lüdecke	Die Arbeitnehmererfindungen, 1961
Loth	Gebrauchsmustergesetz, 2001
Lüdecke	Erfindungsgemeinschaften, 1962
Lutter	Patentgesetz mit Gebrauchsmustergesetz[10], 1936
Mathély	Le Droit Européen des Brevets d'Invention, Paris 1978
Melullis	Patentrecht[2], 2013
Mes	Patentgesetz und Gebrauchsmustergesetz[4], 2015
Metzger/Zech	Sortenschutzrecht, angekündigt für Juli 2016
MGK	Münchener Gemeinschaftskommentar zum EPÜ, 2014 bis 30. Lieferung
Müller-Guggenberger/ Bieneck (Hrsg)	Wirtschaftsstrafrecht[6], 2014
Münch	Patentbegriffe von A bis Z, 1992
Nirk	Gewerblicher Rechtsschutz, 1981
Nirk/Ullmann	Patent-, Gebrauchsmuster- und Sortenschutzrecht[3], 2007
Osterrieth	Lehrbuch des gewerblichen Rechtsschutzes, 1908

Osterrieth	Patentrecht, Einführung für Studium und Praxis[5], 2015
Panel	La protection des inventions en droit européen des brevets, 1977
Paterson	The European Patent System, 1992
Pedrazzini	Die patentfähige Erfindung, 1957
Pierson/Ahrens/Fischer	Recht des geistigen Eigentums, 2014
Pietzcker	Patentgesetz Teil I, 1929
Rehmann	Designrecht[2], 2014
Reichel	Gebrauchsmuster- und Patentecht – praxisnah[6], 2003
Reimer	Europäisierung des Patentrechts, 1955
Reimer	Patentgesetz und Gebrauchsmustergesetz[3], 1968, bearbeitet von *Nastelski, Neumar, Reimer* und *Trüstedt*
Reimer/Schade/Schippel	Das Recht der Arbeitnehmererfindung[8], 2007, bearbeitet von *Himmelmann, Leuze, Rother* und *Trimborn*
Ritscher/Holzer/Kasche	Patentrecht, Entwicklungen 2007
Robolski	Das Patentgesetz vom 7. April 1891[2] (1901)
Scheer	Deutsches Patent-, Gebrauchsmuster, Warenzeichen-, Wettbewerbs- und Arbeitnehmererfindungs-Recht[41], 1997
Scheer	Die Internationale PCT-Anmeldung. Das Europäische Patent. Das Gemeinschaftspatent[9], 1996/97
Schennen	Die Verlängerung der Patentlaufzeit für Arzneimittel im Gemeinsamen Markt, 1993
Schramm	Grundlagenforschung auf dem Gebiete des gewerblichen Rechtsschutzes und Urheberrechts, 1954
Schramm PVP	Der Patentverletzungsprozess[7], 2013, bearbeitet von *Kilchert, Kaess, Schneider, Oldekop, Donle, Ebner*
Schulte	Patentgesetz mit EPÜ[9], 2014, bearbeitet von *Schulte, Moufang, Püschel, Rinken, Rudloff-Schäffer, Schell, Voit, Voß*
A. Seligsohn	Patentgesetz und Gesetz, betreffend den Schutz von Gebrauchsmustern[7], 1932
Singer	Das neue europäische Patentsystem, 1979
Singer/Stauder	Europäisches Patentübereinkommen, 1989 (6. Aufl 2013, zit *Singer/Stauder*, 7. Aufl 2016 erschienen); weitere Bearbeiter der 7. Aufl: *Almer, Blumer, Bostedt, Bremi, Brückner, Bühler, Haugg, Hesper, Heusler, Kroher, Kunz-Hallstein, Lindner, Luginbühl, Mathol, Plouard, Podbielski, Preller, Sadlonová, Schauwecker, Schmitz, Steinbrener, Teschemacher, Weiss*; engl Ausgabe 2 Bde 2003/04
Stammberger/Lippelt	Deutsches und Europäisches Patentrecht[3], 2013
Straus	The present state of the patent system in the European Union as compared with the situation in the United States and Japan, 1997
Steckler	Grundzüge des IT-Rechts[3], 2011
Stockmair	The Protection of Technical Innovations and Designs in Germany, 1994
Ströbele	Die Bindung der ordentlichen Gerichte an Entscheidungen der Patentbehörden, zugleich ein Beitrag zur Lehre vom Schutzumfang des Patents, 1975
Ströbele/Hacker	Markengesetz[11], 2015, bearbeitet von *Ströbele, Hacker, Kirschneck, Knoll, Kober-Dehm*
Talbot	Kommentar zum Patentrecht, 1969 ff
Teplitzky	Wettbewerbsrechtliche Ansprüche und Verfahren[10], 2011, 11. Auflage im Dezember 2015 erschienen (Hrsg *Bacher*)
H. Tetzner	Das materielle Patentrecht der Bundesrepublik Deutschland, 1972
H. Tetzner	Patentgesetz[2], 1951
V. Tetzner	Leitfaden des Patent-, Gebrauchsmuster- und Arbeitnehmererfindungsrechts der Bundesrepublik Deutschland[3], 1983
Thouvenin	Funktionale Systematisierung von Wettbewerbsrecht (UWG) und Immaterialgüterrechten, Diss Zürich 2007
Tilmann	Neue Überlegungen im Patentrecht, GRUR 2005, 904; GRUR 2006, 824; GRUR 2008, 312

Tilmann/Plassmann	Einheitspatent, Einheitliches Patentgericht, angekündigt für das vierte Quartal 2016
Troller	Die mehrseitigen völkerrechtlichen Verträge im internationalen gewerblichen Rechtsschutz und Urheberrecht, 1965
Troller	Immaterialgüterrecht[3], 2 Bde, 1983/85
Trüstedt	Patente und ihre Anmeldung, 1957
Ulmer	Die Immaterialgüterrechte im internationalen Privatrecht, 1975
van Empel	The Granting of European Patents, 1975
van Venrooy	Patentrecht einschließlich Arbeitnehmererfindungsrecht und Vertragsrecht, 1996
Véron/Cottier	Concise International and European IP Law – TRIPS, Paris Convention, European Enforcement and Transfer of Technology[3], 2014
Volmer/Gaul	Arbeitnehmererfindungsgesetz[2], 1983
Völp	Patentgerichtsverfahren, 1961
von Büren/Marbach/ Ducrey	Immaterialgüter- und Wettbewerbsrecht, 2008
von Hellfeld	Verfahrensrecht im gewerblichen Rechtsschutz, erschienen im November 2015
von Schultz	Kommentar zum Markenrecht[3], 2012
Weisse	Erfindungen, Patente, Lizenzen, 1958
Werum	Der Schutz von Halbleitererzeugnissen der Mikroelektronik im deutschen Rechtssystem, 1990
Wieczorek	Die Unionspriorität im Patentrecht, 1975
Wiefels	Gewerblicher Rechtsschutz und Urheberrecht, Grundriß, 1950/1962
Wiltschek	Patentrecht, Wien 2006
Windisch	Gewerblicher Rechtsschutz und Urheberrecht im zwischenstaatlichen Bereich, 1969
WIPO (Hrsg)	Introduction to Intellectual Property Theory and Practice, 1997
Witte/Vollrath	Praxis der Patent- und Gebrauchsmusteranmeldung[6], 2008
WLW Wuesthoff/ Leßmann/Würtenberger	Handbuch zum deutschen und europäischen Sortenschutzrecht, 2 Bde, 1999, 2. Aufl unter der Bezeichnung *Leßmann/Würtenberger* Deutsches und europäisches Sortenschutzrecht 2009
Zeller	Gebrauchsmusterrecht[2], 1952

Festschriften und Sammelwerke

5. St. Galler Internat Immaterialgüterrechts-forum 2001	Neueste Entwicklungen im europäischen und internationalen Immaterial-güterrecht, hrsg von C. Baudenbacher ua (2002)
Album Amicorum voor Sonja Boekman, 16 januari 1997	= BIE 1997, 1 ff
EPOscript 1	*Cookson, Nowak, Thierbach (Hrsg)* Genetic Engineering – The New Challenge, 1993
Festgabe zum Schweiz. Juristentag 1994	Aspekte des Wirtschaftsrechts, hrsg von H.U. Walder, T. Jaag und D. Zobl (1994)
Festgabe Schweiz. Juristenverein 2000	Recht und Internationalisierung, Festgabe gewidmet dem Schweizerischen Juristenverein anlässlich des Juristentags 2000 in St. Gallen ..., hrsg von Ch. Meier-Schatz und R. Schweizer, 2000

FS Akademie für Deutsches Recht (1936)	Festschrift der Akademie für Deutsches Recht „Das Recht des schöpferischen Menschen", 1936
FS AIPPI 1897–1997 (1997)	AIPPI und die Entwicklung des gewerblichen Rechtsschutzes 1897–1997, Ausgabe zur Hundertjahrfeier, hrsg von S. Amberg, 1997
FS H.-J. Ahrens (2016)	Rechtsdurchsetzung – Rechtsverwirklichung durch materielles Recht und Verfahrensrecht, Festschrift für Hans-Jürgen Ahrens zum 70. Geburtstag, hrsg von Büscher/Erdmann/Fuchs, 2016
FS W. Ballhaus	= GRUR 1985, 575 ff
FS K. Bartenbach (2005)	Festschrift für Kurt Bartenbach zum 65. Geburtstag, hrsg von M. Haesemann, K. Gennen und B. Bartenbach, 2005
FS F.-K. Beier (1996)	= GRUR Int 1996, 273
FS F.-K. Beier (1996)	= Aktuelle Herausforderungen des geistigen Eigentums, Festgabe für Friedrich-Karl Beier zum 70. Geburtstag, hrsg von J. Straus, 1996
FS V. Beuthien	Von der Sache zum Recht, Festschrift für Volker Beuthien zum 75. Geburtstag, hrsg von M. Schöpflin, F. Meik, H.-O. Weber und J. Bandte, 2009
FS U. Blaurock (2013)	Einheit und Vielheit im Unternehmensrecht, Festschrift für Uwe Blaurock zum 70. Geburtstag, hrsg von P. Jung, Ph. Lamprcht, K. Blasek und M. Schmidt-Kessel, 2013
FS Blum (1978)	Beiträge zu Fragen des gewerblichen Rechtsschutzes, Festschrift Blum, 1978
FS R. Blum (1989)	Festschrift für Dr. Rudolf E. Blum, 1989
FS K.-H. Böckstiegel (2001)	Law of international business and dispute settlement in the 21st century, Liber amicorum Karl-Heinz Böckstiegel anlässlich seines Ausscheidens als Direktor des Instituts für Luft- und Weltraumrecht und des von ihm gegründeten Lehrstuhls für Internationales Wirtschaftsrecht, hrsg von R. Briner u.a., 2001
FS K.-H. Böckstiegel (2001)	Luft- und Weltraumrecht im 21. Jahrhundert, liber amicorum Karl-Heinz Böckstiegel, anlässlich seines Ausscheidens ... sowie zum 50-jährigen Bestehen der von ihm herausgegebenen Zeitschrift für Luft- und Weltraumrecht, hrsg von M. Benkö ua, 2001
FS M.M. Boguslavskij (2004)	Russland im Kontext der internationalen Entwicklung, Festschrift für Mark Moiseevič Boguslavskij, hrsg von A. Trunk, R. Knieper und A.G. Svetlanov, 2004
FS J. Bornkamm (2014)	Festschrift für Joachim Bornkamm zum 65. Geburtstag, hrsg von W. Büscher, W. Erdmann, M. Haedicke, H. Köhler und M. Loschelder, 2014
FS H.E. Brandner (1996)	Festschrift für Hans Erich Brandner zum 70. Geburtstag, hrsg von G. Pfeiffer, J. Kummer, S. Scheuch, 1996
FS A. Braun	Jura vigilantibus, Antoine Braun, les droits intellectuels, le barreau, hrsg von F. de Visscher, Brüssel 1994
FS K. Bruchhausen	= GRUR 1993, 163 ff
FS D. Coester-Waltjen (2015)	Zwischenbilanz, Festschrift für Dagmar Coester-Waltjen, hrsg von K. Hilbig-Lugeni, D. Jakob, G. Mäsch, Ph. Reuß, Ch. Schmid, 2015
FS Constantinesco (1983)	Rechtsvergleichung, Europarecht und Staatenintegration, 1983
FS L. David (1996)	Binsenweisheiten des Immaterialgüterrechts, Festschrift für Lucas David zum 60. Geburtstag, hrsg von M. Kurer ua, Zürich 1996
FS A. Deringer (1993)	Europarecht, Kartellrecht, Wirtschaftsrecht, Festschrift für Arved Deringer, hrsg von U. Everling, K.-H. Narjes, J. Sedemund, 1993
FS E. Deutsch (1999)	Festschrift für Erwin Deutsch zum 70. Geburtstag, hrsg von H.-J. Ahrens ua, 1993
FS A. Dietz (2001)	Urheberrecht – Gestern – Heute – Morgen, Festschrift für Adolf Dietz zum 65. Geburtstag, hrsg von P. Ganea, Ch. Heath und G. Schricker, 2001
FS H. Dölle (1963)	Vom deutschen zum europäischen Recht, FS für H. Dölle, hrsg von E. von Caemmerer, A. Nikisch, K. Zweigert, 2 Bde 1963

FS K. Doehring (1989)	Staat und Völkerrechtsordnung, Festschrift für Karl Doehring, hrsg von K. Hailbronner, G. Ress und T. Stein, 1989
FS U. Doepner (2008)	Festschrift für Ulf Doepner zum 65. Geburtstag, hrsg von U. Reese, F.-E. Hufnagel und A. Lensing-Kramer, 2008
FS W. Döser (1999)	The international lawyer, Freundesgabe für Wulf H. Döser, hrsg von F. Kübler ua, 1999
FS J. Druey (2002)	Festschrift für Jean Nicolas Druey zum 65. Geburtstag, hrsg von R. Schweizer, H. Burkert, V. Gasser, 2002
FS G. Eisenführ (2003)	Festschrift für Günther Eisenführ zum 70. Geburtstag, hrsg von Ch. Spintig und J. Ehlers, 2003
FS U. Eisenhardt (2007)	Festschrift für Ulrich Eisenhardt zum 70. Geburtstag, hrsg von U. Wackerbarth, Th. Vormbaum und H. P. Marutschke, 2007
FS W. Erdmann (2002)	Festschrift für Willi Erdmann [zum 65. Geburtstag], hrsg von H.-J. Ahrens, J. Bornkamm, W. Gloy, J. Starck, J. v. Ungern-Sternberg, 2002
FS U. Everling (1995)	Festschrift für Ulrich Everling, hrsg von O. Due, M. Lutter, J. Schwarze, 1995
FS W. Fikentscher (1998)	Festschrift für Wolfgang Fikentscher zum 70. Geburtstag, hrsg von B. Großfeld, R. Sack, Th. Möllers, J. Drexl und A. Heinemann, 1998
FS A.-C. Gaedertz (1992)	Festschrift für Alfred-Carl Gaedertz zum 70. Geburtstag, hrsg von G. Wild, I.-M. Schulte-Franzheim und M. Lorenz-Wolf, 1992
FS D. Gaul (1980)	Festschrift für Dieter Gaul zum fünfundzwanzigjährigen Dozentenjubiläum, herausgegeben von der Technischen Akademie Wuppertal, 1980
FS D. Gaul (1992)	Festschrift für Dieter Gaul zum 70. Geburtstag, hrsg von D. Boewer, B. Gaul, 1992
FS K. Geiß (2000)	Festschrift für Karlmann Geiß zum 65. Geburtstag, hrsg von H.-E. Brandner, H. Hagen, R. Stürner, 2000
FS H.-D. Gesthuysen (2010)	= Mitt 2010, 145 ff
FS E. Günther (1976)	Wettbewerb im Wandel, Eberhard Günther zum 65. Geburtstag, hrsg von H. Gutzler, W. Herion, J. H. Kaiser, 1976
FS I. Griss (2011)	Festschrift für Irmgard Griss, hrsg von B. Schenk, E. Lovrek, G. Musger, M. Neumayr, 2011
FS H. Hahn (1997)	Währung und Wirtschaft. Das Geld im Recht, FS für Prof. Dr. Hugo J. Hahn zum 70. Geburtstag, hrsg von A. Weber ua, 1997
FS H. Hämmerle (1972)	Festschrift für Hermann Hämmerle, hrsg von H. Wünsche, 1972
FS K. Haertel (1975)	Das Deutsche Patentamt 1975, Festschrift für Kurt Haertel, hrsg von U.C. Hallmann, 1975
FS H. Hattenhauer (2003)	Der praktische Nutzen der Rechtsgeschichte, Hans Hattenhauer zum 8. September 2001, hrsg von J. Eckert, 2003
FS W. Hefermehl (1971)	Neue Entwicklungen im Wettbewerbs- und Warenzeichenrecht, Festschrift für Wolfgang Hefermehl zum 65. Geburtstag, hrsg von Ph. Möhring, P. Ulmer, G. Wilde, 1971
FS W. Hefermehl (1996)	= GRUR 1996, 515
FS A. Heldrich (2005)	Festschrift für Andreas Heldrich zum 70. Geburtstag, hrsg von St. Lorenz ua, 2005
FS H. Helm (2002)	Recht und Wettbewerb, Festschrift für Horst Helm zum 65. Geburtstag, hrsg von Th. Bopp und W. Tilmann, 2002
FS H. Helmrich (1994)	Festschrift für Herbert Helmrich zum 60. Geburtstag, hrsg von K. Letzgus, H. Hill, H.H. Klein, D. Kleinert, G.-B. Oschatz, H. de With, 1994
FS P. Hertin (2000)	Festschrift für Paul W. Hertin zum 60. Geburtstag, hrsg von Ch. Scherz und H.-J. Omsels, 2000
FS B. Heusinger (1968)	Ehrengabe für Bruno Heusinger, hrsg von R. Glanzmann, 1968
FS G. Hirsch (2008)	Festschrift für Günter Hirsch zum 65. Geburtstag, hrsg von G. Müller, E. Osterloh, T. Stein, 2008
FS M. Hoffmann-Becking (2013)	Festschrift für Michael Hoffmann-Becking, hrsg von G. Krieger, M. Lutter und K. Schmidt, 2013

FS J. Hruschka (2005)	Philosophia Practica Universalis, Festschrift für Joachim Hruschka zum 70. Geburtstag, hrsg von B. Sharon Byrd ua, 2005
FS H. Hubmann (1985)	Beiträge zum Schutz der Persönlichkeit und ihrer schöpferischen Leistungen, Festschrift für Heinrich Hubmann zum 70. Geburtstag, hrsg von H. Forkel und A. Kraft, 1985
FS A. Hueck (1959)	Festschrift für Alfred Hueck
FS U. Immenga (2004)	Wirtschafts- und Privatrecht im Spannungsfeld von Privatautonomie, Wettbewerb und Regulierung, Festschrift für Ulrich Immenga zum 70. Geburtstag, hrsg von A. Fuchs, H.-P. Schwintowski und Daniel Zimmer, 2004
FS H. Isay (1933)	Beiträge zum Recht des gewerblichen und geistigen Eigentums des In- und Auslandes, Hermann Isay zum 60. Geburtstag, hrsg von M. Mintz, 1933
FS R. Jacobs (2011)	= GRUR 2011, 1057
FS O. Kimminich (1999)	Vielfalt des Wissenschaftsrechts, Gedächtnisschrift für Prof. Dr. Otto Kimminich, hrsg von Ch. Fläming ua, 1999
FS H.-P. Kirchhof (2003)	Insolvenzrecht im Wandel der Zeit, Festschrift für Hans-Peter Kirchhof zum 65. Geburtstag, hrsg von W. Gerhard ua, 2003
FS H. Kirchner (1985)	Festschrift für Hildebert Kirchner zum 65. Geburtstag, hrsg von W. Dietz und D. Pannier, 1985
FS T. Kigawa (2005)	Ach; so ist das! Liber amicorum Prof. Dr. Toichiro Kigawa zum 80. Geburtstag, hrsg v. J. Westhoff ua, 2005
FS Z. Kitagawa (1992)	Wege zum japanischen Recht. Festschrift für Zentaro Kitagawa zum 60.Geburtstag am 5.4.1992, hrsg von H.G. Leser und T. Isomura, 1992
Festgabe M. Kisseler	= WRP 1997, 887 ff
FS R. Klaka (1987)	Festschrift für Rainer Klaka, hrsg von G. Herbst, 1987
FS H. Köhler (2015)	Festschrift für Helmut Köhler zum 70. Geburtstag, hrsg von Chr. Alexander, J. Bornkamm, B. Buchner, J. Fritzsche und T. Lettl, 2015
FS R. König (2003)	Materielles Patentrecht, Festschrift für Reimar König, hrsg von Ch. Ann, W. Anders, U. Dreiss, B. Jestaedt, D. Stauder, 2003
FS Kolle/Stauder (2005)	„.... und sie bewegt sich doch!" – Patent Law on the Move, Festschrift für Gert Kolle und Dieter Stauder, hrsg von A. Kur, St. Luginbühl, E. Waage (2005)
FS H.-G. Koppensteiner (2001)	Beiträge zum Unternehmensrecht, Festschrift für Hans-Georg Koppensteiner zum 65. Geburtstag, hrsg. von E.A. Kramer ua, 2001
FS A. Kraft (1998)	Festschrift für Alfons Kraft zum 70. Geburtstag, hrsg von G. Hönn ua, 1998
FS A. Krämer (2009)	Festschrift für Achim Krämer zum 70. Geburtstag am 19. September 2009, hrsg von U. Blaurock, J. Bornkamm und Chr. Kirchberg, 2009
FS R. Kraßer (2004)	= GRUR Int 2004, 695 ff
FS H. Krüger (2001)	Wissenschaftsrecht im Umbruch, Gedächtnisschrift für Hartmut Krüger, hrsg von P. Hanau ua, 2001
FS G. Krüger-Nieland	= GRUR 1980, 511 ff
FS W. Küttner (2006)	Personalrecht im Wandel, Festschrift für Wolfdieter Küttner zum 70. Geburtstag, hrsg von P. Hanau, J. Röller, L. Macher und R. Schlegel, 2006
FS D. Leipold	Festschrift für Dieter Leipold zum 70. Geburtstag, hrsg von R. Stürner ua, 2009
FS H. Lehmann (1956)	Das deutsche Privatrecht in der Mitte des 20. Jahrhunderts, Festschrift für Heinrich Lehmann zum 80. Geburtstag, hrsg von H. C. Nipperdey, 2 Bde 1956
FS M. Levin (2008)	Festskrift till Marianne Levin, hrsg von A. Bakardjieva Engelbrekt, U. Bernitz, B. Domeij, A. Kur, P. J. Nordell (2008)
FS O. Lieberknecht (1997)	Festschrift für Otfried Lieberknecht zum 70. Geburtstag, hrsg von E. Niederleithinger ua, 1997
FS W. Lindacher (2007)	Facetten des Verfahrensrechts, liber amicorum Walter F. Lindacher zum 70. Geburtstag am 20. Februar 2007, hrsg v. W. Hau ua, 2007
FS. U. Loewenheim (2009)	Schutz von Kreativität und Wettbewerb, Festschrift für Ulrich Loewenheim zum 75. Geburtstag, hrsg v. R. Hilty, J. Drexl und W. Nordemann, 2009

FS W. Lorenz (1991)	Festschrift für Werner Lorenz zum siebzigsten Geburtstag, hrsg von B. Pfister und M.R. Will, 1991
FS M. Loschelder (2010)	Festschrift für Michael Loschelder, hrsg von W. Erdmann, M. Leistner, W. Rüffer, Th. Schulte-Beckhausen, 2010
FS R. Lukes (1990)	Festschrift für Rudolf Lukes zum 65. Geburtstag, hrsg von H. Leßmann, B. Großfeld und L. Vollmer, 1990
FS K.P. Mailänder (2006)	Festschrift für Karl Peter Mailänder zum 70. Geburtstag, hrsg von K. Geiss, K. Gerstenmaier, R. Winkler, P. Mailänder, 2006
FS J. Mantscheff (2000)	Technik und Recht, Festschrift für Jack Mantscheff zum 70. Geburtstag, hrsg von I. Jagenburg, 2000
FS R. Maunz (1981)	Festschrift für Theodor Maunz zum 80. Geburtstag am 1. September 1981, hrsg von P. Lerche, H. Zacher und P. Badura, 1981
FS. K.-J. Melullis (2009)	= GRUR 2009, 193
FS F. Merz (1992)	Festschrift für Franz Merz zum 65. Geburtstag am 3. Februar 1992, hrsg von W. Gerhardt, W. Henckel, J. Kilger, G. Kreft, 1992
FS P. Mes (2009)	Festschrift für Peter Mes zum 65. Geburtstag, hrsg von G. Rother, M. Bergermann und A. Verhauwen, 2009
FS P. Mes (2014)	= GRUR 2014, 1
FS E.-J. Mestmäcker (1996)	Festschrift für Ernst-Joachim Mestmäcker zum siebzigsten Geburtstag, hrsg von U. Immenga ua, 1996
FS Ph. Möhring (1965)	Festschrift für Philipp Möhring zum 65. Geburtstag, hrsg von W. Hefermehl und H. C. Nipperdey, 1965
FS Ph. Möhring (1975)	Festschrift für Philipp Möhring zum 75. Geburtstag, hrsg von W. Hefermehl, R. Nirk und H. Westermann, 1975
FS R. Moser von Filseck	= GRUR 1972, 203 ff
FS A. v. Mühlendahl (2005)	Harmonisierung des Markenrechts, Festschrift für Alexander von Mühlendahl, hrsg von V. von Bomhard, J. Pagenberg, D. Schennen, 2005
FS W.-D. Müller-Jahncke (2009)	Pharmazie in Geschichte und Gegenwart, Festgabe für Wolf-Dieter Müller-Jahncke zum 65. Geburtstag, hrsg von C.F. Telle und J. Telle, 2009
FS H. Nagel (1987)	Beiträge zum internationalen Verfahrensrecht und zur Schiedsgerichtsbarkeit, Festschrift für Heinrich Nagel zum 75. Geburtstag, hrsg von W.J. Habscheid und K.H. Schwab, 1987
FS K. Nastelski (1969)	= Mitt 1969, 205 ff
FS A. Nikisch (1958)	Festschrift für Arthur Nikisch, 1958
FS R. Nirk (1992)	Festschrift für Rudolf Nirk zum 70. Geburtstag, hrsg von K. Bruchhausen, W. Hefermehl, P. Hommelhoff und H. Messer, 1992
FS W. Nordemann (1999)	Festschrift für Wilhelm Nordemann, hrsg von B. Zollner und U. Fitzner, 1999
FS W. Nordemann (2004)	Urheberrecht im Informationszeitalter, Festschrift für Wilhelm Nordemann zum 70. Geburtstag, hrsg von U. Loewenheim, 2004
FS W. Odersky (1996)	Festschrift für Walter Odersky zum 65. Geburtstag am 17. Juli 1996, hrsg von R. Böttcher, G. Hueck und B. Jähnke, 1996
FS W. Oppenhoff (1980)	= GRUR 1980, 333 ff
FS W. Oppenhoff (1985)	Festschrift für Walter Oppenhoff zum 80. Geburtstag, hrsg von W. Jagenburg, G. Meier-Reimer, T. Verhoeven, 1985
FS J. Pagenberg (2006)	Festschrift für Jochen Pagenberg zum 65. Geburtstag, hrsg von D. Beier, L. Brüning-Petit und Ch. Heath, 2006
FS G. Pfeiffer (1988)	Strafrecht, Unternehmensrecht, Anwaltsrecht, Feststchrift für Gerd Pfeiffer zum Abschied aus dem Amt als Präsident des Bundesgerichtshofes, hrsg von O.F. Freiherr von Gamm, P. Raisch und K. Tiedemann, 1988
FS H. Piper (1996)	Festschrift für Henning Piper, hrsg von W. Erdmann, W. Gloy, R. Herber, 1996
FS A. Preu (1988)	Lohn der Leistung und Rechtssicherheit, Festschrift für Albert Preu zum 70. Geburtstag, hrsg von M. Bohlig, M. Brandi-Dohrn, L. Donle, M. Buddeberg, St. Schweyer, 1988

FS K. Quack (1991)	Festschrift für Karlheinz Quack zum 65. Geburtstag am 3. Januar 1991, hrsg von H.P. Westermann und W. Rosener, 1991
FS E. Rabel (1954)	Festschrift für Ernst Rabel, hrsg von W. Kunkel und H.J. Wolff, 2 Bde 1954
FS G. Rahn (2011)	Patent Practice in Japan and Europe, Liber Amicorum for Guntram Rahn, hrsg von B. Hansen und D. Schüssler-Langeheine, 2011
FS P. Raue (2006)	Festschrift für Peter Raue, hrsg von R. Jacobs, H.-J. Papier und P.-K. Schuster, 2006
FS Th. Reimann (2009)	Patentrecht, Festschrift für Thomas Reimann, hrsg von Ch. Osterrieth, M. Köhler und K. Haft, 2009
FS O. Riese (1964)	Festschrift für Otto Riese aus Anlaß seines siebzigsten Geburtstages, hrsg von B. Aubin, E. von Caemmerer, P. Meylan, K.H. Neumayer, G. Rinck und W. Strauß, 1964
FS W. Ritter (1997)	Festschrift für Wolfgang Ritter zum 70. Geburtstag, Hrsg von M.D. Kley ua, 1997
FS G. Roeber (1973)	Festschrift für Georg Roeber, hrsg von W. Herschel, F. Klein, M. Rehbinder, 1973
FS R. Rogge (2001)	= GRUR 2001, 865 ff
FS H. Salger (1995)	Strafrecht, Strafverfahrensrecht, Recht, FS für H. Salger zum Abschied aus dem Amt als Vizepräsident des Bundesgerichtshofes, hrsg von A. Eser, H.-J. Kullmann, L. Meyer-Goßner, W. Odersky, R. Voss, 1995
FS O. Sandrock (2000)	Festschrift für Otto Sandrock zum 70. Geburtstag, hrsg von K. P. Berger, W. Ebke, S. Elsing, B. Großfeld, G. Kühne, 2000
FS T. Schilling (2007)	Festschrift für Tilman Schilling zum 70. Geburtstag am 29. Juli 2007, hrsg von M. Grosch und E. Ullmann, 2007
FS H. Schippel (1996)	Festschrift für Helmut Schippel zum 65. Geburtstag, hrsg von der Bundes-notarkammer, 1996
FS P. Schlechtriem (2003)	Festschrift für Peter Schlechtriem zum 70. Geburtstag, hrsg von I. Schwenzer und G. Haager, 2003
FS W. Schluep (1988)	Innominatverträge, Festgabe zum 60. Geburtstag von Walter R. Schluep, hrsg von P. Forstmoser, P. Tercier, R. Zäch, 1988
FS F. Schönherr (1986)	Wirtschaftsrecht in Theorie und Praxis, Gedenkschrift für F. Schönherr, hrsg von W. Barfuß, H. Torggler, Ch. Hauer, L. Wiltschek, G. Kucsko, 1986
FS G. Schricker (2005)	Perspektiven des Geistigen Eigentums und Wettbewerbsrechts, Festschrift für Gerhard Schricker zum 70. Geburtstag, hrsg von A. Ohly, Th. Dreier, H.-P. Götting, M. Haedicke, M. Lehmann, 2005
FS R. Schweizer (2003)	Selbstbestimmung und Recht, Festgabe für Rainer J. Schweizer zum 60. Geburtstag, hrsg von P. Sutter, 2003
FS I. Schwenzer (2011)	Private Law, national – global – comparative, Festschrift für Ingeborg Schwenzer zum 60. Geburtstag, hrsg von A. Büchler und M. Müller-Chen, 2011
FS A. Söllner (1990)	Geschichtliche Rechtswissenschaft. Freundesgabe für Alfred Söllner zum 60. Geburtstag am 5.2.1990, hrsg von G. Köbler, M. Heinze, J. Schapp, 1990
FS A. Söllner (2000)	Europas universale rechtsordnungspolitische Aufgabe im Recht des dritten Jahrtausends, Festschrift für Alfred Söllner zum 70. Geburtstag, hrsg von G. Köbler ua, 2000
FS A. Sölter (1982)	Wettbewerbsordnung und Wettbewerbsrealität, Festschrift für Arno Sölter zum 70. Geburtstag, hrsg von C.-A. Andreae und W. Benisch, 1982
FS W. Sonn (2014)	Festschrift für Walter Sonn, hrsg von R. Beetz, D. Alge, G. Heger, P. Pawloy und A. Weinzinger, 2014
Festgabe K. Spätgens	= WRP 1999, 1 ff
FS T. Spengler (2007)	Festschrift für Tilman Spengler, 2007
FS D. Stauder	= IIC 31 (2000), 625 ff
FS D. Stauder (2011)	Nourriture de l'esprit, Festschrift für Dieter Stauder zum 70. Geburtstag, hrsg von H.-P. Götting und C. Schlüter, 2011
Mélanges D. Stauder	La défense des droits de la propriété industrielle en Europe, aux Etats-Unis et au Japon, Mélanges offerts à Dieter Stauder, Collection C.E.I.P.I., 2001

FS E. Steindorff (1990)	Festschrift für Ernst Steindorff zum 70. Geburtstag am 13. März 1990, hrsg von J.F. Baur, K.J. Hopt, K.P. Mailänder, 1990
FS R. Strasser (1983)	Möglichkeiten und Grenzen der Rechtsordnung, Festschrift für Rudolf Strasser, hrsg von W. Schwarz, 1983
FS J. Straus (2009)	Patents and Technological Progress in a Globalized World – Liber Amicorum Joseph Straus, hrsg von W. Prinz zu Waldeck, W. Adelman, R. Brauneis, J. Drexl, R. Nack, 2009
FS schweiz Juristentag 1994	Aspekte des Gesellschaftsrechts, Festgabe zum schweizerischen Juristentag 1994, 1994
FS R. Teschemacher (2008)	= GRUR Int 2008, 631 ff
FS W. Tilmann (2003)	Festschrift für Winfried Tilmann zum 65. Geburtstag, hrsg von E. Keller, C. Plassmann und A. von Falck, 2003
FS K. Tolksdorf (2014)	Festschrift für Klaus Tolksdorf, hrsg von F. Dencker, Gr. Galke und A. Voßkuhle, 2014
FS F. Traub (1994)	Festschrift für Fritz Traub zum 65. Geburtstag, hrsg von C.D. Asendorf, J. Dembowski, J. Maruhn und H. Weiss, 1994
FS A. Troller (1976)	Homo creator, Festschrift für Alois Troller zum 70., 1976
FS E. Ullmann (2006)	Festschrift für Eike Ullmann, hrsg von H.-J. Ahrens, J. Bornkamm und H.P. Kunz-Hallstein, 2006
FS E. Ulmer	= GRUR Int 1973, 207 ff; siehe auch unter Mitarbeiter FS E. Ulmer
FS R. Vieregge (1995)	Festschrift für Ralf Vieregge zum 70. Geburtstag am 6. November 1995, hrsg von J. Baur, R. Jacobs, M. Lieb, P.-C. Müller-Graff, 1995
FS F. Vischer (1983)	Festschrift für Frank Vischer zum 60. Geburtstag, hrsg von P. Böckli, H. Hinderling, H.P. Tschudi, K. Eichenberger, 1983
FS R. Volhard (1996)	Recht, Geist und Kunst, liber amicorum für Rüdiger Volhard, hrsg von K. Reichert ua, 1996
FS W. vom Stein (1961)	Festschrift Werner vom Stein zum 25-jährigen Bestehen der Kammer für Patentstreitsachen am Landgericht Düsseldorf, hrsg von K. Bruchhausen, 1961
FS E. von Caemmerer (1978)	Festschrift für Ernst von Caemmerer zum 70. Geburtstag, hrsg von H.C. Fischer, 1978
FS H. von der Groeben (1987)	Eine Ordnungspolitik für Europa, Festschrift für Hans von der Groeben zu seinem 80. Geburtstag, hrsg von E.-J. Mestmäcker, H. Möller und H.-P. Schwarz, 1987
FS O.-F. von Gamm (1990)	Festschrift für Otto-Friedrich Frhr. v. Gamm, hrsg von H. Erdmann, H.-K. Mees, H. Piper, O. Teplitzky, W. Hefermehl, P. Ulmer, 1990
FS W. von Meibom (2010)	Festschrift für Wolfgang von Meibom, hrsg von Ch. Harmsen, O.J. Jüngst und F. Rödiger, 2010
FS A.-A. Wandtke (2013)	Festschrift für Artur-Axel Wandtke zum 70. Geburtstag, hrsg von K.-I. Wöhrn, W. Bullinger, E. Grunert und C. Ohst, 2013
FS G. Weißmann (2003)	Freiheit, Sicherheit, Recht. Notariat und Gesellschaft. Festschrift Georg Weißmann, hrsg von der Österr. Notarkammer (2003)
FS W. Wendel (1969)	Festschrift für Senatspräsident Wilhelm Wendel, hrsg von R. Klaka, 1969
FS G. Wilde (1970)	Festschrift für Günther Wilde zum 70. Geburtstag (1970)
FS L. Wiltschek (2008)	= ÖBl 2008, 161 ff
FS R. Zäch (1999)	Der Einfluß des europäischen Rechts auf die Schweiz, Festschrift für Prof. R. Zäch zum 60. Geburtstag, hrsg von Forstmoser, von der Crone, Weber und Zorbel, 1999
FS 10 Jahre BPatG (1971)	Zehn Jahre Bundespatentgericht, hrsg von E. Häußer, 1971
FS 10 Jahre Bundeskartellamt (1968)	
FS 10 Jahre DVS (1999)	Ehrenamtliche Richter – Demokratie oder Dekoration am Richtertisch? Festschrift zum zehnjährigen Bestehen der DVS [Deutsche Vereinigung der Schöffinnen und Schöffen], hrsg von H. Lieber und U. Sens, 1999

FS 10 Jahre Rspr. GBK EPA (1996)	Zehn Jahre Rechtsprechung der Großen Beschwerdekammer im Europäischen Patentamt, hrsg von Mitgliedern der Großen Beschwerdekammer im EPA, 1996
FS 10 Jahre sic!	Das Immaterialgüterrecht und seine Schnittstellen, Sonderheft 2007
FS 10 Jahre Studiengang „International Studies Property Law"	Überproduktion durch Gestiges Eigentum? Festschrift zum zehnjährigen Jubiläum des Studiengangs „International Studies in Intellectual in Intellectual Property Law", hrsg v. H.-P. Götting und A. Lunze, 2009
FS zur 11. Verleihung der Dieselmedaille (1966)	
FS 20 Jahre VVPP (1975)	Entwicklungstendenzen im gewerblichen Rechtsschutz, Festschrift für den VVPP zum 20jährigen Bestehen, 1975
FS 25 Jahre BGH (1975)	FS 25 Jahre Bundesgerichtshof, hrsg von G. Krüger-Nieland, 1975
FS 25 Jahre BPatG (1986)	25 Jahre Bundespatentgericht, hrsg vom Bundespatentgericht, 1986
FS 40 Jahre BPatG (2001)	= GRUR 2001, 545 ff
FS 50 Jahre BGH (2000)	Festschrift aus Anlaß des fünfzigjährigen Bestehens von Bundesgerichtshof, Bundesanwaltschaft und Rechtsanwaltschaft beim Bundesgerichtshof, hrsg von K. Geiß, K. Nehm, E.-E. Brandner, H. Hagen, 2000
WissFS 50 Jahre BGH (2000)	50 Jahre Bundesgerichtshof, Festgabe der Wissenschaft, hrsg von C.-W. Canaris, A. Heldrich, K.J. Hopt, C. Roxin, K. Schmidt, G. Widmaier, 4 Bde, 2000
FS 50 Jahre Bundesarbeitsgericht	50 Jahre Bundesarbeitsgericht, hrsg von H. Oetker ua, 2004
FS 50 Jahre BPatG	50 Jahre Bundespatentgericht, hrsg von A. Bender, K. Schülke, V. Winterfeldt, 2011
FS 50 Jahre deutsche Patentanwaltschaft (1950)	50 Jahre deutsche Patentanwaltschaft, hrsg vom Vorstand der deutschen Patentanwaltskammer, 1950
FS 50 Jahre DPMA	= Festheft 50 Jahre Deutsches Patent- und Markenamt in München, GRUR 1999, 781 ff
FS 50 Jahre Patentamt (1927)	
FS 50 Jahre VPP (2005)	Festschrift 50 Jahre VPP, hrsg von R. Einsele und E. Franke, 2005
FS zum 75jährigen Bestehen des Deutschen Patentamts	= BlPMZ 1952, 205 ff; GRUR 1952, 260 ff
FS 75 Jahre öPA (1974)	Festschrift 75 Jahre österreichisches Patentamt
FS 75 Jahre Pro Honore (2000)	Gute Beispiele setzen schlechte Sitten ins Unrecht, 75 Jahre Arbeit in Grauzonen der Wirtschaft, red. von O. Dobbeck, 2000
FS DPA 100 Jahre Marken-Amt (1994)	
FS 100 Jahre AIPPI (1997)	AIPPI und die Entwicklung des Gewerblichen Rechtsschutzes 1897–1997
FS 100 Jahre eidg. PatG (1988)	Festschrift zum 100-jährigen Bestehen des eidgenössischen Patentgesetzes
FS 100 Jahre GRUR (1991)	Gewerblicher Rechtsschutz und Urheberrecht in Deutschland, Festschrift zum hundertjährigen Bestehen der Deutschen Vereinigung für gewerblichen Rechtsschutz und Urheberrecht und ihrer Zeitschrift, hrsg durch F.-K. Beier, A. Kraft, G. Schricker, E. Wadle, 2 Bde
FS 100 Jahre Schweizer Juristenvereinigung (1961)	Festschrift zum Zentennarium der Schweizer Juristenvereinigung, 1961
FS 100 Jahre Patentamt (1977)	2 Bde

FS 200 Jahre Carl
Heymanns Verlag

Recht im Wandel europäischer und deutscher Rechtspolitik, hrsg von
B. Limperg, J. Bormann, A. Filges, M.-L. Graf-Schlicker, H. Prütting, 2015

FS 400 Jahre Universität
Gießen

Rechtswissenschaft im Wandel, Festschrift des Fachbereichs Rechtswissenschaft zum 400jährigen Gründungsjubiläum der Justus-Liebig-Universität
Gießen, hrsg von W. Gropp, M. Lipp und H. Steiger, 2007

MitarbeiterFS E. Ulmer
(1973)

Gewerblicher Rechtsschutz, Urheberrecht, Wirtschaftsrecht, Mitarbeiterfestschrift zum 70. Geburtstag von Eugen Ulmer, 1973

Schriften zum Außenwirtschaftsrecht Bd 8

Rechtsfragen des internationalen Schutzes geistigen Eigentums, Ehlers/
Wolffgang/Pünder (Hrsg), 2002

Textausgaben, Rechtsprechungsübersichten und Hilfsmittel

Anders

Neue Entwicklungen in der Rechtsprechung zum Patentrecht, in *Ring* (Hrsg)
Tagungsband 2. Freiberger Seminar zur Praxis des Gewerblichen Rechtsschutzes, 2000, 53

Aus der Rechtsprechung
des Bundespatentgerichts
im Jahre ...

(jährliche Rechtsprechungsübersichten in den Jahresberichten des BPatG und
in GRUR des Folgejahrs) GRUR 1978, 404 (*Maue-zur Rocklage*); 1979, 341
(*Starck*); 1980, 815; 1981, 489; 1982, 379; 1983, 267; 1984, 479 (*Schwendy*);
1985, 403; 1986, 565; 1987, 325 (*Ströbele*); 1988, 413 (*Schade*); 1989, 388
(*Schade/Hellebrand*); 1990, 483 (*Hellebrand/Ströbele*); 1991, 483 (*Anders/
Schade/Ströbele*); 1992, 347; 1993, 631; 1994, 399 (*Pösentrup/Schade/Ströbele*);
1995, 365; 1996, 303 (*Pösentrup/Keukenschrijver/Ströbele*); 1997, 487 (*Anders/
Hacker*); 1998, 604; 1999, 443; 2000, 257(*Anders*); 2001, 276; 2002, 289; 2003,
369 (*Kellerer*); 2004, 361; 2005, 449; 2006, 441 (*Winterfeldt*); 2007, 449, 537;
2008, 553; 2009, 525, 613, 641 (*Winterfeldt/Engels*); 2010, 465; 2011, 561; 2012,
551, 673 (*Engels/Morawek*); 2013, 433, 545 (*Engels/Morawek*); 2014, 409
(*Engels/Morawek*); 2015, 409, 513 (*Kopacek/Morawek*); 2016, 537 (*Kopacek/
Morawek*); zuvor unter dem Titel Die Tätigkeit des Bundespatentgerichts im
Jahre ...: GRUR 1974, 268; 1975, 250; 1976, 242 (*Neuperth*); 1977, 588 (*Maue-zur
Rocklage*)

Bartenbach ua

Formularsammlung zum gewerblichen Rechtsschutz und Urheberrecht[2], 1998
(auch Diskette)

Baudenbacher

Aktuelle Entwicklungen in der immaterialgüterrechtlichen Rechtsprechung
der Europäischen Gerichtshöfe, in: *Baudenbacher/Simon* (Hrsg) Drittes
St. Galler Internationales Immaterialgüterrechtsforum 1999 (2000), 1

Bausch

Nichtigkeitsrechtsprechung in Patentsachen, 4 Bde, 2000/2002 und o.J.
(2007)

Bayreuther

Fälle zum Urheberrecht und gewerblichen Rechtsschutz, 2001

Beck Texte im dtv

Patent- und Designrecht[12], 2014

Beck'sche Formularsammlung

zum Gewerblichen Rechtsschutz und Urheberrecht[5], 2015

Beier/Schricker/
Fikentscher (Hrsg)

German Industrial Property, Copyright and Antitrust Laws[3], 1996 (Loseblatt)

Beuskens

Geistiges Eigentum und Kartellrecht (Jura kompakt), 2013

Deutsches Patent- und
Markenamt (Hrsg)

Taschenbuch des Gewerblichen Rechtsschutzes, 4 Bde (Loseblatt)

Düwel/Gabriel/Renz/
Teufel

EPÜ- und PCT-Tabellen[4], 2016

Eckardt/Klett (Hrsg)	Wettbewerbsrecht, Gewerblicher Rechtsschutz und Urheberrecht – Vorschriftensammlung, 2007
Europäisches Patentamt (Hrsg)	Europäisches Patentübereinkommen, Textausgabe[14], 2010
Gareis	Die patentamtlichen und gerichtlichen Entscheidungen in Patent-, Muster- und Markenschutzsachen, einschl neuer Folge ab 1896 19 Bde 1881 bis 1914
Gewerblicher Rechtsschutz, Wettbewerbsrecht, Urheberrecht[55]	(Loseblatt, Beck), 2015
Götting	Gewerblicher Rechtsschutz und Urheberrecht (Prüfe dein Wissen)[3], 2015
Haberstrumpf/Husemann	Wettbewerbs- und Kartellrecht, Gewerblicher Rechtsschutz[6], 2015
Hasselblatt	Gewerblicher Rechtsschutz (Anwaltstexte), 1996
Hasselblatt	Münchener Anwaltshandbuch Gewerblicher Rechtsschutz[4], 2012
Haertel/Krieger/Kaube (Hrsg)	Arbeitnehmererfinderrecht, Textausgabe[4], 1995
Heinemann (Hrsg)	Patent- und Musterrecht (Beck-Texte 5563)[11], 2011
Hoppe-Jänich	Die Rechtsprechung der Instanzgerichte zum Patent- und Gebrauchsmusterrecht seit dem Jahr 2013, GRUR-RR 2013, 473
Inter Nationes	Patentgesetz und Europäisches Patentübereinkommen, 1991 (auch in englischer, französischer und spanischer Sprache)
Jänich/Haupt/Cantner/ Muhsfeldt (Hrsg)	Neue Schutzrechte in der Unternehmenspraxis, 2009
Kase	Dictionary of Industrial Property, 1980 (engl/span/franz/dt)
Keukenschrijver	Neue Rechtsprechung des Bundesgerichtshofs zum Patentrecht seit Inkrafttreten des 2. PatGÄndG, Mitt 2000, 435
Keukenschrijver	Aktuelle BGH-Rechtsprechung zu europäischen Patenten, VPP-Rdbr 2000, 96
Klett/Sonntag/Wilske	Intellectual Property Law in Germany, 2008
Mehler/Möller (Hrsg)	Intellectual Property, A Dictionary on Legal Terms, English-Chinese/Chinese-English, 2015
Meier-Beck	Die Rechtsprechung des Bundesgerichtshofs zum Patent- und Gebrauchsmusterrecht im Jahr 2005, GRUR 2007, 11; 2006, GRUR 2007, 913; 2007, GRUR 2008, 1033 = IIC 2009, 434; 2008, GRUR 2009, 893; 2009, GRUR 2010, 1041; 2010, GRUR 2011, 857; 2011, GRUR 2012, 1177; 2012, GRUR 2013, 1177; 2013, GRUR 2014, 1033; 2014, GRUR 2015, 721
Mes (Hrsg)	Beck'sches Prozeßformularbuch[11], 2010
Mes (Hrsg)	Münchener Prozeßformularbuch Bd 5[4], 2014
Morawek	Aktuelle Entscheidungspraxis des BPatG zum Patentrecht, VPP-Rdbr 2014, 97; 2015, 60; 2016, 46
Moser	Neueste Rechtsprechung der Organe des Europäischen Patentamts (EPA), in: Baudenbacher/Simon (Hrsg) Drittes St. Galler Internationales Immaterialgüterrechtsforum 1999 (2000)
Offenburger	Patent und Patentrecherche, 2014
Reitzle/Butenschön/ Bergmann	Gesetz über Arbeitnehmererfindungen/Act on Employees' Inventions[3], 2007
Schulte	Patent- und Musterrecht, Textausgabe[5], 1995
Stamm	Logik im Patentrecht, 2002
Starck	Gewerblicher Rechtsschutz mit Wettbewerbs- und Urheberrecht (juris Texte), Ausgabe 2004
Teschemacher	Aktuelle Rechtsprechung der Beschwerdekammern des EPA – Notizen aus der Praxis, Mitt 2009, 297
Trimborn	Aktuelle Entwicklungen im Erfindungsrecht sowie bei Lizenzen und Know-how im Zeitraum 2004–2006, Mitt 2006, 352
Vollrath	Praxis der Patent- und Gebrauchsmusteranmeldung[5], 2002
M. von Rospatt	Die Rechtsprechung der 4. Zivilkammer des Landgerichts Düsseldorf in Patentstreitsachen im Jahr 1999, Mitt 2000, 287

von Uexküll	Wörterbuch der Patent- und Markenpraxis[8], 2011 (dt/engl, engl/dt)
Winterfeldt	Aktuelle Entscheidungspraxis des BPatG zum Patentrecht, VPP-Rdbr 2006, 82
Wuttke	Aktuelles aus dem Bereich der „Patent Litigation", Mitt 2013, 483, Mitt 2014, 452, Mitt 2016, 55

Zeitschriften und Entscheidungssammlungen

ABl EG	Amtsblatt der Europäischen Gemeinschaften
ABl EPA	Amtsblatt des Europäischen Patentamts
AcP	Archiv für civilistische Praxis
AJP	Aktuelle juristische Praxis
Ann. propr. ind.	Annales de la propriété industrielle, artistique et littéraire
AntBul	The Antitrust Bulletin
AnwBl	Anwaltsblatt
AöR	Archiv des öffentlichen Rechts
AP	Nachschlagewerk des Bundesarbeitsgerichts (Arbeitsrechtliche Praxis)
AuR	Arbeit und Recht
BAGE	Entscheidungen des Bundesarbeitsgerichts; s auch schweiz. BAGE
BAnz	Bundesanzeiger
BB	Der Betriebsberater
Bek AfEP	Bekanntmachungen des Amtes für Erfindungs- und Patentwesen der Deutschen Demokratischen Republik
BFHE	Sammlung der Entscheidungen und Gutachten des Bundesfinanzhofs
BFH/NV	Sammlung amtlich nicht veröffentlichter Entscheidungen des BFH
BfS	Blatt für Sortenwesen
BGBl	Bundesgesetzblatt
BGE	Entscheidungen des schweiz. Bundesgerichtes
BGHR	Systematische Sammlung der Entscheidungen des BGH
BGHReport	Schnelldienst zur Zivilrechtsprechung des BGH
BGHSt	Entscheidungen des Bundesgerichtshofs in Strafsachen
BGHZ	Entscheidungen des Bundesgerichtshofs in Zivilsachen
BIE	Bijblad bij De Industriële Eigendom, seit März 2010 Berichten Industriële Eigendom
BlStSozArbR	Blatt für Steuer-, Sozialversicherungs- und Arbeitsrecht
BlPMZ	Blatt für Patent-, Muster- und Zeichenwesen
BOPI	Bulletin officiel de la propriété industrielle
BPatGE	Entscheidungen des Bundespatentgerichts
BRDrs	Bundesratsdrucksache
BStBl	Bundessteuerblatt
BTDrs	Bundestagsdrucksache
BVerfGE	Entscheidungen des Bundesverfassungsgerichts
BVerwGE	Entscheidungen des Bundesverwaltungsgerichts
CahDrEur	Cahiers de droit européen
CIPR	CIP-Report (Universität Düsseldorf)
CIT	Chemie-Ingenieur-Technik
CMLR	Common Market Law Review
CPR	Canadian Patent Reporter/Review
CR	Computer und Recht
CRi	Computer law review international, zuvor Computer und Recht international
DB	Der Betrieb
DEPATIS	elektronisches Archiv des DPMA
DEPATISnet	Datenbestände von DEPATIS online
DJ	Deutsche Justiz
dn B	Der Neuerer Teil B

DÖD	Der öffentliche Dienst
DÖV	Die öffentliche Verwaltung
DPINFO	Auskunftssystem des DPMA
DR	Deutsches Recht
DRiZ	Deutsche Richterzeitung
DRZ	Deutsche Rechts-Zeitschrift
DuD	Datenschutz und Datensicherung
DVBl	Deutsches Verwaltungsblatt
ecolex	Fachzeitschrift für Wirtschaftsrecht (Österreich)
EFG	Entscheidungen der Finanzgerichte
EGR	Entscheidungssammlung Arbeitnehmererfindungsrecht (früher: Entscheidungssammlung Gewerblicher Rechtsschutz), hrsg von *Gaul/Bartenbach*, 1972 ff
EIPR	European Intellectual Property Review
ENPR	European National Patent Reports
Entsch	Landgericht Düsseldorf, Entscheidungen der 4. Zivilkammer
EPA (Generaldirektion Beschwerde) (Hrsg)	Rechtsprechung der Beschwerdekammern des Europäischen Patentamts, 1996
EPA-E	Entscheidungen der Beschwerdekammern des EPA
epi-Inf	EPI-Information
EPOR	European Patent Office Reports
EuGRZ	Europäische Grundrechte-Zeitschrift
EuPatBl	Europäisches Patentblatt
EurLawRev	European Law Review
EuV	Erfindungs- und Vorschlagswesen
EuZW	Europäische Zeitschrift für Wirtschaftsrecht
EWS	Europäisches Wirtschafts- und Steuerrecht
FSR	Fleet Street Reports (früher Fleet Street Patent Law Reports)
Gareis	Die patentamtlichen und gerichtlichen Entscheidungen in Patent-, Muster- und Markenschutzsachen, einschl neuer Folge ab 1896 19 Bde 1881 bis 1914
GazPal	Gazette du Palais (Frankreich)
GoltdArch	Goltdammers Archiv für Strafrecht
GRUR	Gewerblicher Rechtsschutz und Urheberrecht
GRUR Ausl	s GRUR Int
GRUR Int	Gewerblicher Rechtsschutz und Urheberrecht Internationaler Teil, teilweise Auslands- und Internationaler Teil
GRURPrax	Gewerblicher Rechtsschutz und Urheberrecht Praxis im Immaterialgüter- und Wettbewerbsrecht
GRUR-RR	GRUR-Rechtsprechungsreport
HRR	Höchstrichterliche Rechtsprechung
ICLQ	The International and Comparative Law Quarterly
IDEA	Idea – The Patent, Trademark, and Copyright Journal of Research and Education (USA)
IER	Intellectuele Eigendom en Reclamerecht (Niederlande)
IIC	International Review of Industrial Property and Copyright Law, seit 2004 International Review of Intellectual Property and Competition Law
IndProp	Industrial Property, seit 1995 Industrial Property and Copyright (s ProprInd)
Information StW	Information über Steuer und Wirtschaft
Ing.-Cons.	L'Ingénieur-Conseil, Revue technique et juridique des droits intellectuels (Belgien)
InstGE	Entscheidungen der Instanzgerichte zum Recht des Geistigen Eigentums, bisher 13 Bde
IPQ	Intellectual Property Quarterly (London)
IPRax	Praxis des Internationalen Privat- und Verfahrensrechts

IPRB	Der IP-Rechtsberater
iur	Informatik und Recht
JA	Juristische Arbeitsblätter
JCP	Juris-classeur périodique
JIBL	Journal of International Biotechnology Law
JIPLP	Journal of Intellectual Property Law & Practice
JJGrAIPPI	Journal of the Japanese Group of AIPPI
JMBl	Justizministerialblatt
JPOS	Journal of the Patent Office Society
JPTOS	Journal of the Patent and Trademarks Office Society
JR	Juristische Rundschau
JurBüro	Das juristische Büro
JurPC	Jur-PC (Zeitschrift, im Internet)
JuS	Juristische Schulung
JVBl	Justizverwaltungsblatt
JW	Juristische Wochenschrift
JWIP	Journal of World Intellectual Property
JWorldTrL	Journal of World Trade Law
JZ	Juristenzeitung
KritV	Kritische Vierteljahresschrift für Gesetzgebung und Rechtswissenschaft
KWI	Karlsruher Schriften zum Wettbewerbs- und Immaterialgüterrecht
LiechtJZ	Liechtensteinische Juristen-Zeitung
Liedl	Liedl, Entscheidungen des Bundesgerichtshofs in Zivilsachen, Patentnichtig-keitsklagen
LM	Lindenmaier/Möhring, Nachschlagewerk des Bundesgerichtshofs
LMK	Kommentierte BGH-Rechtsprechung Lindenmaier-Möhring
MA	Der Markenartikel
ManIntProp	Managing intellectual property
MarkenR	Markenrecht
MDR	Monatsschrift für Deutsches Recht
Mitt	Mitteilungen der deutschen Patentanwälte, zeitweise Mitteilungen aus dem Verband der deutschen Patentanwälte
MMR	Multimedia und Recht
MR	Medien und Recht (Österreich)
MuW	Markenschutz und Wettbewerb
NedJ	Nederlandse Jurisprudentie
NIR	Nordisk Immateriellt Rättsskydd (Schweden)
NJ	Neue Justiz
NJB	Nederlands Juristenblad
NJOZ	Neue Juristische Online-Zeitschrift
NJW	Neue juristische Wochenschrift
NJW-CoR	NJW-Computerreport
NJW-RR	NJW-Rechtsprechungs-Report
NJWE-VHR	NJW-Entscheidungsdienst Versicherungs- und Haftungsrecht
NJWE-WettbR	NJW-Entscheidungsdienst Wettbewerbsrecht
NordÖR	Zs für öffentliches Recht in Norddeutschland
NVwZ	Neue Zeitschrift für Verwaltungsrecht
NVwZ-RR	Neue Zeitschrift für Verwaltungsrecht Rechtsprechungs-Report
NZA	Neue Zeitschrift für Arbeits- und Sozialrecht
NZBau	Neue Zeitschrift für Baurecht und Vergaberecht
NZG	Neue Zeitschrift für Gesellschaftsrecht
NZI	Neue Zeitschrift für das Recht der Insolvenz und Sanierung
NZKart	Neue Zeitschrift für Kartellrecht
ÖBl	Österreichische Blätter für gewerblichen Rechtsschutz und Urheberrecht
OGZ	Entscheidungen des Obersten Gerichts der DDR in Zivilsachen

ÖJZ	Österreichische Juristen-Zeitung
OLGR	OLG-Report (mit Zusatz des Gerichts)
OLGZ	Entscheidungen der Oberlandesgerichte in Zivilsachen
öPBl	(österreichisches) Patentblatt
PatBl	Patentblatt
PatentiLic	Patenti i Licenzii
PatLic	Patent and licensing
PatWorld	Patent World, London
PharmR	Pharma-Recht
PharmInd	Pharmazeutische Industrie
PIBD	Propriété industrielle – Bulletin de documentation
ProprInd	La Propriété Industrielle, seit 1995 La Propriété Industrielle et le Droit d'auteur, bis Mai 1998, seither Revue de l'OMPI
PTCJ	Patent, Trademark and Copyright Journal
RdA	Recht der Arbeit
RDPI	Revue du droit de la propriété industrielle (Frankreich)
RDV	Recht der Datenverarbeitung
Rev.tr.dr.comm.	Revue trimestrielle du droit commerciel (Frankreich)
Rev.tr.dr.eur.	Revue trimestrielle de droit européen (Frankreich)
RGBl	Reichsgesetzblatt
RGSt	Entscheidungen des Reichsgerichts in Strafsachen
RGZ	Entscheidungen des Reichsgerichts in Zivilsachen
RiA	Recht im Amt
RIPIA	Revue internationale de la propriété industrielle et artistique (Frankreich)
Riv.dir.ind.	Rivista di diritto industriale (Italien)
Riv.propr.intell. e ind.	Rivista della proprietà intellettuale ed industriale (Italien)
RIW	Recht der Internationalen Wirtschaft, zeitweise RIW/AWD (Außenwirtschaftsdienst des Betriebs-Beraters)
ROHGE	Entscheidungen des Reichsoberhandelsgerichts
ROW	Recht in Ost und West
RPC	Reports of Patent, Design and Trade mark cases
RRPI	Revista romana de proprietate industriala, Bukarest
RsprDB ArbEG	*Hellebrand/Schmidt* Rechtsprechungsdatenbank ArbEG[5], 2012
Rpfleger	Der deutsche Rechtspfleger
RzU	Rechtsprechung zum Urheberrecht
Schulte-Kartei	hrsg von *Schulte* (auch als CD-ROM)
SchwPMMBl	Schweizerisches Patent-, Muster- und Markenblatt
sic!	(schweiz.) ZS für Immaterialgüter-, Informations- und Wettbewerbsrecht (ab 1997, zuvor SMI)
SJZ	Schweizerische Juristen-Zeitung
Slg	Sammlung der Entscheidungen des Europäischen Gerichtshofs
SMI	Schweizerische Mitteilungen über Immaterialgüterrecht (bis 1996), bis 1984 Schweizerische Mitteilungen über gewerblichen Rechtsschutz und Urheberrecht, ab 1997 sic!
StBp	Die steuerliche Betriebsprüfung
UFITA	Archiv für Urheber-, Film-, Funk- und Theaterrecht
USPQ	The United States Patent Quarterly (USA)
VerwArch	Verwaltungsarchiv
VPP-Rdbr	VPP-Rundbrief
wbl	Wirtschaftsrechtliche Blätter
WIB	Wirtschaftsrechtliche Beratung
WIPR	World Intellectual Property Report, London
WiRO	Wirtschaft und Recht in Osteuropa
WissR	Wissenschaftsrecht
wistra	ZS für Wirtschaft, Steuer, Strafrecht

WM	Wertpapier-Mitteilungen Teil IV
WRP	Wettbewerb in Recht und Praxis
WuW	Wirtschaft und Wettbewerb
ZAkDR	Zeitschrift der Akademie für Deutsches Recht
ZBR	Zeitschrift für Beamtenrecht
ZEuP	Zeitschrift für europäisches Privatrecht
ZEV	Zeitschrift für Erbrecht und Vermögensnachfolge
ZGE	Zeitschrift für Geistiges Eigentum
ZfA	Zeitschrift für Arbeitsrecht
ZfRV	Zeitschrift für Rechtsvergleichung, int. Privatrecht und Europarecht (Österreich)
ZGE	Zeitschrift für Geistiges Eigentum
ZGR	Zeitschrift für gewerblichen Rechtsschutz
ZHR	Zeitschrift für das gesamte Handelsrecht und Wirtschaftsrecht
ZinsO	Zeitschrift für das gesamte Insolvenzrecht
ZIP	Zeitschrift für Wirtschaftsrecht (und Insolvenzpraxis)
ZJS	Zeitschrift für das juristische Studium
ZÖR	Zeitschrift für öffentliches Recht
ZRP	Zeitschrift für Rechtspolitik
ZUM	Zeitschrift für Urheber- und Medienrecht
ZUR	Zeitschrift für Umweltrecht
ZVglRWiss	Zeitschrift für vergleichende Rechtswissenschaft
ZWeR	Zeitschrift für Wettbewerbsrecht
ZZP	Zeitschrift für Zivilprozess
ZZP Int	Zeitschrift für Zivilprozess International

Abkürzungen

aA	anderer Ansicht
abgedr	abgedruckt
abl	ablehnend (-e, -er)
ABl	Amtsblatt
Abs	Absatz
Abschn	Abschnitt
abw	abweichend
aE	am Ende
AEUV	Vertrag über die Arbeitsweise der Europäischen Union
aF	alte Fassung
AfEP	Amt für Erfindungs- und Patentwesen (ehem. DDR)
AGGVG	Ausführungsgesetz zum Gerichtsverfassungsgesetz
AHKG	Gesetz der Alliierten Hohen Kommission
AIPPI	Association Internationale pour la Protection de la Propriété Industrielle (Internationale Vereinigung für gewerblichen Rechtsschutz)
allg	allgemein
allgM	allgemeine Meinung
AMG	Arzneimittelgesetz
AMVO	Verordnung (EWG) Nr 1768/92 des Rates vom 18.6.1992 über die Schaffung eines ergänzenden Schutzzertifikats für Arzneimittel
ÄndG	Änderungsgesetz
ÄndVO	Änderungsverordnung
Anh	Anhang
Anl	Anlage
Anm	Anmerkung
AnspÜbersV	Verordnung über die Übersetzungen der Ansprüche europäischer Patentanmeldungen
ao	außerordentlich
AO	Ausführungsordnung; auch: Abgabenordnung
AOEPÜ	Ausführungsordnung zum Europäischen Patentübereinkommen
AOPCT	Ausführungsordnung zum Patentzusammenarbeitsvertrag
ArbEG	Gesetz über Arbeitnehmererfindungen
ArbGb	Arbeitgeber
ArbGG	Arbeitsgerichtsgesetz
ArbN	Arbeitnehmer (auch in Zusammensetzungen)
ArbNErfV	VO über die steuerliche Behandlung der Vergütungen für Arbeitnehmererfindungen
ARIPO	Organisation für geistiges Eigentum im englischsprechenden Afrika
Art	Artikel
Aufl	Auflage
ausländ	ausländisch (-e, -er)
AusstG	Gesetz über den Schutz von Erfindungen, Mustern und Warenzeichen auf Ausstellungen
austral	australisch
Az	Aktenzeichen
BAG	Bundesarbeitsgericht
BayObLG	Bayerisches Oberstes Landesgericht
BBG	Bundesbeamtengesetz
Bd	Band
Bde	Bände
bdkl	bedenklich
Begr	Begründung

XLIII

Beil	Beilage
Bek	Bekanntmachung
belg	belgisch
ber	berichtigt
betr	betreffend (-e, -en, -es)
BFH	Bundesfinanzhof
BG	(schweiz.) Bundesgericht
BGB	Bürgerliches Gesetzbuch
BGH	Bundesgerichtshof
BioTRl	Biotechnologie-Richtlinie
BIRPI	Bureaux Internationaux Réunis pour la Protection de la Propriété Intellectuelle, Vereinigte Internationale Büros zum Schutze des gewerblichen, literarischen und künstlerischen Eigentums
BKartA	Bundeskartellamt
BM	Bundesminister(ium)
BMA	Bundesminister(ium) für Arbeit (und Sozialordnung)
BMJ	Bundesminister(ium) der Justiz, jetzt: BMJV
BMJV	Bundesministerium der Justiz und für Verbraucherschutz
BMVtg	Bundesminister(ium) der Verteidigung
BPatG	Bundespatentgericht
BRAGebO	Bundesgebührenordnung für Rechtsanwälte
brit	britisch
BSA	Bundessortenamt
BSHG	Bundessozialhilfegesetz
Bsp	Beispiel (-e)
Buchst	Buchstabe
BV	Budapester Vertrag über die internationale Anerkennung der Hinterlegung von Mikroorganismen für die Zwecke von Patentverfahren
BVerfG	Bundesverfassungsgericht
BVerwG	Bundesverwaltungsgericht
bzgl	bezüglich
bzw	beziehungsweise
CA	Corte di Appello, Cour d'appel, Court of Appeal
CAFC	Court of Appeal for the Federal Circuit
CBC	GPÜ (frz Bezeichnung)
CBE	EPÜ (frz Bezeichnung)
CCass	Cour de Cassation
chin	chinesisch
CIPA	Chartered Institute of Patent Agents
CPI	(frz) Code de la propriété intellectuelle
dän	dänisch
dass	dasselbe
DDR	Deutsche Demokratische Republik
dh	das heißt
Diss	Dissertation
DNS	Desoxyribonucleinsäure
DO	Durchführungsordnung zum einheitlichen Patentschutz
DPA	Deutsches Patentamt, seit 1.11.1998 Deutsches Patent- und Markenamt
DPAV	Verordnung über das Deutsche Patentamt vom 5.9.1968, jetzt DPMAV
DPAVwKostV	Verordnung über die Verwaltungskosten beim Deutschen Patentamt, jetzt DPMAVwKostV
DPMA	Deutsches Patent- und Markenamt
DPMAV	Verordnung über das Deutsche Patent- und Markenamt

DPMAVwKostV	Verordnung über die Verwaltungskosten beim Deutschen Patent- und Markenamt
DRiG	Deutsches Richtergesetz
dt	deutsch
DVGR	Deutsche Vereinigung für gewerblichen Rechtsschutz und Urheberrecht
DVO	Durchführungsverordnung
dzt	derzeit
EAPatV	Verordnung über die elektronische Aktenführung bei dem Patentamt, dem Patentgericht und dem Bundesgerichtshof
EFTA	Europäische Freihandelszone
EG	Europäische Gemeinschaft(en)
EGBGB	Einführungsgesetz zum Bürgerlichen Gesetzbuch
EGMR	Europäischer Gerichtshof für Menschenrechte
EGStGB	Einführungsgesetz zum Strafgesetzbuch
EGV	Vertrag zur Gründung der Europäischen Gemeinschaft
EGZPO	Gesetz betreffend die Einführung der Zivilprozessordnung
EinhP	Europäisches Patent mit einheitlicher Wirkung
EinigV	Einigungsvertrag
Einl	Einleitung
EinsprRl	Richtlinien für das Einspruchsverfahren
EintrRl	Eintragungsrichtlinien
EMRK	Europäische Konvention zum Schutz der Menschenrechte und Grundfreiheiten
EMRKomm	Europäische Kommission für Menschenrechte
entspr	entsprechend (-e, -em, -en, -er, -es; auch in Zusammensetzungen wie dementsprechend oder zweckentsprechend)
EPA	Europäisches Patentamt
EPG	Einheitliches Patentgericht
EPGÜ, EPG-Übk	Übereinkommen über ein einheitliches Patentgericht
EPG-VerfO	Verfahrensordnung des einheitlichen Patentgerichts
EPLA	European Patent Litigation Agreement (Entwurf)
EPO	Europäische Patentorganisation; auch: European Patent Office (Europäisches Patentamt)
EPÜ	Übereinkommen über die Erteilung europäischer Patente (Europäisches Patentübereinkommen)
EPVO	Verordnung (EU) Nr 1257/2012 des Europäischen Parlaments und des Rates vom 17.12.2012 über die Umsetzung der Verstärkten Zusammenarbeit im Bereich der Schaffung eines einheitlichen Patentschutzes
EPÜbersVO	Verordnung (EU) Nr 1260/2012 des Rates vom 17.12.2012 über die Umsetzung der verstärkten Zusammenarbeit im Bereich der Schaffung eines einheitlichen Patentschutzes im Hinblick auf die anzuwendenden Übersetzungsregelungen
ErfBenV	Verordnung über die Benennung des Erfinders (Erfinderbenennungs-verordnung)
ErfV	VO über die einkommensteuerliche Behandlung der freien Erfinder
ERGE	eidgenössische Rekurskommission für geistiges Eigentum
ErstrG	Erstreckungsgesetz
ESchG	Embryonenschutzgesetz
EU	Europäische Union
EuG	Europäisches Gericht 1. Instanz
EuGH	Europäischer Gerichtshof
EuGVVO	Verordnung (EG) Nr 44/2001 vom 22.12.2000 des Rates über die gerichtliche Zuständigkeit und die Anerkennung und Vollstreckung von Entscheidungen in Zivil- und Handelssachen

EuGVÜ	Übereinkommen der EG über die gerichtliche Zuständigkeit und die Vollstreckung gerichtlicher Entscheidungen in Zivil- und Handelssachen (Europäisches Gerichtsstands- und Vollstreckungsübereinkommen)
eur	europäisch
EURAG	Gesetz über die Tätigkeit europäischer Rechtsanwälte in Deutschland vom 9.3.2000
EuratomV	Vertrag zur Gründung der Europäischen Atomgemeinschaft
EuroFormÜ	Europäische Übereinkunft über Formerfordernisse bei Patent-anmeldungen
EuroLÜ	Europäisches Legalisationsabkommen
EWG	Europäische Wirtschaftsgemeinschaft
EWGV	Vertrag zur Gründung der Europäischen Wirtschaftsgemeinschaft
EWR	Europäischer Wirtschaftsraum
f	folgende(r); (-s)
ff	folgende
FG	Finanzgericht
FGG	Gesetz über die Angelegenheiten der freiwilligen Gerichtsbarkeit
FICPI	Fédération internationale des conseils en propriété industrielle
Fn	Fußnote
franz	französisch
FS	Festschrift
GATT	General Agreement on Tariffs and Trade (Allgemeines Zoll- und Handelsabkommen)
GBK	Große Beschwerdekammer (EPA)
GBl	Gesetzblatt
Gbm-	Gebrauchsmuster-
geänd	geändert
GebrMÄndG	Gebrauchsmusteränderungsgesetz
GebrMAnmV	Gebrauchsmusteranmeldeverordnung
GebrMG	Gebrauchsmustergesetz
GebVerz	Gebührenverzeichnis (Anlage zu § 2 Abs 1 PatKostG, vor 2002 Anlage zu § 1 PatGebG)
gem	gemäß (auch in Zusammensetzungen wie ordnungsgemäß)
GeschmMG	Geschmacksmustergesetz
GeschmMRefG	Geschmacksmusterreformgesetz
GG	Grundgesetz für die Bundesrepublik Deutschland
ggf	gegebenenfalls
GH	Gerechtshof (Niederlande, Belgien)
GKG	Gerichtskostengesetz
GmS OGB	Gemeinsamer Senat der obersten Gerichtshöfe des Bundes
GPatG	Gemeinschaftspatentgesetz
2. GPatG	Zweites Gemeinschaftspatentgesetz
GPÜ	Gemeinschaftspatentübereinkommen
GPVO	Verordnung über das Gemeinschaftspatent
grds	grundsätzlich
griech	griechisch
GSortV	Verordnung über den gemeinschaftlichen Sortenschutz
GVG	Gerichtsverfassungsgesetz
GWB	Gesetz gegen Wettbewerbsbeschränkungen
HABM	Harmonisierungsamt für den Binnenmarkt
Halbs	Halbsatz
HG	Handelsgericht (Österreich, Schweiz)

HGB	Handelsgesetzbuch
HighC	High Court
HlSchG	Halbleiterschutzgesetz
HlSchAnmV	Halbleiterschutz-Anmeldeverordnung
HLÜ	Haager Legalisierungsübereinkommen
hM	herrschende Meinung
HoL	House of Lords
HRR	Höchstrichterliche Rechtsprechung
Hrsg	Herausgeber
hrsg	Herausgegeben
HSanG	Haushaltssanierungsgesetz
idF	in der Fassung
idR	in der Regel
IGE	(schweiz.) Institut für Geistiges Eigentum
insb	insbesondere
InsO	insolvenzordnung
internat	international
IntAusstÜ	Übereinkommen über Internationale Ausstellungen
IntPatÜG	Gesetz über Internationale Patentübereinkommen
IntPflanzÜ	Internationales Übereinkommen zum Schutz von Pflanzenzüchtungen
IPC	Internationale Patentklassifikation
iS	im Sinne
iSd	im Sinne des (der)
iSv	im Sinne von
ital	italienisch
iVm	in Verbindung mit
iZw	im Zweifel
JBeitrO	Justizbeitreibungsordnung
JBK	Juristische Beschwerdekammer (EPA)
JGG	Jugendgerichtsgesetz
japan	japanisch
JVEG	Justizvergütungs- und -entschädigungsgesetz
JVKostV	Verordnung über Kosten im Bereich der Justizverwaltung
Kap	Kapitel
KG	Kammergericht
KO	Konkursordnung
Komm	Kommentar
korean	koreanisch
KostO	Kostenordnung
KostRMoG	Kostenrechtsmodernisierungsgesetz
KostVerz	Kostenverzeichnis
kr, krit	kritisch
KT	Kurztext
KtG	Kantonsgericht (Schweiz)
LAG	Landesarbeitsgericht
lfd	laufend (-e, -en, -er, auch in Zusammensetzungen wie fortlaufend)
LG	Landgericht
liechtenst	liechtensteinisch
liSp	linke Spalte
Lit	Literatur
Ls	Leitsatz

LugÜ	Übereinkommen über die gerichtliche Zuständigkeit und die Vollstreckung gerichtlicher Entscheidungen in Zivil- und Handelssachen vom 16.9.1988 (Lugano-Übereinkommen)
luxemb	luxemburgisch
m	mit (nur in Verbindungen wie m Anm, m Nachw)
MarkenG	Gesetz über den Schutz von Marken und sonstigen Kennzeichen (Markengesetz)
MarkenRRefG	Markenrechtsreformgesetz
m Nachw	mit Nachweis(en)
MittPräsDP(M)A	Mitteilung des Präsidenten des Deutschen Patent- (und Marken-)amts
mwN	mit weiteren Nachweisen
mWv	mit Wirkung vom
Nachw	Nachweis(e)
NATOGeheimÜ	NATO-Übereinkommen über die wechselseitige Geheimhaltung verteidigungswichtiger Erfindungen, die den Gegenstand von Patentanmeldungen bilden
NATOInfÜ	NATO-Übereinkommen über die Weitergabe technischer Informationen zu Verteidigungszwecken
Neubek	Neubekanntmachung
nF	neue Fassung
niederl	niederländisch
nlHR	niederländischer Hoge Raad
Nr	Nummer
ö, öst, österr (öPatG; ÖPA usw)	österreichisch(er, -es)
OAPI	Afrikanische Organisation für geistiges Eigentum
OG	Oberstes Gericht
OG DDR	Oberstes Gericht der DDR
OGH	Oberster Gerichtshof
OGH BrZ	Oberster Gerichtshof für die Britische Zone
OLG	Oberlandesgericht
OMPI	Organisation mondiale de la propriété intellectuelle (Weltorganisation für geistiges Eigentum; WIPO)
öOGH	(österreichischer) Oberster Gerichtshof
öOPM	österreichischer) Oberster Patent- und Markensenat
öst, österr	österreichisch(er, -es)
OVG	Oberverwaltungsgericht
PA-DDR	Patentamt der DDR (zuvor: Amt für Erfindungs- und Patentwesen)
PAO	Patentanwaltsordnung
PatÄndG	Patentänderungsgesetz (mit Jahr: 1967)
PatAnmV	Patentanmeldeverordnung
PatAnwGebO	Patentanwaltsgebührenordnung
PatentsC	Patents Court
PatG	Patentgesetz
PatGÄndG	Gesetz zur Änderung des Patentgesetzes (1993)
PatÄndG DDR	Patentänderungsgesetz der DDR (1990)
PatG-DDR	Patentgesetz der Deutschen Demokratischen Republik (mit Jahr)
PatGebG	Patentgebührengesetz
PatGebÄndG	Gesetz zur Änderung des Patentgesetzes
PatGebZV	Verordnung über die Zahlung der Gebühren des Deutschen Patent- und Markenamts und des Bundespatentgerichts

PatKostG	Patentkostengesetz
PatRollV	Verordnung über die Patentrolle
PatV	Patentverordnung
PatV-EG	österreichisches Patentverträge-Einführungsgesetz
PCT	Patent Cooperation Treaty, Vertrag über die internatioale Zusammenarbeit auf dem Gebiet des Patentwesens (Zusammenarbeitsvertrag)
PflSchG	Pflanzenschutzgesetz
PLT	Patent Law Treaty (Patentharmonisierungsvertrag)
poln	polnisch
port	portugiesisch
PräsBPatG	Präsident(in) des Bundespatentgerichts
PräsDPA, PräsDPMA	Präsident des Deutschen Patentamts/Patent- und Markenamts
PräsEPA	Präsident des Europäischen Patentamts
ProzKostHG	Gesetz über die Prozesskostenhilfe
PrPG	Produktpirateriegesetz
PrRl	Richtlinien für die Prüfung von Patentanmeldungen
PSMVO	Verordnung (EG) Nr 1610/96 des Europäischen Parlaments und des Rates vom 23.7.1996 über die Schaffung eines ergänzenden Schutzzertifikats für Pflanzenschutzmittel
PVÜ	Pariser Verbandsübereinkunft
RB	Arrondissementsrechtbank (Niederlande)
RBerG	Rechtsberatungsgesetz
RechRl	Recherchenrichtlinien
rechtl	rechtlich(er, -es usw, auch in Zusammensetzungen)
RefE	Referentenentwurf
RegE	Regierungsentwurf
reSp	rechte Spalte
RG	Reichsgericht
RL, -Rl	Richtlinie
Rn	Randnummer
ROHG	Reichsoberhandelsgericht
RPflG	Rechtspflegergesetz
Rspr	Rechtsprechung
rumän	rumänisch
russ	russisch
RVG	Rechtsanwaltsvergütungsgesetz
s	siehe
S	Seite
SaarEinglG	Gesetz über die Eingliederung des Saarlandes auf dem Gebiet des gewerblichen Rechtsschutzes
SaatG	Saatgutgesetz
SACEPO	Standing Advisory Committee before the EPO (Ständiger Beratender Ausschuss beim EPA)
schwed	schwedisch
schweiz	schweizerisch
schweiz BAGE	schweizerisches Bundesamt für geistiges Eigentum (nunmehr IGE)
serbokr	serbokroatisch
SGB	Sozialgesetzbuch
Sgb	Sachgebiet
sog	sogenannt
Sort	Sortenschutz (in Zusammensetzungen)
1. SortSchÄndG	Erstes Gesetz zur Änderung des Sortenschutzgesetzes
SortG	Sortenschutzgesetz

span	spanisch
SstA	Schiedsstelle nach dem Gesetz über Arbeitnehmererfindungen
SstUrh	Schiedsstelle nach dem Urheberrechtswahrnehmungsgesetz
StdT	Stand der Technik
StGB	Strafgesetzbuch
str	strittig
StRÄndG	Strafrechtsänderungsgesetz
StraÜ	Straßburger Übereinkunft zur Vereinheitlichung gewisser Begriffe des materiellen Rechts der Erfindungspatente
stRspr	ständige Rechtsprechung
StZG	Stammzellengesetz
SuprC	Supreme Court
TBK	Technische Beschwerdekammer (EPA)
TGI	Tribunal de Grande Instance
TRIPS	Trade-Related Aspects of Intellectual Property Rights
tschech	tschechisch
Tz	Textziffer
ua	unter anderem
uä	und ähnlich(e, -es)
ÜberlG	Überleitungsgesetz auf dem Gebiet des Gewerblichen Rechtsschutzes (1.–6.)
ÜbersV	Verordnung über die Übersetzung europäischer Patentschriften
unbdkl	unbedenklich
undok	undokumentiert
ungar	ungarisch
unzutr	unzutreffend
UPOV	Union Internationale pour la Protection des obtentions végétales (Internationaler Verband zum Schutz von Pflanzenzüchtungen)
Urh-	Urheberrechts-
UrhG	Gesetz über das Urheberrecht und verwandte Schutzrechte
UrhWG	Gesetz über die Wahrnehmung von Urheberrechten und verwandten Schutzrechten (Urheberrechtswahrnehmungsgesetz)
USA	Vereinigte Staaten von Amerika
uU	unter Umständen
UWG	Gesetz gegen unlauteren Wettbewerb
vAw	von Amts wegen
VereinfNovelle	Vereinfachungsnovelle
VerfGH	Verfassungsgerichtshof
VergRl	Vergütungsrichtlinien
VertrGebErstG	Gesetz über die Erstattung von Gebühren des beigeordneten Vertreters in Patent-, Gebrauchsmuster-, Geschmacksmuster-, Topographieschutz- und Sortenschutzsachen
VerwKostV	Verordnung über Verwaltungskosten beim Deutschen Patentamt
VG	Verwaltungsgericht
VGG	Verwertungsgesellschaftengesetz
VGH	Verwaltungsgerichtshof
vgl	vergleiche
VK	Vereinigtes Königreich
VO	Verordnung
Vorb	Vorbemerkung(en)
VPP	s VVPP (jetzt: Vereinigung von Personen mit einer Tätigkeit im Rahmen des Schutzes des industriellen und geistigen Eigentums)

Vv	Veröffentlichung vorgesehen
VVPP	Verband der vertretungsberechtigten Patentingenieure und Patentassessoren e.V. (s VPP)
VwGO	Verwaltungsgerichtsordnung
VwVfG	Verwaltungsverfahrensgesetz
VwZG	Verwaltungszustellungsgesetz
WahrnV	Verordnung über die Wahrnehmung einzelner den Prüfungsstellen, der Gebrauchsmusterstelle, den Markenstellen und den Abteilungen des Deutschen Patentamts obliegender Geschäfte (Wahrnehmungsverordnung)
WEG	Wohnungseigentumsgesetz
WIPO	World Intellectual Property Organization (Weltorganisation für geistiges Eigentum; OMPI)
WIPO-Übk	Übereinkommen zur Errichtung der Weltorganisation für geistiges Eigentum
WTO	World Trade Organization, Welthandelsorganisation
WTO-Übk	Übereinkommen zur Errichtung der Welthandelsorganisation
WVK	Wiener Vertragsrechtskonvention
Wz-	Warenzeichen-
WZG	Warenzeichengesetz
zB	zum Beispiel
ZollKostVO	Zollkostenverordnung
ZPO	Zivilprozessordnung
ZPO-RG	Gesetz zur Reform des Zivilprozesses vom 27.7.2001
ZRHO	Rechtshilfeordnung für Zivilsachen
ZS	Zeitschrift
zT	zum Teil
ZuSEntschG	Gesetz über die Entschädigung von Zeugen und Sachverständigen
zust	zustimmend
zutr	zutreffend
zwd	zweifelnd
zwh	zweifelhaft

Patentgesetz

PatG

vom 5.5.1936

in der Fassung der Bekanntmachung vom 16.12.1980

Änderungen des Gesetzes:

Nr.	ändernde Norm	vom	RGBl BGBl	geänd (Ä) eingefügt (E) aufgehoben (A)
	Patentgesetz [1877]	25.05.1877	501	1–45
	Patentgesetz [1891]	07.04.1891	79	1–40
1	PatAusfZwG	06.06.1911	243	11 Ä; 30 Abs 3 A
2	PAGebErhG	29.06.1922	II 619	8, 20, 26, 27 Ä; 33 Abs 1 Satz 4, Abs 2 E
3	PAGebG	09.07.1923	II 297	7, 8 19, 23 Ä
4	**Neubek**	07.12.1923	II 437	
	Patentgesetz [1936]	05.05.1936	II 117	1–60
1	VerfPAVereinfG	09.04.1938	II 129	33 Abs 1 Ä
2	ÄndVO	23.10.1941	II 372	37 Abs 3 A
3	1. ÜberlG	08.07.1949	WiGBl 1752	8, 15, 17 Abs 2, 24 Abs 3 Abs 4, 30 Abs 3, 37 Abs 4, 41, 49 Abs 1, 51 Abs 2 Ä; 7 Abs 2, 14 Abs 6, 16 Abs 2, 30 Abs 5, 52 Abs 5 A
4	5. ÜberlG	18.07.1953	I 615	8, 12, 18 Abs 5, 22, 24, 26, 33 Abs 1, 36 Abs 4, 42 Abs 4, Abs 5, 43 Abs 1, 51 Abs 2 Ä; 13a, 30a, 36a, 44a, 46a–46i E: 52 A
5	**Neufassung [1953]**	18.07.1953	I 623	
6	6. ÜberlG	23.03.1961	I 274, ber 316	1 Abs 2 Nr 1, 11 Abs 3, Abs 4 Satz 2, Satz 3, 12 Abs 1 Nr 3, Abs 2, 14 Abs 4 Satz 2, 15 Abs 1, 16 Satz 1, Satz 2, 17 Abs 2, Abs 3, 18, 22, 24 Abs 3, Abs 4, 26 Abs 2, 27, 30 Abs 3 Satz 1, 30a, 33, 34, 35, 37–41, 42, 43 Abs 1, Abs 2 Satz 1, 44, 44a, 45 Satz 1, 46, 46a, 46b Abs 2, 46e Abs 2, Abs 4, 46g Abs 1, Abs 2 Nr 2, Abs 3, 46h Abs 1 Ä; 30b–30g, 36b–36q, 41a–41y, 42a–42m, 45a, 46k E; 12 Abs 3, 17 Abs 1, 19–21, 36a Abs 5, 46i Abs 3 A
7	**Neufassung [1961]**	09.05.1961	I 549	
8	PatÄndG 1967	04.09.1967	I 953	1 Abs 2, 4 Abs 1, 11, 17 Abs 3, 24, 26, 27 Abs 2, 28, 29, 30, 35, 36a Abs 3, 36d Abs 1, 36g Abs 1, 36l, 41o Abs 3, 46b Ä; 14 Abs 6, 28a–28c, 36p Abs 3, 43 Abs 5, 47a E
9	**Neufassung [1968]**	02.01.1968	I 2	
10	SortG	20.05.1968	I 429	1 Abs 2 Ä
11	8. StRÄndG	25.06.1968	I 741	30a Abs 1 Satz 1, 30c, 30d Abs 1 Ä
12	KostErmÄndG	23.06.1970	I 805	22 Ä
13	RiBezÄndG	26.05.1972	I 841, ber 1830	36b Abs 2 Satz 1, 36e Ä; 36f A
14	EGStGB	02.03.1974	I 469	30c Abs 2, 46 Abs 2 Satz 1, 49 Ä; 50 A
15	KostÄndG	20.08.1975	I 2189	42 Abs 2 Satz 3 Ä
16	IntPatÜG	21.06.1976	II 649	1a, 2a, 2b, 6a E; 1, 2, 4, 7, 10, 13, 23, 26, 28, 28b, 28c, 29, 30c, 30e, 30f, 32, 35 Ä; 4 Abs 2, 26 Abs 4 Satz 2 A
17	VereinfNovelle	03.12.1976	I 3281	41b Abs 2, 41i Abs 1, 43 Abs 1, 43, 43 Abs 3 Ä
18	GPatG	26.07.1979	I 1269	4 Abs 3, 5, 6, 7, 10, 11, 12, 13, 14, 15 Abs 1, 18, 24, 26, 27, 28, 28a, 28b, 28c Abs 1, 30, 30e, 30g, 31, 35, 36 Abs 1, 36a, 36d Abs 1, 36g Abs 1, 36l Abs 3, 36m Abs 2, 36s, 37, 40 Abs 2, 41a Abs 2, 41g, 41o Abs 3, 41y, 42, 42l, 43, 44a Abs 1, 46b,

Nr.	ändernde Norm	vom	RGBl BGBl	geänd (Ä) eingefügt (E) aufgehoben (A)
				46c, 46e, 46g, 47, 47a, 48, 49, 51 Abs 1 Ä; 6a, 6b, 9 Abs 2, 11a, 11b, 12a, 24a–24c, 26a–26e, 28d, 28e, 35a–35d, 36o, 36p, 1m Abs 3, 41u Abs 2 E: 13a, 32–34 A; 6a wird 8a, 36o wird 36q, 36p wird 36r, 36q wird 36s
19	ProzKostHG	13.06.1980	I 677	11a Abs 1, Abs 2, 14 Abs 4, 18 Abs 1, 46a–46k Ä
20	**Neufassung [1981]**	16.12.1980	1981 I 1	1–146
21	GebrMÄndG	15.08.1986	I 1446	15 Abs 3 E
22	KostÄndG	09.12.1986	I 2326	135 Abs 3, 136 Ä
23	PrPG	07.03.1990	I 422	142 Ä; 140a, 140b, 142a E
24	2. GPatG	20.12.1991	II 1354	23, 40 Ä
25	1. SortÄndG	27.03.1992	I 727	2 Ä
26	PatGÄndG	23.03.1993	I 366	16a, 49a E; 27, 30, 81, 142 Ä
27	RAPABerRNRegG	02.09.1994	I 2278	143 Ä
28	MarkenRRefG	25.10.1994	I 3082	41 Abs 2 E
29	GerFerienAbschG	28.10.1996	I 1546	99 Abs 4 Ä
30	2. PatGÄndG	16.07.1998	I 1827	34, 129 Satz 2 A; 34 E; 3, 16, 16a, 17 Abs 3, 23, 24, 26 Abs 2, 30, 31 Abs 2 Nr 2, 32, 35, 36 Abs 1, 37 Abs 1, 39 Abs 3, 41 Abs 1, 42 Abs 1, 44 Abs 1, 45 Abs 1, 48 Satz 1, 49 Abs 1, 49a Abs 3, 81 Abs 1, 85 Abs 1, 100 Abs 3, 102 Abs 2, 106 Abs 1, 110–114, 121, 122, 123, 123a, 126, 127, 132 Abs 2, 135, 136, 142a Abs 1 Ä
31	3. RPflGÄndG	06.08.1998	I 2030	81 Abs 7 Ä
32	RPNeuOGÄndG	17.12.1999	I 2448	143 Ä
33	RiGerUnabhStärkG	22.12.1999	I 2598, ber 2000 I 1415	68 Ä
34	ZustRG	25.06.2001	I 1206	127 Ä
35	ZPO-RG	27.07.2001	I 1887	101 Abs 2, 136 Ä
36	SchuldRModG	26.11.2001	I 3138	147 E; 33, 141 Ä
37	KostRegBerG	13.12.2001	I 3656	18, 19, 57, 98 A; 123a E; 13, 16a, 17, 20, 23, 25, 27–32, 34, 39, 42–44, 47, 49a, 54, 58, 62–64, 67, 73, 80, 81, 85, 130, 143, 147 Ä
38	TransparenzPublG	19.07.2002	I 2681	16a, 135, 147 Ä, 125a E
39	OLGVertrÄndG	23.07.2002	I 2850	143 Ä
40	GeschmMRefG	12.03.2004	I 390	28, 44, 102, 143 Ä
41	KostRMoG	05.05.2004	I 718	128a E, 143 Ä
42	PatGGewRechtsschÄndG	09.12.2004	I 3232	27, 147 Ä
43	BioTRlUmsG	21.01.2005	I 148	1, 2, 9, 11, 16a, 24, 39, 85 Ä; 1a, 2a, 9a–9c, 34a E
44	14. AMGÄndG	29.08.2005	I 2570	11 Ä
45	1. G zur Bereinigung von Bundesrecht im Zuständig-keitsbereich des BMJ	19.04.2006	I 866	56–60 PatG 1936 A
46	PatrEinsprVerfPatKostGÄndG	21.06.2006	I 1318, ber I 2737	16a, 21, 32, 59, 61, 62, 67, 80, 100, 123, 123a, 127, 133, 147 Ä, 60 A, 122a E
47	EPÜ-Revisionsakte-UmsetzungsG	24.08.2007	I 2166	1, 2, 2a, 3, 5, 14, 16, 31, 64, 131 Ä
48	2. G zur Bereinigung von Bundesrecht im Zuständig-keitsbereich des BMJ	23.11.2007	I 2614	22, 26, 49a, 65
49	RBerNeuregelungsG	12.12.2007	I 2840	97, 102 Ä
50	FinanzVerwGÄndG	13.12.2007	I 2897	142a Ä
51	Gesetz zur Verbesserung der Durchsetzung von Rechten des geistigen Eigentums	07.07.2008	I 1191	16a, 139, 140a, 140b, 142a Ä, 140c, 140d, 140e, 141a, 142b E
52	FGG-RG	17.12.2008	I 2586	140b Ä
53	PatRVereinfModG	31.07.2009	I 2521	16a, 25, 30, 49a, 65, 81, 82, 83, 85, 110, 111–120, 122, 125a, 127, 132, 136, 147 Ä, 85a E

Nr.	ändernde Norm	vom	RGBl BGBl	geänd (Ä) eingefügt (E) aufgehoben (A)
54	G über den Rechtsschutz bei überlangen Gerichtsverfahren ...	24.11.2011	I 2302	128b E
55	G zur Änderung des Prozesskostenhilfe- und Beratungshilferechts	31.08.2013	I 3533	136, 137 Ä
56	G zur Förderung des elektronischen Rechtsverkehrs mit den Gerichten	10.10.2013	I 3786	125a Ä
57	G zur Modernisierung des Geschmacksmustergesetzes ...	10.10.2013	I 3799	3 Ä
58	G zur Novellierung patentrechtlicher Vorschriften und anderer Gesetze des gewerblichen Rechtsschutzes	19.10.2013	I 3830	16, 16a, 17, 20, 23, 31, 32, 35, 37, 42, 43, 44, 46, 59, 69, 125, 130, 147 Ä, 35a E
59	10. ZuständigkeitsanpassungsVO	31.08.2015	I 1474	3, 26, 27, 28, 29, 34, 35, 41, 43, 63, 66, 68, 72, 125a Ä
60	G zur Umsetzung der Verpflichtungen nach dem Nagoya-Protokoll ...	25.11.2015	I 2092	34a Ä
61	G zur Neuorganisation der Zollverwaltung	13.12.2015	I 2178	142a Ä
62	G zur Änderung des Designgesetzes und weiterer Vorschriften des gewerblichen Rechtsschutzes	04.04.2016	I 558	32, 35a, 47, 127, 142a, 142b Ä
	G zur Anpassung patentrechtlicher Vorschriften auf Grund der europäischen Patentreform	*RegE 27.05.2015*	*BTDrs 18/8827*	*30 Ä*

Einleitung PatG

Übersicht

Schrifttum

Neuere Lehrbücher und Kommentare, Einführungen: s zunächst unter allgemeine und abgekürzt zitierte Literatur, außerdem: *Bruguière/Mallet-Poujol/Robin* Propriété intellectuelle et droit commun, 2007; *Drahos* A Philosophy of Intellectual Property, 1996; *Enders* Gewerblicher Rechtsschutz, Urheberrecht und Medienrecht, 2000; *Erdmann/Rojahn/Sosnitza* Gewerblicher Rechtsschutz, Handbuch des Fachanwalts[2], 2011; *Gaul/Bartenbach* Handbuch des gewerblichen Rechtsschutzes, 1969 ff; *Gehring* Patent-, Urheber-, Erfinder- und Lizenzrecht, in: *Wagner* (Hrsg) Rechtliche Rahmenbedingungen für Wissenschaft und Forschung, 4 Bde, 2000, Bd 2, 149–191; *Gleiss* Gewerblicher Rechtsschutz, 2002; *Götting* Grundstrukturen des Gewerblichen Rechtsschutzes und Urheberrechts, in *Ring* (Hrsg) Gewerblicher Rechtsschutz in der Praxis (Tagungsband 1. Freiberger Seminar zur Praxis des Gewerblichen Rechtsschutzes, 1999), 49; *Götting* Einführung in die Grundlagen des Patentrechts, in *Ring* (Hrsg) Tagungsband 2. Freiberger Seminar zur Praxis des Gewerblichen Rechtsschutzes, 2000, 69; *Hacon/Pagenberg* Concise Commentary of European Patent Law, 2008; *Hansen/Hirsch* Protecting Inventions in Chemistry, 1997; *Harke* Ideen schützen lassen? Patente, Marken, Design, Copyright, Werbung, 2000; *Hirsch* Chemie-Erfindungen und ihr Schutz nach neueren Gerichtsentscheidungen und Entscheidungen der Beschwerdekammern des Europäischen Patentamts[2], 1987; *Hirsch/Hansen* Der Schutz von Chemie-Erfindungen, 1995; *Koktvedgaard* The Universe of Intellectual Property, GRUR Int 1996, 296; *Leible/Lehmann/Zech* (Hrsg) Unkörperliche Güter im Zivilrecht, 2011; *Münch* Patente, Marken, Design von A bis Z, 2010; *Müssig* Wirtschaftsprivatrecht[2], 1999; *Offenburger* Patent und Patentrechte, Praxisbuch für KMU, Start-ups und Erfinder, 2014; *Pierson/Ahrens/Fischer* Recht des geistigen Eigentums, 2007; *Reich* Materielles Europäisches Patentrecht, 2009; *Roughton/Johnson/Cook* The Modern Law of Patents[2], 2010; *Sekretaruk/Klug/Kaiser/Winter/Donath/Haas* Praxis des gewerblichen Rechtsschutzes und des Wettbewerbsrechts, 2006; *Singer* Das neue europäische Patentsystem, 1979; *Stamm* Logik im Patentrecht, 2002; *Stockmair/Klitzsch* The Protection of Technical Innovations and Designs in Germany[2], 2001; *Straus* The present state of the patent system in the European Union as compared with the situation in the United States and Japan, 1997; *Troller* Immaterialgüterrecht[3], 2 Bde 1983/85; *Trüstedt* Patente und ihre Anmeldung, 1957; *Witte/Vollrath* Praxis der Patent- und Gebrauchsmusteranmeldung[6], 2008; *Weber* Das Patent (national? – europäisch – weltweit!), 1999; *Wiefels* Gewerblicher Rechtsschutz und Urheberrecht, Grundriß (1950/1962); *WIPO* (Hrsg) Introduction to Intellectual Property Theory and Practice, 1997.

Ältere Kommentare und Lehrbücher: s zunächst unter allgemeine und abgekürzt zitierte Literatur, außerdem: *Bomborn* Das neue Patent- und Gebrauchsmusterrecht[6], 1937; *Büttner* Das deutsche Patentrecht erläutert durch Rechtsprechung, 1881; *Dambach* Kommentar zum Patentgesetz, 1877; *Dunkhase* Beiträge zum Patentrecht, 2 Bde 1913/14; *Gareis* Das Deutsche Patentgesetz vom 25. Mai 1877, 1877; *Grothe* 1877; *Hoffmann* Das Recht des Erfinders, 1936; *Höinghaus* 1877; *Kaiser* Das Deutsche Patentgesetz, 1907; *Klostermann* Die Patentgesetzgebung aller Länder[2], 1876; *Knoblauch* Patentgesetz, 1880; *Landgraf* 1877; *Möller* Kommentar zum Patentgesetz, 1936; *Müller* Chemie und Patentrecht, 1928; *Oelenheinz* Das Recht der Erfindung, ca 1922; *Rietzler* Deutsches Urheber- und Erfinderrecht, 1909; *Rosenthal* Das Deutsche Patentgesetz vom 25. Mai 1877, 1881; *Schanze* Das Recht der Erfindungen und der Muster, 1899; *Schanze* Patentrechtliche Untersuchungen, 1901; *Schlegelberger* Die Grundlagen des neuen Patentrechts, 1936; *Stern/Oppenheimer* Patentgesetz, 1919; *Wassermann* Die Grundzüge des deutschen Patentrechtes, vor 1910; *Wilcken/Riemschneider* Das Patentgesetz vom 5. Mai 1936, 1937; *Wirth* Zur Rechtsfindung in Patentsachen, 1936.

A. Geschichte des Patentrechts

Schrifttum

Allgemein: *Bahke* Der Erfinder zwischen Kunst, Wissenschaft und Technik, GRUR 1985, 596; *Beier* Gewerbefreiheit und Patentschutz, in *Coing/Wilhelm* (Hrsg) Wissenschaft und Kodifikation des Privatrechts im 19. Jhdt., Bd IV (1979), 183; *Beier* Wettbewerbsfreiheit und Patentschutz, GRUR 1978, 123; *Beltran/Chauveau/Galvez-Behar* Des brevets et des marques, 2001; *Coing* Handbuch der Quellen und Literatur der neueren europäischen Privatrechtsgeschichte II/2, 620 f, 739 f, 795 f, 841 ff, 922 f, 1045 f, 1078 ff; *Forth* (Hrsg) The Prehistory and Development of Intellectual Property Systems, 1997; *Klippel* (Hrsg) Geschichte des deutschen Patentrechts, 2009; *Kurz* Historische Patentprozesse, Mitt 1996, 65 ff, 368 ff, 1997, 105 ff; *Kurz* Weltgeschichte des Erfindungsschutzes, 2000; *Machlup* Patentwesen (I), Geschichtlicher Überblick, in Handwörterbuch der Sozialwissenschaften, Bd 8 (1964), 231; *Meldau* Hauptwurzeln des deutschen Patentrechts, TechnikG 26 (1937), 107; *Otto/Klippel* (Hrsg) Geschichte des deutschen Patentrechts, 2015; *Preu* Von der Zunft zum Europäischen Patent und der Gemeinschaftsmarke, Mitt 1982, 122; *Silberstein* Erfindungsschutz und merkantilistische Gewerbeprivilegien, 1961; *Wadle* Stichwort Patent (gewerblich) in Handwörterbuch zur deutschen Rechtsgeschichte, III. Band; *Wadle* Geistiges Eigentum, Bausteine zur Rechtsgeschichte, 1996; *Zimmermann* Patentwesen in der Chemie, Ursprünge, Anfänge, Entwicklung, 1965; *Zulehner* Zur Geschichte des Patentrechtes, FS 60 Jahre öPA (1959), 193.

Altertum, Mittelalter, 16.–18. Jahrhundert: *Bannerman* The English Patent System: Early Developments, FS W. Sonn (2014), 53; *Berkenfeld* Das älteste Patentgesetz der Welt, GRUR 1949, 139; *Davidson* Historical Development of the Patent Right in the Netherlands, in: AIPPI (Hrsg) La Legge Veneziana sulle Invenzioni, 1974; *Doorman* Alte Patente, MuW 19, 23; *Doorman* Octrooien voor uitvindingen in de Nederlanden uit de 16e–18e eeuw, 1940 = Patente für Erfindungen in den Niederlanden aus dem 16. bis 18. Jahrhundert, 1941 = Patents for Inventions in the Netherlands During the 16th, 17th and 18 Centuries, 1942; *Hoffmann* Beiträge zur Geschichte des Erfindungsschutzes in Deutschland im 16. Jahrhundert, ZS für Industrierecht 1915, 85, 97, 109; *Kilchenmann* Patentschutz und Innovation, 2011; *Lubar* The Transformation of Antebellum Patent Law, 32 Technology and Culture 932 (1991); *Mandich* Le privative industriali Veneziane (1450–1550), Rivista del diritto commerciale e del diritto generale delle obbligazioni 34 (1936), 511 = Venetian Patents (1450–1550), JPOS 1948, 166; *Mandich* Primi riconoscimenti veneziani di un diritto di privativa agli inventori, Riv.Dir.Ind. 1958, 101; *Mandich* Venetian Origins of Inventors Rights, JPOS 1960, 328; *Mathieu* Zwischen Innovationsförderung und Technikfolgenabschätzung Das venezianische Patentverfahren der Frühen Neuzeit als „Theater der Sicherheit"? Vierteljahresschrift für Sozial- und Wirtschaftsgeschichte – Beihefte 188 (2007) 95; *Meldau* Erfindungsschutz im „Reich der Deutschen". Eine Quellenstudie, Deutsches Recht 1936, 160; *Meldau* Hauptwurzeln des deutschen Patentrechts, Technikgeschichte 26 (1937), 104; *Meldau* Reichsfreiheiten für den Frankfurter Schriftgießer Jakob Sabon 1575 und 1578, Gutenberg-Jahrbuch 1935, 205; *Meldau* Eine gedruckte und kritisierte Reichsfreiheit auf eine Erfindung von 1545, Mitt 1934, 26; *Meldau/Waldmann* Deutsche Erfinderfreiheiten an der Schwelle der Neuzeit, in FS Akademie für Deutsches Recht (1936), 25; *H. Müller* Patentschutz im deutschen Mittelalter, GRUR 1939, 936; *Neumeyer* Die historischen Grundlagen der ersten modernen Patentgesetze in den USA und in Frankreich, GRUR Int 1956, 241; *Öhlschlegel* Das Bergrecht als Ursprung des Patentrechts, 1978; *Öhlschlegel* Zur Geschichte des gewerblichen Rechtsschutzes, Mitt 1978, 201; *Öhlschlegel* Französische gewerbliche Schutzrechte aus dem 17. Jh., Mitt 1980, 163; *Pohlmann* Neue Materialien zur Frühentwicklung des deutschen Erfinderschutzes im 16. Jh., GRUR 1960, 272; *Prager* A History of Intellectual Property From 1545 to 1787, JPOS 1944, 711; *Prager* Brunelleschi's Patent, JPOS 1946, 109; *Prager* An Award and a Law Obtained by Caron de Beaumarchais, JPOS 1962, 147; *Prager* Examination of Inventions from the Middle Ages to 1836, JPOS 1964, 268; *Robinson* James Watt and the Law of Patents, Technology and Culture 13 (1972), Nr 1, 115; *Savignon* La révolution française et les brevets d'invention, ProprInd 1989, 415; *Schippel* Die Anfänge des Erfinderschutzes in Venedig, in *Lindgren* (Hrsg) Europäische Technik im Mittelalter, 800 bis 1400, Tradition und Innovation[4] (2001), 539; *Schönherr* Zur Geschichte des österreichischen Patentrechts, in *AIPPI* (Hrsg) La legge veneziana sulle invenzioni, Milano 1974, S 223; *Silberstein* Erfindungsschutz und merkantilistische Gewerbeprivilegien, 1961; *Theobald* Galilei als Patentanmelder, GRUR 1928, 726; *Walterscheid* The Early Evolution of the United States Patent Law: Antecedents, JPTOS 1994, 697, 849, 1995, 771, 847; *Wehr* Die Anfänge des Patentwesens in Deutschland, Diss Erlangen

1936; *Windisch* Immaterielle Leistungen bei Leibniz, FS F. Traub (1994), 483; *Zimmermann* Frühe Beispiele aus der Welt der gewerblichen Eigentumsrechte, GRUR 1967, 173; *Zycha* Beiträge zur Frühgeschichte des deutschen Erfinderrechts. Bericht über den Stand der Frage, Savigny-ZS Germanische Abteilung 59 (1939), 208; *Zycha* Zur älteren Geschichte und vergleichsweisen Bedeutung des niederländischen Erfindungsschutzes, Savigny-ZS Germanische Abteilung 62 (1942), 195.

Seit dem 19. Jahrhundert: *Beier* Gewerbefreiheit und Patentschutz. Zur Entwicklung des Patentrechts im 19. Jahrhundert, in Coing/Wilhelm (Hrsg) Wissenschaft und Kodifikation des deutschen Privatrechts im 19. Jahrhundert, IV (1979), 183; *Beier* Wettbewerbsfreiheit und Patentschutz – Zur geschichtlichen Entwicklung des deutschen Patentrechts, GRUR 1978, 123; *Beier/Moufang* Vom deutschen zum europäischen Patentrecht – 100 Jahre Patentrechtsentwicklung im Spiegel der Grünen Zeitschrift, FS 100 Jahre GRUR (1991), 241; *Beil* Hundert Jahre Patentierung von Chemie-Erfindungen, GRUR 1977, 289; *Bluhm* Die Entstehung des ersten gesamtdeutschen Patentgesetzes, GRUR 1952, 341; *Böhmert* Die Erfindungspatente nach volkswirtschaftlichen Grundsätzen und industriellen Erfahrungen mit besonderer Rücksicht auf England und die Schweiz, 1869; *Bruchhausen* Der lange Weg zum modernen Patentrecht für chemische Erfindungen, GRUR 1977, 297; *Bruchhausen* Die päpstliche Verordnung vom 3. September 1833 – ein frühes Zeugnis des Sortenschutzes, FS H. Kirchner (1985) 21; *Bruchhausen* Hundert Jahre „Kongorot"-Urteil, GRUR 1989, 153; *Bruchhausen* Unverdiente Nachsicht beim Zitat oder der „Grüne Verein" in den Jahren 1933 bis 1945, GRUR 1991, 737; *Dölemeyer* Einführungsprivilegien und Einführungspatente als historische Mittel des Technologietransfers, GRUR Int 1985, 735; *Dressel* Neue Strukturen für den Schutz geistigen Eigentums im 19. Jahrhundert, Der Beitrag Rudolf Klostermanns (Rechtsgeschichtliche Schriften Bd 29, zugl Diss Bonn), 2013; *England* Towards a single, pan-european standard – common concepts in UK and „Continental European" patent law, EIPR 2010, 195; *Feldmann* Die Geschichte des französischen Patentrechts und sein Einfluß auf Deutschland, Diss Münster 1997; *L. Fischer* Werner von Siemens und der Schutz der Erfindungen, 1922; *Fischer* Das Deutsche Patentamt 1877–1945, Mitt 1968, 5; *Fleischer* Patentgesetzgebung und chemisch-pharmazeutische Industrie im Deutschen Kaiserreich; *Forkel* Das Erfinder- und Urheberrecht in der Entwicklung – vom nationalen zum internationalen Schutz des „geistigen Eigentums", NJW 1997, 1672; *Gehm* Das württembergische Patentrecht im 19. Jahrhundert, Diss Saarbrücken 2001; *Gehm* Bayerns Beitrag im 19. Jahrhundert zum deutschen Patentwesen unter Berücksichtigung der rechtlichen Gegebenheiten in der bayerischen Pfalz, Pfälzer Heimat 1999, 86; *Gehm* Das Sächsische Patentwesen im 19. Jahrhundert, Mitt 2003, 450; *Gehm* Die patentrechtlichen Bestimmungen in der hannoverschen Gewerbeordnung vom 1. August 1847, Mitt 2004, 157; *Greisbacher* Die Entstehung des gewerblichen Urheberrechts in Bayern von der Zeit des Privilegs bis zur Reichsgesetzgebung, Diss Erlangen 1948; *Hallmann/Ströbele* Das Patentamt von 1877 bis 1977, FS 100 Jahre Patentamt, 1977, 403; *Harraeus* Ausschnitte aus der Entwicklung der Patentgesetzgebung, FS zur 11. Verleihung der Dieselmedaille (1966); *Heggen* Die Bemühungen des „Vereins deutscher Ingenieure" um die Reform des Erfindungsschutzes im Vorfeld des Reichspatentgesetzes von 1877, TechnikG 40 (1973), 337; *Heggen* Die Anfänge des Erfindungsschutzes in Preußen 1793 bis 1815, GRUR 1974, 75; *Heggen* Erfindungsschutz und Industrialisierung in Preußen 1793–1877, 1975; *Heggen* Zur Vorgeschichte des Reichspatentgesetzes von 1877, GRUR 1977, 322; *Herzfeld* Zum 50jährigen Bestehen des Patentgesetzes, Elektrotechnische Zeitschrift 1927, 1018; *Heß* Die Vorarbeiten zum deutschen Patentgesetz vom 25. Mai 1877, Diss Frankfurt 1966; *Hoffmann* Zur Geschichte des Erfindungsschutzes in Sachsen, Sächsisches Archiv für Rechtspflege 8 (1913), 479; *Kinkeldey* Der Ausschluß der Juden aus der Patentanwaltschaft in Deutschland 1933–1938, Diss Regensburg 1997; *König* Wider das Vergessen, Mitt 1995, 58; *U. Krieger/Bühling* 100 Jahre Grüner Verein – Seine Bedeutung für die Rechtsentwicklung Teil I: 1891 bis 1945, FS 100 Jahre GRUR (1991), 3; *Kurz* Die berühmtesten Patentprüfer – drei biografische Skizzen, Mitt 1994, 112; *Kurz* Ein Königlich Württembergisches Landespatent aus dem 19. Jahrhundert, Mitt 2000, 134; *Kurz* Das Kaiserliche Patentamt im Patentgesetz 1877, Mitt 2002, 487; *Luginbühl* European Patent Law Towards a Uniform Interpretation, 2011; *Machlup/Penrose* The Patent Controversy in the Nineteenth Century, The Journal of Economic History 10 (1950), 1; *Mächtel* Das Patentrecht im Krieg, Diss Bayreuth 2009; *Manegold* Der Wiener Patentschutzkongreß von 1873. Seine Stellung und Bedeutung in der Geschichte des deutschen Patentwesens im 19. Jahrhundert, TechnikG 38 (1971), 158; *Manegold* Vom Erfindungsprivileg zum „Schutz der nationalen Arbeit", ZS der Technischen Universität Hannover, 2 (1975) H 2, 12; *Möhler* Die Entwicklung des gewerblichen Rechtsschutzes in Württemberg, 1927; *A. Müller* Die Entwicklung des Erfindungsschutzes und seiner Gesetzgebung in Deutschland, Diss München 1898; *Münzenmayer* Das Patentwesen im Königreich Württemberg 1818–1877, Mitt 1990, 137; *Neumeyer* Die historischen Grundlagen der ersten modernen Patentgesetze in den USA und in Frankreich, GRUR Int 1956, 241; *Nirk* Hundert Jahre Patentschutz in Deutschland, FS 100 Jahre Patentamt (1977), 345; *Nowotka* Geschichte des deutschen Patentrechts, Teil I: 1815–1877, 1964; *Nowotka* Entwicklung und Regelung des Rechts auf das Patent im deutschen Reichspatentgesetz von 1877, Habilitationsschrift Hochschule für Ökonomie Berlin, 1967; *Otto* Die Geschichte des Patentrechts der Bundesrepublik Deutschland und seine Vorgeschichte unter alliierter Verwaltung, in: *M. Otto/D. Klippel (Hrsg.)* Geschichte des deutschen Patentrechts, 2015, 289; *Pahlow* Monopole oder freier Wettbewerb? Die Bedeutung des „Lizenzzwangs" für die Reichspatentgesetzgebung 1876/77, in: *Pahlow* (Hrsg) Die zeitliche Dimension des Rechts (2005), 243; *Pahlow* Zwischen unternehmerischer Verwertung und internationaler Verflechtung: Zur Geschichte des Patentrechts in der ersten Hälfte des 20. Jahrhunderts, ZGE 2012, 186; *Plasséraud/Savignon* L'État et l'invention. Histoire des brevets, 1986; *E. Pribram* Die Entwicklung der österreichischen Patentgesetzgebung vom Jahre 1810 bis 1832, GRUR 1913, 220; *K. Pribram* Das erste österreichische Patentgesetz vom 16. Jänner 1810. Ein Beitrag zur Geschichte der österreichischen Gewerbepolitik, öPBl 1910, 58, 107; *Rectanus* Die preußische Patentgesetzgebung von 1796 bis zur Reichsgesetzgebung, ZS des Vereins deutscher Ingenieure 78 (1934), 657; *Seckelmann* Industrialisierung, Internationalisierung und Patentrecht im Deutschen Reich 1871–1914

(2006); *Schmauderer* Leitmodelle im Ringen der Chemiker um eine optimale Ausformung des Patentwesens auf die besonderen Bedürfnisse der Chemie während der Gründerzeit, CIT 1971, 531; *Schmidt* Vor 75 Jahren: das Patentgesetz vom 5. Mai 1936, Mitt 2011, 220; *Sherman/Bently* The Making of Modern Intellectual Property Law. The British Experience, 1760–1911, 1999; *Strauß* Rechtsangleichung des Erfinderrechts im Deutschen Zollverein, FS O. Riese (1964), 239; *Treue* Die Entwicklung des Patentwesens im 19. Jahrhundert in Preußen und im Deutschen Reich, in *Coing/Wilhelm* (Hrsg) Wissenschaft und Kodifikation des Privatrechts im 19. Jhdt., Bd IV (1979), S 163; *Vieregge/Bühling* 100 Jahre Grüner Verein – Seine Bedeutung für die Rechtsentwicklung Teil II: 1945 bis heute, FS 100 Jahre GRUR (1991), 43; *Vogel* Die Verfolgung der jüdischen Patentanwälte im Dritten Reich, Mitt 1995, 59; *Wadle* Gewerbliche Schutzrechte und Unternehmensorganisation in Deutschland (1870–1914), in *Horn/Kocka* (Hrsg) Recht und Entwicklung der Großunternehmen im 19. und frühen 20. Jahrhundert (1979), 343; *Wadle* Der Einfluß Frankreichs auf die Entwicklung gewerblicher Schutzrechte in Deutschland, in FS L.-J. Constantinesco (1983), 871; *Wadle* Der Weg zum gesetzlichen Schutz des geistigen und gewerblichen Schaffens – Die deutsche Entwicklung, FS 100 Jahre GRUR (1991), 93; *Wadle* Geistiges Eigentum: Bausteine zur Rechtsgeschichte², 2003; *Wadle* Zur Bedeutung der Rechtsgeschichte für das Urheberrecht und den Gewerblichen Rechtsschutz, FS H. Hattenhauer (2003); *Walterscheid* Patents and Manufacturing in the Early Republic, JPTOS 1998, 855; *Wolfering* Freiheit der Advokatur, Mitt 2000, 139; *Zietz* Zur Geschichte des deutschen Patentrechts, 1963.

I. Vor dem 19. Jahrhundert

1. Die Anfänge des Patentwesens im heutigen Sinn gehen auf das hoch- und spätmittelalterliche **Privilegienwesen** zurück. Seit dem 14. Jahrhundert wurden durch Landesherrn Schutzbriefe („litterae patentes") (nicht nur) auf Erfindungen und auf die Einführung von Neuerungen vergeben. Das Privileg, das im Widerspruch zum neuerungsfeindlichen Zunftwesen stand, war Gnadenakt, ein Rechtsanspruch bestand nicht. Im 14. Jahrhundert entwickelten sich auf der Grundlage des böhmischen und sächsischen Bergrechts erste Ansätze zum Erfindungsschutz („Wasserkünste"). Venedig gewährte 1469 ein Privilegium für die Einführung des Buchdrucks, Mailand 1542 für die Einführung der Seidenmanufaktur. Als erstes Patentgesetz wird das Venedigs von 1474 mit den Kriterien Neuheit, Ausführbarkeit und Nützlichkeit angesehen. Auch England, die Niederlande, der Kaiser und einzelne dt Fürsten, vor allem Sachsen und Österreich, gewährten Privilegien, dabei kam es zu sich verfestigenden Regeln. Im Reich waren seit Ferdinand I. (1556–1564) Anträge an den Reichshofrat zu richten; wichtigste Kriterien waren Neuheit und das Erbringen einer „Probe". Unter den Auswirkungen des Dreißigjährigen Kriegs verkümmerte das Privilegienwesen wieder.

2. Von Bestand war das häufig als erstes modernes Patentgesetz angesprochene englische **Statute of Monopolies** von 1623. Die Schutzdauer wurde grds auf 14 Jahre beschränkt, Patente sollten nur dem ersten und wahren Erfinder und nur für neue Gewerbeerzeugnisse erteilt werden können. Ausgeschlossen waren gesetzwidrige oder dem Gemeinwohl schädliche Erfindungen, namentlich solche, die die Lebensmittelpreise erhöhten. Die Regelung blieb bis 1835 in Geltung.

3. In den **Vereinigten Staaten von Amerika** wurde nach Regelungen in einzelnen Kolonien (Massachusetts 1641, Connecticut 1672, South Carolina 1691) aufgrund des Art I Section 8 der Verfassung vom 17.9.1787 („The Congress shall have Power ... To promote the Progress of Science and usefull Arts, by securing for limited Times to Authors and Inventors the exclusive Right to their respective Writings and Discoveries") 1790 ein Patentgesetz nach englischem Vorbild erlassen. Seit 1812 war es üblich, am Ende der Beschreibung den wesentlichen Inhalt der Erfindung kurz in einer Art Patentansprüche darzustellen. Das Patentgesetz von 1836 brachte die Vorprüfung auf Neuheit.

4. In **Frankreich** wurde die schwer durchschaubare Privilegienerteilung durch das **Patentgesetz vom 7.1.1791** abgelöst. Das Erfinderrecht wurde als geistiges Eigentum naturrechtl begründet (Präambel: „... toute idée nouvelle, dont la manifestation ou le développement peut devenir utile à la société, appartient primitivement à celui qui l'a conçue, et que ce serait attaquer les droits de l'homme dans leur essence, que de ne pas regarder une découverte industrielle comme la propriété de son auteur") und gewährte ein ausschließliches Nutzungsrecht an der Erfindung. Es bestand Ausübungszwang binnen zwei Jahren, druckschriftliche Vorbeschreibung führte zur Nichtigkeit. Als Patentbehörde wurde das Directoire des Brevets d'invention errichtet, bei dem ein Katalog der Erfindungen geführt wurde. Das Gesetz wurde 1844 durch ein neues Patentgesetz abgelöst.

II. Rheinbund; Deutscher Bund

5 **1.** Im annektierten **linksrheinischen Deutschland** wurde das frz Patentgesetz am 3.3.1799 eingeführt. Das Großherzogtum **Berg** übernahm es am 3.11.1809.

6 **2.** In **Preußen** war die Erteilung von Erfindungsprivilegien nach § 7 Teil II Titel 13 ALR dem König vorbehalten, das Verfahren war im Publicandum über die Ertheilung von Patenten vom 14.10.1815 geregelt, es galt – anders als in den das frz Anmeldeverfahren rezipierenden Territorien (Bayern, Württemberg, Sachsen) – ein strenges Vorprüfungsverfahren durch die „Technische Deputation". Ein Erteilungsanspruch bestand nicht, wohl aber eine Ausübungspflicht. Erst durch § 9 der Allgemeinen Gewerbeordnung vom 17.1.1845[1] erfolgte eine gesetzliche Regelung des Inhalts, dass „die besonderen Vorschriften über Ertheilung und Benutzung der Erfindungspatente ferner zur Anwendung" kommen sollten.

7 **3.** In **Österreich** blieb das Privilegium Gnadenakt, Grundsätze über Erfindungs- und Einführungsprivilegien wurden 1794 aufgestellt. Die Regelung im Privilegiengesetz von 1820, die neben einer Ausübungspflicht steigende Gebühren während der höchstens 15jährigen Geltungsdauer vorsah, blieb im wesentlichen bis 1897 in Kraft.

8 **4.** Im linksrheinischen **Bayern** blieb das frz Patentgesetz in Geltung. Für das rechtsrheinische Bayern sah das Gewerbegesetz von 1825 Gewerbsprivilegien mit bis zu 15jähriger Dauer vor, die Neuheit, Eigentümlichkeit und Gemeinnützigkeit des Schutzgegenstands voraussetzten, worüber im Streitfall die Gerichte zu entscheiden hatten. Eine Vorprüfung fand nicht statt. Steigende Gebühren und Ausübungspflicht waren vorgesehen.

9 **5.** In **Württemberg** war eine Patente betr Bestimmung in der Verfassungsurkunde vom 25.9.1819 enthalten. Die Patenterteilung war allerdings dem Ermessen der Regierung überlassen. Bestimmungen enthielt die Gewerbeordnung von 1828, revidiert 1836.

10 **6. Andere Staaten.** Das Großherzogtum Hessen sah in Art 104 Satz 2 der Verfassungsurkunde vom 22.12.1820 die Erteilung von Patenten durch die Regierung für bestimmte Zeit vor; man folgte dem preußischen Vorbild. Eine weitere Regelung erfolgte 1858. Die Verfassung von Kurhessen vom 5.1.1831 enthielt in § 36 eine entspr Regelung mit 10jähriger Laufzeit. Hannover (1847; Vorprüfung) und Sachsen (1853; Registrierungssystem) folgten mit Regelungen.

11 **7.** Die Übereinkunft der zum **Zoll- und Handelsverein** verbundenen Regierungen „wegen Erteilung von Erfindungspatenten und Privilegien" vom 21.9.1842 stellte nur allg Grundsätze (Neuheitsprinzip, ausschließlicher Zugang des einzelstaatlichen Patentinhabers zur Privilegierung in den anderen Staaten) auf, diente aber als Grundlage in Baden, Braunschweig und Sachsen-Weimar. Bis in die siebziger Jahre des 19. Jahrhunderts waren 29 Regelungen in Geltung. Die kleineren Staaten machten die Patenterteilung davon abhängig, dass die Erfindung bereits in einem größeren Staat geschützt war. Die Hansestädte und Mecklenburg kannten keinen Erfindungsschutz. Die Nationalversammlung versuchte 1849, eine reichsrechtl Regelung herbeizuführen, die Verfassung vom 28.3.1849 sah vor (Abschn II Art I § 40): „Erfindungspatente werden ausschließlich von Reichs wegen auf der Grundlage eines Reichsgesetzes erteilt ...". Gleiches gilt für die Bundesversammlung 1860/63.

12 **Antipatentbewegung.** 1863 sprachen sich auf eine Umfrage des preußischen Handelsministers *von Itzenplitz* 31 preußische Handelskammern gegen den Erfindungsschutz und nur 16 dafür aus; die Bewegung erreichte ihren Höhepunkt im Kongress dt Volkswirte 1863, zu ihren Anhängern gehörte der Leiter der für Patenterteilungen zuständigen Technischen Deputation im preußischen Handelsministerium, *R. Delbrück*. Auch *Bismarck* befürwortete 1868 die Abschaffung des Patentschutzes, auf dessen Beseitigung eine preußische Bundesratsvorlage im Norddeutschen Bund hinarbeitete. Die Bewegung war zunächst in den Niederlanden und der Schweiz erfolgreich. Noch im Jahr 1872 beantragte die preußische

---

1 GesSlg 1845, 41, 43.

Regierung beim Bundesrat die Abschaffung des Erfinderschutzes, der als volkswirtschaftlich nachteilig und der Gewerbefreiheit widersprechend angesehen wurde; die Freihandelsschule lehnte ihn als industriehemmend ab. Die Entwicklung in anderen Staaten bewies jedoch das Gegenteil, gerade wegen des fehlenden Erfinderschutzes gingen die Erfinder nach England und Amerika.

III. Deutsches Reich bis 1918

1. Die **Reichsverfassung** vom 16.4.1871[2] sah in Art 4 Nr 5 die Gesetzgebung des Reichs über die Erfindungspatente vor. Der Verein dt Ingenieure (VDI) legte 1872 den Entwurf eines Patentgesetzes vor, fördernd wirkte der internat Patentkongress in Wien 1874. Auf Drängen des VDI und des **Patentschutzvereins** (*W. von Siemens*) ging die Regierung an die Vorbereitung eines Entwurfs. **13**

2. Das **Patentgesetz (PatG) vom 25.5.1877** trat am 1.7.1877 in Kraft. Das „Kaiserliche Patentamt" wurde Patentbehörde für das gesamte Reichsgebiet. Das Gesetz brachte strenge Neuheitsprüfung und Einspruchsmöglichkeit, Publizitätsprinzip, Abhängigkeit der höchstens fünfzehnjährigen Schutzdauer von einer gestaffelten Gebühr und Rücknahmemöglichkeit bei Nichtausführung. **14**

3. Das **Patentgesetz vom 7.4.1891** stellte einige Mängel, insb in der Organisation des Patentamts und im Verfahren, ab. Es regelte ua das Verhältnis zwischen zwei Erfindungen mit ganz oder teilweise gleichem Erfindungsgegenstand, die Erstreckung des Schutzes auf die unmittelbar hergestellten Erzeugnisse beim Verfahrenspatent und brachte eine fünfjährige Ausschlussfrist bei Nichtigkeitsklagen. Beim Patentamt fielen die nebenamtlichen Mitglieder im wesentlichen weg, der Vorbescheid und Beschwerdeabteilungen wurden eingeführt. Ergänzend erging 1904 das Gesetz betr. den Schutz auf Ausstellungen, nachdem Deutschland 1903 der Pariser Verbandsübereinkunft (PVÜ) beigetreten war. Die Novelle vom 6.6.1911 schränkte die Zurücknahme des Patents ein und führte die Zwangslizenz ein. **15**

4. Während des **Ersten Weltkriegs** wurden durch die VO betr. vorübergehende Erleichterungen auf dem Gebiete des Patent-, Gebrauchsmuster- und Warenzeichenrechts vom 10.9.1914[3] mit ÄnderungsVO vom 13.4.1916,[4] die VOen betr die Verlängerung von Prioritätsfristen vom 7.5.1915[5] und vom 8.4.1916[6] und die Bekanntmachung über Vereinfachungen im Patentamt vom 9.3.1917[7] ua Gebührenstundung und Wiedereinsetzung in den vorigen Stand gegen Fristversäumnisse geschaffen. Der 1891 eingeführte abl Vorbescheid wurde wieder abgeschafft. Das Patentamt wurde durch die Übertragung der Prüfung und Patenterteilung von der Patentabteilung auf die Prüfungsstelle arbeitsfähig erhalten, die Beschwerdeabteilung mit nur noch 3 statt mit 5 Mitgliedern besetzt. Die PVÜ wurde durch den Krieg suspendiert. **16**

IV. 1919 bis 1945

1. Nach Art 286, Art 306 des **Versailler Friedensvertrags** wurden die Vorkriegsrechte mit Einschränkungen wieder in Kraft gesetzt. Art 158 der Reichsverfassung von 1919 bestimmte, dass das Recht der Erfinder den Schutz und die Fürsorge des Reiches genieße. Für die abgetretenen Gebiete enthielt Art 311 des Versailler Vertrags eine Regelung. Konsequenzen aus der Abtretung regelte das Gesetz zur Sicherung von gewerblichen Schutzrechten deutscher Reichsangehöriger im Ausland vom 6.7.1921.[8] In der im Jahr 1920 aus dem Reichsgebiet herausgetrennten und verselbstständigten Stadt Danzig wurde durch das Gesetz betreffend Erfindungen und Warenzeichen vom 14.7.1921 eine eigenständige Regelung mit einen Amt für gewerblichen Rechtsschutz des Amtsgerichts Danzig geschaffen.[9] **17**

---

2 RGBl S 64.
3 RGBl S 403 = BlPMZ 1914, 290.
4 RGBl S 278 = BlPMZ 1916, 50.
5 RGBl S 272 = BlPMZ 1915, 142.
6 RGBl S 259 = BlPMZ 1916, 50.
7 RGBl S 221 = BlPMZ 1917, 26.
8 RGBl S 828.
9 Näher hierzu *Otto* Der Schutz des geistigen Eigentums in der Freien Stadt Danzig – ein deutscher „Sonderweg"? in: *M. Goldhammer, M. Grünberger, D. Klippel* (Hrsg) Geistiges Eigentum im Verfassungsstaat, Geschichte und Theorie (2016),

Für das zunächst unter Völkerbundsverwaltung gestellte Memelgebiet sind keine speziellen Regelungen ergangen.[10]

18   Die **zwanziger Jahre** brachten zunächst eine Verlängerungsmöglichkeit für den Schutz um die Kriegszeit (Gesetz betr eine verlängerte Schutzdauer bei Patenten, Gebrauchsmustern usw vom 21.4.1920)[11] sowie verschiedene Neuregelungen der Gebühren (Gesetze vom 27.6.1922 und 9.7.1923, VOen vom 29.10.1923,[12] 29.11.1923,[13] 28.2.1924,[14] und das Gesetz über die patentamtlichen Gebühren vom 26.3.1926.[15] Durch das Gesetz vom 9.7.1923 wurde zugleich die Patentlaufdauer von 15 auf 18 Jahre erhöht. In der Fassung vom 7.12.1923 wurde das PatG neu bekanntgemacht. Durch das Gesetz über Änderungen im patentamtlichen Verfahren vom 1.2.1926[16] ging das Einspruchsverfahren von den Prüfungsstellen wieder auf die Anmeldeabteilung über. Zur Sicherung größerer Einheitlichkeit wurde für die Beschwerdeabteilungen ein Großer Senat geschaffen.

19   **2.** Zwar war schon im Jahr 1913 der amtliche Entwurf eines neuen PatG veröffentlicht worden,[17] aber erst nach Beendigung von Krieg und Inflation nahm das Reichsjustizministerium die Arbeiten wieder auf. Die Reichstagsvorlage vom 20.4.1932 kam nicht mehr zur Beratung. Erst am 5.5.1936 wurde nach Vorarbeiten des Reichsjustizministeriums und des Ausschusses für Gewerblichen Rechtsschutz der Akademie für Deutsches Recht – gleichzeitig mit einem neuen GebrMG und dem Gesetz über die patentamtlichen Gebühren[18] – ohne parlamentarische Beteiligung durch den „Führer und Reichskanzler" das **Patentgesetz 1936** erlassen. Die Neugestaltung wurde bestimmt[19] von den Zielen Förderung des Erfinders als schöpferische Persönlichkeit (Kostenerleichterungen, Erfinderehre) und Schutz der Interessen der Allgemeinheit (Einschränkung der Erfinderrechte insb durch Befugnisse des Staats und Zwangslizenzen). Dazu sollte eine Vereinfachung und übersichtliche Gestaltung des zersplitterten Gesetzesstoffs erfolgen. Schließlich machten Änderungen der PVÜ Anpassungen notwendig. Der Nationalsozialismus wirkte sich in erster Linie durch die Verdrängung der jüdischen Anwälte,[20] das Abreißen der Kontinuität in der Literatur durch Nichtfortführung wesentlicher Werke und deren Verbannung aus der Praxis sowie durch die Folgen der nationalsozialistischen Expansions- und Eroberungspolitik aus, während die Einflüsse in Gesetzgebung und Rspr (entgegen der Einleitung zur Begr zu den Gesetzen über den gewerblichen Rechtsschutz vom 5.5.1936,[21] und trotz mehrfacher Zitate aus „Mein Kampf" in RG-Entscheidungen (und in der *1. Aufl* dieses Kommentars) sowie der Erwähnung des „Stellvertreters des Führers" in § 52 Abs 5 PatG) eher marginal blieben.[22]

20   **3.** Im **Zweiten Weltkrieg** ließ zunächst die 1. VO über Maßnahmen auf dem Gebiete des Patent-, Gebrauchsmuster- und Warenzeichenrechts vom 1.9.1939[23] die Zuschlagsgebühren wegfallen, verlängerte die letzte Mahnungsfrist auf 3 Monate und gewährte bei „außergewöhnlichen Umständen" Wiedereinsetzung.

91; vgl auch *Damme* Der gewerbliche Rechtsschutz in der „Freien Stadt Danzig", GRUR 1921, 129; *Damme* Über die rechtliche Tragweite des § 34 des Danziger Gesetzes betr. Erfindungen und Warenzeichen, GRUR 1922, 41; *Loening* Der gewerbliche Rechtsschutz in der Freien Stadt Danzig, MuW 21, 25; *Ahlbrecht* Danziger Patent- und Warenzeichenrecht, DJZ 1921, 758; *Busse* Rezension *Hans Schneider* Gewerbliches und geistiges Urheberrecht in der Freien Stadt Danzig, GRUR 1927, 732.

10   *Hesse* Die Entwickelung des Privatrechts im Memelgebiet, RabelsZ 1927, 678.
11   RGBl S 675 = BlPMZ 1920, 74.
12   RGBl II 399 = BlPMZ 1923, 126.
13   Reichsanzeiger Nr 273 = BlPMZ 1923, 143.
14   Reichsanzeiger Nr 51 = BlPMZ 1924, 45.
15   RGBl II 181 = BlPMZ 1926, 58.
16   RGBl II 127 = BlPMZ 1926, 42.
17   Beil zu BlPMZ 1913, Heft 7/8.
18   RGBl II 142 = BlPMZ 1936, 95.
19   Begr BlPMZ 1936, 103.
20   Hierzu *Vogel* Mitt 1995, 59; *König* Mitt 1995, 58; *Bruchhausen* GRUR 1991, 737; instruktiv auch RG GRUR 1940, 462 Konsulent; aus NS-Sicht wurde für die Zeit bis 1933 der Anteil „nichtarischer" Patentrechtler mit $4/5$ angegeben, s JW 1936, 1749.
21   BlPMZ 1936, 103.
22   Vgl *Mächtel* (2009), insb S 355; anders aus NS-Sicht, vgl *Frank* Die Grundlagen des nationalsozialistischen Patentrechts, FS Akademie für Deutsches Recht (1936), 7.
23   RGBl II 958 = BlPMZ 1939, 136, 1949, 233.

Die 2. VO vom 9.11.1940[24] brachte die Wiedereinsetzung in die Prioritäts- und Einspruchsfrist. Beide VOen wurden, nachdem das 1. ÜberlG einzelne Regelungen aufrecht erhalten hatte, insgesamt erst durch das 5. ÜberlG aufgehoben. Durch die VO zur Änderung des PatG vom 23.10.1941 fiel die Fünfjahres-Ausschlussfrist für die Nichtigkeitsklage fort. Die 1. und 2. VO über außerordentliche Maßnahmen im Patent- und Gebrauchsmusterrecht vom 10.1.1942[25] und vom 12.5.1943[26] brachten ua Gebührenstundung, Verlängerung der Patentdauer, Wiederinkrafttreten erloschener Patente sowie einschneidende Verfahrensänderungen (zB Wegfall des Einspruchsverfahrens und Aussetzungsmöglichkeit für die Prüfung; Wegfall des Zwangslizenzverfahrens, Einschränkung des Nichtigkeitsverfahrens). Das ArbN-Erfinderrecht wurde durch die VOen vom 12.7.1942[27] und vom 20.3.1943[28] erstmals normativ geregelt (hierzu die Einl ArbEG). Ein Teil des RPA wurde zunächst nach Striegau und Jauer in Schlesien und später nach Heringen, Eger (jetzt Cheb) und Lichtenfels ausgelagert; im März 1943 wurde eine Schließung des RPA diskutiert.[29] Die VO zur Einschränkung von Veröffentlichungen im Patentwesen vom 15.1.1944[30] schuf die Möglichkeit, die Angabe des Patentinhabers oder Erfinders in der Rolle zu unterlassen. Die 3.VO über außerordentliche Maßnahmen im Patent- und Gebrauchsmusterrecht vom 16.1.1945[31] schränkte das Verfahren in Patentsachen dahin ein, dass Prüfungsverfahren nurmehr soweit durchgeführt wurden, als es der Reichsminister für Bewaffnung und Kriegsproduktion zur Wahrung kriegswichtiger Belange verlangte, hob die Möglichkeit zur Einleitung eines Nichtigkeitsverfahrens auf, setzte anhängige Nichtigkeitsverfahren grds aus und unterließ Eintragungen und Löschungen in der Rolle. Am 21.4.1945 wurde schließlich die Tätigkeit des RPA ganz eingestellt.

V. Entwicklung nach 1945 bis 1990

1. 1945 bis 1948. Nach 1945 waren zunächst Schutzrechtsanmeldungen nicht möglich. Gespräche der 21
Siegermächte über eine Wiederherstellung des deutschen Patentwesens verliefen ergebnislos. Eine durch VO des braunschweigischen Staatsministeriums im Juli 1945 eröffnete Annahmestelle musste 1946 wieder geschlossen werden.[32] Erfindungsschutz beschränkte sich auf das Bürgerliche und das Wettbewerbsrecht.[33] Ab 1948 verlief die Entwicklung in West und Ost getrennt. Zur Entwicklung in der DDR Rn 30.

Die **Rückgabe konfiszierten deutschen Vermögens** wurde von einem Teil der Siegerstaaten, darun- 22
ter den USA, abgelehnt[34] (vgl hierzu das Kontrollratsgesetz Nr 5 vom 30.10.1946); soweit sich das auch auf Vermögenswerte im neutralen Ausland bezog, ist die Schweiz dem nicht gefolgt.[35]

2. Vereinigtes Wirtschaftsgebiet, Bundesrepublik Deutschland bis 1956. Im Westen konnten auf- 23
grund des Gesetzes über die Errichtung von Annahmestellen vom 5.7.1948[36] und der DVO hierzu vom 14.7.1948[37] ab 1.10.1948 bei den Annahmestellen in Darmstadt und Berlin wieder Patentanmeldungen altersrangbegründend eingereicht werden. Das Grundgesetz vom 23.5.1949 wies in seinem Art 73 Nr 9 die ausschließliche Gesetzgebungskompetenz für den gewerblichen Rechtsschutz dem Bund zu. Das Erste Gesetz zur Änderung und Überleitung von Vorschriften auf dem Gebiet des gewerblichen Rechtsschutzes

24 RGBl II 256 = BlPMZ 1949, 234.
25 RGBl II 81 = BlPMZ 1942, 1.
26 RGBl II 150 = BlPMZ 1943, 64.
27 RGBl I 466 = BlPMZ 1942, 97.
28 RGBl I 257 = BlPMZ 1943, 48.
29 Vgl *Mächtel* S 361 ff.
30 RGBl II 5 = BlPMZ 1944, 11.
31 RGBl II S 11.
32 Vgl BlPMZ 1949, 118.
33 Vgl LG Berlin GRUR 1948, 209; vgl weiter das erste Beiheft zur DRZ, 2. Aufl 1950, sowie *Benkard*[6] Einl Rn 168, *Benkard* Einl Rn 19,
34 Vgl *Baade* Die Behandlung es feindlichen Privatvermögens in den Vereinigten Staaten von Amerika, 1953; *Roos* Zur Konfiskation privater deutscher Auslandsvermögen, 1956; *Berber* Völkerrecht Bd II[2] § 39 S 207.
35 Vgl *Schindler* Besitzen konfiskatorische Gesetze außerterritoriale Wirkung? Schweizer Jahrbuch für internationales Recht III S 65 ff; kr *Berber* Völkerrecht Bd II[2] § 39 S 208; dieses Vorgehen rechtfertigend Monthly Report of Military Governor U.S. Zone no 4, 20.11.1946 S 26.
36 WiGBl S 65 = BlPMZ 1948, 3.
37 WiGBl S 66 = BlPMZ 1948, 4.

(1. ÜberlG) vom 8.7.1949[38] gestaltete das Prüfungsverfahren vor dem durch Gesetz vom 12.8. 1949[39] in München errichteten und am 1.10.1949 eröffneten (Bek vom 25.8.1949)[40] Deutschen Patentamt (DPA) vorübergehend neu, indem es ua vor der Bekanntmachung keine Neuheitsprüfung vorsah. Es berücksichtigte die Rechte des Ersterfinders aus der patentamtslosen Zeit und regelte die Weiterbehandlung der Altschutzrechte und Altanmeldungen beim RPA. Zum 1. ÜberlG ergingen zwei DurchführungsVOen vom 1.10.1949[41] und vom 14.6.1950.[42] Seit der Eröffnung des DPA konnten auch wieder Nichtigkeitsverfahren durchgeführt werden. Das Gesetz über das DPA wurde durch das Gesetz vom 30.1.1950[43] auf die Länder der frz Besatzungszone erstreckt. Das Gesetz Nr 8 der Alliierten Hohen Kommission vom 20.10.1949 (AHKG 8)[44] regelte kriegsbetroffene Schutzrechte und Anmeldungen. Als Änderungsgesetz war das Gesetz Nr 41 der Alliierten Hohen Kommission vom 9.11.1950,[45] daneben die 1. DVO zum Gesetz Nr 8 vom 8.5.1950[46] zu beachten. Durch VO vom 20.1.1950[47] wurde zum 1.2.1950 die Dienststelle Berlin des DPA errichtet. Das Gesetz über die Verlängerung der Dauer bestimmter Patente vom 15.7.1951[48] (aufgehoben durch das KostRegBerG) verlängerte bei Altpatenten und bei Altanmeldungen, für die kein vorläufiger Schutz mehr eingetreten war, die Patentdauer um fünf Jahre. Das 3.ÜberlG vom 3.10.1951[49] betraf Altschutzrechte und Altanmeldungen österreichischen Ursprungs. Durch das 4. ÜberlG vom 20.12.1951[50] wurden die Vereinfachungen des Prüfungsverfahrens im wesentlichen beseitigt und insb für die nach dem 31.12.1951 eingereichten Anmeldungen die Neuheitsprüfung wieder eingeführt. Den vorläufigen Abschluss der Neuordnung nach dem Krieg brachte das 5. ÜberlG vom 18.7.1953,[51] mit dem zugleich das PatG neu bekanntgemacht wurde. Neu waren Regelungen über Geheimpatente, das Benutzungsrecht des Bundes im Interesse seiner Sicherheit, die Patentbeschränkung und das Armenrechtsverfahren, das zugleich durch das Gesetz über die Erstattung von Gebühren für im Armenrecht beigeordnete Vertreter in Patent- und Gebrauchsmustersachen[52] ergänzt wurde. Die noch bestehenden Kriegsvorschriften wurden aufgehoben. Zur gesetzlichen Regelung des ArbN-Erfinderrechts s Einl ArbEG.

24   **3. Saareingliederung.** Die zum 1.1.1957 politisch vollzogene Eingliederung des Saarlands in die Bundesrepublik erfolgte auf dem Gebiet des gewerblichen Rechtsschutzes mWv 6.7.1959 durch das Gesetz vom 30.6.1959[53] (SaarEinglG, aufgehoben durch das KostRegBerG).

25   **4. 6. Überleitungsgesetz.** Die folgende Reform wurde durch das Urteil des BVerwG vom 13.6. 1959[54] ausgelöst, nach dem die Entscheidungen der – nicht als Gericht anzusehenden – Beschwerdesenate des DPA nach Art 19 Abs 4 GG vor den Verwaltungsgerichten angefochten werden konnten. Dies erforderte eine Neuordnung der gerichtlichen Überprüfung der Entscheidungen des DPA insgesamt. Zunächst wurde, um Rechtssicherheit zu schaffen, durch das Gesetz über die Frist für die Anfechtung von Entscheidungen des DPA vom 17.2.1960[55] eine befristete Anfechtungsmöglichkeit für die bis zur Entscheidung des BVerwG ergangenen Entscheidungen des DPA geschaffen. Das 12. Gesetz zur Änderung des Grundgesetzes vom

---

38   WiGBl S 175= BlPMZ 1949, 229.
39   WiGBl S 251 = BlPMZ 1949, 262; aufgehoben durch Art 42 des Zweiten Gesetzes über die Bereinigung von Bundesrecht im Zuständigkeitsbereich des Bundesministeriums der Justiz vom 23.11.2007, BGBl I 2614, 2619.
40   BlPMZ 1949, 262, Begr BlPMZ 1949, 308.
41   BGBl S 27 = BlPMZ 1949, 291.
42   BGBl S 227 = BlPMZ 1950, 162.
43   BGBl S 24 = BlPMZ 1950, 27.
44   AHK-ABl S 18 = BlPMZ 1949, 317.
45   AHK-ABl S 661 = BlPMZ 1950, 327.
46   BGBl S 357 = BlPMZ 1950, 195.
47   BGBl S 6 = BlPMZ 1950, 28.
48   BGBl I 449 = BlPMZ 1951, 229.
49   BGBl I 847 = BlPMZ 1951, 327.
50   BGBl I 979 = BlPMZ 1952, 2.
51   BGBl I 615 = BlPMZ 1953, 269.
52   BGBl 1953 I 654 = BlPMZ 1953, 291.
53   BGBl I 388 = BlPMZ 1959, 209.
54   BVerwGE 8, 350 = GRUR 1959, 435.
55   BGBl I 78 = BlPMZ 1960, 29.

6.3.1961[56] gab dem Bund die Befugnis, für die Angelegenheiten des gewerblichen Rechtsschutzes ein Bundesgericht zu errichten. Diese wurde durch das 6. ÜberlG vom 23.3.1961 durch die Errichtung des BPatG am 1.7.1961 ausgeschöpft (näher hierzu Rn 1ff zu § 65).

5. Patentänderungsgesetz 1967 (Vorabgesetz)

Schrifttum: *Althammer* Gesetz zur Änderung des Patentgesetzes, des Warenzeichengesetzes und weiterer Gesetze, GRUR 1967, 444; *Althammer* Rechtsfragen des Vorabgesetzes, GRUR 1970, 209; *Bardehle* Das Vorabgesetz, Mitt 1967, 1; *Bardehle* Das Vorabgesetz, Mitt 1967, 146; *Cohausz* Kritik an den Vorschlägen des Rechtsausschusses des Bundestages zum Vorabgesetz, Mitt 1967, 94; *Gaul/Bartenbach* Bedeutsame Auswirkungen der Reform des Patent- und des Warenzeichenrechts, NJW 1968, 1353; *Haertel* Ein Jahr Vorabgesetz aus der Sicht des Deutschen Patentamts, GRUR 1969, 635; *Henriquez-Walenda* Praktische Handhabung des Vorabgesetzes, GRUR 1968, 233; *Liedl/Hänzel* Das Vorabgesetz², 1968; *Löscher* Der künftige Ablauf des Patenterteilungsverfahrens und die sonstigen Neuerungen im Patentrecht, BB 1967, Beil 7, S 7; *Löscher* Das neue Patentrecht, BB 1967, 1053; *Philberg* Das Vorabgesetz aus der Sicht des freien Erfinders, Mitt 1967, 161; *Schade* Die Auswirkungen der Änderungen des Patentgesetzes vom 4.9.1967 auf die Arbeitnehmererfindung, GRUR 1968, 393; *Schramm/Henner* Der Patentprozeß nach dem Vorabgesetz, GRUR 1968, 667; *Zeller* Das Vorabgesetz, Übersicht aus der Sicht des Anmelders, Mitt 1967, 141, 181; *Zeller* Patentrechtliche Bestimmungen des Vorabgesetzes unter Berücksichtigung der erfinderrechtlichen Bestimmungen, GRUR 1968, 227.

Zur Entlastung des DPA wurde durch das PatÄndG 1967 vom 4.9.1967, das „Vorabgesetz", der Verfahrensablauf bis zur Bekanntmachung erheblich geänd. MWv 1.10.1968 wurde das System der „aufgeschobenen Prüfung", verbunden mit der wesentlich auf den Entwurf eines skandinavischen Patentgesetzes zurückgehenden Offenlegung der Patentanmeldung spätestens nach 18 Monaten ab Prioritätszeitpunkt, eingeführt. Zum Ausgleich für den Verlust der Geheimhaltung erhielt der Anmelder einen Entschädigungsanspruch aus der offengelegten Patentanmeldung, der jedoch kein Verbotsrecht einschließt. Das Verfahren der aufgeschobenen Prüfung hat das DPA spürbar entlastet. Weiter führte das PatÄndG 1967 die Möglichkeit des Stoffschutzes ein. Änderungen des PatG erfolgten weiter durch das **Sortenschutzgesetz** vom 20.5.1968, das **8. Strafrechtsänderungsgesetz** vom 25.6.1968, das **Kostenermächtigungs-Änderungsgesetz** vom 23.6.1970 und das **Gesetz zur Änderung der Bezeichnungen der Richter** usw vom 26.5.1972. **26**

6. Durch das **Gesetz über internationale Patentübereinkommen** (IntPatÜG) vom 21.6.1976 wurden im Zug der eur Rechtsangleichung eine grundlegende Umgestaltung des materiellen Patentrechts und der Nichtigkeitsgründe, eine Neuregelung des Schutzbereichs und die Verlängerung der Patentdauer auf 20 Jahre vorgenommen. Die Änderungen traten großenteils am 1.1.1978 in Kraft. Die Hauptbedeutung dieses Gesetzes liegt in der Umsetzung des Europäischen Patentübereinkommens (EPÜ) und des Patentzusammenarbeitsvertrags (PCT) in das nationale Recht; hierdurch kam eine konkurrierende Patenterteilungsbehörde, die mit Wirkung für die Bundesrepublik Deutschland ein gleichwertiges Patent erteilen kann, ins Spiel, zum anderen wurde ein weiterer, internat Anmeldeweg sowohl in das nationale als auch in das eur Verfahren eröffnet. **27**

7. Weitere Anpassungen an das Recht der eur Übk enthält das **Gemeinschaftspatentgesetz** (GPatG; Schrifttum bei Art I IntPatÜG) vom 26.7.1979, das im wesentlichen am 1.1.1981 in Kraft trat. Hervorzuheben sind die Neuregelung der Wirkung des Patents und des Erteilungsverfahrens, in dem als wesentliche Neuerung der nachgeschaltete Einspruch eingeführt wurde. Die (vertragliche) Lizenz wurde erstmals ausdrücklich geregelt; weitere Änderungen betreffen die Einführung der Zusammenfassung, die vorzeitige Offenlegung, die Teilung und die innere Priorität. Prozessrechtl wurden die Beteiligungs- und Äußerungsmöglichkeit des PräsDPA im Beschwerdeverfahren vor dem BPatG geschaffen und der Anwaltszwang im Nichtigkeitsberufungsverfahren eingeführt. Das **Gesetz über die Prozesskostenhilfe** vom 13.6.1980 regelte das frühere Armenrecht neu. Am 16.12.1980 wurde das PatG mit neuer Paragraphenfolge neu bekanntgemacht („PatG 1981"). Das **Gebrauchsmusteränderungsgesetz** vom 15.8.1986 brachte ua einen Bestandsschutz für Lizenzen. An die Stelle der Anmeldebestimmungen für Patente ist die im Jahr 2003 **28**

---

56   BGBl I 141 = BlPMZ 1961, 122.

durch die Patentverordnung (PatV) abgelöste **PatentanmeldeVO** vom 12.11.1986 getreten. Auch durch das **Kostenänderungsgesetz** vom 9.12.1986 erfolgten Änderungen des PatG.

8. Produktpirateriegesetz[57]

Schrifttum: *Ann* Produktpiraterie – Bloße Verletzung individueller Rechte oder Bedrohung des Systems gewerblicher Schutzrechte insgesamt? FS T. Schilling (2007), 1; *Ann* Produktpiraterie – „Anständige Verletzer" einerseits, Piraten andererseits, VPP-Rdbr 2014, 93; *Asendorf* Gesetz zur Stärkung des Schutzes geistigen Eigentums und zur Bekämpfung der Produktpiraterie, NJW 1990, 1283; *Asendorf* Auskunftsansprüche nach dem Produktpirateriegesetz und ihre analoge Anwendung auf Wettbewerbsverstöße, FS F. Traub (1994), 21; *Beysen* Der privatrechtliche Schutz des Softwareherstellers vor Programmpiraterie, Diss Osnabrück 2003; *Bittner* Produktpiraterie auf inländischen Fachmessen: Vorgehen gegen patentverletzende Ware, GRURPrax 2015, 142; *Braun* Produktpiraterie. Rechtsschutz durch Zivil-, Straf- und Verwaltungsrecht sowie ausgewählte Probleme der Rechtsdurchsetzung, Köln 1993; *Braun* Produktpiraterie, CR 1994, 726; *Braun* Produktpiraterie, Rechtliche Erfassung durch Zivil-, Straf- und Verwaltungsrecht, ein Überblick, in: *DACH Europäische Anwaltsvereinigung e.V.* (Hrsg) Produktpiraterie, 1996; *Cremer* Die Bekämpfung der Produktpiraterie in der Praxis, Mitt 1992, 153; *Cremer* Die Wirksamkeit von zollrechtlichen Maßnahmen nach TRIPS, Bericht Q 147 für die deutsche AIPPI-Landesgruppe, 2001; *Ensthaler* Produktpirateriegesetz, GRUR 1992, 273; *Harte-Bavendamm* (Hrsg) Handbuch der Markenpiraterie in Europa, 2000; *Haedicke* Patente und Piraten, Geistiges Eigentum in der Krise, 2011; *Knieper* Mit Belegen gegen Produktpiraten, WRP 1999, 1116; *Kommission der Europäischen Gemeinschaften* Grünbuch zur Bekämpfung von Nachahmungen und Produkt- und Dienstleistungspiraterie im Binnenmerkt, Dokument KOM(98) 569 endg., 1998; *Kröger/Bausch* Produktpiraterie im Patentwesen, GRUR 1997, 321; *Lehmann/Diercks* Die Bekämpfung der Produktpiraterie nach der Urheberrechtsnovelle, CR 1993, 537; *Lührs* Verfolgungsmöglichkeiten im Fall der „Produktpiraterie" unter besonderer Betrachtung der Einziehungs- und Gewinnabschöpfungsmöglichkeiten (bei Ton-, Bild- und Computerprogrammträgern), GRUR 1994, 264; *Maul/Maul* Produktpiraterie im Pharma-Bereich – Sanktionsbedarf und Schadensquantifizierung, GRUR 1999, 1059; *Mayer/Linnenborn* Kein sicherer Hafen: Bekämpfung der Produktpiraterie in der Europäischen Union, Kommunikation und Recht 2003, 313; *Meister* Leistungsschutz und Produktpiraterie – Fragmente zu einem Problem, 1990; *D. Müller* Keine Gnade für Plagiate: gewerbliche Schutzrechte nutzen[3], 2001; *Müller/Wabnitz* Die veränderte Stellung des Staatsanwalts im heutigen Wirtschaftsleben, ZRP 1990, 429; *Patnaik* Enthält das deutsche Recht effektive Mittel zur Bekämpfung von Nachahmungen und Produktpiraterie? GRUR 2004, 191; *Röder* Strafrechtlicher Schutz vor Produktpiraterie im europäischen Rahmen: Notwendige Harmonisierung oder grenzwertiger Protektionismus, FS 10 Jahre Studiengang „International Studies in Intellectual Property Law" (2009), 145; *Scheja* Bekämpfung der grenzüberschreitenden Produktpiraterie durch die Zollbehörden, CR 1995, 714; *Schmidl* Bekämpfung der Produktpiraterie in der Bundesrepublik Deutschland und in Frankreich. Zur Notwendigkeit eines europäischen Markenstrafrechts am Beispiel der Gemeinschaftsmarke, 1999; *Schöner* Die Bekämpfung der Produktpiraterie durch die Zollbehörden, Mitt 1992, 180; *Tilmann* Der Schutz gegen Produktpiraterie nach dem Gesetz von 1990, BB 1990, 1565; *Tronser* Auswirkungen des Produktpirateriegesetzes vom 7.3.1990 auf das Gebrauchsmusterrecht, GRUR 1991, 10; *von Welser/González* Marken- und Produktpiraterie[2], 2015.

29   Wesentliche Änderungen brachte das Gesetz zur Stärkung des Schutzes des geistigen Eigentums und zur Bekämpfung der Produktpiraterie (Produktpirateriegesetz – PrPG) vom 7.3.1990. Ziel dieses Gesetzes war es, „die gesetzlichen Regelungen zur Verfolgung und Ahndung von Schutzrechtsverletzungen im Bereich des geistigen Eigentums zu verbessern. Das Gesetz will damit – aufbauend auf einer Verbesserung des rechtl Instrumentariums bei Schutzrechtsverletzungen insgesamt – vor allem auch die Voraussetzungen für eine schnelle und wirkungsvolle Bekämpfung der Schutzrechtsverletzungen schaffen, die seit geraumer Zeit und mit nach wie vor ansteigender Tendenz planmäßig, gezielt und massenhaft begangen werden und für die die Umschreibung ‚Produktpiraterie' gebräuchlich geworden ist".[58] Es enthält im wesentlichen gleichlautende Änderungen des WZG, des UrhG, des GeschmMG, des PatG, des GebrMG, des HlSchG und des SortG. Hauptpunkte sind Verschärfung der strafrechtl Sanktionsmöglichkeiten (s bei § 142 PatG), Erweiterung der zivil- (s bei § 140a PatG) und strafrechtl (s bei § 142 PatG) Vernichtungs- und Einziehungsmöglichkeiten, Schaffung eines besonderen Auskunftsanspruchs (s bei § 140b PatG) und Einführung der bisher nur im WZG vorgesehenen Grenzbeschlagnahme durch die Zollbehörden unter Umgestaltung des Verfahrens (s bei § 142a PatG).

---

57   Berichte des BMJ zum PrPG: BTDrs 12/4427 (1993), BRDrs 659/99 (1999); zu entspr eur Initiativen vgl das Grünbuch der Kommission zur Bekämpfung von Nachahmungen und Produkt- und Dienstleistungspiraterie im Binnenmarkt (Dokument KOM(98)559 endg., Stellungnahme der DVGR GRUR 1999, 479, 560, Mitteilung der Kommission Dokument KOM 2000/789, Hinweis GRUR 2001, 220.
58   Begr BTDrs 11/4792 = A I, BlPMZ 1990, 173.

VI. Deutsche Demokratische Republik (DDR)

Schrifttum: *Amt für Erfindungs- und Patentwesen* (Hrsg) Patentrecht und Kennzeichnungsrecht, Textsammlung, 1973; *Amt für Erfindungs- und Patentwesen* (Hrsg) Patentrecht, Muster- und Warenkennzeichnungsrecht, 1987; *Becher* Die Bedeutung der Pariser Verbandsübereinkunft für das Patentwesen, 1967; *Becker* Fragen der Erfinderrechtsprechung, NJ 1979, 15; *Enge* Gerichtliche Zuständigkeit bei Streitigkeiten über materielle Anerkennung der Erfinder, NJ 1985, 114, mit Kritik *Hurlbeck/Mochow* NJ 1985, 115; *Hemmerling* Ideen – Neuerungen – Erfindungen (1987); *Hildebrandt* Bemessung der Erfindungshöhe in der Patentrechtsprechung, NJ 1982, 204; *Hurlbeck* Aktuelle Fragen der Patentrechtsprechung des Obersten Gerichts, NJ 1982, 59; *Jonkisch* Förderung der Erfindertätigkeit und Rechtsschutz für Erfindungen, NJ 1984, 21; *Keilitz* Vergütungsanspruch bei Benutzung von Wirtschaftspatenten, NJ 1984, 199; *Nathan* Erfinder- und Neuererrecht der Deutschen Demokratischen Republik, 2 Bde 1968; *Püschel* Erfindervergütung und Ausgleichspflicht bei Mitgliedern einer Erfindergemeinschaft, NJ 1985, 115, mit Kritik *Hurlbeck* NJ 1985, 157; *Schönfeld* Zum neuen Patentgesetz der Deutschen Demokratischen Republik, GRUR Int 1985, 731; *Schönfeld* Die Bedingungen des gewerblichen Rechtsschutzes für ausländische Unternehmen in der DDR, Ostpanorama, Linz 1982, S 122; *Schultze-Zeu* Das Patentrecht der DDR, ZVglRWiss 88 (1989), 241; *Wießner* Geschichte des Patentrechts in der DDR, in *Klippel* (Hrsg) Geschichte des deutschen Patentrechts, 2009.

In der DDR erfolgte eine grundlegende Umgestaltung des Patentrechts schon durch das PatG-DDR **30** vom 6.9.1950,[59] gleichzeitig wurde in (Ost-)Berlin das Amt für Erfindungs- und Patentwesen (AfEP) errichtet. Neben dem Ausschließungspatent wurde das Wirtschaftspatent eingeführt, das kein Ausschließungsrecht gegenüber Dritten zum Inhalt hatte. Für Erfindungen, die im Zusammenhang mit der Tätigkeit der Erfinder in einem sozialistischen Betrieb oder staatlichen Organ oder mit dessen Unterstützung entstanden waren, konnte nur ein Wirtschaftspatent erteilt werden, zu dessen Anmeldung der Ursprungsbetrieb verpflichtet war. Seit der Änderung vom 31.7.1963[60] erfolgte eine vollständige Sachprüfung vor Patenterteilung grds nicht mehr, sie wurde aber auf Antrag oder vAw nachgeholt. Am Wirtschaftspatent hatten sozialistische Betriebe und staatliche Organe ein Benutzungsrecht, sonstigen Dritten konnte das AfEP die Benutzung gestatten. Das Ausschließungspatent, das bei Inländern nur ausnahmsweise in Betracht kam, gewährte demgegenüber einen Unterlassungsanspruch, der allerdings durch das AfEP aus bestimmten Gründen gegen angemessene Entschädigung eingeschränkt oder aufgehoben werden konnte. Der Gebrauchsmusterschutz wurde 1963 abgeschafft. Das Gesetz über den Rechtsschutz für Erfindungen (PatG-DDR) vom 27.10.1983[61] änderte an der Rechtslage im Grundsatz nichts. Erst in der Schlussphase der DDR erfolgte in der Folge des Vertrags über eine Wirtschafts- und Sozialunion durch das Gesetz zur Änderung des Patentgesetzes und des Gesetzes über Warenkennzeichen der Deutschen Demokratischen Republik vom 29.6.1990 (PatÄndG-DDR 1990)[62] eine Anpassung an das Patentrecht der Bundesrepublik Deutschland, insb auch unter Fortfall des technischen Fortschritts als Patentierungsvoraussetzung und des Stoffschutzverbots. Art 3 PatÄndG-DDR 1990 sah die Möglichkeit der Umwandlung von Wirtschaftspatenten in Ausschließungspatente vor. Wurde nicht umgewandelt, war jedermann zur Benutzung berechtigt, hatte aber den Anmelder spätestens bei Nutzungsbeginn zu informieren und schuldete angemessenes Entgelt, sofern die Erfindung auf alle Schutzvoraussetzungen geprüft war; maßgeblich war insoweit allein § 23.[63] Ein Ursprungsbetrieb war nur berechtigt, die Umwandlung im eigenen Namen zu beantragen, wenn die Rechte an der Erfindung auf ihn übergegangen waren; dies setzte den Zugang seiner Erklärung gegenüber dem in der Patentrolle eingetragenen Erfinder voraus.[64]

VII. Entwicklung seit 1990

1. Die deutsche Einigung

Schrifttum: *Adrian* Die Rechtsvereinheitlichung im vereinigten Deutschland auf dem Gebiet der gewerblichen Schutzrechte durch das Erstreckungsgesetz, VPP-Rdbr 1993, 55; *Adrian/Nordemann/Wandtke* Erstreckungsgesetz und

---

59 GBl S 989 = BlPMZ 1950, 263.
60 GBl S 121 = BlPMZ 1963, 275.
61 GBl I 284 = BlPMZ 1984, 37.
62 GBl DDR I 571 = BlPMZ 1990, 347.
63 SstA 15.5.1997 ArbErf 70/95.
64 BPatG GRUR 1998, 662, auch zur Frage der Berichtigung des Registereintrags von Amts wegen.

Schutz des geistigen Eigentums, 1992; *Bourcevet* Zur Erstreckung von Chemiepatenten im einheitlichen Schutzgebiet der Bundesrepublik Deutschland, Mitt 1992, 259; *Bourcevet* Die Beantragung von Stoffansprüchen für Altpatentanmeldungen, VPP-Rdbr 1991, 67; *Brändel* Rechtsfragen des „Erstreckungsgesetzes" zum Schutzbereich und zur Benutzungslage von Patenten im vereinigten Deutschland, GRUR 1992, 653; *Eisenführ* Die bevorstehende Erstreckung gewerblicher Schutzrechte im Zuge der deutschen Vereinigung, Mitt 1991, 50; *Eisenführ* Der Referentenentwurf des Erstreckungsgesetzes, Mitt 1991, 185; *Faupel* Deutsche Einheit und Schutz des geistigen Eigentums, Mitt 1990, 202; *Gaul* Die arbeitnehmererfindungsrechtlichen Auswirkungen des Erstreckungsgesetzes, Mitt 1992, 289; *Gaul/Burgmer* Das Erstreckungsgesetz für den gewerblichen Rechtsschutz, GRUR 1992, 283; *Gordet/Kleiner* Extension of Intellectual Property Rights in the Unified Germany Under Recent German Law Revisions, JPTOS 1993, 942; *Häußer* Die Auswirkung der Wiedervereinigung Deutschlands auf den gewerblichen Rechtsschutz, in: *Rafeiner* (Hrsg) Patente, Marken, Muster, Märkte (1993), 27; *Katzenberger* Urheberrecht und Urhebervertragsrecht in der deutschen Einigung, GRUR Int 1993, 2; *Knaak* Kennzeichnungsrechte in der deutschen Einigung, GRUR Int 1993, 18; *Mühlens/Schaefer* Die Vereinheitlichung des gewerblichen Schutzrechtes im vereinigten Deutschland, DtZ 1992, 194; *Niederleithinger* Die Erstreckung von gewerblichen Schutzrechten auf das Gesamtgebiet Deutschlands, Mitt 1991, 125; *Rojahn* Die Behandlung von vor der Wiedervereinigung eingeräumten vertraglichen Vertriebs- und Verwertungsrechten in den alten und neuen Bundesländern, GRUR 1993, 941; *Schaefer* Vereinheitlichung des gewerblichen Rechtsschutzes in Deutschland, NJ 1992, 248; *Schäfers* Legal Unity in the Field of Industrial Property in the Federal Republic of Germany: The Draft Law on the Extension of Industrial Property Rights, IndProp 1991, 489; *Schinke* Aufgaben der Patentbearbeitung in den neuen Ländern unter Berücksichtigung des Erstreckungsgesetzes, VPP-Rdbr 1992, 75; *Schinke* Neue Bundesländer – Patente und Patentanmeldungen, VPP-Rdbr 1996, 61 und 1998, 57; *von Mühlendahl* (Hrsg) Gewerblicher Rechtsschutz im vereinigten Deutschland, Textausgabe; *von Mühlendahl* Gewerblicher Rechtsschutz im vereinigten Deutschland – eine Zwischenbilanz, GRUR 1990, 719; *von Mühlendahl/Mühlens* Gewerblicher Rechtsschutz im vereinigten Deutschland, GRUR 1992, 725; *Vogel* Zur Auswirkung des Vertrages über die Herstellung der Einheit Deutschlands auf die Verfahren vor dem Deutschen Patentamt und dem Bundespatentgericht, GRUR 1991, 83; *Woltz* Zum Entwurf eines Schutzrechtserstreckungsgesetzes, WiR 1991, 353.

31   **a.** Der Vertrag über die Herstellung der Einheit Deutschlands **(Einigungsvertrag; EinigV)** vom 31.8.1990[65] bestimmte das DPA zur alleinigen Zentralbehörde auf dem Gebiet des gewerblichen Rechtsschutzes. Er hat die vor dem 3.10.1990 eingereichten Anmeldungen und Schutzrechte mit Wirkung für ihr bisheriges Schutzgebiet und nach den vor dem Wirksamwerden des Beitritts der DDR geltenden Rechtsvorschriften aufrechterhalten, Neuanmeldungen von diesem Tag an aber nur mit Wirkung für das gesamte Bundesgebiet einschließlich des Beitrittsgebiets und nach den Bestimmungen des Bundesrechts zugelassen. Damit bestand für eine Übergangszeit ein gespaltener Rechtszustand mit zwei Schutzrechtsgebieten und unterschiedlichen Regeln unterliegenden Altschutzrechten und einem einheitlichen Schutzgebiet für Neuschutzrechte.

32   **b.** Durch das am 1.5.1992 in Kraft getretene Gesetz über die Erstreckung von gewerblichen Schutzrechten **(Erstreckungsgesetz; ErstrG)** vom 23.4.1992[66] wurde dieser Zustand beendet; es wurde ein einheitliches Schutzgebiet geschaffen. Dies geschah durch die Erstreckung der am 1.5.1992 bestehenden Schutzrechte und Anmeldungen auf das Gebiet, in dem sie bisher nicht galten; dies galt auch für aufgrund internat Übereinkommen erteilte Schutzrechte und Anmeldungen.[67] Durch diese Koexistenzlösung konnten Schutzrechtskollisionen auftreten, für die das ErstrG detaillierte, teilweise an schutzwürdige Besitzstände und Billigkeitskriterien anknüpfende Regelungen traf. Die erstreckten Schutzrechte wurden im Grundsatz den Regeln des PatG in der zur Zeit des Beitritts bzw der Erstreckung geltenden Fassung (vgl § 5 Satz 2 ErstrG) unterstellt (vgl *6. Aufl* Rn 6 ff zu § 9, Rn 9 zu § 139), dies galt auch für die Auslegung (Bestimmung des Gegenstands) des Patents;[68] übergeleitetes DDR-Recht blieb nur für die Voraussetzungen der Schutzfähigkeit und – zunächst – für die Schutzdauer anwendbar; zur intertemporalen Anwendbarkeit der DDR-Bestimmungen über die Schutzfähigkeit *6. Aufl* Rn 14 ff vor § 1.[69] Zu den lizenzvertragsrechtl Fragen *6. Aufl* Rn 140 ff zu § 15 und näher *5. Aufl* Rn 136 ff zu § 15, zu den ArbN-erfinderrechtl *7. Aufl* Rn 8 ff Einl ArbEG. Am 31.12.1990 waren 137.782 Patente mit Ursprung in der DDR in Kraft, am 31.12.1998 26.620, am 31.12.2001 8.281. Das ErstrG ist zuletzt durch das GeschmMRefG geänd worden.

---

65   BGBl II 889 = BlPMZ 1990, 379.
66   BGBl I 938 = BlPMZ 1992, 202.
67   Vgl zur markenrechtl Problematik BGHZ 139, 147 = GRUR 1999, 155, 158 Dribeck's Light.
68   BGH Mitt 2000, 105, 106 Extrusionskopf.
69   Neuerdings hierzu BPatG 29.4.2014 3 Ni 13/13.

2. Das **2. Gemeinschaftspatentgesetz (2. GPatG)** vom 20.12.1991 (weitgehend aufgehoben durch **33**
Art 4 des Gesetzes zur Umsetzung der EPÜ-Revisionsakte vom 24.8.2007) enthielt neben der Zustimmung
zu der (nicht zustande gekommenen) Vereinbarung über Gemeinschaftspatente Änderungen des Int-
PatÜG, insb das (inzwischen wieder beseitigte) Übersetzungserfordernis für eur Patentschriften (Art II § 3
IntPatÜG aF) und die Abschaffung des patentgerichtlichen Kollisionsverfahrens bei prioritäts- und in-
haltsgleichen eur und nationalen Patenten. Im PatG wurden die Rücknahmemöglichkeit für die Lizenzbereitschaftserklärung eingeführt und die Rücknahmefiktion bei der Prioritätsbeanspruchung eines älteren
Gebrauchsmusters (iSd BGH-Rspr) geregelt.

3. Das **Erste Sortenschutzänderungsgesetz** vom 27.3.1992 glich mit der Ausdehnung des Sorten- **34**
schutzes auf jegliche Pflanzensorte den Patentierungsausschluss in § 2 der Regelung im EPÜ an.

4. Patentänderungsgesetz 1993 (Arzneimittelzertifikat) und weitere Änderungen. Durch VO vom **35**
18.6. 1992 (EWG) Nr 1768/92 des Rates der Europäischen Gemeinschaften vom 18.6.1992[70] wurde als für alle
EG-Mitgliedstaaten unmittelbar geltendes Recht ein **ergänzendes Schutzzertifikat** für Arzneimittel als
nationales Recht ersetzendes und nicht nur alternativ ergänzendes gemeinschaftsrechtl Einheitsrecht
geschaffen. Mit der Einführung des ergänzenden Schutzzertifikats für Arzneimittel durch VO vollzog der
Rat eine Entwicklung nach, die in den USA, in Japan und in der Republik Korea bereits früher stattgefunden hatte.[71] Der Rat begründete die Schaffung des Schutzzertifikats damit, dass die Forschung im pharmazeutischen Bereich entscheidend zur ständigen Verbesserung der Volksgesundheit beitrage. Arzneimittel,
vor allem solche, die das Ergebnis einer langen und kostspieligen Forschungstätigkeit seien, würden in
der Gemeinschaft und in Europa nur weiterentwickelt, wenn für sie eine günstige Regelung geschaffen
werde, die einen ausreichenden Schutz zur Förderung einer solchen Forschung vorsehe. Durch den Zeitraum zwischen der Einreichung einer Patentanmeldung für ein neues Arzneimittel und der Genehmigung
für sein Inverkehrbringen werde der tatsächliche Patentschutz auf eine Laufzeit verringert, die für die
Amortisierung der in der Forschung vorgenommenen Investitionen unzureichend sei. Es bedürfe daher
eines ergänzenden Schutzzertifikats für Arzneimittel, deren Vermarktung genehmigt sei, und das der Inhaber eines nationalen oder eur Patents unter denselben Voraussetzungen in jedem Mitgliedsstaat erhalten könne. Eine entspr Regelung für Pflanzenschutzmittel enthält die VO des Parlaments und des Rates
vom 23.7.1996 (Rn 182ff Anh § 16a). Gegen die EG-VO für Arzneimittel hat Spanien erfolglos Klage zum
EuGH erhoben.[72] Die inzwischen durch die VO Nr 469/2009 (Arzneimittel) abgelöste VO ist unmittelbar
anwendbares Recht.

Die erforderlichen Anpassungen des nationalen Rechts brachte das **Gesetz zur Änderung des Pa-** **36**
tentgesetzes und anderer Gesetze (PatGÄndG) vom 23.3.1993. Die nationale gesetzliche Regelung zur Ausführung der VO erfolgte durch das PatGÄndG durch Einfügung der §§ 16a, 49a sowie durch Änderung der
§§ 30, 81 und 142 PatG, für das eur Patent durch Einfügung des Art II § 6a IntPatÜG.

Kostenrechtliche Änderungen enthielt das Gesetz zur Änderung des Patentgebührengesetzes und **37**
anderer Gesetze vom 25.7.1994 (PatGebÄndG); die vorgesehene[73] Einführung einer Einspruchsgebühr wurde zunächst nicht verwirklicht. Durch das MarkenRRefG vom 25.10.1994 wurde die Regelung des Prioritätsrechts in § 41 geänd.

5. 2. Patentgesetzänderungsgesetz. Das im wesentlichen am 1.11.1998 in Kraft getretene Zweite Ge- **38**
setz zur Änderung des Patentgesetzes und anderer Gesetze (2. PatGÄndG) brachte ua die Umbenennung
des DPA in Deutsches Patent- und Markenamt (DPMA), Änderungen bei der Zwangslizenz und den Wegfall
der Zurücknahme des Patents, die Möglichkeit der Einreichung von Patent- und GbmAnmeldungen über
Patentinformationszentren und in Fremdsprachen, einheitliche Fristen bei der Inanspruchnahme einer
Priorität und die Abschaffung des Vorschaltverfahrens sowie die Einführung einer Begründungspflicht im

---

70 ABl EG L 182/1 = BlPMZ 1992, 494.
71 Zur Entstehungsgeschichte in den USA vgl *Hutter* Die Produktion von Recht, 1989; *Pontani/Rozek* Das US-Gesetz
über Arzneimittelpreiswettbewerb und Patentlaufzeitverlängerung – 10 Jahre danach, Mitt 1995, 159 und Mitt 1997, 41.
72 EuGH Slg 1995 I 1985 = GRUR Int 1995, 906 Arzneimittelzertifikat; vgl *Schennen* S 44 f; vgl auch *Adams*
Supplementary Protection Certificates: The Challenge to EC Regulation 1768/92, EIPR 1994, 323.
73 BTDrs 12/5280.

Nichtigkeitsberufungsverfahren.[74] Durch das Gesetz werden zudem verschiedene entbehrlich gewordene Vorschriften aufgehoben (5. ÜberlG; 6. ÜberlG; Gesetz über die Frist zur Anfechtung von Entscheidungen des Deutschen Patentamts; VOen über die Errichtung einer Zweigstelle des Deutschen Patentamts in Groß-Berlin – in anderem Rahmen vorgezogen –, die Übertragung der Ermächtigung nach § 24 Abs 2 des Patentgesetzes, 1. DVO ArbEG, die Umbenennung der Patentrolle in Patentregister).

39 **6. Das Gesetz zur Bereinigung von Kostenregelungen auf dem Gebiet des geistigen Eigentums** vom 13.12.2001 hat insb das Gebühren- und Kostenrecht umfangreich geänd, wobei zahlreiche, bisher im PatG enthaltene Regelungen in das neue PatKostG eingestellt wurden, das das PatGebG abgelöst hat; es hat außerdem das Einspruchsverfahren vorübergehend ganz auf das BPatG verlagert. Das Gesetz warf zahlreiche Zweifelsfragen auf, die zT durch das GeschmMRefG geklärt wurden. Das Schuldrechtsmodernisierungsgesetz vom 26.11.2001 hat insb die Verjährungsregelung geänd. Weitere Änderungen haben das GeschmMRefG vom 12.3.2004, das Kostenrechtsmodernisierungsgesetz vom 5.5.2004 und das Gesetz zur Änderung des Patentgesetzes und anderer Vorschriften des gewerblichen Rechtsschutzes vom 9.12.2004 gebracht. Das Vierzehnte Gesetz zur Änderung des Arzneimittelgesetzes vom 29.8.2005 hat § 11 geänd. Im Rahmen der Rechtsbereinigung ist 2006 auch die längst überfällige Aufhebung der §§ 56–60 PatG 1936 erfolgt.

40 **7. Das Gesetz zur Änderung des patentrechtlichen Einspruchsverfahrens und des Patentkostengesetzes** hat ua die Rückverlagerung des Einspruchsverfahrens mWv 1.7.2006 auf das DPMA und die Abschaffung der Teilungsmöglichkeit im Einspruchsverfahren gebracht sowie eine Anhörungsrüge in den Verfahren vor dem BGH eingeführt.

41 **8. EG-Biotechnologie-Richtlinie** (Schrifttum s die Hinweise bei § 1a). Die Richtlinie 98/44/EG des Europäischen Parlaments und des Rates vom 6.7.1998 über den rechtlichen Schutz biotechnologischer Erfindungen[75] (zur Entstehung s 5. Aufl) ist am Tag ihrer Veröffentlichung (30.7.1998) in Kraft getreten; für den EWR ist sie am 31.1.2003 übernommen worden.[76] Die Umsetzung der BioTRl hat – nicht nur in Deutschland – Schwierigkeiten bereitet.[77] Die Niederlande und Italien haben beim EuGH erfolglos die Nichtigerklärung der Richtlinie beantragt.[78] Die Richtlinie ist mWv 1.9.1999 in die AOEPÜ integriert worden. Die Kommission hat im Jahr 2003 Klagen gegen Deutschland und sieben weitere Mitgliedstaaten wegen fehlender Umsetzung erhoben; der EuGH hat daraufhin festgestellt, dass die Bundesrepublik Deutschland, Frankreich, Österreich, Belgien und Luxemburg gegen ihre Verpflichtungen aus der Richtlinie verstoßen haben.[79] In Deutschland ist die – parlamentarisch lange umstrittene – Umsetzung durch das Gesetz zur Umsetzung der Richtlinie über den rechtlichen Schutz biotechnologischer Erfindungen vom 21.1.2005 erfolgt.[80]

42 **9. Durchsetzungsrichtlinie.** S vor § 139 sowie die Kommentierung der nach dem Umsetzungsgesetz (Gesetz zur Verbesserung der Durchsetzung von Rechten des geistigen Eigentums vom 7.7.2008) geänd und neu eingestellten Bestimmungen.

---

74 Vgl dazu *Mühlens* Aktuelle Entwicklungen im nationalen und internationalen gewerblichen Rechtsschutz, VPP-Rdbr 1996, 77 f.

75 ABl EG 1998 L 213/13 = BlPMZ 1998, 458 = GRUR Int 1998, 675 = ABl EPA 1999, 101.

76 Vgl *Midtbø* 36 IIC (2005), 542.

77 Vgl BRDrs 655/1/00.

78 EuGH 25.7.2000 C-377/98 Niederlande/Parlament und Rat (BioTRl) I; EuGH Slg 2001 I 6229 = GRUR Int 2001, 1043 mAnm *Spranger* Niederlande/Parlament und Rat (BioTRl) II, wonach die BioTRl nicht gegen das Übk über biologische Vielfalt verstößt; vgl *Scott* EIPR 1999, 212; GRUR Int 1999, 95; *Brinkhof* BIE 2000, 199; *Straus* GRUR 2001, 1016; *Moore* EIPR 2002, 149; *Bostyn* BIE 2001, 392.

79 EuGH 28.10.2004 C-5/04 Kommission/Deutschland; EuGH 1.7.2004 C-448/03 Kommission/Frankreich; EuGH 28.10.2004 C-4/04 Kommission/Österreich; EuGH 9.9.2004 C-454/03 Kommission/Belgien, EuGH 9.9.2004 C-450/03 Kommission/Luxemburg.

80 Vgl auch die Stellungnahme der DVGR GRUR 2000, 680; den Teilbericht der Enquête-Kommission „Recht und Ethik der modernen Medizin" „Schutz des geistigen Eigentums in der Biotechnologie", BTDrs 14/5157 vom 25.1.2001 sowie das Kommissionspapier vom 23.1.2002 Life sciences and biotechnology – A strategy for Europe sowie den Kommissionsbericht KOM (2002) 545 endg; zur Umsetzung *Landfermann* FS W. Tilmann (2003), 527.

10. Umsetzung der EPÜ-Revision 2000. Das **Gesetz zur Umsetzung der Akte vom 29. November 43 2000 zur Revision des Übereinkommens über die Erteilung europäischer Patente** hat die Regelungen des nationalen Rechts, insb das PatG und das IntPatÜG, an das EPÜ 2000 angepasst und damit insb die Patentfähigkeit bekannter Stoffe und Stoffgemische neu geregelt und den Widerruf des Patents auf Antrag des Patentinhabers eingeführt.

11. Gesetz zur Vereinfachung und Modernisierung des Patentrechts. Das Gesetz hat ua Änderun- 44 gen beim Inlandsvertreter, beim ergänzenden Schutzzertifikat und beim Verfahren der Zwangslizenzierung vorgenommen, enthält eine weitgehende Neuregelung des Nichtigkeitsverfahrens in beiden Instanzen sowie weitgehende Änderungen des ArbEG.

12. Das im wesentlichan am 1.4.2014 in Kraft getretene **Gesetz zur Novellierung patentrechtlicher 45 Vorschriften und anderer Gesetze des gewerblichen Rechtsschutzes** vom 19.10.2013 hat neben einer Änderung der Regelung in § 2a (kein Erzeugnisschutz bei biologischen Züchtungsverfahren) ua die Abschaffung des Zusatzpatents, Akteneinsicht via Internet, Änderungen bei der Erfinderbenennung, Erleichterungen bei fremdsprachigen Anmeldungen (Verlängerung der Frist zur Einreichung der Übersetzung englisch- und französischsprachiger Anmeldungen, Rücknahmefiktion bei Fristversäumnis und damit Erhaltung der Prioritätsbegründung), die Möglichkeit der altersrangschädlichen Nachreichung von Beschreibungsteilen, eine erweiterte Recherche im Patentrecht mit vorläufiger Einschätzung der Schutzfähigkeit, Erhöhung der Recherchegebühr, Wegfall des Rechts Dritter, einen Rechercheantrag zu stellen, die Abschaffung des Sachdienlichkeitserfordernisses bei der Anhörung und im Einspruchsverfahren deren Öffentlichkeit, Verlängerung der Einspruchsfrist auf neun Monate gebracht, weiter neue Gebührenregelungen bei PCT-Anmeldungen.[81]

13. Weitere Änderungen. Kleinere Änderungen sind durch das **Gesetz über den Rechtsschutz bei 46 überlangen Gerichtsverfahren**, das **Gesetz zur Änderung des Prozesskostenhilfe- und Beratungshilferechts**, das **Gesetz zur Förderung des elektronischen Rechtsverkehrs mit den Gerichten** und das **Gesetz zur Modernisierung des Geschmacksmustergesetzes** sowie zur Änderung der Regelungen über die Bekanntmachungen zum Ausstellungsgesetz erfolgt. Die **10. Zuständigkeitsanpassungsverordnung** berücksichtigt die geänd Bezeichnung des BMJ. Das **Gesetz zur Umsetzung der Verpflichtungen nach dem Nagoya-Protokoll** usw hat § 34a Abs 2 eingestellt. Das **Gesetz zur Änderung des Designgesetzes und weiterer Vorschriften** hat ua § 142b geänd.

14. Einheitspatent. Das BMJV hat am 16.2.2016 den Referentenentwurf eines Gesetzes zur Anpassung 47 patentrechtlicher Vorschriften auf Grund der europäischen Patentreform vorgelegt. Dieser wurde am 27.5.2015 vom Bundeskabinett beschlossen.

B. Grundlagen des deutschen Patentrechts

I. Stellung des Patentrechts im Rechtssystem

Schrifttum: *Ahrens* Brauchen wir einen Allgemeinen Teil der Rechte des Geistigen Eigentums? GRUR 2006, 617; *Aicher* Verfassungsrechtlicher Eigentumsschutz und Immaterialgüterrechte, Wirtschaftsrecht in Theorie und Praxis, 1986, 3; *Ann* Privatrecht und Patentrecht? Gedanken zur rechtssystematischen Einordnung eines Fachs, GRUR Int 2004, 696; *Ann* Vom Patentschutz zum Technologieschutz: Braucht der deutsche Erfindungsschutz ein neues Konzept? FS W. von Meibom (2010), 1; *Badura* Zur Lehre von der verfassungsrechtlichen Institutsgarantie des Eigentums, betrachtet am Institut des „geistigen Eigentums", FS Th. Maunz (1981), 1; *Bardehle* Muss die Behauptung der Existenz zu vieler „Trivialpatente" zu einer Verschiebung des Niveaus ausreichender erfinderischer Tätigkeit als Patenterfordernis führen, FS J. Pagenberg (2006), 3; *Bauer* Hegels Theorie des geistigen Eigentums, Hegel-Studien 41 (2006), 51; *Becker* Die Beziehungen zwischen dem Patentrecht und dem Gesetz gegen den unlauteren Wettbewerb, Diss 1934; *Beier* Ausschließlichkeit, gesetzliche Lizenzen und Zwangslizenzen in Patent- und Musterrecht, GRUR 1998, 185 = Exclusive Rights, Statutory Licenses and Compulsory Licenses in Patent and Utility Model Law, IIC 1999, 251; *Benkard* Trennung gewerblicher Schutzrechte, DRZ 1949, 320; *Berger* Die Immaterialgüterrechte sind abschließend aufgezählt, FS L. David (1996), 3; *Bernhardt* Das

---

81   Vgl Hinweis BlPMZ 2013, 361.

Patentamt – eine Verwaltungsbehörde, NJW 1959, 2043; *Beyerbach* Der Gesetzgeber und das Geistige Eigentum, in: *M. Goldhammer/M. Grünberger/D. Klippel* (Hrsg) Geistiges Eigentum im Verfassungsstaat, Geschichte und Theorie (2016), 193; *Brinkhof* Wensen op het gebied van het octrooirecht, BIE 2003, 372 = Wish List in the Area of Patent Law, 35 IIC (2004), 407; *Buck* Geistiges Eigentum und Völkerrecht, 1993; *Eifert/Hoffmann-Riem* (Hrsg) Geistiges Eigentum und Innovation, 2008; *Fechner* Geistiges Eigentum und Verfassung: schöpferische Leistungen unter dem Schutz des Grundgesetzes, 1999; *Fezer* Theorie der Funktionalität der Immaterialgüterrechte als geistiges Eigentum, GRUR 2016, 50; *Fikentscher* Geistiges Gemeineigentum – am Beispiel der Afrikanischen Philosophie, FS G. Schricker (2005), 3; *Friedl/Ann* Entgeltberechnung für FRAND-Lizenzen an standardessentiellen Patenten, GRUR 2014, 948; *Fuchslocher* Kontrahierungszwang oder Aufopferungsanspruch bei einer im öffentlichen Interesse zu duldenden Patentverletzung? GRUR 1949, 251; *Geiger* „Constitutionalising" Intellectual Property Law? The Influence of Fundamental Rights on Intellectual Property in the European Union, IIC 37 (2006), 371; *Ghidini* For a Holistic and Systemic Approach to IP Law, IIC 2014, 381; *Godenhielm* Ist die Erfindung etwas Immaterielles? GRUR Int 1996, 327; *Godt* – Eigentum an Informationen, Patentschutz und allgemeine Eigentumstheorie am Beispiel genetischer Informationen, 2007; *Götting* Der Begriff des Geistigen Eigentums, GRUR 2006, 353; *Goldhammer* Geistiges Eigentum und Eigentumstheorie, Diss Bayreuth 2012; *Goldhammer* Die Begründung des Geistigen Eigentums in der US-amerikanischen Rechtswissenschaft und ihre Bedeutung für die deutsche Diskussion, ZGE 2009, 139; *Goldhammer* Geistiges Eigentum im Verfassungsstaat und darüber hinaus: öffentlich-rechtliche Skizzen aktueller Herausforderungen, in: *M. Goldhammer/M. Grünberger/D. Klippel* (Hrsg) Geistiges Eigentum im Verfassungsstaat, Geschichte und Theorie (2016), 1; *Grundmann* Schutzrechte: Funktion und Begrenzung, GRUR 2011, 89; *Haesemann* Internationale und nationale Wurzeln des Patentrechts in Deutschland, FS K. Bartenbach (2005), 261; *Hartmann* Das Verhältnis der Bestimmungen über den unlauteren Wettbewerb zu den Spezialgesetzen des gewerblichen Rechtsschutzes und zum Urheberrecht, Diss Zürich 1951; *Heinemann* Gefährdung von Rechten des geistigen Eigentums durch Kartellrecht? GRUR 2006, 705; *Heinrich* Immaterialgüter sind geistiger Natur, FS L. David (1996), 9; *Heinz* Europa-Patent und grundgesetzliche Eigentumsgarantie, Mitt 1975, 201; *Heinz* Das Patent im System der Eigentumsrechte, Mitt 1994, 1; *Hubmann* Geistiges Eigentum, in *Bettermann/Nipperdey/Scheuner* Die Grundrechte, Bd IV 1 S 1; *Jänich* Geistiges Eigentum – eine Komplementärerscheinung zum Sacheigentum? 2002; *Jestaedt* Patentschutz und öffentliches Interesse, FS F. Traub (1994), 141; *Kalsbach* Die Stellung des § 1 des Gesetzes gegen den unlauteren Wettbewerb im gewerblichen Rechtsschutz, Diss 1930; *Kent* Wechselbeziehungen zwischen den gewerblichen Schutzgesetzen, FS Kohler (1909), 15; *Kirchhof* Der verfassungsrechtliche Gehalt des geistigen Eigentums, FS W. Zeidler, Bd 2, (1987), 1639; *Kitch* The Nature and Function of the Patent System, 20 Journal of Law and Economics (1977), 265; *Klippel* Die Idee des geistigen Eigentums in Naturrecht und Rechtsphilosophie des 19. Jahrhunderts, in *Wadle* (Hrsg) Historische Studien zum Urheberrecht in Europa (1993), 121; *Klippel* Geistiges Eigentum, Privileg und Naturrecht in rechtshistorischer Perspektive, ZGE 2014, 49; *Krabel* Kommt das Patent durch staatlichen Verleihungsakt zustande? GRUR 1977, 204; *Kroitzsch* Hat die entschädigungslose Enteignung der Patente und Urheberrechte bereits stattgefunden? BB 1972, 424; *Chr. Krüger* Zur Konvergenzdiskussion im gewerblichen Rechtsschutz und Urheberrecht, FS G. Schricker (2005), 69; *Kumm* System des patentrechtlichen Erfindungsschutzes, 1962; *Kunz-Hallstein* Grundlagen und Grenzen verfassungsgerichtlicher Kontrolle von Entscheidungen der Beschwerdekammern des Europäischen Patentamts, GRUR 2011, 1072; *Kur* Funktionswandel von Schutzrechten: Ursachen und Konsequenzen der inhaltlichen Annäherung und Überlagerung von Schutzrechtstypen, in *Schricker/Dreier/Kur* Geistiges Eigentum im Dienst der Innovation, 2001, 23; *Leinemann* Die Sozialbindung des „Geistigen Eigentums", 1998; *Leistner* Schutz des traditionellen Wissens, in: Rechtsfragen des internationalen Schutzes geistigen Eigentums (2002), 169; *Maunz* Das geistige Eigentum in verfassungsrechtlicher Sicht, GRUR 1973, 107; *Meyer* Erweiterung und Beschränkung des Immaterialgüterrechts durch die Generalklausel des Wettbewerbsrechts, Diss 1931; *Müller/Henke* Patentdurchsetzung als Kartellrechtsverstoß. Die Entscheidungen der EU-Kommission in Sachen Samsung und Motorola, GRUR Int 2014, 662; *Ohly* Geistiges Eigentum? JZ 2003, 545; *Ohly* Gibt es einen Numerus clausus der Immaterialgüterrechte? FS G. Schricker (2005), 105; *Ohly* Geistiges Eigentum und Gemeinfreiheit, in: *Ohly/Klippel* (Hrsg) Geistiges Eigentum und Gemeinfreiheit (2007), 1; *Oppermann* Geistiges Eigentum – Ein „Basic Human Right" des Allgemeinen Völkerrechts, FS H. Hahn (1997), 447; *Pahlow* „Intellectual Property", „propriété intellectuelle" und kein „Geistiges Eigentum"? UFITA 2006, 705; *Pahlow/Eisfeld* Grundlagen und Grundfragen des Geistigen Eigentums, 2008; *Palmer* Are Patents and Copyrights Morally Justified? Harv. J. Law & Pub. Policy 13 (1990), 817; *Pinto* The Influence of the European Convention on Human Rights on Intellectual Property Rights, EIPR 2002, 209; *Randakeviciúte* The Role of Standard-Setting Organizations with Regard to Balacing the Rights Between the Owners anr the Users of Standard-Essential Patents,215; *Rau* Das Verhältnis des § 1 Wettbewerbsgesetzes zu den Spezialnormen des gewerblichen Rechtsschutzes, insbes. unter dem Gesichtspunkt der Ausnutzung fremder Arbeitsergebnisse, Diss 1931; *Rigamonti* Geistiges Eigentum als Begriff und Theorie des Urheberrechts, 2001, zugl Diss Zürich; *Schefcyzk* Anmerkungen zur naturrechtlichen Begründung geistigen Eigentums, Juridikum 2004, 60; *Schefczyk* Recht an Immaterialgüterrechten – eine kantische Perspektive, DZPhil 2004, 739; *Slopek/Gottschalk* Das Patentmonopol im Faktencheck, WRP 2011, 853; *H. Schulte* Die Erfindung als Eigentum, GRUR 1985, 772; *Schwab* Das Geistige Eigentum zwischen Naturrecht und Positivierung, in: Pahlow/Eisfeld (Hrsg) Grundlagen und Grundfragen des Geistigen Eigentums (2008), 35; *Söllner* Zum verfassungsrechtlichen Schutz geistigen Eigentums, FS F. Traub (1994), 367; *Spector* An Outline of a Theory Justifying Intellectual and Industrial Property Rights, EIPR 1989, 270; *Steinvorth* Natürliche Eigentumsrechte, Gemeineigentum und geistiges Eigentum, DZPhil 2004, 717; *Strömholm* Tradition und Innovation im Recht des geistigen Eigentums, in: *Schricker/Dreier/Kur* Geistiges Eigentum im Dienst der Innovation, 2001, 179; *Theiss* Der Schutz gegen Nachbau nach Ablauf der Schutzrechte, Diss 1957; *Timmann* Das Patentrecht im Lichte von Art 14 GG, 2008; *Tonner/Reich* Gewerblicher Rechtsschutz und Urheberrecht: Gemeinsamkeiten und Unterschiede der einzelnen Teilgebiete, Jura 2011, 278; *Ullrich* Immaterielle Auslandsinvestitionen, gewerbliches Eigentum und internationaler Kapitalanlagenschutz, RIW 1987, 179; *von Graffenried* Grundlagen und gegenseitiges Verhältnis der Normen des gewerblichen Rechtsschutzes, 1952; *von Meibom/Pitz* Klinische Versuche – eine transatlantische Betrachtung vor dem Hintergrund der Entscheidung des BGH „Klinische Versuche II", Mitt 1998, 244 = Experimental Use, Patent Infringement. A Transatlantic Review from German Perspective in Regard to the Decision of the German Supreme Court in Ortho v. Merckle „Clinical Trials II", 1 JWIP 633 (1998); *Wagner* Human Tissue Research: Who Owns the Results? JPTOS 1987, 329; *Weck* NJOZ 2009, 1177; *Weisser-Lohmann* Das geistige Eigentum – Naturrecht, erworbenes Recht oder Institution? Philosophische Aspekte zur Schutzwürdigkeit geistigen Eigentums, in: *M. Goldhammer, M. Grünberger, D. Klippel* (Hrsg) Geistiges Eigentum im Verfassungsstaat, Geschichte und Theorie (2016), 113; *Wilcke* Patente und Warenzeichen zwischen Ost und West, SJZ 1950, 558; *Zuck* Die verfassungsrechtliche Kontrolle von Entscheidungen der Großen Beschwerdekammer des Europäischen Patentamts wegen Verletzung des rechtlichen Gehörs, GRUR Int 2011, 302; *Zypries* Hypertrophie der Schutzrechte? GRUR 2004, 977.

1. Immaterialgüterrecht; Gewerblicher Rechtsschutz und Urheberrecht. Das Patentrecht rechnet **48** zum Bürgerlichen Recht im weiteren Sinn. Als Teil des Rechtsgebiets des gewerblichen Rechtsschutzes (propriété industrielle) bildet es mit diesem und dem Urheberrecht und verwandten Schutzrechten (propriété litteraire et artistique) das Immaterialgüterrecht (propriété intellectuelle). Der gewerbliche Rechtsschutz bezieht sich anders als das Urheberrecht auf die gewerblich-technische Betätigung, ohne dass immer eine scharfe Scheidung möglich wäre. Beide Teilgebiete sind vielfältig miteinander verknüpft, so dass Gedanken aus dem einen Teilgebiet häufig im anderen Anwendung finden können. Der gewerbliche Rechtsschutz umfasst insb die technischen Schutzrechte, nämlich Patent, Gebrauchsmuster und Halbleitertopographie (mit Beziehungen zum Urheberrecht), daneben das Designrecht (bis 2013 Geschmacksmusterrecht, mit engen Beziehungen zum Urheberrecht), das Markenrecht, weiter das Wettbewerbsrecht, dessen Zuordnung zum gewerblichen Rechtsschutz allerdings str ist.[82] Daneben treten Namens- und Firmenschutz (§ 12 BGB, Schutz geschäftlicher Bezeichnungen, § 5 MarkenG). Schließlich ist das Sortenschutzrecht als Schutz des Pflanzenzüchters mit engen Beziehungen zum Landwirtschaftsrecht zu nennen; auch seine Zuordnung zum gewerblichen Rechtsschutz ist str.

2. Die (ausschließliche) **Gesetzgebungszuständigkeit des Bundes** für die Angelegenheiten des ge- **49** werblichen Rechtsschutzes ergibt sich aus Art 70, 71 und Art 73 Abs 1 Nr 9 GG.[83] Für das ArbNErfinderrecht ist dies allerdings umstr (vgl Rn 6 Einl ArbEG). Die Länder haben eine Befugnis zur Gesetzgebung hier nur, soweit sie hierzu in einem Bundesgesetz ausdrücklich ermächtigt werden (so in § 143). Teilweise beruht die Kompetenz zur bundesrechtl Regelung auch auf anderen (ausschließlichen oder konkurrierenden) Zuständigkeiten, so im Bereich der Grenzbeschlagnahme, der Strafbarkeit der Patentverletzung und der gerichtsverfassungs- und prozessrechtl Regelungen. Die **Kompetenz zur Errichtung von Bundesbehörden** ergibt sich für das DPMA aus Art 87 Abs 3 GG. Grundlage für die Errichtung des BPatG ist nunmehr Art 96 Abs 1 GG. Der Erlass von Rechtsverordnungen ist in Art 80 GG geregelt.

Das **PatG 1936** gilt nach Art 124 GG als **Bundesrecht** fort. ISd Rspr zu Art 100 Abs 1 GG[84] ist es im Um- **50** fang seiner geltenden §§ 1–147 als nachkonstitutionelles Recht anzusehen; dies galt nicht für die 2006 aufgehobenen §§ 56–60 PatG 1936.

3. Rechtsquellen. Eine Gesamtkodifikation des gewerblichen Rechtsschutzes ist bisher – anders als **51** etwa in Frankreich, Italien und Polen – nicht erfolgt.[85] Zu unterscheiden ist zwischen Rechtsnormen im formellen Sinn (Gesetzen) und solchen im (nur) materiellen Sinn (Verordnungen); auch die Herausbildung von Gewohnheitsrecht kommt in Betracht. Die unterschiedliche Regelung durch **Gesetz und Verordnung**, die auch im ausländ Recht und in internat Verträgen (insb EPÜ mit AOEPÜ; PCT mit AOPCT) Parallelen hat, nutzt die größere Flexibilität des Verordnungswegs, der allerdings verfassungsrechtl Grenzen hat. Anders als zB im schweizerischen Recht (schweiz PatentVO) oder im frz CPI (der gesetzliche und untergesetzliche Regelungen zusammenfasst), sieht das dt Recht keine einheitliche und umfassende Regelung im Verordnungsweg vor, sondern eine Reihe einzelner VOen. Die **Richtlinien** des DPMA wie des EPA (insb

---

82 Vgl zu Konfliktlagen zwischen verschiedene Schutzrechtsarten *Sosnitza* FS W. Tilmann (2003), 895.
83 Vgl BVerwG NVwZ 1998, 614 Allround-Gerüst.
84 BVerfGE 1, 189; BVerfGE 24, 165.
85 Zu Vorüberlegungen hierzu *Ahrens* GRUR 2006, 617.

DPMA-PrRl, EPA-PrRl; DPMA-EinsprRl) sind keine Rechtsnormen, sondern innerdienstliche Anweisungen, sie geben jedoch wertvolle Hinweise zur jeweiligen Amtspraxis und haben erhebliche praktische Bedeutung.

52   Als Rechtsquellen auf dem **Gebiet des gewerblichen Rechtsschutzes** sind insb das wiederholt neugefasste und neu bekanntgemachte PatG vom 5.5.1936, das GebrMG, das HlSchG, das DesignG, das MarkenG, das Schriftzeichengesetz, das UWG und das SortG zu nennen, als Nebengesetze insb das IntPatÜG, das PatKostG und das ArbEG. Hinzu kommen verschiedene Verordnungen wie die DPMAV und die PatV. Neben die nationalen Rechtsvorschriften treten vermehrt solche des EU-Gemeinschaftsrechts, so insb im Bereich des Markenrechts, des Designrechts und des Sortenschutzes, aber auch im Patentrecht (Schutzzertifikate, BioTRl, DurchsetzungsRl). Zur Überlagerung der nationalen Kompetenzen durch solche der EU Rn 90 ff.

53   Weitere wichtige Rechtsquellen sind **internationale Übereinkommen** wie das WIPO-Übk, die Übk der Internationalen Union (hier im Bereich des Patentrechts in erster Linie die Pariser Verbandsübereinkunft [PVÜ], der Budapester Vertrag über die Hinterlegung von Mikroorganismen [BV] und der Patentzusammenarbeitsvertrag [PCT]), das Straßburger Übereinkommen (StraÜ) und das Klassifikationsübereinkommen (IPC). Das Vertragswerk der Welthandelsorganisation (WTO; TRIPS-Übk) ist hinzugetreten. Das EPÜ regelt das eur Patent; Bestimmungen über ein Gemeinschaftspatent sind nicht in Kraft getreten und durch das Bündel von Regelungen zum Europäischen Patent mit einheitlicher Wirkung (EPG-Übereinkommen und zwei EU-VOen) abgelöst worden, mit deren Inkrafttreten wohl im Jahr 2017 zu rechnen sein dürfte. Schließlich spielen Sonderverträge mit Einzelstaaten eine gewisse, aber heute untergeordnete Rolle. Zu den internat Verträgen näher Einl IntPatÜG.

4. Patentschutz und Verfassungsrecht

54   **a. Verfassungsrechtliche Begründung des Erfinder- und Patentrechts.** Die naturrechtl Begründung des Erfinderrechts ist str,[86] ebenso die Frage, ob es verfassungsrechtl geboten ist, ein lückenloses Schutzsystem (Stoffschutz, Computerprogramme, Dienstleistungen) zur Verfügung zu stellen.[87]

55   **Europäische Menschenrechtskonvention.** Eigentumsschutz ist in die Konvention erst durch das 1. Zusatzprotokoll vom 20.3.1952[88] eingefügt worden. Die frühere Europäische Kommission für Menschenrechte hat sich mit Patenten erstmals 1975 im Zusammenhang mit dem Zugang zu Gericht (hohe Verfahrenskosten) befasst. Weitere Entscheidungen betreffen den Rechtsschutz gegen Entscheidungen der Beschwerdekammer des EPA vor nationalen Instanzen[89] und die fehlende Angreifbarkeit von Entscheidungen der Berufungsabteilung des niederländ Patentamts vor Gerichten unter dem Gesichtspunkt des Art 6 Abs 1 EMRK.[90]

56   **Europäische Union.** Der verfassungsrechtl Schutz des geistigen Eigentums ist europarechtl mehrfach, aber undifferenziert postuliert worden (Art 17 Abs 2 Charta der Grundrechte in der Europäischen Union und übereinstimmend Art II-77 Abs 2 des gescheiterten EU-Vertrags vom 29.10.2004 über eine Verfassung für Europa).[91] Bei der Beurteilung der Verpflichtung, Schutzinstitute zur Verfügung zu stellen, darf weder der Sozialbezug des Eigentums noch der verfassungsrechtl gesicherte Grundsatz der allg Handlungsfreiheit übersehen werden, der jedenfalls (Probleme ergeben sich ua auch bei Traditionswissen[92] und im Grenzbereich zwischen Erfindung und Entdeckung, vgl die Diskussion über „Bio-" und „Software"-Patente)[93] eine Monopolisierung „reiner" Erkenntnis problematisch macht, im Verein mit dem Rechtsstaatsgebot möglichst klare und eindeutige Verhaltensnormen fordert[94] und es schließlich verbietet, den

---

86   Vgl *Benkard* Einl Rn 3, *H. Schulte* GRUR 1985, 772, 775, mwN.
87   Vgl *H. Schulte* GRUR 1985, 772, 777 f; *Wertenson* Mitt 1993, 169 f; zum Schutz von Dienstleistungen auch *van Raden* Dienstleistungspatente? in: *van Raden* (Hrsg) Zukunftsaspekte des gewerblichen Rechtsschutzes, 1995, 117, *Schindlbeck* Schutzfähigkeit von Dienstleistungen als Beitrag zur Existenzsicherung mittelständischer Unternehmen, aaO S 123.
88   BGBl 1956 II 1880; näher *Sebastian* Geistiges Eigentum als europäisches Menschenrecht, GRUR Int 2013, 524.
89   EMRK 9.9.1998 3902/97 Lenzing AG/Deutschland.
90   EMRK 10.5.1994 19589/92 The B. Company/Niederlande.
91   ABl EG C 310 v. 16.12.2004.
92   Vgl *Fikentscher/Ramsauer* FS A. Dietz (2001), 25; *Leistner* in: Rechtsfragen des internationalen Schutzes geistigen Eigentums (2002), 169.
93   Vgl *Pinto* EIPR 2002, 209, 215.
94   BGHZ 57, 1, 3 f = GRUR 1972, 80 Trioxan.

Schutzumfang über den erfinderischen Verdienst hinaus etwa auf Naheliegendes auszudehnen (im Gebrauchsmusterrecht höchst kontrovers).[95] Daraus leitet sich auch die Diskussion um die Berechtigung von „Trivialpatenten" ab.[96] „Die Schutzrechte des geistigen Eigentums gelten nicht als solche oder in einem Vakuum, sondern beruhen auf einem sorgfältigen Ausgleich mit den Interessen der Wettbewerber".[97] Es ist dabei nicht Sache des BVerfG, den Zivilgerichten vorzugeben, wie sie im Ergebnis zu entscheiden haben.[98] Grundrechtsfähig sind für materielle Grundrechte aufgrund des Anwendungsvorrangs in Art 26 Abs 2 AEUV und des allg Diskriminierungsverbots in Art 18 AEUV auch juristische Personen mit Sitz in einem Mitgliedstaat der EU;[99] auf Verfahrensgrundrechte können sie sich ohnehin berufen.

b. Eigentumsgarantie. Dass die patentierte Erfindung unter die Eigentumsgarantie des Grundgesetzes (wie auch schon der Art 153 und 158 Abs 1 – „Die geistige Arbeit, das Recht der Urheber, der Erfinder und der Künstler genießt den Schutz und die Fürsorge des Reichs" – der Weimarer Reichsverfassung und verschiedener Verfassungen der Länder, zB Art 162 der bayerischen Verfassung 1946)[100] fällt, ist unstreitig (wenn auch unter dem ordnungspolitischen Aspekt des Technologieschutzes wohl nicht denknotwendig).[101] Nach der Rspr des BVerfG ist auch das „technische Urheberrecht" des Erfinders an der fertigen und verlautbarten Erfindung vor der Patentierung als Eigentum iSd Institutsgarantie des Art 14 GG anzusehen.[102] Die Grundsätze gelten auch im ArbN-Erfinderrecht.[103] Das Patent gewährt ein – nicht vorpositives, sondern vom Gesetzgeber geschaffenes – eigentumsähnliches Recht;[104] allerdings begründet das (insgesamt) noch dem Einspruch ausgesetzte Patent für den Patentinhaber auch über die geltend gemachten Widerrufsgründe hinaus keine unanfechtbare Rechtsposition iSd Eigentumsgarantie des Art 14 GG.[105] Die grds Zuordnung des vermögenswerten Ergebnisses der schöpferischen Leistung des Patentinhabers und dessen Freiheit, in eigener Verantwortung darüber verfügen zu können, bilden ein konstitutives Merkmal des Patentrechts als Eigentum.[106] Das „geistige Eigentum"[107] (der Begriff wurde von der Immaterialgüterrechtstheorie bekämpft) an der Erfindung unterliegt der Gestaltung durch den einfachen Gesetzgeber.[108] Damit ist aber die Frage nach der Pflicht des Staats, Erfindungen zu schützen, also der Institutsgarantie des Patentrechts, und nach der inhaltlichen Ausgestaltung des Schutzes nicht beantwortet. Zur ersteren hat das BVerfG ausgeführt, die dem Erfinder schon vor der Patenterteilung zugeordnete Rechtsposition genieße den Eigentumsschutz des Patentrechts entspr dem zum allg Urheberrecht entwickelten Grundsatz,[109] dass es die sichernde und abwehrende Funktion der Eigentumsgarantie gebiete, die vermögenswerten Befugnisse des Urhebers an seinem Werk als „Eigentum" iSd Art 14 GG anzusehen und seinem

57

---

95 Vgl BGHZ 168, 142 = GRUR 2006, 842, 845 Demonstrationsschrank.
96 Vgl zur Problematik der Trivialpatente nur *Keukenschrijver* FS R. König (2003), S 255, 259; *Zypries* GRUR 2004, 977, *Pagenberg* FS G. Kolle und D. Stauder (2005), 251 Fn 22 ff; *Bardehle* FS J. Pagenberg (2006), S 3, 4: vgl auch BGH 30.3.2004 X ZR 199/00, im Druck nicht veröffentlicht, Umdruck S 17.
97 *Ullrich* Technologieschutz nach TRIPS: Prinzipien und Probleme, GRUR Int 1995, 623, 637 Fn 122; vgl auch *R. Rogge* Zur Aussetzung in Patentverletzungsprozessen, GRUR Int 1996, 386, 387.
98 BVerfG GRUR 2011, 223 Drucker und Plotter.
99 BVerfG GRUR 2012, 52 Le-Corbusier-Möbel.
100 Vgl *Dietz* Verfassungsklauseln und Quasi-Verfassungsklauseln zur Rechtfertigung des Urheberrechts – gestern, heute und morgen, GRUR Int 2006, 1, 5.
101 Vgl etwa *Walz* Der Schutzinhalt des Patentrechts im Recht der Wettbewerbsbeschränkungen (1973) 296 ff; *Ullrich* Technologieschutz nach TRIPS: Prinzipien und Probleme, GRUR Int 1995, 623, 624 f.
102 BVerfGE 36, 281, 290 f = GRUR 1974, 142 Akteneinsicht im Patenterteilungsverfahren; BVerfG – Nichtannahmebeschluss – NJW 1998, 3704 Induktionsschutz von Fernmeldekabeln; BVerfG – Nichtannahmebeschluss – GRUR 2001, 43 – Human-Immuninterferon; BVerfG – Nichtannahmebeschluss – 10.5.2000 1 BvR 1458/97 klinische Versuche; BGHZ 82, 13 = GRUR 1982, 95 pneumatische Einrichtung; BGH GRUR 2012, 605 antimykotischer Nagellack I; BPatG BlPMZ 1970, 47, 59; vgl BVerfGE 31, 229 = GRUR 1972, 481 Kirchen- und Schulgebrauch; BVerfGE 49, 382, 400 = GRUR 1980, 44 Kirchenmusik; BVerfGE 79, 29, 40 f = GRUR 1989, 193 Gefangenenbetreuung.
103 BVerfG – Nichtannahmebeschluss – NJW 1998, 3704 Induktionsschutz von Fernmeldekabeln.
104 BGHZ 18, 81, 95 f = GRUR 1955, 393 Zwischenstecker II.
105 Vgl BGH GRUR 1995, 333, 336 Aluminium-Trihydroxid.
106 BVerfG GRUR 2001, 43 f klinische Versuche.
107 Näher zu diesem Begriff *Götting* GRUR 2006, 353.
108 BVerwG NJW 1995, 1627.
109 BVerfG Kirchen- und Schulgebrauch.

Schutzbereich zu unterstellen. Hierbei müsse berücksichtigt werden, dass die fertige und verlautbarte Erfindung die durch die Anmeldung verwirklichte Grundlage für das Recht auf das Patent bilde. Grundrechtl geschützter Kern des Patentrechts sind die grds Zuordnung des vermögenswerten Ergebnisses der schöpferischen Leistung an den Erfinder und dessen Rechtsnachfolger und deren Freiheit, in eigener Verantwortung darüber verfügen zu können; dies schützt aber nicht jede denkbare Verwertungsmöglichkeit.[110] Dem Erfinder steht daher grds ein Anspruch auf angemessene Vergütung zu, wenn seine Leistung durch Dritte verwertet wird.[111] Angesichts der technischen Neuerungen müssen die Eigentumsrechte der Urheber auch gegenüber tatsächlichen oder rechtl Entwicklungen durch Lückensuche und -schließung gewährleistet werden; dies schließt die Prüfung ein, wieweit eine restriktive Auslegung urheberrechtl Bestimmungen angesichts der rasanten Verbreitung digitaler Datenspeicherung und -vervielfältigung dazu führt, dass zu Lasten einzelner Urheber eine absolute Schutzlücke entsteht.[112] Anders als beim Urheberrecht lässt sich ein Ausschließungsrecht des Erfinders wohl nicht zwingend aus der Eigentumsgarantie begründen; dem Gesetzgeber steht jedenfalls ein weiter Gestaltungsspielraum zur Verfügung.[113] Eine Perpetuierung des Schutzes über die gesetzliche Laufzeit des Patents hinaus ist verfassungsrechtl nicht geboten (Rn 3f zu § 16).[114] Die Erhebung von Patentjahresgebühren verstößt nicht gegen die Eigentumsgarantie.[115] Das Vertrauen in eine bestimmte Gesetzesauslegung durch die Gerichte wird durch Art 14 GG regelmäßig nicht geschützt;[116] deshalb sind durch Änderung der Rspr verursachte Reduzierungen von Besitzständen hinzunehmen.[117]

58   Dem Gesetzgeber obliegt es, **Inhalt und Schranken des Patentrechts** zu bestimmen.[118] Der Einfluss der Grundrechte ist nicht auf die Generalklauseln beschränkt, sondern erstreckt sich auf alle auslegungsfähigen und -bedürftigen Tatbestandsmerkmale der zivilrechtl Vorschriften.[119] Lässt das Unionsrecht den Mitgliedstaaten Umsetzungsspielräume, sind diese grundgesetzkonform auszufüllen; fehlt es an einem solchen Spielraum, ist die Notwendigkeit eines Vorabentscheidungsersuchens nach Art 267 AEUV zu erwägen.[120] Im Interesse des Gemeinwohls lässt die Sozialbindung des Eigentums Beschränkungen des Patentrechts zu.[121] Eingriffe in das Patentrecht bedürfen einer gesetzlichen Ermächtigung, wie sie § 13 enthält. Aus § 11 ergibt sich eine Schrankenbestimmung (vgl die Problematik der Zulässigkeit klinischer Versuche).[122] Zu den Auswirkungen des Grundsatzes der Freiheit der Forschung Rn 41 zu § 11. Die Inhalts- und Schrankenbestimmung des Eigentums steht mit der verfassungsrechtl Gewährleistung des Eigentums in Einklang, wenn sowohl der Anerkennung des Privateigentums durch das GG als auch dem Sozialgebot Rechnung getragen und der Grundsatz der Verhältnismäßigkeit beachtet wird,[123] dies rechtfertigt es auch, bei bestimmten Formen von Erfindungen den Patentschutz einzuschränken oder auszuschließen,[124] soweit die Unterscheidung nicht willkürlich erfolgt, was insb für den Patentierungsausschluss von Tierrassen in der Lit vertreten wird (hierzu Rn 29 zu § 2a). Deshalb begegnet es auch grds keinen verfassungsrechtl Be-

---

110 BVerfG Kirchen- und Schulgebrauch; BVerfG Human-Immuninterferon; vgl *Ischebeck* Die Patentierung von Tieren (2015), 152.

111 Vgl BGHZ 141, 13, 35 = GRUR 1999, 707 Kopienversanddienst mwN.

112 BVerfG (Kammerbeschluss) GRUR 2011, 223 Drucker und Plotter; vgl BVerfG GRUR 2011, 225 Gerätevergütung.

113 Vgl *Söllner* FS F. Traub (1994), 367, 372, unter Hinweis auf *Kirchhof* Der Gesetzgebungsauftrag zum Schutz des geistigen Eigentums gegenüber modernen Vervielfältigungstechniken (1968), 26 f; *Kraßer/Ann* § 3 Rn 28.

114 Vgl BVerwG NVwZ 1998, 614 Allround-Gerüst; BVerfG Human-Immuninterferon.

115 BPatGE 24, 154 = GRUR 1982, 361.

116 BGHZ 125, 382 = GRUR 1994, 794, 797 Rolling Stones.

117 BPatG BlPMZ 2001, 325, 327, Markensache.

118 BVerfGE 18, 85, 90 = GRUR 1964, 554 künstliche Bräunung.

119 BVerfG GRUR 2012, 53, 56 Le-Corbusier-Möbel.

120 BVerfG Le-Corbusier-Möbel.

121 Vgl BVerfGE 31, 229 = GRUR 1972, 481, 484 Kirchen- und Schulgebrauch; BVerfGE 49, 382 = GRUR 1980, 44 Kirchenmusik; BVerfG GRUR 2001, 43 Human-Immuninterferon; BGHZ 130, 259 = GRUR 1996, 109 klinische Versuche I; BGHZ 144, 232, 235 f = GRUR 2001, 251 Parfumflakon; BGHZ 150, 6 = GRUR 2002, 605 verhüllter Reichstag; BGH GRUR 2002, 1050 Zeitungsbericht als Tagesereignis mwN, auch zur grds engen Auslegung der auf der Sozialbindung beruhenden Schrankenbestimmungen.

122 Hierzu von *Meibom/Pitz* Mitt 1998, 244, 250 f; BVerfG Human-Immuninterferon.

123 BVerwG NJW 1995, 1627, zu § 11 Apothekengesetz: Angabe der Zusammensetzung des verschriebenen Arzneimittels.

124 Vgl BVerwG NJW 1995, 1627, 1628.

denken, patentgeschützte Gegenstände etwa preisregulierenden Maßnahmen zu unterstellen.[125] Auch Prinzipien wie „Copyleft" und Modelle wie „open source" und „open access" können eine Rolle spielen, etwa im Bereich der Patentierung von „research tools" (Rn 18 zu § 11) insb in der universitären und öffentlich geförderten Forschung, für die etwa Art 40b schweiz PatG einen Anspruch auf Einräumung einer nichtausschließlichen Lizenz vorsieht, sowie dem von der Rspr entwickelten Anspruch auf Einräumung kartellrechtl Lizenzen bei Erfindungen, die technische Standards betreffen[126] (vgl zum wettbewerbsbeschränkenden Aspekt des Patentrechts verschiedene Stimmen in der Lit).[127] Auf der anderen Seite sind die auf Gemeinschaftsrecht basierenden Einschränkungen bei der Vergabe gebietsbeschränkter Lizenzen zu beachten.[128] Dabei darf allerdings nicht außer Betracht gelassen werden, dass es einen Zwang zum Patentieren weder für den Erfinder noch für den ArbGb gibt.

c. Verfassungsrechtl relevant ist weiter die **Rechtsweggarantie** des Art 19 Abs 4 GG (Rn 93 zu § 73). **59** Nichtauseinandersetzung mit der Vorlagepflicht an den EuGH durch den BGH verletzt das grundrechtsgleiche Verfahrensrecht auf den gesetzlichen Richter (vgl Rn 16 vor § 100). Während für die an den Verfahren vor dem DPMA Beteiligten der Rechtsschutz gewährleistet ist und auch in den Verfahren vor dem EPA eine gerichtsähnliche Instanz zur Verfügung steht, ist der Rechtsschutz für von Patenten in ihrer Handlungsfreiheit betroffene Dritte nur durch die Möglichkeit des Einspruchs und der Nichtigkeitsklage gewahrt. Dies eröffnet allerdings keinen lückenlosen Rechtsschutz, weil die Angriffsmöglichkeiten in diesen Verfahren auf bestimmte Rügen beschränkt sind; die „unangemessene Anspruchsbreite" iS eines Überschusses des Patentschutzes an sich gegenüber der erfinderischen Leistung (Rn 85f zu § 34) kann nicht geltend gemacht werden. Der numerus clausus der Widerrufs- und Nichtigkeitsgründe ist in dieser Hinsicht verfassungsrechtl bdkl.

5. Patentschutz und Völkerrecht. Patentrechtl Rechtspositionen genießen auch den Schutz des **60** Völkerrechts.[129]

II. Das Patentrecht ist Teil der objektiven Rechtsordnung. Es umfasst zugleich subjektive Rechte un- **61** terschiedlicher Art wie das Erfinderpersönlichkeitsrecht, das Recht auf das Patent und die aus dem Patent und aus der Patentanmeldung fließenden Rechte. Das subjektive Recht aus dem Patent hat absoluten Charakter; es wirkt iS eines Ausschließlichkeitsrechts grds gegenüber jedem Dritten. Vielfach wurde auf die **Ähnlichkeit** des Rechts aus dem Patent mit dem **Sacheigentum** hingewiesen; ein wesentlicher Unterschied besteht jedoch darin, dass dem Recht aus dem Patent jedes körperliche Substrat fehlt. Das Recht aus dem Patent wird heute allg als **privatrechtlicher Art** angesehen.[130] Dagegen hat das Recht auf das Patent iS eines Anspruchs auf Erteilung des Patents öffentlich-rechtl Charakter.[131] Die subjektiven Rechte auf das Patent, aus der Patentanmeldung und dem Patent sind **übertragbar** und **vererblich**. Als höchstpersönlich wird dagegen das Erfinderpersönlichkeitsrecht angesehen (zur str Frage der Vererblichkeit Rn 12 zu § 6).

III. Bedeutung des Patentschutzes

Schrifttum: (s auch die Hinweise zu § 15, zu § 29 und zur Einl IntPatÜG) *Abdul Ghani Azmi* Die Anerkennung von Immaterialgüterrechten in der Scharia, GRUR Int 1997, 85 = Basis for the Recognition of Intellectual Property in the Light of Shari'ah, IIC 1996, 649; *Adrian* Patentrecht im Spannungsfeld von Innovationsschutz und Allgemeininteresse, 1997; *Alikhan* Socio-Economic Benefits of Intellectual Property Protection in Developing Countries, 2000; *Andres* Gedanken zum

---

125 Kr zur Unterstellung patentgeschützter Arzneimittel unter Festbetragsregelungen PharmR 6/1995, aktuelle Seite III.
126 Vgl BGHZ 180, 312 = GRUR 2009, 694 Orange-Book-Standard.
127 *Friedl/Ann* GRUR 2014, 948; *Weck* NJOZ 2009, 1177; *Heinemann* GRUR 2006, 705; *Slopek/Gottschalk* WRP 2011, 853.
128 Vgl *Benkard* Einl Rn 4.
129 *Buck* (1993), 205 ff, 209 ff; *Oppermann* FS H. Hahn (1997), 447; *Ullrich* RIW 1987, 179; *ders* Technologieschutz nach TRIPS: Prinzipien und Probleme, GRUR Int 1995, 623, 632 Fn 75.
130 Vgl *Walz* Der Schutzinhalt des Patentrechts im Recht der Wettbewerbsbeschränkungen, 1973, S 120, 138 ff; *Ullrich* Technologieschutz nach TRIPS: Prinzipien und Probleme, GRUR Int 1995, 623, 633; *Stedman* Invention and Public Policy, 12 L. and Contemp. Probl. 649, 669 ff (1947).
131 Vgl auch *Jestaedt* FS F. Traub (1994), 141, 143 f.

Patentrecht, Fragen der Freiheit Nr 253 (2000), 3; *Ann* Die idealistische Wurzel des Schutzes geistiger Leistungen, GRUR Int 2004, 597; *Ann* Patent Trolls – Menace or Myth, FS J. Strauss (2009), 255, auch in VPP-Rdbr 2009, 1; *Aoki/Hu* Time factors of patent litigation and licensing, Journal of institutional and theoretical economics 2003, 280; *Arora* Patents, licensing, and market structure in the chemical industry, 26 Research Policy 391 (1997); *Arundel* (Hrsg) Innovation Strategies of Europe's Largest Industrial Firms, EIMS Publication 23 (1995); *Arundel/Kabla* What percentage of innovations are patented: Empirical estimates for European firms, 27(2) Res. Policy 127 (1998); *Audretsch* The Competitive and Technological Effects of Patents: A Critical Assessment of the Relevant Literature in Industrial Economics, in *EPA/IFO-Institut* (Hrsg)Results and Methods of Economic Patent Research, S 173; *Ayres/Klemperer* Limiting Patentees' Market Power Without Reducing Innovation Incentives: The Perverse Benefits of Uncertainty and Non-Injunctive Remedies, 97 Mich. L.Rev. 985 (1999); *Bader* Strategisches Patentmanagement, Mitt 2007, 97; *Balz* Eigentumsordnung und Technologiepolitik, 1980; *Barth* Zum 40. Geburtstag des Hochschullehrerprivilegs nach § 42 ArbNEG, GRUR 1997, 880; *Bartling* Die Rolle der Patente bei der Übertragung von Technologie aus der Sicht der pharmazeutischen Industrie, GRUR Int 1972, 396; *Barton* Adapting the Intellectual Property System to New Technologies, in *Wallerstein* (Hrsg) Global Dimensions of Intellectual Property Rights in Science and Technology (1993), 284; *Behrmann* Patentwesen in der Wissensgesellschaft: Der Patentanwalt als Partner einer lernenden Organisation, Mitt 2000, 143; *Beier* Die herkömmlichen Patentrechtstheorien und die sozialistische Konzeption des Erfinderrechts, GRUR Int 1970, 1; *Beier* Die Bedeutung des Patentsystems für den technischen, wirtschaftlichen und sozialen Fortschritt, GRUR Int 1979, 227; *Beier* Probleme der wirtschaftlichen Verwertung von Ergebnissen der Grundlagenforschung, Angewandte Chemie 1982, 109; *Beier* Patentschutz – weltweit Grundlage technischen Fortschritts und industrieller Entwicklung, in: *Oppenländer* (Hrsg) Patentwesen, technischer Fortschritt und Wettbewerb (1984), 29; *Beier* Gewerblicher Rechtsschutz, Soziale Marktwirtschaft und Europäischer Binnenmarkt, GRUR 1992, 228; *Beier* Patent Protection and Free Market Economy, IIC 1992, 159; *Beier/Kunz* Die Bedeutung des Patentrechts für den Transfer von Technologie in Entwicklungsländer, GRUR Int 1972, 385; *Beier/Straus* Das Patentwesen und seine Informationsfunktion – gestern und heute, GRUR 1977, 282; *Bercovitz* Getting the Most from Your Patent, Res. Techn. Management, März/April 1993, 26; *Berman* Hidden Value: Profiting from the intellectual property economy, 1999; *Bernhardt* Die Bedeutung des Patentschutzes in der Industriegesellschaft, 1974; *Bertin* Patent and Licensing Strategies of the Various Technology Types of Corporations, in *EPA/IFO-Institut* (Hrsg) Results and Methods of Economic Patent Research, S 83; *Bertin/Wyatt* Multinationales et propriété industrielle – Le contrôle de la technologie mondiale (1986); *Beyer* Patent und Ethik im Spiegel der technischen Evolution, GRUR 1994, 541; *Blind/Edler/Friedewald* Geistige Eigentumsrechte in der Informationsgesellschaft: eine Analyse der Rolle gewerblicher Schutzrechte bei Gründung und Markteintritt sowie für die Innovations- und Wettbewerbsfähigkeit von Softwareunternehmen anhand unternehmens- und softwaretypenbezogener Fallstudien, Endbericht, 2003; *Blum* Gefährdung unseres Lebensraums und Schutz des geistigen Eigentums, GRUR 1972, 205; *Bodewig* Staatliche Forschungsförderung und Patentschutz Bd 1, USA (1982); *Borchardt/Fikentscher* Wettbewerb, Wettbewerbsbeschränkung, Marktbeherrschung, 1957; *Börlin* Die volkswirtschaftliche Problematik der Patentgesetzgebung, 1954; *Bouju* Patent Infringement Litigation Costs (1988); *Brett* The Patent System – What Future Role in the Creation of Wealth? EIPR 1983, 83; *Bund-Länder-Kommission für Bildungsplanung und Forschungsförderung* Förderung von Erfindungen und Patenten im Forschungsbereich, 1997; *Bürgi/Lang* Rettungsanker Patentrecht zum Schutz selektiver Vertriebssysteme in der Schweiz? sic! 1999, 379; *Bußmann* Patentrecht und Marktwirtschaft, GRUR 1977, 121; *Cantor* Patentsicherheit und Patentklarheit, JW 1914, 174; *Cho/Illangasekare/Weaver/Leonard/Merz* Effect of Patents and Licenses on the Provision of Clinical Genetic Testing Services, (2003) 5 Journal of Molecular Testing Diagnostics 3; *Chronopoulos* Patenting Standards: A Case for US Antitrust Law or a Call for Recognizing Immanent Public Policy Limitations to the Exploitation Rights Conferred by the Patent Act? IIC 2009, 782; *Cottier/Widmer* (Hrsg) Strategic Issues of Industrial Property Management in a Globalizing Economy, 1999; *D'Silva* Pools, Thickets and Open Source Nanotechnology, EIPR 2009, 300; *Dahmann* Patentwesen, technischer Fortschritt und Wettbewerb, 1981; *Dahmann/Zohlnhöfer* Erfindungen, Patentwesen und Angebotskonzentration: Theoretische Grundlegung und empirische Illustration, FS B. Röper (1980), 135; *Dam* Die ökonomischen Grundlagen des Patentrechts, in *Ott/Schäfer* (Hrsg) Ökonomische Analyse der rechtlichen Organisation von Innovationen (1994), 283, mit Kommentar *Schanze* S 322; *Damme* Der Schutz technischer Erfindungen als Erscheinungsform moderner Volkswirtschaft, 1910; *David* Intellectual Property Institutions and Panda's Thumb: Patents, Copyrights and Trade Secrets in Economic Theory and History, in *Wallerstein* (Hrsg) Global Dimensions of Intellectual Property Rights in Science and Technology (1993), 19; *Dent* Decision-Making and Quality in Patents: An Exploration, EIPR 2006, 381; *Derclaye* Patent Law's Role in the Protection of the Environment: Re-Assessing Patent Law and Its Justifications in the 21st Century, IIC 2009, 249; *Derclaye* Should Patent Law Help Cool The Planet? An Inquiry from the Point of View of Enviromental Law, EIPR 2009, 168, 227; *Detter* Innovationsmanagement für klein- und mittelständische Unternehmen, in: *Rafeiner* (Hrsg) Patente, Marken, Muster, Märkte (1993), 163; *Deurvorst* Slimming Down Intellectual Property with Lon Fuller, EIPR 2009, 161; *Deutsche Stiftung Eigentum* (Hrsg) Bericht zur Lage des geistigen Eigentums, 2008; *Dietz* Die Patentgesetzgebung der osteuropäischen Länder, GRUR Int 1976, 139; *Dolder* Patente auf der Grundlage traditioneller Kenntnisse indigener Gemeinschaften, FS R. König (2003), 81; *Domeij* Läkemedelspatent, Stockholm 1998; *Domeij* Pharmaceutical Patents in Europe, 2000; *Drahos* (Hrsg) Death of Patents, 2005; *du Bois-Reymond/Wagner* Die Ausübung patentierter Erfindungen im Auslande, GRUR 1899, 293; *Einsele* Industrial Property – Strategien eines Unternehmens der Automobilindustrie, in *Ring* (Hrsg) Gewerblicher Rechtsschutz in der Praxis (Tagungsband 1. Freiberger Seminar zur Praxis des Gewerblichen Rechtsschutzes, 1999), 39; *Einsporn* Unternehmenserfolg durch Patente, Beiträge zur Gesellschafts- und Bildungspolitik Heft 232, Institut der Deutschen Wirtschaft Köln 1999; *Einsporn/Rösch* Produktionsfaktor

Wissen: Patente und Lizenzen in Unternehmen und Hochschulen, 2002; *Eisenberg* Bargaining over the Transfer of Proprietary Research Tools: Is this Market Failing or Emerging? in: *Dreyfuss/Zimmerman/First* (Hrsg) Expanding the Boundaries of Intellectual Property: Innovation Policy for the Knowledge Society, 2001, 228; *Endeshaw* Treating Intellectual Capital as Property: the Vexed Issues, EIPR 2001, 140; *Engländer* Zur Theorie des Patentrechts, Jherings Jahrbücher für die Dogmatik des bürgerlichen Rechts 71, 1; *Ernst* Industrial Research as a source of important patents, 27(2) Res. Policy 1 (1998); *European Commission* (Hrsg) Patinnova 97. Patents as an innovation tool, 1998; *Fessler* Informationspolitik im Bereich des gewerblichen Rechtsschutzes. Die Patentinformation – ein Element der Wirtschaftsförderung, in: *Rafeiner* (Hrsg) Patente, Marken, Muster, Märkte (1993), 129; *Fikentscher* Wettbewerb und gewerblicher Rechtsschutz, 1958; *Fikentscher* Entwicklungshilfe oder Expansionskontrolle? Rechtspolitische Überlegungen zu Antitrust und Technologietransfer, GRUR Int 1983, 497; *Fikentscher* Zur Anerkennung von Grundsätzen des gewerblichen Rechtsschutzes, Urheberrechts und Wettbewerbsrechts im Rahmen einer neuen Wirtschaftsordnung, GRUR Int 1987, 758; *Fikentscher* Property rights und liberty rights. Normativer Zusammenhang von geistigem Eigentum und Wirtschaftsrecht, FS H. Schippel (1996), 563; *Fikentscher* Intellectual Property and Competition – Human Economic Universals or Cultural Specifities – A Farewell to Neoclassics, IIC 2007 137; *Fikentscher/Ramsauer* Traditionswissen – Tummelplatz immaterialgüterrechtlicher Prinzipien, FS A. Dietz (2001), 25; *Fischer/Henkel* Patent Trolls on Markets for Technology: An Empirical Analysis of Trolls' Patent Acquisitions (2011); *Franke* Kriterien für die Anmeldung von Schutzrechten aus der Sicht der Industrie, in *Ring* (Hrsg) Tagungsband 2. Freiberger Seminar zur Praxis des Gewerblichen Rechtsschutzes, 2000, 1; *Franzosi/de Sanctis* The Increasing Worldwide Significance of European Patent Litigation, AIPLA Q.J. 1997, 67; *Frauenknecht* Patente – Quo Vadis? Antworten und Konsequenzen, sic! 2001, 715; *Fraunhofer-Institut für Systemtechnik und Innovationsforschung* Aktive Patentpolitik an Einrichtungen der Ressortforschung am Beispiel der Bundesanstalt für Materialforschung und -prüfung (BAM) und der Physikalisch-Technischen Bundesanstalt (PTB), 1997; *Frieden* Indigene Gesellschaften und geistige Eigentumsrechte: der potentielle Beitrag geistiger Eigentumsrechte zum Schutz indigenen Wissens, Bern 2000; *Funke* Technologietransfer in internationalen Corporate Joint-ventures: eine Untersuchung zu dem Wirtschaftsordnungsrecht und den Rechtsbeziehungen auf patentrechtlich nicht geschützte Technologie, 1998 (auch Diss Köln 1997); *Gerhardt* Why Lawmaking for Global Intellectual Property is Unbalanced, EIPR 2000, 309; *Ghidini* „Protektionistische" Tendenzen im gewerblichen Rechtsschutz, GRUR Int 1997, 773; *Ghosh/Kesan* What do Patents Purchase? In Search of Optimal Ignorance in the Patent Office, 40 Houston Law Review (2004), 1219; *Glazier* Patent Strategies for Business[2], 1995; *Goodenough* The Future of Intellectual Property: Broadening the Sense of „Ought", EIPR 2002, 291; *Götting* Gewerblicher Rechtsschutz und Urheberrecht als Mittel der Techniksteuerung, in *Vieweg* (Hrsg) Techniksteuerung und Recht, Referate und Diskussionen eines Symposiums an der Universität Erlangen-Nürnberg (2000), 69; *Granstrand* – The Economics and Management of Intellectual Property: Towards Intellectual Capitalism, 1999; *Granstrand* (Hrsg) Economics, Law and Intellectual Property, 2003; *Grefermann* Patentwesen und technischer Fortschritt, FS 100 Jahre Patentamt (1977), 37; *Grefermann/Oppenländer/ Peffgen/Röthlingshofer/Scholz* Patentwesen und technischer Fortschritt, Teil 1: Die Wirkung des Patentwesens im Innovationsprozeß, ifo-Institut, 1974; *Grefermann/Röthlingshöfer* Patentwesen und technischer Fortschritt Teil 2: Patent- und Lizenzpolitik der Unternehmen, ifo-Institut 1974; *Greif* State and Development of Economic Patent Research in the Federal Republic of Germany, in *EPA/IFO-Institut* (Hrsg) Results and Methods of Economic Patent Research, S 113; *Greif* Volkswirtschaftliche Aspekte eines verschärften Ausübungszwanges für Patente in Entwicklungsländern, GRUR Int 1980, 451; *Greif* Ausübungszwang für Patente – Ökonomische Möglichkeiten und Grenzen unter besonderer Berücksichtigung der Entwicklungsländer, GRUR Int 1981, 731; *Greipl/Täger* Wettbewerbswirkungen der unternehmerischen Patent- und Lizenzpolitik, 1982; *Greipl/Täger* Unternehmerische Patent- und Lizenzpolitik in Maschinenbau und elektrotechnischer Industrie, in: *Oppenländer* (Hrsg) Patentwesen, technischer Fortschritt und Wettbewerb (1984), 215; *Grossenbacher* Management von Schutzrechtssystemen, in: *Baudenbacher/Simon* (Hrsg) Drittes St. Galler Internationales Immaterialgüterrechtsforum 1999 (2000), 123; *Gruss* Geistiges Eigentum – Kapital oder Falle? GRUR Int 2003, 289; *Häberlein* Erfinderrecht und Volkswirtschaft, 1913; *Harhoff* The Demand for Patents and the Evolution of Patents Quality, National Academy of Sciences, 11.1.2005; *Hartung* Die Einschätzung geistiger Arbeit und das Urheberrecht des Technikers, vor 1928; *Haugg* Entwicklung im gewerblichen Rechtsschutz im neuen Jahrtausend, VPP-Rdbr 2000, 67; *Haugg/van Raden* Bedeutung des nationalen gewerblichen Rechtsschutzes, Mitt 1997, 169; *Häußer* Die Existenzbedingungen technisch-naturwissenschaftlicher Information in der Bundesrepublik Deutschland, Mitt 1983, 41; *Häußer* Schutzrechte als strategische Waffen im Wettbewerb, GRUR 1993, 211; *Häußer* Deutschland als Wirtschaftsstandort im Spiegel der Patentanmeldungen, Mitt 1996, 97; *Häußer* Anerkennung, Dank und Ehre für Erfinder, Mitt 1998, 1; *Heath/Kaltner* Industrial Property Protection in Japan and Germany – Systems and Strategies, IIC 1995, 76; *Heinemann* Immaterialgüterrecht in der Wettbewerbsordnung: eine grundlagenorientierte Untersuchung zum Kartellrecht des geistigen Eigentums, 2000; *Heller/Eisenberg* Can Patents Deter Innovation? The Anticommons in Biomedical Research, (1998) 280 Science 698; *Hess-Blumer* Patent Trolls: eine Analyse nach Schweizer Recht, sic! 2009, 851; *Hiance/Plasseraud* Brevets et sous-developpement: La Protection des inventions dans le tiers-monde, 1972; *Hilty* „Leistungsschutz" – made in Switzerland? Klärung eines Missverständnisses und Fragen zum allgemeinen Schutz von Investitionen, FS E. Ullmann (2006), 643; *Hirsch* Patentrecht und Wettbewerbsordnung, WuW 1970, 99; *Hodkinson* The Management of Intellectual Property Rights, in *Wild* (Hrsg) Technology and Management (1990), 41; *Hofinger* Ökonomische Determinanten aktiver Patentpolitik Eine empirische Untersuchung ausgewählter Unternehmen in Österreich, ÖBl 1996, 111; *Hofinger* Determinanten aktiver Patentpolitik. Eine empirische Untersuchung an ausgewählten Unternehmen in Österreich, 1996; *Hofinger* Portfolio-Analyse als Instrument unternehmerischer Patentpolitik, epi-Information 1997, 100; *Horn/Horn* Der Fortschritt und das Patentrecht, GRUR 1977, 329; *Hübner-Weingarten* Outsourcing einer Patentabteilung – selbständige Patentanwalts-GmbH als Lösung? DB 1998, 2049; *Huch* Die Industriepatentabteilung[2], 2001; *Hundertmark/Reinhardt/Wurzer* Portfoliosteuerung im strategischen Patentmanagement, Mitt 2007, 105; *Hutter* Die Produktion von Recht. Eine selbstreferentielle Theorie der Wirtschaft, angewandt auf den Fall des Arzneimittelpatentrechts, 1989; *Huydecooper* Waarom bescherming, en waarom zoveel sorten? BIE 1997, 33; *Imam* How Does Patent Protection Help Developing Countries? IIC 37 (2006), 245; *Isay* Die Funktion der Patente im Wirtschaftskampf, 1927; *Jabbusch* Funktionsfähigkeit des Patentschutzes und Patentgesetzgebung, GRUR 1980, 761; *Jaffe/Lerner* Innovation and Its Discontents: How Our Broken Patent System is Endangering Innovation and Progress, Princeton 2004; *Jensen/Webster* Achieving the Optimal Power of Patent Rights, Intellectual Property Research Institute of Australia, Working Paper 15/04 (2004); *Jeremiah* Merchandising Intellectual Property Rights, 1997; *Jihun Cho* Evidence of Patent Quality and its Implementation Through Patent Policy, EIPR 2011, 565; *Joly/de Looze* An Analysis of Innovation Strategies and Industrial Differentiation Through Patent Applications: The Case of Plant Biotechnology, 25 Research Policy (1996), 1027; *Kaczke* Über die volkswirtschaftliche Bedeutung der Erfindungen und des Patentrechts, Diss 1921; *Kändler* Der staatliche Erfinderschutz im Lichte moderner Nationalökonomie, 1914; *Kaufer* Patente, Wettbewerb und technischer Fortschritt, 1970; *Kaufer* The Economics of the Patent System (1988); *Keil* Umweltschutz als Patenthindernis, GRUR 1993, 705; *Kingston* An ‚Investment Patent‘, EIPR 1981, 207; *Kingston* Innovation, Creativity and the Law, 1990; *Kingston* Intellectual Property Needs Help from Accounting, EIPR 2002, 508; *Kingston* How Realistic Are EU Hopes for Innovation? EIPR 2004, 197; *Kirchner* Innovationsschutz und Investitionsschutz für immaterielle Güter, GRUR Int 2004, 603; *Knight* Patent Strategy for Researchers and Research Managers, 1996, Auszug unter dem Titel Entwicklung eines Modells für Patentstrategien in EPA-Jahresbericht 1995, 14; *Köhler* Das Verhältnis des Wettbewerbsrechts zum Recht des geistigen Eigentums, GRUR 2007, 548; *Köllner/ Weber* Trolls and their consequences: an evolving IP ecosystem, Mitt 2014, 106; *Kongolo* Towards a New Fashion of Protecting Pharmaceutical Patents in Africa – Legal Approach, IIC 2002, 185; *Korenko* Intellectual Property Protection and Industrial Growth – A Case Study, 2 JWIP 47 (1999); *Kraft* Patent und Wettbewerb in der Bundesrepublik Deutschland, 1972; *A. Krieger* „Innovation“ im Spannungsfeld zwischen Patentschutz und Freiheit des Wettbewerbs, GRUR 1979, 350; *Krukiel* Foreign Patenting Strategies of International Corporations, Intellectual Property in Asia and the Pacific 1986 (13), 18; *Kübler/Matschke* Patentrechtsverletzungen – weltweit ein unternehmensbedrohendes Risiko, Allianz Report 3/00 S 188; *Kühl/Sasse* Patente in Mergers und Acquisitions, Mitt 2007, 121; *Kulhavy* Erfindungs- und Patentlehre, 2009; *Laddie* National I.P. Rights; A Moribund Anachronism in a federal Europe? EIPR 2001, 402; *Laurie* Fore-Warned is Fore-Armed: Is Intellectual Property a Suitable Case for Foresight? IIC 2008, 507; *Lawrence* The Business of Invention. How to turn a patentable idea into a profitable product, 1997; *Lebedeva* Der Erfinderschein – seine Rechtsnatur, GRUR Int 1982, 699; *Lemley* Rational Ignorance at the Patent Office, 95 Northwestern University Law Review (2001), 1495; *Lerner* Patenting in the Shadow of Competitors, 38 Journal of Law and Economics (1995), 463; *Lipton* Intellectual Property in the Information Age and Secure Finance Practice, EIPR 2002, 358; *Liu* IPR Protection for New Traditional Knowledge: With a Case Study of Traditional Chinese Medicine, EIPR 2003, 194; *Loewenheim* Wettbewerbskonforme Gestaltung des Patent- und Gebrauchsmusterrechts, GRUR 1977, 683; *Long* Proprietary Rights and why Initial Allocations Matter, (2000) 49 Emory Law Journal 823; *Lutz/Staehelin* Technologietransfer an den schweizerischen Hochschulen, GRUR Int 1999, 219; *Machlup* Die wirtschaftlichen Grundlagen des Patentrechts, 1962, auch GRUR Int 1961, 373, 473, 524 = An Economic Review of the Patent System, Study Nr 15, US Senate, Subcommittee on Patents, Trademarks and Copyright, 85th Congress, 2nd Session, 1958; *Martinez Gonzales* La propriedad industrial en la nueva estructura económica internacional, 1997; *Mazzoleni/Nelson* The Benefits and Costs of Strong Patent Protection: A Contribution to the Current Debate, 27(3) Res. Policy 273 (1998); *Mazzoleni/Nelson* Economic Theories about the Benefits and Costs of Patents, 1998 (32/4) Journal of Economic Issues 1031; *Merges* Patent Law and Policy: Cases and Materials, 1992; *Merges/Nelson* On the Complex Economics of the Patent Scope, 90 Col. L. Rev. 839 (1990) = Intellectual Property Law Review 1990, 3; *Merges* As Many as Six Impossible Patents before Breakfast, 14 Berkeley Technology Law Journal (1999), 577; *Merkle* Patentinformationen als Frühindikatoren technologischer Entwicklungen, DB 1984, 2101; *Merrill* – Improving Patent Quality: Connecting Economic Research and Policy, in: Patents, Innovation and Economic Performance, OECD Conference Proceedings, Paris 2004; *Mestmäcker* Gewerbliche Schutzrechte und Urheberrechte in der Eigentums- und Wirtschaftsordnung, FS U. Immenga (2004), 261; *Merz/Kriss/ Leonard/Cho* Diagnostic Testing Fails the Test, (2002) 415 Nature 577; *Chr. Meyer* Grenzziehung zwischen Immaterialgüter- und Kartellrecht, sic! 2000, 331; *Meyn* Das Problem des gewerblichen Rechtsschutzes im Rahmen der Wirtschaft, Diss 1927; *Müller* Die Patent- und Markenabteilung im Unternehmen, Mitt 1999, 422; *Mutter* Traditional Knowledge related to Genetic Resources and its Intellectual Property Protection in Colombia, EIPR 2005, 327; *Nard* In Defense of Geographic Disparity, 34 IIC (2003), 907; *Nelson/Merges* On the Complex Economics of Patent Scope, 90 Columbia Law Review (1990), 908; *Nicol/Nielsen* Patents and Medical Biotechnology. An Empirical Analysis of Issues Facing the Australian Industry, 2003, auch im Internet unter www.ipria.org/publications/reports.html; *Nicol/Nielsen* Australian Medical Biotechnology: Navigating a Complex Patent Landscape, EIPR 2005, 313; *Niedlich* Systematisch erfinden und anmelden – eine vergleichende Betrachtung von Innovationsstrategien und Patentwesen, VPP-Rdbr 1997, 5; *Oddi* The International Patent System and Third World Development: Reality or Myth? Duke Law Journal 1987, 831; *OECD* Genetic Inventions, Intellectual Property Rights and Licensing Practices: Evidence and Policies, 2002, auch im Internet unter www.oecd. org/dataoecd/42/21/ 2491084.pdf; *Oppenländer* Die Wirkung des Patentwesens im Innovationsprozeß, ifo Schnelldienst 27 (1974) Nr 10, 5; *Oppenländer* Patent Policies and Technical Progress in the Federal Republic of Germany, IIC 1977, 97; *Oppenländer* Die volkswirtschaftliche Bedeutung des Fortschritts, FS 100 Jahre Patentamt (1977), 3; *Oppenländer* Die Wirkungen des Patentwesens im Innovationsprozeß, GRUR 1977, 362; *Oppenländer* Die wirtschaftspolitische Bedeutung des Patentwesens aus der Sicht der empirischen Wirtschaftsforschung, GRUR Int 1982, 598; *Oppenländer* Die wirtschaftspolitische Bedeutung des Patentwesens aus der Sicht der empirischen Wirtschaftsforschung, in: *Oppenländer* (Hrsg) Patentwesen, technischer Fortschritt und Wettbewerb (1984), 13; *Ordover* A Patent System for Both Diffusion and Exclusion, 5 J.Ec.Persp. 43 (1991); *Osterrieth* Patent-Trolls in Europa: Braucht das Patentrecht neue Grenzen, GRUR 2009, 540; *Peltz* Der Gemeinschaftsgedanke im neuen Patentrecht, Diss 1938; *Perez Pugatch* The Process of Intellectual Policy-Making in the 21st Century: Shifting from a General Welfare Model to a Multi-Dimensional One, EIPR 2009, 307; *Pernicka* Wem gehören die Gene? Patente auf Leben für ein neues Wachstumsregime, 2001; *Pfanner* Förderung der technischen Entwicklung und gewerblicher Rechtsschutz, GRUR Int 1983, 362; *Pham/Weinstein/Minutoli* Identifying the Optimal Global Patent Protection Strategy, VPP-Rdbr 2010, 77; *Prahl* Patentschutz und Wettbewerb, 1969; *Bojan Pretnar* Industrial Property and Related Trade Policy in Less-Developed Countries: Economic Appraisal of Legal Concepts, IIC 1990, 782; *Bojan Pretnar* The Economic Impact of Patents in a Knowledge-Based Market Economy, 34 IIC (2003), 887; *Bojan Pretnar* Die ökonomische Auswirkung von Patenten in der wissensbasierten Marktwirtschaft, GRUR Int 2004, 776; *Stojan Pretnar* Der gewerbliche Rechtsschutz und die Gesellschaftsordnung, GRUR Int 1982, 1; *Stojan Pretnar* Die Ware als Grundstein der gewerblichen Schutzrechte und des Urheberrechts, FS A. Troller (1976), 37; *Stojan Pretnar* La Protection internationale de la Propriété industrielle et les differents stades de développement économique des états, Prop.Ind. 1953, 213; *Prosi* Entspricht der Patentschutz noch den Wettbewerbserfordernissen? WuW 1980, 641; *Rahn* Die Bedeutung des gewerblichen Rechtsschutzes für die wirtschaftliche Entwicklung: Die japanischen Erfahrungen, GRUR Int 1982, 577, auch in: *Oppenländer* (Hrsg) Patentwesen, technischer Fortschritt und Wettbewerb (1984), 77; *Rahn* Patentstrategien japanischer Unternehmen, GRUR Int 1994, 377, auch in *Rahn/Scheer* (Hrsg) Gewerblicher Rechtsschutz in Deutschland und Japan (1993, 4) und in EPA-Jahresbericht 1995, 8; *Raith* Das geistige Eigentum und seine Bedeutung für den internationalen Handel, Zs für europäische Studien 2000, 465; *Reichman* The TRIPS Component of the GATT's Uruguay Round: Competetive Prospects for Intellectual Property Owners in the Integrated World Market, Fordham L.J. 1993, 181, 216; *Reid* Die Anforderungen an einen angemessenen und wirksamen Patentschutz in Europa aus der Sicht der Industrie, GRUR Int 1996, 1109 = Views of industry on requirements for adequate and effective patent protection in Europe, IIC 1996, 214; *Reitzle* Die Patentpolitik in der Vertragsforschung am Beispiel der Fraunhofer-Gesellschaft, Mitt 1992, 245; *Remmertz* Patentverwertung in der Praxis, Mitt 2002, 450; *Rimmer* Blue Gene: Intellectual Property and Bioinformatics, IIC 2003, 31; *Riordan* What's Driving Patent and Trademark Application Filings? EIPR 2000, 349; *Rozek/Berkowitz* The Effects of Patent Protection on the Prices of Pharmaceutical Products, 1 JWIP 179 (1998); *Rüetschi* Wozu Immaterialgüterrecht(e)? Dargestellt am Beispiel des Patent- und Urheberrechts, Basler Juristische Mitteilungen 2005, 113; *Sandburg* Trolling für Dollars: Patent Enforcers are Scaring Corporate America and Getting Rich – very Rich – Doing It, The Recorder, 30.7.2001; *Schanze* Gewerbliche Verwerthung und gewerbliche Anwendung. Gewerbsmäßige Benutzung und betriebsmäßige Benutzung, GRUR 1899, 257; *Scherer* Zusammenhänge zwischen Forschungs- und Entwicklungsausgaben und Patenten, in: *Oppenländer* (Hrsg) Patentwesen, technischer Fortschritt und Wettbewerb (1984), 175; *Scherer* Research on Patents and the Economy: The State of the Art, in *EPA/IFO-Institut* (Hrsg) Results and Methods of Economic Patent Research, S 41; *Schickedanz* Patentverletzung durch Einsatz von geschützten Bauteilen in komplexen Vorrichtungen und die Rolle der Patent-Trolle, GRUR Int 2009, 901; *Schmidt-Diemitz* Geistiges Eigentum und entwicklungspolitischer Wissenstransfer, GRUR Int 1988, 287; *Schmorr/Kuschotzky* Freie Erfindungen erfolgreich verwerten, 1996; *Scholz/Schmalholz* Patentschutz und Innovation, in: *Oppenländer* (Hrsg) Patentwesen, technischer Fortschritt und Wettbewerb (1984), 189; *Schricker/Dreier/Kur* Geistiges Eigentum im Dienst der Innovation, 2001; *Schwander* Die Theorien über das Wesen von Erfinderrecht und Patentrecht, Diss 1938; *Schwegler* Neue Patentrechte, neue Einnahmequellen, Plädoyer 2006, 12; *Seifried/Borbach* Schutzrechte und Rechtsschutz in der Mode- und Textilindustrie, 2014; *Sell* Power and Ideas. North-South Politics of Intellectual Property and Antitrust, 1998; *Sellnick* Erfindung, Entdeckung und die Auseinandersetzung um die Umsetzung der Biopatentrichtlinie der EU, GRUR 2002, 121; *Seminar für freiheitliche Ordnung* (Hrsg) Patentrecht in der Kritik, 2000; *Shapiro* Responding to the Changing Patent System, Res. Techn. Management, Sept./Okt. 1990, 38; *Siew Kuan Ng* Patent Trolling: Innovation at Risk, EIPR 2009, 593; *Sinnot* Pharmaceutical Intellectual Property Portfolios, Managing Int. Prop. Jan./Feb. 1994, 20; *Slopek* – Die Ökonomie der Erfindungshöhe, Diss Düsseldorf 2011; *Spengler* Ist eine friedliche Koexistenz zwischen Wettbewerbsfreiheit und Patentschutz denkbar? FS W. vom Stein (1961), 128; *Stapelmann* Patent- und Gebrauchsmusterschutz, Grundlagen, Voraussetzungen und Grenzen des Schutzes, Diss 1931; *Straus* Der Erfinderschein – eine Würdigung aus der Sicht der Arbeitnehmererfindung, GRUR Int 1982, 706; *Straus/Holzapfel/Lindenmeir* Empirical Survey on Genetic Invention and Patent Law, 2003; *Streissler* Das Recht des Ungreifbaren, 1932; *Streitzig* Patente – Quo vadis? Der Paradigmenwechsel fand statt – Eine Replik, sic! 2003, 373; *Stumpf* Interests and Conflicts of Interests in Technology Transfer – The Role of Patents, IIC 1978, 309; *Täger* Zum Patent- und Lizenzverhalten der deutschen Investitionsgüterindustrie, GRUR Int 1982, 604 und in: *Oppenländer* (Hrsg) Patentwesen, technischer Fortschritt und Wettbewerb (1984), 231; *Täger/Bockenfeld* The Stimulus for Change in British and German Industry – Entwicklung der Patentaktivitäten von in- und ausländischen Unternehmen in Deutschland und Großbritannien, IFo-Institut für Wirtschaftsforschung, 1993; *Thomas* The Responsibility of the Rulemaker: Comparative Approaches to Patent Administration Reform, 17 Berkeley Technology Law Journal (2002), 727; *Tönnies* Erfindungen: Ein Kollektivgut oder die Gedanken sind frei, GRUR 2013, 796; *Towse/Holzhauer* (Hrsg) The Economics of Intellectual Property, 4 Bde, 2002; *Träger/Seyler* Probleme des deutschen Patentwesens im Hinblick auf die Innovationstätigkeiten der Wirtschaft (insbesondere kleiner und mittlerer Unternehmen) und Vorschläge zu deren Lösung, Schlußbericht (Ifo-Institut), 1989; *Tuominen* An IP Perspective on Defensive Patenting Strategies in the EU Pharmaceutical Industry, EIPR 2012, 541; *Uehara* Intellectual Property Rights and Competitive Strategy – A Multinational Electronic Firm, in *Wallerstein* (Hrsg) Global Dimensions of Intellectual Property Rights in Science and Technology (1993), 228; *Ullrich* Privatrechtsfragen der Forschungsförderung in der BRD, 1984; *Ullrich* Die wettbewerbspolitische Behandlung gewerblicher Schutzrechte in der EWG, GRUR Int 1984, 89; *Ullrich* Patentschutz im europäischen Binnenmarkt, GRUR Int 1991, 1; *Ullrich* Auslegung und Ergänzung der Schutzrechtsregeln gemeinsamer Forschung und Entwicklung, GRUR 1993, 338; *Ullrich* Grenzen des Rechtsschutzes: Technologieschutz zwischen Wettbewerbs- und Industriepolitik, in: *Schricker/Dreier/Kur* Geistiges Eigentum im Dienst der Innovation, 2001; *Ullrich* Wettbewerb und technische Normen: Rechts- und ordnungspolitische Fragestellungen, GRUR 2007, 817; *Ullrich/Sandgren/Baumann/Lodder* Staatliche Forschungsförderung und Patentschutz Bd 3 (1985); *Unterburg* Die Bedeutung der Patente in der industriellen Entwicklung, 1970; *van den Daele/Döbert/Seiler* Stakeholder Dialogue on Intellectual Property Rights in Biotechnology: A Project of the World Business Council for Sustainable Development, IIC 34 (2003), 932; *van Dulken* (Hrsg) Introduction to Patents Information[3], 1998; *van Raden* Patente für Dienstleistungsprodukte, in: *Bullinger* (Hrsg) Dienstleistungen – Innovation für Wachstum und Beschäftigung (1999), 427; *van Raden* Unser Kontinent – das Alte, GRUR 1999, 904; *Vaver* Taking Stock, EIPR 1999, 339; *Villiger* Vergleich der Patentaktivitäten verschiedener Firmen im Bereich Pflanzenschutz, Diplomarbeit ETH Zürich 1998; *Volkmann* Patenterwerb und Marktmachtmissbrauch, 2013; *von Bassewitz/Kramer/Prinz zu Waldeck und Pyrmont* Zusammenfassung des Vortrags „Innovationsschutz und Investitionsschutz für immaterielle Güter" von Prof. Dr. Reto M. Hilty, GRUR Int 2004, 607; *von Pierer* Patente – ein wichtiger Rohstoff der globalen Wissensgesellschaft, GRUR 1999, 818; *von Pierer* Patente und Innovationen: Strategische Erfolgsfaktoren im globalen Wettbewerb, BlPMZ 1999, 422; *Wagner* Economic Analyses of the European Patent System, 2006; *Walleser* Die Patentfähigkeit als rechtsteleologisches Problem, 1963; *Walsh/Arora/Cohen* Effect of Research Tool Patenting and Licensing on Biomedical Innovation, in: *Cohen/Merrill* (Hrsg) Patents in the Knowledge-Based Economy, 2003, 287; *Walter/Brusch/Hartung* – Präferenzen bezüglich Dienstleistungen von Patentverwertungsagenturen: eine explorative Untersuchung, GRUR 2007, 395; *Webber* – Intellectual Property Callenges for the Future, EIPR 2005, 345; *Weber* Erfinderrecht und Allgemeininteresse, Diss 1931; *Weber/Hedemann/Cohausz* Patentstrategien, 2007; *Wegner* Patents to Aid (or Hinder) International Technology Transfer, in FS Z. Kitagawa (1992), 1057; *Weidlich/Spengler* Patentschutz in der Weltbewerbswirtschaft, 1967; *Welch/Müller* Patente – Quo vadis? Eine Erwiderung, sic! 2002, 290; *Werz/Girsberger* Patente als Goldesel? Das System der Aufteilung der kommerziellen Vorteile (commercial benefit sharing) im „Internationalen Vertrag über pflanzengenetische Ressourcen für Ernährung und Landwirtschaft" der FAO, sic! 2006, 889; *Widtmann* Die Patentsituation österreichischer Betriebe unter dem Blickpunkt patentintensiver Branchen, in: *Rafeiner* (Hrsg) Patente, Marken, Muster, Märkte (1993), 123; *Wilhelmi* Der Zusammenhang zwischen dem Ausschluss durch und dem Zugang zum Patentschutz angesichts der aktuellen Entwicklungen im deutschen und europäischen Patentrecht, Jb junger Zivilrechtswissenschaftler 2005, 123; *Wurzer* Wettbewerbsvorteile durch Patentinformationen[2]; *Wurzer/Berres/Krämer* Organisatorische Umsetzung einer Patentstrategie: ein Fallbeispiel, Mitt 2016, 163; *Zech* Die Ersatzteil- und Zubehörproblematik im gewerblichen Rechtsschutz, Mitt 2000, 195; *Zitscher* Zur Erweiterung der Informationsfunktion des Patentsystems, 1995; *Zitscher* Ein Reformansatz zur Steigerung der Allokationseffizienz des Patents, WuW 1996, 559; *Zitscher* Zur Erweiterung der Informationsfunktion des Patentsystems, GRUR 1997, 261.

62 **1. Allgemeines.** Die Bedeutung des Patentschutzes für den technischen Fortschritt ist heute im Grunde und nahezu weltweit über die politischen und gesellschaftlichen Systeme hinweg nicht mehr umstritten. Nicht nur in marktwirtschaftlich strukturierten, sondern auch in verwaltungswirtschaftlich organisierten Systemen bestehen Patentrechtsordnungen. Jedenfalls seit dem TRIPS-Übk sind globale Vorgaben, die über fremdenrechtl Regelungen hinausgehen, unübersehbar. Positionen, wie sie ähnlich auch bei der Antipatentbewegung des 19. Jahrhunderts auftauchen, finden sich aber immer wieder da, wo neue Bereiche in das Patentschutzsystem oder vergleichbare Systeme einbezogen werden sollen, etwa im Bereich der Informationsverarbeitung oder der Biotechnologie; insoweit ist vor allem die rechtl nicht bindende Verpflichtung der FAO zu Pflanzengenetischen Ressourcen aus dem Jahr 1983 von Interesse, der über 130 Länder beigetreten sind, darunter auch Deutschland; mit der auf der 27. FAO-Konferenz 1993 beschlossenen Neuverhandlung wird eine rechtl bindende Vereinbarung angestrebt;[132] in deren Rahmen sich die Vertragsstaaten unter Anpassung der Verpflichtung an das Übereinkommen über die Biologische Vielfalt (Convention on Biological Diversity – CBD)[133] verpflichten sollen, im Hinblick auf die weltweite Ernährungssicherung und eine nachhaltige Landwirtschaft einen erleichterten Zugang zu pflanzengenetischen Ressourcen zu gewähren. Danach sind unter bestimmten Voraussetzungen Pflichtabgaben für Inhaber gewerblicher Schutzrechte vorgesehen (vgl auch § 34a). Die Rolle des Patentschutzes im System des Welthandels, des Dienstleistungs- und Kapitalverkehrs ist durch die Gründung der Welthandelsorganisation (WTO) und das TRIPS-Übk stärker in das öffentliche Bewusstsein gerückt worden. Umstritten ist die

---

132 Entwurf im Internet unter www.fao.org/Waicent/FAOINFO/agricult/cgrfa.

133 Im Internet unter www.biodiv.org/chm/conv/default/htm.

Rolle des Patentschutzes im Verhältnis zwischen den entwickelten und den weniger entwickelten Ländern.[134]

Der Patentschutz steht – im Grundsatz – **allen Erfindern** offen; deshalb sollte in ihm nicht einseitig ein **63** Instrument zur Durchsetzung der Interessen bestimmter Kreise wie der Großindustrie oder des Mittelstands gesehen werden. Schließlich dürfen die berechtigten Belange der Allgemeinheit nicht außer Betracht gelassen werden; dies schließt es zum einen aus, den Patentschutz über Gebühr lange auszudehnen, zum anderen, Patenten einen uferlosen Schutzumfang zuzubilligen, schließlich, die Anforderungen an die erfinderische Leistung zu minimieren.[135] Als Qualitätsanforderungen an Patente können ihre Gültigkeit, ihre Durchsetzbarkeit, Rechtssicherheit für Konkurrenten und ihre Handelbarkeit angesehen werden.[136] Andererseits darf Patentierung nicht durch prohibitiv wirkende Gebührenregelungen verhindert werden; die Gebührendiskussion spielt insb beim EPA eine wichtige Rolle;[137] neben den Amtsgebühren können hier auch die hohen Übersetzungskosten ins Gewicht fallen.[138] Ob und wieweit Innovationslücken auf Dauer und Kosten der Patentverfahren zurückzuführen sind, ist im Zusammenhang mit der Diskussion über den „Industriestandort Deutschland" in Zweifel gezogen worden.[139] Dabei darf nicht übersehen werden, dass der Patentschutz gerade nicht dazu dient, der einheimischen Industrie Wettbewerbsvorteile gegenüber dem Ausland zu sichern.[140] Zur außenwirtschaftlichen Bedeutung vgl Deutsche Bundesbank, statistische Sonderveröffentlichung vom 12.5.2002 Technologische Dienstleistungen in der Zahlungsbilanz.[141]

Patentanmeldungen mit Wirkung für Deutschland 1978–2007 BlPMZ 2008, 82, für die Folgejahre **64** BlPMZ 2016, 89. Ergänzende Schutzzertifikate 2005–2011 BlPMZ 2012, 131, für die Folgejahre BlPMZ 2016, 101. Gebrauchsmusteranmeldungen Rn 15 Einl GebrMG, Topographieanmeldungen Rn 13 Einl HlSchG.

2. Patentrechtstheorien.[142] Im Anschluss an *Machlup* lassen sich vier Patentrechtstheorien formulie- **65** ren, die sich nicht ausschließen, sondern in Zusammenhang miteinander stehen und sich ergänzen.

Die **Eigentumstheorie** (Naturrechtstheorie) sieht geistige Schöpfungen als Eigentum desjenigen an, **66** der sie hervorgebracht hat. Die technische Erfindung gehört deshalb dem Erfinder, dem Anerkennung und Schutz wie beim Sacheigentum gebührt. Dies wird durch das Patent als Ausschlussrecht sichergestellt. Als Zuordnungsregelung ist die Eigentumstheorie eine petitio principii.[143]

Die **Belohnungstheorie**[144] will den Erfinder als „Lehrer der Nation" für seine der Allgemeinheit geleis- **67** teten Dienste belohnen und ihm deshalb das ausschließliche Recht zur Verwertung seiner Erfindung vorbehalten.[145] Die Belohnung kann allerdings auch in anderer Weise als durch Zubilligung eines Ausschließungsrechts erfolgen; dies findet im geltenden ArbN-Erfinderrecht seinen Niederschlag. Einen gänzlich anderen Weg sind die früheren sozialistischen Länder mit dem Erfinderscheinprinzip gegangen, das dem Erfinder zwar einen Anspruch auf Anerkennung und Vergütung, aber kein Ausschließungsrecht zuerkannte.[146]

---

134 Vgl nur in neuerer Zeit die Studie Integrating Intellectual Property Rights and Development Policy, im Internet unter www.iprcommission.org.
135 Zu Expansionstendenzen bei Schutzrechten *Cornish*, referiert bei *Hohagen* (Tagungsbericht) GRUR Int 2000, 246, 247 ff; zur Situation auf Folgemärkten *Dreier* ebenda S 253 f.
136 Vgl die Nachw bei *Dent* EIPR 2006, 381 ff.
137 Vgl *EPA* Cost of Patenting in Europe, IIC 1995, 650.
138 Zum Anmeldeverhalten insb im Bereich der kleinen und mittelständischen Industrie s die Untersuchung des Roland-Berger-Forschungsinstituts Nutzen des Patentschutzes in Europa, EPOscript Bd 3; siehe hierzu auch die Antwort der Bundesregierung vom 9.2.1995 auf die Frage des Abg. *Kubatschka*; vgl allg zu den EU-Fördermaßnahmen für solche Unternehmen *Carl* Maßnahmen der EU zur Stärkung der Wettbewerbsfähigkeit kleiner und mittlerer Unternehmen, EuZW 1995, 141.
139 *Stelkens* Verwaltungsgerichtsbarkeit im Umbruch – Eine Reform ohne Ende? NVwZ 1995, 325, 332, insb Fn 67.
140 Vgl *Laddie* EIPR 2001, 402 ff.
141 Zusammenfassung GRUR 2002, 777.
142 Näher zu „idealistischen" (besser wohl: nicht materiell begründeten) Rechtfertigungen des Erfindungsschutzes *Ann* GRUR Int 2004, 597, 601 ff; vgl auch *Büscher/Dittmer/Schiwy* § 1 Rn 1 f.
143 Vgl *Kraßer/Ann* § 3 Rn 13 mit kr Hinweis auf BGHZ 17, 266, 278 = GRUR 1955, 492 Grundig-Reporter; *Tönnies* GRUR 2013, 796: Zirkelschluss.
144 Vgl zum Gesichtspunkt der Überbelohnung die Zitate bei *Straus* GRUR 2001, 1016 f.
145 Vgl BGHZ 100, 67, 70 f = GRUR 1987, 231 Tollwutvirus; BGHZ 130, 259 = GRUR 1996, 109 klinische Versuche I.
146 Vgl auch *Kingston* 1994 Research Policy 661 und EIPR 2004, 447, 459, der sich für einen Übergang vom zeitlichen Ausschlussrecht zu einer Vergütung in Geld ausspricht.

Keukenschrijver

68   Die **Anspornungstheorie** will den technischen Fortschritt durch die Aussicht auf einen entspr Ertrag fördern und über den zeitweiligen Patentschutz die Ertragserwartungen des Erfinders stabilisieren.

69   Die **Offenbarungstheorie** (Vertragstheorie) stellt darauf ab, dass der Erfinder sein technisches Wissen der Allgemeinheit zugänglich macht und nicht geheimhält; das Ausschlussrecht des Erfinders stellt eine Gegenleistung für den Geheimhaltungsverzicht des Erfinders dar.

70   **3. Patentschutz und Wettbewerb**[147] stehen in einem Spannungsverhältnis (Rn 183 zu § 15). Eine Monopolwirkung[148] kommt dabei für ein einzelnes Patent praktisch nur dann in Betracht, wenn es als „Pionierpatent" eine grundlegende technische Neuerung begründet.[149] Insb für das Markenrecht geht die Rspr von einem Vorrang vor dem Wettbewerbsrecht aus;[150] dies betrifft auch das Verhältnis des Patentrechts zum ergänzenden Leistungsschutz.

71   Patentschutz kann zu einer besonderen Art des Wettbewerbs, dem **Substitutionswettbewerb**, führen. Dadurch können Patente Forschung und Entwicklung bereichern und den Wettbewerb fördern.[151]

72   Problematisch sind dabei vor allem **Sperrpatente**, die in erster Linie zur Unterbindung fremder Tätigkeit bestimmt sind, insb wenn diese mit „flächendeckenden" Patentstrategien oder Lizenzverweigerung verknüpft werden. Dies ist ua bei Genpatenten und sog „Research Tool"-Patenten angenommen worden.[152] Wie die Erfahrung seit 1949 gezeigt hat, ist dem mit Benutzungsanordnungen (§ 13) und Zwangslizenzen (§ 23) nicht wirksam zu begegnen (allerdings ist von diesen Instrumenten kaum Gebrauch gemacht worden). In diesem Zusammenhang ist auch die Auseinandersetzung über **„Patent Trolls"** und über den Missbrauch von Patenten[153] zu sehen.

73   Ähnliche Wirkungen können **Patentpools**, die Aufnahme von Patenten in **Standards** (vgl Rn 18, 164, 234 ff zu § 139) und missbräuchliche Klauseln in **Lizenzverträgen** hervorrufen;[154] allerdings bestehen hier mit den Instrumenten des Kartellrechts bessere Abhilfemöglichkeiten (Rn 183 ff zu § 15).

74   Keine unmittelbare Folge des Patentrechts, aber durch dieses verstärkt, ist die unterschiedliche **wirtschaftliche Macht** der Marktteilnehmer. Ein Rechtsstreit, der für ein Unternehmen existenzgefährdend sein kann, kann für den Gegner von untergeordneter Bedeutung sein. Im Markenrecht kann der Marktposition über die „Verkehrsdurchsetzung" sogar rechtsbegründende Funktion zukommen.

75   **4. Patente als verkehrsfähige Wirtschaftsgüter.** Mit Recht ist darauf hingewiesen worden, dass erst der Patentschutz Erfindungen zu voll verkehrsfähigen Gütern macht und im Gegensatz zu Betriebsgeheimnissen auf der einen Seite und Vergütungssystemen ohne Ausschlussrecht (etwa nach der Art des früheren DDR-Wirtschaftspatents und des Erfinderscheins) marktwirtschaftlichen Wirtschaftssystemen am besten entspricht;[155] dies schließt es für den Berechtigten nicht aus, in bestimmten Situationen betriebsgeheimem Wissen den Vorzug vor dem Publizitätssystem des Patentschutzes zu geben. Die Rechtsordnung steht Betriebsgeheimnissen nicht abl gegenüber, wie sich schon aus einzelnen Regelungen über den Geheimnisverrat ergibt.

76   **5. Investitionslenkung durch Erfindungsschutz?** Erfindungsschutz knüpft an die erfinderische Leistung, das Nichtnaheliegen, und nicht an Kategorien wie „soziale Nützlichkeit" an. Maßgebend für den Patentschutz ist nicht die Bewertung der Folgen der Ausübung der Technik. Hierzu sind weder das Patentrecht

---

147   Zu int Aspekten *Häußer* Gewerblicher Rechtsschutz an deutschen Hochschulen, in: *van Raden* (Hrsg) Zukunftsaspekte des gewerblichen Rechtsschutzes (1995), 23, 25 f.

148   Zur Doppelbedeutung des Monopolbegriffs unter den Gesichtspunkten Wettbewerbsbeschränkung und Wettbewerbsvoraussetzung/-ziel *Fikentscher/Theiss* in: *Adrian/Nordemann/Wandtke* (Hrsg) Josef Kohler und der Schutz des geistigen Eigentums in Europa, 1996, 55, sowie *Fikentscher* Wettbewerbsrecht im TRIPS-Agreement der Welthandelsorganisation – Historische Anknüpfung und Entwicklungschancen, GRUR Int 1995, 529, 532 ff.

149   Vgl *Kraßer/Ann* § 3 Rn 47.

150   BGHZ 138, 349 = GRUR 1999, 161 f MAC Dog; BGHZ 153, 131 = GRUR 2003, 332, 336 Abschlussstück; BGH GRUR 2007, 339 Stufenleitern; kr *Fezer* § 2 MarkenG Rn 1 ff; *Münker* FS E. Ullmann (2006), 781; *Köhler* GRUR 2007, 548.

151   Vgl *Kraßer/Ann* § 3 Rn 47, 49.

152   Vgl zB *Nicol/Nielsen* EIPR 2005, 313 m zahlreichen Nachw.

153   Vgl *Chronopoulos* IIC 2009, 782, 805 ff.

154   Vgl *Kraßer/Ann* § 3 Rn 50.

155   Vgl *Kraßer/Ann* § 3 Rn 16.

noch die zuständigen Behörden sinnvollerweise in der Lage. Ordnungsrechtl Gesichtspunkte sind daher von den Ordnungsbehörden und nicht von den Patenterteilungsbehörden zu prüfen und zu beachten. Als Wirtschaftslenkungsinstrument erscheint das Patentschutzsystem ungeeignet.

6. Erfindungsschutz oder Innovationsschutz? Neuere Entwicklungen scheinen den Gesichtspunkt   **77** der erfinderischen Leistung in den Hintergrund treten, wenn nicht ganz fallen zu lassen, ebenso die (vermeintlich oder tatsächlich niedrigen) Schutzerfordernisse beim Software- und Halbleiterschutz oder im Gbm- und Designrecht oder die EU-Datenbankrichtlinie. „So begünstigen strenge Patentierbarkeitsvoraussetzungen zugleich die technologieorientierten und die am freien Wettbewerb interessierten Unternehmen, während eine großzügige Schutzgewährung den Schutzzugang ebenso erleichtern wie zu Marktzutrittsschranken (etwa bei ‚Massenpatentierung' trivialer Erfindungen) führen kann ... Allgemein lassen sich die Vor- und Nachteile der einen oder der anderen Schutzrechtsregelung nur auf der volkswirtschaftlichen Ebene ermitteln".[156] Eine Begündung des Patentschutzes aus dem Gesichtspunkt des Inverstitionsschutzes ist wiederholt postuliert worden.[157] Ein Außerachtlassen der erfinderischen Leistung bis hin „zu einer Okkupationstheorie, die den Stärkeren oder Schnelleren prämiert",[158] läge außerhalb der Rechtfertigungsgründe wie geistiges Eigentum und Belohnung und müsste den gewerblichen Rechtsschutz zu einem nach Zweckmäßigkeitsgesichtspunkten einsetzbaren Instrument der Wirtschaftsförderung machen; dies wäre per se nicht undenkbar, hätte aber mit dem überkommen System des Patentschutzes wenig zu tun.[159] Der BGH hat darauf hingewiesen, dass Patente für erfinderische Leistung erteilt werden und Fleiß, Geld- sowie Arbeitsaufwand allein eine Ausschließlichkeitsstellung durch Patenterteilung nicht rechtfertigen können.[160]

7. Verhältnis Erfinder – Betrieb. Ein Spannungsverhältnis ergibt sich aus dem Umstand, dass die   **78** Mehrheit der Erfindungen von abhängig Beschäftigen im Rahmen ihres Arbeits- oder Dienstverhältnisse getätigt wird. Dies müsste konsequenterweise auf die Zuordnung der Erfindung an den Erfinder ohne Einfluss sein. Eine derartige Betrachtung geht allerdings an den wirtschaftlichen Gegebenheiten vorbei. Die verschiedenen nat Rechtsordnungen lösen diesen Konflikt unterschiedlich auf, das dt Recht durch die Möglichkeit der „Inanspruchnahme" der Diensterfindung durch den ArbGb; im Einzelnen ist auf die Regelung im ArbEG zu verweisen.[161]

8. Öffentliche Förderung der erfinderischen Tätigkeit kann sich auf vielfältigen Wegen ergeben, so   **79** durch steuerliche Begünstigung der erfinderischen Tätigkeit (Rn 61 zu § 6), beratende Tätigkeit des DPMA und sonstiger öffentlicher Stellen, aber auch durch unmittelbare Subventionierung innovativer Bemühungen,[162] weiter durch Gebührenbegünstigung bestimmter Nutzergruppen (Einzelerfinder, kleine und mittelständische Unternehmen, neue Bundesländer) und durch Hilfestellung öffentlicher und sonstiger Stellen.

Der Gesetzgeber darf typisierend davon ausgehen, dass Erfindungen für die wirtschaftliche Entwick-   **80** lung wesentliche Anstöße geben, die insb im Interesse der internat Konkurrenzfähigkeit förderungswürdig sind. Es kann ihm daher nicht verwehrt sein, in seiner Steuergesetzgebung für die erfinderische Tätigkeit **Anreize** zu schaffen, zumal diese hinsichtlich ihres wirtschaftlichen Erfolgs im allg erheblichen Risiken und auch erheblichen Wartezeiten ausgesetzt ist.[163] Andererseits besteht keine gesetzgeberische Pflicht zur Erfinderförderung.

---

156   *Ullrich* GRUR Int 1995, 623, 639 f Fn 136; vgl *Kingston* EIPR 2004, 447, 458.

157   Vgl *Tönnies* GRUR 2013, 796 mwN.

158   *Sellnick* GRUR 2002, 121, 125.

159   Vgl auch *Kraßer*[6] S 52 (§ 3 VI 4); *Ghidini* GRUR Int 1997, 773, 778 ff, der sich bei „Zuwachserfindungen" – nach *Reichman* Fordham L.J. 1993, 181, 216 – für zwar absoluten, aber nicht ausschließlichen Schutz ausspricht; *van Raden* GRUR 1999, 904, 907; *Cornish*, referiert bei *Hohagen* (Tagungsbericht) GRUR Int 2000, 246, 248; aA wohl *Hilty* FS E. Ullmann (2006), 643, 659.

160   BGH Bausch BGH 1994–1998, 366 PKW-Kotflügel.

161   Zur Tätigkeit des Patentingenieurs im Betrieb *Huch*[2] (2001); *van Venrooy* Patentrecht (1996).

162   Vgl *Barth* GRUR 1997, 880, 884 ff; vgl zur Förderung biotechnologischer Forschungen und darauf gerichteter Patentanmeldungen durch die EG-Kommission im Rahmen des Programms VALUE die Anfrage des Abg. *Lanoye* und die Antwort der Kommission ABl EG C 132/11 = VPP-Rdbr 1993, 68; vgl weiter die Förderrichtlinien des Sächsischen Staatsministeriums für Wirtschaft und Verkehr vom 29.3.1995, BlPMZ 1995, 201.

163   BVerfGE 81, 108.

81   In den USA ist der **Bayh-Dole-Act** 1980 (35 USC §§ 200-212) bedeutsam, durch den die Nutzung von Erfindungen, die mit Hilfe von staatlichen Mitteln gemacht wurden, erleichtert und gefördert wird.[164]

9. Gewerblicher Rechtsschutz in der rechts- und wirtschaftswissenschaftlichen Forschung und Lehre

Schrifttum: *Adrian* Möglichkeiten der Berücksichtigung des gewerblichen Rechtsschutzes im juristischen Regelstudium und in Aufbau- und Zusatzstudiengängen in Deutschland, in: *van Raden* (Hrsg) Zukunftsaspekte des gewerblichen Rechtsschutzes, 1995, 153; *Bernecker* Praktika im EPA, Mitt 1997, 298; *Cawthra* Training of lawyers in the European Patent Office, Mitt 1993, 252; *Charbonnier* Dynamik in Grenzbereichen zum gewerblichen Rechtsschutz, in: *van Raden* (Hrsg) Zukunftsaspekte des gewerblichen Rechtsschutzes, 1995, 175; *D'haemer* Die Ausbildung der europäischen Patentvertreter, Mitt 1993, 226; *Dölemeyer/Klippel* Der Beitrag der deutschen Rechtswissenschaft zur Theorie des gewerblichen Rechtsschutzes und Urheberrechts, FS 100 Jahre GRUR (1991), 185; *Dreiss* Die verbesserte Ausbildung der Patentanwaltskandidaten, Mitt 1993, 279; *Dreiss* Sicht eines Praktikers zu Ausbildungsdefiziten und künftigen Ausbildungsinhalten, in: *van Raden* (Hrsg) Zukunftsaspekte des gewerblichen Rechtsschutzes, 1995, 135; *Dreiss* Das Studium des allgemeinen Rechts als Teil der Patentanwaltsausbildung und das geplante Fortbildungsstudium des Europäischen Patentverfahrensrechts an der FU Hagen, Mitt 2002, 477 = VPP-Rdbr 2002, 137; *Einsporn/Risch* Hochschulen und Patente: Integration des gewerblichen Rechtsschutzes in die Hochschulausbildung, 2001; *Eisenhardt/Stoffels* Das Fernstudium „Recht für Patentanwältinnen und Patentanwälte" an der FernUniversität Hagen, Mitt 2000, 149; *Ganten* Gesetzesentwürfe zur Änderung der Ausbildung der Patentanwaltsbewerber auf dem Gebiet des gewerblichen Rechtsschutzes, Mitt 1998, 81; *Gowshall* Training and Education in Europe, epi-Information 1997 Sonderheft 3, 8; *Hacker* Methodenlehre und Gewerblicher Rechtsschutz – dargestellt am Beispiel der markenrechtlichen Verwechslungsgefahr, GRUR 2004, 537; *Häußer* Die Situation des gewerblichen Rechtsschutzes an den deutschen Hochschulen und der Sicht des Patentamts, in: *van Raden* (Hrsg) Zukunftsaspekte des gewerblichen Rechtsschutzes, 1995, 23; *Häußer* Gewerblicher Rechtsschutz und Lehrangebot an den deutschen Hochschulen, Mitt 1994, 197; *Heisel/Dunkelberg* Verein zur Ausbildungsförderung der Patentanwaltsbewerber (VAPb) e.V., Mitt 1996, 308; *Macchetta* Education and Training of European Patent Attorneys at the European and National Levels, epi-Information 1997 Sonderheft 3, 12; *Rau* Verbesserung der Kandidatenausbildung – Maßnahmen der Patentanwaltskammer, Mitt 1994, 57; *Rau* Einrichtung eines rechtswissenschaftlichen weiterbildenden Studiums „Recht für Patentanwältinnen und Patentanwälte", Mitt 1995, 261; *Stauder* Die Rechtsstellung und die Arbeit des Centre d'Etudes Internationales de la Propriété Industrielle (CEIPI), Mitt 1993, 233; *Stauder* Möglichkeiten von Aufbau und Zusatzstudiengängen, Beispiele aus anderen europäischen Ländern, in: *van Raden* (Hrsg) Zukunftsaspekte des gewerblichen Rechtsschutzes, 1995, 145; *Stuhr/Grote* Sicht eines juristischen Hochschullehrers zu möglichen Beiträgen der Forschung und Lehre und ihrem Transfer in die Praxis, in: *van Raden* (Hrsg) Zukunftsaspekte des gewerblichen Rechtsschutzes, 1995, 159; *Weatherald* Training for the Profession in the UK, Mitt 1997, 302; *Ziller* Gewerblicher Rechtsschutz in Bildung und Wissenschaft: Impulse für Forschung und Technik, in: *van Raden* (Hrsg) Zukunftsaspekte des gewerblichen Rechtsschutzes, 1995, 9.

82   Aufbaustudiengänge und Seminare für gewerblichen Rechtsschutz werden an zahlreichen Hochschulen angeboten. Die Fernuniversität Hagen bietet ein rechtswissenschaftliches Aufbaustudium für Patentanwälte an. Zu nennen sind im wissenschaftlichen Bereich insb das **Max-Planck-Institut** für Geistiges Eigentum, Wettbewerbs- und Steuerrecht in München, das Institut für Geistiges Eigentum an der TU Dresden und das Interdisziplinäre Zentrum für Geistiges Eigentum an der Universität Mannheim. An verschiedenen Hochschulen (ua Universität Münster, Universität Düsseldorf, Humboldt-Universität Berlin) bestehen besondere Einrichtungen. Bei der EPO ist eine Europäische Patentakademie errichtet worden.[165]

83   **10. Versicherung von Patentrisiken** wird für folgende Fälle angeboten: für den Fall der Patentverletzung („PIL") zur Abdeckung von Verletzerrisiken (nicht bei Vorsatz), insb von Betriebsverlusten; Lizenzvergütungen und Rechtsverteidigungskosten; in Patentstreitsachen („PLI") zur Abdeckung der Kostenrisiken des Patentinhabers, Gültigkeit (deckt den Wert des Schutzrechts und den Ausfall von Lizenzeinnahmen ab).[166] Derartige Versicherungen sind bisher von geringer Bedeutung. Pflichtversicherungslösungen sind sowohl auf nationaler als auch auf EU-Ebene erwogen worden.[167]

---

164   Zur Situation in der Schweiz *Lutz/Staehelin* GRUR Int 1999, 219.

165   Beschl vom 17.6.2004 ABl EPA 2004, 362.

166   Vgl auch *Beier-Thomas* Deutschland – Patent-Haftpflichtversicherung – Neue Angebote der Versicherungswirtschaft, Produkthaftpflicht international 2001, 126.

167   Bericht GRUR Int 1997, 1035; Folgepapier der EU-Kommission vom 12.2.1999 S 20; Stellungnahme des eur Parlaments (Anoveros-Bericht) ABl EPA 1999, 193, 196 f; Report GRUR 2007, 43.

C. Patentrecht und Internationales Privatrecht

Schrifttum: (zum Lizenzvertragsrecht s die Hinweise zu § 15; zum Internationalen Prozessrecht zu § 143) *Baetzgen* Internationales Wettbewerbs- und Immaterialgüterrecht im EG-Binnenmarkt, 2007; *Bettinger/Thum* Territoriales Markenrecht im Global Village, GRUR Int 1999, 669; *Bogdan* Patent och varumärke i den svenska internationella privat- och processrätten, NIR 1980, 269; *Cornish* Intellectual Property Infringement and Private International Law: Changing the Common Law Approach, GRUR Int 1996, 285; *Fallenböck* Zur kollisionsrechtlichen Anknüpfung von Immaterialgüterrechtsverträgen nach dem Europäischen Vertragsrechtsübereinkommen (EVÜ), ZfRV 1999, 98; *Girsberger* Schutzrechte und Kollisionsrecht? Echte oder nur Scheinprobleme? FS 10 Jahre sic! (2007), 47; *Hacker* Gewerbliche Schutzrechte und internationaler Handel im Spannungsverhältnis, FS 200 Jahre Carl Heymanns Verlag (2015), 363; *Kur* Territorialität versus Globalität – Kennzeichenkonflikte im Internet, WRP 2000, 935; *Österborg* Patente und Warenzeichen in Krieg und Frieden – Erfahrungen aus Dänemark, GRUR Int 1987, 380; *O'Sullivan* Cross-Border Jurisdiction in Patent Infringement Proceedings in Europe, EIPR 1996, 654; *Regelin* Das internationale Immaterialgüterrecht an der Schwelle zum 21. Jahrhundert, Diss Mannheim 1999; *Sack* Das internationale Wettbewerbs- und Immaterialgüterrecht nach der EGBGB-Novelle, WRP 2000, 269; *Thum* Internationalprivatrechtliche Aspekte der Verwertung urheberrechtlich geschützter Werke im Internet, GRUR Int 2001, 9; *Troller* Internationale Zwangsverwertung und Expropriation von Immaterialgütern, 1955; *Ulmer* Die Immaterialgüterrechte im Internationalen Privatrecht (Schriftenreihe zum Gewerbl. Rechtsschutz Bd 38), 1975; *Ulmer* Gewerbliche Schutzrechte und Urheberrechte im Internationalen Privatrecht, RabelsZ 41, 479; *Vischer* Das Internationale Privatrecht des Immaterialgüterrechts nach dem schweizerischen IPR-Entwurf, GRUR Int 1987, 670.

I. Allgemeines

1. Der **Territorialitätsgrundsatz** des Patentrechts (Rn 118 ff zu § 9) schließt das Auftreten internationalprivatrechtl Fragen nicht aus, so bei der Beurteilung, nach welcher Rechtsordnung sich das Recht auf das Patent richtet, des Rechtsübergangs und der Lizenzierung von Patentanmeldungen und Patenten. Internationalprivatrechtl Fragen stellen sich auch bei grenzüberschreitender Rechtsverfolgung.[168] Eine Regelung enthält das PatG nicht, dagegen finden sich im EPÜ (Art 60, Art 74) verschiedene Bestimmungen. **84**

2. Im Anwendungsbereich der PVÜ gilt der Grundsatz der **Inländerbehandlung** für die Angehörigen der Verbandsländer und die Personen mit Sitz oder Niederlassung in einem der Verbandsländer (Art 2, 3 PVÜ; vgl Rn 10 Einl IntPatÜG). **85**

II. Auslandsbezug

Ob auf einen Sachverhalt mit einer Verbindung zum Recht eines ausländ Staats dt oder ausländ Recht anzuwenden ist, beurteilt sich nach den Regeln des Internationalen Privatrechts (IPR). Eine solche Verbindung ist schon dann gegeben, wenn eine ausländ Partei beteiligt ist, die Erfindung im Ausland gemacht wurde oder das zu beurteilende Recht (auch) andere Staaten erfasst. Zu Handlungen im Internet Rn 131 zu § 9.[169] **86**

III. Maßgebliche Bestimmungen

Das dt IPR enthält keine einheitliche Anknüpfungsregel (vgl für das das Europäische Schuldvertragsübertragsübereinkommen (EVÜ) rezipierende österr Recht § 34 Abs 1 öIPRG, wonach Entstehen, Inhalt und Erlöschen von Immaterialgüterrechten nach dem Recht des Staats beurteilt werden, in dem eine Benützungs- oder Verletzungshandlung gesetzt wird, nach dessen Abs 2 für Immaterialgüterrechte, die mit der Tätigkeit eines Arbeitnehmers in seinem Arbeitsverhältnis zusammenhängen, im Innenverhältnis das auf das Arbeitsverhältnis anzuwendende Recht maßgeblich ist).[170] Gleichwohl ist das Schutzlandsprinzip auch für das dt Recht anerkannt.[171] **87**

---

168 Zu Auslegung und Anwendung ausl Rechts schweiz BG GRUR Int 2001, 477 Amfit-Lizenz.
169 Vgl *Bettinger/Thum* GRUR Int 1999, 669; *Kur* WRP 2000, 935, 937.
170 Zur Rechtslage in Österreich auch öOGH ÖBl 1995, 224, 226 Virion mwN.
171 Vgl zum Urheberrecht BGHZ 152, 316 = GRZR 2003, 328 Sender Felsberg; BGHZ 155, 257 = GRUR 2003, 876 Sendeformat.

88   Maßgeblich für das dt IPR sind die teilweise durch die VO (EG) Nr 593/2008 des Parlaments und des Rates vom 17.6.2008 über das auf vertragliche Schuldverhältnisse anwendbare Recht (**Rom I-VO**; Rn 171 ff zu § 15)[172] und die VO (EG) Nr 864/2007 des Parlaments und des Rates vom 11.7.2007 über das auf außervertragliche Schuldverhältnisse anzuwendende Recht (**Rom II-VO**; Rn 6 ff vor § 139)[173] abgelösten Art 3–38 EGBGB. In Betracht zu ziehen ist insb Art 11 EGBGB (Form von Rechtsgeschäften: alternativ Ortsrecht oder Wirkungsstatut). Die Art 27–37 EGBGB, insb Art 27 EGBGB (freie Rechtswahl bei Schuldverträgen), Art 28 EGBGB (mangels Rechtswahl anzuwendendes Recht mit engster Verbindung als Grundsatzanknüpfung), Art 30 EGBGB (Schutz des ArbN), Art 31 EGBGB (Zustandekommen des Vertrags), Art 32 EGBGB (Geltungsbereich) und Art 34 EGBGB (zwingender Charakter dt Eingriffsnormen, insb des Kartellrechts, im Weg der Sonderanknüpfung)[174] sind wie insgesamt die Art 27–37 EGBGB durch die Rom I-VO abgelöst worden. Die Rom I-VO ist nach ihrem Art 29 am 17.12.2009 in Kraft getreten. Die Art 27–37 EGBGB sind durch das Gesetz zur Anpassung der Vorschriften des Internationalen Privatrechts an die Verordnung (EG) Nr 593/2008 vom 25.6.2009[175] aufgehoben worden, bleiben jedoch für vor dem 17.12.2009 abgeschlossene Lizenzverträge ungeachtet ihres Charakters als Dauerschuldverträge (Rn 60 zu § 15) anwendbar[176] (Art 28 Rom I-VO, zur Datumskorrektur Rn 171 zu § 15).

89   Inhaltlich orientiert sich die Rom I-VO weitgehend an den Normen des **Europäischen Schuldvertrags-Übereinkommens** (EVÜ) vom 19.6.1980, das wiederum den Art 27–37 EGBGB zugrunde gelegen hatte. Insoweit bestehen keine grds Bedenken, die hierzu gewonnenen Erkenntnisse auch unter dem neuen Recht anzuwenden.

90   Das Schutzlandprinzip ist grds nicht anwendbar, soweit der **Grundsatz der freien Rechtswahl** gilt[177] (vgl Art 3 Rom I-VO). Dieser findet jedoch auf den **Bestand,**[178] die Frage der Verletzung und die dieser vorgelagerten Fragen der Inhaberschaft und des Umfangs der Übertragung[179] (vgl zur sachenrechtl Anknüpfung an die Belegenheit Art 43 EGBGB) und die **Schutzwirkungen** des Schutzrechts **keine Anwendung**, diese unterliegen immer dem Recht des Schutzlands (Schutzrechtsstatut, Art 8 Rom II-VO; Rn 6 ff vor § 139); eine besondere Lage besteht, soweit, insb im Anwendungsbereich des Art 69 EPÜ, einheitliches Recht gilt (Rn 92 zu § 14). Zum Recht auf das Patent und zur Beurteilung der Erfindereigenschaft Rn 5 f zu § 6, zur Anknüpfung bei ArbN-Erfindungen Rn 11 Einl ArbEG; zu Übertragbarkeit und Übertragung Rn 17 zu § 15, zu Lizenzverträgen Rn 170 ff zu § 15. Für Bereicherungsansprüche wegen unberechtigter Geltendmachung von Ansprüchen aus Urheberrecht wurde auf das Recht des Orts des Bereicherungseintritts abgestellt.[180]

91   **Dispositiv**, und zwar auf jede Rechtsordnung, ohne dass zu dieser eine sachliche Beziehung bestehen muss, und auch für Teile des Vertrags, ist das **Schuldstatut** von Verträgen über Schutzrechte, das die Auslegung des Vertrags, Erfüllung und Folgen der Nichterfüllung, Beendigung, Folgen der Unwirksamkeit, Verjährung usw erfasst; Rn 17, 170 ff zu § 15.

92   Die Rom I-VO gilt in **allen Mitgliedstaaten** (auch soweit darin die Anwendung des Rechts eines Drittlands vorgeschrieben ist, Art 2) mit Ausnahme Dänemarks (46. Erwägungsgrund). Wie Verträge mit Bezug zu Dänemark zu behandeln sind, ist umstr. In Betracht kommt eine einseitige Anwendung der Rom I-VO, wobei Dänemark als Drittstaat angesehen wird, oder eine unmittelbare Anwendung des EVÜ nach der Völkerrechtsklausel des Art 25 Abs 1 Rom I-VO.[181] Gegen letzteres könnte sprechen, dass das EVÜ in den

---

172   ABl EU 2008 L 177/6.
173   ABl EU 2007 L 199/40.
174   Vgl auch die Bespr Jurisdiction and the Exterritorial Application of Antitrust Laws after Hartford Fire, 62 Univ. Chicago L. Rev. (1995) 1583.
175   BGBl I 1574.
176   *Brödermann* NJW 2010, 807 Fn 19; *Magnus* IPRax 2010, 27, 32.
177   Vgl *Fallenböck* ZfRV 1999, 98, 100 mwN.
178   Eingehend *Benkard* § 15 Rn 225.
179   LG Hamburg GRUR-RR 2002, 93, 94, UrhSache; für die Übertragung BGH GRUR 2002, 972 Frommia, Markensache, unter Hinweis auf BGHZ 75, 150, 152 = GRUR 1980, 52 Contiflex; jedoch beurteilt sich die Übertragungsberechtigung des ausländ Konkursverwalters nach dem ausländ Konkursstatut, BGH Frommia.
180   ÖOGH GRUR Int 2002, 773 Thousand Clowns.
181   *Brödermann* NJW 2010, 807, 809 f mwN; vgl *NK-BGB/Leible* Art 24 Rom I-VO Rn 3 ff, dort auch zur Nichtgeltung in bestimmten Überseegebieten Frankreichs, der Niederlande und des VK.

Mitgliedstaaten (mit Ausnahme wiederum Dänemarks) nach der gegenüber Art 25 Abs 1 Rom I-VO spezielleren Regel des Art 24 Rom I-VO durch die VO verdrängt wird.

Ob eine **ausländische juristische Person** besteht und ob sie rechtsfähig ist, beurteilt sich grds nach **93** ihrem Personalstatut, das an den tatsächlichen Sitz ihrer Hauptverwaltung anknüpft; Sitzverlegung hat einen Statuswechsel zur Folge.[182] Geschäftsführung und Vertretung sind ebenfalls nach dem Personalstatut zu beurteilen.[183]

Güterrechtlich sind Art 14–16 EGBGB zu beachten. **94**

Zum **Erbrecht** Rn 9 ff zu § 15; zur **Gesamtrechtsnachfolge** bei juristischen Personen Rn 14 zu § 15. **95**

Zu **Enteignungen** Rn 15 zu § 15.[184] **96**

D. Nationales Patentrecht und europäischer Binnenmarkt

Schrifttum: *Artelsmair* Europäische Patentpolitik unter den Bedingungen der Globalisierung, GRUR 2004, 1; *Berg/Sauter* Rechtsfragen der Umsetzung des Besonderen Mechanismus in Deutschland, PharmR 2004, 233; *Berg* Zur Umsetzung des Besonderen Mechanismus in Deutschland und Europa, PharmR 2005, 352; *Besen/Gärtner/Mayer/Vormann* Kommissionsbericht über die Untersuchung des Arzneimittelsektors: Kritische Notizen aus patent- und kartellrechtlicher Sicht, PharmR 2009, 432; *Bossung* Rückführung des europäischen Patentrechts in die Europäische Union, GRUR Int 1995, 923; *Brazell* The Protection of Pharmaceutical Products and Regulatory Data: E.U. Enlagement Update, EIPR 2002, 155; *Endeshaw* Free Trade Agreements as Surrogates for TRIPs-Plus, EIPR 2006, 374; *Erdmann/Melullis* Einfluß des europäischen Rechts auf den gewerblichen Rechtsschutz und das Urheberrecht, FS 50 Jahre BGH (2000), 315; *Feddersen* Parallel Trade in Pharmaceuticals in a Europe of 25: What the „Specific Mechanism" Achieves and What it Does Not, EIPR 2003, 545; *Govaere* The Use and Abuse of Intellectual Property Rights in E.C. Law, 1996; *Graz* Propriété intellectuelle et libre circulation des marchandises, 1988; *Harte-Bavendamm* Zu den Arbeiten an einer Richtlinie zur Durchsetzung der Rechte des geistigen Eigentums, MarkenR 2002, 382; *Heath* Patent Rights and the „Specific Mechanism" to Prevent Parallel Imports, IIC 2014, 399; *Hoeren* Gewerblicher Rechtsschutz und das 6. Forschungsrahmenprogramm der EU 2004–2006, FS K. Bartenbach (2005), 285; *Jarass* Richtlinienkonforme bzw. EG-rechtkonforme Auslegung nationalen Rechts, Europarecht 1991, 211; *Kappes* Zu der Frage nach der Auslegung des Besonderen Mechanismus, PharmR 2008, 558; *Kappes* Zur Anwendbarkeit des Besonderen Mechanismus gem Art 1 des EU-Beitrittsvertragsgesetzes vom 18.9.2003, PharmR 2009, 348; *Kingston* Intellectual Property in the Lisbon Treaty, EIPR 2008, 439; *Klopschinski* Die Implementierung von Gemeinschaftsrecht und internationalen Verträgen in das Europäische Patentübereinkommen nach der Revisionskonferenz im Jahr 2000, GRUR Int 2007, 555; *Kober* Herausforderungen an das europäische Patentsystem, VPP-Rdbr 1997, 1; *König* Zur Harmonisierung des Patentrechts – ein dritter Weg, Mitt 1997, 340; *Kühnen* Die Eingriffsvoraussetzungen des Besonderen Mechanismus, FS 200 Jahre Carl Heymanns Verlag (2015), 373; *Laddie* National I.P. Rights: A Moribund Anachronism in a federal Europe? EIPR 2001, 402; *Lieck* Der Parallelhandel mit Arzneimitteln, 2008; *Meitinger* Der Schutz des geistigen Eigentums in Freihandelsabkommen der EFTA mit Drittstaaten, sic! 2004, 192; *Schade* Europe and the International Community of States on the Path: Towards a Common Patent Strategy? IIC 2007, 517; *Schlötelburg* Die unaufhaltsame Vergemeinschaftung des Gewerblichen Rechtsschutzes in Europa, Mitt 1999, 222; *Schwartz* 30 Jahre EG-Rechtsangleichung, FS H. von der Groeben (1987), 333; *Schwarze* Die Vereinheitlichung der Patente in der Europäischen Gemeinschaft, RIW 1996, 272; *Spetzler* Die richtlinienkonforme Auslegung als vorrangige Methode steuerjuristischer Hermeneutik, RIW 1991, 579; *Stöcker* „Parallelhandel mit Arzneimitteln in der EU": ein Sachstandsbericht, PharmR 2006, 415; *Straus* Völkerrechtliche Verträge und Gemeinschaftsrecht als Auslegungsfaktoren des Europäischen Patentübereinkommens – dargestellt am Patentierungsausschluß von Pflanzensorten in Artikel 53(b), GRUR Int 1998, 1; *Tettinger* Zum Schutz geistigen Eigentums in der Charta der Grundrechte der EU, FS K. Bartenbach (2005), 43; *Toutoungi* EFTA: Fortress Europe's Soft Underbelly? EIPR 2006, 110; *Ubertazzi* IP and the Draft Treaty on the European Union, IIC 2007, 881.

I. Europäische Union

Die nationalen Kompetenzen werden zunehmend durch solche der Europäischen Union (mit dzt **97** 28 Mitgliedstaaten) überlagert. Zunächst bestanden nur Regelungen im Rahmen des EuratomV (Anh II zu § 24). Anders als im SortRecht, im Markenrecht und im Geschmacksmusterrecht ist die Einführung eines EG-Patents zugunsten des eur Patents zunächst nur in der Form des Gemeinschaftspatents im Rahmen und in Ergänzung der Regelungen des EPÜ weiterverfolgt worden, nach Scheitern des Gemeinschaftspatentübereinkommens (GPÜ) zeitweise im Verordnungsweg, nunmehr mit einer differenzierten Regelung

---

182 BGHZ 97, 269; str.
183 Vgl BGHZ 40, 197.
184 Zur Entschädigung nach dem Bundesentschädigungsgesetz für den Verlust eines Auslandspatents BGH MDR 1979, 53 Danziger Patent.

für die teilnahmewilligen Mitgliedstaaten (vgl die Kommentierung zur EU-VO 1257/2012). Der Aufbau eines Binnenmarkts weist nahezu zwangsläufig auf die Schaffung eines einheitlichen Schutzraums.[185]

98 **Art 118 AEUV** bestimmt:[186]

Im Rahmen der Verwirklichung oder des Funktionierens des Binnenmarkts erlassen das Europäische Parlament und der Rat gemäß dem ordentlichen Gesetzgebungsverfahren Maßnahmen zur Schaffung europäischer Rechtstitel über einen einheitlichen Schutz der Rechte des geistigen Eigentums in der Union sowie zur Einführung von zentralisierten Zulassungs-, Koordinierungs- und Kontrollregelungen auf Unionsebene.

Der Rat legt gemäß einem besonderen Gesetzgebungsverfahren durch Verordnungen die Sprachenregelungen für die europäischen Rechtstitel fest. Der Rat beschließt einstimmig nach Anhörung des Europäischen Parlaments.

Die Union verfügt im Bereich des geistigen Eigentums weiter über eine Zuständigkeit zur Harmonisierung der nationalen Rechtsvorschriften gem den Art 114, 115 AEUV und kann auf der Grundlage von Art 352 AEUV neue Titel schaffen, die dann die nationalen Titel überlagern.[187] Der EuGH hat die Kompetenz für den Erlass der Ratsverordnung über das ergänzende Schutzzertifikat anerkannt.[188] Die Gemeinschaft hat sich zunächst auf Regelungen im Bereich des **freien Warenverkehrs** und des **gemeinschaftlichen Kartellrechts** beschränkt und ist erst später in anderen Bereichen initiativ geworden (ergänzende Schutzzertifikate, Biotechnologie, Gebrauchsmuster), teils mit dem Instrument der Verordnung, teils mit dem der Richtlinie. Ein Richtlinienvorschlag zur Patentierbarkeit computer-implementierter Erfindungen ist im Gesetzgebungsverfahren gescheitert (Rn 48 zu § 1);[189] die Richtlinie zur Durchsetzung der Rechte des geistigen Eigentums ist 2004 in Kraft getreten und, wenn auch verspätet, in Deutschland umgesetzt worden (näher Rn 10 vor § 139).[190] Die nationalen Gerichte sind zur gemeinschaftskonformen Anwendung des nationalen Rechts verpflichtet; hierzu rechnet auch die richtlinienkonforme Auslegung.[191] Ob dem bei der nationalen Umsetzung der BiotechRl in vollem Umfang Genüge getan worden ist, darf bezweifelt werden. Der BGH hat eine Kompetenz des EuGH auch für die Gebiete anerkannt, für die bislang eine umfassende Gemeinschaftsregelung fehlt und die nur in Teilbereichen harmonisiert worden sind.[192] Im Divergenzfall ist vom Vorrang des Gemeinschaftsrechts vor dem einfachen nationalen Recht auszugehen.[193] Art 38 GG ist demnach erst dann verletzt, wenn ein Gesetz, das die dt Rechtsordnung für die unmittelbare Anwendung von Recht der EU öffnet, die zur Wahrung übertragenen Rechte und das beabsichtigte Integrationsprogramm nicht hinreichend bestimmbar festlegt, so dass eine verfassungsrechtl unzulässige Generalermäch-

---

185 Vgl *Laddie* EIPR 2001, 402, 405: „.... there is little doubt that national I.P. rights are an anachronism within the context of the Treaty of Rome"; vgl auch S 408; vgl auch Stellungnahme der DVGR zum Fragebogen der Europäischen Kommission zur künftigen Patentpolitik, GRUR 2006, 390.

186 Hierzu *Kingston* EIPR 2008, 439.

187 EuGH TRIPS-Kompetenz Tz 59; zu den Kompetenzen der EG-Organe BVerfGE 89, 155 = NJW 1993, 3047 ff („Maastricht"-Entscheidung).

188 EuGH Slg 1995 I 1985 = GRUR Int 1995, 906 Arzneimittelzertifikat; vgl EuGH Slg 1995 I 5276 = GRUR Int 1995, 239, 248 TRIPS-Kompetenz; zur Rechtsgrundlage für den Erlass von Richtlinien EuGH Slg 1994 I 2857 = NVwZ 1995, 261 Parlament/Rat; zur Frage der unmittelbaren Wirksamkeit von Richtlinien EuGH Slg 1994 I 3325, 3352 ff = GRUR Int 1994, 954 Faccini Dori/Recreb; vgl auch *Schwartz* FS H. von der Groeben (1987), 333, 367; *Bossung* GRUR Int 1995, 923, 925, insb Fn 7, 930; dort auch zum Verhältnis EG – Europäische Patentorganisation; *Schwarze* RIW 1996, 272, auch zu Kompetenz- und Kollisionsfragen; *Kober* VPP-Rdbr 1997, 1, 4; *König* Mitt 1997, 340.

189 Dok COM(2002)92 final vom 20.2.2002; zum Stand Ende 2002 VPP-Rdbr 2002, 153, danach ist die Einfügung eines neuen Art 4a sowie ein neuer Art 5 Abs 2 vorgesehen; vgl schon das Konsultationspapier der Kommission vom 15.12.2000 über die Patentierbarkeit von Computer-Software, im Internet unter http://europa. eu.int/comm/internal_market/en/intprop/softpaten.htm.

190 Dokument KOM 2003 (46) endg vom 30.1.2003; vgl *Harte-Bavendamm* MarkenR 2002, 382; *Drexl/Hilty/Kur* GRUR Int 2003, 605.

191 Vgl *Spetzler* RIW 1991, 579; *Jarass* Europarecht 1991, 211; zur Auslegung des aufgrund einer Richtlinie gesetzten nationalen Rechts BGHZ 150, 248 = NJW 2002, 1881; BGH GRUR 1994, 652, 653 Virion; BGH GRUR 1995, 54, 57 Nicoline; BGHZ 130, 276, 284 f = GRUR 1995, 825 Torres; BGH GRUR 1999, 992, 995 Big Pack; BGH 25.3.1999 I ZB 21/96; zur Berücksichtigung noch nicht umgesetzter Richtlinien auch BPatGE 41, 50 = GRUR 1999, 746, BPatG 1.2.1999 30 W (pat) 182/98, alles Markensachen.

192 BGH GRUR Int 1995, 503 Cliff Richard II, zu Urheber- und Leistungsschutzrechten, weil diese den Austausch von Gütern und die Wettbewerbsverhältnisse innerhalb der Gemeinschaft berühren.

193 BGHZ 125, 382 = GRUR 1994, 794, 796 Rolling Stones mwN; BPatG GRUR 2006, 946, Markensache.

tigung vorliegt. An die Bestimmtheit und Dichte der Regelungen können aber nicht die Anforderungen gestellt werden, wie sie der Parlamentsvorbehalt sonst für ein Gesetz vorgibt.[194] Die nationalen Gerichte haben im Rahmen ihrer Zuständigkeit das nationale Recht im Licht des Wortlauts und des Zwecks der Richtlinie auszulegen.[195] Schon vor Umsetzung einer Richtlinie kann eine richtlinienkonforme Auslegung von Vorschriften des nationalen Rechts geboten sein;[196] Zum Verhältnis Gemeinschaftsrecht – internat Übk s Art 216, 351 AEUV. Eine Bindung an die Amts- oder Gerichtspraxis anderer Mitgliedstaaten besteht nicht.[197] Gleichwohl sind ihre Kenntnis und Auseinandersetzung mit ihr wünschenswert und uU geboten.

Vorabentscheidungen des **Europäischen Gerichtshofs** (EuGH) nach Art 267 AEUV binden grds nur **99** die im Ausgangsverfahren beteiligten Gerichte. Im Interesse einer einheitlichen Auslegung des Gemeinschaftsrechts in allen Mitgliedstaaten sind jedoch die letztinstanzlichen Gerichte gehalten, das Gemeinschaftsrecht in der vom EuGH gegebenen Auslegung anzuwenden oder erneut vorzulegen.[198] Grds kommt den Vorabentscheidungen ex-tunc-Wirkung zu.[199]

Wesentliche Auswirkungen hat die Schaffung des Binnenmarkts weiter auf die Anwendung des Terri- **100** torialitätsgrundsatzes; hierzu ist das Institut der „**gemeinschaftsrechtlichen Erschöpfung**" entwickelt worden (Rn 163 ff zu § 9).

Bei bis zum 6.10.1995 (Spanien) bzw 31.12.1994 (Portugal) nach Art 47, 209 EG-Beitrittsvertrag Spa- **101** nien/Portugal dort nicht patentierbaren pharmazeutischen Erzeugnissen trat Erschöpfung (Rn 164 zu § 9) ein, wenn das Erzeugnis dort nach dem EG-Beitritt, aber zu einem Zeitpunkt, zu dem es nicht geschützt werden konnte, erstmals in Verkehr gebracht wurde, es sei denn, der Patentinhaber konnte beweisen, dass für ihn eine tatsächliche und gegenwärtige rechtl Pflicht bestand, das Erzeugnis in diesem Mitgliedstaat in den Verkehr zu bringen.[200]

Das am 1.5.2004 in Kraft getretene **Beitrittsübereinkommen**[201] mit Estland, Lettland, Litauen, Malta, **102** Polen, der Slowakei, Slowenien, der Tschechischen Republik, Ungarn und Zypern[202] enthält – wie schon befristet die Beitrittsverträge mit Spanien (Art 47) und Portugal (Art 209) – in Art 22 und Anlage IV.2. einen „Besonderen Mechanismus" zur Beschränkung von Parallelimporten von Arzneimitteln während einer Übergangszeit.[203] Eine entspr Regelung enthält die Beitrittsakte für Bulgarien und Rumänien in Anhang V Nr 1 zu Art 21.[204] Die Bestimmung lautet:[205]

> **Im Falle der Tschechischen Republik, Estlands, Lettlands, Litauens, Ungarns, Polens, Sloweniens oder der Slowakei kann sich der Inhaber eines Patents oder eines Ergänzenden Schutzzertifikats für ein Arzneimittel, das in einem Mitgliedstaat zu einem Zeitpunkt beantragt [im ursprünglichen Text: eingetragen] wurde, als ein entsprechender Schutz für das Erzeugnis in einem der vorstehenden neuen Mitgliedstaaten nicht erlangt werden konnte, oder der vom Inhaber Begünstigte auf die durch das Patent oder das Ergänzende Schutzzer-**

---

194 S auch BGH Rolling Stones.
195 EuGH Rs 14/83 Slg 1984, 1891 = NJW 1984, 2021 f; BGH GRUR 1993, 825, 826 Dos; BGH GRUR 1998, 699, 701 SAM; BGHZ 138, 55, 60 = GRUR 1998, 824, 826 f Testpreisangebot.
196 BGH Testpreisangebot, zur Korrektur bisheriger Auslegung; vgl öOGH ÖBl 1999, 184 Heute Preissturz!
197 BPatGE 36, 238 = GRUR 1997, 132.
198 BGHZ 125, 382 = GRUR 1994, 794 Rolling Stones; öOGH ÖBl 1998, 250 NEWS-Gewinnspiele nimmt Bindung iS einer Schaffung objektiven Rechts an.
199 BGH Rolling Stones; BGH GRUR Int 1995, 503 Cliff Richard II.
200 EuGH Slg 1996 I 6285 = GRUR Int 1997, 250 Merck/Primecrown, vgl BGH Enalapril; *Mutimear* The Challenge to Merck v Stephar, EIPR 1996, 100, *Treacy/Watts* Exhaustion of Rights Revisited, EIPR 1996, 624, *Torremans/Stamatoudi* EIPR 1997, 545, *Alexander* Intellectual Property and the Free Movement of Goods, IIC 1998, 16, 21 ff; Entscheidung der Kommission vom 14.12.1995 EIPR 1996 D-135; vgl auch RB Den Haag BIE 1995, 209.
201 BGBl 2003 II 1408, ber BGBl 2008 II 1235.
202 ABl EU 2003 L 236/33; näher *Feddersen* EIPR 2003, 545, 547.
203 Vgl *Feddersen* EIPR 2003, 545; BGH GRUR 2011, 995 besonderer Mechanismus; gegen LG Hamburg PharmR 2008, 553 und OLG Hamburg PharmR 2009, 338: vgl auch die Bek des Bundesinstituts für Arzneimittel und Medizinprodukte, des Paul-Ehrlich-Instituts sowie des Bundesamts für Verbraucherschutz und Lebensmittelsicherheit über die Bestimmungen des Besonderen Mechanismus nach Nummer 2 zu Anhang IV der Beitrittsakte des EU-Beitrittsvertrages vom 16. April 2003 betreffend den Parallelimport von Human- oder Tierarzneimitteln aus den Republiken Estland, Lettland, Litauen, Polen, Slowenien, Ungarn, der Slowakischen Republik oder der Tschechischen Republik in die Bundesrepublik Deutschland vom 30.4.2004, BAnz Nr 86 S 9971.
204 ABl EU 2005 L 157.
205 ABl EU 2003 L 236/797, ber ABl EU 2004 L 126/3.

tifikat eingeräumten Rechte berufen, um zu verhindern, dass das Erzeugnis in Mitgliedstaaten, in denen das betreffende Erzeugnis durch ein Patent oder Ergänzendes Schutzzertifikat geschützt ist, eingeführt und dort in den Verkehr gebracht wird; dies gilt auch dann, wenn das Erzeugnis in jenem neuen Mitgliedstaat erstmalig von ihm oder mit seiner Einwilligung in den Verkehr gebracht wurde.

Jede Person, die ein Arzneimittel im Sinne des vorstehenden Absatzes in einen Mitgliedstaat einzuführen oder dort zu vermarkten beabsichtigt, in dem das Arzneimittel Patentschutz oder den Ergänzenden Schutz genießt, hat den zuständigen Behörden in dem die Einfuhr betreffenden Antrag nachzuweisen, dass der Schutzrechtsinhaber oder der von ihm Begünstigte einen Monat zuvor darüber unterrichtet worden ist.

103   Der **Besondere Mechanismus** verzögert für einen Übergangszeitraum die Geltung der Warenverkehrsfreiheit.[206] Er verhindert damit Einfuhren patent- oder durch ein ergänzendes Schutzzertifikat für Arzneimittel geschützter Arzneimittel aus den genannten Beitrittsstaaten, wenn sich der Inhaber oder der Begünstigte dieser Schutzrechte auf sie beruft und zum Zeitpunkt der Anmeldung im Einfuhrmitgliedstaat in dem Beitrittsstaat Schutz nicht erlangt werden konnte. Einen dem Besonderen Mechanismus entspr Schutz begründen Schutzzertifikate auf Grundlage von Verfahrenspatenten nicht.[207]

104   Die Konkretisierung der sich aus der Vorabunterrichtung für die Beteiligten ergebenden Pflichten ist Sache des nationalen Gerichts.[208] Gibt der Schutzrechtsinhaber dem Importeur die ihm zustehenden **Schutzrechte** nicht an, auf die er sich stützt, steht dies der Geltendmachung des Unterlassungsanspruchs nicht entgegen.[209]

105   Nach den Regeln des Besonderen Mechanismus ist der Importeur verpflichtet, den zuständigen Behörden in dem die Einfuhr betreffenden Antrag **nachzuweisen**, dass der Schutzrechtsinhaber einen Monat vor der geplanten Einfuhr unterrichtet worden ist.

II. Europäischer Wirtschaftsraum

106   Das Abkommen vom 2.5.1993 über den Europäischen Wirtschaftsraum (**EWR-Abkommen**) sowie das wegen der Nichtteilnahme der Schweiz erforderlich gewordene Anpassungsprotokoll und die zugehörigen Ausführungsgesetze sind am 1.1.1994 in Kraft getreten.[210] Das angepasste EWR-Abkommen ist danach zwischen der Europäischen Wirtschaftsgemeinschaft, der Europäischen Gemeinschaft für Kohle und Stahl, deren Mitgliedstaaten, Österreich, Finnland, Island, Norwegen und Schweden in Kraft getreten; für Österreich, Finnland und Schweden ist es seit deren EG-Beitritt obsolet. Für Liechtenstein ist das Abkommen am 1.5.1995 in Kraft getreten.[211] Es schafft zwischen der EG und ihren Mitgliedstaaten sowie den weiteren Vertragsparteien binnenmarktähnliche Verhältnisse, es sieht wie der EWG-Vertrag freien Warenverkehr, Freizügigkeit, freien Dienstleistungs- und Kapitalverkehr zwischen den Mitgliedstaaten vor und stellt in Artikel 53–60 Wettbewerbsregeln auf, die denen des EWG-Vertrags entsprechen. Das Protokoll 28 über geistiges Eigentum[212] regelt in Art 2 die Erschöpfung der Rechte. Art 4 betrifft Halbleitererzeugnisse. Anh XIV,[213] geänd durch den Beschluss des Gemeinsamen EWR-Ausschusses vom 28.4.1995,[214] enthält ua Anpassungen für die Anwendung der inzwischen außer Kraft getretenen Gruppenfreistellungsverordnung für Patentlizenzvereinbarungen.

107   Die EWR-Mitglieder passen ihre Rechtsvorschriften über den Schutz des geistigen Eigentums in der Weise an, dass diese den Grundsätzen des **freien Waren- und Dienstleistungsverkehrs** und dem im Gemeinschaftsrecht auf dem Gebiet der Rechte des geistigen Eigentums erreichten Schutzniveau einschließlich des Grads der Durchsetzbarkeit dieser Rechte entsprechen (Art 1 Protokoll 28 über geistiges Eigentum). Sie haben sich zur Übernahme der materiellen Bestimmungen des EPÜ verpflichtet. Art 3 des Protokolls über geistiges Eigentum enthält darüber hinaus Bestimmungen wegen des (so nicht zustandekommen) Gemeinschaftspatents.

---

206 LG Düsseldorf 26.8.2014 4c O 116/13 CIPR 2014. 98 Ls.
207 LG Düsseldorf 26.8.2014 4c O 116/13 CIPR 2014. 98 Ls.
208 EuGH C-348/04 Slg. 2007 I-3391 = GRUR 2007, 586 Boehringer Ingelheim/Swingward II.
209 BGH GRUR 2011, 995 besonderer Mechanismus; vgl LG Frankfurt/Main 9.5.2007 6 O 682/06.
210 BGBl 1994 II 515.
211 ABl EG L 140/30.
212 BGBl 1993 II 632 = BlPMZ 1994, 73 = GRUR Int 1994, 215.
213 BGBl 1993 II 605.
214 ABl EG L 139/14.

III. Bilaterale Freihandelsabkommen

Die EU verlangt in den Assoziations- und Freihandelsabkommen die Übernahme der Schutzstandards **108** der Gemeinschaft für den Schutz des geistigen Eigentums.[215] Auch die EFTA hat bilaterale Abkommen geschlossen.[216]

---

[215] Aufstellung der Abkommen im Fortführungsnachweis zum BGBl Teil II; zum Stand des Schutzes pharmazeutischer Produkte in den Beitrittsländern *Brazell* EIPR 2002, 155; vgl auch *Endeshaw* EIPR 2006, 374, 376.
[216] Hierzu *Meitinger* sic! 2004, 192.

ERSTER ABSCHNITT
Das Patent

Vor § 1

Übersicht

Schrifttum: *Blumenberg/Grünecker* Patent ohne Fortschritt, GRUR 1978, 63; *Coldewey* Eine kurze Betrachtung über die Bedeutung des technischen Fortschrittes für das Patenterteilungsverfahren unter dem Blickwinkel der neuen materiell-rechtlichen Bestimmungen des deutschen Patentgesetzes, GRUR 1978, 509; *Horn/Horn* Der Fortschritt und das Patentrecht, GRUR 1977, 329; *Pietzcker* Voraussetzungen der Patentierung: Neuheit, Fortschritt und Erfindungshöhe, FS 100 Jahre GRUR (1991), 417; *Preu* Die patentierbare Erfindung und der Fortschritt, GRUR 1980, 444; *Schulze* Technischer Fortschritt und Erfindungshöhe, Mitt 1976, 132; *Trüstedt* Gebrauchsmuster, GRUR 1980, 777; *Winkler* Fortschritt und Erfindungshöhe im europäischen Patentrecht, Mitt 1977, 13.

A. §§ 1, 1a, 2, 2a, 3–5 regeln die **Voraussetzungen der Patentfähigkeit** und die **Patentierungsaus-** **1** **schlüsse**, die wiederum zu den Erteilungsvoraussetzungen iSd § 49 Abs 1 rechnen. Sie gehen in ihrer geltenden Fassung auf Art 1–5 StraÜ, Art 52–57 EPÜ, die Umsetzung der Biotechnologie-Richtlinie und die Revision des EPÜ (EPÜ 2000) zurück. Eine bestimmte Reihenfolge bei der Prüfung hinsichtlich Technizität, den Patentierungsausschlüssen, Neuheit, erfinderischer Tätigkeit und gewerblicher Anwendbarkeit ist nicht einzuhalten.[1] Die Prüfung auf Patentfähigkeit erfolgt im Rahmen des Patenterteilungsverfahrens nach §§ 34 ff, wobei einige Gesichtspunkte (Technizität, gewerbliche Anwendbarkeit, Patentierungsverbote nach § 2, zur Einbeziehung von § 1a und § 2a Rn 16 zu § 42) bereits bei der Offensichtlichkeitsprüfung nach § 42, die übrigen (Neuheit, erfinderische Tätigkeit) erst bei der Sachprüfung berücksichtigt werden.

Die Voraussetzungen der **Gebrauchsmusterfähigkeit** sind nicht völlig übereinstimmend in §§ 1–3 **2** GebrMG geregelt.

Neuheit und erfinderische Tätigkeit sind **„relative" Patentierungsvoraussetzungen** in dem Sinn, **3** dass sie anders als Technizität und gewerbliche Anwendbarkeit im Vergleich mit dem StdT zu ermitteln sind, dies galt vor 1978 auch für den technischen Fortschritt (Rn 4 ff). Zum Verhältnis von Neuheit und erfinderischer Tätigkeit Rn 13 f zu § 3.

Technischer Fortschritt. Die Rspr hat für vor 1978 angemeldete Patente als eigenständiges Erforder- **4** nis der Patentfähigkeit technischen Fortschritt (eine Bereicherung der Technik) verlangt, ohne dass das PatG eine positive Regelung hierüber enthalten hätte (näher *6. Aufl* Anh zu § 3).[2] Das RG hat seine zeitweilige Auffassung,[3] dass zwischen technischem Fortschritt und Erfindungshöhe ein Komplementärverhältnis bestehe (je größer der Fortschritt, desto geringer die Anforderungen an die Erfindungshöhe und umgekehrt), später aufgegeben und erheblichen Fortschritt lediglich, wie auch schon früher,[4] als „Beweisanzeichen" (Hilfskriterium) für Erfindungshöhe gewertet (Rn 113 zu § 4); dies entsprach auch der Auffassung des BGH zum früheren Recht[5] (Rn 113 zu § 4, vgl aber auch Rn 170 zu § 4).

---

1 Vgl BPatG 9.6.1999 7 W (pat) 24/98; *MGK/Pagenberg* Art 57 EPÜ Rn 63; für das Beschwerdeverfahren BGHZ 159, 197, 206 = GRUR 2004, 667 elektronischer Zahlungsverkehr; aA zur Offenbarung BPatGE 41, 64 = GRUR 1999, 697, 699.

2 RG GRUR 1940, 195 Röhrenmetallüberzug; RG MuW 40, 189, 190 Krempelwickel, nicht in GRUR; BGH GRUR 1966, 249, 250 Suppenrezept; BGHZ 51, 378, 389 = GRUR 1969, 265 Disiloxan; aus der jüngeren Rspr noch BGH Bausch BGH 1999–2001, 355, 363 Kniegelenkendoprothese.

3 RG Blaslufttrocknung; so auch RPA GRUR 1932, 586; RPA BlPMZ 1933, 267; RPA Mitt 1936, 286; hierzu auch *Reimer* § 1 Rn 34 mwN; *Klauer/Möhring* § 1 Rn 56; *Lindenmaier* § 1 Rn 42.

4 RG Mitt 1932, 178, 181 Bügelstromabnehmer; RG MuW 33, 354, 356 Schaltungsanordnung für Fernsprechanlagen; RG GRUR 1938, 763, 766 Pottascheherstellung.

5 Missverständlich BGHZ 39, 333 = GRUR 1963, 645, 649 Warmpressen, vgl dazu *Reimer* § 1 Rn 34.

5   Seit 1978 ist der technische Fortschritt **keine eigenständige Voraussetzung** der Patentfähigkeit mehr.[6] Die praktische Tragweite der Änderung ist allerdings gering.[7] Die Patentierung soll nicht mehr an der fehlenden Überlegenheit gegenüber bekannten Lehren scheitern.[8] Ein Gegenstand, der neu ist und auf erfinderischer Tätigkeit beruht, kann nicht allein deshalb als nicht patentfähig angesehen werden, weil er im Vergleich zum StdT keinen erkennbaren Vorteil bietet.[9] Versuche, rückschrittliche Lehren wegen „Zweckverfehlung",[10] mangelnden Rechtsschutzbedürfnisses[11] oder mit ähnlichen Hilfskonstruktionen (Aufgabenstellung)[12] von der Patentierung auszuschließen,[13] sind mit der Neuregelung unvereinbar und daher abzulehnen;[14] dies gilt auch unter dem Gesichtspunkt der „sozialen Nützlichkeit" (Rn 16 zu § 1). Grenze ist allerdings der Fall, dass die zu schützende Lehre tehnisch unsinnig ist.[15] Unhaltbar ist auch die Auffassung, dass die Erfindung per saldo besser sein müsse als der StdT,[16] es genügt, dass sie in neuheitsbegründender und erfinderischer (nicht naheliegender) Weise anders ist. Das schließt es jedoch nicht aus, Merkmale bei der Beurteilung der erfinderischen Tätigkeit zu gewichten und – etwa bei völliger Unwirksamkeit – ganz außer Acht zu lassen.

6   Der technische Fortschritt hat im geltenden Recht allerdings nicht jede Bedeutung verloren. Er kann weiterhin als positives Beurteilungskriterium bei der **Prüfung auf erfinderische Tätigkeit** von Bedeutung sein (s hierzu Rn 112 ff zu § 4).

B. Übergangsrecht

7   Zur zeitlichen Anwendbarkeit der unterschiedlichen Gesetzesfassungen bei Gesetzesänderungen s die Kommentierung vor § 147. Zur Übergangsregelung hinsichtlich Neuheitsschonfrist und Ausstellungsschutz Art XI IntPatÜG und die Kommentierung in der *6. Aufl.*

C. Patentfähigkeit bei erstreckten DDR-Patentanmeldungen und -Patenten

8   Wegen der geringen verbliebenen Bedeutung der Materie wird auf die Kommentierung in der *6. Aufl* Rn 5 ff verwiesen. Der 3. Senat des BPatG hat nunmehr in Abweichung von der gefestigten Rspr des BGH in einer eingehend begründeten Entscheidung auch für vor Inkrafttreten des DDR-PatG 1990 angemeldete Patente das DDR-PatG 1990 für anwendbar gehalten.[17]

D. Europäische Patente

9   **Art 2 Abs 1 EPÜ** definiert das eur Patent als nach dem EPÜ erteiltes Patent.

10   Für **europäische Patentanmeldungen** und Patente gelten Art 52–57 EPÜ, die im wesentlichen §§ 1–5 PatG entsprechen. Abweichungen ergeben sich bei der Neuheitsschädlichkeit nicht vorveröffentlichter nat Patentanmeldungen (vgl aber Art 139 EPÜ). Sie ergaben sich weiter bei Anmeldungen vor dem 8.4.1992 hinsichtlich der Patentierbarkeit von Pflanzensorten (vgl Rn 27 zu § 2a) und uU in Ausnahmefällen bei der Beurteilung der Vereinbarkeit mit der öffentlichen Ordnung und den guten Sitten infolge der Anwendung unter-

---

6 BPatGE 22, 139 = BlPMZ 1980, 288; *Kraßer/Ann* § 10 Rn 19; *Benkard* Einl Rn 77, § 1 Rn 74; *Schulte* § 1 Rn 11; *MGK/Pagenberg* Art 56 EPÜ Rn 91 ff mit eingehenden Hinweisen zur Vorgeschichte der Regelung im EPÜ; *Preu* GRUR 1980, 444; vgl Begr BlPMZ 1976, 332.

7 *Benkard*[9] § 1 Rn 74.

8 *Benkard*[9] § 1 Rn 74.

9 BGH GRUR 2015, 983 Flugzeugzustand.

10 In diese Richtung *Benkard*[9] § 1 Rn 74.

11 *Preu* GRUR 1980, 444, 447.

12 Vgl *Blumenberg/Grünecker* GRUR 1978, 64; *Coldewey* GRUR 1978, 509.

13 Vgl auch *Winkler* Mitt 1977, 13; *Haertel* Studie über die grundsätzlichen Probleme der Schaffung eines europäischen Patents, das neben den nationalen Patente tritt, 1960, S 23.

14 Vgl *Kraßer/Ann* § 10 Rn 20 f, an anderer Stelle (§ 18 Rn 7) darauf hinweisen, dass die Bewertung der Vorteile einer Neuerung dem Markt überlassen bleiben kann.

15 Vgl BGHZ 147, 137, 143 f = GRUR 2001, 730, 732 Trigonellin.

16 So aber noch *Schulte*[6] § 4 Rn 110 unter Hinweis auf EPA T 254/86 ABl EPA 1989, 115 gelbe Farbstoffe und EPA T 61/88 Flow detector, in den späteren Auflagen nicht mehr enthalten.

17 BPatG GRUR 2015, 61 „Adjuvans-Formulierung".

Keukenschrijver

schiedlicher Prüfungsmaßstäbe (Rn 21 zu § 2). Weitere Unterschiede ergeben sich bei biotechnologischen Erfindungen insb wegen der über die BiotRl hinausgehenden Regelung im nationalen Recht (§ 1a Abs 3, 4).

E. Internationale Rechtsangleichung

I. Allgemeines

Die Patentfähigkeitsvoraussetzungen der §§ 1–5 entsprechen einem mittlerweile weit über den Geltungsbereich des EPÜ hinaus weitgehend einheitlichen Standard und internat Harmonisierungsbemühungen. Rechtspolitisch umstritten sind dabei ua die Patentierung lebender Organismen und von biologischen Erfindungen sowie von programmbezogenen Erfindungen (zum gescheiterten Richtlinienvorschlag Rn 48 zu § 1)[18] und die Frage der Neuheitsschonfrist (Rn 177 ff zu § 3). **11**

II. Patentharmonisierungsvertrag

Zu den seinerzeit vorgesehenen Vorgaben s *5. Aufl.* Vgl zur weiteren Entwicklung Rn 26 Einl IntPatÜG. **12**

III. Im **TRIPS-Übk** regelt Art 27, wofür Patentschutz erhältlich sein muss (vgl Rn 27 Einl IntPatÜG). **13**
Die Bestimmung ist dahin auszulegen, dass die Erfindung eines pharmazeutischen Erzeugnisses wie des chemischen Wirkbestandteils eines Arzneimittels unter den in Art 27 Abs 1 TRIPS-Übk aufgeführten Voraussetzungen Gegenstand eines Patents sein kann, wenn keine Ausnahme nach Art 27 Abs 2 oder Abs 3 TRIPS-Übk vorliegt. Bei einem Patent, das aufgrund einer die Erfindung sowohl des Verfahrens zur Herstellung eines pharmazeutischen Erzeugnisses als auch dieses pharmazeutischen Erzeugnisses selbst beanspruchenden Anmeldung erlangt, aber nur in Bezug auf das Herstellungsverfahren erteilt wurde, ist nicht aufgrund der in den Art 27 und 70 TRIPS-Übk aufgestellten Regeln davon auszugehen, dass sich das Patent ab dem Inkrafttreten des Übereinkommens auch auf die Erfindung des pharmazeutischen Erzeugnisses erstreckt.[19]

IV. Das **StraÜ** enthält Regelungen in seinen **Art 1–6** (vgl Rn 2 ff zu Art I IntPatÜG). **14**

V. EPÜ; Unionspatent

Eine erhebliche Harmonisierungswirkung ist auch vom EPÜ und von den nicht in Kraft getretenen Regelungen für ein Gemeinschaftspatentrecht (GPÜ, GPVO, EPLA) ausgegangen. Die Wirkung des EPÜ betrifft neben dem normativen Bereich auch die Rechtspraxis, darf jedoch nicht iS einer Beurteilungsprärogative des EPA verstanden werden. Der CA England/Wales[20] hat die Auffassung vertreten, dass bei der Auslegung des nationalen Patentrechts den Entscheidungen der Beschwerdekammern des EPA größte Bedeutung zukomme. Diese Bedeutung ist indessen für das dt Recht eine rein faktische; rechtl ist die Praxis des EPA grds nicht anders zu bewerten als etwa die Rspr des BPatG oder nationaler Gerichte im Geltungsbereich des EPÜ. Eine Bindung an Entscheidungen des EPA besteht für das nationale Nichtigkeitsverfahren nach dt Recht nicht; auch das EPÜ fordert eine derartige Bindung nicht (Rn 8 zu Art II § 6 IntPatÜG). Erst recht besteht keine Bindung an ausländ Entscheidungen,[21] auch wenn diese vielfach wertvolle Anregungen liefern, als sachverständige Äußerungen herangezogen werden können und eine Auseinandersetzung mit ihnen idR geboten sein wird. Nach der Rspr des BGH besteht für die Gerichte die Verpflichtung, Entscheidungen, die durch die Instanzen des EPA oder durch Gerichte anderer Vertragsstaaten des EPÜ ergangen sind und eine im wesentlichen gleiche Fragestellung betreffen, zu beachten und sich ggf mit den Gründen auseinanderzusetzen, die bei der vorangegangenen Entscheidung zu einem abw Ergebnis geführt haben. Dies gilt auch, soweit es um Rechtsfragen geht, zB um die Frage, ob der StdT den Gegenstand eines Schutzrechts nahegelegt hat.[22] **15**

---

18 Vgl auch *Schlötelburg* Mitt 1999, 222.
19 EuGH C-414/11 GRUR 2013, 1018 Daiici Sankyo/DEMO.
20 RPC 1991, 305 = GRUR Int 1992, 780 Gale's Application.
21 Vgl ÖPA öPBl 2001, 56, 60.
22 BGH GRUR 2010, 950 Walzenformgebungsmaschine; vgl auch öOGH GRUR Int 2010, 431 Nebivolol.

§ 1
(Patentfähige Erfindungen)

(1) Patente werden für Erfindungen auf allen Gebieten der Technik erteilt, sofern sie neu sind, auf einer erfinderischen Tätigkeit beruhen und gewerblich anwendbar sind.

(2) [1]Patente werden für Erfindungen im Sinne von Absatz 1 auch dann erteilt, wenn sie ein Erzeugnis, das aus biologischem Material besteht oder dieses enthält, oder wenn sie ein Verfahren, mit dem biologisches Material hergestellt oder bearbeitet wird oder bei dem es verwendet wird, zum Gegenstand haben. [2]Biologisches Material, das mit Hilfe eines technischen Verfahrens aus seiner natürlichen Umgebung isoliert oder hergestellt wird, kann auch dann Gegenstand einer Erfindung sein, wenn es in der Natur schon vorhanden war.

(3) Als Erfindungen im Sinne des Absatzes 1 werden insbesondere nicht angesehen:
1. Entdeckungen sowie wissenschaftliche Theorien und mathematische Methoden;
2. ästhetische Formschöpfungen;
3. Pläne, Regeln und Verfahren für gedankliche Tätigkeiten, für Spiele oder für geschäftliche Tätigkeiten sowie Programme für Datenverarbeitungsanlagen;
4. die Wiedergabe von Informationen.

(4) Absatz 3 steht der Patentfähigkeit nur insoweit entgegen, als für die genannten Gegenstände oder Tätigkeiten als solche Schutz begehrt wird.

TRIPS-Übk Art 27
DPMA-PrRl 2.6.2., 4.3.; **EPA-PrRl** C-IV 1, 2
Ausland: Belgien: Art 2, 3 PatG 1984; **Bosnien und Herzegowina:** Art 6 PatG 2010; **Dänemark:** § 1 Abs 1, 2 PatG 1996; **Frankreich:** Art L 611–10 CPI; **Kosovo:** Art 1, 7 PatG; **Italien:** Art 45 CDPI; **Litauen:** Art 2 Abs 1, 2 PatG; **Luxemburg:** Art 4 PatG 1992/1998; **Mazedonien:** § 25 GgR; **Niederlande:** Art 2 ROW 1995; **Österreich:** § 1 öPatG (1984); **Polen:** Art 24, 28 RgE 2000; **Rumänien:** Art 7, 13 PatG; **Schweden:** § 1 Abs 1–3 PatG; **Schweiz:** Abs 1 entspricht Art 1 Abs 1, 2 PatG; **Serbien:** Art 2, 5 PatG 2004; **Slowakei:** § 5 PatG; **Slowenien:** Art 10 GgE; **Spanien:** Art 4 Abs 1–3 PatG; **Tschech. Rep.:** §§ 2, 3 PatG; **Türkei:** Art 5, 6 VO 551; **VK:** Sec 1 Abs 1, 2 Patents Act

A. Entstehungsgeschichte, zeitliche Anwendbarkeit

§ 1 in seiner geltenden Fassung geht auf Art IV Nr 1 IntPatÜG und in Abs 1 letztlich auf Art 1 StraÜ zurück. **1** Die Neuregelung ist nur auf die nach dem 31.12.1977 eingereichten Patentanmeldungen und darauf erteilten Patente anzuwenden *(näher 6. Aufl)*. Das BioTRlUmsG hat einen neuen Abs 2 eingefügt sowie die früheren Abs 2 und 3 in Abs 3 und 4 umnummeriert. Zum Gesetz zur Umsetzung der EPÜ-Revisionsakte s Rn 19.

Zum **Übergangsrecht** *6. Aufl und* vor § 147. **2**

Nach **früherem Recht** schloss die Regelung die Patentierungserfordernisse der Neuheit (hierzu § 3) **3** und der gewerblichen Verwertbarkeit (jetzt: gewerbliche Anwendbarkeit, hierzu § 5) ein. Zur Entwicklung des Merkmals der Erfindungshöhe (nunmehr erfinderische Tätigkeit) Rn 2 ff zu § 4, zur Erfindung als Lehre zum technischen Handeln nachfolgend, zum technischen Fortschritt Rn 4 ff vor § 1, Rn 112 ff zu § 4 und 6. *Aufl* Anh § 3.

EPÜ. Die Regelung in § 1 Abs 1, 3 und 4 entspricht der in **Art 52 Abs 1–3 EPÜ**.[1] **4**

B. Die Erfindung

Schrifttum Allgemein: (Patentschutz und Biotechnologie s Schrifttum zu § 1a) *Adrian* Technikentwicklung und Patentrecht, Mitt 1995, 329, auch in: *Adrian/Nordemann/Wandtke* (Hrsg) Josef Kohler und der Schutz des geistigen Eigentums in Europa, 1996, 31; *Altenpohl* Erfindungen sind urheberrechtlich nicht schützbar, FS L. David (1996), 205; *Anders* Erfindungsgegenstand mit technischen und untechnischen Merkmalen, GRUR 2004, 461; *Anschütz/Nägele* Die Rechtsposition des Modellherstellers gegenüber dem Hersteller des Vorbildes in Deutschland, WRP 1998, 937; *Axster* Die Patentfähigkeit von Funktionsentdeckungen, Mitt 1959, 224; *Bakels* Software Patentability: What are the Right Questions? EIPR 2009, 514; *Baltzer* Grenzen der Patentfähigkeit zwischen technischen und geistigen Anweisungen, Mitt 1966, 170; *Bauke* Ist die Erfindung produktiver, die Entdeckung rezeptiver Natur? GRUR 1899, 153; *Bauke* Noch einmal der rezeptive Charakter der Entdeckung, GRUR 1900, 158; *Beier* Zukunftsprobleme des Patentrechts, GRUR 1972, 214, 216; *Beier/Straus* Der Schutz wissenschaftlicher Forschungsergebnisse, 1982; *Beier/Straus* Der Schutz wissenschaftlicher Entdeckungen, GRUR 1983, 100; *Beyer* Der Begriff der technischen Erfindung aus naturwissenschaftlich-technischer Sicht, FS 25 Jahre BPatG (1986), 189; *Blum* Zum Begriff der patentfähigen Erfindung nach dem Europäischen Patentübereinkommen, GRUR Int 1977, 357; *Boguslawski* Der Rechtsschutz von wissenschaftlichen Entdeckungen in der UdSSR, GRUR Int 1983, 484; *Bunke* 40 Jahre „Rote Taube": die Entwicklung des Erfindungsbegriffs, Mitt 2009, 169; *Cueni* Erfindung als geistiges Sein und ihr Schutz, GRUR 1978, 78; *Deschamps* Patenting Computer-related Inventions in the US and in Europe: The Need for Domestic and International Legal Harmony, EIPR 2011, 103; *Di Cataldo* Sistema brevettuale e settori della tecnica. Riflessioni sul brevetto chimico, Riv.dir.comm. 1985 I 277; *Donner* Should some Algorithms be Patentable? Patenting Engineering Approximations of Law of Nature, EIPR 1993, 162; *Donner* A New-and-Improved „Formula" to „Calculate" Statutory Subject-Matter for Inventions with Algorithms, EIPR 1993, 394; *Eichmann* Technizität von Erfindungen – Technische Bedingtheit von Marken und Mustern, GRUR 2000, 751; *Engel* Zum Begriff der technischen Erfindung nach der Rechtsprechung des Bundesgerichtshofs, GRUR 1978, 201; *Engel* Persönlichkeitsrechtlicher Schutz für wissenschaftliche Arbeiten und Forschungsergebnisse, GRUR 1982, 705; *Ensthaler* Muss der Erfindungsbegriff in § 1 PatG und Art 52 EPÜ reformiert werden? GRUR 2015, 150; *Färber* Patentfähigkeit angewandter Algorihmen, 2015; *Franzosi* Patentable Inventions: Technical

---

1   Zur Entwicklung der Regelung im EPÜ *Singer/Stauder* Art 52 EPÜ Rn 2.

and Social Phases: Industrial Character and Utility, EIPR 1997, 251; *Frei* Patentfähig ist nur die Herbeiführung eines technischen Erfolgs mit technischen Mitteln (Eine ganz vertrackte Binsenweisheit), FS L. David (1996), 51; *Fröhlich* Düfte als geistiges Eigentum, 2008; *Ganahl* Ist die Kerntheorie wieder aktuell? Mitt 2003, 537; *Geissler* Struktur und Eigenschaften – Elektroden der Patentrechtsbatterie, FS F.-K. Beier (1996), 37; *Godenhielm* Ist die Erfindung etwas Immaterielles? GRUR Int 1996, 327; *Godt* Eigentum an Information: Patentschutz und allgemeine Eigentumstheorie am Beispiel genetischer Information, 2007 (Habil-Schrift Bremen 2005); *Hagen* Die Erfindung im Modell betrachtet, GRUR 1971, 487; *Hammer Jensen* Non-Patentable Inventions: Consequences on R & D in Europe and Competitivity of European firms, epi-Information 1997 Sonderheft 3, 19; *Harison* Intellectual Property Rights, Innovation and Software Technologies: The Economics of Monopoly Rights and Knowledge Disclosure, 2008; *Henkenborg* Der Schutz von Spielen – Stiefkind des gewerblichen Rechtsschutzes und Urheberrechts (1995); *Hüttermann/Storz* A Comparison between Biotech and Software Related Patents, EIPR 2009, 589; *Kambli/Mannhart* Erfindung und Entdeckung im Patentrecht, SMI 1957, 62; *Keil* Umweltschutz als Patenthindernis, GRUR 1993, 705; *Kilian* Entwicklungsgeschichte und Perspektiven des Rechtsschutzes von Computersoftware in Europa, GRUR Int 2011, 895; *Kindermann* Die Rechenvorschrift im Patentanspruch, GRUR 1969, 509; *Kindermann* Zur patentrechtlichen Grenzziehung zwischen Rechenregel und technischer Erfindung, GRUR 1974, 305; *Kindermann* Zur Lehre von der Technischen Erfindung, GRUR 1979, 443, 501; *W. Koch* Patentierbarkeit von Skalenanordnungen auf Rechenschiebern, Mitt 1968, 130; *Kolle* Die patentfähige Erfindung im europäischen Patenterteilungsverfahren, FS E. Ulmer (1973), 207; *Kolle* Technik, Datenverarbeitung und Patentrecht, GRUR 1977, 58; *Körber* Anforderungen an den gewerblichen Rechtsschutz und Anfragen an die Rechtswissenschaft aus der Sicht der Industrie, in: *van Raden* (Hrsg) Zukunftsaspekte des gewerblichen Rechtsschutzes, 1995, 101; *Kraßer* Erweiterung des patentrechtlichen Erfindungsbegriffs? GRUR 2001, 959; *Kronz* Patentschutz für Forschungsergebnisse, Mitt 1983, 26; *Kulhavy* Erfindungsbegriff werturteilsfrei, Mitt 1979, 124; *Kulhavy* Die Entwicklung der Erfindungslehre, Mitt 1980, 61; *Kulhavy-Sturm* Erfindungsbegriff und Prüfungsverfahren, GRUR 1975, 401; *Kumm* Erfindungen und ihre Kriterien, GRUR Int 1963, 289; *Kumm* Die technische Analyse und rationelle Beschreibung technischer Erfindungen, GRUR 1966, 349; *Kumm* Systematische Kennzeichnung der schutzfähigen und der nicht schutzfähigen Erfindungen, GRUR 1967, 621; *Kuster* Zur Frage der Definition des Erfindungsbegriffes, SJZ 1975, 69, 85; *Kuster* Über die Möglichkeit einer Definition des Erfindungsbegriffes, SJZ 1971, 210; *Lehmann* The answer to the machine is not in the machine, FS J. Pagenberg (2006), 413; *Lindenberg* Welche Fähigkeiten haben Patentgegenstände? Mitt 2006, 409; *Louët-Feisser* Hoe technisch dient een uitvinding te zijn om geocrooieerd te kunnen werden? BIE 2000, 243; *Markey* Patentierbarkeit mathematischer Algorithmen in den Vereinigten Staaten von Amerika, GRUR Int 1991, 473; *May* Die Erfindung als technisches System, Mitt 2012, 259; *May* Das Wesen der Erfindung, Mitt 2016, 111; *Mediger* Über Geistesanweisungen mit technischer Funktion, GRUR 1961, 5; *Mediger* Skalen gegen Tabellen an Meßgeräten, Mitt 1961, 85; *Mediger* Die Anweisung an den menschlichen Geist als Voraussetzung des Patentwesens, Mitt 1964, 9; *Mediger* Patentfähigkeit von Skalen, Mitt 1965, 107; *Müller* Zum Begriff der „Erfindung", Mitt 1926, 122; *Nack* Die patentierbare Erfindung unter den sich wandelnden Bedingungen von Wissenschaft und Technologie, zugl Diss München 2002; *Nack* Der Erfindungsbegriff: eine gesetzgeberische Fehlkonstruktion? GRUR 2014, 148; *Niedlich* Die technische Erfindung, GRUR 1988, 17; *Niedlich* Anmerkungen zu Ganahl „Ist die Kerntheorie wieder aktuell?", Mitt 2004, 291; *Ochmann* Zum Begriff der Erfindung als Patentschutzvoraussetzung, FS R. Nirk (1992), 759; *Oechsler* Die Idee als persönliche geistige Schöpfung, GRUR 2009, 1101; *Onslow* Software Patents: A New Approach, EIPR 2012, 710; *Parfomak* The Karmarkar Algorithm – „New" Patentable Subject Matter? IIC 1990, 31; *Pedrazzini* Die Entwicklung des Erfindungsbegriffes, FS 100 Jahre eidgen. PatG (1988), 21; *Peterson* Now You See It, Now You Don't: What Is a Patentable Machine of an Unpatentable „Algorithm"? Geo.Wash. L. Rev. 1995, 90; *Pfeifer* Informationsverarbeitung und Patentschutz. Das Erfordernis der „Technischen Lehre" in der Praxis des Deutschen, Europäischen und US-Patentamtes, CR 1988, 975; *Pila* Dispute over the Meaning of „Invention" in Art 52(2) EPC: The Patentability of Computer-Implemented Inventions in Eurpoe, IIC 36 (2005), 173; *Pila* Article 52(2) of the Convention on the Grant of European Patents: What Did the Framers Intend? IIC 36 (2005), 755; *Plugge* Das Recht des Entdeckers, GRUR 1938, 297; *Poth* Die Patentierungsausschlüsse nach Art 52 (2) und (3) EPÜ, Mitt 1992, 305; *Rasch* Zum Wesen der Erfindung (1899); *Reichel* Neue Grenzen des Patentschutzes im Bereich der mechanischen Technologie beim Einsatz von Rechenregeln vollziehenden Bauteilen? GRUR 1979, 355; *Reichel* Die technische Erfindung, Mitt 1981, 69; *Rogel Vide* (Hrsg) Nuevas tecnologías y propiedad intelectual, 1999; *Rummler* Computer Program Inventions Before the German Courts – A Review, IIC 36 (2005), 225; *Ruschke* Die elektrische Schaltung als Gegenstand des gewerblichen Rechtsschutzes, 1934; *Sabellek* Patente auf nanotechnologische Erfindungen, 2014, zugl Diss Hannover; *Schack* Neue Techniken und Geistiges Eigentum, JZ 1998, 753; *Schanze* Erfindung und Entdeckung, Hirth's Annalen des Deutschen Reichs 1897 H 9 und 10; *Schanze* Über das Verhältniß von Erfindung und Entdeckung, GRUR 1897, 285; *Schanze* Erfindung und Entdeckung, GRUR 1900, 73; *Schanze* Die Patentfähigkeit nach Ebermayer, MuW 11, 97; *Schar* Zum objektiven Technikbegriff im Lichte des Europäischen Patentübereinkommens, Mitt 1998, 322; *Schar* What is „Technical"? A Contribution to the Concept of „Technically" in the Light of the European Patent Convention, 2 JWIP 93 (1999); *Schauwecker* Nanotechnologische Erfindungen im U.S.-amerikanischen Patentrecht, GRUR Int 2009, 27; *Schick* Zur Definition des Erfindungsbegriffes, Mitt 1978, 41; *Schick* Erfindungsbegriff und Erkenntnistheorie, Mitt 1979, 41; *Schick* Zum Erfindungsbegriff von A. Troller, GRUR Int 1984, 406; *Schickedanz* Zum Problem der Erfindungshöhe bei Erfindungen, die auf Entdeckungen beruhen, GRUR 1972, 161; *Schickedanz* Kunstwerk und Erfindung, GRUR 1973, 343; *Schickedanz* Die Patentfähigkeit von Bionik-Erfindungen, Mitt 1974, 232; *Schickedanz* Das Patentierungsverbot von „mathematischen Methoden", „Regeln und Verfahren für gedankliche Tätigkeiten" und die Verwendung mathematischer Formeln im Patentanspruch, Mitt 2000, 173; *Schneider* Patentrechtlicher Schutz von Mode, in: Kirchner/Kirchner-Freis (Hrsg) Handbuch Moderecht,

2011, 155; *Schölch* Patentschutz für computergestützte Entwurfsmethoden – ein Kulturbruch? GRUR 2006, 969; *Schrader* Technizität im Patentrecht – Aufstieg und Niedergang eines Rechtsbegriffs, Diss Jena 2006/2007, auch KWI Bd 15 (2007); *Schramm* Die schöpferische Leistung, ohne Jahr (1958); *Schütze* Die Struktur der Erfindungen, GRUR 1900, 36, 113; *Schwarz* Rechtfertigen rechtsdogmatisch schwierige Fragen die Abschaffung von „Software-Patenten"? GRUR 2014, 224; *Sellnick* Erfindung, Entdeckung und die Auseinandersetzung um die Umsetzung der Biopatentrichtlinie der EU, GRUR 2002, 121; *Sena* Il problema della proprietà scientifica legata alla ricerca di base, in: Gli aspetti istituzionali della ricerca scientifica in Italia e in Francia, 1987, 579; *Sena* Directive on Biotechnical Inventions: Patentability of Discoveries, IIC 1999, 731; *Stadler* Technizität von Patenten und Gebrauchsmustern, ÖBl 2014, 156; *Stadler* Das Technizitätserfordernis in der österreichischen Rechtsprechung, Mitt 2015, 165; *Stamm* Lehre oder Gegenstand? Zur Diskussion um den Technizitätsbegriff, Mitt 1995, 121; *Stamm* Ein Prinzip der Nichterfindungen – Zur Quantifizierung im Patentrecht, Mitt 1997, 4; *Steinbrener* Die Auslegung von Artikel 52 (1)-(3) in der neueren Rechtsprechung der Beschwerdekammern, FS K. Bartenbach (2005), 313; *Stern* Patenting Algorithms in America, EIPR 1990, 292; *Stern* Patenting Signals in the United States, Computer and Telecommonication Law Review 1999, 5:2; *Stewart* Patenting of Software – Proposed Guidelines and the Magic Dividing Line that Disappeared, JPTOS 1995, 681; *Stobbs* Software Patents Worldwide, 2007; *Straub* Individualität als Schlüsselkriterium des Urheberrechts, GRUR Int 2001, 1; *Suffert* Ästhetik und Technik in der Architektur, FS J. Mantscheff (2000), 381; *A. Troller* Begriff und Funktion der Erfindung im bürgerlichen und sozialistischen Recht, GRUR Int 1979, 59; *Trüstedt* Technische Erfindungsmerkmale und ihnre Grenzen (Anweisung an den menschlichen Geist), GRUR 1960, 414; *van Raden/Wertenson* Patentschutz für Dienstleistungen, GRUR 1995, 523; *van Steijn* Mobil Oil III, een uitvinding of een ontdekking, Leiden 1999; *Vivian* Die Patentierung von Entdeckungen, VPP-Rdbr 1991, 41; *Vogel* Gewerbliche Verwertbarkeit und Wiederholbarkeit als Patentierungsvoraussetzungen, Diss München (TU), 1977; *von Hellfeld* Sind Algorithmen schutzfähig? GRUR 1989, 471; *von Hellfeld* Zweckangaben in Sachansprüchen, GRUR 1998, 243; *Watkin/Rau* Intellectual Property in Artificial Neural Networks – In Particular Under the European Patent Convention, IIC 1996, 447; *Weber* Patente auf Erkenntnisse und Entdeckungen, GRUR 1940, 117; *Welte* Der Schutz von Pioniererfindungen, 1991; *Wertenson* Patentschutz für nicht-technische Erfindungen, GRUR 1972, 59; *Wertenson* Die Ausnahmebestimmungen des § 1 Abs 2 PatG und das Grundgesetz, Mitt 1993, 269; *Wiebe* Information als Naturkraft. Immaterialgüterrecht in der Informationsgesellschaft, GRUR 1994, 233; *Wiebe* Information als Schutzgegenstand im System des geistigen Eigentums, in *Fiedler ua* (Hrsg) Information als Wirtschaftsgut (1997), 93; *Wiebe/Heidinger* Ende der Technizitätsdebatte zu programmbezogenen Lehren? GRUR 2006, 177; *Zardi* La brevetabilité des méthodes commerciales, sic! 2001, 699; *Zipse* Wird das künftige europäische Patenterteilungsverfahren den modernen, zukunftsintensiven Technologien gerecht? GRUR Int 1973, 182; *Zipse* Technische Verfahrensschritte und Anweisungen an den menschlichen Geist unter Berücksichtigung der neueren Rechtsprechung und neurophysiologischer Erkenntnisse, Mitt 1974, 246.

Computerprogramme; Geschäftsmethoden: Patenting of Computer Software. Union Round Table Conference – Munich 9th and 10th December 1997, 1998; *Aebi* Patentfähigkeit von Geschäftsmethoden, Diss St. Gallen 2005; *Ahn* Der urheberrechtliche Schutz von Computerprogrammen im Recht der Bundesrepublik Deutschland und der Republik Korea, Diss München 1998; *Albrecht* Technizität und Patentierbarkeit von Computerprogrammen, CR 1998, 694; *Anders* Die Patentierbarkeit von Programmen für Datenverarbeitungsanlagen: Rechtsprechung im Fluß? GRUR 1989, 861; *Anders* Patentierbare Computerprogramme – Ein Versuch der Besinnung auf PatG § 1 und die Dispositionsprogramm-Entscheidung, GRUR 1990, 498; *Anders* Patentability of Programs for Data Processing Systems in Germany: Is the Case Law Undergoing a Change? IIC 1991, 475; *Anders* Sind Patente für Computerprogramme und Geschäftsmethoden gut? VPP-Rdbr 2001, 79; *Anders* Wie viel technischen Charakter braucht eine computerimplementierte Geschäftsmethode, um auf erfinderischer Tätigkeit zu beruhen? GRUR 2001, 555; *Anders* – Erfindungsgegenstand mit technischen und nichttechnischen Merkmalen, GRUR 2004, 461; *Appleton* European Patent Convention: Article 52 and Computer Programs, EIPR 1985, 279; *Arriola* Aktuelle Entwicklungen im Patentschutz von Computerprogrammen und mathematischen Algorithmen in den USA, GRUR Int 1996, 9; *Austin* Software Patents, 7 Texas Int. Prop. L.J. 225 (1999); *Ayers* Interpreting In re Alappat with an Eye Towards Prosecution, JPTOS 1994, 741; *Bakels/Hugenholtz* Die Patentierbarkeit von Computerprogrammen, JURI 107 DE, 09-2002; *Balk* Patentierung von Programmen für Datenverarbeitungsanlagen, Mitt 1988, 25; *Bardehle* Die praktische Bedeutung der Patentfähigkeit von Rechenprogrammen, Mitt 1973, 141; *Bauer* Rechtsschutz von Computerprogrammen in der Bundesrepublik Deutschland – Eine Bestandsaufnahme nach dem Urteil des Bundesgerichtshofs vom 9. Mai 1985, CR 1985, 5; *Beier* Zukunftsprobleme des Patentrechts, GRUR 1972, 214; *Bender* Business Method Patents: The View from the United States, EIPR 2001, 375; *Bender* Business method patents: an alternative view, CRi 2001, 65; *Beresford* Patenting Software Under the European Patent Convention, 2000; *Betten* Schutz von Computerprogrammen, Elektronik 1980 H 6, 65; *Betten* Zum Rechtsschutz von Computerprogrammen, Mitt 1983, 62; *Betten* Urheberrechtsschutz von Computerprogrammen? Mitt 1984, 201; *Betten* Wege zum patentrechtlichen Schutz von Software, CR 1986, 311; *Betten* Patentschutz für softwarebezogene Erfindungen, GRUR 1988, 248; *Betten* Aktuelle juristische Fragen, in: *van Raden* (Hrsg) Zukunftsaspekte des gewerblichen Rechtsschutzes, 1995, 87; *Betten* Patentschutz von Computerprogrammen, GRUR 1995, 775; *Betten* Patentschutz von Computerprogrammen, GRUR 2000, 501; *Betten* The Final Frontier – What should be the limits of patent protection for software? (unveröffentlichtes Papier zur Ischia Conference 5.–7.10.2003); *Betten/Körber* Patentierung von Computer-Software (Bericht der deutschen AIPPI-Landesgruppe), GRUR Int 1997, 118; *Beyer* Der Begriff der Information als Grundlage für die Beurteilung des technischen Charakters von programmbezogenen Erfindungen, GRUR 1990, 399; *Beyer* Der Begriff der Information als Grundlage für die Beurteilung des technischen Charakters von programmbezogenen

Erfindungen, GRUR Int 1992, 327; *Blind* Software-Patente – eine empirische Analyse aus ökonomischer und juristischer Perspektive, 2003; *Blind/Edler/Friedewald* Software Patents – Economic Impacts and Policy Implications, 2005; *Blind/ Edler/Nack/Strauss* Mikro- und makroökonomische Implikationen der Patentierbarkeit von Softwareinnovationen (2001); *Bloch* The Patentable Business Methods, epi-Information 2002, 83; *Blumenthal/Ritter* Zur Patentierbarkeit programmierbarer Erfindungen in den Vereinigten Staaten, GRUR Int 1980, 81; *Bodenburg* Softwarepatente in Deutschland und der EU, 2006; *Booton* The Patentability of Computer-Implemented Inventions in Europe, IPQ 2007, 92; *Bornmüller* Rechtsschutz für DV-Programme: Die immaterialrechtliche Zuordnung der Programme für elektronische Datenverarbeitungsanlagen, 1986; *Bormann* Rechtsnatur und Rechtsschutz der Software, DB 1991, 2641; *Bostyn* Ik denk, dus ik krijg een octrooi (Octro-oierbarheid van bedrijfsvoeringsmethodes en ideën in Europa en de VS), BIE 2001, 77; *Brandi-Dohrn* Der Schutz von Computersoftware in Rechtsprechung und Praxis, GRUR 1987, 1; *Brandi-Dohrn* Softwareschutz durch Wettbewerbsrecht, Mitt 1993, 77; *Brandt* Zur Patentierbarkeit einer computergestützten Sprachanalyse, Mitt 2003, 210; *Braun* Rechtsschutz für Rechenprogramme, BB 1971, 1343; *Bröcker* Recht der Softwarepatente, in *Bröcker/Czychowski/Schäfer* (Hrsg) Praxishandbuch Geistiges Eigentum im Internet, 2003, 679; *Broy/Lehmann* Die Schutzfähigkeit von Computerprogrammen nach dem neuen europäischen und deutschen Urheberrecht, GRUR 1992, 419; *Bulling* Sind britische Erfindungen anders als europäische? Die aktuelle Rechtsprechung der EPA-Beschwerdekammern und des britischen Court of Appeal (Civil Division) zu computerimplementierten Erfindungen, Mitt 2007, 1; *Busche* Der Schutz von Computerprogrammen – Eine Ordnungsaufgabe für Urheberrecht und Patentrecht? Mitt 2000, 164; *Busche* Softwarebezogene Erfindungen in der Entscheidungspraxis des Bundespatentgerichts und des Bundesgerichtshofes, Mitt 2001, 49; *Axel Casalonga* Ist E-Commerce in Europa patentfähig? GRUR Int 2002, 475 = Is E-Commerce Patentable in Europe, IIC 2002, 261; *Chisum* The Patentability of Algorithms, (1986) 47 Pittsburg Law Review 959; *Christie* Designing Appropriate Protection for Computer Programs, EIPR 1994, 486; *Cohen* The Patenting of Software, EIPR 1999, 607; *Cook/Lees* Test Clarified for UK Software and Business Mehod Patents: But What about the EPO? EIPR 2007, 115; *Dalhuisen* Patenting Computer Programs. Pragmatic Aspects, Santa Clara J. Computer & High Tech. 1993, 503; *Davies* Computer Program Claims, EIPR 1998, 429; *Davies* Searching Computer-Implementes Inventions: The Truth is Out There, EIPR 2007, 87; *Davis* Patentability of computer software, The new law journal 1999, 1872; *Dickinson* E-commerce, software patents and the law – the USPTO position, Derwent Information Newsletter, Dezember 1999; *Dietz* Das Problem des Rechtsschutzes von Computerprogrammen in Deutschland und Frankreich, BIE 1983, 305; *Doble* Patent and Copyright Protection of Board Games: Do Not Pass Go? EIPR 1997, 587; *Dogan* Patentrechtlicher Schutz von Computerprogrammen, Diss Mannheim 2005; *Dreier/Goldrian/Betten* Schutz der Computerprogramme (AIPPI-Frage 57), GRUR Int 1988, 42; *Dreier* Copyright Protection for Computer Programs in Foreign Countries: Legal Issues and Trends in Judicial Decisions and Legislation, IIC 1989, 803; *Drexl* What Is Protected in A Computer Program? (1994); *Durney* Patenting Computer Programs: Is it Feasible in Japan? Patents & Licensing April 1989, 7; *Engel* Über „Computerprogramme als solche", GRUR 1993, 194; *Engelfriet* Open source software en octrooien: een moeilijke combinatie, BIE 2003, 204; *Engelfriet* Taking care of business (methods). How the EPO today refuses inventions involving nontechnical features, epi-Information 2006, 69; *Engelhard* Sprachanalyseeinrichtung, Mitt 2001, 58; *Ensthaler* Zum patentrechtlichen Schutz von Computerprogrammen, DB 1990, 209; *Ensthaler* Urheberrechtsschutz von Computerprogrammen – Zur Kritik an der Rechtsprechung des BGH, GRUR 1991, 881; *Ensthaler* Der patentrechtliche Schutz von Computerprogrammen nach der BGH-Entscheidung „Steuerungseinrichtung für Untersuchungsmodalitäten", GRUR 2010, 1; *Ensthaler* Patentrechtlicher Softwareschutz ohne konkrete Hardwareanbindung? FS 50 Jahre BPatG (2011), 199; *Ensthaler* Begrenzung der Patentierung von Computerprogrammen? GRUR 2013, 666; *Ensthaler/Möllenkamp* Reichweite des urheberrechtlichen Softwareschutzes nach der Umsetzung der EG-Richtlinie zum Rechtsschutz der Computerprogramme, GRUR 1994, 151; *Erdmann/Bornkamm* Schutz von Computerprogrammen – Rechtslage nach der EG-Richtlinie, GRUR 1991, 877; *Esslinger* Zur Patentierbarkeit von Computerprogrammen, Mitt 2002, 17; *Esslinger/Betten* Patentschutz im Internet, CR 2000, 18; *Esslinger/Hössle* Zur Entscheidung „State Street v. Signature Financial" des amerikanischen Court of Appeals for the Federal Circuit, Mitt 1999, 327; *Esteve* Patent Protection of Computer-Implemented Inventions Vis-À-Vis Open Source Software, JWIP 2006, 276; *Evans* Die Bilski-Entscheidung des US Supreme Courts zur Patentierbarkeit von Geschäftsmethoden und computerimplementierten Erfindungen (Foliensammlung), VPP-Rdbr 2010, 148; *Fellas* The Patentability of Software-related Inventions in the United States, EIPR 1999, 330; *Ferro* Het land van de onbeperkte mogelijkheden, het octrooieren van business methods in de Verenigde Staten, BIE 2002, 369; *Fitzgerald* Patentability of Software in Australia, EIPR 1995, 547; *Fitzgerald* Intellectual Property Rights in Digital Architecture (including Software): The Question of Digital Diversity, EIPR 2001, 121; *Försterling* Anmerkung zur Entscheidung des BGH, Urteil vom 24.2.2011 (X ZR 121/09; GRUR 2011, 610) – Zum Patent einer in den Computer implementierten Erfindung, MMR 2011, 543; *A. Frei* Softwareschutz durch das Patentrecht, in *Thomann/Rauber* (Hrsg) Softwareschutz, Bern 1998; *Freischem/Claessen* Computerimplementierte Erfindungen in Deutschland, Europa und den USA, ITRB 2010, 186; *Frishauf* Positive Gerichtsentscheidungen zur Patentfähigkeit von Rechenmaschinenprogrammen in den USA, Mitt 1970, 9; *Fuelling* Manufacturing, Selling, and Accounting: Patenting Business Methods, JPTOS 1994, 471; *Gall* Computerprogramme und Patentschutz, Mitt 1985, 181; *Gall* Computerprogramme und Patentschutz nach dem Europäischen Patentübereinkommen, CR 1986, 523; *Gall* Patentschutz von Software, ÖBl 1987, 89; *Gantner* „Laden eines Computerprogramms als Vervielfältigung?" – Eine wesentliche Frage falsch gestellt, JurPC 1994, 2752, 2793; *Ganahl* Ist die Kerntheorie wieder aktuell? Mitt 2003, 537; *Gautschi* Kein europäisches Patent für Amazons „1-Click- beziehungsweise „No checkout"-Bestelltechnik, sic! 2011, 745; *Gehring/Lutterbeck* Software-Patente im Spiegel von Softwareentwicklung und Open Source Software, 2003; *Geiger* Zur Sprachanalyseeinrichtung, JurPC Web-Dokument 165/2001; *Ghidini/Arezzo* Patent and Copyright Paradigms vis-à-vis Derivative Innovation: The Case of Computer Programs, IIC 36 (2005), 159; *Goebel* Technizität – der Patentschutz für programmbezogene Erfindungen nach der jüngeren deutschen Erteilungs- und Entscheidungspraxis, FS R. Nirk (1992), 357; *Goodman/Marlette/Trzyna* The Alappat Standard for Determining that Programmed Computers are Patentable Subject Matter, JPTOS 1994, 771; *Goodman/ Marlette/Trzyna* Toward a Fact-Based Standard for Determining Whether Programmed Computers are Patentable Subject Matter, JPTOS 1995, 353; *Götting* Gewerbliche Schutzrechte bei der Softwareentwicklung von Versicherungsprodukten für das Internet, VersR 2001, 410; *Groß* Die EG-Richtlinie über den Rechtsschutz von Computerprogrammen und ihre Umsetzung in das deutsche Urheberrechtsgesetz, Mitt 1993, 58; *Großfeld/Hoeltzenbein* CyberLaw and CyberControl: Cyberspace Patents, FS J. Druey (2002), 755; *Guglielmetti* L'invenzione di software, 1995; *Haase* Die Patentierbarkeit von Computersoftware, Diss Ilmenau 2003; *Haberstrumpf* Neue Entwicklungen im Software-Urheberrecht, NJW 1991, 2105; *Hanneman* The patentability of Computer Software, 1985; *Hanneman* The patentability of software-related inventions, 1986; *Hanneman* Octrooiering van Computerprogramma's als voortbrengsel, BIE 1986, 33; *Hanneman* Streepjescode – De octrooierbarheid van computerprogramma's als werkwijzen, IER 1988, 21; *Hanneman* Alappat en zo – octrooibescherming voor software-gerelateerde uitvindingen, BIE 1994, 383; *Hanneman* Over de octrooierbaarheid van ‚methoden vor de bedrijfsvoering', BIE 2000, 40; *Hanneman* The patentability of „methods of doing business", epi-information 2000, 16; *Harris* Patenting Business methods in the U.S., Mitt 2007, 491; *Hart/Holmes/Reid* The Economic Impact of Patentability of Computer Programs, 2000; *Hetmank* Der Patentschutz von neu aufgefundenen Wirkungen, GRUR 2015, 227; *Hilty* Der Softwarevertrag – ein Blick in die Zukunft: Konsequenzen der trägerlosen Nutzung und des patentrechtlichen Schutzes von Software, Multimedia und Recht 2003, 3; *Hilty/Geiger* Patenting Software? A Judicial and Socio-Economic Analysis, IIC 36 (2005), 615; *Ho Hsi Ming* Exclusions to Patentability under Art. 52 European Patent Convention: What is the Influence of CFPH on Aerotel/Macrosssan? EIPR 2007, 247; *Hoepffner* Der Wandel der Rechtsprechung des Bundespatentgerichts zur Schutzfähigkeit von Computerprogrammen, FS 25 Jahre BPatG (1986), 179; *Hollaar* – Software patents in America: Current and future decisions, Mitt 2007, 486; *Holzwarth* Patentability of Software-Related Inventions under the European Patent Convention, 1994; *Hölzle* Neue Entwicklungen zur Patentierbarkeit von Software in den USA, RIW 1994, 162; *Hörl* Patente auf Software und Geschäftsmethoden? Auswirkungen der geplanten EU-Richtlinie auf die anwaltliche Beratung, AnwBl 2004, 642; *Horns* Anmerkungen zu begrifflichen Fragen des Softwareschutzes, GRUR 2001, 1; *Hössle* Patentierung von Geschäftsmethoden – Aufregung umsonst? Mitt 2000, 331; *Hössle* Der nicht-statische Technikbegriff, Mitt 2000, 343; *Huber* Zur patentrechtlichen Wertung der Programme für Datenverarbeitungsanlagen, GRUR 1969, 642; *Huber* Patentschutz auf dem Gebiet der datenverarbeitenden Anlagen, Mitt 1969, 23; *Huber* Computer-Programme und Software-Engineering in patentrechtlicher Sicht, Mitt 1975, 101; *Hübner* Zum Schutz für software-bezogene Erfindungen in Deutschland, GRUR 1994, 883; *Hübner* Softwareschutz: Die Debatte im internationalen Vergleich, Mitt 1996, 384; *Hufnagel* Software- und Business-Patente – Herausforderung für das juristische Risikomanagement, MMR 2002, 279; *Hutter* Octrooiering van software: een overzicht van omgekeerde tweede medische indicatie tot octrooiering van cd's, BIE 1997, 315; *Jaeger/Metzger* Open-source-Software: rechtliche Rahmenbedingungen der freien Software, 2002; *Jander* Der Satz zur technischen Erfindung aus der ABS-Entscheidung, Mitt 1988, 227; *Jander* Zur Rechtsprechung in Sachen Computer-Software, Mitt. 1989, 205; *Jander* Zur Technizität von Computersoftware, Mitt 1991, 90; *Jander* Die derzeitige Situation in Sachen Technizität von Computer-Software, Mitt 1993, 72; *Jander* Gilt der Rechtssatz aus der ABS-Entscheidung zur Technizität einer Erfindung immer? Mitt 1994, 33; *Jander* Änderung der gesetzlichen Bestimmungen in Sachen Technizität? Mitt 1996, 1; *Jänich* Sonderrechtsschutz für geschäftliche Methoden, GRUR 2003, 483 = Sui Generis Rights for Business Methods, 35 IIC (2004), 376; *Jersch* Ergänzender Leistungsschutz und Computersoftware, 1993; *Jersch* Ist die amerikanische Regel bezüglich der Technizität einer Erfindung besser als die deutsche? Mitt 2000, 346; *Jonquères* Zum Schutz von Computerprogrammen, GRUR Int 1986, 455; *Jonquères* Die Patentierbarkeit der Computersoftware, GRUR Int 1987, 465; *Kamlah* Softwareschutz durch Patent- und Urheberrecht, CR 2010, 485; *Keller* Softwarebezogene Patente und die verfassungsrechtlichen Eigentumsrechte der Softwareautoren aus Art. 14 GG, 2008; *Keukenschrijver* (Konkrete, aber nicht technische) Probleme mit der „Aufgabe", FS J. Bornkamm (2014), 375; *Kiesewetter-Köbinger* Über die Patentprüfung von Programmen für Datenverarbeitungsanlagen, GRUR 2001, 185; *Kiesewetter-Köbinger* Pacta sund servanda, JurPC Web-Dokument 100/2008; *Kiesewetter-Köbinger* Anmerkungen zu neuesten Softwarepatentenscheidungen EPA G_3/08 und BGH, Beschl. v. 22. April 2010 – Dynamische Dokumentengenerierung, Der Grüne Bote 2010, 201; *Kindermann* Zur Lehre von der Technischen Erfindung, GRUR 1979, 443 und 501; *Kindermann* Vertrieb und Nutzung von Computersoftware aus urheberrechtlicher Sicht, GRUR 1983, 150; *Kindermann* Reverse Engineering von Computerprogrammen, CR 1990, 638; *Kindermann* Softwarepatentierung, CR 1992, 577, 658; *Klaiber* Stellungnahme zu den Vorlagefragen aus der Entscheidung G 3/08 der großen Beschwerdekammer des EPA, GRUR 2010, 561; *Klopmeier* Zur Technizität von Software, Mitt 2002, 65; *F. Koch* Software-Urheberrechtsschutz für Multimedia-Anwendungen, GRUR 1995, 459; *Kolle* Der Rechtsschutz von Computerprogrammen aus nationaler und internationaler Sicht, GRUR 1973, 611, GRUR Int 1974, 7; GRUR Int 1974, 129, 448; *Kolle* Technik, Datenverarbeitung und Patentrecht, GRUR 1977, 58; *Kolle* Der Rechtsschutz der Computersoftware in der Bundesrepublik Deutschland, GRUR 1982, 443; *Kolle* Patentability of Software-Related Inventions in Europe, IIC 1991, 660; *König* Patentfähige Datenverarbeitungsprogramme – ein Widerspruch in sich, GRUR 2001, 577; *Kraßer* Erweiterung des patentrechtlichen Erfindungsbegriffs? GRUR 2001, 959; *Kulhavy* Kommentar zum Beitrag „Computerimplementierte Erfindungen: eine neue Entscheidung des EPA" von *Beat Weibel* (sic! 6/2005, 514 ff), sic! 2005, 774; *Kumm* Zur patentrechtlichen Systematik und Wertung der Programme der Datenverarbeitungsanlagen, GRUR 1969, 315; *Kumm* Zu einigen Scheinproblemen aus der Datenverarbeitungstechnik, GRUR 1970, 73; *Kunin* Patentability of Computer Program Related Inventions in the United States Patent & Trademarks Office, JPTOS 1994, 149, 1995, 833; *Laakkonen/Whaite* The EPO leads the Way, but Where To? EIPR 2001, 244; *Lambert* Copyleft, Copyright and Software IPRs: is Contract Still King? EIPR 2001, 165; *Lang* Patent Protection for E-commerce Methods in Europe, Computer and Telecommunications Law review 2000, 117; *Laub* Software Patenting: Legal Standards in Europe and the US in view of Strategic Limitations of the IP Systems, JWIP 2006, 344; *Laub* Patentfähigkeit von Softwareerfindungen, GRUR Int 2006, 629; *Laurenson* Computer Software „Article of Manufacture" Patents, JPTOS 1995, 811; *Le Vrang* Die Patentierbarkeit computerimplementierter Erfindungen in der EU, 2006; *Lehmann* Die Europäische Richtlinie über den Schutz von Computerprogrammen, GRUR Int 1991, 327; *Lehmann* Der neue Europäische Rechtsschutz von Computerprogrammen, NJW 1991, 2112; *Lehmann* Titelschutz von Computerprogrammen, GRUR 1995, 250; *Lehmann* TRIPS/WTO und der internationale Schutz von Computerprogrammen, CR 1996, 2; *Lehmann* (Hrsg) Rechtsschutz und Verwertung von Computerprogrammen², 1993; *Leisner* Das Scheitern der „Software-Patent-Richtlinie" – was nun? EWS 2005, 396; *Lejeune/Sieckmann* Softwarepatente in den USA und aktuelle Entwicklung in Deutschland und der EU, MMR 2010, 741; *Lesshaft/Ulmer* Urheberrechtliche Schutzwürdigkeit und tatsächliche Schutzfähigkeit von Software, CR 1993, 607; *E. Liesegang* Software Patents in Europe, Computer and Telecommunication Law Reveiw 1999, 5:2; *Lindenmaier* Zum Begriff der technischen Erfindung, GRUR 1953, 13; *Likhovski* Fighting the Patent Wars, EIPR 2001, 267; *Lloyd* Intellectual Property in the Information Age, EIPR 2001, 290; *Loewenheim* Möglichkeiten des Rechtsschutzes für Computerprogramme, CR 1988, 799; *Lotrin/Rein* Patentability of Software after AT&T v. Excel: The Rollercoaster Ride is Almost Over, 11 (9) J. Proprietory Rights 7, 16 (1999); *Lutterbeck/Horns/Gehring* „Softwarepatente" – ein Thema für die Geschichtsbücher, in *Kubicek* (Hrsg) Innovation @ Infrastruktur, 2002, 277; *Lutz* Lizenzierung von Computerprogrammen, GRUR 1976, 331; *Lutz* Der Schutz der Computerprogramme in der Schweiz, GRUR Int 1993, 653 = Protection of Computer Programs in Switzerland, IIC 1994, 153; *Maier/Mattson* State Street Bank ist kein Ausreißer: die Geschichte der Softwarepatentierung im US-amerikanischen Recht, GRUR Int 2001, 677; *Marly* Urheberrechtsschutz für Computerprogramme – neuer Stoff für Cervantes? JurPC 1991, 1347; *Marly* Urheberrechtsschutz für Computersoftware in der Europäischen Union, 1995; *Marly* Rechtsschutz für technische Schutzmechanismen geistiger Leistungen, Kommunikation und Recht 1999, 255; *Martin* Die Patentierbarkeit programmbezogener Erfindungen in den Niederlanden, GRUR Int 1987, 471; *Maruhn* Der Schutz der Computersoftware in der Praxis, FS F. Traub (1994), 259; *Melullis* Zur Patentfähigkeit von Programmen für Datenverarbeitungsanlagen, GRUR 1998, 843; *Melullis* Zum Patentschutz für Comuterprogramme, FS W. Erdmann (2002), 401; *Melullis* Zur Sonderrechtsfähigkeit von Computerprogrammen, FS R. König (2003), 341; *Metzger* Softwarepatente im künftigen europäischen Patentrecht, CR 2003, 313; *Meyer* Softwareschutz – heute und morgen (Tagungsbericht), sic! 1998, 527; *Michalski* Die Neuregelung des Urheberrechtsschutzes von Computerprogrammen, DB 1993, 1961; *Michalski/Bösert* Vertrags- und schutzrechtliche Behandlung von Computerprogrammen, Stuttgart 1992; *Milbradt* Schutzfähigkeit von Software, Kommunikation und Recht 2002, 522; *Millard* Legal protection of computer programs and data, 1985; *Moens* Streamlining the Software Development Process, through Reuse and Patents, EIPR 2000, 489; *Möhring* Schutzfähigkeit von Programmen für Datenverarbeitungsmaschinen, GRUR 1967, 269; *Moritz/Tybusseck* Computersoftware. Rechtsschutz und Vertragsgestaltung², 1992; *Moser* Vergleichende Literaturuntersuchung hinsichtlich der Schutzfähigkeit von Rechenprogrammen für Datenverarbeitungsmaschinen, GRUR 1967, 639; *Moufang* Softwarebezogene Erfindungen im Patentrecht, FS Kolle/Stauder (2005), 225; *Müller* Künftige EG-Richtlinien über Patentierbarkeit von Computerprogrammen, CRI 2000, 17; *Chr. Müller* Zum Vorschlag einer EU-Richtlinie über die Patentierbarkeit computerimplementierter Erfindungen, sic! 2002, 638; *Müller/Gerlach* Softwarepatente und KMU, CR 2004, 389; *Nack* Sind jetzt computerimplementierte Geschäftsmethoden patentfähig? GRUR Int 2000, 853; *Nack* Die patentierbare Erfindung unter den sich wandelnden Bedingungen von Wissenschaft und Technologie, 2002; *Nack* Getrennte Welten? Die volkswirtschaftliche und die juristische Diskussion um Software-Patente, FS R. König (2003), 359; *Nack* Neue Gedanken zur Patentierbarkeit von comuterimplementierten Erfindungen, GRUR Int 2004, 771; *Nack/Betten* Patentierbarkeit von Geschäftsmethoden, AIPPI-Jahrbuch 2001/II, 106; *Nägele* Der aktuelle Stand der geplanten europäischen Gesetzgebung zur Patentierbarkeit computerimplementierter Erfindungen, Mitt 2004, 101; *Nerlich* Computersoftware nach der Urheberrechts-Novelle, MDR 1994, 757; *Newman* The Patentability of Computer-related Inventions in Europe, EIPR 1997, 701; *Niedlich* Anmerkungen zu *Ganahl* „Ist die Kerntheorie wieder aktuell?", Mitt 2004, 291; *Niedostadek* Der Rechtsschutz von Computerprogrammen in Großbritannien, Münster 1994; *Nitschke* Geistiges Eigentum ist Diebstahl, FoR 2002, 91; *Ntouvas* Computerimplementierte Geschäftsmethoden und eBays Sofort-kaufen-Option, GRUR Int 2006, 129; *Ohly* Software und Geschäftsmethoden im Patentrecht, CR 2001, 809; *Old* Patenting Computer-Related Inventions in Australia, IIC 1993, 345; *Ölschlegel* Zur Schutzfähigkeit von Rechenprogrammen für Datenverarbeitungsanlagen, GRUR 1968, 679; *Omsels* Open Source und das deutsche Vertrags- und Urheberrecht, FS P. Hertin (2000), 141; *Ophir* The Patentability of Computer Software in Israel, GRUR Int 1996, 357; *Paschke/Kerfack* Wie klein ist die „kleine Münze"? Der Schutz von Computerprogrammen nach der Urheberrechtsnovelle 1993, ZUM 1996, 498; *Perlzweig* Die Patentwürdigkeit von Datenverarbeitungsprogammen, Diss Frankfurt/M 2003; *Pfeifer* Informationsverarbeitung und Patentschutz, CR 1988, 975; *Pfeiffer* Zur Diskussion der Softwareregelungen im Patentrecht, GRUR 2003, 581; *Pfeiffer* The EU-Directive on Patentability of Computer Implemented Inventions Comedy, Drama or a Nuisance? Probably all of it! epi-Information 2005, 59; *Pierson* Der Schutz der Programme für die Datenverarbeitung im System des Immaterialgüterrechts, 1991; *Pierson* Softwarepatente – Kategorien aus patentrechtlicher Sicht, JurPC Web-Dokument 182/2004; *Pierson* Softwarepatente – technische und patentrechtliche Grundlagen, JurPC Web-Dokument 181/2004; *Pierson* Aktuelle Entwicklungen im gewerblichen Rechtsschutz: computerimplementierte Erfindungen, Neue juristische InternetPraxis 2005, 25; *Pierson* Softwarepatente – Meilensteine der patentrechtlichen Rechtsprechung, JurPC Web-Dokument 183/2004; *Pila* Dispute over the Meaning of „Invention" in Art 52(2) EPC – The Patentability of Computer-Implemented Inventions in Europe, IIC 36 (2005), 173; *Pilny* Die Registrierung von Computer-Software in

Japan, GRUR Int 1988, 26; *Pilny* Schnittstellen in Computerprogrammen, GRUR Int 1990, 431; *Pleister* Die neuen Richtlinien des U.S. Patent and Trademark Office zur Patentfähigkeit von computerbezogenen Erfindungen, GRUR Int 1997, 698; *Portin* Zum Schutz von Computerprogrammen in Finnland, GRUR Int 1975, 19; *Poth* Die Patentierungsausschlüsse nach Art 52(2) und (3) EPÜ, Mitt 1992, 305; *Prasch* Technische Problemlösungen in Datenverarbeitungssystemen aus patentrechtlicher Sicht, CR 1987, 337; *Prasch* Patentfähige Erfindungen im Bereich der Datenverarbeitung, Elektronik 1986 H 9, 54; *Prasch* Aktuelle technische Fragen, in: *van Raden* (Hrsg) Zukunftsaspekte des gewerblichen Rechtsschutzes, 1995, 75; *Rau* Die Patentfähigkeit von Programmen für elektronische Datenverarbeitungsanlagen, Diss München (TU) 1968; *Raubenheimer* Die jüngere BGH-Rechtsprechung zum Softwareschutz nach Patentrecht, CR 1994, 328; *Raubenheimer* Die neuen urheberrechtlichen Vorschriften zum Schutz von Computerprogrammen, Mitt 1994, 309; *Rees* Some decisions of the EPO Boards of Appeal concerning software-related inventions, Mitt 2001, 493; *Reichl* Beobachtungen zur Patentierbarkeit computerimplementierter Erfindungen, Mitt 2006, 6; *Reichman* Legal Hybrids between the Patent and Copyright Paradigms, 1994 Vol 94 Issue 8 Columbia Law Review 2432; *Rempe* Öffnung des PatG für die Softwarepatentierung? MMR 2010, 552; *Renner* Rechtsschutz von Computerprogrammen. Vergleich des österreichischen Urheberrechtsgesetzes mit den europäischen TRIPS-Mindeststandards, 1998; *Riederer* Anmeldungen und Patente auf Geschäftsmethoden: Statistischer Vergleich USA, EP und DE für den Zeitraum von 1995–2006, GRUR Int 2007, 402; *Ringel* Der Rechtsschutz von Computerprogrammen in Italien, 1999; *Rössel* Patentierungsverbot für Computerprogramme als solche, ITRB 2002, 50; *Rössel* Patentierung von Computerprogrammen, ITRB 2002, 90; *Röttinger* Patentierbarkeit computerimplementierter Erfindungen, CR 2002, 616; *Ruch* (Hrsg) Recht und neue Technologien, 2004; *Rudisill/Auchterlonie/Irfan* Patentschutz von Software, insbesondere von Expertensystemen in den USA, Mitt 1988, 148; *Rudy* Open source software: ein Aufriß, in: *Vieweg* (Hrsg) Spektrum des Technikrechts, Referate eines Symposiums aus Anlaß des 10jährigen Bestehens des Instituts für Recht und Technik in Erlangen, 2002, 201; *Rummler* Computer Program Inventions Before the German Courts – A Review, IIC 2005, 225; *Sack* Der Begriff des Werkes – ein Kennzeichnungsträger ohne Kontur? Zugleich eine Stellungnahme zur Werkeigenschaft von Software, GRUR 2001, 1095; *Sandl* Open Source-Software: politische, ökonomische und rechtliche Aspekte, CR 2001, 346; *Schauwecker* Die Rechtssache Bilski und ihre Auswirkungen auf die Patentierbarkeit computerimplementierter Erfindungen in den USA, GRUR Int 2010, 1, 115; *Scheuber* Zur Patentierbarkeit von Hardware/Software, Mitt 1981, 232; *Schiffner* Open Source Software: freie Software im deutschen Urheber- und Vertragsrecht, Diss München 2002; *Schiuma* TRIPS und das Patentierungsverbot von Software „als solcher", GRUR Int 1998, 852 = TRIPS and Exclusion of Software „as Such" from Patentability, IIC 2000, 36; *Schmidtchen* Zur Patentfähigkeit und Patentwürdigkeit von Computerprogrammen und von programmbezogenen Lehren, Mitt 1999, 281; *Schneider* Handbuch des EDV-Rechts³, 2003; *Schneider* Patentierbarkeit von Software: EU-Richtlinie, Praxis des DPMA, Rechtsprechung des BGH und EuGH, Neue juristische Internet-Praxis 2003, 17; *Schneider* Die Patentierbarkeit von Computerprogrammen, 2014; *Schölch* Softwarepatente ohne Grenzen, GRUR 2001, 16; *Schölch* Patentschutz für computergestützte Entwurfsmethoden: ein Kulturbruch? GRUR 2006, 969; *Schöniger* Patentfähigkeit von Software, CR 1997, 598; *Schohe* Anmerkung zu einer Entscheidung des BGH, Urteil vom 24.2.2011 (X ZR 121/09; MittdtschPatAnw 2011, 359) – Zur Patentfähigkeit computerimplementierter Erfindungen, Mitt 2011, 362; *David Schramm* Patenting Your Website: It's All a Matter of Design, JPTOS 1998, 892; *Schuffenecker* Logiciel et Brevetabilité, epi-Information 1997 Sonderheft 3, 15; *Schuhmacher* Schutz von Algorithmen für Compuerprogramme, Diss Münster 2003; *Schulte* Der Referentenentwurf eines Zweiten Gesetzes zur Änderung des Urheberrechtsgesetzes, CR 1992, 648; *Schulze* Urheberrechtsschutz von Computerprogrammen – geklärte Rechtsfrage oder bloße Illusion? GRUR 1985, 997; *Schwarz* Anspruchskategorien bei computerimplementierten Erfindungen, Mitt 2010, 57; *Schwarz/de Witt* Ist in den USA wirklich „alles unter der Sonne vom Menschen Geschaffene" patentierbar? Mitt 2007, 494; *Schwarz/Kruspig* Computerimplementierte Erfindungen: Patentschutz für Software? 2011; *Schwerdtel* Schutz für Software aus praktischer Sicht, Mitt 1984, 211; *Sedlmaier* Der Richtlinienvorschlag für die Patentierbarkeit computerimplementierter Erfindungen – eine Anmerkung, Mitt 2002, 97; *Sedlmaier* Verwirrung durch Klarstellungen im Softwarepatentrecht, Mitt 2002, 55; *Sedlmaier* Zur Technizität computerimplementierter Erfindungen, Mitt 2002, 353; *Sedlmaier* Patentierungsverbot für Computerprogramme als solche, CR 2002, 92; *Sedlmaier* BPatG: Kein Patentanspruch für Cyber-Cash-Verfahren, CR 2002, 559; *Sedlmaier* Keine Patentierbarkeit geschäftlicher Tätigkeit, CR 2002, 718; *Sedlmaier* Anmerkung zum alternativen Formulierungsvorschlag der Bundesregierung bezüglich des EU-Kommissionsvorschlags für eine Richtlinie über die Patentierbarkeit computerimplementierter Erfindungen, Mitt 2002, 448; *Sedlmaier* Die Patentierbarkeit von Computerprogrammen und ihre Folgeprobleme, Diss München (Univ. der Bundeswehr) 2003/4; *Sherman* The Patentability of Computer-Related Inventions in the United Kingdom and the European Patent Office, EIPR 1991, 85; *Siepmann* Free Software – rechtsfreier Raum? 2000; *Skaupy* Urheber-, Patent- und Wettbewerbsschutz von Rechenprogrammen, Mitt 1967, 121; *Skaupy* Zur Schutzfähigkeit von elektronischen Rechenprogrammen, BB 1967, 945; *Soltysinski* Protection of Computer Programs: Comparative and International Aspects, IIC 1990, 1; *Spindler* (Hrsg) Rechtsfragen bei Open Source, 2003; *Stäbler* Softwareschutz – eine Übersicht der Möglichkeiten mit Schwerpunkt Patentrecht, Diplomarbeit ETH Zürich 1998; *Steinbrener* Die Auslegung von Artikel 52 (1)–(3) EPÜ in der neueren Rechtsprechung der Beschwerdekammern, FS K. Bartenbach (2005), 313; *Steinbrener* Die aktuelle Rechtsprechung der europäischen Beschwerdekammern zur Patentierbarkeit computerimplementierter Erfindungen, VPP-Rdbr 2006, 113; *Steinbrener* Patentierbarkeit computerimplementierter Erfindungen, GRUR 2008, 52; *Steiner* Computer Software Patentability – a Comparison between US and CAFC, Diplomarbeit ETH Zürich 1999; *Stern* US Court of Appeals for Federal Circuit Clarifies Patent Eligibility Guidelines: In re Bilski, EIPR 2009, 213; *Stieger* Patentierbarkeit von Geschäftsmethoden – Paradigmenwechsel im Patentrecht? 5. St. Galler Internat Immaterialgüterrechtsforum 2001, 197; *Stjerna* Neues zur Patentierbarkeit computerimplementierter Erfindungen, Mitt 2005, 49; *Stoianoff* Patenting

Computer Software: An Australian Perspective, EIPR 1999, 500; *Swanson* The Patentability of Business Methods, Mathematical Algorithms and Computer-Related Inventions After the Decision by the Court of Appeals for the Federal Circuit in „State Street", Federal Circuit Bar J. 1999, 153; *Tauchert* Zur Beurteilung des technischen Charakters von Patentanmeldungen aus dem Bereich der Datenverarbeitung, JurPC 1996, 296; *Tauchert* Elektronische Speicherelemente als Erzeugnisschutz für Computerprogramme, Mitt 1997, 207; *Tauchert* Zur Beurteilung des technischen Charakters von Patentanmeldungen aus dem Bereich der Datenverarbeitung unter Berücksichtigung der bisherigen Rechtsprechung, GRUR 1997, 149; *Tauchert* Elektronische Speicherelemente als Erzeugnisschutz für Computerprogramme? Mitt 1997, 207; *Tauchert* Zur Patentierbarkeit von Programmen für Datenverarbeitungsanlagen, Mitt 1999, 248; *Tauchert* Patentschutz für Computerprogramme – Sachstand und neue Entwicklungen, GRUR 1999, 829; *Tauchert* Zur Patentierbarkeit von Programmen für Datenverarbeitungsanlagen, GRUR 1999, 965; *Tauchert* Patent Protection for Computer Programs – Current Status and New Developments, IIC 2000, 812; *Tauchert* Patentierung von Programmen für Datenverarbeitungsanlagen – neue Rechtsprechung und aktuelle Entwicklungen, JurPC Web-Dokument 40/2001; *Tauchert* Zum Begriff der technischen Erfindung, JurPC Web-Dokument 28/2002; *Tauchert* Grundlagen und aktuelle Entwicklungen bei der Patentierung von Computerprogrammen, FS R. König (2003), 481; *Tauchert* Nochmals: Anforderungen an einen Patentschutz für Computerprogramme, GRUR 2004, 922; *Tauchert* Softwarepatente und computer-implementierte Erfindungen, Jur-PC Web-Dokument 6/2005; *Teufel* Schutz von Software durch Patent- und Urheberrecht, Mitt 1993, 73; *Teufel* Patentschutz für Software im amerikanisch-europäischen Vergleich, in *Fiedler ua* (Hrsg) Information als Wirtschaftsgut (1997), 183; *Teufel* Open-Source-Programme und Softwarepatente – ein Widerspruch? VPP-Rdbr 2002, 7; *Teufel* Freie Software, offene Innovation und Schutzrechte, Mitt 2007, 341; *Teufel* Aktuelle Entwicklungen im Bereich Software-Patentierung: Patentansprüche für computerimplementierte Erfindungen, Mitt 2008, 196; *Teufel* Aktuelles aus dem Bereich Softwarepatentierung: Das „Computerprogramm als solches" – Vorlage an die Große EPA Beschwerdekammer, Mitt 2009, 249; *Teufel* Aktuelles aus dem Bereich Softwarepatentierung, Mitt 2010, 405; *Teufel* Aktuelles aus dem Bereich Softwarepatentierung: Das „konkrete technische Problem" – objektiv eine noch ungelöste Aufgabe? Mitt 2011, 497; *Thouvenin* Patentierung von Geschäftsmethoden und Computerprogrammen: The English Approach, sic! 2007, 664; *Thouvenin* Computerimplementierte Erfindungen: Status quo im Europäischen Patentrecht, sic! 2010, 808; *Thurman* Der Rechtsschutz für Computer-Programme in den USA, GRUR Int 1969, 207; *Toedt* Software as „Machine DNA": Arguments for Patenting Useful Computer Disks Per Se, JPTOS 1995, 275; *A. Troller* Der urheberrechtliche Schutz von Inhalt und Form der Computerprogramme, CR 1987, 213, 278; *Twiehaus* Hard- und Software im gewerblichen Rechtsschutz und Urheberrecht, JurPC 1994, 2872 und 2936; *Ullmann* Zur Urheberrechtsschutzfähigkeit von Computerprogrammen, CR 1986, 564; *Ullmann* Urheberrechtlicher und patentrechtlicher Schutz von Computerprogrammen, CR 1992, 641; *Ullmann* Die Einbindung der elektronischen Datenbanken in den Immaterialgüterrechtsschutz, FS E. Brandner (1996), 507; *Ullmann* Schutz für die maschinelle Übersetzung als immaterielles Gut? FS W. Erdmann (2002), 221; *Ullrich/Körner* Der internationale Softwarevertrag, 1995; *Ulmer/Kolle* Der Urheberrechtsschutz von Computerprogrammen, GRUR Int 1982, 489; *Välimäki* A Practical Approach to the Problem of Open Source and Software Patents, EIPR 2004, 523; *van den Berg* Patentability of computer-software-related inventions, FS 10 Jahre Rspr GBK EPA (1996), 29; *van Raden* Die Informatische Taube, Überlegungen zur Patentfähigkeit informationsbezogener Erfindungen, GRUR 1995, 451; *van Raden* Technology Dematerialised – Another Approach to Information related Inventions, EIPR 1996, 384; *van Raden* Unser Kontinent – das Alte, GRUR 1999, 904; *van Voorthuizen* Die Patentfähigkeit von Programmen für Datenverarbeitungsanlagen und computerbezogene Erfindungen nach dem EPÜ, GRUR Int 1987, 474; *Vanek/Kreutzer/Velling* Software + Patente: Patentieren von computerimplementierten Erfindungen, ein Praxis-Leitfaden, 2005; *Vietzke* Software Patent Protection. A Problem-Solution Theory for Harmonizing the Precedent, XII(1) Computer L.J. 1993, 25; *Vinje* Die EG-Richtlinie zum Schutz von Computerprogrammen und die Frage der Interoperabilität, GRUR Int 1992, 250; *von Gravenreuth* Juristisch relevante technische Fragen zur Beurteilung von Computer-Programmen, GRUR 1986, 720; *von Hellfeld* Der Schutz von Computerprogramme enthaltenden Erfindungen durch das Europäische und das Deutsche Patentamt – eine Konfrontation, GRUR 1985, 1025; *von Hellfeld* Software-Patentfähigkeit, Mitt 1986, 190; *von Hellfeld* Sind Algorithmen schutzfähig? GRUR 1989, 471; *Wagner et al* Symposium: „Article of Manufacture": Patent Claims for Computer Instructions, XVII(1) J. Marshall J. Computer&InfoL. 1 (1998); *Walker* Developments in the Concept of a Patentable Invention in USA and Europe – Computer Programs and Methods of Doing Business, 2001; *Weber* Die Entwicklung der BGH-Rechtsprechung zu computerimplementierten Erfindungen, IPRB 2015, 163; *Weber-Steinhaus* Computerprogramme im deutschen Urhebersystem, 1993; *Weibel* Stellungnahme zur geplanten EU-Richtlinie betreffend die Patentierbarkeit von computerimplementierten Erfindungen, sic! 2002, 641; *Weibel* Computerimplementierte Erfindungen: eine neue Entscheidung des EPA, sic! 2005, 514; *Weiser* Die Patentierung von Computerprogrammen und Systemen, Diss Wien (TU) 2001; *Wenzel* Problematik des Schutzes von Computer-Programmen, GRUR 1991, 105; *Weyand/Haase* Anforderungen an einen Patentschutz für Computerprogramme, GRUR 2004, 198 = Patenting Computer Programs: New Challenges, IIC 36 (2005), 647; *Wickhalder* Entwicklungen im Bereich der Patentierung von computergestützten Geschäftsmethoden, sic! 2002, 579; *Wiebe* Know-how-Schutz von Compuersoftware, 1993; *Wiebe* Rechtsschutz für Software in den neunziger Jahren, BB 1993, 1094; *Wiebe* Softwarepatente vor dem Aus? Ecolex 2004, 869; *Wiebe* Softwarepatente – das Ende von Open Source? Medien und Recht 2004, 195; *Wiebe* Softwarepatente und Open Source: Analyse des Konfliktpotentials zwischen Open Source und dem Patentschutz für softwarebezogene Erfindungen, CR 2004, 881; *Wiebe/Heidinger* Ende der Technizitätsdebatte zu programmbezogenen Lehren? GRUR 2006, 177; *Williams* European Commission: Proposed Directive for Patents for Software-Related Inventions, EIPR 2004, 368; *Wimmer-Leonhardt* Softwarepatente: eine „Never-Ending-Story", WRP 2007, 273; *Wolff* Der Schutz von Computersoftware in Österreich, CR 1986, 500; *Wood* Patents in Computer Software Commercially Useful is Not Enough, 9 AIPJ 134 (1998); *Xiang/Shan* The New Developments in Patent Protection for Inventions Involving Computer Programs in China, IIC 2007, 659; *Zekos* Developments on Business Method Patents, JWIP 2004, 693; *Zekos* Software Patenting, JWIP 2006, 426; *Zipse* Sind Computerprogramme Anweisungen an den menschlichen Geist? GRUR 1973, 123; *Zirn* Softwarerechtsschutz zwischen Urheber- und Patentrecht, 2004.

I. Elemente der Erfindung

1. Gesetzliche Regelung. Patente werden für Erfindungen erteilt. Der Begriff Erfindung wird im PatG **5** nicht definiert, sondern als gegeben vorausgesetzt. Ebenso wenig definieren ihn das StraÜ oder das EPÜ. In Übereinstimmung mit diesen beiden Übk spricht Abs 1 von „Erfindungen", die neu sind, auf einer erfinderischen Tätigkeit beruhen und gewerblich anwendbar sind. Jedoch werden die Attribute „neu" und „erfinderisch" vom Erfindungsbegriff nicht mit umfasst.[2]

2. Der Begriff der Erfindung im deutschen Patentrecht. Bis 1978 wurde ein differenzierter Erfin- **6** dungsbegriff entwickelt, der neben der Prüfung am StdT den technischen Charakter der Lehre zum Handeln[3] und deren Differenzierung in Aufgabe und Lösung[4] einschloss.

Hinzu kamen das Vorliegen einer **fertigen Lehre**,[5] ihre **Ausführbarkeit**[6] mit dem Unteraspekt der **7** **Brauchbarkeit**[7] und die **Wiederholbarkeit** der Lehre.[8]

Als weiteres Element des Erfindungsbegriffs hat der BGH die **Identifizierbarkeit der Erfindung** iS **8** einer inhaltlich bestimmten Lehre zum technischen Handeln, die es anderen Sachverständigen ermöglicht, nach ihr zu arbeiten,[9] angesehen. Da Patente ihrem Inhaber für den Gegenstand der Erfindung ein ausschließliches Recht gewährten und Dritte von der gewerbsmäßigen Benutzung der unter Schutz gestellten Erfindung ausschlössen, müsse die Erfindung inhaltlich so eindeutig beschrieben sein, dass der Inhaber des Patents und die interessierte Öffentlichkeit erkennen könnten, welche Erfindung unter Schutz gestellt sei. Deshalb rechne die Frage der eindeutigen Identifizierbarkeit einer Erfindung auch zu den sachlich-rechtl Erfordernissen der Patentfähigkeit.[10]

Verschiedentlich ist auch in der **sozialen Nützlichkeit** ein Element des Erfindungsbegriffs gesehen **9** worden. Wird eine technische Aufgabe durch ein technisches Arbeitsmittel gelöst, entspricht das technische Ergebnis regelmäßig auch der Befriedigung eines gesellschaftlichen Bedürfnisses; hierin liegt der Zweck der Erfindung, sie erweist sich als sozial nützlich.[11] Der soziale Zweck betrifft ein Bedürfnis, dessen Befriedigung die Lösung einer bestimmten technischen Aufgabe sozial nützlich erscheinen lassen kann.[12] Der erfinderischen technischen Lehre ist wesensimmanent, dass sie nutzbringend verwendet werden kann.[13] Ob der sozialen Nützlichkeit in diesem Zusammenhang eigenständige Bedeutung zukam, war umstritten.[14]

---

2   Vgl EPA T 154/04 ABl EPA 2008, 46 Schätzung des Absatzes; *Singer/Stauder* Rn 7.
3   RG GRUR 1933, 289 Rechentabellen; BGH GRUR 1965, 533 Typensatz.
4   RGZ 150, 95 = GRUR 1936, 323 Straßenlampen; BPatGE 5, 123; BPatGE 7, 20; BPatG GRUR 1983, 239.
5   RG GRUR 1938, 256 Kopiermaschinen; BGH GRUR 1961, 464, 467 Wechselstromgeneratoren; BGH GRUR 1960, 546, 549; BGH 16.1.1962 I ZR 48/60; BGH GRUR 1965, 473, 475 Dauerwellen I; BGHZ 45, 102 Appetitzügler I; BGH GRUR 1966, 558 f Spanplatten; BGHZ 52, 74, 81 f = GRUR 1969, 672 rote Taube; BGH GRUR 1971, 210, 212 Wildverbißverhinderung.
6   RG GRUR 1935, 921 Gerätestecker; BGH GRUR 1966, 141 Stahlveredlung; so weiterhin *Kraßer/Ann* § 13 Rn 11 f; *Schulte* Rn 35 f; *Büscher/Dittmer/Schiwy* Rn 32; offen gelassen in BPatGE 49, 262, 265 = GRUR 2006, 1015, Verfahrenskostenhilfesache.
7   BGH GRUR 1965, 298 Reaktionsmeßgerät; so weiterhin *Schulte* Rn 32; *Büscher/Dittmer/Schiwy* Rn 33 ff.
8   RG BlPMZ 1903, 252, 254 bobweights; so weiterhin *Schulte* Rn 38 ff; *Büscher/Dittmer/Schiwy* Rn 36 ff.
9   BGHZ 57, 1 = GRUR 1972, 80 Trioxan; vgl *Mes* Rn 88: keine selbstständige Voraussetzung der Patentfähigkeit.
10   BGH Trioxan; vgl auch BGH BlPMZ 1984, 211, 213 optische Wellenleiter; BGHZ 92, 129 = GRUR 1985, 31, 32 Acrylfasern; Intellectual Property High Court Japan IIC 2008, 852.
11   BGH GRUR 1956, 77 Rödeldraht.
12   BGH GRUR 1955, 29 Nobelt-Bund.
13   BGHZ 130, 259 = GRUR 1996, 109 klinische Versuche I.
14   Bejahend 4. *Aufl* Rn 11, *Reimer* Anm 21, *Lindenmaier* Rn 31; BPatGE 19, 86 betr die Erzeugung eines künstlichen Bewusstseins; BPatGE 29, 39, 42: Verfahrenskostenhilfeentscheidung bzgl eines „Scheintotenentlarvungssystems"; abl *Benkard* Rn 73.

10   **3. Der Begriff der Erfindung in der europäischen Praxis.** Ein entspr der früheren dt Praxis differenzierter Erfindungsbegriff lässt sich aus dem StraÜ und dem EPÜ nicht ableiten. Der Begriff ist im StraÜ nicht definiert worden, weil es wegen seiner unterschiedlichen Interpretation in den einzelnen Staaten unmöglich erschien, eine Einigung darüber zu erzielen, was dem Gegenstand nach eine Erfindung sei.[15] Durch die Neuregelung 1978 ist die Bestimmung des Abs 1 in Übereinstimmung mit Art 52 Abs 1 EPÜ und mit Art 1 Abs 1 StraÜ gebracht worden. Zwar geht der Gesetzgeber davon aus, dass es den Vertragsstaaten frei stehe, selbst zu bestimmen, was als Erfindung angesehen werden soll. Für das nationale Recht ist hiervon aber dadurch Gebrauch gemacht worden, dass die Regelung in Art 52 Abs 2, 3 EPÜ übernommen worden ist, um sicherzustellen, dass der Kreis der patentfähigen Erfindungen derselbe ist, gleichgültig, ob für eine Erfindung die Erteilung eines nationalen Patents oder eines eur Patents beantragt wird (Begr). Somit verbietet sich eine an früheren nationalen Maßstäben orientierte Auslegung.[16] Die geltende Bestimmung enthält ein allg Patentierungsgebot,[17] die Voraussetzungen der Patentfähigkeit sind grds abschließend geregelt;[18] vgl auch die EPA-PrRl C-IV 1. Die Materialien zum EPÜ liefern ebenso wenig wie die Praxis des EPA Anhaltspunkte, fertige Lehre, Ausführbarkeit, Brauchbarkeit, Wiederholbarkeit und Identifizierbarkeit als Erfindungselemente zu behandeln, sieht man davon ab, dass nach den EPA-PrRl der „perpetuum-mobile"-Fall am Kriterium der gewerblichen Anwendbarkeit gemessen werden soll (Rn 12).

11   **4. Folgerungen für das geltende Recht.** Der Erfindungsbegriff ist nach der an das EPÜ angepassten Regelung in § 1 Abs 1 auf die **vier Elemente** Erfindung iS einer Lehre zum technischen Handeln, gewerbliche Anwendbarkeit, Neuheit und erfinderische Tätigkeit beschränkt. Der frühere dt Erfindungsbegriff kann deshalb für seit 1978 angemeldete Erfindungen keine Geltung mehr beanspruchen.[19] Für den technischen Fortschritt ist dies unbestritten.

12   Die **Ausführbarkeit** ist unter dem Gesichtspunkt der ausführbaren Offenbarung der Erfindung ausdrücklich in § 34 Abs 4 (Art 83 EPÜ) geregelt; mangelnde Ausführbarkeit ist zum selbstständigen Widerrufs- und Nichtigkeitsgrund erhoben worden (§ 21 Abs 1 Nr 2; Art II § 6 Abs 1 Nr 2 IntPatÜG; Art 100 Buchst b, Art 138 Buchst b EPÜ). Damit ist für die Praxis die Notwendigkeit entfallen, diesen Gesichtspunkt in den Erfindungsbegriff des § 1 einzubeziehen.[20] Gleichwohl ist die Ausführbarkeit in Rspr[21] und Lit vielfach weiterhin der Patentfähigkeit zugeordnet worden, sei es nach § 1, sei es nach § 5.[22] Danach müssten die Regelungen in §§ 1, 5 einerseits und § 34 andererseits konkurrieren, einmal als materielle Voraussetzung der Patentfähigkeit und zum anderen als Anmeldeerfordernis.[23] Die EPA-PrRl C-II 4.1, 4.11 und C-IV 1.2 behandeln die Ausführbarkeit grds nicht im Rahmen der Patentfähigkeit und wollen nur den Fall des

---

15   Begr IntPatÜG BlPMZ 1976, 332.

16   Vgl auch BGHZ 130, 259 = GRUR 1996, 109 klinische Versuche I, zu § 11 Nr 2.

17   *Singer/Stauder* EPÜ Art 52 Rn 3.

18   So auch die Begr; vgl *Mathély* Le droit européen des brevets d'invention, 1978, S 98 f: „.... les trois conditions sont exclusives. Cela signifie que, si elles sont nécessaires, elles sont suffisantes. On sait que certaines législations nationales exigent, pour la brevetabilité, outre le caractère industriel, la nouveauté et l'activité inventive, certaines conditions complémentaires, telles que l'existence d'une utilité ou d'un progrès technique. Conformément à la Convention de Strasbourg, le droit européen n'a pas retenu de telles conditions. Les seules conditions de brevetabilité sont donc celles qui sont énumérées par l' article 52 § 1"; *Paterson* The European Patent System, 1992, S 311: „If the above four criteria are met, the wording of Article 52 (1) EPC is mandatory: European patents „shall be granted" for such inventions, subject only to the exclusions and exceptions set out in the remainder of Article 52 EPC and in Article 53 EPC, respectively".

19   Vgl *Bühring* § 1 GebrMG Rn 132.

20   Vgl *Ruhl* Unionspriorität, 2000, S 18; *Benkard-EPÜ* Art 52 Rn 92 f.

21   BGHZ 100, 67 = GRUR 1987, 231 Tollwutvirus; BGHZ 122, 144 = GRUR 1993, 651 tetraploide Kamille; OLG Karlsruhe 28.3.2007 6 U 146/05; anders BGH GRUR 1988, 364 Epoxidation.

22   *Benkard* § 21 Rn 13; *Kraßer/Ann* § 13 Rn 11 ff; *Mes* Rn 77; vgl *Hansen* Probleme der Ausführbarkeit bei Chemie-Erfindungen, GRUR 2000, 469.

23   Vgl EPA T 541/96; BPatGE 49, 262 = BlPMZ 2006, 419; *Schulte* Rn 35 f unterscheidet zwischen mangelnder Realisierbarkeit wegen Verstoßes gegen anerkannte physikalische Gesetze (zB perpetuum mobile) einerseits und fehlender Ausführbarkeit aufgrund von Offenbarungsmängeln, die nur an § 34 zu messen ist, andererseits; demgegenüber nimmt *MGK/Teschemacher* Art 83 Rn 63 Spezialität an, die Ausführbarkeit ist danach nur an Art 83 EPÜ (entspr § 34) zu messen.

„perpetuum mobile" auch an der gewerblichen Anwendbarkeit messen.[24] Nach der Praxis des EPA ist die Beanstandung auf Art 83 EPÜ als die speziellere Norm zu stützen.[25]

Die Regelungssystematik des geltenden Rechts spricht dafür, iS einer **Exklusivität** Ausführbarkeit 13 sowie die damit eng zusammenhängenden Fragen der Brauchbarkeit, der Wiederholbarkeit und der fertigen Erfindung[26] ausschließlich an § 34 und Art 83 EPÜ zu messen.

Für das geltende Recht kann auch die **Identifizierbarkeit** der Lehre nicht als Erfindungselement an- 14 gesehen werden.[27] Zwar hat die Harmonisierung des Patentrechts an der Beurteilung der Identifizierbarkeit als verfahrensmäßiges Erfordernis der Patenterteilung[28] – jedenfalls unter dem Gesichtspunkt der Klarheit (Art 84 Satz 2 EPÜ) – nichts geänd.[29] Daraus kann aber nicht abgeleitet werden, dass die Klarheit der Patentansprüche als eigenständiges Element der Patentfähigkeit anzusehen wäre (zur Frage, ob die Zurückweisung der Anmeldung auf mangelnde Klarheit gestützt werden kann, Rn 14 zu § 48). Unklarheiten, die sich aus der Fassung der Patentansprüche ergeben, sind jedoch bei der Bestimmung des zu schützenden Gegenstands und damit insb bei der Prüfung auf Neuheit[30] sowie bei der Bestimmung des Schutzbereichs des Patents zu berücksichtigen. Im übrigen ist fehlende Identifizierbarkeit zu Unrecht generell als der Ausführbarkeit entgegenstehend angesehen worden.[31] Die Identifizierbarkeit ist nur soweit von Bedeutung, als ihr Fehlen einer ausführbaren Offenbarung entgegensteht; dies bedarf der Prüfung im Einzelfall.[32]

Davon zu unterscheiden ist die Frage der **„unangemessenen Breite"** der Patentansprüche (Rn 80 ff 15 zu § 34).

Jedenfalls seit 1978 kann auch die **soziale Nützlichkeit** nicht mehr als selbstständiges Erfindungs- 16 element angesehen werden.[33] Hieran ist auch gegen die Stimmen festzuhalten, die Elemente der Sozial- oder Umweltverträglichkeit in die Beurteilung der Patentfähigkeit und damit in das Patenterteilungsverfahren einbeziehen wollen.[34] In der Praxis hat dieser Gesichtspunkt keine größere Bedeutung erlangt.[35] Das Patentrecht ist kein Sicherheits- und Ordnungsrecht und Patentverfahren erscheinen wenig geeignet für Umweltverträglichkeits- oder Sicherheitsbeurteilungen (vgl Rn 76 Einl).[36] Eine positive Entscheidung über die Patentfähigkeit stellt keinen Freibrief für sozialunverträgliches Verhalten dar. Auch Nutzlosigkeit stellt für sich kein Negativkriterium für die Patentfähigkeit dar,[37] kann aber zu differenzierten Überlegungen bei der Prüfung der erfinderischen Tätigkeit Anlass geben (vgl Rn 19, 63, 114 zu § 4).

---

24 In diesem Sinn wohl auch CA Mailand GRUR Int 1995, 597, 599, wonach Realisierbarkeit und Reproduzierbarkeit als Voraussetzungen der gewerblichen Anwendbarkeit angesehen werden; nach ÖPA öPBl 1995, 244 ist ein „perpetuum mobile" nie patentierbar; BPatG 1.8.1997 9 W (pat) 91/95 und BPatGE 40, 243 = GRUR 1999, 487 sehen es als nicht brauchbar an; vgl. auch BPatG GRUR 2006, 2015; BPatG 11.11.2008 3 Ni 37/07 (EU) Mitt 2009, 400 Ls „Cetirizin"; *Schulte* Rn 36.
25 EPA T 718/96 selbstentlüftbarer Flaschenverschluss.
26 Vgl BPatGE 34, 1 = GRUR 1995, 394, 396 mwN; BPatG GRUR 1999, 1076; BPatG 16.7.2005 21 W (pat) 25/00; *Benkard-EPÜ* Art 52 Rn 94 ff.
27 *Benkard-EPÜ* Art 52 Rn 91; *Benkard* Rn 74b; vgl BGH GRUR 2009, 749 Sicherheitssystem; unzutr daher BPatG Mitt 1988, 49; BPatG 11.8.2004 4 Ni 36/03 (EU); kr *Dörries* GRUR 1988, 649.
28 BGHZ 57, 1 = GRUR 1972, 80, 82 Trioxan.
29 Vgl *MGK/Teschemacher* Art 84 EPÜ Rn 4.
30 Hierzu BGHZ 135, 369 = GRUR 1997, 612, 614 Polyäthylenfilamente.
31 BPatG 11.8.2004 4 Ni 36/03 (EU); dem widerspricht grds BGH GRUR 2009, 749 Sicherheitssystem, wonach die „Trioxan"-Rspr nicht mehr ohne weiteres anwendbar ist.
32 BGH Sicherheitssystem; BGH 3.4.2012 X ZR 80/09.
33 So auch *Bühring* § 1 GebrMG Rn 137.
34 So *Keil* – unter dem Gesichtspunkt der gewerblichen Verwertbarkeit – GRUR 1993, 705; *Beyer* Patent und Ethik im Spiegel der Evolution, GRUR 1994, 541, 556; *Mes* Rn 90 meint, dass ihr Fehlen ein Verfahrenshindernis begründen könne.
35 Vgl BPatGE 29, 39 betr ein „Scheintotenentlarvungssystem"; BPatGE 19, 86 betr „künstliches Bewusstsein", von *Beyer* GRUR 1994, 541, 556 Fn 155 als „heute gar nicht mehr so obskur" bezeichnet.
36 Vgl auch EPA T 356/93 ABl EPA 1995, 545 = GRUR Int 1995, 978 Pflanzenzellen, wonach Erfindungen, deren Verwertung voraussichtlich ernstliche Auswirkungen auf die Umwelt hat, unter dem Gesichtspunkt des Art 53 (a) EPÜ vom Patentschutz auszunehmen sind, dies aber voraussetzt, dass die Umweltbedrohung mit hinreichender Sicherheit zum Zeitpunkt der Entscheidung feststeht.
37 *Schulte* Rn 31 will gänzlich sinnlose Vorschläge ausnehmen, nicht aber Kuriosa (Teekanne mit zwei Tüllen; Grußvorrichtung für Hüte; Hutbelüftung); *Mes* Rn 90 sieht Nutzlosigkeit nur noch als Hilfskriterium für erfinderische

---

II. Die technische Erfindung

17 **1. Lehre zum Handeln; theoretische Begründung.** Eine lückenlose und umfassende Definition des Erfindungsbegriffs erscheint nicht möglich.[38] Allerdings besteht über einige Elemente des Erfindungsbegriffs weitgehend Einigkeit, insb darüber, was keine Erfindung ist. Für eine Begriffsbestimmung kann der nicht abschließende Katalog von der Patentierung ausgeschlossenen Gegenstände in Abs 3 nicht unmittelbar herangezogen werden, denn er nimmt die dort genannten Gegenstände nur im Weg der Legaldefinition vom Erfindungsbegriff aus und begründet damit einen engeren, normativen Erfindungsbegriff. Erfindung ist menschliche Erkenntnis, aber nicht in ihrer abstrakten („reinen"),[39] sondern in angewandter Form, als Lehre zum Handeln. Die bloße Erkenntnis vorhandener Wirkungen ist nicht patentierbar, das Entdecken oder Erkennen von Naturgesetzen stellt für sich keine patentfähige Erfindung dar.[40] Die Entdeckung einer unbekannten Arbeits- oder Wirkungsweise wird erst zur Erfindung, wenn sie als Lehre zum technischen Handeln für einen bestimmten Zweck nutzbar gemacht wird.[41] Auch der Stoffschutz bildet hiervon keine Ausnahme. Auf die theoretische Begründung der Lehre kommt es nicht an. Gegenstand des Patents ist die konkrete Lehre, nicht die dazu gegebene theoretische Begründung. Der Erfinder braucht keine wissenschaftlich stichhaltige Erklärung für die Funktionsweise seiner Erfindung zu liefern; es genügt, wenn er offenbart, wie der von ihm erstrebte Erfolg erreicht werden kann.[42] Irrtümer in der Beurteilung der Ursachen sind für die Patentfähigkeit der Lehre unschädlich,[43] ebenso eine fehlerhafte Terminologie.[44]

2. Lehre zum technischen Handeln

18 **a. Allgemeines.** Die Erfindung ist Lehre zu zielgerichtetem Handeln, auf das Herbeiführen eines Handlungserfolgs gerichtet; hierdurch lässt sich das in den EPA-PrRl angeführte Gegensatzpaar „konkret/abstrakt" erfassen. Dieser Erfolg darf nicht zufällig, sondern muss vorhersehbar auftreten, naturgesetzlichen Regeln folgen. Der Erfolg muss sich schließlich in der materiellen Welt verwirklichen. Die Abgrenzung wird herkömmlich und seit Inkrafttreten der EPÜ-Reform sowie dessen Umsetzung in das nationale Recht auch nach dem Gesetz (Abs 1) über den Begriff der Technik („Technizität"; „auf allen Gebieten der Technik") vorgenommen. Allerdings entzieht sich dieser ebenso wie der Erfindungsbegriff einer exakten juristischen oder naturwissenschaftlichen Definition (Rn 20).

19 **b. Technischer Charakter. Begriff.** Für das dt und eur Patentrecht (anders in den USA, wo herkömmlich auch Geschäftsmethoden patentiert wurden,[45] dies jetzt aber weitgehend ausgeschlossen ist;[46] vgl auch die Praxis in Australien, nach der zwar nicht alles patentierbar ist, so keine abstrakten Informationen, und ein „physical effect" gefordert wird mit der Folge, dass Geschäftsmethoden patentierbar sein

---

Tätigkeit an, anders noch *Mes*[2] Rn 65; vgl *Netzer* Kreativität im technischen Grenzbereich, in *Rafeiner* (Hrsg) Patente, Marken, Muster, Märkte (1993), 138 mit dem Bsp eines Taschentuchs, in dessen Ecken mehr Knoten als bisher geknüpft werden können; zu Nützlichkeitsüberlegungen im Verfahren über die Verfahrenskostenhilfe BPatG GRUR 1998, 42, 46 f.

38 Zahlreiche Definitionsversuche bei *Müller* Mitt 1926, 122 f; vgl auch *A. Troller* GRUR Int 1979, 62 (Aktualisierung einer Naturpotenz); *Schick* GRUR Int 1984, 406 (nützliche entdeckerische Schöpfung); *Mes* Rn 13 ff.

39 Vgl etwa BPatGE 48, 53 = BlPMZ 2004, 440 (Kapazitätsberechnung); EPA T 158/88 ABl EPA 1991, 566 = GRUR Int 1992, 279 Schriftzeichenform; EPA 31.5.1994 T 453/91; EPA 16.4.1993 T 833/91; EPA T 2/93; *Schulte* Rn 30.

40 Schweiz BG sic! 1997, 77 Hochdruckkraftwerk; vgl *Schulte* Rn 30.

41 ÖOPM öPBl 1994, 122; vgl GRUR 2016, 475 Rezeptortyrosinkinase.

42 RG GRUR 1937, 990 Lötstrahlbrenner; BGHZ 57, 1, 8 = GRUR 1972, 80 Trioxan; BGHZ 63, 1, 9 = GRUR 1974, 718 Chinolizine.

43 BGH GRUR 1965, 138, 142 Polymerisationsbeschleuniger; BGH GRUR 1955, 386, 388 Optik; BGH GRUR 1994, 357 Muffelofen; vgl BGH Bausch BGH 1994–1998, 479, 482 laminierte Metalldichtung.

44 BGH 29.4.2003 X ZR 142/99; vgl BGH BGH GRUR 1978, 102 Prüfverfahren; BGH GRUR 1986, 531 Flugkostenminimierung.

45 Zur Problematik eingehend *Jänich* GRUR 2003, 483; vgl auch USPTO 76 USPQ 2d 1385 ex parte Lundgren.

46 US-CAFC 30.10.2008 545 F.3d 943, 88 U.S.P.Q.2d 1385 in re Bilski, dort auch zum „technological arts test" und zum Patentierungsausschluss für abstrakte Ideen, im wesentlichen bestätigt durch SuprC 28.6.2010 561 US 593 Bilski v. Kappos; hierzu *Schauwecker* GRUR Int 2010, 1, 115, und *Stern* EIPR 2009, 213.

können)[47] wohl nicht ernsthaft bestritten ist, dass eine Erfindung technischen Charakter haben muss.[48] Der Begriff der Technik bildet das einzige brauchbare Abgrenzungskriterium gegenüber andersartigen geistigen Leistungen, denen Patentschutz nicht zukommt.[49] Hieran hat das PatG 1978/1981 nichts geänd[50] (zur Praxis des EPA Rn 22). Das Gesetz zur Umsetzung der EPÜ-Revisionsakte hat das schon früher von der Rspr postulierte Erfordernis der Technizität in Abs 1 verankert.

Ausschlaggebend ist die objektive Beurteilung.[51] Eine rein **naturwissenschaftliche Abgrenzung**[52] **20** des Bereichs des Technischen, insb in der Antinomie zur Welt des Geistigen,[53] erscheint für die Zwecke des Patentrechts allerdings nicht geeignet.[54] Begrifflich lässt sich Technik nur philosophisch definieren.[55] Damit verliert sie aber ihre Fassbarkeit und Eignung als Abgrenzungskriterium. Eine Lösung kann für das Patentrecht nur in einem normativen, wertenden Technikbegriff gefunden werden.[56] Ein solcher muss schon mangels gesetzlicher Vorgaben an die historisch gewachsene Bedeutung des Begriffs anknüpfen. Alles, was im Bereich des Patentrechts herkömmlich als technisch behandelt worden ist (Ingenieurwissenschaften, Physik, Chemie, Biologie),[57] muss schon mangels jeglichen Anhaltspunkts dafür, dass der Gesetzgeber hieran etwas habe ändern wollen, aber auch angesichts der internat Entwicklung, weiterhin als technisch angesehen werden. Dass vom menschlichen Verstand Gebrauch gemacht wird oder dass ein Eingreifen des Menschen in Betracht kommt, steht der Technizität nicht entgegen,[58] ist vielmehr geradezu Kennzeichen der Technik, die die „rohe" Natur nicht einschließt.[59] Eine psychologische Fragestellung kann aber Technizität für sich nicht begründen.[60] Andererseits müssen neue Gebiete, die über das hergebrachte patentrechtl Technikverständnis hinausgehen, einbezogen werden (Mikrobiologie, Informationswissenschaften);[61] der Begriff der Technik muss im Patentrecht dynamisch („nichtstatisch")[62] verstanden werden. Wo die Grenze angesetzt wird, ist eine wertende Entscheidung, die im Einzelfall, wie insb die Behandlung programmbezogener Lehren zeigt, schwierig sein kann. Nach der Rspr des BGH ist die Technizität aufgrund einer Gesamtbetrachtung des Anmeldungsgegenstands im Einzelfall

---

47 Austral Bundesgericht 2006 F.C.A.F.C. 120 Grant v. Commissioner of Patents, referiert in EIPR 2006 N-235, und hierzu *Carter* Business Method Patents In Australia After Grant v Commissioner of Patents: ‚Physical Effect' – New Law or Clarified Law? im Internet unter http://www.aippi.org.au/pdf/Chris_Carter.pdf.
48 BGH GRUR 1965, 533 Typensatz; BGHZ 52, 74 = GRUR 1969, 672 rote Taube; BGHZ 67, 22 = GRUR 1977, 96 Dispositionsprogramm; BGH GRUR 1986, 531 Flugkostenminimierung; EPA T 931/95 ABl EPA 2001, 441 = GRUR Int 2002, 86 Steuerung eines Pensionssystems mwN; schweiz ERGE sic! 2005, 589 Ls; *Benkard-EPÜ* Art 52 Rn 53 ff; für einen Verzicht auf das Technikkriterium *von Hellfeld* GRUR 1989, 471, 483; vgl auch *Beier* GRUR 1972, 214; *Wertenson* GRUR 1972, 59; *van Raden/Wertenson* GRUR 1995, 523; *MGK/Teschemacher* Art 83 EPÜ Rn 38.
49 BGH Dispositionsprogramm; BGHZ 143, 255, 261 ff = GRUR 2000, 498 Logikverifikation; BGHZ 159, 197, 202 f = GRUR 2004, 667 elektronischer Zahlungsverkehr; BGH GRUR 2011, 125 Wiedergabe topografischer Informationen.
50 BGH GRUR 115, 23 = GRUR 1992, 36 chinesische Schriftzeichen; BGH Logikverifikation; BGHZ 144, 282 = GRUR 2000, 1007 f Sprachanalyseeinrichtung; BPatGE 40, 62 = GRUR 1999, 411.
51 Vgl BGH GRUR 1994, 357 Muffelofen; *Schulte* Rn 26.
52 Zu – letztlich durchwegs unbefriedigenden – Definitionsversuchen des Technikbegriffs vgl *Benkard* Rn 45 ff.
53 Vgl zB *Beyer* FS 25 Jahre BPatG (1986), 189.
54 Vgl BGHZ 144, 282 = GRUR 2000, 1007 f Sprachanalyseeinrichtung.
55 Vgl *Lindenmaier* § 1 Rn 4.
56 Vgl *Benkard-EPÜ* Art 52 Rn 53 f; BGHZ 143, 255 = GRUR 2000, 498, 500 Logikverifikation; BGH Sprachanalyseeinrichtung; kr zu den dabei zu treffenden Wertungen *Hössle* Mitt 2000, 343, 345 f, der hierin einen Rückfall in die „Kerntheorie" sieht; vgl auch *Schölch* GRUR 2006, 969 f, der darauf hinweist, dass im Fall „Logikverifikation" der herkömmliche Technikbegriff nicht verwirklicht ist.
57 Vgl RG GRUR 1933, 289 Rechentabellen; BGHZ 52, 74 = GRUR 1969, 672 rote Taube.
58 BGH Sprachanalyseeinrichtung; BGH Mitt 2002, 176 Gegensprechanlage: technisch, wenn der durch den Menschen initiierte Ablauf sich im Anschluss daran ohne weitere menschliche Eingriffe und unter Ausnutzung der Naturkräfte vollzieht; vgl *Büscher/Dittmer/Schiwy* Rn 13.
59 Vgl BPatG Mitt 1964, 97; DPA BlPMZ 1992, 478: Beurteilung durch eine Bedienperson; vgl weiter BGH Logikverifikation; *Singer/Stauder* Art 52 EPÜ Rn 10.
60 Vgl BPatG 21.4.2010 17 W (pat) 119/05.
61 Vgl *Wiebe* GRUR 1994, 233, 241; *van Raden* GRUR 1995, 451, 453 f, der sich ua unter Berufung auf *Müller* Mitt 1926, 122, 124 für eine pragmatische Handhabung ausspricht.
62 BGH Logikverifikation; vgl *Ensthaler* GRUR 2015, 150; vgl auch *Hössle* Mitt 2000, 343; *Schölch* GRUR 2006, 969, 970 f; *Benkard* Rn 46; *Büscher/Dittmer/Schiwy* Rn 15.

festzustellen;[63] dabei sind alle Merkmale des im Patentanspruch definierten Gegenstands zu bewerten, wobei entscheidend ist, wie der Fachmann diesen versteht.[64] Das kann dazu führen, dass auch nicht ausdrücklich genannte Elemente mit zu berücksichtigen sind, die für den Fachmann offenkundig sind.[65] Es genügt dabei, wenn dieser Gegenstand bestimmungsgem Teil einer aktuellen Technik ist, auch wenn es selbst nur in einer Auswahl, Ordnung und vergleichenden Verarbeitung von Daten besteht.[66] Als ausreichend wurde dabei zunächst angesehen, dass die Lehre auf einem Gebiet der Technik verwendet werden kann, dass sie Ausfluss technischer Überlegungen ist und der Lösung eines konkreten Problems dient.[67] Dies geht aber für das Technizitätserfordernis zu weit. Für die Technizität reicht es zwar aus, wenn ein Verfahren der datenverarbeitungsmäßigen Abarbeitung von Verfahrensschritten in netzwerkmäßig miteinander verbundenen technischen Geräten dient,[68] dagegen genügt nicht schon der Vorgang der elektronischen Datenverarbeitung für sich.[69] Patentierbarkeit folgt daraus nicht notwendig. Diese kann – unabhängig von der Beurteilung gegenüber dem StdT[70] – grds daran scheitern, dass ein nach Abs 3, 4 nicht als Erfindung geltender, von der Patentierbarkeit ausgeschlossener Gegenstand vorliegt, wobei von Bedeutung ist, dass nichttechnische oder nach Abs 3, 4 von der Patentierung ausgeschlossene Elemente bei der Prüfung der Schutzfähigkeit nicht herangezogen werden dürfen.[71] Schon daraus folgt, dass für Lehren, die nur solche Elemente enthalten, Patentschutz nicht in Betracht kommt. Eine Lehre, die von den Patentierungsausschlüssen erfasst wird, wird nicht schon dadurch patentierbar, dass sie in einer auf einem herkömmlichen Datenträger gespeicherten Form angemeldet wird.[72] Erforderlich ist nach der Rspr des BGH vielmehr, dass sie der Lösung eines konkreten technischen Problems mit technischen Mitteln dient.[73] Der Satz, dass eine nichttechnische Lehre nicht dadurch schutzfähig werde, dass sie sich technischer Mittel bediene,[74] trifft daher so nicht zu (vgl Rn 22). Die brit Praxis hat auf den „technical contribution"-Test abgestellt, der zunächst feststellt, was am Patentanspruch neu ist, und dann prüft, ob das, was neu ist, eine technische Wirkung herbeiführt.[75] Dies ist nunmehr zugunsten der Praxis des EPA (Rn 22 aE) aufgegeben.[76]

21   Die – wohl nicht ganz exakte – gängige **Definition** verlangt eine Lehre zum planmäßigen Handeln unter Einsatz beherrschbarer Naturkräfte zur Erreichung eines kausal übersehbaren Erfolgs[77] (Rn 25). Unter Naturkräften sind herkömmlich Materie und Energie verstanden worden, daneben wurde teilweise

---

63   BGHZ 117, 144 = GRUR 1992, 430, 431 Tauchcomputer; BGHZ 115, 11 = GRUR 1992, 33 Seitenpuffer; BGH Logikverifikation; BGHZ 144, 282 = GRUR 2000, 1009 Sprachanalyseeinrichtung.
64   BGH Logikverifikation.
65   BGH GRUR 2011, 610 Webseitenanzeige.
66   BGH Logikverifikation; vgl OLG Düsseldorf WRP 1998, 1202: konkrete Bezugnahme auf Bergwerkstechnik und Zweckbestimmung zum Einsatz in diesem Bereich reichen aus; vgl aber BPatG 13.3.2003 17 W (pat) 40/02.
67   *Schölch* GRUR 2006, 969, 971.
68   Vgl BGH GRUR 2009, 479 Steuerungseinrichtung für Untersuchungsmodalitäten; BGHZ 185, 214 = GRUR 2010, 613 dynamische Dokumentengenerierung gegen BPatG 51, 1 = CR 2008, 626, nachgehend BPatG 28.7. 2011 17 W (pat) 71/04; BGH Webseitenanzeige; BPatG 12.4.2012 2 Ni 32/11 (EU); BPatG 14.4.2015 17 W (pat) 94/10.
69   BGH Webseitenanzeige; vgl BGH GRUR 2005, 141 Anbieten interaktiver Hilfe; BGHZ 159, 197 = GRUR 2004, 667 elektronischer Zahlungsverkehr; vgl zu Spielideen BPatGE 48, 276 = GRUR 2005, 493; BPatG 30.1.2014 17 W (pat) 7/10; EPA T 1023/06 EPOR 2007, 312; EPA T 1543/06; EPA T 336/07 GRUR Int 2008, 598 elektronischer Mehrfach-Poker; zu ästhetischen Merkmalen EPA T 928/03 video game.
70   BGHZ 115, 11 = GRUR 1992, 33 Seitenpuffer.
71   BGH elektronischer Zahlungsverkehr; BGH Wiedergabe topografischer Informationen; EPA G 3/08 ABl EPA 2009, 142 = GRUR Int 2010, 608 Patentschutz für Computerprogramme; vgl auch BPatGE 48, 154 = GRUR 2004, 931.
72   BGHZ 149, 68 = GRUR 2002, 143 Suche fehlerhafter Zeichenketten; vgl zur Praxis im VK PatentsC RPC 1996, 511 Fujitsu; vgl auch *Keukenschrijver* FS R. König (2003), 255; *Schölch* GRUR 2006, 969, 974.
73   Vgl BGH Suche fehlerhafter Zeichenketten; BGHZ 185, 214 = GRUR 2010, 613 dynamische Dokumentengenerierung; BGH 17.6.2013 X ZB 4/12; BPatG 8.5.2008 17 W (pat) 6/05: Bedien-Programm-Anleitung; *Mes* Rn 103; BPatG 9.6.2005 17 W (pat) 51/03; BPatG 12.7.2005 17 W (pat) 333/03; BPatG 1.12.2010 17 W (pat) 104/05; BPatG 28.6.2011 17 W (pat) 166/05; BPatG 15.9.2011 17 W (pat) 114/07; BPatG 3.11.2011 3 Ni 12/09 (EU); BPatG 16.1.2913 5 Ni 7/11 (EP); BPatG 19.3.2015 17 W (pat) 4/12.
74   Vgl EPA T 931/95 ABl EPA 2001, 441 = GRUR Int 2002, 86 Steuerung eines Pensionssystems.
75   CA RPC 1988, 1 Merryll Lynch's Application.
76   Vgl *Vary* (Anm) EIPR 2005, 227 f.
77   Vgl *Büscher/Dittmer/Schiwy* Rn 11; für ein Abstellen nicht auf den Einsatz, sondern auf die Wechselwirkungen von Naturkräften *Kindermann* CR 1992, 658, 665; gänzlich gegen ein Abstellen auf Naturkräfte *Schar* Mitt 1998, 322, 324 f; Kritik auch bei *Eichmann* GRUR 2000, 751, 752.

Information als „dritte Entität" einbezogen.[78] Abgrenzungsschwierigkeiten ergeben sich insb gegenüber ordnenden und kaufmännischen Tätigkeiten, ästhetischen Schöpfungen, auch bei Modellen, Lehrmitteln[79] und Spielzeug[80] (Rn 52). Folgt man einem kybernetischen Maschinenbegriff, kann bereits im Entwurf eines Algorithmus die Konstruktion einer „abstrakten" Maschine gesehen werden.[81] Im naturwissenschaftlichen Sinn kann auch schwerlich verneint werden, dass ein Rechnerprogramm technisch ist, die patentrechtl Abgrenzung muss dem allerdings nicht notwendig folgen, obgleich sich die Frage stellt, ob und wieweit bei derart grds Fragen eine Rechtsfortbildung durch Richterrecht erfolgen kann.

Der technische Charakter der Erfindung ist auch nach der **Praxis des EPA** ein Element des Erfin- **22** dungsbegriffs;[82] die GBK des EPA hat auf die Definition in der Rote-Taube-Rntscheidung des BGH verwiesen; die Mitwirkung des Menschen steht damit der Technizität nicht entgegen.[83] Technisch ist die simultane Anzeige von in einem Schaltgetriebe herrschenden und wünschenswerten Zuständen, auch wenn sie nichttechnische, auf Informationswiedergabe bezogene Merkmale umfasst.[84] Der technische Charakter soll fehlen, wenn dem einzigen kennzeichnenden Merkmal die kausale Bedeutung für die Herbeiführung des Erfolgs fehlt.[85] Die Praxis des EPA hat (jedenfalls bei der Technizitätsprüfung zu Unrecht) einen technischen Beitrag zum StdT verlangt.[86] Dies ist inzwischen aufgegeben (vgl Rn 48, 63).[87] Der technische Beitrag ist grds erst bei der Prüfung auf Schutzfähigkeit gegenüber dem StdT zu berücksichtigen.[88] Nach der allerdings nicht in der tragenden Entscheidungsbegründung enthaltenen Linie der GBK des EPA[89] ist ein Computerprogramm nicht von der Patentierung ausgeschlossen, wenn es beim Ablaufen auf einem Computer einen technischen Effekt erzielen kann, der über die normalen physikalischen Wechselwirkungen zwischen Programm und Computer hinausgeht; dieser Effekt muss nicht neu oder erfinderisch sein, dies ist erst für die Erfindung an sich erforderlich, wobei nur die technischen Merkmale berücksichtigt werden. Bei der Technizitätsprüfung sind aber stets alle beanspruchten Merkmale zu berücksichtigen. Als technisch[90] wurde ein System angesehen, das die Reihenfolge für die Bedienung der Kunden an mehreren Servicepunkten festlegt und insb eine Einheit für die Vergabe der Reihenfolgenummern, Terminals und eine Informationseinheit umfasst.[91] Ebenfalls als technisch angesehen wurde ein Verfahren zur Eingabe

---

78 Insb *Beyer* FS 25 Jahre BPatG (1986), 189, und GRUR 1990, 399; *Wiebe* GRUR 1994, 233; *van Raden* GRUR 1995, 451, 456 ff, der auf die Zweckgebundenheit der eingesetzten Information abstellt.
79 Vgl BPatGE 4, 110 = BlPMZ 1963, 357.
80 BPatG Mitt 1964, 97.
81 *Gantner* JurPC 1994, 2793, 2795.
82 Vgl EPA-PrRl C-IV 1.2 ii; EPA T 208/84 ABl EPA 1987, 14 = GRUR Int 1987, 173 computerbezogene Erfindung/VICOM; EPA T 22/85 ABl EPA 1990, 12 = GRUR Int 1991, 286 Zusammenfassen und Wiederauffinden von Dokumenten; EPA T 158/88 ABl EPA 1991, 566 = GRUR Int 1992, 279 Schriftzeichenform; EPA T 107/87 CR 1993, 36 Daten(de)kompressionsverfahren; EPA T 854/90 ABl EPA 1993, 669 = GRUR Int 1994, 236 Kartenleser; EPA T 636/88 EPOR 1993, 517 Bagging plant; EPA T 1173/97 ABl EPA 1999, 609 = GRUR Int 1999, 1053 Computerprogrammprodukt/IBM; EPA T 935/97 RPC 1999, 861 Computer program product; EPA T 931/95 ABl EPA 2001, 441 = GRUR Int 2002, 86 Steuerung eines Pensionssystems; EPA T 1173/97 ABl EPA 1999, 609 Computerprogrammprodukt; EPA T 641/00 = GRUR Int 2003, 852 zwei Kennungen (SIM-Card); EPA T 125/01 Gerätesteuerung; EPA T 172/03 order management; EPA T 258/03 ABl EPA 2004, 575 = GRUR Int 2005, 332 Auktionsverfahren; EPA T 424/03 Clipboard: in einem Computersystem verwirklichtes Verfahren; EPA T 1284/04 Loan system; EPA T 154/05 ABl EPA 2008, 46 Schätzung des Absatzes; EPA T 688/05 Ticket auctioning systems; Stellungnahme der Präsidentin des EPA im Verfahren G 3/08; schwed Regeringsrättens Dom ABl EPA 1993, 94 = GRUR Int 1991, 303; *Singer/Stauder* Art 52 EPÜ Rn 9.
83 EPA G 2/07 ABl EPA 2012, 130 = GRUR Int 2011, 266 Brokkoli und Tomate; vgl *Schulte* Rn 22.
84 EPA T 362/90 Mitt 1994, 126 Schaltanzeige.
85 EPA T 222/89 Mittellinie, zwh; vgl auch EPA T 192/82 ABl EPA 1984, 415 Formmassen.
86 So EPA T 208/84 ABl EPA 1987, 14 = GRUR Int 1987, 173 computerbezogene Erfindung/VICOM, die Computerprogrammprodukt-Entscheidungen sowie EPA T 241/95 ABl EPA 2001, 103 = GRUR Int 2001, 460 Serotoninrezeptor.
87 EPA G 3/08 ABl EPA 2009, 142 = GRUR Int 2010, 608 Patentschutz für Computerprogramme; vgl *Schulte* Rn 23; aus der nationalen Rspr PatentsC Mitt 2008, 124 Astron Clinica; BGH GRUR 2011, 125 Wiedergabe topografischer Informationen; BGH GRUR 2013, 275 Routenplanung.
88 Vgl *Sedlmaier* Mitt 2002, 448, 450, *Keukenschrijver* FS R. König (2003), 255; *Schulte* Rn 22.
89 EPA Patentschutz für Computerprogramme.
90 Reichhaltige Kasuistik bei *Mes* Rn 21 ff.
91 EPA T 1002/92 ABl EPA 1995, 605, 613 ff = CR 1995, 589 m Anm *Betten* Warteschlangensystem.

Keukenschrijver

eines Drehwinkelwerts in ein interaktives System zum grafischen Zeichnen.[92] Schon das automatische optische Anzeigen von Zuständen, die in einer Vorrichtung oder einem System auftreten, wurde als technisch angesehen,[93] deshalb auch ein Verfahren zur benutzerfreundlichen Gestaltung der Hilfefunktion bei Computerprogrammen mit Analyse-, Anzeige- und Betätigungsschritten,[94] str ist insoweit allerdings, wieweit für sich nichttechnische Maßnahmen für die Beurteilung des Naheliegens heranzuziehen sind.[95] Änderung der Software für ein Postversandsystem wurde als patentierbar angesehen.[96] Auf die Neuheit des jeweiligen Merkmals kann bei der Prüfung nicht abgestellt werden.[97] Nunmehr stellt das EPA darauf ab, ob die beanspruchte Erfindung technische Merkmale aufweist.[98]

23   Das **Programmieren** reicht für sich für die Bejahung des technischen Charakters nicht aus. Ein Verfahren zum Entwerfen eines VLSI-Chips als solches für den Entwurf eines Bilds eines nicht real existierenden Gegenstands wurde als nichttechnisch angesehen.[99] Ein Verfahren, bei dem es nur um wirtschaftsorientierte Konzeptionen und Verfahrensweisen für geschäftliche Tätigkeiten geht, ist auch dann nicht notwendig technisch, wenn es Verfahrensmerkmale enthält, die technische Mittel für einen rein nichttechnischen Zweck oder zur Verarbeitung rein nichttechnischer Informationen verwenden.[100]

24   **Rechtsprechung des BPatG.** Das BPatG hat als technisch jeden durch Einwirkung des Menschen entstandenen Gegenstand, soweit er der Welt der (in Raum und Zeit vorhandenen) Dinge angehört, bezeichnet. Das Gebiet des Untechnischen soll demgegenüber, abgesehen von den Gegenständen der Natur, die Welt der Vorstellungen umfassen.[101] Das fasst den Bereich der Technik zu weit, denn auch rein künstlerische Leistungen wären hiernach als technisch anzusehen. Es hat weiter unterschieden zwischen den (patentierbaren) Gegenständen und den ihnen etwa zugeschriebenen (nicht patentierbaren) Bedeutungsinhalten.[102] Die Angabe einzuhaltender Einflussgrößen ist keine bloße Anweisung an den menschlichen Geist.[103] Eine spezielle Hardwarekonfiguration begründet Technizität.[104] Ob ein Verfahren, das neben technischen Verfahrensschritten auch Verfahrensschritte aufweist, die eine abwägende Verstandestätigkeit des Menschen erfordern, dem Patentschutz zugänglich ist, wurde unterschiedlich beurteilt.[105] Wird die angestrebte Lösung bereits allein durch den Einsatz der menschlichen Verstandestätigkeit erzielt, fehlt es an einer technischen Lehre, denn diese setzt voraus, dass die einzelnen Verfahrensschritte selbst technische Mittel bedingen, um die angestrebte Lösung herbeizuführen.[106] Technizität wurde bei einem Ver-

---

92   EPA T 59/93.

93   EPA T 115/85 ABl EPA 1990, 30 computerbezogene Erfindung/IBM.

94   EPA T 887/92; vgl BGH Wiedergabe topografischer Informationen (Nr 32); EPA T 49/04 EPOR 2007, 293 text processor; aA EPA T 1741/08; BPatG 4.4.2013 2 Ni 59/11 (EP), insoweit durch BGH GRUR 2015, 1184 Entsperrbild nicht bestätigt; vgl auch BPatG 27.2.2014 2 Ni 29/12 (EP): Benutzung eines bestimmten Protokolls (Hypertext).

95   Vgl BGH Touchscreen, insoweit gegen BPatG 4.4.2013 2 Ni 59/11 (EP).

96   EPA T 513/98.

97   EPA Steuerung eines Pensionssystems; aA wohl schweiz ERGE sic! 2005, 589 Ls, auch referiert bei *Schneider* sic! 2006, 786, 792, unter Hinweis auf BGE 92 II 174.

98   EPA Steuerung eines Pensionssystems; EPA T 258/03 ABl EPA 2004, 575 = GRUR Int 2005, 332 Auktionsverfahren.

99   EPA T 453/91.

100   EPA Steuerung eines Pensionssystems.

101   BPatG Mitt 1964, 97.

102   BPatGE 6, 145 = GRUR 1966, 257.

103   BPatGE 16, 21 = Mitt 1973, 193.

104   BPatG 19.2.2004 17 W (pat) 10/02.

105   BPatG GRUR 1978, 705; BPatG 6.8.1974 17 W (pat) 53/73 BlPMZ 1975, 202 Ls abl; BPatGE 16, 21 = Mitt 1973, 193 bejahend; nach BPatGE 40, 250 wird der technische Charakter eines Verfahrens durch die entfernte Möglichkeit nicht in Frage gestellt, dass eine einzelne Verfahrensmaßnahme auch mit Hilfe der menschlichen Verstandestätigkeit durchführbar ist; BPatG BlPMZ 2000, 55 unterscheidet zwischen (schädlicher) Zwischenschaltung und (unschädlicher) Vorschaltung menschlicher Verstandestätigkeit; nach BPatG 42, 157 = GRUR 2000, 408 genügt bei einem Arbeitsverfahren, bei dem eine Handbedienung durch eine Bedienperson nicht zwingend erforderlich, die Möglichkeit, die Verfahrensschritte ohne menschliche Verstandestätigkeit allein mit technischen Mitteln durchzuführen; auch die manuelle Ausführung einzelner Schritte des Verfahrens ist unschädlich, wenn die Bedienperson lediglich ausführendes Organ ist, ohne abwägend, bewertend oder interpretierend tätig zu werden; vgl auch BPatGE 36, 77; BPatG 18.6.1997 9 W (pat) 91/96: Verwendung des menschlichen Auges bei der Beurteilung der Lage von Testmustern macht ein Verfahren zum Abgleichen einer seriellen Aufzeichnungsvorrichtung nicht untechnisch.

106   BPatGE 29, 98; vgl BGH GRUR 1978, 420 Fehlerortung; BGH GRUR 2005, 143 Rentabilitätsermittlung; BPatGE 45, 120 = BlPMZ 2002, 392 (Verfahren zum Bewerten von Dokumenten); BPatG 46, 265 = GRUR 2003, 1033 (gesicherte

---

fahren zur Ermittlung eines Flugzeugzustands mittels eines Kalman-Filters vom BPatG verneint;[107] der BGH hat dagegen entschieden, dass eine mathematische Methode nur dann als nichttechnisch angesehen werden kann, wenn sie im Zusammenhang mit der beanspruchten Lehre keinen Bezug zur gezielten Anwendung von Naturkräften aufweist; ein ausreichender Bezug hierzu liegt demnach vor, wenn eine mathematische Methode zu dem Zweck herangezogen wird, anhand von zur Verfügung stehenden Messwerten zuverlässigere Erkenntnisse über den Zustand eines Flugzeugs zu gewinnen und damit die Funktionsweise des Systems, das der Ermittlung dieses Zustands dient, zu beeinflussen.[108] Dagegen hat der öOPM das Vorgehen bei der Lösung von Differenzialgleichungen als mathematisches Verfahren behandelt.[109]

Nach der **Definition des BGH** ist dem Patentschutz zugänglich eine Lehre zum planmäßigen Handeln unter Einsatz beherrschbarer Naturkräfte zur Erreichung eines kausal übersehbaren Erfolgs (zu mitwirkendem tierischem Verhalten vgl Rn 275 zu § 34).[110] Technische Erfindungen setzen eine angewandte Erkenntnis voraus, eine Anweisung, mit bestimmten technischen Mitteln zur Lösung einer technischen Aufgabe ein technisches Ergebnis zu erzielen.[111] Die technische Maßnahme muss für den Erfolg kausal sein.[112] Das weitere Kriterium der unmittelbaren Herbeiführung dieses Erfolgs durch Naturkräfte[113] hat der BGH fallen gelassen; ein Lösungsvorschlag, der einen Zwischenschritt in einem Prozess betrifft, der mit der Herstellung eines bestimmten Gegenstands endet, ist nicht deshalb vom Patentschutz ausgenommen, weil er abgesehen von den im verwendeten Rechner bestimmungsgem ablaufenden Vorgängen auf den unmittelbaren Einsatz von beherrschbaren Naturkräften verzichtet und die Möglichkeit der Fertigung tauglicher Erzeugnisse anderweitig durch auf technischen Überlegungen beruhende Erkenntnis voranzubringen sucht.[114] Mit beherrschbaren Naturkräften sind nur solche gemeint, die außerhalb der menschlichen Verstandestätigkeit liegen und mit ihrer Hilfe vom Menschen beherrscht werden; andernfalls würde das menschliche Denken insgesamt dem Begriff der Technik zugeordnet und dieser damit seiner spezifischen und unterscheidenden Bedeutung beraubt.[115] Gelegentlich ist vorgeschlagen worden, Information zu den Naturkräften zu rechnen (Rn 21); dies ist abzulehnen. Die Regel, die als solche eine gedanklichlogische Anweisung darstellt, wird nach früherer Rspr nicht dadurch technisch, dass bei ihrer Anwendung technische Mittel – zB Schreibgerät oder Datenverarbeitungsanlage – benutzt werden; es reicht nicht aus, dass technische Mittel gelegentlich der Anwendung einer untechnischen Lehre verwendet werden, die Verwendung technischer Mittel muss Bestandteil der Problemlösung selbst sein, die Erzielung des kausal übersehbaren Erfolgs bezwecken und darf nicht entfallen, ohne dass zugleich der angestrebte Erfolg entfiele.[116] Allerdings hat der BGH die Auffassung[117] abgelehnt, eine „Gebrauchsanweisung" sei als „bloße Anweisung an den menschlichen Geist" nicht technisch. Die Anweisung, wie mit einem technischen Gerät umzugehen ist, kann technischer Natur sein. Viele Verfahrenserfindungen, insb solche, die eine bestimmte Brauchbarkeit eines bekannten Geräts oder einer bekannten Anlage lehren, lassen sich als Gebrauchs-

25

Transaktion im Zahlungsverkehr), aufgehoben durch BGHZ 159, 197 = GRUR 2004, 667 elektronischer Zahlungsverkehr und nachgehend BPatG GRUR 2006, 43; EPA T 244/00 (Menüanordnung); EPA T 643/00 (effektive Menügestaltung); EPA T 388/04 ABl EPA 2007, 16 unzustellbare Postsendungen; EPA T 154/04 ABl EPA 2008, 46 Schätzung des Absatzes; EPA T 306/04 (Auflistung von Aufgaben); CCass GRUR Int 2005, 855; *Schulte* Rn 28, 33 f.

107 BPatG 23.10.2014 17 W/pat) 15/11.

108 BGH GRUR 2015, 983 Flugzeugzustand.

109 ÖOPM ÖBl 2014, 131 Lösung von Differentialgleichungen unter Hinweis auf die Rspr des BGH; hierzu *Stadler* ÖBl 2014, 156, 162.

110 BGHZ 52, 74 = GRUR 1969, 672 rote Taube.

111 Vgl BGH GRUR 1958, 602 Wettschein; BGH GRUR 1975, 549 Buchungsblatt; BGHZ 51, 8 = GRUR 1969, 184 Lotterielos, GbmSache: Wahrnehmbarkeit mit wissenschaftlichen Untersuchungsmethoden genügt.

112 *Benkard-EPÜ* Art 52 Rn 65 ff.

113 Vgl BGH Buchungsblatt.

114 BGHZ 143, 255 = GRUR 2000, 498 Logikverifikation, insoweit in Abkehr von BGHZ 115, 23, 30 = GRUR 1992, 36 chinesische Schriftzeichen; BGHZ 144, 282 = GRUR 2000, 1007, 1009 Sprachanalyseeinrichtung; vgl *Schulte* Rn 27.

115 BGHZ 67, 22 = GRUR 1977, 20 Dispositionsprogramm; vgl BGH GRUR 1977, 152 Kennungsscheibe; BPatGE 29, 98 = BlPMZ 1988, 165; EPA 15.11.2001 T 244/00; EPA 16.10.2003 T 643/00; *Benkard* Rn 47a; *Schulte* Rn 33.

116 BGH Dispositionsprogramm; BGH GRUR 1978, 102 Prüfverfahren.

117 ZB in RGZ 51, 142 = BlPMZ 1902, 190 Manometerskala.

anweisungen charakterisieren, ohne dass diese Einordnung ihrer Patentierbarkeit Abbruch täte.[118] Auch wird eine technische, auf den Einsatz beherrschbarer Naturkräfte gerichtete Regel nicht dadurch ihres technischen Charakters entkleidet, dass sie ihre sprachliche Darstellung in einer äußerlich von technischen Merkmalen freien Ausdrucksweise findet.[119] Es fehlt allerdings an einer Lehre zum technischen Handeln, wenn der Erfolg der Lehre mit gedanklichen Maßnahmen des Ordnens der zu verarbeitenden Daten steht und fällt.[120] Nach der neueren Rspr des BGH und des EPA wird das hinsichtlich der Beurteilung der Technizität nicht mehr für den Fall gelten können, dass diese Lehre in Zusammenhang mit einer technischen Vorrichtung geschützt werden soll.[121] Jedenfalls wenn das sich einer Datenverarbeitungsanlage bedienende Verfahren in den Ablauf einer technischen Einrichtung eingebettet ist, kommt es nicht auf die Gewichtung der technischen und der nichttechnischen Merkmale an, maßgeblich ist, ob die Lehre bei Gesamtbetrachtung der Lösung eines über die Datenverarbeitung hinausgehenden konkreten technischen Problems dient.[122] Dabei sind aber nur die im Patentanspruch enthaltenen Anweisungen zur Lösung des technischen Problems auf ihre Patentfähigkeit zu untersuchen.[123] Die Erzeugung einer perspektivischen Wiedergabe aus topographischen Daten mittels technischer Geräte ist nicht vom Patentschutz ausgeschlossen, wenn zumindest ein Teilaspekt der Lehre ein technisches Problem bewältigt.[124]

26   An einer Lehre zum technischen Handeln fehlt es nicht schon, wenn eines von mehreren Anspruchsmerkmalen nicht durch Anführung des zu verwendenden körperlichen Gegenstands der Erscheinungswelt (zB „normale Drucktype"), sondern durch Anführung seiner der **Vorstellungswelt** angehörenden Funktion (zB „Lesbarkeit des Abdrucks") umschrieben ist.[125]

27   Nach der Rspr des BGH genügt ein Verfahren, dessen Gegenstand die Abarbeitung von Verfahrensschritten mit Hilfe elektronischer Datenverarbeitung ist, dem Technizitätserfordernis (Art 52 EPÜ) bereits dann, wenn es der Verarbeitung, Speicherung oder Übermittlung von Daten **mittels eines technischen Geräts** dient.[126] Dabei ist unerheblich, ob der Gegenstand des Patents neben technischen Merkmalen auch nichttechnische aufweist und welche dieser Merkmale die beanspruchte Lehre prägen. Ob Kombinationen von technischen und nichttechnischen Merkmalen im Einzelfall patentfähig sind, hängt – abgesehen von etwa einschlägigen anderen Ausschlusstatbeständen – allein davon ab, ob sie neu sind und auf einer erfinderischen Tätigkeit beruhen.[127] Es sind nur die Anweisungen zu berücksichtigen, die die Lösung des technischen Problems mit technischen Mitteln bestimmen oder beeinflussen, die nichttechnische Vorgabe

---

118   BGH Dispositionsprogramm.
119   BGH Dispositionsprogramm; BGH GRUR 1977, 657 Straken; BGH Prüfverfahren; BGH GRUR 1978, 420 Fehlerortung; *Schulte* Rn 24; vgl auch BPatG ABl EPA 1988, 50, wonach ein Arbeitsverfahren eine technische Lehre enthält, wenn das zu seiner Durchführung benutzte Arbeitsmittel – Computertomograph – im Einzelnen, wenn auch nach dem auf der Berechnungsmethode beruhenden allg Prinzip, beschrieben ist; EPA T 769/92 ABl EPA 1995, 525 = GRUR Int 1995, 909 universelles Verwaltungssystem.
120   BGHZ 115, 23 = GRUR 1992, 36, 38 chinesische Schriftzeichen; vgl BPatGE 38, 31 = GRUR 1998, 35.
121   BGH Sprachanalyseeinrichtung; BGH GRUR 2010, 660 Glasflaschenanalysesystem; EPA T 931/95 ABl EPA 2001, 441 = GRUR Int 2002, 86 = CR Int 2001, 18 mAnm *Sedlmaier/Glaser* Steuerung eines Pensionssystems; aA BPatGE 46, 95 = GRUR 2003, 413, wonach die beiläufige Nennung eines Vorrichtungsmerkmals technischen Charakter nicht begründen soll; darauf, dass BGHZ 149, 68 = GRUR 2002, 143 Suche fehlerhafter Zeichenketten nicht die Technizität, sondern die Patentierungsausschlüsse nach Abs 3 Nr 3, Abs 4 betrifft, weist BGHZ 159, 197 = GRUR 2004, 667 elektronischer Zahlungsverkehr mAnm *Esslinger* Mitt 2004, 505 ausdrücklich hin; vgl auch BGHZ 185, 214 = GRUR 2010, 613 dynamische Dokumentengenerierung; BGH GRUR 2011, 610 Webseitenanzeige.
122   BGH GRUR 2009, 479 Steuerungseinrichtung für Untersuchungsmodalitäten; BGH Glasflaschenanalysesystem; BPatG 13.11.2014 2 Ni 19/13; vgl BPatG BlPMZ 2007, 214.
123   BGH elektronischer Zahlungsverkehr; BGH Steuerungseinrichtung für Untersuchungsmodalitäten; EPA T 258/03 ABl EPA 2004, 575 = GRUR Int 2005, 332 Auktionsverfahren (Schreiben mit Stift und Papier); EPA T 154/04 ABl EPA 2008, 46 Schätzung des Absatzes.
124   BGH GRUR 2011, 125 Wiedergabe topografischer Informationen gegen BPatG 14.12.2006 2 Ni 12/05 (EU); BGH Webseitenanzeige; BPatG 26.9.2013 2 Ni 61/11 (EP); BPatG 26.11.2014 5 Ni 69/11 (EP) (elektronischer Programmführer); BPatG 6.3.2015 5 Ni 14/13; vgl auch BPatG Mitt 2002, 78 (Postgebührensicherheitssystem); BPatGE 45, 133 = BlPMZ 2002, 394 (elektronischer Zahlungsverkehr).
125   BGH GRUR 1965, 533 Typensatz.
126   BGH GRUR 2011, 125 Wiedergabe topografischer Informationen; BGH GRUR 2015, 660 Bildstrom; vgl BPatG 10.11.2015 3 Ni 19/14 (EP).
127   BGH GRUR 2009, 479 Steuerungseinrichtung für Untersuchungsmodalitäten; BGHZ 185, 214 = GRUR 2010, 613 dynamische Dokumentengenerierung; BGH Bildstrom.

---

bleibt dabei außer Betracht,[128] ebenso eine Anweisung zur Auswahl von Daten, deren technischer Aspekt sich darauf beschränkt, hierzu Mittel der elektronischen Datenverarbeitung einzusetzen, auch wenn diese zu einer Verringerung der erforderlichen Rechenschritte führen.[129] Die Anweisung, bei der Sprachausgabe eines Navigationshinweises unter bestimmten Bedingungen bestimmte Detailinformationen zu berücksichtigen, betrifft den Inhalt der durch das Navigationssystem wiedergegebenen Information und ist bei der Prüfung der technischen Lehre des Patents auf erfinderische Tätigkeit nicht zu berücksichtigen.[130] Anweisungen, die zwar die (visuelle) Informationswiedergabe betreffen, bei denen aber nicht die Vermittlung bestimmter Inhalte oder deren Vermittlung in besonderer Aufmachung im Blickpunkt steht, sondern die Präsentation von Bildinhalten in einer Weise, die auf die physischen Gegebenheiten der menschlichen Wahrnehmung und Aufnahme von Informationen Rücksicht nimmt und darauf gerichtet ist, die Wahrnehmung der gezeigten Informationen durch den Menschen in bestimmter Weise überhaupt erst zu ermöglichen, zu verbessern oder zweckmäßig zu gestalten, dienen der Lösung eines technischen Problems mit technischen Mitteln.[131] Auch reicht es aus, dass das Verfahren so ausgestaltet wird, dass es auf die technischen Gegebenheiten in der Datenverarbeitungsanlage Rücksicht nimmt.[132]

Beispiele für nichttechnische Lehren. Als nichttechnisch angesehen hat der BGH einen Wett- oder **28** Wahlschein, der durch Linien und Schriftzeichen für die Vornahme von Eintragungen aufgeteilt ist,[133] die Aufteilung eines Buchungsblatts in waagerechte Zeilen und unterschiedlich gefärbte senkrechte Spalten.[134] In der Rspr des BPatG sind als nichttechnisch angesehen worden die Einteilung der Felder eines Brettspiels durch Färbung, Markierung, Linien,[135] die Ersetzung von Erläuterungen an einem Gerät mittels Buchstaben und Zahlen durch andere Symbole, nämlich Messkurven, auch wenn dies eine Mechanisierung bewirkt,[136] auf einen Textilstoff aufgedruckte Schnittmusterlinien, auch für den Fall eines fotoelektrisch gesteuerten maschinellen Zuschnitts des Stoffs,[137] die Lehre, auf einem Schnittmuster zum Zuschneiden von Stoffteilen für Kleidungsstücke innerhalb der Umrisslinien ein Raster vorzusehen, dessen Linien parallel zum Fadenlauf des Stoffs verlaufen,[138] eine besondere Einfärbung von Zigarettenpapier,[139] eine Erfindung, die sich auf die farbliche Hervorhebung eines besonders zu handhabenden Teils eines Gebrauchsgegenstands beschränkt,[140] die Kennzeichnung der Adern eines vieladrigen Kabels durch in verschiedene Gruppen zusammengefasste Adern mit jeweils gleicher Farbe,[141] die Einfärbung oder besondere Form, mit der die Beschichtung einer Fixiereinlage für Kleidungsstücke aufgetragen wird, um den Hersteller oder besondere Eigenschaften der Beschichtung zu kennzeichnen,[142] eine gegenüber einem Notensymbole tragenden Grundkörper verschiebbare, mit Ausschnitten versehene Schablone zwecks Kenntlichmachung zusammengehöriger Noten,[143] die Ermittlung von Werten mit Hilfe von gegeneinander verschiebbaren Skalenaufschriften bestimmten Inhalts, wobei die Skalenaufschriften bei bestimmungsgem Gebrauch des Geräts vom Benutzer in ihrer Bedeutung erfasst und im Einzelfall im Hinblick auf die ihnen mögliche Aussage nutzbar gemacht werden müssen,[144] die Anordnung einer Notenbildkarte an einem Saiteninstrument unter den

---

128   BGH Wiedergabe topografischer Informationen; BGH GRUR 2013, 275 Routenplanung; BGH 18.12.2012 X ZR 121/11; BPatG 10.3.2011 5 Ni 49/09 (EU); BPatG 15.3.2011 3 Ni 4/10; BPatG 21.3.2012 5 Ni 78/09 (EU); BPatG 12.4.2012 2 Ni 32/11 (EU); BPatG 16.1.2013 5 Ni 7/11 (EP); BPatG 8.5.2013 5 Ni 11/11 (EP); BPatG 14.11.2013 2 Ni 4/12 (EP).
129   BGH Routenplanung; BPatG BlPMZ 2014, 376.
130   BGH GRUR 2013, 909 Fahrzeugnavigationssystem.
131   BGH GRUR 2015, 660 Bildstrom.
132   BGH dynamische Dokumentengenerierung; im konkreten Fall verneint in BPatG 14.11.2013 2 Ni 4/12 (EP) und BPatG 05.12.2013 2 Ni 9/12 (EP), letzteres wohl in Abweichung von BGH 20.04.2010 X ZR 27/07.
133   BGH GRUR 1958, 602 Wettschein.
134   BGH GRUR 1975, 549 Buchungsblatt; ebenso BPatG 14.3.1974 5 W (pat) 76/73 BlPMZ 1974, 283 Ls; zur Frage, ob eine Farbe der Erreichung einer technischen Wirkung einer Ware dient, auch BPatG 2.8.1999 20 W (pat) 287/96, Markensache.
135   BPatGE 1, 156 = GRUR 1965, 85.
136   BPatGE 4, 3 = GRUR 1964, 258.
137   BPatG 10, 55, bdkl.
138   BPatG 23.1.1976 5 W (pat) 26/75, bdkl.
139   BPatG 30.1.1969 5 W (pat) 74/68.
140   BPatGE 10, 246.
141   BPatGE 11, 66, bdkl.
142   BPatG 9.1.1970 5 W (pat) 77/69.
143   BPatG 3.6.1971 5 W (pat) 53/70.
144   BPatGE 13, 101.

Saiten auf der Decke des Instruments dergestalt, dass die Systemlinien unter die zugehörigen Saiten zu liegen kommen, wobei die mit den Systemlinien zur Deckung zu bringenden Saiten eingefärbt werden,[145] die Vermehrung der durch ein Puzzle-Spiel gebotenen Kombinationsmöglichkeiten, weil Anwendung von Erkenntnissen der Mathematik,[146] ein Aufzeichnungsträger, bei dem der Umriss eines Symbols mit einer Kennzeichnung zum visuellen Erfassen der Lage eines sonst nicht sichtbaren Markierungsfelds versehen ist,[147] die Lehren, bei einem im Durchschreibeverfahren zu verwendenden Formularsatz die den Formularen vorgehefteten Listen mit vorgedruckten Feldern zu versehen, die den zugeordneten beschreibbaren Mittelfeldern entsprechen,[148] den Umschlag eines Schreibhefts mit der gleichen Lineatur zu versehen wie die Innenblätter,[149] uU die Lehre, Teilbereiche eines Gegenstands unterschiedlich einzufärben,[150] die ergonomische Gestaltung einer Bedienoberfläche ohne anderweitige konkrete technische Problemstellung (zwh),[151] die Verwendung von „Softkeys" zur Benutzerführung in einem menügesteuerten System.[152] Das Vorliegen eines technischen Problems wurde verneint, wenn die Lehre darin bestand, durch automatisches Durchsuchen und Ergänzen eines neu geschriebenen Computerprogramms die sichere Verwendung von Intertask-Variablen möglich zu machen.[153]

29   In der **älteren Praxis und Rspr** sind als nichttechnisch angesehen worden: Bemalung von Tischplatten für Reklamezwecke;[154] Signalbuch;[155] besondere Angaben auf Manometerskala;[156] Bebauungspläne;[157] Formeln, durch die kein neuer technischer Effekt erzielt wird;[158] Werbetexte auf Buchhüllen usw;[159] Einrichtung für winklig zusammenstoßende Räume zur Kinovorführung;[160] Postpaketkarte mit einem Abschnitt als Versicherungsurkunde;[161] zeitmäßig aufgeteilte Zusammenstellung aller Rundfunksendungen;[162] Liniierungsanordnung;[163] Rechentabellen;[164] Farbentafeln;[165] Feldunterteilung bei Globus;[166] Tonschrift.[167]

30   Das **DPA** hat **vor 1961** als nichttechnisch angesehen: Werbetexte;[168] Kataloge mit zweckmäßig eingestellten Blättern;[169] Kontentabellen;[170] Briefmarkenvorlageblätter;[171] Preislisten;[172] Reklameblätter in einem Buch;[173] Kontrollbuch aus Formularen.[174]

31   **Beispiele für technische Lehren.** Eine industriell herstellbare und gewerblich einsetzbare Vorrichtung, zu deren Betrieb Energie eingesetzt wird und innerhalb derer unterschiedliche Schaltzustände auf-

---

145   BPatG 31.1.1973 5 W (pat) 27/72, bdkl.
146   BPatGE 18, 170, Begründung bdkl, und in BPatG BlPMZ 2000, 55 aufgegeben; vgl EPA T 717/05 EPOR 2007, 35; EPA T 1023/06 EPÜR 2007, 312; *Schulte* Rn 96.
147   BPatG 25.10.1976 17 W (pat) 87/75.
148   BPatGE 20, 29.
149   BPatGE 20, 47, bdkl.
150   BPatG BlPMZ 1983, 375.
151   BPatG GRUR 2007, 316.
152   BPatG 18.1.2011 17 W (pat) 127/06.
153   BPatG 5.10.2006 17 W (pat) 82/04.
154   PA BlPMZ 1898, 121.
155   PA BlPMZ 1899, 238.
156   RGZ 51, 142 = BlPMZ 1902, 190 Manometerskala.
157   PA BlPMZ 1906, 6.
158   RG BlPMZ 1907, 107, 112 Brisanzgeschoß.
159   KG MuW 12, 194.
160   PA BlPMZ 1914, 257.
161   RGZ 106, 237 = GRUR 1923, 93 Postpaketkarte.
162   RG GRUR 1931, 1286 Europa-Stunde.
163   RPA GRUR 1931, 1283.
164   RG GRUR 1933, 289 Rechentabellen.
165   RPA BlPMZ 1933, 155.
166   RPA MuW 39, 326.
167   RPA MuW 39, 372.
168   DPA GRUR 1951, 37; GRUR 1951, 409.
169   DPA BlPMZ 1950, 299.
170   DPA BlPMZ 1952, 437.
171   DPA BlPMZ 1953, 126.
172   DPA BlPMZ 1954, 227.
173   DPA BlPMZ 1952, 407 f; DPA GRUR 1955, 35, 36 = BlPMZ 1954, 367.
174   DPA BlPMZ 1955, 150.

treten, wie dies bei einem Universalrechner, aber auch bei einer besonders konfigurierten Datenverarbeitungsanlage der Fall ist, ist technisch;[175] dass der Rechner in bestimmter Weise programmtechnisch eingerichtet ist, nimmt ihm nicht seinen technischen Charakter, ebenso wenig, dass auf ihm eine Textbearbeitung vorgenommen wird.[176] Dabei kommt es nach Auffassung des BGH für die Beurteilung des technischen Charakters nicht darauf an, ob mit der Vorrichtung ein weiterer technischer Effekt erzielt wird, ob die Technik durch sie bereichert wird oder ob sie einen Beitrag zum Stand der Technik leistet.[177]

Als technisch hat das **BPatG** angesehen Vorrichtungen, die eine Bewegung verhindern sollen,[178] einen mit neuen Auflageflächen versehenen Spielwürfel,[179] eine Erfindung, die sich optische Gesetze in besonderer Weise zunutze macht (plastisch vorgewölbt wirkende Gesichtsmaske),[180] ein Bauplatten-Musterbuch mit Schraubverbindung von farbigen und durchsichtigen Blättern,[181] eine in ihrer Handhabung verbesserte Zeichenschablone,[182] eine Lehre, nach der sich der Fachmann zur Verfahrenssteuerung einer Vergleichskurve bedienen soll, deren Messwerte bei einer Probeschmelze gewonnen worden sind.[183] **32**

Markierungen; Skalen. Markierungen werden als technisch angesehen, wenn sie selbst einen technischen Effekt auslösen.[184] Eine Neuerung, die in der Schaffung einer markierten Scheibe als Markierungsträger besteht, verkörpert eine technische Lehre.[185] Als patentfähig angesehen wurden Skalen, soweit sie durch an ihnen objektiv feststellbare gegenständliche Merkmale gekennzeichnet sind, also etwa durch Material und Form des Skalenträgers, durch Ausbildung und Farbe der Marken oder durch Größe und Gesetzmäßigkeit der Abstände zwischen den Marken,[186] der Vorschlag, eine Geldscheinhülle aus Klarsichtfolie herzustellen und auf dem sich an eine Schmalseite der Hülle anschließenden Bereich eine Werbeaufschrift anzubringen;[187] insoweit bestehen nach geltendem Recht wegen des Ausschlusstatbestands in Abs 2 Nr 4 Bedenken. **33**

Technisch ist grds auch die **Topographie** („Layout") eines Halbleitererzeugnisses[188] (vgl Rn 11 Einl HlSchG). **34**

Als technisch hat die **ältere Praxis und Rspr** erachtet: Grundrisslösungen von Gebäuden;[189] vorteilhafte Faltung von Lohnbeuteln;[190] Reagenzpapier;[191] Musiklehrmittel besonderer technischer Gestaltung;[192] Einstellskalen für Rundfunkempfänger;[193] Rückenbeschilderung in Spektralreihenfolge bei Büchern.[194] **35**

Zusammentreffen technischer und nichttechnischer Merkmale. Enthält eine Erfindung technische und nichttechnische Merkmale, stellt sich die Frage, ob bei der Prüfung auf Schutzfähigkeit der gesamte Erfindungsgegenstand unter Einschluss der nichttechnischen Merkmale zu berücksichtigen ist; eine „Kerntheorie" (Abstellen auf den Kern der Erfindung)[195] wird jedenfalls seit der „Tauchcomputer"- **36**

---

175 BGHZ 144, 282 = GRUR 2000, 1007, 1008 Sprachanalyseeinrichtung unter Hinweis auf BGHZ 67, 22, 27 f = GRUR 1977, 96 Dispositionsprogramm; BGHZ 117, 144, 149 = GRUR 1992, 430 Tauchcomputer; BPatG GRUR 1999, 1078.
176 BGH Sprachanalyseeinrichtung.
177 BGH Sprachanalyseeinrichtung.
178 BPatGE 7, 78 = Mitt 1965, 147.
179 BPatGE 2, 109 = GRUR 1965, 32.
180 BPatGE 1, 165 = GRUR 1965, 84.
181 BPatGE 1, 163 = GRUR 1962, 190.
182 BPatG Mitt 1978, 169.
183 BPatG 30.11.1978 13 W (pat) 99/76.
184 *Benkard* Rn 50d; vgl BGH 15.2.2011 X ZR 64/09: Überflüssigmachen gesonderter Messung.
185 BGH GRUR 1977, 152 Kennungsscheibe gegen BPatG 28.3.1974 5 W (pat) 39/73 BlPMZ 1974, 283 Ls; BPatG Bausch BPatG 1994–1998, 879: Art der Anbringung von Farbmarkierungen bei Einmalfiltern; vgl LG Düsseldorf 23.5.2000 4 O 162/99 Entsch 2000, 81, 88.
186 BPatGE 6, 145 = GRUR 1966, 257.
187 BPatG 16.7.1974 5 W (pat) 11/74.
188 BPatGE 37, 270 = GRUR 1997, 619.
189 RPA BlPMZ 1921, 187.
190 RG MuW 29, 178 Lohnbeutelverbundbogen.
191 RPA Mitt 1930, 195.
192 RPA Mitt 1932, 59.
193 RPA BlPMZ 1935, 124.
194 RG GRUR 1937, 1084 Registriermerkmal.
195 Eingehend *Benkard*[8] Rn 101.

Keukenschrijver

Entscheidung[196] vom BGH nicht mehr vertreten. Eine Mischung aus technischen und nichttechnischen Merkmalen kann patentierbar sein.[197] Allerdings stellt sich die Frage einer Nichtberücksichtigung bestimmter Merkmale bei der Prüfung auf Schutzfähigkeit nach der Ausweitung des Technizitätsbegriffs neu; der BGH zieht den Gesichtspunkt des Computerprogramms als solchen bei der Prüfung der Patentierbarkeit eines herkömmlichen Datenträgers, auf dem das Programm gespeichert ist, nicht mehr heran.[198] Daraus folgt, dass als solche nach Abs 3 von der Patentierung ausgeschlossene Gegenstände, die zur Lösung eines konkreten technischen Problems nichts beitragen, nicht zur Begründung der Schutzfähigkeit herangezogen werden können.[199]

37   Bei Patentansprüchen, bei denen **einzelne Merkmale ästhetischer Art** sind, geht die Rspr des 2. Senats des BPatG davon aus, dass diese bei der Neuheitsprüfung nicht außer Betracht zu lassen sind.[200] Das erscheint mit Rücksicht auf die Rspr des BGH[201] bdkl.

38   Bei der **Beurteilung der technischen Natur** der Erfindung ist von der Gesamtheit der der Problemlösung dienenden Merkmale im Patentanspruch auszugehen. Ein gezielt erreichter Erfolg ist ein Indiz für das Vorliegen einer technischen Lehre.[202] Das Vorliegen einer technischen Lehre ist unabhängig von Neuheit und Naheliegen zu untersuchen,[203] die Aufteilung des Patentanspruchs in Oberbegriff und Kennzeichen ist bedeutungslos.[204] Eine Vorrichtung, die technische Merkmale aufweist, ist deshalb patentierbar.[205] Das soll aber auch unabhängig von der Anspruchskategorie (Verfahren – Vorrichtung) gelten.[206] An einer technischen Lehre fehlt es, wenn der mit der Problemlösung angestrebte in einer ästhetischen Formschöpfung bestehende Erfolg erzielbar ist, ohne dass hierzu bestimmte technische Methoden vorgeschrieben oder abgewandelt werden und wenn die ggf verwendeten technischen Mittel nicht Bestandteil der Problemlösung sind.[207] Dem technischen Charakter steht es nicht entgegen, dass der Beitrag der Erfindung zum StdT ausschließlich in der Bereitstellung mathematischer Regeln zur Herbeiführung eines technischen Erfolgs liegt (zB eines Algorithmus zur Beseitigung von Übertragungsstörungen).[208] Demgegenüber hat die ältere Rspr des BPatG teils bereits eine Kombination technischer mit nichttechnischen Merkmalen als nicht schutzfähig angesehen („negative Infektionstheorie"),[209] teils die untechnischen Merkmale ausgesondert und den verbleibenden Gegenstand allein mit dem StdT verglichen,[210] teils auf den Kern der

---

196   BGHZ 117, 144 = GRUR 1992, 430 Tauchcomputer; vgl BGH GRUR 2009, 479 Steuerungseinrichtung für Untersuchungsmodalitäten.

197   BPatGE 30, 85 = GRUR 1989, 338; BPatGE 31, 269, 271 = GRUR 1991, 195; EPA T 26/86 ABl EPA 1988, 19, 22 = GRUR Int 1988, 585 Röntgeneinrichtung; EPA T 38/86 ABl EPA 1990, 384 = GRUR Int 1991, 118 Textverarbeitung; EPA T 29/91 EPOR 1992, 289 magnetic recording medium; EPA T 258/03 ABl EPA 2004, 575 = GRUR Int 2005, 332 Auktionsverfahren und hierzu *Weibel* Computerimplementierte Erfindungen: eine neue Entscheidung des EPA, sic! 2005, 514; EPA T 688/05 EPOR 2008, 215 ticket auctioning system; vgl *Schulte* Rn 27.

198   BGHZ 149, 68 = GRUR 2002, 143 Suche fehlerhafter Zeichenketten; vgl BGHZ 159, 197 = GRUR 2004, 667 elektronischer Zahlungsverkehr und nachgehend BPatG GRUR 2006, 43; BGHZ 144, 282 = GRUR 2000, 1007, 1009 Sprachanalyseeinrichtung; EPA T 38/86 ABl EPA 1990, 384 = GRUR Int 1991, 118 Textverarbeitung; *Melullis* GRUR 1998, 843, 846; BGHZ 158, 142 = GRUR 2004, 495 Signalfolge, GbmSache.

199   Vgl BGH elektronischer Zahlungsverkehr und nachgehend BPatG GRUR 2006, 43; *Keukenschrijver* FS R. König (2003), 255; ebenso die Praxis des EPA: EPA T 717/04 space game; EPA T 641/00 ABl EPA 2003, 352 = GRUR Int 2003, 852 zwei Kennungen (SIM-Card); EPA T 619/02 ABl EPA 2007, 63 Geruchsauswahl; EPA 928/03 video game zur Nichtberücksichtigung ästhetischer Merkmale; kr CA England/Wales RPC 2007, 117 Aerotel/Telco.

200   BPatG 6.12.2012 2 Ni 40/11 (EP).

201   BGHZ 159, 197 = GRUR 2004, 667 elektronischer Zahlungsverkehr.

202   BPatG – 19. Senat – BPatGE 29, 131 = GRUR 1987, 799.

203   BPatGE 29, 131 = GRUR 1987, 799; BPatGE 31, 200 = GRUR 1991, 197.

204   BPatGE 31, 200 = GRUR 1991, 197.

205   EPA T 931/95 ABl EPA 2001, 441 = GRUR Int 2002, 86 Steuerung eines Pensionssystems; EPA T 258/03 ABl EPA 2004, 575 = GRUR Int 2005, 332 Auktionsverfahren.

206   EPA T 258/03 ABl EPA 2004, 575 = GRUR Int 2005, 332 Auktionsverfahren, auch mit dem Hinweis, dass schon das Schreiben mit Feder und Papier technisch ist.

207   BPatG GRUR 1999, 414; vgl *Schulte* Rn 29.

208   BPatGE 36, 174 = GRUR 1996, 866 „Viterbi-Algorithmus"; vgl *Benkard-EPÜ* Art 52 Rn 49 ff.

209   BPatGE 1, 151 = BlPMZ 1962, 74; BPatG Mitt 1965, 177; BPatGE 18, 170, 173, jeweils 5. Senat; aufgegeben in BPatG BlPMZ 2000, 55.

210   BPatG Mitt 1964, 97; BPatGE 27, 58 = GRUR 1985, 522.

Lehre abgestellt.[211] Nach der Rspr des BGH sind mathematische Methoden patentierbar, wenn sie der Lösung eines konkreten technischen Problems mit technischen Mitteln dienen; nichttechnisch sind sie nur, wenn sie im Zusammenhang mit der beanspruchten Lehre keinen Bezug zur gezielten Anwendung von Naturkräften ausweisen.[212] Ein ausreichender Bezug liegt vor, wenn die Methode herangezogen wird, anhand von Messwerten zuverlässigere Informationen über einen Zustand (hier: des Flugzeugs) zu gewinnen und damit die Funktionsweise des zur Ermittlung dieses Zustands dienenden Systems zu beeinflussen.[213] Es genügt auch bei einem Verfahrensanspruch für die Erfüllung des Technizitätserfordernisses, wenn die Erfindung eine bestimmte Nutzung der Komponenten einer Datenverarbeitungsanlage lehrt und damit eine Anweisung zum technischen Handeln gibt.[214] Technisch ist ein Verfahren zur Kapazitätsberechnung von floatenden Füllstrukturen.[215] Ebenfalls technisch ist ein Verfahren zur Prüfung verschiedener Medikamente auf ihre gesundheitliche Interaktion unter Einsatz technischer Mittel im Zusammenhang mit einer Datenverarbeitungsanlage.[216]

Nach der früheren Praxis des **EPA** weist ein Anspruch, der **als Ganzes betrachtet** im wesentlichen **39** eine geschäftliche Transaktion betrifft, auch dann keinen technischen Charakter auf, wenn das beanspruchte Verfahren Schritte mit einer technischen Komponente enthält; die wahre Natur des beanspruchten Gegenstands bleibe dieselbe, auch wenn zur Ausführung technische Mittel verwendet werden,[217] das Abstellen auf den „Kern" oder das „Wesen" der Erfindung ist in der Praxis des EPA aber Episode geblieben.[218] Nach Auffassung des EPA kann die Bejahung der Patentfähigkeit nicht durch ein zusätzliches Merkmal zunichte gemacht werden, das als solches dem Patentierungsverbot unterliegen würde, wie ein Bezug auf Verwaltungssysteme und -verfahren.[219] Als technisch wurden auch Verfahren und Vorrichtung zum Trainieren von Golfspielern unter Einsatz von Videoaufzeichnungen angesehen.[220]

Außertechnische Wirkungen. Die erzielte Wirkung muss nicht selbst technischer Natur sein. Eine **40** aufgrund technischer Mittel erzielte Wirkung kann auch auf geschmacklichem, ästhetischem (Rn 52), betriebswirtschaftlichem, kaufmännisch-organisatorischem oder medizinischem Gebiet liegen.[221]

c. Biologisches Material (Absatz 2).[222] Der Erfindungsbegriff ist nicht auf die „tote" Technik be- **41** schränkt, Erfindung und belebte Natur schließen einander nicht aus. Der durch das BioTRlUmsG neu eingestellte Abs 2 sieht ausdrücklich die Patentierung von Erfindungen vor, wenn sie ein Erzeugnis enthalten, das aus biologischem Material besteht oder dieses enthält, oder wenn sie ein Verfahren zum Gegenstand hat, mit dem biologisches Material hergestellt oder bearbeitet wird oder bei dem es verwendet wird.[223] Allerdings sehen die §§ 1a, 2, 2a und 5 Abs 2 Ausnahmen vor. Zur Patentierung des menschlichen Körpers § 1a, von Lebensformen allg Rn 25 ff zu § 2, von Pflanzensorten und Tierarten § 2a.

---

211 BPatGE 27, 186 = GRUR 1986, 307; BPatGE 40, 62 = GRUR 1999, 411 will weder auf die Gesamtheit der Merkmale noch auf isoliert gesehene Merkmale wie die Verwendung einer Rechenregel oder eines DV-Programms abstellen und sieht auch die Erfindungskategorie nicht als entscheidend an, so dass sich aus der Zuordnung zur Sach- (Erzeugnis-)kategorie nicht schon zwangsläufig technischer Charakter ergebe.
212 BGH GRUR 2015, 983 Flugzeugzustand gegen BPatG 23.10.2014 17 W (pat) 15/11.
213 BGH Flugzeugzustand.
214 BGHZ 185, 214 = GRUR 2010, 613 dynamische Dokumentengenerierung gegen die Vorinstanz BPatGE 51, 1 = CR 2008, 626; BGH GRUR 2011, 610 Webseitenanzeige; BPatG 13.11.2014 2 Ni 19/13 (EP).
215 BPatG GRUR 2004, 850.
216 BPatG 22.2.2011 17 W (pat) 149/05.
217 EPA T 854/90 ABl EPA 1993, 669 = GRUR Int 1994, 236 Kartenleser; EPA T 26/86 ABl EPA 1988, 19, 22 = GRUR Int 1988, 585 Röntgeneinrichtung; vgl *Benkard-EPÜ* Art 52 Rn 48.
218 EPA T 38/86 ABl EPA 1990, 384 = GRUR Int 1991, 118 Textverarbeitung; vgl auch EPA T 65/86 EPOR 1990, 191 Text processing; EPA T 107/87 CR 1993, 26 Daten(de)kompressionsverfahren.
219 EPA T 769/92 ABl EPA 1995, 525 = GRUR Int 1995, 909 universelles Verwaltungssystem.
220 EPA T 446/97 Pesonalized instructional aid.
221 BGH GRUR 1966, 249 Suppenrezept; BGH GRUR 1967, 590 Garagentor; BGH GRUR 1975, 549 Buchungsblatt; BGH GRUR 1977, 152 Kennungsscheibe; BGHZ 102, 118 = GRUR 1988, 290 Kehlrinne; vgl *Benkard-EPÜ* Art 52 Rn 55; *Schulte* Rn 29.
222 Zur Auslegung eines eine isolierte HIV-Nukleotidsequenz betreffenden Patents LG Düsseldorf 18.5.2000 4 O 285/98 Entsch 2000, 51, 53 ff.
223 Vgl *Büscher/Dittmer/Schiwy* Rn 39 ff.

42 Auch auf dem Gebiet der **Gentechnik** können grds Patente erteilt werden. In Betracht kommen zunächst Patente, die die Bereitstellung einer DNS-Sequenz oder allgemeiner einer Aminosäuresequenz (Protein) betreffen (Sequenzpatente).[224] Es wird vertreten, dass sich die Patentierung der nicht als Werkzeug verwendeten Gensequenz auf die DNS mit einer bestimmten Sequenz und nicht auf die Sequenz als solche beziehe, weil die DNS-Sequenz als solche bloße Information darstelle.[225] Ein und derselbe DNS-Abschnitt kann dabei für verschiedene Proteine kodieren.[226] Die nicht als Werkzeug verwendete DNS-Sequenz soll erst durch Angabe des Proteins, für das sie codiert, zu einer Lehre zum technischen Handeln werden (vgl aber Rn 14 zu 1a).[227] Zum Begriff der Funktion der Gensequenz Rn 13 f zu § 1a. Grds patentierbar sind dabei sowohl auch in der Natur vorkommende aus auch künstliche Gensequenzen.[228] Unter dem Gesichtspunkt der Wiederholbarkeit (§ 34) kann die Angabe des Expressionssystems erforderlich sein.[229] Für Patente auf Aminosäuresequenzen gelten die Voraussetzungen wie für die Stoffpatentierung.[230]

3. Patentierungsausschlüsse nach Absatz 3 und Absatz 4

43 **a. Allgemeines.** Abs 3 und Abs 4 (bis zum Inkrafttreten des BioTRlUmsG Abs 2 und 3) entsprechen Art 52 Abs 2 und 3 EPÜ. Abs 3 gibt eine beispielhafte Aufzählung von Gegenständen und Tätigkeiten, die **nicht als Erfindungen** angesehen werden sollen. Den Ausschlüssen liegt keine einheitliche ratio zugrunde.[231] Es handelt sich nicht um einen abschließenden Katalog, was schon aus dem Wortlaut der Bestimmung folgt. Damit kommt ein Gegenschluss, dass alles, was nicht in Abs 3 erwähnt ist, patentfähig wäre, nicht in Betracht,[232] jedoch ist zu berücksichtigen, dass Patentschutz für Erfindungen auf allen Gebieten der Technik erhältlich sein soll (Art 27 Abs 1 Satz 1 TRIPS-Übk; Rn 57). Demnach kann die Erfindung eines pharmazeutischen Erzeugnisses wie des chemischen Wirkbestandteil eines Arzneimittels Gegenstand eines Patents sein, wenn keine Ausnahme nach Art 27 Abs 2 oder 3 TRIPS-Übk vorliegt.[233] Die Negativliste ist als auf dem Gedanken beruhend angesehen worden, dass den in ihr aufgezählten Gegenständen der erforderliche technische Charakter fehlt[234] (zT abw die EPA-PrRl); dies ist allerdings bei den Programmen für Datenverarbeitungsanlagen nicht der Fall. Insgesamt führt sie nur dazu, dass das erfasste Merkmal bei der Berücksichtigung der Schutzfähigkeit gegenüber dem StdT nicht heranzuziehen ist (Rn 20).

44 Abs 4 beschränkt den Patentierungsausschluss auf die in Abs 3 genannten Gegenstände und Tätigkeiten **„als solche"**. Die Anwendung einer Entdeckung oder einer mathematischen Methode kann ohne weiteres zu einer Lehre zum technischen Handeln führen.[235] Eine Lehre zum technischen Handeln, die die Nutzung einer Entdeckung zur Herbeiführung eines bestimmten Erfolgs lehrt, ist dem Patentschutz unabhängig davon zugänglich, ob sie über die zweckgerichtete Nutzung des aufgedeckten naturgesetzlichen Zusammenhangs hinaus einen erfinderischen Überschuss erhält.[236] Eine Erfindung liegt nicht vor, wenn

---

224 Vgl *Ensthaler/Zech* GRUR 2006, 529.

225 *Ensthaler/Zech* GRUR 2006, 529, 532; *Egerer* FS R. König (2003, 109, 126 ff; *Ahrens* GRUR 2003, 89, 93; vgl *Hüttermann/Storz* EIPR 2009, 589.

226 Vgl *Ensthaler/Zech* GRUR 2006, 529, 531; *Meier-Beck* GRUR 2003, 905, 911; *Tilmann* GRUR 2004, 561 f.

227 *Ensthaler/Zech* GRUR 2006, 529, 532.

228 *Ensthaler/Zech* GRUR 2006, 529, 532.

229 *Ensthaler/Zech* GRUR 2006, 529, 532.

230 *Ensthaler/Zech* GRUR 2006, 529, 533.

231 PatentsC (2005) EWHC 1589 Re CFPH LCC's Application; PatentsC (2005) EWHC 1623 Halliburton v. Smith, beide auch referiert in EIPR 2005 N-227; CA (2006) EWCA 1371 = RPC 2007, 117 = Mitt 2007, 19 Aerotel/Telco; vgl BGH GRUR 2009, 479 Steuerungseinrichtung für Untersuchungsmodalitäten.

232 BPatGE 29, 24 = GRUR 1987, 800; BPatGE 30, 85 = GRUR 1989, 338; EPA T 688/05; EPA T 309/05; EPA T 619/02 ABl EPA 2007, 63 Geruchsauswahl; *Benkard* Rn 95; vgl *Schulte* Rn 131.

233 EuGH C-414/11 Daiichi Sankyo/DEMO GRUR 2013, 1018.

234 *Teschemacher* GRUR Int 1981, 357, 360; BPatGE 43, 35 = BlPMZ 2000, 387, 389; für eine Streichung *Wertenson* Mitt 1993, 269.

235 Vgl zB RG BlPMZ 1898, 22, 23 Entfärben von Glasmasse; RG BlPMZ 1898, 169, 170 Schiffskraftmaschinen; RG BlPMZ 1911, 291 f Sprengstoff; RG MuW 32, 461, 463 Unterwasserschallwellen; RG GRUR 1939, 35 Vergrößerungsglas; BPatGE 20, 81 = GRUR 1978, 238; BPatG 20.4.1998 4 Ni 18/97: keine bloße Entdeckung einer Wirkungsweise, wenn eine bestimmte Ausbildung eines Merkmals durch eine andere ersetzt werden muss; OG für Geistiges Eigentum Japan GRUR Int 2011, 177.

236 BGH GRUR 2016, 475 Rezeptortyrosinkinase.

allein dem Geist Wissenswertes ohne Nutzanwendung mitgeteilt wird.[237] Die Verfahrensschritte, auf einem Gegenstand eine kodierte Kennzeichnung aufzubringen, den Gegenstand mit Kenndaten zu versehen und die Kennzeichnung durch Verschlüsselung der Kenndaten zu bilden, können von einer Person auf beliebige Weise durchgeführt werden; richtet sich ein Patentanspruch nur auf solche Verfahrensschritte, ohne technische Mittel zu ihrer Durchführung anzugeben oder vorauszusetzen, fällt ein solches Verfahren unter die von der Patentfähigkeit ausgeschlossenen Sachverhalte.[238] Der BGH hat (zum früheren Recht) noch darauf abgestellt, dass die Lehre in ihrem technischen Aspekt eine vollständige Problemlösung bieten muss.[239] Ein als solcher ausgeschlossener Gegenstand kann nicht dadurch patentierbar gemacht werden, dass er in Form seines körperlichen Substrats angemeldet wird, solange dieses Substrat nicht selbst die Voraussetzungen der Patentfähigkeit erfüllt.[240]

Dass eine **greifbare physikalische Größe** nicht vorhanden ist, steht der Patentierung nicht entge- **45** gen.[241]

Problematisch ist vor allem die Ausnahme von „**Programmen für Datenverarbeitungsanlagen** **46** (Computerprogrammen) **als solchen**" (zum Schutz von Computerprogrammen nach § 69a UrhG Rn 27 ff zu § 141a).[242] Eine allgemein akzeptierte Definition ist bisher nicht gelungen.[243] Zu eng ist jedenfalls die Gleichsetzung mit dem Programmlisting,[244] dem Programmtext[245] oder -code und dessen Aufzeichnung.[246] Nach anderer Auffassung ist der Programminhalt[247] oder die Programmidee (das gedankliche Konzept) vom Ausschluss erfasst.[248] Ein generelles Verbot der Patentierung von Lehren, die von Programmen für Datenverarbeitungsanlagen Gebrauch machen, besteht nicht.[249] Der BGH sieht es aber als unstatthaft an, jedwede in computergerechte Anweisungen gekleidete Lehre als patentierbar zu erachten, wenn sie nur über die Bereitstellung der Mittel hinausgeht, die die Nutzung als Programm für Datenverarbeitungsanlagen erlauben. Nicht der Einsatz des Computerprogramms an sich, sondern die Lösung eines konkreten technischen Problems mit Hilfe eines programmierten Computers kann die Patentfähigkeit zur Folge haben.[250] Die prägenden Anweisungen der beanspruchten Lehre müssen demnach der Lösung eines konkreten technischen Problems dienen,[251] und zwar mit technischen Mitteln.[252] Ein Verfahren, das das unmittelbare Zusammenwirken

---

237 Vgl DPA GRUR 1951, 156; BPatGE 46, 1 = BlPMZ 2003, 114 („fuzzy clustering"); *Schulte* Rn 79.

238 EPA T 51/84 ABl EPA 1986, 226 kodierte Kennzeichnung; weitere Bsp: BPatG Mitt 2002, 76 (Kohonen-Algorithmus); BPatG GRUR 2005, 1027 (Partitionsbaum), vgl *Schulte* Rn 81.

239 BGH GRUR 1986, 531 Flugkostenminimierung.

240 Vgl BGHZ 149, 68 = GRUR 2002, 143 Suche fehlerhafter Zeichenketten.

241 EPA 11.2.2014 T 533/09; vgl auch EPA G 2/88 ABl EPA 1990, 93, ber 469 = GRUR Int 1990, 522 reibungsverringerneder Zusatz.

242 Vgl BGHZ 143, 255 = GRUR 2000, 498, 501 Logikverifikation; *Betten* GRUR 1988, 248, 249; vgl die Gutachten von *Lutterbeck/Gehring/Horns* Sicherheit in der Informationstechnologie und Patentschutz für Software Produkte: ein Widerspruch? (2000) mit dem Vorschlag eines „Quellcodeprivilegs", sowie die Kleinen Anfragen BTDrs 14/4384 und 14/4397; vgl auch *Weyand/Haase* GRUR 2004, 198, 203 mit der Forderung nach obligatorischer Einreichung und Publikation des Quellcodes, kr hierzu *Tauchert* GRUR 2004, 922, 923; zur Patentfähigkeit insgesamt *Mes* Rn 119 ff.

243 Vgl die Versuche in EPA T 26/86 ABl EPA 1988, 19, 22 = GRUR Int 1988, 585 Röntgeneinrichtung; DPA-Prüfungsrichtlinien BlPMZ 1987, 1; *Prasch* CR 1987, 337; *Engel* GRUR 1993, 197; *von Hellfeld* GRUR 1989, 471, 475 und *van Raden* GRUR 1995, 451, 456 f sehen in „Programmen als solchen" eine Leerformel.

244 So *Tauchert* GRUR 1997, 149, 155.

245 OLG Düsseldorf WRP 1998, 1202.

246 So BPatGE 43, 35 = BlPMZ 2000, 387, 389 f.

247 EPA T 935/97 RPC 1999, 861, Computerprogrammprodukt.

248 *Melullis* GRUR 1998, 843, 850; die Definition in BGHZ 112, 264 = GRUR 1991, 448 Betriebssystem wird man als überholt ansehen dürfen.

249 BGHZ 144, 282 = GRUR 2000, 1007, 1009 Sprachanalyseeinrichtung mwN.

250 Vgl BGH GRUR 2009, 479 Steuerungseinrichtung für Untersuchungsmodalitäten.

251 BGHZ 149, 68 = GRUR 2002, 143 Suche fehlerhafter Zeichenketten.

252 BGH Suche fehlerhafter Zeichenketten; BGHZ 159, 197, 203 f = GRUR 2004, 667 elektronischer Zahlungsverkehr; BGH GRUR 2005, 141 f Anbieten interaktiver Hilfe; BGH GRUR 2005, 143 f Rentabilitätsermittlung; BGH GRUR 2005, 749, 752 Aufzeichnungsträger; BGH GRUR 2009, 479 Steuerungseinrichtung für Untersuchungsmodalitäten; BGHZ 185, 214 = GRUR 2010, 613 dynamische Dokumentengenerierung; BGH GRUR 2011, 610 Webseitenanzeige; BPatG Mitt 2002, 76; BPatG GRUR 2003, 139 („fuzzy clustering"); BPatG 13.11.2008 2 Ni 30/07 (EU) BlPMZ 2009, 499 Ls; BPatG 4.6.2009 2 Ni 50/07; kr *Schölch* GRUR 2006, 969, 972 mit dem Hinweis, dass handhabbare Kriterien, wann ein konkretes technisches Problem gelöst werde, nicht entwickelt worden seien.

der Elemente eines Datenverarbeitungssystems betrifft, ist stets technischer Natur, ohne dass es darauf ankäme, ob es in der Ausgestaltung, in der es zum Patent angemeldet wird, durch technische Anweisungen geprägt ist. Ein solches Programm ist nicht als Programm für Datenverarbeitungsanlagen von der Patentierung ausgeschlossen, wenn es ein konkretes technisches Problem mit technischen Mitteln löst; eine Lösung mit technischen Mitteln liegt nicht nur dann vor, wenn Systemkomponenten modifiziert oder in neuartiger Weise adressiert werden, es reicht aus, wenn der Ablauf eines Datenverarbeitungsprogramms, das zur Lösung des Problems eingesetzt wird, durch technische Gegebenheiten außerhalb der Datenverarbeitungsanlage bestimmt wird oder wenn die Lösung gerade darin besteht, ein Datenverarbeitungsprogramm so auszugestalten, dass es auf die technischen Gegebenheiten der Datenverarbeitungsanlage Rücksicht nimmt (zu Verfahrenserfindungen Rn 61).[253] Wegen des Patentierungsausschlusses für Computerprogramme als solche können nach der Rspr des BGH regelmäßig allerdings erst solche Anweisungen die Patentfähigkeit eines Verfahrens begründen, die die Lösung eines konkreten technischen Problems mit technischen Mitteln zum Gegenstand haben.[254] Informationsbezogene Merkmale eines Patentanspruchs sind daraufhin zu untersuchen, ob sich die wiederzugebende Information zugleich als Ausführungsform eines im Patentanspruch nicht schon anderweitig als solches angegebenen technischen Lösungsmittels darstellt; in einem solchen Fall ist das technische Lösungsmittel bei der Prüfung auf Patentfähigkeit zu berücksichtigen.[255]

47   **Bestandteilen des Betriebssystems** liegt in diesem Sinn erst dann ein technisches Problem zugrunde, wenn sich der Programmierer mit der Systemarchitektur in technischer Hinsicht auseinandersetzt; daran ändert auch eine vom Anmelder genannte zusätzliche Aufgabe nichts, maßgeblich ist die objektive Leistung der Erfindung.[256] Die Erteilung eines Patents für ein Verfahren, das der Abwicklung eines im Rahmen wirtschaftlicher Betätigung mittels Computer dient, kommt mithin nur in Betracht, wenn der Patentanspruch über den Vorschlag hinaus, für die Abwicklung des Geschäfts Computer als Mittel zur Verarbeitung verfahrensrelevanter Daten einzusetzen, weitere Anweisungen enthält, denen ein konkretes technisches Problem zugrunde liegt, so dass bei der Prüfung auf erfinderische Tätigkeit eine Aussage darüber möglich ist, ob eine Bereicherung der Technik vorliegt, die einen Patentschutz rechtfertigt.[257] Bdkl ist insoweit die definitionsgem Verknüpfung des Programms als solchem mit der technischen Problemlösung; die darin liegende Herausnahme aller Programme, die einer solchen Problemlösung nicht dienen, erscheint im Ansatz als zu weitgehend.[258]

48   Der am 20.2.2002 von der Kommission vorgelegte **Vorschlag einer Richtlinie über die Patentierbarkeit computer-implementierter Erfindungen** (Dok KOM (2002) 92 endg.)[259] sah vor, dass eine computerimplementierte Erfindung nur dann die Voraussetzung der erfinderischen Tätigkeit erfüllt, wenn sie einen technischen Beitrag zum StdT auf einem Gebiet der Technik leistet (zur Kritik vgl *6. Aufl*). Das eur Parlament hat in einer Legislativen Entschließung vom 24.9.2003 restriktive Änderungen beschlossen.[260] Der Rat hat zwar am 7.3.2005 eine politische Einigung über einen gemeinsamen Standpunkt erzielt, der aber am 6.7.2005 im Parlament gescheitert ist.[261] Danach sollten computerimplementierte Erfindungen, um das Kriterium der erfinderischen Tätigkeit zu erfüllen, einen technischen Beitrag leisten (Art 4 Satz 2). Dieser ist als ein Beitrag zum StdT auf einem Gebiet der Technologie bezeichnet worden, der neu und für eine fachkundige Person nicht nahe liegend ist. Bei der Ermittlung des technischen Beitrags sollte beurteilt werden, wieweit sich der Gegenstand des Patentanspruchs in seiner Gesamtheit, der technische Merkmale umfassen muss, die ihrerseits mit nichttechnischen Merkmalen versehen sein können, vom StdT abhebt (Art 2 Buchst b). Von einem technischen Beitrag wurde nicht schon deshalb ausgegangen, weil ein Computer, ein Computernetz oder eine sonstige programmierbare Vorrichtung eingesetzt wird. Erfindungen, zu deren Ausführung ein Computerprogramm, sei es als Quellcode, als Objektcode oder in anderer

---

253   BGH dynamische Dokumentengenerierung.
254   BGH dynamische Dokumentengenerierung; BGH GRUR 2011, 125 Wiedergabe topografischer Informationen; BGH GRUR 2015, 660 Bildstrom.
255   BGH GRUR 2015, 1184 Entsperrbild.
256   BPatG 21.11.2006 17 W (pat) 72/04.
257   BGHZ 159, 197 = GRUR 2004, 667 elektronischer Zahlungsverkehr und nachgehend BPatG GRUR 2006, 43; BGH Anbieten interaktiver Hilfe; BGH Rentabilitätsermittlung.
258   Ähnlich *Wiebe/Heidinger* GRUR 2006, 177, 179 f.
259   Vgl Hinweis GRUR Int 2002, 289.
260   Vgl GRUR Int 2003, 963.
261   Ratsdok 9713/04; vgl den aktuellen Bericht von *Weiden* in GRUR 2005, 741.

Form ausgedrückt, eingesetzt wird und durch die Geschäftsmethoden, mathematische oder andere Methoden angewendet werden, sollten demnach nicht patentfähig sein, wenn sie über die normalen physikalischen Interaktionen zwischen einem Programm und dem Computer, Computernetzwerk oder einer sonstigen programmierbaren Vorrichtung, in der es abgespielt wird, keine technischen Wirkungen erzeugen (Art 4a Abs 2). Auch die Form des Patentanspruchs und das Verhältnis zur Richtlinie 91/250/EWG sollten geregelt werden (Art 5, 6).[262]

Nach dem Scheitern der Richtlinie wurde im Deutschen Bundestag 2013 ein **interfraktioneller An-** 49 **trag**[263] („Wettbewerb und Innovationsdynamik im Softwarebereich sichern – Patentierung von Computerprogrammen effektiv begrenzen") gestellt. Dort wird ausgeführt, dass in der Rspr des BGH die Technizitätsanforderung als Kriterium für eine Patentierbarkeit weit ausgelegt und eine strenge Auslegung des § 1 als Ausschlussgrund für Computerprogramme verworfen werde; der BGH habe sich damit der großzügigeren Patentierungspraxis des EPA angenähert. Das bedeute für Softwareentwickler eine erhebliche Rechtsunsicherheit, denn die Abstraktheit der Patentansprüche habe zur Folge, dass ein softwarebezogenes Patent alle individuellen Ausführungen der geschützten Problemlösung in konkreten Computerprogrammen erfasse. Die Bundesregierung wurde ua aufgefordert, zu gewährleisten, dass die wirtschaftlichen Verwertungsrechte des Softwarewerks im Urheberrecht geschützt bleiben und nicht durch Softwarepatente Dritter leerlaufen, sicherzustellen, dass Softwarelösungen auf dem Gebiet der reinen Datenverarbeitung, der softwarebasierten Wiedergabe von Informationen und von programmgestützten Steuerungsaufgaben ausschließlich urheberrechtlich geschützt werden und dass darüber hinaus kein Patentschutz für abstrakte Lösungen auf diesen Gebieten gewährt wird, Nutzungs- und Verbotsrechte für softwarebasierte Lösungen weiterhin urheberrechtlich zu regeln, den patentrechtl Schutz auf softwareunterstützbare Lehren zu beschränken, bei denen das Computerprogramm lediglich als austauschbares Äquivalent eine mechanische oder elektromechanische Komponente ersetzt, und das Urheberrecht zu wahren, damit der Softwareentwickler sein Werk auch unter Open-Source-Lizenzbedingungen rechtssicher veröffentlichen kann.[264]

b. Entdeckungen, wissenschaftliche Theorien, mathematische Methoden (Abs 3 Nr 1). Der Paten- 50 tierungsausschluss geht auf Regel 50 Buchst i AOPCT zurück. **Entdeckungen** sind reine Erkenntnis, während die Erfindung eine bestimmte Regel zum Handeln gibt.[265] Das Auffinden eines so wie beansprucht in der Natur vorhandenen Gegenstands (Stoffs, Organismus) ist Entdeckung (Rn 3 zu § 1a; Rn 38 zu § 2a; Rn 109 zu § 3). Auch die Funktionsentdeckung als Auffinden einer neuen Brauchbarkeit eines bekannten Substrats ist als nicht patentfähig angesehen worden.[266] Bloße Entdeckung liegt in der Erkenntnis, dass ein bestimmter Wirkstoff einem bei einer bestimmten Krankheit auftretenden pathologischen Zustand entgegenwirkt.[267] Auch die Erkenntnis, dass ein Stoff selektiv an einen Rezeptor bindet, ist Entdeckung.[268] Die Entdeckung kann allerdings zugleich eine Anweisung zum technischen Handeln enthalten und damit grds patentfähig sein,[269] anders, wenn nur eine weitere Eigenschaft oder Wirkung einer bekannten Lehre aufgezeigt wird. Maßgeblich ist auch hier, ob die Lehre der Lösung eines konkreten technischen Problems mit technischen Mitteln dient.[270]

Wissenschaftliche Theorien und **mathematische Methoden** sind als reine Erkenntnis nicht patent- 51 fähig. Das gilt auch für eine nachfolgende wissenschaftliche Erklärung einer bisher empirisch befolgten Lehre.[271] Eine patentfähige Erfindung kann aber vorliegen, wenn ein bisher nur zufällig und unbewusst

---

262   Vgl den Antrag der Fraktion der CDU/CSU im Bundestag BTDrs 15/3941: „Schon durch die Definition muss sichergestellt werden, dass reine Software, Geschäftsmethoden, Algorithmen und reine Datenverarbeitung nicht patentiert werden können. Ein technischer Beitrag kann nur dann vorliegen, wenn er auch eine naturwissenschaftliche Außenwirkung hat."

263   BTDrs 17/13086, angenommen durch Beschluss BTDrs 17/13764; vgl *Benkard* Rn 107.

264   Kr hierzu *Ensthaler* GRUR 2013, 666.

265   *Schulte* Rn 75; vgl BPatG 20.2.2004 17 W (pat) 9/03.

266   BGH GRUR 1956, 77 Rödeldraht; BGH GRUR 1996, 753, 756 Informationssignal, nicht in BGHZ; BPatGE 24, 177, 180 = Mitt 1982, 74; vgl BGHZ 170, 215 = GRUR 2007, 404 Carvedilol II.

267   BGH GRUR 2011, 999 Memantin.

268   EPA T 241/95 ABl EPA 2001, 103 Serotoninrezeptor.

269   Vgl auch BPatGE 24, 177 = Mitt 1982, 74; EPA T 272/95 IIC 2000, 8 Relaxin; CA England/Wales RPC 1989, 147 Genentech's Patent; CA FSR 1996, 153; *Kilger/Jaenichen* GRUR 2005, 984, 990.

270   BGH GRUR 2005, 749, 752 Aufzeichnungsträger.

271   Vgl RG GRUR 1939, 533 Diffuseureinsatz.

---

erreichter Erfolg aufgrund der Erkenntnis einer Gesetzmäßigkeit bewusst und planmäßig erreicht werden kann (vgl auch Rn 44).[272] Nichttechnisch ist ein Verfahren zur Lösung einer bestimmten Art eines mathematischen Problems.[273] Ebenfalls nichttechnisch sind eine mathematische Methode oder ein Algorithmus (Rn 55), die an Zahlen durchgeführt werden und ein Ergebnis in numerischer Form liefern, wobei Methode oder Algorithmus lediglich ein abstraktes Konzept darstellen, die vorschreiben, wie die Zahlen zu behandeln sind, aber kein direktes technisches Ergebnis liefern.[274] Eine Methode, mit einem digitalen Computer eine Datenanalyse des zyklischen Verhaltens einer Kurve zu erzeugen, die durch eine Mehrzahl von Parametern zusammengesetzt ist, die zwei Parameter zueinander in Beziehung setzen, ist als mathematische Methode von der Patentierung ausgeschlossen, anders als Methode zur Steuerung eines physikalischen Vorgangs.[275] Ein Verfahren zum Simulieren eines Piezo-Aktuators, in dem ein mathematisches Modell vorgeschlagen wird, mit dem der zeitliche Verlauf der axialen Länge des Stapels der Piezo-Elemente unter Vorgabe von bestimmten Werten und einer Differentialgleichung berechnet werden soll, betrifft eine mathematische Methode als solche.[276] Dass die Lehre, ein Puzzlespiel dadurch interessanter zu machen, dass die Kombinationsmöglichkeiten durch mathematische Methoden vermehrt werden, untechnisch wäre,[277] muss am Maßstab des Abs 2 Nr 1 verneint werden.

52 **c. Ästhetische Formschöpfungen**[278] (Abs 3 Nr 2) sind dazu bestimmt und geeignet, einen Sinneseindruck hervorzurufen. Sie sind als solche nicht patentfähig.[279] Die Musterung oder Einfärbung eines Zierverkleidungsteils in einem versteckten Bereich stellt keine ästhetische Formschöpfung dar.[280] Erfindungen können aber Lehren sein, die durch den Einsatz technischer Mittel ästhetische Effekte erreichen.[281] Ästhetischer Erfolg schließt Patentschutz nicht aus;[282] das RG hat einen Stahlrohrstuhl sowohl als Erfindung als auch als Kunstwerk angesehen.[283] Bdkl ist die Auffassung, dass sich eine Lehre, im Außenbereich eines Informationsträgers auftretende, das Aussehen beeinträchtigende Inhomogenitäten durch eine Mattierung zu kaschieren, auf das Erzielen einer ästhetischen Wirkung beschränke und deshalb nicht patentierbar sei.[284]

53 Ästhetische Formschöpfungen an sich sind dem **Urheber- und Designschutz** zugänglich. Dass ein Gegenstand für Gebrauchszwecke geschaffen ist, steht dem Kunstschutz nicht entgegen.[285] Zum Verhältnis Patentschutz – Designschutz Rn 30 zu § 141a.

54 **d. Pläne, Regeln und Verfahren für gedankliche Tätigkeiten, für Spiele oder für geschäftliche Tätigkeiten** (Abs 3 Nr 3 1. Alt). Die Bestimmung geht auf Regel 39 iii AOPCT zurück. Der Ausschluss hat eher historische Gründe; er soll nicht durch die Anwendung der Geschäftsmethode in einer Vorrichtung

---

272 BGH GRUR 1956, 77 Rödeldraht; vgl BGH GRUR 2016, 475 Rezeptortyrosinkinase, gegen US-SuprC 566 U.S. (2012) Mayo v. Prometheus.
273 BGHZ 67, 22, 25 f = GRUR 1977, 20 Dispositionsprogramm; vgl BPatG 5.7.2012 17 W (pat) 108/08: Beschreibung von physikalischen Systemen auf Basis eines Modells.
274 EPA T 208/84 ABl EPA 1987, 14 = GRUR Int 1987, 173 computerbezogene Erfindung/VICOM.
275 EPA T 953/94.
276 BPatG 3.3.2011 17 W (pat) 151/05.
277 So BPatGE 18, 170.
278 Zum Schutz von Geräuschen („sound design") van Raden GRUR 1999, 904.
279 Vgl BPatG 14.1.2013 11 W (pat) 4/11 (Farbgebung und Helligkeit einer Kochfläche); BPatG – 5. Senat – BPatGE 15, 184, 186f: Musterkollektionstafel, die durch die Anordnung farblich aufeinander abgestimmter Musterstücke geschmacklich unsicheren Kunden die Auswahl erleichtern soll; BPatG GRUR 1999, 411; vgl auch den von Osenberg Das Gebrauchsmuster-Löschungsverfahren in der Amtspraxis, GRUR 1999, 838, 841 berichteten Fall eines Handverneblers in Form einer Comicfigur; LG Düsseldorf 12.11.1999 4 O 38/98 Entsch 2000, 13, 14: Badetuch im Köcher mit gleichartigen Applikationen.
280 BPatG 27.8.2001 9 W (pat) 11/00.
281 Vgl RGZ 79, 328 = BlPMZ 1912, 258 Ziergewebe; RG GRUR 1936, 550 gemusterte Gewebe; RG BlPMZ 1939, 64 Flechtspitze; RG GRUR 1939, 343 Reliefpapiere; BGH GRUR 1966, 249 Suppenrezept; BGH GRUR 1967, 590 Garagentor; BGH Mitt 1972, 235 Rauhreifkerze; BGHZ 102, 118 = GRUR 1988, 290 Kehlrinne; BPatG 29.11.1993 3 Ni 14/93 (EU): PKW-Kotflügel; BPatG BlPMZ 2000, 55: Doppelmotivkarte; HG Zürich sic! 1999, 52 f.
282 BGH Rauhreifkerze; BGH Mitt 1977, 152 f Kennungsscheibe; EPA T 686/90: Kunstwerk nach Art einer Glasmalerei.
283 RG GRUR 1932, 892 Stahlrohrmöbel.
284 So EPA T 962/91 plattenförmiger Informationsträger.
285 BGHZ 22, 209, 215 = GRUR 1957, 291 Europapost mwN.

oder einem Verfahren umgangen werden können (bdkl).[286] Unter die Bestimmung fallen Anweisungen und Verfahren, die nur eine bestimmte menschliche Verstandestätigkeit bezwecken und anleiten sollen,[287] wie zB Handel, Kundenwerbung, Buchführung und kaufmännisches Rechnen,[288] oder bloße Vorgänge des Sortierens und Ordnens von Daten.[289] Von der Patentierung ausgeschlossen sind nur rein gedankliche Tätigkeiten.[290] Als ausgeschlossen wurden auch Gegenstände angesehen, die sich nicht notwendig technischer Mittel bedienen.[291] Erfasst sind solche Verfahren von der Ausschlussbestimmung auch, wenn sie mittels Computers durchgeführt werden.[292] Erfasst sollen auch Bestellungen mittels nur eines Mausklicks sein.[293] Ein Erzeugnis, das in einem feststehenden Sortiment von verschiedenen, jeweils Block genannten Gruppen von im einzelnen festgelegten Backmitteln besteht, ist eine Ware, die in den Handel gebracht werden kann, und nicht nur ein bloßes Marketingkonzept, das im Gegensatz dazu aus einer Sammlung von theoretischen Vorgaben dafür besteht, wie eine Ware beworben werden soll, und in welchen Geschäften, in welchen Regionen die Ware auf welche Weise den potentiellen Käufern angeboten werden soll.[294] Die Lehre, Instandhaltungsarbeiten zunächst entspr ihrer fachlichen Sparte aufzugliedern und diese Sparten jeweils weiter in einen planbaren und einen unplanbaren Teil aufzugliedern, fällt unter Abs 3 Nr 3.[295] Eine Gebrauchsanweisung ist nicht wie eine Spielregel zu behandeln.[296] Modelle,[297] Lehrmittel und Spielzeug können Gegenstand einer Erfindung sein.[298] Die Tastenmarkierung zum Erlernen des Spiels auf einem Musikinstrument ist als Verfahren zur Verbesserung der Ausführung gedanklicher Tätigkeiten angesehen worden.[299] Ein Farbschema, mit der eine alle Fremdsprachen übergreifende einheitliche Farbcodierung geschaffen werden soll, um damit sprachübergreifende Recherchen in Datenbeständen durchführen zu können, ist ein Verfahren für gedankliche Tätigkeiten.[300] Von der Patentierung ausgeschlossen sind auch menschliche Wahrnehmungsphänomene.[301] Ein Verfahren zur Lizenzierung von Softwaremodulen für industrielle Steuerungen, das sich darin erschöpft, dass ein Lizenznehmer von einem Lizenzgeber das Recht erwirbt, im Rahmen eines Lizenzguthabens beliebige Softwaremodule zu nutzen, ist ein Verfahren für geschäftliche Tätigkeiten.[302]

Ein **Algorithmus**[303] ist eine Verarbeitungsvorschrift, die nach festgelegten Regeln funktioniert, dh angibt, wie Eingabedaten in Ausgabedaten umgewandelt werden können, wobei der vollständige Algorithmus in einem endlichen Text aufgeschrieben und jeder einzelne Schritt effektiv mechanisch ausführbar ist;[304] er stellt ebenso wie ein EDV-Programm eine Beschreibungsmöglichkeit für die schrittweise Ausführung einer Lehre dar.[305] Algorithmen können in allen Lebensbereichen vorkommen. Das Vorliegen eines Algorithmus sagt über die Technizität an sich nichts aus;[306] Erfindungen machen häufig von Algorithmen Gebrauch. Technizität lässt sich hier nicht schon aus der Benutzung von technischen Größen oder Daten schließen; abzustellen ist auf den Gesamtcharakter der Erfindung.[307] Der Vorschlag, ein CAD-System um eine Steue-

55

---

286 PatentsC (2005) EWHC 1589 Re CFPH LCC's Application, auch referiert in EIPR 2005 N-227.

287 *Benkard* Rn 103.

288 RG GRUR 1933, 289 Rechentabellen; DPA BlPMZ 1955, 150; PA MuW 12, 421; BGH GRUR 1975, 549 Buchungsblatt.

289 Vgl BPatGE 31, 36 = GRUR 1990, 261.

290 EPA T 914/02 EPOR 2006, 142 Core loading arrangement; EPA T 643/00; EPA T 49/04 EPOR 2007, 293 text processor; PatentsC FSR 2007, 26; *Schulte* Rn 87.

291 EPA ABl EPA 2007, 16 unzustellbare Postsendungen.

292 BPatG 23.11.2004 17 W (pat) 59/03: Lizenzvergabe mittels Computers.

293 EPA T 1244/07 1-Click und hierzu *Gautschi* sic! 2011, 745.

294 BPatG 5.12.2002 5 W (pat) 436/01, GbmSache.

295 BPatG 19.2.2004 17 W (pat) 63/02.

296 BGH Buchungsblatt.

297 Vgl BPatGE 40, 254.

298 Vgl BPatG Mitt 1964, 97, 100; vgl auch BPatGE 4, 110 = BlPMZ 1963, 357.

299 EPA T 603/89 ABl EPA 1992, 230 = GRUR Int 1992, 654 Anzeiger.

300 BPatG 22.6.2010 17 W (pat) 49/08.

301 EPA T 619/02 ABl EPA 2007, 63 Geruchsauswahl.

302 BPatG 23.11.2004 17 W (pat) 59/02; BPatG 7.4. 2005 17 W (pat) 5/03.

303 Zur Klassifizierung der Algorithmen *Ensthaler/Möllenkamp* GRUR 1994, 151, 153 ff.

304 *Hübner* GRUR 1994, 883, 884.

305 BPatGE 38, 31 = GRUR 1998, 35.

306 BGH GRUR 1980, 849, 851 Antiblockiersystem; BGH GRUR 2009, 743 Airbag-Auslösesteuerung; BPatGE 36, 174 = GRUR 1996, 849, 851; BPatGE 38, 31 = GRUR 1998, 35.

307 BPatGE 38, 31 = GRUR 1998, 35 unter Hinweis auf BGHZ 115, 23 = GRUR 1992, 36, 38 chinesische Schriftzeichen.

rungsfunktion für Komponenten zu erweitern und hierfür ein Konstrukt in Form einer Referenzfigur einzuführen, beruht nicht auf technischer Leistung.[308] Programmmittel für Datenverarbeitungsanlagen, die aus eingegebenen Informationen nach logischen Regeln unter Benutzung von in Datenbanken gespeichertem Expertenwissen Schlüsse ziehen („Systeme mit künstlicher Intelligenz") sind nach Auffassung des BPatG von der Patentierung ausgeschlossen.[309] Demgegenüber stellt der BGH darauf ab, dass eine solche Lehre die erforderliche Technizität aufweise, und dass die Frage, ob sie Patentschutz verdiene, nur bei der erfinderischen Tätigkeit (§ 4) zu prüfen sei.[310]

56   **e. Programmbezogene Erfindungen** (Abs 3 Nr 3). **Software** ist „jede von Datenverarbeitungsmaschinen interpretierbare Anordnung von Information, die dazu dient, die Daten- oder Kontrollstruktur von Computerprogrammen zumindest teilweise zu definieren"; **Computerprogramme** sind Folgen von Anweisungen und Vereinbarungen, „die, gem den Regeln einer Programmiersprache gebildet, als vollständig und ausführbar anzusehen sind, um die Lösung einer bestimmten Aufgabe auf einem Rechner zu steuern".[311] Sie sind nicht schlechthin unpatentierbar[312] (zu Computerprogrammen „als solchen" Rn 46). Die Rspr hat (iS eines normativen Technikbegriffs) Programme, die **technischer Natur** sind, von solchen unterschieden, die untechnischer Natur sind;[313] Programm und Technik sind demnach keine gegensätzlichen Begriffe, die einander ausschließen. Insb bei Anlagen zur Durchführung von Verfahren und bei Anordnungen im Bereich der Regeltechnik können durch eine Aufeinanderfolge von bestimmten technischen Einzelmaßnahmen technische Programme verwirklicht sein, weil sie durch den planmäßigen Einsatz berechen- und beherrschbarer Naturkräfte unmittelbar ein bestimmtes Ergebnis erreichen.[314] Allerdings hat der (für das Urheberrecht zuständige) I. Zivilsenat des BGH alle Computerprogramme nichttechnischer Natur vom Patentschutz ausnehmen und Betriebssysteme, die lediglich der Steuerung eines Computers und der mit ihm verbundenen Anschlussgeräte dienen, als untechnisch ansehen wollen.[315] Dem kann in dieser Allgemeinheit nicht gefolgt werden. Der Grundlagenentwurf für eine Revision des EPÜ sah eine Streichung der Ausnahme vor; diese ist politisch umstr, vor allem aus der „open-source"-Bewegung,[316] und von der Diplomatischen Konferenz nicht beschlossen worden. Computerprogramme können urheberrechtl geschützte Werke sein (Rn 28 f zu § 141a). Die bloße Programmform macht weder das Programm an sich noch die in diesem enthaltene Information technisch.[317] Der Begriff des „Softwarepatents" trifft regelmäßig die Sache nicht.[318]

57   Auch im Hinblick auf **Artikel 27 Absatz 1 Satz 1 TRIPS-Übk** erscheint ein Ausschluss „technischer" Computerprogramme von der Patentierung[319] nur unter dem Gesichtspunkt gerechtfertigt, dass es sich hierbei nicht um „Erfindungen" handelt.[320] Diese Bestimmung lautet im Auszug (Übersetzung):

> **Art 27 Patentfähige Gegenstände**
> (1) [1]Vorbehaltlich der Absätze 2 und 3 ist vorzusehen, dass Patente für Erfindungen auf allen Gebieten der Technik erhältlich sind, sowohl für Erzeugnisse als auch für Verfahren, vorausgesetzt, dass sie neu sind, auf einer erfinderischen Tätigkeit beruhen und gewerblich anwendbar sind. ...

---

308   BPatG 11.1.2011 17 W (pat) 99/05.
309   BPatGE 50, 132 = GRUR 2008, 330; vgl BPatG 21.11.2006 17 W (pat) 72/04.
310   BGH GRUR 2009, 479 Steuerungseinrichtung für Untersuchungsmodalitäten.
311   *Broy* 1992, zitiert nach *Hübner* GRUR 1994, 883.
312   BGH GRUR 1978, 102 Prüfverfahren.
313   Vgl auch OLG Düsseldorf WRP 1998, 1202, 1208 ff: softwarebezogenes Verfahren zur Erstellung von Wetterführungsplänen, da direkter Bezug zu technischen Gegenständen im klassischen Sinn und umfangreiche technische Vorüberlegungen bei Realisierung.
314   BGH GRUR 1980, 849 Antiblockiersystem; vgl auch EPA T 164/92 ABl EPA 1995, 305 elektronische Rechenbausteine.
315   BGHZ 112, 264 = GRUR 1991, 449 Betriebssystem.
316   Vgl auch Antrag des Abg *Dr. Mayer* vom 24.10.2000 im Bundestag; JurPC Web-Dok 236/2000; eingehend *Horns* Der Patentschutz für softwarebezogene Erfindungen im Verhältnis zur „Open Source"-Software, JurPC Web-Dok 223/2000.
317   Vgl *Tauchert* GRUR 1999, 829, 831.
318   *Meier-Beck* GRUR 2007, 11.
319   Kr *Schiuma* GRUR Int 1998, 852; *Busche/Stoll* TRIPs Art 27 Rn 33.
320   Vgl BGH GRUR 2011, 610 Webseitenanzeige.

Praxis des BGH. Der BGH hat zunächst Organisations- und Rechenprogramme für elektronische Da- **58** tenverarbeitungsanlagen zur Lösung von betrieblichen Dispositionsaufgaben, bei deren Anwendung lediglich von einer in Aufbau und Konstruktion bekannten Datenverarbeitungsanlage bestimmungsgem Gebrauch gemacht wird, als nicht patentfähig bezeichnet, weil es an einem Einsatz beherrschbarer Naturkräfte zur Erreichung dieses Erfolgs fehle. Eine Organisations- und Rechenregel stelle sich als eine fertige Problemlösung dar, die zu ihrer Anwendung nicht die Benutzung von Naturkräften erfordere. Die für sich nicht technische Rechenregel verdiene nicht schon wegen des Zusammenhangs mit dem Schaltzustand der Datenverarbeitungsanlage ohne weiteres Patentschutz. Die Lehre, eine Datenverarbeitungsanlage nach einem bestimmten Rechenprogramm zu betreiben, könne nur patentfähig sein, wenn das Programm einen neuen, erfinderischen Aufbau einer solchen Anlage erfordere und lehre oder wenn sie eine neue, erfinderische Brauchbarkeit einer solchen Anlage lehre.[321] In anderen Entscheidungen hat er von einer Benutzung der Anlage auf eine neue, bisher nicht übliche und nicht naheliegende Art und Weise[322] oder von einer erfinderischen Veränderung der technischen Mittel[323] gesprochen. Diese Formulierungen zielten darauf ab, den Weg zur Patentierung einer neuen, erfinderischen einer in ihren Elementen und ihrem Aufbau bekannten Datenverarbeitungsanlage offenzuhalten, falls sich eine solche aus der Angabe des Rechenprogramms herleiten lassen sollte.[324] Rechenprogramme für elektronische Datenverarbeitungsanlagen, bei deren Anwendung lediglich von einer in Aufbau und Konstruktion bekannten Datenverarbeitungsanlage bestimmungsgem Gebrauch gemacht wird, wurden als nicht patentfähig angesehen, auch wenn das bei der Anwendung der Programme erzielte Ergebnis auf technischem Gebiet verwendbar ist.[325] Bdkl war, dass solche Rechenprogramme auch dann nicht patentfähig sein sollten, wenn mit Hilfe der Datenverarbeitungsanlage ein Herstellungs- oder Bearbeitungsvorgang mit bekannten Steuerungsmitteln unmittelbar beeinflusst wird.[326]

Auch ein Verfahren zur Minimierung von Flugkosten, das sowohl von Naturkräften abgeleitete als **59** auch betriebswirtschaftliche Faktoren rechnerisch in der Weise miteinander verknüpfte, dass das Ergebnis der Rechnung eine Änderung des Treibstoffdurchsatzes auslöste, wurde schon dann als nichttechnisch angesehen, wenn die markt- und betriebswirtschaftlichen Faktoren den entscheidenden Beitrag zur Erreichung des erstrebten Erfolgs lieferten und die eingesetzten Naturkräfte demgegenüber in ihrer Bedeutung zurücktraten. Der BGH hat es in diesem Zusammenhang als entscheidend bezeichnet, auf welchem Gebiet der **Kern der Lehre** liege. Sei dies die Auffindung einer Regel, deren Befolgung den Einsatz beherrschbarer Naturkräfte außerhalb des menschlichen Verstands nicht gebiete, sei die Lehre nichttechnisch, auch wenn zu ihrer Ausführung der Einsatz technischer Mittel zweckmäßig oder notwendig erscheine und auf den Einsatz dieser technischen Mittel hingewiesen sei.[327] In der Lit ist diese „Kerntheorie" (vgl Rn 36) dahin verstanden worden, dass das technische Element das „erfinderisch Neue" der Lehre ausmachen müsse.[328]

Eine erste Abkehr von dieser Linie hat die **spätere Rechtsprechung des BGH** nicht zuletzt unter dem **60** Eindruck der Praxis des EPA gebracht. Danach ist eine programmbezogene Lehre jedenfalls dann technisch, wenn sie die Funktionsfähigkeit der Datenverarbeitungsanlage als solche betrifft und damit das unmittelbare Zusammenwirken ihrer Elemente ermöglicht, die Anweisung enthält, die Elemente der Datenverarbeitungsanlage beim Betrieb unmittelbar auf bestimmte Art und Weise zu benutzen. Der BGH hat auch klargestellt, dass der technische Charakter nicht davon abhängt, ob die Lehre neu, fortschrittlich und erfinderisch ist.[329] Tragen dagegen die gegenständlichen Merkmale der Datenverarbeitungsanlage nur mittelbar zum angestrebten Erfolg bei, sollte dies zur Begründung des technischen Charakters nicht aus-

---

321 BGH GRUR 1978, 102 Prüfverfahren; BGH GRUR 1978, 420 ff Fehlerortung.

322 BGHZ 67, 22 = GRUR 1977, 96 Dispositionsprogramm; BGH GRUR 1980, 849 Antiblockiersystem.

323 BGHZ 78, 98 = GRUR 1981, 39 Walzstabteilung.

324 BGH GRUR 1977, 657 Straken; BGHZ 115, 11 = GRUR 1992, 33 Seitenpuffer.

325 BGH Straken; BGH Fehlerortung.

326 BGH Walzstabteilung.

327 BGH GRUR 1986, 531 Flugkostenminimierung.

328 Vgl *Benkard*[8] Rn 104; hiergegen mit Recht EPA T 26/86 ABl EPA 1988, 19 = GRUR Int 1988, 585 Röntgeneinrichtung; EPA T 110/90 ABl EPA 1994, 557 = GRUR Int 1994, 1038, 1041 editierbare Dokumentenform; gegen eine Gewichtung der technischen und nichttechnischen Elemente auch schwed Regeringsrättens Dom ABl EPA 1993, 94 = GRUR Int 1991, 303.

329 BGHZ 115, 11 = GRUR 1992, 33 Seitenpuffer.

reichen;[330] dies ist durch die jüngere Rspr des BGH[331] überholt. Eine Lehre zum technischen Handeln gibt demnach auch, wer Messgeräte, Datenspeicher, Auswerte- und Verknüpfungsstufe, Wandlereinrichtung sowie Anzeigemittel nach einer bestimmten Rechenregel (Programm oder Denkschema) betreibt und es ermöglicht, mit Hilfe von Messgeräten ermittelte Messgrößen in der Anzeigeeinrichtung automatisch ohne Einschaltung der menschlichen Verstandestätigkeit anzuzeigen. Der Erfindungsgegenstand darf **nicht zerlegt** und es darf nicht nur der aus den technischen Merkmalen bestehende Teil der Erfindung auf sein Naheliegen geprüft werden, auch die neuartige Rechenregel ist zusammen mit den technischen Merkmalen in die Prüfung auf erfinderische Tätigkeit einzubeziehen.[332] Es wäre nicht angemessen, die technischen und die nichttechnischen Merkmale zu gewichten, um festzustellen, welche von ihnen überwiegen, oder den „Kern" der Erfindung zu suchen und den Rest unbeachtet zu lassen.[333]

61   In **neuerer Zeit** ist der BGH davon ausgegangen, dass es das Patentierungsverbot für Computerprogramme verbietet, jedwede in computergerechte Anweisungen gekleidete Lehre als patentierbar zu erachten, wenn sie nur irgendwie über die Bereitstellung der Mittel hinausgeht, die die Nutzung als Datenverarbeitungsprogramm erlauben, vielmehr müssen die prägenden Anweisungen der beanspruchten Lehre insoweit der Lösung eines konkreten technischen Problems dienen.[334] Die rechtl Einordnung dieser Fälle blieb allerdings zunächst unklar. In der Folge ist der BGH jedoch zu einer weitgehenden Bejahung des Technizitätserfordernisses auch bei computerimplementierten Verfahrenserfindungen gekommen.[335] Ein Verfahren, dessen Gegenstand die Abarbeitung von Verfahrensschritten mit Hilfe elektronischer Datenverarbeitung ist, genügt dem Technizitätserfordernis bereits dann, wenn es der Verarbeitung, Speicherung oder Übermittlung von Daten mittels eines technischen Geräts dient. Es kommt nicht darauf an, ob es neben technischen Merkmalen auch nichttechnische aufweist und welche dieser Merkmale die beanspruchte Lehre prägen. Ob Kombinationen von technischen oder nichttechnischen oder vom Patentschutz ausgeschlossenen Merkmalen im Einzelfall patentfähig sind, hängt abgesehen von den Ausschlusstatbeständen des Abs 3 allein davon ab, ob sie neu sind und auf einer erfinderischen Tätigkeit beruhen. Bei einem Verfahrensanspruch ist auch nicht entscheidend, ob die Erfindung (prinzipielle) Abwandlungen der Arbeitsweise der Komponenten einer Datenverarbeitungsanlage lehrt; es genügt, dass sie die Nutzung solcher Komponenten betrifft und damit eine Anweisung zum technischen Handeln gibt.[336] Hierfür genügt es wiederum, dass der Ablauf eines zur Problemlösung eingesetzten Datenverarbeitungsprogramms durch technische Gegebenheiten außerhalb der Datenverarbeitungsanlage bestimmt wird oder dass die Lösung darin besteht, das Programm so auszugestalten, dass es auf die technischen Gegebenheiten der Datenverarbeitungsanlage (iS einer relevanten Optimierung) Rücksicht nimmt.[337] Zu einem Verfahren, das der Abwicklung eines im Rahmen wirtschaftlicher Betätigung liegenden Geschäfts mittels Computer dient, Rn 54.

62   Zur **Praxis des BPatG** bis 2003 s die umfangreichen Nachweise in der *6. Aufl* Rn 53–66. Aus neuerer Zeit ist auf folgende, nicht durchwegs mit der Rspr des BGH im Einklang stehende Entscheidungen hinzuweisen: Stellt die in der Beschreibung angegebene und auch objektiv zutreffende Problemstellung, nämlich benutzerspezifische Datensätze vergleichbar zu machen, weder ein konkretes, dh auf einen bestimmten Einsatzfall bezogenes, noch ein technisches, dh sich mit der Gestaltung von Hilfsmitteln für menschliche Tätigkeiten auseinandersetzendes, Problem dar, fehlt es schon an der Voraussetzung, dass die

330   BGHZ 115, 23 = GRUR 1992, 36 chinesische Schriftzeichen, unter Hinweis auf EPA T 22/85 ABl EPA 1990, 12 = GRUR Int 1990, 465. 467 Zusammenfassen und Wiederauffinden von Dokumenten; EPA T 38/86 ABl EPA 1990, 384, 391 f = GRUR Int 1991, 118, 120 f Textverarbeitung; EPA T 121/85 Spelling checking; EPA T 52/85; EPA T 65/86 EPOR 1990, 191 Text processing; EPA T 603/89 ABl EPA 1990, 230 = GRUR Int 1992, 654 Anzeiger; EPA T 95/86 Text editing; EPA T 158/88 ABl EPA 1991, 566 = GRUR Int 1992, 279 Schriftzeichenform.
331   BGHZ 143, 255, 261 ff = GRUR 2000, 498 Logikverifikation.
332   BGHZ 117, 144 = GRUR 1992, 430 Tauchcomputer; vgl auch BPatG 7.5.1998 17 W (pat) 55/96 BlPMZ 1998, 480 Ls.
333   EPA T 110/90 ABl EPA 1994, 557 = GRUR Int 1994, 1038 editierbare Dokumentenform.
334   BGHZ 149, 68 = GRUR 2002, 143 Suche fehlerhafter Zeichenketten.
335   BGHZ 159, 197 = GRUR 2004, 667 elektronischer Zahlungsverkehr und nachgehend BPatG GRUR 2006, 43; BGH GRUR 2005, 143 Rentabilitätsermittlung; BGH GRUR 2005, 141 f Anbieten interaktiver Hilfe; BGHZ 185, 214 = GRUR 2010, 613 dynamische Dokumentengenerierung; BGH GRUR 2011, 125 Wiedergabe topografischer Informationen; BGH GRUR 2011, 610 Webseitenanzeige.
336   BGH GRUR 2009, 479 Steuerungseinrichtung für Untersuchungsmodalitäten; BGH Wiedergabe topografischer Informationen.
337   BGH dynamische Dokumentengenerierung; BGH Webseitenanzeige; BGH 22.3.2012 X ZR 46/09; BGH 18.12.2012 X ZR 121//11; vgl BPatG 26.9.2013 2 Ni 61/11 (EP).

prägenden Anweisungen der beanspruchten Lehre der Lösung eines konkreten technischen Problems dienen müssen. Die Schaffung eines Schemas, mit dem Datensätze für die Kundenzufriedenheit von verschiedenen Benutzern vereinheitlicht werden, liegt nicht auf herkömmlichem technischem Gebiet. Dies trifft auch dann zu, wenn die angegebenen Verfahrensschritte als Computerprogramm oder in einer sonstigen Erscheinungsform geschützt werden sollen, die eine Datenverarbeitungsanlage nutzt.[338] Ein neuer Abtrennbefehl für Spiegelspeicher stellt keine Problemlösung mit technischen Mitteln dar.[339] Die Lehre, bei der Abwicklung von Geschäften die Bedienhandlungen des Kunden auszuwerten, um eine interaktive Hilfestellung zu einem Zeitpunkt anzubieten, in dem die Zahl der Auftragserteilungen mit hoher Wahrscheinlichkeit erhöht wird, liegt auch dann nicht auf technischem Gebiet, wenn sie mittels eines Computersystems implementiert wird. In der in allgemeiner Form angegebenen Anweisung, dass zur Implementierung einer nicht auf technischem Gebiet liegenden Lehre eine lernende Struktur verwendet werden soll, die intellektuelle menschliche Leistung ersetzt, kann für sich noch keine die Patentierbarkeit rechtfertigende Eigenheit erkannt werden.[340] Ein Konzept einer wirtschaftlichen oder politischen Steuerung, das weder ein konkretes technisches Problem (Absicherung des eigenen privaten Vermögens) noch eine auf technischem Gebiet liegende Problemlösung (Gestaltung von rechtl oder politischen Rahmenbedingungen) offenbart, wurde als nichttechnisch angesehen.[341] Stehen Datensätze und eine Liste im Vordergrund und deren Gebrauch unter organisatorischen Gesichtspunkten im Hintergrund, erschöpft sich die Lehre in der Bereitstellung eines Informationsfelds, anhand dessen Programme als erforderlich oder unnötig beurteilt werden können und der Bereich der Technik wird nicht betreten.[342] Die Umsetzung der Erkenntnis, wovon die Bedarfsdeckung abhängt, beruht nicht auf technischen Überlegungen. Auch die Auswertung technischer Daten löst dann kein technisches Problem, wenn die prägenden Anweisungen aus betriebswirtschaftlichen Überlegungen abgeleitet sind.[343] Einer Lehre, dreidimensionale vektorielle Größen, die aus einer Datenaufnahme im medizinischen Bereich stammen, in Abhängigkeit von ihrer Richtung farblich codiert auf einem Display anzuzeigen, liegt keine konkrete technische Problemstellung zugrunde.[344] Das automatische Durchsuchen und Ergänzen eines Computerprogramms zur Sicherstellung eines Multitasking-Betriebs betrifft kein technisches Problem.[345] Der Vorschlag, ein CAD-System um eine Steuerungsfunktion für Komponenten zu erweitern und hierfür eine Referenzfigur einzuführen, die Steuerung und Berechnung der einzelnen Größen erleichtern soll, ist nicht als Erfindung auf technischem Gebiet anzusehen.[346] Ein Anwenderinterface, mit dem ein Anwender im Dialog mit einem Onlineladen im Computersystem konfigurieren kann und das die vom Anwender ausgewählten Komponenten des Computersystems auf Kompatibilität überprüft werden, ist vom Patentschutz ausgeschlossen.[347] Technizität wurde verneint, wenn die nach medizinischen Gesichtspunkten von einem Arzt vorgenommene Prüfung von mehreren Verschreibungen auf mögliche Nebenwirkungen und Kreuzreaktionen mit anderen Medikamenten automatisiert werden soll und dazu keine über den Einsatz von Mitteln zur Datenverarbeitung hinausgehenden Hinweise vorgesehen sind.[348] Diagnosefindung durch Vergleich statistischer Daten mit individuellen Personendaten ist nicht technisch.[349] Weist die Lehre den Programmierer lediglich an, die vorhandenen EDV-Mittel in geeigneter Weise zu benutzen, ist das beanspruchte Verfahren als Programm als solches zu werten.[350] Die Angabe „wenn das Programm auf einem Computer ausgeführt wird" im Patentanspruch macht das Programm nicht zu einem Computerprogramm als solches.[351] Ein Programmierverfahren zur Erstellung eines Steuerprogramms für Abläufe einer industriellen Maschine ist kein Computerprogramm

338 BPatG 13.3.2003 17 W (pat) 40/02.
339 BPatG 15.9.2011 17 W (pat) 114/07.
340 BPatGE 47, 54 = Mitt 2003, 555; nachgehend BGH GRUR 2005, 141 Anbieten interaktiver Hilfe.
341 BPatG 18.8.2003 17 W (pat) 8/03.
342 BPatG 22.11.2005 17 W (pat) 71/03.
343 BPatG 2.2.2006 17 W (pat) 88/03; vgl zu gesundheitsrelevanten Daten BPatG 4.5.2006 17 W (pat) 15/04.
344 BPatG 23.9.2010 17 W (pat) 47/06.
345 BPatG 5.10.2006 17 W (pat) 82/04.
346 BPatG 11.1.2011 17 W (pat) 99/05.
347 BPatG 28.6.2011 17 W (pat) 166/05.
348 BPatG 1.12.2010 17 W (pat) 104/05.
349 BPatG 14.5.2006 17 W (pat) 15/04.
350 BPatG 21.11.2006 17 W (pat) 72/04.
351 BPatG Mitt 2006, 217.

     Keukenschrijver

als solches.[352] Ein Verfahren zum Ermitteln der Rentabilität eines medizinischen Geräts, bei dem aus Einsatzdaten des Geräts, der Vergütung des Betreibers und kalkulatorischen Kosten die Rentabilität ermittelt wird, bei dem weder technische Einrichtungen überwacht oder Messgrößen aufgearbeitet werden noch regelnd oder steuernd eingewirkt wird, sondern ausschließlich betriebswirtschaftliche Abläufe nachvollzogen werden, erschöpft sich in einer Regel für geschäftliche Tätigkeiten. Die Ermittlung von betriebsbezogenen Daten automatisch vorzunehmen, kann zwar für sich genommen technisch sein, aber für die Lehre des hier beanspruchten Verfahrens stellt dies lediglich eine beiläufige, das im Vordergrund stehende betriebswirtschaftliche Verfahren weiter ausgestaltende Maßnahme dar, was in gleicher Weise auch für die vorliegend lediglich bestimmungsgemäße Nutzung einer Datenverarbeitungsanlage zur automatischen Nutzung der Rentabilität zutrifft. Eine konkrete Vorrichtung iS einer physikalischen Entität, die für einen bestimmten Zweck hergestellt wird, ist per se technisch, so dass einer Vorrichtung, die in bestimmter, näher definierter Weise eingerichtet wird, der technische Charakter ohne weiteres zukommt.[353] Die Auswertung diskreter Messwertfolgen physikalischer Größen hat technischen Charakter,[354] ebenso eine Methode zur Codierung akustischer Signale.[355] Die Lehre, ein Textverarbeitungsprogramm um ein Abrufprogramm zu ergänzen, das auf die durch einen Anwender erfolgende Auswahl von Schlüsselwörtern hin zusätzliche Informationen abruft und anzeigt, ist als Programm für Datenverarbeitungsanlagen als solches nicht als Erfindung auf technischem Gebiet anzusehen.[356] Patentierung wurde auch versagt für ein Bilddatenbearbeitungsverfahren,[356a] ein Verfahren zur Konfigurierung von an einem Bussystem angeschlossenen Busteilnehmern,[356b] ein Verfahren zur Zertifizierung eines kryptografischen öffentlichen Schlüssels,[356c] ein Verkehrsflusssimulationssystem als Planungshilfe,[356d] eine Synchronisationserfassungsvorrichtung für ein Global Navigation Satellite System,[356e] ein Such- und Auswerteverfahren für gespeicherte Texte,[356f] die Bereitstellung einer Entscheidungshilfe zur Auswahl eines Antriebs in Form einer zu berechnenden Kennzahl.[356g] Ein Verfahren zur iterativen Simulation einer augenchirurgischen Behandlung mit einem Lasersystem auf einem Rechner, bei dem Steuerdaten eines Lasersystems für einen nachfolgenden chirurgischen Eingriff erzeugt werden, ist kein Computerprogramm als solches.[357]

63   **Praxis des EPA.** Das EPA hat zunächst einen „kontributionalistischen" Ansatz vertreten, dh danach gefragt, ob ein Beitrag zum StdT auf einem nicht von der Patentierung ausgeschlossenen Gebiet geleistet wird.[358] Später wurde eine Berücksichtigung des technischen Beitrags bei der Beurteilung der Technizität abgelehnt.[359] Der Beitrag zum StdT kann in dem zu lösenden Problem, den Lösungsmitteln oder in den erreichten Wirkungen liegen. Schutzfähig sind demnach Erfindungen, die auf eine physikalische Entität einwirken.[360] Als patentfähig wurde ein Verfahren zur Anzeige einer einzelnen aus einer Reihe vorgegebener

---

352 BPatG 22.9.2010 19 W (pat) 63/06.

353 BPatG 47, 42 = ABl EPA 2005, 215; nachgehend BGH GRUR 2005, 143 Rentabilitätsermittlung; weitere Fälle, in denen Patentfähigkeit verneint wurde: BPatG Mitt 2006, 25 (schienengebundenes Verkehrssystem); BPatG GRUR 2008, 330 (Expertensystem).

354 BPatG GRUR 2007, 133.

355 BPatG 11.10.2005 23 W (pat) 47/02; weitere Fälle; in denen Patentfähigkeit bejaht wurde: BPatGE 45, 103 = BlPMZ 2002, 428 (computerimplementiertes Verfahrens zum Herstellen eines Kabelbaums); BPatGE 46, 76 = BlPMZ 2003, 154 (Vorabspeichern von Informationen aus einem Computernetzwerk); BPatG 8.7.2004 17 W (pat) 8/02 Schulte-Kartei PatG 1.5 Nr 219.

356 BPatG 24.6.2010 17 W (pat) 85/05.

356a BPatG 9.7.2013 17 W (pat) 82/09.

356b BPatG 11.11.2013 20 W (pat) 2/10.

356c BPatG 5.3.2014 20 W (pat) 18/09.

356d BPatG 26.5.2014 23 W (pat) 8/10.

356e BPatG 16.6.2014 20 W (pat) 23/10.

356f BPatG 19.3.2015 17 W (pat) 4/12.

356g BPatG 14.4.42015 17 W (pat) 94/10.

357 BPatG 15.7.2010 21 W (pat) 46/07.

358 Vgl EPA T 769/92 ABl EPA 1995, 525 = GRUR Int 1995, 909 universelles Verwaltungssystem.

359 EPA T 1173/97 ABl EPA 1999, 609 = GRUR Int 1999, 1053 Computerprogrammprodukt/IBM; EPA T 931/95 ABl EPA 2001, 441 = GRUR Int 2002, 86 Steuerung eines Pensionssystems; EPA T 258/03 ABl EPA 2004, 575 = GRUR Int 2005, 332 Auktionsverfahren; EPA T 154/04 ABl EPA 2008, 46 Schätzung des Absatzes; anders im VK: CA England/Wales RPC 2007, 117 Aerotel/Telco.

360 EPA T 208/84 ABl EPA 1987, 14 = GRUR Int 1987, 173 computerbezogene Erfindung/VICOM: digitale Filterung von Daten ist untechnisch, digitale Bildverarbeitung technisch; EPA T 26/86 ABl EPA 1988, 19 = GRUR Int 1988, 585

Meldungen angesehen, die aus einem Satz mit mehreren Wörtern bestehen und jeweils ein bestimmtes Ereignis angeben, das in der Ein-/Ausgabevorrichtung eines Textverarbeitungssystems auftreten kann,[361] ebenso wurde die Transformation von zu einem Textverarbeitungssystem gehörenden Steuerzeichen in zu einem zweiten Textverarbeitungssystem gehörende Steuerzeichen als technisch angesehen.[362] Auch die Kommunikation zwischen unabhängig voneinander ablaufenden Systemen über Dateien wurde als technisch angesehen,[363] ebenso ein elektronisches Dokumentensystem aus mehreren Prozessoren oder Workstations, die Dokumente in Form eines Datenstroms empfangen und übermitteln.[364] Ebenfalls als technisch angesehen wurde die Erstellung eines Menüs mit einer Auswahl möglicher Fortsetzungen eines in natürlicher Sprache eingegebenen Satzes aufgrund schrittweiser Analyse der Eingabe einzelner Wörter oder Satzteile.[365] Schließlich hat das EPA auch ein Computermanagementsystem aus konventioneller Hardware und durch Programme realisierten funktionalen Verarbeitungsmerkmalen als patentfähig angesehen.[366] Dagegen hat das EPA als nichttechnisch behandelt ein Verfahren zur automatischen Feststellung und zum Ersetzen von Ausdrücken, die einen vorbestimmten Verständlichkeitslevel übersteigen, sowie ein entspr Textverarbeitungssystem,[367] ein System zum automatischen Zusammenfassen und Wiederauffinden von Dokumenten,[368] eine redundanzverminderte Codierungsvorschrift, die es ermöglicht, aufgrund der in einer vorgegebenen Datenfolge auftretenden Redundanz die Datenfolge in eine Darstellungsform zu bringen, die im Vergleich zur Originalfolge kompakter ist,[369] ein Rechtschreibprüf- und Korrektursystem,[370] ein System zur automatischen Erstellung einer Liste von Ausdrücken, die sich semantisch auf einen gegebenen Sprachausdruck beziehen, unter Verwendung eines EDV-Systems,[371] ein Verfahren zum automatischen Feststellen und Korrigieren von Homophonfehlern in einem Textdokument,[372] ein Verfahren zum Darstellen und Editieren von Daten in Tabellenform in einem interaktiven Textverarbeitungssystem,[373] ein Verfahren zur Unterstützung einer Bedienungsperson bei der Dateneingabe in ein interaktives Textverarbeitungssystem,[374] die Meldung über die Abweichung einer in einem Schaubild wiedergegebenen Information von der dort normalerweise zu zeigenden.[375] Ebenfalls als nicht patentierbar wurde als Programmiertätigkeit ein System zur Schaffung konkreter Computerprogramme aus Bausteinen oder Modulen angesehen,[376] desgleichen eine Anmeldung, die die konzeptionelle oder praktische Entwicklung von Anwendungs- oder Benutzerprogrammen für Computer betraf,[377] da kein Beitrag zum StdT auf einem nicht vom Patentschutz ausgeschlossenen Gebiet geleistet werde.[378] Den konkreten technischen Anwendungen computergestützter Simulationsverfahren kann eine technische Wirkung nicht abgesprochen werden, weil sie nicht das materielle Endprodukt umfassen.[379]

Das EPA lässt den Schutz von **„Datenträgerprodukten"** zu, so den Schutz eines Datenträgers, der **64** ein Programm speichert (zB Speicherelement zur Speicherung von Daten für den Zugriff durch ein auf

Röntgeneinrichtung: Steuerung einer Röntgenröhre; EPA T 6/83 ABl EPA 1990, 5 = GRUR Int 1990, 468
Datenprozessornetz: Steuerung von Computern, und seither öfter.

361 EPA T 115/85 ABl EPA 1990, 30 = GRUR Int 1990, 463 computerbezogene Erfindung/IBM.
362 EPA T 110/90 ABl EPA 1994, 557 = GRUR Int 1994, 1038 editierbare Dokumentenform; s auch EPA T 109/90 Editable document form.
363 EPA T 679/92 CR 1995, 146 Computer-Management-System.
364 EPA T 71/91.
365 EPA T 236/91.
366 EPA T 769/92 ABl EPA 1995, 525 = GRUR Int 1995, 909 universelles Verwaltungssystem; vgl auch EPA T 1351/04 (computergestützte Suchmethode mittels einer Indexierungsdatei).
367 EPA T 38/86 ABl EPA 1990, 384 = GRUR Int 1991, 118 Textverarbeitung: kein Beitrag zum StdT auf einem vom Patentschutz nicht ausgeschlossenen Gebiet, Hinweis auf herkömmliche Hardware genügt nicht.
368 EPA T 22/85 ABl EPA 1990, 12 = GRUR Int 1990, 465 Zusammenfassen und Wiederauffinden von Dokumenten.
369 EPA T 107/87 CR 1993, 26 Daten(de)kompressionsverfahren.
370 EPA T 121/85 Spelling checking.
371 EPA T 52/85.
372 EPA T 65/86 EPOR 1990, 191 Text processing.
373 EPA T 186/86.
374 EPA T 95/86 Text editing; vgl auch EPA T 38/86 ABl EPA 1990, 384 = GRUR Int 1991, 118 Textverarbeitung.
375 EPA T 790/92.
376 EPA T 204/93 Erzeugung von Computerprogramm-Bausteinen.
377 EPA T 833/91.
378 Vgl auch EPA T 365/05: mathematisches Modell zum Management einer Rinderherde.
379 EPA T 1227/05 ABl EPA 2007, 574 Simulation eines Schaltkreises.

einer Datenverarbeitungseinheit ausgeführtes Anwendungsprogramm, umfassend ...),[380] danach ist ein als solches beanspruchtes Computerprogramm nicht von der Patentfähigkeit ausgeschlossen, sofern es, wenn es auf einem Computer läuft oder in ihn geladen wird, eine technische Wirkung hervorbringt oder dazu in der Lage ist, der über die „normalen" physikalischen Interaktionen zwischen dem Programm und dem Computer hinausgeht. Hierfür dürfte nach der Prüfungspraxis eine bessere Speichernutzung oder eine höhere Verarbeitungsgeschwindigkeit ebenso ausreichen wie die Kontrolle eines Prozesses, dagegen werden reine Geschäftsverfahren auch dann nicht patentierbar sein, wenn sie als Computerprogramm implementiert sind. Das brit PA übernimmt diese Praxis.[381] Geschäftsmethoden als solche sieht auch das EPA als nicht patentierbar an.[382]

65   **Praxis im Ausland. Europa. Niederlande.**[383] Das nl PA hat bei einem computergestützten Verfahren darauf abgestellt, ob das Verfahren der Verarbeitung und anschließenden Ausgabe der in den Computer eingegebenen Daten dient; ein solches Verfahren führe zu einer Veränderung in der Natur und sei deshalb der Patentierung zugänglich, selbst wenn es mittels einer Datenverarbeitungsanlage ausgeführt werde.[384]

66   **Frankreich.** Einer Befehlsfolge zur Steuerung des Operationsablaufs einer Rechenmaschine wurde die Patentierbarkeit versagt.[385] Ein Verfahren verliert nicht schon dadurch seine Patentfähigkeit, dass ein oder mehrere seiner Schritte durch einen programmgesteuerten Rechner ausgeführt wird.[386]

67   **Vereinigtes Königreich.**[387] Ein vom Patentschutz ausgeschlossenes Computerprogramm wird nicht dadurch patentfähig, dass es in einer Diskette oder in einer ROM-Einheit verkörpert ist.[388] Die Regierung hat sich gegen die Patentierbarkeit von Geschäftsmethoden im Internet ausgesprochen.[389]

68   In den **USA** sind alle Erfindungen und Entdeckungen neuer und nützlicher Verfahren, Vorrichtungen, Herstellungsweisen oder Zusammensetzungen sowie deren Verbesserung patentfähig (§ 101 US Code Titel 35: „Whoever invents or discovers any new and useful process, machine, manufacture, or composition of matter, or any new and useful improvement thereof, may obtain a patent therefor, subject to the conditions and requirements of this title"). Dies führte zu wesentlich weitergehender Patentierbarkeit als nach europäisch harmonisiertem Recht[390] („anything under the sun that is made by man"). Allerdings wurde zunächst ein Verfahren zur Konvertierung binär codierter Dezimalzahlen in Binärzahlen als nicht patentierbar angesehen.[391] Eine Änderung brachte die Diehr-Entscheidung: ausgeschlossen waren danach nur Naturgesetze, Naturerscheinungen und abstrakte Ideen, zu denen auch mathematische Algorithmen gehören.[392] Der US-CAFC hat in der Alappat-Entscheidung[393] auf die Gesamtheit der Merkmale abgestellt; danach reicht es aus, wenn die Erfindung im Ganzen auf eine Kombination miteinander verknüpfter Elemente gerichtet ist, die zusammen eine Vorrichtung bilden, mit der bestimmte Datenbestände in andersartige umgewandelt werden können, die auf einer Ausgabeeinheit dargestellt werden sollen. Hierbei handele es sich auch dann, wenn alle Lösungselemente Schaltkreise sind, die mathematische Berechnungen ausfüh-

---

380   EPA T 935/97 RPC 1999, 861, und EPA T 1173/97 ABl EPA 1999, 609 = GRUR Int 1999, 1053 Computerprogrammprodukt/IBM, beide besprochen bei *Hanneman* BIE 1999, 156, *Schmidtchen* Mitt 1999, 281 und *Tauchert* GRUR 1999, 829.
381   EIPR 1999 N-159.
382   EPA T 931/95 ABl EPA 2001, 441 = GRUR Int 2002, 86 = CR Int 2001, 18 mAnm *Sedlmaier/Glaser* Steuerung eines Pensionssystems; ebenso BPatG 25.10.2007 17 W (pat) 32/05.
383   Vgl aus der älteren Rspr die Rooilijn-Entscheidung des HR BIE 1950, 36.
384   BIE 1992, 225, Ls auch ABl EPA 1993, 703.
385   CA Paris GRUR Int 1974, 279 = Ann 1973, 275 „Mobil Oil".
386   CA Paris Ann 1982, 24 „Schlumberger".
387   Zur Praxis des brit PatentsC EIPR 1996 D-240.
388   Brit CA RPC 1991, 305 = GRUR Int 1992, 780 Gale; vgl zur brit Praxis auch RPC 1979, 318 ITS Rubber; PatentsC GRUR Int 1989, 419 und CA RPC 1989, 561 = GRUR Int 1991, 42 Merill Lynch: geschäftliche Tätigkeit, sowie PatentsC RPC 1996, 511 und CA RPC 1997, 708 = IIC 1998, 454 Fujitsu: Bilderzeugung als gedankliche Tätigkeit; hierzu auch *Likhovski* EIPR 2001, 267, 269 f.
389   Bericht EIPR 2001 N-111; im Internet www. patent.gov.uk./about/consultation/conclusions.htm.
390   US-SuprC GRUR Int 1980, 627, 629 Diamond/Chakrabarty; Diamond/Diehr 450 U.S. 175, 182; zur Patentierung eines Multimedia-Suchsystems („Compton-Patent") kr NJW-CoR 1994, 102 und *Herberger* Compton (not) inside? JurPC 1993, 2343 sowie *Hoeren* Compton und kein Ende? CR 1994, 525.
391   SuprC 408 U.S. 63 Gottschalk v. Benson; vgl SuprC 437 U.S. 584 Parker v. Flok: Außerachtlassen des Algorithmus.
392   SuprC Diamond/Diehr.
393   31 USPQ 2d 1544.

ren, nicht um ein mathematisches Konzept in Form einer abstrakten Idee, sondern um eine spezielle Vorrichtung, die ein konkretes und greifbares Ergebnis herbeiführt; hierunter kann auch ein entspr programmierter Universalrechner fallen;[394] der Freeman-Walter-Abele-(FWA-)Test der früheren Rspr des Court of Customs and Patent Appeals[395] ist damit im wesentlichen überholt.[396] Nach der Warmerdam-Entscheidung des CAFC[397] kann ein Erzeugnis, das durch ein nicht patentierbares, weil nur eine mathematische Berechnung enthaltendes Verfahren erzeugt wird, patentfähig sein. Dagegen wurde in der auf die Alappat-Entscheidung bezugnehmenden Trovato-Entscheidung[398] Patentfähigkeit verneint, weil spezifische Hardwarekomponenten nicht angegeben waren.[399] Nach der Lowry-Entscheidung[400] stellt ein elektronischer Speicher, der Datenstrukturen beinhaltet, einen patentfähigen Gegenstand dar, auch wenn die Neuheit ausschließlich in der Organisation der Datenstrukturen besteht.[401] Ein Patentierungsausschluss für Geschäftsmethoden, der sich auch in den PrRl 1996 nicht mehr findet, wurde verworfen.[402] Weitere Beispiele für Patentierung von Geschäftsmethoden: US-Patente 5794207 „reverse auction", 5851117 „cleaner teaching method", 5960411 „one-click patent", 6329919 „System and method for providing reservations for restroom use".[403] Nach der Comiskey-Entscheidung[404] sind jedoch gedankliche Verfahren für sich auch dann nicht patentfähig, wenn sie eine praktische Anwendung haben.

In **Australien** sind geistige Vorgänge wie mathematische Algorithmen per se nicht patentierbar, jedoch deren praktische Anwendung.[405] Die Rspr hat sich hinsichtlich der Patentierung von Geschäftsmethoden der US-Praxis angeschlossen.[406]   **69**

Nach den **japanischen** PrRl 1994 konnten softwarebezogene Erfindungen patentiert werden, wenn Hardware-Elemente programmgesteuert werden (zB computergesteuerte Klimaanlage, Luft-Benzin-Gemischzufuhr bei Verbrennungsmotoren, Nähmaschinen) oder der Computer selbst gesteuert wird („multiprogramming") oder mit einem Rechner auf den physischen oder technischen Eigenschaften von Gegenständen beruhende Gegebenheiten bewirkt werden (zB computergesteuerte Bilderzeugung, Korrektur von Übertragungsfehlern in digitalen Signalen).[407] Die PrRl 2000 lassen Programmansprüche als Erzeugnisansprüche zu; Geschäftsmethoden können in Verbindung mit Hardware-Komponenten patentiert werden.[408]   **70**

Kritik. In der Lit hat es an Stimmen nicht gefehlt, die sich für eine weitergehende Öffnung des Patentrechts für softwarebezogene Erfindungen aussprechen. So wird darauf hingewiesen, dass durch den Programmlauf ein informationsverarbeitendes System entsteht, das etwas anderes ist als die Summe von Hardware und Software, nämlich eine funktionelle technische Einheit.[409] Hiernach wäre nicht die Technizität, sondern allenfalls Neuheit oder erfinderische Tätigkeit fraglich. Jede Software ist prinzipiell auch   **71**

---

394 S *Hanneman* BIE 1994, 383, 384 mit Hinweis auch auf die Minderheitsmeinung in der Entscheidung; vgl auch CAFC Arrythmia v. Corazonix (22 USPQ 2d 1033 (1992)).

395 CCPA in re Freeman 197 USPQ 464; in re Walter, 205 USPQ 397; in re Abele, 214 USPQ 682; vgl *Hanneman* BIE 2000, 40, 41.

396 CAFC Alappat.

397 31 USPQ 2d 1754.

398 33 USPQ 2d 1194; hierzu *Goodman/Marlette/Trzyna* JPTOS 1995, 353.

399 Vgl zur US-Praxis auch *Kunin* Patentability of Computer Related Inventions in the United States Patent and Trademark Office, JPTOS 1995, 833.

400 32 USPQ 2d 1031 = Mitt 1996, 48.

401 Zu den Entscheidungen Alappat, Warmerdam und Lowry *Arriola* GRUR Int 1996, 9; vgl auch EIPR 1996 D-268 zu den US-PrRl; *Tauchert* Mitt 1997, 207, der sich für einen Programmschutz sui generis ausspricht.

402 US-CAFC 149 F. 3d 1368 = GRUR Int 1999, 633 State Street Bank v. Signature, hierzu *Jander* Mitt 2000, 346; *Fellas* EIPR 1999, 330; ebenso in US-CAFC GRUR Int 2000, 174 AT&T v. Excel mAnm *Nack* und hierzu *Hanneman* BIE 2000, 40.

403 Falldarstellungen bei *Bender* EIPR 2001, 375; vgl CAFC Amazon v. Barnesandnoble, referiert in EIPR 2001 N-97.

404 CAFC 20.9.2007 GRUR Int 2008, 167; IIC 2008, 235.

405 *Stoianoff* EIPR 1999, 500.

406 Federal Court 17.5.2001 F.C.A. 2001, 445 Welcome Real-Time v. Catuity, referiert in EIPR 2001 N-135, 150.

407 Hierzu *Hanneman* BIE 1994, 383, 384 f; zu Unterschieden in der jp, US- und eur Praxis Bericht über das trilaterale Projekt 24.2 (www.jpo-miti.go.jp/siryoe/repo. 242.htm) sowie „Report on Comparative Study Carried Out under Trilateral Project 83b", referiert in EIPR 2000 N-162 und EIPR 2001 N-15, wonach reine Geschäftsmethoden nicht patentierbar sind.

408 Vgl Hinweis EIPR 2001 N-82.

409 Vgl *Gantner* JurPC 1994, 2793, 2799; *Troller* CR 1987, 278, 281; *von Hellfeld* GRUR 1989, 471, 477 f; *van Raden* GRUR 1995, 451, 455.

Keukenschrijver

als Hardware realisierbar.[410] Unter diesen Prämissen erscheint es allerdings weder angängig, die Technizität der Erfindung allein mit dem Einsatz von Software (und ebenso wenig aus der Verwendung eines Algorithmus; dies gilt nicht nur für Basisalgorithmen, sondern auch für Komplexalgorithmen) positiv zu begründen, noch umgekehrt, den Einsatz von Software als Argument gegen die Technizität zu bewerten.[411] Aus diesem Grund erscheint auch die Regelung im GbmRecht Österreichs, wonach als Erfindung auch die Programmlogik angesehen wird, die Programmen für Datenverarbeitungsanlagen zugrunde liegt,[412] als über die Bestimmungen des § 1 und des Art 52 EPÜ hinausgehend.[413]

72   Die **Rechtsprechung des BGH** kann durchaus als auf dieser Linie liegend verstanden werden, jedoch erscheint das Abstellen auf den Patentierungsausschluss insoweit problematisch, als das Vorliegen eines nicht der Lösung eines konkreten technischen Problems dienenden Programms nur zum Ausschluss der Berücksichtigung dieses Programms bei der Bewertung der Patentfähigkeit und nicht dazu führen sollte, dass das Patentierungsverbot dem Schutz der Lehre insgesamt entgegensteht. Damit lässt es sich vermeiden, etwa auch solche Computerprogrammprodukte vom Schutz auszuschließen, bei denen zwar ein Programm als solches vorliegt, aber das Produkt (der Datenträger) bereits ohne das Programm schutzfähig ist. Auch die neue Rspr des BPatG vertritt die Auffassung, dass dann, wenn der Gegenstand der Lehre hinsichtlich der technischen Merkmale vorbekannt ist und die Lehre im übrigen auf betriebswirtschaftlichen Überlegungen beruht, erfinderische Tätigkeit zu verneinen ist (Abschichtung auf der „dritten Ebene").[414] Das gilt generell auch für Anweisungen zur Auswahl von Daten, deren technischer Aspekt sich darauf beschränkt, hierzu Mittel der elektronischen Datenverarbeitung einzusetzen, selbst wenn dies zu einer Verringerung der erforderlichen Rechenschritte führt.[415]

73   **f. Wiedergabe von Informationen** (Abs 3 Nr 4; Art 52 Abs 2 Buchst d EPÜ). Die Bestimmung geht auf Regel 39 Buchst c AOPCT zurück. Auch hier tritt der Ausschluss nur ein, wenn kein technisches Problem mit technischen Mitteln gelöst wird.[416] Die Wiedergabe von Informationen ist als untechnisch bezeichnet worden, weil sie nicht unmittelbar auf eine Veränderung der Außenwelt hinausläuft, sondern der Vermittlung von Kenntnissen dient.[417] Die bloße Einwirkung auf die menschliche Vorstellung durch Sprache oder Zeichen ist untechnisch.[418] Signale, die nur durch Informationen an sich gekennzeichnet sind, sind vom Patentschutz ausgeschlossen, nicht aber solche, die die Merkmale des Fernsehsystems aufweisen, in denen sie vorkommen,[419] ebenso funktionelle Daten, die inhärent die technischen Daten des Systems aufweisen, in dem ein Datenträger verwendet wird.[420] Bei einem Datenträger, auf dem solche funktionellen Daten aufgezeichnet sind, handelt es sich nicht um eine Wiedergabe von Informationen als solche.[421] Die Farb-oder Helligkeitsgebung eines Gegenstands zur leichteren Ordnung nach der Farbe ist als bloße Informationswiedergabe angesehen worden,[422] ebenso die Tastenmarkierung bei einem Musikinstru-

---

410   *Hübner* GRUR 1994, 883, 886.

411   Für einen Ausschluss nur des Programmkonzepts spricht sich *Melullis* GRUR 1998, 843, 852 aus.

412   Hierzu ÖPA öPBl 2001, 151.

413   Allerdings entgegen *Hübner* GRUR 1994, 883, 887 nicht im Widerspruch zum StraÜ.

414   BPatG 19.4.2011 17 W (pat) 16/07: Anordnung zur Erstellung eines Produktionsplans für wiederaufbereitbare medizinische Produkte, unter Hinweis auf BGH GRUR 2011, 125 Wiedergabe topografischer Informationen; vgl auch BPatG 26.7.2011 17 W (pat) 60/07; BPatG 14.7.2011 17 W (pat) 63/06; BPatG 16.2.2011 19 W (pat) 55/09; BPatG 21.3.2011 20 W (pat) 45/07; BPatG 28.3.2011 20 W (pat) 103/05; BPatG 30.1.2012 19 W (pat) 12/09.

415   BGH GRUR 2013, 275 Routenplanung unter Hinweis auf BGH GRUR 2011, 125 Wiedergabe topografischer Informationen.

416   BGH GRUR 2005, 749, 752 Aufzeichnungsträger; BPatG 26.11.2014 5 Ni 69/11 (EP).

417   *Windisch* GRUR 1980, 587 f.

418   DPA GRUR 1951, 156, 157.

419   EPA T 163/85 ABl EPA 1990, 379 = GRUR Int 1990, 977 Farbfernsehsignal.

420   EPA T 1194/97 ABl EPA 2000, 525 = GRUR Int 2001, 167 Datenstrukturprodukt; vgl EPA T 858/02 EPOR 2006, 44 structured voicemail messages; EPA T 125/04; EPA T 198/06; EPA T 643/00; EPA T 49/04 EPOR 2007, 93 text processor; EPA T 1361/05; EPA T 273/02; EPA T 1161/04; EPA T 619/05; PatentsC RPC 2006, 345 Crawford's application.

421   EPA Datenstrukturprodukt; vgl BPatG Mitt 2002, 458; zur Frage, unter welchen Umständen in einem Aufzeichnungsträger mit der auf ihm aufgezeichneten Informationsstruktur eine Wiedergabe von Information zu sehen ist, BPatG 17.7.2002 4 Ni 38/00.

422   EPA T 119/88 ABl EPA 1990, 395 = GRUR Int 1991, 128 farbige Plattenhülle; BPatG 23.9.2010 17 W (pat) 47/06; vgl auch *Benkard* Rn 133; bdkl, abl auch BPatG Bausch BPatG 1994–1998, 879.

ment[423] und eine Bildschirmaufteilung und -gestaltung,[424] nicht aber die Farbgestaltung von Segmenten einer Heckleuchte.[425] Ein Verfahren zur Anzeige von Informationen über Verkaufsgeschäfte mit einem bestimmten radialen Abstand von einem zentralen Punkt auf einer Anzeigeeinrichtung betrifft die Wiedergabe von Informationen,[426] ebenso ein Katalog für Datenträger in Form eines optischen Aufzeichnungsmediums mit aufgezeichneten alphanumerischen Zeichen und weiteren Informationen.[427] Nicht erfasst von dem Patentierungsausschluss werden Vorrichtungen zur Informationsvermittlung wie Telekommunikationsgeräte, Signal-, Mess- oder Regelvorrichtungen, Datenspeicher- und Wiedergabegeräte.[428] Der Informationsgehalt von DNS-Sequenzen macht diese nicht zum Informationsträger iSd Bestimmung.[429] Bei der Prüfung auf erfinderische Tätigkeit sind ferner solche Anweisungen nicht zu berücksichtigen, nach denen bestimmte Inhalte durch Abweichungen in der Farbe, der Helligkeit oder dergleichen hervorgehoben werden.

Der Patentierungsausschluss korrespondiert mit dem zu den Grundrechten gehörenden Recht auf In- **74** formations- und Meinungsfreiheit und soll die **Monopolisierung von Informationen** durch die Gewährung von Patentschutz verhindern.[430] Danach haben bei der Prüfung der Patentfähigkeit nur solche Anweisungen als nicht technisch außer Betracht zu bleiben, die gerade die Vermittlung bestimmter Inhalte betreffen und damit darauf zielen, auf die menschliche Vorstellung oder Verstandesfähigkeit einzuwirken.[431] Anweisungen, die die Informationen betreffen, die nach der Lehre des Patents wiedergegeben werden sollen, können daher auch unter dem Gesichtspunkt der erfinderischen Tätigkeit die Patentfähigkeit der erfindungsgem Lehre nur dann und nur soweit stützen, als sie die Lösung eines technischen Problems mit technischen Mitteln bestimmen oder zumindest beeinflussen.[432]

Entspr dieser Unterscheidung hat der BGH angenommen, dass bei der Prüfung auf erfinderische Tä- **75** tigkeit Anweisungen nicht zu berücksichtigen sind, wonach die Audiowiedergabe bei einem Fahrzeugnavigationssystem auch Straßennamen umfasst, weil sich diese in der Vorgabe erschöpfen, dass und unter welchen Bedingungen Straßennamen Bestandteil der Audiowiedergabe von Fahranweisungen sein sollen und damit ausschließlich den **Inhalt der** dem Nutzer zur Verfügung gestellten **Information** betreffen.[433] Auch die Praxis der Beschwerdekammern des EPA spiegelt diese Unterscheidung wieder. So hat das EPA etwa entschieden, dass eine Anweisung, wonach bei einer Vorrichtung zur Ermittlung der Erfolgschancen beim Roulettespiel Informationen über die Wetteinsätze eines bestimmten Spielers angezeigt werden, keine Berücksichtigung finden kann.[434] Als nichttechnisch wurde auch die Anweisung angesehen, bestimmte Informationen über die Eigenschaften eines Diamanten anzuzeigen.[435] Im gleichen Sinn hat der PatentsC die Anweisung, dem Fahrgast bestimmte Informationen über den Status eines Omnibus zu vermitteln, als nicht technisch angesehen.[436]

Nicht bei der Prüfung auf erfinderische Tätigkeit zu berücksichtigen sind nach einer weiteren Entschei- **76** dung des BGH Anweisungen, die die **Auswahl einer** für Navigationszwecke **zweckmäßigen** kartografischen **Darstellung** betreffen (Koordinatentransformation, Sicht aus nach hinten versetzter Vogelperspektive, Bestimmung der Hauptbetrachtungsrichtung in spitzem Winkel im Hinblick auf die Erdoberfläche, Wiedergabe mit einem die momentane Bewegung des Fahrzeugs berücksichtigenden und eine simulierte Ist-Position des Fahrzeugs enthaltenden Raumwinkel). Solche Anweisungen sind nicht Teil der technischen Lösung, sondern gehören zu der dieser vorgelagerten Auswahl einer für Navigationszwecke zweckmäßigen kartografischen Darstellung, die dem Fachmann, sofern er sie nicht bereits selbst als zweckmäßig erkennen

---

423 EPA T 603/89 ABl EPA 1990, 230 = GRUR Int 1992, 654 Anzeiger.
424 EPA 4.10.1996 T 599/93.
425 BPatG 15.2.2007 5 W (pat) 21/06.
426 BPatG 16.9.2010 17 W (pat) 86/05.
427 BPatG 17.6.2010 17 W (pat) 41/05.
428 Vgl BPatGE 15, 175, 179.
429 *MGK/Moufang* Art 53 EPÜ Rn 55 mwN; str.
430 *Benkard-EPÜ* Art 52 Rn 207.
431 *Benkard* Rn 133; *Schulte* Rn 126.
432 BGH GRUR 2013, 909 Fahrzeugnavigationssystem mwN; BGH GRUR 2015, 660 Bildstrom.
433 BGH Fahrzeugnavigationssystem.
434 EPA 14.12.2007 T 1704/06.
435 EPA 28.2.2008 T 619/05.
436 PatentsC 4.11.2005 [2005] EWHC 2417.

Keukenschrijver

kann, von dem hierfür zuständigen Fachmann, einem Kartografen, Geografen oder Geodäten, vorgegeben wird.[437]

III. Aufgabe und Lösung

Schrifttum (zur Offenbarung der Aufgabe vor Rn 233 zu § 34): *Balk* Zur Formalisierung von Aufgabe und Lösung einer technischen Lehre, Mitt 1986, 230; *Beyer* Naturwissenschaftlich-technisches Selbstverständnis, Logik und Patentrecht, Mitt 1988, 129; *Brodeßer* Die sogenannte „Aufgabe" der Erfindung, ein unergiebiger Rechtsbegriff, GRUR 1993, 185; *Bruchhausen* Über die Schwierigkeiten bei der Handhabung des Erfindungsbegriffs, FS 25 Jahre BPatG (1986), 125; *Cole* EIPR 1998, 214; *Dreiss/Bulling* Aufgabe und Zweck im Erteilungs- und im Verletzungsverfahren, FS R. König (2003), 101; *Gernhardt* Angabe der durch die Erfindung zu lösenden Aufgabe, Mitt 1981, 235; *Graf* Nochmals: Die Aufgabe einer Erfindung bei der Beurteilung der Erfindungshöhe, GRUR 1985, 247; *Gramm* Die Bedeutung von Aufgabe und Ziel der Erfindung im Patentrecht, GRUR 1989, 662 (Referat *Eisenführ*); *Hagel/Menes* Making proper use of the problem-solution approach, epi-Information 1995 H 1, 14; *Hesse* Die Aufgabe – Begriff und Bedeutung im Patentrecht, GRUR 1981, 853; *Keukenschrijver* (Konkrete, aber nicht technische) Probleme mit der „Aufgabe", FS J. Bornkamm (2014), 677; *Jehan* The Problem and Solution Test in the Assessment of Inventive Step, epi-Information 1995 H 2, 66; *Jeser* Aufgabe und Anspruchsunterteilung, Mitt 1985, 143; *Knesch* epi-Information 1994, 95; *Köhler* Aggregation und Kombination, GRUR 1952, 447; *U. Krieger* Definition und Bedeutung der Aufgabe bei Erzeugniserfindungen im deutschen und europäischen Patentrecht, GRUR Int 1990, 743; *Niedlich* Das Problem „Aufgabe", GRUR 1988, 749; *Niedlich* Die Aufgabe im Patenterteilungsverfahren, GRUR 1989, 794; *Niedlich* Die patentrechtliche Aufgabe im Wandel, FS 50 Jahre VPP (2005), 186; *Portal* Contibution à une nouvelle analyse de l'approche Probleme – Solution, epi-Information 1995 H 2, 69; *Schachenmann* Begriff und Funktion der Aufgabe im Patentrecht, 1986; *Schanze* Problem, Prinzip und Hypothese in ihrer patentrechtlichen Bedeutung, GRUR 1898, 161; *Scheuber* Die Aufgabenstellung, Mitt 1976, 27; *Schickedanz* Die Kombinationserfindung in neuerer Sicht, GRUR 1970, 340; *Schmieder* Die Aufgabenstellung als Schritt zur Erfindung, GRUR 1984, 549; *Schreiber* Die sogenannte „Aufgabe" und die Begründung der Erfindungshöhe mit der Neuheit, Mitt 1984, 48; *Singer* Die Rechtsprechung der Beschwerdekammern des Europäischen Patentamts zur erfinderischen Tätigkeit (Artikel 56 EPÜ), GRUR Int 1985, 234 = IIC 1985, 293; *Szabo* The Problem and Solution Approach to the Inventive Step, EIPR 1986, 293; *Szabo* Der Ansatz über Aufgabe und Lösung in der Praxis des Europäischen Patentamts, Mitt 1994, 225; *Szabo* The Problem and Solution Approach in the European Patent Office, IIC 1995, 457; *Szabo* (Entscheidungsanm), GRUR Int 1996, 723; *Szabo* Letter Re Paul Cole's Article, EIPR 1999, 42; *Teschemacher* epi-Information 1997, 25; *K. von Falck* Neues vom Schutzumfang von Patenten, GRUR 1990, 650; *White* EIPR 1986, 387; *Zumstein* Aufgabe bei chemischen Verfahrenserfindungen, Mitt 1975, 162.

77   **1. Allgemeines.** Herkömmlich wird die Erfindung in **Aufgabe** (technisches Problem) und **Lösung** aufgegliedert.[438] Begriffsnotwendig ist dies unter dem Gesichtspunkt, dass eine Erfindung eine Lehre zum technischen Handeln darstellt, nicht.[439] Eine technische Handlungsanweisung ist notwendig auf die Erzielung eines Erfolgs gerichtet; der Handlungserfolg ist dem Handlungsbegriff des Patentrechts daher immanent. Bezeichnet die Aufgabe diesen Erfolg, bezeichnet die Lösung die Mittel, die eingesetzt werden, um den Erfolg herbeizuführen. Dies reduziert die Bedeutung der Aufgabe auf die eines Charakteristikums eines einheitlichen Handlungsbegriffs.[440] Zur teilweise abw Praxis des EPA im Rahmen des „Aufgabe-Lösungs-Ansatzes" Rn 24 zu § 4.

78   **2. Aufgabe.** Eine Aufgabe für sich ist keine Erfindung; nach der Rspr des BGH[441] kann die Erfindung in ihrer Lösung liegen. Das ist missverständlich formuliert; die Erfindung liegt in der Lehre zum technischen Handeln, von der Aufgabe und Lösung unselbstständige Teilaspekte darstellen. Zur Offenbarung der „Aufgabe" Rn 99 zu § 34.

79   Die **ältere Rechtsprechung** hat in Ausnahmefällen bereits der Aufgabenstellung Erfindungscharakter zugebilligt (Aufgabenerfindung"), wenn nämlich die Lösung ohne weiteres im Bereich des Fachkönnens lag.[442] Tatsächlich belehrte die Erfindung den Fachmann auch in diesen Fällen über die einzusetzen-

---

437 Vgl BGH GRUR 2011, 125 Wiedergabe topografischer Informationen.

438 Vgl hierzu *MGK/Teschemacher* Art 83 EPÜ Rn 39 ff; *Schulte* Rn 43 mNachw der älteren BGH-Rspr.

439 Vgl auch BGH GRUR 1998, 899, 900 Alpinski; *Büscher/Dittmer/Schiwy* Rn 16; *Keukenschrijver* FS J. Bornkamm (2014), 677.

440 Vgl auch *Fitzner/Lutz/Bodewig* Rn 35.

441 BGH G RUR 1984, 194 Kreiselegge; vgl *Büscher/Dittmer/Schiwy* Rn 27.

442 RG MuW 26, 150 Reihenbildaufnahmeapparat; RG GRUR 1937, 544 Instrumententisch; RG GRUR 1940, 484 f Besatzstreifen; RG GRUR 1941, 316 Garnbinder; RG GRUR 1944, 22, 25 Wellblechofenbekleidung; BGH GRUR 1955, 283

den Mittel. Auch die Auffassung, dass sich die im Patentanspruch enthaltenen Angaben nicht in einer Umschreibung der der Erfindung zugrunde liegenden Aufgabe erschöpfen, sondern die Lösung der Aufgabe kennzeichnen müssen,[443] beruhte im konkreten Fall auf einer solchen nicht zutr Beurteilung.[444]

Betrachtet man Aufgabe und Lösung als **zwei Aspekte der Lehre zum technischen Handeln**, redu- **80** ziert sich die Bedeutung der Aufgabe auf die Charakterisierung des durch die Erfindung Erreichten.[445] Ausführungen über die Aufgabenstellung mögen immerhin häufig einen Beitrag für das richtige Verständnis der in den Patentansprüchen enthaltenen Merkmale und der durch die Gesamtheit der Anspruchsmerkmale charakterisierten technischen Lehre leisten, haben jedoch keine von den Merkmalen der Erfindung losgelöste selbstständige Bedeutung.[446] Die Ermittlung des der Erfindung zugrunde liegenden Problems hat lediglich den Sinn, zur Erfassung der das Wesen einer Erfindung bestimmenden Problemlösung beizutragen.[447]

So verstanden haben **Lösungselemente** wie Lösungsansätze, Lösungsprinzipien oder Lösungsge- **81** danken bei der Formulierung der Aufgabe nichts zu suchen,[448] das objektiv gelöste technische Problem ist frei von ihnen zu bestimmen;[449] das Problem ist weder das Programm der Lösung noch ein Beitrag dazu.[450] Geht die Aufgabe (das Problem) dahin, einen Stoff bereitzustellen, der als alternatives Arzneimittel für bestimmte Anwendungsgebiete in Betracht kommt, ist die Entscheidung für einen bestimmten Stoff bereits Teil der Lösung.[451] Bei der Definition des technischen Problems, das einer Erfindung zugrunde liegt, darf nicht ohne weiteres unterstellt werden, dass für den Fachmann die Befassung mit einer bestimmten Aufgabenstellung angezeigt war. Vielmehr ist das technische Problem so allgemein und neutral zu formulieren, dass sich die Frage, welche Anregungen der Fachmann durch den StdT insoweit erhielt, ausschließlich bei der Prüfung der erfinderischen Tätigkeit stellt.[452]

Aus dem Vorstehenden folgt weiter, dass sich die Bestimmung der Aufgabe (des technischen Prob- **82** lems) – als Teil der Auslegung der in einem Patentanspruch verkörperten technischen Lehre[453] – ausschließlich an dem von der Erfindung[454] durch die einzelnen Merkmale für sich und ihrer Gesamtheit **objektiv Erreichten** („dem, was die Erfindung tatsächlich leistet")[455] und nicht an dem vom Erfinder

---

Strahlentransformator; BGH GRUR 1963, 568 Wimpernfärbestift; *Schulte* Rn 45 zieht auch BGH GRUR 1998, 899 f Alpinski heran.

443 So BGHZ 92, 129 = GRUR 1985, 31 Acrylfasern.

444 Vgl BGH Alpinski.

445 Vgl *Schulte* Rn 46: tatsächlicher Erfolg der Erfindung; *Büscher/Dittmer/Schiwy* Rn 18.

446 BGH GRUR 1990, 33 Schüsselmühle; BGH 16.1.1990 X ZR 57/88; *Fitzner/Lutz/Bodewig* Rn 35; *Büscher/Dittmer/ Schiwy* Rn 26.

447 BGH GRUR 1991, 811 Falzmaschine; BGH GRUR 2010, 44 Dreinahtschlauchfolienbeutel; vgl auch BPatG 10.2.1999 5 W (pat) 416/98.

448 Vgl BGH GRUR 1985, 369 Körperstativ; BPatG 3.7.2012 3 Ni 5/11 (EP); EPA T 99/85 ABl EPA 1987, 413 = GRUR Int 1988, 251 diagnostisches Mittel; EPA T 229/85 ABl EPA 1987, 237 Ätzverfahren; EPA T 184/89; EPA T 422/93 ABl EPA 1997, 24 lumineszierende Sicherheitsfasern; anders bei nichttechnischen Zielsetzungen; EPA T 641/00 ABl EPA 2003, 352 = GRUR Int 2003, 852 zwei Kennungen (SIM-Card); *Büscher/Dittmer/Schiwy* Rn 22; vgl weiter BGH GRUR 1991, 811, 813 Falzmaschine; BGH GRUR 2010, 44 Dreinahtschlauchfolienbeutel; BGH GRUR 2015, 352 Quietiapin; BGH 22.9.2015 X ZR 53/13; BGH 8.12.2015 X ZR 132/13.

449 BGH 24.3.1992 X ZB 15/91; EPA T 229/85 ABl EPA 1987, 237 Ätzverfahren; EPA T 99/85 ABl EPA 1987, 413 = GRUR Int 1988, 251 diagnostisches Mittel; EPA T 957/92; vgl auch BPatGE 41, 78 = GRUR 1999, 693, 694 f; BPatG 30.11.2010 17 W (pat) 122/06.

450 BGH Falzmaschine; Dreinahtschlauchfolienbeutel; BGH GRUR 2015, 356 Repaglinid; BPatG 23.2.2016 3 Ni 27/14 (EP).

451 BGH GRUR 22010, 123 Escitalopram.

452 BGH Quietiapin; BPatG 3.12.2015 2 Ni 4/14 (EP); vgl BGH 20.10.2015 X ZR 117/13.

453 BGH GRUR 2010, 602 Gelenkanordnung.

454 Ungenau BGH Gelenkanordnung, wo auf den Patentanspruch abgestellt wird.

455 BGH GRUR 2003, 693, 695 Hochdruckreiniger; BGH GRUR 2005, 141 f Anbieten interaktiver Hilfe; BGH Gelenkanordnung; BGH GRUR 2010, 607 Fettsäurezusammensetzung; BGH GRUR 2011, 607 kosmetisches Sonnenschutzmittel III; BGH GRUR 2011, 610 Webseitenanzeige; BGH 13.12.2011 X ZR 125/08; BGH GRUR 2012, 1122 Palettenbehälter III; BGH 13.11.2013 X ZR 79/12; BGH 19.8.2014 X ZR 35/13; BPatG GRUR 2004, 317; BPatG 19.5.2010 3 Ni 15/08 (EU); BPatG 22.7.2010 3 Ni 57/08 (EU) BPatG 22.7.2010 3 Ni 31/08 (EU); BPatG 27.10.2010 3 Ni 43/08 (EU); BPatG 1.2.2011 1 Ni 11/09 (EU); BPatG 1.3.2011 1 Ni 19/09 (EU); BPatG 1.7.2014 3 Ni 14/13 (EP); BPatG 26.11.2014 5 Ni 69/11 (EP); BPatG 1.12.2016 3 Ni 23/14 (EP); *Schulte* Rn 46 f; *Fitzner/Lutz/Bodewig* Rn 35.

Keukenschrijver

subjektiv Gewollten zu orientieren hat[456] (vgl Rn 22 zu § 4). Die in den Patentunterlagen angegebene Aufgabe stellt damit lediglich ein Hilfsmittel zur Ermittlung des objektiv gelösten technischen Problems dar.[457] Dies kann bei der Formulierung mehrerer Patentansprüche auch eine gewisse Differenzierung in der Aufgabenstellung erfordern.[458] Die Angaben in der Patentschrift über die Vorteile der Erfindung und die Nachteile vorbekannter Maßnahmen können herangezogen werden.[459] Es kann aber auch auf Vorteile zurückgegriffen werden, über die die Patentschrift keine Aussage enthält, wenn sie sich dem Fachmann nur aufgrund seines Fachwissens erschließen.[460] Dazu rechnet auch die Bewältigung eines zum Aufgabenkreis des Fachmanns gehörenden, in der Beschreibung nicht genannten Problems.[461] Das als Aufgabe der Erfindung Bezeichnete kann aber – unter Beachtung des Vorrangs der Patentansprüche – einen Hinweis auf das richtige Verständnis des gelösten technischen Problems enthalten.[462] Die Wirkungszusammenhänge sind auch für die Bestimmung der Aufgabe ohne Bedeutung.[463] Das EPA berücksichtigt im Rahmen des „Aufgabe-Lösungs-Ansatzes" (Rn 24 zu § 4) subjektive Momente stärker. Löst das Beanspruchte die in der Beschreibung gestellte Aufgabe nicht, ist im Erteilungsverfahren die Aufgabe an das Beanspruchte anzupassen und nicht umgekehrt.[464]

83   Schließlich spielt auch der **Stand der Technik** für die Bestimmung der Aufgabe in diesem Sinn keine wesentliche Rolle. Insb muss die Aufgabe nicht neu sein.[465] Zwar hat jede Erfindung, wenn sie nicht erstmals theoretisches Wissen in die Praxis umsetzt, einen StdT als technischen Hintergrund. Das der Erfindung zugrunde liegende Problem wird durch den StdT selbst aber nicht berührt.[466] Der dem Gegenstand der Erfindung „am nächsten kommende" StdT ist für die Bestimmung der Aufgabe ohne Belang.[467] Der StdT ist Prüfungsmaßstab bei der Beurteilung von Neuheit und erfinderischer Tätigkeit, nicht aber bei der Ermittlung des technischen Problems.[468] Das technische Problem ist nicht aus dem „einschlägigen StdT" oder aus einer „am nächsten kommenden" Veröffentlichung, sondern aus der Patentschrift zu ermitteln.[469]

84   Ist das technische **Problem in der Patentschrift** ausdrücklich genannt, sollte es darauf ankommen, was der die Patentschrift studierende Fachmann dieser Angabe unter Einbeziehung des in der Patentschrift genannten StdT und unter Zugrundelegung seines allg Fachwissens als objektive Erkenntnis über

---

456   BGH Liedl 1971/73, 1 ff Lenkradbezug 01; BGH Liedl 1981, 313 Plattenverbinderherstellung; BGHZ 78, 358 = GRUR 1981, 186 Spinnturbine II; BGHZ 98, 12, 20 = GRUR 1986, 803 Formstein; BGH GRUR 1991, 522, 523 Feuerschutzabschluß; BGH 19.11.1996 X ZR 111/94; BGH Bausch BGH 1999–2001, 142 Kontaktfederblock 01; BGH GRUR 2003, 693 Hochdruckreiniger; GH Den Haag BIE 1999, 127, 130; RB Den Haag BIE 2002, 458, 460; vgl BPatGE 41, 196; *Benkard-EPÜ* Art 52 Rn 76; *Büscher/Dittmer/Schiwy* Rn 17.

457   BGH GRUR 2005, 141 f Anbieten interaktiver Hilfe; BGH GRUR 2011, 610 Webseitenanzeige; BGH GRUR 2012, 1130 Leflunomid; BGH GRUR 2011, 607 kosmetisches Sonnenschutzmittel III; BGH GRUR 2010, 602 Gelenkanordnung; BPatG 13.11.2012 3 Ni 43/10 (EP); BPatG 26.9.2013 2 Ni 61/11 (EP); OLG München 21.2.2008 6 U 5510/05; OLG München 11.12.2008 6 U 5365/99.

458   BGH GRUR 1987, 510 Mittelohrprothese.

459   BGH GRUR 1967, 194 Hohlwalze; BGH Lenkradbezug 01; BGH Plattenverbinderherstellung; BGH 16.1. 1990 X ZR 57/88; *Fitzner/Lutz/Bodewig* Rn 37; vgl BGH 16.7.2002 X ZR 195/98: ausdrückliche Angabe nicht erforderlich; BPatGE 20, 133, GbmSache, gestattet nur die Heranziehung des aus den Unterlagen entnehmbaren StdT und des allg Fachwissens.

460   So auch *Bühring* § 1 GebrMG Rn 123; aA BGH Lenkradbezug 01.

461   BGH kosmetisches Sonnenschutzmittel III; BGH 6.8.2013 X ZR 8/12.

462   Vgl BGH Gelenkanordnung.

463   BGH Bausch BGH 1994–1998, 479, 482 laminierte Metalldichtung.

464   BPatGE 37, 235 = GRUR 1997, 523; ; *Fitzner/Lutz/Bodewig* Rn 36; zur Änderung der Aufgabe *Schulte* Rn 53 mit Hinweis auf BPatGE 20, 133 und EPA T 530/90.

465   *Büscher/Dittmer/Schiwy* Rn 21.

466   BGH GRUR 1988, 44 Betonstahlmattenwender, für nachträglich aufgefundenen StdT; vgl BGHZ 105, 381 = GRUR 1989, 103 Verschlußvorrichtung für Gießpfannen; aA *Schulte* Rn 52.

467   AA EPA T 530/90, wonach die Neuformulierung der Aufgabe in Anpassung an einen später aufgefundenen nächstliegenden StdT gerechtfertigt ist; vgl auch EPA T 910/90, wonach neben dem nächstliegenden StdT auch der durch den Unterschied der Erfindung erreichte technische Fortschritt zu berücksichtigen ist; EPA T 419/93, wonach die Aussagen in der Anmeldung auf ihre Korrektheit gegenüber dem StdT und ihre Relevanz für die Lösungsmerkmale untersucht werden müssen.

468   BGH Verschlussvorrichtung für Gießpfannen; aA *Schulte* Rn 52 und wohl auch *Fitzner/Lutz/Bodewig* Rn 36, 38 f.

469   BGH GRUR 1987, 280 Befestigungsvorrichtung I; vgl auch BPatGE 41, 78 = GRUR 1999, 693, 694: Ermittlung vom nächstliegenden StdT jedenfalls nicht zwingend geboten; *Fitzner/Lutz/Bodewig* Rn 36.

das durch die Erfindung tatsächlich Erreichte entnehmen kann.[470] Bdkl ist unter diesem Aspekt die Auffassung, dass auch die einem eingeschränkten Patentanspruch zugrunde liegende Aufgabe der Patentschrift und der das Patent einschränkenden Entscheidung entnommen werden müsse und sie nicht von einem StdT aus zu ermitteln sei, der bei der Abfassung der Patentschrift und bei der Beschränkung keine Berücksichtigung gefunden hat.[471] Bdkl ist weiter die Auffassung, dass Kenntnisse, die erst nach dem Prioritäts- oder Anmeldetag entstanden sind, keinen Einfluss auf die objektive technische Aufgabe hätten.[472] Schließlich ist auch nicht unbdkl, wenn der BGH beanstandet, dass das technische Problem aus einem im Patent nicht erwähnten StdT ermittelt wird.[473]

Bei **chemischen Stofferfindungen** soll die Aufgabe darin bestehen, einen neuen chemischen Stoff **85** einer näher umschriebenen Art oder Konstitution bereitzustellen;[474] sie wird dadurch gelöst, dass der neue Stoff, die neue chemische Verbindung geschaffen wird.[475] Damit wird nicht nur die Stofferfindung wie die auf das Herstellungsverfahren zielende Erfindung behandelt, sondern die Unterscheidung Aufgabe (Problem) – Lösung letztlich jeglicher Bedeutung entkleidet.

Das BPatG hat die Auffassung geäußert, bei einem chemischen **Analogieverfahren** sei die Bekannt- **86** gabe allein der Kette „Ausgangsstoff – Arbeitsmethode – Endprodukt" nicht gleichbedeutend mit der Offenbarung einer aus Problem und Problemlösung zusammengesetzten Erfindung. Die Nennung des technischen Problems, das Anlass für die Entwicklung des Verfahrens war und das mit dessen Hilfe gelöst wird, sei notwendig, da andernfalls eine unvollständige und daher nicht schutzfähige Erfindung offenbart wäre. Der Begriff „Problemstellung" wurde dabei in seiner rein qualitativen Bedeutung gebraucht und als nicht identisch mit dem technischen Fortschritt bezeichnet.[476] Dies ist jedenfalls durch die Rspr überholt (Rn 78).

Bei einem **Verfahren zur Herstellung chemischer Stoffe** sollen die vorteilhaften Eigenschaften der **87** Verfahrensprodukte, die sich bei ihrer Verwendung zeigen, nicht in die Aufgabe einbezogen werden.[477]

Zur Bedeutung der Aufgabe bei der Beurteilung der **erfinderischen Tätigkeit** (insb auch nach der **88** Praxis des EPA, „Aufgabe-Lösungs-Ansatz") Rn 20 ff zu § 4 sowie die EPA-PrRl C-IV 9.5.

3. Lösung

a. Allgemeines. Die Lösung liegt in der Angabe der (nicht notwendig nur technischen) Mittel (Lö- **89** sungsmerkmale), mit denen der angestrebte Erfolg erreicht werden soll.[478] Abstrahierungen[479] und Wirkungsangaben[480] sind dabei nicht ausgeschlossen. Die beste Ausführungsform muss nicht gelehrt werden.[481] Eine verbesserte Compliance einer Darreichungsform eines Arzneimittels gehört ebenso wenig zur Problemlösung wie bei der technischen Umsetzung einer Geschäftsidee die Geschäftsidee selbst.[482]

---

470 BGHZ 78, 358, 364 = GRUR 1981, 186 Spinnturbine II; BGH GRUR 1991, 811 Falzmaschine; vgl OLG München 12.4.2001 6 U 2780/88.
471 BGH Liedl 1971/73, 315 ff Loseblattgrundbuch; vgl *Fitzner/Lutz/Bodewig* Rn 39; vgl auch BGH 28.3.1968 X ZR 44/65, GbmSache.
472 So aber BPatG 13.11.2012 3 Ni 43/10 (EP).
473 So aber BGH 9.9.2014 X ZR 14/13.
474 BGH GRUR 1970, 237, 240 Appetitzügler II; BGHZ 58, 280, 287 = GRUR 1972, 541 Imidazoline: anders substituierte Stoffe; EPA T 181/82 ABl EPA 1984, 401 = GRUR Int 1984, 700, 702 Spiroverbindungen.
475 BGH Imidazoline.
476 BPatG – 16. Senat – Mitt 1965, 10.
477 BGH GRUR 1970, 237, 239 Appetitzügler II; BGHZ 64, 86, 90 = GRUR 1975, 425 Metronidazol; BGH GRUR 1978, 696 alpha-Aminobenzylpenicillin.
478 Vgl BGH GRUR 1965, 533 Typensatz; BGH GRUR 1998, 899, 900 Alpinski; BGHZ 149, 68 = GRUR 2002, 143 Suche fehlerhafter Zeichenketten; *Schulte* Rn 57.
479 Vgl BPatGE 7, 15: Angaben, die das Prinzip der Erfindung verkörpern, können ausreichen, nicht aber dann, wenn sie die Ausführung ohne erfinderische Leistung nicht ermöglichen; BGH GRUR 1980, 849 Antiblockiersystem.
480 BPatGE 7, 12; BGH GRUR 1972, 707 Streckwalze; BGH BlPMZ 1984, 211 optische Wellenleiter; BGH BlPMZ 1985, 117 Anzeigevorrichtung, GbmSache.
481 *Schulte* Rn 58 unter Hinweis auf BGH GRUR 1994, 357 Muffelofen.
482 BGH 30.7.2009 GRUR 2010, 44 Dreinahtschlauchfolienbeutel.

90   **b. Kombination und Aggregation. Begriff.** Kombination wie Aggregation setzen eine Mehrheit von Erfindungsmerkmalen voraus. Kombinationserfindungen kommen auch bei Verfahren[483] sowie bei Mischungen (zB Arzneimittelgemische), Lösungen und Legierungen in Betracht.[484] Die Kombination unterscheidet sich von der Aggregation (Kumulation) durch die über die reine Addition hinausgehende Wirkung.[485] Die Lehre einer Kombinationserfindung liegt entscheidend in der Verknüpfung verschiedener Merkmale.[486] Zu ihr gehört das technische Zusammenwirken der Einzelmerkmale zu einem technischen Gesamterfolg.[487] Ein bloßer Zusammenhang über eine Betriebsvorschrift wurde als nicht ausreichend angesehen,[488] ebenso nicht, dass sich die Merkmale beeinflussen können, aber nicht müssen, wenn es im Patentanspruch an einer sie verknüpfenden Beziehung fehlt.[489] Ein „synergistischer Effekt" kann nicht verlangt werden (Rn 83 zu § 4). Die funktionelle Unentbehrlichkeit eines Merkmals, das außerhalb des Erfindungsgedankens liegt, reicht allerdings nicht aus.[490]

91   Es ist nicht erforderlich, dass jedes Merkmal von dem anderen abhängt und in gleicher Weise zur Erzielung aller Vorteile notwendig ist. Es genügt, dass durch das Zusammenwirken der technischen Effekte der Einzelelemente der technische **Gesamterfolg** erreicht wird.[491] Wird der Gesamterfolg erst durch das Zusammenwirken aller Einzelmerkmale erreicht, liegt eine funktionelle Verschmelzung aller Kombinationsmerkmale vor.[492] Der BGH hat auch die Stellung einer **Gesamtaufgabe** seitens des Erfinders herangezogen;[493] dies ist mit Rücksicht auf das gewandelte Verständnis der Aufgabe überholt. Ob ein Merkmal im Oberbegriff oder im kennzeichnenden Teil des Patentanspruchs aufgeführt ist, ist dabei grds nicht entscheidend.[494] Allerdings muss nicht jedes im Oberbegriff genannte Merkmal deshalb schon Teil der Kombination sein.

92   **Gleichzeitigkeit** der Wirkung ist nicht erforderlich.[495] Eine Kombination setzt nicht voraus, dass alle Teile einer Gesamteinrichtung zeitlich ununterbrochen in Tätigkeit sind und Aufgaben erfüllen, es genügt, dass für die zu erfüllenden Aufgaben die einzelnen Teile benötigt werden und in gegenseitigem Zusammenwirken – sei es gemeinsam, sei es in zeitlichem Wechsel – zum Einsatz kommen.[496] Wirken nur einzelne Elemente in der genannten Art und Weise zusammen, beschränkt sich die Kombination auf diese.[497]

93   **Einzelfälle.**[498] Die Verbindung einer vorbekannten technischen Anweisung und einer weiteren technischen Anweisung, die zusätzlich zu dieser vorbekannten erfolgt und nur eine zusätzliche Wirkung erzielt, stellt keine patentfähige Kombination dar.[499]

---

483   RG GRUR 1938, 763, 765 Pottascheherstellung; EPA T 163/84 ABl EPA 1987, 301 = GRUR Int 1987, 697 Acetophenonderivate.

484   Vgl RG GRUR 1939, 905 Lithopon.

485   BGH 11.10.2011 X ZR 107/07; BGH 7.7.2015 X ZR 100/13; BPatG 1.12.2010 4 Ni 60/09; *Benkard* Rn 78.

486   BGH GRUR 1992, 432 Steuereinrichtung I; BGH GRUR 1992, 599 Teleskopzylinder.

487   Vgl schon RG GRUR 1931, 262 Tischkegelspiel; RGZ 142, 325, 327 = BlPMZ 1934, 87 Mülltonne; RG Mitt 1934, 234, 235 Schachtelteile; RG MuW 41, 16, 17 Spielzeugautomobil; RG GRUR 1944, 122 Transformatorenkühler.

488   RG MuW 25, 121 Beregnungsanlage II.

489   EPA T 711/96 Mitt 1998, 302, 304 Schleuderdüngerstreuer.

490   BGHZ 2, 261, 265 = GRUR 1951, 449 Tauchpumpen; BGH GRUR 1987, 626, 628 Rundfunkübertragungssystem.

491   RG GRUR 1933, 840, 841 Azetylenlaterne; RG MuW 41, 16, 17 Spielzeugautomobil; RG GRUR 1942, 543 Gasschutzhaube; RG GRUR 1944, 122 Transformatorenkühler; BGH GRUR 1956, 317 Waschmittel; BGH GRUR 1959, 22 Einkochdose; BGH Liedl 1959/60, 126, 131 Badeofen; BGH Liedl 1959/60, 395, 401 Schwingungswalze; BGH Liedl 1961/62, 304, 321 Reifenpresse 01; BGH Liedl 1965/66, 411 ff Leuchtglobus; BGH Liedl 1971/73, 261, 265 Hustenmützchen; BGH BlPMZ 1979, 151 Etikettiergerät 02; BPatG 1.2.2011 1 Ni 11/09 (EU); BPatG 18.7.2012 4 Ni 55/10; *Benkard-EPÜ* Art 52 Rn 144.

492   BGH BlPMZ 1963, 265 Schutzkontaktstecker.

493   BGH Liedl 1961/62, 304, 324 Reifenpresse 01; BGH 12.11.1963 Ia ZR 94/63; BGH Liedl 1965/66, 411, 421 Leuchtglobus 01.

494   BGH GRUR 1964, 196, 198 Mischer I; BGH 12.11.1963 Ia ZR 94/63; BGH 22.6.1967 Ia ZR 1/65; vgl auch BGH GRUR 1962, 80 Rohrdichtung; BGH Liedl 1963/64, 157, 168 Fächerreflektor.

495   RG GRUR 1938, 763, 765 Pottascheherstellung; RG 19.10.1936 I 65/36.

496   BGH 21.12.1962 I ZR 129/60.

497   Vgl RG GRUR 1934, 106, 108 Hochfrequenztelephonie.

498   Beispiele für Kombination BGH GRUR 1959, 22 Einkochdose; BGH Mitt 1962, 110 Stahlgliederband. Grenzfall zwischen technischem und wirtschaftlichem Zusammenwirken BGH Liedl 1959/60, 126, 131 Badeofen.

499   BGH GRUR 1956, 317 Wasch- und Bleichmittel. Funktionelle Verschmelzung verneint BGH GRUR 1960, 542, 544 Flugzeugbetankung; vgl auch BGH Bausch BGH 1994–1998, 474, 478 Kopfkissen; EPA T 711/96: Einstellung zweier Größen, die sich nicht notwendig beeinflussen.

IV. Übertragung und Auswahl

Schrifttum: *H. Ahn* Patentability of chemical selection invention in view of recent landmark decisions, Olanzapine and Escitalopram, 2011; *AIPPI (Schweizer Landesgruppe)* Selection Inventions – the Inventive Step Requirement, other Patentability Criteria aand Scope of Protection (Q 209), sic! 2009, 565; *Brodeßer* Offenbarung und Beschränkung des Schutzbegehrens im Patentrecht, FS R. Nirk (1992), 85; *Christ* Nicht erfinderische Auswahl – eine zulässige Korrektur der Offenbarung, Mitt 1986, 101; *Christ* Der „Crackkatalysator" oder das Ende der Zwiebelschalen-Ideologie, Mitt 1998, 408; *Dörries* Auswahlerfindungen im Bereich der Chemie, GRUR 1984, 90; *Dörries* Zum Offenbarungsgehalt einer (Vor)beschreibung – Gedanken zum BGH-Beschluß „Crackkatalysator", GRUR 1991, 717; *Dunkhase* Die sogenannte Übertragungserfindung und die Anpassungserfindung, MuW 16, 52; *Ehlers/Dombrowski/Königer* Auswahlerfindungen: das Erfordernis der erfinderischen Tätigkeit, andere Patentierungsvoraussetzungen und Schutzbereich (Q209), GRUR Int 2009, 834; *Gupta* Selection patents, Patent World November 1993 (57), 15; *Güthlein* Auswahlerfindung und Schutzbereich des älteren Patents, GRUR 1982, 481; *Hansen* Auswahlerfindungen auf dem Gebiet der Chemie: Brauchen wir einen deutschen Sonderweg? GRUR Int 2008, 891; *Hetmank* Die Patentierbarkeit der Auswahl aus numerischen Bereichen, Mitt 2015, 494; *Hillinger* Auswahlerfindungen auf dem Gebiete der Legierungen, Mitt 1972, 102; *Jochum* Crackkatalysator und „Auswahlerfindung" – Zu den Gedanken von Hans Dörries, GRUR 1992, 293; *Klöpsch* Zur Auswahlerfindung, GRUR 1972, 625; *Pietzcker* Die Auswahlerfindung – Begriff ohne Inhalt, GRUR 1986, 269; *Röhl* Zur Auswahlerfindung bei Legierungen, GRUR 1972, 467; *Schickedanz* Die wechselseitige Beziehung zwischen Funktions-, Anwendungs-, Auswahl- und zweckgebundenen Stofferfindungen, GRUR 1971, 192; *Schmied-Kowarzik/Heimbach* Der Schutz von Gruppen chemischer Stoffe und von Auswahlerfindungen, GRUR 1983, 109; *Vossius* Stoffschutz für Auswahlerfindungen auf dem Gebiet der Chemie, GRUR 1976, 165.

1. Bei der **Übertragungserfindung**[500] wird eine aus einem bestimmten technischen Gebiet bekannte Vorrichtung oder ein solches Verfahren unverändert auf einem anderen technischen Gebiet verwendet.[501] Als Übertragung im weiteren Sinn wird die Übernahme einzelner Elemente angesehen.[502] Die Übertragung ist für die Beurteilung der erfinderischen Tätigkeit von Bedeutung (Rn 161 ff zu § 4). **94**

2. Auswahlerfindung.[503] Bei ihr wird aus der Fülle des Bekannten zur Verwirklichung eines bestimmten Zwecks ausgewählt. Meist wird aus einer mit einer umfassenden Bezeichnung beschriebenen Vielzahl (zB einer chemischen Summenformel oder einem weiten Parameterbereich) ein bestimmtes, nicht ausdrücklich genanntes Mittel oder ein engerer Parameter[504] ausgewählt;[505] in Betracht kommt auch ein speziellerer Anwendungsbereich.[506] Eine besondere Kategorie hierfür ist nicht erforderlich.[507] Auswahlerfindungen werden vielfach an der Hürde der Neuheit scheitern (vgl Rn 118 ff zu § 3).[508] Jedoch kommt Verwendungsschutz eher in Betracht.[509] **95**

C. Das Patent

I. Rechtsnatur des Patents

1. Allgemeines. Das Patent ist ein durch den Staat oder eine kraft Staatsvertrags ermächtigte zwischenstaatliche Einrichtung durch Hoheitsakt verliehenes, territorial und zeitlich begrenztes, gegen jedermann wirkendes (ausschließliches) subjektives Recht, eine Erfindung zu benutzen, wobei in der Ausschließlichkeit des Rechts die Befugnis liegt, anderen die Benutzung zu verbieten[510] (zur Rechtsnatur der **96**

---

500 Vgl *Benkard* Rn 77.

501 Vgl öOPM öPBl 1993, 172; *Büscher/Dittmer/Schiwy* Rn 175.

502 Vgl RG GRUR 1943, 284 Gasspürgerät.

503 Vgl auch SuprC Kanada Apotex v. Sanofi-Synthelabo, Ls in IIC 2009, 337; *Büscher/Dittmer/Schiwy* Rn 163.

504 BPatGE 31, 16 = GRUR 1990, 597.

505 Vgl RPA Mitt 1941, 120; BPatGE 32, 104, 108 f = GRUR 1991, 819; EPA T 65/82 ABl EPA 1983, 327 = GRUR Int 1983, 660 Cyclopropan; HoL GRUR Int 1983, 51.

506 Vgl BPatGE 8, 18, 22; *Benkard* Rn 81.

507 *Pietzcker* GRUR 1986, 269; *Jochum* GRUR 1992, 293; *Benkard* Rn 81.

508 Generell gegen die Anerkennung von Auswahlerfindungen R. *Rogge* Gedanken zum Neuheitsbegriff nach geltendem Patentrecht, GRUR 1996, 931, 940.

509 Vgl *Hetmank* Mitt 2015, 494, 497 f.

510 *Kraßer/Ann* § 1 Rn 12.

Patenterteilung Rn 90 ff vor § 34). Die Wirkungen des Patents gehören dem Privatrecht an.[511] Das Patent unterscheidet sich zB vom Urheberrecht dadurch, dass es nicht schon mit Schöpfung des Werks, sondern erst durch staatlichen Erteilungsakt entsteht.[512] Zur Wirkung des Patents § 9, zur Rechtslage vor Patenterteilung §§ 6, 33. Zu den verschiedenen Patentrechtstheorien und zur Bedeutung des Patents Rn 65 ff, 70 ff Einl.

97   Nach Auffassung des BGH hat der Patentanspruch eines erteilten Patents den Charakter einer **Rechtsnorm**.[513]

98   Einer Unterscheidung zwischen dem Patent und dem **Recht aus dem Patent** bedarf es heute nicht mehr; das „Patent" bezeichnet keine Urkunde, sondern das durch die Patenterteilung begründete Recht.[514] Die Patentschrift gibt über den Gegenstand des Patents Auskunft. Die vom DPMA und vom EPA ausgestellten Patenturkunden sind reine Beweisurkunden (vgl Rn 24 zu § 58).

99   **2. Nationales Patent – europäisches Patent – einheitliches Patent für Europa.** Bis zum Inkrafttreten des EPÜ konnten für den Geltungsbereich des PatG Patente nur durch das nationale Patentamt erteilt werden. Seither können Patente mit Wirkung für die Bundesrepublik Deutschland sowohl durch das DPMA (zuvor DPA) als auch durch das EPA erteilt werden. Die Besonderheit des eur Patents liegt darin, dass es als „Bündelpatent" zugleich für mehrere Vertragsstaaten erteilt (und auf einige Drittstaaten erstreckt) werden kann.[515] Die Bestimmungen für die Überleitung vom EPA erteilter Patente in das nationale Recht enthält, soweit sie sich nicht unmittelbar aus dem EPÜ ergeben, Art II IntPatÜG. Zur Frage, wieweit die Praxis des EPA die Auslegung auch des nationalen Patentrechts bestimmen kann, Rn 15 vor § 1.

100   Für das Gebiet der EG ist für die Zukunft die Erteilung eines einheitlichen Patents, des **einheitlichen Patents für Europa** (früher **Gemeinschaftspatent**), vorgesehen (näher Einheitlicher Patentschutz in Europa).

3. Patent und Gebrauchsmuster, Halbleitertopographie

101   **a. Gebrauchsmuster.** Ebenso wie das PatG schützt das GebrMG technische Erfindungen. Nach Wegfall des Raumformerfordernisses sind die Voraussetzungen für die GbmFähigkeit dem Sachschutz bei Patenten weitgehend angenähert, hierzu hat auch die Rspr hinsichtlich des Erfordernisses des „erfinderischen Schritts" beigetragen. Der GbmSchutz wird einfacher, rascher und billiger als durch das Patent erreicht, allerdings ist auch die Schutzdauer wesentlich geringer. Die sachlichen Schutzvoraussetzungen werden nicht gegenüber dem StdT geprüft; deshalb ist das Verletzungsgericht anders als bei Klagen aus Patenten an den Bestand des Schutzrechts nicht gebunden. Einzelheiten s bei §§ 1–3 GebrMG.

102   Erfindungen, die zugleich patent- und gbm-fähig sind, können parallel durch ein Patent und durch ein (zeitranggleiches oder älteres, aber nicht vorveröffentlichtes) **Gebrauchsmuster** geschützt werden (Rn 149 zu § 3; Rn 15 zu § 15 GebrMG). GbmSchutz kann auch durch eine Abzweigung aus der Patentanmeldung begründet werden.

103   **b. Halbleitertopographie.** Das (in der Praxis wenig bedeutsame) HlSchG schützt die Topographien von Halbleitererzeugnissen mit einem an das Gebrauchsmuster angelehnten Schutzrecht. Verlangt wird keine erfinderische Tätigkeit, sondern Eigenart. Patent- oder GbmSchutz für Mikrochips ist bei Vorliegen der Voraussetzungen möglich.[516]

104   **4. Patent und ergänzendes Schutzzertifikat** bei § 16a und Anh § 16a.

---

511   Vgl *Büscher/Dittmer/Schiwy* Rn 5.
512   RGZ 155, 321, 325 = GRUR 1939, 43 Maßbecher; BGH GRUR 1974, 146 Schraubennahtrohr; BPatGE 1, 1, 4 = GRUR 1965, 83.
513   BGH GRUR 2008, 887 Momentanpol II; BGH GRUR 2015, 868 Polymerschaum II.
514   *Kraßer/Ann* § 1 Rn 13.
515   Zu einem Paradigmenwechsel *Gall* Staatenbenennung und älteres europäisches Recht – die Lage nach dem 1. Juli 1997, Mitt 1998, 161, 177.
516   BPatGE 37, 270 = GRUR 1997, 619; *Hoeren* Der Schutz von Mikrochips in der Bundesrepublik Deutschland (1988), S 32 f; *Werum* Der Schutz von Halbleitererzeugnissen der Mikroelektronik im deutschen Rechtssystem (1990), S 28 ff, 35 ff.

II. Arten von Patenten

1. Hauptpatent, Zusatzpatent. Den Begriff Hauptpatent verwendet das PatG bis 2014 nur in § 16   **105**
Abs 2 Satz 1 aF in dem Begriffspaar Hauptpatent – Zusatzpatent. Das nunmehr Zusatzpatent (s auch Art 1
Abs 4 PVÜ), ist ein zum Hauptpatent akzessorisches Patent, das die Verbesserung oder weitere Ausbildung
einer anderen, dem Anmelder durch das Hauptpatent geschützten Erfindung bezweckt (§ 16 Abs 1 Satz 2
aF). Der Vorteil des Zusatzpatents lag für den Anmelder in der Gebührenvergünstigung nach § 17 Abs 2 aF.

2. Abhängiges Patent vgl Rn 27 ff zu § 9.   **106**

3. Einführungspatent (Art 1 Abs 4 PVÜ) zur Einführung von ausländ Erfindungen; dem geltenden dt   **107**
wie eur Recht unbekannt.

4. Grundpatent s ergänzendes Schutzzertifikat (§ 16a; Anh § 16a).   **108**

5. Patentarten, wirtschaftliche Einteilung. Die nachfolgend genannten, in Rspr und Lit gelegent-   **109**
lich auftauchenden Begriffe sind meist rechtl wenig fruchtbar und eher verwirrend. Von ihrer Verwendung
sollte im patentrechtl Zusammenhang daher abgesehen werden. Zu den Begriffen Konstruktionspatent
und Pionierpatent vgl Rn 39 zu § 14. Unter einem Sperrpatent wird zum einen ein Patent verstanden, das
auf der Erfindung eines Dritten beruht, und das angemeldet wird, um dem Erfinder die Benutzung seiner
Erfindung zu sperren;[517] das RG hat hier § 826 BGB angewandt. Nach geltendem Recht kommen in erster
Linie die Grundsätze der sog „erfinderrechtl Vindikation" (§ 8) zur Anwendung. Zum anderen verwendet
die VergRl 18 zu § 11 ArbEG den Begriff in einem abw Sinn (Rn 29 zu § 11 ArbEG). Verbesserungspatent Art 1
Abs 4 PVÜ;[518] Verbilligungspatent,[519] in erster Linie Frage der erfinderischen Tätigkeit (§ 4). Zum Vorratspatent s VergRl 21 und Rn 32 zu § 11 ArbEG. Wegelagererpatent: abschätzige Bezeichnung für ein Patent
ohne irgendeinen positiven Wert.[520]

6. Arten von Patentansprüchen. Hauptanspruch, Nebenanspruch, Unteranspruch sind Kategorien,   **110**
die in erster Linie im Rahmen des § 34 zu behandeln sind. Im Unterschied zu den Erfindungs- (Patent-
)kategorien Erzeugnis- (Sach-) und Verfahrenserfindung (Rn 111 ff) kann man sie als **Anspruchskategorien** bezeichnen; sie sagen über den Gegenstand der Erfindung nichts aus. Nebenansprüche enthalten
eine vom Hauptanspruch unabhängige, selbstständige, aber im Erteilungsverfahren über das Erfordernis
der Einheitlichkeit mit dem Hauptanspruch verknüpfte Erfindung und sind selbstständig auf ihre Patentfähigkeit zu prüfen. Das gilt auch, wenn sie durch Rückbeziehungen mit anderen Patentansprüchen verknüpft sind, selbst wenn dies innerhalb derselben Erfindungskategorie geschieht. Sonst strahlt die eine
Anspruchskategorie nicht ohne weiteres auf die andere zurück.[521] S hierzu näher Rn 34 ff zu § 34.

III. Sachschutz; Verfahrensschutz; Verwendungsschutz

Schrifttum: *Althammer* Rechtsfragen des Vorabgesetzes, GRUR 1970, 209; *H. Axster* Die Patentfähigkeit von Funktionsentdeckungen, Mitt 1959, 224; *Balk* Über die Definition des Wortes „Stoff" in der Sprache des Patentrechts, Mitt 1970,
169; *Armitage/Ellis* Chemical Patents in Europe, EIPR 1990, 119; *Bayer/Schwarzmaier/Zeiler* Zur Patentfähigkeit von Me-
tall-Legierungen, FS 10 Jahre BPatG (1971), 221; *Beil* Die Patentfähigkeit von Zwischenprodukt-Herstellungsverfahren, CIT
1959, 549; *Beil* Der „technische Effekt" bei chemischen Analogieverfahren, GRUR 1961, 318; *Beil* Die Patentierbarkeit chemischer Zwischenprodukte, GRUR 1969, 443; *Bock* Sachpatent und Herstellungspatent, FS G. Wilde (1970), 1; *Bosch* Medizinisch-technische Verfahren und Vorrichtungen im deutschen, europäischen und amerikanischen Patentrecht, 2000,
zugl Diss München; *Bozicevic* Distinguishing „products of nature" from products derived from nature, JPTOS 1987, 415;
Bruchhausen Die Neuheit von Stofferfindungen gegenüber allgemeinen Formeln und dergleichen, GRUR 1972, 226; *Bruchhausen* Der Schutzgegenstand verschiedener Patentkategorien, GRUR 1980, 364; *Bruchhausen* Hundert Jahre „Kongorot"-

---

517   Vgl RG GRUR 1940, 437, 439 Spiegelbildvervielfältigung III.
518   RGSt 25, 214, 219 = BlPMZ 1897, 54 Gurtensitz.
519   RG GRUR 1939, 475 Benzinleitungshahn.
520   Vgl RGZ 70, 319 ff = MuW 8, 248 Schlitzvorrichtung.
521   EPA T 251/85 Polyolgemische.

Keukenschrijver

Urteil, GRUR 1989, 153; *Bruchhausen* Der Stoffschutz in der Chemie: Welche Bedeutung haben Angaben über den Zweck einer Vorrichtung, einer Sache oder eines Stoffes in der Patentschrift für den Schutz der Vorrichtung, der Sache oder des Stoffes durch ein Patent? GRUR Int 1991, 413 (auch IIC 1991, 863); *Braune* Die Patentfähigkeit der Funktionserfindung, GRUR 1963, 105; *Bühling* Der „product-by-process-claim" im deutschen Patentrecht, GRUR 1974, 299; *Bunke* Zur Patentfähigkeit von Naturstoffen, GRUR 1978, 132; *Casalonga* Der Schutz allgemeiner Formeln in der Chemie, GRUR Int 1973, 618; *Christ* Die Patentierungsvoraussetzungen für Stofferfindungen in systematischer Betrachtungsweise, Mitt 1987, 121; *de Haas* Brevet et médicament en droit français et en droit européen, 1981; *Dersin* Die Patentfähigkeit von Analogieverfahren für Zwischenprodukte, GRUR 1958, 413; *Dersin* Das Sachpatent, Mitt 1959, 234; *Di Cerbo* Der Schutzbereich des Erzeugnispatents, GRUR Int 1991, 476; *Dittmann* Praxisnahe Prüfung von Chemie-Erfindungen, FS 10 Jahre BPatG (1971), 225; *Dittmann* Patentrechtliche Besonderheiten von Chemie-Erfindungen, Mitt 1972, 81; *Egerer/Reuschl* Über die Möglichkeit eines Patentschutzes für Strukturteile erfinderischer chemischer Stoffe, GRUR 1998, 87; *Eggert* Stoffschutz im nächsten Jahr, CIT 1967, 879; *Eggert* Chemie-Patentrecht – kein Sonderrecht, GRUR 1972, 453; *Eisenführ* Zur Rechtsnatur von Verwendungsansprüchen (Verfahren oder Erzeugnis?), FS T. Schilling (2007), 99; *Engel* Patentkategorie bei Vorrichtungserfindungen, Mitt 1976, 227; *Fabel* Die Anzahl der Vergleichsversuche, GRUR 1971, 188; *Fabry* Kein Stoffschutz ohne Verfahrensbenutzung? Zur jüngsten Standortbestimmung des Product-by-Process-Anspruchs in den USA, GRUR Int 2009, 803; *Féaux de Lacroix* Zur Abgrenzung von Verwendungs- und Verfahrensansprüchen, GRUR 2006, 887; *Féaux de Lacroix* Was ist ein Arbeitsverfahren? Mitt 2007, 10; *Franzosi* Product and Process Cleims: Are There Product Inventions in Real Life? FS W. von Meibom (2010), 65; *Geißler* Der Umfang des Stoffschutzes für chemische Erfindungen, 1972; *Geißler* Probleme des absoluten Stoffschutzes in den USA, GRUR Int 1971, 504; *Gerber* Stoffschutz und Neuheitsbegriff, insbesondere bei Legierungen, Mitt 1972, 201; *Götting* Kritische Bemerkungen zum absoluten Stoffschutz, GRUR 2009, 256; *Gorny* Zum Schutz neuartiger Lebensmittel (Novel Foods), GRUR 1995, 721; *Gruber/Kroher* Die Patentierbarkeit von Arzneimittelansprüchen im Rechtsvergleich zwischen Deutschland und Ländern der britischen Rechtstradition, GRUR Int 1984, 201; *Haedicke* Absoluter Stoffschutz: Zukunftskonzept oder Auslaufmodell? GRUR 2010, 94; *Hegel* Zweckgebundener Stoffschutz, GRUR 1973, 577; *Heyer/Hirsch* Stoffschutz – ein Stück Rechtsgeschichte, GRUR 1975, 632; *Hellfritz* Kennzeichnung von Stoffschutz-Erfindungen auf dem makromolekularen Gebiet, GRUR 1968, 1; *Hirsch* Chemieerfindungen und ihr Schutz[2], 1987; *Hirsch* Die Bedeutung der Beschaffenheit chemischer Stoffe in der Patentrechtsprechung, GRUR 1978, 263; *Hirsch* Pragmatik und Logik in der Chemiepatent-Rechtsprechung, GRUR 1989, 5; *Hirsch/Hansen* Der Schutz von Chemie-Erfindungen, 1995; *Huch* Kennzeichnung von Stofferfindungen, GRUR 1971, 235; *Hüni* Patentschutz für Naturstoffe, GRUR 1970, 9; *Hüni* Zur Neuheit bei chemischen Erzeugnissen in der Spruchpraxis des Europäischen Patentamts, GRUR Int 1986, 461; *Hüni* Absoluter oder zweckbeschränkter Stoffschutz und andere Harmonisierungsprobleme in der europäischen Rechtsprechung, GRUR Int 1990, 425; *R. Isay* Patentumfang und Analogieverfahren, MuW 8, 183; *Kaess* Zur Abgrenzung zwischen Erzeugnis- und Verwendungspatent unter Berücksichtigung von Wirkungsangaben und der Benutzung von Verwendungspatenten, FS W. von Meibom (2010), 191; *Kastenmeier/Beier* La protection des brevets de procédé aux États-Unis d'Amérique, ProprInd 1986, 248; *Kilger/Jaenichen* Ende des absoluten Stoffschutzes? GRUR 2005, 984; *Kirchner* Der „technische Effekt" als patentbegründendes Merkmal chemischer Verfahren, GRUR 1949, 215; *Kirchner* Zur Frage der Patentfähigkeit chemischer Analogieverfahren, 1951; *Klar* Zum Begriff des Zwischenprodukts im chemischen Analogieverfahren, GRUR 1965, 580; *Klöpsch* Zur Kennzeichnung von chemischen Stoffen unbekannter Konstitution, GRUR 1970, 539; *Kneissl* Anspruchsfassung bei chemischen Patentanmeldungen nach Wegfall des Stoffschutzverbots, Mitt 1967, 187; *Kobs* Zweckgebundener Stoffschutz, GRUR 1967, 512; *Kobs* Einige Bemerkungen zum derzeitigen Stand der Rechtsprechung auf dem Stoffschutzgebiet, GRUR 1973, 120; *Koenigsberger* Funktionserfindung – technischer Fortschritt, GRUR 1962, 280; *Körner/Schneider/Then/Wein* Durchgriffsansprüche, FS W. von Meibom (2010), 219; *Kraft* Die Ausgestaltung des Stoffschutzes und das System des deutschen Patentrechts, GRUR 1973, 234; *Kumm* Die Anomalie der Lehre vom Analogieverfahren, GRUR 1963, 57; *Kumm* Die Erfindungen aus der präparativen Chemie und aus der übrigen Technik, GRUR 1965, 509; *Lidle* Die Legierungen im Patenterteilungsverfahren, Mitt 1942, 129; *Maikowski* Der Mittelanspruch, GRUR 1977, 200; *Marcus* Die Praxis des Stoffschutzes in den USA, GRUR Int 1968, 143; *Marisco* The Chemical-Pharmaceutical Product Patent: Absolute Protection, General Formulas and Sufficiency of Description, EIPR 1990, 397; *Mediger* Das Problem des Stoff- und Verfahrensschutzes im Patentrecht unter besonderer Berücksichtigung der wirtschaftlichen Gesichtspunkte, 1953; *Meier-Beck* Gegenstand und Schutzbereich bei product-by-process-Ansprüchen, FS R. König (2003), 323; *Meyer-Dulheuer* Möglichkeiten und Grenzen des product-by-process-Anspruches, GRUR Int 1985, 435; *Moser von Filseck* Gewährung von Herstellungs- und Verwendungsansprüchen bei sog. Analogieverfahren, GRUR 1967, 169; *Moser von Filseck* Zur Frage des Stoffschutzes für chemische Zwischenprodukte, GRUR 1968, 470; *Moser von Filseck* Der Patentschutz von chemischen Stoffen im Lichte der Rechtsprechung des Bundesgerichtshofs, Mitt 1969, 229; *Moser von Filseck* Sonderbehandlung für Chemie-Erfindungen? GRUR 1969, 507; *Moufang* Stoffschutz im Patentrecht, GRUR 2010, 89; *E. Müller* Was ist ein auf chemischem Wege hergestellter Stoff? MuW 10, 146; *E. Müller* Das Patentrecht der Legierungen, 1942; *E. Müller* Chemie und Patentrecht[3], 1951; *H.-J. Müller* Der Neuheitsbegriff bei Legierungserfindungen, GRUR 1972, 464; *H.-J. Müller* Stoffschutz für Speziallegierungen, Mitt 1972, 189; *Nastelski* Grundfragen des Patentschutzes für chemische Erfindungen, GRUR Int 1972, 43; *Orange* The Meaning of Means, FS W. Sonn (2014), 215; *Paterson* The Patentability of Further Uses of a Known Product Under the European Patent Convention, EIPR 1991, 16; *Paterson* Erzeugnisschutz in der Chemie: Wie wichtig für den Schutz einer Vorrichtung, eines Geräts oder eines Stoffes sind Zweckbestimmungen in einem Patent? GRUR Int 1991, 407; *Pedrazzini* Zum Umfang des Stoffschutzes für chemische Erfindungen, GRUR Int 1973, 594; *Richter* Patenting Strategies in the Field of Research Tools, Diplomarbeit ETH Zürich 2000/01; *R. Rogge* Die Schutzwirkung von „Product-by-Process"-

Ansprüchen, Mitt 2005, 145; *Satchell* Die Praxis des Stoffschutzes in Großbritannien, GRUR Int 1968, 149; *Schickedanz* Die wechselseitige Beziehung zwischen Funktions-, Anwendungs-, Auswahl- und zweckgebundenen Stofferfindungen, GRUR 1971, 192; *Schmied-Kowarzik* Möglichkeiten und Probleme des zukünftigen Patentrechts auf dem Gebiet der Chemie, Mitt 1968, 41, 61, 121, 181; *Scharen* „product-by-process"-Anspruch und Gebrauchsmusterschutz. FS P. Mes (2009), 319; *Schmied-Kowarzik* Der Sachanspruch, GRUR 1970, 490; *Schmied-Kowarzik* Vier Jahre Stoffschutz, GRUR 1972, 255; *Schmied-Kowarzik* Die Kategorienfrage, GRUR 1973, 115; *Schmied-Kowarzik* Mittel- oder Verwendungsansprüche bei Arzneimittelerfindungen, GRUR 1977, 626; *Schmied-Kowarzik* Über den Schutz von Stereoisomeren, GRUR 1978, 663; *Schmied-Kowarzik* Der Schutz von Zwischenprodukten bei neuen Verfahren, die zu bekannten Endprodukten führen, GRUR 1984, 310; *Schmied-Kowarzik/Heimbach* Der Schutz von Gruppen chemischer Stoffe und von Auswahlerfindungen, GRUR 1983, 109; *Schneider/Walter* Ist der absolute Stoffschutz noch zu retten? GRUR 2007, 831; *Schreiber* Die Anomalien der Lehre vom Analogieverfahren – eine Erwiderung, GRUR 1965, 121; *Schrell* Zur Anspruchsformulierung bei zweckgebundenem Patentschutz, GRUR Int 2010, 363; *Schrell/Heide* Zu den Grenzen des „Product-by-process"-Patentanspruchs im Erteilungs- und Verletzungsverfahren, GRUR 2006, 383; *Schwanhäuser* Stoff- und Verfahrensschutz chemischer Erfindungen, 1962; *Seuß* Über die Notwendigkeit einer Neubewertung des Schutzes chemischer Herstellungsverfahren, Mitt 2006, 398; *Spada* Erzeugnis, Verfahren und Anwendung zwischen technologischer Realität und dem Patentrecht, GRUR Int 1991, 416; *Spiekermann* Legierungen – ein besonderes patentrechtliches Problem? Mitt 1993, 178; *Spieß* Die Schutzbreite von chemischen Stoffansprüchen nach der neueren Praxis der Prüfungsstellen, GRUR 1969, 107; *Spieß* Die sogenannten verkappten Verwendungsansprüche („Mittel"), GRUR 1971, 9; *Spranger* Stoffschutz für „springende Gene"? Transposons im Patentrecht, GRUR 2002 399; *Steinherz* Die Reform des Patentgesetzes und die Interessen der chemischen Industrie, Diss 1922; *Sträter/Burgardt/Bickmann* Schutz geistigen Eigentums an Arzneimitteln, 2014; *Straus* Pflanzenpatente und Sortenschutz – Friedliche Koexistenz, GRUR 1993, 794; *Tauchner* Schutzumfang von Naturstoffpatenten, Mitt 1979, 84; *Tilmann* Reichweite des Stoffschutzes bei Gensequenzen, GRUR 2004, 561; *Trüstedt* Analogieverfahren nach Einführung des Stoffschutzes, Mitt 1969, 237; *Trüstedt* Der Patentschutz für chemische Erfindungen nach der Rechtsprechung des Bundesgerichtshofs, CIT 1974, 529; *Uhrich* Stoffschutz, 2010; *Uhrich/Zech* Patentierung von Nanomaschinen: Stoffschutz versus Vorrichtungsschutz, GRUR 2008, 768; *Utermann* Naturstoffe, GRUR 1977, 1; *Utermann* Verwendungsanspruch neben Stoffanspruch, GRUR 1981, 537; *van Raden/D. von Renesse* „Überbelohnung" – Anmerkungen zum Stoffschutz für biotechnologische Erfindungen, GRUR 2002, 393; *van Steijn* Mobil Oil III, een uitvinding of een ontdekking, Leiden 1999; *Veerhof* Der Appetitzüglerfall und das Problem des „betrogenen Zweiterfinders", Mitt 1969, 142; *Vogt* Das chemische Analogieverfahren und seine patentrechtlichen Probleme, GRUR 1964, 169; *von Hellfeld* Zweckangaben in Sachansprüchen, GRUR 1998, 243; *von Kreisler* Die Einführung des Stoffschutzes in Deutschland, Mitt 1972, 21; *von Kreisler/Breckheimer* Der Schutz chemischer Zwischenstoffe, Mitt 1955, 142; *von Pechmann* Überlegungen zur Änderung des § 1 PatG, GRUR 1967, 501; *von Pechmann* Der Schutz für das unmittelbare Verfahrenserzeugnis und der mittelbare Stoffschutz, GRUR 1977, 377; *von Rospatt* Der auf einen Verfahrensanspruch bezugnehmende Vorrichtungsanspruch, GRUR 1985, 740; *Vossius* Stellungnahme zu dem Aufsatz von Fabel: Die Anzahl der Vergleichsversuche, GRUR 1971, 389; *Vossius* Stoffschutz für chemische Zwischenprodukte, GRUR 1974, 64; *Walter* Chemische Zwischenprodukte in der Analogie-Rechtsprechung, GRUR 1964, 1; *U. Weiss* Die Legende von der Funktionserfindung, GRUR 1966, 113; *Wimmer* Das Sonderrecht der Verfahrenspatente, Diss 1934; *Windisch* Neuere Entscheidungen, insbesondere des Bundesgerichtshofs, und ihre Konsequenzen für die deutsche Patentpraxis auf dem Gebiet der Chemie, GRUR 1971, 550; *Yin Xin Tian* Product-by-Process Claims, IIC 1998, 139; *Zeiler* Über die Offenbarungsformen der Komponenten chemischer Stoffgemische und ihre materiell-rechtlichen Konsequenzen, Mitt 1993, 190; *Zimmermann* Patentwesen in der Chemie, 1965; *Zumstein* Uneingeschränkter oder zweckgebundener Stoffschutz? GRUR 1967, 509; *Zumstein* Zwischenprodukte, GRUR 1972, 631.

1. Allgemeines

a. Die Erfindungs- (Patent-)kategorien spielen sowohl für die Frage der Patentfähigkeit als auch für die Einhaltung der Anmeldeerfordernisse (§ 34), schließlich auch für den Schutzumfang (§ 9) eine Rolle. Patente können, wie sich aus § 9 ergibt, für **Erzeugnisse** und/oder für **Verfahren** erteilt werden. Die Schutzwirkung ist in beiden Fällen unterschiedlich. Darauf beruht die Bedeutung der Wahl der Erfindungskategorie. Zur Bedeutung der Abgrenzung im GbmRecht Rn 6 ff zu § 2 GebrMG. 111

Für die **Einordnung** einer Erfindung in die Kategorie des Sach-(Erzeugnis-) oder Verfahrensschutzes ist in erster Linie der nach objektiven Gesichtspunkten zu beurteilende Inhalt der Erfindung maßgebend, wie er sich nach dem sachlichen Offenbarungsgehalt der Anmeldungsunterlagen darstellt. Nach Auffassung des BFH kann die Bestimmung der Kategorie im Prozess die Einholung eines Sachverständigengutachtens erfordern.[522] 112

---

[522]   BFHE 109, 510 = BB 1973, 1100.

113   Stehen dem Anmelder nach Art und Umfang der offenbarten technischen Lehre **verschiedene Möglichkeiten** offen, kann er die Kategorie, die er wünscht, festlegen.[523] Er ist rechtl nicht gehindert, sein Schutzbegehren auch dann, wenn es sich zB um die Erfindung eines neuen Erzeugnisses handelt, auf ein Herstellungsverfahren zu beschränken.[524]

114   **b. Mehrzahl von Kategorien; Mischformen.** Der Anmelder ist grds nicht auf die Wahl einer einzigen Kategorie beschränkt, wenn die Erfindung Schutz in mehreren Kategorien ermöglicht (Rn 90 ff zu § 34). Zu Mischformen s Rn 118 sowie Rn 66 zu § 34 und Rn 104 zu § 3.

2. Sachschutz

115   **a. Allgemeines.**[525] Absoluter, von der Funktion abstrahierender Sachschutz ist seit langem anerkannt.[526] Er stellt allerdings unter dem Aspekt des dem Patentrecht zugrunde liegenden, finale Momente aufweisenden Technikbegriffs einen gewissen Fremdkörper dar, soweit nicht die Sache selbst die Finalität aufweist (Rn 119). Daneben kommt in besonders gelagerten Fällen beschränkter Sachschutz in Betracht.[527] Eine Relativierung ergibt sich bei DNS-Sequenzen[528] daraus, dass das aus der BioTRl folgende und in erweiterter Form in § 1a Abs 3, 4 für nationale Patente normierte Beschreibungserfordernis für das nationale Recht als sachschutzausschließend zu verstehen ist (vgl Rn 22 ff zu § 1a).

116   Der Anmelder ist grds gehalten, die Sache durch **körperliche Merkmale** zu umschreiben; die Kennzeichnung kann jedoch auf andere Weise erfolgen, wenn eine Erfassung der offenbarten Lehre anders nicht möglich oder nicht praktikabel ist.[529]

117   Als problematisch hat sich die **Abgrenzung zum Verfahrensschutz** wegen der im GbmRecht nicht gegebenen Schutzfähigkeit von Verfahrenserfindungen (§ 2 Nr 3 GebrMG) erwiesen. Der BGH hat in diesem Zusammenhang darauf abgestellt, dass ein beständiges körperliches Substrat nicht vorhanden sein muss (vgl Rn 6 zu § 2 GebrMG).[530] Man wird darin aber nur eine Präzisierung des Abgrenzungskriteriums zum GbmRecht, nicht aber eine Neudefinition des patentrechl Erzeugnisbegriffs sehen können.[531]

118   Der Gegenstand eines Sachpatents kann auf eine bestimmte **Art der Herstellung** der geschützten Sache beschränkt werden. Eine derartige Mischform von Sach- und Verfahrenspatent, die sich allerdings zur Vermeidung von Unklarheiten im allg nicht empfiehlt, ist rechtl nicht unzulässig.[532] Derartige Patentansprüche kommen insb als „product-by-process"-Ansprüche in Betracht (Rn 124 ff). Denkbar sind auch Ansprüche, die die Merkmale einer Sache mit ihrer Verwendung verbinden.[533] Besondere Probleme ergeben sich bei „research tools" (insb Screening-Verfahren) und „reach-through"-Ansprüchen (Durchgriffsansprüchen, vgl Rn 40 zu § 9; Rn 85 zu § 34).[534] Solche Ansprüche werden als unzulässig angesehen, weil sie dem Anmelder ein unerschlossenes Forschungsgebiet reservieren sollen.[535]

119   Zu **Zweck-, Wirkungs- und Funktionsangaben** Rn 57 zu § 9.

---

523 BGH GRUR 1967, 241 Mehrschichtplatte aus Abfallholz und Spänen; BGH Liedl 1967/68, 53, 65 Überzugsverfahren; BGHZ 95, 295 = GRUR 1986, 163 borhaltige Stähle.

524 BGH borhaltige Stähle.

525 BPatGE 14, 1, 2 fordert zu Unrecht für den Sachschutz eine technisch-funktionelle Einheit der Sache (dort verneint für ein Reparaturmaterial aus mehreren Komponenten); kr zur Gleichsetzung von Erzeugnis und Sache *Ischebeck* Die Patentierung von Tieren (2015), 28.

526 Seit RGZ 85, 95, 98 = BlPMZ 1914, 298 Manganlegierungen; BGHZ 58, 280 f = GRUR 1972, 541 Imidazoline.

527 Vgl BGH GRUR 1979, 149, 151 Schießbolzen; BGHZ 112, 140, 156 f = GRUR 1991, 436 Befestigungsvorrichtung II.

528 Für die sich die Möglichkeit des absoluten Stoffschutzes aus BGHZ 130, 259, 272 f = GRUR 1996, 109 klinische Versuche I und BGHZ 131, 247, 254 f = GRUR 1996, 190 f, 193 Polyferon ergibt; vgl *Feldges* GRUR 2005, 977, 981; *Kilger/Jaenichen* GRUR 2005, 984, 989.

529 BGHZ 198, 205 = GRUR 2013, 1210 Dipeptidyl-Peptidase-Inhibitoren; vgl *Büscher/Dittmer/Schiwy* Rn 56 ff.

530 BGHZ 158, 142 = GRUR 2004, 495 Signalfolge.

531 Abw wohl *Büscher/Dittmer/Schiwy* R n 55.

532 BGH GRUR 1960, 483 Polsterformkörper; BGH 17.12.1963 Ia ZR 150/63 in Abweichung von RGZ 14, 76, 78 Knieblechröhren II; *Schmied-Kowarzik* GRUR 1970, 490; *Schrell/Heide* GRUR 2006, 383 f.

533 Vgl *Schrell/Heide* GRUR 2006, 383, 385.

534 Näher *Wolfram* Mitt 2003, 57 ff; vgl auch *Mes* Rn 80.

535 EPA T 1063/06 ABl EPA 2009, 516 = GRUR Int 2010, 158 Durchgriffsanspruch; *Mes* Rn 80.

Bei einem Sachpatent ist es grds ausreichend, eine Herstellungsart in der Beschreibung oder einem **120** Unteranspruch zu offenbaren, um dem Erfinder **alle** zu dem gleichen Erzeugnis führenden **Herstellungsarten** vorzubehalten[536] (Rn 86 zu § 34), auch wenn keine Hinweise auf andere Herstellungsmöglichkeiten gegeben sind.[537]

b. Stoffschutz. Allgemeines. Stoffschutz für chemische Stoffe ist seit Inkrafttreten des PatÄndG 1967 **121** möglich. Bis dahin hatte § 1 Abs 2 Nr 2 aF Nahrungs-, Genuss- und Arzneimittel sowie auf chemischem Weg hergestellte Stoffe von der Patentierung ausgeschlossen, soweit die Erfindung nicht ein bestimmtes Verfahren zur Herstellung dieser Gegenstände betraf. Das Stoffschutzverbot für auf chemischem Weg hergestellte Stoffe und die Zulassung von Verfahrenspatenten auf die Herstellung derartiger Stoffe sollten die Beteiligten dazu anregen, neue und bessere (zB billigere) Verfahren zur Herstellung der betr Stoffe aufzufinden.[538] Die Aufhebung des Stoffschutzverbots geht insb auf das StraÜ zurück; auf Initiative des Bundestags ist die Neuregelung bereits in das PatÄndG 1967 aufgenommen worden.[539] Zur **Wirkung** des Stoffschutzes Rn 58 zu § 9.

Gegenstand. Durch seine Absolutheit passt sich auch der Stoffschutz nicht ohne weiteres in das Sys- **122** tem des Erfindungsschutzes ein;[540] problematisch ist auch die Gewährung von Stoffschutz für in der Natur vorkommende und naturidentische Stoffe, insb für Gensequenzen.[541] Zur Aufgabe (dem Problem) Rn 85. Für Strukturteile chemischer Stoffe mit einem neuartigen Struktur-Wirkungs-Prinzip wurde (Verwendungs-)Schutz vorgeschlagen.[542] Angaben über die Herstellung gehören zur ausführbaren Offenbarung iSd § 34, solche über den technischen oder therapeutischen Effekt und über die Verwendung sollen nach der Rspr des BGH nicht zum Gegenstand der Stofferfindung gehören.[543] Die Rspr hat allerdings die Angabe jedenfalls eines allg technischen Gebiets verlangt, auf dem die Erfindung Verwendung finden soll.[544] Dadurch soll verhindert werden, dass weite Stoffbereiche etwa zu Experimentierzwecken monopolisiert werden.[545] Die Praxis der Beschwerdekammern des EPA hat demgegenüber die Angabe einer zielgerichteten Aufgabe verlangt,[546] weil eine chemische Verbindung nicht aufgrund der bloßen potenziellen Bereicherung der Chemie patentierbar sei; verlangt wurde die Angabe einer „wertvollen" Eigenschaft im weitesten Sinn, Wirkung oder Potenzierung einer Wirkung.[547] Das ist schon deshalb im Ergebnis zutr, weil die bloße Angabe eines Stoffs ohne Hinweis auf dessen Funktionalität das Erfordernis einer Lehre zum technischen Handeln nicht ausfüllt, darf aber nicht zur Wiedereinführung des Fortschrittserfordernisses durch die Hintertür führen. Deshalb ist die Terminologie „wertvoll" nicht ganz zutr. Damit gehört jedenfalls eine derartige Funktionsangabe zur erforderlichen Mindestoffenbarung (vgl Rn 96, 108 zu § 34).[548]

Kennzeichnung der Stofferfindung. Die eindeutige Kennzeichnung des unter Schutz gestellten **123** Stoffs ist im geltenden Recht keine Frage der Patentfähigkeit an sich mehr (Rn 14). Die Identifizierung des Stoffs hat aber weiterhin Bedeutung für die Erfüllung der Erteilungsvoraussetzungen nach § 34 (Rn 54 ff zu § 34), für die Neuheit (§ 3) und die Bestimmung des Schutzgegenstands und des Schutzbereichs des Patents.

---

536 BGH GRUR 1959, 125 Textilgarn; vgl BGHZ 147, 306 = GRUR 2001, 813 Taxol; vgl aber BGHZ 92, 129 = GRUR 1985, 31 Acrylfasern, wonach dies nicht bei einem aufgabenhaft verallgemeinerten Produktanspruch gelten soll.
537 BGH 17.12.1963 Ia ZR 150/63.
538 BGHZ 64, 86, 95 = GRUR 1975, 425 Metronidazol.
539 Bericht des Rechtsausschusses BlPMZ 1967, 279, 282; Stenographischer Bericht über die 312. Sitzung des Bundesrats vom 14.7.1967, BlPMZ 1967, 293 f.
540 Vgl *Benkard-EPÜ* Art 52 Rn 108; *Schneider/Walter* GRUR 2007, 831, 837.
541 Insoweit hält GH Den Haag BIE 2001, 440, 452 einen disclaimer für erforderlich, sieht aber Schließung der Schutzlücke über den Schutz des unmittelbaren Verfahrenserzeugnisses als möglich an.
542 *Egerer/Reuschl* GRUR 1998, 87.
543 BGHZ 58, 280, 287 = GRUR 1972, 541 Imidazoline gegen die Vorinstanz BPatG 9.7.1970 16 W (pat) 65/69 BlPMZ 1971, 188 Ls; BGH GRUR 1978, 696 alpha-Aminobenzylpenicillin; so auch *Benkard-EPÜ* Art 52 Rn 110.
544 BGH Imidazoline; BPatGE 17, 192, 199.
545 Vgl *Benkard* Rn 90 f.
546 EPA T 939/92 ABl EPA 1996, 309 = GRUR Int 1996, 1049, 1051 unter 2.5.1 Triazole; vgl *Schulte* Rn 201, *Féaux de Lacroix* GRUR 2006, 625, 630.
547 EPA T 22/82 ABl EPA 1982, 341 = GRUR Int 1983, 44, 45 unter 6. bis-epoxyäther.
548 AA BGH Imidazoine.

124   Ein Stoffanspruch, in dem ein chemischer Stoff durch das Herstellungsverfahren gekennzeichnet ist (sog **product-by-process-Anspruch**), ist grds, allerdings nach wohl allgM nur subsidiär, zulässig (Rn 103 f zu § 34; vgl Rn 54 zu § 9). Bei „product-by-process"-Ansprüchen darf ein Stoff nicht mit einem Herstellungsweg umschrieben werden, von dem feststeht, dass er nicht mit hinreichender Aussicht auf Erfolg ausführbar ist.[549] Eine solche Kennzeichnung kommt nicht nur bei chemischen Umsetzungen, sondern auch im Bereich der Biologie sowie bei Mischungen und sonstigen Erzeugnissen in Betracht (Rn 104 zu § 34). Auch das EPA geht grds von der Zulässigkeit von „product-by-process"-Ansprüchen aus (Rn 103 zu § 34).

125   Der durch das Herstellungsverfahren gekennzeichnete Stoffanspruch ist **Sachanspruch**;[550] das Vorbekanntsein des Herstellungsverfahrens muss ihm nicht entgegenstehen.[551] Führt ein Herstellungsverfahren unmittelbar zu dem Erzeugnis, kann für dieses bei Vorliegen der Patentierungsvoraussetzungen Erzeugnisschutz beansprucht werden.[552] Nur hierdurch wird auch Schutz gegenüber dem Einsatz anderer Herstellungsverfahren erlangt; dies schließt nicht aus, dass letztere selbst eine patentfähige Erfindung darstellen können.[553]

126   **Stoffgruppen.** Stoffschutz kann auch einen chemischen Stoffbereich erfassen.[554] Dann braucht nach der Rspr des BGH nur die betr Stoffgruppe, nicht aber jedes einzelne Individuum der Gruppe eindeutig identifizierbar bezeichnet zu werden.[555] Zur Einbeziehung untauglicher Bereiche Rn 87 zu § 34. „Es gibt keinen Grundsatz, dass nur die Beschreibung von Individuen eine ausreichende Offenbarung darstelle".[556] Einschränkungen können sich wegen fehlender Ausführbarkeit, Fehlens einer fertigen Erfindung[557] oder fehlender Neuheit ergeben.

127   **Kennzeichnung.** Der Stoff kann etwa durch seine wissenschaftliche Bezeichnung oder seine Strukturformel bezeichnet werden.[558] Auf bestimmte Arten der Kennzeichnung der Stofferfindung als Schutzvoraussetzung kann der Anmelder grds nicht verwiesen werden.[559] Heranzuziehen ist in erster Linie der Gesichtspunkt der zulässigen oder unangemessenen Anspruchsbreite (Rn 80 ff zu § 34). Zur Beschränkung ursprünglich weit gefasster Patentansprüche Rn 109 ff zu § 21. Zur Neuheit einer unter eine bekannte Gruppenformel fallenden Verbindung Rn 113 f zu § 3.

128   **Besondere Arten von Stoffen. Naturstoffe** sind als solche Entdeckungen und damit nicht patentfähig.[560] Erschöpft sich die Lehre darin, die Verwendung eines nach Fundort bestimmten Naturvorkommens vorzuschlagen, das gegenüber vorbekannten, schon zu demselben Zweck verwendeten Vorkommen keine besonders abweichenden und dadurch überraschenden Eigenschaften aufweist, ist sie nicht schutzfähig.[561] Patentfähig sind aber Erfindungen, die bestimmte Erscheinungsformen oder Isolierungen von Naturstoffen betreffen, soweit die weiteren Erfordernisse der Patentfähigkeit erfüllt sind (insb Neuheit, hierzu Rn 109 f zu § 3, erfinderische Tätigkeit, hierzu Rn 93 zu § 4). Ein Stoffwechselprodukt von Mikroorganismen, das in vitro gewonnen wurde und in der Natur entweder nicht entsteht oder unter Umwelteinfluss sofort wieder verändert wird, kann patentfähig sein.[562] Auch hergerichtete und präparierte Geweberteile

---

549   BGH GRUR 1978, 162 7-Chlor-6-demethyltetracyclin.

550   Vgl BGHZ 57, 1 = GRUR 1972, 80 Trioxan; BGHZ 122, 144 = GRUR 1993, 651 tetraploide Kamille; BGHZ 92, 129 = GRUR 1985, 31 Acrylfasern; BPatG BlPMZ 1986, 263; *Meier-Beck* FS R. König (2003), 323 ff; *Bruchhausen* GRUR 1980, 364, 367.

551   Vgl BPatGE 21, 43, 46 = GRUR 1978, 586, dort zum Rechtsschutzinteresse für Sach- und Verfahrensanspruch.

552   BGHZ 73, 183, 186 = GRUR 1979, 461 Farbbildröhre.

553   *Benkard* Rn 88a.

554   BPatGE 19, 14 = GRUR 1976, 697.

555   BGH GRUR 1972, 80, 86 Trioxan, nicht in BGHZ.

556   *Schulte*[5] § 35 Rn 158.

557   Hierzu BGHZ 111, 21 = GRUR 1990, 510 Crackkatalysator I; BGHZ 118, 210 = GRUR 1992, 842 Chrom-Nickel-Legierung.

558   BGHZ 198, 205 = GRUR 2013, 1210 Dipeptidyl-Peptidase-Inhibitoren.

559   BGHZ 122, 144, 154 f = GRUR 1993, 651, 653 f tetraploide Kamille, relativierend BGH Dipeptidyl-Peptidase-Inhibitoren..

560   Vgl BGHZ 52, 74, 80 = GRUR 1969, 672 rote Taube; BGHZ 64, 101, 107 = GRUR 1975, 430 Bäckerhefe: in der Natur vorkommende Organismen sollen vom Patentschutz ausgeschlossen bleiben; andererseits BPatG 20, 81 = GRUR 1978, 238; BPatG 21, 43, 46 = GRUR 1978, 586: die Tatsache allein, dass ein Stoff in der Natur vorkommt, begründet noch keinen Patentierungsausschluss; vgl auch US-SuprC GRUR Int 1980, 627, 629 Diamond/Chakrabarty; „product of nature"-Doktrin, *Bozicevic* JPTOS 1987, 415; *Bunke* GRUR 1978, 132 mwN.

561   BGH GRUR 1969, 531 Geflügelfutter.

562   BPatGE 15, 1, 10 = GRUR 1973, 463.

---

oder Organe (Transplantate) können patentfähig sein.[563] Synthetisch hergestellte Stoffe, die in der Natur vorkommen, sind als patentfähig angesehen worden.[564] Der Schutz des Naturstoffs soll das Naturvorkommen nicht erfassen, wohl aber Isolierungen daraus.[565]

Legierungen sind Gemische aus mindestens zwei Komponenten, von denen wenigstens eine ein Metall ist. Probleme ergeben sich bei der Anspruchsformulierung (vgl Rn 80 ff zu § 34), bei der Neuheit unter dem Gesichtspunkt der Auswahl (Rn 122 ff zu § 3) und bei der erfinderischen Tätigkeit unter dem Gesichtspunkt der überraschenden überlegenen Wirkung (Rn 91 zu § 4). **129**

Stoffgemische. Zur Zulässigkeit von Stoffansprüchen, die sich auf ein Gemisch von Makromolekülen beziehen, unter dem Gesichtspunkt der „eindeutigen Identifizierung" (hierzu Rn 8, 14), Rn 101 zu § 34. **130**

Zwischenprodukte sind zur Weiterverarbeitung bestimmte Stoffe. Sind sie nicht auf chemischem Weg hergestellt, bereitet ihr Schutz keine Schwierigkeiten. Für auf chemischem Weg hergestellte Zwischenprodukte war nach der Praxis des DPA und des BPatG wegen des Stoffschutzverbots Patentschutz nicht möglich (Nachw *5. Aufl*). Der BGH hat demgegenüber die grds Schutzfähigkeit von Zwischenprodukten anerkannt und bei der Beurteilung von technischem Fortschritt und erfinderischer Tätigkeit auf überlegene Eigenschaften und Wirkungen zurückgegriffen, die sich bei der Verwendung des Endprodukts zeigen, selbst wenn noch eine chemische Umsetzung erforderlich war. Nach geltendem Recht wird man an Zwischenprodukte grds keine anderen Maßstäbe anlegen können als an sonstige Erzeugnisse (vgl Rn 94 zu § 4). Zum Stoffschutz für Zwischenprodukte, die nur vorübergehend existieren, Rn 32 zu § 3 und Rn 102 zu § 34. Zur umstr Frage des absoluten Stoffschutzes für Gensequenzen Rn 22 zu § 1a. Zur Offenbarung der Weiterverarbeitung des Zwischenprodukts Rn 102 zu § 34; zur Einheitlichkeit Rn 126 zu § 34. Zur Beurteilung der erfinderischen Tätigkeit Rn 94 ff zu § 4. Intermediär anfallende Erzeugnisse, die nicht zur Weiterverarbeitung bestimmt sind, werden idR schon deshalb nicht patentierbar sein, weil mit ihnen eine Lehre zum technischen Handeln nicht verbunden ist.[566] **131**

Mittel. Mittelansprüche[567] haben etwa die Form: „Schädlingsbekämpfungsmittel, enthaltend den Wirkstoff X". Die Rspr hat derartige Ansprüche während der Geltung des Stoffschutzverbots zugelassen, den Schutzbereich aber als durch das Stoffschutzverbot begrenzt angesehen.[568] Auch nach Aufhebung des Stoffschutzverbots hat der BGH für einen Anmeldungsgegenstand, der einen chemischen Stoff betrifft, neben Patentansprüchen, die auf den Stoff und dessen Herstellung gerichtet sind, einen Verwendungsanspruch oder einen Mittelanspruch zugelassen (Rn 91 zu § 34). Wie ein Verwendungsanspruch dient der Mittelanspruch zur Sicherung einer Auffangstellung, sofern sich später ergibt, dass nur die Verwendung des Stoffs oder der Stoff als Mittel patentfähig ist.[569] Die im Mittelanspruch enthaltene Zweckbestimmung erweitert den Schutzbereich gegenüber dem Stoffanspruch nicht; der Mittelanspruch ist deshalb praktisch bedeutungslos, solange Stoffschutz besteht.[570] **132**

In der **Rechtssprechung des Bundesgerichtshofs** wurden Mittelansprüche lange Zeit abgelehnt. Wird die Patentfähigkeit eines Arzneimittelanspruchs ausschließlich aus der überraschenden Wirksamkeit des Wirkstoffs bei der Behandlung der Krankheit abgeleitet, kommt demnach kein Mittelanspruch, sondern ein Verwendungsanspruch in Betracht; die überraschenden Wirkungen, die mit einem bekannten Wirkstoff bei der Behandlung einer Krankheit erzielt werden, rechtfertigen nicht den Erzeugnisschutz für das aus dem bekannten Wirkstoff formulierte Arzneimittel. Dessen Schutz unterscheidet sich jedenfalls nicht wesentlich von dem eines entspr formulierten Verwendungsanspruchs, mit dem nicht unmittelbar die Herstellung und der Vertrieb, wohl aber die sinnfällige Ausrichtung des Wirkstoffs zur Verwendung bei der therapeutischen Behandlung erfasst werden kann.[571] Das ist im Ergebnis deshalb bdkl, weil der Anmelder auf eine bestimmte Anspruchsformulierung festgelegt wird, ohne dass hierfür ein hinreichender sachlicher Grund besteht. Die Argumentation mit „unklaren Rechtsverhältnissen" erscheint wenig über- **133**

---

563 BPatGE 26, 104 = GRUR 1985, 276.
564 BPatGE 20, 81 = GRUR 1978, 238; BPatG GRUR 1978, 702.
565 *Benkard* Rn 92; aA *Tauchner* Mitt 1979, 84.
566 AA offenbar *Benkard-EPÜ* Art 52 Rn 113.
567 Vgl *MGK/Teschemacher* Art 84 EPÜ Rn 54; *Mes* Rn 189 f.
568 BGHZ 53, 274 = GRUR 1970, 361 Schädlingsbekämpfungsmittel.
569 BGHZ 54, 181, 186 = GRUR 1970, 601 Fungizid.
570 BGH GRUR 1972, 638, 640 Aufhellungsmittel; BPatG 19.5.2010 3 Ni 15/08 (EU).
571 BGH GRUR 1982, 548 Sitosterylglykoside; vgl *Benkard-EPÜ* Art 52 Rn 124.

Keukenschrijver

zeugend, wenn man den Schutz des Mittelanspruchs parallel zu dem des entspr Verwendungsanspruchs definiert. Zudem kommt dem BGH jedenfalls für die Erteilung eur Patente kein Definitionsmonopol zu.

134   Dem „zweckgebundenen Stoffschutz" wohnt ein **finales Element**, nämlich eine bestimmte Zweckverwirklichung, inne, das einen beachtlichen Bestandteil der durch einen Mittelanspruch unter Schutz gestellten Erfindung bildet.[572]

135   Zur **erfinderischen Tätigkeit** bei Mittelansprüchen Rn 106f zu § 4; zum Schutzumfang bei Mittelansprüchen Rn 62 zu § 9; zur Zulässigkeit von Mittelansprüchen neben anderen Erfindungskategorien Rn 91f zu § 34; zum Schutz von vorbekannten Stoffen als Arzneimittel Rn 163ff zu § 3, zur „weiteren medizinischen Indikation" Rn 61f zu § 2a.

3. Verfahrensschutz

136   **a. Allgemeines.** Im Verfahrenspatent kommt der Schutz einer Lehre zum technischen Handeln in Form einer konkreten Handlungsanweisung besonders deutlich zum Ausdruck. Verfahrensschritte können auch durch Wirkungs- und Vorrichtungsangaben beschrieben werden.[573] Zur Möglichkeit von Verfahrensansprüchen neben Vorrichtungsansprüchen Rn 90 zu § 34. Man unterscheidet in Hinblick auf die in § 9 Satz 2 Nr 3 geregelte Rechtsfolge Arbeitsverfahren und Herstellungsverfahren; die Klärung, welche Art vorliegt, kann dem Verletzungsstreit überlassen bleiben.[574] Dem Patentschutz sind alle technischen Verfahren zugänglich, nicht nur reine Arbeits- oder reine Herstellungsverfahren.[575] In einer zur Anwendung eines bestimmten Verfahrens geeigneten Vorrichtung kann nicht das Verfahren selbst gesehen werden.[576]

137   **b.** Ein **Arbeitsverfahren** ist eine technische Betätigung, durch die Arbeitsschritte vollzogen werden, ohne dass dabei eine Veränderung des behandelten Objekts eintritt,[577] einfacher: ein Verfahren, das nicht auf die Schaffung eines Erzeugnisses gerichtet ist. In Betracht kommen zB das Auswerten statistischer Angaben,[578] Sortierverfahren,[579] Untersuchungsverfahren,[580] Schädlingsbekämpfungsverfahren,[581] auch die Einwirkung auf Speicherzellen eines Datenverarbeitungssystems.[582] Auch Patente, die durch die Anwendung des Verfahrens auf ein bestimmtes Arbeitsmittel gekennzeichnet sind, sind statthaft.[583]

138   **c.** Das **Herstellungsverfahren** ist auf die Herstellung eines Erzeugnisses oder Stoffs gerichtet; zum Schutz des Erzeugnisses § 9 Satz 2 Nr 3 und § 139 Abs 3. Dabei kann nur ein bestimmtes Verfahren als schutzfähig in Betracht kommen, das nach Ausgangsstoff, Arbeitsweise und Endergebnis von anderen denkbaren Herstellungsverfahren unterscheidbar ist.[584] Dass die Konstitution des Endprodukts nicht richtig erkannt ist, steht der Patentierung für sich nicht entgegen.[585] Auch ein Verfahren, das auf einem neuen

---

572   BGHZ 101, 159 = GRUR 1987, 794 Antivirusmittel; zum zweckgebundenen Stoffschutz auch *Sellnick* GRUR 2002, 121, 124f.

573   BGH Liedl 1982/83, 280ff Keramikbrennverfahren; vgl BGH GRUR 1960, 483 Polsterformkörper; BGH Liedl 1978/80, 211 Rohrverbindungsstück.

574   *Benkard* Rn 37.

575   BPatG Mitt 1997, 368, 369.

576   BGH GRUR 2005, 845 Abgasreinigungsvorrichtung; vgl BGH GRUR 1992, 305 Heliumeinspeisung.

577   BGH Liedl 1965/66, 115, 121 Dungschleuder; BGH GRUR 1998, 130, 131 Handhabungsgerät; BGH GRUR 2005, 845, 847 Abgasreinigungsvorrichtung; BGH GRUR 2012, 373 Glasfasern; vgl EPA T 378/86 ABl EPA 1988, 386, 391 Kategoriewechsel; nach BPatG Mitt 1971, 156 eine Tätigkeit, bei der auf ein Substrat eingewirkt wird und bestimmte Arbeitsgänge vollzogen werden, um ein bestimmtes Arbeitsziel zu erreichen, wobei durch die Einwirkung das behandelte Objekt nicht verändert wird.

578   RG GRUR 1936, 164 Lochkarten.

579   BPatG Mitt 1971, 156.

580   RPA Mitt 1930, 195f.

581   *Benkard* Rn 35.

582   BPatG Mitt 1976, 239; vgl BPatG Mitt 1977, 133, beide gegen BPatGE 8, 136.

583   BGH GRUR 1960, 483, 484 Polsterformkörper; BGH GRUR 1962, 577, 580 Rosenzüchtung.

584   BGH GRUR 1966, 249 Suppenrezept; BGHZ 45, 102, 107 = GRUR 1966, 312 Appetitzügler I; BGH GRUR 1986, 163 borhaltige Stähle; vgl *Büscher/Dittmer/Schiwy* Rn 71.

585   BPatG GRUR 1973, 313.

Weg zu bekannten Erzeugnissen führt, kann patentfähig sein.[586] Als Herstellung kommt nicht nur die Neuherstellung des Gegenstands, sondern auch seine Bearbeitung in Betracht.[587] Unterschieden wird weiter zwischen „eigenartigen" und „nicht eigenartigen" Verfahren; auch letztere können als „Analogieverfahren" unter bestimmten Voraussetzungen schutzfähig sein (Rn 139 ff). Zum Schutzumfang Rn 83 ff zu § 9.

d. Analogieverfahren. Unter einem (insb chemischen) „Analogieverfahren im engeren Sinn" wird **139** ein chemisch nicht eigenartiges und daher in sich selbst nicht patentfähiges Verfahren verstanden, also ein Verfahren, das zwar an sich neu ist, bei dem aber im Vergleich zu bekannten Verfahren Ausgangsstoffe analoger Konstitution mittels der gleichen Arbeitsweise oder gleiche Ausgangsstoffe mittels analoger Arbeitsweise zur Einwirkung aufeinander gebracht und dadurch erwartungsgem Endprodukte analoger Konstitution gewonnen werden.[588] Auch für solche Analogieverfahren kann, wie erstmals das RG in der „Kongorot"-Entscheidung[589] ausgesprochen hat, Patentschutz gewährt werden, wenn sie „einen neuen technischen Effekt mit sich bringen" oder zu „Stoffen mit neuen, überraschenden und technisch wertvollen Eigenschaften" führen. Der Entscheidung des RG sind Praxis und Wissenschaft fast einhellig gefolgt. BGH, BPatG und DPA sind vor Aufhebung des Stoffschutzverbots in stRspr[590] von der Schutzfähigkeit chemischer Analogieverfahren ausgegangen.

Bei einem chemischen Analogieverfahren besteht die Lehre in der **Herstellung eines Stoffs be-** **140** **stimmter Konstitution**; die (patentbegründenden) wertvollen Eigenschaften dieses Stoffs sollen nicht zur Lehre gehören.[591] Durch Offenbarung der Ausgangsstoffe, Arbeitsmethoden und Endprodukte wird eine ausreichende Lehre gegeben, zu deren Durchführung es der Angabe technisch, therapeutisch oder sonst wertvoller Eigenschaften der Verfahrensprodukte nicht bedarf; auch der Angabe des Anwendungsgebiets bedarf es nicht, wenn dieses sich für den Fachmann bereits aus der formelmäßigen Zusammensetzung der Verfahrenserzeugnisse ergibt.[592]

Ob und unter welchen Voraussetzungen seit der 1968 in Kraft getretenen **Aufhebung des Stoff-** **141** **schutzverbots** ein auf ein chemisches Analogieverfahren gerichteter Patentanspruch noch zuzulassen ist, hat der BGH zunächst offengelassen.[593] Nach hM hat sich an der Patentierbarkeit von Analogieverfahren nichts geänd.[594] In der Praxis des BGH und des BPatG hat das Analogieverfahren längere Zeit keine erhebliche Rolle mehr gespielt. Ein praktisch relevanter Anwendungsbereich ist einmal bei nicht eigenartigen Verfahren denkbar, bei denen ein bekanntes und daher selbst nicht mehr schutzfähiges Endprodukt durch analoge Arbeitsweise erreicht wird (zB Ersetzung eines bekannten, aber mit zu vermeidenden Nachteilen behafteten Alkylierungsmittels durch ein anderes bekanntes, das diese Nachteile vermeidet). Zum anderen ist Verfahrensschutz bei der Herstellung eines neuen Erzeugnisses anerkannt worden, dessen Herstellung durch den StdT nicht nahegelegt war.[595] Auch bei Kristallisationsverfahren kommt Schutz als Analogieverfahren in Betracht.[596]

---

586 BGH BlPMZ 1973, 170 Schmelzrinne.
587 Vgl RG GRUR 1927, 696 Dermatoid-Schuhkappen; BPatGE 7, 7, 9 = Mitt 1965, 236; BPatGE 7, 88, 90; BPatGE 8, 136, 138; BPatGE 19, 116, 117 = Mitt 1978, 18.
588 BGHZ 45, 102, 105 = GRUR 1966, 312 Appetitzügler I; BGHZ 51, 378, 381 = GRUR 1969, 265 Disiloxan; vgl DPA BlPMZ 1952, 477; DPA Mitt 1957, 94; EPA T 119/82 ABl EPA 1984, 217, 234 Gelatinierung; EPA T 65/82 ABl EPA 1983, 327, 332 = GRUR Int 1983, 660 Cyclopropan.
589 RG PatBl 1889, 209 Kongorot I.
590 BGHZ 41, 231, 242 f = GRUR 1964, 439 Arzneimittelgemisch; BGH Appetitzügler I; BGH Disiloxan; BPatGE 7, 1 = Mitt 1965, 96; BPatG Mitt 1966, 192; vgl auch RPA BlPMZ 1931, 71; RPA BlPMZ 1935, 28; DPA Mitt 1957, 116; vgl *Büscher/Dittmer/Schiwy* Rn 143.
591 Vgl BGH GRUR 1970, 237 Appetitzügler II, wo allerdings nicht auf die Lehre, sondern auf die „Aufgabe" abgestellt ist; aA wohl *Dersin* GRUR 1952, 365 und GRUR 1955, 320; *4. Aufl* Rn 61.
592 BPatG Mitt 1967, 110.
593 BGHZ 51, 378, 380 = GRUR 1969, 265 Disiloxan; BGH GRUR 1969, 269 Epoxydverbindungen.
594 BPatG GRUR 1972, 648, 651; BPatG 21.2.1972 16 W (pat) 71/71; vgl *Benkard* Rn 94a; *Schulte* Rn 265 f; *Kraßer/Ann* § 18 Rn 111; EPA T 181/82 ABl EPA 1984, 401 = GRUR Int 1984, 700 Spiroverbindungen; vgl auch BGHZ 68, 156, 159 = GRUR 1977, 652 Benzolsulfonylharnstoff.
595 BGHZ 179, 168 = GRUR 2009, 382 Olanzapin.
596 Vgl *Büscher/Dittmer/Schiwy* Rn 145.

142   Zur **erfinderischen Tätigkeit** bei Analogieverfahren Rn 98 f zu § 4. Zur **Einheitlichkeit** von Patentansprüchen anderer Erfindungskategorien (Verwendung des Verfahrenserzeugnisses) mit solchen auf den Stoff oder das Analogieverfahren Rn 125 zu § 34.

143   Als „**Analogieverfahren im weiteren Sinn**" ist ein chemisches Analogieverfahren zur Herstellung eines weiteren Arzneimittels angesehen worden, das in der gleichen Richtung wirkt wie mehrere bereits bekannte Arzneimittel,[597] dabei wurde auf das Bestehen eines Bedürfnisses für das weitere Mittel abgestellt. Derartige Analogieverfahren sind nach Auffassung des EPA grds nicht patentfähig.[598]

144   Für die von der früheren Amtspraxis[599] und zunächst auch vom BPatG abgelehnte, aber vom BGH bejahte Patentfähigkeit von **zu Zwischenprodukten führenden Analogieverfahren** ist ein Kausalzusammenhang zwischen den im Zwischenprodukt liegenden Eigenschaften und den am Endprodukt in Erscheinung tretenden Eigenschaften als erforderlich,[600] aber auch ausreichend angesehen worden.[601]

4. Verwendungsschutz

145   **a. Allgemeines.** Bei der Verwendungserfindung wird eine bekannte Sache[602] oder ein bekanntes Verfahren zu einem bestimmten Zweck verwendet. Die Verwendungserfindung zeigt eine bestimmte Brauchbarkeit der Sache oder des Verfahrens auf.[603] Verwendungsschutz wurde für Strukturteile chemischer Stoffe vorgeschlagen.[604] Einer Umschreibung einer Gruppe von Stoffen nach ihrer Funktion in einem Verwendungsanspruch steht weder entgegen, dass sie neben bekannten oder in der Patentschrift offenbarten Stoffen auch die Verwendung von Stoffen umfasst, die erst zukünftig bereitgestellt werden, noch, dass die Bereitstellung erfinderische Tätigkeit erfordern kann.[605]

146   **b.** Der BGH hat die Auffindung einer weiteren Funktionsmöglichkeit einer bekannten Vorrichtung zunächst jedenfalls dann als patentfähige „**Funktionserfindung**" angesehen, wenn der Vorrichtung eine von der bekannten Vorrichtung abweichende, der neuen Funktion angepasste einfachere und wirksamere Gestaltung gegeben wurde.[606] Er hat dies später auf bekannte Verfahren ausgedehnt und in der Entdeckung einer neuen Brauchbarkeit zB dann eine patentwürdige Erfindung gesehen, wenn die Verwendung einer Vorrichtung für einen ganz neuen technischen Zweck erschlossen wird oder ein bisher nur zufällig oder unbewusst erzielter Erfolg nunmehr bewusst und planmäßig erreicht werden kann.[607] Der besondere Verwendungszweck konnte demnach der Lehre erst einen technisch verwertbaren Sinn[608] oder Erfindungsrang geben.[609] Der besonderen Erfindungskategorie der Funktionserfindung bedarf es hierfür

---

597 BGHZ 53, 283 = GRUR 1970, 408 Anthradipyrazol.
598 EPA T 119/82 ABl EPA 1984, 217 Gelatinierung; EPA T 65/82 ABl EPA 1983, 327 = GRUR Int 1983, 660 Cyclopropan.
599 DPA Mitt 1954, 60; DPA BlPMZ 1956, 358.
600 BGHZ 51, 378, 381 ff = GRUR 1969, 265 Disiloxan; BGH GRUR 1969, 269 Epoxyverbindungen; BGH GRUR 1969, 270 Farbstoffbildungskomponenten; BGH GRUR 1970, 506 Dilactame; BGHZ 63, 1 = GRUR 1974, 718 Chinolizine; BPatG GRUR 1971, 561; EPA T 22/82 ABl EPA 1982, 341 = GRUR Int 1983, 44 bis-epoxyäther; EPA T 65/82 ABl EPA 1983, 327 = GRUR Int 1983, 660 Cyclopropan; *von Kreisler* Mitt 1972, 31; *Zumstein* Mitt 1971, 198.
601 AA BPatG 27.7.1970 16 W (pat) 107/67 BlPMZ 1971, 189 Ls: einschrittiges Verfahren Voraussetzung, hierzu BGH GRUR 1972, 642, 644 Lactame: Weiterverarbeitung ist zu offenbaren; vgl auch BPatG 19.5.1969 16 W (pat) 315/61: nicht schon bei Abhängigkeit der Struktur des Endprodukts von Struktur oder Reaktionsfähigkeit des Zwischenprodukts; BPatG 11.5.1967 16 W (pat) 116/64 BlPMZ 1968, 299 Ls und BPatG 15.2.1968 16 W (pat) 213/64 BlPMZ 1968, 391 Ls: Verwendbarkeit für Weiterverarbeitung nicht schutzbegründend, auch wenn die Endprodukte überlegene Eigenschaften aufweisen.
602 Vgl BGH GRUR 2005, 845 Abgasreinigungsvorrichtung.
603 Vgl RGZ 126, 62, 64 = GRUR 1929, 1418 Bodenauflockerung; RG MuW 30, 481 f Wiechertsches Verfahren; RG MuW 30, 486, 487 Anlaßeinrichtung für Wechselstrominduktionsmotoren I; RG MuW 32, 461, 463 Unterwasserschallwellen; RG GRUR 1936, 103 Windschutzscheibe I; RG GRUR 1938, 180 Windschutzscheibe II; RG GRUR 1939, 533, 536 Diffuseureinsatz.
604 *Egerer/Reuschl* GRUR 1998, 87.
605 BGHZ 198, 205 = GRUR 2013, 1210 Dipeptidyl-Peptidase-Inhibitoren.
606 BGH GRUR 1956, 77 Rödeldraht; BGH Liedl 1961/62, 397 ff Straßenbeleuchtung.
607 BGH Liedl 1961/62, 618, 636 Zerspaner.
608 BGH GRUR 1960, 542, 544 Flugzeugbetankung.
609 BGH GRUR 1962, 83, 85 Einlegesohle; vgl it CCass GRUR Int 2003, 652 Eudragit S.

nicht.[610] Der BGH hat den Begriff auch nicht durchgängig verwendet.[611] Die erstmalige Formulierung einer (weiteren) Wirkung eines bekannten Erzeugnisses, die nicht zugleich eine weitere Brauchbarkeit (Funktion) des Erzeugnisses aufzeigt, sondern gerade die bekannte Brauchbarkeit betrifft, kann auch nicht unter dem Gesichtspunkt der Funktions- oder Verwendungserfindung schutzfähig sein.[612]

c. Verwendungsschutz und Sachschutz. Der BGH hat Verwendungsansprüche auch dann zugelassen, 147 wenn Sachschutz ausgeschlossen war.[613] Auch die Anwendung eines Stoffs zur Bekämpfung einer Krankheit ist nach der Rspr des BGH dem Verwendungsschutz zugänglich (zur gewerblichen Anwendbarkeit Rn 61 f zu § 2a).[614] Der Verwendungsanspruch kommt nach der älteren Rspr des BGH auch neben dem Stoffanspruch in Betracht,[615] nicht aber neben dem Mittelanspruch.[616] Wird die Patentfähigkeit eines Arzneimittelanspruchs ausschließlich aus der überraschenden Wirksamkeit des bekannten Wirkstoffs bei der Behandlung der Krankheit abgeleitet, kam kein Mittelanspruch, sondern ein Verwendungsanspruch in Betracht.[617] Zur Rechtslage nach der Umsetzung der EPÜ-Revision Rn 164 ff zu § 3. Zum Schutzumfang, insb zur Vorverlagerung des Schutzes auf die „sinnfällig hergerichtete" Sache,[618] die sonst noch nicht unter den Patentschutz fällt,[619] Rn 114 ff, 141 f zu § 9.

Auch der **„zweckgebundene Mittelanspruch"** kann als Verwendungsanspruch aufgefasst wer- 148 den.[620] Dies wird auch für die medizinische Indikation nach neuem Recht gelten müssen (Rn 170 zu § 3).

d. Erfindungskategorie. Verwendungsangaben („Empfehlungen") können Bestandteil eines Sachan- 149 spruchs sein,[621] ohne den Sachanspruch dadurch zum Verwendungsanspruch zu machen. Der ein Erzeugnis betreffende Verwendungsschutz lässt sich sowohl als Verfahrensschutz als auch als eingeschränkter Sachschutz[622] begreifen. Soweit ein bekannter Gegenstand für einen ungewöhnlichen Zweck eingesetzt wird, mag die Zuordnung letztlich sogar eine Frage der sprachlichen Einkleidung sein, je danach, ob auf die bekannte oder die veränderte Funktionalität des Gegenstands abgestellt wird (Bsp: Schlüsselanhänger in Form und mit den Merkmalen eines Golfballs oder Verwendung eines Golfballs als Schlüsselanhänger). Bedeutung gewinnt die Unterscheidung wegen des Ausschlusses des Verfahrensschutzes im GbmRecht (vgl Rn 6 ff zu § 2 GebrMG), aber auch bei der nachträglichen Beschränkung des Patents (Rn 109 ff zu § 21; Rn 32 zu § 22). Ein Verwendungsanspruch kann dahin aufgestellt werden, dass die Sache für Zwecke eingesetzt wird, bein denen die Gefahr von Krebserkrankungen mit hinreichender Sicherheit ausgeschlossen werden soll; dies erfasst auch die sinnfällige Herrichtung hierfür, ohne dass es einer weiteren Manifestation bedürfte.[623]

Der BGH hat den auf die Verwendung einer Sache/eines Erzeugnisses gerichteten Verwendungsan- 150 spruch als **Verfahrensanspruch** angesehen, weil er auf den zweckgerichteten Einsatz einer Sache zu der geschützten Verwendung gerichtet ist; er könne aber nicht schlechterdings den auf die Erzeugung eines

---

610   *U. Weiss* GRUR 1966, 113; *Benkard-EPÜ* Art 52 Rn 138 f.

611   BGH GRUR 1954, 584 Holzschutzmittel gebraucht den Begriff Verwendungspatent.

612   BPatGE 41, 202.

613   BGH GRUR 1966, 201 ferromagnetischer Körper: bei auf chemischem Weg hergestellten Stoffen, insoweit gegen BPatGE 5, 73; zur erfinderischen Verwendung eines bereits hinterlegten Mikroorganismus BGHZ 81, 1 = GRUR 1981, 734 Erythronolid.

614   BGHZ 68, 156 = GRUR 1977, 652 Benzolsulfonylharnstoff; BGHZ 101, 159, 167 = GRUR 1987, 794 Antivirusmittel.

615   BGHZ 54, 181, 186 = GRUR 1970, 601 Fungizid; BGH GRUR 1972, 644, 646 gelbe Pigmente; BGH GRUR 1977, 212 Piperazinoalkylpyrazole; BGH GRUR 1972, 646 Schreibpasten BGHZ 54, 181, 186 = GRUR 1970, 601 Fungizid; BGH GRUR 1972, 644, 646 gelbe Pigmente; BGH GRUR 1977, 212 Piperazinoalkylpyrazole; BGH GRUR 1972, 646 Schreibpasten.

616   BGH Fungizid; BGHZ 53, 274 = GRUR 1970, 361 Schädlingsbekämpfungsmittel; BGH gelbe Pigmente; BGH Benzolsulfonylharnstoff.

617   BGH GRUR 1982, 548 Sitosterylglykoside.

618   BGHZ 88, 209, 212 = GRUR 1983, 729 Hydropyridin; BGH GRUR 1990, 505 geschlitzte Abdeckfolie; BGH GRUR 2012, 373 Glasfasern.

619   BGHZ 116, 122 = GRUR 1992, 305 Heliumeinspeisung.

620   BGH GRUR 1982, 548 Sitosterylglykoside; BGHZ 101, 159 = GRUR 1987, 794 Antivirusmittel.

621   Vgl BPatG 12.9.2000 4 Ni 49/99 und nachfolgend BGH 9.5.2005 X ZR 223/00 Mineralfilzdämmstoffbahn.

622   Vgl *von Falck* GRUR 1993, 199; *König* VPP-Rdbr 2002, 50 ff; kr zu diesem Ansatz *Brandi-Dohrn* FS R. König (2003), 33, 36; vgl auch *Benkard-EPÜ* Art 52 Rn 137.

623   OLG Karlsruhe GRUR 2014, 764.

Stoffs oder einer Sache ausgerichteten Herstellungsverfahren zugeordnet werden, weil Ergebnis des Verfahrens in aller Regel kein unmittelbar hergestelltes Erzeugnis iSd § 9 Satz 2 Nr 3, sondern ein abstrakter Handlungserfolg sei.[624] Bezieht sich ein Verwendungsanspruch darauf, mit einem Stoff ein Erzeugnis zu erzielen, handelt es sich um ein Herstellungsverfahren, dessen unmittelbare Erzeugnisse ohne Beschränkung auf eine bestimmte Verwendung geschützt werden.[625] Ein auf ein Erzeugnis gerichteter Patentanspruch kann (im Rahmen der ursprünglichen Offenbarung) auf eine bestimmte Art seiner Verwendung beschränkt werden.[626] Nach Auffassung des BGH erklärt ein Patentinhaber, der sein auf ein Erzeugnis gerichtetes Patent dadurch beschränkt verteidigt, dass er Patentschutz nur noch für die auf einen zweckgerichteten Einsatz des Erzeugnisses gerichtete Verwendung beansprucht, damit den Verzicht auf den Schutz eines durch das Verfahren etwa unmittelbar hergestellten Erzeugnisses.[627] All dies ist folgerichtig, aber dann unnötig, wenn man den Verwendungsanspruch in einem solchen Fall als eingeschränkten Sachanspruch ansieht.[628] Einen Übergang von einem auf ein Zwischenprodukt gerichteten Sachanspruch auf die Verwendung der Sache als Ausgangsprodukt für die Herstellung eines Endprodukts in einem näher gekennzeichneten Verfahren hat der BGH nicht zugelassen.[629]

§ 1a
(Menschlicher Körper)

(1) Der menschliche Körper in den einzelnen Phasen seiner Entstehung und Entwicklung, einschließlich der Keimzellen, sowie die bloße Entdeckung eines seiner Bestandteile, einschließlich der Sequenz oder Teilsequenz eines Gens, können keine patentierbaren Erfindungen sein.

(2) Ein isolierter Bestandteil des menschlichen Körpers oder ein auf andere Weise durch ein technisches Verfahren gewonnener Bestandteil, einschließlich der Sequenz oder Teilsequenz eines Gens, kann eine patentierbare Erfindung sein, selbst wenn der Aufbau dieses Bestandteils mit dem Aufbau eines natürlichen Bestandteils identisch ist.

(3) Die gewerbliche Anwendbarkeit einer Sequenz oder Teilsequenz eines Gens muss in der Anmeldung konkret unter Angabe der von der Sequenz oder Teilsequenz erfüllten Funktion beschrieben werden.

(4) Ist Gegenstand der Erfindung eine Sequenz oder Teilsequenz eines Gens, dessen Aufbau mit dem Aufbau einer natürlichen Sequenz oder Teilsequenz eines menschlichen Gens übereinstimmt, so ist deren Verwendung, für die die gewerbliche Anwendbarkeit nach Absatz 3 konkret beschrieben ist, in den Patentanspruch aufzunehmen.

EPA-PrRl A-IV,3; C-IV, 3.2, 4.5
Ausland: Belgien: Art 4 Abs 4 PatG; **Bosnien und Herzegowina:** Art 7 Abs 1 Buchst b PatG 2010; **Frankreich:** Art L 611–18, 613-2-1 CPI; **Litauen:** Art 2 Abs 2 Nr 5 PatG; **Norwegen:** vgl § 8c PatG, **Österreich:** § 1 Abs 2 PatG; **Schweiz:** Art 1a, 1b (natürlich vorkommende Sequenz oder Teilsequenz eines Gens; technisch bereitgestellte Nukleotidsequenzen) PatG; **Serbien:** Art 6 PatG 2004

---

624 BGHZ 110, 82 = GRUR 1990, 508, 510 Spreizdübel; kr zur Einordnung als Verfahrensanspruch *Büscher/Dittmer/Schiwy* Rn 74 ff; vgl auch BGHZ 164, 220 = GRUR 2006, 135 Arzneimittelgebrauchsmuster.
625 BGH GRUR 1982, 162 Zahnpasta; *Féaux de Lacroix* GRUR 2006, 887 f.
626 BGH GRUR 1988, 287 Abschlußblende; BGH Spreizdübel; vgl auch BGH Liedl 1987/88, 408 ff Postgutbegleitkarte; BPatG 19.11.2002 23 W (pat) 27/01; *Büscher/Dittmer/Schiwy* Rn 52.
627 BGH Spreizdübel.
628 *Loth* § 1 GebrMG Rn 136; *U. Krieger* GRUR Int 1996, 354, 355; vgl auch BGHZ 164, 220 = GRUR 2006, 135 Arzneimittelgebrauchsmuster; BGH GRUR 2005, 845, 847 Abgasreinigungsvorrichtung; *Büscher/Dittmer/Schiwy* Rn 46.
629 BGH GRUR 1984, 644 Schichtträger.

Materialien: Enquete-Kommission „Recht und Ethik der modernen Medizin", Stellungnahme vom 4.12.2000 Schulte-Kartei PatG 2.3 Nr 93; Entschließung des Europäischen Parlaments ABl EG C 135/263 vom 7.5.2001; Empfehlung der Deutschen Forschungsgemeinschaft zur Forschung mit menschlichen Stammzellen vom 3.5.2001; Stellungnahme Nr 8 der Sachverständigengruppe der Europäischen Kommission für Ethik in der Biotechnologie (1996), Schulte-Kartei EPÜ 53 Nr 57; Stellungnahme Nr 16 der European Group on Erthics in Science and New Technologies, im Internet unter http://europa.eu.int/comm/european_group_ethics/docs/avis16_en.pdf; Stellungnahme der Deutschen Forschungsgemeinschaft zur Stammzellforschung in Deutschland, Oktober 2006.

Schrifttum zum Patentschutz in der Biotechnologie (zur Abgrenzung gegenüber Sortenschutz und zur Mikrobiologie bei § 2a): *Adam* Ethische und rechtliche Probleme der Patentierung genetischer Information. Ein Tagungsbericht, GRUR Int 1998, 391; *Addor/Bühler* Die Patentierung menschlicher embryonaler Stammzellen, sic! 2004, 383; *Adler* Controlling the Application of Biotechnology – A Critical Analysis of the Proposed Moratorium on Animal Patenting, Harv.J.L. & Technol. 1988, 1, 1; *Adler* Patenting of Gene Sequences – Why and When, FS F.-K. Beier (1996), 3; *Aerts* The Industrial Applicability and Utility Requirements for the Patenting of Genomic Inventions: A Comparison Between European and US Law, EIPR 2004, 349; *Aerts* Biotechnological Patents in Europe – Functions of Recombinant DNA and Expressed Protein and Satisfaction of the Industrial Applicability Requirement, IIC 2008, 282; *Ahrens* Genpatente – Rechte am Leben? GRUR 2003, 89; *Ahrens* Öffentliche Leichnamssektionen und Körperwelten im Lichte des zivilrechtlichen Persönlichkeitsschutzes, GRUR 2003, 850; *Albers* „Patente auf Leben", JZ 2003, 275; *Albrecht/Meyer/Fanelli/Kilger* Personalized Medicine: Patentability before the European Patent Office and the USPTO, GRUR Int 2015, 1; *Altner* Vom Aufschrei zur Argumentation – „Würde der Kreatur", „Eigenwert des Lebens" – was heißt das eigentlich? Über die übergeordneten Fragen der Patentierung, Genethischer Informationsdienst 114/1996, 43; *Andersen/Koktvedgaard* Biotechnologi og patentret, 1990; *Anderson* NIH drops bid for gene patents, 263 Science (1994), 909; *Anwander/Bachmann/Rippe* Gene patentieren: eine ethische Analyse, 2002; *Appel* Der menschliche Körper im Patentrecht, EPOscript Bd 1, 201, 1995; *I. Armitage* Patents and Genetic Engineering – The Genentech Decision, EIPR 1988, 10, 95; *R.A. Armitage* The Emerging US Patent Law for the Protection of Biotechnology Research Results, EIPR 1989, 47; *Aston* Patenting Nucleotide and Amino Acid Sequences in View of Electronic Sequence Database Searches, JPTOS 1993, 30; *Astudillo Gómez* La protección legal de las invenciones. Especial referencia a la biotecnologia, 1995; *Astudillo Gómez ua* Biotecnologia y Derecho, 1997; *Auerbach* Biotechnology Patent Law Developments in Great Britain and the United States: Analysis of a Hypothetical Patent Claim for a Synthetized Virus, Boston College International and Comparative Law Review 1983, 6, 56326; *Bachmann/Rippe/Schaber* Gene patentieren: Eine ethische Analyse, 2002; *Baldock* Broad biotech patents – the final word in the UK, Scrip Magazine 1997, 6; *Barlow* Mumbo jumbo: The patentability of biological materials in Australia, Mitt 2012, 114; *Barton* Der „Ordre public" als Grenze der Biopatentierung, 2004; *Batista* Zur Patentierung menschlicher embryonaler Stammzellen: kritische Würdigung der Entscheidung des EuGH im Fall Brüstle, GRUR Int 2013, 514; *Baumbach* Patentierbarkeit gentechnischer Ergebnisse, dn B 1980, 135; *Baumbach/Rasch* Der Rechtsschutz biologischer Verfahren in westeuropäischen Ländern, dn B 1979, 152; *Baumbach/Rasch* Kann man das menschliche Genom und damit den Menschen patentieren? Mitt 1992, 209; *Baumgartner/Mieth* Patente auf Leben? 2006; *Beier* Biotechnologie und gewerblicher Rechtsschutz, GRUR Int 1987, 285, auch in *Gesellschaft für Rechtspolitik* (Hrsg) Biotechnologie und gewerblicher Rechtsschutz (1988), 1; *Beier* Gewerblicher Rechtsschutz für moderne biotechnologische Verfahren und Produkte, GRUR Int 1990, 219; *Beier/Crespi/Straus* Biotechnology and Patent Protecting, 1985 = Biotechnologie und Patentschutz, 1986; *Beier/Straus* Gentechnologie und gewerblicher Rechtsschutz, FS 25 Jahre BPatG (1986), 133 = IndProp 1986, 447 = ProprInd 1986, 483; *Ben-Ami* (Hrsg) Legal Aspects of Biotechnology, 1989; *Bender* Eingriff in die menschliche Keimbahn, 2000; *Bent/Schraal/Gulin/Jeffery* Intellectual Property Rights in Biotechnology Worldwide, 1987; *Bently/Maniatis* Intellectual Property and Ethics, 1998; *Bercovits* Problemática de la protección de las invenciones biotechnológicas desde una perspectiva europea, RDI 1990, 55; *Bergel* El proyecto de directiva europea relativo a la protección jurídica de invenciones biotechnológicas, RDI 1990, 85; *Bergmans* La protection des innovations biologiques – Une étude de Droit comparé, Diss Louvain-la-N. 1991; *Beyleveld* Why Recital 26 of the EC Directive on the Legal Protection of Biotechnological Inventions Should Be Implemented in National Law, IPQ 2000, 1; *Bezold* Protection of Biotechnological Matter, European and German Law, 1996; *Billon/Guérin* La propriété industrielle en biotechnologie, in *Pelissolo* La biotechnologie, demain? 1981 Annexe III, 91; *Blakeney* TRIPs and the Convention on Biological Diversity, Bioscience Law Review 1998/99, 144; *R. Blum* Fragen der Patentfähigkeit von Erfindungen auf dem Gebiet der lebenden Materie, GRUR Int 1981, 293; *Bock* Kann die Behandlung des lebenden menschlichen Körpers Gegenstand einer Erfindung im Sinne des Patentgesetzes sein? GRUR 1927, 622; *Bonadio* Biotech Patents and Morality after Brüstle, EIPR 2012, 433; *Bordwin* The Legal and Political Implications of the International Undertaking on Plant Genetic Resources, Ecology Law Quarterly 1053; *Böringer* Industrial Property Rights and Biotechnology, UPOV Newsletter Nr 55 (Juni 1988), S 45; *Bösl* EST's – Ein patentrechtliches Problem? VPP-Rdbr 1998, 50; *Bostyn* Octooieren van klonen en andere biologische merkwaardigheden, BIE 1997, 403; *Bostyn* Octrooirecht en ge(e)n-et(h)ica, TGR 1998, 186; *Bostyn* The Legal Protection of Biological Material, in *Hondius* (Hrsg) Netherlands Reports to the Fifteenth International Congress of Comparative Law Bristol 1998 (1998), 286; *Bostyn* The Patentability of Genetic Information Carriers, 1 Intellectual Property Quarterly (1999), 1; *Bostyn* Enabling Biotechnological Inventions in Europe and the United States, EPOScript Vol 4, 2001; *Bostyn* Het sprookje is uit – De beslissing van het Europees Hof van Justitie inzake de Nederlandse vordering tegen richtlijn 98/44 EG, BIE 2001, 392; *Bostyn* Octrooieren van klonen en andere biologische merkwaardigheden, BIE 1997, 403; *Bostyn* One Patent a Day Keeps the Doctor Away? Patenting Human Genetic Information and Health Care, 7 European Journal of Health Law (2000), 229; *Bostyn* Enabling Biotechnological Inventions in Europe and the United States, EPOScript Vol 4, 2001; *Boysten* Patenting DNA Sequences and the scope of protection in the European Union: an evaluation, 2004; *Bostyn* How Biological is Essentially Biological? The Referrals to the Enlarged Board of Appeal G 2/07 and G 1/08, EIPR 2009, 549; *Brauer* Biotechnology. Legal, Economic and Ethical Dimensions, 1995; *K. Braun* Kapitulation des Rechts vor der Innovationsdynamik, KJ 2000, 332; *Brush/Stabinski* Valuing Local Knowledge: Indigenous People and Intellectual Property Rights, 1996; *Bucher* The Protection of Genetic Resources and Indigenous Knowledge, IIC 2008, 35; *Bucknell* Biotechnology and Chemical Inventions: World Protection and Exploitation, 2011; *Burchfiel* Biotechnology and the Federal Circuit, 1995; *Bürgin* Wen oder was schützt der Embryonenschutz? 2011; *Bunke* 40 Jahre „Rote Taube", Mitt 2009, 169; *Burdach* Patentrecht: eine neue Dimension in der medizinischen Ethik? Mitt 2001, 9; *Burk* Biotechnology and Patent Law: Fitting Innovation to the Procrustean Bed, Rutgers Computer & Tech.L.J. 1991, 34; *Burke* Interpretive Clarification of the Concept of „Human Embryo" in the Context of the Biotechnology Directive and the Implications for Patentability: Brüstle v Greenpeace eV (C-34/10), EIPR 2012, 346; *Busche* Die Patentierung biologischer Erfindungen nach Patentgesetz und EPÜ, GRUR Int 1999, 299; *Busche* Patentrecht zwischen Innovationsschutz und ethischer Verantwortung, Mitt 2001, 4; *Byrne* Patents on Life, EIPR 1979, 297; *Byrne* Patents for biological inventions in the European Communities, World Patent Information (15) Juni 1993 (2), 77; *Cain* Legal Aspects of Gene Technology, 2002; *Calame* Öffentliche Ordnung und gute Sitten als Schranken der Patentierbarkeit gentechnologischer Erfindungen, 2001; *Calame* Zur Patentierbarkeit von Erfindungen im Bereich der Stammzellenforschung, FS R. Schweizer (2003), 61; *Calame* Teilnichtigkeit eines Patents für embryonale Stammzellen, sic! 2007, 771; *Caulfield/Sheremata* Biotechnology Patents and Embryonic Stem Cell Research: Emerging Issues, JIBL 2004, 98; *Connell* Are Partial Gene Sequences Patentable? 16 Tibtech (1998), 197; *Cook* Pharmaceuticals Biotechnology and the Law², 2009; *Correa* Biological Resources and Intellectual Property Rights, EIPR 1992, 154; *Correa* Sovereign and Property Rights over Plant Genetic Resources, 12 Agriculture and Human Values (1995), 58; *Crespi* Biotechnology and Patents – Past and Future, EIPR 1981, 134; *Crespi* Patenting in the Biological Sciences, 1982; *Crespi* Biotechnology and Patents: Outstanding Issues, EIPR 1983, 201; *Crespi* Biotechnology Patents – A Case for Special Pleading? EIPR 1985, 190; *Crespi* Innovation in Plant Biotechnology: The Legal Options, EIPR 1986, 262; *Crespi* Patents: A Basic Guide to Patenting in Biotechnology, 1988; *Crespi* Reflections on the Genentech Decision, 1 IPB 1989/2, S 25; *Crespi* Recombinant DNA Patents in Litigation, IIC 1997, 603; *Crespi* The human embryo and patent law: a major challenge ahead? EIPR 2006, 569; *Cubert* U.S. Patent Policy and Biotechnology: Growing Pains on the Cutting Edge, JPTOS 1995, 151; *Curley/Sharples* Patenting Biotechnology in Europe: The Ethical Debate Moves On, EIPR 2002, 565; *Dänner* Bedürfnisse der Anmelder biotechnologischer Erfindungen, GRUR Int 1987, 315, auch in *Gesellschaft für Rechtspolitik* (Hrsg) Biotechnologie und gewerblicher Rechtsschutz (1988), 79; *Darmon* Protection juridique des inventions biotechnologiques, Revue d'économie industrielle, Nr 18, 4ème trimestre 1981, 93; *Dederer* Verfassungskonkretisierung im Verfassungsneuland – das Stammzellengesetz, JZ 2003, 986; *Dederer* Zum Patentierungsausschluss von embryonalen Stammzellen und Stammzellenderivaten, GRUR 2007, 1055; *Dederer* Stammzellpatente: causa finita? GRUR 2013, 352; *Dessemontet* (Hrsg) Le Génie génétique. Biotechnology and Patent Law, 1996; *Deutsch* Der rechtliche Rahmen des Klonens zu therapeutischen Zwecken, MedR 2002, 15; *Deutsch* Patente für Arzneimittel und Gentechnik, FS W. Erdmann (2002), 263; *Deutsche Forschungsgemeinschaft, Senatskommission für Grundsatzfragen der Genforschung* (Hrsg) Genforschung – Therapie, Technik, Patentierung, 1997; *Dörries* Patentansprüche auf DNA-Sequenzen: ein Hindernis für die Forschung? Mitt 2001, 15; *Dolder* Schranken der Patentierbarkeit biotechnologischer Erfindungen nach dem Europäischen Patentübereinkommen, Mitt 1984, 1; *Dolder* Patente auf der Grundlage biologischer Ressourcen aus Entwicklungsländern, Mitt 2003, 349; *Drahos* Biotechnology Patents, Markets and Morality, EIPR 1999, 441; *Dreier* Stufungen des vorgeburtlichen Lebensschutzes, ZRP 2002, 377; *Ducor* The Federal Circuit and In re Deuel: Does § 103 Apply to Naturally Occuring DNA? JPTOS 1995, 871; *Ducor* In re Deuel: Biotechnology Industry v Patent Law? EIPR 1996, 35; *Ducor* Patenting the Recombinant Products of Biotechnology, 1998; *Dunleavy/Vinnola* A Comparative Review of the Patenting of Biotechnological Inventions in the United States and Europe, 3 JWIP 65 (2000); *Dunleavy/Briggs/Emerson* Tribunals Uphold Patent Protection for Plant-Based Biotechnology Inventions in the United States and Europe, JWIP 2000, 555; *Duttenhöfer* Über den Patentschutz biologischer Erfindungen, FS 10 Jahre BPatG (1971), 171; *Ebbink* The Performance of Biotech Patents in the National Courts of Europe, Patent World 1995, 25; *Eberhart/Shands/Collins/Lower* (Hrsg) Intellectual Property Rights III Global Genetic Resources: Access and Property Rights, 1998; *Egerer* Patentschutz auf dem Gebiet der Biotechnologie – Stoffschutz für Gene? FS R. König (2003), 109; *Eisenberg* Proprietary Rights and the Norms of Science in Biotechnology Research, 97 Yale Law Journal (1987), 177; *Eisenberg* Genes, Patents, and Product Development, Science 1992, 903; *England* Patents and plausibility, GRUR Int 2013, 1190; *Enstahler/Zech* Stoffschutz bei gentechnischen Patenten, GRUR 2006, 529; *Europäische Föderation Biotechnologie* Leben patentieren (1993); *Fabry* (K)ein Patent für das arme Schwein, Mitt 2010, 60; *Fehlbaum/Mund/Hansmann* Keine Patentierbarkeit der Verwendung von menschlichen embryonalen Stammzellen zu industriellen oder kommerziellen Zwecken, sic! 2012, 55; *Feldges* Ende des absoluten Stoffschutzes? Zur Umsetzung der Biotechnologierichtlinie, GRUR 2005, 977; *Feldges* (Anm) GRUR 2011, 1107; *Feuerlein* Patentrechtliche Probleme der Biotechnologie, GRUR 2001, 561; *Feuerlein* Umsetzung des Patentgesetzes vom 21.1.2005 in die Praxis, VPP-Rdbr 2006, 53; *Fiorillo-Buonomano* Das Zustimmungserfordernis bei der Patentierung von biotechnologischen Erfindungen unter Verwendung menschlichen Materials, Bern 2007; *Fitt/Nodder* The Industrial Application of Gene Patents, GRUR Int 2010, 649; *Fitzner* Der patentrechtliche Schutz von Erfindungen auf dem Gebiet der Biologie, FS W. Nordemann (1999), 51; *Fitzner* Wegweisende Entscheidungen der deutschen und europäischen Rechtsprechung zum Schutz biologischer Erfindungen, FS 50 Jahre BPatG (2011), 209; *Flammer* Biotechnologische Erfindungen im Patentrecht, Diss Wien 1998; *Flammer* Einige Aspekte der Richtlinie über den rechtlichen Schutz biotechnologischer Erfindungen, ÖBl 1999, 166; *Forster* „Lizenzwesen" in Gentechnik, in: Was läuft bei Roche? 1991, 135; *R. Ford* The Morality of Biotech Patents: Differing Legal Obligations in Europe? EIPR 1997, 315; *Frahm/Gebauer* Patent auf Leben? Der Luxemburger Gerichtshof und die Biopatent-Richtlinie, Europarecht 2002, 78; *Francioni/Scovazzi* (Hrsg) Biotechnology and International Law, 2006; *Frankenberg* Die Würde des Klons und die Krise des Rechts, KJ 2000, 325; *Frazier* The Green Alternative to Classical Liberal Property Theory, 20 Vermont Law Review (1995), 299; *Friede/Stauder* (Hrsg) Stammzellforschung – Quo Vadis, Symposium 18. Juli 2008, München, 2009; *Frommel* Taugt das Embryonenschutzgesetz als ethisches Minimum gegen Versuche der Menschenzüchtung? KJ 2000, 341; *Fuchs* Patentrecht und Humangenetik, JZ 1999, 597 = Mitt 2000, 1; *Galligani* Zweck- oder funktionsgebundener Erzeugnisschutz, insbesondere im Hinblick auf biotechnologische Erfindungen, ABl EPA 2007 Sonderausgabe Nr 2, 148; *Galloux* La brevetabilité des innovations génétiques sous la Convention sur le brevet européen: Réalités et perspectives, 2 Cahiers de la propriété intellectuelle (1990); *Gareis* Anwendungsfelder und wirtschaftliche Bedeutung der Biotechnologie, GRUR Int 1987, 287, auch in *Gesellschaft für Rechtspolitik* (Hrsg) Biotechnologie und gewerblicher Rechtsschutz (1988), 7; *Germinario* The Value of Life, Patent World 163, 16; *Godt* Streit um den Biopatentschutz: Stoffschutz, Patente auf Leben und Ordre Public, 2003; *Godt* Eigentum an Information: Patentschutz und allgemeine Eigentumstheorie am Beispiel genetischer Information, 2007; *Goebel* Ist der Mensch patentierbar? PharmRecht 1994, 130 = Mitt 1995, 153; *Goebel* Biotechnologische Erfindungen in der Erteilungspraxis des DPA, GRUR Int 1987, 297, auch in *Gesellschaft für Rechtspolitik* (Hrsg) Biotechnologie und gewerblicher Rechtsschutz (1988), 21; *Goebel* Bio-/Gentechnik und Patentrecht – Anmerkungen zur Rechtsprechung, Mitt 1999, 173; *Goldbach/Vogelsang-Wenke/Zimmer* Protection of Biotechnological Matter under European and German Law, 1997; *Goldstein* Der Schutz biotechnologischer Erfindungen in den Vereinigten Staaten, GRUR Int 1987, 310, auch in *Gesellschaft für Rechtspolitik* (Hrsg) Biotechnologie und gewerblicher Rechtsschutz (1988), 55; *Gorny* Zum Schutz neuartiger Lebensmittel (Novel Foods), GRUR 1995, 721; *Groß* Die Lizenz in der Gen- und Biotechnik, Mitt 1994, 256; *Grubb* Patents in Chemistry and Biotechnology, 1986; *Grubb/Thomsen* Patents for Chemicals, Pharmaceuticals and Biotechnology[5], 2010; *Grund/Burda* Zum BGH-Vorlagebeschluss an den EuGH zur Auslegung der Biopatentrichtlinie – Neutrale Vorläuferzellen, Mitt 2010, 214; *Grund/Keller* Patentierbarkeit embryonaler Stammzellen, Mitt 2004, 49; *Grünwald* Patentierung von Genen und Gensequenzen, in *Rittner ua* (Hrsg) Genomanalyse und Gentherapie: medizinische, gesellschaftspolitische, rechtliche und ethische Aspekte, Symposium der Akademie der Wissenschaften und der Literatur Mainz 18./19.10.1996, S. 211; *Haedicke* Kein Patent auf Leben? Grundlagen des Patentrechts und der Schutz biotechnologischer Erfindungen, JuS 2002, 113; *Haedicke* Die Harmonisierung von Patent- und Sortenschutz im Gesetz zur Umsetzung der Biotechnologie-Richtlinie, Mitt 2005, 241; *Haedicke* Absoluter Stoffschutz: Zukunftskonzept oder Auslaufmodell? GRUR 2010, 94; *Haedicke/Stief/Bühler* Pharmaceutical, Biological and Chemical Patents, 2014; *Häußer* Industrial Property Protection for Advanced Biotechnical Processes and Products, IndProp 1989, 161 = La protection des procédés et produits biotechnologiques modernes au titre de la propriété industrielle, ProprInd 1989, 177; *Hamilton* Who Owns Dinner: Evolving Legal Mechanisms for Ownership of Plant Genetic Resources, 931 Drake University Law School White Paper (1993), 45; *Han* Der Patentschutz biotechnologischer Errfindungen. Das koreanische Patentrecht im Rechtsvergleich mit deutschem und europäischem Patentrecht, Diss München (Univ) 2003/2005; *Hansen* Hände weg vom absoluten Stoffschutz – auch bei DNA-Sequenzen, Mitt 2001, 477; *Harmon* The Rules of Re-Engagement: The Use of Patent Proceedings to Influence the Regulation of Science, IPQ 2006, 378; *Hartmann* Die Patentierbarkeit von Stammzellen und den damit zusammenhängenden Verfahren, GRUR Int 2006, 195; *Herdegen* Die Erforschung des Humangenoms als Herausforderung für das Recht, JZ 2000, 633; *Herdegen* Die Patentierbarkeit von Stammzellenverfahren nach der Richtlinie 98/44/EG, GRUR Int 2000, 859; *Herdegen* Patents on parts of the human Body, JWIP 2002, 145; *Hermann* Zur Patentierbarkeit von Genen und Proteinen, in: *Baumgartner* (Hrsg) Patente am Leben? 2003, 19; *Herrlinger* Die Patentierung von Krankheitsgenen, dargestellt am Beispiel der Patentierung der Brustkrebsgene BRCA1 und BRCA2, 2005, zugl Diss Univ. München 2004; *Hildebrand* Patenting of Human Genes in Europe: Prerequisites and Consequences, Diplomarbeit ETH Zürich 2001; *Hoffmaster* The Ethics of Patenting Higher Life Forms, The Intellectual Property Journal 1988, Nr 4, 1; *Hogle* Copyright for Innovative Biotechnical Research. An Attractive Alternative to Patent or Trade Secret Protection, High Tech L.J. 1990, 75; *Holzapfel* Das Versuchsprivileg im Patentrecht und der Schutz biotechnologischer Forschungswerkzeuge, 2004; *Holzapfel/Nack* Patentrechtliche und ethische Aspekte der Patentierung genetischer Erfindungen (Tagungsbericht) GRUR Int 2002, 519; *Hoppe* Die Patentierbarkeit biotechnologischer Erfindungen, PharmR 1997, 392; *Howlett/Christie* An analysis of the approch of the European, Japanese and United States Patent Offices to patenting partial DNA sequences (ESTs), 34 IIC (2003), 581; *Huber* Biotechnologie, Begriffe und Techniken für Bearbeitung von Patentsachen, Mitt 1989, 133; *Huber* Aktuelle technische Fragen, in: *van Raden* (Hrsg) Zukunftsaspekte des gewerblichen Rechtsschutzes, 1995, 37; *Hübel* Patentability of pluripotent stem cells unlikely although they are not considered as embryo, Mitt 2011, 494; *Hüni/Buss* Patent Protection in the Field of Genetic Engineering, IndProp 1982, 356 = ProprInd 1982, 396; *Hüttermann/Storz* A Comparison between Biotech and Software Related Patents, EIPR 2009, 589; *Huwe* Strafrechtliche Grenzen der Forschung an menschlichen Embryonen und embryonalen Stammzellen, 2006; *Ilbert/Tubiana* Protection juridique des inventions biotechnologiques: analyse de la directive européenne et propositions, 1992; *Intellectual Property Institute* Patents for Genetic Sequences: The Competitiveness of Current UK Law and Practice, 2004; *Ischebeck* Die Patentierung von Tieren, 2015; *Jacobs/van Overwalle* Gene Patents: A Different Approach, EIPR 2001, 505; *Jaenichen* Die Patentierung von Biotechnologie-Erfindungen beim Europäischen Patentamt, GRUR Int 1992, 327; *Jaenichen* The European Patent Office's Cas Law on the Patentability of Biotechnology Inventions, 1993; *Jaenichen* A Biotechnology Update: Recent Developments in Europe, in: *Hansen* (Hrsg) International Intellectual Property Laws & Policy, Bd 2; *Jaenichen* Alle Erfindungen sind gleichberechtigt, GRUR Int 2007, 104; *Jaenichen/Meier/ McDonell/Haley/Hosada* From clones to claims – the European Patent Office's Case Law on the Patentability of Biotechnology Inventions in Comparison to the United States and Japanese practice[6], 2016; *Johnston* Patent Protection for the Protein Products of Recombinant DNA, 4 High Tech Law Journal (1990), 249; *Joller* Die Biotechnologierichtlinie, EurLawReporter 1998, 459; *Joly/Hermitte* Biotechnology and Patents: The Protection of Innovations and the Free Movement of Genetic Resources, 3 INRA Sciences Sociales (1991), 1; *Jones* Biotechnical Patents in Europe – Update on the Draft Directive, EIPR 1992, 455; *Jones* Biotechnology Patents: A Change of Heart, EIPR 1994, 37; *Jones* The New Draft Biotechnology Directive, EIPR 1996, 363; *Jones/Britton* Biotech Patents – The Trend Reversed Again, EIPR 1996, 171; *Joos* Biotechnologie und gewerblicher Rechtsschutz – Ein Tagungsbericht, GRUR Int 1987, 350; *Joye* Génome humain, droit des brevets et droit de la personalité: étude d'un conflit, 2002; *Kamstra/Scott-Ram/Sheard/Doring/Wixon* Patents on Biotechnical Inventions: The EEC Directive, 2001; *Kayton* Copyright in Genetically Engineered Works, G. Wash. L.Rev. 1982, 191; *Kern* Patentability of Biotechnical Inventions in the United Kingdom: The House of Lords Charts the Course, IIC 1998, 247; *Kempton* Broad Biotech Patent Claims – Latest EPO Case Law, 4 Bio-Science Law Review (1997), 152; *Keukenschrijver* Stoffschutz und Beschreibungserfordernis – Legt Art 5 Abs 3 der Biotechnologie-Richtlinie eine Neubewertung nahe? FS W. Tilmann (2003), 475; *Kienle* Die neue EU-Richtlinie zum Schutz biotechnologischer Erfindungen – rechtliche und ethische Probleme der Patentierung biologischer Substanzen, WRP 1998, 692 = EWS 1998, 156 = PharmaRecht 1998, 300; *Kiley* Patents on Random DNA Fragments? 257 Science (1992), 915; *Kilger/Feldges/Jaenichen* The Erosion of Compound Protection in Germany: Implementation of the EU Directive on the Legal Protection of Biotechnical Inventions – the German Way, JPTOS 2005, 569; *Kilger/Jaenichen* Ende des absoluten Stoffschutzes? Zur Umsetzung der Biotechnologierichtlinie, GRUR 2005, 984; *King* The Modern Industrial Revolution – Transgenic Animals and the Patent Law, 67 Wash. Univ. L.Q. 453 (1989); *Kinkeldey* Das Leben und die Patente, FS 10 Jahre Rspr GBK EPA (1996), 5; *Kinkeldey* Neuere Entwicklungen beim Schutz biotechnologischer Erfindungen, einschließlich des Schutzbereichs von Patenten auf Gene, ABl EPA 2003 Sonderausgabe Nr 2, 140; *Kinsman* Farmer's Rights: What is Fair, in: Genes for the Future: Discovery, Ownership, Access, NABC Report Nr 7/1995; *Kirchenamt der EKD* (Hrsg) Einverständnis mit der Schöpfung[2], 1997, S 136 ff (4. Zur Patentierbarkeit biotechnologischer Erfindungen); *Kleine/Klimgelhöfer* Biotechnologie und Patentrecht – ein aktueller Überblick, GRUR 2003, 1; *Kluge* Res nullius, res communis and res propria: patenting genes and patenting life-forms, FS J. Hruschka (2005), 543; *Knapowski* Landwirte als Patentverletzer: Patente der Biotech-I)ndustrie als Bedrohung der deutschen Landwirtschaft? Mitt 2011, 447; *Knoppers* (Hrsg) Human DNA: Law and Policy, oJ; *Kock/Porzig/Willnegger* Der Schutz der pflanzenbiotechnologischen Erfindung und von Pflanzensorten unter Berücksichtigung der Umsetzung der Biopatentrichtlinie, GRUR Int 2005, 183 = The Legal Protection fo Plant-Biotechnological Inventions and Plant Varieties in Light of the EC Biopatent Directive, IIC 2006, 135; *Köbl* Gentechnologie zu eugenischen Zwecken – Niedergang oder Steigerung der Menschenwürde? FS H. Hubmann (1985), 161; *Koechlin* (Hrsg) Das patentierte Leben, Zürich 1988; *Koechlin* Auf dem Weg zum Bruch eines Tabus, Wochenzeitung online 22.3.2001; *König* Angemessener Stoffschutz für Sequenzerfindungen, FS R. König (2003), 267; *Koenig* Rechtsgutachten zur Biomedizinkonvention im Auftrag des BMJ, 2003; *Koenig/Müller* EG-rechtlicher Schutz biotechnologischer Erfindungen am Beispiel von Klonverfahren an menschlichen Stammzellen, EuZW 1999, 681; *Koenig/Müller* EG-rechtliche Vorgaben zur Patentierbarkeit gentherapeutischer Verfahren unter Verwendung künstlicher Chromosomen nach der Richtlinie 98/44/EG, GRUR Int 2000, 295; *St. Kohler* Patentschutz für biotechnologische Erfindungen, zum Revisionsentwurf PatG, sic! 2006, 451; *G. König* Angemessener Stoffschutz für Sequenzerfindungen, FS R. König (2003), 267; *Köpf/Hilti* Patente auf Stammzellen – europäische Ethik und Verfahrenstaktik, sic! 2009, 462; *Köster* Absoluter oder auf die Funktion eingeschränkter Stoffschutz im Rahmen von „Biotech"-Erfindungen, insbesondere bei Gen-Patenten, GRUR 2002, 833; *Kolb/Hansen* New Aspects of Patenting Biological Inventions before the EPO, Patents & Licensing Juni 1985, S 25; *Kraßer* Patenting chemical and biological inventions, Naturwissenschaften 1976, 401; *Krauß* Richtlinienkonforme Auslegung der Begriffe „Verwendung" und „Funktion" bei Sequenzpatenten und deren Effekte auf die Praxis, Mitt 2001, 396; *Krauß* Die Effekte der Umsetzung der Richtlinie über den rechtlichen Schutz biotechnologischer Erfindungen auf die deutsche Praxis im Bereich dieser Erfindungen, Mitt 2005, 490; *Krauß* Aktuelles aus dem Bereich Biotechnologie: Was sind „im Wesentlichen biologische Verfahren"? Mitt 2011, 279; *Krauß* Aktuelles aus der Biotechnologie: Das Erfordernis der „Utility" in den USA nach Mayo v. Prometheus – Auswirkungen auf die Praxis von Patentanmeldungen, Mitt 2013, 436; *Krauß/Engelhard* Patente im Zusammenhang mit der menschlichen Stammzellforschung – ethische Aspekte und Übersicht über den Status der Diskussion in Europa und Deutschland, GRUR 2003, 985; *Krauß* Aktuelles aus dem Bereich Biotechnologie: Willkommen im Sonderrecht für den Stoffschutz auf DNA-Sequenzen – Die „Monsanto" Entscheidung und der „informationsgebundene Stoffschutz", Mitt 2011, 54; *Krauß/Takenaka* Aktuelles aus dem Bereich der Biotechnologie, Mitt 2009, 347; *Krefft* Patente auf humangenomische Erfindungen unter besonderer Berücksichtigung des EST-Problems, 2003, zugl Diss München 2001; *Krepper* Zur Würde der Kreatur in Gentechnik und Recht, Basel 1999; *Kresbach* Patentschutz in der Gentechnologie, 1994; *Kucziensky* Patentoffensive in der Biotechnologie, DuR 1992, 291; *Künzler* Macht der Technik – Ohnmacht des Rechts? Regelungsbedarf und Regelungsmöglichkeiten im Bereich Gentechnologie, 1990; *Kunczik* Die Legitimation des Patentsystems im Lichte biotechnologischer Erfindungen, GRUR 2003, 845;

Kunczik Geistiges Eigentum an genetischen Informationen, 2007, zugl Diss Bonn 2006; *Kushan* Protein Patents and the Doctrine of Equivalents: Limits on the Expansion of Patent Rights, 6 High Tech Law Journal (1991), 109; *Laimböck/Dederer* Der Begriff des „Embryos" im Biopatentrecht, GRUR Int 2011, 661; *Landfermann* Patentschutz für biotechnologische Erfindungen: Stand und Perspektven, in: *Bauer* (Hrsg) Felder der Rechtsentwicklung (2003), 7; *Landfermann* Umsetzungs-Spielräume bei der Biopatent-Richtlinie, FS W. Tilmann (2003), 527; *Lapeyre/Marechal* Particularismes des inventions de biotechnologie vis-à-vis du droit commun des brevets, RDPI April 1987, S 18; *Laudien* Patentschutz für biotechnologische Erfindungen: Vorschlag für eine EU-Richtlinie, VPP-Rdbr 1997, 15; *Laudien* Warum brauchen wir Biopatente? in: *Baumgartner* (Hrsg) Patente am Leben? 2003, 45; *Laurie* Patenting Stem Cells of Human Origin, EIPR 2004, 59; *Lausmann-Murr* Schranken für die Patentierung der Gene des Menschen, 2000; *Lenk/Duttge/Fangerau* (Hrsg) Handbuch Ethik und Recht der Forschung am Menschen (2014); *Leskien* Patente auf die Gentechnik, InfUR 1992, 207; *Leskien* Gentechnologie und Patentrecht, ZUR 1996, 299; *Llewelyn* Industrial Applicability/Utility and Genetic Engineering: Current Practices in Europe and the United States, EIPR 1994, 473; *Llewelyn* Article 53 revisited: Greenpeace v. Plant Genetic Systems NV, EIPR 1995, 506; *Llewelyn* The Legal Protection of Biotechnical Inventions. An Alternative Approach, EIPR 1997, 115; *Llewelyn* The Patentability of Biological Material: Continuing Contradiction and Confusion, EIPR 2000, 191; *Luttermann/Mitulla* Genpatente und Monopolbildung bei Saatgut, ZLR 2008, 390; *Lutz* Zweck- oder funktionsgebundener Erzeugnisschutz, insbesondere im Hinblick auf biotechnologische Erfindungen, ABl EPA 2007 Sonderausgabe Nr 2, 170; *Maebius* Patenting DNA Claims After In re Bell: How much bettter off are we? JPTOS 1994, 508; *Maebius* Biotech Transfers: From Bailing Mice to Sellying Hybridomas, JPTOS 1994, 601; *Markl* Who Owns the Human Genome? IIC 2002, 1; *Marshall* Biotechnology Patents – A Further Twist, Patent World 1995, 25; *Marwitz* Der Mensch im Patentrecht, GRUR 1930, 1078; *Marshall* Biotechnology Patents – A Further Twist, Patent World 1995, 25; *Mattéi* Breveter la matière vivante. Proposition pour une réponse européenne, 1996; *McInerney* Biotechnology: Biogen v. Medeva in the House of Lords, EIPR 1998, 14; *Meiser* Biopatentierung und Menschenwürde, 2002; *Mellor* Patent and Genetic Engineering – Is It a New Problem? EIPR 1988, 159; *Meyer-Dulheuer* Die Bedeutung von Sequenzprotokollen für den Offenbarungsgehalt biotechnologischer Erfindungen, GRUR 2000, 1; *Meyer-Dulheuer* Der Schutzbereich von auf Nucleotid- oder Aminosäuresequenzen gerichteten biotechnologischen Patenten, GRUR 2000, 179; *Michaels* Biotechnology and the Requirement for Utility in Patent Law, JPTOS 1994, 247; *Mieth* Der ethische Aspekt der Patentierung im Kontext der Biotechnologie, in *Braun/Elstner* (Hrsg) Gene und Gesellschaft, Deutsches Krebsforschungszentrum Heidelberg 1999, 123–131; *Mieth* Bio-Patentierung im ethischen Disput, Manuskript 25jähr Jubiläum der Kanzlei Bardehle pp, 2002; *Mills* Biotechnological Inventions: Moral Restraints and Patent Law, 2005; *Minkmar* Biopiraterie, Forum Recht 2010,17; *Moore* Challenge to the Biotechnology Directive, EIPR 2002, 149; *Moufang* Patentierung menschlicher Gene, Zellen und Körperteile? Zur ethischen Dimension des Patentrechts, *Moufang* Genetische Erfindungen im gewerblichen Rechtsschutz, 1988; *Moufang* Patentability of Genetic Inventions in Animals, IIC 1989, 823; EPOscript Bd 1, 133 und GRUR Int 1993, 439 = Patentability of Human Genes, Cells and Parts of the Body? IIC 1994, 487; *Moufang* The Concept of ‚Ordre Public' and Morality in Patent Law, in *van Overwalle* (Hrsg) Octrooirecht, ethiek en biotechnologie, 1998; *Moufang* Biotechnologische Erfindungen im europäischen Patentrecht, in: Rechtsfragen des internationalen Schutzes geistigen Eigentums (2002), 149; *Moufang* Ethische Grenzen der Patentierung biotechnologischer Erfindungen, Vortragsmanuskript Nationaler Ethikrat, Forum Bioethik, 23.4.2003; *Moufang* Ethische Voraussetzungen und Grenzen des patentrechtlichen Schutzes biotechnologischer Erfindungen, in *Depenheuer ua* (Hrsg) Geistiges Eigentum: Schutzrecht oder Ausbeutungstitel? 2007; *Moufang* Stoffschutz im Patentrecht, GRUR 2010, 89; *Müggenborg* Sechstes Trierer Kolloquium zum Umwelt- und Technikrecht – „Gentechnik und Umwelt", NJW 1991, 26; *Mueller* The Evolving Application of the Written Description Requirement to Biotechnological Inventions, 13 Berkeley Tech. L.J. 615 (1998); *Müller* Die Patentfähigkeit von Arzneimitteln: der gewerbliche Rechtsschutz für pharmazeutische und biotechnologische Erfindungen, Diss Göttingen 2002; *Müller-Terpitz* Rechtliche Rahmenbedingungen der Patentierung und therapeutischen Zulassung von Stammzellen, stammzellenbezogenen Verfahren und Produkten, 2009; *Nagl* Gentechnologie und Grenzen der Biologie, 1987; *Nero* Propriedade intelectual a tutela jurídica da biotecnologia, Sao Paulo 1998; *Nieder* Die gewerbliche Anwendbarkeit der Sequenz oder Teilsequenz eines Gens: Teil der Beschreibung oder notwendiges Anspruchsmerkmal von EST-Patenten? Mitt 2001, 97; *Nieder* Gensequenz und Funktion – Bemerkungen zur Begründung des Regierungsentwurfs für ein Gesetz zur Umsetzung der Richtlinie 98/44/EG, Mitt 2001, 238; *Noilhan/de Casanove* La protection juridique des nouveautés vivantes, GazPal 1978 I, Doctr. 104; *Noilhan/de Casanove* A propos de la protection juridique des nouveautés obtenues sur les êtres vivants, GazPal 1978 II, Doctr. 457; *Nott* The Proposed EC Directive on Biotechnological Inventions, EIPR 1994, 191; *Nott* The Biotech Directive: Does Europe Need a New Draft? EIPR 1995, 563; *Nott* „You Did It!" The European Biotechnology Directive At Last, EIPR 1998, 347; *Nys* Het nader gebruik van lichaamsmateriaal en biotechnologische uitvindingen, in *van Overwalle* (Hrsg) Octrooirecht, ethiek en biotechnologie, 1998; *OECD* (Hrsg) Intellectual Property, Technology Transfer and Genetic Resources, 1996; *Oersnes* The influence of the EU Biotechnology Directive and the US Utility Requirement on the Grant of European Patents Claiming Expressed Sequence Tags (ESTs), Diplomarbeit ETH Zürich 2001/02; *Ohly* Die Einwilligung des Spenders von Körpersubstanzen und ihre Bedeutung für die Patentierung biotechnologischer Erfindungen, FS R. König (2003), 417; *Olsen* The Biotechnology Balancing Act: Patents for Gene Fragments, and Licensing the „Useful Arts", 7 Albany L.J. Science & Tech. 295 (1997); *Oredsson* Biological Inventions and Swedish Patent Legislation, NIR 1985, 229; *Oser* Patentierung von (Teil-)Gensequenzen unter besonderer Berücksichtigung der EST-Problematik, GRUR Int 1998, 648 = Patenting (Partial) Gene Sequences Taking Particular Account of the EST Issue, IIC 1999, 1; *Paton/Denoon* The Ramifications of the Advocate General's Opinion in the Oliver Brüstle Case, EIPR 2011, 590; *Pedrazzini* Gentechnik und Patentrecht, in: genethik, Patentierung von

Leben? (1995); *Pehu ua* From Application to Patent in Genetic Engineering – 19 Cases of the European Patent Office, 10 World Patent Information 184 (1988); *Peifer* Patente auf Leben: Ist das Patentrecht blind für ethische Zusammenhänge? FS R. König (2003), 435; *Pernicka* Wem gehören die Gene? Patente auf Leben für ein neues Wachstumsregime, 2001; *Perret* La brevetabilité des inventions biotechnologiques – le cas du virus HIV-2, SMI 1991, 359; *Pezard* Zweck- oder funktionsgebundener Erzeugnisschutz, insbesondere im Hinblick auf biotechnologische Erfindungen, ABl EPA 2007 Sonderausgabe Nr 2, 162; *Piffat* The ‚Obvious to Try' Doctrine and Biotechnology: A Comparison of Cases in the United States and in the United Kingdom, JPTOS 1990, 956; *Plogell* Bioteknik och patentskydd – möjligheterne till patentskydd for biotekniske opfinningar, 1987; *Plomer* (Hrsg) Stem Cell Patents: European Patent Law and Ethics Report, 2006, im Internet unter http://www.nottingham.ac.uk/law/StemCellProject/reports.htm; *Plomer/Torremans* (Hrsg) Embryonic Stem Cell Patents: European Law and Ethics, 2009; *Popp* Biotechnologie und Patente (Foliensammlung), VPP-Rdbr 2011, 123; *Posey/Dutfield* Beyond Intellectual Property Rights: Toward Traditional Resource Rights for Indigenous Peoples and Local Communities, 1996; *Posey/Dutfield* Plants, Patents and Traditional Knowledge: Ethical Concerns of Indigenous and Traditional Peoples, in *van Overwalle* (Hrsg) Octrooirecht, ethiek en biotechnologie, 1998; *Price/Morgan* Enforcing DNA Product Claims in Europe: A Case Study using Monsanto's Roundup Ready litigation, EIPR 2009, 377; *Palombi* Gene Cartels: Biotech Patents in the Age of Free Trade, 2009; *Prowda* Moore v. The Regents of the University of California: An Ethical Debate on Informed Consent and Property Rights in a Patient's Cells, JPTOS 1995, 611; *Purvis* Patents and Genetic Engineering – Does a New Problem Need a New Solution? EIPR 1987, 347; *Qiongdi Chen* Patent Biotechnology Invention in China, EIPR 2010, 9; *Quade* Kann der Mensch Gegenstand biologischer Patente sein? GRUR 1913, 28; *Rafeiner* Patentschutz von gentechnischen Erfindungen, in *Plöchl* (Hrsg) Ware Mensch, 1996; *Rafeiner* Vorschlag für eine Biotechnologie-Richtlinie, ecolex 1997, 268; *Rauh/Jaenichen* Neuheit und erfinderische Tätigkeit bei Erfindungen, deren Gegenstand Proteine oder DNA-Sequenzen sind, GRUR 1987, 753; *Reid* Biogen in the EPO: The Advantage of Scientific Understanding, EIPR 1995, 98; *Remiche/Bergmans/Desterbecq* Biotechnologie et propriété intellectuelle, 1988; *Rémond* Protection of Inventions in Biotechnology and Practice of Examination Within the European Patent Office, 16 Patents & Licensing 1986/6, S 13; *Rémond* Current Trends in Patenting Biotechnological Inventions Before the European Patent Office, 11 World Patent Information 63 (1989); *Rietschel* Patentierung von Genen, 2005; *Rimmer* Myriad genetics: Patent law and genetic testing, IIC 2003, 20; *Rimmer* Intellectual Property and Biotechnology: Biological Inventions, 2008; *Roberts* Broad Claims for Biotechnical Inventions, EIPR 1994, 371; *Roberts* The Prospects of Success of the National Institute of Health's Human Genome Application, EIPR 1994, 30; *R. Rogge* Patente auf genetische Informationen im Lichte der öffentlichen Ordnung und der guten Sitten, GRUR 1998, 303; *Romandini* Die Patentierbarkeit menschlicher Stammzellen, Diss München (Univ.) 2011; *Rowlandson* The Ordre Public and Morality Exception and its Impact on the Patentability of Human Embryonic Stem Cells, EIPR 2010, 67; *Ruderisch* Rechtliche und rechtspolitische Fragen der Humangenetik, ZRP 1992, 260; *Sampson* Rewriting the Genetic Code: The Impact of Novel Nucleotides on Biotechnology Patents, EIPR 2002, 409; *Sampson* Achieving Ethically Acceptable Biotechnology Patents: A Lesson from the Clinical Tests Directive? EIPR 2003, 419; *Sattler de Sousa e Brito* Kommerzialisierung von Stammzellen und ihre Forschung im Europa von Morgen – Tagungsbericht, GRUR Int 2007, 712; *Sandri/Caporascio* Biotecnologie: l'ultima proposta dell'Unione Europea, Riv.dir.ind. 1994 I 645; *Savignon* Die Natur des Schutzes der Erfindungspatente und seine Anwendung auf lebende Materie, GRUR Int 1985, 83; *Savignon* Considérations sur les principes du rapprochement des législations en matière de brevets: la brevetabilité des êtres vivants, GRUR Int 1990, 766; *Schatz* Zur Patentierbarkeit gentechnischer Erfindungen in der Praxis des Europäischen Patentamts, GRUR Int 1997, 588 = Patentability of Genetic Engineering Inventions in European Patent Office Practice, IIC 1998, 2; *Schertenleib* The Patentability and Protection of DNA-based Inventions in the EPO and the European Union, EIPR 2003, 125; *Schertenleib* The Patentability and Protection of Living Organisms in the European Union, EIPR 2004, 203; *Schneider/Walter* Ist der absolute Stoffschutz noch zu retten? GRUR 2007, 831; *Schrell* Funktionsgebundener Stoffschutz für biotechnologische Erfindungen? GRUR 2001, 782; *M.I. Schuster* The Court of Justice of the Euiropean Union's Ruling on the Patentability of Human Embryotic Stem-Cell Related Inventions (Case C-34/10), IIC 2012, 626; *Scott* The Dutch Challenge to the Bio-Patenting Directive, EIPR 1999, 212; *Sellnick* Erfindung, Entdeckung und die Auseinandersetzung um die Umsetzung der Biopatentrichtlinie der EU, GRUR 2002, 121; *Sena* Directive on Biotechnical Inventions: Patentability of Discoveries, IIC 1999, 731; *Senatskommission der Deutschen Forschungsgemeinschaft* Genforschung, Therapie, Technik, Patentierung, 1997; *Sharples* Industrial Applicability for Genetics Patents: Divergences between the EPO and the UK, EIPR 2011, 72; *Sheiness* Patenting Gene Sequences, Patenting Gene Sequences? JPTOS 1996, 121; *Sherman* Die Entscheidung Genentech v. Wellcome des englischen Court of Appeal, GRUR Int 1990, 191 = IIC 1990, 76; *Shuman* (Hrsg) Intellectual Property Rights and Their Special Impact on Biotechnology, 1999; *Simon/Braun* Patentrecht und Biotechnologie: Patente auf Leben? 2002; *Smith* Copyright Protection for the Intellectual Property Rights to Recombinant Deoxyribonucleic Acid: A Proposal, St. Mary's L.J. 1988, 1083; *Smith/Kettelberger* Patents and the Human Genome Project, 22 AIPLA Q.J. (1994), 27; *Sommer* The scope of gene patent protection and the TRIPS Agreement: an exclusively nondiscriminatory approach? IIC 2007, 30; *Sommer* Patenting the Animal Kingdom? From Cross-Breeding to Genetic Make-Up and Biomedical Research, 39 IIC (2008), 139; *Sparrow* An International Comparative Analysis of the Patentability of Recombinant DNA-Derived Organisms, 12 Univ. Toledo L.Rev. 945 (1981); *Speck* Generic Copyright, EIPR 1995, 171; *Spranger* Ethische Aspekte bei der Patentierung menschlichen Erbguts nach der Richtlinie 98/44/EG, GRUR Int 1999, 595 = Ethical Aspects of Patenting Human Genotypes According to EC Biotechnology Directive, IIC 31 (2000), 373; *Spranger* Stoffschutz für „springende Gene"? Transposons im Patentrecht, GRUR 2002, 399; *Spranger* Die Rechte des Patienten bei der Entnahme und Nutzung von Körpersubstanzen, NJW 2005, 1084; *Spranger* Neueste Entwicklungen bei der Patentierung biotechnologischer Erfindungen in Australien,

GRUR Int 2005, 469; *Stamm* Biotechnologische Erfindungen, in: FS 100 Jahre eidgen. Patentgesetz (1988), 159; *Stanley/Ince* Copyright Law in Biotechnology: A View from the Formalist Camp, EIPR 1997, 142; *Stellmach* Patentfähigkeit biologisch aktiver Substanzen: einige Zusammenhänge zwischen Struktur, Wirkung und erfinderischer Tätigkeit, GRUR Int 2005, 665; *Stenton* Biopiracy within the Pharmaceutical Industry: A Stark Illustration of how Abusive, Manipulative and Perverse the Patenting Process can be towards Countries of the South, EIPR 2004, 17; *Sterckx* (Hrsg) Biotechnology, Patents and Morality, 1997; *Sterckx* Some Ethically Problematic Aspects of the Proposal for a Directive on the Legal Protection of Biotechnical Inventions, EIPR 1998, 123; *Sterckx* The WARF/Stem Cells Case before the EPO Enlarged Board of Appeal, EIPR 2008, 535; *Stoll/Wolfrum/Frank* Die Gewährleistung freier Forschung an und mit Genen und das Interesse an der wirtschaftlichen Nutzung ihrer Ergebnisse, 2002; *Stolzenburg/Ruskin/Jaenichen* Von unfertigen fertigen Erfindungen: T 1329/04 – 3.3.8, GRUR Int 2006, 798; *Straus* Patentschutz für biotechnische Erfindungen, GRUR Int 1985, 108; *Straus* Patent Protection for Biotechnological Inventions, IIC 1986, 445; *Straus* Gewerblicher Rechtsschutz für biotechnologische Erfindungen, 1987; *Straus* Der Schutz biologischer Erfindungen, insbesondere von Pflanzenzüchtungen, FS 100 Jahre GRUR (1991), 363; *Straus* Biotechnologische Erfindungen – ihr Schutz und seine Grenzen, GRUR 1992, 252; *Straus* Patenting Human Genes in Europe – Past Developments and Prospects for the Future, IIC 1995, 920; *Straus* Patentrechtliche Probleme der Gentherapie, GRUR 1996, 10; *Straus* Die rechtlichen Grundlagen des Patentierens von Genen, Gutachten erstellt im Auftrag des Deutschen Bundestages, 1996; *Straus* Genpatente – rechtliche, ethische, wissenschafts- und entwicklungspolitische Fragen, 1997; *Straus* Abhängigkeit bei Patenten auf genetische Information – ein Sonderfall? GRUR 1998, 314; *Straus* Patenting genes and gene therapy: legal and ethical aspects, in: *Bock, Cohen, Goode* (Hrsg) From genome to therapy: integrating new technologies with drug development (2000), 112; *Straus* Genpatentierung – eine „abstruse Idee"? Deutsches Ärzteblatt 2000, 903; *Straus* Patentierung von Leben, in *CDU-Bundesgeschäftsstelle* (Hrsg) Arbeitsmaterialien „Bioethik", 2001, 46; *Straus* Biotechnologie et brevets, in *Gros* (Hrsg) Les Sciences du vivant – Ethique et société, 2001, 233; *Straus* Produktpatente auf DNA-Sequenzen: eine aktuelle Herausforderung des Patentrechts, GRUR 2001, 1016; *Straus* Zur Patentierbarkeit des menschlichen Genoms, in: *Honnefelder/Propping* (Hrsg) Was wissen wir, wenn wir das menschliche Genom kennen? 2001, 243; *Straus* An updating concerning the protection of biotechnological inventions including the scope of patents for genes, ABl EPA 2003 Sonderausgabe 2, 170; *Straus ua* Genetic Inventions and Patent Law – An empirical survey, 2004; *Straus* Optionen bei der Umsetzung der Richtlinie EG 98/44 über den rechtlichen Schutz biotechnologischer Erfindungen, Bern 2004; *Straus* Zur Patentierung humaner embryonaler Stammzellen in Europa. Verwendet die Stammzellenforschung menschliche Embryonen für industrielle oder kommerzielle Zwecke? GRUR Int 2010, 911; *Straus/Moufang* Legal Aspects of Acquiring, Holding and Utilizing Patents with Reference to the Activities of the International Centre for Genetic Engineering and Biotechnology (ICGEB), UNIDO-Dok. ICGEB/Prep.Comm./14/3/Add.1; *Sung/Pelto* The Biotechnology Patent Landscape in the United States as we enter the New Millenium, 1 JWIP 889 (1998); *Swinkels* Octrooien op genen, BIE 2001, 220; *Szabo* Patent Protection of Biotechnological Inventions – European Perspectives, IIC 1990, 468; *Takii/Kiyofuji/Sommer* Rechtliche Fragen zum Schutz gentechnologischer Erfindungen in Japan, GRUR Int 1997, 210; *Tang* Recent Development of Patent Law Protection for Products of Genetic Engineering in Great Britain – Genentech Inc.'s Patent for tPA, 15 Syrac. J.Int.L. & Comm. 125 (1988); *Taupitz* Forschung mit menschlichen Zellen in Österreich: Profit auf Kosten des Patienten? JBl 2000, 152; *Taupitz* Der rechtliche Rahmen des Klonens zu therapeutischen Zwecken, NJW 2001, 3433; *Taupitz* Erfahrungen mit dem Stammzellgesetz, JZ 2007, 113; *Taupitz* Menschenwürde von Embryonen – europäisch-patentrechtlich betrachtet, GRUR 2012, 1; *Teschemacher* Biotechnologische Erfindungen in der Erteilungspraxis des Europäischen Patentamts, GRUR Int 1987, 303 = IIC 1988, 18, auch in *Gesellschaft für Rechtspolitik* (Hrsg) Biotechnologie und gewerblicher Rechtsschutz (1988), 37; *Teschemacher/Wolf* Ist das Leben zu schützen? Gentechnologie, eine neue Herausforderung auf dem Gebiet des Patentschutzes – ein Zwiegespräch, in: *Rafeiner* (Hrsg) Patente, Marken, Muster, Märkte (1993), 106; *Then* Ein Patent auf die Züchtung des Menschen, Genetischer Informationsdienst 139/2000, 45; *Then* Gen-Patente: ein systematischer Mißbrauch des Patentrechts, in: *Baumgartner* (Hrsg) Patente am Leben? 2003, 59; *Thomson* The Grey Penumbra of Interpretation Surrounding the Obviousness Test for Biotech Patents, EIPR 1996, 90; *Thomson/Gammon* Patenting Biotechnology: When the Means Justify the End, 13 Bio/Technology (1995), 1446; *Thurston* The Commercial and Legal Impact of the Court of Appeal's Decision in Genentech v. Wellcome, EIPR 1989, 66; *Thurston/Burnett-Hall* Genentech Inc. v. The Wellcome Foundation Limited – How Important is the Decision for the Biotechnology Industry? EIPR 1988, 59; *Tilmann* Patentverletzung bei Genpatenten, Mitt 2002, 438; *Tilmann* Reichweite des Stoffschutzes bei Gensequenzen, GRUR 2004, 561 = Scope of Protection for Gene Sequence Patents, IIC 36 (2005), 899; *Timke* Die Patentierbarkeit parthenogenetischer Stammzellen nach der RL 98/44/EG – zugleich Besprechung von EuGH, Urt. v. 18.12.2014 – C-364/13, GRUR Int 2015, 319; *Treichel* G 2/06 and the Verdict of Immorality, IIC 2009, 450; *Trips-Hebert/Grund* Die Früchte des verbotenen Baumes? Die Patentierung von Stammzellen nach dem Brüstle-Urteil des Bundespatentgerichts und mögliche Fernwirkungen für die pharmazeutische Industrie, PharmRecht 2007, 397; *Tronser* Ziele und Grenzen des Patentrechts – Dürfen Erfindungen patentfähig sein, die lebende Materie, auch höhere Lebewesen, und den Menschen oder menschliche Bestandteile betreffen, DRIZ 2000, 281; *Trüstedt* Patentrecht und Gentechnologie, GRUR 1986, 640; *Uhrich* Stoffschutz, 2010; *Utermann* Patentschutz für biotechnologische Erfindungen, GRUR Int 1985, 34; *van de Graaf* Patent Law and Modern Biotechnology. A Comparative Study About the Requirements and the Scope of Protection, 1997; *van Overwalle* Octrooierbaarheid van plantenbiotechnologische uitvindingen, 1996; *van Overwalle* Patentability of Biotechnical Inventions, A Comparative Study, 1996 (niederländisch mit englischer Zusammenfassung); *van Overwalle* The Legal Protection of Biotechnical Inventions in Europe and in the United States. Current Framework and Future Developments, Leuven 1997; *van Overwalle* Biotechnology Patents in Europe, From Law to Ethics, in: Biotechnology Patents and Morality, 1997, 139; *van Overwalle* De octrooieerbarheid van biotechnologische uitvindingen, in *van Overwalle* (Hrsg) Octrooirecht, ethiek en biotechnologie, 1998; *van Overwalle* The Legal Protection of Biotechnical Inventions in Europe and in the United States, 1997; *van Overwalle* Patent Protection for Plants: a Comparison of American and European Approaches, 39 IDEA (1999), 143; *van Overwalle* Octrooien voor planten onder de EG-Biotechnologierichtlijn van 6. Juli 1998, AgrarR 1999 Beilage I S 9 = Agrarisch recht 1999, 111; *van Overwalle* The Legal Protection of Biological Material in Belgium, IIC 2000, 259; *van Overwalle* Influence of intellectual property law on safety in biotechnology, in: Safety of modern technical systems, Congress-documentation, Saarbrücken 2001, 663; *van Overwalle* The Legal Protection of Biological Material in Belgium, IIC 31 (2000), 259; *van Overwalle* – The Implementation of the Biotechnology Directive in Belgium and its After-Effects, IIC 37 (2006), 889; *van Overwalle/Jacobs* Octrooien op genen: een alternatieve benadering, BIE 2001, 115; *van Wezenbeek* Patents and DNA, 1993; *van Wijk* Broad Biotechnology Patents Hamper Innovation, 25 Biotechnology and Development Monitor (1995), 15; *Vanderghheynst* La notion d'ordre public et des bonnes moeurs dans la proposition de directive européenne relative à la protection juridique des inventions biotechnologiques, in *van Overwalle* (Hrsg) Octrooirecht, ethiek en biotechnologie, 1998; *Vanzetti* I nuovi brevetti. Biotecnologie e invenzioni chimiche, 1995; *Vermeersch* Ethische implicaties van octrooien op plant, dier en mens, in *van Overwalle* (Hrsg) Octrooirecht, ethiek en biotechnologie, 1998; *Vida* Ungarische Rechtsprechung zu biotechnologischen Erfindungen, Mitt 1989, 210; *Vivas Eugui/Spennemann* Some Reflections on an International Convention on the Banning of Human Cloning and Related Patents, 6 JWIP 485 (2003); *Vogel/Grunwald* (Hrsg) Patenting of human genes and living organisms, 1994; *von Dungern* Zur Praxis der Lizenzvergabe für gentechnische Erfindungen in den USA, GRUR Int 1982, 502; *von Füner* Der patentfähige Mensch – 2000, in *AIPPI, Ungarische Landesgruppe* (Hrsg) New Technical Tendencies and Industrial Property Protection, S 43; *von Pechmann* Wieder aktuell: Ist die besondere technische, therapeutische oder biologische Wirkung Offenbarungserfordernis bei der Anmeldung chemischer Stofferfindungen? GRUR Int 1996, 366; *M. von Renesse/Tanner/D. von Renesse* Das Biopatent: eine Herausforderung an die rechtsethische Reflexion, Mitt 2001, 1; *Vorwerk* Patent und Ethik, GRUR 2009, 375; *Vossius* Patent Protection for Biological Inventions – Review of Recent Case Law in EEC Countries, EIPR 1979, 278; *Vossius* Über den Patentschutz von Erfindungen auf dem Gebiet der Biologie in Deutschland und Europa, FS Z. Kitagawa (1992), 1046; *Vossius* Die Beurteilung der Patentfähigkeit von Erfindungen auf dem Gebiete der Biotechnologie, GRUR 1993, 344; *Vossius* Patenting Inventions in the Field of Biology and Chemistry: German and European Patent Law and Case Law, Naturwissenschaften 1997, 431; *Vossius/Grund* Patentierung von Teilen des Erbguts, der Mensch als Sklave? Einspruchsverfahren gegen das Relaxin-Patent, Mitt 1995, 339; *Vossius/Jaenichen* Zur Patentierung biologischer Erfindungen nach Europäischem Patentübereinkommen und Deutschem Patentgesetz – Formulierung und Auslegung von Patentansprüchen, GRUR 1985, 821; *Vossius/Jaenichen* Zur Patentierung biologischer Erfindungen nach Europäischem Patentübereinkommen und Deutschem Patentgesetz – Formulierung und Auslegung von Patentansprüchen, GRUR 1985, 821; *Walles* Biotechnical Inventions and Swedish Patent Legislation, NIR 1985, 509, 1986, 71; *Walles* Bioteknik och patentbarhet, NIR 1989, 14; *Walter* Harmonisierung und angemessene Anspruchsbreite bei der Gensequenzpatentierung, GRUR Int 2007, 284; *Warcoin* Les développements de la biotechnologie et les brevets d'invention, RDPI, Jan. 1985, S 2; *Warren-Jones* Patenting rDNA: human and animal biotechnology in the United Kingdom and Europe, 2001; *Warren-Jones* Finding a „Common Morality Codex" for Biotech: A Question of Substance. IIC 2008, 638; *Wee Loon* Patenting of Genes – A Closer Look at the Concepts of Utility and Industrial Applicability, IIC 2002, 393; *Wegner* Patent Law in Biotechnology, Chemicals and Pharmaceuticals², 1995; *Welch* Der Patentstreit um Erythropietin (EPO), GRUR Int 2003, 579; *Wells* Patenting New Life Forms: An Ecological Perspective, EIPR 1994, 111; *Welp* Die Implementierung der europäischen Richtlinie über den Schutz biotechnologischer Erfindungen in der Bundesrepublik Deutschland, in: *Baumgartner* (Hrsg) Patente am Leben? 2003, 33; *Werner* Entnahme und Patentierung menschlicher Körpersubstanzen, 2008; *Westerlund* Biotech patents: equivalency and exclusions under European and U.S. patent law, 2002; *Westkamp* Intellectual Property and Access to Genetic Material – Copyright as an Alternative Form of Protection? JIBL 2004, 111; *Whaite/Jones* Biotechnical Patents in Europe – The Draft Directive, EIPR 1989, 145; *White* Problems in Obtaining Patents in Biological Cases, in *Kemp* (Hrsg) Patent Claim Drafting and Interpretation, 1982, S 189; *Wiebe* Gentechnikrecht als Patenthindernis, GRUR 1993, 88; *Wies* Patent Protection of Biotechnical Inventions – American Perspectives, IIC 1990, 480; *Wilczek* (Hrsg) Biomedical Research and Patenting: Ethical, Social and Legal Aspects, 1996; *Wildhaber* Aktuelle Rechtsprechung zum Patentschutz für Gene und Gensequenzen, sic! 2012, 687; *Winnacker* Eröffnet die Gentechnologie neue Beschreibungsmöglichkeiten für Erfindungen im Bereich der lebenden Natur? Derzeitiger Stand und Aussichten, GRUR Int 1987, 292, auch in *Gesellschaft für Rechtspolitik* (Hrsg) Biotechnologie und gewerblicher Rechtsschutz (1988), 67; *Witt* Biopatentierung: Chronologie und rechtliche Problematik, in: *Vieweg* (Hrsg) Spektrum des Technikrechts, Referate eines Symposiums aus Anlaß des 10jährigen Bestehens des Instituts für Recht und Technik in Erlangen, 2002, 323; *Wolfram* „Reach-Through Claims" und „Reach-Through Licensing" – Wie weit kann Patentschutz auf biotechnologische Research Tools reichen? Mitt 2003, 57; *Wolfram* Aktuelle Entwicklungen zur Patentierung von Lebewesen und Naturgesetzen, GRURPrax 2012, 502; *Wolters* Die Patentierung des Menschen: Zur Patentierbarkeit humanbiologischer Erfindungen aus dem Bereich der modernen Biotechnologie, 2006, zugl Diss Düsseldorf 2004; *Wong* Patenting Innovations in Biotechnology, IP ASIA März 1999, 38; *Woodley/Smith* Conflicts in Ethics Patent in Gene R&D, LES Nouvelles 1997, 129; *Wuesthoff* Biologische Erfindungen im Wandel der Rechtsprechung, GRUR 1977, 404; *Yesley* Protecting Genetic Difference, 13 Berkeley Tech. L.J. 653 (1998); *Zekos* Patenting Biotechnology, Journal of Information, Law & Technology 2004 (1); *Zintler* Die Biotechnologierichtlinie, 2002; *Zwiker-Stöckli* Patente auf DNA-Sequenzen, Bern 2012.

A. Entstehungsgeschichte

Die Einführung der die Patentierbarkeit des menschlichen Körpers betr Bestimmung ist durch das **1** BioTRlUmsG ohne Übergangsregelung und damit mWv 28.2.2005 erfolgt. Sie bezieht sich aber wie die ebenfalls auf die BioTRl zurückgehende Neuregelung in § 2 auch auf Sachverhalte vor Inkrafttreten der BioTRl (Rn 6 zu § 2).[1] In der parlamentarischen Beratung wurden zur Klarstellung iSd 16. Erwägungsgrunds der BioTRl in Abs 1 die Wörter „einschließlich der Keimzellen," ein- sowie Abs 4 angefügt. Die Bestimmung entspricht mit einer redaktionellen Abweichung in Abs 1 und einer sachlichen Abweichung in Abs 3 den Art 5 BioTRl und Regel 29 AOEPÜ, während der erst in letzter Minute in das Gesetz aufgenommene Abs 4 im Wortlaut der Richtlinie keine Parallele hat. Die fortbestehenden weitergehenden Patentierungsmöglichkeiten nach dem EPÜ führen dazu, dass in den kritischen Fällen nationale Patentanmeldungen auf menschliche Gene keine erhebliche Bedutung haben.[2] Es ist vorgeschlagen worden, Patentanmeldungen iSd Art 5 BioTRl einer bindenden Beurteilung durch ein wissenschaftliches Komitee zu unterziehen.[3]

B. Patentierung des menschlichen Körpers

I. Allgemeines

Die Patentierung des menschlichen Körpers oder von seinen Teilen war früher nicht ausdrücklich **2** verboten; dass Patente auf menschliche Lebewesen selbst nicht möglich sind, folgte allerdings bereits aus Verfassungsrecht (vgl Art 3 Abs 2 EU-Grundrechtecharta; Art 21 Biomedizin-Konvention des Europarats; umfassender Schutz der Menschenwürde nach Art 1 GG).[4] Die Regelung, die auf allg rechtsethischen Prinzipien beruht[5] und im wesentlichen klarstellende Bedeutung hat,[6] schließt den menschlichen Körper in allen Phasen seiner Entstehung und Entwicklung von der Patentierung aus; der Ausschluss setzt jedenfalls im Vorkernstadium der imprägnierten Eizelle ein[7] und erfasst auch die befruchtete Eizelle, gleichgültig, ob diese in einen Körper eingesetzt werden soll.[8] Kraft ausdrücklicher Regelung sind – sehr weitgehend – auch (unbefruchtete) Keimzellen erfasst (Abs 1).[9] Der Ausschluss gilt bis zum Tod, aber nicht darüber hinaus;[10] Erfindungen, die sich auf den toten menschlichen Körper beziehen, sind daher nicht nach der Bestimmung von der Patentierung ausgeschlossen, über das Vorliegen anderer Ausnahmetatbestände ist damit nichts ausgesagt.[11] Der Begriff des menschlichen Körpers soll dabei weit auszulegen sein.[12] Jedenfalls bezieht Abs 1 – anders als Art 5 Abs 1 BioTRl, aber in Übereinstimmung mit deren Erwägungsgrund 16, und anders als Regel 29 Abs 1 AOEPÜ – die Keimzellen ein.

Die bloße **Entdeckung von Bestandteilen des menschlichen Körpers**, insb von natürlich auftre- **3** tenden Genen oder Gensequenzen, ist, wie Abs 1 klarstellt, keine patentfähige Erfindung.[13] Es handelt sich um eine schon nach § 1 Abs 3 Nr 1 nicht schutzfähige Entdeckung.[14] Künstlich im Labor geschaffene komplementäre DNS (DNA; cDNS, cDNA) kann dagegen schutzfähig sein.[15]

---

1 Zur Problematik *Kilger/Jaenichen* GRUR 2005, 984, 997; zwd *Fitzner/Lutz/Bodewig* vor § 1a Rn 1.
2 Vgl *Kilger/Jaenichen* GRUR 2005, 984, 997.
3 *Sampson* EiPR 2003, 419.
4 Ähnlich *MGK/Moufang* Art 53 EPÜ Rn 53 aE; *Schulte* Rn 7 f; *Mes* Rn 4; BPatGE 26, 104 = GRUR 1985, 276; vgl EUGH C-377/98 Slg 2001 I 7079 = GRUR Int 2001, 1043 Niederlande/Parlament und Rat (BioTRl II).
5 *Mes* Rn 2.
6 *Benkard* Rn 4; *Mes* Rn 2; *Schulte* Rn 7; vgl *Fitzner/Lutz/Bodewig* Rn 1.
7 Vgl *Koenig/Müller* GRUR Int 2000, 295, 300 f; zur Rechtslage in Australien austral PA EIPR 2004 N-205.
8 *Benkard* Rn 11.
9 *Schulte* Rn 10; *Fitzner/Lutz/Bodewig* Rn 2; *Büscher/Dittmer/Schiwy* Rn 2.
10 *Büscher/Dittmer/Schiwy* Rn 1; aA *Schulte* Rn 11; *Fitzner/Lutz/Bodewig* Rn 3.
11 Vgl *Benkard* Rn 8.
12 *Mes* Rn 4.
13 *Fitzner/Lutz/Bodewig* Rn 4, 6; *Büscher/Dittmer/Schiwy* Rn 3; vgl US-SuprCourt GRUR Int 2013, 785 Association for Molecular Pathology v. Myriad Genetics.
14 Vgl *Schulte* Rn 15; *Mes* Rn 5.
15 US-SuprCourt GRUR Int 2013, 785 Association for Molecular Pathology v. Myriad Genetics.

II. Konkurrenzen

4   Die Regelung steht neben der Bestimmung in § 2 über Gesetz- und Sittenwidrigkeit. Bei Patentanmeldungen, die biologisches Material menschlichen Ursprungs betreffen, muss nach Erwägungsgrund 26 zur BioTRl die Person, bei der Entnahmen vorgenommen wurden, zugestimmt haben (vgl für biologisches Material pflanzlichen oder tierischen Ursprungs § 34). Auch nach Art 22 der von Deutschland und Österreich nicht unterzeichneten, von 29 Staaten (darunter der Schweiz) ratifizierten Bioethik-Konvention des Europarats (Übereinkommen zum Schutz der Menschenrechte und der Menschenwürde im Hinblick auf die Anwendung von Biologie und Medizin) vom 4.4.1997[16] besteht ein Informations- und Zustimmungserfordernis bei Entfernen eines Teils des menschlichen Körpers. Im PatG hat dies bisher keinen Niederschlag gefunden.[17] Ein Fall („Fall Moore"), in dem einem Patienten während einer Therapie Zellmaterial entnommen und ohne dessen Wissen zur Klonierung einer Zelllinie verwendet wurde, die Grundlage für eine Patenterteilung und Vermarktung wurde, und seine Entscheidung durch den kalifornischen Obersten Gerichtshof[18] ist in der Lit berichtet worden,[19] die dort angesprochenen Fragen sind jedoch nicht primär patentrechtl Natur, sondern betreffen die Vermarktung entnommenen Zellmaterials an sich. Jedoch kommt Sittenwidrigkeit nach § 2 in Betracht, wenn die Erfindung auf der Grundlage menschlichen Gewebes entwickelt wird.[20]

5   **III. Bestandteile des menschlichen Körpers** sind grds patentierbar, soweit es sich um isolierte oder in anderer Weise durch ein technisches Verfahren gewonnene Bestandteile handelt (Abs 2). Bestandteile in diesem Sinn sind Stoffe, Materialien und Organe, aus denen sich der menschliche Körper zusammensetzt.[21] Bestandteile sind auch isolierte pluripotente Stammzellen, während auf totipotente Zellen und Embryonen § 2 Abs 2 Nr 3 (Regel 28 Buchst c AOEPÜ; Rn 33 ff zu § 2) Anwendung findet.

6   Patentierbar sind auch Bestandteile, die mit dem Aufbau des natürlichen Bestandteils **identisch** sind (Abs 2 aE). Dies entspricht den allg Grundsätzen bei Naturstoffen.[22]

7   Grds patentierbar sind demnach auch **Gensequenzen**[23] und Teilsequenzen (weitere Hinweise *6. Aufl*).[24] Das Auffinden und Entwickeln eines Verfahrens für die Gewinnung einer Gensequenz (zB Isolierung und Beschreibung eines für ein menschliches Protein codierenden DNS-Fragments)[25] oder anderer Körperbestandteile[26] ist keine bloße Entdeckung.[27] Darauf, ob die Lehre über die zweckgerichtete Nutzung des naturgesetzlichen Zusammenhangs hinaus einen erfinderischen Überschuss aufweist, kommt es auch bei der Bereitstellung einer für ein Humanprotein codierenden Nukleinsäuresequenz nicht an (vgl Rn 44 zu § 1); einer Kennzeichnung der Sequenz als isoliert oder durch ein technisches Verfahren gewonnen im Patentanspruch bedarf es nicht.[27a] Dagegen ist das Herausfinden des genauen Orts und der genetischen Sequenz für den Patentschutz nicht ausreichend.[28]

8   Zum **internationalen Humangenom-Projekt** s *7. Aufl*.[29] Die US-Praxis sieht nunmehr „expressed sequence tags" – ESTs – ohne individualisierte Funktionsangabe mangels spezifizierter Nützlichkeit nicht

---

16   SEV-Nr 164.

17   Zur Diskussion und Gesetzgebung in Belgien *van Overwalle* IIC 2000, 259, 282; *van Overwalle* IIC 37 (2006), 889, 900 ff; zu weitgehend *Schulte*[6] § 2 Rn 54 ff.

18   Nachw bei *Bostyn* BIE 1997, 403 f Fn 19, 20.

19   *Prowda* JPTOS 1995, 611.

20   *Schulte* Rn 20; vgl *Benkard* Rn 10; *Fitzner/Lutz/Bodewig* Rn 9; aA EPA 27.9.2007 T 1213/05 (Nr 48 f) Breast and ovarian cancer/UNIVERSITY OF UTAH.

21   *Mes* Rn 5; vgl *Benkard* Rn 9.

22   Näher *Fitzner/Lutz/Bodewig* Rn 12 ff.

23   Zu informationsbezogenen und urheberrechtl Ansätzen bei der Beurteilung von Gensequenzen *5. Aufl* § 2 Rn 66.

24   Vgl *Fitzner/Lutz/Bodewig* Rn 6; *Mes* Rn 6; de lege ferenda abl *Jacobs/van Overwalle* EIPR 2001, 505; eingehende Darstellung der internat Rechtsstreitigkeiten über Erythropoietin bei *Welch* Der Patentstreit um Erythropoietin (EPO), GRUR Int 2003, 579.

25   EPA, Einspruchsabteilung, ABl EPA 1995, 388, 396 = GRUR Int 1995, 708 Relaxin; hierzu *Vossius/Grund* Mitt 1995, 339.

26   *Benkard* Rn 7.

27   Vgl HG Zürich sic! 1997, 208, 210; *Oser* GRUR Int 1998, 648, 650.

27a BGH GRUR 2016, 475 Rezeptortyrosinkinase.

28   US-SuprCourt GRUR Int 2013, 785 Association for Molecular Pathology v. Myriad Genetics.

29   Vgl auch *Büscher/Dittmer/Schiwy* Rn 3.

als patentfähig an.[30] Ob aus dem menschlichen Körper isolierte Gene patentiert werden können, ist im Europäischen Parlament kr erörtert worden;[31] eine grds positive Regelung enthält Abs 2, der allerdings gegenüber etwa der US-Praxis zusätzliche Hürden aufstellt und die Möglichkeit eröffnet, Abhängigkeiten abzumildern.[32] Die Isolierung von für ein menschliches Protein codierender Messenger-RNA aus menschlichem Gewebe verstößt nach Auffassung des EPA für sich nicht gegen die guten Sitten; ebenso wenig ist danach die Patentierung eines für menschliche Proteine codierenden DNS-Fragments für sich unethisch.[33]

Auch eine Patentierung **isolierter Bestandteile** wie entnommener Körpersubstanzen (Blut- oder Gewebepräparate) ist nach Abs 2, der nicht gegen die Menschenwürde verstößt,[34] nicht ausgeschlossen.[35] **9** Dass der Bestandteil dem Körper wieder zugeführt werden soll (zB Blut zur Dialysebehandlung; extrakorporal befruchtete Eizelle, hier aber umfassender wegen Abs 1, Rn 2), soll der Patentierung wegen des Schutzes der Menschenwürde jedenfalls dann entgegenstehen, wenn die Lehre, für die Patentschutz begehrt wird, gerade darin besteht, die Körperbestandteile nur vorübergehend zu entnehmen;[36] dies ist aber zu pauschal. Bei der Gewinnung und Verwertung auftretende eigentumsrechtl Fragen spielen patentrechtl allenfalls für die Beurteilung der Sittenwidrigkeit eine Rolle, vgl Rn 4.

Abs 2 erfasst auch auf andere Weise, insb durch gentechnische Verfahren wie Synthese, gewonnene **10** Bestandteile. **Auf andere Weise** durch ein technisches Verfahren **gewonnene Bestandteile** sind solche, die nicht aus dem Körper isoliert sind.[37] Hierzu gehören zB synthetisch hergestellte Peptide und mittels molekularbiologischer Verfahren hergestellte Proteine.[38] Abgetrennte Bestandteile werden schon von der Regelung über isolierte Bestandteile erfasst.[39]

Patentierung kommt demnach sowohl bei Implantaten und Prothesen als auch bei in vitro vermehr- **11** ten menschlichen Substanzen in Betracht.[40] Die **Identität** von künstlichem und natürlichem Bestandteil steht der Patentierung an sich nicht entgegen, stellt aber von den Erfordernissen der Neuheit und der erfinderischen Tätigkeit nicht frei.

IV. Verfahren in Bezug auf den menschlichen Körper sind durch die Bestimmung nicht erfasst;[41] **12** ob sie patentierbar sind, richtet sich nach §§ 2, 2a.[42] § 1a ist jedoch bei Verfahren zu beachten, deren unmittelbares Erzeugnis ein Mensch ist (zB in-vitro-Fertilisation).[43] Auf Ablehnung ist das vom EPA selbst als zu Unrecht erteilt bezeichnete eur Patent 695 351 („Edinburgh-Patent") gestoßen, das ein Verfahren zur Veränderung (auch menschlicher) Stammzellen schützt.[44]

30 CAFC GRUR Int 2006, 160 In re Fisher.
31 *Straus/Fritze* GRUR 1994, 895f.
32 Vgl *Straus* Deutsches Ärzteblatt 2000, 903, 905f.
33 EPA, Einspruchsabteilung, ABl EPA 1995, 388, 397ff = GRUR Int 1995, 708 Relaxin.
34 EuGH C-377/98 Niederlande/Parlament und Rat (BioTRl) II Slg 2001 I 6229 = GRUR Int 2001, 1043.
35 Vgl *Benkard* Rn 10; *Benkard-EPÜ* Art 53 Rn 43; *Fitzner/Lutz/Bodewig* Rn 8; *Mes* Rn 6; Bsp bei *Kraßer/Ann* § 14 Rn 130.
36 *Benkard* Rn 11; vgl *Schulte* Rn 18; *Fitzner/Lutz/Bodewig* Rn 11.
37 Vgl *Benkard* Rn 12; SuprC USA GRUR Int 2013, 785, 788f – Association for Molecular Pathology v. Myriad Genetics.
38 *Büscher/Dittmer/Schiwy* Rn 8.
39 *Benkard* Rn 10.
40 Vgl *Schulte*[6] § 2 Rn 52.
41 *Mes* Rn 9; *Büscher/Dittmer/Schiwy* Rn 9.
42 Vgl *Schulte* Rn 12.
43 *Schulte* Rn 13.
44 Vgl BTDrs 14/2879 S 18f; Hinweis GRUR Int 2000, 283; ABl EPA 2000, 309f; insgesamt sind 13 Einsprüche eingelegt worden. Das Patent ist am 24.7.2002 teilweise widerrufen worden, vgl Hinweis GRUR Int 2002, 782.

Keukenschrijver

C. Funktionsangabe (Absatz 3)[45]

I. Grundsatz

13   Die Regelung verlangt für dt Patente[46] in Übernahme und Verschärfung der Vorgabe in Art 5 Nr 3 BioTRl[47] (vgl hierzu Erwägungsgründe 22–24) eine konkrete Beschreibung der gewerblichen Anwendbarkeit der Gensequenz oder Teilsequenz unter Angabe der von dieser erfüllten Funktion in der Anmeldung – dh nicht notwendig in einem Patentanspruch –, womit ein zusätzliches, über die Regelung in § 34 hinausgehendes Offenbarungserfordernis aufgestellt wird (Regel 29 Abs 2, 3 AOEPÜ hat die Regelung der BioTRl unverändert übernommen).[48] Ihrer systematischen Stellung nach bezieht sich die Bestimmung nur auf menschliche Gene und Gensequenzen, jedoch ergibt sich aus der Ableitung aus dem Erfordernis der gewerblichen Anwendbarkeit (Erwägungsgrund 24, nicht wie in Erwägungsgrund 23 BioTRl aus dem Erfordernis einer Lehre zum technischen Handeln),[49] dass sie generell auf jegliches Gen und jegliche Gensequenz anwendbar sein soll; dies stellt § 2a Abs 2 Satz 2 klar.[50] Es wird – über den Wortlaut der Regelung hinaus – vertreten, dass die Bestimmung auch DNS-Sequenzen wie Regulatorsequenzen erfasst, die kein Gen darstellen,[51] darüber hinaus auch auf Proteinsequenzen.[52] Jedoch soll die Funktionsangabe nicht erforderlich sein, wenn bereits die Bereitstellung der DNS-Sequenz selbst auf erfinderischer Tätigkeit beruhe;[53] mit der Regelung in Abs 3 ist dies schwerlich vereinbar.

14   **II.** Die Angabe der **Funktion**[54] kann auf molekularer Ebene oder der Ebene der Zelle, des Organs oder des Organismus erfolgen.[55] Allg Angaben zur Verwertbarkeit wie „für medizinische Zwecke" reichen nicht aus.[56] In Betracht kommt insb (entspr Erwägungsgrund 24 der BioTRl) bei Sequenzen als „Blaupause" für die Expression eine „biologische" Funktionsangabe dahin, dass die Gensequenz für ein bestimmtes Protein (und nicht nur für irgendeines) kodiert; Die Angabe der biologischen Funktion ist aber nicht erforderlich.[57] Stattdessen kommt die Angabe in Betracht, dass die Sequenz als Werkzeug wie Sonde, Adaptor, Linker, Primer, Marker in der Diagnostik oä verwendet wird;[58] dies gilt insb in Fällen, in denen die Gensequenz nicht zur Herstellung eines Proteins genutzt wird.[59] Erforderlich, aber auch ausreichend ist die Angabe einer Funktion, die kausal zur Lösung eines Problems beiträgt.

III. Technizität

15   Die Einspruchsabteilung des EPA hat unter Bezugnahme auf Erwägungsgrund 23 der BioTRl die Auffassung vertreten, dass eine DNS-Sequenzen betr Erfindung mit der Angabe einer Funktion, die nicht wesentlich, spezifisch und glaubhaft ist, keinen technischen Charakter habe und deshalb keine patentierbare

---

45   Näher *Keukenschrijver* FS W. Tilmann (2003), 475.

46   Zur Unanwendbarkeit der dt Fassung auf eur Patente auch im nat Nichtigkeitsverfahren *Tilmann* Mitt 2002, 438 f; zur parallelen Regelung in Frankreich *Feldges* GRUR 2005, 977, 979.

47   Vgl *Benkard* Rn 14; *Fitzner/Lutz/Bodewig* Rn 17 f; zu den Unterschieden der verschiedenen Sprachfassungen und zur Abweichung der dt Regelung *Kilger/Jaenichen* GRUR 2005, 984, 994.

48   Vgl auch die Erwägungsgründe 16a, 16b und 16d des Entwurfs und hierzu *Straus* GRUR 1998, 314, 319, Erwägungsgrund 24 der BioTRl.

49   Vgl *Benkard* Rn 14; *Ensthaler/Zech* GRUR 2006, 529, 533.

50   Vgl *Benkard* Rn 3, 15; *Schulte* Rn 22; *Fitzner/Lutz/Bodewig* Rn 22; *Mes* Rn 7.

51   *Schulte* Rn 22.

52   EPA 11.5.2005 T 870/04 BDPI Phosphatase/MAX-PLANCK; zust *Schulte* Rn 22.

53   *Ensthaler/Zech* GRUR 2006, 529, 533.

54   Zum Begriff der Funktion *Krauss* Mitt 2001, 396, 398; *Godt* (2003) S 20 ff; *Ensthaler/Zech* GRUR 2006, 529, 531.

55   *Feuerlein* VPP-Rdbr 2006, 53; EPA T 898/05 GRUR Int 2007, 152 hämatopoietischer Rezeptor; *Schulte* Rn 25.

56   *Fitzner/Lutz/Bodewig* Rn 18.

57   Vgl *Straus* Deutsches Ärzteblatt 2000, 903, 905 mwN; *Stein* in Wortprotokoll der 5. Sitzung der Enquete-Kommission Recht und Ethik der modernen Medizin vom 3.7.2000 S 36; *Ensthaler/Zech* GRUR 2006, 529, 533.

58   *Benkard* Rn 16; *Fitzner/Lutz/Bodewig* Rn 19; *Ensthaler/Zech* GRUR 2006, 529, 532.

59   *Tilmann* Mitt 2002, 438, 442; vgl *Kilger/Jaenichen* GRUR 2005, 984, 992; zum absoluten Stoffschutz bei Gensequenzen *Ischebeck* Die Patentierung von Tieren (2015), 162.

Erfindung darstelle.[60] Dies entspricht der Auffassung der Beschwerdekammern des EPA zur Bedeutung der Funktionsangabe bei Stoffansprüchen (vgl Rn 122 zu § 1).

IV. Die **erfinderische Tätigkeit** ist nach allg Kriterien zu beurteilen, das Überraschungsmoment **16** kann zu berücksichtigen sein.

V. Nach den Richtlinien des USPTO muss die **gewerbliche Anwendbarkeit** spezifisch, wesentlich **17** und glaubhaft sein.[61]

VI. Die Beschreibung ist **Anmeldefordernis**,[62] aber angesichts der eindeutigen Regelung in § 35 nicht **18** Voraussetzung der Begründung eines Anmeldetags. Dass sie zur den Inhalt der Anmeldung begrenzenden ursprünglichen Offenbarung rechnet[63] und damit nicht ohne Zeitrangverlust nachholbar ist, lässt sich nur damit begründen, dass ohne sie eine Lehre zum technischen Handeln, ohne die eine Erfindung nicht in Betracht kommt, nicht vorliegt[64] (vgl Rn 96, 107 zu § 34, Rn 122 zu § 1). Unter dieser Voraussetzung und in diesem Umfang, der sich nicht mit dem Umfang decken muss, der sich aus Abs 3 oder Regel 29 Abs 3 AOEPÜ ergibt, hat – gegen die bisherige Rspr des BGH – die Offenbarung in den ursprünglichen Unterlagen zu erfolgen und sie kann nicht nachgebracht oder ausgewechselt werden.[65] Zur Frage, ob die Angabe im Patentanspruch erfolgen muss, Rn 32 zu § 33, und für menschliche Gene Abs 4.

Ist das Erfordernis nicht bis zur Entscheidung über die Patenterteilung erfüllt, rechtfertigt dies jeden- **19** falls die **Zurückweisung** der Anmeldung.[66] Wird gleichwohl erteilt, liegt darin kein eigenständiger Widerrufs- oder Nichtigkeitsgrund,[67] jedoch kann mangelnde Ausführbarkeit in Betracht kommen, sowie, wenn die Funktionsangabe zum Gegenstand der Erfindung rechnet, auch mangelnde Patentfähigkeit wegen Fehlens einer Lehre zum technischen Handeln.

VII. Schutzumfang

Umstr ist, ob die Erfüllung der Voraussetzungen des Abs 3 **absoluten Stoffschutz** eröffnet (und da- **20** mit eine Art „Türöffnerfunktion" hat).[68] Dies ist mit Rücksicht auf den besonderen Charakter der Gensequenz als Informationsträger wie auf die Vorgaben der BioTRl in Zweifel gezogen worden.[69] Es ist vorgeschlagen worden, danach zu differenzieren, ob die Funktionsangabe lediglich der Identifizierung der Funktion dient, was die Möglichkeit des Stoffschutzes eröffnen soll, ob die Informationsbeziehung zwischen Gensequenz und Protein Gegenstand des Patents ist (Lösung auf der Ebene der Äquivalenz sowohl bei Gensequenz als auch des Proteins) oder ob der Schutz auf die konkrete Gensequenz, die für ein bestimmtes Protein codiert, beschränkt sein soll.[70] Ob sich weitergehend durch das Erfordernis der Funktionsangabe eine (aus dem Gesichtspunkt einer „Überbelohnung" bei absolutem Sachschutz begründete)

---

60 EPA – Einspruchsabteilung – ABl EPA 2002, 293, 307 Neuer Sieben-Transmembran-Rezeptor V28; vgl hierzu *Aerts* EIPR 2004, 349, 353f.

61 *Kilger/Jaenichen* GRUR 2005, 984, 992; vgl EPA – Einspruchsabteilung – ABl EPA 2002, 293 Neuer Sieben-Transmembran-Rezeptor V28.

62 *Fitzner/Lutz/Bodewig* Rn 23; weitergehend *Schulte*[6] § 2 Rn 65 f: eigenständige Patentierungsvoraussetzung.

63 So wohl *Straus* in Wortprotokoll der 5. Sitzung der Enquete-Kommission Recht und Ethik der modernen Medizin vom 3.7.2000 S 22, und *Baumbach* ebenda S 34.

64 Vgl *Schulte* Rn 26.

65 Vgl *Benkard* Rn 17 f; *Schulte* Rn 29; *Oser* GRUR Int 1998, 648, 653 f; *Ensthaler/Zech* GRUR 2006, 529, 534.

66 Vgl *Schulte*[6] § 2 Rn 67.

67 AA wohl *Benkard*[10] Rn 18; vgl *Schulte* Rn 29.

68 Absoluter Stoffschutz wird uneingeschränkt bejaht von *Köster* GRUR 2002, 833, 843; vgl *Ischebeck* Die Patentierung von Tieren (2015), 160; vgl auch *Benkard* Rn 20, 22; *Albers* JZ 2003, 275, 283 mwN; zur Diskussion in den Niederlanden und in Belgien *van Overwalle/Jacobs* BIE 2001, 117 und 221 einerseits sowie *Swinkels* BIE 2001, 220 andererseits.

69 Vgl *M. von Renesse/Tanner/D. von Renesse* Mitt 2001, 1, 3; *van Raden/D. von Renesse* GRUR 2002, 393, 398, die sich für zweckgebundenen Stoffschutz aussprechen; *Straus* GRUR 2001, 1016, 1018; zur besonderen Problematik bei Transposons, denen viele unterschiedliche Funktionen zukommen können; *Spranger* GRUR 2002, 399, der bei einer neuen Funktion den Stoffschutz nach § 9a Abs 3 Satz 1 eingeschränkt sieht; vgl weiter *von Pechmann* GRUR Int 1996, 366, 372f, *Straus* GRUR 1998, 314; *H.U. Doerries* Mitt 2002, 15, 17 f.

70 *Tilmann* Mitt 2002, 438, 448.

Einschränkung des an sich umfassenden Sachschutzes in Richtung eines anwendungsgebundenen, dh **zweckgebundenen Schutzes** folgt,[71] wie dies die Intention der Regelung ist, erscheint aus systematischen Überlegungen zwh,[72] relativiert sich aber, soweit Sachschutz, sei es wegen fehlenden Erfindungscharakters (Entdeckung), mangelnder Neuheit oder erfinderischer Tätigkeit ausscheidet und nur Schutz über das Herstellungsverfahren oder Verwendungsschutz in Betracht kommt. Hinreichende Gründe, die Frage des Stoffschutzes bei Genen und Gensequenzen anders zu behandeln als bei Chemiepatenten, sind nicht erkennbar, jedoch könnten die Einwände Anlass sein, das Konzept des absoluten Stoffschutzes insgesamt neu zu überdenken.[73] Zur Reichweite des Stoffschutzes nach Art 9 BioTRl Rn 9 zu § 9a.

21 Klärungsbedürftig bleibt, ob die Funktion des Gens oder der Gensequenz zum **Gegenstand der Erfindung** gehört. Schon aus Gründen einer in sich konsistenten Systematik sollte dies nicht anders behandelt werden als beim Stoffschutz insgesamt.

D. Beschreibungserfordernis bei Sequenzen von menschlichen Genen (Absatz 4)

I. Rechtslage bei deutschen Patenten[74]

22 Nach Abs 4 ist bei dt Patenten für Sequenzen oder Teilsequenzen von Genen, deren Aufbau mit dem Aufbau einer natürlichen Sequenz oder Teilsequenz eines menschlichen Gens übereinstimmt (nicht auch für Proteine),[75] deren Verwendung (dh die Funktionsangabe nach Abs 3) in den Patentanspruch aufzunehmen; damit ist (absoluter) Stoffschutz hier bei nationalen Patenten nicht möglich.[76] Die Gesetzesbegründung führt aus, dass mit Abs 4 bei Genen und Gensequenzen, die mit menschlichen Genen oder Gensequenzen übereinstimmten, der Stoffschutz auf die im Patentanspruch beschriebene Verwendung beschränkt werde. Eine Erfindung im Zusammenhang mit einer neuen, nicht im Patentanspruch enthaltenen Verwendung des Gens führe in diesen Fällen nicht zu einem abhängigen Patent. Eine Lizenz des ersten Erfinders sei nicht erforderlich. Damit werde es für Gene, Gensequenzen bzw Teilsequenzen eines Gens, deren Aufbau mit dem Aufbau eines menschlichen Gens übereinstimme, keinen absoluten Stoffschutz mehr geben. Der Schutzumfang werde vielmehr auf die in der Patentanmeldung beschriebene Verwendung beschränkt. Um dieses Ziel zu erreichen, müsse die beschriebene Verwendung in den Patentanspruch aufgenommen werden. Weitere als die in Abs 3 genannten Verwendungen könnten nicht in den Patentanspruch aufgenommen werden. Die Einschränkung sei durch die für den Menschen geltenden Besonderheiten gerechtfertigt. Die gewählte Formulierung berücksichtige, dass menschliche Gene nach den heutigen Erkenntnissen weitgehend mit tierischen und pflanzlichen Genen übereinstimmten und die den Stoffschutz begrenzende Wirkung der Regelung ansonsten umgangen werden könnte, indem ein übereinstimmendes zB tierisches Gen für die Patentierung verwandt werde. Aufgrund der Regelung in Abs 3 müsse der Patentprüfer das Patent auf den Teil des angemeldeten Gens, der für die beschriebene Funktion wesentlich sei, beschränken und die angemeldeten, aber für die Funktion nicht benötigten Genabschnitte vom Patentschutz ausnehmen.[77]

23 Die Argumentation des nationalen Gesetzgebers ist auf **Kritik** gestoßen, weil die bestehenden Regelungen eine abgewogene Handhabung des absoluten Stoffschutzes ermöglichten.[78] Ein Verstoß gegen das

---

71 In diese Richtung *Landfermann* in Wortprotokoll der 5. Sitzung der Enquete-Kommission Recht und Ethik der modernen Medizin vom 3.7.2000 S 36; *Kunczik* GRUR 2003, 845, 849; aA *Then* Wortprotokoll ... S 42 f; *Straus* GRUR 2001, 1016, 1018 meint, gestützt auf die Erwägungsgründe der BioTRl und auf *Meyer-Dulheuer* GRUR 2001, 181, *Feuerlein* GRUR 2001, 563 und *Nieder* Mitt 2001, 99 und 238, dass die Funktion der DNS-Sequenz zum integralen Bestandteil einer Stofferfindung zumindest in diesem Bereich gemacht worden sei. Vgl auch *Tilmann* GRUR 2004, 561, 563, 565, der danach unterscheiden will, ob die Funktion im Patentanspruch oder in der Beschreibung angegeben ist; im letzteren Fall soll der Stoffschutz absolut sein; vgl weiter *Kohler* sic! 2006, 451, 460.

72 Eingehend zur Problematik *Köster* GRUR 2002, 833; *Tilmann* Mitt 2002, 438; vgl *Ensthaler/Zech* GRUR 2006, 529, 533.

73 Vgl *Meyer-Dulheuer* GRUR 2000, 179, 181; *Nieder* Mitt 2001, 97 f; *Kunczik* GRUR 2003, 845, 849; weitere Hinweise bei *Benkard* Rn 21; *Mes* Rn 8.

74 Vgl die Entschließung des BT-Rechtsausschusses BTDrs 15/4417, demgegenüber noch BTDrs 15/1709 S 11.

75 *Benkard* Rn 3, 20b; *Kilger/Jaenichen* GRUR 2005, 984, 993.

76 Vgl *Fitzner/Lutz/Bodewig* Rn 25 ff; *Götting* GRUR 2009, 256, 258.

77 Begr BTDrs 15/4417 S 8 = BlPMZ 2005, 95, 101.

78 *Feldges* GRUR 2005, 977, 980.

Diskriminierungsverbot des Art 27 TRIPS-Übk sollte in der Bestimmung aber schon wegen der verbleiben-den Möglichkeit, ein eur Patent zu erlangen, nicht gesehen werden.[79] Dagegen könnte Art 27 TRIPS-Übk berührt sein, soweit Patentierungsausschlüsse nicht durch Art 27 Abs 2 TRIPS-Übk gedeckt sind.[80] Art 9 BioTRl nimmt eine abschließende Harmonisierung vor und steht nationalen Regelungen entgegen, die einen absoluten Schutz der DNS-Sequenz als solche vornehmen.[81]

Die Bestimmung ist nur auf **Gensequenzen** anwendbar, deren Aufbau mit dem Aufbau einer natürli- **24** chen Sequenz oder Teilsequenz eines menschlichen Gens übereinstimmt.

Unklar ist der Begriff des **Übereinstimmens**.[82] Schon wegen möglicher Punktmutationen (SNPs) ist **25** eine vollständige Homologie nicht erforderlich, jedoch muss „sehr weitgehende" Übereinstimmung beste-hen.[83] Es wird vertreten, dass künstliche Modifikationen das Übereinstimmen ausschließen. Messenger-RNS-[84] und cDNS-Sequenzen fallen nicht unter die Regelung,[85] erst recht nicht Proteine, für die sie codie-ren.[86]

Probleme bereitet weiter der Begriff der **Verwendung**; so ist unklar, wie konkret diese formuliert **26** werden muss.[87] Es wird vertreten, dass sich aus der technischen Funktion idR die konkrete Verwendung ableiten lasse (vgl Rn 14).[88]

Weitere Verwendungen der Gensequenz können jedenfalls als Verwendungserfindungen, die nicht **27** von dem erteilten Patent abhängig sind, geschützt werden.[89] Diskutiert wird auch Schutz entspr der weite-ren medizinischen Indikation (vgl Rn 171ff zu § 3).[90]

Schutzgegenstand; Schutzbereich. Der Schutzgegenstand wird durch die Sequenz und ihre konkre- **28** te Verwendung bestimmt.[91]

II. Europäische Patente

Die Regelung in Abs 4 war durch die BioTRl nicht geboten; sie ist auch im EPÜ und in der AOEPÜ **29** nicht enthalten.[92] Für eur Patente gilt das Beschreibungserfordernis daher nicht.

Entspricht das eur Patent nicht den Vorgaben des Abs 4, begründet dies auch im nationalen Nichtig- **30** keitsverfahren keinen **Nichtigkeitsgrund**.[93]

Auf die Bestimmung des **Schutzbereichs** eines mit Wirkung für Deutschland erteilten eur Patents **31** kann Abs 4 nicht angewendet werden.[94]

---

79 AA wohl *Feldges* GRUR 2005, 977, 982ff; *Dörries* Mitt 2001, 15; *Krauss* Mitt 2001, 396, 399; *Köster* GRUR 2002, 833, 837f; vgl auch *Holzapfel* GRUR 2006, 10f.
80 Vgl Schlussanträge des Generalanwalts *Mengozzi* in EuGH C-428/08 Slg 2010 I 6761 = GRUR 2010, 989 Monsanto/Cefetra; *Krauß* Mitt 2011, 54.
81 EuGH BTDrs 1574417 = BlPMZ 2005, 95, 101; *Schulte* Rn 27.
82 EuGH Monsanto/Cefetra; *Schulte* Rn 27.
83 EuGH BTDrs 1574417 = BlPMZ 2005, 95, 101; *Feldges* GRUR 2005, 977, 979, der hierin eine Verletzung der Zielsetzung der BioTRl sieht; *Kilger/Jaenichen* GRUR 2005, 984, 992f, wonach die Begr des Rechtsausschusses die breite Auslegung des Schutzausspruchs stütze, der einzig vernüftige Weg aber in der Anwendung iSv „identisch" liege, mit Darstellung von Problemfällen.
83 *Schulte* Rn 28.
84 Hierzu *Kilger/Jaenichen* GRUR 2005, 984, 995f.
85 Vgl *Kilger/Jaenichen* GRUR 2005, 984, 993f; *Feuerlein* VPP-Rdbr 2006, 53.
86 *Kilger/Jaenichen* GRUR 2005, 984, 997f; vgl aber *Büscher/Dittmer/Schiwy* Rn 14 unter Hinweis auf *Ensthaler/Zech* GRUR 2006, 529, 534.
87 *Kilger/Jaenichen* GRUR 2005, 984, 996.
88 *Schulte* Rn 33.
89 *Büscher/Dittmer/Schiwy* Rn 16.
90 *Büscher/Dittmer/Schiwy* Rn 16.
91 Vgl *Schulte* Rn 33; *Büscher/Dittmer/Schiwy* Rn 15; eingehende Kritik bei *Fitzner/Lutz/Bodewig* Rn 28ff.
92 *Walter* GRUR Int 2007, 284 leitet sie aus Besonderheiten des dt Patentrechts ab.
93 *Büscher/Dittmer/Schiwy* Rn 17.
94 *Feldges* GRUR 2005, 977, 982; abwartend *Büscher/Dittmer/Schiwy* Rn 17.

Keukenschrijver

§ 2
(Vom Patentschutz ausgeschlossene Erfindungen)

(1) Für Erfindungen, deren gewerbliche Verwertung gegen die öffentliche Ordnung oder die guten Sitten verstoßen würde, werden keine Patente erteilt; ein solcher Verstoß kann nicht allein aus der Tatsache hergeleitet werden, daß die Verwertung durch Gesetz oder Verwaltungsvorschrift verboten ist.

(2) [1]Insbesondere werden Patente nicht erteilt für
1. Verfahren zum Klonen von menschlichen Lebewesen;
2. Verfahren zur Veränderung der genetischen Identität der Keimbahn des menschlichen Lebewesens;
3. die Verwendung von menschlichen Embryonen zu industriellen oder kommerziellen Zwecken;
4. Verfahren zur Veränderung der genetischen Identität von Tieren, die geeignet sind, Leiden dieser Tiere ohne wesentlichen medizinischen Nutzen für den Menschen oder das Tier zu verursachen, sowie die mit Hilfe solcher Verfahren erzeugten Tiere.

[2]Bei der Anwendung der Nummern 1 bis 3 sind die entsprechenden Vorschriften des Embryonenschutzgesetzes maßgeblich.

DPMA-PrRl 2.6.3.; **EPA-PrRl** C-IV, 3
TRIPS-Übk Art 27 Abs 2
Ausland: Belgien: Art 4 PatG 1984; **Bosnien und Herzegowina:** Art 7 Abs 4 PatG 2010; **Dänemark:** § 1 Abs 4 PatG 1996; **Frankreich:** Art L 611-17, L 623-2 CPI; **Kosovo:** Art 9 PatG; **Italien:** Art 50 CDPI; Biopatentgesetz vom 10.1.2006; **Litauen:** Art 2 Abs 3 Nr 3, Abs 4 PatG; **Luxemburg:** Art 5 PatG 1992/1998; **Mazedonien:** § 26 GgR; **Niederlande:** Art 3 ROW 1995; **Norwegen:** § 15a PatG (Ethikrat); **Polen:** Art 29 RgE 2000, biotechnologische Erfindungen Art 93¹–93⁷ RgE, eingefügt 2002; **Rumänien:** Art 12 PatG; **Schweden:** § 1 Abs 4 PatG; **Schweiz:** Art 2 Abs 1 PatG (Generalklausel mit Erwähnung des Schutzes der Menschenwürde und der Würde der Kreatur); Sondertatbestände in Art 2 Abs 1 Buchst a–g PatG: Verfahren zum Klonen menschlicher Wesen, zum Bilden von Mischwesen sowie daraus gewonnene Erzeugnisse, Verfahren zur Veränderung der in der Keimbahn enthaltenen genetischen Identität des menschlichen Lebewesens sowie daraus gewonnene Keimbahnzellen, Verwendung von menschlichen Embryonen zu nicht medizinischen Zwecken, unveränderte menschliche Stammzellen und Stammzelllinien, Verfahren zur genetischen Veränderung der Identität von Tieren und daraus entstehende Erzeugnisse, wenn die Verfahren geeignet sind, den Tieren Leiden zuzufügen, ohne dass überwiegende schutzwürdige Interessen dies rechtfertigen); **Serbien:** Art 7 PatG 2004; **Slowakei:** § 6 PatG; **Slowenien:** Art 11 GgE; **Spanien:** Art 5 PatG; **Tschech. Rep.:** § 4 PatG, geänd 2000; **Türkei:** Art 6 Abs 2 VO 551; **VK:** Sec 1 Abs 3, 4 Patents Act

Übersicht

Schrifttum (zu Abs 1): *Adrian* Technikentwicklung und Patentrecht, Mitt 1995, 329; *Andres* Was hat Ethik, das hintergründig Immaterielle, mit Technik, dem vordergründig Materiellen, zu tun? EPOscript Bd 1, 171; *E. Armitage/Davis* Patents and Morality in Perspective, 1994; *Batista* Zur Patentierung menschlicher embryonaler Stammzellen: kritische

Würdigung der Entscheidung des EuGH im Fall Brüstle, GRUR Int 2013, 514; *Beier* Die vom Patentschutz ausgeschlossenen Erfindungen in rechtsvergleichender Sicht, GRUR Int 1960, 105; *Beier* Zukunftsprobleme des Patentrechts, GRUR 1972, 214, 216 ff = IIC 1972, 423; *Beyer* Patent und Ethik im Spiegel der technischen Evolution, GRUR 1994, 541; *Beyleveld/Brownswood* Mice, Morality and Patents, 1993; *Braun* Die vom Patentschutz ausgeschlossenen Erfindungen nach belgischem Recht, GRUR Int 1960, 133; *Burdach* Patentrecht: Eine neue Dimension in der medizinischen Ethik, Mitt 2001, 9; *Burke* Justifications for Patents as Applied to Human-Animal Chimeras, EIPR 2012, 237; *Busche* Patentrecht zwischen Innovation und ethischer Verantwortung, Mitt 2001, 4; *Calame* Öffentliche Ordnung und gute Sitten als Schranken der Patentierbarkeit gentechnologischer Erfindungen, 2001; *Cantor* Patent- und Gebrauchsmusterschutz bei Benutzung des Erfindungsgegenstandes im Widerspruch mit deutschen Gesetzesvorschriften oder den guten Sitten, GRUR 1910, 36; *Casalonga* Die vom Patentschutz ausgeschlossenen Erfindungen nach französischem Recht, GRUR Int 1960, 125; *Cooper* Peanuts, Politics and the Plumpy'nut Patent, EIPR 2011, 481; *Croon* Die vom Patentschutz ausgeschlossenen Erfindungen nach niederländischem Recht, GRUR Int 1960, 130; *Davies* A Scandalous Affair: The Disparity in the Application of Morality in Trade Marks, Patents and Copyright, EIPR 2012, 4; *Dederer* Zum Patentierungsausschluss von embryonalen Stammzellen und Stammzellenderivaten, GRUR 2007, 1054; *Dederer* Stammzellpatente: causa finita? GRUR 2013, 352; *Dederer* Human-embryonale Stammzellforschung vor dem Aus? Europarecht 2012, 336; *de Muyser* Die vom Patentschutz ausgeschlossenen Erfindungen nach luxemburgischem Recht, GRUR Int 1960, 140; *Dersin* Aktuelle Probleme der Rechtsprechung in Patentsachen, GRUR 1955, 311, 313 ff, 319 ff; *Deutsch* Patente für Arzneimittel und Gentechnik, FS W. Erdmann (2002), 263; *Deutsch* Der rechtliche Rahmen des Klonens zu therapeutischen Zwecken, MedR 2002, 15; *Dörries* Patentansprüche auf DNA-Sequenzen: Ein Hindernis für die medizinische Forschung? Mitt 2001, 15; *Drahos* Biotechnology Patents, Markets And Morality, EIPR 1999, 441; *Dutfield* Intellectual Property, Biogenetic Resources and Traditional Knowledge, 2004; *Egerer* Who in our society should take on the responsability of deciding what is ethically or morally just, and what are the criteria upon which decisions should be based? EPOscript Bd 1, 327; *Federle* Biopiraterie und Patentrecht, Diss Jena 2005; *Feldges* Ende des absoluten Stoffschutzes? Zur Umsetzung der Biotechnologierichtlinie, GRUR 2005, 977; *Fitzner* Der patentrechtliche Schutz von Erfindungen auf dem Gebiet der Biologie, FS W. Nordemann (1999), 51; *Fuchs* Patentrecht und Humangenetik, Mitt 2000, 1; *Fuchs/Sandart* Die vom Patentschutz ausgeschlossenen Erfindungen nach schwedischem Recht, GRUR Int 1960, 164; *Girsberger* Transparency Measures under Patent Law regarding Genetic Resources and Traditional Knowledge, JWIP 2004, 451; *Grandjean* Ethique et brevet: La valeur et le code, EPOscript Bd 1, 289; *Grund* Anmerkung, Mitt 2011, 514; *Grund/Burda* Zum BGH-Vorlagebeschluss an den EuGH zur Auslegung der Biopatentrichtlinie – Neutrale Vorläuferzellen, Mitt 2010, 214; *Grund/Keller* Patentierbarkeit embryonaler Stammzellen, Mitt 2004, 49; *Gudel* Zum Problem der gesetzwidrigen Erfindungen, GRUR 1966, 235; *Gummer* Rethinking Morality: Human Embryonic Stem Cell Innovation, to patent or not to patent? The Student Jornal of Law (Januar 2012), im Internet unter http://www.sjol.co.uk/issue-3/stem-cells; *J. Hacker* Die fehlende Legitimation der Patentierungsausschlüsse, 2015; *Harms* Drafting Claims Around Morality, EIPR 1996, 424; *Hartmann* Die Patentierbarkeit von Stammzellen und den damit zusammenhängenden Verfahren, GRUR Int 2006, 195; *Hesketh-Prichard* Die vom Patentschutz ausgeschlossenen Erfindungen in Großbritannien, GRUR Int 1960, 159; *Höller* Anforderungen an den gewerblichen Rechtsschutz und Anfragen an die Rechtswissenschaft aus der Sicht der Industrie, in: *van Raden* (Hrsg) Zukunftsaspekte des gewerblichen Rechtsschutzes, 1995, 57; *Hübel* Patentability of pluripotent stem cells unlikely although they are not considered as embryo, Mitt 2011, 494; *Hübel/Storz/Hüttermann* Limits of patentability. Plant sciences, stem cells and nucleic acids, 2013; *International Development Research Centre* (Hrsg) People, Plants, and Patents. The Impact of Intellectual Property on Biodiversity, Conservation, Trade, and Rural Society, 1994; *Horn/Horn* Der Fortschritt und das Patentrecht, GRUR 1977, 329; *Karte* Moral dilemmas in the history of patent legislation, EPOscript Bd 1, 311; *Keil* Umweltschutz als Patenthindernis, GRUR 1993, 705; *Kilger/Jaenichen* Ende des absoluten Stoffschutzes? Zur Umsetzung der Biotechnologierichtlinie, GRUR 2005, 984; *Kendziur/Klein* EuGH: Keine Patentierung bei Verwendung embryonaler Stammzellen, GRURPrax 2011, 494; *Klett* Exceptions to Patentablity Under Article 1(a) Swiss Patent Law, IIC 1997, 858 = Die Ausnahmen von der Patentierbarkeit nach Art 1a schweizerisches Patentgesetz, GRUR Int 1998, 215; *Köllner/Weber* Trolls and their consequences – an evolving IP ecosystem. Mitt 2014, 106; *Koenig/Müller* EG-rechtlicher Schutz biotechnologischer Erfindungen am Beispiel von Klonverfahren an menschlichen Stammzellen, EuZW 1999, 681; *Kranz* Die Auswirkungen des 6. Überleitungsgesetzes vom 23. März 1961 auf § 1 Abs 2 Nr 1 des Patentgesetzes, GRUR 1962, 389; *Krauß/Engelhard* Patente im Zusammenhang mit der menschlichen Stammzellenforschung – ethische Aspekte und Übersicht über den Status der Diskussion in Europa und Deutschland, GRUR 2003, 985; *Laimböck/Dederer* Der Begriff des „Embryos" im Biopatentrecht, GRUR Int 2011, 661; *Luzzati* Die vom Patentschutz ausgeschlossenen Erfindungen nach italienischem Recht, GRUR Int 1960, 128; *Mills* Biotechnical Inventions. Moral Restraints and Patent Law, 2005; *Moser* Exceptions to Patentability Under Article 53(b) EPC, IIC 1997, 845 = Die Ausnahmen von der Patentierbarkeit nach Artikel 53b EPÜ, GRUR Int 1998, 209; *Nägele/Jacobs* Patentrechtlicher Schutz indigenen Wissens, Mitt 2014, 353; *Ohly* Zur Patentierbarkeit einer Erfindung im Zusammenhang mit embryonalen Stammzellen, LMK 2011, 326137; *Pedrazzini/Blum* Die vom Patentschutz ausgeschlossenen Erfindungen nach schweizerischem Recht, GRUR Int 1960, 150; *Reitstötter* Rechtsetzung und Rechtsprechung im Deutschen Patentrecht in der Bundesrepublik, Fette und Seifen 1953, 273; *R. Rogge* Patente auf genetische Informationen im Lichte der öffentlichen Ordnung, GRUR 1998, 303; *Säger* Ethische Aspekte des Patentwesens, GRUR 1991, 267; *Schacht* Spannungsverhältnis zwischen Patent und Ethik am Beispiel moderner Techniken aus den Bereichen Biotechnologie, Chemie/Pharmazie, Elektrotechnik und Mechanik, EPOscript Bd 1, 229; *Schacht* BGH: Neurale Vorläuferzellen aus menschlichen embryonalen Stammzellen eingeschränkt patentierbar, GRURPrax 2013, 90; *Schatz* Öffentliche Ordnung und gute Sitten im europäischen Patentrecht:

Keukenschrijver

Versuch einer Flurbereinigung, GRUR Int 2006, 879; *Schneider* Embryonale Stammzellen – zur rechtlichen und patentrechtlichen Situation in Deutschland, in: Stammzellforschung – Quo vadis? 2009, 17; *Schneider* Das EuGH-Urteil „Brüstle versus Greenpeace": Bedeutung und Implikationen für Europa, ZGE 2011, 475; *Schricker* Gesetzesverletzung und Sittenverstoß, 1970; *Smith* International Convention for the Protection of New Varieties of Plants and Some Comments on Plant Breeders' Rights Legislation in the United Kingdom, IndProp 1965, 275; *Sonn* Die vom Patentschutz ausgeschlossenen Erfindungen nach österreichischem Recht, GRUR Int 1960, 141; *Sontag* Anforderungen an den gewerblichen Rechtsschutz und Anfragen an die Rechtswissenschaft aus der Sicht der Forschung, in *van Raden* (Hrsg) Zukunftsaspekte des gewerblichen Rechtsschutzes, 1995, 61; *Spranger* Indigene Völker, „Biopiraterie" und internationales Patentrecht, GRUR 2001, 89; *Spranger* Zur Auslegung des Begriffs des menschlichen Embryos gemäß Art 6 Abs 2 Buchst c EGRL 44/98 – Vorlage an den EuGH zur Vorabentscheidung, LMK 2010, 298400; *Spranger* (Entscheidungsbesprechung) Common Market Law Review 2012, 1197; *Stieper* Anmerkung zum Urteil des EuGH (Große Kammer) vom 18.10.2011, Rs. C-34/10 – Begriffsauslegung „menschliches Embryo" in Art 6 Abs 2 Buchst c EGRL 44/98, MedR 2012, 314; *Straus* Aktuelle juristische Fragen, in *van Raden* (Hrsg) Zukunftsaspekte des gewerblichen Rechtsschutzes, 1995, 47; *Straus* Patentrechtliche Aspekte der Gentherapie, GRUR 1996, 10; *Straus* Ethical Aspects in Intellectual Property Rights, in *Smelser/Baltes* (Hrsg) International Encyclopedia of the Social & Behavioural Sciences, 2001, 7621; *Straus* Zur Patentierung humaner embryonaler Stammzellen in Europa, GRUR Int 2010, 911; *Straus* Anmerkung zum Urteil des Gerichtshofs der Europäischen Union vom 18.10.2011 zum Ausschluss der Patentierbarkeit nach Art 6 Abs 2 Buchst c der Richtlinie 98/44, GRUR Int 2011, 1048; *Taupitz* Menschenwürde von Embryonen – europäisch-patentrechtlich betrachtet, GRUR 2012, 1; *H. Tetzner* Gesetz- und sittenwidrige Erfindungen, GRUR 1952, 304; *H. Tetzner* Die vom Patentschutz ausgeschlossenen Erfindungen nach deutschem Recht, GRUR Int 1960, 107; *Thomas/Richards* The Importance of the Morality Exception under the European Patent Convention: The Oncomouse Case Continues ..., EIPR 2004, 97; *Thomas/Richards* Technical Board of Appeal Decision in the Oncomouse case, EIPR 2006, 57; *Thomsen* The Exception to Patentability Under Article 53(b) EPC and Corresponding Laws of the EPC Contracting States, IIC 1997, 850 = Die Ausnahmen von der Patentierbarkeit nach Artikel 53b) EPÜ und den entsprechenden Rechtsvorschriften in den Vertragsstaaten, GRUR Int 1998, 212; *Thumm* Research and Patenting in Biotechnology A Survey in Switzerland, IGE Publikation Nr 1 (2003); *Trips-Hebert/Grund* Die Früchte des verbotenen Baumes? Die Patentierung von Stammzellen nach dem Brüstle-Urteil des Bundespatentgerichts und mögliche Fernwirkungen für die pharmazeutische Industrie, PharmR 2007, 397; *Uhrich* Ausnahme von der Patentierbarkeit bei Verwendung menschlicher Embryonen, Jura 2012, 172; *von Pechmann* Grenzen der Ausnahmebestimmung des § 1 PatG, GRUR 1959, 441; *Varju/Sándor* Patenting stem cells in Europe: The challenge of multiplicity in European Union law, Common Market Law Review 49 (2012), 1007; *Vorwerk* Patent und Ethik, GRUR 2009, 375; *Warren* A Mouse in Sheep's Clothing: The challenge to the patent morality criteria posed by „Dolly", EIPR 1998, 445; *Warren-Jones* Identifying European Moral Consensus: Why are the Patent Courts Reticent to Accept Empirical Evidence in Resolving Biotechnological Cases? EIPR 2006, 26; *Wöhlermann* (Hrsg) Das Biopatentrecht in der EU, 2005.

A. Entstehungsgeschichte; Geltungsbereich

I. Entstehungsgeschichte[1]

1 § 1 Abs 2 Nr 1 PatG 1936 (sachlich übereinstimmend mit § 1 Abs 2 PatG 1877 und PatG 1891) nahm Erfindungen, deren Verwertung den Gesetzen oder guten Sitten zuwiderlaufen würde, vom Schutz aus.

2 Durch das **6. ÜberlG** wurde die Ausnahme in Nr 1 mit Rücksicht auf die Lissaboner Revision der PVÜ[2] eingeschränkt, durch das **PatÄndG 1967** fiel mit der Aufhebung des Stoffschutzverbots Nr 2 weg.

3 Durch § 56 **SortG** ist der bis dahin geltende Wortlaut Nr 1 geworden, eine neue, Pflanzensorten betreffende Nr 2 Regelung wurde angefügt.

4 Durch das **IntPatÜG** ist die Bestimmung neu gefasst und als § 1a verselbstständigt worden. Die geltende Bezeichnung beruht auf der Neubek 1981. Die Regelung über Pflanzensorten ist durch das 1.SortÄndG vom 27.3.1992 neu gefasst worden.

5 Die durch das **BioTRlUmsG** vorgenommenen umfangreichen Änderungen, die durch das Gesetz zur Umsetzung der EPÜ-Revisionsakte geringfügig geänd worden sind, entsprechen mit Ausnahme von Abs 2 Satz 2 sachlich, wenn auch nicht ganz wörtlich, Art 6 BioTRl sowie Art 53 Buchst a EPÜ idF der Revisionsakte 2000 und Regel 28 AOEPÜ.

---

1 Materialien sind umfassend bei *MGK/Moufang* S 8 nachgewiesen; dort auch eingehend zur geschichtlichen Entwicklung (Rn 4–21).
2 Begr BlPMZ 1961, 140, 143.

II. Zeitliche Anwendbarkeit; Übergangsregelung

Die Neufassung durch das 1. SortÄndG ist nach dessen Art 5 am 8.4.1992 in Kraft getreten. Zur Kol- **6** lisionsregelung in Form eines Wahlrechts des Anmelders oder Patentinhabers Rn 23 zu § 2a.[3] Die seit 28.2.2005 geltende Änderung des BioTRlUmsG in Abs 2 Satz 1 Nr 3 ist auch auf Sachverhalte vor Inkrafttreten der BioTRl anzuwenden.[4] Das gilt auch für die entspr Regelungen in der AOEPÜ.[5]

III. EPÜ

§ 2 aF entsprach **Art 53 EPÜ**. Die BioTRl hat in die Regeln 26–29 AOEPÜ (früher Regeln 23b–23e **7** AOEPÜ) Eingang gefunden.[6] Diese sind auch auf Fälle anzuwenden, die bei Inkrafttreten der Regeln anhängig waren.[7]

B. Verstoß gegen die öffentliche Ordnung und die guten Sitten

I. Allgemeines

Da die Patenterteilung nicht von der Beachtung der Gesetze freistellt,[8] kann es grds nicht Sache des **8** Erteilungsverfahrens sein zu untersuchen, ob sich aus der gewerblichen Verwertung der Erfindung Gesetzesverstöße ergeben können;[9] verfehlt ist allerdings in diesem Zusammenhang der immer wieder zu findende Verweis auf das Nichtbestehen eines positiven Benutzungsrechts (vgl Rn 11 ff zu § 9).[10] Gleichwohl enthielten die meisten Patentsysteme seit jeher Patentierungsausschlüsse bei Gesetzesverstößen.[11] Ihre innere Rechtfertigung finden derartige Regelungen darin, dass das Patentrecht als Teil der objektiven Rechtsordnung nicht vollkommen wertneutral sein kann.[12] Die durch die BioTRl gesetzten Maßstäbe sind auch für die Auslegung des EPÜ heranzuziehen.[13] Es kommt hinzu, dass die Patenterteilung entscheidend unter Mitwirkung staatlicher oder internat Behörden zustande kommt; zwar kann in der Patenterteilung grds kein ethisches Werturteil über die angemeldete Erfindung gesehen werden, die Mitwirkung an der Patenterteilung kann allerdings in extrem gelagerten Fällen für die mit der Prüfung befassten Personen unzumutbar sein.[14] Hier greift Abs 1 ein, allerdings nicht auf der Ebene fehlender Patentfähigkeit, sondern als generalklauselartiger Patentierungsausschluss (Patentierungsverbot),[15] der von der Regelung in Abs 2, die ebenfalls Patentierungsausschlüsse enthält, lediglich konkretisiert und nicht verdrängt wird.[16] Außerhalb des Gebiets der Biotechnologie ist die Bedeutung der Bestimmung gering.[17]

Die Regelung in Nr 1 aF enthielt (anders als die vorangehende und die geltende, die nur auf die Ver- **9** wertung abstellen) **zwei Tatbestände**, nämlich einmal, dass die Veröffentlichung der Erfindung gegen die öffentliche Ordnung oder die guten Sitten verstoßen würde, und zum anderen, dass dies bei ihrer Verwertung der Fall wäre. Die Patentierung als solche wird dabei nicht unmittelbar bewertet.[18] Die geltende Rege-

---

3 Näher *Keukenschrijver* SortG § 41 Rn 5 ff.
4 BGH (Vorlagebeschluss) GRUR 2010, 212 neurale Vorläuferzellen I; BPatGE 50, 33 = GRUR 2007, 1049 „neurale Vorläuferzellen"; vgl *Mes* Rn 12.
5 EPA G 2/06 ABl EPA 2009, 306, 321 f = IIC 2009, 592 Verwendung von Embryonen/WARF, auf Vorlage EPA T 1374/04 ABl EPA 2007, 313 = GRUR Int 2007, 600.
6 Vgl zur Begr Mitteilung vom 1.7.1999 ABl EPA 1999, 573.
7 EPA T 315/03 ABl EPA 2006, 15 genetisch manipulierte Tiere.
8 *Benkard* Rn 16; *Schulte* Rn 12; *Fitzner/Lutz/Bodewig* vor § 2 Rn 2, 3.
9 *MGK/Moufang* Art 53 EPÜ Rn 23; *Benkard-EPÜ* Art 53 Rn 3.
10 Vgl *Benkard* Rn 3.
11 Vgl auch die US-Praxis seit 1817 Lowell v. Lewis, 15 Fed Cas. 1018 (C.C.D. Mass. 1817).
12 *Beier/Straus* Gentechnologie S 136, *MGK/Moufang* Art 53 EPÜ Rn 24.
13 FPA T 475/01 Phosphinotricin-Resistenzgen/BAYER; vgl EPA G 1/98 ABl EPA 2000, 111 = GRUR Int 2000, 431 transgene Pflanze II.
14 *Ischebeck* Die Patentierung von Tieren (2015), 142 sieht diesen Gesichtspunkt als „widersprüchlich" an.
15 Vgl *MGK/Moufang* Art 53 EPÜ Rn 2; *Benkard* Rn 7; *Benkard-EPÜ* Art 53 Rn 2; *Mes* Rn 2.
16 Vgl *Kraßer/Ann* § 15 Rn 5.
17 Vgl *Fitzner* FS W. Nordemann (1999) 51, 60 ff.
18 Vgl *Benkard-EPÜ* Art 53 Rn 4; *Busche* GRUR Int 1999, 299, 301.

lung stellt nurmehr auf die Verwertung, also nicht auf die Patentierung selbst oder deren Veröffentlichung ab.

II. Veröffentlichung

10   Das BioTRUmsG hat in Übereinstimmung mit Art 27 TRIPS-Übk und der EPÜ-Revision die Bestimmung aufgehoben (zur früheren Rechtslage *6. Aufl*).[19] Veröffentlichung iS dieser Bestimmung war die Herausgabe der Offenlegungs- und Patentschriften.[20] Das DPMA ist (anders als uU das EPA im Rahmen der Art 8, 20 Immunitätsprotokoll)[21] wie jede Verwaltungsbehörde an Gesetz und Recht gebunden. Wegen der engeren Schranke des Ordnungsrechts brauchte auf die weiter gefasste des § 2 Abs 1 aF nicht zurückgegriffen zu werden (näher *6. Aufl*). Unzulässigkeit der Veröffentlichung kommt nach ordnungsrechtl Kriterien insb in Betracht, wenn der Inhalt der zu veröffentlichenden Unterlagen strafrechtl relevant ist, zB nach §§ 90ff, 94, 95, 97, 111, 130a,[22] 131, 185ff StGB. Herabsetzende Äußerungen über Konkurrenzprodukte werden auch dann keinen iSd Bestimmung relevanten Verstoß begründen können, wenn sie gegen den Anmelder Abwehransprüche, zB wegen Wettbewerbsverstoßes, begründen[23] (zum Rechtsweg Rn 37ff zu § 143). Ist eine Veröffentlichung gleichwohl erfolgt, wird man zwar eine weitere Veröffentlichung (Patentschrift nach Offenlegungsschrift) als unzulässig ansehen müssen, der früheren Regelung für die Entscheidung im Einspruchs- oder Nichtigkeitsverfahren aber keine Relevanz mehr zuerkennen können.[24]

III. Verwertung

11   **1. Allgemeines.** Maßgeblich ist die gewerbliche Verwertung der Erfindung, nicht die Entstehung der Erfindung oder deren Veröffentlichung;[25] Gesetzes- oder Sittenverstoß bei Schaffung der Erfindung mag aber wettbewerbsrechtl und uU strafrechtl relevant sein. Verwertung ist jede (gewerbliche) Benutzung der Erfindung.[26] Wieweit Vorfeldhandlungen einbezogen werden müssen, ist nicht abschließend geklärt.

12   Hinsichtlich des Vertriebs enthält **Art 4^(quater) PVÜ** (Lissaboner und Stockholmer Fassung) folgende Regelung:

Patente: Patentierbarkeit im Falle innerstaatlicher Vertriebsbeschränkungen
     Die Erteilung eines Patents kann nicht deshalb verweigert und ein Patent kann nicht deshalb für ungültig erklärt werden, weil der Vertrieb des patentierten Erzeugnisses oder des Erzeugnisses, das das Ergebnis eines patentierten Verfahrens ist, Beschränkungen oder Begrenzungen durch die innerstaatlichen Rechtsvorschriften unterworfen ist.

13   Ein Verstoß gegen Abs 1 liegt nicht schon vor, wenn die Verwertung gegen das Gesetz oder Verwaltungsvorschriften verstößt, also schlicht **gesetzwidrig** ist.[27] Das gilt für eur Patente selbst dann, wenn dies in allen Vertragsstaaten der Fall ist.[28] Die Regelung ist weder dazu bestimmt noch dazu geeignet, gesetzwidriges Handeln zu unterbinden. Sie ist Ausdruck der allg Erwägung, dass solche Erfindungen nicht als patentwürdig anerkannt und vom Staat nicht durch Patenterteilung belohnt und geschützt werden, die bestimmungsgem allein zu Zwecken verwendet werden können, die die Rechtsordnung missbilligt.[29] Voraussetzung ist die Gefährdung einer zu den tragenden Grundsätzen der Rechtsordnung zählenden Norm oder die Verletzung einer ethisch fundierten Norm von zentraler Bedeutung, die allg als verbindlich ange-

---

19   Vgl zur Regelung in Belgien *van Overwalle* IIC 2000, 259, 280; *van Overwalle* EIPR 2002, 233.
20   *Schulte*[6] Rn 12.
21   Vgl *Benkard-EPÜ* Art 53 Rn 5.
22   Vgl *Tröndle/Fischer* § 130a StGB Rn 5.
23   AA ersichtlich VG München 30.10.2002 M 17 E 02.3943; vgl VGH München GRUR-RR 2003, 297; vgl auch *Benkard* Rn 16; *Benkard-EPÜ* Art 53 Rn 22; VG München BlPMZ 2005, 398; BGHZ 183, 309 = GRUR 2010, 253 Fischdosendeckel.
24   *Bernhard/Kraßer*[4] S 137; *MGK/Moufang* Art 53 EPÜ Rn 42.
25   Vgl EPA G 2/06 ABl EPA 2009, 306, 329 = IIC 2009, 592 Verwendung von Embryonen/WARF.
26   *Schulte*[6] Rn 14; *Mes* Rn 10; vgl *Benkard* Rn 28 f.
27   Vgl *Schulte* Rn 20; BGH (Vorlagebeschluss) GRUR 2010, 212 neurale Verläuferzellen I.
28   EPA G 2/06 ABl EPA 2009, 306, 329 = IIC 2009, 592 Verwendung von Embryonen/WARF.
29   BGH GRUR 1973, 585 f IUP.

sehen wird.[30] Die schweiz Rspr verweist darauf, dass auch ein Herstellungsverfahren nicht patentierbar ist, wenn es zu einem Endprodukt führt, dessen Bekanntgabe oder Verwendung der öffentlichen Ordnung oder den guten Sitten widerspricht.[31]

2. Verstöße gegen die öffentliche Ordnung. Voraussetzung für das Eingreifen der Generalklausel **14** ist ein Verstoß gegen „tragende Grundsätze der Rechtsordnung";[32] auf die Stellung der Bestimmung in der Normenhierarchie muss es allerdings nicht entscheidend ankommen.[33] Hierzu gehören die Grundlagen des staatlichen, gesellschaftlichen oder wirtschaftlichen Lebens in der Bundesrepublik Deutschland und die wesentlichen Verfassungsgrundsätze, die eine unverrückbare Grundlage des staatlichen oder sozialen Lebens bilden.[34] Entgegen verbreiteter Auffassung kann, da es nicht um kollisionsrechtl Fragen geht, auf den „ordre-public"-Begriff des Art 6 EGBGB nicht zurückgegriffen werden.[35] Zu berücksichtigen sind Vorgaben etwa in der UN-Charta, der Europäischen Menschenrechtskonvention[36] und der Charta der Grundrechte der Europäischen Union[37] sowie in völkervertragsrechtl Normen (zur Bioethik-Konvention Rn 28, 32; Rn 4 zu § 1a).[38] In Betracht kommt weiter der Verstoß gegen ausdrückliche gesetzliche Verbote, zB im Gesetz zur Regelung von Fragen der Gentechnik vom 20.6.1990 idF der Bek vom 16.12.1993,[39] im Embryonenschutzgesetz (ESchG) vom 13.12.1990[40] (so jetzt ausdrücklich Abs 2 Satz 2), im Stammzellgesetz (StZG) vom 28.6.2002,[41] zuletzt geänd durch Gesetz vom 7.8.2013,[42] und der EU-Richtlinie über den rechtlichen Schutz biotechnologischer Erfindungen (Richtlinie 98/44/EG, Biotechnologie-Richtlinie)[43] – BioTRl – oder im Tierschutzgesetz vom 24.7.1972 idF der Bek vom 25.5.1998;[44] soweit diese der gemeinsamen eur Überzeugung entsprechen[45] (bdkl deshalb der gesetzgeberische Versuch, nationale Regelungen zum absoluten Maßstab zu machen). Gesetzwidrigkeit ist jedoch im Gegensatz zur früheren Rechtslage nicht mehr entscheidendes Kriterium; dies trägt dem Umstand Rechnung, dass gesetzliche Verbote nicht unveränderlich sind, die zum früheren Recht geführte Diskussion über die Beurteilung von Zeitgesetzen ist damit obsolet. Ein relevanter Verstoß gegen die öffentliche Ordnung kann noch nicht bei der Verletzung sicherheits- und ordnungsrechtl Normen (die auch bei Bestehen von Patentschutz zu beachten sind)[46] angenommen werden, sondern nur bei Tätigkeiten, bei denen der Gesetzesverstoß zugleich ein gesteigertes Unwerturteil impliziert. Als Faustregel können jedenfalls solche Fälle als erfasst gelten, die das Gesetz als Verbrechen und nicht nur als Vergehen wertet (Mindestfreiheitsstrafe ein Jahr und höher, § 12 Abs 1 StGB).[47] Auch der Schutz der Umwelt wird vom Begriff der öffentlichen Ordnung erfasst,[48] allerdings ebenfalls nur unter den

---

30 *Moufang* EPOscript Bd 1, 133, 149.
31 Schweiz BG SMI 1995, 358, 363 = GRUR Int 1996, 1059, 1060 Manzana II.
32 Begr IntPatÜG BlPMZ 1976, 332; vgl BGH GRUR 2003, 707 DM-Tassen; BGH GRUR 2003, 705 Euro-Billy; BGH GRUR 2003, 708 Euro-Banknoten; BGH GRUR 2003, 708 Schlüsselanhänger; BGH GRUR 2004, 770 abgewandelte Verkehrszeichen: BGH 20.3.2003 I ZB 2/02, GeschMSachen; *Kraßer/Ann* § 15 Rn 10; *Benkard* Rn 36; *Schulte* Rn 22; *Fitzner/Lutz/Bodewig* Rn 3; *Mes* Rn 7; *Strauss* GRUR 1992, 252, 259; *R. Rogge* GRUR 1998, 303 f; *Busche* Mitt 2001, 4, 7; *Wolters* Die Patentierung des Menschen, 2006, S 146.
33 *Kraßer/Ann* § 15 Rn 10.
34 BGH (Vorlagebeschluss) GRUR 2010, 212 neurale Vorläuferzellen I; vgl BGHZ 42, 7, 13 = NJW 1965, 38; BGHZ 94, 248 f = NJW 1985, 2635.
35 So auch *Benkard* Rn 35; *Benkard-EPÜ* Art 53 Rn 18; aA *MGK/Moufang* Art 53 EPÜ Rn 31; *Schulte* Rn 18; *Bühring* § 2 GebrMG Rn 5.
36 Vgl hierzu EPA D 11/91 ABl EPA 1995, 721, 775 f; *Wolters* S 146.
37 *Schulte* Rn 19.
38 *MGK/Moufang* Art 53 EPÜ Rn 33; *Fitzner/Lutz/Bodewig* Rn 3.
39 BGBl I 2066.
40 BGBl I 2746; vgl *Benkard-EPÜ* Art 53 Rn 19.
41 BGBl I 3277.
42 BGBl I 3154.
43 ABl EG 1998 L 213/13.
44 BGBl I 1106.
45 Vgl *Busche* GRUR Int 1999, 299, 305 f mwN; BVerfGE 101, 1 = NJW 1999, 3253; zur wettbewerbsrechtl Beurteilung, wenn ein Verhalten zwar gegen strengere nat Bestimmungen verstößt, aber EG-Recht entspricht, BGHZ 130, 182 = GRUR 1995, 817 Legehennenhaltung.
46 Vgl EPA T 356/93 ABl EPA 1995, 545, 565 = GRUR Int 1995, 978 Pflanzenzellen.
47 Vgl *Büscher/Dittmer/Schiwy* Rn 3.
48 EPA Pflanzenzellen; *Benkard* Rn 39; *Benkard-EPÜ* Art 53 Rn 20; *Schulte* Rn 19; *Fitzner/Lutz/Bodewig* Rn 3; *Mes* Rn 8.

genannten Voraussetzungen (das EPA hat auf die hinreichende Substantiierung abgestellt). Für die Frage der Anwendung eines nationalen oder eur Maßstabs wird man die gleichen Grundsätze anwenden müssen wie bei der Frage der Sittenwidrigkeit[49] (Rn 21).

15 Falls die Verwertung der Erfindung gegen **zentrale Grundsätze der Verfassungsordnung** verstößt (insb bei einer Lehre, deren Anwendung gegen die Würde des Menschen verstößt), ergibt sich das Verbot bereits unmittelbar aus Verfassungsrecht;[50] dies hindert es nicht, in Nr 1 insoweit eine deklaratorische Wiederholung des bereits verfassungsrechtl ableitbaren Verbots zu sehen.[51] In diesem Fall ist im nationalen Rahmen eine weniger strenge eur Beurteilung unbeachtlich.

16 **Ausnahmetatbestände** in den Verbotsnormen schließen die Annahme des Verstoßes gegen die öffentliche Ordnung regelmäßig aus.[52] Hier soll aber in jedem Einzelfall eine Prüfung erforderlich sein, welchem Zweck der Erlaubnisvorbehalt gilt und welches Rechtsgut konkret betroffen ist.[53] Das wird auch für die Regelung in § 4 Abs 2 StZG gelten müssen.[54]

17 Ein relevanter Verstoß kommt grds nur in Betracht, wenn praktisch **jede denkbare Verwertungsmöglichkeit** gegen die öffentliche Ordnung verstößt.[55] Dabei kann auch eine Prognose anzustellen sein, ob die gegen die Verwertung gerichteten Regeln innerhalb der Patentlaufzeit fallen werden.[56] Ein möglicher unbedenklicher Gebrauch schließt jedenfalls im Anwendungsbereich nur der Generalklausel (zu Abs 2 vgl Rn 37) den Verstoß aus.[57] Es geht grds nicht an, auf die erklärte Benutzungsabsicht des Patentinhabers und nicht auf die objektive Lage abzustellen.[58] Eine bloße Missbrauchsmöglichkeit (zB bei Waffen, Giftstoffen, Abtreibungsmitteln) steht mit Rücksicht auf verbleibende gesetzeskonforme Anwendungsbereiche der Patentierung nicht entgegen;[59] daher reichen auch Ausnahmen im Gesetz (Rn 16), mögliche Ausnahmegenehmigungen oder die Zulässigkeit der Herstellung für den Export[60] aus; in letzterem Fall muss die Frage des Verstoßes gesondert geprüft werden (zB im Fall im Inland verbotener, im Ausland aber erlaubter gesundheitsgefährdender Stoffe). Kommen zulässige und unzulässige Verwertungsmöglichkeiten in Betracht, ist es grds nicht erforderlich, in die Patentschrift einen Hinweis aufzunehmen, dass das Schutzrecht nicht als Grundlage für die unerlaubten dienen soll. Eine ausdrückliche Beschränkung ist nach dem Zweck der Bestimmung jedoch geboten, wenn eine bestimmte Ausführungsform, deren Verwertung stets einen Verstoß gegen die öffentliche Ordnung oder die guten Sitten darstellen würde, in der Patentschrift ausdrücklich hervorgehoben wird. Dies gilt nicht nur, wenn eine sittenwidrige Verwertungsform Gegenstand eines gesonderten Unteranspruchs ist, sondern auch, wenn diese Verwertungsform in der Beschreibung nicht nur beiläufig benannt, sondern als bevorzugte Ausführungsform herausgestellt wird.[61] Die ältere Praxis des BPatG hat bei Teilverboten einen Beschreibungszusatz des Inhalts, dass die

---

49 Vgl EPA T 356/93 ABl EPA 1995, 545, 558 = GRUR Int 1995, 978 Pflanzenzellen; vgl auch BGH Legehennenhaltung.

50 AA offenbar noch *Benkard*[9] Rn 5.

51 Vgl auch *Moufang* EPOscript Bd 1, 133, 150.

52 Vgl BGH (Vorlagebeschluss) GRUR 2919, 212 neurale Vorläuferzellen I; *MGK/Moufang* Art 53 EPÜ Rn 34; BGH GRUR 1972, 704, 705 Wasseraufbereitung; BGH Euro-Billy; BGH abgewandelte Verkehrszeichen; BGH GRUR 2004, 771 Ersttagssammelblätter; BPatGE 46, 170 = GRUR 2003, 710; BPatGE 46, 231, 236; abw BPatGE 50, 33 = GRUR 2007, 1049 ff „neurale Vorläuferzellen".

53 BPatGE 50, 33 = GRUR 2007, 1049, 1054 „neurale Vorläuferzellen", zu „Stichtags"-Stammzellen m kr Anm *Dederer; Fitzner/Lutz/Bodewig* Rn 5; weiter *Sattler de Sousa e Brito* (Anm) GRUR Int 2007, 759 ff.

54 Vgl BGH neurale Vorläuferzellen I.

55 Vgl *Büscher/Dittmer/Schiwy* Rn 4.

56 *Benkard* Rn 22; *Kraßer/Ann* § 15 Rn 11; *Fitzner/Lutz/Bodewig* Rn 1 fordern restriktive Auslegung.

57 BGH GRUR 1973, 585 f IUP; BGH GRUR 1972, 704 Wasseraufbereitung; BGH (Vorlagebeschluss) GRUR 2010, 212 neurale Vorläuferzellen I: auch für die Fallgruppen des Abs 2 Nr 2; EPA-PrRl C-IV. 4.3 unterscheiden zwischen „offensivem" und „inoffensivem" Verwendungszweck.

58 AA BPatGE 50, 33 = GRUR 2007, 1049, 1052 „neurale Vorläuferzellen" unter Hinweis auf *Schulte*[7] Rn 34 und *Rogge* GRUR 1998, 306 f; vgl *Calame* sic! 2007, 771; vgl auch EPA (Einspruchsabt) ABl EPA 2003, 473 Krebsmaus; EPA (Einspruchsabt) Mitt 2003, 502 Embryonic Stem Cells.

59 Vgl RG BlPMZ 1904, 35, 36 Milcheis; BPatGE 50, 33 = GRUR 2007, 1049, 1051 „neurale Vorläuferzellen"; *Benkard* Rn 31; *Benkard-EPÜ* Art 53 Rn 6 ff; *Schulte* Rn 49; *Fitzner/Lutz/Bodewig* Rn 4; auf RGZ 149, 224 Präservative sollte nicht mehr zurückgegriffen werden.

60 Vgl BPatGE 2, 161, 163 = GRUR 1965, 31; BPatGE 11, 1; BPatGE 50, 33 = GRUR 2007, 1049, 1054 „neurale Vorläuferzellen"; DPA Mitt 1956, 162.

61 BGH neurale Vorläuferzellen I; BPatG GRUR Int 2007, 757; vgl *R. Rogge* GRUR 1998, 303, 306 f; *Kraßer/Ann* § 15 Rn 47 f.

Verwertung der Erfindung durch gesetzliche Bestimmungen, insb durch das Lebensmittelgesetz, beschränkt sein könne, als erforderlich, aber auch ausreichend angesehen.[62]

Dass die Erfindung ein **Staatsgeheimnis** darstellt, steht der Patenterteilung nicht entgegen, wie Nr 1 **18** Satz 2 aF bestätigte.[63] Bei nationalen Anmeldungen greifen hier die §§ 50 ff. Bei eur Anmeldungen ergibt sich ein Korrektiv aus Art II § 4 Abs 2 IntPatÜG (s dort), bei PCT-Anmeldungen aus Art III § 2 IntPatÜG.

Fälle, in denen Verstoß gegen die öffentliche Ordnung erwogen wurde, finden sich in der **Rechtspre-** **19** **chung** des BGH und des BPatG nur vereinzelt; bei ihrer Heranziehung wird auch hier geprüft werden müssen, wieweit sie dem Zeitgeist geschuldet waren (vgl Rn 20). Intrauterinpessare hat der BGH jedenfalls mit Rücksicht auf Fälle ärztlich gebotener Unterbrechung der Schwangerschaft als patentfähig angesehen.[64] Das BPatG hat ein Patentierungsverbot bei Personenbeförderung in Bauaufzügen verneint;[65] weitere Fälle betrafen Erfindungen, bei denen die Verwertung gegen Lebensmittelrecht verstieß,[66] für den Export zulässige Fremdstoffzusätze;[67] eine theoretische Exportmöglichkeit wurde als ausreichend angesehen, das Verbot leerlaufen zu lassen.[68] Die Anbringung eines Hoheitszeichens („Europaemblem") auf einer Gehäuseabdeckplatte wurde nicht ohne weiteres als bdkl angesehen;[69] das gilt auch für fehlende Zertifizierung.[70] Aus der Praxis des EPA sind einige Beschwerdekammerentscheidungen zu nennen.[71] Eine offensichtlich zu Zwecken rechtspolitischer Argumentation eingereichte Anmeldung beim EPA (EP1975245 – Genprofiling zur Auswahl von politischen Kandidaten, kommerzielle Nutzung von Politikern) ist ersichtlich nicht weiterverfolgt worden.

3. Verstöße gegen die guten Sitten

a. Die **Generalklausel** entzieht sich einer präzisen Definition, formelhafte Umschreibungen „helfen **20** bei der patentrechtl Würdigung nicht viel weiter".[72] Sittenwidrigkeit darf nicht mit zeitlich wandelbaren oder gar gerade „herrschenden" Moralvorstellungen gleichgesetzt werden,[73] die Heranziehung des „Anstandsgefühls aller billig und gerecht Denkenden"[74] als Maßstab erscheint wegen der besonderen Bedeutung der Klausel im patentrechtl Kontext als zu eng.[75] Soweit die Verwertung in relevanter Weise gegen Rechtsnormen, auch in innerstaatliches Recht transformierte Normen des Völkerrechts, verstößt, greift bereits der Gesichtspunkt des Verstoßes gegen die öffentliche Ordnung, ohne dass hier eine Exklusivität der beiden Tatbestände angenommen werden müsste.[76] Ist dies nicht der Fall, sollte regelmäßig auch bei der Bejahung einer patentrechtl relevanten Sittenwidrigkeit Zurückhaltung geübt werden; bloße Anstößigkeit sollte nicht durchschlagen.[77] Ein Anwendungsbereich kann insb da bleiben, wo der Gesetzgeber auf neuartige Erscheinungsformen der Technik noch nicht reagieren konnte[78] und deshalb eine unerträgliche rechtl Lücke besteht; zu weitgehend wäre deshalb die Auffassung, dass Nichtverbotensein zwingend

---

62 BPatGE 11, 1.

63 Vgl Begr IntPatÜG BTDrs BlPMZ 1976, 332.

64 BGH GRUR 1973, 585 f IUP; anders noch PA BlPMZ 1915, 248, 249; die Patentierbarkeit abl auch BPatG 3.11.1970 23 W (pat) 91/70 gegen BPatG 13.3.1969 5 W (pat) 60/68 und BPatG 2.4.1969 18 W (pat) 193/68.

65 BPatGE 5, 129 = GRUR 1965, 357.

66 BPatGE 11, 47 = Mitt 1970, 97, insb zur „Offensichtlichkeit" des Verstoßes; vgl hierzu auch *Reitstötter* Fette und Seifen 1953, 273, 276.

67 BPatGE 2, 161, 163 = GRUR 1965, 31.

68 BPatG Mitt 1967, 14.

69 BPatGE 45, 211 = GRUR 2003, 142, GbmSache; vgl *Mes* Rn 8.

70 BPatG 22.5.2003 14 W (pat) 324702.

71 EPA T 19/90 ABl EPA 1990, 476 = GRUR Int 1990, 978 Krebsmaus II; EPA T 356/93 ABl EPA 1995, 545 = GRUR Int 1995, 978 Pflanzenzellen; EPA T 315/03 ABl EPA 2006, 15 genetisch manipulierte Tiere.

72 *MGK/Moufang* Art 53 EPÜ Rn 36, 37; zur Beurteilung im Markenrecht *Ströbele/Hacker* § 8 MarkenG Rn 771 ff.

73 Vgl zur Behandlung von Empfängnisverhütungsmitteln PA BlPMZ 1915, 248; RPA Mitt 1934, 19 einerseits und die zwar großzügigere, aber besonders stark Zeitströmungen verhaftete Entscheidung RGZ 149, 224, 229 Präservative andererseits; zum empirischen Nachweis *Drahos* EIPR 1999, 441; *Warren-Jones* EIPR 2006, 26.

74 BGHZ 10, 228, 232; so auch *Fitzner/Lutz/Bodewig* Rn 6.

75 Vgl auch *MGK/Moufang* Art 53 EPÜ Rn 35; *Benkard* Rn 47; *Schulte* Rn 51; differenzierend *Mes* Rn 9; vgl zum GeschmMG BPatGE 42, 67 = GRUR 2000, 1026; BPatG BlPMZ 2001, 154; BPatGE 46, 225, 228 = GRUR 2004, 160.

76 Vgl nunmehr auch *Kraßer/Ann* § 15 Rn 19.

77 Vgl *Benkard* Rn 48; *R. Rogge* GRUR 1998, 303, 305; *Busche* Mitt 2001, 4, 8; vgl auch *Fitzner/Lutz/Bodewig* Rn 7.

78 Vgl *Schulte*[6] Rn 23.

Keukenschrijver

der Annahme der Sittenwidrigkeit entgegenstehen müsste.[79] Auch hier ist in erster Linie das Ordnungsrecht gefordert und ein Einschreiten im Patenterteilungsverfahren nur geboten, wenn bereits die Mitwirkung der Erteilungsbehörde im Erteilungsverfahren als Billigung oder Förderung angesehen werden könnte.[80] Nr 1 und Art 53 Buchst a EPÜ betreffen demnach nur extreme Ausnahmefälle, die die Allgemeinheit als besonders verabscheuungswürdig ansieht;[81] selbst hier ist aber für das Wettbewerbsrecht die Auffassung vertreten worden, dass es Sache des Gesetzgebers und nicht der Wettbewerbsgerichte sei, Abhilfe zu schaffen;[82] dem wird man für das Patentrecht nicht folgen können. Pflanzenbiotechnologie ist unter Rekurs auf die Gesamtheit der im eur Kulturkreis verwurzelten anerkannten Normen nicht als sittenwidrig angesehen worden,[83] das gilt grds auch für gentechnisch veränderte Pflanzen und vorbehaltlich Abs 2 Nr 4 (Rn 38 ff) Tiere. Zur Patentierung von konventionell gezüchteten landwirtschaftlichen Nutztieren und -pflanzen vgl den interfraktionellen Entschließungsantrag im Bundestag vom 17.1.2012.[84]

21   **b. Maßstab.** Von der Beschränkung auf Extremfälle her relativiert sich auch die Streitfrage der Anwendung eines „europäischen" (etwa im Sinn der „allgemein anerkannten Verhaltensnormen des europäischen Kulturkreises") oder eines strengeren „nationalen" Maßstabs, etwa im nationalen Nichtigkeitsverfahren über eur Patente.[85] Eine eur Definition der „guten Sitten" wird sich noch schwieriger entwickeln lassen als eine nationale,[86] anders dort, wo – etwa für den Bereich der EU im Richtlinienweg – normative Regelungen erfolgen;[87] die Charta der Grundrechte der Europäischen Union[88] ist zu beachten. Im eur Patenterteilungsverfahren ist eine differenzierende Betrachtung im Hinblick auf die jeweilige nationale Rechtsordnung nicht möglich,[89] dies wird auch in der Weise gelten müssen, dass die Unanstößigkeit in nur einem Vertragsstaat noch keine Patentierungsmöglichkeit durch ein eur Patent eröffnet,[90] sondern dass auf die durchschnittlichen Auffassungen in allen Vertragsstaaten abzustellen ist,[91] für die auch einheitliche EU-Regelungen einen Hinweis geben können.[92] Voraussetzung wird bei eur Patenten aber immer sein müssen, dass die Regelungen der EU im gesamten Bereich des EPÜ akzeptiert werden, während bei nationalen Patenten europarechtl Vorgaben der EU unmittelbar beachtlich sind (und im Verfahren nach Art 267 AEUV geklärt werden können). Da die nationale Regelung die eur rezipiert, werden hier einheitliche Mindeststandards anzuwenden sein; dies

---

79   Vgl hierzu *Straus* GRUR 1996, 10, 15 in Auseinandersetzung mit EPA T 356/93 ABl EPA 1995, 545, 565 = GRUR Int 1995, 978 Pflanzenzellen; *Kraßer/Ann* § 15 Rn 19.

80   Ähnlich *Bernhard/Kraßer*ᴬ S 136; vgl BGH (Vorlagebeschluss) GRUR 2010, 212 neurale Vorläuferzellen I.

81   EPA – Einspruchsabteilung – GRUR Int 1993, 865 Patent für pflanzliche Lebensformen; vgl *Warren* EIPR 1998, 445.

82   BGHZ 130, 182 = GRUR 1995, 817 Legehennenhaltung.

83   EPA T 356/93 ABl EPA 1995, 545, 562 ff = GRUR Int 1995, 978 Pflanzenzellen; EPA T 475/01 Phosphinotricin-Resistenzgen/BAYER.

84   BTDrs 17/8344.

85   Vgl auch HG Zürich sic! 1997, 208, 211; vgl zur schweiz Gen-Schutz-Initiative *Calame/Schweizer* SJZ 1998, 173, 178; zur Rechtslage in Dänemark NIR 1994, 444; zur Problematik insgesamt *Kraßer/Ann* § 15 Rn 13 f, 22, die verneinen, dass das EPÜ eine Grundlage für die Herleitung als öffentlicher Ordnung und der guten Sitten qualifizierbarer Wertentscheidungen biete; *Schulte* Rn 16.

86   Vgl EPA T 356/93 ABl EPA 1995, 545, 567 = GRUR Int 1995, 978 Pflanzenzellen unter Hinweis auf die Materialien; EPA T 315/03 ABl EPA 2006, 16 genetisch manipulierte Tiere: „eine einzelne zB auf wirtschaftlichen oder religiösen Grundsätzen beruhende Definition der guten Sitten" stellt „keine allgemein anerkannte Norm des europäischen Kulturkreises dar"; *Beyleveld/Brownswood* (1993), 59, 63; für die Heranziehung der EMRK als Standard *R. Ford* EIPR 1997, 315; in Betracht kommt auch die Menschenrechts- und Biomedizin-Konvention des Europarats vom 4.4.1997, European Treaty Series 164, mit Zusatzprotokoll vom 6.11.1997.

87   Vgl BGHZ 138, 55 = GRUR 1998, 824 Testpreisangebot, UWGSache.

88   ABl EU 2010 C 83.

89   *MGK/Moufang* Art 53 EPÜ Rn 26; *Schulte* Rn 16.

90   AA *Straus* GRUR Int 1990, 913, 918 f; *Benkard-EPÜ* Art 53 Rn 34; aA wohl auch *R. Rogge* GRUR 1998, 303, 307; weitergehend *Schatz* GRUR Int 1997, 588, 595, der schon Verstoß in einem benannten Vertragsstaat als hindernd ansieht, jedoch auf die Praxis verweist, dass der Anmelder nach entspr Prüfungsbescheid auf die Benennung dieses Vertragsstaats verzichtet; vgl auch die Regelung in Art 63 Abs 3 Buchst f GSortV; vgl weiter *Singer/Stauder* EPÜ⁵ Art 53 Rn 39 ff; aufgegeben in *Singer/Stauder* EPÜ⁷ Art 53 Rn 12; *Fuchs* Mitt 2000, 1, 7; *Busche* Mitt 2001, 4, 7.

91   Vgl *MGK/Moufang* Art 53 EPÜ Rn 28 f; EPA Pflanzenzellen, wo auf den „europäischen Kulturkreis" abgestellt wird; HABM Mitt 2000, 304; EPA (Einspruchsabteilung) IIC 35, 2004, 72; zur richtlinienkonformen Auslegung des Begriffs der guten Sitten in § 23 Nr 2 MarkenG BGH GRUR 2004, 600 d-c-fix/CD-FIX.

92   Vgl BGHZ 130, 182 = GRUR 1995, 817 Legehennenhaltung.

---

wird auch für das nationale Nichtigkeitsverfahren gegen eur Patente[93] und letztlich auch für die Bewertung nationaler Patente selbst gelten müssen,[94] allerdings mit der Maßgabe, dass nationales Verfassungsrecht (das sich auch in einfachgesetzlichen Regelungen niederschlagen kann) als nationaler Maßstab immer beachtlich ist. Immerhin kann dem Risiko unterschiedlicher Praxis in den verschiedenen Vertragsstaaten bei der Staatenbenennung und der Validierung eur Patente Rechnung getragen werden.[95]

c. Einzelfälle und Beispiele.[96] Gesetzwidrigkeit hat das BPatG bei einem evakuierbaren Sarg bejaht, **22** der ein Erwachen des Scheintoten durch Entziehung der Atemluft ausschließt.[97] In Betracht kommen besonders grausame oder heimtückische Waffen, insb solche, deren Einsatz völkerrechtl verboten ist, wie biologische und chemische Kampfstoffe;[98] Abtreibungsmittel, deren Anwendung von Ärzten wegen Gefährlichkeit allg abgelehnt wird; Erfindung, deren bestimmungsgem Gebrauch in einer zum Schutz elementarer Rechtsgüter unter Strafe gestellten Handlung besteht, zB Briefbombe, Mittel, die beim Konsum von Betäubungsmitteln eingesetzt werden sollen (zwh im Hinblick auf die Wandelbarkeit der Anschauungen auch hier), Vorkehrungen zur Diebstahlsicherung im Bereich der Selbstjustiz; Erfindungen, deren einziger Zweck Erleichterung von Straftaten oder Ordnungswidrigkeiten ist, zB Beseitigung denaturierender oder kennzeichnender Zusätze, Radarwarnvorrichtungen (zwh mit Rücksicht auf ihre Erlaubtheit in Teilen des Auslands);[99] Herstellung gesundheitsschädlicher oder verfälschter Lebensmittel; Herstellung von Mensch-Tier-Chimären (Erwägungsgrund 38 zu BioTRl);[100] Klonierung Tumor erzeugender Viren im Schrotschussverfahren unter Verwendung ungeschwächter Empfängerorganismen,[101] Mittel oder Verfahren zum massenweisen oder grausamen Töten von Menschen;[102] nach nationalem Verfassungsrecht wohl aber jedes Hinrichtungsgerät, jedenfalls, soweit man in der Todesstrafe einen Verstoß gegen die Menschenwürde sieht. Das EPA hat eine medikamentöse Sterbehilfe auch zur Anwendung beim Menschen patentiert.[103] Zur Sittenwidrigkeit der Entnahme von menschlichem Zellmaterial Rn 4 zu § 1a.

d. Maßgeblicher Zeitpunkt für die Beurteilung der Sittenwidrigkeit ist nicht der Anmelde- oder Prio- **23** ritätszeitpunkt, sondern der Zeitpunkt der Erteilung.[104] Im Einspruchs- und Nichtigkeitsverfahren ist auf den jeweils für die Entscheidung maßgeblichen Zeitpunkt (letzte mündliche Verhandlung in der Tatsacheninstanz oder entspr Zeitpunkt) abzustellen.[105]

e. Sittenwidrigkeit bei gentechnischen Erfindungen. Die Beurteilung in der Öffentlichkeit ist ex- **24** trem kontrovers, auch deshalb, weil auf sehr unterschiedlichen Ebenen und weitgehend in wenig mitein-

---

93 Hierzu *MGK/Moufang* Art 53 EPÜ Rn 27; *Schulte* Rn 16; aA *Kraßer/Ann* § 15 Rn 16.

94 Vgl *Schulte* Rn 17; aA *Schatz* GRUR Int 2006, 879.

95 Vgl zur Problematik auch *Kraßer/Ann* § 15 Rn 15.

96 Bsp aus der Lit für Gesetz- oder Sittenwidrigkeit *MGK/Moufang* Art 53 EPÜ Rn 47–49; *Bernhard/Kraßer*⁴ S 137 f.

97 BPatG 15.1.1971 23 W (pat) 248/70, Armenrechtssache; sehr zwh dagegen BPatGE 29, 39 „Scheintotenentlarvungssystem", Verfahrenskostenhilfesache, wonach die Menschenwürde des Verstorbenen und seiner Angehörigen verletzt sein soll, wenn der tote menschliche Körper zum bloßen Objekt wirtschaftlicher Verwertung herabgewürdigt wird, indem er trotz der Endgültigkeit des Todes mit einem nutzlosen Lebensrettungssystem versehen wird.

98 Vgl *Schulte* Rn 49.

99 Vgl *Schulte* Rn 50.

100 Vgl *Schulte* Rn 48; *Burke* EIPR 2012, 237.

101 *MGK/Moufang* Art 53 EPÜ Rn 45.

102 Weiter gehend *Horn/Horn* GRUR 1977, 329, 337.

103 EP 516 811 (Zusammensetzungen für Euthanasie/Michigan State University); vgl aber *Schulte* Rn 48.

104 BGHZ 195, 364 = GRUR 2013, 272 neurale Vorläuferzellen II; RPA BlPMZ 1920, 52 f; *Benkard* Rn 23; *Schulte* Rn 15; *MGK/Moufang* Art 53 EPÜ Rn 44; *Kranz* GRUR 1962, 389 f; aA (für Regel 28 Buchst c AOEPÜ und unter Hinweis auf die Grundsätze zur ausführbaren Offenbarung) EPA G 2/06 ABl EPA 2009, 306, 330 = IIC 2009, 592 Verwendung von Embryonen/WARF, auf Vorlage EPA T 1374/04 ABl EPA 2007, 313, 330.

105 BPatGE 50, 33 = GRUR 2007, 1049, 1051 „neurale Vorläuferzellen"; BGH (Vorlagebeschluss) GRUR 2010, 212 neurale Vorläuferzellen I; *Benkard* Rn 23; *Schulte* Rn 15; *Fitzner/Lutz/Bodewig* Rn 2; vgl EPA G 2/06 ABl EPA 2009, 306, 330 f Verwendung von Embryonen/WARF; *Calame* sic! 2007, 771, 773, 776; *MGK/Moufang* Art 53 EPÜ Rn 44 mwN in Fn 132; *Schatz* GRUR Int 2006, 879, 885; aA EPA T 315/03 ABl EPA 2006, 15, 46, 55 genetisch manipulierte Tiere; EPA (Einspruchsabt) ABl EPA 2003, 473 Krebsmaus.

ander kommunizierenden Kreisen diskutiert wird. Dies gilt nicht nur, soweit der Mensch betroffen ist (s die Kommentierung zu § 1a). Im Hinblick auf die Erfordernisse Abs 1 (Art 53 Buchst a EPÜ) muss jede Erfindung daraufhin untersucht werden, ob sie gegen die guten Sitten verstößt; mögliche schädliche Wirkungen und Gefahren sind zu bewerten und gegen den Nutzen und die Vorzüge der Erfindung abzuwägen. Es ist Sache des Gesetzgebers festzulegen, unter welchen Bedingungen ein bestimmtes technisches Wissen eingesetzt werden darf, das den Umgang mit gefährlichen Materialien einschließt.[106] Zum durch die BioTRl zT aufgegriffenen Diskussionsstand vor deren Inkrafttreten *6. Aufl* Rn 35 ff.

C. Ausschlüsse nach Absatz 2; Regel 28 AOEPÜ

Schrifttum: s bei § 1a

I. Allgemeines

25 Die auf Art 6 Abs 2 BioTRl beruhende, autonom auszulegende[107] Regelung, die sich als Konkretisierung des allg Patentierungsverbots des Verstoßes gegen die öffentliche Ordnung oder die guten Sitten darstellt,[108] nennt vier Tatbestände, nach denen eine Patentierung nicht stattfindet. Die Aufzählung ist nicht abschließend, was sich schon daraus ergibt, dass Erwägungsgrund 38 der BioTRl die Herstellung von hybriden Lebewesen aus Keimzellen oder totipotenten Zellen von Mensch und Tier erwähnt (Rn 22), die in den Einzeltatbeständen nicht erfasst ist.[109] Art 6 Abs 2 BioTRl lässt den Mitgliedstaaten keinen Spielraum, was die Nichtpatentierbarkeit der Verfahren und Verwendungen anbelangt, die dort aufgeführt sind.[110] Die Bestimmung zielt vielmehr gerade darauf ab, die in Art 6 Abs 1 der BioTRl vorgesehenen Ausnahmen einzugrenzen. Daraus folgt, dass Art 6 Abs 2 BioTRl, indem er ausdrücklich die Patentierbarkeit der dort genannten Verfahren und Verwendungen ausschließt, genau bestimmte Rechte in dieser Hinsicht verleihen soll.[111] Die nationale Regelung kann nicht anders ausgelegt werden.[112] Die in Abs 2 Satz 2 für das nationale Recht enthaltene Bezugnahme auf das ESchG hat nur insoweit Bedeutung, als Art 6 Abs 2 BioTRl den Mitgliedstaaten Gestaltungsspielraum lässt (also nicht hinsichtlich der Verwendung von menschlichen Embryonen zu industriellen oder kommerziellen Zwecken).[113]

26 **Patentierungsausschluss.** Ist einer der Tatbestände erfüllt, begründet dies den Ausschluss der Erfindung von der Patentierung (im EPÜ ein „Einwand nach Art 53 Buchst a EPÜ", der „sich eigentlich auf Regel 28 AOEPÜ bezieht").[114] Die Regelung über das Patentrecht und nicht über das Ordnungsrecht erscheint schon vom Ansatz nicht ganz überzeugend.[115]

27 Die Ausschlüsse nach Nr 1–3 erfassen nur **menschliche Lebewesen/Embryonen.**[116] Sie können nicht dadurch unterlaufen werden, dass Schutz auch für nichtmenschliche Lebewesen/Embryonen begehrt wird (vgl Rn 17).

II. Verfahren zum Klonen von menschlichen Lebewesen

28 Die auf ethischen Motiven beruhende Regelung beruht auf Art 6 Abs 2 Buchst a BioTRl und setzt diesen (verspätet) um. Einen Hinweis auf die Bioethik-Konvention des Europarats vom 4.4.1997 (Rn 4 zu § 1a) und das Zusatzprotokoll (Klonprotokoll) vom 12.1.1998 enthält die Regelung ebensowenig wie die

---

106 EPA – Prüfungsabteilung – ABl EPA 1992, 589 Krebsmaus III.

107 *Benkard* Rn 62; *Koenig/Müller* EuZW 1999, 681, 686.

108 BTDrs 15/1709 S 11; BioTRl Erwägungsgrund 38; BGH (Vorlagebeschluss) GRUR 2010, 212 neurale Vorläuferzellen I.

109 *Benkard* Rn 58; *Schulte* Rn 29; *Kraßer/Ann* § 15 Rn 37; *Koenig/Müller* EuZW 1999, 681, 685; vgl *Fitzner/Lutz/Bodewig* Rn 11; *Mes* Rn 13; *Herdegen* GRUR Int 2000, 859 f.

110 EuGH C-377/98 Slg 2001 I-7079 = GRUR Int 2001, 1043 Tz 39 Niederlande ./. Parlament und Rat; BGH neurale Verläuferzellen I.

111 EuGH C-456/03 Slg 2005 I-5335, Tz 78 f Kommission ./. Italien; BGH neurale Verläuferzellen I.

112 BGH (Vorlagebeschluss) GRUR 2010, 212 neurale Vorläuferzellen I.

113 BGH neurale Vorläuferzellen I; zur strafrechtl Beurteilung der Präimplantationsdiagnostik BGHSt 55, 206 = NJW 2010, 2672.

114 EPA T 315/03 ABl EPA 2006, 15 genetisch manipulierte Tiere; EPA T 475/01 Phosphinotricin-Resistenzgen/BAYER.

115 Vgl auch *Benkard-EPÜ* Art 53 Rn 41 f.

116 Vgl *Benkard* Rn 67.

BioTRl.[117] Der Begriff des **Klonens** muss gemeinschaftsrechtl autonom definiert werden.[118] Einbezogen ist jedes Verfahren einschließlich der Verfahren zur Embryonenspaltung, das darauf abzielt, ein menschliches Lebewesen zu schaffen, das im Zellkern die gleiche Erbinformation wie ein anderes lebendes oder verstorbenes menschliches Lebewesen besitzt (Erwägungsgrund 41 der BioTRl).[119] Str ist, ob der Begriff des Klonens nur „identische" oder bereits „gleiche" (Identität nur im Zellkern) Erbinformationen erfasst.[120] Der Verweis auf das TRIPS-Übk in den Erwägungsgründen der BioTRl ist als Grundlage für eine restriktive Auslegung der Regelung angesehen worden.[121]

Unklar ist zudem, wieweit neben dem reproduzierenden (reproduktiven)[122] Klonen auch das thera- **29** peutische erfasst wird;[123] insoweit ist der Regelung ein Patentierungsausschluss nicht zu entnehmen, auch will Erwägungsgrund 42 der BioTRl vom Verbot Erfindungen ausnehmen, die therapeutische oder diagnostische Zwecke verfolgen.[124] Therapeutische Aspekte der Verwendung von Stammzellen sind zB der Ersatz von hämatopoetischen Zellen bei Leukämie, Pankreaszellen bei Diabetes, Nervenzellen bei Parkinson, Muskelzellen bei Duchenne-Muskeldystrophie und die Krebstherapie.[125]

Menschliches Lebewesen ist der Mensch in allen seinen Entwicklungsstufen, auch bereits die toti- **30** potente Zelle,[126] nicht aber die einzelne Keimzelle und wohl noch nicht die imprägnierte Eizelle im Vorkernstadium.[127] Das Klonen von Zellen schlechthin ist nicht erfasst,[128] ebenso das Klonen von Gewebe oder einzelnen Organen.[129] Verfahren zum Klonen von Tieren werden durch die Bestimmung nicht von der Patentierung ausgeschlossen.[130]

III. Verfahren zur Veränderung der genetischen Identität der Keimbahn des menschlichen Lebewesens

Die Regelung, die Art 6 Abs 2 Buchst b BioTRl umsetzt, entspricht Regel 28 Buchst b AOEPÜ. Sie betrifft als **31** abzulehnende Eugenik[131] bestimmte Therapieverfahren im Rahmen der **Gentherapie**, für deren Patentfähigkeit an sich schon § 2a Abs 1 Nr 2 zu beachten ist (Rn 50 zu § 2a), nämlich die Keimbahntherapie (Zelllinie der Gameten; insb genetische Modifikationen der haploiden Geschlechtszellen) am menschlichen Lebewesen, während die somatische Gentherapie ausschließlich an § 2a Abs 1 (Verfahren zur Behandlung des menschlichen Körpers) sowie an Abs 1 zu messen ist.[132] Neben in-vivo-Modifikationen werden auch in-vitro-Modifikationen an isolierten Keimzellen als erfasst angesehen.[133] Als von der Bestimmung nicht erfasst angesehen werden die Keimbahntherapie, wenn diese die genetische Identität der Keimbahn nicht verändert, die in-vitro-Fertilisierung und die intracytoplasmische Spermainjektion.[134] Die Keimbahnzellen gehen aus der be-

---

117   Vgl *Koenig/Müller* EuZW 1999, 681 f.
118   *Koenig/Müller* EuZW 1999, 681, 686.
119   *Benkard* Rn 63; *Fitzner/Lutz/Bodewig* Rn 13, 15.
120   Für die letztgenannte Alternative *Herdegen* GRUR Int 2000, 859 f; *Schulte* Rn 31.
121   *Koenig/Müller* EuZW 1999, 681, 684 ff, die nur das identische Klonen erfassen wollen; anders Erwägungsgrund 41 der BioTRl, wonach auf die gleiche Erbinformation im Zellkern abgestellt wird, was auch die Kerntransplantation, bei der das Mitochondrien-Genom unterschiedlich ist, und nicht nur das Splitting erfasst.
122   Vgl *Krauß/Engelhard* GRUR 2003, 985, 987.
123   Vgl *Koenig/Müller* EuZW 1999, 681, 685; *Herdegen* GRUR Int 2000, 859, 862; *Benkard* Rn 70, *Schulte* Rn 32, *Fitzner/LutzBodewig* Rn 15, 33 und *Büscher/Dittmer/Schiwy* Rn 6 schließen auch das therapeutische Klonen ein; selbst wenn man das anders sieht, folgt daraus nicht notwendig dessen Patentierbarkeit, *Kraßer/Ann* § 15 Rn 38, 46 gegen *Hartmann* GRUR Int 2006, 203.
124   Kr *Baumbach* in Wortprotokoll der 5. Sitzung der Enquete-Kommission Recht und Ethik der modernen Medizin vom 3.7.2000 S 27.
125   *Krauß/Engelhard* GRUR 2003, 985, 987.
126   *Schulte* Rn 33; aA *Herdegen* GRUR Int 2000, 859, 861.
127   Vgl *Koenig/Müller* EuZW 1999, 681, 687.
128   *Koenig/Müller* EuZW 1999, 681, 687; vgl *Fitzner/Lutz/Bodewig* Rn 14.
129   *Benkard* Rn 66; *Schulte* Rn 33; *Fitzner/Lutz/Bodewig* Rn 16; *Herdegen* GRUR Int 2000, 859, 861.
130   *Fitzner/Lutz/Bodewig* Rn 17; *Herdegen* GRUR Int 2000, 859, 861.
131   Zur ethischen Diskussion *Burdach* Mitt 2002, 9. 13.
132   *Fitzner/Lutz/Bodewig* Rn 18 f; *Büscher/Dittmer/Schiwy* Rn 7; zur Unterscheidung *Koenig/Müller* GRUR Int 2000, 295 ff.
133   *Schulte* Rn 36.
134   *Schulte*[6] Rn 34; *Benkard* Rn 75; *Fitzner/Lutz/Bodewig* Rn 19.

fruchteten Keimzelle hervor; eine Genkorrektur an Keimzellen (Ei- und Samenzellen), die im Anschluss nicht befruchtet und reimplantiert werden, verändert als solche nicht die Keimbahn des Menschen.[135]

32   In der Lit ist von der **Patentfähigkeit** genetischer Veränderungen im Vorkernstadium der Eizelle, dh noch in der imprägnierten Eizelle, ausgegangen worden,[136] auch Patentbegehren, die allg auf die Veränderung der genetischen Identität von Zellen gerichtet sind, werden als von dem Patentierungsausschluss nicht erfasst angesehen.[137] Auch Eingriffe in Ei- und Samenzellen, die nicht zur Befruchtung gedacht sind, werden als nicht erfasst angesehen.[138] Erfasst ist zB der therapeutische Einsatz künstlicher menschlicher Mikro-Chromosomen.[139] Die Anwendung solcher Verfahren ist auf allgemeinrechtl Ebene in der Bioethik-Konvention des Europarats vom 4.4.1997 (Rn 4 zu § 1a) einschließlich des Zusatzprotokolls vom 12.1.1998 (Klonprotokoll), auf nationalrechtl Ebene in Deutschland im ESchG und im StZG geregelt,[140] während das Ausland zT liberalere Regelungen vorsieht.[141]

IV. Verwendung von menschlichen Embryonen zu industriellen oder kommerziellen Zwecken

33   Die Regelung beruht auf Art 6 Abs 2 Buchst c BioTRl und setzt diesen um.[142] Sie konkretisiert die Generalklausel in Abs 1, schafft aber keinen Sondertatbestand. Sie geht auch nicht über Art 27 Abs 2 TRIPS-Übk (und betr Regel 28 AOEPÜ über Art 53 Buchst a EPÜ) hinaus.[143] Sie verbietet die Patentierung der Verwendung menschlicher Embryonen zu industriellen oder kommerziellen Zwecken. Der Patentierungsausschluss ist nicht auf Verwendungsansprüche beschränkt. Erfasst ist insb die verbrauchende Embryonenforschung.[144] Dabei kommt es für das Verbot nicht darauf an, ob nach dem Anmeldetag die Erzeugnisse auch ohne Zerstörung menschlicher Embryos erhalten werden konnten,[145] jedoch steht die Möglichkeit der Gewinnung menschlicher Stammzellen durch andere Methoden als der Zerstörung menschlicher Embryonen einem umfassenden Patentierungsverbot entgegen.[146] Nicht erfasst ist demgegenüber die Befruchtung als solche.[147]

34   Erfasst wird die Verwendung zu **industriellen oder kommerziellen Zwecken**. Der Begriff ist trotz der Unterschiede in der nationalen Praxis europarechtl autonom und einheitlich auszulegen.[148] Noch nicht abzusehen ist, wie sich die im VK nunmehr zugelassene Methode des „Genome Editing"[149] auswirken wird. Die Verwendung menschlicher Embryonen zu Zwecken der wissenschaftlichen Forschung kann nach der Rspr des EuGH nicht von den an das Patent geknüpften Rechten und damit von einer industriellen oder kommerziellen Verwertung getrennt werden. Eine technische Lehre, die die vorhergehende Zerstörung menschlicher Embryonen oder deren Verwendung als Ausgangsmaterial erfordert, kann deshalb keinen Patentschutz erlangen. Dabei ist es gleichgültig, in welchem Stadium auch immer die Zerstörung oder die betreffende Verwendung erfolgt, selbst wenn in der Beschreibung der beanspruchten technischen Lehre die Verwendung menschlicher Embryonen nicht erwähnt wird.[150] Der Ausschluss von der Patentierung nach Art 6 Abs 2 Buchst c BioTRl bezieht sich auch auf die Verwendung zu Zwecken der wissenschaftlichen Forschung, und nur die Verwendung zu therapeutischen oder diagnostischen Zwecken, die auf den menschlichen Embryo zu dessen Nutzen anwendbar ist, kann Gegenstand eines Patents sein (vgl zum

---

135 *Koenig/Müller* GRUR Int 2000, 291, 297; vgl *Benkard* Rn 75.

136 *Koenig/Müller* GRUR Int 2000, 291, 301.

137 *Koenig/Müller* GRUR Int 2000, 291, 302.

138 *Büscher/Dittmer/Schiwy* Rn 7 unter Hinweis auf *Koenig/Müller* GRUR Int 2000, 291, 297.

139 Hierzu *Koenig/Müller* GRUR Int 2000, 291, 295.

140 Zur Erteilung des eur Patents 695 351 Antwort des parlamentarischen Staatssekretärs Dr. Pick BTDrs 14/2579, 9 = GRUR 2000, 495.

141 Vgl die Hinweise bei *Krauß/Engelhard* GRUR 2003, 985, 988 f.

142 Zur Entstehungsgeschichte EPA G 2/06 ABl EPA 2009, 306, 323 f = IIC 2009, 592 Verwendung von Embryonen/WARF; vgl auch *Fitzner/Lutz/Bodewig* Rn 20 ff.

143 EPA Verwendung von Embryonen/WARF S 329.

144 *Schulte* Rn 38; EPA Verwendung von Embryonen/WARF S 331.

145 EPA Verwendung von Embryonen/WARF.

146 BGHZ 195, 364 = GRUR 2013, 272 neurale Vorläuferzellen II.

147 AA offenbar *Benkard* Rn 77.

148 *Benkard* Rn 77; *Schulte* Rn 39; *Koenig/Müller* EuZW 1999, 681 f; BGH (Vorlagebeschluss) GRUR 2010, 212 neurale Verläuferzellen I; EPA G 2/06 ABl EPA 2009, 306, 329 = IIC 2009, 592 Verwendung von Embryonen/WARF.

149 Vgl *Cox/Platt/Zhang* Therapeutic genome editing: prospects and challenges. Nature medicine 21 (2015), 121.

150 EuGH 18.10.2011 C-34/10 Slg 2011 I-9821 = GRUR 2011, 1104 Greenpeace Deutschland/Brüstle.

nationalen Recht § 4 Abs 3 Satz 2 StZG),[151] jedenfalls wenn sie zum Nutzen des Embryos angewendet wird, etwa um dessen Überlebenschancen zu verbessern oder um eine Missbildung zu beheben,[152] kann aber an § 2a Abs 1 Nr 2 scheitern.

Nach der Rspr des EuGH ist jede menschliche Eizelle vom Stadium ihrer Befruchtung an, jede unbe-   35 fruchtete menschliche Eizelle, in die ein Zellkern aus einer ausgereiften menschlichen Zelle transplantiert worden ist, und jede unbefruchtete menschliche Eizelle, die durch Parthenogenese zur Teilung und Weiterentwicklung angeregt worden ist, ein menschlicher Embryo.[153] Jedoch ist das später auf Vorlage zu dem Fall, dass die Eizellen nur pluripotente Zellen enthalten und nicht in der Lage sind, sich zu einem menschlichen Wesen zu entwickeln,[154] dahin klargestellt worden, dass eine unbefruchtete menschliche Eizelle, die im Weg der Parthenogenese zur Teilung und Weiterentwicklung angeregt worden ist (Parthenote), kein „menschlicher Embryo" iSd Art 6 Abs 2 Buchst c der BioTRl ist, wenn sie als solche im Licht der gegenwärtigen wissenschaftlichen Erkenntnisse nicht die inhärente Fähigkeit hat, sich zu einem Menschen zu entwickeln; dies zu prüfen ist Sache des nationalen Gerichts.[155] Dass der **Embryonenbegriff** nicht aus dem nationalen Recht, etwa dem ESchG oder aus der 2008 geänd Sec 1 (1) (a) des Human Fertilisation and Embryology Act 1990 im VK, sondern gemeinschaftsrechtl autonom zu bestimmen ist,[156] kann mit der Regelung in Abs 2 Satz 2 kollidieren (vgl Rn 14). Embryonen sind im Grundsatz menschliche Lebewesen von der Befruchtung bis zur Geburt;[157] dies unterscheidet den Begriff von dem medizinischen, der zwischen Embryo und Fötus differenziert. Das gilt auch für das extrakorporal entstandene Zellgebilde.[158] Über den Begriff besteht gemeinschaftsweit keine Einigkeit.[159] Auch ist die Embryonenforschung in sehr unterschiedlichem Ausmaß in den Mitgliedstaaten zugelassen, so im VK, in Dänemark, Schweden, Frankreich und Spanien bis zum 14. Entwicklungstag.[160] Der Embryonenbegriff ist der BioTRl nicht eindeutig zu entnehmen, auch wenn Erwägungsgrund 16 zur BioTRl für einen weiten Embryonenbegriff spricht.[161] Die Herstellung neuraler Vorläuferzellen, die die Verwendung von Stammzellen voraussetzt, die aus einem menschlichen Embryo im Blastozystenstadium gewonnen werden, und das die Zerstörung dieses Embryos nach sich zieht, ist von der Patentierung ausgeschlossen; das gilt auch, wenn die Erfindung die Verwendung menschlicher Embryonen als Ausgangsmaterial erfordert, selbst wenn die Verwendung menschlicher Embryonen nicht erwähnt wird.[162] Gleiches muss für das Klonen menschlicher embryonaler Stammzellen gelten.[163] Nach der inzwischen klargestellten[164] Rspr des EuGH galt das auch für die unbefruchtete menschliche Eizelle, in die ein Zellkern aus einer ausgereiften menschlichen Zelle transplantiert worden ist[165] oder die durch Parthenogenese zur Teilung und Weiterentwicklung angeregt worden ist; selbst wenn

---

151 EuGH Greenpeace Deutschland/Brüstle; vgl *Schulte* Rn 41, *Mes* Rn 18; *Herdegen* GRUR Int 2000, 859, 862, der allerdings darauf verweist, dass eine scharfe Trennung lebensfremd sei, und den Ausschluss nur bei industrieller oder kommerzieller Verwertung ale einzigem Ziel greifen lassen will; Erwägungsgrund 42 zur BioTRl; aA offenbar *Benkard-EPÜ* Art 53 Rn 40; vgl auch *Varju/Sandor* Common Market Law Review 49 (2012), 1007.
152 EuGH Greenpeace Deutschland/Brüstle.
153 EuGH Greenpeace Deutschland/Brüstle; vgl *Mes* Rn 19.
154 PatentsC [2013] EWHC 807 (Ch) GRUR Int 2013, 779.
155 EuGH GRUR 2015, 156 ISCO/Comptroller mAnm *Dederer*.
156 BGH (Vorlagebeschluss) GRUR 2010, 212 neurale Vorläuferzellen I; EPA G 2/06 ABl EPA 2009, 306 = IIC 2009, 592 Verwendung von Embryonen, *Benkard* Rn 77; so auch *Koenig/Müller* EuZW 1999, 681, 686; anders allerdings *Koenig* in Wortprotokoll der 5. Sitzung der Enquete-Kommission Recht und Ethik der modernen Medizin vom 3.7.2000 S 35.
157 *Benkard* Rn 77; *Schulte* Rn 39; *Büscher/Dittmer/Schiwy* Rn 8.
158 *Benkard* Rn 77.
159 Vgl insb zur Praxis im VK *Koenig* in Wortprotokoll der 5. Sitzung der Enquete-Kommission Recht und Ethik der modernen Medizin vom 3.7.2000 S 7 f unter Hinweis auf „ethisches Trittbrettfahrertum"; *Laurie* EIPR 2004, 59, 61 ff zur Bewertung des Klonens; vgl weiter *Flammer* Biotechnologische Erfindungen im Patentrecht, 1999, S 150 f; *Meiser* Biopatentierung und Menschenwürde, 2002, S 197.
160 *Wolters* (2006) S 291.
161 BGH neurale Vorläuferzellen I; EuGH Greenpeace Deutschland/Brüstle.
162 EuGH Greenpeace Deutschland/Brüstle.
163 Vgl EP 0 695 351 („Edinburgh"-Patent), die enge Auslegung der European Group on Ethics verwerfende Entscheidung der Einspruchsabteilung referiert in EIPR 2004 N-15, und hierzu sowie zur Praxis im VK *Laurie* EIPR 2004, 59, 62 f sowie *Addor/Bühler* sic! 2004, 383, 387.
164 EuGH ISCO/Comptroller.
165 Vgl die Vorlage BGH neurale Vorläuferzellen I.

diese Organismen nicht befruchtet worden sind; sie sind infolge der zu ihrer Gewinnung verwendeten Technik ebenso wie der durch Befruchtung einer Eizelle entstandene Embryo geeignet, den Prozess der Entwicklung eines Menschen in Gang zu setzen.[166] Ein Teil der Lit stellt zu Unrecht in Abrede, dass totipotente Zellen (Eizelle und Blastomere maximal bis zum 16-Zellen-Stadium) Embryonen iSd Bestimmung sind (vgl die Definitionen in § 8 Abs 1 ESchG; § 3 Nr 4 StZG).[167] Auch Blastozysten (Entwicklungsstadium aus 100 bis 200 Zellen mit einer gewissen Ausdifferenzierung) wird man als Embryonen iSd Regelung ansehen müssen, weil alle Entwicklungsstadien menschlichen Lebens von der Befruchtung der Eizelle an erfasst sind; der EuGH überlässt deren Beurteilung dem nationalen Recht.[168] Es ist nämlich Sache des nationalen Gerichts, im Licht der technischen Entwicklung festzustellen, ob eine Stammzelle, die von einem menschlichen Embryo im Stadium der Blastozyste gewonnen wird, einen „menschlichen Embryo" im Sinne von Art. 6 Abs. 2 Buchst. c BioTRl darstellt.[169] Aus ihnen gewonnene (pluripotente, aber nicht totipotente) embryonale Stammzellen sind dagegen keine Embryonen.[170] Das wird auch für reprogrammierte pluripotente Zellen gelten müssen.[171] Die European Group of Ethics sieht unmodifizierte menschliche Stammzellen nicht als gewerblich anwendbar und damit nicht als patentfähig an.[172]

36   Nicht abschließend geklärt ist, ob die Vernichtung des nicht vom Patentschutz erfassten[173] als Ausgangsmaterial eingesetzten Organismus von dem Ausschlusstatbestand erfasst ist und ob hierfür die Verwendung von Material aus **Zelllinien** (bei der die Verwendung von Embryonen ein historisch abgeschlossener Vorgang ist) ausreicht, selbst wenn weitere Verfahrensschritte zwischengeschaltet sind.[174] Die Ergebnisse von rechtmäßigen Forschungsarbeiten mit menschlichen embryonalen Stammzellen dürfen jedenfalls einer Patentierung nicht generell entzogen werden.[175] Die Verwendung von Embryonen zu Forschungszwecken ist nach Maßgabe der innerstaatlichen Regelungen von der Rechtsordnung gebilligt und kann einen Patentierungsausschluss für Lehren, die auf daraus gewonnenen Erkenntnissen beruhen, nicht rechtfertigen. Ausgeschlossen von der Patentierung sind aber nach der Generalklausel in Abs 1 Lehren, bei denen alternativlos der Einsatz von aus menschlichen Embryonen gewonnenen Stammzellen stets von neuem erforderlich ist, um die Lehre auszuführen oder um die Voraussetzungen für ihre Ausführung zu schaffen.[176]

37   Einfuhr und Verwendung von Stammzellen sind in Deutschland nach dem StZG grds, für Forschungszwecke aber nicht schlechthin verboten.[177] Die Gewinnung von embryonalen Stammzellenlinien kann jedenfalls unter Zerstörung von Embryonen als solche wegen des Patentierungsausschlusses nicht geschützt werden.[178] Geklärt ist, dass eine Verwendung menschlicher Embryonen zu industriellen oder kommerziellen Zwecken schon dann vorliegt, wenn die Verwendung nicht Teil der geschützten Lehre, aber **notwendige Voraussetzung** für deren industrielle oder kommerzielle Anwendung ist,[179] der Verstoß mithin im Vorfeld des Patentschutzes liegt. Nach der Rspr des EPA verbietet Regel 28 Buchst c AOEPÜ auch die Patentierung von Ansprüchen auf Erzeugnisse, die zum Anmeldezeitpunkt ausschließlich durch ein Verfahren hergestellt werden konnten, das zwangsläufig mit der Zerstörung der menschlichen Embryonen einhergeht, aus denen die Erzeugnisse gewonnen werden, selbst wenn dieses Verfahren nicht Teil der

---

166   EuGH Greenpeace Deutschland/Brüstle.
167   *Koenig/Müller* EuZW 1999, 681, 687; aA *Herdegen* GRUR Int 2000, 859, 862.
168   EuGH Greenpeace Deutschland/Brüstle; EPA G 2/06 ABl EPA 2009, 306, 329 = IIC 2009, 592 Verwendung von Embryonen/WARF; BPatGE 50, 33 = GRUR 2007, 1049, 1054 „neurale Vorläuferzellen"; zwd BGH (Vorlagebeschluss) GRUR 2010, 212 neurale Vorläuferzellen I.
169   EuGH Greenpeace Deutschland/Brüstle.
170   *Kraßer/Ann* § 15 Fn 59; *Mes* Rn 22; die Frage wurde dem EuGH vorgelegt in BGH (Vorlagebeschluss) GRUR 2010, 212 neurale Vorläuferzellen I, nachg EuGH Greenpeace Deutschland/Brüstle.
171   Vgl BGH neurale Vorläuferzellen I.
172   EGE Report Nr 16 vom 7.5.2002.
173   AA offenbar BPatGE 50, 33 = GRUR 2007, 1049, 1054 „neurale Vorläuferzellen".
174   BGH (Vorlagebeschluss) GRUR 2010, 212 neurale Vorläuferzellen I; bejahend EPA G 2/06 ABl EPA 2009, 306, 329 = IIC 2009, 592 Verwendung von Embryonen/WARF.
175   BGH neurale Vorläuferzellen I.
176   BGH neurale Vorläuferzellen I.
177   Vgl Begr BTDrs 14/8394 S 7 f; BTDrs 16/7981 S 4, 6.
178   Vgl *Schulte* Rn 42.
179   EuGH Greenpeace/Brüstle; dem folgend BGHZ 195, 364 = GRUR 2013, 272 neurale Vorläuferzellen II; vgl *Schulte* Rn 43; Zweifel in BGH (Vorlagebeschluss) GRUR 2010, 212 neurale Vorläuferzellen I.

Patentansprüche ist.[180] Das Patentierungsverbot ist insoweit absolut. Immerhin kollidiert dies bei Stammzellen sowohl mit der nationalen Gesetzeslage als auch mit dem von der nationalen Rspr entwickelten Grundsatz, dass die Möglichkeit legaler Verwertung der Gesetz- oder Sittenwidrigkeit entgegensteht (Rn 17),[181] und mag auch mit dem Gegenstand des Patentierungsverbots schwer in Einklang zu bringen sein, und ist deshalb auf Kritik gestoßen,[182] lässt sich aber aus der Notwendigkeit rechtfertigen, Umgehungen der Regelung in der BioTRl durch Ansetzen des Patentschutzes in einer späteren Stufe auszuschließen, obgleich dies nicht notwendig einen Eingriff in Form eines Patentierungsverbots voraussetzt. Demzufolge sieht der BGH eine disclaimerartige Einschränkung für geboten an, wenn das Patent den Eindruck vermittelt, dass die Gewinnung der Stammzellen aus Embryonen von der Patentierung mit umfasst sei und dadurch vom Staat gebilligt werde.[183]

V. Verfahren zur Veränderung der genetischen Identität von Tieren; mit Hilfe solcher Verfahren erzeugte Tiere

1. Allgemeines. Die Veränderung der genetischen Identität von Tieren durch Verfahren, die nicht im **38** wesentlichen biologisch sind, ist grds patentfähig (vgl § 2a). Die Regelung in Abs 2 Nr 4 und Regel 28 Buchst d AOEPÜ enthalten einen Patentierungsausschluss für Verfahren zur Veränderung der genetischen Identität, die geeignet sind, Leiden für die betroffenen Tiere ohne wesentlichen medizinischen Nutzen für den Menschen zu verursachen, weiter die mit Hilfe solcher Verfahren erzeugten Tiere. Wesentlicher medizinischer Nutzen begründet mithin grds Patentierbarkeit.[184] Sie beruht auf Art 6 Abs 2 Buchst d BioTRl und setzt diese um. Sie trägt auch dem besonderen rechtsethischen Status von Tieren als empfindungsfähigen Wesen Rechnung und soll Leidenszufügung und Qualzüchtungen verhindern;[185] vgl zur Leidenszufügung auch die nat Regelung in § 11b Tierschutzgesetz; für Tierversuche § 7 Tierschutzgesetz. sowie die Hinweise in der *5. Aufl* § 2 Rn 76. Einen ausdrücklichen Tierschutzvorbehalt enthält Art 3 niederländ ROW 1995. In der schweiz Rspr ist darauf hingewiesen worden, dass Postulate zum Tierschutz nicht schlechterdings aus dem Patentrecht verbannt werden können.[186] Daneben kommt ein Verstoß gegen Abs 1 (öffentliche Ordnung) in Betracht.[187] Insb bei der Genmanipulation von Tieren, bei denen ein aktiviertes Onkogen inseriert wird, ist es geboten, bei der Prüfung der Patentierbarkeit Abs 1 (Art 53 Buchst a EPÜ) zu berücksichtigen,[188] jedoch ist die Patentierung von zu Versuchszwecken bestimmten Tieren, deren Verwendung in den Vertragsstaaten erlaubt ist, unter dem Aspekt der Wahrung der guten Sitten bejaht worden.[189] Genannt wird auch die Transfektion von Tieren mit Wachstumshormonen für die Nahrungsmittelproduktion, die dazu führt, dass sich die Tiere „nicht mehr auf den Beinen halten können".[190] Für Pflanzen hat der Gesetzgeber keine Veranlassung für eine entsprechende Regelung gesehen.[191]

2. Leiden verursachende Verfahren (Abs 2 Nr 4 1. Alt). Erfasst sind Verfahren, die geeignet sind, **39** Leiden dieser Tiere ohne wesentlichen medizinischen Nutzen für den Menschen oder das Tier zu verursachen. Danach ist eine (qualitative) Abwägung zwischen den zugefügten Leiden und dem medizinischen Nutzen für Mensch oder Tier vorzunehmen.[192] Die Abwägung entspricht weitgehend den bereits früher

---

180 EPA G 2/06 ABl EPA 2009, 306, 326 ff = IIC 2009, 592 Verwendung von Embryonen/WARF.

181 Vgl BGH (Vorlagebeschluss) GRUR 2010, 212 neurale Vorläuferzellen I.

182 Vgl *Schulte* Rn 44; *Spranger* (Entscheidungsbesprechung) Common Market Law Review 49 (2012), 1197; *Straus* GRUR Int 2010, 911, GRUR Int 2011, 1048; Varju/Sándor Common Market Law Review 49 (2012), 1007; vgl auch epi-Information 2012, 9.

183 BGH neurale Vorläuferzellen II; vgl *Fitzner/Lutz/Bodewig* Rn 12.

184 Vgl *Mes* Rn 21.

185 Vgl *MGK/Moufang* Rn 52.

186 HG Zürich sic! 1997, 208, 211.

187 EPA (Einspruchsabt) ABl EPA 2003, 473 Krebsmaus; *Schulte* Rn 48.

188 EPA T 19/90 ABl EPA 1990, 476 = GRUR Int 1990, 978 Krebsmaus II; vgl EPA T 315/03 ABl EPA 2006, 15 genetisch manipulierte Tiere.

189 EPA – Einspruchsabteilung – ABl EPA 2004, 473 Krebsmaus.

190 *Büscher/Dittmer/Schiwy* Rn 9.

191 Vgl *Benkard* Rn 59; *Fitzner/Lutz/Bodewig* Rn 10.

192 Vgl *Schulte* Rn 45; *Fitzner/Lutz/Bodewig* Rn 32.

Keukenschrijver

vom EPA entwickelten Grundsätzen.[193] Zu berücksichtigen sind lediglich das Leiden der Tiere (die demnach leidensfähig sein müssen), der medizinische Nutzen und die Korrelation zwischen beiden in Bezug auf die betroffenen Tiere.[194] Letztlich läuft die Prüfung auf die Wertung hinaus, ob der medizinische Nutzen das Leiden der Tiere rechtfertigt.[195] Hierfür kann die EG-Richtlinie 86/609 über den Schutz der für Versuche und andere wissenschaftliche Zwecke verwendeten Tiere vom 23.11.1986[196] Fingerzeige geben.

40   **3. Mit Hilfe solcher Verfahren erzeugte Tiere** (Abs 2 Nr 4 2. Alt). Nach dem eindeutigen Wortlaut der Regelung sind nur Tiere (als Verfahrenserzeugnisse) erfasst, die mit Hilfe eines Verfahrens erzeugt werden, das geeignet ist, Leiden dieser Tiere ohne wesentlichen medizinischen Nutzen für Mensch oder Tier zu erzeugen. Der Anwendungsbereich der Regelung ist damit denkbar eng. Jedoch können Qualzüchtungen, bei denen diese Voraussetzungen nicht vorliegen, von der Generalklausel in Abs 1 erfasst sein.

§ 2a
(Pflanzensorten und Tierrassen; Therapie- und Diagnostizierverfahren; Züchtungsverfahren)

(1) Patente werden nicht erteilt für
1.   Pflanzensorten und Tierrassen sowie im Wesentlichen biologische Verfahren zur Züchtung von Pflanzen und Tieren und die ausschließlich durch solche Verfahren gewonnenen Pflanzen und Tiere;
2.   [1]Verfahren zur chirurgischen oder therapeutischen Behandlung des menschlichen oder tierischen Körpers und Diagnostizierverfahren, die am menschlichen oder tierischen Körper vorgenommen werden. [2]Dies gilt nicht für Erzeugnisse, insbesondere Stoffe oder Stoffgemische, zur Anwendung in einem der vorstehend genannten Verfahren.
     (2) [1]Patente können erteilt werden für Erfindungen,
1.   deren Gegenstand Pflanzen oder Tiere sind, wenn die Ausführung der Erfindung technisch nicht auf eine bestimmte Pflanzensorte oder Tierrasse beschränkt ist;
2.   die ein mikrobiologisches oder ein sonstiges technisches Verfahren oder ein durch ein solches Verfahren gewonnenes Erzeugnis zum Gegenstand haben, sofern es sich dabei nicht um eine Pflanzensorte oder Tierrasse handelt.
     [2]§ 1a Abs. 3 gilt entsprechend.
     (3) Im Sinne dieses Gesetzes bedeuten:
1.   „biologisches Material" ein Material, das genetische Informationen enthält und sich selbst reproduzieren oder in einem biologischen System reproduziert werden kann;
2.   „mikrobiologisches Verfahren" ein Verfahren, bei dem mikrobiologisches Material verwendet, ein Eingriff in mikrobiologisches Material durchgeführt oder mikrobiologisches Material hervorgebracht wird;
3.   „im Wesentlichen biologisches Verfahren" ein Verfahren zur Züchtung von Pflanzen oder Tieren, das vollständig auf natürlichen Phänomenen wie Kreuzung oder Selektion beruht;
4.   „Pflanzensorte" eine Sorte im Sinne der Definition der Verordnung (EG) Nr. 2100/94 des Rates vom 27. Juli 1994 über den gemeinschaftlichen Sortenschutz (ABl. EG Nr. L 227 S. 1) in der jeweils geltenden Fassung.

     DPMA-PrRl 2.6.3., 4.2; EPA-PrRl C-IV 3.2, 4.5–4.8
     Ausland: Belgien: Art 1 Abs 1, Art 2 Abs 3, Art 4 Abs 1 Nr 1, 2, Abs 1ter, Abs 3 PatG; **Bosnien und Herzegowina:** Art 7 Buchst a, c PatG 2010; **Frankreich:** Art 611–19 CPI; **Italien:** Art 52 CDPI; **Litauen:** Art 2 Abs 3 Nr 1, 2, Abs 5, 6 PatG; **Kosovo:** Art 8 PatG; **Norwegen:** § 1 Abs 5 PatG (Patentierung von Pflanzen und Tieren), § 3c PatG (Schutzumfang bei Patenten auf natürlich vorkommendes Material); **Österreich:** § 2 Abs 1 Nr 2 PatG (Verfahren zur chirurgischen oder therapeutischen Behandlung, Diagnostizierverfahren), Abs 2 PatG (Pflanzensorten und Tierrassen); **Schweiz:** Art 2 Abs 2

---

193   Vgl EPA T 19/90 ABl EPA 1990, 476 = GRUR Int 1990, 978 Krebsmaus II.
194   EPA T 315/03 ABl EPA 2006, 15 genetisch manipulierte Tiere, auch zum Beweismaß.
195   Vgl *Schulte* Rn 46.
196   ABl EG L 358.

Buchst a, b PatG: chirurgische, therapeutische und diagnostische Verfahren, Pflanzensorten und Tierrassen und im wesentlichen biologische Züchtungsverfahren, patentierbar sind jedoch mikrobiologische oder sonstige technische Verfahren und die damit gewonnenen Erzeugnisse sowie Erfindungen, deren Gegenstand Pflanzen oder Tiere sind und deren Ausführung technisch nicht auf eine bestimmte Pflanzensorte oder Tierrasse beschränkt ist; **Serbien:** Art 2, 5 PatG 2004

Übersicht

Schrifttum (zu Abs 1 Nr 2 vor Rn 44; vgl zur biologischen Vielfalt und Biopiraterie Schrifttum zu § 34a): *Assanti* Profili della brevettabilità dei microorganismi, Riv. Dir. Ind. 1983 I, 35; *Baumbach* Mikroorganismenschutz per se – eine Brücke zwischen Patentschutz und Sortenschutz? Mitt 1991, 13; *Bently* Imitations and Immorality: The Onco-Mouse Decision, King's College L.J. 1992, 145; *Beyleveld/Brownsword* Mice, Morality and Patents. The Oncomouse Application and Article 53(a) of the European Patent Convention, 1993; *U. Blum* Der Patentschutz für mikrobiologische Erzeugnisse nach dem schweizerischen Patentrecht und dem europäischen Patentübereinkommen, Diss Zürich 1979; *Boeters/Lindenmaier* Schutz von Zellkulturen entgegen der Bäckerhefe-Entscheidung – für Erfinder schon nicht mehr aktuell? GRUR 1982, 703, 1993; *Bostyn* Octrooi op dieren: beestachtig? NJB 1997, 373; *Bostyn* One Patent a Day Keeps the Doctor Away? Patenting Human Genetic Information and Health Care, European Journal of Health Law 2000, 229; *Botana Agra* La patentabilidad de las invenciones microbiologicas, ADI 6 (1979/80), 29; *Bush* Eight Reasons Why Patents Should Not Be Extended to Plants and Animals, 24 BiotDevMon (1995), 2; *Butler/Pistorius* How Farmers' Rights Can Be Used to Adapt Plant Breeders' Rights, 28 Biotechnology and Development Monitor (1996), 7; *Byrne* Plants, Animals, and Industrial Patents, IIC 1985, 1; *Byrne* Patents for Plants, Seed and Tissue Cultures, IIC 1986, 324; *Byrne* The Scope of Intellectual Property Protection for Plants and Other Life Forms – Part 1, 1989; *Cadman* Der Schutz von Mikroorganismen im Europäischen Patentrecht, GRUR Int 1985, 242 = IIC 1985, 311; *Calame* Patentschutz für eine neue Kamillensorte? recht 1996, 138; *Calame/Schweizer* Zum Patentierungsverbot der Gen-Schutz-Initiative. Ein Diskussionsbeitrag zu den Möglichkeiten und Grenzen der Patentierung von gentechnisch veränderten Tieren und Pflanzen, SJZ 1998, 173; *Caldwell/Shillinger/Barton/Qualset/Duvick/Barnes* (Hrsg) Intellectual Property Rights Associated with Plants, 1989; *Cole* Can I Patent My New Transgenic Guinea Pig, Daddy, Patent World 1989, 39; *Combaldieu* La brevetabilité des microorganismes, GazPal 1975, Doctr. 190; *Crespi* Microbiological Inventions and the Patent Law – The International Dimension, 3 Biotechnology and Genetic Engineering Review, Sept. 1985, S 1; *Crespi* Patenting Innovation in Animal Biotechnology, 1 IPB 1989/5, S 17, 1989/6, S 16; *Crespi* Biotechnology Patenting. The Wicked Animal Must Defend Itself, EIPR 1995, 431; *Curry* The Patentability of Genetically Engineered Plants and Animals in the US and Europe, 1987; *Davidson* Microbiologie en octrooirecht, BIE 1972, 34; *de Brabanter* Brevetabilité des inventions microbiologiques, L'Ingénieur-Conseil 1972, 45; *de Tavernier* Ethische implicaties van octrooien op dieren: tussen anthropocentrisme and pathocentrisme, in *van Overwalle* (Hrsg) Octrooirecht, ethiek en biotechnologie, 1998; *Delivie* Animal Patenting: Probing the Limits of U.S. Patent Laws, JPTOS 1992, 492; *Di Cerbo* Die Patentierbarkeit von Tieren, GRUR Int 1993, 399 = The Patentability of Animals, IIC 1993, 788; *Einfinger/Klein* Diagnostizierverfahren – patentierbar oder nicht? Zs für das Juristische Studium 2009, 209; *Engel* Der Sachschutz für Mikroorganismen nach dem neuen deutschen Patentrecht – zugleich Anmerkung zum BGH-Beschluß „Tollwutvirus", GRUR 1987, 332; *Epstein* Der Schutz der Erfindungen auf dem Gebiete der Mikrobiologie, GRUR Int 1974, 271; *Erbisch/Maredia* (Hrsg) Intellectual Property Rights in Agricultural Biotechnology, 1998; *Feuerlein* Patentrechtliche Probleme der Biotechnologierichtlinie, GRUR 2001, 561; *Fitzner* Der patentrechtliche Schutz mikrobiologischer Erfindungen, Diss FU Berlin 1982; *Funder* Rethinking Patents for

Plant Innovation, EIPR 1999, 551; *Galloux* „Fabrique-moi un mouton ...“ – Vers la brevetabilité des animaux-chimères en droit français, JCP (Ed. G) 1990 I, 3430; *Galloux* L'organisation et la protection juridiques de la création de nouvelles races animales, Rapport rédigé pour l'Office parlementaire d'évaluation des choix scientifiques et technologiques, 1990; *Gaythwaite* Patents for Microbiological Inventions in the United Kingdom, IndProp 1977, 465; *Girsberger* The Protection of Traditional Plant Genetic Resources for Food and Agriculture and the related Know-How by Intellectual Property Rights in International Law – The Current Legal Environment, 1 JWIP 1017 (1998); *Goebel* Pflanzenpatente und Sortenschutzrechte im Weltmarkt, 2001; *Goss* Guiding the Hand that Feeds: Towards Socially Optimal Approbability in Agricultural Biotechnology Innovation, 84 California Law Review (1997), 1397; *Groenendijk* Octrooierbaarheid van microorganismen, Diss Leiden 1982; *Grund* Patentierbarkeit von transgegen Pflanzen, Tieren und Tests nach der Transformation der EU-Biotechnologie-Richtlinie und der EPA-Entscheidung G 1/98, Mitt 2000, 328; *Grütter* Patentierung von Pflanzen möglich, plädoyer 1995 Nr 4, 22; *Grütter/Padrutt* Patentierung von Lebewesen: Kamille als Versuchsballon, plädoyer 1994 Nr 2, 27; *Hayhurst* Patents Relating to Industrial Microorganisms in English-Speaking Countries, IndProp 1971, 189; *Heitz* Intellectual Property in New Plant Varieties and Biotechnical Inventions, EIPR 1988, 297; *H. G. Hesse* Zur Patentierbarkeit von Züchtungen, GRUR 1969, 644; *H.G. Hesse* Der Schutz der züchterischen Leistung und die Grundrechte, GRUR 1971, 101; *Hoeren* Der Schutz von Pflanzenerfindungen in Europa, AUR 2005, 145; *Hoffmann/Peinemann* Das neue Sortenschutzrecht, BB 1968, 1140; *Hudson* Biotechnology Patents after the „Harvard Mouse“: Did Congress Really Intend Everything Under the Sun to Include Shiny Eyes, Soft Fur and Pink Feet? JPTOS 1992, 510; *Hübel* Essentials on Essentially Biological Processes for the Production of Plants: Decisions G2/07 (Broccoli Case) and G1/08 (Tomato Case) of the Enlarged Board of Appeal of EPO, EIPR 2011, 328; *Hüni* Stoffschutz für Erzeugnisse mikrobiologischer Verfahren, GRUR 1970, 542; *Hüttermann/Storz* Zur Patentierbarkeit von Pflanzenzuchtverfahren, Mitt 2009, 277; *Ischebeck* Die Patentierung von Tieren, Diss Bonn (2015); *Jaenichen/Schrell* Die „Harvard-Krebsmaus“ im Einspruchsverfahren vor dem Europäischen Patentamt, GRUR Int 1993, 451; *Kinkeldey* Die Patentierung von Tieren, GRUR Int 1993, 394 = The Patenting of Animals, IIC 1993, 777; *Kock/Porzig/Willnegger* Der Schutz von pflanzenbiotechnologischen Erfindungen und von Pflanzensorten unter Berücksichtigung der Umsetzung der Biopatentrichtlinie, GRUR Int 2005, 183 = The Legal Protection of Plant-Biotechnical Inventions in Light of the EC Biopatent Directive, 37 IIC (2006) 135; *Köster* Absoluter oder auf die Funktion eingeschränkter Stoffschutz im Rahmen von „Biotech“-Erfindungen, insbesondere bei Gen-Patenten, GRUR 2002, 833; *Koktvedgaard* Retsbeskyttelse af dyreforaedling, NIR 1978, 76; *Koktvedgaard* Retsbeskyttelse af gentesknologisk udvikling af planter og dyr, NIR 1989, 119; *Kräußlich* Neue Entwicklungen auf dem Gebiet der Tierzucht und deren wirtschaftliche Bedeutung, GRUR Int 1987, 340, auch in *Gesellschaft für Rechtspolitik* (Hrsg) Biotechnologie und gewerblicher Rechtsschutz (1988), 145; *Krauß* Die Effekte der Umsetzung der Richtlinie über den rechtlichen Schutz biotechnologischer Erfindungen auf die deutsche Praxis im Bereich dieser Erfindungen, Mitt 2005, 490; *Krauß* Aktuelles aus der Biotechnologie: Von Brokkoli und Sonnenblumen. Wann sind Pflanzen „natürlich“ hergestellt? Mitt 2008, 254; *Krauß* Aktuelles aus dem Bereich der Biotechnologie: Zu den Entscheidungen „Brokkoli II“ (G 2/13) und „Tomate II“ (G 2/12) der Großen Beschwerdekammer des Europäischen Patentamts, Mitt 2015, 245; *Lançon* The Case Law of the EPO Boards of Appeal 1994 to 1996 – A Summary, IIC 1997, 889; *Lange* Pflanzenpatente und Sortenschutz: Friedliche Koexistenz? GRUR 1993, 801; *Lange* Patentierungsverbot für Pflanzensorten, GRUR Int 1996, 586; *Lederer* A Perspective on Patenting Microorganisms under the European Convention: Perspectives and Considerations, APLA Q.J. 1979, 288; *LeGrand* L'invention en biologie – Les nouveautés végétales (ou animales) sont-elles brevetables? ProprInd 1961, 30; *Leskien/Flitner* Intellectual Property Rights and Plant Genetic Resources: Opinions for a Sui Generis System, Issues in Genetic Resources Bd 6 (1997); *Lesser* (Hrsg) Animals Patents, 1989; *Lesser* Animal Variety Protection: A Proposal for a US. Model Law, JPTOS 1993, 398; *Logemann/Schell* Die Landwirtschaft zwischen Produktivitätssteigerung und zunehmender Umweltbelastung. Kann das Dilemma durch Gentechnologie gelöst werden? GRUR 1992, 248; *Lommi* Is the Patent System Applicable to Biotechnical Inventions? NIR 1985, 502; *Looser* Gewerblicher Rechtsschutz in der Tierzüchtung, Diplomarbeit Stuttgart-Hohenheim 1984; *Looser* Zur Diskussion um ein gewerbliches Schutzrecht in der Tierzüchtung, GRUR Int 1986, 27; *Ludlow* Genetically Modified Organisms and Their Products as Patentable Subject-matter in Australia, EIPR 1999, 298; *Lukes* Möglichkeiten der Einführung eines gewerblichen Rechtsschutzes im Bereich der Tierzucht unter Berücksichtigung moderner gentechnologischer Entwicklungen, unveröffentlichtes Rechtsgutachten für den Bundesminister für Ernährung, Landwirtschaft und Forsten, 1988; *Luttermann* Patentschutz für Biotechnologie, RIW 1998, 916; *Luttermann/Mitulla* Genpatente und Monopolbildung bei Saatgut (Genetic Use Restriction Technology), ZLR 2008, 390; *Markey* Die Patentierbarkeit von Tieren in den Vereinigten Staaten, GRUR Int 1989, 482; *Marterer* Die Patentierbarkeit von Mikroorganismen per se, GRUR Int 1987, 490 = IIC 1987, 666; *Mentz* Het rasbegrip in het Kwekersrecht, BIE 2002, 20; *Metzger* Der Schutzumfang von Patenten auf Pflanzen nach den EPA-Entscheidungen „Brokkoli II“/„Tomate II“ GRUR 2016, 549; *Meyer* L'obtention animale et le droit de la propriété industrielle, Memoire 1979; *Moga* Transgenic Animals as Intellectual Property (or the Patented Mouse That Roared), JPTOS 1994, 511; *Neumeier* Sortenschutz und/oder Patentschutz für Pflanzenzüchtungen, Diss Universität München 1989/90 (Bespr *Teschemacher* GRUR Int 1991, 78); *Nott* Patent Protection for Plants and Animals, EIPR 1992, 79; *Oldekop/Schallmoser* BGH: Kollagenase I und II, GRURPrax 2014, 203; *Orlhac* Les animaux sont-ils brevetables? Cah. Prop. Int. 1997, 413; *Peace/Christie* Intellectual Property Protection for the Products of Animal Breeding, EIPR 1996, 213; *Perry/Krishna* Making Sense of Mouse Tales: Canada Lifeform Patents Topsy-Turvy EIPR 2001, 196; *Peterson* Understanding Biotechnology Law. Protection, Licensing, and Intellectual Property Policies, 1993; *Quade* Tier und Pflanze im Patentrechte, GRUR 1913, 2; *Robbins* Zur Frage der Patentierung von mikrobiologischen Verfahren – ein internationales Problem, GRUR Int 1961, 117 = JPOS 1960, 830; *Röder-Hitschke* Brocolis et Tomates – Einige Gedanken zur Erteilung und zum Schutzumfang von Patenten auf biologische

Züchtungsverfahren, FS D. Stauder (2011), 223; *R. Rogge* Zur Anwendbarkeit der Grundsätze des Tollwutvirus-Beschlusses des Bundesgerichtshofs auf makrobiologische Erfindungen, insbesondere im Bereich der Pflanzenzüchtungen, GRUR 1988, 653; *Rohrbaugh* The Patenting of Extinct Organisms: Revival of Lost Arts, 25(3) AIPLA 371 (1997); *Roth* Gegenwärtige Probleme beim Schutz von Erfindungen auf dem Gebiete der Pflanzentechnologie, GRUR Int 1986, 759 = IIC 1987, 41; *Rural Advancement Foundation International (RAFI)* Farmers' Rights: the Informal Innovation Systam at GATT (TRIPs) and in Intellectual Property Negotiations in the Context of New Biotechnologies, RAFI Communiqué Mai/Juni 1989, 1; *Salivanchik* Legal Protection for Microbiological and Genetic Engineering Inventions, 1982; *Schade* Patentierung von Pflanzenzüchtungen, GRUR 1950, 312; *Schippel* Zur Patentierung landwirtschaftlicher Kulturverfahren, GRUR Int 1958, 333; *Seiler* Sui Generis Systems: Obligations and Options for Developing Countries, 34 Biotechnology and Development Monitor (1998), 2; *Sommer* Patenting the Animal Kingdom? From Cross-Breeding to Genetic make-Up and Biomedical Research, IIC 2008, 139; *Stenger ua* Question 93: Relation entre la protection par les brevets pour les inventions biotechnologiques et la protection des obtentions végétales. Brevetabilité des races d'animaux, RDPI, Dezember 1987, S 17; *Straus* Das Verhältnis von Sortenschutz und Patentschutz für biotechnologische Erfindungen aus internationaler Sicht, 1988; *Straus* Ethische, rechtliche und wirtschaftliche Probleme des Patent- und Sortenschutzes für die biotechnologische Tierzüchtung und Tierproduktion, GRUR Int 1990, 913; *Straus* Der Schutz biologischer Erfindungen, insbesondere von Pflanzenzüchtungen, FS 100 Jahre GRUR (1991), 363; *Straus* Pflanzenpatente und Sortenschutz: friedliche Koexistenz, GRUR 1993, 794; *Straus/von Pechmann* (Bericht), GRUR Int 1988, 53; *Tak* Mikrobiologische vondsten en octrooibescherming, BIE 1960, 139; *Tak* Protection of Applied Microbiology, IIC 1974, 382; *Teschemacher* Die Patentfähigkeit von Mikroorganismen nach deutschem und europäischem Recht, GRUR Int 1981, 357 = IIC 1982, 27; *Tilmann* Zum Begriff des „im wesentlichen biologischen Verfahrens" zur Züchtung von Pflanzen in Art 53 lit B EPÜ, GRUR 2009, 361; *Trotta* Sulla brevettabilità dei microorganismi, Dir. Aut. 1979, 897; *Trüstedt* Der BGH-Beschluß „Bäckerhefe", GRUR 1977, 196; *Trüstedt* Patentierung mikrobiologischer Erfindungen, GRUR 1981, 95; *van de Graaf* De industriële eigendomsbescherming voor (moleculair-)genetische vindingen, Biotechnologie in Nederland 1988, 335; *van Nieuwenhoven Helbach* Europese bescherming van microbiologische uitvindingen, BIE 1980, 127; *van Overwalle* Protecting Innovations in Plant Biotechnology: Patents or Plant Breeder's Rights? Mededelingen van de Faculteit Landbouwwetenschapen Universiteit Gent, 1993, Bd 57; *von Füner* Sachschutz für neuie Mikroorganismus – Zum x-ten Mal „Bäckerhefe", Mitt 1985, 169; *von Pechmann* Über nationale und internationale Probleme des Schutzes mikrobiologischer Erfindungen, GRUR 1972, 51 = IIC 1972, 295; *von Pechmann* Gewerblicher Rechtsschutz auf dem Gebiet der Mikrobiologie, GRUR Int 1974, 128 und 448; *von Pechmann* Sind Vermehrungsansprüche bei biologischen Erfindungen ungesetzlich? GRUR 1975, 395; *von Pechmann* Ausschöpfung des bestehenden Patentrechts für Erfindungen auf dem Gebiet der Pflanzen- und Tierzüchtung unter Berücksichtigung des Beschlusses des Bundesgerichtshofs Tollwutvirus, GRUR 1987, 475; *von Pechmann* Ist der Ausschluß von Tierzüchtungen und Tierbehandlungsverfahren vom Patentschutz gerechtfertigt? GRUR Int 1987, 344, auch in *Gesellschaft für Rechtspolitik* (Hrsg) Biotechnologie und gewerblicher Rechtsschutz (1988), 155; *Vossius* Der Patentschutz von Mikroorganismen und Viren nach dem deutschen Patentgesetz und dem zukünftigen europäischen Patenterteilungsverfahren, GRUR 1973, 159; *Vossius* Der Schutz von Mikroorganismen und mikrobiologischen Verfahren, GRUR 1975, 477; *Vossius* Patentfähige Erfindungen auf dem Gebiet der genetischen Manipulationen, GRUR 1979, 579; *Vossius* Ein wichtiger Schritt zur Anerkennung der Patentfähigkeit von Mikroorganismen in den USA. Bericht über die CCPA-Entscheidung in den Fällen Bergy und Chakrabarty, GRUR Int 1980, 16; *Vossius* Patenting living material, Naturwissenschaften 1984, 552; *Vossius* Zur Patentierung von Erfindungen im Bereich der DNA-Rekombinations-Technologie und Hybridoma-Technologie, in *Gaul/Bartenbach* Aspekte des gewerblichen Rechtsschutzes (1986), 1; *Vossius* Patentschutz für Tiere: „Krebsmaus/HARVARD", GRUR Int 1990, 333 = Patent Protection for Animals: Oncomouse/HARVARD, EIPR 1990, 250; *Vossius/Schnappauf* Anmerkungen zum Vorlagebeschluß T 1054/96 – transgene Pflanze/NOVARTIS, Mitt 1999, 253; *Vossius/Schrell* Die „Harvard-Krebsmaus" in der dritten Runde vor dem EPA, GRUR Int 1992, 269; *Walser* Gewerblicher Rechtsschutz an gentechnisch veränderten Pflanzen unter Berücksichtigung des US-amerikanischen Rechts, Diss Göttingen 2001; *D. Walter* Patentrechtliche Betrachtungen zu modernen Züchtungsverfahren und daraus hervorgehenden Pflanzen und Tieren, Journal für Verbraucherschutz und Lebensmittelsicherheit 2008, 359; *D. Walter* Klassische und markergestützte Zuchtverfahren: Nach kein Patentrezept für Tomaten und Brokkoli, GRURPrax 2010, 329; *Warren* A Mouse in Sheep's Clothing: The Challenge to the Patent Morality Criterion Posed by „Dolly", EIPR 1999, 445; *Wegner* Patent Protection for Novel Microorganisms Useful for the Preparation of Known Products, IIC 1974, 285; *Wegner* Patenting Nature's Secrets Microorganisms, IIC 1976, 235; *Widtmann* Patentfähigkeit von Mikroorganismen, Mitt 1972, 89; *Winkler* Sortenschutz und Patentrecht, VPP-Rdbr 2004, 89; *Wirtz* Patentschutz von Pflanzenzüchtungen, Mitt 1955, 75; *Wirtz* Die Einordnung der mikrobiologischen Verfahren sowie der durch diese zu gewinnenden Erzeugnisse unter den Erfindungsbegriff im Straßburger Übereinkommen, GRUR 1970, 105; *Wirtz* Nochmals: die schutzlosen Mikroorganismen, GRUR 1971, 238; *Wuesthoff* Schöpferische Fortentwicklung auf dem Gebiet der belebten Natur, eine neue Grundsatzfrage des gewerblichen Rechtsschutzes, GRUR 1960, 517.

A. Entstehungsgeschichte; Geltungsbereich

I. Entstehungsgeschichte

1   Die durch das BioTRlUmsG neu eingestellte, unübersichtliche Bestimmung übernimt in Abs 1 Nr 1 im wesentlichen die zuvor in § 2 Nr 2 enthaltene Regelung, ersetzt jedoch den zuvor verwendeten (fehlerhaften) Begriff „Tierart" durch „Tierrasse". Sie setzt damit Art 4 Abs 1 BioTRl (Rn 41 Einl) um und entspricht Art 53 Buchst b Satz 1 EPÜ und Regel 27 Buchst c AOEPÜ. Das Gesetz zur Umsetzung der EPÜ-Revisionsakte hat die zuvor in § 5 Abs 1 eingestellte und Art 53 Buchst c EPÜ entspr Regelung nach § 2a verschoben; dies hat nicht zu einer inhaltlichen Änderung geführt.[1] Eine Übergangsregelung ist insoweit nicht getroffen.[2] Bei Gensequenzen ist nach Art 5 Abs 3 EG-BioTRl und § 1a Abs 3, auf den Abs 2 Satz 2 verweist,[3] eine konkrete Beschreibung der gewerblichen Anwendbarkeit erforderlich (Rn 13ff zu § 1a). Die Regelung in Abs 2 entspricht Art 4 Abs 2 BioTRl und Regel 27 Buchst b AOEPÜ. Die Definitionen in Abs 3 entsprechen Art 2 Abs 1–3 BioTRl und Regel 27 Abs 3–6 AOEPÜ.[4] Der Ausschluss von Pflanzensorten und Tierrassen geht auf Art 2 StraÜ zurück.[5]

2   Nach dem im Gesetzgebungsverfahren geänd PatRNovG wurden in Abs 1 Nr 1 nach dem Wort „Tieren" die Wörter „und die ausschließlich durch solche Verfahren gewonnenen **Pflanzen und Tiere**" eingefügt;[6] die Neuregelung ist am Tag nach der Verkündung, also am 25.10.2013, in Kraft getreten (Art 6 Abs 1 PatRNovG). Die Regelung weicht von Art 53 Abs 1 Buchst b EPÜ ab, der einen solchen Ausschluss nicht vorsieht (Rn 20). Damit gilt sie nur für Anmeldungen, die von diesem Zeitpunkt an erfolgt sind, sofern sie nicht nur eine Klarstellung der bereits bestehenden Rechtslage zur Folge hat (wie es erkennbar der Auffassung des Rechtsausschusses entspricht).[7] Nach der Begr des Rechtsausschusses wird mit dieser Ergänzung klargestellt, dass bei der im wesentlichen biologischen Züchtung von Pflanzen und Tieren nicht nur die Verfahren, sondern auch die mit solchen Verfahren hergestellten Pflanzen und Tiere selbst nicht patentierbar sind, selbst wenn sie keine Pflanzensorten oder Tierrassen darstellen, die ohnehin dem Patentierungsverbot nach § 2a Abs 1 Nr 1 unterliegen (vgl Rn 9 zu § 9a). Die GBK des EPA habe festgestellt, dass die bloße Verwendung technischer Verfahrensschritte zur Durchführung bzw Unterstützung im wesentlichen biologischer Verfahren diese nicht patentierbar mache; sie gehe aber nicht auf die Patentierbarkeit der durch solche tier- und pflanzenbezogenen Verfahren gewonnenen Erzeugnisse in Form der hergestellten Tiere und Pflanzen ein. Die Bundesregierung sei der Auffassung, dass nach Sinn und Zweck des Art 4 der BioTRl der Patentierungsausschluss zwingend auch hierfür gelten müsse. Die Nichtpatentierbarkeit herkömmlicher Züchtungsverfahren könnte sonst unschwer umgangen werden. Im Interesse der Züchter und Landwirte solle daher klargestellt werden, dass die unmittelbar aus ihrer konventionellen Züchtung stammenden Pflanzen und Tiere nicht von Patenten Dritter erfasst werden können, die sich auf umfassende Erzeugnisansprüche beriefen (abw die Praxis der GBK des EPA, Rn 15.1). Die Patentierungsmöglichkeiten der dt Industrie sollten aber nicht über diesen Regelungszweck hinaus eingeschränkt werden. Die aus biologisch gezüchteten Tieren und Pflanzen abgeleiteten Erzeugnisse wie zB Pflanzenöle sollten, wenn sie die übrigen Patentierungsvoraussetzungen erfüllten, patentierbar bleiben. Nur mit einer Formulierung, die den Patentierungsausschluss für Verfahren und Erzeugnisse ausdrücklich auf den gleichen Gegenstand, nämlich „Pflanzen und Tiere", beziehe, werde es möglich, den nationalen Regelungsspielraum der BioTRl einzuhalten, der sich auf eine lediglich klarstellende Konkretisierung beschränke. Dabei unterfielen diesen Begriffen nicht nur die erzeugten Tiere und Pflanzen, sondern auch das in herkömmlichen biologischen Verfahren hergestellte, das zu deren Erzeugung bestimmte Material wie zB Samen (Saatgut) bzw bei Tieren Samen (Sperma), Eizellen und Embryonen. Die Verwendung des Worts „ausschließlich" solle sicherstellen, dass unstreitig patentierbare, insb genetisch modifizierte Pflanzen und Tiere nicht nur des-

---

1   BPatGE 51, 15 = GRUR 2008, 981 f; *Mes* Rn 38.

2   Vgl *Fitzner/Lutz/Bodewig* vor § 2a Rn 1.

3   *Krauß* Mitt 2005, 490, 494 spricht insoweit von einem Missgriff des Gesetzgebers.

4   Sellungnahme des Bundesrats BRDrs 655/1/00.

5   *Benkard-EPÜ* Art 53 Rn 50.

6   Beschlussempfehlung BTDrs 17/14221 = BlPMZ 2013, 376, Bericht BTDrs 17/14222 = BlPMZ 2013, 376ff (dort auch zu weitergehenden Änderungsanträgen der Fraktionen der SPD und von Bündnis 90/Die Grünen); zur nicht erfolgten Änderung von Abs 3 Nr 3 auch *Krauß* Mitt 2015, 245, 251.

7   So wohl auch RB Den Haag 31.1.2012 IIC 2012, 604 Raphanus sativa.

halb vom Patentierungsverbot erfasst werden, weil sie zusätzlich ein im wesentlichen biologisches Kreuzungs- und Selektionsverfahren durchlaufen hätten.[8]

II. Europäisches Patentübereinkommen

Die nationale Regelung hat ihre Parallele in Art 53 Buchst b, c EPÜ, die allerdings in Einzelheiten ab- **3** weicht. Die Bestimmung sieht keinen Patentierungsausschluss für durch im wesentlichen biologische Verfahren gewonnene Pflanzen und Tiere vor; sie enthält auch keine Abs 2 Nr 1 entspr Vorschrift. Jedoch gestattet Regel 27 Buchst b AOEPÜ die Patentierung von Pflanzen und Tieren wie das nationale Recht. Regel 27 Buchst c AOEPÜ ermöglicht wie Abs 2 Nr 2 die Patentierung von durch mikrobiologische oder sonstige technische Verfahren gewonnenen Erzeugnissen. Die Definitionen in Abs 3 finden sich modifiziert in Regel 26 AOEPÜ wieder.

B. Patentierbarkeit von Lebensformen

I. Allgemeines

1. Grundsatz. Zur früheren Rechtslage *6. Aufl* Rn 22 ff zu § 2. Abs 1 Nr 1 enthält ein Patentierungsver- **4** bot für Pflanzensorten (Rn 43) und Tierrassen, von dem Abs 2 Satz 1 Nr 1 unter bestimmten Voraussetzungen Pflanzen und Tiere ausnimmt, Abs 2 Satz 1 Nr 2 Erfindungen, die ein mikrobiologisches oder sonstiges technisches Verfahren oder ein durch ein solches Verfahren gewonnenes Erzeugnis zum Gegenstand haben, sofern es sich dabei nicht um eine Pflanzensorte oder Tierrasse handelt. Abs 3 enthält Begriffsdefinitionen. Ein umfassender Patentierungsausschluss für biologisches Material (Abs 3 Nr 1, Regel 26 Abs 3 AOEPÜ; Rn 40), insb Pflanzen und Tiere, ist im Gesetz nicht vorgesehen; die Ausnahme beschränkt sich auf „Pflanzensorten" und „Tierrassen".[9] Abs 3 Nr 2 (Regel 26 Abs 6 AOEPÜ) definiert das „mikrobiologische Verfahren" (Rn 41), Abs 3 Nr 3 (Regel 26 Abs 5 AOEPÜ) das „im wesentlichen biologische Verfahren" (Rn 42), während Abs 3 Nr 4 (Regel 26 Abs 4 AOEPÜ) die Pflanzensorte definiert (Rn 43).

Ein genereller Ausschluss von Erfindungen auf dem Gebiet der **belebten Natur** ist dem EPÜ – und **5** ebenso dem geltenden nationalen Recht – nicht zu entnehmen;[10] Tiere können patentfähig sein und sind auch generell unter dem Gesichtspunkt der Wahrung der guten Sitten als patentierbar angesehen worden;[11] das gilt auch für Pflanzen. Die übereinstimmende eur und nationale Regelung nimmt nur Pflanzensorten und Tierrassen und im wesentlichen biologische Verfahren zur Züchtung von Pflanzen und Tieren vom Patentschutz (nicht vom Erfindungsbegriff) aus; eine Ausnahme von der Ausnahme bilden nach Nr 2 Satz 2 wiederum mikrobiologische Verfahren und mit Hilfe dieser Verfahren gewonnene Erzeugnisse. Damit werden Patente auf Pflanzengruppen, die nicht unter den Begriff der Sorte fallen, zugelassen.[12] Zur Patentierbarkeit von Herstellungsverfahren für Arzneimittel Rn 66.

Weitere Ausnahmen können sich aus dem Erfindungsbegriff des § 1 (Art 52 EPÜ) ergeben, der Entde- **6** ckungen nicht einschließt (Rn 50 zu § 1), sowie aus dem Patentierungsausschluss für Behandlungs- und Diagnostizierverfahren in Abs 1 Nr 2 (Art 52 Abs 4 EPÜ). Art 52 Abs 1 EPÜ, der § 1 Abs 1 entspricht, beinhaltet einen allg Grundsatz der Patentierbarkeit, der nur dann nicht zur Anwendung kommt, wenn andere gesetzliche Bestimmungen bestimmte Gegenstände von der Patentierbarkeit ausschließen.[13]

Grds patentierbar sind demnach insb Verfahren, bei denen auf nichtgenetischem, **physikalischem 7 oder chemischem Weg** auf die lebende Natur eingewirkt wird, so Verfahren zur Beeinflussung der Beschaffenheit, der Ausbeute, des Ertrags, des Wachstums usw von Pflanzen und Tieren (landwirtschaftliche Kulturverfahren und waldtechnische Verfahren)[14] oder zur Beeinflussung von Körperfunktionen des Men-

---

8 Begr Beschlussempfehlung BTDrs 17/14222 = BlPMZ 2013, 377 f.

9 Vgl EPA G 1/98 ABl EPA 2000, 111 = GRUR Int 2000, 431 transgene Pflanze II; EPA T 475/01 Phosphinotricin-Resistenzgen/BAYER.

10 EPA T 49/83 ABl EPA 1984, 112 = GRUR Int 1984, 301 Vermehrungsgut.

11 EPA – Einspruchsabteilung – ABl EPA 2003, 473 „Krebsmaus".

12 EPA – Einspruchsabteilung – GRUR Int 1993, 865 Patent für pflanzliche Lebensformen; *Mes* Rn 16.

13 EPA – Prüfungsabteilung – ABl EPA 1992, 589 = GRUR Int 1993, 240 „Krebsmaus".

14 Vgl *Benkard* Rn 11; *Fitzner/Lutz/Bodewig* vor § 2a Rn 4.

schen,[15] das gilt auch für behandeltes Pflanzengut[16] und erst recht für Schädlingsbekämpfungsverfahren und -mittel chemischer oder physikalischer Art.[17] Grds patentierbar sind mutagene Verfahren, bei denen die Erbstruktur auf physikalischem oder chemischem Weg beeinflusst wird.[18]

8   Grds patentierbar ist weiter die **Beeinflussung nichtlebender Materie** mit biologischen Mitteln, insb mit Mikroorganismen (Alkoholerzeugung, Käseerzeugung, Backen, biologische Säuerung).[19] Die Tragweite des Patentierungsausschlusses war nach verschiedenen Entscheidungen der Beschwerdekammern des EPA[20] auch für den Bereich des EPÜ nicht restlos geklärt. Die GBK des EPA hat einen Widerspruch zwischen den Entscheidungen „Pflanzenzellen", „Krebsmaus II" und „Vermehrungsgut"[21] verneint und die Vorlage des PräsEPA zu der Rechtsfrage, ob ein Patentanspruch, der auf Pflanzen oder Tiere gerichtet ist, ohne dass dabei bestimmte Pflanzensorten oder Tierrassen in ihrer Individualität beansprucht werden, gegen das Patentierungsverbot des Art 53(b) EPÜ verstößt, wenn er Pflanzensorten oder Tierrassen umfasst,[22] als unzulässig erachtet[23] (vgl 5. Aufl § 2 Rn 48). Verfahren zur Steigerung von Ertrag, Wachstum usw sind grds patentfähig; das gilt auch für Düngung und Verhinderung von Schädlingsbefall.

9   **2. Ausnahmen.** Nicht generell patentierbar ist die Einwirkung auf biologische Abläufe mit biologischen Mitteln. Zwar besteht auch hier im Grundsatz Patentierbarkeit. Die Regelung enthält aber Patentierungsausschlüsse für bestimmte biologische Erfindungen. Nach verbreiteter Meinung sind die Patentierungsausschlüsse in Nr 2 als Ausnahmebestimmungen eng auszulegen;[24] dies trifft jedoch nur zu, soweit es nicht um die Abgrenzung der beiden Schutzsysteme Patentschutz und Sortenschutz geht.[25] Es kann geboten sein, bei der Prüfung der Patentierbarkeit den § 2 Nr 1 entspr Art 53 Buchst a EPÜ zu berücksichtigen.[26] Die Patentierungsausschlüsse im Bereich der belebten Natur werden zT für verfehlt,[27] zT für zu weitgehend gehalten.[28]

10   **Tierzüchtungsverfahren** wurden seitens des BPatG zunächst als nicht patentfähig angesehen.[29] Dagegen hat der BGH die Schutzfähigkeit von Tierzüchtungsverfahren in der „rote Taube"-Entscheidung grds anerkannt; danach war die planmäßige Ausnutzung biologischer Naturkräfte und Erscheinungen nicht

15   EPA T 231/85 ABl EPA 1989, 74 = GRUR Int 1989, 678, 679 Triazolylderivate; EPA G 6/88 ABl EPA 1990, 114 Mittel zur Regulierung des Pflanzenwachstums; EPA T 208/88 ABl EPA 1992, 22 = GRUR Int 1992, 282 Wachstumsregulation; *Benkard-EPÜ* Art 53 Rn 46.

16   EPA T 49/83 ABl EPA 1984, 112 = GRUR Int 1984, 301, 302 Vermehrungsgut; EPA T 34/83 Vermehrungsgut II; EPA T 144/83 ABl EPA 1986, 301 = GRUR Int 1986, 720 f Appetitzügler; *Benkard-EPÜ* Art 53 Rn 62f.

17   Vgl schon zum früheren Recht BGHZ 53, 274 = GRUR 1970, 361 Schädlingsbekämpfungsmittel; BGHZ 54, 181 = GRUR 1970, 601 Fungizid; BGH BlPMZ 1973, 257 selektive Herbizide; BPatG GRUR 1976, 633; ÖPA GRUR Int 1974, 257; *Benkard* Rn 11; *MGK/Moufang* Art 53 EPÜ Rn 73 f; *Benkard-EPÜ* Art 53 Rn 47.

18   BGH GRUR 1978, 162 f 7-Chlor-6-demethyltetracyclin; *Benkard* Rn 15.

19   Vgl – noch zum früheren Recht – BGH GRUR 1989, 899 Sauerteig; BPatGE 21, 43 = GRUR 1978, 586: „lactobacillus bavaricus"; RG BlPMZ 1924, 8 Friedmann-Patent; *Benkard* Rn 12.

20   EPA T 19/90 ABl EPA 1990, 476 = GRUR Int 1990, 978 Krebsmaus II einerseits, EPA T 356/93 ABl EPA 1995, 545, 581 = GRUR Int 1995, 978 Pflanzenzellen andererseits.

21   EPA T 49/83 ABl EPA 1984, 112 = GRUR Int 1984, 301 Vermehrungsgut.

22   ABl EPA 1995, 595.

23   EPA G 3/95 ABl EPA 1996, 169 = GRUR Int 1996, 819 Vorlage unzulässig.

24   EPA T 320/87 ABl EPA 1990, 71 = GRUR Int 1990, 629 Hybridpflanzen; BPatG 1.2.2011 3 Ni 17/09 (EU); EPA – Einspruchsabteilung – GRUR Int 1993, 865 Patent für pflanzliche Lebensformen; *Benkard-EPÜ* Art 53 Rn 45; *Schulte* Rn 18: „zur Vermeidung von Schutzlücken"; *MGK/Moufang* Art 53 EPÜ Rn 61; *Looser* GRUR 1986, 27; *Funder* EIPR 1999, 551, 560; zwd jetzt *Mes* Rn 6 unter Hinweis auf EuGH GRUR 2011, 1104 Greenpeace Deutschland/Brüstle (Stammzellenpatent); zum Grundsatz der engen Auslegung auch EPA T 315/03 ABl EPA 2006, 15 genetisch manipulierte Tiere.

25   Zutr *Benkard⁹* § 2 Rn 12a; vgl *Straus* GRUR Int 1998, 1, 9; *Funder* EIPR 1999, 551, 564 Fn 83; *Keukenschrijver* SortG Einl Rn 18.

26   EPA T 19/90 ABl EPA 1990, 476 = GRUR Int 1990, 978 Krebsmaus II.

27   So zB *MGK/Moufang* Art 53 EPÜ Rn 58, 88; *Benkard⁹* § 2 Rn 2.

28   Vgl *Sommer* IIC 2008, 139, 141; vgl auch folgende Entscheidungen der Beschwerdekammern des EPA zu gentechnischen Erfindungen: EPA T 130/90 rekombinanter monoklonaler Antikörper, auszugsweise bei *Jaenichen* GRUR Int 1992, 327, 330; EPA T 500/91 Human immune interferon; EPA T 223/92 DNA sequences; Patente EP 322 240 (genetisch verändertes Tier); EP 274 489; EP 578 653 (transgener Fisch), EP 695 351 („Edinburgh"-Patent); EP 847 237 („Dolly"-Patent), EP 849 990.

29   BPatGE 8, 121; BPatGE 10, 1: Verfahren zum Steuern des Geschlechts von Nachkommen; BPatG 5.5.1967 10 W (pat) 573/61 BlPMZ 1968, 197 LS.

grds vom Patentschutz ausgeschlossen, Voraussetzung für die Patentierung eines Tierzüchtungsverfahrens ist jedoch seine Wiederholbarkeit.[30]

Sachschutz für einen neuen **Mikroorganismus** war gewährbar, wenn der Erfinder zu seiner Erzeugung **11** einen nacharbeitbaren Weg aufzeigte; zur vollständigen Beschreibung einer mikrobiologischen Erfindung konnte der Mikroorganismus bei einer anerkannten Hinterlegungsstelle hinterlegt werden.[31] Aber auch die Möglichkeit einer wiederholbaren Neuzüchtung konnte durch Hinterlegung und Freigabe einer vermehrbaren Probe des Mikroorganismus ersetzt werden.[32] All das ist heute nicht mehr eine Frage der Patentfähigkeit, sondern der ausführbaren Offenbarung (zur Hinterlegung biologischen Materials Rn 312ff zu § 34).

Das Merkmal „**biologisch**" lässt sich in Abgrenzung zu anderen Bereichen der Naturwissenschaften, **12** insb Chemie und Physik, konkretisieren.[33] Das Verfahren zur Auslösung des auch in der Natur vorkommenden Tetraploidisierungsvorgangs von Kamillenpflanzen mittels Colchicin ist als ein im wesentlichen technisches und nicht biologisches Verfahren angesehen worden.[34]

II. Pflanzen

1. Grundsatz. Der auf Art 2 StraÜ zurückgehende Ausschlusstatbestand in Abs 1 Nr 1 erfasst in An- **13** lehnung an die Regelung im PflZÜ lediglich Pflanzen oder deren Vermehrungsgut in der genetisch fixierten Form der Pflanzensorte. Die Auswirkungen der Biotechnologe wurde anhand der Raps-Hybridtechnologie Ogura untersucht.[35]

Für die in Abgrenzung zu anderen Lebensformen nur auf normativem Weg zu treffende Definition der **14** Pflanze (Art 1 Nr vi des Internat Übk zum Schutz von Pflanzenzüchtungen idF vom 19.3.1991,[36] definiert nur die Sorte als pflanzliche Gesamtheit innerhalb eines einzigen botanischen Taxons der untersten botanischen Rangstufe) ist infolge der Bezugnahme auf die Regelung im gemeinschaftlichen SortRecht in Abs 3 Nr 4 und der in der Sache parallelen Regelung im EPÜ von der biologischen Systematik auszugehen. **Pflanzen** bilden in der Eukaryotensystematik von *Sina Adl ua* (2005, 2012) ein Reich innerhalb der Domäne der Eukaryoten (Eukaryonten, Lebewesen mit Zellkern; Archaeplastida, die neben den Pflanzen auch die Glaucophyta, die Chloroplastida mit den Grünalgen und die Rotalgen umfassen); das Reich der Pflanzen (die Definition ist allerdings umstr, teilweise wurde historisch in plantae sensu strictissimo, sensu strictu, senso latu und sensu amplo unterschieden) als Teil der Gruppe der Charophyta (mit Ausnahme der Schmuckalgen – Zygnematophyceae –, die ein Schwestertaxon bilden, und der mit den Pflanzen als Streptophyta zusammen gruppierten Armleuchteralgen) umfasst dabei die Moose und die Gefäßpflanzen, aber nicht die Ophistokonta (Tiere und Pilze) und einzellige Organismen wie die Prokaryoten (Bakterien und Archaea), Amoebozoa, Rhizaria, Eumycetozoa (Schleimpilze) und Excavata und erst recht nicht Viren; solche sind vom Ausschlusstatbestand nicht erfasst. Das muss da gelten, wo nach dieser Definition nicht als Pflanzen anzusehende Organismen in nennenswertem Umfang zur Wertschöpfung beitragen, wie in der Champignonzucht. Darauf, dass in anderen Rechtsordnungen die Grenzziehung abw vorgenommen wird (so sind bestimmte Pilze in Japan sortenschutzfähig, ebenso in Neuseeland; in Kanada werden Pilze, Bakterien und Algen ausdrücklich vom Sortenschutz ausgeschlossen, dagegen sind in Japan mehrzellige Algen sortenschutzfähig, in Kenia können Bakterien und Algen nicht Gegenstand des Sortenschutzes sein, in Neuseeland sind Algen vom Sortenschutz ausgenommen),[37] kann nicht abgestellt werden. Auch in der Lit zur GemSortV sind Pilze und Endophyta mehrfach als schutzfähig angesehen worden.[38]

---

30 BGHZ 52, 74, 79 = GRUR 1969, 672 rote Taube; BGHZ 64, 101, 108 = GRUR 1975, 430 Bäckerhefe; BGHZ 100, 67, 70 ff = GRUR 1987, 231 Tollwutvirus.

31 BGHZ 64, 101, 108 = GRUR 1975, 430 Bäckerhefe.

32 BGHZ 100, 67, 70 ff = GRUR 1987, 231 Tollwutvirus unter Abweichung von der früheren Rspr: BGHZ 52, 74, 79 = GRUR 1969, 672 rote Taube; BGH Bäckerhefe.

33 *MGK/Moufang* Art 53 EPÜ Rn 112.

34 HG Bern SMI 1995, 331, 352 f = GRUR Int 1995, 511, 517 f.

35 http://www.wipo.int/wipo_magazine/en/2015/04/article_0003.html.

36 BGBl 1998 II 259 = BlPMZ 198, 232.

37 UPOV, Achtundvierzigste ordentliche Tagung 16.10.2014: Liste der in den Verbandsmitgliedern schutzfähigen Taxa.

38 Vgl *van der Kooj* Introduction to the EC Regulation on Plant Variety Protection, Art 5 Rn 1; *Würtenberger/van der Kooj/Kiewiet/Ekward* European Community Plant Variety Protection Rn 3.18.

Keukenschrijver

15   Es ist erwogen worden, ob die Regelungen des ua von allen EU-Mitgliedern, Island, Norwegen und der Schweiz ratifizierten **Internationalen Vertrags über pflanzengenetische Ressourcen** für Ernährung und Landwirtschaft (ITPGRFA) vom 3.11.2001 der Patentierung gentechnisch veränderter Pflanzen und Pflanzenteile entgegenstehen können.[39]

16   Dem Patentschutz sind weiterhin Pflanzen zugänglich, die nicht einer einzelnen Sorte, sondern zB einer **höheren taxonomischen Einheit** angehören.[40]

17   Dem Patentschutz sind auch **Vektoren** wie Plasmide und einzelne Pflanzenteile oder -organe (auch Teile des Pflanzengenoms) zugänglich.[41] Auch chemisch behandelte Pflanzen können patentiert werden.[42] Das gilt auch für Pflanzenzellen, die nach Auffassung des EPA eher als mikrobiologische Erzeugnisse angesehen werden können.[43] Die Zahl der vom EPA erteilten Pflanzenpatente wird für die Jahre 1988 bis 2012 von Industrieseite mit 106 angegeben, nach anderer Angabe auf weniger als 900[43a].[44]

18   **Verfahren.** Im wesentlichen biologische Züchtungsverfahren sind mit Ausnahme von mikrobiologischen Verfahren von der Patentierung ausgeschlossen (Art 53 Buchst b EPÜ; Abs 2 Nr 2 mit Definitionen des mikrobiologischen Verfahrens in Abs 3 Nr 2 unter Übernahme von Art 2 Abs 1 Buchst b BioTRl wie Regel 26 Abs 6 AOEPÜ und des im wesentlichen biologischen Verfahrens in Abs 3 Nr 3 in Übereinstimmung mit der auf Art 2 Abs 2 BioTRl beruhenden Regel 26 Abs 5 AOEPÜ); patentfähig sind nicht im wesentlichen biologische Verfahren jedenfalls dann, wenn sie nicht zur Züchtung einer Sorte dienen.[45] Screening-Verfahren sind dabei Arbeitsverfahren und nur bei funktioneller Wechselwirkung zwischen Screening und Kreuzung Herstellungsverfahren.[46]

19   Der Ausschluss für im wesentlichen biologische Züchtungsverfahren in Art 53 Buchst b Satz 1 2. Halbs EPÜ bereitet in seiner Reichweite wegen einer Diskrepanz im dt und im engl **Wortlaut** (Verfahren zur Züchtung – processes for the production) Schwierigkeiten, insb für Hybridisierungsverfahren zur Saatgutproduktion. Das EPA hat hier Verfahren den Schutz versagt, bei denen mit dem Schritt der „self pollination" jedenfalls kein Züchtungsschritt im klassischen Sinn vorlag.[47]

20   Die Regelung im EPÜ weicht hinsichtlich der Patentierbarkeit von Erzeugnissen von der im PatG ab (Rn 2). Der GBK des EPA wurden die Fragen vorgelegt, ob sich der Ausschluss negativ auf die **Gewährbarkeit eines Erzeugnisanspruchs** auswirken kann, der auf Pflanzen oder Pflanzenmaterial wie eine Frucht gerichtet ist, insb ein solcher Patentanspruch auch dann gewährbar ist, wenn das einzige am Anmeldetag verfügbare Verfahren ein in der Patentanmeldung offenbartes im wesentlichen biologisches Verfahren zur Züchtung von Pflanzen ist.[48] Die GBK hat dazu entschieden, dass der Ausschluss in wesentlichen biologischer Verfahren zur Pflanzenzüchtung keine negativen Auswirkungen auf die Patentierbarkeit für einen Erzeugnisanspruch hat, der auf Pflanzen oder Pflanzenmaterial wie Früchte gerichtet ist; der Umstand, dass das einzige zum Anmeldezeitpunkt verfügbare Verfahren, um den beanspruchten Gegenstand zu erhalten, ein im wesentlichen biologisches Züchtungsverfahren ist, steht der Patentierung nicht entgegen.[49] Weiter wurde die Frage vorgelegt, ob sich der Ausschluss auch auf Erzeugnisansprüche für Pflanzen und Pflanzenteile bezieht, die keine Pflanzensorte sind, insb wenn bei einem product-by-process-Anspruch die Verfahrensmerkmale ein im wesentlichen biologisches Verfahren definieren und das einzige zur Verfügung stehende Verfahren ein solches Verfahren ist und ob ein möglicher Patentierungsausschluss durch einen Disclaimer umgangen werden kann.[50] Hierzu hat die GBK entschieden, dass der Um-

---

39   *Girsberger* sic! 2001, 541, 547 ff.

40   Zu Einzelheiten *Keukenschrijver* SortG Einl Rn 20; vgl *Benkard* Rn 34, *Fitzner/Lutz/Bodewig* Rn 5 ff.

41   Vgl *Fitzner/Lutz/Bodewig* Rn 9.

42   *Fitzner/Lutz/Bodewig* Rn 10.

43   Vgl EPA T 356/93 ABl EPA 1995, 545 = GRUR Int 1995, 978 Pflanzenzellen; *Keukenschrijver* SortG Einl Rn 21 und Fn 101–103.

43a http://pinto.euroseeds.eu

44   *Andreas Popp* (BASF) Vortrag vor dem GRUR-Fachausschuss für den Schutz von Pflanzenzüchtungen Hannover 5.7.2013.

45   Vgl *Huber* Mitt 1994, 174 f.

46   *D. Walter* GRURPrax 2010, 329, 331.

47   EPA, Einspruchsabteilung, vom 29.4.2013 zu EP B 2002711.

48   EPA T 1242/06 ABl EPA 2013, 42 = GRUR Int 2013, 432 Ls (Vorlage an die GBK).

49   EPA G 2/12 GRUR2016, 585 Tomate II.

50   EPA 8.7.2013 T 83/05.

stand, dass das Verfahren als product-by-process-Anspruch formuliert ist, der auf Pflanzen oder Pflanzenmaterial, aber nicht auf eine Pflanzensorte gerichtet ist, nicht zur Unzulässigkeit des Anspruchs führt; es kommt dabei nicht darauf an, dass der Schutzumfang des Erzeugnisanspruchs die Erzeugung mittels eines im wesentlichen biologischen Verfahrens umfasst.[51] Die Patentierungsmöglichkeiten gehen damit bei eur Patenten weiter als bei dt Patenten. Es wurde gefordert, die BioTRl dahin zu ändern, dass durch im wesentlichen biologische Verfahren gewonnene Pflanzen von der Patierung auszunehmen,[52] alternativ eine umfassende Züchterausnahme im Patentrecht einzuführen. In der Schweiz bestimmt Art 36a PatG, dass bei der Abhängigkeitslizenz für den Pflanzenzüchter/Sortenschutzinhaber (Rn 55 zu § 24) bei Sorten für Landwirtschaft und Ernährung die Kriterien der schweiz SaatgutVO als Anhaltspunkte zu berücksichtigen sind. Zu verweisen ist auch auf den Züchtervorbehalt in § 11 Nr 2a sowie in Art 27 Buchst c EPGÜ.

Der Patentierungsausschluss für die ausschließlich durch im wesentlichen biologischen Züchtungs- **21** verfahren (Rn 19) gewonnenen **Pflanzen und Tiere** (Rn 2) betrifft nur die Pflanzen und Tiere an sich, nicht auch die von diesen Pflanzen und Tieren abgeleiteten Produkte wie Pflanzenöle.[53]

2. Verhältnis Patent – Sortenschutz

a. Allgemeines.[54] Die frühe Praxis des PA hat Verfahren der Pflanzenzüchtung und Tiererzeugung, **22** Tierpflege und -dressur als nicht patentfähig angesehen; jedoch hat schon das RPA seit 1934 Verfahren für Pflanzenzüchtungen bekanntgemacht. Nach dem Zweiten Weltkrieg sind zahlreiche Patenterteilungen für Pflanzenzüchtungen erfolgt, jedoch hat das BPatG Patentansprüche, die die vegetative Vermehrung von Pflanzen ohne sonstiges erfinderisches Zutun betreffen, als unzulässig erachtet.[55]

Ein **Patentierungsausschluss** bestand bis zum Inkrafttreten des 1. SortÄndG nur für die Pflanzenar- **23** ten, die im Artenverzeichnis zum SortG aufgeführt waren. Nach der seit 1992 geltenden Regelung ist Patentschutz für Pflanzensorten generell ausgeschlossen (näher *7. Aufl*). Der Ausschluss entspricht nunmehr der Regelung in Art 53 Buchst b EPÜ. Soweit die spezifischen Voraussetzungen einer Pflanzensorte nicht erfüllt sind, kommt Patentschutz in Betracht (vgl zur Beständigkeit Rn 26).[56] Der Patentierungsausschluss greift bereits dann ein, wenn Sortenschutz erteilt werden kann, nicht erst, wenn er erteilt ist.[57] Er ist auf Pflanzensorten unabhängig davon anzuwenden, wie diese erzeugt wurden; deshalb sind Pflanzensorten, die ein Gen enthalten, das mittels rekombinanter Gentechnik in eine Elternpflanze eingebracht wurde, von der Patentierung ausgeschlossen, ausreichend ist aber nicht schon die Gemeinsamkeit einzelner Gene.[58] Nach Auffassung des EuGH wird die Sorte durch ihr gesamtes Genom bestimmt; wenn eine Gruppe von Pflanzen durch ein bestimmtes Gen charakterisiert wird, ist sie nicht von der Patentierung ausgeschlossen, auch wenn sie neue Sorten umfasst. Auch nach der Rspr des EuGH ist das Genom einer Pflanzensorte von der Patentierung ausgeschlossen, wenn es Gene enthält, die mittels rekombinanter Gentechnologie in die Elternpflanze eingebracht worden sind.[59]

Erfindung und schutzfähige Pflanzensorte schließen sich begrifflich nicht aus.[60] Der Unterschied **24** zwischen den Schutzsystemen besteht ua darin, dass das Patentrecht generischen Schutz zur Verfügung stellt, während sich das Züchterrecht stets auf die konkrete Sorte beschränkt.[61] Umfasst der Patentan-

---

51 EPA 25.3.2015 G 2/13 Brokkoli II, Ls in GRUR 2016, 596.

52 Bund deutscher Pflanzenzüchter; http://www.bdp-online.de/de/Presse/Aktuelle__Mitteilungen/BDP_uebt_Krtitik_an_Entscheidung_im_Brokkoli_Fall.pdf.

53 Beschlussempfehlung BTDrs 17/1422 = BlPMZ 2013, 376, 378; *Mes* Rn 18.

54 Zum Verhältnis von Sortenschutz und Patentschutz vgl *Keukenschrijver* SortG Einl Rn 15.

55 Nachw bei *Keukenschrijver* SortG Einl Rn 16.

56 Vgl EPA Hybridpflanzen; vgl *Benkard* Rn 27 ff.

57 *Benkard-EPÜ* Art 53 Rn 55.

58 EPA G 1/98 ABl EPA 2000, 111 = GRUR Int 2000, 431 transgene Pflanze II auf Vorlage EPA T 1054/96 ABl EPA 1998, 511 = GRUR Int 1999, 162 transgene Pflanze, und hierzu *Nott* EIPR 1999, 33; *Vossius/Schnappauf* Mitt 1999, 253; Stellungnahme der DVGR GRUR 1999, 682; vgl *Benkard-EPÜ* Art 53 Rn 58.

59 EuGH C-377/98 Slg 2001 I 6229 = GRUR Int 2001, 1043 Niederlande/Parlament und Rat (BioTRl) II.

60 Zur Patentierung von transgener Baumwolle in den USA (Agracetus-Patent) *Funder* EIPR 1999, 551, 559 mwN in Fn 2.

61 *Crespi* IIC 1992, 168, 182; *Straus* GRUR 1993, 794, 796.

spruch auch Pflanzensorten, sollte dies nach früherer Praxis des EPA grds den Patentierungsausschluss begründen.[62] Dies gilt nach der Rspr der GBK des EPA nicht mehr.[63]

25   **b. Sortenbegriff; normative Vorgaben.** Hintergrund für den Patentierungsausschluss ist das am 19.3.1991 zuletzt revidierte Internat Übk zum Schutz von Pflanzenzüchtungen (PflZÜ, „UPOV"-Übk) vom 2.12.1961.[64] Art 1 (vi) PflZÜ definiert die Sorte im wesentlichen gleichlautend mit den Definitionen in dem durch das SortÄndG vom 17.7.1997[65] eingefügten § 2 Nr 1a SortG und in Art 5 Abs 2 GemSortV[66] (Rn 43) wie in Regel 26 Abs 4 AOEPÜ (früher Regel 23b Abs 4 AOEPÜ). Die Regelung in Abs 3 Nr 4 nimmt auf die Gem-SortV in Form einer „dynamischen" Verweisung Bezug.

26   Probleme ergeben sich hinsichtlich der Schutzvoraussetzung der **Beständigkeit.** Hybridpflanzen, die nur durch Klonen vermehrt werden, weil die maßgeblichen Eigenschaften bei einer weiteren geschlechtlichen Vermehrung nicht beständig auftreten, wurden als von der Patentierung nicht ausgeschlossen angesehen.[67] Eine Pflanze, der ein „Terminator-Gen" eingefügt ist, dass die Ausbildung der phänotypischen Merkmale nach der ersten Generation unterbricht, ist nicht beständig, soll aber als solche nicht patentierbar sein;[68] dagegen kann das entsprechende Gen schutzfähig sein.

27   **c.** Eine **Kollisionsregelung anlässlich der Ausweitung des Sortenschutzes** 1992 enthält § 41 Abs 2 SortG idF des 1. SortÄndG vom 27.3.1992 (näher *7. Aufl*).[69]

28   **d.** Zur **Kollision mit erstreckten Sortenschutzrechten** *6. Aufl* Rn 13.

III. Tierrassen

29   Der Patentierungsausschluss bei Tieren[70] ist wiederholt als verfassungsrechtl bdkl angesehen worden,[71] dies bisher zu Unrecht, weil dem Gesetzgeber hier ein weiter Gestaltungsspielraum zusteht (Rn 58 Einl PatG) und der Ausschluss der Tierrassen,[72] unabhängig von der Frage des Bestehens eines Bedarfs für ein Schutzsystem für Tierzüchter, jedenfalls angesichts der bestehenden internat Verträge (StraÜ, PCT, EPÜ) und der Bemühungen um die Einführung eines Tierzüchterschutzrechts[73] auch auf eur Ebene (vgl die im Rahmen der Arbeiten an der BioTRl abgegebene Erklärung, nach der sich die Kommission um die Übernahme eines Züchterprivilegs auf gemeinschaftlicher Basis in die BioTRl einsetzen wird) nicht als willkürlich angesehen werden kann;[74] vgl auch die Regelung in Art 27 TRIPS-Übk, die die Möglichkeit eines Patentierungsausschlusses für Pflanzen und Tiere vorsieht. Ein sui-generis-Schutz für Tiere ist wiederholt erwogen worden;[75] er besteht gegenwärtig aber weder in Deutschland noch in der Europäischen Union. Der gesetzlich nicht normierte Begriff der Tierrasse (vor 2005 Tierart)[76] ist iSd entspr taxonomi-

---

62   EPA T 356/93 ABl EPA 1995, 545 = GRUR Int 1995, 978 Pflanzenzellen, Entscheidungsgründe 40.8.

63   EPA G 1/98 ABl EPA 2000, 111 = GRUR Int 2000, 431 transgene Pflanze II; vgl *Keukenschrijver* SortG Einl Rn 20 und Fn 89; *Benkard-EPÜ* Art 53 Rn 64.

64   BGBl 1968 II, 429.

65   BGBl I 1854 = BlPMZ 1997, 330.

66   ABl EG 1994 L 227/1 = BlPMZ 1995, 353.

67   EPA T 320/87 ABl EPA 1990, 71 = GRUR Int 1990, 629 Hybridpflanzen; vgl *Benkard-EPÜ* Art 53 Rn 58.

68   Vgl zur Problematik *Funder* EIPR 1999, 551, 569 Fn 31 mwN; *Luttermann/Mitulla* ZLR 2008, 390, 395.

69   BGBl 1992 I 727 f.

70   Entspr G 1/98 ABl EPA 2000, 111 = GRUR Int 2000, 431 transgene Pflanze II für die einzelne Tierart/Tiervarietät/ Tierrasse, EPA T 315/03 ABl EPA 2006, 15 genetisch manipulierte Tiere; zum zum 1.1.2003 abgeschafften Patentschutz für Tierarten in Ungarn *Vida/Hegyi* GRUR Int 2003, 709, 712 f.

71   Vgl *Hesse* GRUR 1971, 101; *Schulte* Rn 27; *von Pechmann* GRUR Int 1987, 344 und GRUR Int 1987, 475, 480; zurückhaltend *Benkard-EPÜ* Art 53 Rn 67; aA *Benkard* Rn 20; rechtsvergleichend *MGK/Moufang* Art 53 EPÜ Rn 94.

72   Zur Ersetzung des Begriffs „Tierarten" durch „Tierrassen" Begr BTDrs 15/1709 S 14 = BlPMZ 2005, 95, 100.

73   Vgl BTDrs 11/8520 S 46 f.

74   Vgl *Benkard* Rn 20; kr *Schulte* Rn 26 f; *Ischebeck* Die Patentierung von Tieren (2015), 62 f, 64 ff.

75   Vgl *Straus* GRUR Int 1990, 913, 929; *Neumeier* S 237 f; *Looser* Zur Diskussion um ein gewerbliches Schutzrecht in der Tierzüchtung, GRUR 1986, 27; *Looser* Diplomarbeit Universität Hohenheim Mai 1984; *Trüstedt* Patentrecht und Gentechnologie, GRUR 1986, 640, 641 f; *Hesse* GRUR 1971, 101; Ausschussempfehlungen BRDrs 655/1/00 S 7 f.

76   Vgl BTDrs 15/1709 = BlPMZ 2005, 95, 100.

schen Kategorie unterhalb der sub-species oder der species zu verstehen; jedenfalls sind nicht unter diese Kategorie fallende Erfindungen nicht vom Patentschutz ausgeschlossen.[77] Wie bei Pflanzen können nicht-genetische Erfindungen und solche, die über die von der Regelung umfasste taxonomische Einheit hinausgehen, in die Ausschlussbestimmung nicht einbezogen werden,[78] dasselbe gilt für Teile von Tieren; die Probleme, die sich bei somatischen Pflanzenzellen stellen, bestehen bei Tieren grds nur bei Keimzellen.[79] Ausschlüsse bei der Patentierung von Tieren, die nicht unter den Begriff der Tierrasse fallen, kommen insb nach § 2 Abs 1, § 2 Abs 2 Nr 4 (Qualzüchtungen; vgl Rn 38 ff zu § 2) in Betracht. Art 4 Abs 1 Nr 1 BioTRl sieht weiterhin einen Patentierungsausschluss für Tierrassen vor.

Die Diskussion über die Patentierbarkeit von Tieren ist in den Parlamenten und in der Öffentlichkeit **30** mit großer Heftigkeit geführt worden (*5. Aufl* § 2 Rn 55). Auslöser war insb die **„Krebsmaus"**-Anmeldung beim EPA. Diese betraf ua einen transgenen nichtmenschlichen Säuger, insb Nager, dessen Keim- und somatische Zellen eine aktivierte Onkogen-Sequenz enthalten, die spätestens im Achtzellen-Stadium in dieses Tier oder einen seiner Vorfahren eingeschleust worden ist, wobei das Onkogen in bestimmter Weise näher definiert ist. Die Prüfungsabteilung des EPA hat die Anmeldung zunächst zurückgewiesen (näher *7. Aufl*). Die Ausnahme von der Patentierbarkeit gilt jedoch nur für bestimmte Gruppen von Tieren, nicht für Tiere an sich.[80] Demnach stellen zB Säuger und Nager eine taxonomische Klassifizierungseinheit dar, die höher anzusiedeln ist als die Begriffe „animal variety", „race animale" und „Tierart" in Art 53 Buchst b EPÜ aF; sie sind daher nicht nach dieser Bestimmung vom Patentschutz ausgeschlossen. Damit ist grds Sachschutz auch für Tiere möglich. Das EPA hat 1992 ein Patent (Nr 169 672) erteilt. Am 6.7.2004 hat die Beschwerdekammer des EPA entschieden, dass das Verfahren zur Erzeugung transgener Nagetiere gegen Regel 23d Buchst d AOEPÜ aF verstößt, das Verfahren zur Herstellung transgener Mäuse aber weder gegen diese Regel noch gegen Art 53 Buchst a oder b EPÜ.[81]

Auch ein **Erzeugnisanspruch** auf ein Tier, das ein bestimmtes Gen enthält, das entweder in das Tier **31** selbst oder in einen seiner Vorfahren eingebracht wurde, kommt in Betracht; in diesem Fall handelt es sich um einen „product-by-process"-Anspruch, der das Tier als Produkt ohne Rücksicht auf das zur Herstellung verwendete Verfahren definiert. Die Beschwerdekammer des EPA[82] lehnt damit die Auffassung der Prüfungsabteilung ab, die die Kombination eines patentierbaren Verfahrens der ersten Generation und eines nicht patentierbaren, im wesentlichen biologischen Züchtungsverfahrens in den Folgegenerationen angenommen hatte.

IV. Züchtungsverfahren

Die Regelung nimmt „im wesentlichen biologische" Verfahren (Rn 42) zur Züchtung von Pflanzen **32** und Tieren von der Patentierbarkeit aus.[83] Es handelt sich auch hier um einen Rechtsbegriff, der eine wertende Ausfüllung erfordert.[84] Ob auch gentechnische Verfahren als im wesentlichen biologische Züchtungsverfahren angesehen werden können, war fraglich (vgl *5. Aufl* § 2 Rn 57). Solche Verfahren werden nach der Definition der BioTRl aber nicht mehr erfasst.[85]

---

77 Vgl EPA T 19/90 ABl EPA 1990, 476 = GRUR Int 1990, 978 Krebsmaus II; vgl hierzu *Schulte* Rn 28 f; *Fitzner/Lutz/Bodewig* Rn 11 ff; *Mes* Rn 19; EPA (Einspruchsabteilung) IIC 35 (2004), 72: kein Ausschluss für Versuchstiere.

78 *MGK/Moufang* Art 53 EPÜ Rn 100–102; vgl aber EPA T 356/93 ABl EPA 1995, 545, 581 = GRUR Int 1995, 978 Pflanzenzellen, unter Umgehungsgesichtspunkten.

79 *MGK/Moufang* Art 53 EPÜ Rn 104 f.

80 EPA T 19/90 ABl EPA 1990, 476 = GRUR Int 1990, 978 Krebsmaus II.

81 EPA T 315/03 ABl EPA 2006, 15, und hierzu *Kraus* Des rongeurs, des souris et des hommes, sic! 2005, 601, sowie *Thomas/Richards* Technical Board of Appeal Decision in the Oncomouse case, EIPR 2006, 57.

82 EPA T 19/90 ABl EPA 1990, 476 = GRUR Int 1990, 978 Krebsmaus II.

83 Vgl *MGK/Moufang* Art 53 EPÜ Rn 114; *Straus* GRUR Int 1998, 1, 8 f; aA noch HG Bern SMI 1995, 331, 350 ff = GRUR Int 1995, 511, 517 f, wonach eine planmäßige Selektion nach bestimmten Kriterien ihrem Wesen nach kein biologischer Vorgang sein soll.

84 Vgl *Funder* EIPR 1999, 551, 569, der darauf verweist, dass Erfindungen per definitionem nicht im wesentlichen biologische Verfahren sein können, sondern einen signifikanten menschlichen Beitrag erfordern; zu den Interpretationsmöglichkeiten EPA T 1054/96 ABl EPA 1998, 511 = GRUR Int 1999, 162 transgene Pflanze; zur Frage des mittelbaren Schutzes über das Erzeugnis EPA T 356/93 ABl EPA 1995, 545 = GRUR Int 1995, 978 Pflanzenzellen; *Benkard* Rn 108.

85 Vgl *Schulte* Rn 40; *Benkard-EPÜ* Art 53 Rn 70; *Büscher/Dittmer/Schiwy* Rn 7.

C. Nach Absatz 2 patentierbare Erfindungen

I. Pflanzen und Tiere als solche

33   Patentschutz kommt in Betracht für Erfindungen, dessen Gegenstand Pflanzen oder Tiere sind, wenn die Ausführung der Erfindung technisch nicht auf eine bestimmte Pflanzensorte oder Tierrasse beschränkt ist (Abs 2 Satz 1 Nr 1). Die Regelung setzt Art I Nr 4 Abs 2 BioTRl in das nationale Recht um und entspricht Regel 27 Buchst b AOEPÜ. Nach der Begr[86] soll nicht bereits ein einzelnes gemeinsames Gen eine Pflanzengesamtheit zur Sorte machen. Damit soll eine Patentierung möglich sein, wenn die erfindungsgem Eigenschaften nicht nur in einer Sorte vorhanden sein können. Gentechnisch veränderte Tiere können damit patentfähig sein.[87]

34   **II. Mikrobiologische Verfahren** (Abs 3 Nr 2; Rn 41) **und** die mit ihrer Hilfe gewonnenen **Erzeugnisse** sind nicht von der Patentierung ausgeschlossen.[88] Dies regelt Abs 2 Satz 1 Nr 2, der dem früheren § 2 Nr 2 Satz 2 entspricht, in Übereinstimmung mit Art 1 Nr 3 BioTRl und Art 53 Buchst b 2. Halbsatz EPÜ; die Begriffsbestimmung in Abs 3 Nr 2 entspricht der in Regel 26 Abs 6 AOEPÜ.[89] Zur Wiederholbarkeit, die durch Hinterlegung des Mikroorganismus sichergestellt werden kann, Rn 306 ff zu § 34. Für tierische und pflanzliche Gene, Gensequenzen und Teilsequenzen, die einem Patentierungsausschluss nicht unterliegen, gilt nach Abs 2 Satz 2 das Beschreibungserfordernis des § 1a Abs 3.[90]

35   Die **Vermehrung von Mikroorganismen** fällt schon deshalb nicht unter den Patentierungsausschluss für Züchtungsverfahren, weil sich dieser nur auf Pflanzen und Tiere bezieht.

36   **Andere Erfindungen auf dem Gebiet der Mikro- und Molekularbiologie** sind grds patentierbar. In Betracht kommen Erzeugnispatente (vgl Rn 39) auf Mikroorganismen und vermehrbares Zellmaterial,[91] zB rekombinante DNS-Techniken, Mutagenese,[92] Hybridom-Technologie, Mikroinjektion, Insertion in ein Plasmid, Klonierung von Genen und die Herstellung von Proteinen durch Expression dieser Gene in Bakterien, pflanzlichen oder tierischen Zellen oder die Herstellung monoklonaler Antikörper gegen beliebige Antigene, daneben aber auch Verfahrens- oder Verwendungsschutz. Zu den therapeutisch nützlichen rekombinanten Proteinen gehören die früher nur in geringen Mengen verfügbaren Interferone, Wachstumsfaktoren, Erythropoietin und Somatostatin.[93]

37   **Nicht zum Gebiet der Mikroorganismen** zählen Samenkörner.[94]

38   Das bloße Auffinden eines Mikroorganismus ist **Entdeckung** und damit vom Patentschutz nach § 1 Abs 2 Nr 1 ausgeschlossen;[95] dies gilt nicht für die Isolierung oder Züchtung des Mikroorganismus, so dass der isolierte oder gezüchtete Mikroorganismus eine patentfähige Erfindung sein kann[96] (s auch Rn 128 zu § 1). Ein in vitro gewonnenes Stoffwechselprodukt von Mikroorganismen ist nicht als Naturprodukt vom Patentschutz ausgeschlossen, soweit nicht feststeht, dass es in der Natur selbst entsteht und nicht unter Umwelteinfluss wieder verändert wird.[97]

39   Mit Hilfe mikrobiologischer Verfahren gewonnene **Erzeugnisse** sind solche, die durch Mikroorganismen erzeugt oder verändert werden. Dazu zählen nicht nur durch „traditionelle" Verfahren wie Fermenta-

---

86   BTDrs 15/1709 = BlPMZ 2005, 95, 100.

87   EPA T 315/03 ABl EPA 2006, 15 genetisch manipulierte Tiere; *Schulte* Rn 29.

88   Vgl schon zur früheren Rechtslage BGH GRUR 1978, 162 7-Chlor-6-demethyltetracyclin; BPatGE 9, 150 = BlPMZ 1968, 165; BPatGE 16, 1 = GRUR 1974, 392 f.

89   *Mes* Rn 29.

90   Vgl Begr BTDrs 15/1709 = BlPMZ 2005, 95, 100; *Mes* Rn 32.

91   *MGK/Moufang* Art 53 EPÜ Rn 87.

92   *Ischebeck* Die Patentierung von Tieren (2015), 79.

93   *Jaenichen* GRUR Int 1992, 327.

94   SuprC Kanada GRUR Int 1991, 154.

95   Vgl BGHZ 52, 74, 80 = GRUR 1969, 672 rote Taube; BGHZ 64, 101, 107 = GRUR 1975, 430 Bäckerhefe.

96   BGHZ 100, 67, 73 = GRUR 1987, 231 Tollwutvirus; BPatGE 21, 43 = GRUR 1978, 586 f; Tribunale Mailand 11.10.1999 Sorin/Chiron, Hepatitis-C-Virus; RB Den Haag BIE 2001, 90; vgl BGH rote Taube; BGH Bäckerhefe; *Benkard* Rn 115; *Benkard-EPÜ* Art 53 Rn 77.

97   BPatGE 15, 1 = GRUR 1973, 463: Thermothiocin; zur Beweislast in einem solchen Fall auch BPatG 28.10.1974 16 W (pat) 99/72: Antibioticum 8036 R.P.

---

tions- und Biotransformationsverfahren gewonnene Erzeugnisse,[98] sondern auch die Ergebnisse der Manipulation von Mikroorganismen durch gentechnische oder Fusionsverfahren, die Herstellung oder Veränderung von Erzeugnissen in rekombinanten Systemen,[99] aber auch neue Mikroorganismen als solche. Insoweit kommt, soweit nicht ein Schutzausschluss eingreift, Sachschutz und nicht nur Schutz des unmittelbaren Verfahrenserzeugnisses in Betracht.[100] Die schutzfähigen Erzeugnisse können wie sonstige (chemische) Erzeugnisse mit jedem unterscheidungskräftigen, zuverlässig feststellbaren Parameter umschrieben werden, und zwar auch mit dem Herstellungsverfahren (Rn 124 zu § 1).[101]

D. Definitionen (Absatz 3)

I. Biologisches Material (Nr 1) ist Material, das genetische Informationen enthält und (kumulativ) **40** sich selbst reproduzieren oder (alternativ) in einem biologischen System reproduziert werden kann. Die Definition stellt sicher, dass zB Proteine nicht erfasst werden. Auf die Definition greifen die §§ 1 Abs 2, 9a, 9b, 9c Abs 3, 11 Nr 2a und 34a zurück.

II. Ein mikrobiologisches Verfahren (Nr 2; Rn 34) ist ein Verfahren, bei dem mikrobiologisches Ma- **41** terial verwendet oder ein Eingriff in mikrobiologisches Material durchgeführt oder mikrobiologisches Material hervorgebracht wird.[102] Die Rspr des EPA definiert mikrobiologische Verfahren als solche, in denen Mikroorganismen benutzt werden, um Erzeugnisse herzustellen oder zu verändern oder bei denen neue Mikroorganismen für besondere Anwendungen entwickelt werden.[103] Herkömmlich dienen diese Verfahren insb der Brotbereitung, der Herstellung von Alkohol, Essig, Vitaminen, Heilseren, Antibiotika und zur biologischen Umweltreinigung.[104] Dazu gehört auch die Behandlung lebender tierischer Körper zur Gewinnung von Heil- und Schutzstoffen.[105] Die Mikrobiologie umfasst nach herkömmlicher Ansicht[106] alle Lebensformen unterhalb der Kategorie Pflanze oder Tier, also Mikroorganismen, und zwar sowohl Prokaryoten wie Bakterien als auch Eukaryoten wie Fungi und Hefen,[107] sowie Partikel von Lebendmaterial, insb Gegenstände der Gentechnik wie Zellinien,[108] Plasmide, Gene, Genombereiche, Hybridome, auch Viren,[109] überhaupt alle einzelligen Organismen unterhalb der Sichtbarkeitsgrenze, die in einem Laboratorium vermehrt und gehandhabt werden können.[110] Ob es bei mehrstufigen Verfahren genügt, dass eine wesentliche Verfahrensstufe mikrobiologisch ist, war str (Nachw *5. Aufl* § 2 Rn 59). Abs 3 Nr 2 definiert unter Übernahme von Art 2 Abs 1 Buchst b BioTRl wie Regel 26 Abs 6 AOEPÜ das mikrobiologische Verfahren als jedes Verfahren, bei dem mikrobiologisches Material verwendet, ein Eingriff in solches durchgeführt oder solches hervorgebracht wird; damit fallen Verfahren, die auch nichtmikrobiologische Verfahrensstufen umfassen, unter die Definition.[111]

III. Im wesentlichen biologische Verfahren (Nr 3) sind Verfahren zur Züchtung von Pflanzen und **42** Tieren, die vollständig auf natürlichen Phänomenen wie Kreuzung oder Selektion beruhen. Grundlegend hat die Einspruchsabteilung des EPA[112] ausgeführt, es führe grds noch nicht zu einem Patentierungsausschluss, dass bestimmte Folgegenerationen von Pflanzen das direkte Produkt eines biologischen Prozesses darstellten. Verfahren zur Genbeeinflussung von Pflanzen und/oder deren Produkten seien nicht durch

98 Vgl *Fitzner/Lutz/Bodewig* vor § 2a Rn 5.
99 EPA T 356/93 ABl EPA 1995, 545, 573 ff, 576 = GRUR Int 1995, 978 Pflanzenzellen.
100 *Schulte* Rn 50 ff.
101 BPatG 15, 1 = GRUR 1973, 463, 464 f; BPatG GRUR 1979, 629; vgl BPatG 28.10.1974 16 W (pat) 99/72; BPatG 4.11.1974 16 W (pat) 20/70.
102 *Fitzner/Lutz/Bodewig* Rn 22.
103 EPA T 356/93 ABl EPA 1995, 545, 575 = GRUR Int 1995, 978 Pflanzenzellen.
104 *Benkard* Rn 119 f; *Schulte* Rn 49; *Fitzner/Lutz/Bodewig* vor § 2a Rn 7; vgl *Mes* Rn 28.
105 So schon RG BlPMZ 1924, 8 Friedmann-Patent; *Benkard*[10] Rn 12a.
106 Kr *Fitzner/Lutz/Bodewig* Rn 24 ff mit Referat der verschiedenen Auffassungen.
107 *MGK/Moufang* Art 53 EPÜ Rn 118; vgl *Benkard-EPÜ* Art 53 Rn 73.
108 EPA – Prüfungsabteilung ABl EPA 1990, 156 = GRUR Int 1990, 530, 531 Aktenzeichen der Hinterlegung.
109 Vgl *Schulte* Rn 49; kr für mikrobiologische Verfahren *MGK/Moufang* Rn 122.
110 EPA Pflanzenzellen.
111 Mitteilung ABl EPA 1999, 573, 580; *Benkard-EPÜ* Art 53 Rn 96; *Schulte* Rn 47 f; vgl *Mes* Rn 29.
112 GRUR Int 1993, 865 Patent für pflanzliche Lebensformen.

Art 53 Buchst b EPÜ von der Patentierung ausgeschlossen, sofern sie sich nicht auf Pflanzensorten beschränkten. Ob ein Verfahren im wesentlichen biologisch iS dieser Bestimmung sei, soll auf der Grundlage dessen, was das Wesentliche der Erfindung ausmache, zu beurteilen sein.[113] Zugrundezulegen sind danach das Wesen der Erfindung sowie die Gesamtmitwirkung des Menschen und sein Anteil am erzielten Ergebnis; die Notwendigkeit menschlichen Eingreifens ist allein kein ausreichender Grund, das Verfahren nicht als im wesentlichen biologisch anzusehen.[114] Nach aA soll schon ein planmäßiges Eingreifen des Menschen ein „im wesentlichen biologisches" Verfahren ausschließen;[115] das war mit dem Wortlaut der Regelung schwer in Einklang zu bringen, weil dieser auf die Wesentlichkeit des nichtbiologischen Anteils und damit auf eine wertende Beurteilung abstellt. Die stabile Integration einer DNS-Sequenz in das Genom einer Pflanze kann nicht ohne menschliche Mitwirkung durchgeführt werden; wenn sie entscheidenden Einfluss auf das Endergebnis (zB Schädlingsresistenz) hat, liegt ein technisches Verfahren vor.[116] Die schweiz Rspr[117] hat darauf abgestellt, ob die technischen Verfahrensschritte im Vordergrund stehen. Abw davon sieht Abs 3 Nr 3 in Übereinstimmung mit dem auf Art 2 Abs 2 BioTRl beruhenden Art 26 Abs 5 AOEPÜ als im wesentlichen biologisch nur ein Verfahren an, wenn es **vollständig** auf natürlichen Phänomenen wie Kreuzung und Selektion beruht;[118] das soll der Fall sein, wenn alle technischen Schritte hinweggedacht werden können, ohne dass sich das Verfahrensergebnis ändert.[119] Die GBK des EPA hat entschieden, dass ein nicht mikrobiologisches Verfahren zur Züchtung von Pflanzen, das aus Schritten der Kreuzung ganzer Genome und der anschließenden Selektion besteht, als im wesentlichen biologisches Verfahren im Prinzip von der Patentierbarkeit ausgeschlossen ist, woran ein Merkmal technischer Natur als zusätzlicher Schritt oder als Teil der Schritte der Kreuzung und der Selektion, das der Durchführung oder Unterstützung der Schritte der Kreuzung und Selektion dient, nichts ändert; sofern ein solches Verfahren allerdings einen technischen Schritt umfasst, der ein Merkmal in das Genom einführt oder ein Merkmal in dem Genom verändert und diese Einführung oder Veränderung nicht allein aus der Kreuzung der Pflanzen resultiert, kann das Verfahren aber als Lehre zum technischen Handeln patentierbar sein. Dabei ist es irrelevant, ob der zusätzliche technische Schritt neu oder bekannt ist, eine wesentliche Veränderung gegenüber bekannten Verfahren darstellt, in der Natur ohne menschliches Zutun auftreten kann oder den Kern der Erfindung verkörpert.[120] Zum Schutz bei Folgegenerationen s die Kommentierung zu § 9a.

43   **IV.** Die **Pflanzensorte (Nr 4)** ist in Art 5 Abs 2 GemSortV (VO (EG) Nr 2100/94) wie folgt definiert:

Eine „Sorte" im Sinne dieser Verordnung ist eine pflanzliche Gesamtheit innerhalb eines einzigen botanischen Taxons der untersten bekannten Rangstufe, die, unabhängig davon, ob die Bedingungen für die Erteilung des Sortenschutzes vollständig erfüllt sind,
- durch die sich aus einem bestimmten Genotyp oder einer bestimmten Kombination von Genotypen ergebende Ausprägung der Merkmale definiert,
- zumindest durch die Ausprägung eines der erwähnten Merkmale von jeder anderen pflanzlichen Gesamtheit unterschieden und
- in Anbetracht ihrer Eignung, unverändert vermehrt zu werden, als Einheit angesehen werden kann.

---

113   So auch „amicus-curiae"-Brief der DVGR zu EPA G 2/07 GRUR 2008, 315.
114   EPA T 320/87 ABl EPA 1990, 71 = GRUR Int 1990, 629 Hybridpflanzen; nach *MGK/Moufang* Art 53 EPÜ Rn 111, 115 läuft dies im Ergebnis darauf hinaus, das Erfordernis der erfinderischen Tätigkeit für einen Spezialbereich zu konkretisieren; vgl zur Problematik *B. Goebel* S 197 f; *Benkard* Rn 51; *Benkard-EPÜ* Art 53 Rn 69.
115   *Huber* Mitt 1994, 174, 176.
116   EPA T 356/93 SMI EPA 1995, 545, 581 ff = GRUR Int 1995, 978 Pflanzenzellen.
117   Schweiz BG SMI 1995, 358, 366 = GRUR Int 1996, 1059, 1062 Manzana II.
118   Vgl aus der Praxis des EPA die in GRUR Int 2003, 271 referierte Entscheidung der EPA-Einspruchsabteilung zum „Öl-Mais"-Patent 744 888; *Benkard* Rn 51; kr *Schulte* Rn 35 f.
119   „Amicus-curiae"-Brief der DVGRUR GRUR 2008, 315; *Mes* Rn 23.
120   EPA G 2/07 ABl EPA 2012, 130 = GRUR Int 2011, 266 Brokkoli, EPA G 1/08 ABl EPA 2012, 206 Tomate I, auf Vorlagen EPA T 83/05 ABl EPA 2007, 644 Broccoli und T 1242/06 ABl EPA 2008, 523 Tomaten; hierzu *Schulte* Rn 37 ff; zur erneuten Vorlage EPA T 1242/06 ABl EPA 2013, 42 = GRUR Int 2013, 432; *Mes* Rn 2.

E. Verfahren zur chirurgischen oder therapeutischen Behandlung, Diagnostizierverfahren

Schrifttum (zur „zweiten medizinischen Indikation" bei § 3): *Bock* Kann die Behandlung des lebenden menschlichen Körpers Gegenstand einer Erfindung im Sinne des Patentgesetzes sein? GRUR 1927, 622; *Bosch* Medizinisch-technische Verfahren und Vorrichtungen im deutschen, europäischen und amerikanischen Patentrecht, 2000, zugl Diss München; *Bostyn* No Cure without Pay? Referral to the Enlarged Board of Appeal Concerning the Patentability of Diagnostic Methods, EIPR 2005, 412; *Bostyn* Patentability of Diagnostic Method Inventions after G01/04, EIPR 2007, 238; *Bruchhausen* Der lange Weg zum modernen Patentrecht für chemische Erfindungen, FS Ph. Möhring (1975), 451; *Bublak/ Coehn* Diagnostizierverfahren in der europäischen Rechtsprechung, GRUR Int 2006, 640 = sic! 2006, 605; *Dersin* Über die Patentfähigkeit von Verfahren zur Behandlung des lebenden menschlichen Körpers (Dauerwelle- und Haarfärbeverfahren), GRUR 1951, 2; *de Smets* Die Patentierbarkeit auf dem Gebiet der Therapie und Diagnose im belgischen Recht, GRUR Int 1991, 425; *Dolin* The Short-Sighted Attack on Patent Eligibility of Healthcare Related Patents, IIC 2012, 499; *Eisenkolb* Die Patentierbarkeit von medizinischen, insbesondere gentherapeutischen Verfahren, 2008; *Escher* Der Entscheid „dosage regime", sic! 2010, 548; *Feros* Patentability of Methods of Medical Treatment, EIPR 2001, 79; *Fertig* Schutz des Diagnostikums, GRUR 1925, 298; *Heimann* Heilverfahren-Patente? MuW 14, 211; *Hüttermann/Storz* Denken ist nicht Handeln. Zu den Entscheidungen G 1/07 und G 1/04; Mitt 2010, 213; *Judge* Issues Surrounding the Patenting of Medical Procedures, 13 Santa Clara Computer & High Tech. 181 (1997); *Koenig/Müller* EG-rechtliche Vorgaben zur Patentierbarkeit gentherapeutischer Verfahren unter Verwendung künstlicher Chromosomen nach der Richtlinie 98/44/EG, GRUR Int 2000, 295; *Krauß/Takanaka* Aktuelles aus dem Bereich Biotechnologie: Ansprüche auf diagnostische Verfahren im Lichte der neueren US-Rechtsprechung In re Bilski und Classen, Mitt 2009, 347; *Lançon* Die Patentierbarkeit auf dem Gebiet der Therapie und Diagnose: Überblick über die Rechtsprechung der Beschwerdekammern des Europäischen Patentamts, GRUR Int 1991, 428; *Moufang* Medizinische Verfahren im Patentrecht, GRUR Int 1992, 10 = Methods of Medical Treatment under Patent Law, 24 IIC (1993), 18; *Noonan* Patenting Medical and Surgical Procedures, JPTOS 1995, 651; *Odell West* A proposal to amend the medical exclusion within patent law to provide for the patentability of certain methods of treatment, EIPR 2007, 492; *Odell West* Protecting surgeons and their art? Methods for treatment of the human body by surgery under Article 52(4) EPC, EIPR 2008, 102; *Odell West* Preimplantation genetic diagnosis, the ‚medical exclusion' and the Biotechnology Directive, Medical Law International 2007, 239; *Ono* Better Than Nothing: Japan's Next Move on Patentability of Medical Methods, IIC 2006, 196; *Panchen* Die Patentierbarkeit auf dem Gebiet der Therapie und Diagnose, GRUR Int 1991, 420; *Piper* A History of the Diagnostic Methods Exception from Patentability, M.Phil thesis Oxford 2004; *Schmidt* Une méthode de traitement n'est pas brevetable lorsqu'elle a nécessairement un effet thérapeutique, Recueil Dalloz (2003) Nr 43, 2959; *Schneider* Patenting of Pharmaceuticals: Still a Challenge, IIC 2008, 511; *Schuhmacher/Haybäck* Zur Aktualität des patentrechtlichen Stoffschutzverbotes bei Verwendungsansprüchen für Arzneimittel, WBl 2005, 101; *Sims* The Case against Patenting Methods of Medical Treatment, EIPR 2007, 43; *Smith/Burns* Patenting Medical and Surgical Procedures: Unethical or Essential? The Journal of Proprietory Rights Oktober 1996, 2; *Sternfeld* A Second Medical Use Case? EIPR 2001, 107; *Straus* Patentrechtliche Probleme der Gentherapie; GRUR 1996, 10; *Straus/Fritze* (Bericht) GRUR 1994, 895; *Straus/Herrlinger* Zur Patentierbarkeit von Verfahren zur Herstellung individuumsspezifischer Arzneimittel, GRUR Int 2005, 869; *Tauchner/Hölder* Die ärztliche Verordnungsfreiheit: eine Illusion? FS P. Mes (2009), 353; *Thomas* Patentability Problems in Medical Technology, IIC 34 (2003), 847; *Thums* Patentschutz für Heilverfahren? GRUR Int 1995, 277 = Patent Protection for Medical Treatment, IIC 27 (1996), 423; *Thums* Durchsetzung des patentrechtlichen Schutzes für die zweite medizinische Indikation unter Berücksichtigung des EWG-Vertrages, 1994; *Tsur* La brevetabilité des methodes de traitement thérapeutique du corps humain, ProprInd 1985, 178; *Utermann* Der zweckgebundene Verfahrensanspruch für Arzneimittel, GRUR 1985, 813; *Vanek/Rehwald/Nobbe* Medizin + Patente: Patentieren von medizinisch-technischen Erfindungen; Schutzrechte für medizinische, pharmazeutische, biotechnologische Erfindungen, 2004; *Ventose* Patent Protection for Diagnostic Methods Under the European Patent Convention, IIC 2007, 884; *Ventose* No European Patents for Second Medical Uses of Devices or Instruments, EIPR 2008, 11; *Ventose* Patent Protection for Surgical Methods Under the European Patent Convention, IIC 2008, 51; *Ventose* Making Sense of the Decision of the Enlarged Board of Appeal inCYGNUS/Diagnostic Metod, EIPR 2008, 145; *Ventose* „Farming" out an exception for animals to the method of medical treatment exclusion under the European Patent Convention, EIPR 2008, 509; *Ventose* Patent Protection for Therapeutic Methods Under the European Patent Convention , EIPR 2010, 120; *Ventose* Patent Protection for Methods of Medical Treatment in the United Kingdom, IPQ 2008, 58; *Ventose* Medical Patent Law, 2011; *Visser* The Exclusion of Medical Methods, FS Kolle/Stauder (2005), 469; *Wagner* Die Regelung des Heilverfahrens, der Behandlung des menschlichen Körpers und der medizinischen Verfahrenstechnik im deutschen und europäischen Patentrecht, Diss München 1975; *Wagner* Heilverfahren als nichtpatentierbare Behandlungsverfahren? GRUR 1976, 673; *White* Patentability of Medical Treatment – Wellcome Foundation's (Hitching's) Application, EIPR 1980, 364; *Wiebe* Ausschluss von „Swiss Claims" durch das Stoffschutzverbot nach Art IV Abs 1 PatRNov 1984? ÖBl 2005, 154; *Wiltschek* Vor dem Ende der Swiss Claims? ÖBl 2005, 1; *Wolfrum* Patentschutz für medizinische Verfahrenserfindungen im Europäischen Patentsystem und im US-Recht, Diss Bayreuth 2008.

I. Allgemeines

44   Die Behandlung des menschlichen Körpers und Eingriffe in den lebenden menschlichen Körper wurden entgegen anfänglicher Praxis seit 1904 als vom Patentschutz ausgeschlossen angesehen,[121] während das DPA kosmetische Verfahren als patentfähig behandelte,[122] ebenso die Einwirkung auf physiologische Funktionen.[123] Als patentierbar wurden zB auch Haarfärbeverfahren,[124] Diagnostika und resorbierbares chirurgisches Material[125] angesehen. Schon nach der vom RG gebilligten Praxis des RPA sollten Verfahren zur Heilbehandlung des menschlichen Körpers – hierunter fällt sowohl die Beseitigung als auch die Verhütung von Krankheitszuständen – nicht der Allgemeinheit entzogen werden.[126] Ein Vorschlag auf dem Gebiet der Chirurgie konnte nicht durch ein Patent belohnt werden, weil es sich dabei nicht um eine technische Lehre, sondern um ein Verfahren zur Heilbehandlung des menschlichen Körpers handelte.[127] Nach der Rspr des BGH zum früheren Recht war nicht die Verwertung, sondern allenfalls die Monopolisierung von Heilverfahren sittlich bdkl; aber auch daraus konnte nicht ohne weiteres ein Patentierungsverbot hergeleitet werden, weil Freistellungen wie jetzt in § 11 und jedenfalls Zwangslizenzen (vgl § 24; §§ 12, 12a SortG: „Zwangsnutzungsrecht") mögliche Unzuträglichkeiten beseitigen könnten. Der Grund für den Ausschluss der Patentierbarkeit sollte darin liegen, dass der Arzt kein Gewerbe betreibt, das Heilverfahren somit keine gewerbliche Verwertung gestatte.[128] Diese Auffassung ist überholt.[129] Als Zweck der wiederholt als verfehlt angesehenen,[130] jedoch von Art 27 Abs 3 Buchst a TRIPS-Übk gestützten Ausnahme von der Patentierbarkeit wird heute angesehen, die Krankheit des Menschen nicht zu kommerzialisieren und die Therapiefreiheit des Arzts zu erhalten.[131] Es genügt für die Anwendung der Regelung, wenn ein Anspruchsmerkmal unter die Ausschlussbestimmung fällt[132] (zum „swiss form claim" 7. Aufl).

45   Abs 1 Nr 2 ist – ebenso wie § 3 Abs 2 – eine **Sonderregelung für den pharmazeutischen Bereich**, die auf anderen Gebieten der Technik nicht entspr angewendet werden kann.

46   Werden in einem Verfahren mehrere Stoffe verwendet, von denen einer therapeutischen Zwecken dient, kommt es nicht darauf an, ob die **Therapie** einziger oder **Hauptgrund für die Anwendung** des Verfahrens ist, das Verfahren ist vielmehr insgesamt von der Patentierung ausgeschlossen.[133] Andererseits wird die Ausnahmeregelung eng ausgelegt.[134] So ist ein am menschlichen oder tierischen Körper durchge-

---

121   PA BlPMZ 1905, 4; RPA 1937, 88 f.
122   DPA BlPMZ 1950, 352; vgl aber BPatGE 2, 1, 6 = BlPMZ 1962, 306.
123   DPA BlPMZ 1959, 71: Herabsetzung der Brutlust.
124   DPA GRUR 1953, 172, 173.
125   Vgl BPatGE 2, 1, 5 = BlPMZ 1962, 306.
126   BGH Liedl 1961/62, 1 ff Schuheinlage; BGH GRUR 1962, 83 Einlegesohle; BGH Liedl 1963/64, 172 ff Hüftgelenkprothese 01; vgl RG BlPMZ 1926, 227 orthopädischer Apparat; RG MuW 34, 120 injizierbare Kalziumlösung; vgl weiter PA BlPMZ 1905, 4; PA BlPMZ 1906, 215; DPA GRUR 1953, 172; BPatGE 7, 83; grds kr *Thums* GRUR 1995, 277 unter Hinweis auf die US-amerikanische Praxis; vgl zu dieser *Noonan* JPTOS 1995, 651, 664 mit der Überlegung, den Schutz für medizinische Behandlungsverfahren angesichts seiner geringen Bedeutung der internat Harmonisierung zu opfern; vgl hierzu weiter *Straus* GRUR 1996, 10, 14 unter Hinweis auf eine entspr US-amerikanische Gesetzesinitiative.
127   BGH Hüftgelenkprothese 01.
128   BGHZ 48, 313 = GRUR 1968, 142 Glatzenoperation; vgl *Fitzner/Lutz/Bodewig* Rn 48.
129   Vgl zur Entstehungsgeschichte der eur Regelung *MGK/Pagenberg* Art 57 EPÜ Rn 12–15.
130   Vgl *Bruchhausen* FS Ph. Möhring (1975), 451; *Wagner* GRUR 1976, 673; *Schulte* Rn 57.
131   BGH GRUR 2001, 321 Endoprotheseeinsatz; EPA T 385/86 ABl EPA 1988, 308 = GRUR Int 1988, 938 nichtinvasive Meßwertermittlung; EPA T 116/85 ABl EPA 1989, 13 = GRUR Int 1989, 581 Schweine I; EPA T 24/91 ABl EPA 1995, 512, 515 Hornhaut; vgl EPA T 329/94 ABl EPA 1998, 241, 244 = GRUR Int 1998, 608 Verfahren zur Blutextraktion; EPA T 317/99; CA England/Wales ENPR 2000, 230 Taxol (Tz 62); vgl *Benkard-EPÜ* Art 52 Rn 230 mwN; kr mit Hinweis, dass Missbräuchen durch Benutzungsanordnungen nach § 13 begegnet werden könne, *Bruchhausen* FS Ph. Möhring (1975), 451; vgl *Wagner* GRUR 1976, 673; zum Rechtscharakter der Regelung EPA Schweine I.
132   EPA G 1/07 ABl EPA 2011, 134 = Mitt 2011, 236 Verfahren zur chirurgischen Behandlung; EPA T 82/93 ABl EPA 1996, 274 = GRUR Int 1996, 945 Herzphasensteuerung; EPA T 820/92 ABl EPA 1995, 113 = GRUR Int 1995, 589 Verfahren zur Empfängnisverhütung/THE GENERAL HOSPITAL; EPA Verfahren zur Blutextraktion; offen gelassen in BGHZ 170, 215 = GRUR 2007, 404 Carvedilol II.
133   EPA T 820/92 ABl EPA 1995, 113 = GRUR Int 1995, 589 Verfahren zur Empfängnisverhütung/THE GENERAL HOSPITAL.
134   EPA T 385/86 ABl EPA 1988, 308 = GRUR Int 1988, 938 nichtinvasive Meßwertermittlung; EPA Verfahren zur Blutextraktion; PatentsC RPC 1999, 253; vgl *Fitzner/Lutz/Bodewig* Rn 61.

führtes Verfahren mit Einsatz eines Herzschrittmachers, der eine therapeutische Wirkung erzielt, nicht als therapeutisches Verfahren angesehen worden, wenn durch die Erfindung zwar das Verfahren weitergebildet wird, die Weiterbildung aber nicht der Prävention oder Behandlung eines pathologischen Zustands dient.[135] Auch Maßnahmen, die lediglich im Vorfeld von Diagnose und Therapie liegen, werden grds als patentfähig angesehen.[136] Funktionelle Merkmale in einem Vorrichtungsanspruch machen diesen nicht zu einem Verfahrensanspruch iSd Ausschlussbestimmung.[137] Die Entdeckung einer physiologischen Reaktion (selektive Bindung eines Stoffs an einen Rezeptor) als solche ist keine therapeutische Anwendung.[138]

Wegen Abs 1 Nr 2 müssen bei der Prüfung der Patentfähigkeit die Aspekte der Anwendung außer Betracht bleiben, die mit den Eigenschaften des Stoffs, für den Schutz begehrt wird, und mit dessen Wirkung auf den menschlichen oder tierischen Körper nicht in Zusammenhang stehen. Damit können **therapiebezogene Anweisungen** nach Auffassung des BGH nur dann zur Patentfähigkeit beitragen, wenn sie objektiv darauf abzielen, die Wirkung des Stoffs zu ermöglichen, zu verstärken, zu beschleunigen oder in sonstiger Weise zu verbessern, nicht aber, wenn sie Therapiemaßnahmen betreffen, die zusätzlich und unabhängig von den Wirkungen des Stoffs geeignet sind, die in Rede stehende Krankheit zu behandeln.[139] Dies erscheint allerdings jedenfalls insoweit zu eng, als nach Wegfall des Fortschrittserfordernisses auf eine Verbesserung nicht mehr abgestellt werden kann, sondern allg eine Veränderung ausreicht. **47**

Ist das Verfahren sowohl im Bereich chirurgischer oder therapeutischer Behandlung nach Abs 2 als **auch im gewerblichen Bereich** anwendbar,[140] kommt Patentierung in Betracht, denn der Ausschluss erfasst nur Verfahren, die ausschließlich zu medizinischen Zwecken anwendbar sind;[141] dies gilt insb, wenn sich die **Anwendungsbereiche** trennen lassen, für die nichtchirurgischen oder -therapeutischen Bereiche;[142] hier wurde die Aufnahme eines Disclaimers gefordert.[143] Anders verhält es sich, wenn chirurgische oder therapeutische Anwendungen mit erfasst sind;[144] ebenso bei Nichtunterscheidbarkeit der **Wirkungen**.[145] Soweit die Praxis des EPA eine klare und objektive Abgrenzbarkeit der therapeutischen von der nichttherapeutischen Anwendung gefordert hat,[146] ist dies überholt.[147] Bei fehlender Unterscheidbarkeit der Wirkungen kann die Patentierbarkeit auch nicht durch Aufnahme eines Disclaimers für therapeutische Anwendungen erreicht werden.[148] **48**

135 EPA T 789/96 ABl EPA 2002, 364 = GRUR Int 2002, 863 therapeutisches Verfahren: Steuerung der Stimulationsenergie eines Herzschrittmachers.

136 Vgl EPA T 385/86 ABl EPA 1988, 308 = GRUR Int 1988, 938 nichtinvasive Meßwertermittlung; EPA T 665/92 ABl EPA 1998, 17 Kontrastmittel für die NMR-Abbildung; *Benkard-EPÜ* Art 52 Rn 236.

137 EPA T 712/93.

138 EPA T 241/95 ABl EPA 2001, 103 = GRUR Int 2001, 460 Serotoninrezeptor.

139 BGHZ 200, 229 = GRUR 2014, 461 Kollagenase I gegen BPatG 11.12.2012 14 W (pat) 12/09 CIPR 2014, 36 Ls.

140 Vgl zB BPatGE 29, 177, 180 f.

141 *Fitzner/Lutz/Bodewig* Rn 45 ff; *Mes* Rn 38; vgl BGHZ 88, 209 = GRUR 1983, 729 Hydropyridin („sich ausschließlich in einem nicht gewerblichen Bereich vollziehen"); EPA T 780/89 ABl EPA 1993, 440 = GRUR Int 1994, 57 immunstimulierende Mittel; EPA T 329/94 ABl EPA 1998, 241, 245 = GRUR Int 1998, 608 Verfahren zur Blutextraktion; vgl auch BPatGE 26, 104, 109 = GRUR 1985, 276; BPatGE 26, 110 = GRUR 1985, 278.

142 Vgl EPA T 36/83 ABl EPA 1986, 295 = GRUR Int 1986, 717 Thenoylperoxid; EPA T 144/83 ABl EPA 1986, 301 = GRUR Int 1986, 720 Appetitzügler; EPA Verfahren zur Blutextraktion; nach EPA immunstimulierende Mittel gilt dies auch bei fehlender Trennbarkeit.

143 BPatG GRUR 1985, 125; *Fitzner/Lutz/Bodewig* Rn 57.

144 BGH GRUR 2001, 321 Endoprotheseeinsatz.

145 EPA T 290/86 ABl EPA 1992, 414, 422 = GRUR Int 1993, 162 Entfernung von Zahnbelag; EPA T 143/94 ABl EPA 1996, 430, 434 = GRUR Int 1996, 1154 Trigonellin: Bekämpfung von Haarausfall; vgl EPA T 582/88: antibiotische Wirkung und Erhöhung der Milchproduktion unterscheidbar; *Schulte* Rn 71; vgl auch EPA T 438/91: keine Patentierbarkeit eines Verfahrens mit zugleich therapeutischer Wirkung bei erkrankten Tieren und prophylaktischer Wirkung bei nicht befallenen Tieren; EPA T 1077/93: Schutz der menschlichen Haut und Vermeidung der Hautrötung da therapeutisch nicht patentierbar; EPA T 469/94: Behandlung von kranken und gesunden Personen.

146 EPA T 116/85 ABl EPA 1989, 13 = GRUR Int 1989, 581 Schweine I; EPA T 774/89 Efomycine als Leistungsförderer.

147 EPA immunstimulierende Mittel unter ausdrücklichem Hinweis auf BGH Hydropyridin; vgl EPA T 1635/09 ABl EPA 2011, 542 Zusammensetzung für Empfängnisverhütung.

148 BPatGE 50, 50 = GRUR 2008, 329; *Schulte* Rn 71; *Benkard*[10] § 5 Rn 33 unter Hinweis auf EPA T 1077/93 und *Fitzner/Lutz/Bodewig* Rn 58, zum Auftragen einer Sonnencreme.

II. Chirurgische und therapeutische Behandlung

49   **1. Begriff.** Von der Patentierung ausgeschlossen sind Verfahren, die den Schutz des menschlichen oder tierischen Lebens, die Erhaltung und Wiederherstellung der Gesundheit oder die Linderung von Leiden, Schmerz und Beschwerden zum Ziel haben;[149] das gilt auch, wenn die Behandlung nicht durch eine Krankheit, sondern durch einen natürlichen Zustand (Menstruation, Alter, Erschöpfung, Kopfschmerzen) veranlasst ist.[150] Die Behandlung von Pflanzen ist von der Ausschlussbestimmung nicht erfasst.[151] Parasitenbekämpfung ist Therapie;[152] ebenso das Auflösen von Nierensteinen;[153] das Eliminieren von freien Radikalen mittels Blutwäsche;[154] unmittelbare physiologische Wirkung auf den Organismus ist nicht erforderlich.[155] Erfasst sind physische Eingriffe, die unabhängig von ihrem spezifischen Zweck vorrangig der Erhaltung des Lebens oder der Gesundheit dienen; erfasst ist jede chirurgische Tätigkeit unabhängig davon, ob sie allein oder in Kombination mit anderen medizinischen oder nichtmedizinischen Maßnahmen durchgeführt wird.[156] Ein – auch automatisch ablaufendes – Verfahren mit den Schritten Untersuchung mit Datenerhebung, Vergleich dieser Daten mit den Normwerten, Feststellung einer Abweichung und Deutung der Abweichung als krankhafter Zustand ist als unter den Patentierungsausschluss fallend angesehen worden.[157] Dies soll auch die Verwendung einer Vorrichtung erfassen.[158] Die Bestimmung von Positionen von mittels eines chirurgischen Eingriffs gesetzten Zahnimplantaten fällt nicht unter die Ausschlussbestimmung.[159] Auch ein Bildaufzeichnungsverfahren, das es dem Chirurgen erlaubt, über einen chirurgischen Eingriff zu entscheiden, fällt nicht unter sie.[160] Der GBK des EPA waren hierzu die Fragen vorgelegt worden, ob ein bildgebendes Verfahren für diagnostische Zwecke, das einen Schritt aufweist oder umfasst, der in einem physischen Eingriff am menschlichen oder tierischen Körper besteht, als Verfahren zur chirurgischen Behandlung anzusehen ist, wenn dieser Schritt per se nicht auf die Erhaltung von Leben und Gesundheit abzielt, falls dies bejaht wird, ob der Schutzausschluss vermieden werden kann, indem der Wortlaut des Anspruchs so geänd wird, dass der Schritt weggelassen oder durch einen Disclaimer ausgeklammert wird oder der Anspruch ihn zwar umfasst, aber sich nicht darauf beschränkt, weiter, ob ein bildgebendes Verfahren für diagnostische Zwecke als konstitutiver Schritt einer chirurgischen Behandlung anzusehen ist, wenn ein Chirurg anhand der mit diesem Verfahren gewonnenen Daten während eines chirurgischen Eingriffs unmittelbar über das weitere Vorgehen entscheiden kann.[161] Ein Verfahren zur Bildunterstützung bei der gezielten Navigation eines in ein Hohlraumorgan des menschlichen oder tierischen Körpers invasiv eingeführten Katheters an einen pathologischen Ort im Hohlraumorgan unterfällt nicht dem Patentierungsausschluss, weil dieser nicht die Patentierung von Verfahren einschließt, die im Zusammenhang mit der Durchführung eines chirurgischen Verfahrens verwendet werden.[162] Ein Verfahren

---

149   Vgl *Benkard-EPÜ* Art 52 Rn 246; *Fitzner/Lutz/Bodewig* Rn 54; *Büscher/Dittmer/Schiwy* Rn 17; BPatG 17.3.2009 4 Ni 39/07 (EU): Verwendung von Polymerschaumstoff zur Förderung der Wundheilung; schweiz BG sic! 1011, 449 Alendronsäure III.

150   EPA T 81/84 ABl EPA 1988, 207 = GRUR Int 1988, 777 Dysmenorrhoe; EPA T 24/91 ABl EPA 1995, 512, 517 f Hornhaut: jede Behandlung, die dazu dient, die Symptome einer Funktionsstörung oder Funktionsschwäche des menschlichen oder tierischen Körpers zu heilen, lindern, beseitigen oder abzuschwächen, oder die geeignet ist, dem Risiko ihres Erwerbs vorzubeugen oder dieses zu verringern; vgl EPA T 143/94 ABl EPA 1996, 430, 434 = GRUR Int 1996, 1154 Trigonellin: Behandlung von Haarausfall; vgl aber EPA T 469/94: Behandlung zur Verminderung der Wahrnehmung von Ermüdung; *Benkard-EPÜ* Art 52 Rn 248.

151   *Benkard-EPÜ* Art 52 Rn 231 unter Hinweis auf EPA T 34/83.

152   EPA T 116/85 ABl EPA 1989, 13 = GRUR Int 1989, 581 Schweine I.

153   Vgl BPatGE 2, 13 = BlPMZ 1962, 308 zum Arzneimittelbegriff früheren Rechts.

154   BPatG 6.12.2012 21 W (pat) 30/12.

155   Vgl BPatGE 2, 7 = GRUR 1965, 30: Abführmittel als Arzneimittel.

156   EPA T 35/99 ABl EPA 2000, 447 = GRUR Int 2001, 63 Perikardialzugang; *Benkard-EPÜ* Art 52 Rn 238.

157   BPatGE 51, 15 = GRUR 2008, 981.

158   BPatG 28.6.2011 4 Ni 47/09 (EU).

159   BPatG 25.9.2012 4 Ni 34/10 (EP).

160   EPA G 1/07 ABl EPA 2011, 134 = Mitt 2010, 236 Verfahren zur chirurgischen Behandlung.

161   EPA T 992/03 ABl EPA 2007, 557 = GRUR Int 2008, 154.

162   BGHZ 187, 20 = GRUR 2010, 1081 Bildunterstützung bei Katheternavigation, unter Bezugnahme auf EPA G 1/07 ABl EPA 2011, 134 = Mitt 2010, 236 Verfahren zur chirurgischen Behandlung, und gegen BPatG 26.5.2009 21 W (pat) 45/06 Mitt 2009, 469 Ls; BPatG 1.2.2011 3 Ni 17/09: Lieferung von nur für die Diagnose relevanten Zwischenwerten ist nicht von der Patentierung ausgeschlossen; vgl *Büscher/Dittmer/Schiwy* Rn 12.

zur Beeinflussung von Zellen und Zellstrukturen mit quasielektrostatischen Feldern, dass ausschließlich der Behandlung von Funktionsstörungen von Systemen, Organen und Gewebszellen bei Menschen dient, ist als Verfahren zur therapeutischen Behandlung des menschlichen Körpers vom Patentschutz ausgeschlossen.[163] Das EPA hat eine Abgrenzung dahin vorgenommen, dass entweder feststehen müsse, welche Krankheit behandelt oder welchen Beschwerden abgeholfen werde oder welcher Art das für die Behandlung oder Heilung eingesetzte Mittel sei oder welches Individuum behandelt werden solle.[164] Anhand des Kriteriums, ob die Maßnahme vom Arzt vorgenommen wird, lässt sich die Abgrenzung allein nicht durchführen, Zweck und zwangsläufige Wirkung des Schritts wurden als wichtiger angesehen.[165] Die Begriffe „chirurgisch" und Behandlung sind keine getrennten Ausschlusskriterien, chirurgische Tätigkeit ist unabhängig davon ausgeschlossen, ob sie allein oder in Kombination mit anderen medizinischen oder nichtmedizinischen Maßnahmen vorgenommen wird.[166] Verfahren am toten Körper werden nicht erfasst.[167]

Verfahren der **Gentherapie** sind therapeutische Verfahren iSd Bestimmung.[168] Für Verfahren zur Veränderung der genetischen Identität der Keimbahn des menschlichen Lebewesens sieht § 2 Abs 2 Nr 1 nunmehr einen weiteren Patentierungsausschluss vor (Rn 31 zu § 2). Keine besonderen patentrechtl Probleme wirft die in-vivo-Gentherapie auf.[169] Werden dem Patienten Zellen oder Zellgewebe („ex vivo") entnommen, in denen „in vitro" die Erbinformation ersetzt oder zusätzliche Erbinformation eingebaut wird, und die Zellen dem Patienten wieder eingeführt,[170] sind Fallgestaltungen zu unterscheiden, bei denen Schutz für einzelne Verfahrensschritte oder einzelne Erzeugnisse begehrt wird, andererseits solche, bei denen das eingesetzte komplexe Verfahren insgesamt geschützt werden soll.[171] Soweit sich die Erfindung auf Verfahren zum Bau der Vektoren und Genkonstrukte sowie auf diese selbst bezieht, liegt ein Verstoß gegen Abs 2 (Art 52 Abs 4 EPÜ) nicht vor.[172] Ein Schutz des komplexen Verfahrens scheidet nach Abs 2 (Art 52 Abs 4 EPÜ) aus.[173] Beim EPA lagen 1994 über 100 Anmeldungen im Bereich der somatischen Gentherapie sowie zumindest eine für die Keimbahntherapie vor.[174]

Prophylaxe, Prävention. Krankheiten vorbeugende Impfung ist therapeutische Behandlung,[175] ebenso eine allg Immunstimulierung oder die Stimulierung körpereigener Abwehrkräfte durch die Verwendung bestimmter Verbindungen, die gleichzeitig mit einer spezifischen Prophylaxe gegen bestimmte Infektionen einhergeht. Das Verabreichen leistungssteigernder Mittel fällt nicht unter den Patentierungsausschluss.[176] Ist die Erhöhung der Fleischproduktion lediglich die Folge einer verbesserten Gesundheit und verringerten Sterberate aufgrund der therapeutischen Behandlung mit einem bestimmten Stoff, nimmt dieser Sekundärerfolg der Erfindung nicht den Charakter einer therapeutischen Behandlung.[177] Maßnahmen zur Verhinde-

50

51

---

163   BPatG 26.1.2010 21 W (pat) 36/06.

164   EPA T 4/98 ABl EPA 2002, 139 = GRUR Int 2002, 438 Liposomenzusammensetzung.

165   EPA T 182/90 ABl EPA 1994, 641 = GRUR Int 1994, 1042 Durchblutung; EPA T 329/94 ABl EPA 1998, 241, 246 f = GRUR Int 1998, 608 Verfahren zur Blutextraktion; allerdings wurde der Umstand, dass die Maßnahme nur von einem Heilkundigen durchgeführt werden kann, als starkes Indiz für das Eingreifen der Bestimmung gewertet, EPA T 385/86 ABl EPA 1988, 308 = GRUR Int 1988, 938 nichtinvasive Meßwertermittlung, EPA T 24/91 ABl EPA 1995, 512 Hornhaut; vgl *Benkard-EPÜ* Art 52 Rn 233 f.

166   EPA Perikardialzugang.

167   *Büscher/Dittmer/Schiwy* Rn 17.

168   *Fitzner/Lutz/Bodewig* Rn 56.

169   *Straus* GRUR 1996, 10, 13.

170   Vgl *Straus/Fritze* GRUR 1994, 895 f.

171   *Straus* GRUR 1996, 10, 12 f; *Fitzner/Lutz/Bodewig* Rn 56; *Büscher/Dittmer/Schiwy* Rn 19.

172   *Straus* GRUR 1996, 10, 13: auch Art 57 EPÜ steht nicht entgegen.

173   *Straus* GRUR 1996, 10, 12 f unter Hinweis auf EPA T 182/90 ABl EPA 1994, 641 = GRUR Int 1994, 1042 Durchblutung.

174   *Straus/Fritze* GRUR 1994, 895, 896; zur Beurteilung gentherapeutischer Verfahren an Vorkernen imprägnierter Eizellen nach Abs 2 Satz 1 *Koenig/Müller* GRUR Int 2000, 295, 302 ff, die das Einschleusen künstlicher Chromosomen in Vorkerne als von der Bestimmung umfasst ansehen, nicht dagegen vorbereitende Verfahrensschritte und Zwischenprodukte.

175   EPA T 19/86 ABl EPA 1989, 24 = GRUR Int 1989, 585 Schweine II; EPA T 329/94 ABl EPA 1998, 241, 244 = GRUR Int 1998, 608 Verfahren zur Blutextraktion; generell die Prophylaxe einbeziehen wollen *Singer/Stauder* Art 53 EPÜ Rn 85; *Benkard-EPÜ* Art 52 Rn 246.

176   Vgl EPA T 582/88 und T 774/89 Efomycine als Leistungsförderer, für die Erhöhung der Milchproduktion fördernde Mittel; *Benkard-EPÜ* Rn 250.

177   EPA T 780/89 ABl EPA 1993, 440 = GRUR Int 1994, 57 immunstimulierende Mittel.

rung des Erdrückens von Ferkeln durch Muttertiere sind patentierbar.[178] Das BPatG hat – zur früheren Rechtslage – Verfahren zur Anwendung von krankheitsverhütenden Mitteln solchen zur Anwendung von Heilmitteln gleichgestellt.[179]

52   **Schwangerschaftsverhütung.** Verhütungsmittel und -verfahren sind nicht ohne weiteres von der Patentierung ausgeschlossen.[180] Die Verwendung eines Stoffgemischs für die orale Empfängnisverhütung, bei der die Konzentrationen der Hormone so niedrig gewählt sind, dass die zu erwartenden pathologischen Nebenwirkungen vermieden oder reduziert werden, ist ein von der Patentierbarkeit ausgenommenes therapeutisches Verfahren.[181] Wird das Verfahren ausschließlich von der betroffenen Person angewendet, dürfte die gewerbliche Anwendbarkeit fehlen.[182]

53   Patentfähig sind **kosmetische Verfahren**,[183] Verfahren zur Verhinderung des Schnarchens,[184] Bräunungsverfahren, Warzen- und Leberfleckenentfernung ohne Gewebeeingriffe[185] sowie Verfahren, die nicht (auch nur potentiell) geeignet sind, die Gesundheit, die körperliche Unversehrtheit oder das körperliche Wohlbefinden von Mensch oder Tier zu erhalten oder wiederherzustellen, wie Haarentfernung, Ohrlochstechen, Nagellackieren,[186] Tätowieren oder Piercen, Haare- und Nägelschneiden.[187] Hierzu wird auch die aus religiösen Gründen vorgenommene Beschneidung zu rechnen sein. Bei der Entnahme einer Blutprobe wurde auf das Fehlen einer für ein chirurgisches Verfahren erforderlichen Erheblichkeit abgestellt.[188]

54   **Chirurgie** wurde als nicht auf reine Heilbehandlung beschränkt angesehen.[189] Ein Verfahren zur Embryotransplantierung ist als chirurgisch angesehen worden.[190] Die spätere Rspr des EPA geht indessen davon aus, dass das Patentierungsverbot darauf abziele, heilende Tätigkeiten zu schützen.[191] Chirurgie kann auch hochfrequente Ströme, Strahlen usw erfassen;[192] es kommen operative und konservative Eingriffe in Betracht.[193] Chirurgie ist nicht auf „blutige" Eingriffe beschränkt.[194] Zu ihr rechnet das Aufrechterhalten eines extrakorporalen Kreislaufs.[195] Entfernen eines Einsatzes einer Endoprothese ist als chirurgische Behandlung angesehen worden,[196] allgemein die Verwendung von Endoprothesen, die eine chirurgische Behandlung umfasst.[197] Abgestellt wurde mehr auf die Art als auf den Zweck des Eingriffs.[198] Nicht erfasst ist

---

178   EPA T 58/87 EPOR 1989, 125 Schweine III.

179   BPatGE 7, 83: silikoseverhütendes Inhalationsverfahren.

180   *Benkard* Rn 83; *Benkard-EPÜ* Art 52 Rn 248; *Fitzner/Lutz/Bodewig* Rn 55; BPatG 1.12.2015 3 Ni 23/14 (EP); differenzierend *Schulte* Rn 73 f mwN; vgl EPA T 820/92 ABl EPA 1995, 113 = GRUR Int 1995, 589 Verfahren zur Empfängnisverhütung/THE GENERAL HOSPITAL; EPA T 74/93 ABl EPA 1995, 712, 717 Verfahren zur Empfängnisverhütung/BRITISH TECHNOLOGY GROUP mwN.

181   EPA T 1635/09 ABl EPA 2011, 543 Zusammensetzung für Empfängnisverhütung.

182   Vgl EPA T 74/93 ABl. EPA 1995, 712 Verfahren zur Empfängnisverhütung; *Büscher/Dittmer/Schiwy* Rn 18.

183   BPatG GRUR 1985, 125; DPA BlPMZ 1950, 352; EPA T 36/83 ABl EPA 1986, 295 = GRUR Int 1986, 717 Thenoylperoxid, betr topische Aknebehandlung; EPA T 144/83 ABl EPA 1986, 301 = GRUR Int 1986, 720 Appetitzügler; schweiz BG BGE 72 I 368 = GRUR 1951, 283 Wellen im Kopfhaar; vgl aber RPA Mitt 1937, 88; vgl auch BPatGE 4, 1 = BlPMZ 1963, 295, zu kosmetischen Mitteln nach früherem Recht unter Abstellen auf die Behandlung der gesunden Oberfläche des menschlichen Körpers einschließlich der Zähne, Haare und Nägel; OLG Hamburg GRUR 2000, 626 zu Haarwaschmittel mit antimykotischem Wirkstoff; *Schulte* Rn 76.

184   Vgl EPA T 584/88 EPOR 1989, 449 Antischnarchmittel; differenzierend *Benkard-EPÜ* Art 52 Rn 249.

185   Vgl *Benkard* Rn 82 unter Hinweis auf EPA T 383/03 ABl EPA 2005, 159 = GRUR Int 2005, 712 Verfahren zur Haarentfernung; aA insoweit offenbar *Benkard-EPÜ* Art 52 Rn 243.

186   *Fitzner/Lutz/Bodewig* Rn 55.

187   EPA T 383/03 ABl EPA 2005, 159 = GRUR Int 2005, 712 Verfahren zur Haarentfernung; vgl *Benkard* Rn 71, 82.

188   BPatG 26.7.2007 21 W (pat) 68/04.

189   EPA T 182/90 ABl EPA 1994, 641 = GRUR Int 1994, 1042 Durchblutung; EPA T 1165/97; *Benkard-EPÜ* Art 52 Rn 240.

190   Comptroller General GRUR Int 1985, 120; EPA-PrRl; *Benkard-EPÜ* Art 52 Rn 240.

191   EPA T 383/03, 165 ABl EPA 2005, 159 = GRUR Int 2005, 712 Verfahren zur Haarentfernung unter Hinweis auf BGH GRUR 2001, 321 Endoprotheseeinsatz; vgl *Büscher/Dittmer/Schiwy* Rn 15.

192   Vgl *Benkard-EPÜ* Art 52 Rn 239; einschränkend *Benkard* Rn 76: soweit wie mit einem Skalpell in ein Organ eingegriffen wird.

193   BGH GRUR 2001, 321 Endoprotheseeinsatz.

194   *Fitzner/Lutz/Bodewig* Rn 53.

195   *Benkard* Rn 77.

196   BGH Endoprotheseeinsatz; BPatG 6.7.1999 21 W (pat) 23/97 BlPMZ 2000, 254 Ls; *Fitzner/Lutz/Bodewig* Rn 52.

197   EPA T 775/97.

198   EPA T 35/99 ABl EPA 2000, 447 = GRUR Int 2001, 63 Perikardialzugang; *Benkard-EPÜ* Art 52 Rn 241.

ein in einem implantierten Medikamentendosiergerät angewandtes Verfahren zur Durchflussmessung, solange kein funktioneller Zusammenhang zwischen dem Verfahren und der abgegebenen Medikamentendosis besteht.[199] Ebenfalls nicht erfasst ist die Einführung eines Geräts zur Sammlung von Ausscheidungen in eine Körperöffnung.[200] Auch die extrakorporale Aufbereitung entnommener Körpersubstanzen (zB Blut) fällt nicht unter die Ausschlussbestimmung, sofern die Substanz dem Körper nicht wieder zugeführt wird (anders daher bei Dialyse, Eigenblutbehandlung;[201] vgl EPA-PrRl C-IV 4.8.1).

Die **kosmetische Chirurgie** ist von der Patentierung ausgeschlossen.[202] Zu Haarentfernung uä **55** Rn 53;[203] Verfahren zum Nachprofilieren der Krümmung auf der Vorderseite einer zur Korrektur des Sehvermögens auf die Augenhornhaut aufgesetzten künstlichen Linse durch Abtragen von Linsenteilen mit einem Laser sind dagegen chirurgisch,[204] ebenso Verfahren zur Nasenkorrektur oder nach Auffassung des EPA zur Brustvergrößerung.

Ein chirurgischer oder diagnostischer Schritt in einem **Mehrschrittverfahren** zur Behandlung **56** menschlicher und tierischer Körper macht das Verfahren regelmäßig zu einem chirurgischen oder diagnostischen;[205] jedoch kann ein Verfahren nicht in Gänze als chirurgisches Behandlungsverfahren oder als diagnostisches Verfahren angesehen werden, das einen chirurgischen Schritt an einem lebenden Labortier und zusätzlich den Schritt, dieses Tier zu opfern, enthält.[206]

Erst recht nicht erfasst sind **Tötungsverfahren** (Schlachten),[207] Verfahren zum Töten von Menschen **57** werden zwar nicht nach Abs 1 Nr 2 (Art 52 Abs 4 EPÜ), aber wegen Eingreifens des Patentierungsausschlusses der Sittenwidrigkeit nicht geschützt werden können (vgl Rn 22 zu § 2). Der Patentierungsausschluss kann durch einen Disclaimer vermieden werden, der aber den in der Rspr der GBK des EPA aufgestellten Voraussetzungen entsprechen muss.[208]

Art 8 des gemeinsamen Entwurfs der EG-Biotechnologie-Richtlinie des Vermittlungsausschusses vom **58** 23.1.1995 wollte ein **mehrstufiges Verfahren** von der Patentierbarkeit nicht allein deshalb ausnehmen, weil eine oder mehrere Stufen ein Verfahren zur chirurgischen oder therapeutischen Behandlung des tierischen Körpers oder ein am tierischen Körper vorgenommenes Diagnostizierverfahren umfassen; das Behandlungs- oder Diagnostizierverfahren sollte jedoch als solches nicht geschützt sein. Die Richtlinie und das Gesetz sehen eine diesbezügliche Regelung nicht vor; nationale Rspr liegt hierzu nicht vor. Das EPA verneint eine Patentierbarkeit.[209]

Sachansprüche auf dem Gebiet der Pharmazie sind keine „verkappten Heilbehandlungsansprüche". **59** che". An die Fassung derartiger Ansprüche sind die gleichen Anforderungen zu stellen wie bei Sachansprüchen auf dem übrigen Gebiet der Chemie.[210] Bei Verwendungsansprüchen dürfte eine differenzierte Betrachtung geboten sein; sind diese „reduzierte" Sachansprüche, sollten sie wie Sachansprüche behandelt werden, umschreiben sie ein Behandlungsverfahren, ist ihre Gleichstellung mit Verfahrensansprü-

---

199 EPA T 245/87 ABl EPA 1989, 174 Durchflußmessung; BGH Endoprotheseeinsatz.
200 EPA T 1165/97; *Benkard-EPÜ* Art 52 Rn 242.
201 *Schulte* Rn 85; EPA T 1075/06; EPA T 170/07.
202 BPatGE 30, 134 = Mitt 1989, 148; vgl BGH GRUR 1968, 142 Glatzenoperation; *Benkard* Rn 77; vgl zur heilmittelwerberechtl Beurteilung der Eigenhaarverpflanzung OLG München GRUR 2000, 91.
203 EPA T 383/03 ABl EPA 2005, 159, 167 = GRUR Int 2005, 712 Verfahren zur Haarentfernung; BPatGE 30, 134f; *Benkard* Rn 71; vgl *Schulte* Rn 67 mwN; *Büscher/Dittmer/Schiwy* Rn 13 („nicht ganz konsequente Ausnahmen").
204 EPA T 24/91 ABl EPA 1995, 512, 515f Hornhaut; *Schulte* Rn 75.
205 EPA G 1/07 ABl EPA 2011, 134 = Mitt 2010, 236 Verfahren zur chirurgischen Behandlung; vgl EPA T 820/92 ABl EPA 1995, 113 = GRUR Int 1995, 589 Verfahren zur Empfängnisverhütung/THE GENERAL HOSPITAL; EPA T 329/94 ABl EPA 1998, 241, 245 = GRUR Int 1998, 608 Verfahren zur Blutextraktion; BPatGE 51, 15 = GRUR 2008, 981 „Verfahren zur gesundheitlichen Orientierung"; *Fitzner/Lutz/Bodewig* Rn 64.
206 EPA T 182/90 ABl EPA 1994, 641, 646f = GRUR Int 1994, 1042 Durchblutung; vgl aber EPA T 35/99 ABl EPA 2000, 447 = GRUR Int 2001, 63 Perikardialzugang.
207 Vgl *Benkard-EPÜ* Art 52 Rn 244 mwN.
208 EPA G 1/07 ABl EPA 2011, 134 = Mitt 2010, 236 Verfahren zur chirurgischen Behandlung.
209 EPA G 1/07 ABl EPA 2011, 134 = Mitt 2010, 236 Verfahren zur chirurgischen Behandlung; EPA T 182/90 ABl EPA 1994, 641; EPA T 35/99 ABl EPA 2000, 447; EPA T 566/07 EPOR 11, 1 Vital dyes for vitreo-retinal surgery; vgl *Schulte* Rn 61; *Büscher/Dittmer/Schiwy* Rn 8.
210 BPatG GRUR 1971, 59.

chen geboten.[211] Ein Betriebsverfahren für einen Herzschrittmacher zum Beenden einer Tachykardie wurde als gewerblich anwendbar angesehen.[212] Jedoch wurde die Patentierbarkeit eines Erzeugnisses verneint, das erst nach Ausführung eines chirurgischen Verfahrensschritts hergestellt werden kann.[213]

60   **Hilfsmethoden** auf dem Gebiet der Chirurgie (Sterilisieren von Instrumenten, Desinfektion des Umfelds oder beim Operator) sind gewerblich anwendbar, anders die Desinfektion beim Patienten; Anästhesie, künstliche Blutdrucksenkung und Unterkühlung sind als therapeutische Hilfsverfahren nicht patentierbar.[214] Ein Desinfektionsverfahren soll aber dann nicht gewerblich anwendbar sein, wenn es an einem anderen Lebewesen angewendet wird, ohne bloße Voraussetzung für einen weitergehenden Eingriff zu sein.[215] Ein Verfahren zum Bestimmen der Dialysierfähigkeit einer künstlichen Niere ist gewerblich anwendbar, wenn die zu seiner Durchführung erforderlichen Verfahrensschritte zwar die Beteiligung des Patienten erfordern, aber der Zweck des Verfahrens lediglich in der Ermittlung eines rein technischen Parameters liegt und die Bestimmung der Dialysierfähigkeit keine therapeutische oder diagnostische Wirkung auf den Patienten ausübt.[216]

61   **2. Verwendungsschutz bei Heilmitteln; weitere medizinische Indikation** (vgl Rn 171 ff zu § 3). Abs 1 Nr 2 Satz 1 schließt eine Erfindung, die die Verwendung einer bekannten Substanz zur Behandlung einer Krankheit zum Inhalt hat, nicht von der Patentierung aus.[217] Die dt Praxis gewährte für die zweite (und weitere) medizinische Indikation Verwendungsschutz in der Form „Verwendung des Stoffs A zur Behandlung der Krankheit X".[218] Eine solche Verwendung, bei der die Heilwirkung des Stoffs ausgenutzt wird, ist nach Auffassung des BGH gewerblich anwendbar, weil sie regelmäßig auch vom Verwendungsanspruch erfasste Handlungen umfasst, die nicht außerhalb des Bereichs der gewerblichen Nutzung liegen, etwa die Formulierung und die Konfektionierung des Medikaments, seine Dosierung und seine gebrauchsfertige Verpackung. All diese der ärztlichen Anwendung vorausgehenden Handlungen werden vom Verwendungsanspruch erfasst.[219] Auch als solche oder als Arzneimittel bekannte Wirkstoffe bedürfen regelmäßig der sinnfälligen Herrichtung als Arzneimittel im gewerblichen Bereich, ehe sie zur Behandlung einer Krankheit verwendet werden können. Es ist deshalb als ohne Belang für die Beurteilung der gewerblichen Verwertbarkeit einer Erfindung, die die Verwendung eines Stoffs zur Behandlung einer Krankheit zum Gegenstand hat, angesehen worden, ob der Stoff bereits hierfür bekannt war.[220] Dies wird nicht nur für den Fall gelten müssen, dass die Verwendung eines bekannten Stoffs für einen neuen therapeutischen Zweck erfolgt („zweite medizinische Indikation";[221] zur Definition des therapeutischen Zwecks Rn 67 zu § 34), sondern auch bei bekannten therapeutischen Zwecken, wenn durch veränderte Galenik neue Therapieformen ermöglicht werden[222] (vgl aber Rn 168 zu § 3 zur Entdeckung einer weiteren Wirkung eines Therapeutikums bei an sich bekannter Verwendung). Die spezifische Anwendung eines Stoffs zur therapeutischen Behandlung wird nämlich nicht nur durch die zu behandelnde Krankheit und die Dosierung bestimmt, sondern auch durch sonstige Parameter, die auf die Wirkung des Stoffs Einfkuss haben und damit für den Eintritt des mit der Anwendung angestrebten Erfolgs von wesentlicher Bedeutung sein können.[223]

---

211   Zum letzteren Fall BPatG 17.3.2009 4 Ni 39/07 (EU), jedoch mit verfehlter Begründung dahin, dass Verwendungspatente grds in die Kategorie der Verfahrenspatente gehörten; vgl auch BPatG 28.6.2011 4 Ni 47/09 (EU).

212   EPA T 426/89 ABl EPA 1992, 172 = GRUR Int 1992, 549 Herzschrittmacher.

213   EPA T 775/97.

214   Eingehend *Benkard* Rn 75.

215   BPatG 17.4.2007 4 Ni 62/05 (bdkl).

216   BPatG 22.6.2004 4 Ni 28/03 (EU).

217   BGHZ 88, 209 = GRUR 1983, 729 Hydropyridin.

218   BGH Hydropyridin.

219   BGH Hydropyridin; BGHZ 147, 137 = GRUR 2001, 730 Trigonellin; BGH GRUR 2001, 321 Endoprotheseeinsatz; so schon BGHZ 68, 156 = GRUR 1977, 652 Benzolsulfonylharnstoff, unter Abweichung von BGHZ 53, 274 = GRUR 1970, 361 Schädlingsbekämpfungsmittel.

220   BGH GRUR 1982, 548 Sitosterylglykoside, zum PatG 1968; BGHZ 164, 220 = GRUR 2006, 135 Arzneimittelgebrauchsmuster.

221   Vgl BGH Hydropyridin aaO S 217 f.

222   So im Ergebnis ohne nähere Diskussion BPatG Bausch BPatG 1994–1998, 181 „Captopril"; BPatG Mitt 1988, 207, 210 „Adalat", noch zur früheren Rechtslage; vgl EPA T 570/92 Nifedipin, Rn 33; vgl auch BPatG GRUR 1980, 169.

223   BGHZ 200, 228 = GRUR 2014, 461 Kollagenase I; BGH GRUR 2014, 464 Kollagenase II.

Abw von der Praxis des BGH hat das **EPA**[224] hierin keine gewerbliche Anwendbarkeit begründet gese- **62**
hen. Es hat in Übereinstimmung mit der Praxis verschiedener anderer Länder[225] die Patentierbarkeit als Herstellungsverwendungsverfahren in der Form „Verwendung des Stoffs A zur Herstellung eines Arzneimittels zur Bekämpfung der Krankheit X" („swiss type claim") bejaht,[226] dies unabhängig davon, ob der Anspruch dem Schutz der ersten oder einer weiteren Indikation dient.[227] Im Ergebnis bedeutet dies gegenüber der Praxis des BGH keinen wesentlichen Unterschied.[228] Die EPÜ-Revision hat die sachliche Notwendigkeit für die Unterscheidung entfallen lassen; das EPA gewährt nun den Schutz für die weitere medizinische Indikation nach Art 54 Abs 5 EPÜ, aber nicht mehr den Herstellungsverwendungsanspruch.[229] Der öOGH hat für bis zum 7.10.1987 angemeldete Patente wegen des früheren Stoffschutzverbots derartige Patentansprüche abgelehnt, der ÖOPM lässt sie als zweckgebundene Verfahrensansprüche zu.[230] Ein Verfahren zur Herstellung eines Arzneimittels mit Langzeitwirkung für die orale Behandlung der Hypertonie durch ein- bis zweimal tägliche Applikation fällt nicht wegen des letztgenannten Merkmals unter den Patentierungsausschluss, da nur die Lehre vermittelt werden soll, dass der Therapieerfolg schon bei zweimal täglicher Verabreichung gesichert ist und nicht ein Applikationsrhythmus bei Behandlung eines Einzelpatienten vorgegeben werden soll;[231] anders, wenn nur eine Therapieform gelehrt wird.[232] Nach der Rspr der GBK des EPA,[233] der sich das schweiz BG[234] angeschlossen hat, können auch neue, spezifizierte Anwendungen eines Medikaments geschützt werden, wenn die Anwendung des Medikaments für dieselbe Krankheit bereits bekannt war. Dies umfasst auch die Patentierung von neuen Dosierungen.[235] Dem wird unter der Voraussetzung zu folgen sein, dass dem Patentanspruch bei Anwendung der allg Auslegungskriterien zu entnehmen ist, dass er die sinnfällige Herrichtung des Stoffs für den angegebenen Zweck voraussetzt; in diesem Fall steht auch die frühere BGH-Rspr, nach der für reine Dosierungsempfehlungen Patentschutz nicht in Betracht kommt,[236] nicht entgegen. Dies bezog sich lediglich auf Anspruchsfassungen, die auf eine von der Herrichtung des Stoffs gelöste reine Dosierempfehlung gerichtet sind; sie greifen jedenfalls dann nicht, wenn der Anspruch auf zweckgebundenen Stoffschutz iSv Art 54 Abs 5 EPÜ oder § 3 Abs 4 gerichtet ist.[237] Das gilt auch, wenn die Dosierungsanleitung nachweislich eine besondere technische Wirkung hervorbringt.[238] Grds nicht ausgeschlossen sind Pharmazeutika, die zur Behandlung von Patienten in einer zweckmäßigen Konfektionierung hergerichtet sind und in dieser Formulierung zur Behandlung von Patienten dienen.[239] Dagegen werden Herstellungs-

---

224   EPA G 1/83 ABl EPA 1985, 60 = GRUR 1985, 193 zweite medizinische Indikation, sowie Parallelentscheidungen EPA G 5/83 und EPA G 6/83; vgl auch EPA T 4/98 ABl EPA 2002, 139 = GRUR Int 2002, 438 Liposomenzusammensetzung.
225   PatentsC ABl EPA 1986, 175 = GRUR Int 1986, 408, 413 mAnm *Pagenberg* GRUR Int 1986, 376; schwed Patentbeschwerdegericht ABl EPA 1988, 198 = GRUR Int 1988, 788; Rechtsauskunft des schweiz BAGE ABl EPA 1984, 581 = GRUR Int 1984, 768; neuseeländ CA 17.12.1999 Pharmac, referiert in EIPR 2000 N-34; vgl auch nl PA GRUR Int 1989, 588, 590.
226   EPA T 958/94 ABl EPA 1997, 241 = GRUR Int 1997, 747 Antitumormittel, unter Hinweis auf das Fehlen sachlicher Unterschiede zwischen Verwendungsansprüchen und solchen auf Verfahren zur therapeutischen Behandlung; EPA T 80/96 ABl EPA 2000, 50, 56 f = GRUR Int 2000, 357 L-Carnitin, auch unter dem Gesichtspunkt der Klarheit.
227   EPA T 143/94 ABl EPA 1996, 430 = GRUR Int 1996, 1154 Trigonellin; gewerbliche Anwendbarkeit verneint im Einzelfall RB Den Haag 16.2.2000 General Hospital/Air Products, referiert in EIPR 2000 N-125, weil das Präparat nur unter Aufsicht des Arzts am Krankenbett zubereitet werden könne.
228   Vgl BGHZ 147, 137 = GRUR 2001, 730 Trigonellin; *Mes* Rn 62.
229   EPA G 2/08 ABl EPA 2010, 456 = GRUR Int 2010, 333 Dosierungsanleitung und hierzu *Escher* sic! 2010, 548; MittEPA ABl EPA 2010, 514; so auch CA England/Wales Actavis UK Limited v Merck & Co Inc [2008] EWCA Civ 444; vgl *Mes* Rn 62.
230   Im Provisionalverfahren ÖOGH ÖBl 2005, 78 Omeprazol mAnm *Schönherr/Adocker* und Anm *Gassauer-Fleissner/Schultes*; kr *Wiltschek* ÖBl 2005, 1; *Wiebe* ÖBl 2005, 154; aA im Nichtigkeitsverfahren ÖOPM ÖBl 2006, 186 Omeprazol III mAnm *Schönherr/Adocker* und Anm *Schultes*.
231   EPA T 570/92 Nifedipin; vgl *Benkard-EPÜ* Art 52 Rn 259.
232   CA England/Wales ENPR 2000, 230 Taxol: dreistündige Infusion mit bestimmter Dosierung.
233   EPA G 2/08 ABl EPA 2010, 456 = GRUR Int 2010, 333 Dosieranleitung.
234   Schweiz BG GRUR Int 2012, 183 Dosierschema; vgl *Mes* Rn 47.
235   BGHZ 170, 215 = GRUR 2007, 404 Carvedilol II.
236   BGH Carvedilol II; aA BPatG GRUR 1996, 868 gegen BPatGE 24, 16 = GRUR 1981, 902 und BPatGE 24, 205 = GRUR 1982, 554.
237   BGH GRUR 2014, 54 Fettsäuren; BGHZ 200, 229 = GRUR 2014, 461 Kollagenase I; BGH GRUR 2014, 464 Kollagenase II; vgl *Mes* Rn 63.
238   EPA Dosieranleitung; BGH Fettsäuren.
239   BPatG 22.11.2011 3 Ni 28/10 (EP), insoweit in BGH Fettsäuren bestätigt.

verwendungsansprüche nicht mehr gewährt, wenn die Neuheit allein durch die neue therapeutische Anwendung begründet wird.[240] Den Wechsel von einem Herstellungsverwendungsanspruch zu einem zweckgerichteten Sachanspruch hat das EPA als wegen Art 123 Abs 3 EPÜ unzulässig bezeichnet.[240a]

III. Diagnostizierverfahren

63   Als vom Patentschutz ausgeschlossene Verfahren kommen Untersuchungsmaßnahmen einschließlich der Diagnosestellung[241] zur Erkennung und systematischen Benennung einer Krankheit in Betracht, die zur chirurgischen oder therapeutischen Behandlung am menschlichen Körper vorgenommen werden.[242] Diagnose sind Feststellung von Krankheiten und Erkennen anomaler Körperzustände.[243] Nichttherapeutisch einsetzbare Untersuchungsverfahren (Tauglichkeitsprüfungen; Blutalkoholbestimmung, Befunderhebungen zu kosmetischen Zwecken) werden vom Ausschluss nicht erfasst;[244] ebenso Verfahren zur Durchflussmessung kleiner Flüssigkeitsmengen mittels eines implantierten Medikamentendosiergeräts.[245] Ein Diagnostizierverfahren liegt nur dann vor, wenn es die Schritte der Untersuchung mit der Sammlung von Daten, den Vergleich dieser Daten mit Normwerten, die Feststellung einer signifikanten Abweichung und die Zuordnung dieser Abweichung zu einem bestimmten Krankheitsbild erfasst; str ist, ob sämtliche Schritte am menschlichen oder tierischen Körper vorgenommen werden müssen.[246] Eröffnet das Verfahren Möglichkeiten in beide Richtungen, ist wie in Rn 48 zu differenzieren. Ein Verfahren zur Ermittlung von Knochendichten durch Auswertung einer Röntgenaufnahme eines Knochens ist danach als diagnostisches Verfahren angesehen worden,[247] ebenso ein Verfahren zur Ermittlung der Herzschlagfrequenz[248] und ein Verfahren, bei dem ein Stoff zu Diagnosezwecken iontophoretisch als Probe aus dem lebenden Körper entnommen wird,[249] nicht aber ein Verfahren zum Feststellen eines Entspannungszustands, das keine Aussage über eine Krankheit erlaubt.[250] Ein Verfahren am tierischen Körper, bei dem das Tier nicht überlebt, ist kein diagnostisches Verfahren.[251] Verfahren zum Einführen eines Kontrastmittels in die menschliche Blutbahn sind nach geltendem Recht nicht patentfähig.[252] Als Diagnostizierverfahren sind angesehen worden Verfahren zur Ermittlung der Knochendichte,[253] NMR-Abbildungsverfahren,[254] die Feststellung der glaukomatösen Schädigung des Auges,[255] Diagnose der Alzheimer-Erkrankung,[256] die Bestimmung der Lungenfunktion.[257]

---

240   EPA G 2/08 ABl EPA 2010, 456 = GRUR Int 2010, 333 Dosierungsanleitung; schweiz BG ABl EPA 2011, 452 = sic! 2011, 449 Alendronsäure III; CA England/Wales Actavis UK Ltd v. Merck & Co Inc [2008] EWCA Civ 444; vgl neuseeländ PA 23.1.2007 Re Genentech and Washington University, referiert in EIPR 2007 N-87.
240a   EPA T 1673/11 Mitt 2016, 268.
241   Vgl schweiz BG GRUR Int 1983, 316 Diagnostizierverfahren.
242   BPatGE 26, 110 = GRUR 1985, 278; EPA G 1/04 ABl EPA 2006, 334 = GRUR Int 2006, 514 Diagnostizierverfahren am menschlichen Körper; vgl Fitzner/Lutz/Bodewig Rn 62; Büscher/Dittmer/Schiwy Rn 21.
243   BPatGE 2, 1 = BlPMZ 1962, 306; vgl High Court Tokio IIC 2003, 433 Ls: Verfahren zur optischen Diagnose der Aussichten auf Wiederherstellung nach chirurgischer Operation.
244   Eingehend BPatGE 26, 110, 113 f = GRUR 1985, 278; Büscher/Dittmer/Schiwy Rn 21; vgl schon zum früheren Recht BPatG 13.7.1970 23 W (pat) 90/70: Verfahren zum Aufzeichnen der Augenbewegung.
245   EPA T 245/87 ABl EPA 1989, 171 = GRUR Int 1989, 682 Durchflußmessung; vgl EPA T 329/94 ABl EPA 1998, 241, 245 = GRUR Int 1998, 608 Verfahren zur Blutextraktion.
246   Bejahend BPatG 1.2.2011 3 Ni 17/09 (EU); BPatG 9.7.2013 3 Ni 37/11 (EP); verneinend und vorzuziehen BPatG GRUR 2008, 981; BPatG 28.6.2011 4 Ni 47/09, wonach nur der erste Schritt am menschlichen Körper vorgenommen werden muss; vgl Benkard Rn 96; Fitzner/Lutz/Bodewig Rn 65.
247   EPA T 775/92.
248   BPatG 28.10.1970 23 W (pat) 116/70.
249   EPA T 964/99 ABl EPA 2002, 4 = GRUR Int 2002, 259 Vorrichtung und Verfahren zur Probeentnahme von Stoffen mittels wechselnder Polarität.
250   BPatG 5.7.2001 21 W (pat) 72/99.
251   EPA T 182/90 ABl EPA 1994, 641, 647 = GRUR Int 1994, 1042, 1043 Durchblutung.
252   Anders für das frühere Recht RPA BlPMZ 1935, 31.
253   EPA T 775/92.
254   EPA T 665/92 ABl EPA 1997, 17 = GRUR Int 1998, 409 Kontrastmittel für NMR-Abbildung.
255   EPA T 1197/02 EPOR 2007, 85.
256   EPA T 143/04.
257   EPA T 125/02.

Nach der Praxis des EPA sind Verfahren zur **nichtinvasiven Ermittlung** chemischer oder physikali- 64
scher Zustände innerhalb des unversehrten, lebenden menschlichen oder tierischen Körpers von der Patentierung nicht ausgeschlossen;[258] ebenso, wenn diese Bestimmung nur Schritte oder Maßnahmen umfasst, die nicht von einem Arzt, sondern von einem Techniker ergriffen werden müssen, anders, wenn
wesentliche Schritte umfasst sind, die von medizinisch geschultem Personal oder unter ärztlicher Aufsicht
durchgeführt werden müssen;[259] die Untersuchung muss dabei am Körper selbst erfolgen.[260] Verfahren,
die lediglich einzelne Untersuchungswerte liefern, die als Grundlage für die schlussfolgernde Wertung des
Arztes dienen, sind keine Diagnostizierverfahren,[261] ebenso Nachweisverfahren, die lediglich für die Diagnose relevante Zwischenergebnisse liefern.[262] Entspr gilt für Diagnostizierverfahren an entnommenen Körpersubstanzen, auch wenn diese wieder dem Körper zugeführt werden. Ein Verfahren zur Speicherung von
Signalen in einem implantierbaren medizinischen Gerät ist nicht vom Patentschutz ausgeschlossen, wenn
zwischen dem Speicherverfahren und der Wirkung des Geräts auf den Körper kein Zusammenhang besteht.[263] Das Diagnoseverfahren ist dann von der Patentierung ausgeschlossen, wenn der Patentanspruch
einschließt die Diagnose für Heilzwecke im strikten Sinn, die vorhergehenden Schritte, die dafür konstitutiv sind, dass die Diagnose gestellt wird, und die besonderen Interaktionen mit dem menschlichen oder
tierischen Körper, die bei deren Ausführung erfolgen, technischer Natur sind; auf die Mitwirkung eines
Arzts oder Tierarzts kommt es nicht an.[264] Das Verfahren muss am menschlichen oder tierischen Körper
vorgenommen werden. Die Ausschlussbestimmung verlangt keine besondere Art oder Intensität der Interaktion mit dem menschlichen oder tierischen Körper; ein vorausgehender Schritt technischer Natur genügt
daher, wenn seine Durchführung eine Interaktion mit diesen erfordert.[265] Werden Messwerte für die Diagnostik in einem der Diagnose vorgelagerten Schritt verarbeitet und ergibt sich die Diagnose erst durch
einen weiteren Schritt des Arzts, greift der Ausschluss nicht.[266] Auch automatisch ablaufende Verfahren
oder Verfahren zur Selbstdiagnose ohne Beteiligung eines Arzts (oder überhaupt einer dritten Person)
können unter den Patentierungsausschluss fallen.[267]

IV. Erzeugnisse und Herstellungsverfahren bei Behandlung und Untersuchung

Abs 1 Nr 2 Satz 2 bestimmt, dass Erzeugnisse, insb Stoffe und Stoffgemische (zB Arzneimittel, En- 65
doprothesen, künstliche Organe, Herzschrittmacher, Prothesen, Nahtmaterial, Röntgenapparate, chirurgische Instrumente),[268] die in Verfahren zur chirurgischen oder therapeutischen Behandlung des menschlichen Körpers und Diagnostizierverfahren angewendet werden, gewerblich anwendbar sind; das gilt auch
für Vorrichtungen, die mit technischen Mitteln den menschlichen Körper beeinflussen.[269] Stoffgemische in

258　EPA T 385/86 ABl EPA 1988, 308 = GRUR Int 1988, 938, 940 nichtinvasive Meßwertermittlung; vgl BPatG 16.1.2013
5 Ni 7/11 (EP): verschluckbare Kapsel zur Bildaufnahme.
259　EPA T 655/92 ABl EPA 1998, 17, 21 = GRUR Int 1998, 409 Kontrastmittel für NMR-Abbildung.
260　Vgl EPA T 400/87 Spatial spindensity distribution; EPA T 83/87 EPOR 1988, 365 Diagnostic method:
elektrochemisches Verfahren zur Bestimmung von Zucker in Körperflüssigkeiten; BPatG 5.7.2001 21 W (pat) 72/99; aA
Benkard Rn 94: „oder in einem gewissen Abstand".
261　BPatGE 35, 12; EPA T 385/86 ABl EPA 1988, 308 = GRUR Int 1988, 938 nichtinvasive Meßwertermittlung; EPA
T 83/87; EPA T 400/87; EPA T530/93; EPA T 964/99 ABl EPA 2002, 4 = GRUR Int 2002, 259 Vorrichtung und Verfahren zur
Probeentnahme von Stoffen mittels wechselnder Polarität; EPA T 530/93; *Schulte* Rn 77; *Fitzner/Lutz/Bodewig* Rn 62.
262　BPatG 9.7.2013 3 Ni 37/11 (EP).
263　BPatGE 41, 84.
264　EPA G 1/04 ABl EPA 2006, 334 = GRUR Int 2006, 514 Diagnostizierverfahren am menschlichen Körper; *Mes* Rn 40 f;
kr *Bublak/Coehn* sic! 2006, 605 f mit dem Hinweis, dass die daraus folgende Patentierbarkeit von automatisierten
Diagnoseverfahren mit Nr 2 des Tenors kollidiere.
265　EPA G 1/04 ABl EPA 2006, 334 Diagnostizierverfahren am menschlichen Körper.
266　EPA G 1/04 ABl EPA 2006, 334 = GRUR Int 2006, 514 und hierzu *Bublak/Coehn* GRUR Int 2006, 640; *Bostyn* EIPR
2007, 238; vgl BPatG 1.2.2011 3 Ni 17/09 (EU); BPatG 21.2.2011 3 Ni 17/09; aA wohl BPatG 51, 15 = GRUR 2008, 981; BPatG
28.6.2011 4 Ni 47/09.
267　BPatG 51, 15 = GRUR 2008, 981; *Fitzner/Lutz/Bodewig* Rn 63.
268　Vgl BGH Liedl 1974/77, 368, 375 künstlicher Backenzahn; BPatGE 2, 1, 5; EPA T 245/87 ABl EPA 1989, 171 = GRUR Int
1989, 682 Durchflußmessung; EPA T 426/89 ABl EPA 1992, 172 = GRUR Int 1992, 549 Herzschrittmacher; ÖPA öPBl 2006,
45; *Mes* Rn 68.
269　ÖPA öPBl 2006, 45: Zimmerfahrrad; weitere Bsp *Schulte* Rn 82.

diesem Sinn sind auch Kombinationspräparate mit äußerlich getrennten Bestandteilen, die gleichzeitig, getrennt oder zeitlich abgestuft wirksam werden.[270] Patentfähige Stoffe und Stoffgemische sind auch entnommene Körpersubstanzen (zB Blut), die zu therapeutischen Zwecken (Eigenblutbehandlung) eingesetzt werden. Die Verwendung eines menschlichen Sehnengewebeschnitts als Homotransplantat ist patentfähig;[271] desgleichen die Verwendung eines medizinischen Geräts zum Zertrümmern von Konkrementen im menschlichen Körper;[272] dagegen ist die Verwendung eines Werkzeugs zum Entfernen geklemmter Hüftgelenkpfanneneinsätze allein auf die Ausführung eines chirurgischen Verfahrens gerichtet und deshalb als nicht schutzfähig angesehen worden.[273] Ob bei einem Implantat die Angabe „zur dauernden Implantation" zum Schutzausschluss führt, wurde offengelassen.[274] Hat die Bearbeitung eines Implantats am menschlichen Körper unmittelbare Auswirkungen auf diesen, liegt eine nicht patentfähige Behandlung vor.[275]

66 Schutzfähig können auch **Herstellungsverfahren** für Arzneimittel sein.[276]

§ 3
(Neuheit)

(1) [1]Eine Erfindung gilt als neu, wenn sie nicht zum Stand der Technik gehört. [2]Der Stand der Technik umfaßt alle Kenntnisse, die vor dem für den Zeitrang der Anmeldung maßgeblichen Tag durch schriftliche oder mündliche Beschreibung, durch Benutzung oder in sonstiger Weise der Öffentlichkeit zugänglich gemacht worden sind.

(2) [1]Als Stand der Technik gilt auch der Inhalt folgender Patentanmeldungen mit älterem Zeitrang, die erst an oder nach dem für den Zeitrang der jüngeren Anmeldung maßgeblichen Tag der Öffentlichkeit zugänglich gemacht worden sind:
1. der nationalen Anmeldungen in der beim Deutschen Patentamt ursprünglich eingereichten Fassung;
2. der europäischen Anmeldungen in der bei der zuständigen Behörde ursprünglich eingereichten Fassung, wenn mit der Anmeldung für die Bundesrepublik Deutschland Schutz begehrt wird und die Benennungsgebühr für die Bundesrepublik Deutschland nach Art. 79 Abs. 2 des Europäischen Patentübereinkommens gezahlt ist und, wenn es sich um eine Euro-PCT-Anmeldung (Artikel 153 Abs. 2 des Europäischen Patentübereinkommens) handelt, die in Artikel 153 Abs. 5 des Europäischen Patentübereinkommens genannten Voraussetzungen erfüllt sind;
3. der internationalen Anmeldungen nach dem Patentzusammenarbeitsvertrag in der beim Anmeldeamt ursprünglich eingereichten Fassung, wenn für die Anmeldung das Deutsche Patentamt Bestimmungsamt ist.
[2]Beruht der ältere Zeitrang einer Anmeldung auf der Inanspruchnahme der Priorität einer Voranmeldung, so ist Satz 1 nur insoweit anzuwenden, als die danach maßgebliche Fassung nicht über die Fassung der Voranmeldung hinausgeht. [3]Patentanmeldungen nach Satz 1 Nr. 1, für die eine Anordnung nach § 50 Abs. 1 oder Abs. 4 erlassen worden ist, gelten vom Ablauf des achtzehnten Monats nach ihrer Einreichung an als der Öffentlichkeit zugänglich gemacht.

(3) Gehören Stoffe oder Stoffgemische zum Stand der Technik, so wird ihre Patentfähigkeit durch die Absätze 1 und 2 nicht ausgeschlossen, sofern sie zur Anwendung in einem der in § 2a Abs. 1 Nr. 2 genannten Verfahren bestimmt sind und ihre Anwendung zu einem dieser Verfahren nicht zum Stand der Technik gehört.

(4) Ebenso wenig wird die Patentfähigkeit der in Absatz 3 genannten Stoffe oder Stoffgemische zur spezifischen Anwendung in einem der in § 2a Abs. 1 Nr. 2 genannten Verfahren durch die Absätze 1 und 2 ausgeschlossen, wenn diese Anwendung nicht zum Stand der Technik gehört.

---

270 EPA T 9/81 ABl EPA 1983, 372 = GRUR Int 1984, 102 cytostatische Kombination; vgl BPatG GRUR 1980, 169.
271 BPatGE 26, 104 = GRUR 1985, 276; vgl *Zipse* GRUR Int 1973, 182, 186.
272 BPatGE 32, 93, 97 f = GRUR 1991, 823, zu § 1 PatG 1968.
273 BGH GRUR 2001, 321 Endoprotheseeinsatz; zwh.
274 BGH Bausch BGH 1.99.2001, 223 Stützimplantat.
275 EPA T 24/91 ABl EPA 1995, 512, 517 Hornhaut.
276 *Mes* Rn 65.

(5) [1] Für die Anwendung der Absätze 1 und 2 bleibt eine Offenbarung der Erfindung außer Betracht, wenn sie nicht früher als sechs Monate vor Einreichung der Anmeldung erfolgt ist und unmittelbar oder mittelbar zurückgeht

1. auf einen offensichtlichen Mißbrauch zum Nachteil des Anmelders oder seines Rechtsvorgängers oder

2. auf die Tatsache, daß der Anmelder oder sein Rechtsvorgänger die Erfindung auf amtlichen oder amtlich anerkannten Ausstellungen im Sinne des am 22. November 1928 in Paris unterzeichneten Abkommens über internationale Ausstellungen zur Schau gestellt hat.

[2] Satz 1 Nr 2 ist nur anzuwenden, wenn der Anmelder bei Einreichung der Anmeldung angibt, daß die Erfindung tatsächlich zur Schau gestellt worden ist und er innerhalb von vier Monaten nach der Einreichung hierüber eine Bescheinigung einreicht. [3] Die in Satz 1 Nr 2 bezeichneten Ausstellungen werden vom Bundesminister der Justiz und für Verbraucherschutz im Bundesanzeiger bekanntgemacht.

DPMA-PrRl 3.3.2.3.; **EPA-PrRl** A-IV, 3; C-IV, 5–8
Ausland: Belgien: Art 5 PatG 1984; **Bosnien und Herzegowina:** Art 8, 9 PatG 2010; **Dänemark:** § 2 PatG 1996; **Frankreich:** Art L 611-11, 13 CPI; **Italien:** Art 46, 47 CDPI; **Kosovo:** Art 11, 12 PatG; **Litauen:** Art 3, 6 (Missbrauch, Ausstellungsschutz) PatG; **Luxemburg:** Art 6, 7 PatG 1992/1998; **Mazedonien:** §§ 27, 28, 37 (Ausstellungspriorität) GgR; **Niederlande:** Art 4, 5 ROW 1995; **Österreich:** § 3 öPatG (1984/94/98); **Polen:** Art 25, 15 (Ausstellungspriorität) RgE 2000; **Schweden:** § 2 PatG; **Schweiz:** das neue Schweizer Recht entspricht dem „whole contents approach" (Art 7 PatG 2008; Art 7b PatG: Missbrauchstatbestand, Ausstellungsschutz; Art 7c, 7d PatG: Stoffe und Stoffgemische), während das frühere dem „prio claims approach" folgte (Art 7, 7a, 7b, 7c PatG), Übergangsregelungen Art 142, 143 PatG; **Serbien:** Art 8, 9 PatG 2004; **Slowakei:** §§ 5, 7 PatG; **Slowenien:** Art 12, 13, 62 (Ausstellungspriorität) GgE; **Spanien:** Art 6, 7 PatG; **Tschech. Rep.:** § 5 PatG, geänd 2000; **Türkei:** Art 7, 8 VO 551; **VK:** Sec 2, 4 Abs 3 (Stoffe und Stoffgemische) Patents Act

Übersicht

Schrifttum: (s zu biologischen Erfindungen die Hinweise zu § 1a) *Aldous* Earlier Patent Applications as Part of the Prior Art, IIC 1990, 539; *Anders* Über Erfindungen, die nicht neu sind, aber auf erfinderischer Tätigkeit beruhen, FS 50 Jahre BPatG (2011), 95; *Antony* Schutz für Erfindungen der „ersten pharmazeutischen Verwendung", GRUR Int 1974, 176; *Aschert* Der Begriff der Neuheit im Licht neuerer Entscheidungen, GRUR Int 1989, 836; *Aúz Castro* Vorbenutzung als Stand der Technik und ihr Beweis, GRUR Int 1996, 1099 = Prior Use as Prior Art and Evidence Thereof, IIC 1996, 190; *Balk* Neuheitsprüfung von Stoffansprüchen, Mitt 1966, 85; *Ballhaus* Steht die Beschreibung einer Erfindung in einem an eine Zeitschrift nur eingesandten Beitrag der Erteilung eines Patents entgegen? FS H. Kirchner (1985), 1; *Bardehle* Das ältere Recht im Europa-Patent, GRUR 1972, 211; *Bardehle* Stellungnahme zu Teschemacher (GRUR 1975, 641), GRUR 1975, 650; *Bardehle* Der WIPO-Harmonisierungsvertrag und die Neuheitsschonfrist, Mitt 1991, 146; *Bardehle* Zur Neuheitsschonfrist, GRUR 1981, 687; *Bardehle* Der WIPO-Harmonisierungsvertrag und die Neuheitsschonfrist, Mitt 1991, 447; *Bardehle* Der Streit um die Neuheitsschonfrist in entscheidender Phase, Mitt 1999, 126; *Bardehle* Die Neuheitsschonfrist: Rechtssicherheit für wen? Mitt 2003, 245; *Bardehle* Ist die Neuheitsschonfrist endlich in Sicht? Mitt 2004, 289; *Bardehle* Bewegung im Streit um die Widereinführung der Neuheitsschonfrist? Mitt 2012, 167; *Bauer* Abgrenzung gegenüber „älterem Recht"? GRUR 1981, 312; *Beckmann* Rechtssicherheit durch Verknüpfung der Neuheitsschonfrist mit vorzeitiger Offenbarung? Mitt 2000, 191; *Beckmann* Die Neuheitsschonfrist – Rechtsunsicherheit für wen? Mitt 2003, 245; *Beil* Die Auswahlerfindung, GRUR 1971, 53; *Benkard* Inlandsbegriffe im gewerblichen Schutzrecht, GRUR 1951, 177; *Blind/Karge/Marquard* Strategische Publikationen als Ergänzung klassischer Schutzrechte zur Sicherung der eigenen Handlungsfreiheit, GRUR 2013, 1197; *Blumenberg* Die ältere Anmeldung im künftigen europäischen Patentrecht, GRUR Int 1972, 261; *Boecker* Das Problem des älteren Rechts im künftigen europäischen Patentrecht, GRUR Int 1963, 341; *Bossung* Erfindung und Patentierbarkeit im europäischen Recht, 3. Teil, Mitt 1974, 141; *Bossung* Das nationale Vorverfahren im europäischen Patentsystem, GRUR Int 1975, 272, 333; *Bossung* Stand der Technik und eigene Vorverlautbarung im internationalen, europäischen und nationalen Patentrecht, GRUR Int 1978, 381; *Bossung* Das der „Öffentlichkeit zugänglich Gemachte" als Stand der Technik, GRUR Int 1990, 690; *Botana Agra* Zur Frage der Neuheitsschädlichkeit von Versuchen und Experimenten, GRUR Int 1983, 288; *Bruchhausen* Die Neuheit von Stofferfindungen gegenüber allgemeinen Formeln und dergleichen, GRUR 1972, 226; *Bruchhausen* Wann gehört die Anwendung eines Stoffes (oder Stoffgemischs) zur therapeutischen Behandlung des menschlichen (oder tierischen) Körpers oder die am menschlichen (oder tierischen) Körper vorgenommen werden, zum Stand der Technik (Art 54 Abs 5 EPÜ, § 3 Abs 3 PatG 1981)? GRUR 1982, 641; *Bruchhausen* Die zweite medizinische Indikation von Arzneimitteln im europäischen Patentrecht, GRUR Int 1985, 239; *P. Brunner* Die Offenkundigkeit im Geheimnisschutz, ein Vergleich zur patentrechtlichen Offenkundigkeit in bezug auf die Schweiz, Diplomarbeit ETH Zürich 1998; *Brüntjen/Ruttekolk/A. Teschemacher* Zur Vertraulichkeit von Internetrecherchen, GRUR 2013, 897; *Bühling* Die Bedeutung von Arzneimittelansprüchen für den Patentschutz von Verwendungserfindungen nach dem neuen Deutschen und Europäischen Patentgesetz, GRUR Int 1978, 15; *Bühling* Der patentrechtliche Neuheitsbegriff im Wandel der jüngeren Rechtsprechung, GRUR 1984, 246; *Bund-Länder-Kommission für Bildungsplanung und Forschungsförderung* Förderung von Erfindungen und Patenten im Forschungsbereich, 1997; *Bunke* Gefährdung der Rechtssicherheit durch Wiedereinführung einer Neuheitsschonfrist? Mitt 1998, 443; *Burgstaller* Neuheitsschädliche „ältere Rechte": „prior claim approach" versus „whole contents approach", MR 2009, 313; *Burgstaller* „Swiss-claims", ecolex 2010, 467; *Casalonga/Dossmann* La protection par le brevet d'invention de l'application thérapeutique et du produit pharmaceutique, JCP E 1987 II 14898 = Patent Protection of the Therapeutic Use and Pharmaceutical Product, JPTOS 1988, 173; *Christ* Der „Crackkatalysator" oder das Ende der Zwiebelschalen-Ideologie, Mitt 1998, 408; *Comte* L'homme du métier en droit des brevets, sic! 2000, 659; *Cornish* Die wesentlichen Kriterien europäischer Erfindungen: Neuheit und erfinderische Tätigkeit, GRUR Int 1983, 221; *Dänner* „Gefährdung der Rechtssicherheit durch Wiedereinführung einer Neuheitsschonfrist?" Anmerkung zu Mittt 12, 1998, Mitt 1999, 47; *de Haas* Brevet et médicament en droit français et européen, 1981; *de Haas* Brevetabilité des produits pharmaceutiques en droit français et européen, ProprInd 1984, 129; *Decker* Der Neuheitsbegriff im Immaterialgüterrecht, Diss Regensburg 1989; *Dellinger* Fachmann – Durchschnittsfachmann, VPP-Rdbr 1998, 42; *Dersin* Über die zeitliche Grenze, bis zu der Druckschriften neuheitsschädlich sein sollen, BlPMZ 1952, 211; *Dersin* Zur Frage der Neuheitsschädlichkeit einer in Ungarn bekanntgemachten Patentanmeldung, Mitt 1955, 75; *Deutsch* Arzneimittel im gewerblichen Rechtsschutz, GRUR Int 1983, 489; *Dickels* Die Neuheit der Erfindung im Vorentwurf eines Abkommens über ein europäisches Patentrecht unter besonderer Berücksichtigung der sogenannten „älteren Rechte", Diss München (TH), 1970; *Dinné* Mittel-Ansprüche auf pharmazeutischem Gebiet, Mitt 1970, 181; *Dinné* Betablocker, Neuheit im Chemie-Patentrecht, Mitt 1979, 201; *Dinné* Zum Schutzbereich der 2. Indikation, Mitt 1984, 105; *Dinné/Stubbe* Neuheit und Chemie-Patente. Europa kontra Deutschland? Mitt 2004, 337; *Dörries* Zum sachlichen Umfang des Neuheitsbegriffs, GRUR 1984, 240; *Dörries* Zum Offenbarungsgehalt einer Vorbeschreibung, GRUR 1991, 717; *Dreiss* Der Durchschnittsfachmann als Maßstab für ausreichende Offenbarung, Patentfähigkeit und Patentauslegung, GRUR 1994, 781; *Duchesne* In welchem Zeitpunkte muß der Ort der Benutzung einer Erfindung im Sinne des § 2 PatG zum Inlande gehört haben? MuW 24, 3; *Dunkhase* Die Neuheit der Erfindung nach Patent- und Gebrauchsmusterrecht, 1913; *Dunkhase* Die patentfähige Erfindung und das Erfinderrecht, 1913; *Dunkhase* Die Prüfung der Erfindung auf Patentfähigkeit, 1913; *Dunkhase* Die offenkundige Vorbenutzung eines Verfahrens, MuW 19, 19; *Eggert* Patentschutz für Arzneimittel auf Basis bekannter Stoffe, Mitt 1969, 233; *Ehlers/Hahner/Henke/Königer* Grace period for patents (Q233), GRUR Int 2013, 759; *Eisenführ* Die Schonfrist-Falle des Art 55 (1)a) EPÜ, Mitt 1997, 268; *England* Recent Developments in Pharmaceutical Secondary Patents in the Light of the Commission's Inquiry into the Pharmaceutical Sector, EIPR 2009, 614; *Esaki* Period of Grace for Prior Disclosure or Prior Use of an Invention by the Inventor, Ind. Prop. 1982, 282; *Fabel* Bemerkungen zu vorstehendem Aufsatz [Vossius GRUR 1971, 59] GRUR 1971, 63; *Fähndrich/Freischem* Gegenwärtige Standards für Offenbarungen im Stand der Technik bei der Beurteilung der Voraussetzungen der Neuheit und der Erfindungshöhe, Bericht der dt AIPPI-Landesgruppe zu Q 167, GRUR Int 2002, 495; *Féaux de Lacroix* Auslegung von Zweckangaben in Verfahrensansprüchen: Zweite nicht-medizinische Indikation, GRUR 2003, 282; *Féaux de Lacroix* Probleme offen definierter Merkmale in Patentansprüchen, Mitt 2011, 48; *Fikentscher* Neuheitserfordernis, Selbstkollision und Unionspriorität im Patentrecht, GRUR 1977, 318; *Flaig* Stand der Technik durch technische Zeichnungen im Rahmen offenkundiger Handlungen, GRUR 1981, 373; *Friedrich* Unschädliche Vorveröffentlichung und Vorbenutzung, GRUR 1937, 17; *Friedrich* Zur Frage des „Mitlesens" von in einer Druckschrift nicht wörtlich offenbarter Information durch den Fachmann, Mitt 2014, 304; *Frugier* A Grace Period in Europe: A Review of European Discussions and the Canadian Experience, Diplomarbeit ETH Zürich 2004; *Gall* Staatenbenennung und älteres europäisches Recht – die Lage nach dem 1. Juli 1997, Mitt 1998, 161; *Gaumont* Le médicament: brevetabilité et portée du brevet, Revue trim. de droit commercial et de droit économique 1980, 441; *Gaumont* Un Délai d'Immunité en Matière de Brevets d'Invention. Est-il Souhaitable? La Semaine Juridique N° 15756 (16.10.1986), 358; *Gerber* Stoffschutz und Neuheitsbegriff, insbesondere bei Legierungen, Mitt 1972, 201; *Gesthuysen* Das Patenthindernis der älteren, jedoch nachveröffentlichten Patentanmeldung, GRUR 1993, 205; *Goeden* Der Offenbarungsbegriff im Fall der Patentvindikation nach der Entscheidung „Blendschutzbehang" des BGH, Mitt 2010, 421; *Götting* Die Neuheitsschonfrist im Patentrecht, Mitt 1999, 81; *Gramm* Der Stand der Technik und das Fachwissen, GRUR 1998, 240; *Grassi* Der Fachmann im Patentrecht, sic! 1999, 547; *Griebling* EPC 2000 invalidates existing patents? epi-Information 2007, 61; *Gronning-Nielsen* Der Begriff der Neuheit, GRUR Int 1991, 445; *Gruber/Kroher* Die Patentierbarkeit von Arzneimittelansprüchen im Rechtsvergleich zwischen Deutschland und Ländern der britischen Rechtstradition, GRUR Int 1984, 201; *Günzel* Die offenkundige Vorbenutzung im Einspruchsverfahren vor dem EPA – ausgewählte Probleme aus der Praxis, VPP-Rdbr 1992, 61; *Günzel* Die Vorbenutzung als Stand der Technik im Sinne des europäischen Patentübereinkommens, Amtspraxis und Rechtsprechung der Beschwerdekammern, FS R. Nirk (1992), 441; *Günzel* Die Rechtsprechung der Beschwerdekammern des EPA zur Patentierung der zweiten medizinischen Indikation, GRUR 2001, 566; *Habersack* Das ältere Recht im Patentwesen, Mitt 1973, 41; *Hansen* Zum Patentschutz der 2. Indikation, GRUR 1977, 15; *Hansen* Zur Bedeutung der EPA-Entscheidungen über die 2. Indikation für pharmazeutische Erfindungen, GRUR Int 1985, 557; *Hansen* Neue Probleme der zweiten Indikation in der europäischen und nationalen Patentpraxis, GRUR Int 1988, 379; *Hansen* Zur Schutzfähigkeit von Enantiomeren, GRUR 1996, 943; *Harden* Die Neuheitsprüfung – ihre Bedeutung für die Prüfung der Zulässigkeit von Änderungen und des Anspruchs auf Priorität, GRUR Int 1993, 370 = The „Test for Novelty" – His Relevance in Considering the Allowability of Amendments and the Entitlement to Priority, IIC 1993, 729; *Harraeus* Gedanken zum § 2 PatG, GRUR 1961, 105; *Harris* Trends in U.K. Patent Litigation: The Age of Reason? EIPR 1999, 254; *Hausberg ua* Zur Einführung der Neuheitsschonfrist im Patentrecht – ein USA-Deutschland-Vergleich bezogen auf den Hochschulbereich, 2002; *Held/Loth* Methoden und Regeln zur Beurteilung der Neuheit im Patentrecht, Bericht zur AIPPI-Frage 126, GRUR Int 1995, 220; *Hess-Blumer* Der Schutz der zweiten und weiteren medizinischen Indikation: endlich alles klar? sic! 2014, 339; *Hesse* Anwendungsgebiet und Offenbarung des Erfindungsgedankens, Mitt 1983, 106; *Hetmank* Die Patentierbarkeit der Auswahl aus numerischen Bereichen, Mitt 2015, 494; *Heymann* Der Erfinder im neuen deutschen Patentrecht, FS Akademie für Deutsches Recht (1936), 99; *Hirsch* Neuheit von chemischen Erfindungen, GRUR 1984, 243; *Hirsch* Über die Patentfähigkeit von Arzneimittelerfindungen, Präparative Pharmazie Bd 5 (1969), 150; *Hoepffner* Dépôt légal technique? – Überlegungen zum absoluten Neuheitsbegriff im Patentrecht, GRUR Int 1973, 370; *Höst-Madsen* Die Problematik kollidierender Patentanmeldungen im künftigen europäischen Patenterteilungsverfahren,

GRUR Int 1970, 370; *Hövelmann* Alles Fiktion? GRUR 1999, 476; *Hubbuch* Vorbekanntgemachte Anmeldungen im deutschen Erteilungs- und Nichtigkeitsverfahren, Mitt 1957, 83; *Hubbuch* Neuheitsschädliche Wirkungen von Vorbenutzungshandlungen, Mitt 1958, 192; *Hubbuch* Neuheitsschädliche Wirkung vorbekanntgemachter Patentanmeldungen und vorveröffentlichter Gebrauchsmuster, Mitt 1960, 236; *Huebner* Zur Neuheit von Erfindungen aus der Nanotechnologie, GRUR 2007, 839; *Hüni* Bemerkungen zur Einführung einer internationalen Schonfrist, GRUR Int 1985, 167; *Hüni* La Convention sur le brevet européen et la brevetabilité des applications thérapeutiques de substances connues, ProprInd 1986, 358; *Hüni* Zur Neuheit bei chemischen Erzeugnissen in der Spruchpraxis des Europäischen Patentamts, GRUR Int 1986, 461; *Hüni* Neuheit bei Auswahlerfindungen chemischer Produkte, GRUR 1987, 663; *Hüni* Die Offenbarung unter Artikel 54 EPÜ und das allgemeine Fachwissen, GRUR Int 1987, 851; *Hüni* Zur Frage der Neuheit bei Verwendungserfindungen (Art 54 EPÜ), GRUR Int 1989, 192; *Jacob* Die Neuheit von Verwendungsansprüchen, GRUR Int 1996, 1088 = Novelty of Use Claims, IIC 1996, 170; *Jeffs* Selection Patents, EIPR 1988, 291; *Jestaedt* Die erfinderische Tätigkeit in der neueren Rechtsprechung des Bundesgerichtshofs, GRUR 2001, 939; *Klauer* Die Neugestaltung des deutschen Patentrechts, JW 1936, 1489; *Klicznik* Neuartige Offenbarungsmittel des Standes der Technik im Patentrecht, 2007; *Klicznik* Stand der Technik aus dem Internet: Rechts- und Beweisfragen sowie Auswirkungen auf Strategien des Defensive Publishing, VPP-Rdbr 2011, 61; *Klöpsch* Die richtige Anspruchskategorie für ein Arzneimittel, Mitt 1977, 130; *Klöpsch* Zur Schutzfähigkeit und zum Schutzumfang der sogenannten zweiten Indikation im deutschen und europäischen Patentrecht, GRUR 1979, 283; *Klöpsch* Zur Schutzfähigkeit von Arzneimitteln nach dem Münchener Patentübereinkommen, GRUR Int 1982, 102 = The Patentability of Pharmaceuticals According to the European Patent Convention, IIC 1982, 457; *Knesch* Die erfinderische Tätigkeit – der Prüfungsansatz des EPA, Mitt 2000, 311; *Koktvedgaard/Österborg* Patente für pharmazeutische Erfindungen in Dänemark, GRUR Int 1984, 573; *Koktvedgaard/Österborg* A Novelty Grace Period for Patent and Practical Consequences, Study Prepared for the Commission of the European Communities (unveröffentlicht); *Kolle* Der Stand der Technik als einheitlicher Rechtsbegriff, GRUR Int 1971, 63; *Kollmer* Der Wegfall der Neuheitsschonfrist für Erfindungen und ihre Auswirkungen auf die industrielle Praxis, GRUR 1981, 107; *König* Zum Offenbarungsgehalt bedingungsfreier Gehaltsbereiche bei Legierungserfindungen, Mitt 1992, 236; *Kraft* Patentrechtliche Probleme im Zusammenhang mit der Lieferung von chemischen Wirkstoffen und daraus formulierten Spezialitäten, GRUR 1971, 373; *Krasa* Zur Schutzfähigkeit der 2. Indikation, GRUR 1977, 476; *Kraßer* Die ältere Anmeldung als Patenthindernis, GRUR Int 1967, 285; *Kraßer* Patentschutz für neue medizinische Anwendungen bekannter Stoffe, FS 25 Jahre BPatG (1986), 159; *Kraßer* Geheime Offenbarungen in der Gnadenfrist – Wann ist eine mißbräuchliche ältere Anmeldung neuheitsunschädlich? GRUR Int 1996, 345; *Krauße* Die Vorpatentierung, MuW 34, 257; *Langfinger* Olanzapin: ein Paradigmenwechsel? FS 50 Jahre BPatG (2011), 379; *Lederer* Die offenkundige Vorbenutzung nach neuem Recht, FS R. Vieregge (1995), 547; *Lederer* Zur Äquivalenz beim chemischen Stoffpatent, GRUR 1998, 272 = IIC 1999, 275; *Liesegang* Zur Neuheit einer Bemessungsregel, Mitt 1982, 71; *Loth* Erste Sitzung des Sachverständigenausschusses der WIPO zur Neuheitsschonfrist vom 7. bis 11. Mai 1984 in Genf, GRUR Int 1984, 507; *Loth* Neuheitsbegriff und Neuheitsschonfrist im Patentrecht, 1988; *Loth* Die erfindereigene Vorverlautbarung nach geltendem US-amerikanischem Patentgesetz, GRUR Int 1990, 13, 103; *Lutter* Offenkundige Vorbenutzung im abgetretenen Gebiet, MuW 27, 564; *Mäder* The Grace Period and International Patent Law: A Comparison of the European, U.S., and Japanese Approaches, Diplomarbeit ETH Zürich 2000/01; *Maiwald* Rechtsprechung zur Neuheit im EPA und in Deutschland, Mitt 1997, 272; *Mandel* Die Vorbenutzung der Erfindung im französischen Recht, GRUR Int 1996, 1104 = Prior Use Under French Law, IIC 1996, 203; *Mediger* Die neue Erfindung, GRUR 1941, 390; *Mediger* Historie der Nicht-Neuheitsschädlichkeit von Auslegestücken bis 7.8.1953, Mitt 1960, 233; *Mediger* Die notwendigen Voraussetzungen für den öffentlichen Charakter von druckschriftlichen und nicht-druckschriftlichen Schriftwerken, Mitt 1961, 207; *Meier-Beck* Patentschutz für die zweite medizinische Indikation und ärztliche Therapiefreiheit, GRUR 2009, 300; *Meinke* „Aufwertung" des druckschriftlichen Standes der Technik durch offenkundige Handlungen, Mitt 1981, 57; *Merz* Einspruch aufgrund offenkundiger Vorbenutzung, Mitt 1982, 224; *Meyer/Albrecht/Kilger* Patentability of Known Medical Devices with a New Medical Use – Case Law of the European Patent Office, GRUR Int 2016, 109; *Meyer-Dulheuer* Die Bedeutung von Sequenzprotokollen für den Offenbarungsgehalt biotechnologischer Erfindungen, GRUR 2000, 1; *Minvielle-Devaux* The patenting of additional medical indications, CIPA 1984, 120; *Moore* A General Period of Grace in a First-to-File World: Key Issues, IPQ 2002, 75; *Moser von Filseck* Das ältere Recht im Patentrecht, FS Ph. Möhring (1965), 254; *Moser von Filseck* Zur Abgrenzung einer jüngeren gegenüber einer prioritätsälteren europäischen Patentanmeldung, GRUR Int 1970. 156; *Moser von Filseck* Zur Frage der Neuheit bei Patentanmeldungen und Patenten für chemische Stoffe, GRUR Int 1973, 373; *H.-J. Müller* Zum Neuheitsbegriff bei Legierungserfindungen, GRUR 1972, 464; *H. Müller* Pro Schutz der 2. Indikation, GRUR 1983, 471; *H.-J. Müller* Disclaimer – eine Hilfe für den Erfinder, Zur Neuheitsfrage bei Werkstoff-Erfindungen, GRUR 1987, 484; *Nastelski* Verwendungsansprüche für Arzneimittel? FS G. Wilde (1970), 113; *Nieder* Offenkundigkeit durch Geheimnisverrat, FS A. Preu (1988), 29; *Niedlich* Offenkundige Vorbenutzung, VPP-Rdbr 1999, 65; *Niedlich* Veröffentlichungen im Internet, Mitt 2004, 349; *Nirk* Zur Bedeutung und Abgrenzung von Arzneimittelansprüchen, GRUR 1977, 356; *Nöthe* Patentschutz auf dem Arzneimittelsektor im Lichte der Benzolsulfonylharnstoff-Entscheidung, GRUR 1978, 623; *Ochmann* Die Vorveröffentlichung und die Reichweite ihres Offenbarungsgehalts als Problem der Neuheit im Lichte der Rechtsprechung des Bundesgerichtshofs und des Patentgesetzes in der geltenden Fassung, GRUR 1984, 235; *Oettinger* Die sachlichen Voraussetzungen des Patentschutzes, Diss 1911; *Ohly* Zur Wirkung prioritätsgleicher Patente, Mitt 2006, 241; *Ohnesorge* Inwieweit dürfen als Vorveröffentlichungen entgegengehaltene Druckschriften ergänzt werden? MuW 27, 483; *Ohnesorge* Der Zusammenhang zwischen Neuheit, Erfindungshöhe, Bereicherung der Technik und deren Verhältnis zu ihren Bezugsgrundlagen, GRUR 1940, 64; *Ohrt* Stand der Technik. Beitrag zur Frage der Patentfähigkeit von Erfindungen, 1952; *Ono* La protection effective des droits de propriété industrielle – Examen de la situation actuelle au Japon du point de vue des industries chimique et pharmaceutique, ProprInd 1988, 358; *Pagenberg* Herkules im Augias-Stall als Patentliteratur? GRUR Int 1976, 421; *Pagenberg* Vorbenutzung und Vorveröffentlichungen des Erfinders – Konsequenzen der Einschränkung der Neuheitsschonfrist und des Ausstellungsschutzes, Möglichkeiten einer internationalen Lösung, GRUR 1981, 690; *Pagenberg* – Ausstellen und Anbieten auf internationalen Messen – eine Verletzung inländischer gewerblicher Schutzrechte? GRUR Int 1983, 560; *Pagenberg* Rechtsprechung zur zweiten Indikation – Quo vadis? GRUR Int 1986, 376; *Panzer* Die Neuheit der Erfindung, Diss 1933; *Papke* Die Preisgabe des Erfindungsgedankens, GRUR 1980, 775; *Papke* Erste und weitere Indikation GRUR 1984, 10; *Patentanwaltskammer* Die Neuheitsschonfrist im Patentrecht, Mitt 1998, 447; *Paterson* The Patentability of Further Uses of a Known Product under the EPC, EIPR 1991, 16; *Paterson* Die Neuheit von Verwendungsansprüchen, GRUR Int 1996, 1093 = The Novelty of Use Claims, IIC 1996, 179; *Pedrazzini* Vorveröffentlichung und Vorbenutzung der Erfindung durch den Erfinder, SMI 1980, 22; *Pfab* Neuheitsschädlichkeit öffentlicher Druckschriften im Sinne des Patentgesetzes, Mitt 1972, 3; *Pfab* Offenkundige Vorbenutzung im Sinne des Patentgesetzes, Mitt 1973, 1; *Pfanner* Die geschichtliche Entwicklung der Einsichtnahme in die ausgelegten Unterlagen von Patentanmeldungen, GRUR 1955, 110; *Pfanner* Vereinheitlichung des materiellen Patentrechts im Rahmen des Europarats, GRUR Int 1964, 247; *Pfister-Fu* Novelty Defeating by Prior Use: Comparison of the US and the EPC Approaches, Diplomarbeit ETH Zürich 2002/03; *Pietsch* Patentrechtliche Neuheit, Diss 1927; *Pietzcker* GRUR 1986, 369; *Pietzcker* Voraussetzungen der Patentierung: Neuheit, Fortschritt und Erfindungshöhe, FS 100 Jahre GRUR (1991), 417; *G. Pinzger* Unschädliche Vorveröffentlichung und Vorbenutzung, GRUR 1936, 707; *G. Pinzger* Geheimhaltungspflicht und Vorbenutzung, GRUR 1937, 761; *Plaisant* Neuheit und erfinderische Leistung im neuen französischen Patentrecht, GRUR Int 1968, 175; *Poth* Zum Neuheitsbegriff des Artikels 54 des Europäischen Patentübereinkommens, Mitt 1998, 453; *Preu* Stand der Technik und Schutzbereich, GRUR 1980, 691; *Puchberger* Prüfung von Erfindungen auf Neuheit, Mitt 1968, 21; *Rauh/Jaenichen* Neuheit und erfinderische Tätigkeit bei Erfindungen, deren Gegenstand Proteine oder DNA-Sequenzen sind, GRUR Int 1987, 753; *Reimann* Einige Überlegungen zur Offenkundigkeit im Rahmen von §§ 17 ff UWG und von § 3 PatG, GRUR 1998, 298; *E. Reimer* Der Neuheitsbegriff im deutschen Patentrecht, GRUR Int 1953, 18; *E. Reimer* Äquivalenz, Erfindungsgegenstand, allgemeiner Erfindungsgedanke in Theorie und Praxis, GRUR 1956, 396; *E. Reimer* Die Identitätsprüfung aus § 4 Abs 2 PatG, GRUR 1957, 189; *Richter* Neuheitsschädlichkeit der ausgelegten Unterlagen von Patentanmeldungen und eingetragenen Gebrauchsmustern, GRUR 1956, 245; *R. Rogge* Gedanken zum Neuheitsbegriff nach geltendem Patentrecht, GRUR 1996, 931; *R. Rogge* The Concept of Novelty and European Patent Law, IIC 1997, 443; *R. Rogge* The Concept of Novelty with Particular Regard in Conflicting Patent Applications, IIC 1997, 794 = Der Neuheitsbegriff unter besonderer Berücksichtigung kollidierender Patentanmeldungen, GRUR Int 1998, 186; *Röhl* Zur Neuheitsschädlichkeit ausländischer Patentunterlagen, GRUR Int 1963, 473; *Rößler* Der neuheitsschädliche Produktverkauf, Mitt 2006, 98; *Rosenich* Die Defensivpublikation: Schutz vor Patenttrollen und anderen Trittbrettfahrern, Mitt 2014, 306; *Savina* The patentability of the second therapeutic application. Why must the law be changed? Patent World Aug. 1995, 32; *Schanze* Was sind neue Erfindungen? GRUR 1899, 5; *Schanze* Die offenkundige Vorbenutzung von Erfindungen und Gebrauchsmustern, in: Patentrechtliche Untersuchungen (1901), 3; *Schanze* Die neue Erfindung nach Pietzcker, MuW 29, 262; *Scheuchzer* Nouveauté et activité inventive en droit européen des brevets, 1981; *Schickedanz* Zur Offenbarung des Geschmacksmusters, GRUR 1999, 291; *Schiff* Was ist eine „neue Erfindung"? GRUR 1899, 45; *Schmidt-Szalewski* Nouveauté, Juris-Classeur, Brevets d'inventions Fasc. 170/11 (1982); *Schmied-Kowarzik* Vier Jahre Stoffschutz, GRUR 1972, 255, 266; *Schmied-Kowarzik* Mittel- oder Verwendungsansprüche bei Arzneimittelerfindungen, GRUR 1977, 626; *Schmied-Kowarzik* Über den Schutz von Stereoisomeren, GRUR 1978, 663; *Schmitz* Begriff der Neuheit im Patentrecht, Diss Köln 1936; *Schneider* Betrachtungen zum Olanzapin-Fall, VPP-Rdbr 2009, 131, 2010, 19; *Schönherr* Mosaikarbeit und Neuheitsschädlichkeit, Mitt 1981, 49; *Schrader* Identität des „Stands der Technik" im Patent- und Gebrauchsmusterrecht, Mitt 2013, 1; *Schramm* Stand der Technik, Fachgebiet, Fachkönnen, Mitt 1964, 181; *Schroeder* Die Neuheitsschonfrist im Patentrecht – ein Plädoyer für ihre Wiedereinführung, CIPR 2012, 92; *Schumann* Die offenkundige Vorbenutzung, Diss Leipzig 1936; *Schuster* Die Bewertung der Vorpatente, GRUR 1934, 211; *Schuster* Rechtslehre und Rechtsprechung betreffend das Vorpatent, GRUR 1957, 401; *Schütze* Die Neuheit der Erfindungen, GRUR 1901, 217; *Schwanhäusser* Neuheit einer Bemessungsregel – Der Fall „Schmiermitteladditiv", Mitt 1992, 233; *Scuffi* Die Erfindungen auf dem Pharmasektor – Stand der Mailänder und Turiner Rechtsprechung, GRUR Int 1991, 481; *Sena* Protezione conferita dalle formule generali i suoi limiti, in: Problemi attuali della brevettazione dei farmaci, Tagungsband der Soc.It.Sc.Farm. vom 2.12.1986 (1987), 50; *Sendrowski* „Olanzapin" – eine Offenbarung? GRUR 2009, 797; *Sharples/Curley* Experimental Novelty: Synthon v SmithKline Beecham, EIPR 2006, 308; *Singer* Der Neuheitsbegriff in der Rechtsprechung der Beschwerdekammern des europäischen Patentamts, GRUR 1985, 790; *Slopek* Defensive Publishing: Verbreitung, Funktion, Strategien, GRUR 2009, 816; *Smegal* Grace Period for Filing a Patent Application? IndProp 1982, 288; *Spangenberg* Neuere Entscheidungen der Beschwerdekammern des EPA zum Neuheitsbegriff, VPP-Rdbr 1992, 45; *Spangenberg* The Novelty of „Selection" Inventions, IIC 1997, 808 = Die Neuheit sogenannter „Auswahlerfindungen", GRUR Int 1998, 193; *Stamm* Abgrenzungen aus der Logik im Patentrecht. Beziehungen zwischen Inhalts- und Neuheitsbedingung der Artikel 123 (2) und 54 EPÜ, Mitt 1994, 85; *Stamm* – Überlegungen zur aktuellen Entwicklung der Disclaimer, Mitt 2004, 56; *Starck* Die Neuheitsvoraussetzung nach § 2 PG, insbesondere bei widerrechtlicher Entnahme durch den Anmelder, GRUR 1939, 876; *Steup/Goebel* Stand der Technik und eigene Vorverlautbarung im internationalen, europäischen und nationalen Patentrecht – eine Erwiderung, GRUR Int 1979, 336; *Steger* Contra Schutz der 2. Indikation, GRUR 1983, 474; *Stieger* Artikel 54 Abs 5 des Münchener Patentübereinkommens: Eine pharmazeutische Sondernorm, GRUR Int 1980, 203; *Stieger* Article 54(5) of the Munich Patent Convention: An Exception for Pharmaceuticals, IIC 1982, 137; *Stortnik* Die Einsicht in die

Akten von Patenten steht jedermann frei (§ 31 PatG) – Wann wird der Inhalt von Patentakten Stand der Technik? GRUR 1999, 533; *Straus* Die Bedeutung der Neuheitsschonfrist für die außerindustrielle Forschung in den Ländern der Europäischen Wirtschaftsgemeinschaft. Eine empirische Studie, 1986 (unveröffentlicht); *Straus* Neuheit, ältere Anmeldungen und unschädliche Offenbarungen im europäischen und deutschen Patentrecht, GRUR Int 1994, 89; *Straus* Grace Period and the European and International Patent Law – Analysis of Key Legal and Socio-Economic Aspects, IIC Studies Vol 20, 2001; *Suchy* Patentschutz für die zweite Indikation, Mitt 1982, 88; *Sutter/Münch* Ältere Rechte im revidierten PatG, sic! 2008, 665; *Szabo* Probleme der Neuheit auf dem Gebiet der Auswahlerfindungen, GRUR Int 1989, 447 = IIC 1989, 295; *Szabo* Second medical and non-medical indications – The relevance of indications to novel subject-matter, FS 10 Jahre Rspr GBK EPA (1996), 11; *Tendt* Wann gelten technische Neuerungen als patentfähig? 1910; *Teschemacher* Das ältere Recht im deutschen und europäischen Patenterteilungsverfahren, GRUR 1975, 641; *V. Tetzner* Die personellen Voraussetzungen der Neuheitsschonfrist, GRUR Int 1974, 121; *Theiss* Die Neuheitsschonfrist – eine rechtsvergleichende Studie, BlPMZ 1952, 215; *Tönnies* Als was gilt das „gilt als" – Zur Funktion der Fiktion im Patentrecht, GRUR 1998, 345; *Tönnies* Defensivpublikationen: Der Dritte Weg zwischen Patentanmeldung und Geheimhaltung? Mitt 2014, 309; *Törnroth* Prior Use, IIC 1997, 800 = Vorbenutzung, GRUR Int 1998, 189; *Trüstedt* Das Verbot doppelter Patentierung, GRUR 1957, 176; *Trüstedt* Patentansprüche für Heilmittel, Mitt 1978, 181; *Trüstedt* Zur Patentierbarkeit der weiteren medizinischen Indikation, GRUR 1983, 478; *Tsironis* Stoff- und Verfahrensschutz unter besonderer Berücksichtigung der Arzneimittelerfindung nach deutschem, griechischem und europäischem Patentrecht, Diss München 1989; *Turnbridge* Apotex Inc v Sanofi-Synthelabo Candad Inc [2008] S.C.J. Nr 63, Supreme Court of Canada: Canada looks to the United Kingdom and United States in ist redefinition of anticipation and obviousness, EIPR 2009, 264; *Turrini* Der Begriff der Neuheit: Überblick über die Rechtsprechung der Beschwerdekammern des Europäischen Patentamts, GRUR Int 1991, 447; *Uhrig/Zech* Patentierung von Nanomaschinen: Stoffschutz versus Vorrichtungsschutz, GRUR 2008, 768; *Utermann* Der zweckgebundene Verfahrensanspruch für Arzneimittel, GRUR 1985, 813; *van den Berg* Die Bedeutung des Neuheitstests für die Priorität und die Änderungen von Patentanmeldungen und Patenten, GRUR Int 1993, 354 = The Significance of the „Novelty Test" for Priority and Amendments to Patent Applications, IIC 1993, 696; *Vitrò* Zusammenhang zwischen Übereinkommensrecht und italienischem Recht bezüglich der Patentfähigkeit von Medikamenten: Allgemeine und spezifische Formeln, GRUR Int 1991, 478; *Vivant* Brevetabilité de la deuxième application thérapeutique, JCP E 1989 II 15941; *Vivian* Neuheit und Auswahlerfindungen, GRUR Int 1989, 451 = IIC 1989, 303; *Voigt* Offenkundigkeit und Wille des Erfinders, GRUR 1938, 292; *U. Vollrath* Zum Umfang der neuheitsschädlichen Offenbarung einer zum Stand der Technik gehörenden Beschreibung, GRUR 1997, 721; *von Boehmer* Offenkundiges Vorbenutztsein als Hinderniß für die Patenterteilung und als Nichtigkeitsgrund für Patente, 1900; *von Boehmer* Die Patentfähigkeit von Erfindungen, 1911; *von Boehmer* Patentrechtliches Beurteilen von Erfindungen, 1931; *K. von Falck* Durchschnittsfachmann und Stand der Technik, Mitt 1969, 252; *K. von Falck* Die irrtümliche Angabe eines zu starken Standes der Technik in der Beschreibung von Schutzrechten, GRUR 1972, 233; *K. von Falck* Die Beschränkung des auf ein Erzeugnis gerichteten Patentanspruchs auf eine bestimmte Art der Verwendung dieses Erzeugnisses, GRUR 1993, 199; *von Füner* Zur Frage der Neuheitsschädlichkeit sowjetischer Druckschriften, GRUR 1965, 217; *von Füner* Die Neuheit von chemischen Erfindungen im Prüfungsverfahren beim Deutschen und Europäischen Patentamt, Mitt 1989, 225; *von Hellfeld* Stand der Technik bei rechnergestützten Erfindungen, GRUR Int 2008, 1007; *von Pechmann* Ist der Fortfall der Neuheitsschonfrist des § 2 Satz 2 PatG noch zeitgemäß? GRUR 1980, 436; *von Pechmann* Pro und Contra Schutz der 2. Indikation, GRUR 1983, 471; *von Pechmann* Wieder aktuell: Ist die besondere technische, therapeutische oder biologische Wirkung Offenbarungserfordernis bei der Anmeldung chemischer Stofferfindungen? GRUR Int 1996, 366; *Vossius* Schutz von Erfindungen auf dem Gebiet der Arzneimittel, GRUR 1971, 59; *Vossius* Die Patentierbarkeit der zweiten medizinischen Indikation nach deutschem und europäischem Patentrecht, GRUR 1983, 483; *Vossius* Der Beurteilungsmaßstab für die Neuheit einer Erfindung nach deutschem und europäischem Patentrecht, FS R. Nirk (1992), 1033; *Vossius* Der Terfenadin-Verletzungsstreit; zum Stand der Neuheitsprüfung, GRUR 1994, 472; *Vossius/Rau* Der Patentschutz von Verwendungserfindungen auf dem Gebiet der Pharmazie nach geltendem und zukünftigem und nach europäischem Patentrecht unter Berücksichtigung der zweiten Indikation, GRUR 1978, 7; *Vossius/Rau* Patentierbarkeit der zweiten Indikation, GRUR 1980, 776; *Wan Xiaoli* The Patent Novelty Grace Period in China in Comparative Perspective, IIC 2009, 182; *Weber* Bildet die Neuheitsfiktion einen wesentlichen Bestandteil des Patentgesetzes? GRUR 1948, 224; *Wetzel* Zur Frage der offenkundigen Vorbenutzung, Mitt 1958, 138; *White* The Novelty-Destroying Disclosure: Some Recent Decisions, EIPR 1990, 315; *Windisch* Neuere Entscheidungen, insbesondere des Bundesgerichtshofs, und ihre Konsequenzen für die deutsche Patentpraxis auf dem Gebiet der Chemie, GRUR 1971, 550; *Wirth* Der Neuheitsgehalt des erfundenen Gegenstandes, MuW 41, 62; *Wirth* Die Fiktion des § 2 PatG, Mitt 1938, 269; *Wolf* In welchem Zeitpunkt muß der Ort der Benutzung einer Erfindung im Sinne des § 2 PatG zum Inlande gehört haben? MuW 27, 247; *Wohlmuth* Potential Solutions for prior art under Art 54 (3) EPC of the same patent family, epi-Information 2014, 112; *Wolfrum* Verfassungsrechtliche Fragen der Zweitanmeldung von Arzneimitteln, GRUR 1986, 512; *Zeiler* Über Umfang und Beweiserheblichkeit der öffentlichen Druckschriften im Patenterteilungsverfahren, GRUR 1977, 751; *Zeller* Die Sechsmonatsfrist im neuen Patentrecht, JW 1937, 1856; *Zeller* Neuheitsschädliche Patentanmeldung, Mitt 1955, 37; *Zutrauen* Zur Patentierbarkeit der zweiten Indikation eines bekannten Arzneimittels, GRUR Int 1977, 223.

A. Systematik, Entstehungsgeschichte, Anwendungsbereich

I. Systematik

§ 3 regelt, was für die Prüfung der Neuheit als „relativer" Voraussetzung der Patentfähigkeit als StdT **1** gilt. Abs 1 umschreibt den StdT zunächst allg und auch für die Prüfung auf erfinderische Tätigkeit nach § 4, Abs 2 erweitert ihn auf bestimmte rangältere, aber später oder überhaupt nicht öffentlich zugänglich gemachte Tatsachen, dies aber nur für die Neuheitsprüfung und nicht für die Prüfung auf erfinderische Tätigkeit (§ 4 Satz 2), Abs 3 enthält eine Sonderregelung für zur Anwendung in medizinischen Verfahren bestimmte Stoffe und Stoffgemische. Abs 4 nimmt schließlich bestimmte Tatsachen von der Neuheits-schädlichkeit aus. Die geltende Regelung hat den Bereich des Neuheitsschädlichen dadurch, dass zeitliche und räumliche Grenzen für die Berücksichtigung des Vorbekannten nicht mehr bestehen, erheblich erweitert. Auf Form und Mittel der Kundgebung kommt es **im geltenden Recht**[1] grds nicht mehr an. Auch nachveröffentlichte ältere nationale und eur Patentanmeldungen rechnen nunmehr für die Neuheits-schädlichkeit zum StdT; diese Regelung ist an die Stelle des früheren Doppelschutzverbots getreten. Abs 5 (früher Abs 4) entspricht Art 55 EPÜ. Neuheitsschonfrist und Ausstellungsschutz sind stark eingeschränkt worden. Allerdings bestehen auf internat Ebene Tendenzen zu einer Erweiterung der Neuheitsschonfrist, die in einigen neueren Patentgesetzen Niederschlag gefunden haben (Rn 177).

II. Entstehungsgeschichte

Die Bestimmung ist durch das IntPatÜG neu gefasst worden und hat ihre Paragraphennummer durch **2** die Neubek 1981 erhalten. Durch sie ist der Neuheitsbegriff mit den Bestimmungen des StraÜ in Überein-stimmung gebracht worden. Das 2. PatGÄndG hat in Abs 2 Satz 1 Nr 2 die Notwendigkeit der Zahlung der Benennungsgebühr eingefügt. Das Gesetz zur Umsetzung der EPÜ-Revisionsakte hat Abs 2 Satz 1 Nr 2 neu gefasst, in Abs 2 Satz 3 und Abs 3 die Verweisungen geänd, Abs 4 neu eingestellt und den bisherigen Abs 4 in Abs 5 umbenannt. Das GeschmMMG vom 10.10.2013 hat in Abs 5 das Wort „Bundesgesetzblatt" durch „Bundesanzeiger" ersetzt, die 10. ZuständigkeitsanpassungsVO die Bezeichnung Justiz durch Justiz und für Verbraucherschutz.

Nach **§ 2 PatG 1877** galt „eine Erfindung gilt nicht als neu, wenn sie zur Zeit der auf Grund dieses Ge- **3** setzes erfolgten Anmeldung in öffentlichen Druckschriften bereits derart beschrieben oder im Inlande bereits so offenkundig benutzt ist, dass danach die Benutzung durch andere Sachverständige möglich erscheint". **§ 2 Abs 1 PatG 1891** fügte zusätzlich ein, dass es sich um Druckschriften aus den letzten hun-dert Jahren handeln musste. **Abs 2** enthielt eine Regelung für ausländ Voranmeldungen (Rn 2 vor § 40).

In der bis 31.12.1977 geltenden Fassung des **PatG 1936** war die frühere Regelung in § 2 Satz 1 unverän- **4** dert übernommen; Satz 2 ließ „eine innerhalb von sechs Monaten vor der Anmeldung erfolgte Beschrei-bung oder Benutzung" „außer Betracht, wenn sie auf der Erfindung des Anmelders oder seines Rechtsvor-gängers beruht".

Dies bedeutete einen **„relativen" Neuheitsbegriff**, der die Vorwegnahme zeitlich, örtlich und nach **5** der Erscheinungsform begrenzte.

III. Anwendungsbereich

1. Grundsatz. § 3 gilt für Patentanmeldungen nach dem PatG und für nach dem PatG erteilte Patente, **6** aber nicht für Gebrauchsmuster (Rn 8) sowie DDR-Anmeldungen und auf diese erteilte Patente (hierzu *6. Aufl* Rn 12).

2. EPÜ. Für eur Patentanmeldungen und eur Patente gelten die Art 54, 55 EPÜ, die im wesentlichen **7** übereinstimmende Regelungen enthalten, in Einzelheiten (insb keine Geheimpatente vgl Rn 145) aber abweichen. Die Revisionsakte vom 29.11.2000 hat die Neuheitsschädlichkeit bei bekannten Stoffen und Stoffgemischen präzisiert, sie hat weiter die Pauschalbenennung aller Vertragsstaaten eingeführt, so dass insoweit Differenzierungen entfallen können.

---

1   Vgl zu den sich hieraus ergebenden Folgen *R. Rogge* GRUR 1996, 931.

8   **3.** Das **Gebrauchsmusterrecht** (§ 3 Abs 1 GebrMG) kennt einen eigenständigen „relativen" Neuheits-begriff. Auch das Design- (früher: Geschmacksmuster-) recht geht von einem „relativen" Neuheitsbegriff aus.[2]

9   **4.** Einen andersartigen Neuheitsbegriff verwendet **das Sortenschutzrecht** (§ 6 SortG, Art 10 Gem-SortV). Danach wird auf die frühere Abgabe an andere und nicht auf einen Vergleich mit anderen Sorten abgestellt. Wie im Patentrecht gilt allerdings das Prinzip der Weltneuheit.

IV. Zeitliche Geltung

10   Die Regelung in § 3 gilt – ohne die Änderungen infolge der Revision des EPÜ – uneingeschränkt für Anmeldungen seit dem 1.1.1981. Sie gilt uneingeschränkt nicht für Anmeldungen vor dem 1.1.1978. Für die Übergangszeit traf Art XI IntPatÜG eingehende Regelungen (vgl die Kommentierung zu dieser Bestimmung in der *6. Aufl*).

B. Der Stand der Technik

I. Begriff

11   Das PatG kennt den – aus dem StraÜ und dem EPÜ entlehnten – Begriff des Stands der Technik (StdT; state of the art, former art; état de la technique) erst seit der Änderung durch das IntPatÜG; jedoch war er schon lange zuvor in Rspr und Lit als zusammenfassende Bezeichnung des neuheitsschädlichen und bei der Prüfung auf Erfindungshöhe zu berücksichtigenden Materials gebräuchlich. So war schon nach früherem Recht nur die offenkundige Vorbenutzung neuheitsschädlich, fehlte es daran, konnte nur ein Vorbenutzungsrecht (§ 12) entstehen.[3] Über die frühere Neuheitsschonfrist hinaus kamen bei Offenkundigwerden Ausnahmen von der Zurechnung zum StdT nicht in Betracht.[4] Der StdT „umfasst grds jede Vorverlautbarung, die zu irgendeinem Zeitpunkt in irgendeinem Land der Welt erfolgt ist".[5] In den USA rechnen nach der Reform von 2011 ab März 2013 zur „prior art" die vier Kategorien Angebot (offers for sale), öffentlicher Gebrauch (public uses), Patente und gedruckte Veröffentlichungen und auf andere Weise der Öffentlichkeit zugängliche Gegenstände.[6]

12   Erfasst sind damit auch **Defensivpublikationen**, hinter denen die Absicht steht, auf kostengünstige Weise außerhalb von Schutzrechtsanmeldungen (ggf zeitgleich mit einer solchen) und wissenschaftlich-technischen Veröffentlichungen StdT zu schaffen.[7] Zu beachten ist hierbei, dass die Anforderungen der einzelnen Patentämter, vor allem bei der Publikation im Internet (vgl Rn 32), unterschiedlich sind.[8] Defensivpublikationen werden allerdings nur dann zum StdT rechnen können, wenn sie ohne unzumutbaren Aufwand zugänglich und recherchierbar sind, also nicht bei „Verstecken" im Internet („disguised publications") oder bei kurzzeitigem Aushang an ungewöhnlichen Stellen und insb nicht bei dolosem oder rechtsmissbräuchlichem Vorgehen.[9]

---

2   BGHZ 50, 340 = GRUR 1969, 90 Rüschenhaube; öOGH ÖBl 1995, 38, 41 Andante; vgl BGH GRUR 2000, 1023, 1026 3-Speichen-Felgenrad; BGH GRUR 2004, 427 Gussgehäuse; BGH 29.1.2004 I ZR 164/01.

3   Zum Zusammenhang Vorbenutzung – Vorbenutzungsrecht *Bossung* GRUR Int 1990, 690, 693 f; *Nirk* GRUR 2001, 984.

4   BGH Liedl 1963/64, 172, 181 Hüftgelenkprothese 01 für den Fall des Bekanntwerdens bei Demontagemaßnahmen.

5   HG Aargau sic! 2004, 331.

6   Vgl *Janicke* GRUR Int 2011, 887, 893.

7   Vgl *Klicznik* VPP-Rdbr 2011, 61; Rechtstatsächliches bei *Henkel/Pangerl* Defensive Publishing: An Empirical Study, DRUID Working Paper No. 08-04, im Internet unter http://www3.druid.de/Wp/ 20080004.pdf.

8   Vgl *Rosenich* Mitt 2014, 306, 308; EPA T 1553/06 Mitt 2012, 360 Ls, wo auf „direct and unambiguous access" abgestellt wird; EPA 12.3.2012 T 2/09 (Inhalt einer eMail); vgl *Klicznik* VPP-Rdbr 2011, 61, 66 f.

9   Vgl *Tönnies* Mitt 2014, 309 ff; zum Aushang am Firmengelände der Robert Bosch GmbH *Klicznik* VPP-Rdbr 2011, 61, 65; *Fitzner/Lutz/Bodewig* Rn 45.

II. Bedeutung; Verhältnis zur erfinderischen Tätigkeit

Die Patenterteilung setzt eine (nicht notwendig fortschrittliche) Bereicherung der Technik voraus; an **13** dieser fehlt es, wenn die beanspruchte Lehre gegenüber dem StdT nicht neu ist. Die Funktion des Beurteilens („Messens") der Erfindung am StdT besteht darin, das vom Patentschutz auszuschließen, was ohne Zutun des Erfinders bereits zur Verfügung stand oder aus verfügbarem Wissen in naheliegender Weise erwachsen konnte.[10] Allein die objektive Bereicherung der Technik rechtfertigt eine Patenterteilung. § 3 schließt daher das, was objektiv im StdT bereits vorhanden ist, von einer Patentierung aus. Komplementär hierzu stellt § 4 sicher, dass Erfindungen nicht bei jedem Unterschied zum StdT zum Patent führen können, sondern erst eine gewisse Qualität des Abstands („Nichtnaheliegen", non-obviousness) zum Vorbekannten patentbegründend wirkt. Wegen des bei der Prüfung auf Neuheit und erfinderische Tätigkeit zu berücksichtigenden uU unterschiedlichen StdT kann das Vorliegen der Neuheit nur offengelassen oder unterstellt werden, wenn die erfinderische Tätigkeit verneint wird.[11] Nach der älteren Auffassung des BGH mussten aufgrund der gesetzgeberischen Wertentscheidung, Neuheit und erfinderische Tätigkeit als unterschiedliche Prüfungskategorien auszubilden, diese Begriffe auch materiell unterschiedlich angereichert werden; so ist die Neuheitsprüfung herkömmlich als reiner Erkenntnisakt, die Prüfung auf Erfindungshöhe oder erfinderische Tätigkeit als Akt wertender Entscheidung angesehen worden;[12] dies ist nunmehr aber dahin relativiert, dass die Reichweite der Offenbarung in einer Entgegenhaltung als einer Wertung unterliegend angesehen wird (vgl Rn 60). Ersetzbarkeit einer Vorrichtung durch eine andere ist zu Recht als Frage der erfinderischen Tätigkeit und nicht der Neuheit angesehen worden.[13]

Die internat Standard entspr geltende Regelung mit den zwei **getrennten Erfordernissen** Neuheit **14** und erfinderische Tätigkeit erscheint vom Ansatz her nicht zwingend und durch die neuere Rspr zudem teilweise überholt. Maßgebliches Kriterium für die Patentfähigkeit ist erst der erfinderische Abstand vom StdT, noch nicht die bloße Neuheit an sich, die erst über die Regelung in Abs 2 iVm der in § 4 Satz 2 erheblich wird. Die Funktion der beiden Erfordernisse stimmt grds überein. Seit langem spielt die Neuheitsprüfung da, wo ihr und der Prüfung auf erfinderische Tätigkeit ein übereinstimmender StdT zugrunde gelegt werden kann, in der Praxis eine untergeordnete Rolle; ist der Anmeldegegenstand jedenfalls naheliegend, kann die Frage der Neuheit uU offengelassen werden.[14] Praktisch notwendig in diesem Sinn ist die gesonderte Neuheitsprüfung somit nur in den Fällen, in denen bestimmtes Material aus dem StdT nicht bei der Beurteilung der erfinderischen Tätigkeit herangezogen werden kann. Hier erweist sich die Neuheitsprüfung aber oft als stumpfes Schwert, weil es der Anmelder/Patentinhaber grds in der Hand hat, durch Aufnahme eines zusätzlichen ursprungsoffenbarten Merkmals die Neuheit herzustellen. Den berechtigten Belangen des Anmelders der älteren Anmeldung, der nicht über ein Patent verfügt, könnte auch auf andere Weise (Vorbenutzungsrecht) Rechnung getragen werden, ohne dass schutzwürdige Belange der Allgemeinheit berührt würden.

III. Maßgeblicher Zeitpunkt

Was zum StdT gehört, ist **stichtagsbezogen** zu beurteilen; maßgebend ist der für den Zeitrang der **15** Anmeldung maßgebliche Tag.[15] Das ist grds der Anmeldetag der zu beurteilenden Anmeldung, Abs 1, 2. Der Tag ist nach geltendem Recht kleinste Zeiteinheit, weshalb es auf die Uhrzeit nicht ankommt. Der Anmeldetag ist in jedem Stadium des Erteilungsverfahrens vAw zu berücksichtigen; er kann nicht durch ver-

---

10 Vgl *Kraßer/Ann* § 16 Rn 5.

11 *MGK/Pagenberg* Art 56 EPÜ Rn 19 gegen CA Paris GRUR Int 1981, 244.

12 BGHZ 128, 270, 274 f = GRUR 1995, 330, 331 f elektrische Steckverbindung; vgl BGH GRUR 2004, 411 Diabehältnis.

13 Vgl BPatG 23.3.2000 20 W (pat) 57/99.

14 Vgl zB BGH Bausch BGH 1994–1998, 121, 127 Bildempfangsanlage; *Benkard-EPÜ* Art 54 Rn 8.

15 *Benkard-EPÜ* Art 54 Rn 48; *Schulte* Rn 12; *Büscher/Dittmer/Schiwy* Rn 4; vgl BGH GRUR 1978, 696, 698 alpha-Aminobenzylpenicillin, wonach die Ausrichtung eines vorbeschriebenen Verfahrens auf die Erzielung eines bisher nicht erkannten Ergebnisses nicht als ein neues Verfahren angesehen werden kann, wenn sich das erstrebte Ergebnis von selbst einstellt; abw die Praxis des EPA, das bei der Neuheitsprüfung auf den Veröffentlichungszeitpunkt des Dokuments abstellt, EPA 10.10.1991 T 229/90; EPA 16.6.1992 T 205/91; EPA 3.11.1992 T 677/91; EPA 3.5.1996 T 590/94; EPA 20.6.1996 T 305/94.

Keukenschrijver

spätete Geltendmachung verwirkt werden.[16] Zu den Voraussetzungen für die Zubilligung des Anmeldetags Rn 3 ff zu § 35.

16   Bei **Inanspruchnahme einer Priorität** liegt der Zeitrang vor dem Anmeldetag. Welcher Tag maßgeblich ist, ergibt sich in diesem Fall nicht aus § 3 selbst, sondern aus den für die Begründung eines Prioritätsrechts maßgeblichen Bestimmungen. In Betracht kommt in erster Linie die Inanspruchnahme der Priorität einer früheren ausländ oder internat Anmeldung aufgrund eines Staatsvertrags (Art 4, 4bis PVÜ, PCT, Art 68 EPÜ; TRIPS-Übk, Rn 70 zu § 41, oder bilaterale Verträge) oder bei Gegenseitigkeit (§ 41), daneben die der „inneren" Priorität einer früheren inländ Patent- oder Gbm-Anmeldung (§ 40), schließlich die Entnahmepriorität nach § 7 Abs 2 (zur früheren Ausstellungspriorität 6. *Aufl* Rn 21, Rn 191 ff). Ist die Inanspruchnahme der Priorität unwirksam, etwa weil die frühere und die Nachanmeldung nicht dieselbe Erfindung betreffen, sind Tatsachen im Prioritätsintervall zu berücksichtigen.[17]

17   **„Prioritätsdisclaimer".** Ist in einem Patent die Priorität einer früheren Anmeldung nicht wirksam in Anspruch genommen, weil der Patentanspruch ein Merkmal enthält, das über den Inhalt der Prioritätsanmeldung hinausgeht, und ist der Anspruchsgegenstand wegen seines späteren dem Anmeldetag entsprechenden Zeitrangs nicht patentfähig, kann nach Auffassung des 20. Senats des BPatG das Patent beschränkt aufrechterhalten werden, wenn der Patentanspruch eine in der Prioritätsanmeldung offenbarte patentfähige Unterkombination enthält und in den Patentanspruch eine Erklärung des Inhalts aufgenommen wird, dass das Anspruchsmerkmal über den Inhalt der Prioritätsanmeldung hinausgeht und die Patentfähigkeit bei Berücksichtigung des Zeitrangs der Prioritätsanmeldung nicht stützen kann.[18] Der 4. Senat des BPatG lehnt den „Prioritätsdisclaimer" dagegen ab.[19]

18   Im Fall der **Teilung** bleibt der Zeitrang der ursprünglichen Anmeldung erhalten (§ 39 Abs 1 Satz 4; Rn 39 zu § 39). Dasselbe gilt für die Ausscheidung (Rn 62 zu § 39). Jedoch können unzulässige Erweiterungen nach geltendem Recht auch über eine Ausscheidung keine Rechte begründen (Rn 15 f zu § 38).

19   **Am Anmelde- oder Prioritätstag** des Patents eingetretene Umstände rechnen nicht zum StdT.[20] Anmeldungen mit gleichem Zeitrang können sich deshalb nicht im Weg stehen.[21]

IV. Relevante Tatsachen

20   **1. Grundsatz.** § 3 nennt als zum StdT gehörend nicht abschließend durch schriftliche und mündliche Beschreibung, durch Benutzung und in sonstiger Weise der Öffentlichkeit zugänglich gemachte Kenntnisse. Die Neuregelung erweitert gegenüber dem früheren Recht den Umfang des patentrechtl relevanten StdT in mehrfacher Richtung, zum einen durch Verzicht auf das Merkmal der Vorveröffentlichung in öffentlichen Druckschriften, zum anderen durch Wegfall der Hundertjahresfrist bei Vorveröffentlichungen und zum dritten durch die Einbeziehung ausländ Benutzungshandlungen (zur Rechtslage vor 1978 s 6. *Aufl* Rn 25 ff). Auf die Sprache kommt es nicht an.[22] Zur Berücksichtigung nicht vorveröffentlichter älterer Anmeldungen Rn 145 ff.

21   **2. Kenntnisse.** Abs 1 rechnet dem StdT bestimmte Kenntnisse zu. Der Begriff ist umfassend („alle Kenntnisse", „anything");[23] er beschränkt sich nicht auf technische Lehren,[24] zum StdT können vielmehr

---

16   BGH GRUR 1971, 565, 567 Funkpeiler.

17   BGHZ 148, 383 = GRUR 2002, 146 Luftverteiler; BGH GRUR 2004, 133 elektr[on]ische Funktionseinheit; BGH GRUR 2008, 597 Betonstraßenfertiger; EPA G 3/93 ABl EPA 1995, 18 = GRUR Int 1995, 336 Prioritätsintervall; BGH 11.2.2014 X ZR 146/12 CIPR 2014, 35 Ls Funkkommunikationssystem; *Fitzner/Lutz/Bodewig* Rn 12.

18   BPatGE 47, 34 = GRUR 2003, 953.

19   BPatG Mitt 2013, 455 unter Hinweis auf EPA G 2/98 ABl EPA 2001, 413 = GRUR Int 2002, 80.

20   RGZ 101, 36 = GRUR 1921, 55 Mischmaschine; BGH GRUR 1963, 518 Trockenschleuder; *Schulte* Rn 12; vgl BPatGE 33, 200 = BlPMZ 1993, 271.

21   Vgl BGH GRUR 1965, 473, 479 Dauerwellen I; *Fitzner/Lutz/Bodewig* Rn 11.

22   Vgl EPA T 426/88 ABl EPA 1992, 427, 433 = GRUR Int 1993, 161 Verbrennungsmotor, zur erfinderischen Tätigkeit; *Benkard-EPÜ* Art 54 Rn 31.

23   *Schulte* Rn 14; vgl *Fitzner/Lutz/Bodewig* Rn 21.

24   BPatGE 48, 154, 158 = GRUR 2004, 931; *Kraßer/Ann* § 18 Rn 70; anders aber wohl *Schulte* Rn 14; differenzierend *Benkard*[10] Rn 13d, nicht mehr in *Benkard*[11].

auch rein theoretische Kenntnisse, Theorien, selbst Spekulatives oder nicht Gesichertes rechnen, auch ein technischer Charakter ist nicht erforderlich.[25] Kenntnisse sind in diesem Sinn mit Information gleichzusetzen, für eine Bewertung besteht auf dieser Ebene kein Anlass.[26] Allerdings ist auf die Sicht des Fachmanns abzustellen (vgl Rn 66 f). Um im StdT aktiv genutztes Wissen muss es sich nicht handeln; es genügt, wenn das Wissen so bereit steht, dass der Fachmann Zugriff nehmen kann.[27]

Auf die **Verkörperung** der Kenntnisse kommt es nicht an. Es kann sich um schriftlich, zeichnerisch **22** oder elektronisch fixiertes Wissen handeln, aber auch um bloß praktisch angewendetes oder mündlich tradiertes. Ob die Information von dauerhaftem Bestand ist, ist unmaßgeblich, erst recht kommt es nicht auf eine Vervielfältigung an.[28]

3. Öffentliche Zugänglichkeit

a. Allgemeines. Abs 1 rechnet Kenntnisse zum StdT nur dann, wenn sie der **Öffentlichkeit** zugäng- **23** lich gemacht worden sind. Presseveröffentlichungen sind einzubeziehen.[29] Auf den Nachweis des Bekanntgewordenseins kommt es nicht an, sondern darauf, dass ein nicht bestimmter (nicht begrenzter) Personenkreis in der Lage war, die Kenntnisse kennenzulernen.[30] Das kann auch bei einer Hauszeitung (Mitarbeiterzeitschrift) der Fall sein.[31] Als unbestimmter Personenkreis gilt bereits die Zahl der Unternehmen, die an den Kenntnissen aus irgendwelchen Gründen überhaupt interessiert waren,[32] auch ein über einen engen Kreis von bestimmten Interessenten hinausgehender Empfängerkreis.[33]

Es kam schon nach der früheren Rechtslage nicht darauf an, ob die Allgemeinheit und damit ein „an- **24** derer Sachverständiger" von der Vorbenutzung tatsächlich Kenntnis erlangt hatte.[34] Vielmehr genügte die **Feststellung einer nicht zu entfernten Möglichkeit** (nach neuerer Rspr: einer tatsächlichen Möglichkeit), dass beliebige Dritte und damit auch Fachkundige („Sachverständige") zuverlässige, ausreichende Kenntnis vom Gegenstand der Vorbenutzung erhalten konnten.[35] Wenn nur Laien die Möglichkeit zur Wahrnehmung hatten, wurde eine gewisse Wahrscheinlichkeit dafür verlangt, dass die Vorbenutzung durch sie zur Kenntnis fachmännischer Kreise gelangen konnte.[36] Die Lit stellt teilweise darauf ab, dss eine Zumutbarkeitsgrenze nicht überschritten wird, was insb bei Vorbenutzungen auf dem Gebiet der

25 *Fitzner/Lutz/Bodewig* Rn 18 ff; aA insoweit EPA T 172/03 Order management, Ls in Mitt 2005, 80; vgl auch EPA T 619/02 ABl EPA 2007, 63 = GRUR Int 2007, 333.
26 Ähnlich *Benkard-EPÜ* Art 54 Rn 3.
27 BGHZ 136, 40 = GRUR 1997, 892, 894 Leiterplattennutzen.
28 *Benkard*[9] Rn 39; vgl *Fitzner/Lutz/Bodewig* Rn 22.
29 Vgl BGH CR 2012, 513 vorausbezahlte Telefongespräche 01.
30 Zur früheren Rechtslage BGHZ 18, 81 = GRUR 1955, 393 Zwischenstecker II; BGH GRUR 1961, 24 Holzimprägnierung; BGH GRUR 1971, 214 customer prints; zum geltenden Recht BGH fotovoltaisches Halbleiterbauelement; BGH GRUR 1996, 747 Lichtbogen-Plasma-Beschichtungssystem; BGH GRUR 2013, 367 Messelektronik für Coriolisdurchflussmesser; BGH GRUR 2014, 251 Bildanzeigegerät; vgl BGHZ 136, 40, 51 = GRUR 1997, 892 Leiterplattennutzen; BGH 21.7.2011 X ZR 7/09; BPatG 3.5.2011 4 Ni 55/09; BPatG 6.3.2015 5 Ni 14/13; BPatG 15.9.2015 4 Ni 22/13 (EP); BPatG 22.9.2015 3 Ni 18/14 (EP); EPA T 861/05: nicht bei Lieferung von Prototypen vor Markteinführung; *Benkard* Rn 125; *Fitzner/Lutz/Bodewig* Rn 35.
31 BPatG Mitt 2006, 370 f.
32 BGH Bildanzeigegerät; zur früheren Rechtslage BGH Holzimprägnierung.
33 Zur früheren Rechtslage BGH customer prints.
34 BGH GRUR 1962, 518 Blitzlichtgerät.
35 BGH GRUR 1953, 384, 385 Zwischenstecker I; BGH GRUR 1963, 311 f Stapelpresse; BGH GRUR 1975, 254 f Ladegerät; BGH GRUR 1966, 484, 486 Pfennigabsatz; BGH GRUR 1973, 263 Rotterdam-Geräte; BGH GRUR 1978, 297 hydraulischer Kettenbandantrieb; BGH GRUR 1986, 37 Thrombozytenzählung; BGH GRUR 1996, 747, 752 Lichtbogen-Plasma-Beschichtungssystem; BGHZ 136, 40, 51 = GRUR 1997, 892 Leiterplattennutzen; BGH 21.7.2011 X ZR 7/09; BGH GRUR 2002, 609 Drahtinjektionseinrichtung; BPatGE 40, 104; BPatG 16.7.2002 3 Ni 57/00; BPatG 30.7.2007 3 Ni 24/04; *Fitzner/Lutz/Bodewig* Rn 36; *Büscher/Dittmer/Schiwy* Rn 21 ff, wo unetr Hinweis auf *Rößler* Mitt 2006, 98, 100 f dsrauf verwiesen wird, dass die Rspr des BGH seit BGH Leiterplattennutzen vom Erfordernis eines Anlasses Abstand genommen hat; vgl RG BlPMZ 1939, 114 Füllfederhalter: Erkennbarkeit des Wesens der Erfindung für den Durchschnittsfachmann; zum Verhältnis zum Offenkundigwerden eines Betriebsgeheimnisses *Reimann* GRUR 1998, 298, 302.
36 BGH GRUR 1966, 484 Pfennigabsatz; RG GRUR 1925, 124, 125 Kunstseide; RB Den Haag BIE 2002, 23, 24 lässt Benutzung eines chirurgischen Instruments in der Praxis so, dass Patienten Kenntnis nehmen konnten, undifferenziert ausreichen.

Chemie und der Computertechnik zu beachten sei.[37] Die bloße Möglichkeit, dass Besucher bei Werksbesichtigungen Kenntnis nehmen konnten, genügte nicht; es musste vielmehr festgestellt werden, dass in der fraglichen Zeit solche Besuche stattfanden.[38] Ob darüber hinaus generell eine gewisse Wahrscheinlichkeit für die Wahrnehmung der Vorbenutzung bestehen muss,[39] erscheint zwh. Eine Benutzungshandlung, die zunächst bei objektiver Würdigung der anfangs gegebenen Umstände geeignet erschien, die Erfindung offenkundig zu machen, konnte sich durch spätere, unabhängig vom Willen des benutzenden Erfinders eingetretene Umstände als nicht offenkundig erweisen, insb, wenn die Möglichkeit entfiel, dass beliebige andere Fachkundige Kenntnis erlangen konnten.[40]

25   Zu unterscheiden waren schon nach der früheren Rechtslage Zugänglichkeit der **Informationsquelle** und Zugänglichkeit der **Information** selbst; das für das Erkennen und Verstehen erforderliche Wissen musste vermittelt werden können; entscheidend ist, welche Informationen sich dem Betrachter erschlossen oder für ihn herleiten ließen.[41] Offenkundigkeit wurde bejaht bei einer unkomplizierten Maschine, deren Merkmale klar zu ersehen waren, wenn die Kunden ein erhebliches Interesse für die Art der Herstellung hatten und nach der Lebenserfahrung Verständnis für die vorhandene Maschineneinrichtung vorauszusetzen war, so dass sie in der Lage waren, die wesentlichen Merkmale zu erkennen und anderen Fachkundigen mitzuteilen, und eine gewisse Wahrscheinlichkeit bestand, dass die Kunden über ihre Beobachtungen mit Konkurrenten des Vorbenutzers sprachen.[42] Dass die Personen, für die die Möglichkeit einer Kenntnisnahme von der Vorbenutzung bestanden hat, konkret bestimmbar sind, war nicht erforderlich.[43]

26   War die im benutzten Gegenstand verkörperte technische Lehre durch **bloße Sinneswahrnehmung** („Augenschein") **nicht zu erkennen**, war die Vorbenutzung nur offenkundig, wenn die nicht zu fern liegende Möglichkeit bestand, dass andere Fachkundige eine die technische Lehre enthüllende nähere Untersuchung des vorbenutzten Gegenstands vornehmen[44] oder wenn diese – uU über eine bloße Vorführung hinaus – erläutert wurde.[45] Zur Feststellung der Offenkundigkeit genügte nicht die Möglichkeit, dass die Sache in die Hände anderer Fachkundiger hätte gelangen können, wenn dieser Fall nicht eingetreten war und daher kein anderer Fachkundiger Gelegenheit hatte, sie zu untersuchen.[46] Eine umfangreiche zeit- und arbeitsaufwändige Untersuchung eines nicht deklarierten vorbenutzten Stoffs oder Stoffgemischs stellte die Offenkundigkeit der Vorbenutzung nicht in Frage, sofern sie einem sachverständigen Interessenten aufgrund der ihm zur Verfügung stehenden sachlichen und personellen Mittel mit Aussicht auf Erfolg möglich und zumutbar war und er Gelegenheit und hinreichenden Anlass zu ihr hatte.[47] Dass ein Gegenstand nur aus der Ferne angesehen werden konnte, konnte der Offenkundigkeit entgegenstehen.[48] Es genügte nicht, wenn eine Untersuchung allenfalls rein zufällig erfolgt wäre und sie nach Lebenserfahrung und tatsächlichen Umständen praktisch nicht eintreten konnte.[49]

---

37 *Büscher/Dittmer/Schiwy* Rn 24.
38 OLG München 26.10.1995 6 U 2834/93.
39 So BPatGE 33, 207 = GRUR 1993, 808.
40 BGH Pfennigabsatz.
41 BGHZ 136, 40 = GRUR 1997, 892, 895 Leiterplattennutzen; BPatG 10.12.2015 7 Ni 72/14 (EP); EPA T 952/91 ABl EPA 1995, 755 Vorbenutzung; öOPM öPBl 2010, 117, 121; *Büscher/Dittmer/Schiwy* Rn 24; vgl zu „versteckten Lehren" *Rößler* Mitt 2006, 98, 100.
42 BGH GRUR 1966, 484 Pfennigabsatz; vgl BGH GRUR 1963, 311, 313 Stapelpresse; BGH GRUR 1988, 755 f Druckguß; BGH GRUR 1996, 747, 752 Lichtbogen-Plasma-Beschichtungssystem.
43 BGH Liedl 1987/88, 676 ff Mehrfachkleiderbügel.
44 BGH Liedl 1967/68, 508, 520 Pfennigabsatz 02; vgl auch RG BlPMZ 1914, 276 Wagenrad.
45 Vgl BGH GRUR 1996, 747, 752 Lichtbogen-Plasma-Beschichtungssystem; BGH Bausch BGH 1994–1998, 272, 275 Schlauchaufwickelvorrichtung.
46 BGH GRUR 1966, 484, 486 Pfennigabsatz.
47 BGH GRUR 1986, 372 Thrombozytenzählung; BGH 25.1.2011 X ZR 98/08 (Nr 32); vgl BPatGE 40, 104; BPatG 24.4.2007 3 Ni 9/05 (EU); BGH GRUR 2013, 51 Gelomyrtol, zu BPatG 26.7.2011 3 Ni 7/10 (EU) Mitt 2011, 520 Ls: jedenfalls auch dann, wenn der Fachmann eine überschaubare Anzahl plausibler Hypothesen über die mögliche Beschaffenheit entwickeln kann, von denen sich eine mit den ihm zur Verfügung stehenden Analysemöglichkeiten verifizieren lässt; EPA T 406/86 EPOR 1989, 338; EPA T 390/88 EPOR 1990, 417; *Schulte* Rn 52; *Fitzner/Lutz/Bodewig* Rn 68; vgl aber BGH GRUR 2000, 95, 97 Feuerwehrgeräte, Kartellsache, wo nicht auf den Anlass abgestellt wird.
48 OLG München 26.10.1995 6 U 2834/93; allerdings nicht notwendigerweise, vgl BPatG 3.9.2012 8 W (pat) 56/08.
49 BPatGE 40, 104: Verkörperung in „Ausreißern", offen gelassen in BGH GRUR 2001, 1129, 1134 zipfelfreies Stahlband; vgl RB Den Haag BIE 2001, 296; *Büscher/Dittmer/Schiwy* Rn 23.

Keukenschrijver

Die Praxis hat zur früheren Rechtslage die **Öffentlichkeit einer Druckschrift** im engeren Sinn schon **27** dann bejaht, wenn sie im Buchhandel erschienen war.[50] Bei anderen Vervielfältigungen war es ausreichend, dass sie in einer öffentlichen Bibliothek[51] oder an einer sonstigen der Allgemeinheit zugänglichen Stelle zur (allg) Kenntnisnahme auslag.[52] Das RPA[53] wie das ÖPA[54] haben bei Dissertationen zu Unrecht die Einreihung in verschiedene öffentliche Bibliotheken gefordert.[55] Es reichte indessen aus, wenn die Arbeit in einem einzigen Exemplar in einer öffentlichen Bibliothek von beliebigen Benutzern gelesen werden konnte.[56] Eine Diplomarbeit, die in eine Hochschulbibliothek in der ehem DDR eingestellt und dort registriert war, war öffentlich, wenn sie für das Fachpublikum in der DDR zugänglich war; der Feststellung, dass die Schrift auch für Personen aus anderen Ländern zugänglich war, bedurfte es nicht.[57] Der Eingang in der Bibliothek allein wurde nicht als ausreichend angesehen, sondern erst die Einreihung in den Katalog oder die Freihandbibliothek.[58] Befand sich eine Druckschrift, die nur für eine vorübergehende Zeit von aktueller Bedeutung war, in einer öffentlichen Bibliothek, konnte nach der Lebenserfahrung angenommen werden, dass sie während der Zeit ihrer technischen oder wirtschaftlichen Aussagekraft in der Bibliothek eingestellt wurde, daher wurde eine den Stempelaufdruck (ohne Datum) tragende Preisliste jedenfalls vor dem mehr als 6 Jahre später liegenden Prioritätstag einer Patentanmeldung als der Öffentlichkeit zugänglich angesehen.[59] Wann eine bei einem Hochschulinstitut abgegebene Diplomarbeit öffentlich zugänglich war, hing von den Umständen ab.[60]

Bei **Firmenschriften** (Katalogen, Prospekten, Rundschreiben usw) reichte die Versendung an einen **28** nicht bestimmten oder nicht zur Verschwiegenheit verpflichteten Empfängerkreis aus.[61] Jedoch hing die Zugänglichkeit von den tatsächlichen Umständen ab.[62]

Schon die Ausdehnung des Begriffs „Druckschriften" und das Einbeziehen vielfältiger „schriftlicher **29** Erzeugnisse" in den Regelungsgehalt des § 2 Satz 1 PatG 1936 machten es erforderlich, aus Gründen der Rechtssicherheit über den Anwendungsbereich der Bestimmung den Begriff „Öffentlichkeit" **typisiert zu bestimmen.** Daher war der Ansatzpunkt des BGH,[63] auf das finale Element, dass die den Druckschriften im engeren Sinn gleichgestellten schriftlichen Erzeugnisse zur Vervielfältigung und Verbreitung in der Öffentlichkeit geeignet, bestimmt und zugelassen sein müssen, zutr und sachgerecht. War der Vorabdruck eines Vortrags für einen zahlenmäßig und personell begrenzten Personenkreis bestimmt, der sich aus der Empfängerliste ergab, konnte von einer Öffentlichkeit der Vervielfältigungsstücke nicht gesprochen werden.[64] Ob die Veröffentlichung befugt geschah, unrechtmäßig erfolgte oder durch eine vorangegangene

---

50 Vgl RPA GRUR 1935, 46.
51 Hierzu BPatG 11.8.1976 2 Ni 29/75.
52 BGH GRUR 1993, 466 fotovoltaisches Halbleiterbauelement; BPatG Mitt 1970, 17; BPatG Mitt 1984, 148.
53 RPA GRUR 1935, 46.
54 BlPMZ 1953, 129.
55 Ebenso *Timpe* Mitt 1984, 149.
56 *Kraßer/Ann* § 16 Rn 21; ebenso BPatG 11.8.1976 2 Ni 29/75; vgl BPatGE 30, 1 = GRUR 1989, 189; BPatG 23.1.2007 4 Ni 37/05 (US-amerikanische Masterarbeit, die möglicherweise nur in einem Exemplar existierte, aber in einer vorveröffentlichten Druckschrift zitiert war, in der auch angegeben war, an welchem Ort sie auslag); verfahrensrechtl zum neuen Recht BPatG 23.3.2004 8 W (pat) 305/02 (zwh).
57 BPatGE 30, 1 = GRUR 1989, 189.
58 Vgl BPatG Mitt 1970, 17; BPatG Mitt 1984, 148; EPA T 381/87 ABl EPA 1990, 213 = GRUR Int 1990, 853 Veröffentlichung, wonach es nicht erforderlich sein soll, dass ein Mitglied der Öffentlichkeit durch ein Register oder auf sonstige Weise wusste, dass das Dokument zugänglich war; EPA T 314/99; *Schulte* Rn 39; weitergehend EPA 2.2.2012 T 834/09: bereits mit Erhalt und Datumsstempelung durch Bibliotheksmitarbeiter; abw BPatG 7.2.2013 11 W (pat) 314/11: dass die Diplomarbeit im Fachbereich der Hochschule irgendwo vorhanden war, besagt dies noch nichts darüber, ob und wie Außenstehende darauf hingewiesen oder dorthin geleitet worden sind.
59 BPatG 21.4.1989 18 W (pat) 21/87.
60 Vgl BPatGE 36, 174 = GRUR 1996, 866 „Viterbi-Algorithmus", dort verneint bei Abgabe kurz vor Anmeldetag, Mitteilung eingereichter Arbeiten in Institutsberichten und Zugang zur Lehrstuhlbibliothek nur auf Antrag.
61 RPA JW 1934, 318; RPA Mitt 1931, 37; vgl auch RG MuW 27, 215 Schaltung für Heizkissen; BGH Liedl 1967/68, 429, 439 Fachwerkträger; EPA T 300/86 TV receiver.
62 EPA T 37/96.
63 BGHZ 18, 81 = GRUR 1955, 393 Zwischenstecker II.
64 BGH GRUR 1993, 466 fotovoltaisches Halbleiterbauelement; vgl BGH GRUR 1961, 24, 25 Holzimprägnierung; BGH GRUR 1971, 214 customer prints.

rechtswidrige oder unbefugte Handlung ermöglicht wurde, ist ebenso unerheblich[65] wie etwa der Zusatz „als Manuskript gedruckt".[66]

30   **Einzelfälle aus der älteren Rechtsprechung.** Öffentlich zugänglich konnten Dissertationen,[67] Diplomarbeiten,[68] nicht aber dann, wenn diese lediglich durchgeblättert werden konnten,[69] in einer Bibliothek ausliegende Manuskripte[70] sein, ebenso ein Institutsbericht, der bei einer Institutsbesprechung ohne Geheimhaltungsverpflichtung verteilt und wissenschaftlich diskutiert wurde.[71] Vorabdrucke („preprints") einer wissenschaftlichen Abhandlung wurden nicht als öffentliche Druckschriften angesehen, wenn mit ihrer Versendung nicht die Unterrichtung der Öffentlichkeit, sondern nur die Förderung des freien wissenschaftlichen Informationsaustauschs und der wissenschaftlichen Diskussion innerhalb eines überschaubaren und bestimmbaren Kreises von Fachleuten bis zur Veröffentlichung in einer Fachzeitschrift bezweckt wurde. Dies konnte sich daraus ergeben, dass die Versendung diesen Zwecken innerhalb eines überschaubaren und bestimmbaren Kreises von Fachleuten bis zum Abdruck diente.[72] Die Übersendung eines Beitrags an einen Verlag mit Zustimmung zur Veröffentlichung begründete öffentliche Zugänglichkeit noch nicht,[73] da die Zustimmung grds nicht zur unkontrollierten Weitergabe an beliebige Dritte vor der regulären Veröffentlichung berechtigte,[74] der Eingang des Manuskripts bei der Redaktion reichte nicht aus.[75] Als nicht öffentlich wurde ein Vortragsmanuskript für 20 ausgewählte Teilnehmer einer Dozententagung angesehen.[76] Werkstattzeichnungen, die nicht nur für die Fertigung, sondern auch für die Information von Kunden verwendet wurden, wurden als öffentlich zugänglich angesehen.[77]

31   **Patentanmeldungen** sind mit ihrer Offenlegung öffentlich zugänglich, Gebrauchsmusterunterlagen mit der Eintragung. Zu Auslegestücken von Patentanmeldungen und Unterlagen eingetragener Gebrauchsmuster vor dem 7.8.1953 6. *Aufl* Rn 32f. Einzelheiten zur öffentlichen Zugänglichkeit ausländ Patentunterlagen 6. *Aufl* Rn 35ff.[78] Die sog FIAT-(Field Intelligence Agency Technical)-Ablichtungen der beim RPA vorgefundenen unerledigten Anmeldungen standen öffentlichen Druckschriften gleich, da es für die Öffentlichkeit grds nicht auf die Rechtmäßigkeit der Veröffentlichung ankam.[79]

32   **b.** Als **Kundgebungsmittel** sind im geltenden Recht beispielhaft schriftliche und mündliche Beschreibung und Benutzung genannt, die Erwähnung des Zugänglichmachens „in sonstiger Weise" unterstreicht den beispielhaften Charakter der Aufzählung. In Betracht kommen neben Büchern, Zeitschriften, Manuskripten, Firmenschriften, Schutzrechtsunterlagen (Rn 44) zB Schriftsätze, Prospekte, Betriebshandbücher, Ton- und Bildaufzeichnungen, gespeicherte Informationen, elektronische Medien, Datenbanken, Veröffentlichungen im Internet (vgl zu Defensivpublikationen Rn 12),[80] jedenfalls sofern die Veröffentli-

---

65   BGH GRUR 1966, 255 Schaufenstereinfassung; BGH 24.3.1966 I a ZB 10/66.

66   PA PatBl 1881, 29, 33.

67   BPatG Mitt 1984, 148; ÖPA BlPMZ 1953, 129.

68   BPatGE 30, 1 = GRUR 1989, 189.

69   BPatGE 34, 38, 41 = GRUR 1994, 107; *Benkard-EPÜ* Art 54 Rn 122.

70   EPA T 381/87 ABl EPA 1990, 213 = GRUR Int 1990, 853 Veröffentlichung.

71   BGH 11.2.1992 X ZR 98/89 Bausch BGH 1989, 33 Braunkohlenasche.

72   BGH GRUR 1993, 466 fotovoltaisches Halbleiterbauelement unter Bezugnahme auf BGH GRUR 1971, 214 customer prints; BPatG 3.12.1991 23 W (pat) 19/90 BlPMZ 1992, 506 Ls; BPatG 42, 33: selbst bei verhältnismäßig weitem Kreis.

73   EPA T 842/91 Abdichtungsschirm; BPatG 30.1.2001 3 Ni 40/99 Mitt 2002, 47 Ls: jedenfalls im naturwissenschaftlichen Forschungsbetrieb; BPatG 26.2.2015 7 Ni 46/14 (EP).

74   BPatG 19.7.1995 7 W (pat) 90/93.

75   *Ballhaus* FS H. Kirchner (1985), 1; BPatGE 35,122; RB Den Haag BIE 2002, 74, 76; *Fitzner/Lutz/Bodewig* Rn 49.

76   BPatG Mitt 1970, 17.

77   BPatGE 23, 27 = GRUR 1980, 988.

78   Vgl zu ital Patentunterlagen BPatG 14.5.2003 3 Ni 6/02; vgl auch *Schulte* Rn 17.

79   BGH GRUR 1966, 255 Schaufenstereinfassung; BGH Liedl 1965/66, 411, 414 Leuchtglobus 01.

80   Vgl *Schulte* Rn 41; *Fitzner/Lutz/Bodewig* Rn 29; *Singer/Stauder* Art 54 EPÜ Rn 41ff; *Kraßer/Ann* § 16 Rn 22ff; *Niedlich* Mitt 2004, 349; BPatG 10.6.2001 14 W (pat) 84/01; EPA T 1134/06; EPA T 1875/06 EPOR 2008, 348; EPA T 19/05 EPOR 2012, 285; EPA 16.1.2007 T 1134/06; EPA 3.7.2012 T 990/09; EPA 21.5.2014 T 286/10 (keine besonderen Beweisanforderungen, sondern Abwägung der Wahrscheinlichkeit, so auch EPA T 2339/09); EPA-PrRl G- IV 7.5.2 idF seit 1.11.2014; hierzu *Steinbrener* European Patent Office: TBA reconsiders the standard of proof required for internet disclosures, im Internet unter www.eplawpatentblog.com; ÖPA öPBl 2013, 66 (strenge Anforderungen an den Nachweis der Veröffentlichung); vgl aber die in der Sache überholten Entscheidungen BPatGE 46, 76 = GRUR 2003, 323 und BPatG 9.1.2003 17 W (pat) 47/00;

chung dort in einer Weise erfolgt, die eine Kenntnisnahme durch Dritte (und nicht nur bestimmten einzelnen Personen)[81] als möglich erscheinen lässt,[82] so, wenn sie mittels einer Suchmaschine aufgefunden werden können,[83] Vorträge, Funksendungen, Gespräche, Schaustellungen, Muster und Modelle sowie Benutzungshandlungen.[84] Einstellung in den Lesesaal einer öffentlichen Bibliothek reicht weiterhin aus.[85] Die Information kann sich erst durch das gleichzeitige Zusammenwirken mehrerer Informationsträger (zB Vortrag mit schriftlichen Unterlagen und Schaubildern) ergeben.[86] Auch skizzenhafte Darstellungen kommen in Betracht.[87] Ob eine Beschreibung als Druckschrift anzusehen oder wo die Kundgebung erfolgt ist, ist im geltenden Recht grds ohne Bedeutung, damit haben zahlreiche früher erörterte Fragen[88] ihre Relevanz verloren. Diesen Umständen kann aber im Einzelfall beweiserhebliche Bedeutung zukommen.[89] Kurzlebigkeit, zB bei Zwischenprodukten, steht Vorbekanntsein nicht entgegen,[90] kann aber uU die Zugänglichkeit beeinträchtigen, so, wenn das Zwischenprodukt übergangslos und unabgrenzbar in einen Zustand mit anderer Beschaffenheit umgeformt wird.[91]

Schriftliche Beschreibung.[92] Anders als das frühere Recht stellt § 3 nicht mehr auf den Begriff **33** „Druckschrift" ab. Dies entspricht der Entwicklung des Begriffs „Druckschrift" in der Rspr zum früheren Recht. Jedenfalls ist das, was im früheren Recht als Druckschrift behandelt worden ist, nach geltendem Recht ohne weiteres als schriftliche Beschreibung anzusehen. Für die Auslegung soll es idR nicht darauf ankommen, welchem Zweck das Dokument dient.[93] Der Ort der Veröffentlichung ist ohne Bedeutung.[94] Sprache und Art der Aufzeichnung (Programmiersprachen) sind unmaßgeblich, solange dem Fachmann eine Entschlüsselung möglich ist.[95] Auf die Auflagenhöhe kommt es grds nicht entscheidend an,[96] jedoch kann im Einzelfall eine Berücksichtigung angebracht sein. Auf die „Seriosität" des Veröffentlichungsmediums kommt es grds nicht an.[97]

Mündliche Beschreibungen sind zB Vorträge oder Rundfunksendungen, aber auch bloße mündli- **34** che Erläuterungen und Angebote.[98]

Benutzung „ist jede Handlung, die ihrer Art nach geeignet ist, das Wesen der Erfindung kundbar zu **35** machen".[99] Als Benutzungshandlungen kamen nach früherer Rechtslage insb die des § 6 PatG 1936/1968

---

vgl weiter EPA T 381/87 ABl EPA 1990, 213; EPA T 522/94 ABl EPA 1998, 421 = GRUR Int 1998, 484; MittEPA ABl EPA 2009, 456.

81   BGH GRUR 1993, 466 fotovoltaisches Halbleiterbauelement, st Rspr, vgl ua BGH GRUR 2010, 709 Proxyserversystem; zeitlich einschränkend US-CAFC 5.11.2012 GRUR Int 2013, 128 Voter Verified v. Premier Election Solutions; Klicznik VPP-Rdbr 2011, 61 ff.

82   Zum Beweismaß („wann, was, wie") EPA T 1134/06 („Wayback Machine") ; EPA T 1875/06; EPA T 1213/05; Mitt EPA ABl EPA 2009, 456; EPA-PrRl C-IV 6.2.

83   Vgl EPA T 1553/06 EPOR 2012, 383; CAFC GRUR Int 2013, 128 Voter Verified v. Premier Election Solutions; vgl zu den Beweisanforderungen auch öPA öPBl 2013, 66.

84   Vgl *Schulte* Rn 20 f mNachw aus der Rspr.

85   Vgl BPatG 13.10.2011 3 Ni 21/09 (EU).

86   *Benkard*[9] Rn 40.

87   BPatGE 23, 177 = Mitt 1982, 74; BPatG 21.7.2003 5 W (pat) 413/02, GbmSache; vgl *Klicznik* VPP-Rdbr 2011, 61 f.

88   Vgl BGH GRUR 1971, 214 customer prints.

89   Vgl *Benkard*[9] Rn 40; *Benkard* Rn 120.

90   BGH GRUR 2009, 929 Schleifkorn; vgl EPA T 327/92; *Büscher/Dittmer/Schiwy* Rn 51.

91   BGH Schleifkorn; *Fitzner/Lutz/Bodewig* Rn 154.

92   Vgl in Abgrenzung zu den Rrgelungen in §§ 126, 126a, 126b BGB *Fitzner/Lutz/Bodewig* Rn 23 ff; zur Offenbarungsfunktion hinsichtlich Inhalt und Zeitpunkt vgl EPA T 795/93.

93   EPA T 600/95.

94   BPatG 19.5.2010 3 Ni 15/08 (EU); *Schulte* Rn 17; vgl *Benkard* Rn 89.

95   *R. Rogge* GRUR 1996, 931, 932 unter Hinweis auf EPA T 164/92 ABl EPA 1995, 305 elektronische Rechenbausteine; einschränkend EPA T 461/88 ABl EPA 1993, 295 = GRUR Int 1993, 689 Mikrochip; zur Sprache auch schwed Patentbeschwerdegericht GRUR Int 1998, 251, 252 Modul/Cale.

96   Vgl *Benkard-EPÜ* Art 54 Rn 43; *Büscher/Dittmer/Schiwy* Rn 13; EPA T 165/96: Anzeigenblatt mit geringer Auflage.

97   Vgl BGH CR 2012, 513 vorausbezahlte Telefongespräche 01; aA wohl BPatG 8.3.2007 3 Ni 27/04 (EU), wo darauf abgestellt wird, dass es sich um eine „ernstzunehmende" Veröffentlichung handelt.

98   Vgl *Fitzner/Lutz/Bodewig* Rn 30.

99   BGH GRUR 1956, 208 Spitzenhandschuh; BGH GRUR 1962, 86, 88 f Fischereifahrzeug; BGH GRUR 1964, 612 Bierabfüllung; *Fitzner/Lutz/Bodewig* Rn 31.

                            Keukenschrijver

in Betracht, jedoch musste der unterschiedlichen Funktion der Regelungen Rechnung getragen werden.[100] Insb kam es auf einen gewerblichen Charakter der Benutzungshandlung nicht an.[101] Offenkundige Vorbenutzung wurde bejaht, wenn die Benutzungshandlung es ermöglichte, dass beliebige zur Geheimhaltung nicht verpflichtete Dritte von dem benutzten Gegenstand zuverlässige Kenntnis erlangen konnten.[102] Auch die einmalige, vorbehaltslose Lieferung konnte ausreichen (Rn 58; str), ebenso die Herstellung von Modellen.[103]

36 Offenkundige Vorbenutzung konnte auch durch **Anbieten** (Feilhalten) eines körperlich noch nicht hergestellten Gegenstands stattfinden, wenn das Angebot in eindeutiger Weise alle Einzelheiten enthielt, die für die Herstellung durch andere Fachleute notwendig waren.[104] Dies setzt voraus, dass im Einzelfall die Weiterverbreitung der vom Angebotsempfänger erhaltenen Kenntnis an beliebige Dritte nach der Lebenserfahrung nahelag,[105] und zwar vor dem für die Schutzfähigkeit relevanten Zeitpunkt.[106] Maßgeblich hierfür sind die zum Zeitpunkt der Lieferung der technischen Information bestehenden Vereinbarungen zwischen den Beteiligten oder die sonstigen Umstände der Lieferung, aber nicht die besonderen Gegebenheiten in dem Unternehmen, das die Informationen empfängt.[107] Ein mitgeliefertes Handbuch mit Urhebervermerk und Verbot der Weiterverbreitung begründet auch bei „High-End"-Geräten, die nur in geringer Stückzahl verbreitet wurden, für die darin enthaltene Information keine Vertraulichkeitsverpflichtung.[108] Verneint wurde das Naheliegen für Vorschläge eines Unterlieferanten gegenüber dem Hauptlieferanten über die Ausgestaltung einer technischen Vorrichtung für ein Angebot an einen ausländ Abnehmer;[109] die Weiterleitung eines Systementwurfs seitens eines Unterlieferenten an einen Kunden[110] und ein Angebot eines Hochtechnologieunternehmens an ein anderes solches.[111] Ein Angebot, das nicht an die Öffentlichkeit, sondern an einen (potentiellen) Vertragspartner gerichtet ist, stellt nur dann eine offenkundige Vorbenutzung dar, wenn die Weiterverbreitung der dem Angebotsempfänger damit übermittelten Kenntnis an beliebige Dritte nach der Lebenserfahrung nahegelegen hat; ist das Angebot auf die Herstellung eines erst noch zu entwickelnden Gegenstands gerichtet, kann dies nicht ohne weiteres angenommen werden.[112] Offenkundige Vorbenutzung kommt durch Aushändigung einer Zeichnung an Interessenten bei Vorbesprechungen über etwaige Herstellung und Lieferung eines noch nicht gebauten Schiffs in Betracht;[113] sie wurde bejaht, wenn nach der Lebenserfahrung damit zu rechnen war, dass die Angebotsempfänger, die nicht zur Geheimhaltung verpflichtet oder daran interessiert waren, die Zeichnung sowohl mit ihren technischen Beratern erörtern als auch Konkurrenten zwecks Abgabe von Vergleichsangeboten vorlegten.[114] Wurde lediglich das Angebot einer Vorrichtung für ein Verfahren unterbreitet, liegt Benutzung des Verfahrens nur vor, wenn das Angebot der Vorrichtung geeignet war, das Wesen des Verfahrens selbst kundbar

---

100 Vgl *Klauer/Möhring* § 2 Rn 17.

101 Vgl RG GRUR 1937, 213, 215 Abdeckgitter; RG GRUR 1939, 710, 712 Stuhlrohrgestelle; RG GRUR 1944, 125 Stuhl; BGH Fischereifahrzeug: Verletzungshandlung nicht erforderlich; BGH Spitzenhandschuh; BGH GRUR 1970, 358, 359 Heißläuferdetektor; BGH GRUR 2002, 609 Drahtinjektionseinrichtung.

102 BGH Spitzenhandschuh; BGH GRUR 1959, 178, 179 Heizpreßplatte; BGH GRUR 1962, 518, 520 Blitzlichtgerät; BGH GRUR 1996, 747, 752 Lichtbogen-Plasma-Beschichtungssystem; BGH GRUR 2001, 1129 zipfelfreies Stahlband; vgl *Fitzner/Lutz/Bodewig* Rn 31.

103 RGZ 33, 163 = BlPMZ 1894/95, 93 Bobinenhalter.

104 *Büscher/Dittmaer/Schiwy* R n 20; vgl auch US-SuprC 10.11.1998 Pfaff v. Wells, referiert in EIPR 1999 N-31 sowie zur „offer for sale" US-CAFC RCA v. Data Corp., 887 F. 2d 1056, 12 U.S.P.Q. 2d (Fed. Cir. 1989); Mas-Hamilton v. LaGard, 48 USPQ 1010, referiert in EIPR 1999 N-96; Group One v. Hallmark, referiert in EIPR 2001 N-157.

105 BGH GRUR 1959, 178 Heizpreßplatte; BGH GRUR 1962, 518, 520 Blitzlichtgerät; BGH GRUR 1975, 254, 256 Ladegerät; BPatG 11.10.2012 2 Ni 9/11 (EP).

106 BGH GRUR 2008, 885 Schalungsteil.

107 BGH GRUR 2013, 367 Messelektronik für Coriolisdurchflussmesser; BGH GRUR 2014, 251 Bildanzeigegerät; BPatG 4.2.2014 7 Ni 12/14.

108 BGH Bildanzeigegerät; BPatG 4.2.2014 7 Ni 12/14.

109 BGH Heizpreßplatte.

110 EPA T 541/92.

111 ÖPA öPBl 2001, 137.

112 BGH GRUR 2015, 463 Presszange.

113 BGH GRUR 1962, 86 Fischereifahrzeug; BGH Ladegerät.

114 BGH Fischereifahrzeug; vgl auch RG GRUR 1942, 261, 265 Kaffeekannenuntersatz.

zu machen.[115] Hieran fehlt es regelmäßig, wenn nicht die gesamte Vorrichtung zur Durchführung des Verfahrens angeboten wurde, sondern nur ein Teil.[116]

Die **Ausstellung** eines Gegenstands in einem öffentlichen **Museum** oder einer Kunstgewerbeschule **37** ist offenkundige Vorbenutzung.[117] Offenkundige Vorbenutzung konnte auch durch Gebrauch in einer **Privatwohnung** entstehen.[118] Die Hinterlegung eines Exemplars des Musters nach § 7 Abs 1 GeschmMG 1876 macht den als **Geschmacksmuster** hinterlegten Gegenstand von dem Zeitpunkt an der Öffentlichkeit zugänglich, zu dem es nach § 11 Satz 1 GeschmMG 1876 jedermann gestattet war, von dem Muster Einsicht zu nehmen.[119]

Offenkundige Vorbenutzung kann auch **mittelbar** erfolgen, wenn nur einzelne von der Benutzung **38** Kenntnis erlangten, sofern die Möglichkeit bestand, dass sie die Kenntnis an Dritte weitergeben.[120]

Mündliche Verlautbarungen stellten ebenso wie solche im Rundfunk, Fernsehen oder Film keine **39** druckschriftlichen Vorveröffentlichungen dar, konnten aber als inländ offenkundige Vorbenutzungen zu berücksichtigen sein, sofern sie geeignet waren, das Wesen der Erfindung kundbar zu machen.[121] Auch in einem Vortrag mit Demonstrationen konnte eine offenkundige Benutzung liegen, wenn dadurch der Gegenstand der Erfindung in seinen wesentlichen Merkmalen kundbar gemacht wurde,[122] verneint wurde dies für einen Vortrag vor 20 ausgewählten Kursteilnehmern.[123]

Die Einbeziehung der Zugänglichkeit **in sonstiger Weise** soll zukünftigen Entwicklungen in der **40** Kommunikationstechnik Rechnung tragen.[124] Insb bei Veröffentlichungen im Internet kann im Einzelfall der Nachweis des Zugänglichkeitszeitpunkts schwierig sein, daneben auch der der Zugäglichkeit, insb bei Defensivpublikationen (Rn 12).

Was nach früherem Recht eine Vorbenutzung ausfüllte, muss nach **geltendem Recht** grds als Benut- **41** zung angesehen werden.[125]

c. Der **Zeitpunkt der Kundgebung** ist ohne Belang, sofern er nur vor dem für den Zeitrang der An- **42** meldung maßgeblichen liegt.[126] Bei „zusammengesetzten" Informationen kommt es auf den Zeitpunkt ihrer Vervollständigung an.[127] Die Veröffentlichung einer Werbeanzeige besagt als solche nichts über ein Bekanntsein vor deren Erscheinen.[128] Eine Copyright-Angabe wurde bei einem Betriebssystem als grds nicht geeignet angesehen, den Zeitpunkt der Zugänglichkeit zu belegen, weil sich nach dem softwaretechnischen Erstellungsprozess üblicherweise noch Qualitätssicherungs-, Test- und Freigabeprozesse anschließen.[129] Zur Berücksichtigung nachveröffentlichter Patentanmeldungen (Abs 2) Rn 145 ff.

---

115 BGH GRUR 1964, 612, 616 Bierabfüllung.
116 BGH GRUR 1988, 755 Druckguß.
117 BGH GRUR 1956, 208 Spitzenhandschuh in Abweichung von RG GRUR 1925, 159 Flugzeugeinrichtung; BGH GRUR 1962, 86, 88 Fischereifahrzeug; *Fitzner/Lutz/Bodewig* Rn 33.
118 BGH GRUR 1953, 384 Zwischenstecker I; vgl auch RG GRUR 1942, 261 Kaffeekannenuntersatz; zum harmonisierten Recht RB Den Haag BIE 1996, 86.
119 BGH GRUR 1998, 382, 385 Schere; BPatG Bausch BPatG 1994–1998, 458; zur Offenbarung des Geschmacksmusters auch *Schickedanz* GRUR 1999, 291.
120 BGH GRUR 1953, 384 Zwischenstecker I.
121 RPA Mitt 1937, 210, 212; BPatGE 16, 96, 98 = GRUR 1975, 17; RG Mitt 1934, 62 Deckgebirge; RPA BlPMZ 1935, 8; aA auch 4. *Aufl* § 2 Rn 25; *Klauer/Möhring* § 2 Rn 31; wie hier *Reimer* § 2 Rn 11; vgl *Heydt* (Entscheidungsanmerkung) GRUR 1962, 89, 80; *Pfab* Mitt 1973, 1, 3; grds abl BPatG BlPMZ 1986, 256, 257 und für das geltende GbmRecht dem folgend BPatG 17.8.1995 5 W (pat) 454/94 BlPMZ 1996, 467 Ls, nicht abschließend entschieden in BGH GRUR 1997, 360, 362 Profilkrümmer.
122 *Lindenmaier* § 2 Rn 3; RG MuW 41, 215 Signalsendesystem betrifft allerdings den Fall, dass die mündliche Verlautbarung in der druckschriftlichen Veröffentlichung geschildert war.
123 BPatG Mitt 1970, 17.
124 Vgl BPatGE 46, 76 = GRUR 2003, 323; *Fitzner/Lutz/Bodewig* Rn 34, 51; *Niedlich* Mitt 2004, 349.
125 Vgl BGHZ 136, 40 = GRUR 1997, 892 Leiterplattennutzen; BPatG 25.11.2003 3 Ni 5556/01 undok.
126 Vgl ÖPA öPBl 1996, 191, 195; BPatG 2.3.2000 17 W (pat) 4/99: Bedienungsanleitung ohne Druckdatum; vgl auch EPA T 656/03, Gründe unter 9.
127 Vgl *Benkard*[9] Rn 40.
128 BGH GRUR 2004, 427 Computergehäuse; BGH 29.1.2004 I ZR 164/01, Geschmacksmustersachen.
129 BPatG 1.7.2015 6 Ni 33/14 (EP).

Keukenschrijver

43 Ein Gegenstand, der **einmal der Öffentlichkeit zugänglich** gemacht ist, gehört unabhängig davon zum StdT, ob er zugänglich geblieben ist; auch ein nur zeitweise zugänglicher Gegenstand gehört von da an für alle Zeit zum StdT.[130] Dies hat vor allem für Veröffentlichungen im Internet Bedeutung.

44 Bei **Patentveröffentlichungen** (insb Patentschriften, veröffentlichte Patentanmeldungen, in Deutschland Offenlegungsschriften, frühere Auslegeschriften) wird der Zeitpunkt der Zugänglichkeit international mit den Symbolen (41)–(45) gekennzeichnet.[131] Der Inhalt der Patentschrift wird mit der Veröffentlichung der Erteilung des Patents im PatBl StdT[132] (str; vgl Rn 46 zu § 31). GbmUnterlagen sind ab Bekanntmachung der Eintragung, § 8 GebrMG, öffentlich zugänglich. Der Inhalt der Akten einer Patentanmeldung und nachfolgender Verfahren rechnet, soweit er der freien Akteneinsicht (§ 31) unterliegt, zum StdT.[133] Im Recht zahlreicher Staaten sowie nach EPÜ und PCT ist wie nach dt Recht eine Offenlegung spätestens 18 Monate nach dem Anmelde- oder Prioritätstag vorgesehen.[134] Auch Zusammenfassungen kommen als StdT in Betracht.[135] Auf die Nichtübereinstimmung kann es nur dann ankommen, wenn die Zusammenfassung nicht selbst vorveröffentlicht ist.[136] Zur Zugänglichkeit von Geschmacksmusterunterlagen Rn 37.

45 d. Auf die **Person des Kundgebenden** kommt es nicht an, soweit nicht Prioritätsschutz oder Schutz nach Abs 4 stattfindet. Selbstkollision ist grds nicht privilegiert. Die Kundgebung ist Realakt und nicht Rechtsgeschäft, deshalb kommt es weder auf einen Kundgebungswillen noch auf die Geschäftsfähigkeit des Kundgebenden an.

46 e. Zugänglichkeit; Geheimhaltung. Das bloße Vorhandensein der Kenntnisse macht diese nicht zum StdT; erforderlich ist, dass die Öffentlichkeit von ihnen Kenntnis nehmen kann. Bei gewerblicher Entwicklungs- oder Erprobungstätigkeit, bei der ein betriebliches Interesse daran besteht, die dabei entstehenden Kenntnisse nicht nach außen dringen zu lassen, ist im Regelfall und ohne Hinzutreten besonderer Umstände öffentliche Zugänglichkeit der gewonnenen Kenntnisse zu verneinen, jedenfalls solange diese nur solchen Personen zugänglich sind, die an der Entwicklungs- und Erprobungstätigkeit beteiligt sind;[137] besteht ein solches Interesse, und gilt Entsprechendes bei einer Übertragung der Herstellung oder einzelner Herstellungsschritte auf Dritte.[138] Die so begründete fehlende Zugänglichkeit wird durch den Wegfall des ihr zugrunde liegenden Vertrags grds nicht obsolet;[139] insoweit kann auf die kartellrechtl Zulässigkeit der Geheimhaltungsvereinbarung nicht zurückgegriffen werden. Intern gewonnene Versuchsergebnisse sind als solche nicht öffentlich,[140] so idR auch bei Spezialanfertigungen zwischen Kunden und Hersteller,[141] anders beim Verkauf eines Serienprodukts.[142] Öffentliche Förderung begründet für sich nicht Zugänglichkeit.[143] Es ist nicht erforderlich, dass jedermann oder der breiten Öffentlichkeit die Kenntnisnahme möglich ist,[144] es reicht aus, wenn ein unbestimmter, wegen seiner Größe oder der Beliebigkeit

---

130 BGHZ 95, 162 = GRUR 1985, 1035, 1036 Methylomonas.
131 *Schulte* Rn 44.
132 BPatG BlPMZ 1995, 324, 325; ebenso EPA T 877/98.
133 Vgl BGH Bausch BGH 1999–2001, 365, 371 Warenregal: Erwiderungsschriftsatz des Anmelders auf Prüfungsbescheid; BGH 20.7.2010 X ZR 17/07.
134 Vgl *Schulte* Rn 43.
135 EPA T 243/96; für die sog „Japan Abstracts" – Zusammenfassungen jp Anmeldungen in engl Sprache – ÖPA öPBl 1997, 138; will ein Beteiligter ihre Nichtübereinstimmung mit den Originalunterlagen geltend machen, trägt er nach EPA T 160/92 ABl EPA 1995, 35 Druckplatte die Beweislast.
136 Vgl BPatG 23.7.2002 23 W (pat) 20/01; aA wohl EPA T 1080/99 ABl EPA 2002, 568, 586 Berührungssteuerung: Auslegung im Licht des Originaldokuments.
137 Vgl BPatG 28.8.2013 3 Ni 52/11 (EP).
138 BGH Mitt 1999, 362 Herzklappenprothese; BGH GRUR 1999, 920, 922 Flächenschleifmaschine, auch zur Beurteilung der Ausführbarkeit; vgl BPatG 28.7.1998 13 W (pat) 18/97; BPatG 14.12.2006 6 W (pat) 350/03.
139 Vgl OLG München InstGE 4, 161, 165.
140 BPatGE 32, 206 = BlPMZ 1992, 258.
141 BGH Bausch BGH 1999-2001, 373 hydraulische Spannmutter; vgl BPatG 22.9.2015 3 Ni 18/14 (EP).
142 BGH GRUR 1966, 484, 486 Pfennigabsatz; BPatG 16.4.2013 10 Ni 4/11 (EP): auch bei enger Zusammenarbeit; BPatG 4.2.2014 7 Ni 12/14; *Schulte* Rn 58, 62.
143 BPatG 6.4.2011 20 W (pat) 379/05.
144 Vgl EPA T 877/90 EPOR 1993, 6 T-cell growth factor.

seiner Zusammensetzung für den Urheber der Kenntnisse nicht mehr kontrollierbarer Kreis eine Zugangs-möglichkeit hat[145] oder hatte.[146] Auch eine Mitarbeiterzeitschrift kann öffentliche Zugänglichkeit begründen.[147] Ein komplexes biochemisches Erzeugnis ist zugänglich, wenn mindestens ein Hinweis an die Fachwelt, dass Proben auf Anforderung erhältlich sind, veröffentlicht ist und klar angegeben wird, um welches Erzeugnis es sich handelt.[148] Eine Broschüre, die potentiellen Kunden zur Verfügung gestellt wird, ist grds öffentlich zugänglich,[149] ebenso ein Tagungsvortrag ohne Geheimhaltungsverpflichtung,[150] ein an die Mitglieder einer Normenausschussarbeitsgruppe versandter Normungsvorschlag[151] oder ein dort vorliegendes Dokument[152] und ein Bericht, der für jedermann bei einem Forschungsinstitut erhältlich ist, wenn die Fachwelt darauf hingewiesen wurde.[153] Dagegen ist Zugänglichkeit für einen nach Zweckbestimmung eingegrenzten Personenkreis grds nicht öffentlich.[154] Der äußere Eindruck kann mit herangezogen werden.[155] Die einem Interessenten für den Kauf eines Unternehmensbereichs im Rahmen von Vorgesprächen erteilten Informationen, insb über eine noch nicht offengelegte Patentanmeldung, sind nicht öffentlich zugänglich.[156] Mitteilungen im Rahmen von Geschäftsbeziehungen und bei deren Anbahnung sind als idR vertraulich angesehen worden, ohne dass es hierüber einer schriftlichen Vereinbarung bedürfe;[157] dies geht so zu weit.[158] Übermittlung an einen Hochschullehrer ohne Geheimhaltungsvereinbarung begründet noch keine öffentliche Zugänglichkeit.[159] Auch wenn biologisches Material, das Gegenstand einer wissenschaftlichen Veröffentlichung ist, ungehindert ausgetauscht werden könnte, kann es damit nicht als öffentlich zugänglich angesehen werden.[160] Das Erfordernis der öffentlichen Zugänglichkeit bezieht sich auf das Offenbarungsmittel und auf den Inhalt der Offenbarung, die durch die Offenbarung vermittelte Information;[161] erforderlich ist, dass dritte Sachverständige die objektive Möglichkeit haben, von der neuheitsschädlichen Tatsache so Kenntnis zu nehmen, dass sie das Wesen der Erfindung erkennen und mit ihrem Fachwissen die technische Lehre ausführen können.[162] Besondere Anforderungen an die quantitative und qualitative Zusammensetzung der Öffentlichkeit wurden verneint.[163] Informationen über die Zusammensetzung oder innere Struktur eines Erzeugnisses werden der Öffentlichkeit zugänglich gemacht, wenn der Fachmann unter Verwendung bekannter Analysetechniken, die ihm vor dem Anmelde-oder Prioritätstag zur Verfügung standen, unmittelbaren, eindeutigen Zugang zu ihnen hatte, auf die Wahrscheinlichkeit der Analyse und den erforderlichen Aufwand kommt es nicht an.[164] Dass bei einem auf dem Markt befindlichen Handelsprodukt ein Gehäuse geöffnet werden muss, steht der Zugänglichkeit

---

145 Vgl *Kraßer/Ann* § 16 Rn 37; *Benkard*[10] Rn 53a; BGH Mitt 1999, 362 Herzklappenprothese.
146 Vgl *Schulte* Rn 47.
147 BPatG Mitt 2006, 370.
148 EPA T 128/92.
149 EPA T 958/91.
150 EPA T 739/92.
151 EPA T 202/97.
152 BPatG 20.10.2009 5 Ni 31/09 (EU).
153 EPA T 611/95.
154 BPatG 12.5.2014 1 Ni 2/13 (EP): Zugänglichkeit nur für die Mitglieder der MPEG-Audio-Gruppe; Zugänglichkeit auch verneint bei nur wenigen Personen bekanntem Wissen, das von diesen geheimgehalten wird, ÖOPM öPBl 2010, 117; vgl BGH GRUR 1993, 466 fotovoltaisches Halbleiterbauelement; BPatGE 34, 145; BPatGE 35, 122; *Büscher/Dittmer/Schiwy* Rn 11.
155 Vgl BPatG 12.3.2001 10 W (pat) 21/00.
156 BPatG 23.2.2000 20 W (pat) 57/99.
157 Vgl EPA T 818/93; EPA T 480/95.
158 Vgl BPatG 2.5.2000 13 W (pat) 54/98: Bestellvorschrift ohne Geheimhaltungsvermerk ist öffentlich zugänglich, nicht aber handschriftliche Hinzufügung; offengelassen in BGH GRUR 2001, 819 Schalungselement.
159 BPatGE 34, 145.
160 EPA T 576/91.
161 EPA T 952/92 ABl EPA 1995, 755 Vorbenutzung.
162 BPatGE 34, 38, 40 = GRUR 1994, 107.
163 EPA T 165/96; vgl EPA T 11/99; vgl Tribunale Triest 21.8.2007, referiert in EIPR 2009 N-80 und nachfolgend Appellationsgericht Triest 25.8.2009, referiert in EIPR 2010 N-4.
164 EPA T 952/92 ABl EPA 1995, 755 Vorbenutzung; BPatG 24.4.2007 3 Ni 9/05 (EU) meint unter Hinweis auf BGH GRUR 1986, 372, 374 Thrombozytenzählung, an die Zumutbarkeit des erforderlichen Aufwands dürfe im Bereich der Chemie kein zu geringer Maßstab angelegt werden.

nicht entgegen; besonderer Anlass zur Untersuchung wurde nicht als erforderlich angesehen.[165] Offenkundigwerden kommt auch anlässlich von Reparaturarbeiten in Betracht.[166] Im VK ist ein dreistufiger Test dahin angewendet worden, welche Untersuchungen oder Analysen naheliegenderweise auf das Erzeugnis angewendet werden, weiter, was das Ergebnis dieser Untersuchungen wäre, schließlich, wie das Ergebnis vom Fachmann bewertet würde.[167]

47   Es ist unerheblich, ob tatsächlich eine Kenntnisnahme erfolgt ist; die **objektive Zugänglichkeit** im Sinn möglicher Kenntnis reicht aus, wenn das Erzeugnis selbst der Öffentlichkeit zugänglich ist; ein Anlass für die Analyse ist nicht erforderlich.[168] Aus fehlendem Zugang kann nach Lage des Einzelfalls auf fehlende Zugänglichkeit geschlossen werden.[169]

48   Zur **Zugänglichkeit** kommt es insb bei nicht in fixierter Form erfolgenden Mitteilungen wie im früheren Recht auf Geheimhaltungspflicht oder -erwartung und Vertraulichkeit an.[170] Geheimhaltungsvereinbarungen unterliegen keinem Formzwang, Einverständnis der Beteiligten genügt, die Umstände des Falls sind heranzuziehen,[171] gute Beziehungen zwischen den Beteiligten genügen allein nicht.[172]

49   **Geheimhaltungspflicht; Geheimhaltungsinteresse.** Gewichtiger Anhaltspunkt für die Frage der Offenkundigkeit war schon nach früherer Rechtslage, ob für den Mitteilungsempfänger nach den Umständen des Einzelfalls eine Pflicht zur Geheimhaltung der erlangten Kenntnis bestand oder wenigstens zu erwarten war, dass er sie geheimhalten werde, oder der Verfügungsberechtigte die Kenntnis vom Gegenstand der Erfindung in einer Weise weitergab, die den Empfänger weder zur Geheimhaltung ausdrücklich verpflichtete noch eine solche erwarten ließ.[173] Ohne Geheimhaltungspflicht oder -erwartung war idR davon auszugehen, dass der Berechtigte durch ein Angebot oder eine Lieferung die Kenntnis von der Erfindung der Öffentlichkeit preisgab und die nicht fernliegende Möglichkeit eröffnete, dass jeder beliebige Dritte von ihr Kenntnis nehmen konnte.[174] Es genügte bereits die Wahrscheinlichkeit einer Kenntnisnahme, die sich uU aus dem besonderen Interessengebiet ergeben konnte.[175] Eingehaltene Pflicht zur Verschwiegenheit begründete Neuheit.[176] Eine Geheimhaltungsverpflichtung konnte auch konkludent begründet werden.[177] Getrennt geführte Angebotsverhandlungen eines Intressenten mit mehreren Anbietern wurden als stillschweigende Geheimhaltungsvereinbarung angesehen.[178]

50   Offenkundigkeit schied aus, wenn zwar keine Geheimhaltungspflicht begründet wurde, aber nach der Lebenserfahrung zu erwarten war, dass der nicht zur Geheimhaltung verpflichtete Dritte gleichwohl, zB wegen eigenen geschäftlichen **Geheimhaltungsinteresses**, die Benutzungshandlung tatsächlich geheim-

---

165 BPatG 25.11.1996 9 W (pat) 85/94.
166 BPatG 3.7.1998 34 W (pat) 27/97, wo Zugänglichkeit bei Reparaturarbeiten an einer Müllverbrennungsanlage bejaht wird; verneint in BPatG 4.8.1997 11 W (pat) 61/96.
167 *Laddie* in PMCE v. Goyen, referiert von *Perkins/Stebbing* Artful Determination, EIPR 1999, 377, 378.
168 BGHZ 136, 40 = GRUR 1997, 892, 894 Leiterplattennutzen; EPA G 1/92 ABl EPA 1993, 277 = GRUR Int 1993, 698 öffentliche Zugänglichkeit; EPA T 444/88 EPOR 1991, 94 Foam particles; EPA T 165/96; *Schulte* Rn 58 ff; *Benkard-EPÜ* Art 54 Rn 3; *Fitzner/Lutz/Bodewig* Rn 37; *Bossung* GRUR Int 1990, 690, 695; *R. Rogge* GRUR 1996, 931, 932.
169 Vgl BGH GRUR 1966, 484, 486 Pfennigabsatz; EPA T 1076/93; *Schulte* Rn 59.
170 BGHZ 136, 40 = GRUR 1997, 892, 894 f Leiterplattennutzen; vgl *Schulte* Rn 27 f; Zugänglichkeit wurde im Einzelfall bejaht in EPA T 534/88 EPOR 1991, 18 (Vortrag auf Konferenz mit verteiltem Manuskript); EPA T 877/90 EPOR 1993, 6 T-cell growth factor (Vortrag vor ausgewählten, aber zur Geheimhaltung verpflichteten Eingeladenen, aber keine öffentliche Zugänglichkeit bei Personen, die nicht in der Lage sind, die technischen Darlegungen zu verstehen); verneint in EPA T 838/97 (Vortrag vor ca 100 Experten bei ausdrücklichem Vertraulichkeitshinweis).
171 EPA T 830/90 ABl EPA 1994, 713, 721 ff = GRUR Int 1995, 154 Geheimhaltungsvereinbarung; vgl EPA T 482/89 ABl EPA 1992, 646, 649 Stromversorgung.
172 EPA T 601/91; zur Geheimhaltungsverpflichtung bei Auftrags- und Entwicklungsverhältnissen EPA T 1085/92.
173 Vgl BGH Mitt 1999, 362, 364 Herzklappenprothese; BGH 30.7.2013 X ZR 36/11.
174 BGH GRUR 1962, 518, 521 Blitzlichtgerät; BGH GRUR 1996, 747 Lichtbogen-Plasma-Beschichtungssystem.
175 BGH GRUR 1956, 73, 75 Kalifornia-Schuhe.
176 BGH Blitzlichtgerät; BGH GRUR 1966, 484, 486 Pfennigabsatz; BGH GRUR 1973, 273 f Rotterdam-Geräte; BGH GRUR 1978, 297 f hydraulischer Kettenbandantrieb; vgl RG GRUR 1940, 351 f Rollenschneidemaschine; RG GRUR 1942, 261, 265 Kaffeekannenuntersatz; zum harmonisierten Recht BGHZ 136, 40 = GRUR 1997, 892, 894 Leiterplattennutzen; BGH GRUR 2002, 609 Drahtinjektionseinrichtung; vgl EPA T 482/89 ABl EPA 1992, 646 Stromversorgung; EPA T 830/90 ABl EPA 1994, 713 Geheimhaltungsvereinbarung; öOPM öPBl 2010, 117, 119.
177 BGH GRUR 1964, 259 Schreibstift; BGH Leiterplattennutzen, insb bei ArbN; BPatG 30.7.2007 3 Ni 24/04; EPA T 1085/92; vgl RB Den Haag BIE 1999, 402, 405: Hinweis auf Patentschutz nicht ausreichend; *Fitzner/Lutz/Bodewig* Rn 39.
178 BPatGE 40, 10.

halten werden.[179] Das **gemeinsame Interesse** der bei einer technischen Entwicklung Zusammenarbeiten-den an der Geheimhaltung konnte die Offenkundigkeit eines im Rahmen dieser Zusammenarbeit gemach-ten Angebots ausschließen; unter solchen Umständen konnte die Erwartung der Geheimhaltung als Grundlage der Verhandlungen über das Angebot die gleichen Wirkungen haben wie die Vereinbarung der Geheimhaltung.[180]

51 Offenkundige Vorbenutzung lag nicht vor, wenn die Beschreibung nur den zur **Amtsverschwiegen-heit** verpflichteten Angehörigen einer Behörde zugänglich war und kein Anhalt für Kenntniserlangung anderer vorlag.[181]

52 Die Herstellung von Anlagen war keine offenkundige Vorbenutzung, wenn der Hersteller nach dem Werkvertrag verpflichtet war, über Einzelheiten und den Verwendungszweck der Anlage **Stillschweigen** zu bewahren.[182] Geräte, die während des Zweiten Weltkriegs aus abgestürzten Flugzeugen geborgen oder nach-gebaut wurden, sind nicht dadurch offenkundig geworden, dass sie in einer eigens dafür eingesetzten Ar-beitsgemeinschaft, der auch Vertreter von Unternehmen der Elektroindustrie angehörten, erörtert wurden.[183]

53 Die **Übergabe eines Musterstücks** an einen Kaufinteressenten stellte idR keine offenkundige Vorbe-nutzung dar, soweit vom Empfänger Geheimhaltung erwartet werden konnte; anders, wenn sich der Emp-fänger nach den Umständen, zB nach Abschluss eines Liefervertrags über eine größere Zahl der Gegen-stände zum Zweck des Weiterverkaufs, für berechtigt halten konnte, die Kenntnis an beliebige Dritte weiterzugeben.[184]

54 Eine Geheimhaltungspflicht wurde nicht bereits dadurch begründet, dass die Tür zu dem Raum, in dem eine Maschine untergebracht war, mit einem Schild „Unbefugten ist der **Zutritt verboten**" versehen war. Hatten trotz eines solchen Verbotsschilds Betriebsfremde Gelegenheit, den Raum zu betreten, bedurf-te es zur Geheimhaltung besonderer Vorkehrungen.[185] Aus der Erlaubnis, ein Werksgelände zu betreten, ergab sich für Lieferanten, Abnehmer, Handwerker oder Besucher nicht ohne weiteres eine Geheimhal-tungsverpflichtung.[186]

55 Die **Benutzung eines Verfahrens** durch Angebot einer Vorrichtung war idR offenkundig, wenn der Angebotsempfänger zur Geheimhaltung des Verfahrens nicht verpflichtet war und kein eigenes Geheim-haltungsinteresse hatte, die Weiterverbreitung der technischen Kenntnisse an beliebige Dritte lag dann nach der Lebenserfahrung nahe.[187]

56 **Vertrauensbruch oder Geheimnisverrat** machte die Kenntnis öffentlich,[188] entscheidend war die objektiv gegebene Offenkundigkeit.[189] Technisches Wissen, das mit Willen des Mitteilenden in interessier-

179 BGH GRUR 1966, 484 Pfennigabsatz; RG GRUR 1931, 263, 265 Klemmschnallen I; BGH GRUR 1959, 178 f Heizpreßplatte; BPatG Mitt 1988, 207, 210: Weitergabe zur klinischen Erprobung; BPatG 14.7.1998 8 W (pat) 78/97: Mitteilung in der Projektierungsphase; abw LG München I InstGE 9, 27: nicht bei von behandelnden Ärzten in Auftrag gegebener Studie.
180 BGH GRUR 1978, 297 hydraulischer Kettenbandantrieb; BGH GRUR 1996, 747 Lichtbogen-Plasma-Beschichtungssystem; BPatG GRUR 1998, 653: Lieferung weniger Versuchsmuster bei gemeinsamer Entwicklungstätigkeit, grds auch dann noch, wenn der belieferte Beteiligte die Entwicklungstätigkeit später mit einem anderen Beteiligten fortsetzt, und ohne Rücksicht auf widerrechtl Entnahme; EPA T 823/93 geht in einem vergleichbaren Fall von stillschweigender Geheimhaltungsvereinbarung aus; vgl auch EPA T 472/92 ABl EPA 1998, 161 = GRUR Int 1998, 602 Joint-venture; *Fitzner/Lutz/Bodewig* Rn 41.
181 BGH Liedl 1969/70, 47, 55 Lamellentreppe.
182 BGH Liedl 1961/62, 264, 278 Lacktränkeinrichtung I.
183 BGH GRUR 1973, 263 f Rotterdam-Geräte; abw RG GRUR 1934, 530 Hochfrequenzspule II, zur sich von selbst verstehenden Geheimhaltung; RG GRUR 1934, 187 Leuchtspurgeschoß.
184 BGH GRUR 1962, 518, 520 f Blitzlichtgerät; OLG München 26.10.1995 6 U 2834/93 zieht diese Gesichtspunkte auch für Kundenbesuche in einem Fertigungsbetrieb heran; vgl BPatG 9.11.2011 19 W (pat) 20/09, zu Testlieferungen.
185 BGH GRUR 1963, 311, 313 Stapelpresse; PA Mitt 1917, 7.
186 BGHZ 136, 40 = GRUR 1997, 892, 895 Leiterplattennutzen; vgl EPA T 799/91.
187 BGH GRUR 1964, 612 Bierabfüllung.
188 So schon RGZ 167, 339, 346, 356 = GRUR 1942, 57 Etuiteile; BGH GRUR 1962, 518, 521 Blitzlichtgerät; BGH GRUR 1966, 255 Schaufenstereinfassung; BGH GRUR 1966, 484 Pfennigabsatz; BGH GRUR 1993, 466 fotovoltaisches Halbleiterbauelement; BGH GRUR 1996, 747 Lichtbogen-Plasma-Beschichtungssystem; *Fitzner/Lutz/Bodewig* Rn 42; aA *Zeller* Mitt 1942, 65; RPA MuW 39, 245; zum Verhältnis zwischen Anmelder und ungetreuem Geheimnisverpflichtetem *Nieder* FS A. Preu (1988), 29.
189 BGH 6.11.1959 I ZR 126/57.

ten Kreisen ohne Verpflichtung zu vertraulicher Behandlung bekanntgemacht wurde, war einem Empfänger der Mitteilung auch dann nicht anvertraut iSd **§ 18 UWG** (früher § 17 UWG), wenn der Mitteilende dem Empfänger erklärt hatte, er solle das Wissen nicht nach seinem Belieben verwerten dürfen.[190]

57 **Zugänglichkeit von Benutzungen.**[191] Fehlende Reproduzierbarkeit des der Öffentlichkeit zugänglichen Erzeugnisses wurde als der Zurechnung zum StdT entgegenstehend angesehen.[192]

58 Zugänglichkeit wurde bejaht bei einem einzigen vorbehaltlosen **Verkauf** auch an einen Nichtfachmann ohne Geheimhaltungsverpflichtung, ohne dass es darauf ankommt, ob andere Kenntnis erhalten haben[193] (str), Lieferung an Hochschullabor,[194] verneint für Benutzung in eingezäunter Schiffswerft,[195] auch bei Einbau in Schiffen.[196]

59 Die Verwendung eines Bauelements auf einer **Baustelle** macht eine in diesem verkörperte Erfindung nicht ohne weiteres zugänglich.[197] Lieferung in kleinen Stückzahlen kann bei Massenartikeln uU dafür sprechen, dass sie nur zu Erprobungs- und Versuchszwecken erfolgen soll; daraus kann fehlende Zugänglichkeit folgen.[198] Das BPatG hat die Auffassung vertreten, dass bei Lieferung und Aufstellung einer Vorrichtung die Funktion ihrer wesentlichen Merkmale nicht offenbart sein soll.[199] Vertraulichkeitserwartung kommt auch unter Wissenschaftlern in Bezug auf Forschungsarbeiten in Betracht; sie umfasst grds alle Mitarbeiter der Forschungseinrichtung.[200]

4. Offenbarungsgehalt

60 **a. Grundsatz.** Wenn es um den Offenbarungsgehalt einer Entgegenhaltung (die strenggenommen nicht der Auslegung unterliegt, Rn 83) steht, steht (auch) eine Wertung in Frage.[201] Die Praxis im VK wendet eine Art „Verletzungstest" („infringement test") an.[202] Entgegenhaltungen sind vollständig[203] und im Gesamtzusammenhang[204] auszuwerten; so sind bei einer Patentschrift nicht nur die bevorzugten, sondern alle Ausführungsbeispiele zu berücksichtigen.[205] Darauf, ob für die Offenbarung Schutz beansprucht wurde, kommt es nicht an.[206] Der StdT umfasst auch die Darstellung nachteilbehafteter Lehren, jedenfalls solange die offenbarte Lehre dem Fachmann nicht als unausführbar erscheint.[207] In einer Veröffentlichung ist alles als unmittelbar offenbart angesehen worden, was sie dem Fachmann an Kenntnissen vermittelt,

---

190 BGHZ 82, 369 = GRUR 1982, 225 Straßendecke II.
191 Hierzu *Schulte* Rn 50; *Günzel* FS R. Nirk (1992), 441; s auch EPA G 1/92 ABl EPA 1993, 277 = GRUR Int 1993, 698 öffentliche Zugänglichkeit; zur Vorbenutzung bei Markttests vgl EPA T 1054/92; EPA T 809/95.
192 EPA T 977/93 ABl EPA 2001, 84 = GRUR Int 2001, 455 Impfstoff gegen canine Coronaviren.
193 BGH GRUR 1999, 976 f Anschraubscharnier: jedenfalls bei Bestimmung zur Weiterverarbeitung durch den Empfänger; BGH GRUR 2002, 609 Drahtinjektionseinrichtung; BGH GRUR 1996, 747, 752 Lichtbogen-Plasma-Beschichtungssystem; BPatG 13.11.2006 9 W (pat) 388/03; BPatG 22.9.2015 3 Ni 18/14 (EP); öOPM öPBl 2013, 25, 28 Heizgerät; EPA T 482/89 ABl EPA 1992, 646 Stromversorgung; EPA T 953/90; EPA T 969/90; EPA T 462/91; EPA T 301/94; EPA T 1022/99; schweiz BG GRUR Int 1992, 293 Stapelvorrichtung; öOPM 12.9.2012 Op 2/12 öPBl 2013, 25 Heizgerät; ÖPA öPBl 1994, 163; ÖPA öPBl 2002, 161, 165; schwed Patentbeschwerdegericht GRUR Int 1998, 251 Modul/Cale; vgl RG GRUR 1929, 349 Zelluloidbrille; *Papke* GRUR 1980, 776; *Büscher/Dittmer/Schiwy* Rn 23; kr *Bossung* GRUR Int 1990, 690; *Lederer* FS R. Vieregge (1995), 547, 552.
194 BPatG Mitt 1991, 118.
195 EPA T 245/88 EPOR 1991, 373 Vaporizer.
196 EPA T 901/95.
197 BGH GRUR 2001, 819 Schalungselement; öOPM öPBl 2010, 117.
198 EPA T 782/92: Lieferung von 15 Dämpfern im Automobilbau.
199 BPatG 13.2.1997 11 W (pat) 47/96.
200 BPatG 23.3.2004 4 Ni 11/03 (EU); vgl BPatG 21.7.2003 5 W (pat) 413/02: anders bei Kongressvortrag.
201 BGHZ 179, 168 = GRUR 2009, 382 Olanzapin; BGH 24.3.2009 X ZB 7/08.
202 HoL 20.10.2005 [2005] UHKL 59 RPC 2006, 323 Synthon v. Smithkline Beecham (Paroxetin): „the flag has not been planted on the patented invention".
203 BGH 3.11.1961 I ZR 81/61.
204 EPA T 312/94.
205 EPA T 24/81 ABl EPA 1983, 133 = GRUR Int 1983, 650, 652 f Metallveredelung.
206 BPatGE 15, 12, 15 = Mitt 1973, 111.
207 Vgl BGH GRUR 1964, 612, 615 Bierabfüllung; BGH Bausch BGH 1999-2001, 355, 361 Kniegelenkendoprothese; *Reimer* § 3 Rn 6.

ohne dass er sich nähere Gedanken machen muss.[208] Abzustellen ist auf die durch die Veröffentlichung vermittelte technische Information.[209] Ein Merkmal kann auch dann ohne weiteres zu entnehmen sein, wenn es weder wörtlich noch bildlich dargestellt ist.[210] Die einzelne Veröffentlichung darf zum Zweck der Ermittlung ihres Offenbarungsgehalts nicht „über ihren Inhalt hinaus interpretiert" werden; jeder Vorveröffentlichung darf nur die Lehre als offenbart zugeschrieben werden, die ein fachkundiger Leser **ohne eigene Zutat** nach dem Fachwissen im Anmeldezeitpunkt unmittelbar aus ihr entnehmen konnte.[211] Es ist unzulässig, in den StdT Erkenntnisse hereinzuinterpretieren, die erst die beanspruchte Lehre gebracht hat.[212]

Bei der Ermittlung des Offenbarungsgehalts einer Veröffentlichung dürfen einzelne Aussagen (zB Be- **61** schreibung und Zeichnungen in einer Patentveröffentlichung) nicht aus dem Zusammenhang gerissen werden, in dem sie nach dem **Gesamtinhalt** der Entgegenhaltung stehen; einzelne Begriffe, die in der Veröffentlichung verwendet werden, müssen im Licht des Gesamtinhalts betrachtet werden; lückenhafte Angaben können aus dem sonstigen Inhalt ergänzt werden, soweit das ohne besondere Überlegungen möglich ist; erkennbare Ungereimtheiten, Irrtümer, Druckfehler, Zeichenfehler und dgl sind vom Gesamtinhalt her richtigzustellen.[213] Zur Offenbarung eines Merkmals kann die Darstellung in einer Zeichnung genügen, auf die sich die Beschreibung bezieht; maßgeblich ist, ob die merkmalsgemäße Ausgestaltung aus fachmännischer Sicht als mögliche Ausführungsform erscheint.[214] Eine der in der Entgegenhaltung verfolgten Zielrichtung zuwiderlaufende Verallgemeinerung von Einzelangaben ist nicht statthaft.[215]

Eine zum StdT gehörende Lehre umfasst grds alle ihre Brauchbarkeiten.[216] Auch eine Andersartigkeit **62** von **Zielsetzung** und Betrachtungsweise schließt die Berücksichtigung nicht aus.[217]

Nach dem **Wortlaut** einer Veröffentlichung in Betracht kommende Auslegungsmöglichkeiten schei- **63** den aus, wenn der StdT den Fachmann dahin belehrt, dass sie nicht in Betracht kommen können, etwa weil das danach anzuwendende Verfahren technisch nicht ausführbar erscheint.[218] Auch die brit Rspr stellt auf die Ausführbarkeit des Offenbarten ab[219] („enabling disclosure"). Maßgeblich ist dabei das Verständnis des Fachmanns am Anmelde- oder Prioritätstag (vgl Rn 66).[220]

Schematische Darstellungen, wie sie üblicherweise in Patentschriften zu finden sind, offenbaren **64** idR nur das Prinzip der Vorrichtung, nicht aber exakte Abmessungen.[221]

---

208   BGH GRUR 1974, 148 Stromversorgungseinrichtung, zur früheren Rechtslage; vgl BPatGE 21, 67, 61.
209   BGHZ 179, 169 = GRUR 2009, 382 Olanzapin; BPatG 7.7.2009 2 Ni 2/07.
210   BGH GRUR 1977, 483 Gardinenrollenaufreiher; zum Offenbarungsgehalt von Schemazeichnungen EPA T 77/87 ABl EPA 1990, 280 = GRUR Int 1990, 857 fehlerhaftes Referat; EPA T 1080/99 ABl EPA 2002, 568 Berührungssteuerung.
211   RG GRUR 1936, 542 Sandschleudermaschine II; RG GRUR 1941, 30 Aluminiumsulfit; BGH GRUR 1956, 77, 79 Rödeldraht; BGH Liedl 1961/62, 64, 68 Heuwender.
212   BGH GRUR 1989, 899 Sauerteig.
213   BGH GRUR 1974, 148, 150 Stromversorgungseinrichtung; BGH Bausch BGH 1986–1993, 600 Wandabstreifer 01; DPA Mitt 1937, 382; EPA T 591/90 tiefgezogener Aluminiumbehälter; vgl *Büscher/Dittmer/Schiwy* Rn 47; in dieser Allgemeinheit bdkl daher die Auffassung, dass ein durch die Anspruchsfassung festgelegter umfassenderer Offenbarungsgehalt einer Patentveröffentlichung selbst dann als maßgeblich heranzuziehen sei, wenn Beschreibung oder Zeichnung nur eine engere konkrete Ausführungsform näher erläutern.
214   BGH GRUR 2010, 599 Formteil; BPatG 10.4.2014 21 W (pat) 14/10; *Fitzner/Lutz/Bodewig* Rn 123.
215   BPatG BlPMZ 1996, 459 f.
216   BGH Liedl 1961/62, 618, 636 Zerspaner.
217   BGH Liedl 1963/64, 315, 322 Trockenbestäubungsmittel.
218   BGH GRUR 1964, 612 Bierabfüllung.
219   Vgl BPatG 1.7.2014 3 Ni 14/13 (EP) unter Hinweis auf *Schulte* Rn 94; brit CA RPC 1994, 1, 10 Merrell Dow; brit CA RPC 1998, 517 Evans Medical v. Chiron; PatentsC ENPR 2003, 234 Synthon v. SmithKline Beecham; relativierend HoL 20.10.2005 [2005] UHKL 59 Synthon v. Smithkline Beecham (Paroxetin), auszugsweise auch bei *Thouvenin* sic! 2006, 362, wo auf die unterschiedliche Bedeutung des Fachmanns für Offenbarung (Bestimmung der Bedeutung der offenbarten Lehre) und Ausführbarkeit (Maßstab für Ausführbarkeit) hingewiesen wird, hierzu auch *Sharples/Curley* EIPR 2006, 308.
220   BGH GRUR 1989, 899 Sauerteig; BGH BlPMZ 1991, 159 Haftverband; vgl BGH 18.10.1994 X ZR 59/92; EPA T 74/90.
221   BGH GRUR 2012, 1242 Steckverbindung, zu BPatG 19.10.2011 19 W (pat) 92/09; vgl BPatG 29.4.2014 21 W (pat) 13/12.

65   **b. Einheitlichkeit des Offenbarungsbegriffs.** Grds ist von einem einheitlichen Offenbarungsbegriff auszugehen.[222] Eine Aufspaltung des einheitlichen Offenbarungsbegriffs in einen „engen" Neuheitsbegriff einerseits und einen „weiten" Offenbarungsbegriff bzgl Ausführbarkeit, des Nahegelegtseins und des Schutzbereichs wurde abgelehnt, weil sie nicht nur die Rechtssicherheit beeinträchtige, sondern auch einer harmonischen nationalen Rechtsentwicklung im Einklang mit dem Gemeinschaftsrecht entgegenstehe.[223] Indessen darf die unterschiedliche Funktion der Offenbarung bei der Prüfung der Neuheit und der Ausführbarkeit nicht außer acht gelassen werden.[224] Die Neuheitsprüfung erfordert eine mehr schematische Überprüfung, ob eine Entgegenhaltung mit der Anmeldung oder dem Patent übereinstimmt. Dagegen stellt sich bei der Prüfung der Ausführbarkeit die Frage, ob die in der Anmeldung oder dem Patent enthaltenen Angaben den fachmännischen Leser in die Lage versetzen, die Erfindung auszuführen, also ihm so viel an technischer Information vermitteln, dass er mit seinem Fachwissen und seinem Fachkönnen in der Lage ist, die Erfindung erfolgreich zu verwirklichen; der Offenbarungsbegriff unterscheidet sich somit je nach Kontext schon in seiner Funktion.[225] Weiter stellt sich die für die Neuheitsprüfung wesentliche Frage, ob sich beim Nacharbeiten einer bekannten Lehre ein bestimmtes Ergebnis unmittelbar und zwangsläufig einstellt (Rn 80, 115), bei der Prüfung der Ausführbarkeit nicht, weil es hier nur darauf ankommt, ob das Ergebnis mit einiger Zuverlässigkeit reproduzierbar ist.[226] Ohne Belang ist für die Zurechnung zum StdT die „Erfindungswesentlichkeit", dh die Offenbarung als zur Erfindung gehörend[227] (Rn 257 ff zu § 34), die aber für die Prüfung der Frage, ob das Patent über die ursprüngliche Offenbarung hinausgeht (§ 21 Abs 1 Nr 4; Art II § 6 Abs 1 Nr 4 IntPatÜG) sowie für die der unzulässigen Erweiterung (§ 38) und für die Frage, ob ein Merkmal im Weg der Selbstbeschränkung in den Patentanspruch aufgenommen werden kann, von Bedeutung ist. Für die Frage der Erweiterung gehört – wie bei der Neuheitsprüfung,[228] aber anders als bei der Beurteilung der erfinderischen Tätigkeit[229] – zur Offenbarung nur das, was den ursprünglichen Unterlagen unmittelbar und eindeutig zu entnehmen ist.[230] Eine Erfindung ist dagegen schon dann ausführbar offenbart, wenn die in der Patentanmeldung enthaltenen Angaben dem fachmännischen Leser so viel an technischer Information vermitteln, dass er mit seinem Fachwissen und seinem Fachkönnen in der Lage ist, die Erfindung erfolgreich auszuführen; es ist nicht erforderlich, dass mindestens eine praktisch brauchbare Ausführungsform als solche unmittelbar und eindeutig offenbart ist.[231]

66   **c. Bedeutung des Fachmanns.** Der (ein Konstrukt und nicht eine reale Person darstellende) Fachmann (Rn 125 ff zu § 4; hier besser, weil es in diesem Zusammenhang nur um die Erkenntnisfähigkeit und nicht auch um die kreativen Fähigkeiten geht: der fachkundige Leser) ist, obwohl nicht (mehr) im Gesetz erwähnt, als Maßstab dessen zugrunde zu legen, was der Öffentlichkeit zugänglich gemacht worden ist; die Kenntnisse, die der Öffentlichkeit zugänglich gemacht worden sind, können nur dann in rechtsstaat-

---

222 BGHZ 80, 323, 328 = GRUR 1981, 812 Etikettiermaschine, zu neuheitsschädlicher und die Aufstellung eines Schutzanspruchs ermöglichender Offenbarung; BGH GRUR 2004, 407 Fahrzeugleitsystem; BGHZ 179, 168 = GRUR 2009, 382 Olanzapin; BPatG 14.4.2011 3 Ni 28/09 (EU); *Schulte* § 34 Rn 338 ff; *R. Rogge* GRUR 1996, 931, 937.
223 BPatG 5.4.1993 23 W (pat) 75/91; vgl EPA T 60/89 ABl EPA 1992, 268 = GRUR Int 1992, 771 Fusionsproteine; EPA T 694/92 ABl EPA 1997, 412, 416 = GRUR Int 1997, 918 Modifizieren von Pflanzenzellen; EPA T 378/94 versucht eine Differenzierung nach Begriffsinhalt und Begriffsumfang; EPA T 667/94; EPA T 411/98 stellen auf unmittelbare und eindeutige Offenbarung ab.
224 Vgl *Lord Hoffmann* in HoL 20.10.2005 [2005] UHKL 59 Synthon v. Smithkline Beecham (Paroxetin).
225 Vgl BGH GRUR 2010, 916 Klammernahtgerät; aA offenbar BPatG 14.4.2011 3 Ni 28/09 (EU).
226 BGH BlPMZ 1992, 308 Antigenenachweis.
227 Vgl *Schulte*[5] Rn 72.
228 BGHZ 148, 383, 389 = GRUR 2002, 146 Luftverteiler; BGH GRUR 2004, 133, 135 elektr[on]ische Funktionseinheit; BGH GRUR 2008, 587 Betonstraßenfertiger; BGHZ 179, 168 = GRUR 2009, 382 Olanzapin; BGH GRUR 2004, 407, 411 Fahrzeugleitsystem; BGH GRUR 2011, 999 Memantin; vgl BPatG 19.12.2007 5 W (pat) 403/07; BPatG 23.11.2011 9 W (pat) 301/06; BPatG 14.2.2013 10 Ni 12/11.
229 BGH 14.2.2012 X ZR 121/10.
230 BGHZ 179, 168 = GRUR 2009, 382 Olanzapin; BGH GRUR 2010, 910 fälschungssicheres Dokument; BGH GRUR 2014, 758 Proteintrennung; BGH 16.6.2015 X ZR 67/13 Mitt 2015, 563 Ls Übertragungspapier für Tintenstrahldrucker; BGH 28.1.2016 X ZR 130/13; BGH 24.3.2016 X ZR 47/14; BPatG 26.2.2015 7 Ni 46/14 (EP); daher nach *Fitzner/Lutz/Bodewig* § 38 Rn 37 keine zulässige Beschränkung auf nicht mit Vorteilen offenbarte zusätzliche Angaben, zwh.
231 BGH GRUR 2010, 916 Klammernahtgerät; vgl zum Offenbarungsgehalt im Hinblick auf den Übertragungsanspruch auch *Goeden* Mitt 2010, 421.

lich überzeugender Weise umgrenzt werden, wenn die Öffentlichkeit und deren Verständnis von den technischen Zusammenhängen bestimmt sind.[232] Die Neufassung des PatG 1978 hat, was die Reichweite des Offenbarungsgehalts angeht, trotz der fehlenden ausdrücklichen Bezugnahme auf den Sachverständigen an den bisherigen Bewertungskriterien der Neuheitsschädlichkeit und damit am Bedeutungsinhalt des Neuheitsbegriffs nichts geänd;[233] aus der Neufassung des Abs 1 Satz 2 lässt sich daher nach Auffassung des BPatG nicht herleiten, dass als Beurteilungsmaßstab für den Offenbarungsgehalt des StdT nicht mehr das Erkenntnisvermögen des Fachmanns, unter dem der auf dem einschlägigen Fachgebiet tätige und mit der Lösung entspr technischer Probleme befasste „Sachverständige mit durchschnittlichem Fachwissen und Fachkönnen" verstanden wurde, sondern das Verständnis der (indifferenten) „Öffentlichkeit" maßgebend sein soll.[234]

Maßstab für den Offenbarungsgehalt einer Veröffentlichung ist, was vom Fachmann auf dem entspr **67** Fachgebiet an Kenntnissen und Verständnis erwartet werden kann und darf; dabei ist uU auch die Heranziehung eines weiteren Fachmanns (Programmierer bei nicht ausreichender Kenntnis von Programmiersprachen) zumutbar.[235] Ändert sich das **Verständnis des Fachmanns** mit der Zeit, ist nicht allein auf den Veröffentlichungs- (oder Prioritäts-)zeitpunkt der Entgegenhaltung[236] abzustellen, sondern ein durch die technische Entwicklung ermöglichter weitergehender Informationsgehalt mit zu berücksichtigen,[237] dies allerdings nur bis zum Prioritätszeitpunkt des zu beurteilenden Schutzrechts oder der Schutzrechtsanmeldung.

d. Einzelheiten. Bei der Benutzung ist darauf abzustellen, welche Information diese dem fachkundi-**68** gen Betrachter vermitteln kann (vgl zur unmittelbaren und eindeutigen Offenbarung Rn 80 f).[238] Erzeugnisse werden durch die Benutzung auch hinsichtlich ihrer **Zusammensetzung** offenbart, wenn der Fachmann diese ohne unzumutbaren Aufwand feststellen kann;[239] dabei ist ein besonderer Anlass für die Untersuchung nicht erforderlich.[240] Bei einer nicht ohne weiteres identifizierbaren komplexen Zusammensetzung reicht es aus, wenn der Fachmann eine überschaubare Anzahl plausibler Hypothesen über die mögliche Beschaffenheit entwickeln kann, von denen sich eine mit den ihm zur Verfügung stehenden Analysemöglichkeiten verifizieren lässt.[241] Eine verkapselte Schaltung kann dem Fachmann ein zugehöri-

---

232 BGHZ 128, 270, 273 = GRUR 1995, 330 f elektrische Steckverbindung.
233 Vgl schon RG GRUR 1932, 286 Pinch-Effekt; RG GRUR 1935, 243 f Quecksilberschaltröhre, GbmSache.
234 BPatG 5.4.1993 23 W (pat) 75/91; aA – Abstellen auf verständigen Teil der Öffentlichkeit – *Vollrath* Der technische Fachmann im Patentgesetz und im Europäischen Patentübereinkommen, Mitt 1994, 292, 297 f; aA auch EPA T 677/91; differenzierend *Dreiss* GRUR 1994, 781, 791.
235 EPA T 164/92 ABl EPA 1995, 305 elektronische Rechenbausteine; EPA T 582/93.
236 So aber die EPA-PrRl C-IV 7.3 sowie EPA T 229/90; EPA T 205/91; EPA T 677/91; EPA T 965/92; EPA T 580/94; EPA T 590/94; EPA T 305/94; anders wohl EPA T 74/90.
237 *R. Rogge* GRUR 1996, 931 f; *Benkard-EPÜ* Art 54 Rn 49; bdkl daher EPA T 507/89.
238 Vgl BGHZ 136, 40 = GRUR 1997, 892, 896 Leiterplattennutzen; vgl EPA G 1/92 ABl EPA 1993, 277 = GRUR Int 1993, 698 öffentliche Zugänglichkeit; nach EPA T 109/93 dürfen an die Offenbarung des Gegenstands einer Entgegenhaltung keine höheren Anforderungen gestellt werden als an die Offenbarung des Gegenstands der zu prüfenden Anmeldung; zur Differenzierung bei der Offenbarung auch *Preu* Stand der Technik und Schutzbereich, GRUR 1980, 691 f; *MGK/ Teschemacher* Art 83 EPÜ Rn 9 einerseits, *Ochmann* GRUR 1984, 235, 237 ff; *Dörries* GRUR 1984, 240, 242 andererseits; *Blumer* S 480 f stellt für die Neuheit auf das unmittelbar und eindeutig Offenbarte (so auch *Schulte* Rn 94), für die Ausführbarkeit auf das deutlich und vollständig Offenbarte ab.
239 BGH GRUR 2013, 51 Gelomyrtol, zu BPatGE 53, 66; vgl BPatG 24.4.2007 3 Ni 9/05 (EU): selbst wenn die Isolierung des einzelnen Enantiomers aus dem Enantiomerengemisch mit einer Reihe nicht ganz einfacher Überlegungen und Untersuchungen verbunden ist; BPatG 26.7.2011 3 Ni 7/10 (EU): auch bei umfangreichen und aufwendigen Untersuchungen, die dem Fachmann unter Zuhilfenahme der standardmäßig angewandten Methoden ohne übermäßige Schwierigkeiten möglich sind.
240 Zu „inhärenten" Eigenschaften EPA G 1/92 ABl EPA 1993, 277 = GRUR Int 1993, 698 öffentliche Zugänglichkeit gegen EPA T 93/89 ABl EPA 1992, 718 = GRUR Int 1993, 421 Polyvinylesterdispersion, dort für den Fall erforderlicher chemischer Analyse; hierzu *Törnroth* GRUR Int 1998, 189 f; EPA T 301/94; vgl auch EPA T 270/90 ABl EPA 1993, 725 Polyphenylenätherzusammensetzungen; EPA T 472/92 ABl EPA 1998, 161, 179 ff = GRUR Int 1998, 602 Joint-venture: Bedruckbarkeit eines Materials und seine Oberflächenmerkmale nach einem Wärmeschrumpfprozess keine „inhärenten" Eigenschaften.
241 BGH Gelomyrtol.

ges Herstellungsverfahren offenbaren.[242] Zur Neuheit einer Verwendung Rn 116. Verborgene oder geheime Benutzungen machen deren Gegenstand nicht öffentlich zugänglich.[243]

69   **Erkennbarkeit.** Ist eine Betrachtung nur aus Abstand möglich, ist das nicht offenbart, was dabei nicht augenfällig wird.[244] Fehlt es an einer (weitergehenden) Untersuchungsmöglichkeit, etwa bei Ausstellungsstücken oder hinterlegten Mustern, ist nur das offenkundig, was ohne die weitergehende Untersuchung erkennbar ist.[245] Ein Computerprogramm kann die Informationen zugänglich machen, die der Fachmann durch Dekompilierung entschlüsseln kann, aber nur, wenn dies ohne unzumutbaren Aufwand möglich ist.[246] Enthält die vorbenutzte Vorrichtung einen Mikrochip, auf dem in Maschinensprache ein Steuerungsprogramm gespeichert ist, gehört das Steuerungsverfahren nicht zum StdT, wenn der fachkundigen Öffentlichkeit keine programmspezifischen Funktions- und Blockschaltpläne zur Verfügung stehen, das Prinzip des Steuerungsverfahrens phänomenologisch nicht erkennbar und die direkte Ermittlung des Programminhalts zwar technisch möglich ist, aber nach der Lebenserfahrung, insb aus Kosten-Nutzen-Erwägungen, nicht erfolgt sein kann.[247] Zu Naturstoffen s Rn 109.

70   Ein Abnehmer, dem eine **funktionsuntüchtige Vorrichtung** vorgeführt wird, wird sich keine Gedanken darüber machen, wie diese funktionstüchtig gemacht werden könnte. Wenn der Abnehmer einen beabsichtigten Funktionsmechanismus nicht erkennt, besteht für die Fachwelt objektiv keine Kenntnismöglichkeit.[248] Ob eine Ausstellung technische Merkmale und Funktionen offenbart, hängt vom Einzelfall ab.[249]

71   Werden als Bestandteile einer Stoffzusammensetzung mehrere Stoffe oder Stoffgruppen **alternativ beansprucht**, fehlt es dem Gegenstand des Patents bereits dann an der erforderlichen Neuheit in der gesamten beanspruchten Bandbreite, wenn einer dieser Stoffe oder eine dieser Stoffgruppen als Bestandteil einer solchen Zusammensetzung bekannt war.[250]

C. Vorwegnahme

I. Neuheitsbegriff

72   **1. Normativer Charakter.** Die Bestimmung stellt eine Legaldefinition der Neuheit auf.[251] Der Neuheitsbegriff des Patentrechts ist ein formeller, „künstlicher",[252] bei dem außerpatentrechtl Gesichtspunkte nicht ausschlaggebend sind.[253] Er ist damit ein normativer und nicht ein naturwissenschaftlich abgeleiteter. In der Regelung, dass eine Erfindung nicht als neu „gilt", ist eine Fiktion oder eine unwiderlegliche Vermutung der Nichtneuheit gesehen worden.[254] Der normative Charakter des Neuheitsbegriffs macht indessen die Frage nach dem Regelungscharakter als „Fiktion" oder „unwiderlegliche Vermutung" obsolet.[255] Der Charakter kommt insb in den Regelungen über die Neuheitsschädlichkeit älterer nachveröffentlichter Anmeldungen, der Sonderregelung für die medizinische Indikation und im Missbrauchstatbestand zum Ausdruck.

---

242   BPatG 8.7.1997 2 Ni 32/96.
243   Vgl *Schulte* Rn 56.
244   BGHZ 136, 40 = GRUR 1997, 892, 896 Leiterplattennutzen.
245   BPatG 25.1.1994 1 Ni 5/93 undok; BGH GRUR 1998, 382, 386 Schere: jedenfalls wenn die Gefahr einer Veränderung des Gegenstands besteht und die Untersuchung bei Geschmacksmustern nicht erforderlich ist, um einen ausreichenden ästhetischen Eindruck zu gewinnen; vgl BPatG 3.4.2014 3 Ni 4/13.
246   *Benkard-EPÜ* Art 54 Rn 38; *R. Rogge* GRUR Int 1998, 186, 188.
247   EPA T 461/88 ABl EPA 1993, 295 = GRUR Int 1993, 689 Mikrochip; ähnlich EPA T 969/90 tube electronique.
248   BGH 25.1.1994 X ZR 71/91.
249   Vgl EPA T 363/90.
250   BGH GRUR 2015, 937 Verdickerpolymer II; vgl *Benkard*[10] Rn 12.
251   Vgl *R. Rogge* GRUR 1996, 391; zum EPÜ *Benkard-EPÜ* Art 54 Rn 2.
252   Vgl *Fitzner/Lutz/Bodewig* Rn 3.
253   *Kraßer/Ann* § 17 Rn 1.
254   Vgl hierzu *Tönnies* Als was gilt das „gilt als"? GRUR 1998, 345 f, 348 f; *Benkard-EPÜ* Art 54 Rn 2; *Fitzner/Lutz/Bodewig* Rn 6; *Mes* Rn 4.
255   Vgl *Kraßer/Ann* § 17 Rn 3; *Benkard-EPÜ* Art 54 Rn 1; *Fitzner/Lutz/Bodewig* Rn 8; *Hövelmann* GRUR 1999, 476 f.

Für **Chemieerfindungen** gilt grds nichts anderes als bei sonstigen Erfindungen.[256] Auch im Bereich   73
der Chemie setzt Neuheitsschädlichkeit nicht notwendig ausdrückliche Vorbeschreibung voraus,[257] allerdings stellt jetzt auch die Rspr des BGH[258] strenge Anforderungen an die Neuheitsprüfung. So ist ein Patentanspruch, der auch Analoga als Alternativen umfasst, nicht neu, wenn Ausführungsformen bekannt sind, die eine gleiche oder vergleichbare Funktion oder Anwendung wie die Analoga besitzen.[259] Ein chemisches Herstellungsverfahren ist daher nicht neu, wenn es in einem Maß vorbeschrieben ist, dass es der Fachmann ohne weiteres der Vorveröffentlichung entnehmen kann.[260] Die Beschreibung des Verfahrens kann auch das Verfahrenserzeugnis vorwegnehmen.[261]

2. „Absoluter" Maßstab. Das geltende Recht geht – anders als früher (Rn 3 ff) und noch das   74
GbmRecht oder das US-amerikanische Recht (§ 102 (a) USC) – frz Rechtstradition folgend[262] von einem
„absoluten" Neuheitsbegriff aus, der – im Grundsatz – alle relevanten Vorkenntnisse und nicht nur wie im
früheren Recht einen nach Ort, Zeit und Erscheinungsform begrenzten Teil davon einschließt.[263] Dem
Neuheitsbegriff ist wie schon im früheren Recht eine gewisse, die tatsächliche Möglichkeit der Kenntnisnahme von Vorbenutzungshandlungen nur beschränkt berücksichtigende Starrheit eigen.[264] Die Einführung des „absolut formellen" Neuheitsbegriffs stellt sicher, dass nur solche Erfindungen belohnt werden,
die objektiv eine Bereicherung der Technik darstellen.[265] Dass der Neuheitsbegriff Einzelfallwertungen
möglichst ausschließt, „erklärt sich sowohl aus den Zwecken des Patentschutzes als auch aus praktischen
Rücksichten auf die Bedürfnisse der prüfenden Behörden".[266] Die Aufzählung der einzelnen Kundgebungsmittel ist nur beispielhaft und nicht abschließend; die „Zweipoligkeit" Vorbeschreibung – Vorbenutzung ist beseitigt.[267]

3. „Enger" oder „weiter" Neuheitsbegriff? Im geltenden Recht reichen die Meinungen von der Auf-   75
fassung, dass nur das ausdrücklich Vorbeschriebene neuheitsschädlich sei,[268] über die Einbeziehung der
glatten Äquivalente[269] oder dessen, was sich dem Fachmann mühelos aus der Entgegenhaltung erschließt[270]
bis zur der gesamten Äquivalenzbereichs.[271] Die Diskussion hat aber erst durch das harmonisierte Recht
an Schärfe gewonnen, weil zuvor der für die Prüfung maßgebliche StdT nicht auseinanderfiel[272] (Rn 145 ff). Die
letztgenannten Stimmen versuchen Doppelpatentierungen innerhalb des Schutzbereichs des auf die ältere
Anmeldung erteilten Patents infolge des Auseinanderfallens von neuheitsschädlicher Offenbarung und
Schutzbereich zu vermeiden; dies muss aber in gewissem Umfang hingenommen werden.[273] Schlagwortar-

---

256   Vgl BGHZ 53, 283, 288 = GRUR 1970, 408 Anthradipyrazol; BGHZ 103, 150, 156 = GRUR 1988, 447 Fluoran.
257   *Benkard* Rn 319 gegen *Beil* GRUR 1971, 53, 55 und GRUR 1971, 383, 389; *Schmied-Kowarzik* GRUR 1978, 663, 666;
Dörries GRUR 1984, 240 f; vgl auch *Bruchhausen* GRUR 1972, 226, 230; *Klöpsch* GRUR 1972, 625, 627; *Hirsch* GRUR 1984,
243 f.
258   Seit BGHZ 179, 168 = GRUR 2009, 382 Olanzapin.
259   BPatGE 46, 177.
260   BGH GRUR 1974, 332, 334 Cholinsalicylat; zustimmend *Benkard* Rn 318; vgl auch BGH GRUR 1978, 696, 698 alpha-
Aminobenzylpenicillin.
261   RB Den Haag BIE 2002, 374.
262   Vgl *MGK/Loth* Art 55 EPÜ Rn 37.
263   *Kraßer/Ann* § 17 Rn 10; *Fitzner/Lutz/Bodewig* Rn 2; *Büscher/Dittmer/Schiwy* Rn 2; zur Frage, ob ein „relativer"
Neuheitsbegriff mit dem TRIPS-Übk vereinbar wäre, *Ullrich* Technologieschutz nach TRIPS: Prinzipien und Probleme,
GRUR Int 1995, 623, 637.
264   BGHZ 50, 213, 217 = GRUR 1969, 38 Schwenkverschraubung; BGH Mitt 1999, 362 Herzklappenprothese.
265   BGHZ 131, 239 = GRUR 1996, 349 f Corioliskraft II unter Hinweis auf BGHZ 100, 67, 70 f = GRUR 1987, 231 f
Tollwutvirus.
266   *Kraßer/Ann* § 17 Rn 12.
267   *Bossung* GRUR Int 1990, 690, 695.
268   ZB *Dörries* GRUR 1984, 240.
269   *Schulte*[5] Rn 73, abw *Schulte* Rn 105 ff; vgl auch *Kolle* GRUR Int 1971, 63, 66.
270   *Bruchhausen* GRUR 1972, 226, 229; *Ochmann* GRUR 1984, 235, 239; *Ullmann* GRUR 1988, 333, 335.
271   *Bossung* Mitt 1974, 141, 144; *Bossung* GRUR Int 1978, 381, 384; *Teschemacher* GRUR 1975, 641, 648.
272   Vgl *Bardehle* GRUR 1975, 750.
273   Eingehend *Kraßer/Ann* § 17 Rn 46 ff; vgl auch BGH GRUR 1991, 376 beschußhemmende Metalltür; BGH 1.10.1991
X ZR 60/89.

tig werden der „fotografische" Neuheitsbegriff[274] und die Einbeziehung von Äquivalenten bei der Neuheitsprüfung gegenübergestellt.[275] Eine Beschränkung auf das philologische Verständnis der Entgegenhaltung ist indes nicht statthaft.[276]

76   **Nationale Rechtsprechung.** Der BGH hat zunächst unter Anknüpfung an die Rspr des RG[277] völlige Vorwegnahme auch dann bejaht, wenn die gleiche oder ähnliche technische Aufgabe im gleichen Gebiet der Technik mit **im wesentlichen übereinstimmenden technischen Mitteln** gelöst war, worunter insb die vorbekannten technischen äquivalenten Arbeitsmittel fielen.[278] Er hat auch später die völlige Vorwegnahme eines Erfindungsgedankens durch teils identische, teils äquivalente Verwendung seiner verschiedenen Kombinationsmerkmale innerhalb derselben Entgegenhaltung bejaht.[279] An anderer Stelle hat er auf „glatte" Äquivalenz abgestellt.[280] Allgemeiner hat er eine Lehre dann als nicht neu bezeichnet, wenn sie in einem Maß vorbeschrieben war, dass der Durchschnittsfachmann sie ohne weiteres (ohne eigenes Zutun, ohne Nachdenken) der Vorveröffentlichung entnehmen konnte.[281] Die neuere Rspr ist zurückhaltender; so wurde zunächst – unter kr Betrachtung der vom BPatG einbezogenen „fachnotorischen Ergänzungen" und unter Ablehnung der Einbeziehung von „Äquivalenten" – vom BGH darauf abgestellt, was der Fachmann als selbstverständlich oder nahezu unerlässlich ergänzt oder was er bei aufmerksamer Lektüre ohne weiteres erkennt und in Gedanken gleich mitliest,[282] später hat der BGH nur noch auf das „Mitlesen" abgestellt und Ergänzungen des Offenbarungsgehalts durch das Fachwissen ausgeschlossen, sondern lediglich die vollständige Ermittlung des Sinngehalts zugelassen.[283] Dies hat er dahin erläutert, dass die Einzelverbindung dem Fachmann als die übliche Verwirklichungsform der allg Formel geläufig sein und sich ihm daher sofort als jedenfalls auch gemeint aufdrängen kann, wenn er die allg Formel liest.[284] Dass die Ergänzung das „Mittel der Wahl" ist, genügt demnach nicht.[285]

77   Der BGH hat die Auffassung, den gesamten Schutzbereich eines älteren Schutzrechts als neuheitsschädlich anzusehen, zu Recht abgelehnt;[286] allerdings sollte entgegen der älteren Auffassung des BGH dabei nicht auf die **Unterschiede zwischen kognitiver und wertender Erkenntnis** sowie auf die unterschiedliche Prüfungszuständigkeit abgestellt werden, sondern auf die unterschiedliche Funktion von Bestimmung des Schutzbereichs und neuheitsschädlicher Offenbarung. Die Nichtberücksichtigung von Äquivalenten ist schon deshalb gerechtfertigt, weil Äquivalenz eine Kategorie des Verletzungsrechts ist, deren Heranziehung bei der Neuheitsprüfung im Ansatz verfehlt erscheint, weil bei der Verletzungsprüfung nicht nur der Offenbarungsgehalt, sondern auch der Umfang des beanspruchten Schutzes zu berücksichtigen ist.[287] Selbst glatte Äquivalenz schließt im übrigen gedankliche Arbeit des Fachmanns nicht aus.[288] Zu Recht hält auch der BGH die Übertragung der bei der Bestimmung des Schutzbereichs anzustellenden Äquivalenzüberlegungen auf die Bestimmung des Neuheitsbegriffs nicht für sachgerecht. Dies gilt im übrigen nicht nur in einer Richtung; was in der Patentschrift nicht beansprucht, aber offenbart ist, ist – nach dem „whole contents approach" – bei der Neuheitsprüfung relevant, nicht aber bei der Bestimmung des Schutzbereichs.

---

274   Vgl *Schulte* Rn 93.
275   Vgl *R. Rogge* GRUR 1996, 931, 933 f; hierzu auch PatentsC FSR 1998, 586 Hoechst Celanese v. BP.
276   *Benkard*[10] Rn 20.
277   RG GRUR 1935, 508 Abraumkippenförderer.
278   BGH GRUR 1953, 29 Plattenspieler I.
279   BGH GRUR 1962, 86, 89 Fischereifahrzeug; BGH 8.1.1963 I a ZR 67/63.
280   BGH Liedl 1974/77, 343, 351 Schraubennahtrohr.
281   BGH GRUR 1974, 332, 334 Cholinsalicylat; BGH BlPMZ 1973, 257 f selektive Herbizide.
282   BGHZ 128, 270 = GRUR 1995, 330 elektrische Steckverbindung.
283   BGHZ 179, 168 = GRUR 2009, 382 Olanzapin; BGH GRUR 2010, 123 Escitalopram; BGH 25.2.2010 Xa ZR 34/08; BGH GRUR 2010, 814 Fugenglätter: durch Kognition hergestellter Zusammenhang ist nicht ausreichend; BGH 25.6.2013 X ZR 52/12; vgl BGH 3.5.2010 X ZR 59/08; BGH 26.11.2013 X ZR 96/10; BGH 22.12. 2009 X ZR 27/06 Hubgliedertor I; BPatG 27.1.2009 3 Ni 78/06 (EU); BPatG 26.1.2011 5 Ni 61/09 (EU); BPatG 2.3.2011 5 Ni 106/09 (EU); BPatG 14.1.2014 3 Ni 24/12 (EP); BPatG 18.2.2014 3 Ni 28/12 (EP).
284   BGH Olanzapin.
285   BGH 13.7.2010 Xa ZR 10/07.
286   BGHZ 128, 270, 275 f = GRUR 1995, 330, 332 elektrische Steckverbindung.
287   Vgl *Fitzner/Lutz/Bodewig* Rn 116 ff; aA *R. Rogge* GRUR 1996, 931, 936; *Bossung* GRUR Int 1978, 381.
288   Vgl *Benkard* Rn 307.

Vorweggenommen ist – auch zur Vermeidung von Doppelpatentierungen, auf die das Neuheitserfor-   **78**
dernis allerdings nicht beschränkt ist[289] – alles, was für den Fachmann selbstverständlich ist und deswegen keiner besonderen Offenbarung bedarf und daher „**mitgelesen**" wird,[290] dagegen nicht das, was sich
aus dem gesamten Offenbarungsgehalt nicht ohne weiteres erschließt.[291] Der Fachmann bezieht in seine
Betrachtung einer Druckschrift neben dem unmittelbar Ausgesagten auch das ein, was sich ihm aufgrund
seines Fachwissens ohne weiteres erschließt,[292] was er ohne weiteres Nachdenken als selbstverständlich
„mitliest".[293] Die Einbeziehung von Selbstverständlichem erlaubt jedoch keine Ergänzung der Offenbarung
durch das Fachwissen, sondern dient lediglich der vollständigen Ermittlung des Sinngehalts.[294] Nach der
im Grundsatz vom BGH bestätigten Auffassung des 12. und des 23.Senats des BPatG soll auch nach geltendem Recht nicht allein auf den Wortlaut einer als StdT zu berücksichtigenden Veröffentlichung abzustellen sein. Dem Offenbarungsgehalt wurden vielfach auch die sog „fachnotorisch austauschbaren" Mittel[295]
zugerechnet,[296] zu denen sowohl eine dem Fachmann ohne weiteres verfügbare funktionsgleiche alternative Ausführungsart eines im einzelnen beschriebenen Mittels (zB kinematische Umkehr,[297] nicht aber das
Gegenteil,[298] eine Maßnahme, die keine kinematische Umkehr darstellt[299] oder ein aufgrund von Messtoleranzen möglicherweise ungewollt auftretender Effekt)[300] als auch eine vorherrschend gebräuchliche und
daher für den Fachmann selbstverständliche konkrete Ausführungsart eines durch einen umfassenden
technischen Begriff angegebenen Mittels zählen sollen,[301] nicht aber Abwandlungen und Weiterentwicklungen, bei denen der Fachmann nicht nur erkennend, sondern auch wertend tätig werden muss.[302] Das
sollte auch für die „fachnotorischen Ergänzungen" der unerwähnten Mittel und Maßnahmen, die für den
Fachmann zur Vervollständigung der lückenhaften Lehre ohne weiteres verfügbar und daher selbstverständlich sind, gelten.[303] Zu den „fachnotorisch austauschbaren Mitteln" gehört danach allerdings nicht

---

289   Vgl *R. Rogge* GRUR 1996, 931, 933; *Benkard-EPÜ* Art 54 Rn 197.

290   BGHZ 179, 168 = GRUR 2009, 382 Olanzapin, ebenso BGH GRUR 2009, 390 Lagerregal; BGH GRUR 2010, 509
Hubgliedertor I; BGH GRUR 2014, 758 Proteintrennung; BGH 28.7.2009 X ZB 41/08; BGH 16.11.2010 X ZR 97/06, unter
Modifizierung der früheren Rspr und Lit: BGHZ 128, 270, 276 f = GRUR 1995, 330, 332 elektrische Steckverbindung; BGH
GRUR 2000, 296, 297 Schmierfettzusammensetzung; BGHZ 148, 383 = GRUR 2002, 146 Luftverteiler; BGH GRUR 2001, 140 f
Zeittelegramm; BPatGE 39, 123 = GRUR 1998, 661; BPatG 20.12.2000 5 W (pat) 436/99; BPatG 5.7.2001 3 Ni 42/00 (EU): PET-
Flasche bei offenbarter Flasche; BPatG 9.7.2003 14 W (pat) 37/02; *R. Rogge* GRUR 1996, 931, 934; *Benkard-EPÜ* Art 54
Rn 65 ff; ähnlich BPatG 16.2.1984 21 W (pat) 15/83 BlPMZ 1984, 331 Ls: was der Fachmann dem gesamten Inhalt einer
Druckschrift aufgrund seines Fachwissens bei einer nicht am Wortlaut haftenden, sondern auf den Sinn abgestellten
Betrachtungsweise ohne weitere Überlegungen unmittelbar entnehmen oder „ohne eigenes Zutun" zur Vervollständigung
der im übrigen hinlänglich beschriebenen technischen Lehre ergänzen kann; vgl BGH Bausch BGH 1994–1998, 82, 89
optisches Speichermedium, dort zum früheren Recht; BPatG 13.11.1997 15 W (pat) 48/95; GH Den Haag BIE 2003, 19; vgl
auch Bericht *Held/Loth* GRUR Int 1995, 220, 224, 227; abl zu Ergänzungen *Vollrath* GRUR 1997, 721; ÖOPM 29.6.2011 Op 3/11
öPBl 2012, 2 = ÖBl 2012, 109 Olanzapin fordert die Ermittlung des Gesamtinhalts der Vorveröffentlichung.

291   BPatGE 35, 172 = BlPMZ 1996, 64; einschränkend bei Offenbarung nur in den Zeichnungen BPatG 10.10. 1995 3 Ni
38/94 (EU) undok.

292   BPatG Mitt 1993, 283.

293   BGHZ 179, 168 = GRUR 2009, 382 Olanzapin; RB Den Haag BIE 1994, 354, 355; *Fitzner/Lutz/Bodewig* Rn 124; zum
„Mitlesen" auch BPatG GRUR 1998, 368; BPatG 2.3.2006 4 Ni 55/04 (EU); BPatG 21.3.2006 1 Ni 18/04 (EU); zum „Mitlesen"
chemischer Verbindungen BPatG BlPMZ 1987, 131; vgl auch BGH BlPMZ 1986, 216 Schneekette.

294   BGHZ 179, 168 = GRUR 2009, 382 Olanzapin; BGH GRUR 2014, 758 Proteintrennung; BPatG 10.1.2012 GRUR 2013,
165; BPatG 11.11.2014 3 Ni 26/13.

295   Vgl *Schulte* Rn 106; kr zur Begriffsbildung BGH elektrische Steckverbindung sowie *R. Rogge* GRUR 1996, 931, 936.

296   Vgl auch BPatG 13.6.1995 3 Ni 19/94.

297   *R. Rogge* GRUR 1996, 931, 935.

298   BPatG 19.11.1997 9 W (pat) 81/96.

299   BPatGE 39, 61 = GRUR 1998, 659: Anbringung der Spannvorrichtung für das bewegliche Schneidmesser an dessen
Träger anstatt am feststehenden Gegenmesser bei einer Schneidvorrichtung.

300   BPatG 18.11.1997 4 Ni 5/97; BPatG Bausch BPatG 1994–1998, 757: parallele Ausrichtung, wenn Hauptanspruch die
Ausrichtung offenlässt und Unteranspruch auf nichtparallele Ausrichtung gerichtet ist; vgl auch GH Den Haag BIE 1997,
203, 206.

301   BPatGE 30, 6 = BlPMZ 1989, 56.

302   *Benkard-EPÜ* Art 54 Rn 62; *Benkard*[10] Rn 35; BGH GRUR 2009, 390 Lagerregal; BGH GRUR 2013, 1174
Mischerbefestigung; BPatG 26.6.1997 23 W (pat) 13/96.

303   BPatG 4.5.1993 23 W (pat) 75/91 BlPMZ 1993, 456 Ls; BPatG 9.4.2002 23 W (pat) 22/01.

eine auf einem anderen Lösungsprinzip beruhende Lösung,[304] ebenso nicht ein anderes Mittel, wenn das verwendete gezielt und unter Ausschluss denkbarer Alternativen vorgeschlagen ist.[305] Der Fachmann muss ein bestimmtes Lösungsmittel oder allenfalls eines aus wenigen Alternativen als üblich und geeignet erkennen, eine Ergänzung aus einer Vielzahl von möglichen Maßnahmen ist nicht neuheitsschädlich.[306] Ein nur „mitgelesenes" Merkmal kann nicht dadurch angereichert werden, dass ihm eine bestimmte von mehreren möglichen Ausgestaltungen beigemessen wird, die sich erst als Folge aufeinander aufbauender Überlegungen beim Ausführen der Lehre einstellt, selbst wenn jede dieser Überlegungen für sich übliches fachmännisches Handeln nicht übersteigt,[307] ebenso nicht durch das, was bei ihm wiederum nur mitgelesen wird.[308] Der BGH steht der weitergehenden Einbeziehung von Austauschmitteln abl gegenüber.[309] Nach seiner neueren Rspr[310] kommen Ergänzungen der Offenbarung durch das Fachwissen ohnehin nicht mehr in Betracht. Ein allg Begriff soll einen spezielleren offenbaren können,[311] jedoch sind grds mit einer chemischen Strukturformel die unter diese fallenden Einzelverbindungen nicht offenbart;[312] auch wird ein allg beschriebenes Verfahren ein spezielles nicht vorwegnehmen.[313] Man wird davon ausgehen können, dass eine eng umschriebene Gruppe von Individuen auch die Einzelindividuen offenbaren kann (so der Begriff Halogen jedenfalls die Halogene Fluor, Chlor, Brom, Jod), eine weiter gefasste Gruppe auch ihre einfachsten und geläufigsten Bestandteile,[314] es wird aber immer auf die Besonderheiten des Falls ankommen. Eine Maßangabe mit dem Zusatz „etwa" soll bei üblicher Auslegung Abweichungen von 10% umfassen,[315] hier wird indessen auf den Einzelfall abzustellen sein (vgl die ähnliche Problematik bei der Schutzbereichsbestimmung, Rn 48 zu § 14).

79   Berührt eine Erfindung **zwei technische Fachgebiete**, die dem zuständigen Fachmann zuzurechnen sind, ist die Austauschbarkeit in Hinblick auf die aus beiden Teilgebieten an das Mittel gestellten Anforderungen zu beurteilen. Demnach sind für den auf dem Gebiet der Entsorgung radioaktiver Abfälle tätigen Fachmann, der auch über einschlägige Kenntnisse auf dem Gebiet der Kunststoffverarbeitung verfügt, das aus dieser Technik bekannte Spritzgussverfahren und Extrusionsverfahren keine fachnotorisch austauschbaren Mittel, wenn es um die volumenreduzierende Konditionierung und Fixierung von radioaktiv kontaminierten Kunstharzen geht.[316]

80   Das **EPA** stellt auf eindeutige und unmissverständliche Offenbarung ab.[317] Nicht neuheitsschädlich ist, was der Fachmann erst nach Überlegen als Weiterbildung der Entgegenhaltung ableiten kann, erst recht das, was nur Anregungen für eine bestimmte Erkenntnis, nicht aber die Erkenntnis selbst vermittelt.[318] Nach Auffassung des EPA[319] gehören Merkmale, die denen einer Vorveröffentlichung äquivalent sind, nicht zum Gesamtinhalt der Vorveröffentlichung. Eine Berücksichtigung erfolgt erst bei der Prüfung auf erfinderische Tätigkeit,[320] vgl auch EPA-PrRl C-IV 7.4, wonach zwar ein spezieller Begriff einen allg

---

304 BPatGE 31, 230 = BlPMZ 1991, 165; BPatGE 35, 172, 176 f.

305 BPatGE 35, 172, 177.

306 *R. Rogge* GRUR 1996, 931, 935.

307 BPatGE 39, 123 = GRUR 1998, 661.

308 BPatG 1.10.1997 20 W (pat) 9/97.

309 BGH elektrische Steckverbindung.

310 BGH Olanzapin.

311 Bsp bei *R. Rogge* GRUR 1996, 931, 937; vgl aber *Fitzner/Lutz/Bodewig* Rn 121 unter Hinweis auf BGH GRUR 2000, 296 Schmierfettzusammensetzung.

312 BGH Olanzapin, BGH 16.6.2015 X ZR 67/13 Mitt 2015, 563 Ls Üertragungspapier für Tintenstrahldrucker; differenzierend dagegen die Vorinstanz BPatGE 50, 167; vgl BGHZ 80, 323 = GRUR 1981, 812 Etikettiermaschine.

313 Vgl EPA T 427/00; BPatG 16.1.2009 14 W (pat) 28/06.

314 Vgl BPatG 26.11.1992 3 Ni 51/91 (EU).

315 ÖOPM öPBl 1999, 171, 174.

316 BPatGE 30, 188 = BlPMZ 1989, 359.

317 Vgl EPA G 3/89 ABl EPA 1993, 117 Berichtigung nach Regel 88 Satz 2 EPÜ; EPA T 406/94.

318 *Benkard* Rn 9.

319 Hierzu *Schulte* Rn 108.

320 EPA T 167/84 ABl EPA 1987, 369 = GRUR Int 1987, 870 Kraftstoffventil; EPA T 181/82 ABl EPA 1984, 401 = GRUR Int 1984, 700 Spiroverbindungen; EPA T 7/86 ABl EPA 1988, 381 = GRUR Int 1989, 226 Xanthine; EPA T 296/87 ABl EPA 1990, 195 = GRUR Int 1990, 851 Enantiomere; EPA T 517/90 Foil container closing apparatus; EPA T 697/92, auch zum Begriff des Äquivalents; EPA T 928/93.

offenbart,[321] aber nicht umgekehrt.[322] Nicht explizit Beschriebenes wird nur dann berücksichtigt, wenn es für den Fachmann miterfasst ist, so als sich zwangsläufig einstellendes Ergebnis.[323] Ob „implizite" Vorbeschreibungen offenbart sind, wurde unterschiedlich beurteilt.[324] Die gelegentlich verwendete Charakterisierung als „fotografische" Neuheit (vgl Rn 75) erscheint nicht ganz treffend.

Die **enge Fassung** ist auf Wunsch von Benutzern des eur Patentsystems eingeführt worden, um der Gefahr von Selbstkollisionen bei Nachanmeldungen zu begegnen.[325] Auf den genauen Wortlaut ist die Offenbarung allerdings auch nach der Praxis des EPA nicht beschränkt.[326] Nach den EPA-PrRl C-IV 7.2 ist ein Gegenstand nur dann neuheitsschädlich getroffen, wenn er aus dem Dokument unmittelbar und eindeutig hervorgeht; dem haben sich die Rspr des BGH wie die Praxis der Beschwerdekammern des EPA angeschlossen[327] (vgl Rn 80). **81**

Maßgeblich für die Beurteilung der Neuheitsschädlichkeit muss nach Auffassung des EPA sein, ob der Fachmann die beanspruchte Lehre in ihrer Gesamtheit der Entgegenhaltung entnommen hat;[328] der Unterschied zweier Verfahren in einem funktionellen Merkmal genügt demnach.[329] Unterschiedliche, in einem Dokument beschriebene Gegenstände müssen getrennt betrachtet werden,[330] es sei denn, dass die Kombination ausdrücklich erwähnt wird[331] oder der Fachmann der Entgegenhaltung entnehmen kann, dass die Kombination in Frage kommt.[332] Neuheitsschädlichkeit soll nicht vorliegen, wenn die Nacharbeitung der vorbeschriebenen Bsp die beanspruchte Zusammensetzung ergebe, nach der Beschreibung in der Vorveröffentlichung aber ein Unterschied bestehen soll, weil die Lehre der Vorveröffentlichung so ausgelegt werden müsse, als ob sie eine weitere Verfahrensstufe zur Eliminierung des zusätzlichen Bestandteils enthalte.[333] **82**

321 Vgl EPA T 508/91: „Gemüse" offenbart „Speisefrüchte und Pflanzen" neuheitsschädlich.
322 Nach EPA T 651/91 gilt dies selbst bei nur zwei möglichen Alternativen.
323 EPA T 12/81 ABl EPA 1982, 296 = GRUR Int 1982, 744 Diastereomere; EPA Spiroverbindungen; EPA T 198/84 ABl EPA 1985, 209, 214 = GRUR Int 1985, 827 Thiochlorformiate; EPA T 124/87 ABl EPA 1989, 491 = GRUR Int 1990, 225 Copolymere: allgemeine Klasse von Polymeren; EPA T 699/89 ABl EPA 1993, 477, 501 = GRUR Int 1994, 59 Washing composition; EPA T 618/90 EPOR 1993, 19 Metal working using lubricants; vgl EPA T 1048/92 Penem derivates.
324 Verneinend EPA T 99/85 ABl EPA 1987, 349 = GRUR Int 1988, 251 diagnostisches Mittel; EPA Kraftstoffventil; EPA T 763/89 EPOR 1994, 384 mehrschichtiges photographisches Material; EPA T 265/88 EPOR 1990, 399 semipermeable membranes; EPA T 572/88 GRUR Int 1991, 816 Reaktivfarbstoffe; EPA T 71/93; bejahend Schulte Rn 102; BPatG 21.3.2006 1 Ni 18/05 (EU): einem beschriebenen Verfahren vorausgehende Stufen; ÖOPM öPBl 2010, 57: sich aus genannten Merkmalen in selbstverständlicher Weise ergibt; EPA G 2/88 ABl EPA 1990, 93 reibungsverringernder Zusatz; EPA G 1/92 ABl EPA 1993, 277 = GRUR Int 1993, 698 öffentliche Zugänglichkeit; EPA T 12/81 ABl EPA 1982, 296 Diastereomere; EPA T 119/88 ABl EPA 1990, 395; vgl aber BGHZ 179, 168 = GRUR 2009, 382, 384 Olanzapin.
325 Singer[1] Art 54 Rn 11; EPA T 447/92.
326 EPA T 6/80 ABl EPA 1981, 434 = GRUR Int 1981, 769 Reflektorzwischenlage; EPA Diastereomere; EPA T 198/84 ABl EPA 1985, 209 = GRUR Int 1985, 827 Thiochlorformiate; EPA mehrschichtiges photographisches Material; unklar van den Berg GRUR Int 1993, 354, 359.
327 So auch BGHZ 148, 383, 389 = GRUR 2002, 146 Luftverteiler; BGHZ 179, 168 = GRUR 2009, 382, 384 Olanzapin; BGH GRUR 2010, 123 Escitalopram (Beschreibung des Racemats ohne Hinweis auf Chiralität); BGH GRUR 2004, 133, 135 elektr[on]ische Funktionseinheit; BGH GRUR 2008, 597 Betonstraßenfertiger; BGH GRUR 2008, 887 Momentanpol II; BGH 30.6.2009 X ZR 107/05; BGH 16.6.2015 X ZR 67/13 Mitt 2015, 563 Ls Übertragungspapier für Tintenstrahldrucker; BPatG 21.8.2012 4 Ni 24/09; EPA G 2/98 ABl EPA 2001, 413 = GRUR Int 2002, 80 Erfordernis für die Inanspruchnahme einer Priorität für „dieselbe Erfindung"; EPA T 204/83 ABl EPA 1985, 310 = GRUR Int 1986, 125 Venturi; EPA T 56/87 ABl EPA 1990, 188 Ionenkammer; T 465/92 ABl EPA 1996, 32 = GRUR Int 1996, 723 Aluminiumlegierungen; EPA T 607/05 GRUR Int 2008, 511 Treibscheibenaufzug; EPA T 511/92; EPA T 411/98; EPA T 515/98; vgl EPA T 60/99; Schulte Rn 94 mNachw; Fitzner/Lutz/Bodewig Rn 146; Büscher/Dittmer/Schiwy Rn 44; kr noch R. Rogge GRUR 1996, 931, 934.
328 Vgl EPA T 124/87 ABl EPA 1989, 491 = GRUR Int 1990, 225 Copolymere; EPA T 204/83 ABl EPA 1985, 310= GRUR Int 1986, 125 Venturi; EPA T 56/87 ABl EPA 1990, 188 Ionenkammer.
329 EPA T 500/89 Beschichtungsmaterialien.
330 EPA T 305/87 ABl EPA 1991, 429 = GRUR Int 1991, 808 Schere.
331 EPA T 931/92.
332 EPA T 739/93; vgl Büscher/Dittmer/Schiwy Rn 48.
333 EPA T 310/88 EPOR 1991, 10 Photosensitive polyamide resin composition.

II. Neuheitsvergleich

83 **1. Grundsatz.** Bei der Prüfung der Neuheit der beanspruchten/geschützten Lehre ist diese mit dem StdT zu vergleichen. Allein aus einem Vergleich des Inhalts der Patentansprüche und der in ihnen enthaltenen Merkmale mit dem vorbekannten StdT ergibt sich, ob der Tatbestand einer Vorwegnahme gegeben ist.[334] Dazu ist zum einen der Offenbarungsgehalt der Entgegenhaltung zu ermitteln; dies geschieht aber nicht im Weg der Auslegung. Sodann ist der Inhalt des Patentanspruchs durch Auslegung nach den Regeln des § 14/Art 69 EPÜ zu bestimmen. In einem dritten Schritt ist der Inhalt des Patentanspruchs mit dem Offenbarungsgehalt der einzelnen Entgegenhaltung zu vergleichen; besteht Übereinstimmung, ist der Patentinhalt neuheitsschädlich getroffen.[335] Allgemeines Fachwissen für sich kommt nicht als neuheitsschädlich in Betracht.[336]

84 **2. Objektive Beurteilung.** Für die Beurteilung der Neuheit sind die objektiven Gegebenheiten am Anmeldetag oder am Prioritätstag[337] und nicht die subjektiven Vorstellungen des Anmelders maßgebend.[338] Daran, dass der Anmelder ein Merkmal als bekannt bezeichnet hat, braucht er sich nicht festhalten zu lassen.[339] Allerdings wird eine Angabe als bekannt zu besonders sorgfältiger Recherche veranlassen, auch unterliegt sie der freien Würdigung. Abzustellen ist auf die konkrete technische Lehre, nicht aber die ihr beigefügte theoretische Erklärung.[340] Soweit Übereinstimmung in den objektiven Merkmalen besteht, ist es unerheblich, mit welcher Motivation und Zielsetzung und auf welchem Erfahrungshintergrund sie verwirklicht wird.[341] Für die Offenbarung ist auf den technischen Gehalt im vorbekannten StdT so, wie er sich dem Fachmann darstellt, abzustellen; spekulative Angaben ohne einen solchen Gehalt können nicht zum StdT gerechnet werden.[342] Durch eine Veröffentlichung, in der hinsichtlich einer bestimmten Gruppe von Produkten die Vermutung geäußert wird, dass diese Krebs verursachen können, ist die Verwendung eines dieser Produkte für Zwecke, bei denen kein kanzerogenes Potential vorhanden sein darf, nicht offenbart.[343] Ein fehlerhaftes Dokument gehört mit seinem Fehler zum StdT, sofern der Fachmann den Fehler nicht erkennt und richtigstellt.[344] Ist abw von einer (selbst nicht zum StdT rechnenden) Zeichnung ausgeführt worden, ist die zeichnerische Darstellung nicht maßgeblich.[345] Auch „Ausreißer" können zum StdT rechnen.[346] Das gilt auch für verunreinigte Stoffe.[347] Ein Merkmal, das nur bei einer Fehlfunktion der Entgegenhaltung erfüllt ist, ist nicht vorweggenommen.[348]

---

334 BGH GRUR 1990, 33 Schüsselmühle.

335 Vgl zur fehlenden Abgrenzbarkeit über funktionelle, austauschbare Begriffe BPatG 13.12.2010 15 W (pat) 15/06.

336 *Gramm* GRUR 1998, 240; vgl Bericht *Held/Loth* GRUR Int 1995, 220, 224 f, 227; vgl BGHZ 179, 168 = GRUR 2009, 382 Olanzapin; aA offenbar *Benkard-EPÜ* Art 54 Rn 39.

337 Vgl BGH GRUR 1954, 584 Holzschutzmittel; BGH GRUR 1971, 565 Funkpeiler; BGH GRUR 1990, 899 Sauerteig; *Büscher/Dittmer/Schiwy* Rn 43.

338 BGH GRUR 1971, 115 Lenkradbezug; BGH GRUR 1973, 263, 265 Rotterdam-Geräte; BGH GRUR 1994, 357 Muffelofen; BGH 7.11.1961 I ZR 30/59; BGH 29.4.2003 X ZR 142/99; BGH 18.11.2014 X ZR 143/12; BPatG 4.11.2010 21 W (pat) 8/08; EPA T 6/81 ABl EPA 1982, 183 Elektrodenschlitten; EPA T 28/87 ABl EPA 1989, 383 Drahtgliederbänder; EPA T 77/87 ABl EPA 1990, 280 = GRUR Int 1990, 857 fehlerhaftes Referat; EPA T 22/83 EPOR 1988, 234 Surface acoustic wave device; *Benkard-EPÜ* Art 54 Rn 26; *Büscher/Dittmer/Schiwy* Rn 53; vgl auch BGH GRUR 1981, 190 Skistiefelauskleidung.

339 BGH Lenkradbezug; vgl BPatG 5.8.1999 11 W (pat) 17/99, zu Erwägungen zum StdT; aA offenbar BPatG 8.12.1994 11 W (pat) 102/93, wenn dort ausgeführt wird, der zeichnerischen Darstellung eines Gegenstands, den ein Anmelder von sich aus als bekannt angibt und beschreibt, könne kein weitergehender Offenbarungsgehalt zugemessen werden als seiner schriftlichen Darlegung.

340 Vgl BPatG 8.3.2007 3 Ni 27/04; *Benkard* Rn 11.

341 Vgl *Benkard* Rn 200; BGHZ 58, 280, 290 = GRUR 1972, 541 Imidazoline; BGHZ 66, 17, 32 = GRUR 1976, 299 Alkylendiamine I.

342 BGHZ 184, 300 = GRUR 2010, 414 thermoplastische Zusammensetzung.

343 BGH GRUR 2012, 373 Glasfasern.

344 Vgl BGH GRUR 1974, 148 Stromversorgungseinrichtung, ähnlich EPA T 591/90 tiefgezogener Aluminiumbehälter; aA EPA fehlerhaftes Referat, wonach die fehlerhafte Offenbarung nicht als StdT zu betrachten ist; vgl EPA T 412/91, wo darauf abgestellt wird, ob der Fachmann den Fehler erkennt; *Benkard-EPÜ* Art 54 Rn 56 f.

345 Vgl BPatGE 40, 10.

346 Einschränkend BPatGE 40, 104, 113.

347 Vgl BGH GRUR 2009, 929 Schleifkorn.

348 Vgl BPatG 22.9.2003 BlPMZ 2004, 195.

3. Einzelvergleich. Anders als bei der Prüfung auf erfinderische Tätigkeit, bei der der gesamte StdT **85** „mosaikartig" in die Beurteilung einzubeziehen ist, findet bei der Neuheitsprüfung wie schon nach der früheren Rechtslage ein Einzelvergleich gesondert mit jeder Entgegenhaltung statt.[349] Jedoch können uU lediglich redaktionell getrennte Beiträge eines Verfassers als Einheit zu behandeln sein.[350] Dabei ist der Patentanspruch, so wie er nach seiner Auslegung zu verstehen ist, mit der Entgegenhaltung, deren Offenbarungsgehalt zu ermitteln ist, zu vergleichen. Ein Gerätesatz, dessen Bestandteile in ihren technischen Merkmalen zur Erreichung eines bestimmten Zwecks aufeinander abgestimmt sind, ist auch dann neu, wenn im StdT eine Mehrzahl von Einzelteilen eines solchen Satzes ohne funktionale Abstimmung bekannt ist.[351]

Eine Erfindung ist nur dann vorweggenommen, wenn durch **eine einzige Entgegenhaltung** alle **86** Merkmale bekannt sind.[352] Die Neuheitsprüfung hat zum Ziel festzustellen, ob sich der Gegenstand der Patentanmeldung von jeder einzelnen Vorveröffentlichung und Vorbenutzung hinsichtlich der erfindungsgem Merkmale in irgendeinem Punkt unterscheidet; die Zahl der jeweiligen Abweichungen ist hierbei bedeutungslos.[353] Die Abweichung kann im Hinzufügen von Merkmalen zur bekannten Lehre, aber auch im Weglassen von Merkmalen liegen (vgl Rn 86 zu § 4). Ein überflüssiges Merkmal, das den Gegenstand nicht verändert, hat außer Betracht zu bleiben.[354]

Ergibt sich die Lehre aus **mehreren Veröffentlichungen**, ist sie grds nicht neuheitsschädlich getrof- **87** fen.[355] Ob dies auch dann gilt, wenn mehrere Entgegenhaltungen Darstellungen desselben Gegenstands sind, der etwa deshalb nicht selbst bei der Neuheitsprüfung berücksichtigt werden kann, weil er unter der Geltung des PatG 1968 nicht im Inland vorbenutzt worden ist oder weil er selbst nicht öffentlich zugänglich geworden ist, erscheint zwh.

Bei dem Einzelvergleich einer vorveröffentlichten Druckschrift ist der Inhalt einer in der Vorveröffent- **88** lichung ausreichend deutlich **in Bezug genommenen weiteren Veröffentlichung**, die zur Grundlage der Vorveröffentlichung und damit zu deren Inhalt gemacht ist, mit zu berücksichtigen;[356] der Verweis etwa auf ein „herkömmliches Verfahren" kann durch Heranziehung von Nachschlagewerken konkretisiert werden.[357]

4. Berücksichtigung des Stands der Technik

a. Grundsatz. Entgegenhaltungen sind mit ihrem gesamten Informationsgehalt auszuwerten.[358] **89** Maßstab ist, was der Fachmann der Entgegenhaltung als Gegenstand einer technischen Lehre entnehmen kann.[359] Zum maßgeblichen Zeitpunkt Rn 67.

---

349 RG GRUR 1941, 465, 468 Malerbürsten; BGH Rohrschelle; BGH GRUR 1954, 107 Mehrfachschelle; BGH GRUR 1962, 350 Dreispiegelrückstrahler; BGH GRUR 1962, 518 Blitzlichtgerät; BGH GRUR 1974, 148 Stromversorgungseinrichtung; BGHZ 76, 97, 104 = GRUR 1980, 283 Terephthalsäure; BGHZ 90, 318, 322 = GRUR 1984, 797 Zinkenkreisel; BPatG BlPMZ 1983, 308; EPA T 153/85 ABl EPA 1988, 1 = GRUR Int 1988, 585 Alternativansprüche; EPA T 233/90 Magnetic recording medium; RB Den Haag BIE 1994, 354, 355; CA 29.11.2004 2004 EWCA 1568 SmithKline Beecham v. Apotex, referiert in EIPR 2005 N-68; *Benkard* Rn 22; *Benkard-EPÜ* Art 54 Rn 21; *Schulte* Rn 135; *Kraßer/Ann* § 17 Rn 21; *Büscher/Dittmer/Schiwy* Rn 54; *R. Rogge* GRUR 1996, 931, 932; EPA-PrRl C-IV 7.1.
350 BPatG BlPMZ 1983, 308; *Fitzner/Lutz/Bodewig* Rn 128.
351 BGH GRUR 2011, 707 Dentalgerätesatz.
352 BGH GRUR 1954, 317 Leitbleche I; BGHZ 16, 326 = GRUR 1955, 466 Kleinkraftwagen; BGH Liedl 1959/60, 302 ff Spielzeugfahrzeug; BGH 26.9.1963 I a ZR 194/63; BPatG 15.3.2004 11 W (pat) 306/02; EPA T 904/91.
353 BGHZ 90, 318, 322 = GRUR 1984, 797 Zinkenkreisel; vgl *Fitzner/Lutz/Bodewig* Rn 129; *Büscher/Dittmer/Schiwy* Rn 55.
354 EPA T 917/94.
355 Vgl BGH Liedl 1967/68, 321, 332 Sterilisieren; BGH 14.5.2002 X ZR 194/99; BGH 4.11.2008 X ZR 154/05; schweiz BG sic! 2014, 376 Couronne dentée; EPA T 610/95.
356 BGHZ 76, 97 = GRUR 1980, 283 Terephthalsäure; BGH BlPMZ 1985, 373 Klebstoff; BGH 4.11.2008 X ZR 154/05; BGH 25.2.2010 Xa ZR 34/08; BPatG 26.11.1992 3 Ni 51/91 (EU); EPA T 153/85 ABl EPA 1988, 1 = GRUR Int 1988, 585 Alternativansprüche; EPA T 390/90; EPA T 645/91; EPA T 422/92: ausdrücklicher Hinweis; EPA T 239/94; vgl auch südafrikan Court of the Commissioner of Patents 14.4.2000 FIB v. Glaverbel, referiert in EIPR 2001 N-29.
357 BGH GRUR 2015, 1091 Verdickerpolymer I; EPA T 233/90 Magnetic recording medium.
358 EPA T 666/89 ABl EPA 1993, 495 = GRUR Int 1994, 59 Waschmittel; EPA T 245/91; EPA T 969/92; vgl *Schulte* Rn 92.
359 BGH Bausch BGH 1999–2001, 341 Radaufhängung mwN.

90   Eine vorveröffentlichte Darstellung des Erfindungsgedankens ist ohne weiteres neuheitshindernd, auch wenn sie nur **beiläufig** und ohne näheren Bezug auf den wesentlichen Gegenstand der Entgegenhaltung erfolgt.[360] Einer besonderen Hervorhebung bedarf es auch dann nicht, wenn mehrere Möglichkeiten nebeneinander genannt sind.[361] Für eine die Neuheit ausschließende Offenbarung reicht es aus, wenn ein bestimmtes Material benannt wird, das alle beanspruchten Merkmale aufweist; eine wissenschaftliche Begründung dafür, weshalb der Einsatz eines solchen Materials den patentgemäßen Erfolg eintreten lässt, ist nicht erforderlich.[362] Selbst eine Offenbarung mehrerer Möglichkeiten steht einer eindeutigen Offenbarung nicht entgegen.[363] Dagegen ist eine nicht ausdrücklich erwähnte Merkmalskombination nur dann neuheitsschädlich, wenn der Fachmann sie der Entgegenhaltung entnimmt.[364] Werte, die sich nur unter Berücksichtigung von Messtoleranzen der Messnorm ergeben, sind nicht neuheitsschädlich.[365] Auch das, was sich nur im Umkehrschluss entnehmen lässt, ist nicht neuheitsschädlich offenbart.[366]

91   Nach der Rspr in **Österreich** ist die Neuheitsschädlichkeit einer Offenbarung daran zu messen, was sie dem lesenden Durchschnittsfachmann, ohne von ihm schwierige Deduktionen oder gar schöpferische Gedankengänge zu verlangen, jedoch unter voller Anwendung des von ihm zum Prioritätszeitpunkt zu erwartenden Informations- und Wissensstands und des allg Fachwissens, vermittelt.[367]

92   Nur das gehört zum Offenbarungsgehalt, was der Fachmann dem Gesamtdokument **widerspruchsfrei** entnimmt, somit nicht Kombinationen von Einzelmerkmalen aus verschiedenen Patentansprüchen, die in der Beschreibung keine Stütze finden oder im Widerspruch zu ihr stehen.[368]

93   Die Wiederholung einer im technischen Schrifttum bereits einmal gegebenen Lehre ist auch dann keine neue Erfindung, wenn die frühere Lehre in der Zwischenzeit „vergessen" worden, „**papierener StdT**" geblieben ist, selbst wenn sich ein Vorurteil gegen ihre Befolgung gebildet hat und wenn das Wiederaufgreifen der früher gegebenen Lehre einem dringenden Bedürfnis entsprochen hat, um dessen Befriedigung man sich lange Zeit vergeblich bemüht hatte.[369] Anders verhält es sich, wenn die Lehre objektiv nicht mehr reproduziert werden kann.[370] **Zufällige Vorwegnahme** kann ausreichen, jedoch ist der Offenbarungsgehalt in solchen Fällen besonders sorgfältig zu prüfen[371] (vgl auch Rn 95).

94   **b. Nacharbeitbarkeit.** Nur eine nacharbeitbare (ausführbare) Offenbarung kommt als neuheitsschädlich in Betracht[372] (vgl zur Stoffauswahl Rn 119); für die Berücksichtigung bei der Prüfung auf erfinderische Tätigkeit gilt dies allerdings nicht. Bloße Anregungen, die sich nicht zu einer wiederholbaren

---

360   BGHZ 80, 323 = GRUR 1981, 812 Etikettiermaschine; vgl BPatG Mitt 1973, 112; zur Kombination von Merkmalen aus Ausführungsbeispielen *R. Rogge* GRUR 1996, 931, 936 f.
361   BGHZ 76, 97 = GRUR 1980, 283 Terephthalsäure; *Fitzner/Lutz/Bodewig* Rn 123.
362   BGH 13.7.2010 Xa ZR 10/07; BGH GRUR 2011, 129 Fentanyl-TTS; BGH GRUR 2015, 1091 Verdickerpolymer I; *Fitzner/Lutz/Bodewig* Rn 153.
363   BGH 13.7.2010 Xa ZR 10/07.
364   BGH GRUR 1954, 107 Mehrfachschelle; EPA T 291/85 ABl EPA 1988, 302 = GRUR Int 1988, 938 Katalysator; BPatG 10.1.2000 15 W (pat) 54/97 lässt dabei ausreichen, dass der Fachmann beim Nacharbeiten der bekannten Lehre vielleicht unbewusst, aber regelmäßig die Maßnahme anwendet.
365   BGH GRUR 1998, 899, 900 f Alpinski.
366   EPA T 378/94.
367   ÖOPM öPBl 2012, 2 Olanzapin.
368   EPA T 42/92; vgl auch EPA T 65/96.
369   BGH Liedl 1967/68, 321 ff Sterilisieren; vgl auch BGHGRUR 1985, 1035 Methylomonas; *Büscher/Dittmer/Schiwy* Rn 12; vgl zum „vergessenen" StdT nl PA BIE 1999, 326, 327; aA BPatG 9.7.1970 20 W (pat) 281/67, wonach die Wiederanknüpfung an einen seit langem vergessenen StdT ausreichend sein kann.
370   *Benkard-EPÜ* Art 54 Rn 90.
371   EPA T 601/92 in Abgrenzung zu EPA T 161/82 ABl EPA 1984, 551 = GRUR Int 1985, 197 Steckkontakt und EPA T 208/88 ABl EPA 1992, 22 = GRUR Int 1992, 282 Wachstumsregulation, unter Abstellen auf das Fehlen einer gemeinsamen technischen Aufgabe, ebenso EPA T 986/91; vgl auch BGH Bausch BGH 1999–2001, 341 Radaufhängung; BPatG 4.8.2009 3 Ni 52/07 (EU) unter Hinweis auf BGHZ 95, 295, 302 = GRUR 1986, 163 borhaltige Stähle.
372   BGHZ 76, 97 = GRUR 1980, 283 Terephthalsäure; BGH GRUR 1978, 696, 698 alpha-Aminobenzylpenicillin; BGHZ 103, 150, 156 = GRUR 1988, 447 Fluoran; BGH GRUR 2001, 1129 zipfelfreies Stahlband; RG GRUR 1929, 349 Zelluloidbrille: Ermöglichung der Benutzung durch andere Sachverständige; RG GRUR 1938, 48, 49 Fußbekleidungsstück, GbmSache; öOGH ÖBl 2005, 220 = GRUR Int 2006, 347 Paroxat; CAFC 346 F.3d 1051, 1054 (Fed. Cir. 2003) Elan v. Mayo; *R. Rogge* GRUR 1996, 931, 933; *Benkard-EPÜ* Art 54 Rn 133, 157 ff; *Büscher/Dittmer/Schiwy* Rn 52; vgl BPatG 27.9.1982 16 W (pat) 146/79 BB 1983, 1501 Ls; BPatG 16.10.2001 14 W (pat) 35/00; EPA T 491/99.

technischen Lehre verdichtet haben, stehen der Neuheit nicht entgegen.[373] Maßgeblich ist der Anmeldezeitpunkt, nicht der Prioritätszeitpunkt der späteren Anmeldung. Dass eine Patentanmeldung wegen Nichtzahlung der Jahresgebühren verfallen ist, spricht für sich nicht gegen die Nacharbeitbarkeit.[374]

Vorwegnahme kommt nur in Betracht, soweit dem Fachmann der Weg zur Lösung des Problems mit **95** den Mitteln des Patents offenbart wird.[375] Sie liegt nicht vor, wenn sich ein erwünschtes Ergebnis ohne Kenntnis der neuen Lehre überhaupt nicht oder zwar zufällig einmal, aber nicht **wiederholbar**, gezielt nach einer bestimmten Methode erreichen lässt.[376]

Theoretische Erkenntnisse und Anregungen oder **wissenschaftliche Erörterungen**, die sich nicht zu **96** konkretem Erfahrungswissen und einer entspr Anweisung zum technischen Handeln verdichtet haben, können die Neuheit idR nicht beeinträchtigen.[377] Jedoch gehört eine nur theoretisch beschriebene, aber nicht praktisch umgesetzte Lehre zum StdT, sofern der Fachmann am Prioritätstag in der Lage war, sie auszuführen.[378] Deshalb kann nicht darauf abgestellt werden, dass es sich bereits um eine „fertige" Erfindung (Rn 309 ff zu § 34) handelt.[379]

c. Bedeutung des Offenbarungsmittels. Die Offenbarungsmittel sind grds gleichwertig. Es kommt **97** nicht nur streng wissenschaftliche oder technische Literatur in Betracht.[380] **Patentschriften, Offenlegungsschriften** usw sind bei der Neuheitsprüfung nicht anders zu behandeln als sonstiger StdT.[381] Sie gehören mit ihrem gesamten Inhalt zum StdT; die Offenbarung muss nicht in den Schutzbereich der Patentansprüche fallen.[382] Auch wenn der Anspruchswortlaut einer Vorveröffentlichung die beanspruchte Erfindung umfasst, ist die Vorveröffentlichung nicht neuheitsschädlich, wenn sich aus der Beschreibung ergibt, dass der Gegenstand der Erfindung bei ihr ein anderer ist.[383] Die Auffassung, dass die über die beschriebene Ausführungsform hinausgehende Anspruchsfassung den Offenbarungsgehalt nicht einschränke,[384] ist so nicht zutr (Rn 61), insoweit kommt es, wenn man dieser Auffassung folgen wollte, auch auf die Nacharbeitbarkeit für den Fachmann an. Auf die richtige Klassifizierung der Patentschrift kommt es nicht an.[385]

Eine **Offenbarung in der Zeichnung** allein reicht grds aus;[386] auf die zu § 26 PatG 1936/1968 entwi **98** ckelten abw Grundsätze kann nicht zurückgegriffen werden;[387] sie kann der Neuheit später angemeldeter

373 BGH BlPMZ 1973, 170, 172 Schmelzrinne; BGH Terephthalsäure.

374 Vgl EPA T 261/89 menschliches Hepatitis-A-Virus.

375 BGH Bausch BGH 1999–2001, 341 Radaufhängung.

376 BGH BlPMZ 1973, 170 Schmelzrinne; BGH 14.3. 1989 X ZR 30/87 Bausch BGH 1986-1993, 93 Herbizidkonzentrate; LG Düsseldorf InstGE 1, 9, 18 f; öOGH ÖBl 2005, 220, 222 = GRUR Int 2006, 347 f Paroxat; vgl BGH GRUR 1956, 77 f Rödeldraht; EPA T 507/91.

377 BGH GRUR 1955, 386 Optik; BGH Liedl 1963/64, 355 ff Meurer-Diesel; RG MuW 32, 461, 463 Unterwasserschallwellen; RG GRUR 1935, 535 Lamellenkupplung; RG GRUR 1935, 869 Betonkesselofen; vgl EPA T 694/92 ABl EPA 1997, 408, 412 = GRUR Int 1997, 918 Modifizieren von Pflanzenzellen; andererseits BPatG 4.12.1996 19 W (pat) 111/94, wonach ein Permanentmagnet, für den neben der Boridphase auch die Carbidphase beansprucht ist, gegenüber einem Bericht, nach dem neben der üblichen Boridphase auch – allerdings erfolglos – nach der Carbidphase gesucht wurde, weil für das gemeinsame Vorhandensein beider Phasen hohe Koerzitivkräfte vermutet wurden, nicht neu sein soll, bdkl.

378 BGH 25.2.2010 Xa ZR 34/08.

379 AA noch RGZ 150, 95 = GRUR 1936, 323 Straßenlampen; BGH GRUR 1965, 138 Polymerisationsbeschleuniger; BGHZ 52, 74 = GRUR 1969, 672 rote Taube; BGH GRUR 1971, 210 Wildverbißverhinderung und dem folgend *Fitzner/Lutz/Bodewig* Rn 32.

380 Vgl zB BGH Bausch BGH 1999–2001, 520 Absaugflasche: Firmenwerbeschrift; BGH 15.4.2010 Xa ZR 68/06; BGH GRUR 2010, 712 Telekommunikationseinrichtung.

381 Vgl BPatGE 15, 12, 15 f.

382 BGH GRUR 1981, 812 Etikettiermaschine; BGH GRUR 1985, 214 Walzgutkühlbett; EPA T 206/83 EPOR 1986, 232; EPA T 4/83 ABl EPA 1983, 498, 501 = GRUR Int 1984, 237 Reinigung von Sulfonsäuren; EPA T 81/87 ABl EPA 1990, 250 = GRUR Int 1990, 974 Prä-Pro-Rennin; *Schulte* Rn 112; *Fitzner/Lutz/Bodewig* Rn 123.

383 BGH GRUR 1954, 317 Leitbleche I.

384 BPatGE 30, 207 = BlPMZ 1989, 360; BPatG 11.11.1997 23 W (pat) 26/96 und BPatG 20.1.1998 23 W (pat) 53/96.

385 EPA T 195/84 ABl EPA 1986, 121, 126 technisches Allgemeinwissen.

386 EPA T 204/83 ABl EPA 1985, 310 = GRUR Int 1986, 125 Venturi; BPatGE 15, 12, 15 f; BPatGE 24, 177, 179 f unter Abstellen auf die Aussagekraft für den Fachmann; ebenso zum harmonisierten Recht BPatG BlPMZ 1989, 392; EPA T 272/92; ÖPA öPBl 1994, 135; *Schulte* Rn 112.

387 BPatGE 15, 12, 15 f.

Lehren auch dann entgegengestellt werden, wenn sie nicht Gegenstand der Anmeldung ist.[388] Nach Auffassung des EPA muss aus der Zeichnung allerdings nicht nur die Struktur des Merkmals hervorgehen, sondern auch dessen technische Funktion ableitbar sein.[389] Patentzeichnungen offenbaren aber idR nur das Prinzip, nicht auch exakte Abmessungen (Rn 50 zu § 14).

99 **d. Heranziehung weiterer Erkenntnismittel.** Wird der Aussagegehalt einer Entgegenhaltung durch den StdT bestimmt, können spätere Veröffentlichungen zu dessen Feststellung herangezogen werden; hierin liegt keine Feststellung des StdT durch unzulässige Verbindung mehrerer Schrifttumsstellen miteinander.[390]

100 **e. Technisches Fachgebiet.** Von Vorwegnahme kann im allg nur gesprochen werden, wenn die gleiche oder eine ähnliche technische Aufgabe im gleichen Gebiet der Technik schon mit im wesentlichen übereinstimmenden Mitteln gelöst worden ist.[391]

101 Soweit die gleiche oder eine ähnliche technische Aufgabe auf einem Nachbargebiet gelöst wurde, wird sich idR nur die Frage stellen, ob die **Übertragung** aus dem Nachbargebiet nahelag und daher erfinderische Tätigkeit zu verneinen ist (vgl Rn 137). Handelt es sich indes um eine Aufgabe von allg Bedeutung für verschiedene technische Gebiete und betrachten die Fachleute aufgrund der technischen Entwicklung das sie betr Fachwissen als einheitliches Gebiet, obwohl es auf unter sich verschiedenen Sondergebieten der Technik zur praktischen Anwendung gelangt, kann es unerheblich sein, bei welcher Art von Vorrichtung das über das Sondergebiet hinausgehende Fachwissen benutzt worden ist.[392] Einem auf „Mischer, besonders für Baustoffe aller Art" gerichteten Patentanspruch steht das neuheitsschädliche Material auf dem gesamten Gebiet der Mischertechnik entgegen.[393]

5. Die beanspruchte Lehre

102 **a. Allgemeines.** Beurteilungsgrundlage ist nicht die Gesamtheit der Offenbarung, sondern der durch die Patentansprüche festgelegte Schutzgegenstand.[394] Für die Auslegung des Patentanspruchs kommt es auf die Vorstellung des Fachmanns unter Heranziehung der Beschreibung, der Zeichnung, des allg Fachwissens und des als bekannt geltenden StdT an;[395] entscheidend ist, welchen Begriffsinhalt das Patent bei unbefangener Erfassung der im Patentanspruch umschriebenen Lehre aus der Sicht des Fachmanns einem Merkmal zuweist.[396] Dabei ist auf den Prioritätszeitpunkt abzustellen.[397] Zu berücksichtigen sind alle Merkmale einschließlich funktioneller.[398] Das gilt auch für nichttechnische oder als solche von der Patentierung ausgeschlossene Merkmale (str; zur Berücksichtigung nichttechnischer Merkmale bei der Prüfung auf Naheliegen Rn 62 zu § 4).[399] Das BPatG sieht allgemein gehaltene Patentansprüche als einer einengen-

---

388 BGHZ 80, 323 = GRUR 1981, 812 Etikettiermaschine; BGH GRUR 1985, 214 Walzgutkühlbett.

389 EPA ABl EPA 1985, 193 = GRUR Int 1985, 829 Wandelement und EPA T 896/92.

390 BGH GRUR 1964, 612, 615 f Bierabfüllung.

391 RG GRUR 1943, 284 Gasspürgerät; BGH GRUR 1953, 29 Plattenspieler I.

392 BGH GRUR 1963, 568 f Wimpernfärbestift; BGH 12.11.1963 I a ZR 94/63; RG GRUR 1943, 284 Gasspürgerät; BGH Liedl 1959/60, 372, 380 Antennenantriebsvorrichtung.

393 BGH Liedl 1961/62, 684, 690 Mischer 01.

394 *Büscher/Dittmer/Schiwy* Rn 56.

395 BGH GRUR 1961, 409, 410 Drillmaschine; BGH Liedl 1961/62, 524, 529 Stabfräse; BGH GRUR 1975, 422, 424 Streckwalze 02; vgl ÖPA öPBl 1998, 171, 173 f; vgl aber ÖPA öPBl 2000, 120, 123 zu Altanmeldungen.

396 BGH Bausch BGH 1994 1998, 424, 428 Sämaschine; ähnlich BGH GRUR 2001, 232 Brieflocher: sowohl für Prüfung der Patentfähigkeit wie für Bestimmung des Schutzbereichs sind Begriffe in den Patentansprüchen so zu deuten, wie sie der angesprochene Fachmann nach dem Gesamtinhalt der Patentschrift unter Berücksichtigung der objektiv offenbarten Lösung versteht; vgl BPatG 24.7.1997 11 W (pat) 79/96: „Aufnahmeraum" im Patentanspruch weiter als „Aufnahmebereich" in der Beschreibung; anders wohl EPA T 79/96, wonach einem in einem Patentanspruch verwendeten Begriff die breiteste technisch sinnvolle Bedeutung beigemessen werden solle; vgl *Benkard-EPÜ* Art 54 Rn 17a.

397 BGH 12.11.2002 X ZR 118/99 Knochenschraubensatz, insoweit nicht im Druck veröff.

398 Vgl BPatG 25.6.2002 21 W (pat) 34/01.

399 Vgl hierzu *Keukenschrijver* FS R. König (2003), 255; aA BPatG 13.1.2014 20 W (pat) 31/10; vgl auch BPatG 11.12.2012 14 W (pat) 12/09 CIPR 2014, 36 Ls, nicht bestätigt in BGHZ 200, 229 = GRUR 2014, 461 Kollagenase I; BPatG 8.2.2013 14 W (pat) 13/09 CIPR 2014, 36 Ls, nicht bestätigt in BGH GRUR 2014, 464 Kollagenase II.

---

den Auslegung nicht zugänglich an, wenn sie in ihrer breiten Fassung die unter Schutz zu stellende Erfindung klar und deutlich beschreiben;[400] auch hier ist indessen auf das Verständnis des Fachmanns abzustellen. Funktional zusammengehörende Merkmale dürfen nicht willkürlich auseinandergerissen werden.[401] Ob ein Merkmal im Oberbegriff oder im kennzeichnenden Teil des Patentanspruchs erscheint, ist ohne Belang; entscheidend ist nur, dass es vom funktionellen Zusammenwirken erfasst wird.[402] Merkmale eines Ausführungsbeispiels, die sich weder aus der durch die Patentansprüche vermittelten technischen Lehre ergeben noch sonstwie unter Berücksichtigung der Patentbeschreibung aus den Patentansprüchen herleiten lassen, sind für die Prüfung der Patentfähigkeit unbeachtlich.[403] Neuheitsschädlichkeit liegt vor, wenn eine unter den Patentanspruch fallende Ausführungsform durch die frühere Offenbarung vorweggenommen wird;[404] breite Ansprüche dürfen dabei nicht aus der Beschreibung enger interpretiert werden.[405] Dabei kann es auch auf die Übereinstimmung der Anwendungsgebiete ankommen[406] (s aber Rn 104, 116). Eine Einschränkung der sich aus dem Hauptanspruch ergebenden Vorstellung durch Heranziehung von Merkmalen aus Ausführungsbeispielen oder Unteransprüchen ist unzulässig.[407]

Eine **Kombinationserfindung** ist nur vorweggenommen, wenn ihre sämtlichen Kombinationsmerkmale durch eine einzige Entgegenhaltung bereits bekannt gewesen sind; die Bekanntheit auch aller Einzelmerkmale für sich ist nicht neuheitsschädlich.[408]   **103**

b. Bedeutung der Anspruchskategorie. Der **Sachanspruch** schließt jede Art der Herstellung ein; neuheitsschädlich getroffen ist daher jede Art der Herstellung, die im Zeitpunkt der Anmeldung des Sachpatents ohne erfinderische Überlegung auf der Hand lag.[409] Unterschiedliche Indikationsangabe begründet keine Neuheit,[410] auch sonst nicht bloße unterschiedliche Bezeichung des Gegenstands, selbst bei unterschiedlichem Einsatzgebiet.[411] So begründet es keine Neuheit, dass die Möglichkeit der Nutzung einer vorhandenen Eignung dem Fachmann zum Prioritätszeitpunkt nicht bekannt war.[412] Eine bekannte Vorrichtung, die zu einem neuen Zweck verwendet und dafür, wenn auch nur geringfügig, verändert wird, kann neu sein.[413] Die unveränderte Anwendung für einen neuen Zweck kann dagegen nur hinsichtlich eines Verwendungsanspruchs Neuheit begründen.[414] Wenn in einem auf die Zusammensetzung eines Erzeugnisses gerichteten Patentanspruch eine der Komponenten durch ein Verfahren definiert ist, mit dem geeignete Stoffe ausgewählt werden können, gehört das Verfahren als solches nicht schon deswegen zum   **104**

---

400   BPatGE 42, 204 = GRUR 2000, 794; im Ergebnis ähnlich EPA T 686/96.
401   BPatGE 38, 122 f, 126.
402   BGH GRUR 1964, 196, 198 Mischer II, nicht BGHZ; BGH GRUR 1962, 80 Rohrdichtung; BGH GRUR 1994, 357 Muffelofen; BGH GRUR 2010, 123 Escitalopram.
403   BGH GRUR 1966, 192, 196 f Phosphatierung; BGH Liedl 1967/68, 171, 182 f Selbstschlußventil.
404   EPA T 952/92 ABl EPA 1995, 755, 770 Vorbenutzung; vgl BPatG 25.1.2000 6 W (pat) 41/98; *Benkard-EPÜ* Art 54 Rn 20; *Büscher/Dittmer/Schiwy* Rn 56.
405   EPA T 607/93.
406   S das Bsp Angelhaken/Kranhaken in den EPA-PrRl C-III 4.8; EPA T 826/94, wonach ein mit einem bekannten Messgerät übereinstimmendes Messgerät, das sich nur durch die zu messende Größe unterscheidet, neu ist.
407   RG GRUR 1944, 22 Wellblechofenbekleidung; BGH GRUR 1955, 244 Repassiernadel II.
408   BGH GRUR 1953, 520 Rohrschelle; BGH GRUR 1954, 107 Mehrfachschelle; BGH GRUR 1954, 317 Leitbleche I; BGHZ 16, 326, 331 = GRUR 1955, 466 Kleinkraftwagen; BGH Liedl 1959/60, 302, 306 Spielzeugfahrzeug; BGH GRUR 1962, 29, 31 Drehkippbeschlag; BGH GRUR 1963, 350, 352 Dreispiegelrückstrahler; BGH GRUR 1962, 518 Blitzlichtgerät; BGH GRUR 1992, 432 Steuereinrichtung I; BGH GRUR 1992, 599 Teleskopzylinder; BGH 26.9.1963 I a ZR 194/63; BGH 12.11.1963 I a ZR 94/63; EPA T 818/93; vgl auch RG GRUR 1922, 182 Absatzeisen; RG GRUR 1937, 922 Gummischlauchrohrdraht II; CA Paris PIBD 1997, 639 III 489.
409   BGH Liedl 1959/60, 22, 26 Schieblehre.
410   BGH Schulte-Kartei PatG 3.5 Nr 10 Stützimplantat: Stützimplantat/Dilatator.
411   Vgl OLG Karlsruhe InstGE 2, 177, in der Einbeziehung des Verwendungszwecks allerdings zu weit gehend: Friteuse und Fettbackvorrichtung.
412   BGH 2.6.2015 X ZR 55/13 CIPR 2015, 115 Ls Garagenantriebsvorrichtung 01 unter Hinweis auf BGH GRUR 1998, 899 Alpinski und *Benkard*[10] Rn 38; vgl *Benkard*[11] Rn 348.
413   BGH GRUR 1979, 149, 150 f Schießbolzen.
414   BPatG 32, 93 = GRUR 1991, 823; BPatG Bausch BPatG 1994–1998 565, 570; EPA T 15/91; vgl BGH 19.2. 2002 X ZR 140/99: Gardinenreinigung – Lamellenreinigung; vgl auch EPA T 215/84; EPA T 523/89; US-CAFC 44 USPQ 2d 1429 in re Schreiber, referiert in EIPR 1998 N-49; *Kraßer/Ann* § 17 Rn 56.

Gegenstand der patentgem Lehre.[415] Ein neuer Herstellungsweg oder ein neues Auswahlverfahren kann die Neuheit eines bekannten Gegenstands nicht begründen, selbst wenn Herstellungsweg oder Auswahlverfahren als solche erfinderisch sind.[416] Dass der Gegenstand bestimmte Eigenschaften aufweist, die man bisher nicht festgestellt hat oder nicht feststellen konnte, macht ihn nicht neu.[417] Auch eine mathematische Formel zur Bemessung bestimmter Parameter eines Gegenstands ist anders als die durch die Formel vermittelte Bemessung nicht selbstständiger Bestandteil der Lehre.[418]

105   Für die Neuheit einer **chemischen Stofferfindung** kommt es allein darauf an, ob der Stoff als solcher bekannt ist; unerheblich ist, welcher Verwendung er zugeführt worden ist oder wofür er empfohlen war;[419] anders allerdings bei der medizinischen Indikation (Rn 164 ff). Rspr und Lit haben auf die konkrete Vorbeschreibung abgestellt.[420] Die chemische Zusammensetzung eines Erzeugnisses gehört zum StdT, wenn das Erzeugnis selbst der Öffentlichkeit zugänglich ist und vom Fachmann analysiert und ohne unzumutbaren Aufwand reproduziert werden kann, unabhängig davon, ob es besondere Gründe für eine Analyse gibt.[421] Ein bekannter Stoff wird nicht dadurch neu, dass ihm ein nicht spezifizierter Hilfsstoff zugefügt wird.[422] Nach Ansicht des EPA ist eine ionische Verbindung, die lediglich durch die Strukturformeln des Kations und des Anions definiert ist, durch eine vorbekannte wässrige Lösung vorweggenommen, die eine dem Kation entspr Base und eine dem Anion entspr Säure enthält.[423] Ist der Stoff als wasserlöslich bekannt, ist seine wässrige Lösung nicht neu.[424] Eine chemische Verbindung ist nicht neu, wenn sie in einer Vorveröffentlichung als chemisches Individuum bezeichnet ist und der Fachmann in der Lage war, sie herzustellen[425] (vgl Rn 135). Das Herstellungsverfahren muss aber zum allg Fachwissen gehören.[426] Darauf, dass der Stoff bereits hergestellt war, kommt es nicht an, wenn der Fachmann ihn nur herstellen konnte,[427] anders bei fehlender Herstellbarkeit selbst bei formelmäßiger Beschreibung.[428]

106   Neuheit ist schon zu bejahen, wenn sich der Stoff von solchen gleicher chemischer Zusammensetzung in **einem zuverlässig feststellbaren Parameter** unterscheidet;[429] neuheitsschädliche Offenbarung bedarf daher der Nennung der für den Stoff eigenartigen Stoff- oder Verfahrensparameter.[430] Die Verwendung eines anderen Parameters zur Definition des bekannten Erzeugnisses macht dieses nicht neu.[431] Das

415   BGH GRUR 1992, 375 Tablettensprengmittel; BGH Bausch BGH 1999-2001, 119 Filtereinheit, nicht in Mitt.

416   BGH GRUR 1998, 1003 Leuchtstoff; BPatG 15.7.2009 3 Ni 23/08 (EU) Mitt 2010, 194 Ls.

417   BGH GRUR 1998, 899, 900 Alpinski; BPatG 15.7.2009 3 Ni 23/08 (EU) Mitt 2010, 194 Ls; BPatG 14.12.2009 3 Ni 23/08 (EU); vgl BPatG 25.6.2002 23 W (pat) 9/01: Wirkung, die sich von selbst einstellt.

418   BPatG 22.4.1997 23 W (pat) 57/95.

419   BGHZ 58, 280, 290 = GRUR 1972, 541 Imidazoline; BGHZ 66, 17, 32 = GRUR 1976, 299 Alkylendiamine I; *Fitzner/Lutz/Bodewig* Rn 155.

420   BPatGE 13, 1, 7; *Benkard* Rn 321; vgl auch FederalC Australien IIC 36 (2005), 851 ICI v. Commissioner of Patents Ls.

421   BGH GRUR 2013, 51 Gelomyrtol, vorangehend BPatGE 53, 66; EPA G 1/92 ABl EPA 1993, 277 = GRUR Int 1993, 698 öffentliche Zugänglichkeit; öOGH ÖBl 2005, 220, 223 = GRUR Int 2006, 347 f Paroxat; vgl EPA T 952/92 ABl EPA 1995, 755 Vorbenutzung, allerdings mit einer verfehlten Bezugnahme auf den Schutzbereich; vgl auch HoL RPC 1996, 76 = GRUR Int 1996, 825 Terfenadin: zwangsläufig entstehendes Stoffwechselprodukt (Metabolit) eines bekannten Arzneimittels im menschlichen Körper; hierzu *Karet* A Question of Epistemology, EIPR 1996, 97; *Floyd* Novelty under the Patents Act 1977: The State of Art after Merrell Dow, EIPR 1996, 480; *Doble* Novelty under the EPC and the Patents Act 1977 – A Unified View of Merrell Dow and Mobil, EIPR 1996, 511; PatentsC 16.1.1998 Chiron v. Evans, referiert bei *Marshall* Whooping Caugh Vaccine: Enablement and Anticipation Decided Against Patentee, EIPR 1998, 273, 274.

422   EPA T 80/96 ABl EPA 2000, 50, 57 f = GRUR Int 2000, 357 L-Carnitin.

423   EPA T 352/93.

424   EPA L-Carnitin.

425   BGH GRUR 1978, 696, 698 alpha-Aminobenzylpenicillin; zum Erfordernis der Herstellbarkeit auch BGHZ 103, 150 = GRUR 1988, 447 Fluoran; EPA T 26/85 ABl EPA 1990, 22 dicke magnetische Schichten; vgl BPatG 8.7.2014 3 Ni 17/13 (EP): Herstellbarkeit auf fachüblichem Weg.

426   EPA T 206/83 ABl EPA 1987, 5 = GRUR Int 1987, 170 Herbizide.

427   BGH alpha-Aminobenzylpenicillin; *Moser von Filseck* GRUR Int 1973, 373, 374; *Benkard* Rn 323; *Fitzner/Lutz/Bodewig* Rn 153.

428   BPatGE 20, 6, 9; EPA Herbizide; *Fitzner/Lutz/Bodewig* Rn 153; *Heyer/Hirsch* GRUR 1975, 632, 633.

429   BGHZ 57, 1, 11 = GRUR 1972, 80 Trioxan; BPatGE 15, 1, 10; BPatGE 20, 6, 8 f; BPatGE 25, 193 = GRUR 1983, 737; EPA T 296/87 ABl EPA 1990, 195 = GRUR Int 1990, 851 Enantiomere; vgl auch BGHZ 90, 318, 322 = GRUR 1984, 797 Zinkenkreisel; *Fitzner/Lutz/Bodewig* Rn 153; vgl EPA T 262/96.

430   EPA T 572/88 GRUR Int 1991, 816 Reaktivfarbstoffe.

431   EPA T 664/90 Optical fibres; vgl BGH GRUR 1982, 610, 611 Langzeitstabilisierung; *Benkard-EPÜ* Art 54 Rn 155.

BPatG verlangt bei einem „product-by-process"-Anspruch, bei dem das Erzeugnis mit „erhältlich durch" gekennzeichnet ist, dass die Unterschiede des Erzeugnisses gegenüber einem bekannten gleichartigen ursprünglich offenbart sind.[432]

Ein bereits durch das **Herstellungsverfahren** bekannter Stoff kann nicht mehr als solcher geschützt **107** werden, selbst wenn er als Verfahrensprodukt durch einen Disclaimer vom Schutz ausgenommen wird.[433] Umstritten ist die Rechtslage bei Racematen, dh Gemischen von Stereoisomeren, nämlich Enantiomeren (spiegelbildlichen Verbindungen derselben Struktur; „Chiralität") und Diastereomeren.[434] Grds zu verneinen ist, dass die Beschreibung der (Synthese der) DL-Form auch die D-Form offenbart.[435] Nach zutreffender Auffassung des EPA spielt die Überlegung, dass es Möglichkeiten gibt, das Racemat in die Enantiomere aufzutrennen, erst bei der Prüfung auf erfinderische Tätigkeit eine Rolle.[436] Jedenfalls offenbart der Hinweis auf Stereoisomere einer Verbindung aber unter der Voraussetzung, dass eine Methode beschrieben ist, bei deren Anwendung der Fachmann das Stereoisomer erhält,[437] die einzelnen Stereoisomere;[438] das gilt jedenfalls dann, wenn das konkrete Stereoisomer unmittelbar und eindeutig aus der Offenbarung der Verbindung ableitbar ist.[439] Die Neuheit der Enantiomere einer chemischen Verbindung oder die Neuheit der Enantiomere einer zB anhand einer Markush-Formel beschriebenen Verbindungsgruppe ist nach Auffassung des BPatG aber auch dann zu verneinen, wenn in einer Vorveröffentlichung lediglich die Herstellung und die chemische Struktur der in Form eines Enantiomerengemischs, speziell als Racemat, anfallenden Verbindung bzw Verbindungsgruppe beschrieben ist, ohne dass dabei ausdrücklich auf die Existenz des Enantiomers als Stoff hingewiesen ist; hier soll kein Raum für die Anerkennung der Neuheit eines individuellen Enantiomers bestehen, wenn der Fachmann dessen Vorliegen in Form eines Enantiomerengemischs erkennt, das individuelle Enantiomer deshalb ohne weiteres mitliest und unter Anwendung herkömmlicher Trennverfahren mit zumutbarem Aufwand auch einzeln in die Hand bekommen kann.[440] Diese Ansicht dehnt den Bereich des Neuheitsschädlichen bei Stereoisomeren ungebührlich weit aus, denn das Racemat ist nicht (wie bei einer Markush-Formel) der Oberbegriff für die Isomere. Sie ist deshalb vom BGH auch verworfen worden, der entschieden hat, dass einer Veröffentlichung, die offenbart, dass es Enantiomere geben muss, in der Regel die Enantiomere nicht unmittelbar und eindeutig zu entnehmen sind, solange die Veröffentlichung es nicht ohne weiteres ermöglicht, diese in die Hand zu bekommen.[441] Ist Polymorphie nicht anzunehmen, ist die kristalline Form notwendig offenbart.[442]

Bei einem durch das Herstellungsverfahren gekennzeichneten Stoff genügt die **Änderung des Her** **108** **stellungsverfahrens** allein nicht zur Begründung der Neuheit, die Veränderung der Verfahrensparameter muss sich vielmehr auf das Ergebnis auswirken.[443] Die erstmalige Formulierung eines bekannten Stoffs

---

432   BPatG 19.1.1995 11 W (pat) 46/91 BlPMZ 1996, 189 Ls.

433   Vgl BPatGE 19, 88 = Mitt 1977, 274.

434   Zur unterschiedlichen Behandlung von Enantiomeren und Diastereomeren BPatG 8.7.2014 3 Ni 17/13 (EP).

435   So BGH GRUR 1978, 696, 698 alpha-Aminobenzylpenicillin, bei Hinweis auf das Vorliegen von Einzelisomeren, wenn der Fachmann diese herstellen kann; vgl auch BGHZ 67, 38 = GRUR 1977, 100 Alkylendiamine II.

436   EPA T 296/87 ABl EPA 1990, 195 = GRUR Int 1990, 851 Enantiomere; EPA T 181/82 ABl EPA 1984, 401 = GRUR Int 1984, 700 Spiroverbindungen; EPA T 1046/97; ebenso CA [2008] EWCA Civ. 311 Lundbeck v. Generics; PatentsC [2007] EWHC 1040 (Pat) Generics v. Lundbeck; RB Den Haag 8.4.2009 312468 HA ZA 08-1827; zust *R. Rogge* GRUR 1996, 931, 938; kr *Hansen* GRUR 1996, 943, 946; vgl HoL [2009] UKHL 12 Generics v. Lundbeck; auch EPA T 1048/92 Penem derivates.

437   Nicht aber ohne einen solchen Hinweis: EPA Enantiomere; EPA T 940/98 Diastereomere/HOECHST; vgl CAFC 5.9.2007 Forest Laboratories v. IVAX.

438   EPA T 12/81 ABl EPA 1982, 296 = GRUR Int 1982, 744 Diastereomere; EPA T 658/91 Enantiomère/SANOFI; BPatGE 35, 255 = GRUR Int 1996, 822, 824; BPatG 24.4.2007 3 Ni 9/05 (EU).

439   EPA T 1046/97 Enantiomer/ZENECA: „optisch aktive Formen" offenbart danach nicht ein bestimmtes Enatiomer; zu weit deshalb PatG 20.6.2008 3 Ni 25/06 (EU).

440   BPatG 24.4.2007 3 Ni 9/05 (EU); vgl *Hansen/Hirsch* Protecting Inventions in Chemistry, 1997, 113 ff.

441   BGH GRUR 2010, 123 Escitalopram.

442   GH Den Haag BIE 2003, 114.

443   EPA T 205/83 ABl EPA 1985, 363 = GRUR Int 1986, 259 Vinylester-Crotonsäure-Copolymerisate; vgl EPA T 150/82 ABl EPA 1984, 309 = GRUR Int 1984, 525 Anspruchskategorien; EPA T 248/85 ABl EPA 1986, 261 = GRUR Int 1986, 550 Bestrahlungsverfahren; EPA T 251/85; EPA T 664/90 Optical fibres; EPA T 151/95; vgl EPA T 251/85 Polyolgemische; EPA T 434/87 EPOR 1990, 141 Toothbrush fibres; EPA T 171/88; EPA T 563/89 Re-sealable dispenser-container; EPA T 130/90 rekombinanter monoklonaler Antikörper, auszugsweise bei *Jaenichen* GRUR Int 1992, 327, 330; EPA T 493/90.

durch einen „product-by-process"-Anspruch begründet keine Neuheit;[444] solange diese nicht zu einem anderen Erzeugnis führt. Auch **Eigenschaften**, die die Stoffparameter unverändert lassen (Geruchsfreiheit aufgrund höherer Reinheit) können neuheitsbegründend sein (str),[445] insb, wenn aufgrund der Eigenschaften eine neue Verwendung gelehrt (und beansprucht) wird.[446] Jedoch soll höhere Reinheit Neuheit nicht begründen, wenn der Stoff als solcher bereits beschrieben ist und sich die höhere Reinheit durch übliche Reinigungsverfahren ergibt.[447] Deutliche Unterschiede in den Eigenschaften reichen aber aus, sofern deren Zurückführung auf Stoffparameter nicht auszuschließen ist.[448] An der Neuheit fehlt es, wenn das nur durch sein Herstellungsverfahren umschriebene Erzeugnis nicht strukturell definiert ist und auch die besonderen Reaktionsbedingungen nicht genannt sind.[449] Auch sonst macht ein neues Herstellungsverfahren ein bekanntes Erzeugnis nicht neu, es kommt daher nur Verfahrensschutz in Betracht.[450] Wenn Schutz nur für das Herstellungsverfahren erteilt wurde, ist nicht aufgrund der Art 27, 70 TRIPS-Übk davon auszugehen, dass sich das Patent auch auf die Erfindung des Erzeugnisses erstreckt.[451]

109   **Naturstoffe** (s auch Rn 128 zu § 1). Ein Stoff (auch Mikroorganismus), der wie beansprucht in der Natur vorkommt, kann neu sein, wenn er dem Fachmann nicht zugänglich ist.[452] Er ist in diesem Fall aber als solcher als Entdeckung von der Patentierung ausgeschlossen.[453] Für synthetisch hergestellte Stoffe, die in der Natur vorkommen, ist Stoffschutz jedenfalls über das Herstellungsverfahren möglich. Sofern der Naturstoff der Fachwelt bekannt ist, scheidet absoluter Stoffschutz mangels Neuheit aus, selbst wenn der Stoff noch nicht synthetisch hergestellt, aber herstellbar war,[454] in Betracht kommen Schutz für das Herstellungsverfahren,[455] aber auch Stoffschutz „erhalten durch ...", sofern man diesen als eingeschränkt ansieht (Rn 54 zu § 9). Die unbekannte Existenz des Stoffs in der Natur steht nach Auffassung des BPatG der Neuheit nicht entgegen,[456] anders nach der älteren, aber weiterhin billigenswerten Rspr des BGH (Rn 128 zu § 1). Eine aus der natürlichen Spontanflora erstmals als Reinkultur gewonnene Mikroorganismenart kann demnach neu sein.[457] Eine auf neue chemische Verbindungen gerichtete Erfindung ist nicht offenkundig vorbenutzt, wenn die in einem gewerblich vorbenutzten Naturprodukt bis zum Zeitpunkt der Anmeldung unerkannt enthaltenen, erstmals als Individuum einer bestimmten Konstitution durch Synthese bereitgestellten Verbindungen nur aufgrund von Untersuchungen erkennbar waren, die komplizierte Überlegungen und geistige Anstrengungen erforderten.[458]

---

444   EPA T 150/82 ABl EPA 1984, 309 = GRUR Int 1984, 525 Anspruchskategorien; EPA T 248/85 ABl EPA 1986, 261 = GRUR Int 1986, 550 Bestrahlungsverfahren; EPA T 815/93 und T 141/93.

445   Vgl im Einzelfall EPA T 767/95; Tribunale Rom GRUR Int 2005, 518; schweiz BG BGE 133 III 229 = sic! 2007, 641 Citalopram I: nur ausnahmsweise; EPA 7.3.2003 T 100/00; EPA T 112/00; EPA T 786/00; EPA 17.3.2005 T 90/03; *Hüni* GRUR Int 1986, 461; aA BGH GRUR 1974, 332, 334 Cholinsalicylat; TGI Paris GRUR Int 2010, 166; EPA Vinylester-Crotonsäure-Copolymerisate; EPA T 990/96 ABl EPA 1998, 489, 492 f = GRUR Int 1998, 988 erythro-Verbindungen, auch zur Beweislast für den Ausnahmefall, dass alle früheren Versuche, mittels herkömmlicher Reinigungsverfahren einen bestimmten Reinheitsgrad zu erhalten, fehlgeschlagen sind; EPA T 728/98 ABl EPA 2001, 319 reines Terfenadin, auch bei „product-by-process"-Anspruch, wenn der Reinheitsgrad das zwangsläufige Ergebnis des Herstellungsverfahrens ist; BPatGE 20, 6, 8; BPatG 26.9. 2002 3 Ni 15/01 (EU); BPatG 30.1.2003 3 Ni 9/02 (EU); BPatG 20.4.2005 3 Ni 29/04 (EU), Berufungsverfahren BGH X a ZR 108/05 ohne Entscheidung erledigt; *Benkard* Rn 331; *Schulte* Rn 168; vgl zum Begriff „desselben Erzeugnisses" EuGH GRUR Int 2001, 754 Chloridazon, Schutzzertifikatssache.

446   Vgl EPA T 279/93.

447   BPatG 2.11.2009 15 W (pat) 19/05; vgl BGH GRUR 2015, 1091 Verdickerpolymer I; *Fitzner/Lutz/Bodewig* Rn 153.

448   EPA Vinylester-Crotonsäure-Copolymerisate; vgl EPA T 279/84; vgl auch BPatG 21.5.1968 3 Ni 32/66 zum Vorbekanntsein der Eigenschaften.

449   EPA T 300/89, nicht ABl EPA 1991, 480 Änderungen.

450   Vgl *MGK/Teschemacher* Art 84 EPÜ Rn 55.

451   EuGH C-414/11 GRUR 2013, 1018 Daiichi Sankyo/DEMO.

452   Vgl *Benkard-EPÜ* Art 54 Rn 85; *Fitzner/Lutz/Bodewig* Rn 150.

453   Vgl BGHZ 52, 74, 80 = GRUR 1969, 672, 673 rote Taube; BGHZ 64, 101, 107 = GRUR 1975, 430 Bäckerhefe: in der Natur vorkommende Organismen sollen vom Patentschutz ausgeschlossen bleiben; BGHZ 100, 67, 70 f = GRUR 1987, 231 Tollwutvirus, zur Hinterlegung eines neuen, dh neu gezüchteten Mikroorganismus.

454   Vgl *Benkard*[10] Rn 93.

455   *Benkard* § 1 Rn 92a.

456   BPatGE 20, 81 = GRUR 1978, 238 „Antamanid".

457   BPatGE 21, 43, 47 = GRUR 1978, 586 „lactobacillus bavaricus": Unterscheidung in bestimmten Parametern.

458   BPatG GRUR 1978, 702.

Einem DNS-(DNA)-Fragment, das für ein menschliches Protein codiert, mangelt es nach Auffassung **110** des EPA nicht schon an Neuheit, weil es im menschlichen Körper vorhanden ist.[459] Eine **Gendatenbank** (DNS-Bank) nimmt die in ihr enthaltenen DNS-Sequenzen nicht schon an sich vorweg, sondern nur dann, wenn die Existenz der Sequenz öffentlich verfügbar gemacht worden ist, etwa durch das Zurverfügungstellen einer geeigneten Hybridisierungssonde.[460] Die Angabe einer Aminosäuresequenz in einem **Sequenzprotokoll** offenbart auch die für diese codierenden Nucleotidsequenzen, so dass im Fall einer Codon-Optimierung Neuheit nicht gegeben ist.[461] Auch kleine Abweichungen der Aminosäuresequenz begründen Neuheit.[462]

Zur Neuheit bei **Legierungen** (Rn 129 zu § 1) Rn 122 f. **111**

Verfahrensanspruch. Ein Vorrichtungspatent kann einem Verfahrensanspruch neuheitsschädlich **112** gegenüberstehen, wenn das Verfahren, für dessen Ausübung die Vorrichtung des älteren Patents gebaut ist, mit dem beanspruchten Verfahren völlig übereinstimmt.[463]

Ein Verfahren kann dadurch benutzt werden, dass eine zu seiner Durchführung geeignete **Vorrich- 113 tung** einem Dritten angeboten wird. Voraussetzung ist, dass das Angebot der Vorrichtung geeignet ist, das Wesen des Verfahrens kundbar zu machen. Erscheint eine Vorrichtung nach Meinung der Fachwelt zur Ausübung eines bestimmten Verfahrens ungeeignet, obwohl die Eignung objektiv gegeben ist, stellt das bloße Angebot der Vorrichtung kein Benutzen dieses Verfahrens dar. Zum Angebot muss in solchen Fällen hinzukommen, dass die Eignung der Vorrichtung zur Ausübung eines bestimmten, von der üblichen Verwendungsweise abw Verfahrens dem Fachmann durch Beschreibung dieses andersartigen Verfahrens oder durch entspr Vorführung ersichtlich gemacht wird.[464] Eine Veröffentlichung, die eine Vielzahl von Verbindungen und Verbindungsgruppen als geeignete Ausgangsstoffe für eine Umsetzung nennt, muss nicht unmittelbar ein mit konkreten einzelnen Ausgangsverbindungen und mit einem konkret definierten Verfahrenserzeugnis bestimmt umschriebenes Verfahren offenbaren.[465]

Neuheitsschädliche Vorbenutzung eines **Herstellungsverfahrens** liegt vor, wenn Sachkundige auf- **114** grund des fertigen Erzeugnisses Kenntnis vom Herstellungsverfahren erlangen können; es genügt, wenn dieses Verfahren durch eine Untersuchung entdeckt werden kann, und zwar auch, wenn die Untersuchung erst durch Zerstörung des nach dem Verfahren hergestellten Erzeugnisses möglich ist; für die Vornahme derartiger Untersuchungen muss nach älterer Auffassung des BGH aber eine gewisse Wahrscheinlichkeit („Anlass") begründet sein.[466] Ein mikrobiologisches Herstellungsverfahren für einen chemischen Stoff ist schon dann neu, wenn sich der benutzte Mikroorganismus physiologisch, dh durch seinen Stoffwechsel, von dem vorbekannten benutzten Mikroorganismus unterscheiden lässt, ohne dass es auf morphologische Unterschiede ankommt.[467]

Zum neuheitsschädlichen Offenbarungsgehalt der Beschreibung eines Verfahrens gehört auch, was **115** dem Fachmann erst bei der **Nacharbeitung** des vorgeschriebenen Verfahrens über dessen Ergebnis unmittelbar und zwangsläufig offenbar wird.[468] Das gilt auch für das nicht vorbeschriebene Verfahrenserzeug-

459 EPA, Einspruchsabteilung, ABl EPA 1995, 388, 394 = GRUR Int 1995, 708 Relaxin; EPA T 272/95 IIC 2000, 8 Relaxin; vgl auch US-CAFC 34 USPQ 2d 1210 In re Deuel.

460 EPA T 301/87 ABl EPA 1990, 335, 349 ff = GRUR Int 1991, 121 alpha-Interferone; EPA T 412/93 Erythropoietin, zitiert bei *Kilger/Jaenichen* GRUR 2005, 984, 991; BPatGE 34, 160, 172 f; vgl auch *Turrini* GRUR Int 1991, 447, 448.

461 Vgl, allerdings kr zu diesem Ergebnis, *Meyer-Dulheuer* GRUR 2000, 1, 3 ff.

462 *Meyer-Dulheuer* GRUR 2000, 1, 5 unter Hinweis auf EPA T 886/91; EPA T 1112/96 bei *Kilger/Jaenichen* GRUR 2005, 984, 991: cDNS gegenüber bekannter genomischer DNS-Sequenz.

463 BGH Liedl 1965/66, 115, 124 Dungschleuder.

464 BGH GRUR 1964, 612, 615 f Bierabfüllung.

465 BGHZ 66, 17, 32 = GRUR 1976, 299 Alkylendiamine I.

466 BGH GRUR 1956, 73 Kalifornia-Schuhe; RG BlPMZ 1927, 109, 111 Stromschienen; vgl auch BGHZ 100, 242 = GRUR 1987, 513 Streichgarn; abw EPA G 1/92 ABl EPA 1993, 277 = GRUR Int 1993, 698 öffentliche Zugänglichkeit.

467 BPatG 6.12.1966 14 W (pat) 61/61 BlPMZ 1967, 238 Ls.

468 BGHZ 76, 97 = GRUR 1980, 283 Terephthalsäure; BGH GRUR 1978, 696 alpha-Aminobenzylpennicillin; BGH GRUR 2013, 1121 Halbleiterdotierung und nachfolgend BPatG 16.1.2015 2 Ni 17/10 (EP); vgl BGH GRUR 2014, 758 Proteintrennung; BGH 14.1.2014 X ZR 169/12; BPatG 25.2.2002 3 Ni 37/00; BPatG 4.8.2009 3 Ni 52/07 (EU); BPatG 10.12.2009 3 Ni 24/08 (EU); BPatG 1.2.2011 3 Ni 17/09 (EU); BPatG GRUR 2015, 60: das, was der Fachmann kraft seines Fachwissens aus ihr ableiten kann; EPA G 1/92 ABl EPA 1993, 277, 279 = GRUR Int 1993, 698 öffentliche Zugänglichkeit; EPA T 12/81 ABl EPA 1982, 296 = GRUR Int 1982, 744 Diastereomere; *R. Rogge* GRUR 1996, 931, 933; EPA-PrRl C-IV 7.5; EPA T 270/97; vgl BPatG 7.11.2012 3 Ni 21/11 (EP); PatentsC 20.6.2001 Inhale v. Quadrant, referiert in EIPR 2001 N-190.

nis, das sich bei Befolgung einer vorbeschriebenen Verfahrensanweisung – und sei es auch nur bei längerer Lagerung – von selbst ergibt.[469] Für den Sachschutz gelten dieselben Grundsätze,[470] ebenso für den Verwendungsschutz.[471] Bisher nicht erkannte Vorteile eines Verfahrens sind nicht neuheitsbegründend.[472] Erst recht gilt das für die Erkenntnis, dass bei entspr Dosierung eine von mehreren bekannten Wirkungen entfällt.[473] Die Angabe der chemischen Konstitution eines Stoffs offenbart auch die bei der Nacharbeitung des angegebenen Herstellungsverfahrens zwangsläufig auftretenden Erscheinungsformen.[474]

116 **Verwendungsanspruch.** Neue Verwendung macht ein an sich bekanntes Verfahren neu.[475] Die bekannte Verwendung eines bekannten Stoffs wird nicht dadurch neu, dass eine neue technische Wirkung entdeckt wird, die der bekannten Verwendung zugrunde liegt.[476] Die Verwendung eines Erzeugnisses soll andere Verwendungen nicht offenbaren, selbst wenn deren Realisierung sich von der offenbarten nicht unterscheidet, auch die zweite nichtmedizinische Verwendung ist daher grds schützbar.[477] Die neue Zweckbestimmung muss ein funktionell definiertes technisches Merkmal betreffen.[478] Zur Bedeutung von Wirkungen in diesem Zusammenhang Rn 138 f. Für einen Verwendungsanspruch ist es neuheitsschädlich, wenn in einer Vorveröffentlichung sein Vorschlag, einen bestimmten bekannten oder neuen Stoff in neuer oder bekannter Gebrauchsart für einen besonderen neuen oder bekannten technischen Zweck zu verwenden, dem Fachmann ohne Zutaten oder Heranziehung ergänzender Umstände nachahmbar offenbart ist.[479] Allerdings ist Neuheit einer therapeutischen Verwendung bejaht worden, obwohl in einer Vorveröffentlichung von klinischen Tests dieser Verwendung berichtet worden war, weil der Inhalt der Mitteilung nicht die Schlussfolgerung erlaubt habe, dass die therapeutische Wirkung tatsächlich existiere.[480] Angaben wie „zur Langzeitbekämpfung" oder „zur einmalig-täglichen Verabreichung" wirkten sich nach früherer Rspr nicht auf die stoffliche Beschaffenheit eines Arzneimittels aus und konnten daher zu dessen Patentfähigkeit nichts beitragen;[481] Entsprechendes wird für „zur Senkung der Mortalität" gelten müssen. Zur Lage nach der EPÜ-Revision Rn 169. Die Verwendung der Bestandteile eines bekannten Instruments zu seiner Herstellung wird auch durch die Zweckangabe „chirurgische Verwendung" nicht neu, wenn das Instrument charakteristischerweise für diesen Zweck verwendbar ist.[482]

117 Die Verwendung eines bekannten **Herstellungsverfahrens** zur Herstellung des Verfahrenserzeugnisses ist in der Sache nichts anderes als das Verfahren selbst.[483]

118 **c. Auswahlerfindungen. Grundsatz.** Eine Auswahl kommt insb bei Chemieerfindungen unter verschiedenen Gesichtspunkten in Betracht. Sie kann bei Umsetzungsprodukten oder Stoffgemischen die Ausgangsstoffe oder Verfahrensvarianten betreffen, aber auch eine Bereichsauswahl oder Bemessungsre-

---

469 BGH GRUR 2012, 1130 Leflunomid; BGH GRUR 2012, 1133 UV-unempfindliche Druckplatte; BPatG 30.1.2014 4 Ni 12/11.

470 BGHZ 103, 150, 156 = GRUR 1988, 447, 450 Fluoran; BGH Liedl 1987/88, 24, 36 f geraffte Hülle; vgl PatG 20.6.2008 3 Ni 25/06 (EU).

471 BGHZ 170, 215 = GRUR 2007, 404 Carvedilol II.

472 BGHZ 95, 295, 302 = GRUR 1986, 163 borhaltige Stähle.

473 EPA T 56/97.

474 BPatGE 20, 6, 9; vgl *Hirsch* GRUR 1978, 263, 265.

475 Vgl EPA T 848/93.

476 EPA T 892/94 ABl EPA 2000, 1 = GRUR Int 2000, 269, 270 ff desodorierende Gemische; EPA T 706/95; EPA T 189/95; vgl EPA T 1073/96.

477 EPA G 2/88 ABl EPA 1990, 93 = GRUR Int 1990, 522 reibungsverringernder Zusatz; EPA G 6/88 ABl EPA 1990, 114 Mittel zur Regulierung des Pflanzenwachstums; EPA T 231/85 ABl EPA 1989, 74 = GRUR Int 1989, 678 Triazolderivate; vgl T 287/86 EPOR 1989, 214 Photoelectric densitometer; EPA T 637/92: Zweckangabe einer Vorrichtung bedeutet Eignung für diesen Zweck; EPA T 826/94: Messgerät, das sich von dem bekannten nur durch die zu messende Größe unterscheidet, kann neu sein, zwh.

478 EPA T 877/92.

479 BGH GRUR 1954, 584 Holzschutzmittel.

480 EPA T 158/96 Obsessive-compulsive disorder.

481 BPatG 16.9.1997 3 Ni 29/96; vgl aber EPA T 80/96 ABl EPA 2000, 50, 60 = GRUR Int 2000, 357 L-Carnitin, wo Konfektionierung zur enteralen Verabreichung mit einem Hilfsstoff als neu, aber nicht erfinderisch angesehen wurde.

482 Vgl EPA T 227/91 ABl EPA 1994, 491, 498 f = GRUR Int 1994, 848, 850 zweite chirurgische Verwendung.

483 EPA T 210/93.

gel. Ähnliche Probleme können sich bei allg Angaben zu Verfahrensschritten stellen.[484] Vorwegnahme des Verfahrensschritts Plasmaspritzen durch thermisches Spritzen wurde verneint, da der Fachmann bei letzterem mangels näherer Angaben nur an Flammspritzen als das noch gebräuchlichste Verfahren denke.[485]

Stoffauswahl. Allgemeines. Umfasst eine allg Formel (Strukturformel, aber auch Verbindungsklasse) eine klar begrenzte Zahl konstitutionell eindeutig definierbarer chemischer Stoffe und ist der Fachmann in der Lage, die allg Formel in die Formeln der darunter fallenden Einzelstoffe aufzulösen, sollte dies nach Auffassung des BPatG der Neuheit entgegenstehen.[486] Der BGH hat demgegenüber in seiner Folgeentscheidung die Auffassung vertreten, es sage für die Neuheitsfrage noch nichts aus, dass eine chemische Verbindung unter eine bekannte Formel falle. Maßgebend ist danach allein, ob ein Sachverständiger durch die Angaben einer Vorveröffentlichung über eine chemische Verbindung ohne weiteres in die Lage versetzt wird, die diese chemische Verbindung betr Erfindung auszuführen, dh den betr Stoff in die Hand zu bekommen.[487] Auf die Zahl der erfassten Individuen kommt es nicht an;[488] dazu gehört auch, dass der Fachmann die spezielle Verbindung überhaupt in seine Überlegungen einbezieht. Die allg Angabe einer Gruppe chemischer Verbindungen offenbart mithin nicht ohne weiteres bestimmte spezielle, nicht ausdrücklich genannte Verbindungen der Gruppe.[489] Im Grundsatz liegt auch die Praxis des EPA auf dieser Linie,[490] allerdings mit Abweichungen bei der Offenbarung des konkreten Stoffs durch die Strukturformel (Rn 120). Die Auswahl der einfachsten der unter eine Gruppenformel fallenden Verbindungen (Methylester aus der Gruppe bestimmter Ester) begründet nach Auffassung des BPatG keine Neuheit.[491] Ob ein bereichsmäßig definiertes Stoffkollektiv (wie C1-C4-Alkylbromide) nur die Eckwerte offenbart,[492] erscheint zwh.[493] Auswahl aus einem nicht homogenen Kollektiv kann die Neuheit begründen.[494] Zu verneinen ist jedenfalls die Neuheit einer Verbindungsklasse mit der Angabe C 18–24 gegenüber einer vorbekannten Klasse C 10–50;[495] andernfalls müssten Auswahlerfindungen praktisch unbeschränkt als patentfähig gesehen werden.

Das **EPA** sieht einen konkreten Stoff schon als neu an, wenn der StdT eine durch eine allg Strukturformel definierte Stofffamilie offenbart, die zwar den konkreten Stoff einschließt, ihn aber nicht ausdrücklich beschreibt.[496] Auch Angabe eines zusätzlichen Stoffparameters begründet Neuheit.[497] Dagegen verneint es die Neuheit einer zweiten Stofffamilie, die sich teilweise mit der ersten deckt.[498] Es geht davon aus, dass das Auffinden einer in einem vom StdT formelmäßig umfassten Gebiet nicht erwähnten Verbindung oder Verbindungsgruppe bei Fehlen eines Hinweises auf die Ausgangsstoffe neuheitsbegründend sein kann; nennt der StdT neben dem Reaktionsweg auch den Ausgangsstoff ausdrücklich, ist aber regel-

119

120

---

484 Vgl BPatG 9.4.1997 14 W (pat) 11/96.

485 BPatG 9.4.1997 14 W (pat) 11/96.

486 BPatG 4.6.1986 16 W (pat) 1/85 BlPMZ 1986, 306 Ls.

487 BGHZ 103, 150 = GRUR 1988, 447 Fluoran; BGHZ 179, 168 = GRUR 2009, 382 Olanzapin; BGH GRUR 2010, 123 Escitalopram; ebenso BPatG 21.5.2002 14 W (pat) 49/00; vgl BGH GRUR 2000, 296 Schmierfettzusammensetzung; BPatG BlPMZ 2007, 278, 281 f: „Fällt die Wahl des Fachmanns dann auf die Stoffgruppe der Polyvinylalkohole, so umfasst diese Stoffgruppe nicht sämtliche möglichen Einzelverbindungen ...“; BPatG 8.7.2014 3 Ni 17/13 (EP); vgl *Benkard* Rn 319; zu den Kriterien des kanad SuprC (substantieller Vorteil der Gesamtheit der ausgewählten Objekte, Besonderheit der Qualität eines speziellen Merkmals) *Turnbridge* EIPR 2009, 264 f.

488 BGH Fluoran; vgl auch CA Mailand GRUR Int 1995, 597, 599; *Benkard* Rn 330.

489 BGH GRUR 2000, 296, 297 Schmierfettzusammensetzung: synthetische Ester offenbarte nicht Tri- und Pyromellithsäureester; vgl BGHZ 148, 383, 388 = GRUR 2002, 146, 148 Luftverteiler; BGH GRUR 2004, 133, 135 elektr[on]ische Funktionseinheit; BGH Olanzapin; BPatG 10.7.2006 3 Ni 3/04 (EU); *Büscher/Dittmer/Schiwy* Rn 49.

490 EPA T 12/90 EPOR 1991, 312 E-Isomere; EPA T 870/95, wonach der Begriff „Basen" „Permanganate in wässriger Lösung" vorwegnehmen kann, wenn der Fachmann ihn nicht anders habe verstehen können; EPA G 2/08 ABl EPA 2010, 456 Dosierungsanleitung (Nr 6.3): bei besonderer technischer Wirkung; vgl BGH 16.1.2014 X ZR 78/12; *Benkard-EPÜ* Art 54 Rn 68 ff.

491 BPatG 26.11.1992 3 Ni 51/91.

492 So EPA T 296/87 ABl EPA 1990, 195 = GRUR Int 1990, 851 Enantiomere.

493 Kr hierzu *R. Rogge* GRUR 1996, 931, 939.

494 BPatG BlPMZ 2007, 278.

495 So aber die wohl auch in der Praxis des EPA überholte Entscheidung EPA T 54/82 ABl EPA 1983, 446, 450 Offenbarung; kr *R. Rogge* GRUR 1996, 931, 939 f.

496 EPA T 12/90 EPOR 1991, 312 E-Isomere.

497 EPA T 563/95.

498 EPA E-Isomere; EPA T 124/87 ABl EPA 1989, 491 = GRUR Int 1990, 225 Copolymere.

Keukenschrijver

mäßig das Endprodukt vorbekannt. Sind zur Herstellung des Endprodukts zwei Klassen von Ausgangsstoffen notwendig und hierfür Bsp für Einzelindividuen jeweils in einer Auflistung gewissen Umfangs zusammengestellt, kann ein durch die Umsetzung eines speziellen Paars aus beiden Listen zustandegekommener Stoff als neu angesehen werden; dabei ist das Endprodukt das Resultat variabler Parameter.[499] Dies gilt nicht nur für die Ausgangsstoffe chemischer Umsetzungen, sondern auch für polysubstituierte chemische Stoffe; umfasst die allg Strukturformel der Gruppe chemischer Stoffe zwei oder mehr variable Gruppen, offenbart sie nicht alle Einzelindividuen, die sich aus der Kombination aller möglichen Varianten innerhalb dieser Gruppen ergeben können.[500] Entspr behandelt das EPA den Fall eines Syntheseverfahrens, das durch die Ausgangsstoffe einerseits und das katalytische System mit einer Metallkomponente und einem Promotor andererseits gekennzeichnet ist; die Auswahl einer sehr begrenzten Zahl von Alternativen zur Verbesserung der Wirksamkeit des katalytischen Systems wurde (nach den vom EPA für die Bereichsauswahl entwickelten Grundsätzen; Rn 130) als neu angesehen.[501] Liegt ein erster Auswahlschritt schon in der Wahl eines Ausführungsbeispiels als Ausgangspunkt, kommt es in Betracht, dass nur eine Verbindungsklasse und nicht die somit nicht neuheitsschädlich offenbarte Einzelverbindung gelehrt wird.[502]

121   Vorbeschriebene **Gemische** aus zu verschiedenen Gruppen gehörenden, wechselseitig miteinander zu kombinierenden Verbindungen stehen der Zusammenstellung zweier bestimmter Verbindungen nach Auffassung des BPatG neuheitsschädlich entgegen, wenn diese Verbindungen in der Vorveröffentlichung als Mitglieder je einer der Gruppen namentlich aufgeführt sind. Die Zusammenstellung der beiden Verbindungen begründet auch keine Auswahlerfindung.[503] Dies gilt auch dann, wenn die beanspruchten Mengen die bekannten Mengenverhältnisse einschließen.[504]

122   Bei **Legierungen** ist Neuheit zu bejahen, wenn der StdT zwar allg Legierungsgruppen nennt, die Stoffanteile der einzelnen Legierung aber nicht offenbart.[505] Eine bei der Herstellung von Legierungen einzuhaltende „Einstellungsregel" ist nicht neu, wenn und soweit Legierungen mit denselben qualitativen und quantitativen Bestandteilen zum StdT gehören, bei deren Herstellung die beanspruchte „Einstellungsregel", wenn auch unerkannt, eingehalten worden ist.[506]

123   Ist die Legierung aus der Sicht des Fachmanns stoff- und mengenmäßig **eindeutig beschrieben**, sind alle möglichen Variationen offenbart, ohne dass es auf die Bedeutung der einzelnen Komponenten für die Eigenschaften der Legierung ankommt; s auch Rn 129. Wegen der großen Zahl der möglichen Einzellegierungen ist allerdings aus Gründen der Rechtssicherheit ein strenger Maßstab an den Offenbarungsgehalt anzulegen.[507]

124   Das **EPA** hat die von ihm entwickelten Grundsätze zur Neuheitsschädlichkeit bei der Bereichsauswahl (Rn 130) auch auch auf Legierungen angewendet.[508] Die theoretische Zusammensetzung offenbart nicht nur einen punktuellen, in der Praxis nicht zu realisierenden Wert, sondern einen Bereich um die mittlere Zusammensetzung, so dass ein bekannter Gehalt von 2,5% einen solchen von 2,0–2,4%, nicht aber ein solcher von 0,15% einen solchen von 0,12% vorwegnehme.[509]

125   **Kombination Ausgangsstoff – Verfahrensschritt.** Bei einem chemischen Verfahren, bei dem mit bestimmten Ausgangsstoffen ein bestimmtes **Verfahrenserzeugnis** hergestellt wird, kommt es gegenüber

499   EPA T 12/81 ABl EPA 1982, 296 = GRUR Int 1982, 744 Diastereomere; EPA T 401/94.
500   EPA T 7/86 ABl EPA 1988, 381 = GRUR Int 1989, 226 Xanthine; EPA T 133/92; anders, wenn zwingende technische Notwendigkeiten eine bestimmte zweite Komponente obligatorisch machen, wenn die erste gewählt ist, EPA T 366/96; auf den Unterschied zur Rspr des BGH weist *R. Rogge* GRUR 1996, 931, 938 hin.
501   EPA T 427/86.
502   EPA T 258/91.
503   BPatG BlPMZ 1982, 360 mit zwh Begr.
504   BPatGE 32, 104 = GRUR 1991, 819.
505   BGH BlPMZ 1973, 170, 171 Schmelzrinne.
506   BGHZ 95, 295 = GRUR 1986, 163 borhaltige Stähle; vgl auch EPA T 188/83 ABl EPA 1984, 555 = GRUR Int 1985, 198 Vinylacetat.
507   BGHZ 118, 210 = GRUR 1992, 842 Chrom-Nickel-Legierung, zur die Beschränkung ermöglichenden ursprünglichen Offenbarung; BPatG 18.2.1999 13 W (pat) 127/96 hat Schutzfähigkeit eines Sinterkörpers mit einem Kohlenstoffgehalt von maximal 0,5% gegenüber einer Offenbarung von 0–7% bejaht, bei der in den Ausführungsbeispielen nur ein Gehalt von 1–3% angegeben war.
508   EPA T 265/84, EPOR 1987, 193 Cobalt foils; EPA T 75/87; vgl *Spiekermann* Mitt 1993, 185, 189 f.
509   EPA T 624/91.

einer Vorveröffentlichung, die eine Vielzahl von Verbindungen des entspr Verbindungstyps als zur Umsetzung zu einem mit einer allg Bezeichnung umschriebenen Verfahrenserzeugnis geeignet beschreibt, für die Neuheit des Erzeugnisses allein darauf an, ob dieses als solches bekannt ist. Es ist gleichgültig, welcher Verwendung das Erzeugnis zugeführt worden ist oder für welche Verwendung es empfohlen war.[510]

126 Bei der Kombination eines bestimmten Ausgangsstoffs aus einer Liste (Rn 120) mit einer in der Vorveröffentlichung genannten **Herstellungsmethode** handelt es sich nicht um eine echte stoffliche Modifikation des Ausgangsstoffs, der Verfahrensparameter ist aus der Sicht des Endprodukts kein variabler Parameter, der zur Potenzierung der Möglichkeiten führen könnte;[511] dies gilt auch, wenn einer der beiden Reaktionspartner aus dem bereichsmäßig definierten Stoffkollektiv als chemisches Individuum in Erscheinung tritt, solange nicht Isomerie auftritt.[512]

127 **Bereichsauswahl, Bemessungsregel.** Der aus einem größeren (geschlossenen, beim einseitig offenen Bereich kann die Sache anders liegen,[513] vgl Rn 132) Bereich herausgegriffene Teilbereich wird nach der nicht unproblemat Rspr als grds nicht neu angesehen, und zwar auch nicht aufgrund eines im größeren Bereich vorhandenen, aber neu entdeckten Effekts,[514] der Bereich muss vielmehr per se neu sein.[515] Sind die beanspruchten Bereiche die üblicherweise verwendeten, können sie auch nach Auffassung des EPA vorweggenommen sein.[516]

128 Eine **Bemessungsregel** (Einstellungsregel) ist neu, wenn der Bereich, den sie umschreibt, einen Ausschnitt aus einem einer Vorveröffentlichung zu entnehmenden **undifferenzierten Gesamtbereich ohne konkrete Parameter** darstellt.[517]

129 Das BPatG hat (zu § 4 Abs 2 PatG 1968) die innerhalb der Grenzen eines durch konkrete Werte **eng begrenzten quantitativ definierten Bereichs** liegenden Zwischenwerte, die einfach individualisiert werden können, auch dann als vorweggenommen angesehen, wenn sie nicht ausdrücklich genannt waren, weil eine solche Bereichsangabe eine vereinfachte Schreibweise der Zwischenwerte darstelle.[518] Nach der allerdings seit geraumer Zeit nicht wieder aufgegriffenen Rspr des BGH zur die Beschränkung ermöglichenden Offenbarung bei Bereichsangaben[519] spielt es keine Rolle, ob etwas in der Beschreibung gegenüber gleichzeitig offenbarten anderen Lösungen als vorteilhaft, zweckmäßig oder bevorzugt bezeichnet ist; es gibt auch keine Abstufung in der Wertigkeit der Offenbarungsmittel. Die besondere Hervorhebung oder Betonung, etwa durch ein Ausführungsbeispiel oder die Kennzeichnung als vorteilhaft, zweckmäßig oder bevorzugt, ist für die Offenbarung nicht erforderlich. Mangels anderweitiger Anhaltspunkte vermittelt eine mit Grenzwerten umschriebene Lehre dem Fachmann die Erwartung, dass mit allen Mengen innerhalb des genannten Bereichs das erstrebte Ergebnis zu erreichen sei, denn entspr den Regeln der Arithmetik stellt die Nennung eines Mengenbereichs eine vereinfachte Schreibweise der zwischen dem unteren und dem oberen Grenzwert liegenden Zwischenwerte dar. Das gilt auch für Legierungen, sofern die charakteristischen Eigenschaften der Legierung gewahrt bleiben. Diese Grundsätze gelten auch für die Neuheitsprüfung.[520]

130 Die **Praxis des EPA** stellt darauf ab, ob der StdT geeignet ist, dem Fachmann den Erfindungsgegenstand seinem Inhalt nach in Form einer technischen Lehre kundzutun; sie sieht größere Bereiche für Teilbereiche dann nicht als neuheitsschädlich an, wenn der ausgewählte Teilbereich eng ist, genügend Ab-

---

510 BGHZ 66, 17 = GRUR 1976, 299 Alkylendiamine I.

511 EPA T 12/81 ABl EPA 1982, 296 = GRUR Int 1982, 744 Diastereomere.

512 EPA T 181/82 ABl EPA 1984, 401 = GRUR Int 1984, 700 Spiroverbindungen.

513 Vgl EPA T 124/87 ABl EPA 1989, 491 = GRUR Int 1990, 225 Copolymere; EPA T 366/90 EPOR 1993, 383 Interestification process; *R. Rogge* GRUR 1996, 931, 939 W (pat) 48/97.

514 BGH GRUR 1978, 696, 699 alpha-Aminobenzylpenicillin; BGHZ 76, 97, 104 f = GRUR 1980, 283 Terephthalsäure; BGH 14.3.1989 X ZR 30/87 Bausch BGH 1986–1993, 93 Herbizidkonzentrate; EPA T 198/84 ABl EPA 1985, 209, 215 Thiochlorformiate; *Benkard* Rn 366; *R. Rogge* GRUR 1996, 931, 940.

515 BPatG BlPMZ 1982, 350; BPatGE 32, 104 = GRUR 1991, 819; kr *Huebner* GRUR 2007, 839 f.

516 Vgl EPA T 332/91.

517 BGHZ 80, 323 = GRUR 1981, 812 Etikettiermaschine; BPatG 4.8.2009 3 Ni 52/07 (EU).

518 BPatGE 31, 96 = GRUR 1990, 597.

519 BGHZ 111, 21, 27 = GRUR 1990, 510 Crackkatalysator I; BGHZ 118, 210 = GRUR 1992, 842, 844 Chrom-Nickel-Legierung; hiergegen jetzt BPatG 21.7.2015 4 Ni 5/14 (EP) unter Hinweis auf BGH 17.4.2012 X ZR 54/09.

520 BPatG Mitt 1995, 320 und nachfolgend BGH GRUR 2000, 591 Inkrustierungsinhibitoren, wonach Mitumfasstsein grds Neuheitsschädlichkeit begründet, gegen die Praxis des EPA; vgl BPatG 28.7.1999 19 W (pat) 48/97.

Keukenschrijver

stand von dem durch Bsp belegten bekannten Bereich hält und kein willkürlich gewählter Ausschnitt aus dem Vorbekannten ist, sondern iS einer gezielten Auswahl (unter Abstellen auf den – selbst nicht neuheitsbegründenden – Effekt der Auswahl) zu einer neuen Erfindung führt.[521] Ein Temperaturbereich von 85 °C–115 °C wurde im Einzelfall durch einen bekannten Bereich von 80 °C–170 °C als vorweggenommen angesehen.[522] Nach Auffassung des EPA ist ein Bereich jedenfalls dann nicht neu, wenn die Werte in bekannten Ausführungsbeispielen nur knapp außerhalb des beanspruchten Bereichs liegen und dem Fachmann die Lehre vermittelt wird, dass er innerhalb des gesamten beanspruchten Bereichs arbeiten könne.[523]

131   Das EPA stellt weiter darauf ab, ob es der Fachmann unter Berücksichtigung aller ihm bekannter technischer Gegebenheiten bei sich überschneidenden Zahlenbereichen physikalischer Parameter in einem Patentanspruch einerseits und einer Offenbarung des StdT „**ernsthaft erwogen**" hätte, die technische Lehre aus dem bekannten Dokument im **Überschneidungsbereich** anzuwenden.[524] Die hypothetische Möglichkeit, im beanspruchten Bereich tätig zu werden, reicht insb dann für die Neuheitsschädlichkeit nicht aus, wenn hierfür keine technischen Gründe vorliegen und für den Fachmann damit keine technische Notwendigkeit besteht.[525]

132   **Einzelfälle.**[526] Neu ist eine Bemessungsregel, einen Stoff im Überschuss einzusetzen, gegenüber der Lehre, ihn nur in der zur Erzielung einer bestimmten Wirkung erforderlichen Menge einzusetzen.[527] Das EPA hat im Einzelfall Neuheit auch bei der Auswahl aus einem generisch definierten Kollektiv bejaht („drei Schichten" gegenüber „mindestens zwei" Schichten;[528] das ist zutr, weil es sich um einen einseitig offenen und noch dazu nicht kontinuierlichen Zahlenbereich handelt.[529] Das EPA bejaht Neuheit bei mehrfacher Auswahl,[530] auch hier gelten indessen die allg Regeln. Nach Auffassung des BPatG setzt die Neuheit einer Auswahl aus einem Kollektiv von zwei Alternativen jedenfalls voraus, dass die ausgewählte Alternative im StdT nicht ausdrücklich genannt ist und/oder dass dem Fachmann diese Alternative nicht ohne weiteres zugänglich ist.[531]

133   Die Grundsätze zu den Grenzwertangaben gelten auch für **biologische Erfindungen.**[532]

134   Im Bereich der **Nanotechnologie** wird die Offenbarung einer bestimmten Teilchengröße im Einzelfall Neuheit begründen können.[533]

---

521 EPA T 12/81 ABl EPA 1982, 296 = GRUR Int 1982, 744 Diastereomere; EPA T 181/82 ABl EPA 1984, 401 = GRUR Int 1984, 700 Spiroverbindungen; EPA T 198/84 ABl EPA 1985, 209 = GRUR Int 1985, 827 Thiochlorformiate; EPA T 17/85 ABl EPA 1986, 406 = GRUR Int 1987, 171 Füllstoff; EPA T 279/89 EPOR 1992, 294 Reaction injection moulded elastomer; EPA T 610/96.

522 EPA T 247/91.

523 EPA T 17/85 ABl EPA 1986, 406 = GRUR Int 1987, 171 Füllstoff.

524 EPA T 26/85 ABl EPA 1990, 22 dicke magnetische Schichten; EPA T 279/89 EPOR 1992, 294 Reaction injection moulded elastomer; EPA T 666/89 ABl EPA 1993, 495, 502 f = GRUR Int 1994, 59 Waschmittel; EPA T 255/91 ABl EPA 1993, 318 = GRUR Int 1993, 692 Priorität; EPA T 369/91 ABl EPA 1993, 561 = GRUR Int 1994, 242 Reinigungsmittelzusammensetzung; EPA T 660/93; vgl weiter EPA T 366/90 EPOR 1993, 383 Interestification process; EPA T 565/90; EPA T 245/91; EPA T 751/94; vgl auch EPA T 187/91 ABl EPA 1994, 572, 581 = GRUR Int 1994, 1036, 1038 Lichtquelle, für die Beschränkung ermöglichende Offenbarung; EPA T 133/92, wonach die Frage des ernsthaften Erwägens bei der Beurteilung der Neuheit einer Auswahl nur nützliches Hilfsmittel, aber kein ausschlaggebender Faktor sei und eine erfinderische Auswahl nicht zwangsläufig neu sein müsse; abl hierzu BPatG Mitt 1995, 320; kr auch *R. Rogge* GRUR 1996, 931, 940; *Benkard-EPÜ* Art 54 Rn 189; vgl *Maiwald* Mitt 1997, 272, 276; BGH Mitt 2002, 16 Filtereinheit mAnm *Maiwald*; vgl auch kr zur Berücksichtigung nachgereichter Ausführungsbeispiele bei der Prüfung des Offenbarungsgehalts und zur Anerkennung von Behauptungen als Offenbarung *Christ* Die Nachreichbarkeit von Beispielen als Investitionshemmnis, Mitt 1996, 145, 149 f.

525 EPA T 943/93.

526 Zur Berücksichtigung von quantitativer und qualitativer Zusammensetzung eines Stoffgemischs neben einer Bemessungsregel bei der Neuheitsprüfung BGH BlPMZ 1985, 373 Klebstoff.

527 BGH GRUR 1966, 192 Phosphatierung.

528 EPA T 763/89 EPOR 1994, 384 mehrschichtiges photographisches Material.

529 AA *R. Rogge* GRUR 1996, 931, 938.

530 EPA T 653/93.

531 BPatG 1.2.2011 3 Ni 17/09 (EU) mwN.

532 BGHZ 122, 144 = GRUR 1993, 651, 653 tetraploide Kamille, zu der eine Beschränkung ermöglichenden Offenbarung.

533 Vgl *Huebner* GRUR 2007, 839; *Fitzner/Lutz/Bodewig* Rn 169 ff; *Uhrig/Zech* GRUR 2008, 768.

Kritik. Die Rspr des BGH steht auch bei Zugrundelegung eines einheitlichen Offenbarungsbegriffs[534] **135** der Patentfähigkeit von **Auswahlerfindungen** unter dem Gesichtspunkt fehlender Neuheit[535] zwar im allg, aber doch nicht ausnahmslos entgegen, da Neuheitsschädlichkeit nur dann in Betracht kommt, wenn die Verbindung nicht nur in ihrer Struktur, sondern auch in bezug auf ihre Herstellbarkeit offenbart ist.[536] Die bloße Nennung von Parametern begründet keine Neuheitsschädlichkeit, solange dem Fachmann kein Weg vermittelt wird, das beschriebene Erzeugnis in die Hand zu bekommen. Darüber hinaus könnten als Abgrenzungskriterien herangezogen werden, ob der Bereich spekulativ gewählt ist, weitere Schutzrechte verhindern soll, und wie weit er durch Beispiele ausgefüllt wird. Ob die Möglichkeit, eine Auswahl hinsichtlich bestimmter, im Patentanspruch zu nennender Eigenschaften zu treffen, Neuheit begründet, ist unterschiedlich beurteilt worden.[537]

d. Verallgemeinerung. Eine Lehre, die einen Gesamtbereich beansprucht, ist soweit nicht neu, als **136** vorbekannte Lehren von diesem Bereich bereits teilweise Gebrauch gemacht haben.[538] Dies wird über Bereichsangaben hinaus auch bei allgemeineren Begriffen als der StdT sie verwendet gelten müssen.[539] Dagegen sind Alternativlösungen grds neu.[540] Nach Auffassung des EPA kann Neuheit auch durch Aufnahme eines **Disclaimers** hergestellt werden, wenn eine „positive" Einschränkung des Patentanspruchs dem Anmelder den angemessenen Schutz nähme.[541] Das EPA hat dabei Disclaimer zur Beseitigung „zufälliger" Neuheitsschädlichkeit zugelassen (vgl Rn 30 zu § 38). Das BPatG hat dies jedoch grds abgelehnt.[542] Zur Beseitigung von Überschneidungen mittels Disclaimers[543] auch Rn 192 zu § 4; Rn 77 zu § 34.

e. Übertragung. Bei einer Übertragungserfindung liegt Vorbenutzung nur vor, wenn dem Dritten die **137** Vorrichtung nicht nur gezeigt, sondern auch erkennbar gemacht wurde, dass sie der erfindungsgem Verwendung dienen kann.[544] Die Demonstration einer Anlage schließt nur die Benutzung solcher Verfahren ein, zu deren Durchführung diese vorgesehen ist; ist sie zur Durchführung eines bestimmten Verfahrens nur objektiv geeignet, muss hinzutreten, dass gerade dieses Verfahren durch entspr Beschreibung oder Demonstration dem Fachmann erkennbar gemacht wird.[545]

f. Ergebnis; Wirkung. Feststellen des tatsächlichen, auch überraschenden Ausmaßes einer bekannten Wirkung begründet keine Neuheit.[546] Wirkungen, die erst bei der Weiterverarbeitung auftreten, können nicht herangezogen werden.[547] Ein Ergebnis, das sich bei der unveränderten Ausführung eines bekannten Verfahrens **zwangsläufig** von selbst einstellt, kann die Neuheit des Verfahrens nicht begründen, selbst wenn das Verfahren auf die Erzielung eines bisher nicht erkannten Ergebnisses ausgerichtet wird[548]

---

534 Vgl hierzu auch BPatGE 35, 255 = GRUR Int 1996, 822, 823 f; Bericht *Held/Loth* GRUR Int 1995, 220, 224, 227.

535 Entgegen der von *Dörries* Zum Offenbarungsgehalt einer (Vor)benutzung – Gedanken zum BGH-Beschluß „Crackkatalysator", GRUR 1991, 717; dem folgend *R. Rogge* GRUR 1996, 931, 940, geäußerten Auffassung.

536 *Brodeßer* Offenbarung und Beschränkung des Schutzbegehrens im Patentrecht, FS R. Nirk (1992), 85, 95 f; vgl auch EPA T 763/89 EPOR 1994, 384 mehrschichtiges photographisches Material; EPA T 124/87 ABl EPA 1989, 491 = GRUR Int 1990, 225 Copolymere; EPA T 26/85 ABl EPA 1990, 22 dicke magnetische Schichten.

537 Bejahend: BPatG 28.7.1999 19 W (pat) 48/97, unklar: EPA T 198/84 ABl EPA 1985, 209, 214 = GRUR Int 1985, 827 Thiochlorformiate: Neuheit per se maßgeblich, aber Wirkung als Kontrollüberlegung; EPA T 666/89 ABl EPA 1993, 495, 502 = GRUR Int 1994, 59 Waschmittel: besondere technische Wirkung kann hilfreich, aber nicht selbsständig neuheitsbegründend sein.

538 BGH GRUR 1982, 610 Langzeitstabilisierung; *Benkard-EPÜ* Art 54 Rn 71.

539 Vgl *Benkard-EPÜ* Art 54 Rn 71.

540 *Benkard-EPÜ* Art 54 Rn 82.

541 EPA T 4/80 ABl EPA 1982, 149 = GRUR Int 1982, 444 Polyätherpolyole; EPA T 170/87 ABl EPA 1989, 441 = GRUR Int 1990, 223 Heißgaskühler; EPA T 53/87; EPA T 3/89; vgl BPatG 13.2.2001 14 W (pat) 56/00.

542 BPatG 7.5.2015, ber 20.8.2015 7 Ni 41/14 (EP).

543 S auch EPA T 188/83 ABl EPA 1984, 555 = GRUR Int 1985, 198 Vinylacetat; *Liesegang* Mitt 1982, 71, 72.

544 BGH Liedl 1961/62, 264, 278 Lacktränkeinrichtung I.

545 BGH GRUR 1964, 612, 616 Bierabfüllung; BPatG 28.10.1993 1 Ni 12/91.

546 GH Den Haag BIE 1999, 394, 402.

547 Vgl BPatG 19.11.2012 15 W (pat) 2/10.

548 BGH GRUR 1978, 696, 699 alpha-Aminobenzylpenicillin; BPatG 27.9.1982 16 W (pat) 146/79 S 11, insoweit unveröffentlicht; BPatG 18.9.2001 3 Ni 44/00 (EU): Senkung der – nur statistisch nachweisbaren – Mortalität bei

oder der Anmelder eine neue Wirkung erkannt hat;[549] durch die Beschreibung eines Verfahrens werden der Fachwelt auch die Kenntnisse zugänglich gemacht, die bei der Nacharbeitung unmittelbar und zwangsläufig eintreten, selbst wenn die Ergebnisse den Nacharbeitenden überraschen.[550] Das gilt auch bei Verwendungsansprüchen[551] und wohl auch bei der weiteren medizinischen Indikation. Zur Praxis des EPA Rn 142.

139   Gleiches gilt für Wirkungen einer bekannten **Vorrichtung**, die nicht vorbeschrieben sind und erstmals erkannt werden, wenn sie sich mit der Vorrichtung zwangsläufig oder regelmäßig erzielen lassen,[552] und hinsichtlich der Wirkung eines Erzeugnisses.[553]

140   Zeigt der StdT dem Fachmann keinen Weg, wie er zuverlässig das Ergebnis erreichen kann, handelt es sich vielmehr um **Zufallsergebnisse**, stellt sich der Erfolg nicht von selbst und zwangsläufig ein; die Grundsätze zur Neuheitsschädlichkeit nicht erkannter zwangsläufiger Zusammenhänge sind in diesem Fall unanwendbar.[554]

141   Bei **Verwendungsansprüchen** ist die bisher unbekannte Wirkung als „funktionelles technisches Merkmal" neuheitsbegründend, selbst wenn sie schon inhärent aufgetreten ist; dies ist insb bei Verwendungsansprüchen für medizinische Indikationen von Bedeutung.[555] Eine bei der Verwendung des Erzeugnisses tatsächlich eintretende Wirkung (zB Wachstumsregulation durch Fungizid) steht der Neuheit dieser Verwendung jedenfalls dann nicht entgegen, wenn sie nicht so klar zutage tritt, dass sie dadurch zumindest potentiell für die Fachleute das Wesen der Erfindung unmittelbar erschließt;[556] es kommt darauf an, ob die Information über die Wirkung der Fachwelt zugänglich gemacht (dann Neuheitsschädlichkeit) oder nahegelegt worden ist.[557] Eine Wirkung ist nicht schon dann neu, wenn sie in verstärktem Umfang auftritt.[558]

142   Das **EPA** wollte diese Grundsätze zT (unter dem Gesichtspunkt des „funktionellen technischen Merkmals") auch auf **Verfahrensansprüche** ausdehnen;[559] dies kann indessen nur für auf die Anwendung des Verfahrens gerichtete Patentansprüche gelten; ein Herstellungsverfahren wird nicht dadurch neu, dass es eine dem hergestellten Erzeugnis inhärente, bisher nicht bekannte Eigenschaft aufzeigt.[560]

143   **g.** Die **Identifikation** eines in einem vorbeschriebenen Verfahren zwangsläufig anfallenden, aber nicht weiter beachteten Stoffs kann dessen Neuheit nicht begründen.[561] Dass die Identifikation des Stoffs zeit- und arbeitsaufwendige Analysen erfordert, muss der Bekanntheit nicht entgegenstehen, sofern hinreichender Anlass zur Untersuchung bestand und die Untersuchung mit Aussicht auf Erfolg möglich und zumutbar ist (vgl Rn 26).[562]

144   **h.** Auch das **Aufstellen allgemeiner Regeln** zu einer bekannten Lehre, die zuvor nicht theoretisch durchgearbeitet war, kann die Neuheit der bekannten Lehre nicht begründen.[563] Ein bekanntes Logikgitter

---

bekannter Indikation (Behandlung des kongestiven Herzversagens), nicht entschieden in der Folgeinstanz BGHZ 170, 215 = GRUR 2007, 404 Carvedilol II; vgl BPatG 3.2.1997 15 W (pat) 33/95; BPatG 20.6.2008 3 Ni 25/06 (EU); *Tilmann* GRUR 2008, 312 f.

549   RG GRUR 1923, 41 Wasserreinigung.

550   BGHZ 76, 97, 105 = GRUR 1980, 283 Terephthalsäure; BGH Liedl 1987/88, 24 ff geraffte Hülle.

551   BPatG 18.9.2001 3 Ni 44/00 (EU) nicht entschieden in der Folgeinstanz BGHZ 170, 215 = GRUR 2007, 404 Carvedilol II.

552   BGH Liedl 1978/80, 185, 195 Thyristor; BPatGE 41, 202; vgl *Fitzner/Lutz/Bodewig* Rn 163.

553   Vgl EPA T 254/93 ABl EPA 1998, 285 = GRUR Int 1998, 705 Verhütung von Hautatrophie; zu besonderen Eigenschaften eines Stoffs (Ranitidinhydrochlorid) vgl nl PA BIE 1995, 109.

554   BGH 14.3.1989 X ZR 30/87 Bausch BGH 1986–1993, 93 Herbizidkonzentrate; *Fitzner/Lutz/Bodewig* Rn 110.

555   Vgl EPA G 2/88 ABl EPA 1990, 93 = GRUR Int 1990, 522, 528 reibungsverringernder Zusatz.

556   EPA T 208/88 Wachstumsregulator; vgl auch EPA T 59/87 ABl EPA 1991, 561 = GRUR Int 1992, 287 reibungsverringernder Zusatz IV.

557   Vgl EPA reibungsverringernder Zusatz IV.

558   EPA T 958/90 EPOR 1994, 1 Sequestering agent.

559   EPA T 582/88 Treatment of dairy cows; EPA T 276/88 Infrarottarnung.

560   EPA T 910/98.

561   BPatG 27.9.1982 16 W (pat) 146/79 BB 1983, 1501 Ls; vgl PatG 20.6.2008 3 Ni 25/06 (EU).

562   BGH GRUR 1986, 372, 374 Thrombozytenzählung.

563   Vgl BGHZ 95, 295 = GRUR 1986, 163 borhaltige Stähle; dies übersieht BPatG GRUR 2005, 494.

wird nicht dadurch neu, dass die Eingangs- und Ausgangsgrößen zu Vektoren zusammengefasst und bestimmte Vektoren als gültig oder ungültig definiert werden.[564] Auch die physikalisch-technische Formulierung einer bekannten Maßnahme begründet keine Neuheit.[565]

III. Neuheitsschädlichkeit älterer Anmeldungen (Absatz 2)

1. Allgemeines; früheres Recht; Regelungszweck

a. Grundsatz. Abs 2 bildet eine Ausnahme von der Regel, dass nur der Öffentlichkeit zugängliche **145** Kenntnisse mit älterem Zeitrang zum StdT rechnen („erweiterter Neuheitsbegriff").[566] Der frühere Anmelder soll davon ausgehen können, dass der von ihm offenbarte Erfindungsgedanke nicht für einen Dritten geschützt wird.[567]

b. Zum **Doppelpatentierungsverbot** nach PatG 1936/1968 mit seinem „prior claims approach" **146** *6. Aufl* Rn 167 ff.

c. Regelungszweck. Auch die geltende Regelung soll Doppelpatentierungen möglichst verhindern **147** (vgl Rn 78), benutzt dafür aber nicht das Mittel des Doppelpatentierungsverbots.[568] Durch die Berücksichtigung des gesamten Offenbarungsgehalts der älteren Anmeldung („**whole contents approach**")[569] wird eine Angleichung an die Prüfung bei anderen Vorwegnahmen erreicht, damit ist die Kollisionsregelung umfassender als beim früheren Doppelpatentierungsverbot. Weiter stellt die geltende Regelung nicht mehr auf die Erteilung und den Bestand des älteren Schutzrechts ab, sondern nur auf die Nachveröffentlichung, und erhöht damit die Rechtssicherheit.[570] Zudem ist der frühere Anmelder nicht mehr gehalten, Prüfungsantrag zu stellen; schon die Offenlegung führt die Folge des Abs 2 herbei. Einen völligen Ausschluss von Doppelpatentierungen kann auch die geltende Regelung nicht gewährleisten.[571] Für den Fall der Selbstkollision gelten keine Besonderheiten (Rn 45).

2. Regelungsgehalt

a. Neuheitsschädliches Material. Abs 2 Satz 1 rechnet zum StdT, allerdings beschränkt auf die Neu- **148** heitsprüfung (§ 4 Satz 2), den Inhalt bestimmter **Patentanmeldungen** mit älterem Zeitrang, und zwar:
- beim DPMA eingereichter nationaler Anmeldungen (Nr 1);
- eur Anmeldungen, mit denen für die Bundesrepublik Deutschland Schutz begehrt wird (Nr 2; insoweit gilt nunmehr das System der Pauschalbenennung aller Vertragsstaaten, Rn 151), nach der Neuregelung des 2. PatGÄndG infolge der Änderung von Art 79 Abs 2 EPÜ (Rn 181 f zu § 34) aber erst nach Zahlung der Benennungsgebühr, und im Fall von Euro-PCT-Anmeldungen (Art 153 Abs 2 EPÜ) erst nach Erfüllung der Voraussetzungen des Art 153 Abs 5 EPÜ (Rn 151),
- PCT-Anmeldungen, für die das DPMA Bestimmungsamt ist (Nr 3; Rn 152).

Nicht zu berücksichtigen sind ältere Gbm-, Topographie-, Design- und SortAnmeldungen, eur Pa- **149** tentanmeldungen ohne Benennung der Bundesrepublik Deutschland,[572] Euro-PCT-Anmeldungen, bei denen die in Regel 165 AOEPÜ iVm Art 153 Abs 3, 4 genannten Voraussetzungen nicht erfüllt sind, und ausländ Anmeldungen.

Zu **DDR-Anmeldungen,** die nach **Anl I Kap III Sgb E Abschn II Nr 1 § 6 EinigV** ab dem 3.10.1990 als **150** neuheitsschädlich zu berücksichtigen waren, *7. Aufl.*

---

564   BPatGE 37, 87 = GRUR 1997, 275, 276.
565   BPatG 27.5.1999 3 Ni 38/98.
566   *Mes* Rn 64.
567   Begr IntPatÜG BlPMZ 1976, 333.
568   Vgl *Kraßer/Ann* § 17 Rn 16 f.
569   Vgl EPA G 1/03 ABl EPA 2004, 413 = Mitt 2004, 261 Disclaimer; *Schulte* Rn 80.
570   Vgl *Benkard* Rn 290.
571   Vgl BGH GRUR 1991, 376 beschußhemmende Metalltür.
572   Vgl EPA T 623/93.

151   Für die **europäischen Anmeldungen** ist **Art 79 EPÜ** zu berücksichtigen. Die Gleichstellung eur Patentanmeldungen ist durch Art 139 Abs 1 EPÜ geboten.[573] Voraussetzung ist die Benennung der Bundesrepublik Deutschland und die Zahlung der Benennungsgebühr (Abs 2 Nr 2), die innerhalb von 6 Monaten nach Veröffentlichung des Hinweises auf den eur Recherchenbericht im eur Patentblatt zu erfolgen hat (Regel 39 Abs 1, Regel 17 Abs 3, Regel 36 Abs 4 AOEPÜ), bei Euro-PCT-Anmeldungen weiter die Erfüllung der in Art 153 Abs 5 EPÜ genannten Voraussetzungen innerhalb von 31 Monaten, nämlich die Einreichung der Übersetzung in einer Amtssprache des EPA, wenn die internat Anmeldung in einer anderen Sprache veröffentlicht wurde, die Angabe der dem eur Erteilungsverfahren zugrunde zu legenden Unterlagen, die Entrichtung der Anmeldegebühr und die Entrichtung der (seit 1.4.2009 pauschalierten) Benennungsgebühr, wenn die Frist nach Regel 39 Abs 1 AOEPÜ früher abläuft. Nach Art 79 Abs 1 EPÜ gelten alle Vertragsstaaten, die dem EPÜ bei Einreichung der Anmeldung angehören, als benannt. Eine Berücksichtigung scheidet nur dann aus, wenn die Benennung der Bundesrepublik Deutschland vor Veröffentlichung zurückgenommen wurde (Art 79 Abs 3 EPÜ), nicht aber, wenn dies nach Veröffentlichung geschieht.[574] Wird die eur Patentschrift veröffentlicht und ist die Benennungsgebühr gezahlt, bleibt die neuheitsschädliche Wirkung nach Art 54 Abs 3 EPÜ erhalten, auch wenn die Benennung später zurückgenommen wird („Versteinerung").[575] Nichtzahlung der Benennungsgebühr lässt dagegen diese Wirkungen nicht entstehen (Regel 39 Abs 2 AOEPÜ);[576] die Fassung von Abs 2 Satz 1 Nr 2 hat dies klargestellt.[577] Bei aus PCT-Anmeldungen hervorgegangenen eur Patentanmeldungen (Euro-PCT-Anmeldungen) muss Art 153 Abs 5 EPÜ (entweder Veröffentlichung in einer Amtssprache des EPA oder Veröffentlichung der Übersetzung in eine solche, Gebühren) erfüllt sein (Abs 2 Satz 1 Nr 2 2. Halbs), die nationale Gebühr nach Art 22 Abs 1 PCT oder Art 39 Abs 1 Buchst a PCT muss an das EPA gezahlt sein.

152   **PCT-Anmeldungen**, bei denen das DPMA Bestimmungsamt ist, werden nur berücksichtigt, wenn sie, ggf im Weg der Übersetzung, in dt Sprache vorliegen (Art III § 8 Abs 3, § 4 Abs 2 Satz 1 IntPatÜG) und die Anmeldegebühr nach § 34 Abs 6, Art III § 4 Abs 2 Satz 2 IntPatÜG innerhalb der Frist des Art 22 Abs 1 PCT entrichtet ist,[578] weil das Interesse des Anmelders der früheren Anmeldung erst von diesem Zeitpunkt an Schutz verdient.[579] Andernfalls rechnet die internat Anmeldung erst ab Veröffentlichung zum StdT nach Abs 1.

153   **b. Anhängigkeit.** Die Patentanmeldung muss im Zeitpunkt der Veröffentlichung noch anhängig sein, dh das Erteilungsverfahren darf nicht durch unanfechtbaren Zurückweisungsbeschluss abgeschlossen oder durch rechtswirksame Rücknahmeerklärung des Anmelders oder gesetzliche Rücknahmefiktion erledigt sein;[580] dies gilt auch für den Fall der Rücknahme der Benennung bei eur Patentanmeldungen (Rn 185 zu § 34). Wird sie gleichwohl veröffentlicht, gehört sie mit ihrem Veröffentlichungstag zum StdT nach Abs 1.[581] Nachträglicher Wegfall, auch mit Wirkung ex tunc, ist ohne Belang.[582]

154   **c. Veröffentlichung.** Erforderlich ist die amtliche Veröffentlichung in der gesetzlich vorgesehenen Form.[583] Maßgeblich ist bei nationalen Patentanmeldungen der Hinweis im PatBl auf eine der gesetzlich vorgesehenen amtlichen Veröffentlichungen (Offenlegungsschrift, Patentschrift), in diesem Fall nicht die Herausgabe der entspr Veröffentlichung;[584] diese ist aber maßgeblich, wenn sie (bei Anhängigkeit der

---

573 Zum Hintergrund der Regelung *Gall* Mitt 1998, 161, 175; vgl auch ÖOPM öPBl 2010, 57.

574 *Benkard* Rn 296; *Schulte* Rn 69; *Büscher/Dittmer//Schiwy* Rn 34.

575 *Gall* Mitt 1998, 161, 174.

576 Vgl *Gall* Mitt 1998, 161, 174.

577 Vgl Begr 2. PatGÄndG BlPMZ 1998, 393, 398.

578 *Benkard* Rn 298; *Schulte* Rn 72; *Fitzner/Lutz/Bodewig* Rn 82; *Mes* Rn 70.

579 Begr IntPatÜG BlPMZ 1976, 322, 331.

580 BGH GRUR 2016, 166 PALplus; BPatGE 33, 171 = BlPMZ 1993, 229; EPA J 5/81 ABl EPA 1982, 155, 157 = GRUR Int 1982, 446 Abschluss der technischen Vorbereitungen für die Veröffentlichung; PatentsC CIPA J. 2002, 261; *Benkard* Rn 308 f; *Benkard-EPÜ* Art 54 Rn 201a; *Schulte* Rn 78; *Fitzner/Lutz/Bodewig* Rn 89; *Büscher/Dittmer/Schiwy* Rn 37.

581 *Schulte* Rn 78.

582 Vgl *Schulte* Rn 78; aA PatentsC RPC 1986, 19.

583 Vgl *Schulte* Rn 76; *Fitzner/Lutz/Bodewig* Rn 87.

584 *Schulte* Rn 76.

Keukenschrijver

Anmeldung) vor Veröffentlichung des Hinweises erfolgt.[585] Es genügt nicht, wenn der Inhalt der älteren Anmeldung im Verfahren eines aus der älteren Anmeldung abgezweigten Gebrauchsmusters der Öffentlichkeit zugänglich wird.[586] Die eur Patentanmeldung wird nach Art 93 EPÜ, Regel 68 AOEPÜ, die internat Patentanmeldung nach Art 21 PCT, Regel 48 AOPCT veröffentlicht. Wird weder der Hinweis noch die ältere Anmeldung veröffentlicht, scheidet eine Zurechnung zum StdT nach Abs 2 aus. Erfolgt die Veröffentlichung außerhalb des Anmeldeverfahrens, kommt nur Zurechnung zumm StdT nach Abs 1 in Betracht, nicht Neuheitsschädlichkeit nach Abs 2.[587]

Geheimanmeldungen werden nicht veröffentlicht, stehen aber vom Ablauf des achtzehnten Monats **155** nach ihrer Einreichung an veröffentlichten Patentanmeldungen gleich (Abs 2 Satz 3).[588] Zum StdT iSd Abs 1 rechnen sie erst, wenn sie tatsächlich der Öffentlichkeit zugänglich geworden sind, nach Abs 2 Satz 3 können sie daher nur bei der Neuheitsprüfung berücksichtigt werden.[589]

d. Maßgeblicher Inhalt. Maßgeblich ist die ursprünglich eingereichte Fassung der älteren Anmel- **156** dung (die sich nicht mit der veröffentlichten Fassung decken muss und die insb bei Einreichung einer eur Patentanmeldung in einer Nichtamtssprache abweichen kann);[590] Abs 2 Satz 2 stellt klar, dass bei Prioritätsbeanspruchung nur der Inhalt der früheren Anmeldung heranzuziehen ist, der durch die Prioritätsanmeldung gedeckt ist;[591] dies erfasst allerdings nur den Fall, dass erst die Prioritätsbeanspruchung die Anmeldung zur älteren Anmeldung macht (vgl DPMA-PrRl). Bei Teilanmeldungen kann nur das berücksichtigt werden, was Inhalt der ursprünglichen Anmeldung war;[592] sie sind deshalb nur dann von Bedeutung, wenn die ursprüngliche Anmeldung nicht veröffentlicht worden ist. Bei Zusatzanmeldungen wird der Inhalt der Hauptanmeldung grds zum Offenbarungsgehalt rechnen (vgl *7. Aufl* Rn 40 zu § 16). Zur Berücksichtigung des gesamten Offenbarungsgehalts Rn 89; dabei darf der Unterschied zwischen Neuheitsprüfung und Prüfung auf erfinderische Tätigkeit allerdings nicht übersehen werden.[593] Zu Verweisungen auf andere Dokumente EPA-PrRl C-II 4.18.

Auf die **ursprünglichen Unterlagen** ist auch dann abzustellen, wenn die Veröffentlichung von die- **157** sen abweicht, sei es, dass sie über sie hinausgeht, sei es, dass sie hinter ihnen zurückbleibt.[594]

Die **Zusammenfassung** ist nicht nach Abs 2 zu berücksichtigen, dies gilt gleichermaßen bei eur Pa- **158** tentanmeldungen; sie kann aber StdT nach Abs 1 sein (Rn 44; Rn 5 zu § 36).

e. Zeitrang. Maßgeblich ist der Anmelde- oder Prioritätstag der älteren Anmeldung; dieser muss vor **159** dem Anmelde- oder Prioritätstag der späteren Anmeldung liegen. Bei gleichem Altersrang gilt keine Anmeldung als StdT.[595] Für in nationale Anmeldungen nach Art 135 Abs 1 Buchst a EPÜ umgewandelte eur Patentanmeldungen bleibt nach Art II § 9 Abs 1 Satz 1 IntPatÜG der Zeitrang der eur Anmeldung maßgebend.[596] Dasselbe gilt nach Art 25 Abs 2 Buchst a PCT, Art III § 5 IntPatÜG für eine als nationale Anmeldung weiterbehandelte PCT-Anmeldung.

3. EPÜ. Die Regelung in Art 54 Abs 3 EPÜ entspricht grds der im nationalen Recht. Zu beachten ist, **160** dass ältere nachveröffentlichte nationale Patentanmeldungen im eur Patenterteilungs- und Einspruchsverfahren nicht neuheitsschädlich berücksichtigt werden können;[597] dies ist erst im nationalen Nichtig-

---

585 So auch *Büscher/Dittmer/Schiwy* Rn 38.
586 BPatGE 52, 41, *Fitzner/Lutz/Bodewig* Rn 76.
587 *Benkard* Rn 312.
588 Vgl Bericht des Rechtsausschusses BlPMZ 1976, 347, 350; *Fitzner/Lutz/Bodewig* Rn 99.
589 *Benkard* Rn 314.
590 *Benkard* Rn 307.
591 Vgl *Benkard* Rn 302f; *Schulte* Rn 74; *Büscher/Dittmer/Schiwy* Rn 40.
592 BPatGE 46, 242; *Schulte* Rn 75.
593 Vgl EPA T 447/92; *R. Rogge* GRUR 1996, 931, 933.
594 *Benkard* Rn 303; *Schulte* Rn 79; *Büscher/Dittmer/Schiwy* Rn 41.
595 *Schulte* Rn 73; vgl BPatG GRUR 1971, 115; *Ohly* Mitt 2006, 241.
596 Vgl BGHZ 82, 88, 90 = GRUR 1982, 31 Roll- und Wippbrett.
597 EPA T 550/88 ABl EPA 1992, 117 = GRUR Int 1992, 544 älteres nationales Recht; EPA T 361/06; *Schulte* Rn 85; kr zur Regelung *Gall* Mitt 1998, 161, 173 Fn 87.

keitsverfahren möglich;[598] s hierzu Art 139 Abs 1 EPÜ und die Kommentierung zu Art II § 6 IntPatÜG. Eur Patentanmeldungen waren nach dem durch das EPÜ 2000 gestrichenen Art 54 Abs 4 EPÜ aF nur neuheitsschädlich, soweit sich die Benennung der Vertragsstaaten entsprach („überlappende Staaten").[599] Voraussetzung war neben der Veröffentlichung der Anmeldung die Zahlung der Benennungsgebühren, zuvor bestand ein Schwebezustand; die mWv 1.7.1997 eingefügte, deklaratorisch zu verstehende, durch die EPÜ-Revision entfallene Regel 23a AOEPÜ aF[600] regelte dies für die eur Teilanmeldung.[601] Diese Wirkung bleibt bei späterer Rücknahme der Benennung bestehen.[602]

161 Nach der **Revision des EPÜ** gilt bei nach Inkrafttreten der Revision (13.12.2007) eingereichten Patentanmeldungen jede unter Art 54 Abs 3 EPÜ fallende eur Patentanmeldung für alle EPÜ-Vertragsstaaten von ihrer Veröffentlichung an als StdT.[603] Der Anmelder kann hierauf sowie auf nach Art 139 Abs 2 EPÜ im nationalen Nichtigkeitsverfahren zu berücksichtigende ältere nationale Anmeldungen mit gesonderten Anspruchssätzen für den jeweiligen Vertragsstaat reagieren,[604] das gilt auch im Einspruchsverfahren.[605] Zur Rücknahme der Benennung Rn 185 zu § 34.

162 **Euro-PCT-Anmeldungen** kommen gegenüber eur Patentanmeldungen als StdT in Betracht.[606] Dies setzt voraus, dass die Benennungsgebühren gezahlt werden.[607] Ältere PCT-Anmeldungen sind aber nicht zu berücksichtigen, wenn bei Eintritt der älteren Anmeldung in die eur Phase keine Benennungsgebühren entrichtet sind.[608]

D. Unschädliche Vorbekanntheit

I. Schutz vorbekannter Erzeugnisse, Stoffe oder Vorrichtungen, insbesondere von Arzneimitteln

163 **1. Grundsatz.** Vorbekannte Erzeugnisse, Stoffe und Vorrichtungen sind nicht neu, ein Sachschutz scheidet deshalb für sie grds aus (Rn 104 ff). Auch die Lehre eines neuen Herstellungsverfahrens macht das Erzeugnis nicht neu (Rn 107 f). Möglich war aber schon nach früherem Recht der Schutz für eine neue und erfinderische Verwendung des Stoffs oder der Vorrichtung (Rn 145 ff zu § 1); hieran hat die EPÜ-Revision nichts geänd.[609] Vor 1968 kam Stoffschutz für auf chemischem Weg hergestellte Stoffe generell nicht in Betracht. Von 1968 bis 1977 war zwar Stoffschutz möglich, Arzneimittel auf der Basis bekannter Stoffe konnten jedoch nicht patentiert werden.[610] Für sie kam nur Verwendungsschutz in Betracht, die Patentfähigkeit des Arzneimittels setzte Neuheit des Wirkstoffs oder seiner Formulierung voraus.[611] Die mit Einführung des EPÜ auch im nationalen Recht geschaffene Regelung, mit der Stoffschutz für Arzneimittel ermöglicht wurde, wenn der Stoff neu ist, Schutz aber auch dann zulässt, wenn dessen Verwendung als Arzneimittel neu ist (Rn 166 ff), hat Unklarheiten mit sich gebracht, die durch das EPÜ 2000 und dessen Übernahme in das PatG beseitigt werden sollten.[612]

---

598   So auch DPA BlPMZ 1984, 114; vgl *Schulte* Rn 86.

599   Hierzu *Gall* Mitt 1998, 161, 172 ff; vgl auch BGH 25.4.2006 X ZR 16/03.

600   Vgl Mitt EPA ABl EPA 1997, 107, 113; *Gall* Mitt 1998, 161, 165 f.

601   Die Weiteranwendbarkeit in Altfällen bejaht *Schulte* Rn 5 f, 87, sie verneint *Griebling* epi-Information 2007, 61.

602   *Gall* Mitt 1998, 161, 166, 174.

603   *Schulte* Rn 87; *Singer/Stauder* Art 54 EPÜ Rn 2.

604   Vgl EPA T 4/80 ABl EPA 1982, 149 = GRUR Int 1982, 444 Polyätherpolyole, und Rechtsauskunft ABl EPA 1981, 68; *Schulte* Rn 85.

605   EPA T 550/88 ABl EPA 1992, 117 = GRUR Int 1992, 544 älteres nationales Recht; *Schulte* Rn 85.

606   Vgl EPA T 622/91.

607   Vgl *Gall* Mitt 1998, 161, 166.

608   Vgl EPA T 404/93.

609   EPA G 2/08 ABl EPA 2010, 456 Dosierungsanleitung, Gründe unter 5.8.

610   Vgl BGHZ 58, 280, 299 = BGH GRUR 1972, 541 Imidazoline.

611   BGH Imidazoline; BGHZ 68, 156, 159 = GRUR 1977, 652 Benzolsulfonylharnstoff; BGH GRUR 1982, 548, 549 Sitosterylglykoside.

612   Vgl *Tilmann* GRUR 2008, 312 f.

2. Medizinische Indikation

a. Allgemeines. Die Art 54 Abs 4 EPÜ entspr Regelung in Abs 3 lässt bei bekannten Stoffen und Stoff- **164** gemischen eine Patentierung des Stoffs oder Stoffgemischs zu, sofern diese zur Anwendung zur chirurgischen oder therapeutischen Behandlung des menschlichen oder tierischen Körpers oder bei Diagnostizierverfahren, die am menschlichen oder tierischen Körper vorgenommen werden, iSd § 2a Abs 1 Nr 2 bestimmt sind. Der durch das Gesetz zur Umsetzung der EPÜ-Revisionsakte neu eingestellte Abs 4 sieht über die lediglich redaktionell geänd Regelung in Abs 3 hinaus vor, dass die Patentfähigkeit von Stoffen und Stoffgemischen zur Anwendung in einem chirurgischen, therapeutischen oder Diagnostizierverfahren nicht ausgeschlossen ist, wenn diese Anwendung nicht zum StdT gehört.[613] Dies nimmt Rücksicht darauf, dass medizinische Verfahren nicht patentierbar sind[614] (§ 2a Abs 1 Nr 2; Art 53 Buchst c EPÜ).

Abs 3, 4 enthalten wie § 2a Abs 1 Nr 2 eine **nicht analogiefähige Sonderregelung** für den pharma- **165** zeutischen Bereich als Ausnahme von dem Grundsatz, dass eine neue Verwendung nicht die Neuheit des Erzeugnisses oder der Vorrichtung begründet,[615] sie ist auf die chirurgische Verwendung eines bekannten Geräts nicht anwendbar.[616] Im GbmRecht fehlt eine entspr Regelung; jedoch kommt eine analoge Anwendung in Betracht.[617]

b. Erste medizinische Indikation (Absatz 3). Für die Formulierung von Arzneimitteln aus vorbe- **166** kannten Soffen oder Stoffgemischen kommt danach bei der ersten medizinischen Indikation **alternativ** Verwendungsschutz[618] oder nach Abs 3 zweckgebundener Stoffschutz[619] in Betracht.

Voraussetzung für die Patentfähigkeit des bekannten Stoffs oder Stoffgemischs ist, dass die An- **167** wendung zu einem der in § 2a Abs 1 Nr 2 genannten Verfahren nicht zum StdT gehört[620] und durch ihn auch **nicht nahegelegt** ist.[621] Die Anwendung rechnet zum Gegenstand der Erfindung und muss ursprünglich offenbart sein.[622] Neuheitsbegründend ist die Wirkung in Form der medizinischen Zweckangabe.[623] Erschöpft sich die Lehre in einem Therapieplan oder einer Dosisempfehlung, sind deren Maßgaben für die Beurteilung der Neuheit/erfinderischen Tätigkeit heranzuziehen[624] (vgl auch Rn 116, 169).

Weiter ist **Zweckbestimmung** zu einem der in § 2a Abs 1 Nr 2 genannten Verfahren erforderlich.[625] **168** Das betrifft Wiederherstellung der Gesundheit, Linderung von Leiden und Prophylaxe eines pathologischen wie eines natürlichen (zB Schwangerschaft) Zustands.[626] Es genügt zur Begründung der Patentfähigkeit nach Abs 3 nicht, wenn die Verwendung des Stoffs zur Bekämpfung einer bestimmten unerwünschten Wirkung bereits bekannt oder naheliegend war, der Stoff nunmehr aber zur Bekämpfung einer

613 Vgl BPatG 1.7.2014 3 Ni 14/13 (EP); *Schulte* Rn 142.
614 Vgl *Kraßer/Ann* § 17 Rn 20.
615 BGH Bausch BGH 1994–1998, 51, 70 Isothiazolon, nicht in BlPMZ; BGH Bausch BGH 1999–2001, 223 Stützimplantat; *Benkard* Rn 371; *Benkard-EPÜ* Art 54 Rn 215; *Schulte* Rn 140; *Fitzner/Lutz/Bodewig* Rn 177; *Utermann* GRUR 1985, 813; vgl schweiz BAGE GRUR Int 1979, 168.
616 EPA T 227/91 ABl EPA 1994, 491, 498 f = GRUR Int 1994, 848, 850 zweite chirurgische Verwendung: Verwendung von Bestandteilen eines bekannten Geräts zu dessen Zusammenbau.
617 BGHZ 164, 220 = GRUR 2006, 135 Arzneimittelgebrauchsmuster.
618 BGH GRUR 1982, 548 Sitosterylglykoside; BGHZ 88, 209 = GRUR 1983, 729 Hydropyridin; aA *Fitzner/Lutz/Bodewig* Rn 177, die Verwendungsschutz ohne nähere Begründung für obsolet halten.
619 Vgl *Tilmann* GRUR 2008, 312 f.
620 Vgl BGHZ 88, 209, 223 f = GRUR 1983, 729 Hydropyridin; BPatG 9.9.1997 14 W (pat) 85/95; EPA G 1/83 ABl EPA 1985, 60, 62 f = GRUR Int 1985, 193 zweite medizinische Indikation, sowie Parallelentscheidungen EPA G 5/83 ABl EPA 1985, 64 und EPA G 6/83 ABl EPA 1985, 67; EPA T 655/92 ABl EPA 1998, 17, 20 = GRUR Int 1998, 409 Kontrastmittel für die NMR-Abbildung.
621 Vgl EPA T 128/82 ABl EPA 1984, 164 = GRUR Int 1984, 303 Pyrolidin-Derivate; vgl *Schulte* Rn 142.
622 Vgl *Benkard* Rn 393; *Benkard*[10] Rn 89.
623 ÖOGH 9.2.2010 17 Ob 35/09k ÖBl 2010, 116 Ls Isoflavon.
624 BPatG GRUR 1996, 868, 869 unter Aufgabe von BPatGE 24, 16 = GRUR 1981, 902 und BPatGE 24, 205 = GRUR 1982, 554; *Fitzner/Lutz/Bodewig* Rn 176.
625 Vgl zu Formulierung und Breite der Patentansprüche auch EPA T 43/82.
626 ÖOGH 9.2.2010 17 Ob 35/09k ÖBl 2010, 116 Ls Isoflavon.

anderen unerwünschten Wirkung eingesetzt werden soll,[627] erst recht nicht, wenn nur Informationen bzgl bekannter oder bisher mit bekannten Wirkungszusammenhängen bereits erreichter[628] Wirkungen bekannter Substanzen geliefert werden.[629] Ist die Behandlung von Wunden durch ein Arzneimittel bereits bekannt, handelt es sich bei der Angabe „zur Inhibierung der Fibroplasie und zur Förderung der Gewebebildung einer Wunde" nicht um die Definition einer anderen Krankheit, sondern um die Umschreibung einer zusätzlichen vorteilhaften Wirkung, die sich bei der bekannten Behandlung von selbst ergibt und daher Neuheit nicht begründen kann.[630]

169   **Therapiebezogene** Anweisungen können wegen § 2a Abs 1 Nr 2 nach Auffassung des BGH nur dann zur Patentfähigkeit beitragen, wenn sie objektiv darauf abzielen, die Wirkung des Stoffs zu ermöglichen, zu verstärken, zu beschleunigen oder in sonstiger Weise zu verbessern, nicht aber, wenn sie Therapiemaßnahmen betreffen, die zusätzlich zu und unabhängig von den Wirkungen des Stoffs geeignet sind, die in Rede stehende Krankheit zu behandeln;[631] dies erscheint insoweit zu eng, als nach Wegfall des Fortschrittserfordernisses auf eine Verbesserung nicht mehr abgestellt werden kann, sondern allg eine Veränderung ausreicht.

170   **Wirkung.** Der nach Abs 3 gewährte Schutz ist zwar Stoffschutz, aber anders als dieser sonst nicht unbeschränkt, sondern zweckgebunden.[632] Der Schutz ist auf den in § 2a Abs 1 Nr 2 genannten Bereich beschränkt, dort aber absolut,[633] er erfasst nicht die Herstellung des Stoffs an sich, wohl aber alle Handlungen, die sich auf die Herstellung von Stoffen gleicher Beschaffenheit und Zweckbestimmung als Arzneimittel beziehen.[634]

171   **c. Weitere medizinische Indikation (Absatz 4).** War die Anwendung des Stoffs in einem der in § 2a Abs 1 Nr 2 genannten Verfahren im StdT bekannt, schied nach früher hM nach früherem Recht auch der zweckgebundene Stoffschutz nach Abs 3 aus (Rn 61 zu § 2a). Diese strenge Linie ist mit der Zulassung des Arzneimittelgebrauchsmusters durch die Rspr[635] allerdings iS eines zweckgebundenen Stoffschutzes aufgeweicht[636] und durch die spätere Rspr[637] auch ausdrücklich aufgegeben worden. Nach dem durch die Revisionsakte vom 29.11.2000 mWv 13.12.2007 zur Absicherung der „zweiten" medizinischen Indikation[638] neu eingestellten Art 54 Abs 5 EPÜ und der entspr nationalen Regelung in Abs 4 kommt nunmehr (bei Vorliegen der weiteren Patentierungsvoraussetzungen) zweckgerichteter Stoffschutz schon dann in Betracht,[639] wenn die Anwendung nicht zum StdT gehört, also selbst neu ist.[640] Gegenstand ist hier die Eignung eines bekannten Soffs für einen bestimmten medizinischen Einsatzzweck und damit letztlich eine dem Stoff innewohnende Eigenschaft.[641] Damit ist die Anwendung nicht auf Indikationen zur Behandlung weiterer Krankheitsbilder beschränkt. Nach der Rspr der Großen Beschwerdekammer des EPA muss die neue Verwendung nicht die Behandlung einer anderen Krankheit sein, damit schließt es die Bestimmung nicht aus, ein für die Behandlung einer bestimmten Krankheit bekanntes Medikament für eine unterschiedliche Art der Behandlung derselben Krankheit zu patentieren; dies gilt auch dann, wenn sich nur die Dosierung ändert; zweckgebundener Stoffschutz kann daher auch durch eine geänd Dosieranleitung begründet werden.[642] Hierzu

---

627   Vgl den BGH Bausch BGH 1999–2001, 44 Heparin und der vorangegangenen Entscheidung BPatG Bausch BPatG 1994–1998, 122 zugrunde liegenden Fall.

628   Vgl BGHZ 170, 215 = GRUR 2007, 404 Carvedilol II.

629   GH Den Haag ENPR 2000, 26 Taxol; PatentsC ENPR 2000, 58 Bristol-Myers v. Baker Norton und nachfolgend CA ENPR 2000, 230 m Bespr *Sternfeld* EIPR 2001, 107.

630   BPatG 9.9.1997 14 W (pat) 85/95.

631   BGHZ 200, 229 = GRUR 2014, 461 Kollagenase I; BGH GRUR 2014, 464 Kollagenase II.

632   Vgl *Nirk* GRUR 1977, 356, 361.

633   Vgl *Benkard* Rn 392f; *Benkard*[10] Rn 90.

634   Vgl BGH GRUR 1987, 794, 797 Antivirusmittel; ÖOGH 9.2.2010 17 Ob 35/09k ÖBl 2010, 116 Ls Isoflavon stellt auf die Eignung für den angegebenen Zweck ab.

635   BGHZ 164, 220 = GRUR 2006, 135 Arzneimittelgebrauchsmuster.

636   Vgl *Benkard*[10] Rn 91; *Benkard*[11] Rn 379.

637   BGHZ 200, 229 = GRUR GRUR 2014, 461 Kollagenase I; BGH GRUR 2014, 464 Kollagenase II.

638   Vgl Denkschrift BTDrs 16/4375 S 123 ff = BlPMZ 2007, 406, 410.

639   Vgl *Tilmann* GRUR 2008, 312f; Denkschrift BTDrs 16/4375 = BlPMZ 2007, 406, 410.

640   Vgl EPA T 913/94, wo erfinderische Tätigkeit verlangt wurde.

641   BGH Arzneimittelgebrauchsmuster; BGH Kollagenase I gegen BPatG 11.12.2012 14 W (pat) 12/09 CIPR 2014, 36 Ls; BGH Kollagenase II.

642   BGH Kollagenase II in Abgrenzung von BGHZ 170, 215 = GRUR 2007, 404 Carvedilol II; vgl CA Actavis UK Limited v. Merck & Co Inc, [2008] EWCA Civ 444 Nr 44 ff; schweiz BG GRUR Int 2012, 183, 186f Alendronsäure.

wird es nicht erforderlich sein, dass die Herrichtung als ausdrückliches Merkmal in den Patentanspruch aufgenommen wird. Hierfür muss auch nicht auf den Herstellungsverwendungsanspruch („swiss type claim"; Rn 172) zurückgegriffen werden.[643] Die Neuregelung gilt auch für bei Inkrafttreten der Revisionsakte bereits anhängige Anmeldungen, in denen über die Patenterteilung noch nicht entschieden war;[644] die Änderung konnte innerhalb von 3 Monaten nach Veröffentlichung der Entscheidung der Großen Beschwerdekammer im ABl EPA vorgenommen werden.[645]

Die frühere dt Praxis gewährte hier **Verwendungsschutz**, die frühere, mittlerweile überholte eur zur **172** Vermeidung von Kollisionen mit Art 52 Abs 4 EPÜ nur eine Patentierbarkeit als Herstellungsverwendungsverfahren („swiss type claim"; Rn 62 zu § 2a). Die Praxis im VK war restriktiver,[646] hat sich aber der Praxis des EPA angepasst.[647] Dieser Schutz war gleichermaßen für die erste und weitere medizinische Indikationen möglich; ein Nachweis einer „ersten" medizinischen Indikation war nicht erforderlich.[648] Die Neuheit der weiteren Indikation setzte dabei voraus, dass die Verwendung des Arzneimittels in der Art seiner Anwendung oder für sein medizinisches Einsatzgebiet noch nicht als erfolgversprechend vorbeschrieben oder vorbenutzt war.[649] Die Entdeckung, dass ein bestimmter Wirkstoff einem bei einem bestimmten Krankheit auftretenden pathologischen Zustand entgegenwirkt, kann keine neue Lehre zum technischen Handeln begründen, wenn es im StdT bekannt war, an dieser Krankheit leidende Patienten zur Linderung der Krankheitssymptome mit dem Wirkstoff zu behandeln und weder eine neue Art und Weise der Wirkstoffgabe lehrt noch eine Patientengruppe als erfolgreich behandelbar aufgezeigt wird, die mit dem Wirkstoff bislang nicht behandelt worden ist.[650] Auch das nachträgliche Auffinden der biologischen Zusammenhänge, die der Wirkung eines Arzneimittels zugrunde liegen, offenbart keine neue Lehre zum technischen Handeln, sofern der verabreichte Wirkstoff, die Dosierung und die sonstige Art und Weise, in der der Wirkstoff verwendet wird, mit einer bekannten Verwendung eins Wirkstoffs zur Behandlung einer Krankheit übereinstimmen.[651] Nach Auffassung des EPA machte die bloße Angabe „empfängnisverhütend" den auf eine bekannte Zusammensetzung gerichteten Erzeugnisanspruch noch nicht zum Verwendungsanspruch; sie war daher nur bei der ersten medizinischen Indikation ausreichend.[652]

Neuheitsbegründend war bereits die **Wirkung**, auf die Zubereitungsform kam es nicht entscheidend **173** an.[653] Es genügte, wenn die Behandlung derselben Krankheit bei einer Tierpopulation derselben Art erfolgte, die immunologisch verschieden reagiert.[654] Nach Auffassung des EPA reichte schon eine andere technische Wirkung zur Erzielung desselben Erfolgs (Kariesprophylaxe mittels Lanthansalzen durch Belagentfernung gegenüber Kariesprophylaxe mittels Zusammensetzungen verschiedener Salze, darunter Lanthansalze, durch Herabsetzung der Säurelöslichkeit) aus;[655] dies lief letztlich auf eine Schutzfähigkeit des Wirkungszusammenhangs hinaus.[656] Für die weitere Indikation ist ein deutlich unterschiedlicher Endzweck gegenüber der ersten gefordert worden,[657] während das EPA eine unterschiedliche Applikation als ausreichend angesehen hat[658] und weiterhin ansieht.[659]

Zur Patentierbarkeit von **Dosierungsempfehlungen** Rn 62 zu § 2a. **174**

---

643 EPA G 2/08 ABl EPA 2010, 456 Dosierungsanleitung, auf Vorlage EPA T 1319/04.

644 Beschluss des Verwaltungsrats v 28.6.2001 ABl EPA Sonderausg Nr 4, 139.

645 EPA Dosierungsanleitung.

646 CA FSR 2003, 29 Merck & Co Inc.'s Patent, CA RPC 2001, 1 Bristol Myers Squibb v. Baker Norton.

647 CA (2008) EWCA 444 Actavis v. Merck, auszugsweise und referiert von *Calame* sic! 2008, 925.

648 EPA T 143/94 ABl EPA 1996, 430, 435 = GRUR Int 1996, 1154 Trigonellin; EPA T 570/92 Nifedipin.

649 BGH GRUR 2011, 999 Memantin unter Hinweis auf BGH BlPMZ 1973, 257 selektive Herbizide; BPatG 18.2.2014 3 Ni 28/12 (EP).

650 BGH GRUR 2011, 999 Memantin; vgl BPatG 1.7.2014 3 Ni 14/13 (EP).

651 BGH GRUR 2014, 54 Fettsäuren; BGH GRUR 2011, 999 Memantin.

652 EPA T 303/90 Contraceptive composition und EPA T 401/90 Contraceptive composition.

653 *Benkard*[10] Rn 92; vgl *Benkard*[11] Rn 382.

654 EPA T 19/86 ABl EPA 1989, 24 = GRUR Int 1989, 585 Schweine II; anders bei Überlappungen oder willkürlicher Auswahl der neuen Gruppe, EPA T 233/96.

655 EPA T 290/86 ABl EPA 1992, 414 = GRUR Int 1993, 162 Entfernung von Zahnbelag.

656 Bedenken deshalb bei *Benkard* Rn 383; *Benkard-EPÜ* Art 54 Rn 223; vgl BGHZ 170, 215 = GRUR 2007, 404 Carvedilol II.

657 CA ENPR 2000, 230 Taxol, unter Hinweis auf EPA G 5/83 ABl EPA 1985, 64 Zweite medizinische Indikation.

658 EPA T 1020/03 ABl EPA 2007, 204 = GRUR Int 2007, 738 IGF-1 und hierzu *Vaver/Basheer* EIPR 2006, 282, 289.

659 EPA G 2/08 ABl EPA 2010, 456 Dosierungsanleitung.

II. Missbrauchstatbestand (Absatz 5); Neuheitsschonfrist

175   **1. Früheres Recht; Neuheitsschonfrist.** Die Neuheitsschonfrist ist, nachdem Bestrebungen zu einer internat einheitlichen Lösung im Rahmen der Pariser Union ohne Erfolg geblieben waren,[660] durch das PatG 1936 neu eingeführt worden.[661] Die Bestimmung diente dem Schutz des Anmelders, dem eigene Benutzungshandlungen innerhalb der Frist nicht entgegengehalten werden sollten.[662] Nach § 2 Satz 2 PatG 1936/1968 war eine innerhalb von sechs Monaten vor der Anmeldung erfolgte Beschreibung oder Benutzung nicht zu berücksichtigen, wenn sie auf der Erfindung des Anmelders oder seines Rechtsvorgängers beruhte. Eine eigentumsähnliche Position begründete die Regelung nicht.[663] Einzelheiten s 6. *Aufl* Rn 204 ff. Die Regelung gilt im GbmRecht mit der Abweichung weiter, dass der Prioritätszeitpunkt und nicht mehr der Anmeldezeitpunkt maßgeblich ist (Rn 11 ff zu § 3 GebrMG).

176   **2. Zum Übergangsrecht** 1978 bis 1980 s die Kommentierung 6. *Aufl* Art XI § 1, § 3 Abs 6 IntPatÜG.

3. Die Regelung in Absatz 5

177   **a. Allgemeines.** Im geltenden Recht sind Neuheitsschonfrist und Ausstellungspriorität in der bisherigen Form weggefallen.[664] An ihre Stelle sind der Missbrauchstatbestand (Abs 5 Satz 1 Nr 1) und ein eingeschränkter Ausstellungsschutz (Abs 5 Satz 1 Nr 2, Satz 2, 3) getreten. Die Regelung geht auf das StraÜ zurück, in das insoweit der skandinavische Patentgesetzentwurf 1962 eingeflossen ist.[665] Sie wird vielfach als revisionsbedürftig angesehen.[666] Bemühungen zu einer Änderung sind insb im Rahmen der WIPO unternommen worden (Art 12 Entwurf Patent Law Treaty mit zwölfmonatiger Neuheitsschonfrist vor Anmelde- oder Prioritätstag bei Offenbarung durch den Erfinder, durch ein Amt, falls die vom Anmelder stammende Information nicht hätte veröffentlicht werden sollen oder sie in einer von Dritten ohne Zustimmung des Erfinders eingereichten Anmeldung enthalten war und die Kenntnis direkt oder indirekt vom Erfinder herrührte, oder durch den Dritten, der seine Kenntnis direkt oder indirekt vom Erfinder ableitete).[667] Weitergehende Regelungen enthalten von den neueren Patentgesetzen ua das australische, bulgarische, estnische, litauische, mexikanische, rumänische, slowenische und türkische sowie die Gemeinsame Regelung der Andenstaaten.

178   **b. Missbrauchstatbestand; Voraussetzungen. Grundsatz.** Abs 5 Nr 1 PatG nimmt diejenige Offenbarung der Erfindung von dem bei der Prüfung einer Anmeldung auf Patentfähigkeit (also nicht nur wie früher der Neuheit; vgl 6. *Aufl* Rn 209) zu berücksichtigenden StdT aus, die unmittelbar oder mittelbar auf einen offensichtlichen Missbrauch zum Nachteil des Anmelders zurückgeht. Die Immunität des Abs 5 wirkt auch gegenüber nicht vorveröffentlichten älteren Anmeldungen.[668]

---

660   Hierzu *MGK/Loth* Art 55 EPÜ Rn 23–27.

661   Vgl die Begr BlPMZ 1936, 103, 104.

662   BGH GRUR 1992, 157 Frachtcontainer; vgl BGH GRUR 1969, 271, 272 Zugseilführung; BGH 23.9.1997 X ZR 64/96 Staubfilter, nicht in GRUR; vgl auch BPatGE 9, 174, 175.

663   Vgl BPatG Mitt 1964, 154.

664   Zu Bemühungen um eine Wiedereinführung BTDrs 17/1052 und hierzu *Bardehle* Mitt 2012, 167.

665   Zur Entstehungsgeschichte *MGK/Loth* Art 55 EPÜ Rn 31–35; vgl die Denkschrift zum StraÜ BTDrs 7/3712, 377 ff = BlPMZ 1976, 336, 338 f; zu entspr Regelungen im Ausland s *MGK/Loth* Art 55 EPÜ Rn 10–22.

666   *MGK/Loth* Art 55 EPÜ Rn 37 sieht in der Neuregelung mit den Elementen absoluter Neuheitsbegriff, Normierung der erfinderischen Tätigkeit und Reduzierung der Neuheitsschonfrist auf den Missbrauchstatbestand „geradezu katastrophale Folgen" für die auf den Erfinder zurückgehende Vorverlautbarung; zur Diskussion über die Einführung der Neuheitsschonfrist im Europäischen Parlament sowie zu Reaktionen von Kommission und Bundesregierung VPP-Rdbr 1998, 58, 59, 91, 110; 1999, 19, 55; GRUR 1999, 133 sowie *Bunke* Mitt 1998, 443 mit Erwiderung *Dänner* Mitt 1999, 47; Stellungnahme des Vorstands der Patentanwaltskammer Mitt 1998, 447; Folgepapier der Kommission S 21; zu nat Bemühungen um eine Wiedereinführung *Bund-Länder-Kommission für Bildungsplanung und Forschungsförderung* Förderung von Erfindungen und Patenten im Forschungsbereich, 1997, 3 f; vgl auch GRUR Int 1999, 378; zur Diskussion in der EU Bericht der Kommission ABl EPA 1999, 155; Antworten der Bundesregierung BTDrs 14/2879, 12 = GRUR 2000, 496, BTDrs 14/4126, 5 = GRUR 2001, 221; Bericht der Kommission vom 14.1.2002 KOM 2002 (2) endg; vgl zur Diskussion *Monotti* EIPR 2002, 475.

667   Vgl hierzu insb *Bardehle* Mitt 1991, 146; *Loth* Neuheitsbegriff und Neuheitsschonfrist im Patentrecht, 1988, 172 ff und 406 ff.

668   BPatGE 30, 9, zum Übergangsrecht 1978/1980.

Unter „**Offenbarung der Erfindung**" sind die von Abs 1 und 2 erfassten Offenbarungen zu verstehen.[669] Auch missbräuchliche nachveröffentlichte Anmeldungen fallen unter die Regelung; die Formulierung „nicht früher als" zielt auf nachveröffentlichte ältere Anmeldungen.[670] Die Kenntnis von der Erfindung muss, wenn auch nicht notwendig durch den Dritten selbst, an die Öffentlichkeit gelangt sein; dessen Rolle als Wissensvermittler genügt.[671] Die objektive Tatsache des Offenbarwerdens reicht aus, auf eine Qualifizierung als schuldhaft oder gar verwerflich kommt es für die Offenbarung nicht an.[672] Maßgeblich für den Zeitpunkt der Offenbarung ist der Prioritätstag der früheren Anmeldung.[673]
179

Die **Sechsmonatsfrist** ist auf den Anmeldetag und nicht auf einen früheren Prioritätstag bezogen (ausdrücklich anders Art 7b schweiz PatG); dies entspricht herrschender Auffassung.[674] Auf die Fristberechnung ist § 193 BGB anzuwenden.[675]
180

Zurückgehen auf offensichtlichen Missbrauch. Missbrauch[676] setzt voraus, dass der Dritte die Kenntnis „in einer Weise erlangt oder an die Öffentlichkeit weitergegeben hat, die eine vertragliche oder gesetzliche Pflicht gegenüber dem Erfinder oder seinem Rechtsnachfolger verletzte".[677] Die Einbeziehung jedes Falls nicht autorisierter Drittverlautbarung[678] geht jedenfalls dann zu weit, soweit auch nicht rechtswidrige oder pflichtwidrige Verlautbarungen erfasst sein sollten. Die Preisgabe an die Öffentlichkeit oder die Anmeldung zum Patent durch den Dritten muss objektiv erkennbar rechtswidrig sein;[679] enger die Praxis des EPA.[680] Dies kann auch bei einer vorzeitigen amtlichen Veröffentlichung der Fall sein.[681] In Betracht kommt auch die Verletzung quasivertraglicher Pflichten wie aus Verschulden bei Vertragsanbahnung; die allg Auslegungsgrundsätze (Treu und Glauben) sind zu berücksichtigen,[682] hierüber kann im Einzelfall auch eine Obliegenheitsverletzung des Anmelders erfasst werden.[683] Dabei kann auf eine fremde Rechtsordnung abzustellen sein.[684]
181

---

669 Eingehend zu Abs 2 *Benkard* Rn 400.

670 Münchener Diplomatische Konferenz Dokument M/PR/I Nr 62, 63; *MGK/Loth* Art 55 EPÜ Rn 54 mwN; *Benkard-EPÜ* Art 55 Rn 11.

671 Vgl *Benkard* Rn 399.

672 *Benkard* Rn 399; *Benkard-EPÜ* Art 55 Rn 10; *MGK/Loth* Art 55 EPÜ Rn 93 f; *Benkard*[10] Rn 100 forderte noch Rechts- oder Pflichtwidrigkeit beim Informanten.

673 BGHZ 131, 239 = GRUR 1996, 349 f Corioliskraft II; BGH 13.7.2010 Xa ZR 10/07; *Benkard-EPÜ* Art 55 Rn 12; *Kraßer/Ann* § 16 Rn 66; *MGK/Loth* Art 55 EPÜ Rn 56; *Singer/Stauder* Art 55 EPÜ Rn 11; aA *Straus* GRUR Int 1994, 89, 91 ff.

674 BGHZ 131, 239 = GRUR 1996, 349 Corioliskraft II; BGH 13.7.2010 Xa ZR 10/07; BPatG 9.11.2006 3 Ni 5/04 (EU); schweiz BG BGE 117 II 480 = GRUR Int 1992, 293, 294 f Stapelvorrichtung mwN, für das EPÜ; EPA G 3/98 ABl EPA 2001, 62, 71 = GRUR Int 2001, 340 Sechsmonatsfrist/UNIVERSITY PATENTS, auf Vorlage EPA T 377/95 ABl EPA 1999, 11 = GRUR Int 1999, 269 Herpes-simplex-Virus; EPA G 2/99 ABl EPA 2001, 83 Ls Sechsmonatsfrist/DEWERT, auf Vorlage EPA T 535/95; OG Tokio IIC 1999, 449; *Benkard* Rn 395; *Schulte* Rn 185; *Fitzner/Lutz/Bodewig* Rn 192; *Mes* Rn 90; *Büscher/Dittmer/Schiwy* Rn 62; *Kraßer/Ann* § 16 Rn 67, allerdings de lege ferenda kr; *Singer*[1] Rn 2 zu Art 55 EPÜ; *van Empel* S 44; *Günzel* FS R. Nirk (1992), 441; *Götting* Mitt 1999, 91; kr *MGK/Loth* Art 55 EPÜ Rn 60–66; offengelassen in EPA T 173/83 ABl EPA 1987, 465, 468 = GRUR Int 1988, 246 Antioxidans; aA – Priorität – GH Den Haag GRUR Int 1995, 253 f; nlHR GRUR Int 1997, 838 f = BIE 1997, 235 m abl Anm *den Hartog* Organon/ARS; EPA (Einspruchsabteilung) EPOR 1992, 79; beiläufig EPA T 436/92; *Eisenführ* Mitt 1997, 268; zum Streitstand auch *Singer/Stauder* Art 55 EPÜ Rn 7 ff; *Benkard-EPÜ* Art 55 Rn 3.

675 BPatGE 28, 90 = BlPMZ 1986, 340, zu Art XI § 1 IntPatÜG.

676 Zur Auslegung des Begriffs Missbrauch eingehend *MGK/Loth* Art 55 EPÜ Rn 89–96.

677 Denkschrift zum StraÜ BlPMZ 1976, 339; Bericht des Rechtsausschusses des Bundestags BlPMZ 1976, 350; *Benkard* Rn 412 ff, insb 415; *Kraßer/Ann* § 16 Rn 71; *Bossung* GRUR Int 1978, 381, 391.

678 So *MGK/Loth* Art 55 EPÜ Rn 89–96 im Anschluss an *Bossung* und *Scheuchzer* (1981) S 303; vgl nlHR GRUR Int 1997, 838 Follikelstimulationshormon II; *Singer/Stauder* EPÜ Art 55 Rn 15 ff; wie hier wohl *Benkard-EPÜ* Art 55 Rn 19, unklar allerdings Rn 14.

679 BGH GRUR 1989, 33 Schlauchfolie; vgl *Benkard-EPÜ* Art 55 Rn 34.

680 EPA T 436/92 lässt bloße Fahrlässigkeit oder Verletzung einer Geheimhaltungspflicht nicht ausreichen und stellt auf die Absichten des Handelnden ab.

681 Abw, unter Abstellen auf die subjektive Seite, bei Unachtsamkeit oder Irrtum, EPA T 585/92 ABl EPA 1996, 129 = GRUR Int 1996, 725 desodorierendes Reinigungsmittel.

682 *Kraßer/Ann* § 16 Rn 72; *Benkard-EPÜ* Art 55 Rn 18; *Büscher/Dittmer/Schiwy* Rn 64.

683 Vgl hierzu nl PA BIE 1997, 391, 393, wo sich der in Patentsachen besser bewanderte Anmelder selbst nicht um Geheimhaltung gekümmert hatte.

684 *Kraßer/Ann* § 16 Fn 80.

182   **Verschulden** oder gar Schädigungsabsicht sind nicht erforderlich,[685] ebensowenig Handeln gegen den Willen des Erfinders.[686]

183   Auch der **Erfinder** selbst kann den Missbrauchstatbestand erfüllen, wenn er zum Nachteil eines Rechtsnachfolgers[687] oder von Miterfindern handelt;[688] das gilt auch, wenn der ArbN-Erfinder dem ArbGb die Erfindung vorenthält und selbst veröffentlicht.[689]

184   Die Fälle, in denen der **Anmelder selbst** vorzeitig bekanntgegeben hat, scheiden dagegen aus.[690] Die Versäumung der Prioritätsfrist durch den Anmelder kann Missbrauch nicht begründen. Dies muss auch dort gelten, wo, etwa wie in § 11 Apothekengesetz, der Erfinder durch öffentlich-rechtl Bestimmungen zur Offenbarung gezwungen wird.[691] Im übrigen kann grds nicht verlangt werden, dass der Anmelder oder sein Rechtsvorgänger alles getan hat, um die Erfindung zu erhalten,[692] anders etwa, wenn eine Obliegenheitsverletzung nach Treu und Glauben zu berücksichtigen ist (vgl Rn 181).

185   Problematisch kann schließlich der Fall sein, wenn der Dritte zwar grds zu einer Anmeldung berechtigt ist, ihm hierfür aber **verschiedene Wege** zur Verfügung stehen, von denen der eine (zB GbmAnmeldung) kurzfristig zur öffentlichen Zugänglichkeit führt, der andere (Patentanmeldung mit späterer Offenlegung) aber nicht. Hier wird nach dem zugrunde liegenden Rechtsverhältnis zu beurteilen sein, ob das weniger schonende Vorgehen einen Missbrauch darstellen.

186   **Offensichtlichkeit.** Die Bedeutung des Merkmals ist umstritten. Nach einer Ansicht[693] ist der Missbrauch offensichtlich, wenn der Handelnde Tatsachen kannte, aus denen sich die Pflichtwidrigkeit seines Handelns zweifelsfrei ergab. Eine andere Ansicht[694] stellt darauf ab, dass der Offenbarer in Schädigungsabsicht oder in Kenntnis seiner Nichtberechtigung unter Inkaufnahme eines Nachteils für den Anmelder oder unter Verletzung eines zwischen beiden bestehenden Vertrags- oder Vertrauensverhältnisses gehandelt hat.[695] Nach einer dritten Ansicht[696] ist dagegen auf die objektiven Gegebenheiten abzustellen. Auch von anderen wird auf klare Wahrnehmbarkeit, Erkennbarkeit und Beweisbarkeit abgestellt.[697] In Anlehnung an die letztgenannten Auffassungen sollte im Abstellen auf die Offensichtlichkeit eine Beweislastregelung dahin gesehen werden, dass die Nichterweislichkeit des Missbrauchs stets zu Lasten desjenigen geht, der sich auf ihn beruft.[698]

187   Ein Grundsatz „**in dubio pro inventore**" kann[699] schon wegen des Ausnahmecharakters der Regelung nicht anerkannt werden.[700]

188   Der Missbrauch muss zum **Nachteil des Anmelders oder seines Rechtsvorgängers** erfolgt sein. Nachteile eines Dritten werden nach dem klaren Wortlaut der Regelung nicht erfasst. Der Nachteil kann schon darin liegen, dass die Anmeldung gegen den so begründeten StdT zu verteidigen ist.[701] Dass der Nachteil beseitigt werden kann, steht ihm nicht entgegen.[702]

---

685   *Benkard* Rn 421 ff; *Mes* Rn 92; *Benkard-EPÜ* Art 55 Rn 29; aA offenbar *Schulte* Rn 190.

686   *MGK/Loth* Art 55 EPÜ Rn 95; aA EPA T ABl EPA 1996, 129 = GRUR Int 1996, 725 desodorierendes Reinigungsmittel; zur Vorveröffentlichung „gegen den Willen des Erfinders" OG Tokio GRUR Int 1994, 257.

687   *Benkard* Rn 415.

688   *Benkard-EPÜ* Art 55 Rn 22.

689   *Benkard* Rn 415; *Benkard-EPÜ* Art 55 Rn 22; *Singer/Stauder* Art 55 EPÜ Rn 20; vgl *MGK/Loth* Art 55 EPÜ Rn 81 f.

690   *MGK/Loth* Art 55 EPÜ Rn 72; vgl *Benkard-EPÜ* Art 55 Rn 15 f.

691   Vgl zu diesem Fall BVerwG NJW 1995, 1627 f.

692   So aber *Benkard*[10] Rn 100b unter Bezugnahme auf EPA T 173/83 ABl EPA 1987, 465, 468 = GRUR Int 1988, 246 Antioxidans und Denkschrift zum StraÜ BlPMZ 1976, 339; aA *M GK/Loth* Art 55 EPÜ Rn 94; vgl *Benkard-EPÜ* Art 55 Rn 34 sowie *Benkard*[11] Rn 424.

693   *Kraßer/Ann* § 16 Rn 73; so auch *Benkard*[10] Rn 100c; unentschieden *MGK/Loth* Art 55 EPÜ Rn 97.

694   *Schulte* Rn 190 im Anschluss an EPA T 173/83 ABl EPA 1987, 465, 468 = GRUR Int 1988, 246 Antioxidans.

695   Vgl auch den skandinavischen Patentgesetzentwurf GRUR Int 1962, 590, 609.

696   Vgl *Benkard-EPÜ* Art 55 Rn 23 ff; *Benkard* Rn 421 f.

697   EPA Antioxidans; *Scheuchzer* S 303; *Bossung* GRUR 1978, 381, 392; *Mousseron* Traité des brevets S 283 Anm 256; nlHR GRUR Int 1997, 838, 839 = BIE 1997, 235 Organon/ARS stellt unter Berufung auf das EPA darauf ab, ob das Fehlen der Befugnis zur Weitergabe klar und unzweifelhaft feststeht.

698   Vgl *Kraßer/Ann* § 16 Rn 75; *Fitzner/Lutz/Bodewig* Rn 198.

699   Entgegen *MGK/Loth* Art 55 EPÜ Rn 92, 104.

700   So auch *Benkard-EPÜ* Art 55 Rn 5; *Fitzner/Lutz/Bodewig* Rn 198.

701   *Benkard* Rn 430; *MGK/Loth* Art 55 EPÜ Rn 98; *Benkard-EPÜ* Art 55 Rn 27; *Büscher/Dittmer/Schiwy* Rn 65.

702   *Benkard-EPÜ* Art 55 Rn 28.

Zurückgehen. Der Regelungsgehalt der Vorschrift beschränkt sich nach seinem Wortlaut, Zweck und **189** dem Willen des Gesetzgebers darauf, die Fälle zu erfassen, in denen der Inhalt der Vorveröffentlichung auf die Erfindung des Anmelders oder seines Rechtsvorgängers unmittelbar oder mittelbar zurückgeht.[703] Es kommt, wie schon im früheren Recht,[704] auf die lückenlose Kette der tatsächlichen Wissensvermittlung vom Erfinder zum Anmelder[705] wie auch vom Erfinder zur Vorveröffentlichung oder Vorbenutzung an.[706] Nicht erforderlich ist, dass der Anmelder eine von ihm selbst gemachte Erfindung veröffentlicht hat.[707] Es steht nicht entgegen, dass der Anmelder die von ihm veröffentlichte Erfindung vor ihrer Veröffentlichung nacheinander von mehreren Diensterfindern und nach der Veröffentlichung von einem weiteren Diensterfinder erworben und den letzteren im Erteilungsverfahren als Erfinder benannt hat.[708] Die Bestimmung ist auch bei einer Veröffentlichung durch Miterfinder anwendbar.[709] Wie im früheren Recht sind auch die Fälle unvollständiger Vorwegnahme erfasst.[710] Im Fall der Doppelerfindung können die Wirkungen dagegen nicht nachträglich dadurch herbeigeführt werden, dass der andere Erfinder nachträglich als Miterfinder benannt wird.[711] Zurückgehen der Vorveröffentlichung auf die unabhängige Erfindung eines Dritten begründet keine Privilegierung.

c. Wirkung. Die Regelung nimmt die auf den Missbrauch zurückgehende Offenbarung bei der Prü- **190** fung der Anmeldung, nicht aber allg auch zugunsten Dritter, vom StdT aus, sie gewährt auch kein Prioritätsrecht.[712] Andere Verteidigungsmöglichkeiten (Einspruch, Nichtigkeitsklage, Übertragungsanspruch) werden vom Missbrauchstatbestand nicht berührt.[713] Die Neuheitsschonfrist des § 3 Abs 1 Satz 3 GebrMG bemisst sich auch dann nach der beanspruchten Priorität einer wirksamen Patentanmeldung, wenn die Patentanmeldung wegen einer nicht den Voraussetzungen des Abs 4 entspr vorzeitigen Offenbarung der Erfindung nicht zu einem wirksamen Patent führen kann.[714]

III. Ausstellungsschutz

Schrifttum s bei § 6a GebrMG.

1. Früherer Rechtszustand; Ausstellungsgesetz. Das durch das GeschmMRefG auch in seinem zu- **191** letzt noch verbliebenen Anwendungsbereich außer Kraft gesetzte Ausstellungsgesetz vom 18.3.1904 sah einen zeitweiligen Schutz von Erfindungen vor, die auf bestimmten inländ und ausländ Ausstellungen zur Schau gestellt wurden (näher *6. Aufl* Rn 226 ff). Eine der Regelung im Ausstellungsgesetz entspr Bestimmung ist nunmehr in § 6a GebrMG eingestellt.

2. Geltendes Recht

a. Grundlagen. Die eur Harmonisierung hat für das Patentrecht entspr der zwingenden Vor- **192** schrift des Art 4 Abs 2 StraÜ den Ausstellungsschutz auf die Mindestanforderungen des **Art 11 PVÜ**

---

703 BGH GRUR 1989, 33 Schlauchfolie; *Benkard-EPÜ* Art 55 Rn 8; *Büscher/Dittmer/Schiwy* Rn 63; Begr BlPMZ 1976, 322, 333 f.

704 *MGK/Loth* Art 55 EPÜ Rn 67 f mit eingehender Behandlung der Fallgruppen in Rn 69 ff.

705 BPatGE 21, 62 = GRUR 1978, 637.

706 BGH GRUR 1994, 104, 105 Akteneinsicht XIII.

707 BGH Akteneinsicht XIII.

708 BGH GRUR 1980, 713 Kunststoffdichtung; zur Personenidentität bei ArbN-Erfindungen und solchen von Organen juristischer Personen RG GRUR 1939, 277, 278 Kleinmotoren; BGH Kunststoffdichtung.

709 BPatGE 5, 211, 213.

710 *Benkard* Rn 428 f; *MGK/Loth* Art 55 EPÜ Rn 88; *Benkard-EPÜ* Art 55 Rn 13.

711 BGH 23.9.1997 X ZR 64/96 Staubfilter, nicht in GRUR, mwN; BPatG Bausch BPatG 1994–1998, 574; *V. Tetzner* GRUR 1974, 121, 125.

712 *MGK/Loth* Art 55 EPÜ Rn 101 f.

713 *Benkard*[10] Rn 103; *MGK/Loth* Art 55 EPÜ Rn 98; zum Symbioseproblem von Missbrauchstatbestand und widerrechtl Entnahme allg *MGK/Loth* Art 55 EPÜ Rn 53 ff; *Bossung* GRUR Int 1978, 381, 386 f.

714 BGH Mitt 1996, 118 Flammenüberwachung.

(Stockholmer und Lissaboner Fassung) eingeschränkt, die durch die geltende Regelung eingehalten sind.[715]

193 Erfasst sind praktisch nur noch Ausstellungen im Rang von **Weltausstellungen**.[716]

194 **b.** Der Begriff der **internationalen Ausstellung** ist im Übk über internat Ausstellungen vom 22.11.1928[717] (IntAusstÜ) idF der Änderungs- und Ergänzungsprotokolle vom 10.5.1948,[718] 16.11. 1966[719] und 30.11.1972[720] festgelegt.

195 Die betr Ausstellungen wurden im BGBl bekanntgemacht. Seit 1.1.2014 erfolgt die **Bekanntmachung** ökonomischer im Bundesanzeiger, da sie schneller aktualisiert werden kann und dem Bürger einfacheren Zugriff ermöglicht.[721]

196 Als internat Ausstellungen iSd Abs 5 Satz 1 Nr 2 sind nach Abs 5 Satz 3 **anerkannt** worden[722] die Ausstellungen vom 28.4.– 9.10.1983 in München, 2.5.–14.10.1984 in Liverpool, 12.5.–11.11.1984 in New Orleans, 17.3.–16.9.1985 in Tsukuba, 2.5.–13.10.1986 in Vancouver, 10.4.–30.7.1987 in Mailand, 30.4.–30.10.1988 in Brisbane, 1.4.–30.9.1990 in Osaka, 7.6.–7.7.1991 in Plovdiv, 10.4.–11.10.1992 in Den Haag-Zoetermeer, 20.4.–12.10.1992 in Sevilla, 15.5.–15.8.1992 in Genua, 23.4.–17.10.1993 in Stuttgart, 7.8.–7.11.1993 in Taejon, 22.5.–30.9.1998 in Lissabon, vom 1.5.–31.10.1999 in Kunming, 1.6.–31.10.2000 in Hannover, 6.4.–20.10.2002 in Haarlemmermeer, 25.4.–12.10.2003 in Rostock, 7.5.–7.8.2004 in Saint-Denis (in der Bek des EPA nicht genannt), 25.3.–25.9.2005 in Aichi/Seto, 1.11.2006–31.1.2007 in Chiang Mai, 14.6.–13.9.2008 in Saragossa, 1.5.–31.10.2010 in Shanghai; 5.4.–7.10.2012 in Venlo; 12.5.–12.8.2012 in Yeosu.

197 **c. Schutzvoraussetzungen.** Der Ausstellungsschutz setzt neben der Zurschaustellung für die Allgemeinheit (und nicht nur für einen eingeschränkten Peronenkreis)[723] auf einer internat Ausstellung voraus, dass der Anmelder bei der Einreichung der Anmeldung angibt, dass die Erfindung tatsächlich zur Schau gestellt, dh für die Allgemeinheit zugänglich gemacht worden ist.[724] Sechsmonatsfrist (Rn 180) und das Erfordernis des Zurückgehens (Rn 189) gelten wie beim Missbrauchstatbestand. Vorbereitungshandlungen in unmittelbarem zeitlichem und örtlichem Zusammenhang mit der Ausstellung sind mit privilegiert.[725]

198 Weiter muss der Anmelder innerhalb von vier Monaten nach der Einreichung der Anmeldung eine **Bescheinigung** über die Zurschaustellung einreichen (Abs 5 Satz 2). Für die Bescheinigung kann **Regel 25 AOEPÜ** entspr herangezogen werden[726] (vgl auch die Regelung in Art 44, 45 schweiz PatV). Die **Viermonatsfrist** ist wiedereinsetzungsfähig.[727]

199 **d. Wirkung.** Anders als das frühere Recht begründet Abs 5 Nr 2 kein Prioritätsrecht,[728] sondern nimmt lediglich die Ausstellung der Erfindung sechs Monate lang seit dem Zeitpunkt der Schaustellung vom StdT (nicht nur von den neuheitsschädlichen Tatsachen)[729] aus.

---

715 *Benkard* Rn 432; *MGK/Loth* Art 55 EPÜ Rn 99; *Benkard-EPÜ* Art 55 Rn 35; *Steup/Goebel* GRUR Int 1979, 336, 337; aA *Bossung* GRUR Int 1978, 381, 396.

716 Vgl Begr BlPMZ 1976, 334.

717 RGBl 1930 II 728 = BlPMZ 1957, 346.

718 BGBl 1956 II 2088 = BlPMZ 1957, 347.

719 BGBl 1968 II 510 und 1973 II 1568 = BlPMZ 1968, 346 und 1974, 58.

720 BGBl 1974 II 276 = BlPMZ 1974, 248, in Kraft für die Bundesrepublik Deutschland seit 9.6.1980, vgl die Bek vom 12.1.1982, BGBl II 90 = BlPMZ 1982, 158.

721 Begr GeschmMModG BTDrs 17/13428 S 2.

722 Bek des BMJ vom 21.1.1983 BGBl I 54; 5.1.1984 BGBl I 107; 1.2.1985 BGBl I 293; 9.1.1986 BGBl I 137; 9.1.1987 BGBl I 149; 4.12.1987 BGBl I 2550; 5.3.1990 BGBl I 439; 12.12.1990 BGBl I 2893; 10.1.1992 BGBl I 54; 9.12.1992 BGBl I 2019; 14.8.1997 BGBl I 2114 = BlPMZ 1997, 337; 13.1.1998 BGBl I 90 = BlPMZ 1998, 98; 17.8.2001 BGBl I 2214 = BlPMZ 2001, 309; 31.3.2004 BGBl I 558 = BlPMZ 2004, 174; 6.12.2006 BGBl I 2875 = BlPMZ 2007, 64; 25.6.2008 BGBl I 1217 = BlPMZ 2008, 339; 10.11.2011 BGBl I 2253 = BlPMZ 2012, 2; ABl EPA 1999, 242; ABl EPA 2000, 223 f; ABl EPA 2003, 161.

723 Vgl BGH GRUR 1977, 796 Pinguin; *Fitzner/Lutz/Bodewig* Rn 202.

724 *Benkard-EPÜ* Art 55 Rn 38; vgl *Fitzner/Lutz/Bodewig* Rn 201; *Mes* Rn 93; *Büscher/Dittmer/Schiwy* Rn 70.

725 BGH GRUR 1975, 254 Ladegerät (zur früheren Rechtslage); *Fitzner/Lutz/Bodewig* Rn 202.

726 Vgl Begr BlPMZ 1976, 334; näher *Benkard-EPÜ* Art 55 Rn 40 f.

727 *Benkard* Rn 440; *Schulte* Rn 192; *Fitzner/Lutz/Bodewig* Rn 201.

728 *Benkard* Rn 433; *Benkard-EPÜ* Art 55 Rn 37.

729 *Mes* Rn 94 unter Hinweis auf BGH GRUR 1969, 271, 272 Zugseilführung; vgl *Benkard-EPÜ* Art 55 Rn 43.

E. Darlegungs- und Beweislast; verfahrensrechtliche Fragen

I. Prüfung; Beweisfragen

Die Frage der Neuheit kann offen gelassen werden, wenn erfinderische Tätigkeit eindeutig zu vernei- **200** nen ist und zum Widerruf oder zur Nichtigerklärung führt.[730] Im Erteilungsverfahren geht die Nichterweislichkeit des Vorliegens neuheitsschädlichen Materials – iS einer objektiven, nicht auch subjektiven Beweislast – zu Lasten der Erteilungsbehörde.[731] Im Einspruchs- und im Nichtigkeitsverfahren trifft grds den Einsprechenden und den Nichtigkeitskläger die (materielle) Beweislast für das Fehlen der Neuheit (vgl für das Einspruchsverfahren Rn 305 ff zu § 59; für das Nichtigkeitsverfahren Rn 96 ff zu § 82; zu weitgehend ist die Ansicht des EPA,[732] dass die Nichtvorlage von Tests zur Beweislosigkeit führe; dies bürdete dem Einsprechenden auch die formelle Beweislast auf); dies kann freilich strenggenommen nur gelten, soweit es um die einem Beweis zugängliche Feststellung von Tatsachen und nicht – wie etwa beim Offenbarungsgehalt von Entgegenhaltungen – um Wertungen geht (vgl Rn 60). Vorwegnahme muss festgestellt werden, ihre Wahrscheinlichkeit reicht nicht aus (abw die Praxis der EPA zur Feststellung von Internet-Veröffentlichungen, Rn 32).[733] Beweisbedürftigkeit der Übereinstimmung der Anmeldeunterlagen mit den ursprünglich eingereichten ist grds verneint worden.[734] Experimentelle Untersuchungen einer Partei zum Nachweis der Vorwegnahme können problematisch sein.[735]

Beweisbedürftig sind erhebliche Tatsachen;[736] für Selbstverständlichkeiten bedarf es keines beson- **201** deren Nachweises.[737] Vorlage einer Teilübersetzung einer fremdsprachigen Veröffentlichung muss nicht schädlich sein.[738] Auch ein nicht im Originalzustand vorgelegtes Beweismittel kann relevant sein (§ 419 ZPO).[739]

Ob eine **offenkundige Vorbenutzung** vorliegt, bedarf regelmäßig sorgfältiger Prüfung. Zur Darle- **202** gung einer offenkundigen Vorbenutzung bedarf es konkreter Angaben darüber, was wo, wann, wie und durch wen geschehen ist, sowie der Darlegung der öffentlichen Zugänglichkeit des Anmeldungsgegenstands mit der Möglichkeit der Nachbenutzung durch andere.[740] Nach der Offenbarung brauchbarer Erfindungen wird erfahrungsgem nicht selten von Dritten behauptet, schon ähnliches gemacht zu haben. Es muss festgestellt werden, ob die Erfindung tatsächlich benutzt worden ist und ob die Allgemeinheit die Möglichkeit hatte, von der Vorbenutzung in einer die Nachbenutzung ermöglichenden Weise Kenntnis zu nehmen. Der Nachweis der Vorbenutzung setzt die Feststellung bestimmter Tatsachen voraus, aus denen sich die Wesensgleichheit des vorbenutzten Gegenstands mit der Erfindung ergeben muss. Für den Nachweis der Offenkundigkeit kommt es nicht auf die Feststellung an, ob tatsächlich die Allgemeinheit von der Vorbenutzung Kenntnis erlangt oder gar von der vorbenutzten Lehre Gebrauch gemacht hat. Es genügt die Feststellung einer „nicht zu entfernten Möglichkeit", dass beliebige Dritte und damit auch andere Sachverständige zuverlässige, ausreichende Kenntnis vom Gegenstand der Vorbenutzung erhalten haben.[741]

---

730   Zutr *R. Rogge* GRUR 1996, 931, 934.

731   *Benkard-EPÜ* Art 54 Rn 12 f.

732   EPA T 954/93.

733   EPA T 464/94; vgl EPA T 1029/96, allerdings mit zwh Begr; EPA T 231/01; *Benkard-EPÜ* Art 54 Rn 11; vgl Corte di Venezia IIC 2008, 730; aA offenbar BPatG 26.2. 2002 14 W (pat) 24/01 bei Vorliegen eines „völlig vergleichbaren" Erzeugnisses.

734   BPatG BlPMZ 2000, 116.

735   Vgl CA 29.11.2004 2004 EWCA 1568 SmithKline Beecham v. Apotex, referiert in EIPR 2005 N-68.

736   Zur Notwendigkeit des Belegens von Behauptungen mit bestimmten Tatsachen BPatG 30.6.1997 31 W (pat) 6/94; BPatG 22.6.1998 34 W (pat) 61/95 (falls bei vorbehaltloser Lieferung besondere Umstände gegen die Annahme sprechen, für beliebige Dritte habe Gelegenheit bestanden, vom Wesen der Erfindung Kenntnis zu nehmen); zum Belegen des Fachwissens BPatG 13.1.1997 11 W (pat) 147/95 (Angabe auseinanderliegender Seiten eines umfangreichen Handbuchs soll nicht genügen); zur Beweisbedürftigkeit nat Rechts und nat Patentpraxis EPA T 833/94.

737   BPatG 23.6.1997 31 W (pat) 50/95.

738   Vgl BPatG 18.5.2006 17 W (pat) 47/04.

739   Vgl BPatG 3.5.2011 4 Ni 55/09 (EU) und nachgehend BGH GRUR 2013, 367 Messelektronik für Coriolisdurchflussmesser (aufgetrenntes Servicehandbuch).

740   BPatGE 24, 25 f; BPatG 24.5.2012 2 Ni 32/10; BPatG 24.5.2012 2 Ni 33/10 (EU); öOPM 13.11.2013 Op 2/13 ÖBl 2014, 69 Ls; *Benkard* Rn 284.

741   BGH GRUR 1996, 747 Lichtbogen-Plasma-Beschichtungssystem; BPatG 7.5.2015, ber 20.8.2015 7 Ni 41/14 (EP).

Insoweit spielt die Lebenserfahrung eine wichtigere Rolle als bei der Feststellung der Vorbenutzung. Man kann daraus nicht schließen, dass an die Feststellung des Tatbestands der Offenkundigkeit nur sehr geringe Anforderungen zu stellen seien.[742] Die Schlussfolgerung, dass nach der allg Lebenserfahrung die nicht nur entfernte Möglichkeit bestanden hat, dass beliebige Dritte und damit auch Fachkundige durch eine Vorbenutzung zuverlässige Kenntnis von der Erfindung erhalten, setzt voraus, dass wie etwa bei einem Angebot oder einer Lieferung mindestens ein Kommunikationsakt feststeht, an den ein Erfahrungssatz anknüpfen kann.[743] Die Praxis des EPA (Rn 116 ff zu § 46) lässt idR überwiegende Wahrscheinlichkeit ausreichen.[744] Beruft sich der Patentinhaber im Einspruchsverfahren auf Vertraulichkeit von Benutzungshandlungen, soll er dies nachzuweisen haben.[745] Andererseits sollen Geheimhaltungsvermerke aber die Annahme nahe legen, dass die Ausgestaltung der Erzeugnisse gegenüber Außenstehenden geheim bleiben sollte.[746] Tatsächlich wird es immer auf eine Würdigung des Einzelfalls ankommen müssen.[747] Auch unbeglaubigte Kopien von Privaturkunden können gewürdigt werden.[748] Zeugenbeweisantritt über eine Augenscheinseinnahme nach dem Anmeldetag reicht grds nicht aus.[749]

203 Der dem Gegner des Schutzrechtsinhabers obliegende[750] **Beweis für die Offenkundigkeit** eines Angebots ist idR erbracht, wenn keine Geheimhaltung (auch stillschweigend) vereinbart wurde oder sich nach Treu und Glauben ergab oder wegen eigenen geschäftlichen Interesses zu erwarten war und die Weitergabe der erlangten Kenntnis durch den Empfänger der Mitteilung nach der Lebenserfahrung wahrscheinlich war („nahegelegen hat").[751] Ob der Schutzrechtsinhaber den Beweis entkräften kann, weil streng geheim gehalten worden ist,[752] hat der BGH zunächst offengelassen,[753] aber später bejaht. Ein Vertrauensbruch muss festgestellt werden, bloße Wahrscheinlichkeit genügt nicht.[754] Es ist nicht Sache des Patentinhabers nachzuweisen, dass er die notwendigen Geheimhaltungsvorkehrungen getroffen hat.[755] Nachzuweisen sind nach der Praxis des EPA das Datum der Offenbarung, ihr genauer Gegenstand und die Umstände, unter denen die Offenbarung erfolgte.[756] Eine schriftliche Offenbarung, die auf einer zurückliegenden mündlichen Offenbarung beruht, belegt nicht ohne weiteres deren Übereinstimmung.[757] Das EPA hat die Auffassung vertreten, dass der Inhalt eines Vortrags nicht allein durch Beweismittel des Vortragenden festgestellt werden könne;[758] dies ist abzulehnen, soweit damit eine Beweisregel aufgestellt wird.

204 Ist der **Zugänglichkeitszeitpunkt** nicht zuverlässig (auch in der Weise, dass er jedenfalls ohne nähere Eingrenzung vor dem Anmelde- oder Prioritätszeitpunkt liegt) festzustellen, kann das Kundgebungsmittel nicht zum StdT gerechnet werden[759] (vgl auch EPA-PrRl C-IV, 5.2). Dies kann insb nach Einspruchs-

742 BGH GRUR 1963, 311 Stapelpresse; BGH GRUR 1975, 254, 256 Ladegerät; vgl BGHZ 136, 40, 51 = GRUR 1997, 892 Leiterplattennutzen; BGH 21.7.2011 X ZR 7/09.
743 BGH GRUR 2015, 463 Presszange; vgl BPatG 15.9.2015 4 Ni 22/13 (EP).
744 Für einen strengeren Maßstab – zweifelsfrei – EPA T 97/94 ABl EPA 1998, 467, 477 f Zeitplan für das Verfahren, mwN; zum Fall, dass jeder Anhalt für Vertraulichkeit fehlt, EPA T 970/93; vgl auch EPA T 212/97; EPA T 1191/97.
745 EPA T 1054/92; vgl CA Paris PIBD 1997, 631 III 232.
746 BPatG 27.7.2006 6 W (pat) 307/03.
747 Vgl zur öffentlichen Zugänglichkeit eines Gutachtens BPatG 25.7.2006 6 W (pat) 343/03.
748 BPatG 1.7.1997 6 W (pat) 90/96, aA offenbar BPatGE 40, 140; zur geringen Beweiskraft eines nicht unterschriebenen Vermerks einer unbekannten, nicht namentlich genannten Person EPA T 750/94 ABl EPA 1998, 32 = GRUR Int 1998, 410 Beweis einer Vorveröffentlichung.
749 Vgl BPatGE 40, 140.
750 Vgl hierzu auch CCass PIBD 1996, 607 III 142.
751 BGH GRUR 1996, 747, 752 Lichtbogen-Plasma-Beschichtungssystem; BGH GRUR 2008, 885 Schalungsteil; BGH GRUR 2013, 367 Messelektronik für Coriolisdurchflussmesser; BGH 8.12.2015 X ZR 132/13; BPatG 3.5.2011 4 Ni 55/09 (EU); BPatG 29.10.2014 1 Ni 9/14 (EP).
752 Vgl RG GRUR 1940, 351 f Rollenschneidemaschine.
753 BGH GRUR 1962, 518, 520 f Blitzlichtgerät.
754 BGH GRUR 1993, 466 fotovoltaisches Halbleiterbauelement; *Schulte* Rn 26.
755 BGH Mitt 1999, 362 Herzklappenprothese; *Fitzner/Lutz/Bodewig* Rn 43.
756 ZB EPA T 194/86 Shower fittings; EPA T 328/87 ABl EPA 1992, 701 = GRUR Int 1993, 477 Zulässigkeit; EPA T 93/89 ABl EPA 1992, 718 = GRUR Int 1993, 421 Polyvinylesterdispersion; EPA T 232/89 EPOR 1993, 37 Dam core machine; EPA T 538/89 EPOR 1991, 445 Verbindungsstange; EPA T 754/89 EPOR 1993, 153 Depilatory device („Epilady"); EPA T 600/90 EPOR 1993, 28 Perborate; EPA T 877/90 EPOR 1993, 6 T-cell growth factor; EPA T 441/91 Adapter.
757 EPA T 86/95; EPA T 348/94; EPA T 890/96; EPA T 348/94.
758 EPA T 1212/97.
759 EPA T 32/95; *Benkard-EPÜ* Art 54 Rn 131; vgl auch EPA T 91/98.

rücknahme zum Tragen kommen, wenn nähere Feststellungen nur unter Mitwirkung des Einsprechenden getroffen werden können.[760] Druckschriften werden nach der Lebenserfahrung idR in unmittelbarem Anschluss an die Herstellung verteilt.[761] Bestreiten mit Nichtwissen reicht zur Widerlegung regelmäßig nicht aus.[762] Eine Katalogveröffentlichung beweist nicht ohne weiteres, dass das dort beschriebene Erzeugnis allgemein zugänglich war.[763] Die Auskunft einer Bibliothek, dass Veröffentlichungen idR ab dem Tag ihres Eingangs zugänglich seien, wurde „bis zum Beweis des Gegenteils" als ausreichend angesehen.[764]

II. Zwischenentscheidungen

Der Erlass einer Zwischenentscheidung über die förmlichen Voraussetzungen der Inanspruchnahme **205** einer Ausstellungspriorität lag im Ermessen des DPA.[765]

§ 4
(Erfinderische Tätigkeit)

[1]Eine Erfindung gilt als auf einer erfinderischen Tätigkeit beruhend, wenn sie sich für den Fachmann nicht in naheliegender Weise aus dem Stand der Technik ergibt. [2]Gehören zum Stand der Technik auch Unterlagen im Sinne des § 3 Absatz 2, so werden diese bei der Beurteilung der erfinderischen Tätigkeit nicht in Betracht gezogen.

DPMA-PrRl 3.3.2.4.; **EPA-PrRl** C-IV, 9
Ausland: Belgien: Art 6 PatG 1984; **Bosnien und Herzegowina:** Art 10 PatG 2010; **Dänemark:** § 2 Abs 1 PatG 1996; **Frankreich:** Art L 611–14 CPI; **Italien:** Art 48 CDPI; **Kosovo:** Art 13 PatG; **Litauen:** Art 4 PatG; **Luxemburg:** Art 8 PatG 1992/1998; **Mazedonien:** § 29 GgR; **Niederlande:** Art 6 ROW 1995; **Österreich:** § 1 Abs 1 öPatG (1984); **Polen:** Art 26 RgE 2000; **Schweden:** vgl § 2 Abs 1 PatG; **Schweiz:** Art 1 Abs 2 PatG; **Serbien:** Art 10 PatG 2004; **Slowakei:** §§ 5, 8 PatG; **Slowenien:** Art 14 GgE; **Spanien:** Art 8 PatG; **Tschech. Rep.:** § 6 PatG; **Türkei:** Art 9 VO 551; **VK:** Sec 3 Patents Act

Übersicht

---

760   Vgl BPatG 11.10.2012 12 W (pat) 302/12.
761   BPatGE 32, 109 = GRUR 1991, 821; *Fitzner/Lutz/Bodewig* Rn 52; vgl BPatGE 38, 206; BPatG Mitt 2006, 370 f; BPatG 9.7.1998 21 W (pat) 19/97; BPatG 21.2.2002 11 W (pat) 47/01; BPatG 10.3.2009 3 Ni 73/06 (EU); BPatG 5.8.2009 4 Ni 2/09; BPatG 11.3.2014 4 Ni 4/12 (EP); BPatG 21.9.2015 5 Ni 30/13 (EP); ähnlich EPA T 743/89 Olefin polymer: Verteilung eines sieben Monate vor Prioritätszeitpunkt gedruckten Prospekts; vgl BPatG 19.6.1997 6 W (pat) 71/94: nach der Lebenserfahrung wird von der Verteilung eines Prospekts an einen unbestimmten Personenkreis ausgegangen; nach EPA T 287/86 EPOR 1989, 214 Photoelectric densitometer kann grds davon ausgegangen werden, dass der auf einer Druckschrift angegebene Zeitpunkt mit der öffentlichen Zugänglichkeit übereinstimmt, sofern nicht konkrete Umstände zu Zweifeln Anlass geben; aA ÖPA öPBl 1996, 191, im späteren Hinweis auf die Mehrdeutigkeit aufgedruckter Daten (Beginn oder Abschluss des Druckvorgangs, Weiterleitung); EPA T 77/94; EPA T 543/95; EPA T 48/95; BPatG BlPMZ 1999, 38; vgl BPatG 23.4.1997 5 W (pat) 415/96 zum Aussagehalt von Druckangaben, der nicht durch pauschales Bestreiten entkräftet wird; bei einer Zusammenstellung von unterschiedlichen Prospekten, bei der einzelne Blätter lösbar miteinander verbunden sind, reicht die Angabe einer Jahreszahl auf der ersten und letzten Seite der Prospektsammlung zum Nachweis des Veröffentlichungstags nicht aus (BPatG 14.2.2001 4 Ni 52/99 (EU); zur Veröffentlichung eines Tagungsbands BPatG 9.5.2006 8 W (pat) 20/02; BPatG 17.3.2009 4 Ni 39/07 (EU); zur Problematik auch *Benkard-EPÜ* Art 54 Rn 15 f, 132; *Schulte* Rn 42.
762   BPatGE 32, 109 = BlPMZ 1991, 349; BPatG 10.3.2003 20 W (pat) 4/01; BPatG 8.11.2005 23 W (pat) 308/04; BPatG 11.3.2014 4 Ni 4/12 (EP); BPatG 28.5.2014 4 Ni 60/11 (EP).
763   Vgl EPA T 48/96; EPA T 611/97.
764   EPA T 729/91. Zur Zugänglichkeit einer akademischen Arbeit EPA T 151/99; EPA T 314/99.
765   BGHZ 92, 188 = GRUR 1985, 34 Ausstellungspriorität.

Schrifttum: (Zu biologischen Erfindungen s die Hinweise zu § 2; zum erfinderischen Schritt im GbmRecht die Hinweise zu § 1 GebrMG); *Abraham* Shinpo-sei: Japanese Inventive Step meets U.S. Non-Obviousness, JPTOS 1995, 528; *AIPPI (Schweizer Gruppe)* The patentability criterion of inventive step/non-obviousness, sic! 2012, 138; *Anders* Die erfinderische Tätigkeit – der Prüfungsansatz der deutschen Instanzen, Mitt 2000, 41; *Anders* Wie viel technischen Charakter braucht eine computerimplementierte Geschäftsmethode, um auf erfinderischer Tätigkeit zu beruhen? GRUR 2001, 555; *Anders* Erfindungsgegenstand mit technischen und untechnischen Merkmalen, GRUR 2004, 461; *Anders* Über die Wahl des Ausgangspunkts für die Beurteilung der erfinderischen Tätigkeit unter besonderer Berücksichtigung jüngerer Entscheidungen des Bundesgerichtshofs, FS 50 Jahre VPP (2005), 136; *Anders* Über Erfindungen, die nicht neu sind, aber auf erfinderischer Tätigkeit beruhen, FS 50 Jahre BPatG (2011), 95; *Asquith* Testing for Obviousness, CIPA 1978, 19; *Bardehle* Inventive Level in the Light of the European Patent Convention and German Practice, EIPR 1978, 11; *Bardehle* Wird das richtige Niveau der Erfindungshöhe wirklich richtig gewählt? FS 50 Jahre VPP (2005), 151; *Bardehle* Muss die Bahauptung der Existenz zu vieler „Trivialpatente" zu einer Verschiebung des Niveaus ausreichender erfinderischer Tätigkeit als Patenterfordernis führen? FS J. Pagenberg (2006), 3; *Barger* Vorschlag für eine objektive Beurteilung der Erfindungshöhe, Wirtschaftsrecht in Theorie und Praxis 1986, 19; *Bartels* Die Rolle des Durchschnittsfachmanns bei der Übertragungserfindung bis zu deren Verschmelzung zur homogenen Erfindung, GRUR 1961, 260; *Bartels* Die Läuterung der „Generalklausel" des Patentgesetzes, GRUR 1964, 285; *Bartsch* Die Rolle des Durchschnittsfachmanns bei der Übertragungserfindung, GRUR 1961, 260; *Beckmann* Über die Differenzierung und Quantifizierung von Erfindungshöhe, Schutzrechtsverletzung und Rechtsfolgen im Patentrecht, GRUR 1998, 7; *Beier* Zur historischen Entwicklung des Erfordernisses der Erfindungshöhe, GRUR 1985, 606; *Beil* Erfindungshöhe als Voraussetzung der Patentfähigkeit, CIT 1955, 113; *Beil* Chemie-Erfindungen im Patenterteilungsverfahren, Mitt 1959, 229; *Beil* Der technische Effekt beim chemischen Analogieverfahren, CIT 1962, 795; *Beil* Nochmals: Der Zeitpunkt der Geltendmachung des „technischen Effekts" beim chemischen Analogieverfahren, CIT 1962, 795; *Belser* Kausalitätsprinzip und Erfindungshöhe, Mitt 1968, 171; *Beyer* Recherche und Prüfung einer Erfindung auf Patentfähigkeit, GRUR 1986, 345; *Blum* Schöpferische Idee und Erfindungshöhe als Kriterium der patentwürdigen Erfindung, GRUR Int 1956, 1; *Blum* Das Kriterium des „gut ausgebildeten Fachmanns", GRUR Int 1956, 199; *Bochnovic* The Inventive Step (IIC Studies Vol. 5), 1982; *Bossung* Erfindung und Patentierbarkeit im europäischen Patentrecht, Mitt 1974, 141; *Boucourechliev* Invention et non-évidence dans le droit américain des brevets d'invention, ProprInd 1967, 296, 344 (auch englisch in IndProp 1967, 276, 322); *Boutin* La Jurisprudence Française en matière d'activité inventive, Diss Paris 1977; *Brandi-Dohrn* (Entscheidungsanmerkung) GRUR 1990, 596; *Brauns* Erfinderische Tätigkeit – technischer Fortschritt, Mitt 1986, 107; *Breuer* Der Gegenstand der Erfindung und der Stand der Technik, Mitt 1969, 264; *Brodeßer* Die sogenannte Aufgabe der Erfindung, ein unergiebiger Rechtsbegriff, GRUR 1993, 185; *Bruchhausen* „Erfindungshöhe", Mitt 1981, 144; *Bruchhausen* Die Revisibilität der Begriffe „persönliche geistige Schöpfungen", „eigentümliche Erzeugnisse", „auf einer erfinderischen Tätigkeit beruhen" und „auf einem erfinderischen Schritt beruhen", FS O.-F. von Gamm (1990), 353; *Bryn* Über die Frage der Erfindungshöhe, 1931; *Bueren* Inwieweit ist bei Patenten Erfindungshöhe zu fordern? GRUR 1933, 341; *Cadman* The Inventive Step in the European Patent Law, CIPA 1983, 274; *Alain Casalonga* De la notion d'„Erfindungshöhe" ou d'effort créateur en France, GRUR Int 1952, 104; *Axel Casalonga* The Concept of Inventive Step in the European Patent Convention, IIC 1979, 412; *Christ* Nicht erfinderische Auswahl – eine zulässige Korrektur der Offenbarung? Mitt 1986, 101; *Christ* Die Patentierungsvoraussetzungen für Stofferfindungen, Mitt 1987, 121; *Cole* Obvious and Lacking in Inventive Step, EIPR 1982, 102, 142; *Cole* Inventive Step: Meaning of the EPO Problem and Solution Approach, and Implications for the United Kingdom, EIPR 1998, 214, 267; *Comte* L'homme du métier en droit des brevets, sic! 2000, 661; *Conradt* Neue Deutung des Begriffs „Erfindungshöhe", GRUR 1959, 111; *Conradt* Rechtssicherheit oder Rechtsunsicherheit im Patentrecht, GRUR 1959, 209; *Conradt* Zum Thema „Erfindungshöhe", GRUR 1961, 179; *Cooley* The Status of Obviousness and How to Assert it as a Defense, JPTOS 1994, 625; *Cornish* Die wesentlichen Kriterien der europäischen Erfindungen: Neuheit und erfinderische Tätigkeit, GRUR Int 1983, 221; *Czekay* Nochmals zur deduktiven Formulierung von Patentansprüchen, GRUR 1985, 477; *Danner* Erfinderische Tätigkeit – Fortschritt in der Technik, Mitt 1986, 43; *Daus* Der wirtschaftliche Erfolg von Patenten als Beweisanzeichen (USA), GRUR Int 1989, 362; *De Colle* Erfinderische Tätigkeit – ein Modell zu deren Überprüfung, Diplomarbeit ETH Zürich 1999; *Dehlinger* Design for an Invention Generator: An Alternative View of Nonobviousness, JPTOS 1994, 22; *Delaire* Quelques remarques sur l'activité inventive en droit Français des brevets d'invention, JCP 1977 I S 2258; *Demousseaux/de Boisse* La notion d'activité inventive en matière de brevets d'invention, JCP 1971 N° 10204 S 277; *Dersin* Die Patentfähigkeit des chemisch eigenartigen und des Analogieverfahrens, Angewandte Chemie 1951, 137; *Di Cataldo* L'originalità dell'invenzione, 1983; *Di Cataldo* Some Considerations on the Inventive Step and Scope of Patents for Chemical Inventions, FS F.-K. Beier (1996), 11; *Dick* Überlastung als Folge der Patentrechtsprechung, GRUR 1965, 169; *Dolder* Erfindungshöhe: Rechtsprechung des EPA zu Art. 56 EPÜ, 2003; *Dolder/Ann/Buser* Erfahrungen mit einem additiven Index zu Beurteilung der Erfindungshöhe, Mitt 2007, 49; *Dolder/Ann/Buser* Beurteilung der Erfindungshöhe mit Hilfe eines additiven multi-item Indexes, GRUR 2011, 177; *Dörries* Zum Erfordernis der erfinderischen Tätigkeit aus der Sicht eines Anmelders, GRUR 1985, 627; *Dreiss* Der Durchschnittsfachmann als Maßstab für ausreichende Offenbarung, Patentfähigkeit und Patentauslegung, GRUR 1994, 781; *Ehlers/Haft/Königer* Der Durchschnittsfachmann im Zusammenhang mit dem Erfordernis der erfinderischen Tätigkeit im Patentrecht (Q213), GRUR Int 2010, 815; *Ehlers/Bopp/Haug* Das Patentierbarkeitskriterium der erfinderischen Tätigkeit (Q217), GRUR Int 2011, 1019; *Einsele* Erfinderische Tätigkeit: oder Nicht-Naheliegen? FS 50 Jahre BPatG (2011), 193; *Eisenführ* Durchschnittsfachmann und erfinderische Tätigkeit, FS A. Preu (1988), 13; *Féaux de Lacroix* Wann machen überraschende Eigenschaften erfinderisch? GRUR 2006, 625; *A.H. Fischer* Die schöpferische Leistung des Erfinders und ihre Wertung, GRUR 1940, 324; *W. Fischer* Geistiges und gewerbliches Schaffen, GRUR 1939, 89; *Franzosi* Non-Obviousness, 6 JWIP 233 (2003); *Friedrich* Zur Frage des „Mitlesens" von in einer Druckschrift nicht wörtlich offenbarter Information durch den Fachmann, Mitt 2014, 304; *Fritz* Erfindungshöhe; Durchschnittsfachmann – abweichende Entwicklung, GRUR 1959, 113; *Ganahl* Ist die Kerntheorie wieder aktuell? Mitt 2003, 537; *Götting* Kritische Bemerkungen zum absoluten Stoffschutz, GRUR 2009, 256; *Graf* Nochmals: Die Aufgabe einer Erfindung bei der Beurteilung der Erfindungshöhe, GRUR 1985, 247; *Grant/Gibbins* „Inventive Concept" – Is it a Good Idea? EIPR 2005, 170; *Grassi* Der Fachmann im Patentrecht, Diplomarbeit ETH Zürich 1998, auch sic! 1999, 547; *Gruber/Schallmoser* Offenbarungsbegriff und erfinderische Tätigkeit: neuere Rechtsprechung des BGH, VPP-Rdbr 2011,

165; *Gruber/Schallmoser* Offenbarungsbegriff und erfinderische Tätigkeit: Die Rechtsprechung des BGH seit 2009 mit Querverweisen zur europäischen Praxis, Mitt 2012, 377; *Haertel* Die Harmonisierungswirkung des europäischen Patentrechts, GRUR Int 1981, 479; *Hagel/Menes* Making proper use of the problem-solution approach, epi-Information 1995 H 1, 14; *Hagen* Neuheit und Erfindungshöhe im Patentrecht und Neuheit und Gestaltungshöhe im Urheberrecht der angewandten Kunst, GRUR 1978, 137; *Harris* Trends in U.K. Patent Litigation: The Age of Reason? EIPR 1999, 254; *Häußer* Anspruchsfassung, Erfindungshöhe und Schutzumfang im deutschen Patentrecht, Mitt 1981, 135; *Heirich* Ermessenstatbestände im Patentgesetz, GRUR 1959, 214; *Hesse* Die Aufgabe: Begriff und Bedeutung im Patentrecht, GRUR 1981, 853; *Hesse* Vorurteile, GRUR 1982, 514; *Hill* The Requirement for Inventive Step, PTIC Bull. 1980, 306; *Hubbuch* Das deutsche Patentprüfungsverfahren, GRUR 1958, 320; *Hubbuch* Die erfinderische Leistung, Mitt 1959, 131; *Huch* Die Fiktionen im Patentrecht, GRUR 1974, 67; *Hüttermann/Storz* Nicht Erschießen, sondern Erhängen: Zur stetig zunehmenden Rolle der erfinderischen Tätigkeit bei der Beurteilung der Schutzfähigkeit von Patenten, Mitt 2012, 107; *Ingram/Smyth* Routine rejection: Is the EPO's approach to antibody and polymorph claims correct, balanced and justified? GRUR Int 2013, 193; *Innocenzi* Patent Application Backlogs, Diminishing Patent Quality and the Patent Paradox, EIPR 2011, 271; *Jeffs* Selection Patents, EIPR 1988, 291; *Jehan* The Problem and Solution Test in the Assessment of Inventive Step, epi-Information 1995 H 2, 66; *Jehlicka* Die Denk- und Arbeitsweise des Technikers in moderner Sicht, Mitt 1969, 226; *Jestaedt* Die erfinderische Tätigkeit in der neueren Rechtsprechung des Bundesgerichtshofs, GRUR 2001, 939; *Kahle* Die Überwindung eingebildeter Schwierigkeiten als patentbegründender Umstand, MuW 33, 387; *Kämpf* Die schutzfähige Erfindung gem Art 1 Abs 2 PatG und ihre Beurteilung im amtlichen Vorprüfungsverfahren insbesondere durch die Beschwerdekammern, SMI 1984, 23; *Kato* Die erfinderische Tätigkeit in Japan, VPP-Rdbr 2010, 131; *Keil* Zur Beurteilung der Erfindungshöhe an Hand der Aufgabe, GRUR 1986, 12; *Keukenschrijver* Sind bei der Beurteilung der erfinderischen Tätigkeit sämtliche Merkmale im Patentanspruch gleichermaßen zu berücksichtigen? FS R. König (2003), 255; *Kiani/Springorum* Erfinderische Tätigkeit im deutschen Patentprozess – Auf dem Weg zu einer einheitlichen europäischen Dogmatik? Mitt 2011, 550; *Kirchner* Erfindungshöhe, Mitt 1942, 1; *Kirchner* Der „technische Effekt" als patentbegründendes Merkmal chemischer Verfahren, GRUR 1949, 215; *Klar* Zum Begriff des Zwischenprodukts im chemischen Analogieverfahren, GRUR 1965, 580; *Knesch* Die erfinderische Tätigkeit in der Erteilungspraxis des EPA, VPP-Rdbr 1994, 70; *Knesch* Assessing Inventive Step in Examination and Opposition Proceedings in the EPO, epi-Information 1994, 95; *Knesch* Die erfinderische Tätigkeit – der Prüfungsansatz im EPA, Mitt 2000, 311; *Koch* Das Merkmal der erfinderischen Tätigkeit als Korrektiv des Patentrechts, GRUR Int 2008, 669; *Köhler* Zulässigkeit des Nachbringens von Zweckbestimmung, Vorteilen, technischem Effekt, Mitt 1962, 81; *R. König* Patentfähige Datenverarbeitungsprogramme: ein Widerspruch in sich, GRUR 2001, 577; *R. König* Die erfinderische Leistung: Auslegung oder Rechtsfortbildung, Mitt 2009, 159; *Koenigsberger* Was gehört bei chemischen Analogieverfahren zur ursprünglichen Offenbarung? Mitt 1960, 90; *Koller* Erfinden technischer Produkte und Patentrecht aus Sicht der Konstruktionswissenschaft, Konstruktion 1996, 189; *Kraßer* Erweiterung des patentrechtlichen Erfindungsbegriffs? GRUR 2001, 959; *Kroher/Pagenberg* Das Niveau der Erfindungshöhe, GRUR Int 1985, 756; *Kulhavy* Materielle Prüfung von Erfindungen, 1978; *Kulhavy* Die Entwicklung der Erfindungslehre, Mitt 1980, 61; *Kulhavy* Prüfung auf erfinderische Tätigkeit, Mitt 1981, 50; *Kulhavy* Die Erfindung im Nichtigkeitsstreit, Mitt 1981, 193; *Kulhavy* Anwendung der Lehre über die erfinderische Tätigkeit in der technischen Praxis, epi-Information 2004, 65; *Kulhavy* Mehrere Arten erfinderischer Tätigkeiten, sic! 2005, 146; *Kulhavy* Begründung der Definitionsmethode zur Prüfung erfinderischer Tätigkeit, epi-Information 2006 H 1, 24; *Kulhavy* Vergleich der Methoden zur Prüfung von Erfindungen, sic! 2008, 69; *Kulhavy* Durchschnittsfachmann, Fachmann oder doch kein Fachmann? sic! 2011, 223; *Kulhavy* Der Fachmann im Patentwesen, Mitt 2011, 179; *Kulhavy* Eine 2. und 3. Auslegungsart von Art 56 EPÜ, epi-Information 2014, 106; *Kumm* Die Anomalie der Lehre vom Analogieverfahren, GRUR 1963, 57; *Kumm* Die Erfindungen und ihre Kriterien, GRUR Int 1963, 289; *Kumm* Die objektive Beurteilung der erfinderischen Leistung, GRUR 1964, 236; *Kumm* Zur Beurteilung der erfinderischen Leistung, GRUR 1965, 1; *Kumm* Die Bewertung der erfinderischen Tätigkeit: ein rational unlösbares Jahrhundert-Problem, epi-Information 1998, 23; *Kunze* Die Prüfung auf Erfindungshöhe, GRUR 1956, 530; *Lahore* The 3M Case – Obviousness and Inventive Level, EIPR 1980, 196; *Lange* Über Erfindungshöhe und andere im deutschen Patentwesen behandelte, aber dem Patentgesetz fremde Begriffe, Mitt 1965, 101; *Leber* Which Conclusions Can be Drawn on Inventive Step for Use/Method Claims Referrfing to an Inventive Product? IIC 2008, 795; *Lewinsky* Erfinderische Tätigkeit – wirtschaftlicher Erfolg, Mitt 1986, 41; *Li Ru* „Problem and Solution Approach" for Objective Assessment of Inventive Step in EPO, Diplomarbeit ETH Zürich 2002/03; *Lindenmaier* Das neue Patentrecht und die Rechtsprechung, GRUR 1938, 213; *Lindenmaier* Die schöpferische Leistung als Voraussetzung der Patenterteilung, GRUR 1939, 153; *Lindenmaier* Vereinheitlichung des materiellen europäischen Patentrechts, GRUR 1942, 485; *Lindenmaier* Erfindungshöhe, Mitt 1959, 121; *MacDonald-Brown/Ashby* Obviousness: Is Windsurfing sunk? Do we now have the Pozzoli test, CIPA 2007, 380; *Marcy* Patent Law's Nonobviousness Requirement: The Effect of Inconsistent Standards Regarding Commercial Success on the Individual Inventor, 19 Comm/Ent 199 (1996); *Mediger* Die Erfindung und ihr Maß, Mitt 1959, 125; *Mediger* Die „nachreichbaren" technischen Effekte, GRUR 1963, 337; *Meier-Beck* Was denkt der Durchschnittsfachmann? Mitt 2005, 529; *Meisser* Die Erfindungshöhe, Diss Zürich 1975; *Melullis* Zur Patentfähigkeit von Programmen für Datenverarbeitungsanlagen, GRUR 1998, 843; *Melullis* Zum Patentschutz für Computerprogramme, FS W. Erdmann (2002), 401; *Melullis* Zur Sonderrechtsfähigkeit von Computerprogrammen, FS R. König (2003), 341; *Melullis* Zur Auslegung von Patenten, zum Begriff des Fachmanns im Patentrecht und zur Funktion des Sachverständigen im Patentprozess, FS E. Ullmann (2006), 503; *Meurer* Zufallserfindung, subjektiver Erfindungsteil und Erfindungshöhe, GRUR 1935, 200; *Meurer-Inffeld* Revolutionen und Evolutionen in Technik und Patentrecht, Mitt 1980, 6; *Miller* Factors of Synergism and Level of Ordinary Skill in the Pertinent Art in Section 103 Determinations, APLA Q.J. 1980, 321; *Minssen* The

U.S. Examination of Nonobviousness After KSR v. Teleflex with Special Emphasis on DNA-Related Inventions, IIC 2008, 883; *Momber* Das Irrationale in Begriff der Erfindung und im Urteil über die Erfindung, GRUR 1923, 60; *Monsch* Die Vermeidung der rückblickenden Betrachtungsweise bei der Beurteilung der Patentfähigkeit einer Erfindung, FS R. Blum (1989), 85; *Mousseron* L'activité inventive et l'étendue de la protection dans le brevet européen, Colloque international, Paris 1975; *Müller* Zum Begriffe der Erfindungshöhe im Patent- und Gebrauchsmusterrecht, Diss Köln 1968; *Müller-Börner* Zur Frage der Erfindungshöhe, GRUR 1973, 74; *Nack* Der Erfindungsbegriff: eine gesetzgeberische Fehlkonstruktion? GRUR 2014, 148; *Nähring* Zur Frage der Erfindungshöhe im Patenterteilungsverfahren, GRUR 1959, 57; *Nevant* Interdépendance entre activité inventive et étendue de la protection: les conséquences de la décision Agrevo (T 939/92), epi-Information 1999, 96; *Niedlich* Zur erfinderischen Tätigkeit, Mitt 2000, 281; *Niedlich* Die Bedeutung des Durchschnittsfachmanns, FS R. König (2003), 399; *Ochmann* Die erfinderische Tätigkeit und ihre Feststellung, GRUR 1985, 941; *Oelering* Zur Beurteilung der Erfindungshöhe mit Hilfe der Informationstheorie, GRUR 1966, 84; *Öhlschlegel* Die Beurteilung der Erfindungshöhe mit Hilfe der Informationstheorie, GRUR 1964, 477; *Ohnesorge* Die patentrechtliche Bedeutung, besonders die offenbarende Kraft von Maßverhältnissen, GRUR 1928, 776; *Ohnesorge* Inwieweit dürfen als Vorveröffentlichungen entgegengehaltene Druckschriften ergänzt werden? MuW 32, 295; *Ohnesorge* Die Patentfähigkeit der Zusatzerfindung, GRUR 1938, 91; *Ohnesorge* Der Zusammenhang zwischen Neuheit, Erfindungshöhe, Bereicherung der Technik und deren Verhältnis zu ihren Bezugsgrundlagen, GRUR 1939, 219 und 1940, 64; *Oser* Patentierung von (Teil-)Gensequenzen unter besonderer Berücksichtigung der EST-Problematik, GRUR Int 1998, 648; *Pagenberg* Der Begriff der „erfinderischen Tätigkeit" im europäischen Patentübereinkommen, Mitarbeiter FS E. Ulmer (1973), 223 = The Concept of the Inventive Step in the European Patent Convention, IIC 1974, 157; *Pagenberg* Die Bedeutung der Erfindungshöhe im amerikanischen und deutschen Patentrecht, 1975; *Pagenberg* L'activité inventive et l'étendue de la protection dans le brevet européen, Colloque international, Paris 1975; *Pagenberg* Die „erfinderische Tätigkeit" aus französischer Sicht, GRUR Int 1975, 149; *Pagenberg* Die Beurteilung der erfinderischen Tätigkeit im System der europäischen Prüfungsinstanzen, GRUR Int 1978, 143, 190; *Pagenberg* Bericht über die Diskussion über erfinderische Tätigkeit im europäischen Patentrecht, GRUR Int 1978, 243; *Pagenberg* The Evaluation of the „Inventive Step" in the European Patent System – More Objective Standards Needed, IIC 1978, 1; *Pagenberg* Diskussion über erfinderische Tätigkeit im europäischen Patentrecht, GRUR Int 1978, 243; *Pagenberg* Die Prüfungsmethode bei der Beurteilung der Erfindungshöhe nach deutschem Recht unter bes. Berücksichtigung der Praxis des BPatG, GRUR 1980, 766; *Pagenberg* Die Rechtsprechung des Bundespatentgerichts zur Erfindungshöhe – ergänzende Stellungnahme, GRUR 1981, 151; *Pagenberg* Beweisanzeichen auf dem Prüfstand – Für eine objektive Prüfung auf erfinderische Tätigkeit, GRUR Int 1986, 83; *Pagenberg* Different Level of Inventive Step for German and European Patents? The Present Practice of Nullity Proceedings in Germany, IIC 1991, 763; *Pagenberg* Trivialpatente: Eine Gefahr für das Patentsystem? FS Kolle/Stauder (2005), 251; *Pakuscher* Die Rechtsprechung des Bundespatentgerichts zur Erfindungshöhe – eine Erwiderung, GRUR 1981, 1; *Panel* L'activité inventive et l'étendue de la protection dans le brevet européen, Colloque international, Paris 1975; *Papke* Der „allwissende" Durchschnittsfachmann, GRUR 1980, 147; *Pérot-Morel* Le rejet des demandes de brevets dans la loi du 2 janvier 1968, tendant à valoriser l'activité inventive et à modifier le régime des brevets d'invention, JCP doctr. 1969 N° 2220; *Pietzcker* Voraussetzungen der Patentierung: Neuheit, Fortschritt und Erfindungshöhe, FS 100 Jahre GRUR (1991), 417; *Plaisant* Neuheit und erfinderische Leistung im neuen französischen Patentrecht, GRUR Int 1968, 175; *Pollaud-Dulian* La brevetabilité des inventions. Etude comparative de jurisprudence France-OEB, 1997; *Portal* Contibution à une nouvelle analyse de l'approche Problème – Solution, epi-Information 1995 H 2, 69; *Poschenrieder* Schutz des Analogieverfahrens, GRUR 1952, 299; *Poschenrieder* Zulässigkeit des Nachbringens von Zweckbestimmung, Vorteilen, technischem Effekt, Mitt 1962, 83; *Redies* Probleme des Schutzes chemischer Erfindungen, GRUR 1958, 56; *Reitböck* Gedanken zu Erfindungshöhe und Patentdauer, ÖBl 2008, 187; *Rentsch* Die Unkenntnis des Standes der Technik begründet keine erfinderische Tätigkeit, FS L. David (1996), 59; *Rheinfelder* Erfindungsoffenbarung bei chemischen Analogieverfahren, GRUR 1960, 361; *Ritscher/Ritscher* Der fiktive Fachmann als Maßstab des Nichtnaheliegens, FS 100 Jahre eidgn. PatG (1988), 263; *Savidge* Obviousness and the Grant of Monopolies, CIPA 1976, 108; *Schachenmann* Begriff und Funktion der Aufgabe im Patentrecht, 1986; *Schachenmann* Mehr als drei Entgegenhaltungen machen eine Erfindung, FS L. David (1996), 67; *Schanze* Das Kombinationspatent, 1910; *Scharen* So genannte positive Beweisanzeichen in der Rechtsprechung des Bundesgerichtshofs – Gedanken zu ihrer Bedeutung, FS W. von Meibom (2010), 415; *Scheuchzer* Nouveauté et activité inventive en droit européen des brevets, 1981; *Schick* Synergismus und Erfindungshöhe, Mitt 1980, 156; *Schick* Erfindungshöhe und Wahrscheinlichkeit, Mitt 1981, 146; *Schick* Erfindung und Schöpfung, Mitt 1982, 181; *Schick* Die erfinderische Tätigkeit gem den Richtlinien des Europäischen Patentamtes, Mitt 1983, 181; *Schick* Erfindungshöhe und Syllogismus, Mitt 1987, 142; *Schick* Erfindung und Heuristik, Mitt 1989, 121; *Schick* Mosaikarbeit und Erfindungshöhe, Mitt 1990, 90; *Schick* Ein Hilfsdiagramm zur Erläuterung der erfinderischen Tätigkeit nach Art 52 und 56 EPÜ, Mitt 1992, 315; *Schickedanz* Zum Problem der Erfindungshöhe bei Erfindungen, die auf Entdeckungen beruhen, GRUR 1972, 161; *Schickedanz* Patentversagung ohne entgegengehaltenen Stand der Technik, GRUR 1987, 71; *Schickedanz* Die rückschauende Betrachtung bei der Beurteilung der erfinderischen Tätigkeit, GRUR 2001, 459; *J. Schmidt* Anforderungen an die Offenbarung bei chemischen Analogieverfahren, Mitt 1960, 141; *Schmieder* Die Aufgabenstellung als Schritt zur Erfindung, GRUR 1984, 549; *Schneider* Non-oviousness, the Supreme Court, and the Prospects for Stability, JPOS 1978, 309; *Schramm* Die schöpferische Leistung, ohne Jahr (1958); *Schramm* Die schöpferische Leistung, Mitt 1959, 144; *Schramm* Stand der Technik, Fachgebiet, Fachkönnen, Mitt 1964, 181; *Schreiber* Die Anomalien der Lehre vom Analogieverfahren – eine Erwiderung, GRUR 1965, 121; *Schreiber* Erfinderische Tätigkeit – technischer Fortschritt, Mitt 1986, 48; *Schulze* Technischer Fortschritt und Erfindungshöhe, Mitt 1976, 132; *Schuster* Die Patentfähigkeit der Zusatzerfindung, GRUR 1937, 1045; *Schuster* Die Erfindungshöhe, GRUR 1942, 237; *Schwenk* Die Behandlung der Erfindungshöhe nach deutschem, englischem, amerikanischem und europäischem Recht, Diss München 1978; *Schwerdtel* Beurteilung von Erfindungen mit Hilfe eines Fragenschemas, Mitt 1982, 209; *Sedlmair* Verwirrungen durch Klarstellungen im Softwarepatentrecht, Mitt 2002, 55; *Sendrowski* „Olanzapin" – eine Offenbarung? GRUR 2009, 797; *Singer* Die Rechtsprechung der Beschwerdekammern des Europäischen Patentamts zur erfinderischen Tätigkeit (Art 56 EPÜ), GRUR Int 1985, 234; *Singer* The Case law of the EPO Boards of Appeal on Inventive Step (Article 56 EPC), IIC 1985, 293; *Slabbert* Nonobviousness as a Requirement for Patentability in South Africa and in the United States of America, Diss Johannesburg 1979; *Spieß* Die Offenbarung des technischen Effekts bei chemischen Analogieverfahren, GRUR 1962, 113; *Spieß* Der technische Fortschritt bei neuen chemischen Stoffen und die Erfindungshöhe, GRUR 1968, 559; *Starck* Dürfen bekannte Einrichtungen im Erteilungs-(Nichtigkeits-)verfahren und Verletzungsprozeß nur in der Ausführung entgegengehalten werden, in der sie tatsächlich zZ der Anmeldung des Patents vorlagen? MuW 31, 561; *Stellmach* Zur Beurteilung der Erfinderischen Tätigkeit Organisch-chemischer Erfindungen, Mitt 2007, 5; *Stellmach* Zur graphischen Darstellung des Konzeptes von Aufgabe und Lösung, Mitt 2007, 542; *Stjerna* Neues zur Patentierbarkeit von computerimplementierten Erfindungen, Mitt 2005, 49; *Stolzenburg/Ruskin/Jaenichen* Of incomplete complete inventions: T 1329/04-3.3.8, epi-Information 2006 H 1, 15; *Straus* Produktpatente auf DNA-Sequenzen: eine aktuelle Herausforderung des Patentrechts, GRUR 2001, 1016; *Stuhr* Zum Thema Erfindungshöhe, GRUR 1961, 377; *Sutter* Der bundesgerichtliche Begriff des „Erfinderischen", sic! 2004, 469; *Szabo* The Problem and Solution Approach to the Inventive Step, EIPR 1986, 293; *Szabo* The Problem and Solution Approach to Obviousness, EIPR 1987, 32; *Szabo* Der Ansatz über Aufgabe und Lösung in der Praxis des europäischen Patentamts, Mitt 1994, 225 = The Problem and Solution Approach in the European Patent Office, IIC 1995, 457; *Szabo* (Anmerkung), GRUR Int 1996, 723; *Szabo* Letter Re Paul Cole's Article, EIPR 1999, 42; *Tauchert* Grundlagen und aktuelle Entwicklung bei der Patentierung von Computerprogrammen, FS R. König (2003), 455; *Teschemacher* Die Bewertung der erfinderischen Tätigkeit in 20 Jahren europäischer Praxis, die Lösung eines Problems, epi-Information 1997 Sonderheft 3, 25; *Thorne* Apimed Medical Honey Ltd v Brightwake Ltd: Honey Wars, EIPR 2011, 670; *Trüeb* Die Entdeckung als Element der patentwürdigen Erfindung, SMI 1956, 169; *Trüstedt* Fortschritt und Erfindungshöhe als Voraussetzung der Patentfähigkeit nach deutscher Rechtsentwicklung, GRUR 1956, 349; *Trüstedt* Zum Thema „Erfindungshöhe beim Patent und Gebrauchsmuster", GRUR 1958, 309; *Trüstedt* Der Patentschutz für chemische Erfindungen, GRUR 1960, 55; *Übler* Die Schutzwürdigkeit von Erfindungen von 1877 bis heute, ZGE 2013, 397; *Übler* Die Schutzwürdigkeit von Erfindungen – Fortschritt und Erfindungshöhe in der Geschichte des Patent- und Gebrauchsmusterrechts, 2014; *Übler* Die Schutzwürdigkeit von Erfindungen – Fortschritt und Erfindungshöhe in der Geschichte des Patent- und Gebrauchsmusterrechts, 2014; *Ullrich* Standards of Patentability for European Patents, 1977; *van Benthem/Wallace* Zur Beurteilung des Erfordernisses der erfinderischen Tätigkeit (Erfindungshöhe) im europäischen Patenterteilungsverfahren, GRUR Int 1978, 219 = The Problem of Assessing Inventive Step in the European Patent Procedure, IIC 1978, 297; *Vigand* L'invention brevetable en droit européen des brevets, Diss Montpellier 1979; *Völcker* Zur Begründungspflicht des Werturteils über die Erfindungshöhe, GRUR 1983, 83; *Vogt* Das chemische Analogieverfahren und seine patentrechtlichen Probleme, GRUR 1964, 169; *Vollrath* Der technische Fachmann im Patentgesetz und im Europäischen Patentübereinkommen, Mitt 1994, 292; *von der Trenck* Toter Stand der Technik und Rechtssicherheit, GRUR 1941, 1; *von Falck* Durchschnittsfachmann und Stand der Technik, Mitt 1969, 252; *von Kreisler/Breckheimer* Der Schutz chemischer Zwischenstoffe, Mitt 1955, 142; *von Pechmann* Probleme des Schutzes chemischer Erfindungen, Angewandte Chemie 1957, 497, gekürzt in GRUR 1957, 264; *Vossius/Schrell* Beurteilung der erfinderischen Tätigkeit und der Anspruchsbreite im Bereich der Biotechnologie – die CAFC-Entscheidungen in re O'Farell und in re Vaeck, GRUR Int 1992, 620; *Wächtershäuser* Das Elend der Beweisanzeichen, GRUR 1982, 591; *Weidlich* Zur Frage der patentbegründenden Wirkung des technischen Effekts bei chemischen Verfahren, GRUR 1949, 396; *Welch* „Prima Facie Obviousness" – Zur Darlegungslast bei der Prima-Facie Annahme des Naheliegens einer Erfindung in der US-Praxis, GRUR Int 1990, 284; *Weller* Kausalitätsprinzip und Erfindungshöhe, Mitt 1968, 89; *Weston* L'activité inventive et l'étendue de la protection dans le brevet européen, Colloque international, 1975; *White* The Problem and Solution Approach to Obviousness, EIPR 1986, 387; *White/Warden* The British Approach to „Obviousness", Annual of Industrial Property Law 1977, 447, 453; *Wiebe/Heidinger* Ende der Technizitätsdebatte zu programmbezogenen Lehren? GRUR 2006, 177; *F. Winkler* Die Quantisierbarkeit der Erfindungshöhe, Mitt 1963, 61; *H. Winkler* Zur Definition der Erfindungshöhe, GRUR 1958, 153; *H. Winkler* Fortschritt und Erfindungshöhe im europäischen Patentrecht, Mitt 1977, 13; *P. Wirth* Erfindungshöhe und technischer Fortschritt als mehrdimensionale Informationsgrößen, GRUR 1960, 405; *R. Wirth* Das Maß der Erfindungshöhe, GRUR 1906, 57; *R. Wirth* Schöpfung und Fortschritt als Kriterium der Erfindungshöhe, GRUR 1923, 73; *R. Wirth* Die verantwortliche Wertprüfung von Erfindungen, Mitt 1938, 169; *R. Wirth* Das Denken der Erfindungshöhe, GRUR 1941, 58; *Witte* Ein patentamtlicher Beurteilungsspielraum für die Bewertung der Erfindungshöhe, GRUR 1959, 504; *Wobsa* Die patentfähige Erfindung, GRUR 1939, 161; *Wuttke* Äquvivalenz und erfinderische Tätigkeit: was liegt hier nahe? Mitt 2015, 489; *Zumstein* Ist die BGH-Entscheidung „Einlegesohle" auf das chemische Analogieverfahren anwendbar? GRUR 1962, 281.

A. Allgemeines

I. Die praktische **Bedeutung** des Patentierungserfordernisses der erfinderischen Tätigkeit kann kaum **1** überschätzt werden. IdR entscheiden sich Patenterteilung, Widerruf und Nichtigerklärung des Patents an ihm. Für die Praxis bedeutet die Prüfung der erfinderischen Tätigkeit ein erhebliches Maß an Unsicherheit,[1] weil sie von jeder Instanz eigenständig durchzuführen und als Werturteil stark von der Sicht des Beurteilenden geprägt ist.

II. Entstehungsgeschichte; Regelungszweck

Vor 1978 enthielt das PatG keine Regelung über die erfinderische Tätigkeit. In der Rspr des RG hat **2** sich aber – anders als zT in der zunächst schwankenden früheren Praxis des PA[2] – schon früh die Erkenntnis durchgesetzt, dass gegenüber dem vorbekannten StdT ein Bereich „normaler technologischer Weiterentwicklung", „allmählicher fortschrittlicher Entwicklung der Technik", „gewöhnlichen fachmännischen Könnens", ein „patentfreier Zwischenraum", eine „Sicherheitszone" vom Patentschutz freizuhalten, eine geistige Leistung von erfinderischem Gehalt, eine überdurchschnittliche schöpferische Leistung[3] etwa iSd Überwindung objektiver Hindernisse oder einer „entwicklungsraffenden" Leistung, zu verlangen ist.[4] Dies entsprach der Praxis in den nationalen Patentrechtsordnungen schon vor der eur Rechtsangleichung.[5] Die Rspr hat sowohl auf die Vorteile abgestellt, die mit einer neuen Problemlösung verbunden waren (technischer Fortschritt), als auch auf die Schwierigkeiten, die für die neue Lösung zu überwinden waren. Als erfinderisch konnte nur eine Lösung angesehen werden, die das Können eines Durchschnittsfachmanns übersteigt (Erfindungshöhe).[6]

Ausland. Die im VK zum harmonisierten Recht angewendete Methode der Prüfung in vier Schritten[7] **3** „Windsurfing test", jetzt „Pozzoli test"[8] mit den Schritten Bestimmung des Fachmanns und seines allg Fachwissens, Feststellung des erfinderischen Konzepts, erforderlichenfalls durch Auslegung,[9] Feststel-

---

1 Vgl *Mediger* Mitt 1959, 125, 129 f; *Dick* GRUR 1965, 169; *Kraßer/Ann* § 18 Rn 38 ff.
2 PA BlPMZ 1913, 292, 297; RPA BlPMZ 1920, 51, 52; *Fitzner/Lutz/Bodewig* Rn 1; *Klauer/Möhring* § 1 Rn 50; *Reimer* § 1 Rn 33.
3 Kr zu diesem Begriff *Reimer* § 1 Rn 31.
4 Vgl etwa RG MuW 31, 24 Temperaturanzeiger; RG GRUR 1940, 195, 196 Röhrenmetallüberzug; BGH GRUR 1953, 438 Latex; BGH GRUR 1954, 107, 110 Mehrfachschelle; BGH Liedl 1959/60, 302, 308 Spielzeugfahrzeug; BGH Liedl 1959/60, 313, 322 Kabelabstandschelle; BGH Liedl 1959/60, 418, 426 Strangpresse; BPatG 20.1.1966 17 W (pat) 61/61; PA BlPMZ 1916, 59, 60; RPA Mitt 1930, 246; RPA BlPMZ 1933, 267: „gewisse Erfindungshöhe"; RPA BlPMZ 1938, 118, 119 f; *Benkard* Rn 2 und (eingehend) Rn 6 ff; *Schulte* Rn 7; *Lindenmaier* § 1 Rn 40; *Kraßer/Ann* § 18 Rn 2; *Lindenmaier* Mitt 1959, 121; *Häußer* Mitt 1983, 121, 122.
5 Nachw in *MGK/Pagenberg* Art 56 EPÜ Rn 9–11; aus der Praxis und Rspr zum harmonisierten Recht vgl BGH GRUR 1991, 120, 121 elastische Bandage; EPA T 106/84 ABl EPA 1985, 132 = GRUR Int 1985, 580 Verpackungsmaschine.
6 Der Begriff geht auf *R. Wirth* GRUR 1906, 57 zurück; vgl *Lindenmaier* GRUR 1939, 153, 156 m Nachw; RG MuW 29, 131, 132 Azetylenapparat, erstmals in RGZ; RG MuW 29, 498, 499 Kontaktfederanordnung; BGH GRUR 1959, 532, 536 elektromagnetische Rühreinrichtung; BGH Liedl 1967/68, 395, 409 Schwingungswalze; BGH GRUR 1960, 427, 428 Fensterbeschläge; RPA Mitt 1930, 246.
7 CA RPC 1985, 59, 73 f Windsurfing/Tabur Marine; HoL RPC 1997, 25 = GRUR Int 1998, 412 Biogen/Medeva; HoL 2004 UKHL 45 Sabaf/MFI; CA RPC 1993, 513 STEP/Emson; CA RPC 1994, 49, 154 Mölnlycke/Procter & Gamble; vgl auch PatentsC RPC 1994, 567 Unilever/Chefaro; PatentsC RPC 1996, 635 Brugger v. Medic-Aid; PatentsC RPC 1998, 31 Raychem; CA RPC 1998, 727, 750 Lubrizol v. Esso; PatentsC 21.12.1998 Cartonneries de Thulin v. CTP, referiert in EIPR 1999 N-88; PatentsC 15.1.1999 Haberman v. Jackel, referiert in EIPR 1999 N-89; PatentsC 27.11.1998 Quadrant v. Quadrant, referiert in EIPR 1999 N-110; CA RPC 2000, 631 Palmaz, wo davon ausgegangen wird, dass der Fachmann den StdT mit Interesse betrachtet; PatentsC 27.11.2000 Novo Nordisk v. DSM, referiert in EIPR 2001 N-141; Überblick über die Entwicklung im VK – „right to work" test, historischer Ansatz, Cripps-Frage – bei *Cole* EIPR 1998, 267; *Harris* EIPR 1999, 254, 261 f; zur Praxis in Frankreich *Schmidt-Szalewski* Die Entwicklung des französischen Patentrechts in den Jahren 1997 und 1998, GRUR Int 1999, 848, 850, unter Hinweis auf CCass PIBD 1997, 640 III 524; CCass PIBD 1998, 659 III 397; CA Paris PIBD 1997, 633 III 287, CA Paris PIBD 1998, 646 III 33.
8 CA England/Wales 22.6.2007 [2007] EWCA Civ 588, Ls in IIC 2008, 738, auch referiert in EIPR 2007 N-118; hierzu *Macdonald-Brown/Ashby* CIPA 2007, 380; vgl CA England/Wales [2009] EWCA Civ 646 Generics (UK) v. Daichi, auch referiert in EIPR 2009 N-85.
9 Hierzu näher *Grant/Gibbins* EIPR 2005, 170.

lung der Unterschiede zwischen Erfindung und genanntem StdT und Beurteilung des Naheliegens ohne Berücksichtigung der geschützten Erfindung und nicht notwendig unter Abstellen auf die Motivation)[10] unterscheidet sich allenfalls marginal von der nationalen Praxis (Rn 10 ff, 25). In Österreich ist der erfinderische Schritt im Einzelfall bereits bei Vorliegen einer technologischen Neuerung bejaht worden.[11]

4   Die **geltende Regelung** ist durch das IntPatÜG mit Wirkung vom 1.1.1978 als § 2a eingefügt worden und hat ihre heutige Bezeichnung durch die Neubek 1981 erhalten. Sie geht auf Art 5 StraÜ und Art 56 EPÜ zurück.[12] Die Entstehungsgeschichte ist bei der Auslegung zu beachten.[13] Nach der Begr[14] sollte durch die Verwendung des Begriffs erfinderische Tätigkeit anstelle des bisher gebrauchten ungeschriebenen Merkmals der Erfindungshöhe sachlich nichts geänd werden.[15] Man wird daher die Begriffe „Erfindungshöhe", „erfinderische Tätigkeit", „erfinderischer Schritt" und ihre englischen und frz Entsprechungen nicht a priori unterschiedlich auslegen können.[16] Die auf eine „erfinderische Tätigkeit" abstellende Terminologie[17] bedeutet keinen Übergang zu einer subjektiven Betrachtung (Rn 14). Die eur Rechtsangleichung und ihre Übernahme in das nationale Recht eröffnen eine dynamische Entwicklung, in die die bisherigen nationalen Auffassungen mit einfließen und die auch, aber nicht allein, durch die Praxis des EPA geprägt wird.[18]

III. Anwendungsbereich

5   Die Regelung gilt für alle seit dem 1.1.1978 beim DPA/DPMA eingereichten Patentanmeldungen und die darauf erteilten Patente, nicht aber für DDR-Anmeldungen und -Patente, auf die nach § 5 ErstrG, Anl I Kap III Sgb E Abschn II Nr 1 § 3 Abs 1 EinigV weiterhin DDR-Recht Anwendung findet (6. Aufl Rn 6 vor § 1).[19] Anwendbar ist jeweils DDR-Recht in der bei der bei Patentanmeldung anzuwendenden Fassung.[20] Für Anmeldungen vor dem 1.1.1978 s 6. Aufl.

6   Zum Verhältnis von **erfinderischen Schritt** in § 1 Abs 1 GebrMG zur erfinderischen Tätigkeit Rn 17 ff zu § 1 GebrMG.

7   Wo der Schutz nicht an das Nichtnaheliegen gegenüber dem StdT, sondern an die **„Eigenart"** (wie in § 2 Abs 1 DesignG) oder „Individualität" geknüpft ist, so zB beim Halbleiterschutz und beim Softwareschutz nach § 69a ff UrhG, gelten andere Maßstäbe.

IV. Europäisches Patentübereinkommen

8   Für eur Patentanmeldungen und Patente regelt **Art 56 EPÜ** die erfinderische Tätigkeit. Der Begriff der erfinderischen Tätigkeit im nationalen Recht wie im EPÜ stimmt überein, aus etwaigen Auslegungs- oder Anwendungsunterschieden kann nicht gefolgert werden, dass die Prüfung nach § 4 und Art 56 EPÜ auf

---

10   PatentsC RPC 1996, 635 Brugger v. Medic-Aid.

11   ÖOPM öPBl 2008, 28 Verbundglasscheibe.

12   Eingehend zur Vorgeschichte *MGK/Pagenberg* Art 56 EPÜ Rn 5–11.

13   Vgl *MGK/Pagenberg* Art 56 EPÜ Rn 73.

14   BTDrs 7/3712 = BlPMZ 1976, 334.

15   Ebenso schweiz BG BGE 120 II 71 = GRUR Int 1995, 167 Wegwerfwindel mwN; schweiz BG sic! 1998, 203, 204 Schnappscharnier; aA *Haertel* GRUR Int 1981, 479, 487 f; *Singer* Mitt 1974, 2, 6.

16   Vgl *Benkard* Rn 16; *Fitzner/Lutz/Bodewig* Rn 36; zur Bedeutung des sprachlichen Unterschieds im EPÜ (naheliegend – obvious – évident) *MGK/Pagenberg* Art 56 EPÜ Rn 53; schweiz BG SMI 1994, 328, 333 Slim Cigarette: „L'expression allemande ,naheliegend' exprime d'ailleurs de manière plus claire que les termes français (évident), italien (evidente) ou que le terme anglais ,obvious' ce que l'on entend par invention non comprise dans l'état de la technique"; vgl zum Verhältnis von Nichtnaheliegen und erfinderischer Leistung auch austral HighC IIC 2000, 88 mAnm *Stoianoff*.

17   Kr *Kraßer/Ann* § 18 Rn 11 ff.

18   Hierzu eingehend *MGK/Pagenberg* Art 56 EPÜ Rn 62 ff.

19   Vgl BGH Mitt 2000, 105, 107 Extrusionskopf; BGH Bausch BGH 1994–1998, 394 Kabelnebenstöreffekte; BGH Bausch BGH 1999–2001, 234 Getreidemahlverfahren 01, str.

20   BPatG 24.11.1992 1 Ni 24/91; BPatGE 33, 278 = GRUR 1993, 657; BPatGE 33, 243, 247 = GRUR 1993, 733; BPatG 24.3.1994 2 Ni 30/92, BPatG Bausch BPatG 1994–1998, 433; BPatG 17.11.1994 3 Ni 50/93; BPatG 19.12.1996 2 Ni 4/96; BPatG 6.8.2002 3 Ni 3/01; BPatG 7.8.2002 3 Ni 4/01; BPatG 17.1.2007 4 Ni 72/05; vgl BPatGE 34, 160, 162 = GRUR Int 1995, 338; abw – DDR-Patentgesetz 1990 anzuwenden – BPatGE 34, 200 = GRUR 1995, 399; eingehend BPatG GRUR 2015, 61 „Adjuvans-Formulierung".

Keukenschrijver

unterschiedlichen Rechtsgrundlagen beruht.[21] Die Praxis des EPA (nicht die Regelung im EPÜ an sich) ist durch einige Besonderheiten geprägt (Aufgabe-Lösungs-Ansatz, „problem-solution approach", Rn 24; Prüfung vom „nächstkommenden StdT" aus, Rn 36; „could-would test", Rn 149), die teilweise auch in die nat Praxis Eingang gefunden haben.[22]

V. Patentzusammenarbeitsvertrag (PCT)

Für die internat vorläufige Prüfung enthält Art 33 Abs 3 PCT eine sachlich übereinstimmende Formulierung.[23] **9**

B. Grundsätze für Vergleich und Bewertung

I. Allgemeines

1. Erfinderische Tätigkeit ist ein unbestimmter Rechtsbegriff.[24] Die Prüfung der erfinderischen Tätig- **10** keit erfolgt nach hM aufgrund eines **Werturteils**[25] in Form einer komplexen Bewertung,[26] wenn auch auf einer tatsächlichen Grundlage, nämlich der Feststellung der Erfindung, des StdT und des maßgeblichen Fachmanns und seiner Fähigkeiten.[27] Der Prüfungsstandard ist in allen Verfahrensstadien (Erteilungsverfahren, Einspruchsverfahren, Nichtigkeitsverfahren) einheitlich.[28]

Beurteilungsgrundlage ist allein die Frage, ob die Lösung für den Fachmann in Kenntnis des maßgebli- **11** chen StdT nahegelegen hat (Rn 146 f);[29] das ist meist gemeint, wenn die Erfindung einerseits als rein handwerkliche oder einfache konstruktive Maßnahme bewertet oder andererseits als „entwicklungsraffend", überraschend[30] usw bezeichnet wird.[31] Ob das Begriffspaar „naheliegend" – „nicht naheliegend" eine Alternative beschreibt, in dem sich die Glieder gegenseitig ausschließen,[32] so dass das, was naheliegend ist, nicht erfinderisch sein kann, erscheint nicht gesichert; dies spielt insb für die Möglichkeit einer Differenzierung, etwa gegenüber dem GbmRecht, eine Rolle.[33] Als ausreichend wird eine „scintilla of invention" angesehen.[34] Die

---

21   Vgl, allerdings mit missverständlichen Formulierungen, BPatGE 30, 107 = GRUR 1989, 496; die Kritik von *Pagenberg* IIC 1990, 376 und IIC 1991, 763, an dieser Entscheidung beruht wesentlich auf ihrer Fehlinterpretation, vgl hierzu *Kurbel* Nichtigkeitsverfahren gegen deutsche und europäische Patente, VPP-Rdbr 1991, 17, 21; *Keukenschrijver* Nichtigkeitsverfahren gegen deutsche, europäische und DD-Patente vor dem BGH, VPP-Rdbr 1993, 49; vgl auch *van Benthem/Wallace* GRUR Int 1978, 219, die sich im großen und ganzen an die früheren dt Beurteilungskriterien anlehnen wollen; *Benkard* Rn 16; *MGK/Pagenberg* Art 56 EPÜ Rn 69.

22   Vgl *Keukenschrijver* VPP-Rdbr 2000, 96 f.

23   Vgl *Singer/Stauder* EPÜ Art 56 Rn 3.

24   *Benkard* Rn 3; *Büscher/Dittmer/Schiwy* Rn 19; *Bruchhausen* FS O.-F. von Gamm (1990), 353, 365; *MGK/Pagenberg* Art 56 EPÜ Rn 47; *Pagenberg* Die Bedeutung der Erfindungshöhe S 271 ff; *Klauer/Möhring* § 1 Rn 53; *Reimer* § 1 Rn 62; BGH GRUR 1987, 501 f Mittelohrprothese; BPatG GRUR 2007, 329 f, Markensache; EPA T 554/98 EPOR 2000, 475 Inner lining shoe.

25   BGHZ 128, 270, 275 = GRUR 1995, 330 elektrische Steckverbindung; BGH GRUR 2001, 770 Kabeldurchführung II; BGH GRUR 2004, 411, 413 Diabehältnis; BGH 26.7.2005 X ZB 1/04; BGHZ 166, 305 = GRUR 2006, 663 vorausbezahlte Telefongespräche I: „wertende Würdigung der tatsächlichen Umstände, die geeignet sind, etwas über die Voraussetzungen für das Auffinden der erfindungsgemäßen Lösung auszusagen"; BGH GRUR 2006, 929 Rohrleitungsprüfverfahren; *Benkard* Rn 16 f; *Schulte* Rn 8.

26   BGH GRUR 2001, 770 Kabeldurchführung II.

27   *Kraßer/Ann* § 18 Rn 118; *Lindenmaier* § 1 Rn 40; *Bruchhausen* Mitt 1981, 144, 145; *Völcker* GRUR 1983, 83, 90.

28   So auch *Benkard-EPÜ* Art 56 Rn 7; anders die frühere brit Praxis; *MGK/Pagenberg* Art 56 EPÜ Rn 70.

29   *Kraßer/Ann* § 18 Rn 11 ff; *Knesch* VPP-Rdbr 1994, 70.

30   Etwa in BPatG 1.3.2007 2 Ni 1/04 (EU).

31   *Kraßer/Ann* § 18 Rn 118 ff.

32   Vgl *Kulhavy* sic! 2005, 146, 147.

33   Vgl *Keukenschrijver* VPP-Rdbr 2007, 82, 84.

34   Vgl High Court Australien [2007] H.C.A. 21, referiert in EIPR 2007 N-105 f; CA Bologna 2.2.2007, referiert in EIPR 2007 N-114: zumindest minimale schöpferische Anstrengung.

normale technische Weiterentwicklung stellt keine patentfähige Erfindung dar;[35] auch Fleiß und Aufwand allein sind nicht patentbegründend.[36]

12   Das Erfordernis ist somit ein **qualitatives** und schon deshalb kein quantitatives,[37] weil es für eine Quantifizierung an der Grundlage fehlt (Rn 21 zu § 1 GebrMG). Bei der Beurteilung sind objektive Kriterien auch als Hilfskriterien (häufig als „Beweisanzeichen" bezeichnet)[38] einzubeziehen (Rn 170 ff). Es kann nicht auf die Weite des beanspruchten Schutzes abgestellt werden.[39] Lit[40] und Praxis[41] – insb im Verhältnis zur GbmFähigkeit[42] (hierzu Rn 15 ff zu § 1 GebrMG) – haben häufig auf eine quantitative Terminologie zurückgegriffen. Vielfach wird eine Differenzierung in größere oder geringere erfinderische Tätigkeit für möglich erachtet; dies mag insoweit angängig sein, als eine relative Differenzierung vorgenommen wird, nicht aber iS einer messbaren Abstufung.[43] Mathematische Formeln, „informationstheoretische" Verfahren[44] oder statistische Methoden[45] sind zur Beurteilung der erfinderischen Tätigkeit nicht geeignet;[46] dies gilt auch für Differenzierungen und Quantifizierungen iS der „fuzzy-logic".[47] Es wird aber vertreten, dass anders als mit einer sog one-reason-decision („Pralinenschachtelmethode") mit Hilfe eines additiven multi-item Indexes eine relative Größe des beurteilten Sachverhalts im Verhältnis zu anderen beurteilten Sachverhalten gewonnen werden kann.[48] Dies löst freilich nicht das Problem, eine verbindliche Entscheidungsgrenze zu definieren.

13   Vorausgesetzt wird dabei nicht etwa eine Leistung „genialer" Art.[49] Die **Einfachheit** der Erfindung schließt erfinderische Tätigkeit nicht ohne weiteres aus; einfache Lösungen müssen nicht naheliegend sein, eine überraschend einfache Lösung kann sogar für erfinderische Tätigkeit sprechen.[50]

14   **2. Objektive Beurteilung.** Die Beurteilung erfolgt nach objektiven Gesichtspunkten und nicht anhand der subjektiven Anstrengungen, Kenntnisse oder Vorstellungen des Erfinders;[51] hieran hat die Ter-

---

35   Schweiz BG SMI 1994, 328, 332 Slim Cigarette; HG Aargau sic! 2004, 331; öOPM öPBl 200, 127 Hemicalciumsalz.

36   BGH Bausch BGH 1994–1998, 366, 372 PKW-Kotflügel; vgl aber SstA 25.1.1994 ArbErf 139/92, wonach hoher Entwicklungsaufwand bei Programmerstellung und Auffindung von chemischen Verbindungen für erfinderisches Niveau spreche.

37   *Benkard* Rn 17; *Kraßer/Ann* § 18 Rn 24 (reaktivierend); *MGK/Pagenberg* Art 56 EPÜ Rn 49, 52; *Benkard-EPÜ* Art 56 Rn 10; aA *Schramm* Die schöpferische Leistung S 197, 216 ff.

38   Abl hierzu *Benkard* Rn 17.

39   *Benkard*[9] Rn 4 gegen RPA BlPMZ 1939, 139 und RPA BlPMZ 1940, 54 sowie diesem folgend *Fromme* GRUR 1958, 261, 264; vgl auch *Lindenmaier* § 1 Rn 42; *Reimer* § 1 Rn 33; *Nähring* GRUR 1959, 57, 61

40   *Lindenmaier* § 1 Rn 41; *Reimer* § 1 Rn 33.

41   ZB RPA BlPMZ 1939, 139; RG MuW 29, 131 Garndocken; RG GRUR 1939, 682 f Reifenkontrollvorrichtung I; BGH GRUR 1957, 270, 271 Unfallverhütungsschuh, BGH GRUR 1969, 182 Betondosierer; BGH Liedl 1969/70, 47 ff Lamellentreppe; BPatG Mitt 1973, 171, 172: „ausreichend erfinderisch".

42   BGH Unfallverhütungsschuh.

43   Vgl *Kraßer/Ann* § 18 Rn 25 f; vgl aber *Dolder/Ann/Buser* GRUR 2011, 177.

44   Vgl *Öhlschlegel* GRUR 1964, 477; *Oelering* GRUR 1966, 84; *P. Wirth* GRUR 1960, 405; *Schick* Mitt 1987, 142, 1990, 90 und 1992, 315.

45   *F. Winkler* Mitt 1963, 61.

46   Vgl *Kraßer/Ann* § 18 Rn 38.

47   So aber *Beckmann* GRUR 1998, 7, auch für Schutzumfang und Rechtsfolgen; hiergegen *Keukenschrijver* VPPRdbr 2007, 82.

48   *Dolder/Ann/Buser* GRUR 2011, 177.

49   *Fitzner/Lutz/Bodewig* Rn 4.

50   RG MuW 22, 26, 27 Beregnungsanlage I; RG BlPMZ 1937, 220, 221 Sterilisieren von Injektionsspritzen; BGH GRUR 1959, 22 Einkochdose; BGH Liedl 1965/66, 77, 95 Flaschenblasen; BGH Mitt 1978, 136 Erdölröhre; BGH BlPMZ 1979, 151 Etikettiergerät 02; BPatG Mitt 1975, 87, 88; BPatGE 32, 25 = GRUR 1991, 746, 747; RPA Mitt 1942, 23, 24; EPA T 106/84 ABl EPA 1985, 132 = GRUR Int 1985, 580, 582 Verpackungsmaschine; EPA T 225/85; EPA T 229/85 ABl EPA 1987, 237 Ätzverfahren; EPA T 307/85; EPA T 9/86 ABl EPA 1988, 12 = GRUR Int 1988, 583, 584 Polyamid-6; EPA T 20/84 EPOR 1986, 197 Annular shaft kiln; EPA T 234/91; EPA T 349/95; *Schulte* Rn 151; *Singer/Stauder* EPÜ Art 56 Rn 76; zum Fall besonders einfacher Umgestaltung RPA Mitt 1936, 119, 120.

51   AllgM, RG GRUR 1939, 892, 893 Lichtsignalanlagen; BGH Liedl 1974/77, 343, 365 Schraubennahtrohr 01; BGH Bausch BGH 1994–1998, 159, 162 Betonring; PA BlPMZ 1915, 246; EPA T 24/81 ABl EPA 1983, 133 = GRUR Int 1983, 650 f Metallveredlung; schweiz BG sic! 2004, 111, 114 Dispositif de prélèvement d'un liquide I + II; RB Den Haag BIE 2002, 458, 460; *Benkard* Rn 18; *Benkard-EPÜ* Art 56 Rn 12; *Schulte* Rn 7; *Mes* Rn 3; *Fitzner/Lutz/Bodewig* Rn 4 f, 17; *Büscher/Dittmer/Schiwy* Rn 10; *MGK/Pagenberg* Art 56 EPÜ Rn 51; *Klauer/Möhring* § 1 Rn 50; *Lindenmaier* § 1 Rn 40; *Reimer* § 1 Rn 32; *Kraßer/Ann* § 18 Rn 9; vgl auch BGH GRUR 1961, 529, 533 Strahlapparat.

minologie „erfinderische Tätigkeit" nichts geänd. Ein Irrtum des Erfinders steht der Feststellung erfinderischer Tätigkeit nicht entgegen.[52] Über den StdT hinausreichende Kenntnisse des Erfinders („interner StdT") sind unschädlich.[53]

Auf den **tatsächlichen Werdegang** der Erfindung kommt es nicht an.[54] Die Erfindung kann auf bewusstem Denken, systematischer Arbeitsplanung oder systematischem Arbeitseinsatz mit planmäßigen Versuchen und großen Versuchsreihen,[55] aber auch auf zufälliger Erkenntnis[56] oder einem intuitiven „glücklichen Griff"[57] (s auch Rn 141) beruhen. **15**

3. Die Entscheidung, ob eine Lehre auf erfinderischer Tätigkeit beruht, kann nur durch **Berücksichtigung aller Umstände** des Falls gewonnen werden. Für eine Ermessensentscheidung ist kein Raum;[58] ob den prüfenden Stellen ein Beurteilungsspielraum zusteht, ist str,[59] aber ohne größere Bedeutung, weil hierdurch nur eine Überprüfung in revisionsartig ausgestalteten Verfahren, insb im Rechtsbeschwerdeverfahren, berührt werden könnte. **16**

4. Überraschungsmoment. Erfinderische Tätigkeit setzt Überraschung nicht voraus.[60] Einer abw früheren Praxis des 14. Senats des BPatG[61] ist zu Recht nicht gefolgt worden.[62] Auf die Überraschung des Erfinders selbst kommt es nicht an.[63] **17**

Das Überraschungsmoment spricht stark (jedoch nicht zwingend)[64] **gegen Naheliegen;**[65] dies gilt für ein Überraschen der Lehre selbst[66] wie für den erzielten Erfolg.[67] Der „Erfolg, der nicht im eigentlichen Sinne zur neuen Lehre als solcher gehört, strahlt gewissermaßen auf die neue Lehre aus".[68] Die überraschende Wirkung soll sich über die gesamte Anspruchsbreite erzielen lassen müssen.[69] Unerwartete Eigenschaften und Wirkungen können auf erfinderische Tätigkeit hinweisen, das gilt über chemische Analogieverfahren **18**

---

52 Vgl BGH Liedl 1961/62, 741, 771 Leitbleche 03.

53 Vgl BGH GRUR 1973, 263, 265 Rotterdam-Geräte; *Benkard*[10] Rn 11.

54 *Klauer/Möhring* § 1 Rn 52; *Lindenmaier* § 1 Rn 40; vgl *MGK/Pagenberg* Art 56 EPÜ Rn 55; schweiz BG sic! 2004, 111, 114 Dispositif de prélèvement d'un liquide I + II.

55 Vgl BGH GRUR 1954, 584 Holzschutzmittel; BPatGE 5, 78, 80 = GRUR 1965, 358: Mikrobiologie; BPatG GRUR 1978, 702, 705; *Benkard* Rn 23; nach EPA T 164/82 kann systematische Suche erfinderische Tätigkeit belegen.

56 RG BlPMZ 1898, 22, 23 Entfärben von Glasmasse; RPA Mitt 1937, 174, 175.

57 Vgl BGH Liedl 1961/62, 684, 697 Mischer 01; BGH Liedl 1967/68, 171, 192 Selbstschlußventil; BGH Bausch BGH 1986–1993, 19 Blutfilter; BPatG 30.7.2009 2 Ni 65/07; *Lindenmaier* GRUR 1939, 153, 155; *Meurer* GRUR 1935, 200.

58 BPatGE 1, 76, 77; *MGK/Pagenberg* Art 56 EPÜ Rn 50; *Klauer/Möhring* § 1 Rn 53; *Reimer* § 1 Rn 62; *Bossung* Mitt 1974, 141, 148; *Kumm* GRUR Int 1963, 289, 295 Fn 24; *Witte* GRUR 1959, 504.

59 Bejahend *MGK/Pagenberg* Art 56 EPÜ Rn 50; *Witte* GRUR 1959, 504; verneinend *Schulte*[5] Rn 2; *Klauer/Möhring* § 1 Rn 53; *Reimer* § 1 Rn 62.

60 RG BlPMZ 1934, 37 Einstellbüchse; EPA T 100/90 EPOR 1991, 553 Heat exchanger; EPA T 154/87 PPS-filaments; *Schulte* Rn 146 f; vgl auch RG Mitt 1931, 26 Chromabscheidung; RG GRUR 1941, 30 Aluminiumsulfit.

61 BPatG 17.5.1994 14 W (pat) 58/93 undok fordert für einen Stoff, BPatG GRUR 1996, 868, 870 für die Verwendung eines Wirkstoffs in jedem Fall überraschende Eigenschaften.

62 BPatGE 37, 235 = GRUR 1997, 523; vgl BPatG 30.1.1997 15 W (pat) 125/93; BPatG 26.6.1997 15 W (pat) 32/95; vgl BPatG 7.1.1998 14 W (pat) 33/96; BPatG 10.7.2006 3 Ni 3/04 (EU).

63 *Schulte* Rn 147.

64 Vgl BPatG Bausch BPatG 1994–1998, 92; BPatG 28.10.1997 14 W (pat) 78/95.

65 BGH BlPMZ 1973, 257 selektive Herbizide; BGH GRUR 1989, 899, 903 Sauerteig; BGH 27.6.1995 X ZR 122/92; EPA T 301/87 ABl EPA 1990, 335 = GRUR Int 1991, 121 Alpha-Interferone; EPA T 601/88 GRUR Int 1991, 817, 818 thermoplastische Formmassen II; *Benkard* Rn 118; *Schulte* Rn 147; *MGK/Pagenberg* Art 56 EPÜ Rn 109; vgl auch BPatG 12.9.1997 14 W (pat) 28/96; 21.10.1997 23 W (pat) 35/96.

66 RG GRUR 1934, 177, 178 Verpackungsmaschine; RG GRUR 1934, 523, 525 Oxydkathoden; EPA T 205/83 ABl EPA 1985, 363 = GRUR Int 1986, 259 Vinylester-Crotonsäure-Copolymerisate.

67 RG MuW 41, 67 Schwefelsäureester; BGH GRUR 1953, 120 Glimmschalter; BGH GRUR 1955, 283, 286 Elektronenerzeugung; BGHZ 51, 278, 382 = GRUR 1969, 265 Disiloxan; BPatG 14.10.2003 3 Ni 11/02 (EU).

68 *Benkard*[9] Rn 17a.

69 EPA T 694/92 ABl EPA 1997, 408 = GRUR Int 1997, 918 Modifizieren von Pflanzenzellen; EPA T 939/92 ABl EPA 1996, 309 = GRUR Int 1996, 1049 Triazole.

Keukenschrijver

hinaus für alle Arten von Erfindungen.[70] Das gilt auch für Zusatzeffekte,[71] allerdings nicht für einen „Bonus-Effekt" (Rn 75). Die erzielte Eigenschaft oder Wirkung muss nicht die beanspruchte sein, ein Erfolg auf einer allgemeineren Ebene genügt.[72] Das Überraschungsmoment ist vor allem von Bedeutung, wo die angewendeten Maßnahmen dem Fachmann geläufig sind, erfinderische Tätigkeit kann hier bejaht werden, wenn kein Hinweis vorlag, in welcher Richtung der Fachmann vorzugehen hatte und wenn Suchen „auf die vage Aussicht eines Zufallstreffers hin" nicht erwartet werden konnte.[73]

19   **Vorhersehbare Wirkungen** sprechen grds nicht für erfinderische Tätigkeit,[74] jedoch steht es erfinderischer Tätigkeit nicht entgegen, wenn das erzielte Ergebnis durch eine Berechnung ermittelt werden kann, auf die der Fachmann nicht kommt,[75] oder wenn ein bekanntes physikalisches Gesetz angewendet wird, dessen Anwendbarkeit nicht erkannt und nicht ohne weiteres erkennbar war.[76] Hierzu gehört – auch auf dem Gebiet der Gentechnik – eine **„angemessene Erfolgserwartung"**[77] (vgl Rn 105), die die Fähigkeit des Fachmanns bezeichnet, auf der Grundlage des vorhandenen Wissens angemessen vorherzusagen, ob das Projekt innerhalb annehmbarer Zeit erfolgreich abgeschlossen werden kann.[78] Mit heranzuziehen kann danach sein, ob es für den Fachmann naheliegend war, die Erfindung mit hinreichender Aussicht auf Erfolg auszuprobieren.[79] Lag dem Fachmann die Erfolgserwartung aufgrund des allg Wissensstands nahe, ist die sie bestätigende Lehre nicht erfinderisch.[80] Für die Frage, ob der Fachmann aus dem StdT eine Anregung erhalten hat, dort beschriebene Maßnahmen aufzugreifen und sie auf einen bekannten Stoff anzuwenden, kann die Überlegung Bedeutung gewinnen, ob sich aus diesen Maßnahmen eine angemessene Erfolgserwartung für die Lösung des sich stellenden technischen Problems ergab.[81] Das Ignorieren zu Recht bestehender Bedenken unter Hinnahme von Nachteilen reicht zur Bejahung der Patentfähigkeit nicht aus.[82] Die Erfolgsaussichten beurteilen sich aufgrund einer Gesamtbetrachtung, bei der die Dringlichkeit der Lösung, ihr zu erwartender technischer und wirtschaftlicher Ertrag, Aufwand und Kosten der erforderlichen Arbeiten, das Fehlen von Alternativen, Schwierigkeiten, die möglicherweise auftreten können, sowie das Risiko, dass die Schwierigkeiten das Erreichen des Ziels erschweren oder unmöglich machen, zu berücksichtigen

---

70   *Benkard*[9] Rn 16 gegen BPatGE 30, 107 = GRUR 1989, 496, 499; vgl BPatGE 20, 81 = GRUR 1978, 238, 239; EPA T 2/83 ABl EPA 1984, 265, 270 = GRUR Int 1984, 527 Simethicon-Tablette; US-CAFC GRUR Int 1988, 599, 601; Bsp BPatGE 26, 104 = GRUR 1985, 276, 278; zum Überraschungsmoment bei einer Bemessungsregel BPatGE 3, 153, 156 = GRUR 1964, 448.

71   Vgl EPA T 218/84; *Singer/Stauder* EPÜ Art 56 Rn 94.

72   EPA T 184/82 ABl EPA 1984, 261 = GRUR Int 1984, 525 Formkörper aus Poly(methyl-styrol).

73   BPatGE 9, 150, 155 f = BlPMZ 1968, 165; BPatGE 20, 81 = GRUR 1978, 238, 239; BPatG GRUR 1978, 702, 705; EPA T 1/80 ABl EPA 1981, 206, 211 f = GRUR Int 1981, 688 Reaktionsdurchschreibepapier; EPA T 2/80 ABl EPA 1981, 431 = GRUR Int 1981, 771 Polyamidformmassen; T 20/83 ABl EPA 1983, 419 Benzothiopyranderivate; EPA T 271/84 ABl EPA 1987, 405 = GRUR Int 1988, 248 Gasreinigung; *Kraßer/Ann* § 18 Rn 109.

74   EPA T 155/85 EPA-E 11, 153 = EPOR 1988, 165 Passivierung eines Katalysators; vgl EPA T 199/84; EPA T 132/86; EPA T 882/94.

75   Vgl RG MuW 27, 216 Dampfkraftanlage.

76   RG BlPMZ 1900, 302 Verladen von Nußkohlen.

77   BGH GRUR 2010, 123 Escitalopram; BGH 6.3.2012 X ZR 50/09; BGH 3.4.2012 X ZR 90/09; BGH GRUR 2012, 803 Calcipotriol-Monohydrat; BGH 25.6.2013 X ZR 52/12; BPatG 19.7.2012 4 Ni 48/09 (EU); BPatG 23.7.2013 3 Ni 36/11 (EP); BPatG 4.11.2014 4 4 Ni 13/13; EPA T 60/89 ABl EPA 1992, 268 = GRUR Int 1992, 771, 775 Fusionsproteine; RB Den Haag BIE 2001, 90; vgl EPA T 292/85 ABl EPA 1989, 275 = GRUR Int 1990, 61 Polypeptid-Expression I; abl für zufallsabhängige Gebiete wie Mutagenese EPA T 737/96; vgl BGH 12.1.2016 X ZR 38/14; *Schulte* Rn 102.

78   EPA T 296/93 Herstellung von HBV-Antigenen, nicht in ABl EPA; vgl EPA T 207/94 ABl EPA 1999, 273 humanes Beta-Interferon: Behauptung, dass bestimmte Merkmale den Erfolgsaussichten entgegenstehen, kann nur berücksichtigt werden, wenn sie sich auf technische Fakten stützt; EPA T 412/93 EPOR 1995, 629 Production of erythropoietin; vgl auch EPA T 223/92 einerseits, EPA T 886/91 andererseits; EPA T 737/96 Astaxanthin, referiert in EIPR 2000 N-167 sieht den Gesichtspunkt bei auf Zufall beruhenden Techniken wie Mutagenese als nicht anwendbar an; EPA T 91/98 wendet ihn bei routinemäßigen Tests nicht an.

79   BGH Calcipotriol-Monohydrat; EPA Fusionsproteine; vgl BGH 2.12.2008 X ZR 145/04; BGH 6.3.2012 X ZR 50/09.

80   Schweiz BG SMI 1995, 358, 369 f = GRUR Int 1996, 1059, 1063 Manzana II; EPA T 149/93: Naheliegen, wenn realistisch mit einem Erfolg gerechnet werden kann.

81   BGH GRUR 2012, 803 Calcipotriol-Monohydrat; BGH 25.6.2013 X ZR 52/12; BGH 29.10.2913 X ZR 141/10; *Mes* Rn 33; vgl BPatG 23.7.2013 3 Ni 36/11 (EP).

82   BGH Liedl 1971/73, 289, 295 Gemeinschaftsdusche; BGHZ 133, 57, 67 = GRUR 1997, 857, 860 Rauchgasklappe; BGH Bausch BGH 1994–1998, 378, 390 Deckengliedertor; BGH 8.1.2008 X ZR 110/04; BGH 26.8.2014 X ZR 18/11.

---

sind.[83] Ein theoretisch denkbarer unkomplizierter Lösungsweg muss, insb auf dem Gebiet der Gentechnik, nicht notwendig erfinderischer Tätigkeit entgegenstehen.[84] Wird eine Maßnahme ergriffen, die erwartungsgemäß wirkungslos ist, kann diese Maßnahme zur erfinderischen Tätigkeit nichts beitragen[85] (vgl Rn 63). Auch eine grundlegende Strukturänderung, die das Beibehalten einer bekannten Wirkung nicht erwarten lässt, kann dazu führen, dass der Verlust dieser Wirkung naheliegend ist.[86]

5. Bedeutung der Aufgabe

a. Ältere Praxis. Nach früherer Auffassung konnte bereits die Aufgabenstellung (vgl Rn 77 ff zu § 1) **20**
Erfindungshöhe begründen („Aufgabenerfindung").[87] Die Rspr des RG[88] und die ältere BGH-Rspr[89] haben die Aufgabenstellung zumindest als Hilfskriterium berücksichtigt, so in einem Fall, in dem die Hauptschwierigkeit nicht in der Verwirklichung, sondern in der Konzeption des Gedankens lag und es nicht von vornherein zu übersehen war, ob dieser zum Erfolg führen und das Arbeitsergebnis befriedigen werde, der Versuch, der es an jedem Vorbild fehlte, in nicht geringes Wagnis bedeutete und die Gangbarkeit des beschrittenen Wegs keineswegs mit Sicherheit zu erwarten war.[90] Mit der Aufdeckung des Bedürfnisses und der sich hieraus ergebenden Stellung der Aufgabe und ihrer einfachen Lösung, die in glücklicher Weise die notwendigen Arbeitsgänge ausnutzte und hierdurch einen überraschenden, die Arbeit wesentlich erleichternden Effekt erzielte, wurde ein die Patentfähigkeit begründender erfinderischer Schritt anerkannt.[91] Bei der Suche einer neuen ästhetischen Wirkung in einer Richtung, die sich auf einem praktikablen Weg verwirklichen lässt, sollte die Aufgabe eine gewisse Rolle spielen.[92] Lag ein wesentlicher Anteil des Werts der Erfindung bereits in der Stellung der bisher unerkannten Aufgabe und musste der Erfinder sich bei ihrer Lösung gedanklich von den bekannten Konstruktionen freimachen, sollte dies erfinderische Tätigkeit begründen, selbst wenn die konstruktive Verwirklichung ohne besondere Schwierigkeiten erfolgen konnte, nachdem der grundsätzliche Gedanke gefasst war.[93] Enthielt die Aufgabenstellung bereits einen Schritt in Richtung auf die Lösung, sollte sie bei der Beurteilung der erfinderischen Leistung nicht unberücksichtigt bleiben.[94] In der Stellung der noch nicht bekannten Aufgabe und der Wahl der geeigneten Lösungsmittel lag keine erfinderische Leistung, wenn in beiden möglichen Richtungen Überlegungen angestellt wurden, die jeweils das Können des Fachmanns nicht überstiegen.[95]

Eine Prüfung, ob die Aufgabenstellung zur erfinderischen Tätigkeit einen Beitrag leisten könne, fin- **21**
det sich in der **Praxis des Bundespatentgerichts**[96] auch noch in jüngerer Zeit.[97] Soweit die Aufgabe in der Weise abgehandelt wird, dass sie zur erfinderischen Tätigkeit nichts beitrage, ist ihre Erwähnung allemal unschädlich.[98]

---

83   BGH 29.10.2013 X ZR 141/10.

84   EPA T 923/92 menschlicher tPA; s auch EPA T 223/92; EPA T 412/93 EPOR 1995, 629 Production of erythropoietin; vgl EPA T 816/90.

85   BGHZ 147, 137 = GRUR 2001, 730 ff Trigonellin; BGH 4.7.2006 X ZR 74/03; *Kraßer/Ann* § 18 Rn 110.

86   Vgl *Szabo* Mitt 1994, 225, 238.

87   Vgl *Reimer* § 1 Rn 10, 35; *Kraßer/Ann* § 18 Rn 99 ff; neuerdings diskutiert in BPatG 25.6.2013 3 Ni 30/11 (EP).

88   RG Mitt 1929, 325, 327 selbsttätige Waage; RG GRUR 1929, 327, 328 Lastenaufzug; RG GRUR 1940, 486 Krempelwickel; RG GRUR 1940, 484 Halmteiler: genaue Durchdenkung der Aufgabe.

89   Vgl BGH GRUR 1955, 283 Strahlentransformator; BGH GRUR 1961, 529, 533 Strahlapparat.

90   BGH Liedl 1961/62, 618, 644 Zerspaner.

91   BGH Liedl 1963/64, 494, 504 Kippbrückenbleche.

92   BGH Mitt 1972, 235 Rauhreifkerze.

93   BGH Liedl 1971/73, 238, 245 Weidepumpe 01; vgl RG Krempelwickel.

94   BGH GRUR 1978, 98 Schaltungsanordnung; vgl auch EPA T 641/00 ABl EPA 2003, 352 = GRUR Int 2003, 852 zwei Kennungen (SIM-Card).

95   BGH 20.5.1969 X ZR 71/66; vgl zur Heranziehung der Aufgabe BGH GRUR 1959, 532, 537 elektromagnetische Rühreinrichtung; BGH GRUR 1963, 568, 569 f Wimpernfärbestift; BGH Liedl 1974/77, 98, 105 Ausstellvorrichtung für Fenster; letztmals BGH GRUR 1981, 42, 43 Pfannendrehturm; eingehende Darstellung bei *Benkard*[9] Rn 21a, 21b.

96   Vgl BPatGE 7, 15; BPatGE 7, 73 = Mitt 1965, 198; BPatGE 21, 43, 47 = GRUR 1978, 586.

97   So BPatG GRUR 1989, 745, polemisch hierzu *Benkard*[9] Rn 21; vgl auch BPatGE 30, 45, 49, wo für die Verwendungserfindung auf das gelöste technische Problem abgestellt wird; BPatGE 32, 25, 28 = GRUR 1991, 746, wo allerdings letztlich die „Erfindung insgesamt" betrachtet wird; BPatGE 32, 206, 207 = BlPMZ 1992, 258.

98   Ob auch überflüssig, *Benkard*[9] Rn 21c, hängt vom Umfang der Begründungspflicht ab und nicht von der materiellen Beurteilung.

22   **b.** Die **spätere Praxis** insb des BGH, aber auch weitgehend des BPatG, hat[99] die Aufgabe bei der Beurteilung der erfinderischen Leistung nicht herangezogen,[100] weil Aufgabenstellungen vielfach von subjektiven Vorstellungen geprägt sind, die einer objektiven Beurteilung nicht gerecht werden, und häufig Lösungsansätze enthalten, die in naheliegender Weise zu den als die eigentliche Lösung bezeichneten Vorschlägen des Erfinders hinführen. Sieht man dagegen die Aufgabe als das durch die Erfindung objektiv gelöste technische Problem an (vgl Rn 82 zu § 1), reduziert sie sich auf das, was die beanspruchte Lösung gegenüber dem StdT tatsächlich leistet;[101] die Frage steht folglich nicht am Anfang, sondern am Ende der Prüfung, ob der beanspruchten Lösung eine erfinderische Bedeutung beizumessen ist,[102] die Einbeziehung von Lösungsansätzen und -elementen schon in die Aufgabe verkürzt die erfinderische Leistung unzulässig.[103] Soweit Angaben über die Aufgabe nicht lediglich dem Verständnis der Erfindung dienen, können sie allenfalls zur Feststellung eines auf erfinderische Leistung hinweisenden technischen Fortschritts herangezogen werden, zur selbstständigen Begründung erfinderischer Tätigkeit sind sie ungeeignet.[104] Als Ausgangspunkt für die Prüfung auf erfinderische Tätigkeit ist – anders als etwa nach der Praxis in Frankreich – nicht ausschließlich auf die der Beschreibung des Streitpatents zu entnehmende „Aufgabe" abzustellen; vielmehr ist auch zu erwägen, ob die Bewältigung eines zum Aufgabenkreis des Fachmanns gehörenden (anderen) Problems dessen Lösung nahegelegt hat.[105] Allerdings können Angaben über die Problemstellung den Fachmann abhalten, Anregungen aus dem StdT aufzugreifen, wenn diese den Anforderungen der erfindungsgem Lehre nicht genügen.[106]

23   Der **praktische Unterschied** zur früheren Auffassung ist durch die Neubestimmung der Aufgabe frei von Lösungsprinzipien und Lösungsansätzen, die bei der Beurteilung der erfinderischen Tätigkeit einzubeziehen sind, gering. An der Praxis des EPA[107] wird kritisiert, dass nicht klar zwischen Problem, Lösung und erreichtem Erfolg unterschieden werde.[108]

24   **c. Aufgabe-Lösungs-Ansatz („problem-solution approach") des EPA.**[109] Das EPA (und ihm folgend der öOPM)[110] zieht aufgrund der Regel 42 Abs 1 Buchst c AOEPÜ[111] (vgl EPA PrRl C-IV 11.7) zur Beurteilung der

---

99   In Folge von *Hesse* Die Aufgabe: Begriff und Bedeutung im Patentrecht, GRUR 1981, 853, und BGH GRUR 1984, 194, 195 Kreiselegge.

100   BGHZ 92, 129 = GRUR 1985, 31, 32 Acrylfasern; vgl BGH GRUR 1985, 369 Körperstativ; vgl auch schweiz BG BGE 114 II 85 = GRUR Int 1989, 328, 330 Schneehalter; schweiz BG sic! 2004, 111, 114 Dispositif de prélèvement d'un liquide I + II; *Benkard* Rn 25; *Schulte* Rn 72 f; *Kraßer/Ann* § 18 Rn 99: „Die Fälle, die sich als Aufgabenerfindungen darstellen lassen, sind im Grunde nur besondere Erscheinungsformen der neuen, erfinderischen Anwendung oder Abwandlung bekannter Mittel"; noch offengelassen in BGH GRUR 1984, 797, 799 Zinkenkreisel; vgl auch *Kulhavy* sic! 2005, 146, 149.

101   BGH GRUR 2007, 1055 Papiermaschinengewebe; BGH GRUR 2009, 1039 Fischbissanzeiger; BGH GRUR 2010, 602, 605 Gelenkanordnung; BGH GRUR 2010, 607 f Fettsäurezusammensetzung; BPatG 31.8.2010 3 Ni 34/08 (EU); BPatG 1.2.2011 1 Ni 11/09 (EU), abgeändert durch BGH 10.4.2014 X ZR 74/11; BPatG 29.3.2011 1 Ni 12/09 (EU), abgeändert durch BGH 26.4.2012 X ZR 72/11; BPatG 1.3.2011 1 Ni 19/09, abgeändert durch BGH 12.6.2014 X ZR 96/11; BPatG 24.5.2011 1 Ni 1/10 (EU); BPatG 28.6.2011 1 Ni 6/09; BPatG 15.5.2012 1 Ni 8/11 (EP); BPatG 17.3.2015 4 Ni 24/13 (EP); BPatG 28.4.2015 4 Ni 23/13 (EP); BPatG 2.2.2016 4 Ni 29/14 (EP); BPatG 23.2.2016 3 Ni 27/14 (EP).

102   BGH GRUR 1991, 522 Feuerschutzabschluß; BGH Bausch BGH 1994–1998, 479, 482 laminierte Metalldichtung; vgl BGH GRUR 1991, 811, 814 Falzmaschine; BGH GRUR 2003, 693 Hochdruckreiniger; BGH GRUR 2010, 44 Dreinahtschlauchfolienbeutel; BGH 8.12.2015 X ZR 132/13; BPatG 9.3.2010 3 Ni 42/08; BPatG 19.5.2010 3 Ni 15/08 (EU); BPatG 20.1.2015 3 Ni 18/13 (EP).

103   BGH BlPMZ 1991, 159, 161 Haftverband; BPatGE 41, 196.

104   BGH Bausch BGH 1994–1998, 159, 166 Betonring; BGH GRUR 2005, 141 f Anbieten interaktiver Hilfe.

105   BGH GRUR 2011, 607 kosmetisches Sonnenschutzmittel III; BGH 6.8.2013 X ZR 8/12; BGH GRUR 2015, 352 Quietiapin; BPatG 27.9.2012 2 Ni 46/11 (EP); BPatG 3.12.2015 2 Ni 4/14 (EP); vgl BGH Hochdruckreiniger; BGH 8.12.2015 X ZR 132/13; vgl auch RB Den Haag 26.1.2011 BIE 2011, 123 Sandoz/Glaxo.

106   Vgl BGH Bausch BGH 1999–2001, 373 hydraulische Spannmutter.

107   EPA T 38/84 ABl EPA 1984, 368, 372 Toluoloxidation.

108   *Benkard*[9] Rn 21c; für Berücksichtigung der Aufgabe in bestimmten Fällen *Brandi-Dohrn* GRUR 1990, 596, 597.

109   Hierzu auch *Benkard-EPÜ* Art 56 Rn 23 ff.

110   ÖOPM öPBl 2003, 29; öOPM öPBl 2006, 127 Hemicalciumsalz; öOPM öPBl 2008, 146 Saugflasche; öOPM öPBl 2011, 11, 13 Sektionaltorblatt; öOPM öPBl 2012, 2 = ÖBl 2012, 109 Ls Olanzapin; öOPM öPBl 2012, 106 Getränkeausgabevorrichtung; öOPM öPBl 2012, 171 Motorfahrzeug; öOPM öPBl 2013, 8, 13 Fräsbecherfahrzeug; öOPM 27.2.2013 Op 3/12 ÖBl 2013, 262 Ls Zweiwegefahrzeug; öPA öPBl 1992, 130; öPA ÖPBl 2007, 147; vgl auch High Court Australien 23.5.2007 [2007] H.C.A. 21, referiert in EIPR 2007 N-105; zur Praxis in Japan OG für Geistiges Eigentum GRUR Int 2011, 179.

111   EPA T 26/81 ABl EPA 1982, 211 = GRUR Int 1982, 614 Behälter; *Singer/Stauder* EPÜ Art 56 Rn 55; *Mes* Rn 29 ff.

erfinderischen Tätigkeit in Anlehnung an die brit Praxis[112] regelmäßig, aber entg früherer Praxis nicht ausschließlich[113] ein Verfahren heran, das aus folgenden Schritten besteht:[114] zunächst Feststellung des „nächstkommenden" StdT[115] (zu Bedenken hiergegen Rn 36) und dessen Vergleich mit der beanspruchten Lösung, sodann Bestimmung der objektiv gelösten[116] – nicht der nicht gelösten[117] – technischen Aufgabe durch Vergleich der durch die Erfindung erzielten Wirkungen und der für sie ursächlichen Merkmale mit den Ergebnissen des nächstkommenden StdT, schließlich Beurteilung des Naheliegens der beanspruchten Lösung im Hinblick auf nächstkommenden StdT und gelöste Aufgabe unter Einbeziehung des weiteren StdT und anderen Wissens;[118] von der „subjektiven" Aufgabenstellung ist danach die „objektive" zu unterscheiden, die dem objektiven Beitrag zum StdT entspricht, den der im Patentanspruch festgelegte Gegenstand leistet.[119] Die Aufgabenstellung und die damit zusammenhängende Wirkung, die sich aus der Verwendung der beanspruchten Erfindung ergibt, stellen demnach bei der Beurteilung der erfinderischen Tätigkeit einen wesentlichen Aspekt dar;[120] die (gelöste)[121] Aufgabenstellung kann bereits für sich erfinderische Tätigkeit begründen[122] oder doch zu dieser beitragen.[123] Als „nächstkommender" StdT ist dabei – unabhängig vom Alter der Entgegenhaltung[124] – nur das Wissen bis zum Prioritätstag zu berücksichtigen.[125] Danach ist zunächst von der vom Anmel-

---

112 CA England/Wales RPC 1958, 377; differenzierend *Cole* EIPR 1998, 214, 215; vgl auch PatentsC RPC 1997, 547 Hoechst Celanese v. BP Chemicals; PatentsC RPC 2001, 473 Dyson v. Hoover.

113 EPA T 465/92 ABl EPA 1996, 32; EPA T 631/00; vgl *Singer/Stauder* EPÜ Art 56 Rn 55; *Benkard-EPÜ* Art 56 Rn 24; kr *Szabo* GRUR Int 1996, 723.

114 Noch differenzierter *Schulte* Rn 29.

115 Vgl EPA T 606/89 Detergent composition; EPA T 641/89 Tetroxoprim; EPA T 871/94: komplizierte Vorrichtung; EPA T 69/94: altes Dokument.

116 EPA T 1/80 ABl EPA 1981, 206 = GRUR Int 1981, 688 Reaktionsdurchschreibepapier; EPA T 13/84 ABl EPA 1986, 253 = GRUR Int 1986, 723 Neuformulierung der Aufgabe; vgl EPA T 76/83; EPA T 325/97; EPA T 355/97; EPA T 967/97 Mitt 2002, 315 Chipkarte; EPA T 970/00; zur zulässigen Abstrahierung EPA T 5/81 ABl EPA 1982, 249 = GRUR Int 1982, 676 Herstellung von Hohlkörpern, vgl EPA T 176/84 ABl EPA 1986, 50 = GRUR Int 1986, 264 Stiftspitzer; zur Lösung mehrerer Einzelprobleme EPA T 15/85; EPA T 315/88.

117 EPA T 346/89; zur fehlenden Lösung über die beanspruchte Breite EPA T 668/94; EPA T 134/00; EPA T 1188/00; EPA T 1213/03; EPA T 235/04; EPA T 1329/04; EPA T 1306/04; EPA T 655/05; EPA T 710/05; EPA T 472/06, die neueren Entscheidungen jeweils aufgrund einer Plausibilitätsprüfung, vgl hierzu *Stolzenburg/Ruskin/Jaenichen* epi-Information 2006 H 1, 15; zur fehlenden Kausalität auch EPA T 192/82 ABl EPA 1984, 415 Formmassen; zur Nichtberücksichtigung nicht zur Lösung beitragender Elemente EPA T 37/82 ABl EPA 1984, 71 Niederspannungsschalter; EPA T 258/03 ABl EPA 2004, 575 = GRUR Int 2005, 332 Auktionsverfahren; EPA T 158/97; zum Fehlen ausreichender Belege EPA T 395/97.

118 *Szabo* EIPR 1986, 293 f und Mitt 1994, 225, 228 f; *Knesch* VPP-Rdbr 1994, 70 und epi-Information 1994, 95; *Knesch* Mitt 2000, 312; *Stellmach* Mitt 2007, 542; EPA T 20/81 ABl EPA 1982, 217, 222 = GRUR Int 1982, 673 Aryloxybenzaldehyd; EPA T 24/81 ABl EPA 1983, 133 = GRUR Int 1983, 650 Metallveredlung; EPA T 184/82 ABl EPA 1984, 261 = GRUR Int 1984, 525 Formkörper aus Poly(p)-methylstyrol; EPA T 69/83 ABl EPA 1984, 357, 363 thermoplastische Formmassen I; EPA T 181/82 ABl EPA 1984, 401, 408 = GRUR Int 1984, 700 Spiroverbindungen; EPA T 142/84 ABl EPA 1987, 112, 118 erfinderische Tätigkeit; EPA T 39/82 ABl EPA 1982, 419, 423 Reflexionslamellen; EPA T 206/84; EPA T 113/85; EPA T 47/91; EPA T 339/96; EPA T 644/97; EPA T 967/97 Mitt 2002, 315 Chipkarte; EPA T 234/03 GRUR Int 2007, 249 Druckertinte; s auch EPA T 225/84 EPOR 1986, 263 Spoiler device; EPA T 30/90, EPOR 1992, 424 Re-establishment; EPA T 645/88 Türanlage; EPA T 301/89 Leaf springs; EPA T 645/92; EPA T 422/93 ABl EPA 1997, 24, 30 lumineszierende Sicherheitsfasern; vgl EPA T 26/81 ABl EPA 1982, 211 = GRUR Int 1982, 614 Behälter; zurückhaltend EPA T 465/92 ABl EPA 1996, 32 = GRUR Int 1996, 723 (Auszug) m Anm *Szabo* Aluminiumlegierungen; vgl hierzu auch EPA T 939/92 ABl EPA 1996, 309, 320 f = GRUR Int 1996, 1049 Triazole; EPA T 668/94; *Cole* EIPR 1998, 214, 216.

119 EPA T 39/93 ABl EPA 1997, 134 = GRUR Int 1997, 741 Polymerpuder.

120 EPA Reaktionsdurchschreibepapier; vgl auch EPA T 15/81 ABl EPA 1982, 2 = GRUR Int 1982, 254 Wirbelstromprüfeinrichtung; EPA T 2/83 ABl EPA 1984, 265 = GRUR Int 1984, 527 Simethicon-Tablette; EPA T 36/82 ABl EPA 1983, 269 = GRUR Int 1983, 810 Parabolspiegelantenne; EPA T 109/82 ABl EPA 1984, 473 = GRUR Int 1985, 45 Hörgerät; EPA T 142/84 ABl EPA 1987, 112 erfinderische Tätigkeit; EPA T 225/84 EPOR 1986, 263 Spoiler device; EPA T 59/90; EPA T 135/94; näher *Benkard-EPÜ* Art 56 Rn 19 ff; *Singer/Stauder* EPÜ Art 56 Rn 127 ff.

121 EPA T 162/86 ABl EPA 1988, 452 = GRUR Int 1989, 679 Plasmid pSG2; EPA T 939/92 ABl EPA 1996, 309 = GRUR Int 1996, 1049 Triazole; vgl *Schulte* Rn 34; *Singer/Stauder* EPÜ Art 56 Rn 130; vgl aber BPatGE 47, 163 = BlPMZ 2004, 63.

122 Vgl *Singer/Stauder* EPÜ Art 56 Rn 129.

123 EPA T 417/86; EPA T 64/87; EPA T 540/93.

124 EPA T 1408/04 Absorbent interlabial device; EPA T 113/00; andererseits EPA T 479/00 Process for colouring ceramics products: 65 Jahre lang unbeachtet gebliebenes Dokument „kein realistischer StdT".

125 EPA T 268/89 ABl EPA 1994, 50 = GRUR Int 1994, 516 Magnetpflaster.

der angegebenen Aufgabenstellung auszugehen; ist ein unzutr StdT herangezogen worden oder wird die Aufgabe nicht gelöst, wird objektiv beurteilt.[126] Auch das EPA beurteilt das Problem damit letztlich objektiv;[127] maßgeblich ist das gegenüber dem StdT tatsächlich Erreichte,[128] allerdings soll eine unerwartete Wirkung, die den ursprünglichen Unterlagen nicht zu entnehmen und vom Fachmann unter Berücksichtigung des nächstliegenden StdT ableitbar war, bei der Ermittlung der Aufgabe nicht berücksichtigt werden.[129] Die Praxis der Beschwerdekammern verlangt, dass die Aufgabe von der ursprünglichen Offenbarung gedeckt ist.[130] Das EPA will eine Neuformulierung der Aufgabe grds nur zulassen, wenn die in der Beschreibung dargelegte Aufgabe nicht gelöst wurde oder auf einer objektiv unzutr Beurteilung des StdT beruht. Die Aufgabe muss dabei technischer Natur sein.[131] Eine Abweichung von der Aufgabenformulierung in der Anmeldung soll freilich der Begründung bedürfen.[132] Eine erst nach dem Prioritäts- oder Anmeldetag erkannte oder behauptete Unwirksamkeit einer zum StdT gehörenden Vorrichtung oder eines solchen Verfahrens kann danach nicht zur Formulierung der Aufgabe herangezogen werden, insb, wenn die Aufgabe iS einer Aufgabenerfindung als Argument zur Stützung der erfinderischen Tätigkeit geltend gemacht wird.[133] Dass die Aufgabe bereits gelöst ist, erfordert nicht notwendig deren Neubestimmung.[134] Die Aufgabe sollte eine solche sein, die der Fachmann, der nur den StdT kennt, tatsächlich zu lösen wünscht; tendenziöse Aufgabenformulierungen, die auf die beanspruchte Lösung hinlenken, sind zu vermeiden.[135] Die Entdeckung einer unerkannten Aufgabe kann uU zu einem patentierbaren Gegenstand führen, auch wenn die beanspruchte Lösung rückwirkend betrachtet einfach und an sich naheliegend ist,[136] nicht aber das Erkennen gewöhnlicher technischer Aufgaben, die der üblichen Tätigkeit des Fachmanns zugrundeliegen[137] oder von Aufgaben, die vom Durchschnittsfachmann hätten gestellt werden können.[138] Zur Bestimmung der Aufgabe Rn 82ff zu § 1. Eine Aufgabenerfindung soll auch vorliegen, wenn es keinen StdT gibt, der Grundlage für eine fachbezogene Aufgabenstellung bilden kann,[139] damit wird allerdings nur eine unnötigerweise selbstgestellte Hürde überwunden. Der Ansatz ist nicht ohne Kritik geblieben.[140] Nach Auffassung des schweiz BG ist der Aufgabe-Lösungs-Ansatz nur eine von verschiedenen Möglichkeiten zur Beurteilung der erfinderischen Tätigkeit.[141]

---

126 Vgl EPA T 246/91; EPA T 495/91; EPA T 741/91; EPA T 881/92; EPA T 882/92; EPA T 884/92; EPA T 39/93 ABl EPA 1997, 134 = GRUR Int 1997, 741 Polymerpuder; zur Ableitung der neuformulierten Aufgabe aus den ursprünglichen EPA Neuformulierung der Aufgabe; EPA T 818/93.
127 EPA T 1/80 ABl EPA 1981, 206 Reaktionsdurchschreibepapier; EPA T 24/81 ABl EPA 1983, 133 = GRUR Int 1983, 650 Metallveredelung; EPA T 13/84 ABl EPA 1986, 253 = GRUR Int 1986, 723 Neuformulierung der Aufgabe.
128 EPA T 162/83.
129 EPA T 386/89.
130 EPA T 13/84 ABl EPA 1986, 253 = GRUR Int 1986, 723 Gleichrichterschaltung; EPA T 39/93 ABl EPA 1997, 134 = GRUR Int 1997, 741 Polymerpuder; EPA T 1188/00; EPA T 452/06; vgl EPA T 182/86 ABl EPA 1988, 452 Plasmid p SG 2: Präzisierung im Beschwerdeverfahren; EPA T 818/93; zu Einzelheiten EPA T 218/84; EPA T 386/89; EPA T 440/91; EPA T 339/96; Änderungsmöglichkeiten (zuvor als unerwünscht und nutzlos bezeichnete Wirkung) schränkt EPA T 155/85 EPA-E 11, 153 Passivierung eines Katalysators ein; vgl *Singer/Stauder* EPÜ Art 56 Rn 67.
131 Vgl EPA T 931/95 ABl EPA 2001, 441 = CR Int 2001, 18 Steuerung eines Pensionssystems; EPA T 1053/98 Data communication apparatus; EPA T 641/00 ABl EPA 2003, 352 = GRUR Int 2003, 852 Zwei Kennungen (SIM-Card).
132 EPA T 419/93; vgl EPA T 495/91; EPA T 741/91; EPA T 881/92; EPA T 882/92; EPA T 884/92; EPA 644/97: wenn das Problem nicht gelöst oder von einem unzutreffenden StdT ausgegangen wird; *Singer/Stauder* EPÜ Art 56 Rn 62; vgl EPA T 566/91; EPA T 184/82 ABl EPA 1984, 261 = GRUR Int 1984, 525 Formkörper aus Poly(p)-methylstyrol.
133 EPA T 268/89 ABl EPA 1994, 50 = GRUR Int 1994, 516 Magnetpflaster.
134 EPA T 92/92; EPA T 588/93; vgl auch EPA T 495/91; vgl *Benkard-EPÜ* Art 56 Rn 20–21.
135 EPA T 800/91.
136 EPA T 2/83 ABl EPA 1984, 265 = GRUR Int 1984, 527 Simethicon-Tablette; vgl EPA T 292/85 ABl EPA 1989, 275 = GRUR Int 1990, 61 Polypeptid-Expression I; EPA T 417/86; EPA T 64/87; EPA T 540/93; vgl auch EPA T 578/92, EPA T 630/92, EPA T 798/92.
137 EPA T 971/92.
138 EPA T 566/91.
139 *Szabo* Mitt 1994, 225, 231f.
140 Vgl EPA T 465/92 ABl EPA 1996, 32 = GRUR Int 1996, 723 Stranggußbarren; EPA T 588/93; *Singer/Stauder* EPÜ Art 56 Rn 56ff; *Hagel/Menes* epi-Information 1995 H 1, 14; *Jehan* epi-Information 1995 H 2, 66; *Portal* epi-Information 1995 H 2, 69; hiergegen *Teschemacher* epi-Information 1997 Sonderheft 3, 25.
141 Schweiz BG sic! 2012, 405 induktive Heizvorrichtung: nur eine der möglichen Vorgehensarten; schweiz BG sic! 2014, 555 selbstklebende Bänder; zur Praxis in der Schweiz vgl *Sutter* sic! 2004, 469; schweiz BG BGE 133 III 229 = sic! 2007, 641 Citalopram I; schweiz BG 138 III 111 Kochgerät.

Der **BGH** wendet etwa folgendes Prüfschema an:[142]   **25**
(1) Der Fachmann wird bestimmt.
(2) Der Patentanspruch wird aus der Sicht des Fachmanns am Prioritätstag ausgelegt.
(3) Das objektiv gelöste technische Problem wird (als Bestandteil der Anspruchsauslegung und aufgrund dessen, was die Erfindung leistet) bestimmt. Dabei können Hinweise auf die Aufgabe in der Beschreibung Hinweise liefern.

Der BGH vertritt den Standpunkt, dem Fachmann sei eine Arbeitsweise vertraut, die ausgehend vom bekannten StdT gerade auch unter Kombination vorbekannter Lösungsmöglichkeiten die Lösung eines speziellen technischen Problems zu erreichen suche, wobei die Einbeziehung vorbekannter Lösungsmöglichkeiten nicht so sehr nach einem vergleichbaren Anwendungszweck oder nach einer vergleichbaren Aufgabenstellung als nach dem StdT des betr Gebiets überhaupt erfolge.[143] Als seit Jahrzehnten bewährt wurde die Methode bezeichnet, ausgehend von einem der Erfindung nahekommenden StdT zu prüfen, ob und in welcher Richtung der Fachmann für eine Weiterentwicklung oder Abänderung Anregungen erhält oder sonst Veranlassung hat, und was ihm dabei durch sein Wissen und den StdT nahegelegt ist;[144] hierdurch soll das Bestimmen einer „Differenzaufgabe" vermieden werden. Auch die brit Praxis steht jedenfalls nicht vorbehaltlos auf der Grundlage des problem solution approach;[145] differenzierend auch die schweiz Praxis.[146] Auf Schwächen dieses Ansatzes wurde auch in den Niederlanden[147] hingewiesen.[148] Eine Hinwendung zu ihm hat jedenfalls verbal die öst Praxis vorgenommen.[149]

II. Maßgeblicher Zeitpunkt

1. Maßgeblich für die Beurteilung ist als Stichtag der **Anmelde- oder Prioritätstag**.[150] Dabei geht es   **26**
nicht darum, das Patent in Kenntnis der Erfindung aus dem StdT zu rekonstruieren. Maßgeblich ist daher nicht, ob die Einzelelemente insgesamt dem StdT entnommen werden können, sondern ob die Lehre bereits so im StdT angelegt war, dass der Fachmann sie ohne erfinderisches Zutun durch naheliegende Abwandlung des schon Vorbekannten auffinden konnte. Neben den Gründen, aus denen der Fachmann vor dem Prioritätstag Veranlassung hatte, den StdT weiterzuentwickeln, ist dafür vor allem ausschlaggebend, welche Maßnahmen zu diesem Zeitpunkt für ihn im StdT angelegt waren, so dass er aufgrund seines Fachkönnens zur erfindungsgem Lehre gelangen konnte;[151] dies gilt freilich nur, soweit er hierzu auch Veranlassung hatte. Da es allein auf die Lage zum Stichtag ankommt, ist es unerheblich, ob der Autor der früheren Veröffentlichung Zusammenhänge, die dem fachmännischen Leser späterer Jahre schon vor der

---

142 BGH GRUR 2003, 693 Hochdruckreiniger; BGH GRUR 2010, 602 Gelenkanordnung; BGH GRUR 2010, 607 Fettsäurezusammensetzung; BGH GRUR 2011, 607 kosmetisches Sonnenschutzmittel III; BGH GRUR 2012, 803 Calcipotriol-Monohydrat; vgl BPatG 23.7.2013 3 Ni 36/11 (EP).
143 BGH Bausch BGH 1994–1998, 168, 172 Einphasensynchronmotor.
144 *Anders* GRUR 1998, 604, 609; BPatG 7.7.1997 11 W (pat) 29/96 erörtert, dass kein Grund ersichtlich sei, warum ein Fachmann sich die Aufgabe stellen sollte, eine bekannte Vorrichtung in bestimmter Weise zu verbessern; hierzu bedarf es des Heranziehens der Aufgabe nicht; vgl zum Abstellen auf den Anlass auch BPatG 25.6.1997 9 W (pat) 59/96; BPatG 27.1.1998 1 Ni 23/96 (EU); kr zum Aufgabe-Lösungs-Ansatz auch *Kraßer/Ann* § 18 Rn 93 f unter Hinweis auf BPatGE 47, 1 = GRUR 2004, 317.
145 Vgl *Cole* EIPR 1998, 267, 272, der auf folgende vier Kriterien abstellen will: Die Quellen offenbaren nicht alle beanspruchten Merkmale; die Quellen sind inkompatibel oder liegen auf nicht zusammengehörenden Gebieten, so dass der Fachmann ihre Offenbarung nicht verbindet; die Quellen offenbaren nicht oder legen es nicht nahe, dass die Verbindung ihrer Merkmale zu einem vorteilhaften Ergebnis führen würde; das Gebiet ist empirisch und die Erfindung setzt voraus, dass das Beanspruchte ausgeführt und erprobt wurde; in der Schweiz bezeichnet *Sutter* sic! 2004, 469, 477 eine stärkere Hinwendung zu ihm als wünschbar.
146 Schweiz BG sic! 2005, 825, 827 Insert for a drywall.
147 GH Den Haag BIE 1997, 440, 442 unter Bezugnahme auf *Singer/Lunzer* EPC 56.05 („tainted with hindsight").
148 Kr auch *Niedlich* Mitt 2000, 281 ff; *Schickedanz* GRUR 2001, 459, 460 ff.
149 ÖOPM öPBl 2003, 29, 31.
150 RG GRUR 1938, 876, 881 Grubenexplosionsbekämpfung IV; beiläufig BGH GRUR 2009, 835 Crimpwerkzeug II; EPA T 24/81 ABl EPA 1983, 133 = GRUR Int 1983, 650 f Metallveredlung; *Schulte* Rn 22; *Büscher/Dittmer/Schiwy* Rn 11; *Kraßer/Ann* § 18 Rn 97 f; *MGK/Pagenberg* Art 56 EPÜ Rn 57.
151 BGH 29.10.1991 X ZR 81/88.

Keukenschrijver

fraglichen Anmeldung bekannt waren, erkannt hat.[152] Auch Fachwissen und Fachkönnen beurteilen sich nach dem Stichtag.[153]

27   **Nachveröffentlichtes Material** kann zB zur Feststellung, dass ein ungelöstes Problem vorlag[154] oder zur Bestimmung der Kenntnisse des Fachmanns herangezogen werden.[155]

28   **2.** Eine „**rückschauende**" **Betrachtung** (ex-post-Betrachtung; ex-post-facto-Analyse; hindsight) aus der Sicht und Kenntnis der Lehre des Patents ist nach allgM unzulässig, weil sie den Blick auf die der Erfindung zugrunde liegende Leistung verstellt und deren Bewertung verfälscht (vgl EPA-PrRl C-IV 11.9.2);[156] es kommt darauf an, welche Anregungen dem StdT zum Anmelde- oder Prioritätszeitpunkt ohne Kenntnis der Lehre der Erfindung zu entnehmen waren.[157] Bei der nachträglichen Beurteilung wirken fast unvermeidlich und unbewusst auch Kenntnisse und Erfahrungen mit, die auf einer nach dem Prioritätstag liegenden oder gar durch die Erfindung selbst bedingten Entwicklung beruhen; das gilt besonders auf Gebieten, die stark auf empirischen Erfahrungen beruhen.[158] Die rückschauende Betrachtung versuchen der „Aufgabe-Lösungs-Ansatz" (Rn 24) sowie ein von *Schickedanz*[159] entwickelter, jedoch wohl kaum praktikabler Test zu vermeiden; zudem lässt sich nie vermeiden, dass der Beurteilende – selbst bei einer an sich denkbaren Eliminierung der Kenntnis der Erfindung,[160] soweit diese nicht allgemein bekannt geworden ist – über das Fachwissen des Beurteilungszeitpunkts und nicht des Prioritätstags verfügt. Die Beurteilung der Erfindung muss insoweit zwangsläufig rückschauend sein; die Argumentation mit der „rückschauenden Betrachtungsweise" ist im Einspruchs- oder Nichtigkeitsverfahren von Seiten des Patentinhabers vielfach kleine Münze in Ermangelung besserer Argumente. Somit kann es nicht entscheidend darauf ankommen, das rückschauende Element bei der Beurteilung zu eliminieren, sondern nur darauf, es richtig einzuordnen und bei der Ermittlung des StdT und des maßgeblichen Fachwissens und Fachkönnens den maßgeblichen Zeitpunkt vor Augen zu haben. Es ist jedenfalls unzulässig, in den StdT Erkenntnisse hineinzuinterpretieren, die erst die Lehre des Patents gebracht hat.[161] Dass die Erfindung rückschauend ein Anwendungsfall eines bekannten Prinzips ist, steht erfinderischer Tätigkeit nicht entgegen, wenn dessen Kenntnis zur Lösung nicht ausreichte.[162]

---

152   BGH Bausch BGH 1986–1993, 74 Goldabscheidungsbad.
153   Vgl *Kraßer/Ann* § 18 Rn 97.
154   BGH BlPMZ 1973, 257 selektive Herbizide.
155   EPA T 137/83 EPOR 1987, 15 Contaminant removal; EPA T 1110/03 ABl EPA 2005, 302 = GRUR Int 2005, 714 Beweiswürdigung; *Schulte* Rn 15.
156   RG BlPMZ 1937, 220, 221 Sterilisieren von Injektionsspritzen; RG Mitt 1938, 375, 376 Federwindmaschinen II; RG GRUR 1939, 915, 918 Gewebetrockenmaschine; BGH Liedl 1974/77, 123, 138 Transistorschaltverstärker; BGH Liedl 1978/80, 611 ff Klemmkörperfreilaufkupplung; BGH Liedl 1978/80, 743 ff Kunststoffschlauch; BGH Liedl 1978/80, 758 ff Selbstklebeetikett; BGH GRUR 1980, 100, 103 Bodenkehrmaschine; BGH Liedl 1981, 359 Flachdachabdichtung; BGH GRUR 1981, 338 Magnetfeldkompensation; BGH Liedl 1981, 375 Melkverfahren 01; BGH Bausch BGH 1986–1993, 423 Kabelaufwickler 01; BGH Bausch BGH 1986–1993, 577 Überfahrbrücke; BPatG 10.4.1997 11 W (pat) 116/95; BPatG 16.7.1997 20 W (pat) 64/95; LG Düsseldorf 22.9.2005 4a O 315/04; austral HighC GRUR Int 1981, 691, 692; EPA T 5/81 ABl EPA 1982, 249, 255 = GRUR Int 1982, 676 Herstellung von Hohlkörpern; EPA T 2/81 ABl EPA 1982, 394 Methylen-bis-(phenylisocyanat); EPA T 20/82; EPA T 124/82; EPA T 171/83; EPA T 106/84 ABl EPA 1985, 132 = GRUR Int 1985, 580 Verpackungsmaschine; EPA T 229/85 ABl EPA 1987, 237 Ätzverfahren; EPA T 176/89; EPA T 82/90; EPA T 1077/92; vgl RG GRUR 1939, 394, 398 Vakuumröhre; RG GRUR 1941, 465, 469 Malerbürsten; BPatG Mitt 1975, 87, 88; EPA T 181/82 ABl EPA 1984, 401 = GRUR Int 1984, 700 Spiroverbindungen; EPA T 957/92; öOPM ÖPBl 2003, 29; *Benkard* Rn 29; *Schulte* Rn 24; *Büscher/Dittmer/Schiwy* Rn 12; *Kraßer/Ann* § 18 Rn 98; *MGK/Pagenberg* Art 56 EPÜ Rn 59; *Singer/Stauder* EPÜ Art 56 Rn 75; *Lindenmaier* § 1 Rn 43.
157   RG Malerbürsten; BGH Bodenkehrmaschine; BGH Bausch BGH 1986–1993, 524 Schneidwerkzeug 02; EPA T 24/81 ABl EPA 1983, 133 = GRUR Int 1983, 650 Metallveredlung; öOPM öPBl 2003, 29.
158   BGH Bausch BGH 1986–1993, 304 Einbauelement für Stoff- und Wärmeaustauschkolonnen; vgl *Benkard-EPÜ* Art 56 Rn 27 f.
159   GRUR 2001, 459.
160   Vgl *Schickedanz* GRUR 2001, 459.
161   BGH GRUR 1989, 899 Sauerteig.
162   BGH Liedl 1974/77, 98, 105 Ausstellvorrichtung für Fenster.

3. Eine **Karenzzeit** zwischen der Zugänglichkeit der zum StdT gehörenden Offenbarung und dem **29**
Anmelde- oder Prioritätstag ist nicht anzuerkennen.[163]

C. Bewertungskriterien

I. Stand der Technik

1. Maßgebliche Kenntnisse. Wie die Neuheitsprüfung ist auch die Prüfung der erfinderischen Tätig- **30**
keit auf den StdT bezogen. Die erfinderische Tätigkeit ist grds an dem StdT zu messen, der der **Beurteilung
der Neuheit** zugrunde zu legen ist.[164] Das gilt auch für Vorbenutzungshandlungen.[165] Was schon bei der
Neuheitsprüfung außer Betracht bleibt, weil es einem anderen Wissensgebiet angehört, kann auch nicht
bei der Prüfung auf erfinderische Tätigkeit herangezogen werden.[166] Im GbmRecht ist der dort für die Neuheitsprüfung zugrunde zu legende StdT maßgeblich. Anders als bei der Neuheitsprüfung ist aber nicht nur
das heranzuziehen, was einer Entgegenhaltung unmittelbar und eindeutig zu entnehmen ist; der Fachmann kann die Offenbarung durch sein Fachwissen ergänzen und Schlussfolgerungen ziehen.[167] Gehört
eine maschinenbautechnische Lösung als ein generelles, für eine Vielzahl von Anwendungsfällen in Betracht zu ziehendes Mittel ihrer Art nach zum allg Fachwissen, kann Veranlassung zu ihrer Heranziehung
bereits dann bestehen, wenn sich die Nutzung ihrer Funktionalität als objektiv zweckmäßig herausstellt
und keine besonderen Umstände feststellbar sind, die eine Anwendung aus fachlicher Sicht als nicht möglich, mit Schwierigkeiten verbunden oder sonst untunlich erscheinen lassen.[168] Für die Heranziehung
naturwissenschaftlicher Erkenntnisse können auch nicht vorveröffentlichte Unterlagen berücksichtigt
werden.[169]

Darauf, welche Mühe die **Heranziehung des Stands der Technik** machte, kann nicht abgestellt **31**
werden.[170] Bei Patentveröffentlichungen kommt es auf die Einordnung in eine übereinstimmende Patentklasse nicht an.[171] StdT kann nicht außer Betracht bleiben, weil er das zu lösende Problem nicht nennt[172]
oder nicht besonders hervorgehoben ist.[173] Die Kenntnisse müssen demnach nicht zum präsenten Fachwissen des Fachmanns gehören[174] (zur Heranziehung des StdT durch den Fachmann Rn 150 ff). Ob etwas
zum StdT gehört, sagt noch nichts darüber aus, ob der Fachmann darauf zurückgreifen wird; dies wird in
der Lit nicht immer auseinandergehalten.[175] Der StdT bezeichnet nur den Fundus, aus dem der Fachmann
schöpfen kann.

---

163   *Schulte* Rn 23; *Benkard-EPÜ* Art 56 Rn 26; vgl EPA T 729/91 EPOR 2000, 60 Wall-mounted hair dryer.
164   RG GRUR 1941, 465 Malerbürsten; RG GRUR 1942, 149 Grubenexplosionsbekämpfung V; BGH GRUR 1969, 271, 272
Zugseilführung; BGH Bausch BGH 1994–1998 159, 162 Betonring; EPA T 101/82; *Benkard* Rn 33; vgl RG GRUR 1936, 793
Chiassonsche Brille; BGH GRUR 1953, 120, 122 Rohrschelle.
165   BGH Liedl 1987/88, 1 ff Schallabschirmwandung.
166   BGH Liedl 1959/60, 372, 384 Antennenantriebsvorrichtung.
167   BGH 14.2.2012 X ZR 121/10; BGH GRUR 2013, 363 Polymerzusammensetzung; BGH 20.3.2014 X ZR 128/12; *Mes* Rn 36;
vgl auch BPatG 24.6.2014 3 Ni 23/12: Maßnahme, die sich zwangsläufig als unmittelbare Folge der nahegelegten
Verwirklichung eines Standardverfahrens ergibt.
168   BGH GRUR 2014, 647 Farbversorgungssystem unter Hinweis auf BGHZ 200, 229 = GRUR 2014, 461 Kollagenase I;
BGH 2.6.2015 X ZR 56/13; vgl *Mes* Rn 40; BPatG 13.5.2014 3 Ni 3/13 (EP); BPatG 28.5.2014 4 Ni 60/11 (EP); BPatG 12.8.2014 4
Ni 12/12 (EP); BPatG 4.11.2014 4 Ni 13/13: Standardrepertoire; BPatG 26.11.2014 5 Ni 69/11 (EP); BPatG 29.12.2014 4 Ni 12/12
(EP); BPatG 28.4.2015 4 Ni 23/13 (EP); BPatG 29.4.2015 5 Ni 3/13 (EP); BPatG 10.7.2015 14 W (pat) 39/12; BPatG 21.7.2015 4 Ni
5/14 (EP); BPatG 7.10.2015 5 Ni 27/13 (EP); BPatG 12.1.2016 3 Ni 12/14; BPatG 8.3.2016 4 Ni 24/14 (EP).
169   BGH GRUR 2012, 1130 Leflunomid; BGH GRUR 2013, 1121 Halbleiterdotierung; BGH GRUR 2015, 1091
Verdickerpolymer I.
170   Vgl *Kraßer/Ann* § 18 Rn 95 f.
171   EPA T 195/84 ABl EPA 1986, 121 = GRUR Int 1986, 545, 546 technisches Allgemeinwissen; BGH Liedl 1963/64, 157,
166 Fächerreflektor; BGH Liedl 1967/68, 1, 14 Warenzuführvorrichtung.
172   EPA T 142/84 ABl EPA 1987, 112, 118 erfinderische Tätigkeit.
173   EPA T 24/81 ABl EPA 1983, 133 = GRUR Int 1983, 650 Metallveredlung.
174   AA *von Falck* Mitt 1969, 252; *Pagenberg* GRUR Int 1978, 143, 149.
175   Vgl etwa *Kraßer/Ann* § 18 Rn 48 mwN in Fn 78.

32   Bloß **interne Kenntnisse** müssen außer Betracht bleiben,[176] ebenso im StdT verwertete, aber selbst nicht öffentlich zugängliche Grundlagenkenntnisse.[177] Zum Heranziehen des **Allgemeinwissens** des Fachmanns Rn 131 ff.

33   StdT nach **§ 3 Absatz 2** als solcher (ältere nachveröffentlichte Patentanmeldungen) bleibt außer Betracht, wie **Satz 2** ausdrücklich bestimmt,[178] und zwar in jeder Hinsicht; eine teilweise Beschreibung in einer nachveröffentlichten Patentanmeldung ist in die Beurteilung nicht einzubeziehen.[179] Das gilt auch, wenn auf die ältere Anmeldung bereits ein Patent erteilt ist.[180]

34   **2. Gesamtbetrachtung.** Zu berücksichtigen ist der gesamte StdT.[181] Anders als bei der Neuheitsprüfung findet kein Einzelvergleich statt, der StdT ist in seiner Gesamtheit („mosaikartig") zu betrachten.[182] Die Mosaikbildung setzt jedoch regelmäßig voraus, dass der Fachmann zu ihr Anlass hatte.[183] Die Zusammenschau erfasst alle der Öffentlichkeit zugänglichen Lehren[184] (Beschreibungen, Benutzungen usw). Das gilt auch für „papierenen" StdT (Rn 55) und für Dokumente, die auch eine negative Beurteilung enthalten.[185] Verschiedene Textstellen eines Dokuments können grds miteinander kombiniert werden, sofern keine Gründe vorliegen, die den Fachmann hiervon abhalten.[186] Das gilt auch für verschiedene Stellen mehrerer Dokumente.[187] Dabei sind nicht etwa nur ausdrückliche Hinweise an den Fachmann beachtlich; Eigenarten des technischen Fachgebiets, insb Ausbildungsgang und Ausbildungsstand der auf diesem Gebiet tätigen Fachleute zum Prioritätszeitpunkt und die auf dem technischen Fachgebiet übliche Vorgehensweise von Fachleuten bei der Entwicklung von Neuerungen können ebenso bedeutsam sein wie technische Bedürfnisse, die sich aus der Konstruktion oder der Anwendung des Gegenstands ergeben, nichttechnische Vorgaben, die geeignet sind, die Überlegungen des Fachmanns in eine bestimmte Richtung zu lenken, und umgekehrt Gesichtspunkte, die dem Fachmann Veranlassung geben können, die technische Entwicklung in eine andere, von der Erfindung wegweisende Richtung voranzutreiben.[188]

---

176   Vgl BPatGE 32, 206 = BlPMZ 1992, 258, 259; öOPM 8.5.2013 OBp 2/13 ÖBl 2013, 262 Ls; *Benkard-EPÜ* Art 56 Rn 33.

177   *Kraßer/Ann* § 18 Rn 84 f; *Troller* Immaterialgüterrecht Bd I S 175 f.

178   *Benkard* § 3 Rn 444; *Büscher/Dittmer/Schiwy* Rn 3; vgl *Singer* Mitt 1974, 2, 5; *Teschemacher* GRUR 1975, 641, 647; BPatG 16.11.2011 9 W (pat) 60/05.

179   BGH GRUR 1984, 272, 274 Isolierglasscheibenrandfugenfüllvorrichtung; *Benkard* Rn 81 f; *Kraßer/Ann* § 18 Fn 143; aA *Gesthuysen* GRUR 1993, 205, 210.

180   BGH GRUR 1988, 986 Ionenanalyse; EPA T 850/90 Dispositif de verrouillage; *Schulte*[5] Rn 6.

181   BGH Bausch BGH 1994–1998, 159, 162 Betonring; schweiz BG sic! 2003, 603 Anschlaghalter II; schweiz BG sic! 2004, 111, 114 Dispositif de prélèvement d'un liquide I + II; *Büscher/Dittmer/Schiwy* Rn 2; aA offenbar HG Aargau sic! 2004, 331.

182   RG GRUR 1938, 416, 419 Motoranordnung I; RG GRUR 1939, 674, 676 Verbundbagger; RG MuW 40, 113 Zerkleinerung organischer Peroxyde; RG GRUR 1940, 484 Halmteiler; RG GRUR 1941, 31 Rasierhobel; RG MuW 41, 54, 56 Rippenmeißel, nicht in GRUR; RG GRUR 1941, 465, 468 Malerbürsten (grundlegend); RG GRUR 1942, 256, 257 Diffuseur; RG GRUR 1942, 261 Kaffeekannenuntersatz; BGH GRUR 1953, 120, 122 Rohrschelle; BGH GRUR 1954, 107, 110 Mehrfachschelle; BGH GRUR 1954, 317, 320 Leitbleche I; BGH GRUR 1962, 350 Dreispiegelrückstrahler; BGH GRUR 1964, 259 Schreibstift; BGH BlPMZ 1967, 137 Kondenswasserabscheider; BGH GRUR 1974, 148 Stromversorgungseinrichtung; BPatG 9.9.1999 23 W (pat) 10/98; KG Mitt 1941, 152; RPA BlPMZ 1940, 4, 5; RPA Mitt 1940, 113; vgl austral HighC GRUR Int 1981, 691, 692; TGI Paris GRUR Int 1975, 176, 178; schweiz BG sic! 2005, 825 Insert for a drywall; schweiz BG sic! 2014, 555 selbstklebende Bänder; *Benkard* Rn 33; *Benkard-EPÜ* Art 56 Rn 37 f; *Schulte* Rn 17; *Fitzner/Lutz/Bodewig* Rn 13; *Mes* Rn 13; *Büscher/Dittmer/Schiwy* Rn 13; *Kraßer/Ann* § 18 Rn 86; *MGK/Pagenberg* Art 56 EPÜ Rn 20 mwN und mit Hinweisen auf die ausländ Praxis in Fn 52; *Mediger* GRUR 1941, 390, 397 ff; ÖPA ÖPBl 2005, 135 hält dagegen mosaikartige Zusammenschau nur dann für zulässig, wenn die zu einem Anmeldungsgegenstand kombinierten Merkmale jeweils nur eine eigene, gesonderte Aufgabe lösen.

183   Vgl BGHZ 182, 1 = GRUR 2009, 746 Betrieb einer Sicherheitseinrichtung; *Jestaedt* GRUR 2001, 939, 942 f; einschränkend zur Mosaikbildung bei weitab liegenden Veröffentlichungen *Kraßer/Ann* § 18 Rn 88.

184   ÖPA öPBl 1994, 202.

185   BGH Bausch BGH 1999–2001, 355 Kniegelenkendoprothese; *Schulte* Rn 12.

186   EPA T 95/90.

187   EPA T 239/85 EPOR 1997, 171 Optical recording method.

188   BGH GRUR 2012, 378 Installiereinrichtung II; vgl BGH 26.4.2012 X ZR 72/11 (Nr 33); BGH 9.10.2012 X ZR 2/11; BPatG 13.3.2012 4 Ni 7/11 (EP); BPatG 4.11.2014 4 Ni 13/13; BPatG 11.6.2015 2 Ni 26/13.

In die Mosaikbildung (nicht in die Kenntnis) können nur die Offenbarungen **einbezogen** werden, die 35
der Fachmann aus dem StdT heranziehen wird.[189] Mosaikbildung durch gezielte Auswahl aus dem StdT ist
unzulässig,[190] insb wenn sie erst mit grundlegenden Änderungen zum Anmeldegegenstand führt.[191] Sich
in ihrem Aussagegehalt widersprechende Veröffentlichungen dürfen nicht miteinander kombiniert werden.[192] Erst recht ist es bdkl, eine Umkehr des Aussagegehalts einer Veröffentlichung für das Naheliegen
heranzuziehen.[193] Die Kombination eines sehr alten Dokuments, das für die Entwicklung der Technik nicht
bestimmend gewesen ist, mit dem nächstkommenden StdT (Rn 36) wurde nicht als naheliegend angesehen.[194] Zur Kombination der Lehre eines „Primärdokuments" mit der von „Sekundärdokumenten" ist nach
Auffassung des EPA Bezugnahme in entspr Zusammenhang erforderlich.[195]

3. Nächstkommender Stand der Technik. Eine Beurteilung vom (objektiv)[196] „nächstkommenden 36
(nächstliegenden) StdT",[197] die nicht nur vom EPA praktiziert wird, sondern auch in der dt Praxis vielfach
angewendet worden ist,[198] kann die Prüfung vereinfachen, wenn sich schon auf dieser Grundlage das Naheliegen feststellen lässt.[199] Dabei darf zunächst nicht übersehen werden, dass der „nächstkommende" StdT nur
aus der Kenntnis der Erfindung bestimmt werden kann und dass dieser Methode deshalb ein den Verhältnissen zum Prioritätszeitpunkt nicht notwendig entspr Element innewohnt. Bei der Beurteilung des Naheliegens
kann daher nicht stets der „nächstkommende" StdT als alleiniger Ausgangspunkt zugrunde gelegt werden.[200]
Die Wahl eines Ausgangspunkts (oder auch mehrerer Ausgangspunkte) bedarf einer besonderen Rechtfertigung, die idR aus dem Bemühen des Fachmanns abzuleiten ist, für eine bestimmten Zweck eine bessere – oder auch nur eine andere – Lösung zu finden, als sie der StdT zur Verfügung stellt.[201] Weiter darf nicht
übersehen werden, dass eine derartige Prüfung nicht erschöpfend ist und weniger nahe erscheinende Entgegenhaltungen gerade in ihrer Zusammenschau nicht außer Betracht gelassen werden dürfen.[202] Der Patent-

---

189 Vgl *Kraßer/Ann* § 18 Rn 88, abw aber Rn 47 in Auseinandersetzung mit der hier vertretenen Auffassung; *MGK/ Pagenberg* Art 56 EPÜ Rn 21 mwN in Fn 53, der zu Recht darauf hinweist, dass die Mosaikbildung für den Erfinder auch vorteilhaft sein kann; sehr weit gehend BPatG 18.2.2003 34 W (pat) 19/02, wo Anregung aus dem StdT für Zusammenschau verlangt wird.
190 Vgl austral HighC GRUR Int 1981, 691, 692; vgl auch EPA T 745/92.
191 BPatG GRUR 1998, 653.
192 EPA T 2/81 ABl EPA 1982, 394, 402 Methylen-bis-(pheniso-cyanat); *Singer* GRUR Int 1985, 239.
193 *Benkard*[9] Rn 6 unter Bezugnahme auf BGH BlPMZ 1991, 159, 161 Haftverband.
194 EPA T 404/90; bdkl.
195 EPA T 552/89; EPA T 866/93.
196 EPA T 138/85.
197 Vgl EPA T 181/82 ABl EPA 1984, 401 = GRUR Int 1984, 700 Spiroverbindungen; EPA T 164/83 ABl EPA 1987, 149, 154 f = GRUR Int 1987, 591 Antihistaminika; EPA T 254/86 ABl EPA 1989, 115, 123 gelbe Farbstoffe; EPA T 910/90; EPA T 939/92 ABl EPA 1996, 309 = GRUR Int 1996, 1049 Triazole; EPA T 644/97 ABl EPA 2000, 21 Process for preparing crystallized aromatic polycarbonate; EPA T 606/89 Detergent composition; EPA T 641/89 Tetroxoprim; zu Ausnahmen, wenn er vom Fachmann nicht als „Sprungbrett" in Betracht gezogen worden wäre, EPA T 334/92; EPA T 1019/99; EPA T 211/01; zur Wahl des Ausgangspunkts EPA T 570/91; EPA T 1105/92; EPA T 439/92; EPA T 964/92 EPOR 1997, 201 1,4-Benzodioxane derivatives; EPA T 422/92 EPOR 2000, 66 Bisphenols; EPA T 325/93; EPA T 506/95; EPA T 870/96; EPA T 644/97; EPA T 835/00; *Knesch* VPP-Rdbr 1994, 70.
198 Vgl zB BGH Bausch BGH 1994–1998, 378 Deckengliedertor; BGH Bausch BGH 1999–2001, 142 Kontaktfederblock 01; BGH Bausch BGH 1999–2001, 409 Spundfaß; BPatG 12.12.2012 1 Ni 12/12 (EP), wonach regelmäßig der nächstkommende StdT zu berücksichtigen ist; zur öst Praxis öOPM öPBl 2003, 29, 31.
199 Vgl BGH GRUR 2001, 819, 821 Schalungselement; BGH GRUR 2004, 407 Fahrzeugleitsystem; *Szabo* Mitt 1994, 225, 227; eingehend *Benkard-EPÜ* Art 56 Rn 40 ff.
200 BGHZ 179, 168, 183 = GRUR 2009, 382, 387 Olanzapin; BGH GRUR 2009, 1039 Fischbissanzeiger; BGH GRUR 2010, 44 Dreinahtschlauchfolienbeutel; BPatG Mitt 2003, 390; BPatGE 47, 1 = GRUR 2004, 317; BPatG 30.6.2009 3 Ni 28/07 (EU); BPatG 14.12.2009 3 Ni 23/08 (EU) GRUR 2010, 995 Ls; BPatG 12.8.2009 35 W (pat) 416/08; BPatG 29.9.2009 3 Ni 33/07 (EU); BPatG 27.10.2009 3 Ni 9/08 (EU); BPatG 17.11.2009 4 Ni 61/07 (EU); BPatG 4.6.2010 3 Ni 39/08; BPatG 31.8.2010 3 Ni 34/08 (EU); BPatG 28.9.2010 3 Ni 50/08 (EU); BPatG 24.5.2011 1 Ni 1/10 (EU); BPatG 23.7.2013 3 Ni 36/11 (EP); BPatG 20.1.2015 3 Ni 18/13 (EP); vgl BPatG 23.2.2016 3 Ni 27/14 (EP).
201 Vgl BGH Olanzapin; BGH Fischbissanzeiger; BPatG 9.3.2010 3 Ni 42/08; vgl weiter BPatG 15.11.2011 3 Ni 27/10 (EP); BPatG GRUR 2013, 165; BPatG 8.3.2016 4 Ni 24/14 (EP); *Fitzner/Lutz/Bodewig* Rn 40.
202 BGH GRUR 2000, 591, 596 Inkrustierungsinhibitoren; BGH GRUR 2003, 317, 320 kosmetisches Sonnenschutzmittel I; BPatGE 47, 1 = GRUR 2004, 317; BPatG 9.9.1999 23 W (pat) 10/98; EPA T 967/97 Mitt 2002, 315

fähigkeit ermangelt nicht nur das nächstliegende Vorgehen, sondern jede für den Fachmann naheliegende Lösung.[203] Die Fragestellung: „War es für den Fachmann naheliegend, ausgehend vom nächstliegenden StdT die unterschiedlichen Merkmale einzuführen, um die objektive Aufgabe zu lösen?"[204] ist nicht die des § 4 oder des Art 56 EPÜ. Eine Beschränkung der Berücksichtigung des StdT auf solchen, in dem die objektive Aufgabe erkennbar ist,[205] ist abzulehnen. Auch für die Beurteilung der überraschenden Überlegenheit darf nicht allein auf den nächstkommenden StdT (die chemische Verbindung mit der größten strukturellen Nähe) abgestellt werden.[206] Bei überschaubarer Zahl von Lösungsansätzen (etwa aus einem Standard), von denen jeder spezifische Vor- und Nachteile aufweist, besteht idR Veranlassung, jeden von ihnen in Betracht zu ziehen.[207] Der „nächstliegende StdT" kann sich im Einzelfall aus mehreren miteinander zu kombinierenden Dokumenten ergeben.[208] Abzustellen ist nicht nur auf Ähnlichkeit einer Zusammensetzung, sondern auch auf die Eignung für den angestrebten Zweck[209] und auf das Wissen (besser: die Erwartung) des Fachmanns, dass die bestehenden strukturellen Unterschiede keinen wesentlichen Einfluss auf die Eigenschaften haben.[210]

37   **4.** Die Beurteilung hat von der (objektiven) **Ausgangslage des Erfinders** zu erfolgen; eine Lehre, die erstmals ein bestimmtes Prinzip anwendet, ist nicht aus der Kenntnis des Prinzips her zu beurteilen, wenn der StdT für dessen Kenntnis nichts hergibt.[211] Ein nicht verifizierter in der Anmeldung genannter StdT hat außer Betracht zu bleiben[212] (anders die EPA-PrRl).

5. Gang der technischen Entwicklung

38   **a. Grundsatz.** Der tatsächliche Gang der technischen Entwicklung kann für die Beurteilung der erfinderischen Tätigkeit hilfreich sein.[213] Die Entwicklung der Technik bis zum Anmeldetag ist zu berücksichtigen.[214]

39   Es kann idR als Anzeichen für eine schöpferischen Leistung gewertet werden, wenn **zahlreiche Lösungen** auf dem gleichen Gebiet vorliegen, die neue fortschrittliche Lösung aber nicht gefunden und durch vorbekannte Konstruktionen auch nicht nahegelegt wurde.[215]

40   **b. Mehrfacherfindungen.** Doppelerfindung allein spricht nicht für Naheliegen.[216] Es kann aber gegen erfinderische Tätigkeit sprechen, dass die Erfindung bereits mehrfach gemacht war, insb, wenn sie

---

Chipkarte: stehen dem Fachmann verschiedene gangbare Lösungswege offen, ist die Erfindung auf alle diese zu prüfen, bevor die erfinderische Tätigkeit bejaht wird; vgl schon EPA T 465/92 ABl EPA 1996, 32 = GRUR Int 1996, 723 (Auszug) Aluminiumlegierungen; EPA T 597/93; EPA T 697/94; EPA T 711/96; EPA T 302/02; vgl *Benkard* Rn 27, 33, *Schulte* Rn 31 und *Mes* Rn 35; vgl auch BPatG Mitt 1989, 115; EPA T 487/95, wo „sekundäre" Informationsquellen herangezogen werden.
203   BGH 6.3.2012 X ZR 50/09.
204   *Knesch* VPP-Rdbr 1994, 70 f.
205   *Knesch* VPP-Rdbr 1994, 70 f; vgl auch EPA T 644/97.
206   Vgl EPA T 710/97; so aber EPA Antihistaminika; zur Vergleichsmethode auch EPA T 197/86 ABl EPA 1989, 371 = GRUR Int 1990, 142 f photographische Kuppler.
207   BGH GRUR 2012, 261 E-Mail via SMS; BPatG 5.6.2012 3 Ni 44/10 (EP); BPatG 6.8.2013 4 Ni 29/11; BPatG 12.11.2013 4 Ni 53/11 (EP).
208   EPA T 176/89 UHMV Polyethylene.
209   EPA T 574/88; EPA T 273/92; EPA T 506/95; EPA T 59/96; EPA T 986/96; EPA T 710/97; vgl EPA T 1285/01; *Singer/Stauder* EPÜ Art 56 Rn 62 ff.
210   EPA T 852/91.
211   BGH *Liedl* 1978/80, 151 ff Abdecken von Schwimmbecken.
212   EPA T 248/85 ABl EPA 1986, 261 = GRUR Int 1986, 550 Bestrahlungsverfahren; EPA T 28/87 ABl EPA 1989, 383 Drahtgliederbänder; vgl *Schulte* Rn 14.
213   Vgl RG GRUR 1937, 922, 927 f Gummischlauchrohrdraht II; RG GRUR 1940, 195, 196 Röhrenmetallüberzug; BGH GRUR 1953, 120, 122 Rohrschelle; RPA GRUR 1942, 37: Nichtbefolgen einer durch Vorveröffentlichungen nahegebrachten Lehre; *Meurer-Inffeld* Mitt 1980, 6.
214   RG MuW 27, 271 f Eindicken von Lösungen.
215   BGH GRUR 1962, 518 Blitzlichtgerät; vgl auch BGH GRUR 1963, 518 Trockenschleuder.
216   RG MuW 40, 113, 114 Zerkleinerung organischer Peroxyde.

aus einer Kombination an sich bekannter Einzelelemente besteht,[217] auch wenn die Voraussetzungen der Neuheitsschädlichkeit im Einzelfall nicht erfüllt sind. Andererseits können Mehrfacherfindungen für ein besonderes Bedürfnis sprechen.[218]

Zu würdigen sind **alle Umstände.**[219] Handelt es sich um wenige Spezialforscher auf einem besonders **41** schwierigen Gebiet, ist Mehrfacherfindung bedeutungslos;[220] dieser Gesichtspunkt ist zB in der gentechnischen Forschung von Bedeutung.

c. Anregungen;[221] **Entwicklungstendenzen.** In welchem Umfang und mit welcher Konkretisierung **42** der Fachmann Anregungen benötigt, um eine bekannte Lösung in bestimmter Weise weiterzuentwickeln, ist Frage des Einzelfalls, deren Beantwortung eine Gesamtbetrachtung aller maßgeblichen Sachverhaltselemente erfordert; dabei sind nicht nur ausdrückliche Hinweise beachtlich; auch Eigenarten des technischen Fachgebiets und nichttechnische Vorgaben können von Bedeutung sein.[222] Eine Vorveröffentlichung, die anregt, Schwierigkeiten durch Anwendung bekannter Mittel zu überwinden, kann gegen erfinderische Tätigkeit sprechen.[223] Bei der Prüfung, ob eine spezifische Anwendung eines Medikaments auf erfinderischer Tätigkeit beruht, sind auch Handlungsweisen zu berücksichtigen, die dem Fachmann deshalb nahegelegt waren, weil sie zum ärztlichen Standardrepertoire gehören.[224] Die Anweisung, ein Körperteil nach der Injektion eines Medikaments für mehrere Stunden ruhigzustellen, um ein Ausbreiten in andere Körperteile zu verhindern, ist nicht schon deshalb durch den StdT nahegelegt, weil es bekannt war, dass später auftretende Komplikationen durch Ruhigstellen behandelt werden können.[225] Naheliegen wurde trotz Zweifeln bejaht, ob der Verfasser der einschlägigen Vorveröffentlichungen bereits im Besitz der Erfindung war, die Veröffentlichungen Unklarheiten enthielten und noch keine klare Lehre zum technischen Handeln ergaben, jedoch die Tendenz einer sich anbahnenden technischen Entwicklung klar erkennen ließen, den Fachmann zu Versuchen anregten und ihn ohne erfinderische Überlegungen zur Lehre des Patents hinführen konnten.[226] Dass das Ergebnis der Anregung (hierzu Rn 147) noch modifiziert werden muss, steht dem Nahegelegtsein nicht notwendig entgegen.[227] Es liegt im fachmännischen Vermögen, die Nutzbarmachung einzelner Abschnitte aus einem Verfahren zu erwägen, auch wenn das Verfahren in seiner Gesamtheit technische Aspekte einschließt, die außerhalb der konkret gesuchten Problemlösung liegen.[228] Auch eine vorbeschriebene, bisher nicht ausführbare Lehre kann Anregungen vermitteln, wenn sich die technischen Möglichkeiten inzwischen weiterentwickelt haben.[229] Dass eine bestimmte Ausgestaltung dem Fachmann grds wünschenswert erscheint, rechtfertigt für sich genommen nicht die Annahme des Naheliegens, wenn die im StdT verwendeten Ausgestaltungen weit davon entfernt sind, eine solche Ausgestaltung zu erlauben, und der StdT keine Hinweise bietet, dass bestimmte technische Veränderungen eine solche Ausgestaltung erreichbar machen.[230] Hat eine ältere Veröffentlichung die Fachwelt

---

217   BGH GRUR 1953, 120 Glimmschalter; BGH GRUR 1953, 120, 122 Rohrschelle; BGH GRUR 1953, 384 Zwischenstecker I; BGH 26.9.1963 I a ZR 194/63; vgl auch BGH Liedl 1961/62, 48, 61 Portionierer; *Benkard* Rn 98; *Schulte* Rn 128; *Fitzner/Lutz/ Bodewig* Rn 24.

218   BGH Zwischenstecker I; *Reimer* § 1 Rn 59.

219   BGH GRUR 1953, 120 Glimmschalter; BGH Liedl 1961/62, 48, 61 Portionierer, einschränkend – nur in besonders gelagerten Einzelfällen Indiz für Verneinung der Erfindungshöhe – BGH GRUR 1981, 341, 343 piezoelektrisches Feuerzeug; vgl auch BGH Mitt 1972, 18, 19 Trockenrasierer.

220   BGH GRUR 1955, 283, 286 Strahlentransformator; *Benkard*[9] Rn 8.

221   Zu Anregungen aus der allg Lebenserfahrung BPatG 19.6.1997 31 W (pat) 27/95 (Wahl eines Kartenmaßstabs angepasst an die Fortbewegungsgeschwindigkeit regt bei Navigationsvorrichtungen nicht zur automatischen Maßstabswahl an).

222   BGH GRUR 2012, 378 Installiereinrichtung II; BPatG 11.2.2015 5 Ni 8/13 (EP).

223   Vgl BPatGE 30, 107 = GRUR 1989, 496, 498.

224   BGHZ 200, 229 = GRUR 2014, 461 Kollagenase I; BGH GRUR 2014, 464 Kollagenase II; BPatG 27.10.2015 4 Ni 7/14 (EP); vgl BPatG 2.2.2016 4 Ni 29/14 (EP).

225   BGH Kollagenase II.

226   BGH Liedl 1969/70, 110, 125 Elektronenschweißen; vgl auch BPatG 3.2.2009 35 W (pat) 409/08: SMS statt Postkarte.

227   BGH 9.7.2013 X ZR 145/10 unter Hinweis auf BGH GRUR 2013, 160 Kniehebelklemmvorrichtung.

228   BGH 26.6.2014 X ZR 112/12.

229   BPatG Mitt 1984, 190, 191; vgl auch BPatG 26.10.1998 20 W (pat) 17/97; weiter *Benkard-EPÜ* Art 54 Rn 133.

230   BGH GRUR 2012, 475 Elektronenstrahltherapiesystem.

nicht zur Weiterentwicklung der Technik in Richtung der Erfindung angeregt, ist bei der Annahme des Naheliegens Vorsicht geboten.[231] Ein fehlerhaftes Erzeugnis zur Grundlage einer auf seiner Beschaffenheit aufbauenden Weiterentwicklung zu machen, dürfte eher fernliegend sein.

43   **d. Bekannte Prinzipien und Erfahrungen.** Geht eine Lehre auf Konstruktionsprinzipien zurück, die im Zeitpunkt der Anmeldung in den Grundzügen bekannt waren, kann erfinderische Tätigkeit zu bejahen sein, wenn der Erfinder die in den Vorveröffentlichungen als möglich ausgewiesenen technischen Merkmale als erster in ihrer funktionellen Bedeutung erkennt und diese Erkenntnis zu einer grundlegenden Verbesserung bisheriger Konstruktionen durchführt.[232] Auch wenn der Erfindungsgedanke lediglich eine Folgerung aus den auf einem bestimmten technischen Gebiet gemachten Erfahrungen darstellt, soll erfinderische Tätigkeit gegeben sein, wenn ein neuer, einfacherer und billigerer Weg zur Herstellung eines Massenartikels gewiesen wird, für den ein steigender Bedarf besteht.[233]

44   Naheliegen soll voraussetzen, dass etwas für den unimaginativen Fachmann selbstverständlich ist, der „obvious to try"-Test soll nur dann anwendbar sein, wenn es mehr oder weniger selbstverständlich ist, dass das, was ausprobiert wird, auch funktionieren soll;[234] dies erscheint zu eng. Bedurfte es **weiterer Überlegungen**, um über den durch eine Vorveröffentlichung gewiesenen Weg hinaus die Eigenschaften an sich bekannter Stoffe und ihre Eignung zur Lösung der besonderen Probleme zu erkennen, kann dies für erfinderische Tätigkeit genügen.[235]

45   Die **Übernahme von bekannten Konstruktionselementen** ist nur erfinderisch, wenn besondere Schwierigkeiten oder fachmännische Bedenken zu überwinden waren.[236] Die Nutzung auf der Hand liegender Möglichkeiten kann idR erwartet werden.[237]

46   **e. Abweichende Entwicklung; Irrwege.** Eine in anderer Richtung als die erfindungsgem Lehre lfd tatsächliche Entwicklung spricht für erfinderische Tätigkeit.[238] Produktionsaufnahme durch die Konkurrenz ohne Verwirklichung der vorteilhaften Maßnahme der Erfindung kann für sie sprechen;[239] ebenso entspr Schutzrechtsanmeldungen.[240] Dass eine öffentlich zugängliche Information unbeachtet geblieben ist, kann im Einzelfall darauf hindeuten, dass sie dem Fachmann keine zur Erfindung führende Anregung gab.[241] Allein das Verharren bei einer nachteiligen Konstruktion begründet erfinderische Tätigkeit nicht, selbst wenn die Nachteile Anlass zu einer Änderung bieten konnten.[242]

47   Geht die Entwicklung in kleinen Schritten vor sich und werden **Irrwege** eingeschlagen, stellt letzteres ein Anzeichen dafür dar, dass die Lösung nicht naheliegt.[243] Beschreiten weniger vorteilhafter Wege durch die Fachwelt kann gegen Naheliegen sprechen[244] (zur Heranziehung der nachfolgenden technischen Entwicklung Rn 186 ff).

---

231   Vgl RG GRUR 1941, 465, 469 Malerbürsten.
232   BGH GRUR 1956, 77 Rödeldraht; BGH Liedl 1956/58, 14, 24 Rollfilmkamera.
233   BGH GRUR 1954, 391 Latex; BGH Liedl 1965/66, 77, 95 Flaschenblasen; BGH Liedl 1965/66, 694, 704 Nadelrollenkäfig; *Benkard*[9] Rn 25; in dieser Allgemeinheit bdkl, vgl *Reimer* § 1 Rn 22.
234   CA England/Wales 2005 EWCA Civ 177 Saint Gobain v. Fusion Provida, Ls auch in IIC 36 (2005), 852.
235   BGH 29.10.1991 X ZR 81/88; vgl auch BPatG 29.6.2010 4 Ni 83/08.
236   BGH Liedl 1963/64, 100 ff Schutzkontaktstecker; vgl auch BGH Bausch BGH 1994–1998, 366 PKW-Kotflügel.
237   Vgl BGHZ 182, 1 = GRUR 2009, 746 Betrieb einer Sicherheitseinrichtung; BGH GRUR 2010, 407 einteilige Öse; BGH 13.12.2011 X ZR 135/08; BGH 29.11.2012 X ZR 82/09; BPatG 18.4.2007 9 W (pat) 34/04; BPatG 20.8.2007 9 W (pat) 327/04.
238   RG MuW 34, 447, 448 Haardauerwellenapparate; RG MuW 41, 67, 70 Schwefelsäureester; BGH Mitt 1972, 18 Trockenrasierer; BGH Bausch BGH 1999–2001, 355 Kniegelenkendoprothese; EPA T 872/98; EPA T 779/02; vgl auch BGH GRUR 1954, 317, 321 Leitbleche I; BPatG Bausch BPatG 1994–1998, 854: Beschreibung anderer aufwendigerer und kostenträchtiger Lösungen nach Veröffentlichung eines Fachaufsatzes, dessen Autor das Problem selbst nicht lösen konnte.
239   BGHZ 73, 330, 337 = GRUR 1979, 619 Tabelliermappe; BPatGE 6, 145, 152 = GRUR 1966, 257; *Schulte* Rn 79.
240   BGH GRUR 1960, 427, 428 Fensterbeschläge.
241   RG GRUR 1941, 465, 469 Malerbürsten; *Kraßer/Ann* § 18 Rn 96.
242   Vgl BGH GRUR 2013, 160 Kniehebelklemmvorrichtung; BPatG 15.1.2013 4 Ni 13/11.
243   BGH Liedl 1961/62, 684, 698 Mischer 01.
244   BGH BlPMZ 1989, 215 Gießpulver.

f. Fehlvorstellungen („Vorurteile"). Die Überwindung eines allg Vorurteils der Fachkreise, das selbst **48** der Vornahme von Versuchen entgegensteht, begründet erfinderische Leistung;[245] der aktuelle Sprachgebrauch verwendet die Formulierung „allgemeine, eingewurzelte technische Fehlvorstellung".[246] Selbst eine große Anzahl an Belegstellen muss ein allg Vorurteil nicht belegen.[247] Bestand ein Vorurteil, kann erfinderische Tätigkeit nicht verneint werden, weil Versuche zu seiner Überwindung geführt hätten.[248]

Es muss sich um eine **technische** und nicht um eine wirtschaftliche **Fehlvorstellung** handeln.[249] Das **49** Ignorieren zu Recht bestehender Bedenken unter Hinnahme von Nachteilen reicht nicht aus;[250] anders uU bei Verbesserung des Leistungsergebnisses durch Förderung einer als nachteilig bekannten Maßnahme.[251] Maßgeblich ist der Prioritätszeitpunkt.[252] Bedenken können uU durch Marktanreize ausgeglichen werden.[253]

Ablehnung einzelner Fachleute genügt nicht,[254] ebenso wenig eine einzelne, als ungenügend belegt **50** erkennbare Meinungsäußerung,[255] beiläufige, nicht näher begründete Bemerkungen[256] oder spätere rückschrittliche Lösungen.[257] Das Hindernis muss durch Tatsachen belegt werden (vgl Rn 196). Dass sich die Fehlvorstellung nur aus einer einzigen Literaturstelle ergibt, muss ihrer Bejahung nicht entgegenstehen.[258] Allerdings ist eine Aussage in einer einzelnen Patentschrift grds nicht zum Beleg geeignet, wohl aber eine solche in einem Standardwerk oder Lehrbuch, das das allg Fachwissen zusammenfasst.[259] Es reicht nicht aus, wenn es sich bei der entgegenstehenden Praxis lediglich um allg Fachregeln handelt, die der Fachmann nicht als uneingeschränkt verbindlich beachtet und jederzeit durchbrochen hat, wenn der

---

245 BGH GRUR 1953, 86 Schreibhefte II; BGH GRUR 1954, 584 f Holzschutzmittel; BGH GRUR 1956, 73, 76 Kalifornia-Schuhe; BGH GRUR 1957, 212 Karbidofen; BGH GRUR 1958, 389, 391 Kranportal; BGH Liedl 1961/62, 741, 771 Leitbleche 03; BGH Liedl 1961/62, 397, 411 Straßenbeleuchtung; BGH GRUR 1964, 612, 617 f Bierabfüllung; BGH Liedl 1971/73, 74, 81 Bierabfüllung 01; BGH Liedl 1971/73, 248, 255 Dichtungsmaterial; BGH BlPMZ 1973, 257, 259 selektive Herbizide; BGH GRUR 1984, 580 f Chlortoluron; BGHZ 133, 57, 67 = GRUR 1997, 857, 860 Rauchgasklappe; BGH GRUR 2010, 322 Sektionaltor; BGH 6.9.2005 X ZR 15/02 (Nr 53); BGH 6.3.2012 X ZR 50/09; BPatGE 1, 4 = GRUR 1965, 82; BPatG GRUR 1972, 178, 180; BPatGE 21, 217, 218 = GRUR 1979, 544; BPatG 13.11.1997 13 W (pat) 63/96 wertet es als Beweisanzeichen; BPatG 1.2.2011 1 Ni 11/09 (EU); EPA T 19/81 ABl EPA 1982, 51 Folienaufbringung; EPA T 2/81 ABl EPA 1982, 394, 401 Methylen-bis-(phenyliso-cyanat); EPA T 18/81 ABl EPA 1985, 166 = GRUR Int 1985, 675 f Olefinpolymere; EPA T 240/87 Optic connector; EPA T 300/90; EPA T 341/94: in den betr Fachkreisen allg oder weit verbreitete Auffassung; *Benkard* Rn 106; vgl schon RG BlPMZ 1912, 136, 139 Spitzgeschoß; RG Mitt 1932, 117, 118 Stromabnehmerbügel; RG Mitt 1932, 118, 121 sturmsicherer Randstreifen; RG Mitt 1933, 238, 239 Luftgummibereifung; RG GRUR 1936, 873 Kolbenkraftmaschine; RG GRUR 1939, 173, 175 Brunnenfilterrohr; RPA Mitt 1932, 305, 306; RPA GRUR 1935, 304.
246 BGH Rauchgasklappe; BGH GRUR 1999, 145, 148 Stoßwellen-Lithotripter; BGH 15.12.1998 X ZR 33/96; BGH 6.9.2005 X ZR 15/02; BPatG 3.7.2012 17 W (pat) 39/10; vgl BGH 8.1.2008 X ZR 110/04; BGH 25.2.2010 Xa ZR 34/08 (Nr 86: Vorurteil); BGH 13.4.2010 X ZR 29/07 (Nr 36: eingefahrene Fehlvorstellung); BGH 6.3.2012 X ZR 50/09; BPatG 2.10.1997 5 W (pat) 416/96; BPatG 3.7.2012 17 W (pat) 39/10; BPatG 31.7.2012 3 Ni 34/10 (EP); EPA T 512/88; *Benkard* Rn 106; *Singer/Stauder* EPÜ Art 56 Rn 122; vgl EPA T 74/90.
247 EPA T 1212/01 (Viagra-Patent): 30 Aufsätze.
248 BGH Liedl 1959/60, 79, 90 Kurbelwellenausgleichsgewichte; zur Ausräumung von Fehlvorstellungen BGH GRUR 1975, 593, 598 Mischmaschine.
249 BGH GRUR 1953, 438 Ausweishülle; BGH GRUR 1994, 36 Meßventil; BGH Bausch BGH 1994–1998, 378, 390 Deckengliedertor; *Schulte* Rn 160; *Kraßer/Ann* § 18 Rn 127; vgl *Hesse* GRUR 1982, 514, 515; s aber RG GRUR 1932, 288, 289 Treibriemen: Überwindung des Vorurteils, dass die hohen Kosten die Verwendung reiner Seide unmöglich machten.
250 BGH Liedl 1971/73, 289, 295 Gemeinschaftsdusche; BGH Rauchgasklappe; BGH Deckengliedertor; BGH 8.1.2008 X ZR 110/04; BGH 26.8.2014 X ZR 18/11; EPA T 69/83 ABl EPA 1984, 357, 365 thermoplastische Formmassen I.
251 BPatGE 37, 102 = GRUR 1997, 521; vgl EPA T 366/89.
252 EPA T 341/94.
253 EPA T 306/93.
254 BPatG 19.5.2010 3 Ni 15/08 (EU); BPatG 20.1.2015 2 Ni 18/13 (EP); EPA T 19/81 ABl EPA 1982, 51 Folienaufbringung; EPA T 62/82; EPA T 410/87; EPA T 500/88; EPA T 453/92; EPA T 461/92.
255 BGH GRUR 1984, 580, 582 Chlortoluron; vgl EPA T 80/88 EPOR 1991, 596 Container.
256 BPatGE 21, 217, 218 = GRUR 1979, 544.
257 EPA T 550/97.
258 *MGK/Pagenberg* Art 56 EPÜ Rn 106 gegen BGH GRUR 1957, 212 Karbidofen; vgl EPA T 26/85 ABl EPA 1990, 22 dicke magnetische Schichten.
259 EPA T 18/81 ABl EPA 1985, 166 = GRUR Int 1985, 675 Olefinpolymere; EPA T 19/81 ABl EPA 1982, 51 Folienaufbringung; EPA T 104/83; EPA T 148/83; EPA T 321/87 Neopentylamin; EPA T 601/88 GRUR Int 1991, 817 thermoplastische Formmassen II; EPA T 515/91; EPA T 453/92; EPA T 943/92; EPA T 317/95.

Auftrag es verlangt,[260] ebenso wenig, wenn der Erfinder bei der Einführung seiner Lehre in der Praxis auf Ablehnung gestoßen ist,[261] die Praxis aus Sicherheitsgründen eine ältere Technik beibehält.[262] Eine Fehlvorstellung, die sich nicht auf den zu verarbeitenden Stoff schlechthin, sondern nur auf die Verarbeitung einer bestimmten Sorte des Stoffs bezog, ist unbeachtlich;[263] auf Teilgebiete begrenzte Fehlvorstellungen genügen im allg nicht.[264] Mögliche Bedenken, die auf die Lehre ohne Einfluss waren, können zur erfinderischen Tätigkeit nichts beitragen,[265] ebenso wenig die bloße Inkaufnahme eines Nachteils oder das bloße Ignorieren des Vorurteils.[266] Erwähnung eines Vorurteils in der Beschreibung spricht nicht ohne weiteres für sein Bestehen,[267] andererseits kann seine Nichterwähnung dagegen sprechen.[268] Bedenken des Prüfers können ein Vorurteil bestätigen.[269] Für die Fehlvorstellung können verschiedene Entgegenhaltungen in Zusammenschau herangezogen werden.[270]

51   **Vorurteile der Abnehmer oder Verbraucher** sind ohne Bedeutung.[271]

52   Ein gewichtiges **Anzeichen** für erfinderische Tätigkeit ist es, wenn ein seit Jahrzehnten auf dem Spezialgebiet tätiger Sachverständiger weiterhin den Standpunkt vertritt, die Lehre könne nicht ausgeführt werden.[272] Erhebliche Überraschung bei hochqualifizierten Fachleuten spricht für erfinderische Tätigkeit.[273] Für erfinderische Tätigkeit sprechen eine Reihe von Nachveröffentlichungen, in denen die bekannten Mittel als nicht ausreichend und erfindungsgem als wenig geeignet bezeichnet werden.[274] Für sie kann sprechen, dass die Industrie einen anderen Weg eingeschlagen[275] oder den Weg des Erfinders aufgegeben hat.[276] Verlassen eines von der Praxis eingeschlagenen Wegs zugunsten eines ganz anderen, in der Literatur erörterten, aber nur als unsichere und nachrangige Möglichkeit erkennbaren kann für erfinderische Tätigkeit sprechen.[277] Ein Vorurteil kann sich auch auf einen technischen Effekt beziehen.[278]

53   Maßgeblich ist der **Anmelde- oder Prioritätszeitpunkt.**[279]

54   **Beispiele.** Mehrere Motoren bei Eindeckerflugzeug;[280] Differentialgetriebe für Spielzeugauto;[281] Vorstellung, der Kern eines Meißels müsse besonders stark sein;[282] Stoffvertauschung;[283] Wirkung von Bakterien auf Penicilline;[284] Erhöhung der Ausbeute bei verringerter Katalysatorkonzentration;[285] Heißabfüllung

---

260   BGH GRUR 1953, 86, 87 Schreibhefte II; vgl BGH Bausch BGH 1994–1998, 456, 462 Bungalowdach 02; EPA T 650/90 lässt aber Hinwegsetzen über einen Trend ausreichen.
261   BGH Karbidofen.
262   BGH GRUR 1982, 406, 409 Verteilergehäuse.
263   BGH GRUR 1967, 25, 28 Spritzgußmaschine III.
264   Vgl *Benkard* Rn 107.
265   Vgl BGH GRUR 1981, 42, 45 Pfannendrehturm.
266   EPA T 69/83 ABl EPA 1984, 357 thermoplastische Formmassen I; EPA T 262/87; EPA T 862/91; vgl BPatG 8.10.1998 6 W (pat) 143/96; BPatG 12.1.2000 20 W (pat) 38/99.
267   EPA T 19/81 ABl EPA 1982, 51 Folienaufbringung; EPA T 392/88 Electrical sheet steel; EPA T 519/89 EPOR 1994, 9 Polyester articles.
268   BGH GRUR 1967, 25 Spritzgußmaschine III.
269   BGH GRUR 1964, 612 Bierabfüllung.
270   EPA T 2/81 ABl EPA 1982, 394 Methylen-bis-(phenyliso-cyanat).
271   BGH GRUR 1953, 438 Ausweishülle; BGH GRUR 1958, 438 Schädlingsbekämpfungsspritze; BGH Liedl 1974/77, 246, 256 Korrosionsschutzverfahren; BGH 11.12.2007 X ZR 57/03: Fehlvorstellung des Abnehmers; BPatGE 1, 6, 8; BPatGE 3, 1 = GRUR 1964, 447.
272   BGH Liedl 1967/68, 543, 557 Strangpreßverfahren.
273   BGH GRUR 1989, 899 Sauerteig.
274   BGH BlPMZ 1973, 257 selektive Herbizide.
275   BGH Mitt 1972, 18 Trockenrasierer; vgl auch BGH 22.10.2002 X ZR 115/99.
276   BGH GRUR 1953, 120 Rohrschelle.
277   BGH Bausch BGH 1999–2001, 75 reflektierendes Bahnenmaterial.
278   BGH Liedl 1961/62, 397, 411 Straßenbeleuchtung.
279   BGH GRUR 1967, 25 Spritzgußmaschine III; EPA T 341/94: Beleg regelmäßig durch vorveröffentlichte Literatur; vgl EPA T 943/92; EPA T 134/93.
280   RG MuW 29, 501, 502 Eindeckerflugzeug.
281   RG MuW 41, 16, 17 Spielzeugautomobil.
282   RG GRUR 1937, 632, 634 Meißel.
283   RG GRUR 1934, 28, 30 Brunnenfilter.
284   BPatG GRUR 1972, 178, 179.
285   EPA T 198/84 ABl EPA 1985, 209 = GRUR Int 1985, 827, 828 Thiochlorformiate.

von Bier auf Flaschen oder Dosen;[286] Überwindung von Bedenken gegen Ausführbarkeit;[287] Hinwegsetzen über die bisherigen Erkenntnisse der von Fachleuten beachteten Lehre;[288] Abkehr von üblichem technischem Konzept.[289]

g. „Papierener" Stand der Technik. Es gibt keinen Rechtssatz, dass die Prüfung wohlwollender vorzunehmen sei, wenn Entgegenhaltungen niemals praktisch ausgeführt, sondern „papierener StdT" geblieben sind.[290] Dass die Kenntnisse erst mühsam hervorgeholt werden mussten, spielt keine Rolle.[291] Wiedereinführung einer vergessenen Erfindung begründet keine Patentfähigkeit.[292] Dass ein Lösungsweg nur in einer früheren Version eines technischen Standards aufgezeigt, in einer späteren Version aber nicht weiterverfolgt wird, führt nicht ohne weiteres dazu, ihn als nicht naheliegend anzusehen.[293]   **55**

II. Die beanspruchte Lehre

1. Allgemeines

a. Abstellen auf die Patentansprüche. Der Prüfung unterliegt – in den Grenzen der Bindung an den **56** Erteilungsantrag bzw im Einspruchsverfahren an eine verteidigte Fassung – die Erfindung, wie sie in einem Patentanspruch niedergelegt ist, der eine eigenständige Ausgestaltung der Erfindung (nicht nur eine zweckmäßige weitere Ausgestaltung iS eines „echten" Unteranspruchs) zum Gegenstand hat, dh der Hauptanspruch und daneben jeder sachlich nebengeordnete Anspruch, ohne dass es auf Rückbeziehungen entscheidend ankäme. Es gelten die gleichen Grundsätze wie bei der Neuheitsprüfung (Rn 83 ff zu § 3). Ein auf eine Vorrichtung zur Durchführung eines schutzfähigen Verfahrens gerichteter nachgeordneter Patentanspruch kann bereits durch die Rückbeziehung erfinderisch sein.[294] Dabei dürfen Merkmale idR nicht dahin ausgelegt werden, dass sie lediglich die beabsichtigte Verwendung angeben.[295] Ob ein rückbezogener Patentanspruch in diesem Sinn Nebenanspruch („unechter Unteranspruch") oder „echter" Unteranspruch ist, kann im Einzelfall schwierig zu beurteilen sein (Rn 36 ff, 41 ff zu § 34). Auf eine besondere Ausgestaltung ist nicht abzustellen, wenn unter den Wortlaut des Patentanspruchs naheliegende Ausgestaltungen fallen.[296]

Abzustellen ist auf die **konkrete Erfindungskategorie.** Unmaßgeblich sind grds Gesichtspunkte, die **57** außerhalb der durch den Patentanspruch definierten Lehre liegen. So muss bei einem Erzeugnisanspruch das Erzeugnis selbst erfinderisch sein und nicht (nur) das zu ihm führende Herstellungsverfahren.[297] Kategoriefremde Merkmale sind deshalb unberücksichtigt gelassen worden.[298]

---

286   BGH GRUR 1964, 612, 617 Bierabfüllung.
287   RG GRUR 1939, 341, 343 Braunkohletrocknung; vgl RG MuW 31, 24, 25 Temperaturanzeiger; RG GRUR 1940, 431 Wasserstandsanzeiger: „Sichverrennen" der Fachwelt.
288   BGH GRUR 1983, 64, 66 f Liegemöbel.
289   EPA T 229/85 ABl EPA 1987, 237 Ätzverfahren; EPA T 221/86 Peroxide.
290   BGH 23.6.1964 I a ZR 184/63; *Benkard* Rn 84; *Benkard-EPÜ* Art 56 Rn 35; *Schulte* Rn 12; vgl *Fitzner/Lutz/Bodewig* Rn 13; aA *MGK/Pagenberg* Art 56 EPÜ Rn 40 f unter Hinweis insb auf die schweiz und die brit Praxis und unter Abstellen auf das präsente Wissen; konsequenterweise müsste diese Auffassung jedenfalls idR zur Nichtberücksichtigung von Vorbenutzungshandlungen führen, weil diese nicht zum präsenten Wissen gehören werden.
291   RG GRUR 1941, 465, 468 Malerbürsten.
292   RG MuW 12, 82, 83 Tüllstuhl.
293   BGH GRUR 2015, 159 Zugriffsrechte.
294   BGH 3.12.2002 X ZR 148/99.
295   Vgl EPA T 458/96.
296   BPatG 11.7.1997 8 W (pat) 45/96; vgl BPatG 15.6.1998 31 W (pat) 37/96, wonach ein aufgabenhaftes Merkmal ohne Angabe von geeigneten Mitteln erfinderische Leistung nicht begründen kann, wenn sich der so umschriebene Wunsch für den Fachmann von selbst ergibt; vgl auch BPatG 22.4.1999 11 W (pat) 42/97.
297   EPA T 1/81 ABl EPA 1981, 439, 443 = GRUR Int 1982, 53 thermoplastische Muffen; *MGK/Pagenberg* Art 56 EPÜ Rn 12; aA BPatG 9.2.2006 2 Ni 50/04 unter Hinweis auf BGH GRUR 2001, 1129 zipfelfreies Stahlband; vgl BGHZ 122, 144, 155 = GRUR 1993, 651, 655 tetraploide Kamille; BPatG 3.6.1998 14 W (pat) 26/96, danach stellt auch eine Zweckbindung eines Stoffs – Gasgemisch – kein an diesem feststellbares stoffliches Merkmal dar.
298   BPatG 19.2.2002 3 Ni 65/00: Herstellungsverfahren bei Sachanspruch; allenfalls eingeschränkte Berücksichtigungsfähigkeit nimmt BPatG 11.12.2014 7 Ni 32/14 (EP) an.

58 Das gilt auch für die **Erzeugnisdefinition durch Auswahlverfahren.** Wenn in einem auf die Zusammensetzung eines Erzeugnisses gerichteten Patentanspruch einer der Komponenten durch ein Verfahren definiert ist, mit dem geeignete Stoffe ausgewählt werden können, gehört das Verfahren als solches nicht deswegen zum Gegenstand der Lehre. Es ist nur zu prüfen, ob es nach dem StdT nahelag, Stoffe zu verwenden, die objektiv der gewählten Definition entsprechen; ob auch das Auswahlverfahren nahelag, ist unerheblich.[299]

59 Allerdings hat die Rspr bei Analogieverfahren eine **Ausstrahlung** des Erzeugnisses auf das Verfahren anerkannt (Rn 98).

60 **b.** Bei der Prüfung einer Erfindung ist grds auf die **Gesamtheit der Merkmale** abzustellen,[300] die Aufteilung etwa in „Oberbegriff" und „kennzeichnenden Teil" oder in einzelne, „Teilaufgaben" lösende Merkmalsgruppen kommt nicht in Betracht,[301] dies gilt jedoch nicht uneingeschränkt (Rn 62ff). Bekanntsein oder Naheliegen einzelner oder mehrerer Merkmale lässt keinen Schluss auf das Naheliegen der Merkmalsgesamtheit zu.[302] Ist ein Teil einer Vorrichtung erfinderisch, erfasst dies auch die Gesamtvorrichtung.[303]

61 Nicht nur der über den Inhalt einer als StdT geltenden älteren Anmeldung hinausgehende Teil ist auf erfinderische Tätigkeit zu prüfen, sondern der **gesamte Gegenstand**, auch soweit er in den Unterlagen der älteren Anmeldung beschrieben ist.[304] Bei der Prüfung der Lehre eines allein angefochtenen Patentanspruchs auf erfinderische Tätigkeit ist es nicht zulässig, Merkmale heranzuziehen, die dem Fachmann erst in weiteren, nicht angefochtenen Patentansprüchen bekannt werden.[305]

62 Enthält eine Erfindung **technische und nichttechnische Merkmale**, durfte der Gegenstand nach früherer Rspr des BGH nicht in diese beiden zerlegt werden, vielmehr war er bei Prüfung auf erfinderische Tätigkeit insgesamt unter Einschluss einer etwaigen Rechenregel zu berücksichtigen[306] (Rn 36ff, 59ff zu § 1). Jedoch können als solche von der Patentierung ausgeschlossene Merkmale grds nicht herangezogen werden; insoweit blieb zunächst vieles ungeklärt.[307] Ist der technische Charakter zu bejahen, ist zu prüfen, ob der Patentanspruch Anweisungen enthält, denen ein konkretes technisches Problem zugrunde liegt, so dass bei der Prüfung auf erfinderische Tätigkeit eine Aussage darüber möglich ist, ob eine Bereicherung der Technik vorliegt, die einen Patentschutz rechtfertigt.[308] Technizität indiziert dabei nicht erfinderische Tätigkeit.[309] Die neuere Rspr geht zu Recht dahin, dass nur die technischen Mittel, derer sich die Erfindung bedient, um das außerhalb der Technik liegende Ziel (wie ein bestimmtes Patientenverhalten oder einen

---

299 BGH GRUR 1992, 375 Tablettensprengmittel; ebenso BPatGE 34, 230, 235: Meßverfahren für beanspruchten Parameter; vgl BGH GRUR 1998, 1003, 1004 Leuchtstoff; vgl auch BPatG Bausch BPatG 1994–1998, 16.
300 BGH GRUR 2007, 1055 Papiermaschinengewebe; BGH 13.12.2011 X ZR 135/08; *Büscher/Dittmer/Schiwy* Rn 14.
301 BGH GRUR 1953, 120, 122 Rohrschelle; BGH GRUR 1954, 107 Mehrfachschelle; BGH GRUR 1962, 350, 352 Dreispiegelrückstrahler; BGH GRUR 1962, 518 Blitzlichtgerät; BGH GRUR 1975, 593, 597 f Mischmaschine; BGH GRUR 1976, 88, 89 Skiabsatzbefestigung; BGH GRUR 1981, 341, 343 piezoelektrisches Feuerzeug; BGH GRUR 1981, 732, 734 First- und Gratabdeckung; BGHZ 81, 211, 217 = GRUR 1981, 736 Kautschukrohlinge; BGHZ 122, 144 = GRUR 1993, 651 tetraploide Kamille; BGHZ 147, 137 = GRUR 2001, 730 f Trigonellin; BGH 25.6.1991 X ZB 9/90 BGH-DAT Z; EPA T 175/84 ABl EPA 1989, 71, 73 Kombinationsanspruch; it Corte di Cassazione GRUR Int 1990, 864, 868; *Schulte* Rn 9; *Fitzner/Lutz/Bodewig* Rn 19; *MGK/Pagenberg* Art 56 EPÜ Rn 13; *Keil* GRUR 1986, 12, 15.
302 BPatG 22.7.1997 6 W (pat) 28/95; ÖPA öPBl 2000, 108, 112 f; vgl BPatG 19.4.2000 20 W (pat) 16/99.
303 BPatG 16.6.2004 20 W (pat) 28/04.
304 Vgl BGHZ 73, 330, 336 f = GRUR 1979, 619 Tabelliermappe, zu § 4 Abs 2 PatG 1968; BGH GRUR 1984, 272 Isolierglasscheibenrandfugenfüllvorrichtung; *Schulte* Rn 16.
305 BGH Liedl 1959/60, 302, 308 Spielzeugfahrzeug.
306 BGHZ 117, 144 = GRUR 1992, 430 Tauchcomputer, abw von der in *Benkard*[8] § 1 Rn 104 (S 189) vertretenen Auffassung, dass das „erfinderisch Neue" in den technischen Merkmalen liegen müsse, „Kerntheorie"; vgl auch BPatGE 27, 186 = GRUR 1986, 307; BPatGE 30, 85 = GRUR 1989, 338; BPatG 7.5.1998 17 W (pat) 55/96 BlPMZ 1998, 480 Ls.
307 Vgl BGHZ 144, 282 = GRUR 2000, 1007, 1009 Sprachanalyseeinrichtung; BGHZ 149, 68 = GRUR 2002, 143 Suche fehlerhafter Zeichenketten: Computerprogramm als solches im Patentanspruch; EPA T 258/03 ABl EPA 2004, 575 = GRUR Int 2005, 332 Auktionsverfahren; BPatG GRUR 2004, 931; BPatG GRUR 2005, 493; zur Problematik *Keukenschrijver* FS R. König (2003), 255; vgl *Wiebe/Heidinger* GRUR 2006, 177, 179.
308 BGHZ 159, 197, 205 f = GRUR 2004, 667 elektronischer Zahlungsverkehr; BPatGE 46, 265 = GRUR 2006, 43; EPA T 641/00 ABl EPA 2003, 352 = GRUR Int 2003, 852 Zwei Kennungen (SIM-Card); *Benkard* Rn 42, 62.
309 BGH Sprachanalyseeinrichtung; *Schulte* Rn 144.

bestimmten Markterfolg) zu erreichen, auf Patentfähigkeit zu überprüfen sind.[310] Somit sind nur die Anweisungen zu berücksichtigen, die die Lösung des technischen Problems mit technischen Mitteln bestimmen oder beeinflussen, die nichttechnische Vorgabe bleibt dabei außer Betracht,[311] ebenso eine Anweisung zur Auswahl von Daten, deren technischer Aspekt sich darauf beschränkt, hierzu Mittel der elektronischen Datenverarbeitung einzusetzen, auch wenn diese zu einer Verringerung der erforderlichen Rechenschritte führen,[312] oder eine Auswahl von Piktogrammen für die Dateneingabe.[313] Das gilt auch für Anweisungen, die die Vermittlung bestimmter Inhalte betreffen und damit darauf zielen, auf die menschliche Vorstellung oder Verstandesfähigkeit einzuwirken,[314] und Anweisungen, die Informationen betreffen, die nach der erfindungsgem Lehre wiedergegeben werden sollen, können.[315] Zu weitgehend ist allerdings die Auffassung, dass jegliches Merkmal, dass sich auf den Dialog zwischen Benutzer und Recheneinheit bezieht, außer Betracht zu bleiben habe.[316] Entdeckungen, wissenschaftliche Theorien und mathematische Methoden sind dagegen einzubeziehen, soweit sie in die Lösung eines konkreten technischen Problems eingebunden sind.[317] Wohl weitergehend schließt die Praxis in England willkürlich gewählte Merkmale generell aus.[318]

Unberücksichtigt gelassen wurden widersprüchliche Angaben im Patentanspruch.[319] Unberücksich- **63** tigt bleiben müssen jedenfalls Merkmale des Patentanspruchs, die in keinem **funktionellen Zusammenhang** mit den anderen Merkmalen stehen und nichts zum technischen Effekt („zur Lösung der Aufgabe") beitragen[320] (vgl auch Rn 114; anders noch *5. Aufl*). Die Rspr sowohl des EPA wie des BPatG hat wiederholt Merkmale ausgenommen, die keinen technischen Beitrag zum StdT leisten[321] oder die zur technischen

---

310   BGH GRUR 2010, 44 Dreinahtschlauchfolienbeutel; vgl BGH elektronischer Zahlungsverkehr; BGH GRUR 2009, 479 Steuerungseinrichtung für Untersuchungsmodalitäten; BPatGE 46, 265, 270 f = GRUR 2006, 43; BPatGE 48, 154 = GRUR 2004, 931; BPatG 13.11.2014 2 Ni 19/13 (EP): Beitrag zur Lösung der technischen Aufgabe; kr *Kraßer/Ann* § 18 Rn 58; BPatG 15.3.2011 3 Ni 4/10 unter insoweit unzutr Hinweis auf BGHZ 147, 137 = GRUR 2001, 130 Trigonellin.

311   BGH GRUR 2011, 125 Wiedergabe topografischer Informationen; BGH 18.12.2012 X ZR 121/11; BGH GRUR 2013, 275 Routenplanung; BPatG 13.7.2010 17 W (pat) 72/06; BPatG 30.11.2010 17 W (pat) 122/06; BPatG 18.1.2011 17 W (pat) 127/06; BPatG 16.2.2011 19 W (pat) 55/09; BPatG 22.2.2011 17 W (pat) 149/05; BPatG 10.3.2011 5 Ni 49/09 (EU); BPatG 15.3.2011 3 Ni 4/10; BPatG 28.3.2011 20 W (pat) 103/05; BPatG 19.4.2011 17 W (pat) 16/07; BPatG 14.7.2011 17 W (pat) 63/06; BPatG 26.7.2011 17 W (pat) 60/07; BPatG 30.1.2012 19 W (pat) 12/09; BPatG 28.2.2012 17 W (pat) 6/08; BPatG 21.3.2012 5 Ni 78/09 (EU); BPatG 12.4.2012 2 Ni 32/11 (EU); BPatG 10.7.2012 17 W (pat) 24/08; BPatG 16.1.2013 5 Ni 7/11 (EP); BPatG 18.2.2013 19 W (pat) 15/11; BPatG 14.3.2013 17 W (pat) 325/05; BPatG 3.4.2013 20 W (pat) 13/09; BPatG 4.4.2013 2 Ni 59/11 (EP) CIPR 2014, 78; BPatG 18.4.2013 17 W (pat) 124/08; BPatG 8.5.2013 5 Ni 11/11 (EP); BPatG 18.7.2013 17 W (pat) 31/09; BPatG 12.8.2013 20 W (pat) 4/10; BPatG 19.12.2013 17 W (pat) 33/09; BPatG 30.1.2014 17 W (pat) 7/10; BPatG 17.3.2015 17 W (pat) 24/11; BPatG 3.7.2015 5 Ni 12/13 (EP); BPatG 21.9.2015 5 Ni 30/13 (EP); BPatG 10.11.2015 3 Ni 19/14 (EP); vgl BPatG 26.9.2014 18 W (pat) 49/14; *Büscher/Dittmer/Schiwy* Rn 16; abw *Fitzner/Lutz/Bodewig* Rn 20.

312   BGH Routenplanung.

313   BPatG 18.4.2013 17 W (pat) 124/08; vgl BPatG CR 2014, 78: Benutzerführung zum Entsperren eines Mobilfunkgeräts, zwh.

314   BGH GRUR 2015, 1184 Entsperrbild.

315   BGH Wiedergabe topografischer Informationen; BGH GRUR 2015, 660 Bildstrom; BGH Entsperrbild.

316   So aber BPatG 28.2.2012 17 W (pat) 6/08.

317   Vgl BPatGE 36, 174 = GRUR 1996, 866 „Viterbi-Algorithmus"; BPatGE 45, 133 = GRUR 2002, 791 „elektronischer Zahlungsverkehr"; BPatG GRUR 2007, 133; *Büscher/Dittmer/Schiwy* Rn 18; aA BPatGE 48, 53 = GRUR 2004, 850 „Kapazitätsberechnung"; BPatG 10.7.2012 17 W (pat) 24/08; BPatG 12.8.2013 20 W (pat) 4/10.

318   CA England/Wales (Kitchin J) RPC 2009, 23, 181 Abbott Laboratories v. Evysio Medical Devices.

319   BGH Bausch BGH 1986–1993, 162 Beleuchtungseinrichtung für Zigarrenanzünder; BPatGE 41, 202, 205.

320   BGHZ 147, 137, 143 = GRUR 2001, 730 f Trigonellin: Beigabe einer erwartungsgem wirkungslosen Substanz zur Rezeptur eines Heilmittels; BGH 4.7.2006 X ZR 74/03; BPatG 14.3.2013 17 W (pat) 325/05; EPA T 37/82 ABl EPA 1984, 71, 74 Niederspannungsschalter; EPA T 72/95; EPA T 589/95; EPA T 589/95; EPA T 158/97; EPA T 1177/97; EPA T 258/03 ABl EPA 2004, 575 = GRUR Int 2005, 332 Auktionsverfahren; *Knesch* VPP-Rdbr 1994, 70 f; vgl BPatG 22.9.1998 14 W (pat) 57/96: Angaben zum Herstellungsweg bei Stoffschutz, wenn nicht erkennbar ist, wie sich der Herstellungsweg auf die Beschaffenheit des Stoffs auswirkt.

321   Insb BPatGE 45, 133 = GRUR 2002, 791 „elektronischer Zahlungsverkehr": untechnische Bedeutungsinhalte bleiben außer Betracht, sofern sie keinen technischen Bezug aufweisen und auch mittelbar nicht zur Umschreibung eines technischen Merkmals des beanspruchten Gegenstands beitragen; BPatGE 48, 276 = GRUR 2005, 493; BPatG Mitt 2004, 363: bloße geschäftliche Überlegungen können erfinderische Tätigkeit nicht stützen; BPatG GRUR 2005, 1025; EPA T 931/95 ABl EPA 2001, 441 = CR Int 2001, 18 Steuerung eines Pensionssystems; EPA T 1194/97 ABl EPA 2000, 525 = GRUR Int 2001, 167 Bildwiederauffindungssystem; EPA T 641/00 ABl EPA 2003, 352 = GRUR Int 2003, 852 Zwei Kennungen (SIM-

---

Problemlösung nichts beitragen;[322] dies wird näherer Differenzierung bedürfen. Das BPatG lässt Merkmale unberücksichtigt, die als Regeln für Spiele lediglich dazu dienen, dem Spieler mehr Abwechslung und einen größeren Spielanreiz zu bieten.[323] Auch der BGH hat auf die Bereicherung des StdT abgestellt.[324] Im Interesse eines möglichst weiten Schutzumfangs beanspruchte rein spekulative Bereiche, die der Fachmann aufgrund seines Fachwissens aus dem für ihn relevanten Bereich ausschließen und nicht als vom geschützten Gegenstand umfasst ansehen wird, bleiben ebenfalls außer Betracht.[325]

64   Fakultative Merkmale haben außer Betracht zu bleiben. Auch Gesichtspunkte, die sich **nur in einem Ausführungsbeispiel** niedergeschlagen haben, müssen außer Betracht bleiben.[326]

65   **2. Gehalt der Erfindung.** Maßgeblich ist die Lösung, die schon in der Konzeption des Grundgedankens[327] oder der Erkenntnis der Ursachen der Nachteile nach dem StdT[328] (anders, wenn die Ursache für den Fachmann ohne weiteres erkennbar ist)[329] oder der Nachteile selbst[330] und eines entspr Handlungsbedarfs[331] liegen kann. Zur Bedeutung der Aufgabe Rn 20 ff.

66   Ein Verfahren, das auf einem **neuen Weg zu bekannten Erzeugnissen** führt, kann patentfähig sein, wenn dadurch die gewünschten Erzeugnisse zB sicherer, mit geringerem Ausschuss, konstanteren Eigenschaften oder in sonstiger Weise vorteilhafter geschaffen werden können;[332] nach Entfallen des Erfordernisses des technischen Fortschritts kann aber auch das Zurverfügungstellen eines weiteren Wegs oder einer sinnvollen Alternative an sich ausreichen.[333] Auffinden eines neuen, einfacheren und billigeren Wegs spricht uU für erfinderische Tätigkeit.[334]

67   Auch bei einer **besonders guten und gelungenen Lösung** kann erfinderische Tätigkeit nur angenommen werden, wenn diese das Maß des Handwerklichen und Konstruktiven überragt, nicht, wenn Wissen und Können des Fachmanns ausreichten, angesichts der gestellten Aufgabe ohne erfinderisches Zutun vom StdT zu ihr zu gelangen.[335]

68   Dass eine Lehre nicht in jeder Hinsicht die angestrebten Vorteile erreicht, schließt eine erfinderische Leistung nicht aus. Dem Patentschutz zugänglich ist nicht nur die **vollendete Ausführung**.

Card); EPA T 643/00; EPA T 113/02; EPA T 619/02 ABl EPA 2007, 63 = GRUR Int 2007, 333 Geruchsauswahl; EPA T 1001/02; EPA T 172/03; EPA T 318/03; EPA T 531/03; EPA T 958/03; EPA T 959/03; EPA T 49/04; EPA T 125/04; EPA T 309/05; *Anders* GRUR 2001, 555; näher *Keukenschrijver* FS R. König (2003), 255; kr *Kraßer/Ann* § 18 Rn 58.
322 BPatG 17.3.2015 17 W (pat) 24/11 unter Hinweis auf BGH GRUR 2011, 125 Wiedergabe topografischer Informationen.
323 BPatG 18.2.2013 19 W (pat) 15/11; vgl BPatG 30.1.2012 19 W (pat) 12/09.
324 BGHZ 159, 197 = GRUR 2004, 667 elektronischer Zahlungsverkehr und nachgehend BPatG BlPMZ 2005, 356.
325 BPatGE 41, 202; vgl aber BPatGE 42, 204 = GRUR 2000, 794.
326 Vgl BGH Mitt 1962, 74 Braupfanne; BGH GRUR 1960, 542, 544 Flugzeugbetankung; BGH GRUR 1962, 80 Rohrdichtung, Begründung zwh; vgl auch jp OGH GRUR Int 1994, 632, 633.
327 BGH Liedl 1961/62, 618, 644 Zerspaner.
328 BGH GRUR 1985, 369 Körperstativ; BPatGE 32, 25 = GRUR 1991, 746; BPatG 18.7.1997 34 W (pat) 72/95; BPatG 30.6.1997 23 W (pat) 41/95; BPatG 12.1.1998 11 W (pat) 87/96; EPA T 2/83 ABl EPA 1984, 265 = GRUR Int 1984, 527 Simethicon-Tablette; *Schulte*[5] Rn 18.
329 BPatG 19.6.1997 21 W (pat) 11/96.
330 BPatG 17.3.1998 8 W (pat) 48/97.
331 BPatG 6.7.1998 20 W (pat) 16/97.
332 BGH BlPMZ 1973, 170 Schmelzrinne.
333 BGHZ 118, 221 = GRUR 1992, 839 Linsenschleifmaschine; BGH Bausch BGH 1986–1993, 176 Elektrokochplatte; RB Den Haag BIE 2002, 458, 460; vgl zu beliebigen Alternativen EPA T 964/92 EPOR 1997, 201 1,4-Benzodioxane derivatives; zum Ersatz einer vorteilhaften Konstruktion durch eine ohne weitere Maßnahmen weniger vorteilhafte BPatG 11.8.1998 8 W (pat) 96/97.
334 BGH GRUR 1957, 543 Polstersessel; einschränkend BGH Liedl 1967/68, 171, 192 Selbstschlußventil.
335 BGH Liedl 1967/68, 171, 192 Selbstschlußventil; BGH Bausch BGH 1994–1998, 159, 163 Betonring; BGH Bausch BGH 1994–1998, 366, 373 PKW-Kotflügel: Vielzahl von Bekanntem, Selbstverständlichem und Banalem; BPatG 29.11.1993 3 Ni 14/93 (EU); BPatGE 40, 38: Siedlungssystem aus Grundmodul, auch wenn es über baurechtl Festlegungen hinausgeht und wirtschaftlichem Vorgehen entspricht, nicht erfinderisch; vgl auch BGH Liedl 1971/73, 315, 329 Loseblattgrundbuch; BGH 21.10.2010 Xa ZR 30/07.

3. Berücksichtigung von Vorteilen

a. Grundsatz. Die Anwendung einer bekannten Maßnahme zur Erzielung eines bekannten Ergebnis- 69
ses ist aufgrund der zu erwartenden inhärenten Wirkung der Maßnahme idR nicht erfinderisch, jedoch
kann die Angabe eines neuen, nicht offensichtlichen Ergebnisses, das sich durch die bekannten Wirkungen erzielen lässt, erfinderische Leistung begründen.[336] Ebenso ist die Anwendung eines bekannten Verfahrens zur Herstellung eines Erzeugnisses auf ein gleichartiges Erzeugnis naheliegend, wenn aus fachmännischer Sicht Veranlassung bestand, das Verfahren hierfür zu erproben und die Verfahrensparameter
dabei mit begründeter Erfolgsaussicht auf das gewünschte Ergebnis abzustimmen.[337] Der Fachmann, der
mit der Verbesserung eines Verfahrens zur Herstellung einer Substanz mit Hilfe von Stoffwechselvorgän-
gen in Mikroorganismen betraut ist, hat grds nur dann Anlass, die Verstärkung eines bestimmten Teilvor-
gangs im Rahmen des Stoffwechselnetzwerks in Erwägung zu ziehen, wenn bekannt oder mit hinreichender Wahrscheinlichkeit zu erwarten ist, dass dieser Faktor limitierend wirkt (bei den bekannten Verfahren
nicht in ausreichendem Maß zur Verfügung steht);[338] stehen hier mehrere erfolgversprechende Wege zur
Verfügung, kann grds Anlass bestehen, alle in Erwägung zu ziehen, sofern ihre Gesamtzahl überschaubar
ist.[339] Der Fachmann, der mit der Bereitstellung eines Stoffs für einen bestimmten Einsatzzweck betraut ist,
hat Anlass, anhand der einschlägigen rechtl Bestimmungen abzuklären, welche Lösungswege unter rechtlichen Aspekten hinreichende Aussicht auf Erfolg haben; wird in den einschlägigen Vorschriften eine einschlägige Maßnahme hervorgehoben und für zulässig erklärt, besteht grds Veranlassung, sie auch für
solche Ausgangsstoffe in Betracht zu ziehen, für die entspr Verbindungen im StdT noch nicht vorbeschrieben sind.[340] Besondere Eigenschaften, Wirkungen und Vorteile der Lehre sind bei der Prüfung der erfinderischen Tätigkeit mit heranzuziehen; sie können auf Nichtnaheliegen hindeuten, weil jeder Fachmann sie
sich sonst zunutze gemacht hätte, sofern er nicht durch andere Überlegungen hieran gehindert war.[341]
Umkehrung eines vermeintlichen Nachteils in eine vorteilhafte Weitergestaltung kann erfinderische Tätigkeit begründen.[342] Triviale Vorteile wie Vereinfachung, Verbesserung oder Verbilligung können allein erfinderische Tätigkeit nicht stützen;[343] allerdings kommt gerade bei Massenartikeln einer Verbilligung besonderes Gewicht zu.[344] In diesem Zusammenhang können schon minimale Vorteile von Gewicht sein.[345]
Es spricht für erfinderische Tätigkeit, wenn der Fachmann die Funktionen bekannter Bauteile eines Erzeugnisses ändern muss, um eine vereinfachte Konstruktion und damit eine Kostenersparnis zu erzielen,
und der StdT zu einem solchen veränderten Konzept keine Anregung liefert.[346] Der technische Ablauf des
Abrufs von Nutzerdaten oder die bloße Verminderung der Anzahl von Schritten bis zum Ablauf der Ge-
schäftsabwicklung sollen erfinderische Tätigkeit nicht begründen.[347] Bei einem Sachanspruch kommt es
grds auf die Vorteile der Sache, nicht auf die des Herstellungsverfahrens an,[348] jedoch wird ein außerhalb
der Sache selbst liegender Vorteil als Bewertungskriterium heranzuziehen sein. Berücksichtigung von
Vorteilen und Fortschritt werden sich nicht eindeutig trennen lassen, denn vorteilhafte Lösungen werden
idR auch fortschrittlich sein.

---

336 EPA T 301/90.
337 BGH GRUR 2008, 145. 147 f Stahlblech.
338 BGH GRUR 2012, 479 Transhydrogenase; BGH 8.1.2013 X ZR 138/09.
339 BGH 8.1.2013 X ZR 138/09.
340 BGH GRUR 2014, 349 Anthocyanverbindung.
341 *Schulte* Rn 156; *Benkard-EPÜ*[1] Art 56 Rn 108 ff; vgl BPatG 5.12.1967 3 Ni 33/66; EPA T 574/88; dagegen zieht BPatGE
40, 179 Vorteile nicht heran, wenn die Maßnahme nahelag; vgl auch EPA T 251/85.
342 BPatG 26.3.1998 15 W (pat) 11/96; vgl auch BPatG 12.7.2002 14 W (pat) 51/01.
343 Vgl *Schulte* Rn 150, 151; EPA T 505/96.
344 Vgl BGH GRUR 1954, 391 Latex; BGH GRUR 1953, 438 Latex; BGH GRUR 1957, 543 Polstersessel; BGH *Liedl*
1965/66, 77, 95 ff Flaschenblasen; BPatGE 39, 123 = GRUR 1998, 661; EPA T 74/90; *Benkard* Rn 124; *Schulte* Rn 125,
150.
345 EPA T 15/86 EPOR 1987, 291 structure de transistors.
346 BGH GRUR 2005, 233 Paneelelemente.
347 EPA T 1244/07 GRUR Int 2011, 952 1-Click.
348 BGHZ 122, 144, 154 f = GRUR 1993, 651 tetraploide Kamille; BGH GRUR 2001, 1129, 1133 zipfelfreies Stahlband;
Benkard Rn 105; vgl BGH *Liedl* 1974/1977, 211, 226 Abdichtungsmittel.

70   Die Vorteile müssen **nicht auf technischem Gebiet** liegen; es kommen zB auch ästhetische Vorteile in Betracht.[349]

71   Ob Vorteile **ins Gewicht fallen** müssen[350] oder schon minimale Vorteile relevant sind,[351] kann nur fallweise entschieden werden.

72   Beruht die Erfindung auf der **Erkenntnis** einer neuen Wirkung, eines neuen Effekts, einer erweiterten Brauchbarkeit usw, ist erfinderische Tätigkeit nach dem Naheliegen dieser Erkenntnis zu beurteilen, nicht nach dem Naheliegen der zur Durchführung getroffenen Maßnahme.[352]

73   **b. Einzelne Vorteile.** Ob eine **Heilwirkung** (therapeutischer Effekt) zwecks Begründung der sonst unzulänglichen Erfindungshöhe herangezogen werden kann, hat der BGH offengelassen.[353] Dass Verfahren zur Heilbehandlung des menschlichen Körpers dem Patentschutz deshalb nicht zugänglich sind, weil sie nicht der Allgemeinheit entzogen werden dürfen, steht der Berücksichtigung der Heilwirkung bei der Prüfung der erfinderischen Tätigkeit nicht entgegen.[354] Zur Berücksichtigung der Heilwirkung bei Mischverfahren für Arzneimittelgemische Rn 100.

74   **Nutzung bekannter Eigenschaften.** Keine erfinderische Leistung begründet es, wenn die bekannten Eigenschaften eines bekannten Stoffs, die ihn vornehmlich von anderen Stoffen unterscheiden, für einen Gegenstand nutzbar gemacht werden,[355] ebenso, wenn sich das Verdienst darin erschöpft, die aus allg Veröffentlichungen vorbekannten Materialeigenschaften eines Stoffs für die Herstellung eines bekannten Erzeugnisses auszunutzen.[356]

75   Zu berücksichtigen sind unerwartete Vorteile[357] (zum Überraschungsmoment Rn 17 ff). IdR nicht herangezogen werden **zu erwartende Vorteile**.[358] Die Praxis des EPA sieht einen bei Befolgung einer naheliegenden Lehre (insgesamt, nicht nur auf ein Teilproblem bezogen)[359] zu erwartenden Vorteil als **„Bonus-Effekt"** (Gratiseffekt, Extraeffekt, Nebeneffekt) an, der für die erfinderische Tätigkeit nicht herangezogen werden kann;[360] das gilt selbst dann, wenn das Ausmaß des Vorteils überrascht.[361] Ein „Bonus-Effekt" liegt danach nicht vor, wenn der Vorteil für die Erfindung ausschlaggebend ist.[362] Das EPA hat die Auswahl aus mehreren bekannten Ausführungsformen, die an sich keine erfinderische Leistung begründet,[363]dann als erfinderisch gewertet, wenn die ausgewählte Ausführungsform eine unvorhergesehene Wirkung zeigt.[364] Der „Bonus-Effekt" hat auch wiederholt in die nationale Rspr Eingang gefunden. Der BGH hat eine erfinderi-

---

349   Vgl BGH GRUR 1966, 249 Suppenrezept; *Benkard* Rn 117 (unter dem Gesichtspunkt des Fortschritts), anders *Benkard* Rn 105 unter Hinweis auf BGH GRUR 1990, 594 Computerträger und BGH GRUR 1994, 36, 38 Meßventil; vgl auch BGH GRUR 1967, 590, 591 Garagentor; BGH Mitt 1972, 235 Rauhreifkerze; BGH GRUR 1988, 290, 293 Kehlrinne.

350   Vgl RG GRUR 1939, 475 Benzinleitungshahn.

351   Vgl EPA T 15/86 EPOR 1987, 291 structure de transistors.

352   BGH GRUR 1964, 676, 679 Läppen; BGH Liedl 1965/66, 377, 397 Gasfeuerzeug; BGH Liedl 1971/73, 238, 246 Weidepumpe; BGH GRUR 1985, 369 Körperstativ; BPatGE 32, 25 = GRUR 1991, 746; EPA T 2/83 ABl EPA 1984, 265 = GRUR Int 1984, 527 Simethicon-Tablette; zur erfinderischen Tätigkeit bei der Anwendungserfindung BGH GRUR 1962, 350, 352 Dreispiegelrückstrahler.

353   BGH GRUR 1962, 83, 85 Einlegesohle; vgl RG BlPMZ 1926, 227, 229 orthopädischer Apparat; abl RG MuW 34, 120 f injizierbare Kalziumlösung.

354   So auch *Benkard*[9] Rn 36.

355   BGH GRUR 1962, 83, 85 Einlegesohle; RPA GRUR 1941, 275.

356   BGH Einlegesohle; BGH GRUR 1960, 27, 29 Verbindungsklemme; BGH GRUR 1962, 80 Rohrdichtung.

357   Vgl BPatG 20.1.1998 3 Ni 28/96 (EU); zur erfinderischen Tätigkeit bei unerwartet günstiger Wirkung nl PA BIE 1995, 229.

358   Vgl BPatG 20.1.1998 3 Ni 24/96 (EU): schon bei in Aussicht stehender Möglichkeit; PatentsC ENPR 2000, 58 Bristol-Myers v. Baker Norton und nachfolgend CA England/Wales ENPR 2000, 230 m Besprechung *Sternfeld* EIPR 2001, 107.

359   EPA T 236/88 EPOR 1990, 227 Preparation of acetic anhydride.

360   EPA T 21/81 ABl EPA 1983, 15 elektromagnetischer Schalter; EPA T 192/82 ABl EPA 1984, 415 Formmassen; EPA T 69/83 ABl EPA 1984, 357 thermoplastische Formmassen; EPA T 423/86; EPA T 296/87 ABl EPA 1990, 195 = GRUR Int 1990, 851 Enantiomere; EPA T 227/89; EPA T 506/92; EPA T 766/92, dort in einer „Einbahnstraßensituation"; EPA T 936/96; EPA T 231/97; *Benkard* Rn 105; *Benkard-EPÜ* Art 56 Rn 125; *Schulte* Rn 158; *Kraßer/Ann* § 18 Rn 68.

361   EPA T 551/89; ähnlich BPatG 9.10.1998 14 W (pat) 50/97; vgl *Fitzner/Lutz/Bodewig* Rn 127.

362   EPA T 240/93; kurze Behandlungsdauer bei Hyperthermiebehandlungsgerät.

363   EPA T 400/98.

364   EPA T 198/84 ABl EPA 1985, 209 = GRUR Int 1985, 827 Thiochlorformiate; EPA T 729/90; *Féaux de Lacroix* GRUR 2006, 625, 628 f; anders T 296/87 ABl EPA 1990, 195, 212 = GRUR Int 1990, 851 Enantiomere.

sche Leistung verneint, wenn bei einer als solche naheliegenden Kombination ein zusätzlicher, selbst unerwarteter und überraschender Effekt eintritt;[365] auch dann, wenn die Ausgestaltung nahegelegt war, aber die
Lösung eines weiteren Problems verbessert wurde.[366] Auch das BPatG zieht grds einen überraschenden
technischen Erfolg schon dann nicht heran, wenn die Kombination nahegelegt war.[367] Ob es der erfinderischen Tätigkeit entgegensteht, dass sich bestimmte Wirkungen zwangsläufig einstellen,[367a] wird sich nur
im Einzelfall beantworten lassen.

Synergistische Effekte (Synergieeffekte, zB bei der selektiven Unkrautbekämpfung oder Arzneimit- **76**
telgemischen), die über die bloße Summenwirkung hinausgehen, können erfinderische Tätigkeit begründen, wenn sie für den Fachmann überraschend sind.[368] Das gilt aber nicht, wenn sie naheliegend waren.[369]
Soll bei Wirkstoffkombinationen ein synergistischer Effekt (selektive Unkrautbekämpfung) erzielt werden,
kommt es darauf an, ob der Fachmann dem StdT Anregungen, diesen Effekt bei der Lösung des speziellen
Problems zu erreichen, entnehmen konnte.[370] Zur Erforderlichkeit eines synergistischen Effekts bei Kombinationserfindungen Rn 83.

c. Offenbarung der Vorteile. Zu berücksichtigen sind zunächst die in den Anmeldeunterlagen ge- **77**
nannten Vorteile,[371] auch sie können nur herangezogen werden, soweit sie tatsächlich bestehen.

Nicht offenbarte Vorteile. Darauf, ob der Erfinder die sich aus der Anwendung der Erfindung erge- **78**
benden Vorteile erkannt hat, kommt es nicht an,[372] wenn sie für den Fachmann erkennbar sind.[373] Nicht in
den Unterlagen genannte Vorteile können deshalb uU herangezogen werden.[374] Das gilt nicht für Vorteile,
deren Ausnutzung der Erfindung erst ihren Sinn gibt oder die auf einer eigenen erfinderischen Tätigkeit
beruhen.[375] Für den Fachmann aufgrund seines Fachwissens nicht erkennbare Vorteile müssen nach allgM
unberücksichtigt bleiben;[376] damit wird für die Beurteilung die Grundlage dessen, was die Erfindung objektiv leistet, verlassen und – jedenfalls unter Belohnungsgesichtspunkten – konsequent, aber zumindest

365 BGH GRUR 2003, 317, 320 kosmetisches Sonnenschutzmittel I; BGH GRUR 2004, 579 Imprägnieren von
Tintenabsorbierungsmitteln; BGH GRUR 2009, 936 Heizer; BGH GRUR 2010, 123 Escitalopram; BGH 18.6.2009 X ZR 61/05
(Nr 29); BGH GRUR 2010, 607 Fettsäurezusammensetzung; BGH GRUR 2011, 607 kosmetisches Sonnenschutzmittel III;
BGH GRUR 2012, 803 Calcipotriol-Monohydrat; BGH GRUR 2014, 349 Anthocyanverbindung; vgl auch BGH Bausch BGH
1994–1998, 35, 41 Polymerstabilisatoren.
366 BGH GRUR 2003, 693 Hochdruckreiniger; vgl BPatG 14.10.2003 3 Ni 11/02 (EU); BPatG 15.5.2007 3 Ni 5/05 (EU);
BPatG 17.3.2009 3 Ni 6/08 (EU); BPatG 24.5.2011 1 Ni 1/10 und nachfolgend BGH 30.10.2012 BGH X ZR 143/11.
367 BPatG 28.10.1997 14 W (pat) 78/95; BPatG Bausch BPatG 1994–1998, 181 stellt auf deutliche Hinweise im StdT zur
Bereitstellung des Mittels mit nicht unerwarteten vorteilhaften Eigenschaften ab; BPatG 14.10.2003 3 Ni 11/02 (EU); BPatG
19.10.2006 3 Ni 46/04; BPatG 27.11.2007 3 Ni 47/06; BPatGE 50, 6 = Mitt 2007, 68 „Alendronsäure"; BPatG 30.6.2009 3 Ni
28/07 (EU); BPatG 29.9.2009 3 Ni 33/07 (EU); BPatG 28.6.2011 3 Ni 10/10 (EU); BPatG 12.11.2013 3 Ni 10/12 (EP); BPatG
30.1.2014 4 Ni 38/11 (EP); BPatG 6.5.2014 3 Ni 21/12; BPatG 20.5.2014 3 Ni 19/13 (EP); BPatG 24.6.2014 3 Ni 23/12 (EP); BPatG
20.1.2015 3 Ni 18/13 (EP).
367a So BPatG 12.1.2016 3 Ni 12/14 unter Hinweis auf BGH GRUR 2012, 1130 Leflunomid und BGH GRUR 2012, 1133 UV-
unempfindliche Druckplatte.
368 BGH GRUR 2003, 317 kosmetisches Sonnenschutzmittel I; BGH GRUR 2009, 936 Heizer; BPatG GRUR 1980, 41, 42,
nicht in BPatGE 22, 61; BPatG Bausch BPatG 1994–1998, 181; BPatG 4.8.2009 3 Ni 52/07 (EU); BPatG 23.12.2009 3 Ni 56/07
(EU); BPatG 19.5.2010 3 Ni 15/08 (EU); Benkard Rn 119; Benkard-EPÜ Art 56 Rn 108; Singer/Stauder EPÜ⁶ Art 56 Rn 59; vgl
öOPM öPBl 2012, 142 = ÖBl 2012, 253 Ls Bedienvorrichtung; aA noch BGH GRUR 1966, 28 Darmreinigungsmittel, zum
früheren Recht; vgl auch RG Mitt 1939, 191, 194 Druckwärmespaltung von Kohlenwasserstofffölen.
369 BGH kosmetisches Sonnenschutzmittel I; BGH Heizer; BGH GRUR 2010, 607 Fettsäurezusammensetzung; BGH
6.3.2012 X ZR 50/09; BPatG 7.12.2010 3 Ni 52/08 (EU); BPatG 1.3.2011 3 Ni 53/08 (EU).
370 EPA T 68/85 ABl EPA 1987, 228 = GRUR Int 1987, 698, 700 synergistische Herbizide.
371 Keil GRUR 1986, 12; vgl Benkard Rn 105.
372 RG GRUR 1925, 124, 126 Kunstseide.
373 BGH GRUR 1971, 403, 406 Hubwagen.
374 BGH GRUR 1957, 213, 214 Dipolantenne I; BGH BlPMZ 1973, 259 Lenkradbezug 02, GbmSachen; abl für einen
überraschenden kombinatorischen Effekt, der durch die bloße Aggregation der Merkmale nicht zu erwarten ist, ÖPA öPBl
1996, 255, 259.
375 BGH GRUR 1960, 542, 544 Flugzeugbetankung; BGH GRUR 1962, 83, 85 Einlegesohle; BGH Hubwagen; BPatG
Bausch BPatG 1994–1998, 181; Benkard Rn 105; Schulte Rn 157.
376 BGH Hubwagen: nachträglich geltend gemachte, nicht in der Patentschrift genannte und für den Fachmann nicht
ohne erfinderische Leistung erkennbare Vorteile; BGH Liedl 1974/77, 211, 226 Abdichtungsmittel.

auf dem Gebiet des Sachschutzes ohne Not, die fachmännische Beurteilung als Filter eingeführt. Gerade aus fachmännischer Sicht nicht zu erwartende Vorteile können ein starkes Indiz für erfinderische Leistung sein; die Bewertung stellt hier letztlich nicht mehr auf die objektive Bereicherung der Technik ab.

79   Die zur Begründung der erfinderischen Tätigkeit erforderlichen Angaben können (jedenfalls soweit sie das Wesen der Erfindung nicht beeinflussen)[377] **nachgebracht** werden.[378] Statt eines Misserfolgs auf einer spezifischen Ebene kann nach Auffassung des EPA zur Beurteilung der Wirkung einer Erfindung ein technischer Erfolg auf einer allgemeineren Ebene herangezogen werden, sofern für den Fachmann erkennbar ist, dass die Wirkung im weiteren Sinn in der ursprünglich formulierten Aufgabe impliziert ist oder im Zusammenhang mit ihr steht; eine entspr Abwandlung der Aufgabe unter Zugrundelegung eines weniger anspruchsvollen Ziels ist zulässig;[379] dem ist im Ergebnis zuzustimmen, ohne dass es des Abstellens auf die Aufgabe bedarf. Die ältere Rspr hat besondere Vorteile einer nur als Ausführungsbeispiel in einer Zeichnung dargestellten Erfindungsform bei der Beurteilung der Erfindungshöhe außer Betracht gelassen, wenn der Vorteil nicht als solcher in der Beschreibung erwähnt oder offenbart ist;[380] dies ist durch die gewandelte Bedeutung der Zeichnung überholt.

80   **4. Bei Kombinationserfindungen** (Rn 90 ff zu § 1) gelten weder strengere noch mildere Anforderungen als bei sonstigen.[381] Abzustellen ist grds auf die Gesamtkombination.[382] Die Zusammenfassung mehrerer Elemente zu einer Kombination kann erfinderisch sein, wenn sie eine neue Erkenntnis einschließt und der Technik eine neue Anweisung gibt.[383] Bei einer Kombination entfällt die Erfindungsqualität nicht deshalb, weil zur Lösung auf bekannte oder durch den StdT nahegelegte Mittel zurückgegriffen wird.[384] Es steht der erfinderischen Tätigkeit auch nicht entgegen, dass einzelne[385] oder alle Merkmale für sich vorbekannt,[386] erst recht, dass sie nahegelegt waren.[387] Erfinderische Tätigkeit ist zu verneinen, wenn der Fachmann aufgrund seines Fachkönnens die bekannten Merkmale zu der Kombination vereinen kann.[388] Die Aneinanderreihung von trivialen Merkmalen wird aber idR erfinderische Tätigkeit nicht begründen können.[389] Das gilt auch für triviale Änderungen gegenüber dem StdT.[390] Bei Kombinationserfindungen ist wie auch sonst zu prüfen, ob ein Anlass für die Kombination bestand.

---

377   *Benkard*[9] Rn 18; s aber BPatG Mitt 1979, 195 f.

378   So zu den besonderen technischen, therapeutischen oder sonstwie wertvollen Eigenschaften der Verfahrensprodukte bei Analogieverfahren BGHZ 45, 102 = GRUR 1966, 312 Appetitzügler I; vgl BPatG Bausch BPatG 1994–1998, 181.

379   EPA T 184/82 ABl EPA 1984, 261 = GRUR Int 1984, 525 Formkörper aus Poly(p)-methylstyrol.

380   BGH Mitt 1962, 74 Braupfanne.

381   Schweiz BG SMI 1994, 328, 332 Slim Cigarette.

382   *Benkard* Rn 131; *Benkard-EPÜ* Art 56 Rn 162; BGH GRUR 1953, 120, 122 Rohrschelle; BGH GRUR 1975, 593, 597 f Mischmaschine; BGH GRUR 1976, 88 f Skiabsatzbefestigung; BGH GRUR 1981, 732, 734 First- und Gratabdeckung; BGHZ 81, 211 = GRUR 1981, 736, 738 Kautschukrohlinge; vgl EPA T 167/82; EPA T 175/84 ABl EPA 1989, 71; EPA T 111/86.

383   RG GRUR 1935, 33, 35 Hochspannungssicherung.

384   BGH GRUR 1964, 676, 679 Läppen; BGH Liedl 1965/66, 377, 397 Gasfeuerzeug; BGH 7.1.1964 I a ZR 4/63; vgl BPatG 28.7.1998 13 W (pat) 18/97: Merkmal steht in neuem Gesamtzusammenhang.

385   RG GRUR 1939, 283, 284 Fahrzeuggestelle II; RG GRUR 1939, 682 Reifenkontrollvorrichtung I; BGH GRUR 1954, 317, 319 Mehrschichtträger; BGH GRUR 1975, 593, 597 f Mischer III; BGH Mitt 1975, 117, 118 Rotationseinmalentwickler; BPatGE 1, 70, 74 = GRUR 1965, 81.

386   BGH GRUR 1954, 107, 110 Mehrfachschelle; BGH GRUR 1959, 22, 24 Einkochdose; BGH GRUR 1961, 572, 575 Metallfenster; BGH Läppen; BGH Mitt 1975, 117 f Rotationseinmalentwickler; BGH GRUR 1978, 98 f Schaltungsanordnung; BGH GRUR 1981, 341, 343 piezoelektrisches Feuerzeug; BGH Kautschukrohlinge; BGH GRUR 1997, 272 Schwenkhebelverschluß; BGH GRUR 1999, 145, 148 Stoßwellen-Lithotripter; BGH GRUR 2003, 223, 225 Kupplungsvorrichtung II; EPA T 55/93; EPA T 818/93; GH Den Haag BIE 1999, 480, 484; ÖPA öPBl 2000, 130, 139; ÖPA ÖPBl 2004, 148; *Kraßer/Ann* § 18 Rn 115; vgl BPatG 20.12.1966 2 Ni 15/64; EPA T 175/84 ABl EPA 1989, 71 Kombinationsanspruch; jedoch sieht RB Den Haag BIE 1999, 490 die Kombination von nur zwei bekannten Maßnahmen nicht als erfinderisch an, wenn nicht durch sie eine Wirkung – „plus-Effekt" – erzielt wird, die über die Einzelwirkungen hinausgeht, ähnlich RB Den Haag BIE 2001, 163 m kr Anm *Steinhauser* unter Abstellen auf einen überraschenden Effekt.

387   Vgl BPatG 21.1.1997 8 W (pat) 6/95; EPA T 40/83.

388   Schweiz BG Slim Cigarette.

389   Vgl *Keukenschrijver* FS R. König (2003), 255, 259; BGH 30.3.2004 X ZR 199/00; vgl auch Tribunale Mailand ENPR 2002, 38, 42 f; HoL 14.10.2004 Sabaf v. MFI Furniture.

390   Vgl BGH 21.4.2014 X ZR 74/13 (Nr 73).

Die **Vereinigung der Einzelelemente** muss erfinderisch sein;[391] jedenfalls, soweit die Einzelmerkma- **81** le bekannt oder naheliegend waren.[392] Bei Kombinationserfindungen muss geprüft werden, ob der StdT für das Zusammenwirken aller Merkmale unter Berücksichtigung ihrer Funktionen innerhalb der Kombination Anregungen gegeben hat, andernfalls könnte eine Kombination aus bekannten Einzelmerkmalen nie auf erfinderischer Leistung beruhen.[393] Ob die Idee, mehrere, sämtlich vorbekannte Elemente zusammenwirken zu lassen und durch dieses Zusammenwirken ein neues Ziel zu erreichen, erfinderischen Gehalt hat, bedarf besonders sorgfältiger Prüfung,[394] dies wurde bejaht bei neuer vorteilhafter und zweckmäßiger Lösung trotz erheblichen StdT,[395] verblüffender Einfachheit,[396] auf das Zusammenwirken zurückzuführender vorteilhafter Gesamtwirkung,[397] unvorhersehbarem Vorteil[398] oder unüberwindbaren Schwierigkeiten für den Fachmann,[399] entscheidendem Fortschritt oder unerwartetem Ergebnis;[400] verneint bei Kombination durchwegs bekannter technischer Maßnahmen, die allesamt durch bekannte Montageschwierigkeiten veranlasst waren.[401] Eine Vorveröffentlichung, die fast alle Merkmale enthält, hindert die Patentfähigkeit nicht, wenn sie für ein weit entfernt liegendes technisches Gebiet vorgesehen ist, aber die einschlägige Technik jahrzehntelang nicht beeinflusst hat.[402] Kombination prinzipiell unterschiedlicher Lösungen, die allg am Markt eingeführt, für sich voll funktionsfähig und ausreichend zuverlässig sind, soll ohne besondere Anregungen erfinderisch sein.[403]

Bei **Verfahrensansprüchen** mit mehreren Verfahrensschritten kann erfinderische Tätigkeit durch die **82** Gesamtkombination aller Verfahrensstufen, aber auch durch einen erfinderischen Teil der Verfahrensstufen begründet sein.[404]

Bei einer Kombinationserfindung kann **jeder der angestrebten Vorteile bereits** für sich allein bei **83** bekannten Gegenständen **vorhanden** gewesen sein; die Erfindung kann darin liegen, durch geeignete Vorkehrungen dafür zu sorgen, dass diese Vorteile gleichzeitig verwirklicht werden.[405] Die Gesamtwirkung

---

391   RG GRUR 1938, 763, 765 Pottascheherstellung; RG GRUR 1938, 844, 845 Wechselgetriebe; RG GRUR 1939, 599, 601 Wandhaken; BGH Liedl 1959/60, 111, 122 Schlaucharmatur; BGH GRUR 1974, 148, 150 Stromversorgungseinrichtung; BGHZ 81, 211, 217 = GRUR 1981, 736, 738 Kautschukrohlinge; BGH Bausch BGH 1986–1993, 388 Früchtehalter; EPA T 60/89 ABl EPA 1992, 268, 282 = GRUR Int 1992, 771 Fusionsproteine; vgl EPA T 37/85 ABl EPA 1988, 86 Gießpfannen; EPA T 666/93; vgl auch RG Mitt 1939, 191, 194 Druckwärmespaltung von Kohlenwasserstoffölen.

392   Vgl BGH GRUR 1999, 145, 148 Stoßwellen-Lithotripter: Naheliegen der Einzelmerkmale begründet für sich noch nicht Naheliegen der Kombination; uU selbst bei Vorbekanntsein aller Merkmale für ein anderes Anwendungsgebiet, BGH Bausch BGH 1994–1998, 509, 515 Druckbogensammler; BGH GRUR 2003, 223 Kupplungsvorrichtung II; BGH 10.12.2002 X ZR 10/99: Gesamtschau; BGH 6.4.2004 X ZR 243/00; BPatG 6.2.2001 8 W (pat) 35/99: Herausgreifen von Teillösungen aus zwei unterschiedlichen in einer Druckschrift beschriebenen Lösungen ist nicht ohne weiteres naheliegend; vgl BPatG 28.10.1998 20 W (pat) 12/97; ÖPA öPBl 2002, 152, 155: Kombination von Merkmalen aus relativ weit entfernten Sachgebieten nicht naheliegend; vgl EPA T 24/81 ABl EPA 1983, 133 = GRUR Int 1983, 65 Metallveredlung; EPA T 181/82 ABl EPA 1984, 401 = GRUR Int 1984, 700 Spiroverbindungen; EPA T 199/84; EPA T 330/87; vgl auch US-District Court District of Columbia 12.6.1998 48 USPQ 2d 1139 Winner v. Wang, referiert in EIPR 1999 N-69.

393   BGH Kautschukrohlinge; vgl BPatGE 1, 70, 73f = GRUR 1965, 81; EPA T 388/89; EPA T 37/85 EPOR 2003, 187 Drehturm für Gießpfannen; EPA T 388/89; EPA T 717/90; EPA T 407/91; vgl öOPM öPBl 1998, 192, 195; andererseits lässt ÖPA öPBl 1998, 9 das bloße Zusammenfassen bekannter Merkmale nicht ausreichen, anders bei weiteren, nicht naheliegenden Maßnahmen.

394   BGH Liedl 1959/60, 418, 426 Strangpresse; BGH GRUR 1969, 182 Betondosierer; vgl RG GRUR 1939, 280, 283 Blaslufttrocknung.

395   RG MuW 29, 585, 587 Hebelschalter; RG GRUR 1936, 105, 107 Diopter; RG GRUR 1936, 585, 589 Metallrohraufweitung; RG GRUR 1936, 937 Schienenbefestigung; RG MuW 38, 327 stufenloses Wechselgetriebe; RG GRUR 1939, 599, 601 Wandhaken; RG MuW 39, 291, 293 elektrodynamischer Lautsprecher; RPA Mitt 1934, 109.

396   BGH Liedl 1965/66, 77, 95 Flaschenblasen.

397   BGH GRUR 1961, 572, 575 f Metallfenster; BGH Rotationseinmalentwickler.

398   EPA T 271/84 ABl EPA 1987, 405, 418 = GRUR Int 1988, 248 Gasreinigung; vgl BPatGE 22, 61 = GRUR 1980, 41, 42.

399   RG GRUR 1937, 454, 456 Schalteinrichtung.

400   BPatG 20.12.1966 2 Ni 15/64.

401   BGH 6.4.2004 X ZR 243/00.

402   BGH Rotationseinmalentwickler; vgl BGH GRUR 1953, 120, 122 Rohrschelle; BGH Mehrfachschelle; EPA T 90/81 GRUR Int 1991, 815 gefrorener Fisch; austral HighC GRUR Int 1981, 691, 692.

403   BPatGE 41, 78 = GRUR 1999, 693, 695; in dieser Allgemeinheit zwh.

404   EPA T 163/84 ABl EPA 1987, 301 = GRUR Int 1987, 697 Acetophenonderivate.

405   BGH GRUR 1973, 411 Dia-Rähmchen VI; vgl BGH 13.11.2013 X ZR 79/12.

Keukenschrijver

der Kombination muss entgegen früherer Rspr[406] nicht größer sein als die Summe der Einzelwirkungen der Elemente, ein synergistischer Effekt (Mehreffekt, Kombinationseffekt; Rn 76) wird nicht verlangt.[407]

84 Dass ein **Kombinationsmerkmal neu** ist, ist als nicht unbeachtlicher Hinweis auf erfinderische Leistung gewertet worden.[408]

85 **Einzelfälle.** Erfindungshöhe bei „geschickter Gesamtkombination" für einen Massenartikel;[409] non liquet bei geschickter Kombination;[410] glückliche und elegante Kombination, die sämtliche bisher aufgetretenen Mängel beseitigt;[411] Erkennen der Abhängigkeit der einzelnen Elemente mit technisch wirkungsvollem Gesamteffekt.[412] Ermöglichte der StdT eine Vielzahl von Kombinationen bekannter Einzelmerkmale, spricht es für schöpferische Leistung, wenn die Lehre eine neue Kombination vorschlägt, die zu einer brauchbaren und mit bisher in keiner bekannten Kombination vorhandenen Vorteilen ausgestatteten Vorrichtung führt, denn eine Verknüpfung von Vorteilen des Bekannten ist nur dann zu erreichen, wenn diese in einer durchgreifenden Kombination richtig eingeordnet werden. Dies erfordert kritische Auswertung, übergeordnetes Urteilsvermögen, setzt „eine recht ansehnliche souveräne Beherrschung der Zusammenhänge und der baulichen Ausführungsmöglichkeiten voraus".[413] War der prinzipielle Aufbau einer Anlage bekannt, ist Erfindungshöhe gegeben, wenn überlegener Überblick über die bestehenden Möglichkeiten und Kombinationsgabe erkennbar sind, die den Erfinder über den Fachmann heraushebt.[414] Erfindungshöhe wurde bei einer Kombination aus bekannten Einzelmerkmalen bejaht, weil aus der Vielzahl der bekannten und in unterschiedlichen Kombinationen verwendeten Merkmale die für den Verwendungszweck geeigneten herausgesucht und zusammengefügt werden mussten.[415] Es wurde als naheliegend angesehen, die Merkmale eines flammenlosen Brenners mit denen eines Flammenbrenners zu kombinieren, wenn der flammenlose Brenner als Weiterentwicklung des Flammenbrenners bezeichnet wird und darüber hinaus sowohl mit als auch ohne Flamme betrieben werden kann.[416]

86 Für erfinderische Tätigkeit sind **weiter** herangezogen worden: Auswahl einer Lösung aus mehreren technischen Möglichkeiten, die sich durch Einfachheit, geringen technischen Aufwand und geringe Störanfälligkeit heraushebt;[417] Auswahl eines geeigneten Verfahrens zur Auswertung der Vorzüge der Spannbetontechnik für weitgespannte Brückentragwerke aus verwirrender Vielfalt der bekannten Verfahren;[418] Zusammenfassen einer Reihe von vorteilhaften Maßnahmen in einer Gesamtkombination als geglückte Lösung;[419] Schaffung eines sehr handlichen, einfach bedienbaren und wenig störanfälligen Geräts, das Unvollkommenheiten, wie sie älteren Konstruktionen anhaften, nicht aufweist, durch eine Reihe von einfachen Maßnahmen, die geschickt aufeinander abgestimmt sind;[420] Kombination unvereinbar erscheinen-

---

406 RG GRUR 1930, 438 Kupplungen; RG GRUR 1931, 262 Tischkegelspiel; RG JW 1932, 1828 = MuW 32, 352, 354 Klebepressen; BGH GRUR 1956, 317 Waschmittel; BGH Liedl 1959/60, 395, 401 Schwingungswalze: BPatGE 1, 6.

407 Schweiz BG SMI 1994, 328, 332 Slim Cigarette; *Kraßer/Ann* § 18 Rn 115; *Klauer/Möhring* § 1 Rn 61; *Isay* § 1 Anm 19 mwN; vgl *Chavanne/Burst* Droit de la propriété industrielle⁶ (1993) S 88 Nr 105; vgl auch ÖPA öPBl 1996, 191, 195; abw die Praxis des EPA, vgl EPA T 410/91; EPA T 731/94; EPA T 818/93 stellt auf strukturelle oder funktionelle Verknüpfung ab; EPA T 363/94 auf funktionelle Wechselwirkung oder kombinatorischen Effekt; vgl auch EPA T 897/95.

408 BGH Liedl 1982/83, 187 ff Löffelbagger, bdkl.

409 BGH Liedl 1965/66, 77, 95 Flaschenblasen.

410 BGH GRUR 1997, 272 Schwenkhebelverschluß.

411 BGH Liedl 1956/58, 244, 268 Holzbearbeitungsmaschine.

412 BGH Liedl 1971/73, 62, 70 Düngerstreuer 02.

413 BGH Liedl 1971/73, 221, 235 Dieselmotor.

414 BGH Liedl 1959/60, 372, 385 Antennenantriebsvorrichtung; zum Zahlenverhältnis von Bauteilen bei einem Getriebe BPatG GRUR 2005, 494 „ganzzahliges Vielfaches".

415 BGH GRUR 1954, 107, 110 Mehrfachschelle; BGH Liedl 1967/68, 392 ff Reißverschluß; geschickte Konstruktion auch BGH Liedl 1963/64, 191, 210 Kleinparkett; BGH Liedl 1965/66, 22, 29 Lamellenschrägsteller; ÖOPM öPBl 2004, 157: erfinderische Tätigkeit bei Radiator.

416 BPatG 12.10.2010 12 W (pat) 313/06.

417 BGH GRUR 1978, 98 f Schaltungsanordnung; vgl EPA T 349/95; vgl aber EPA T 712/92; EPA T 214/01; EPA T 190/03: Möglichkeit anderer Lösungen begründet bei naheliegender Auswahl der gewählten Lösung keine erfinderische Tätigkeit.

418 BGH Liedl 1963/64, 626, 654 Spannbeton I.

419 BGH Liedl 1971/73, 315, 329 Loseblattgrundbuch.

420 BGH Liedl 1971/73, 157, 168 Haarschneidegerät.

der Mittel;[421] wesentlicher Fortschritt.[422] Die Erkenntnis, ein Element weglassen zu können, kann erfinderische Tätigkeit begründen.[423] Einsparung eines Bauteils durch Belegen eines vorhandenen Bauteils mit Doppelfunktion bei Massenartikel auf viel bearbeitetem Gebiet ist als erfinderisch angesehen worden.[424]

Erfinderische Tätigkeit wurde **verneint**, wenn der StdT die Kombination derart nahelegt, dass sie als **87** rein handwerkliche Konstruktion ohne schöpferische Eigenart zu werten ist,[425] so bei Routinearbeit.[426] Zwar kann auch die Arbeit des Konstrukteurs über bloße Routine hinausgehen und erfinderischen Rang haben; dies setzt aber den Nachweis voraus, dass die Konstruktion wegen des mit ihr erreichten Effekts ungewöhnlich ist. „Geschickte Kombination altbekannter Elemente" allein genügt nicht.[427] Eine Vereinigung bekannter Merkmale zu einer Kombination ohne überraschendes Ergebnis, die auf Teillösungen aufbaut und sich die Vorteile bekannter Vorrichtungen zunutze macht, ist nicht erfinderisch;[428] ebenso die mosaikartige Zusammenstellung bekannter vorteilhafter Einzelelemente,[429] insb wenn sich der StdT an die Lösung des Problems bereits nahe herangetastet hatte,[430] anders etwa, wenn sich dem Fachmann Schwierigkeiten in den Weg gestellt haben, etwa weil Alternativen bestanden, die zu unterschiedlichen Ergebnissen führen.[431]

In der bloßen Aneinanderreihung (**Aggregation**,[432] **Kumulation**)[433] von Elementen ohne kombinato- **88** rischen Effekt soll eine erfinderische Leistung nicht begründet sein;[434] ebenso beim Zusammenfügen von Mitteln, von denen jedes unabhängig vom anderen nur seine ursprüngliche Wirkung entfaltet.[435] Das ist in dieser Allgemeinheit nicht zutr (Rn 83). Auch hier kann Überwindung besonderer Schwierigkeiten erfinderische Tätigkeit begründen.[436]

---

421 EPA T 271/84 ABl EPA 1987, 405, 411 f = GRUR Int 1988, 248 Gasreinigung.
422 BGH Liedl 1974/77, 296, 318 Kardangruppe.
423 RPA Mitt 1942, 56; *Reimer* § 1 Rn 54; vgl *Ohnesorge* Die „Auslassungs"- und die „Hinzufügungs"-Erfindungen, MuW 31, 255; *Kohler* Positive und negative Erfindungen und ihre Äquivalente, GRUR 1897, 305; vgl aber EPA T 871/94; EPA T 258/03 ABl EPA 2004, 575 = GRUR Int 2005, 332 Auktionsverfahren; BGH Mitt 2003, 116 Rührwerk.
424 BPatGE 39, 123 = GRUR 1998, 661.
425 BGH Liedl 1961/62, 64, 75 Heuwender; vgl RG GRUR 1939, 277, 280 Kleinmotoren; BGH GRUR 1958, 134, 136 Milchkanne: Variation bekannter Elemente ohne deutlich überlegenes Ergebnis; EPA T 24/81 ABl EPA 1983, 133 = GRUR Int 1983, 650, 652 Metallveredlung; US-SuprC GRUR Int 1976, 442, 444.
426 BGH Mitt 2003, 116 Rührwerk, BGH GRUR 2006, 930 Mikrotom; BPatG 13.9.2012 10 Ni 50/10 (EP); vgl EPA T 261/85; BPatG 27.2.2014 2 Ni 29/12 (EP).
427 BGH Liedl 1963/64, 191, 210 Kleinparkett; vgl BGH Liedl 1974/77, 191, 209 Verpackungsanlage.
428 BGH GRUR 1969, 182, 184 Betondosierer; EPA T 130/89 ABl EPA 1991, 514, 520 Profilstab; vgl auch BPatGE 1, 6, 7: voraussehbare Wirkung; RPA Mitt 1935, 418, 419; RPA Mitt 1938, 390, 391; ÖPA öPBl 1997, 126: Aufzählen verschiedener bekannter bzw naheliegender Maßnahmen, die verschiedenen Zwecken dienen, ist erst erfinderisch, wenn sich in überraschender Weise zeigt, dass diese einem bestimmten technischen Zweck dienen können.
429 BGH BlPMZ 1963, 365, 366 Schutzkontaktstecker; vgl EPA T 426/88 ABl EPA 1992, 427 = GRUR Int 1993, 161, 162 Verbrennungsmotor; vgl zu fotografischer Beschreibung eines PKW-Kotflügels mit einer Vielzahl von Einzelmerkmalen BGH Bausch BGH 1994–1998, 366 PKW-Kotflügel.
430 BGH Liedl 1971/73, 26, 41 feuerfester Stein.
431 BGH Mikrotom; vgl BPatG 3.11.2010 5 Ni 55/09 (EU).
432 Vgl *Kraßer/Ann* § 18 Rn 117; BGH 13.11.2013 X ZR 79/12; vgl auch BPatG 29.4.2015 4 Ni 26/13 Mitt 2015, 331 Ls.
433 BGH 7.7.2015 X ZR 100/13.
434 Vgl BGH 12.1.2016 X ZR 38/14; RG BlPMZ 1900, 368, 369 Selbstzünder; RG MuW 31, 25 Schaugestell für Ladentische; BPatG 1.12.2010 4 Ni 60/09 (EU); BPatG 1.2.2011 1 Ni 11/09 (EU), Aggregation jedoch verneint in der Berufungsentscheidung BGH 10.4.2014 X ZR 74/11, weil alle Merkmale in ihrer Gesamtheit dazu beitragen, eine besonders raumsparende Anordnung zu ermöglichen; BPatG 24.5.2011 1 Ni 1/10 und nachfolgend BGH 30.10.2012 X ZR 143/11; BPatG 30.10.2014 2 Ni 45/12 (EP); BPatG 3.7.2015 5 Ni 12/13 (EP); BPatG 21.9.2015 5 Ni 30/13 (EP); EPA T 144/85; EPA T 389/86 EPA-E 11, 150 Beschwerdefrist; EPA T 387/87; EPA T 410/91; EPA T 163/94; RPA GRUR 1944, 132; schweiz BG sic! 2012, 405 induktive Heizvorrichtung; ÖPA öPBl 1996, 255, 259; ÖPA öPBl 1997, 198; *Singer/Stauder* EPÜ Art 56 Rn 125; vgl die auf die Lösung von Teilaufgaben abstellende Entscheidung EPA T 597/93.
435 BGH GRUR 1956, 317, 318 Wasch- und Bleichmittel.
436 *Kraßer/Ann* § 18 Rn 117; *Klauer/Möhring* § 1 Rn 161 unter Hinweis auf DPA BlPMZ 1955, 329 und BPatGE 4, 111, 114 = GRUR 1964, 257.

5. Chemieerfindungen

89   **a. Grundsatz.** Wie schon das RG in der ersten „Kongorot"-Entscheidung[437] ausgeführt hat, ist „die Frage, ob eine Erfindung vorliegt, im wesentlichen für das Gebiet der chemischen Industrie nicht anders zu beantworten als für das Gebiet der mechanischen Industrie".[438]

90   **b.** Auf dem Gebiet des **Stoffschutzes** ist das Bereitstellen einer neuen Verbindung für sich nicht erfinderisch, ebenso eine rein willkürliche Auswahl aus der Fülle möglicher Lösungen.[439] Dagegen reicht es aus, dass der Stoff (über den hier als Anhaltspunkt für erfinderische Tätigkeit bedeutsamen technischen Fortschritt hinaus) zu einer nicht erwarteten Bereicherung der Technik, einer bislang unbekannten technischen Wirkung, führt,[440] so bei pharmazeutischen Wirkstoffen auch durch größere Anwendungssicherheit (Ausschaltung von Nebenwirkungen, fehlendes Suchtpotential),[441] oder durch den StdT nicht nahegelegt war. Dies gilt aber grds nur in dem Umfang, in dem die Wirkung vorliegt.[442] Erfinderische Tätigkeit wurde bejaht, weil die Wirkung einer Verbindungsgruppe vom StdT aus unglaubhaft erschien,[443] der StdT von ihr wegführte[444] oder keine Hinweise auf sie vorlagen.[445] Große Anzahl von Variationsmöglichkeiten, Mehrzahl gedanklicher Schritte und gute Wirkung können zusammen erfinderische Tätigkeit begründen.[446] Erfinderische Tätigkeit wurde bei einem Stoff verneint, der dasselbe Grundgerüst und eine ähnliche Substitution wie der StdT aufwies, wobei der Fachmann wusste, dass es für die Wirkung auf das Grundgerüst ankam.[447] Das Zusammenfügen der einzelnen Komponenten einer Mischung, Lösung oder Legierung in einem bestimmten Verhältnis kann im Einzelfall erfinderisch sein;[448] anders, wenn nur eine Komponente durch eine andere mit bekannt besseren Eigenschaften ersetzt wird, insb, wenn in einer „Einbahnstraßensituation", die keine anderen Möglichkeiten zuließ, Alternativen fehlen.[449] Wird die Verwendung eines bekannten Wirkstoffs zur Behandlung bestimmter Krankheiten beansprucht und die zugehörige Wirkungsweise angegeben, bedingt diese jedoch keine Maßnahmen im Hinblick auf die Verwendung, kann die Wirkungsweise erfinderische Tätigkeit ebensowenig begründen wie das Auffinden der richtigen Wirkungsweise, ohne dass es darauf ankäme, ob die im StdT genannten Eigenschaften zutreffen.[450]

91   Dass die **Eigenschaft**, in der sich der Stoff von bekannten Stoffen unterscheidet, für den Fachmann **überraschend** war, kann erfinderische Tätigkeit begründen[451] (Rn 17 f); das gilt auch für Mischungen, Lösungen und Legierungen.[452] Das Vorliegen überraschender Eigenschaften oder Wirkungen ist

437   RG PatBl 1889, 209, 212 Kongorot I.
438   BGHZ 53, 283 = GRUR 1970, 408 Anthradipyrazol.
439   EPA T 939/92 ABl EPA 1996, 309, 322 f = GRUR Int 1996, 1049 Triazole; vgl EPA 31.1.2012 T 98/09 („singling out"); BPatG 20.5.2014 3 Ni 19/13 (EP); schweiz BPatG sic! 2013, 237
440   EPA T 648/88 ABl EPA 1991, 292 = GRUR Int 1991, 644, 645 (R,R,R)-Alpha-Tocopherol, auch für Zwischenprodukte, Rn 92 ff; EPA Triazole.
441   BPatG GRUR 1983, 240, 241.
442   Vgl EPA Triazole.
443   BGH GRUR 1965, 138, 142 Polymerisationsbeschleuniger.
444   EPA T 38/88.
445   EPA T 126/83.
446   EPA T 296/87 ABl EPA 1990, 195, 212 = GRUR Int 1990, 851 Enantiomere.
447   EPA T 181/82 ABl EPA 1984, 401 = GRUR Int 1984, 700, 702 Spiroverbindungen.
448   Vgl *Benkard* Rn 134.
449   EPA T 192/82 ABl EPA 1984, 415, 425 Formmassen; EPA T 2/83 ABl EPA 1984, 265 = GRUR Int 1984, 527 Simethicon-Tablette; *Schulte* Rn 94; *Singer/Stauder* EPÜ Art 56 Rn 95 f; *Féaux de Lacroix* GRUR 2006, 625, 629; vgl BGH GRUR 2008, 885 Schalungsteil; BGHZ 182, 1 = GRUR 2009, 746 Betrieb einer Sicherheitseinrichtung, dort offengelassen, ob diese Praxis auch dann anwendbar ist, wenn die Alternative nur in nicht naheliegender Weise aufzufinden ist; EPA T 21/81 ABl EPA 1983, 15 ABl EPA 1983, 15 elektromagnetischer Schalter; EPA T 766/92.
450   BPatG 17.3.1998 14 W (pat) 36/96.
451   BGHZ 51, 278, 382 = GRUR 1969, 265 Disiloxan; BGHZ 63, 1 = GRUR 1974, 718 Chinolizine; BGH GRUR 2000, 296, 298 Schmierfettzusammensetzung; BPatGE 20, 81 = GRUR 1978, 238, 239; BPatG 18.2.1999 13 W (pat) 127/96; *Benkard-EPÜ* Art 56 Rn 149; vgl RB Den Haag BIE 1998, 186 Hufcor/Espero; zur unerwarteten Verbesserung der Eigenschaften EPA T 265/84 EPOR 1987, 193 Cobalt foils.
452   BPatG Mitt 1981, 64: Zusatz eines in bestimmten Tabaksorten bekanntermaßen vorkommenden Stoffs zu Tabakmischungen, durch den eine überraschende Geschmacksverbesserung erzielt wird; RPA Mitt 1941, 20, 21; DPA BlPMZ 1958, 188, 189; *Benkard* Rn 134.

aber[453] nicht das einzige Kriterium hierfür, sondern nur ein möglicher Beurteilungsgesichtspunkt[454] (vgl Rn 17). So kann es ausreichen, wenn der Stoff in besonderer Reinheit zur Verfügung gestellt wird und es erfinderischen Bemühens bedarf, diese Reinheit zu erreichen (vgl Rn 108 zu § 3).

Ein ansonsten naheliegendes Erzeugnis kann nichtnaheliegend dadurch werden, dass **kein bekann-** 92 **ter Weg** und kein anwendbares Analogieverfahren zu seiner Herstellung zur Verfügung stehen und dass es eines erfinderischen Schritts für seine Herstellung bedarf.[455] Jedoch macht ein erfinderisches Herstellungsverfahren einen neuen Stoff für sich nicht erfinderisch, dies gilt auch bei „product-by-process"-Ansprüchen[456] (vgl Rn 106, 108 zu § 3). Erfinderische Tätigkeit muss sich nicht in dem neuheitsbegründenden Merkmal manifestieren.

Die Bereitstellung eines synthetisch hergestellten **Naturstoffs** kann erfinderisch sein, wenn er über- 93 raschende Wirkungen aufweist.[457] Auffinden der Konstitution eines Naturstoffs aus dem Rest eines schon durchforschten Aromamittels, die dessen synthetische Herstellung mit überraschenden vorteilhaften Eigenschaften ermöglichte, ist trotz gewisser Anhaltspunkte für sein Vorhandensein im Hinblick auf Untersuchungsaufwand und erforderliche Überlegungen als erfinderisch angesehen worden.[458] Die Verwendung eines nach seinem Fundort bestimmten Naturvorkommens, das gegenüber bisher verwendeten Vorkommen keine besonderen abweichenden Eigenschaften bietet, ist nicht erfinderisch.[459]

c. Zwischenprodukte. Die Schutzfähigkeit von Zwischenprodukten richtet sich im geltenden Recht 94 nach den allg, für den Stoffschutz geltenden Regeln.[460] Die frühere teilweise strengere Rspr (vgl Rn 131 zu § 1) ist damit überholt, kann aber weiter herangezogen werden, soweit sich aus ihr positive Kriterien für die Schutzfähigkeit ableiten lassen. Grds müssen Zwischenprodukte selbst auf einer erfinderischen Tätigkeit beruhen.[461] Sind Eigenschaften (auch die Konstitution)[462] eines auf chemischem Weg hergestellten, zur Weiterverarbeitung bestimmten neuen Stoffs iSd naturwissenschaftlichen Bedingungslehre die – eine wissenschaftliche Erklärung allerdings nicht erfordernde[463] – Ursache oder Mitursache für überlegene Eigenschaften oder Wirkungen, die sich bei der Verwendung des durch die Weiterverarbeitung gewonnenen Endprodukts zeigen, können sie bei der Beurteilung der erfinderischen Tätigkeit beim Zwischenprodukt auch heranzuziehen sein, wenn bei der Weiterverarbeitung eine chemische Umsetzung erfolgt[464] (näher *5. Aufl* Rn 134 zu § 1). Das EPA fordert, dass das Zwischenprodukt einen „Strukturbeitrag" zum Endprodukt leistet,[465] es reicht nicht aus, wenn die Eigenschaften oder Wirkungen ausschließlich auf die Art der Weiterverarbeitung zurückgehen.[466] Weist das Weiterverarbeitungsprodukt keine derartigen Ei-

---

453 Entgegen BPatG 17.5.1994 14 W (pat) 58/93 undok.

454 BGH GRUR 1979, 220 f beta-Wollastonit; vgl schon RG BlPMZ 1934, 37 Einstellbüchse.

455 EPA T 595/90 ABl EPA 1994, 695, 703 kornorientiertes Blech aus Siliciumstahl; aA offenbar BPatG 17.5.1994 14 W (pat) 58/93.

456 EPA T 219/83 ABl EPA 1986, 211 = GRUR Int 1986, 548 Zeolithe.

457 BPatGE 20, 81 = GRUR 1978, 238 f.

458 BPatG GRUR 1978, 702, 704 f.

459 BGH GRUR 1969, 531 Geflügelfutter.

460 BGHZ 147, 306 = GRUR 2001, 813 Taxol; EPA T 22/82; EPA T 61/86; EPA T 648/88 ABl EPA 1991, 292 = GRUR Int 1991, 644 (R,R,R)-Alpha-Tocopherol; EPA T 1239/01; vgl BPatG Bausch BPatG 1994-1998, 105, 117; *Fitzner/Lutz/Bodewig* Rn 119; *Singer/Stauder* EPÜ Art 56 Rn 135; *Benkard-EPÜ* Art 52 Rn 152.

461 EPA T 65/82 ABl EPA 1983, 327 = GRUR Int 1983, 660, 661 Cyclopropan; EPA T 18/88 ABl EPA 1992, 107, 114 = GRUR Int 1992, 541, 543 Pyrimidine.

462 *Benkard* Rn 141.

463 BGHZ 63, 1 = GRUR 1974, 718 Chinolizine; zu ungesicherten Theorien Patents Court [2008] EWHC 2763 (Pat) Blacklight Power v. Comptroller-General und hierzu *Prais* Blacklight, or the patentability of wrong inventions, EIPR 2009, 269.

464 BGHZ 51, 378 = GRUR 1969, 265, 267 Disiloxan; BGH GRUR 1969, 269 Epoxydverbindungen; BGH GRUR 1969, 270 Farbstoffbildungskomponenten; BGH GRUR 1970, 506 Dilactame; BGHZ 63, 1, 8 f = GRUR 1974, 718 Chinolizine, kr hierzu *Reuschl/Egerer* Zweierlei Recht bei der Beurteilung der Patentfähigkeit derselben chemischen Verbindung? GRUR 1995, 711, vgl auch *Egerer/Reuschl* GRUR 1998, 87; BGH GRUR 1974, 774, 776 Alkalidiamidophosphite; vgl aber BPatG 19.5.1969 16 W (pat) 315/61; BPatG 27.7.1970 16 W (pat) 107/67 BlPMZ 1971, 189 Ls; BPatG 13.11.1972 16 W (pat) 9/71 BlPMZ 1973, 343 Ls; BPatG 13.2.1975 16 W (pat) 3/72; BPatG BlPMZ 1986, 223; vgl auch BPatG Mitt 1987, 10.

465 EPA T 65/82 ABl EPA 1983, 327 = GRUR Int 1983, 660, 661 Cyclopropan; vgl EPA T 22/82 ABl EPA 1982, 341 = GRUR Int 1983, 44 bis-epoxyäther.

466 BGH Chinolizine.

genschaften oder Wirkungen auf, kann es für die erfinderische Tätigkeit beim Zwischenprodukt nicht herangezogen werden.[467]

95   War für den Fachmann aufgrund des StdT **voraussehbar**, dass mit der Schaffung des Zwischenprodukts die überlegenen Eigenschaften des Endprodukts erreicht werden können, lässt sich erfinderische Tätigkeit nicht auf diese Eigenschaften stützen;[468] strukturelle Andersartigkeit der Verbindung[469] oder erfinderischer Charakter des Gesamtverfahrens zum Endprodukt[470] reichen dann nicht aus.[471] Zwar gehört das Konzept der „Bioisosterie" zum allg Fachwissen, jedoch wird auf dem Gebiet des „drug design" davon ausgegangen, dass jede strukturelle Veränderung einer pharmakologisch wirksamen Verbindung in das Wirkungsprofil eingreift, sofern keine nachgewiesene Korrelation zwischen Strukturmerkmalen und Wirkung besteht.[472] Der bloße Austausch eines Bestandteils mit unerwünschten Eigenschaften gegen einen Bestandteil ohne diese Eigenschaften wird aber nicht notwendig als erfinderisch angesehen („analoger Ersatz"; vgl Rn 119), wenn dadurch nicht eine unerwartete Wirkung erzielt wird.[473]

96   Nicht nur die Eigenschaften des Endprodukts können erfinderische Tätigkeit für das Zwischenprodukt begründen; es kann auch heranzuziehen sein, dass die **Herstellung des Endprodukts verbessert** (vereinfacht, beschleunigt, weniger Verfahrensschritte, die Ausbeute vergrößert – selbst auf einem Umweg –, weniger gefährlich, geringer umweltbelastend), ein weiterer oder ein vorteilhafter Weg zu seiner Herstellung gewiesen wird.[474]

d. Chemische Verfahren

97   **Chemisch eigenartige Verfahren** können insb dann erfinderisch sein, wenn sie nicht vorhersehbare verfahrensmäßige Vorteile bieten (Energieaufwand, Einsparung von Verfahrensstufen), ein überraschender Reaktionsverlauf vorliegt[475] oder sie neue Stoffe oder bekannte Stoffe in reinerer Beschaffenheit oder größerer Ausbeute liefern.[476]

98   **Analogieverfahren**[477] (Rn 139ff zu § 1), die im chemischen Bereich verbreitet sind, liegen als solche dem Fachmann idR nahe.[478] Bei ihnen kann, wie erstmals das RG in der ersten „Kongorot"-Entscheidung[479] ausgesprochen hat, Patentschutz gewährt werden, wenn sie zu „Stoffen mit neuen, überraschenden und technisch wertvollen Eigenschaften" führen. Der Entscheidung des RG sind Praxis und Wissenschaft fast einhellig gefolgt.[480] Die Bedeutung der Patentierung der Analogieverfahren ist durch die Einführung des Stoffschutzes zurückgegangen.[481] Ein chemisches Analogieverfahren, durch das ein bis dahin unbekannter Stoff hergestellt wird, kann erfinderisch sein, wenn dieser neue Stoff Eigenschaften aufweist, kraft derer er bei seiner Verwendung zu einem technischen, therapeutischen oder sonstigen

467   Vgl EPA Pyrimidine.

468   BGHZ 51, 378, 382 = GRUR 1969, 265 Disiloxan; BGHZ 63, 1, 10 = GRUR 1974, 718 Chinolizine.

469   EPA T 22/82 ABl EPA 1982, 341 = GRUR Int 1983, 44, 45 bis-epoxyäther.

470   EPA T 163/84 ABl EPA 1987, 301 = GRUR Int 1987, 697, 698 Acetophenonderivate.

471   AA zu letzterem EPA bis-epoxyäther; EPA T 648/88 ABl EPA 1991, 292 = GRUR Int 1991, 644 (R,R,R)-Alpha-Tocopherol.

472   EPA T 643/96; vgl auch EPA T 989/93: ohne einschlägiges allg Fachwissen keine Schlussfolgerungen hinsichtlich der Eigenschaften einer unterschiedlichen Gruppe chemischer Verbindungen; vgl weiter EPA T 632/91; EPA T 852/91.

473   EPA T 213/87; EPA T 4/98 ABl EPA 2002, 139 = GRUR Int 2002, 438 Liposomenzusammensetzungen; *Singer/Stauder* EPÜ Art 56 Rn 131 zum Materialaustausch auch BGH GRUR 2010, 814 Fugenglätter.

474   BGHZ 53, 283, 287f = GRUR 1970, 408 Anthradipyrazol; BPatG GRUR 1974, 272; BPatG BlPMZ 1986, 223, 224; BPatG Mitt 1987, 10; EPA T 22/82 ABl EPA 1982, 341 = GRUR Int 1983, 44, 46 bis-epoxyäther; EPA T 163/84 ABl EPA 1987, 301 = GRUR Int 1987, 697, 698 Acetophenonderivate; EPA T 648/88 ABl EPA 1991, 292 = GRUR Int 1991, 644, 645 (R,R,R)-Alpha-Tocopherol; *Nastelski* GRUR Int 1972, 43, 50; *Benkard* Rn 141 aE.

475   RPA BlPMZ 1931, 71; RPA Mitt 1930, 329.

476   Vgl DPA Mitt 1954, 60; DPA BlPMZ 1955, 329; *Benkard-EPÜ* Art 56 Rn 154; *Lindenmaier* § 1 Rn 51; *Reimer* § 1 Rn 50; *Dersin* Angewandte Chemie (1951), 137.

477   Vgl *Benkard* Rn 144; vgl auch *Szabo* Mitt 1994, 225, 236f.

478   Schweiz BG SMI 1995, 358, 368 = GRUR Int 1996, 1059, 1062 Manzana II.

479   RG PatBl 1889, 209 Kongorot I.

480   Vgl BGHZ 41, 231, 242f = GRUR 1964, 439 Arzneimittelgemisch; BGHZ 45, 102, 105 = GRUR 1966, 312 Appetitzügler I; BGHZ 51, 378, 381 = GRUR 1969, 265 Disiloxan; BPatGE 7, 1 = Mitt 1965, 96; RPA BlPMZ 1935, 28 mwN; DPA BlPMZ 1956, 358, 359; schweiz BG SMI 1976, 171 Aminosäuren; *Fitzner/Lutz/Bodewig* Rn 124; *Reimer* § 1 Rn 51 mwN; *Troller* Immaterialgüterrecht³ Bd I, S 179ff.

481   *Singer/Stauder* EPÜ Art 56 Rn 133.

Zweck in einer – vergleichbaren bekannten Stoffen gegenüber – überlegenen Weise wirkt, und wenn diese Überlegenheit der Eigenschaften oder Wirkungen des neuen Stoffs in Anbetracht der zu bekannten Stoffen analogen Konstitution nach dem Stand der chemischen Wissenschaft und Erfahrung zur Zeit der Patentanmeldung nicht oder nicht in gleichem Maß erwartet werden konnte, sondern überraschend war.[482] Die wertvollen Eigenschaften treten nicht an die Stelle der erfinderischen Tätigkeit, sondern sind lediglich zu deren Beurteilung (mit) heranzuziehen.[483] Vorhersehbare Eigenschaften können gegen erfinderische Tätigkeit sprechen.[484] Wenn sich aus dem StdT bereits ein weitgehend analoges Verhalten zweier durch die Schrägbeziehungen des Periodischen Systems verbundener Elemente ergibt, kann nicht mehr von einem überraschenden Reaktionsverlauf gesprochen werden, falls die Übertragung der Umsetzung auf das andere Element erfolgreich verläuft.[485] Zum „Bonus-Effekt", der mit dieser Rspr in einem gewissen Spannungsverhältnis steht, Rn 75.

99 Erfinderische Eigenart kann sich aus der Auswahl der Ausgangsstoffe ergeben.[486] Erfinderisch kann die **gezielte Auswahl** geeigneter Ausgangsstoffe aus einem großen Kollektiv der allg Formel nach bekannter Stoffe sein, die aus diesem auf unvorhersehbare Weise durch andersartige Wirkung oder in unvorhersehbarem Maß hervorragen.[487]

100 Für **Mischverfahren** kann die Schutzfähigkeit mit dem Eintreten eines in vitro nachweisbaren (überraschenden) technischen Effekts begründet werden.[488] Nach dieser Entscheidung ist ein einfaches Mischverfahren, durch das aus bekannten Stoffen nach einem bestimmten Mengenverhältnis ein Arzneimittelgemisch hergestellt wird, ohne dass hierdurch hinsichtlich des Mischverfahrens oder des Mischprodukts ein besonderer technischer Effekt erzielt wird, auch dann nicht patentfähig, wenn bei der Anwendung des gewonnenen Arzneimittelgemischs ein unerwarteter therapeutischer Effekt eintritt.[489] Die Aufhebung des Stoffschutzverbots durch das PatÄndG 1967 hat hier die Beurteilungsgrundlage geänd.

101 **e. Auswahlerfindungen**[490] (zur Neuheit Rn 118 ff zu § 3). Auswahl aus einer größeren Zahl zu Gebote stehender Möglichkeiten ist als erfinderisch anerkannt worden.[491] Eine Lehre, die nur aufgrund eines „Glückstreffers" aus einer Zahl von Tausenden von in Betracht kommenden chemischen Verbindungen einer bestimmten Klasse aufzufinden war, ist jedenfalls dann erfinderisch, wenn sie den am Prioritätstag bekannten Verfahren überlegen ist.[492] Das Wissen, dass ein bestimmtes Mitglied einer Klasse von chemischen Verbindungen nicht zu einem durch mehrere Mitglieder der Klasse erzielten Ergebnis führt, soll es nicht ohne zusätzliche Angaben erlauben, die Wirkung allen anderen Verbindungen der Gruppe zuzuschreiben.[493] Die Auswahl einer von mehreren Alternativen ist nicht schon deshalb erfinderisch, weil andere Lösungen aus der Sicht des Fachmanns besser geeignet oder vorteilhafter erscheinen.[494]

102 **Auswahl eines bekannten Stoffs** für die Anwendung zu einem besonderen Zweck begründet im allg keine erfinderische Leistung.[495] Auffindung einer neuen Wirksamkeit eines Stoffs begründet Neuheit, nicht erfinderische Tätigkeit; diese ist zu bejahen, wenn die Lehre dem Fachmann aufgrund des StdT und seines durchschnittlichen Fachkönnens nicht nahegelegen hat. Als Anhaltspunkte können insb die Lösung eines seit langem bestehenden dringenden bisher ungelösten Bedürfnisses, die Überwindung eines in der Fachwelt bestehenden Vorurteils, das von Versuchen, einen bestimmten Lösungsweg zu beschreiten, von vornherein abhielt, weil sie keinen Erfolg versprachen, und der Umstand, dass eine neue Lehre,

---

482   BGH Disiloxan; vgl DPA BlPMZ 1953, 60; EPA T 119/82 ABl EPA 1984, 217 Gelatinierung; EPA T 595/90 ABl EPA 1994, 695 kornorientiertes Blech aus Siliciumstahl; EPA T 1195/00; EPA T 803/01.
483   BGH GRUR 1979, 220, 221 beta-Wollastonit.
484   Vgl US-CAFC GRUR Int 1986, 492, 493.
485   BPatG Mitt 1968, 57.
486   Vogt GRUR 1964, 169, 171; *Trüstedt* Mitt 1969, 237, 239.
487   BPatGE 13, 1.
488   BGHZ 41, 231 = GRUR 1964, 439 Arzneimittelgemisch.
489   Ähnlich BPatGE 9, 1.
490   Vgl *Benkard* Rn 143.
491   Vgl schon RG BlPMZ 1911, 291 Sprengstoff; RPA Mitt 1929, 86; RPA Mitt 1937, 174, 175; *Reimer* § 1 Rn 56; zur Stoffauswahl BGH GRUR 1960, 27, 29 Verbindungsklemme; BGH GRUR 1962, 83, 85 Einlegesohle.
492   BGH GRUR 1984, 580, 582 Chlortoluron; vgl RG Sprengstoff; RPA Mitt 1937, 174, 175; *Benkard* Rn 109.
493   EPA T 930/94.
494   BGHZ 133, 57, 65 = GRUR 1996, 857, 860 Rauchgasklappe; vgl BPatGE 40, 179.
495   RPA Mitt 1938, 251.

insb auf dem Gebiet der Chemie, eine überraschende, dh unerwartete Überlegenheit gegenüber vorbekannten Lehren gebracht hat, herangezogen werden.[496]

103   **6. Biologische Erfindungen.** Das EPA hat erfinderische Tätigkeit bei rekombinanten Polypeptiden bejaht, die gegenüber vorbekannten eine wesentlich höhere antivirale Aktivität aufweisen, und bei denen der Expressionsvektor ein wesentlich höheres Expressionsniveau erreichte, oder die unvorhersehbare Eignung als pharmakologisches Zielmolekül[497] und damit unerwartete Vorteile auch bei biotechnologischen Erfindungen zur Stützung der erfinderischen Tätigkeit herangezogen.[498] Auch günstige Eigenschaften wie besondere Replikationsstabilität können die Patentfähigkeit eines aus einem natürlich vorkommenden Bakterium gewonnenen Plasmids stützen.[499] Die Bereitstellung von neuen Expressionsplasmiden, die zB bestimmte Markergene zum Auffinden von entspr transformierten Mikroorganismen enthalten, kann auf erfinderischer Tätigkeit beruhen.[500] Ein durch mutagene Behandlung eines Mikroorganismus hervorgerufener überraschender Effekt ist herangezogen worden.[501] Überraschende Eigenschaften eines aus der Spontanflora als Reinkultur gewonnenen Mikroorganismus können erfinderische Tätigkeit begründen.[502]

104   Bei der Genomanalyse wird der Beurteilung des Fachwissens und -könnens im jeweils maßgeblichen Zeitpunkt besondere Bedeutung zukommen; automatisierte Sequenziertechnik und Stand der Bioinformatik werden hier wesentliche Beurteilungsgrundlagen liefern.[503] Die Herstellung eines quasi-synthetischen Gens kann erfinderischen Aufwand erfordern.[504] Erfinderische Leistung kann bei dem Ergebnis eines planmäßigen, langwierigen **Züchtungsverfahrens** mit großem Arbeitseinsatz vorliegen,[505] ebenso bei besonderen Schwierigkeiten, geeignete Plasmide oder Polypeptide aufzufinden und auszuwählen;[506] angesichts von der Erfindung wegführender Veröffentlichungen, Irrwegen, Fehlschlägen ohne Erklärungen.[507] Besteht keine vernünftige Erwartung, dass die Klonierung und Expression eines bestimmten Gens ausführbar ist, kann erfinderische Tätigkeit anzuerkennen sein, erheblicher Aufwand reicht hierfür nicht aus.[508] Die Erwartung, dass es wissenschaftlicher Forschung bedarf, eine Technologie auf ein benachbartes Gebiet zu übertragen, kann erfinderische Tätigkeit begründen.[509] Zu Qualifikation und Fähigkeiten des Fachmanns bei gentechnischen Erfindungen Rn 164, 169.

105   Erfindungen, die sich auf biologisch aktive Stoffe und ihre **Verabreichung** an lebende Organismen beziehen, können auch dann naheliegend sein, wenn ein erwartetes Ergebnis nicht experimentell bestätigt ist; führt die Verabreichung zu unerwarteten Ergebnissen, kann dies gegen Naheliegen sprechen.[510] Entscheidend ist, ob es für den Fachmann naheliegend war, die Erfindung mit hinreichender Aussicht auf Erfolg auszuprobieren („angemessene Erfolgserwartung", vgl Rn 19). In dieser Rspr ist eine Hinwendung des EPA zur Praxis des US-CAFC[511] gesehen worden.[512]

---

496   BGH BlPMZ 1973, 257 selektive Herbizide; ÖPA öPBl 1995, 136; vgl BPatG 12.9.1997 14 W (pat) 28/96, wonach es schon ausreichen kann, wenn der Fachmann durch eine nach dem StdT erkennbare Tendenz eher abgehalten wird, bestimmte Stoffe in seine Untersuchungen einzubeziehen.

497   EPA T 182/03.

498   EPA T 301/87 ABl EPA 1990, 335 = GRUR Int 1991, 121 Alpha-Interferone; vgl auch BPatG Bausch BPatG 1994–1998, 59, 65 ff, nicht in BPatGE 34, 264: Zellinie, die aufgrund einer besonderen Selektionsmethode Erythropoietin in besonders hohem Maß exprimieren kann.

499   EPA T 162/86 ABl EPA 1988, 452 = GRUR Int 1989, 679 Plasmid pSG2.

500   EPA T 264/87.

501   BPatGE 9, 150, 155 = BlPMZ 1968, 165.

502   BPatGE 21, 43 = GRUR 1978, 586, 588: „lactobacillus bavaricus".

503   Vgl *Meyer-Dulheuer* GRUR 2000, 179, 181; *Straus* GRUR 2001, 1016, 1019; *Feuerlein* GRUR 2001, 561, 563; *Schrell* GRUR 2001, 782, 786; *Ensthaler/Zech* GRUR 2006, 529, 532 f mwN.

504   EPA T 247/87; *Benkard-EPÜ*[1] Art 56 Rn 153.

505   BGHZ 122, 144 = GRUR 1993, 651 tetraploide Kamille.

506   EPA T 162/86 ABl EPA 1988, 452 = GRUR Int 1989, 679 Plasmid pSG2.

507   EPA T 292/85 ABl EPA 1989, 275, 292 ff = GRUR Int 1990, 61 Polypeptid-Expression I.

508   EPA T 386/94 ABl EPA 1996, 658, 673 ff, 678 = GRUR Int 1997, 261 Chymosin; EPA – Einspruchsabteilung – ABl EPA 2002, 293; vgl EPA T 63/94; EPA T 400/98; *Singer/Stauder* EPÜ Art 56 Rn 136.

509   EPA T 441/93.

510   EPA T 249/88 EPOR 1996, 29 Milchproduktion, auszugsweise auch bei *Jaenichen* GRUR Int 1992, 327, 339.

511   In re O'Farrell, USPQ 2d 1673, 1681.

512   *Jaenichen* GRUR Int 1992, 327, 339 f mit Darstellung der US-Praxis.

7. Verwendungsschutz. Ist eine Sache durch den StdT nahegelegt, kann allenfalls eine spezifische, **106** bisher unbekannte und unter erfinderischer Tätigkeit aufgefundene Anwendung oder Verwendung eine schutzfähige Erfindung begründen; erneute Schutzfähigkeit des mit einem Sachanspruch beschriebenen Gegenstands selbst scheidet grds aus.[513] Bei Verwendungserfindungen kommt es auf das Naheliegen der Verwendung an;[514] ihr Fernliegen kann erfinderische Tätigkeit begründen.[515] Überraschende Wirkungen der neuen Anwendung oder Verwendung können zur erfinderischen Tätigkeit beitragen.[516] Die in der Natur der bekannten Substanz liegende, nicht erkannte Verwendung beruht nicht auf erfinderischer Tätigkeit, wenn sich aus dem StdT eine Verbindung zwischen den Verwendungszwecken ergibt.[517] Ist die Verwendung eines neuen Stoffs für einen bestimmten Zweck nicht patentfähig, für einen anderen aber patentfähig, ist insoweit ein Verwendungspatent erteilbar.[518]

Einzelfälle. Neue Zweckbestimmung einer bekannten Vorrichtung, die nur unter besonderen Umstän- **107** den die unerkannte Wirkung hat;[519] Anwendung einer bekannten Lehre auf neue Belastungen;[520] langes Bekanntsein und sprunghafter Fortschritt bei dringendem Bedürfnis;[521] nicht voraussehbare therapeutische oder kosmetische Wirkung.[522] Erschöpft sich die Lehre in einem Therapieplan oder einer Dosisempfehlung, sind nach der älteren Rspr deren Maßgaben für die Beurteilung der Neuheit und der erfinderischen Tätigkeit nicht heranzuziehen.[523] Übergang von topischer zu systemischer Anwendung eines Pharmazeutikums ist als naheliegend angesehen worden.[524]

III. Abstand zum Stand der Technik

1. Grundsatz. Das Erfinderische „beginnt erst jenseits der Zone, die zwischen dem vorbekannten StdT **108** und dem liegt, was der durchschnittlich gut ausgebildete Fachmann ... mit seinem Wissen und seinen Fähigkeiten weiterentwickeln und finden kann".[525] Abstand vom StdT darf nicht als quantitatives Merkmal verstanden werden (Rn 12). „Großer Abstand" vom Bekannten spricht für erfinderische Tätigkeit,[526] ebenso wesentlicher Unterschied.[527] Zu bewerten ist der – in erster Linie – gedankliche Aufwand, der notwendig war, vom StdT zur Erfindung zu gelangen,[528] so eine Reihe von Überlegungen als geistig selbstständige Schritte.[529] Dabei sind alle Überlegungen zu berücksichtigen, die der Fachmann anstellen musste, um zum

---

513 BGH Bausch BGH 1994–1998, 159, 164 Betonring.

514 BGH GRUR 1956, 77, 78 Rödeldraht; BGH GRUR 1979, 149, 150 Schießbolzen; vgl RPA Mitt 1930, 347; *Reimer* § 1 Rn 57, nach DPA GRUR 1952, 161 ist ein strenger Maßstab geboten; vgl auch *Brandi-Dohrn* FS R. König (2003), 33, 47.

515 Vgl RPA Mitt 1935, 159.

516 Vgl BGH GRUR 1953, 120 Glimmschalter: Zündung von Leuchtstoffröhren mit an sich bekanntem Glimmschalter; BGH GRUR 1982, 548, 549 Sitosterylglykoside; BGH BlPMZ 1973, 257, 258 selektive Herbizide; BGH GRUR 1984, 580 Chlortoluron; BPatG GRUR 1976, 633; BPatG Bausch BPatG 1994–1998, 181: Ermöglichung einer bestimmten Therapieform, jedenfalls nach früherer Rspr zwh unter dem Gesichtspunkt, ob hier nicht tatsächlich ein Therapieverfahren geschützt wird; *Kraßer/Ann* § 18 Rn 107 ff.

517 EPA T 112/92 ABl EPA 1994, 192 = GRUR Int 1994, 745 Glucomannan II: Wirkung eines Mittels zur Geschmacksverbesserung als Verdickungsmittel.

518 *Bruchhausen* GRUR Int 1991, 413.

519 RG GRUR 1938, 865 Schubtrennschalter.

520 BGH Liedl 1971/73, 212, 218 Flanschkupplung.

521 BPatGE 32, 93 = GRUR 1991, 823, 825.

522 EPA T 36/83 ABl EPA 1986, 295 = GRUR Int 1986, 717, 718 Thenoylperoxid; EPA T 19/86 ABl EPA 1989, 24 = GRUR Int 1989, 585, 586 Schweine II; vgl zu Mittelansprüchen auch BGHZ 53, 283 = GRUR 1970, 408 Anthradipyrazol; BGH Liedl 1987/88, 63 f tragbare Toilette.

523 BGHZ 170, 215 = GRUR 2007, 404 Carvedilol II; zur erfinderischen Tätigkeit auch BPatGE 24, 16 = GRUR 1981, 902 und BPatGE 24, 205 = GRUR 1982, 554, gegen BPatG GRUR 1996, 868 f.

524 CA Mailand ENPR 2000, 217, 223.

525 Schweiz BG sic! 2003, 600, 601 f Pulverbeschichtungsanlage IV mwN; vgl schweiz BG sic! 2004, 111, 113 Dispositif de prélèvement d'un liquide I + II.

526 BGH Liedl 1956/58, 180 ff Feuerlöschung.

527 BGHZ 73, 40 = GRUR 1979, 224, 227 Aufhänger.

528 *Benkard*⁹ Rn 15a.

529 BGH GRUR 1978, 98 f Schaltungsanordnung; BGH GRUR 1980, 100, 103 Bodenkehrmaschine; BGH GRUR 1981, 190, 193 Skistiefelauskleidung; BGH Liedl 1982/83, 1 ff Spannglied; BGH GRUR 1982, 289 f Massenausgleich: Zusammenspiel mit Zeitmoment, technischem Fortschritt und wirtschaftlichem Erfolg; BGH GRUR 1985, 369 f Körperstativ; BGH Bausch

---

beanspruchten Gegenstand zu kommen, auch wenn diese im Anspruchswortlaut nicht unmittelbar Niederschlag gefunden haben;[530] schematisches Schrittezählen ist aber unangebracht.[531] Mehrere Routineschritte können erfinderische Leistung nicht begründen.[532] Das EPA hat eine große Zahl von Entgegenhaltungen herangezogen, bei mehreren Teilaufgaben aber nur eingeschränkt;[533] diese in der Praxis immer wieder vorkommende Betrachtung ist aber zu pauschal.[534]

109   Der erfinderische Abstand muss zum **gesamten relevanten StdT** bestehen, es reicht nicht aus, dass die Erfindung gegenüber einem Ausschnitt aus dem StdT erfinderisch ist.[535]

110   **2.** Der Abstand kann in einer **Abkehr von eingefahrenen Wegen** liegen[536] (s auch Rn 46 f zu abweichender Entwicklung, Irrwegen und Fehlvorstellungen), in einer eigenständigen Entwicklung mit erheblichen Vorteilen.[537] Dass die Fachwelt zu einer anderen Lösung geneigt hätte,[538] kann ebenso gegen das Naheliegen sprechen wie ein Ergebnis, das außerhalb des Wegs der normalen stetigen Weiterentwicklung liegt,[539] oder das Aufzeigen eines grds neuen Wegs.[540] Dass der Versuch der Vereinigung bekannter Merkmale unterblieben ist, kann für erfinderische Tätigkeit sprechen.[541] Selbst in einer Rückkehr zu als überholt angesehenen Verfahrensweisen kann erfinderische Tätigkeit liegen.[542] Gleiches gilt grds auch für sinnlos als oder rückschrittlich erscheinende Lösungen.[543] Dass ein Konkurrent kurz vor dem Anmeldetag angeboten hat, ohne die erfindungsgem vorteilhafte Lösung zu verwirklichen,[544] mag in besonders gelagerten Fällen heranzuziehen sein. Muss der Fachmann eine angewandte technische Methode durch weitere Schritte verfeinern, wird er sich von der genauen Analyse einer grds einschlägigen Vorveröffentlichung nicht deshalb von vornherein abhalten lassen, weil diese im Ausgangspunkt eine andere als die von ihm favorisierte Methode vorsieht; aufgrund seines allg Erfahrungswissens wird er mit der Möglichkeit rech-

---

BGH 1986–1993, 322 Federnspanner; BGH Bausch BGH 1999–2001, 373, 385 hydraulische Spannmutter: Mehrzahl von Schritten; BGH GRUR 2006, 930, 934 Mikrotom: nicht bei Routinetätigkeit, vgl BGH 19.11.2002, ber 4.12.2002, X ZR 121/99 Ankerwickelmaschine, insoweit nicht im Druck veröffentlicht, und BGH 10.7.2007 X ZR 240/02 Schulte-Kartei PatG 4.2 Nr 58 Klappschachtel 02; EPA T 623/97: nicht bei naheliegenden Schritten; vgl auch BGH 21.10.2010 Xa ZR 30/07; *Schulte* Rn 127; *MGK/Pagenberg* Art 56 EPÜ Rn 86: „Mehrschrittmethode"; *Singer/Stauder* EPÜ Art 56 Rn 76; *van Benthem/Wallace* GRUR Int 1978, 219, 222; *Bardehle* EIPR 1978, 11, 12; vgl BGH GRUR 1972, 707 f Streckwalze 01; EPA T 22/82 ABl EPA 1982, 341, 349 = GRUR Int 1983, 44 bis-epoxyäther; EPA T 113/82 ABl EPA 1984, 10, 15 Aufzeichnungsgerät; EPA T 394/90; BPatG Mitt 1983, 92; kr *Schachenmann* FS L. David (1996), 67; generell abl BPatG 19.10.2006 3 Ni 46/04.
530 BPatGE 38, 122, 125.
531 Vgl BGH 19.11.2002 X ZR 121/99 Mitt 2004, 69 Ls Ankerwickelmaschine, wonach eine Mehrzahl von gedanklichen Schritten, die aber jeder einzeln und insgesamt die Fähigkeiten des Fachmanns nicht überschritten, eine erfinderische Leistung nicht begründet, mAnm *Sartorius* Mitt 2004, 69; BGH GRUR 2006, 930 Mikrotom; BPatG 8.10.2008 1 Ni 5/08 (EU); BPatG 27.7.2011 9 W (pat) 314/06, wonach das Naheliegen auch auf eine Kombination von drei Druckschriften gestützt werden kann; öOPM öPBl 2007, 5 Wärmepackungen lässt mehrere triviale Schritte ausreichen, die in ihrer Gesamtheit den Fachmann überfordern; RB Den Haag BIE 2001, 190, 194 stellt in Auseinandersetzung mit einem Gutachten des nl PA darauf ab, dass „het nemen van die stappen voor de deskundige niet voor de hand ligt".
532 BGH Mikrotom.
533 EPA T 315/88; vgl Rn 134.
534 Vgl *Niedlich* Mitt 2000, 281, 284 f.
535 Vgl EPA T 164/83 ABl EPA 1987, 149, 154 = GRUR Int 1987, 591 Antihistaminika, wo auf den nächstliegenden StdT abgestellt wird.
536 BGH GRUR 1999, 145, 148 Stoßwellen-Lithotripter; BGH GRUR 2005, 145, 148 elektronisches Modul; BGH GRUR 2005, 233, 235 Paneelelemente; BGH 6.9.2005 X ZR 15/02; vgl RG GRUR 1935, 670, 672 Rollböcke; BGH Liedl 1978/80, 173, 182 explosionsgeschütztes elektrisches Schaltgerät; BGHZ 182, 1 = GRUR 2009, 746 Betrieb einer Sicherheitseinrichtung; BPaGE 1, 4, 6 = GRUR 1965, 83; BPatG 5.11.1997 9 W (pat) 76/96: Fehlen einer Anregung, in Abkehr vom eingefahrenen Weg Zahnrad und zugehörigen Zylinder bei Bogenrotationsdruckmaschinen gleich groß zu bemessen; BPatG 12.11.2013 4 Ni 53/11 (EP); *Benkard* Rn 104.
537 BGH Liedl 1978/80, 211, 235 Rohrverbindungsstück.
538 BGH GRUR 1953, 120, 123 Rohrschelle.
539 RPA BlPMZ 1938, 118, 119.
540 RG Mitt 1939, 61 f Vielzellenplatte.
541 RG GRUR 1939, 599, 601 Wandhaken.
542 EPA T 229/85 ABl EPA 1987, 237, 240 f Ätzverfahren.
543 Vgl EPA T 1027/93 EPOR 1996, 188 Membrane separation of gas mixtures; *Schulte* Rn 56; vgl aber BPatG 12.3.2013 4 Ni 13/11 Mitt 2013, 352 Ls bei „handwerklichem Rückschritt".
544 EPA T 812/92.

nen, dass sich dort vorgeschlagene weitere Schritte als verallgemeinerungsfähig und in dem ihm vorschwebenden Lösungsweg verwendbar erweisen könnten.[545]

3. Insb im Bereich des PatG-DDR ist das Kriterium der **Blindheit der Fachwelt** entwickelt worden.[546] **111** Berufung auf die erstmalige Überwindung einer lange bestehenden Blindheit der Fachwelt war ausgeschlossen, wenn in dem der Anmeldung vorhergehenden Jahrzehnt Umstände eingetreten waren, die die Unterbreitung des Vorschlags begünstigt hatten.[547] Eine „gedankliche Sperre" kann beachtlich sein, wenn über Jahre zwei laufend weiterentwickelte Prinzipien bestanden haben und eine Maßnahme nicht von dem einen auf das andere übertragen wurde, obwohl hierdurch ein beträchtlicher Erfolg erzielbar war.[548]

4. Technischer Fortschritt. Die Rspr hat für die Rechtslage vor 1978 – anders als im geltenden Recht – **112** den technischen Fortschritt als eigenständiges Patentierungserfordernis betrachtet, Fortschritt und Erfindungshöhe waren auseinanderzuhalten.[549]

Seither ist der technische Fortschritt kein eigenständiges Patentierungserfordernis mehr. Gleichwohl **113** kommt der Fortschrittsprüfung bei der Beurteilung der erfinderischen Tätigkeit weiterhin Bedeutung zu. Erheblicher technischer Fortschritt kann – wie schon früher[550] – als **Anzeichen**, aber nicht mehr, für erfinderische Tätigkeit betrachtet werden.[551] Voraussetzung dafür war und ist aber, dass überhaupt eine schöpferische Leistung, wenn auch geringen Grads, vorliegt.[552] Sehr geringer technischer Fortschritt konnte und kann nicht herangezogen werden;[553] der Grad des Fortschritts lieferte einen Anhalt für die Erfindungshöhe.[554] Fehlender Fortschritt steht der Patentierung grds nicht entgegen, anders uU bei gänzlich unsinnigen Lösungen.[554a]

---

545 BGH Mitt 2011, 26 Gleitlagerüberwachung: Kritik an einem bekannten Lösungsweg kann auf Anlass für vorgezeichnete Bahnen verlassende Überlegungen hindeuten, sofern sie sich nicht als rückschauend gewonnene Analyse darstellt; vgl auch BPatG 10.2.2010 5 Ni 33/09 (EU); Definition zweier Lehren in ein und demselben Dokument.

546 OG DDR GRUR Int 1987, 63 f Luftzuführungseinrichtung; BPatG 17.11.1994 3 Ni 50/93; *Benkard* Rn 121; *MGK/Pagenberg* Art 56 EPÜ Rn 88; vgl auch BGH Mitt 1975, 117 f Rotationseinmalentwickler; EPA T 330/92.

547 DPA, Spruchstelle für Nichtigerklärung, Mitt 1992, 142.

548 BPatG 20.3.1998 34 W (pat) 7/96.

549 Vgl RG GRUR 1938, 781 Küchenherd; RPA MuW 41, 229; aA allerdings RPA Mitt 1937, 251 f, missverständlich auch RG GRUR 1941, 469, 471 Achslagerschmiervorrichtung.

550 RG GRUR 1939, 594, 598 Vakuumröhre; RG MuW 39, 215, 218 Lautsprecher; RG GRUR 1939, 892, 894 Lichtsignalanlagen; RG GRUR 1940, 195 f Röhrenmetallüberzug; RG GRUR 1940, 543, 546 Hochglanzphotographien; RG MuW 41, 67, 70 Schwefelsäureester; RG GRUR 1942, 543 f Gasschutzhaube; BGH GRUR 1962, 518 f Blitzlichtgerät; BGH GRUR 1974, 715, 717 Spreizdübel 01; BGH Mitt 1975, 117 f Rotationseinmalentwickler; BGH 11.11.1960 I ZR 36/57; BGH 6.7.1982 X ZB 19/81; BPatG Mitt 1982, 229; BPatG Mitt 1983, 92; BPatGE 32, 93 = GRUR 1991, 823, 825; vgl auch BGH GRUR 1967, 25, 29 Spritzgußmaschine III; BGH GRUR 1969, 182, 184 Betondosierer; BGH GRUR 1982, 289, 290 Massenausgleich; BPatGE 5, 78, 80 = GRUR 1965, 358; RPA Mitt 1932, 281; RPA BlPMZ 1938, 118, 120; RPA Mitt 1939, 128; RPA GRUR 1942, 37; RPA Mitt 1943, 22, 23; DPA BlPMZ 1959, 359.

551 BGH BlPMZ 1989, 215 Gießpulver; BGH GRUR 1991, 522 Feuerschutzabschluß; BGH GRUR 1994, 36 Meßventil; BGH *Liedl* 1987/88, 379 Kunststoffteilchenaufbringung: eindeutige und unbestrittene Überlegenheit gegenüber allen vergleichbaren älteren Verfahren; BGH *Liedl* 1987/88, 492 ff Gehörschutz; BGH Bausch BGH 1994–1998, 35, 41 f Polymerstabilisatoren; BGH Bausch BGH 1994–1998, 434, 444 Dilatationskatheter: entscheidender und von der Fachwelt nicht erwarteter Durchbruch; EPA T 1/80 ABl EPA 1981, 206 = GRUR Int 1981, 688 Reaktionsdurchschreibepapier; EPA T 4/80 ABl EPA 1982, 149 = GRUR Int 1982, 444, 446 Polyätherpolyole; EPA T 2/81 ABl EPA 1982, 394, 402 Methylen-bis-(phenyliso-cyanat); EPA T 4/83 ABl EPA 1983, 498 = GRUR Int 1984, 237 f Reinigung von Sulfonsäuren; EPA T 57/84 ABl EPA 1987, 53 = GRUR Int 1987, 248 Tolylfluanid; EPA T 164/83 ABl EPA 1987, 149 = GRUR Int 1987, 591 Antihistaminika; EPA T 301/87 ABl EPA 1990, 335 = GRUR Int 1991, 121 Alpha-Interferone; schweiz BG GRUR Int 1996, 1224, 1226 Resonanzetikette; *Schulte* Rn 103; *MGK/Pagenberg* Art 56 EPÜ Rn 93 ff mwN in Fn 225, der auf „unerwarteten" Fortschritt abstellt; vgl schweiz BAGE GRUR 1980, 309 f; *Benkard-EPÜ* Art 56 Rn 100.

552 RG GRUR 1937, 782, 784 Farbenphotographie; BGH *Liedl* 1956/58, 310, 321 Luftheizung; BGH Warmpressen; BGH *Liedl* 1963/64, 422, 433 Schuko-Konturenstecker; BGH *Liedl* 1963/64, 662, 669 Schichtschleifscheibe; BGH GRUR 1969, 182 Betondosierer; BGH GRUR 1994, 36, 38 Meßventil; vgl RPA Mitt 1938, 390; vgl BGH *Liedl* 1987/88, 492 ff Gehörschutz; BGH Polymerstabilisatoren: nicht bei Naheliegen.

553 Vgl RG Mitt 1939, 140 f Fußbodenbelag; BGH *Liedl* 1956/58, 623, 641 Hohlblockmauersteine.

554 BGHZ 63, 1, 9 f = GRUR 1974, 718 Chinolizine.

554a BGH GRUR 2015, 983 Flugzeugzustand unter Hinweis auf BGHZ 147, 37 = GRUR 2001, 740 Trigonellin.

114   Für die Fortschrittsprüfung kann im wesentlichen auf die **zum früheren Recht entwickelten Grundsätze** zurückgegriffen werden.[555] Die Auffassung, „qualifizierte" Nützlichkeit iS eines echten sozialen Fortschritts, etwa bei einem wesentlichen Beitrag zur Erhöhung der Straßenverkehrssicherheit, als positives Indiz für erfinderische Tätigkeit zu berücksichtigen,[556] lässt sich zwanglos im Rahmen der herkömmlichen Bewertungskriterien einordnen. Bei einem bedeutenden Verfahren zur Herstellung chemischer Massengüter kann bereits eine geringe Verbesserung der Ausbeute für erfinderische Tätigkeit sprechen.[557] Nachteile können bei bestimmten Verwendungsweisen in den Hintergrund treten.[558] Allerdings können Nachteile gegen erfinderische Tätigkeit sprechen,[559] ebenso technisch nicht relevante Änderungen,[560] deren Heranziehung von vornherein problematisch ist (vgl Rn 63), wenn sie nicht durch einen unerwarteten technischen Vorteil aufgewogen werden; letzteres ist indes zu eng.

115   Die Fortschrittsprüfung ist im Rahmen der Beurteilung der erfinderischen Tätigkeit nicht notwendig am **Stand der Technik insgesamt** durchzuführen. Da schon das Bereitstellen von Alternativlösungen erfinderisch sein kann, muss konsequenterweise auch das Bereitstellen einer weiteren Ausgestaltung der Alternativlösung selbst dann erfinderisch sein können, wenn Fortschritt gegenüber anderen Alternativlösungen nicht gegeben ist.[561] Ein Vergleich mit Produkten auf dem Markt reicht nicht aus.[562]

116   **5. Überwindung besonderer Schwierigkeiten.** Erfinderische Tätigkeit wurde bejaht, wenn bei Anwendung einer bekannten allg Regel auf den speziellen Fall besondere technische Schwierigkeiten zu überwinden waren,[563] so bei Erforderlichkeit eingehender theoretischer Überlegungen,[564] des Lösens einer Reihe objektiv schwieriger Fragen.[565] Dies gilt auch bei ansonsten handwerklich-konstruktiven Maßnahmen.[566] Selbst Dimensionierungsfragen können bei Überwindung besonderer Schwierigkeiten erfinderische Tätigkeit begründen.[567] Naheliegen wird bei voraussehbaren Nachteilen oder Schwierigkeiten aber nicht dadurch infrage gestellt, dass die Maßnahme im StdT nicht erwähnt ist.[568] Es kann naheliegend sein, die Anwendung eines bekannten Konzepts als Ziel ins Auge zu fassen, auch wenn sich die Realisierung als schwierig erweist; ist ein Merkmal allg durch das Ziel umschrieben, müssen Schwierigkeiten bei seiner Realisierung außer acht bleiben.[569]

117   **Einzelfälle.** Abkehr von bisher beachteten Konstruktionsprinzipien;[570] hoher Konstruktionsaufwand zur Überwindung der Schwierigkeiten, wobei der Erfolg nicht mit einiger Sicherheit vorhersehbar war;[571] Notwendigkeit völliger Umkonstruktion.[572] Wird die Erfindung zwei Anliegen gerecht, die sich im StdT ausschlossen, kommt erfinderische Tätigkeit in Betracht,[573] ebenso bei sonstigen Konfliktlagen.[574] Herangezo-

---

555   Eingehende Kasuistik bei *Benkard* Rn 117.

556   BPatG GRUR 1995, 397 ff; BPatG 16.10.2001 23 W (pat) 44/00.

557   EPA T 38/84 ABl EPA 1984, 368, 371 f Toluoloxidation; EPA T 286/93.

558   EPA T 254/86 ABl EPA 1989, 115, 119 f gelbe Farbstoffe.

559   EPA T 119/82 ABl EPA 1984, 217 Gelatinierung; vgl EPA T 158/97.

560   EPA T 72/95.

561   Vgl BPatG 6.10.2010 4 Ni 34/09 (EU); *Benkard-EPÜ* Art 56 Rn 100; aA *Schulte* Rn 106; *Benkard-EPÜ*¹ Art 56 Rn 89, allerdings inkonsequent, weil die unvorhersehbare Überlegenheit nur gegenüber dem nächstkommenden StdT verlangt wird; *Jestaedt* Patentrecht² S 145.

562   EPA T 164/83 ABl EPA 1987, 149 = GRUR Int 1987, 591 Antihistaminika.

563   RPA Mitt 1932, 219.

564   RG MuW 39, 215, 218 Lautsprecher; OG DDR GRUR Int 1983, 178 Absorptionsverfahren.

565   *Schulte* Rn 139; BGH GRUR 1953, 120, 123 Glimmschalter; vgl auch BGH GRUR 1953, 120, 123 Rohrschelle.

566   Vgl BGH Mitt 1972, 18 Trockenrasierer; BGH GRUR 1987, 351 Mauerkasten II; BGH BlPMZ 1979, 151 Etikettiergerät 02; BPatGE 3, 95 = GRUR 1964, 448; *Schulte* Rn 122.

567   BGH GRUR 2010, 814 Fugenglätter; RGZ 115, 280, 283 = GRUR 1927, 117 f Wechselstromzähler; RG MuW 29, 581, 583 Schraubstöpselsicherungen; BPatGE 3, 153, 156 = GRUR 1964, 448: Bemessungsregel; BPatG Mitt 1984, 75; RPA Mitt 1941, 156; *Schulte* Rn 81; s auch BGH Liedl 1961/62, 618, 644 Zerspaner.

568   BPatGE 38, 245 = GRUR 1998, 37.

569   BPatGE 40, 90 = Mitt 1999, 67.

570   BGH GRUR 1958, 389, 391 Kranportal.

571   BGH Mitt 1972, 18 Trockenrasierer.

572   BGH GRUR 1970, 289, 294 Dia-Rähmchen IV.

573   BGH 31.5.1983 X ZR 45/80.

574   EPA T 198/84 ABl EPA 1985, 209 = GRUR Int 1985, 827, 828 Thiochlorformiate.

gen wurden Entwicklung eines Überwachungsgeräts aus einem Datenflussplan;[575] Schwierigkeiten, einen Unternehmer zu finden, der die praktische Erprobung übernimmt.[576] Zu besonderen Schwierigkeiten bei biologischen, insb gentechnischen Erfindungen Rn 103 f, bei Übertragungserfindungen Rn 161 ff. Technisch-konstruktive Schwierigkeiten, die in den Augen der Fachwelt nicht als unüberwindlich gelten und durch den Fachmann gelöst werden können, begründen nicht erfinderischen Rang.[577] Starke Anregungen im StdT sprechen gegen erfinderische Tätigkeit,[578] das Fehlen einer Anregung für sie.[579] Nichterwähnen der gelösten Probleme im StdT besagt nichts, wenn diese dort nicht auftreten können.[580] Die Durchführung eines bekannten Werkstattverfahrens auf der Baustelle ist nicht erfinderisch.[581]

Wird eine **allgemeine Lehre** beansprucht, ohne die Mittel zur Überwindung der besonderen Schwie- **118** rigkeiten zu offenbaren, können diese Schwierigkeiten nicht für erfinderische Tätigkeit herangezogen werden.[582]

Verwendung eines bekannten und ohne weiteres austauschbaren Bauteils begründet keine erfinderi- **119** sche Tätigkeit,[583] ebenso wenig **Materialvertauschung** als „analoger Ersatz";[584] das gilt auch für den Einsatz höherwertiger Materialien.[585] Vertauschung Kunststoff statt Metall bei einer Vorrichtung wegen der thermischen Eigenschaften des Kunststoffs ist nicht schon dann naheliegend, wenn der Kunststofffachmann diese Eigenschaften kennt und bei Befragung die Verwendbarkeit des Kunststoffs für die betr Verwendung bejahen würde; entscheidend ist, ob es für den für den maßgeblichen Fachmann nahelag, für den konkreten Zweck Kunststoff zu verwenden oder zumindest bei Kunststofffachleuten Erkundigungen einzuholen.[586] Austausch von Zugkette und Zugseil wurde als nicht in jedem Fall naheliegend bezeichnet.[587] Erfinderische Tätigkeit kann zu bejahen sein, wenn eine unbekannte Eigenschaft des Materials aufgedeckt und gelehrt wird oder das Material als ungeeignet galt[588] oder erfinderische Anpassungen erforderlich wurden.[589]

6. Versuche. Ausprobieren und bloße Durchführung naheliegender Versuche, etwa zur Ermittlung **120** der günstigsten Lösung, können erfinderische Tätigkeit nicht begründen,[590] ebenso wenig einfaches Her-

---

575 BPatGE 24, 187, 189 f = BlPMZ 1982, 214.

576 RG Mitt 1939, 197 f Dichtung aus Metallasbestgewebe, zwh.

577 BGH Liedl 1965/66, 576, 597 Hafendrehkran 01; BPatG BlPMZ 1999, 38 lässt allerdings schon die Notwendigkeit besonderer Kenntnisse ausreichen.

578 RG GRUR 1941, 30 f Aluminiumsulfit; RG GRUR 1944, 122, 124 Transformatorenkühler.

579 BGH Bausch BGH 1994–1998, 348, 358 Seitenspiegel.

580 BPatG 19.6.1997 21 W (pat) 11/96, allerdings unter Verneinung des Vorliegens eines Beweisanzeichens.

581 ÖOPM öPBl 2003, 156.

582 BGH GRUR 1981, 42 Pfannendrehturm; BGH Liedl 1974/77, 191, 209 Verpackungsanlage will auch bei fehlender Offenbarung der Schwierigkeiten diese nicht zur Beurteilung der erfinderischen Tätigkeit für ein allg Konzept zu ihrer Behebung heranziehen (bdkl).

583 BPatG 27.4.1999 17 W (pat) 23/98; vgl öOPM öPBl 2003, 13, GbmSache: Austausch der Lenkersteuerung durch Kurvenbahnsteuerung bei Ladewagen.

584 BGH GRUR 2010, 322 Sektionaltor: Blechschalen statt Holz mit Metallprofilelementen, wenn die Herstellung in einem bekannten Verfahren erfolgt; EPA T 192/82 ABl EPA 1984, 415 Formmassen; EPA T 130/89 ABl EPA 1991, 514 Profilstab; EPA T 10/93; *Schulte* Rn 141; vgl BPatG 15.9.1998 8 W (pat) 70/97.

585 EPA T 410/92.

586 BGH Liedl 1969/70, 82, 105 Eisabzapfer.

587 ÖPA öPBl 2001, 9, 12.

588 Vgl RPA Mitt 1929, 86.

589 RG GRUR 1936, 610 Reklameplakate; vgl auch BGH GRUR 1962, 350 Dreispiegelrückstrahler: Kunstharz und Glas; BGH GRUR 1962, 80 Rohrdichtung: Bitumen und Kunstharz; BGH GRUR 1967, 25 Spritzgußmaschine III: PVC und Gummi; BGH Liedl 1971/73, 248, 258 Dichtungsmaterial: Austausch von Bitumenlösungen durch heißflüssiges Bitumen.

590 RG MuW 12, 82 f Tüllstuhl; RG MuW 40, 158, 160 Drosselspulen; BGH GRUR 1960, 27, 29 Verbindungsklemme; BGH BlPMZ 1966, 234 f Abtastverfahren, nicht in GRUR; BGH GRUR 1968, 311, 313 Garmachverfahren; BGH GRUR 2006, 666 Stretchfolienhaube; BGH GRUR 2006, 930 Mikrotom; BGHZ 170, 215 = GRUR 2007, 404 Carvedilol II; BPatG Mitt 1965, 10; EPA T 253/92: magnetische Eigenschaften einer Legierung; BPatG 24.10.2013 10 Ni 31/11 (EP); EPA T 939/92 ABl EPA 1996, 309, 328 = GRUR Int 1996, 1049 Triazole; PA BlPMZ 1916, 59 f; SuprC 30.4.2007 550 U.S. 398 [2007] KSR v. Teleflex; *Schulte* Rn 154; vgl EPA T 36/82 ABl EPA 1983, 269 = GRUR Int 1983, 810 Parabolspiegelantenne.

Keukenschrijver

umexperimentieren,[591] eine Reihe überschaubarer Versuche,[592] übliche Analyse;[593] hierbei ist nicht von einem Wissenschaftler auszugehen, der unbewiesenen Annahmen eher zurückhaltend gegenübersteht.[594] Der negative Ausgang einzelner Versuche steht nicht entgegen.[595] Das langwierige und schwierige Vergleichsversuche erfordernde, erfolgreiche Heraussuchen eines für den verfolgten Zweck besonders geeigneten Mittels soll, besonders im Bereich der Chemie, Erfindungshöhe auch dann nicht begründen können, wenn zunächst dafür besondere versuchstechnische Ergebnisse geschaffen werden müssen.[596] Jahrelange Versuche zur Klärung der Heilwirkung eines Serums sprechen für erfinderische Tätigkeit.[597] Das EPA hat für erfinderische Tätigkeit schon einen anderen Trend[598] oder eine größere Zahl von Experimenten[599] herangezogen.

121   Regte der StdT zu **erfolgversprechenden Versuchen** an, begründen diese keine erfinderische Tätigkeit.[600] Vom Fachmann sind aber Versuche in einer bestimmten Richtung nicht schon dann zu erwarten, wenn er ein Problem erkannt hat.[601]

7. Bedeutung des Fachgebiets

122   **a.** Auch ein kleiner erfinderischer Schritt kann Erfindungshöhe begründen, wenn es sich um ein vielbearbeitetes Gebiet handelt.[602] Ein neuer Lösungsgedanke auf einem seit langem **durchforschten Gebiet**, der einen erheblichen technischen Fortschritt bietet, spricht dafür, dass die Lösung für den Fachmann nicht nahegelegen hat.[603] Auch ein gründlich durchdachtes Gebiet, auf dem schon seit Jahrzehnten nichts prinzipiell Neues mehr beigetragen worden ist, kann Platz für erfinderische Leistungen bieten, so, wenn es dem Erfinder gelingt, herkömmliche Konstruktionselemente als unwesentlich auszumerzen.[604] In einem „technisch ausgereizten Gebiet" können nur verhältnismäßig kleine Schritte erwartet werden, dann aber erfinderische Leistung begründen.[605]

123   **b.** Wird auf einem eng begrenzten **Spezialgebiet**, in dem sich die Entwicklung schrittweise vollzog, ein nicht unerheblicher Fortschritt erzielt, kann dies für erfinderische Tätigkeit sprechen.[606] Wenn auf einem engen Spezialgebiet in verhältnismäßig kurzer Zeit mehrere Berichte der gleichen Autoren über ihre praktischen Erfahrungen und Fortschritte erscheinen, liegt es für den Fachmann besonders nahe, diese Veröffentlichungen gemeinsam auf ihren technischen Inhalt zu prüfen.[607]

124   **c.** Fehlt es auf einem bisher **wenig erforschten** technischen **Gebiet** an gesichertem allg Erfahrungswissen, ist es also nicht möglich, mit Hilfe erlernbaren Fachwissens Ergebnisse zu erhalten, erfordert vielmehr jede weitere Erkenntnis forschende Tätigkeit, hat diese idR erfinderischen Rang.[608]

---

591   EPA T 104/92; vgl BGHZ 198, 205 = GRUR 2013, 1210 Dipeptidyl-Peptidase-Inhibitoren; BPatG 12.11.2013 3 Ni 10/12 (EP).

592   BGH GRUR 1981, 649, 651 Polsterfüllgut; BGH GRUR 1986, 372, 374 Thrombozytenzählung.

593   BPatG Mitt 1973, 49 f: Analyse und Auswahl eines Tabakaromastoffs nach dem Verbrauchergeschmack; im Ergebnis BGH GRUR 2003, 693 Hochdruckreiniger, allerdings mit missverständlich formuliertem Leitsatz: einfache Überlegungen, die zur Lösung führen, begründen keine erfinderische Tätigkeit.

594   EPA T 249/88 EPOR 1996, 29 Milchproduktion, auszugsweise auch bei *Jaenichen* GRUR Int 1992, 327, 339; *Schulte* Rn 135.

595   EPA T 259/85 EPOR 1988, 209 Two-component polyurethane lacquer; *Schulte* Rn 145 „trial and error".

596   BGH GRUR 1954, 584 Holzschutzmittel, bdkl, vgl *Benkard* Rn 111 unter Hinweis auf BPatGE 5, 78 ff = GRUR 1965, 358; BGH Liedl 1956/58, 509, 525 Schaumgummihaftung; andererseits RG GRUR 1938, 424, 426 poröse Schüttmasse II; BPatGE 5, 78: „Erfinden" aus praktisch endlos vielen Kombinationen, zust *Reimer* § 1 Rn 32.

597   RG BlPMZ 1924, 8 f Friedmann-Patent.

598   EPA T 253/85 EPOR 1987, 198, 204 Dry jet-wet spinning.

599   EPA T 348/86 EPOR 1988, 159 Cardiac defibrillator.

600   BPatG GRUR 1983, 172 f.

601   Vgl BGH GRUR 2006, 666 Stretchfolienhaube; *Kraßer/Ann* § 18 Rn 72.

602   BGH Liedl 1956/58, 352, 359 Gleitschutzkette; BGH Liedl 1965/66, 694, 703 Nadelrollenkäfig.

603   BGH GRUR 1957, 488 Schleudergardine; BGH GRUR 1957, 543 f Polstersessel; BGH Gleitschutzkette; BGH Mitt 1961, 199 Schienenbefestigung; BGH Liedl 1965/66, 670, 691 Federungshohlkörper.

604   BGH Mitt 1978, 136 Erdölröhre.

605   BGH Bausch BGH 1994–1998, 197, 202 f Türschloßschalter.

606   BGH GRUR 1957, 120 Plattenspieler II.

607   BGH Liedl 1969/70, 110, 125 Elektronenschweißen.

608   BGH GRUR 1955, 283, 285 Elektronenerzeugung; *Benkard* Rn 114.

D. Fachmann (Durchschnittsfachmann)

I. Allgemeines

1. Begriff. Schon vor 1978 wurde die Erfindungshöhe aus der Sicht des **Durchschnittsfachmanns** 125 beurteilt.[609] Dies ist gelegentlich auf Kritik gestoßen.[610] Diese Kritik ist jedenfalls nach der seit 1978 geltenden Rechtslage, die ausdrücklich auf den Fachmann abstellt, obsolet; sie entsprach auch zum früheren Recht nicht der Praxis.[611]

Um den StdT zu erfassen, bedarf es der **Hilfsfigur**[612] („fiktiven Person") des Fachmanns (früher 126 „Durchschnittsfachmanns";[613] das geltende Recht verwendet diesen Begriff nicht, ohne dass dadurch eine Änderung eingetreten wäre),[614] der den StdT mit den für die „Fachwelt"[615] typischen (durchschnittlichen) Fähigkeiten wertet,[616] und zwar mit denen des Konstrukteurs und nicht des Erfinders.[617] Plakativ sind Äußerungen in der Richtung, dass der Fachmann mehr oder weniger alles kenne, aber daraus wenig folgere.[618] Maßgeblich ist der mit Entwicklungsarbeiten auf dem jeweiligen technischen Fachgebiet üblicherweise betraute Fachmann,[619] der möglichst konkret zu bestimmen ist.[620] Für die Frage, aus welchem StdT ein Entwicklungsingenieur Anregungen entnehmen wird, kommt es nicht auf die Betriebsorganisation des Patentinhabers an.[621] Soweit der Fachmann (besser: die Fachwelt) auch als Auslegungshilfsmittel für das Patent herangezogen wird (vgl Rn 46 zu § 14), wird es schon aus Gründen der Rechtssicherheit geboten sein, jedenfalls für die Auslegung des Patents nicht zu differenzieren.[622]

Unter dem Fachmann darf man sich nicht einen Philosophen oder Philologen vorstellen, der den StdT 127 durchforscht, ob er Ansatzpunkte für die Bildung eines Oberbegriffs enthält, der durch Abstraktion oder durch Fortlassen einzelner Erfindungsmerkmale daraus abgeleitet werden könnte; maßgeblich ist ein (idealisierter, nicht realer) **praktischer Techniker**, der sein Augenmerk allein darauf richtet, welche prak-

---

609 RG Mitt 1932, 178, 181 Bügelstromabnehmer; BGH GRUR 1959, 532, 536 elektromagnetische Rühreinrichtung; RPA Mitt 1941, 119; *Reimer* § 1 Rn 60.

610 Vgl *Dick* GRUR 1965, 169; vgl auch *H. Winkler* GRUR 1958, 153; *Mediger* Mitt 1959, 125; *Kumm* GRUR 1964, 236.

611 Vgl *Kraßer/Ann* § 18 Rn 40.

612 BGHZ 166, 305 = GRUR 2006, 663 vorausbezahlte Telefongespräche: „Der ... Fachmann ist nicht mit einer tatsächlich existierenden Person gleichzusetzen"; *L.J. Sedley* in CA England/Wales ENPR 2002, 49, 79 f Dyson v. Hoover: „It is one thing to accept that the technologically skilled but wholly unimaginative person is a lawyer's construct – a ventriloquist's dummy. ... It is another to expel him altogether from the real world, where ideas do not occur to people in (so to speak) a vacuum."; vgl BGHZ 160, 204 = GRUR 2004, 1023 bodenseitige Vereinzelungseinrichtung; *Benkard* Rn 34, 67 („Kunstfigur"); *Benkard-EPÜ* Art 56 Rn 49: fiktive Person; *Fitzner/Lutz/Bodewig* Rn 25; *Comte* sic! 2000, 661; RB Den Haag BIE 2002, 458, 459: „De gemiddelde vakman bestaat als zodanig echter niet, maar is een juridische fictie"; schweiz BG sic! 1998, 203, 205 Schnappscharnier spricht vom „imaginären" Durchschnittsfachmann.

613 Vgl BGH GRUR 1953, 120, 122 Rohrschelle; BGH GRUR 1954, 107, 110 Mehrfachschelle; SuprC 30.4.2007 550 U.S. 398 [2007] KSR v. Teleflex: „A person of ordinary skill is also a person of ordinary creativity, not an automaton".

614 Vgl *MGK/Pagenberg* Art 56 EPÜ Rn 23 mwN in Fn 56; *Kulhavy* sic! 2005, 146, 148 hält den Fachmann für entbehrlich.

615 Vgl BGHZ 160, 204 = GRUR 2004, 1023, 1025 bodenseitige Vereinzelungseinrichtung.

616 *Benkard-EPÜ* Art 56 Rn 49 f; *Mes* Rn 18; BGH BlPMZ 1991, 159 Haftverband; BGH Bausch BGH 1994–1998, 159, 162 Betonring.

617 Schweiz BG Schnappscharnier.

618 Vgl zB HoL RPC 1972, 346, 355 Technograph v. Mills & Rockley: „He is supposed to have an unlimited capacity to assimilate the contents of ... scores of specifica but to be incapable of a scintilla of invention. When dealing with obviousness ..., it is permissible to make a ‚mosaic' out of relevant documents, but it must be a mosaic which can be put together by an unimaginative man with no inventive capacity." In CA England/Wales 1.4.2004 Rockwater v. Technip France ist der Fachmann von LJ *Jacob* als „nerd" (nach Duden/Oxford Wörterbuch: Depp) angesprochen worden.

619 RG Mitt 1934, 62 Deckgebirge; BGH Mitt 1977, 60 Leckanzeigegerät 01; BGH GRUR 1978, 37 Börsenbügel; BGH BlPMZ 1989, 133 Gurtumlenkung; BGH 3.6.1976 X ZR 4/73; BGH Bausch BGH 1999–2001, 365, 370 Warenregal: entsprechend dem erkannten oder an ihn herangetragenen Bedarf; BGH 30.6.2009 X ZR 107/05 (Nr 31); BPatG 14.7.2011 3 Ni 1/11 (EP); BPatG 7.5.2014 6 Ni 12/14 (EP).

620 Vgl BGH 10.2.2009 X ZR 37/07.

621 BGH BlPMZ 1963, 365 Schutzkontaktstecker.

622 *Melullis* FS E. Ullmann (2006), 503.

tischen Anweisungen zum technischen Handeln er enthält;[623] und der die sich auf dem Fachgebiet einstellenden Vorgänge praktisch und theoretisch übersehen kann;[624] auf die Kenntnisse und Fähigkeiten eines überragenden (besonders befähigten, „gewieften") Sachkenners ist nicht abzustellen.[625] Überspitzungen („Nobelpreisträger") kommen grds nicht in Betracht.[626]

128   Maßgeblicher Fachmann ist, wer üblicherweise mit einschlägigen technischen (und nicht gestalterischen)[627] Entwicklungsarbeiten betraut ist, und **nicht der Anwender**, Interessent, Abnehmer oder Auftraggeber, der dem Fachmann aber Anregungen geben kann;[628] und erst recht nicht der tatsächliche Erfinder.[629] Betrifft das Patent die Herstellung von Formkörpern für künstliche Felsformationen, ist auf die Person abzustellen, die mit der Entwicklung von Herstellungsverfahren für solche Formkörper (und nicht mit der Herstellung von künstlichen Felsformationen) betraut ist.[630]

129   Zu eng erscheint der Ansatz des BPatG,[631] für die Bestimmung des Fachmanns vorrangig auf die **Patentansprüche** abzustellen und sonstige Angaben in der Patentschrift beiseitezuschieben. Geboten erscheint demgegenüber eine wertende Gesamtschau.

2. Fachwissen und Fachkönnen

130   **a. Grundsatz.** Die Bezugnahme auf den Fachmann umfasst – jedenfalls – eine **kognitive** (Kenntnis des StdT, Fachwissen) und eine **kreative** (Fachkönnen) **Komponente**.[632] Beides hängt zusammen.[633] Sie erfasst weiter einen Wertungsgesichtspunkt, der häufig als „Patentwürdigkeit" umschrieben wird.[634] Es ist eine Gesamtbetrachtung unter Berücksichtigung des gesamten Fachwissens und -könnens erforderlich.[635] Das allg Fachwissen repräsentiert zusammen mit dem Fachkönnen das, was den Fachmann ausmacht. Es kommt auf die durchschnittlichen Kenntnisse, Erfahrungen und Fähigkeiten des Fachmanns an.[636] Wiederholt hat die Praxis zudem Zumutbarkeitsbetrachtungen herangezogen,[637] die aber systematisch nicht hierher gehören. Für die gelegentlich vertretene Auffassung (Rn 132), Fachwissen und/oder Fachkönnen

---

623   BGH GRUR 1978, 98 Schaltungsanordnung; BGH 21.10.1960 I ZR 153/59; vgl BPatG 17.1.2012 3 Ni 42/10 (EU).
624   RPA Mitt 1941, 119; *Lindenmaier* § 1 Rn 43.
625   RGZ 140, 53, 60 = Mitt 1933, 156 Spannungseisen I; RG BlPMZ 1934, 32 Phönix-Stähle II: „überragender Kopf"; RG GRUR 1939, 915, 918 Gewebetrockenmaschine; RG GRUR 1942, 544, 547 Elektronenröhre; BGH Schaltungsanordnung; BGH BlPMZ 1991, 159 Haftverband; BGH 27.6.1972 X ZR 8/69; EPA T 249/88 EPOR 1996, 29 Milchproduktion, auszugsweise auch bei *Jaenichen* GRUR Int 1992, 327, 339; *Benkard* Rn 70 ff; *Fitzner/Lutz/Bodewig* Rn 26; vgl HG Aargau sic! 2004, 331.
626   Vgl BGH GRUR 1955, 286 Strahlentransformator; EPA T 60/89 ABl EPA 1992, 268, 277 = GRUR Int 1992, 771 Fusionsproteine; *Benkard* Rn 145; *Kraßer/Ann* § 18 Rn 75 mwN in Fn 132.
627   BGH GRUR 2003, 693 f Hochdruckreiniger; *Benkard* Rn 71.
628   Vgl BGH GRUR 1962, 290, 292 Brieftaubenreisekabine 01; BGH Liedl 1963/64, 172 ff Hüftgelenkprothese 01; BGH GRUR 1965, 138, 141 Polymerisationsbeschleuniger; BGH GRUR 2009, 1039 Fischbissanzeiger; BGH GRUR 2010, 44 Dreinahtschlauchfolienbeutel; BGH 17.11.2009 X ZR 49/08; BPatGE 38, 250 = BlPMZ 1998, 87: Realisierung vom Benutzer gewünschter benutzerbezogener Gerätefunktionen in der Konsumelektronik; BPatG 19.1.2010 4 Ni 34/07 (EU); BPatG 11.11.2014 3 Ni 26/13; *Benkard* Rn 70; *Schulte* Rn 46; BGH 26.2.2002 X ZR 204/98: Kunststofftechniker, der einen Straßenbauer und einen Gartenbauer heranzieht, für Rasenbefestigungsplatte; BGH Mitt 2003, 116 Rührwerk: Apparatebauer, nicht Apotheker, für Salbenrührgerät; BGHZ 170, 215, 224 = GRUR 2007, 404 Carvedilol II: für Medikamente zur Behandlung der Herzinsuffizienz nicht der niedergelassene oder klinische Internist allein; BGH 11.12.2007 X ZR 57/03: Feinwerktechniker, nicht Zahnarzt; vgl auch BPatGE 37, 228; BPatG 9.10.1997 13 W (pat) 44/97: für thermische Behandlung von Schnittkäse zuständiger Lebensmitteltechniker hat Kenntnisse der Hausfrau zu beachten; BPatG 11.12.1997 2 Ni 54/96 (EU).
629   EPA T 24/81 ABl EPA 1983, 133 = GRUR Int 1983, 650, 651 f Metallveredlung; *Benkard* Rn 11; vgl BPatG 16.9.2014 3 Ni 16/13: maßgeblich das technische Gebiet, auf dem der Gegenstand der Lehre liegt; BPatG 10.11.2015 3 Ni 19/14 (EP).
630   BGH 22.3.2011 X ZR 122/09.
631   BPatG 7.2.2012 4 Ni 68/09 (EU).
632   *Kraßer/Ann* § 18 Rn 46; *Benkard* Rn 34; *Benkard-EPÜ* Art 56 Rn 52; vgl BGH 23.1.2007 X ZB 3/06.
633   Vgl BPatG 23.6.1997 31 W (pat) 50/95: Beherrschung der elementaren Grundregeln des Fachgebiets und entsprechendes Handeln.
634   *Benkard* Rn 34, 67.
635   RG MuW 40, 190, 192 Schaltvorrichtung für Kabelverteilungssysteme; *Benkard-EPÜ* Art 56 Rn 52.
636   BGHZ 160, 204, 213 = GRUR 2004, 1023, 1025 bodenseitige Vereinzelungseinrichtung; BGH 6.9.2005 X ZR 171/01; vgl CCass IIC 2009, 339 Newmat v. Normlu.
637   Vgl zB BPatG 12.11.1998 11 W (pat) 36/98.

seien nur zu berücksichtigen, soweit sie druckschriftlich belegt oder unbestritten oder belegbar seien,[638] besteht keine rechtl Grundlage; dies gilt auch für das EPÜ.[639] Jedoch ist mit Recht verlangt worden, dass das dem Fachmann zuzurechnende Fachwissen zu benennen ist.[640] Tendenziell zu eng erscheint die Auffassung des BGH, es werde allenfalls in Ausnahmefällen in Betracht kommen, dass der Gegenstand des Patents dem Fachmann schon durch sein allg Fachwissen nahegelegt war.[641]

b. Fachwissen ist nicht mit dem präsenten Wissen des Fachmanns gleichzusetzen.[642] Zunächst ist von **131** Bedeutung, welches technische Wissen dem Fachmann zuzurechnen ist.[643] Der Wissensstand ist im Hinblick auf ausreichende Offenbarung und Naheliegen gleich zu beurteilen.[644] Zum maßgeblichen Fachwissen zählt neben dem StdT auch das Allgemeinwissen.[645] Der Konstrukteur von Kunststoffverarbeitungsmaschinen kennt die Grundprinzipien der Verarbeitung von Ein- wie Mehrkomponentenkunststoffen.[646] Ein Maschinenbauingenieur begnügt sich bei der fachgerechten Auswertung eines Patentdokuments regelmäßig nicht mit der Betrachtung der Figuren, sondern versucht das darin enthaltene Konstruktionsprinzip zu erkennen.[647] Der Konstrukteur von Trockensieben kennt die Bedeutung der Durchlässigkeit für Luft und Wasserdampf.[648] In einem relativ kurzen Zeitraum gehäufte Veröffentlichungen können das allg präsente Fachwissen wiedergeben.[649] Grds nicht zum allg Fachwissen gehört der Inhalt einzelner Patentschriften,[650] ausnahmsweise aber dann, wenn das Forschungsgebiet so neu ist, dass das technische Wissen noch nicht in Standardwerken enthalten ist.[651] Ebenfalls nicht zum allg Fachwissen gehört der Inhalt erst nach intensiver Recherche auffindbarer Literatur;[652] anders für die Neuheitsschädlichkeit.

Zwischen StdT und Fachwissen besteht kein substantieller Unterschied.[653] Als Fachwissen werden **132** **Kenntnisse einbezogen**, die sich einer Fixierung iSd Offenbarung des § 3 Abs 1 entziehen und damit nicht

---

638 So BPatG 14.11.2013 2 Ni 4/12 (EP) unter Hinweis auf *Schulte* § 34 Rn 348; hiergegen BPatG Mitt 2016, 75.

639 BPatG 15.9.2015 3 Ni 20/14 (EP) unter Hinweis auf BGHZ 200, 229 = GRUR 2014, 461 Kollagenase I und BPatGE 51, 9, 13 = GRUR 2008, 689; vgl auch PatentsC 6.3.2002 Cairnstores v. Hässle, referiert in EIPR 2002 N-116; zur Frage der Berücksichtigung allg Fachwissens bei der Beurteilung der erfinderischen Tätigkeit BPatG 9.7.2002 1 Ni 18/01 (EU).

640 BPatG 10.1.2006 23 W (pat) 35/04.

641 So aber BGH GRUR 2013, 1283 Druckdatenübertragungsverfahren; grds für allg und fachtypisches Fachwissen bejahend BGH GRUR 2012, 378 Installiereinrichtung II; BGH 28.11.2013 X ZR 127/10.

642 *Benkard-EPÜ* Art 56 Rn 53 aE; *Fitzner/Lutz/Bodewig* Rn 33; aA *Kraßer/Ann* § 18 Rn 46 f.

643 BGH GRUR 1963, 568 Wimpernfärbestift; BGH GRUR 1969, 182 Betondosierer; vgl BPatGE 37, 228; BPatG 6.11.2001 6 W (pat) 41/00.

644 EPA T 60/89 ABl EPA 1992, 268, 277 = GRUR Int 1992, 771 Fusionsproteine; EPA T 694/92 ABl EPA 1997, 408 = GRUR Int 1997, 918, 919 Modifizieren von Pflanzenzellen, zum Verhältnis der Art 56 und 83 EPÜ; *Singer/Stauder* EPÜ Art 56 Rn 117; vgl hierzu auch EPA T 794/94.

645 BGH GRUR 1978, 37 f Börsenbügel; BGH BlPMZ 1989, 133 Gurtumlenkung: Grundlagenwissen; BGH 18.8.1983 X ZR 17/82; BPatGE 32, 109 = BlPMZ 1991, 349, 351: Lehrbuchwissen über grundsätzliche Materialfragen metallischer Leiterwerkstoffe; EPA T 195/84 ABl EPA 1986, 121 = GRUR Int 1986, 545 f technisches Allgemeinwissen; EPA T 426/88 ABl EPA 1992, 427, 433 = GRUR Int 1993, 161 Verbrennungsmotor: auch wenn es nur auf bestimmten Fachgebieten veranschaulicht wird; EPA T 206/83 ABl EPA 1987, 5 = GRUR Int 1987, 170 Herbizide; EPA T 99/85 ABl EPA 1987, 413 = GRUR Int 1988, 251 diagnostisches Mittel; EPA T 580/88; EPA T 766/91; EPA T 378/93 und EPA T 590/94: Standardhandbücher, Nachschlagewerke und wissenschaftliche Zeitschriften; EPA T 890/02 ABl EPA 2005, 496 = GRUR Int 2005, 1030 chimäres Gen: Datenbanken können erfasst sein; *Benkard* Rn 75; *Szabo* Mitt 1994, 225, 232 f; *Kraßer/Ann* § 18 Rn 47 Fn 75; vgl RG GRUR 1938, 709, 713 Schalldämpfer; BGH Liedl 1967/68, 204, 218 Kernbremse; BGHZ 133, 79 = GRUR 1996, 862, 865 Bogensegment; BGHZ 160, 204 = GRUR 2004, 1023 bodenseitige Vereinzelungseinrichtung; BPatG 22.11.2002 17 W (pat) 59/00; BPatG 20.1.2015 3 Ni 18/13 (EP); zur Frage des Fachwissens bei einer Vorrichtung zum Generieren eines Steuerprogramms BPatG CR 1997, 336.

646 BGH Liedl 1978/80, 544 ff Mischkammerspritzkopf.

647 BPatG 28.1.2002 9 W (pat) 9/01.

648 BPatGE 46, 127; BPatG 25.11.2003 1 Ni 4/03 (EU).

649 EPA T 537/90.

650 EPA T 171/84 ABl EPA 1986, 95 = GRUR Int 1986, 467 Redox-Katalysator; EPA 580/88.

651 EPA T 772/89.

652 EPA T 654/90; CCass IIC 2009, 339 Newmat v. Normalu verneint Heranziehung des Wissens Dritter, was dem Rechtscharakter der Prüfung aus erfinderische Tätigkeit schwerlich gerecht werden dürfte.

653 AA *Benkard* Rn 76; *Benkard-EPÜ* Art 56 Rn 56; vgl auch *Kraßer/Ann* § 18 Rn 46 f, die – unter Zugrundelegung eines Maßstabs als „gedachter Normalfigur" – das gewöhnliche Fachwissen zum StdT rechnen, den StdT aber als weitergehend ansehen.

Keukenschrijver

mit den klassischen Beweismitteln feststellbar sind, aber gleichwohl zur Grundlage des fachmännischen Handelns gehören.[654] Bei der Ermittlung des Fachwissens ist – auch hinsichtlich des maßgeblichen Zeitpunkts – besondere Vorsicht geboten.[655]

133 Was zum Fachwissen gehört, kann nicht nur nach dem im **Anmeldestaat** verbreiteten Wissen beurteilt werden.[656] Insb darf die Figur des Fachmanns nicht dazu herhalten, fremdsprachiges Material auszugrenzen; die Beurteilung aus seiner Sicht ist nicht Beurteilung eines Erkenntnisakts, sondern allein Maßstab für das zugrunde zu legende Fachwissen und -können; dies gilt über den Bereich der Zurechnung zum StdT hinaus auch für die Beurteilung der ursprünglichen und der ausführbaren Offenbarung.[657]

134 **c. Fachkönnen.** Neben dem Fachwissen ist das Fachkönnen einzubeziehen, dh die praktischen Fähigkeiten, die dem Fachmann aufgrund seiner Ausbildung zur Verfügung stehen und mit denen er seinen Fachbereich weiterentwickeln kann.[658] Was dem Fachmann aufgrund seines Fachwissens an Fachkenntnissen und Fertigkeiten zur Verfügung steht, bedarf keiner Wiederholung.[659] Hierbei sind die Verhältnisse am Anmelde- oder Prioritätstag maßgeblich.[660] Dabei kann es auch auf die Dauer der beim Fachmann anzunehmenden Berufserfahrung ankommen.[661]

135 **Kreative Fähigkeiten.** Was der Fachmann bei sachgem Anwendung seines Fachwissens leisten kann, ist nicht erfinderisch.[662] In diesem Sinn ist auch die (terminologisch verfehlte) gelegentliche Beurteilung der Maßnahmen unter Äquivalenzgesichtspunkten[663] zu verstehen. Es reicht für das Naheliegen aus, wenn der Fachmann aufgrund seines allg und fachtypischen Fachwissens die Lösung aus dem Vorhandenen entwickeln würde.[664] Die Definition des Fachmanns dahin, dass ihm erfinderisches Können fehlt,[665] stellt die Betrachtung auf den Kopf.

136 Dem Fachmann kann grds **zugetraut** werden, bekannte Lösungen zu verbessern und aus dem StdT bekannte Anregungen aufzugreifen,[666] alltägliche Wünsche zu beachten und zu berücksichtigen.[667] So ist er

---

654 Vgl BGH 23.1.2007 X ZB 3/06; BPatGE 51, 9 = GRUR 2008, 689; EPA T 939/92 ABl EPA 1996, 309 = GRUR Int 1996, 1049 Triazole: im Streitfall Beleg durch Beweismittel erforderlich; EPA T 571/95: Substantiierung erforderlich; *MGK/Pagenberg* Art 56 EPÜ Rn 18; *van Benthem/Wallace* GRUR Int 1978, 219, 221; zu den Grenzen fachmännischen Handelns BPatG 30.4.2002 4 Ni 17/01 (EU).

655 Zu weitgehend *Schickedanz* GRUR 1987, 71; schief, allerdings konsequent aus der Gleichsetzung des Fachwissens mit dem präsenten Wissen des Fachmanns, auch *Kraßer/Ann* § 18 Rn 47, wonach der öffentlich zugängliche StdT weiter reichen soll als das Fachwissen.

656 *Benkard* Rn 76; *Benkard-EPÜ* Art 56 Rn 57; *Fitzner/Lutz/Bodewig* Rn 34; *Singer/Stauder* EPÜ Art 56 Rn 23, wonach der Ort der Berufsausübung keine Rolle spielt; unter dem Aspekt des TRIPS-Übk *Ullrich* Technologieschutz nach TRIPS: Prinzipien und Probleme, GRUR Int 1995, 623, 637, unter Hinweis auf austral HighC GRUR Int 1981, 691; vgl auch *Szabo* Mitt 1994, 225, 227; EPA T 426/88 ABl EPA 1992, 427 = GRUR Int 1993, 161 Verbrennungsmotor: dt allg Lehrbuch bei brit Fachleuten; EPA T 493/01.

657 In BGH GRUR 1998, 901, 903 Polymermasse nicht abschließend entschieden.

658 *Schulte* Rn 40 ff; *MGK/Pagenberg* Art 56 EPÜ Rn 43 ff, der zutr auf die Gefahr hinweist, das Fachkönnen in Kenntnis der Erfindung überzubewerten; *Büscher/Dittmer/Schiwy* Rn 9; *Schickedanz* GRUR 1987, 71, 74.

659 BGH GRUR 1984, 272 Isolierglasscheibenrandfugenfüllvorrichtung; BGH 26.11.2013 X ZR 96/10. Zur Berücksichtigung des Ergebnisses einer Literaturrecherche BPatGE 34, 264, 267 = Bausch BPatG 1994–1998, 59, 64.

660 Vgl *Kraßer/Ann* § 18 Rn 97 f.

661 Vgl BGH Bausch BPatG 1994–1998, 168, 172 Einphasensynchronmotor: Fachhochschulingenieur der Fachrichtung Elektrotechnik mit mindestens halbjähriger Berufserfahrung auf dem Gebiet elektrischer Kleinantriebe; BPatGE 34, 160, 167: im Team arbeitender Biochemiker oder Molekularbiologe mit mehrjähriger praktischer Erfahrung, ebenso BPatGE 34, 264, 266.

662 RG MuW 39, 290 f Schablone für vielfarbige Musterungen; vgl BGH GRUR 2010, 814 Fugenglätter; RG GRUR 1938, 969, 971 Schwungradmagnet II; BPatG 21.8.2012 4 Ni 24/09; RPA Mitt 1937, 174 f; EPA T 119/82 ABl EPA 1984, 217, 225 Gelatinierung; BPatGE 38, 250 = BlPMZ 1998, 87; *Benkard-EPÜ¹* Art 56 Rn 53.

663 So *Schulte* Rn 65 unter Hinweis auf EPA T 697/92; *Klauer/Möhring* § 1 Rn 59; öOPM öPBl 2006, 60 Stockrahmenkonstruktion.

664 Vgl BGH GRUR 2012, 378 Installiereinrichtung II; BGH 28.11.2013 X ZR 127/10 (hier verneint).

665 EPA T 39/93 ABl EPA 1997, 134, 149 f = GRUR Int 1997, 741 Polymerpuder.

666 Vgl *Kraßer/Ann* § 18 Rn 71 f.

667 BPatGE 45, 18 = GRUR 2002, 418.

Keukenschrijver

bestrebt, raumsparend und kostengünstig durch Verwendung weniger Teile zu bauen,[668] bekannte Vorrichtungen zu vereinfachen,[669] vorhandene Komponenten zu verbessern[670] oder Störendes zu beseitigen.[671] Der Fachmann denkt und handelt nicht schematisch und weltfremd, sondern vernünftig und mit Verantwortung auch für geschäftlichen Erfolg.[672] Auch der nicht wissenschaftlich ausgebildete und nicht methodisch geschulte Techniker denkt beim Variieren bekannter Vorschläge funktionell und nicht gegenständlich.[673] Ein hochqualifizierter Fachmann kann ungeeignete Lösungsvarianten ausscheiden.[674] Erforderlichkeit komplizierter Gedankengänge und ausgeprägten räumlichen Vorstellungsvermögens können für erfinderische Tätigkeit sprechen.[675] Es spricht für erfinderische Tätigkeit, wenn der Fachmann die Funktionen bekannter Bauteile eines Erzeugnisses ändern muss, um eine vereinfachte Konstruktion und damit eine Kostenersparnis zu erzielen, und der StdT zu einem solchen veränderten Konzept keine Anregung liefert.[676] Andererseits ergibt sich daraus, dass eine Maßnahme einer Entgegenhaltung entnommen werden kann und es für sie keine technische Notwendigkeit gab, nicht notwendig, dass sie das Fachkönnen (handwerkliche Können des Fachmanns) überstieg.[677] Analyse der theoretischen Grundlagen und Aufstellung von Bewegungsgleichungen unter Festlegung geeigneter Bedingungen, die nur über komplizierte Rechenvorgänge und die Lösung komplexer Differentialgleichungen einen gangbaren Weg aufzeigen können, ist auf dem Gebiet der Konstruktion von Lenksystemen für Hebevorrichtungen und Manipulatoren zwar einem theoretisch ausgebildeten Hochschulwissenschaftler, nicht aber einem Fachhochschulingenieur möglich.[678] Fragen der Dimensionierung bieten dem Fachmann im allg keine Schwierigkeiten,[679] ebenso die kinematische Umkehr[680] (die aber erfinderischer Tätigkeit jedenfalls dann nicht entgegenstehen muss, wenn ein weiterer Schritt hinzutritt);[681] die unmittelbare Anwendung herkömmlicher technischer Verfahren.[682] Routinemäßiges Arbeiten,[683] routinemäßiges Ausloten bekannter Parameter zur Optimierung kann erwartet werden;[684] ebenso Beibehalten bekannter Maßnahmen,[685] fachübliche Maßnahmen,[686] Suchen nach Polymorphen,[687] Anknüpfen an den bekannten Formenschatz,[688] Herausgreifen einer Lösung aus dem bekannten Formenschatz,[689]

668 BGH Bausch BGH 1994–1998, 168, 174 Einphasensynchronmotor; vgl *Schulte* Rn 150 f; BPatG 14.6.2000 7 W (pat) 34/99: einstückige Ausbildung.
669 BGH Bausch BGH 1994–1998, 291, 296 Sammelstation.
670 BPatG 15.7.1998 9 W (pat) 24/97.
671 BGH Bausch BGH 1994–1998, 434, 442 Dilatationskatheter.
672 BPatGE 45, 18 = GRUR 2002, 418.
673 BGH Bausch BGH 1994–1998, 319, 324 Stangenführung für Flachbandstangen; vgl aber *Niedlich* Mitt 2000, 281, 283.
674 BGH Bausch BGH 1994–1998, 311, 317 f Walzwerk.
675 Vgl BGH Bausch BGH 1986–1993, 430 Kräuselvorrichtung.
676 BGH GRUR 2005, 233, 235 Paneelelemente unter Hinweis auf BGH Bausch BGH 1986–1993, 341 Feuerschutzabschluß, nicht in GRUR, und BGH Liedl 1978/80, 19, 48 ff, auszugsweise auch in Mitt 1978, 136 f Erdölröhre.
677 Vgl BGH GRUR 2015, 463 Presszange.
678 BPatG 25.10.1999 11 W (pat) 57/99.
679 RG Mitt 1934, 34 f Bindemäher; BGH Liedl 1971/73, 198, 208 Bali-Gerät; BPatG Mitt 1984, 75: Bemessungsregel aufgrund routinemäßiger Auslotung; vgl RG BlPMZ 1908, 11 f Staubdichtungsring; differenzierend RGZ 99, 211, 213 = BlPMZ 1920, 154 f Kurbelscheibe; RGZ 115, 280, 283 = GRUR 1927, 117 f Wechselstromzähler; vgl EPA T 455/91 ABl EPA 1995, 684 Expression in Hefe; PA BlPMZ 1896, 237, 239; PA GRUR 1901, 149; RPA Mitt 1924, 68; RPA Mitt 1926, 11: anders etwa bei Überwindung besonderer Schwierigkeiten.
680 ZB wahlweise Verwendung von beweglichen und unbeweglichen Getriebegliedern; RG BlPMZ 1902, 154, 157 Perlenband; RG MuW 25, 124 sternartiger Drehrost; BPatG 10.3.2009 3 Ni 73/06 (EU); *Schulte* Rn 117; vgl EPA T 1/81 ABl EPA 1981, 439 = GRUR Int 1982, 53, 55 thermoplastische Muffen: Umkehr der Verfahrensschritte.
681 RB Den Haag BIE 2000, 6.
682 EPA T 65/86 EPOR 1990, 181 Text processing; vgl auch BPatG 11.3.1998 7 W (pat) 7/98.
683 EPA T 532/88, unter Abstellen auf die Aufgabe; *Schulte* Rn 138.
684 BGH GRUR 2004, 579, 582 Imprägnieren von Tintenabsorbierungsmitteln; BPatG Mitt 1981, 201 ff; BPatG Mitt 1984, 74, 76; BPatG 19.5.2010 3 Ni 15/08 (EU); BPatG 8.4.2014 3 Ni 11/13 (EP); EPA T 263/86 EPOR 1988, 150 Spectacle lens; EPA T 409/90 EPOR 1991, 423 Avalanche diode; *Benkard* Rn 110; *Schulte* Rn 111; vgl ÖPA öPBl 1997, 198.
685 BGH Liedl 1974/77, 1, 7 Wannenofen.
686 BPatG 11.3.2014 4 Ni 4/12 (EP).
687 EPA T 777/08 ABl EPA 2011, 633 Atorvastatinpolymorphe; vgl auch BGH GRUR 2012, 803 Calcipotriol-Monohydrat.
688 BGH Bausch BGH 1994–1998, 348, 358 Seitenspiegel.
689 BGH Bausch BGH 1994–1998, 479, 486 laminierte Metalldichtung.

Einsatz bekannter Hilfsmittel und Werkstoffe[690] oder die Systematisierung der Arbeitsweise,[691] ebenso eine Automatisierung von Geschehensabläufen.[692] Als nicht erfinderisch ist es angesehen worden, nicht benötigte Komponenten eines Mikrocomputersystems durch Trennung stromlos zu schalten, anders uU, wenn dabei Programmbestandteile verlagert werden.[693] Der Fachmann weiß, dass weniger komplizierte Alternativen im allg zu weniger perfekten Ergebnissen führen, und kann dieses Wissen zweckentspr einsetzen,[694] er kann die mit einer Maßnahme erreichbaren Vorteile gegen die dabei in Kauf zu nehmenden Nachteile abwägen[695] und fachbekannte Austauschmittel einsetzen.[696] Der Fachmann für die Entwicklung von Autoradios befasst sich nicht nur mit der Entwicklung von vorgegebenen konkreten technischen Problemen, sondern ist allg um konkurrenzfähige Empfangsgeräte bemüht, berücksichtigt dabei mögliche Nutzerwünsche und achtet auf optimale Gebrauchsfähigkeit.[697] Ein Fachmann, der ein Problem mit Hilfe aufwendiger und langwieriger theoretischer Ableitung zu lösen in der Lage ist, kann gleichwohl Anlass haben, die Technik durch Versuche voranzutreiben.[698] Aufwand und Risiko sind mit einzubeziehen.[699]

137   Erwartet werden kann routinemäßiges Austesten verschiedener **Racemate** auf physiologische Aktivität.[700] Ausnahmen sind aber zB bei mehreren asymmetrischen Kohlenstoffatomen denkbar, weil sich dann die Zahl der in Frage kommenden Isomere exponentiell vervielfacht, oder wenn das Racemat zwar bekannt ist, aber abseits des Entwicklungstrends liegt, weiter bei Gewinnung aktiver oder qualitativ anders wirkender Enantiomere aus im wesentlichen inaktiven oder verschieden wirkenden Racematen.[701] Wird die Bereitstellung eines Enantiomers einer bisher nur als Racemat vorliegenden Verbindung gelehrt, ist erfinderische Tätigkeit zu bejahen, wenn es keinen naheliegenden Weg gab, das Enantiomer in die Hand zu bekommen.[702]

138   Rein **handwerkliche oder konstruktive Maßnahmen** begründen keine erfinderische Tätigkeit.[703] Von einem Fachmann für Legierungen ist zu erwarten, dass er Zustandsbilder von Metallen deuten

690   RG GRUR 1938, 180, 184 Windschutzscheibe II, vgl aber RG GRUR 1936, 103 f Windschutzscheibe I, unter Abstellen auf Vorbehalte der Fachwelt; BGH GRUR 1954, 584 Holzschutzmittel, kr Benkard Rn 112; BGH GRUR 1962, 80, 82 Rohrdichtung; BGH GRUR 1962, 83 f Einlegesohle; BGH 1962, 350, 352 f Dreispiegelrückstrahler; RPA Mitt 1938, 251 f; EPA T 15/81 ABl EPA 1982, 2 = GRUR Int 1982, 254 Wirbelstromprüfeinrichtung; EPA T 21/81 ABl EPA 1983, 15, 19 elektromagnetischer Schalter: Auswahl geeigneten Materials selbst bei nicht belegter Materialpräferenz; BPatG 3.7.1998 34 W (pat) 27/97: Auswahl aus einer begrenzten Zahl von Möglichkeiten; EPA T 513/90 ABl EPA 1994, 154 = GRUR Int 1994, 618 geschäumte Körper: Auswahl eines allg erhältlichen, geeigneten Materials; EPA T 195/84 ABl EPA 1986, 121 = GRUR Int 1986, 545 f technisches Allgemeinwissen; EPA T 290/86 ABl EPA 1992, 414, 423 = GRUR Int 1993, 162 Entfernung von Zahnbelag; EPA T 659/00; andererseits BPatG 23.3.1998 9 W (pat) 114/96: Verwendung zweier je für sich bekannter Werkstoffe gezielt für bestimmte Vorrichtungteile als erfinderisch angesehen.
691   Vgl BGH GRUR 1978, 37 f Börsenbügel; EPA T 1/81 ABl EPA 1981, 439 = GRUR Int 1982, 53, 55 thermoplastische Muffen.
692   EPA T 775/90; Schulte Rn 77.
693   BPatG 22.8.1996 17 W (pat) 31/94 CR 1997, 355 Ls.
694   Vgl EPA T 61/88.
695   BGH GRUR 2006, 930 Mikrotom; BPatG 8.10.1997 7 W (pat) 6/97; BPatG 8.4.2002 11 W (pat) 14/01; BPatG 17.10.2013 2 Ni 82/11 (EP); vgl BGH GRUR 1996, 857, 860 Rauchgasklappe; BGH GRUR 2013, 160 Kniehebelklemmvorrichtung; BGH 2.2.2016 X ZR 146/13; vgl auch BGH 16.7.2002 X ZR 195/98.
696   BPatG 16.7.1997 9 W (pat) 13/96.
697   BPatGE 46, 137 = GRUR 2003, 321.
698   Vgl BGH 6.5.2003 X ZR 113/00.
699   Vgl EPA T 455/91 ABl EPA 1995, 684 Expression in Hefe; EPA T 223/92.
700   EPA T 296/87 ABl EPA 1990, 195, 209 = GRUR Int 1990, 851 Enantiomere; öOPM öPBl 2006, 127, 143; vgl auch EPA T 777/08 ABl EPA 2011, 633 Atorvastatinpolymorphe; vgl Mes Rn 43; zur erfinderischen Tätigkeit bei Enantiomeren auch Hansen Zur Schutzfähigkeit von Enantiomeren, GRUR 1996, 943, 947.
701   EPA Enantiomere.
702   BGH GRUR 2010, 123 Escitalopram; vgl auch RB Den Haag 6.7.2011 Esomeprazol, im Internet unter http://www. iept.nl/files/2011/IEPT20110706_Rb_Den_Haag_Sandoz_-_Stada_v_AstraZeneca.pdf, wo darauf abgestellt wird, dass die Untersuchung nicht routinemäßig erfolgt.
703   RG GRUR 1935, 425 f Münzgasmesser; RG GRUR 1935, 661, 664 Lenkstockspindel; RG GRUR 1936, 936 Metallfolie; BGH GRUR 1954, 107, 110 Mehrfachschelle; BGH GRUR 1954, 258 f Kohleabbau; BGH GRUR 1956, 73, 76 Kalifornia-Schuhe; BGH GRUR 1961, 529, 533 Strahlapparat; BGH GRUR 1962, 350 Dreispiegelrückstrahler; BGH Liedl 1967/68, 171, 192 Selbstschlußventil; BGH Liedl 1971/73, 261, 274 Hustenmützchen; BGH Liedl 1974/77, 50, 62 zusammenklappbarer Tisch; BGH Bausch BGH 1999–2001, 157 Kreiselpumpe für Haushaltsgeräte; BGH 17.11.2009 X ZR 49/08; EPA T 170/87 ABl EPA 1989, 441, 444 = GRUR Int 1990, 223 Heizgaskühler; Schulte Rn 109; Benkard Rn 112; Benkard-EPÜ¹ Art 56 Rn 55, 131; vgl BPatG GRUR 1989, 745 f; BPatG 8.3.2001 11 W (pat) 64/00; öPA öPBl 2001, 104, 106, GbmSache.

kann.[704] Für den Fachmann, der sich damit befasst, eine Zusammensetzung bereitzustellen, die vorteilhafte Wirkungen auf Risikofaktoren für bestimmte Erkrankungen hat, liegt es idR nahe, sich zunächst mit für diese Wirkungen bekannten Zusammensetzungen zu befassen, deren Wirkstoffe zu ermitteln und diese anzureichern, insb wenn Anhaltspunkte für eine Verbesserung der Wirkung durch eine höhere Wirkstoffdosis bestehen.[705] Die Übertragung einer für ein Rad eines Flüssigkeitsgetriebes bekannten Maßnahme auf alle Räder ist als nicht erfinderisch angesehen worden.[706] Die Überwindung besonderer Schwierigkeiten (Rn 116), prinzipiell neue Lösungen oder eine Vielzahl konstruktiver Überlegungen sprechen gegen eine Beurteilung als rein handwerklich-konstruktiv; ebenso uU bei einer besonderen Anpassung einer schon lange allg bekannten Idee.[707]

Die **Anwendung einer allgemeineren Lehre** auf eine engere kann grds erwartet werden.[708] Dagegen werden grundsätzliche Neuerungen nicht erwartet werden können, desgleichen nicht hoher Erprobungsaufwand oder Abwandlungen, die zunächst wenig erfolgversprechend erscheinen; dabei ist allerdings die Höhe der Qualifikation mit von Bedeutung.[709]   **139**

Fernliegendes Wagnis spricht für erfinderische Tätigkeit,[710] ebenso besondere Erfahrung und überdurchschnittliche konstruktive Begabung,[711] überlegener Überblick,[712] Überwindung erheblicher Hemmnisse.[713] Von einem Techniker können praktisches Denken und Aufbauen auf seiner beruflichen Erfahrung erwartet werden, nicht übergreifende abstrahierende Überlegungen.[714]   **140**

Glücklicher Griff. Der glückliche Griff aus der Fülle der Elemente des StdT kann erfinderisch sein,[715] insb bei Vorliegen eines verwirrenden StdT.[716] Bei Auffinden des grds Gedankens durch glücklichen Griff steht nachfolgende unschwierige Umsetzung erfinderischer Tätigkeit nicht entgegen.[717] Bei „glücklichen Lösungen" für einen neuen, einfacheren und billigeren Weg zur Herstellung eines Massenartikels kann erfinderische Tätigkeit nur bejaht werden, wenn die Lösung das Maß des Handwerklichen und Konstruktiven überragt,[718] insb bei besonders vorteilhaften Lösungen.[719]   **141**

Gegen einen „glücklichen Griff" kann die **Nähe der bekannten Lösungsvorschläge** zur geschützten Lehre sprechen,[720] die Vereinigung bekannter Elemente muss ihn aber nicht ausschließen.[721] Ob das Ergebnis auf Zufall oder planmäßiges Handeln zurückzuführen ist, spielt keine Rolle, da es auf die Entstehungsgeschichte nicht ankommt.[722]   **142**

Eine **geschickte Lösung** begründet für sich noch keine erfinderische Tätigkeit,[723] anders bei verblüffend einfacher Kombination zur Herstellung eines Massenartikels aus einer vielgestaltigen Menge vorbe-   **143**

---

704 RPA Mitt 1941, 119 f.

705 BGH GRUR 2010, 607 Fettsäurezusammensetzung; BPatG 15.6.2010 3 Ni 37/08 (EU); vgl BPatG 24.6.2014 3 Ni 23/12 (EP).

706 RG MuW 40, 229 f Schaufelräder.

707 RB Den Haag BIE 1996, 232; vgl RB Den Haag BIE 2001, 122.

708 RG GRUR 1940, 195 f Röhrenmetallüberzug.

709 *Kraßer/Ann* § 18 Rn 71.

710 RG MuW 29, 584 f Spundwand aus Z-Eisen.

711 BGH GRUR 1953, 120, 123 Rohrschelle.

712 BGH Liedl 1956/58, 310, 321 Luftheizung.

713 BGH Bausch BGH 1994–1998, 434, 443 Dilatationskatheter.

714 BGH Bausch BGH 1994–1998, 197, 202 Türschloßschalter; vgl BGH 9.11.2010 X ZR 67/05; BPatG 16.5.2013 10 Ni 19/11 (EP).

715 RG MuW 33, 354 f Schaltungsanordnung für Fernsprechanlagen; BPatGE 9, 150, 156 = BlPMZ 1968, 165; BPatGE 24, 222, 228; EPA T 122/84 ABl EPA 1987, 177, 183 = GRUR Int 1987, 593 Metallic-Lackierung; *Benkard* Rn 108; *Benkard-EPÜ* Art 56 Rn 92; *Schulte* Rn 108; vgl BPatGE 1, 6; BPatGE 1, 70, 73 = GRUR 1965, 81; BPatG 17.7.1997 23 W (pat) 17/96; OG DDR GRUR Int 1983, 178 Absorptionsverfahren.

716 BGH GRUR 1965, 473, 478 Dauerwellen I; BGH Liedl 1963/64, 626, 654 Spannbeton I.

717 RG GRUR 1940, 486 Krempelwickel.

718 BGH Liedl 1967/68, 171, 192 Selbstschlußventil; vgl RG GRUR 1939, 599, 601 Wandhaken; BGH GRUR 1960, 427 Fensterbeschläge; zum „Glückstreffer" auch BGH GRUR 1984, 580, 582 Chlortoluron, Rn 99.

719 Vgl RG GRUR 1936, 46 f Aufschnittschneidemaschine; RG GRUR 1936, 585, 589 Metallrohraufweitung; BGH 30.11.1978 X ZR 32/76 Überzugsvorrichtung, nicht in GRUR.

720 BGH Bausch BGH 1986–1993, 19 Blutfilter.

721 BGH GRUR 1959, 22 Einkochdose.

722 BGH GRUR 1965, 138 Polymerisationsbeschleuniger; *Schulte* Rn 170.

723 BGH Liedl 1965/66, 22, 29 Lamellenschrägsteller.

kannter Merkmale und Teilkombinationen.[724] Verblüffend einfache Einbauweise wurde bei Gebrauchsmustern als ausreichend angesehen.[725]

144   **Forschung** und methodisches Vorgehen sprechen nicht gegen erfinderische Tätigkeit.[726]

145   Der Einsatz von **rechnergestützten Methoden** muss erfinderische Tätigkeit nicht ausschließen.[727]

146   **3. Naheliegen für den Fachmann; „could-would-test".** Satz 1 stellt darauf ab, ob sich die Erfindung für den Fachmann in naheliegender Weise aus dem StdT ergab. Technische Neuentwicklungen, die als „logische Folge" des StdT erwartet werden konnten, liegen nahe.[728] In die Beurteilung einzubeziehen sind der StdT und der Fachmann mit seinem Fachwissen und Fachkönnen. Das Gesetz enthält allerdings keine Aussage darüber, wie eng die Verknüpfung der Erfindung mit dem StdT über den Fachmann sein muss. Es ist nicht entscheidend, ob sie sich ohne weiteres oder in besonders naheliegender Weise aufdrängt, „ins Auge springt",[729] erst recht nicht, ob sie sich „zwangsläufig" oder „zwingend" aus dem StdT ergab.[730] Jedoch ist das Erzeugnis, das sich bei Befolgung einer vorbeschriebenen Verfahrensanweisung in naheliegender Weise ergibt, als solches nahegelegt; hier gelten die selben Grundsätze wie bei der Neuheitsprüfung (Rn 115 zu § 3).[731] Andererseits ist nicht alles, was der Fachmann, ggf nach Anleitung, leisten kann, naheliegend.[732] Dass die Kenntnis eines technischen Sachverhalts zum allg Fachwissen gehört, belegt noch nicht, dass es für den Fachmann nahegelegen hat, sich bei der Lösung eines bestimmten technischen Problems dieser Kenntnis zu bedienen.[733]

147   Das Auffinden einer neuen Lehre kann nicht schon dann als nicht auf einer erfinderischen Tätigkeit beruhend bewertet werden, wenn lediglich keine Hinderungsgründe zutage treten, von im StdT Bekanntem zum Gegenstand dieser Lehre zu gelangen, sondern diese Wertung setzt voraus, dass das Bekannte dem Fachmann Anlass oder Anregung gab, zu der vorgeschlagenen Lehre zu gelangen.[734] Die Patentfähigkeit ist ggf schon dann zu verneinen, wenn die Bewältigung eines von mehreren sich stellenden Problemen zum Aufgabenkreis des Fachmanns gehört hat und die Erfindung von diesem Ausgangspunkt aus durch den StdT nahegelegt war.[734a] Um das Begehen eines von den bisher beschrittenen Wegen abweichenden Lösungswegs nicht nur als möglich, sondern dem Fachmann nahegelegt anzusehen, bedarf es – abgesehen von den Fällen, in denen für den Fachmann auf der Hand liegt, was zu tun ist – idR zusätzlicher, über die Erkennbarkeit des technischen Problems hinausreichender Anstöße, **Anregungen**, konkreter Hinweise oder sonstiger Veranlassung dafür, die Lösung des technischen Problems auf dem Weg der Erfindung zu suchen.[735] Diese Anregungen können grds nicht durch die Sachlogik der gefundenen Lösung ersetzt werden, wenn sich etwa eine komplexe Vorrichtung gedanklich in Komponenten zerlegen lässt, für deren Verhältnis zueinander eine begrenzte Zahl von Möglichkeiten zur Verfügung steht, mit der Problemlösung aber erhebliche Umgestaltungen

---

724   BGH Liedl 1965/66, 77, 95 Flaschenblasen; BGH GRUR 1999, 145, 148 Stoßwellen-Lithotripter; vgl BGH GRUR 1978, 98 f Schaltungsanordnung.

725   BGH 30.10.1962 I ZR 26/61.

726   Vgl BGH GRUR 1955, 286 Strahlentransformator; BPatGE 3, 95, 97 = GRUR 1964, 448; BPatG GRUR 1978, 702.

727   Vgl zum Einsatz von Optimierungsprogrammen bei Berechnung optischer Systeme und zur Berücksichtigung der dabei gewonnenen Ergebnisse BPatG 11.2.1988 31 W (pat) 89/85.

728   Schulte[5] Rn 17.

729   Schweiz BG SMI 1994, 328, 333 Slim Cigarette.

730   Vgl hierzu auch EPA T 889/91.

731   BGH GRUR 2012, 1130 Leflunomid; vgl Schulte Rn 171; Mes Rn 34.

732   BPatGE 38, 122, 126.

733   BGH GRUR 2009, 743 Airbag-Auslösesteuerung; BGH 20.5.2010 Xa ZR 62/07; vgl BGH GRUR 2009, 837 Bauschalungsstütze; BGH GRUR 2010, 599 Formteil.

734   BGH GRUR 2010, 407 einteilige Öse; BPatG 2.2.2016 4 Ni 29/14 (EP); Fitzner/Lutz/Bodewig Rn 38.

734a BGH GRUR 2015, 352 Quetiapin; BGH 21.4.2015 X ZR 19/13 CIPR 2015, 79 Ls rückstrahlende Folie 01; BGH 21.4.2015 ZR 74/13 CIPR 2015, 80 Ls rückstrahlende Folie 02.

735   BGHZ 182, 1 = GRUR 2009, 746 Betrieb einer Sicherheitseinrichtung; BGH Airbag-Auslösesteuerung; BGH einteilige Öse; BGH GRUR 2011, 37 Walzgerüst [II]; BGH 8.9.2009 X ZR 15/07; BGH 14.1.2010 Xa ZR 66/07; BGH 20.5.2010 Xa ZR 62/07; BGH 9.11.2010 X ZR 67/05; BGH 15.2.2011 X ZR 64/09; BGH 31.5.2011 X ZR 112/10; BGH 29.11.2012 X ZR 82/09; BGH 22.1.2013 X ZR 118/11; BGH 1.12.2015 X ZR 133/13; BPatG 14.12.2009 3 Ni 23/08 (EU) GRUR 2010, 995 Ls; BPatG 9.3.2010 3 Ni 42/08; BPatG 19.5.2010 3 Ni 15/08 (EU); BPatG 4.6.2010 3 Ni 39/08; BPatG 24.5.2011 1 Ni 1/10 (EU); BPatG 28.2.2012 4 Ni 13/10 (EU); BPatG 27.2.2014 2 Ni 39/12 (EP); BPatG 9.12.2014 3 Ni 29/13 (EP); BPatG 10.2.2015 3 Ni 3/14 (EP); BPatG 2.3.2016 2 Ni 15/14 (EP); ÖOGH ÖBl 2010, 134 Nebivolol; öOPM öPBl 2003, 29; öOPM öPBl 2009, 107; öOPM öPBl 2011, 11, 13 Sektionaltorblatt; vgl zur Veranlassung auch BGH 2.12.2008 X ZR 145/04; BGH 24.3.2009 X ZR 67/04; BGH 30.4.2009 Xa ZR 64/08.

der Komponenten verbunden sind.[736] Plausibilität der Lösung aus nachträglicher Analyse reicht nicht aus.[737] Besteht hinsichtlich einer bestimmten Gruppe von Produkten die Vermutung, dass diese Krebs verursachen können, hat der Fachmann auch dann nicht ohne weiteres Anlass, aufwändige Versuche zur Ermittlung von eventuellen Unterschieden hinsichtlich des kanzerogenen Potentials der einzelnen Produkte anzustellen, wenn in einer Veröffentlichung berichtet wird, dass ein Hersteller solche Versuche für bestimmte Produkte bereits in Auftrag gegeben hat.[738] Ist dem Fachmann die Möglichkeit bekannt, die Steuerung mehrerer technischer Vorrichtungen durch eine übergreifende Gesamtsteuerung zu überlagern, besteht idR Anlass, von den damit eröffneten und naheliegenden Möglichkeiten zur Optimierung der Steuerung auch insoweit Gebrauch zu machen, als diese im StdT nicht beschrieben sind.[739] In welchem Umfang ein Anlass erforderlich ist, entscheidet der Einzelfall.[740] Einen Rechts- oder Erfahrungssatz, dass nur die Lösungsalternative, die der Fachmann voraussichtlich zunächst ausprobieren würde, naheliegend ist, gibt es nicht.[741] Kommen für den Fachmann Alternativen in Betracht, können mehrere von ihnen naheliegend sein.[742] Das gilt insb bei einer willkürlichen Auswahl aus einem größeren Bereich oder aus mehreren Möglichkeiten,[743] anders bei einer gezielten Auswahl zur Erzielung eines bestimmten Ergebnisses. Als erfinderischer Tätigkeit entgegenstehend wurde das selbstverständliche, aus gesetzlichen Normen abgeleitete, routinemäßige Vorgehen angesehen.[744]

Die **Wertung** unter dem Begriff des Naheliegens kann im Einzelfall erhebliche Schwierigkeiten bereiten.[745] Das abschließende Urteil setzt die Abwägung aller Elemente eines komplexen Sachverhalts voraus, wozu auch die Hilfserwägungen (Rn 170 ff) gehören, die einzeln genommen noch keinen sicheren Schluss zulassen mögen, in Verbindung mit anderen Umständen aber eine Bewertung erlauben (Rn 171). Achtloses Vorübergehen der Fachwelt an der Erfindung reicht zur Begründung erfinderischer Tätigkeit nicht aus.[746]   **148**

Das EPA (und teilweise auch die nationale Praxis im Ausland[747] sowie die dt Praxis)[748] wendet zum   **149** Ausschluss einer ex-post-facto-Analyse[749] – allerdings nur bei technischen Merkmalen[750] – den „**could-would-test** (approach)"[751] an.[751] Danach ist eine Erfindung nicht schon naheliegend, wenn der Fachmann aufgrund des StdT zu ihr hätte gelangen können, sondern erst, wenn er sie aufgrund eines hinlänglichen Anlasses in Erwartung einer Verbesserung oder eines Vorteils auch vorgeschlagen hätte.[752] Hierzu gehört

---

736   BGH Walzgerüst [II]; vgl BGH 25.1.2011 X ZR 98/08.

737   BGH Betrieb einer Sicherheitseinrichtung; BGH einteilige Öse.

738   BGH GRUR 2012, 373 Glasfasern.

739   BGH GRUR 2013, 1022 Aufzugsmultigruppensteuerung; Mes Rn 45.

740   BGH GRUR 2014, 647 Farbversorgungssystem; vgl BGH GRUR 2012, 378 Installiereinrichtung II; vgl auch BPatG 28.10.2014 4 Ni 33/13 (EP).

741   BGH Bausch BGH 1994–1998, 445 Zerstäubervorrichtung; BGH Mitt 2002, 16 Filtereinheit; BGH 6.3.2012 X ZR 50/09; BPatG 11.2.2015 5 Ni 8/13 (EP); vgl BGH 16.7.2002 X ZR 195/98; BGH 29.4.2003 X ZR 218/98.

742   Vgl BGH GRUR 2015, 356 Repaglinid; BGH 6.5.2003 X ZR 113/00; BGH 6.3.2012 X ZR 50/09; BPatG 11.2.2015 5 Ni 8/13 (EP).

743   BGHZ 156, 179 = GRUR 2004, 47 blasenfreie Gummibahn I; BGH GRUR 2008, 56 injizierbarer Mikroschaum; BGH 30.3.2004 X ZR 199/00; BGH 28.7.2009 X ZR 9/06; BPatG 18.9.2009 3 Ni 59/07 (EU); BPatG 23.12.2009 3 Ni 56/07 (EU); Mes Rn 41; vgl Kraßer/Ann § 18 Rn 73.

744   BPatG 29.11.2012 2 Ni 26/11.

745   Vgl Benkard Rn 17 ff.

746   AA RPA Mitt 1933, 297; kr hierzu Reimer § 1 Rn 32.

747   Vgl öOPM öPBl 2003, 29; öOPM öPBl 2006, 34 Torblatt; öOPM öPBl 2008, 83; ÖPA öPBl 2006, 45; CA England/Wales RPC 1991, 195; vgl auch PatentsC Mai 1997 Oneac/Raychem, referiert in EIPR 1998, N-188; ebenso die Niederlande und Schweden, Tilmann EIPR 2006, 169 f.

748   Grundlegend BGHZ 182, 1 = GRUR 2009, 746 Betrieb einer Sicherheitseinrichtung; vgl BGH GRUR 2010, 407 einteilige Öse; BGH 8.9.2009 X ZR 15/07; BGH 14.1.2010 Xa ZR 66/07; BPatG 14.12.2009 1 Ni 23/08 (EU) GRUR 2010, 995 Ls; vgl BGH 15.12.1998 X ZR 33/96, allerdings einen besonders gelagerten Fall betr; BGH Bausch BGH 1999–2001, 447 Kondensatableitvorrichtung; BGH 11.6.2002 X ZR 228/98; BGHZ 156, 179 = GRUR 2004, 47, 50 blasenfreie Gummibahn I; BGH GRUR 2005, 145, 148 elektronisches Modul; BPatGE 38, 123, 126; BPatG 13.3.2001 4 Ni 12/00 (EU); vgl zur Veranlassung auch BGH 2.12.2008 X ZR 145/04; BGH 24.3.2009 X ZR 67/04; BGH 30.4.2009 Xa ZR 64/08.

749   Vgl EPA T 47/91; Singer/Stauder EPÜ Art 56 Rn 56; zu deren Unzulässigkeit BGH GRUR 2001, 232 Brieflocher.

750   EPA T 273/02.

751   Vgl auch Benkard Rn 95; Benkard-EPÜ Art 56 Rn 72; Singer/Stauder EPÜ Art 56 Rn 72 ff.

752   EPA T 2/83 ABl EPA 1984, 265 = GRUR Int 1984, 527 Simethicon-Tablette; EPA T 90/84; EPA T 124/84 EPOR 1986, 297; EPA T 223/84 EPOR 1986, 67; EPA T 256/84; EPA T 265/84 EPOR 1987, 193; EPA T 7/86 ABl EPA 1988, 381 = GRUR Int 1989, 226 Xanthine; EPA T 392/86; EPA T 219/87; EPA T 274/87 EPOR 1989, 207; EPA T 564/89; EPA T 274/87 EPOR 1989, 207; EPA T 61/90; EPA T 513/90 ABl EPA 1994, 154 = GRUR Int 1994, 618 f geschäumte Körper; EPA T 597/92 ABl EPA 1996,

nach Auffassung des EPA – insb auf dem Gebiet der Gentechnik – eine (von einer verständlichen Hoffnung auf Erfolg abzugrenzenden)[753] „angemessene Erfolgserwartung"[754] (Rn 19, 105). Der Ansatz ist insoweit berechtigt, als mit Anlass, Verbesserung oder Vorteil objektivierbare Kriterien berücksichtigt werden, die in die Prüfung des Naheliegens einzugehen haben.[755] Das weitere Element einer „ex-post-Prognose" erscheint dagegen wenig hilfreich.[756] Der „could-would-test" dürfte auch da nicht weiterführen, wo dem Fachmann eine beliebige Auswahl unter Alternativen zur Verfügung stand, aber Kriterien für die Vorzugswürdigkeit einer bestimmten von ihnen fehlen.[757] Weiter spricht gegen seine pauschale Anwendung, dass mit ihm eine Beweisregel für einen Bereich aufgestellt wird, der tatsächlich eine Wertung darstellt und schon deshalb einer empirischen Überprüfung a priori nicht zugänglich ist.[758]

II. Heranziehen des Stands der Technik durch den Fachmann

150   **1. Grundsatz.** Der Fachmann wird den StdT nicht umfassend berücksichtigen (hierauf und nicht auf die nach dem Gesetz als umfassend zu unterstellende Kenntnis kommt es an),[759] sondern nur, soweit er für sein Fachgebiet relevant ist,[760] uU nur, soweit er für die Lösung des Problems von Bedeutung ist[761] und nur im Umfang seiner Fähigkeiten und Kenntnisse („pertinent art").[762] Bestand zwischen zwei Teilbereichen eines Fachgebiets traditionell eine gedankliche Kluft, kann für den Fachmann dennoch Veranlassung bestehen, zur Lösung eines technischen Problems Vorschläge aus beiden Bereichen heranzuziehen, wenn sich am Prioritätstag bereits Anwendungen und Verfahren herausgebildet haben, die die Grenze zwischen den beiden Bereichen überschreiten, und wenn sich das technische Problem in beiden Bereichen in ähnlicher Weise stellt.[763] Die Formulierungen der älteren Rspr stellen nicht immer ausreichend auf den künstlichen Charakter des Terminus ab.

151   **2.** Bei der Bestimmung des **Fachgebiets** ist von den tatsächlichen Gegebenheiten auszugehen.[764] Maßgeblich ist grds der Fachmann des technischen Fachgebiets, dem die Erfindung angehört.[765] Das lässt zwei Interpretationsmöglichkeiten offen; entweder kann die erfindungsgem Lösung zugrunde gelegt werden;[766] das EPA stellt demgegenüber im Rahmen des „Aufgabe-Lösungs-Ansatzes" auf das Fachgebiet des nächstkommenden StdT und nicht auf das der Lösung ab und rechnet dem Fachmann Kenntnisse auf dem speziellen Gebiet der Lösung nicht zu, wenn der nächstkommende StdT keine Anregung enthält, die Lösung auf dem anderen Gebiet zu suchen.[767] Zusammentreffen verschiedener Fachgebiete in einem Betrieb

135 = GRUR Int 1996, 814 Umlagerungsreaktion; EPA T 167/93 ABl EPA 1997, 229 = GRUR Int 1997, 742 Bleichmittel; EPA T 203/93; EPA T 406/98; BPatG 16.7. 1997 20 W (pat) 64/95: keine Veranlassung zu einer rückschauend ohne weiteres möglichen Vereinfachung; *Schulte* Rn 58 ff; *Szabo* Mitt 1994, 225, 233 f; *Knesch* VPP-Rdbr 1994, 70, 72.

753   EPA T 923/90 ABl EPA 1996, 564 = GRUR Int 1997, 258 menschlicher tPA; EPA T 694/92 ABl EPA 1997, 408 = GRUR Int 1997, 918 Modifizieren von Pflanzenzellen; EPA T 296/93 EPOR 1995, 1 (7.4.4) Recombinant DNA molecules, insoweit nicht in ABl EPA; EPA T 737/96; EPA T 759/03; *Singer/Stauder* EPÜ Art 56 Rn 136.

754   Vgl HoL RPC 1967, 479 Johns-Manville Corp.'s Patent; EPA T 296/93 ABl EPA 1993, 627; *Benkard-EPÜ* Art 56 Rn 75; *Tilmann* EIPR 2006, 169 f.

755   Vgl BPatG 7.10.1999 23 W (pat) 17/99: insb angesichts der Möglichkeit von Computerrecherchen selbst zu fernen Fachgebieten.

756   Vgl auch *Niedlich* Mitt 2000, 281, 284.

757   BGHZ 156, 179 = GRUR 2004, 47 blasenfreie Gummibahn I; BGH GRUR 2008, 56 injizierbarer Mikroschaum; BPatG 27.9.2012 2 Ni 46/11 (EP); vgl BGH 25.3.2010 Xa ZR 36/07; vgl auch *Szabo* Mitt 1994, 225, 238.

758   Vgl BGH 23.1.2007 X ZB 3/06; BGH Betrieb einer Sicherheitseinrichtung.

759   Missverständlich insoweit BGH BlPMZ 1989, 133 Gurtumlenkung.

760   In diesem Sinn gebrauchen *Kraßer/Ann* § 18 Rn 46 ff ersichtlich den Begriff Fachwissen.

761   BGH Bausch BGH 1994–1998, 27 thermoplastische Formmassen; *Féaux de Lacroix* GRUR 2006, 625, 629.

762   Ungenau auch *MGK/Pagenberg* Art 56 EPÜ Rn 30 ff mwN und rechtsvergleichenden Hinweisen in Fn 71 f; vgl zum Heranziehen auch BGH GRUR 2009, 933 Druckmaschinentemperierungssystem II; BPatG 16.9.1998 20 W (pat) 47/97.

763   BGH GRUR 2010, 712 Telekommunikationseinrichtung; BGH 15.4.2010 Xa ZR 68/06: Datenübertragung in öffentlichen Fernmeldenetzen und Datenübertragung mittels Internet- und LAN-Technologie.

764   *MGK/Pagenberg* Art 56 EPÜ Rn 37, der allerdings zu eng nur auf die Industrie abstellt.

765   Vgl RG BlPMZ 1927, 236 ff Modellformenherstellung; RG GRUR 1935, 427 Gleichrichter; *Mes* Rn 17; vgl BGH BlPMZ 1991, 159 Haftverband; BGH GRUR 1995, 330 f elektrische Steckverbindung.

766   Vgl BGH GRUR 1959, 532, 536 f elektromagnetische Rühreinrichtung mAnm *Heine*.

767   EPA T 422/93 ABl EPA 1997, 24, 30 lumineszierende Sicherheitsfasern.

reicht allein nicht aus.[768] Der Fachmann auf einem breiten allg Gebiet wird auch das engere Spezialgebiet der bekannten Hauptanwendung berücksichtigen.[769]

Insb bei der Übertragung bekannter Lehren (Rn 161ff) beschränkt sich die Berücksichtigung des StdT **152** nicht auf die von dem Fachmann bearbeitete Spezialmaterie, sondern erfasst auch das allg Grundlagenwissen und darüber hinaus das Wissen auf **technischen Nachbargebieten** oder einem übergeordneten allg technischen Gebiet,[770] auf dem sich in größerem Umfang gleiche oder ähnliche Probleme stellen, von dem erwartet werden muss, dass es dem Fachmann geläufig ist und ihm dort erschienene Veröffentlichungen bekannt sind.[771] Wieweit das der Fall ist, richtet sich nach dem Einzelfall.[772] Der Fachmann wird sich auf einem benachbarten Gebiet nach einer Lösungsmöglichkeit für sein eigenes spezielles Problem umsehen, wenn er Anlass zur Annahme hat, dort auf eine vergleichbare Problemlage und brauchbare Lösungsvorschläge zu stoßen.[773] Übertragung bekannter Lehren auf technische Nachbargebiete ist regelmäßig nicht erfinderisch,[774] insb bei Lehrbuchwissen grundsätzl Art;[775] auch hier wird aber zu fragen sein, ob Anlass für die Übertragung bestand, was insb dann zu verneinen sein wird, wenn die Leistung über Routine hinausgeht (vgl Rn 104).[776] Dem Wissen des Fachmanns sind auch Kenntnisse auf Gebieten zuzurechnen, die durch die Lehre des Patents berührt werden oder üblicherweise in der Praxis bei der Lösung entspr Aufgaben Berücksichtigung finden,[777] auf die Ansicht des Erfinders kommt es nicht an.[778] Der Fachmann sieht sich erfahrungsgem über sein eigentliches Fachgebiet hinaus auf anderen Gebieten nach entspr verwendbaren Lösungsmitteln um.[779] Auch hier ist seine Qualifikation zu berücksichtigen; Erkundungen überall im Bereich der Kraftfahrzeugtechnik können von einem Feinwerktechniker bei der Konstruktion einer Türverriegelung nicht erwartet werden, wohl aber beim akademisch vorgebildeten Fachmann, der fachübergreifend analytisch und abstrakt zu arbeiten gewohnt ist.[780] Ein Fachingenieur, der eine Fördereinrichtung für eine Einwickelmaschine schaffen soll, muss im Gesamtbereich der Fördermaschinen Umschau halten.[781]

Wesentlich ist neben der **technologischen Nähe der Fachgebiete**, für die es nicht auf theore- **153** tische Erwägungen, sondern auf die tatsächliche (nicht auf das Inland beschränkte)[782] Entwicklung an-

---

768 Vgl BPatGE 3, 88, 93 = BlPMZ 1963, 200.
769 EPA T 955/90 Detection apparatus.
770 Vgl EPA T 47/91; BPatG 29.10.2013 35 W (pat) 412/12, GbmLöschungssache.
771 BGH Liedl 1961/62, 618, 633 Zerspaner; BGH GRUR 1963, 568f Wimpernfärbestift; BGH Liedl 1967/68, 1, 14 Warenzuführvorrichtung; BGH GRUR 1969, 182f Betondosierer; BGH GRUR 1986, 372, 374 Thrombozytenzählung; BGH GRUR 1986, 798f Abfördereinrichtung für Schüttgut; BGH BlPMZ 1989, 133 Gurtumlenkung; BGH GRUR 1997, 272 Schwenkhebelverschluß; BGH GRUR 2010, 41 Diodenbeleuchtung; BGH GRUR 2010, 123 Escitalopram; BGH GRUR 2012, 803 Calcipotriol-Monohydrat; BGH GRUR 2012, 479 Transhydrogenase; BGH BPatGE 21, 32, 34 = BlPMZ 1978, 321, wo alternativ auf die Nähe der Fachgebiete oder die allg Bedeutung des Problems abgestellt wird; BPatG 4.11.1997 13 W (pat) 23/97; BPatG 10.2.2015 3 Ni 3/14 (EP); BPatG 15.9.2015 3 Ni 20/14 (EP); BPatG 23.2.2016 3 Ni 27/14 (EP); EPA T 11/81; BPatG 10.7.2015 14 W (pat) 39/12; EPA T 176/84 ABl EPA 1986, 50 = GRUR Int 1986, 264 Stiftspitzer; EPA T 195/84 ABl EPA 1986, 121 technisches Allgemeinwissen; EPA T 963/90; EPA T 1037/92; EPA T 26/98; EPA T 234/03 GRUR Int 2007, 249 Druckertinte; vgl auch RG MuW 31, 25f Tastensperre für Schreibmaschinen; RG GRUR 1936, 735, 739 Druckluftakkumulatoren; RG GRUR 1937, 997, 999 Konservenglas; RG GRUR 1939, 42 Deckenbaukörper; RG DR 1939, 1718 = MuW 39, 293f beweglicher Ofen; BGH GRUR 1967, 25, 27 Spritzgußmaschine III; BGH Liedl 1978/80, 199, 207 Kunststoffrohrmuffen; BGH GRUR 1983, 64 Liegemöbel; EPA T 21/81 ABl EPA 1983, 15, 19 elektromagnetischer Schalter; OLG Dresden GRUR 1937, 999, 1001; RPA Mitt 1942, 113f; *Büscher/Dittmer/Schiwy* Rn 8; vgl weiter BGH GRUR 1961, 529, 533 Strahlapparat; BPatG 28.10.2015 6 Ni 60/14 (EP); zurückhaltend zu Alltagswissen EPA T 1043/98 und EPA T 477/96.
772 BGH 24.3.2015 X ZR 40/13.
773 BGH Bausch BGH 1986–1993, 435 Kühlwasserschlauch; BGH 30.6.2009 X ZR 107/05 (Nr 41); vgl EPA T 838/95: Pharmazie und Kosmetik.
774 RG Mitt 1932, 122f Kappschienen; RG GRUR 1936, 247, 250 Überwachungseinrichtung.
775 BPatGE 32, 109 = GRUR 1991, 821, 823.
776 Vgl EPA T 441/93.
777 BGH 3.6.1976 X ZR 4/73; vgl BGH BlPMZ 1963, 365f Schutzkontaktstecker; BGH Bausch BGH 1994–1998, 359, 363 Holzschleifverfahren: Schleifen und Polieren; EPA T 454/87; EPA T 647/88.
778 EPA T 28/87 ABl EPA 1989, 383 Drahtgliederbänder; *Schulte* Rn 51; *Singer/Stauder* EPÜ Art 56 Rn 137.
779 RG MuW 31, 535f Membranbleche; BGH Liedl 1969/70, 82, 102 Eisabzapfer.
780 BGH Bausch BGH 1994–1998, 197, 203 Türschloßschalter.
781 BGH Liedl 1967/68, 1, 14 Warenzuführvorrichtung.
782 RG GRUR 1935, 799, 803 Registrierkasse.

kommt,[783] auch die vom durchschnittlichen Ausbildungs- und Erfahrungsniveau abhängige Fähigkeit des Fachmanns, zu erkennen, dass er die Lösung (oder auch nur Anregungen) auf einem anderen Fachgebiet durch eigene Recherchen oder gezielte Befragung von Spezialisten finden kann; es kommt darauf an, ob erwartet werden kann, dass sich der Fachmann für die Lösung eines bestimmten Problems auf einem anderen technischen Gebiet umsieht.[784] Die Fähigkeiten des Anmelders sind nicht maßgeblich.[785] Der Fachmann, der mit einer punktuellen Verbesserung einer in einem internat Standard vorgesehenen Datenstruktur befasst ist, hat idR Veranlassung, zur Problemlösung auf Mechanismen zurückzugreifen, die im Standard bereits vorgesehen sind.[786] Einheitliche Fachgebiete können sich derart auseinanderentwickeln, dass der Fachmann Teilbereiche nicht mehr ausreichend beherrscht.[787]

154   Als **nahegelegene Fachgebiete** wurden angesehen: bakterielle Gentechnik und Expression von Polypeptiden in Hefe;[788] Abfüllen von pharmazeutischen Präparaten in Hart- und Weichkapseln;[789] vorprogrammierbare Infusion von Flüssigkeiten und Elektrostimulation von Herzschrittmachern;[790] Probenzuführung für Gaschromatographen und Absorptionsspektralanalyse.[791]

155   Kenntnisse aus **entfernten Fachgebieten** werden dem Fachmann ohne besonderen Anlass nicht zuzurechnen sein,[792] anders bei entspr Anlass,[793] aber nicht, wenn die Fachgebiete eine getrennte technische Entwicklung genommen haben und dem Fachmann Vertrautheit mit den Errungenschaften auf dem anderen Gebiet nicht zuzubilligen ist, oder wenn sie weit abliegen.[794] Abw Praxis bei einzelnen Unternehmen ist unmaßgeblich.[795] Zusammentreffen auf der Vertriebsstufe begründet keine Nähe.[796] Nichtentgegenhalten von StdT aus dem anderen Fachgebiet in ständiger Praxis kann gegen ausreichende Nähe sprechen.[797]

156   Ob dem Fachmann Wissen über **Grundsatzprobleme**, die in gleicher Weise und mit gleichen Lösungsmitteln den verschiedensten Zwecken dienen, quer über die verschiedenen Fachzweige auf dem übergreifenden Gesamtgebiet der Technik zuzurechnen ist,[798] wird nicht generell, sondern nur nach der Art seiner Qualifikation zu beurteilen sein.[799] Heranziehung allg Wissens auf einem Sondergebiet begründet keine erfinderische Leistung.[800]

---

783 RG GRUR 1943, 284 f Gasspürgerät; vgl EPA T 9/82: nicht Schranktüren für EDV-Geräte und Flugzeughallentore.
784 BGH GRUR 1959, 532, 536 elektromagnetische Rühreinrichtung; EPA T 118/84; EPA T 176/84 ABl EPA 1986, 50 = GRUR Int 1986, 264 f Stiftspitzer; vgl BGH BlPMZ 1989, 133 Gurtumlenkung; BGH Bausch BGH 1999–2001, 365 Warenregal; vgl auch RG MuW 32, 352, 354 Klebepressen; zur Heranziehung einer im Werkzeugbau geläufigen Maßnahme für einen Eierpick BPatG Mitt 1982, 149 f.
785 Vgl EPA T 28/87 ABl EPA 1989, 383, 387 Drahtgliederbänder.
786 BGH GRUR 2012, 261 E-Mail via SMS; *Mes* Rn 41; vgl BPatG 24.6.2014 3 Ni 23/12 (EP).
787 Vgl RG MuW 30, 369 f Anlüfteeinrichtung: Hähne und Drehschieber.
788 EPA T 455/91 ABl EPA 1995, 684 Expression in Hefe.
789 EPA T 1/85.
790 EPA T 161/84.
791 EPA T 454/87.
792 Vgl *Schulte* Rn 52; BGH Bausch BGH 1986–1992, 551 Spielfahrbahn 03, nicht in Mitt: Spielfahrbahn und Hubschrauber; EPA T 8/83 EPOR 1986, 186 Paper Dyeing; EPA T 419/88; vgl BPatG 7.7.1997 11 W (pat) 29/96: Steigförderer und Vereinzelungstechniken.
793 RG GRUR 1943, 284 f Gasspürgerät; BGH GRUR 1958, 131 Schmierverfahren; BPatGE 21, 32 = BlPMZ 1978, 321; EPA 588/99: nur, wenn der nächstliegende StdT den Fachmann ausdrücklich veranlasst, auf speziellen anderen Gebieten nach der Lösung zu suchen, bdkl; *Kraßer/Ann* § 18 Rn 83; *Singer/Stauder* EPÜ Art 56 Rn 26.
794 RG Gasspürgerät; BGH Mitt 1975, 117 f Rotationseinmalentwickler; EPA T 176/84 ABl EPA 1986, 50 = GRUR Int 1986, 264 f Stiftspitzer; EPA T 28/87 ABl EPA 1989, 383, 387 Drahtgliederbänder; vgl RG Mitt 1929, 327 f Lastenaufzug; RG GRUR 1936, 485, 487 Tabakbehandlung; EPA T 57/84 ABl EPA 1987, 53 = GRUR Int 1987, 248 f Tolylfluanid.
795 RG GRUR 1935, 427 Gleichrichter; RG GRUR 1935, 799, 803 Registrierkasse.
796 BPatGE 25, 54 = BlPMZ 1983, 149.
797 Vgl RG GRUR 1938, 709, 713 Schalldämpfer.
798 So BGH Liedl 1965/66, 290, 297 Meßband; BGH Liedl 1967/68, 1, 14 Warenzuführvorrichtung; *Benkard* Rn 75 f; vgl auch RG GRUR 1943, 284 f Gasspürgerät, zB im Getriebebereich.
799 Vgl BPatGE 1, 1 f = GRUR 1965, 235; EPA T 15/81 ABl EPA 1982, 2 = GRUR Int 1982, 254 Wirbelstromprüfeinrichtung; EPA T 32/81 ABl EPA 1982, 225 Reinigungsvorrichtung für Förderbänder; EPA T 59/82; EPA T 199/83; EPA T 560/89 ABl EPA 1992, 725 = GRUR Int 1993, 480 Füllmasse.
800 RPA BlPMZ 1938, 118 f.

Ob es zur Bestimmung des Fachgebiets der **Heranziehung der Aufgabe** bedarf,[801] erscheint nach **157** dem gewandelten Verständnis der Aufgabe zwh; die Rspr behilft sich mit der Objektivierung des technischen Problems (vgl Rn 22, 24f, 36). Auch der Ansatz, bei Aufgabenerfindungen auf den Benutzerbereich abzustellen („product function approach"),[802] ist deshalb bdkl.

3. Dem Fachmann wird uU das Wissen eines **weiteren Fachmanns** zuzurechnen sein,[803] wenn sich **158** das zu lösende Problem in einem sachlich naheliegenden Fachgebiet in ähnlicher Weise stellt oder wenn dem Fachmann aufgrund eigener Sachkunde die Erkenntnis zuzurechnen ist, dass auf dem anderen Gebiet eine Lösung gefunden werden kann; dies führt aber nur dann zum Naheliegen, wenn die dem Fachmann zuzurechnenden Überlegungen, die zur Zuziehung des weiteren Fachmanns führen, nicht schon selbst erfinderisch sind.[804] Bei theoretischen und hypothetischen Abhandlungen aus einem anderen Fachgebiet ist zu prüfen, ob der Fachmann ihnen noch wesentliche Anregungen für seine eigene Arbeit entnimmt, wenn dies nicht ohne gedankliche Umsetzung geschehen kann und keine konkreten Belege dafür vorliegen, dass die aus der Entgegenhaltung zu entnehmenden Anregungen Eingang in die Praxis des maßgeblichen Fachgebiets gefunden haben.[805] Für die Frage, welcher Spezialfachmann maßgebend ist, kommt es auf die Übung auf dem Anwendungsgebiet an, einen Spezialfachmann eines anderen Spezialgebiets zu befragen.[806] Es kann nicht ohne weiteres davon ausgegangen werden, dass verschiedene Sonderfachleute in einem Unternehmen enge Verbindung untereinander halten.[807] Auch die Heranziehung eines betriebsfremden Spezialisten kommt in Betracht.[808]

4. Einzelfälle.[809] Will der Maschinenbauer eine bestimmten Anforderungen genügende maschinelle **159** Einrichtung auf elektromagnetischem Weg betätigen, ist Fachmann der Elektrotechniker.[810] Fachmann für den Bau von Gebläsegehäusen für eine Vorrichtung zum Versprühen eines Insektenvertilgungsmittels ist ein Maschinenbauer, der über die erforderlichen strömungstechnischen Kenntnisse verfügt.[811] Für eine Vorrichtung zum elektrostatischen Farbspritzen wurde der Mechaniker mit Grundkenntnissen auf elektrotechnischem und -physikalischem Gebiet herangezogen.[812] Bei Pferdegebissen ist der Pferdewirt als Fachmann angesehen worden, der sich an einen Metallurgen wendet.[813] Fachmann für die Herstellung tierärztlicher Instrumente ist der Tierarzt, der mit dem in Frage kommenden Instrumentarium seiner Praxis einschließlich entspr Gebiete der Humanmedizin vertraut ist und mit Hilfe des Instrumentenherstellers die technische Entwicklung tierärztlicher Geräte bestimmt oder wesentlich beeinflusst.[814] Gusstechnik im Den-

801 So RG GRUR 1943, 284f Gasspürgerät; BGH GRUR 1959, 532, 536f elektromagnetische Rühreinrichtung; BGH Liedl 1974/77, 69, 78 Schießscheibenanlage; EPA T 32/81 ABl EPA 1982, 225 Reinigungsvorrichtung für Förderbänder; *Kraßer/ Ann* § 18 Rn 52; vgl *Lindenmaier* § 1 Rn 43.

802 So MGK/*Pagenberg* Art 56 EPÜ Rn 39.

803 BGH Liedl 1967/68, 204, 218 Kernbremse; BGH GRUR 1978, 37 Börsenbügel; BGH GRUR 1983, 64, 66f Liegemöbel; BGH GRUR 1986, 218 Thrombozytenzählung; BGH GRUR 1986, 798 Abfördereinrichtung für Schüttgut; BGH BlPMZ 1989, 133 Gurtumlenkung; BGH Bausch BGH 1994–1998, 159, 163 Betonring; BGHGRUR 2009, 1039 Fischbissanzeiger; BGH GRUR 2010, 41, 43 Diodenbeleuchtung; BPatG 21.8.1997 13 W (pat) 1/97; BPatG 16.9.2010 10 Ni 13/09; BPatG 7.2.2012 4 Ni 68/09 (EU); BPatG 12.11.2013 3 Ni 10/12 (EP); BPatG 19.11.2013 3 Ni 11/12 (EP); EPA T 32/81 ABl EPA 1982, 225 Reinigungsvorrichtung für Förderbänder; EPA T 607/90 EPOR 1991, 569 Semiconductor; EPA T 424/90; *Schulte* Rn 48; vgl RG Mitt 1932, 122f Kappschienen; BGH GRUR 1959, 532, 537 elektromagnetische Rühreinrichtung; EPA T 321/92.

804 Vgl BGH Liegemöbel; BGH Abfördereinrichtung für Schüttgut; BGH Diodenbeleuchtung; BGH 19.11.2009 Xa ZR 170/05; BGH 22.3.2011 X ZR 122/09; BGH 22.9.2015 X ZR 53/13.

805 BGH Gurtumlenkung; vgl auch RPA Mitt 1926, 111f.

806 BGH GRUR 1962, 350, 352f Dreispiegelrückstrahler.

807 RG GRUR 1935, 865, 868 Materialprüfmaschine.

808 BPatG 26.6.2001 3 Ni 58/98.

809 S auch EPA T 365/87; EPA T 443/90; EPA T 47/91; EPA T 189/92.

810 BGH GRUR 1959, 532 elektromagnetische Rühreinrichtung; BGH Liedl 1959/60, 395, 409 Schwingungswalze; vgl *Bartels* GRUR 1961, 260f.

811 BGH Liedl 1967/68, 112, 130 Gebläsegehäuse.

812 BGH Liedl 1974/77, 258, 279 Farbspritzpistole; vgl BPatG 30.10.1997 31 W (pat) 31/95: mit der Kameraentwicklung befasster Feinwerktechnik-Ingenieur muss gute Kenntnisse auf dem Gebiet der Elektronik besitzen.

813 BPatG Bausch BPatG 1994–1998, 168.

814 BGH Liedl 1969/70, 12, 22 Venenkompressionszange.

talbereich und Zahnersatz sind benachbarte technische Gebiete,[815] ebenso Türen und Fenster in bezug auf Scharniere.[816] Der Fachmann für Augenlinsen wird Kenntnisse auf dem Gebiet beschichteter Kunststofffolien heranziehen.[817] Für die Verarbeitung ist nicht auf den Rohstoffachmann abzustellen.[818] Der für selbstfahrende Mähdrescher zuständige Fachmann kann gehalten sein, sich auf dem Gebiet der Bodenbearbeitung umzusehen.[819] Für das optische Prüfen der Umhüllung stabförmiger Artikel der tabakverarbeitenden Industrie ist nicht der Tabakmaschinenbauer, sondern ein Ingenieur oder Physiker der Fachrichtung Opto-Elektronik maßgeblich, der mit dem Maschinenbauer zusammenarbeitet und andere Anwendungsgebiete der opto-elektronischen Oberflächenprüfung berücksichtigt.[820] Ein auf dem Gebiet der Optik tätiger Fachmann befragt einen Kunststofffachmann;[821] Elektromotorenkonstruktion in der Aufzugstechnik;[822] regeltechnische Kenntnisse bei Fahrwerkskonstrukteur;[823] Bautechniker mit Erfahrungen in der Herstellung von Baustoffen und Zubehör;[824] Hersteller von Bauzubehör, der Kunststoffachleute befragt;[825] Maschinenbauingenieur, der Kunststofftechniker heranzieht;[826] Absorptionsspektralanalyse bei Fachmann für Probenzuführgeräte.[827] Der Teppichfachmann wird sich auf dem Gebiet der Perücken nicht umsehen;[828] Entleerung des Inhalts einer tragbaren Toilette führt nicht zu Spezialbehälter zur Füllung des Tanks von Kettensägen.[829] Für Verkleidungselemente wurde auf den Praktiker mit Fachschulabschluss abgestellt,[830] ebenso für eine Patiententransportvorrichtung.[831] Auf den Werksofffachmann wurde bei einer Reinigungsvorrichtung für Förderbänder abgestellt.[832] Für die Ausgestaltung einer Vorrichtung zum Entschlammen einer Salzschmelze wird der Fachmann Erfahrungen aus dem Filtern anderer Fluide, nicht aber eine Veröffentlichung, die das Sieben fester Stoffe betrifft, heranziehen.[833] Der Fachmann wird bei der Konstruktion des Verschlusses eines Geldtransportmittels keine Anregungen auf dem Gebiet der Schüttgutverpackungen suchen.[834] Fachmann für die Konstruktion künstlicher Felsformationen ist der Werkstoffingenieur und nicht der Gärtner.[835]

160   5. Vereinigung mehrerer Fachgebiete. Berührt die Erfindung mehrere Fachgebiete, sind die Anforderungen dieser, nicht nur eines von ihnen, heranzuziehen.[836] Erfordert eine Erfindung die Kenntnis funktionsmäßiger wie fertigungstechnischer Probleme, kann nicht eine Aufspaltung des Fachwissens vorgenommen werden; es ist auf einen Fachmann abzustellen, der in beiden Gebieten durchschnittliches Fachwissen besitzt.[837] Bei einer Ziegeleimaschine mit förderungstechnischem Einschlag ist von einem Maschinenbauer zu erwarten, dass er jedenfalls die grundlegenden Prinzipien der allg Förderungstechnik kennt, maßgeblicher Fachmann ist dabei der auch förderungstechnisch orientierte Ziegeleimaschinenbauer, für den ein gewisses Elementarwissen auf dem Gebiet der allg Förderungstechnik unerlässlich

815   EPA T 277/90.
816   BPatG 21.8.1997 13 W (pat) 1/97.
817   EPA T 891/91; vgl auch EPA T 244/91.
818   RG BlPMZ 1927, 236 Modellformenherstellung.
819   BPatG 11.7.1997 8 W (pat) 45/96.
820   BPatG 14.10.1997 13 W (pat) 86/96.
821   BGH GRUR 1962, 350, 352f Dreispiegelrückstrahler.
822   BGH GRUR 1978, 98f Schaltungsanordnung.
823   BGH GRUR 1980, 166, 168 Doppelachsaggregat.
824   BGH GRUR 1981, 732f First- und Gratabdeckung.
825   BGH GRUR 1988, 290, 294 Kehlrinne.
826   BPatG 21.10.1999 11 W (pat) 50/99.
827   EPA T 454/87 Probenzuführgerät; vgl auch *Czekay* GRUR 1985, 477ff.
828   EPA T 767/89.
829   EPA T 358/90.
830   BGH GRUR 2005, 233 Paneelelemente; vgl auch BPatG GRUR 2006, 489, 491.
831   BGH Mitt 2004, 212f.
832   EPA T 32/81 ABl EPA 1982, 225 Reinigungsvorrichtung für Förderbänder.
833   BPatG 4.11.1997 13 W (pat) 23/97.
834   EPA T 675/92.
835   BPatG 7.7.2009 2 Ni 2/07.
836   BPatGE 46, 238 = BlPMZ 2003, 301.
837   BGH GRUR 1960, 427f Fensterbeschläge.

ist.[838] Dem Fachmann auf dem Gebiet des Maschinenbaus kann das Wissen und Können eines erfahrenen Regelungstechnikers zuzurechnen sein, wenn er die Notwendigkeit erkennen konnte, einen solchen zu Rate zu ziehen.[839] In der Walzwerktechnik ist auf die Fachgebiete Maschinenbau, Umformtechnik und/oder Automatisierungstechnik abgestellt worden.[840]

6. Bei einer **Übertragungserfindung** werden auf einem anderen technischen Gebiet[841] bekannte Lehren übernommen; auch hier ist auf die Fähigkeiten des Fachmanns abzustellen,[842] daneben wie auch sonst auf den Anlass. Die Übertragung wird dem Fachmann idR keine besonderen Schwierigkeiten bereiten, wenn sich die Gebiete (nach ihrer tatsächlichen Entwicklung)[843] technisch sehr nahe stehen[844] oder das eine dem anderen übergeordnet ist,[845] uU auch schon dann, wenn die Lösung der breiten Öffentlichkeit wohlbekannt und die Werkstoffe verwandt sind,[846] anders, wenn der Übertragung technische Schwierigkeiten entgegenstanden, die nur mit schöpferischem Aufwand überwindbar waren,[847] die Maßnahme einen kühnen Schritt verlangte,[848] der Übertragung Vorurteile entgegenstanden, die Maßnahme einem ganz anderen Zweck diente,[849] mehrere Literaturstellen vor der Übertragung warnten,[850] oder bei überraschenden Vorteilen,[851] die Übertragung eine neue Brauchbarkeit bewirkte,[852] über die Anpassung an das neue Gebiet hinausgeht.[853] Gelegentlich ist die Lösung eines neuen Problems verlangt worden.[854] Wirtschaftliche Schwierigkeiten sind irrelevant.[855] Es kann darauf ankommen, ob es für den Fachmann eines technischen Gebiets nahelag, sich auf anderen technischen Gebieten umzusehen,[856] es sei denn, dass es am technologischen Zusammenhang zwischen den Gebieten fehlt.[857] Übertragung von auf dem Gebiet des Sandstrahlens bekannten oder naheliegenden Maßnahmen in den medizinischen Bereich (Abtragen von

161

---

838 BGH Liedl 1959/60, 418, 425 Strangpresse.

839 BGH GRUR 1986, 798 Abfördereinrichtung für Schüttgut, kritisiert; vgl auch BGH Liedl 1965/66 34, 44 Spaltrohrpumpe: Motorbauer und Elektrotechniker.

840 BGH Bausch BGH 1994–1998, 311, 316 Walzwerk.

841 Zur Übertragung auf demselben technischen Gebiet öOPM öPBl 2001, 197, 200.

842 Vgl RG BlPMZ 1924, 220 f heterodynamischer Wellenempfang; RG GRUR 1934, 650, 653 Wünschelrute; BGH GRUR 1978, 37 f Börsenbügel.

843 RG GRUR 1943, 284 f Gasspürgerät; vgl RG GRUR 1938, 709, 712 f Schalldämpfer.

844 RG MuW 31, 25 f Tastensperre für Schreibmaschinen: Rechen- und Schreibmaschinen; RG Wünschelrute: Be- und Entwässerung; RG GRUR 1935, 869 f Betonkesselofen: Eisenbeton- und Kesselofenbau; RG GRUR 1939, 892, 894 Lichtsignalanlagen; vgl RG MuW 30, 369 f Anlüfteeinrichtung; vgl auch RG GRUR 1936, 247, 250 Überwachungseinrichtung.

845 Vgl *Singer/Stauder* EPÜ Art 56 Rn 37 f.

846 EPA T 560/89 ABl EPA 1992, 725, 732 = GRUR Int 1993, 480 Füllmasse; vgl EPA T 1043/98.

847 RG MuW 23, 50 f Schnellprüfer; RG MuW 30, 481 f Wiechertsches Verfahren; RG MuW 31, 24 f Temperaturanzeiger; RG MuW 31, 535 f Membranbleche; RG GRUR 1935, 865 Materialprüfmaschine; RG Überwachungseinrichtung; RG 1.11.1917 GRUR 1942, 254 f Doppelkolben; RG Gasspürgerät; vgl auch RG MuW 31, 207 Metallreinigungsanlage; RG GRUR 1935, 921 Gerätestecker; RG GRUR 1937, 782, 784 Farbenphotographie; öOPM öPBl 2002, 32, 35 zieht nicht naheliegende neue Aufgabe heran; EPA T 570/91 verneint zu weit gehend generell Naheliegen bei Übertragung auf andere Produktgattung.

848 RG Mitt 1913, 192 f Rektifikationsverfahren.

849 EPA T 39/82 ABl EPA 1982, 419, 423 Reflexionslamellen; vgl EPA T 4/83 ABl EPA 1983, 498 = GRUR Int 1984, 237 f Reinigung von Sulfonsäuren; BPatG 20.1.1998 6 W (pat) 3/96 stellt darauf ab, dass dem Fachmann eine Veranlassung fehlte, weil auch die Funktion der Einzelmaßnahme wie auch der Vorrichtung an der maßgeblichen Stelle verändert wurde; vgl auch EPA T 301/90; EPA T 741/92; EPA T 238/93.

850 EPA T 590/90.

851 EPA T 560/89 ABl EPA 1992, 725, 732 = GRUR Int 1993, 480 Füllmasse; vgl RG MuW 30, 486 f Anlaßeinrichtung für Wechselstrominduktionsmotoren I; BPatG GRUR 1976, 633 f; RPA GRUR 1925, 274.

852 RG Farbenphotographie.

853 RG GRUR 1937, 352, 355 Verdampf- und Trockenanlage.

854 ÖOPM öPBl 1993, 172.

855 BGH GRUR 1958, 131 Schmierverfahren.

856 BGH GRUR 1962, 290 f Brieftaubenreisekabine 01; vgl BGH GRUR 1959, 532 elektromagnetische Rühreinrichtung; BGH GRUR 1967, 25, 27 Spritzgußmaschine III, unter Abstellen auf die Aufgabe; BPatGE 21, 32, 34 = BlPMZ 1978, 321.

857 BPatGE 3, 88, 93 = BlPMZ 1963, 200; vgl RPA Mitt 1934, 50, 51.

Oberflächenteilen des menschlichen Gewebes) ist als nicht naheliegend angesehen worden;[858] anders die Verwendung eines zur Behandlung von Geschwüren bekannten Mittels bei Gastritis.[859]

162   Erforderliche, nicht rein konstruktive **Anpassungsmaßnahmen** können das Fachkönnen übersteigen.[860] Aufzeigen neuer guter Wege für das Sondergebiet kann für erfinderische Tätigkeit sprechen,[861] nicht die bloße Ausnutzung bekannter Vorteile zu dem neuen Zweck.[862]

163   **Einzelfälle.** Verwendung bekannter Maschinenelemente oder Lösungen auf einem technischen Sondergebiet;[863] Verwendung einer bei Filmkameras bekannten Kupplungseinrichtung bei Messbändern;[864] Übertragung der elastischen Lagerung von Maschinenteilen von Spinnzentrifugen auf Motorlagerung von Staubsaugern;[865] pneumatische Förderung von weniger empfindlichen Gegenständen (Baumwolle) auf empfindlichere (Tabak), naheliegend, nachdem grundsätzliche Bedenken überwunden waren,[866] aber nicht naheliegend bei vorteilhafter Anpassung;[867] generell die Übernahme einer Maßnahme auf eine höhere Güteklasse der Warengattung, sofern nicht besondere Anpassungsmaßnahmen erforderlich sind.[868] Übertragung eines Mittels von einem auf ein anderes Gebiet der Gentechnik, wenn dies ohne weiteres und ohne offensichtliche Risiken möglich erscheint.[869] Übertragung einer für virale Proteine geeigneten Behandlungsmethode auf nichtvirale Blutproduktproteine ist als nicht ohne weiteres naheliegend bezeichnet worden.[870] Verwendung eines Rostschutzmittels zur Reibungsverringerung ist als nicht naheliegend angesehen worden.[871]

III. Art (Höhe) der Qualifikation

164   **1. Grundsatz.** Es kommt auf die Üblichkeit im betr Fachgebiet an.[872] Das Niveau kann vom handwerklich ausgebildeten Techniker bis zu einem Stab wissenschaftlich geschulter und forschender Mitarbeiter reichen,[873] was zu dem auf den ersten Blick paradox erscheinenden Ergebnis führt, dass auf hochspezialisierten Gebieten, in denen noch Pionierarbeit zu leisten ist (zB Gentechnologie bis Mitte der achtziger Jahre) der Fachmann sehr hoch anzusetzen ist, während etwa im handwerklichen Bereich nur ein relativ geringes Maß an Vorbildung zu verlangen sein kann.[874] Der sich daraus ergebenden Schwierigkeit kann durch einzelfallbezogene Bewertung Rechnung getragen werden.[875] Wandlungen in den Verhältnissen sind zu berücksichtigen. Eine genaue Festlegung ist nicht immer möglich.[876]

165   Bdkl ist es, die Qualifikation des Fachmanns allein **nach nationalen Maßstäben** zu bestimmen; dies sollte auch für dt Patente gelten.[877]

---

858   EPA T 619/94.

859   EPA T 913/94.

860   BGH GRUR 1967, 25, 27 Spritzgußmaschine III; *Kraßer/Ann* § 18 Rn 83.

861   RG GRUR 1935, 33, 36 Hochspannungssicherung; vgl RPA Mitt 1935, 359.

862   RPA Mitt 1934, 79 f.

863   RG GRUR 1938, 103, 106 Walzenantrieb; DPA Mitt 1959, 58; BPatG 27.1.1998 8 W (pat) 71/96.

864   BGH Liedl 1965/66, 290, 297 Meßband.

865   RG BlPMZ 1936, 248 f Geräuschdämpfung bei Staubsaugern; vgl RG MuW 38, 324 f Motorlagerung für liegende Staubsauger.

866   RG MuW 33, 22 f Zellenrad.

867   RG GRUR 1943, 120, 122 Fördervorrichtung II.

868   RG GRUR 1936, 878 f Scheren einerseits; RG JW 1937, 744 = MuW 37, 85 f Schleuder andererseits.

869   EPA T 455/91 ABl EPA 1995, 684 Expression in Hefe.

870   ÖPA öPBl 2004, 99.

871   EPA T 59/87 ABl EPA 1991, 561 = GRUR Int 1992, 287 reibungsverrringernder Zusatz IV.

872   RG BlPMZ 1934, 32 Phönix-Stähle II; *Lindenmaier* § 1 Rn 43; vgl *Benkard* Rn 73 f.

873   Vgl BGH Liedl 1959/60, 395, 409 Schwingungswalze; RG Phönix-Stähle II; BGH Bausch BGH 1994–1998, 311, 316 Walzwerk.

874   Vgl hierzu *Benkard* Rn 145; *Kraßer/Ann* § 18 Rn 60 ff; *Fritz* GRUR 1959, 113 f.

875   EPA T 500/91 EPOR 1995, 69 Human immune interferon zieht in diesem Sinn heran, dass das Fachgebiet relativ jung ist, ein fundierter allg Wissensstand fehlte und keine gesicherten Erkenntnisse vorlagen, von denen der Erfolg der DNS-Rekombination abhing; ÖPA öPBl 2001, 9, 14 bezeichnet die Ausbildung des Fachmanns als belanglos.

876   Vgl zB BGH 30.4.2002 X ZR 217/98: praktisch erfahrener Mitarbeiter eines Fachunternehmens, der Ingenieur oder Techniker sein kann.

877   So aber BGH 2.6.2015 X ZR 56/13, wo darauf abgestellt wird, dass der vom BPatG herangezogene Mechatronikermeister erst nach dem Prioritätszeitpunkt eingeführt wurde.

2. Einzelfälle. Als Fachmann für den Bau von Gemüsehobeln wurde ein mit praktischen Erfahrun- **166** gen ausgestatteter, qualifizierter **Handwerker** angesehen,[878] für Leuchtenschirme auf einen Glasmachermeister abgestellt.[879] Für die Herstellung von Kleideraufhängern wurde ein im wesentlichen handwerklich geschulter Techniker herangezogen,[880] ebenso für die von Bohrmaschinengestellen.[881] Bei Christbaumständern wurde als Fachmann ein Schlossermeister mit vertieften theoretischen Maschinenbaukenntnissen angesehen.[882] Für Schwimmbadabdeckungen wurde auf den praktisch tätigen Konstrukteur und nicht auf den Wissenschaftler auf dem Gebiet der Hydromechanik abgestellt,[883] für die Sauerteigbereitung auf den Lebensmitteltechniker.[884] Für die Konstruktion eines Türschlossschalters wurde auf einen Feinwerktechniker abgestellt,[885] für die einer Abfallsammelstation auf einen Techniker oder qualifizierten Facharbeiter,[886] für Schranktürverschlüsse auf einen Techniker mit langjährigen betrieblichen Erfahrungen auf dem Gebiet der Blechschrankkonstruktionen.[887] Auch für ein Warenregal wurde auf einen erfahrenen Techniker abgestellt,[888] ebenso für eine Kreiselpumpe für Haushaltsgeräte.[889] In der Hochmüllerei wurde auf einen Müllermeister abgestellt.[890]

Fachmann auf dem engen Spezialgebiet des Schweißens, Bohrens und Fräsens mit hochgespannten **167** Elektronenstrahlen im Vakuum war, solange dieses Spezialgebiet noch in der Entwicklung begriffen war, ein mit Entwicklungsarbeiten auf ihm vertrauter **Fachingenieur**.[891] Im Automobilrennsport wurde auf einen Fachhochschulingenieur der Fachrichtung Maschinenbau abgestellt.[892] Für Schalungselemente bei Mantelbauweise wurde ein Fachhochschulingenieur zugrunde gelegt.[893] Für eine Ölfeuerungssteuerung wurde von einem Elektroingenieur mit Hochschulausbildung ausgegangen,[894] für die Konstruktion einer Transportpfanne zum Stranggießen ebenfalls von einem Hochschulingenieur.[895] Handelt es sich nicht um bloße Konstruktionsarbeit, sondern um Entwicklung eines komplexeren Systemgedankens, ist der Ingenieur und nicht der Techniker gefragt.[896] Sollen in einem Betrieb neue Herstellungsmethoden zur Anwendung gelangen, die ihn in seiner Struktur, seiner Arbeitsweise und seiner technischen Ausrüstung grundlegend verändern (Umstellung einer bisher handwerksmäßig betriebenen Produktion auf den Einsatz von Verbundwerkzeugen), ist nicht nur auf die der bisher üblichen Produktionsweise entspr durchschnittlichen Kenntnisse und Fähigkeiten (des handwerklich ausgebildeten Werkzeugmachers) abzustellen, dem Fachmann sind auch die durchschnittlichen Kenntnisse und Fähigkeiten eines mit der neuen Arbeitstechnik vertrauten Fachmanns (auf dem Gebiet des Entwurfs von Verbundwerkzeugen tätiger Ingenieur) zuzurechnen.[897]

878   BGH GRUR 1959, 81 Gemüsehobel.
879   BPatG 22.6.2010 4 Ni 68/08.
880   BGH GRUR 1979, 224, 226 Aufhänger.
881   BGH GRUR 1979, 621 Magnetbohrständer I.
882   BGH 8.1.2002 X ZR 225/98 Schulte-Kartei PatG 4.1 Nr 83 Christbaumständer.
883   BGH Liedl 1978/80, 151 Abdecken von Schwimmbädern.
884   BGH GRUR 1989, 899, 902 Sauerteig.
885   BGH Bausch BGH 1994–1998, 197, 201 Türschloßschalter; vgl EPA T 61/82.
886   BGH Bausch BGH 1994–1998, 291, 295 Sammelstation.
887   BGH GRUR 1997, 272 Schwenkhebelverschluß.
888   BGH Bausch BGH 1999–2001, 365 Warenregal.
889   BGH 23.3.Bausch BGH 1999–2001, 157 Kreiselpumpe für Haushaltsgeräte: Kenntnisse im wesentlichen auf das Spezialgebiet beschränkt.
890   BGH Bausch BGH 1999–2001, 234 Getreidemahlverfahren 01; BGH Bausch BGH 1999–2001, 267 Getreidemahlverfahren 02.
891   BGH Liedl 1969/70, 110, 125 Elektronenschweißen; s weiter RG GRUR 1938, 508 Abbrennschweißmaschine; RG GRUR 1939, 341, 343 Trockenkohle; BGH GRUR 1965, 138, 141 Polymerisationsbeschleuniger: akademisch ausgebildeter Industrietechniker; BGH GRUR 1965, 473, 475 Dauerwellen I; BGH Liedl 1974/77, 246, 253 Korrosionsschutzverfahren; BGH GRUR 1980, 166, 168 Doppelachsaggregat; BGH GRUR 1987, 351 Mauerkasten II.
892   BPatG 20.4.2011 9 W (pat) 10/10.
893   BGH GRUR 2001, 819 Schalungselement.
894   BGH Liedl 1978/80, 238 ff Flammenwächter für Ölfeuerung.
895   BGH GRUR 1981, 42 Pfannendrehturm.
896   BGH 12.6.2001 X ZR 28/98.
897   BGH GRUR 1978, 37 Börsenbügel.

168   Das Niveau kann sich bis zu einem uU im **Team** oder Stab arbeitenden hochqualifizierten **Wissenschaftler** steigern.[898] In diesem Fall ist auf das gesamte Fachwissen und -können und nicht auf den „kleinsten gemeinsamen Nenner" abzustellen. Teambildung ist aber nicht in jedem Fall veranlasst.[898a] Dass nur auf Einzelpersonen abgestellt werden könnte, trifft nicht zu.[899]

169   **Beispiele.** Bei einem beschichteten Schneidwerkzeug wurde auf ein Team aus Ingenieur, anorganischem Chemiker, und auf dem Gebiet der Kristallographie erfahrenen Chemiker abgestellt,[900] für die Herstellung von Zirkoniumoxidpulvern auf ein Team aus anorganischem Chemiker und Ingenieur,[901] für die Materialauskleidung eines Maschinenteils auf drei Maschinenbauingenieure mit unterschiedlicher Ausrichtung.[902] Bei einer Halbleiterlaservorrichtung wurde auf ein Team aus Physikern, Chemikern und Materialwissenschaftlern abgestellt.[903] Hochfrequenztechnik, technische Mechanik, Fertigungstechnik und Materialkenntnis auf dem Gebiet der Abgleichkerne.[904] Für Rückhaltesysteme für Fahrzeuge ist ein Ingenieur der Fahrzeugtechnik mit mehrjähriger Berufserfahrung als maßgeblich angesehen worden, der bei einem Fahrzeughersteller oder -zulieferer in einem Team an der Konstruktion und Entwicklung von Rückhaltesystemen arbeitet.[905] Bei einer auf Körperschall ansprechenden Schießscheibe wurde ein Apparatebauer mit messtechnischen Kenntnissen herangezogen.[906] Fachmann für die Entwicklung von Schallschutzelementen ist ein Bau- oder Maschinenbauingenieur, der einen Akustikingenieur heranzieht.[907] Beim Fachmann auf dem Gebiet der Verpackungstechnik sind Kenntnisse über den Einsatz von Ventilen auf dem Gebiet der Akkumu-

898   RG BlPMZ 1934, 32 Phönix-Stähle II; BGH GRUR 1962, 290, 293 Brieftaubenreisekabine 01; BGH Liedl 1959/60, 395, 409 Schwingungswalze; BGH Liedl 1967/68, 204, 218 Kernbremse; BGH GRUR 1986, 372 Thrombozytenzählung; BGH Bausch BGH 1994–1998, 311, 316 Walzwerk; BGH Bausch BGH 1994–1998, 488, 490 Gerüst für Betonschalungen: Team aus verschiedenen Ausbildungsstufen bei Schalungssystemen; BGHZ 147, 306 = GRUR 2001, 813 Taxol; BGHZ 170, 215, 224 = GRUR 2007, 404 Cabergolin II: Team aus Kardiologen, Pharmakologen, Biometriker bei Medikament zur Bekämpfung der Herzinsuffizienz; BGH GRUR 2010, 123 Escitalopram; BGH GRUR 2012, 482 Pfeffersäckchen; BPatG 17.6.2009 5 Ni 10/09; BPatGE 50, 6 = Mitt 2007, 68 „Alendronsäure": Team aus Chemiker, Pharmakologen und Mediziner; BPatG 30.6.2009 3 Ni 28/07 (EU); BPatG BPatG 4.8.2009 3 Ni 52/07; BPatG 14.12.2009 3 Ni 23/08 (EU) GRUR 2010, 995 Ls; BPatG 22.4.2010 3 Ni 65/08 (EU); BPatG 19.5.2010 3 Ni 15/08 (EU); BPatG 15.6.2010 3 Ni 37/08 (EU); BPatG 14.7.2011 3 Ni 1/11 (EP): Beschichtung von Bügeleisen; BPatG 7.12.2010 3 Ni 52/08 (EU): bei pharmazeutischer Zusammensetzung für die Krebstherapie Team aus zumindest einem Pharmakologen und einem auf dem Gebiet der Onkologie forschenden Mediziner mit langjähriger Erfahrung auf dem Gebiet der Krebstherapie oder in der Entwicklung von onkologischen Arzneimitteln, ebenso BPatG 28.10.2010 3 Ni 50/08 (EU); EPA T 222/86: Physiker, Elektrotechniker und Chemiker im Bereich der fortgeschrittenen Lasertechnologie; BPatG 18.2.2014 3 Ni 28/12 (EP): Team aus in der klinischen Forschung tätigem Facharzt für Neurologie, der mit einem auf dem Gebiet der pharmazeutischen Technologie promovierten und berufserfahrenen Chemiker oder Pharmazeuten zusammenarbeitet; BPatG 24.6.2014 3 Ni 23/12 (EP): Team aus promoviertem Pharmazeuten mit Pharmakologen und Neurologen; BPatG 10.11.2015 3 Ni 19/14 (EP): Team, dem ein Maschinenbau- oder Verfahrensingenieur, der in der Konstruktion von Tierfutterherstellungsanlagen spezialisiert ist, sowie ein mit der Entwicklung von Datenbanken und der Programmierung von Anlagen zur Tierfutterherstellung erfahrener Informatiker angehören; BPatG 1.12.2015 3 Ni 23/14 (EP); EPA T 57/86; EPA T 295/88 EPOR 1991, 458 Flavour: Gremium zum Testen des Geschmacks; EPA T 141/87: Fachmann für Steckverbindungen und Gehäusefachmann; EPA T 460/87; EPA T 60/89 ABl EPA 1992, 268, 277 = GRUR Int 1992, 771 Fusionsproteine; EPA T 99/89; EPA T 424/90: Team aus Halbleiter- und Plasmaspezialisten; EPA T 500/91 EPOR 1995, 69 Human immune interferon; EPA T 164/92 ABl EPA 1995, 305 elektronische Rechenbausteine Team von Elektronikern und Programmierern: EPA T 223/92: Team von Genspezialisten; EPA T 412/93 EPOR 1995, 629 Production of erythropoietin: Dreierteam für Herstellung von Erythropoietin; schweiz BG BGE 120 II 71 = GRUR Int 1995, 167 Wegwerfwindel; CA England/Wales RPC 1989, 147, 214: Forschungsteam mit hochqualifizierten Molekularbiologen, Proteinsequenzierern, Proteinchemikern und anderen Spezialisten; PatentsC [2007] EWHC 1040 (Pat) Generics v. Lundbeck; *MGK/Pagenberg* Art 56 EPÜ Rn 28; *Schulte* Rn 49; die hR Praxis bei einer Erfindung, die die rekombinante Herstellung des menschlichen Plasminogen-Aktivators betrifft, ist bei *Benkard* Rn 43 eingehend dargestellt.
898a   Vgl BGH 12.1.2016 X ZR 38/14.
899   BPatG 12.11.2013 3 Ni 10/12 (EP); BPatG 19.11.2013 3 Ni 11/12 (EP).
900   BPatG 16.10.2012 3 Ni 11/11 (EP).
901   BPatG 28.5.2013 3 Ni 2/11 (EP).
902   BPatG 28.11.2012 5 Ni 56/10 (EP).
903   BPatG 30.1.2014 4 Ni 38/11 (EP).
904   BGH Liedl 1967/68, 204, 218 Kernbremse.
905   BPatG 28.1.2004 9 W (pat) 313/02.
906   BGH Liedl 1974/77, 69, 78 Schießscheibenanlage.
907   BGH Liedl 1987/88, 1 ff Schallabschirmwandung.

latorentechnik nicht zu erwarten.[908] Bei einem Übertragungspapier für Tintenstrahldrucker wurde auf ein Team aus einem erfahrenen Papiertechnologen und einem über praktische Kenntnisse verfügenden Ingenieur der Drucktechnik abgestellt.[909] Für eine In-vivo-Detektierkapsel wurde auf ein Team aus Ingenieuren mit Erfahrungen in der Feinwerktechnik, Elektrotechnik, Optik und der Medizintechnik abgestellt.[910] Bei einem Leukämiemarker wurde ein Team aus Molekularbiologen und Mediziner berücksichtigt,[911] bei Prostaglandin-Derivaten mit einer ausgeprägten hypotensiven Wirkung ein berufserfahrener medizinischer Chemiker im Team mit einem Pharmakologen,[912] bei einem Mittel gegen Rhinitis auf ein Team aus einem Pharmazeuten oder Diplom-Chemiker, einem spezialisierten Mediziner und einem pharmazeutischen Technologen,[913] bei einem Hundehalsband zur Sandmückenabwehr ein Team aus einem Parasitologen mit langjähriger praktischer Erfahrung auf dem Gebiet der Entwicklung von Insektiziden und einem Formulierungstechniker mit speziellen Kenntnissen im Veterinärbereich,[914] bei einem Interleukin-Antikörper um einen in der klinischen Forschung tätigen Facharzt der Dermatologie, der mit einem auf dem Gebiet der Immunologie promovierten und berufserfahrenen Biochemiker oder Biologen in einem Team zusammenarbeitet,[915] bei einem Verhütungsmittel ein Team aus einem wissenschaftlich arbeitenden Gynäkologen und einem pharmazeutischen Technologen.[916] Von einem Fachmann, der sich um den zweckmäßigen Aufbau einer Betonaufbereitungsanlage bemüht, kann erwartet werden, dass er sich in der Kiesaufbereitung umsieht.[917] Für einen Fachmann, der sich mit der Entwicklung von Geräten für gymnastische Übungen befasst, liegt es nahe, die für andere Leibesübungen benutzten Geräte auf ihre Verwendbarkeit zu prüfen.[918] Bei der Herstellung von Globen sind Kenntnisse eines Kartographen und eines Druckers verlangt.[919] Vom Industriechemiker oder Verfahrenstechniker können anwendungsspezifische Kenntnisse zu erwarten sein.[920] Vom Konstrukteur von Kunststoffspritzgussmaschinen sind Kenntnisse der Kautschukverarbeitung zu erwarten;[921] dagegen soll ein Fachmann für die Verarbeitung von Gummi nicht zugleich Fachmann für Kunststoffverarbeitung sein.[922] Bei der Entwicklung der stabilen Formulierung eines pharmazeutisch wirksamen Stoffs wurde auf den Galeniker abgestellt, der im Team von einem analytisch ausgerichteten Chemiker unterstützt wird,[923] bei einem Kombipräparat auf ein Team aus Pharmakologen, Mediziner und pharmazeutischem Technologen,[924] bei einer Retardformulierung auf ein Team aus Pharmazeuten und Mediziner,[925] bei einem Ohrreinigungsmittel für Tiere ein Team aus Chemiker oder Galeniker und Veterinärmediziner,[926] bei einer antiparasitären Zusammensetzung auf ein Team aus Galeniker und auf Parasitologie spezialisiertem Veterinärmediziner,[927] bei ophthalmischen Zusammensetzungen auf ein Team aus Pharmakologen, Mediziner und Galeniker,[928] bei einem Herz-Kreislauf-Mittel ein Team aus Kardiologen und Pharmakologen,[929] bei der Bereitstellung eines

908 BGH BlPMZ 1991, 306 Überdruckventil.
909 BGH 16.6.2015 X ZR 67/13.
910 BPatG 30.10.2012 4 Ni 27/10 (EU).
911 BPatG 9.7.2013 3 Ni 37/11 (EP).
912 BPatG 23.7.2013 3 Ni 36/11 (EP).
913 BPatG 20.1.2015 3 Ni 18/13 (EP).
914 BPatG 14.4.2015 3 Ni 7/14 (EP).
915 BPatG 1.7.2014 3 Ni 14/13 (EP).
916 BPatG 6.5.2014 3 Ni 21/12.
917 BGH GRUR 1969, 182 Betondosierer.
918 BGH Liedl 1971/73, 198, 208 Bali-Gerät.
919 BGH Liedl 1965/66, 411, 422 Leuchtglobus 01.
920 Vgl BGH GRUR 1976, 213 Brillengestelle; BPatGE 30, 107 = GRUR 1989, 496, 498.
921 BGH GRUR 1967, 25, 27 Spritzgußmaschine III.
922 BGH Bausch BGH 1986-1993, 435 Kühlwasserschlauch.
923 BGH GRUR 2012, 803 Calcipotriol-Monohydrat; BGHZ 170, 215 = GRUR 2007, 404 Carvedilol II; BGH GRUR 2010, 607 Fettsäurezusammensetzung; BGH GRUR 2010, 123 Escitalopram; vgl BPatG 15.6.2010 3 Ni 37/08 (EU): Team aus Galeniker und Onkologen; BPatG 15.1.2013 3 Ni 34/11 (EP): Team aus Mediziner und Chemiker.
924 BPatG 22.7.2010 3 Ni 31/08 (EU); vgl BPatG 28.9.2010 3 Ni 50/08 (EU): Team aus Pharmakologen und forschendem Mediziner; BPatG 7.12.2010 3 Ni 52/08 (EU); BPatG 1.3.2011 3 Ni 53/08 (EU); vgl zum Team im Bereich der Biotechnologie auch BPatG 27.10.2010 3 Ni 43/08 (EU), bei der NO-Messung BPatG 1.2.2011 3 Ni 17/09 (EU).
925 BPatG 13.11.2012 4 Ni 43/10 (EP).
926 BPatG 24.7.2012 3 Ni 15/11 (EP).
927 BPatG 3.7.2012 3 Ni 5/11 (EP).
928 BPatG 13.10.2011 3 Ni 21/09 (EU).
929 BPatG 22.11.2011 3 Ni 28/10 (EP).

Screeningsystems auf ein Team aus Molekularbiologen, Biochemikern und Immunologen, die sich mit der Expression von Antikörpern befassen und spezielle Kenntnisse auf dem Gebiet des Screenings von Molekülbibliotheken besitzen,[930] für die Herstellung eines Coenzyms auf ein Team aus organischem Chemiker und Biologen,[931] für eine Vorrichtung zum simultanen Amplifizieren und Nachweisen von Zielnukleinsäuren auf ein Team aus Molekularbiologen oder Biochemiker und Ingenieur.[932] Bei Wegwerfwindeln wurde auf ein Team aus Klebstoff- und Werkstofftechnikern abgestellt,[933] bei einer Briefbearbeitungseinrichtung auf ein Team aus Fachleuten auf dem Gebiet der Briefbearbeitung und der Wägetechnik,[934] bei einem Treibscheibenaufzugsystem auf ein Team aus Maschinenbau- und Elektroingenieuren.[935] Für die Spinbestimmung eines Sportballs wurde auf ein Team aus einem Ingenieur für Elektrotechnik und einem Physiker;[936] für eine Brauereianlage auf einem Schwimmkörper (Schiff) auf ein Team aus Brauerei- und Schiffsbauingenieur abgestellt.[937] Bei der Entwicklung eines Schädlingsbekämpfungsmittels wurde auf ein Team aus Ingenieuren der Verpackungstechnik und der Kunststofftechnik unter Heranziehung eines Chemikers abgestellt.[938] Ein Holzschutzfachmann wird Kenntnisse auf dem Gebiet des Pflanzenschutzes nicht heranziehen.[939] Für eine Fettabsaugvorrichtung wurde auf ein Team aus einem Ingenieur und einem Chirurgen (der auch nur ergänzend herangezogen werden kann) abgestellt.[940]

E. Hilfskriterien für erfinderische Tätigkeit

I. Allgemeines

170   **1. Begriff.** Als **Hilfskriterien** (Hilfserwägungen, ungenau: Beweisanzeichen, „circumstantial evidence")[941] sollen im folgenden nur Gesichtspunkte erfasst werden, die außerhalb der fachmännischen Beurteilung der Erfindung anhand des StdT liegen. Lit und Praxis behandeln bisher demgegenüber überwiegend auch Gesichtspunkte als Hilfskriterien, die von den Wertungskriterien des § 4/Art 56 EPÜ unmittelbar erfasst werden, wie technischen Fortschritt, Überwindung besonderer Schwierigkeiten, Abstand von bekannten Lösungen, Überraschungsmoment,[942] Vorteile, Überwindung von Fehlvorstellungen,[943] glücklichen Griff ua.[944] Hier sollen als Hilfskriterien nur Bedürfnis und Zeitmoment (Rn 173ff), Beurteilung durch die Fachwelt (Rn 185), Beeinflussung der weiteren technischen Entwicklung (Rn 186ff) und wirtschaftlicher Erfolg (Rn 189f) behandelt werden. Allerdings erscheint auch bei ihnen erwägenswert, wenn nicht geboten, sie als Bewertungskriterien im allg Sinn einzuordnen und auf die Hilfskriterien als patentrechtliche Kategorie ganz zu verzichten.[945]

---

930   BPatG 24.1.2012 3 Ni 5/10 (EU).

931   BPatG 7.11.2012 3 Ni 21/11 (EP).

932   BPatG 6.3.2012 3 Ni 14/10 (EU).

933   HG Bern SMI 1995, 335, 344; zurückhaltender schweiz BG BGE 120 II 71 = GRUR Int 1995, 167 Wegwerfwindel, wonach der Fachmann im Gesamtbereich Umschau halten und sich auch die Kenntnisse des Nachbarbereichs aneignen oder erläutern lassen muss; vgl *Stieger* Windeln für den Team-Fachmann! SMI 1995, 63.

934   EPA T 986/96.

935   BPatG 1.2.2011 1 Ni 11/09 (EU).

936   BPatG 2.7.2015 1 Ni 18/14 (EP).

937   BPatG 15.3.2011 3 Ni 4/10.

938   BPatG 28.6.2011 1 Ni 6/09 (EU).

939   EPA T 57/84 ABl EPA 1987, 53 = GRUR Int 1987, 248, 249 Tolylfluanid.

940   BPatG Mitt 2014, 463 „Fettabsaugvorrichtung".

941   Vgl zur Terminologie *MGK/Pagenberg* Art 56 EPÜ Rn 79.

942   *Féaux de Lacroix* GRUR 2006, 625; *Singer/Stauder* EPÜ Art 56 78; in der US-Rspr wird Überraschendes als nicht naheliegend angesehen, in re Soni 54 F. 3d Z46, 34, USPQ 2d 1684, 1687 (Fed. Lit. 1995); in re Papesch, 315 F. 3d 381, 137, USPQ 43 (CCPA 1963).

943   *Singer/Stauder* EPÜ Art 56 Rn 78.

944   Kr hierzu *Kraßer/Ann* § 18 Rn 122ff, die allerdings die Überwindung eines Vorurteils zu den Beweisanzeichen rechnen.

945   Im Ergebnis, wenn auch mit anderem Ansatz, ebenso *Kulhavy* sic! 2005, 146, 149f; vgl auch BGHZ 166, 305 = GRUR 2006, 663 vorausbezahlte Telefongespräche.

2. Die **Bedeutung der Hilfskriterien** ist umstritten.[946] Das abschließende Urteil über die erfinderische 171
Tätigkeit setzt ihr Einbeziehen voraus; sie können erfinderische Tätigkeit zwar indizieren, diese aber für sich
genommen nicht begründen oder ersetzen, keine verbindliche Aussage darüber rechtfertigen[947] oder für sich
einen zwingenden Schluss veranlassen.[948] Die Hilfserwägungen sollen demnach auch zu berücksichtigen
sein, wenn die Prüfung anhand des StdT ein vermeintlich eindeutiges – negatives, anders, wenn bereits die
technischen Fakten erfinderische Tätigkeit begründen[949] – Ergebnis erbracht hat; erst nach ihrer Einbeziehung soll ein abschließendes Urteil getroffen werden können.[950] Hilfskriterien können demgegenüber lediglich im Einzelfall Anlass geben, die bekannten Lösungen besonders kritisch darauf zu überprüfen, ob sie vor
dem Hintergrund des allg Fachwissens hinreichende Anhaltspunkte für ein Naheliegen der Erfindung bieten
und nicht erst aus ex-post-Sicht eine zur Erfindung führende Anregung zu enthalten scheinen;[951] dem entspricht, soweit ersichtlich, auch die Praxis im EPA und in den Mitgliedstaaten des EPÜ. Sich nicht als rückschauend herausstellende Kritik in der Beschreibung des Streitpatents an dem in einer Vorveröffentlichung
offenbarten Lösungsweg kann auf den für den Fachmann gegebenen Anlass hindeuten, eine Weiterentwicklung des StdT außerhalb der von diesem Vorschlag vorgezeichneten Bahnen zu suchen.[952]

3. Für die Anerkennung **negativer Hilfskriterien** besteht keine Notwendigkeit. Die hier gelegentlich 172
genannten Gesichtspunkte (zB Äquivalente, Stoffaustausch, Materialersatz, Parallelentwicklungen) lassen
sich zwanglos bei der Gesamtbewertung berücksichtigen.[953]

II. Einzelne Hilfskriterien

1. Bedürfnis; Bemühungen; Zeitmoment

a. Lange Zeit **ungelöstes Bedürfnis** und langes **vergebliches Bemühen** der Fachwelt sind als Indizien 173
für erfinderische Tätigkeit angesehen worden.[954] Nach der Praxis des EPA können hierfür insb folgende Ge-

---

946 Vgl *Pagenberg* GRUR 1980, 766 ff; *Pagenberg* GRUR 1981, 151 ff; *MGK/Pagenberg* Art 56 EPÜ Rn 120; *Singer/Stauder*
EPÜ Art 56 Rn 77 ff; *Pakuscher* GRUR 1981, 1 ff; *Bruchhausen* Mitt 1981, 144 ff; *Wächtershäuser* GRUR 1982, 591 ff; *Völcker*
GRUR 1983, 83 ff; *Cole* EIPR 1998, 267; *Benkard-EPÜ* Art 56 Rn 76 ff; EPA-PrRl C-IV 11.9.
947 BGH Liedl 1963/64, 662, 669 Schichtschleifscheibe; BGH Liedl 1965/66, 34 ff Spaltrohrpumpe; BGH Liedl 1967/68,
223, 237 Straßenbrücke; BGH Liedl 1969/70, 134, 150 Stabilisator; BGH GRUR 1969, 182 Betondosierer; BGH GRUR 1991,
120 f elastische Bandage; BGH Bausch BGH 1994–1998, 534, 538 f Seitenspiegel; BGH Bausch BGH 1994–1998, 534, 538 f
Verkleidungsschürze; BGH GRUR 2007, 997 Wellnessgerät; EPA T 24/81 ABl EPA 1983, 133 = GRUR Int 1983, 650
Metallveredlung; EPA T 55/86 EPOR 1988, 285 Braking apparatus; *L.J. Arden* in CA England/Wales ENPR 2002, 48, 81 f
Dyson v. Hoover.
948 BGH GRUR 1962, 350 Dreispiegelrückstrahler; BGHZ 73, 330, 337 = GRUR 1979, 619 Tabelliermappe; EPA T 270/84
EPOR 1987, 357 Fusecord; *Benkard* Rn 92 f; kr EPA Metallveredelung m kr Anm *Pagenberg* IIC 1983, 542; vgl *Bruchhausen*
Mitt 1981, 144; missverständlich EPA T 1072/92, wonach Hilfserwägungen Voraussetzung für die erfinderische
Tätigkeit sein können; vgl auch EPA T 1077/92: in Ausnahmefällen könnten Indizien auf mangelnde erfinderische
Tätigkeit hindeutende technische Überlegungen umstoßen; vgl BGH GRUR 2003, 317 kosmetisches Sonnenschutzmittel I,
wonach bei einer durch den StdT nahegelegten Kombination ein unerwarteter und überraschender Effekt die
erfinderische Leistung der Kombination allein nicht begründen kann.
949 EPA T 754/89 EPOR 1993, 153 Depilatory device („Epilady").
950 Vgl BGH elastische Bandage; schweiz BG SMI 1994, 328, 335 Slim Cigarette; BGH Bausch BGH 1994–1998, 121, 131
Bildempfangsanlage; BGH Bausch BGH 1999–2001, 119 Filtereinheit; *Benkard* Rn 93 f – ungenaue Formulierungen sollten
hier allerdings nicht überbewertet werden –; aA BPatG Mitt 1979, 195, 196; vgl BPatG 6.5.1997 1 Ni 11/96 (EU).
951 BGH GRUR 2010, 44 Dreinahtschlauchfolienbeutel; BGH 29.7.2010 Xa ZR 68/06; BGH 29.7.2010 Xa ZR 69/06; BPatG
19.5.2010 3 Ni 15/08 (EU), allerdings unter Wertung eines „Vorurteils" als Hilfskriterium; vgl auch EPA T 181/85; EPA
T 326/89; *Singer/Stauder* EPÜ Art 56 Rn 82 f.
952 BGH Mitt 2011, 26 Gleitlagerüberwachung; zur rückschauenden Analyse auch BGH GRUR 2016, 361 Fugenband.
953 Vgl auch *MGK/Pagenberg* Art 56 EPÜ Rn 115 ff; aA *Bardehle* FS 50 Jahre VPP (2005) 151, 158 f.
954 RG MuW 32, 461 f Unterwasserschallwellen; RG GRUR 1933, 132, 134 Ausziehtisch; RG MuW 33, 354, 356
Schaltungsanordnung für Fernsprechanlagen; RG GRUR 1935, 33, 35 Hochspannungssicherung; RG Mitt 1935, 408 f
Typenkörper I, nicht in RGZ und GRUR; RGZ 149, 357 = GRUR 1936, 242, 245 Absatzklammern; RG BlPMZ 1937, 220
Sterilisieren von Injektionsspritzen; RG GRUR 1937, 611, 614 gewebter Widerstand; RG GRUR 1937, 782, 785
Farbenphotographie; RG GRUR 1937, 922, 927 f Gummischlauchrohrdraht II; RG GRUR 1939, 677, 681 drahtlose
Nachrichtenübermittlung; RG MuW 40, 214 f Halmteiler, nicht in GRUR; RG GRUR 1943, 284, 286 Gaspürgerät; BGH GRUR

sichtspunkte sprechen:[955] relativ alter im Recherchenbericht aufgeführter StdT, fehlende Neuentwicklungen auf dem Gebiet der Erfindung bei wirtschaftlich bedeutendem Fachgebiet,[956] wiederholte vergebliche Versuche der Lösung der Aufgabe,[957] das Bedürfnis ist durch zahlreiche Nachveröffentlichungen belegt[958] oder die Erfindung wird nach ihrer Veröffentlichung von Wettbewerbern nachgeahmt[959] oder die Konkurrenz liefert noch kurz vor der Veröffentlichung die vorteilhafte Lösung (vgl Rn 110).[960] Auch Vervollkommnung einer lange bekannten unvollkommenen Lösung kann herangezogen werden.[961] Bei einer jahrzehntealten „brennenden" Aufgabe spricht es stark gegen Naheliegen, dass die Fachwelt keine Lösung gefunden hat.[962]

174 Dringendes Bedürfnis wurde **verneint** für eine Lösung, die sowohl Vorteile als auch Nachteile aufweist,[963] ebenso bei erheblich eingeschränktem Bedürfnis,[964] bei Neuerungen, die Modeströmungen unterworfen sind,[965] auch wenn sich keine Abhilfeversuche feststellen ließen.[966]

175 Dass ein durch die Lehre des Patents befriedigtes Bedürfnis längere Zeit bestanden hat, bildet lediglich einen **Hinweis** auf erfinderische Tätigkeit.[967] Ist die Erfindung durch den StdT so nahe gelegt, dass ersichtlich besondere technische Schwierigkeiten nicht zu überwinden waren, kann ein lange bestehendes unbefriedigend gelöstes Bedürfnis für sich erfinderische Tätigkeit nicht begründen,[968] ebenso, wenn nur wenige konstruktive Versuche erforderlich waren;[969] in diesen Fällen ist allerdings Zurückhaltung angezeigt.[970]

176 Das Bestehen eines dringenden ungelösten Bedürfnisses muss nicht in der Lit bis zum Anmeldezeitpunkt herausgestellt worden sein, es kann auch aufgrund von Nachveröffentlichungen **festgestellt** werden.[971] Dass ein einzelner Fachmann ein lange bestehendes Bedürfnis erkannte, ist ebensowenig als ausreichend angesehen worden wie bloßer Zeitablauf.[972]

1953, 120 Glimmschalter; BGH GRUR 1953, 120, 122 Rohrschelle; BGH GRUR 1954, 107, 110 Mehrfachschelle; BGH GRUR 1955, 244, 246 Repassiernadel II; BGH GRUR 1957, 488 Schleudergardine; BGH GRUR 1957, 543 f Polstersessel; BGH GRUR 1959, 22, 24 Einkochdose; BGH GRUR 1962, 290 Brieftaubenreisekabine 01; BGH GRUR 1962, 350 Dreispiegelrückstrahler; BGH BlPMZ 1963, 365 f Schutzkontaktstecker; BGH GRUR 1963, 568 Wimpernfärbestift; BGH GRUR 1965, 416, 419 Schweißelektrode I; BGH GRUR 1970, 289, 294 Dia-Rähmchen IV; BGH GRUR 1972, 704, 706 f Wasseraufbereitung; BGH BlPMZ 1973, 257 f selektive Herbizide; BGHZ 73, 330, 337 = GRUR 1979, 619, 620 Tabelliermappe; BGH GRUR 1981, 732, 734 First- und Gratabdeckung; BGH GRUR 1982, 289, 290 Massenausgleich; BPatGE 3, 3 = GRUR 1964, 447; BPatGE 3, 88, 94 = BlPMZ 1963, 200; EPA T 109/82 ABl EPA 1984, 473 = GRUR Int 1985, 45 Hörgerät; EPA T 165/85 EPOR 1987, 125 Nachweis von Redox-Reaktionen; EPA T 90/89 GRUR Int 1991, 815 gefrorener Fisch; EPA T 774/89 Efomycine als Leistungsförderer; EPA T 555/91; EPA T 699/91; EPA T 295/94; RPA MuW 40, 118 f; RPA GRUR 1942, 421; DPA Mitt 1955, 96; schweiz BG GRUR Int 1985, 595, 596 Schneeketten; GH Den Haag BIE 1997, 441, 443; PatentsC 15.1.1999 Haberman v. Jackel, referiert in EIPR 1999 N-89; Corte Mailand 11.12.1999 Sorin/Chiron, referiert in EIPR 2000 N-142 ff; *Benkard* Rn 120; *Benkard-EPÜ* Art 56 Rn 84 ff; *Schulte* Rn 78 ff, 82; *Kraßer/Ann* § 18 Rn 130 ff; *MGK/Pagenberg* Art 56 EPÜ Rn 87 ff; vgl auch RG GRUR 1935, 937, 941 Kraftfahrzeugkasten, nicht in RGZ; RG GRUR 1939, 677, 681 drahtlose Nachrichtenübermittlung; BPatG GRUR 1978, 702, 705; RPA Mitt 1939, 267 f; zur lange zurückliegenden Entgegenhaltung und zum lange bestehenden Bedürfnis auch BGH GRUR 1962, 290, 294 Brieftaubenreisekabine 01; BGH Liedl 1961/62, 468, 491 Verpackungseinlage; BGH GRUR 1964, 18 Konditioniereinrichtung; offen gelassen in BGH 30.6.2009 X ZR 107/05 (Nr 44).

955 *Singer/Stauder* EPÜ Art 56 Rn 100.
956 EPA T 273/92; EPA T 203/93.
957 EPA T 226/89; EPA T 957/92.
958 EPA T 292/85 ABl EPA 1989, 275 = GRUR Int 1990, 61 Polypeptid-Expression I.
959 EPA T 92/86.
960 EPA T 812/92.
961 RG GRUR 1939, 689, 691 Lichthofschutzschicht.
962 BGH GRUR 1957, 488 Schleudergardine; BGH GRUR 1964, 18 Konditioniereinrichtung; BGH 10.11.1961 I ZR 51/59.
963 BGH Liedl 1965/66, 22, 32 Lamellenschrägsteller; BGH Liedl 1971/73, 289, 295 Gemeinschaftsdusche; BGH Liedl 1987/88, 118 ff Verbindungsprofil.
964 BGH Gemeinschaftsdusche; vgl EPA T 605/91: Bedürfnis der Allgemeinheit erforderlich.
965 RG GRUR 1936, 793, 796 Chiassonsche Brille.
966 BGH Liedl 1971/73, 302, 311 Pulverbehälter für einen Flammspritzbrenner.
967 BGH GRUR 1962, 350, 353 Dreispiegelrückstrahler; BGH 11.11.1960 I ZR 36/57; vgl EPA T 404/90.
968 BGH GRUR 1959, 532, 537 elektromagnetische Rühreinrichtung; BGH GRUR 1963, 568 f Wimpernfärbestift; BGH Liedl 1965/66, 576, 599 Hafendrehkran 01; BGH Liedl 1967/68, 523, 537 Kreismesserhalter 02; vgl auch BPatG Mitt 1979, 195 f.
969 BGH Liedl 1974/77, 10, 16 Rauchwagen.
970 *Benkard*[9] Rn 19; vgl schweiz BG 120 II 71 = GRUR Int 1995, 167 Wegwerfwindel.
971 BGH BlPMZ 1973, 257, 259 selektive Herbizide; *Benkard* Rn 121; *Schulte* Rn 78; zur Feststellung vergeblicher Bemühungen BGH GRUR 1970, 289 Dia-Rähmchen IV; BGH GRUR 1957, 488 Schleudergardine; BGH GRUR 1957, 534 Polstersessel.
972 EPA T 605/91.

Einzelfälle. Berücksichtigt wurde, dass die Lösung, obwohl ein erhebliches Bedürfnis seit längerer 177
Zeit bestand, trotz vielfacher Versuche nicht gefunden wurde, die Versuche sich vielmehr in andere Richtung bewegten und dass zum Auffinden der Lösung neben großer Erfahrung ein offener Blick für die Mängel und Vorteile der früheren Lösungen und eine besondere konstruktive Begabung gehörte;[973] Nichtauffinden der Lehre des Patents trotz langjährigen Bedürfnisses zur Verbesserung;[974] Nichtauffinden der Lösung zur Herstellung eines Massenartikels auf einem neuen, einfacheren und billigeren Weg, obwohl seit langem Bedarf bestand;[975] Nichtauffinden trotz Vorliegen eines ernst zu nehmenden Problems bei einem Massenartikel, dessen Beseitigung bei geringen Kosten einen Wettbewerbsvorteil und ein wesentliches Verkaufsargument dargestellt hätte;[976] neuer technischer Zweck mit neuen Lösungsmitteln, an die jahrzehntelang niemand gedacht hat.[977] Andererseits besteht für den an einer weiteren Verbesserung interessierten Fachmann auch dann Anlass zu Versuchen mit einer höheren Wirkstoffkonzentration, wenn über Jahre bewährte Präparate mit unveränderter Zusammensetzung auf dem Markt sind.[978]

Die Erfüllung eines **neu auftretenden Bedürfnisses** ist jedenfalls dann kein Anzeichen für erfinderi- 178
sche Tätigkeit, wenn die Technik dieses bald befriedigen kann.[979] Ablauf eines bestehenden Patents kann Anlass zu Weiterentwicklungen sein.[980]

b. Das **Zeitmoment** allein spricht nicht für erfinderische Tätigkeit,[981] insb bei Naheliegen aus ande- 179
ren Gründen,[982] ebenso gegenüber theoretischen Abhandlungen ohne Praxisrelevanz.[983] Die Überlegung, die Lehre wäre sicher schon sehr viel früher vorgeschlagen worden, wenn sie so naheliegend gewesen wäre, wie es rückblickend scheinen könne, wurde als in vielen Fällen berechtigt angesehen;[984] hierin liegt jedoch allein kein zureichender Anhaltspunkt.[985] Großer zeitlicher Abstand oder langes Bestehen des ungelösten Problems, langes Arbeiten mit nachteiligen Lösungen, langes Bemühen um die Lösung[986] kann

---

973 BGH GRUR 1952, 120 Rohrschelle.
974 BGH GRUR 1957, 488 Schleudergardine; BGH Liedl 1959/60, 418, 426 Strangpresse; BGH Bausch BGH 1999–2001, 341 Radaufhängung; vgl EPA T 330/87.
975 BGH GRUR 1957, 543 Polstersessel.
976 BGH Bausch BGH 1999–2001, 493, 499 Brieflocher 02 unter Hinweis auf BGH BlPMZ 1986, 215 Gießpulver; vgl BGH GRUR 2001, 232 Brieflocher.
977 RG GRUR 1936, 931 f Misch- und Schleudermaschine.
978 BGH GRUR 2010, 607 Fettsäurezusammensetzung; vgl BPatG 15.6.2010 3 Ni 37/08 (EU).
979 BGH Liedl 1963/64, 422, 433 Schuko-Konturenstecker; BGH GRUR 1969, 182 Betondosierer; BGH GRUR 1996, 857, 861 f Rauchgasklappe, nicht in BGHZ; BGH Bausch BGH 1999–2001, 223 Stützimplantat; BGH 23.1.2002 X ZR 212/98 Schulte-Kartei PatG 4.2 Nr 53 Unwuchtausgleich; BPatGE 3, 3 = GRUR 1964, 447; EPA T 24/81 ABl EPA 1983, 133, 142 = GRUR Int 1983, 650, 653 Metallveredlung; *Schulte* Rn 75; vgl RG GRUR 1936, 936 f Metallfolie; RG GRUR 1939, 116 f Schüttrinne; BGH Liedl 1974/77, 50, 62 zusammenklappbarer Tisch: Campingtisch nach fortschreitender Motorisierung; BGH GRUR 1974/77, 325, 333 Schaltungsanordnung: Aufkommen der Schnellaufzüge; BGH Bausch BGH 1999–2001, 157 Kreiselpumpe für Haushaltsgeräte: Problem stellte sich erst seit kurzer Zeit; vgl BPatG Bausch BPatG 1994–1998, 227: gelöstes Problem erlangte erst mit zunehmendem Umwelt- und Gesundheitsbewusstsein Bedeutung; BPatG 19.7.2012 4 Ni 48/09 (EU).
980 BPatG 22.9.1998 14 W (pat) 57/96.
981 BGH 10.12.1998 X ZR 44/96; BGH 6.4.2004 X ZR 155/00 elastische Bandage 01, Ls in Mitt 2005, 22; EPA T 79/82; EPA T 109/82 ABl EPA 1984, 473, 480 = GRUR Int 1985, 45 Hörgerät; EPA T 199/83; EPA T 115/89; EPA T 478/91; EPA T 1014/92; *Benkard* Rn 94; *Benkard-EPÜ* Art 56 Rn 136 ff; aA offenbar EPA T 986/92, wo das Nichtnaheliegen auf einen Zeitraum von 70 Jahren gestützt wird; BPatG 2.12.1997 34 W (pat) 48/96: 12 Jahre zurückliegende Veröffentlichung, aus der die Fachwelt keine Anregung aufgenommen hat; BPatG 6.12.2005 1 Ni 22/04 (EU): über 20 Jahre alte Veröffentlichung; vgl aber BPatG 27.6.2011 9 W (pat) 387/05: Zeitraum von 30 Jahren zwischen zwei Veröffentlichungen.
982 BGH GRUR 1963, 568 Wimpernfärbestift; EPA T 169/88 EPOR 1991, 281 Cotton yarn.
983 BGH BlPMZ 1989, 133 Gurtumlenkung; EPA T 366/89 EPOR 1993, 266 Moulding.
984 BGH Bausch BGH 1986–1993, 55 Gelenkkugel; BGH GRUR 2012, 475 Elektronenstrahltherapiesystem.
985 Vgl EPA T 20/81 ABl EPA 1982, 217, 223 = GRUR Int 1982, 673 Aryloxybenzaldehyd.
986 BGH GRUR 1959, 22 Einkochdose; BGH GRUR 1960, 427 Fensterbeschläge; BGH Bausch BGH 1986-1993, 503 Rohrkupplung: 40 Jahre; BPatG 3.2.1998 1 Ni 7/97 (EU): 20 Jahre und alsbaldige Nachahmung; BPatG 19.2.2004 4 Ni 6/03 (EU); BPatG 6.5.3014 3 Ni 21/12; EPA T 106/84 ABl EPA 1985, 132 = GRUR Int 1985, 580, 582 Verpackungsmaschine: 7 Jahre; EPA T 271/84 ABl EPA 1987, 405, 411 f = GRUR Int 1988, 248 Gasreinigung: 20 Jahre in Kauf genommene wirtschaftliche Nachteile; EPA T 321/86 EPOR 1989, 199, 205 Display tube; EPA T 273/92: 23 Jahre auf wirtschaftlich bedeutendem und

---

für erfinderische Tätigkeit sprechen, desgleichen selbst bei kürzer bestehendem Bedürfnis das Nichtaufgreifen lange vorhandener Anregungen.[987] Auch hier kommt es auf die gesamten Umstände an. Eine auf alle Fälle passende Zeitspanne gibt es nicht.[988] Berücksichtigt wurde, dass sich der Anmelder auf das Zeitmoment nicht berufen hat.[989]

180   Das Zeitmoment ist bei verhältnismäßig **junger Technologie** kein entscheidendes Kriterium.[990] Das gilt auch, wenn die Vorveröffentlichung zwar lange zurückliegt, sich das zu lösende Problem aber erst in jüngerer Zeit gestellt hat.[991]

181   Bei **langlebigen teuren Wirtschaftsgütern** ist damit zu rechnen, dass Entwicklungen langsamer verlaufen als bei Artikeln des täglichen Bedarfs; deshalb ist die Bedeutung des Zeitmoments hier geringer,[992] ebenso bei einem sich langsam weiterentwickenden Fachgebiet, engem Markt und langer Lebensdauer der Maschinen wie der Hochmüllerei.[993] Dass man zur Fortentwicklung des StdT lange Zeit (20 Jahre) brauchte, kann noch keine erfinderische Tätigkeit begründen, selbst wenn durch ein Patent eine gewisse Sperrwirkung erzielt wurde.[994]

182   **Verfügbarkeit.** Bei einer Auswahlerfindung, bei der der zur Auswahl zur Verfügung stehende Stoffbereich schon 14 Jahre bekannt war, ehe das Patent den bestimmten Stoff vorschlug, ist der lange Zeitraum nicht von Bedeutung, wenn nicht dargetan ist, dass der Stoff in diesem Zeitraum in ausreichender Menge zur Verfügung stand und auch preislich mit den herkömmlichen Werkstoffen konkurrieren konnte, so dass er schon lange einen wirtschaftlichen Erfolg versprochen hätte.[995] Großes Bedürfnis spricht nicht für erfinderische Tätigkeit, wenn das verwendete Material erst kurzzeitig zur Verfügung stand,[996] ebenso, wenn sich die Herstellungs- oder Anwendungsmöglichkeit erst kurz ergeben hat.[997]

183   **Einzelfälle.** Dass eine Information unbeachtet geblieben ist, kann darauf hindeuten, dass sie dem Fachmann keine zur Erfindung führende Anregung gab.[998] Dass trotz eines Bedürfnisses zehn Jahre bis zur Erfindung (1949/50) verstrichen sind, ließ angesichts des Kriegs und seiner Wirkungen noch nicht auf erfinderische Tätigkeit schließen.[999] Als ausreichender zeitlicher Abstand wurden im Einzelfall 10 und 11 Jahre angesehen,[1000] ebenso 16 und 17 Jahre,[1001] 20 Jahre[1002] und 23 Jahre.[1003] Der zeitliche Abstand wurde als zu kurz angesehen bei 4 Jahren,[1004] eineinhalb Jahren,[1005] 3 Jahren 4 Monaten bei blockiergeschütz-

---

stark bearbeitetem Fachgebiet, BGH Liedl 1987/88, 379 Kunststoffteilchenaufbringung hat bereits 5½ Jahre herangezogen; vgl auch EPA T 882/94.

987   BGH GRUR 1982, 289 f Massenausgleich: 25 Jahre alte Druckschrift, anders allerdings BPatGE 3, 3 = GRUR 1964, 447 bei 50 Jahre alter Druckschrift; vgl BGH GRUR 1962, 290 Brieftaubenreisekabine 01; *Benkard* Rn 121; vgl auch BPatG 30.1.1998 34 W (pat) 70/95; RB Den Haag BIE 2000, 8, 10 lehnt es ab, zwei Jahre heranzuziehen.

988   *Reimer* § 1 Rn 61; aA *MGK/Pagenberg* Art 56 EPÜ Rn 89: mindestens acht bis zehn Jahre vor Patentanmeldung, in forschungsintensiven Zweigen aber uU kürzer.

989   BGH BlPMZ 1966, 234 f Abtastverfahren, nicht in GRUR.

990   BGH GRUR 1954, 584 Holzschutzmittel; BGH GRUR 1981, 42, 45 Pfannendrehturm; vgl BGH GRUR 1996, 857, 862 Rauchgasklappe, nicht in BGHZ; *Benkard* Rn 122.

991   BGH Bausch BGH 1999–2001, 157 Kreiselpumpe für Haushaltsgeräte; vgl EPA T 478/91.

992   BGH Liedl 1965/66, 576, 599 Hafendrehkran 01; vgl EPA T 24/81 ABl EPA 1983, 133 = GRUR Int 1983, 650 Metallveredlung: bei hohen Kosten.

993   BGH Bausch BGH 1999–2001, 234 Getreidemahlverfahren 01; BGH Bausch BGH 1999–2001, 267 Getreidemahlverfahren 02; BGH Bausch BGH 1999–2001, 300 Hochmüllereiwalzenstuhl.

994   BGH Mitt 1962, 74, 77 Braupfanne.

995   BGH GRUR 1962, 83 Einlegesohle.

996   BGH GRUR 1960, 27, 29 Verbindungsklemme.

997   BGH GRUR 1962, 80 Rohrdichtung.

998   RG GRUR 1941, 465, 469 Malerbürsten; vgl EPA T 366/89; EPA T 261/87; *Singer/Stauder* EPÜ Art 56 Rn 99 f.

999   BGH Liedl 1956/58, 509, 525 Schaumgummihaftung; BGH Liedl 1959/60, 126, 135 Badeofen; BGH Bausch BGH 1986–1993, 273 Aufzeichnungsträgerklebevorrichtung berücksichtigt (als obiter dictum) sogar den Umstand, dass das Patent in der erteilten Fassung 14 Jahre lang Bestand hatte.

1000   EPA T 20/84 EPOR 1986, 197 Annular shaft kiln; EPA T 203/93: bei technischem Gebiet, auf dem sehr intensive Entwicklung betrieben wird.

1001   EPA T 335/86; EPA T 540/92: bei Polyetherketonen; vgl auch EPA T 957/92.

1002   EPA T 271/84 ABl EPA 1987, 405 = GRUR Int 1988, 248 Gasreinigung.

1003   EPA T 273/92; vgl auch EPA T 165/85 EPOR 1987, 125 Nachweis von Redox-Reaktionen; EPA T 41/84.

1004   BGH Liedl 1974/77, 40, 46 Mähdrescher.

1005   BGH GRUR 1986, 798, 800 Abfördereinrichtung für Schüttgut.

ter hydraulischer Bremsanlage.[1006] Zeitlicher Abstand von 8 Jahren wurde nicht herangezogen für ein Patent auf eine Darreichungsform bei bestehendem Patentschutz für die arzneimittelwirksame Substanz, weil insoweit das Interesse der Mitbewerber an der Entwicklung von Darreichungsformen eher begrenzt war.[1007] Hat der StdT vor dem Prioritätstag über lange Zeit stagniert, ist es eine Frage der Umstände des Einzelfalls, ob dies darauf hindeutet, dass die Erfindung dem Fachmann durch den StdT nahegelegt war.[1008] Erforderliche Produktionsumstellung und Investitionen können das Zeitmoment entkräften.[1009]

c. Die **vorausschauende Erkenntnis** eines technischen oder wirtschaftlichen Bedürfnisses kann für erfinderische Tätigkeit sprechen, nicht aber schon, wenn das Bedürfnis erkennbar auftreten musste.[1010]   **184**

2. Beurteilung durch die Fachwelt. Positive Beurteilung maßgeblicher Fachleute ist wiederholt herangezogen worden.[1011] Prämierung durch ein Preisgericht spricht nicht zwingend für erfinderische Tätigkeit.[1012] Die Bewertung des der Beurteilung näherstehenden Prüfers des DPMA oder des EPA sowie die des BPatG kann jedenfalls unterstützend herangezogen werden, ebenso hat der BGH auf die Äußerung des gerichtlichen Sachverständigen im Nichtigkeitsverfahren verwiesen.[1013] Vorausgesetzt werden muss dabei, dass der Beurteilende den StdT kennt.[1014] Das ÖPA hat zu Unrecht eine Berücksichtigung ausländ Entscheidungen unter Hinweis auf Art 4bis PVÜ grds abgelehnt.[1015]   **185**

3. Beeinflussung der weiteren technischen Entwicklung kann beachtlich sein;[1016] insb, wenn die Praxis wesentlich beeinflusst wurde,[1017] so bei mehreren nachfolgenden Anmeldungen, die sich der Erfindung bedienen,[1018] Einleitung einer neuen technischen Ära auf dem Fachgebiet.[1019]   **186**

Die Aufnahme der Lehre in eine **amtliche Bauvorschrift** besagt nichts über erfinderische Tätigkeit.[1020]   **187**

Umfangreiche **Nachahmung** durch Mitbewerber kann in die Beurteilung einzubeziehen sein, wenn sie darauf zurückzuführen ist, dass das neue Produkt den bisher am Markt angebotenen technisch deutlich überlegen ist und zurückverfolgt werden kann, dass die einschlägigen Fachfirmen überkommenen technischen Vorstellungen verhaftet geblieben sind und einen etwa zeitlich weit zurückreichenden StdT nicht aufgegriffen haben. Auf die Beurteilung der erfinderischen Tätigkeit ohne Einfluss ist demgegenüber, wenn ein die technische Lehre nahelegender StdT bisher übersehen worden ist oder deswegen nicht zur Entwicklung eines marktfähigen Produkts geführt hat, weil es aus Preisgründen nicht absatzfähig gewesen ist; das Verdienst, etwas im StdT Angelegtes als erster aufgegriffen und daraus einen Markterfolg gemacht zu haben, an den sich die Mitbewerber durch Nachahmung anhängen wollen, ist kein techni-   **188**

1006 BPatG 7.8.1997 9 W (pat) 22/96.

1007 BGH 2.3.2004 X ZR 112/00.

1008 BGH GRUR 2010, 992 Ziehmaschinenzugeinheit II; BPatG 13.11.2014 2 Ni 45/12 (EP).

1009 BGH GRUR 1987, 351 Mauerkasten II.

1010 RG GRUR 1935, 42, 45 Aufnahme; vgl auch RG GRUR 1936, 1059, 1063 Handschleifmaschinen; *Benkard* Rn 123.

1011 RPA Mitt 1934, 109; EPA T 106/84 ABl EPA 1985, 132 = GRUR Int 1985, 580 Verpackungsmaschine; Corte Mailand 11.12.1999 Sorin/Chiron, referiert in EIPR 2000 N-142 f; *MGK/Pagenberg* Art 56 EPÜ Rn 103; *Benkard-EPÜ* Art 56 Rn 91.

1012 RPA Mitt 1940, 113.

1013 BGH Mitt 1996, 204 Spielfahrbahn 03; vgl BGH Bausch BGH 1994–1998, 434, 444 Dilatationskatheter; BGH 15.12.1998 X ZR 33/96; zur Indizwirkung anderer Schutzrechtsanmeldungen PatentsC 29.4.1998 Norton v. 3M, referiert in EIPR 1999 N-108; zur Berücksichtigung von parallelen Prüfungsverfahren und Patentprozessen *MGK/Pagenberg* Art 56 EPÜ Rn 111 f.

1014 EPA T 521/90 EPOR 1993, 558 Pouring and measuring package; *Schulte* Rn 124; vgl BGH GRUR 2000, 296, 298 Schmierfettzusammensetzung; BPatG 28.6.2011 3 Ni 10/10 (EU).

1015 ÖPA öPBl 1996, 176, 179.

1016 Vgl BGH Mitt 1972, 18 Trockenrasierer; BGH Liedl 1982/83, 1 ff Spannglied; BPatGE 23, 14, 18 = GRUR 1980, 1067 einerseits, RG MuW 29, 71 Rohgummiplatte I andererseits.

1017 BGH GRUR 1980, 100, 104 Bodenkehrmaschine; BGH Liedl 1971/73, 74, 83 Bierabfüllung 01.

1018 BGH GRUR 1965, 473, 477 Dauerwellen I; EPA T 292/85 ABl EPA 1989, 275 = GRUR Int 1990, 61 Polypeptid-Expression I; *Schulte* Rn 128.

1019 EPA T 677/91.

1020 BGH Liedl 1978/80, 599 ff Stromabnehmer.

sches, sondern ein kaufmännisches.[1021] Sofortiges Aufgreifen der Erfindung kann für erfinderische Tätigkeit sprechen.[1022]

189   **4. Wirtschaftlicher Erfolg** kann als Hinweis auf erfinderische Tätigkeit gewertet werden,[1023] weil wirtschaftliche Dispositionen des Publikums über einen längeren Zeitraum als Werturteil über die Erfindung angesehen werden können[1024] oder dadurch ein Bedürfnis belegt wird und unternehmerische Entscheidungen regelmäßig gewinnorientiert sind.[1025] Das gilt grds auch für die Vergabe von Lizenzen.[1026] Herangezogen wurde, dass das Verfahren anhaltend in großem Umfang praktiziert wird.[1027] Der wirtschaftliche Erfolg kann jedoch für sich keine erfinderische Leistung begründen.[1028]

190   Der wirtschaftliche Erfolg kann nur herangezogen werden, soweit er auf **technischen Ursachen** beruht.[1029] Aus ihm kann nichts Entscheidendes abgeleitet werden, wenn er im wesentlichen auf fertigungstechnische, betriebswirtschaftliche und organisatorische Fakten zurückgeht.[1030] Eine in die Beurteilung der erfinderischen Tätigkeit einzubeziehende Hilfserwägung kann ein großer Markterfolg dann sein, wenn er auf einer sprunghaften (überraschenden) Bereicherung des StdT beruht, nicht aber, wenn er auf erfolgreiches Marketing oder darauf zurückzuführen ist, dass ein Marktteilnehmer preisgünstiger als seine Mitbewerber produziert[1031] oder dass der Nutzer kaufmännische Überlegungen anstellt, die ihn veranlassen, das erfindungsgem Verfahren anzuwenden.[1032] Wirtschaftlicher Erfolg durch Erkennen einer günstigen Marktlage und Entwickeln einer eleganten Lösung, die das Können des Fachmanns nicht übersteigt, rechtfertigt Bejahung erfinderischer Tätigkeit nicht.[1033] Markterfolg kann aber herangezogen werden, wenn mehrere andere Kriterien hinzutreten.[1034]

191   **Kein Indiz** für erfinderische Leistung stellen die Überwindung eines Vorurteils gegen vorteilhafte wirtschaftliche Verwertbarkeit,[1035] dieÜberwindung lediglich fabrikatorischer Hindernisse,[1036] eine kauf-

---

1021   BGH GRUR 1991, 120 f elastische Bandage; vgl BGH GRUR 1963, 568 Wimpernfärbestift; BGH 16.9.1986 X ZR 22/84 Bausch BGH 1986–1993, 196 Fernsehempfänger; *Schulte* Rn 130.
1022   RG GRUR 1939, 116 f Schüttrinne; BPatG 13.7.2005 5 W (pat) 415/04, GbmSache; *Schulte* Rn 167; vgl *MGK/ Pagenberg* Art 56 EPÜ Rn 110.
1023   RG GRUR 1936, 307 nahtlose Gummibänder; BGH GRUR 1965, 473 Dauerwellen I; BGH GRUR 1982, 289 Massenausgleich; BGH BlPMZ 1985, 374 Ätzen; BPatG 13.7.2005 5 W (pat) 415/04, GbmSache; EPA T 106/84 ABl EPA 1985, 132, 138 = GRUR Int 1985, 580 Verpackungsmaschine; EPA T 335/86; EPA T 73/88 ABl EPA 1992, 557 = GRUR Int 1993, 232 Snack-Produkt; EPA T 286/93; EPA T 626/96; EPA T 915/00; vgl EPA T 38/84 ABl EPA 1984, 368 Toluoloxidation: selbst bei kleiner Verbesserung der Ausbeute; vgl auch RG GRUR 1935, 425, 427 Münzgasmesser; EPA T 478/91; EPA T 257/91; vgl weiter BGH Bausch BGH 1999–2001, 341 Radaufhängung.
1024   Vgl *Schulte* Rn 163; *Benkard-EPÜ* Art 56 Rn 132 ff.
1025   Vgl BPatG GRUR 1978, 702; *MGK/Pagenberg* Art 56 EPÜ Rn 81 f; *Kraßer/Ann* § 18 Rn 138.
1026   BPatG 22.2.1979 2 Ni 14/78; EPA T 351/93: Bemühen der Marktkonkurrenten um Mitbenutzungsrechte; *Schulte* Rn 123, 130; *MGK/Pagenberg* Art 56 EPÜ Rn 83.
1027   BGH Liedl 1987/88, 379 Kunststoffteilchenaufbringung.
1028   RG GRUR 1939, 277, 280 Kleinmotoren; BGH BlPMZ 1967, 137 Kondenswasserabscheider; BGH BlPMZ 1985, 374 Ätzen; BGH Bausch BGH 1994–1998, 197 Türschloßschalter; BGH Bausch BGH 1994–1998, 277, 283 Badewanne; BPatG Mitt 1988, 212; BPatG 13.4.2011 5 Ni 1/10 (EU); BPatG 19.7.2012 4 Ni 48/09 (EU); EPA T 69/82; EPA T 191/82 EPOR 1986, 88 Baled wastepaper product; EPA T 91/83; EPA T 215/83; EPA T 270/84; EPA T 11/87; EPA T 219/90; EPA T 629/90 ABl EPA 1992, 654 = GRUR Int 1993, 478 Haltevorrichtung; EPA T 5/91; EPA T 351/93; vgl BGH 23.1.2002 X ZR 212/98 Schulte-Kartei PatG 4.2 Nr 53 Unwuchtausgleich.
1029   BGH Liedl 1965/66, 34, 45 Spaltrohrpumpe; BGH Liedl 1967/68, 223, 237 Straßenbrücke; BGH Liedl 1974/77, 246, 256 Korrosionsschutzverfahren; BGH Liedl 1984/86, 313, 323 Ätzen; BGH GRUR 1991, 120 f elastische Bandage; BGH GRUR 1994, 36 Meßventil; BGH Bausch BGH 1986–1993, 495 Perücke; BGH Bausch BGH 1994–1998, 348, 358 Seitenspiegel: deutliche tech-nische Überlegenheit und Übernahme von fast allen Wettbewerbern; BGH Bausch BGH 1994–1998, 434, 444 Dilatationskatheter; EPA T 257/92; EPA T 1212/01; vgl EPA T 626/96; EPA PrRl C-IV 11.9.4; *Singer/Stauder* EPÜ Art 56 Rn 91.
1030   BGH Liedl 1956/58, 623, 643 Hohlblockmauersteine; *Niedlich* Mitt 2000, 281, 284.
1031   BGH GRUR 1991, 120 f elastische Bandage.
1032   BGH Meßventil: Energieeinsparung.
1033   BGH GRUR 1987, 351, 353 Mauerkasten II.
1034   BGH Bausch BGH 1994–1998, 197, 204 Türschloßschalter.
1035   BGH GRUR 1953, 438 Ausweishülle; BGH GRUR 1958, 438 Schädlingsbekämpfungsspritze; BGH Liedl 1965/66, 34, 45 Spaltrohrpumpe; BGH Liedl 1974/77, 246, 256 Korrosionsschutzverfahren; BGH GRUR 1994, 36 Meßventil.
1036   BGH Liedl 1956/58, 398, 407 Teeaufgußbeutel 01.

männische Entscheidung,[1037] die Übertragung eines bekannten Verfahrens auf ein anderes technisches Gebiet, wenn für sie nur kaufmännische und wirtschaftliche Überlegungen nötig waren,[1038] eine marktorientierte kluge unternehmerische Entscheidung[1039] dar. Allein auf wirtschaftlichen Gründen beruhende Schwierigkeiten bei der praktischen Ausführung einer Lehre sprechen nicht dagegen, dass die Lehre nahegelegen hat.[1040] Bloße Bewährung der Erfindung in der Praxis und wirtschaftlicher Erfolg allein sind kein Indiz für erfinderische Tätigkeit,[1041] können aber zusammen mit anderen Indizien den Ausschlag geben.[1042]

F. Verfahrensrechtliche Fragen; Darlegungs- und Beweislast

I. Allgemeines

Das dem Fachmann zuzurechnende Wissen kann nicht durch Zeugenbeweis geklärt werden.[1043] Ob **192** eine naheliegende Lehre mittels eines Disclaimers (vgl Rn 136 zu § 3; Rn 77 zu § 34) erfinderisch gemacht werden kann, ist str (Rn 39 f zu § 38).[1044] Ein einschränkendes, nicht ursprungsoffenbartes Merkmal („uneigentliche Erweiterung") darf bei der Prüfung der erfinderischen Tätigkeit nicht berücksichtigt werden (vgl Rn 100 ff zu § 21). Das Nichtnaheliegen eines unabhängigen Verfahrens- oder Verwendungsanspruch braucht grds nicht gesondert geprüft zu werden, wenn die Patentfähigkeit eines entspr Erzeugnisanspruchs feststeht (EPA-PrRl C-III 3.8).[1045] Das kann freilich nicht uneingeschränkt gelten.[1046]

Überraschende Ergebnisse müssen nachgewiesen werden oder zumindest glaubhaft sein.[1047] Der **193** **Nachweis der überlegenen Wirkung** ist gegenüber dem nächstliegenden StdT zu führen, bei Stoffen kommt es auf die strukturellen Übereinstimmungen an.[1048] Zur Durchführung des Vergleichs kann es erforderlich sein, die Vergleichselemente so abzuwandeln, dass sie nur in dem Unterscheidungsmerkmal zum nächstliegenden StdT von der Erfindung abweichen.[1049] Vergleichsversuche gegenüber handelsüblichen Erzeugnissen müssen daher nicht ausreichen.[1050] Die Versuche müssen sachgerecht und reproduzierbar sein.[1051] Vergleichsversuche sind nicht erforderlich, wenn die Erfindung von vornherein nicht naheliegt.[1052]

1037 BGH GRUR 1990, 594 Computerträger; *Schulte* Rn 116.

1038 BGH GRUR 1958, 131 Schmierverfahren.

1039 BGH GRUR 1987, 351 Mauerkasten II; BGH Bausch BGH 1986–1993, 19 Blutfilter; EPA T 270/84 EPOR 1987, 357 Fusecord.

1040 BGH GRUR 296, 298 Schmierfettzusammensetzung; BGH Bausch BGH 1986–1993, 495 Perücke.

1041 BGH GRUR 1964, 121, 123 Wimpernfärbestift; BGH GRUR 1967, 25, 27 Spritzgußmaschine III; BGHBlPMZ 1967, 137 Kondenswasserabscheider; BGH BlPMZ 1985, 374 Ätzen; BGH Bausch BGH 1994–1998, 277, 283 Badewanne; *Benkard* Rn 124; *Schulte* Rn 163 f; vgl BPatG Mitt 1988, 212.

1042 BGH Mitt 1978, 13 Erdölröhre; BGH GRUR 1982, 289 Massenausgleich.

1043 Vgl EPA T 311/01.

1044 Verneinend EPA T 170/87 ABl EPA 1989, 441, 447 = GRUR Int 1990, 223 Heißgaskühler, EPA T 597/92 ABl EPA 1996, 135 = GRUR Int 1996, 814 Umlagerungsreaktion; EPA T 653/92; EPA T 710/92: auch bei Disclaimer, der Vorwegnahme vermeiden soll und durch die ursprüngliche Offenbarung nicht gestützt wird; EPA T 308/97, ähnlich BPatG 22.5.2001 2 Ni 44/99 (EU) undok; vgl EPA T 898/91; EPA T 871/96; nach EPA G 1/03 ABl EPA 2004, 413 = GRUR Int 2004, 959 und EPA G 2/03 Disclaimer dürfen Disclaimer nur Beschränkungen enthalten, die keinen Beitrag zur Erfindung leisten; kr *Benkard* Rn 50 f; vgl *Benkard-EPÜ* Art 56 Rn 90.

1045 Vgl EPA T 169/88 EPOR 1991, 281 Cotton yarn; EPA T 642/94.

1046 Vgl *Leber* IIC 2008, 795; *Singer/Stauder* EPÜ Art 56 Rn 2 Fn 2.

1047 BPatG 13.11.2014 15 W (pat) 3/12; *Singer/Stauder* EPÜ Art 56 Rn 79.

1048 Vgl BGH GRUR 2000, 296, 298 Schmierfettzusammensetzung; BPatG GRUR 2014, 1073 „Telmisartan"; EPA T 181/82 ABl EPA 1984, 401 = GRUR Int 1984, 700 f Spiroverbindungen; EPA T 164/83 ABl EPA 1987, 149, 154 f = GRUR Int 1987, 591 Antihistaminika; EPA T 199/86; EPA T 512/02; EPA T 59/04; *Benkard* Rn 138.

1049 EPA T 197/86 ABl EPA 1989, 371 = GRUR Int 1990, 142 f photographische Kuppler; EPA T 496/02; EPA T 234/03 GRUR Int 2007, 249 Druckertinte; EPA T 378/03.

1050 EPA T 172/90; vgl auch EPA Antihistaminika; EPA T 623/89.

1051 EPA T 38/88; EPA T 317/95; EPA T 702/99; EPA T 234/03 GRUR Int 2007, 249 Druckertinte.

1052 EPA T 390/88.

194   Wird geltend gemacht, die Erfindung befriedige auf verblüffend einfache Weise ein langjähriges **Bedürfnis**, wird dies nicht durch einen nachveröffentlichten Aufsatz belegt, der die Erfindung nicht erwähnt.[1053]

II. Erteilungsverfahren

195   Ob die Erfindung auf erfinderischer Tätigkeit beruht, haben die Erteilungsbehörden zu entscheiden.[1054] Die Entscheidung ist gebundener Verwaltungsakt; bei Vorliegen aller Voraussetzungen der Patenterteilung ist das Patent zu erteilen, ein Ermessen besteht nicht. Die Zurückweisung der Anmeldung soll die Feststellung voraussetzen, dass eine patentfähige Erfindung nicht vorliegt (§ 48 Abs 2); kann dies nicht festgestellt werden, sei von erfinderischer Tätigkeit auszugehen.[1055] Das ist indessen, nachdem die Beurteilung der erfinderischen Tätigkeit auf einer wertenden Würdigung[1056] beruht, zumindest schief, denn im Bereich dieser Würdigung sind die Beweislastregelungen nicht anwendbar. Die der Tatsachenfeststellung folgende Würdigung kann grds nicht zu einem „non liquet" führen.[1057] Fallen unter den Patentanspruch auch naheliegende Ausführungen, steht dies der Erteilung mit diesem Patentanspruch entgegen.[1058] Im Erteilungsverfahren gilt der Untersuchungsgrundsatz. Bei der Beibringung der maßgeblichen Tatsachen trifft allerdings den Anmelder – ohne dass er formell beweisbelastet wäre[1059] – eine Mitwirkungsobliegenheit; dies gilt vor allem hinsichtlich der Hilfskriterien,[1060] aber auch hinsichtlich der Angabe des StdT (§ 34 Abs 7). Bei Zurückweisung der Anmeldung wegen fehlender erfinderischer Tätigkeit muss in nachprüfbarer Weise der herangezogene StdT genannt werden.[1061] Scheitert der Nachweis einer unvorhersehbaren Überlegenheit an Kosten oder Verboten (Tierversuche), geht dies im Erteilungsverfahren zu Lasten des Anmelders.[1062] Für die Annahme einer gesetzlichen Fiktion[1063] („gilt") besteht kein Anlass.

196   **Vorteile** müssen vom Anmelder belegt werden,[1064] ebenso ein **wirtschaftlicher Erfolg** durch nachprüfbare Tatsachen.[1065] Belegt werden muss auch das Vorliegen einer Fehlvorstellung.[1066] Auch das Vorliegen von Hilfskriterien muss belegt werden.[1067] Zur Glaubhaftmachung von Vorteilen Rn 38 zu § 46. Es ist auch zu belegen, dass der Erfolg auf die Erfindung zurückgeht.[1068]

197   Die Beweislast[1069] für das Bestehen einer **Fehlvorstellung** trägt, wer sich darauf beruft.[1070]

1053   BPatG 11.5.1998 15 W (pat) 67/96.
1054   Zur Methodik der Prüfung vgl *MGK/Pagenberg* Art 56 EPÜ Rn 74 ff.
1055   Vgl BPatGE 37, 234 = GRUR 1997, 523; *Fitzner/Lutz/Bodewig* Rn 132.
1056   BGHZ 166, 305 = GRUR 2006, 663 vorausbezahlte Telefongespräche; vgl BPatG 14.7.2011 3 Ni 1/11 (EP).
1057   Vgl BGH NJW 1989, 1282; OLG München 27.10.2006 6 U 2435/01; anders zB noch BGH 22.6.2004 X ZR 136/00.
1058   Vgl EPA T 967/97 Mitt 2002, 315 Chipkarte; EPA T 314/99.
1059   *Fitzner/Lutz/Bodewig* Rn 133; abw nl PA BIE 1995, 61.
1060   Vgl zum Zeitmoment BPatG 28.2.1997 34 W (pat) 23/95; BPatG 25.3.1997 4 Ni 18/96; BPatG 6.8.1997 9 W (pat) 22/96.
1061   BPatGE 30, 250 = GRUR 1990, 111; *Fitzner/Lutz/Bodewig* Rn 135; vgl EPA T 211/06 GRUR Int 2007, 927 NGK Insulators.
1062   EPA T 164/83 ABl EPA 1987, 149, 154 f = GRUR Int 1987, 591 Antihistaminika.
1063   So *Mes* Rn 3 unter Hinweis auf BGHZ 88, 209 = GRUR 1983, 729 f Hydropyridin; *Hövelmann* Alles Fiktion? GRUR 1999, 476, 477; nach *Benkard* Rn 38 liegt in der Formulierung eine Regelung der objektiven Beweislast, für das Vorliegen erfinderischer Tätigkeit soll demnach bei einer neuen Erfindung eine Vermutung streiten; vgl *Meier-Beck* GRUR 2010, 1041, 1043; vgl auch BPatGE 37, 235 = GRUR 1997, 523 f; EPA T 219/83 ABl EPA 1986, 211 = GRUR Int 1986, 548 Zeolithe; EPA T 197/86 ABl EPA 1989, 371 = GRUR Int 1990, 142 f photographische Kuppler.
1064   EPA T 20/81 ABl EPA 1982, 217 = GRUR Int 1982, 673 Aryloxybenzylaldehyd; EPA T 186/83 EPOR 1986, 11 Olefinic nitriles; EPA T 155/85 EPA-E 11, 153 Passivierung eines Katalysators; EPA T 124/84 EPOR 1986, 297 Urea synthesis; *Schulte* Rn 157.
1065   EPA T 191/82 EPOR 1986, 88 Baled wastepaper product.
1066   Vgl EPA T 207/94 ABl EPA 1999, 273 humanes Beta-Interferon.
1067   BPatG 30.9.2009 5 Ni 15/09 (EU).
1068   EPA T 191/82 EPOR 1986, 88 Baled wastepaper product; EPA T 270/84 EPOR 1987, 357 Fusecord; EPA T 361/88 EPOR 1991, 1 Hollow filaments; EPA T 80/88 EPOR 1991, 596 Container; *Schulte* Rn 165.
1069   Zum Nachweis (Glaubhaftmachung) der vorteilhaften Wirkung BPatG GRUR 1971, 352.
1070   BPatG 26.2.1998 6 W (pat) 20/96; EPA T 119/82 ABl EPA 1984, 217, 228 Gelatinierung; EPA T 246/84; EPA T 48/86 EPOR 1988, 143, 148 Ultrasonic transducer; zust *Benkard* Rn 107 aE; vgl auch EPA T 119/82: bloßer Hinweis auf unveröffentlichte Patentanmeldung nicht ausreichend; EPA T 60/82; EPA T 631/89; EPA T 749/89: Einsprechender hat triftige Gründe zu widerlegen; EPA T 695/90; BPatG 2.10.1997 5 W (pat) 416/96.

III. Die Prüfung auf Patentfähigkeit muss sich im Einspruchs- wie im Nichtigkeitsverfahren auf die im **198** Patentanspruch geschützte technische Lehre in ihrer Gesamtheit beziehen und darf sich nicht etwa auf den kennzeichnenden Teil beschränken;[1071] dazu ist zunächst der Gegenstand des Patentanspruchs durch Auslegung zu ermitteln (vgl Rn 279 zu § 59). Im **Einspruchs- und Nichtigkeitsverfahren** trifft die Feststellungslast, soweit sie überhaupt in Betracht kommt (vgl Rn 189), den Einsprechenden bzw Nichtigkeitskläger (vgl Rn 305 ff zu § 59; Rn 96 f zu § 82). Die Behauptung, der Fachmann greife eine weitere Entgegenhaltung auf, soll der Darlegung eines Anlasses bedürfen.[1072] Im Nichtigkeitsberufungsverfahren kann der BGH die Beurteilung der erfinderischen Tätigkeit voll überprüfen; an die Auffassung eines etwa eingeschalteten Sachverständigen ist er nicht gebunden.

IV. Revisibilität

Die Beurteilung der erfinderischen Tätigkeit ist in der älteren Rspr im wesentlichen als Tatfrage und **199** nicht als Rechtsfrage angesehen worden,[1073] und zwar auch die Gesamtschau des StdT.[1074] Das ist durch die neuere Rspr überholt. Ob sich der Gegenstand der Erfindung für den Fachmann in naheliegender Weise aus dem StdT ergibt, ist eine Rechtsfrage, die mittels wertender Würdigung der tatsächlichen Umstände zu beurteilen ist, die unmittelbar oder mittelbar geeignet sind, etwas über die Voraussetzungen für das Auffinden der erfindungsgem Lösung auszusagen.[1075] Auf Verfahrensrügen konnte schon nach der früheren Rspr überprüft werden, ob bei der Entscheidungsfindung wesentliche Umstände außer acht gelassen wurden oder ob gegen prozessuale Vorschriften, die Lebenserfahrung oder die Denkgesetze verstoßen wurde.[1076] Rechtsfrage ist das richtige Erfassen des Begriffs der erfinderischen Tätigkeit[1077] (Rn 249 ff vor § 143). In welchem Umfang Wissen aus anderen technischen Fachgebieten zu berücksichtigen ist, ist Frage der tatrichterlichen Beurteilung im Einzelfall.[1078] Die Grundsätze gelten auch im Rechtsbeschwerdeverfahren. Rechtsfrage ist grds auch die Bestimmung des Fachmanns.[1079]

1071 BGH GRUR 1981, 341 piezoelektrisches Feuerzeug; BGHZ 122, 144 = GRUR 1993, 651 tetraploide Kamille; BGHZ 147, 137 = GRUR 2001, 730 Trigonellin; BGH GRUR 2007, 1055 Papiermaschinengewebe; BPatGE 45, 133 = GRUR 2002, 791 „elektronischer Zahlungsverkehr"; BPatGE 48, 154 = GRUR 2004, 931; *Schulte* Rn 9; vgl BGH GRUR 1994, 357 Muffelofen.
1072 BPatG 12.11.1998 11 W (pat) 36/98; zur Notwendigkeit, behauptetes Fachwissen zu belegen, BPatG 10.4.1997 11 W (pat) 116/95; BPatG Mitt 2016, 75 „Polyurethanschaum" (verneinend) sowie EPA T 919/97.
1073 BGH GRUR 1984, 797 f Zinkenkreisel, insoweit nicht in BGHZ; BGH GRUR 1998, 913 f Induktionsofen, GbmSache; BPatG Mitt 1989, 115; öOGH ÖBl 1992, 100 Frontmähwerk.
1074 BGH GRUR 1987, 510, 512 Mittelohrprothese; BGHZ 110, 82 = GRUR 1990, 508, 510 Spreizdübel; aA BGH GRUR 1965, 416, 419 Schweißelektrode I (nur die Feststellung der maßgeblichen Umstände); s auch RG GRUR 1939, 42, 44 Deckenbaukörper; BGH GRUR 1962, 29, 32 Drehkippbeschlag; BGH GRUR 1972, 595 Schienenschalter I; BGH 12.11.1963 Ia ZR 94/63; *Bruchhausen* FS O.-F. von Gamm (1990), 353; vgl RG GRUR 1935, 931, 933 statistische Tabelliermaschine; EPA T 838/97 sieht die Übereinstimmung der Vorveröffentlichung, so wie sie der Fachmann liest, mit dem beanspruchten Gegenstand als beweisbedürftig an.
1075 BGHZ 166, 305 = GRUR 2006, 663 vorausbezahlte Telefongespräche; BGHZ 168, 142 = GRUR 2006, 842 Demonstrationsschrank; BGH GRUR 2004, 411 Diabehältnis; BGH 13.12.2011 X ZR 135/08; vgl schweiz BG sic! 2005, 825, 827 Insert for a drywall; CAFC 485 F.3d 1157, 1160 (Fed. Cir.) 2007 Leapfrog v. Fisher Price; CAFC 5.9.2007 Forest Laboratories v. IVAX; vgl schon BGHZ 128, 270, 275 = GRUR 1995, 330 elektrische Steckverbindung; BGH GRUR 2004, 411, 413 Diabehältnis; BGH GRUR 2015, 472 Stabilisierung der Wasserqualität; vgl *Fitzner/Lutz/Bodewig* Rn 7 ff; zu den Maßstäben im einzelnen BGH GRUR 2010, 407 einteilige Öse; BGHZ 182, 1 = GRUR 2009, 746 Betrieb einer Sicherheitseinrichtung.
1076 BGH Zinkenkreisel; BGH BlPMZ 1989, 133 Gurtumlenkung; BGH GRUR 1996, 753, 756 Informationssignal, insoweit nicht in BGHZ; BGH Induktionsofen.
1077 BGH GRUR 1987, 510, 512 Mittelohrprothese.
1078 BGH Gurtumlenkung; nur scheinbar abw BGH GRUR 2010, 992 Ziehmaschinenzugeinheit II, wonach der Fachmann solchen gattungsfremden StdT einzieht, von dem vom Prinzip her Lösungen zu erwarten sind, wie er sie benötigt; so auch BPatG 16.9.2010 10 Ni 13/09 (EU); BPatG 9.8.2011 3 Ni 19/08 (EU), Berufung unter BGH X ZR 123/11 anhängig.
1079 BGH vorausbezahlte Telefongespräche; BPatG 14.7.2011 3 Ni 1/11 (EP).

§ 5
(Gewerbliche Anwendbarkeit)

Eine Erfindung gilt als gewerblich anwendbar, wenn ihr Gegenstand auf irgendeinem gewerblichen Gebiet einschließlich der Landwirtschaft hergestellt oder benutzt werden kann.

DPMA-PrRl 2.6.2., 3.3.3.2.5.; **EPA-PrRl** C-IV, 4

Ausland: Belgien: Art 7 § 1 PatG 1984; **Bosnien und Herzegowina:** Art 11 PatG 2010; **Bulgarien:** Art 6, 10 PatG **Dänemark:** Art 1 Abs 1 PatG; **Finnland:** Art 1 Abs 1 PatG; **Frankreich:** Art L 611–15 CPI; **Griechenland:** Art 5 G Technologietransfer; **Kosovo:** Art 14 PatG; **Kroatien:** Art 8 Abs 1 PatG; **Italien:** Art 49 CDPI; **Litauen:** Art 5 PatG; **Luxemburg:** Art 4 Abs 1, 9 PatG 1992/1998; **Mazedonien:** § 30 GgR; **Niederlande:** Art 7 Nr 1 ROW 1995; **Norwegen:** Art 1 Abs 1 PatG; **Österreich:** § 1 Abs 1 öPatG (1984/94); **Polen:** Art 27 RgE 2000; **Rumänien:** Art 7, 10 PatG **Schweden:** Art 1 Abs 1 PatG; **Schweiz:** Art 1 PatG; **Serbien:** Art 11 PatG 2004; **Slowakei:** §§ 5, 9 PatG; **Slowenien:** Art 11 Abs 2 GgE; **Spanien:** Art 4, 9 PatG; **Tschech. Rep.:** § 3 Abs 1, § 7 PatG; **Türkei:** Art 5, 10 VO 551; **Ungarn:** Art 1 Abs 1, Art 5 PatG; **VK:** Sec 1 Abs 1, 4 Abs 1 Patents Act

Übersicht

Schrifttum: *Baumgärtel* Inhalt und Bedeutung der gewerblichen Anwendbarkeit und/oder Nützlichkeit (utility) als Patentierungsvoraussetzung, Stellungnahme zur AIPPI-Frage Q 180, GRUR Int 2004, 212; *Beetz* Technical Board Decision T 958/94: A new perspective for process claims? epi-Information 1997, 120; *Beyer* Patent und Ethik im Spiegel der technischen Evolution, GRUR 1994, 541; *Briner ua* Bericht der Schweizerischen [AIPPI-] Landesgruppe zu Frage Q 180, sic! 2004, 450; *Bruchhausen* Erfindungen von Ärzten, FS Ph. Möhring (1975), 451; *Davidson* Das Erfordernis des industriellen Charakters von Erfindungen im niederländischen Patentrecht, GRUR Ausl 1963, 5; *Ephraim* Zum Begriff der gewerblichen Verwertbarkeit, GRUR 1919, 34; *Gramm* Die gewerbliche Anwendbarkeit, GRUR 1984, 761; *Hansen* Zur Bedeutung der EPA-Entscheidung über die 2. Indikation für pharmazeutische Erfindungen, GRUR Int 1985, 557; *Holzer* Ist Artikel 57 EPÜ obsolet? ÖBl 2006, 201; *Holzer* Gewerbliche Anwendbarkeit: Säule oder Krücke des Systems? FS J. Pagenberg (2006), 19; *Jaenichen* Alle Erfindungen sind gleichberechtigt, GRUR Int 2007, 104; *Keil* Umweltschutz als Patenthindernis, GRUR 1993, 705; *Llewelyn* Industrial Applicability/Utility and Genetic Engineering: Current Practices in Europe and the United States, EIPR 1994, 473; *Minnsen/Nilsson* The Industrial Application Requirement for Biotech Inventions in Light of Recent EPO and UK Case Law: A Plausible Approach or a Mere „Hunting Licence"? EIPR 2012, 689; *Säger* Ethische Aspekte des Patentwesens, GRUR 1991, 267; *Schanze* Gewerbliche Verwertung und gewerbliche Anwendung. Gewerbsmäßige Benutzung und betriebsmäßige Benutzung, GRUR 1899, 257; *Sharples* Industrial Applicability for Genetics Patents: Divergences between the EPO and the UK, EIPR 2011, 72; *H. Tetzner* Sind unbewegliche Sachen patentschutzfähig? Mitt 1976, 61; *Vogel* Gewerbliche Verwertbarkeit und Wiederholbarkeit als Patentierungsvoraussetzung, Diss München (TU) 1977; *Willrath* Technische Hilfsverfahren, GRUR 1933, 681; *Zipse* Wird das künftige europäische Patenterteilungsverfahren den modernen, zukunftsintensiven Technologien gerecht? GRUR Int 1973, 182.

A. Allgemeines

I. Entstehungsgeschichte

1   Die Bestimmung (bis zum Inkrafttreten des Gesetzes zur Umsetzung der EPÜ-Revisionsakte Abs 1) geht auf Art 3 StraÜ zurück. Sie wurde durch Art IV Nr 4 IntPatÜG als § 2b in das PatG eingefügt, die geltende Bezeichnung geht auf die Neubek 1981 zurück. Der frühere Abs 2 wurde aus Art 52 Abs 4 EPÜ (jetzt Art 53 Buchst c EPÜ) übernommen, aber aus rechtssystematischen Gründen an anderer Stelle als im EPÜ eingestellt.[1] Das Gesetz zur Umsetzung der EPÜ-Revisionsakte hat ihn aus § 5 herausgenommen und inhaltlich unverändert in § 2a Abs 1 Nr 2 eingestellt.

---

[1] Vgl hierzu *MGK/Pagenberg* Art 57 EPÜ Rn 3 mit weiterführenden Hinweisen; Begr BlPMZ 1976, 322, 334; *Benkard* Rn 2; *Benkard-EPÜ* Art 52 Rn 227 f.

II. Europäisches Patentübereinkommen; Patentzusammenarbeitsvertrag

Die Bestimmung stimmt wörtlich mit **Art 57 EPÜ** überein.[2] Die Notwendigkeit von Angaben in der Be- 2
schreibung ist in Regel 42 Abs 1 Buchst f AOEPÜ normiert. Eine ähnliche Regelung findet sich in **Art 33
Abs 4 PCT.**

III. Charakter und Zweck der Regelung

Die Bestimmung stellt neben der Neuheit und der erfinderischen Tätigkeit ein weiteres im Gesetz aus- 3
drücklich genanntes Patentierungserfordernis auf, das ursprünglich auch nichttechnische Neuerungen
vom Schutz ausschließen sollte, diese Funktion aber heute nicht mehr erfüllt.[3] Anders als bei den beiden
anderen handelt es sich um ein losgelöst vom StdT zu beurteilendes, „absolutes" Kriterium;[4] insoweit
weist es Parallelen zu den Patentierungsausschlüssen in § 1 Abs 3, 4 und den Patentierungsverboten in
§ 1a, § 2 und § 2a auf, allerdings auf gesetzestechnisch abw Weg, indem § 1 Abs 1 die gewerbliche Anwendbarkeit zur Voraussetzung einer patentfähigen Erfindung erklärt.[5] In der Praxis hat es nur geringe Bedeutung. Die geltende Formulierung zielt darauf ab, den Bereich des als nicht gewerblich anwendbar Nichtpa-
tentfähigen klein zu halten[6] (vgl Rn 7 ff). Der Begriff der gewerblichen Anwendbarkeit entspricht dem der
gewerblichen Verwertbarkeit im früheren Recht.[7]

Zweck. Die Rspr hat darauf abgestellt, dass der „Erfindergeist für das Gewerbe in nutzbringender 4
Weise" angereizt und nicht „die reine Theorie um neue Methoden" bereichert werden soll.[8] Das Erfordernis wurde als erforderlich angesehen, um eine Verbindung zwischen abstraktem Erfindungsschutz und
praktischer Verwertbarkeit zu schaffen; angesprochen sind elektrische Schaltungen, die erst umgesetzt
werden müssten, bevor sie vermarktet werden könnten.[9]

Die Abgrenzung zum Kriterium der Technizität, zu Entdeckungen und Patentierungsausschlüssen 5
und zu Fragen der **Ausführbarkeit** ist problematisch und nicht im einzelnen geklärt. Es entspricht insb frz
und it Tradition[10] und hatte zunächst auch in die EPA-PrRl (C-II 4.11 aF) Eingang gefunden, Unausführbarkeit unter dem Gesichtspunkt der gewerblichen Anwendbarkeit zu betrachten, sei es insgesamt,[11] sei es
wegen Verstoßes gegen Naturgesetze. In der Praxis erscheint es allerdings sachgerecht, alle mit der Ausführbarkeit zusammenhängenden Fragen nur an § 34 zu messen (Rn 12 f zu § 1; Rn 233 f zu § 34).[12]

IV. Anwendungsbereich s 6. Aufl.   6

B. Gewerbliche Anwendbarkeit

I. Grundsätze[13]

Gewerbliche Anwendbarkeit setzt nur voraus, dass das Erfundene seiner Art nach geeignet ist, in ei- 7
nem technischen Gewerbebetrieb hergestellt oder auf irgendeinem gewerblichen Gebiet verwendet zu

---

2 Zu dessen Entstehungsgeschichte *MGK/Pagenberg* Art 57 EPÜ Rn 4 ff; die Streichung der Bestimmung schlägt *Holzer*
ÖBl 2006, 201 vor.
3 *Kraßer/Ann* § 13 Rn 1 mwN.
4 Vgl *Benkard* Rn 3; *Schulte* Rn 7; *Büscher/Dittmer/Schiwy* Rn 1.
5 Vgl *Benkard* Rn 3.
6 Vgl *MGK/Pagenberg* Art 57 EPÜ Rn 5 mwN; *Benkard-EPÜ* Art 57 Rn 1.
7 Begr IntPatÜG BlPMZ 1976, 322, 334.
8 Vgl RG PatBl 1889, 209 Kongorot I; BGHZ 57, 1 = GRUR 1972, 70 Trioxan; *Schulte* Rn 6; *Büscher/Dittmer/Schiwy* Rn 1;
Baumgärtel GRUR Int 2004, 212, 214.
9 Grünbuch der Kommission der Europäischen Gemeinschaften „Gebrauchsmusterschutz im Binnenmarkt" (1995), S 88 f.
10 So allerdings nicht mehr die neuere frz Rspr, vgl TGI Paris PIBD 1998 III 398 (unvollkommenes Ergebnis).
11 Vgl *MGK/Pagenberg* Art 57 EPÜ Rn 2, Rn 26 ff mwN; *Kraßer/Ann* § 13 Rn 11 ff; *Benkard-EPÜ* Art 57 Rn 1; *Fitzner/Lutz/
Bodewig* Rn 4; vgl auch CA Mailand GRUR Int 1995, 597, 599: Reproduzierbarkeit und technische Realisierbarkeit; zu
Recht abl *Benkard* Rn 7.
12 Vgl *MGK/Teschemacher* Art 83 EPÜ Rn 63; *Büscher/Dittmer/Schiwy* Rn 2, 5; BPatGE 34, 1 = GRUR 1995, 394, 396;
BPatG 16.7.2005 21 W (pat) 25/00; schweiz ERGE sic! 2004, 791; aA offenbar *Benkard-EPÜ* Art 57 Rn 2.
13 Zur gewerblichen Anwendbarkeit von DNS-Sequenzen HG Zürich sic! 1997, 208, 210.

Keukenschrijver

werden (vgl Rn 8).[14] Auf den kommerziellen Erfolg kommt es nicht an.[15] Damit sind Erzeugnisse grds von der Gewerbsmäßigkeit erfasst, dies gilt auch für Zwischenprodukte,[16] Lehrmittel, Geräte für den kirchlichen Gebrauch.[17] Dasselbe gilt für Herstellungsverfahren.[18] Die gewerbliche Anwendbarkeit muss abstrakt beurteilt werden; darauf, dass die Erfindung Gewinn verspricht, kommt es nicht an.[19] Deutlichkeit und Vollständigkeit der Offenbarung sind hierbei nicht zu prüfen.[20] Arbeitsverfahren sind jedenfalls dann gewerblich anwendbar, wenn sie sich auf Sachen beziehen,[21] können aber auch sonst gewerblich anwendbar sein.[22] Anwendungsverfahren sind gewerblich anwendbar, wenn die Anwendung in einem Gewerbe erfolgen kann, zB in der Gesundheits- und Schönheitspflege.[23]

8   Rein **private Verwendungsmöglichkeit** reicht aus, wenn gewerbliche Herstellbarkeit gegeben ist (zB Spiel- und Sportgeräte, Zwischenprodukte), selbst bei völlig sinnlosen Geräten,[24] anderes kann aber bei Verfahrenserfindungen gelten.[25]

9   Entgegen früherer Auffassung[26] können auch **unbewegliche Sachen** wie Deiche, Unterbau für Straßendecken, Stahlfußböden, Brücken gewerblich anwendbar sein.[27]

10   Eine **weitere nichtgewerbliche Verwertung** ist unschädlich.[28] Gewerbliche Anwendbarkeit muss nicht für jede einzelne Ausführungsform gegeben sein.[29]

11   Der Gewerbebegriff des Gewerberechts kann nicht zugrundegelegt werden; insb kommt es nicht auf Erlaubtheit an.[30] **Gewerbsmäßigkeit** iSd früheren § 6 Abs 1 sollte nur den Gegensatz zur rein persönlichen, privaten Sphäre kennzeichnen und war deshalb mit dem Begriff der gewerblichen Verwertbarkeit

---

14   BGHZ 48, 313 = GRUR 1968, 142, 145 Glatzenoperation; BGH BlPMZ 1985, 117 f Anzeigevorrichtung; BPatG 13.5.2004 14 W (pat) 317/03; BPatG 12.2.2008 3 Ni 65/05; BPatG 16.10.2008 3 Ni 30/06 (EU); *Benkard* Rn 5; *Fitzner/Lutz/Bodewig* Rn 5; *Büscher/Dittmer/Schiwy* Rn 3; *Singer/Stauder* EPÜ Art 57 Rn 3; vgl CA Paris PIBD 1997, 638 III 489; aA CA England/Wales RPC 1996, 535 = GRUR Int 1998, 419 f Chiron/Murex; BPatG 2.5.2002 5 W (pat) 424/01, GbmSache, sieht die Erteilung einer amtlichen Betriebserlaubnis als unerheblich an; problemat EPA T 870/04; EPA T 1452/06 (zu hoher Grad an Spekulation).
15   EPA – Einspruchsabteilung – ABl EPA 2003, 473, 94 Krebsmaus; abw wohl *Fitzner/Lutz/Bodewig* Rn 4.
16   *Fitzner/Lutz/Bodewig* Rn 9: sofern sie zu einem Endprodukt weiterverarbeitet werden können, unter Hinweis auf die zur früheren Rechtslage ergangenen Entscheidungen BGHZ 51, 378 = GRUR 1969, 265 Disiloxan und BGH GRUR 1972, 642 Lactame.
17   *Benkard*[9] Rn 5; *Singer/Stauder* EPÜ Art 57 Rn 5; enger die (ältere) Rspr, vgl BGH GRUR 1972, 642, 644 Lactame.
18   *Benkard* Rn 16.
19   *Kraßer/Ann* § 13 Rn 10 unter Hinweis auf EPA T 898/05 GRUR Int 2007, 152 Hematopoietic receptor.
20   BGH 3.11.2015 X ZR 47/13; vgl EPA 30.6.1998 T 718/06; *MGK/Teschemacher* Art 83 EPÜ Rn 63.
21   *Benkard* Rn 16, zu Bildwiedergabeverfahren vgl EPA T 208/84 ABl EPA 1987, 14 = GRUR Int 1987, 173 computerbezogene Erfindung/VICOM.
22   Vgl *Kraßer/Ann* § 13 Rn 8: Untersuchungsverfahren; *Büscher/Dittmer/Schiwy* Rn 3.
23   Vgl *Benkard* Rn 7, 17; *Mes* Rn 10; BGHZ 187, 20 = GRUR 2010, 1081 Bildunterstützung bei Katheternavigation; BPatG GRUR 1985, 125; EPA G 1/07 ABl EPA 2011, 134 = Mitt 2010, 236 Verfahren zur chirurgischen Behandlung.
24   *MGK/Pagenberg* Art 57 EPÜ Rn 20; *Benkard*[9] Rn 5 aE; vgl etwa das US-Patent 5 572 646 Apparatus for displaying images of living things; aA PA BlPMZ 1914, 257, 259; CA England/Wales RPC 1996, 535 = GRUR Int 1998, 419 f Chiron/Murex; *Schulte* Rn 9; *Schertenleib* EIPR 2003, 125, 127; unklar *Benkard-EPÜ* Art 57 Rn 3 einerseits unter Hinweis auf FSR 1996, 153 = GRUR Int 1998, 419, andererseits auf *MGK/Pagenberg*; aA EPA T 870/04 EPOR 14, 149 BDP1-Phosphatase, wonach die gewerbliche Herstellbarkeit allein nicht ausreicht, sondern eine praktische gewerbliche Anwendung offenbart werden muss; ähnlich EPA T 898/05 GRUR 2007, 152 Hematopoietic receptor; hierin kann eine Annäherung an US-amerikanische „utility"-Vorstellungen gesehen werden.
25   Vgl *MGK/Pagenberg* Art 57 EPÜ Rn 21 mit dem Bsp eines Zahnreinigungsverfahrens unter Hinweis auf „Halstead's Application"; EPA T 74/93 ABl EPA 1995, 712, 717 f Verfahren zurEmpfängnisverhütung/BRITISH TECHNOLOGY GROUP: Verwendung einer empfängnisverhütenden Zusammensetzung durch die Probandin selbst ist danach nichtgewerblich; abw allerdings EPA T 1165/74 und hierzu *Thomas* IIC 2003, 847, 867 f; zu weitgehend insoweit *Schulte* Rn 9.
26   RGZ 39, 32 = GRUR 1898, 250 Eisenbalkendecken I; RG GRUR 1941, 275 Betonbohrpfähle; offengelassen in BPatGE 4, 159.
27   BGH GRUR 1979, 48 Straßendecke I; BPatG GRUR 1964, 199; BPatGE 25, 204 = GRUR 1984, 39; BPatGE 27, 7, 12 = GRUR 1985, 216; *Benkard* Rn 14; *Schulte* Rn 12; *Mes* Rn 11; *Fitzner/Lutz/Bodewig* Rn 10; *Kraßer/Ann* § 13 Rn 9; *MGK/Pagenberg* Art 57 EPÜ Rn 49; *Benkard-EPÜ* Art 57 Rn 7.
28   BGHZ 68, 156 = GRUR 1977, 652 Benzolsulfonylharnstoff.
29   EPA – Einspruchsabteilung – ABl EPA 2003, 473, 495 Krebsmaus.
30   *Benkard* Rn 8.

nicht gleichzusetzen.[31] Diese Unterscheidung ist für das geltende Recht überholt.[32] Gewerbliche Anwendbarkeit ist als Kategorie des harmonisierten Rechts autonom zu bestimmen.[33]

Gewerblich anwendbar sind auch Erfindungen, die **medizinische Apparate und Instrumente** oder 12 Arzneimittel sowie entspr Herstellungsverfahren betreffen.[34] Eine Prothese ist als technisches Hilfsmittel der Medizin dem Patentschutz zugänglich,[35] ebenso ein Körperpräparat.[36]

Die Lehre, einen **Stoff zu Therapiezwecken anzuwenden**, ist wegen der der Therapie vorausgehen- 13 den Handlungen wie Herstellung, Konfektionierung, Verpackung als Arzneimittel gewerblich anwendbar (vgl auch Rn 61 zu § 2a). Ob dies auch gilt, wenn sich die Lehre in einem Therapieplan und/oder einer Dosisempfehlung erschöpft, ist str (vgl Rn 62 zu § 2a).[37]

Um die Patentierung lediglich **wissenschaftlich interessierender Erkenntnisse** auszuschließen, ist 14 bei chemischen Analogieverfahren idR die Angabe eines technischen Gebiets (Anwendungsgebiets) gefordert worden, auf dem die Lehre des Verfahrens Anwendung finden soll (str; Rn 96 zu § 34); vgl auch das Erfordernis der Angabe der Funktion einer Sequenz oder Teilsequenz eines Gens in § 1a Abs 3 (Rn 13 ff zu § 1a).

Unzutr ist die Auffassung, es gehöre zur Beurteilung der gewerblichen Anwendbarkeit, die **Umwelt-** 15 **beeinflussungen** durch die Erfindung zu überprüfen, wobei unzulässige oder untragbare Umweltschädigungen gewerbliche Anwendbarkeit ausschlössen.[38] Patentrechtl Maßstab ist in solchen Fällen § 2, im übrigen ist das Ordnungsrecht gefordert und nicht das Patentrecht.[39] Entsprechendes gilt für die Nichterfüllung von Sicherheitserfordernissen.[40]

II. Gebiet der Technik; Landwirtschaft

Der patentrechtl Begriff des Gewerbes ist umfassend,[41] er schließt die Urproduktion mit Land- und 16 Forstwirtschaft, Gartenbau, Jagd, Fischerei, Bergbau ein.[42] Grds sind auch die freien Berufe eingeschlossen;[43] dies gilt auch für die ärztliche Tätigkeit. Da die gewerbliche Herstellbarkeit ausreicht, handelt es sich letztlich, jedenfalls soweit der Erzeugnisschutz betroffen ist, um ein Scheinproblem.[44] In § 2a Abs 1 Nr 2 sind von der Patentierbarkeit und nicht mehr wie früher von der gewerblichen Anwendbarkeit lediglich chirurgische und therapeutische Behandlungs- sowie Diagnostizierverfahren ausgenommen,[45] und zwar unabhängig davon, ob im übrigen eine patentfähige Erfindung vorläge.[46] Damit hat sich die Diskussion darüber, ob dies eine Fiktion oder eine Legaldefinition darstellte (vgl 6. *Aufl*), erübrigt. Ausgenommen

---

31 BGHZ 48, 313 = GRUR 1968, 142 Glatzenoperation.
32 So auch *MGK/Pagenberg* Art 57 EPÜ Rn 10; vgl *Büscher/Dittmer/Schiwy* Rn 6.
33 Vgl aber *Schulte* Rn 10 unter Hinweis auf BGHZ 187, 20, 30 = GRUR 2010, 1081 Bildunterstützung bei Katheternavigation.
34 BGH Liedl 1961/62, 1 ff Schuheinlage; BGHZ 48, 313 = GRUR 1968, 142 Glatzenoperation; BGH Liedl 1974/77, 368 ff künstlicher Backenzahn.
35 BGH Liedl 1963/64, 172 ff Hüftgelenkprothese 01; BGH künstlicher Backenzahn; st Praxis.
36 BPatGE 26, 104 = GRUR 1985, 276 (Sehnengewebepräparat); *Benkard* Rn 11.
37 So BPatG GRUR 1996, 868 f unter Aufgabe von BPatGE 24, 16 = GRUR 1981, 902 und BPatGE 24, 205 = GRUR 1982, 554; *Benkard-EPÜ* Art 57 Rn 8; aA wohl EPA T 317/95 und EPA T 56/97, dort jeweils aber nicht entschieden; CA England/Wales ENPR 2000, 230 Taxol (Rn 63, 93).
38 *Keil* GRUR 1993, 705, 711.
39 Zur Bedeutung des Nutzens der Erfindung und zum Verhältnis von Art 53 EPÜ zu Art 57 EPÜ (entspr §§ 2, 5) s auch *Llewelyn* EIPR 1994, 473, 478 ff; im Ergebnis wie hier *Benkard-EPÜ* Art 57 Rn 4.
40 Vgl BPatG 10.4.2002 9 W (pat) 74/00.
41 Vgl *MGK/Pagenberg* Art 57 EPÜ Rn 8; *Fitzner/Lutz/Bodewig* Rn 5.
42 So schon BGHZ 48, 313 = GRUR 1968, 142 Glatzenoperation; vgl *Kraßer/Ann* § 13 Rn 2, *Benkard* Rn 13; *Fitzner/Lutz/Bodewig* Rn 6.
43 *MGK/Pagenberg* Art 57 EPÜ Rn 9 f; *Pagenberg* GRUR Int 1984, 40 f; *Fitzner/Lutz/Bodewig* Rn 7; aA *Schulte* Rn 10; *Benkard-EPÜ* Art 57 Rn 5; *Jestaedt* Patentrecht² S 69; differenzierend *Kraßer/Ann* § 13 Rn 3, vorsichtig auch *Benkard* Rn 9; vgl BGHZ 48, 313 = GRUR 1968, 142 Glatzenoperation; BGH GRUR 1977, 652 Benzolsulfonylharnstoff; BPatGE 32, 93 = GRUR 1991, 823.
44 Vgl *Mes* Rn 7.
45 Vgl *MGK/Pagenberg* Art 57 EPÜ Rn 11 f.
46 *Benkard-EPÜ* Art 52 Rn 227 f mwN.

ist auch der menschliche Körper in den einzelnen Phasen seiner Entstehung und Entwicklung einschließlich der Keimzellen sowie die bloße Entdeckung eines seiner Bestandteile, einschließlich der Sequenz oder Teilsequenz eines Gens (§ 1a Abs 1).[47]

17   Als nicht gewerblich anwendbar wurden Verfahren bezeichnet, die nur im Bereich **hoheitlichen Handelns** eingesetzt werden können;[48] dabei ist aber jedenfalls zu beachten, dass der Bereich der Hoheitsverwaltung weder statisch noch überall gleich ist und uU auch durch beliehene Unternehmer ausgefüllt werden kann.[49]

18   Der besonderen Erwähnung der **Landwirtschaft** kommt (im Hinblick auf die Rechtslage in einigen Vertragsstaaten des EPÜ) klarstellende Bedeutung zu.[50]

C. Weitere Fragen

I. Konkurrenzen

19   Schon das Vorliegen eines der Ausschlusstatbestände in § 5 und § 2a Abs 1 Nr 2 steht der Patenterteilung entgegen. So ist ein therapeutisches Verfahren auch dann von der Patentierung ausgeschlossen, wenn es in der Landwirtschaft anwendbar ist.[51]

20   **II.** Die Frage des **maßgeblichen Zeitpunkts** für das Vorliegen gewerblicher Anwendbarkeit kann grds nicht anders beurteilt werden als bei den anderen Patentierungsvoraussetzungen. Maßgeblich ist der Anmelde- oder Prioritätstag. Dass für die Beurteilung der Ausführbarkeit jedenfalls im Einspruchs- und Nichtigkeitsverfahren die Veröffentlichung der Patenterteilung als maßgeblicher Tag in Betracht kommen kann (Rn 298 zu § 34), ist auf die Prüfung der gewerblichen Anwendbarkeit nicht übertragbar.[52] Die hierzu angeführten Probleme[53] betreffen nicht die gewerbliche Anwendbarkeit, die bei einer zunächst nur unter Laborbedingungen ausführbaren Lehre nicht verneint werden kann, sondern allein die Wiederholbarkeit und damit die Ausführbarkeit im weiteren Sinn.

III. Darlegungs- und Beweislast

21   Eines Nachweises der gewerblichen Anwendbarkeit bedarf es idR nicht; anders nur, wenn diese nicht übersehen werden kann;[54] In der Praxis des EPA wurde gewerbliche Anwendbarkeit mehrfach bei Anmeldungen auf dem Gebiet der Biotechnologie wegen zu hohen Grads an Spekulation verneint.[55] Nachreichen entspr Angaben wurde nicht gestattet.[56] Im Erteilungsverfahren kann von einer Beweislast des Anmelders generell nicht gesprochen werden.[57]

---

47   Zur Patentierbarkeit bei menschlichen Stammzellen EPA 25.11.2008 G 2/06 ABl EPA 2009, 306 Verwendung von Embryonen, bei neuralen Vorläuferzellen EuGH-Vorlage BGH GRUR 2010, 212 neurale Vorläuferzellen I und nachgehend EuGH GRUR 2011, 1104 Greenpeace/Brüstle.
48   Vgl PA BlPMZ 1914, 257, 259; *Benkard* Rn 10; *Fitzner/Lutz/Bodewig* Rn 8.
49   Vgl auch *Kraßer/Ann* § 13 Rn 4.
50   Vgl *MGK/Pagenberg* Art 57 EPÜ Rn 8, 18; *Singer/Stauder* EPÜ Art 57 Rn 3; *Fitzner/Lutz/Bodewig* Rn 12.
51   Vgl EPA T 116/85 ABl EPA 1989, 13 = GRUR Int 1989, 581 Schweine I.
52   Ebenso *Benkard-EPÜ* Art 57 Rn 10.
53   *MGK/Pagenberg* Art 57 EPÜ Rn 65 ff.
54   Vgl BGHZ 58, 280 = GRUR 1972, 541 Imidazoline; *Benkard*[10] Rn 41; *Benkard-EPÜ* Art 57 Rn 10; *Schulte* Rn 11.
55   Vgl EPA T 870/04; EPA 10.5.2007 T 1452/06, denen allerdings eine Verwechslung mit der ausreichenden Offenbarung zugrunde liegen dürften; *Schulte* Rn 11, auch mNachw bejahender Entscheidungen; *Singer/Stauder* EPÜ Art 57 Rn 9.
56   BPatGE 17, 192, 198 ff, zwh.
57   *MGK/Pagenberg* Art 57 EPÜ Rn 68 zum eur Erteilungsverfahren.

Vor § 6
Vorbemerkung

A. Die §§ 6–8 regeln das **Erfinderrecht.** Weitere Bestimmungen hierzu enthalten die §§ 37 (Erfinder- **1** benennung) und 63 (Erfindernennung).

Das EPÜ enthält Regelungen in seinen Art 58 (Recht zur Anmeldung), 59 (mehrere Anmelder), 60 **2** (Recht auf das eur Patent), 61 (Anmeldung durch Nichtberechtigte) und 62 (Recht auf Erfindernennung).

Die §§ 6–8 (nicht die §§ 37, 63) sind mit Ausnahme des § 7 Abs 2 (Nachanmelderecht bei widerrechtl **3** Entnahme) und vorbehaltlich einiger Besonderheiten beim Übertragungsanspruch (Rn 3 zu § 13 GebrMG) im **Gebrauchsmusterrecht** entspr anzuwenden[1] (§ 13 Abs 3 GebrMG); § 13 Abs 2 GebrMG enthält hinsichtlich der widerrechtl Entnahme eine ergänzende Regelung.

B. Das **Arbeitnehmererfinderrecht** ist im ArbEG besonders geregelt (s dort). **4**

C. Internationales Privat- und Prozessrecht. Das Recht auf das **deutsche Patent** ist nach dt Recht **5** als dem Recht des Schutzlands zu beurteilen.[2] Wer Erfinder ist, beurteilt sich bei nationalen Anmeldungen immer nach dt Recht;[3] zu dem auf den Rechtsübergang anwendbaren Recht Rn 10 ff zu § 15. Andere Anknüpfungsgrundsätze gelten für ArbN-Erfindungen (Rn 11 Einl ArbEG).

Bei **Übertragungsansprüchen,** die **ausländische Patente** betreffen, ist das anwendbare Recht noch **6** nicht abschließend geklärt. Ob Art 13 Rom-II-Abk für Übertragungsansprüche auf das Schutzlandprinzip des Art 8 Rom-II-Abk verweist, ist offen; die Anwendung des Schutzlandsprinzips[4] führte zu einer Rechtszersplitterung. Ein einheitliches Statut ließe sich dagegen aus Art 10 Abs 1 oder Abs 4 Rom-II-Abk ableiten, wenn der Anspruch (zutreffenderweise) bereicherungsrechtl qualifiziert wird.[5]

Zur **Zuständigkeit** bei **europäischen Patenten** s die Kommentierung bei Art II § 5 IntPatÜG und bei **7** Art II § 10 IntPatÜG.

Zum anwendbaren Recht bei Streitigkeiten über die Inhaberschaft an Patentanmeldungen ist auf die **8** maßgeblichen Bestimmungen des internat Prozessrechts abzustellen.[6] Soweit Streitigkeiten über die Übertragung **ausländischer Patente** vor dt Gerichten ausgetragen werden, ist Art 24 Nr 4 VO (EU) Nr 1215/2012 unanwendbar.[7]

§ 6
(Recht auf das Patent)

[1]**Das Recht auf das Patent hat der Erfinder oder sein Rechtsnachfolger.** [2]**Haben mehrere gemeinsam eine Erfindung gemacht, so steht ihnen das Recht auf das Patent gemeinschaftlich zu.** [3]**Haben mehrere die Erfindung unabhängig voneinander gemacht, so steht das Recht dem zu, der die Erfindung zuerst beim Patentamt angemeldet hat.**

Ausland: Belgien: Art 8 Abs 1, 2 PatG 1984, Miteigentum Art 43 PatG 1984; **Bosnien und Herzegowina:** Art 12 PatG 2010; **Frankreich:** Art L 611-6, L 613-29–32 (copropriété) CPI; **Italien:** Art 62, 63, 64 (Erfindungen Abhängiger), 65 (Forschungseinrichtungen) CDPI; **Kosovo:** Art 20 – 2 PatG; **Litauen:** Art 7, 33 PatG; **Luxemburg:** Art 10–12, 52 (Mitinhaberschaft) PatG 1992/1998; **Mazedonien:** §§ 31–33 GgR; **Niederlande:** Satz 2 entspricht Art 13 ROW 1995; **Österreich:** § 4 Abs 1 öPatG (1984/94), § 27 öPatG (Teilhaber); **Polen:** Art 11, 12 RgE 2000; **Schweiz:** Art 3 PatG; **Serbien:** Art 12, 13 PatG 2004; **Slowakei:** §§ 10, 12, 19, 20, 44 Abs 3 PatG; **Spanien:** Art 10 Abs 1–3, Art 72 (Mitberechtigung) PatG; **Tschech. Rep.:**

---

1 Vgl BGH GRUR 1977, 477, 479 UHF-Empfänger II.

2 Vgl BGH GRUR Int 1965, 504, 506 Carla, WzSache; OLG München GRUR Int 1960, 75.

3 Vgl BGHZ 136, 380 = GRUR 1999, 152 f Spielbankaffaire, UrhSache, mwN, str; vgl auch *Marchese* EIPR 1999, 364, 368; *Westkamp* IIC 37 (2006), 637, 658 ff.

4 Vgl zur Übertragung des deutschen Anteils eines eur Patents LG Düsseldorf 19.1.2016 4b O 122/14.

5 Hierzu und zu weiteren Lösungsmöglichkeiten *Fitzner/Lutz/Bodewig* § 8 Rn 62.

6 Vgl schweiz BG sic! 2015, 57 Recht von Hongkong, zu Art 122 schweiz IPRG.

7 EuGH Slg 1983, 3663 = GRUR Int 1984, 693 Schienenbefestigung (Duijnstree), in einer ArbNErfSache, zur Vorgängerbestimmung des Art 16 Nr 4 EUGVO; vgl *Fitzner/Lutz/Bodewig* § 8 Rn 61.

Keukenschrijver

§ 8, § 16 (Mitinhaberschaft) PatG; **Türkei:** Art 11, 85 (Mitinhaberschaft) VO 551; **VK:** Sec 7, 9, 10, 36 (Miteigentümerschaft) Patents Act

Schrifttum: *Abel* Rechtsgemeinschaft im Patentrecht, 1904; *AIPPI (Schweizer Gruppe)* Co-ownership for intellectual property rights (Q 194), sic! 2007, 682; *Arlt* Das Recht auf das Patent, Erfindungs- und Vorschlagswesen 1953, 50; *A. Bartenbach/Fock* Erfindung von Organmitgliedern: Zuordnung und Vergütung, GRUR 2005, 384; *Bartenbach* Zwischenbetriebliche Forschungs- und Entwicklungskooperation und das Recht der Arbeitnehmererfindung, 1985; *Bartenbach/Volz* Die Aufgabe eines Schutzrechts bei mehreren Arbeitnehmererfindern nach § 16 ArbEG, GRUR 1978, 668; *Baumann* Der Schutz des Erfinders nach dem Patentgesetz und nach bürgerlichem Recht, Diss Erlangen 1936; *Beier* Die gemeinschaftliche Erfindung von Arbeitnehmern, GRUR 1979, 669; *Beil* Erfindernennung und Miterfinder, CIT 1953, 533, 633; *Benkard* Persönlichkeitsrecht und Erfinderschutz, GRUR 1950, 481; *Blakeney* Bioprospecting and the Protection of Traditional Medical Knowledge of Indigenous Peoples: An Australian Perspective, EIPR 1997, 298; *Bley* Das Erfinderrecht als Persönlichkeitsrecht und als Zugriffsgegenstand, ZAkDR 1937, 677; *Böhning* Der privatrechtliche Schutz der Erfindung außerhalb des Patentgesetzes, Diss Marburg 1935; *R. Briner* Erfinder ist, wer die Erfindung gemacht hat, FS L. David (1996), 27; *Bruch* Das Vermögensrecht des Erfinders an der unangemeldeten Erfindung und der Erfindungsbesitz, Diss 1933; *Bruch* Ein Erfinder über das Erfinden, FS 100 Jahre Patentamt (1977), 317; *Burlage* Werkvertrag und Erfindungserwerb, MuW 17, 40; *Busche* Die „Doppelerfindung" – Überlegungen zur wirtschaftlichen Reichweite des Vorbenutzungsrechts, FS G. Schricker (2005), 883; *Calé* Rechtsgemeinschaft an Patenten, GRUR 1931, 90; *Chakraborty/Tilmann* Nutzungsrechte und Ausgleichsansprüche einer Mehrheit von Erfindern, FS R. König (2003), 63; *Cronauer* Das Recht auf das Patent im Europäischen Patentübereinkommen, 1988; *Dorner* BigData und „Dateneigentum", CR 2014, 617; *Doukoff* Das Recht auf Erfindernennung als Bestandteil des Erfinderpersönlichkeitsrechts, Diss München 1976; *Dunkhase* Die patentfähige Erfindung und das Erfinderrecht, 1913; *Dunkhase* Das Erfinderrecht nach dem Patentgesetz, 1915; *Ehlers* Kann ein Erfinder die Nennung seines Namens auch bei anderen als den amtlichen Veröffentlichungen über die Erfindung verlangen? GRUR 1950, 359; *Elster* Das Deutsche Erfinderrecht, 1924; *Elster* Der Anreger als Erfinder und Urheber, GRUR 1930, 697; *Engländer* Zur Behandlung der Patentrechtsgemeinschaft, GRUR 1924, 53; *Fabian* Der Schutz des Rechts an der Erfindung vor der Anmeldung zum Patent nach bürgerlichem Recht, Diss Breslau 1933; *Farag Moussa* Les femmes inventeurs existent – Je les ai rencontrées, 1986; *Feller* Die Rechte aus der Erfindung, Diss München 1938; *Fischer* Betriebserfindungen, 1921; *Fischer* Verwertungsrechte bei Patentgemeinschaften, GRUR 1977, 313; *Gamerith* Sind die Rechtsgemeinschaften an Immaterialgüterrechten Gesamthandsgemeinschaften? ÖBl 1996, 63; *Gassauer-Fleissner* Die Rechte mehrerer Berechtigter an Immaterialgüterrechten, ÖBl 2009, 148; *Gennen* Zum Ausgleichsanspruch zwischen Mitinhabern eines Schutzrechts bei Vorliegen einer Bruchteilsgemeinschaft, FS K. Bartenbach (2005), 335; *Gennen* Vertragsgestaltung bei Gemeinschaftserfindungen, IPRB 201010; *Giebe* Widerrechtliche Entnahme im Erteilungs- und Einspruchsverfahren, Mitt 2002, 301; *Goertzen* Die Gesellschaftserfindung, Diss München 1989; *Gröschel* Anmelder und Erfinder, Diss 1931; *Grün* Die rechtliche Stellung von Miterfindern, Magisterarbeit Düsseldorf 2002; *Gut* Patents: Transfer Inventor's Rights to the Company for International Teams ans Especially for US Applications, Diplomarbeit ETH Zürich 2002; *Häberlein* Erfinderrecht und Volkswirtschaft, 1913; *Häberlein* Der Anspruch auf ein Patent und das Recht an der Erfindung, 1913; *Haedicke* Nutzungsbefugnisse und Ausgleichspflichten in der Bruchteilsgemeinschaft an Marken, GRUR 2007, 23; *Hagens* Wesen und Schutz des Erfinderrechts, Diss 1912; *Häußer* Der Erfinder: Stiefkind der Nation? Mitt 1981, 1; *Häußer* Schutzrechte als strategische Waffen im Wettbewerb, GRUR 1993, 211; *Häußer* Erfinderstandort Deutschland, VPP-Rdbr 1994, 66; *Hauck* Ausgleichsanspruch des mitberechtigten Patentinhabers, GRURPrax 2014, 430; *Haustein* Die Rechtsstellung des Erfinders nach altem und neuem Patentrecht, 1938; *Heide* Ausgleichspflicht für Verwertungsungleichgewichte in Patentmitinhabergemeinschaften, Mitt 2004, 499; *Hellebrand* Die Realteilung der Gemeinschaftserfindung und ihre Folgen, FS K. Bartenbach (2005), 141; *Hellebrand* Probleme der Teilhabe an Erfindung und Patent, mit besonderem Blick auf das Arbeitnehmererfindungsrecht, Mitt 2008, 433; *Hellebrand* Definition und Bewertung des miterfinderischen Beitrags, Mitt 2013, 432; *Henke* Die Erfindungsgemeinschaft, Diss Freiburg (Br) 2005; *Henke* Interessengemäße Erfindungsverwertung durch mehrere Patentinhaber: „Gummielastische Masse II" und seine Auswirkungen, GRUR 2007, 89; *Henke/A. von Falck/Haft/Jaekel/ Lederer/Loschelder/Mc Guire/Viefhus/von Zumbusch* Der Einfluss der Mitinhaberschaft an Rechten des Geistigen Eigentums auf deren Verwertung, GRUR Int 2007, 503; *Hesse* Das Erfinderrecht, Diss 1911; *Heydt* Erfinder und Erfindungsbesitzer im Patentgesetz vom 5. Mai 1936, GRUR 1936, 470; *Heymann* Der Erfinder im neuen deutschen Patentrecht, FS Akademie für Deutsches Recht (1936), 99; *Hirsch* Das Recht aus der Erfindung, 1930; *Hoffmann* Das Recht des Erfinders, 1936; *Hofmann* Immaterialgüterrechtliche Anwartschaftsrechte, 2009; *Homma* Der Erwerb des Miterfinderrechts, Theoretische und praktische Überlegungen zur Bestimmung der Miterfinder, Diss Hannover 1998; *Hövelmann* Streitgenossen vor dem Patentamt und dem Patentgericht, Mitt 1999, 129; *Hubmann* Die Zwangsvollstreckung in Persönlichkeits- und Immaterialgüterrechte, FS H. Lehmann (1956) Bd II, 812; *Hühnerbein* Rechtsvergleichende Untersuchung der Miterfinderschaft, 2004; *Hughes* The Personality Interest of Artists and Inventors in Intellectual Property, 16 Cardozo Arts & Ent.L.J. 81 (1998); *Isay* Fragen zur Patentgemeinschaft, GRUR 1924, 25; *Jestaedt* Die Vergütung des Geschäftsführers für unternehmensbezogene Erfindungen, FS R. Nirk (1992), 493; *Jestaedt* Miterfinder im Unternehmen, FS 400 Jahre Universität Gießen (2007), 469; *Johannson* Erfinder – Erfindungen – „Betriebserfindungen", GRUR 1973, 581; *Kasper* Urteilsanmerkung zu BGH X ZR 152/ 03 – Gummielastische Masse II, Mitt 2005, 488; *Kellerhals* Urheberpersönlichkeitsrechte im Arbeitsverhältnis, Diss Konstanz 2000; *Kirchner* Die Rechtsstellung des Doppelfinders, Diss Erlangen-Nürnberg 1969; *Kisch* Anmelderprinzip oder Erfinderprinzip, FS Akademie für Deutsches Recht (1936), 127; *Kisch* Patentgemeinschaft, GRUR 1952, 267; *Koch* Erfindungen aus Rüstungsentwicklungen, BB 1989, 1138; *Kraßer* Erfinderrecht und widerrechtliche Entnahme, FS H. Hubmann (1985), 221; *Kraus* Erfinder und Anmelder, Diss 1943; *Kriwat* Die Grenzen des Rechtsschutzes der nicht patentierten Erfindung, Diss 1963; *Kröger* Forschungskosten, Erfindungen, Lizenzen und know-how im Steuerrecht², 1977; *Kroitzsch* Erfindungen in der Vertragsforschung und bei Forschungs- und Entwicklungsgemeinschaften unter dem Blickpunkt des Arbeitnehmererfindungsgesetzes, GRUR 1974, 177; *Kuster* Patentrechtliche Aspekte, insbesondere eigentumsrechtliche Probleme in Joint Developments, Diplomarbeit ETH Zürich 2002; *Lafontaine* Die Rechtsstellung des selbständigen Individualerfinders im europäischen Patentrecht, Diss Saarbrücken 2001; *Lang* Persönlichkeitsrecht und Persönlichkeitsschutz des Erfinders im Vergleich mit dem Persönlichkeitsrecht des Urhebers, Diss Hamburg 1953; *Liebenau/Zech/Hofmann* Das Recht an der Erfindung und das Recht auf das Patent, ZGE 2012, 133; *Lipfert* Patentverwertungsfonds, an der Schnittstelle zwischen Kapital- und Patentmarkt, VPP-Rdbr 2006, 117; *Liuzzo* Inhaberschaft und Übertragung des europäischen Patents, GRUR Int 1983, 20; *Lüdecke* Erfindungsgemeinschaften, 1962; *Marbach* Rechtsgemeinschaften an Immaterialgüterrechten – dargestellt an Erfinder- und Urhebergemeinschaften, 1987; *Marchese* Joint Ownership of Intellectual Property, EIPR 1999, 364; *Meier-Beck* „Abwasserbehandlung" und Monopolprinzip – ein Beitrag zum Recht an der Erfindung, FS Th. Reimann (2009), 309; *Meinhardt I* Das Erfinderrecht nach dem Entwurf des Patentgesetzes, MuW 13, 95; *Menge* Zur Frage der Erteilung des Patents an den Erfinder, statt an den Anmelder, MuW 13, 138; *Mes* Der Anspruch auf das Patent – ein Rechtsschutzanspruch? GRUR 2001, 584; *Mondini/Bürge* Zuordnung der Ergebnisse gemeinsamer Forschung und Entwicklung in der Praxis, sic! 2008, 3; *Müller* Vererblichkeit vermögenswerter Bestandteile des Persönlichkeitsrechts: Die neueste Rechtsprechung des BGH zum postmortalen Persönlichkeitsrecht, GRUR 2003, 31; *Neuburger* Erfinder und Erfindungen, 1925; *Nicolai* Erstanmelder- oder Ersterfinderprinzip: Eine vergleichende Untersuchung des deutschen und amerikanischen Patentrechts, GRUR Int 1973, 169; *Niedzela-Schmutte* Miterfindungen in Forschungs- und Entwicklungskooperationen: rechtliche Aspekte des Erwerbs und der Verwertung in der kooperativen Forschung und Entwicklung sowie in der externen Vertragsforschung, Diss München (Universität der Bundeswehr) 1998; *Nirk* Zum geschmacksmusterrechtlichen Anwartschaftsrecht. Marginalien zu BGH vom 2. April 1998 – IX ZR 232/96, FS W. Döser (1999), 347; *Ohl* Die Patentvindikation im deutschen und europäischen Recht, 1987; *Ohly* Gewerbliche Schutzrechte und Urheberrechte an Forschungsergebnissen von Forschungseinrichtungen und ihren Wissenschaftlern (Tagungsbericht), GRUR Int 1994, 879; *Ohly* Zur Wirkung prioritätsgleicher Patente, Mitt 2006, 241; *Oppenheimer* Der Erfinderschutz vor der Anmeldung, Mitt 1911, 35; *Paul* Der industrielle Lohnfertigungsvertrag über geschützte Gegenstände, NJW 1963, 2249; *Peifer* Eigenheit oder Eigentum – was schützt das Persönlichkeitsrecht? GRUR 2002, 495; *Pinzger* Zwangsvollstreckung in das Erfinderrecht, ZZP 1960, 450; *Platt* Verhältnis des wahren Erfinders zum Anmelder, Diss 1916; *Preu* Das Erfinderpersönlichkeitsrecht und das Recht auf das Patent, FS H. Hubmann (1985), 349; *Rahn* Patentstrategien japanischer Unternehmen, GRUR Int 1994, 377, auch in: *Deutsch-japanische Juristenvereinigung* (Hrsg) Gewerblicher Rechtsschutz in Deutschland und Japan. Systeme und Strategien (1995), 55; *Ramoni-Fitting* L'invention commune, Diss Lausanne 1974; *Rauter* Die Namensnennung des Erfinders, MuW 37, 84; *Reiling* Die Erfindung vor ihrer Anmeldung zur Patentierung, Diss Halle 1912; *Reitzle* Die Patentpolitik in der Vertragsforschung am Beispiel der Fraunhofer-Gesellschaft, Mitt 1992, 245; *Ristow* Die Praxis und das neue Patentgesetz, JW 1936, 1492; *Schade* Die gemeinschaftliche und die Doppelerfindung von Arbeitnehmern, GRUR 1972, 510; *Schade* Der Erfinder, GRUR 1977, 390; *Schanze* Der rechtliche Schutz der Erfinderehre, GRUR 1902, 65; *Schanze* Die Erfinderehre und ihr rechtlicher Schutz, 1906; *Schmid* Einiges über die Rechtsverhältnisse zwischen mehreren Inhabern eines

Patents, GRUR 1898, 193; *Alexander Schmidt* Erfinderprinzip und Erfinderpersönlichkeitsrecht im deutschen Patentrecht von 1877 bis 1936, 2009; *Schmidt* Die Rechtsverhältnisse in einem Forscherteam: Rechtsprobleme des Werkschaffens in der Gruppe, Diss Freiburg/Br. 1997; *Schnabel* Bemerkungen zur Rechtslage bei der Erfindungsgemeinschaft, Die Reichsbahn 1935, 939; *Schneider* Erfinder in der Bundesrepublik. Eine empirische Untersuchung zum Entstehungs-, Entwicklungs- und Verarbeitungsprozeß von Erfindungen, 1973; *Schramm* Der Erfinder und seine Erfindung ohne Patent, Diss 1922; *Schramm* Auftrags-, Dienst- und Gesellschaftserfindung, BB 1961, 105; *Schnorr* Die Gemeinschaft nach Bruchteilen (2004); *H. Schulte* Die Erfindung als Eigentum, GRUR 1985, 772; *Schwarz* Vereinbarungen über gewerbliche Schutzrechte in Dienstverträgen (Checklist), ecolex 1999, 556; *Seeger/Wegner* Offene Fragen der Miterfinderschaft, Mitt 1975, 108; *Sefzig* Das Verwertungsrecht des einzelnen Miterfinders, GRUR 1995, 302; *Seligsohn* Geheimnis und Erfindungsbesitz, 1921; *Sobol* The Italian Test for Establishing the Right to Invention under Dispute: Gnutti Cirillo SpA v Aermec SpA, EIPR 2012, 799; *Speckmann* Schutz der Erfindung vor der Anmeldung, Diss 1932; *Spengler* Die gemeinschaftliche Erfindung, GRUR 1938, 231; *Spindler* Miturhebergemeinschaft und BGB-Gesellschaft, FS G. Schricker (2005), 539; *Starck* Das Recht an der Erfindung vor der Anmeldung, Mitt 1920, 112; *Starck* Die Erfindung als Rechtsgut, MuW 37, 153; *Starck* Die Erschleichung der Erfinderehre, GRUR 1937, 599; *Steffen* Die Miturhebergemeinschaft, 1989; *Stern* Erfindungen im Rahmen der Durchführung einer baugewerblichen Arbeitsgemeinschaft, BauR 1974, 217; *Stieger* Das Recht aus dem Patent und seine Schranken, 2001; *Storch* Die Rechte des Miterfinders in der Gemeinschaft, FS A. Preu (1988), 39; *Strömholm* Zum Persönlichkeitsschutz im Urheberrecht und im gewerblichen Rechtsschutz, FS G. Roeber (1973), 611; *Takenaka* Has the United States Adopted a First-To-File System through America Invents Act? GRUR Int 2012, 304; *H. Tetzner* Gläubigerzugriff in das Erfinderrecht, DJ 1941, 1139; *H. Tetzner* Gläubigerzugriff in Erfinderrechte und Patentanmeldungen, JR 1951, 166; *Thieme* Mitarbeiter und Industrie, 1935; *Trimborn* Erfindungen von Organmitgliedern, Diss Berlin 1998; *Ubertazzi* Gedanken zur Erfinder- und Urhebergemeinschaft, GRUR Int 2004, 805; *Ullrich* Auslegung und Ergänzung der Schutzrechtsregeln gemeinsamer Forschung und Entwicklung, GRUR 1993, 338; *Ullrich* Patentgemeinschaften, FS U. Immenga (2004), 403; *van Venrooy* Der partiell rechtlose Patentlizenzgeber, Mitt 2000, 26; *Vásquez Lépinette* La contitularidad de los bienes immateriales, 1996; *Villinger* Rechte des Erfinders/Patentinhabers und daraus ableitbare Rechte von Mitinhabern von Patenten, CR 1996, 331, 393; *Vocke* Das Persönlichkeitsrecht des Erfinders unter besonderer Berücksichtigung der Erfindungen ohne Schutzrecht, Diss 1965; *von der Groeben* Ausgleich unter Teilhabern nach frei gewordener Diensterfindung. GRUR 2014, 113; *von der Grün* Die rechtliche Stellung von Miterfindern, 2003; *Wagner/Ephraim* Urheber und Erfinder im gegenseitigen Verhältniss, GRUR 1897, 229; *Waldenberger* Die Miturheberschaft im Rechtsvergleich, Diss München 1990; *Wank* Das Persönlichkeitsrecht des Erfinders, Diss Erlangen 1936; *Wertenbruch* Die Markenrechtsfähigkeit der BGB-Gesellschaft, DB 2001, 419; *Westkamp* Research Agreements and Joint Ownership of Intellectual Property Rights in Private International Law, IIC 37 (2006), 637; *Westenson* Die Ausnahmebestimmungen des § 1 Abs 2 PatG und das Grundgesetz, Mitt 1993, 269; *Witte* Die Betriebserfindung, Diss 1957; *Wunderlich* Die gemeinschaftliche Erfindung, 1962; *Zeller* Die Mitberechtigung an der Erfindung, Diss Marburg 1925; *Zeller* Die Stellung des Pfandgläubigers in das Erfinderrecht, Leipziger Zeitung für Deutsches Recht 1929, 26; *Zeller* Doppelerfindung, GRUR 1938, 383; *Zeller* Wer hat das Recht zur Patentanmeldung? GRUR 1941, 252; *Zeller* Auftragserfindung bei Zusammenarbeit, GRUR 1941, 253; *Zeller* Gemeinschaftserfindungen, GRUR 1942, 247; *Zeller* Erfindervertragsrecht, 1952; *Zimmermann* Das Erfinderrecht in der Zwangsvollstreckung, GRUR 1999, 121; *Zimmermann* Erfindungen von Organmitgliedern und Gesellschaftern, FS T. Schilling (2007), 415; *Zimmerstädt* Über den Schutz des Besitzstandes noch nicht zum Patent angemeldeter Erfindungen, MuW 10, 49.

A. Allgemeines

I. Entstehungsgeschichte; Anmeldergrundsatz; Erfindergrundsatz

1   § 3 Abs 1 PatG 1877/1891 sprach den Anspruch auf die Erteilung des Patents dem zu, „welcher die Erfindung zuerst nach Maßgabe dieses Gesetzes angemeldet hat". Damit wurden die Erfindung vom Erfinder gelöst und dessen Urheberschaft als nebensächlich übergangen.

2   Das PatG 1891 hat iS eines (allerdings nicht umfassenden) **„Doppelpatentierungsverbots"** (*6. Aufl* Rn 167 zu § 3) die Sätze 2 und 3 angefügt, die der Regelung in § 4 Abs 2 PatG 1936 entsprachen.

3   Die Bestimmung hat ihre geltende Bezeichnung durch die Neubek 1981 erhalten. Seit der Neuregelung 1936, die unverändert fortgilt, ist das Recht dem **Erfinder und seinem Rechtsnachfolger** zugesprochen; die Regelung geht vom zuvor geltenden Anmelderprinzip im Grundsatz zugunsten des Erfinderprinzips ab[1] (Rn 9). Allerdings behält die Erstanmeldung im Fall der Parallelerfindung Bedeutung (Rn 54 ff). Das Erfinderprinzip ist auch dadurch anerkannt, dass bei der Anmeldung und der Patenterteilung der Erfinder zu (be)nennen ist (§§ 37, 63 PatG, Art 62, 81 EPÜ).[2]

---

1   Vgl Begr BlPMZ 1936, 104; BGHZ 135, 298 = GRUR 1997, 890 f Drahtbiegemaschine.
2   Vgl *Kraßer/Ann* § 19 Rn 1.

Das Erfinderprinzip ist auch dadurch eingeschränkt, dass im **Erteilungsverfahren** der Anmelder als **4** berechtigt gilt (§ 7 Abs 1).[3]

II. EPÜ; Europäisches Patent mit einheitlicher Wirkung

Art 58, 59 EPÜ enthalten Bestimmungen über die verfahrensrechtl Anmeldeberechtigung; daneben **5** regelt Art 60 EPÜ das Recht auf das eur Patent. Art 61 EPÜ regelt die Anmeldung eur Patente durch Nichtberechtigte. Die Bestimmung überlässt die inhaltliche Ausgestaltung dem nat Recht.[4] Art 62 EPÜ gibt dem Erfinder[5] gegenüber dem Anmelder oder Inhaber des eur Patents einen Anspruch auf Nennung. Art 60 Abs 3 EPÜ entspricht § 7 Abs 1; Art 60 Abs 1 Satz 2 betrifft ArbN-Erfindungen. Die bei eur Patentanmeldungen an die Stelle der Regelung in § 6 tretende Rechtsfolgenregelung in Art II § 5 IntPatÜG stützt sich auf Art 61 EPÜ. Art 4 Abs 1, 3 Zur GPVO s 7. Aufl. Die Bestimmungen für das Patent mit einheitlicher Wirkung enthalten keine eigenständige Regelung; hier gilt das EPÜ.

III. Internationale Harmonisierung

Der Entwurf eines Vertrags zur Harmonisierung des Patentrechts (Patent Law Treaty – Basic Proposal) **6** sah in Art 9 Abs 1 vor, dass das Recht auf das Patent dem Erfinder zusteht und dass die Vertragsparteien bestimmen können, unter welchen Voraussetzungen dieses Recht dem ArbGb des Erfinders oder der Person zusteht, die die zu der Erfindung führende Tätigkeit des Erfinders in Auftrag gegeben hat; weiter, dass bei Mehrfacherfindungen das Recht dem Anmelder zusteht, wenn nur eine Anmeldung erfolgt ist, aber dem Anmelder, dessen Anmeldung der früheste Anmeldetag/Prioritätszeitpunkt zukommt, wenn mehrere Anmeldungen erfolgt sind, solange die betr Anmeldung nicht zurückgenommen ist, fallengelassen wurde, als solches gilt oder zurückgewiesen ist.

IV. Erfinderberatung

Über das breit gefächerte Angebot sind detaillierte Informationen dem Internet zu entnehmen. **7**

B. Grundsätze

I. Recht auf das Patent und Recht an der Erfindung

Das „Recht auf das Patent" wird durch Satz 1 dem Erfinder zugeordnet (ebenso Art 60 Abs 1 Satz 1 **8** EPÜ); es ist Teil des (zB in § 55 genannten) Rechts an der Erfindung.[6] Die Regelung in Satz 1 zielt umfassend auf dieses Recht.[7] Erfasst ist nicht nur das Recht auf ein nationales Patent, sondern auch das Recht auf ausländ Patente, soweit diese nach der jeweils maßgeblichen Rechtsordnung in Betracht kommen;[8] für das Recht an der Erfindung gilt das Territorialitätsprinzip nicht.[9]

Dem Erfinder einer Lehre zum technischen Handeln, die für die ein Patent angemeldet und/oder für die ein **9** Patent erteilt worden ist, erwächst mit deren Anmeldung oder unter Wahrung einer die Öffentlichkeit hiervon ausschließenden Vertraulichkeit erfolgten Verlautbarung ein **Recht an der Erfindung** unabhängig davon, ob die Lehre schutzfähig ist.[10] Grundlage des Erfinderrechts ist die schöpferische Tat des Erfinders, die unabhängig davon ist, ob später ein Schutzrecht angemeldet und erteilt wird[11] und für die es auf die Fassung der

---

3 Vgl *Benkard* Rn 3.
4 Schweiz BG sic! 2001, 654, 656 Pommes-frites-Automat; vgl *Benkard-EPÜ* Art 58 Rn 1.
5 Zur Frage, ob das EPÜ einen autonomen Erfinderbegriff aufstellt oder an die nat Rechtslage anknüpft, *MGK/Bossung* Art 81 EPÜ Rn 44 (dort offengelassen).
6 RGSt 28, 27, 30 = BlPMZ 1896, 3 Litzenerbreiterungsmaschine; *Benkard-EPÜ* Art 60 Rn 1; *Fitzner/Lutz/Bodewig* Rn 1.
7 Vgl BGH GRUR 1982, 95 pneumatische Einrichtung.
8 BGHZ 185, 341 = GRUR 2010, 817 Steuervorrichtung; LG Düsseldorf InstGE 1, 50, 56; vgl *Benkard* Rn 10; *Fitzner/Lutz/ Bodewig* Rn 1.
9 BFHE 172, 341 = DB 1994, 258; *Fitzner/Lutz/Bodewig* Rn 1.
10 BGHZ 185, 341 = GRUR 2010, 817 Steuervorrichtung; *Schulte* Rn 10.
11 BGH Steuervorrichtung; *Pinzger* ZZP 60, 27 f.

Patentansprüche nur insofern ankommt, als sich aus diesen ergeben kann, dass ein Teil der in der Beschreibung dargestellten Erfindung nicht zu dem geschützten Gegenstand gehört und damit Miterfinderschaft nicht begründen kann.[12] Das (hiervon zu unterscheidende) **Recht auf das Patent**, das das Recht an der Erfindung zur Voraussetzung hat,[13] steht dem Erfinder bereits vor der Anmeldung zu; es beschränkt sich auf die Grundsatzerklärung, dass, falls überhaupt jemand nach den anzuwendenden Bestimmungen ein Patent erhalten kann, dieses dem wahren Erfinder verliehen werden soll[14] (Anerkennung des „Erfinder-" anstelle des „Anmelderprinzips";[15] Rn 3). Unter dieser Voraussetzung begründet es nach Anmeldung einen öffentlich-rechtl Anspruch auf Erteilung des Patents gegenüber der Erteilungsbehörde.[16] Der Ort der Erfindung ist grds nicht maßgebend; das Recht auf das Patent ist nicht auf Erfindungen an bestimmten Orten beschränkt.[17] Zum Verhältnis des Rechts auf das Patent zum Recht aus dem Patent Rn 88 f vor § 34.

10 **Doppelnatur.** Das Recht an der Erfindung umfasst persönlichkeitsrechtl und vermögensrechtl Aspekte;[18] als **Vermögensrecht** begründet es das Recht auf das Patent[19] und verpflichtet damit die Erteilungsbehörden, wirkt aber gleichzeitig als Forderungs- und Abwehrrecht gegenüber Dritten, die es beeinträchtigen.[20] Es unterliegt insoweit der Zwangsvollstreckung, wenn der Erfinder seine Verwertungsabsicht kundgetan hat[21] (nicht schon zuvor, weil es zunächst zur Geheimsphäre des Erfinders gehört;[22] str, vgl Rn 45 zu § 15). Die vermögenswerten Bestandteile des Persönlichkeitsrechts bestehen jedenfalls fort, solange die ideellen Interessen noch geschützt sind.[23]

11 Das Recht an der Erfindung wird als **unvollkommen absolutes Immaterialgüterrecht** bezeichnet;[24] dies ist mit Rücksicht auf den numerus clausus der absoluten (dinglichen) Rechte bdkl. Der absolute Charakter soll daraus folgen, dass es von jedermann zu respektieren ist, die Unvollkommenheit (gegenüber dem erteilten Patent) daraus, dass es keine Verbietungsrechte in Bezug auf die Benutzung der Erfindung, sondern solche nur gegen seine Beeinträchtigung (die Erfindung ausnutzende Handlungen Dritter, vgl § 8 Satz 1, 2, Art II § 5 IntPatÜG); mit sich bringt.[25] Die Unvollkommenheit zeigt sich auch darin, dass kein Schutz gegen Doppelpatentierung besteht. Schließlich ist das Recht nur in geringem Umfang gegen Verlust durch Veröffentlichung vor der Anmeldung geschützt; es gewährt keine unentziehbare Anwartschaft.[26] Der wettbewerbsrechtl Schutz der Erfindung beruht nicht auf dem Recht an der Erfindung.[27]

---

12 BGH GRUR 2011, 903 Atemgasdrucksteuerung; BGH GRUR 2016, 265 Kfz-Stahlbauteil.

13 BGHZ 185, 341 = GRUR 2010, 817 Steuervorrichtung.

14 *Schulte* Rn 12 stellt nunmehr darauf ab, dass die Erfindung schutzfähig ist.

15 BGHZ 44, 346 = GRUR 1966, 251 Batterie.

16 Vgl BVerfGE 36, 281 = GRUR 1974, 142 Akteneinsicht im Patenterteilungsverfahren; BVerfG (Nichtannahmebeschluss) GRUR 2003, 723 Rechtsprechungstätigkeit; BGHZ 166, 347, 349 = GRUR 2006, 748 Mikroprozessor; BGHZ 183, 309, 316 = GRUR 2010, 253 Fischdosendeckel; *Fitzner/Lutz/Bodewig* Rn 7; *Mes* GRUR 2001, 584.

17 Vgl *Benkard* Rn 11; *Fitzner/Lutz/Bodewig* Rn 6.

18 Vgl BGHZ 72, 236 = GRUR 1979, 145 Aufwärmvorrichtung; öOGH ÖBl 2012, 83 Matratzen II m zust Anm *Gamerith*; *Kraßer/Ann* § 19 Rn 2.

19 Vgl BGHZ 54, 181, 184 = GRUR 1970, 601 Fungizid.

20 ÖOGH Matratzen II; *Meier-Beck* FS Th. Reimann (2009), 309, 313; vgl *Benkard* Rn 13.

21 BGHZ 16, 172 = GRUR 1955, 388 Dücko.

22 *Benkard* Rn 27 mwN, str.

23 BGHZ 151, 26 = GRUR 2002, 690 Marlene Dietrichs Tochter.

24 RGZ 139, 87, 92 = GRUR 1933, 226 Kupferseidenfaden; RG GRUR 1938, 256, 258 Kopiermaschinen; ÖOGH ÖBl 2014, 83 f Matratzen II; BPatGE 6, 20, 23; BPatGE 12, 119, 121; *Benkard* Rn 16; *Schulte* Rn 12; zum Charakter als absolutes Recht auch BGHZ 149, 191 = GRUR 2002, 622 shell.de; zum Recht auf das Patent *Fitzner/Lutz/Bodewig* Rn 8.

25 BGHZ 47, 132 = GRUR 1967, 477 UHF-Empfänger II; RGZ 77, 81 ff = BlPMZ 1912, 8 Schwefelfarbstoff; LG Düsseldorf InstGE 1, 55 f; vgl BGHZ 185, 341 = GRUR 2010, 817 Steuervorrichtung; *Schulte* Rn 13; wohl auch BVerfGE 36, 281 = GRUR 1974, 142 Akteneinsicht im Patenterteilungsverfahren, wo (Nr. 28) auf die „fertige und verlautbarte Erfindung" abgestellt wird; zu Unrecht weitergehend *Meier-Beck* FS Th. Reimann (2009), 309, 313 f unter Bezugnahme auf *Kraßer* (§ 19 III 5) S 342 f, der dort angesprochene Fall kann schuldrechtliche Pflichten verletzen, nicht aber ein absolutes Recht.

26 Vgl BGHZ 44, 346 = GRUR 1966, 251 Batterie; BGHZ 44, 263 = GRUR 1966, 309 Flächentransistor; BGHZ 135, 298 = GRUR 1997, 890, 892 Drahtbiegemaschine.

27 *Benkard* Rn 17.

II. Als Erfinderpersönlichkeitsrecht stellt es ein „sonstiges" Recht iSd § 823 Abs 1 BGB dar;[28] es lei- 12
tet sich aus der Schaffung der Erfindung her[29] und schützt die Erfinderpersönlichkeit zB durch Erfinderbenennung (§ 37) und Erfindernennung (§ 63);[30] insoweit soll allerdings auch der Wille des Erfinders respektiert werden, ohne öffentliche Inanspruchnahme der Erfinderehre im Verborgenen zu bleiben.[31] Das allg
Persönlichkeitsrecht aus Art 2 Abs 1, Art 1 GG erhält hierdurch eine besondere gesetzliche Ausprägung.[32] Das
Erfinderpersönlichkeitsrecht ist bisher als höchstpersönlich, unverzichtbar, unübertragbar, unverpfändbar
und unpfändbar angesehen worden.[33] Es kann nur vom Erfinder selbst, nicht von einem Dritten, zB in Prozessstandschaft, geltend gemacht werden.[34] Das Persönlichkeitsrecht ist auch postmortal geschützt.[35] Es ist
vererblich.[36] Nach neuer Rspr zum allg Persönlichkeitsrecht, die auch auf dessen besondere Erscheinungsformen anzuwenden ist, dient es auch dem Schutz kommerzieller Interessen der Persönlichkeit und begründet unabhängig von der Schwere des Eingriffs einen Schadensersatzanspruch; die entspr Befugnisse
gehen auf den Erben über.[37] Die Verletzung des Erfinderpersönlichkeitsrechts begründet neben den Rechten
aus §§ 36, 63 Abwehr- und Unterlassungsansprüche.[38] Schadensersatz kann auch in Form der Herausgabe
des Verletzergewinns verlangt werden.[39] UU begründen Verletzungen des Erfinderpersönlichkeitsrechts
auch Ansprüche auf Ersatz des immateriellen Schadens.[40] Berichterstattung über die berufliche Sphäre (in
der Sozialsphäre) mit Namensnennung ist grds hinzunehmen.[41] Die unberechtigte Verwendung von dem
Erfinder verliehenen Medaillen und Auszeichnungen durch den Lizenznehmer nach Beendigung des Lizenzvertrags verletzt das Erfinderpersönlichkeitsrecht, jedenfalls wenn der Eindruck erweckt wird, der Lizenznehmer sei selbst Träger der Auszeichnungen.[42] Das Recht des Erfinders auf Anerkennung seiner Erfindereigenschaft findet seine Grenze in dem, was allg üblich ist; aus dem allg Erfinderpersönlichkeitsrecht
kann ein Anspruch gegen den Erwerber der Erfindung auf einen Antrag auf Ehrung des Erfinders durch eine
Ausstellungsleitung durch Ausstellung einer ehrenden Urkunde oder durch namentliche Nennung nicht
hergeleitet werden, soweit sich keine dahingehende Verkehrsübung ausgebildet hat.[43]

Das Erfinderpersönlichkeitsrecht ist negatorisch gegen Beeinträchtigungen geschützt, die sich aus un- 13
wahren **Tatsachenbehauptungen** ergeben.[44] Die Abgrenzung der Tatsachenbehauptung vom Werturteil
wird in der Praxis danach vorgenommen, ob die Äußerung dem Beweis zugänglich ist.[45] Dabei ist das Ver-

---

28   BGHZ 72, 236 = GRUR 1979, 145 Aufwärmvorrichtung; nach *Fitzner/Lutz/Bodewig* Rn 9 auch als Vermögensrecht,
dies trifft allerdings allenfalls auf die „fertige und verlautbarte Erfindung" zu.
29   BGH GRUR 1978, 583, 585 Motorkettensäge; BGH GRUR 1994, 104, 105 Akteneinsicht XIII.
30   Vgl OG Russische Föderation GRUR Int 2001, 475 mAnm *Dietz.*
31   BGH Akteneinsicht XIII.
32   BGH Akteneinsicht XIII.
33   BGH Motorkettensäge; vgl BGH Akteneinsicht XIII; *Fitzner/Lutz/Bodewig* Rn 11, 14; *Schulte* Rn 17; vgl *Mes* Rn 17.
34   BGH Motorkettensäge; BGH Akteneinsicht XIII; *Fitzner/Lutz/Bodewig* Rn 14.
35   BGHZ 50, 133, 136 ff = GRUR 1968, 552 Mephisto; BGH GRUR 1974, 797 Fiete Schulze; BGH GRUR 1984, 907
Frischzellenkosmetik; BGHZ 107, 384, 391 = GRUR 1995, 668 Emil Nolde; BGHZ 143, 214 = GRUR 2000, 709 Marlene
Dietrich; BGH GRUR 2009, 83 Ehrensache.
36   BPatG GRUR 1987, 234 und dem folgend *Schulte* Rn 17; *Benkard* Rn 22; 4. Aufl § 36 Rn 3; *Klauer/Möhring* § 36 Rn 1;
Reimer § 36 Rn 9; *Lange/Kuchinke* Lehrbuch des Erbrechts⁴ S 104; abw noch 6. Aufl § 63 Rn 8.
37   BGHZ 143, 214 = GRUR 2000, 709 Marlene Dietrich; kr *Pfeifer* GRUR 2002, 495; zur Geltendmachung durch
Nutzungsberechtigte vgl BGH GRUR 1999, 230 Treppenhausgestaltung, UrhSache; *Benkard-EPÜ* Art 60 Rn 6; zum
postmortalen Schutz BGHZ 50, 133 = GRUR 1968, 552 Mephisto; BGH Fiete Schulze; zur Frage, ob postmortal auch
Schadensersatzansprüche in Betracht kommen, BGH Marlene Dietrich; BGH GRUR 2000, 715 Der blaue Engel; OLG
München GRUR-RR 2002, 341.
38   Vgl BGH GRUR 1979, 175, 178 Aufwärmvorrichtung; KG 10.12.2008 5 U 78/05 (Revision nicht zugelassen, BGH
Xa ZR 134/08); zur vorbeugenden Unterlassungsklage gegen Bildberichterstattung BGHZ 174, 262 = WRP 2008, 673
und BGH GRUR 2008, 446; zur gebührenrechtl Behandlung getrennt erfolgter Abmahnungen bei Wort- und
Bildberichterstattung BGH GRUR 2008, 367 Rosenkrieg bei Otto.
39   BGHZ 150, 32 = GRUR 2002, 532 Unikatrahmen, UrhSache; vgl auch BGH GRUR 2007, 691, 693 Staatsgeschenk, UrhSache.
40   *Schulte* Rn 15; vgl BGH GRUR 1972, 97 Liebestropfen.
41   BGH GRUR 2007, 350 Klinik-Geschäftsführer mwN.
42   Vgl RGZ 109, 50, 52 ff = GRUR 1925, 16 Gaskocher.
43   BGH GRUR 1961, 470 Gewinderollkopf I.
44   BGH MDR 1969, 471; BGHZ 65, 325, 337 = NJW 1976, 620 Warentest II; BGH NJW 1989, 774; BGH NJW 2004, 1034.
45   BGH Warentest II; BGH GRUR 1986, 188 Türkeiflug; BGH NJW 1987, 1398; BGH GRUR 1987, 468 Komposthäcksler;
BGH GRUR 1988, 402 Mit Verlogenheit zum Geld; BGH NJW 1989, 1923 Warentest V; BGH NJW 1989, 2941; BGH NJW 1992,

---

ständnis der angesprochenen Verkehrskreise zu berücksichtigen.[46] In Anlehnung an § 1004 BGB gewährt die Rspr dem, der das Ziel einer unwahren Tatsachenbehauptung geworden ist, gegen den Störer einen Anspruch auf Widerruf dieser Behauptung, um einem Zustand fortdauernder Rufbeeinträchtigung ein Ende zu machen und so die rechtswidrige Störung abzustellen.[47] Der Anspruch soll das Ansehen des Betroffenen wiederherstellen und weiteren Beeinträchtigungen vorbeugen, die ohne den Widerruf zu besorgen wären.[48] Der Anspruch ist auf Tatsachenbehauptungen beschränkt, weil niemand gezwungen werden kann, seiner subjektiven Meinung öffentlich abzuschwören;[49] das gilt gleichermaßen für einen beschränkten Widerruf.[50] Wieweit eine Tatsachenbehauptung vorliegt, ist Frage des Einzelfalls.[51] Wahre Tatsachenbehauptungen sind dagegen durch Art 5 GG privilegiert, soweit sie Dritten zur Meinungsbildung dienen können; sie sind regelmäßig hinzunehmen[52] und können nur dann rechtswidrig sein, wenn die Aussage entweder die Intim- oder Privatsphäre oder eine andere besonders geschützte Sphäre betrifft oder wenn dem Betroffenen ein besonderer Schaden droht, der außer Verhältnis zur Verbreitung der Wahrheit steht.[53] Eine Tatsachenbehauptung, die nur Teilwahrheiten vermittelt und dadurch beim Adressaten zu einer Fehleinschätzung des Angegriffenen führt, ist schon aus diesem Grund rechtswidrig.[54] Unter Abwägung dessen besteht ein Widerrufsanspruch nur, soweit die betreffenden Behauptungen bestimmten Dritten oder der Öffentlichkeit zur Kenntnis gelangt sind oder gelangen können. Außerhalb solcher „Außenwirkungen" ist es nicht gerechtfertigt, dem Gegner einen Widerruf abzuverlangen, der insoweit nur darauf hinauslaufen würde, dem Betroffenen, ohne dass dies zum Schutz seiner Ehre in seiner sozialen Umwelt erforderlich wäre, Genugtuung zu verschaffen.[55] Daraus folgt zugleich, dass ein Widerruf allenfalls durch Erklärung gegenüber dritten Adressaten der inkriminierenden Behauptung (oder, bei öffentlich erfolgter Herabsetzung, gegenüber der Öffentlichkeit) verlangt werden kann.[56]

14 Dagegen sind **Wertungen und Meinungsäußerungen** einem Widerruf nicht zugänglich; niemand kann im Weg der Zwangsvollstreckung gezwungen werden, eine Überzeugung aufzugeben oder eine Würdigung zurückzunehmen.[57] In diesem Sinn sieht die Rspr das Gutachten eines Sachverständigen regelmäßig als Wertung und nicht als Tatsachenbehauptung an, gegen die grds ein Anspruch auf Widerruf nicht besteht.[58]

15 Unterlassungsansprüche gegen **ehrverletzende Werturteile** (Schmähkritik, „Prangerwirkung") werden, soweit die übrigen Voraussetzungen erfüllt sind, hierdurch nicht ausgeschlossen.[59]

1314; BGH NJW 1993, 930; BGHZ 132, 13, 21 = NJW 1996, 1131; BGH NJW 1997, 2513; BGH NJW 1999, 2736; BGH NJW-RR 1999, 1251; BGHZ 154, 54, 60 = NJW 2003, 1308; BGH NJW 2005, 279; vgl BVerfGE 90, 241, 247 = NJW 1994, 1779; BVerfG NJW 2003, 1855; zur Abgrenzung bei komplexen Äußerungen BGH NJW 2009, 915 (Nr 14).

46 BGH GRUR 1970, 254 Remington; BGH GRUR 1972, 435, 439 Grundstücksgesellschaft; BGH GRUR 1980, 309 Straßen- und Autolobby; BGH Mit Verlogenheit zum Geld.

47 BGH NJW 1999, 2736.

48 BGHZ 10, 104 f = NJW 1953, 1386; BGH NJW 1989, 774.

49 BGHZ 128, 1, 6 ff = GRUR 1995, 224 Caroline von Monaco; BGH NJW 1989, 774; BGH NJW 1999, 2736.

50 BGHZ 65, 325, 337 = NJW 1976, 620 Warentest II; BGH GRUR 1974, 797 Fiete Schulze.

51 BGH GRUR 1970, 254 Remington; BGH GRUR 1979, 332 Brombeerleuchte; BGH GRUR 2007, 441 Terroristentochter.

52 BVerfGE 94, 1, 8 = NJW 1996, 1529; BVerfG (Kammerbeschluss) NJW 2012, 1500; BVerfG (Kammerbeschluss) NJW 2013, 217.

53 BGH GRUR 2007, 441 Terroristentochter; OLG Brandenburg ZUM 2013, 675; zu den Grenzen BGH GRUR 2015, 289 Hochleistungsmagneten.

54 BGHZ 31, 308, 316 = NJW 1960, 476; BGH NJW 1974, 1762 f Deutschland-Stiftung; BGH GRUR 1997, 233 Chefarzt; BGH GRUR 2000, 247 Schmiergeldmann; BGH NJW 2006, 601.

55 BGHZ 89, 198, 201 f = GRUR 1984, 301 Aktionärsversammlung mwN.

56 BGH NJW 1989, 774.

57 BGHZ 10, 104 ff = NJW 1953, 1386; BGHZ 99, 133, 139 f = GRUR 1987, 189 Veröffentlichungsbefugnis beim Ehrenschutz; BGH NJW 1962, 243; BGH GRUR 1982, 631 Klinikdirektoren; BGH GRUR 1987, 397 Insiderwissen; BGH NJW 1989, 774; BGH GRUR 1989, 536 ärztliche Diagnose; BGH GRUR 2010, 458 Heute wird offen gelogen.

58 BGH GRUR 1978, 258 Schriftsachverständiger; BGH NJW 1989, 774.

59 BGHZ 99, 133, 136 = GRUR 1987, 189 Veröffentlichungsbefugnis beim Ehrenschutz; BGH GRUR 1994, 391 Alle reden vom Klima, zum Verhältnis Persönlichkeitsrecht – Meinungsäußerungsfreiheit; BGH NJW 2003, 2011; vgl BGH NJW 2005, 279; BGHZ 161, 266, 270 = GRUR 2005, 612 Abtreibungspraxis; BGH GRUR-RR 2008, 257 Namenlos; BGH VersR 2008, 1081; BGH NJW 2008, 2110 Gen-Milch; BGH NJW 2009, 3580.

III. Entstehen und Verlautbarung

Das Recht an der Erfindung entsteht als persönlichkeitsrechtl geschützte Rechtsposition noch nicht **16** mit dem Erfindungsakt, sondern erst mit dessen – wie auch immer gearteter – Manifestation nach außen, der „Verlautbarung".[60] Für die Begründung einer schuldrechtlich geschützten vermögensrechtl Position sollte darauf abgestellt werden, dass der Erfinder den Willen hat, Schutz an der Erfindung zu begründen, was nicht schon durch die bloße Verlautbarung an Dritte erfolgt, wohl aber durch auf den Erwerb einer solchen Position gerichtete Handlungen wie die Erfindungsmeldung. Abzustellen ist auf die „fertige" Erfindung,[61] die allerdings noch nicht marktreif sein muss.[62] Solange die Erfindung noch nicht „fertig" ist, gehört sie, sofern sie nicht preisgegeben wurde, zur Privatspäre des Erfinders und damit zu seinem allg Persönlichkeitsrecht.[63] Der in diesem Zusammenhang nicht aus dem Gesetz abzuleitende Begriff des „Erfindungsbesitzes"[64] (vgl Rn 9 zu § 8; Rn 12 ff zu § 12) erweist sich gegenüber dem Abstellen auf die „fertige" Erfindung als wenig hilfreich.

IV. Erfinder; originärer Erfindungserwerb Dritter

1. Erfinder. Das Recht entsteht in der Person des Erfinders, desjenigen, dessen schöpferischer Tat die **17** Erfindung entspringt,[65] der die Erfindung gemacht hat.[66] Die sprachliche Einkleidung ist unerheblich; maßgeblich ist allein der sachliche Gehalt der offenbarten Lehre.[67] Erfinder soll nur sein, wer die Erfindung in ausführbarer Weise geschaffen hat,[68] das greift aber für den Miterfinder nicht (Rn 37). Erfinder kann nur eine natürliche Person sein,[69] insoweit aber jedermann, gleichgültig ob In- oder Ausländer. Erfinden ist Realakt,[70] keine rechtsgeschäftliche Tätigkeit und setzt daher Geschäftsfähigkeit nicht voraus.[71] Fremdes Handeln kann nicht zugerechnet werden.[72]

Das Verbot der Zusammenarbeit von **Arzt und Apotheker** in § 11 des Gesetzes über das Apotheken- **18** wesen steht einer gemeinsamen Entwicklung von Arzneimitteln nicht entgegen, die Regelung schränkt aber die Stellung des Erfinders in zulässiger Weise durch die Forderung nach voller Angabe der Zusammensetzung von Arzneimitteln auf dem Rezept ein.[73]

Eine **juristische Person** kann das Recht an der Erfindung derivativ erwerben, wird damit aber nur **19** Rechtsnachfolger des Erfinders.[74]

Zur Fähigkeit, **Anmelder** zu sein, Rn 4 ff zu § 34. **20**

---

60 BGH GRUR 1971, 210 Wildverbißverhinderung; *Mes* Rn 4, *Benkard-EPÜ* Art 60 Rn 4; *Fitzner/Lutz/Bodewig* Rn 2 ff; *Benkard* Rn 7 f mNachw der älteren abw Ansicht, nach der das Recht schon mit der Erkenntnis des fertigen Erfindungsgedankens entstehen soll; *Meier-Beck* FS Th. Reimann (200), 309, 313; *Schulte* Rn 11 stellt jetzt darauf ab, dass die Erfindung aus der privaten Gedankenwelt des Erfinders herausgetreten ist, aA – Vollendung der Erfindung – *Kraßer/ Ann* § 19 Rn 8, offenbar auch BFHE 172, 341 = DB 1994, 258 unter Verweis auf *Hubmann*[5] S 111.
61 Vgl *Benkard* Rn 7a; *Fitzner/Lutz/Bodewig* Rn 15.
62 *Mes* Rn 4 f, 12; zur Marktreife BGH GRUR 1999, 920 Flächenschleifmaschine; BGH GRUR 2004, 407, 409 Fahrzeugleitsystem; vgl RAG GRUR 1943, 174 f.
63 Vgl *Fitzner/Lutz/Bodewig* Rn 15.
64 Hierzu *Schulte* Rn 9; *Mes* Rn 12 f; vgl den nicht ganz gelungenen Definitionsversuch in BGH GRUR 2012, 895 Desmopressin, zu § 12.
65 *Benkard* Rn 1; OLG Frankfurt GRUR 1987, 886; OLG Frankfurt 10.12.1998 6 U 187/97; öOPM öPBl 2011, 160 = ÖBl 2012, 11 Ls Be- und Entladen einer Werkzeugmaschine.
66 BGH GRUR 2001, 823 Schleppfahrzeug; vgl auch CA England/Wales [2006] EWCA Civ 145 IDA/University of Southampton, referiert in EIPR 2006 N-152.
67 ÖOPM öPBl 2011, 160.
68 CA England/Wales [2006] EWCA Civ 145 IDA v University of Southampton, referiert in EIPR 2006 N-152.
69 *Schulte* Rn 18.
70 *Kraßer/Ann* § 19 Rn 10; *Fitzner/Lutz/Bodewig* Rn 6; *Schulte* Rn 11.
71 Vgl LG Nürnberg-Fürth GRUR 1968, 252; *Mes* Rn 11; *Benkard-EPÜ* Art 60 Rn 12.
72 *Fitzner/Lutz/Bodewig* Rn 16.
73 Vgl BVerwG NJW 1995, 1627 f; Verfassungsbeschwerde nicht angenommen, BVerfG 20.9.1995 1 BvR 971/94.
74 BGH GRUR 1971, 210 Wildverbißverhinderung; *Benkard* Rn 30; *Mes* Rn 21.

21 **2. Keine „unpersönlichen" Erfindungen.**[75] Eine (unpersönliche) **„Betriebserfindung"** kennt das geltende Recht nicht;[76] problematisch kann allerdings die Feststellung der Erfinder und ihrer Anteile bei zahlreichen Beteiligten sein.

22 Auch eine **„Computererfindung"** kann nicht anerkannt werden, da der Computer als bloßes technisches Hilfsmittel nicht die Erfindung macht.[77]

23 **3. Originärer Rechtserwerb** in der Person eines Dritten scheidet bei Patenten und Gebrauchsmustern nach dt Recht aus;[78] anders bei Halbleitertopographien (Rn 8 zu § 2 HlSchG) und nach der Regelung in Art 60 Abs 1 Satz 2 EPÜ, die grds auf das Recht des Staats verweist, in dem der ArbN überwiegend beschäftigt ist.[79] Auch das PatRVereinfModG hält bei ArbNErfindungen an einem derivativen Erwerb fest, von dem allerdings wenig mehr als eine Hülle bleibt.

24 Das Recht an der Erfindung eines persönlich haftenden **Gesellschafters** wächst nicht kraft Gesetzes dem Gesellschaftsvermögen zu; ob und wieweit der Gesellschafter verpflichtet ist, Rechte an der Erfindung auf die Gesellschaft zu übertragen, bestimmt sich nach Inhalt und Zweck des Gesellschaftsvertrags.[80]

V. Rechtsnachfolge; Übertragung

25 **1. Allgemeines.** Rechtsnachfolge in die Erfinderrechte kommt im Weg der Gesamtrechtsnachfolge (Erbgang, gesellschaftsrechtl Verschmelzung) oder der Einzelrechtsnachfolge (rechtsgeschäftliche Übertragung, Zwangsvollstreckung, hierzu Rn 45 ff zu § 15) in Betracht; maßgeblich ist insoweit § 15 oder das nach IPR anwendbare Recht. Bei Einzelrechtsnachfolge ist Rechtsnachfolger jeder, der sein Recht direkt oder indirekt vom Erfinder ableitet.[81] Anmeldung durch Nichtberechtigten eröffnet die Rechtsbehelfe der §§ 8 (Abtretungs- oder Übertragungsklage), 21 (Einspruch) und 22 (Nichtigkeitsklage).[82] Die praktisch größte Bedeutung hat die Inanspruchnahme der Diensterfindung nach dem ArbEG oder entspr Regelungen des ausländ Rechts.

26 Auch bei Vorliegen einer freien Erfindung können **Treu und Glauben** erfordern, dass der Erfinder dem Auftraggeber gegenüber ein aus der Erfindung erwachsenes Ausschlussrecht nicht geltend macht, so, wenn die Erfindung erst dadurch ermöglicht worden ist, dass dem Hersteller der innere StdT im Unternehmen des Herstellers zugänglich gemacht worden ist.[83]

27 **2. Schuldrechtliche Übertragungsverpflichtungen** sind möglich; es gilt der Grundsatz der Vertragsfreiheit.[84] So kann vereinbart werden, Erfindungen unabhängig von der Frage der Erfindereigenschaft in eine Gesellschaft bürgerlichen Rechts zur Verwertung einzubringen.[85] Die Übertragungsverpflichtung kann sich auch stillschweigend aus dem Dienstvertrag ergeben.[86] Auch kann die Anwendbarkeit der (materiellen)

---

75 Zum Schutz traditionellen Wissens *Blakeney* EIPR 1997, 298.

76 Vgl BGH GRUR 1966, 558 Spanplatten; öOGH ÖBl 1999, 57 f „einzigartiges" EDV-Programm, UrhSache; *Benkard-EPÜ* Art 60 Rn 11; *Schulte* Rn 18; *MGK/Bossung* Art 81 EPÜ Rn 42; aA RGZ 127, 197, 202 = GRUR 1930, 524 Schraubenmuttern.

77 *Benkard* Rn 31; *Benkard-EPÜ* Art 60 Rn 10; *Kraßer/Ann* § 19 RN 7; *Volmer/Gaul* ArbEG § 2 ArbEG Rn 13 f, 182; vgl *Vollmer* Mitt 1971, 256; *Zipse* Mitt 1972, 41; *Schickedanz* GRUR 1973, 343; zur Berechnung optischer Systeme mit Hilfe von Optimierungsprogrammen BPatG 11.2.1988 31 W (pat) 89/85.

78 *Benkard-EPÜ* Art 60 Rn 3; zur str Möglichkeit originären Erfindungserwerbs des ArbGb nach Art 322 Abs 1 des Schweizer Obligationenrechts (OR) *Blum/Pedrazzini*[2] S 290 und Nachtrag S 316/2; *Troller* Immaterialgüterrecht[3] S 641; *Mosimann/Graf* in *Betschinger/Münch/Geiser* Schweizerisches und europäisches Patentrecht S 969.

79 Vgl *Schulte* Rn 19; *Singer/Stauder* Art 60 EPÜ Rn 14; *Straus* GRUR Int 1984, 1.

80 BGH GRUR 1955, 286 Schnellkopiergerät; BGH GRUR 1965, 302, 304 Schellenreibungskupplung; BGH GRUR 1991, 127 Objektträger; *Benkard* Rn 64; vgl *Jestaedt* FS R. Nirk (1992), 493, 500.

81 *Benkard* Rn 37; *Fitzner/Lutz/Bodewig* Rn 18; OLG Nürnberg 21.8.2009 3 U 2337/08 undok.

82 Vgl nl PA BIE 2001, 180.

83 BGH GRUR 1953, 29 Plattenspieler I; vgl BGH 27.10.1961 I ZR 34/60; RG MuW 40, 165, 167 Spiegelbildvervielfältigung III.

84 Vgl zur formlosen Begründung einer Übertragungsverpflichtung nach schweiz Recht schweiz BG sic! 2015, 255 f Mécanisme de déclenchement.

85 BGH GRUR 1998, 673 Popmusikproduzenten, UrhSache, unter Hinweis auf BGH GRUR 1955, 286, 289 Schnellkopiergerät.

86 BGH GRUR 1953, 29 Plattenspieler I; BGH GRUR 1965, 302, 304 Schellenreibungskupplung; *Benkard* Rn 81 und zu den Auslegungsmaßstäben Rn 83.

Bestimmungen des ArbEG vereinbart werden (vgl Rn 9 zu § 1 ArbEG). Der Gesellschafter kann aufgrund seiner Pflichten als solcher zur Übertragung auf die Gesellschaft gehalten sein, wenn diese es verlangt.[87]

Der im Rahmen eines **Werk- oder Werklieferungsvertrags** tätig gewordene Hersteller kann ver- **28** pflichtet sein, eine im Zusammenhang mit der Vertragserfüllung gemachte Erfindung auf den Besteller zu übertragen; bei Fehlen ausdrücklicher Abrede sind für die Frage, ob eine stillschweigend übernommene Verpflichtung vorliegt, insb der Aufgaben- und Pflichtenkreis des Herstellers sowie die diesem zugesagte Vergütung heranzuziehen; fehlt eine Abrede, liegt eine freie Erfindung vor.[88] Auch die Übertragung einer Erfindung, die bereits vor Abschluss des Werkvertrags getätigt wurde, kann vereinbart werden.[89] Für die Frage, ob ein Sachverständiger, der im Rahmen eines Gutachterauftrags eine den Gegenstand des Gutachtens betr Erfindung macht, über diese frei verfügen kann, ist der Inhalt des Auftrags entscheidend; der Erfinder ist jedenfalls dann nicht gehalten, ein unentgeltliches Benutzungsrecht für die aus einem Gutachterauftrag hervorgegangene Verbesserungserfindung einzuräumen, wenn der Auftrag nicht die Verpflichtung umfasste, für den Auftraggeber erfinderisch tätig zu werden.[90]

Dienstverhältnis; Gesellschaftererfindungen. Eine Übertragungspflicht kann sich aus dem Dienst- **29** vertrag und bei Gesellschaftererfindungen[91] ergeben, ob dies der Fall ist, muss durch Auslegung ermittelt werden.[92] Dann kann ein Verstoß gegen sie vorsätzlich sein und gegenüber Schadensersatzansprüchen des Dienstherrn ein Aufrechnungsverbot begründen.[93] Sie kommt grds nur bei betriebs- oder unternehmensbezogenen Erfindungen in Betracht; § 4 ArbEG kann Fingerzeige geben. Soweit keine Vorausverfügung (Rn 30) erfolgt ist, wird die Übertragungsverpflichtung durch Einzelübertragung erfüllt.[94] Ob für Übertragung und Benutzung eine gesonderte Vergütung zu zahlen ist, richtet sich nach dem Vertrag; sind dem Geschäftsführer Entwicklungs- und Forschungstätigkeiten zugewiesen, soll die Leistung durch die Geschäftsführerbezüge abgegolten sein,[95] was indes nur zutrifft, soweit nichts anderes vereinbart ist.[96] Eine – zweckmäßigerweise ausdrückliche – Verpflichtung, dem Dienstherrn die Erfindung zu übertragen oder ihm ein ausschließliches Recht auf Benutzung eines Arbeitsergebnisses einzuräumen, ist auch dann wirksam, wenn das Arbeitsergebnis eine schutzfähige Erfindung darstellt.[97] Zu Geschäftsführererfindungen Rn 3 zu § 1 ArbEG.

3. Dingliche Vorausverfügungen können getroffen werden,[98] soweit dem Erfordernis ausreichender **30** Bestimmtheit Rechnung getragen wird.[99] Durch Satz 1 wird das Recht des Erfinders zur Vorausverfügung über eine künftige Erfindung nicht ausgeschlossen; in diesem Fall tritt abgeleiteter Rechtserwerb zugunsten des Dienstherrn sogleich nach Vollendung der Erfindung ohne weiteren Übertragungsakt ein; dasselbe gilt – im Rahmen einer Vorausverfügung, aber nicht ohne diese[100] – bei einer Gesellschaftererfindung.[101]

---

87 OLG Düsseldorf 2 U 39/12 Mitt 2014, 337; Vgl *A. Bartenbach/Fock* GRUR 2005, 384, 386 mwN.
88 BGH GRUR 1953, 29 Plattenspieler I; BGH 28.11. 1958 I ZR 90/57; BGH 1.6.1976 X ZR 8/74; OLG Frankfurt 10.12.1998 6 U 187/97; vgl *Benkard-EPÜ* Art 60 Rn 3; zur Rechtslage in Frankreich CCass PIBD 1998, 664 III 531; CA Paris PIBD 1980, 263 III 151.
89 OLG Frankfurt 10.12.1998 6 U 187/97.
90 BGH 1.6.1976 X ZR 8/74.
91 BGH GRUR 1955, 286, 289 Schnellkopiergerät.
92 *Jestaedt* FS R. Nirk (1992), 493, 498 f mNachw des Streitstands; BGH GRUR 2000, 788 Gleichstromsteuerschaltung; vgl BGH 16.3.2010 X ZR 41/08; zur vereinbarten Anwendung des ArbEG LG Düsseldorf InstGE 5, 100.
93 Vgl BGH GRUR 2007, 52 Rollenantriebseinheit II; BGH Gleichstromsteuerschaltung; LG München I InstGE 4, 5.
94 Vgl BGH Schellreibungskupplung: nicht ohne weiteres bei hohem Gehalt und hoher Umsatzbeteiligung; *A. Bartenbach/Fock* GRUR 2005, 384 f.
95 OLG Düsseldorf GRUR 2000, 49 f mwN.
96 Vgl BGH 16.3.2010 X ZR 41/08.
97 BGH GRUR 1955, 286 Schnellkopiergerät; BGH GRUR 1961, 432 Klebemittel; BGH GRUR 1965, 302 Schellenreibungskupplung.
98 RG MuW 12, 504 Schachtbauten; RGZ 84, 49, 53 = BlPMZ 1914, 175 Erfindungsklausel; RG MuW 17, 55 Geldwechselkasse; RGZ 139, 52, 56 = BlPMZ 1933, 129 Kunstdarm; *Bartenbach/Volz* § 1 ArbEG Rn 73 befürworten die Vereinbarkeit eines Optionsrechts.
99 RG GRUR 1939, 371 f Schleudermaschinen; BGHZ 9, 237 = GRUR 1953, 497 Gaunerroman; vgl für das Geschmacksmusterrecht BGH NJW-RR 1998, 1057 f Trias mwN und hierzu *Nirk* FS W. Döser (1999), 347.
100 *Kraßer/Ann* § 19 Rn 55.
101 BGH GRUR 1955, 286 Schnellkopiergerät.

31   **4. Vergütung.** Der Erfinder (auch der Miterfinder) wird sein Recht idR nicht ohne angemessenen Ausgleich hergeben.[102] Die Vergütungspflicht richtet sich in erster Linie nach einer getroffenen Vereinbarung (vgl Rn 30 zu § 15).[103] Sie besteht nur, soweit dort keine abweichende Vereinbarung getroffen worden ist.[104] Der Verpflichtete kann, wenn Treu und Glauben dies gebieten, für eine außergewöhnliche Leistung, die über den vertragsgem Rahmen hinausgeht, auch ohne ausdrückliche Vertragsabrede eine besondere Vergütung beanspruchen, wenn dem Berechtigten durch diese Leistung eine wertvolle Bereicherung zugeführt worden ist;[105] beim Dienstvertrag kann sich der Anspruch unmittelbar aus § 612 Abs 2 BGB ergeben; das gilt auch bei einem freien Mitarbeiter.[105a] Danach wird regelmäßig die übliche Vergütung geschuldet sein; bei Fehlen fester Vergütungssätze wird das Recht zur Bestimmung der Gegenleistung nicht einseitig dem Erfinder nach §§ 315, 316 BGB zustehen.[106] Ein Grundsatz, dass die Inanspruchnahme eines fremden Arbeitsergebnisses ohne weiteres zur Zahlung des dafür üblicherweise entrichteten Entgelts verpflichtet, besteht allerdings nicht,[107] die Neuentwicklung kann vereinbarungsgem bereits durch die Dienstbezüge oder anderweitig abgegolten sein.[108] Das ist insb der Fall, wenn der Geschäftsführererfinder gerade mit dem Ziel entgeltlich beschäftigt wird, persönlich auf Neuerungen hinzuarbeiten, die zu Schutzrechten führen können.[109] Geschuldet ist die vereinbarte oder – in Ermangelung einer taxmäßigen – die übliche Vergütung (§§ 612, 632 BGB),[110] die nach § 287 Abs 2 ZPO geschätzt werden kann.[111] Ein einseitiges Bestimmungsrecht einer Vertragspartei nach §§ 315, 316 BGB kann nur in Betracht kommen, wenn sich auch die Üblichkeit eines Vergütungsrahmens, der nach dem Kriterium der Angemessenheit ausgefüllt werden muss, nicht feststellen lässt.[112] Eine etwaige Vertragslücke ist vorrangig im Weg ergänzender Vertragsauslegung unter Würdigung aller tatsächlichen Umstände zu schließen. Es ist naheliegend, dass redliche Vertragsparteien bei der Festlegung der Vergütung des Geschäftsführererfinders mangels anderer Anhaltspunkte von der üblichen Vergütung eines freien Erfinders ausgehen und daran die Überlegung anknüpfen, ob und in welchem Umfang die Umstände des Einzelfalls davon einen Abschlag erfordern. Dabei sind als prägende Umstände vor allem die Ausgestaltung der Stellung des Geschäftsführers wie Aufgabenkreis und vereinbarte Geschäftsführerbezüge sowie Umstände und Bedeutung der Erfindung maßgeblich; es sind die Gesichtspunkte zu beachten, die den billigen Ausgleich zwischen den Interessen des Arbeitgebers und des Arbeitnehmers im ArbEG herbeiführen; hierbei ist insb von Bedeutung, ob und in welchem Umfang die Tätigkeit des Erfinders an ein im Betrieb erkanntes Bedürfnis, dort vorhandene Vorarbeiten oder laufende Projekte anknüpft und ob und inwieweit für sie betriebliche Mittel und Einrichtungen benutzt wurden; außerdem, wieweit der Erfinder in die Betriebsorganisation und in die betrieblichen Abläufe einbezogen ist, insb, ob ihm technische Aufgaben, etwa eine herausgehobene Position im Forschungs-

102   BGH GRUR 2006, 401 Zylinderrohr; BGHZ 167, 166 = GRUR 2006, 747 Schneidbrennerstromdüse; BGH GRUR 2007, 52 Rollenantriebseinheit II; vgl BGH GRUR 2000, 788 f Gleichstromsteuerschaltung.

103   Vgl BGH GRUR 1965, 302, 304 Schellenreibungskupplung; BGH GRUR 2000, 788 f Gleichstromsteuerschaltung; BGH GRUR 2001, 226 f Rollenantriebseinheit I; *Bartenbach/Volz* § 1 ArbEG Rn 75.

104   BGH Rollenantriebseinheit II.

105   BGH GRUR 1956, 500 Capysal, zum Dienstvertrag; BGH Schellenreibungskupplung; BGH GRUR 1990, 193 Autokindersitz; OLG Hamburg GRUR 1956, 500 f; OLG Düsseldorf GRUR 2000, 49 f; zur schöpferischen Leistung als Voraussetzung auch LG Darmstadt 11.11.1998 2 O 322/94.

105a   Vgl OLG Frankfurt Mitt 2016, 241.

106   BGH Rollenantriebseinheit II unter Hinweis auf BGH NJW 2006, 2472 zum Werkvertragsrecht und BGHZ 94, 98, 102 = NJW 1985, 1895 zum Maklerrecht.

107   BGHZ 18, 319 = GRUR 1956, 88 Bebauungsplan; BGH GRUR 1961, 432 Klebemittel; Nachw zum Streitstand bei *Jestaedt* FS R. Nirk (1992), 493, 502 f.

108   BGH GRUR 2000, 788, 791 Gleichstromsteuerschaltung; OLG Düsseldorf GRUR 2000, 49 f stellt auf den Anstellungsvertrag ab und versagt dem Geschäftsführer, dem eigene Forschungs- und Entwicklungstätigkeiten übertragen sind, mangels Sonderleistung eine besondere Vergütung; ebenso LG Düsseldorf 14.9.1999 4 O 258/98 Entsch 2000, 3, 7 f; vgl auch OLG Hamm NJW-RR 1986, 780 f; LG Düsseldorf 21.12.1995 4 O 191/95; *A. Bartenbach/Fock* GRUR 2005, 384, 386 f.

109   BGH Rollenantriebseinheit II.

110   Vgl BGH GRUR 1992, 193 f Autokindersitz; LG Düsseldorf Entsch 2000, 25, 32; *A. Bartenbach/Fock* GRUR 2005, 384, 387.

111   OLG München 31.1.2008 6 U 2464/97 GRUR-RR 2008, 332 Ls.

112   Vgl BGHZ 94, 98, 103 = NJW 1985, 1895; BGHZ 167, 139 = NJW 2006, 2472; abw noch *Benkard*[10] Rn 30a unter Hinweis auf die überholte Rspr des RG und des RAG.

und Entwicklungsbereich, übertragen sind; ein Abschlag gegenüber der Vergütung eines freien Erfinders wird idR geboten sein, wenn dem Geschäftsführer technische Aufgaben, etwa die Leitung einer Forschungs- und Entwicklungsabteilung, übertragen worden sind, während ein Abschlag nicht notwendig zu erfolgen hat, wenn der Geschäftsführer eine rein kaufmännische Funktion hat und ausübt.[113] Für die im Rahmen der §§ 315, 316, 157 BGB zu ermittelnde billige oder angemessene Vergütung eines freien Mitarbeiters, der eine nicht routinemäßige wissenschaftliche Tätigkeit entwickelt hat, wurde auf die Bedeutung der Dienstleistung abgestellt, die in erster Linie aus den schon bei Vertragsschluss erkennbaren Umständen, daneben aus dem erzielten Umsatz, abzulesen ist; bei gegenseitigen Verträgen widerspricht es nicht selten dem Gedanken der Gleichwertigkeit von Leistung und Gegenleistung, ein auf billiges Ermessen abgestelltes Bestimmungsrecht des Gläubigers als gewollt anzusehen, sofern der Wert der Gegenleistung schwierig zu ermitteln und bei Vertragsschluss nicht ein erhebliches Maß gegenseitigen Vertrauens gegeben ist;[114] ist ein Bestimmungsrecht nicht gewollt, greift hinsichtlich der Höhe der Vergütung die richterliche Vertragsergänzung (§ 157 BGB) ein.[115] Zu beachten ist, dass die gerichtliche Bestimmung nach § 315 Abs 3 BGB fälligkeitsbegründend ist und daher eine Verzinsung jedenfalls vor diesem Zeitpunkt ausscheidet.[116] Die Anwendung des für ArbN gültigen Rechts kann – auch stillschweigend – vereinbart werden[117] und schon deshalb zweckmäßig sein, weil dadurch die Stellung im Betrieb besser mitberücksichtigt werden kann. Der von einer KG angestellte Geschäftsführer ihrer Komplementär-GmbH kann für seine von der KG übernommene Erfindung jedenfalls dann die angemessene oder die übliche Vergütung nach § 612 BGB verlangen, wenn er aufgrund seines Dienstvertrags ArbGbFunktionen ausübt; die Vergütungsrichtlinien des ArbEG finden weder unmittelbar noch entspr Anwendung, allerdings können bei der Bemessung auch Gesichtspunkte einfließen, auf die der Gesetzgeber im Rahmen des ArbEG beim billigen Ausgleich zwischen den Interessen des ArbGb und des ArbN-Erfinders abgehoben hat, weil die Erfindung im Rahmen des Betriebs mit Hilfe von betrieblichen Mitteln entstanden ist, wie ein an die Stelle des Anteisfaktors tretender Unternehmensfaktor.[118] Auf die einem freien Erfinder üblicherweise gezahlten Lizenzgebühren wird im allg nicht zurückzugreifen sein.[119] Die Vertragsfreiheit lässt jedoch auch hier andere Gestaltungen zu, insb wenn der Geschäftsführer mit dem Ziel entgeltlich angestellt wird, persönlich auf schutzfähige Neuerungen hinzuarbeiten.[120] Bei Miterfindern (Rn 34 ff) kann die Vergütung uU allein nach dem Beitrag eines Miterfinders allein zu bemessen sein, wenn lediglich dessen Beitrag benutzt wird und der Beitrag des anderen Miterfinders zu diesem nichts beiträgt.[121] Zum Auskunftsanspruch des Miterfinders Rn 55 zu § 140b.

5. Erbfolge. S hierzu Rn 9 ff zu § 15.[122]   32

---

113 Vgl BGH Rollenantriebseinheit II gegen OLG München 13.11.2003 6 U 2464/97.

114 BGH 10.7.1959 I ZR 73/58.

115 BGH Klebemittel; BGH 10.7.1959 I ZR 73/58; kr *Lüdecke* S 31.

116 Unzutr daher *A. Bartenbach/Fock* GRUR 2005, 384, 387, wonach die Vergütungsbestimmung nur auf eine andere Norm verlagert werde.

117 BGH GRUR 1965, 302, 306 Schellenreibungskupplung; BGH GRUR 1988, 762 f Windform; vgl BGH NJW-RR 1998, 1057 Trias; nach *A. Bartenbach/Fock* GRUR 2005, 384, 391 soll dies in etwa 75% der Organverträge der Fall sein, dort auch zu den Möglichkeiten der Vertragsgestaltung.

118 BGH GRUR 1990, 193 Autokindersitz; BGH GRUR 2001, 226 ff Rollenantriebseinheit I, auch zur Rechtskraftwirkung der Entscheidung; BGH GRUR 2007, 52 Rollenantriebseinheit II; OLG München 13.11.2003 6 U 2464/97: Abstaffelung nur, falls üblich, zu dieser Entscheidung *A. Bartenbach/Fock* GRUR 2005, 384, 389; vgl LG Düsseldorf Entsch 2000, 25, 32; insgesamt aA SstA 1.7.1999 ArbErf 49/97; einen Abzugsfaktor von 50% bis 66% nehmen an OLG Nürnberg 18.12.1990 3 U 3517/87 und LG Nürnberg/Fürth 17.7.1991 3 O 101116/86 bei *Trimborn* S 68, der selbst (S 318) einen Organerfinderanteil („Unternehmensfaktor") von 12,5% vorschlägt; *A. Bartenbach/Fock* GRUR 2005, 384, 390 f schlagen vor, wie bei ArbNErfindungen annäherungsweise von einem Anteilsfaktor des Organerfinders von 5–15% auszugehen.

119 Vgl *Jestaedt* FS R. Nirk (1992), 493, 504; kr *A. Bartenbach/Fock* GRUR 2005, 384, 388 f.

120 BGH GRUR 2000, 788 Gleichstromsteuerschaltung.

121 Vgl OLG München 13.11.2003 6 U 2464/97 und nachfolgend BGH GRUR 2007, 52 Rollenantriebseinheit II.

122 Vgl zur Wahrung der persönlichkeitsrechtl Belange des Erfinders durch die Erben *Fitzner/Lutz/Bodewig* Rn 25.

C. Mehrheit von Erfindern

I. Allgemeines

33 Satz 2 regelt den Fall der gemeinsamen Erfindung, Satz 3 den der von mehreren unabhängig voneinander gemachten Erfindung („Doppelerfindung"; besser „Parallelerfindung"; Rn 54 ff). Das Rechtsverhältnis mehrerer Mitinhaber eines Patents bestimmt sich nach bürgerlichem Recht.[123]

II. Miterfinder

34 **1. Grundsatz.** Die Regelung in Satz 2 betrifft nur das Recht auf das Patent, das den Miterfindern gemeinschaftlich zusteht. Sie bestimmt nicht im einzelnen, unter welchen Voraussetzungen mehrere gemeinsam eine Erfindung gemacht haben.

35 Das **Erfinderpersönlichkeitsrecht** steht auch bei gemeinschaftlicher Erfindung nur dem einzelnen Miterfinder zu; allerdings kann nur Anerkennung als Miterfinder beansprucht werden.[124] Leugnung der Miterfindereigenschaft verletzt das Erfinderpersönlichkeitsrecht.[125] Dritten gegenüber, die die Miterfindereigenschaft leugnen, besteht grds kein Anspruch auf Anerkennung eines bestimmten Miterfinderanteils.[126]

36 Im EPÜ fehlt eine ausdrückliche Regelung, jedoch setzt Art 81 Satz 1 EPÜ die Möglichkeit der Mieterfindung voraus; wobei die Rechtsfolgen dem jeweils anwendbaren nationalen Recht (Rn 41) überlassen bleiben.[127]

2. Voraussetzungen

37 **a. Gemeinsame Erfindung.** Als Miterfinder kann nur behandelt werden, wer selbst einen schöpferischen Beitrag zur Erfindung geleistet hat.[128] Rein konstruktive Beigaben genügen nicht.[129] Der Beitrag des Miterfinders braucht aber nicht selbstständig erfinderisch zu sein[130] und muss nicht zu einer Ausgestaltung in Form eines Unteranspruchs führen, sondern kann insb die Merkmale eines Ausführungsbeispiels betreffen.[131] Er muss auch nicht den „springenden Punkt" der Erfindung betreffen.[132] In den Blick zu nehmen ist die gesamte im Patent beschriebene Erfindung.[133] Die Patentansprüche sind nur insoweit maßgeblich, als sie angeben, dass eine beschriebene Ausführungsform außerhalb des geschützten Gegenstands

---

123 Vgl öOGH ÖBl 2012, 83 Matratzen II; OLG Wien ÖBl 1996, 153.
124 *Benkard-EPÜ* Art 60 Rn 13; vgl *Kraßer/Ann* § 19 Rn 3.
125 Vgl BGHZ 151, 15 = GRUR 2002, 799 Stadtbahnfahrzeug, zum Urheberpersönlichkeitsrecht.
126 Vgl BGH GRUR 2003, 231 Staatsbibliothek, zum Urheberpersönlichkeitsrecht.
127 Vgl *Kraßer/Ann* § 19 Rn 3; *Cronauer* S 148 ff; *MGK/Heath* Art 60 EPÜ Rn 12 f.
128 BGH GRUR 1969, 133, 135 Luftfilter; BGH GRUR 2001, 226 f Rollenantriebseinheit I; BGH GRUR 2004, 50 f Verkranzungsverfahren; BGH GRUR 2007, 52 Rollenantriebseinheit II; BGH GRUR 2012, 380 Ramipril II; OLG Karlsruhe 28.3.2007 6 U 146/05; OLG München 28.2.2008 6 U 2675/05; vgl BGHZ 167, 166 = GRUR 2006, 747 Schneidbrennerstromdüse; zu Computerprogrammen BGH GRUR 2005, 860 Fash 2000; vgl weiter RG GRUR 1938, 256, 262 Kopiermaschinen; RG Mitt 1939, 198 f Heeresatmer; RG GRUR 1940, 339, 341 Dura-Düse II; RG GRUR 1941, 152 Erfindungsgemeinschaft; RG GRUR 1944, 80 f Fensterschließvorrichtung; RPA Mitt 1943, 75; OLG München 13.11.2003 6 U 2464/97; LG Hamburg GRUR 1958, 77; VG Darmstadt GRUR 1960, 79, 82; *Benkard* Rn 43 ff; *Benkard-EPÜ* Art 60 Rn 16; *Chakraborty/Tilmann* FS R. König (2003), 63, 64; vgl *Schulte* Rn 21; *Fitzner/Lutz/Bodewig* Rn 26; *Mes* Rn 23; vgl auch *MGK/Bossung* Art 81 EPÜ Rn 43.
129 RG Kopiermaschinen; BGH Verkranzungsverfahren; BGH 12.4.1960 I ZR 98/58; *Benkard-EPÜ* Art 60 Rn 18; nach RGZ 118, 46, 49 = GRUR 1927, 880 Sauglöffel aber der Beitrag eines Unteranspruchs; in dieser Allgemeinheit unzutr, vgl BGH GRUR 1979, 540 f Biedermeiermanschetten; BGH Rollenantriebseinheit I; so aber auch SstA 9.6.1995 ArbErf 102/93 mwN; vgl zum Urheberrecht BGH GRUR 2003, 231 Staatsbibliothek mwN.
130 BGH GRUR 1966, 558 Spanplatten; BGH GRUR 1971, 210, 213 Wildverbißverhinderung; BGH Mitt 1996, 16, 18 gummielastische Masse I; BGH GRUR 2004, 50 f Verkranzungsverfahren; BGH GRUR 2011, 903 Atemgasdrucksteuerung; BGH Mitt 2013, 551 Verpackungsbehältnis; RG GRUR 1940, 339, 341 Dura-Düse II; OLG Karlsruhe 28.3.2007 6 U 146/05; OLG München 28.2.2008 6 U 2675/05; DPA BlPMZ 1951, 294, 296; kr zum Erfordernis des „schöpferischen" Beitrags *Kraßer/Ann* § 19 Rn 22 ff; ganz abl *Wunderlich* S 66.
131 BGH Atemgasdrucksteuerung; BGH Mitt 2013, 274 Bohrwerkzeug.
132 BGH Rollenantriebseinheit I; BGH Mitt 2013, 551 Verpackungsbehältnis.
133 BGH Biedermeiermanschetten; BGH Mitt 2013, 551 Verpackungsbehältnis.

liegt und deshalb Miterfinderschaft am geschützten Gegenstand nicht begründen kann.[134] Die Beiträge der Miterfinder dürfen nicht isoliert unter dem Gesichtspunkt erfinderischer Leistung geprüft werden; ob eine solche vorliegt, beurteilt sich nach der Gesamtlösung mit den vorgeschlagenen Mitteln; die Beiträge sind nur dahin zu prüfen, ob sie überhaupt zur Lösung beigetragen haben; nur Beiträge, die den Gesamterfolg nicht beeinflusst haben, also unwesentlich in bezug auf die Lösung sind, sowie solche, die auf Weisung eines Erfinders oder eines Dritten geschaffen worden sind, begründen keine Miterfinderschaft; ein zu strenger Maßstab darf nicht angelegt werden.[135] Darauf, ob mehrere planvoll zusammengearbeitet haben, kommt es nicht an. Abgrenzung zwischen Miterfinder und Erfindergehilfen ist nur fallbezogen möglich.[136] Auch darauf, ob der Vorschlag technisch falsch ist, kommt es nicht an.[137] Offengelassen wurde dies allerdings für erkennbar sinnwidrige Beiträge, die den Schluss nahelegen, nur zur Konstruktion der Miterfinderschaft aufgenommen zu sein.[138] Beisteuerung eines Ausführungsbeispiels nach Vorliegen der fertigen Erfindung begründet nicht Miterfindereigenschaft.[139] Ausgestaltung der fertigen Erfindung mit einer aus dem StdT entnommenen bekannten Maßnahme genügt ebensowenig wie Beschaffung von Anschauungsmaterial, Hinweis auf in der Fachwelt bekannte Verfahren und Mithilfe bei der Fassung der Anmeldungsunterlagen,[140] auch nicht „Erkennen" der Patentfähigkeit.[141] Selbstständige Fertigung von Konstruktionszeichnungen kann ausreichen, wenn die Vorgaben nicht im Detail ausgearbeitet waren.[142] Die tatrichterliche Feststellung eines solchen Beitrags erfordert nach der Rspr des BGH Feststellungen dazu, was nach Haupt- und Unteransprüchen des Patents Gegenstand der geschützten Erfindung ist,[143] jedoch ist zu berücksichtigen, dass ein Teil der in der Beschreibung dargestellten Erfindung nicht zu dem unter Schutz gestellten Gegenstand gehören kann.[144] Nachträgliche Beschränkung des Patents kann dazu führen, dass ein Miterfinder, dessen schöpferischer Beitrag nicht mehr unter den beschränkten Gegenstand des Patents fällt, aus diesem Kreis ausscheidet.[145] Erfinderbenennung kann für Miterfinderschaft sprechen.[146]

Mitberechtigung unter dem Gesichtspunkt einer **gemeinsamen Konzeption** kann entstehen, wenn **38** der eine die Aufgabe und den grundsätzlichen Lösungsweg aufzeigt, jedoch noch keine für den Fachmann ohne zusätzliche erfinderische Überlegungen ausführbare Lehre gefunden hat, und wenn erst der andere den ihm mitgeteilten Erfindungsgedanken der praktischen Verwirklichung zuführt.[147] Aus der Erteilung eines Entwicklungsauftrags kann Mitberechtigung entstehen.[148]

Eine Erfindergemeinschaft kann sich nicht nur, wie regelmäßig, durch beiderseits geplante Zusam- **39** menarbeit,[149] sondern auch im Weg der **Weiterentwicklung** einer widerrechtl entnommenen Lehre durch den Entnehmer ergeben.[150] Zeitliche Staffelung der Beiträge muss einer gemeinschaftlichen Erfindung nicht entgegenstehen.[151]

---

134 BGH Atemgasdrucksteuerung; BGH Mitt 2013, 551 Verpackungsbehältnis.

135 BGH Spanplatten; BGH GRUR 1978, 583 Motorkettensäge; BGH gummielastische Masse I; BGH Rollenantriebseinheit I und BGH Verkranzungsverfahren; BGH Mitt 2013, 551 Verpackungsbehältnis; OLG Düsseldorf GRUR 1971, 215; *Schulte* Rn 21; *Mes* Rn 23; vgl auch RG Dura-Düse II.

136 Auf die praktische Schwierigkeit weisen zB BGH Spanplatten; LG Nürnberg-Fürth GRUR 1968, 252; *Benkard* Rn 72 hin; vgl auch *Schulte* Rn 21.

137 OLG Karlsruhe 28.3.2007 6 U 146/05.

138 OLG Karlsruhe 28.3.2007 6 U 146/05.

139 BGH 28.2.1963 I a ZR 92/63.

140 BGH 28.4.1970 X ZR 42/67.

141 SstA 6.2.1996 ArbErf 61/94.

142 LG Frankfurt/M InstGE 6, 162, 166.

143 BGH gummielastische Masse I; BGH Verkranzungsverfahren.

144 BGH GRUR 2011, 903 Atemgasdrucksteuerung.

145 BGH Atemgasdrucksteuerung; BGH Mitt 2013, 274 Bohrwerkzeug.

146 Vgl SstA 25.1.1995 ArbErf 79/93.

147 BGH GRUR 1971, 210 Wildverbißverhinderung; vgl OLG Karlsruhe 28.3.2007 6 U 146/05.

148 OLG Frankfurt GRUR 1992, 852, 854; vgl *Fitzner/Lutz/Bodewig* Rn 61: grds Bruchteilsgemeinschaft.

149 Vgl BPatG BlPMZ 2015, 130.

150 BGH 12.4.1960 I ZR 98/58; *Benkard-EPÜ* Art 60 Rn 17; zur Miterfinderschaft bei widerrechtl Entnahme auch BGH Mitt 1996, 16 gummielastische Masse I.

151 BGH GRUR 2005, 860 Fash 2000, UrhSache.

40   **b.** Mitberechtigung – nicht Miterfinderschaft als solche – kann auch durch grds frei zu vereinbarende **rechtsgeschäftliche Einräumung** oder Übertragung auf eine Personenmehrheit zB in Form einer Gesellschaft oder Bruchteilsgemeinschaft[152] sowie im Fall der **Gesamtrechtsnachfolge** bei einer Mehrheit von Erben entstehen. In der Praxis kommen auch Patentverwertungsfonds vor.[153] Eine Vereinbarung, nach der ein Dritter, der an der Erfindung selbst nicht beteiligt war, aus reinen Vermarktungsgründen als Mitinhaber des Patents in das Register eingetragen werden soll, wurde als auf eine anfänglich objektiv unmögliche Leistung gerichtet angesehen.[154]

41   **3. Rechtsfolgen.** Die Rechtsverhältnisse der Miterfinder richten sich nach dem auf sie anwendbaren nationalen Recht, das der freien **Rechtswahl** unterliegt. Mangels einer solchen Rechtswahl wird in erster Linie auf ein gemeinsames Heimatrecht abzustellen sein.[155] Bei gemeinschaftlicher Erfindung ist das Recht auf das Patent originär gemeinschaftlich. Im Verhältnis der Miterfinder zueinander gilt der Grundsatz der freien vertraglichen Gestaltung.

42   Die Miterfinder können grds die **Einräumung** einer Mitberechtigung verlangen.[156] Der Anspruch auf Einräumung einer Mitberechtigung ist iSv § 308 ZPO ein Minus zu dem Anspruch auf Übertragung (Rn 42 zu § 8). Der Anspruch auf Zahlung einer Vergütung an den Erfinder richtet sich nach dem Beitrag, den er zu der Erfindung beigesteuert hat;[157] er erfasst als Minus den Anspruch auf Zahlung einer Miterfindervergütung.[158]

43   Die Miterfinder können ihre **Berechtigung an der Erfindung** selbst regeln; schuldrechtl gilt der Grundsatz der Vertragsfreiheit.[159] Die Zustimmung eines Miterfinders zur Anmeldung der gemeinschaftlichen Erfindung durch den anderen auf dessen Namen lässt nicht ohne weiteres auf eine Übertragung der Rechte des zustimmenden Miterfinders an der Erfindung auf den Anmelder schließen; sie kann auch eine Ermächtigung (§ 185 BGB) zur alleinigen Geltendmachung des der Erfindergemeinschaft zustehenden Rechts auf Erteilung (Eintragung) des Schutzrechts sein.[160]

44   In erster Linie kommt die Vereinbarung einer **Gesellschaft** nach §§ 705 ff BGB in Betracht (anders nach § 7 MarkenG);[161] die Erfindung kann auch – und zwar auch im Weg der Vorwegübertragung nach §§ 413, 398, 747 BGB[162] – in eine bereits bestehende Gesellschaft[163] eingebracht werden. Die Einbringung in die Gesellschaft wird eine von dieser unabhängige Nutzung durch die Gesellschafter anders als im Fall der Bruchteilsgemeinschaft (Rn 45) idR ausschließen.[164] Die Auseinandersetzung der Gesellschaft erfolgt grds nach §§ 730 ff BGB;[165] Rückgabe eingebrachter Erfindungen in natura scheidet selbst bei fehlerhafter Gesellschaft jedenfalls idR aus.[166] „Hinauskündigungsklauseln", die einer Gruppe von Gesellschaftern das Recht einräumen, einen Mitgesellschafter ohne sachlichen Grund auszuschließen, sind grds nach § 138

---

152   Vgl OLG Nürnberg 3.2.1998 3 U 3023/97; BFHE 192, 534 = BB 2000, 2187; LG Berlin 16.9.2008 103 O 296/07 GRUR-RR 2009, 26, Markensache.

153   Vgl *Lipfert* Patentverwertungsfonds VPP-Rdbr 2006, 117.

154   LG Düsseldorf InstGE 3, 170 (zwh).

155   Näher *Benkard-EPÜ* Art 60 Rn 20.

156   BGH GRUR 1971, 210, 213 Wildverbißverhinderung; BGHZ 73, 337, 343 ff = GRUR 1979, 540 f Biedermeiermanschetten; OLG Düsseldorf DB 1971, 618; LG Düsseldorf 29.12.1999 4 O 414/98 Entsch 2000, 8, 10; LG Frankfurt/M InstGE 6, 162, 164; *Schulte* Rn 22; vgl RGZ 117, 47, 50 = BlPMZ 1927, 189 Blechhohlkörper; SuprC Tokio 34 IIC (2003), 671; anders wohl noch RG BlPMZ 1930, 258 f Rostschutzmittel, für die Nichtigkeitsklage.

157   BGH GRUR 2000, 226 Rollenantriebseinheit I; OLG München 13.11.2003 6 U 2464/97; vgl LG Frankfurt/M InstGE 6, 162, 167.

158   BGH GRUR 2000, 226 Rollenantriebseinheit I; BGHZ 167, 166 = GRUR 2006, 747 Schneidbrennerstromdüse.

159   Vgl *Fitzner/Lutz/Bodewig* Rn 62.

160   BGH 27.3.1969 X ZR 38/66.

161   Vgl BGH GRUR 2000, 1028 Ballermann m kr Anm *Ann* Mitt 2000, 503 und *Wertenbruch* DB 2001, 419; vgl auch BGH GRUR 2002, 190 Die Profis.

162   OLG Karlsruhe GRUR 1983, 67, 69.

163   Zu den Rechtsverhältnissen bei Bestehen einer Gesellschaft *Kraßer/Ann* § 19 Rn 104 ff.

164   *Benkard* Rn 66.

165   Vgl BGH Die Profis, Markensache, auch zur Möglichkeit des Fortbestehens von Treuhandverhältnissen nach Auflösung; *Fitzner/Lutz/Bodewig* Rn 57 ff.

166   Vgl LG München I 11.5.1999 7 O 18682/98.

Abs 1 BGB nichtig.[167] Nach neuem Verständnis ist die Gesellschaft bürgerlichen Rechts rechtsfähig, soweit sie durch Teilnahme am Rechtsverkehr eigene Rechte und Pflichten begründen kann.[168]

Ist nichts – auch nicht stillschweigend – vereinbart, besteht **Bruchteilsgemeinschaft** nach § 741 **45** BGB;[169] das gilt grds auch bei der Gesellschaftererfindung, an der alle Gesellschafter beteiligt sind, da das patentrechtl Erfinderprinzip dem Grundsatz des § 718 BGB vorgeht.[170] Wird die gemeinschaftliche Diensterfindung gegenüber einem ArbN frei, entsteht grds Bruchteilsgemeinschaft zwischen diesem ArbN und dem ArbGb, der im übrigen in Anspruch genommen hat.[171] Auch ein Entwicklungsauftrag lässt mangels Bestehens einer Gesellschaft eine Bruchteilsgemeinschaft entstehen.[172] Das Gemeinschaftsverhältnis besteht grds auch am Patent.[173] Die Miterfinder haben je einen ideellen Anteil von nur im Zweifel gleicher Größe[174] (§ 742 BGB). Maßgeblich für die Höhe der Anteile ist die Beteiligung an der erfinderischen Leistung; dabei ist – im Rahmen des Parteivortrags – zunächst der Gegenstand der Erfindung zu ermitteln, sodann sind die Einzelbeiträge der Beteiligten an ihrem Zustandekommen festzustellen, schließlich ist deren Gewicht im Verhältnis zueinander und zur erfinderischen Gesamtleistung abzuwägen;[175] bei deutlich trennbaren Anteilen können auch technische oder wirtschaftliche Gesichtspunkte wie Vorteilhaftigkeit, Bevorzugung bei der praktischen Umsetzung, Wertschätzung am Markt Berücksichtigung finden.[176] Gegenseitiger Austausch der erfinderischen Gedanken kann für gleiche Beteiligung sprechen.[177] Bei der Anwendung der Bestimmungen über die Bruchteilsgemeinschaft ist auf die Besonderheiten der Interessenlagen bei Rechten an Erfindungen, die sich insb aus deren unkörperlicher Natur und der Bedeutung der Geheimhaltung vor Anmeldung ergeben, Rücksicht zu nehmen.[178] Die Heranziehung der Bestimmungen für Miturheber in § 8 Abs 2–4 UrhG bedarf wegen des starken persönlichkeitsrechtl Einschlags und der grds Unübertragbarkeit sorgfältiger Prüfung.[179]

Die **Verwaltung** steht den Teilhabern nach § 744 Abs 1 BGB gemeinschaftlich zu. Hierzu rechnen insb **46** Schutzrechtsanmeldung und -aufrechterhaltung, Vergabe von Lizenzen (Rn 52),[180] Vorgehen gegen Verletzer und gegen Geheimnisverrat (zur Geltendmachung des Übertragungsanspruchs Rn 42 zu § 8). Eine der Beschaffenheit des Gegenstands entspr ordnungsmäßige Verwaltung kann mit sich nach der Größe der Anteile richtende Mehrheit beschlossen werden (§ 745 Abs 1 BGB). Notwendige Erhaltungsmaßnahmen (Gebührenzahlung) kann jeder Teilhaber ohne Zustimmung der anderen treffen[181] (§ 744 Abs 2 BGB); hierzu gehört auch die Benennung eines gemeinsamen Zustellungsbevollmächtigten im Erteilungsverfahren, wenn wegen dessen Fehlens Zurückweisung der Anmeldung droht.[182] Die notwendige, aber verweigerte Mitwirkung eines Teilhabers kann durch gerichtliche Entscheidung ersetzt werden. Bei Verletzung eines

---

167 BGHZ 164, 107 = NJW 2005, 3644 Mitarbeitermodell; BGHZ 164, 98 = NJW 2005, 3641 Managermodell.

168 BGHZ 146, 341 = NJW 2001, 1056.

169 BGH GRUR 2001, 226 f Rollenantriebseinheit I; BGH GRUR 2003, 702 Gehäusekonstruktion; BGHZ 162, 342 = GRUR 2005, 663 gummielastische Masse II; BGH GRUR 2006, 401 Zylinderrohr; BPatG GRUR 2012, 99 f; OLG Karlsruhe GRUR 2004, 322 f; vgl RGZ 76, 298 f = BlPMZ 1911, 248 Berufungsrücknahme des Mitinhabers; RGZ 118, 46 = GRUR 1927, 880 Sauglöffel, RG GRUR 1937, 37 Roto-Riemen, RG GRUR 1938, 256 Kopiermaschinen; RG GRUR 1939, 371 Schleudermaschinen, RG GRUR 1940, 339 Dura-Düse II und öfter; *Benkard* Rn 58; *Schulte* Rn 22; *Mes* Rn 26; *Benkard-EPÜ* Art 60 Rn 21; *Fitzner/Lutz/Bodewig* Rn 34, 36; *Chakraborty/Tilmann* FS R. König (2003), 63, 67, 73; zur Bruchteilsgemeinschaft am Patent LG Frankfurt/M 30.5.2007 6 O 475/06.

170 *Kraßer/Ann* § 19 Rn 55 mNachw der Gegenmeinung in Fn 70; *Fitzner/Lutz/Bodewig* Rn 30, 36.

171 OLG Düsseldorf GRUR-RR 2006, 118 = Mitt 2006, 184; vgl OLG Düsseldorf 1.10.2010 2 U 41/07.

172 Vgl OLG Frankfurt GRUR 1992, 852, 854.

173 BGH GRUR 2015, 1255 Mauersteinsatz; *Haedicke/Timmann* Hdb des Patentrechts § 3 Rn 42 f.

174 BGHZ 73, 337, 343 ff = GRUR 1979, 540 Biedermeiermanschetten; BGH Rollenantriebseinheit I; SstA 15.11.1994 ArbErf 3/93; SstA 7.11.1997 ArbErf 29/96; vgl zur Rechtslage in den Niederlanden RB Den Haag BIE 2003, 163, 165.

175 BGH Biedermeiermanschetten; BGH Rollenantriebseinheit; BGH 12.4.1960 I ZR 98/58; BGH 27.6.1963 Ia ZR 110/63; vgl auch BGH GRUR 1971, 210, 213 Wildverbißverhinderung.

176 BGH Rollenantriebseinheit I mwN; *Fitzner/Lutz/Bodewig* Rn 37.

177 RG GRUR 1941, 152 f Erfindungsgemeinschaft.

178 *Kraßer/Ann* § 19 Rn 59.

179 *Kraßer/Ann* § 19 Rn 61.

180 *Bartenbach/Volz* § 16 ArbEG ziehen insoweit § 747 BGB heran.

181 RGZ 76, 298 f = BlPMZ 1911, 248 Berufungsrücknahme des Mitinhabers.

182 BPatG BlPMZ 1999, 44.

Keukenschrijver

gemeinschaftlichen Patents kann jeder Teilhaber im eigenen Namen auf Unterlassung und auf Schadensersatzleistung an alle Teilhaber klagen[183] (vgl § 8 Abs 2 Satz 3 UrhG).

47 Grds kann jeder Teilhaber die Vornahme der **Anmeldung** verlangen.[184] Für die Frage, ob Patent- oder GbmSchutz erwirkt werden soll, kann § 13 Abs 1 Satz 2 ArbEG herangezogen werden. Die Anmeldung kann im Einzelfall (Gefahr der Veröffentlichung) notwendige Erhaltungsmaßnahme nach § 744 Abs 2 sein;[185] einer verweigerten Mitwirkung, etwa durch Nichterteilung der Vollmacht, kann durch Anmeldung allein im eigenen Namen begegnet werden.[186] Hat ein Teilhaber auf seinen Namen angemeldet, handelt er zwar grds widerrechtl, dies löst jedoch nur einen Anspruch auf Einräumung einer Mitberechtigung und entspr Umschreibung aus. Auch das Nichtigkeitsberufungsverfahren kann von einem Teilhaber allein durchgeführt werden; Rücknahme der Berufung durch einen Teilhaber bewirkt deshalb nur, dass dieser des Rechtsmittels verlustig geht.[187]

48 Die **Benutzung** der gemeinschaftlichen Erfindung durch einen Teilhaber ist nicht verboten,[188] soweit damit die Benutzungsrechte der anderen Teilhaber nicht beeinträchtigt werden (§ 743 Abs 2 BGB),[189] kann aber gegen schuldrechtl Pflichten aus dem Gemeinschaftsverhältnis verstoßen.[190] Der Teilhaber kann zudem, sofern Verwaltung und Benutzung nicht geregelt sind, eine dem Interesse aller Teilhaber nach billigem Ermessen entsprechende Verwaltung und Benutzung verlangen (§ 745 Abs 2 BGB).[191]

49 **Ausgleichsansprüche** des Teilhabers für gezogene Gebrauchsvorteile bestehen nach deutschem Recht (anders zB in Frankreich, Art L 613–29 Buchst a CPI; im VK und in Japan)[192] nur nach Maßgabe einer getroffenen Vereinbarung oder eines Mehrheitsbeschlusses, die ggf auszulegen sind, sowie im Rahmen des § 745 Abs 2 BGB[193] von der Beanspruchung einer Regelung an, soweit es nach billigem Ermessen dem Interesse[194] aller Teilhaber entspricht, dass der selbst Nutzende für Gebrauchsvorteile, die den seinem Anteil entsprechenden Bruchteil übersteigen, einen Ausgleich in Geld leistet;[195] sie ergeben sich insb nicht aus § 743 BGB.[196] Die Einschränkung eigener Verdienstmöglichkeiten durch die Nutzung eines Teilhabers

---

183 *Kraßer* (§ 19 Vb 3) S 350 mwN; *Fitzner/Lutz/Bodewig* § 139 Rn 18; vgl BGH GRUR 2000, 1028 Ballermann, Markensache.

184 Eingehend *Kraßer/Ann* § 19 Rn 68 ff; zur Notwendigkeit von Auslandsanmeldungen RG GRUR 1941, 152 f Erfindungsgemeinschaft (verneinend).

185 Vgl RGZ 117, 47, 50 = BlPMZ 1927, 189 Blechhohlkörper.

186 Einzelheiten bei *Kraßer/Ann* § 19 Rn 73 ff; abl *Henke* (2005) S 105 Fn 356.

187 RGZ 76, 298 ff = BlPMZ 1911, 248 Berufungsrücknahme des Mitinhabers; *Fitzner/Lutz/Bodewig* Rn 40.

188 Str; wie hier SstA 21.3.2002 ArbErf 16/00; *Chakraborty/Tilmann* FS R. König (2003), 63, 75 ff; aA *Sefzig* GRUR 1995, 302, 304; *Kisch* GRUR 1952, 267 f; *Lüdecke* S 210 f; vgl auch SstA 25.7.1995 ArbErf 98/93; SstA 16.5. 2007 ArbErf 12/06.

189 BGHZ 162, 342 = GRUR 2005, 663 gummielastische Masse II mwN; BGH GRUR 2006, 401 Zylinderrohr; BGH GRUR 2009, 657 Blendschutzbehang; OLG Düsseldorf GRUR-RR 2012, 319 f; *Storch* FS A. Preu (1988), 39, 45; vgl BGHZ 167, 118 = GRUR 2006, 754 Haftetikett; OLG München GRUR 2004, 323; *Benkard* Rn 62; *Schulte* Rn 22; *Kraßer/Ann* § 19 Rn 78 mwN; vgl *Mes* Rn 27; vgl auch *Schnorr* S 182 ff; *Tilmann* Neue Überlegungen im Patentrecht, GRUR 2006, 824, 827; aA LG Leipzig GRUR 1940, 355 f; *Sefzig* GRUR 1995, 302, 304; *Lüdecke* S. 210 f.

190 *Kraßer/Ann* § 19 Rn 78.

191 BGH gummielastische Masse II; OLG Düsseldorf GRUR 2014, 1190 (nicht rechtskräftig).

192 *Henke* GRUR 2007, 89, 91.

193 Hierzu *Henke* GRUR 2007, 89, 92 f.

194 *Henke* GRUR 2007, 89, 93 schlägt die Bestimmung der Interessen nach patentrechtl Grundsätzen vor.

195 Vgl *Tilmann* Neue Überlegungen im Patentrecht, GRUR 2006, 824, 828; OLG Düsseldorf GRUR 2014, 1190 (nicht rechtskräftig).

196 BGH gummielastische Masse II; BGH Zylinderrohr; OLG Düsseldorf GRUR-RR 2006, 118 = Mitt 2006, 184; *Benkard* Rn 65; *Mes* Rn 27; *Gennen* FS K. Bartenbach (2005), 335; *Heide* Mitt 2004, 499, 502; vgl *Fitzner/Lutz/Bodewig* Rn 41, 55 f; SstA 16.5.2007 ArbErf 12/06; aA, zT mit dem Argument des Wertverbrauchs, die früher hM, wonach die Benutzung durch einzelne Teilhaber den übrigen gegenüber grds eine Verpflichtung zu Ausgleichszahlungen begründet, so insb *Reimer* § 3 Rn 11; *Benkard*⁹ Rn 35; 6. Aufl Rn 40; *Kraßer/Ann* § 19 Rn 85 ff mwN; *Chakraborty/Tilmann* FS R. König (2003), 63, 78 f, die auch eine Gewinnherausgabe als erfasst ansahen; *Storch* FS Preu (1988), 39, 46 f; *Fischer* GRUR 1977, 313, 316; OLG Düsseldorf 26.6.2008 2 U 61/06; OLG München GRUR 2004, 323 f; LG München I 12.2.2003 21 O 14573/01; LG Düsseldorf 25.3.2004 4a O 331/02, auszugsweise bei *Gennen* FS K. Bartenbach (2005), 335, 348, das einen teilweisen Verbrauch der Rechte aus dem zeitlich befristeten Schutzrecht annahm, LG Nürnberg/Fürth 10.3.2004 3 O 11074/02 und nachfolgend OLG Nürnberg 26.10.2004 3 U 1818/04; dies sollte auch gegenüber Teilhabern gelten, die unter Anteil benutzen, *Kraßer/Ann* § 19 Rn 85; anders für das niederländ Recht RB Den Haag BIE 2001, 16, 20; vgl auch *Bartenbach/Volz* § 9 ArbEG

stellt wie bei sonstigen gemeinschaftlichen Gegenständen[197] keine Beeinträchtigung des Mitgebrauchs der übrigen Teilhaber dar.[198] Auch bei Wettbewerbsbeeinträchtigungen auf dem Markt ist die Grenze des § 743 Abs 2 BGB noch nicht überschritten.[199] Notfalls kann die Auflösung der Gemeinschaft verlangt werden. Erst bei Beeinträchtigung der Rechte der anderen Teilhaber kommen darüber hinaus Ansprüche aus ungerechtfertigter Bereicherung und/oder aus unerlaubter Handlung (Eigentumsverletzung) in Betracht.[200] Das gilt auch, wenn die Bruchteilsgemeinschaft zwischen ArbGb und einem ArbN besteht, für Ausgleichsansprüche gegen den ArbGb.[201] Beeinträchtigungen des Rechts des einzelnen Teilhabers, denen dieser zugestimmt hat, bleiben dagegen möglich.[202] Ein weitergehendes Benutzungsrecht kann sich aus § 42 Nr 3 ArbEG für den nach dieser Bestimmung privilegierten Miterfinder ergeben (vgl Rn 16 zu § 42 ArbEG). An den von der Gemeinschaft gezogenen Früchten (insb Erlösen aus vergebenen Lizenzen) steht jedem Teilhaber ein seinem Anteil entspr Bruchteil nach § 741 Abs 1 BGB zu; die Regelung erfasst aber nicht Gebrauchsvorteile aus befugter Eigennutzung.[203] Die Grundsätze gelten auch, wenn das gemeinschaftliche Recht auf das Schutzrecht nicht zu einem gemeinschaftlichen Recht am Schutzrecht führt.[204]

Kann oder darf der Teilhaber die Erfindung nicht benutzen, kann er seine Ansprüche nach § 745 **50** Abs 2 BGB geltend machen oder die Aufhebung der Gemeinschaft (Rn 53) verlangen.[205] Dies gibt auch dem wirtschaftlich schwachen Teilhaber ein starkes Druckmittel in die Hand.[206]

Jeder Teilhaber kann über seinen **Anteil** ohne Mitwirkung der anderen **verfügen**[207] (§ 747 Satz 1 BGB), **51** solange Geheimhaltungspflicht besteht, jedoch nur unter Wahrung der Geheimhaltung.[208] Ein Vorbehalt des Benutzungsrechts oder eine Aufspaltung des Anteils kommen nicht in Betracht.[209] Ein Vorkaufsrecht steht den übrigen Teilhabern nicht zu (anders in Frankreich: Art L 613-29 Buchst e CPI).[210] In Analogie zu § 8 Abs 4 UrhG sollte ein Verzicht mit Anwachsung bei den übrigen Teilhabern anerkannt werden[211] (Rn 19 zu § 20; Rn 85 zu § 30; Rn 21 zu § 16 ArbEG; vgl Rn 7 zu § 34; so auch die Regelung in Art 52 Abs 3 lux PatG 1992/1998).

Verfügungen im Ganzen können nur mit Einverständnis aller Teilhaber erfolgen (§ 747 Abs 2 **52** BGB).[212] Die Einräumung von Lizenzen bedarf des Einverständnisses aller Teilhaber,[213] zu dem ein Mehrheitsbeschluss oder ein Anspruch aus § 745 Abs 2 BGB verpflichten kann. Die Lizenzerteilung durch einen Teilhaber ist den übrigen gegenüber unwirksam (sehr str).[214] Fehlende Berechtigung eines Dritten, der sein

---

Rn 315; eingehend zur Problematik *Heide* Mitt 2004, 499; *Henke* GRUR 2007, 89 ff; zur Rechnungslegungspflicht RG GRUR 1941, 152 f Erfindungsgemeinschaft.

197 BGH NJW 1966, 1707 f.

198 *Benkard* Rn 65.

199 Zwd *Tilmann* Neue Überlegungen im Patentrecht, GRUR 2006, 824, 827; kr auch *Henke* GRUR 2007, 89 ff.

200 BGH gummielastische Masse II; vgl hierzu *Tilmann* Neue Überlegungen im Patentrecht, GRUR 2006, 824, 827.

201 OLG Düsseldorf GRUR-RR 2006, 118 = Mitt 2006, 184.

202 BGH Zylinderrohr.

203 BGH gummielastische Masse II.

204 BGH Zylinderrohr.

205 BGHZ 162, 342 = GRUR 2005, 663 gummielastische Masse II mwN; OLG Düsseldorf GRUR 2014, 1190 (nicht rechtskräftig); vgl OLG Düsseldorf 1.10.2010 2 U 41/07; kr *Tilmann* Neue Überlegungen im Patentrecht, GRUR 2006, 824, 828.

206 Zwd insoweit *Henke* GRUR 2007, 89, 91; vgl auch *Kasper* Mitt 2005, 488 f.

207 BGH GRUR 2001, 226 f Rollenantriebseinheit I.

208 *Kraßer/Ann* § 19 Rn 92; *Fitzner/Lutz/Bodewig* Rn 44.

209 *Kraßer/Ann* § 19 Rn 95.

210 *Kraßer/Ann* § 19 Rn 97, der aber im Einzelfall Bindungen des Teilhabers nach §§ 138, 826, 226 BGB bejaht und den Grundsatz von Treu und Glauben heranzieht; zum Vorkaufsrecht in Frankreich TGI Paris PIBD 2000 III 361.

211 So auch *Bühring* § 23 GebrMG Rn 63; vgl *Kraßer/Ann* § 19 Rn 98 (Auslegung als Übernahmeangebot); aA *Henke* (2005) S 183 f; *Hühnerbein* S 36 f; vgl aber BayObLG NJW 1991, 1962 zur Eigentumsaufgabe beim Wohnungseigentum.

212 Vgl *Fitzner/Lutz/Bodewig* Rn 41.

213 *Benkard* Rn 67; *Kraßer/Ann* § 19 Rn 99 mwN; *Bartenbach/Volz* GRUR 1978, 668, 675; *van Venrooy* Mitt 2000, 26 ff, der zutr auf die Nichtanwendbarkeit der Regelung des § 743 Abs 2 BGB verweist; OLG Karlsruhe 22.10.2014 6 U 127/13 undok; LG Düsseldorf GRUR 1994, 53, 56; LG Düsseldorf 16.6.2011 4a O 45/10; aA OLG München GRUR 2004, 323 f; *Fischer* GRUR 1977, 313, 317; *Chakraborty/Tilmann* FS R. König (2003), 63, 77 f; zum Streitstand auch *Bartenbach/Kunzmann* FS 200 Jahre Carl Heymanns Verlag (2015), 329, 340 f.

214 LG Leipzig GRUR 1940, 355 ff; aA *Chakraborty/Tilmann* FS R. König (2003), 63, 65 ff; *Henke* GRUR 2007, 89, 95; *Tilmann* Neue Überlegungen im Patentrecht, GRUR 2006, 824, 828 stellt auf die Grenze des § 743 Abs 2 BGB ab.

Benutzungsrecht zu Unrecht vom Mitinhaber ableitet, ist danach Patentverletzung und nicht nur Vertragsverletzung.

53   **Aufhebung der Gemeinschaft** können die Teilhaber jederzeit verlangen (§ 749 Abs 1 BGB); entgegen einer in der Lit verbreiteten Auffassung[215] gelten hier grds keine Besonderheiten.[216] Die Aufhebung erfolgt durch Verkauf und Teilung des Erlöses, mangels anderweitiger Einigung nach den Regeln des Pfandverkaufs (§ 753 Abs 1 Satz 1 BGB).

III. Parallelerfinder (Doppelerfinder)[217]

54   Bei Parallelerfindungen steht das Recht auf das Patent dem Erfinder zu, der die Erfindung zuerst, dh mit dem frühesten Zeitrang, beim DPMA angemeldet hat (Satz 3).[218] Eine grds übereinstimmende Regelung enthält Art 60 Abs 2 EPÜ.

55   Den Konflikt zwischen den Parallelerfindern regeln das dt wie das eur Recht nach dem Zeitrang der Anmeldung (**„first-to-file"**-Grundsatz). Dagegen knüpft das US-amerikanische Recht an die Erfindungspriorität (**„first-to-invent"**-Grundsatz) an; ein Abgehen hiervon war ein wesentliches Bemühen internat Harmonisierungsbestrebungen (Rn 6); das Problem ist immerhin dadurch entschärft, dass die USA als Zeitpunkt der Schaffung der Erfindung seit Inkrafttreten des TRIPS-Übk auch Handlungen im Ausland anerkennen.[219] Für die Anknüpfung an den Zeitpunkt der Anmeldung spricht neben Ermittlungsschwierigkeiten bei der Feststellung des ersten Erfinders auch der Gesichtspunkt, dass erst die Offenbarung der Erfindung eine Belohnung rechtfertigt.[220]

56   Der **weitere Anmelder** hat zunächst unabhängig vom ersten Anmelder ein Recht auf das Patent. Str ist, ob er dieses erst mit der Patenterteilung aufgrund der Erstanmeldung verliert[221] oder bereits mit der Veröffentlichung der früheren Anmeldung[222] entspr der Regelung in Art 60 Abs 2 EPÜ. Die Frage stellt sich indes so nicht. Satz 3 stellt nach geltendem Recht weder einen Zurückweisungs- noch einen Widerrufs- oder Nichtigkeitsgrund dar.[223] Die weitere Anmeldung ist vielmehr im Verhältnis zur früheren allein an §§ 3, 4 zu messen. Demnach ist die nicht vorveröffentlichte frühere Anmeldung nur relevant, wenn sie nach § 3 Abs 2 neuheitsschädlich ist (und die Neuheitsschonfrist nicht eingreift); ist sie vorveröffentlicht, gehört sie gegenüber der weiteren Anmeldung zum StdT.[224] Im übrigen bestimmt sich das Verhältnis untereinander nach dem Altersrang (Rn 21 ff zu § 9; „positives Benutzungsrecht").[225] Satz 3 wirkt damit nur im Verhältnis der verschiedenen Anmelder bzw der abgeleitet Berechtigten und hat auch insoweit nur deklaratorische Bedeutung.

57   Unter dem Gesichtspunkt des **„Prioritätsschutzes"** soll ein Rechtsschutzbedürfnis für die Fortsetzung des Erteilungsverfahrens für den Erstanmelder auch nach Ablauf der Schutzdauer begründet sein;[226] dieser Konstruktion bedarf es nicht, weil der Erteilungsanspruch mit Ablauf der Schutzdauer nicht untergeht.

---

215   *Reimer* § 3 Rn 11; *Klauer/Möhring* § 3 Rn 18; *Fischer* GRUR 1977, 313, 318; *Wunderlich* S 136 f; *Niedzela-Schmutte* (1998) S 166, grds auch *Sefzig* GRUR 1995, 302, 306; nach *Mes* Rn 28 kann unter Hinweis auf *von der Groeben* GRUR 2014, 113, 117 die Aufhebungsmöglichkeit bei Gemeinschaft aus ArbGb und ArbN kritisch zu bewerten sein.

216   BGHZ 162, 342 = GRUR 2005, 663 gummielastische Masse II; *Kraßer/Ann* § 19 Rn 101; *Storch* FS A. Preu (1988), 39, 42.

217   Zu betrieblichen Parallelerfindungen (Doppelerfindungen) vgl OLG München GRUR 1993, 661 sowie SstA 10.10.1996 ArbErf 34/94 und LG Düsseldorf 29.12. 1999 4 O 414/98 Entsch 2000, 8, 12 f (auch zum Fall der Konzernverbundenheit), die hinsichtlich der Vergütung auf die Priorität der Erfindungsmeldung abstellen.

218   Ebenso *Fitzner/Lutz/Bodewig* Rn 65.

219   Vgl *Bardehle* Ein neuer Anlauf zur weltweiten Harmonisierung des Patentrechts, GRUR 1998, 182 ff, dort auch zu weiter bestehenden Nachweisschwierigkeiten im Rahmen von „Interference"-Verfahren; allg zum „first-to-invent"-Grundsatz *Roberts* Paper, Scissors, Stone, EIPR 1998, 89.

220   Vgl *Kraßer/Ann* § 19 Rn 46 f.

221   So *Schulte*[8] Rn 23; weiterhin nicht ganz klar *Benkard* Rn 40; vgl zum Wegfall vor Erteilung DPA Mitt 1958, 56 f.

222   *Kraßer/Ann* § 19 Rn 48.

223   So auch *Mes* Rn 30; ähnlich jetzt *Schulte* Rn 26, abw noch *Schulte*[8].

224   Im Ergebnis wohl ebenso *Benkard-EPÜ* Art 60 Rn 30; *Mes* Rn 30 f.

225   Ebenso *Fitzner/Lutz/Bodewig* Rn 66.

226   Vgl BPatGE 12, 119, 121; BPatG 24.2.1981 12 W (pat) 198/78 BB 1982, 1380 Ls.

Die **Darlegungs- und Beweislast** dafür, dass eine Parallelerfindung vorliegt, trifft den, der im Pro- 58
zess auf § 8 gestützte Ansprüche geltend macht; der Beweis ist grds nicht geführt, solange die Möglichkeit
offen bleibt, dass die Erfindung unabhängig vom Anspruchsteller gemacht worden ist, allerdings reicht
die mehr oder weniger theoretische Möglichkeit des Vorliegens einer Parallelerfindung ebenso wenig wie
die pauschale Erklärung, der Anmelder sei als hervorragender Fachmann in der Lage, den nicht
allzu fernliegenden Erfindungsgedanken ebenfalls aufzufinden, grds nicht aus.[227] Hat der Anspruchsteller
dargelegt, dass er die in Anspruch genommene Lehre entwickelt und dem späteren Anmelder vor dessen
Anmeldung mitgeteilt hat, hat der Anmelder konkret darzulegen, wann und wie er die in Streit stehende
Erfindung unabhängig von den ihm mitgeteilten Informationen gemacht haben will.[228]

D. Steuer- und bilanzrechtliche Fragen

Schrifttum: *Baldus/Heckmann* Zur ökonomischen Bewertung von Patenten in Unternehmen: eine Betrachtungsweise unter Einbeziehung des Unternehmensumfeldes, Mitt 2015, 444; *Blöchle/Menninger* The Patent Box: tax regimesd in
Europe, Mitt 2015, 166; *Christiansen* Die bilanzsteuerliche Behandlung der Diensterfindungen, StBp 1982, 41; *Ensthaler/
Strübbe/Zech* Verwertungsstrategien für Erfindungen: Patentbewertung als rechtliche und betriebswirtschaftliche Entscheidungsgrundlage, WRP 2006, 1157; *Felix* Rechtspolitische Problematik des Auslaufens der steuerlichen Erfinderver-
schonungen, BB 1988, 812; *Felix/Stahl* Erfinder in der Besteuerungspraxis², 1981; *Gehm* Ertragsteuerliche Behandlung von
Erfindungen und Patenten, D-spezial 2003, Nr 23, 1; *Gehm* Patente und Erfindungen im Steuerrecht – ein Überblick, Mitt
2011, 410; *Gräber* Zusammentreffen mehrerer tariflicher Begünstigungen im Einkommensteuerrecht, Deutsche Steuer-
Zeitung Ausgabe A 1974, 247; *Grünewald/Köllner/Petersen/Wurzer/Zwirner* Bilanzierung von Patenten, 2010; *Grüne-
wald/Wurzer* Monetäre Patentbewertung nach DIN 77100 mit Anwendungsfällen für die praktische Bewertung, 2012;
Haböck Die Berechnung des Wertes einer Erfindung, 1926; *Kasperzak/Witte* Monetäre Patentbewertung auf Basis der
Lizenzpreisanalogie, DStR 2009, 1549; *Korn* Wegfall der steuerlichen Erfindervergünstigungen: Gestaltungsmöglichkeiten
in 1988 und danach, Kölner Steuerdialog 1988, 7417; *Kulhavy* Erfindungs- und Patentlehre: Methodik der Bewertung von
Erfindungen und Patenten, 2010; *Menninger* Neue Standards zur Bewertung von Patenten und Technologien, GRURPrax
2012, 102; *Menninger/Wurzer* Bewertungsstandards für Patente und Marken, 2014; *Mohr* Die Besteuerung der Erfinder und
Erfindungen, 1985; *Neuburger* Die Bewertung von Patenten, Diss. Univ. München 2005; *Reese* Die Bewertung von Immate-
rialgüterrechten, Diss Kiel 2005; *Rings* Patentbewertungen – Methoden und Faktoren zur Wertermittlung technischer
Schutzrechte, GRUR 2000, 839; *Schmitz-Sinn* Die einkommensteuerliche Behandlung der freien Erfinder, Diss Köln 1972;
Schwendy/Keßler Erfindungen, LSW Gruppe 4/97 (1984); *Stahl* Lizenzen, Know-how und Erfinder im Steuerrecht, Kölner
Steuerdialog 1984, 5628; *Straus* Zur Anwendbarkeit der Erfinderverordnung zum Sortenschutz für Pflanzenzüchtungen
freier Erfinder, GRUR 1986, 767; *von Oppen* Patente bewerten – Gedanken zur monetären Bewertung von Patenten, Tagungsband 17./18. Freiberger Seminar zur Praxis des Gewerblichen Rechtsschutzes (2011), 85; *von Oppen* Eine DIN-Norm
zur monetären Bewertung von Patenten: DIN 77100 „Patentbewertung – monetäre Bewertung von Patenten", Mitt 2012,
486; *Wurzer/Reinhardt* Bewertung technischer Schutzrechte², 2009.

I. Aktivierung

Unternehmen können Patente bilanzieren. Dies regelt der mWv 29.5.2009 neu in das Gesetz einge- 59
stellte **§ 248 Abs 2 HGB:**

(2) [1]Selbst geschaffene immaterielle Vermögensgegenstände des Anlagevermögens können als Aktivposten in die
Bilanz aufgenommen werden. [2]Nicht aufgenommen werden dürfen selbst geschaffene Marken, Drucktitel, Verlags-
rechte, Kundenlisten oder vergleichbare immaterielle Vermögensgegenstände des Anlagevermögens.

Ein nicht entgeltlich von einem Dritten erworbenes, sondern vom Steuerpflichtigen selbst hergestelltes immaterielles Wirtschaftsgut des Anlagevermögens, zB ein Patent, ist bereits als Vermögensgegenstand und Wirtschaftsgut entstanden; es kann deshalb Gegenstand einer Entnahme iSd § 4 Abs 1 Satz 2
EStG sein.[229]

---

227   BGHZ 72, 236 = GRUR 1979, 145 Aufwärmvorrichtung; BGH GRUR 2001, 823, 825 Schleppfahrzeug.
228   BGH Schleppfahrzeug.
229   BFHE 177, 408 = BB 1985, 1791.

Keukenschrijver

II. Bewertung[230]

60   Die Bewertung betrifft die DIN 77100. Bei der Ermittlung des Teilwerts einer patentierten Erfindung aufgrund von Ertragswertüberlegungen ist der nach den Verhältnissen des Feststellungszeitpunkts in Zukunft voraussichtlich zu erzielende durchschnittliche Jahresertrag idR aus dem rechnerischen Durchschnitt der Erträge der letzten drei Jahre vor dem Feststellungszeitpunkt zu ermitteln.[231] Die Tatsache, dass eine geschützte Erfindung durch ein Zusatzpatent verbessert wurde, rechtfertigt es regelmäßig nicht, die durch Zusatzpatent verbesserte Erfindung als eine neue Erfindung im Verhältnis zur ursprünglichen Erfindung anzusehen. Bei der Bewertung von Patenten hat sich die Ertragswertermittlung nach der Lizenzanalogie durchgesetzt,[232] insoweit kann auf die Grundsätze zur Bestimmung des Erfindungswerts nach dem ArbEG verwiesen werden. Die bisherigen Grundsätze[233] können mit Ausnahme der zugrunde zu legenden Nutzungsdauer, insb zur Kapitalisierung, weiterhin herangezogen werden.[234] Die Teilwertdefinition des § 6 Abs 1 Satz 3 EStG gilt mangels gegenteiliger Regelung in § 6 Abs 1 Nr 5 EStG grds auch für die Einlage eines immateriellen Wirtschaftsguts; das know-how und die ungeschützte Erfindung können jederzeit von Dritten verwendet werden, ein ihnen beizumessender Wert ergibt sich nur daraus, dass sie Dritten unbekannt sind; ist das Spezialwissen nicht mehr geheim, kommt ihnen iSd Teilwertdefinition kein Wert mehr zu.[235] Werden für eine Erfindung in mehreren Ländern Patente erteilt, sind die einzelnen Patente verschiedene Wirtschaftsgüter.[236]

III. Zurechnung[237]

61   Die Erfindertätigkeit als solche ist farblos;[238] sie kann bereits in der Entwicklungsphase einer selbstständigen, gewerblichen oder land- und forstwirtschaftlichen Tätigkeit zuzurechnen sein, aber auch im Rahmen einer Liebhaberei entwickelt werden oder sich (ausnahmsweise) als Zufallserfindung darstellen; in den beiden letztgenannten Fällen gehört sie bis zur Einlage in einen Betrieb zum Privatvermögen.[239] Erlöse aus einer – insb bei branchenfremden Erfindern in Betracht kommenden – Zufallserfindung sind nicht nach § 22 Nr 2, 3 EStG steuerbar; allein die Patentanmeldung führt noch nicht zu einer nachhaltigen Tätigkeit.[240] Der Begriff der Zufallserfindung dient dabei ausschließlich dazu, die nur gelegentliche und damit nichtsteuerbare von der nachhaltigen und steuerbaren Tätigkeit eines Erfinders abzugrenzen.[241] Ist Gewinnerzielungsabsicht bei Beginn der Tätigkeit nicht gegeben, liegt Liebhaberei vor.[242] Planmäßige Erfindertätigkeit ist regelmäßig freie Berufstätigkeit iSd § 18 Abs 1 Nr 1 EStG.[243] Einkünfte aus Erfindertätigkeit sind dann Einkünfte aus sonstiger selbstständiger Arbeit, wenn es nach einem spontan geborenen Gedanken einer weiteren Tätigkeit bedarf, um die Erfindung bis zur Verwertungsreife zu fördern.[244] Ist die Erfindertätigkeit eines Gewerbetreibenden untrennbar mit der gewerblichen Tätigkeit verbunden, bleibt die Gesamttätigkeit, auch wenn die Einkünfte aus der Vergabe von Lizenzen die sonstigen gewerblichen Einkünfte überwiegen, im allg gewerblicher Natur.[245] Das auf einer Erfindung beruhende Patent ist nicht stets notwendiges Betriebsvermögen einer freiberuflichen (erfinderischen) Tätigkeit. Es kann (bei eigen-

---

230   Vgl auch BFHE 177, 128 = DB 1995, 1445.

231   BFHE 99, 233 = BB 1970, 1165.

232   *Goddar* Mitt 1995, 357, 361; vgl zu den verschiedenen Bewertungsmethoden *Rings* GRUR 2000, 839, 842 ff.

233   BFHE 99, 233 = BB 1970, 1165.

234   *Goddar* Mitt 1995, 357, 363 mit Berechnungsbeispiel S 364.

235   BFH/NV 1993, 595.

236   BFHE 119, 410 = BStBl 1976 II 666.

237   S auch BFHE 66, 544 = BB 1958, 437 (perönliche Ausübung der Erfindertätigkeit, keine Begünstigung des Erben), BFHE 82, 126 = BB 1965, 939 (Übertragung von Lizenzeinkünften auf Miterfinder).

238   BFHE 98, 144 = BB 1970, 569; BFH/NV 2003, 1311.

239   BFH/NV 1995, 102 mwN.

240   BFHE 203, 448 = HFR 2004, 233 unter Hinweis auf BFHE 186, 351 = BB 1998, 2190; FG Hamburg Mitt 2004, 130.

241   BFH 20.10.2003 XI B 225/02, Volltext in juris.

242   BFH/NV 2005, 1556 (PKH-Entscheidung).

243   BFHE 88, 166 = BStBl 1967 III 310; BFHE 125, 280 = BB 1978, 1100.

244   BFH/NV 2003, 1406; vgl auch BFH/NV 2003, 1311, zu Einkünften aus Vermietung und Verpachtung bei zeitlich begrenzter Nutzungsüberlassung.

245   BFHE 98, 176 = BB 1970, 569.

gewerblicher Verwertung der Erfindung) notwendiges oder (bei Verwertung durch Vergabe von Lizenzen) gewillkürtes gewerbliches Betriebsvermögen sein.[246] Gemeinschaftliche Erfindertätigkeit von Freiberuflern lässt die Erfindung notwendiges Betriebsvermögen einer stillschweigend gegründeten Gesellschaft bürgerlichen Rechts werden.[247] Die Bruchteilsgemeinschaft, der die Erfindung überlassen wurde, kann Besitzgesellschaft im Rahmen einer Betriebsaufspaltung sein.[248] Absatzabhängige lfd Erfindervergütungen sind beim ArbGb auch dann als Betriebsausgaben abzugsfähig, wenn der ArbN als Gesellschafter in das Unternehmen eingetreten ist.[249]

Die **Zurechnung zu den gewerblichen Einkünften** setzt regelmäßig Verwertung[250] im eigenen Gewerbebetrieb[251] sowie gewerbliche Betätigung im Schutzbereich der Erfindung[252] voraus; nicht erforderlich ist, dass auch der Vertrieb im eigenen Gewerbebetrieb erfolgt.[253] Die bei Herstellung durch eine vom Erfinder beherrschte Kapitalgesellschaft erzielten Lizenzeinnahmen sind Einnahmen aus Gewerbebetrieb.[254] Ein ungeschütztes Erfinderrecht ist unbeschadet der Möglichkeit, es territorial begrenzt nutzen zu können, jedenfalls dann einheitlich dem gewerblichen Betriebsvermögen zuzuordnen, wenn der Erfinder im Rahmen einer Betriebsaufspaltung der Betriebsgesellschaft das Recht einräumt, selbstständige Lizenzverträge über die Erfindung mit allen denkbaren in- und ausländ Partnern abzuschließen; die Lizenzvergabe stellt in einem solchen Fall keine Nutzungsentnahme dar.[255] **62**

Bei einer **Betriebsaufspaltung** kommt es darauf an, ob die Wirtschaftsgüter ihrer Art nach auf die besonderen Bedürfnisse des Betriebs zugeschnitten oder für den Betrieb notwendig sind, nicht auch darauf, dass sie „die" wesentliche Grundlage der Betriebskapitalgesellschaft darstellen, wenn sie nur „eine" wesentliche Betriebsgrundlage sind; dies gilt auch bei der „unechten" Betriebsaufspaltung.[256] **63**

Ob eine **während eines Arbeitsverhältnisses** gemachte Erfindung während der Entwicklungsphase dem Bereich der nichtselbstständigen oder der selbstständigen Tätigkeit zuzurechnen ist, richtet sich nach den Umständen des Einzelfalls, insb danach, ob es sich um eine Diensterfindung handelt; erwirbt der ArbGb das Nutzungsrecht an einer freien oder frei gewordenen Erfindung, erzielt der ArbN insoweit nebenberuflich Einkünfte aus selbstständiger Tätigkeit.[257] **64**

IV. Freie Erfinder

Die Einkünfte der freien Erfinder aus Erfindertätigkeit waren vor dem 1.1. 1989 nach Maßgabe der **VO über die einkommensteuerliche Behandlung der freien Erfinder** vom 30.5.1951 (ErfV,[258] zuletzt geänd durch das Steuerbereinigungsgesetz 1985)[259] steuerbegünstigt; Näheres s *5. Aufl.* Für **Einkünfte, die ab dem 1.1.1989 zugeflossen sind**, besteht keine Vergünstigung mehr. Verfassungsrechtl Bedenken sind gegen die Abschaffung der Vergünstigung auch ohne Übergangsregelung nicht zu erheben.[260] Bei freier Erfindertätigkeit ist eine längere Verlustphase für sich allein grds noch kein hinreichendes Beweisanzei- **65**

---

246   BFHE 98, 144 = BB 1970, 569.
247   BFH/NV 2001, 1547.
248   BFH/NV 2006, 1266 und Parallelentscheidung mwN; FG Hannover 28.4.2005 16 K 10261/00 und Parallelentscheidung.
249   BFHE 118, 430 = DB 1977, 317.
250   Zum Beginn der Verwertung BFHE 100, 512 = BB 1971, 254; BFHE 102, 482 = BB 1971, 1354.
251   BFHE 70, 504 = BB 1960, 544; BFH BB 1963, 593; BFHE 98, 176 = BB 1970, 569; BFHE 97, 369 = BStBl 1970 II 187; Betriebsaufspaltung BFHE 121, 468 = BB 1977, 877 unter Aufgabe von BFHE 99, 533 = BB 1970, 1337; BFHE 109, 510 = BB 1973, 1100; BFHE 125, 280 = BB 1978, 1100.
252   BFHE 109, 510 = BB 1973, 1100.
253   BFHE 97, 369 = BStBl 1970 II 187; vgl auch BFH DB 1989, 1115; BFH DB 1992, 659.
254   BFHE 125, 280 = BB 1978, 1100; vgl BFHE 102, 473 = BB 1971, 1355 und BFHE 102, 482 = BB 1971, 1354.
255   BFHE 172, 341 = DB 1994, 258.
256   BFHE 125, 280 = BB 1978, 1100.
257   BFH/NV 1995, 102 mwN.
258   BGBl I S 387.
259   BGBl I S 1493.
260   BFHE 183, 146; Verfassungsbeschwerde nicht angenommen, BVerfG 10.10.1997 2 BvR 1393/97; vgl BVerfGE 81, 108.

Keukenschrijver

chen für das Fehlen einer Gewinnerzielungsabsicht.[261] Darlehnszinsen im Zusammenhang mit der Erfindertätigkeit können nur berücksichtigt werden, wenn sie abgeflossen sind.[262]

66   **V. Die steuerliche Förderung von F+E-Aktivitäten** erfolgt im eur Raum über nationale Patentboxen.[263]

§ 7
(Formelle Patentberechtigung; Nachanmelderecht)

(1) Damit die sachliche Prüfung der Patentanmeldung durch die Feststellung des Erfinders nicht verzögert wird, gilt im Verfahren vor dem Patentamt der Anmelder als berechtigt, die Erteilung des Patents zu verlangen.

(2) Wird ein Patent auf Grund eines auf widerrechtliche Entnahme (§ 21 Abs. 1 Nr. 3) gestützten Einspruchs widerrufen oder führt der Einspruch zum Verzicht auf das Patent, so kann der Einsprechende innerhalb eines Monats nach der amtlichen Mitteilung hierüber die Erfindung selbst anmelden und die Priorität des früheren Patents in Anspruch nehmen.

Ausland: Belgien: Abs 1 entspricht Art 8 Abs 3 PatG 1984; **Frankreich:** Art L 611-6 Abs 3 CPI; **Italien:** vgl Art 125, 128 CDPI; **Luxemburg:** vgl Art 14 PatG 1992/1998; **Niederlande:** Abs 1 entspricht Art 8 ROW 1995; **Österreich:** vgl § 5 Abs 1 öPatG (1984), § 5 Abs 2 öPatG (Kettenentnahme), § 106 öPatG (1994, Patentanmeldung des Einsprechenden); **Schweiz:** Abs 1 entspricht Art 4 PatG; **Serbien:** vgl Art 32 PatG 2004; **Slowenien:** Art 73, 74 GgE; **Spanien:** Art 10 Abs 4, Art 11 PatG; **Türkei:** Art 11 Abs 4, 12 VO 551; **VK:** vgl Sec 9 Patents Act

Schrifttum (s auch die Hinweise vor § 34): *Dunkhase* Die Entnahmepriorität, MuW 26, 374; *Giebe* Widerrechtliche Entnahme im Erteilungs- und Einspruchsverfahren, Mitt 2002, 301; *Hirsch* Das Recht aus der Erfindung, 1930; *Hoffmann* Das Recht des Erfinders, Schriftenreihe der JW (1936); *Hüfner* Die zivilistische Anmeldung als Grundlage der Priorität, GRUR 1913, 145; *Nicolai* Erstanmelder- oder Ersterfinderprinzip: eine vergleichende Untersuchung des deutschen und amerikanischen Patentrechts, GRUR Int 1973, 169; *Schade* Der Erfinder, GRUR 1977, 390; *Zeunert* Der Gegenstand der Anmeldung und der Umfang der zulässigen Änderung des Patentbegehrens vor der Bekanntmachung, GRUR 1966, 405, 465.

A. Allgemeines

I. Entstehungsgeschichte, Anwendungsbereich

1   Abs 1 stimmt mit § 4 Abs 1 PatG 1936 überein. § 4 Abs 2 PatG 1936 legte das frühere Doppelpatentierungsverbot fest und ist durch die jetzt in § 3 Abs 2 enthaltene Regelung ersetzt worden; zum früheren Recht 6. *Aufl* Rn 167 ff zu § 3. § 4 Abs 3 Satz 1 PatG 1936 enthielt die nunmehr in § 21 eingestellte Regelung

---

261   BFH/NV 2001, 12.
262   BFH/NV 2000, 1191.
263   Näher *Blöchle/Menninger* Mitt 2015, 166; zur Verlagerung der Besteuerung insb in die BENELUX-Länder Der Spiegel Nr 46/2015 S 28.

der widerrechtl Entnahme. Der jetzige Abs 2 entspricht sachlich § 4 Abs 3 Satz 2 PatG 1936. Die Bestimmung hat ihre geltende Bezeichnung durch die Neubek 1981 erhalten.

II. EPÜ

Der Regelung in Abs 1 entspricht **Art 60 Abs 3 EPÜ**.   2

Die Rechte des **wahren Berechtigten** sind in **Art 61 EPÜ** abw geregelt; hierzu Art II § 5 IntPatÜG.   3

B. Formelle Patentberechtigung

„Um auszuschließen, dass das patentamtliche Verfahren durch Ermittlungen über die Urheberschaft 4 an der Erfindung irgendwie erschwert oder verzögert wird",[1] bestimmt Abs 1, dass der Anmelder im Verfahren vor dem DPMA stets als Berechtigter gilt („Anmelderfiktion"), und dass ihm demgem aus der Anmeldung als Verfahrenshandlung ein öffentlich-rechtl Anspruch auf Patenterteilung entsteht.[2] Die Berechtigung des Anmelders wird für das Erteilungsverfahren unwiderlegbar vermutet.[3] Das PatG knüpft die Erlangung des „Anspruchs auf Erteilung des Patents" an die Tatsache der Erstanmeldung einer Erfindung („Erstanmelderprinzip", „first to file").[4] Dagegen galt in den USA bis zum Inkrafttreten des Leahy-Smith America Invents Act das „Ersterfinderprinzip" („first to invent").[5] Die materielle Berechtigung des Erfinders oder seines Rechtsnachfolgers[6] wird durch die Regelung nicht berührt.[7] Das DPMA darf einen Mangel der Sachbefugnis, auch wenn er ihm bekannt wird, nicht berücksichtigen;[8] dies gilt grds auch gegenüber einer widerrechtl Entnahme[9] (anders im SortRecht). Patenterteilung an den nicht berechtigten Anmelder führt zu einem wirksamen Patent, nicht zu einem Scheinrecht.[10] Abs 2 schafft mit dem Nachanmelderecht eine Abhilfe gegen die Folgen der strikten Anwendung des Anmelderprinzips.[11]

Die Anmelderfiktion soll auch bewirken, dass bei **Rechtsübergängen** grds von der Berechtigung des 5 in der fraglichen Patentschrift aufgeführten Anmelders auszugehen ist.[12]

Streitigkeiten über die Urheberschaft an der Erfindung sind vor den **ordentlichen Gerichten** auszu- 6 tragen (vgl § 8).

C. Die widerrechtliche Entnahme ist in § 21 Abs 1 Nr 3 definiert. Danach kommt des darauf an, ob 7 der wesentliche Inhalt des Patents den Beschreibungen, Zeichnungen, Modellen, Gerätschaften oder Einrichtungen eines anderen oder einem von diesem angewendeten Verfahren ohne dessen Einwilligung entnommen ist. Zu Einspruch und Nichtigkeitsklage aufgrund widerrechtl Entnahme Rn 40 ff zu § 21.

D. Nachanmeldung

I. Nachanmelderecht

1. Voraussetzungen. Das Recht des Erfinders oder seines Rechtsnachfolgers auf das Patent ist durch 8 die Anmeldung eines nichtberechtigten Dritten gefährdet, weil die ältere Anmeldung nach § 3 zum StdT rechnen kann; dem trägt das Nachanmelderecht Rechnung.[13] Unter bestimmten Voraussetzungen hat der

---

1   Begr BlPMZ 1936, 104.

2   Vgl BGHZ 47, 132 = GRUR 1967, 477 UHF-Empfänger II.

3   BPatGE 24, 54, 57; BPatGE 41, 192, 195; unklar *Fitzner/Lutz/Bodewig* Rn 2: unwiderlegbare Fiktion; aA *Benkard* Rn 3; *Schulte* Rn 6; *Mes* Rn 1: fingiert.

4   BGHZ 37, 219 = GRUR 1962, 642 Drahtseilverbindung.

5   Zu dessen Ersetzung durch das Erstanmelderprinzip Hinweis BlPMZ 2011, 363; vgl auch *Gupta/Feerst* EIPR 2012, 60.

6   *Benkard* Rn 2; *Fitzner/Lutz/Bodewig* Rn 1.

7   BGHZ 39, 389 = GRUR 1964, 20 Taxilan; BGH GRUR 1969, 35 f Europareise; *Fitzner/Lutz/Bodewig* Rn 2.

8   BPatGE 41, 192, 195; str, Nachweis des im Jahr 1936 lebhaft diskutierten Streitstands bei *Benkard* Rn 3; vgl *Schulte* Rn 8; *Fitzner/Lutz/Bodewig* Rn 3.

9   Vgl BGHZ 135, 298 = GRUR 1997, 890 f Drahtbiegemaschine.

10   OLG Düsseldorf BB 1970, 1110; *Mes* Rn 1.

11   Vgl *Mes* Rn 2.

12   BPatG 6.3.2012 3 Ni 14/10 (EU), zu Art 60 EPÜ.

13   Vgl BGHZ 135, 298 = GRUR 1997, 890 f Drahtbiegemaschine; kr zur Regelung *Schulte* Rn 10.

Einsprechende (nicht auch der Nichtigkeitskläger)[14] ein eigenes prioritätsbegünstigtes Anmelderecht (Abs 2 Satz 2); ob die Regelung ein subjektives Recht auf Feststellung der Entnahme im Einspruchsverfahren begründet oder insoweit nur Reflexwirkungen entfaltet (so 6. *Aufl*), ist bisher höchstrichterlich nicht entschieden (das subjektive Recht bejahend Rn 278 zu § 59, Rn 102 zu § 73);[15] werden Entnahme und fehlende Schutzfähigkeit nebeneinander geltend gemacht, kann allein über die Schutzfähigkeit entschieden werden;[16] der Erfinder ist durch die Möglichkeit, vom Entnehmer Schadensersatz zu verlangen, nicht rechtlos gestellt. Das Nachanmelderecht setzt voraus, dass das Patent wegen widerrechtl Entnahme (und nicht wegen eines im Rahmen des Einspruchsverfahrens geprüften anderen Einspruchsgrunds) widerrufen worden ist oder dass der Patentinhaber im Rahmen des auf widerrechtl Entnahme gestützten Einspruchsverfahrens auf das Patent verzichtet hat.[17] Der Verzicht muss gerade auf den Vorwurf widerrechtl Entnahme zurückzuführen sein,[18] was aus dem Verfahrensgang vergleichsweise leicht festzustellen und bei Verzicht nach Erhebung jedenfalls des nur auf widerrechtl Entnahme gestützten Einspruchs zu vermuten ist.[19] Eine formelle Darlegungs- und Beweislast besteht auch hier nicht.[20] Hat der Anmelder von sich aus erklärt, dass er auf einen selbstständigen Schutz des als entnommen angegriffenen Teils seiner angemeldeten Gesamterfindung verzichtet, ist für eine Entscheidung über die Frage, ob das streitige Merkmal tatsächlich entnommen ist, kein Raum.[21] Teilverzicht ist ausreichend.[22]

9 Die Regelung ist auch nicht im Analogieweg auf die **Rücknahme der Anmeldung ohne Einspruch** anwendbar, selbst wenn diese in unmittelbarem zeitlichem Zusammenhang mit einer Abmahnung steht.[23] Ohne Einspruch kann auch der ArbGb das Nachanmelderecht nicht in Anspruch nehmen.[24] Der Verletzte ist in solchen Fällen grds auf Schadensersatzansprüche verwiesen.[25]

10 **2. Umfang.** Das Nachanmelderecht besteht nur im Rahmen der entnommenen Erfindung, nicht auch hinsichtlich einer erfinderischen Zutat des Entnehmers; bei trennbaren, selbstständig schutzfähigen Merkmalen einer Kombinationserfindung besteht es nur hinsichtlich des entnommenen Elements.[26]

11 Der durch widerrechtl Entnahme verletzte Nachanmelder kann aus einer **unzulässigen Erweiterung** der früheren Anmeldung keine Rechte herleiten.[27] Da die Berufung auf die Neuheitsschonfrist materielle Berechtigung nicht voraussetzt, können Dritte gegen sie nicht geltend machen, der Anmelder habe die zugrundeliegende Erfindung widerrechtl entnommen.[28]

II. Prioritätserklärung

12 Die Priorität muss innerhalb der Monatsfrist (Rn 13) in Anspruch genommen werden.[29] Dies erfordert einen ausdrücklichen Antrag,[30] aber nicht mehr.

---

14 Vgl BPatG 16.12.2008 3 Ni 34/06.

15 Offen gelassen in BGH GRUR 2001, 46 Abdeckrostverriegelung und BGH GRUR 2007, 996 Angussvorrichtung für Spritzgießwerkzeuge I; vgl *Mes* Rn 9; vgl auch BPatGE 52, 19 = GRUR 2010, 521.

16 BPatG 22.12.2005 14 W (pat) 342/04; für das Nichtigkeitsverfahren BPatG 16.12.2008 3 Ni 34/06.

17 Vgl BGH GRUR 2007, 996 Angussvorrichtung für Spritzgießwerkzeuge I; *Benkard* Rn 15; *Mes* Rn 8; *Fitzner/Lutz/Bodewig* Rn 6 f.

18 *Schulte* Rn 11; *Mes* Rn 10.

19 BGH Drahtbiegemaschine; DPA BlPMZ 1960, 314, 315; vgl BPatG 7.7.2010 21 W (pat) 314/06.

20 Missverständlich insoweit *Benkard* Rn 15; vgl auch *Fitzner/Lutz/Bodewig* Rn 10: frei zu würdigen.

21 BPatG 20.5.1974 11 W (pat) 292/66 BlPMZ 1975, 201 Ls.

22 *V. Tetzner* GRUR 1963, 550 f.

23 BGHZ 135, 298 = GRUR 1997, 890 f Drahtbiegemaschine; BPatGE 36, 258 = GRUR 1997, 442; ÖPA ÖBl 1905, 640; vgl *Fitzner/Lutz/Bodewig* Rn 11.

24 BPatG 29.7.1982 21 W (pat) 25/82 BlPMZ 1983, 49 Ls.

25 BGH Drahtbiegemaschine.

26 BGHZ 68, 242 = GRUR 1977, 594, 596 geneigte Nadeln; *Mes* Rn 14.

27 BGHZ 75, 143 = GRUR 1979, 847 Leitkörper; BPatG 12.4.1978 9 W (pat) 3/75 BlPMZ 1978, 378 Ls; *Benkard* Rn 10; *Fitzner/Lutz/Bodewig* Rn 15.

28 BGH GRUR 1992, 157 Frachtcontainer.

29 *Schulte* Rn 18; *Fitzner/Lutz/Bodewig* Rn 18; *Mes* Rn 12.

30 *Lindenmaier* § 4 Rn 28; unklar *Schulte* Rn 18.

III. Die **Frist** zur Nachanmeldung beträgt einen Monat ab Zugang der amtlichen Mitteilung über den 13
Widerruf oder den Verzicht auf das Patent auf Grund des auf widerrechtl Entnahme gestützten Einspruchs
(Abs 2). Sie beginnt demnach nicht schon mit Rechtskraft des Widerrufsbeschlusses; die gesonderte Mitteilung kann erst erfolgen, nachdem Widerruf oder Verzicht wirksam geworden sind, im Fall des Widerrufs
also nach Eintritt der Bestandskraft (Rechtskraft) des Widerrufsbeschlusses.[31] Fristberechnung erfolgt
nach §§ 187, 188 BGB. Wiedereinsetzung ist bei Fristversäumung weiterhin nicht zulässig (§ 123 Abs 1 Satz 2
Nr 3). Verfrühte Nachanmeldung ist unschädlich.[32] Wird mit dem Einspruch der Widerruf des Patents in
vollem Umfang verfolgt, setzt die Mitteilung über einen Teilverzicht die Frist nicht in Lauf, weil der Umfang des Nachanmelderechts nicht feststeht.[33]

IV. Wirkung

Der Verletzte hat infolge der Anmeldung des Dritten eine Prioritätsanwartschaft, die sich durch Wi- 14
derruf oder Verzicht auf Grund des Einspruchs und rechtzeitige Nachanmeldung unter Inanspruchnahme[34] der **Entnahmepriorität** zum Prioritätsrecht verdichtet.[35] Soweit die Nachanmeldung über das Entnommene hinausgeht, kann dies zu einer gespaltenen Priorität führen.[36] Jedoch wird die Nachanmeldung
nicht zurückdatiert, die Höchstschutzdauer rechnet daher vom tatsächlichen Anmeldezeitpunkt an; auch
eine Neuheitsschonfrist nach § 3 Abs 5 bemisst sich nach dem Zeitpunkt der Anmeldung.[37] Dem Voran-
melder steht gegen das auf die Nachanmeldung erteilte Patent kein Einspruchsrecht mit der Begründung
zu, dass ihm die Erfindung widerrechtlich entnommen sei.[38]

E. Sonstige zivilrechtliche Ansprüche

I. Neben den Rechtsbehelfen des PatG kann der durch die Entnahme Verletzte **Abwehr- und Scha-** 15
densersatzansprüche nach §§ 1004, 823, 826 BGB sowie **Bereicherungsansprüche**[39] sowie uU auf wettbewerbsrechtl Grundlage verfolgen.[40]

II. Die **unberechtigte Behauptung der widerrechtlichen Entnahme** macht unterlassungs- und bei 16
Verschulden schadensersatzpflichtig.[41]

F. Verfahrensrechtliche Fragen

Zur Zuständigkeit für die Prüfung im Einspruchsverfahren, ob es sich um eine Diensterfindung oder 17
eine freigewordene Erfindung handelt, Rn 45, 153 zu § 59; Rn 6 zu § 7 ArbEG. Wird das Patent aus einem

---

31 Vgl *Schulte* Rn 19; *Fitzner/Lutz/Bodewig* Rn 19; *Mes* Rn 11.
32 RPA BlPMZ 1943, 129.
33 Vgl BGHZ 68, 242, 250 = GRUR 1977, 594 geneigte Nadeln; *Benkard* Rn 16, gegen *V. Tetzner* GRUR 1963, 551.
34 Hierzu *Fitzner/Lutz/Bodewig* Rn 18.
35 *Benkard* Rn 14; *Fitzner/Lutz/Bodewig* Rn 21; OLG Frankfurt GRUR 1992, 683 f; enger BGHZ 75, 143, 147 = GRUR 1979,
847 Leitkörper; vgl *Kraßer/Ann* § 20 Rn 76 ff; vgl auch RPA BlPMZ 1942, 40; BGH GRUR 1992, 157 Frachtcontainer.
36 Vgl RPA BlPMZ 1943, 129 f; *Benkard* Rn 16.
37 OLG Frankfurt GRUR 1992, 683; *Kraßer/Ann* § 20 Rn 79.
38 RPA Mitt 1935, 315 f; *Benkard* Rn 11.
39 BGHZ 135, 298 = GRUR 1997, 890, 891 f Drahtbiegemaschine; RG MuW 31, 168 f Betonrundeisenbiegemaschine; OLG
München 23.9.1993 6 U 1781/92 GRUR 1994, 746 Ls für den Fall, dass die Verfolgung eines beschränkten Schutzbegehrens
durch den Entnehmer aus der Entnahme hinausführt und der Verletzte dadurch am Erwerb eines eigenen Schutzrechts
gehindert wird; zu Schadensersatzansprüchen gegenüber unberechtigten Auslandsanmeldungen RG GRUR 1940, 4370 f
Spiegelbildvervielfältigung III; zum vorbereitenden Auskunftsanspruch BGH 28.4.1970 X ZR 42/67.
40 Vgl RG JW 1931, 405 Betonrundeisenbiegemaschine; *Benkard* Rn 19; zur Schadensberechnung BGH GRUR 1970, 296,
298 Allzwecklandmaschine, wonach die Geltendmachung eines „Marktverlustschadens" neben der des durch
rechtswidrige Weiterbenutzung entstandenen Schadens nicht gegen das Verbot der kumulativen Schadensliquidation
verstößt.
41 Vgl RG GRUR 1939, 557, 562 Hohlscheren; RG GRUR 1940, 35, 38 Konservendosenetikett, dort auch zur Zulässigkeit
einer negativen oder positiven Feststellungsklage; BGH GRUR 1962, 34 f Torsana-Einlage; *Benkard* Rn 20.

anderen Grund widerrufen, bedarf es keiner Stellungnahme zur Entnahme (vgl Rn 8);[42] ein Begründungsmangel iSd § 100 Abs 3 Nr 6 liegt in einer insoweit fehlenden Begründung nicht.[43] Über die Unzulässigkeit der Inanspruchnahme einer Entnahmepriorität kann nicht vorab entschieden werden.[44]

18 **Erwirbt der Einsprechende** im Lauf eines Einspruchsverfahrens wegen widerrechtl Entnahme **das Patent**, ist das Verfahren jedenfalls dann fortzusetzen, wenn der Einsprechende den Einspruch deshalb weiter verfolgt, weil er das Nachanmelderecht nach Abs 2 in Anspruch nehmen will.[45]

19 Zum **Entnahmeeinwand** Rn 29 zu § 8.

20 Im Weg der **einstweiligen Verfügung** kann ein Verfügungsverbot gegen den Entnehmer durchgesetzt werden.[46]

§ 8
(Abtretungs- und Übertragungsanspruch; Klage)

[1]Der Berechtigte, dessen Erfindung von einem Nichtberechtigten angemeldet ist, oder der durch widerrechtliche Entnahme Verletzte kann vom Patentsucher verlangen, daß ihm der Anspruch auf Erteilung des Patents abgetreten wird. [2]Hat die Anmeldung bereits zum Patent geführt, so kann er vom Patentinhaber die Übertragung des Patents verlangen. [3]Der Anspruch kann vorbehaltlich der Sätze 4 und 5 nur innerhalb einer Frist von zwei Jahren nach der Veröffentlichung der Erteilung des Patents (§ 58 Abs. 1) durch Klage geltend gemacht werden. [4]Hat der Verletzte Einspruch wegen widerrechtlicher Entnahme (§ 21 Abs. 1 Nr. 3) erhoben, so kann er die Klage noch innerhalb eines Jahres nach rechtskräftigem Abschluß des Einspruchsverfahrens erheben. [5]Die Sätze 3 und 4 sind nicht anzuwenden, wenn der Patentinhaber beim Erwerb des Patents nicht in gutem Glauben war.

Ausland: Belgien: Art 9–11 PatG 1984; **Dänemark:** § 53, vgl §§ 17, 18 PatG 1996; **Frankreich:** Art L 611-8, R 611-18–20 CPI; **Italien:** Art 125–127 CDPI; **Litauen:** Art 32 PatG; **Luxemburg:** Art 15, 16 PatG 1992/1998; **Niederlande:** Art 7, 78 (Übertragungsklage) ROW 1995, widerrechtl Entnahme Art 11 ROW 1995; vgl auch Art 39 ROW 1995; **Österreich:** vgl § 49 PatG (Aberkennung); **Polen:** Art 74, 75 (Gutglaubensschutz), 290 (Ersatzansprüche) RgE 2000; **Schweden:** vgl §§ 17, 18, 53 PatG; **Schweiz:** Art 29–31 PatG; **Slowakei:** § 48 PatG; **Slowenien:** Art 115, 117 GgE; **Spanien:** Art 12, 13 PatG; **Tschech. Rep.:** § 29 PatG; **Türkei:** Art 13 VO 551; **VK:** Sec 8, 9, 11, 12, 37, 38 Patents Act

---

42 BPatG 22.4.1999 11 W (pat) 42/97.
43 BGH GRUR 2001, 46 Abdeckrostverriegelung.
44 BPatG 29.7.1982 21 W (pat) 25/82 BlPMZ 1983, 49 Ls.
45 BGHZ 124, 343 = GRUR 1996, 42 Lichtfleck; vgl *Benkard* Rn 13.
46 BGH GRUR 1971, 210, 212 Wildverbißverhinderung.

Schrifttum: (s auch Schrifttum zu § 6 und zu Art II § 5 IntPatÜG) *Aehnelt* Die Erschließung des ordentlichen Rechtswegs für Entnahmestreitigkeiten durch den Entwurf eines neuen Patentgesetzes, JW 1915, 126; *Briggs* Entitlement, EIPR 2006, 611; *Buß* Bemerkungen zum neuen Patentgesetz, GRUR 1936, 833; *Carter/Ayrton* Is Making the Invention not Enough? Analysis of the Court of Appeal's Approach to Entitlement in Markem v Zipher, EIPR 2006, 51; *Feller* Die Rechte aus der Erfindung, Diss München 1938; *Friedrich* Eine Lücke im Patentrecht? MuW 36, 396; *Giebe* Widerrechtliche Entnahme im Erteilungs- und Einspruchsverfahren, Mitt 2002, 301; *Goeden* Der Offenbarungsbegriff im Fall der Patentvindikation nach der Entscheidung „Blendschutzbehang" des BGH, Mitt 2010, 421; *Heydt* Der Anspruch auf Erteilung des Patents und der Übertragungsanspruch aus § 5 PG, GRUR 1936, 1013; *Heydt* Erfinder und Erfindungsbesitzer im PatG vom 5.5.1936, GRUR 1936, 470; *Hoffmann* Das Recht des Erfinders, Schriftenreihe der JW, 1936; *Kleeff* Der Gegenstand des Anspruchs bei widerrechtlicher Entnahme Verletzten aus § 5 Patentgesetz nach Erteilung des Patents, GRUR 1939, 874; *Kraßer* Erfinderrecht und widerrechtliche Entnahme, FS H. Hubmann (1985), 221; *Kraßer* „Vindikation" im Patentrecht und die rei vindicatio, FS O.-F. von Gamm (1990), 405; *Kulejewski* Der Anspruch auf Domain-Übertragung nach Bürgerlichem Recht, Markenrecht und Patentrecht, Diss Münster 2002; *Lichti* Die Vindikationsklage nach § 8 des neuen Patentgesetzes, Mitt 1982, 107; *Lüdecke* Die erfinderrechtliche Vindikation (§ 5 PatG) und erteilte Lizenzen, GRUR 1966, 1; *Mondini/Meier* Patentübertragungsklagen vor internationalen Schiedsgerichten mit Sitz in der Schweiz und die Aussetzung des Patenterteilungsverfahrens, sic! 2015, 289; *Niedlich* Widerrechtliche Entnahme, VPP-Rdbr 2001, 122; *Ohl* Die Patentvindikation im deutschen und europäischen Recht, 1987; *Pfannmüller* Das Verhältnis des Erfinders und seines Rechtsnachfolgers zum nichtberechtigten Patentanmelder, Diss 1939; *Raff* Erfindungsbesitz und Erfindungsvorbenutzung in vergleichender Darstellung, Diss 1932; *Schanze* Patentbesitz und Erfindungsbesitz, in: Patentrechtliche Untersuchungen (1901), 149; *Schwarz* Aberkennungsantrag nach § 29 Pat.Ges. und Zivilklage auf Uebertragung des Patentes, ÖBl 1933, 76; *Starck* Der gute Glaube im PatG, MuW 38, 318; *H. Tetzner* Erfindervindikation, DJ 1941, 774; *V. Tetzner* Die erfinderische Zutat bei widerrechtlicher Entnahme, GRUR 1963, 550; *Tilmann* (Entscheidungsanm) GRUR 1982, 98; *Weis* Der immaterialgüterrechtliche Übertragungsanspruch, Diss Konstanz 2004; *Wilfert* Der Erfindungsbesitz als Tatbestand des Vermögensrechtes aus der Erfindung, Diss 1933; *O. Zeller* Die widerrrechtliche Entnahme von Erfindungen, ihre Folgen und deren Beseitigung im deutschen und österreichischen Recht, 1927; *O. Zeller* Der gute Glaube im Patentrecht, Mitt 1936, 141.

A. Allgemeines

I. Entstehungsgeschichte, zeitliche und sachliche Geltung

Die Bestimmung ist 1936 als § 5 eingeführt worden; sie hat ihre geltende Bezeichnung mit der Neubek **1** 1981 erhalten. Durch das GPatG wurden die Jahresfrist (Satz 3) verlängert und Sätze 4 und 5 angefügt. Die Fristenregelung ist Art 27 Abs 3 GPÜ 1975 (Art 23 Abs 3 GPÜ 1989, Art 5 Abs 3 Vorschlag GPVO) nachgebildet.[1]

Für **europäische Patentanmeldungen** und Patente gilt Art II Abs 5 IntPatÜG, der mit § 8 nicht völlig **2** übereinstimmt.

Zum **Gebrauchsmusterrecht** Rn 3 zu § 13 GebrMG. **3**

II. Zweck der Bestimmung

II. Zweck der Bestimmung ist es, das Auseinanderfallen von sachlichem und formellem Recht zu **4** vermeiden.[2] Die Übertragungsklage dient dazu, den Zwiespalt zugunsten des sachlich Berechtigten zu beseitigen, der sich aus der formalen Rechtsinhaberschaft eines sachlich nichtberechtigten Patentinhabers gegenüber dem sachlich berechtigten Erfinder ergibt.[3] Zugunsten des gutgläubigen Besitzers ist aus Gründen der Rechtssicherheit eine Ausschlussfrist gesetzt.[4]

---

1 Begr GPatG BlPMZ 1979, 279.
2 BGH GRUR 1991, 127 Objektträger.
3 BGHZ 124, 343 = GRUR 1996, 42f Lichtfleck; BGHZ 162, 110, 112 = GRUR 2005, 567 Schweißbrennerreinigung; vgl BGHZ 73, 337, 342 = GRUR 1979, 540 Biedermeiermanschetten; BGHZ 185, 341 = GRUR 2010, 817 Steuervorrichtung.
4 Begr BlPMZ 1936, 105.

5   Die Bestimmung betrifft unmittelbar nur den Fall, dass dem Berechtigten im Verhältnis zum Anmelder oder zum Patentinhaber allein das Recht auf das Patent (§ 6 Satz 1) zusteht; sie ist nicht auf den Fall zugeschnitten, dass mehrere Personen um die Beteiligung an einer durch ein Patent unter Schutz gestellten Erfindung streiten und die Einräumung eines Miteigentumsanteils an einem Patent verlangt wird. In § 6 Satz 2 und § 8 Satz 1, 2 kommt jedoch der Zuordnungsgrundsatz zum Ausdruck, dass den an einer Erfindung Beteiligten eine **Mitberechtigung** an der Anmeldung oder dem Patent zusteht, die dem einzelnen materiell Mitberechtigten einen Anspruch auf Einräumung eines Anteils gegen den gewährt, der formell allein Rechtsinhaber ist.[5] Ein an der Erfindung Beteiligter kann demgemäß die Einräumung einer Mitberechtigung verlangen (Rn 42 zu § 6).[6] Ob ein Berechtigter die Übertragung einer Patentanmeldung oder die Einräumung einer Mitberechtigung daran verlangen kann, erfordert einen prüfenden Vergleich der zum Patent angemeldeten Lehre mit derjenigen, deren widerrechtliche Entnahme geltend gemacht wird; dazu ist in erster Linie zu untersuchen, wieweit beide Lehren übereinstimmen. Ob eine widerrechtl Entnahme vorliegt, lässt sich in der dafür vorzunehmenden Gesamtschau zuverlässig nur auf der Grundlage festgestellter Übereinstimmungen zwischen der als entnommen geltend gemachten und der angemeldeten Lehre beurteilen.[7] Zur Rechtslage bei teilbarem Gegenstand s Rn 33.

6   Im nationalen **Einspruchsverfahren** wird das Patent nach § 21 Abs 1 Nr 3 widerrufen, wenn sein wesentlicher Inhalt widerrechtl entnommen ist. Zweck des Einspruchsverfahrens ist damit ebenfalls der Schutz des Erfinderrechts. Allerdings geschieht dies mit einer anderen Zielsetzung. Während der Berechtigte mit der Klage nach § 8 die Übertragung der Anmeldung, wie sie erfolgt ist, oder des Patents in der Fassung erstrebt, wie es erteilt ist, beseitigt der Widerruf die Wirkungen des Patents und der Anmeldung rückwirkend,[8] aber mit der freieren Möglichkeit der Nachanmeldung nach § 7 Abs 2 unter Ausnützung der vollen Laufzeit.[9] Das Gesetz stellt die Klage nach § 8 und den Einspruch wegen widerrechtl Entnahme nebeneinander zur Verfügung;[10] vgl Rn 46 ff.

7   Im **Nichtigkeitsverfahren** gilt grds dasselbe wie im Einspruchsverfahren, jedoch besteht hier kein Nachanmelderecht; die erfolgreiche Geltendmachung des Nichtigkeitsgrunds der widerrechtl Entnahme führt daher ausschließlich zur Beseitigung des Patents.[11]

III. Rechtsnatur und Inhalt des Anspruchs

8   Die Bestimmung gewährt bei Anmeldung eines dt Patents durch einen Nichtberechtigten wie bei widerrechtl Entnahme (Rn 11) einen klagbaren verschuldensunabhängigen Übertragungsanspruch für das Patent[12] und einen Abtretungsanspruch bezüglich der Rechte aus der Patentanmeldung,[13] während bis 1936 lediglich ein Verschulden voraussetzender deliktischer Anspruch (§§ 823, 826 BGB) anerkannt war. Die Legaldefinition der widerrechtl Entnahme findet sich in § 21 Abs 1 Nr 3.[14]

9   **Bereicherungsrechtliche Grundlage.** Das Verhältnis des Berechtigten zum Nichtberechtigten ist als dem Eigentümer-Besitzer-Verhältnis (§§ 985, § 986 BGB) rechtsähnlich angesehen worden[15] („erfinderrechtl Vindikation"); zutr ist der Anspruch in die Kategorie der bereicherungsrechtl Nichtleistungs-(Ein-

5   BGH Biedermeiermanschetten.
6   Zur Miterfinderschaft bei widerrechtl Entnahme BGH Mitt 1996, 16 gummielastische Masse I.
7   BGH GRUR 2016, 265 Kfz-Stahlbauteil unter Hinweis auf BGHZ 78, 358 = GRUR 1981, 186 Spinnturbine II und BGH gummielastische Masse I.
8   BGHZ 124, 343 = GRUR 1996, 42 f Lichtfleck.
9   OLG Frankfurt GRUR 1992, 683 f.
10   BGH Lichtfleck.
11   Vgl *Fitzner/Lutz/Bodewig* Rn 4.
12   BGHZ 124, 343 = GRUR 1996, 42 Lichtfleck; vgl OLG Düsseldorf BB 1970, 1110.
13   *Fitzner/Lutz/Bodewig* Rn 8.
14   BGH 162, 110 = GRUR 2005, 567 Schweißbrennerreinigung.
15   BGH GRUR 1962, 140 Stangenführungsrohre; BGH GRUR 1971, 210 Wildverbißverhinderung; BGH Liedl 1981, 263 Sicherheitsgurtbefestigung; BGHZ 82, 13, 16 = GRUR 1982, 95 pneumatische Einrichtung; OLG München 18.12.1997 6 U 2366/97; *Lindenmaier* § 5 Rn 1; vgl *Benkard* Rn 10 („irreführend"); *Schulte* Rn 9 („quasi-dinglich", zuvor: „dinglich"); *Mes* Rn 1; ohne Stellungnahme hierzu und unter Verzicht auf die entspr Terminologie BGHZ 135, 298 = GRUR 1997, 890 Drahtbiegemaschine; ausdrücklich offen gelassen in BGH 6.6.2000 X ZR 48/98 Schulte-Kartei PatG 200 Nr 34 Motorradtechnik; vgl auch BGHZ 167, 166 = GRUR 2006, 747 Schneidbrennerstromdüse; die an § 985 BGB angelehnte Terminologie allerdings wieder in BGH GRUR 2011, 903 Atemgasdrucksteuerung.

griffs-)kondiktion einzuordnen, da der Anmelder oder Patentinhaber (der vieldeutige Begriff „Erfindungs-besitzer" sollte auch hier schon deshalb nicht verwendet werden, weil „Erfindungsbesitz" im Zusammen-hang mit dem Vorbenutzungsrecht nach § 12 anders belegt ist) eine eigene Rechtsstellung und nicht nur eine formale Position, allerdings entgegen der durch das Erfinderprinzip festgelegten Güterzuordnung, erwirbt.[16]

B. Abtretungs- und Übertragungsanspruch

I. Anspruchsvoraussetzungen

1. Persönlich

a. Berechtigter ist nach § 6 der Erfinder oder sein Rechtsnachfolger. Die beiden Tatbestandsalterna- **10** tiven in Satz 1 sind hinsichtlich des Erfinders sachlich ohne Belang. Das Patent soll der erhalten, dem das Recht an der Erfindung sachlich zusteht. Der Anspruch ist jedenfalls mit den Erfinderrechten übertrag-bar.[17]

§ 8 gewährt den Anspruch daneben – und insoweit ist die zweite Tatbestandsalternative von Bedeu- **11** tung[18] – (anders als Art II § 5 IntPatÜG; vgl Rn 2 zu Art II § 5 IntPatÜG) auch dem **durch widerrechtliche Entnahme Verletzten**, wenn auch nur aus Gründen der Beweiserleichterung,[19] da die widerrechtliche Entnahme leichter zu beweisen sein wird als die Tatsache des Erfindungsvorgangs.[20] Wird die materielle Berechtigung des Verletzten substantiiert bestritten, muss der Verletzte diese beweisen (Rn 27). Zur Rechtslage beim Einspruch wegen widerrechtl Entnahme Rn 48 zu § 21.

b. Verpflichteter ist, wer nicht Erfinder oder dessen Rechtsnachfolger ist und deshalb diesen wei- **12** chen muss.[21] Das gilt selbst, wenn er, ohne Rechtsnachfolger zu sein, die Erfindung mit Einwilligung des Berechtigten auf seinen Namen angemeldet hat. Guter Glaube schützt nicht;[22] ein Rechtserwerb kraft gu-ten Glaubens findet nicht statt.[23] Auch der Erfinder, der die Erfindung auf einen anderen übertragen hat, ist Nichtberechtigter.[24] Das gilt bei einer ArbNErfindung nach Inanspruchnahme auch für den ArbNErfin-der (vgl Rn 6 zu § 7 ArbEG).[25] Die Passivlegitimation richtet sich nach der Registereintragung, Änderung der Legitimation nach Eintritt der Rechtshängigkeit ist ohne Einfluss, das Urteil wirkt gegen den Rechts-nachfolger des Eingetragenen.[26] Zur Anmeldung eines Teilhabers im eigenen Namen Rn 47 zu § 6.

2. Tathandlung

a. Anmeldung durch einen Nichtberechtigten. Auch für diese Tatbestandsvoraussetzung sind die **13** Alternativen in Satz 1 ohne Belang (vgl Rn 10). Der Anmelder kann bessere materielle Berechtigung ein-wenden (Rn 23). Entnahme setzt kausal vom Verletzten abgeleitete Kenntnis voraus (Rn 61 ff zu § 21). Dabei kommt es für die Frage, was entnommen ist, anders als bei der Bewertung von Ergänzungen (Rn 32) nicht auf die Sicht des in § 8 nicht erwähnten Fachmanns an.[27] Hat der Anmelder eine Parallelerfindung („Dop-pelerfindung") getätigt, scheiden Ansprüche nach § 8 aus (vgl Rn 66 zu § 21; Rn 54 ff zu § 6; Rn 37). Der

---

16 *Kraßer/Ann* § 20 Rn 29 f; BGHZ 185, 341 = GRUR 2010, 817 Steuervorrichtung; vgl auch *Tilmann* GRUR 1982, 98, der die Grundsätze der Geschäftsführung ohne Auftrag anwenden will.
17 RG GRUR 1937, 378 Verbinderhaken I; vgl zur Rechtslage in Österreich öOPM öPBl 1999, 12, 14.
18 Vgl *Lindenmaier* § 5 Rn 3 f.
19 Begr BlPMZ 1936, 104; vgl OLG München GRUR 1951, 157; *Fitzner/Lutz/Bodewig* Rn 13.
20 *Benkard* Rn 30 aE.
21 BGHZ 82, 13, 17 = GRUR 1982, 95 pneumatische Einrichtung; vgl *Benkard* Rn 16; *Fitzner/Lutz/Bodewig* Rn 9.
22 OLG München GRUR 1951, 157; *Benkard* Rn 16.
23 *Benkard* Rn 16.
24 OLG Karlsruhe GRUR 1983, 67, 69; *Benkard* Rn 16.
25 BPatG GRUR 2009, 857 und nachfolgend BGH GRUR 2011, 509 Schweißheizung.
26 BGHZ 72, 236 = GRUR 1979, 145 Aufwärmvorrichtung; OLG Karlsruhe Mitt 1998, 101; *Benkard* Rn 16; *Fitzner/Lutz/ Bodewig* Rn 17; vgl LG Düsseldorf InstGE 1, 50, 56.
27 AA BGHZ 78, 358 = GRUR 1981, 186 Spinnturbine II.

Keukenschrijver

Tatbestand enthält damit eine subjektive Komponente, die sich auf die Kenntnis der Erfindung des Dritten und des Kausalverlaufs bezieht, aber nicht mit dem guten Glauben an die eigene Berechtigung (Rn 20) gleichgesetzt werden darf. Der Anmelder muss sich die schöpferische Leistung des Erfinders zunutze gemacht haben.[28] Rechnet das Entnommene (objektiv) zum StdT, scheidet widerrechtl Entnahme nicht per se aus, weil die subjektive Kenntnis maßgeblich ist. Zur fehlenden Berechtigung vgl Rn 69 ff zu § 21.

14   **b.** Zur **Entnahme** s zunächst Rn 66 ff zu § 21. Entnommen sein muss der wesentliche Inhalt des Patents oder der Anmeldung (Rn 56 zu § 21). Das Entnommene muss erfinderische Bedeutung haben, nicht aber für sich schutzfähig sein.[29] Nachträgliche Beschränkungen des Schutzbegehrens, insb durch Ausscheidung und Beschränkung, können die Entnahme beseitigen.[30]

15   **c. Erfindungsidentität.** Der entnommene Gegenstand muss in der Anmeldung oder im Patent wesensgleich enthalten sein (Rn 57 ff zu § 21).[31] Dabei muss auf den gesamten Inhalt der Anmeldung oder des Patents und nicht nur auf das durch die Patentansprüche Definierte abgestellt werden.[32] Aus den Patentansprüchen kann sich allerdings ergeben, dass ein Teil der in der Beschreibung dargestellten Erfindung nicht zu dem Gegenstand gehört, für den mit der Patenterteilung Schutz gewährt worden ist.[33]

16   Dem Anspruch steht **nicht entgegen**, dass der Verletzte über eine denselben Erfindungsgedanken betr, jedoch in Einzelheiten von der Patentanmeldung des Verletzers verschiedene prioritätsältere Patentanmeldung verfügt, oder dass die herausverlangte Patentanmeldung auf die Erteilung eines Zusatzpatents zu einer Hauptanmeldung des Verletzers gerichtet ist.[34] Auf Patentfähigkeit des Entnommenen kommt es nicht an.[35]

II. Klagefrist

17   **1. Grundsatz.** Nach Satz 3 kann der Übertragungsanspruch gegenüber einem gutgläubigen Patentinhaber nur innerhalb einer Frist von zwei Jahren nach Veröffentlichung der Patenterteilung geltend gemacht werden.[36] Die Frist wird überwiegend als materiellrechtl Ausschlussfrist angesehen[37] (zur Frage, ob Bereicherungsansprüche bestehenbleiben, Rn 35); Fristablauf lässt den Anspruch untergehen und die Klage unbegründet werden. Die Regelung der Klagefrist ist auf den Anspruch auf Einräumung einer Mitberechtigung entspr anzuwenden.[38] Jedoch soll, wenn zunächst Mitinhaberschaft und erst nach Fristablauf Alleininhaberschaft geltend gemacht wird, uU Fristwahrung nicht mehr gegeben sein.[39] Die Frist ist nach §§ 187 Abs 1, 188 Abs 2 BGB zu berechnen; demnach endet sie mit Ablauf des zwei Jahre später liegenden Tags, der nach seiner Bezeichnung dem Tag der Veröffentlichung der Patenterteilung entspricht. Zur Fristwahrung genügt die Einreichung der Klage bei Gericht, wenn die Zustellung demnächst erfolgt (§ 167 ZPO).

18   Da es sich nicht um eine Frist iSd §§ 223 Abs 3, 233 ZPO handelt, kommt **Wiedereinsetzung** in den vorigen Stand nach diesen Bestimmungen nicht in Betracht;[40] § 123 ist schon deshalb nicht anzuwenden, weil es sich nicht um eine dem DPMA oder dem BPatG gegenüber einzuhaltende Frist handelt.

---

28 *Benkard* Rn 8 unter Hinweis auf *Heydt* GRUR 1936, 1913 f.
29 *Benkard* Rn 9.
30 RG GRUR 1937, 365 Federnanordnung; OLG München 23.9.1993 6 U 1781/92 GRUR 1994, 746 Ls; vgl auch die Folgeentscheidung OLG München 18.9.1997 6 U 1781/92.
31 BGH GRUR 1971, 210, 212 Wildverbißverhinderung; *Benkard* Rn 21; *Mes* Rn 14; *Fitzner/Lutz/Bodewig* Rn 19; dabei ist nach OLG München 23.9.1993 6 U 1781/92 GRUR 1994, 746 Ls auf den Anspruchsinhalt der Anmeldung abzustellen; zwh, weil dieser insoweit nicht schutzbegrenzend ist; anders nach erfolgter Patenterteilung, *Fitzner/Lutz/Bodewig* Rn 21.
32 BGH GRUR 2011, 903 Atemgasdrucksteuerung, aA offenbar OLG München 28.2.2008 6 U 2675/06.
33 BGH Atemgasdrucksteuerung.
34 BGHZ 78, 358 = GRUR 1981, 186 Spinnturbine II.
35 *Fitzner/Lutz/Bodewig* Rn 23.
36 Vgl LG München I InstGE 8, 136, 140.
37 Vgl *Schulte* Rn 25; *Mes* Rn 17; BGHZ 73, 337 = GRUR 1979, 540 Biedermeiermanschetten; LG Düsseldorf 23.1. 1996 4 O 42/94 Entsch 1996, 17, 20; zwd unter Hinweis auf den Wortlaut BGHZ 185, 341, 349 = GRUR 2010, 817 Steuervorrichtung.
38 BGH Biedermeiermanschetten.
39 OLG München Mitt 2009, 137.
40 *Benkard* Rn 32; *Schulte* Rn 25; *Klauer/Möhring* § 5 Rn 11; aA *Lindenmaier* § 5 Rn 8; *Reimer* § 5 Rn 4; 4. Aufl § 5 Rn 3.

2. Frist bei Einspruch wegen widerrechtlicher Entnahme. Hat der Verletzte wegen widerrechtl **19** Entnahme Einspruch (zusätzliche Geltendmachung weiterer Widerrufsgründe ist unschädlich)[41] erhoben, endet die Frist ein Jahr nach rechtskräftigem Abschluss des Einspruchsverfahrens (Satz 4); die Fristberechnung erfolgt nach § 187 Abs 2 Satz 1, § 188 Abs 2 BGB. Beitritt zum Einspruchsverfahren reicht aus.[42] Die Frist soll nicht mehr gewahrt sein, wenn zunächst Mitinhaberschaft geltend gemacht und erst nach Fristablauf auf Alleininhaberschaft umgestellt wird (zu Art II § 5 IntPatÜG).[43] Dafür, dass der Verletzter hier nur der materiell Berechtigte ist, der Begriff mithin in Satz 4 in einem anderen Sinn als in Satz 1 verwendet werde,[44] sind keine Anhaltspunkte zu erkennen; jedoch kann sich der Schuldner hier schon durch substantiiertes Bestreiten der materiellen Berechtigung wirksam verteidigen (Rn 11). Im übrigen gelten die in Rn 17 genannten Grundsätze. Der Verletzte soll nicht genötigt sein, ein bei Erfolg des Einspruchsverfahrens gegenstandsloses Klageverfahren zu betreiben.[45] Hat ein Dritter Einspruch wegen widerrechtl Entnahme eingelegt, verbleibt es für den Verletzten bei der Frist nach Satz 3; dies bedeutet eine Verschlechterung gegenüber der früheren Rechtslage.[46]

3. Bösgläubiger Patentinhaber. Als Ausnahme von der Regel in Satz 3 sieht das Gesetz keine Aus- **20** schlussfrist für den Abtretungs- und Übertragungsanspruch vor, wenn der Erwerber (nicht der Veräußerer) beim Erwerb des Patents nicht im guten Glauben war. Dies bestimmt sich entspr § 932 Abs 2 BGB;[47] danach ist der Erwerber nicht in gutem Glauben, wenn ihm bekannt oder infolge grober Fahrlässigkeit unbekannt war, dass das Recht auf das Patent nicht ihm oder nicht ihm allein zusteht.[48] Es reicht aus, wenn der Patentinhaber weiß oder grobfahrlässig nicht weiß, dass ein anderer einen wesentlichen Beitrag zum Zustandekommen der Erfindung geleistet hat.[49]

Guter Glaube an die Verfügungsberechtigung des Veräußerers genügt nicht. Ein **gutgläubiger Dritter** **21** (zB Lizenznehmer), der Rechte vom Eingetragenen ableitet, ist nicht geschützt;[50] denn niemand kann mehr Rechte erwerben, als der Übertragende innehat[51] (vgl aber Art 6 Abs 2 Vorschlag GPVO, Rn 40 zu § 15; Rn 37 zu § 30). Der Dritte ist auf Ansprüche gegenüber dem Eingetragenen beschränkt.

Maßgeblicher Zeitpunkt für die Beurteilung der Gutgläubigkeit ist – ungeachtet des zu Missver- **22** ständnissen Anlass gebenden Wortlauts – der Erwerb des Rechts an der Erfindung, auf das Patent oder am Patent;[52] die Gegenmeinung[53] fordert Gutgläubigkeit noch bei Patenterteilung.

III. Einwendungen

1. Einwendungen des Anmelders oder Patentinhabers

a. Der Anmelder/Patentinhaber kann zunächst **bessere materielle Berechtigung** einwenden.[54] **23**

b. Unzulässige Rechtsausübung bei Geltendmachung des Übertragungsanspruchs kommt insb bei **24** jahrelanger Nichtgeltendmachung des dem Berechtigten bekannten Anspruchs in Betracht, wenn der Ver-

41 *Fitzner/Lutz/Bodewig* Rn 35.
42 *Fitzner/Lutz/Bodewig* Rn 36.
43 OLG München 20.9.2007 6 U 4465/06 GRUR-RR 2008, 333.
44 So aber *Fitzner/Lutz/Bodewig* Rn 34.
45 *Kraßer/Ann* § 20 Rn 38.
46 *Kraßer/Ann* § 20 Rn 39; *Lichti* Mitt 1982, 107.
47 *Benkard* Rn 34 mwN; *Fitzner/Lutz/Bodewig* Rn 38; *Mes* Rn 17.
48 AA *Ristow* JW 1936, 1492; *Starck* MuW 38, 318, die jede Fahrlässigkeit als schädlich ansehen.
49 BGHZ 73, 337, 349 = GRUR 1979, 540 Biedermeiermanschetten; vgl OLG Karlsruhe GRUR 1983, 67, 69; zur Zurechnung des Wissens von Mitarbeitern LG München I Mitt 2007, 560.
50 Vgl RG BlPMZ 1919, 5 = Mitt 1931, 17 f Zerteilen von flüssigem Metall; zur abw Rechtslage in Österreich § 49 Abs 7 öPatG und hierzu *Kucsko* Gewerblicher Rechtsschutz, 2003, S 940; in der Schweiz Art 29 Satz 3 schweiz PatG.
51 *Lindenmaier* § 5 Rn 10; *Benkard* Rn 34; *Starck* GRUR 1938, 817; *Ohl* GRUR 1992, 77, 79.
52 *Schulte* Rn 28; *Klauer/Möhring* § 5 Rn 10; *Kraßer/Ann* § 20 Rn 41; BGHZ 162, 110 = GRUR 2005, 567 Schweißbrennerreinigung gibt hierzu nichts her.
53 *Fitzner/Lutz/Bodewig* Rn 41 ff; *Lindenmaier* § 5 Rn 8; *Buß* GRUR 1936, 833, 838; unklar *Benkard* Rn 35 f.
54 *Schulte* Rn 33; *Fitzner/Lutz/Bodewig* § 7 Rn 4.

pflichtete auf die Nichtgeltendmachung vertrauen durfte und einen entspr Besitzstand geschaffen hat[55] (Verwirkung; Rn 222 ff zu § 139). Denkbar sind daneben Fälle widersprüchlichen Verhaltens.

25   **c. Mangelnde Schutzfähigkeit.** Die Schutzfähigkeit des widerrechtl entnommenen Teils einer Anmeldung ist nicht zu prüfen.[56] Dies gilt auch für den auf widerrechtl Entnahme gestützten Einspruch[57] und jedenfalls bei Identität zwischen dem Gegenstand der Patentanmeldung oder des Patents und dem der widerrechtl Entnahme.[58] Dies führt die frühere Rspr weiter, die den Einwand bereits bei feststehender Identität des Entnommenen mit der Anmeldung und bei schwebender Anmeldung, die ohne Einwilligung des Verletzten erfolgte, ausschloss,[59] während ein Teil der Rspr und der Lit bei Klagen auf Feststellung einer widerrechtl Entnahme als statthaft angesehen hatte, weil der Tatbestand der widerrechtl Entnahme begrifflich Entnehmbarkeit und damit Schutzfähigkeit des Entnommenen verlange.

26   Die Patentfähigkeit des widerrechtl entnommenen Teils ist aber als Vorfrage im Rahmen einer **Schadensersatzklage** jedenfalls dann zu prüfen, wenn Patentbehörden und -gerichte damit nicht mehr befasst werden können.[60]

27   **d. Fehlen sachlicher Berechtigung.** Die früher umstrittene Frage,[61] ob dem auf Übertragung klagenden Dritten entgegengehalten werden kann, er habe kein sachliches Recht an der Erfindung und deshalb auch kein Recht auf das Patent (Einwand fehlender sachlicher Berechtigung), hat der BGH zu Recht bejaht. Der Abtretungs- bzw Übertragungsanspruch zielt nämlich, wenn er auf widerrechtl Entnahme gestützt wird, nicht als Art Besitzstörungsklage auf vorläufige Wiederherstellung eines tatsächlichen Zustands. Der Dritte hat lediglich die tatsächliche Möglichkeit, die Erfindung zu benutzen. Ist er nicht zugleich sachlich Berechtigter, wird er durch die widerrechtl Entnahme nicht verletzt, weil nicht sein Recht zur Anmeldung durch die Handlung des Anmelders beeinträchtigt wird. Einem solchen Dritten einen Anspruch aus § 8 zuzubilligen, widerspräche der Zielsetzung des Gesetzes, weil das Auseinanderfallen von sachlichem und formellem Recht nicht vermieden, sondern dem Dritten gegenüber dem Berechtigten die Position eines widerrechtl Entnehmenden verschafft würde.[62] Die bereicherungsrechtl Betrachtung führt zu keinem anderen Ergebnis. Zur Rechtslage beim auf widerrechtl Entnahme gestützten Einspruch Rn 50 f zu § 21.

28   **e. Zurückbehaltungsrechte** des Anmelders oder Patentinhabers kommen insb wegen auf die Anmeldung aufgewendeter Kosten in Betracht;[63] sie schließen Verzug nur aus, wenn sie vor oder bei Eintritt der Verzugsvoraussetzungen ausgeübt werden.[64]

29   **2. Entnahmeeinwand.** § 8 gewährt dem Verletzer gegenüber dem Anmelder und dem Patentinhaber den Einwand, dass die Rechte aus der Patentanmeldung oder das Patent ihm gegenüber unberechtigt er-

---

55   *Benkard* Rn 37; OLG München InstGE 1, 1; LG München I InstGE 8, 68; vgl OLG Köln 21.4.1997 12 U 105/96 zur Übertragung einer schweiz Heilmittelzulassung bei Nichtverfolgung des Anspruchs über sieben Jahre; BGH 27.6. 1963 Ia ZR 110/63.
56   BGH GRUR 1979, 692 Spinnturbine I; BGH GRUR 2001, 823 Schleppfahrzeug; BGHZ 185, 341 = GRUR 2010, 817 Steuervorrichtung; BGH GRUR 2011, 903 Atemgasdrucksteuerung; LG München I GRUR 1956, 415; *Fitzner/Lutz/Bodewig* § 7 Rn 9; offen gelassen in BPatG 22.12.2005 14 W (pat) 342/04.
57   BPatG GRUR 2009, 587, bestätigt in BGH GRUR 2011, 509 Schweißheizung, gegen die frühere Rspr, so BPatG 28.11.2000 8 W (pat) 135/97 Mitt 2001, 389 Ls; *Giebe* Mitt 2002, 301, 303; vgl auch *Briggs* EIPR 2006, 611.
58   BGH Mitt 1996, 16 gummielastische Masse I.
59   BGH GRUR 1962, 140 Stangenführungsrohre; BGH 13.7.1965 Ia ZR 45/64.
60   BGH GRUR 1962, 140 f Stangenführungsrohre; BGH Mitt 1996, 16 gummielastische Masse I.
61   Nachw bei *Benkard* Rn 14.
62   BGH GRUR 1991, 127 f Objektträger; vgl *Fitzner/Lutz/Bodewig* Rn 14 f (unter Abstellen auf Rechtmäßigkeit des Verhaltens des Verletzten).
63   BGH 6.6.2000 X ZR 48/98 Schulte-Kartei PatG 200 Nr 34 Motorradtechnik, dort offen gelassen, ob aus § 994 BGB, § 812 BGB – auf den zutreffenderweise abzustellen sein wird – oder Geschäftsführung ohne Auftrag; OLG München 18.7.1997 6 U 2366/97; *Klauer/Möhring* § 5 Rn 17.
64   BGH Motorradtechnik.

langt seien.[65] Der Entnahmeeinwand steht nur für dem durch die Entnahme Verletzten, nicht auch Dritten zu.[66] Nach Ablauf der in Satz 3 und Satz 4 genannten Fristen kommt der Entnahmeeinwand gegenüber dem bösgläubigen Patentinhaber in Betracht,[67] aber nicht mehr gegenüber dem gutgläubigen Patentinhaber, weil der Berechtigte auch die Ansprüche aus Satz 1, 2 nicht mehr geltend machen kann und das Gesetz den Betroffenen auf die Nichtigkeitsklage beschränkt.[68]

IV. Inhalt des Anspruchs

1. Allgemeines. Der Anspruch ist vor Patenterteilung auf Übertragung der Anmeldung und des An- 30 spruchs auf Erteilung des Patents und nach Patenterteilung auf Übertragung des Patents gerichtet.[69] Daneben ist der Klageantrag auf Einwilligung in die Umschreibung im Register zu richten; die Durchsetzung erfolgt nach § 894 ZPO.[70] Ein gesetzlicher Rechtsübergang findet weder im Fall des § 7 ArbEG (Inanspruchnahme der ArbNErfindung) noch im Fall des § 13 ArbEG (Freiwerden der Diensterfindung) statt (Rn 6 zu § 7 ArbEG; Rn 23 zu § 13 ArbEG). Ist das Patent erloschen, soll nur die Abtretung der aus einer Benutzung des Patents entstandenen Ansprüche verlangt werden können;[71] jedoch wird in diesem Fall darüber hinaus auf bereicherungsrechtl Grundlage auch die Herausgabe der wirtschaftlichen Vorteile der Eigennutzung verlangt werden können, die der Nichtberechtigte im Rahmen einer durch das Wissen um die Erfindung vermittelten Vorzugsstellung vorgenommen hat,[72] soweit er sich durch sein Verhalten in Widerspruch zur vermögensrechtl Zuordnung der Erfindung an den Erfinder setzt; dies ist allerdings nicht schon mit der Verlautbarung der Erfindung an Dritte der Fall, da diese nur eine persönlichkeitsrechtl Zuordung begründet, sondern erst mit dem Entschluss des Erfinders, ein Schutzrecht zu erwerben (vgl Rn 10 f zu § 6).[73] Hat der Berechtigte bereits eine identische wirksame eigene Anmeldung mit gleichem oder besserem Zeitrang, fehlt ihm für die Übertragungsklage das Rechtsschutzbedürfnis.[74]

2. Anspruchsumfang. Ist die Erfindung insgesamt entnommen, richtet sich der Anspruch auf Voll- 31 übertragung (nach Patenterteilung) oder -abtretung des Erteilungsanspruchs und der Rechte aus der Anmeldung.[75] Bei gemeinsamer Erfindung können nur sämtliche Erfinder gemeinsam auf Übertragung klagen.[76]

Der Anspruch wurde auch dann als gerechtfertigt angesehen, wenn das Entnommene dem Fachmann 32 ein allg **Lösungsprinzip** offenbart, von dem die Anmeldung eine ohne weiteres auffindbare konkrete Ausgestaltung darstellt.[77] Dabei sollten die Grundsätze zugrundezulegen sein, die für die Bejahung einer Miterfindereigenschaft maßgeblich sind, so dass ein schöpferischer Beitrag ausreicht, der für sich aber nicht erfinderisch sein muss (Rn 37 ff zu § 6). Das gilt erst recht, wenn der Nichtberechtigte eine erfinderische Zutat angefügt hat (Rn 36). Unbedeutende Zusätze wurden aber als unschädlich angesehen,[78] ebenso Abwandlungen und Ergänzungen, die im Rahmen des Fachkönnens liegen;[79] insoweit ist auf den Fach-

---

65 Vgl RGZ 130, 158, 160 = BlPMZ 1931, 7 Wäschekastenmangeln; RG GRUR 1931, 147 Seliger; BGHZ 162, 110 = GRUR 2005, 567 Schweißbrennerreinigung (unter Abstellen auf die terminologisch überholte „allgemeine Arglist"); *Benkard* Rn 46 und § 9 Rn 63.

66 Vgl RGZ 45, 116, 119 f Flaschenkapsel.

67 BGHZ 162, 110 = GRUR 2005, 567 Schweißbrennerreinigung.

68 BGHZ 162, 110, 112 f = GRUR 2005, 567 Schweißbrennerreinigung unter Ablehnung der Auffassung des OLG Karlsruhe GRUR 1983, 67, 70; vgl LG München I InstGE 8, 136, 140; *Benkard* § 9 Rn 63; *Fitzner/Lutz/Bodewig* Rn 50; *Mes* Rn 23; zum Streitstand zuvor 6. Aufl.

69 BGH GRUR 2011, 733 Initialidee.

70 BPatGE 9, 196, 199; *Benkard* Rn 29; *Mes* Rn 32; vgl *Fitzner/Lutz/Bodewig* Rn 24, 49.

71 Vgl *Benkard* Rn 29; 7. Aufl Rn 29.

72 Vgl BGHZ 185, 341 = GRUR 2010, 817 Steuervorrichtung; *Kraßer/Ann* § 20 Rn 31 f.

73 Strenger BGHZ 16, 172 = GRUR 1955, 388 Dücko: Kundgebung der Verwertungsabsicht; aA *Meier-Beck* FS Th. Reimann (2009), 309, 313, der wohl nur auf die Verlautbarung an Dritte abstellen will.

74 *Benkard* Rn 29; *Fitzner/Lutz/Bodewig* Rn 10.

75 Vgl *Benkard* Rn 29 f.

76 ÖOPM ÖBl 1999, 122 Elumarc.

77 BGHZ 78, 358, 368 = GRUR 1981, 186 Spinnturbine II.

78 LG Berlin Mitt 1939, 66; vgl OLG München 23.9. 1993 6 U 1781/92 GRUR 1994, 746 Ls; *Benkard* Rn 28.

79 BGHZ 68, 242 = GRUR 1977, 594 geneigte Nadeln.

mann abzustellen. Entnahme des wesentlichen Inhalts wurde verneint, wenn ein wesentliches Merkmal nicht entnommen war; wenn ein wesentliches Kombinationsmerkmal nicht vom Erfinder stammt, kann volle Übertragung nicht verlangt werden.[80]

33   Wenn ein **Teil einer Erfindung** entnommen ist (insb bei erfinderischen Weiterentwicklungen),[81] hat der Berechtigte grds keinen Anspruch auf Übertragung oder Abtretung dessen, was dem Erfinder nicht zusteht.[82] Geht die Anmeldung einer Erfindung zum Patent teilweise auf den Beitrag eines anderen als des Anmelders zurück, kann ein Anspruch auf Einräumung einer Mitberechtigung auch dann in Betracht kommen, wenn die Anmeldung teilbar ist.[83] Diese Mitberechtigung kann aber nur an der Anmeldung als ganzer, nicht auch an einzelnen Patentansprüchen bestehen.[84] Soweit dieser Teil einen trennbaren Bestandteil der Anmeldung bildet, hat die Rspr anders als die ältere Lit[85] den Anmelder insoweit als zu Teilung und Abtretung verpflichtet angesehen,[86] solange diese möglich sind, was immerhin zum Verlust der Schutzfähigkeit führen kann, wenn sich diese erst aus der Kombination des Entnommenen und des nicht Entnommenen ergibt. Ob diese Gefahr besteht, wird sich nicht immer mit hinreichender Sicherheit voraussehen lassen; hier kann mit einem Anspruch auf Einräumung einer Mitberechtigung abgeholfen werden.[87] Besteht verfahrensrechtl keine Teilungsmöglichkeit mehr, kommt nur Einräumung einer Mitberechtigung in Betracht. Schöpfen Teilung und Abtretung die Entnahme nicht aus, kommt neben ihnen ein Anspruch auf weitergehende Einräumung einer Mitberechtigung in Betracht, die gegenüber Teilung und Abtretung insoweit nicht subsidiär ist.[88]

34   **3. Die Herausgabe von Nutzungen**, und zwar auch durch Eigennutzung des Anmelders oder Patentinhabers ab Offenlegung,[89] aber angesichts der Exklusivität des Wissens des späteren Anmelders auch schon für die Zeit davor,[90] kann nach bereicherungsrechtl Grundsätzen (§ 818 Abs 1, 2, bei Kenntnis der Nichtberechtigung auch §§ 819 Abs 1, 818 Abs 4, 292 Abs 2, 987, 687 Abs 2, 681, 667 BGB) verlangt werden, ebenso die Abtretung von Ansprüchen aus Patentverletzung. Mögliche Ersatzansprüche gegen den Erfinder erlöschen nicht schon dann, wenn sie nicht binnen eines Monats nach Rechtskraft der Entscheidung über den Übertragungsanspruch geltend gemacht werden; § 1002 Abs 1 BGB ist hier nicht anwendbar.[91] Wer mit einem Erfinder eine Vereinbarung trifft, wonach er selbst zur Nutzung des Patents berechtigt ist, dabei aber die Kosten für die Schaffung und Erhaltung des Patentschutzes tragen soll, kann vom Erfinder keine Kostenerstattung nach den Regeln der Geschäftsführung ohne Auftrag verlangen, wenn er später zur Herausgabe des Patents an den Erfinder verurteilt wird.[92] Der Anmelder und/oder Inhaber des Patents, der nicht Erfinder oder dessen Rechtsnachfolger ist, schuldet dem Erfinder nach Bereicherungsrecht (Eingriffskondiktion) Herausgabe dessen, was er durch Benutzungshandlungen erlangt hat, die er im Rahmen einer durch das Wissen um die Erfindung, durch deren Anmeldung oder durch die Patenterteilung vermittelten Vorzugsstellung vorgenommen hat.[93] Dies gilt auch im Fall des Wegfalls des Patents durch Widerruf oder Nichtigerklärung.[94] In Fällen der Miterfinderschaft steht der Anspruch den Miterfindern nur gemeinschaftlich zu; klagebefugt zur Leistung an die Gemeinschaft ist nach § 432 Abs 1 BGB grds aber auch der einzelne Miterfinder.[95]

---

80   BGH 27.6.1963 I a ZR 110/63.
81   BGHZ 73, 337 = GRUR 1979, 540 f Biedermeiermanschetten; BGH 12.4.1960 I ZR 98/58; *Benkard* Rn 27 mwN.
82   *Benkard* Rn 28.
83   BGH GRUR 2009, 657 Blendschutzbehang; *Mes* Rn 15.
84   BGH Blendschutzbehang; *Mes* Rn 15.
85   *4. Aufl* § 5 Anm 2; *Kleeff* GRUR 1939, 874 f; *Klauer/Möhring* § 5 Rn 8; *Lindenmaier* § 5 Rn 6; *Reimer* § 5 Rn 5; *V. Tetzner* GRUR 1963, 550, 553.
86   BGH GRUR 1979, 692, 694 Spinnturbine I; BGH GRUR 2001, 823 Schleppfahrzeug; OLG München 28.10. 1999 6 U 5779/98, zur eur Patentanmeldung; LG München I 3.8.2005 21 O 22618/04; OLG München 22.6.2006 6 U 4587/05.
87   Ähnlich *Benkard-EPÜ* Art 61 Rn 45; *Benkard* Rn 25 ff; *Fitzner/Lutz/Bodewig* Rn 26.
88   BGH Blendschutzbehang; *Fitzner/Lutz/Bodewig* Rn 26 f; aA die Vorinstanz OLG München 22.6.2006 6 U 4587/05.
89   *Kraßer/Ann* § 20 Rn 31; aA wohl *Klauer/Möhring* § 5 Rn 19.
90   BGHZ 185, 341 = GRUR 2010, 817 Steuervorrichtung.
91   AA OLG Brandenburg 22.1.2008 6 U 91/06.
92   OLG Brandenburg 22.1.2008 6 U 91/06.
93   BGH Steuervorrichtung.
94   BGH Steuervorrichtung gegen OLG München InstGE 9, 9.
95   BGHZ 167, 118 = GRUR 2006, 754 Haftetikett.

C. Konkurrenzen

Neben dem Anspruch aus § 8 kommen schuldrechtl Ansprüche aus §§ 823 ff BGB, insb wegen Eingriffs **35** in die eingerichteten und ausgeübten Gewerbebetrieb, in Betracht;[96] sie setzen Verschulden voraus.[97] Sie sind vor allem von Bedeutung, wenn der Anspruch aus § 8 durch Fristablauf untergegangen ist. Bereicherungsansprüche nach §§ 812 BGB werden durch die Regelung in § 8 ausgeschlossen, soweit diese reicht. Jedoch führt der Ablauf der Frist nach Satz 3, die nur Abtretungs- und Herausgabeansprüche betrifft, nicht dazu, dass Bereicherungsansprüche entfallen.[98] Bei bewusst unrechtmäßigem Verhalten kann der Übertragungsanspruch auch auf § 687 Abs 2 BGB gestützt werden.[99] Auch Ansprüche aus § 826 BGB, aus Wettbewerbs- oder Kartellrecht sind im Einzelfall denkbar.[100]

D. Die **Beweislast** verteilt sich nach allg Grundsätzen. Jede Partei hat die ihr günstigen Tatsachen **36** darzulegen und erforderlichenfalls zu beweisen.[101] Wer die Übertragung verlangt, hat darzulegen und erforderlichenfalls zu beweisen, dass er Erfinder oder dessen Rechtsnachfolger und in seiner Person das Recht auf das Schutzrecht entstanden ist; wird die Einräumung eines Anteils an der Erfindung verlangt, gilt dies entspr; werden Ansprüche der Miterfinder (Mitberechtigten) insgesamt geltend gemacht, ist darzulegen, dass die Personen, deren Ansprüche geltend gemacht werden, die Berechtigten sind.[102] Fraglich ist der Fall, dass der ArbN Erfindervergütung verlangt, der ArbGb aber geltend macht, dass weitere Miterfinder beteiligt seien. Bei der Übertragungsklage und der auf widerrechtl Entnahme gestützten Unterlassungsklage obliegt dem Kläger der Beweis, dass ihm die der Anmeldung zugrunde liegende Erfindung in ihrem wesentlichen Inhalt widerrechtl entnommen worden ist. Die Grundsätze des Beweises des ersten Anscheins hat der BGH zunächst allenfalls bei typischen Geschehensabläufen anwenden wollen, zu denen die widerrechtl Entnahme eines gewerblichen Schutzrechts nicht gezählt werden könne.[103] Später hat er den engen zeitlichen Zusammenhang zwischen Ausscheiden und Erfindung als Beweisanzeichen bewertet, das den Anscheinsbeweis für eine Diensterfindung begründet.[104]

Der klagende Erfinder muss lediglich darlegen und beweisen, dass er dem Anmelder vor der Anmel- **37** dung Kenntnis vom Gegenstand der Erfindung verschafft hat.[105] Auf die Kenntnis des Erfinders sollte es dabei nicht ankommen, auch wenn der Anmelder keine natürliche Person ist.[106] Grds ist der volle Beweis zu führen, dass der Inhalt der Anmeldung ohne Willen des Verletzten entnommen wurde.[107] War der Entnahmegläubiger im Besitz des Erfindungsgedankens und hat er diesen dem Entnahmeschuldner mitgeteilt, muss dieser jedoch (nach den Grundsätzen der sekundären Darlegungslast und nicht aufgrund einer Beweislastumkehr)[108] substantiiert darlegen, aus welchen konkreten Tatsachen und Umständen sich das Vorliegen einer **Parallelerfindung** (Doppelerfindung; Rn 54 ff zu § 6) ergibt; dass er zu deren Tätigung in

---

96 OLG Frankfurt GRUR 1987, 886; LG München I InstGE 4, 5, auch zu Schadenseintritt und Verjährungsfragen; vgl *Mes* Rn 6.
97 RG GRUR 1937, 365 Federnanordnung.
98 Vgl BGHZ 185, 341 = GRUR 2010, 817 Steuervorrichtung; LG Düsseldorf 23.1.1997 4 O 42/94 Entsch 1996, 17, 20, wonach der ArbGb, der eine freie oder freigewordene Erfindung des ArbN anmeldet, nach Ablauf der Frist verpflichtet bleibt, an den ArbN entspr § 988 BGB die aus dem Erfindungsgebrauch gezogenen Nutzungen nach den Regeln über die Herausgabe einer ungerechtfertigten Bereicherung auszukehren, notwendige Verwendungen für Anmeldung und Aufrechterhaltung aber zu berücksichtigen sind; aA 6. *Aufl.*
99 *Kraßer/Ann* § 20 Rn 30.
100 Vgl BGH GRUR 2001, 242 Classe E; BGH GRUR 2000, 1032 EQUI 2000; BGH GRUR 1998, 1034, 1037 Makalu; BPatGE 43, 233 = GRUR 2001, 744, 746, BPatG 12.12.2000 24 W (pat) 234/98 BlPMZ 2001, 249 Ls, Markensachen.
101 Vgl BGHZ 72, 236, 242 ff = GRUR 1979, 145, 147 Aufwärmvorrichtung; BGH GRUR 1981, 128 Flaschengreifer.
102 BGHZ 167, 118 = GRUR 2006, 754 Haftetikett; OLG München GRUR 1991, 661, 663; LG Düsseldorf 18.12.2007 4a O 26/98 (Düsseldorfer Archiv).
103 BGH 21.2.1963 I a ZR 61/63; vgl auch BGH Aufwärmvorrichtung; ÖPA öPBl 1994, 188.
104 BGH Flaschengreifer; vgl OLG München Mitt 1995, 336; OLG München 30.9.2010 6 U 2340/08.
105 BGH GRUR 2001, 823 Schleppfahrzeug; vgl BGHZ 162, 110 = GRUR 2005, 567 Schweißbrennerreinigung; OLG Frankfurt 18.12.2008 6 U 80/01.
106 AA ersichtlich OLG Düsseldorf 14.6.2007 2 U 78/02.
107 BPatG 29.5.1969 11 W (pat) 74/63.
108 AA wohl *Benkard* Rn 48; vgl *Schulte* Rn 34; unklar BGH Aufwärmvorrichtung (S 245).

der Lage war, reicht nicht aus.[109] Dies wird auch dann gelten müssen, wenn der Entnahmegläubiger die Erfindung einer Person mitgeteilt hat, die die Anmeldung nicht selbst vorgenommen, aber mit dem Anmelder nach Kenntniserlangung Verbindung aufgenommen hat.[110] Zur Begründung der widerrechtl Entnahme genügt nicht der Beweis, dass der Entnahmegläubiger vor dem Anmeldetag im Besitz der Erfindung war, denn für das Recht an der Erfindung ist nicht das Datum des Erfindungsbesitzes, sondern das der Anmeldung maßgebend.

38 Gegenüber dem Verlangen des Erfinders gegen den Inhaber auf Übertragung des auf seinen Namen lautenden Patents trägt grds der Inhaber die Darlegungs- und Beweislast, wenn er einwendet, er habe das Recht auf das oder am Patent **erworben** oder sei dem Kläger gegenüber zur Innehabung des Patents berechtigt, es sei denn, der Kläger trägt bereits entspr Tatsachen vor.[111] Dies gilt unabhängig von der dogmatischen Einordnung des Übertragungsanspruchs.[112] Trägt der Erfinder selbst Tatsachen vor, aus denen sich ein Rechtsübergang ergibt, kann dies seinem Begehren die Schlüssigkeit nehmen.[113] Beweiserleichterungen können in Betracht kommen.[114] Bösgläubigkeit des Patentinhabers hat der Erfinder zu beweisen.[115]

39 Jedenfalls bei negativer **Feststellungsklage** hinsichtlich der Alleinerfindereigenschaft trifft den Beklagten die Beweislast hinsichtlich der Rechtmäßigkeit der Berühmung.[116]

40 **E. Verjährung** s Rn 21 zu § 141.

F. Verfahrensrechtliche Fragen

41 **I.** Das Verfahren ist **Patentstreitsache** (Rn 62 zu § 143). Auf die internat Zuständigkeit findet Art 16 Nr 4 EuGVÜ/Art 22 Nr 4 EuGVVO keine Anwendung.[117] Für die örtliche Zuständigkeit kann an den allg Gerichtsstand des Beklagten, Sitz des Inlandsvertreters sowie unter dem Gesichtspunkt des § 32 ZPO an den Sitz des DPMA und den Ort, von dem die Anmeldung aus erfolgt ist, angeknüpft werden.[118]

II. Klageantrag

42 Kann der Berechtigte sowohl Teilung und Abtretung als auch die Einräumung einer Mitberechtigung verlangen, wird man ihn zur Wahl einer dieser Möglichkeiten berechtigt ansehen müssen (vgl Rn 33).[119] Werden Teilung und Abtretung der Rechte aus der Trennanmeldung begehrt, wird nach Aufgabe der Möglichkeit, Elementenschutz zu erlangen, entg der älteren Rspr[120] nicht zu verlangen sein, dass Verzicht auf selbstständigen Schutz für den beanspruchten Teil erklärt wird, sondern lediglich, dass auf die entnommenen Teile kein Schutzbegehren mehr gerichtet wird (vgl auch Rn 63 zu § 21). Der Anspruch auf Einräumung einer Mitberechtigung ist iSv § 308 ZPO ein Minus zu dem Anspruch auf Übertragung.[121] Ist nur noch der Anspruch auf Einräumung einer Mitberechtigung Streitgegenstand, ist Klageänderung auf Einräumung der Vollberechtigung zwar möglich, sie wurde aber als nicht sachdienlich behandelt.[122]

---

109 BGH Aufwärmvorrichtung; BGH Schleppfahrzeug, zum EPÜ; OLG München 28.10.1999 6 U 5779/98.

110 AA OLG München 2.12.2010 6 U 4770/09.

111 BGHZ 82, 13 = GRUR 1982, 95 pneumatische Einrichtung; vgl zur Rechtslage im Markenrecht (§ 28 MarkenG) BGH GRUR 2002, 190 Die Profis.

112 BGH NJW 2002, 1276 Durchstanzanker.

113 BGH pneumatische Einrichtung; BGH Durchstanzanker.

114 BGHZ 78, 252 = GRUR 1981, 128 Flaschengreifer.

115 OLG Karlsruhe GRUR 1983, 67, 69; OLG Düsseldorf ENPR 2000, 120, 170; *Schulte* Rn 34.

116 OLG München GRUR 1993, 661, 663.

117 EuGH Slg 1983, 3677 = GRUR Int 1984, 693, 696 Schienenbefestigung; *Fitzner/Lutz/Bodewig* Rn 48.

118 LG Braunschweig GRUR 1974, 174; OLG Düsseldorf BB 1970, 1110; LG München 3.8.2005 I 21 O 22618/04; *Mes* Rn 25.

119 *Schulte* Rn 12 ff; vgl BGH GRUR 2009, 657 Blendschutzbehang.

120 BGH GRUR 1979, 692 Spinnturbine I; ebenso *Schulte* Rn 13.

121 BGHZ 167, 166 = GRUR 2006, 747 Schneidbrennerstromdüse gegen OLG Frankfurt 12.8.2003 6 U 80/01 undok; vgl *Lindenmaier* § 5 Rn 5 f; *Klauer/Möhring* § 5 Rn 8; *Reimer* § 5 Rn 5; LG Berlin Mitt 1939, 66 f hielt hier uU einen vollständigen Übertragungsanspruch für gegeben.

122 ÖLG München OLGR 2005, 103, Ls auch in Mitt 2005, 170.

III. Zur Geltendmachung des Übertragungsanspruchs im Weg der **einstweiligen Verfügung** (Veräu- **43** ßerungsverbot oder Sequestration)[123] Rn 266 vor § 143, Rn 49 zu § 15, Rn 8 zu Art II § 5 IntPatÜG.[124]

IV. Verhältnis zu anderen Verfahren

1. Neben der Übertragungsklage ist **Klage auf Feststellung der Erfindereigenschaft** zulässig[125] (vgl **44** Rn 62 zu § 143). Zum Entnahmeeinwand Rn 29.

2. Erteilungsverfahren. Der durch die widerrechtl Entnahme Verletzte ist nicht ohne weiteres Betei- **45** ligter am Patenterteilungsverfahren. Auch ein Beschwerderecht steht ihm nur zu, wenn er vor Ablauf der Frist zur Einlegung der Beschwerde gegen den Zurückweisungsbeschluss den Anspruch auf Abtretung des Rechts auf Patenterteilung durchgesetzt hat;[126] ist der Verletzte am Verfahren beteiligt, steht ihm das Beschwerderecht trotz Beschwer nur in den Gründen zu.[127]

3. Einspruch, Nichtigkeitsverfahren. Das Gesetz räumt dem aus widerrechtl Entnahme Verletzten **46** verschiedene Rechtsbehelfe ein. Es ist anerkannt, dass der sachlich Berechtigte den Nichtberechtigten nach rechtskräftiger Erteilung des Patents auf Übertragung des Patents in Anspruch nehmen und daneben im Einspruchsverfahren nach § 21 Abs 1 Nr 3 aus dem gleichen Grund den Widerruf des Patents betreiben kann, weil beide Rechtsbehelfe verschiedenen Schutzzwecken dienen.[128] Satz 4 trägt dem Rechnung. Nur die Geltendmachung im Einspruchsverfahren kann dabei das prioritätsbegünstigte Nachanmelderecht nach § 7 Abs 2 begründen.

Weitere Kollisionsfälle regelt das Gesetz nicht. Sie müssen daher nach allg Verfahrensgrundsätzen ge- **47** löst werden. Danach kann eine gegenseitige Abhängigkeit des zivilprozessualen Verfahrens nach § 8 und des verwaltungsrechtl nach § 21 Abs 1 Nr 3 nur insoweit bestehen, als in einem Verfahren rechtskräftig Tatsachen festgestellt werden, von denen in dem anderen nicht abgewichen werden darf.[129] Ob der Erfolg der Klage nach § 8 das auf widerrechtl Entnahme gestützte **Einspruchsverfahren** erledigt, hat der BGH offengelassen,[130] dies ist aber zu verneinen (vgl Rn 44 zu § 59). Die bloße Übertragung des Patents erledigt das Einspruchsverfahren nicht,[131] wohl aber (wegen des fehlenden Nachanmelderechts) das **Nichtigkeitsverfahren**;[132] andererseits erledigen Widerruf und Nichtigerklärung des Patents die Übertragungsklage, weil der Kläger sein Rechtsschutzziel nicht mehr erreichen kann.[133]

Der Anspruch aus § 8 besteht gleichermaßen neben der **Nichtigkeitsklage**.[134] **48**

Vor § 9
Wirkungen des Patents

Übersicht

---

123 Zur fehlenden Legitimationswirkung der Sequestration im eur Patenterteilungsverfahren OLG München Mitt 1997, 394.
124 RB Den Haag BIE 2000, 276 verpflichtet den Antragsgegner zur Aufrechterhaltung.
125 BGHZ 72, 236 = GRUR 1979, 145 Aufwärmvorrichtung.
126 BPatGE 9, 196, 198.
127 BPatGE 9, 196, 199; RPA BlPMZ 1942, 40 entgegen PA BlPMZ 1908, 132.
128 Vgl RG GRUR 1931, 147 Seliger; BGH GRUR 1981, 186, 188 Spinnturbine II; BGH GRUR 1962, 140 Stangenführungsrohre; BGH Liedl 1981, 263 Sicherheitsgurtbefestigung.
129 BGHZ 124, 343 = GRUR 1996, 42f Lichtfleck.
130 BGH Lichtfleck.
131 BGH Lichtfleck gegen BPatG 18.10.1991 31 W (pat) 56/90; *Fitzner/Lutz/Bodewig* Rn 6.
132 *Fitzner/Lutz/Bodewig* Rn 7.
133 BGH Lichtfleck; *Fitzner/Lutz/Bodewig* Rn 5.
134 BGH GRUR 1962, 140 Stangenführungsrohre; BGH Liedl 1981, 263 Sicherheitsgurtbefestigung.

A. Wirkungen des Patents

I. Grundsatz

1   Die §§ 9–14 regeln die **Wirkungen des Patents** und ihre Grenzen für seinen sachlichen Schutzbereich. § 9 Satz 1 spricht dem Patentinhaber ein positives Benutzungsrecht zu, § 9 Satz 2 stellt für Dritte entspr Verbotsnormen auf, die in § 10 für den Fall der mittelbaren Benutzung ergänzt werden. Mit der Umsetzung der BioTRl wurden die §§ 9a–9c neu eingestellt. § 9a regelt die Wirkungen des Patents bei biologischem Material, § 9b die Erschöpfung bei biologischem Material, § 9c die weitere Verwendung geschützten biologischen Materials durch den Landwirt („Landwirteprivileg") und in Abs 3 die Rechtslage bei „Auskreuzungen". § 11 nimmt bestimmte Handlungen Dritter vom Verbot der Benutzung aus, § 12 schränkt die Wirkung des Patents gegenüber Vorbenutzern ein. § 13 regelt die Benutzung des Patents aufgrund staatlicher Benutzungsanordnung. Regeln diese Bestimmungen die „Breite" der verbotenen Benutzungshandlungen, betrifft § 14 die „Tiefe" des Verbots, nämlich den sachlichen Schutzbereich, die Frage, ob sich die Benutzungshandlung auf den Gegenstand des Patents bezieht. Der Schutzbereich umgrenzt die dem Patentinhaber durch die Patenterteilung zugeordnete Rechtsmacht hinsichtlich der Übereinstimmung der Verletzungsform mit dem Schutzrecht. Der räumliche Schutzbereich ist im Patentgesetz nicht ausdrücklich geregelt; er ist bei § 9 mitbehandelt. Die Schutzdauer und die im Unionsrecht vorgesehene, in bestimmten Fällen mögliche Verlängerung der Schutzdauer durch ergänzende Schutzzertifikate sind in §§ 16, 16a geregelt.

II. Anwendungsbereich

2   Jedenfalls die §§ 9, 10, 11, 12 und 13 gelten für alle mit Wirkung für Deutschland erteilten nationalen Patente und für die mit Wirkung für die Bundesrepublik Deutschland erteilten Patente, die vor Wirksamwerden der VO 1257/2012 erteilt worden sind und für später erteilte eur Patente, soweit diese nicht mit den gleichen Ansprüchen für alle teilnehmenden Mitgliedstaaten erteilt wurden, während für eur Patente an die Stelle des § 14 der mit diesem übereinstimmende Art 69 EPÜ tritt. Die §§ 9a bis 9c werden auf eur Patente anwendbar sein, soweit die Unterschiede im EPÜ und der AOEPÜ dem nicht entgegenstehen (zB § 9a Abs 3 Satz 2). Das nach der VO 1257/2012 mit den gleichen Ansprüchen für alle teilnehmenden Mitgliedstaaten erteilte Patent („Patent mit einheitlicher Wirkung") hat, sofern seine einheitliche Wirkung in dem Register für den einheitlichen Patentschutz eingetragen wurde, die Wirkungen der Art 5–7 der VO 1257/2012 iVm Art 25–29 des Übk über ein einheitliches Patentgericht (EPG-Übk).

III. Absolute und relative Wirkungen

3   Die §§ 9–14 regeln die absoluten Wirkungen des Patents gegenüber jedermann und ihre Grenzen. Unterlassungsverpflichtungen, die nur relativ, dh gegenüber bestimmten Dritten, wirken, können grds auf schuldrechtl Grundlage begründet werden[1] (§ 306 BGB); soweit sie über den Inhalt des Schutzrechts hinausgehen, sind sie an den Bestimmungen des nationalen wie des EU-Kartellrechts zu messen (Rn 183 ff zu § 15).

4   **IV.** Eine **Weiterentwicklung** der geschützten Erfindung durch Dritte kann der Patentinhaber nicht verhindern; sie wird zudem jedenfalls zunächst, solange das Patent noch läuft, eher zu einer Steigerung des Werts des Patents führen.[2] Dies gilt insb für einen vom Sach- (Stoff-)schutz abhängigen Verwendungsschutz für weitere, erfinderische Anwendungen des Erzeugnisses (Stoffs), zB weitere Indikationen eines bekannten Arzneimittels. Die Gefahr, dass ein Erzeugnispatent in seinem wirtschaftlichen Wert beein-

---

1   Vgl RGZ 112, 361, 363 ff = MuW 25, 279 Kreuzeinlesemaschine.
2   BGHZ 130, 259, 275 = GRUR 1996, 109 klinische Versuche I.

trächtigt wird, ist dem Erzeugnisschutz immanent, sie steht weder dem Verwendungsschutz bekannter Erzeugnisse noch Versuchshandlungen, die auf die Gewinnung entspr Erkenntnisse gerichtet sind, entgegen. „Die Geeignetheit oder die Absicht, ein Verwendungspatent zu erzielen, kann nicht Kriterium für die Abgrenzung von erlaubten und nicht erlaubten Versuchshandlungen sein. Das muss auch dann gelten, wenn der Wirkstoff, mit dem die Versuche unternommen werden, in der Wissenschaft und auf dem Markt ein solches Interesse erregt, dass eine Vielzahl von Versuchsprogrammen initiiert werden und der Patentinhaber dadurch zur weiteren Erforschung seines patentierten Wirkstoffs gezwungen wird, um der Anwendung von Verwendungspatenten Dritter entgegenzuwirken".[3] Zu den Rechten des Inhabers des abhängigen Patents gegenüber dem Inhaber des Erzeugnispatents und umgekehrt Rn 36 ff, 57 ff zu § 9.

V. Benutzungsrechte Dritter können auf unterschiedlicher Grundlage begründet sein. Neben der 5 Einräumung des Benutzungsrechts durch den Patentinhaber, insb im Weg der Lizenz (§ 15), kommt eine Gestattung gegenüber jedermann in Form der Erklärung der Lizenzbereitschaft (§ 23) in Betracht. Gegen den Willen des Patentinhabers können Benutzungsrechte durch Zwangslizenzen nach § 24 und der VO Nr 816/2006 (EG) (Anh I zu § 24) und durch staatliche Benutzungsanordnungen (§ 13) entstehen. Daneben können Vor- und Weiterbenutzungen eines Dritten für diesen ein Benutzungsrecht begründen; das PatG regelt derartige Fälle in § 12 und § 123. Von Vorbenutzung spricht man meist, wenn die maßgeblichen Handlungen des Berechtigten vor dem Prioritäts- oder Anmeldezeitpunkt liegen, von Weiterbenutzung, wenn sie nach der Veröffentlichung der Patenterteilung liegen, von Zwischenbenutzung bei Handlungen zwischen diesen Zeitpunkten. Auch die dt Vereinigung hat in §§ 27, 28 ErstrG zur Schaffung von (jetzt obsoleten) Vor- und Weiterbenutzungsrechten geführt.

VI. Die §§ 9–14 regeln nicht die **Rechtsfolgen der Patentverletzung.** Dies geschieht im zivilrechtl 6 Bereich in den §§ 139, 140a–140e, 141, im strafrechtl in den §§ 142, 142a und 142b. Ergänzend sind die Bestimmungen des allg Zivilrechts und Strafrechts anwendbar, soweit sie nicht durch Spezialregelungen im Patentrecht verdrängt werden. Zu konkurrierenden deliktsrechtl und wettbewerbsrechtl Ansprüchen § 141a.

VII. Rechtsverfolgung

Für die gerichtliche Durchsetzung der Rechte aus dem Patent und aus der Patentanmeldung im In- 7 land gelten grds die Regelungen des dt Zivilprozessrechts; dabei sind die Sonderregeln der §§ 143–145 sowie des § 140 zu beachten; soweit eine Rechtsverfolgung im Ausland in Betracht kommt, gelten die jeweiligen Regeln des ausländ Rechts. Nach dem in Deutschland geltenden System darf (anders als in den meisten Staaten des Auslands) das mit der Verletzung befasste Gericht – anders als bei Gebrauchsmustern – die Gültigkeit des Patents nicht selbst prüfen; anders für das EU-Patent mit einheitlicher Wirkung.

Die Durchsetzung der Rechte aus dem **Patent mit einheitlicher Wirkung** richtet sich nach dem EPG- 8 Übk. Soweit dieses anwendbar ist, ist eine Kompetenz nationaler Gerichte nicht eröffnet.

VIII. Darlegungs- und Beweislast

Grds trägt der Kläger die volle Darlegungs- und Beweislast für die anspruchsbegründenden Tatsa- 9 chen;[4] das gilt auch im Rahmen der Regelungen der §§ 9–14 (näher Rn 239 ff zu § 139). Der als Verletzer in Anspruch Genommene hat den Ausschluss der Widerrechtlichkeit seiner Benutzung darzulegen und erforderlichenfalls zu beweisen.[5] Bei neuen Verfahrenserzeugnissen ist die Beweislast umgekehrt (Rn 244 ff zu § 139). Zu Besonderheiten bei der Erschöpfung Rn 147 zu § 9, beim Vorbenutzungsrecht Rn 53 zu § 12.

B. Zur **Werbung mit Schutzrechten** s Rn 14 ff zu § 146. 10

---

3 BGH klinische Versuche I.
4 *Benkard-EPÜ* Art 64 Rn 31.
5 *Benkard-EPÜ* Art 64 Rn 31.

11 **C.** §§ 9–14 verbieten jedem Dritten bestimmte Handlungen in bezug auf ein Erzeugnis oder ein Verfahren, das **Gegenstand des Patents** ist, sowie auf das durch das Verfahren, das Gegenstand des Patents ist, unmittelbar hergestellte Verfahrenserzeugnis. Was Gegenstand des Patents ist, definiert das Patentgesetz nicht. Die Rspr sieht als Gegenstand des Patents die durch die Patentansprüche definierte Lehre an, wobei Beschreibung und Zeichnungen lediglich zur Auslegung heranzuziehen sind.[6] Dies entspricht der nach § 14 für die Bestimmung des Schutzbereichs maßgeblichen Grundlage. Bezogen auf die Verletzungsform bezeichnet der Gegenstand des Patents damit nach in Deutschland vorherrschender Auffassung den Bereich, innerhalb dessen identische Verletzung vorliegt.

D. Wirkungen vor Patenterteilung

12 Anders als bei Patentanmeldungen vor 1981, bei denen auch die bekanntgemachte Patentanmeldung ein **Verbietungsrecht** herbeiführte, kann die Benutzung der Erfindung Dritten nach geltendem Recht nurmehr aufgrund eines erteilten Patents verboten werden. Die Offenlegung der Patentanmeldung hat nur einen Entschädigungsanspruch nach § 33 oder Art II § 1 IntPatÜG, nicht aber ein Verbietungsrecht zur Folge; Benutzung vor Patenterteilung ist daher nicht rechtswidrig (Rn 3 zu § 33). Durch flankierenden GbmSchutz, der bereits mit der GbmEintragung wirksam wird, kann dem weitgehend begegnet werden. Das Erfinderrecht (Recht auf das Patent) genießt zwar Schutz gegen Eingriffe Dritter und gewährt bei Erfüllung der gesetzlichen Voraussetzungen einen Anspruch auf Patenterteilung, nicht aber als solches einen Anspruch auf ausschließliche Ausnutzung der Erfindung und kein Untersagungsrecht gegen jeden Dritten.[7]

E. Gebrauchsmusterrecht

13 Die Regelung läuft weitgehend parallel. § 11 Abs 1 GebrMG entspricht § 9, § 11 Abs 2 GebrMG § 10, § 12 GebrMG § 11, § 12a GebrMG § 14. Die Regelungen in §§ 12 und 13 sind im GbmRecht entspr anwendbar (§ 13 Abs 3 GebrMG).

§ 9
(Wirkung des Patents)

[1]**Das Patent hat die Wirkung, daß allein der Patentinhaber befugt ist, die patentierte Erfindung im Rahmen des geltenden Rechts zu benutzen.** [2]**Jedem Dritten ist es verboten, ohne seine Zustimmung**
1. **ein Erzeugnis, das Gegenstand des Patents ist, herzustellen, anzubieten, in Verkehr zu bringen oder zu gebrauchen oder zu den genannten Zwecken entweder einzuführen oder zu besitzen;**
2. **ein Verfahren, das Gegenstand des Patents ist, anzuwenden oder, wenn der Dritte weiß oder es auf Grund der Umstände offensichtlich ist, daß die Anwendung des Verfahrens ohne Zustimmung des Patentinhabers verboten ist, zur Anwendung im Geltungsbereich dieses Gesetzes anzubieten,**
3. **das durch ein Verfahren, das Gegenstand des Patents ist, unmittelbar hergestellte Erzeugnis anzubieten, in Verkehr zu bringen oder zu gebrauchen oder zu den genannten Zwecken entweder einzuführen oder zu besitzen.**

MarkenG: § 14 (ausschließliches Recht); § 24 (Erschöpfung); **DesignG:** § 38 (Rechte aus dem eingetragenen Design und Schutzumfang) § 48 (Erschöpfung)

TRIPS-Übk Art 28

Ausland: Belgien: Art 27 Abs 1 PatG 1984; **Bosnien und Herzegowina:** Art 24 PatG 2010 (Zeitrang); Art 66 PatG 2010 (ausschließliche Rechte), Art 76 PatG 2010 (Erschöpfung); **Dänemark:** § 3 Abs 1 PatG 1996; **Frankreich:** Art L 613-3, 6 (Erschöpfung) CPI, vgl Art L 613-1 CPI; **Italien:** Art 56 CDPI (Wirkung des eur Patents); Art 66 CDPI; Art 5 CDPI (Erschöpfung); **Kosovo:** Art 23 PatG; **Litauen:** Art 26 PatG; **Luxemburg:** Art 3 (Benutzungsrecht), 44 Abs 3 (unmittelbares Verfah-

---

6 Seit BGHZ 98, 12, 18 = GRUR 1986, 803 Formstein.
7 RGZ 77, 81 ff = BlPMZ 1912, 8 Schwefelfarbstoff; vgl RGZ 37, 41, 43 = BlPMZ 1900, 174 Kristallzucker.

renserzeugnis), 45 (Verbietungsrecht), 48 (Erschöpfung) PatG 1992/1998; **Mazedonien:** §§ 89, 92 GgR; **Niederlande:** Art 53 Nr 1, 4 und 5 (Erschöpfung) ROW 1995, Art 49 ROW 1995 (Wirkungen des eur Patents); **Österreich:** § 22 öPatG (1996), abhängiges Patent § 4 Abs 3 öPatG (1994); **Polen:** Art 63–66, 70 RgE 2000; **Schweden:** § 3 PatG; **Schweiz:** Art 8, 9a (Erschöpfung, vgl Rn 168.1), 11 (Patentzeichen), 66 PatG; **Serbien:** Art 52, 58 Abs 2 (unmittelbares Verfahrenserzeugnis), 60 (Erschöpfung) PatG 2004; **Slowakei:** § 13 Abs 3 (unmittelbares Verfahrenserzeugnis), § 14 Abs 1, § 15, § 16 (Erschöpfung) PatG; **Slowenien:** Art 18 Abs 1, 21 (Erschöpfung) GgE; **Spanien:** Art 50, 53 (Erschöpfung), 55 (Kollision mit prioriätsälterem Patent), 56 (Abhängigkeit), 57 (gesetzwidrige Benutzung), 61 (Import, Verfahrenserzeugnis), 70 PatG; **Tschech. Rep.:** § 11 Abs 1, § 13, § 13b (Erschöpfung) PatG, geänd 2000; **Türkei:** Art 73, 76 (Erschöpfung), 78 (Wirkung gegenüber älteren Patenten), 79 (Abhängigkeit), 80 (gesetzwidrige Benutzung), 81 (gesetzliches Monopol), 136 (Verletzungshandlungen) VO 551; **USA:** Sec 271 USC 35 **VK:** Sec 60 Abs 1, 4 Patents Act

Übersicht

A. Allgemeines

I. Entstehungsgeschichte

1   Die Bestimmung (im PatG 1936 § 6, zuvor § 4 PatG 1877/1891), der im GbmRecht im wesentlichen § 11 Abs 1 GebrMG entspricht, ist durch Art 8 Nr 3 GPatG neu gefasst worden, ihre jetzige Bezeichnung hat sie durch die Neubek 1981 erhalten. Das BioTRIUmsG hat (als Klarstellung) die Worte „im Rahmen des geltenden Rechts" eingefügt.

2   Die Neufassung übernimmt die Regelung in Art 29 GPÜ 1975. Sie unterscheidet sich von den früheren in der **Systematik**, nämlich durch Differenzierung der Verletzungstatbestände bei Erzeugnissen und Verfahren, wobei der Katalog bei Erzeugnissen um Einfuhr und Besitz erweitert ist. Das entfallene Merkmal der Gewerbsmäßigkeit scheint in veränderter Form in den Ausnahmetatbeständen des § 11 wieder auf.

3   Im **Markenrecht** ist das ausschließliche Recht des Markeninhabers zusammen mit dem Unterlassungs- und dem Schadensersatzanspruch in § 14 MarkenG geregelt. Das **Sortenschutzrecht** enthält eine Regelung in § 10 SortG sowie eine Erschöpfungsregelung in § 10b SortG.

4   Eine parallele Regelung enthält **Art 28 Abs 1 TRIPS-Übk**:

(1) Ein Patent gewährt seinem Inhaber die folgenden ausschließlichen Rechte:
a) wenn der Gegenstand des Patents ein Erzeugnis ist, es Dritten zu verbieten, ohne die Zustimmung des Inhabers folgende Handlungen vorzunehmen: Herstellung, Gebrauch, Anbieten zum Verkauf, Verkauf oder diesen Zwecken dienende Einfuhr dieses Erzeugnisses;
b) wenn der Gegenstand des Patents ein Verfahren ist, es Dritten zu verbieten, ohne die Zustimmung des Inhabers das Verfahren anzuwenden und folgende Handlungen vorzunehmen: Gebrauch, Anbieten zum Verkauf, Verkauf oder Einfuhr zu diesen Zwecken zumindest in bezug auf das unmittelbar durch dieses Verfahren gewonnene Erzeugnis.
(2) Der Patentinhaber hat auch das Recht, das Patent rechtsgeschäftlich oder im Weg der Rechtsnachfolge zu übertragen und Lizenzverträge abzuschließen.

II. Anwendungsbereich

5   **1. Zeitlich.** § 9 war nicht auf Patentanmeldungen und darauf erteilte Patente anzuwenden, die am **1.1.1981** bereits beim DPA eingereicht waren (Art 12 Abs 1 GPatG); für diese verblieb es bei der Anwendung des früheren § 6.

6   **2. DDR-Patente** s *6. Aufl* Rn 6 ff.

7   **3. Europäisches Patentübereinkommen.** Die Rechte aus dem eur Patent sind in Art 64 EPÜ geregelt, dessen Abs 1 auf das jeweilige nationale Recht verweist. Die Erstreckung des Schutzes auf unmittelbare Verfahrenserzeugnisse ist in Art 64 Abs 2 EPÜ ausdrücklich vorgesehen (zur zeitlichen Anwendbarkeit *6. Aufl*). Die Bestimmung ist national unmittelbar geltendes Recht; einer Transformationsnorm (wie etwa in Art 49 niederländ ROW 1995) bedarf es nicht.[1]

8   **4.** Art 5 VO (EU) 1257/2012 regelt den einheitlichen Schutz in den teilnehmenden Mitgliedstaaten der EU in der Weise, dass das **Patent mit einheitlicher Wirkung** seinem Inhaber das Recht verleiht, Dritte daran zu hindern, Handlungen zu begehen, gegen die dieses Patent innerhalb der Hoheitsgebiete der teilnehmenden Mitgliedstaaten, in denen das Patent einheitliche Wirkung besitzt, vorbehaltlich geltender Beschränkungen Schutz bietet; der Umfang dieses Rechts und seine Beschränkungen sind in allen teil-

---

1   Ebenso *Fitzner/Lutz/Bodewig* Rn 2.

nehmenden Mitgliedstaaten, in denen das Patent einheitliche Wirkung besitzt, einheitlich. Die Handlungen, gegen die das Patent Schutz bietet, sowie die geltenden Beschränkungen sind in den Rechtsvorschriften bestimmt, die für Europäische Patente mit einheitlicher Wirkung in dem teilnehmenden Mitgliedstaat gelten, dessen nationales Recht auf das Europäische Patent mit einheitlicher Wirkung als ein Gegenstand des Vermögens anwendbar ist. Darüber hinaus sind die unmittelbare Benutzung ist in Art 25 EPG-Übk, die mittelbare Benutzung in Art 26 EPG-Übk, die Beschränkungen der Wirkung des Patents in Art 27 EPG-Übk, das Recht der Vornenutzung in Art 28 EPG-Übk und die Erschöpfung in Art 29 EPG-Übk (und damit nicht auf gemeinschaftsrechtl Ebene) normiert.

5. Auf **ergänzende Schutzzertifikate** ist § 9 entspr anzuwenden (§ 16a Abs 2; zum Patent mit einheit- **9** licher Wirkung Art 30 EPG-Übk).

Zu beachten ist jedoch, dass der Schutz in zweifacher Hinsicht **eingeschränkt** ist, nämlich zum einen **10** auf das vom Schutzzertifikat erfasste Erzeugnis, und zum anderen auf den Umfang und die Verwendungen, die arznei- oder pflanzenschutzmittelrechtl genehmigt sind.[2]

B. Benutzungsrecht; Abhängigkeit

Schrifttum: *Bacher* Rechte und Ansprüche aus Patenten als Rechtsmangel im Sinne von Art. 42 CISG, FS I. Schwenzer (2011), 115; *Belser* Wesen, Verwertungsproblematik und praktische Bedeutung von abhängigen Erfindungen, Diplomarbeit ETH Zürich 1999/2000; *Biedermann* Über Abhängigkeits- und Zusatzpatente, GRUR 1896, 131; *Blasendorff* Das Verhältnis der Patentabhängigkeitsklage zur Leistungsklage, ZAkDR 1939, 565; *Block* Das positive Benutzungsrecht aus dem Schutzrecht ein neues Vorbenutzungsrecht? MuW 39, 253; *Bopp/Berg* Der neue Vorschlag für eine Verordnung über Arzneimittel für seltene Krankheiten (Orphan Drugs), PharmR 1999, 38; *Bossung* Innere Priorität und Gebrauchsmuster, GRUR 1979, 661; *Bucher* Gebrauchsmuster und abhängiges Patent nach § 6 GMG, GRUR 1940, 73; *Busche* Das Patent als Rechtsmangel der Kaufsache, FS K. Bartenbach (2005), 357; *Christie/Dent* Non-overlapping Rights: A Patent Misconception, EIPR 2010, 58; *Cohn* Kann die Anmeldung oder der Besitz eines Schutzrechtes ein Benutzungsrecht begründen? Mitt 1931, 188; *Geißler* Das positive Benutzungsrecht – ein deutsches Kuriosum, FS R. König (2003), 133; *Gramm* Von der „Drillmaschine" zum „Räumschild": Schutzbereich und Abhängigkeit im Spiegel der Rechtsprechung, GRUR 2001, 926; *Heiseke* Grenzfälle von Schutzrechtsverletzungen und unlauterem Wettbewerb, WRP 1969, 50; *Kisch* Patentabhängigkeitsstreit und Patentamt, ZAkDR 1936, 501; *Kloeppel* Die Erteilung abhängiger Patente, GRUR 1901, 284; *König* Patentverletzung durch erfinderische Abwandlung, Mitt 1996, 75; *Koenig/Müller* EG-rechtliche Privilegierung der Hersteller von Arzneimitteln für seltene Krankheiten (Orphan Medicinal Products) durch Einräumung von Alleinvertriebsrechten versus Patentrecht? GRUR Int 2000, 121; *Kraßer* Äquivalenz und Abhängigkeit, FS W. Fikentscher (1998), 516; *Kuxmann* Das Zusatz- und das Abhängigkeitspatent, Diss 1914; *Laub/Laub* Die Verletzung technischer Schutzrechte als Rechtsmangel beim Sachkauf, GRUR 2003, 654; *Lehmann* Die abhängige Erfindung, 1931; *Loth* Aspekte zur sogenannten abhängigen Erfindung bzw. zur erfinderischen Weiterentwicklung im Patentverletzungsprozeß, FS F.-K. Beier (1996), 113; *Malzer* Über die Verpflichtung zur Verschaffung des verkauften Gegenstands frei von Patentrechten Dritter, GRUR 1973, 620; *Mediger* Die Rückwirkungen des jüngeren Schutzrechtes auf das ältere Recht, GRUR 1943, 266; *Möller* Das Patent als Rechtsmangel der Kaufsache, GRUR 2005, 468; *Ohly* Zur Wirkung prioritätsgleicher Patente, Mitt 2006, 241; *Pietzcker* Die sogenannte Abhängigkeit im Patentrecht, GRUR 1993, 272; *Rau* Der Begriff der Abhängigkeit im Patent- und Gebrauchsmusterrecht nach deutschem, österreichischem und schweizerischem Recht, Diss 1931; *Schanze* Die Kollision der Patente, 1907; *Scharen* Die abhängige erfinderische Abwandlung – ein Fall normaler Patentverletzung, FS W. Tilmann (2003), 599; *Scharen* Patentschutz und öffentliche Vergabe, GRUR 2009, 345; *Schnabel* Gebrauchsmuster und abhängiges Patent nach § 6 GMG, GRUR 1939, 455; *Schönherr* Zur Begriffsbildung im Immaterialgüterrecht, FS A. Troller (1976), 57; *Schwanhäusser* Äquivalenz und Abhängigkeit, GRUR 1972, 22; *Scotchmer* Standing on the Shoulders of Giants: Cumulative Research and Patent Law, 5 J.Ec.Persp. 29 (1991), 1; *Sena* Protezione dalle formule generali i suoi limiti, in: Problemi attuali della brevettazione dei farmaci, Tagungsband der Soc.It.Sc.Farm. vom 2.12.1986 (1987), 50; *Stjerna* Die Einrede des älteren Rechts im Patent- und Gebrauchsmusterverletzungsprozess, GRUR 2010, 202; *Stjerna* Die Reichweite der Einrede des älteren Rechts: zum Umfang des Benutzungsrechts aus Patenten und Gebrauchsmustern, GRUR 2010, 795; *Straus* Abhängigkeit bei Patenten auf genetische Information – ein Sonderfall? GRUR 1998, 314; *H. Tetzner* Ist der unmittelbare Gegenstand eines jüngeren, mit dem älteren, aber nicht vorveröffentlichten Patent identischen Patentes im Verhältnis zwischen den beiden Rechten zu respektieren? GRUR 1978, 73; *Villinger* Anmerkungen zu den §§ 9, 10 und 11 des neuen deutschen Patentgesetzes über die Verbietungs- und Benutzungsrechte des Patentinhabers und die mittelbare Patentverletzung, GRUR 1981, 541; *von der Trenck* Wahrheit der Erfindung (1939), 358 ff; *von der Trenck* Vorpatent und Schutzumfang, MuW 39, 285; *A. von Falck/Schweda* Patente im Licht des Vergaberechts, öffentliche Vergaben im Licht des Patentrechts, FS W. von Meibom (2010), 495; *Walleser* Zur Rechtsnatur des Erfindungspatents, GRUR Int 1963, 307; *Weidlich* Identische

---

2 *Fitzner/Lutz/Bodewig* Rn 4.

Gebrauchsmuster und Patente, ZAkDR 1936, 166; *Wessel II* Gebrauchsmusterverletzung kann nicht durch rechtmäßige Benutzung eines älteren identischen Gebrauchsmusters erfolgen, Mitt 1931, 246; *Wichards* Das ältere Schutzrecht im Patent- und Gebrauchsmusterverletzungsstreit, GRUR 1937, 895; *Wichards* Die Grenzen des älteren Benutzungsrechtes, GRUR 1943, 49; *Winkler* Probleme der abhängigen Erfindung, Mitt 1959, 265; *R. Wirth* Abhängigkeit und Teilübereinstimmung, GRUR 1900, 79; *R. Wirth* Ein neues Vorbenutzungsrecht (Benutzungsrecht aus älterer Anmeldung), Mitt 1939, 87; *R. Wirth* Das Zwischenbenutzungsrecht, Mitt 1943, 97; *Wobsa* Patentanmeldung und Gebrauchsmuster mit jüngerer Priorität, GRUR 1936, 776; *Zeller* Älteres Gebrauchsmuster, jüngeres Patent und Weiterbenutzung, GRUR 1953, 235.

I. Benutzungsrecht

11 **1. Allgemeines.** Satz 1 spricht dem Patentinhaber im Rahmen des geltenden Rechts ein alleiniges Benutzungsrecht an der Erfindung zu; Satz 2 zählt enumerativ und abschließend[3] die den Patentinhaber gegenüber jedem Dritten schützenden Verbietungstatbestände auf (näher zur Zuordnung Rn 17). Die Begr[4] führt aus, das Herausstellen eines Benutzungsrechts abw vom GPÜ und nicht nur eines Verbotsrechts erscheine zweckmäßig, da es den Patentinhaber zur Lizenzerteilung in die Lage versetze.[5]

12 Die Einfügung durch das BioTRlUmsG stellt klar, dass der Patentinhaber die patentierte Erfindung nur **im Rahmen der geltenden Rechtsordnung** benutzen darf (vgl Rn 14).[6]

13 Das Bestehen eines **positiven Benutzungsrechts** („Einrede des älteren Rechts")[7] ist in stRspr anerkannt,[8] und zwar auch für Gebrauchsmuster;[9] das entspricht einer in der Lit verbreiteten, allerdings umstr Ansicht.[10]

14 Es ist mit Recht darauf hingewiesen worden, dass es unter dem Grundsatz der **Gewerbe- und Wettbewerbsfreiheit** der Einräumung von Benutzungsrechten nicht bedarf. Zudem machen Patentanmeldung und Patent die beanspruchte und geschützte Lehre nicht „polizeifest" (vgl Rn 8 zu § 2); von öffentlichrechtl Voraussetzungen für die Benutzung der Erfindung wie von Verpflichtungen gegenüber Dritten ist der Patentinhaber nicht freigestellt (Abs 1 Satz 1).[11] In diesem Sinn ist auch die ein positives Benutzungsrecht verneinende Praxis des EPA[12] zu verstehen. Es wäre verfehlt, in der Patenterteilung einen Ersatz für gewerberechtl oder andere Genehmigungsverfahren sehen zu wollen.[13] § 30 öPatG bestimmt ausdrücklich, dass ein Patent nicht von der Einhaltung der Rechtsvorschriften entbindet (allerdings enthalten §§ 31, 32 öPatG eine gewerberechtl Privilegierung, die von den Vorschriften über die Erlangung einer Gewerbeberechtigung freistellt), auch die durch das BioTRlUmsG vorgenommene Einfügung (Rn 12) zielt auf eine derartige Klarstellung.

---

3 *Büscher/Dittmer/Schiwy* Rn 6 unter Hinweis auf die Denkschrift GPÜ BTDrs 8/2087 = BlPMZ 1979, 325.

4 BlPMZ 1979, 280.

5 Abl hierzu *Kraßer* S 745 (§ 33 I c 1).

6 Begr BTDrs 15/1709 = BlPMZ 2005, 95, 100.

7 *Stjerna* GRUR 2010, 202; LG Düsseldorf 27.11.2007 4a O 291/06; *Benkard* Rn 5.

8 Vgl BGHZ 180, 1 = GRUR 2009, 655 Trägerplatte.

9 RGZ 148, 146 = GRUR 1936, 42, 45 Reißverschluß II; RGZ 159, 11 = GRUR 1939, 178 Dauerwellflachwicklung; RG GRUR 1940, 23, 25 Wasserrohrkessel; RG GRUR 1941, 154, 155 Kabelschelle; RGZ 169, 289, 291 = GRUR 1942, 548 Muffentonrohre; BGH GRUR 1963, 563, 565 Aufhängevorrichtung; BGH GRUR 1964, 606, 610 Förderband; BGH GRUR 1992, 692 Magazinbildwerfer, für prioritätsgleiches Gebrauchsmuster; BGH 25.11.1965 Ia ZR 222/63; BGH 25.11.1965 Ia ZR 243/63; KG GRUR 1937, 129; OLG Düsseldorf InstGE 8, 141; LG Düsseldorf 2.4.1996 4 O 229/91 Entsch 1996, 24, kr zu dieser Entscheidung *Geissler* FS R. König (2003), 133, 145 ff.

10 Bejahend *Benkard* Rn 5 und *Benkard* § 11 GebrMG Rn 2; *Benkard-EPÜ* Art 64 Rn 2; *Schulte* Rn 5 ff; *Büscher/Dittmer/ Schiwy* Rn 4; *Lindenmaier* § 6 Rn 43; *Reimer* § 6 Rn 1; *Talbot* § 6 Anm 1; *Nirk/Ullmann* Patent-, Gebrauchsmuster- und Sortenschutzrecht[3] (2007) S 127; verneinend *Bussmann/Pietzcker/Kleine*[3] S 212 ff; *von Pechmann* GRUR 1959, 441, 448; *H. Tetzner* GRUR Int 1960, 107; *Walleser* GRUR Int 1963, 307; vgl auch *Lampert* GRUR 1942, 108; *Mediger* GRUR 1943, 266; *Schönherr* Gewerblicher Rechtsschutz und Urheberrecht (1982), 14 f; *von der Trenck* Die Wahrheit der Erfindung (1939), 358 ff; *ders* MuW 39, 285; *Wichards* GRUR 1943, 49; *Wirth* Mitt 1939, 87 und Mitt 1943, 97 *Schönherr* FS A. Troller (1976), 57, 71; kr *Geissler* FS R. König (2003), 133; zwd *Kraßer* S 744 ff (§ 33 I c); vgl für das nl Recht RB Den Haag BIE 1999, 289, 291 mAnm den *Hartog*: ob das nl Recht ein positives Benutzungsrecht kenne, gleiche einem Spiel mit Worten und sei eine ausschließlich akademische Frage; vgl *Mes* Rn 2: Selbstverständlichkeit.

11 Vgl *Villinger* GRUR 1981, 541, 543; *Benkard* Rn 5.

12 ABl EPA 1992, 589 (zweite „Krebsmaus"-Entscheidung der Prüfungsabteilung).

13 Vgl auch *Kraßer* S 744 f (§ 33 I c 1).

Das Benutzungsrecht besteht im **Umfang** des Gegenstands des Patents (Wortsinns der Patentansprü- **15** che), nicht des Schutzbereichs (str).[14] Für die Annahme, dass das Benutzungsrecht unabhängig von den Rechten aus dem Patent lizenzierbar sein soll, besteht keine Grundlage.[15]

Es soll mit Erteilung des Patents **beginnen**[16] und mit dessen Erlöschen **enden**,[17] auch rückwirkend. **16** Es wurde vertreten, dass Erlöschen aus Billigkeitsgründen nicht eintritt, wenn der Patentinhaber die Erfindung benutzt oder eine nicht nur nichtausschließliche Lizenz erteilt hat;[18] dies soll auch für den Nehmer einer ausschließlichen Lizenz gelten.[19] Für die Anerkennung eines fortwirkenden Benutzungsrechts besteht jedoch kein Anlass.[20] Der Patentinhaber ist nach Erlöschen des Patents wie jeder andere gestellt; der Gegenstand des Schutzrechts wird durch dessen Erlöschen grds gemeinfrei (Rn 21; anders bei Erlöschen des Gebrauchsmusters, solange Patentschutz fortbesteht, vgl Rn 10 zu § 14 GebrMG); anderen Schutzrechten gegenüber kann er sich bei Vorliegen der Voraussetzungen auf sein Vorbenutzungsrecht aus § 12 berufen. Kollisionsfälle zwischen verschiedenen Schutzrechten werden sich durchwegs auch ohne Rückgriff auf ein Benutzungsrecht lösen lassen.[21]

2. Zuordnung

a. Patentinhaber und Dritte. Die Bedeutung des Benutzungsrechts liegt zunächst in der Zuordnung **17** des Patents als Gegenstand subjektiver Rechte an den Patentinhaber. Auf dessen materielle Berechtigung kommt es nicht an.[22] Die Benutzung der Erfindung durch den Patentinhaber ist nicht bloße Freiheits-, sondern Rechtsausübung.[23] Das Verbot in § 9 richtet sich an „jeden Dritten". Es erfasst nicht den Patentinhaber, selbst wenn er schuldrechtl nicht zur Benutzung berechtigt ist (str).[24] Verbietungsrechte stützen sich in diesem Fall ausschließlich auf die schuldrechtl Grundlage (Rn 63 zu § 15; anders die hM). Auch § 15 Abs 3 schafft einen Sukzessionsschutz nur gegenüber dem früheren Lizenznehmer. Wer ein Recht zur Benutzung vom Patentinhaber ableitet, handelt iSd § 9 nicht tatbestandsmäßig. Im Fall der Pfändung des Rechts aus dem Patent ist bis zur Pfandverwertung das Recht zur Eigennutzung durch den Patentinhaber nicht eingeschränkt.[25] Zur Qualität der Regelungen in §§ 11–13 als Tatbestandsausschluss oder Rechtfertigungsgrund Rn 12 zu § 142; zur Täterqualität Rn 23 f zu § 142. Die Benutzungsarten sind voneinander selbstständig.[26] Wer zu der einen Benutzungsform berechtigt ist, braucht dies nicht ohne weiteres für die anderen zu sein.[27] Die Eigentumslage am geschützten Erzeugnis ist ohne Bedeutung für die Patentverletzung; Benutzungsrechte können nicht gutgläubig erworben werden;[28] zur Verkehrsfähigkeit des geschütz-

---

14 RG GRUR 1941, 154 f Kabelschelle; LG Düsseldorf 2.4.1996 4 O 229/91 Entsch 1996, 24: solange ausschließlich die Lehre des älteren Patents benutzt und nicht von zusätzlichen Merkmalen Gebrauch gemacht wird, die sich erst in den Ansprüchen des jüngeren Patents finden; OLG Düsseldorf InstGE 8, 141; *von der Trenck* Die Wahrheit der Erfindung (1939), 358 f; *Benkard* Rn 5; *Büscher/Dittmer/Schiwy* Rn 4; aA *Mes* Rn 8; *Stjerna* Mitt 2009, 450, 452; *Ohly* Mitt 2006, 241, 244; jetzt auch *Schulte* Rn 6 (abw noch *Schulte*[8] Rn 7); RGZ 159, 11 f = GRUR 1939, 178 Dauerwellflachwicklung; vgl *Wichards* GRUR 1937, 898: alle Äquivalente, soweit sie nicht durch das jüngere Schutzrecht besonders geschützt sind; offengelassen in BGHZ 180, 1 = GRUR 2009, 655 Trägerplatte.

15 So aber offenbar *Schulte* Rn 7; *Büscher/Dittmer/Schiwy* Rn 5; BGHZ 180, 1 = GRUR 2009, 655 Trägerplatte, auf die sich diese Meinung stützt, differenziert hinsichtlich der Lizenzierung nicht.

16 *Benkard* Rn 5; *Stjerna* GRUR 2010, 202, 205; aA *Bucher* GRUR 1940, 73, der auf die Anmeldung abstellt; unklar BGHZ 47, 132, 140, 148 = GRUR 1967, 477 UHF-Empfänger II mit Kritik bei *Benkard*.

17 *Benkard* Rn 7; *Stjerna* GRUR 2010, 202, 206: mit Erlöschen ex tunc.

18 RGZ 169, 289, 292, 294 f = GRUR 1942, 548 Muffentonrohre; OLG Karlsruhe GRUR 1978, 116; *Benkard*[9] Rn 7, jetzt aufgegeben.

19 *Benkard*[9] Rn 7, jetzt aufgegeben; *Bucher* GRUR 1940, 73; offengelassen in RG Muffentonrohre; aA *Schnabel* GRUR 1939, 455; *Wessel II* Mitt 1931, 246.

20 Vgl *Benkard* Rn 7.

21 Vgl *Geissler* FS R. König (2003), 133, 148.

22 OLG Düsseldorf BB 1970, 1110; *Mes* Rn 4.

23 *Kraßer* S 745 (§ 33 I c 2).

24 Im Ergebnis wie hier *Fitzner/Lutz/Bodewig* Rn 6.

25 BGHZ 125, 334 = GRUR 1994, 602 Rotationsbürstenwerkzeug.

26 OLG Karlsruhe GRUR 1987, 892, 895.

27 Vgl RGZ 65, 157, 159 f = BlPMZ 1907, 151 Seidenglanz I; OLG Karlsruhe GRUR 1987, 892, 895; *Fitzner/Lutz/Bodewig* Rn 5.

28 Vgl LG Düsseldorf 9.2.2012 4b O 279/10.

ten Gegenstands trägt wesentlich die Erschöpfungslehre (Rn 142ff) bei.[29] Hoheitlich handelnde Stellen sind nicht privilegiert (Rn 5 zu § 139). Die Arzneimittelzulassung[30] besagt nichts darüber, ob der Antragsteller privatrechtl befugt ist, das Arzneimittel herzustellen und in Verkehr zu bringen, ohne fremde Schutzrechte zu verletzen.[31]

18 **Verschiedene Personen** können gleichzeitig das Patent benutzen, und zwar im Zusammenwirken als auch unabhängig voneinander. Jede der im Gesetz genannten Benutzungsformen ist für sich eine Benutzung.[32] Verschiedene Verletzer können unabhängig voneinander in Anspruch genommen werden.[33]

19 **b. Auswirkungen auf Abnehmer.** Im Rahmen von Güteraustauschverträgen, insb Kaufverträgen, ist die Lieferung[34] schutzrechtsverletzender Gegenstände (nicht aber schon die Lieferung von Gegenständen, die auch schutzrechtsverletzend verwendet werden können)[35] eine Verletzung der Rechtsverschaffungspflicht nach §§ 433, 435 BGB (Rechtsmangel)[36] oder von Art 42 CISG;[37] sie steht einer ordnungsgem Vertragserfüllung entgegen und kann einen Anspruch auf Nacherfüllung (§ 439 BGB),[38] Schadensersatzansprüche wegen Vertragsverletzung sowie bei Dauerschuldverhältnissen ein Kündigungsrecht[39] begründen. Ob sich die Schadensersatzansprüche auf § 440 Abs 1 BGB aF iVm § 326 BGB aF[40] oder mit § 325 BGB aF[41] stützten, war nicht abschließend geklärt;[42] seit der Schuldrechtsreform richten sich die Rechtsfolgen nach §§ 280ff BGB. Auch Rechte aus einem Verfahrenspatent können bei einer Vorrichtung Rechtsmangel begründen.[43] Nach § 442 Abs 1 BGB hat der Verkäufer den Rechtsmangel allerdings nicht zu vertreten, wenn der Käufer ihn bei Vertragsabschluss kennt,[44] was auch der Fall ist, wenn er bei Vertragsabschluss mit einem ausländ Hersteller weiß, dass er durch den Vertrieb der eingeführten Ware gegen ein im Inland angemeldetes, aber noch nicht erteiltes Patent verstößt, selbst wenn Käufer und Verkäufer geglaubt haben, das Patent werde nicht erteilt oder für nichtig erklärt werden.[45] Der Käufer muss auch die Folgen der ihm bekannten Tatsachen im Kern erkannt haben.[46] Bewusste Fahrlässigkeit („es wird schon gutgehen") stellte als Risikoübernahme einen Verzicht auf etwaige Gewährleistungsansprüche dar,[47] erst recht Vorsatz. Bei grob fahrlässiger Unkenntnis können Rechte wegen des Mangels nur geltend gemacht werden,

29 *Benkard*[9] Rn 30; *Fitzner/Lutz/Bodewig* Rn 14; RGZ 142, 168, 170 = GRUR 1934, 36 Loseblätterbuch; KG MuW 23, 58; KG GRUR 1936, 743.

30 Zum Verhältnis des Alleinvertriebsrechts nach Art 8 VO 2309/93/EWG (ABl EG Nr L 214/1 vom 22.7.1993) *Bopp/Berg* PharmR 1999, 38, 41; *Koenig/Müller* GRUR Int 2000, 121, 125ff; zum Orphan Drug Act in den USA und seinen Auswirkungen auf Patente auch *Kingston* EIPR 2006, 463.

31 BGH NJW 1990, 2931 Arzneimittelzulassung; vgl RB Den Haag BIE 1996, 400; RB Den Haag BIE 1996, 404; OLG München Mitt 1996, 312f.

32 RGSt 27, 51, 53 = BlPMZ 1894/95, 147 Aluminiumbronzierung; RG BlPMZ 1912, 219 Gardinenhaken; BGH GRUR 1960, 423 Kreuzbodenventilsäcke I.

33 Vgl OLG Düsseldorf GRUR 1939, 365; OLG Karlsruhe GRUR 1987, 892, 895.

34 Auch nur mittelbar, vgl OLG Düsseldorf 4.4.1997 20 U 213/95, aber jedenfalls tatsächlich, und nicht nur behauptet, BGH 14.5.1991 X ZR 2/90 (Nr 17) Spülmaschinensteuerungen, nicht in NJW-RR.

35 Vgl das Beispiel bei *Möller* GRUR 2005, 468f.

36 RG JW 1911, 645 Unkenntnis des Patents; RGZ 163, 1, 8 = BlPMZ 1940, 89 Frutapekt; RG GRUR 1940, 265, 267 Reibselschleuder; BGH GRUR 1973, 667 patentierte Rolladenstäbe; BGH NJW 1979, 713 Motoröl; BGH GRUR 2001, 407 Bauschuttsortieranlage; BGH GRUR 2003, 1065 Antennenmann; vgl BGHZ 8, 222, 232; OLG Karlsruhe 13.5.2009 6 U 24/08; OLG Koblenz GRUR-RR 2002, 127 zum Verkauf markenverletzender Ware; zur haftungsrechtl Behandlung *Langenecker* UN-Einheitskaufrecht und Immaterialgüterrechte, 1993; für eine Eingrenzung des Rechtsmangelbegriffs anhand des konkreten Vertragsinhalts auf die vertraglich vorausgesetzte Risikosphäre des Käufers *Laub/Laub* GRUR 2003, 654f und *Möller* GRUR 2005, 468, 470.

37 Vgl *Bacher* FS I. Schwenzer (2011), 115.

38 *Fitzner/Lutz/Bodewig* Rn 16.

39 Vgl OLG Düsseldorf 4.4.1997 20 U 213/95.

40 So RG Reibselschleuder; BGH Spülmaschinensteuerungen.

41 So BGHZ 110, 196, 199 = NJW 1990, 1106 Superstar; OLG Düsseldorf GRUR 1993, 968, Geschmacksmustersache.

42 BGH Bauschuttsortieranlage zieht § 326 BGB als interessengerecht heran, ebenso BGH Antennenmann.

43 BGH patentierte Rolladenstäbe; vgl RG Frutapekt.

44 *Fitzner/Lutz/Bodewig* Rn 16.

45 BGH patentierte Rolladenstäbe.

46 BGH Motoröl.

47 BGH Motoröl.

wenn der Verkäufer diese arglistig verschwiegen oder eine Beschaffenheitsgarantie übernommen hat (§ 442 Abs 1 Satz 2 BGB).[48] Muss bei einem Werkvertrag für die Inanspruchnahme einer geschützten Leistung nachträglich eine Lizenz genommen werden, richtet sich die Haftung nach den Bestimmungen des Kaufrechts über Rechtsmängel; anders als für die Beseitigung des Rechtsmangels hat der Unternehmer für die Geltendmachung von Schadensersatzansprüchen auch ohne Nachfristsetzung einzustehen.[49] Die Beweislast richtet sich nach den allg Regeln: Der Verkäufer hat Mangelfreiheit zu beweisen, an diesen Negativbeweis dürfen aber keine zu hohen Anforderungen gestellt werden.[50] Hat der Käufer die Kaufsache als Erfüllung angenommen, muss er den Rechtsmangel beweisen (§ 363 BGB).[51] Liegt ein Rechtsmangel vor, stellt eine Abfindungszahlung des Käufers/Bestellers idR einen adäquat verursachten Schaden dar.[52] Das Vorgehen gegen einen Abnehmer ist nicht vom Ausgang des Verfahrens gegen den Hersteller oder Lieferanten abhängig.[53] Die vom Lieferanten übernommene Verpflichtung, seinen wegen Schutzrechtsverletzung abgemahnten Abnehmer von jeglichen Ansprüchen des Abmahnenden freizustellen, schließt typischerweise auch die Pflicht zur Abwehr der von dem Dritten erhobenen Ansprüche ein.[54]

Vertragliche Beschränkungen der Abnehmer geschützter Erzeugnisse haben, sofern sie kartellrechtl wirksam sind, nur schuldrechtl Wirkung, ein Verstoß ist keine Patentverletzung; str für die ausschließliche Lizenz, Rn 64 zu § 15.[55] Zur Drittwirkung des Urteils im Verletzungsprozess Rn 253 f zu § 139. **20**

3. Das positive Benutzungsrecht ist einerseits von den Wirkungen der Gemeinfreiheit (bei Fehlen von **21** Patent- oder GbmSchutz, insb nach Erlöschen des Schutzrechts;[56] vgl im Verhältnis zu wettbewerbsrechtl Ansprüchen Rn 8 ff zu § 141a) und andererseits von den Vor- und Weiterbenutzungsrechten abgegrenzt worden; anders als jene soll es nicht an einen schutzwürdigen Besitzstand des Benutzers, sondern an die Berechtigung des Inhabers anknüpfen. Als bedeutsam wurde das Benutzungsrecht auch bei der **Kollision von Schutzrechten** angesehen. Zwischen kollidierenden Schutzrechten besteht eine Rangordnung entspr dem Prioritätsprinzip, die zwanglos aus dem Benutzungsrecht abzuleiten ist, allerdings einer derartigen Ableitung nicht bedarf; denkbar ist auch eine Ableitung aus dem Verbietungsrecht („Sperrwirkung").[57] Im Fall der Doppelpatentierung lässt sich die Rechtsfolge insoweit auch aus der Regelung in § 6 Satz 3 ableiten (vgl Rn 56 zu § 6). Von Bedeutung kann das Benutzungsrecht auch bei nachträglichem Auseinanderfallen ursprungsgleicher Rechte sein.

Ältere Schutzrechte. Der Berechtigte aus einem älteren Patent ist gegen Abwehrrechte aus einem **22** jüngeren Schutzrecht geschützt.[58] Er darf die für ihn geschützte Lehre trotz des Schutzrechts eines Dritten benutzen; die Benutzung des älteren Patents verletzt das jüngere nicht, weil der aus dem älteren Patent Berechtigte ein stärkeres Recht hat.[59] Jedoch erfasst das Benutzungsrecht nur die ausschließliche Benutzung der Lehre des älteren Schutzrechts und nicht auch jüngere abhängige Erfindungen.[60] Soweit ein später angemeldetes Patent in ein nach § 11 GebrMG begründetes Recht eingreift, darf das Recht aus diesem Patent ohne Erlaubnis des Inhabers des Gebrauchsmusters nicht ausgeübt werden (§ 14 GebrMG).

---

48 *Fitzner/Lutz/Bodewig* Rn 16.
49 BGH Antennenmann (Urheberrechtsverletzung durch Verwendung geschützter Musik für einen Werbefilm).
50 *Möller* GRUR 2005, 468, 475.
51 *Möller* GRUR 2005, 468, 475.
52 RG Reibselschleuder; BGH Bauschuttsortieranlage.
53 OLG Wien GRUR 1941, 227; aA LG München I WRP 1978, 482.
54 BGH NJW-RR 2011, 479 Türscharniere.
55 RGZ 51, 139, 141 = GRUR 1904, 302 Guajakol-Karbonat; RGZ 63, 394, 398 Koenigs Kursbuch; RGZ 133, 326, 330 = GRUR 1931, 1278 Isolierung; RGSt 36, 178, 180 = GRUR 1904, 301 Schnürlochösen; RG GRUR 1939, 184, 187 Gerbsäurezusatz; BGH GRUR 1959, 232, 234 Förderrinne.
56 Vgl *Mes* Rn 6.
57 Vgl *Kraßer* S 746 (§ 33 I c 4); *Fitzner/Lutz/Bodewig* Rn 7.
58 BGH GRUR 1963, 563, 565 Aufhängevorrichtung; BGH GRUR 1964, 606, 610 Förderband; BGHZ 180, 1 = GRUR 2009, 655 Trägerplatte; RGZ 159, 11 = GRUR 1939, 178 Dauerwellflachwicklung; OLG Düsseldorf InstGE 8, 141.
59 Vgl RG Dauerwellflachwicklung; RG GRUR 1940, 23, 25 Wasserrohrkessel; BGH Förderband; BGH GRUR 1989, 38 Schlauchfolie; OLG Karlsruhe GRUR Int 1987, 788.
60 Vgl BGHZ 112, 140 = GRUR 1991, 436 Befestigungsvorrichtung II; BGH Trägerplatte; RG Wasserrohrkessel; LG Düsseldorf Entsch 1996, 24, 26; LG Düsseldorf 27.11.2007 4a O 291/06; OG Zug/Schweiz sic! 1997, 405, 408; *Benkard* Rn 5; *Schulte* Rn 8, 10; *Wichards* GRUR 1937, 895, 898; vgl zum Vorbenutzungsrecht BGH GRUR 2002, 231 Biegevorrichtung.

Keukenschrijver

23 Ein **jüngeres Schutzrecht** gewährt dem älteren gegenüber kein Benutzungsrecht.[61]

24 **Zeitrang- und gegenstandsgleiche Schutzrechte** gewähren gegeneinander keine Verbietungsrechte.[62] Aus einem prioritätsgleichen Gebrauchsmuster kann aber gegenüber einem Patent nur für die zeitliche Geltung des Gebrauchsmusters ein Benutzungsrecht abgeleitet werden.[63]

25 **4. Abgeleitete Rechte.** Das Benutzungsrecht steht auch dem zu, dem die Benutzung des älteren Patents gestattet worden ist, insb dem Lizenznehmer;[64] dies gilt auch für die einfache Lizenz[65] und selbst bei Pfändung des Rechts aus dem Patent.[66] Auch der formnichtige Lizenzvertrag begründet, solange er durchgeführt wird, ein Benutzungsrecht.[67] Der wegen Patentverletzung Beklagte kann sich gegenüber einer Verletzungsklage aus einem prioritätsjüngeren Patent einredeweise auf die Lizenz an einem prioritätsälteren Gebrauchsmuster berufen; das dem Lizenznehmer zustehende Benutzungsrecht kann durch das jüngere Recht nicht verkümmert werden; im Verhältnis der beiden Berechtigten untereinander muss das früher angemeldete Recht dem jüngeren Recht vorgehen.[68] Wird aufgrund des Benutzungsrechts ein Gegenstand in Verkehr gebracht, ist er entspr dem Erschöpfungsgrundsatz (Rn 143 ff) patentfrei; einer Konstruktion über das Benutzungsrecht bedarf es nicht.[69]

26 **II. Zur Werbung mit Schutzrechten** s Rn 14 ff zu § 146.

III. Abhängigkeit

27 **1. Begriff, Voraussetzungen.** Abhängigkeit hat in der älteren Rspr und Lit eine erhebliche Rolle gespielt; heute ist die Diskussion über sie weitgehend obsolet. Sie liegt vor, wenn die Benutzung der Lehre des Schutzrechts oder der Anmeldung nur unter gleichzeitiger Benutzung der Lehre eines rangälteren Schutzrechts möglich ist,[70] zB bei Benutzung eines bestimmten Stoffs aus einer geschützten Stoffgruppe.[71] Sie ist gegeben, wenn die Lehre neben allen Merkmalen der früheren Erfindung zusätzliche Merkmale aufweist.[72] Sie setzt nicht voraus, dass die Schutzrechte verschiedenen Inhabern zustehen. Die bloße Möglichkeit, dass das jüngere Patent unter Benutzung der Lehre des älteren ausgeführt wird, begründet noch keine Abhängigkeit.[73] In diesem Sinn kann ein Patent auch von einem Gebrauchsmuster und umgekehrt abhängig sein (Rn 12 zu § 14 GebrMG).

61 Vgl BGHZ 130, 259 = GRUR 1996, 109 klinische Versuche I; für jüngere Gebrauchsmuster BGH GRUR 1964, 606, 610 Förderband; *Benkard* Rn 5; *Kraßer* S 746 (§ 33 I c 3); aA *H. Tetzner* GRUR 1978, 73, 75.

62 *Kraßer* S 747 (§ 33 I c 6); *Fitzner/Lutz/Bodewig* Rn 8.

63 BGH GRUR 1992, 692 Magazinbildwerfer.

64 RGZ 159, 11 = GRUR 1939, 178 Dauerwellflachwicklung; RGZ 169, 289 f = GRUR 1942, 548 Muffentonrohre; RG GRUR 1940, 23, 25 Wasserrohrkessel; BGH GRUR 1963, 563, 565 Aufhängevorrichtung; BGH GRUR 1964, 606, 610 Förderband; LG Düsseldorf 2.4.1996 4 O 229/91 Entsch 1996, 24, 26, wo auf die tatsächliche Gestattung abgestellt wird und wonach es auf eine etwaige Formnichtigkeit des Gestattungsvertrags nicht ankommt.

65 *Benkard* Rn 6; *Fitzner/Lutz/Bodewig* Rn 15; *Kraßer* S 746 f (§ 33 I c 5); *Reimer* § 9 Rn 7; aA *Wichards* GRUR 1937, 895, 898; BGH Aufhängevorrichtung unterscheidet nicht zwischen einfacher und ausschließlicher Lizenz.

66 BGHZ 125, 334 = GRUR 1994, 602 Rotationsbürstenwerkzeug; vgl *Fitzner/Lutz/Bodewig* Rn 14.

67 Str; zum Streitstand *Benkard* § 139 Rn 10; vgl BGH GRUR 2002, 787 Abstreiferleiste.

68 BGH Aufhängevorrichtung.

69 Vgl auch *Schnabel* GRUR 1939, 455 einerseits und *Wessel II* Mitt 1931, 246 andererseits.

70 Vgl RGZ 33, 149, 151 Auslaßventil; RGZ 70, 319, 321 = MuW 8, 248 Schlitzvorrichtung; RG MuW 9, 256 Spindelpreßkasten; RG BlPMZ 1911, 15 Kondenswasserstauer; RG GRUR 1921, 185 f Lotdraht I; RG MuW 22, 30, 32 Eriochromazurol; RG MuW 27, 570 Lotdraht III; RG GRUR 1935, 804, 806 Blechhülsen; RG GRUR 1935, 93 Pyrophosphate; RG GRUR 1936, 923 Schweißverbindung; RG GRUR 1937, 37, 39 Roto-Riemen; RG GRUR 1937, 286 f Bördelwerkzeuge; RG GRUR 1938, 828, 831 Braupfanne; RG GRUR 1939, 482, 484 Kohlensäureeis II; RG GRUR 1939, 533 f Diffuseureinsatz; RG GRUR 1939, 715, 719 Durchschreibflächen II; RG GRUR 1940, 550 Isolierungsmittel; RG GRUR 1943, 205, 209 Überfangglas; BGH GRUR 1953, 112, 114 Feueranzünder; BGH Liedl 1961/62, 741, 760 Leitbleche 03; BGH 14.7.1966 Ia ZR 79/64 Christbaumbehang II, nicht in GRUR; OLG Hamm GRUR 1926, 335; ÖPA öPBl 2002, 68, 72; ÖPA öPBl 2003, 60, 70; *Fitzner/Lutz/Bodewig* Rn 9.

71 RG GRUR 1936, 156, 159 Luxomninherstellung.

72 Vgl OLG Jena 24.10.2012 2 U 888/11.

73 RG Kondenswasserstauer; RG MuW 31, 451 ff Isolatorenhalter; vgl aber RG Durchschreibflächen II, wo Abhängigkeit nur für die konkrete Ausführungsform verneint wird; *Fitzner/Lutz/Bodewig* Rn 9.

Dass das abhängige Schutzrecht eine **schutzfähige Erfindung** schützt, also ein erfinderischer Über- **28** schuss gegenüber dem mitbenutzten älteren Schutzrecht besteht, macht Abhängigkeit gerade aus; die Frage einer abhängigen Erfindung stellt sich grds nur, wenn das jüngere Schutzrecht von der Lehre des älteren Gebrauch macht und zugleich eine erfinderische weitere Ausgestaltung verwirklicht.[74] Eine Erfindung, die auf einer anderen aufbaut und durch diese erst ermöglicht wird, kann die grundlegende Lehre auch dann nutzen, wenn sie ihrerseits patentfähig ist.[75]

Wechsel der Erfindungskategorie schließt Abhängigkeit nicht aus.[76] Ein Verwendungspatent kann **29** von einem Erzeugnis- oder Verfahrenspatent abhängig sein,[77] ebenso ein auf eine medizinische Indikation gerichtetes Patent von einem Stoffpatent.

Verschlechterte Ausführung schließt Abhängigkeit nicht aus.[78] **30**

Abhängigkeit kommt auch in Betracht, wenn die jüngere Erfindung nicht auf einer wortlautgetreuen **31** Ausführung der älteren, sondern auf einer **gleichwertigen** (äquivalenten) **Abwandlung** aufbaut und von dieser Gebrauch macht, die in den Schutzbereich des älteren Patents fällt (Rn 79 zu § 14). Sie scheidet aus, wenn das abgewandelte Lösungsmittel selbst kein geschütztes Äquivalent ist, sondern außerhalb des Schutzbereichs des Patents liegt[79] (für Gensequenzen Rn 49 zu § 14). Zur Klärung, ob eine konkrete Ausführungsform die Fortentwicklung einer unter den Schutzbereich eines Patents fallenden äquivalenten Ausführung ist, sind bei der Ausführungsform alle Elemente außer Betracht zu lassen, die aus der Sicht der älteren Erfindung entbehrlich sind; bei abgewandelten Merkmalen ist ggf weiter zu prüfen, ob die konkrete Form mit einem allg Begriffsmerkmal umschrieben werden kann, das seinerseits gegenüber einer wortlautgem Ausbildung äquivalent und naheliegend ist; lässt sich so die Benutzung der patentierten älteren Erfindung feststellen, kann gleichwohl in der Konkretisierung einzelner oder in der Hinzufügung zusätzlicher Merkmale eine abhängige Erfindung liegen.[80]

Nach früherem Recht wurde auch die Ausgestaltung eines **allgemeinen Erfindungsgedankens** als **32** ausreichend angesehen;[81] ob auch im geltenden Recht Abhängigkeit bei weiterer Ausgestaltung eines im Weg der Abstraktion gewonnenen übergeordneten Begriffs bejaht werden kann, hat der BGH offengelassen.[82]

Übereinstimmungen in der Aufgabenstellung reichen nicht aus,[83] ebensowenig bloße **Anregungen.**[84] **33**

Teilabhängigkeit liegt vor, wenn nur bestimmte Benutzungsarten vom älteren Patent erfasst wer- **34** den.[85]

Von **unechter Abhängigkeit** spricht man, wenn, wie bei Verwendungspatenten, der Inhaber des jün- **35** geren Patents sich nur den durch Inverkehrbringen patentfrei gewordenen Stoff zu verschaffen braucht.[86]

2. Wirkung. Da die Abhängigkeit die Wirksamkeit des Patents nicht berührt[87] und keinen Versa- **36** gungsgrund darstellt, wird sie im **Erteilungs-, Einspruchs- und Nichtigkeitsverfahren** nicht berücksich-

---

74 Vgl RG MuW 9, 256 Spindelpreßkasten; RG Mitt 1911, 17 f liegender Koksofen; RG BlPMZ 1914, 320 Läutevorrichtung II; RG GRUR 1921, 185 f Lotdraht I; RG GRUR 1938, 543, 545 Steckdosensicherung; BGH GRUR 1975, 484, 486 Etikettiergerät; BGH GRUR 1977, 654 Absetzwagen II; BGHZ 112, 140, 152 = GRUR 1991, 436 Befestigungsvorrichtung II; BGHZ 125, 303 = GRUR 1994, 597 Zerlegvorrichtung für Baumstämme; BGHZ 142, 7 = GRUR 1999, 977 Räumschild; BGH GRUR 2001, 770 Kabeldurchführung II; LG Düsseldorf 29.10.1996 4 O 413/95 Entsch 1996, 72, 76; schweiz BG GRUR Int 1991, 658 Doxycyclin III; vgl auch BGHZ 112, 297 = GRUR 1991, 518 Polyesterfäden.
75 BGH Räumschild.
76 RGZ 33, 149, 151 Auslaßventil; *Benkard* Rn 76.
77 RGZ 85, 95, 99 = BlPMZ 1914, 298 Manganlegierungen.
78 RG GRUR 1936, 870 Flügelradpumpe; RG GRUR 1938, 828, 831 Braupfanne; RG GRUR 1939, 533, 536 Diffuseureinsatz; *Fitzner/Lutz/Bodewig* Rn 9.
79 Vgl BGHZ 125, 303 = GRUR 1994, 597 Zerlegvorrichtung für Baumstämme.
80 BGHZ 112, 140, 152 = GRUR 1991, 436 Befestigungsvorrichtung II; *Fitzner/Lutz/Bodewig* Rn 10.
81 RG GRUR 1937, 286 f Bördelwerkzeuge, für den Elementenschutz; BGH Liedl 1961/62, 740, 760; BGH 14.7.1966 Ia ZR 79/64 Christbaumbehang II, nicht in GRUR; BGH 31.1.1967 Ia ZR 12/65.
82 BGHZ 125, 303 = GRUR 1994, 597 Zerlegvorrichtung für Baumstämme.
83 RG GRUR 1935, 804 f Blechhülsen; vgl BGH 15.12.1964 Ia ZR 207/63; *Fitzner/Lutz/Bodewig* Rn 10.
84 RG GRUR 1938, 424 f Schüttmasse; vgl auch BGH 30.1.1964 Ia ZR 201/63.
85 *Benkard* Rn 78; vgl RG GRUR 1943, 205, 207 Überfangglas.
86 *Benkard* Rn 78.
87 RGZ 50, 111, 114 Regenrohrsiphon; vgl RGSt 42, 127, 129 Haarunterlage.

tigt.[88] Die Schutzfähigkeit des älteren Patents wird durch das abhängige nicht beeinträchtigt; dies galt auch für einen allg Erfindungsgedanken des älteren Patents.[89]

37   Dagegen bedarf die **Ausübung des abhängigen Patents** der Zustimmung des Inhabers des älteren Patents[90] (s auch Rn 79 zu § 14; zur Geltendmachung von Rechten aus dem abhängigen Patent Rn 18 zu § 139). Einen Anspruch auf Lizenzerteilung begründete die Abhängigkeit nach früherem Recht nicht;[91] jedoch konnte uU eine Zwangslizenz in Betracht kommen.[92] Insoweit hat sich durch Art 31 TRIPS-Übk und seit Inkrafttreten des 2.PatGÄndG die Rechtslage geänd; Rn 46 ff zu § 24). Die Benutzung des Gegenstands des älteren Patents ist für sich noch keine des abhängigen.[93] Andererseits bedarf auch die Ausübung der durch das abhängige Patent geschützten überschießenden Lehre durch den Inhaber des älteren Patents der Zustimmung des Inhabers des abhängigen Patents.[94] Bei sich überschneidenden abhängigen Rechten können Benutzungs- und Untersagungsrecht auseinanderfallen.[95]

38   **Gegenüber Dritten** ist die Wirkung des abhängigen Patents nicht eingeschränkt.[96] Sein Inhaber kann ohne Einwilligung des Inhabers des älteren Patents Lizenzen erteilen, die aber nicht weiter reichen können als das abhängige Patent.[97]

39   **3. Geltendmachung der Abhängigkeit.** Über die Abhängigkeit wird von den ordentlichen Gerichten im Rahmen einer Verletzungs- oder Feststellungsklage entschieden;[98] die Feststellungsklage ist auf Feststellung der Abhängigkeit des jüngeren vom älteren Patent oder auf Feststellung, dass der Schutzgegenstand des jüngeren Patents während der Schutzdauer des älteren Patents nicht ohne Zustimmung dessen Inhabers ausgeübt werden darf, zu richten.[99] Auch negative Feststellungsklage kommt in Betracht[100] (zum Feststellungsinteresse Rn 64 ff vor § 143). Auch der Nehmer einer ausschließlichen Lizenz kann klagen.[101] Eine Äußerung des DPMA zur Abhängigkeit bindet nicht.[102] Die Abhängigkeitsklage spielt in der Praxis keine Rolle mehr. § 50 öPatG kennt abw vom dt Recht die Abhängigerklärung durch das ÖPA.

---

88   RGZ 12, 123 f Abhängigkeitserklärung; RGZ 33, 149, 155 Auslaßventil; RGZ 45, 72, 75 f Kurbelstickmaschine; RG GRUR 1937, 855, 857 Fernmeldekabel; RG GRUR 1938, 31, 33 Fernsprechschaltanordnung; RG GRUR 1938, 828, 831 Braupfanne; BGH Liedl 1961/62, 741, 762 Leitbleche 03; BGH GRUR 1964, 606, 611 Förderband; RPA GRUR 1925, 78; RPA Mitt 1931, 127, anders die ältere Praxis des PA.

89   RG GRUR 1943, 167, 169 Kippwagen.

90   RGSt 42, 127, 129 Haarunterlage; RGZ 50, 111, 114 Regenrohrsiphon; RG MuW 32, 352, 354 Klebepressen; RG GRUR 1938, 543, 545 Steckdosensicherung; RGZ 159, 11 = GRUR 1939, 178 Dauerwellflachwicklung; BGH GRUR 1962, 370, 374 Schallplatteneinblendung in Filme, UrhSache; BGH GRUR 1964, 606, 611 Förderband; OLG Düsseldorf GRUR 1966, 521.

91   BGHZ 58, 280 = GRUR 1972, 541 Imidazoline.

92   Vgl RGZ 91, 188, 190 = BlPMZ 1918, 20 Gleisrückmaschine I.

93   RG Mitt 1931, 39 Kabelentlastung, GbmSache.

94   RGSt 42, 127, 129 Haarunterlage; RGZ 50, 111, 114 Regenrohrsiphon; BGH 28.11.1963 Ia ZR 18/63; BGHZ 180, 1 = GRUR 2009, 655 Trägerplatte; LG Düsseldorf 2.4.1996 4 O 229/91 Entsch 1996, 24, 26; *Mes* Rn 7.

95   RG GRUR 1941, 154 f Kabelschelle.

96   RGSt 42, 127, 129 Haarunterlage; RGZ 50, 111, 114 Regenrohrsiphon; RGZ 126, 127, 130 f = BlPMZ 1930, 98 Hochspannungstransformatoren II; RGZ 159, 11 = GRUR 1939, 178 Dauerwellflachwicklung.

97   BGH GRUR 1962, 370, 374 Schallplatteneinblendung in Filme; *Benkard* § 15 Rn 87.

98   RGZ 33, 149, 161 Auslaßventil; BGH Liedl 1961/62, 741, 762 Leitbleche 03; RPA GRUR 1925, 78; zur Verbindung der Abhängigkeitsklage mit der Verletzungsklage RG GRUR 1921, 185 f Lotdraht I; RG BlPMZ 1923, 36 Papiergarne; RG GRUR 1939, 482 f Kohlensäureeis II; RG GRUR 1939, 533 Diffuseureinsatz.

99   Vgl RGZ 91, 188 = BlPMZ 1918, 20 Gleisrückmaschine I; RGZ 95, 304 f = BlPMZ 1919, 114 Aluminatsilikate; RG GRUR 1921, 185 f Lotdraht I; RG GRUR 1936, 923 f Schweißverbindung; RG GRUR 1939, 715 f Durchschreibflächen II; RG GRUR 1943, 205 f Überfangglas; zur Klage auf Feststellung, dass eine Ausführungsform abhängig ist, wenn sie in bestimmter Weise betrieben wird, RG Durchschreibflächen II.

100   RGZ 45, 72, 74 = BlPMZ 1900, 60 Kurbelstickmaschine; RG GRUR 1938, 188 Rohrkrümmer; *Fitzner/Lutz/Bodewig* Rn 12.

101   RG Aluminatsilikate S 306.

102   Vgl RG Kurbelstickmaschine; zur Indizwirkung des Verletzungsurteils gegenüber dem Benutzer der Ausführungsform des jüngeren Patents OLG Celle GRUR 1936, 756, 759.

C. Vorbehaltene Benutzungshandlungen

Schrifttum: *Ann* Identität und Lebensdauer – Patentverletzung durch Instandsetzung patentierter Vorrichtungen, FS R. König (2003), 17; *Ann* Patent Trolls: Menace or Myth? FS J. Straus (2009), 355; *Beier/Ohly* Was heißt „unmittelbares Verfahrenserzeugnis"? GRUR Int 1996, 973; *Beil* Schutz des Verfahrenserzeugnisses, CIT 1951, 599; *Benyamini* Patent Infringement in the European Community, IIC Studies 13 (1993); *Bittner* Produktpiraterie auf inländischen Fachmessen: Vorgehen gegen patentverletzende Ware, GRURPrax 2015, 142; *Brandi-Dohrn* Die Schutzwirkung von Verwendungsansprüchen, FS R. König (2003), 33; *Brandenburg* Patentverletzung durch Mitwissenschaft? Mitt 2005, 205; *Bruchhausen* Über den Schutz der „unmittelbaren Verfahrenserzeugnisse" gem § 6 Satz 2 des Patentgesetzes, FS W. vom Stein (1961), 31; *Bruchhausen* Sind Endprodukte unmittelbare Verfahrenserzeugnisse eines auf die Herstellung eines Zwischenprodukts gerichteten Verfahrens? GRUR 1979, 743; *Bruchhausen* Der Schutzgegenstand verschiedener Patentkategorien, GRUR 1980, 364; *Christ/Zhang/Egerer* Über den Schutz des Anbietens eines bekannten Wirkstoffes zu einem bestimmten Zweck in Deutschland bzw. Europa und in China, GRUR Int 2000, 868; *Chrocziel/Hufnagel* Patentverletzung durch Abbau von Arzneimitteln im menschlichen Körper? FS W. Tilmann (2003), 449; *Degen* Die Grenzen der Zulässigkeit für die gewerbsmäßige Herstellung und den Vertrieb von Ersatzteilen zu fremden Maschinen, FS H. Isay (1933), 25; *Dinné* Zum Schutzbereich der 2. Indikation, Mitt 1984, 105; *Dittmann* Patentrechtliche Besonderheiten bei Chemie-Erfindungen, Mitt 1972, 81; *Dunkhase* Der Patentschutz, 1914; *Dunkhase* Der Beginn des Patentschutzes, MuW 27, 385; *Eichmann* Produktionsvorbereitung und Versuche vor Schutzrechtsablauf, GRUR 1977, 304; *Ensthaler/Zech* Stoffschutz bei gentechnischen Patenten, GRUR 2006, 529; *Féaux de Lacroix* Auslegung von Zweckangaben in Verfahrensansprüchen – zweite nichtmedizinische Indikation, GRUR 2003, 282; *Féaux de Lacroix* Zur Abgrenzung von Verwendungs- und Verfahrensansprüchen, GRUR 2006, 887; *Féaux de Lacroix* Was ist ein Arbeitsverfahren? Mitt 2007, 10; *Fischer* Patentfreie und patentverletzende Reparatur an geschützten Gegenständen, GRUR 1960, 98; *Fitzner/Tilmann* Patentverletzung durch Produktzulassungsanträge und -versuche, Mitt 2002, 2; *Flad* Patentansprüche und Patentkategorien, VPP-Rdbr 1997, 37; *Flesche* Die Ermittlung unmittelbarer Verfahrenserzeugnisse gemäß § 6 Satz 2 Patentgesetz, Diss Köln 1965; *Gaul/Bartenbach* Nutzung von Schutzrechten in der Industrieforschung als Patentverletzung? GRUR 1968, 281; *Gramm* Die gewerbliche Anwendbarkeit – Inhalt und Bedeutung für die Erteilungspraxis, GRUR 1984, 761, 766 ff; *Gruber/Kroher* Die Patentierbarkeit von Arzneimittelansprüchen im Rechtsvergleich zwischen Deutschland und Ländern der britischen Rechtstradition, GRUR Int 1984, 201; *Gschwend* Prodrugs, Patentverletzung durch Metabolite, Diplomarbeit ETH Zürich 1999; *Haedicke* Schutzbereich und mittelbare Verletzung von Verwendungspatenten, Mitt 2004, 145; *Hahn* Der Schutz von Erzeugnissen patentierter Verfahren, 1968; *Heath/Môri* Ending is Better than Mending – Recent Japanese Case Law on Repair, Refill and Recycling, IIC 37 (2006), 856; *Heine* (Urteilsanmerkung) GRUR 1960, 427; *Heiseke* Grenzfälle von Schutzrechtsverletzungen und unlauterem Wettbewerb, WRP 1969, 50; *Hertwig* Geistiges Eigentum und gute Ideen im Vergaberecht, FS K. Bartenbach (2005), 55; *Hetmank* Der Patentschutz von neu aufgefundenen Wirkungen, GRUR 2015, 227; *Hölder* Ersatzteile und Erschöpfung – Patentschutz für Geschäftsmodelle? GRUR 2007, 96; *Hufnagel* Wann endet der Patentschutz? Hindernisse für den Markteintritt von Generika, PharmR 2003, 267; *Hurdle* What is the Direct Product of a Patented Process? EIPR 1997, 332; *Joeden* Zum Feilhalten und Inverkehrbringen eines Verfahrens, FS W. vom Stein (1961), 61; *Jüngst/Stjerna* Die „Thermocycler"-Entscheidung der OLG Düsseldorf, Mitt 2009, 356; *Keil* Patentverletzung durch Ausbessern von Verschleißteilen, Mitt 1983, 136; *Kessler* Das Märchen vom bösen Patenttroll, Mitt 2011, 489; *Klöpsch* (Urteilsanmerkung) GRUR 1983, 734; *Klopschinski* Arzneimittelrechtliches Genehmigungsverfahren, staatliche Preisfestsetzung und Kostenerstattung für Arzneimittel im Lichte des Patentschutzes: Rechtsprechungsübersicht Belgien, Deutschland, Frankreich und Österreich, GRUR Int 2011, 993; *König* Möglichkeiten und Grenzen des Verwendungsschutzes, VPP-Rdbr 2002, 50; *Körner/Schneider/Then/Wein* Durchgriffsansprüche, FS W. von Meibom (2010), 219; *Kowal-Wolk/Schuster* Patentverletzung im Reparatur-, Ersatzteil- und Altteilgeschäft – eine Bestandsaufnahme, FS F.-K. Beier (1996), 87; *Kraft* Patentrechtliche Probleme im Zusammenhang mit der Lieferung von chemischen Wirkstoffen und daraus formulierten Spezialitäten, GRUR 1971, 373; *Kraßer* Patentschutz für neue medizinische Anwendungen bekannter Stoffe, FS 25 Jahre BPatG (1986), 159; *U. Krieger* Die Benutzungsarten, GRUR 1980, 687; *Kronz* Urheberrechtlicher Charakter der Erfindungsbeschreibung, Mitt 1976, 181; *Kronz* Über den literarischen Charakter der Patentbeschreibung, Mitt 1979, 142; *Kruse* Zu der Frage, ob die Lieferung neutraler, keinen selbständigen Schutz genießender Ersatzteile zu einer patentierten Vorrichtung in Kenntnis ihres Verwendungszwecks eine mittelbare Patentverletzung darstellt, GRUR 1934, 635; *Kühnen* When are Products „Directly" Obtained by a Process? FS G. Rahn (2011), 509; *Kühnen/Grunwald* Hat der Stoffschutz Löcher? GRUR 2015, 35; *Kunz-Hallstein* Patentverletzung durch Einfuhr von Verfahrenserzeugnissen – Probleme der Auslegung und Revision des Art 5^{quater} PVÜ, GRUR Int 1983, 548; *Lindenmaier* Wiederherstellung, Ausbesserung und Ersatz durch Sachpatent geschützter Gegenstände, GRUR 1939, 505; *Lindenmaier* Über Erschöpfung des Patentrechts, Ausbesserung, Wiederherstellung und Ersatz in Verkehr gebrachter patentgeschützter Vorrichtungen und ihrer Teile, GRUR 1952, 294; *Maikowski* Der Mittelanspruch, GRUR 1977, 200; *Mediger* Das Problem des Stoff- und Verfahrensschutzes im Patentrecht unter besonderer Berücksichtigung der wirtschaftlichen Gesichtspunkte, 1953; *Meier-Beck* Gegenstand und Schutzbereich bei product-by-process-Ansprüchen, FS R. König (2003), 323; *Meinhardt* Erzeugnisschutz bei Filmaufnahmepatenten, GRUR 1933, 274; *Melullis* Zur Auslegung von Patenten, zum Begriff des Fachmanns im Patentrecht und zur Funktion des Sachverständigen im Patentprozess, FS E. Ullmann (2006), 503; *Mes* Der Schutz des Erzeugnisses gem. § 9 S 2 Nr 3 PatG, GRUR 2009, 305; *Messer* „Leistungsschau" und Patentverletzung, WRP 1970, 345; *Metzger* Patentverletzung durch Forschung? GRUR 1967, 126; *Moser von Filseck* Patentverletzendes Feilhalten und erlaubter Vertragsschluß bei Auslandsgeschäften, GRUR 1961, 178; *Moser von*

Filseck Verletzung deutscher Patente durch Handlungen, die im Verkehr mit dem Ausland vorgenommen werden, GRUR 1961, 613; *Moser von Filseck* Zum Urteil „Kreuzbodenventilsäcke" des Bundesgerichtshofs, FS W. vom Stein (1961), 86; *Moser von Filseck* Fragen des Schutzumfangs von Patenten, die chemische Stoffe zum Gegenstand haben, GRUR 1977, 351; *Müller-Stoy* Patent- und Gebrauchsmusterschutz in Vergabesachen, GRUR 2006, 184; *Nähring/Zeunert* Das unmittelbare Verfahrenserzeugnis nach § 6 Satz 2 des Patentgesetzes, GRUR 1953, 60; *Nastelski* Verwendungsansprüche für Arzneimittel? FS G. Wilde (1970), 113; *Ohly* Patenttrolle oder: Der patentrechtliche Unterlassungsanspruch unter Verhältnismäßigkeitsvorbehalt? GRUR Int 2008, 787; *Ohnesorge* Wirklich und angeblich „neutrale" Teile einer geschützten Vorrichtung, Teil 1, Mitt 1937, 38; Teil 2, GRUR 1939, 5; Teil 3, MuW 1940, 46; *Pagenberg* Ausstellen und Anbieten auf internationalen Messen – eine Verletzung gewerblicher Schutzrechte? GRUR Int 1983, 560; *Pagenberg* – (Anm) GRUR Int 1984, 40; *Papke* Erste und weitere Indikation, GRUR 1984, 10; *Paul* „Inverkehrbringen" nach Patent- und Warenzeichenrecht, NJW 1963, 980; *Petri/Böck* Kein derivativer Erzeugnisschutz gem. § 9 Satz 2 Nr. 3 PatG für Informationen? Mitt 2012, 103; *Preu* Die unmittelbare und die mittelbare Benutzung, GRUR 1980, 697; *Roberts* Patent Trolls – New Name, Old Problem? CIPA Journal 2005, 522; *R. Rogge* Die Schutzwirkung von „Product-by-Process"-Ansprüchen, Mitt 2005, 145; *Rübel* Patentschutz bei Reparatur- und Ersatzteilfällen, GRUR 2002, 561; *Russell/Hurdle* What is the Direct Product of a Patented Process? EIPR 1995, 249; *Sadlonova* Die patentrechtliche Erschöpfung für pharmazeutische Erzeugnisse im EU-Beitrittsvertrag 2003, FS Kolle/Stauder (2005), 263; *Schanze* Inverkehrbringen und Feilhalten, GRUR 1898, 38; *Schanze* Über die Tragweite des Patentschutzes, in: Industrierechtliche Abhandlungen II (1906), 3; *Scharen* Die Behandlung der (so genannten) mittelbaren Patentverletzung in der Rechtsprechung des Bundesgerichtshofs, GRUR 2008, 944; *Scharen* Patentschutz und öffentliche Vergabe, GRUR 2009, 345; *Schickedanz* Patentverletzung durch Einsatz von geschützten Bauteilen in komplexen Vorrichtungen und die Rolle der Patent-Trolle, GRUR Int 2009, 901; *Schramm* Feilhalten und Inverkehrbringen eines Verfahrens, insbesondere im Ausland, MuW 33, 58; *Schrijvers* European Court Rules on the Position of eBay Regarding the Sale of Infringing Products: L'Oréal v eBay, EIPR 2011, 723; *Schrell* Plädoyer für eine international harmonisierte Auslegung von Product-by-Process-Ansprüchen im deutschen Patentverletzungsverfahren, GRUR Int 2015, 119; *Schrell/Heide* Zu den Grenzen des „Product-by-process"-Patentanspruchs im Erteilungs- und Verletzungsverfahren, GRUR 2006, 383; *Schricker* Anbieten als Verletzungstatbestand im Patent- und Urheberrecht, GRUR Int 2004, 786; *Sefzig* Feilhalten und Anbieten als selbständige Patentverletzung, GRUR 1992, 413; *Seuß* Über die Notwendigkeit einer Neubewertung des Schutzes chemischer Herstellungsverfahren, Mitt 2006, 398; *Shomokaji* Inducement and Contibutory Infringement Theories to Regulate Pre-Patent Issuance Activity, IDEA 1997, 571; *Sieckmann* Der Verwendungsanspruch, GRUR 1998, 85; *Stauder* Patentverletzung im grenzüberschreitenden Wirtschaftsverkehr, 1975; *Stauder* Patentschutz im extraterritorialen Raum, GRUR Int 1975, 421; *Stieger* Sind unbewegliche Sachen patentschutzfähig? Mitt 1976, 61; *Stieger* Artikel 54 Abs. 5 des Münchener Patentübereinkommens: Eine pharmazeutische Sondernorm, GRUR Int 1980, 203; *Stjerna* Auf der Lauer: Vorbereitungshandlungen zum Generika-Vertrieb vor Schutzrechtsablauf, GRURPrax 2011, 506; *Stroinsky* Austausch der Patentkategorien durch den Verletzungsrichter – Unterlassungsanspruch auch auf den Vertrieb der durch eine geschützte Vorrichtung hergestellten Erzeugnisse? GRUR 1936, 25; *Subramanian* Patent Trolls in Thickets: Who is Fishing Under the Bridge? EIPR 2008, 182; *V. Tetzner* Energie als „Erzeugnis" iSv § 6 Satz 2 PatG, GRUR 1967, 5; *V. Tetzner* Verletzung deutscher Patente bei Auslandsgeschäften, GRUR 1980, 882; *Tilmann* Neue Überlegungen im Patentrecht, GRUR 2005, 904; *Trüstedt* Gibt es Verfahrenserzeugnisse eines Reparaturverfahrens? GRUR 1952, 63; *Turner* The Nonmanufacturing Patent Owner: Toward a Theory of Efficient Infringement, 86 Calif. L.Rev. 179 (1998); *Uhrich* Entwaffnung der Patent-Trolle? ZGE/IPJ 2009, 59; *Utermann* Verwendungsanspruch neben Stoffanspruch, GRUR 1981, 537; *Villinger* Anmerkungen zu den §§ 9, 10 und 11 des neuen deutschen Patentgesetzes über die Verbietungs- und Benutzungsrechte des Patentinhabers und die mittelbare Patentverletzung, GRUR 1981, 541; *Villinger* Rechte des Erfinders/Patentinhabers und daraus ableitbare Rechte von Mitinhabern von Patenten, CR 1996, 331; *von der Groeben* Genießen Aussteller auf Inlandsmessen Immunität? GRUR 2011, 795; *von Falck* Die Beschränkung des auf ein Erzeugnis gerichteten Patentanspruchs auf eine bestimmte Art der Verwendung dieses Erzeugnisses, GRUR 1993, 199; *von Hellfeld* Zweckangaben in Sachansprüchen, GRUR 1998, 243; *von Meibom* Durchgriffsansprüche (Reach-Through-Ansprüche) bei Patenten für Research Tools, Mitt 2006, 1; *von Meibom/vom Feld* Durchgriffsansprüche (Reach-Through-Ansprüche) bei Patenten für Forschungswerkzeuge, FS K. Bartenbach (2005), 385; *von Pechmann* Der zweckgebundene Patentanspruch bei Analogieverfahren und sein Schutzumfang, GRUR 1962, 1; *von Pechmann* Der Schutz für das unmittelbare Verfahrenserzeugnis und der unmittelbare Stoffschutz, GRUR 1977, 377; *von Rospatt* Der auf einen Verfahrensanspruch bezugnehmende Vorrichtungsanspruch, GRUR 1985, 740; *Wallot* Maßnahmen gegen Patenttrolle: Zwangslizenzen, Rechtsmissbrauchsverbot oder durch Verhältnismäßigkeitsprüfung? sic! 2011, 157; *Weingaertner/Conrad* Software Exportation Dodges Bullet: US Supreme Court Reins in Exportation Effect of US Software Patents in Microsoft v AT&T, EIPR 2008, 477; *Wibbelmann* Protection of ‚Products Directly Obtained by Processes' According to Article 64 (2) EPC, EIPR 1996, 174; *Wolfram* „Reach-Through Claims" und „Reach-Through Licensing" – Wie weit kann Patentschutz auf biotechnologische Research Tools reichen? Mitt 2003, 57; *Wüstenberg* Die Haftung der Veranstalter von Teleshopping-Programmen wegen Patentrechtsverletzungen durch Verkauf, GRUR 2002, 649.

I. Benutzungshandlungen

1. Grundsatz. Satz 2 definiert als Eingriffstatbestand die dem Patentinhaber vorbehaltenen (unmit- **40** telbaren) Benutzungshandlungen, während das Verbot mittelbarer Benutzung in § 10 geregelt ist. Der Patentinhaber erlangt für seine erfinderische Leistung durch das Patent einen Schutz, der grds alle Benutzungshandlungen des Patents iSd §§ 9, 10 erfasst.[103] Aus den vorbehaltenen Handlungen folgt ein grds umfassendes Verwertungsrecht des Patentinhabers,[104] das sich allerdings mit dem Inverkehrbringen erschöpft. Befugnisse im Hinblick auf die anschließende Art des Verkehrs stehen dem Patentinhaber grds nicht zu (Rn 143 ff). Besondere Probleme ergeben sich bei biotechnologischen Research-Tool- und Durchgriffs-(reach-through-)Ansprüchen (vgl Rn 118 zu § 1; Rn 85 zu § 34) hinsichtlich der Einbeziehung zukünftiger Entwicklungsergebnisse, zB Ansprüche auf noch aufzufindende arzneiliche Wirkstoffe.[105] Der Katalog der verbotenen Handlungen ist abschließend.[106] Bloßes Bestreiten der Rechtsinhaberschaft greift nicht in die Rechte des Inhabers ein;[107] ebensowenig die Verfügung eines Nichtberechtigten.[108] Zur Rechtsbegründung ist eine Kennzeichnung des Patentschutzes nicht erforderlich;[109] dies regelt auch Art 5 D PVÜ (Lissaboner und Stockholmer Fassung; sinngem auch die früheren Fassungen).

Die **Zustimmung des Berechtigten** macht die Benutzung rechtmäßig (Satz 2). Hauptfall ist die Li- **41** zenzeinräumung (§ 15; zur stillschweigenden Erlaubnis Rn 155). Bei Erteilung einer Zwangslizenz (§ 24) ergibt sich die Berechtigung aus dieser. Zur Wirkung der Regelungen in § 11–§ 13 Rn 12 zu § 142.

Im **Vergabeverfahren** ist die Beachtung von Schutzrechten auch als Vorfrage der Vergabeentschei- **42** dung auf der Stufe der Bewertung der Eignung des Angebots zu beachten.[110] Die Rechtsbeständigkeit des Patents ist dabei nur dann zu prüfen, wenn das Patent mit Einspruch oder Nichtigkeitsklage angegriffen ist.[111] In diesem Fall steht hohe Wahrscheinlichkeit mangelnder Rechtsbeständigkeit der Vergabe an den nichtberechtigten Bieter entgegen,[112] jedoch wird bei Gebrauchsmustern überwiegende Wahrscheinlichkeit ausreichen. Die Schutzrechtsverletzung muss überwiegend wahrscheinlich sein.[113] Der Auftraggeber kann gehalten sein, sich sachkundig beraten zu lassen.[114] Für die Beurteilung der Schutzrechtsverletzung ist die Entscheidung im Vergabeverfahren (die der Kontrolle im Vergabenachprüfungsverfahren unterliegt)[115] nicht präjudiziell. Das Bestehen von Ausschließlichkeitsrechten kann Grund für das Absehen von einer Ausschreibung sein (vgl § 3 Nr 4a VOB/A; § 3a Nr 5c VOB/A sowie entspr Regelungen in VOL/A und VOF).[116] Weiter kann die ausschreibende Stelle vom Gebot der herstellerneutralen Leistungsbeschreibung betroffen sein.[117] Eine Schutzrechtsverletzung kommt sowohl durch das Angebot des Bieters als auch durch

---

103 BGHZ 130, 259 = GRUR 1996, 109 klinische Versuche I; weitergehend wohl CCass Rom GRUR Int 2004, 876 f Omeprazol, wonach die Auflistung im ital Recht nur beispielhaft ist, und unter Hinweis auf Art 28 Abs 1 Buchst a TRIPS-Übk.
104 Vgl *Benkard* Rn 27.
105 Eingehend mit Bsp *Wolfram* Mitt 2003, 57; US-CAFC Mitt 2004, 306 mAnm *Wolfram; D. Walter* Journal für Verbraucherschutz und Lebensmittelsicherheit 2008, 359; vgl EPA T 1063/06 ABl EPA 2009, 516 = GRUR Int 2010, 158 Durchgriffsanspruch.
106 Denkschrift GPÜ BTDrs 8/2087 = BlPMZ 1979, 325, 332.
107 Vgl BGH GRUR 1959, 331 f Dreigroschenroman; BGH GRUR 1997, 896 Mecki-Igel III, UrhSachen.
108 BGHZ 136, 380, 389 = GRUR 1999, 152, 154 Spielbankaffaire, UrhSache: allenfalls als Teilnahme einer dadurch veranlassten unberechtigten Nutzungshandlung; BGH GRUR 1999, 579 f Hunger und Durst, UrhSache.
109 Vgl aber zur Rechtslage in den USA *Moore/Nakamura* The United States Patent Marking and Notice Statute, Mitt 1994, 203.
110 OLG Düsseldorf WuW/E Verg 1055 = GRUR 2006, 224 Ls; *Müller-Stoy* GRUR 2006, 184, 188; aA OLG Schleswig NZBau 2000, 207: keine Frage des vergaberechtl geregelten Leistungswettbewerbs der Bieter; diese haben nach den vom Auftraggeber vorgegebenen Leistungsmerkmalen anzubieten; vgl Vergabekammer Südbayern 19.10.2004 60-08/04, referiert bei *Müller-Stoy* GRUR 2006, 184, 186.
111 OLG Düsseldorf 21.2.2005 Verg 91/04 GRUR 2006, 224 Ls = WuW/E Verg 1055; aA *Müller-Stoy* GRUR 2006, 184, 189; kr auch *Benkard* § 13 Rn 1.
112 Vgl *Müller-Stoy* GRUR 2006, 184, 189 f.
113 *Müller-Stoy* GRUR 2006, 184, 189 f gegen OLG Düsseldorf 21.2.2005 Verg 91/04 GRUR 2006, 224 Ls = WuW/E Verg 1055, wo hohe Wahrscheinlichkeit verlangt wird.
114 OLG Düsseldorf 21.2.2005 Verg 91/04 GRUR 2006, 224 Ls = WuW/E Verg 1055.
115 OLG Düsseldorf 21.2.2005 Verg 91/04 GRUR 2006, 224 Ls = WuW/E Verg 1055.
116 Vgl *Hertwig* FS K. Bartenbach (2005), 55 ff.
117 Vgl *Hertwig* FS K. Bartenbach (2005), 55, 59.

den Zuschlag des Auftraggebers auf ein schutzrechtsverletzendes Angebot in Betracht.[118] Das schutzrechtsverletzende Angebot ist jedenfalls ab seiner Öffnung im Eröffnungstermin ein Anbieten iSd § 9 Satz 2 Nr 1, 2 oder § 11 GebrMG.[119] Schon in der Ausschreibung kann eine Anstiftung zur Schutzrechtsverletzung seitens des Auftraggebers liegen, wenn dieser vorsätzlich handelt (vgl Rn 37 zu § 10).[120]

43   **2. Vorbereitungshandlungen** zählen grds nicht zu den dem Patentinhaber vorbehaltenen Benutzungshandlungen und werden, insb aus Gründen der Rechtssicherheit, grds nicht vom Patentschutz umfasst (anders uU beim Anbieten, Rn 72).[121] Der Anmelder hat es in der Hand, durch entspr Fassung der Patentansprüche dafür zu sorgen, dass ein schon in die Vorbereitungsphase hineinverlegter Patentschutz erteilt wird, sofern das nach dem Gegenstand der Erfindung gerechtfertigt ist. Vorbereitungshandlungen können – außer bei Verwendungsansprüchen[122] – jedenfalls dann nicht als Gebrauch eines geschützten Verfahrens angesehen werden, wenn es an einem dringenden Bedürfnis für eine solche Ausdehnung des Patentschutzes fehlt, weil es ohne weiteres möglich und zumutbar gewesen wäre, sie mit der Formulierung der Patentansprüche zu erfassen, oder weil die Vorbereitungen noch kein Stadium erreicht haben, in dem bereits die Vorteile des geschützten Verfahrens erreicht werden und eine patentrechtl Gleichstellung mit der eigentlichen Benutzung des Verfahrens gerechtfertigt ist; ausnahmsweise können bei besonderem Schutzbedürfnis des Patentinhabers gewisse, weit fortgeschrittene Vorbereitungshandlungen noch in den Schutz mit einbezogen werden, was sorgfältiger Abwägung im Einzelfall bedarf.[123]

44   **Beispiele.** Zu den Vorbereitungshandlungen rechnen das Erstellen einer Machbarkeitsstudie,[124] Entwurf und Herstellung von Modellen der geschützten Vorrichtung,[125] Abschluss von Lieferverträgen, solange kein Anbieten vorliegt,[126] Beschaffung von Maschinen für die Herstellung geschützter Gegenstände,[127] Anlieferung von Baumaterial und Ausheben der Baugrube,[128] Ertüchtigung der Vorrichtung für das geschützte Verfahren,[129] die Patentanmeldung,[130] eine bloße Beratung.[131] Zum Betreiben von Genehmigungsverfahren Rn 80.

45   **3. Zeitliche Grenzen.** Das Verbietungsrecht **beginnt** mit der Veröffentlichung der Patenterteilung, zuvor besteht ab Offenlegung nur ein Entschädigungsanspruch, vor Offenlegung nicht einmal dieser (vgl Rn 3 zu § 33). Die Patentanmeldung kann, soweit sie nicht ein Verfahren zum Gegenstand hat, durch GbmSchutz „flankiert" werden, wodurch frühzeitig ein Verbietungsrecht begründet wird. Vor Eintritt des Schutzes hergestellte Erzeugnisse werden nicht rückwirkend patentverletzend;[132] jedoch wird das Gebrau-

---

118 *Müller-Stoy* GRUR 2006, 184 f.

119 Vgl *Müller-Stoy* GRUR 2006, 184 f.

120 *Müller-Stoy* GRUR 2006, 184 f will auf die Mitteilung des beabsichtigten Zuschlags abstellen; diese ist jedoch wie der Zuschlag keine vorbehaltene Benutzungshandlung iSd § 9.

121 BGHZ 100, 249, 252 = GRUR 1987, 626 Rundfunkübertragungssystem; BGHZ 107, 46, 54 = GRUR 1990, 997 Ethofumesat; BGHZ 116, 122, 128 = GRUR 1992, 305 Heliumeinspeisung; *Büscher/Dittmer/Schiwy* Rn 7.

122 Auch insoweit kr *König* Mittelbare Patentverletzung, Mitt 2000, 10, 22 ff, der hierin nur eine mittelbare Patentverletzung sieht.

123 BGH Heliumeinspeisung, zu einem geschützten Verfahren zur Bekämpfung von – sehr unwahrscheinlichen, aber hochgefährlichen – Störfällen in Reaktoren: Verletzung durch Ertüchtigungsmaßnahmen am Reaktor, durch die im Störfall das Verfahren hätte angewendet werden können, wurde verneint.

124 LG Düsseldorf 1.3.2012 4b O 141/10.

125 RG GRUR 1937, 670, 672 Rauchfangeinrichtung; PA BlPMZ 1900, 230; PA BlPMZ 1916, 75; OLG Hamm MuW 34, 338; LG Düsseldorf InstGE 7, 258; *Benkard* Rn 29.

126 Vgl RGZ 13, 424 f Signalstellapparat; RGZ 30, 52, 55 Kongorot II; LG Düsseldorf GRUR 1953, 285; BGH GRUR 1960, 423, 426 Kreuzbodenventilsäcke II.

127 *Benkard* Rn 29; *Lindenmaier* § 6 Rn 37.

128 OLG Hamm MuW 34, 338, 340.

129 BGHZ 116, 122 = GRUR 1992, 305 Heliumeinspeisung.

130 RG BlPMZ 1917, 19 f Zerreibwalzwerk; RGZ 133, 377, 381 = GRUR 1932, 66 Fernverbindung; RG GRUR 1940, 154, 157 f Gleiskettenfahrzeuge; RGZ 169, 289 f = GRUR 1942, 548 Muffentonrohre; BGHZ 47, 132, 139 = GRUR 1967, 477 UHF-Empfänger II.

131 BGH GRUR 1973, 141 Kernenergie.

132 BGHZ 1, 194 = GRUR 1951, 314 Motorblock; BGH GRUR 1959, 528, 530 Autodachzelt.

chen des Erzeugnisses, das nicht zu privaten Zwecken erfolgt, als patentverletzend angesehen (vgl hierzu Rn 59 ff zu § 12).

Nach **Beendigung des Patentschutzes** besteht grds kein Verbietungsrecht (zur Problematik beim **46** Anbieten Rn 76).[133] Der Schutz ist auf den Zeitraum des Bestehens des Patents beschränkt.[134] Vorbereitungshandlungen sind grds jederzeit zulässig (Rn 42; vgl aber Rn 72).[135] Zum Beseitigungsanspruch auch Rn 6 f zu § 140a.

4. Berichterstattung über das Patent wird durch § 9 nicht ausgeschlossen;[136] allenfalls kommen hier **47** andere, zB wettbewerbsrechtl, Grundlagen für Unterlassungsansprüche in Betracht (vgl zum „Patentverruf" Rn 309 zu § 139). Die Verbreitung der Patentschrift oder die Besprechung des Patents erfüllt keinen der Benutzungstatbestände.[137]

5. Zur Rechtslage bei Vermehrung von **biologischem Material** s die Kommentierung zu § 9a.   **48**
Zum „**Landwirteprivileg**" s die Kommentierung zu § 9c.   **49**

II. Täterschaft

Täter ist, wer einen der Tatbestände des § 9 selbst verwirklicht.[138] Wer nur einen Teil des Tatbestands **50** verwirklicht, kann Gehilfe, Anstifter oder mittelbarer Patentverletzer (§ 10) sein. Zu Mittäterschaft und mittelbarer Täterschaft Rn 36 ff zu § 10; zu Nebentäterschaft Rn 134 zu § 139.

III. Erzeugnisschutz

1. Allgemeines

a. Umfassender Schutz. Der Schutz des Erzeugnis-(Sach-, Stoff-)Patents ist umfassend.[139] Der Sach- **51** anspruch beschreibt die geschützte Sache als solche; der durch ihn räumlich-körperlich definierte Gegenstand ist unabhängig davon geschützt, auf welche Weise er hergestellt worden ist und zu welchem Zweck er verwendet wird.[140] Dies gilt grds auch für den Schutz auf chemischem Weg hergestellter Stoffe; der Stoffschutz ist nach nationaler Praxis absolut (anders zB die frühere ital Praxis).[141] Der Inhaber eines Stoffpatents kann bestimmen, wann und wie er seinen geschützten Stoff zum Einsatz bringen will.[142]

Der Schutz des Stoffpatents erstreckt sich auf den geschützten Stoff unabhängig von der Art seiner **52** Herstellung; er ist **nicht zweckgebunden** (Rn 57 f). Dies gilt allerdings nicht, soweit durch einen im Patentanspruch enthaltenen Hinweis auf die Eignung einer Vorrichtung zu einem bestimmten Zweck dem Fachmann gesagt wird, wie er die einzelnen Merkmale der Vorrichtung räumlich-körperlich ausgestalten soll, um sie zu diesem Zweck benutzen zu können[143] (vgl zur Funktionalität technischer Gegenstände auch Rn 146 zu § 1).

Auch der auf **einen Verfahrensanspruch bezugnehmende Sachanspruch** entfaltet vollen Sach- **53** schutz, wenn nur die Sache auch zur Durchführung des Verfahrens geeignet ist,[144] und erfasst – sofern nicht die Auslegung ergibt, dass es sich tatsächlich um einen Verwendungsanspruch handelt, wofür zB

---

133 RGZ 93, 172, 174 = BlPMZ 1918, 81 Beschickungsvorrichtung für Martinöfen.
134 Vgl BGHZ 107, 46, 60 = GRUR 1990, 997 Ethofumesat; BGH GRUR 2010, 996 Bordako, SortSache.
135 Vgl Denkschrift GPÜ BTDrs 8/2087 = BlPMZ 1979, 325, 332.
136 *Benkard* Rn 27.
137 BGH GRUR 1970, 358, 360 Heißläuferdetektor; OLG Düsseldorf GRUR 1963, 78, 80; *Metzger* GRUR 1967, 126, 128; zu urheberrechtl Fragen *Kronz* Mitt 1976, 181 und Mitt 1979, 142.
138 Vgl *Hölder* FS 10 Jahre Studiengang „International Studies in Intellectual Property Law" (2009), 181, 190.
139 Vgl BGH GRUR 1979, 149 Schießbolzen.
140 BGH GRUR 2006, 570 extracoronales Geschiebe; vgl BGH GRUR 1979, 149, 151 Schießbolzen.
141 It OG 6.3.1995 GADI 1995, 3194, referiert in EIPR 1996 D-105 Cefatrizina.
142 BGHZ 130, 259 = GRUR 1996, 109 klinische Versuche I; *Fitzner/Lutz/Bodewig* Rn 22.
143 BGH GRUR 1981, 259 f Heuwerbungsmaschine: Patent für Heuwerbungsmaschine wird nicht durch Strohschüttler in einem Mähdrescher verletzt.
144 BGH Bausch BGH 1999–2001, 330, 339 Heißschrumpffolie; vgl BPatGE 41, 112, 117 f gegen BPatG Mitt 1972, 32.

Keukenschrijver

ein völliges Fehlen von Vorrichtungsmerkmalen sprechen kann – nicht nur die Verwendung der Sache (Vorrichtung) zur Ausübung des angegebenen Verfahrens; Sachmerkmale in dem in Bezug genommenen Verfahrensanspruch sind jedoch beachtlich.[145] Die Beurteilung hängt eng mit der Frage zusammen, ob derartige Patentansprüche als Unteransprüche oder als Nebenansprüche anzusehen sind und selbstständig auf das Vorliegen der Schutzvoraussetzungen geprüft werden müssen.[146]

54   **b. Bedeutung des Herstellungsverfahrens.** Die Angabe eines Herstellungswegs oder -verfahrens beschränkt den Schutz grds nicht auf die danach hergestellten Erzeugnisse,[147] selbst wenn der Patentanspruch als **„product-by-process"-Anspruch** formuliert ist. Ein Patentanspruch „Erzeugnis (Stoff), erhalten durch …" reicht zwar weiter als der Schutz des unmittelbaren Verfahrenserzeugnisses, erfasst aber seinem Wortlaut nach nur das durch das genannte Verfahren (Ausgangsstoffe und Verfahrensweise) – nicht notwendig unmittelbar – erhaltene Erzeugnis (den so erhaltenen Stoff);[148] nach neuerer Rspr[149] liegt hierin aber keine entspr Beschränkung.[150] Dabei ist aber durch Auslegung des Patentanspruchs zu ermitteln, wieweit sich aus dem angegebenen Herstellungsweg oder Verfahren durch diesen/dieses bedingte Merkmale des daraus erhaltenen Erzeugnisses ergeben, die das Erzeugnis als anspruchsgem qualifizieren.[151] Da dies im Erteilungsverfahren nicht festgelegt wird, kann sich Rechtsunsicherheit bei der Beurteilung des Schutzumfangs ergeben.[152]

55   Wie eine Anspruchsfassung „Stoff …, **erhältlich durch** …", die schon durch ihre Wortwahl zum Ausdruck bringt, dass das angegebene Verfahren nur ein Bsp sein soll, zu bewerten ist, hat der BGH zunächst offengelassen.[153] Eine derartige Fassung gewährt umfassenden Sachschutz.[154] Geschützt ist grds nur das durch das Herstellungsverfahren gekennzeichnete und nach ihm erhältliche Erzeugnis, nicht weitergehend jedes gattungsgem entsprechende.[155] Der Schutz ist nicht auf den für das Erzeugnis auf den zu seiner Kennzeichnung angegebenen Verfahrensweg beschränkt; die Beschreibung des Verfahrens dient nur der eindeutigen Kennzeichnung des Erzeugnisses. Wieweit sich aus dem Herstellungsweg physikalische oder chemische Eigenschaften des Erzeugnisses ergeben, die ein auf anderem Weg hergestelltes Erzeugnis aufweisen muss, um in den Schutzbereich zu fallen, ist durch Auslegung zu ermitteln.[156]

---

145   *Von Rospatt* GRUR 1985, 740, 742 f.

146   Vgl *Anders* Vollständige Lehre zum technischen Handeln und Anspruchsfassung, VPP-Rdbr 1994, 1 ff; offengelassen für den umgekehrten Fall – Bezugnahme auf Vorrichtungsansprüche in Verfahrensanspruch – in BPatG 24.11.1993 3 Ni 41/92 (EU).

147   BGH GRUR 1959, 125 Textilgarn; BGHZ 57, 1, 22 f = GRUR 1972, 80 Trioxan; LG Düsseldorf 13.5.2003 4a O 234/02; *Fitzner/Lutz/Bodewig* Rn 22; *Mes* § 14 Rn 118; *Schrell/Heide* GRUR 2006, 383 f mwN.

148   BGH Trioxan; vgl *Schrell/Heide* GRUR 2006, 383, 385; *R. Rogge* Mitt 2005, 145 f.

149   Kr zu dieser *Schrell/Heide* GRUR 2006, 383, 387 f mit dem Vorschlag, absoluten Erzeugnisschutz nur dann zuzulassen, wenn der Unterschied zum StdT in bestimmten Merkmalen schon im Erteilungsverfahren nachgewiesen wird und diese Merkmale in den Patentanspruch aufgenommen werden.

150   BGHZ 122, 144, 155 = GRUR 1993, 651 tetraploide Kamille und im Anschluss daran BPatG 17.5.1994 14 W (pat) 58/93; vgl EPA T 411/89, wonach das Ersetzen von „erhalten" durch „erhältlich" den Schutzbereich erweitert; *Schulte* § 34 Rn 160; missverständlich schweiz BG BGE 122 III 81 = GRUR Int 1997, 932 Beschichtungsanlage; EPA T 130/90 rekombinanter monoklonaler Antikörper, auszugsweise bei *Jaenichen* GRUR Int 1992, 327, 330; vgl zur Rechtslage in Frankreich *Meyer-Dulheuer* GRUR 1985, 435, 439, im Vereinigten Königreich HoL GRUR Int 2005, 343 Kirin-Amgen, wonach sich der Patentschutz nur auf Erzeugnisse bezieht, die nach den im Patentanspruch angegebenen Verfahren hergestellt wurden, zum US-amerikanischen Recht *Schrell/Heide* GRUR 2006, 383, 385 sowie CAFC GRUR Int 1997, 563 einerseits, CAFC 927 F.2d 1565, 18 USPQ2d 1001 (Fed. Cir. 1991) Scripps Clinic v. Genentech andererseits: keine Beschränkung durch die Verfahrensmerkmale.

151   BGH GRUR 2001, 1129 zipfelfreies Stahlband; BGH GRUR 2005, 749 ff Aufzeichnungsträger; vgl *Benkard-EPÜ* Art 69 Rn 48; BGH 13.7.2010 Xa ZR 10/07.

152   Vgl *Schrell/Heide* GRUR 2006, 383, 386.

153   BGHZ 57, 1, 22 f = GRUR 1972, 80 Trioxan.

154   Vgl zu dieser Fassung BPatGE 16, 200, 205 = BlPMZ 1975, 198; BPatGE 25, 79 = GRUR 1983, 173; vgl auch EPA-PrRl C-III 4.7b; BGHZ 122, 144, 155 = GRUR 1993, 651 tetraploide Kamille: Gegenstand des Patents ist trotz der Beschreibung durch das Herstellungsverfahren das Erzeugnis als solches, das unabhängig von seinem Herstellungsweg die Voraussetzungen für die Patentierbarkeit erfüllen muss.

155   BGHZ 135, 369 = GRUR 1997, 612, 614 f Polyäthylenfilamente.

156   LG Düsseldorf 6.8.1996 4 O 265/95 Entsch 1996, 65.

Die Kennzeichnung eines Erzeugnisses durch ein **Auswahl- oder Auswahlmessverfahren** macht **56**
dieses Verfahren nicht zum Gegenstand der geschützten Lehre.[157]

c. Zweckangaben; Verwendung des Erzeugnisses, Weiterverarbeitung. Der Schutz umfasst grds **57**
alle Verwendungen;[158] anders, wenn sich aus der Formulierung des Patentanspruchs ergibt, dass nur
bestimmte Verwendungen geschützt werden sollen.[159] Er erfasst jeden Gegenstand, der die gleichen Eigenschaften besitzt und damit alle Funktionen, Wirkungen, Zwecke, Brauchbarkeiten und Vorteile der Vorrichtung ohne Rücksicht darauf, ob der die Patentfähigkeit ggf allein begründende neue Verwendungszweck genutzt wird, selbst wenn der Verletzer die Verwendungsmöglichkeit nicht in seine Überlegungen
einbezogen hat.[160] Zweckangaben, Wirkungs-, Funktions- und Verwendungsangaben beschränken grds
den Sachschutz nicht.[161] Sie sind bei einem Sachpatent nur als dem besseren Verständnis der Erfindung
dienende Erläuterungen angesehen worden, die lediglich die Bedeutung einer mittelbaren Umschreibung
der räumlich-körperlichen Ausgestaltung und der betr Vorrichtungteile haben.[162] Den Gegenstand des
Sachpatents definieren sie aber regelmäßig dahin, dass dieser für den angegebenen Zweck verwendbar
sein muss (Rn 34 zu § 14). Das rechtfertigt sich unter dem Gesichtspunkt der Erforderlichkeit einer Lehre
zum technischen Handeln daraus, dass Vorrichtungen eine bestimmte Finalität idR innewohnt und deshalb keiner besonderen Offenbarung bedarf; bei Erzeugnissen ist dies nicht notwendig, aber doch zumindest häufig der Fall, bei Stoffen allerdings nicht ohne weiteres (hierzu Rn 122 zu § 1). Jedoch nehmen sie
als Bestandteile des Patentanspruchs regelmäßig an dessen Aufgabe teil, den geschützten Gegenstand
gegenüber dem StdT abzugrenzen, wenn sie das Vorrichtungselement, auf das sie sich beziehen, als ein
solches definieren, das so ausgebildet sein muss, dass es die betr Funktion erfüllen kann.[163] Im Einzelfall
soll derartigen Angaben aber auch die Bedeutung eines finalen Elements und damit eines funktionellen
Merkmals zukommen können.[164] Bei Vorrichtungsansprüchen sind Wirkungsangaben unbdkl, wenn sie
eine sonst schwer verständliche Aneinanderreihung von konstruktiven Elementen in einen durchschauba-
ren Sinnzusammenhang bringen;[165] zur Lehre zum technischen Handeln tragen sie als solche jedenfalls

---

157 BGH GRUR 1992, 375 Tablettensprengmittel: Zusammensetzung einer Tablette, bei der ein Quellmittel über ein
Verfahren definiert wurde; BPatGE 34, 230: staubarmes Papier, bei dem die Staubanhaftung nach einer bestimmten
Methode gemessen wurde; vgl BPatG Bausch BPatG 1994–1998, 16: Auswahlmessverfahren für den Leuchtstoff in einer
Dampfentladungslampe, und nachgehend BGH GRUR 1998, 1003 Leuchtstoff.
158 BGH GRUR 1959, 125 Textilgarn; GRUR 1956, 77 Rödeldraht; BGH GRUR 1979, 149, 151 Schießbolzen; BGHZ 130,
259 = GRUR 1996, 109 klinische Versuche I; BGH GRUR 2006, 923 Luftabscheider für Milchsammelanlage; LG Düsseldorf
11.8.2009 4b O 38/09; vgl auch BGH GRUR 1981, 259 Heuwerbungsmaschine; *Fitzner/Lutz/Bodewig* Rn 23; einschränkend
auf Verwendungen, die vom StdT aus naheliegen, *Bruchhausen* GRUR 1980, 364, 366.
159 Schweiz BG BGE 122 III 81 = GRUR Int 1997, 932 Beschichtungsanlage, wonach beim Sachpatent bewusste
Beschränkungen im Patentanspruch auf eine bestimmte Herstellung oder Verwendung verbindlich sind: Vorrichtung zur
Belegung nichttextiler Unterlagen wird danach nicht durch Maschine zur Belegung textiler Unterlagen verletzt.
160 BGH Schießbolzen: auf einen Schießbolzen mit einem Reibungselement zum Festhalten des Bolzens an beliebiger
Stelle des Laufs gerichtetes Patent wird durch einen Schießbolzen verletzt, der nach seiner Ausbildung objektiv geeignet
ist, die Bolzen an jeder beliebigen Stelle des Laufs festzuhalten; BGH GRUR 1988, 287 f Abschlußblende; BGHZ 112, 140,
156 = GRUR 1991, 436 Befestigungsvorrichtung II; vgl BGH GRUR 1956, 77 f Spann- und Haltevorrichtung; BGHZ 51, 378 =
GRUR 1969, 265, 267 f Disiloxan; DPA BlPMZ 1998, 481.
161 BGH Schießbolzen; BGH GRUR 2006, 570 extracoronales Geschiebe; BGH GRUR 2006, 923 Luftabscheider für
Milchsammelanlage; BGH GRUR 2009, 837 Bauschalungsstütze; BGH 11.11.2010 Xa ZR 26/08; vgl OLG Düsseldorf InstGE
12, 213.
162 BGH Schießbolzen; BGH Bausch BGH 1999–2001, 223 Stützimplantat; BGH Befestigungsvorrichtung II; BGH GRUR
1996, 747 Lichtbogen-Plasma-Beschichtungssystem; schweiz BG Beschichtungsanlage; BPatG 26.7.2005 1 Ni 17/03; BPatG
26.7.2005 4 Ni/04 (EU); vgl *Benkard-EPÜ* Art 52 Rn 123 ff; kr HoL 25.2.2009 [2009] UKHL 12 Lundbeck ./. Generics, referiert
in EIPR 2010 N-6; vgl aber EPA-PrRl C-III 4.8; kr *von Hellfeld* GRUR 1998, 243.
163 BGH Luftabscheider für Milchsammelanlage unter Hinweis auf BGHZ 112, 140, 155 f = GRUR
Befestigungsvorrichtung II und BGH GRUR 1979, 149, 151 Schießbolzen; BGH GRUR 1981, 259 f Heuwerbungsmaschine;
BGH Bauschalungsstütze; BGH 12.10.2010 X ZR 91/08; LG Mannheim InstGE 7, 7.
164 BPatG 10.2.2000 23 W (pat) 45/99; BPatG GRUR 2006, 1015, 1017.
165 BGH Liedl 1961/62, 468, 480 Verpackungseinlage; BGH GRUR 1972, 707 Streckwalze 01.

---

nicht notwendig bei.[166] Wird eine bekannte Vorrichtung durch Anpassung eines Konstruktionselements an einen neuen Verwendungszweck, auch nur geringfügig, verändert, ist das auf die neue Vorrichtung abgestellte Patent ein Sachpatent, auch wenn im Patentanspruch die Zweckbestimmung des Elements angegeben ist.[167] Andererseits kann ein Hinweis auf die Eignung einer Vorrichtung für einen bestimmten Zweck dem Fachmann angeben, wie er die einzelnen Merkmale räumlich-körperlich ausgestalten soll.[168] Merkmalsübereinstimmung genügt, solange eine patentverletzende Verwendung des Erzeugnisses nicht mit Sicherheit ausscheidet.[169] Die Erteilung abhängiger Patente auf nicht naheliegende Verfahren zur Herstellung des Erzeugnisses und auf nicht naheliegende Verwendungen ist nicht ausgeschlossen.

58   Auch bei **chemischen Stoffen** sind alle Verwendungsmöglichkeiten vom Schutz erfasst; dieser ist nicht auf den im Patent angegebenen Verwendungszweck beschränkt.[170] Das jüngere Verwendungspatent greift in das Stoffpatent ein, seine Verwertung ist ohne Zustimmung des Inhabers des Stoffpatents nicht möglich.[171] Auch Genpatente gewähren grds absoluten Stoffschutz, denn die zeitliche Vorverlagerung der Angaben zur gewerblichen Anwendbarkeit beeinträchtigt den Schutzumfang nicht.[172] Sie sollen aber ausnahmsweise nur funktionsgebundenen Schutz vermitteln, wenn zur Begründung von Neuheit oder Erfindungshöhe die Verwendungsmöglichkeiten in den Patentanspruch aufgenommen werden müssen.[173] Damit ist allerdings kein handhabbares Abgrenzungskriterium benannt. Praktikabel erscheint es, darauf abzustellen, ob die Funktion in den Patentanspruch Eingang gefunden hat, und in diesem Fall funktionsgebundenen Schutz anzunehmen (Rn 60 ff). Der Beschreibung kommt schutzbegrenzende Wirkung nicht zu.[174] Dient die DNS selbst als Werkzeug, kommt ebenfalls absoluter Stoffschutz in Betracht, jedoch soll die Verwendung der DNS als Funktionsträger zur Expression eines Proteins anders als bei bloß neuen Anwendungsmöglichkeiten für die Proteinsynthese (vgl Erwägungsgrund 28 BioTRL) keine abhängige Erfindung darstellen;[175] dies ist inkonsequent und abzulehnen.

59   Die Benutzung des geschützten Erzeugnisses zur **Weiterverarbeitung** (Verbindung, Vermischung) fällt grds unter den Schutz des § 9.[176] Frei ist die Benutzung, sobald das Recht aus dem Patent erschöpft ist. Das Ergebnis der Weiterverarbeitung wird vom Patent erfasst, sofern es selbst unter das Patent fällt,[177] unabhängig davon, ob die Weiterverarbeitung mit patentfreien Erzeugnissen erfolgt.[178] Davon, dass der Schutz eines Erzeugnisses endet, wenn dieses in einem anderen Erzeugnis untergeht,[179] kann nach geltendem Recht nicht mehr ausgegangen werden.[180] Bei einer chemischen Umsetzung unterliegt das Verarbeitungsprodukt dann noch dem Patentschutz, wenn das geschützte Zwischenprodukt im Endprodukt unverändert enthalten ist,[181] aber auch, wenn das Endprodukt in erheblichem Maß die vorteilhaften Ei-

---

166 Vgl BGH Bausch BGH 1994–1998, 51, 66 Isothiazolon, nicht BlPMZ, mwN, für den dort entschiedenen Fall allerdings problematisch; aA BPatG 10.2.2000 23 W (pat) 45/99, wonach ein Hinweis auf eine spezielle Verwendung als mittelbare Umschreibung der funktionellen Zurichtung des Geräts zweckgebundenen Sachschutz begründen könne.

167 BGH GRUR 1979, 149 Schießbolzen.

168 BGH GRUR 1981, 259 Heuwerbungsmaschine.

169 BGH 21.9.1971 X ZR 32/70.

170 BGHZ 51, 378 = GRUR 1969, 265, 267 f Disiloxan; BGHZ 58, 280, 286 ff = GRUR 1972, 541 Imidazoline; für das EPÜ EPA G 2/88 ABl EPA 1990, 93 = GRUR Int 1990, 522, 525 reibungsverringernder Zusatz.

171 BGHZ 130, 259 = GRUR 1996, 109 klinische Versuche I.

172 *Feuerlein* GRUR 2001, 561, 564; *Schrell* GRUR 2001, 782, 786; *Köster* GRUR 2002, 833, 836; *Nieder* Mitt 2001, 238 f; *Ensthaler/Zech* GRUR 2006, 529, 535; aA *Meyer-Dulheuer* GRUR 2000, 179, 181; differenzierend *Straus* GRUR 2001, 1016, 1020; *Meier-Beck* GRUR 2003, 905, 911.

173 *Ensthaler/Zech* GRUR 2006, 529, 534.

174 *Ensthaler/Zech* GRUR 2006, 529, 535.

175 *Ensthaler/Zech* GRUR 2006, 529, 535; vgl auch *Godt* Streit um den Biopatentschutz: Stoffschutz, Patente auf Leben und Ordre Public (2003), S 23.

176 Vgl *Benkard* Rn 30; *Utermann* GRUR 1981, 537.

177 ZB Mischfutter, das einen patentgeschützten Bestandteil enthält, OLG Hamburg GRUR Int 1982, 257; vgl BGHZ 73, 337, 346 = GRUR 1979, 540 Biedermeiermanschetten.

178 *Kraßer* S 751 (§ 33 II a 2).

179 So KG MuW 23, 58; KG GRUR 1936, 743.

180 *Benkard* Rn 30; *Fitzner/Lutz/Bodewig* Rn 25.

181 BGH GRUR 2009, 929 Schleifkorn; LG Düsseldorf GRUR 1987, 896, 898; *Benkard* Rn 30; vgl *Kühnen/Grunwald* GRUR 2015, 35.

genschaften und Wirkungen des geschützten Stoffs aufweist,[182] nicht aber, wenn das geschützte Erzeugnis bei der Verbindung, Vermischung oder Weiterverarbeitung seine technische Bedeutung verliert.[183] Erfasst soll das Endprodukt auch dann sein, wenn das Patent die Weiterverarbeitung anspricht.[184] Ein Einbau der geschützten Vorrichtung in eine Aggregation schließt den Schutz nicht aus.[185] Pharmazeutische Kombinationspräparate partizipieren vom Schutz der einzelnen Substanzen.[186]

d. Eingeschränkter Sachschutz. Der Anmelder ist nicht gehindert, eingeschränkten, insb zweckge- **60** bundenen Sach- oder Stoffschutz zu beanspruchen.[187]

Zweckgebundener Erzeugnisschutz nach § 3 Abs 3, 4, Art 54 Abs 4, 5 EPÜ bei der medizinischen **61** Indikation beschränkt sich auf Handlungen zu dem die „Neuheit" iS dieser Bestimmungen begründenden medizinischen Zweck, wie er im Patentanspruch bezeichnet ist; Patentverletzung setzt daher voraus, dass die patentverletzenden Handlungen, insb durch sinnfälliges Herrichten, wie beim Verwendungsschutz objektiv auf eine patentverletzende Verwendung abzielen.[188]

Der **Mittelanspruch** ist zweckgebundener Sachanspruch.[189] Er entspricht in seiner Reichweite einem **62** Verwendungsanspruch.[190] Auch bei ihm muss die Verwirklichung des Zwecks hinzutreten;[191] Eignung zur Zweckverwirklichung reicht nicht aus.[192] Dem „zweckgebundenen Stoffschutz" wohnt ein finales Element inne, das einen wesentlichen Bestandteil der durch einen Mittelanspruch unter Schutz gestellten Erfindung bildet. Wird die dem Mittelanspruch innewohnende Zweckverwirklichung weder angestrebt noch zielgerichtet erreicht, scheidet eine Benutzung des Patentgegenstands aus.[193]

2. Herstellen

a. Allgemeines. Herstellen umfasst die **Schaffung des Erzeugnisses** von Beginn an und beschränkt **63** sich nicht auf die die Vollendung des Erzeugnisses unmittelbar herbeiführende Tätigkeit.[194] Es genügt, wenn der Gegenstand so weit hergestellt ist, dass er alle wesentlichen Merkmale der geschützten Erfindung aufweist und es zu seiner Vollendung allenfalls noch der Hinzufügung selbstverständlicher und für den Erfindungsgedanken nebensächlicher Zutaten bedarf.[195] Erfasst ist jede Art der Herstellung.[196] Bauenlassen ist Herstellen,[197] ebenso Zusammenbau der Vorrichtung aus neutralen, auf die Erfindung zuge-

---

182 Vgl *Moser von Filseck* GRUR 1977, 351, 353; *von Pechmann* GRUR 1977, 377, 383; *Fitzner/Lutz/Bodewig* Rn 26; *Reimer* § 6 Rn 91; *Klauer/Möhring* § 6 Rn 116; aA *Benkard* Rn 30; *Utermann* GRUR 1981, 537 f; zwd LG Düsseldorf GRUR 1987, 896, 898.

183 LG Düsseldorf GRUR 1987, 896, 899; *Fitzner/Lutz/Bodewig* Rn 26.

184 LG Düsseldorf 14.8.2007 4a O 202/06 GRUR-RR 2008, 333 Ls.

185 OLG Karlsruhe GRUR 1987, 892, 896.

186 *Maikowski* GRUR 1977, 200, 203.

187 BGHZ 51, 280, 287 f = GRUR 1972, 541 Imidazoline; schweiz BG BGE 122 III 81 = GRUR Int 1997, 932 Beschichtungsanlage.

188 *Kraßer* S 752 (§ 33 II a 4).

189 BGHZ 53, 274 = GRUR 1970, 361 Schädlingsbekämpfungsmittel; BGHZ 101, 159 = GRUR 1987, 794 Antivirusmittel.

190 Vgl BGHZ 54, 181 = GRUR 1970, 601 Fungizid; BGH GRUR 1972, 638 Aufhellungsmittel; BGH GRUR 1972, 644 gelbe Pigmente; BGH GRUR 1977, 212 f Piperazinoalkypyrazole; BGH GRUR 1982, 548 Sitosterylglykoside; BGH Antivirusmittel.

191 *Benkard*[9] Rn 30d.

192 BGH Antivirusmittel; LG München I InstGE 1, 191, 197.

193 BGH Antivirusmittel.

194 RGZ 40, 78 f = GRUR 1901, 152 exzentrische Klauen; RG GRUR 1926, 339, 341 Koksofenreparatur; BGHZ 2, 387, 391 = GRUR 1951, 452 Mülltonne; BGH 17.11.1970 X ZR 13/69; *Fitzner/Lutz/Bodewig* Rn 27.

195 BGH GRUR 1982, 165 Rigg; BGHZ 159, 76, 91 = GRUR 2004, 758 Flügelradzähler; OLG Düsseldorf 19.2.2015 15 U 39/14, Nichtzulassungsbeschwerde beim BGH anhängig unter X ZR 24/15; vgl BGHZ 171, 13 = GRUR 2007, 313 Funkuhr II; LG Düsseldorf 4.11.1997 4 O 343/97 Entsch 1997, 104, 106 und OLG Düsseldorf 24.6.1999 2 U 163/97; LG Düsseldorf 3.6.2014 4c 98/13 CIPR 2014, 97 Ls, zur Erschöpfung; kr *Hölder* FS 10 Jahre Studiengang „International Studies in Intellectual Property Law" (2009), 181, 186 f.

196 BGH Liedl 1959/60, 22, 26 Schieblehre.

197 RG GRUR 1943, 169, 173 Eierbrutapparate; BGH GRUR 1958, 179, 182 Resin; BGHZ 107, 46, 53 = GRUR 1990, 997 Ethofumesat; LG Düsseldorf InstGE 6, 130 f; OLG Düsseldorf InstGE 7, 258; *Benkard* Rn 32; zur Mitwirkung bei der Herstellung eines Dritten, dem Werkstattzeichnungen überlassen werden, OLG Karlsruhe GRUR 1982, 295, 299.

schnittenen Zulieferteilen;[198] Montage einer komplexen Gesamtanlage kann es sein.[199] Hoheitliche Tätigkeit steht Herstellen nicht entgegen (Rn 5 zu § 139). Eine Patentverletzung liegt schon vor, wenn die Merkmale des Patentanspruchs verwirklicht sind und die Ausführungsform objektiv geeignet ist, die patentgem Eigenschaften und Wirkungen zu erreichen; ihr steht nicht entgegen, dass eine Vorrichtung normalerweise anders bedient wird und die Abnehmer von der patentverletzenden Lehre regelmäßig keinen Gebrauch machen. Die Patentverletzung entfällt in einem solchen Fall selbst dann nicht, wenn der Hersteller ausdrücklich eine andere Verwendung seiner Vorrichtung empfiehlt, solange die Nutzung der patentgem Lehre möglich bleibt. Es ist unerheblich, dass ein zusätzlicher Vorteil der angegriffenen Ausführungsform behördlichen Vorgaben entspricht, die nach Erteilung des Streitpatents Gültigkeit erlangten.[200] Es kommt mithin nicht darauf an, ob das Erzeugnis später in patentverletzender Weise benutzt wird.[201] Jedoch wird darauf abzustellen sein, ob sie entspr benutzt werden kann.[202] Nach der Rspr des RG erfasst der Schutz einer Teilvorrichtung nicht auch die Gesamtvorrichtung als solche.[203] Betriebsstoffe und Antriebsmaschinen werden auch durch besondere Anpassung an das geschützte Erzeugnis nicht mitgeschützt.[204] Ein Marktbezug ist nicht erforderlich, deshalb stellt auch betriebsinternes Herstellen eine Benutzung dar, insoweit kann aber das „Versuchsprivileg" (§ 11 Nr 2) eingreifen.[205]

64   Die Herstellung eines **unfertigen Erzeugnisses**, dessen fehlende Teile überall erhältlich sind und zugefügt werden können, genügt,[206] ebenso die absprachemäßige sukzessive Lieferung aller Teile zum Zusammenbau.[207] Umfasst der angebotene oder gelieferte Gegenstand nicht alle Merkmale, soll dennoch eine unmittelbare Verletzung vorliegen, wenn es sich bei den fehlenden Komponente um eine unwesentliche „Allerweltszutat" handelt, der Belieferte bereits im Besitz der fehlenden Zutat ist oder sich diese mit Sicherheit besorgen kann und wird, um sie mit dem gelieferten Gegenstand zur Gesamtvorrichtung zu kombinieren.[208] Ob dies auch gilt, wenn sich die Vervollständigung beim Gebrauch von selbst ergibt,[209] zB durch die Umsetzung eines Stoffs bei der Anwendung als Arzneimittel,[210] ist str. Es soll keine Patentverletzung vorliegen, wenn entspr einem abgelaufenen Patent ein pharmazeutischer Wirkstoff hergestellt wird, der im Körper des Patienten in einen Stoff (Metaboliten) umgewandelt wird, der nach einem neuen Patent geschützt ist (vgl Rn 18 zu § 10).[211] Vergleichbare Schwierigkeiten bestehen beim Schutz des Zwischenprodukts und des Endprodukts durch Nebenansprüche (vgl Rn 152).

65   Eine gemeinfrei gewordene geschützte Vorrichtung, die dazu geeignet und bestimmt ist, mit einer weiteren, auch in der speziellen Ausbildung vorbekannten **Zutat** verbunden zu werden, kann auch dann, wenn die Ausbildung der Zutat in einem der Unteransprüche beschrieben ist, jedoch keinen selbstständi-

198 BGH 17.11.1970 X ZR 13/69.
199 LG Düsseldorf 27.2.1996 4 O 101/95 Entsch 1996, 6 Ls.
200 BGH GRUR 2006, 399, 401 Rangierkatze; BGH 16.11.2010 X ZR 104/08.
201 RG GRUR 1932, 1030 Teigteilmaschine II; BGH GRUR 1979, 149 Schießbolzen; BGH Rangierkatze; OLG Düsseldorf 10.7.2009 2 U 23/08; OLG Düsseldorf 25.2.2016 U 136/14; *Benkard* § 14 Rn 88.
202 BGH GRUR 2006, 923 Luftabscheider für Milchsammelanlage gegen OLG Düsseldorf 24.6.2004 2 U 6/01; OLG Düsseldorf 10.7.2009 2 U 23/08.
203 RGZ 32, 52, 54 = JW 1894, 24 Soxhlet-Flaschen; RGSt 26, 377, 379/381 Ventilverschluß; RGZ 130, 242, 244 = GRUR 1931, 73 Type H.
204 BGHZ 2, 261, 266 = GRUR 1951, 449 Tauchpumpensatz; BGH GRUR 1954, 111, 115 Repassiernadel I; vgl RG GRUR 1939, 184, 186 Gerbsäurezusatz.
205 Vgl *Fitzner/Tilmann* Mitt 2002, 2, 6.
206 RG Mitt 1931, 151 Vergrößerungsvorrichtung; vgl OLG Düsseldorf GRUR 1964, 203.
207 OLG Düsseldorf GRUR 1984, 651; LG Düsseldorf InstGE 4, 90, 93.
208 OLG Düsseldorf InstGE 13, 78; vgl aber LG Mannheim InstGE 12, 136: zusätzliche Anwendersoftware.
209 So OLG Düsseldorf GRUR 1978, 425, 427; OLG München InstGE 4, 120; OLG Düsseldorf 28.1.2010 2 U 127/08 und 2 U 128/08: beim Einlegen der DVD.
210 HoL Fleet Street Patent Law Reports 1977, 215 Hetacillin; *Benkard* Rn 33.
211 Nach OLG München 3.6.1993 6 U 5155/92, GRUR 1994, 746 Ls, auszugsweise mit kr Kommentierung bei *Vossius/Vossius/Vossius* Der Terfenadin-Verletzungsstreit; zum Standard der Neuheitsprüfung, GRUR 1994, 472ff; der BGH hat die Revision gegen das Urteil nicht zur Entscheidung angenommen (vgl hierzu auch HoL RPC 1996, 76 = GRUR Int 1996, 825 Terfenadin; zur Problematik bei Metaboliten *Hirsch/Hansen* Der Schutz von Chemie-Erfindungen S 293ff; *Fitzner/Lutz/Bodewig* Rn 28; *Mes*[1] § 14 Rn 37.

gen Schutz genießt, ohne Erlaubnis des Patentinhabers mit dieser Zutat aus fremder Produktion versehen werden.[212]

b. Teile. Grds liegt eine Benutzungshandlung nur vor, wenn von der Gesamtheit der Merkmale Ge- **66** brauch gemacht wird.[213] Jedoch hat die ältere Rspr die Herstellung von Teilen unter bestimmten Umständen ausreichen lassen, weil offensichtliche Umgehungen verhindert werden sollen;[214] es ist dabei als gleichgültig angesehen worden, ob der letzte für die erfinderische Leistung bedeutungslose Akt der Herstellung von Dritten vorgenommen wird.[215] Dies erscheint angesichts der Regelung der mittelbaren Patentverletzung in § 10 bdkl. Zum Vertrieb von Teilen Rn 16, 36 zu § 10. Die Herstellung neutraler Teile, die allg verwendbar und ersetzbar sind, reichte allein nicht aus; dabei waren die objektiven Umstände maßgebend.[216] Dasselbe sollte für Teile gelten, die nur die Voraussetzung für die Benutzung der Erfindung bilden;[217] funktioneller Zusammenhang oder funktionelle Unentbehrlichkeit genügten danach nicht.[218] Dagegen konnte in der Herstellung angepasster, nach der Rspr des BGH „erfindungsfunktionell individualisierter" Teile ein Herstellen des geschützten Erzeugnisses liegen.[219] Eine Anwendung dieser schon durch für das frühere Recht aufgegebenen Grundsätze[220] auf das geltende Recht erscheint schon deshalb nicht zulässig, weil die Benutzungstatbestände abschließend aufgezählt sind, Teilschutz grds nicht mehr in Betracht kommt und auch für eine Vorverlagerung des Schutzes in § 10 eine abschließende Regelung getroffen ist, die eine Ausdehnung auf andere Vorfeldtatbestände grds nicht zulässt.[221] Die Herstellung von Bausätzen ist aber auch nach geltendem Recht Herstellung des geschützten Gegenstands.[222] Täterschaftliche Verwirklichung der Tatbestände des § 9 wird demnach voraussetzen, dass der Verletzungstatbestand insgesamt und nicht nur in Teilen verwirklicht wird (Rn 50).

c. Wartung, Instandsetzung, Umbau, Rekonstruktion. Kommen diese Maßnahmen einer Neuher- **67** stellung gleich, wurde von der Rspr und dem ihm folgenden Schrifttum auf die erfindungsfunktionelle Individualisierung der Teile sowie darauf abgestellt, ob die ausgewechselten Teile den wesentlichen eigentlichen Kern der Erfindung bilden, wobei im erstgenannten Fall eine Abwägung der Erfinderinteressen

---

212 BGH 11.3.1971 X ZR 16/68; zur Rechtslage, wenn das Angebot aus einem Warenvorrat erfolgt, bei dem teilweise Erschöpfung eingetreten ist, LG Düsseldorf InstGE 8,4.
213 RGZ 40, 78 = GRUR 1901, 152 exzentrische Klauen; RG BlPMZ 1906, 166 ff Schloßteile; BGHZ 82, 254, 256 = GRUR 1982, 165 Rigg; BGHZ 171, 13 = GRUR 2007, 313 Funkuhr II; teilweise weitergehend RGZ 22, 165, 168 Bremsklötze; RGZ 111, 350, 353 = BlPMZ 1926, 28 Schraubstöpsel; einschränkend schon BGHZ 2, 261, 265 = GRUR 1951, 449 Tauchpumpensatz.
214 BGHZ 2, 387, 391 = GRUR 1951, 452 Mülltonne; BGH GRUR 1971, 78, 80 Dia-Rähmchen V; BGH 4.2.1965 Ia ZR 270/63; OLG Düsseldorf 5.6.2003 2 U 181/99.
215 BGH GRUR 1977, 250 Kunststoffhohlprofil I; LG Düsseldorf InstGE 1, 26 = GRUR-RR 2001, 201, 204; LG Düsseldorf 15.11.2012 4b O 110/11; zum Anwenden beim Verfahrensschutz *Fitzner/Lutz/Bodewig* Rn 63.
216 RGZ 40, 78 ff = GRUR 1901, 152 exzentrische Klauen; RG MuW 24, 203 Förderkübel; RG GRUR 1930, 886 Diskusschleifrad; RG GRUR 1926, 339 f Koksofenreparatur; RGZ 142, 325, 329 = BlPMZ 1934, 87 Mülltonne; RG GRUR 1934, 534 Einzelschleifkörper.
217 RGZ 32, 52, 55 = JW 1894, 24 Soxhlet-Flaschen; RG Mülltonne; RG Koksofenreparatur; BGHZ 2, 387, 391 = GRUR 1951, 452 Mülltonne; BGH GRUR 1954, 111, 115 Repassiernadel I; BGHZ 100, 249 = GRUR 1987, 626, 628 Rundfunkübertragungssystem.
218 RG GRUR 1939, 609 f Steuerung; BGHZ 2, 261, 265 = GRUR 1951, 449 Tauchpumpensatz; BGH Rundfunkübertragungssystem.
219 RGZ 40, 78 = GRUR 1901, 152 exzentrische Klauen; RG MuW 24, 203 Förderkübel; RGZ 111, 350 = BlPMZ 1926, 28 Schraubstöpsel; RG GRUR 1926, 163 f Schraubstöpselsicherung I; RG GRUR 1930, 886 Diskusschleifrad; RG GRUR 1936, 160, 163 Blechlasche; RG GRUR 1936, 236, 240 Stabeisenbiegevorrichtung; BGHZ 2, 387, 391 = GRUR 1951, 452 Mülltonne; BGH GRUR 1954, 111, 115 Repassiernadel I; BGH GRUR 1959, 232, 234 Förderrinne; BGH GRUR 1961, 466, 469 Gewinderollkopf II; BGH GRUR 1971, 78, 80 Dia-Rähmchen V; BGH 4.2.1965 Ia ZR 270/63; BGH 17.11.1970 X ZR 13/69; BGH 8.4.1976 X ZR 36/73.
220 BGHZ 82, 254, 256 = GRUR 1982, 165 f Rigg; vgl LG Düsseldorf 4.11.1997 4 O 343/97 Entsch 1997, 104, 106 f; LG Düsseldorf 8.7.1999 4 O 185/98 Entsch 1999, 75, 77; HG Zürich sic! 1999, 148, 152; großzügiger LG Düsseldorf GRUR-RR 2001, 201, 204 = InstGE 1, 26, 31.
221 Kr *Kraßer* S 760 (§ 33 II b 6); vgl *Fitzner/Lutz/Bodewig* Rn 31.
222 *Kraßer* S 755 (§ 33 II b 4).

und der Bedürfnisse des Wirtschaftslebens hinzutreten sollte.[223] Ein Reparaturmonopol des Patentinhabers wurde nicht anerkannt, sondern auf die Verkehrsauffassung abgestellt.[224] All dies führt im Einzelfall zu kaum lösbaren Abgrenzungsschwierigkeiten und ist auch im Hinblick auf die Erschöpfung des Patentrechts und den abschließenden Charakter der Verbotstatbestände problematisch.

68   Für das geltende Recht wird wie folgt zu differenzieren sein: **Wartung, Inbetriebnahme, Inbetriebhaltung, Pflege und Betriebsstofferneuerung**[225] sind immer zulässig.

69   **Instandsetzung** (Erhaltung oder Wiederherstellung der durch Verschleiß, Beschädigung oder aus anderen Gründen beeinträchtigten Gebrauchstauglichkeit; Ausbesserung) mit oder ohne Ersatzteileinsatz ist grds zulässig, solange sie nicht einer Neuherstellung gleichkommt.[226] Das gilt auch für die Befriedigung des unter das Patent fallenden Ersatz- und Austauschteilebedarfs.[227] Die Rspr stellt darauf ab, ob mit dem Austausch innerhalb der Lebensdauer üblicherweise zu rechnen ist.[228] Für die Abgrenzung zwischen Reparatur und Neuherstellung ist maßgeblich, ob die Identität des bereits in Verkehr gebrachten Erzeugnisses gewahrt bleibt.[229] Ausbesserungen und Reparaturen sollten nur dann als patentverletzend angesehen werden, wenn durch sie selbst einer der Tatbestände des § 9 erfüllt wird, und nicht schon generell dann, wenn solche Teile ausgetauscht werden, die sich auf ein wesentliches Element der Erfindung iSv § 10 beziehen.[230] Dies ist zB der Fall, wenn selbstständig geschützte Teile einer Vorrichtung erneuert werden.[231] Auch die Rekonstruktion des Erzeugnisses aus Teilen unbrauchbar gewordener Erzeugnisse[232] wird nach geltendem Recht als Neuherstellung anzusehen sein,[233] ebenso Recycling, sofern die Erzeugniseigenschaften verlorengegangen waren.[234] Insb ist nicht ausreichend, dass das ausgewechselte Teil lediglich Objekt der erfindungsgemäß verbesserten Funktionsweise der Gesamtvorrichtung ist.[235] Im Austausch eines Ver-

---

223   *Benkard* Rn 38; OLG Düsseldorf GRUR 1938, 771, 775; BGHZ 2, 387 = GRUR 1951, 452, 454 Mülltonne; BGH Förderrinne.

224   RG GRUR 1926, 339 f Koksofenreparatur; RG GRUR 1939, 609, 611 Steuerung mwN; BGH Förderrinne; LG Düsseldorf GRUR 1988, 116, 119; vgl HoL ENPR 2000, 324 United Wire v. Screen Repair; *Tilmann* GRUR 2005, 904.

225   *Benkard* Rn 39; *Ann* VPP-Rdbr 2004, 117, 120; BGHZ 2, 261, 264 = GRUR 1951, 449 Tauchpumpensatz; vgl RG GRUR 1939, 184, 186 Gerbsäurezusatz; HG Zürich sic! 1999, 148, 150 f, dort auch für Zubehörteile und Reparaturmaterialien; das Wiederbefüllen von patentgeschützten Tintenpatronen sieht jedoch IP High Court Japan IIC 37 (2006), 867 anders als die Vorinstanz BG Tokio IIC 37, 869 als patentverletzend an; zur markenrechtl Beurteilung des Wiederbefüllens leerer Gebinde BGH GRUR 2006, 763 Seifenspender; OLG Frankfurt GRUR 2000, 1062.

226   BGH GRUR 2007, 769 Pipettensystem; OLG Düsseldorf 13.2.2014 2 U 90/12; LG Düsseldorf GRUR 1988, 116, 119; LG Düsseldorf GRUR Int 1989, 695, 697; LG Düsseldorf 25.2.1997 4 O 204/95 Entsch 1997, 25, 28; LG Düsseldorf 10.8.2000 4 O 293/99 Entsch 2000, 91, 94 f; LG Düsseldorf 18.3.2014 4c O 73/13; *Ann* VPP-Rdbr 2004, 117, 120; vgl schon RG GRUR 1939, 184, 187 Gerbsäurezusatz; BGH GRUR 1959, 232, 234 Förderrinne; BGH GRUR 1973, 518, 520 Spielautomat II; OLG Düsseldorf GRUR 1938, 771, 775; vgl weiter BGHZ 1, 194 = GRUR 1951, 314 Motorblock und hierzu *Bock* DRiZ 1955, 130; OLG Düsseldorf 9.9.1949 2 U 354/48 bei *Spengler* GRUR 1950, 201; *Degen* FS H. Isay (1933), 25; *Fischer* GRUR 1960, 98; *Keil* Mitt 1983, 136; *Lindenmaier* GRUR 1939, 505; *Lindenmaier* GRUR 1952, 294; *Ohnesorge* Mitt 1937, 38; *Ohnesorge* GRUR 1939, 5; *Ohnesorge* MuW 1940, 46; HoL RPC 2001, 24 = ENPR 2000, 324 United Wire v. Screen Repair: „whether, having regard to the nature of the patented article, the defendant could be said to have made it", und hierzu *Mole* EIPR 2003, 428; vgl zur urheberrechtl Beurteilung einer Fehlerbeseitigungsmaßnahme bei einem Computerprogramm BGH GRUR 2000, 866 Programmfehlerbeseitigung.

227   Vgl BGH Pipettensystem, aA allerdings OLG Düsseldorf GRUR-RR 2006, 39 f; vgl *Hölder* GRUR 2007, 96 f.

228   BGHZ 159, 76, 92 = GRUR 2004, 758 Flügelradzähler unter Hinweis auf BGH Förderrinne; SuprC VK GRUR Int 2013, 432 Schütz (UK) v. Werit (UK).

229   BGH Pipettensystem; BGH GRUR 2012, 1118 Palettenbehälter II.

230   So jetzt auch *Schramm* PVP Kap 5 Rn 76; vgl aber BGH Flügelradzähler unter Hinweis auf LG Düsseldorf GRUR Int 1989, 95 ff; im Ergebnis ähnlich BGH Pipettensystem; kr *Tilmann* GRUR 2005, 904.

231   OLG Düsseldorf GRUR 1938, 771, 775; vgl US-CAFC 6.8.1997 Sandvik/E.J., referiert in EIPR 1997 D-312 mwN der US-Rspr; vgl zur Abgrenzung Herstellung – Reparatur auch brit PatentsC 29.7.1997 United Wire v. Screen Repair, referiert in EIPR 1998 N-68, und nachfolgend HoL ENPR 2000, 324; öOGH 25.11.1997 4 Ob 347/97: Herstellung eines Ersatzschlüssels ist Patentverletzung, wenn der Schlüssel selbst geschützt ist; anders, wenn ein Schließanlagensystem geschützt ist, öOGH ÖBl 1986, 147 Schließanlage.

232   BGH GRUR 1956, 265, 267 Rheinmetall-Borsig I; LG Düsseldorf GRUR 1957, 599.

233   *Kraßer* S 757 (§ 33 II b bb 1); *Ann* VPP-Rdbr 2004, 117, 120 f; *Fitzner/Lutz/Bodewig* Rn 38.

234   Vgl *Schramm* PVP Kap 5 Rn 76; vgl auch zur wz-rechtl Behandlung der Reparatur beschädigter Kraftfahrzeuge unter Austausch der die Fahrgastzelle bestimmenden Teile BGH GRUR 1990, 687 Herstellerkennzeichen auf Unfallwagen; zur markenrechtl Reparaturproblematik auch EuGH Slg 1999 I 905 = GRUR Int 1999, 438 BMW.

235   BGH Pipettensystem.

schleiß- oder Verbrauchsteils liegt regelmäßig keine Neuherstellung;[236] anders, wenn die technischen Wirkungen der Erfindung gerade in dem ausgewechselten Teil in Erscheinung treten, etwa weil die Erfindung dessen Funktionalität oder Lebensdauer beeinflusst.[237] Dies ist aber idR nur dann ausschlaggebend, wenn mit dem Austausch während der Lebensdauer üblicherweise zu rechnen ist.[238] Gehört der Austausch bestimmter Bestandteile zum bestimmungsgem Gebrauch, darf er auch von Wettbewerbern vorgenommen werden, die den Gegenstand zu diesem Zweck in reparaturbedürftigem Zustand erwerben und nach der Reparatur weiterveräußern.[239] Das Lebensdauerargument taugt allerdings allenfalls für eine negative Abgrenzung: was die Lebensdauer nicht verlängert, kann keine Neuherstellung sein, wird sie wesentlich verlängert, kann Patentverletzung vorliegen.[240] Fraglich bleibt, ob die Identitätsbestimmung zweier Gegenstände im Weg wertender Betrachtung (Interessenabwägung) erfolgen kann.[241]

Umbau eines geschützten Erzeugnisses ist als Neuherstellung angesehen worden, wenn die Erfindung **70** von neuem verwirklicht wird, und zwar auch in äquivalenter Weise, zB um neue öffentlich-rechtl Zulassungsvoraussetzungen zu erfüllen.[242] Er ist auch dann als patentverletzend angesehen worden, wenn er sich auf „erfindungsfunktionell individualisierte Teile" bezieht.[243] All dies erscheint unter dem Gesichtspunkt der Erschöpfung des Patentrechts und wegen des abschließenden Charakters der Benutzungstatbestände nach geltendem Recht bdkl.[244] Dem Erwerber des geschützten Erzeugnisses steht es wettbewerbsrechtl frei, dieses zu ändern,[245] auch Umbau in eine patentfreie Vorrichtung ist erlaubt.[246] Unzulässig ist Umbau, der unberechtigt in andere Schutzrechte eingreift.[247] Ist das Erzeugnis vor Beginn des Patentschutzes in Verkehr gebracht worden, stellen spätere Umbauten allenfalls dann eine Patentverletzung dar, wenn sie einer Neuherstellung gleichkommen; hier gilt dasselbe wie bei der Instandsetzung.

3. Anbieten entspricht dem Feilhalten im früheren Recht.[248] Anbieten ist im wirtschaftlichen Sinn zu **71** verstehen;[249] entscheidend ist, ob eine im Inland begangene Handlung nach ihrem objektiven Erklärungsgehalt einen schutzrechtsverletzenden Gegenstand der Nachfrage zur Verfügung stellt.[250] Ein Angebot iSd §§ 145 ff BGB ist nicht erforderlich.[251] Das Angebot muss sich auf das geschützte Erzeugnis beziehen.[252] Ob dies der Fall ist, ist nach objektiven Kriterien zu beurteilen (vgl Rn 74), es kommt daher grds nicht entscheidend darauf an, ob es auch vom Angebotsempfänger erkannt oder nach außen erkennbar ist.[253] Dagegen hat das LG Düsseldorf die Auffassung vertreten, dass maßgeblich sei, ob die Adressaten das Angebot mit dem geschützten Gegenstand assoziieren, auch wenn dieser tatsächlich durch eine nicht unter das

---

236 BGH Flügelradzähler; BGH GRUR 2006, 837, 839 Laufkranz; BGH Pipettensystem; OLG Düsseldorf GRUR-RR 2013, 285 (Nespressokapseln); LG München I 20.5.2010 7 O 14224/09; LG München I 20.5.2010 7 O 19419/08.

237 BGH Pipettensystem; vgl *Scharen* GRUR 2008, 944, 946; OLG Dresden InstGE 6, 66.

238 BGH Palettenbehälter II.

239 BGH Palettenbehälter II.

240 *Ann* VPP-Rdbr 2004, 117, 122; vgl *Fitzner/Lutz/Bodewig* Rn 34 ff.

241 Verneinend *Ann* VPP-Rdbr 2004, 117, 122 gegen BGHZ 159, 76, 92 = GRUR 2004, 758 Flügelradzähler; OLG Dresden 22.3.2005 17 U 1704/04; *Tilmann* GRUR 2005, 904, der aber die Einbeziehung der Wettbewerbsfreiheit in die Abwägung fordert.

242 BGH GRUR 1973, 518, 520 Spielautomat II; OLG Hamm GRUR 1926, 434, 437; KG GRUR 1931, 1280; vgl RG GRUR 1929, 1199 f Koksofenumbau; zur kennzeichenrechtl Behandlung in einem solchen Fall BGH GRUR 1998, 697 ff Venus Multi; vgl auch OLG Hamburg Mitt 2001, 444, 446.

243 BGH WRP 1968, 50 Spielautomat I.

244 Zur Problematik bei Ausbesserungen, Instandhaltung und Umbau *Ann* FS R. König (2003), 17; vgl auch *Fitzner/Lutz/Bodewig* Rn 32.

245 BGH 16.10.1968 I ZR 7/65.

246 BGH 8.3.1973 X ZR 67/71.

247 *Benkard*[9] Rn 38.

248 *Fitzner/Lutz/Bodewig* Rn 39; *Kraßer* S 763 (§ 33 IId 1); BGHZ 113, 159 = GRUR 1991, 316 Einzelangebot; OLG Düsseldorf InstGE 3, 179, 182.

249 OLG Düsseldorf 11.6.2015 2 U 64/14 CIPR 2015, 83 Ls.

250 BGHZ 167, 374, 378 = GRUR 2006, 927 Kunststoffbügel; OLG Düsseldorf 20.12.2012 2 U 89/07 CIPR 2013, 16 Ls.

251 OLG Düsseldorf 20.12.2012 2 U 89/07 CIPR 2013, 16 Ls; OLG Düsseldorf 11.6.2015 2 U 64/14 CIPR 2015, 83 Ls; *Schricker* GRUR Int 2004, 786 f; *Fitzner/Lutz/Bodewig* Rn 41.

252 BGH GRUR 1960, 423, 425 Kreuzbodenventilsäcke I; OLG Dresden BlPMZ 1925, 3; LG Düsseldorf GRUR 1953, 285; vgl RG GRUR 1938, 971, 976 Abwärmedampfkessel.

253 BGH GRUR 1969, 35 f Europareise; vgl *Sefzig* GRUR 1992, 413, 417; missverständlich *Fitzner/Lutz/Bodewig* Rn 40.

Patent fallende Ausführungsform ersetzt worden ist.[254] Wird das Erzeugnis geänd, ist die Weiterverwendung bildlicher Darstellungen nur dann kein Verstoß gegen das Verbot, wenn unmissverständlich auf die Änderung hingewiesen wird; ein bloßer Link auf einen Hinweis, dass die verbotene Ausführungsform geänd worden sei und nicht mehr unter das Verbot falle, genügt nicht.[255] An die Öffentlichkeit muss das Angebot nicht gerichtet sein. Der Tatbestand kann schon durch ein einzelnes Angebot gegenüber einem einzelnen Interessenten erfüllt werden.[256] Das Anbieten muss dem Täter zurechenbar sein; das kann vor allem dann Probleme bereiten, wenn die Zuordnung des Angebots (zB im Internetauftritt eines Dritten; Rn 131) zwh ist.[257] Unerheblich ist, ob das Anbieten schriftlich, mündlich, fernmündlich, im Internet,[258] durch Ausstellen,[259] Vorführen oder auf andere Art erfolgt.[260] In Betracht kommt Übergabe von Zeichnungen, Angebotsbeschreibungen, Lichtbildern, Mustern, Proben, Modellen,[261] Einstellen in den Verkaufsraum,[262] Verteilung von Werbeprospekten (Rn 74),[263] Ausstellen auf einer Verkaufs- oder Fachmesse,[264] Vorstellen des Verletzungsgegenstands zur Aufnahme in die Listung eines Handelsunternehmens,[265] nicht dagegen bloße Beschreibung in einer Fachveröffentlichung[266] oder bloßes Vorstellen auf einer Leistungsschau (Rn 74). Zum Anbieten ins Ausland und aus dem Ausland Rn 129 ff.

72   **Vorbereitungshandlungen** können beim Anbieten uU erfasst sein, wenn sie das Zustandekommen eines späteren Geschäfts ermöglichen oder fördern sollen, das die Benutzung des geschützten Gegenstands einschließt (nicht ganz unbdkl).[267] Eine Pressemitteilung reicht grds aus.[268]

73   Unter „Feilhalten" war schon nach früherem Recht nicht nur ein „zum Verkauf halten" zu verstehen, sondern auch ein „Feilbieten", dh ein „zum Verkauf (oder Kauf) anbieten",[269] oder „das Anbieten eines Gegenstands derart, dass Reflektanten Gebote auf Überlassung, zB auf den Abschluss eines Kauf-, Miet- oder Pachtvertrags abgeben können"; eine Handlung, durch die der Gegenstand in äußerlich wahrnehmbarer Weise **anderen Personen zum Erwerb der Verfügungsgewalt** darüber, zum Eigentumserwerb oder zur Benutzung, angeboten oder bereitgestellt wird.[270] Wie durch die frz Fassung im GPÜ klargestellt

---

254   LG Düsseldorf InstGE 1, 174, wo allerdings zusätzlich auf die objektiv bestehende Lieferbereitschaft abgestellt wird, deren Fehlen der Anbietende nachzuweisen habe; vgl LG Düsseldorf Mitt 2001, 429 = InstGE 1, 166, wonach der Empfänger bei Lektüre des Angebots die sichere Überzeugung gewinnen muss, dass ihm ein patentgem Erzeugnis angeboten wird.

255   OLG Düsseldorf Mitt 2010, 241 = InstGE 10, 138; OLG Düsseldorf Mitt 2010, 242 mAnm *Beyerlein*; *Schulte* Rn 61; vgl OLG Düsseldorf 20.12.2012 2 U 89/07 CIPR 2013, 16 Ls.

256   RG Abwärmedampfkessel; BGH Kreuzbodenventilsäcke I; BGH Europareise; BGHZ 113, 159 = GRUR 1991, 316 Einzelangebot; BGH 30.4.1992 I ZR 301/91; RPA MuW 39, 329; *Fitzner/Lutz/Bodewig* Rn 39.

257   Vgl den CAFC 19.1.2005 Trintec Industries v Pedre Promotional Products, referiert in dem EIPR 2005 N-166 zugrunde liegenden Fall.

258   Vgl OLG München 23.12.2009 6 U 3578/08: für den Inlandsmarkt bestimmter Auftritt; OLG Düsseldorf GRUR-RR 2007, 259 = InstGE 7, 129; OLG Karlsruhe InstGE 11, 15; KG GUR-RR 2005, 170; LG Düsseldorf InstGE 3, 54; LG Düsseldorf InstGE 10, 193; zur Anwendung deutschen Wettbewerbsrechts bei Internet-Auftritten nach dem Marktortprinzip BGH GRUR 2006, 513, 515 Arzneimittelwerbung im Internet; BGH GRUR 2007, 67 Pietra di Soln; BGH GRUR 2008, 275 f Versandhandel mit Arzneimitteln; zum Markenrecht BGH GRUR 2005, 431, 433 Hotel Maritime; BGH GRUR 2012, 621 Oscar; anders bei unmissverständlicher Verneinung der Lieferung ins Inland, KG GRUR Int 2002, 448.

259   OLG Düsseldorf 27.3.2014 15 U 19/14 Mitt 2014, 470 Ls; LG Düsseldorf 12.6.2014 4a O 19/13 CIPR 2014, 97 Ls.

260   Vgl Denkschrift GPÜ BTDrs 8/2087 = BlPMZ 1979, 325, 332.

261   RGZ 77, 248, 250 = BlPMZ 1912, 29 Asbestzementschiefer; RG Abwärmedampfkessel; RG GRUR 1942, 261, 265 Kaffeekannenuntersatz; BGH Kreuzbodenventilsäcke I.

262   RGZ 166, 326, 330 = GRUR 1941, 272 Lichtregler.

263   BGH GRUR 2003, 1031 f Kupplung für optische Geräte; OLG Karlsruhe InstGE 12, 299; OLG Düsseldorf 22.12.2011 2 U 103/06; vgl BGH GRUR 2005, 665 Radschützer.

264   OLG Düsseldorf 27.3.2014 15 U 19/14 GRUR 2015, 61 Ls; LG Düsseldorf 15.1.2004 4b O 169/03; LG Düsseldorf 13.2.2007 4a O 124/05; *Mes* Rn 38; vgl OLG Frankfurt MarkenR 2015, 311 f, Markensache.

265   BGHZ 167, 374 = GRUR 2006, 927 Kunststoffbügel.

266   LG Düsseldorf 16.3.1999 4 O 305/96.

267   BGHZ 167, 374, 377 = GRUR 2006, 927 Kunststoffbügel.

268   LG Düsseldorf 19.4.2011 4a O 236/09.

269   BGH GRUR 1960, 423, 425 Kreuzbodenventilsäcke I.

270   Zum Feilhalten BGH GRUR 1970, 358 Heißläuferdetektor; BGH GRUR 1969, 35 Europareise; zum Anbieten BGHZ 167, 374, 379 = GRUR 2006, 927 Kunststoffbügel; OLG Düsseldorf InstGE 3, 179, 183; LG Düsseldorf InstGE 1, 296, 300; vgl auch OLG Dresden BlPMZ 1925, 3; OLG Düsseldorf GRUR 1934, 302.

wurde, kommt es auf die Art des vorgesehenen Rechtsgeschäfts nicht an; Anbieten zur Miete, Leihe oder Schenkung genügt;[271] dies muss für jede Art der Gebrauchsüberlassung gelten. Darauf, ob der Anbietende beauftragt oder bevollmächtigt ist, für den Abschluss von Geschäften mit Dritten zu werben, kann nicht abgestellt werden, auch nicht darauf, ob die angebotenen Gegenstände erst noch hergestellt werden müssen.[272]

Anbieten ist nicht nur dem Inverkehrbringen vorausgehende Vorbereitungshandlung, sondern ist **für** **sich Benutzung**.[273] Es kommt daher nicht darauf an, ob der Anbieter seinerseits von Dritten bezieht.[274] Anbieten kann auch im Abschluss von Rabattverträgen mit gesetzlichen Krankenkassen liegen, denn mit der vorbehaltlosen Teilnahme an der unbeschränkten Ausschreibung des Rabattvertrags und der Regelung des § 129 SGB V sind die Apotheken zur Abgabe eines preisgünstigen Arzneimittels verpflichtet, wenn der verordnende Arzt ein Arzneimittel unter seiner Wirkstoffbezeichnung verordnet oder die Ersetzung des Arzneimittels durch ein wirkstoffgleiches nicht ausgeschlossen hat.[275] Zum Inverkehrbringen muss es nicht kommen; auch das erfolglose Angebot verletzt,[276] ebenso das Angebot an einen Dritten, gegen den ein Unterlassungstitel besteht.[277] Der Begriff fällt nicht mit dem eines Vertragsangebots zusammen.[278] Ein Anbieten auch ohne Bestimmung der Gegenleistung genügt; es brauchen nicht alle geschäftlichen Einzelheiten, die zum sofortigen Abschluss eines Vertrags durch bloße Annahme seitens des Partners notwendig werden, vorzuliegen.[279] Zugang an einen Dritten ist nicht erforderlich.[280] Die Annahme einer Bestellung stellt für sich noch kein Anbieten dar.[281] Anbieten einer Lizenz genügt nicht.[282] Das Anbieten eines jüngeren Patents mit der Behauptung, es sei von dem älteren Patent unabhängig, ist keine Benutzung.[283] Auch bloßes Ausstellen auf einer Leistungsschau und bloße Demonstration sind kein Anbieten;[284] ebenso wenig bildliche Darstellung in der Absenderangabe von Kundenanschreiben.[285] Auch das Ausstellen auf einer Messe soll kein patentverletzendes Anbieten sein, wenn die Ware nur unter Nachweis vollständiger Wiederausfuhr eingeführt werden durfte.[286] Ausstellen auf einer Verkaufsmesse wird aber regelmäßig als Anbieten zu werten sein. Dagegen genügt das Verteilen eines Werbeprospekts, der eine Darstellung eines dem Gegenstand des Patents entspr Erzeugnisses enthält, in aller Regel, und zwar gleichgültig, ob das Werbemittel die Merkmale des Patents zeigt, wenn nur bei objektiver Betrachtung das dargestellte Erzeugnis diese Merkmale aufweist.[287] Fehlt es an einem unmittelbaren Bezug zu dem geschützten Erzeugnis,

271 Denkschrift GPÜ BTDrs 8/2087 = BlPMZ 1979, 325, 332.

272 BGHZ 167, 374, 378 = GRUR 2006, 927 Kunststoffbügel.

273 Zum Feilhalten BGH GRUR 1955, 87, 89 Bäckereimaschine; BGH GRUR 1960, 423 Kreuzbodenventilsäcke I; BGH GRUR 1969, 35f Europareise; zum Anbieten BGHZ 167, 374, 378 = GRUR 2006, 927 Kunststoffbügel; OLG Karlsruhe GRUR 1987, 892, 895; *Büscher/Dittmer/Schiwy* Rn 11; anders RGZ 93, 172, 174 = BlPMZ 1918, 81 Beschickungsvorrichtung für Martinöfen.

274 BGH Kunststoffbügel; OLG Karlsruhe GRUR 1987, 892, 895; *Fitzner/Lutz/Bodewig* Rn 43.

275 LG Hamburg 2.4.2015 327 O 132/15; LG Hamburg 2.4.2015 327 O 140/15; LG Hamburg 2.4.2015 327 O 143/15.

276 RG GRUR 1938, 770f Eisenbahnpostwagen; BGH Kreuzbodenventilsäcke I; BGH Europareise; BGHZ 113, 159 = GRUR 1991, 316 Einzelangebot; BGHZ 170, 115 = GRUR 2007, 221 Simvastatin; OLG Düsseldorf InstGE 3, 179, 183; OLG Düsseldorf GRUR 2004, 417f; OLG Düsseldorf 30.10.2014 2 U 3/14; *Benkard* Rn 40; *Schricker* GRUR Int 2004, 786, 788.

277 OLG Karlsruhe InstGE 4, 115.

278 BGH GRUR 2003, 1031f Kupplung für optische Geräte; BGH GRUR 2005, 665 Radschützer; BGH Kunststoffbügel.

279 BGH GRUR 1962, 86 Fischereifahrzeug; RG Eisenbahnpostwagen; OLG Düsseldorf InstGE 3, 179, 185.

280 Vgl LG Düsseldorf GRUR 1953, 285 einerseits, RGZ 149, 102, 105 = GRUR 1936, 108 Oberlederkantenmaschine andererseits; CA Paris Dossiers Brevets 1997 IV Nr 3 lässt Verbreiten von Werbeunterlagen ausreichen.

281 Vgl RG GRUR 1943, 247f Seidenriemen.

282 *Kraßer* S 763 (§ 33 II d 1); anders Denkschrift GPÜ BTDrs 8/2087 = BlPMZ 1979, 325, 332.

283 RG GRUR 1943, 205f Überfangglas.

284 BGH GRUR 1970, 358, 360 Heißläuferdetektor; schweiz BG BGE 86 II 406 = GRUR Int 1961, 408 Druckluftschalter; vgl BGH Kunststoffbügel; OLG Düsseldorf 29.6.2000 2 U 76/99; OLG Düsseldorf 27.3.2014 15 U 19/14 Mitt 2014, 470 Ls; aA wohl CA Paris PIBD 1996, 606 III 109; offenbar auch *Mes* Rn 38.

285 OLG Düsseldorf GRUR-RR 2001, 25, GeschmMSache.

286 TGI Paris PIBD 840 III 50, Ls auch in GRUR Int 2007, 442; zur Bedeutung des Ausstellens auf einer Messe nach § 14 MarkenG BGH GRUR 2010, 1103 Pralinenform II und hierzu *Hacker* FS 200 Jahre Carl Heymanns Verlag (2015), 363, 368; zur Beurteilung der Begehungsgefahr LG Mannheim GRUR-RR 2011, 83 = InstGE 13,11, und hierzu *von der Groeben* GRUR 2011, 795; vgl auch BGH GRUR 2015, 603 Keksstangen.

287 BGH Kupplung für optische Geräte; OLG München 23.12.2008 6 U 3578/08; vgl zum Anbieten ohne ausdrückliche Bezeichnung OLG Düsseldorf GRUR 2004, 417.

kommt es nicht auf die konkreten subjektiven Vorstellungen bestimmter Adressaten der Werbung an;[288] der aus der Sicht der angesprochenen Kreise durch Auslegung unter Berücksichtigung aller tatsächlichen Umstände des Einzelfalls zu ermittelnde objektive Erklärungswert der Werbung ist aber ein wesentlicher Gesichtspunkt für die tatrichterliche Würdigung; lässt sich eine Werbeabbildung, die in der Vergangenheit für ein nicht schutzrechtsverletzendes Erzeugnis eingesetzt wurde, in unveränderter Form auch auf einen nicht schutzrechtsverletzenden Gegenstand beziehen, kommt es darauf an, ob die angesprochenen Kreise das beworbene Erzeugnis bei objektiver Betrachtung als schutzrechtsverletzend ansehen.[289] Werden Abbildungen nach der konstruktiven, aus der Verletzung hinausführenden Änderung des Verletzungsgegenstands weiter verwendet, muss unmissverständlich erläutert werden, dass eine Änderung vorgenommen wurde, aber nicht mehr.[290] Es soll aber nicht ausreichen, dass in einem Link mitgeteilt wird, das Erzeugnis sei so geänd worden, dass es nicht mehr patentverletzend sei.[291] Auch eine Werbeankündigung für ein Arzneimittel kann den Tatbestand des Anbietens erfüllen, wenn der angesprochene Verkehr Grund zu der Annahme hat, dass der patentgeschützte Wirkstoff Gegenstand der Ankündigung ist.[292] Als ausreichend wurde auch die Aufnahme in einen Erstattungskodex für Arzneimittel angesehen.[293] Anbieten kann auch in der Veranlassung der Aufnahme in die Listung eines Handelsunternehmens liegen; so ist das Vorstellen eines schutzrechtsverletzenden Gegenstands zum Zweck der Listung auch dann ein an das Handelsunternehmen gerichtetes Anbieten, wenn durch die Listung Lieferanten dazu veranlasst werden, solche Gegenstände nachzufragen und für ihre Lieferungen insb auch an Verkaufshäuser des Handelsunternehmens im Inland zu verwenden; das gilt aber nicht für Plagiate.[294] Nicht ausreichend ist dagegen die Aufnahme in einen Marktforschungsbericht.[295]

75   Anbieten setzt nicht voraus, dass der Gegenstand fertig **vorhanden** ist.[296] Er muss auch nicht im Inland vorrätig sein.[297] Es kann auch im Anbieten der alsbaldigen Herstellung und Lieferung eines Gegenstands durch den hierauf eingerichteten Betrieb des Anbietenden liegen.[298] Das gilt nicht nur, wenn es sich um große und teure Maschinen handelt, die nur auf Bestellung hergestellt zu werden pflegen,[299] sondern auch, wenn schon Muster nach der geschützten Erfindung hergestellt waren und den Interessenten vorgelegt wurden, als die Lieferung größerer Mengen des Spezialartikels angeboten wurde.[300] Auf Herstellungs- oder Lieferbereitschaft kommt es entgegen der früher in der Lit[301] vorherrschenden Auffassung grds

---

288   BGH Radschützer; OLG Düsseldorf 28.9.2006 2 U 38/06.

289   BGH Radschützer; *Mes* Rn 42; vgl BGH Kupplung für optische Geräte.

290   OLG Düsseldorf Mitt 2010, 241.

291   OLG Düsseldorf Mitt 2010, 242.

292   BGHZ 170, 115 = GRUR 2007, 221 f Simvastatin; OLG Düsseldorf InstGE 3, 179; OLG Düsseldorf GRUR 2004, 417; OLG Düsseldorf 19.5.2005 2 U 74/04 einerseits, OLG Düsseldorf 31.1.2013 2 U 53/11 andererseits.

293   ÖOGH GRUR Int 2010, 431 = ÖBl 2010, 134 Nebivolol; öOGH 12.6.2012 4 Ob 54/12p ÖBl 2012, 253 Ls Erstattungskodex: Aufnahme in im geschäftlichen Verkehr verwendete Preisliste vor Ablauf des Schutzrechts auch ohne Angaben über die Lieferfähigkeit; vgl *Mayer* Rücksichtnahme auf Patentechte Dritter im Erstattungskodex, ÖBl 2009, 3.

294   BGH Kunststoffbügel.

295   OLG Düsseldorf GRUR-RR 2011, 350 = Mitt 2011, 567 „Pramipexol" gegen LG Düsseldorf 24.2.2011 4a O 277/10 und hierzu *Stjerna* GRURPrax 2011, 506.

296   RG GRUR 1936, 116 f Schneidschieber I; RG GRUR 1938, 770 f Eisenbahnpostwagen; RG GRUR 1938, 971, 976 Abwärmedampfkessel; RG MuW 40, 95 Etagentrockner; BGH GRUR 1960, 423, 425 Kreuzbodenventilsäcke I; BGH GRUR 1969, 35 Europareise; OLG Dresden BlPMZ 1925, 3; OLG Hamm GRUR 1933, 389, 391; KG GRUR 1910, 380; LG Düsseldorf GRUR 1953, 285; *Fitzner/Lutz/Bodewig* Rn 42; vgl BGHZ 113, 159, 163 = GRUR 1991, 316 Einzelangebot; BGHZ 141, 13, 27 = GRUR 1999, 707 Kopienversanddienst, UrhSachen; aA noch RGSt 11, 241 f Wannenöfen; offengelassen in RG ZS für Industrierecht 1915, 172 f Ablöschen von Koks.

297   OLG Hamburg GRUR Int 1999, 67; vgl *Mes* Rn 44.

298   BGH Kreuzbodenventilsäcke I; BGH Europareise; BGH GRUR 1970, 358, 360 Heißläuferdetektor; vgl BGH GRUR 1980, 227, 230 Monumenta Germaniae Historica; RG Schneidschieber I; RG Abwärmedampfkessel; RG Etagentrockner; OLG Düsseldorf InstGE 3, 179, 185; LG Düsseldorf GRUR 1953, 284; vgl auch RGZ 104, 376, 379 = MuW 22, 73 Ballet, WzSache.

299   Hierzu RG Eisenbahnpostwagen; RG Abwärmedampfkessel; BGH Kreuzbodenventilsäcke I; BGH Heißläuferdetektor.

300   BGH Europareise.

301   Vgl hierzu auch OLG Dresden BlPMZ 1925, 3; OLG Düsseldorf InstGE 2, 125, 128; LG Düsseldorf InstGE 1, 174, 178.

nicht an.[302] Jedoch kann fehlende Lieferbereitschaft oder -fähigkeit im Einzelfall gegen ein Anbieten sprechen.[303] Die Übergabe von Präsentationsunterlagen kommt auch dann als Anbieten in Betracht, wenn das Produkt in einer aufwändigen Entwicklungsarbeit an die Vorrichtung angepasst werden muss, in die es eingebaut werden soll, wenn nur der Anbietende bereit und in der Lage ist, nach Bestellung alsbald in die notwendigen Entwicklungsarbeiten einzutreten.[304] Bei EDV-Programmen genügt angesichts der heute gegebenen technischen Vervielfältigungsmöglichkeiten, die ein schnelles und problemloses Herstellen von Kopien erlauben, idR das Anbieten zur alsbaldigen Herstellung und Lieferung.[305] Unerheblich ist, woher der Anbieter das Erzeugnis bezieht.[306]

Auch ein **Anbieten** vor Ablauf des Patents oder des Schutzzertifikats **für die Zeit nach Schutz-** 76 **rechtsablauf** verletzt nach der überwiegenden Rspr das Patent;[307] dies entspricht der ganz überwiegenden Lit zum geltenden Recht.[308] Die Konzeption des BGH setzt konsequent die These um, dass es sich beim Anbieten um eine den anderen gleichwertige Benutzungsart handelt, berücksichtigt dabei aber nicht, dass das angebotene Erzeugnis nicht mehr unter den Patentschutz fällt und das Patent nicht Erwerbschancen nach seinem Ablauf schützt.

4. Inverkehrbringen bedeutet Verschaffen der Verfügungsgewalt über das Erzeugnis, dh Schaffung 77 einer Veräußerungs- oder Gebrauchsmöglichkeit.[309] Bloßes Vorrätighalten zur Abgabe ist anders als nach der missglückten Regelung in § 2 Nr 3 SortG[310] nicht erfasst. Das Erzeugnis muss bereits hergestellt sein.[311] Rechtsübergang[312] ist nicht erforderlich,[313] insb auf Eigentumsübergang kommt es nicht an.[314] Jedoch ist Besitzverschaffung (iS einer Verschaffung der Verfügungsgewalt, nicht in Form des Besitzes des BGB)

---

302 BGH GRUR 2003, 1031 Kupplung für optische Geräte; OLG Karlsruhe GRUR 2014, 59, auch zu § 10; OLG Karlsruhe InstGE 11, 15: Internetangebot; *Fitzner/Lutz/Bodewig* Rn 43; *Mes* Rn 39.

303 BGH GRUR 2005, 665, 667 Radschützer.

304 LG Düsseldorf InstGE 1, 296, 300.

305 BGHZ 113, 159 = GRUR 1991, 316 Einzelangebot; BGH 30.4.1992 I ZR 301/91, UrhSachen.

306 OLG Karlsruhe GRUR 1987, 892, 895.

307 BGHZ 170, 115 = GRUR 2007, 221 Simvastatin m zust Anm *Götting*, nachfolgende Verfassungsbeschwerde ohne Begründung nicht zur Entscheidung angenommen, BVerfG 2.3.2007 1 BvR 376/07; ÖOGH GRUR Int 2010, 431 = ÖBl 2010, 134 Nebivolol; ; öOGH 12.6.2012 4 Ob 54/12p ÖBl 2012, 253 Ls Erstattungskodex ; schweiz BPatG sic! 2014, 641; vgl OLG Düsseldorf GRUR-RR 2011, 350 und vorangehend LG Düsseldorf 24.2.2011 4a O 277/10 sowie hierzu *Stjerna* GRURPrax 2011, 506; OLG Düsseldorf InstGE 3, 179, 185 f; OLG Düsseldorf GRUR 2004, 417, 419; OLG Düsseldorf 19.5.2005 2 U 74/04, OLG Karlsruhe InstGE 12, 299; LG Düsseldorf InstGE 1, 19, 21 ff; LG Düsseldorf 13.5.2003 4a O 122/03; aA OLG Hamburg 2.8.2001 3 W 151/01 PharmR 2004, 335 „Ciplofoxacin"; LG Hamburg 26.7.2001 315 O 435/01; PatentsC RPC 1995, 383, 411 f Gerber Garment v. Lectra Systems; kr unter dem Gesichtspunkt der Warenverkehrsfreiheit auch *Schultes* ÖBl 2014, 52; vgl schweiz BG BGE 106 II 66, 70 f Impugan.

308 *Benkard* Rn 43; *Schulte* Rn 64; *Fitzner/Lutz/Bodewig* Rn 43; *Mes* Rn 37; *Büscher/Dittmer/Schiwy* Rn 11; *Loth* § 11 GebrMG Rn 11; *Schramm* PVP Kap 5 Rn 40; *Stieger* in *Bertschinger/Münch/Geiser* Schweizerisches und europäisches Patentrecht Rn 11.66; *Troller* Immaterialgüterrecht³ Bd II S 624, jedoch mit dem Vorschlag, den Schadensersatz auf den (konkreten) Schaden zu beschränken; *Calame/Thouvenin* Revision des Patentgesetzes, Biotechnologie und Patent Law Treaty als Impulsgeber, Jusletter 13.3.2006 Rn 30 f; *Sefzig* GRUR 1992, 413, 417 f; CIPA Guide to the Patent Acts Rn 60.04; zwd auch *St. Kohler* Patentschutz für biotechnologische Erfindungen, sic! 2006, 451, 464 Fn 129: „Dies [dh die Unzulässigkeit des Anbietens] liegt allerdings nicht auf der Hand"; vgl auch OLG Hamburg GRUR-RR 2005, 41, UrhSache.

309 *Kraßer* S 760 (§ 33 II c 1); vgl *Fitzner/Lutz/Bodewig* Rn 44; *Büscher/Dittmer/Schiwy* Rn 14; RG BlPMZ 1906, 166, 168 Schloßteile; RGZ 77, 248 f = BlPMZ 1912, 29 Asbestzementschiefer; RG BlPMZ 1912, 219 f Gardinenhaken; RG BlPMZ 1915, 192 Photographieständer; BGHZ 23, 100, 105 = GRUR 1957, 231 Taeschner-Pertussin I; OLG Düsseldorf GRUR 1934, 302; OLG Karlsruhe GRUR 1982, 295, 299; OLG Hamburg GRUR 1985, 923; OLG München GRUR-RR 2003, 338, Markensache, nachgehend BGH GRUR 2006, 863 ex works; LG Düsseldorf Mitt 1999, 271; vgl auch RGSt 37, 110 f = BlPMZ 1904, 266 feuersichere Eisenbalkendecken; anders für das österr Recht öOGH 14.1.1997 4 Ob 4/97, wo schon die Aufnahme in eine im geschäftlichen Verkehr verwendete Preisliste als Inverkehrbringen angesehen wird.

310 Kr *Wuesthoff* SortG² § 2 Rn 4.

311 *Fitzner/Lutz/Bodewig* Rn 44.

312 Auf den in erster Linie noch RGZ 13, 424 f Signalstellapparat abstellt.

313 RG JW 1890, 281 f Gasmotor; RG Gardinenhaken; vgl RGSt 21, 205, 207 f Antipyrin.

314 RG Gardinenhaken; KG GRUR 1936, 743; BGHSt 58, 15 = GRUR 2013, 62 Bauhausstil, Strafsache, zu § 106 Abs 1 UrhG; *Benkard* Rn 44; *Fitzner/Lutz/Bodewig* Rn 44; *Mes* Rn 46; *Büscher/Dittmer/Schiwy* Rn 14.

notwendig.[315] Lieferung an einen gewerblichen Abnehmer genügt immer.[316] Übergabe an den Spediteur, Frachtführer, Lagerhalter reicht aus,[317] jedoch nicht, wenn die Einschaltung nur im unternehmensinternen Verkehr erfolgt, der kein Inverkehrbringen bewirkt.[318] Bestellung von Sicherungsrechten ohne Nutzungs- oder Verwertungsbefugnis (Sicherungsübereignung, Pfandrecht) begründet kein Inverkehrbringen.[319] Aushändigung eines funktionsfähigen Musters soll ausreichen, wenn es zur Absatzwerbung erfolgt.[320] In Verkehr bringt nur der Veräußerer, nicht der Erwerber.[321] Zu Einfuhr, Ausfuhr und Durchfuhr Rn 133 ff. Werden nur Teile geliefert, wird wie bei Herstellen zu differenzieren sein (Rn 66).[322] Soweit nicht Erschöpfung eingetreten ist, erfüllt auch das (gewerbliche) Wiederinverkehrbringen (Gebrauchtwarenhandel) den Tatbestand, und zwar auch bei Inzahlungnahme.[323] Inverkehrbringen liegt nicht vor, wenn ein zur Unterlassung verurteilter Verletzer den Verletzungsgegenstand in Ausübung eines vertraglichen Gewährleistungsanspruchs an den Lieferanten oder Hersteller zurückgibt.[324]

78   Wenn der Vertrieb eines Produkts für einen bestimmten Verwendungszweck nur mit einem gesundheitsrelevanten **Warnhinweis** zulässig ist, gibt ein Unternehmen, das es ohne entspr Hinweis zu diesem Verwendungszweck anbietet oder in Verkehr bringt, unter normalen Umständen zu erkennen, dass es es diese Voraussetzungen als erfüllt und das Produkt als ohne Warnhinweis verkehrsfähig ansieht.[325]

79   **5. Gebrauchen** bedeutet, die geschützte Sache einer sinnvollen, im weitesten Sinn bestimmungsgem Verwendung zuzuführen.[326] Das Sachpatent schützt grds alle möglichen Verwendungen.[327] Auf die Bekanntheit der Verwendung kommt es nicht an. Erfasst sind nicht nur übliche erwerbswirtschaftliche Abläufe und Gegebenheiten; aktuelle oder künftige wirtschaftliche Ziele müssen nicht verfolgt werden.[328] Einlegen einer DVD in ein mit einer erfindungsgem Decodiervorrichtung ausgestattetes Abspielgerät ist Gebrauchen der Decodiervorrichtung.[329] Verbrauch und Weiterverarbeitung sind als Gebrauchen zu qualifizieren,[330] nicht aber die Zerstörung der Sache oder der an sich nicht bestimmungsgem Einbau in ein Werk der bildenden Kunst.[331] Mustervorlage ist Gebrauchen, wenn das Muster selbst die geschützten Merkmale aufweist.[332] Ingangsetzen einer Maschine im Leerlauf zur Vorbereitung für die Schaustellung ist kein Gebrauchen;[333] ebenso Schaustellung oder Vorführung auf einer allg, nicht Verkaufszwecken die-

---

315 *Kraßer* S 760 f (§ 33 II c 1); *Fitzner/Lutz/Bodewig* Rn 44.

316 BGHZ 165, 311 = GRUR 2006, 219 Detektionseinrichtung II.

317 *Benkard* Rn 44; *Fitzner/Lutz/Bodewig* Rn 45; OLG Stuttgart NJW-RR 1998, 482, Markensache, für den Fall, dass der den Regeln der CMR unterliegende Frachtauftrag dem Frachtführer vom Käufer erteilt ist, mwN aus der patentrechtl Lit; vgl OLG Karlsruhe GRUR 1999, 343, 345, Markensache; nicht schon, wenn der Frachtauftrag vom Veräußerer erteilt ist, OLG Stuttgart NJW-RR 1998, 482; vgl *Paul* NJW 1963, 980, 984; nach aA liegt Inverkehrbringen solange nicht vor, wie dem Rechtsinhaber die Verfügungsgewalt erhalten bleibt, OLG Hamburg GRUR-RR 2002, 96 f, Markensache; aA auch *Kraßer* S 761 (§ 33 II c 1): erst bei Auslieferung oder Verschaffung des Herausgabeanspruchs durch den Frachtführer usw an einen Dritten.

318 Vgl *Kraßer* S 761 (§ 33 II c 1); BGH GRUR 1969, 479 Colle de Cologne; OLG Köln GRUR 1999, 346 f.

319 *Kraßer* S 761 (§ 33 II c 1).

320 LG Düsseldorf Mitt 1999, 271; *Benkard* Rn 44; *Mes* Rn 46, bdkl; vgl auch RGZ 77, 248 = BlPMZ 1912, 29 Asbestzementschiefer.

321 BGHZ 100, 249 = GRUR 1987, 626 Rundfunkübertragungssystem; OLG Düsseldorf GRUR 1934, 303.

322 Nach OLG Düsseldorf 24.2.2011 2 U 102/09 soll der Tatbestand verwirklicht sein, wenn nur selbstverständliche Zeile fehlen, bdkl.

323 LG München I 28.3.1996 7 O 13450/95; vgl auch OLG Zweibrücken GRUR 2000, 511, Markensache.

324 OLG Karlsruhe Mitt 1998, 302, das mit teleologischer Reduktion argumentiert; *Mes* Rn 47.

325 BGHZ Vv = GRUR 2016, 257 Glasfasern II.

326 *Kraßer* S 766 (§ 33 IIe 1); vgl *Büscher/Dittmer/Schiwy* Rn 15.

327 BGH GRUR 1959, 542 Textilgarn.

328 BGHZ 107, 46 = GRUR 1990, 997 Ethofumesat; vgl *Mes* Rn 50.

329 LG Düsseldorf InstGE 7, 122; OLG Düsseldorf 18.1.2010 2 U 126/08; OLG Düsseldorf 28.1.2010 2 U 127/08; OLG Düsseldorf 28.1.2010 2 U 128/08.

330 BGH GRUR 1964, 491, 493 Chloramphenicol; *Fitzner/Lutz/Bodewig* Rn 47; *Mes* Rn 49.

331 *Kraßer* S 766 (§ 33 II e 1); vgl auch *Fitzner/Lutz/Bodewig* Rn 47; *Mes* Rn 48; LG Hamburg GRUR-RR 2001, 257 f, zu § 10.

332 *Benkard* Rn 46; in RGZ 77, 248 f = BlPMZ 1912, 29 Asbestzementschiefer offengelassen.

333 RGZ 101, 36, 39 = GRUR 1921, 55 Mischmaschine, zust *Kraßer* S 766 (§ 33 IIe 1), der auf die außerhalb der Sache selbst liegende Wirkung abstellt; *Benkard* Rn 46; *Fitzner/Lutz/Bodewig* Rn 49.

---

nenden, sondern rein informativ oder wissenschaftlich ausgerichteten Leistungsschau.[334] Urheberrechtl wird das reine Benutzen nicht erfasst, jedoch ist das Einspeichern eines Computerprogramms in eine Computeranlage Vervielfältigen iSd Urheberrechts.[335]

Das **Betreiben von Genehmigungsverfahren** uä ist kein Gebrauchen der Sache,[336] allerdings kann **80** in damit verbundenen Erprobungshandlungen, zB Feldversuchen, Gebrauchen liegen.[337]

Der Gebrauch patentgeschützter **untergeordneter Teile** in einer Vorrichtung ist kein relevantes Ge- **81** brauchen der Vorrichtung selbst,[338] die Grundsätze des Eigentumsverlusts durch Verbindung oder Vermischung können nicht zugrunde gelegt werden.[339]

6. Das **Einführen** wird (anders als von § 6 PatG 1968)[340] erfasst, wenn es sich auf einen der unter 3.–5. **82** genannten Zwecke bezieht; der Schutz ist insoweit durch ein finales Element begrenzt und präventiv zu verstehen.[341] Die aus dem GPÜ übernommene Regelung ist mit Rücksicht auf die uneinheitliche Rechtslage in den Mitgliedstaaten erfolgt.[342] In der Bestimmung ist die Aufstellung eines Gefährdungstatbestands gesehen worden.[343] Die Einfuhr für nach § 11 privilegierte Tatbestände wird nicht erfasst, ebenso die zum Zweck von Verhaltensweisen, die von § 9 nicht erfasst werden (zB zur Verbringung in ein Museum, auf eine Abfalldeponie, zum Inverkehrbringen oder Gebrauchen allein im Ausland). Zur Durchfuhr Rn 136 f.

7. Besitzen ist wie Einfuhr nur erfasst, wenn es zu den unter 3.–5. genannten Zwecken erfolgt. Es ist **83** wirtschaftlich zu verstehen, nicht iSd BGB[344] (vgl auch § 10 Abs 1 Nr 1 Buchst b SortG, das auf das „Aufbewahren" abstellt).[345] Das Verbot des Besitzens darf keine Sachlage schaffen, der nicht mehr rückgängig gemacht werden kann, wie der Export ins Ausland.[346] Die Verfügungsgewalt des Spediteurs, Frachtführers oder Lagerhalters begründet in diesem Sinn keinen Besitz.[347]

---

334 BGH GRUR 1970, 358, 360 Heißläuferdetektor; *Fitzner/Lutz/Bodewig* Rn 49; aA *Messer* WRP 1970, 345.

335 BGH GRUR 1994, 363 Holzhandelsprogramm, str.

336 Vgl BGHZ 100, 249 = GRUR 1987, 626 Rundfunkübertragungssystem: Antrag auf Erteilung der Prüfnummer der Zulassungsstelle; BGHZ 107, 46 = GRUR 1990, 997 Ethofumesat: Zulassungsantrag nach dem PflSchG; HG St. Gallen sic! 2005, 31 Arzneimittelzulassung; schweiz Gerichtskreis VIII Bern-Laupen, Maßnahmeentscheid sic! 2007, 836; aA ObGerPräs Basel-Landschaft sic! 1998, 78, 81 f; vgl *Klopschinski* GRUR Int 2011, 993, 996.

337 BGH Ethofumesat; vgl GH Den Haag BIE 2000, 270, 272; EuGH Slg 1997 I 3929 = GRUR Int 1997, 911 Cimetidin II, wonach die Anwendung einer nationalen Rechtsvorschrift, nach der der Inhaber eines Patents für ein Verfahren zur Herstellung eines Arzneimittels es einem Dritten untersagen kann, der zuständigen Stelle Muster eines nach dem Verfahren hergestellten Arzneimittels vorzulegen, zwar eine Maßnahme gleicher Wirkung nach Art 28 EGV, aber nach Art 30 EGV gerechtfertigt ist, wenn die Muster von einer anderen Person als dem Patentinhaber hergestellt sind; zu rechtfertigen ist danach auch ein Verbot, dieses Arzneimittel während eines bestimmten Zeitraums nach Ablauf des Patents in Verkehr zu bringen, um zu verhindern, dass der Dritte aus dem Verstoß einen ungerechtfertigten Vorteil zieht, auch wenn die Frist die gemeinschaftsrechtl zulässige Höchstdauer des Genehmigungsverfahrens überschreitet, aber der tatsächlichen Durchschnittsdauer eines solchen Verfahrens im betr Mitgliedstaat entspricht; vgl auch die Vorlageentscheidung des nlHR BIE 1997, 162 = NedJ 1996 Nr 464 SK&F/Generics und die Folgeentscheidung nlHR BIE 2000, 252 sowie BG Tel Aviv Eli Lily v. Teva, referiert in EIPR 1999 N-25.

338 RGZ 39, 32, 35 = GRUR 1898, 250 Eisenbalkendecken I; HG St. Gallen sic! 2005, 31: Einreichen des patentgeschützten Wirkstoffs anlässlich des Zulassungsverfahrens; vgl *Benkard* Rn 46; *Fitzner/Lutz/Bodewig* Rn 47.

339 Vgl aber KG MuW 23, 58; KG GRUR 1936, 743.

340 BGHZ 100, 249 = GRUR 1987, 626 Rundfunkübertragungssystem.

341 Vgl *Mes* Rn 53 mwN.

342 Denkschrift GPÜ BTDrs 8/2087 = BlPMZ 1979, 325, 332.

343 *Kraßer* S 767 (§ 33 II f); *Schäfers* Mitt 1981, 10.

344 *U. Krieger* GRUR 1980, 687, 689; *Benkard* Rn 48; *Schulte* Rn 70; *Fitzner/Lutz/Bodewig* Rn 51; aA *Mes* Rn 52.

345 Nach PatentsC GRUR Int 1980, 54 ist es „Vorrätighalten" mit einer gewissen Verfügungsmacht.

346 ÖOGH GRUR Int 2010, 431 = ÖBl 2010, 134 Nebivolol; vgl aber OLG Düsseldorf 24.8.2006 2 U 111/00 und hierzu *Fitzner/Lutz/Bodewig* Rn 51 sowie *Büscher/Dittmer/Schiwy* Rn 17.

347 BGHZ 182, 245 = GRUR 2009, 1142 MP3-Player-Import; *Benkard* Rn 48; *Fitzner/Lutz/Bodewig* Rn 51; *Kraßer* S 767 (§ 33 II f).

III. Verfahren

84   **1. Allgemeines.** Das Verfahrenspatent schützt einen bestimmten Verfahrensablauf, der auch durch den Einsatz bestimmter Erzeugnisse (Arbeitsmittel) bestimmt sein kann. Das Objekt des Arbeitsverfahrens ist nicht Gegenstand des Schutzes,[348] grds auch nicht die Herstellung oder sinnfällige Herrichtung von Gegenständen für die Benutzung des geschützten Verfahrens.[349] Insoweit kommt allenfalls mittelbare Patentverletzung (§ 10) in Betracht.[350] Der Verfahrensschutz ist grds nicht auf den angegebenen Zweck beschränkt.[351] Dass einem technischen Verfahren notwendig ein finales Element innewohnt, steht dem nicht entgegen, weil dadurch nur eine Schutzvoraussetzung aufgestellt, nicht aber der Schutzumfang begrenzt wird. Der Verfahrensschutz umfasst anders als nach dem früheren § 6 Satz 1, der nicht zwischen Erzeugnissen und Verfahren unterschied, nach Satz 2 Nr 2 das Anwenden sowie unter bestimmten Umständen das Anbieten des Verfahrens. Nr 3 erweitert den Schutz auf das durch das Verfahren unmittelbar hergestellte Erzeugnis. Zum Schutz beim Verwendungspatent Rn 114 ff. Zu Sachverhalten mit Auslandsberührung Rn 138 ff.

85   Ergänzend ist die **Beweisregel** für neue Erzeugnisse eines Herstellungsverfahrens in § 139 Abs 3 zu beachten (Rn 244 ff zu § 139).

86   **2. Anwenden** bedeutet Ausführen aller im Patentanspruch vorgesehenen Maßnahmen.[352] Dies schließt die Benutzung im Patentanspruch etwa enthaltener Vorrichtungsmerkmale ein; dass der verfahrensgem Erfolg erreicht wird, reicht allein nicht aus.[353] Zur Notwendigkeit der Einhaltung einer bestimmten Reihenfolge der Verfahrensschritte Rn 44 zu § 14. Sind die aufeinander aufbauenden Verfahrensschritte des Codierens und Decodierens von Daten geschützt, macht der Verwender eines die Verfahrensschritte des Decodierens ausführenden Mittels von dem Verfahren mit allen seinen Merkmalen Gebrauch, wenn die zu decodierenden Daten zuvor ohne sein Zutun in patentgemäßer Weise codiert wurden.[354]

87   **Vorführen** des Verfahrens ist Anwenden.[355]

88   Bei einem Herstellungsverfahren liegt Anwenden nicht vor, wenn die zur Ausführung des Verfahrens dienende Vorrichtung so erprobt wird, dass noch keine verwertbaren Erzeugnisse entstehen,[356] die **Erprobung** ist dagegen patentverletzend, wenn verwertbare Probestücke zum Nachweis der ordnungsgem Funktion hergestellt werden.[357]

89   **Herstellen, Anbieten und Inverkehrbringen von Vorrichtungen** und Hilfsmitteln zur Anwendung des Verfahrens ist nicht zugleich Anwenden des Verfahrens.[358] Ertüchtigung einer Vorrichtung zur Durchführung des Verfahrens ist kein Anwenden,[359] ebenso wenig das sinnfällige Herrichten einer Vorrichtung zum Ausüben des Verfahrens.[360] Die Rspr zur Neuheitsschädlichkeit des Angebots einer Vorrichtung für die Benutzung eines Verfahrens[361] kann nicht herangezogen werden.[362]

---

348   *Benkard* § 14 Rn 48.
349   BGHZ 116, 122, 128 = GRUR 1992, 305 Heliumeinspeisung; BGH GRUR 2005, 845, 847 Abgasreinigungsvorrichtung und hierzu *Féaux de Lacroix* GRUR 2006, 887.
350   BGH Abgasreinigungsvorrichtung.
351   *Benkard* § 14 Rn 48; vgl BPatG Bausch BPatG 1994–1998, 372, wonach bei einem auf ein „Herstellungsverfahren für eine Kreditkarte oder dergleichen" gerichteten Patentanspruch dem angegebenen Verwendungszweck keine schutzbeschränkende Wirkung zukomme; *Féaux de Lacroix* GRUR 2003, 282, 284.
352   BGHZ 53, 274 = GRUR 1970, 361, 363 Schädlingsbekämpfungsmittel; BGHZ 107, 46, 53 = GRUR 1990, 997 Ethofumesat; *Fitzner/Lutz/Bodewig* Rn 63; *Büscher/Dittmer/Schiwy* Rn 19; vgl RG GRUR 1940, 265, 267 Reibselschleuder.
353   Vgl *Kraßer* S 768 (§ 33 III a 2).
354   OLG Karlsruhe GRUR 2014, 59.
355   RGZ 146, 26 f = GRUR 1931, 385 Saugtrommel; *Benkard* Rn 49; aA *Kraßer* S 768 (§ 33 III a 3).
356   RGZ 149, 102, 108 = GRUR 1936, 108 Oberlederkantenmaschine; *Fitzner/Lutz/Bodewig* Rn 64.
357   Vgl *Benkard* Rn 49; RG Oberlederkantenmaschine; *Fitzner/Lutz/Bodewig* Rn 64; aA *Kraßer* S 768 (§ 33 III a 3), der erst das Zuführen der Probestücke zu einer weiteren wirtschaftlichen Nutzung als verletzend ansieht.
358   *Benkard* Rn 49, auch zur Vervielfältigung von Datenträgern; *Fitzner/Lutz/Bodewig* Rn 65; *Kraßer* S 768 (§ 343 III a 3); RGZ 146, 26, 28 = GRUR 1931, 385, 387 Saugtrommel; RG GRUR 1935, 730, 732 Bandeisenstreifen; RG GRUR 1936, 121, 123 Kulierwirkmaschine; RG GRUR 1938, 584, 588 Lösevorrichtung; öOGH GRUR Int 1994, 324 Sockelplatte.
359   BGHZ 116, 122, 128 = GRUR 1992, 305 Heliumeinspeisung.
360   BGH GRUR 2005, 845 Abgasreinigungsvorrichtung.
361   BGH GRUR 1964, 612, 615 f Bierabfüllung; BGH GRUR 1988, 755 Druckguß; BPatG 28.10.1993 1 Ni 12/91.
362   Vgl *Benkard* Rn 49.

3. Das **Anbieten** des Verfahrens ist nur nur erfasst, wenn der Dritte weiß oder es aufgrund der Um- **90** stände offensichtlich ist, dass die Anwendung des Verfahrens ohne Zustimmung des Patentinhabers verboten ist.[363] Ist die Anwendung des Verfahrens nur patentgem möglich, unterfällt das Anbieten regelmäßig dem Verbot; kommt auch eine patentfreie Verwendung in Betracht, kommt es auf die Umstände des Einzelfalls an.[364]

Weiter muss das Anbieten zur Anwendung im **Geltungsbereich des Patentgesetzes** erfolgen; das **91** gilt, soweit dt Recht anzuwenden ist, auch für eur Patente (Rn 140).

Beim Tatbestand des Anbietens sind **subjektive Merkmale** (Wissen, Offensichtlichsein) in gleicher **92** Weise einbezogen wie bei der mittelbaren Patentverletzung (Rn 19 ff zu § 10). Das Anbieten des Verfahrens ist als Gefährdungstatbestand bezeichnet worden.[365] Die Bestimmung soll Inländer nicht schlechter stellen als die Angehörigen von Drittstaaten, wenn ein Verfahren im patentfreien Ausland angewendet wird.[366]

Über den Wortlaut der Regelung hinaus soll auch ein Anbieten zu einer nach § 11 Nr 1–3 **freien Be- 93 nutzung** erlaubt sein;[367] dem ist zuzustimmen, weil § 9 eine § 10 Abs 3 entspr Ausnahmeregelung nicht enthält. Immerhin kann die Handlung im Einzelfall nach § 10 verboten sein.

In der **Rechtsprechung des Reichsgerichts** wurde Feilhalten oder Inverkehrbringen des Verfahrens **94** in der Überlassung oder dem Angebot der Überlassung der Verfahrensanweisung gegen Entgelt zur Ausführung oder der Erteilung einer Lizenz gesehen.[368] Die Rspr hat damit auf die Anmaßung der Gestaltungsbefugnis und nicht auf die Verschaffung der Benutzungsmöglichkeit abgestellt.[369]

Auch für das **geltende Recht** wird das Anbieten iS einer Erlaubniserteilung verstanden.[370] Nach aA **95** wird auch[371] oder ausschließlich[372] auf das Erbieten zur Anwendung und Durchführung des Verfahrens abgestellt. Das Kundmachen der Verfahrensvorschrift allein, die der Öffentlichkeit bereits durch die Veröffentlichung der Anmeldung bekannt ist, ist kein Anbieten; auch die früheren Kriterien zum Feilhalten des Verfahrens können nicht mehr herangezogen werden.[373] Anbieten kann nach geltendem Recht nur vorliegen, wenn der Anbietende die Anwendung des Verfahrens durch ihn selbst oder auf seine Veranlassung in Aussicht stellt;[374] dadurch auftretende Schutzlücken, etwa im Bereich rechtl Unmöglichkeit durch untaugliche Lizenzierungsversuche Nichtberechtigter, sind hinnehmbar, zumal insoweit wettbewerbsrechtl Ansprüche in Betracht kommen.[375]

Kein Anbieten des Verfahrens ist das **Anbieten oder die Lieferung von Mitteln** zur Durchführung **96** des Verfahrens;[376] selbst wenn die Mittel nur zur Ausführung des geschützten Verfahrens verwendet werden können. Hier kommt nur mittelbare Patentverletzung nach § 10 in Betracht.[377]

---

363 *Mes* Rn 62.
364 Vgl *Schulte* Rn 77.
365 *Büscher/Dittmer/Schiwy* Rn 23.
366 Denkschrift GPÜ BTDrs 8/2087 = BlPMZ 1979, 325, 332.
367 *U. Krieger* GRUR 1980, 687, 690; *Fitzner/Lutz/Bodewig* Rn 67; vgl *Benkard* Rn 51.
368 RG BlPMZ 1898, 144 Saftverarbeitung; RGZ 46, 14, 16 = BlPMZ 1900, 197 harzartige Körper; RG BlPMZ 1903, 227, 229 Bunteffekte; RG JW 1903, 248 Farbstoffe; RGZ 65, 157, 159 = BlPMZ 1907, 151 Seidenglanz I; RGZ 101, 135, 138 f = GRUR 1921, 182 Aluminiumschweißung; RG GRUR 1927, 696 f Dermatoid-Schuhkappen; RGSt 37, 110, 112 = BlPMZ 1904, 266 feuersichere Eisenbalkendecken; RGSt 42, 151, 154 = BlPMZ 1909, 257 Holzmehl; OLG Karlsruhe GRUR 1935, 301, 303; OLG Düsseldorf GRUR 1963, 78, 80.
369 *Kraßer* S 769 (§ 33 III a 2).
370 *Benkard* Rn 52; *Fitzner/Lutz/Bodewig* Rn 66; *U. Krieger* GRUR 1980, 687, 690; OLG Düsseldorf 14.1.2010 2 U 10/08.
371 *Schulte* Rn 77; *Schäfers* Mitt 1981, 6, 10.
372 *Villinger* GRUR 1981, 544.
373 *Kraßer* S 770 (§ 33 III b 4); vgl auch BGH GRUR 2005, 845, 847 Abgasreinigungsvorrichtung; *Mes* Rn 61.
374 So auch *Kraßer* S 769 ff (§ 33 III a 4, 5); *Benkard* Rn 52; *Schulte* Rn 75; *Fitzner/Lutz/Bodewig* Rn 66; OLG Düsseldorf 15.5.2014 2 U 74/13; aA *Mes* Rn 61; OLG Düsseldorf GRUR 1963, 78, 80; OLG Düsseldorf 14.1.2010 2 U 10/08; LG Düsseldorf 13.2.2007 4a O 443/05, wonach es ausreichen soll, dass sich der Anbietende als Inhaber des Schutzrechts geriert.
375 *Kraßer* S 770 (§ 33 III b 5).
376 RGZ 33, 149, 152 Auslaßventil; RGZ 65, 157, 159 = BlPMZ 1907, 151 Seidenglanz I; RGZ 101, 135, 138 f = GRUR 1921, 182 Aluminiumschweißung; RGZ 146, 26, 28 = GRUR 1931, 385 Saugtrommel; RGZ 149, 102, 105 Oberlederkantenmaschine; RGSt 42, 151, 154 = BlPMZ 1909, 257 Holzmehl.
377 *Kraßer* S 771 (§ 33 III b 6).

4. Erstreckung auf unmittelbare Verfahrenserzeugnisse

97   **a. Entstehungsgeschichte, Bedeutung; PVÜ.** Der Schutz für unmittelbare Verfahrenserzeugnisse ist durch das PatG 1891 eingeführt worden; die Regelung geht auf den in der den Import von Erzeugnissen im Inland geschützter Verfahren betr „Methylenblau"-Entscheidung des RG[378] erstmals ausgesprochenen Gedanken zurück, dass der mittels des geschützten Verfahrens hergestellte Stoff nicht außerhalb des Gegenstands der Erfindung liegt, sondern den das Verfahren patentrechtl charakterisierenden Abschluss bildet.[379] Der Schutz eines auf ein Herstellungsverfahren gerichteten Verfahrenspatents ist damit weiter, als es der Erfindung entspricht.[380] Die Regelung stimmt mit Art 64 Abs 2 EPÜ überein[381] und war auch in Art 25 GPÜ vorgesehen; nach Art 28 Abs 1 Buchst b TRIPS-Übk (Rn 4) gehört sie zum verbindlichen Mindeststandard. Die skandinavischen Patentgesetze verzichten ebenso wie das griechische auf das Erfordernis der Unmittelbarkeit.

98   **Bedeutung** hat die Bestimmung insb dann, wenn Sachschutz nicht beantragt und/oder erteilt worden ist. Durch entspr Schutzbeanspruchung lassen sich Schwierigkeiten weitgehend vermeiden. Zur Rechtslage bei der Erzeugung biologischen Materials, insb von Tieren und Pflanzen, Rn 7 ff zu § 9a. Daneben kommt Verfahrensschutz ohne die Möglichkeit ursprünglichen Erzeugnisschutzes in Betracht, wenn das Erzeugnis vorbekannt ist, aber ein schutzfähiger Herstellungsweg gelehrt wird,[382] in diesem Fall allerdings ohne die Beweisregel des § 139 Abs 3.

99   Der Schutz nach Satz 2 Nr 3 ermöglicht dem Patentinhaber in jedem Fall, also auch bei Herstellung im Ausland, die **Ausschöpfung des wirtschaftlichen Werts** der Erfindung.[383] Er greift auch dann ein, wenn das Verfahrenserzeugnis im Ausland hergestellt, aber im Inland benutzt wird.[384]

100   In diesem Zusammenhang enthält **Art 5^{quater} PVÜ** (Lissaboner und Stockholmer Fassung) folgende Regelung:

> Wird ein Erzeugnis in ein Verbandsland eingeführt, in dem ein Patent zum Schutz eines Verfahrens zur Herstellung dieses Erzeugnisses besteht, so hat der Patentinhaber hinsichtlich des eingeführten Erzeugnisses alle Rechte, die ihm die Rechtsvorschriften des Einfuhrlandes auf Grund des Verfahrenspatents hinsichtlich der im Land selbst hergestellten Erzeugnisse gewähren.

Für Länder, die den Schutz auf alle im Inland oder Ausland nach dem geschützten Verfahren hergestellte Erzeugnisse erstrecken, verweist die Regelung nur auf geltendes nationales Recht.[385]

101   **b. Schutzvoraussetzungen.** Dass **Erzeugnisse,** wie die ältere Auffassung überwiegend annahm,[386] nur körperliche Sachen sind, entspricht nicht mehr den heutigen Gegebenheiten und der aktuellen Rspr[387] (str; Rn 245 zu § 139). Erfasst sind auch Erzeugnisse, die nicht neu sind; auf ihre Schutzfähigkeit kommt es erst recht nicht an.[388]

---

378   RGZ 22, 8, 17 = JW 1888, 250.

379   Vgl *Kraßer* S 771 (§ 33 III c aa 1); *Beier/Ohly* GRUR Int 1996, 973 f; *Mes* GRUR 2009, 305.

380   ÖOGH GRUR Int 1994, 324 f Sockelplatte; vgl BPatG Mitt 1969, 77.

381   Hierzu *Beier/Ohly* GRUR Int 1996, 973 ff.

382   Vgl *Kraßer* S 772 (§ 33 III c aa 3).

383   *Kraßer* S 772 f (§ 33 III c aa 4); *Kunz-Hallstein* GRUR Int 1983, 548; *Mes* Rn 63, 70; *Mes* GRUR 2009, 305.

384   Vgl Anm *den Hartog* BIE 2003, 163 zu RB Den Haag BIE 2003, 158.

385   Denkschrift zur Lissaboner Fassung der PVÜ BTDrs 1750 = BlPMZ 1961, 233, 235.

386   *Klauer/Möhring* § 6 Rn 131; *H. Tetzner* § 6 Rn 164; für die Einbeziehung unkörperlicher Verfahrensergebnisse wie Schall, Licht, Wärme, Energie schon *Hahn* S 38 ff; *Lindenmaier* § 6 Rn 76c; *V. Tetzner* Mitt 1967, 5.

387   BGHZ 194, 272 = GRUR 2012, 1230 MPEG-2-Videosignalcodierung mwN: codierte und komprimierte Viedodateien auf einem Datenträger: LG München I Mitt 2015, 33 = GRUR-RR 2015, 93: wenn der unkörperliche Gegenstand wie ein körperlicher handelbar sowie mit Hilfe von Speichermedien immer wieder benutzbar ist wie ein durch das geschützte Verfahren hervorgebrachter körperlicher Gegenstand.

388   GH Den Haag BIE 2001, 440, 452; OLG Düsseldorf 28.4.2011 2 U 146/09; OLG Düsseldorf 28.4.2011 2 U 147/09; OLG Düsseldorf 28.4.2011 2 U 148/09; *Fitzner/Lutz/Bodewig* Rn 55; *Büscher/Dittmer/Schiwy* Rn 26.

Das Erzeugnis muss das **Ergebnis eines Herstellungsverfahrens,** nicht eines Arbeitsverfahrens **102** sein; bei Herstellungsverfahren tritt der Schutz grds ohne weiteres ein.[389] Ein mikrobiologisches Verfahren ist ein Herstellungsverfahren.[390] Die Abgrenzung zu Arbeitsverfahren ist nicht eindeutig geklärt.[391] Ein Prüfverfahren ist kein Herstellungsverfahren,[392] ebenso wenig ein Screening-Verfahren[393] und ein Diagnoseverfahren.[394] Das RG hat auf Neuschaffen im Gegensatz zur Bearbeitung abgestellt.[395] Keine Herstellungsverfahren sind Verfahren, mit denen lediglich Veränderungen der Oberfläche bewirkt werden, wie Streichen oder Polieren (abw die frühere Fassung der EPA-PrRl C-III 4.7b).[396] Die Lit stellt überwiegend auf die Verkehrsanschauung ab.[397] Das geschützte Verfahren muss benutzt werden.[398] Werden mehrere Herstellungsverfahren gleichzeitig angewendet, ist das Erzeugnis allen zuzurechenen, die zur Herstellung wesentlich beigetragen haben.[399]

Das Ergebnis des in der **Verwendung oder Anwendung** einer Sache in einer bestimmten Weise liegenden Verfahrens ist idR kein unmittelbar hergestelltes Erzeugnis, sondern ein (abstrakter) Handlungserfolg, auf den die Verwendung oder Anwendung abzielt und in dem sich die Handlung erschöpft. Das schließt nicht aus, dass auch ein Anwendungs- oder Verwendungsverfahren im Ausnahmefall zu einem unmittelbar hergestellten Erzeugnis führen kann.[400] **103**

Einzelfälle. Als Erzeugnisse sind angesehen worden: entgaste Vakuumröhren;[401] automatisch verschweißte Rohre;[402] gefärbte Textilien;[403] Leder als Erzeugnis des Gerbverfahrens;[404] Fertigfabrikat gegenüber Rohstoff, zB Arzneimittelspezialität;[405] ein isoliertes Reaktionsprodukt.[406] **104**

Erzeugnischarakter wurde **verneint** bei reparierten Maschinenteilen, wenn es sich nicht um die Reparatur von wertlosem Schrott handelt,[407] Gebäck bei Verfahren zur Teigteilung,[408] Luftreifen als Ergebnis der Weiterverarbeitung von Kautschukmischungen,[409] intermediär anfallenden Gegenständen,[410] der chemischen Umsetzung eines Stoffs mit einem weiteren, der Weiterverarbeitung eines Halbfabrikats oder von Rohstoffen zum Endprodukt sowie bei Endprodukten, die aus Zwischenprodukten durch chemische Umsetzung gewonnen werden, wenn nur die Zwischenprodukte nach dem patentierten Verfahren erhalten wurden.[411] Das BPatG hat auch das Fräsen, Schmieden, Lochen, Auspressen, Ziehen, Stanzen, Schweißen und Sintern eines Werkstücks als Herstellungsverfahren angesehen, dagegen das Fördern, Ordnen, Wenden, Zählen, Reinigen und Messen als Arbeitsverfahren.[412] Das Material zur Ausübung des Verfahrens, das mitverarbeitet wird, ist kein Verfahrenserzeugnis.[413] **105**

---

389 LG Düsseldorf InstGE 7, 70; LG Düsseldorf WuW/DE-R 2120; OLG Düsseldorf 28.1.2010 2 U 126/08; *Mes* Rn 65; *Mes* GRUR 2009, 305, 307.

390 OLG Düsseldorf 28.4.2011 2 U 146/09; OLG Düsseldorf 28.4.2011 2 U 147/09; OLG Düsseldorf 28.4.2011 2 U 148/09.

391 Vgl LG Düsseldorf WuW/E DE-R 2120: Decodierverfahren als Herstellungsverfahren; insgesamt kr zu der Unterscheidung *Schramm* PPV Kap 5 Rn 140; vgl *Féaux de Lacroix* Mitt 2007, 10.

392 RG GRUR 1939, 477, 480 Dichtigkeitsprüfung; *Benkard-EPÜ* Art 64 Rn 22; *Mes* Rn 65.

393 *Wolfram* Mitt 2003, 57, 61; US-CAFC GRUR Int 2003, 1040; US-CAFC Mitt 2004, 306 m Anm *Wolfram*; LG Düsseldorf 16.2.2010 4b O 247/09 und nachfolgend OLG Düsseldorf 11.11.2010 2 U 40/10 sowie hierzu *Petri/Böck* Mitt 2012, 103.

394 OLG Düsseldorf InstGE 12, 258; OLG München 22.10.2015 6 U 4891/14 GRURPrax 2016, 15 KT; *Mes* Rn 65.

395 RGSt 46, 262 = BlPMZ 1913, 124 Treibriemen.

396 *Mes* Rn 65; vgl *Schulte* Rn 87; vgl auch BPatGE 8, 136, 139; aA *Fitzner/Lutz/Bodewig* Rn 55.

397 *Reimer* § 6 Rn 63; *Klauer/Möhring* § 6 Rn 134; *Tetzner* § 6 Rn 168; *Lindenmaier* § 6 Rn 77, 77e; *Pietzcker* § 4 Rn 9.

398 BGHZ 73, 183, 186 = GRUR 1979, 461 Farbbildröhre; *Schulte* Rn 85; *Fitzner/Lutz/Bodewig* Rn 55; *Mes* Rn 71.

399 RGZ 152, 113 f = GRUR 1936, 880 f Entgasungsverfahren; *Nähring/Zeunert* GRUR 1953, 63; *Benkard-EPÜ* Art 64 Rn 24.

400 BGHZ 110, 82 = GRUR 1990, 508 Spreizdübel; *Benkard-EPÜ* Art 64 Rn 23.

401 RGZ 152, 113 = GRUR 1936, 880 Entgasungsverfahren.

402 OLG Düsseldorf InstGE 4, 252 = GRUR-RR 2004, 345.

403 BPatGE 10, 148 = Mitt 1969, 76; BPatG GRUR 1970, 1970, 365.

404 BPatG GRUR 1972, 89.

405 *Schulte* Rn 85.

406 BPatGE 24, 222.

407 BGHZ 1, 194 = GRUR 1951, 314 Motorblock; *Trüstedt* GRUR 1952, 63.

408 RGZ 39, 32 = GRUR 1898, 250 Eisenbalkendecken I.

409 BPatGE 12, 119, 123.

410 BPatG Mitt 1969, 75.

411 *Bruchhausen* GRUR 1979, 743.

412 BPatGE 8, 136, 139.

413 BPatG Mitt 1969, 75.

106 **Unmittelbarkeit.** Der Schutz ist auf die durch das Verfahren unmittelbar hergestellten Erzeugnisse beschränkt, „insb um zu verhüten, dass etwa Gegenstände, die mit Stoffen zusammen verarbeitet sind, welche nach einem patentierten Verfahren hergestellt werden, auch von dem Patent erfasst werden".[414] Es muss hinreichender Zusammenhang zwischen Verfahren und Erzeugnis bestehen,[415] wann das der Fall ist, ist str.[416] Die Rspr bejaht dies bei DVD, Master und Stamper, die durch das geschützte Codierverfahren hergestellt werden.[417] Auf die Wahrnehmbarkeit des Verfahrens im Erzeugnis kommt es nicht an.[418] Gewerblich nicht verwertbare Erzeugnisse scheiden aus.[419]

107 Dass das geschützte Verfahren **mehrere Schritte** aufweist, steht für sich der Unmittelbarkeit nicht entgegen; das gilt auch dann, wenn die Schritte von verschiedenen Personen ausgeführt werden.[420]

108 Unmittelbarkeit ist zu bejahen, wenn es sich bei dem Erzeugnis um einen Gegenstand handelt, der mit Abschluss des allerletzten Schritts des geschützten Verfahrens erhalten wird;[421] sie ist idR zu verneinen, wenn das Erzeugnis einer **weiteren Behandlung** unterworfen wird oder zu seiner Fertigstellung weitere Hilfsmittel verwendet werden.[422] Eine chemische Umsetzung soll Unmittelbarkeit ausschließen,[423] ebenso eine Vermischung.[424] Wird das Erzeugnis unselbstständiger Bestandteil eines neuen Ganzen, ist der erforderliche Zusammenhang nach der älteren Rspr nicht gewahrt.[425]

109 Der chronologischen Betrachtung[426] steht eine solche über die Eigenschaften des Endprodukts gegenüber.[427] So wird in der Instanzrspr nicht auf die Chronologie der Produktionsschritte, sondern nur darauf abgestellt, ob die Eigenschaften des Endprodukts durch das geschützte Verfahren bestimmt werden.[428] Verschiedene Autoren wollen alle Erzeugnisse einbeziehen, die die auf die Anwendung des Verfahrens zurückgehenden **vorteilhaften Eigenschaften** noch aufweisen.[429]

---

414 Bericht der Reichstagskommission; RGZ 152, 113 f = GRUR 1936, 880 f Entgasungsverfahren: wesentliche Mitwirkung des geschützten Verfahrens; RGSt 42, 357 f = BlPMZ 1910, 8 Dikalziumphosphat; RGSt 46, 262 = BlPMZ 1913, 124 Treibriemen; BGHZ 57, 1 = GRUR 1972, 80, 88 Trioxan.
415 *Kraßer* S 774 (§ 33 III c cc 1).
416 RGZ 39, 32, 34 = GRUR 1898, 250 Eisenbalkendecken I: nicht geschützt Schrank, dessen Nägel nach patentiertem Verfahren hergestellt sind, oder Semmeln, deren Teig nach patentiertem Verfahren hergestellt ist; BPatGE 12, 119, 123: nicht Reifen bei Schutz für Verfahren zur Herstellung einer Kautschukmischung; BPatG Mitt 1969, 75: nicht Metallgebilde bei Verfahren zur Herstellung einer Klebefolie.
417 BGHZ 194, 272 = GRUR 2012, 1230 MPEG-2-Videosignalcodierung; LG Düsseldorf InstGE 7, 70; OLG Düsseldorf 28.1.2010 2 U 124/08; OLG Düsseldorf 28.1.2010 2 U 129/08; *Schulte* Rn 91 f; *Mes* Rn 66.
418 RG BlPMZ 1914, 136 f Bogenlampenelektroden.
419 RGZ 149, 102, 108 = GRUR 1936, 108 Oberlederkantenmaschine.
420 OLG Düsseldorf 28.1.2010 2 U 126/08; *Mes* Rn 67.
421 OLG Düsseldorf 28.1.2010 2 U 131/08 IPRspr 2010 Nr 211, 535.
422 RGSt 42, 357 f = BlPMZ 1910, 8 Dikalziumphosphat; RGZ 152, 113 f = GRUR 1936, 880 f Entgasungsverfahren; vgl auch KG MuW 23, 58; OLG Frankfurt MuW 13, 591; LG Düsseldorf 21.3.1961 4 O 333/60 bei *von Pechmann* GRUR 1962, 1, 8; PatentsC RPC 1995, 487 und CA England/Wales RPC 1997, 757 = GRUR Int 1998, 718 Pioneer Electronics/Warner Music: fertiger Tonträger bei Verfahren zur Herstellung des Masterträgers; vgl *Benkard* Rn 55; *Klauer/Möhring* § 6 Rn 137; *Tetzner* § 6 Rn 166 f; „loss of identity test".
423 *Bruchhausen* GRUR 1979, 743, 749 m Nachw; differenzierend *von Pechmann* GRUR 1977, 377, 382.
424 RG Dikalziumphosphat.
425 RGZ 39, 32, 34 = GRUR 1898, 250 Eisenbalkendecken I; RG Dikalziumphosphat; RG GRUR 1941, 275 f Betonbohrpfähle; KG GRUR 1936, 743; kr *Kraßer* S 76 f (§ 33 III c cc 5).
426 Hierfür *Benkard-EPÜ* Art 64 Rn 25, 27 ua unter Hinweis auf nlHR GRUR Int 1984, 705 Doxycyclin; vgl *Kraßer* S 774 (§ 33 III c cc 1); *Benkard* Rn 55; *Mes* Rn 66.
427 Hierfür mit reichhaltigem Material *Beier/Ohly* GRUR Int 1996, 973; *MGK/U. Krieger* Art 64 EPÜ Rn 61 ff; *Mes* Rn 66; vgl öOGH ÖBl 1974, 55; zu vermittelnden Auffassungen wird ua schweiz BG BGE 70 I 202 genannt; vgl *Benkard-EPÜ* Art 64 Rn 25; *Fitzner/Lutz/Bodewig* Rn 56; LG Düsseldorf Mitt 2008, 119, 122; OLG Düsseldorf 28.1.2010 2 U 131/08 IPRspr 2010 Nr 211, 535; OLG Karlsruhe InstGE 11, 15; LG Düsseldorf InstGE 7, 70; LG Düsseldorf WuW DE-R 2120.
428 OLG Düsseldorf 4.10.2002 U (Kart) 44/01.
429 *Hahn* S 94 ff, 102; *Utermann* GRUR 1981, 537, 541; vgl auch *Dittmann* Mitt 1972, 81, 86; *Kraft* GRUR 1971, 373; *von Pechmann* GRUR 1977, 377, 379; *Mes* Rn 66; BPatGE 19, 88, 91: übliche Konfektionierung einer Arzneimittelmischung; abl für den Fall chemischer Umsetzung *Benkard* Rn 55; nach *Kraßer* S 776 ff (§ 33 III c cc 3, 4) geht der erforderliche Zusammenhang bei der Herstellung der geeigneten Applikationsform ebensowenig verloren wie bei der Herstellung von im wesentlichen chemisch und physikalisch unveränderten Erzeugnissen; *Büscher/Dittmer/Schiwy* Rn 29 beziehen im Anschluss an OLG Karlsruhe InstGE 11, 15 und OLG Düsseldorf 28.4.2011 2 U 147/09 jedes Erzeugnis ein, für dessen Entstehung das unter Schutz gestellte Verfahren einen wesentlichen Ursachenbeitrag geleistet hat und das keinen

Weiterverarbeitung zu einer neuen Sache, zu der das Verfahrenserzeugnis als Zutat oder Hilfsmittel **110** dient, verbraucht den Schutz.[430] Bei Vermischung soll es darauf ankommen, ob das Verfahrenserzeugnis weiterhin seine spezifischen Wirkungen hervorbringt.[431] Das Abstellen auf das Fortwirken der Eigenschaften dehnt indes den Schutz für das Verfahrenserzeugnis entgegen dem in Rn 106 genannten Grundsatz über Gebühr aus. In den Einzelheiten ist hier vieles unsicher.

Ob bei einem **biologischen Verfahren** auch die Vermehrungsprodukte unmittelbare Verfahrenser- **111** zeugnisse sind, war str (Nachw *5. Aufl*). Eine normative Regelung enthält § 9a Abs 2 in Umsetzung von Art 8 EG-BioTRl (Rn 7 ff zu § 9a).

c. Wirkung. Der Schutz erstreckt sich auf das in eine Sachgesamtheit eingebaute oder sonst integrier- **112** te Verfahrenserzeugnis, solange es in der Sachgesamtheit unterscheidbar vorhanden bleibt und eine gewisse Selbstständigkeit behält.[432] Handlungen, die sich auf unmittelbare Erzeugnisse patentierter Verfahren beziehen, unterliegen den gleichen **Verbotswirkungen** wie bei bestehendem Erzeugnisschutz;[433] diese ist nicht auf eine bestimmte Verwendung des Erzeugnisses beschränkt.[434] Die Änderung der Anwendungsform des Erzeugnisses führt nicht aus dem Schutz hinaus.[435] Ein Unterschied besteht nur insoweit, als der Schutz nach Satz 2 Nr 3 an das Herstellungsverfahren geknüpft ist. Erzeugnisschutz nach Satz 2 Nr 3 steht Sachschutz für die Vorrichtung zur Herstellung des Erzeugnisses nicht entgegen.[436] Handelt es sich um ein neues Erzeugnis, tritt zugunsten des Patentinhabers die Beweisregel des § 139 Abs 3 ein. Vor Eintritt des Schutzes hergestellte Verfahrenserzeugnisse erhalten nicht rückwirkend patentverletzenden Charakter durch spätere Patenterteilung.[437]

Verzicht auf den Schutz für das unmittelbare Verfahrenserzeugnis ist möglich.[438] Verzicht wurde **113** in der beschränkten Verteidigung des Erzeugnispatents im Umfang einer auf den zweckgerichteten Einsatz des Erzeugnisses gerichteten Verwendung ohne ausdrückliche abw Erklärung gesehen. Dies ist unter der Prämisse folgerichtig, dass der Verwendungsanspruch ein Verfahrensanspruch ist. Sieht man den Verwendungsanspruch dagegen als eingeschränkten Sachanspruch an (Rn 150 zu § 1), bedarf es der Konstruktion über einen Verzicht nicht, da Satz 2 Nr 3 in diesem Fall nicht anwendbar ist.[439]

IV. Schutz beim Verwendungspatent

Der Schutz des auf die Verwendung einer Sache bezogenen Verwendungspatents[440] wie aller anderen **114** Patentformen, die auf einen finalen Sachschutz ausgerichtet sind (Mittelpatent, Anwendungspatent,

---

weiteren Bearbeitungs- oder Behandlungsschritten unterzogen worden ist, die seine Selbständigkeit und nach der Verkehrsauffassung prägenden Eigenschaften nicht verändert oder beseitigt haben.

430 *Kraßer* S 777 (§ 33 III c cc 6); *Fitzner/Lutz/Bodewig* Rn 59 unter Hinweis auf RGZ 39, 32 = GRUR 1898, 250 Eisenbalkendecken I.

431 *Kraßer* S 777 (§ 33 III c cc 7); vgl auch RG BlPMZ 1916, 135 f Bindemittel: eigentümliches Gepräge; BGHZ 1, 194 = GRUR 1951, 314 Motorblock; KG MuW 23, 58 f; KG GRUR 1936, 743; BPatGE 19, 88; LG Düsseldorf 6.5.1997 4 O 246/95 Entsch 1997, 31: so starke Prägung des Endprodukts durch die wesentlichen Eigenschaften des Zwischenprodukts, dass der Verkehr das Zwischenprodukt und das Fertigerzeugnis identifiziert.

432 LG Düsseldorf 6.5.1997 4 O 246/95 Entsch 1997, 31.

433 Vgl RGZ 85, 95, 98 = BlPMZ 1914, 298 Manganlegierungen; RGZ 149, 102, 108 = GRUR 1936, 108 Oberlederkantenmaschine.

434 BGH GRUR 1982, 162 Zahnpasta; *Fitzner/Lutz/Bodewig* Rn 62.

435 *Fitzner/Lutz/Bodewig* Rn 58 mwN.

436 BGHZ 73, 183 = GRUR 1979, 461 Farbbildröhre.

437 BGHZ 1, 194 = GRUR 1951, 314 Motorblock; *Fitzner/Lutz/Bodewig* Rn 61.

438 BGHZ 110, 82 = GRUR 1990, 508 Spreizdübel.

439 Vgl *von Falck* GRUR 1993, 199, 201.

440 Zum Schutz eines bekannten Verfahrens für einen neuen, nicht naheliegenden Zweck BGH GRUR 2013, 1121 Halbleiterdotierung; *Mes* Rn 60.

Funktionspatent),[441] ist grds dem Erzeugnisschutz vergleichbar.[442] Zum Schutz bei der medizinischen Indikation Rn 164 ff zu § 3.

115 Der Schutz ist für Verwendungspatente, bei denen ein vorbekannter Stoff oder eine **vorbekannte Sache** für einen neuen, erfinderischen Zweck verwendet werden soll, ist unabhängig von der Art der verwendeten Substanz und vom verfolgten Zweck.[443] Das Herstellen der Sache, deren Verwendung geschützt ist, verletzt das Patent nicht.[444] Auch das sinnfällige Herrichten einer Vorrichtung für ein Arbeitsverfahren ist nicht erfasst.[445]

116 Der Schutz ist nicht umfassend wie der Sachschutz, er erfasst die Benutzungshandlungen nach Satz 2 Nr 1 vielmehr schon, aber auch nur, wenn der Stoff oder die Sache zur geschützten Verwendung **sinnfällig** (augenfällig) **hergerichtet** wird.[446] Die Verwendung des nicht oder für einen anderen Zweck hergerichteten Stoffs liegt außerhalb der Schutzwirkungen des Patents.[447] Das Herrichten stellt den Beginn der Verwendung iSd Patentschutzes und anders als bei Sachansprüchen bereits ein Gebrauchen dar;[448] darin liegt ein Minus gegenüber dem Herstellen, so dass sich bei Kategoriewechsel (Rn 108 zu § 82) die Frage einer Erweiterung nicht stellt. Herrichten umfasst bei pharmazeutischen Präparaten Formulierung und Konfektionierung des Medikaments, Dosierung und gebrauchsfertige Verpackung.[449] Auch aus der Formanpassung (Tablette, Ampulle, Salbe usw) kann sich der Verwendungszweck ergeben.[450] Herrichten kann nicht nur durch besondere Gestaltung, sondern auch durch eine beim Vertrieb beigegebene Gebrauchsanleitung oder einen Beipackzettel geschehen;[451] als solche kann schon die Bezeichnung des Erzeugnisses in Lieferscheinen und Rechnungen genügen.[452] Ein sinnfälliges Herrichten kann auch vorliegen, wenn der Gegenstand gerade die im Patentanspruch genannten, dem Erreichen des Verwendungszwecks dienenden physischen und/oder chemischen Eigenschaften aufweist und für einen Einsatz ausgerichtet und angeboten wird, bei dem das Erreichen des patentgem Verwendungszwecks im Zeitpunkt des Angebots allg für notwendig erachtet wird; einer weiteren Manifestation der Bestimmung für den Verwendungszweck, etwa durch Gebrauchsanleitungen, Produkthinweise usw, bedarf es in diesem Fall nicht.[453] Die bekannte gegenständliche Ausbildung kann aber allein keine sinnfällige Herrichtung für die nicht naheliegende, besondere Art der Verwendung sein.[454] Zu Fallgestaltungen mit Auslandsbezug Rn 141 f.

441 BGHZ 68, 156, 161 = GRUR 1977, 652 Benzolsulfonylharnstoff in Abweichung von BGHZ 53, 274, 282 = GRUR 1970, 361 Schädlingsbekämpfungsmittel; BGHZ 101, 159, 167 = GRUR 1987, 794 Antivirusmittel; zu den Grenzen BGHZ 116, 122 = GRUR 1992, 305 Heliumeinspeisung: ein im Patentanspruch gefordertes objektiviertes Merkmal kann nicht durch eine auf seine zukünftige Verwirklichung gerichtete Absicht ersetzt werden.

442 Vgl *Benkard* Rn 50; *Fitzner/Lutz/Bodewig* Rn 62; aA noch *Bernhardt/Kraßer*⁴ S 568, der die Regeln des Verfahrensschutzes anwenden wollte, aber die Behandlung nach den Regeln des zweckgebundenen Sachschutzes als der Eigenart jedenfalls der medizinischen Verwendungspatente besser gerecht werdend ansah, S 570; relativierend *Kraßer* S 780 (§ 33 III d 1); in Richtung Verfahrensschutz auch BGH GRUR 1990, 505 geschlitzte Abdeckfolie und BGHZ 110, 82 = GRUR 1990, 508 Spreizdübel, wo allerdings die Besonderheiten gegenüber Verfahrensansprüchen herausgestellt werden.

443 BGHZ 88, 208, 212 = GRUR 1983, 729 Hydropyridin.

444 BGH GRUR 1984, 425 Bierklärmittel.

445 BGH GRUR 2005, 845, 847 Abgasreinigungsvorrichtung in Abgrenzung zu BGH Bierklärmittel.

446 BGHZ 68, 156, 161 = GRUR 1977, 652 Benzolsulfonylharnstoff; BGH GRUR 1982, 548 Sitosterylglykoside; BGHZ 101, 159, 167 = GRUR 1987, 794 Antivirusmittel; BGHZ 88, 208, 212 = GRUR 1983, 729 Hydropyridin; BGH GRUR 1990, 505 geschlitzte Abdeckfolie; LG Düsseldorf Mitt 1999, 155; LG Düsseldorf 10.8.2000 4 O 293/99 Entsch 2000, 91, 93 f; LG Düsseldorf InstGE 4, 97 = GRUR-RR 2004, 193; *Benkard* Rn 50; *König* Mitt 2000, 10, 24 sieht darin nur eine mittelbare Patentverletzung; kr auch *Brandi-Dohrn* FS R. König (2003), 33 ff; *Haedicke* Mitt 2004, 145 ff, der den Schutz auf die „eigentliche" Anwendung begrenzen, die sinnfällige Herrichtung aber als mittelbare Verletzung qualifizieren will; kr hierzu *Kraßer* S 780 Fn 198 (§ 33 III d 1).

447 Vgl *Kraßer* S 783 f (§ 33 III d 7).

448 BGHZ 116, 122 = GRUR 1992, 305 Heliumeinspeisung.

449 BGH Benzolsulfonylharnstoff; BGH Sitosterylglykoside.

450 *Kraßer* S 781 (§ 33 III d 2).

451 BGH Antivirusmittel; BGH geschlitzte Abdeckfolie; BGH GRUR 2012, 373 Glasfasern I; BGHZ Vv = GRUR 2016, 257 Glasfasern II; OLG Karlsruhe GRUR 2014, 764; LG Hamburg 2.5.2013 327 O 370/12.

452 LG Düsseldorf Mitt 1999, 155, 157.

453 OLG Karlsruhe GRUR 2014, 764; *Mes* Rn 57.

454 BGHZ 110, 82 = GRUR 1990, 508 Spreizdübel.

Bei den vom EPA früher gewährten **Herstellungsverwendungsansprüchen**[455] wird die Herstellung **117**
des gebrauchsfertigen Arzneimittels unmittelbar vom Schutz erfasst.[456] Je nachdem, ob man diesen Herstellungsverwendungsanspruch als Verfahrensanspruch oder als eingeschränkten Sachanspruch betrachtet, stellt entweder das sinnfällige Herrichten eine Anwendung des Verfahrens oder bereits das zweckgerichtete Herstellen, das sich jedenfalls mit dem Herrichten vollendet, ein schutzverletzendes Herstellen
dar.[457]

D. Territorialitätsgrundsatz

Schrifttum: *Adrian/Nordemann/Wandtke* Erstreckungsgesetz und Schutz des geistigen Eigentums, 1992; *Anawalt*
Control of Inventions in a Networked World, 15 Santa Clara J. Computer High Tech. 123 (1999); *Baeumer* Anmerkungen
zum Territorialitätsprinzip im internationalen Patent- und Markenrecht, FS W. Fikentscher (1998), 803; *Beier/Stauder*
Weltraumstationen und das Recht des geistigen Eigentums, GRUR Int 1985, 6; *Benkard* Inlandsbegriffe im gewerblichen
Rechtsschutz, GRUR 1951, 177; *Bettinger/Thum* Territoriales Markenrecht im Global Village, GRUR Int 1999, 659 = Territo-
rial Trademark Rights in the Global Village, IIC 2000, 162, 285; *Blakey* Exterritorial Infringement of a United States Utility
Patent, FS T. Schilling (2007), 13; *Böckstiegel/Krämer/Polley* Kann der Betrieb von Satelliten im Weltraum patentrechtlich
geschützt werden? GRUR 1999, 1; *Bohlmann* Kommerzielle Weltraumaktivitäten und die technischen gewerblichen
Schutzrechte: eine Untersuchung zum Spannungsfeld zwischen Territorialitätsprinzip und Weltraumregime, Diss Köln
2002; *Bourcevet* Zur Erstreckung von Chemiepatenten im einheitlichen Schutzgebiet der Bundesrepublik Deutschland,
Mitt 1992, 259; *Brändel* Rechtsfragen des Erstreckungsgesetzes zum Schutzbereich und zur Benutzungslage von Patenten
im vereinigten Deutschland, GRUR 1992, 653; *Chisum* Normative and Empirical Territoriality in Intellectual Property:
Lessons from Patent Law, 37 Virginia J. of International Law (1997), 603; *Cordes* Die Durchfuhr patentverletzender Er-
zeugnisse, GRUR 2012, 141; *Damme* Das Geltungsgebiet der deutschen Patent- und sonstigen gewerblichen Ausschluß-
rechte, AöR 1900 Heft 1; *Damme* Der gewerbliche Rechtsschutz in den deutschen Schutzgebieten seit dem 1. Januar 1901,
GRUR 1901, 249; *European Space Agency (ESA, Hrsg)* Workshop on Intellectual Property Rights and Space Activities: A
World-Wide Perspective, Tagungsband Tagung Paris 5./6.12.1994; *Geller* International Intellectual Property, Conflicts of
Laws and Internet Remedies, EIPR 2000, 125 = Internationales Immaterialgüterrecht, Kollisionsrecht und gerichtliche
Sanktionen im Internet, GRUR Int 2000, 659; *Grassie* Parallel Imports and Trade Marks, EIPR 2006, 474, 513; *Gujer* Paral-
lelimporte patentrechtlich geschützter Güter – missbräuchliche Zustimmungsverweigerung des Schutzrechtsinhabers
unter Berücksichtigung des schweizerischen und europäischen Rechts, 2005, zugl Diss Univ. Zürich 2004; *Hanneman*
Over de octrooierbaarheid van ‚methoden vor de bedrijfsvoering‘, BIE 2000, 40; *Haupt* Territorialitätsprinzip im Patent-
und Gebrauchsmusterrecht bei grenzüberschreitenden Fallgestaltungen, GRUR 2007, 187; *Heinze/Heinze* Transit als Markenverletzung, GRUR 2007, 740; *Hölder* Die Haftung für Auslandstaten, FS 10 Jahre Studiengang „International Studies in
Intellectual Property Law" (2009), 181; *Hufnagel* Die ökonomische Auslegung des Territorialitätsprinzips am Beispiel der
Angebotshandlung mit Auslandsbezug. FS W. von Meibom (2010), 155; *Indermühle/Gramigna* Patentrechtsrevision, biotechnologische Erfindungen und Parallelimporte, in: *Jüngst/Stjerna* Die „Thermocycler"-Entscheidung des OLG Düssel-
dorf, Mitt 2009, 356; *Lengauer/Zwicker* (Hrsg) Chancen und Risiken rechtlicher Neuerungen, Zürich 2006; *Keller* Patent-
verletzungen durch Handlungen im patentfreien Ausland, FS E. Ullmann (2006), 449; *Knittlmayer* Patentschutz bei
Tätigkeiten im Weltraum, RIW 1991, 823; *Kobiako* Durchfuhr als Verletzungshandlung? GRUR Int 2004, 832; *Krupka/*
Liedtke/Corcoran Patent Parallel Imports in the United States and Germany: Shedding Light on the Grey, EIPR 2011, 613;
Kunz-Hallstein Zur Frage der Parallelimporte im internationalen gewerblichen Rechtsschutz: neuer Wein in alten Schläu-
chen? GRUR 1998, 268; *Kur* Territorialität versus Globalität – Kennzeichenkonflikte im Internet, WRP 2000, 935; *Leitzen*
Innergemeinschaftlicher Transit, Markenverletzung und Produktpiraterie, GRUR 2006, 89; *Meyer* Protecting Inventors'
Rights Aboard an International Space Station, JPTOS 1988, 332; *Mosteshar* (Hrsg) Research and Invention in Outer Space.
Liability and Intellectual Property Rights, 1995; *Möller* Die urheberrechtliche Unzulässigkeit einer nur in einem Teilakt im
Inland vorgenommenen Verbreitungshandlung, GRUR 2011, 397; *Pagenberg* Ausstellen und Anbieten auf internationalen
Messen – eine Verletzung gewerblicher Schutzrechte? GRUR Int 1983, 560; *Poynder* Patents, the World Wide Web and
growing controversy, Derwent Information Newsletter Dezember 1999; *Regelin* Das Kollisionsrecht der Immaterialgüter-
rechte an der Schwelle zum 21. Jahrhundert, 2000; *Reimer* Patentverletzung durch Lieferung ins Ausland, Mitt 1931, 85;
Sachs Patent protection for Internet companies, [Fenwick] Intellectual Property Bulletin Winter 1998 (online unter www.
fenwick.com); *Schlimme* Patentschutz im Weltraum, Mitt 2014, 363; *Schmittmann/de Vries* Intellectual Property Rights and
Space Activities in Europe, 1997; *A. Seligsohn* Gilt das deutsche Patentgesetz in den deutschen Konsulargerichtsbezirken
und Schutzgebieten? GRUR 1899, 137; *Smith* Evolution of intellectual property law in outer space, in FS K.-H. Böckstiegel
(2001), 462; *Smith/Mazzoli* Problems and Realities in Applying the Provisions of the Outer Space Treaty to Intellectual
Property Issues, Arbeitspapier IISL-97 IISL 3.05, IISL-Kolloquium, Internationaler Astronautenkongress Turin; *Stauder*

---

455 EPA G 1/83 ABl EPA 1985, 60 = GRUR Int 1985, 193 zweite medizinische Indikation.
456 *Kraßer* S 781 (§ 33 III d 3).
457 Vgl auch LG Düsseldorf 8.7.1999 4 O 187/99 Entsch 1999, 51, 55 f.

Patentverletzung im grenzüberschreitenden Wirtschaftsverkehr, 1975; *Stauder* Patentschutz im extraterritorialen Raum, GRUR Int 1975, 421; *V. Tetzner* Verletzung deutscher Patente bei Auslandsgeschäften, GRUR 1980, 882; *Thum* Internationalprivatrechtliche Aspekte der Verwertung urheberrechtlich geschützter Werke im Internet, GRUR Int 2001, 9; *L. Ullmann* Ein- und Ausfuhr gleich Durchfuhr? Zur Markenrechtsverletzung durch Transit unter besonderer Berücksichtigung des Gefahrbegriffs, FS E. Ullmann (2006), 437; *Ullrich* Technologieschutz nach TRIPS: Prinzipien und Probleme, GRUR Int 1995, 623; *Vahrenwald* Intellectual Property on the Space Station „Freedom", EIPR 1993, 318; *Weigel* Gerichtsbarkeit, internationale Zuständigkeit und Territorialitätsprinzip im deutschen gewerblichen Rechtsschutz, 1973; *Worm/Maucher* Der Transit: eine patentverletzende Handlung? Mitt 2009, 445.

I. Allgemeines[458]

118   Die Schutzwirkungen des Patents sind, anders als das Recht an der Erfindung (Rn 8 zu § 6), wie die der anderen Immaterialgüterrechte bisher räumlich auf das Territorium des Staats begrenzt, der sie verleiht oder unter bestimmten Voraussetzungen anerkennt; durch eine nur im Ausland erfolgte Handlung kann ein inländ Schutzrecht nicht verletzt werden.[459] Auch das Benutzungsrecht wirkt nur für das Inland. Einer ausdrücklichen Erwähnung bedurfte es nicht, weil der Bundesrepublik Deutschland keine Regelungskompetenz für das Hoheitsgebiet anderer Staaten zukommt.[460] Hinsichtlich des Territorialitätsprinzips bleibt die Rechtsentwicklung nicht nur in Deutschland hinter den wirtschaftlichen Gegebenheiten zurück; gerade wirtschaftlich wichtige Patente werden heute in internat Rahmen angemeldet und durchgesetzt; das Territorialitätsprinzip erweist sich insofern zunehmend als hinderlich.[461] Insb bei „Multi-User"-Verfahren (Client-Server-Systeme, digitale Datenübertragung; Erdgasverdichtung) können sich Verfahrensschritte in verschiedenen Ländern ergeben. Das Territorialitätsprinzip schließt es an sich nicht aus, über das Territorium hinausgehende Unterlassungspflichten vertraglich zu begründen. Allerdings werden dem idR zwingende Vorschriften des dt und eur Kartellrechts entgegenstehen, die beachtlich sind, auch wenn fremdes Recht gewählt wird (ex-Art 34 EGBGB, vgl Art 9 Abs 1 Rom I-VO; vgl auch Rn 229 f zu § 15).

II. Einigungsvertrag, Erstreckungsgesetz

119   Zur Rechtslage hinsichtlich vor Inkrafttreten des Erstreckungsgesetzes (1.5.1992) angemeldeter Patente s *6. Aufl.* Ungeprüfte erstreckte DDR-Patente konnten nach § 12 ErstrG einer nachträglichen Prüfung unterzogen werden. Der Schutzbereich dieser Patente konnte dabei aber nicht über den Schutzbereich des ungeprüften DDR-Patents hinaus ausgedehnt werden.[462]

120   Das **Zusammentreffen von Rechten** regelten die **§§ 26–29 ErstrG** (näher *7. Aufl*).

121   **III. Europäische Patente** und Patentanmeldungen haben in dem Vertragsstaat, für den sie erteilt sind, die Wirkung eines nationalen Patents (Art 2 Abs 2, 3 EPÜ, Art 64, 67 EPÜ).[463] Durch die Nutzung der Möglichkeiten in Erstreckungsabkommen kann dies auf die Erstreckungsstaaten und über Validierungsabkommen (Rn 17 f zu Art I IntPatÜG) auf Marokko und die Republik Moldau ausgedehnt werden (das Validierungsabkommen mit Tunesien ist noch nicht in Kraft getreten). Territorial entspricht der Geltungsbereich des eur Patents bei entspr Benennung und Validierung dem der erfassten nationalen Patente

---

458   Zur Behandlung von Wettbewerbsverstößen im Ausland BGHZ 113, 11, 15 = GRUR 1991, 463 Kauf im Ausland; BGH GRUR 1998, 419 f Gewinnspiel im Ausland; BGH GRUR 2004, 1035 Rotpreis-Revolution.
459   BGHZ 126, 252 = GRUR 1994, 798 f Folgerecht bei Auslandsbezug, UrhSache; BGHZ 152, 317, 326 f = GRUR 2003, 328 Sender Felsberg; BGH GRUR 691, 693 Staatsgeschenk; so schon RGZ 18, 28, 35 Hoff; vgl BGHZ 49, 331 = GRUR 1968, 195 Voran; BGH MDR 1979, 53 Danziger Patent; BGHZ 167, 374 = GRUR 2006, 927 Kunststoffbügel; schweiz BG BGE 126 III 129 = GRUR Int 2000, 639 = sic! 2000, 201, 203 Kodak II; schweiz BG BGE 122 III 81, 87 = GRUR Int 1997, 932 Beschichtungsanlage; schweiz BG 115 II 279; schweiz BG 100 II 237; schweiz BG BGE 97 II 173; schweiz BG BGE 92 II 293; High Court Tokio IIC 2002, 522; abwegig LG Saarbrücken 12.9.2000 7II 0 140/00, wo aus einem dt Gebrauchsmuster im Weg der Beschlussverfügung auch zur Unterlassung in Österreich und der Schweiz verurteilt wurde.
460   Vgl auch RGSt 10, 349 f Schmierbüchsen; allerdings sieht *Ullrich* Technologieschutz nach TRIPS: Prinzipien und Probleme, GRUR Int 1995, 623, 625 hierin weniger staatliche Selbstbescheidung als die Tatsache, „dass die Schutzrechtserteilung eine für den Inlandsmarkt gefällte ordnungspolitische Entscheidung vollzieht".
461   Vgl *Stieger* sic! 2001, 89, 105.
462   BGH GRUR 2010, 1084 Windenergiekonverter; BGH 29.9.2010 Xa ZR 68/07; BPatG 9.9.2009 5 Ni 13/09 gegen BPatG 17.1.2007 4 Ni 72/05; BPatG 23.3.2009 5 Ni 6/09.
463   Vgl *Haupt* GRUR 2007, 187 f.

(Ausnahmen: keine Anwendbarkeit auf die dän Hoheitsgebiete Färöer und Grönland, keine Anwendbarkeit auf das niederl Hoheitsgebiet Aruba, aber auf Sint Maarten, Curaçao, Bonaire, Sint Eustatius und Saba), jedoch mit Anwendung auch auf die Isle of Man, und der Möglichkeit (zT befristet), eur Patente mit Benennung des VK in anderen, meist überseeischen Staaten (Belize, Brunei Darussalam, Fidschi, Gambia, Grenada, Kiribati, Salomonen, St. Vincent und Grenadinen, Tuvalu, Uganda, Vanuatu, Westsamoa), Crown dependencies (Guernsey, Jersey) und abhängigen Gebieten (Anguilla, Bermuda, Britische Jungfern-inseln, Falklandinseln, Gibraltar, Kaiman-Inseln, Turks- und Caicos-Inseln) registrieren zu lassen;[464] die franz Überseegebiete sind bei Validierung für Frankreich vollständig erfasst.

Dagegen erzeugt das **Europäische Patent mit einheitlicher Wirkung** mit Wirksamwerden der Rege-   **122**
lungen ein einheitliches Schutzrecht für die teilnehmenden Mitgliedstaaten (Vertragsmitgliedstaaten), damit nach derzeitigem Stand nicht für Spanien, Kroatien und Polen. Dies kann aber nur gelten, soweit diese sowohl vom europäischen Patent erfasst werden als auch der EU angehören, also nicht für die asso-ziierten überseeischen Länder und Hoheitsgebiete (Art 198–204 AEUV). Nicht erfasst sind damit insb die Außengebiete des Vereinigten Königreichs, die niederl Überseegebiete (die autonomen Länder Aruba, Cu-raçao, St. Maarten sowie die besonderen Gemeinden Bonaire, Saba und St. Eustatius), verschiedene franz Überseegebiete wie Saint-Pierre et Miquelon, Französisch-Polynesien, die Wallis- und Futuna-Inseln, wohl aber die frz Gebiete Guadeloupe, Französisch-Guayana, Martinique, Réunion sowie (der frz Teil von) Saint-Martin (Art 355 AEUV); Saint-Barthélemy ist durch Beschluss des Europäischen Rates vom 20.10.2010[465] aus dem Gebiet der EU ausgeschieden, seit 1.1.2012 assoziiertes überseeisches Gebiet und damit nicht erfasst. Mayotte gehört als Teil der Französischen Republik seit 1.1.2014 zur EU[466] und wird damit erfasst. Für Gib-raltar wirkt das Patent mit einheitlicher Wirkung nicht, weil eur Patente in Gibraltar nicht gelten.[467] Die britischer Souveränität unterliegenden Gebiete von Akrotiri und Dekelia auf Zypern sind nicht erfasst, weil sie nicht Teil der EU sind.

IV. Inland

Maßgeblich ist der staatsrechtl und nicht der zollrechtl Inlandsbegriff,[468] so dass auch die Zollaus-   **123**
schlüsse (Büsingen, Helgoland), Zollfreilager und Freihafengebiete Inland iSd Patentrechts sind.[469] Dies wird indessen entspr der auch dem EinigV zugrunde liegenden Konzeption dahin zu präzisieren sein, dass patentrechtl als Inland in diesem Sinn nur die Gebiete gelten, in denen die Bundesrepublik Deutschland die Gebietshoheit ausübt („Geltungsbereich des Patentgesetzes").[470] Probleme können die Verhältnisse im Bodensee (Obersee) aufwerfen; in Deutschland und Österreich wird wohl mehrheitlich die Auffassung vertreten, dass dieser ein Kondominat der Anliegerstaaten bildet, während in der Schweiz die Realtei-lungstheorie vorherrschend ist.[471] Ein dt-luxemb Kondominat bilden die Flüsse Mosel, Sauer und Our in ihrem Grenzverlauf (Art 1 Abs 1 des dt-luxemb Vertrags über den Verlauf der gemeinsamen Staatsgrenze vom 19.12.1984).[472] Nicht geklärt ist der Grenzverlauf zu den Niederlanden im Dollart und in der Emsmün-dung; nach dt Auffassung verläuft die Grenze am linken Ufer, nach niederl im Talweg; der dt-niederl Aus-gleichsvertrag vom 8.4.1960[473] hat nur die Ausübung der Hoheitsrechte geregelt, den Grenzverlauf aber offengelassen.[474] Daran hat auch der wegen eines Windparks im strittigen Gebiet (Windpark Riffgat) not-

---

464   ABl EPA 2004, 179.
465   ABl EU L 325/4.
466   Ratsbeschluss vom 11.7.2012 ABl EU L 204/131.
467   Vgl zur Registrierung ABl EPA 2004, 179.
468   *Benkard* Rn 9; vgl RG GRUR 1934, 187 Leuchtspurgeschoß.
469   RGSt 21, 205, 208 Antipyrin; OLG Hamburg GRUR 1985, 923; OLG Karlsruhe GRUR 1982, 295, 299; schweiz BG GRUR Int 1991, 227 Doxycyclin II; öOGH GRUR Int 2002, 934 BOSS-Zigaretten II; vgl BezG Bülach/Schweiz sic! 2002, 108 unter Hinweis auf schweiz BG BGE 92 II 298 und BGE 115 II 281; *Mes* Rn 22.
470   Vgl BGHZ 53, 213 = GRUR 1969, 39 f Schwenkverschraubung; *Benkard* GRUR 1951, 177 ff, auch zur damaligen Stellung des Saarlands; *Zeller* GRUR 1966, 229.
471   Vgl *Allgaier* Der Bodensee im Rechtsraum: Kondominat oder Realteilung, VBlBW 2006, 369; *Veiter* Die Rechtsverhältnisse auf dem Bodensee, AVR (28) 1990, 458; *Strätz* Der Bodensee als Rechtsobjekt, DRiZ 1981, 54.
472   BGBl 1988 II 414.
473   BGBl 1963 II 602.
474   Vgl *Treviranus* Der deutsch-niederländische Ems-Dollart-Vertrag, ZaöRV 23 (1963), 536.

wendig gewordene, am 24.10.2014 unterzeichnete, aber noch nicht ratifizierte Westeremsvertrag nichts geänd.[475] Mit dem Abstellen auf die Gebietshoheit sollte sich die Ems-Dollart-Frage auch patentrechtl lösen lassen.

124   Der Patentschutz erfasst auch dt Schiffe in fremden Gewässern und **auf hoher See,**[476] dt Flugzeuge, Satelliten und Weltraumstationen,[477] Anlagen im Festlandsockelbereich und auf hoher See, über die dt Hoheitsgewalt besteht.[478] Art 74 niederländ ROW 1995 bezieht den Festlandsockel für bestimmte Handlungen ein. Für das Gemeinschaftspatent sollten in Art 3 Abs 1 Vorschlag GPVO die Teile des Meeres und des Meeresbodens, die an das Gebiet eines Mitgliedstaats angrenzen und die nach dem Völkerrecht Hoheitsrechten oder der Hoheitsgewalt dieses Staats unterstehen, einbezogen werden, nach Abs 2 der Bestimmung im Weltraum benutzte Erfindungen; die Regelungen über das Europäische Patent mit einheitlicher Wirkung enthalten derartige Vorgaben nicht.

V. Sachverhalte mit Auslandsberührung

125   **1. Allgemeines.** Gegen **im Ausland** vorgenommene Handlungen kann grds nur aufgrund eines Patents vorgegangen werden, das für den Staat gilt, in dem die Benutzung stattfindet; Gebiete, in denen kein Patentschutz besteht, sind „patentfreies Ausland". Benutzungshandlungen nur im Ausland verletzen das inländ Patent grds nicht.[479] Soweit ausländ Patentschutz besteht, können auch die inländ Gerichte angegangen werden, soweit inländ besteht, die ausländ, sofern bei ihnen internat Zuständigkeit begründet ist (Rn 5 ff zu § 143).

126   Für die Verletzung eines inländ Patents genügt unberechtigte Vornahme auch nur einer der in Satz 2 genannten **Handlungen im Inland.**[480] Die Wirkung des Patents beschränkt sich nicht darauf, dem Patentinhaber den inländ Markt vorzubehalten;[481] erfasst werden auch Tätigkeiten, die auf ausländ Märkte zielen.[482] Es bestehen keine grds Bedenken, Patentschutz schon dann eintreten zu lassen, wenn einer der Tatbestände des Satzes 2 nur teilweise im Inland verwirklicht wird, solange im Ausland vorgenommene Handlungen nicht unmittelbar mit Verboten belegt werden.[483] Die Unterstützung im Ausland vorgenommener patentfreier Handlungen vom Inland aus ist nicht verboten, solange sie nicht selbst einen der in Satz 2 geregelten Tatbestände erfüllt.[484]

127   Soweit das nationale Patentrecht (in tatsächlicher oder scheinbarer Abweichung vom Territorialitätsprinzip) im Ausland begangene Handlungen erfasst, dürfte in den Grenzen des ordre public die Beurteilung der bei **ausländischen Eingriffsnormen** (Rn 230 zu § 15) entsprechen.[485]

---

475   Vgl *Birkner* Die umstrittene Seegrenze zwischen den Niederlanden und Deutschland, DÖV 2014, 292.

476   *Benkard* Rn 9; vgl *Benkard* GRUR 1951, 177.

477   *Benkard* Rn 9; *Schlimme* Mitt 2014, 363; zu Bemühungen über Regelungen für den Patentschutz im Weltraum ProprInd 1997, 221; zum Patentschutz satellitengestützter Telekommunikationssysteme *Böckstiegel/Krämer/Polley* GRUR 1999, 1; zur Schutzfähigkeit von Gegenständen im Weltraum BPatG 15.9.2003 20 W (pat) 38/03; vgl auch *Haupt* GRUR 2007, 187, 193.

478   *Benkard* Rn 9; *Stauder* S 16 ff und GRUR Int 1975, 421; *Beier/Stauder* GRUR Int 1985, 6; vgl aber südafrikan Commissioner of Patents 2.12.1998, referiert in EIPR 1999 N-127, und südafrikan SuprC 25.5.2000, referiert in EIPR 2000 N-130.

479   RGZ 30, 52, 55 = JW 1892, 485 Kongorot II; RGZ 75, 128, 130 = JW 1911, 227 Hartgußarbeitsbacken; BGHZ 51, 378 = GRUR 1969, 265, 267 Disiloxan; LG Berlin GRUR 1936, 165; LG Düsseldorf GRUR 1953, 285; OLG Düsseldorf GRUR 1978, 588.

480   Vgl BGH GRUR 1970, 358 Heißläuferdetektor; BGH GRUR 1973, 667 patentierte Rolladenstäbe; PatentsC RPC 2002, 47 und nachfolgend 28.11.2002 Menashe v. Hill, referiert in EIPR 2003 N-56; anders die Gesamtheitstheorie, vermittelnd die Schwerpunktstheorie, vgl (kr) *Haupt* GRUR 2007, 187 f, 190 f, die die Schwerpunktstheorie favorisiert.

481   *Kraßer* S 749 (§ 33 I d 1).

482   Zwd mit Rücksicht auf das TRIPS-Übk *Ullrich* GRUR Int 1995, 623, 636.

483   *Kraßer* S 749 f (§ 33 I d 3).

484   *Benkard* Rn 10; vgl schweiz BG BGE 122 III 81, 87 = GRUR Int 1997, 932 Beschichtungsanlage.

485   Vgl zur Problematik US-CAFC Spindelfabrik Süßen v. Schubert & Salzer 903 F. 2d 1568, 1578 zu Vorbereitungshandlungen in Deutschland zu Patentverletzung in USA, die jp Gerichte versagen in einem solchen Fall Ansprüche aus dem US-Patent in Japan, BG und OG Tokio GRUR Int 2001, 83 m Anm *Petersen*.

2. Erzeugnisse

a. Herstellung im Inland. Herstellung von Teilen einer geschützten Vorrichtung im Inland, die aus- **128** schließlich geeignet sind, zu der Vorrichtung zusammengebaut zu werden, und Lieferung zum Zusammenbau im Ausland ist patentverletzend,[486] ebenso Herstellung zum Zweck des Exports ins patentfreie Ausland.[487] Versehen der Vorrichtung mit einem ihre patentverletzende Funktion vorübergehend beseitigenden Teil ist jedenfalls dann als Herstellen im Inland angesehen worden, wenn die Vorrichtung erst nach patentverletzenden Umbau wieder in Verkehr gebracht werden soll.[488] Die Erstellung von Werkstattzeichnungen im Inland zwecks Herstellung im Ausland ist entgegen dem vom RG aufgestellten anderslautenden Grundsatz mit Rücksicht auf Anweisungen und Entsendung von Angestellten aus dem Inland im Einzelfall als patentverletzend angesehen worden.[489] Nicht patentverletzend ist die ingenieurmäßige Planung einer patentverletzenden Vorrichtung, deren Einzelteile von dritter Seite im Ausland gefertigt und zusammengebaut werden.[490] Die Montage von im patentfreien Ausland hergestellten Maschinenteilen im Inland zu einer betriebsfertigen Maschine ist patentverletzendes Herstellen,[491] dagegen ist die Lieferung patentfreier Teile im Ausland an einen Abnehmer, der diese Teile innerhalb patentgeschützter Vorrichtungen verwendet und diese ins Inland liefert, keine Patentverletzung.[492]

b. Grenzüberschreitendes Anbieten. Beim Anbieten **im Inland** ist es gleichgültig, ob der Verkauf **129** im Ausland erfolgt.[493] Der Ort des Zugangs des Angebots ist ohne Bedeutung, wenn nur ein Teil des Angebotsakts im Inland vorgenommen wird.[494] Das angebotene Erzeugnis braucht nicht im Inland vorrätig zu sein.[495] Erfolgt das Angebot an einen Empfänger im Inland und betrifft es ein Gebrauchen des Erzeugnisses im Inland, liegt Patentverletzung vor. Die Art des Anbietens im Inland ist gleichgültig.[496] Das Ausstellen auf einer ausländ internat Messe kann Anbieten im Inland sein, wenn Handlungen gesetzt werden, die auf den Vertrieb patentverletzender Gegenstände im Inland gerichtet sind.[497]

Auch ein Angebot zur Lieferung aus dem Inland **ins Ausland** ist patentverletzend,[498] das gilt auch, **130** wenn im Inland die Lieferung einer in nicht patentverletzender Form herzustellenden Maschine ins Ausland mit der Maßgabe angeboten wird, sie im Ausland in eine dem Patent entspr Form umzubauen[499] oder die Vorrichtung durch einfachsten Austausch durch ein mitgeliefertes Teil patentverletzend werden kann, jedenfalls wenn zum Austausch angeleitet wird.[500] Anbieten eines patentierten Gegenstands zur Lieferung

---

486 RGZ 40, 78, 80 = GRUR 1901, 152 exzentrische Klauen; RG MuW 24, 203 Förderkübel; RG GRUR 1936, 236, 240 Stabeisenbiegevorrichtung; LG Düsseldorf InstGE 6, 130 f; vgl PatentsC FSR 1982, 241 Rotocorp v. Genbourne; zwd PatentsC FSR 1998, 493 Lacroix Duarib v. Kwikform; kr *Hölder* FS 10 Jahre Studiengang „International Studies in Intellectual Property Law" (2009), 181, 187, der darauf abstellt, dass das Liefern von Teilen keine notwendige Teilnahme ist.
487 BGHZ 23, 100, 106 = GRUR 1957, 231 Taeschner-Pertussin I; CA Mailand GRUR Int 1995, 597, 602.
488 LG Düsseldorf InstGE 4, 90.
489 RGZ 124, 368, 371 = GRUR 1929, 1029 Konstruktionszeichnung; mit Recht kr *Benkard* Rn 12; abl auch LG Düsseldorf InstGE 6, 130 f.
490 LG Düsseldorf InstGE 6, 130 f.
491 OLG München OLGR 1994, 116; zum Umverpacken bei Arzneimitteln RB Den Haag BIE 2000, 219.
492 LG Mannheim InstGE 5, 179.
493 LG Braunschweig GRUR 1971, 28.
494 LG Düsseldorf GRUR 1953, 285; LG Düsseldorf GRUR 1970, 550.
495 RGZ 143, 173, 175 = GRUR 1934, 184 Wälzkolbenpumpe; RG GRUR 1936, 116 f Schneidschieber I; BGH GRUR 1960, 423 Kreuzbodenventilsäcke I; BGH GRUR 1964, 491 Chloramphenicol; BGH GRUR 1969, 35 Europareise; LG Düsseldorf GRUR 1970, 550.
496 Vgl LG Düsseldorf InstGE 9, 18: Verteilung eines fremdsprachigen Prospekts eines ausländischen Herstellers auf einer Messe im Inland.
497 Vgl öOGH 22.10.2013 4 Ob 140/13m ÖBl 2014, 69 Ls Internationale Messe; vgl zum Urheberrecht BGHZ 171, 151 = GRUR 2007, 871 Wagenfeld-Leuchte I; BGH GRUR 2016, 487 Wagenfeld-Leuchte II.
498 Vgl *Benkard* Rn 43; RB Den Haag BIE 1994, 351 f; RB Den Haag BIE 1995, 39 f; aA *Pagenberg* GRUR Int 1983, 560, 563 ff, nach dem sich die Rechtswidrigkeit erst aus dem bezweckten Vollzugsgeschäft ergeben soll.
499 BGH Kreuzbodenventilsäcke I; kr *Moser von Filseck* GRUR 1961, 178 und 613, *Moser von Filseck* FS W. vom Stein (1961), 86; aA auch OLG Düsseldorf GRUR 1964, 203; vgl auch *Heine* GRUR 1960, 427.
500 LG Düsseldorf InstGE 4, 90.

vom Ausland ins Ausland auf einer Verkaufsmesse im Inland ist patentverletzend,[501] ebenso Anbieten auf einer internat Messe im Inland, auch wenn es die Angebotsempfänger im Ausland ansässig sind und sich der Erwerbsvorgang im Ausland vollziehen soll.[502] Vorlage von Mustern im Inland zur Vermittlung von Auslandsverkäufen verletzt das Patent.[503] Das gilt auch, wenn der eigentliche Vertrieb ausschließlich im Ausland erfolgt.[504] Als Patentverletzung wurde auch behandelt, dass der eine Bezugsmöglichkeit im Ausland Offenbarende Besteller auf diese verweist.[505] Dagegen ist die Verbreitung von Werbeprospekten im Ausland nicht patentverletzend, auch wenn sie eine Begehungsgefahr im Inland begründen kann.[506] Die ausdrücklich und eindeutig auf Lieferung zur Benutzung im Ausland beschränkte Listung des schutzrechtsverletzenden Gegenstands kann aber ausscheiden.[507]

131   **Bewerben im Internet.** Kollisionsrechtl kommt es nicht nur auf den Standort des Webservers,[508] sondern zusätzlich auch darauf an, wo die Information zugänglich ist („Bogsch-Theorie").[509] Es ist nicht ausreichend, dass der Auftritt im Inland abgerufen werden kann, erforderlich ist, dass der Internetauftritt aus der Sicht des angesprochenen inländ Verkehrs nach den Gesamtumständen auf die Bereitschaft schließen lässt, das im Internetauftritt gezeigte Erzeugnis ins Inland zu liefern.[510] So wird das Bewerben im Inland jedenfalls dann nicht als patentverletzend angesehen werden können, wenn ein hinreichend wirtschaftlich relevanter Inlandsbezug nicht besteht,[511] so, wenn das Verbreitungsgebiet durch einen „disclaimer" eingeschränkt wird, in dem der Werbende ankündigt, Adressaten in einem bestimmten Land nicht zu beliefern;[512] um wirksam zu sein, muss der „disclaimer" eindeutig gestaltet, aufgrund seiner Aufmachung als ernst gemeint aufzufassen sein und vom Werbenden tatsächlich beachtet werden.[513] Maßgeblich ist der Eindruck, der gegenüber Dritten vermittelt wird.[514] Fremdsprachiger Auftritt steht nicht ohne weiteres entgegen.[515] Der Hinweis, dass das Angebot nur für bestimmte Märkte gelte, wurde als widerlegliches Indiz angesehen.[516] Auch Einstellen im Internet ohne Preise und Lieferkonditionen wurde nicht als Anbieten angesehen, auch wenn die Weitergabe der Kontaktdaten des Interessenten möglich war.[517] Das bloße Anbieten im Internet ohne näheren Inlandsbezug reicht ebenfalls nicht aus. Das Verlinken der Website eines Dritten, auf der die patentverletzenden Produkte beworben werden, wurde dagegen als patentverletzendes Anbieten dessen, der den Link gesetzt hat, behandelt.[518]

132   Der **bloße Vertragsabschluss** im Inland über den Vertrieb eines im Ausland hergestellten Erzeugnisses im Ausland ist keine Patentverletzung.[519]

---

501   OLG München InstGE 5, 13; OLG München InstGE 5, 15; LG Mannheim InstGE 6, 9; *Benkard* Rn 11; abw RGZ 149, 102, 105 = GRUR 1936, 108 Oberlederkantenmaschine; vgl auch BGHZ 167, 374 = GRUR 2006, 927 Kunststoffbügel.

502   OLG Düsseldorf InstGE 12, 299; *Schulte* Rn 62.

503   RGZ 77, 248 f = BlPMZ 1912, 29 Asbestzementschiefer.

504   OLG München InstGE 5, 15.

505   LG Düsseldorf 2.9.2008 4a O 185/08.

506   OLG Karlsruhe GRUR 1980, 784; vgl auch RGZ Oberlederkantenmaschine S 104 f; RG GRUR 1936, 121, 123 Kulierwirkmaschine.

507   BGHZ 167, 374 = GRUR 2006, 927 Kunststoffbügel.

508   EuGH 18.10.2012 C-173/11 GRUR 2012, 1245 Football Dataco/Sportradar.

509   *NK-BGB/Grünberger* Art 8 Rom II Rn 35 mwN.

510   OLG Karlsruhe InstGE 11, 15; LG Düsseldorf 25.7.2013 4c O 26/13.

511   BGH GRUR 2005, 431, 433 Hotel Maritime; *NK-BGB/Grünberger* Art 8 Rom II Rn 37.

512   Vgl EuGH C-324/09 GRUR 2011, 1036 L'Oréal/eBay; Markensache.

513   Vgl BGHZ 167, 91 = GRUR 2006, 513 Arzneimittelwerbung im Internet, zum AMG, sowie zum Markenrecht BGH GRUR 2003, 428 BIG BERTHA; BPatG BlPMZ 2001, 24 f; KG GRUR Int 2002, 448 ff; OLG Frankfurt CR 1999, 450 f; OLG München GRUR-RR 2005, 375: hinreichender wirtschaftlich relevanter Inlandsbezug; LG Düsseldorf InstGE 3, 54; LG Hamburg CR 1999, 785: Kontaktadresse im Inland, Top-Level-Domain „de"; vgl RB Den Haag BIE 1999, 213; öOGH ÖBl 2001, 269 Ciclon; öOGH GRUR Int 2002, 344 = ÖBl 2002, 145 BOSS-Zigaretten; öOGH GRUR Int 2002, 265 Red Bull lässt grds bereits Anwählbarkeit aus dem Inland ausreichen, bdkl; zum Wettbewerbsrecht KG GRUR Int 2002, 448.

514   OLG Karlsruhe InstGE 11, 15.

515   LG Düsseldorf InstGE 10, 193.

516   ÖOGH ÖBl 2003, 31 Boss-Zigaretten IV.

517   TGI Paris PIBD 840 III 50, Ls auch in GRUR Int 2007, 442.

518   OLG Düsseldorf InstGE 7, 139 = GRUR-RR 2007, 259; zust *Jüngst/Stjerna* Mitt 2009, 356, 358; vgl OLG Karlsruhe InstGE 4, 115.

519   *Benkard* Rn 12; vgl RGZ 30, 52, 55 = JW 1892, 485 Kongorot II; RGZ 75, 128, 131 = JW 1911, 227 Hartgußarbeitsbacken; schweiz BG GRUR Int 1975, 249 Medazepam; RB Den Haag BIE 1995, 365, 367: Verkauf eines unter ein nl Patent fallenden

c. Export, Import. Export ins Ausland ist Inverkehrbringen im Inland.[520] Schwierigkeiten bereiten **133** Besitzmittlungs- und Spediteurs- oder Frachtführerfälle; die Frage ist auch für die Abgrenzung europaweite/internat Erschöpfung von Bedeutung.[521] Darauf, ob der ausländ Importeur bereits im Inland Verfügungsgewalt erlangt, kommt es nach zutr Auffassung nicht an[522] (vgl Rn 77). Nicht verletzend ist das Bewirken des Inverkehrbringens im Ausland vom Inland aus ohne weitere Inlandsberührung.[523]

Lieferung **vom Ausland ins Inland** ist Inverkehrbringen im Inland; auf den Ort der Übergabe kommt **134** es grds nicht an.[524] Einführenlassen durch einen Dritten genügt.[525] Einmalige Lieferung reicht auch dann aus, wenn sie aufgrund einer Testbestellung und außerhalb des regelmäßigen Absatzgebiets erfolgt.[526] Auch Lieferung an einen Abnehmer im Inland ist patentverletzend, wenn der Lieferant weiß, dass der Abnehmer im Inland vertreibt,[527] selbst bei Zwischenschaltung eines Abnehmers im Ausland.[528] Von einem ausländ Hersteller, der ins Inland liefert, kann eine vorherige Prüfung dahin erwartet werden, ob durch die Lieferung die im Inland geltenden Schutzrechte verletzt werden.[529] Ob Exporteur oder Importeur oder beide Täter, Gehilfe oder Anstifter sind, hängt von den Umständen ab und spielt wegen § 830 Abs 2 BGB grds keine entscheidende Rolle. Dass das importierte Arzneimittel zusätzliche Merkmale aufweist, führt nicht aus der Benutzung hinaus.[530]

Allerdings wurde der **ausländische Hersteller**, der nur den Import veranlasst hat, als solcher nicht **135** als Verletzer angesehen;[531] dem wird nicht zu folgen sein, jedenfalls, wenn die patentverletzenden Vorrichtungen in Kenntnis des Klagepatents und des Bestimmungslands geliefert werden.[532] Der vermittelnde Makler ist Täter und nicht nur Gehilfe des Anbieters.[533] Im eur Markenrecht reicht die Einfuhr zum Verkauf

————

Gegenstands in den Niederlanden aus Bulgarien nach Deutschland; vgl zur Listung BGHZ 167, 374 = GRUR 2006, 927 Kunststoffbügel; aA mit Rücksicht auf die Formulierung „insbesondere" im it Gesetzestext zur Vermittlung von Rechtsgeschäften über ein patentiertes, im Ausland hergestelltes und dort verkauftes Erzeugnis CCass Rom GRUR Int 2004, 876 Omeprazol.

520 RGZ 51, 139, 142 = GRUR 1904, 302 Guajakol-Karbonat; RGZ 65, 157, 160 = BlPMZ 1907, 151 Seidenglanz; RG MuW 22, 193, 195 Wolframdraht; RG GRUR 1936, 121, 123 Kulierwirkmaschine; RGSt 10, 349, 351 f Schmierbüchsen; RGSt 21, 205, 207 Antipyrin; RGSt 36, 178, 180 = GRUR 1904, 301 Schnürlochösen; BGHZ 23, 100, 106 = GRUR 1957, 231 Taeschner-Pertussin I; OLG Düsseldorf 5.5.2011 2 U 10/10; LG Düsseldorf GRUR 1953, 285; *Stauder* S 118; *V. Tetzner* GRUR 1980, 885; vgl BGHZ 171, 13 = GRUR 2007, 313 Funkuhr II; anders bei „neutralen" Teilen, RG BlPMZ 1913, 225 Drahtverbindung, GbmSache; vgl BGHZ 129, 66, 75 = GRUR 1995, 673 Mauerbilder; BGH GRUR 2004, 855 Hundefigur; BGHSt 49, 93 = GRUR 2004, 421, 424 Tonträgerpiraterie durch CD-Export.

521 Vgl OLG Karlsruhe GRUR 1999, 343, 345, Markensache, zur Lieferung an ausl Tochterunternehmen.

522 *Kraßer* S 762 (§ 33 II c 4) gegen *Klauer/Möhring* § 6 Rn 101.

523 RG Schmierbüchsen.

524 BGH GRUR 2002, 599 Funkuhr I; BGHZ 204, 114 = GRUR 2015, 467 Audiosignalcodierung; vgl RGZ 45, 147, 150 = BlPMZ 1900, 167 Rückschlagventil; RGZ 51, 139, 141 f = GRUR 1904, 302 Guajakol-Karbonat; RG GRUR 1939, 354, 357 Filtrol; RGSt 10, 349 ff Schmierbüchsen; RGSt 36, 178 f = GRUR 1904, 301 Schnürlochösen; BGHZ 23, 100, 106 = GRUR 1957, 231 Taeschner-Pertussin I; BGH GRUR 1973, 667 patentierte Rolladenstäbe; OLG Hamburg GRUR 1985, 923; OLG Hamburg GRUR Int 1991, 301; OLG Karlsruhe GRUR 1982, 295, 300; LG Düsseldorf GRUR 1953, 285; differenzierend nlHR GRUR Int 1963, 494: Inverkehrbringen bei erstem Aushändigen; vgl auch BPatGE 43, 58 = GRUR 2001, 58, Markensache; CAFC Gemtron v. Saint-Gobain, referiert in EIPR 2010 N-8; zur Patentverletzung durch Einfuhr einer Probe eines Arzneimittels und Übersendung an die Zulassungsbehörde zwecks Erlangung der Zulassung neuseeländ CA GRUR Int 1993, 342 und hierzu *Brown* Patent Infringement by Importation of Drug Samples to Obtain Marketing Approval, EIPR 1992, 23.

525 HG St. Gallen sic! 2005, 31.

526 BGHZ 194, 272 = GRUR 2012, 1230 MPEG-2-Videosignalcodierung; OLG Düsseldorf 28.1.2010 2 U 131/08 IPRspr 2010 Nr 211, 535.

527 BGH GRUR 2002, 599 Funkuhr I; LG Düsseldorf InstGE 1, 154 f; in den USA als prozessuales Problem der „personal jurisdiction" behandelt, vgl SuprC 480 US 102, 111 (1987) Asahi v Superior Court of California; CAFC F 3d 1558, 1564 Beverly Hills Fan v. Royal Sovereign Corp, Federal Circuit Court of Appeals 19.1.2005 Trintec Industries v Pedre Promotional Products, referiert in EIPR 2005 N-166.

528 LG Düsseldorf InstGE 3, 174 f; LG Mannheim InstGE 6, 9; vgl LG Düsseldorf 21.6.2007 4a O 233/06; kr *Hölder* FS 10 Jahre Studiengang „International Studies in Intellectual Property Law" (2009), 181, 183 unter Abstellen auf die Tatherrschaft.

529 LG Düsseldorf 26.1.2012 4a O 41/07.

530 OLG Düsseldorf 6.8.2015 2 U 21/15 Mitt 2016, 89 Ls.

531 HoL 14.10.2004 Sabaf v. MFI Furniture.

532 OLG Karlsruhe GRUR 2014, 59.

533 OLG Hamburg GRUR Int 1999, 67.

oder zum Anbieten nicht aus.[534] Das Zurverfügungstellen von kostenlosen Proben für Verbraucher an Vertragshändler wurde markenrechtl nicht ohne weiteres als Inverkehrbringen behandelt.[535]

136   **d.** Bloße **Durchfuhr** vom Ausland in das Ausland ist keine Einfuhr zum Zweck des Inverkehrbringens,[536] selbst bei neuem Beförderungsauftrag und Verfügungsgewalt des Spediteurs.[537] Ob dies mit der **VO (EU) Nr 608/2013** des europäischen Parlaments und des Rates vom 12. Juni 2013 (ProduktpiraterieVO); § 142b) im Einklang steht, ist bezweifelt worden.[538]

137   **Verbringen ins Inland**, selbst in ein Freihafenlager, genügt bei im Ausland gekaufter und in das Ausland weiterverkaufter Ware jedenfalls, wenn einem anderen die tatsächliche Verfügungsgewalt verschafft wird.[539] Auch das Versehen mit einem Firmenschild des Lieferanten im Inland begründet Inverkehrbringen.[540]

3. Verfahren

138   **a. Anwenden des Verfahrens** im Ausland ist keine Patentverletzung.[541] Jedoch genügt die Durchführung eines Teils der Verfahrensschritte im Inland, sofern die Vollendung des Verfahrens im Ausland dem im Inland Handelnden zuzurechnen ist.[542] Dem stehen die Extrempositionen gegenüber, dass alle Verfahrensschritte im Inland durchgeführt werden müssen oder dass die Durchführung eines einzelnen Verfahrensschritts im Inland ausreiche; eine weitere Auffassung stellt auf den „Kern" ab. Die Anwendung ausschließlich im Ausland kann auch nicht durch eine Einbeziehung des Anbietens oder Lieferns von Mitteln zur Verfahrensanwendung erfasst werden.[543]

139   Probleme ergeben sich im **Internet** aus dem Schutz programmbezogener Erfindungen;[544] insb bei Client-Server-Systemen, wenn sich Server, Datenbank und Benutzer in verschiedenen Ländern befinden (vgl Rn 12 zu § 10).[545] Hier sind Fälle denkbar, in denen lediglich der Provider im Geltungsbereich des Patentgesetzes tätig wird, dieser das Verfahren aber nicht selbst anwendet.[546]

---

534   EuGH C-16/03 GRUR 2005, 507 Peak Performance.
535   EuGH C324/09 GRUR 2011, 1036 L'Oréal/eBay.
536   BGHZ 23, 100, 103 = GRUR 1957, 231, 234 Taeschner-Pertussin I; BGH GRUR 1958, 189, 197 Zeiss; BGH GRUR 2014, 1189 Transitwaren; OLG Karlsruhe GRUR 1982, 295, 299; LG Hamburg InstGE 11, 65; schweiz BG GRUR 1991, 227 Doxycyclin II; *Benkard* Rn 45 mwN; *Mes* Rn 20: bei ungebrochener Durchfuhr; *Schulte* Rn 67; *Kraßer* S 762; *Kühnen* Hdb Rn 225; *Haedicke/Timmann* Hdb § 8 Rn 41; *Worm/Maucher* Mitt 2009, 445; *Cordes* GRUR 2012, 141; aA OLG Hamburg GRUR Int 1998, 67 f und aufgrund gemeinschaftskonformer Auslegung LG Hamburg 2.4.2004 315 O 305/04, auszugsweise in GRUR Int 2004, 835, hiergegen *Kobiako* GRUR Int 2004, 832; *Benkard* Rn 45, aufgegeben in LG Hamburg InstGE 11, 65; vgl für das Markenrecht BGH GRUR 2012, 1263 Clinique happy; BGH GRUR 2007, 875 Durchfuhr von Originalware sowie die EuGH-Vorlage BGH GRUR 2005, 768 DIESEL I und hierzu *Leitzen* GRUR 2006, 89, 98, EuGH C-281/05 Slg 2006 I 10881 = GRUR 2006, 553 DIESEL und nachgehend BGH GRUR 2007, 876 DIESEL II sowie *Heinze/Heinze* GRUR 2007, 740, 747 f.
537   BGH Taeschner-Pertussin I gegen RG BlPMZ 1915, 230 Durchfuhr; *Benkard* Rn 45 mNachw zum Markenrecht; *Kraßer* S 762 (§ 33 II c 4).
538   Zur Vorgängerregelung *Leitzen* GRUR 2006, 89, 98; hiergegen *Benkard* Rn 45.
539   RGZ 45, 147, 149 = BlPMZ 1900, 167 Rückschlagventil; RGSt 21, 205, 208 Antipyrin; RGSt 36, 178 f = GRUR 1904, 301 Schnürlochösen; BGHZ 23, 100, 103 = GRUR 1957, 231, 234 Taeschner-Pertussin I; OLG Hamburg GRUR 1985, 923; OLG Karlsruhe GRUR 1982, 295, 299; *Kraßer* S 761 (§ 33 II c 2); *Benkard* Rn 44 unter Hinweis auf den knapp begründeten Beschluss BGH GRUR 2002, 599 Funkuhr I.
540   OLG Karlsruhe GRUR 1982, 295, 300.
541   OLG Düsseldorf InstGE 11, 164 = GRUR-RR 2010, 122; anders in den USA, wo die Einfuhr eines nach einem durch ein US-Patent geschützten Verfahren hergestellten Erzeugnisses während der Patentlaufzeit verletzt, US-CAFC GRUR Int 2003, 1040 Bayer v. Housey; vgl aber CAFC Cardiac Pacemakers v. St. Jude Medical, referiert in EIPR 2010 N-10.
542   *Kraßer* S 767 (§ 33 III a 1); LG Düsseldorf 14.8.2007 4a O 235/06; kr *Hölder* FS 10 Jahre Studiengang „International Studies in Intellectual Property Law" (2009), 181, 191 f, der unter Hinweis auf BGH GRUR 2007, 773 Rohrschweißverfahren auf den Ort abstellen will, an dem der Arbeitserfolg eintritt; aA *Haupt* GRUR 2007, 287, 289; vgl OLG Düsseldorf InstGE 11, 203 = Mitt 2010, 237; *Benkard* Rn 10.
543   *Kraßer* S 771 (§ 33 III b 6); aA *Stauder* S 150 ff, S 171 ff, S 191.
544   Vgl *Hannemann* BIE 2000, 40, 44; *Viêl* Ein Recht auf den Hyperlink? Jur-PC Web-Dok 1.9.2000.
545   Vgl *Esslinger/Betten* CR 2000, 18; *Haupt* GRUR 2007, 187 mwN; zur vergleichbaren Tatortproblematik nach § 9 Abs 1 StGB BGHSt 46, 212 = NJW 2001, 624.
546   Vgl *Haupt* GRUR 2007, 187, 189.

b. Das **Anbieten des Verfahrens** wird nur erfasst, wenn es zur Anwendung im Geltungsbereich des **140** PatG erfolgt; Anbieten zur Anwendung im Ausland ist nicht patentverletzend.[547] Das gilt infolge der Verweisung in Art 64 Abs 1 EPÜ auch beim eur Patent und nach Art 5 Abs 2, 3 VO (EU) Nr 1257/2012 des Europäischen Parlaments und des Rates auch für das Europäische Patent mit einheitlicher Wirkung, soweit auf diese dt Recht anzuwenden ist. Enthält das Angebot einen deutlichen Hinweis, dass das Verfahren nicht im Inland ausgeübt werden darf, scheidet Verletzung idR aus.[548] Das Erbieten, bei der Ausführung des Verfahrens im Ausland behilflich zu sein, ist keine Patentverletzung;[549] dies ist durch Satz 2 Nr 2 geklärt.

4. Beim **Verwendungspatent** ist sinnfälliges Herrichten im Inland für den Export erfasst, ebenso **141** Anbieten oder Inverkehrbringen eines im Ausland sinnfällig hergerichteten Erzeugnisses im Inland.[550] Fehlt es am sinnfälligen Herrichten, liegt Patentverletzung nicht vor.[551]

Bei den vom EPA früher gewährten **Herstellungsverwendungsansprüchen**[552] ergibt sich diese Wir- **142** kung ohne weiteres.[553]

E. Erschöpfung der Rechte aus dem Patent

Schrifttum (zur Erschöpfung bei biologischem Material s § 9b): *Abbey* Exhaustion of Intellectual Property Rights in the EEA Does Not Apply to Third-country Goods Placed on the EEA Market, EIPR 1993, 43; *AIPPI (Schweizer Gruppe)* Exhaustion of IPRs in cases of recycling and repair og goods (Q 205); *Albert/Heath* Markenrecht und Paralleleinfuhr, GRUR 1998, 642; *Alexander* L'établissement du Marché commun et le problème des brevets parallèles, RevTrimDrEur 1968, 513; *Alexander* Gewerbliche Schutzrechte und die Errichtung des Europäischen Gemeinsamen Marktes, GRUR Int 1972, 272; *Allekotte* Erschöpfung durch Zahlung? Mitt 2004, 1; *Ammann* Intellectual property rights and parallel imports, in: Legal issues of European Integration, 1999,1/2 S 91; *Andermann* Territorialitätsprinzip im Patentrecht und Gemeinsamer Markt, 1975; *O. Axster* Parallelimport von patentierten Erzeugnissen (Bericht) GRUR Int 1990, 609; *Barrett* A Fond Farewell to Parallel Imports of Patented Goods: The United States and the Rule of International Exhaustion, EIPR 2002, 571; *Baudenbacher* Erschöpfung der Immaterialgüterrechte in der EFTA und die Rechtslage in der EU, GRUR Int 2000, 584; *Baudenbacher* Die Lausanner Springprozession bei der Erschöpfung von Immaterialgüterrechten, SZW 2000, 140; *Beckmann* Endgültiges Ende der weltweiten Erschöpfung des nationalen Markenrechts, NJW 1999, 1688; *Beckmerhagen* Die essential facilities doctrine im US-amerikanischen und europäischen Kartellrecht, 2002, zugl Diss Konstanz 2001; *Beier* Gewerblicher Rechtsschutz und freier Warenverkehr im europäischen Binnenmarkt und im Verkehr mit Drittstaaten, GRUR 1989, 603; *Beier* Zur Zulässigkeit von Parallelimporten patentierter Erzeugnisse, GRUR Int 1996, 1; *Beier/von Mühlendahl* Der Grundsatz der internationalen Erschöpfung des Markenrechts in den Mitgliedstaaten der EG und ausgewählten Drittstaaten, Mitt 1980, 101; *Bellis* After Polydor – the territoriality of the community doctrine of exhaustion of intellectual property rights, Revue suisse du droit international et de la concurrence, 1982, 17; *Bergmann* Schadensersatz und das Prinzip der Erschöpfung. Herausgabe des Verletzergewinns wegen Urheberrechtsverletzung in der Absatzkette, GRUR 2010, 874; *Bieri-Gut* Parallelimport und Immaterialgüterrechte nach schweizerischen Spezialgesetzen und dem Recht der EU, AJP 1996, 560; *Blasendorff* Zur Erschöpfung des Patentrechts, FS W. vom Stein (1961), 13; *Blok* Patentrettens Konsumtionsprincip, 1974; *Blum* Grenzen der Patentausbeutung Zusammenhang der Benutzungsarten und Beschränkung der Lizenz, GRUR 1932, 1; *Bodenhausen* Der EWG-Vertrag und der gewerbliche Rechtsschutz, GRUR Int 1958, 218; *Bodewig* Umweltschutz und Patentrecht, Zum Schutz wiederverwertbarer Stoffe, GRUR 1992, 567; *Bodewig* Erschöpfung der gewerblichen Schutzrechte und des Urheberrechts in den USA, GRUR Int 2000, 597; *Bodewig* Einige Überlegungen zur Erschöpfung bei Zwangslizenzen an standardessentiellen Patenten, GRUR Int 2015, 626; *Bollinger* Die Regelung der Parallelimporte im Recht der WTO, sic! 1998, 541; *Bonadio* Parallel Imports in a Global Market: Should a Generalised International Exhaustion be the Next Step? EIPR 2011, 153; *Bopp* Parallelimporte und Patentrecht – Merck/Primecrown und die Folgen, PharmR 1997, 164; *Borner* Nationale oder internationale Erschöpfung von Patenten, sic! 1999, 476; *Brandi-Dohrn* Erschöpfung und Kartellrecht, GRUR 1980, 757; *Britton/Karet* Parallel Imports Continue: The Patent Exhaustion Principle Upheld, EIPR 1997, 207; *Bronckers* The Impact of TRIPS: Intellectual Property Protection in Developing Countries, 31 CMLR 1245, 1265 ff (1994); *Bronckers* The Exhaustion of Patent Rights under WTO Law, Journ. of World Trade 1998, 144; *Brown* Interna-

---

547 Vgl schon RGZ 149, 102, 105 = GRUR 1936, 108 Oberlederkantenmaschine gegen RGZ 46, 14, 17 = BlPMZ 1900, 197 harzartige Körper.
548 Vgl *Schulte* Rn 76.
549 RGZ 75, 128, 130 = JW 1911, 227 Hartgußarbeitsbacken.
550 BGHZ 88, 209, 217 = GRUR 1983, 729 Hydropyridin; *Kraßer* S 783 (§ 33 III d 6).
551 OLG Düsseldorf GRUR 1964, 203.
552 EPA G 1/83 ABl EPA 1985, 60 = GRUR Int 1985, 193 zweite medizinische Indikation.
553 *Kraßer* S 781 f (§ 33 III d 3 f); dort auch – im Anschluss an *Pagenberg* GRUR Int 1984, 41 – Bedenken hinsichtlich des Verwendungsanspruchs, weil das Herrichten bei diesem nur einen Teilaspekt darstelle.

tional Exhaustion in Europe, LES Nouvelles 1997, 3, 107; *Bürgi/Lang* Rettungsanker Patentrecht zum Schutz selektiver Vertriebssysteme in der Schweiz? sic! 1999, 379; *Castell* L'"Epuisement" du droit intellectuel en droits allemand, français et communitaire, 1989; *Cohen Jehoram* International Exhaustion versus Importation Right: a Murky Area of Intellectual Property Law, GRUR Int 1996, 280; *Cohen Jehoram* Prohibition of Parallel Imports Through Intellectual Property Rights, IIC 1999, 495; *Comte* Internationale Erschöpfung der Patentrechte, sic! 1999, 478; *Conde Gallego* The Principle of Exhaustion of Rights and Ist Implications for Competition Law; IIC 2004, 473; *Conde Gallego/Podzuhn* Rahmenbedingungen für den Wettbewerb um Arzneimittel, sic! 2011 126; *Correa* The GATT Agreement on Traderelated Aspects of Intellectual Property Rights: New Standards for Patent Protection, EIPR 1994, 327; *Cottier* The Exhaustion of Intellectual Property Rights: A Fresh Look, IIC 2008, 755; *Cottier/Stucki* Parallelimporte im Patent-, Urheber- und Muster- und Modellrecht aus europarechtlicher und völkerrechtlicher Sicht, in: Conflit entre importations palallèles et propriété intellectuelle? Comparativa 60, Genf, 1996, 44; *Cushley* International Exhaustion The Davidoff (and Levi) Cases, EIPR 2001, 397; *Czernik* Der Erschöpfungseinwand im Piraterriewarenprozess, FS A.-A. Wandtke (2013), 449; *Davies* Glaxo Group Ltd v Dowelhurst and Taylor: What Future for Altruism in the Pharmaceutical Industry? EIPR 2004, 437; *Demaret* Patents, Territorial Restrictions, and EEC Law (IIC Studies Vol 2) 1978; *Demaret* Patent und Urheberschutz, Zwangslizenzen und freier Warenverkehr im Gemeinschaftsrecht, GRUR Int 1987, 1; *Deringer* Gewerbliche Schutzrechte und EWG-Vertrag, GRUR Int 1968, 105; *Deringer* Gewerbliche Schutzrechte und freier Warenverkehr im Gemeinsamen Markt, NJW 1977, 469; *Döbler* Die Einführung des WTO-weiten Erschöpfungsgrundsatzes in das Markenrecht der EU und der USA, Diss Frankfurt/Main 2001; *Douglas* Die markenrechtliche Erschöpfung beim Parallelimport von Arzneimitteln, 2005; *Dubs* Parallelimporte: eine verkannte IPR-Problematik, Festgabe Schweiz. Juristenverein 2000, 239; *Dutoit* Les importations parallèles au cible de quel droit? in: Conflit entre importations palallèles et propriété intellectuelle? Comparativa 60, Genf, 1996, 98; *Dyrberg* For EEA Exhaustion to Apply, Who has to Prove the Marketing of the Trade Marked Goods in the EEA the Trade Mark Owner or the Defendant? EIPR 2004, 81; *Ebenroth* Gewerblicher Rechtsschutz und europäische Warenverkehrsfreiheit. Ein Beitrag zur Erschöpfung gewerblicher Schutzrechte, 1992; *Eeckmann* Industriële Eigendomsrechten en Eenheid van de Markt in de Rechtspraak van het Hof van Justitie, Europees kartelrecht anno 1980; *Fabiani* Commercio e importazione di prodotti e tutela giuridica dei beni immateriali, 1959; *Feddersen* Parallel Trade in Pharmaceuticals in a Europe of 25: What the „Specific Mechanism" Achieves and What it Does Not, EIPR 2003, 545; *Feros* Free Movement of Pharmaceuticals within the European Union – Should Rights Be Exhausted Regionally? EIPR 2010, 486; *Finger* Erschöpfung von gewerblichen Schutzrechten und Urheberrechten, GRUR 1941, 402; *Fischer/delli Colli* EuGH: Weiterverkauf gebrauchter Softwarelizenzen ist auch bei online in Verkehr gebrachter Software zulässig, sic! 2012, 822; *Friden* Recent developments in EEC intellectual property law: The distinction between existence and exercise revisited, 26 CMLR (1989), 193; *Finger* Erschöpfung von gewerblichen Schutzrechten und Urheberrechten, GRUR 1941, 402; *P. Finger* Patentschutz und EWG-Kartellrecht, NJW 1968, 2178; *Freytag* Parallelimporte nach EG- und WTO-Recht, 2001; *Gaster* Funktionen des Binnenmarkts und Paralleleinfuhren aus Drittländern: Ein Plädoyer gegen die internationale Erschöpfung von Immaterialgüterrechten, WBl 1997, 47; *Gaster* Die Erschöpfungsproblematik aus der Sicht des Gemeinschaftsrechts, GRUR Int 2000, 571; *Gaster* Der Grundsatz der Erschöpfung aus der Sicht des Europäischen Gemeinschaftsrechts, in: Rechtsfragen des internationalen Schutzes geistigen Eigentums (2002), 99; *Gaster* Kartellrecht und Geistiges Eigentum: unüberbrückbare Gegensätze im EG-Recht? CR 2005, 247; *Gladwell* The Exhaustion of Intellectual Property Rights, EIPR 1986, 353; *Goltz* Territorialität des Patentschutzes und Gemeinsamer Markt, WuW 1975, 751; *González Perini* Patents vs. Trade? The issue of patent rights exhaustion, Legal issues of economic integration 2003, 133; *Gotzen* Gewerblicher Rechtsschutz und Gemeinsamer Markt, GRUR Int 1958, 224; *Gotzen* La Propriété Industrielle et les Articles 36 et 90 du Traité instituant la C.E.E., Revue trimestrielle du droit commercial 1958, 261; *Gotzen* Gewerbliche Schutzrechte und Urheberrecht in der Rechtsprechung zu Art 30–36 des EWG-Vertrags, GRUR Int 1984, 146; *Govaere* The Use and Abuse of Intellectual Property Rights in E.C. Law, 1996; *Graf* Erschöpfung des Patentrechts, GRUR 1973, 55; *Grauel* Parallelimport von Arzneimitteln, MA 1996, 504; *Graz* Propriété intellectuelle et libre circulation des marchandises, Diss Lausanne 1988; *Greif* Volkswirtschaftliche Aspekte eines verschärften Ausübungszwangs für Patente in Entwicklungsländern, GRUR Int 1980, 451; *Gross* Trade Mark Exhaustion: The U.K. Perspective, EIPR 2001, 224; *Gross* Trade Mark Exhaustion: The Final Chapter? EIPR 2002, 93; *Güntzel* Territorial beschränkte Lizenzen bei parallelen Patenten im Gemeinsamen Markt, Kölner Schriften zum Europarecht Bd 31, 1980; *Guy/Leigh* The EEC and Industrial Property, 1981; *Harris* Community Law and Intellectual Property: Recent Cases in the Court of Justice, CMLR 1982, 61; *Hays* The Burden of Proof in Parallel-Importation Cases, EIPR 2000, 353; *Heath* From „Parker" to „BBS" – The Treatment of Parallel Imports in Japan, IIC 1993, 179; *Heath* Bedeutet TRIPS wirklich eine Schlechterstellung von Entwicklungsländern? GRUR Int 1996, 1169; *Heath* Zur Paralleleinfuhr patentierter Erzeugnisse, RIW 1997, 541; *Heath* Parallel Imports and International Trade, IIC 1997, 623; *Heath* Erschöpfung und Paralleleinfuhr, in: Rechtsfragen des internationalen Schutzes geistigen Eigentums (2002), 27; *Heath* Parallel Imports of Patented Pharmaceuticals from the New EU Accession States, IIC 35 (2004), 776; *Heydt* Der Zusammenhang der Benutzungsarten bei Verfahrenspatenten, MuW 33, 226; *Hilty* Verbot von Parallelimporten Heimatschutz oder Schildbürgerstreich? sic! 2000, 231; *Hirsch* Le principe de territorialité du droit des brevets dans le Marché Commun; Brevets et marques au regard du droit de la concurrence en Europe et aux États-Unis, 1968, 102; *Hölder* Ersatzteile und Erschöpfung – Patentschutz für Geschäftsmodelle? GRUR 2007, 96; *Hoeren* Der Erschöpfungsgrundsatz bei Software, GRUR 2010, 665; *Holley* The Limits Placed by EEC Law on Territorial Protections in Patent Licensing ..., N.J. Inter. Law and Business 1981, 561; *Hoppe-Jänisch* Die Entscheidung des BGH „MPEG-2-Videosignalcodierung", Mitt 2013, 51; *Jaeger* Die Erschöpfung des Verbreitungsrechts bei OEM-Software, ZUM 2000, 1070; *Johannes* Gewerblicher Rechtsschutz und Urheberrecht im Europäischen Gemeinschaftsrecht, 1973; *Johannes* Zur Vorlage des BGH an den EuGH, wer die Merkmale der Erschöpfung darzulegen und zu beweisen hat, MarkenR 2000, 251; *Joliet* Patented Articles and the Free Movement of Goods within the EEC: The Sterling Case, in: Current Legal Problems 1974–1975; *Joller* Zur territorialen Reichweite des Erschöpfungsgrundsatzes im Markenrecht, GRUR Int 1998, 751; *Jones* Revisited: Does an Opportunity Still Exist for the Development of a Doctrine of International Exhaustion at a Community Level under Articles 28 and 30? EIPR 2000, 171; *Joos* Die Erschöpfungslehre im Urheberrecht, 1991; *Kairies* Markenrechtserschöpfung und Internetwerbung durch Parallelimporteure, 2001, zugl Diss Hannover; *Keeling* Intellectual Property Rights in EU Law Volume I: Free Movement and Competition Law, 2004; *Klaka* Markenrechtliche Erschöpfungslehre im neuen Licht, FS F. Traub (1994), 173; *Klados* Darlegungs- und Beweislast bei Parallelimporten im Markenrecht, WRP 1999, 1018; *Kleist* Parallelimporte von Arzneimitteln in der Europäischen Wirtschaftsgemeinschaft, WRP 1977, 551; *Knaak/Joller* Die Beurteilung von Parallelimporten im schweizerischen Patent-, Urheber- und Markenrecht, WRP 2000, 1089; *Koenig/Engelmann/Sander* Parallelhandelsbeschränkungen im Arzneimittelbereich und Freiheit des Warenverkehrs, GRUR Int 2001, 919; *Knöpfle* Die gewerblichen Schutzrechte und der gemeinschaftsrechtliche Grundsatz des freien Warenverkehrs, BB 1977, 1073; *Koch/Froschmaier* Patentgesetze und Territorialitätsprinzip im Gemeinsamen Markt, GRUR Int 1965, 121; *Koenigs* Schranken der Ausübung gewerblicher Schutzrechte nach Art 30 EWG-Vertrag, DB 1983, 1415; *Koenigs* Rechtsfolgen der Einheitlichen Europäischen Akte für den Gewerblichen Rechtsschutz, FS Preu (1988), 267; *Koppensteiner* Urheber- und Erfinderrechte beim Parallelimport geschützter Waren, RIW 1971, 357; *Koppensteiner* Zum Erschöpfungsgrundsatz im Patent- und Urheberrecht, GRUR Int 1972, 413; *Korah* Dividing the Common Market Through National Industrial Property Rights, Modern Law Review 1972, 634; *Korah* The Limitation of Copyright and Patents by the Rules of the Free Movement of Goods in the European Common Market, Western Reserve Journal of International Law, 1982, 28; *Körber* Der Grundsatz der gemeinschaftsweiten Erschöpfung im Recht der Europäischen Union, Diss Berlin (FU) 1999; *Kraft* Patentrechtliche Probleme im Zusammenhang mit der Lieferung von chemischen Wirkstoffen und daraus formulierten Spezialitäten, GRUR 1971, 373; *Kraft* Zum Erschöpfungsgrundsatz im Patent- und Urheberrecht, GRUR Int 1972, 413; *Kraus* La théorie de l'épuisement international des droits intellectuels devrait-elle être généralisée et appliquée de manière identique aux différentes catégories de ces droits? sic! 2000, 61; *Kraus* Les importations parallèles de produits brevetés, 2004; *U. Krieger* Die Benutzungsarten, GRUR 1980, 687; *Kroitzsch* Hat die entschädigungslose Enteignung der Patente und Urheberrechte bereits stattgefunden? BB 1972, 424; *Küchler* Gewerbliche Schutzrechte und Freihandelsvertrag Schweiz-EWG, ZschwR 1975, 177; *Kuilwijk* Parallel imports and WTO law: some thoughts after Silhouette, European competition law reviev 1999, 214; *Kukuk* Zur Beweislast im Rahmen des § 17 Abs 2 UrhG, FS W. Nordemann (1999), 117; *Kunz-Hallstein* Verschärfter Ausübungszwang für Patente, GRUR Int 1981, 347; *Kunz-Hallstein* Internationale Erschöpfung von Markenrechten – auch im Gebrauchtwarenhandel? FS W. Fikentscher (1998), 931; *Ladas* Der gewerbliche Rechtsschutz im Gemeinsamen Markt aus amerikanischer Sicht, GRUR Int 1960, 389, 485, 551; *Lansing/Gabriella* Clarifying Gray Market Areas, 31 Am.Bus.L.J. 313 (1993); *Laudien* Erschöpfung der gewerblichen Schutzrechte aus rechtsvergleichender Sicht: die Position der forschenden pharmazeutischen Industrie, GRUR Int 2000, 617; *Leimgruber* Uniformität oder Differenzierung der Erschöpfung im gewerblichen Rechtsschutz, Diplomarbeit ETH Zürich 1999; *A. Leßmann* Erschöpfung von Patentrechten bei Konzernvertrieb, GRUR 2000, 741; *Lieberknecht* Erschöpfung von Patentrechten und Exportverbote in Patentlizenzverträgen nach europäischem Recht, FS Ph. Möring (1975), 467; *Lieck* Parallelhandel mit Arzneimitteln innerhalb der Europäischen Union unter arzneimittel-, marken und patentrechtlichen Aspekten, 2007; *Lilley* Parallel Imports: Are Remedies under Patent Law Applicable? 23 JJGrAIPPI Int 123 (1998); *Lindenmaier* Über Erschöpfung des Patentrechts, Ausbesserungen, Wiederherstellung und Ersatz in Verkehr gebrachter patentgeschützter Gegenstände und ihrer Teile, GRUR 1952, 294; *Lindner* Switzerland: The Cradle of International Exhaustion? EIPR 1999, 373; *Llewelyn* Parallel Imports and Intellectual Property Law in the European Union: Recent Developments, AIPJ 1999, 57; *Loewenheim* Gewerbliche Schutzrechte, freier Warenverkehr und Lizenzverträge, GRUR 1982, 461; *Loewenheim* Nationale und internationale Erschöpfung von Schutzrechten im Wandel der Zeit, GRUR Int 1996, 307; *Lubberger* Anmerkungen zu „stüssy", WRP 2001, 75; *Lüdecke* Patentverletzungen durch Importeure, BB 1949, 657; *Lutz* Parallelimport und Urheberrecht in der Schweiz, GRUR Int 2000, 496; *Mager* Zur Zulässigkeit von Parallelimporten patentgeschützter Waren, GRUR 1999, 637; *Mailänder* Gemeinschaftsrechtliche Erschöpfungslehre und freier Warenverkehr, FS A.-C. Gaedertz (1992), 369; *Maillefer* Épuidement du droit à la marque: la Cour précise la notion du consentement; sic! 2002, 265; *Marchetti* Sull'esaurimento del brevetto d'invenzione, 1974; *Marx* Internationale oder regionale Erschöpfung im Markenrecht? in Baudenbacher (Hrsg) Aktuelle Probleme des europäischen und internationalen Wirtschaftsrechts (1998), 241; *McCurdy* Intellectual Property and Competition: Does the Essential Facilities Doctrine Shed Any New Light? EIPR 2003, 472; *Meinhardt* Die Beschränkung nationaler Immaterialgüterrechte durch Art 86 EG-Vertrag unter besonderer Berücksichtigung der essential facilities-Doktrin, Diss Zürich 1996; *Mes* Testkauf zur Vorbereitung des Prozesses im Gewerblichen Rechtsschutz und Wettbewerbsrecht, GRUR 2013, 767; *Metzger* Erschöpfung des urheberrechtlichen Verbreitungsrechts bei vertikalen Vertriebsbindungen, GRUR 2001, 210; *Meyer-Kessel* Die Darlegungs- und Beweislast im Rahmen des Erschöpfungseinwands nach § 24 MarkenG, GRUR 1997, 878; *Moench* Der Schutz des freien Warenverkehrs im Gemeinsamen Markt, NJW 1982, 2689; *Monnet* Die territoriale Wirkung von Patenten im Gemeinsamen Markt, GRUR Int 1965, 302; *Mulch* Der Tatbestand der markenrechtlichen Erschöpfung, 2001, zugl Diss Münster; *Müller* Beweislastregelung im nationalen Recht in Bezug auf die Erschöpfung von Rechten aus einer Marke, GRUR 2003, 668; *Müller/Wegner* Die EWG-weite Erschöpfung territorial lizenzierter Patentrechte, Mitt 1975, 41; *Nauta* Ausnahmen vom Erschöpfungsgrundsatz im Markenrecht, GRUR Int 2004, 994; *Norman* Parallel Imports from Non-EEA Member States: The Vision Remains Unclear, EIPR 2000, 159; *Oder* Der spezifische Gegenstand des geistigen Eigentums im Europäischen Gemeinschaftsrecht, Diss Köln

2000; *Ohligs-Kürig* Erschöpfung von Markenrechten, 2011; *Ohly* Trade Marks and Parallel Importation – Recent Developments in European Law, IIC 1999, 512; *Oliver* Free Movement of Goods in the European Community[4], 2002; *O'Reilley/Ohno* International Exhaustion Principles, LES Nouvelles 1997 (3), 57; *Orau* Der Erschöpfungsgrundsatz wurde „europareif", ÖBl 1998, 284; *Paul* „Inverkehrbringen" nach Patent- und Warenzeichenrecht, NJW 1963, 980; *Perret* Quelques observations sur l'épuisement des droits de propriété intellectuelle, SZIER 1997, 288; *Perret* Importations parallèles et droit des brevets d'invention, in Mélanges François Dessemontet (1998), 181; *Pinar* Zur Erschöpfung der Rechts an geistigem Eigentum zwischen den Mitgliedstaaten der Europäischen Union und der Türkei, GRUR Int 2004, 101; *Pitz* Erschöpfung gewerblicher Schutzrechte – Reichweite und Begrenzung der Erschöpfungswirkung aus deutscher Sicht, VPP-Rdbr 2001, 9; *Plassmann* Die Darlegungs- und Beweislast bei § 24 Abs 1 MarkenG, FS W. Nordemann (1999), 173, auch in WRP 1999, 1011; *Pletscher* Notwendige Differenzierungen bei Parallelimporten, sic! 1999, 48; *Plöckinger* Zur Frage der Erschöpfung im Urheberrecht, MR 1999, 153; *Plöckinger* Der Erschöpfungsgrundsatz im Marken- und Urheberrecht, 2002; *Prändl* Exhaustion of Intellectual Property Rights in the EEA Applies to Third-country Goods Placed on the EEA Market, EIPR 1992, 231; *Prunbauer* Parallelimport und Patentrecht, ecolex 1992, 248; *Ragueneau* Reconciling the exhaustion of rights doctrine and free trade problem with the international approach, 4 Communications Law 167 (1999); *Rauber* (Hrsg) Parallelimporte im Schnittstellenbereich zwischen Immaterialgüter- und Wettbewerbsrecht, 2000; *D. Reimer* Der Erschöpfungsgrundsatz im Urheberrecht und gewerblichen Rechtsschutz unter Berücksichtigung der Rechtsprechung des Europäischen Gerichtshofs, GRUR Int 1972, 221; *Reischl* Gewerblicher Rechtsschutz und Urheberrecht in der Rechtsprechung des Europäischen Gerichtshofs, GRUR Int 1982, 151: *Ridyard/Lewis* Parallel Trade in Patented Medicines – Economics in Defence of Market Segmentation, Int. T.L.R. 1998, 14; *Rinnert* Die Erschöpfung von Markenrechten und das TRIPs-Abkommen, Diss Düsseldorf 2000; *Rohnke* Das Ende der innergemeinschaftlichen Erschöpfung, WRP 1999, 889; *Röttger* Die Bedeutung von Art 36 Satz 2 EG-Vertrag, Eine Stellungnahme zu den Urteilen des Europäischen Gerichtshofs in Sachen Hoffmann-La Roche ./. Centrafarm und Centrafarm ./. American Home Products Corp., WRP 1979, 292; *Röttger* Die Rechtsprechung des Gerichtshofes zur Bedeutung der nationalen gewerblichen Schutzrechte im Gemeinschaftsrecht. Bringt die AHPC-Entscheidung die endgültige Lösung? WRP 1980, 243; *Röttger* Das Vibramyzin-Urteil des Europäischen Gerichtshofs und die „verschleierte Beschränkung" im Sinne des Art 36 Satz 2 EWG-Vertrag, GRUR Int 1982, 512; *Rupp* Die gewerblichen Schutzrechte im Konflikt zwischen nationalen Grundrechten und Europäischem Gemeinschaftsrecht, NJW 1976, 993; *Sack* Der markenrechtliche Erschöpfungsgrundsatz im deutschen und europäischen Recht, WRP 1998, 549; *Sack* Die Erschöpfung von gewerblichen Schutzrechten und Urheberrechten nach europäischem Recht, GRUR 1999, 193; *Sack* Die Erschöpfung von gewerblichen Schutzrechten und Urheberrechten nach deutschem Recht, WRP 1999, 1088; *Sack* Der Erschöpfungsgrundsatz im deutschen Immaterialgüterrecht, GRUR Int 2000, 610; *Sack* Die Erschöpfung von Markenrechten bei lizenzvertragswidrigem Vertrieb GRUR Int 2010, 198; *Sadlonova* Die patentrechtliche Erschöpfung für pharmazeutische Erzeugnisse im EU-Beitrittsvertrag 2003, FS Kolle/Stauder (2005), 263; *Samwer* Auswirkungen der Territorialität des Patentrechts im EWG-Bereich, GRUR 1969, 1; *Schatz* Die Erschöpfung des Patentrechts im Recht der Mitgliedstaaten der Europäischen Wirtschaftsgemeinschaft und nach dem Vorentwurf eines Übereinkommens über ein europäisches Patent für den Gemeinsamen Markt, GRUR Int 1970, 207; *Schennen* Erschöpfung gewerblicher Schutzrechte in der EG, Mitt 1989, 7; *Schlieder* Die Auswirkungen des EWG-Vertrages auf die gewerblichen Schutzrechte, GRUR Int 1973, 578; *Schlosser* L'epuisement international en droit des marques: étendue et limites, sic! 1999, 396; *Schöner* Darlegungs- und Beweislast der markenrechtlichen Erschöpfung nach „Stüssy II", WRP 2004, 430; *Schnyder/Ehrler* Das Patentrecht als Mittel zur Umgehung der internationalen Erschöpfung: ein Beitrag zur Mehrfachschutzproblematik im Lichte des bundesrätlichen Entwurfes zur Änderung des Patentgesetzes, sic! 2007, 397; *Schönbohm/Ehlgen* Zum Umfang der Erschöpfung bei System- und Verfahrensansprüchen, Mitt 2016, 104; *Schricker* Erschöpfung des Verfahrenspatents durch Veräußerung einer zur Ausübung des Verfahrens bestimmten Vorrichtung? Mitt 1980, 31; *Schultes* Patentverletzung durch Arzneimittel im Warenverzeichnis vs Warenverkehrsfreiheit, ÖBl 2014, 52; *Schumacher* Gedanken zur Entscheidung Parke Davis des Europäischen Gerichtshofs vom 29.2.1968 und zur Entscheidung „Voran" des BGH vom gleichen Tage, WuW 1968, 487; *Schuster* Die Ausnahmen vom markenrechtlichen Erschöpfungsgrundsatz, Diss Mannheim 1998; *Schwintowski* Freier Warenverkehr im europäischen Binnenmarkt: eine Fundamentalkritik an der Rechtsprechung des EuGH zu Art 28 EGV, RabelsZ 2000, 38; *Selmayr* Die Erschöpfungstheorie im Urheberrecht und die patentrechtliche Lehre vom Zusammenhang der Benutzungsarten, Diss Erlangen 1961; *Slotboom* The Exhaustion of Intellectual Property Rights. Different Approaches in EC and WTO Law, 6 JWIP 421 (2003); *Soltek* Der nationale Patentschutz im Lichte der EuGH-Rechtsprechung zu Art 30, 36 EGV, Diss Köln 1999; *Soltysinski* International Exhaustion of Intellectual Property Rights under the TRIPs, the EC Laws and the Europe Agreements, GRUR Int 1996, 316; *Sosnitza* Territoriale Grenzen markenrechtlicher Erschöpfung und Europarecht, WRP 1998, 951; *Stack* TRIPs, Patent Exhaustion and Parallel Imports, 1 JWIP 657 (1998); *Stamatoudi/Torremans* International Exhaustion in the European Union in the Light of „Zino Davidoff": Contract versus Trade Mark Law? IIC 2000, 123; *Stickler* Der Stellenwert des geistigen Eigentums im Binnenmarkt, ÖBl 1997, 147; *Stieger* „Kodak" – eine Momentaufnahme des Schnittbereichs von Immaterialgüter- und Kartellrecht, sic! 2001, 89; *Stothers* International Exhaustion of Trade marks and Consent in the EEA, EIPR 2001, 344; *Straus* Bedeutung des TRIPS für das Patentrecht, GRUR Int 1996, 179; *Straus* Gebietsbeschränkte Übertragung von Patenten und Patentfolios und Erschöpfung des Patentrechts in der Europäischen Gemeinschaft, FS U. Löwenheim (2002), 309; *Straus/Katzenberger* Parallelimporte: Erschöpfung des Patentrechts, 2003; *Tellekson* Should the Theory of International Exhaustion of Intellectual Property Rights Be Universally Accepted and Applied in a Identical Manner to Each of the Categories of These Rights, Revue Internationale de la Concurrence 1999, 17; *Tessensohn/Yamamoto* A Reversal of Fortune for Patentees and Parallel Importers: The Aluminium Wheel Case, EIPR

1995, 341; *Tessensohn/Yamamoto* The Big Aluminium Wheel Dust Up – International Exhaustion of Rights in Japan, EIPR 1988, 228; *H. Tetzner* Die Erschöpfung des Patentrechts, NJW 1962, 2033; *Tönnies* Öl für die Lampen Chinas, Mitt 2013, 49; *Torremans/Stamatoudi* Merck is Back to Stay – The Court of Justice's Judgement in Merck v. Primecrown, EIPR 1997, 545; *Tränkle* Die „essential facilities"-Doktrin im europäischen Wettbewerbsrecht, 2001, zugl Diss Tübingen; *Toutoungi* EFTA: Fortress Europe's Soft Underbelly? EIPR 2006, 110; *Tzimas* Die Zwangslizenzen an internationalen Patenten und an Gemeinschaftspatenten und der freie Warenverkehr im Binnenmarkt der Europäischen Union, Diss Saarbrücken 1995; *Ubertazzi* Patentrechtsschutz ausschließlicher Lizenznehmer gegen Direktlieferungen innerhalb des Gemeinsamen Marktes, GRUR Int 1973, 53; *Ullrich* Gemeinschaftsrechtliche Erschöpfung von Immaterialgüterrechten im Konzernverbund, GRUR Int 1983, 370; *Ullrich* Patentschutz im europäischen Binnenmarkt, GRUR Int 1991, 1; *Ullrich* Patents and Know how, Free Trade, Inter-Enterprise Cooperation and Competition Within the Internal Market, IIC 1992, 587; *Ullrich* Technologieschutz nach TRIPS: Perspektiven und Probleme, GRUR Int 1995, 623; *Ullrich* Lizenzverträge im europäischen Wettbewerbsrecht: Einordnung und Einzelfragen, Mitt 1998, 50; *P. Ulmer* Inhalt und Grenzen des Territorialitätsgrundsatzes im Patent- und Warenzeichenrecht, RIW 1966, 493; *P. Ulmer* Zum Verbot mittelbarer Einfuhrbeschränkungen im EWG-Vertrag, GRUR Int 1973, 502; *Urlesberger* Der markenrechtliche Erschöpfungsgrundsatz, Diss Salzburg 2000; *van Benthem* L'épuisement du droit de brevet, 1971; *Viefhues* Nationale Patente und Marken im europäischen Binnenmarkt, Diss Bonn 1994; *Vischer* Die Befugnis, ein Erzeugnis in Verkehr zu bringen, erschöpft sich durch eine solche Handlung, FS L. David (1996), 173; *von Bülow* Der Einfluß des Territorialitätsprinzips auf die Wirkung des europäischen Patents für den Gemeinsamen Markt, Diss München 1976; *von der Groeben* Werden durch die Leistung von Schadensersatz die gewerblichen Schutzrechte erschöpft? FS P. Mes (2009), 141; *von Meibom/Meyer* Erschöpfung von Sach- und Verfahrenspatenten bei Teillieferung, FS P. Mes (2009), 255; *Warbek* Vorbenützerrecht an Erfindungen und gemeinschaftsrechtliche Warenverkehrsfreiheit, ÖBl 1996, 263; *Welch* Der Patentstreit um Erythropoietin (EPO), GRUR Int 2003, 579; *Windisch* Schutzwirkungen deutscher Patente im Lichte europäischer Regelungen, GRUR 1974, 20; *Windisch* Gemeinsamer Markt und Schutzrechtsverbrauch, FS G. Roeber (1973), 707; *Winkler* Die Grundsätze des freien Warenverkehrs im Verhältnis zu Drittstaaten, NJW 1977, 1992; *Yin Harn Lee* UsedSoft GmbH v. Oracle International Corp (Case C-128/11): Sales of „Used" Software and the Principle of Exhaustion, IIC 2012, 846; *Yusuf/Moncayo von Hase* Intellectual Property Protection and International Trade – Exhaustion of Rights Revisited, 16 World Comp. 115 (1992); *Zäch* Recht auf Parallelimporte und Immaterialgüterrechte, SJZ 1995, 301; *Zäch* Parallelimporte patentrechtlich geschützter Güter nach Maßgabe des Kartellgesetzes, sic! 2000; *Zuberbühler* – Die Erschöpfung von Patentrechten, Bern 2012; *Zuberbühler* Das patentrechtliche Erschöpfungsregime in Art 9a PatG und Art 27b LwG, sic! 2013, 3.

I. Allgemeines

1. Grundsatz.[554] Als allg Rechtsregel, die im gesamten gewerblichen Rechtsschutz (vgl § 24 MarkenG; **143** § 48 DesignG; § 10b SortG) und Urheberrecht (dort in § 17 Abs 2 UrhG[555] ausdrücklich geregelt) Anwendung findet, besagt der Grundsatz der Erschöpfung des Rechts, dass der Rechtsinhaber durch eigene Benutzungshandlungen, insb den bestimmungsgemäßen Gebrauch,[556] das ihm vom Gesetz eingeräumte ausschließliche Verwertungsrecht ausgenutzt und damit verbraucht hat, so dass bestimmte weitere Verwertungshandlungen nicht mehr vom Schutzrecht erfasst werden.[557] Ist ein geschütztes Erzeugnis durch den Schutzrechtsinhaber oder mit dessen Zustimmung (die nicht ausdrücklich erfolgen muss,[558] eine bloße

---

554 Zur wirtschaftlichen Bedeutung vgl *Ullrich* Technologieschutz nach TRIPS: Prinzipien und Probleme, GRUR Int 1995, 623, 626; zur grds Bedeutung *Fitzner/Lutz/Bodewig* Rn 83 ff.

555 Hierzu BGHZ 92, 54, 56 f = GRUR 1985, 134 Zeitschriftenauslage in Wartezimmern; BGH GRUR 1986, 736 f Schallplattenvermietung; BGH GRUR 1986, 742 f Videofilmvorführung; BGHZ 129, 66 = GRUR 1995, 673, 676 Mauerbilder; BGH Sermion II; BGH GRUR Int 1997, 925 Mexitil II; BGHZ 144, 232 = GRUR 2001, 51, 53 Parfumflakon I.

556 Vgl BGH GRUR 2007, 769 Pipettensystem.

557 BGHZ 79, 350 = GRUR 1981, 413, 416 Kabelfernsehen in Abschattungsgebieten, einschränkend für Wiedergabe- und Vervielfältigungsrecht BGH GRUR 2000, 699, 701 Kabelweitersendung; BGH Parfumflakon I; zum Patentrecht BGHZ 49, 331, 334 = GRUR 1968, 195 Voran; BGH GRUR 1976, 579, 582 Tylosin; zum Zeichenrecht BGHZ 41, 84, 88 = GRUR 1964, 372 Maja; BGHZ 60, 185, 190 = GRUR 1973, 468 Cinzano; BGH GRUR 1984, 545, 547 Schamotteeinsätze; BGH GRUR 1987, 707 f Ankündigungsrecht I; BGH GRUR 1987, 823 f Ankündigungsrecht II; BGHZ 125, 91, 95 f = GRUR 1994, 808 Markenverunglimpfung I; BGH GRUR 1994, 841 Suchwort; zum Urheberrecht BGHZ 5, 116, 120 = GRUR 1952, 530 Parkstraße 13; BGHZ 38, 356, 362 = GRUR 1963, 213 öffentliche Fernsehwiedergabe von Sprachwerken; zum ergänzenden Leistungsschutz OLG Frankfurt GRUR 2002, 96; zum PatG BGH GRUR 1997, 116 f Prospekthalter; BGH GRUR 1998, 130, 132 Handhabungsgerät; BGHZ 143, 268, 270 = GRUR 2000, 299 Karate; BGH GRUR 2001, 223 Bodenwaschanlage; BGH GRUR 2007, 769 Pipettensystem; BGH 17.7.2012 X ZR 97/11 Palettenbehälter II; OLG Düsseldorf 5.5.2011 2 U 10/10; vgl auch öOGH GRUR Int 1995, 810, 811 Vorabstreiferblätter; schwed OG GRUR Int 1989, 706, 707; schweiz BG GRUR Int 1991, 227 Doxycyclin II.

558 *Benkard* Rn 23 gegen *Benkard*⁹ Rn 17 und *Kraßer* S 796 (§ 33 V b 2).

Nichtangriffsabrede genügt aber nicht)[559] in Verkehr gebracht worden, unterliegen weiteres Inverkehrbringen, Anbieten und Gebrauch dieses Erzeugnisses nicht mehr seinem Verbietungsrecht.[560] Seine Rechte sind damit erschöpft, die geschützten Erzeugnisse werden mit Inverkehrbringen gemeinfrei. Der Patentinhaber hat nicht die Rechtsmacht, bei von ihm selbst oder mit seiner Zustimmung in Verkehr gebrachten Erzeugnissen die Art und Weise des weiteren Verkehrs zu beeinflussen.[561] Dies betrifft jedenfalls das Vertriebs- und das Werberecht,[562] die Frage, wieweit auch Kennzeichnungsrechte erschöpfbar sind,[563] ist nach markenrechtl Grundsätzen zu beantworten[564] und spielt im Patentrecht keine Rolle. Das PatG enthält – anders als verschiedene ausländ Rechtsordnungen (Art 28 § 2 belg PatG 1984; Art L 613-6 frz CPI; Art 5 it CDPI;[565] Art 53 Abs 4 ROW 1995; Art 9a schweiz PatG; Art 53 span PatG 1986) – über die Erschöpfung mit Ausnahme der durch das BioTRlUmsG neu eingestellten Regelung in § 9b, die zur Vermehrung bestimmtes biologisches Material betrifft, keine Bestimmung; jedoch ist sie in Rspr[566] und Lit seit langem anerkannt und hat gewohnheitsrechtl Rang.[567] Vergleichbare normative Regelungen bzw Vorgaben enthalten Art 7 MarkenRl und die EG-VO über das Gemeinschaftsgeschmacksmuster. Zu markenrechtl Parallelimporten ergibt sich aus der Rspr des EuGH[568] wie des BGH,[569] dass durch die Vorabunterrichtung durch den Importeur ein gesetzliches Schuldverhältnis begründet wird, das den Grundsätzen von Treu und Glauben unterliegt, aus der der Schutzrechtsinhaber Klarheit darüber zu schaffen hat, ob die Art und Weise der Vermarktung des importierten Arzneimittels beanstandet wird; auf den „Besonderen Mechanismus" des Patentrechts (Einl Rn 95 ff) ist dies nicht anwendbar.[570] Zur Erschöpfung des Rechts an Computerprogrammen vgl die EU-Rl 2009/24/EG.[571] Zu Besonderheiten anlässlich der EU-Erweiterung („besonderer Mechanismus" Einl Rn 102 ff. Zur Beweislast Rn 147.

---

559   Vgl LG Düsseldorf 29.3.2012 4a O 236/10.

560   BGHZ 194, 272 = GRUR 2012, 1230 MPEG-2-Videosignalcodierung; OLG Düsseldorf 28.1.2010 2 U 131/08 IPRspr 2010 Nr 211, 535; OLG Düsseldorf GRUR-RR 2013, 185 zu LG Düsseldorf Mitt 2013, 74, zum Austausch verbrauchter Kaffeekapseln, hierzu auch LG Düsseldorf 16.8.2012 4b O 82/12 GRURPrax 2012, 459 KT; OLG Düsseldorf GRUR-RR 2010, 4, UrhSache; *Fitzner/Lutz/Bodewig* Rn 69.

561   *Benkard* Rn 16 f und § 11 GebrMG Rn 7.

562   Vgl BGH Ankündigungsrecht I; BGH Ankündigungsrecht II; BGH Parfumflakon I; BGH GRUR 2003, 340 Mitsubishi; BGH GRUR 2003, 878 Vier Ringe über Audi; EuGH Slg 1997 I 6013 = GRUR Int 1998, 140, 143 Dior/Evora; EuGH Slg 1999 I 905 = GRUR Int 1999, 438 BMW/Deenik.

563   So grds EuGH Slg 1996 I 3545 = GRUR Int 1996, 1144 Bristol Myers Squibb; EuGH Slg 1999 I 5927 = GRUR Int 2000, 159 Dalacin; EuGH Slg 2002 I 3759 = GRUR Int 2002, 739 Boehringer/Swingward; EuGH Slg 2002 I 3703 = GRUR Int 2002, 745 Merck/Paranova; EuGH GRUR 2011, 814 Orifarm/Merck, BGH GRUR 2002, 1059 Zantac/Zantic; BGH GRUR 2003, 338 Bricanyl I; BGH GRUR 2003, 336 Beloc; BGH GRUR 2003, 434 Pulmicort; BGH 11.7.2002 I ZR 194/99; BGH 11.7.2002 I ZR 198/99; BGH 11.7.2002 I ZR 244/99; BGH 11.7.2002 I ZR 245/99; Arzneimittelumpackungsfälle; BGH GRUR 1997, 629, 632 Sermion II; BGH GRUR 2001, 422 ZOCOR; BGH GRUR 2002, 57 f Adalat; BGH GRUR 2011, 817 RENNIE; BGH GRUR 2011, 820 Kuchenbesteck-Set, zur EWR-weiten Erschöpfung; vgl OLG Frankfurt GRUR 2000, 1068; öOGH GRUR Int 2000, 369.

564   Vgl insoweit zum Kunstschutz BGH Parfumflakon I.

565   Zur Vorgängerbestimmung von 1979, die den Theorienstreit zwischen Erschöpfung und stillschweigender Lizenz entschieden hat, vgl *Beier* GRUR Int 1996, 1, 4 mwN.

566   RGZ 51, 139 ff = GRUR 1904, 302 Guajakol-Karbonat; RGZ 63, 394, 398 Koenigs Kursbuch; RGZ 86, 436, 440 = BlPMZ 1915, 200 autogenes Schneidverfahren; RGZ 103, 359, 363 = GRUR 1923, 136 Singer-Neulackierung; RGZ 130, 242, 244 = GRUR 1931, 73 Type H; RGZ 133, 326, 330 = GRUR 1931, 1278 Isolierung; RGSt 36, 178, 179 = GRUR 1904, 301 Schnürlochösen; RGSt 46, 92, 94 Grüneberger Brause; BGHZ 2, 261, 267 = GRUR 1951, 449 Tauchpumpensatz; BGHZ 3, 193, 200 = GRUR 1952, 142 Tauchpumpen; BGH GRUR 1959, 232 Förderrinne; BGH WRP 1968, 50 Spielautomat I; BGH Voran; BGH GRUR 1973, 518, 520 Spielautomat II; BGH GRUR 1975, 206 Kunststoffschaumbahnen; BGH GRUR 1975, 598, 600 Stapelvorrichtung; BGH Tylosin; BGH GRUR 1980, 38 Fullplastverfahren; BGHZ 125, 334 = GRUR 1994, 602 Rotationsbürstenwerkzeug; BGH Prospekthalter; BGH 11.3.1971 X ZR 16/68; BGH 25.11.1986 X ZR 47/85; BGHZ 143, 268 = GRUR 2000, 299 Karate; BGH GRUR 2001, 407, 409 Bauschuttsortieranlage; vgl BKartA GRUR 1965, 499, 502.

567   Vgl *Stieger* sic! 2001, 89 f; HoL ENPR 2000, 324 United Wire v. Screen Repair: „implied licence".

568   EuGH C-143/00 Slg 2002 I 3759 = GRUR 2002, 879 Boehringer Ingelheim/Swingward I.

569   BGHZ 173, 217 Rn 26 = GRUR 2008, 156 Aspirin II; BGH GRUR 2008, 614 Rn 23 Acerbon.

570   BGH GRUR 2011, 995 besonderer Mechanismus.

571   ABl EG L 111 vom 5.5.2009 S 16; vgl hierzu die EUGH-Vorlage BGH GRUR 2011, 418 UsedSoft mAnm *Scholz*; EuGH 3.7.2012 C-128/11 GRUR 2012, 904 UsedSoft v. Oracle sowie KG Zürich sic! 2012, 99, und hierzu *Fischer/delli Colli* sic! 2012, 822 und *Yin Harn Lee* IIC 2012, 846.

2. Rechtsnatur. Erschöpfung (Verbrauch, Konsumtion) ist keine stillschweigende („implizite") Li- **144**
zenz (vgl aber die Doktrin der „imposed conditions" im englischen Rechtskreis[572] sowie den Begriff der
Zustimmung etwa in der eur[573] und österr Rspr) und wird auch nicht durch den Begriff „Zusammenhang
der Benutzungsarten"[574] ausreichend umschrieben, sie steckt vielmehr die Grenzen der Rechtsmacht des
Patentinhabers ab und ist damit **Inhalts- und Schrankenbestimmung.**[575] Erschöpfung ist vom Erlöschen
des Patents streng zu unterscheiden.[576]

Vertragliche Beschränkungen hinsichtlich des Gebrauchs und der Veräußerung haben demgegen- **145**
über ausschließlich schuldrechtl Bedeutung[577] und unterliegen der kartellrechtl Würdigung.

3. Darlegungs- und Beweislast. Im Patentrecht stellt die Nichterschöpfung kein negatives Tatbe- **146**
standsmerkmal des Verbietungstatbestands dar.[578] Erschöpfung der Rechte aus einem mit Wirkung für
Deutschland erteilten Patent tritt jedenfalls grds dann ein, wenn das geschützte Erzeugnis durch den Patentinhaber oder mit seiner Zustimmung in Deutschland, einem Mitgliedstaat der EU oder einem dem EWR
angehörigen Staat in Verkehr gebracht worden ist.[579]

Die Darlegungs- und Beweislast für die Erschöpfung, die insb wegen der Offenlegung von Vertriebs- **147**
wegen problematisch sein kann, liegt deshalb grds bei dem, der sich auf sie – als **Ausnahmetatbestand**[580] – beruft[581] (weitere Nachw aus der Instanzrspr 6. *Aufl*), wobei sich Ausnahmen und Erleichterungen sowohl unter dem Gesichtspunkt der Marktabschottung[582] aus Art 36 Satz 2 AEUV als auch aus
Zumutbarkeitsgesichtspunkten ergeben können.[583] Die Beweisregel des § 1006 BGB kann zur Anwendung
kommen.[584] Eine Beweisregel, nach der die Voraussetzungen der Erschöpfung des Rechts aus der Marke

---

572 Betts v. Willmont, (1871) L.R. 6. Ch. App. 239; National Phonograph of Australia v. Menck, RPC 1911, 229; Roussel
Uclaf v. Hockley, RPC 1996, 441; *Norman* EIPR 2000, 159, 167; HoL ENPR 2000, 324 United Wire v. Screen Repair: „implied
licence"; vgl *Beier* GRUR Int 1996, 1, 4; *Fitzner/Lutz/Bodewig* Rn 73; schweiz BG BGE 126 III 129 = GRUR Int 2000, 639
Kodak II; CA Northern District of California 65 USPQ 2d 1589 LG Electronics v. Asustek unterscheidet zwischen
Erschöpfung („first sale rule") und implied licence, die aus dem Grundsatz der „equity" abgeleitet wird.
573 EuGH C-414/99 Slg 2001 I 8691 = GRUR 2002, 156 Zino Davidoff; öOGH GRUR Int 1971, 90 Agfa; öOGH 18.11.2003 4
Ob 201/03s Gmundner Keramik.
574 *Kohler* Handbuch des Deutschen Patentrechts (1900), 452 ff.
575 Vgl *Lindenmaier* § 6 Rn 46; *Benkard-EPÜ* Art 64 Rn 9; *Kraßer* S 795 (§ 33 V a 5).
576 *Fitzner/Lutz/Bodewig* Rn 70 mN.
577 RGZ 50, 229 Kölnisch Wasser; RGZ 51, 139, 141 = GRUR 1904, 302 Guajakol-Karbonat; RGZ 63, 394, 398 Koenigs
Kursbuch; RGZ 133, 326, 330 = GRUR 1931, 1278 Isolierung; RGSt 36, 178, 180 = GRUR 1904, 301 Schnürlochösen; RG GRUR
1939, 184, 187 Gerbsäurezusatz; BGH GRUR 1959, 232, 234 Förderinne; vgl BGH GRUR 1984, 545 Schamotteeinsätze; öOGH
ÖBl 2001, 141 Handwerkerpaket, UrhSache; *Blum* GRUR 1932, 16; *Finger* GRUR 1941, 403; *Schatz* GRUR Int 1970, 210;
Koppensteiner GRUR Int 1972, 413; *Nauta* GRUR Int 2004, 994, 996 f („in seinem zentralen Regelungsgehalt"); kr
Auseinandersetzung in *Fitzner/Lutz/Bodewig* Rn 96 ff; anders im Urheberrecht: *Sack* WRP 1999, 1106.
578 *Plassmann* FS W. Nordemann (1999), 173, 181; vgl allgemein BGH GRUR 2000, 879 stüssy I; für das Markenrecht
EuGH C-414/99 GRUR 2002, 156 Davidoff.
579 BGHZ 143, 268 = GRUR 2000, 299 Karate.
580 BGH Karate; BGH stüssy I; *Plassmann* FS W. Nordemann (1999), 173, 182 mwN; aA offenbar OLG Köln GRUR 2000,
56, 58, Markensache; öOGH GRUR Int 2000, 785, 787 BOSS-Brillen, Markensache, in Auseinandersetzung mit der dt
markenrechtl Lit; *Pickrahn* GRUR 1996, 282, 285; differenzierend OLG Düsseldorf Mitt 1998, 372; OLG Hamburg NJW-RR
1999, 1018; OLG Frankfurt GRUR 2000, 1060, Markensachen.
581 BGH Tylosin; BGH GRUR 2004, 156 stüssy II; BGH GRUR 2011, 820 Kuchenbesteck-Set; BGH GRUR 2012, 626
CONVERSE I; BGH GRUR 2012, 630 CONVERSE II; BGH GRUR 2005, 505 Atlanta, zu § 17 UrhG; OLG Düsseldorf GRUR 1978,
588 f; OLG Düsseldorf 22.3.2012 2 U 112/10 GRURPrax 2012, 440 KT; OLG Karlsruhe GRUR 1979, 771 f, UrhSache; LG
Düsseldorf Mitt 2014, 83; OLG München 15.3.2003 29 U 2101/03 Mitt 2004, 127 Ls, Markensache; OLG München GRUR-RR
2003, 303, Markensache; *Benkard-EPÜ* Art 64 Rn 31; *Mes* Rn 89; *Hesse* GRUR 1972, 675, 681; vgl auch öOGH ÖBl 1999, 208,
210 Kanalreinigungsfahrzeug; zur Beweislast für die Zustimmung öOGH ÖBl 2004, 20020 Gmundner Keramik.
582 EuGH Slg 1999 I 6927 = GRUR Int 2000, 159 Dalacin; BGH GRUR 2001, 422 ZOCOR; BGH GRUR 2002, 1059, 1061
Zantac/Zantic; BGH GRUR 2003, 338 f Bricanyl I; BGH GRUR 2003, 434 f Pulmicort; BGH GRUR 2005, 52 Topinasal; OLG
Hamburg GRUR-RR 2003, 312; OLG Hamburg GRUR 2002, 446; OLG Hamburg GRUR-RR 2005, 181, Markensachen.
583 BGH Karate; BGH stüssy I diskutiert Kennzeichnung von im EWR in Verkehr gebrachter Ware durch den Hersteller;
BGH stüssy II; weitergehend *Lubberger* WRP 2001, 75, 78 Fn 26, 82; vgl auch *Meyer-Kessel* GRUR 1997, 878 mNachw aus
der markenrechtl Lit und Rspr; OLG Hamburg GRUR-RR 2002, 328; vgl RB Den Haag BIE 1999, 174, Markensache; aA für
das Urheberrecht *Kukuk* FS W. Nordemann (1999), 117.
584 BGH GRUR 2005, 505 Atlanta, UrhSache; *Mes* Rn 89.

---

grds von dem vom Markeninhaber belangten Dritten, der sich auf die Erschöpfung beruft, zu beweisen sind, da diese eine Einwendung darstellt, mit dem Gemeinschaftsrecht, ist insb mit Art 5 und 7 der Richtlinie 89/104/EWG vereinbar. Die Erfordernisse des namentlich in Art 36 Satz 2 AEUV verankerten Schutzes des freien Warenverkehrs können jedoch eine Modifizierung dieser Beweisregel gebieten. So obliegt dem Markeninhaber insb dann, wenn er seine Waren im EWR über ein ausschließliches Vertriebssystem in den Verkehr bringt, der Nachweis, dass die Waren ursprünglich von ihm selbst oder mit seiner Zustimmung außerhalb des EWR in den Verkehr gebracht wurden, wenn der Dritte nachweisen kann, dass eine tatsächliche Gefahr der Abschottung der nationalen Märkte besteht, falls er den genannten Beweis zu erbringen hat. Gelingt dem Markeninhaber dieser Nachweis, obliegt es wiederum dem Dritten, nachzuweisen, dass der Markeninhaber dem weiteren Vertrieb der Waren im EWR zugestimmt hat.[585] Das gilt bei ausschließlichen Vertriebssystemen dann, wenn der Dritte nachweisen kann, dass eine tatsächliche Gefahr der Abschottung der nationalen Märkte besteht, falls er den von ihm geforderten Beweis zu erbringen hat.[586] Fehlende Unterscheidungsmerkmale sprechen gegen die Annahme erstmaligen Inverkehrbringens außerhalb des EWR.[587] Fehlende Zulassung in dem Mitgliedstaat, in dem in den Verkehr gebracht sein soll, kann gegen Erschöpfung sprechen.[588]

148 **4. Unionspatent; TRIPS.** Die Erschöpfung ist als Art 6 in die VO (EU) 1257/2012 (Rn 52 Einheitlicher Patentschutz in Europa) eingestellt. Zur Bedeutung von Zwangslizenzen und Ausübungszwang für die Erschöpfung vgl auch Art 5 A PVÜ, Art 2 Abs 1 und Art 31 TRIPS-Übk.[589]

II. Nationalrechtliche Erschöpfung

149 **1. Voraussetzungen.** Erschöpfung tritt beim Sachpatent ein, sobald der Patentinhaber oder sonst Berechtigte wie der Lizenznehmer[590] den geschützten Gegenstand (als solchen und nicht nur einzelne Bestandteile davon)[591] im Inland in Verkehr gebracht hat.[592] Auf die Art der Berechtigung (Herstellungs- oder Vertriebslizenz, einfache oder ausschließliche Lizenz, Tochtergesellschaft) kommt es nicht an. Ob die Überschreitung der Berechtigung durch den Lizenznehmer zur Erschöpfung führt, ist str.[593] Inverkehrbringen aufgrund eines Testkaufs (Rn 271 zu § 139) führt zur Erschöpfung,[594] kann aber Begehungsgefahr begründen. Abhandenkommen führt nicht zur Erschöpfung.[595] Das unberechtigte Inverkehrbringen kann nachträglich genehmigt werden; Genehmigung liegt nach hM in der Entgegennahme des vollen Schadensersatzes[596] (vgl auch die Regelung in Art 70 span PatG), nicht aber in der bloßen Duldung patentverletzen-

585 EuGH C-244/00 GRUR 2003, 512 stüssy.
586 BGH stüssy II.
587 BGH stüssy II.
588 Vgl RB Den Haag BIE 2001, 231, 233.
589 Gutachten des EuGH Slg 1995 I 5276 = GRUR Int 1995, 239, 241 TRIPS-Kompetenz und *Ullrich* GRUR Int 1995, 623, 635 f.
590 RGZ 142, 168 f = GRUR 1934, 36 Loseblätterbuch; RGSt 46, 92, 94 Grüneberger Brause; RG MuW 11, 319 f Owens-Patente; BGHZ 2, 261, 267 = GRUR 1951, 449 Tauchpumpensatz; BGHZ 3, 193, 200 = GRUR 1952, 142 Tauchpumpen; BGH GRUR 1967, 676, 680 Gymnastiksandale; BGH GRUR 1980, 38 Fullplastverfahren; BGH GRUR 1997, 116 f Prospekthalter; KG MuW 22, 58; OLG Hamburg GRUR 1972, 375; BKartA GRUR 1965, 499, 502.
591 Vgl LG Düsseldorf 12.12.2013 4b O 88/12: abw, wenn der Bestandteil die geschützte Erfindung im wesentlichen verkörpert.
592 Vgl *Fitzner/Lutz/Bodewig* Rn 74.
593 Verneinend BGH GRUR 1959, 200, 203 Der Heiligenhof; OLG Düsseldorf 28.1.2010 2 U 131/08 IPRspr 2010 Nr 211, 535; bejahend *H. Tetzner* NJW 1962, 2033, 2036; *A. Leßmann* GRUR 2000, 741, 747 will zwischen dinglichen und obligatorischen Absatzmaßnahmen unterscheiden; vgl zur Rechtslage in den USA CAFC 7.6.2006 LG Electronics ./. Bizcom, referiert in EIPR 2007 N-92.
594 BGHZ 194, 272 = GRUR 2012, 1230 MPEG-2-Videosignalcodierung (Nr 27), gegen OLG Düsseldorf 2 U 129/08; vgl OLG Düsseldorf 28.1.2010 2 U 126/08; krit *Mes* § 139 Rn 222 f.
595 *Benkard* Rn 23; *Paul* NJW 1963, 980, 983.
596 *Benkard* Rn 23; *Fitzner/Lutz/Bodewig* Rn 74; *Kraßer* S 796 (§ 33 V b 2) mwN; RB Den Haag BIE 2001, 89; OLG Düsseldorf GRUR 1939, 365, 367; LG München I Mitt 1998, 262; vgl *Mes* Rn 88; aA BGH GRUR 1993, 899 Dia-Duplikate und dem folgend *6. Aufl.*

der Handlungen.[597] Abweisung der Verletzungsklage gegen den Hersteller bewirkt keine Erschöpfung bzgl von diesem in Verkehr gebrachten Gegenständen (Rn 253 zu § 139); auch Verwirkung der Rechte des Patentinhabers gegen einen Verletzer führt nicht zur Erschöpfung, der Verletzte kann deshalb noch gegen dessen Abnehmer vorgehen.[598] Konzerninterne Warenbewegung oder innerbetriebliche Vorgänge führen nicht zur Erschöpfung.[599]

2. Wirkung. Eine vom Patentinhaber hergestellte Ware wird patentfrei, wenn sie durch Veräußerung **150** seitens des Patentinhabers an seine Abnehmer in den Verkehr gelangt. Das Ausschließungsrecht des Patentinhabers wird durch die erste Veräußerung grds verbraucht. Der Erwerber kann mit dem Erzeugnis nach Belieben verfahren,[600] er darf es auch ändern[601] (anders nach § 24 MarkenG).[602] Die weiteren Benutzungshandlungen (einschließlich des gewerblichen Weiterverkaufs, des Verbrauchs usw, der Inbetriebnahme) sind im Fall der Erschöpfung frei.[603] Der Inhaber einer räumlich begrenzten ausschließlichen Lizenz kann den Vertrieb dem Lizenzschutzrecht unterliegender Gegenstände in seinem Bezirk nicht verhindern, wenn diese im Geltungsbereich des Schutzrechts befugtermaßen in Verkehr gebracht wurden und dadurch patentfrei geworden sind.[604] Ein Vertriebsunternehmen für Produkte, die von einem anderen, mit Zustimmung des Patentinhabers handelnden Unternehmen hergestellt und auf den Markt gebracht wurden, kann sich auf Erschöpfung berufen, ohne eine Lizenz zu benötigen.[605] Unklar ist, ob die Lieferung an den Inhaber einer Vertriebslizenz zur Erschöpfung führt.[606] Das Recht des Patentinhabers zum Herstellen bleibt unberührt.[607] Erschöpfung führt nicht dazu, dass aus erhalten gebliebenen Teilen nicht mehr funktionsfähiger Gegenstände funktionsfähige oder verwertbare Gegenstände zusammengebaut werden dürften.[608]

Die Wirkung der Erschöpfung ist bei Erzeugnissen **objektbezogen.**[609] Sie tritt nur für den Gegenstand **151** ein, der mit Billigung des berechtigten in Verkehr gebracht wurde.[610] Inverkehrbringen der geschützten Vorrichtung erschöpft auch für das auf dieser auszuführende Verfahren.[611] Führt dieses Verfahren zu einem Erzeugnis, das durch ein anderes Patent geschützt ist, tritt hinsichtlich dieses anderen Patents Erschöpfung nicht ein.[612] Ob es für Handlungen mit anderen geschützten Gegenständen des Veräußerers erschöpft, ist Auslegungsfrage.[613]

---

597 *Benkard* Rn 23; *Fitzner/Lutz/Bodewig* Rn 74; *Kraßer* S 796 (§ 33 V b 2).

598 *Benkard* Rn 23; offengelassen in RG MuW 38, 410, 414 plastische Schutzbinde.

599 BGHZ 81, 282, 285 = GRUR 1981, 587 Schallplattenimport I; OLG Hamburg GRUR 1985, 923; vgl aber BGH GRUR Int 1986, 724 Gebührendifferenz IV; eingehend *A. Leßmann* GRUR 2000, 741, 748 ff, der generell konzerninternen und konzernexternen Vertrieb gleichstellen will.

600 BGH GRUR 1959, 232 Förderrinne.

601 BGH 16.10.1968 I ZR 7/65.

602 Vgl BGH GRUR 2001, 448 Kontrollnummernbeseitigung II.

603 Vgl BGHZ 2, 387 = GRUR 1951, 452 Mülltonne; BGH Förderrinne; BGHZ 49, 331 = GRUR 1968, 195 Voran; BGH GRUR 1973, 518, 521 Spielautomat II; BGHZ 145, 7 = GRUR 2001, 153 OEM-Version, UrhSache und hierzu *Metzger* GRUR 2001, 210; LG Düsseldorf Slg 1998 I 5171 = GRUR Int 1998, 878 Laserdisk: durch Inverkehrbringen eines Bildträgers wird Vermietung nicht freigegeben.

604 BGH GRUR 1975, 598 Stapelvorrichtung; OLG Köln GRUR 1932, 727.

605 RGZ 124, 317, 319 = BlPMZ 1929, 253 Gleisrückmaschine II; BGH GRUR 1959, 232 Förderrinne; BGH GRUR 1975, 206 Kunststoffschaumbahnen; BGH GRUR 1980, 38 Fullplastverfahren; BGH 25.11.1986 X ZR 47/85.

606 Verneinend *Kraft* GRUR 1971, 373, 379; EuGH Slg 2010 I 4965 = GRUR 2010, 723 Parfümtester, Markensache; vgl *Benkard* Rn 17; vgl auch RB Den Haag BIE 1996, 372, wo aber für den Fall, dass der Patentinhaber nach Ablauf des Lizenzvertrags den Vertrieb verbietet und die Rücknahme zum Rechnungspreis verweigert, nach Treu und Glauben die Geltendmachung der Patentverletzung versagt wird; bejahend *Verkade* (Anm) BIE 1996, 374; *Benkard*[10] Rn 17; 7. Aufl.

607 BGH Förderrinne; BGH Spielautomat II.

608 BGH Förderrinne; BGH Spielautomat II; LG Düsseldorf GRUR 1957, 599; *Heiseke* WRP 1969, 50, 52 mwN.

609 Vgl *Kühnen* Hdb Rn 1781.

610 Vgl OLG Düsseldorf 14.1.2010 2 U 128/08.

611 BGH GRUR 1998, 130 Handhabungsgerät; BGH GRUR 2001, 407, 409 Bauschuttsortieranlage; anders bei ungeschützter Vorrichtung, wo allenfalls stillschweigende Lizenzierung in Betracht kommt; vgl OLG Schleswig 11.1.2000 6 U 61/98 unter Hinweis auf BGH Fullplastverfahren und RGZ 135, 145 = GRUR 1932, 579 Bandeisenreifen.

612 LG Düsseldorf Mitt 2000, 458.

613 Vgl LG Düsseldorf 18.5.2000 4 O 285/98 Entsch 2000, 51, 55 ff.

152   **Einzelheiten.** Auch wenn das Erzeugnis als Teil eines Ganzen in Verkehr gebracht wird, wird es gemeinfrei, darf aus der Verbindung gelöst und mit einer anderen Sache verbunden werden.[614] Zur Zufügung einer Zutat Rn 63 ff. Sind in einem Patent Zwischen- und Endprodukt geschützt, wird man den Schutz auch für das Endprodukt durch Inverkehrbringen des Zwischenprodukts als erschöpft ansehen müssen. Zur Erschöpfungsproblematik bei Ersatzteilen Rn 69 und Rn 28 zu § 10. Hat der Patentinhaber einen auf Austausch eines Teils einer Einheit angelegten Gegenstand in Verkehr gebracht, ist der Patentschutz auch dann erschöpft, wenn der Austausch in der Folge fortgesetzt vorgenommen wird.[615] Zur Lage bei biologischem Vermehrungsgut s auch die EG-BioTRl (§ 9a).[616]

153   **3. Besonderheiten bei Verfahrenspatenten.** Erschöpfung kommt nur hinsichtlich des unmittelbaren Verfahrenserzeugnisses in Betracht; insoweit gelten die allg Regeln.[617]

154   Der Patentinhaber kann nicht die **patentierte Vorrichtung** veräußern und sich deren bestimmungsgem Verwendung mit patentrechtl Mitteln vorbehalten;[618] die Veräußerung erschöpft das Recht, die Benutzung der Vorrichtung zu verbieten.[619] Wird eine Lizenz eingeräumt, kommt des grds auf deren Inhalt an;[620] jedoch sind die Grundsätze von Treu und Glauben zu beachten. Das wird auch für die Verwendung in Genehmigungs- oder Zulassungsverfahren gelten müssen.

155   Durch die **Veräußerung einer ungeschützten Vorrichtung**, mit deren Hilfe ein geschütztes Verfahren ausgeübt werden kann, seitens des Inhabers des Verfahrenspatents tritt Erschöpfung des Verfahrenspatents grds nicht ein,[621] anders uU bei Veräußerung einer durch das gleiche Patent geschützten Vorrichtung (Rn 154); allerdings darf, wer vom Inhaber des Verfahrenspatents oder – jedenfalls bei Fehlen einer ausdrücklichen abw Abrede im Lizenzvertrag – dessen Lizenznehmer die zur Ausführung des Verfahrens bestimmte Vorrichtung erworben hat, diese (aufgrund auch stillschweigender Erlaubnis, selbst bei abw wirtschaftlichem Interesse des Veräußerers) iZw bestimmungsgem benutzen;[622] das und der Umfang des Benutzungsrechts sind aber keine Frage der Erschöpfung, sondern der Auslegung des Kausalgeschäfts und der Bestimmung der sich aus ihm ergebenden Rechtsverschaffungspflicht. Ist eine Vorrichtung geschützt, darf der Erwerber eines Geräts, mit dem sie hergestellt werden kann, zwar erwarten, dieses Gerät bestimmungsgemäß zu gebrauchen, er darf aber nicht erwarten, das zur Herstellung der Vorrichtung benötigte Material aus beliebiger Quelle beziehen zu können.[623] Eine stillschweigende Benutzungserlaubnis zur Anwendung des geschützten Verfahrens kann in der Lieferung von Mitteln nicht gesehen werden, die unter Verwendung weiterer nicht lizenzierter Vorrichtungen zur Ausübung des patentgemäßen Verfahrens führen.[624]

156   **4.** Bei auf die Verwendung eines Erzeugnisses (Stoffs) gerichteten **Verwendungspatenten** führt das Inverkehrbringen des für den Verwendungszweck sinnfällig hergerichteten Erzeugnisses zur Erschöpfung; bei Herstellungsverwendungspatenten, die auf die Verwendung des Erzeugnisses zur Herstellung eines Medikaments usw gerichtet sind, das Inverkehrbringen des unmittelbaren Verfahrenserzeugnisses. Darüber hinaus wird man bei kumulierten Sach- und Verwendungsansprüchen infolge des Auffangcharakters der letzteren Erschöpfung durch jedes Inverkehrbringen der Sache annehmen müssen.

---

614   Vgl RGZ 130, 242, 244 = GRUR 1931, 73 Type H.

615   BGH GRUR 2007, 769 Pipettensystem.

616   Zur Rechtslage vor deren Inkrafttreten *Benkard* Rn 24.

617   Vgl RGZ 51, 139 f = GRUR 1904, 302 Guajakol-Karbonat; RG GRUR 1936, 121, 123 Kulierwirkmaschine; BGH GRUR 1980, 38 Fullplastverfahren.

618   BGH GRUR 1998, 130, 132 Handhabungsgerät; vgl US-CAFC 21.8.2001 Jazz v. ITC, referiert in EIPR 2001 N-185.

619   OLG Düsseldorf 28.1.2010 2 U 131/08 IPRspr 2010 Nr 211, 535.

620   OLG Düsseldorf 28.1.2010 2 U 131/08 IPRspr 2010 Nr 211, 535; vgl *Mes* Rn 80.

621   BGH GRUR 1980, 38 Fullplastverfahren; BGH GRUR 2001, 223 f Bodenwaschanlage; LG Düsseldorf 27.2.2007 4a O 281/05; *Schricker* Mitt 1980, 31; *Benkard* Rn 25 gegen RGZ 133, 326, 330 = GRUR 1931, 1278 Isolierung; RGZ 135, 145, 148 = GRUR 1932, 579 Bandeisenreifen; RGZ 142, 168, 169 = GRUR 1934, 36 Loseblätterbuch; vgl LG Düsseldorf Mitt 1999, 179; LG Düsseldorf WuW/E DE-R 2120; *Gemeinschaftskommentar GWB* §§ 20, 21 Rn 37.

622   BGH GRUR 2007, 773 Rohrschweißverfahren; vgl BGH Fullplastverfahren; BGH Handhabungsgerät; OLG Naumburg 30.6.1999 6 U 115/98; *Benkard* Rn 25; *Mes* Rn 81; *Kraßer* S 803 (§ 33 V e 1); *Kühnen* Hdb Rn 1811; OLG Düsseldorf 28.1.2010 2 U 124/08; LG Düsseldorf 12.12.2013 4b O 87/12.

623   OLG Düsseldorf InstGE 9, 66.

624   OLG Karlsruhe GRUR 2014, 59.

5. Verhältnis zum UWG. Der erschöpfte Schutz kann nicht über das Wettbewerbsrecht wiederge- **157** schaffen werden; hier gelten dieselben Grundsätze wie nach Ablauf des Patentschutzes (Rn 10 zu § 141a).

III. Internationaler Verkehr

1. Allgemeines. Die Erschöpfungswirkung knüpft an das Inverkehrbringen im Inland an. Solange – **158** abgesehen von der besonderen rechtl Situation in der EU (Rn 163ff) und im EWR (Rn 170) – die Geltung eines in einem Staat erteilten Schutzrechts an dessen Grenzen endet (Territorialitätsgrundsatz), vermag die Erschöpfung des Patentrechts durch Inverkehrbringen der patentgeschützten Ware Wirkungen nur in dem Staat zu äußern, in dem das Inverkehrbringen erfolgt ist, sie endet an den Staatsgrenzen[625] (allerdings wird das Territorialitätsprinzip als Rechtfertigung für die Erschöpfung in Zweifel gezogen).[626] Zum Unionspatent Rn 148.

2. Internationale Erschöpfung. Das Inverkehrbringen in Drittstaaten führt nach hM anders als nach **159** der gemeinschaftsrechtl nicht zwingenden,[627] nach der Ministererklärung von Doha vom 14.11.2001 durch das TRIPS-Übk nicht gebotenen (und damit erst eine unterschiedliche Preispolitik in verschiedenen Ländern ermöglichenden) und durch § 24 MarkenG überholten[628] früheren Rspr zum Wz-Recht[629] Erschöpfung nicht herbei.[630] Eine patentgeschützte Sache kann daher nicht eingeführt werden, ohne dass dadurch das inländ Patent benutzt wird, selbst wenn sie vom Inhaber mehrerer paralleler Patente im In- und Ausland in einem der Schutzstaaten in den Verkehr gebracht wird oder wenn das Inverkehrbringen im Ausland mit Zustimmung des Patentinhabers durch einen Dritten erfolgt ist.[631] § 9 steht daher auch einem Wiederinverkehrbringen bereits im Ausland in Verkehr gebrachter patentverletzender Gegenstände im Gebrauchtwarenhandel entgegen.[632]

Ob eine **Lieferung ins Ausland** für sich für das Inland erschöpft, ist str;[633] es wird wie in Rn 133 zu **160** differenzieren sein. Inverkehrbringen aus dem Ausland erschöpft selbst dann, wenn es ausschließlich zur Wiederausfuhr erfolgt.[634]

Dass Erschöpfung nicht eintritt, gilt selbst, wenn der betr Staat mit der EU ein **Liberalisierungsab- 161 kommen** geschlossen hat.[635] Dies gilt auch für Erzeugnisse, die in einem Land vor dessen Beitritt zur Ge-

625 Vgl BGHZ 49, 331 = GRUR 1968, 195 Voran.

626 Vgl auch PatentsC RPC 1996, 441 Roussel Uclaf v. Hockley.

627 Vgl EuGH Slg 1976, 811 = GRUR Int 1976, 398 EMI/CBS.

628 EuGH Slg 1998 I 4799 = GRUR 1998, 919 Silhouette; EuGH Slg 1999 I 4103 = GRUR Int 1999, 870 Sebago; öOGH GRUR Int 1999, 275 = IIC 2000, 207 Silhouette II; BGHZ 131, 308 = GRUR 1996, 271 gefärbte Jeans; OLG München GRUR Int 1996, 730; LG Düsseldorf GRUR 1996, 66 f; anders der EFTA-Gerichtshof in der Maglite-Entscheidung E-2/97 ABl EG 1998 C 20/17 = sic! 1998, 115; zu noch denkbaren Ausnahmen OLG Köln GRUR 1999, 346 ff; zur neuerlichen Diskussion vgl Arbeitsdokument der Kommission vom 1.12.1999 EU (1999) 2033 und Hinweis GRUR Int 2000, 181.

629 BGHZ 41, 84 = GRUR 1964, 372, 374 Maja; BGHZ 60, 185 = GRUR 1973, 468 Cinzano; BGH GRUR 1982, 115 Öffnungshinweis; BGH GRUR 1983, 177 Aqua King; BGH GRUR 1984, 530 Valium Roche; BGH GRUR 1988, 213 Griffband; Sack WRP 1998, 549.

630 BGHZ 143, 268 = GRUR 2000, 299 f Karate; TGI Paris PIBD 1997, 634 III 457; TGI Paris PIBD 1997, 635 III 357; US-CAFC 3.10.2000 Ajnomoto v. Archer, referiert in EIPR 2001 N-19; schweiz BG BGE 126 III 129 = GRUR Int 2000, 639 Kodak II, allerdings mit kartellrechtl Vorbehalt, zu diesem Zäch sic! 2000, 275 und Stieger sic! 2001, 89; Appellationsgericht Tessin SMI 1988, 202, Cour de Justice Genf SJ 1984, 31, offengelassen noch in schweiz BG BGE 124 III 321 = GRUR Int 1999, 362, 364 Donkey Kong Land; Mes Rn 83; für internat Erschöpfung HG Zürich sic! 1999, 138 = GRUR Int 1999, 555 mit reichhaltigem Material und abw Meinung in sic!; OG Luzern 11.12.1987 LGVE 1987 I Nr 25, 66 ff, vgl Kraus sic! 2000, 61 f sowie GRUR Int 2000, 88; hierzu auch Lindner EIPR 1999, 373; zur Diskussion in der EU auch VPP-Rdbr 1999, 20 f, 57 f, 104.

631 RGZ 51, 139, 141 = GRUR 1904, 302 Guajakol-Karbonat; RGZ 51, 263, 267 Mariani-Wein; RGSt 36, 178 f = GRUR 1904, 301 Schnürlochösen; BGH Maja; BGHZ 49, 331 = GRUR 1968, 195 Voran; BGH GRUR 1975, 598, 600 Stapelvorrichtung; BGH GRUR 1976, 579 Tylosin; OLG Hamburg GRUR 1985, 923.

632 LG München I 28.3.1996 7 O 13450/95; vgl aber OLG Köln GRUR 2000, 65, Markensache.

633 Benkard Rn 17 unter Bezugnahme auf RGZ 51, 139, 141 = GRUR 1904, 302 Guajakol-Karbonat; aA LG München I Mitt 1994, 124, 126 in Anschluss an Bernhardt/Kraßer⁴ S 578 (jetzt Kraßer S 795 (§ 33 V b 1)); vgl auch LG Düsseldorf 2.12.1999 4 O 137/99 Entsch 1999, 123, Markensache).

634 RGSt 36, 178, 180 = GRUR 1904, 301 Schnürlochösen.

635 EuGH Slg 1982, 329 = GRUR Int 1982, 372 Polydor/Harlequin; BGH GRUR 1985, 924 Schallplattenimport II.

meinschaft in Verkehr gebracht worden sind.[636] Der Patentinhaber mehrerer identischer Patente in verschiedenen Ländern der EU kann den Import patentierter Erzeugnisse von einem Mitgliedstaat in den anderen untersagen, falls der Lieferant im exportierenden Land diese Erzeugnisse außerhalb der EU erworben hat und ohne Zustimmung des Patentinhabers handelt; offengelassen wurde, ob dies auch gilt, wenn der Patentinhaber in solchen Fällen in zwei oder mehr EU-Staaten nebeneinander Ansprüche aus seinen inhaltsgleichen nationalen Schutzrechten erhebt und durchsetzt.[637]

162   Insb aus den Bestimmungen der **PVÜ** ergibt sich eine „internationale" Erschöpfung nicht.[638] **Art 6 TRIPS-Übk** enthält sich ausdrücklich einer Regelung;[639] das TRIPS-Übk begründet auch keine WTO-weite Erschöpfung.[640]

4. Gemeinschaftsrechtliche Erschöpfung

163   **a. Grundsatz.** Erschöpfung tritt unter bestimmten Voraussetzungen durch Inverkehrbringen in anderen EU-Staaten ein;[641] ausdrückliche Regelungen enthalten § 24 Abs 1 MarkenG[642] sowie für den Softwareschutz § 69c Nr 3 UrhG.[643] Art 34, 56 AEUV regeln den freien Waren- und Dienstleistungsverkehr in der Gemeinschaft in der Weise, dass mengenmäßige Einfuhrbeschränkungen sowie alle Maßnahmen gleicher Wirkung (nichttarifäre Handelshemmnisse) verboten sind und Beschränkungen des Dienstleistungsverkehrs nach Maßgabe der Folgebestimmungen der Art 57–62 AEUV verboten sind. Dies gilt grds auch für Handelshemmnisse, die sich aus gewerblichen Schutzrechten ergeben.[644] Art 36 Satz 2 AEUV bestimmt allerdings, dass ua solche Einfuhrverbote und -beschränkungen zulässig sind, die aus Gründen des gewerblichen und kommerziellen Eigentums gerechtfertigt sind;[645] sie dürfen aber jedoch weder ein Mittel der willkürlichen Diskriminierung sein noch eine verschleierte Beschränkung[646] des Handels zwischen den Mitgliedstaaten bewirken; solches ist noch nicht der Fall, wenn der Berechtigte seine Rechte nicht jedem gegenüber mit gleicher Strenge verfolgt.[647] Soweit Richtlinien des Unionsrechts Regelungen zur Harmonisierung der Maßnahmen nach Art 36 Satz 2 AEUV enthalten, sind nationale Maßnahmen nur anhand der Richtline und nicht nach Art 34 ff AEUV zu beurteilen; die Richtlinie ist jedoch im Licht der Vertragsbestimmungen über den freien Warenverkehr auszulegen.[648]

164   Grundlage für das Institut der „gemeinschaftsrechtl Erschöpfung" ist das **Spannungsverhältnis** zwischen Art 34 AEUV und Art 101, 102 AEUV einerseits und Art 36 Satz 2 AEUV andererseits (vgl hierzu auch Rn 184 ff zu § 15). Die Rechte, die ein Mitgliedstaat nach seinem weiterhin maßgeblichen nationalen Recht[649] dem Inhaber eines Patents verleiht, werden durch die Verbotsbestimmungen der Art 101, 102

---

636   BGH GRUR 1976, 579 Tylosin.

637   BGH Tylosin.

638   OG Tokio GRUR Int 1995, 417, das allerdings für das jp Recht auf nationalrechtl Grundlage Erschöpfung bei Parallelimporten patentrechtl geschützter Gegenstände annimmt, die der Patentinhaber im Ausfuhrland in Verkehr gebracht hat, insoweit gegen BG Tokio GRUR Int 1995, 419; anders nachfolgend jp OGH GRUR Int 1998, 168, das auf einschränkungsloses Inverkehrbringen und damit auf eine implizite Lizenz abstellt; hierzu *Tessensohn/Yamamoto* EIPR 1995, 341; *Tessensohn/Yamamoto* EIPR 1988, 228; *Heath* IIC 1993, 179; *Beier* GRUR Int 1996, 1, 8, sowie zur Problematik der int Erschöpfung im Patentrecht die Antwort der EG-Kommission ABl EG 1994 C 340/37; zur Praxis in den Vereinigten Staaten von Amerika *Barrett* EIPR 2002, 571.

639   *Heath* GRUR Int 1996, 1169, 1180 f, der in der Bestimmung nur einen Ausschluss einseitiger Handelssanktionen wegen dieser Frage sieht; aA *Straus* GRUR Int 1996, 179, 194, der int Erschöpfung als nicht TRIPS-konform ansieht; kr *Ullrich* GRUR Int 1995, 623, 635; vgl auch *Bronckers* 31 CMLR 1245, 1265 ff (1994); *Fitzner/Lutz/Bodewig* Rn 80.

640   Str; vgl *Mager* GRUR 1999, 637, 641 ff.

641   Vgl OLG Düsseldorf 22.3.2012 2 U 112/10 GRURPrax 2012, 440 KT.

642   Vgl BGH GRUR 2012, 392 Echtheitszertifikat, auch zu den Beschränkungen nach § 24 Abs 2 MarkenG, hierzu auch BGH GRUR 2005, 60 f SIM-Lock; BGH GRUR 2006, 329 Gewinnfahrzeug mit Fremdemblem; BGH GRUR 2007, 882 Parfümtester.

643   Hierzu OLG Frankfurt NJW-RR 1997, 494.

644   Vgl BGHZ 58, 15 = GRUR 2013, 62 Bauhausstil, Strafsache, mwN.

645   Vgl EuGH Slg 1974, 1147 = GRUR Int 1974, 454 Negram II.

646   Vgl hierzu auch OLG Köln WRP 1995, 736, 740 f, 742.

647   NlHR BIE 1995, 409, 418 = GRUR Int 1997, 836 f Recormon.

648   EuGH Slg 1996 I 3545 = GRUR Int 1996, 1144, 1146 Bristol-Myers Squibb.

649   EuGH Slg 1988, 3585 = GRUR Int 1989, 661 Thetford; EuGH Slg 1993 I 6227 = GRUR 1994, 286 Quattro.

AEUV in ihrem Bestand nicht beeinträchtigt, ihre Ausübung kann für sich allein nicht gegen sie verstoßen, wenn nicht eine Vereinbarung, ein Beschluss oder eine abgestimmte Verhaltensweise iSd Art 101 Abs 1 AEUV oder die missbräuchliche Ausnutzung einer marktbeherrschenden Stellung nach Art 102 AEUV vorliegt.[650] Der EuGH verwendet allerdings seit 1990 die Unterscheidung zwischen Bestand und Ausübung nicht mehr, sondern stellt darauf ab, ob die Geltendmachung von Rechten aus dem Schutzrecht zum Schutz seines spezifischen Gegenstands erforderlich ist.[651]

Art 30 EG erlaubte Beschränkungen des freien Warenverkehrs nur, soweit sie zur Wahrung der Rechte **165** gerechtfertigt sind, die den **spezifischen Gegenstand des Schutzrechts** ausmachen,[652] nicht aber die Einführung willkürlicher und ungerechtfertigter Maßnahmen.[653] Auch nach Art 36 Satz 2 AEUV dürfen die Verbote oder Beschränkungen weder ein Mittel zur willkürlichen Diskriminierung noch eine verschleierte Beschränkung des Handels zwischen den Mitgliedstaaten darstellen. Die Geltendmachung des Rechts kann eine solche Beschränkung sein, wenn sie zu einer künstlichen Abschottung der Märkte zwischen den Mitgliedstaaten beitragen würde.[654] Beim Patent ist dieser Gegenstand das dem Inhaber zum Ausgleich für die schöpferische Erfindertätigkeit verliehene Recht, gewerbliche Erzeugnisse herzustellen und in Verkehr zu bringen, mithin die Erfindung selbst oder im Weg der Lizenzvergabe zu verwerten, und sich gegen Zuwiderhandlungen zur Wehr zu setzen. Die Nichterschöpfung der Rechte des Patentinhabers beim Vertrieb in einem anderen Mitgliedstaat kann sich als Hindernis für den freien Warenverkehr auswirken und berührt damit Art 34 AEUV. Der freie Warenverkehr hat grds Vorrang.[655] Zur Beurteilung von Lizenzen mit Gebietsschutz Rn 207 zu § 15. Die Art 34 AEUV und 36 AEUV verbieten es es einem Mitgliedstaat nicht, die Beihilfe zum unerlaubten Verbreiten von Vervielfältigungsstücken geschützter Werke in Anwendung seiner nationalen Strafvorschriften strafrechtlich zu verfolgen, wenn Vervielfältigungsstücke solcher Werke in dem betr Mitgliedstaat im Rahmen eines Verkaufsgeschäfts an die Öffentlichkeit verbreitet werden, das speziell auf die Öffentlichkeit in diesem Mitgliedstaat ausgerichtet ist und von einem anderen Mitgliedstaat aus abgeschlossen wird, in dem ein Schutz der Werke nicht besteht oder nicht durchsetzbar ist.[656]

b. Inverkehrbringen durch den Patentinhaber oder mit seiner Zustimmung. Ein Hindernis für **166** den freien Warenverkehr ist nicht gerechtfertigt, wenn das (konkrete körperliche)[657] Erzeugnis in einem anderen Mitgliedstaat durch den Inhaber oder mit seiner Zustimmung rechtmäßig – und sei es auch nur zum Zweck des Exports[658] – auf den Markt gebracht worden ist,[659] dies nicht nur, wenn der Patentinhaber

---

650 EuGH Slg 1968, 85 = GRUR Int 1968, 99 Parke Davis; vgl EuGH Slg 1978, 1139 = GRUR Int 1978, 291 Hoffmann-La Roche/Centrafarm; EuGH Slg 1978, 1823 = GRUR Int 1979, 99 Centrafarm/American Home Products; EuGH Slg 1981, 2913 = GRUR Int 1982, 187 Pfizer/Eurim-Pharm.

651 Vgl *Iglesias* Die Bedeutung der Rechtsprechung des Gerichtshofes für die Errichtung des Binnenmarktes, in: *Schwarze* (Hrsg) Unverfälschter Wettbewerb für Arzneimittel im europäischen Binnenmarkt (1998), 9 ff.

652 EuGH Slg 1971, 487 = GRUR Int 1971, 450 Polydor; EuGH Slg 1974, 1147 = GRUR Int 1974, 454 Negram II; EuGH Slg 1978, 1139 = GRUR Int 1978, 291 Centrafarm/American Home Products; EuGH Slg 1978, 1823 = GRUR Int 1979, 99 Centrafarm/American Home Products; EuGH Slg 1981, 2063 = GRUR Int 1982, 47 Moduretik; EuGH Slg 1996 I 3457 = GRUR Int 1996, 144 Bristol-Myers Squibb; EuGH Slg 1999 I 6927 = GRUR Int 2000, 159 Dalacin; öOGH ÖBl 2000, 272, 274 Schuberverpackung II.

653 EuGH Slg 1975, 181 Kommission/Deutschland.

654 EuGH Hoffmann-La Roche/Centrafarm; EuGH Bristol-Myers Squibb; EuGH Dalacin; öOGH GRUR Int 2000, 788 f PROSCAR.

655 EuGH Slg 1976, 1053 = GRUR Int 1976, 402, 410 Terrapin/Terranova.

656 EuGH E-5/11 GRUR 2012, 817, UrhSache.

657 OLG München GRUR-RR 2003, 303, Markensache.

658 Vgl OLG Hamburg GRUR-RR 2003, 335, Markensache: Übergabe an den Frachtführer; OLG München GRUR-RR 2003, 338; CA England/Wales (Jacob L.J. – summary judgement –) 2004 EWCA 290 Glaxo/Dowelhurst, Markensache: auch bei Verkauf markengeschützter Medikamente zur Aidsbekämpfung in Afrika, und kr hierzu *Davies* EIPR 2004, 437.

659 EuGH Slg 1971, 487 = GRUR Int 1971, 450 Polydor; EuGH Slg 1974, 1147 = GRUR Int 1974, 454 Negram II; EuGH Slg 1974, 1183 = GRUR 1974, 456 Negram III; EuGH Slg 1981, 147 = GRUR Int 1981, 229 Gebührendifferenz II; EuGH Slg 1982, 329 = GRUR Int 1982, 372 Polydor/Harlequin; EuGH Slg 1985, 2281 = GRUR Int 1985, 822, 824 Pharmon; EuGH Slg 1990 I 3752 = GRUR Int 1990, 960 f HAG II; EuGH Slg 1996 I 3457 = GRUR Int 1996, 1144, 1146 Bristol-Myers Squibb; BGHZ 143, 268 = GRUR 2000, 299 Karate; BGH GRUR 2003, 507 Enalapril; vgl für das Markenrecht öOGH ÖBl 2004, 220 Gmundner

über Parallelpatente verfügt,[660] sondern auch, wenn in diesem Mitgliedsstaat Patentschutz nicht besteht[661] oder Patentierbarkeit dort nicht bestand.[662] Erschöpfungswirkung tritt auch ein, wenn die Inhaber der Parallelpatente wirtschaftlich verbunden sind.[663] Str ist, ob aus der Freigabe der Diensterfindung seitens des ArbGb für EU-Staaten nach § 14 Abs 2 ArbEG die Erschöpfungswirkung folgt.[664] Auf Konzernverbundenheit kommt es nicht an; auch Preisunterschiede aufgrund hoheitlicher Maßnahmen sind unbeachtlich;[665] dass sich hieraus Wettbewerbsverzerrungen ergeben können, ist nicht über die Erschöpfung gewerblicher Schutzrechte zu lösen, sondern mit den Mitteln des Wirtschafts- und Kartellrechts. Zustimmung zum Inverkehrbringen liegt noch nicht in der Aussetzung der Vollstreckung eines vorläufig vollstreckbaren Unterlassungsgebots,[666] auch nicht in der Lieferung an einen Großhändler in einem Drittland, der nur für den Vertrieb im Drittland autorisiert ist, wenn Rückimport erfolgt;[667] erst recht nicht im bloßen Herstellen.[668] Die „Zustimmungstheorie" des EuGH ist auf Kritik gestoßen.[669] Zur Verteilung der Darlegungs- und Beweislast Rn 147. Die Rspr des EuGH zur vertraglichen Aufspaltung bisher in einer Hand befindlicher Markenrechte[670] ist auf technische Schutzrechte nicht übertragbar.[671] Auf die besondere markenrechtl Problematik der Parallelimporte, insb des Umverpackens, von Arzneimitteln und der Entfernung von Kontrollhinweisen, ist hier nicht einzugehen (vgl Rn 143).[672] Übergibt der Markeninhaber die Ware in der Union im Rahmen eines „ab Werk-Verkaufs" an einen Frachtführer, ist sie in Verkehr gebracht, auch wenn der Käufer seinen Sitz außerhalb des EWR hat und die Ware dort vertrieben werden soll.[673] Eine Ausnahme statuiert der „Besondere Mechanismus" (Rn 102 ff Einl).

167   **c. Inverkehrbringen durch Dritte.** Hier kommt es darauf an, ob die Zustimmung des Patentinhabers – als zentrales Tatbestandsmerkmal – zum Inverkehrbringen vorliegt;[674] der Begriff ist aufgrund des Gemeinschaftsrechts auszulegen.[675] Die Berufung auf den Patentschutz kann bei einem Erzeugnis, das aus einem Mitgliedsstaat stammt, in dem es nicht patentfähig ist, und von dem Dritten ohne Zustimmung des Patentinhabers hergestellt worden ist, gerechtfertigt sein, ebenso, wenn zwar Patente bestehen, ihre originären Inhaber aber rechtl und wirtschaftlich selbstständig sind.[676] Hat es der Patentinhaber versäumt oder nicht erreicht, Parallelpatente zu erwirken, haben bei einem Inverkehrbringen durch Dritte die Schutzrechte Vorrang.[677] Die Bestimmungen über den freien Warenverkehr stehen der Anwendung nationaler Rechtsvorschriften nicht entgegen, nach denen der Schutzrechtsinhaber befugt ist, Dritten die Herstellung der geschützten Teile zum Zweck des Verkaufs auf dem Binnenmarkt oder der Ausfuhr zu untersagen oder die Einfuhr geschützter Teile aus anderen Mitgliedsstaaten, die dort ohne seine Erlaubnis hergestellt wur-

---

Keramik; vgl auch EuGH Slg 1971, 69 = GRUR Int 1971, 279 Sirena/Novimpex; Fall des „Parallelimports"; zum Ort des Inverkehrbringens, insb bei Einschaltung eines Frachtführers, OLG Stuttgart Mitt 1998, 382, Markensache.

660   OLG Stuttgart GRUR Int 1980, 48; Benelux-Gerichtshof 6.12.1999 Kipling v. GB Unic, referiert in GRUR Int 2000, 384, Markensache: zur Vermarktung innerhalb der Gemeinschaft; *Fitzner/Lutz/Bodewig* Rn 76.

661   EuGH Slg 1981, 2063 = GRUR Int 1982, 47 Moduretik.

662   BGH GRUR 1976, 579, 582 Tylosin; EuGH Slg 1968, 85 = GRUR Int 1968, 99 Parke Davis; EuGH Negram II.

663   EuGH Slg 1976, 1039 = GRUR Int 1976, 402, 410 Terrapin/Terranova.

664   Hierzu verneinend *Bartenbach/Volz* § 14 ArbEG Rn 37; *Benkard* Rn 23 einerseits, *U. Krieger* (Besprechung) GRUR 1981, 149 (differenzierend) andererseits.

665   EuGH Negram II.

666   NlHR BIE 1995, 409, 418 = GRUR Int 1997, 836 f Recormon; vgl *Welch* GRUR Int 2003, 579, 594.

667   OLG Frankfurt GRUR Int 1998, 313, Markensache; vgl RB Den Haag BIE 2000, 425.

668   LG Düsseldorf InstGE 1, 146, 153.

669   Vgl *Govaere* The Use and Abuse of Intellectual Property Rights in E.C. Law, 1996 Rn 4.15 ff, *Bonet* RDTE 1986, 284 ff; *Demaret* GRUR Int 1987, 1 ff; *Sack* GRUR 1999, 196 f; *Müller* Mitt 2001, 151, 155 f mwN.

670   EuGH Hag II; EuGH Slg 1994 I 2789 = GRUR Int 1994, 614 Ideal Standard II.

671   Ua *Ebenroth* (1992) Rn 72; *Joliet* GRUR Int 1991, 177, 184.

672   Vgl ua *Ströbele/Hacker* § 24 MarkenG Rn 71 ff.

673   BGH GRUR 2006, 863 ex works.

674   Vgl *Fitzner/Lutz/Bodewig* Rn 77.

675   ÖOGH ÖBl 2004, 220 Gmundner Keramik, Markensache.

676   EuGH Slg 1974, 1147 = GRUR Int 1974, 454 Negram II; EuGH Slg 1982, 2853 = GRUR Int 1983, 643 Handtaschenmodell, zum Geschmacksmusterrecht.

677   *Benkard* Rn 20.

den, zu verhindern.[678] Das Bestehen eines Vorbenutzungsrechts in einem Mitgliedstaat erschöpft nicht in einem anderen.[679]

Dasselbe gilt, wenn das Erzeugnis in einem anderen Mitgliedstaat vom Inhaber einer **Zwangslizenz** **168** an einem Parallelpatent, dessen Inhaber ebenfalls der Patentinhaber ist, hergestellt worden ist, und zwar unabhängig davon, ob die Zwangslizenz an ein Ausfuhrverbot geknüpft ist, in ein Lizenzgebühren für den Patentinhaber festgesetzt sind und dieser sie angenommen hat.[680] Die Regelungen des Gemeinschaftsrechts stehen der Anwendung nationaler Rechtsvorschriften entgegen, wonach der Inhaber eines Patents für ein pharmazeutisches Erzeugnis berechtigt ist, sich der Einfuhr dieses Erzeugnisses aus einem anderen Mitgliedstaat durch einen Dritten zu widersetzen, wenn er das Erzeugnis in diesem Staat nach dessen Beitritt zur EG, aber zu einem Zeitpunkt, zu dem das Erzeugnis in diesem Staat nicht durch ein Patent geschützt werden konnte, erstmals in den Verkehr gebracht hat, es sei denn, der Patentinhaber kann beweisen, daß für ihn eine tatsächliche und gegenwärtige rechtl Verpflichtung besteht, das Erzeugnis in diesem Mitgliedsstaat in den Verkehr zu bringen.[681]

Soweit innerhalb der Gemeinschaft **Schutzfristenunterschiede** bestehen, erschöpft das auf der kür- **169** zeren Schutzfrist beruhende rechtmäßige Inverkehrbringen in einem anderen Mitgliedstaat nicht.[682] Auch der Ablauf der Schutzdauer in einem Mitgliedstaat wirkt sich grds nicht auf die anderen aus.[683]

5. Für den (nur noch im Verhältnis zu Island, Liechtenstein und Norwegen relevanten) **Europäischen** **170** **Wirtschaftsraum (EWR)**[684] gelten dieselben Grundsätze wie innerhalb der EU (so ausdrücklich § 24 Abs 1 MarkenG).[685] Hierzu enthält das **Protokoll 28** über geistiges Eigentum zum EWR-Abkommen Bestimmungen (vgl zB auch die Regelung in § 6 Abs 3 öHlSchG). Jedoch können die Staaten des EWR die internat Erschöpfung im Markenrecht beibehalten.[686] Umstr ist, ob dies zum Weiterexport in die EU berechtigt.[687] Das Verhältnis Schweiz – Liechtenstein regelt Art 1 der Ergänzungsvereinbarung zum schweizerisch-liechtensteinischen Patentschutzvereinbarung vom 2.11.1994.

Schweiz. MWv 1.7.2009 wurde in Art 9a PatG der Grundsatz der regionalen Erschöpfung im EWR **171** übernommen; nach Abs 1 gilt dann, wenn der Patentinhaber eine patentgeschützte Ware im Inland oder im EWR in Verkehr gebracht oder ihrem Inverkehrbringen im Inland oder im EWR zugestimmt, dass diese Ware gewerbsmäßig eingeführt und im Inland gewerbsmäß gebraucht oder weiterveräußert werden darf; Abs 2 enthält eine entspr Regelung für Vorrichtungen, Abs 3 betrifft patentgeschütztes biologisches Material. Eine Ausnahme sieht Abs 5 für Waren vor, deren Preis staatlich festgelegt wird, und für die weiterhin der Grundsatz der nationalen Erschöpfung gilt. Abs 4 betrifft das Inverkehrbringen außerhalb des EWR. Die Regelung betrifft nur die Erschöpfungswirkung in der Schweiz; aus ihr kann nicht abgeleitet werden, dass Inverkehrbringen in der Schweiz auch im Inland erschöpft.

IV. Eine **entsprechende Anwendung** der Erschöpfungsgrundsätze auf von Dritten aufgrund eines **172** Vorbenutzungsrechts rechtmäßig in Verkehr gebrachte Erzeugnisse ist geboten (Rn 47 zu § 12); dazu, wieweit dies auch zugunsten des Benutzers gilt, der nach dem Prioritäts- oder Anmeldezeitpunkt, aber vor Veröffentlichung der Patenterteilung Benutzungshandlungen vorgenommen hat, Rn 59 ff zu § 12.

---

678 EuGH Slg 1988, 6039 = GRUR Int 1990, 140 Maxicar/Renault; EuGH Slg 1988, 3585 = GRUR Int 1989, 669 Thetford; Art 76 Abs 3 GPÜ 1989; vgl OLG Düsseldorf GRUR Int 1997, 646.

679 *Warbek* ÖBl 1996, 263.

680 EuGH Slg 1985, 2281 = GRUR Int 1985, 822 Pharmon; EuGH Slg 1988, 3585 = GRUR Int 1989, 669 Thetford; *Fitzner/Lutz/Bodewig* Rn 77.

681 EuGH Slg 1996, I-6285 = GRUR Int 1997, 250 Merck/Primecrown.

682 EuGH Slg 1989, 79 = GRUR Int 1989, 319 Schutzfristenunterschiede; BGHZ 123, 356 = GRUR 1994, 210 Beatles.

683 Vgl RB Den Haag BIE 2001, 37 f.

684 Zur int Erschöpfung im EWR vgl *Prändl* EIPR 1992, 231 einerseits und *Abbey* EIPR 1993, 43 andererseits; vgl hierzu weiter schweiz BG BGE 124 III 321 = sic! 1998, 569, mAnm *Cherpillod* = GRUR Int 1999, 362, 364 Donkey Kong Land, UrhSache (eingehend).

685 Vgl EuGH Slg 1999 I 4103 = ÖBl 1999, 308 Sebago.

686 EFTA-Gerichtshof 3.12.1997 E-2/97 Mag Instruments.

687 Vgl *Toutoungi* EIPR 2006, 110.

Keukenschrijver

§ 9a
(Wirkungen bei biologischem Material)

(1) Betrifft das Patent biologisches Material, das auf Grund einer Erfindung mit bestimmten Eigenschaften ausgestattet ist, so erstrecken sich die Wirkungen von § 9 auf jedes biologische Material, das aus diesem biologischen Material durch generative oder vegetative Vermehrung in gleicher oder abweichender Form gewonnen wird und mit denselben Eigenschaften ausgestattet ist.

(2) Betrifft das Patent ein Verfahren, das es ermöglicht, biologisches Material zu gewinnen, das auf Grund einer Erfindung mit bestimmten Eigenschaften ausgestattet ist, so erstrecken sich die Wirkungen von § 9 auf das mit diesem Verfahren unmittelbar gewonnene biologische Material und jedes andere mit denselben Eigenschaften ausgestattete biologische Material, das durch generative oder vegetative Vermehrung in gleicher oder abweichender Form aus dem unmittelbar gewonnenen Material gewonnen wird.

(3) [1] Betrifft das Patent ein Erzeugnis, das auf Grund einer Erfindung aus einer genetischen Information besteht oder sie enthält, so erstrecken sich die Wirkungen von § 9 auf jedes Material, in das dieses Erzeugnis Eingang findet und in dem die genetische Information enthalten ist und ihre Funktion erfüllt. [2] § 1a Abs. 1 bleibt unberührt.

Ausland: Bosnien und Herzegowina: Art 75 PatG 2010; **Frankreich:** Art L 613-2-1 CPI; **Litauen:** Art 28[1] PatG; **Mazedonien:** § 90 GgR; **Österreich:** § 22b PatG; **Polen:** Art 93[4] GgE; **Schweiz:** Art 8b PatG: genetische Information; Art 8c PatG: Nukleotidsequenzen); **Serbien:** Art 53 PatG 2004; **Slowakei:** § 13 Abs 5, 6 PatG

Übersicht

Schrifttum: *Beier/Ohly* Was heißt „unmittelbares Verfahrenserzeugnis"? GRUR Int 1996, 973; *Chambers* Exhaustion Doctrine in Biotechnology, IDEA 1995, 289; *Deutsch* Gentechnologie und Recht, ZRP 1985, 73; *Ensthaler/Zech* Stoffschutz bei gentechnischen Patenten, GRUR 2006, 529; *Erlbacher/von Rintelen* Neueste Rechtsprechung der Europäischen Gerichte in den Bereichen Landwirtschaft, Fischerei, Tiergesundheit und Pflanzenschutz, AUR 2013, 325; *Funder* Rethinking Patents for Plant Innovation, EIPR 1999, 551; *Grund/Burda* The New German Patent Law Fails to Transpose the EC Directive 98/44/EC Correctly, 2004–2005 BSLR 128; *Haedicke* Die Harmonisierung von Patent- und Sortenschutz im Gesetz zur Umsetzung der Biotechnologie-Richtlinie, Mitt 2005, 241; *Haedicke* Auskreuzung transgener Pflanzen und Patentrecht, FS T. Schilling (2007), 237; *Heath* The Scope of DNA Patents in the Light of the Recent Monsanto Decisions, IIC 2009, 940; *Hesse* Zur Patentierbarkeit von Züchtungen, GRUR 1969, 644; *Heydt* (Entscheidungsanm) GRUR 1969, 674; *Hoeren* Der Schutz von Pflanzenerfindungen in Europa, AUR 2005, 145; *Hüttermann/Storz* Die möglichen Auswirkungen des Monsanto-Urteils des EuGH auf das Konzept des Stoffschutzes bei chemischen Verbindungen, Mitt 2011, 1; *Ischebeck* Die Patentierung von Tieren, Diss Bonn (2015); *Knapowski* Landwirte als Patentverletzer? Mitt 2011, 447; *Kock* Purpose-bound protection for DNA sequences: in through the back door? Journal of Intellectual Property Law & Practice 2010, 495; *Krauß* Die Effekte der Umsetzung der Richtlinie über den rechtlichen Schutz biotechnologischer Erfindungen im Bereich dieser Erfindungen, Mitt 2005, 490; *Krauß* Aktuelles aus der Biotechnologie – Von Brokkoli und Sonnenblumen, wann sind Pflanzen natürlich hergestellt? Mitt 2008, 254; *Krauß* Aktuelles aus dem Bereich Biotechnologie: Willkommen im Sonderrecht für den Stoffschutz auf DNA-Sequenzen, Mitt 2011, 54; *Moufang* Genetische Erfindungen im Gewerblichen Rechtsschutz, 1988; *Metzger* Der Schutzumfang von Patenten auf Pflanzen nach den EPA-Entscheidungen „Brokkoli II"/„Tomate II", GRUR 2016, 549; *Neumeier* Sortenschutz und/oder Patentschutz für Pflanzenzüchtungen, 1990; *Schrell* Funktionsgebundener Stoffschutz für biotechnologische Erfindungen? GRUR 2001, 782; *Straus* Völkerrechtliche Verträge und Gemeinschaftsrecht als Auslegungsfaktoren des Europäischen Patentübereinkommens – dargestellt am Patentierungsausschluß von Pflanzensorten in Artikel 53 (b), GRUR Int 1998, 1; *Straus* Optionen bei der Umsetzung der Richtlinie EG 98/44 über den rechtlichen Schutz biotechnologischer Erfindungen (2004), 16 im Internet unter www.ige.ch/fileadmin/user_upload/Juristische_Infos/d/j10015d.pdf; *Straus* The Scope of Protection conferred by European patents on transgenic plants and on methods for their production, FS M. Levin, Norstedts Juridik 2008, 543; *Teschemacher* Biotechnologische Erfindungen in der Erteilungspraxis des Europäischen Patentamts, GRUR Int 1987, 303 = IIC 1988, 18; *Thumm* Research and Patenting in Biotechnology. A Survey in Switzerland, IGE Publication Nr 1 (12.03); *van de Graaf* Patent Law and Modern Biotechnology, Diss Rotterdam 1997; *van Overwalle* The Implementation of the Biotechnology Directive in Belgium and its After-Effects, IIC 37 (2006), 889; *van Raden/D. von Renesse* „Überbelohnung" – Anmerkungen zum Stoffschutz für biotechnologische Erfindungen, GRUR 2002, 393; *D. Walter* Patentrechtliche Betrachtungen zu modernen Züchtungsverfahren und daraus hervorgehenden Pflanzen und Tieren, Journal für Verbraucherschutz und Lebensmittelsicherheit 2008, 359; *D. Walter* Klassische und markergestützte Zuchtverfahren: Nach kein Patentrezept für Tomaten und Brokkoli, GRURPrax 2010, 329; *Willnegger* (Anm), GRUR Int 2010, 848; *Würtenberger* Wem gehört die Mutation einer geschützten Pflanzensorte? GRUR 2009, 378; *Würtenberger* (Anm), GRUR 2012, 1016.

A. Entstehungsgeschichte; Hintergrund

Die Bestimmung ist durch das BioTRlUmsG mWv 28.2.2005 neu eingestellt worden und gilt für Benut- **1** zungshandlungen seit diesem Zeitpunkt.[1] Abs 1 entspricht Art 8 Abs 1 BioTRl, Abs 2 Art 8 Abs 2 BioTRl, Abs 3 Satz 1 Abs 9 BioTRl. Ob die natürliche Vermehrung von biologischem Vermehrungsgut eine Herstellung des patentgeschützten Erzeugnisses oder eine Verwendung des geschützten Verfahrens darstellt, war umstr,[2] ebenso, ob bei einem biologischen Verfahren auch die Vermehrungsprodukte unmittelbare Verfahrenserzeugnisse sind.[3] Zur Kollisionsproblematik mit dem Patentierungsausschluss für Pflanzensorten Rn 9. Nunmehr enthalten Art 8–11 BioTRl eine differenzierte Regelung, die durch §§ 9a–9c in das nationale Recht umgesetzt worden ist. § 9c Abs 3 schränkt die Anwendbarkeit der Regelung dahin ein, dass Auskreuzungen (unbeabsichtigte Vermehrungen) nicht erfasst werden (Rn 50 ff zu § 9c).

B. Systematik

§ 9a bezieht bei Patenten, die biologisches Material betreffen, das aufgrund einer Erfindung mit be- **2** stimmten Eigenschaften ausgestattet ist (vgl Rn 4), durch Vermehrung gewonnenes oder dieselbe genetische Information enthaltendes biologisches Material (§ 2a Abs 3 Nr 1) in die Wirkungen des § 9 ein.[4] Dadurch soll verhindert werden, dass bei sich selbst vermehrendem Material der Patentschutz mit der ersten Generation endet.[5] Für biologisches Material, das notwendigerweise Ergebnis der Verwendung ist, für die es in Verkehr gebracht worden ist, ist in § 9b (entspr Art 10 BioTRl) eine Erschöpfungsregelung enthalten, wenn das gewonnene Vermehrungsmaterial nicht für andere Vermehrungen verwendet wird. Verbotsrechte können danach nicht geltend gemacht werden, wenn die Veräußerung zu Vermehrungszwecken erfolgte; dies gilt aber grds nur für die erste Vermehrung.[6] Schließlich enthält § 9c entspr Art 11 BioTRl eine an das SortRecht angelehnte besondere Regelung für Landwirte, die ihr Erntegut oder Zuchtvieh in bestimmtem Umfang verwenden dürfen („Landwirteprivileg").

C. Sachschutz

Bei Patenten auf biologisches Material, das aufgrund der Erfindung mit bestimmten Eigenschaften **3** ausgestattet ist, sieht Abs 1 in Übereinstimmung mit Art 8 Abs 1 BioTRl vor, dass sich die Wirkungen des § 9 auf jedes aus diesem biologischen Material durch generative oder vegetative Vermehrung in gleicher oder abweichender Form gewonnenes Material erstreckt, das mit denselben Eigenschaften ausgestattet ist. Die Schutzwirkungen erstrecken sich demnach so lange in die Folgegenerationen, wie die erfindungsgem Eigenschaften noch vorhanden sind (Begr).

Die **Eigenschaften** müssen auf die Erfindung zurückgehen;[7] es kommt aber nicht darauf an, ob sie **4** ursprünglich offenbart oder Grund für die Patenterteilung waren.[8]

Vermehrung iSd Bestimmung umfasst Fortpflanzung („Reproduktion") wie (vegetative und generati- **5** ve) Vermehrung im engeren Sinn (in der engl Version der BioTRl „propagation" und „multiplication"). Patentschutz kann sich daher auch auf eine Pflanzensorte erstrecken, ohne dass diese als solche selbst

---

1 *Benkard* Rn 1; *Fitzner/Lutz/Bodewig* vor § 9a Rn 1.

2 Vgl *Hesse* GRUR 1969, 644, 650 f einerseits; *Heydt* GRUR 1969, 676 andererseits; vgl weiter *Chambers* IDEA 1995, 289; *Funder* EIPR 1999, 551, 570 mwN; *Ischebeck* Die Patentierung von Tieren (2015), 167.

3 Abl *Benkard*[9] § 9 Rn 12a,16, 54; *Schulte*[5] § 9 Rn 62; *Bernhardt/Kraßer*[4] S 119, 563; *Hesse* GRUR 1969, 644, 650; bejahend *Heydt* GRUR 1969, 674, 676; 4. *Aufl* Rn 43; *Reimer* § 6 Rn 63; *MGK/Moufang* Art 53 EPÜ Rn 123 ff mwN in Fn 396.

4 Kr *Wöhlermann* in *Wöhlermann* (Hrsg) Das Biopatentrecht in der EU (2005), S 133 Fn 555, 558.

5 Vgl Begr BTDrs 15/1709 S 12; *Benkard* Rn 1; vgl *Kraßer* S 202 (§ 14 I b ee 1).

6 *Haedicke* Mitt 2005, 241, 243.

7 *Schulte* Rn 5.

8 *Benkard* Rn 2; *Fitzner/Lutz/Bodewig* Rn 2; aA *Schulte* Rn 5; tendenziell auch *Ischebeck* Die Patentierung von Tieren (2015), 168.

patentierbar wäre.[9] Erfasst werden auch Fälle sein, in denen die Eigenschaften zwar zunächst ohne das Zutun des sie Nutzenden verfügbar wurden („Auskreuzungen", Rn 50 ff zu § 9c, zB duch Windflug), vom Nutzer aber zielgerichtet ausgenützt werden, jedoch kann die fehlende Absicht, die Erfindung zu benutzen und einen Vorteil aus ihr zu ziehen, erheblich sein.[10]

6   Das **gewonnene Material** muss mit dem Ausgangsmaterial nicht identisch sein; Abweichungen sind unschädlich, solange die bestimmten Eigenschaften (Rn 3) erhalten bleiben,[11] nicht aber darüber hinaus.[12] Dies erfordert eine wertende Betrachtung dahin, ob diese noch in einem beachtlichen Ausmaß vorhanden sind.[13] Abweichungen, etwa in der Form, sind irrelevant, solange die Eigenschaften erhalten bleiben.[14]

D. Verfahrenserzeugnisse

7   Abs 2 regelt in Umsetzung von Art 8 Abs 2 BioTRl, dass biologisches Material mit bestimmten Eigenschaften (Rn 3 f) als Verfahrenserzeugnis den Wirkungen des § 9 unterliegt.[15] Erfasst sind in erster Linie Herstellungsverfahren, aber auch Verwendungsverfahren, wenn sie derartiges Material hervorbringen.[16]

8   Der Schutz erfasst neben dem **unmittelbaren Verfahrenserzeugnis** auch **jedes andere mit denselben Eigenschaften ausgestattete biologische Material**, das durch generative oder vegetative Vermehrung in gleicher oder abweichender Form aus dem unmittelbar gewonnenen Material gewonnen wird (vgl Rn 6).[17] Der Patentschutz erfasst damit auch die Folgegenerationen, sofern sich die Eigenschaften in ihnen erhalten.[18] Nach früherer Ansicht des HG Bern[19] erfasste demgegenüber derivativer Stoffschutz de lege lata in der Schweiz bei Verfahren zur Züchtung von Pflanzen nur das Originalsaatgut, nicht aber die Absaat; das ist jedenfalls durch Art 8b schweiz PatG überholt. Bei markerorientierter Selektion wird zwar die Technizität nicht zu verneinen sein, andererseits wird beachtet werden müssen, dass jedenfalls ein Verfahren, das nur auf einer Selektion und nicht auch auf einer Kreuzung beruht, als solches grds als Arbeitsverfahren und nicht als Herstellungsverfahren zu betrachten sein wird.[20]

9   Ob Schutzansprüche auf **Pflanzensorten oder Tierarten** als unmittelbare Verfahrenserzeugnisse iSd § 9 Satz 2 Nr 3 aufgestellt werden können, war str;[21] nach jüngerer Auffassung des EPA ist bei einem Verfahren zur Herstellung einer Pflanzensorte Art 64 Abs 2 EPÜ (Schutz des unmittelbaren Verfahrenserzeugnisses) nicht zu berücksichtigen.[22] Dem ist unter systematischen Gesichtspunkten zuzustimmen[23] und dem

9 *Benkard* Rn 3; *Fitzner/Lutz/Bodewig* Rn 3; *Schulte* Rn 6; EuGH C-377/98 Slg 2001 I 7079 = GRUR Int 2001, 1043 Niederlande/Parlament und Rat II Tz 46.

10 Vgl SuprC Kanada GRUR Int 2004, 1036 Monsanto v. Schmeiser (Roundup).

11 Vgl *Benkard* Rn 3; *Fitzner/Lutz/Bodewig* Rn 3, 5; *Schulte* Rn 10.

12 *Benkard* Rn 3.

13 Vgl *Schulte* Rn 10; *Benkard* Rn 3.

14 Vgl *Fitzner/Lutz/Bodewig* Rn 4.

15 Vgl *Schulte* Rn 11 f.

16 *Benkard* Rn 4; *Fitzner/Lutz/Bodewig* Rn 8.

17 Hierzu *Benkard* Rn 4; vgl *Fitzner/Lutz/Bodewig* Rn 8.

18 *Knapowski* Mitt 2011, 447 f; *Fitzner/Lutz/Bodewig* Rn 8.

19 HG Bern SMI 1995, 331, 339 f, 348 f, nur teilweise in GRUR Int 1995, 511, 514.

20 Vgl zur Problematik EPA G 2/07, EPA G 1/08; *D. Walter* Journal für Verbraucherschutz und Lebensmittelsicherheit 2008, 359, wonach nur bei funktioneller Wechselwirkung zwischen Kreuzung und Selektion ein Herstellungsverfahren vorliegt, nicht aber schon bei bloßer Aneinanderreihung von Kreuzung und Selektion.

21 Übersicht zum Streitstand bei *Moufang* S 382 f, *Neumeier* S 199 f und *van de Graaf* S 111 ff; auch *Ischebeck* Die Patentierung von Tieren (2015), 169 f; Schutz als Verfahrenserzeugnis bejahen schweiz BG BGE 121 III 125 = GRUR Int 1996, 1059 f Manzana II, auch unter Hinweis auf das Verwertungsrecht über das Endprodukt als wirtschaftliches Ziel des Verfahrenspatents; *Straus* GRUR Int 1998, 1, 6 ff; *Neumeier* S 205 f; EuGH C-377/98 Slg 2001 I 7079 = GRUR Int 2001, 1043 Niederlande/Parlament und Rat II Tz 46; EPA T 19/90 ABl EPA 1990, 476 = GRUR Int 1990, 978 Krebsmaus II, für mikrobiologische Verfahren; vgl auch die Denkschrift zum GPÜ BlPMZ 1979, 325, 333; Schutz über das Verfahrenserzeugnis verneinen *Lange* GRUR Int 1985, 88, 93; *Funder* EIPR 1999, 551, 570 ff mit eingehender Erörterung des Schutzes als Erzeugnis eines mikrobiologischen Verfahrens; *Benkard* Rn 5; *MGK/Moufang* Art 53 EPÜ Rn 128; *Schulte* Rn 13, der aber Schutz als Erzeugnis eines mikrobiologischen Verfahrens zulässt; abwägend jetzt *Kraßer* S 219 ff (§ 14 III a cc 2); vgl auch *Singer/Stauder* Art 64 EPÜ Rn 12; *Fitzner/Lutz/Bodewig* Rn 11 f; *Deutsch* ZRP 1985, 73, 75; *Teschemacher* GRUR Int 1987, 303, 308 ff; HG Bern SMI 1995, 331, 345 ff, nicht in GRUR Int.

22 Vgl EPA G 1/98 ABl EPA 2000, 111 = GRUR Int 2000, 431 transgene Pflanze II.

23 So auch *Mes* Rn 3 unter Hinweis auf Begr BTDrs 15/1709 S 14; kr *Kraßer* S 219 ff.

tragen auch die Abhängigkeitsregelungen der BioTRl Rechnung. Dass patentechtlicher Schutz als Verfahrenserzeugnis eintritt, steht der Patentierung demnach nicht entgegen, dagegen kommt Schutz der Sorte als Erzeugnis eines mikrobiologischen Verfahrens nicht in Betracht (vgl die Regelung in § 10b Nr 1 SortG und in § 9b aufgrund des Art 10 BioTRl).[24] Auch Erzeugnisse, die unmittelbar durch ein im wesentlichen biologisches Verfahren erhalten werden, sind nicht patentierbar, wie jetzt ausdrücklich § 2a Abs 1 Nr 1 nF bestimmt (Rn 2, 19 zu § 2a).[25]

E. Genetische Information

Abs 3 bestimmt in Umsetzung von Art 9 BioTRl, dass bei Erzeugnissen, die aus genetischer Informa- **10** tion bestehen oder diese enthalten, grds jedes Erzeugnis unter den Schutz des § 9 fällt, in dem diese Information ebenfalls enthalten ist und ihre Funktion erfüllt. Daraus ist in solchen Fällen ein funktionsbezogener Sachschutz abgeleitet worden. Der EuGH hat entschieden, dass Art 9 BioTRl dann, wenn das patentierte Erzeugnis in dem Verarbeitungserzeugnis (Sojamehl) enthalten ist, wo es nicht die Funktion erfüllt, für die es patentiert ist, diese Funktion jedoch zuvor in der Pflanze erfüllt hat, aus der dieses Verarbeitungserzeugnis gewonnen wurde, oder wenn das Erzeugnis diese Funktion möglicherweise erneut erfüllen könnte, nachdem das Material aus dem Verarbeitungserzeugnis isoliert und dann in die Zelle eines lebenden Organismus eingebracht worden ist, keinen patentrechtl Schutz gewährt, und abw nationalen Regelungen („absoluter Stoffschutz") entgegensteht.[26] Der EuGH bestätigt dabei die Vereinbarkeit dieser Auslegung mit dem TRIPS-Übk. Weitergehender, vor Erlass der Richtlinie begründeter nationaler Schutz kann nicht geltend gemacht werden.[27] Nach der Gesetzesbegr erstrecken sich die Schutzwirkungen auch „horizontal".[28] Es ist vertreten worden, dass sie das synthetisierte Protein erfassen, in das die Information Eingang findet und in dem sie (teilweise) enthalten ist.[29] Der Schutz besteht nur solange, wie das Material die durch die Information vermittelte Eigenschaft hat.[30] Jedoch sind die Patentierungsausschlüsse nach § 1a Abs 1 (nach Abs 3 Satz 2; zur Rechtslage bei eur Patenten Rn 2 vor § 9) und der Ausschluss der Patentfähigkeit des menschlichen Körpers zu beachten (so ausdrücklich Art 8b Satz 2 schweiz PatG).[31] Hierdurch werden Patente nach § 1a Abs 4 nicht erfasst, wie sich im Umkehrschluss aus dieser Bestimmung ergibt.

§ 9b
(Erschöpfung bei biologischem Material)

[1] **Bringt der Patentinhaber oder mit seiner Zustimmung ein Dritter biologisches Material, das auf Grund der Erfindung mit bestimmten Eigenschaften ausgestattet ist, im Hoheitsgebiet eines Mitgliedstaates der Europäischen Union oder in einem Vertragssaat des Abkommens über den Europäischen Wirtschaftsraum in Verkehr, und wird aus diesem biologischen Material durch generative oder vegetative Vermehrung weiteres biologisches Material gewonnen, so treten die Wirkungen von § 9 nicht ein, wenn die Vermehrung des biologischen Materials der Zweck war, zu dem es in den Verkehr gebracht wurde.** [2] **Dies gilt nicht, wenn das auf diese Weise gewonnene Material anschließend für eine weitere generative oder vegetative Vermehrung verwendet wird.**

Ausland: Litauen: Art 28[1] Abs 4 PatG; **Mazedonien:** vgl § 96 GgR; **Österreich:** § 22c Abs 1 PatG; **Polen:** Art 93[5] Nr 1 GgE; **Schweiz:** Art 9a Abs 3 PatG; **Serbien:** Art 54 PatG 2004; **Slowakei:** § 16 Abs 2 PatG

---

24 EPA G 1/98 ABl EPA 2000, 111 = GRUR Int 2000, 431 transgene Pflanze II; aA wohl *Fitzner/Lutz/Bodewig* Rn 20; zur Einbeziehung der Absaat in den Schutz des Verfahrenserzeugnisses *Beier/Ohly* GRUR Int 1996, 973, 981; *Neumeier* S 206, *B. Goebel* Pflanzenpatente und Sortenschutzrechte im Weltmarkt (2001), 210 ff; *Crespi* IIC 1992, 168, 181 f; *Christie* EIPR 1989, 394, 397 f.

25 So schon RB Den Haag 31.1.2012 IIC 2012, 604 Raphanus sativa.

26 EuGH C-428/08 GRUR 2010, 989 Monsanto/Cefetra; vgl *Fitzner/Lutz/Bodewig* Rn 7; *Schulte* Rn 15.

27 EuGH Monsanto/Cefetra.

28 Begr BTDrs 15/1709 S 14; vgl *Schulte* Rn 14; *Ischebeck* Die Patentierung von Tieren (2015), 165.

29 *Ensthaler/Zech* GRUR 2006, 529, 534.

30 *Benkard* Rn 6; vgl *Schulte* Rn 10.

31 *Schulte* Rn 14; *Mes* Rn 6; vgl zur Diskussion über den Schutzumfang *van Overwalle* IIC 37 (2006), 889, 903 f.

Schrifttum (s auch § 9c): *Chambers* The Exhaustion Doctrine in Biotechnology, IDEA 1995, 289; *Knapkowski* Landwirte als Patentverletzer, Mitt 2011, 447.

1   **A.** Zur **Entstehungsgeschichte** und Inkrafttreten s Rn 1 zu § 9a. Die Regelung, die Art 10 BioTRl in redaktionell abw Fassung, aber ohne inhaltliche Änderung umsetzt, entspricht sachlich weitgehend § 10b Nr 1 SortG.[1]

B. Erschöpfung

2   Für Vermehrungsmaterial mit bestimmten Eigenschaften (Rn 3 f zu § 9a), das notwendigerweise Ergebnis der Verwendung ist, für die das biologische Material (zB Saatgut) in der EU oder im EWR vom Patentinhaber oder mit dessen Zustimmung (Rn 166 zu § 9) in Verkehr gebracht worden ist, sieht § 9b entspr Art 10 BioTRl eine Erschöpfungsregelung vor, wenn das gewonnene Vermehrungsmaterial nicht für andere Vermehrungen verwendet wird.[2] Die Regelung trägt der Vermehrungsfähigkeit biologischen Materials Rechnung.[3] Inverkehrbringen außerhalb dieses Gebiets führt Erschöpfung nicht herbei.[4] Das gilt auch für die Schweiz, wo nach Art 9 Abs 3 schweiz PatG auch das Inverkehrbringen im EWR privilegiert ist. Darauf, wo die Vermehrung erfolgt, kommt es nicht an.[5] Die patentgem Eigenschaften müssen bei der Vermehrung nicht erhalten bleiben.[6] Die Erschöpfung kann sich nur auf bestimmte Pflanzen, Pflanzenteile und bestimmtes Material beziehen.[7]

3   Erschöpfung nach § 9b setzt voraus, dass das biologische Material (§ 2a Abs 3 Nr 1, Rn 40 zu § 2a) zum **Zweck der Vermehrung** in Verkehr gebracht wurde.[8] Andere Zwecke als Vermehrung sind insb Konsumzwecke (zB Nahrungsmittel, Ziergewächse), aber auch Inverkehrbringen zur Schlachtvieherzeugung usw. Alleiniger Zweck muss die Vermehrung nicht gewesen sein.[9] Die Zweckbestimmung beurteilt sich nach der getroffenen Vereinbarung, bei Fehlen einer solchen nach den objektiven Umständen (zB Aufbereitung als Saatgut; Verkauf an Landwirt).[10] Widmung nach Inverkehrbringen wird grds als möglich angesehen.[11]

4   Die **Darlegungs- und Beweislast** liegt nach allg Grundsätzen bei dem, der sich auf Erschöpfung beruft,[12] jedoch können Ausnahmen und Erleichterungen bis hin zur Beweislastumkehr sowohl aus Erfahrungen des täglichen Lebens[13] als auch unter dem Gesichtspunkt der Marktabschottung[14] und aus Zumutbarkeitsgesichtspunkten[15] (vgl Rn 147 zu § 9) in Betracht kommen.[16]

5   Anders als nach § 9c kommt als **Begünstigter** jedermann in Betracht. Es ist gleichgültig, ob die weiter vermehrten Pflanzen zur Veräußerung oder für den Eigenanbau bestimmt sind.[17]

---

1   Vgl *Benkard* Rn 2; *Fitzner/Lutz/Bodewig* Vorbem § 9b Rn 1; *Mes* Rn 1.
2   Vgl zu § 10b SortG LG Düsseldorf 22.5.2001 4 O 228/00.
3   Vgl *Schulte* Rn 2.
4   *Fitzner/Lutz/Bodewig* Rn 1.
5   *Benkard* Rn 2.
6   *Benkard* Rn 2.
7   Vgl LG Düsseldorf 22.5.2001 4 O 228/00.
8   Vgl *Schulte* Rn 7.
9   *Benkard* Rn 3; *Ischebeck* Die Patentierung von Tieren (2015), 177.
10   Vgl *Schulte* Rn 7; *Benkard* Rn 3; *Fitzner/Lutz/Bodewig* Rn 2 f.
11   *Fitzner/Lutz/Bodewig* Rn 2.
12   Jeweils zum SortSchutz OLG München 8.7.1999 6 U 4120/97 gegen LG München I 15.5.1997 7 O 18496/96; LG München I 19.7.2000 21 O 12476/99; OLG Karlsruhe GRUR-RR 2004, 283; LG Mannheim 12.9.2003 7 O 810/00; LG Düsseldorf 22.5.2001 4 O 228/00.
13   *Fitzner/Lutz/Bodewig* Rn 5.
14   EuGH Slg 1999 I 6927 = GRUR Int 2000, 159 Dalacin; BGH GRUR 2002, 1059, 1061 Zantac/Zantic; BGH GRUR 2003, 338 f Bricanyl I; BGH GRUR 2003, 434 f Pulmicort; BGH GRUR 2005, 52 Topinasal, Markensachen.
15   EuGH 8.4.2003 C-244/00 GRUR 2003, 512 stüssy erlegt dem Markeninhaber insb dann, wenn er seine Waren im EWR über ein ausschließliches Vertriebssystem in den Markt bringt, den Nachweis auf, dass die Waren von ihm selbst oder mit seiner Zustimmung außerhalb des EWR in den Verkehr gebracht wurden, wenn der Dritte nachweisen kann, dass eine tatsächliche Gefahr der Abschottung der nat Märkte besteht, falls er den genannten Beweis zu erbringen hat.
16   Vgl *Benkard* Rn 4.
17   Zum SortG LG Düsseldorf 30.11.1993 4 O 167/93.

C. Ausnahme (Satz 2)

Die Erschöpfung ist hier nicht umfassend; sie erfasst nicht die Benutzung des gewonnenen Materials **6** für weitere generative oder vegetative Vermehrung (zB Weiterverkauf als Saatgut oder erneuter Anbau),[18] wohl aber jede andere Verwendung.[19]

§ 9c Abs 1, 2 sieht im Rahmen des **„Landwirteprivilegs"** Ausnahmen von der Ausnahme bei pflanzli- **7** chem Vermehrungsmaterial, landwirtschaftlichen Nutztieren und tierischem Vermehrungsmaterial vor.[20]

§ 9c
(Landwirteprivileg)

(1) [1] Wird pflanzliches Vermehrungsmaterial durch den Patentinhaber oder mit dessen Zustimmung durch einen Dritten an einen Landwirt zum Zweck des landwirtschaftlichen Anbaus in Verkehr gebracht, so darf dieser entgegen den §§ 9, 9a und 9b Satz 2 sein Erntegut für die weitere generative oder vegetative Vermehrung durch ihn selbst im eigenen Betrieb verwenden. [2] Für Bedingungen und Ausmaß dieser Befugnis gelten Artikel 14 der Verordnung (EG) Nr. 2100/94 in seiner jeweils geltenden Fassung sowie die auf dessen Grundlage erlassenen Durchführungsbestimmungen entsprechend. [3] Soweit sich daraus Ansprüche des Patentinhabers ergeben, sind diese entsprechend den aufgrund Artikel 14 Abs. 3 der Verordnung (EG) Nr. 2100/94 erlassenen Durchführungsbestimmungen geltend zu machen.

(2) [1] Werden landwirtschaftliche Nutztiere oder tierisches Vermehrungsmaterial durch den Patentinhaber oder mit dessen Zustimmung durch einen Dritten an einen Landwirt in Verkehr gebracht, so darf der Landwirt die landwirtschaftlichen Nutztiere oder das tierische Vermehrungsmaterial entgegen den §§ 9, 9a und 9b Satz 2 zu landwirtschaftlichen Zwecken verwenden. [2] Diese Befugnis erstreckt sich auch auf die Überlassung der landwirtschaftlichen Nutztiere oder anderen tierischen Vermehrungsmaterials zur Fortführung seiner landwirtschaftlichen Tätigkeit, jedoch nicht auf den Verkauf mit dem Ziel oder im Rahmen einer Vermehrung zu Erwerbszwecken.

(3) [1] § 9a Abs. 1 bis 3 gilt nicht für biologisches Material, das im Bereich der Landwirtschaft zufällig oder technisch nicht vermeidbar gewonnen wurde. [2] Daher kann ein Landwirt im Regelfall nicht in Anspruch genommen werden, wenn er nicht diesem Patentschutz unterliegendes Saat- oder Pflanzgut angebaut hat.

Ausland: Belgien: Art 27 quinquies PatG; **Frankreich:** Art 613-5-1 CPI; **Litauen:** Art 26 Abs 5–7 PatG; **Österreich:** § 22c Abs 2–4 PatG; **Polen:** Art 93[5] Nr 2, 3 GgE; **Schweiz:** Art 9 Satz 1 Buchst f PatG entspricht Abs 3; **Serbien:** Art 69 PatG 2004; **Slowakei:** § 16 Abs 3, 43 PatG; **VK:** Sec 60 Abs 5 Buchst g Patents Act; Schedule A1

---

18 *Fitzner/Lutz/Bodewig* Rn 4, 6.
19 Vgl *Schulte* Rn 8; *Benkard* Rn 5; vgl auch SuprC (USA) GRUR Int 2013, 1034.
20 Vgl *Mes* Rn 2.

Schrifttum: *Bostyn* Octrooieren van klonen en andere biologische merkwardigheiden, BIE 1997, 403; *Girsberger* Keine Patente mehr auf Weizen & Co.? sic! 2002, 541; *B. Goebel* Pflanzenpatente und Sortenschutzrechte im Weltmarkt, 2001; *Grimm* Ertragsausfälle beim Anbau der Hybridroggensorte „Farino", AgrarR 1999, 137; *Haedicke* Auskreuzung transgener Pflanzen und Patentrecht, FS T. Schilling (2007), 237; *Haedicke* Die Harmonisierung von Patent- und Sorten- schutz im Gesetz zur Umsetzung der Biotechnologie-Richtline, Mitt 2005, 241; *Haedicke* Auskreuzung transgener Pflanzen und Patentrecht, FS T. Schilling (2007), 237; *Keukenschrijver* Das „Landwirteprivileg" im nationalen und gemeinschaftli- chen Sortenschutzrecht – ein Zwischenstand, FS E. Ullmann (2006), 465; *Knapowski* Landwirte als Patentverletzer: Paten- te der Biotech-Industrie als Bedrohung der deutschen Landwirtschaft? Mitt 2011, 447; *Kock/Porzig/Willnegger* Der Schutz von pflanzenbiotechnologischen Erfindungen und von Pflanzensorten unter Berücksichtigung der Umsetzung der Biopa- tentrichtlinie, GRUR Int 2005, 183; *Edgar Krieger* Der Nachbau von geschützten Pflanzensorten in Deutschland, Diss Mar- burg 2001; *Krinkels* Restriction on Farm Saved Seeds: Breeders Insist on Their Rights, Prophyta Annual 1997, 37; *Lambke/ Janßen/Schievelbein* Der Streit ums Saatgut, in: Der kritische Agrarbericht 2003; *Leßmann* Aufbereitung von Nachbau- saatgut und Aufbereiterpflichten, AUR 2005, 313; *Leßmann/Würtenberger* Handbuch zum deutschen und europäischen Sortenschutz², 2009; *Luttermann/Mitulla* Genpatente und Monopolbildung bei Saatgut (Genetic Use Restriction Technolo- gy), ZLR 2008, 390; *Métais* Semence de ferme et droit d'obtention végétale: vers une résolution du conflit, Revue du droit rural März 2009; *Metzger* (Hrsg) Rechtsschutz von Pflanzenzüchtungen, 2014; *Papier* Zur Verfassungsmäßigkeit des „Landwirteprivilegs" im Sortenschutzrecht, GRUR 1995, 241; *Scalise/Nugent* International Intellectual Property Protection for Living Matter: Biotechnology, Multinational Conventions and the Exception for Agriculture, 27 Case Western Journal of International Law (1995), 83; *Seitz/Kock* Wettbewerbsrechtliche Aspekte von Sortenschutz- und Patentlizenzen im Saat- gutbereich, GRUR Int 2012, 711; *Spranger* Landwirteprivileg bei Patentierung biotechnologischer Erfindungen nach der EG-Biotechnologie-Richtline, AgrarR 1999, 240; *van der Kooij* Towards a Breeder's Exemption in Patent Law? EIPR 2010, 545; *von Gierke/Tielmann* Zur Ersatzfähigkeit von Ertragsausfallschäden beim Anbau der Hybridroggensorte „Farino", AgrarR 1999, 204; *D. Walter* Patentrechtliche Betrachtungen zu modernen Züchtungsverfahren und daraus hervorgehen- den Pflanzen und Tieren, Journal für Verbraucherschutz und Lebensmittelsicherheit 2008, 359; *Würtenberger* Der Aus- kunftsanspruch beim Nachbau von geschützten Pflanzensorten, GRUR 2003, 838.

A. Allgemeines

1   Zur Entstehungsgeschichte s Rn 1 zu § 9a. Abs 1 und 2 setzen Art 11 BioTRl um; Abs 1 entspricht im wesentlichen der Regelung im gemeinschaftlichen (Art 14, 15 GemSortV) wie im nationalen SortRecht (§ 10a Abs 2–7 SortG). Abs 2 enthält eine parallele Regelung für Tiere und tierisches Vermehrungsmaterial („Zuchtvieh" nach der BioTRl). Abs 3 betrifft die „zufällige" Vermehrung („Auskreuzungen"); die An- wendbarkeit dieser Regelung im SortRecht erscheint zwh. Die Einführung eines Nachbaurechts iS eines allg „Landwirteprivilegs" war stark umstritten; eingewendet wurde insb, dass es eine unangemessene und systemwidrige Verkürzung der Rechte des Patentinhabers zur Folge habe und gegen Bestimmungen des GPÜ verstoße. Eine entspr Ausgestaltung oder Anpassung der Erschöpfungsregelung wurde dagegen als gangbar angesehen. Die Bestimmung gilt sowohl für nationale als auch für eur Patente. Nachbaurechte können nicht gehandelt werden; für sie besteht daher auch kein besonderer Markt.[1]

B. „Landwirteprivileg"

I. Grundsatz

2   In den Erwägungsgründen zur BioTRl ist ausgeführt, die Funktion eines Patents bestehe darin, dem Erfinder mit einem ausschließlichen, aber zeitlich begrenzten Nutzungsrecht zu belohnen und damit einen Anreiz für erfinderische Tätigkeit zu schaffen. Der Patentinhaber müsse demnach berechtigt sein, die Ver- wendung patentierten selbstreplizierenden Materials unter solchen Umständen zu verbieten, die den Um- ständen gleichstünden, unter denen die Verwendung nicht replizierenden Materials verboten werden könnte, dh bei der Herstellung des patentierten Erzeugnisses selbst (Nr 46). Das „Landwirteprivileg" hat Aufnahme in den von der 31. FAO-Konferenz am 3.11.2001 verabschiedeten und am 29.6.2004 für die Bun- desrepublik Deutschland in Kraft getretenen „Internationalen Vertrag über pflanzengenetische Ressour-

---

1   BGH (Kartellsenat) GRUR 2004, 763 Nachbauvergütung; BGH 11.5.2004 KZR 4/03.

cen für Ernährung und Landwirtschaft" gefunden.[2] Die Nachbauberechtigung begründet ein absolutes Recht des Landwirts auf Nachbau.[3]

II. Pflanzliches Vermehrungsmaterial

1. Allgemeines. Die Erwägungsgründe zur BioTRl führen aus, es sei notwendig, eine Ausnahme von **3** den Rechten des Patentinhabers vorzusehen, wenn Vermehrungsmaterial, in das die geschützte Erfindung Eingang gefunden habe, vom Patentinhaber oder mit seiner Zustimmung an einen Landwirt verkauft werde. Mit dieser Ausnahmeregelung solle dem Landwirt gestattet werden, sein Erntegut für spätere generative oder vegetative Vermehrung in seinem eigenen Betrieb zu verwenden. Das Ausmaß und die Modalitäten der Ausnahmeregelung seien auf das Ausmaß und die Bedingungen zu beschränken, die in der GemSortV (VO (EG) Nr 2100/94) vorgesehen seien (Nr 47). Vom Landwirt könne nur die Vergütung verlangt werden, die im gemeinschaftlichen SortRecht im Rahmen einer Durchführungsbestimmung zu der Ausnahme vom gemeinschaftlichen Sortenschutz festgelegt sei (Nr 48). Der Patentinhaber könne jedoch seine Rechte gegenüber dem Landwirt geltend machen, der die Ausnahme missbräuchlich nutze, oder gegenüber dem Züchter, der die Pflanzensorte, in die die geschützte Erfindung Eingang gefunden habe, entwickelt habe, falls dieser seinen Verpflichtungen nicht nachkomme (Nr 49). Damit trägt die Bestimmung in gewissem Umfang der „traditionellen Gepflogenheit" der Landwirte[4] Rechnung, einen Teil der Ernte (Absaat) zur erneuten Aussaat zu verwenden. Die Bedingungen der Privilegierung entsprechen der beim gemeinschaftlichen Sortenschutz; Abs 1 Satz 2 regelt dies in Form einer „dynamischen" Verweisung. Auf die Kommentierungen zum SortRecht[5] ist zu verweisen. Der Nachbau ist nur erlaubt, solange der Landwirt seine Verpflichtungen erfüllt (vgl Rn 17 ff). Die Vereinbarkeit der Regelung mit Art 30 TRIPS-Übk ist – mit Ausnahme der Privilegierung der Kleinlandwirte – in Zweifel gezogen worden.[6]

2. Die Voraussetzungen des berechtigten Nachbaus ergeben sich aus der Verweisung auf die Gem- **4** SortV.[7] Nach Art 14 GemSortV können Landwirte zur Sicherung der landwirtschaftlichen Erzeugung zu Vermehrungszwecken im Feldanbau in ihrem eigenen Betrieb das Ernteerzeugnis verwenden, das sie in ihrem eigenen Betrieb durch Anbau von Vermehrungsgut einer unter den gemeinschaftlichen Sortenschutz fallenden Sorte gewonnen haben, wobei es sich nicht um eine hybride oder eine synthetische Sorte handeln darf.

Die Regelung betrifft anders als im SortRecht **patentgeschütztes Erntegut.** **5**

Privilegiert ist nur das **Inverkehrbringen durch den Patentinhaber oder mit dessen Zustimmung** **6** durch einen Dritten.

Räumliche Geltung. Das Inverkehrbringen muss in der EU oder im EWR erfolgen, um privilegiert zu **7** sein; die Vermehrung kann auch außerhalb dieses Gebiets erfolgen (Rn 13).[8]

Die Privilegierung erfasst nur Erntegut bestimmter landwirtschaftlicher Pflanzenarten (Futterpflan- **8** zen, Getreide, Kartoffeln, Öl- und Faserpflanzen), das ein Landwirt durch Anbau von **Vermehrungsmaterial** gewonnen hat, das zum Zweck des Anbaus an einen Landwirt zum landwirtschaftlichen Anbau in Verkehr gebracht worden ist; Inverkehrbringen zu anderen Zwecken (zB als Speisekartoffeln) privilegiert nicht.[9]

---

2 Vgl das Gesetz zu dem Internationalen Vertrag vom 3. November 2001 über pflanzengenetische Ressourcen für Ernährung und Landwirtschaft vom 10.9.2003, BGBl II 906; zum Verhältnis der Regelung dort zum PflZÜ 1991 und zum TRIPS-Übk *Girsberger* sic! 2002, 541, 544 ff; eingehend zur Entwicklung der Nachbauregelung *Krieger* (2001), 5 ff.

3 *Krieger* (2001), 103.

4 *Haedicke* Mitt 2005, 241, 245.

5 *Keukenschrijver* SortG zu § 10a SortG; *Leßmann/Würtenberger* § 3 Rn 52 ff; *Keukenschrijver* FS E. Ullmann (2006), 465.

6 *B. Goebel* S 232 ff; zur Vereinbarkeit auch *Bostyn* BIE 1997, 403, 405 f; *CIPA Guide* Rn 1.21.

7 Vgl die Kommentierung zu § 10b SortG bei *Keukenschrijver* SortG; *Keukenschrijver* FS E. Ullmann (2006), 465.

8 Vgl *Fitzner/Lutz/Bodewig* Rn 4 f.

9 Ebenso *Benkard* Rn 5; *Fitzner/Lutz/Bodewig* Rn 3 sowie *Schulte* Rn 11, der hier aber übersieht, dass nur bestimmte landwirtschaftliche Arten für die Privilegierung in Betracht kommen, so dass Schnittblumen und Topfpflanzen von vornherein ausscheiden, so auch *Fitzner/Lutz/Bodewig* Rn 10; vgl auch EUGH Slg 2004 I 9801 = GRUR 2005, 236, 238 STV/Brangewitz; EuGH GRUR 2012, 898 Association Kokopelli.

9 Die **Zweckbestimmung** richtet sich nach der Vereinbarung, fehlt eine solche, nach den objektiven Umständen.[10] Ob die Zweckbestimmung aus dem nachfolgenden Verhalten des Erwerbers abgeleitet werden kann, ist str.[11] Die Beweislast liegt beim Landwirt, dem aber auch hier Beweiserleichterungen zugute kommen können (vgl Rn 4 zu § 9b).[12]

10 **Quantitative Beschränkungen** bestehen in diesem Rahmen nicht (Art 14 Abs 3 GemSortV).

11 Eine **Beschränkung der Generationen** ist nicht vorgesehen.[13]

12 **Landwirt** iSd Bestimmung ist, wer, unabhängig von der Eigentumslage, die aber zunächst die Landwirteeigenschaft fingiert,[14] auf eigene Rechnung einen landwirtschaftlichen Betrieb führt.[15] Gartenbaubetriebe werden nicht erfasst.[16] Auf die Betriebsgröße oder die Qualifikation als Haupt-, Neben- oder Zuerwerbsbetrieb kommt es für die Nachbauberechtigung an sich nicht an,[17] wohl aber für die Vergütungspflicht, die nur bei Kleinlandwirten entfällt (Rn 26 f).

13 Das Erntegut muss durch **Anbau im eigenen Betrieb**, also auf Flächen, die dem Betrieb wirtschaftlich zuzurechnen sind,[18] aber nicht notwendig im Inland oder im EWR gewonnen sein;[19] Vermehrung durch Dritte, auch im Auftrag des Landwirts, ist nicht privilegiert.[20] Tauschvorgänge werden nicht erfasst (str).[21]

14 Die Regelung privilegiert für die **Verwendung im eigenen Betrieb**, aber nicht darüber hinaus, gegenüber den Bestimmungen der §§ 9, 9a und 9b Satz 2. Die Anbaufläche muss wirtschaftlich dem Betrieb zuzurechnen sein; auf die Eigentumslage kommt es nicht an.[22]

15 **Vermehrung** ist als generative und vegetative (bedeutsam bei Kartoffeln) Vermehrung privilegiert.

16 Die Privilegierung erfasst auch die **Aufbereitung** durch den Landwirt oder ein beauftragtes Aufbereitungsunternehmen[23] (Art 14 Abs 3 GemSortV; Art 13 GemSortVDV hinsichtlich der Fremdaufbereitung) sowie alle der Benutzung des Ernteguts für die generative oder vegetative Vermehrung dienenden Handlungen.[24]

17 **3. Rechtmäßigkeit.** Der Nachbau ist nur rechtmäßig, soweit der Landwirt seinen Verpflichtungen nachkommt[25] (vgl BioTRl Erwägungsgrund Nr 49). Bei Verstößen gegen diese Verpflichtungen tritt die Schutzwirkung des § 9 ein.[26] Dem Berechtigten stehen daher die sich aus einer Verletzung des Sortenschutzes ergebenden Ansprüche zu (zum Unterlassungsanspruch Rn 39, zum Schadensersatzanspruch Rn 40). Hieraus ist zu Unrecht abgeleitet worden, dass der nachbauende Landwirt den Sortenschutzinhaber aus eigenem Antrieb über den Nachbau zu informieren habe.[27]

---

10 *Fitzner/Lutz/Bodewig* Rn 10.

11 Bejahend *Schulte* Rn 11; zwd *Benkard* Rn 5.

12 Vgl *Fitzner/Lutz/Bodewig* Rn 11; *Schulte* Rn 35, im einzelnen str; zu Beweislastproblemen *Spranger* AgrarR 2000, 240, 242.

13 *Keukenschrijver* SortG § 10a mNachw in Fn 29.

14 Vgl LG Erfurt InstGE 1, 59 auch zur Bewirtschaftung durch Dritte; LG Bad Kreuznach InstGE 1, 57 stellt unter Hinweis auf die gemeinschaftsrechtl Regelung auf die Eigentumslage ab, solange kein Nachweis geführt ist, dass ein anderer Landwirt ist; Art 4 Abs 3 GemNachbauV.

15 Vgl auch *Fitzner/Lutz/Bodewig* Rn 6.

16 *Benkard* Rn 4; *Fitzner/Lutz/Bodewig* Rn 6 f; *Schulte* Rn 10; vgl EuGH GRUR 2012, 898 Association Kokopelli.

17 Vgl *Benkard* Rn 4.

18 *Fitzner/Lutz/Bodewig* Rn 12.

19 Ebenso *Benkard* Rn 6; EuGH Slg 2003 I 3525 = GRUR 2003, 868 Schulin/STV.

20 *Fitzner/Lutz/Bodewig* Rn 12; vgl *Schulte* Rn 14.

21 *Benkard* Rn 8; aA *Schulte* Rn 13; *Fitzner/Lutz/Bodewig* Rn 13.

22 Vgl *Benkard* Rn 8; *Fitzner/Lutz/Bodewig* Rn 15 ff; EuGH Slg 2003 I 3525 = GRUR 2003, 868 Schulin/STV; *Fitzner/Lutz/Bodewig* Rn 9 bezieht auch den Anbau im Hausgarten mit ein.

23 Vgl *Benkard* Rn 9; *Fitzner/Lutz/Bodewig* Rn 14; *Schulte* Rn 15; EuGH Slg 2004 I 9801 = GRUR 2005, 236, 238 STV/Brangewitz.

24 *Benkard* Rn 10.

25 OLG Düsseldorf 14.10.2004 2 U 18/04 InstGE 5, 31; LG Düsseldorf 9.3.2000 4 O 346/99 Entsch 2000, 69, 73; *Benkard* Rn 10; *Fitzner/Lutz/Bodewig* Rn 20.

26 *Keukenschrijver* § 10a SortG Rn 23 mwN; vgl OLG Düsseldorf 14.10.2004 2 U 18/04 InstGE 5, 31, 37.

27 So *Würtenberger* GRUR 2003, 838, 844 f, hiergegen *Benkard* Rn 10.

4. Vergütungspflicht

a. Grundsatz. Die berechtigten Interessen des Patentinhabers werden durch die Verpflichtung des **18** nachbauenden Landwirts gewahrt, eine Vergütung an ihn zu entrichten. Die Verpflichtung ist verfassungsgem.[28] Der berechtigte Nachbau begründet ein gesetzliches Schuldverhältnis (gesetzliche Lizenz; str),[29] aus dem sich die Vergütungspflicht unmittelbar ergibt. Die Rechtslage weist eine gewisse Ähnlichkeit mit der Benutzung der Erfindung nach Lizenzbereitschaftserklärung (§ 23) auf, jedoch bedarf es hier anders als dort einer Mitwirkung des Rechtsinhabers nicht. Der Anspruch auf Vergütung bedarf der Geltendmachung.[30]

b. Höhe der Vergütung. Der nachbauende Landwirt ist zur Zahlung eines angemessenen Entgelts **19** verpflichtet (Abs 3 Satz 1). Die Vergütung kann vereinbart werden: Der Landwirt kann (theoretisch) unmittelbar mit dem Berechtigten[31] oder mit der Saatgut-Treuhandverwaltungs-GmbH (STV) (Rn 31) Individualverträge („Nachbauvereinbarungen") abschließen (wobei die STV ein Muster für eine Individualvereinbarung vorhält), die Regelungen einer Vereinbarung berufsständischer Vereinigungen (in Deutschland zwischen dem Bundesverband Deutscher Pflanzenzüchter und dem Deutschen Bauernverband, Rn 21) akzeptieren[32] oder sich auf die gesetzliche Regelung berufen.[33] Individualverträge spielten auf Grund der tatsächlichen Verhältnisse in Deutschland zunächst keine praktische Rolle.

Ein Entgelt gilt beim Nachbau aufgrund des SortRechts als angemessen, wenn es deutlich niedriger **20** ist als der Betrag, der im selben Gebiet für die Erzeugung von Vermehrungsmaterial derselben Sorte auf Grund eines Nutzungsrechts vereinbart ist („Z-Lizenz"; vgl Art 5 Abs 2 VO (EG) Nr 1768/95 vom 24.7.1995 – GemNachbauV).[34] Es wird vertreten, dass dies nur im Ergebnis so sein und nicht rechnerisch auch unmittelbar an die Z-Lizenz angeknüpft werden müsse.[35] „Deutlich niedriger" bedeutet einen **fühlbaren Abschlag** gegenüber den üblichen Lizenzsätzen.[36] Insoweit war im SortRecht für die Wirtschaftsjahre 1997 bis 1999 und die spätere Zeit zu differenzieren. Eine Regelung enthalten die durch Art 1 der VO (EG) Nr 2605/98 der Kommission vom 3.12.1998[37] angefügten Abs 4–7 des Art 5 GemNachbauV).[38] Eine absolute Grenze soll darin aber nicht liegen.[39] Ein Teil der Lit sieht eine Ermäßigung des Normallizenzsatzes um etwa 50% als angemessen an.[40] Dies entspricht der Rspr der Frankfurter Gerichte, während die Braunschweiger Rspr auf

---

28 LG Düsseldorf 9.3.2000 4 O 346/99 Entsch 2000, 69; LG Mannheim AgrarR 2000, 371, 373 f (eingehend); LG München I 19.7.2000 21 O 12476/99.

29 BGH GRUR 2004, 763 Nachbauvergütung; BGH 11.5.2004 KZR 4/03; BGH GRUR 2005, 240 f Nachbauentschädigung I; *Krieger* (2001), 57 ff; *von Gierke/Tielmann* AgrarR 1999, 204, 206; *Fitzner/Lutz/Bodewig* Rn 29.

30 *Fitzner/Lutz/Bodewig* Rn 29.

31 Vgl *Krieger* (2001), 178.

32 Vgl *Krieger* (2001), 178 f; im Wirtschaftsjahr 1997/98 sollen nach Angaben der STV 78 054, im Wirtschaftsjahr 1998/99 78 586 und im Wirtschaftsjahr 1999/2000 70 118 derartige Vereinbarungen abgeschlossen worden sein.

33 OLG München WuW/DE-R 1132; Schreiben des Bundeskartellamts – 2. Beschlussabteilung – vom 22.4.2002 an den ABl e.V.; *Lessmann/Würtenberger* § 3 Rn 61 unter Hinweis auf Art 5 Abs 1 GemNachbauV.

34 ABl EG L 173/14 vom 25.7.1995; geänd durch VO Nr 2605/98 der Kommission vom 3.12.1998 zur Änderung der VO (EG) 1768/95 (ABl EG L 328/6 vom 4.12. 1998); vgl hierzu LG Düsseldorf InstGE 1, 61, 66; OLG Braunschweig 25.9.2003 2 U 186/02 und 2 U 188/02 setzen die „Z-Lizenz" mit 15–20% des Kaufpreises an; *Schulte*[7] Rn 21.

35 OLG Braunschweig 25.9.2003 2 U 186/02 und 2 U 188/02 gegen OLG München NJOZ 2003, 2449 = GRUR-RR 2003, 365 Ls.

36 So auch OLG München WuW/DE-R 1132; OLG Braunschweig 4.7.2002 2 U 123/01, OLG Braunschweig 25.9.2003 2 U 186/02 und 2 U 188/02, OLG München 22.5.2003 6 U 1574/03 GRUR-RR 2003, 365 Ls; LG Braunschweig 23.1.2002 9 O 837/01; LG Braunschweig 22.8.2002 9 O 786/01; LG Braunschweig 13.11.2002 9 O 3278/01, 9 O 3725/01 und 9 O 3354/02; LG Braunschweig 21.11.2002 9 O 2084/01; LG Düsseldorf 28.6.2001 4 O 260/00; LG Koblenz 4.11.2002 16 O 469/01; LG München I 22.1.2001 21 O 2822/02 sehen das Kriterium auch durch die Nachbausätze des Kooperationsabk als erfüllt an; LG München I 29.11.2002 21 O 1554/02 will es als Orientierung heranziehen, hält jedoch unter dem Gesichtspunkt der Unangemessenheit eine Differenz zwischen den Beträgen des Kooperationsabk und 80% der Z-Gebühr für beachtlich, wenn sie mehr als 25% beträgt.

37 ABl EG L 328/6 vom 4.12.1998.

38 Vgl *Lessmann/Würtenberger* § 3 Rn 62.

39 OLG München WuW/DE-R 1132.

40 *Lessmann/Würtenberger* § 3 Rn 62; *Schulte* Rn 19.

---

das Kooperationsabk zurückgegriffen und die übrigen Gerichte im wesentlichen 80% der Z-Lizenz zugebilligt haben (näher Rn 21).

21   Für die Festsetzung der Höhe der Vergütung kann eine Bemessungsgrundlage **vereinbart** werden, die je nach Entwicklung des Verhältnisses der Verwendung von Nachbausaatgut zu der von anerkanntem Saatgut angepasst werden kann.[41] § 10a Abs 4 SortG sieht hierzu Vereinbarungen zwischen den berufsständischen Vereinigungen der Züchter und der Landwirte vor, die allerdings den Wettbewerb auf dem Saatgutsektor nicht ausschließen (wohl aber einschränken) dürfen (zur Vereinbarkeit mit dem GWB Rn 31).[42] Eine solche Vereinbarung ist zwischen dem Deutschen Bauernverband (DBV) und dem Bundesverband Deutscher Pflanzenzüchter (BDP) zunächst am 3.6.1996 getroffen worden („Kooperationsmodell Landwirtschaft und Pflanzenzüchtung");[43] sie unterschied nach verschiedenen Pflanzenarten (Populationsroggen; Sommergerste, Hafer, Triticale; Wintergerste, Menggetreide; Weizen, gelbe Lupine; Ackerbohne, Futtererbse; Kartoffeln) und sah eine gestaffelte Entschädigung je nach Anteil des zugekauften Saatguts vor, wobei sich die Entschädigung vom Höchstsatz von 80% der Z-Lizenz bis auf 0 bei Verwendung von mehr als 60% Z-Saatgut bei Getreide und Leguminosen und mehr als 80% bei Kartoffeln verringerte.[44] Die sich hiernach ergebende Entschädigung stützte sich teilweise auf andere Kriterien, als sie nach den maßgeblichen Normen gelten (Entgelt je ha); weiter war bei Saat- und Pflanzgutwechsel von mehr als 80% ein Z-Lizenzgebührrabatt von 10% vorgesehen. Dass dieser sortenübergreifend gewährt wurde, erweiterte die wechselseitigen Ansprüche nicht auf andere als die nachgebauten Sorten und deren Inhaber.[45] Nach einer weiteren Vereinbarung zwischen dem BDP und dem Bundesverband der Stärkekartoffelerzeuger für das Wirtschaftsjahr 1997/98 war eine einheitliche Entschädigung von 30 DM/ha zu entrichten;[46] von der Aussaat für das Erntejahr 2001 an kam das Kooperationsabk modifiziert zur Anwendung, insb ist die Höchstgebühr von 80% auf 60% abgesenkt, in der Saatgutwechselklasse > 40%–60% von 30% auf 35% erhöht worden. Der BDP hat hierzu eine Broschüre veröffentlicht, die auch nähere Angaben zur Abwicklung enthält. Seit 6.11.2002 lag ein neues Rahmenabk vor,[47] das die Vergütung auf 50% der Z-Lizenzgebühr für Getreide und Grobleguminosen (bei Expressmeldung auf 45%) und auf höchstens 40% der Z-Lizenzgebühr bei Kartoffeln beschränkte. Nach der im Juni 2008 vom BDP als beendet erklärten[48] Rahmenregelung Saat- und Pflanzgut vom 8.7.2003[49] galten die gleichen Sätze, die niedrigeren, soweit sich der Landwirt nicht später als zwei Monate ab Versandende der Vereinbarung für diese entschied. Für Wirtschaftskartoffeln galten niedrigere Sätze (16% der Z-Lizenz, maximal 0,60 EUR/dt).[50] Nach der Individualvereinbarung war die Nachbauentschädigung (in EUR je dt) nach den in der Vertragssortenliste jeweils angegebenen Beträgen bemessen. Soweit die gesetzliche Veranlagung gewählt wird, macht die STV (Rn 31) nach den Vorgaben der betreffenden Züchter ein als angemessen angesehenes Entgelt geltend, die sie nunmehr auf 50% der Z-Lizenzgebühr bemisst.[51] 96% der angesprochenen Landwirte sollen eine Vergütung nach dem Kooperationsabk vereinbart haben.[52] Vereinbarte der Landwirt eine Veranlagung nach dem Kooperationsabk zur Vermeidung einer Veranlagung nach den gesetzlichen Regelungen, ergab sich aus dem Verhalten des Berechtigten ein Recht des Landwirts zur Anfechtung wegen arglistiger Täuschung jedenfalls nicht ohne weiteres.[53]

41 Begr BTDrs 13/7038 S 14.

42 Vgl OLG München WuW/DE-R 1132.

43 Veröffentlicht im ABl GSA vom 16.8.1999; auszugsweise auch in BGH GRUR 2006, 47 Auskunftsanspruch bei Nachbau II wiedergegeben.

44 Näher *Rutz* AgrarR 1999 Beil I S 3, 5f mit Tabelle; *Lessmann/Würtenberger* § 3 Rn 64; *Krieger* (2001), 179f.

45 BGH GRUR 2006, 47 Auskunftsanspruch bei Nachbau II.

46 *Krieger* (2001), 180.

47 Tabelle ab Wirtschaftsjahr 2004/2005 bei *Benkard*[10] Rn 21.

48 Hierzu Presseerklärungen des BDP unter www.saatgut-treuhand.de und der Interessengemeinschaft gegen die Nachbaugesetze und Nachbaugebühren unter www.ig-nachbau.de/doc/pressemitteilung_08-06-13.doc; vgl *Benkard* Rn 21.

49 ABl GSA 2004, 89.

50 Sonderregelung zwischen dem Bundesverband der Stärkekartoffelerzeuger e.V. und dem BDP vom 10.9.2003, ABl GSA 2004, 91.

51 Presseerklärung des BDP vom 10.6.2008.

52 Vgl OLG Braunschweig 25.9.2003 2 U 186/02, 2 U 187/02 und 2 U 188/02; LG Braunschweig 13.11.2002 9 O 3278/01, 9 O 3354/02 und 9 O 3725/01.

53 Das Anfechtungsrecht unter Bejahung der Täuschung über die Gesetzeslage verneinend OLG Celle OLGRep 2003, 89, im Revisionsverfahren aus Rechtsgründen nicht beanstandet, BGH GRUR 2004, 763 Nachbauvergütung; ähnlich OLG München WuW/DE-R 1132, das Arglist verneint; LG Hamburg 15.2.2001 315 O 613/00; aA LG Düsseldorf InstGE 1, 61, 64f.

Ausland. Auch im Vereinigten Königreich, in Schweden und in den Niederlanden bestehen entspr **22** Vereinbarungen. In Frankreich, wo es ebenfalls zu politischen Auseinandersetzungen gekommen ist, besteht der „Accord semences de ferme", an dem verschiedene Landwirte-, Aufbereiter-, Saatguthersteller- und Züchterverbände beteiligt sind und der seit Juli 2001 für Weichweizen von ministerieller Seite für verbindlich erklärt worden ist. Die Kosten betragen je Tonne Weichweizen 0,50 EUR. Ein Teil der Einnahmen geht an einen Züchterunterstützungsfonds. Im VK besteht die auf einer Vereinbarung mit Bauernverbänden errichtete Agentur BSPS.[54]

Kommt eine Einigung über die Höhe nicht zustande, wird man entspr §§ 315, 316 BGB unter dem Vor- **23** behalt gerichtlicher Bestimmung bei Unangemessenheit oder Verzögerung den Rechteinhaber als zur **Bestimmung der Vergütung** berechtigt ansehen müssen.[55] Die STV (Rn 31) hat sich im Rahmen der gesetzlichen Veranlagung als berechtigt angesehen, unabhängig vom Nachbauanteil 80% der Z-Lizenz zu verlangen. Sie hat die Abzüge, die sich nach dem Kooperationsabk ergeben, mit den aus diesem folgenden erheblichen Vorteilen der Rechtsinhaber begründet. Die Rspr war nicht einheitlich, zT wurde vertreten, dass eine Vergütung in Höhe von 80% der (realen) Z-Lizenz angemessen sei,[56] zT wurden 50% als angemessen angesehen.[57] Nach Auffassung der Braunschweiger Gerichte, der der BGH nicht gefolgt ist,[58] waren die Nachbaugebühren des Kooperationsabk als Marktpreise sowohl bei nationalen wie nach Veröffentlichung des Abk im ABl GSA bei Gemeinschaftssorten, bei letzteren unterschiedslos vor oder nach Wirksamwerden der aus Art 5 Abs 4 GemNachbauV zu entnehmenden Leitbildfunktion des Abk („Leitlinie"), auch auf die Landwirte anzuwenden, die nicht die Veranlagung nach dem Abk gewählt haben,[59] während die STV die Leitlinienfunktion auf die fiktive Z-Lizenzgebühr und den Satz von 80% beschränkt sehen wollte.[60] Der BGH hat mehrere Braunschweiger Verfahren dem EuGH zur Vorabentscheidung vorgelegt.[61]

Rechtsprechung des EuGH. Der EuGH hat entschieden, dass der für die Berechnung der den Inha- **24** bern zu zahlenden Entschädigung pauschal auf 80% der Lizenzgebühr festgesetzte Satz zu hoch und dass zur Bestimmung des anwendbaren Satzes auf die Verhältnisse in Bezug auf die streitigen Sorten und in der betreffenden Region abzustellen sei. Die Kriterien, nach denen der Betrag der Entschädigung des Inhabers bemessen werden kann, sind in Art 5 Abs 4, 5 GemNachbauV definiert. Sie sind zwar nicht rückwirkend anwendbar, können aber als Anhaltspunkt für die Berechnung der entspr Entschädigung in Bezug auf einen Nachbau vor Inkrafttreten der VO 2605/98 dienen. Das gilt auch für nach nationalem Recht geschützte Sorten.[62] Eine Vereinbarung zwischen Vereinigungen von Inhabern und von Landwirten iSv Art 5

---

54 Vgl zur Rechtslage in Frankreich und im Vereinigten Königreich die Präsentationen von *Petit-Pigeard* und *Maplestone* auf dem CPVO-Seminar Brüssel 4.10.2005.

55 Abl OLG Braunschweig 25.9.2003 2 U 186/02, 2 U 187/02 und 2 U 188/02, da die Bestimmungen nur vertragliche Ansprüche betrafen; LG Braunschweig 13.11.2002 9 O 3278/01, 9 O 3354/02 und 9 O 3725/01; LG Düsseldorf InstGE 1, 61, 66 f setzt die angemessene Vergütung durch das Gericht fest; vgl zum Leistungsbestimmungsrecht der GEMA nach billigem Ermessen hinsichtlich des an die Berechtigten Herauszugebenden BGHZ 163, 119 = GRUR 2005, 757 PRO-Verfahren.

56 OLG München NJOZ 2003, 2449 = GRUR-RR 2003, 365 Ls (juris Volltext); LG Bad Kreuznach 14.11.2001 3 O 337/00; LG Bad Kreuznach 21.4.2004 2 O 418/01: für die Zeit bis 23.12.1998 (Inkrafttreten von Art 5 Abs 4–7 GemNachbauV) und ab Wirtschaftsjahr 1999/2000; LG Düsseldorf InstGE 1, 61; LG Düsseldorf 23.8.2001 4a O 131/01; LG München I 16.1.2003 7 O 1027/02; LG München I 22.1.2003 21 O 2822/02, jedenfalls für die Wirtschaftsjahre 1997 bis 1999, für die Folgezeit weiterhin für national geschützte Sorten, während für nach der GemSortV geschützte Sorten die Sätze des Kooperationsabk gelten sollen; für das Wirtschaftsjahr 1999/2000 LG München I 3.9.2002 7 O 22433/01.

57 LG Frankfurt/M AgrarR 2001, 328; LG Frankfurt/M 28.3.2001 2/6 O 607/00, für die Vegetationsperiode 1997/98; LG Frankfurt/M 19.6.2002 2/6 O 17/02 unter Heranziehung der Regelung in der GemNachbauV zur Ausfüllung des unbestimmten Rechtsbegriffs für den Fall einer Vereinbarung nach der für den Landwirt günstigsten Methode, gegen LG Düsseldorf InstGE 1, 61. LG Frankfurt/M AgrarR 2001, 328, 329 hat das Kooperationsabk als für die Zeit vor Inkrafttreten des § 10a SortG unanwendbar angesehen und insoweit die gemeinschaftsrechtl Regelung mit der Obergrenze von 50% angewendet. LG Bad Kreuznach 21.5.2004 2 O 418/01 wendet ab 24.12.1998 die 50%-Grenze an, nicht aber für die vorhergehende Zeit und wegen der „Leitlinienfunktion" des Kooperationsabk nicht mehr ab dem Wirtschaftsjahr 1999/2000.

58 BGH GRUR 2005, 240 Nachbauentschädigung I; BGH 11.10.2004 X ZR 157/03; BGH 11.10.2004 X ZR 158/03.

59 OLG Braunschweig 4.7.2002 2 U 123/02; OLG Braunschweig 25.9.2003 2 U 186/02, 2 U 187/02 und 2 U 188/02; LG Braunschweig 13.11.2002 9 O 3278/01 und 9 O 3354/01.

60 Rechtfertigung bei *Krieger* (2001), 182 ff.

61 BGH GRUR 2005, 240 Nachbauentschädigung I; BGH 11.10.2004 X ZR 157/03; BGH 11.10.2004 X ZR 158/03.

62 BGH GRUR 2007, 867 Nachbauentschädigung III; BGH GRUR 2007, 868 Nachbauentschädigung IV.

Keukenschrijver

Abs 4 GemNachbauV kann nur dann mit allen ihren Parametern als Leitlinie dienen, wenn sie der Kommission mitgeteilt und im ABl GSA veröffentlicht wurde, und zwar auch dann, wenn sie vor dem Inkrafttreten der VO 2605/98 geschlossen wurde; sie kann für die Entschädigung einen anderen Satz festlegen als den hilfsweise in Art 5 Abs 5 GemNachbauV vorgesehenen.[63] Liegt keine solche Vereinbarung vor, ist die Entschädigung nach dem festen Satz des Art 5 Abs 5 GemNachbauV zu bemessen.[64] Der BGH hat diese Rspr in mehreren Entscheidungen auf den Nachbau geschützter Sorten in Jahren vor Inkrafttreten der Regelung in § 9c angewendet.[65]

25   c. Der Vergütungsanspruch unterliegt der dreijährigen **Verjährung**.[66]

26   **d. Ausnahmeregelung für Kleinlandwirte.** Unter Berücksichtigung der niedrigeren Einkommen von landwirtschaftlichen Betrieben mit geringer Betriebsgröße werden „Kleinlandwirte" iSv Art 14 Abs 3 GemSortV von der Verpflichtung zur Zahlung einer Vergütung ausgenommen.

27   Als **Kleinlandwirte** gelten:
  –   im Fall von in Art 14 Abs 2 GemSortV genannten Pfanzenarten, für die die GemNachbauV gilt, die Landwirte, die Pflanzen nicht auf einer Fläche anbauen, die größer ist als die Fläche, die für die Produktion von 92 t Getreide benötigt würde; zur Flächenberechnung gilt Art 8 Abs 2 NachbauV, nach dem (höchstens) der für die jeweilige Region festgesetzte Getreidedurchschnittsertrag zugrunde zu legen ist;[67]
  –   im Fall anderer Pflanzenarten die Landwirte, die vergleichbaren angemessenen Kriterien entsprechen (detaillierte Regelung in Art 7 GemSortVDV).

28   **5. Geltendmachung der Ansprüche.** Die Regelung verweist auf die Durchführungsbestimmungen zu Art 14 Abs 3 GemSortV; dadurch soll sichergestellt werden, dass etwaige Vergütungsansprüche der Inhaber von Patent- und Sortenschutzrechten gemeinsam geltend gemacht werden können und dass sich der Landwirt grds nur mit einem Partner auseinandersetzen muss (Begr).

29   **Aktiv legitimiert** ist der Rechtsinhaber. Im Fall eines ausschließlichen Nutzungsrechts stehen die Ansprüche dem Lizenznehmer zu (vgl Rn 27 zu § 139);[68] das gilt regelmäßig auch, wenn die Rechtseinräumung vor dem 1.1.1999 formlos erfolgt ist, da hier meist eine Bestätigung des nach § 34 GWB aF unwirksamen Geschäfts nach § 141 BGB vorliegen wird.[69]

30   Die Rechte können auch von einer **Gemeinschaft von Rechtsinhabern** geltend gemacht werden (Art 3 Abs 2 GemNachbauV).[70] Diese können bestimmte, an sich nicht selbstständig übertragbare Rechte von SortInhabern im eigenen Namen geltend machen, nämlich die aus den Bestimmungen des Art 14 GemSortV abgeleiteten Rechte des SortInhabers. Hierzu gehören der Entschädigungsanspruch (Art 14 Abs 3 GemSortV) wie der in Art 8 NachbauV näher geregelte Auskunftsanspruch. Die Vereinigung erwirbt die Regelung aber keine eigenen Rechte; es handelt sich um einen Fall gesetzlich geregelter gewillkürter Prozessstandschaft; die nur ihre Gesellschafter bzw Mitglieder erfasst; für weitergehende gewillkürte Prozessstandschaft ist daneben mangels eigenen schutzwürdigen Interesses des Prozessstandschafters kein Raum;[71] die Prozessstandschaft verschafft demnach dem Prozessstandschafter keine weitergehenden Ansprüche als dem einzelnen Rechtsinhaber.

---

63   Vgl *Fitzner/Lutz/Bodewig* Rn 34.
64   EuGH Slg 2006 I 5045 = GRUR 2006, 750 STV/Deppe.
65   BGH GRUR 2007, 865 Nachbauentschädigung II; BGH GRUR 2007, 867 Nachbauentschädigung III; BGH GRUR 2007, 868 Nachbauentschädigung IV; BGH 27.6. 2007 X ZR 85/03.
66   *Fitzner/Lutz/Bodewig* Rn 30.
67   Tabelle unter http://www.stv-bonn.de/Inhalt/rechtlicher-rahmen.htm#RechteKleinlandwirt abrufbar.
68   Näher *Krieger* (2001), 73 ff, wonach auch Art 3 Abs 1 GemNachbauV dem nicht entgegensteht, S 76; LG Düsseldorf Entsch 2000, 69, 71 f mit zu weit gehendem Leitsatz 2; vgl LG München I 19.7.2000 21 O 12476/99; LG München I 30.5.2001 33 O 16334/00; LG Düsseldorf 9.3.2000 4 O 271/99.
69   LG München I 19.7.2000 21 O 12476/99; LG München I 30.5.2001 33 O 16382/00, auch zur Beurteilung nach § 1 GWB.
70   EuGH Slg 2004 I 2263 = GRUR 2004, 587 STV/Jäger; BGH GRUR 2004, 763 Nachbauvergütung; OLG Düsseldorf InstGE 5, 22; *Fitzner/Lutz/Bodewig* Rn 39; eingehend, jedoch nicht ohne Tendenz – auch zur Rechtsform der GmbH –, *Krieger* (2001), 77 ff.
71   Nachw und näher bei *Keukenschrijver* § 10a SortG Rn 38; *Keukenschrijver* FS E. Ullmann (2006), 465, 477 f.

Zur **Überwachung und Geltendmachung** ist von Züchterseite die von ca 50 Gesellschaftern ge- **31**
tragene[72] Saatgut-Treuhandverwaltungs GmbH (STV) errichtet worden,[73] der seit 19.4.2000 auch der Bundesverband Deutscher Pflanzenzüchter e.V. angehört. Gegen die Nachbauregelung hat sich eine „Interessengemeinschaft gegen die Nachbaugesetze und Nachbaugebühren"[74] gebildet. Berufsständische
Vereinigungen (dh die STV) können, ohne gegen § 1 GWB zu verstoßen,[75] den Vergütungs- wie den Auskunftsanspruch im eigenen Namen im Weg der gewillkürten Prozessstandschaft[76] nur für ihre (auch mittelbaren)[77] Mitglieder und mit deren (jedenfalls nach Gemeinschaftsrecht schriftlicher) Ermächtigung,
jedoch nicht für solche SortInhaber geltend machen, die der Vereinigung nicht als Mitglieder angehören.[78]
Das LG Düsseldorf hat schriftsätzliche Darlegung verlangt und entspr Angaben im Klageantrag nicht ausreichen lassen.[79] Für negative Feststellungsklagen ist nur der Anspruchsberechtigte, nicht auch der Prozessstandschafter passiv legitimiert.[80]

6. Auskunftspflicht

a. Landwirt. Die dem Grunde nach auch aus § 242 BGB folgende (vgl Rn 48 ff zu § 140b)[81] Auskunfts- **32**
pflicht des Landwirts ergibt sich aus Art 14 Abs 3 GemSortV iVm Art 8 GemNachbauV.[82] Sie ist als dessen
Hauptleistungspflicht angesehen worden,[83] wofür die Gesetzessystematik spricht. Der zunächst vielfach

---

72 *Krieger* (2001), 80.

73 Kaufmannstr. 71, 53115 Bonn, HRB Bonn 191; im Internet unter www.saatgut-treuhand.de, vgl *Lessmann/*
Würtenberger § 3 Rn 65.

74 Über Arbeitsgemeinschaft bäuerliche Landwirtschaft, Heiligengeiststraße 28, 21335 Lüneburg; im Internet unter
www.ig-nachbau.de.

75 BGH GRUR 2004, 763 Nachbauvergütung; BGH 11.5.2004 KZR 4/03, unter Bejahung der Spürbarkeit der
Wettbewerbsbeschränkung auf dem vorgelagerten Saatgutmarkt, da das Kartell durch die gesetzlichen Regelungen
gerechtfertigt ist; OLG Celle OLGRep 2003, 89 unter – vom BGH abgelehnter – Verneinung der Eignung zur spürbaren
Beeinflussung der Marktverhältnisse; OLG München WuW/DE-R 1132 unter Verneinung abgestimmten Verhaltens; OLG
München NJOZ 2003, 2449 = GRUR 2003, 365 Ls wegen Herausnahme aus dem Anwendungsbereich des § 1 GWB nach § 30
GWB; LG Mannheim AgrarR 2000, 371 f; LG München I 15.3.2002 21 O 13265/01; LG München I 22.1.2003 21 O 2822/02 unter
Verneinung eines Wettbewerbs auf Seiten der SortBerechtigten, Nichtfeststellbarkeit einer Wettbewerbsbeeinträchtigung
und Erlaubtsein des Verhaltens; aA LG Hannover 5. oder 26.2.2003 18 O 1947/01; Begr BTDrs 13/7038 S 14; vgl zur
Vereinbarkeit mit dem Rechtsberatungsgesetz OLG Düsseldorf – EuGH-Vorlage – 22.3.2001 2 U 57/00; LG Hamburg
16.8.2000 315 O 138/00; LG Hamburg 15.2.2001 315 O 613/00; LG Mannheim AgrarR 2000, 371; LG München I 19.7.2000 21
O 12476/99; LG München I 30.5.2001 33 O 16334/00; LG München I 23.5.2002 7 O 5540/01; *Krieger* (2001), 85; *Fitzner/Lutz/*
Bodewig Rn 39; Verstoß gegen datenschutzrechtliche Bestimmungen – zu diesen *Krieger* (2001), 201 ff – wird allg
verneint.

76 BGH GRUR 2004, 763 Nachbauvergütung (eingehend), in Ergänzung zu EuGH Slg 2004 I C-182/01 Slg 2004 I 2263 =
GRUR 2004, 587 STV/Jäger, wo auf Art 3 GemNachbauV abgestellt worden war, der aber in seinen verschiedenen
sprachlichen Fassungen kein eindeutiges Ergebnis für die nat Umsetzung liefert; BGH 11.5.2004 KZR 4/03; BGH GRUR
2005, 668 Aufbereiter I; OLG Düsseldorf 15.7.2004 2 U 56/00 InstGE 5, 22; LG München I 19.5.2004 21 O 15705/03, bestätigt
in OLG München 23.6.2005 6 U 3737/04 OLGRep 2005, 722; vgl BGHZ 149, 165, 167 f = GRUR 2002, 138 Auskunftsanspruch
bei Nachbau I.

77 OLG Braunschweig 29.6.2000 2 U 35/00; LG Leipzig 31.3.2003 5 O 6785/02; LG München I 30.5.2001 33 O 16334/00;
LG München I 18.12.2002 21 O 18544/01; LG München I 19.12.2002 7 O 18152/01; LG München I 20.12.2002 7 O 18582/01;
Krieger (2001), 84; *Fitzner/Lutz/Bodewig* Rn 40.

78 BGHZ 149, 165 = GRUR 2002, 238, 239 Auskunftsanspruch bei Nachbau I mwN; OLG München WuW/DE-R 1132; OLG
München GRUR-RR 2003, 361; OLG München 23.6.2005 6 U 3737/04 OLGRep 2005, 722; OLG Zweibrücken 4.12.2003 4 U
35/03 OLGRep 2004, 351; LG Düsseldorf Entsch 2000, 69, 71 f (gesetzliche Prozessstandschaft); LG München I 19.7.2000 21
O 12476/99; LG München I 30.5.2001 33 O 16334/00 (gewillkürte Prozessstandschaft); OLG Braunschweig 29.6.2000 2 U
35/00, die auf die Regelungen in der GemNachbauV und das Verbot der Besorgung fremder Rechtsangelegenheiten
zurückgreifen; hierzu eingehend auch BGH Auskunftsanspruch bei Nachbau I; aA noch LG Erfurt InstGE 1, 59; LG Bad
Kreuznach InstGE 1, 57; LG Leipzig 26.11.1999 5 O 8430/99.

79 LG Düsseldorf 9.3.2000 4 O 271/99.

80 LG Düsseldorf InstGE 1, 61, 69.

81 Vgl *Würtenberger* GRUR 2003, 838, 840.

82 Zur Auskunftspflicht des Eigentümers, wenn der Betrieb verpachtet ist, LG Bad Kreuznach InstGE 1, 57; zur
Auskunftspflicht des Pächters LG Erfurt InstGE 1, 59.

83 *Krieger* (2001), 110 ff.

als selbstständiger, nichtakzessorischer Anspruch[84] (Ausforschungsauskunft) angesehene Anspruch muss geltend gemacht werden,[85] einer besonderen Form bedarf es aber für das außergerichtliche Verlangen nicht.[86] Näherer Vortrag oder die Vorlage von Belegen ist nicht erforderlich.[87] Ein „qualifiziertes" Auskunftsersuchen ist zunächst nicht erforderlich.[88]

33   **Voraussetzungen.** Der Patent- oder Sortenschutz für die Sorten, auf die sich das Auskunftsverlangen bezieht, muss nachgewiesen werden,[89] ebenso die Rechtsinhaberschaft dessen, der den Anspruch geltend macht oder für den er geltend gemacht wird, in diesem Fall auch die Berechtigung dessen, der den Anspruch geltend macht.[90] Der Anspruch knüpft an den tatsächlichen Nachbau und nicht schon an die bloße Landwirtseigenschaft an.[91] Er richtet sich somit nicht gegen den Verpächter eines landwirtschaftlichen Betriebs.[92] Die Auskunftspflicht betr den Nachbau gemeinschaftsrechtl geschützter Sorten trifft nur den aktuellen Inhaber und den Eigentümer eines landwirtschaftlichen Betriebs, solange er den Inhaber (zB Pächter) noch nicht benannt hat; den ehemaligen Eigentümer treffen derartige Verpflichtungen, die erst nach der Hofübergabe entstanden sind und geltend gemacht werden, weder selbst, noch ist dieser zur Auskunft über die Person verpflichtet, an die er das Eigentum übertragen hat.[93] Jedoch ist der Eigentümer eines landwirtschaftlichen Betriebs auch nach einer Verpachtung solange zur Auskunft über Nachbauhandlungen verpflichtet, bis er dem Auskunftsgläubiger gegenüber den Übergang des Betriebs auf einen anderen nachweist.[94] Zu den mitzuteilenden „relevanten Informationen" gehören die Verwendung von Ernteerzeugnisses geschützter Sorten an sich (Art 8 Abs 2 Buchst b GemNachbauV), in diesem Fall auch die Angabe der Mengen des Ernteguts (Art 8 Abs 2 Buchst c GemNachbauV).

34   **Umfang.** Die Auskunftspflicht erfasst nach der eur Regelung für den gemeinschaftlichen SortSchutz das laufende Wirtschaftsjahr und maximal die drei davor liegenden Wirtschaftsjahre (Art 8 Abs 3 GemNachbauV).[95] Ein Auskunftsanspruch für andere, insb frühere Jahre ist in der Rspr wiederholt bejaht worden,[96] aber aus dem Gesetz nicht abzuleiten. Das Kooperationsabk wollte weitergehende Auskunftspflichten begründen, der BGH hat dies allerdings grds abgelehnt.[97] Kostenerstattung für den Aufwand der

---

84   Ua LG Frankfurt/M 15.12.1999 2/6 O 247/99; LG Braunschweig 16.2.2000 9 O 2234/99; LG Hamburg 22.8.2000 315 O 138/00; LG Zweibrücken 22.8.2000 2 O 138/00; LG Trier 10.10.2000 11 O 495/99; LG Saarbrücken 8.11.2000 16 O 317/00; LG München I 30.5.2001 33 O 16334/00; offen gelassen in BGHZ 149, 165 = GRUR 2002, 238, 241 Auskunftsanspruch bei Nachbau I; wegen Zweifeln hieran hat OLG Frankfurt GRUR Int 2000, 1015 die Frage dem EuGH vorgelegt, ob die Auskünfte unabhängig davon verlangt werden können, ob irgendwelche Anhaltspunkte dafür bestehen, dass der Landwirt überhaupt eine Benutzungshandlung in bezug auf die Sorte vorgenommen oder diese sonst in seinem Betrieb verwendet hat; der EuGH C 305/00 Slg 2003 I 3525 = GRUR 2003, 868 *Schulin/STV* hat dies verneint und Anhaltspunkte verlangt, die auch im Erwerb von Saatgut liegen können, kr hierzu *Würtenberger* GRUR 2003, 838, 842; weitere EuGH-Vorlage des OLG Düsseldorf vom 22.3.2001 2 U 57/00, EuGH 11.3.2004 C-182/01 Slg 2004, I-2263 = GRUR 2004, 587 *STV/Jäger*; dort wird auch das aus der EMRK abzuleitende Verbot der Verpflichtung zur Selbstbezichtigung herangezogen.

85   Offengelassen in LG Frankfurt/M 15.12.1999 2/6 O 271/99.

86   *Krieger* (2001), 112.

87   LG Braunschweig 25.2.2004 9 O 878/00.

88   OLG München GRUR-RR 2003, 361; LG Leipzig 31.3.2003 5 O 6785/02.

89   Näher *Krieger* (2001), 116 ff.

90   Vgl *Krieger* (2001), 114 ff.

91   BGHZ 149, 165 = GRUR 2002, 238, 240 f Auskunftsanspruch bei Nachbau I; eine Vorlage an den EuGH wurde abgelehnt (GRUR 2002, 242 f); BGH GRUR 2006, 407 Auskunftsanspruch bei Nachbau III; BGH 14.2.2006 X ZR 70/04; OLG Braunschweig 29.6.2000 2 U 35/00; OLG Düsseldorf 15.7.2004 2 U 56/00 InstGE 5, 22; OLG Frankfurt 29.3.2004 6 U 25/00; OLG Frankfurt 29.3.2004 6 U 99/01; OLG München GRUR-RR 2003, 361; teilweise abw LG Braunschweig 23.2.2000 9 O 934/99: allgemeine Auskunftspflicht des Landwirts nur bei gemeinschaftsrechtl geschützten Sorten, bei nat geschützten Sorten an tatsächlichen Nachbau; *Benkard* Rn 12; aA *Krieger* (2001), 161 f unter Hinweis auf LG Mannheim 5.5.2000, Az nicht mitgeteilt.

92   LG München I 9.12.2004 7 O 16581/04 InstGE 5, 107; dabei offengelassen, ob Anspruch auf Nennung des Pächters besteht, was zu verneinen sein dürfte.

93   LG München I 15.6.2011 7 O 15337/10 Mitt 2011, 522 Ls.

94   OLG Frankfurt 26.11.2015 6 U 46/15.

95   BGH GRUR 2005, 668 Aufbereiter I; vgl BGH GRUR 2006, 407 Auskunftsanspruch bei Nachbau III; OLG Zweibrücken RdL 2015, 234 f.

96   LG Braunschweig 30.7.2008 9 O 449/08; OLG Braunschweig 17.11.2009 2 U 110/08.

97   BGH GRUR 2006, 47 Auskunftsanspruch bei Nachbau II; OLG Düsseldorf 14.10.2004 2 U 18/04 GRUR-RR 2005, 243 = InstGE 5, 31: auch bei Abschluss einer Nachbauvereinbarung beziehen sich die Nachprüfungsrechte im Zweifel nur auf die

Auskunftserteilung kann der Landwirt nicht verlangen.[98] Der Rechtsinhaber hat Anspruch auf Auskunft über den Umfang des Nachbaus, dh auf Angabe, wieviel Vermehrungsmaterial zur Erzeugung im eigenen Betrieb gewonnen wurde.[99] Die Auskunft ist grds schriftlich zu erteilen.[100] Adressat ist der Auskunftsberechtigte, der den Anspruch geltend macht,[101] jedoch verbraucht die Leistung der Auskunft gegenüber einem Auskunftsberechtigten, der den Anspruch geltend gemacht hat, den Anspruch weiterer Auskunftsberechtigter.[102] Zur Angabe der Menge des eingesetzten Z-Saatguts ist der Landwirt gesetzlich nicht verpflichtet.[103] Negative Auskunft („Null-Auskunft") erfasst auch die nachgebaute Menge.[104] Der Berechtigte hat darüber hinaus Anspruch auf die Nachweise nach Art 14, 16 GemNachbauV.[105]

Anlasstatsache. Der Berechtigte brauchte nach verbreiteter Rspr nicht im einzelnen darzulegen, ob **35** und welche Sorte der Landwirt nachgebaut hat,[106] wie dies der Rechtslage im VK[107] entspricht. Zu einer Neuorientierung der Rspr ist es in der zweiten Jahreshälfte 2001 insb unter dem Eindruck der Stellungnahme der EU-Kommission vom 11.12.2000 gekommen, die vorgeschlagen hatte, die Vorlagefrage des OLG Frankfurt dahin zu beantworten, die maßgeblichen Vorschriften seien dahin auszulegen, dass der Inhaber einer gemeinschaftsrechtl geschützten Sorte nicht von jedem beliebigen Landwirt, sondern nur von solchen Landwirten Auskünfte verlangen kann, die zumindest eine seiner geschützten Sorten erworben und somit wenigstens theoretisch die Möglichkeit zum Nachbau haben, von diesen allerdings unabhängig davon, ob irgendwelche Anhaltspunkte für Nachbau bestehen.[108] Daraufhin haben verschiedene Gerichte erkennen lassen, dass sie an ihrer bisherigen Auffassung nicht festhalten wollen.[109] Ein allg Auskunftsanspruch ist in der instanzgerichtlichen Rspr zT verneint worden.[110] Der BGH ist dem zunächst für Auskunftsansprüche nach § 10a SortG beigetreten; er hat insb auf den die Auslegung begrenzenden Wortlaut der Regelung, die Nichtanwendbarkeit der gemeinschaftsrechtl Regelungen, das Fehlen einer Regelungslücke sowie einer Sonderbeziehung und fehlende Analogiefähigkeit der urheberrechtl Regelungen (insb

---

Sorten, die der Landwirt als nachgebaut angegeben hat; aA OLG Braunschweig 25.9.2003 2 U 186/02, 2 U 187/02 und 2 U 188/02; vgl OLG Braunschweig 16.12.2004 2 U 83/04.

98   LG Mannheim 9.11.2001 7 O 303/01; *Krieger* (2001), 162 unter Hinweis auf LG Mannheim 13.4.2000 7 O 72/00; EuGH 5.7.2012 C-509/10 GRUR Int 2012, 745 Geistbeck.

99   Näher *Krieger* (2001), 151 ff.

100   *Krieger* (2001), 159.

101   LG Mannheim 9.7.1999 7 O 31/99 bei *Krieger* (2001), 161 (dort als 7 O 61/99).

102   Vgl *Krieger* (2001), 161.

103   *Krieger* (2001), 154.

104   LG Düsseldorf Entsch 2000, 69, 75.

105   *Fitzner/Lutz/Bodewig* Rn 26; BGH GRUR 2006, 407 Auskunftsanspruch bei Nachbau III; OLG Düsseldorf GRUR-RR 2005, 243.

106   LG Düsseldorf 9.3.2000 4 O 346/99 Entsch 2000, 69, 73; LG München I 19.7.2000 21 O 12476/99 unter Hinweis auf Begr BTDrs 13/7038 S 13 f; LG Mannheim 21.1. 2000 7 O 318/99; LG Mannheim AgrarR 2000, 371, 373; LG Frankfurt/M 15.12.1999 2/6 O 247/99, im Internet unter www.prolink.de/~hps/organic/LGFrankfurt15121999.html; LG Frankfurt/M 15.12. 1999 2/6 O 271/99; LG Frankfurt/M 28.2.2001 2/6 O 518/00; LG Hamburg 3.11.1999 315 O 326/99 (selbst bei Pferdezuchtbetrieb); weiter, zT ohne nähere Begr (Beschlüsse nach § 91a ZPO) LG Bad Kreuznach InstGE 1, 57; LG Erfurt InstGE 1, 59; LG Koblenz 24.11.1999 1 O 284/99; LG Koblenz 21.3.2001 8 O 314/00; LG Koblenz 24.4.2001 9 O 413/00; LG Koblenz 22.6.2001 10 O 546/00; LG Koblenz 31.7.2001 1 O 497/00; LG Landau/Pfalz 10.7.2001 2 O 209/01; LG Leipzig 26.11.1999 5 O 8430/99; LG Magdeburg 4.1.2001 7 O 82/00; LG Mainz 30.1.2001 4 O 145/00; LG München I 24.10.2000 7 O 15914/00; LG Potsdam 27.6.2001 2 O 178/00; LG Potsdam 27.6.2001 2 O 178/01; LG Saarbrücken 8.11.2000 16 O 324/00; ebenso *Krieger* (2001), 122 ff; zwd OLG Frankfurt GRUR Int 2000, 1015.

107   Nr 3 (1) b Plant Breeders' Rights (Farm Saved Seed) (Specified Information) Regulations 1998 Nr 1026 sowie für das Patentrecht Sec 6 Abs 1 Schedule A1 zu Art 60 Abs 5 Buchst b Patents Act und hierzu *CIPA Guide* Rn 137.02.

108   Vgl auch die Stellungnahme der Kommission vom 31.8.2001 im Verfahren C-182/01 sowie vom 22.1.2003 im Verfahren C-336/02 und die Schlussanträge des Generalanwalts in den Vorlageverfahren; der Vorschlag des Generalanwalts im EuGH-Verfahren C-305/00 lautete dahin, dass Art 14 Abs 3 6. Gedankenstrich GemSortV iVm Art 8 NachbauV so auszulegen sei, dass nur Landwirte, die Vermehrungsmaterial einer geschützten Sorte erworben haben und daher in der Lage waren, dieses Material anzubauen, unabhängig davon, ob sie dies getan haben, verpflichtet sind, dem Inhaber des Sortenschutzes Auskunft über den Anbau des Ernteerzeugnisses auf ihren Flächen zu erteilen, im Ergebnis ebenso Stellungnahme des Generalanwalts vom 7.11.2002 im EuGH-Verfahren C-182/01.

109   Ua LG Magdeburg 3.8.2001 7 O 825/01; LG Mannheim 13.8.2001 7 O 515/00; LG München I 16.8.2001 7 O 5540/01.

110   LG Trier 15.10.2001 2 O 136/01; LG Bad Kreuznach 8.12.2003 2 O 352/00; LG Neuruppin Hinweisbeschl vom 16.12.2003 5 O 185/00; LG Mannheim 17.12.2004 7 O 163/03.

§ 49 UrhG) abgestellt; er hat auch darauf verwiesen, dass das Gebot effizienten Rechtsschutzes eine Angleichung nicht erfordere, weil die Züchter sich den Nachbau beim ersten Inverkehrbringen abgelten lassen könnten.[111] Die Behauptung, dass ein zweiter oder dritter Nachbau wirtschaftlich unrentabel sei, rechtfertigt nicht die Verneinung eines Anhaltspunkts.[112]

36   **Keine Schutzrechtsbezogenheit.** Dass der Anspruch nach § 9c wie der Anspruch nach SortRecht auf die Sorte und den Sortenschutzinhaber beschränkt („sortenbezogen") ist, für die bzw den der Nachbau nachgewiesen oder vorgesehen ist,[113] ist angesichts des anderen Ansatzpunkts im Patentrecht abzulehnen.[114] Damit kann auch der im SortRecht geltende Grundsatz, dass die Auskunft erstmals für das Wirtschaftsjahr zu erteilen ist, für das der SortInhaber über die notwendigen Anhaltspunkte verfügt,[115] nur mit der Maßgabe gelten, dass sich diese Anhaltspunkte auf die Nutzung patentgeschützten Vermehrungsguts insgesamt beziehen müssen. Der im Gesetz vorgesehene Anspruch für bis zu drei zurückliegende Jahre setzt wie im SortRecht voraus, dass der Berechtigte in dem ersten der vergangenen Jahre bereits ein auf entsprechenden Anhaltspunkten beruhendes Auskunftsverlangen an den Aufbereiter gerichtet hat.[116]

37   **b. Aufbereiter.** Die sortrechtl begründeten Auskunftspflichten des Aufbereiters[117] werden auf § 9c schon deshalb grds nicht anwendbar sein, weil die Tatsache, dass es sich um patentgeschütztes Vermehrungsmaterial handelt, dem Aufbereiter angesichts des Fehlens des Unterscheidbarkeitskriteriums im Patentrecht der Patentschutz idR nicht offenbar werden und der Aufbereiter damit regelmäßig keine Anhaltspunkte dafür haben wird, dass er patentgeschütztes Material aufbereitet.[118] Den Aufbereiter treffen aber nach § 1 Abs 1 Nr 6 SaatAufzVO systematische Aufzeichnungspflichten; das gilt auch, wenn er nur Aufbereitungshandlungen im Rahmen zulässigen Nachbaus erbringt.[119] Die Rspr des EuGH[120] wie des BGH[121] steht dem nicht entgegen.[122] Jedoch handelt es sich hierbei nicht um eine Marktverhaltensregel iSd § 4 Nr 11 UWG aF, denn die Bestimmung begründet keine sekundäre Schutzfunktion zugunsten der Marktteilnehmer und schützt nicht das Interesse der SortInhaber, Kenntnis über Art und Umfang des Nachbaus zu erlangen.[123]

---

111   BGHZ 149, 165 = GRUR 2002, 238 Auskunftsanspruch bei Nachbau I in weitgehender Übereinstimmung mit den Vorinstanzen LG Braunschweig 16.2.2000 9 O 2234/99; LG Braunschweig 23.2.2000 9 O 934/99; OLG Braunschweig 29.6.2000 2 U 35/00, allerdings unter Verwerfung des Arguments, dass Überwachungssysteme geeignet seien, die Rechte des SortInhabers zu sichern; wohl auch EuGH-Vorlage OLG Düsseldorf 22.3.2001 2 U 57/00 sowie LG München I 30.5.2001 33 O 16334/00; vgl OLG München 25.9.2003 6 U 3623/02 Mitt 2003, 559 Ls.

112   OLG Zweibrücken RdL 2015, 134 f.

113   BGH GRUR 2005, 668 Aufbereiter I unter Hinweis auf EuGH C-336/03 GRUR 2005, 236 STV ./. Brangewitz; BGH GRUR 2006, 47 Auskunftsanspruch bei Nachbau II; sowie spätere Instanzrspr: OLG München GRUR-RR 2003, 361; OLG Braunschweig, Beschl vom 9.12.2005 2 W 83/05; OLG Frankfurt 29.3.2004 6 U 25/00; OLG Düsseldorf 15.7.2004 2 U 56/00 InstGE 5, 22; OLG Saarbrücken OLGRep 2005, 635, Ls auch in Mitt 2006, 130; LG Hamburg, Hinweisbeschl vom 1.12.2005 315 O 123/05; LG Frankfurt/M 12.10.2005 2-6 O 103/05; LG Düsseldorf 31.5.2005 4b O 26/05; LG Mannheim 17.12.2004 7 O 163/03: nur Vortrag von Anhaltspunkten für Nachbau notwendig; aA noch OLG Braunschweig 16.12.2004 2 U 83/04, wonach sich die Auskunftspflicht bereits aus der lizenzpflichtigen Nutzung ergebe.

114   So auch *Benkard* Rn 13; aA *Schulte* Rn 23.

115   BGH GRUR 2006, 407 Auskunftsanspruch bei Nachbau III; LG München I 1.7.2010 37 O 23852/09 undok; LG Düsseldorf 28.2.2012 4b O 149/11 (Düsseldorfer Archiv), jeweils zum SortSchutz; vgl OLG Saarbrücken OLGRep 2005, 635, Ls auch in Mitt 2006, 130, wonach der zeitnahe Anbau der geschützten Sorte ausreicht; OLG München GRUR-RR 2003, 361: alle Wirtschaftsjahre, in denen ein Nachbau möglich war, die zur Schutzrechtsverletzung und nicht zum Nachbau entwickelten Grundsätze in BGHZ 117, 264 = GRUR 1992, 612 Nicola sollen nicht herangezogen sein; aA OLG Düsseldorf 15.7.2004 2 O 56/00: auch zurückliegende Wirtschaftsjahre.

116   BGH GRUR 2005, 668 Aufbereiter I.

117   Vgl EuGH GRUR 2013, 60 Raiffeisen-Waren-Zentrale Rhein-Main.

118   Dies scheint *Fitzner/Lutz/Bodewig* Rn 27 zu übersehen, der hier die zum SortSchutz entwickelten Grundsätze unbesehen heranzieht; vgl auch *Benkard* Rn 17.

119   OLG Karlsruhe AUR 2015, 460 f.

120   EuGH Slg 2004 I 9801 = GRUR 2005, 236 STV./.Brangewitz.

121   BGH GRUR 2005, 668 Aufbereiter I.

122   OLG Karlsruhe AUR 2015, 460 f; OLG Hamm 16.12.2014 2 RBs 64/14.

123   OLG Karlsruhe AUR 2015, 460, 462.

c. Nach Sinn und Zweck der Regelung, die Geltendmachung von Ansprüchen des Rechtsinhabers zu 38 erleichtern, folgt, dass ein Anspruch auf Auskunft über den Umfang des Nachbaus gegenüber **Kleinland-wirten** nicht in Betracht kommt;[124] insoweit wird besteht aus § 242 BGB ein Anspruch auf Auskunft dahin, ob die Voraussetzungen der Kleinlandwirteeigenschaft vorliegen.[125]

7. Unterlassungsanspruch. Ein Unterlassungsanspruch besteht gegenüber dem Landwirt allerdings 39 nur insoweit, als er sich gegen den Nachbau unter Verletzung der konkret verletzten Verpflichtung rich-tet.[126] Gegenüber dem Aufbereiter und dem sonstigen Erbringer vorbereitender Dienstleistungen kommt ein Unterlassungsanspruch hinsichtlich des Nachbaus grds schon deshalb nicht in Betracht, weil der Auf-bereiter keinen Nachbau betreibt.[127]

8. Schadensersatzanspruch. Nicht rechtmäßiger Nachbau (Rn 17) begründet Patentverletzung und 40 damit Schadensersatzansprüche nach § 139 Abs 2.[128] Der Schadensersatzanspruch soll auf den dem Be-rechtigten entstandenen Schaden beschränkt sein und die Herausgabe des Verletzergewinns nicht umfas-sen.[129] Nach wohl überwiegender Auffassung erfasst er die für den Nachbau geschuldete Entschädigung nicht, die aber neben ihm verlangt werden kann.[130] Schon die Verletzung der Auskunftpflicht durch den Landwirt lässt den Nachbau rechtswidrig werden und begründet einen Zahlungsanspruche ("verhehlter Nachbau").[131] Der dem Berechtigten zustehende Anspruch ist im SortRecht nicht als Schadensersatz-spruch, sondern als Entschädigungsanspruch qualifiziert worden; er umfasst auch dort die Herausgabe des Verletzergewinns nicht[132] und ist auf die für den Nachbau geschuldete Entschädigung beschränkt.[133] Der EuGH hat zum SortRecht entschieden, dass als Berechnungsgrundlage der Betrag der Gebühr heran-zuziehen ist, die in demselben Gebiet für die Erzeugung von Vermehrungsmaterial der geschützten Sorten der betr Pflanzenart in Lizenz geschuldet wird (vgl Rn 130 zu § 139).[134] Die Auffassung, dass dann, wenn lediglich bestimmte Auskunfts- oder Anzeigepflichten verletzt werden, wie bei der Nichteinhaltung be-stimmter Pflichten durch den nachbauenden Landwirt oder den Aufbereiter, lediglich ein Anspruch nach Art einer „Ergänzungslizenz"in Betracht kommt, hat der EuGH für den letztgenannten Fall verneint (vgl Rn 131 zu § 139).[135] Gegenstand einer weiteren Vorlage war die Frage, ob der Landwirt die Entschädigung

---

124 Vgl *Schulte*[8] Rn 24; aA *Benkard* Rn 15; *Fitzner/Lutz/Bodewig* Rn 25; *CIPA Guide* Rn 137.02.
125 *Krieger* (2001), 155.
126 *Krieger* (2001), 221.
127 Vgl (jeweils zum SortSchutz) OLG München Mitt 2006, 271, wo darauf abgestellt wird, dass sich Art 14 Abs 1 GemSortV nicht an den Aufbereiter wende und dass die Rechtmäßigkeit der Aufbereitung nicht vom Verhalten des Landwirts abhängen könne, wobei sich für die national geschützten Sorten aus § 37 Abs 1 SortG nichts Abweichendes ergebe; *Keukenschrijver* FS E. Ullmann (2006), 465, 470; offengelassen in BGH GRUR 2006, 405 Aufbereiter II; aA OLG Naumburg 23.12.2003 7 U 86/03 OLGRep 2004, 257, 260; eine Klärung durch den EuGH ist an der Rücknahme der Revision im Verfahren BGH X ZR 110/05 (zu dem genannten Verfahren vor dem OLG München) gescheitert.
128 LG Düsseldorf 8.6.2006 4b O 368/05; *Schulte* Rn 24.
129 Zur Problematik *Krieger* (2001), 222 ff, der aber die Rspr zur doppelten Tarifgebühr bei Urheberrechtsverletzung heranziehen und auch den Gewinnherausgabeanspruch gewähren will, sehr eingehend *Krieger* (2001) 231 ff.
130 Vgl OLG Düsseldorf InstGE 5, 31, 37; LG Hamburg AgrarR 2002, 24 f; *Fitzner/Lutz/Bodewig* Rn 38; zwd *Benkard* Rn 24.
131 Vgl OLG Düsseldorf GRUR-RR 2005, 243 = InstGE 5, 31; LG Braunschweig 27.2.2008 9 O 313/07; LG Braunschweig 30.7.2008 9 O 449/08; LG Düsseldorf 8.6.2006 4b O 368/05; LG München I 21 O 2450/07; LG München I 24.1.2008 7 O 4210/07; LG Braunschweig 9 O 1845/03; LG Düsseldorf 4a O 35/05 LG Magdeburg 7 O 109/05, LG Magdeburg 7 O 241/05, sämtlich undok; aA (nur Entschädigungsanspruch) OLG Braunschweig 17.11.2009 2 U 110/08 NL-BzAR 2010, 411; vgl *Benkard* Rn 24; *Keukenschrijver* FS E. Ullmann (2006), 465, 471.
132 Zur Problematik *Krieger* (2001), 222 ff, der aber die Rspr zur doppelten Tarifgebühr bei Urheberrechtsverletzung heranziehen und auch den Gewinnherausgabeanspruch gewähren will, sehr eingehend *Krieger* (2001) 231 ff; hierzu EuGH-Vorlage des BGH GRUR 2010, 1087 Solara und nachgehend EuGH GRUR Int 2012, 745 Geistbeck.
133 Vgl OLG Braunschweig 17.11.2009 2 U 108/07; aA OLG Düsseldorf InstGE 5, 31, 37; vgl auch *Benkard* Rn 24.
134 EuGH 5.7.2012 C-509/10 GRUR Int 2012, 745 Geistbeck, auf Vorlage BGH GRUR 2010, 1087 Solara; abw OLG Düsseldorf 14.10.2004 2 U 18/04 GRUR-RR 2005, 243 = InstGE 5, 31, 37; vgl auch *Benkard* Rn 24.
135 Hierzu EuGH-Vorlage BGH GRUR 2010, 1087 Solara; nachgehend EuGH 5.7.2012 C-509/10 GRUR Int 2012, 745 Geistbeck, wonach der nachbauende Landwirt, der seine Verpflichtungen nicht erfüllt, als Dritter anzusehen ist, der ohne Berechtigung handelt.

Keukenschrijver

vor der tatsächlichen Nutzung leisten muss.[136] Der EuGH hat hierzu entschieden, dass der Landwirt, der durch Nachbau gewonnenes Vermehrungsgut genutzt hat, ohne dass er hierüber vertragliche Vereinbarungen mit dem SortInhaber getroffen hat, verpflichtet ist, die Entschädigung innerhalb einer Frist zu zahlen, die mit Ablauf des Wirtschaftsjahrs endet, in dem die Nutzung stattgefunden hat, dh spätestens am auf die Wiederaussaat folgenden 30. Juni.[137]

41   Bei wiederholter vorsätzlicher Verletzung kommt **Strafschadensersatz** mindestens in Höhe des Vierfachen des Durchschnittsbetrags der Gebühr, die im selben Gebiet für die Erzeugung einer entsprechenden Menge lizenzierten Vermehrungsmaterials verlangt wird, nach Art 18 Abs 2 GemNachbauV in Betracht.[138]

III. Tiere; tierisches Vermehrungsmaterial

42   **1. Allgemeines.** Nach den Erwägungsgründen der BioTRl soll es eine zweite Ausnahme Landwirten ermöglichen, geschütztes Vieh zu landwirtschaftlichen Zwecken zu verwenden (Nr 50). Mangels gemeinschaftsrechtl Bestimmungen für die Züchtung von Tierrassen sollten Umfang und Modalitäten dieser Ausnahmeregelung durch die nationalen Gesetze, Rechts- und Verwaltungsvorschriften und Verfahrensweisen geregelt werden (Nr 51). Die Verwendung des Begriffs Vieh wird im nationalen Recht als zu eng vermieden (Begr). Erfasst ist nicht nur Zuchtvieh,[139] nicht erfasst sind aber Tiere, die für die Zwecke des landwirtschaftlichen Betriebs nicht verwendet zu werden pflegen, wie Sportpferde.[140]

43   Die Kommission hat die Erklärung abgegeben, dass sie sich vom Zeitpunkt des Vorliegens einer gemeinschaftsrechtl **Regelung über den Schutz von Tierrassen**, die es dem Landwirt ermöglicht, geschützte Tiere zur Nachzucht zu verwenden, für eine Einbeziehung einer derartigen Ausnahme in die Richtlinie einsetzen werde.

44   **Tierisches Vermehrungsmaterial** iSd Bestimmung ist jegliches zur Hervorbringung eines Tiers geeignetes Material, wie Eier, Samen, Embryonen oder Gewebekulturen.[141]

45   **2.** Die **Voraussetzungen der Verwendung** von landwirtschaftlichen Nutztieren und tierischem Vermehrungsmaterial zu landwirtschaftlichen Zwecken entsprechen im wesentlichen denen nach Abs 1, jedoch wird eine bestimmte Zweckbestimmung des Inverkehrbringens nicht vorausgesetzt, Inverkehrbringen an den Landwirt ist ausreichend.[142]

46   Für **Kleinlandwirte** besteht anders als nach Abs 1 keine besondere Regelung; da Vergütungs- und Auskunftsansprüche nicht bestehten, ergab sich für sie auch keine Veranlassung.[143]

47   Der **Umfang der Privilegierung** erfasst jegliche Verwendung zu landwirtschaftlichen Zwecken.[144]

48   Dies schließt grds auch die **Vermehrung** ein, jedoch nur im Rahmen der Fortführung des eigenen landwirtschaftlichen Betriebs,[145] der dabei auch erweitert werden darf. Verkauf mit dem Ziel oder im Rahmen einer Vermehrung zu Erwerbszwecken ist dagegen nicht privilegiert; die Nachzucht darf deshalb zwar als Schlacht- oder Nutzvieh, nicht aber als Zuchtvieh veräußert werden.[146]

49   Anders als nach Abs 1 sind bei Tieren und tierischem Vermehrungsmaterial **Vergütungs- und Auskunftsansprüche** nicht begründet.

---

136   LG Mannheim 9.5.2014 7 O 168/13 GRUR-Prax 2014, 330 KT = EuZW 2014, 680 Ls.
137   EuGH C-242/14 GRUR 2015, 878 Finita.
138   *Benkard* Rn 25; *Fitzner/Lutz/Bodewig* Rn 38.
139   Vgl *Schulte* Rn 25 f.
140   Vgl *Benkard* Rn 28; *Fitzner/Lutz/Bodewig* Rn 41, 43.
141   Vgl *Schulte* Rn 27; *Fitzner/Lutz/Bodewig* Rn 44.
142   Vgl *Benkard* Rn 28; *Schulte* Rn 28; *Fitzner/Lutz/Bodewig* Rn 34 45.
143   Vgl *Fitzner/Lutz/Bodewig* Rn 45.
144   Vgl *Benkard* Rn 29; *Schulte* Rn 29; *Fitzner/Lutz/Bodewig* Rn 46; kr insb zum Fall wiederholter Veräußerungen *Spranger* AgrarR 2000, 240, 242.
145   *Schulte* Rn 29.
146   Vgl *Schulte* Rn 29; *Fitzner/Lutz/Bodewig* Rn 46; *Mes* Rn 6.

C. Auskreuzungen

Der gesetzestechnisch nicht voll geglückte, unter dem Eindruck eines Rechtsstreits vor dem SuprC   **50**
Kanada[147] in das Gesetz aufgenommene Abs 3 schränkt die Ansprüche nach § 9a für die Fälle ein, in denen
biologisches Material (§ 2a Abs 3 Nr 1, Rn 40 zu § 2a) im Bereich der Landwirtschaft zufällig oder technisch
nicht vermeidbar gewonnen wird, wobei eine gute landwirtschaftliche Praxis als Maßstab gelten[148] und
wodurch der Landwirt vor einer „aufgedrängten" Bereicherung geschützt werden soll.[149] Erfasst sind dadurch in erster Linie „Pollenflug-Auskreuzungen".[150] Die Regelung betrifft aber auch Auskreuzungen bei
Tieren.[151] Unterlassungs- und Schadensersatzansprüche (§ 139) können bei Auskreuzungen regelmäßig
nicht geltend gemacht werden.[152] Ihrem Zweck entspr soll die Vorschrift eng auszulegen sein.

Nicht privilegiert ist der Fall, dass der Landwirt sich die Auskreuzung **gezielt zunutze macht**.[153]   **51**

Die **Darlegungs- und Beweislast** trifft grds den Landwirt, der sich auf Abs 3 beruft; aber auch ihm   **52**
können Beweiserleichterungen zugute kommen.[154] Dafür, dass sich der Landwirt eine Auskreuzung gezielt
zunutze macht, soll der Patentinhaber die Beweislast tragen (Abs 3 Satz 2; vgl Rn 5 zu § 9a).[155]

§ 10
(Mittelbare Patentverletzung/Patentgefährdung)

**(1) Das Patent hat ferner die Wirkung, daß es jedem Dritten verboten ist, ohne Zustimmung des
Patentinhabers im Geltungsbereich dieses Gesetzes anderen als zur Benutzung der Erfindung berechtigten Personen Mittel, die sich auf ein wesentliches Element der Erfindung beziehen, zur Benutzung der Erfindung im Geltungsbereich dieses Gesetzes anzubieten oder zu liefern, wenn der
Dritte weiß oder es auf Grund der Umstände offensichtlich ist, daß diese Mittel dazu geeignet und
bestimmt sind, für die Benutzung der Erfindung verwendet zu werden.**

**(2) Absatz 1 ist nicht anzuwenden, wenn es sich bei den Mitteln um allgemein im Handel er-
hältliche Erzeugnisse handelt, es sei denn, daß der Dritte den Belieferten bewußt veranlaßt, in einer nach § 9 Satz 2 verbotenen Weise zu handeln.**

**(3) Personen, die die in § 11 Nr. 1 bis 3 genannten Handlungen vornehmen, gelten im Sinne des
Absatzes 1 nicht als Personen, die zur Benutzung der Erfindung berechtigt sind.**

Ausland: Belgien: Art 27 § 2 PatG 1984; **China (VR):** Art 130 Zivilgesetz, Art 118 Abs 1 Ausführungsrichtlinie Zivilgesetz; **Dänemark:** § 3 Abs 2 PatG 1996; **Finnland:** § 3 Abs 2 PatG; **Frankreich:** Art L 613-4 CPI; **Irland:** Sec 41 PatG 1992;
Island: Art 3 Abs 2 PatG 1991; **Italien:** keine gesetzliche Regelung (näher *Schiuma* GRUR Int 2003, 813, 814 mit umfassen-
den Rspr-Nachw); **Kroatien:** Art 52 Abs 3, 4 PatG 1999; **Litauen:** Art 26 Abs 4 PatG; **Luxemburg:** Art 46 PatG 1992/1998;
Niederlande: Art 73 ROW 1995; **Österreich:** das öst Recht kannte früher nur die Haftung von Mittätern, Anstiftern und
Gehilfen nach allg Grundsätzen; eine Übernahme der dt Praxis wurde abgelehnt; die Übernahme der Regelung im GPÜ als
§ 22 Abs 3–5 PatG ist jedoch in der Patentrechts- und Gebührennovelle 2004 erfolgt;[1] **Norwegen:** § 3 Abs 2 PatG;
Schweden: § 3 Abs 2 PatG; **Schweiz:** keine ausdrückliche Regelung, nur Haftung nach Teilnahmegesichtspunkten nach
Art 66 Buchst d PatG, in die die Rspr eine Art der Verantwortlichkeit für die mittelbare Patentverletzung hineininterpre-

---

147   SuprC Kanada GRUR Int 2004, 1036 Monsanto v. Schmeiser (Roundup).
148   Begr BTDrs 15/1709 S 15 = BlPMZ 2005, 95, 100; *Fitzner/Lutz/Bodewig* Rn 50.
149   Bereicherungsansprüche verneint *Schulte* Rn 30; aA *Haedicke* FS T. Schilling (2007), 237, 243 ff
(„Naturvorgangskondiktion"), der die Herausgabe des realisierten höheren Ertragswerts der transgenen Pflanze
bejaht.
150   *D. Walter* Journal für Verbraucherschutz und Lebensmittelsicherheit 2008, 359.
151   *D. Walter* Journal für Verbraucherschutz und Lebensmittelsicherheit 2008, 359.
152   *Mes* Rn 7; zur Freisetzung genetcgnisch veränderter Organismen BVerwGE 142, 73 = NVwZ 12, 179, gegen VGH
Kassel AUR 2011, 239; OVG Magdeburg NUR 2013, 205; zur Rechtmäßigkeit einer behördlichen Vernichtungsanordnung
bei gentechnischer Verunreinigung von Saatgut OVG Lüneburg RdL 2014, 159.
153   Vgl *Benkard* Rn 31; *Schulte* Rn 34; *Fitzner/Lutz/Bodewig* Rn 51; *Haedicke* FS T. Schilling (2007), 237, 242 f.
154   Vgl *Benkard* Rn 31.
155   Vgl *Haedicke* FS T. Schilling (2007), 237, 242; Begr BTDrs 15/1709 S 15.

1   Vgl *Kucsko* Geistiges Eigentum (2003), 827, 925.

tiert hat;[2] **Slowakei:** § 15 Abs 1 Buchst d PatG 2001; **Spanien:** Art 51 PatG 1986; **Tschech. Rep.:** § 13a PatG (2000); **Türkei:** Art 74 VO 551; **Ungarn:** Art 19 Abs 3–5 PatG 1995; **VK:** Sec 60 Abs 2, 3 Patents Act; **Zypern:** Art 27 Abs 4 PatG 1998
EPG-Übk Art 26

Übersicht

Schrifttum: *AIPPI (Schweizer Gruppe)* The Liability for Contributory Infringement of IPRs (Q 204), sic! 2008, 678; *Allekotte* Warnhinweis bei mittelbarer Patentverletzung: Formulierungshilfen für die Praxis, GRURPrax 2010, 119; *Arnold/Tellmann* Kein Vernichtungsanspruch bei mittelbarer Patentverletzung? GRUR 2007, 353; *H. Axster* Mittelbare Patentverletzung, GRUR 1931, 653; *Beyerlein* Aktuelles aus Japan: Die „Ichitaro"-Entscheidung des Oberlandesgerichts für Geistiges Eigentum, Mitt 2006, 341; *Beyerlein* Zur mittelbaren Patentverletzung, EWiR 2007, 443; *Black* The Clean Hands Defense in Patent Infringement Suits: An Expanded Concept, The Yale Law Journal April 1942, 1012; *Bokc* Aus der Rechtsprechung des Bundesgerichtshofs auf dem Gebiet des Patentrechts, DRiZ 1955, 129; *Bodewig* Praktische Probleme bei der Abwicklung einer Patentverletzung: Unterlassung, Beseitigung, Auskunft, GRUR 2005, 632; *Brandenburg* Patentverletzung durch Mitwisserschaft? Mitt 2005, 205; *Brinkhof* Pure Coffee? On Indirect Infringement, FS J. Pagenberg (2006), 9; *Brown* The Manufacture and Sale of Unpatented Parts, JPTOS 1936, 573; *Busche* Mittelbare Patentverletzung: zu den dogmatischen Grundlagen eines Rechtsinstituts, GRUR 2009, 236; *Calvetti/Hughes* Mittelbare Verletzung und Anstiftung zur Verletzung im US-Patentrecht, GRUR Int 1993, 833; *Caplan* Patents: Monopolies: Contributory Infringement of Process Patent, Michigan Law Rev. Mai 1938, 1214; *Chrocziel/Hufnagel* Patentverletzung durch Abbau von Arzneimitteln im menschlichen Körper, FS W. Tilmann (2003), 449; *Coldewey* Patentrechtliche Änderungen aufgrund des Gemeinschaftspatentgesetzes und des Gesetzes über die Prozesskostenhilfe, Mitt 1980, 182; *Diamond* The Status of Combination Patents Owned By Sellers of an Element of the Combination, JPTOS 1939, 843; *Eastman* Contributory Infringement and the Combination Patent, Michigan Law Rev. Dezember 1949, 183; *Fabry/Trimborn* Die mittelbare Patentverletzung: das unterschätzte Geschäftsrisiko, GRUR 2008, 861; *Fähndrich/Tilmann* Patentnutzende Bereitstellungshandlungen bei Versuchen, GRUR 2001, 901; *Fitzner* Die mittelbare Patentverletzung – quo vadis? Mitt 2008, 243; *Gassauer-Fleissner/Rittler/Schultes* Patentrechtliche Verantwortlichkeit der Sozialversicherungsträger und des Hauptverbandes, ÖBl 2008, 116; *Geschke* Auskunft und Rechnungslegung nach einer mittelbaren Schutzrechtsverletzung, FS T. Schilling (2007), 125; *Giebe* Gedränge im Vorfeld – Mittelbare Patentverletzung, Verwendungsschutz und unfertiger Gegenstand, FS T. Schilling (2007), 143; *Goddar* Grenzüberschreitende mittelbare Patentverletzung, FS Th. Reimann (2009), 153; *Haedicke* Schutzbereich und mittelbare Verletzung von Verwendungspatenten, Mitt 2004, 145; *Haedicke* Schadensersatz bei mittelbarer Patentverletzung, GRUR 2009, 273; *Haedicke* Zur Frage der Drittverantwortlichkeit hinsichtlich Verletzungen des geistigen Eigentums, JZ 2010, 150; *Haedicke* Organhaftung für Patentverletzungen als mittelbare Schutzrechtsverletzung, FS U. Blaurock (2013), 105; *Haedicke/Zech* Technische Erfindungen in einer vernetzten Welt, GRUR 2014 Beilage 1, 52; *Hahn* Nach der BGH-Entscheidung „MPEG-2-Videosignalcodierung": Verschärfte Anforderungen an mittelbare Patentverletzung, GRURPrax 2013, 261; *Hayn* Mittelbare Patentbenutzung oder unlauterer Wettbewerb? MuW 29, 531; *Heidinger* Die mittelbare Patentverletzung, ÖBl 2006, 156; *Hess-Blumer* Teilnahmehandlungen im Immaterialgüterrecht unter zivilrechtlichen Aspekten, sic! 2003, 95; *Hesse* Die mittelbare Patentverletzung nach künftigem EWG-Patentrecht, GRUR Int 1972, 147; *Hesse* Die subjektiven Tatbestandsmerkmale der mittelbaren Patentverletzung, GRUR 1982, 191; *Höhfeld* Zur Frage des Bestimmtseins „durch den Abnehmer" bei der mittelbaren Patentverletzung, FS T. Schilling (2007), 263; *Hölder* Mittelbare Patentverletzung und Erschöpfung bei Austausch- und Verschleißteilen. Die „Flügelradzähler-Entscheidung" des BGH, GRUR 2005, 20 = Contributory Patent Infringement and Exhaustion in Case of Replacement Parts, IIC 36 (2005), 889; *Hölder*

---

2 Schweiz BG BGE 129 III 588 Schiffchenstickmaschine; schweiz BG sic! 2005, 663 Haftschicht; vgl *Heinrich* PatG/EPÜ Art 66 Rn 34 ff.

Ersatzteile und Erschöpfung – Patentschutz für Geschäftsmodelle? GRUR 2007, 96; *Hölder* Die Haftung für Auslandstaten, FS 10 Jahre Studiengang „International Studies in Intellectual Property Law" (2009), 181; *Hölder/Schmidt* Indirect Patent Infringement: Latest Developments in Germany, EIPR 2006, 480; *Hoffmann* Die mittelbare Patentverletzung: Ein Überblick über die Rechtslage in ausgewählten Ländern, GRUR Int 1975, 225; *Holzapfel* Zu § 10 PatG als Rechtszuweisungsnorm, GRUR 2002, 193; *Holzapfel* Keine Entschädigung für mittelbare Erfindungsbenutzungen? GRUR 2006, 881; *R. Isay* Mittelbare Erfindungsbenutzung, MuW 10, 79; *Klaka* Die mittelbare Patentverletzung in der deutschen Rechtspraxis, GRUR 1977, 337; *Keukenschrijver* Flügelradzähler, Kaffeetüte und Drehzahlermittlung – neue Entwicklungen bei der mittelbaren Patentverletzung, FS 50 Jahre VPP (2005), 331; *König* Mittelbare Patentverletzung, Mitt 2000, 10; *Krauße* Mittelbare Benutzung eines Verfahrenspatents durch Lieferung der Mittel zur Ausübung des Verfahrens, MuW 27, 555; *Krauße* Nochmals die mittelbare Patentbenutzung, MuW 29, 260; *H. Krieger* Mittelbare Patentverletzung und Erfinderschutz, MuW 38, 193; *Kruse* Zu der Frage, ob die Lieferung neutraler, keinen selbständigen Schutz genießender Ersatzteile zu einer patentierten Vorrichtung in Kenntnis ihres Verwendungszwecks eine mittelbare Patentverletzung darstellt, GRUR 1934, 635; *Kühnen* Die Tenorierung des Warnhinweises in Fällen mittelbarer Patentverletzung, GRUR 2008, 218; *Kühnen* Die rechtlichen Folgen einer mittelbaren Patentbenutzung, FS P. Mes (2009), 233; *Langfinger* Versuchsprivileg und mittelbare Patentverletzung, VPP-Rdbr 2011, 33; *Langfinger* Mittelbare Patentverletzung – ein internationaler Vergleich, VPP-Rdbr 2009, 104; *Leistner* Störerhaftung und mittelbare Schutzrechtsverletzung, GRUR 2010 Heft 1 Beilage, 1; *Loewenheim* Mittelbare Patentverletzung und Patentmißbrauch, Neuere Entwicklungen der amerikanischen Rechtsprechung, GRUR Int 1980, 135; *Lunze/Heusch/Schohe/Horstmann/Dombrowski/Wiegeleben/Nordmeyer/Rübel/Abel/Ehlers/Joachim* Verantwortlichkeit für die mittelbare Verletzung von Rechten des Geistigen Eigentums: bestimmte Aspekte der Patentverletzung (Q204P), GRUR Int 2010, 810; *Meier-Beck* Ersatzansprüche gegenüber dem mittelbaren Patentverletzer, GRUR 1993, 1; *Mes* Die mittelbare Patentverletzung, GRUR 1998, 281 = Indirect Patent Infringement, IIC 1999, 531; *Moseley* The Knowledge Requirement of Contributory Infringement and the Aro Case, JPTOS 1965, 98; *Neumann* Die „mittelbare" Patentbenutzung, 1935; *Nieder* Zur Antrags- und Verbotsfassung bei mittelbarer Patentverletzung, GRUR 2000, 272; *Nieder* Entschädigungs- und Restentschädigungsanspruch bei mittelbarer Erfindungsbenutzung, Mitt 2004, 241; *Nieder* Die mittelbare Patentverletzung: eine Bestandsaufnahme, GRUR 2006, 977; *Nieder* Schadensersatz wegen mittelbarer Patentverletzung, FS Th. Reimann (2009), 351; *Nieder* Mittelbare Verletzung europäischer (Bündel)Patente, GRUR 2015, 1178; *Oddi* Contributory Infringement/Patent Misuse, 44 Univ. of Pittsburgh Law Rev. (1982) 73; *Oddi* Contributory Infringement in the United States of America, Patent and Trademark Rev. 81/12, 499, 82/1, 3, 82/2, 63; *Otomo* First Decision of the Grand Panel of Intellectual Property High Court: Whether the Production and Sale of Computer Software Infringes Patent Rights for a „Program Plus Apparatus" Invention where Hardware was Indispensable to the Constitution of the Claims, AIPPI Journal 31 Nr 3 (2006), 99; *Pearce/Moore* The Court of Appeal Gives Indirect Infringement of Patents a Broad Interpretation, EIPR 2011, 122; *Popp* Mittelbare Patentverletzzung in Deutschland, FS W. Sonn (2014), 243; *Preu* Die unmittelbare und die mittelbare Benutzung, GRUR 1980, 697; *Rauh* Zur Entbehrlichkeit der subjektiven Tatbestandsmerkmale des § 10 Abs 1 PatG (mittelbare Patentverletzung), GRUR Int 2008, 293; *Rauh* Die mittelbare Patentverletzung: eine rechtsvergleichende Betrachtung (2009); *Rauh* Mittelbare Patentverletzung in Deutschland, Japan und den USA, GRUR Int 2010, 459; *Rich* Contributory Infringement, JPTOS 1932, 376; *Rich* Contributory Infringement, in: Ball (Hrsg) Dynamics of the Patent System, 1960, 333; *Rigamonti* Theorie und Praxis der mittelbaren Patentverletzung, Mitt 2009, 57; *Rigamonti* Die Schweiz und das materielle Recht der Patentverletzung in Europa, sic! Sondernummer 2014, 237; *Rinken* Die Rechtsfolgen einer mittelbaren Patentverletzung nach § § 10 PatG (2012); *Roberts* Contributory Infringement of Patent Rights, 12 Harv. Law Rev. (1898/1899), 35; *Sachs* Mittelbare Patentverletzung, GRUR 1932, 788; *Sandmair* Patentverletzung durch Herstellung und Lieferung nicht selbständig schutzfähiger Verfahrensmittel, Diss 1957; *Schäfers* Aspekte des neuen Patentrechts, Mitt 1981, 6; *Scharen* Der Unterlassungsantrag bei drohender mittelbarer Patentverletzung, GRUR 2001, 995; *Scharen* Die Behandlung der (so genannten) mittelbaren Patentverletzung in der Rechtsprechung des Bundesgerichtshofs, GRUR 2008, 944; *Schiuma* Zum Begriff der Patentverletzung in Italien, insbesondere zur indirekten Patentverletzung, GRUR Int 2003, 813; *Schmid-Dreyer/Waitzhofer* Aktuelle Entwicklungen im Bereich der mittelbaren Patentverletzung ausgehend von der Entscheidung „Nespresso", Mitt 2015, 101; *Schmieder* Deutsches Patentrecht in Erwartung des europäischen Gemeinschaftspatents, NJW 1980, 1190, 1194; *Schmoll/Graf Ballestrem/Hellenbrand/Soppe* Dreidimensionales Drucken und die vier Dimensionen des Immaterialgüterrechts, GRUR 2015, 1041; *Schohe* (Entscheidungsanm), Mitt 2005, 227; *Schuster/Rübel* Contributory patent infringement and its territorial impact, Patent World November 2004; *Shimokaji* Inducement and Contributory Infringement Theories to Regulate Pre-Patent Issuance Activity, IDEA 1996/1997, 571; *Singer* Verbot der mittelbaren Benutzung, in: Bericht der deutschen Delegation über die Luxemburger Konferenz über das Gemeinschaftspatent, GRUR Int 1976, 200; *Starck* Zur mittelbaren Verletzung von Kennzeichenrechten, FS H. Piper (1996), 627; *Starck* Die Rechtsgrundlagen der mittelbaren Benutzung im Patentrecht, MuW 33, 136; *Steele* Regulation on Business Patents: Effect of Section 271 on the Doctrine of Contributory Infringement, Michigan Law Rev. 55 (1957), 1151; *Steiner* Patents: Contributory Infringement and Patent Misuse under 35 U.S.C. § 271, Washington Law Rev. 56 (1981), 523; *Steven* Die mittelbare Patentverletzung unter Berücksichtigung der neuesten Rechtsprechung des Reichsgerichts, GRUR 1936, 1018; *Stieger/Hess-Blumer* (Entscheidungsanm) sic! 2004, 121; *Teschemacher* Die mittelbare Patentverletzung, 1974; *Thomas* The Law of Contributory Infringement, JPTOS 1939, 811; *Tilmann* Neue Überlegungen im Patentrecht, GRUR 2005, 904 und GRUR 2006, 824; *Villinger* Anmerkungen zu den §§ 9, 10 und 11 des neuen deutschen Patentgesetzes über die Verbietungs- und Benutzungsrechte des Patentinhabers und die mittelbare Patentverletzung, GRUR 1981, 541; *Vissel* Die Ahndung der mittelbaren Verletzung Europäischer Patente nach dem Inkrafttreten des EPGÜ, GRUR 2015, 619; *von der Osten/Pross* Schadensersatzansprüche wegen mittelbarer Patentverletzung, FS Th. Reimann (2009), 527; *von Petersdorff-Campen/Timmann* Der Unterlassungstenor bei der mittelbaren Patentverletzung, FS 50 Jahre BPatG (2011), 449; *Voß* Abschied vom Schadensersatz bei mittelbarer Patentverletzung? GRUR 2006, 281; *Waite* Judicial Legislation: Patent Law: Has the Doctrine of Contributory Infringement Been Repudiated? Michigan Law Rev. 42/1944), 915; *Walz* Abschied von der mittelbaren Patentverletzung? GRUR 1973, 283; *Weisse* Mittelbare Patentverwirrung – Anmerkung zu den Entscheidungen Flügelradzähler, Laufkranz und Pipettensystem des Bundesgerichtshofs, Mitt 2009, 55; *Weisse* Überlegungen zur Formulierung des Unterlassungsanspruchs bei mittelbarer Patentverletzung durch auch patentfrei verwendbare „Mittel" für den Fall der Lieferung, FS Th. Reimann (2009), 583; *Weisse* Indirect patent infringement in Germany: an assessment of the status quo, FS W. von Meibom (2010), 517; *Wirth* Mittelbare Benutzung eines Verfahrenspatents durch Lieferung der dinglichen Mittel zur Ausführung des Verfahrens, MuW 29, 160; *Witt* Die mittelbare Patentverletzung nach deutschen und schweizerischem Recht, 2011; *Zscherlich* Erhöhter Erfindungsschutz bei Verfahrens- und Schaltungspatenten, JW 1935, 3274.

A. Entstehungsgeschichte; Anwendungsbereich

1   Die Bestimmung, der § 11 Abs 2 GebrMG entspricht, ist durch Art 8 Nr 4 des GPatG mWv 1.1.1981 als § 6a neu eingeführt worden (Art 17 Abs 3 GPatG) und hat durch die Neubek 1981 ihre geltende Bezeichnung erhalten. Sie ist nur auf Patentanmeldungen, die seit dem 1.1.1981 beim DPA/DPMA eingereicht worden sind, und auf darauf erteilte Patente anwendbar (Art 12 Abs 1 GPatG). Die Anwendbarkeit auf erstreckte DDR-Patente ergab sich aus §§ 4, 5 ErstrG.

2   **Europäisches Patent mit einheitlicher Wirkung.** Die Bestimmung in Art 26 EPG-Übk entspricht in modifizierter Form (Rn 18) Art 8 Vorschlag GPVO (Art 26 GPÜ 1989; Art 30 GPÜ 1975; Art 34 Entwurf EPLA), die jedoch keine territoriale Beschränkung (Rn 12) vorsahen.[3] Art 6 des Kompromissvorschlags für das Europäische Patent mit einheitlicher Wirkung vom 2.12.2011 sah in seinem Art 7 eine übereinstimmende Regelung vor.

3   Zur Anwendbarkeit auf **europäische Patente** Rn 7 zu § 9. Die Regelung ist auch auf **ergänzende Schutzzertifikate** anwendbar (§ 16a Abs 2).

B. Rechtslage vor Inkrafttreten des GPatG

4   **I.** Die sog **mittelbare Patentverletzung** ist bereits vom RG[4] anerkannt worden, um dem Patentinhaber die Durchsetzung seiner Rechte zu erleichtern, weil der unmittelbare Verletzer häufig schwer festzustellen sei. Der BGH ist dem gefolgt.[5] Die Rspr hat die mittelbare Patentverletzung nicht als weitere selbstständige Benutzungsart angesehen, nachdem dies angesichts der gesetzlichen Beschränkung der Verbietungsrechte auf die vier Arten von Benutzungshandlungen als unzulässig erachtet wurde, sondern als besondere (akzessorische) Form der Beteiligung an fremder Patentverletzung.[6] Die mittelbare Patentverletzung war als Teilnahmehandlung[7] der erste Teil eines Doppeltatbestands, dessen zweiter Teil die unter Verwendung des gelieferten Teils von einem Dritten verübte unmittelbare Patentverletzung war.[8]

II. Voraussetzungen

5   **1. Objektiv.** Mittelbare Patentverletzung setzte voraus, dass der Lieferant dem Erwerber zur Herstellung der geschützten Vorrichtung oder zur Ausübung des geschützten Verfahrens geeignete Mittel oder Teile überließ (näher *7. Aufl*).[9]

---

3   Vgl *Holzapfel* GRUR 2002, 193, 198.
4   Vgl RG GRUR 1928, 386 f Lieferung; RGZ 122, 243, 246 = GRUR 1929, 335 Azetylenapparat; RGZ 146, 26, 28 = GRUR 1931, 385 Saugtrommel; RGZ 141, 336, 339 = BlPMZ 1933, 291 Appreturmittel; RGZ 149, 12, 14 = GRUR 1935, 883 Abbindung; RG GRUR 1936, 871, 873 Gleichdruckschweißbrenner in Anlehnung an *Isay* MuW 10, 79.
5   BGHZ 2, 387 = GRUR 1951, 452 Mülltonne; BGH GRUR 1958, 179 Resin; BGH GRUR 1961, 627 Metallspritzverfahren; BGH GRUR 1961, 466, 469 Gewinderollkopf II; BGH GRUR 1964, 496 Formsand II; BGH GRUR 1971, 78, 80 Dia-Rähmchen V; BGH 30.1.1969 X ZR 16/66; BGH 29.9.1970 X ZR 91/67; BGH 17.11.1970 X ZR 13/69.
6   Vgl LG München I GRUR 1952, 228; *Fitzner/Lutz/Bodewig* Rn 2.
7   *Büscher/Dittmer/Schiwy* Rn 1.
8   RGZ 133, 326, 329 f = GRUR 1931, 1278 Isolierung; BGH Formsand II; BGHZ 82, 254, 257 = GRUR 1982, 165 Rigg.
9   BGH GRUR 1958, 179 Resin.

Mittelbare Patentverletzung setzte weiter voraus, dass der Abnehmer mit der **Benutzung** der Mittel **6** oder Teile eine unmittelbare Patentverletzung beging.[10] Für den **Unterlassungsanspruch** reichte die nicht fernliegende Gefahr einer patentverletzenden Benutzung aus.[11]

2. Subjektiv. Es genügte, dass der Lieferant damit rechnen musste, der Abnehmer werde eine Patent- **7** verletzung begehen[12] (Fahrlässigkeit). Damit ging die mittelbare Patentverletzung über Beihilfe und Anstiftung, die jeweils vorsätzliche Teilnahme an einer Vorsatztat voraussetzen, hinaus.[13]

3. „Erfindungsfunktionell" individualisierte Teile; „neutrale" Teile. Der Lieferer durfte „erfin- **8** dungsfunktionell" individualisierte Gegenstände[14] vertreiben, wenn er dem Abnehmer die patentverletzende Nutzungsmöglichkeit bekanntgab und durch geeignete Maßnahmen ernstliche Vorsorge gegen eine patentverletzende Benutzung traf (je nach Sachlage Warnung, Auferlegung einer Unterlassungspflicht, äußerstenfalls Vertragsstrafe).[15] Das Ausmaß der erforderlichen Vorkehrungen richtete sich nach dem Grad der Gefahr patentverletzender Benutzungen.[16] In der Lieferung nicht individualisierter neutraler Teile hat die Rspr keine mittelbare Patentverletzung gesehen.[17]

III. Rechtsfolgen

Die mittelbare Patentverletzung eröffnete die **volle Schadensersatzpflicht** jedenfalls über § 840 **9** Abs 1 BGB, jedoch konnte vom mittelbaren Verletzer nicht die Herausgabe des Gewinns des unmittelbaren Verletzers verlangt werden; nach Lizenzanalogie haftete der mittelbare Verletzer in vollem Umfang mit.[18] Eine Entschädigungspflicht nach § 24 Abs 5 PatG 1968 traf den mittelbaren Verletzer nicht; auch Bereicherungsansprüche kamen nicht in Betracht.[19]

C. Die Regelung in § 10

I. Allgemeines

Die geltende, den Entwürfen für das Gemeinschaftspatentübereinkommen (Art 30 GPÜ 1975; Art 26 **10** GPÜ 1989) entnommene und im ausländ Recht weitgehend ebenfalls enthaltene (ua skandinavische Patentgesetze; Belgien, Frankreich, Luxemburg, Niederlande, Österreich, Spanien, Vereinigtes Königreich, Kroatien, Tschechische Republik, Slowakei, Litauen, Türkei) Regelung weicht von der mittelbaren Patentverletzung nach früherer Praxis dadurch ab, dass sie einen verselbstständigten, einstufigen, nichtakzessorischen Gefährdungstatbestand vorsieht.[20] Anders als nach früherem Recht setzt die Bestimmung eine

---

10 BGH GRUR 1964, 496 f Formsand II; BGHZ 82, 254, 257 = GRUR 1982, 165 Rigg; BGH 16.1.1990 X ZR 57/88.
11 RG GRUR 1940, 89, 95 Aluminiumoxydation; BGH GRUR 1964, 496 f Formsand II; BGH 29.9.1970 X ZR 91/67.
12 BGH GRUR 1961, 627 Metallspritzverfahren; OLG München Mitt 1996, 312, 314 und LG Hamburg Mitt 1996, 315: Empfehlung in der Gebrauchsinformation eines Arzneimittels.
13 *Meier-Beck* GRUR 1993, 1 sieht dies wegen des Verbots der fahrlässigen Patentverletzung als unbdkl an; öOGH ÖBl 1984, 114 Metallhülsendübel; öOGH GRUR Int 1994, 324 Sockelplatte; öOGH 19.9.1994 4 Ob 97/94 hat wegen dieser Haftungserweiterung eine Übernahme abgelehnt; anders schweiz BG BGE 129 III 588 = sic! 2004, 115, 120 Schiffchen-Stickmaschine, wonach Wissenmüssen von Eignung und Bestimmung zur patentverletzenden Verwendung ausreicht.
14 BGHZ 2, 387 = GRUR 1951, 452 Mülltonne; BGH GRUR 1961, 466, 469 Gewinderollkopf II; BGH GRUR 1961, 627 Metallspritzverfahren; OLG München Mitt 1996, 312, 314 und LG Hamburg Mitt 1996, 315, 319: Monopräparat bei geschütztem Kombinationspräparat.
15 BGH Metallspritzverfahren; BGH GRUR 1964, 496 Formsand II; RGZ 146, 26, 29 = GRUR 1931, 385 Saugtrommel.
16 RGZ 161, 385 = GRUR 1939, 910, 913 Schmiergeräte.
17 BGH GRUR 1961, 466, 469 Gewinderollkopf II.
18 *Meier-Beck* GRUR 1993, 1, 3.
19 *Meier-Beck* GRUR 1993, 1, 4.
20 BGHZ 115, 205, 208 = GRUR 1992, 40, 42 beheizbarer Atemluftschlauch; BGHZ 159, 76, 84 = GRUR 2004, 758 Flügelradzähler; BGHZ 159, 221, 232 = GRUR 2004, 845 Drehzahlermittlung; BGHZ 168, 124 = GRUR 2006, 839 Deckenheizung; BGH GRUR 2007, 773 Rohrschweißverfahren; LG Düsseldorf InstGE 2, 82, 87; LG Düsseldorf 28.1.2011 4b O 318/03; *Benkard-EPÜ* Art 64 Rn 15; *Büscher/Dittmer/Schiwy* Rn 3; *Stieger* in *Bertischinger/Münch/Geiser* (Hrsg) Schweizerisches und europäisches Patentrecht, 2002, Rn 11.156; vgl *Holzapfel* GRUR 2002, 193.

Keukenschrijver

unmittelbare Verletzung des Patents nicht voraus.[21] Unberechtigte Benutzung der geschützten Erfindung soll dadurch bereits im Vorfeld verhindert werden.[22] Unzulässig ist schon das Anbieten und Liefern von Mitteln, die den Belieferten in den Stand setzen, die Erfindung unberechtigt zu benutzen.[23] Voraussetzung ist die Gefahr der unberechtigten Benutzung der geschützten Erfindung als solcher, dh mit allen ihren Merkmalen;[24] die Bestimmung ist deshalb mehrfach als Patentgefährdungstatbestand bezeichnet worden.[25] Mittelbare Patentverletzung vor Patenterteilung ist nicht möglich, da bis dahin ein Verbietungsrecht nicht besteht (vgl Rn 3 zu § 33; Rn 3 zu Art II § 1 IntPatÜG). Die Regelung füllt daher nur die Ansprüche nach §§ 139 ff aus, nicht auch die des § 33 (str; Rn 8 zu § 33). Erfasst sind auch Reparaturvorgänge, jedoch stellt sich hier die Frage der Abgrenzung zwischen zulässiger Instandsetzung und unzulässiger Neuherstellung (vgl Rn 67 ff zu § 9) in besonderem Maß.[26]

11　　§ 10 erweitert das durch § 9 geschaffene Ausschließlichkeitsrecht auf die durch ihn erfassten Handlungen,[27] die Bestimmung enthält jedoch keine Erweiterung der Regelung über den Schutzgegenstand[28] oder den **Schutzbereich** des Patents. Soweit in Abs 1 von der „patentierten Erfindung" die Rede ist, handelt es sich um die nach § 14 (Art 69 Abs 1 EPÜ) geschützte.[29] Arbeitsteiliges Vorgehen schließt mittelbare Patentverletzung nicht aus.[30] Die Bestimmungen der §§ 9 und 10 können miteinander konkurrieren.[31] Zur Vervollständigung Rn 64 zu § 9. Zum Umfang des Unterlassungsanspruchs Rn 52 ff zu § 139.

12　　§ 10 erfasst nur **Tathandlungen im Inland** und zur Benutzung im Inland (nach Art 25 EPG-Übk das Anbieten oder Liefern im Hoheitsgebiet der Vertragsmitgliedstaaten, in denen dieses Patent Wirkung hat, zur Benutzung der Erfindung in diesem Gebiet),[32] damit aber auch ein Anbieten oder Liefern vom Ausland ins Inland,[33] auch über einen Dritten, wenn dieser mit Wissen und Wollen zur Benutzung der Erfindung im Inland weiterliefert,[34] und auch eine Lieferung ins Ausland, wenn sie dort zur Herstellung eines erfindungsgem Erzeugnisses beitragen sollen, das zur Lieferung ins Inland bestimmt ist.[35] Dies ist – insoweit zutreffend, als der Inlandsbezug auch die subjektive Tatseite betrifft (Rn 18) – schlagwortartig als „doppelter Inlandsbezug" bezeichnet worden.[36] Dieser setzt nicht voraus, dass der im Ausland ansässige Lieferant seine Verfügungsgewalt im Inland verliert.[37] Das Herstellen ist anders als Anbieten und Liefern nicht erfasst, da Dritte andernfalls daran gehindert würden, solche Mittel zur Benutzung außerhalb des Geltungsbereichs

---

21　BGH GRUR 2001, 228, 231 Luftheizgerät; BGH GRUR 2005, 848 Antriebsscheibenaufzug; LG Düsseldorf InstGE 2, 23, 27; LG München I 24.7.2008 7 O 20037/07; aA offenbar *Haedicke* Mitt 2004, 145 f.

22　BGHZ 159, 76 = GRUR 2004, 758 Flügelradzähler mwN, BGH GRUR 2005, 845, 847 Abgasreinigungsvorrichtung; BGH GRUR 2005, 848 f Antriebsscheibenaufzug; BGH GRUR 2006, 570 extracoronales Geschiebe; vgl *Stieger* in *Bertischinger/Münch/Geiser* (Hrsg) Schweizerisches und europäisches Patentrecht, 2002, Rn 11.154.

23　*Fitzner/Lutz/Bodewig* Rn 11; *Haedicke* Mitt 2004, 145, 147 will auch das Anbieten usw beim Verwendungsanspruch als mittelbare Patentverletzung erfassen.

24　BGHZ 115, 204, 208 = GRUR 1992, 40, 42 beheizbarer Atemluftschlauch; *Benkard* Rn 2; *Benkard-EPÜ* Art 64 Rn 15; vgl BGH Flügelradzähler; BGH Antriebsscheibenaufzug; BGH extracoronales Geschiebe; BGHZ 168, 124 = GRUR 2006, 839, 841 Deckenheizung.

25　BGH beheizbarer Atemluftschlauch; BGH Flügelradzähler; BGH Deckenheizung; BGH GRUR 2004, 845 Drehzahlermittlung; *Fitzner* Mitt 2008, 243, 247; *Nieder* GRUR 2006, 977; *Tilmann* GRUR 2005, 904; *Chrocziel/Hufnagel* FS W. Tilmann (2003), 449, 455; *Fitzner/Lutz/Bodewig* Rn 2; kr *Holzapfel* GRUR 2002, 193 f.

26　Vgl BGHZ 159, 76 = GRUR 2004, 758 Flügelradzähler; OLG Dresden 22.3.2005 14 U 1704/04 und nachgehend BGH GRUR 2006, 837 Laufkranz.

27　Vgl *Holzapfel* GRUR 2002, 193 ff; aA offenbar *Meier-Beck* GRUR 1993, 1, 3; *Kraßer* S 814 (§ 33 VI b 8): Verbot beruht darauf, dass dem Anbietenden oder Liefernden Verletzungshandlungen eines anderen zugerechnet werden; ergänzender Schutz durch Aufstellung eines Gefährdungstatbestands.

28　*Büscher/Dittmer/Schiwy* Rn 4.

29　BGHZ 115, 204, 208 = GRUR 1992, 40, 42 beheizbarer Atemluftschlauch.

30　BGH GRUR 2007, 773 Rohrschweißverfahren: ein Teil der Schritte des geschützten Verfahrens wird von den Abnehmern der Vorrichtung ausgeführt.

31　LG Mannheim InstGE 5, 179, 182; *Fabry/Trimborn* GRUR 2008, 861 f.

32　Vgl *Fitzner* Mitt 2008, 243, 247; *Scharen* GRUR 2008, 944; *Nieder* GRUR 2015, 1178 EGP-Übk.

33　*Kraßer* S 810 (§ 33 VI b 3); *Heidinger* ÖBl 2006, 156 f; *Nieder* GRUR 2006, 977, 979.

34　BGHZ 204, 114 = GRUR 2015, 467 Audiosignalcodierung.

35　BGHZ 171, 13 = GRUR 2007, 313 Funkuhr II; *Fitzner/Lutz/Bodewig* Rn 12.

36　*Tilmann* GRUR 2005, 904; *Scharen* GRUR 2008, 944, 946; *Büscher/Dittmer/Schiwy* Rn 15; vgl zu Art 26 EGP-Übk *Nieder* GRUR 2015, 1178.

37　OLG Karlsruhe GRUR 2014, 59.

des PatG zu liefern, was dem Zweck des § 10 widerspräche, lediglich nach § 9 verbotenen Handlungen im Vorfeld entgegenzuwirken.[38] Dass die Handlung irgendeine Wirkung im Inland (im Hoheitsgebiet der Vertragsmitgliedstaaten) entfaltet, genügt nicht; jedoch reicht es bei Handlungen in Bezug auf das Internet aus, dass die Mittel zum Betrieb von Computerterminals im Inland (im Hoheitsgebiet der Vertragsmitgliedstaaten) geliefert werden.[39] Liefern an ausländ Abnehmer ist grds nicht erfasst, wenn die Benutzung der Erfindung im Ausland erfolgen soll.[40] Insbesondere ist das Liefern einer Vorrichtung ins Ausland nicht erfasst, die zur Durchführung eines geschützten Arbeitsverfahrens dient.[41]

II. Objektive Voraussetzungen

13 Abs 1 verbietet jedem Dritten, ohne Zustimmung (die auch konkludent erklärt werden[42] und sich aus den Umständen ergeben kann, so für die Benutzung einer Vorrichtung für die Ausübung des patentierten Verfahrens)[43] des Patentinhabers im Geltungsbereich des PatG Mittel, die sich auf ein wesentliches Element der Erfindung beziehen, anderen als zur Benutzung der patentierten Erfindung berechtigten Personen anzubieten oder zu liefern. Tathandlung ist damit nur das **Anbieten** oder **Liefern**,[44] nicht schon die Mitteilung oder Beschreibung. Anbieten ist wie in § 9 zu verstehen.[45] Die Einbeziehung des Anbietens ist als Beleg dafür gewertet worden, dass es sich um einen Gefährdungstatbestand handelt;[46] sie kann aber auch zwanglos aus der Parallele zu § 9 erklärt werden. Liefern setzt die körperliche Übergabe des „Mittels" an einen anderen (nicht notwendig den Verletzer) voraus.[47] Das Anbieten oder Liefern ist nur erfasst, wenn es im geschäftlichen Bereich zu gewerblichen Zwecken[48] im Inland (Rn 12, 18) und gegenüber einer nicht zur Benutzung der Erfindung berechtigten Person (Rn 27) erfolgt. Liefern wird iS eines Inverkehrbringens verstanden.[49]

14 Beim **Verwendungspatent** richtet sich die mittelbare Verletzung nach den Regeln über den zweckgebundenen Sachschutz; danach werden nur Anbieten und Liefern zum gebrauchsfertigen Herrichten, nicht Lieferung zum unmittelbaren Anwenden erfasst,[50] die ihrerseits unmittelbare Patentverletzung darstellt. Zur Qualifikation des Anbietens sinnfällig hergerichteter Gegenstände vgl Rn 116 zu § 9. Auch ein Verfahrenspatent kann mittelbar verletzt werden.[51]

15 **Mittel** sollen nach älterer Auffassung nur körperliche Gegenstände sein,[52] so Einzelteile einer geschützten Gesamtvorrichtung, aber auch Vorrichtungen zur Durchführung des geschützten Verfahrens oder Hilfsmittel.[53] Die Beschränkung auf körperliche Gegenstände ist indessen aus dem Begriff des Mittels nicht zwingend abzuleiten. Auch nichtkörperliche Mittel kommen in Betracht,[54] allerdings nicht, wenn sie

38 BGH GRUR 2005, 845 Abgasreinigungsvorrichtung.
39 Brit CA 28.11.2002 Menashe v. Hill, referiert in EIPR 2003 N-56, gegen PatentsC RPC 2002, 47; vgl hierzu *Haupt* GRUR 2007, 187, 190.
40 BGHZ 159, 76, 85 = GRUR 2004, 758 Flügelradzähler; BGHZ 171, 13 = GRUR 2007, 313 Funkuhr II; vgl LG Düsseldorf InstGE 2, 82, 87; RB Den Haag BIE 1999, 441, 442; *Heidinger* ÖBl 2006, 156.
41 BGH GRUR 2005, 845 Abgasreinigungsvorrichtung.
42 *Tilmann* GRUR 2005, 904, 906.
43 Vgl BGH GRUR 1980, 38 f Fullplastverfahren; BGH GRUR 2007, 773 Rohrschweißverfahren.
44 Vgl *Heidinger* ÖBl 2006, 156.
45 OLG Karlsruhe InstGE 4, 115, 117; *Benkard* Rn 12; *Fitzner/Lutz/Bodewig* Rn 11; vgl *Büscher/Dittmer/Schiwy* Rn 12; vgl auch OLG Düsseldorf ENPR 2000, 276, 283.
46 *Scharen* GRUR 2008, 944 f.
47 *Benkard* Rn 13.
48 *Büscher/Dittmer/Schiwy* Rn 13.
49 *Schulte* Rn 9; *Büscher/Dittmer/Schiwy* Rn 14.
50 *Kraßer* S 810 (§ 33 VI b 3); *Benkard* Rn 11; LG Düsseldorf InstGE 4, 97 = GRUR-RR 2004, 193; *Büscher/Dittmer/Schiwy* Rn 12; aA *König* Mitt 2000, 10, 24 f und dem folgend *Brandi-Dohrn* FS R. König (2003), 33, 42; *Nieder* GRUR 2006, 977 f.
51 Vgl OLG Düsseldorf GRUR-RR 2004, 345 = InstGE 4, 252; *Kraßer* S 809 (§ 33 VI b 3); *Heidinger* ÖBl 2006, 156.
52 BGH GRUR 2001, 228, 231 Luftheizgerät; *Büscher/Dittmer/Schiwy* Rn 5; relativierend jetzt *Mes* Rn 11; vgl RB Den Haag BIE 1999, 242 f; kr *Kühnen* Hdb Rn 293: auch Software; vgl LG Düsseldorf InstGE 1, 26, 32.
53 *Fitzner/Lutz/Bodewig* Rn 2; vgl LG Düsseldorf GRUR Int 1989, 695; OLG Düsseldorf GRUR-RR 2004, 345 = InstGE 4, 252; aA hinsichtlich Verfahren und Hilfsmitteln *König* Mitt 2000, 10, 12 ff; *Heidinger* ÖBl 2006, 156 f.
54 BGHZ 197, 196 = GRUR 2013, 713 Fräsverfahren; LG Düsseldorf InstGE 1, 26, 32 und LG Düsseldorf 15.1.2004 4b O 196/03: auch digital aufbereitete Daten, nach OLG Düsseldorf GRUR-RR 2004, 345 = InstGE 4, 252 auch

nur den Gegenstand darstellen, an dem sich die Erfindung vollzieht.[55] Auch ungeschützte Mittel zur Durchführung des Verfahrens können erfasst sein.[56]

16   Die Mittel müssen sich auf ein **wesentliches Element der Erfindung** beziehen.[57] Dies erfordert eine weniger enge Beziehung als die früher geforderte erfindungswesentliche Individualisierung (Rn 8),[58] auch einfachste Mittel können erfasst sein,[59] andererseits auch vollständige Vorrichtungen;[60] der Ausnahmetatbestand in Abs 2 ist zu beachten. Nach der Rspr des BGH bezieht sich ein Mittel auf ein wesentliches Element der Erfindung, wenn es entweder mindestens ein Merkmal des Patentanspruchs ausfüllt[61] oder geeignet ist, mit einem oder mehreren Merkmalen des Patentanspruchs bei der Verwirklichung des geschützten Erfindungsgedankens funktional zusammenzuwirken;[62] das ist insoweit bdkl und kann zu einer nicht zu rechtfertigenden Ausweitung des Schutzes führen, als eine Formulierung weiter Patentansprüche mit Einbeziehung von an sich für die Erfindung Unwesentlichem nicht ausgeschlossen ist.[63] Str ist, ob es sich bei der Eignung um ein eigenständiges objektives Tatbestandsmerkmal handelt.[64] Unentbehrlichkeit des Mittels genügt allein aber nicht.[65] Mittel, die zwar bei der Benutzung der Erfindung verwendet werden können, jedoch zur Verwirklichung der Lehre der Erfindung (dem „Leistungsergebnis") nichts beitragen, werden nicht erfasst;[66] das gilt auch, wenn das Mittel von völlig untergeordneter Bedeutung ist.[67] Der BGH hat seine Rspr mittlerweile dahin präzisiert, dass das gelieferte Mittel „gleichsam als Element oder Baustein Verwendung" finden muss, um wie ein ‚Rädchen im Getriebe', die geschützte Erfindung vollständig ins Werk zu setzen".[68] Ein Mittel bezieht sich nicht schon dann auf ein wesentliches Element der Erfindung, wenn es zur Verwirklichung eines Verfahrensschritts einesetzt wird, der den im Patentanspruch eines Verfahrenspatents vorgesehenen Schritten vorausgeht; das gilt auch, wenn der vorgelagerte Schritt notwendig ist, um die im Patentanspruch vorgesehenen Schritte ausführen zu können, und wenn das Mittel aufgrund seiner konkreten Ausgestaltung ausschließlich zu diesem Zweck eingesetzt werden kann.[69] Ein Mittel, mit dem bestimmte Verfahrensschritte bei der Übertragung eines Audiosignals ausgeführt wer-

---

Betriebsanleitungen; LG Düsseldorf 22.2.2007 4b O 220/06: digitale Computerdatei; LG Düsseldorf 17.9.2015 4b O 100/12 CIPR 2016, 21 Ls; zu CAD-Dateien als 3D-Druckvorlagen *Schmoll/Graf Balletrem/Hellenbrand/Soppe* GRUR 2015, 1041, 1046 f; vgl LG Düsseldorf InstGE 7, 122, 125; *Benkard* Rn 4: Informationen mit maschinensteuernder Funktion; *Mes* Rn 11 aE; *Haedicke/Zech* GRUR 2014 Beilage 1, 52, 56.

55   Vgl BGHZ 194, 272 = GRUR 2012, 1230 MPEG-2-Videosignalcodierung; *Hahn* GRURPrax 2013, 261; kr *Schulte* Rn 15.

56   *Schulte*[7] Rn 18; BGH GRUR 2006, 570 extracoronales Geschiebe.

57   Hierzu LG Düsseldorf 25.2.1997 4 O 204/95 Entsch 1997, 25, 28 und nachfolgend OLG Düsseldorf ENPR 2000, 194, 213; LG Düsseldorf 8.7.1999 4 O 185/98 Entsch 1999, 75, 77.

58   BGHZ 159, 76 = GRUR 2004, 758 Flügelradzähler; *Kraßer* S 808 (§ 33 VI b 2); *Scharen* GRUR 2008, 944; vgl *Mes* Rn 13; *Mes* GRUR 1998, 281 f.

59   *König* Mitt 2000, 10, 18; *Tilmann* GRUR 2005, 904 f; *Heidinger* ÖBl 2006, 156 f.

60   Vgl den BGH GRUR 2001, 228 Luftheizgerät zugrunde liegenden Sachverhalt.

61   BGH Flügelradzähler; BGH GRUR 2007, 773 Rohrschweißverfahren; OLG Karlsruhe 13.5.2009 6 U 24/08; *Scharen* GRUR 2008, 944 f; vgl CA Paris 4.3.2009 Institut Pasteur v. Chiron, referiert in EIPR 2009 N-65; TGI Paris IIC 2007, 981, 984; LG München I 24.7.2008 7 O 20037/07; aA wohl LG Düsseldorf InstGE 7, 122, 125: ausreichend, dass es dank seiner Ausgestaltung oder vermöge seiner Eigenschaften in der Lage ist, im Zusammenwirken mit anderen Mitteln die Erfindung unmittelbar auszuführen.

62   BGH Flügelradzähler; BGH GRUR 2005, 848 Antriebsscheibenaufzug; BGH GRUR 2006, 570 extracoronales Geschiebe; BGH GRUR 2006, 837 Laufkranz; BGH GRUR 2007, 769 Pipettensystem; vgl auch BGH GRUR 2007, 773 Rohrschweißverfahren; zur Einbeziehung äquivalenter Mittel *Nieder* GRUR 2006, 977 f; *Scharen* GRUR 2008, 944 f.

63   Kr auch *Tilmann* Neue Überlegungen im Patentrecht, GRUR 2006, 824, 829; vgl *Schohe* Mitt 2005, 227 f.

64   Verneinend *Scharen* GRUR 2008, 944 f; aA insoweit wohl *Fitzner* Mitt 2008, 243, 246.

65   Vgl *Fitzner/Lutz/Bodewig* Rn 6; RB Den Haag BIE 1999, 242 f, wo auch darauf abgestellt wird, ob das Element im Patentanspruch genannt ist; zur Herstellung von Austausch- und Ersatzteilen OLG Karlsruhe Mitt 2004, 415 = GRUR-RR 2004, 97; LG Leipzig 6.8.2004 5 O 5896/02, aufgehoben durch OLG Dresden 22.3.2005 14 U 1704/04 und nachgebend BGH GRUR 2006, 837 Laufkranz.

66   BGH Flügelradzähler; BGH Antriebsscheibenaufzug; BGH extracoronales Geschiebe; BGH Pipettensystem; BGH GRUR 2007, 773 Rohrschweißverfahren; BGHZ 204, 114 = GRUR 2015, 467 Audiosignalcodierung; LG Mannheim InstGE 12, 70: „passives Objekt"; vgl OLG Düsseldorf GRUR-RR 2013, 185 (Nespressokapseln); vgl *Mes* Rn 14.

67   BGH Pipettensystem; BGH Audiosignalcodierung; *Scharen* GRUR 2008, 944 f.

68   BGHZ 194, 272 = GRUR 2012, 1230 MPEG-2-Videosignalcodierung; BGH Audiosignalcodierung; *Büscher/Dittmer/Schiwy* Rn 8; *Hahn* GRURPrax 2013, 261.

69   BGH Audiosignalcodierung.

Keukenschrijver   **434**

den, bezieht sich nicht auf ein wesentliches Element der Erfindung, wenn das Patent zwar ein Übertragungsverfahren schützt, im Patentanspruch aber nur andere Schritte dieses Verfahrens näher festgelegt sind und die Ausgestaltung der Verfahrensschritte, auf die sich das Verfahren bezieht, für die Verwirklichung der Erfindung nicht von Bedeutung ist.[70] Leistet das Mittel aber in diesem Sinn einen Beitrag zur Lehre der Erfindung, kommt es im allg nicht darauf an, mit welchen Merkmalen des Patentanspruchs es zusammenwirkt.[71] Insb kommt es nicht darauf an, ob sich das wesentliche Element der Erfindung vom StdT unterscheidet[72] oder besonders für die patentgem Verwendung ausgelegt ist.[73] Ersatz von Austauschteilen kann erfasst sein, wenn dadurch eine erfindungsgem Baueinheit neu geschaffen wird, jedoch ist ein unbeschränktes Verbot („Schlechthinverbot") nicht gerechtfertigt, wenn auch Möglichkeiten der patentfreien Nutzung bestehen.[74] Zu unwahren Angaben über die Verwendbarkeit wird man den Anbieter generell nicht als verpflichtet ansehen können.[75] Gleichwertige (äquivalente) Benutzungshandlungen können grds ausreichen,[76] jedoch bedarf hier das Vorliegen der subjektiven Voraussetzungen besonders genauer Prüfung.[77] Im übrigen ist die Abgrenzung unklar; im Verletzungsstreit wird die Wesentlichkeit nur schwer zu prüfen sein.[78] Eine Abgrenzung könnte in der Weise vorgenommen werden, dass ohne das Mittel die technische Lehre des Patents in einem für die Erfindung wesentlichen Bereich verlassen würde.[79] Je weiter der Gegenstand des Patents formuliert wird, desto problematischer wird die Einbeziehung des Mittels;[80] darauf hat auch der BGH für den Fall hingewiesen, dass bei einer an sich bekannten Vorrichtung erfindungsgem eine bestimmte Funktion fortgebildet werden soll, in den Patentanspruch aber Merkmale aufgenommen wurden, die sich mit einer anderen, von der Erfindung nicht betroffenen Funktion der Vorrichtung befassen.[81] Bei einem Verfahrensanspruch bezieht sich eine im Patentanspruch genannte Vorrichtung, die zur Ausführung des Verfahrens verwendet wird, auf ein wesentliches Element der Erfindung.[82] Nach der Gesetzesbegründung zu § 22 Abs 3–5 öPatG idF der Patentrechts- und Gebührennovelle 2004 sind wesentliche Elemente solche Merkmale eines Erzeugnisses, denen für die Verwirklichung der Erfindung mehr als nur eine untergeordnete Bedeutung zukommt.

Eignung des Mittels, für die Benutzung der Erfindung verwendet zu werden, ist – als objektives Element – erforderlich;[83] diese beurteilt sich nach der objektiven Beschaffenheit des Gegenstands.[84] Das Mittel muss so ausgebildet sein, dass eine unmittelbare Benutzung der geschützten Lehre mit allen ihren Merkmalen durch die Abnehmer möglich ist.[85] Dass bei der Lieferung von Mitteln zur Ausführung eines geschützten Verfahrens ein Teil der Verfahrensschritte nicht von den Abnehmern, sondern von Dritten ausgeführt wird, ist unschädlich.[86] Wie gut die patentgem Wirkungen erreicht werden, ist ohne Bedeutung.[87] Die Eignung kann ausschließlich oder nichtausschließlich sein, in letzterem Fall muss die Be- **17**

---

70   BGH Audiosignalcodierung.

71   BGH Flügelradzähler; BGH Antriebsscheibenaufzug; BGH extracoronales Geschiebe.

72   BGH Flügelradzähler; BGH Antriebsscheibenaufzug; BGH extracoronales Geschiebe; BGH Pipettensystem; *Fitzner/ Lutz/Bodewig* Rn 7; *Kraßer* S 809 (§ 33 VI b 2); aA nlHR 31.10.2003 C02/227HR Senseo Crema; *Kraßer*[5] S 834; *Bodewig* GRUR 2005, 632, 633; kr *König* Mitt 2000, 10, 20.

73   BGH Flügelradzähler; *Scharen* GRUR 2008, 944 f.

74   LG Düsseldorf InstGE 5, 173; OLG Düsseldorf GRUR-RR 2006, 39; vgl zur Rspr in den Niederlanden und in Belgien *Keukenschrijver* FS 50 Jahre VPP (2005), 331.

75   AA OLG Düsseldorf GRUR-RR 2006, 39; vgl hierzu auch *Hölder* GRUR 2007, 96, 98.

76   *Schramm* PVP S 106 (5. Kap Rn 55).

77   So auch *Heidinger* ÖBl 2006, 156.

78   Vgl OLG Frankfurt GRUR-RR 2003, 201, 203 mNachw.

79   Vgl auch BGH Flügelradzähler; LG München I InstGE 4, 13 stellt auf die kombinatorische Wirkung des Elements ab.

80   Vgl auch BGH Flügelradzähler; LG München I InstGE 4, 13: bestimmte konstruktive Ausgestaltung eines Teils der Vorrichtung im Patentanspruch soll zum Schutz der gesamten Vorrichtung führen; *Hahn* GRURPrax 2013, 261; Begr des österr Nationalrats, zitiert bei *Heidinger* ÖBl 2006, 156 f.

81   BGH Pipettensystem.

82   BGH Rohrschweißverfahren; *Benkard* Rn 7; *Scharen* GRUR 2008, 944 f.

83   *Mes* Rn 12; LG München I InstGE 1, 179, 184.

84   BGH GRUR 2005, 848, 850 Antriebsscheibenaufzug; BGHZ 170, 338 = GRUR 2007, 679 Haubenstretchautomat; BGH GRUR 2007, 773 Rohrschweißverfahren.

85   BGHZ 115, 205, 208 = GRUR 1992, 40, 42 beheizbarer Atemluftschlauch; BGH Rohrschweißverfahren.

86   BGH Rohrschweißverfahren.

87   BGH Haubenstretchautomat.

stimmung zur entsprechenden Verwendung hinzukommen.[88] Für die Eignung kommt es darauf, ob der Gebrauch des Mittels bei einer Benutzungshandlung nach § 9 objektiv nicht außerhalb aller Wahrscheinlichkeit liegt, nicht an.[89]

III. Subjektive Voraussetzungen

18　　**1.** Als „überschießende Innentendenz" setzt die Vorschrift neben der objektiven Eignung, die allein nicht ausreicht,[90] **Anbieten oder Lieferung zur Benutzung der Erfindung im Inland** (nach dem Übk über das einheitliche Patentgericht in dem Hoheitsgebiet der Vertragsmitgliedstaaten, in denen das Patent Wirkung hat) voraus.[91] Darin liegt zumindest ein finales Element.[92] Diese kommt auch bei Lieferung ins Ausland zum nachfolgenden Reimport, etwa nach Weiterverarbeitung, in Betracht.[93] Einfuhr und Besitz werden nicht erfasst.[94] Als Benutzung („toepassing") iSd Bestimmung wurde ausschließlich ein aktives menschliches Handeln und nicht auch ein im Körper ablaufender Vorgang angesehen (vgl zur Problematik Rn 64 zu § 9).[95] Die tatsächliche spätere Verwendung ist nicht ausschlaggebend.[96] Anbieten kann auch im Abschluss von Rabattverträgen mit gesetzlichen Krankenkassen liegen.[97]

19　　**2. Wissen um die oder Offensichtlichsein der Eignung und Bestimmung.** Der Dritte, dh der Anbieter oder Lieferant, muss wissen oder es muss aufgrund der Umstände offensichtlich sein (hierzu Rn 23), dass die Mittel geeignet und dazu bestimmt sind, für die Benutzung der Erfindung verwendet zu werden (Abs 1 aE); der Tatbestand knüpft insoweit an eine hinreichend sichere Erwartung des Lieferanten an.[98] Die Rspr hat daraus abgeleitet, dass die Bestimmung als solche Bestandteil des subjektiven Tatbestandsmerkmals ist.[99] Dies erscheint nicht ganz unbdkl, weil das Gesetz schon an die subjektiven Vorstellungen des Dritten und nicht erst an den Willen des Belieferten anknüpft.[100]

20　　Der **Belieferte** musste nach früherer Rspr entspr Handlungswillen haben;[101] sein Handlungswille sollte maßgebend sein.[102] Dabei sollte es auf die Feststellbarkeit des Bestimmtseins seitens der Angebotsempfänger und Belieferten für jedes einzelne Angebot und für jede einzelne Lieferung ankommen, sofern es nach den Umständen nicht offensichtlich war.[103] Das war indes schief, denn nach dem Tatbestand des

---

88 SstA 13.12.1993 ArbErf 127/92 unter Hinweis auf *Benkard*[9] Rn 10, 16 f; vgl *Büscher/Dittmer/Schiwy* Rn 10; OLG Düsseldorf InstGE 2, 1, 12.
89 AA *Benkard* Rn 5.
90 Vgl *Schulte* Rn 25; *Fitzner/Lutz/Bodewig* Rn 13; LG München I InstGE 1, 179, 185.
91 BGHZ 171, 13 = GRUR 2007, 313 Funkuhr II; *Nieder* GRUR 2006, 977, 980; vgl *Mes* GRUR 1998, 281, 283.
92 Vgl *Scharen* GRUR 2008, 944, 946, der zwar ein finales Element bejaht, das Merkmal aber gleichwohl vom Vorsatz abkoppeln und objektive Anhaltspunkte für eine Benutzung im Inland ausreichen lassen will, im Ergebnis wohl ebenso *Bodewig* GRUR 2005, 632 f; *Rauh* GRUR Int 2008, 293, 295. Dem Anliegen von *Scharen* lässt sich indes im Bereich der Sachverhaltsfeststellung ausreichend Rechnung tragen.
93 Vgl BGHZ 171, 13 = GRUR 2007, 313 Funkuhr II.
94 LG Mannheim InstGE 4, 107.
95 RB Den Haag BIE 2003, 166 m kr Anm *Huydecoper*; eingehend zur Metaboliten-Problematik *Chrocziel/Hufnagel* FS W. Tilmann (2003), 449.
96 BGH Luftheizgerät; LG Düsseldorf InstGE 2, 23, 27; *König* Mitt 2000, 10, 20.
97 LG Hamburg 2.4.2015 327 O 132/15; LG Hamburg 2.4.2015 327 O 140/15; LG Hamburg 2.4.2015 327 O 143/15.
98 BGHZ 168, 124 = GRUR 2006, 839, 841 Deckenheizung; BGHZ 170, 338 = GRUR 2007, 679 Haubenstretchautomat; vgl LG Düsseldorf 21.4.2015 4b O 7/14.
99 BGH GRUR 2001, 228, 231 Luftheizgerät, ebenso *Tilmann* Neue Überlegungen im Patentrecht, GRUR 2006, 834, 839; tendenziell abw allerdings BGH Deckenheizung; OLG Düsseldorf 11.9.2008 2 U 34/07.
100 Vgl auch *Holzapfel* GRUR 2002, 193, 195; *Rauh* GRUR Int 2008. 293; *Scharen* GRUR 2008, 944, 946.
101 BGH GRUR 2001, 228, 231 Luftheizgerät; OLG Düsseldorf Mitt 2003, 253, 258; LG Düsseldorf InstGE 2, 23, 27; *Tilmann* GRUR 2005, 904 f; LG Hamburg GRUR-RR 2001, 257 lässt zufällige patentverletzende Benutzung aus Unachtsamkeit nicht ausreichen; OLG Karlsruhe InstGE 4, 115, 119 stellt auf die Angebotsempfänger ab.
102 BGH Luftheizgerät; BGHZ 159, 76 = GRUR 2004, 758 Flügelradzähler; BGH GRUR 2005, 848, 851 Antriebsscheibenaufzug; LG Düsseldorf InstGE 2, 23, 27; *Benkard* Rn 8; *Büscher/Dittmer/Schiwy* Rn 18; *König* Mitt 2000, 10, 20; *Heidinger* ÖBl 2006, 156, 158; *Fitzner* Mitt 2008, 243, 246; *Nieder* GRUR 2006, 977 f; *Chrocziel/Hufnagel* FS W. Tilmann (2003), 449, 456.
103 BGH GRUR 2005, 848, 851 Antriebsscheibenaufzug unter Hinweis auf *Scharen* GRUR 2001, 995; *Heidinger* ÖBl 2006, 156, 158.

Abs 1 kommt es auf das Wissen des Dritten (Anbieters oder Lieferanten) und nicht des Belieferten an;[104] der Handlungswille des Belieferten kann dabei aber indiziell bedeutsam sein, ist jedoch für sich nicht ausschlaggebend. Demzufolge genügt aus der Sicht des Dritten die hinreichend sichere Erwartung, dass der Abnehmer das Mittel erfindungsgemäß verwenden wird;[105] weiter erforderlich ist, dass der Dritte die diese Erwartung begründenden Umstände kennt oder sie offensichtlich sind, was sich auch aus der Situation eines unaufgeforderten ersten Angebots ergeben kann, bei dem eine Bestimmung durch den Abnehmer in der Regel nicht vorliegen wird.[106] Zum Nachweis kann es genügen, wenn der Angebotsempfänger oder Belieferte auf die Verwendungsmöglichkeit hingewiesen wird.[107] Für den Anbieter oder Lieferanten kommt es nur auf Wissen hinsichtlich dieses Handlungswillens an, nicht auf das Wissen um die Rechtswidrigkeit der Handlung. Nach der Rspr reicht es aus, dass der Angebotsempfänger das Mittel bestimmungsgemäß an Endabnehmer weiterliefert, die die Erfindung benutzen.[108] Auf die Lieferbereitschaft oder Lieferfähigkeit des Anbieters soll es nicht ankommen.[109]

Die Kenntnis des Dritten muss zum **Zeitpunkt** des Anbietens oder Lieferns vorhanden sein; von ihr **21** kann nicht ohne weiteres ausgegangen werden, wenn der Belieferte von einer Bedienungsanleitung abweichen muss.[110] Darin ist eine Objektivierung des Tatbestands gesehen worden.[111] Der Wille des Abnehmers, die Vorrichtung mit von Dritten bezogenen Zulieferteilen zu komplettieren, ist als ausreichend angesehen worden.[112]

Da nur Patentverletzungen im **Inland** (nach dem EPG-Übk in dem Hoheitsgebiet der Vertragsmit- **22** gliedstaaten, in denen das Patent Wirkung hat) verboten sind, muss sich das Wissen des Anbieters oder Lieferanten auch auf eine solche Benutzung beziehen.[113] Die Feststellung im Weg des Anscheinsbeweises wurde als ausreichend angesehen.[114]

Abs 1 lässt es ausreichen, wenn Eignung und Bestimmung der Mittel für die Benutzung der Erfindung **23** aufgrund der Umstände **offensichtlich** sind. Danach genügt es, wenn vernünftige Zweifel an der Eignung und Bestimmung der Mittel für die Verwendung zur Benutzung der Erfindung nicht bestehen.[115] Dies ist als als eine Beweiserleichterung angesehen worden,[116] die ein hohes Maß an Voraussehbarkeit der Eignung und der Zweckbestimmung verlangt.[117] Der BGH geht von Kenntnis und Offensichtlichkeit als zwei Wegen aus, den für die Erwartung patentverletzender Verwendung erforderlichen Kenntnisstand festzustellen.[118] Ausreichend kann dabei nach den Umständen des Einzelfalls sein, dass sich die Bestimmung aufdrängt. Erfahrungen des täglichen Lebens können verwertet werden.[119] Es ist darauf abzustellen, ob aus der objektivierten Sicht des Dritten die drohende Verletzung so deutlich erkennbar ist, dass Angebot oder Lieferung

---

104 Vgl BGHZ 168, 124 = GRUR 2006, 839 Deckenheizung; *Höhfeld* FS T. Schilling (2007), 263, 278; *Rigamonti* Mitt 2009, 57, 66, der in einer „Dreisphärentheorie" alternativ auch auf die Sphäre des Anbieters und Lieferanten sowie Dritter abstellen will; vgl *Schulte* Rn 27.
105 *Benkard* Rn 8.
106 Vgl BGH Deckenheizung; *Scharen* GRUR 2008, 944, 947.
107 BGH GRUR 2005, 848 Antriebsscheibenaufzug; vgl OLG Düsseldorf Mitt 2003, 264.
108 OLG Karlsruhe GRUR 2014, 59.
109 OLG Karlsruhe InstGE 11, 15; OLG Karlsruhe GRUR 2014, 59; *Mes* Rn 25.
110 BGHZ 170, 338 = GRUR 2007, 679 Haubenstretchautomat; LG München I 24.7.2008 7 O 20037/07.
111 Vgl (zu weitgehend) *Scharen* GRUR 2008, 944, 947, tatsächlich dürfte es sich um Indizien für die subjektive Tatseite handeln.
112 LG Düsseldorf InstGE 3, 1, 6; vgl *Büscher/Dittmer/Schiwy* Rn 9.
113 *Schulte* Rn 27; *Keukenschrijver* FS 50 Jahre VPP (2005), 331, 347; *Nieder* GRUR 2006, 977, 979; wohl auch BGH GRUR 2001, 228, 231 Luftheizgerät, zwd *Benkard* Rn 19 unter Abstellen auf den Gesetzeswortlaut.
114 Vgl *Heidinger* ÖBl 2006, 156. 159.
115 BGH Luftheizgerät; OLG Karlsruhe Mitt 2004, 415 = GRUR-RR 2004, 97 f.
116 BGH Luftheizgerät; LG Düsseldorf InstGE 2, 23, 27; *Büscher/Dittmer/Schiwy* Rn 22; *Heidinger* ÖBl 2006, 156, 159; *Schulte* Rn 27, der allerdings in der 7. Aufl (Rn 29) den Einwand, der Benutzer habe die Eignung und Bestimmung nicht gekannt, nicht zulassen wollte; *Tilmann* GRUR 2005, 904, 906: unwiderlegbares Indiz; *Mes* Rn 23: Beweisalternative, ebenso *Nieder* GRUR 2006, 977 f; *Keukenschrijver* FS 50 Jahre VPP (2005), 331, 347 mNachw zum Streitstand.
117 BGH Luftheizgerät; BGH GRUR 2005, 848, 851 Antriebsscheibenaufzug; *Heidinger* ÖBl 2006, 156. 159; vgl LG München I InstGE 1, 179, 185.
118 BGHZ 168, 124 = GRUR 2006, 839 Deckenheizung; BGHZ 170, 338 = GRUR 2007, 679 Haubenstretchautomat.
119 BGH Luftheizgerät unter Hinweis auf BGH GRUR 1958, 179, 182 Resin; OLG Karlsruhe InstGE 4, 115.

---

der wissentlichen Patentverletzung gleichzustellen ist.[120] Das wird grds bei ausschließlich patentgemäß verwendbaren Mitteln der Fall sein,[121] sonst idR dann, wenn der Lieferant in einer Gebrauchsanweisung, Bedienungsanleitung usw auf die Möglichkeit patentgemäßer Verwendung hinweist oder diese empfiehlt;[122] auch aus ihnen kann die Bestimmung zur Benutzung unabhängig vom Willen und Verhalten des Belieferten jedenfalls dann abgeleitet werden, wenn es sich um ausschließliche Verwendungsempfehlungen handelt.[123] Ist die Anweisung oder Anleitung auf nicht patentgem Einsatz der Mittel ausgerichtet, kann Offensichtlichkeit nur angenommen werden, wenn sich aufgrund konkreter Umstände die Gefahr aufdrängt, dass der Abnehmer nicht nach der Anweisung verfahren wird.[124]

24   Das Wissenselement entspricht **bedingtem Vorsatz**,[125] das insoweit erforderliche Wollenselement (zumindest billigendes Inkaufnehmen) kann aus den die Offensichtlichkeit begründenden Umständen abgeleitet werden,[126] weshalb sich die hier vertretene Auffassung von derjenigen, die nur auf das Wissenselement abstellen will und nicht auch das Wollenselement mit einbezieht, im Ergebnis nicht unterscheiden wird. Kenntnis des Schutzrechts und seines Inhalts sind nicht erforderlich.[127] Fahrlässigkeit ist schon wegen der Finalität der Voraussetzung nicht ausreichend,[128] allerdings kann bei Vorliegen der Voraussetzungen einer unmittelbaren Patentverletzung fahrlässige Patentverletzung nach § 9 in Betracht kommen. Nachträgliches Wissen („dolus subsequens") wird nicht ausreichen können.[129] Aus der auch bei mittelbarer Patentverletzung eröffneten Verpflichtung zum Rückruf (§ 140a Abs 3) kann hier nicht argumentiert werden, weil diese nur an den objektiven Tatbestand anknüpft. Zur Exkulpation des Lieferanten durch Auferlegung von Unterlassungspflichten oder Warnhinweise vgl Rn 53 f, 101 zu § 139, Rn 83 vor § 143.

25   **IV.** Handelt es sich um **allgemein im Handel erhältliche Erzeugnisse**,[130] kommt mittelbare Patentverletzung nur in Betracht, wenn der Dritte den Belieferten bewusst zur Patentverletzung veranlasst (Abs 2). Auch diese Erzeugnisse müssen sich auf ein wesentliches Element der Erfindung beziehen.[131] In Betracht kommen insb Gegenstände des täglichen Bedarfs wie Nägel, Schrauben, Bolzen, Draht, Chemikalien, Elektrozubehör,[132] die Bestimmung ist aber auch auf andere handelsgängige Erzeugnisse anwendbar.[133] Deutlich strukturierte, höherwertige Teile mit erkennbarer Eignung für einen bestimmten Verwendungszweck, die auf nachvollziehbaren Vertriebswegen an einen sachlich abgegrenzten Abnehmerkreis

---

120   BGH Haubenstretchautomat; OLG Düsseldorf InstGE 9, 66; OLG Düsseldorf InstGE 9, 66: wenn aus der Sicht des Anbieters/Lieferanten hinreichend sicher zu erwarten ist, dass der Angebotsempfänger/Abnehmer das gelieferte Mittel in patentgemäßer Weise verwenden wird.
121   Vgl BGH GRUR 2005, 848, 851 Antriebsscheibenaufzug; BGHZ 170, 338 = GRUR 2007, 679, 684 Haubenstretchautomat; OLG Düsseldorf 11.9.2008 2 U 34/07; OLG Düsseldorf 24.6.2011 2 U 62/04.
122   BGH Deckenheizung; BGH Haubenstretchautomat; OLG Düsseldorf InstGE 9, 66; LG Berlin 12.10.1999 16 O 235/99 unter Hinweis auf *Benkard*[9] Rn 20 und nachgehend KG 12.9.2003 5 U 9099/99; LG München I 24.7.2008 7 O 20037/07; vgl LG Düsseldorf 11.5.2010 4b O 8/09 GRUR-RR 2010, 369 Ls.
123   BGH GRUR 2005, 848, 851 ff Antriebsscheibenaufzug: anders danach auch bei Möglichkeit patentfreier Verwendung.
124   BGH Haubenstretchautomat; vgl auch RB Den Haag 7.4.2010 Mundipharma/Sandoz.
125   Vgl *Tilmann* GRUR 2005, 904, 906; *Büscher/Dittmer/Schiwy* Rn 21; *Heidinger* ÖBl 2006, 156, 158; *Nieder* GRUR 2006, 977 f; abw *Kraßer* S 811 f (§ 33 VI b 5); *Tilmann* Neue Überlegungen im Patentrecht, GRUR 2006, 824, 829; die Rspr hat zT zu Missverständnissen Anlass gebende Formulierungen verwendet, vgl die Nachw bei *Nieder* GRUR 2006, 977, 980 Fn 55.
126   Vgl *Tilmann* GRUR 2005, 904, 906: „wie bei einem „Wissen" das „Wollen" zu vermeiden ist, ist schwierig zu beantworten."
127   OLG Karlsruhe 13.5.2009 6 U 24/08.
128   Vgl *Hesse* GRUR 1982, 191, 193, der von einer unwiderlegbaren Vermutung für Vorsatz ausgeht; *Keukenschrijver* FS 50 Jahre VPP (2005), 331, 347 f mwN in Fn 86 f; jetzt wohl auch *Benkard* Rn 19 einerseits, aber Rn 20 andererseits; LG Düsseldorf InstGE 5, 1, 11; aA *Fabry/Trimborn* GRUR 2008, 861 f; *König* Mitt 2000, 10, 21; unklar OLG Düsseldorf ENPR 2000, 194, 215; unklar auch BGH Luftheizgerät: auch wenn sich der Lieferant bewusst oder fahrlässig verschließt.
129   AA wohl *Tilmann* Neue Überlegungen im Patentrecht, GRUR 2006, 824, 829.
130   Hierzu LG Düsseldorf 25.2.1997 4 O 204/95 Entsch 1997, 25, 30 f und nachgehend OLG Düsseldorf ENPR 2000, 194, 215; vgl auch RB Den Haag BIE 1999, 244.
131   *Kraßer* S 812 (§ 33 VI b 6); *Preu* GRUR 1980, 697 ff; *Benkard* Rn 22; *Schulte* Rn 23; *Fitzner/Lutz/Bodewig* Rn 16.
132   Denkschrift zum GPÜ BlPMZ 1979, 325, 333.
133   *Benkard* Rn 21; *Mes* Rn 34; *Heidinger* ÖBl 2006, 156, 158.

gelangen, sollen aber auch dann ausgenommen sein, wenn sie in größerer Stückzahl vertrieben werden.[134] Bloßes Wissen um patentverletzende Verwendung genügt hier nicht.[135]

Bei Anbieten oder Liefern dieser Erzeugnisse kommt eine Haftung wegen mittelbarer Patentverletzung nur unter strengeren **objektiven und subjektiven Voraussetzungen** in Betracht. Gefordert wird verbotenes Handeln des Belieferten. Die Tat ist daher im Fall des Abs 2 akzessorisch zu einer (rechtswidrigen, nicht notwendig auch schuldhaften) Patentverletzung des Dritten[136] und als Anstiftungstatbestand ausgestaltet.[137] Erforderlich ist weiter **bewusstes Veranlassen** zur Tat, dies erfordert direkten Vorsatz.[138] Bei einem ohnehin schon zur Tat Entschlossenen kommt es nicht in Betracht.[139] **26**

V. Tatbestandsausschluss

1. Benutzungsberechtigung. Anbieten und Lieferung an zur Benutzung der Erfindung berechtigte Personen fällt nicht unter den Tatbestand des Abs 1.[140] Die Berechtigung muss sich nur auf die geschützte Erfindung beziehen.[141] Sie kann sich aus eigenem Recht (Patentinhaberschaft; Vor- und Weiterbenutzungsrechte, Rn 32), aus abgeleitetem Recht (Erlaubnis, Lizenz), einer Benutzungsanordnung oder einer Zwangslizenz ergeben.[142] Die Nutzungsberechtigung muss nicht ausdrücklich eingeräumt sein, sondern kann auch aus den Fallumständen folgen.[143] Die Berechtigung zur Ausübung des patentierten Verfahrens erstreckt sich auch auf die Ausführung des Verfahrens mit patentfreien, von Dritten bezogenen Mitteln.[144] Im Bezug der zu verarbeitenden Teile vom Patentinhaber muss aber noch keine Gestattung der Benutzung eines Verfahrenspatents liegen.[145] **27**

Auch **Erschöpfung** begründet in diesem Sinn eine Benutzungsberechtigung,[146] aber nicht hinsichtlich des Verbietungsrechts aus § 9.[147] Im Fall der Erschöpfung gelten die Grundsätze zur Neuherstellung/Ausbesserung oder Austausch eines Verschleißteils.[148] **28**

Überschreiten der Nutzungsberechtigung führt dazu, dass sich der Benutzer nicht auf sie berufen kann.[149] Dies kann sich vor allem bei der Abgrenzung von Wiederherstellung und Neuherstellung auswirken (vgl Rn 67 ff zu § 9). Jedoch ist Fehlen schuldrechtl Berechtigung (Rn 17 zu § 9) unschädlich. **29**

2. Privilegierungstatbestände nach §§ 11, 12. Ob mittelbare Patentverletzung nach Abs 1 auch gegeben ist, wenn der unmittelbare Benutzer nach § 11 Nr 1, 2, 2a, 2b und 3 (im privaten Bereich, zu Versuchszwecken, zur Züchtung usw neuer Pflanzensorten, zur arzneimittelrechtl Genehmigung/Zulassung oder bei Einzelzubereitung von Arzneimitteln) privilegiert und damit nicht rechtswidrig handelt (Abs 3), ist trotz des dies verneinenden, an sich eindeutigen Wortlauts von Abs 3 str[150] und für § 11 Nr 2 und insb **30**

---

134 *König* Mitt 2000, 10, 22; *Heidinger* ÖBl 2006, 156, 158.
135 Vgl zur Teilnahme nach schweiz Patentrecht schweiz BG sic! 2005, 663, 666 Haftschicht.
136 Vgl *Kraßer* S 812 f (§ 33 VI b 6); *Tilmann* GRUR 2005, 904, 906.
137 Vgl *Schulte* Rn 23; *Fitzner/Lutz/Bodewig* Rn 16.
138 *Benkard* Rn 22; *Tilmann* GRUR 2005, 904, 906; aA *Kraßer* S 812 (§ 33 VI b 6): wenigstens billigende Inkaufnahme, ebenso *Heidinger* ÖBl 2006, 156 f.
139 *Benkard* Rn 23; *Tilmann* GRUR 2005, 904, 906.
140 So auch *Fitzner/Lutz/Bodewig* Rn 19; *Büscher/Dittmer/Schiwy* Rn 24.
141 BGH GRUR 2007, 773 Rohrschweißverfahren.
142 BGH GRUR 2007, 773 Rohrschweißverfahren; vgl *Heidinger* ÖBl 2006, 156, 158.
143 Vgl BGH GRUR 2007, 773 Rohrschweißverfahren; *Scharen* GRUR 2008, 944 f.
144 BGH GRUR 2007, 773 Rohrschweißverfahren.
145 OLG Düsseldorf InstGE 4, 252.
146 BGH GRUR 2007, 769 Pipettensystem, vgl OLG Frankfurt 20.2.2003 6 U 182/01 GRUR-RR 2003, 201; *Büscher/Dittmer/Schiwy* Rn 25; aA *Fitzner/Lutz/Bodewig* Rn 20; verneinend zum nl Recht RB Den Haag BIE 2002, 122, 124; vgl LG München I InstGE 4, 13; *Nieder* GRUR 2006, 977, 979; eingehend zur Problematik *Hölder* GRUR 2005, 20, 22 f.
147 BGHZ 159, 76, 84 = GRUR 2004, 758 Flügelradzähler; LG Mannheim InstGE 12, 136 Rn 282.
148 BGH GRUR 2007, 769 Pipettensystem, *Tilmann* GRUR 2005, 904, 906 mNachw; *Nieder* GRUR 2006, 977, 979; *Büscher/Dittmer/Schiwy* Rn 26.
149 *Scharen* GRUR 2008, 944 ff.
150 Vgl *Benkard* Rn 17 mwN; *Schulte* Rn 13; *Büscher/Dittmer/Schiwy* Rn 27; kr *Kraßer* S 810 (§ 33 VI b 4); zur Problematik auch *Voß* GRUR 2006, 281, 284; bejahend OLG Düsseldorf GRUR-RR 2006, 39 f; OLG Düsseldorf 24.6.2011 2 U 62/04; LG

Nr 3 auf Kritik gestoßen.[151] Jedoch muss die gesetzliche Regelung respektiert werden (vgl auch die Regelung in Art 73 niederländ ROW, die ebenfalls Handlungen, die nach dt Recht unter § 11 fallen, im Rahmen der mittelbaren Patentverletzung nicht privilegiert, sowie die Regelung in § 22 Abs 1, 5 öPatG und die Gesetzesbegründung hierzu).[152] Die Privilegierung des unmittelbaren Benutzers selbst wird durch die Regelung nicht aufgehoben.[153] Nach allg Ansicht nicht von Abs 3 erfasst sind die Privilegierungen im internat Verkehr nach § 11 Nr 4–6.[154]

31 Auf **Handlungen nach Abs 2** ist die Regelung in Abs 3 nicht anwendbar, so dass bei Lieferung von allg erhältlichen Erzeugnissen an nach § 11 Nr 1–3 privilegierte Personen auch dann keine mittelbare Patentverletzung in Betracht kommt, wenn die objektiven und subjektiven Voraussetzungen des Abs 2 an sich erfüllt sind.[155]

32 Steht dem unmittelbaren Benutzer ein **Vorbenutzungsrecht** oder ein Weiterbenutzungsrecht zu, darf er beliefert werden (vgl Rn 23 zu § 12);[156] dies gilt gleichermaßen für Weiterbenutzungsrechte. Das gilt auch, wenn er aufgrund eines eigenen Schutzrechts, einer Lizenz oä zur Benutzung berechtigt ist.[157]

VI. Rechtsfolgen

33 Die mittelbare Patentverletzung eröffnet den Unterlassungsanspruch hinsichtlich der von ihr erfassten Handlungen (Rn 52ff zu § 139).[158] Ein Schadensersatzanspruch wird im allg nur in Betracht kommen, wenn der Belieferte eine unmittelbare Patentverletzung begeht (vgl Rn 101 zu § 139) oder dies nur deshalb nicht tut, weil ihm ein Privilegierungstatbestand zugute kommt (Rn 27 f). Der Schadensersatzanspruch eröffnet auch den Rechnungslegungsanspruch.[159] Dazu, ob die mittelbare Patentverletzung Bereicherungsansprüche begründet, Rn 202 zu § 139. Der Entschädigungsanspruch aus der offengelegten Patentanmeldung wird nicht begründet (Rn 8 zu § 33; Rn 3 zu Art II § 1 IntPatÜG). Zur Frage, ob nur mittelbar verletzende Erzeugnisse den Ansprüchen aus § 140a (Vernichtung; Rückruf) unterliegen, Rn 8 f, 27 zu § 140a.

34 **VII.** Die **Darlegungs- und Beweislast** dafür, dass der mittelbaren Verletzung eine unmittelbare Benutzungshandlung des Abnehmers nachgefolgt ist, trägt, wer den Schadensersatzanspruch geltend macht. Aufgabe des mittelbaren Verletzers ist es demgegenüber nicht, Erkundigungen über die tatsächlichen Verwendungen einzuholen.[160]

VIII. Prozessuales

35 Zur Fassung des Verbotsantrags Rn 83 vor § 143.

Düsseldorf 3.12.1998 4 O 321/97 Entsch 1999, 5, 8; LG Düsseldorf 3.7.2012 4a O 282/10 GRURPrax 2013, 248 KT stellt auf das eigene Interesse des Lieferanten an der Versuchsdurchführung ab.

151 *Kraßer* S 810 (§ 33 VI b 4); *Fitzner/Lutz/Bodewig* Rn 21; *Fähndrich/Tilmann* GRUR 2001, 901 ff; *Stjerna* Mitt 2004, 343, 347; *Tilmann* GRUR 2005, 904, 906.

152 Vgl auch *Heidinger* ÖBl 2006, 156 f, der auf betriebsmäßige Nutzung abstellt.

153 Vgl *Mes* Rn 8.

154 *Kraßer* S 811 (§ 33 VI b 4).

155 *Benkard* Rn 17, 22; *Fitzner/Lutz/Bodewig* Rn 1.

156 Vgl *Benkard* Rn 17.

157 *Tilmann* GRUR 2005, 904, 906.

158 Vgl *Voß* GRUR 2006, 281 f; *Nieder* GRUR 2006, 977, 980 f; *Büscher/Dittmer/Schiwy* Rn 30.

159 Unklar noch BGH GRUR 2005, 848, 854 Antriebsscheibenaufzug: nur bei Nachweis mindestens einer rechtswidrigen Verletzungshandlung; präzisiert durch BGHZ 170, 338 = GRUR 2007, 679 Haubenstretchautomat: jedenfalls schon dann, wenn der mittelbare Verletzer Mittel geliefert hat, obwohl deren Bestimmung zur Benutzung der Erfindung zu erwarten war; BGH GRUR 2007, 733 Rohrschweißverfahren; BGH GRUR 2006, 839 Deckenheizung; OLG Düsseldorf InstGE 9, 117; OLG Düsseldorf 10.6.2010 2 U 17/09; vgl OLG Karlsruhe InstGE 11, 61; *Mes* Rn 52.

160 LG Düsseldorf InstGE 13, 97.

D. Mittäterschaft, Teilnahme an fremder Patentverletzung

§ 10 schließt in **Mittäterschaft** und (auch fahrlässiger) Nebentäterschaft begangene Patentver- **36** letzung[161] nicht aus, zB wenn ein Zulieferer erfindungswesentliche Merkmale einer geschützten Gesamtvorrichtung aufweisende Teile herstellt, die von vornherein dazu bestimmt sind, von einem anderen mit weiteren (neutralen) Teilen zur Gesamtvorrichtung zusammengesetzt zu werden. Mittäterschaft setzt bewusstes und gewolltes Zusammenwirken bei Benutzungshandlungen[162] und wie Anstiftung und Beihilfe bei der Herbeiführung der Verletzung voraus.[163] Nebentäterschaft ist auch in Form fahrlässiger Begehung möglich; ursächliches vorwerfbares Verhalten, auch durch pflichtwidriges Nichtunterbinden auf die Benutzung des Patents gerichteter Handlungen kann ausreichen.[164] Zur Einheitstäterschaft bei fahrlässiger Patentverletzung, bei der Anstiftung und Beihilfe nicht in Betracht kommen, Rn 128 zu § 139.

Dasselbe gilt für die Teilnahmeformen der **Anstiftung**[165] und der **Beihilfe**.[166] Beide setzen vorsätzli- **37** ches Handeln in zweifacher Hinsicht voraus, nämlich dahin, dass eine andere Person eine vorsätzliche Patentverletzung iSd § 9 (im Inland)[167] begeht, und dahin, dass diese zu der Tat bestimmt oder ihr dabei Beistand geleistet wird (vgl §§ 26, 27 StGB, § 830 Abs 2 BGB);[168] fahrlässige Beihilfe ist nicht möglich.[169] Die nach Abs 2 privilegierte Lieferung von allg im Handel erhältlichen Erzeugnissen ist als Anstiftungstatbestand ausgestaltet (Rn 26); sie kann nicht zugleich als Beihilfe angesehen werden.[170] Die nach § 10 nicht verbotene Herstellung wird im allg nicht als Beihilfe aufgefasst werden können.[171]

Beihilfe zu fremder Patentverletzung ist auch in der Zuordnung eines **Festbetrags** für ein patentver- **38** letzendes Generikum (vgl Rn 34 zu § 11) gesehen worden.[172]

Ein **Irrtum** des Haupttäters über die tatsächlichen Voraussetzungen eines Rechtfertigungsgrunds, **39** nicht aber ein Verbotsirrtum, steht der Teilnahme entgegen; zur mittelbaren Täterschaft nach allg deliktsrechtl Grundsätzen Rn 40.

E. Ob mittelbare Täterschaft im strafrechtlichen Sinn (der dolos handelnde mittelbare Täter (Lie- **40** ferant) bedient sich eines Dritten (Abnehmer) als „Tatmittler" oder „Werkzeug") in Betracht kommt, ist str.[173] Grundsätzliche Bedenken erscheinen unangebracht, jedoch wird mittelbare Täterschaft nur in Ausnahmefällen in Betracht kommen.

---

161 BGH GRUR 2002, 599 Funkuhr I; BGHZ 159, 221, 230 f = GRUR 2004, 845, 848 Drehzahlermittlung; BGH GRUR 2007, 773 Rohrschweißverfahren; BGHZ 204, 114 = GRUR 2015, 467 Audiosignalcodierung; *Benkard* Rn 27 f; *Mes* Rn 55; *Meier-Beck* GRUR 1993, 1; so schon zur früheren Rechtslage RG GRUR 1935, 503 f Kanteneinfassung; BGH GRUR 1979, 149, 151 Schießbolzen; BGH GRUR 1979, 48 f Straßendecke I; BGH GRUR 1982, 225, 227 Straßendecke II; BGH 17.11.1970 X ZR 13/69; vgl BGH GRUR 1994, 363 Holzhandelsprogramm, UrhSache.
162 OLG Düsseldorf Mitt 2006, 428 = InstGE 6, 152.
163 BGH Audiosignalcodierung.
164 BGH Funkuhr I; BGHZ 171, 13 = GRUR 2007, 313 Funkuhr II; BGHZ 182, 245 = GRUR 2009, 1142 MP3-Player-Import; BGH Audiosignalcodierung.
165 RGZ 101, 135, 139 = GRUR 1921, 182 Aluminiumschweißung; KG Mitt 1913, 49; vgl zur Rechtslage in den USA US-SuprC GRUR Int 2014, 1137 Limelight v. Akamai.
166 RGZ 65, 157, 160 = BlPMZ 1907, 151 Seidenglanz I; RG Aluminiumschweißung; RG GRUR 1924, 159 f Zündmetall; RGZ 111, 350, 353 = BlPMZ 1926, 28 Schraubstöpsel; RG GRUR 1937, 670, 672 Rauchfangeinrichtung.
167 Vgl BGH GRUR 2005, 845, 847 f Abgasreinigungsvorrichtung; HG Zürich sic! 1999, 148, 150.
168 RGZ 22, 165, 168 Bremsklötze; RG Seidenglanz; RGZ 133, 326, 329 = GRUR 1931, 1278 Isolierung; RGZ 149, 12, 18 = GRUR 1935, 883 Abbindung; RG Rauchfangeinrichtung; LG Mannheim InstGE 6, 9; OLG Düsseldorf Mitt 2006, 428 = InstGE 6, 152; *Hölder* FS 10 Jahre Studiengang „International Studies in Intellectual Property Law" (2009), 181, 190.
169 RG Isolierung; RG Abbindung; RG Rauchfangeinrichtung gegen RG Aluminiumschweißung; RG Zündmetall; öOGH GRUR Int 1994, 324, 326 Sockelplatte; vgl *Tilmann* GRUR 2005, 904.
170 *Kraßer* S 813 (§ 33 VI b 6); *Fitzner/Lutz/Bodewig* Rn 14; *Tilmann* GRUR 2005, 904, 906.
171 Vgl BGH Abgasreinigungsvorrichtung.
172 Vgl *Gassauer-Fleissner/Rittler/Schultes* ÖBl 2008, 116.
173 Verneinend *Benkard* Rn 30 im Anschluss an die dogmatisch überholte Entscheidung RGSt 42, 151, 155 = BlPMZ 1909, 257 Holzmehl; vgl *Fitzner/Lutz/Bodewig* Rn 15; unklar *Fitzner/Lutz/Bodewig* § 142 Rn 20; bejahend RGZ 86, 412, 418 = BlPMZ 1915, 172 pyrophore Metallegierungen.

§ 11
(Beschränkung der Wirkung des Patents)

Die Wirkung des Patents erstreckt sich nicht auf

1. Handlungen, die im privaten Bereich zu nichtgewerblichen Zwecken vorgenommen werden;
2. Handlungen zu Versuchszwecken, die sich auf den Gegenstand der patentierten Erfindung beziehen;
2a. die Nutzung biologischen Materials zum Zwecke der Züchtung, Entdeckung und Entwicklung einer neuen Pflanzensorte;
2b. Studien und Versuche und die sich daraus ergebenden praktischen Anforderungen, die für die Erlangung einer arzneimittelrechtlichen Genehmigung für das Inverkehrbringen in der Europäischen Union oder einer arzneimittelrechtlichen Zulassung in den Mitgliedstaaten der Europäischen Union oder in Drittstaaten erforderlich sind;
3. die unmittelbare Einzelzubereitung von Arzneimitteln in Apotheken auf Grund ärztlicher Verordnung sowie auf Handlungen, welche die auf diese Weise zubereiteten Arzneimittel betreffen;
4. den an Bord von Schiffen eines anderen Mitgliedstaates der Pariser Verbandsübereinkunft zum Schutz des gewerblichen Eigentums stattfindenden Gebrauch des Gegenstands der patentierten Erfindung im Schiffskörper, in den Maschinen, im Takelwerk, an den Geräten und sonstigem Zubehör, wenn die Schiffe vorübergehend oder zufällig in die Gewässer gelangen, auf die sich der Geltungsbereich dieses Gesetzes erstreckt, vorausgesetzt, daß dieser Gegenstand dort ausschließlich für die Bedürfnisse des Schiffes verwendet wird;
5. den Gebrauch des Gegenstands der patentierten Erfindung in der Bauausführung oder für den Betrieb der Luft- oder Landfahrzeuge eines anderen Mitgliedstaates der Pariser Verbandsübereinkunft zum Schutz des gewerblichen Eigentums oder des Zubehörs solcher Fahrzeuge, wenn diese vorübergehend oder zufällig in den Geltungsbereich dieses Gesetzes gelangen;
6. die in Artikel 27 des Abkommens vom 7. Dezember 1944 über die internationale Zivilluftfahrt (BGBl. 1956 II S. 411) vorgesehenen Handlungen, wenn diese Handlungen ein Luftfahrzeug eines anderen Staates betreffen, auf den dieser Artikel anzuwenden ist.

DesignG: § 40
TRIPS-Übk Art 30
Ausland: Belgien: Art 28 PatG 1984, geänd durch die Umsetzung der BioTRl („Wissenschaftliche Zwecke, die sich auf den Gegenstand der Erfindung beziehen, oder mit diesem Gegenstand"); **Bosnien und Herzegowina:** Art 73, 77 PatG 2010; **Dänemark:** § 3 Abs 3, § 5 PatG 1996; **Frankreich:** Art L 613–5 CPI; **Italien:** Art 68 CDPI; **Litauen:** Art 26 Abs 3, Art 30 PatG; **Luxemburg:** Art 47 PatG 1992/1998; **Mazedonien:** §§ 91, 95 GgR; **Niederlande:** Nr 2, 3 entsprechen Art 53 Nr 3 ROW 1995, Nr 4–6 entsprechen Art 54 ROW 1995; **Österreich:** Nr 5 entspricht § 26 öPatG; **Polen:** Art 69 RgE 2000; **Schweden:** § 3 Abs 3, § 5 PatG; **Schweiz:** Art 9 Abs 1 Buchst b (Forschungsprivileg), c (Zulassungsprivileg) PatG; Nr 5 entspricht Art 35 Abs 2 PatG; **Serbien:** Art 59, 62 (internat Verkehr) PatG 2004; **Slowakei:** § 18 PatG; **Slowenien:** Art 19 GgE; **Spanien:** Art 52 PatG; **Tschech. Rep.:** § 18 PatG, geänd 2002; **Türkei:** Art 75 VO 551; **VK:** Sec 60 Abs 5–7, Sec 60a Patents Act

Übersicht

Schrifttum: *Ahrens* Die klinische Erprobung patentierter Arzneimittel: zum patentrechtlichen Versuchsprivileg, FS E. Deutsch (1999), 429; *AIPPI (Schweizer Gruppe)* The impact of public health issues on exclusive patent rights (Q 202), sic! 2008, 578; *Arnold/Ogielska-Zei* Patenting Genes and Genetic Research Tools: Good or Bad for Innovation? Annual Review of Genomics and Human Generics 2002, 415; *Barash* Experimental Use, Patents and Scientific Progress, 91 Northwestern

Univ.L.Rev. 667 (1997); *Beier* Scientific Research, Patent Protection and Innovation, IIC 1975, 367; *Bekkers/Liotard* European Standards for Mobile Communications: The Tense Relationship between Standards and Intellectual Property Rights, EIPR 1999, 110; *Bertoni* Research and „Developmet as Freedom": Improving Democracy and Effectiveness in Pharmaceutical Innovation for Neglected Tropical Diseases, IIC 2012, 771; *Blumenthal* Einfuhr von Markenpiraterieware – schmaler Grat zwischen erlaubtem Privatgebrauch und verletzendem Gebrauch, sic! 2004, 800; *Bor* Exemptions to Patent Infringement Applied to Biotechnology Research Tools, EIPR 2006, 5; *Brazell* The Protection of Pharmaceutical Products and Regulatory Data: E.U. Enlagement Update, EIPR 2002, 155; *Brodnitz* Die rechtlichen Grenzen des Patentschutzes nach deutschem, französischem, englischem und nordamerikanischem Recht, Diss 1935; *Brown* Patent Infringement by Importation of Drug Samples to Obtain Marketing Approval, EIPR 1992, 23; *Bruzzone* The Research Exception: A Proposal, 21 AIPLA Q.J. 52 (1993); *Cohen* Exceptions to Experimental Use and Limited Patent Term Extension in Israel, Patent World Mai/Juni 1998, 24; *Cornish* Experimental Use of Patented Inventions in European Community States, IIC 1998, 735; *Chrocziel* Die Benutzung patentierter Erfindungen zu Versuchs- und Forschungszwecken, 1986 (Besprechung *Loth* GRUR 1987, 68, *Teschemacher* GRUR Int 1987, 61); *Chrocziel* Zulassungshandlungen mit patentierten Arzneimittelerfindungen durch Zweitanmelder in der Bundesrepublik Deutschland und den USA, GRUR Int 1984, 735; *Chrocziel* Benutzung zu Versuchszwecken als Einwand gegenüber einem Anspruch wegen Patentverletzung, GRUR Int 1992, 203; *Chrocziel/Hufnagel* Versuchsprivileg und Unterstützungshandlungen: Abgrenzungsfragen im „Bermuda-Dreieck" der §§ 9, 10 und 11 Nr 2/2b PatG, FS P. Mes (2009), 59; *Coldewey* Patentrechtliche Änderungen aufgrund des Gemeinschaftspatentgesetzes und des Gesetzes über die Prozeßkostenhilfe, Mitt 1980, 182; *Cook* The Significance of the „Clinical Trials II" Decision for the Development of the Experimental Use Defence in Europe Elsewhere, FS W. von Meibom (2010), 21; *Cornish* Experimental Use of Patented Inventions in European Community States, IIC 1998, 735; *Eichmann* Produktionsvorbereitung und Versuche vor Schutzrechtsablauf, GRUR 1977, 304; *Eisenberg* Patents and the Progress of Science: Exclusive Rights and Experimental Use, 56 University of Chicago Law Review (1989), 1017; *Engelke/Stahlmann* Equitable Licenses und der Zugang zu lebenswichtigen Medikamenten (Tagungsbericht), GRUR Int 2010, 31; *Epping/Gerstberger* Europa auf dem Weg zu „BOLAR" – Ein regulatorisches Korrektiv des Versuchsprivilegs? PharmaR 2003, 257; *Fähndrich/Tilmann* Patentnutzende Bereitstellungshandlungen bei Versuchen, GRUR 2001, 901; *Fili* Versuchsprivileg und Zwangslizenz bei gentechnisch hergestellten Arzneimitteln, Diss Erlangen/Nürnberg 2002; *Fitzner/Tilmann* Patentverletzung durch Produktzulassungs-Anträge und -Versuche, Mitt 2002, 2 = VPP-Rdbr 2002, 1; *Feros* Extending the UK Bolar exception to innovators? GRUR Int 2013, 297; *Freier* Patentverletzung und Versuchsprivileg, GRUR 1987, 664; *Fröhlich* Die ETSI IPR Policy, GRUR 2008, 205; *Garde* The Effect of Disparate Treatment of the Experimental Use Exemption on the Balancing Act of 35. U.S.C. § 104, IIC 35 (2004), 241; *Gassner* Unterlagenschutz im Europäischen Arzneimittelrecht, GRUR Int 2004, 983; *Gaul/Bartenbach* Nutzung von Schutzrechten in der Industrieforschung als Patentverletzung? GRUR 1968, 281; *Geiger* Fundamental Rights, a Safeguard for the Coherence of Intellectual Property Law? IIC 35 (2004), 268; *Gilat* Experimental Use and Patents, 1995; *Grosskopf* 3D Druck: Personal Manufacturing, CR 2012, 618; *Grosskopf* Vom Homo Computerus zum Homo Fabber, ITRB 2013, 39; *Haedicke* Die Harmonisierung von Patent- und Sortenschutz im Gesetz zur Umsetzung der Biotechnologie-Richtlinie, Mitt 2005, 241; *Haedicke/Zech* Technische Erfindungen in einer vernetzten Welt, GRUR 2014 Beil 1, 52; *Hantman* Experimental use as an exception to patent infringement, JPOS 1985, 617; *Heath* The Patent Exemption for „Experimental Use" in Clinical Trials. Germany, Japan, und the U.S. Compared, AIPPI Jap.Group.Int. 1997, 267; *Heide* Schutz von Forschungsergebnissen im Lebensmittelbereich in Zeiten der Health Claims-Verordnung, GRUR Int 2010, 296; *Hess-Blumer* Arzneimittelrechtliche Zulassungsverfahren und Patentrecht, sic! 2005, 506; *Hieber* Die Zulässigkeit von Versuchen an patentierten Erfindungen nach § 11 Nr 2 PatG 1981, GRUR 1996, 439; *Holzapfel* Das Versuchsprivileg im Patentrecht und der Schutz biotechnologischer Forschungswerkzeuge, 2004, zugl Diss München 2003; *Holzapfel* Die patentrechtliche Zulässigkeit der Benutzung von Forschungswerkzeugen, GRUR 2006, 10; *Hufnagel* Wann endet der Patentschutz? Hindernisse für den Markteintritt von Generika, PharmaRecht 2003, 267; *Hufnagel* Ausweitung des Versuchsprivilegs in Europa und den USA, PharmaR 2006, 209; *Hufnagel/Ruess* Neues zum Versuchsprivileg im US-Patentrecht: Gedanken zur Entscheidung des US Supreme Court in Merck v. Integra, Mitt 2005, 497; *Kägi/Frei/Heinrich* Stellungnahme der Arbeitsgruppe von AIPPI Schweiz zur Frage Q 157: Verhältnis zwischen technischen Normen und Patentrechten, sic! 2001, 463; *Koelman* An Exceptio Standardis: Do We Need an IP Exemption for Standards? IIC 37 (2006), 823; *Kohler* Patent-, Hoheits- und Notrechte, MuW 12, 394; *St. Kohler* Patentschutz für biotechnologische Erfindungen, zum Revisionsentwurf PatG, sic! 2006, 451; *Kramer* Patentschutz und Zugang zu Medikamenten, 2007; *A. Krieger* Das neue deutsche Patentrecht nach der Harmonisierung mit dem europäischen Patentrecht – eine Übersicht, GRUR Int 1981, 273; *U. Krieger* Die Benutzungsarten, GRUR 1980, 687; *Kronz* Gemeinnützige Forschung und Patentrecht, Mitt 1975, 267; *Kucsko* Auftragsforschung und Forschungsprivileg, FS I. Griss (2011), 461; *Kusulis/Bott* „3 D-Druck": Immaterialrechtliche Rahmenbedingungen additiver Fertigungstechnologien, IPRB 2014, 113; *Langfinger* Versuchsprivileg und mittelbare Patentverletzung, VPP-Rdbr 2011, 53; *Lenski* Informationszugangsfreiheit und Schutz geistigen Eigentums, NordÖR 2006, 89; *Lithgow* Patent Infringement Immunity for Medical Practitioners and Related Health Care Entities, 37 Jurimetrics 251 (1997); *Maaßen* Normung, Standardisierung und Immaterialgüterrechte, Diss Freiburg/Br. 2005; *Mengden* 3D-Druck: Droht eine „Urheberrechtskrise 2.0"? MMR 2014, 79; *Metzger* Patentverletzung durch Forschung? GRUR 1967, 126; *Meurer* Ausbesserungen und Ersatzteile bei ausländischen Fahrzeugen, MuW 40, 61; *Meusel* Behindern Patente die Forschung? GRUR 1974, 437; *Meusel* Ist „staatliche" Forschung „gewerbsmäßig"? GRUR 1975, 399; *Meusel* Gemeinnützige Forschung versus Patentrecht, GRUR 1976, 679; *Moser* Personal Manufacturing und Urheberrecht: „3D Druck" im privaten Umfeld, Diss Erlangen-Nürnberg 2015; *Mueller* No „Dilettante Affair": Rethinking the Experimental Use Exception to Patent Infringement for Biomedical Research Tools,

Washington Law Review 2001, 6; *Nieder* Mittelbare Verletzung europäischer (Bündel)Patente. Wegfall des doppelten Inlandsbezugs mit Inkrafttreten des EPGÜ? GRUR 2015, 1178; *Niioka* Klinische Versuche im Patentrecht, 2003; *Nordemann/Rüberg/Schaefer* 3D-Druck als Herausforderung für die Immaterialgüterrechte, NJW 2015, 1265; *Pagenberg* Das Versuchsprivileg des § 11 Nr 2 PatG. Eine Erwiderung auf die Anmerkung *Schultz-Süchting* GRUR 1996, 116, GRUR 1996, 736; *Pahlow/Gärditz* Konzeptionelle Anforderungen an ein modernes Recht der Hochschulerfindungen, WissR 2006, 48; *Park* Patents and Industry Standards, 2010; *Parliamentary Office of Science and Technology* (Hrsg) Patent, Research and Technology – Compatibilities and Conflicts, 1996; *Pedrazzini* Zur patentrechtlichen Problematik von Versuchen, die ein fremdes Patentrecht benützen, GRUR Int 1996, 373; *Pfaff* „Bolar" exemptions: a threat to the research tool industry in the U.S. and the EU? 38 IIC (2007), 258; *Pietzcker* Patentrechtliche Fragen bei klinischen Untersuchungen – eine Erwiderung, GRUR 1994, 319; *Rehmann* Rechtliche Rahmenbedingungen für einen effizienten Marktzugang von Generika, Arzneimittel & Recht 2008, 147; *Sampson* Madey, Integra and the Wealth of Nations, EIPR 2004, 1; *Schanze* Gewerbliche Verwerthung und gewerbliche Anwendung. Gewerbsmäßige Benutzung und betriebsmäßige Benutzung, GRUR 1899, 257, auch in: Patentrechtliche Untersuchungen (1901), 421; *Scheil* Klinische Versuche, Mitt 1996, 345; *Schickedanz* Die Ermittlung von Verletzungen normbildender Patente durch indirekte Schlüsse statt durch Merkmal-für-Merkmal-Subsumtion? GRUR 2011, 480; *Schmieder* Deutsches Patentrecht in Erwartung des europäischen Gemeinschaftspatents, NJW 1980, 1190; *Schmoll/Graf Ballestrem/Hellenbrand/Soppe* Dreidimensionales Drucken und die vier Dimensionen des Immaterialgüterrechts, GRUR 2015, 1041; *Schultz-Süchting* Klinischer Versuch als Patentverletzung, GRUR 1996, 116; *Schutjens* Arzneimittelversuche und Patentrecht, GRUR Int 1993, 827; *Sharma/Forrest* A Lifeline for Infringing Ships? EIPR 2003, 430; *Solmecke/Kocatepe* Der 3D-Druck – Ein neuer juristischer Zankapfel? K&R 2014, 778; *Spielmann* Die Ausnahme vom Patentschutze gemäß § 5 Abs 3 des Patentgesetzes, GRUR 1908, 145; *Stallberg* Zum Generikaabschlag nach § 130a Abs 3b SGB V, PharmR 2016, 100; *Stauder* Die Freiheit des internationalen Verkehrs im Patentrecht, GRUR 1993, 305; *Stjerna* Die Voraussetzungen und Grenzen des patentrechtlichen Versuchsprivilegs, Mitt 2004, 343; *Stott/Valentine* Gene Patenting and medical research: a View from a pharmaceutical company, Nature 2004, 364; *Straus* Zur Zulässigkeit klinischer Untersuchungen am Gegenstand abhängiger Verbesserungserfindungen, GRUR 1993, 308; *Straus* On the Admissibility of „Biological Equivalence Tests" during the Patent Term of Obtaining a Regulatory Approval for Patented Drugs by Third Parties – A Study on German and Comparative Law, 23 AIPPI Jap. Group Int. 211 (1998); *Straus* The research exemption. The Situation in Germany, in Van Overwalle (Hrsg), Octrooirecht and geneesmiddelen, 2000, 107; *Straus* Das Regime des European Telecommunications Standards Institute – ETSI: Grundsätze, anwendbares Recht und die Wirkung der ETSI gegenüber abgegebenen Erklärungen, GRUR Int 2011, 469; *Szücs* The Research Use Exemption Doctrine and Research Productivity in Biotechnology, Zürich 2004; *Tauchner* Experimental Use Exemption in Germany: Comments on the Geman Supreme Court Decision Clinical Test II, Patent World Dezember 1997/Januar 1998, 23; *Tauchner/Hölder* Die ärztliche Verordnungsfreiheit: eine Illusion? FS P. Mes (2009), 353; *V. Tetzner* Patentverletzung durch Forschung, GRUR 1966, 604; *V. Tetzner* Gewerbsmäßige Benutzung (§ 6 PatG), Mitt 1967, 45; *Thums* Patentschutz für Heilverfahren? GRUR 1995, 277; *Tilmann/Fähndrich* Patentnutzende Bereitstellungshandlungen bei Versuchen, GRUR 2001, 901; *Ullrich* Wettbewerb und technische Normen: Rechts- und ordnungspolitische Fragestellungen, GRUR 2007, 817; *van der Merwe* Experimental Use and Submission of Data for Regulatory Approval, IIC 31 (2000), 380; *van Overwalle* The Implementation of the Biotechnology Directive in Belgium and its After-Effects, IIC 37 (2006), 889; *van Overwalle/van Zimmeren/Verbeure/Matthijs* Models for facilitating access to patents on genetic inventions, Nature Review Genetics Februar 2006 143; *Verbruggen/Lörincz* Patente und technische Normen, GRUR Int 2002, 815 = Patents and Technical Standards, IIC 2002, 125; *Villinger* Anmerkungen zu den §§ 9, 10 und 11 des neuen deutschen Patentgesetzes über die Verbietungs- bzw Benutzungsrechte des Patentinhabers und die mittelbare Patentverletzung, GRUR 1981, 541; *Vomhof* Die Forschung ist frei! GRUR 1967, 278; *von Meibom* Durchgriffsansprüche (Reach-Through-Ansprüche) bei Patenten für Research Tools, Mitt 2006, 1; *von Meibom/Pitz* Klinische Versuche – eine transatlantische Betrachtung vor dem Hintergrund der Entscheidung des BGH „Klinische Versuche II", Mitt 1998, 244 = Experimental Use, Patent Infringement. A Transatlantic Review from German Perspective in Regard to the Decision of the German Supreme Court in Ortho v. Merckle „Clinical Trials II", 1 JWIP 633 (1998); *von Meibom/Pitz* Experimental Use and Compulsory Licence Under German Patent Law, Patent World Juni/Juli 1997, 27; *von Meibom/vom Feld* Durchgriffsansprüche (Reach-Through-Ansprüche) bei Patenten für Forschungswerkzeuge, FS K. Bartenbach (2005), 385; *Vossius* Klinische Versuche – Eine Anmerkung zu einem Beitrag von Susanne Scheil, Mitt 1997, 116; *Walenda* Patentverletzung durch Forschung, GRUR 1967, 192; *Walenda* Patent in der Forschung, GRUR 1975, 1; *Walenda* Gemeinnützige Forschung und Patentrecht, GRUR 1976, 341; *Walsh/Arora/Cohen* Effects of Research Tool Patents and Licensing on Biomedical Innovation, in: Patents in the Knowledge-Based Economy, Washington 2003; *D. Walter* Patentrechtliche Betrachtungen zu modernen Züchtungsverfahren und daraus hervorgehenden Pflanzen und Tieren, Journal für Verbraucherschutz und Lebensmittelsicherheit 2008, 359; *Weber* Patentrechte und Normung, MuW 40, 85; *White* Experimental exemption of patent infringement, Journal of Commercial Biotechnology 1999, 208; *Wit/Hoyng* Experimenteervrijheid in de farmaceutische industrie, IER 1994, 1; *Wolfrum/Stoll/Franck* Die Gewährleistung freier Forschung an und mit Genen und das Interesse an der wirtschaftlichen Nutzung ihrer Ergebnisse, 2002; *Worm/Guski* Analoge Anwendung des Zulassungsprivilegs auf Medizinprodukte? Mitt 2011, 265; *Wuttke* Aktuelles aus dem Bereich der „Patent Litigation", Mitt 2014, 452; *Zahn* Normung und technische Schutzrechte, GRUR 1980, 157; *Zech* Vertragliche Dispositionen über Schranken des geistigen Eigentums, in Leible/Ohly/Zech (Hrsg) Wissen-Märkte-Geistiges Eigentum (2010) 187; *Zimmermann* Der Erfindungsschutz und seine sozialen Schranken, Diss 1937.

A. Allgemeines

I. Entstehungsgeschichte

Die Bestimmung, die auf Art 31 GPÜ 1979 (Art 27 GPÜ 1989) zurückgeht, ist durch Art 8 Nr 4 des GPatG **1** als § 6b eingeführt worden und am 1.1.1981 in Kraft getreten (Art 17 Abs 3 GPatG). Sie hat durch die Neubek 1981 ihre geltende Bezeichnung enthalten. Das BioTRIUmsG hat im Anschluss an eine Protokollerklärung der deutschen Delegation im Binnenmarktrat vom 27.11.1997 Nr 2a eingefügt (Rn 20). Die vom Deutschen Generikaverband geforderte Einführung einer „Bolar-Regelung" ist aufgrund der EU-VO 2004/27/EG durch durch Art 3 des 14. AMGÄndG 29.8. 2005[1] als Nr 2b erfolgt (Rn 25 f). Die Regelungen in den meisten anderen EPÜ-Mitgliedstaaten stimmen weitgehend überein. In den USA besteht neben einem gesetzlichen Versuchsprivileg („experimental use defence") in Sec 271 (1) (e) Patents Code eine erstmals 1813 formulierte „common law defence",[2] die „philosophical experiments" und „ascertaining the sufficiency of the machine" erfasst; letztere wird nur in einem engen Bereich angewendet.[3]

Die Regelung entspricht im wesentlichen Art 9 Vorschlag GPVO und Art 35 Entwurf EPLA. Nunmehr **2** enthält **Art 27 des Übereinkommens über ein einheitliches Patentgericht** (EPGÜ) eine übereinstimmende Regelung, die auch besondere Landwirteprivilegien und in ihren Buchst k und l Rechte nach Art 5, 6 der Richtlinie 2009/24/EG und Art 10 der Richtlinie 98/44/EU umfasst. Ausnahmen von den Ausschließlichkeitsrechten lässt in begrenztem Umfang auch Art 30 TRIPS-Übk zu; jedenfalls das Versuchsprivileg (Nr 2) wird davon erfasst.[4]

Die Regelung stellt eine zulässige Bestimmung des **Inhalts und der Schranken des Eigentums** iSv **3** Art 14 GG dar; dem Gesetzgeber ist auch aufgetragen, den individuellen Berechtigungen und Befugnissen die im Interesse des Gemeinwohls erforderlichen Grenzen zu setzen.[5] Ob die Bestimmung als Ausnahmeregelung grds eng auszulegen ist,[6] erscheint nicht ganz unzwh, denn in jedem Fall sind neben den Interessen des Patentinhabers auch die durch die Schrankenbestimmung geschützten Interessen zu beachten und ihrem Gewicht entspr für die Auslegung der gesetzlichen Regelung heranzuziehen.[7]

Vor 1968 erfasste § 6 PatG 1936 ebenso wie § 4 PatG 1877/1891 nur gewerbsmäßiges Handeln als pa- **4** tentverletzend.[8] Die geltende Regelung hat das Merkmal der **Gewerbsmäßigkeit** aus dem früheren Regelungszusammenhang genommen und stattdessen bestimmte nichtgewerbliche Bereiche enumerativ als Ausschlusstatbestände ausgestaltet (Nr 1, 2, 3). Die dem eur Einheitsrecht angepasste Regelung kann nur unter Berücksichtigung ihres Ursprungs und nicht ohne weiteres nach den überkommenen Grundsätzen des nationalen Rechts ausgelegt werden;[9] dies betrifft insb Nr 2. Der BGH hat die Auffassung[10] abgelehnt, dass sich die Bedeutung der Ausnahmevorschrift im Nachvollzug der früheren Rechtslage beschränke. In der für die Auslegung heranzuziehenden Denkschrift,[11] der hierbei besonderes Gewicht zukommt, ist zum „Versuchsprivileg" ausgeführt, die Vorschrift erlaube es, die Erfindung für Versuchszwecke zu verwenden, zB um ihre Verwendbarkeit und Weiterentwicklungsmöglichkeit zu prüfen; die gewählte Formulierung solle klarstellen, dass der Versuch selbst sich auf die geschützte Erfindung beziehen müsse, es solle

---

1 BGBl I 2570 = BlPMZ 2005, 329.

2 29 F.Cas. 1120 (C.C.D. Mass. 1813) Whittemore v. Cutter.

3 Näher *Sampson* EIPR 2004, 1 mwN.

4 Vgl WTO-Panel 17.3.2000 zur kanad regulatory review exception WT/DS 114/R und dazu *Holzapfel* GRUR 2006, 10, 13 mwN; zu den Auswirkungen von Art 30 TRIPS-Übk *Ullrich* Technologieschutz nach TRIPS: Prinzipien und Probleme, GRUR Int 1995, 623, 637.

5 BVerfG GRUR 2001, 43 Human-Immuninterferon, zu Nr 2; *Holzapfel* GRUR 2006, 10, 13; vgl *Fitzner/Lutz/Bodewig* Rn 1.

6 *Fitzner/Lutz/Bodewig* Fn 6 unter Hinweis auf BGH GRUR 2002, 963, 966 elektronischer Pressespiegel, UrhSache.

7 BGH elektronischer Pressespiegel.

8 Zum Begriff der Gewerbsmäßigkeit in diesem Kontext RGZ 39, 32 f = GRUR 1898, 250 Eisenbalkendecken I; RGZ 66, 164 = GRUR 1909, 80 Läutevorrichtung I; BGHZ 48, 313, 323 ff = GRUR 1968, 142 Glatzenoperation; *Kraßer* S 786 (§ 33 IV a).

9 Vgl BGHZ 130, 259 = GRUR 1996, 109 klinische Versuche I; brit CA GRUR Int 1987, 108 = RPC 1985, 515 Monsanto/Stauffer (Touchdown); *Fitzner/Lutz/Bodewig* Rn 3.

10 LG Berlin GRUR 1985, 375; LG Düsseldorf GRUR Int 1987, 807; *Coldewey* Mitt 1980, 182; *Freier* GRUR 1987, 664; *Schmieder* NJW 1980, 1190, 1193; vgl auch nlHR BIE 1993, 310 = GRUR Int 1993, 887 Atenolol, allerdings auf nicht übereinstimmender und auch nach dem ROW 1995 weiterhin abw Rechtsgrundlage.

11 BlPMZ 1979, 325, 333.

---

nicht erlaubt werden, dass diese im Rahmen eines sich auf einen anderen Gegenstand beziehenden Versuchs verwendet werde.

II. Anwendungsbereich

5   Die Nrn 1, 2, 3–6 der Bestimmung sind auf alle Patente anzuwenden, die seit dem 1.1.1981 beim DPA/DPMA angemeldet sind (Art 12 Abs 1 GPatG). Zur Anwendbarkeit auf **europäische Patente** Rn 7 zu § 9. Auf **ergänzende Schutzzertifikate** ist die Bestimmung nach § 16 Abs 2 anwendbar.[12] Die Regelung in Nr 2a gilt seit 28.2.2005,[13] die in Nr 2b seit dem 6.9.2005.[14] Die Regelung in Nr 3 war auf vor dem 1.1.1981 angemeldete Patente auch nicht als allg Rechtsgedanke anwendbar (näher *7. Aufl*). Im Gebrauchsmusterrecht gilt die weniger umfassende Bestimmung des § 12 GebrMG (zur Anwendbarkeit von Nr 2a, 2b und 3 Rn 3, 4 zu § 12 GebrMG). Für das Europäische Patent mit einheitlicher Wirkung sieht Art 14h des Übk über ein einheitliches Patentgericht eine erweiterte Lösung vor, die auch das „Farmerprivileg" sowie der Regelungen der EU-Ratsrichtlinien 2009/24 und 98/44 erfasst.

III. Regelungszweck

6   Grds erstreckt sich die Wirkung des Patents auf alle in § 9 genannten Benutzungshandlungen, solange nicht Erschöpfung eingetreten ist. Der dadurch gewährte Schutz ist jedoch in mehrfacher Hinsicht zu weit. Bestimmte Bereiche müssen patentfrei gehalten werden. Patente sind Instrumente des Wirtschaftsverkehrs und nicht für den Eingriff in die Privatsphäre bestimmt. Da Patente der Förderung der technischen Entwicklung dienen, darf sich ihre Wirkung nicht auf Handlungen zu Versuchszwecken erstrecken. Im Interesse der Gesundheitsförderung soll die Rezepturfreiheit des Arztes nicht eingeschränkt werden. Schließlich sollen Patente den internat Verkehr nicht unnötig behindern. Diese Fälle werden durch die – differenziert zu betrachtenden – Ausnahmetatbestände erfasst. Der BGH sieht die einzige Gemeinsamkeit der Ausnahmetatbestände darin, dass zwischen den Interessen des Patentinhabers und denen der Allgemeinheit ein billiger Ausgleich gefunden werden solle, was sowohl die ihrem typischen Zuschnitt nach nichtgewerblichen Handlungen der Nrn 1–3 als auch bestimmte Bereiche des Güter- und Personenverkehrs erfasse.[15] Nicht gesetzlich geregelt sind die allg Rechtfertigungsgründe (Rn 32 ff). Weitere Ausnahmetatbestände enthalten insb die §§ 12, 13, 123 Abs 5–7; schließlich ergibt sich eine Ausnahme aus dem „Landwirteprivileg" (§ 9c). Die auf der Sozialbindung des geistigen Eigentums beruhenden Schrankenbestimmungen sind grds eng auszulegen, weil sie das Ausschließlichkeitsrecht beschränken, das dem Urheber möglichst uneingeschränkt zustehen soll.[16] Anders kann es sich aber verhalten, wenn die Schrankenregelung selbst besonderen verfassungsrechtl geschützten Positionen Rechnung trägt.[17] Zum Verhältnis der Bereitstellung (Anbieten und Liefern) zur mittelbaren Patentverletzung Rn 26 zu § 10.

B. Privilegierungstatbestände

I. Privatbereich, nichtgewerbliche Zwecke

7   Handlungen im Privatbereich zu nichtgewerblichen Zwecken sind patentfrei.[18] „Nichtgewerblich" iSd § 11 kennzeichnet nur den Gebrauch in der rein persönlichen, privaten Sphäre.[19] Das Merkmal ist nicht

---

12   Vgl *Pietzcker* GRUR 1994, 319, 321; *Fitzner/Lutz/Bodewig* Rn 2.
13   Vgl *Schulte* Rn 15.
14   Vgl *Schulte* Rn 18.
15   BGHZ 130, 259 = GRUR 1996, 109 klinische Versuche I.
16   BGHZ 144, 232, 235 f = GRUR 2001, 51 Parfumflakon; BGHZ 150, 6 = GRUR 2002, 605 verhüllter Reichstag, je zu §§ 45 ff UrhG aF mwN.
17   BGH verhüllter Reichstag; vgl BVerfG GRUR 2001, 149, 151 f Germania 3; *Bornkamm* FS H. Piper (1996), 641, 648 f.
18   Vgl für das Warenzeichenrecht BGHZ 100, 51, 58 = GRUR 1987, 438 Handtuchspender; OLG Köln NJW 1995, 1759, 1760; zur Einfuhr weniger Stücke LG Mannheim Mitt 1999, 399, Markensache; zu Veränderungen einer Markenware, die der Abnehmer für den Eigenbedarf vornehmen lässt, BGH GRUR 1998, 696 Rolex-Uhr mit Diamanten, Markensache, und Parallelentscheidungen BGH 12.2.1995 I ZR 239/95, I ZR 240/95, I ZR 242/95.
19   So schon RGZ 66, 164, 166 = GRUR 1909, 80 Läutevorrichtung I; vgl *Büscher/Dittmer/Schiwy* Rn 4.

gleichzusetzen mit der gewerblichen Verwertbarkeit iSd § 5[20] und auch nicht mit dem Gewerbebegriff des Handels- oder Gewerberechts;[21] gewerblich sind insb auch freiberufliche (ärztliche Verschreibung)[22] und landwirtschaftliche Tätigkeiten. Die Tätigkeit eines Auktionshauses ist nicht privilegiert.[23] Der Patentschutz entfaltet seine Wirkungen nicht nur bei den üblichen erwerbswirtschaftlichen Abläufen und Gegebenheiten; gewerbsmäßig ist nicht nur der Gebrauch der geschützten Erfindung in einem eigentlichen Gewerbebetrieb, sondern jede außerhalb der privilegierten Zwecke und Sphären erfolgende Benutzung, auch wenn diese nicht für die Zwecke eines Gewerbes geschieht.[24] Gewerblich ist grds auch der Gebrauchtwarenhandel,[25] anders aber die gelegentliche Verwertung einzelner privat benützter Vermögensgegenstände;[26] auch der 3D-Druck[26a] im ausschließlich privaten Bereich ist privilegiert.[27] Zur Anwendung eines Verfahrens zur Schwangerschaftsverhütung allein durch die betroffene Person Rn 52 zu § 2a. Die Einfuhr einzelner patentverletzender Gegenstände kann privilegiert sein.[28] Ausstellung und Vorführung auf einer allg Leistungsschau, die nicht den Charakter einer Verkaufsmesse hat, wurden als nicht gewerbsmäßig angesehen; nach geltendem Recht wird schon das Vorliegen einer vorbehaltenen Handlung nach § 9 zu verneinen sein (vgl Rn 74 zu § 9).

Privat sind Tätigkeiten zu Studienzwecken.[29] Das gilt auch, soweit es sich nicht um Versuchszwecke **8** iSd Nr 2 handelt.[30]

Nicht privat in diesem Sinn ist die Benutzung in Kirchen,[31] Schulen,[32] Sozialeinrichtungen,[33] Streit- **9** kräften, Vereinen.[34] Das PatG enthält insoweit keinen allg Privilegierungstatbestand. Nicht privat sind Benutzungen in Mietwohnungen,[35] Geschäftslokalen,[36] Verleih eines landwirtschaftlichen Geräts zur Ermittlung wirtschaftlichen Arbeitens.[37]

Feldversuche mit dem Ziel, für die Einfuhr oder den Vertrieb des Mittels die Zulassung zu erlangen, **10** um nach Ablauf des Klagepatents das Mittel auf den Markt zu bringen, sind gewerbsmäßig.[38]

Handlungen im privaten Bereich zu gewerblichen Zwecken werden schon nach dem Wortlaut der **11** Bestimmung nicht vom Patentschutz ausgenommen.[39]

II. Handlungen zu Versuchszwecken

1. Zur **Rechtslage bei vor 1981 angemeldeten Patenten** 6. und 7. Aufl. **12**

---

20 Vgl BGHZ 48, 313 = GRUR 1968, 142 Glatzenoperation; *Fitzner/Lutz/Bodewig* Rn 5.
21 *Fitzner/Lutz/Bodewig* Rn 6.
22 OLG München Mitt 1996, 312, 314; LG Hamburg Mitt 1996, 315, 317; *Benkard* Rn 5.
23 OLG Frankfurt GRUR-RR 2006, 43, UrhSache; OLG Köln GRUR-RR 2006, 50 (Internetauktion), Markensache (nachgehend BGH GRUR 2008, 702 Internet-Versteigerung III); zum Haftungsprivileg der §§ 8, 11 TDG 2001 BGHZ 158, 236, 246 ff = GRUR 2004, 860 Internet-Versteigerung I; zu den Auswirkungen des Telemediengesetzes BGHZ 172, 119 = GRUR 2007, 708 Internet-Versteigerung II.
24 BGHZ 107, 46 = GRUR 1990, 997 Ethofumesat.
25 Vgl LG München I Beschl vom 28.3.1996 7 O 13450/95.
26 *Kraßer* S 786 (§ 33 IV a) mwN in Fn 226; aA wohl *Benkard* Rn 5 mNachw; LG Berlin GRUR-RR 2004, 16, Markensache, stellt auf das im privaten Verkehr Übliche und nicht auf wiederholten Handel gerade mit dem Verletzungsgegenstand ab; vgl BGH GRUR 2009, 871 Ohrclips, Markensache.
26a Hierzu BPatG 4.4.2016 11 W (pat) 3/12.
27 Vgl ua *Grosskopf* CR 2012, 618; *Solmecke/Kocatepe* K&R 2014, 778; *Schmoll/Graf Ballestrem/Hellenbrand/Soppe* GRUR 2015, 1041, 1046; *Nordemann/Rüberg/Schaefer* NJW 2015, 1265.
28 Vgl BG Bülach/Schweiz sic! 2004, 509 und hierzu *Blumenthal* sic! 2004, 800.
29 BGHZ 48, 313 = GRUR 1968, 142 Glatzenoperation; BGHZ 107, 46 = GRUR 1990, 997 Ethofumesat.
30 Vgl *Klauer/Möhring* § 7 Rn 143.
31 RGZ 66, 164, 167 = GRUR 1909, 80 Läutevorrichtung I.
32 *Fitzner/Lutz/Bodewig* Rn 6.
33 Vgl RG GRUR 1948, 117 Krankenhausapotheke, WzSache.
34 LG Düsseldorf 25.10.1966 4a O 282/66; *Stieger* in *Bertischinger/Münch/Geiser* (Hrsg) Schweizerisches und europäisches Patentrecht, 2002, Rn 12.28.
35 RG BlPMZ 1912, 219 f Gardinenhaken; *Büscher/Dittmer/Schiwy* Rn 5; vgl RB Den Haag BIE 1996, 86.
36 RGZ 39, 32 f = GRUR 1898, 250 Eisenbalkendecken I.
37 LG Mannheim GRUR 1953, 33.
38 BGHZ 107, 46 = GRUR 1990, 997 Ethofumesat.
39 Vgl *Mes* Rn 4; *Büscher/Dittmer/Schiwy* Rn 5.

Keukenschrijver

13 **2. Rechtslage bei seit 1981 angemeldeten Patenten.** Versuchshandlungen sind – auch zur Gewährleistung der in Art 5 Abs 3 GG verbürgten Freiheit der Forschung und der Lehre[40] – patentrechtl nur erlaubt, wenn und soweit sie vom Ziel des Versuchs gerechtfertigt werden.[41] In der Lit wurde insoweit auf
die – auch nur mittelbare – soziale Nützlichkeit des Versuchs abgestellt.[42] Versuche, die (auch) zur Erlangung einer Arzneimittelzulassung (auch für weitere Indikationen eines patentgeschützten Wirkstoffs) dienen, sind nach der zum PatG 1981 ergangenen Rspr des BGH vom Versuchsprivileg nach Nr 2 erfasst. Die
Instanzgerichte hatten dies in den „Erythropoietin"-[43] und „Polyferon"-Fällen[44] noch verneint.[45] Diente
der Versuch zugleich der Weiterentwicklung als auch der wirtschaftlichen Verwertung, sollte er nicht privilegiert sein.[46] Auch im Ausland ist das Privileg zT enger gezogen.[47]

14 Im Anwendungsbereich des PatG 1981 kann auf die frühere Rspr, insb die „Ethofumesat"-Entschei-
dung, nicht mehr ohne weiteres zurückgegriffen werden.[48] Der BGH vertritt zum geltenden Recht die Auffassung, dass eine auf den Gegenstand der Erfindung bezogene und deshalb rechtmäßige Handlung vorliegen kann, wenn ein patentierter Arzneimittelwirkstoff bei klinischen Versuchen mit dem Ziel eingesetzt
wird zu erfahren, ob und ggf in welcher Form er geeignet ist, bestimmte **weitere Krankheiten** beim Menschen zu heilen oder zu lindern.[49] Gleichgültig ist es, ob die Handlungen in öffentlichen Einrichtungen
oder in Industrieunternehmen vorgenommen werden,[50] ob Grundlagenforschung oder anwendungsorien-
tierte Forschung betrieben wird.[51]

15 Nach dem Wortlaut der geltenden Regelung muss der **Gegenstand der Erfindung** Objekt der Ver-
suchshandlung zum Zweck der Erlangung von Erkenntnissen sein. Die Formulierung in Nr 2, die nicht auf
den Gegenstand des Patents, sondern auf den Gegenstand der patentierten Erfindung abstellt, deutet
demnach darauf hin, dass Nr 2 grds alle Versuchshandlungen freistellt, soweit sie der Gewinnung von
Erkenntnissen und damit der wissenschaftlichen Forschung über den Gegenstand der Erfindung einschließlich seiner Verwendung dienen; damit sind Benutzungshandlungen zu Versuchszwecken einbezogen, die mit dem Gegenstand der Erfindung vorgenommen werden, um die Wirkungen eines Stoffs oder
neue, bisher unbekannte Anwendungsmöglichkeiten zu erkunden.[52] Dies erfasst auch Erzeugnis- und
Stoffschutz.[53] Da die Vorschrift die Versuchshandlungen weder qualitativ noch quantitativ beschränkt,

---

40 Vgl *Benkard* Rn 6; *Fitzner/Lutz/Bodewig* Rn 7; *Büscher/Dittmer/Schiwy* Rn 6.
41 Vgl zur engen Auslegung der „experimental use defense" in den USA US-CAFC GRUR Int 2003, 702 Madey/Duke
University.
42 *Holzapfel* S 184 ff, 188 ff, 192 ff; *Holzapfel* GRUR 2006, 10, 12.
43 LG Düsseldorf 26.5.1992 4 O 151/91 sowie Folgeentscheidung OLG Düsseldorf 28.4.1994 2 U 128/92.
44 OLG Düsseldorf 9.7.1992 2 U 47/91.
45 Ebenso nlHR BIE 1993, 310 = GRUR Int 1993, 887 Atenolol; GH Den Haag GRUR Int 1995, 253 zum nl Recht, sowie BG
Nagoya 6.3.1996 und 18.3.1996, IIC 1997, 398 und referiert in EIPR 1996 D-356; anders allerdings jp OGH IIC 1999, 448, OG
Tokio IIC 1999, 454 sowie verschiedene Entscheidungen von Gerichten in Tokio und Osaka; zust *Pietzcker* GRUR 1994, 319;
vgl *Benkard* Rn 6; aA *Straus* GRUR 1993, 308; *Chrocziel* GRUR Int 1984, 735, 738; kr auch *Schutjens* GRUR Int 1993, 827, 833;
zur Entwicklung in den USA – ausdrückliche Regelung in § 271 (e) Patent Term Restoration Act nach anderslautender
Entscheidung durch den US-CAFC GRUR Int 1984, 769, „Hatch-Kompromiss" – *von Meibom/Pitz* Mitt 1998, 244 f.
46 LG Düsseldorf 26.5.1992 4 O 151/91; *Chrocziel* GRUR Int 1992, 203, 206; vgl HG Zürich sic! 1997, 208, 214, wo auf die
Weiterentwicklung des Gegenstands der Erfindung abgestellt wird; vgl auch TGI Paris PIBD 1997, 628 III 139.
47 Vgl US-CAFC GRUR Int 2003, 792 Madey v. Duke University: „strictly limited to actions that are carried out for
amusement, to satisfy idle curiosity or for strictly philosophical inquiry"; HG St. Gallen sic! 2005, 31 gegen OG Basel-
Landschaft sic! 1998, 78; vgl aber zur Neufassung der Regelung in Belgien *van Overwalle* IIC 37 (2006), 889, 906 ff.
48 Vgl *Stieger* in *Bertischinger/Münch/Geiser* (Hrsg) Schweizerisches und europäisches Patentrecht, 2002, Rn 12.66.
49 BGHZ 130, 259 = GRUR 1996, 109 klinische Versuche I, mAnm *Schultz-Süchting* und Erwiderung *Pagenberg* GRUR
1996, 736, sowie mAnm *Vossius* Mitt 1995, 275; *Mes* Rn 7; eingehend hierzu auch *Hieber* GRUR 1996, 439; *Scheil* Mitt 1996,
345; weiter *B. Goebel* Pflanzenpatente und Sortenschutzrechte im Weltmarkt (2001), 229 f; *Cornish* IIC 1998, 735, 742, 746;
zum Zusammenhang mit der Rechtspraxis zur Erteilung von Zwangslizenzen *von Meibom/Pitz* Mitt 1998, 244, 245, 251.
50 BGH klinische Versuche I; *Kraßer* S 787 (§ 33 IV b) mwN.
51 *Holzapfel* GRUR 2006, 10, 13.
52 Die Argumentation wird von *Holzapfel* GRUR 2006, 10, 12 f, der darauf abstellen will, dass nach der Denkschrift zum
GPÜ das Versuchsprivileg nicht auf Verfahrenserfindungen beschränkt ist, allerdings als „etwas rabulistisch" anmutend
bezeichnet; auch in den USA wird das Versuchsprivileg (35 USC § 271 (e) (1)) umfassend verstanden: „as long as there is a
reasonable basis for believing that the experiments will produce the types of information that are relevant", SuprC
13.6.2005 Merck/Integra, referiert in EIPR 2005 N-228 f und mAnm *Sarnoff* in IIC 36 (2005), 853.
53 *Holzapfel* GRUR 2006, 10, 13.

Keukenschrijver

kann es grds nicht darauf ankommen, ob die Versuche nur der Überprüfung der in der Patentschrift enthaltenen Angaben oder der Erlangung weiterführender Forschungsergebnisse dienen oder ob mit ihnen weitere Zwecke, wie gewerbliche Interessen, verfolgt werden (vgl aber Rn 17).[54] Soweit die Versuchshandlungen mit Gegenständen vorgenommen werden, bei denen Erschöpfung eingetreten ist, kommt es auf das Versuchsprivileg nicht an.[55]

Dass bei den Versuchen **wirtschaftliche Interessen** im Hintergrund stehen, hindert die Privilegie- **16** rung nicht;[56] dies gilt auch unter dem Gesichtspunkt, dass die Versuche auf eine arzneimittelrechtl Zulassung zielen[57] und grds auch für solche Handlungen, die der Erlangung der Zulassung für die bekannte Indikation dienen,[58] ob dies auch für (durch chemische Synthese hergestellte, anders wohl bei biologischer, insb gentechnischer Synthese) reine Generika gilt, ist nicht ausdrücklich entschieden und könnte allenfalls deshalb zu verneinen sein, weil der BGH auch darauf abstellt, ob durch die Erprobung Kenntnisse gewonnen werden sollen, die eine bestehende Unsicherheit beseitigen sollen;[59] ein Verstoß gegen Art 30 TRIPS-Übk läge hierin nicht, anders bei Herstellung auf Vorrat (vgl jetzt die speziellere Regelung in Nr 2b (Rn 25f). Auch Auftragsforschung mit Gewinnerzielungsabsicht ist erfasst.[60] Etwas anderes mag gelten, wenn es nur noch um die Klärung wirtschaftlicher Fakten wie Marktbedürfnis, Preisakzeptanz und Vertriebsmöglichkeiten geht.[61] Demnach sind auch Bioäquivalenzstudien für Nachahmerprodukte und die Verwendung, die erfolgt, um eine taugliche Tablettenformulierung zu ermitteln, nicht vom Versuchsprivileg gedeckt.[62] Der BGH[63] weist weiter auf die unterschiedliche Rechtslage hin, die abw niederländ Entscheidungen[64] zugrunde liegt. Erfasst sind auch klinische Versuche, bei denen ein anderes unter das Patent fallendes Medikament erprobt wird.[65] Die gegen die Entscheidung „klinische Versuche I" gerichtete Verfassungsbeschwerde[66] ist nicht angenommen worden.[67] Nr 2b („Bolar-Regelung"; Rn 25f) hat mittlerweile die Möglichkeiten für Versuche erweitert.[68]

Auf **Missbrauchsfälle** kann das Versuchsprivileg allerdings nicht erstreckt werden,[69] ebenso, wenn **17** die Versuche in der Absicht vorgenommen werden, den Patentinhaber oder seinen Lizenznehmer beim Vertrieb seiner Produkte zu behindern.[70] Nicht unter das Versuchsprivileg fällt der kommerzielle Vertrieb in Krankenhäusern.[71] Der Umfang der „Versuche" mag ein Indiz dafür sein, dass es sich nicht um solche handelt.[72]

---

54 Zust *Hieber* GRUR 1996, 439, 446 f; *Schulte* Rn 11; für das frz Recht *Véron* RDPI 107 (2000), 19; aA insoweit *Schultz-Süchting* GRUR 1996, 120; enger auch *Scheil* Mitt 1996, 345, 348; abw für das Recht des VK wohl PatentsC 20.6.2001 Inhale v. Quadrant, referiert in EIPR 2001 N-190 f.

55 *Kraßer* S 787 (§ 33 IV b 2) gegen *Fitzner/Tilmann* Mitt 2002, 2, 6.

56 Vgl *Fitzner/Lutz/Bodewig* Rn 9.

57 BGHZ 130, 259 = GRUR 1996, 109 klinische Versuche I; *Kraßer* S 789 (§ 33 IV b 5); vgl *Fitzner/Lutz/Bodewig* Rn 11.

58 Vgl BGHZ 135, 217 = Mitt 1997, 253 klinische Versuche II; aA *Pagenberg* GRUR 1996, 736; *Scheil* Mitt 1996, 345, 348; *von Meibom/Pitz* Mitt 1998, 244, 252.

59 Vgl *Holzapfel* S 198 ff; *Holzapfel* GRUR 2006, 10, 12; *Epping/Gerstberger* PharmaR 2003, 257, 259; *Stieger* in *Bertischinger/Münch/Geiser* (Hrsg) Schweizerisches und europäisches Patentrecht, 2002, Rn 12.122; insoweit abl *Fitzner/Tilmann* Mitt 2002, 2, 6.

60 *Worm/Guski* Mitt 2011, 265, 269; *Schulte* Rn 13.

61 BGH klinische Versuche II; BVerfG GRUR 2001, 43 f Human-Immuninterferon; *Kraßer* S 788, 790 (§ 33 IV b); *von Meibom/Pitz* Mitt 1998, 244, 249 f; *Fitzner/Lutz/Bodewig* Rn 14.

62 EuGH-Vorlage des OLG Düsseldorf GRUR Int 2014, 237, erledigt durch Verzichtsurteil OLG Düsseldorf 2.4.2014 2 U 68/12 GRURPrax 2015, 135 KT; *Mes* Rn 7; *Wuttke* Mitt 2014, 452 f.

63 BGH klinische Versuche I.

64 NlHR BIE 1993, 310 = GRUR Int 1993, 887 Atenolol; nlHR GRUR Int 1997, 838, 839 = BIE 1997, 235 Organon/ARS; GH Den Haag GRUR Int 1995, 253.

65 BGH klinische Versuche II.

66 Vgl *von Meibom/Pitz* Mitt 1998, 244, 250 f.

67 BVerfG GRUR 2001, 43 Human-Immuninterferon.

68 Vgl *Kraßer* S 790 (§ 33 IV b 6).

69 BVerfG Human-Immuninterferon unter Hinweis auf die Ausgangsentscheidung.

70 BGH klinische Versuche II; *Fitzner/Lutz/Bodewig* Rn 14; *Mes* Rn 8.

71 HG Zürich sic! 1997, 208, 210, 214.

72 Vgl BGH klinische Versuche II; CA England/Wales GRUR Int 1987, 108 = RPC 1985, 515 Monsanto/Stauffer (Touchdown); *von Meibom/Pitz* Mitt 1998, 244, 250 f; *Stieger* in *Bertischinger/Münch/Geiser* (Hrsg) Schweizerisches und europäisches Patentrecht, 2002, Rn 12.123: strenger *Benkard* Rn 6; *Schulte* Rn 12.

18   Ausgenommen sind weiter Versuche, die die Erfindung zum (Hilfs-)**Mittel der Versuchshandlungen** machen, da in solchen Fällen die Erfindung bestimmungsgem nicht mehr zu Zwecken des Versuchs zum Einsatz gebracht würde.[73] Differenzierend zu betrachten ist die Benutzung zu Forschungszwecken.[74] Nicht privilegiert ist insb die Benutzung von Forschungswerkzeugen („research tools")[75] „als Musterbeispiel einer apparativen Benutzung",[76] jedoch könnte hier wie nach Art 40b schweiz PatG durch einen gesetzlichen Anspruch auf Lizenzeinräumung abgeholfen werden (vgl § 24 sowie bei Hochschulerfindungen Rn 16 f zu § 42 ArbEG). Schwierigkeiten für die Beurteilung können sich ergeben, wo die Benutzung als Gegenstand des Versuchs mit der als Hilfsmittel verschwimmt;[77] in solchen Fällen wird das Versuchsprivileg anders als in Fällen, in denen der Gegenstand der Erfindung nicht genutzt wird, nicht greifen können.[78]

19   Die Privilegierung trifft den **Mitveranstalter** der Versuche nur, wenn er ein eigenes Interesse an den Studien hat, das über die Lieferung hinausgeht.[79]

III. Pflanzenforschungsprivileg

20   Das BioTRlUmsG hat unter Nr 2a eine Art 27 Buchst c EPGÜ entspr, an Art 15 Buchst c GSortV, § 10a Abs 1 Nr 3 SortG angelehnte Regelung dahin eingestellt, dass sich die Wirkung des Patentschutzes nicht auf die Nutzung biologischen Materials zum Zweck der Züchtung, Entdeckung und Entwicklung einer neuen Pflanzensorte erstreckt.[80] Schon 1997 hatte sich die dt Delegation im Binnenmarktrat das Privileg über die Protokollerklärung vorbehalten.[81] Das frz Patentrecht kennt eine vergleichbare Privilegierung der Pflanzenzüchter.[82] Es soll gewährleistet werden, dass die Züchtung von Pflanzensorten durch die Wirkung von Patenten für biologisches Material nicht unangemessen beeinträchtigt wird.[83] Das Privileg ist weiter als das Versuchsprivileg (Nr 2), weil sich die privilegierten Handlungen nicht auf den Gegenstand der patentgeschützten Erfindungen beziehen müssen[84] und der Züchter nicht nur an, sondern auch mit der Erfindung forschen darf.[85] Etwa an dem Ausgangsmaterial bestehender SortSchutz setzt sich auch gegenüber einer Weiterzüchtung fort; das gilt auch für Patentschutz,[86] jedoch kann die Pflicht zu gegenseitiger Lizenzierung bestehen (§ 24 Abs 3). Die Privilegierung ist nicht davon abhängig, dass der Berechtigte das Material in Verkehr gebracht hat; ausreichend ist die Zugänglichkeit der Information über das Material.[87]

21   **Biologisches Material** iSd Bestimmung ist solches nach § 2a Abs 3 Nr 1 (Rn 40 zu § 2a).

22   Die **Pflanzensorte** ist iSd SortRechts zu verstehen, dh nach Art 5 GemSortV, § 2 Nr 1a SortG definiert (vgl Erwägungsgrund 30 der BioTRl).

---

73   BGHZ 130, 259 = GRUR 1996, 109 klinische Versuche I; vgl die Denkschrift BlPMZ 1979, 325, 333 sowie nlHR GRUR Int 1997, 838 f = BIE 1997, 235 Organon/ARS; SstA BlPMZ 1973, 205 f; *Chrocziel* S 148 ff, 195 ff; *Kraßer* S 787 (§ 33 IV b); *Holzapfel* GRUR 2006, 10, 12.

74   Zum Streitstand *Kraßer* S 788 (§ 33 IV b 3); vgl *Teschemacher* GRUR Int 1987, 62 f; *Stjerna* Mitt 2004, 344; *Holzapfel* GRUR 2006, 10, 13 Fn 25 mwN.

75   *Schulte* Rn 19; aA *Langfinger* VPP-Rdbr 2011, 53, 58.

76   *Holzapfel* GRUR 2006, 10, 13; *Pahlow/Gärditz* WissR 2006, 48, 55 f; *Ohly* Geistiges Eigentum? JZ 2003, 545, 553 versucht hier mit dem Instrument der gesetzlichen Lizenz abzuhelfen; vgl hierzu auch *Pahlow/Gärditz* WissR 2006, 48, 57; zu Zwangslizenzen für „research tools" in der Schweiz *Kohler* sic! 2006, 451, 464.

77   Vgl *Holzapfel* GRUR 2006, 10, 14 mit dem Bsp der Benutzung eines Rezeptors zum Screening nach Ligandenmolekülen, die sich an den Rezeptor anlagern, weil sich ein solcher Versuch zugleich auf den Liganden und den Rezeptor bezieht.

78   Vgl US-CAFC GRUR Int 2003, 792 Madey/Duke University und US-CAFC 66 USPQ 2d 1865 Integra/Scripps; *Holzapfel* S 328 f; *Holzapfel* GRUR 2006, 10, 14 f.

79   LG Düsseldorf 26.7.2012 4a O 282/10; *Schulte* Rn 14; aA *Haedicke/Timmann* § 9 Rn 24 ff.

80   Vgl Begr BTDrs 15/1709 S 15; *Haedicke* Mitt 2005, 241, 244 f; kr *Kock/Porzig/Willnegger* GRUR Int 2005, 183, 190.

81   BTDrs 15/1709 S 15.

82   *D. Walter* Journal für Verbraucherschutz und und Lebensmittelsicherheit 2008, 359.

83   Protokollerklärung der deutschen Delegation im Binnenmarktrat am 27.11.1997, zitiert nach *Haedicke* Mitt 2005, 241, 244.

84   *Haedicke* Mitt 2005, 241, 244 f.

85   *D. Walter* Journal für Verbraucherschutz und Lebensmittelsicherheit 2008, 359.

86   *Benkard* Rn 9; *Kraßer* S 790 (§ 33 IV b 7).

87   *Mes* Rn 9; *Haedicke* Mitt 2005, 241, 245.

Züchtung und **Entwicklung** sind als Schaffung neuen Pflanzenguts durch menschliches Zutun zu **23** verstehen.[88] **Entdeckung** ist das Auffinden einer neuen Sorte ohne menschliches Zutun.[89]

Die Benutzung des patentgeschützten Materials ist nur dann privilegiert, wenn sie **subjektiv** zum **24** Zweck der Züchtung, Entwicklung oder Entdeckung einer neuen Pflanzensorte (nicht auch neuer Pflanzen an sich) erfolgt.[90] Die Regelung erfasst auch die Fälle, in denen die Erfindung als Mittel von Versuchshandlungen benutzt wird (Rn 18 f, 20). Nicht erfasst ist die Verwertung des neu gewonnenen Materials,[91] anders wohl, wenn die Eigenschaft, die die Patentierung begründet hat, nicht mehr vorhanden ist. Damit unterscheidet sich die Regelung vom sortrechtl Züchterprivileg (§ 10a SortG). Allerdings begründet § 24 Abs 3 einen Anspruch auf (gegenseitige) Zwangslizenzierung.[92]

IV. Arzneimittelrechtliche Zulassung

Der Tatbestand („Bolar-Regelung")[93] der Nr 2b stellt insb Studien und Versuche frei, die für die Erlan- **25** gung einer arzneimittelrechtl Genehmigung für das Inverkehrbringen in der Europäischen Union oder einer arzneimittelrechtlichen Zulassung in den Mitgliedstaaten der Europäischen Union oder in Drittstaaten[94] erforderlich sind, und setzt aufgrund der Richtlinie 2004/27/EG den Art 10 Abs 6 der geänd Richtlinie 2001/83/EG zur Schaffung eines Gemeinschaftskodexes für Humanarzneimittel und Art 13 Abs 6 der geänd Richtlinie 2001/82/EG zur Schaffung eines Gemeinschaftskodexes für Tierarzneimittel um.[95] Die richtlinienkonform auszulegende[96] Regelung betrifft jegliches Patent und nicht nur Generika,[97] für die vor Ablauf des Schutzes bereits das Zulassungsverfahren betrieben werden kann.[98] Der Privilegierungstatbestand geht über das Versuchsprivileg insoweit hinaus, als die auf neue Erkenntnisse gerichteten Versuche nicht die patentierte Erfindung zum Gegenstand haben müssen.[99] Dem EuGH wurde die Frage vorgelegt, ob die Regelung dahin auszulegen ist, dass der Ausschluss vom Patentschutz auch für solche Bereitstellungshandlungen gilt, mit denen ein Dritter aus rein kommerziellen Gründen einem Generikahersteller einen patentgeschützten Wirkstoff anbietet oder liefert, den das Generikaunternehmen dazu vorgesehen hat, mit ihm Studien oder Versuche für eine arzneimittelrechtliche Vertriebsgenehmigung oder Zulassung iSv Art 10 Abs 6 der Richtlinie 2001/83/EG durchzuführen;[100] das vorlegende Gericht hat dies unter der Voraussetzung bejaht, dass der Dritte eigene Vorkehrungen dafür trifft, dass eine nicht privilegierte Verwendung des zugelieferten Wirkstoffs unterbleibt. Das Vorabentscheidungsersuchen hat sich anderweitig erledigt (Rn 16). Dagegen betrifft die Regelung im VK anders als die in Deutschland auch Verfahrenspatente.[101] Abgedeckt ist auch die Einreichung von Proben, nicht von der Regelung erfasst sind aber patentnutzende Bereitstellungshandlungen, die nicht in unmittelbarem Zusammenhang mit der angestrebten Genehmigung stehen.[102] Derartige Handlungen werden – anders als zT in anderen Mitgliedstaaten[103] – nach der dt Rspr schon bisher jedenfalls weitgehend vom Versuchsprivileg erfasst (Rn 13). Die Regelung hat daher nur dort praktische

---

88 *Schulte* Rn 16; vgl *Keukenschrijver* SortG § 8 Rn 7.
89 *Schulte* Rn 16.
90 Vgl *Benkard* Rn 9; *Schulte* Rn 16; *Büscher/Dittmer/Schiwy* Rn 11.
91 *Haedicke* Mitt 2005, 241, 244; vgl *Schulte* Rn 17; *Fitzner/Lutz/Bodewig* Rn 15.
92 *Schulte* Rn 17.
93 Nach dem Verfahren Roche Products Inc v. Bolar Pharmaceuticals, 733 f.2d 858 (Fed. Cir.) = GRUR Int 1984, 769; näher *Gassner* GRUR Int 2004, 983, 989 f.
94 Vgl *Schulte* Rn 19.
95 Vgl Begr zu Art 3 des 14. AMGÄndG BRDrs 237/05 S 111; *Gassner* GRUR Int 2004, 983, 989.
96 OLG Düsseldorf GRUR Int 2014, 237; vgl *Mes* Rn 10.
97 Vgl *Gassner* GRUR Int 2004, 983, 990 Fn 100, 991, der sich aber für eine restriktive Auslegung ausspricht.
98 *Benkard* Rn 10; *Kraßer* S 790 (§ 33 IV b 6); *Fitzner/Lutz/Bodewig* Rn 16; BTDrs 15/5316 S 48; vgl *von Meibom/vom Feld* FS K. Bartenbach (2005), 385; *Pfaff* 38 IIC (2007), 258.
99 OLG Düsseldorf GRUR-RR 2014, 100; *Benkard* Rn 10; *Schulte* Rn 17; *Fitzner/Lutz/Bodewig* Rn 16.
100 OLG Düsseldorf GRUR Int 2014, 237; vgl *Mes* Rn 10 f.
101 *Pfaff* 38 IIC (2007), 258, 273.
102 Vgl *Gassner* GRUR Int 2004, 983, 990 f; *Holzapfel* GRUR 2006, 10, 16 unter Hinweis auf US-CAFC 66 USPQ 2d 1865 Integra/Scripps und US-SuprC 13.6.2005 Merck/Integra.
103 Vgl *Gassner* GRUR Int 2004, 983, 990; *Hess-Blumer* sic! 2005, 506; zur Rechtslage in der Schweiz OG Basel-Landschaft sic! 1998, 78 Acyclovir, HG St. Gallen sic! 2005, 31 Simvastatin; OG Thurgau sic! 2006, 417 Amlodipin; zur Rechtslage in Belgien und Italien *Pfaff* 38 IIC (2007), 258, 270 Fn 68, 70, dort ebenso zur Rechtslage im VK (274).

Bedeutung, wo die Zulässigkeit bisher nicht eindeutig geklärt (vgl Rn 16) oder zu verneinen (vgl Rn 18) war. Die Studien oder Versuche müssen für das Zulassungsverfahren erforderlich sein; Vorfelduntersuchungen reichen nicht aus.[104] Auch Auftragsforschung in einem Fremdlabor ist demnach privilegiert.[105] Ob der Einsatz als Forschungswerkzeug („research tool") erfasst ist, ist str.[106] Die Herstellung von Arzneimitteln wird erfasst, soweit sie für die Durchführung der Studien und Versuche erforderlich ist.[107] Die Regelung verstößt nicht gegen Art 30 TRIPS-Übk.[108]

26   Die **mittelbar patentverletzende Lieferung** von Materialien an einen Dritten, der Versuchsmuster anfertigt, ist nur dann erfasst, wenn auch der Lieferant im Rahmen eines der Privilegierungstatbestände handelt.[109]

V. Einzelzubereitung von Arzneimitteln

27   Die Arzneimittelzulassung hat selbst keine unmittelbaren Auswirkungen auf den Patentschutz (Rn 17 zu § 9); sie erlangt nur mittelbar als Voraussetzung für die Erteilung des ergänzenden Schutzzertifikats Bedeutung (§§ 16a, 49a). Nr 3 soll die Ausübung der ärztlichen Tätigkeit erleichtern;[110] die Bestimmung erfasst nur die unmittelbare Einzelzubereitung von Arzneimitteln[111] in Apotheken (auch Krankenhausapotheken)[112] aufgrund ärztlicher Verordnung;[113] Zubereitung in einem Herstellungsbetrieb oder in einer Drogerie ist nicht privilegiert, ebenso nicht die Zubereitung durch den Arzt selbst.[114] Privilegiert sind nur der Apotheker und sein Hilfspersonal.[115] Nicht privilegiert ist die Zubereitung auf Vorrat.[116] Den Begriff des Arzneimittels definiert das PatG nicht, jedoch kann der Arzneimittelbegriff in § 2 AMG herangezogen werden.[117] Die Verordnung muss sich auf eine bestimmte Person beziehen; dass eine bestimmte Indikation gestellt wird, wird schon deshalb nicht verlangt werden können, weil die Bestimmung auch den Stoffschutz einschränkt. Zahnärztliche und tierärztliche Verordnungen wird man ärztlichen gleichsetzen müssen, nicht aber solche von Heilpraktikern.[118] Die Ausnahmebestimmung privilegiert auch gegenüber dem Schutz des unmittelbaren Verfahrenserzeugnisses nach § 9 Satz 2 Nr 3, wie sich aus dem zweiten Halbs ergibt.[119] Sie erfasst auch Verschreiben, Herstellen und Anwenden.[120]

VI. Internationaler Verkehr

28   **1. Allgemeines.** Die Bestimmung regelt in Nr 4–6 die Benutzung im internat Schiffs-, Land- und Luftverkehr entspr den Bestimmungen in **Art 5ter Nr 1, 2 PVÜ** (Stockholmer und Lissaboner Fassung) und dem Zivilluftfahrtabkommen. Die Regelung soll für Gegenstände im Weltraum entspr gelten.[121] Die Regelung in

---

104   *Schulte* Rn 19; *Mes* Rn 10; *Gassner* GRUR Int 2004, 983, 991; *Holzapfel* GRUR 2006, 10, 16.

105   *Schulte* Rn 13, 20; *Mes* Rn 10; *Worm/Guski* Mitt 2011, 265, 269.

106   Bejahend *von Meibom/vom Feld* FS K. Bartenbach (2005), 385, 398 f; verneinend US-CAFC Integra v. Merck; *Schulte* Rn 19; *Holzapfel* GRUR 2006, 10, 16; offen gelassen in SuprC 545 U.S. 162 I.Ed. 2d 160 Merck v. Integra.

107   Begr zu Art 3 14. AMGÄndG BRDrs 237/05 S 111.

108   Vgl *Gassner* GRUR Int 2004, 983, 991 unter Hinweis auf das WTO-Panel 17.3.2000 WT/DS114/R Canada/Pharmaceutical Products.

109   *Schulte* Rn 19; *Fähndrich/Tilmann* GRUR 2001, 901 f; *Hufnagel* PharmaR 2006, 209, 212.

110   *Schulte* Rn 21 mwN; *Fitzner/Lutz/Bodewig* Rn 17; vgl *Kraßer* S 791 (§ 33 IV c).

111   Zur Abgrenzung von Arzneimitteln und Kosmetika BGH GRUR 2001, 450 Franzbranntweingel, von Lebensmitteln BGH GRUR 2000, 528, 529 L-Carnitin; BGH GRUR 2004, 793 Sportlernahrung II.

112   *Benkard* Rn 11; *Mes* Rn 13.

113   *Fitzner/Lutz/Bodewig* Rn 17.

114   *Benkard* Rn 11; *Fitzner/Lutz/Bodewig* Rn 17; *Büscher/Dittmer/Schiwy* Rn 13; zur Herstellung in einem Krankenhauslabor *Thums* GRUR 1995, 277, 285.

115   LG Hamburg Mitt 1996, 315, 319; *Mes* Rn 14.

116   LG München I 11.11.1998 21 O 21434/95, bestätigt durch OLG München 22.2.2001 6 U 6769/68 auch für den Fall, dass die Herstellung mehrere Stunden in Anspruch nimmt und ein Notfallvorrat zur Verfügung stehen muss; *Benkard* Rn 11; *Mes* Rn 13; *Kraßer* S 791 (§ 33 IV c); *Fitzner/Lutz/Bodewig* Rn 18; vgl *Schulte* Rn 22.

117   *Mes* Rn 13.

118   Ebenso *Benkard* Rn 11; *Fitzner/Lutz/Bodewig* Fn 51.

119   *Benkard* Rn 11.

120   *Mes* Rn 14; differenzierend *Fitzner/Lutz/Bodewig* Rn 18.

121   *Stauder* GRUR 1993, 305.

Art 27 Nr f–h des Übereinkommens über ein einheitliches Patentgericht geht über die im nationalen Recht insoweit hinaus, als sie die Mitglieder der Welthandelsorganisation, die nicht zu den Vertragsmitgliedstaaten gehören, einbezieht.

2. Nr 4 privilegiert[122] Schiffe und Schiffsausrüstungen von Verbandsangehörigen, wenn die Schiffe **29** vorübergehend oder zufällig in die vom Geltungsbereich des PatG umfassten Gewässer gelangen, sofern die Gegenstände ausschließlich für die Bedürfnisse des Schiffs (und seiner Besatzung und Passagiere) verwendet werden. Benutzung „an Bord" erfasst auch als solche patentverletzende Schiffe.[123] Vorübergehend iSd Bestimmung betrifft auch das regelmäßige Einlaufen eines Schiffs (selbst mehrmals täglich) für eine beschränkte Zeit.[124] Für dt Schiffe, die von Auslandsfahrten regelmäßig in dt Gewässer zurückkehren, gilt die Ausnahme nicht.[125] Einen Aufenthalt von über einem Jahr wird man nicht mehr als vorübergehend ansehen können.[126] Die Bestimmung ist nicht auf hochseetüchtige Schiffe beschränkt. Als privilegiert wird auch der Überlandtransport kleinerer Fahrzeuge zu gelten haben. Ausbesserungen sind zulässig, soweit sie nicht von § 9 erfasst werden (Rn 69 zu § 9).

3. Nr 5 privilegiert unter Nr 4 entspr Voraussetzungen Luft- und Landfahrzeuge aller Art.[127] Für die **30** Anwendung der Bestimmung, die allg für Einrichtungen an Transportmitteln zur Beförderung von Personen oder Sachen gilt, kommt es nicht darauf an, ob das Patent auf eine Einrichtung an Fahrzeugen hin formuliert ist.[128]

4. Nr 6 betrifft den internat Luftverkehr.[129] Die Regelung privilegiert wegen Art 3 des Zivilluftfahrtab- **31** kommens nur Privatflugzeuge.[130] **Artikel 27** des **Zivilluftfahrtabkommens** regelt die Befreiung von Beschlagnahme wegen Patentverletzung.

C. Rechtfertigungsgründe; Freiheit der Forschung

Die Benutzung eines geschützten Gegenstands kann durch die allg Rechtfertigungsgründe des Straf- **32** rechts wie des Zivilrechts gerechtfertigt sein. Jedenfalls die Lizenzierung (§ 15 Abs 2) stellt in diesem Sinn eine Einwilligung dar (Rn 51 ff zu § 15). Ein (unter dem Gesichtspunkt der Einwilligung relevanter) Verzicht auf die Geltendmachung von Ansprüchen aus dem Patent gegenüber konkurrierenden Zulieferern in der Automobilbranche aufgrund der Marktmacht des nachfragenden Automobilherstellers ist, auch unter dem Gesichtspunkt eines Handelsbrauchs, verneint worden.[131]

In Betracht kommt insb **Notstand** iSd §§ 228, 904 BGB, die als Spezialregelungen die des Strafrechts **33** verdrängen;[132] zB bei der Verwendung eines geschützten Verfahrens zur Störfallbekämpfung.[133] Dies setzt voraus, dass die Benutzung zur Abwendung einer gegenwärtigen Gefahr notwendig und der drohende Schaden gegenüber dem aus der Einwirkung dem Patentinhaber entstehenden Schaden unverhältnismä-

---

122 Zur Historie der Regelung *Stauder* GRUR 1993, 305 f.

123 *Sharma/Forrest* EIPR 2003, 430, 433 unter Hinweis auf PatentsC RPC 2002, 50.

124 CA England/Wales RPC 2003, 37 Stena Rederi v. Irish Ferries und vorgehend PatentsC RPC 2002, 50, beide kr besprochen von *Sharma/Forrest* EIPR 2003, 430.

125 RG PatBl 1887, 371 Slavonia; *Büscher/Dittmer/Schiwy* Rn 14.

126 Vgl 4. Aufl § 7 Rn 19; *Benkard* Rn 13, beide unter Bezugnahme auf die VO über internationalen Kraftfahrzeugverkehr vom 12.11.1934, RGBl I 1137; *Schulte* Rn 24; LG Hamburg GRUR Int 1973, 703.

127 OLG Düsseldorf GRUR 1994, 105, 107; LG Hamburg GRUR Int 1973, 703; vgl OLG Hamburg GRUR Int 1988, 781 f.

128 OLG Düsseldorf GRUR 1994, 105.

129 Zum Verhältnis zu Art 5ter PVÜ District Court Eastern District of New York GRUR Int 1975, 395 mAnm *Stauder*; nach *Stauder* GRUR 1993, 305 gilt für Handlungen, die Gegenstände im Weltraum betreffen, Entsprechendes.

130 So auch *Fitzner/Lutz/Bodewig* Rn 21.

131 OLG Karlsruhe 24.6.1998 6 U 226/96.

132 BGHZ 154, 260 = GRUR 2003, 956 Gies-Adler; zur Notstandsproblematik in der ärztlichen Therapie vgl *Thums* GRUR 1995, 277, 280; *Moufang* GRUR Int 1992, 10, 24; *Wagner* GRUR 1976, 673, 678; HG Zürich sic! 1997, 208, 214 lässt bei Patienten, die aus religiösen Gründen die Verabreichung eines anderen Medikaments verweigern, nach Indikation der behandelnden Ärzte Ausnahmen zu; dagegen sieht nlHR BIE 1995, 409 = GRUR Int 1997, 836, 838 Recormon die Berücksichtigung von Drittinteressen von Patienten nicht als statthaft an.

133 Vgl BGHZ 116, 122 = GRUR 1992, 305 Heliumeinspeisung; OLG Karlsruhe GRUR 1989, 260, 264; *Benkard* § 9 Rn 74.

ßig groß ist. Die Benutzung einer geschützten Lehre im Notstandsfall ist unter den Voraussetzungen des § 904 BGB rechtmäßig und daher keine Grundlage für patentrechtl Unterlassungs- oder Schadensersatzansprüche. Der besondere Ersatzanspruch des § 904 Satz 2 BGB setzt eine durch die Notstandsmaßnahme bedingte Schadenszufügung voraus;[134] diese wird man aber schon im Entgehen von Lizenzeinnahmen sehen können.

34   Das **Gerichts- und Behördenprivileg** in § 45 UrhG, nach dem insb einzelne Vervielfältigungsstücke von Werken zur Verwendung in Verfahren vor einem Gericht, Schiedsgericht oder einer Behörde hergestellt, verbreitet, öffentlich ausgestellt und wiedergegeben werden dürfen, kann im Patentrecht entspr angewendet werden.[135]

35   Zum **Vergabebereich** Rn 42 zu § 9.

36   **Festbetragsregelungen im Pharmabereich. § 35 SGB V** bestimmt auszugsweise:

(1) [1] Der Gemeinsame Bundesausschuss bestimmt in den Richtlinien nach § 92 Abs 1 Satz 2 Nr 6, für welche Gruppen von Arzneimitteln Festbeträge festgesetzt werden können. [2] In den Gruppen sollen Arzneimittel mit

1.   denselben Wirkstoffen,
2.   pharmakologisch-therapeutisch vergleichbaren Wirkstoffen, insbesondere mit chemisch verwandten Stoffen,
3.   therapeutisch vergleichbarer Wirkung, insbesondere Arzneimittelkombinationen,

zusammengefaßt werden; unterschiedliche Bioverfügbarkeiten wirkstoffgleicher Arzneimittel sind zu berücksichtigen, sofern sie für die Therapie bedeutsam sind. [3] Die nach Satz 2 Nr 2 und 3 gebildeten Gruppen müssen gewährleisten, daß Therapiemöglichkeiten nicht eingeschränkt werden und medizinisch notwendige Verordnungsalternativen zur Verfügung stehen; ausgenommen von diesen Gruppen sind Arzneimittel mit patentgeschützten Wirkstoffen, deren Wirkungsweise neuartig ist oder die eine therapeutische Verbesserung, auch wegen geringerer Nebenwirkungen, bedeuten. [4] Als neuartig gilt ein Wirkstoff, solange derjenige Wirkstoff, der als erster dieser Gruppe in Verkehr gebracht worden ist, unter Patentschutz steht. [5] Der Gemeinsame Bundesausschuss ermittelt auch die nach Absatz 3 notwendigen rechnerischen mittleren Tages- oder Einzeldosen oder anderen geeigneten Vergleichsgrößen. [6] Für die Vorbereitung der Beschlüsse nach Satz 1 durch die Geschäftsstelle des Gemeinsamen Bundesausschusses gilt § 106 Abs 4a Satz 3 und 7 entsprechend. [7] Soweit der Gemeinsame Bundesausschuss Dritte beauftragt, hat er zu gewährleisten, dass diese ihre Bewertungsgrundsätze und die Begründung für ihre Bewertungen einschließlich der verwendeten Daten offen legen. [8] Die Namen beauftragter Gutachter dürfen nicht genannt werden.

(1a) [1] Für Arzneimittel mit patentgeschützten Wirkstoffen kann abweichend von Absatz 1 Satz 4 eine Gruppe nach Absatz 1 Satz 2 Nr. 2 mit mindestens drei Arzneimitteln gebildet und ein Festbetrag festgesetzt werden, sofern die Gruppenbildung nur für Arzneimittel erfolgt, die jeweils unter Patentschutz stehen. [2] Ausgenommen von der Gruppenbildung nach Satz 1 sind Arzneimittel mit patentgeschützten Wirkstoffen, die eine therapeutische Verbesserung, auch wegen geringerer Nebenwirkungen, bedeuten. [3] Die Sätze 1 und 2 gelten entsprechend für Arzneimittelkombinationen, die Wirkstoffe enthalten, die in eine Festbetragsgruppe nach Absatz 1 oder 1a Satz 1 einbezogen sind oder die nicht neuartig sind.

(1b) [1] Eine therapeutische Verbesserung nach Absatz 1 Satz 3 zweiter Halbsatz und Absatz 1a Satz 2 liegt vor, wenn das Arzneimittel einen therapierelevanten höheren Nutzen als andere Arzneimittel dieser Wirkstoffgruppe hat und deshalb als zweckmäßige Therapie regelmäßig oder auch für relevante Patientengruppen oder Indikationsbereiche den anderen Arzneimitteln dieser Gruppe vorzuziehen ist. [2] Bewertungen nach Satz 1 erfolgen für gemeinsame Anwendungsgebiete der Arzneimittel der Wirkstoffgruppe. [3] Ein höherer Nutzen nach Satz 1 kann auch eine Verringerung der Häufigkeit oder des Schweregrads therapierelevanter Nebenwirkungen sein. [4] Der Nachweis einer therapeutischen Verbesserung erfolgt aufgrund der Fachinformationen und durch Bewertung von klinischen Studien nach methodischen Grundsätzen der evidenzbasierten Medizin, soweit diese Studien allgemein verfügbar sind oder gemacht werden und ihre Methodik internationalen Standards entspricht. [5] Vorrangig sind klinische Studien, insbesondere direkte Vergleichsstudien mit anderen Arzneimitteln dieser Wirkstoffgruppe mit patientenrelevanten Endpunkten, insbesondere Mortalität, Morbidität und Lebensqualität, zu berücksichtigen. [6] Die Ergebnisse der Bewertung sind in der Begründung zu dem Beschluss nach Absatz 1 Satz 1 fachlich und methodisch aufzubereiten, sodass die tragenden Gründe des Beschlusses nachvollziehbar sind. [7] Vor der Entscheidung sind die Sachverständigen nach Absatz 2 auch mündlich anzuhören. [8] Vorbehaltlich einer abweichenden Entscheidung des Gemeinsamen Bundesausschusses aus wichtigem Grund ist die Begründung des Beschlusses bekannt zu machen, sobald die Vorlage nach § 94 Abs. 1 erfolgt, spätestens jedoch mit Bekanntgabe des Beschlusses im Bundesanzeiger. [9] Ein Arzneimittel, das von einer Festbetragsgruppe freigestellt ist, weil es einen therapierelevanten höheren Nutzen nur für einen Teil der Patienten oder Indikationsbereiche des gemeinsamen Anwendungsgebietes nach Satz 1 hat, ist nur für diese Anwendungen wirtschaftlich; das Nähere ist in den Richtlinien nach § 92 Abs. 1 Satz 2 Nr. 6 zu regeln.

---

134   BGH Heliumeinspeisung; vgl OLG Karlsruhe GRUR 1989, 260, 264; *Benkard* § 9 Rn 74.
135   Vgl *Gaul/Bartenbach* GRUR 1968, 281, 285; LG Düsseldorf InstGE 7, 177 = GRUR-RR 2007, 193; zur Zitatfreiheit im Geschmacksmuster- (jetzt: Design-)recht BGH GRUR 2011, 1117 ICE.

Im Rahmen der Begründetheitsprüfung sind dabei bei Eilanträgen unter Beachtung der vom Gesetz- **37** geber getroffenen Grundentscheidung, den Eintritt der **aufschiebenden Wirkung** nach § 86a Abs 2 Nr 4 SGG iVm § 35 Abs 7 Satz 2 SGB V auszuschließen, die Interessen der Beteiligten abzuwägen. Das Interesse an der Anordnung der aufschiebenden Wirkung überwiegt dabei idR, wenn sich der angegriffene Bescheid als offensichtlich rechtswidrig erweist und die subjektiven Rechte des Belasteten verletzt. Lässt sich die Rechtmäßigkeit nicht sicher beurteilen, müssen die an das Interesse des Antragstellers an der Anordnung der aufschiebenden Wirkung zu stellenden Anforderungen um so höher sein, je geringer die Erfolgsaussichten des in der Hauptsache eingelegten Rechtsbehelfs sind. Bei der erforderlichen Folgenabwägung sind das Interesse des Antragsgegners zu berücksichtigen, die Kosten für Arzneimittel gering zu halten, dem zur Aufrechterhaltung des Finanzierungssystems der gesetzlichen Krankenversicherung besondere Bedeutung zukommt, auf der anderen Seite das Interesse des Antragstellers, aus dem Verkauf ihres Produkts einen Gewinn zu erzielen.[136]

Generikaabschlag.[137] § 130a Abs 3b SGB V bestimmt: **38**

(3b) [1]Für patentfreie, wirkstoffgleiche Arzneimittel erhalten die Krankenkassen ab dem 1. April 2006 einen Abschlag von 10 vom Hundert des Abgabepreises des pharmazeutischen Unternehmers ohne Mehrwertsteuer; für preisgünstige importierte Arzneimittel gilt Absatz 3a Satz 5 entsprechend. [2]Eine Absenkung des Abgabepreises des pharmazeutischen Unternehmers ohne Mehrwertsteuer, die ab dem 1. Januar 2007 vorgenommen wird, vermindert den Abschlag nach Satz 1 in Höhe des Betrages der Preissenkung; wird der Preis innerhalb der folgenden 36 Monate erhöht, erhöht sich der Abschlag nach Satz 1 um den Betrag der Preiserhöhung bis zur Wirksamkeit der Preiserhöhung bei der Abrechnung mit der Krankenkasse. [3]Die Sätze 1 und 2 gelten nicht für Arzneimittel, deren Abgabepreis des pharmazeutischen Unternehmers ohne Mehrwertsteuer mindestens um 30 vom Hundert niedriger als der jeweils gültige Festbetrag ist, der diesem Preis zugrunde liegt. [4]Absatz 3a Satz 7 bis 10 gilt entsprechend. [5]Satz 2 gilt nicht für ein Arzneimittel, dessen Abgabepreis nach Satz 1 im Zeitraum von 36 Monaten vor der Preissenkung erhöht worden ist; Preiserhöhungen vor dem 1. Dezember 2006 sind nicht zu berücksichtigen. [6]Für ein Arzneimittel, dessen Preis einmalig zwischen dem 1. Dezember 2006 und dem 1. April 2007 erhöht und anschließend gesenkt worden ist, kann der pharmazeutische Unternehmer den Abschlag nach Satz 1 durch eine ab 1. April 2007 neu vorgenommene Preissenkung von mindestens 10 vom Hundert des Abgabepreises des pharmazeutischen Unternehmers ohne Mehrwertsteuer ablösen, sofern er für die Dauer von zwölf Monaten ab der neu vorgenommenen Preissenkung einen weiteren Abschlag von 2 vom Hundert des Abgabepreises nach Satz 1 gewährt.

Für die **Patentfreiheit** im iSd § 130 Abs 3b SGB V kommt es allein auf das Wirkstoffpatent an.[138] **39**

Die Einhaltung gesetzlicher, behördlicher oder sonstiger Vorgaben (zB **ISO- oder DIN-Normen**) und **40** sonstiger Standards rechtfertigt einen Eingriff in fremde Schutzrechte nicht;[139] die Mitwirkung des Patentinhabers an der Norm rechtfertigt nicht die Annahme einer Einwilligung in die Benutzung des Patentgegenstands.[140] Jedoch kann der Fall im Rahmen der „kartellrechtl Zwangslizenz" (Rn 109 ff zu § 24) zu beurteilen sein.[141]

Eine Einschränkung des Patentschutzes ist unter dem Gesichtspunkt der verfassungsrechtl (Art 5 **41** Abs 3 GG) verbürgten **Freiheit der Forschung** denkbar.[142] In der Schweiz ist das Forschungsprivileg in

---

136 Zur aufschiebenden Wirkung bei der Festbetragsfestsetzung LSG Berlin-Brandenburg 19.12.2008 L 9 B 192/08 KR, in juris.

137 Vgl hierzu BVerfGE 114, 196 = NVwZ 2006, 191; BVerfG (Nichtannahmebeschluss) NZS 2008, 34.

138 BSGE Vv = PharmR 2016, 94 Clopidogrel.

139 RGZ 161, 385 ff = GRUR 1939, 910 Schmiergeräte; RG GRUR 1941, 53 f Die Deutsche Patent-Universal-Einheits-Anlage; BGHZ 8, 202, 209 = GRUR 1953, 175 Kabelkennzeichnung, WzSache; *Weber* MuW 40, 85; *Zahn* GRUR 1980, 157; vgl *Kretschmer* (Bericht) GRUR 1997, 817; *Kägi/Frei/Heinrich* sic! 2001, 463; aA offenbar unter der „Doctrine of Equitable Estoppel" *Verbruggen/Lórincz* GRUR Int 2002, 815 = IIC 2002, 125, 149, der dort dargestellte Fall sollte sich nach dt Recht über § 826 BGB lösen lassen.

140 RG Schmiergeräte; BGH Kabelkennzeichnung; zur urheberrechtl Behandlung vgl BVerfG – Nichtannahmebeschluss – GRUR 1999, 226 DIN-Normen.

141 Vgl BGHZ 160, 67 = GRUR 2004, 966 Standard-Spundfaß.

142 Vgl BGHZ 130, 259, 273 = GRUR 1996, 109 klinische Versuche I; *V. Tetzner* GRUR 1966, 604; *H. Tetzner* Mitt 1967, 45; *Vomhof* GRUR 1967, 278; *Witte* GRUR 1967, 128; *Gaul/Bartenbach* GRUR 1968, 281; *Meusel* GRUR 1974, 437; *Meusel* GRUR 1976, 679; *Kronz* Mitt 1975, 207; *Chrocziel* (1986) S 199 ff; zur Rechtfertigung aus Art 5, 12 GG s auch BGH GRUR 1969, 479 Colle de Cologne (WzSache), BGH GRUR 1994, 841 Suchwort und BGHZ 140, 134 = GRUR 1999, 1128, 1131 Hormonpräparate (Wettbewerbssachen); LG Hamburg GRUR 2000, 514, 515 (Markensache); zum Verhältnis Wettbewerbsrecht – Meinungsfreiheit BVerfGE 102, 347 = GRUR 2001, 170 Schockwerbung.

Art 9 Abs 1 Buchst b PatG seit 1.7.2008 in Kraft. Das Verhältnis zur Pressefreiheit ist insb im Rahmen der Rechte des Datenbankherstellers (Art 87b Abs 1 UrhG) geregelt.[143] Der BGH sieht es als mit dem Ziel des Patentrechts, den technischen Fortschritt zu fördern und den Erfindergeist in nutzbringender Weise anzuregen, nicht aber die Technik ungebührlich in ihrer Entwicklung zu hemmen, unvereinbar an, wenn Versuchshandlungen ausgeschlossen würden, die der Forschung und Fortentwicklung der Technik dienen, soweit diese unmittelbar auf die Gewinnung von Erkenntnissen gerichtet sind.[144] Auch hier ist auf die allg Grundsätze abzustellen, so dass die Verwendung einer Vorrichtung oder eines Verfahrens im Forschungsbetrieb auch dann in das Patent eingreift, wenn sie dazu dient, eine andere Erfindung zu machen[145] oder die Erfindung als Mittel eingesetzt wird (Rn 18). Die im Markenrecht herangezogene[146] Kunstfreiheit wird im Patentrecht als Rechtfertigungsgrund allenfalls ausnahmsweise in Betracht kommen.

42 Eine Sonderregelung für die Benutzung der eigenen Erfindung durch den **Hochschulerfinder** im Rahmen seiner Forschungs- und Lehrtätigkeit enthält § 42 Nr 3 ArbEG (Rn 16 f zu § 42 ArbEG).

§ 12
(Vorbenutzung)

(1) ¹**Die Wirkung des Patents tritt gegen den nicht ein, der zur Zeit der Anmeldung bereits im Inland die Erfindung in Benutzung genommen oder die dazu erforderlichen Veranstaltungen getroffen hatte. ²Dieser ist befugt, die Erfindung für die Bedürfnisse seines eigenen Betriebs in eigenen oder fremden Werkstätten auszunutzen. ³Die Befugnis kann nur zusammen mit dem Betrieb vererbt oder veräußert werden. ⁴Hat der Anmelder oder sein Rechtsvorgänger die Erfindung vor der Anmeldung anderen mitgeteilt und sich dabei seine Rechte für den Fall der Patenterteilung vorbehalten, so kann sich der, welcher die Erfindung infolge der Mitteilung erfahren hat, nicht auf Maßnahmen nach Satz 1 berufen, die er innerhalb von sechs Monaten nach der Mitteilung getroffen hat.**

(2) ¹**Steht dem Patentinhaber ein Prioritätsrecht zu, so ist an Stelle der in Absatz 1 bezeichneten Anmeldung die frühere Anmeldung maßgebend. ²Dies gilt jedoch nicht für Angehörige eines ausländischen Staates, der hierin keine Gegenseitigkeit verbürgt, soweit sie die Priorität einer ausländischen Anmeldung in Anspruch nehmen.**

DesignG: § 41
Ausland: Belgien: Art 30 PatG 1984; **Bosnien und Herzegowina:** Art 74 PatG 2010; **Bulgarien:** Art 23 PatG 1991; **Dänemark:** § 4 PatG 1996; **Finnland:** § 4 PatG; **Frankreich:** Art L 613-7 CPI; **Griechenland:** Art 19 Abs 3 Ges Nr 1733/1984; **Irland:** Sec 55 PatG 1992; **Island:** § 4 PatG; **Italien:** Art 68 Nr 3 CDPI; **Kroatien:** Art. 55 PatG 1994; **Litauen:** Art 29 PatG; **Luxemburg:** Art 50 PatG 1992/1998; **Mazedonien:** § 94 GgR; **Niederlande:** Art 55 ROW 1995; **Norwegen:** § 4 PatG; **Österreich:** § 23 öPatG; **Polen:** Art 71 RgE 2000; **Rumänien:** Art 37 PatG 1991; **Russische Föderation:** Art 12 PatG 1992; **Schweden:** § 4 PatG; **Schweiz:** Art 35 PatG; **Serbien:** Art 61 PatG 2004; **Slowakei:** § 17 PatG; **Slowenien:** Art 20 GgE; **Spanien:** Art 54 PatG; **Tschech. Rep.:** § 17 PatG; **Türkei:** Art 77 VO 551; **Ukraine:** Art 25 PatG 1993; **Ungarn:** Art 24 PatG 1995; **VK:** Sec 64 Patents Act

Übersicht

---

143 Vgl BGH GRUR 1987, 34 f Liedtextwiedergabe; BGHZ 154, 260, 264 ff = GRUR 2003, 956 Gies-Adler; BGH GRUR 2005, 940, 942 Marktstudien.
144 BGH klinische Versuche I.
145 SstA BlPMZ 1973, 205.
146 BGH GRUR 2005, 583 Lila-Postkarte; BGHZ 205, 22 = GRUR 2015, 1114 springender Pudel.

Schrifttum: (s auch Schrifttum vor Rn 54 – Weiterbenutzungsrechte) *Abel* Zwischenbenützung im österreichischen Patentrecht, ÖBl 1954, 50, 61; *Barney* The Prior User Defense: A Reprieve for Trade Secret Owners or a Disaster for the Patent Law, JPTOS 2000, 261; *B. Bartenbach/K. Bartenbach* Gemeinschaftsweite Wirkung eines nationalen Vorbenutzungsrechts nach § 12 PatG? FS G. Eisenführ (2003), 115; *Beil* Das Vorbenutzungsrecht, CIT 1964, 79; *Block* Das positive Benutzungsrecht aus einem Schutzrecht ein neues Vorbenutzungsrecht? MuW 39, 523; *Blumenröder/Betram* Anforderungen an das Vorbenutzungsrecht nach § 12 PatG, Mitt 2014, 119; *Brändel* Das „Weiterbenutzungsrecht" (§ 28 ErstrG) – eine Zwangslizenz besonderer Art, GRUR 1993, 169; *Bruchhausen* Das Vorbenutzungsrecht gegenüber einem europäischen Patent, GRUR Int 1964, 405; *Brzezinski* Das Vorbenutzungsrecht, Diss Bayreuth 2015; *Busche* Das Vorbenutzungsrecht im Rahmen des deutschen und europäischen Patentrechts, GRUR 1999, 645; *Busche* Die „Doppelerfindung" – Überlegungen zur wirtschaftlichen Reichweite des Vorbenutzungsrechts, FS G. Schricker (2005), 883; *Davis/Cohen* Section 64 of the UK Patents Act 1977. Right to Continue Use Begun Before Priority Date, EIPR 1994, 239; *Demaret* Patent- und Urheberrechtsschutz, Zwangslizenzen und freier Warenverkehr im Gemeinschaftsrecht, GRUR Int 1987, 1; *Deutschenbauer* Wann und inwieweit räumt § 5 Abs. 1 des deutschen Patentgesetzes dem Vorbenutzer ein Weiterbenutzungsrecht ein? Diss 1926; *Dietze* Betrachtungen zum Vorbenutzungsrecht, FS W. vom Stein (1961), 39; *Eichmann* Die Regelung des Vorbenutzungsrechts in den Ländern des Europarats, GRUR Int 1967, 378; *Eichmann* Kritische Überlegungen zum Vor- und Weiterbenutzungsrecht, GRUR 1993, 73; *Elster* Das Vorbenutzungsrecht als gesetzliches Erfinderrecht, MuW 23, 146; *Görg* Das Vorbenutzungsrecht im Verhältnis zum Patentrecht, insbesondere seine Verknüpfung mit dem Betriebe, Diss 1916; *Harmsen/Weber* Privates Vorbenutzungsrecht gem § 12 PatG, IPRB 2013, 18; *Harris* Trends in U.K. Patent Litigation: The Age of Reason? EIPR 1999, 254; *Hufnagel* Die „mittelbare Vorbenutzung" im Spannungsfeld zwischen den Interessen des Patentinhabers und des Vorbenutzungsberechtigten, FS Th. Reimann (2009), 215; *Katz* Zur Frage nach der Natur des Fortbenutzungsrechtes gem. § 5 Abs 1 Patentgesetz, Diss 1918; *Keukenschrijver* Zur sachlichen Reichweite des Vorbenutzungsrechts, GRUR 2001, 944; *Kloeppel* Das Recht der Vorbenutzung in der internationalen Union zum Schutz des gewerblichen Eigentums, GRUR 1902, 191; *Kloeppel* Das Vorbenutzungsrecht in der Union, GRUR 1903, 61; *König* Rechtliches Wesen des persönlichen Vorbenutzungsrechts nach § 7 PatG und Versuch einer Definition, WRP 1967, 177; *König* Disclaimer und rechtliche Folgen, Mitt 2004, 477; *Konkol* Prior-Invention Rights: The Excluded Middle, JPTOS 1995, 666; *Kühnen* Die rechtlichen Folgen einer mittelbaren Vorbenutzung, FS P. Mes (2009), 233; *Lampert* Zur Frage einer Änderung von § 7 Abs 1 PatG im Rahmen der großen Patentreform, GRUR 1967, 221; *Lehmacher* Die Voraussetzungen des Vorbenutzungsrechts nach § 5 Abs 1 des deutschen Patentgesetzes, Diss 1914; *Loth* Vorbenutzung, GRUR Int 1989, 204; *Lüdecke* Die irrtümliche Annahme eines Vorbenutzungsrechts, Mitt 1959, 238; *Mächtel* Das Patentrecht im Krieg, Diss Bayreuth 2009; *Mediger* Die Rückwirkungen des jüngeren Schutzrechtes auf das ältere Recht, GRUR 1943, 266; *Meidenbauer* Die Vorbenutzung und deren rechtliche Bedeutung im Patent-, Muster- und Warenzeichenrecht, Diss 1936; *Mendel* Das Zwischenbenützerrecht, GRUR 1924, 79; *Monotti* Balancing the Rights of the Patentee and Prior User of an Invention: The Australian Experience, EIPR 1997, 351; *Müller* Die zukünftige Gestaltung des Vorbenutzungsrechts von Erfindungen in der Europäischen Gemeinschaft, Diss Berlin (Humboldt-Universität) 2001; *Müller* Die zukünftige Gestaltung des Vorbenutzungsrechts in der Europäischen Gemeinschaft, Mitt 2001, 151; *Neukom* A Prior Use Right for the Community Patent Convention EIPR 1990, 165, 1991, 139; *Nirk* Offene Fragen der Vorbenutzung, GRUR 2001 984; *Ohl* Die Vorbenutzung einer Doppelerfindung als Voraussetzung des Vorbenutzungsrechts, GRUR Int 1968, 33; *Østerborg* Gedanken zur Vereinheitlichung des Vorbenutzungsrechts für Erfindungen im Gemeinsamen Markt, GRUR Int 1983, 97; *Østerborg* Towards a Harmonized Prior Use Right within a Common Market Patent System, IIC 1981, 447; *Petit* Le droit fondé sur une utilisation antérieure selon le droit allemand, Dossiers Propriété intellectuelle 2000 IV 1; *Petzold* Die Vorbenutzung im neuen Patentrecht, GRUR 1937, 581; *Proskauer* Voraussetzungen, Art und Umfang des gewerblichen Fortbenutzungsrechtes im deutschen Patentgesetz, Diss 1910; *Sattler* Das Vorbenutzungsrecht, § 5 Abs 1 des Patentgesetzes, Diss 1936; *Schack* Fragen des Vorbenutzungsrechts, GRUR 1929, 621; *Schanze* Die Befugnis des Vorbenutzers zur Fortbenutzung, GRUR 1896, 157, 189, auch in: Patentrechtliche Untersuchungen (1901), 183; *Şehirali/Bjerke* Das Vorbenutzungsrecht nach § 12 PatG und das neue Abwehrrecht des US-First Inventor Defense Act, GRUR Int 2001, 838; *Sobol/Santonicito* Prior Use in Patent Ligitation in Italy: F. v C., EIPR 2011, 469; *Sosnitza* Das Vorbenutzungsrecht als Baustein eines allgemeinen Immaterialgüterrechts, in: *Pahlow/Eisfeld* (Hrsg) Grundlagen und Grundfragen des Geistigen Eigentums (2008), 274; *Starck* Ist der Erwerb eines Vorbenutzungsrechts bei einem vom späteren Patentinhaber abgeleiteten Erfindungsbesitz möglich? MuW 38, 154; *Starck* Vorbenutzungsrecht, Weiterbenutzungsrecht und Billigkeitsgrundsatz, GRUR 1939, 514; *Starck* Erwerb eines Weiterbenutzungsrechts durch mittelbare Benutzung eines Verfahrenspatents, GRUR 1939, 584; *Starck* Erwerb eines Vorbenutzungsrechts infolge Mitteilung des Erfinders, GRUR 1939, 812; *Starck* Erwerb eines Vorbenutzungsrechts beim Vorhandensein eines zeitweiligen Schutzes nach dem Ausstellungsgesetz vom 18.3.1904, MuW 40, 23; *Starck* Vorbenutzungsrecht, Weiterbenutzungsrecht und Erzeugnisschutz bei einem Verfahrenspatent, GRUR 1940, 69; *Starck* Die Bedeutung des inneren Standes der Technik für das Vorbenutzungsrecht, MuW 40, 85; *Starck* Streitfragen zu § 7 Patentgesetz (Vorbenutzungsrecht), JR 1970, 172; *Strobel* Das Vorbenutzungsrecht: Überblick und Bedeutung für die internationale Harmonisierung des Patentrechts, VPP-Rdbr 2015, 107; *H. Tetzner* Streitfragen zu § 7 Patentgesetz (Vorbenutzungsrecht), JR 1970, 172; *V. Tetzner* Vorbenutzungsrecht bei Erfindungsmitteilung unter Vertrauensbruch, GRUR 1973, 337; *Thiele* Zum Einwand der Vorbenützung im Patentverletzungsprozess, ÖBl 2008, 220; *Ubel* Who's On First? – The Trade Secret Prior User or a Subsequent Patentee, JPTOS 1994, 401; *Walchshöfer* Der Besitz im gewerblichen Rechtsschutz, Diss Erlangen 1962; *Walter* Über das Problem des Vorbenutzungsrechtes im deutschen Patentrecht, Diss 1934; *Wassermann* Die Wirkung der Vorbenutzung im Patent- und Markenrecht, MuW 5, 85; *Warbek* Vorbenützerrecht an Erfindungen und gemeinschaftsrechtliche Warenverkehrsfreiheit, ÖBl 1996, 263; *R. Wirth* Das Vorbenutzungsrecht in der Union, GRUR 1903, 1; *Wirth* Ein neues Vorbenutzungsrecht (positives Benutzungsrecht aus älterer Anmeldung), Mitt 1939, 87; *Wirth* Das Zwischenbenutzungsrecht, Mitt 1943, 97.

A. Allgemeines

I. Entstehungsgeschichte

1   Die Regelung hat ihre Vorgängerin in § 5 Abs 1 PatG 1877/1891. § 5 Abs 1 Satz 1 PatG 1891 stimmt mit geringen sprachlichen Abweichungen mit der Fassung 1877 überein; Satz 2 und 3 stimmen sachlich mit Abs 1 Satz 2 und 3 der geltenden Fassung überein.

2   Im **PatG 1936** war die Bestimmung als § 7 eingestellt,[1] ihre geltende Bezeichnung hat sie durch die Neubek 1981 erhalten. Abs 1 stimmt mit § 7 Abs 1 PatG 1936/1968 überein, § 7 Abs 2, der dem Reich und den Reichsverkehrsanstalten eine Vorzugsstellung („erweitertes Vorbenutzungsrecht")[2] einräumte, ist in der Praxis bedeutungslos geblieben[3] und durch das 1. ÜberlG aufgehoben worden. Der jetzige Abs 2 (vor 1981 § 7 Abs 3) wurde durch das IntPatÜG geänd und hat seine geltende Fassung durch das GPatG erhalten.

II. Regelungszweck, Rechtsnatur

3   Das Vorbenutzungsrecht ist ein Recht aus der Vorbenutzung und zur Weiterbenutzung.[4] Der Regelung liegt der Gedanke zugrunde, dass Kraft, Zeit und Kapital auf bestehende Anlagen, die entweder die Erfindung bereits verwerten, oder bei denen der Wille, sie zu verwerten, durch „Veranstaltungen zur Benutzung" betätigt worden ist, nicht umsonst aufgewandt sein sollen und dass ein solcher wirtschaftlicher Besitzstand nicht durch die Patentanmeldung eines anderen entwertet werden soll,[5] soweit er redlich erworben ist.[6] Sie orientiert sich mithin an Billigkeitserwägungen,[7] allerdings gewähren diese allein kein

---

1   Vgl Begr BlPMZ 1936, 105.
2   Vgl insb *Mächtel* S 346 f.
3   *Mächtel* S 347.
4   Vgl *Kraßer* S 819 f (§ 34 II); *Pollaud-Dulian* Droit de la propriété industrielle, 1999, 234 f.
5   BGHZ 39, 389, 397 = GRUR 1964, 20 Taxilan; BGH GRUR 1969, 35 Europareise; BGH GRUR 2002, 231 Biegevorrichtung; BGHZ 182, 231 = GRUR 2010, 47 Füllstoff; LG Frankfurt/M. GRUR 1967, 136, 138; OLG Düsseldorf 25.3.2004 2 U 139/02; OLG Düsseldorf 12.11.2009 2 U 88/08 InstGE 11, 193; OLG Düsseldorf 12.11.2009 2 U 89/08; vgl auch BGHZ 51, 330, 336 = GRUR 1969, 348 Anker Export, WzSache; RGZ 30, 63, 65 = JW 1893, 102 Farbstoffe; RGZ 114, 246, 250 = GRUR 1926, 478 Eversharp/Immerspitz; RG GRUR 1934, 31 f Kohlenkasten; RG GRUR 1937, 357 Mantelkronen.
6   BGHZ 6, 172, 176 = GRUR 1952, 564 Wäschepresse; vgl *Strobel* VPP-Rdbr 2015, 107.
7   Vgl RGZ 75, 317 f = BlPMZ 1911, 221 Aufgabe der Benutzung; RGZ 123, 58, 61 = GRUR 1929, 220 farbige Papierbahnen I; RG GRUR 1942, 34, 37 Stauchfalzmaschine; BGH Wäschepresse; BGH GRUR 1964, 673, 675 Kasten für Fußabtrittsroste;

Vorbenutzungsrecht (Rn 21); die Bestimmungen über die Weiterbenutzung konkretisieren aber einen allg Rechtsgedanken (Rn 55). Schließlich soll das Vorbenutzungsrecht unreifen und leichtfertigen Patentanmeldungen den Anreiz nehmen.[8] Das Vorbenutzungsrecht, das keine unmittelbaren Rechtsbeziehungen zwischen Vorbenutzer und Patentinhaber schafft, ist keine Belastung des Patents, sondern bedeutet, dass Schutz von vornherein soweit nicht entstehen kann, als der rechtl geschützte Besitzstand eines Vorbenutzers reicht.[9] Das Verbietungsrecht des Patentinhabers ist gegenüber dem, der die Erfindung früher benutzt oder Veranstaltungen dazu getroffen hat, eingeschränkt.[10] Es begründet damit nach hM eine originäre, nicht wie die Lizenz vom Patent abgeleitete Rechtsposition[11] und nicht nur ein bloßes Abwehrrecht im Sinn einer relativen Unwirksamkeit („nullité relative");[12] einer Anerkennung durch den Patentinhaber oder einer gerichtlichen Bestätigung bedarf es nicht.[13] Vom Patent ist das Vorbenutzungsrecht allerdings insoweit abhängig, als es ohne dieses keinen Sinn macht und ein Gegenrecht zum Recht aus dem Patent darstellt.[14] Die Ratio der Regelung ist bei der Auslegung der Tatbestandsmerkmale zu berücksichtigen.[15] Dem Immaterialgüterschutz an sich dient § 12 nicht,[16] der Vorbenutzer hätte es selbst in der Hand gehabt, für Schutz zu sorgen. Von einer „Gleichberechtigung" des Vorbenutzungsrechts gegenüber dem Patentrecht kann[17] keine Rede sein. Dass das Vorbenutzungsrecht ein „sonstiges Recht" iSd § 823 Abs 1 BGB sei[18] und Deliktsschutz genieße, ist wegen seines allein gegen den Patentinhaber gerichteten Charakters abzulehnen.

III. Harmonisierung,[19] Ausland

Eine eur Harmonisierung der Regeln über das Vorbenutzungsrecht ist seit längerem vorgesehen (vgl **4** die am 15.12.1975 in Luxemburg unterzeichnete „Entschließung über Vorbenutzung oder Vorbesitz").[20] Art 20 des Entwurfs des Patentharmonisierungsvertrags (Patent Law Treaty, Basic Proposal) sah eine Regelung vor, die der in § 12 entspricht. Die skandinavischen Staaten, Italien, die Niederlande, Österreich, Polen, die Schweiz, Serbien, die Slowakei und Spanien kennen der dt ähnliche Regelungen, während Frankreich, Belgien und Luxemburg nur Erfindungsbesitz verlangen.[21] In den USA führt das first-to-invent-Prinzip dazu, dass allein dem Ersterfinder das Recht auf das Patent zusteht, insb die Ausweitung des Patentschutzes auf Geschäftsmethoden hat jedoch auch hier zu Konfliktfällen geführt, die gesetzgeberische Maßnahmen (First Inventor Defense Act) zur Folge hatten.[22]

BGH GRUR 1964, 491, 494 Chloramphenicol; BGHZ 121, 194 = GRUR 1993, 460 Wandabstreifer; BGH Biegevorrichtung; OLG Düsseldorf 25.3.2004 2 U 139/02; *Mes* Rn 1; *Büscher/Schiwy* Rn 1.
8 *Benkard* Rn 2; *Fitzner/Lutz/Bodewig* Rn 1; Reichstagskommissionsbericht, zitiert in RG Aufgabe der Benutzung.
9 BGH GRUR 1965, 411 Lacktränkeinrichtung II; RGZ 153, 321, 324 f = GRUR 1937, 367 Gleichrichterröhren; RGZ 78, 363, 366 = BlPMZ 1912, 222 undurchleuchtbarer Stoff; RGSt 6, 107 f Hektograph; vgl OLG Düsseldorf 25.3.2004 2 U 139/02; *Büscher/Dittmer/Schiwy* Rn 2; *Strobel* VPP-Rdbr 2015, 107.
10 Vgl BGH Chloramphenicol; BGH Biegevorrichtung.
11 RG undurchleuchtbarer Stoff; BGHZ 182, 231 = GRUR 2010, 47 Füllstoff; ÖOGH ÖBl 1965, 7 Kaffee-Espressomaschinen; *Büscher/Dittmer/Schiwy* Rn 2; *Şehirali/Bjerke* GRUR Int 2001, 828 f; *Thiele* ÖBl 2008, 220.
12 So aber die überwiegende Auffassung im frz Rechtskreis („exception"), Nachw bei *Pollaud-Dulian* Droit de la propriété industrielle, 1999, 234 Fn 55, *Sirinelli ua* CDPI7 Art L 613-7 Anm 1 und *Müller* S 74 Fn 286; abw ÖOGH GRUR Int 1987, 603 Schließanlage.
13 RG GRUR 1942, 207, 209 Seifenherstellung II.
14 Vgl *Thiele* ÖBl 2008, 220.
15 BGH Füllstoff; *Schulte* Rn 5.
16 *Von Falck/Ohl* Zur Reform der Bestimmungen über Schutzbereich und Verletzung des Patents, GRUR 1971, 541, 545; vgl *Benkard* Rn 2.
17 Entg *Müller* S 166.
18 *Schulte* Rn 7; *Büscher/Dittmer/Schiwy* Rn 2.
19 Zu den Auswirkungen der TRIPS-Übk *Ullrich* Technologieschutz nach TRIPS: Prinzipien und Probleme, GRUR Int 1995, 623, 636; zum „Tegernsee-Prozess" *Strobel* VPP-Rdbr 2015, 107, 111 ff und Bericht, abrufbar unter https://www.wpo.org/news-issues/issues/harmonisation_de.html.
20 GRUR Int 1976, 248; Wortlaut s 5. Aufl.
21 Rechtsvergleichend *Bruchhausen* GRUR Int 1964, 405; *Eichmann* GRUR Int 1967, 378; *Ohl* GRUR Int 1968, 33; *Müller* S 28 ff; *Keukenschrijver* GRUR 2001, 944; zur Praxis im VK *Harris* EIPR 1999, 254, 256 f.
22 Eingehend *Şehirali/Bjerke* GRUR Int 2001, 828; vgl schon *Konkol* JPTOS 1995, 666.

IV. Anwendungsbereich

5   **1. Sachlich** ist § 12 auf vom DPMA erteilte Patente sowie auf eur Patente, die mit Wirkung für die Bundesrepublik Deutschland erteilt sind (Art 2 Abs 2, 64 EPÜ) anzuwenden. Die Bestimmung fand auch auf erstreckte DDR-Patente Anwendung. Auf **ergänzende Schutzzertifikate** ist die Bestimmung ebenfalls anzuwenden (§ 16a Abs 2). Im **Gebrauchsmusterrecht** ist die Regelung über die Verweisung in § 13 Abs 3 GebrMG anwendbar;[23] dies entspricht schon früherer Rspr.[24] Im Markenrecht kommt eine analoge Anwendung nicht in Betracht.[25]

6   Für das **Patent mit einheitlicher Wirkung** wird das Recht der Vorbenutzung in Art 28 des Übk über ein einheitliches Patentgericht dahin geregelt, dass der, der in einem Vertragsmitgliedstaat ein Vorbenutzungsrecht oder ein persönliches Besitzrecht an einer Erfindung erworben hätte, wenn ein nationales Patent für diese Erfindung erteilt worden wäre, in diesem Vertragsmitgliedstaat die gleichen Rechte auch in Bezug auf ein Patent hat, das diese Erfindung zum Gegenstand hat (zu GPÜ, GPVO und EPLA *7. Aufl* Rn 5).[26]

7   **2. Zeitlich** gilt § 12 für alle Patentanmeldungen seit dem 1.1.1981 und die darauf erteilten Patente (Art 12 Abs 1 GPatG). Dies muss auch für eur Patentanmeldungen und darauf erteilte Patente gelten (Rn 7 zu § 9).

3. Räumlich

8   **a. Benutzung im Inland.** Das Vorbenutzungsrecht wird nur durch Handlungen (Benutzung und Veranstaltungen)[27] im Inland begründet,[28] Handlungen im Ausland sind für sein Entstehen ohne Bedeutung[29] (Abs 1 Satz 1); dies gilt auch innerhalb der Europäischen Union und des EWR; auf der Grundlage der allerdings umstr Rspr des EuGH („Zustimmungstheorie", Rn 166 zu § 9) zur gemeinschaftsrechtl Erschöpfung ist die Rechtslage wie bei dieser zu beurteilen.[30] Der Grundsatz des freien Warenverkehrs nach Art 34, 36 AEUV führt nicht zu einer Lockerung des Inlandserfordernisses.[31] Das Anknüpfen an das Inland ist im Rahmen zunehmender Verknüpfung der Weltwirtschaft und der Warenverkehrsfreiheit freilich brüchig geworden. Inlandsvertrieb im Ausland hergestellter Erzeugnisse genügt,[32] Einbau einer Vorrichtung in eine ins Ausland gelieferte Anlage kann ebenfalls ausreichen.[33] Die Bereitstellung von Zeichnungen für ein von einem ausländ Lizenznehmer im Ausland abgegebenes Angebot ist allenfalls Unterstützungshandlung für eine von diesem im Ausland vorgenommene Benutzung, die kein Benutzungsrecht im Inland begründen kann.[34] Ob auch Veranstaltungen im Inland stattgefunden haben müssen, ist angesichts des nicht völlig eindeutigen Wortlauts der Regelung bezweifelt worden.[35] Zum Inlandsbegriff unter Berücksichtigung des Beitritts der DDR und zum Einigungsvertrag sowie für die Zeit bis zum Inkrafttreten des

---

23   BGHZ 182, 231 = GRUR 2010, 47 Füllstoff; OLG Düsseldorf InstGE 11, 193; OLG Düsseldorf 12.11.2009 2 U 89/08; OLG Jena GRUR-RR 2008, 115; LG Düsseldorf InstGE 10, 12; LG Düsseldorf InstGE 10, 17.

24   RG GRUR 1936, 949 Dürerhaus; RGSt 46, 80 Zapfhahn II.

25   BGH GRUR 1998, 412 Analgin.

26   Vgl *Strobel* VPP-Rdbr 2015, 107, 110.

27   Vgl *Schulte* Rn 10; aA *Blumenröder/Bertram* Mitt 2014, 119 ff.

28   Vgl für das schweiz Recht *Stieger* in *Bertischinger/Münch/Geiser* (Hrsg) Schweizerisches und europäisches Patentrecht, 2002, Rn 12.243.

29   BGH GRUR 1969, 35 Europareise; RGZ 45, 116, 119 Flaschenkapsel; OLG Hamm GRUR 1935, 539; OLG Düsseldorf 25.3.2004 2 U 139/02; *Mes* Rn 9; *Büscher/Dittmer/Schiwy* Rn 7; *Strobel* VPP-Rdbr 2015, 107, 109, auch zur Rechtslage in Frankreich.

30   Vgl *Warbek* ÖBl 1996, 263 ff; aA (unter Ablehnung der Zustimmungstheorie und eines kumulativen Zustimmungserfordernisses insgesamt) *Müller* S 162 ff; *Müller* Mitt 2001, 151, 159.

31   LG Düsseldorf Mitt 2001, 561, 565 f = InstGE 1, 259; *Benkard-EPÜ* Art 64 Rn 14; *Mes* Rn 9; vgl *Benkard* Rn 11a; *Østerborg* GRUR Int 1983, 97, 107; *Demaret* GRUR Int 1987, 1, 6; *Neukom* EIPR 1990, 165, 167; grds auch *B. Bartenbach/ K. Bartenbach* FS G. Eisenführ (2003), 115, 124; aA *Müller* S 162 ff.

32   RG GRUR 1931, 147 Seliger.

33   Vgl RG GRUR 1937, 684, 686 Drehkran.

34   BGH 1.10.1991 X ZR 60/89.

35   *Blumenröder/Bertram* Mitt 2014, 119; vgl *Benkard* Rn 13.

Erstreckungsgesetzes *7. Aufl.* Für den Kontinentalsockel treffen Art 55 Nr 2 niederländ ROW 1995 und Sec 132 Abs 4 brit Patents Act eine ausdrückliche Regelung.

b. Zur **Regelung im Erstreckungsgesetz** *7. Aufl.*   **9**

B. Das Vorbenutzungsrecht nach § 12

I. Voraussetzungen

1. Allgemeines. Die Voraussetzungen des Vorbenutzungsrechts sind in Abs 1 Satz 1 unvollständig ge-   **10**
regelt. Die Bestimmung besagt nur, dass der Berechtigte zum maßgeblichen Zeitpunkt (Rn 32 ff) im Inland
die Erfindung in Benutzung genommen oder die dazu erforderlichen Vorkehrungen („Veranstaltungen")
getroffen haben muss. Nach allgM sind daneben redlicher Erfindungsbesitz (Rn 15) und, soweit nur Veranstaltungen getroffen sind, Benutzungswille (Rn 31) erforderlich. Das Vorbenutzungsrecht wird durch vertragliche Abreden überlagert und verdrängt, vor allem durch einen Lizenzvertrag[36] (vgl Rn 19).

Fraglich ist, ob eine Beschränkung des Schutzrechts in der Weise möglich ist (zB durch Aufnahme   **11**
nicht vorbenutzter zusätzlicher Merkmale), dass sie **aus der Vorbenutzung hinausführt**. Dies wird, soweit die Beschränkung zulässig ist, zu bejahen sein, denn die Patenterteilung hätte von vornherein mit
den zusätzlichen Merkmalen begehrt werden können.

2. Erfindungsbesitz

a. Grundsatz. Die Entstehung eines Vorbenutzungsrechts setzt (als ungeschriebenes Tatbestands-   **12**
merkmal)[37] Erfindungsbesitz voraus, dh den „Besitz" der durch das Patent geschützten Erfindung zur Zeit
seiner Anmeldung;[38] das wird daraus abgeleitet, dass die Benutzung der Erfindung verlangt wird.[39] Das
Erfordernis gilt auch bei mittelbarer Benutzung der Erfindung.[40] Zur „uneigentlichen" Erweiterung Rn 41.
Erfindungsbesitz allein begründet kein Vorbenutzungsrecht, sondern erst seine Betätigung in der in Abs 1
Satz 1 genannten Form.[41] Erfindungsbesitz in diesem Sinn darf nicht mit dem im Zusammenhang des § 8
gebrauchten, aber besser zu vermeidenden Begriff des „Erfindungsbesitzers" verwechselt werden. Auch
darf der (unglücklich gewählte) Begriff „Besitz" nicht dazu verleiten, auf Regeln des Sachbesitzes nach
BGB zurückzugreifen.[42]

b. Begriff. Erfindungsbesitz liegt vor, wenn der Vorbenutzer den unter Schutz gestellten Erfindungs-   **13**
gedanken subjektiv erkannt hat und die Erfindung objektiv fertig ist.[43] Der Erfindungsgedanke (die technische Lehre) muss derart erkannt sein, dass die tatsächliche Ausführung der Erfindung, und zwar nicht nur
in Form von „Zufallstreffern", möglich war.[44] Nicht erforderlich ist, dass der Handelnde die Wirkungen

---

36   Vgl ÖOGH ÖBl 1965, 7 Kaffee-Espressomaschinen; BGHZ 182, 231 = GRUR 2010, 47 Füllstoff; OLG Düsseldorf 8.4.2010
2 U 108/06; *Thiele* ÖBl 2008, 220, 222.
37   *Büscher/Dittmer/Schiwy* Rn 5.
38   RGZ 123, 58, 61 = GRUR 1929, 220 farbige Papierbahnen I; BGH GRUR 1960, 546, 548 Bierhahn; BGH GRUR 1964, 491,
493 Chloramphenicol; BGH GRUR 1964, 496 Formsand II; BGH GRUR 1964, 673 Kasten für Fußabtrittsroste; BGH GRUR
1969, 35 Europareise; schweiz BG BGE 86 II 406 = GRUR Int 1961, 408 Druckluftschalter; öOPM öPBl 1999, 49, 55 f; OLG
Düsseldorf 19.2.2004 2 U 86/01; LG Düsseldorf 17.2.1998 4 O 3/97 Entsch 1998, 28, 30.
39   BGH Formsand II; *Benkard* Rn 5.
40   BGH Formsand II; BGH 14.7.1969 X ZR 17/67.
41   RGZ 56, 223, 226 = BlPMZ 1904, 362 Kugelmühle; RG farbige Papierbahnen I; RG BlPMZ 1908, 188, 190
Schartenblende; RG BlPMZ 1931, 263 Haarschneidemaschine; RG GRUR 1942, 34, 37 Stauchfalzmaschine.
42   RGZ 123, 252, 255 = BlPMZ 1929, 119 Vakuumröhre; vgl *Stieger* in *Bertischinger/Münch/Geiser* (Hrsg) Schweizerisches
und europäisches Patentrecht, 2002, Rn 12.236.
43   BGH GRUR 1960, 546, 548 Bierhahn; BGH GRUR 1964, 673 f Kasten für Fußabtrittsroste; BGHZ 182, 231 = GRUR 2010,
47 Füllstoff; BGH GRUR 2012, 895 Desmopressin; BGH 12.6.2012 X ZR 132/09; OLG Jena GRUR-RR 2008, 115; *Strobel* VPP-
Rdbr 2015, 107.
44   BGH Kasten für Fußabtrittsroste; OLG Düsseldorf 11.1.2007 2 U 65/05; OLG Düsseldorf GRUR-RR 2012, 319; LG
Düsseldorf 17.2.1998 4 O 3/97 Entsch 1998, 28, 31; vgl auch RGZ 123, 58, 61 = GRUR 1929, 220 farbige Papierbahnen I; RG
GRUR 1937, 45 Gasrohrschutzbinde; RG GRUR 1937, 621, 624 Ohrenmarkenzange; RG GRUR 1942, 209, 211 Polierverfahren;

kennt, die nach der Beschreibung mit der Verwirklichung der Erfindung verbunden sind.[45] Nichteinhaltung der im Patent genannten Toleranzen wurde als unschädlich angesehen, wenn nur der Erfindungsgedanke zweifellos verwirklicht ist.[46] Versuche, zu einer Lösung zu gelangen, oder bloßes Herumexperimentieren begründen kein Vorbenutzungsrecht.[47] Das in Lit und Rspr[48] durchgängige Abstellen auf die „fertige Lösung" ist schief, weil es ein Anmeldeerfordernis zur Beurteilung des Vorbenutzungsrechts heranzieht. Naturwissenschaftliche Erkenntnis der zugrundeliegenden Vorgänge ist nicht erforderlich,[49] auch nicht die Kenntnis von Wirkungen, die mit der Verwirklichung des Gegenstands der Erfindung verbunden sind.[50] Dass in der Rspr des BGH weitgehend auf den sich aus Aufgabe und Lösung ergebenden Erfindungsgedanken abgestellt wird,[51] dürfte auf die unkritische Übernahme der Formulierung der älteren Rspr[52] zurückzuführen sein.

14   **c. Erwerb.** Gleichgültig ist, ob sich der Erfindungsbesitz von der Erfindung eines Dritten ableitet und ob der Vorbenutzer diesem gegenüber berechtigt ist oder ob er auf den Erfindungsakt des Patentinhabers zurückgeht,[53] anders die ältere Rspr des RG, die nur einen durch Parallelerfindung (Doppelerfindung) erlangten Erfindungsbesitz als ausreichend und eine Ableitung vom Patentinhaber als schädlich ansah.[54] Wurde der Erfindungsbesitz von einem Dritten aufgrund vertraglicher Abreden erworben und kann deshalb ein Vorbenutzungsrecht nach § 12 nicht entstehen, kommt ein solches auch nicht mittels Erwerbs von einem anderen, insb einem ArbN, in Betracht.[55] **Ableitung** des Vorbenutzungsrechts kann für das Vertriebsunternehmen vom Vorbenutzungsrecht des Herstellers erfolgen.[55a]

15   **d. Redlichkeit.** Ein Vorbenutzungsrecht entsteht nicht, wenn der Benutzer bei Erwerb oder Ausübung des Erfindungsbesitzes unredlich war[56] (zur Beweislast Rn 53). Schon das RG hat widerrechtl Handeln des Vorbenutzers gegenüber dem Patentinhaber oder seinem Rechtsvorgänger als schädlich angesehen,[57] eben-

---

RG GRUR 1943, 286 f Riemenverbinderhaken; BGH GRUR 1960, 546, 548 Bierhahn; BGH GRUR 1969, 35 Europareise; für den allg Erfindungsgedanken und die Unterkombination RGZ 133, 377, 380 = GRUR 1932, 66 Fernverbindung; RGZ 153, 321, 326 = GRUR 1937, 367 Gleichrichterröhren; RG GRUR 1939, 612, 614 Streuverschluß; *Benkard* Rn 5; *Stieger* in *Bertischinger/Münch/Geiser* (Hrsg) Schweizerisches und europäisches Patentrecht, 2002, Rn 12.236.

45   BGH Desmopressin; *Büscher/Dittmer/Schiwy* Rn 5; vgl *Strobel* VPP-Rdbr 2015, 107 f.

46   ÖPA öPBl 1995, 171.

47   BGH Bierhahn; vgl BGHZ 39, 389, 398 = GRUR 1964, 20 Taxilan; RGSt 46, 80, 83 = BlPMZ 1912, 277 Zapfhahn II; RG Mitt 1931, 72, 74 Preßhefe IV; OLG Jena GRUR-RR 2008, 115; öOPM öPBl 1999, 49, 56 unter Hinweis auf öPGH öPBl 1929, 243; *Benkard* Rn 5, vgl *Kraßer* S 824 f (§ 34 II b 4); *Strobel* VPP-Rdbr 2015, 107 f.

48   ZB BGH GRUR 1969, 271, 273 Zugseilführung; LG Düsseldorf 17.2.1998 4 O 3/97 Entsch 1998, 28, 30 f; weitere Nachw bei *Benkard* Rn 5.

49   RG MuW 31, 449, 450 f Verbindungsscheiben für Gelenkkuppelungen; RG GRUR 1940, 434, 436 Massekerne; *Kraßer* S 823 (§ 34 II b 3).

50   BGH GRUR 2012, 895 Desmopressin; BGH 12.6. 2012 X ZR 132/09; OLG Düsseldorf InstGE 11, 193; OLG Düsseldorf 12.11.2009 2 U 89/08; *Kühnen* Hdb Rn 1309; abw RG GRUR 1939, 300, 302 Verbinderhaken II; RG Massekerne; vgl RG GRUR 1937, 45, 47 Gasrohrschutzbinde; RG MuW 40, 232 f Seifenherstellung I, nicht in GRUR.

51   BGH Füllstoff; BGH Desmopressin; BGH 12.6.2012 X ZR 132/09.

52   BGH Kasten für Fußabtrittsroste.

53   RG BlPMZ 1908, 188, 190 Schartenblende; RG MuW 12, 404 = JW 1912, 697 f Vakuumkapselpumpe; RGZ 114, 246, 249 = GRUR 1926, 478 Eversharp/Immerspitz; RGZ 123, 58, 61 = GRUR 1929, 220 farbige Papierbahnen I; RGZ 1943, 286 Riemenverbinderhaken; BGH GRUR 1964, 673, 675 Kasten für Fußabtrittsroste; OLG Karlsruhe GRUR 1983, 67, 69; *Benkard* Rn 6 f; missverständlich BGH GRUR 1959, 528, 530 Autodachzelt; *Mes* Rn 4; *Büscher/Dittmer/Schiwy* Rn 6; Näher *Stieger* in *Bertischinger/Münch/Geiser* (Hrsg) Schweizerisches und europäisches Patentrecht, 2002, Rn 12.244.

54   RGZ 26, 64 f Vacuumtrockenapparat; RGZ 37, 41, 44 = BlPMZ 1900, 174 Kristallzucker; RGZ 45, 116 f Flaschenkapsel; RGSt 28, 27, 29 f = BlPMZ 1896, 3 Litzenerbreiterungsmaschine; so auch *Busche* GRUR 1999, 645 ff.

55   BGHZ 182, 231 = GRUR 2010, 47 Füllstoff; vgl OLG Düsseldorf 8.4.2010 2 U 108/06.

55a   Vgl *Mes* Rn 18; OLG Frankfurt 30.10.2014 6 U 174/12; LG Düsseldorf InstGE 10, 12.

56   BGH GRUR 1964, 673, 675 Kasten für Fußabtrittsroste; OLG Düsseldorf GRUR 1980, 170; vgl *Thiele* ÖBl 2008, 220, 222.

57   RG JW 1912, 697 = MuW 12, 404 f Vakuumkapselpumpe; RGZ 114, 246, 249 = GRUR 1926, 478 Eversharp/Immerspitz; RGZ 123, 58, 61 = GRUR 1929, 220 farbige Papierbahnen I; RG BlPMZ 1930, 300 Hohlschaber; RG GRUR 1942, 34, 37 Stauchfalzmaschine; RGZ 169, 289, 292 = GRUR 1942, 548 Muffentonrohre; RG GRUR 1951, 278, 281 Flugzeughallentore; RGSt 28, 27, 29 = BlPMZ 1896, 3 Litzenerbreiterungsmaschine.

so der BGH.[58] Dafür genügt nicht, dass der Erfindungsbesitz vom Schutzrechtsinhaber abgeleitet ist, wohl aber widerrechtl Entnahme.[59] Redlich erworben ist der Erfindungsbesitz, wenn sich der Benutzer für befugt halten durfte, die erfindungsgemäße Lehre für eigene Zwecke anzuwenden.[60] Ist die Kenntnis des Vorbenutzers von einem Dritten abgeleitet (Rn 14), kommt es auf die Kenntnisse des Vorbenutzers und nicht des Dritten an; vorsätzliche oder grobfahrlässige (Verletzung der im Verkehr erforderlichen Sorgfalt in besonders hohem Maß) Unkenntnis der die Widerrechtlichkeit begründenden Tatsachen begründet Unredlichkeit.[61] Unredlichkeit kommt in Betracht bei vertraulicher Übermittlung durch den Patentinhaber,[62] mit Rücksicht auf Abs 1 Satz 4 aber nur, wenn sich aus der Erklärung ergab, dass der Berechtigte sich eine Schutzrechtsanmeldung vorbehalten hat und Einverständnis mit der Benutzung nicht besteht;[63] dass die Voraussetzungen dieser Regelung nicht vorliegen, muss Unredlichkeit nicht in jedem Fall ausschließen.[64] Eine Erkundigungspflicht nach Schutzrechtsvorbehalten besteht grds nicht.[65] Unredlichkeit kommt weiter in Betracht bei heimlichem Zutrittverschaffen oder bei Vorbereitungen zur Benutzung durch einen ArbN ohne Wissen des Unternehmers, die Möglichkeit redlichen Kenntniserwerbs ändert daran idR nichts.[66] Nicht abschließend geklärt ist, ob der Erwerb des Vorbenutzungsrechts durch einen abhängigen Dritten dazu führt, dass dessen Unredlichkeit dem Benutzer zuzurechnen ist.[67]

3. Berechtigter. Das Vorbenutzungsrecht entsteht in der Person dessen, der in Erfindungsbesitz ist **16** und diesen betätigt; es handelt sich um die Zuordnung tatsächlicher Vorgänge und nicht um vertrags- oder deliktsrechtl Fragen.[68] Die Ausübung muss grds selbstständig und im eigenen Interesse erfolgen,[69] jedoch sollte die Selbstständigkeit nicht als eigenständiges Erfordernis des Vorbenutzungsrechts behandelt werden.[70] Kenntnis und Tätigkeit des weisungsgebundenen Gehilfen werden dem Geschäftsherrn zugerechnet.[71]

Handlungen, die **ausschließlich im Interesse eines Dritten** vorgenommen werden, begründen für **17** den Handelnden selbst kein Vorbenutzungsrecht.[72] Dies gilt insb dann, wenn Benutzer und Erfinder in vertraglichen Beziehungen stehen und der Erfindungsbesitz im Zusammenhang mit der Vertragserfüllung erlangt wurde, in diesem Fall richten sich die Rechte ausschließlich nach dem Vertrag.[73] Handlungen leitender Betriebsangehöriger, die dazu berufen sind, Anordnungen zu treffen, sowie Handlungen von Gesellschaftsorganen im ihnen gesetzlich zugewiesenen Vertretungsbereich erfolgen grds im Interesse des Unternehmens und begründen idR ein Benutzungsrecht nur für dieses.[74] Es kommt auf die tatsächliche

---

58 BGHZ 6, 172, 176 = GRUR 1952, 564 Wäschepresse; BGH GRUR 1964, 673, 675 Kasten für Fußabtrittsroste; BGHZ 182, 231 = GRUR 2010, 47 Füllstoff.
59 RG Vakuumkapselpumpe; BGH GRUR 1964, 491, 494 Chloramphenicol; BGH Kasten für Fußabtrittsroste; OLG Düsseldorf GRUR 1980, 170 f; OLG Düsseldorf Mitt 1987, 239; *Schulte* Rn 23; *Mes* Rn 5; vgl auch OLG Jena GRUR-RR 2008, 115.
60 BGHZ 182, 231 = GRUR 2010, 47 Füllstoff.
61 BGH Kasten für Fußabtrittsroste; vgl RG Eversharp/Immerspitz; RG Hohlschaber; RG JW 1925, 17 = MuW 33, 362f Mischzinn; RG Flugzeughallentore; BGH Chloramphenicol; ÖOGH ÖBl 2009, 191 Pantoprazol, unter Abstellen auf den „guten Glauben"; *Mes* Rn 6.
62 RGZ 37, 41, 44 = BlPMZ 1900, 174 Kristallzucker; RG JW 1932, 1827 = MuW 32, 194, 196 Befestigung von Bekleidungsplatten.
63 *Kraßer* S 822 f (§ 34 II b 1).
64 Vgl BGH Kasten für Fußabtrittsroste; OLG Düsseldorf GRUR 1980, 170, 172.
65 BGH Kasten für Fußabtrittsroste.
66 OLG Düsseldorf GRUR 1980, 170.
67 OLG Braunschweig 10.7.2006 2 U 182/02; Revisionsverfahren ohne Entscheidung erledigt.
68 BGHZ 121, 194 = GRUR 1993, 460 Wandabstreifer.
69 BGHZ 182, 231 = GRUR 2010, 47 Füllstoff; RGZ 52, 90 f = BlPMZ 1903, 187 Zieheisen; RG BlPMZ 1908, 188, 190 Schartenblende; RG JW 1932, 1827 = MuW 32, 194, 196 Befestigung von Bekleidungsplatten; RG GRUR 1943, 286 f Riemenverbinderhaken; RGSt 27, 51, 54 = BlPMZ 1894/95, 147 Aluminiumbronzierung; vgl auch RGZ 123, 58, 62 = GRUR 1929, 220 farbige Papierbahnen I; RG GRUR 1939, 300, 304 Verbinderhaken II; vgl BGH Wandabstreifer, für den insoweit gleichgelagerten Fall des Weiterbenutzungsrechts nach § 123 Abs 5.
70 AA BGH Füllstoff.
71 RG GRUR 1937, 621, 623 Ohrenmarkenzange; RG GRUR 1942, 34, 37 Stauchfalzmaschine; OLG Jena GRUR-RR 2008, 115.
72 BGHZ 182, 231 = GRUR 2010, 47 Füllstoff; BGH Wandabstreifer.
73 BGH Füllstoff gegen OLG Jena GRUR-RR 2008, 115; vgl *Mes* Rn 7.
74 BGH Wandabstreifer; vgl RGZ 78, 436 f = BlPMZ 1912, 275 Aufschließkammern; OLG Jena GRUR-RR 2008, 115.

Stellung im Betrieb an und nicht auf die rechtl Einordnung.[75] Ein Benutzer kann eine Benutzungshandlung jedoch für einen Dritten in dessen Interesse und zugleich für sich selbst vornehmen.[76] Fehlende Handlungsberechtigung, etwa Tätigwerden als Geschäftsführer ohne Auftrag, lässt beim Geschäftsherrn kein Vorbenutzungsrecht entstehen.[77] Der Händler oder Importeur erwirbt ein eigenes und nicht nur ein vom Hersteller abgeleitetes Vorbenutzungsrecht (hierzu Rn 14), wenn er die erforderlichen Benutzungshandlungen oder Vorbereitungen selbst vorgenommen hat.[78] Dabei kann ein Vertriebsunternehmen auch durch ein weiteres Vertriebsunternehmen ersetzt werden.[79]

18   Ein **Arbeitnehmer** erwirbt durch seine Arbeitstätigkeit grds kein eigenes Benutzungsrecht, jedoch wurde nach der Rspr des RG der Erwerb eines Vorbenutzungsrechts für ArbN und ArbGb zugleich nicht von vornherein ausgeschlossen.[80] Bei ArbN-Erfindungen, die zu einem Vorbenutzungsrecht führen, erwirbt dieses im Fall der (auch fingierten) Inanspruchnahme der ArbGb,[81] nach früherem Recht allerdings nur bei unbeschränkter Inanspruchnahme.[82] Kommt es nicht zur Inanspruchnahme (oder bei Erfindungen etwa von Gesellschaftern zur Übertragung), sondern erwirbt der Erfinder (oder ein Rechtsnachfolger) selbst das Schutzrecht, entsteht das Vorbenutzungsrecht in seiner Person (Rn 7 f zu § 8 ArbEG); das gilt erst recht für Erfindungen von Personen, die nicht ArbN sind, sofern sich nicht aus vertraglichen Abreden Abweichendes ergibt.[83] Nachträgliche Freigabe der unbeschränkt in Anspruch genommenen Diensterfindung führt nicht zum Übergang des Vorbenutzungsrechts auf den ArbN, weil die Voraussetzungen des Abs 1 Satz 3 nicht erfüllt sind.

19   Ein **Lizenznehmer**, der die Erfindung eines Dritten benutzt, soll dadurch nur für sich selbst ein Vorbenutzungsrecht erwerben, nicht auch für den Dritten;[84] die Benutzungshandlung soll vom Benutzer aber zugleich für sich und einen Dritten ausgeführt werden können.[85] Dies entspricht indes nicht der neueren Position des BGH, nach dem hier allein die vertraglichen Beziehungen zum Tragen kommen.[86] Tätigwerden im Rahmen eines **Werklieferungsvertrags** für einen Dritten wird durch dessen Vorbenutzungsrecht gedeckt.[87]

4. Betätigung des Erfindungsbesitzes

20   **a. Allgemeines.** Voraussetzung ist weiter, dass der Vorbenutzer die Erfindung im **Inland** (Rn 8) benutzt oder die dazu erforderlichen Vorbereitungen getroffen hat.[88] Eine Ausbildung, die vom Gegenstand der unter Schutz gestellten Erfindung keinen Gebrauch macht, reicht nicht aus.[89]

21   **Billigkeitserwägungen** (schutzwürdiger Besitzstand)[90] sind kein selbständiges Tatbestandsmerkmal des Abs 1 Satz 1, sondern nur ein Maßstab für die Bewertung der Benutzung oder der Veranstaltungen; auf die Höhe des Aufwands oder den Umfang der Betätigung kommt es grds nicht an.[91] Sie können für sich

---

75   Vgl OLG Jena GRUR-RR 2008, 115.
76   RG Riemenverbinderhaken; RG Schartenblende; BGH Wandabstreifer.
77   Vgl RG GRUR 1934, 31, 32 Kohlenkasten; RG Verbinderhaken II.
78   LG Düsseldorf InstGE 10, 17; *Mes* Rn 16; offengelassen in OLG Düsseldorf InstGE 11, 193, OLG Düsseldorf 12.11.2009 2 U 89/08, wo auf das für ein Vertriebsunternehmen bestehende abgeleitete Vorbenutzungsrecht abgestellt wird.
79   LG Düsseldorf InstGE 10, 12.
80   Vgl RG Kugelmühle; *Fitzner/Lutz/Bodewig* Rn 5.
81   RG Kugelmühle; BGHZ 182, 231 = GRUR 2010, 47 Füllstoff; *Fitzner/Lutz/Bodewig* Rn 5; vgl BGH GRUR 1960, 546, 549 Bierhahn; ÖOGH ÖBl 2005, 60 Trocknungsofen.
82   Vgl RG Kugelmühle.
83   BGH GRUR 1965, 302, 304 Schellenreibungskupplung; BGH GRUR 1990, 193 f Autokindersitz; BGH Füllstoff; vgl *Strobel* VPP-Rdbr 2015, 107 f.
84   *Benkard* Rn 6, 9; vgl RG GRUR 1943, 286 f Riemenverbinderhaken.
85   RG Riemenverbinderhaken.
86   Vgl BGHZ 182, 231 = GRUR 2010, 47 Füllstoff; OLG Düsseldorf GRUR-RR 2012, 319; *Benkard* Rn 9.
87   RG BlPMZ 1908, 188, 191 Schartenblende.
88   Vgl BGH 1.10.1991 X ZR 60/89; *Strobel* VPP-Rdbr 2015, 107 f.
89   OLG München 27.10.2006 6 U 2435/01.
90   Vgl hierzu BGHZ 39, 389 = GRUR 1964, 20 Taxilan; BGH GRUR 1969, 35 Europareise; ÖOGH öPBl 1936, 76 Ski mit Blechlamellen.
91   RGSt 6, 107, 109 f Hektograph; RG BlPMZ 1908, 188 f Schartenblende; BGH 17.11.1970 X ZR 13/69.

allein ein Vorbenutzungsrecht nicht begründen, andererseits bei Vorliegen der Voraussetzungen nicht zu seinem Ausschluss führen.[92]

Nach hM[93] muss die Betätigung gewerbsmäßig erfolgen.[94] Nach geltendem Recht sollte darauf abgestellt werden, dass sie **außerhalb des** durch § 11 Nr 1 umschriebenen **privaten Bereichs** erfolgt.[95] Auf Entgeltlichkeit kommt es nicht an.[96] Ein einzelner Privatverkauf wurde als nicht ausreichend angesehen.[97] **22**

b. In **Benutzung** genommen hat den Gegenstand der Erfindung nur, wer irgendeine der Benutzungshandlungen des § 9 ausgeführt hat; die Anforderungen reichen nicht weiter als die nach § 9.[98] Mittelbare Benutzung nach früherem Recht reichte aus;[99] ob und wieweit dies auch für die des § 10 gilt, ist str. Ein Teil des Schrifttums will sie weiterhin einbeziehen,[100] ein anderer Teil nur, soweit der mittelbare Benutzer Erfindungsbesitz hat (vgl auch Rn 31 zu § 10).[101] Vertreten wird auch, dass dann, wenn die Voraussetzungen des § 12 sowohl in der Person des mittelbaren Benutzers als auch in der seines Abnehmers erfüllt sind, beide ein eigenes Vorbenutzungsrecht erwerben, es dem mittelbaren Benutzer, der sich auf das Vorbenutzungsrecht berufen kann, aber freistehen müsse, über den ursprünglichen Adressatenkreis hinaus auch beliebige Dritte anzusprechen;[102] dieser Auffassung wird der Vorzug zu geben sein. Allerdings kann aus Handlungen, die einer mittelbaren Benutzung entsprechen, nicht ohne weiteres ein Vorbenutzungsrecht abgeleitet werden.[103] Zu beachten ist hier nämlich, dass für sie schon die Patentgefährdung ausreicht und eine Benutzung des Patents nicht erforderlich ist. **23**

Davon ist die Frage zu unterscheiden, ob **Abnehmer** vom Vorbenutzungsrecht des mittelbaren Benutzers profitieren.[104] Da, soweit das Vorbenutzungsrecht reicht, der Patentschutz keine Wirkung entfaltet, wird man die Abnehmer als von der Wirkung des Vorbenutzungsrechts erfasst ansehen müssen.[105] **24**

---

92 BGHZ 39, 389, 397 = GRUR 1964, 20 Taxilan; BGH GRUR 1964, 673 Kasten für Fußabtrittsroste; BGH GRUR 1965, 411, 413 Lacktränkeinrichtung II; BGHZ 182, 231 = GRUR 2010, 47 Füllstoff; BGH GRUR 2003, 507 Enalapril, zu § 28 Abs 1 ErstrG; vgl auch RG GRUR 1942, 34, 37 Stauchfalzmaschine; RG GRUR 1943, 67, 70 Reduziermaschine.
93 Nachw bei *Benkard*[9] Rn 10; klare Äußerungen der Rspr fehlen, vgl RGZ 56, 223, 227 = BlPMZ 1904, 362 Kugelmühle; RGZ 80, 15, 17 = BlPMZ 1912, 280 Duplexpapier; RGSt 27, 51, 53 = BlPMZ 1894/95, 147 Aluminiumbronzierung; BGHZ 39, 389, 397 = GRUR 1964, 20 Taxilan; BGH GRUR 1964, 491, 493 Chloramphenicol einerseits; RG GRUR 1903, 146 Kessel andererseits.
94 So auch *Benkard* Rn 10; *Schulte* Rn 22; *Mes* Rn 15; *Busche* GRUR 1999, 645, 647; *Şehirali/Bjerke* GRUR Int 2001, 828, 834; *Strobel* VPP-Rdbr 2015, 107 f.
95 Vgl *Benkard* Rn 10; in der Rspr bisher nur kasuistisch erfasst; vgl RGZ 123, 252, 256 = BlPMZ 1929, 119 Vakuumröhre: Ausprobieren der Erfindung; RG GRUR 1939, 300, 302 f Verbinderhaken II; RG Riemenverbinderhaken; BGH GRUR 1960, 546 Bierhahn; *Büscher/Dittmer/Schiwy* Rn 9 nehmen generell die nach § 11 privilegierten Handlungen aus.
96 ÖOGH ÖBl 1973, 126 Möbelbeschlagteile.
97 ÖOGH ÖBl 1965, 9 Heimkaltdauerwellen; *Thiele* ÖBl 2008, 220, 223.
98 BGH GRUR 1964, 491, 494 Chloramphenicol; BGH GRUR 1969, 35 Europareise; BGH 17.11.1970 X ZR 13/69; RGZ 26, 64 f Vacuumtrockenapparat; RGZ 56, 223, 226 f = BlPMZ 1904, 362 Kugelmühle; RGZ 80, 15, 17 = BlPMZ 1912, 280 Duplexpapier; RGZ 110, 218, 224 Ringschieber; RGZ 114, 252, 258 Nolan Act; RG GRUR 1927, 696 f Dermatoid-Schuhkappen; RG GRUR 1938, 770 f Eisenbahnpostwagen; OLG Düsseldorf Mitt 1987, 239; BGH GRUR 1955, 476 Spülbecken, zum Benutzungsrecht nach Art 7 AHKG Nr 8; *Fitzner/Lutz/Bodewig* Rn 6; *Büscher/Dittmer/Schiwy* Rn 8.
99 RG MuW 27, 312 f Kakaomasse; RG GRUR 1940, 434 f Massekerne; BGH GRUR 1964, 496 Formsand II; BGH 14.7.1969 X ZR 17/67.
100 *Benkard* Rn 11; *Mes* Rn 10; *Kühnen* FS P. Mes (2009), 233; *Thiele* ÖBl 2002, 220, 223; OLG Düsseldorf 25.3.2004 2 U 139/02.
101 *Fitzner/Lutz/Bodewig* Rn 6; *Büscher/Dittmer/Schiwy* Rn 8; *Kraßer* S 824 (§ 34 II b 3).
102 *Schulte* Rn 12 f; aA LG Düsseldorf 8.7.2004 4a O 304/03.
103 AA wohl *Schulte* Rn 13.
104 Für bestimmte Fallgestaltungen bejahend *Kraßer* S 826 (§ 34 II c 2).
105 Vgl *Schulte* Rn 13; *Hufnagel* FS Th. Reimann (2009), 215; nach Auffassung von *Teschemacher* Die mittelbare Patentverletzung (1974), 125 f kann der mittelbare Vorbenutzer nur die Befugnis zur Benutzung der von ihm gelieferten Teile verschaffen; aA *Kraßer* S 826 (§ 34 II c 2), wonach der mittelbare Vorbenutzer an sich nur berechtigt sein soll, Abnehmer zu beliefern, die selbst ein Vorbenutzungsrecht haben oder Lizenznehmer sind, der aber in Erwägung zieht, dass der mittelbare Vorbenutzer seinen Abnehmern die Befugnis zur Erfindungsbenutzung entspr Erschöpfungsgrundsätzen verschaffen kann; vgl auch *Benkard* Rn 23.

25   Die Benutzungshandlung muss die Erfindung Dritten nicht offenbaren.[106] **Unvollkommenheiten,** Versuche und Erprobungen, fehlende wirtschaftliche Bewährung stehen nicht entgegen,[107] erst recht nicht, dass die Benutzung gegenüber dem Patent relevanten StdT darstellt.[108] Nicht ausreichend ist allerdings, dass nur einzelne Merkmale benutzt werden.[109] Die Benutzungshandlung muss „die Ernsthaftigkeit einer gewerblichen Nutzungsabsicht in die Tat umsetzen".[110]

26   **Keine Benutzungshandlungen** sind Betätigungen des Erfindungsbesitzes, die von § 9 nicht erfasst werden, wie Schutzrechtsanmeldung oder ihre Vorbereitung,[111] Verhandlungen über den Abschluss eines Lizenzvertrags,[112] arzneimittelrechtl Zulassungsanträge, die aber als Veranstaltungen (Rn 27) ausreichen können,[113] Erteilung einer öffentlich-rechtl Genehmigung, Bestellung oder Auftragsvergabe;[114] diese Maßnahmen werden regelmäßig nicht einmal als Vorbereitungshandlungen anzusehen sein.[115]

27   **c. Veranstaltungen** begründen nur dann ein Vorbenutzungsrecht, wenn sie bestimmungsgem der Ausführung der Erfindung dienen, dh objektiv geeignet sind, deren Benutzung zu ermöglichen, und wenn Benutzungswille (Rn 31) vorliegt.[116] Ein Anfang der Ausführung ist nicht erforderlich.[117] Die Veranstaltungen müssen zur alsbaldigen Aufnahme der Benutzung erfolgen (Rn 31). Die Umstände des Einzelfalls sind ausschlaggebend.[118] Anfertigung von nicht verkäuflichen Modellen, Mustern und Prototypen genügt – jedenfalls idR – nicht,[119] im Einzelfall auch nicht die Anfertigung von Werkstattzeichnungen[120] oder Entwurfszeichnungen;[121] die Anfertigung von Werkstattzeichnungen hat jedoch das RG ausreichen lassen;[122] man wird auch hier auf die Umstände des Falls abstellen müssen. Die Anschaffung spezieller Fertigungsvorrichtungen kann genügen,[123] selbst eine diesbezügliche Bestellanfrage.[124] Zum Antrag auf Arzneimittel-

---

106   BGH GRUR 1969, 35 Europareise; BGH 17.11.1970 X ZR 13/69; *Mes* Rn 11.

107   RG GRUR 1939, 300, 302 f Verbinderhaken II; BGH GRUR 1960, 546, 549 Bierhahn; BGH 17.11.1970 X ZR 13/69; ÖOGH öPBl 1914, 89; ÖOGH öPBl 1933, 93 Schirmgitterröhre; ÖOGH öPBl 1955, 109 Doppelklappbett; *Thiele* ÖBl 2008, 220, 223.

108   Vgl BGH GRUR 1965, 411, 415 Lacktränkeinrichtung II; KG MuW 41, 18; *Benkard* Rn 11a.

109   *Thiele* ÖBl 2008, 220, 223 mwN.

110   OLG Düsseldorf 26.10.2006 2 U 109/03; *Schulte* Rn 11.

111   RGZ 133, 377, 381 = GRUR 1932, 66 Fernverbindung; RGZ 169, 289 f = GRUR 1942, 548 Muffentonrohre; RG GRUR 1940, 154, 157 f Gleiskettenfahrzeuge; BGHZ 47, 132, 139 = GRUR 1967, 477 UHF-Empfänger II; BGH 1.10.1991 X ZR 60/89; *Büscher/Dittmer/Schiwy* Rn 8.

112   RG JW 1899, 397 Ausführung im Inland.

113   LG Düsseldorf InstGE 10, 12, 15; LG Düsseldorf InstGE 10, 17, 19; *Mes* Rn 12.

114   Vgl RG BlPMZ 1908, 188, 190 Schartenblende; RG GRUR 1942, 155 Riemenverbinder; BGH GRUR 1979, 48, 50 Straßendecke I; BG Nagoya (Japan) IIC 37 (2006), 981.

115   Vgl RG Riemenverbinder; BGH GRUR 1960, 546 Bierhahn; schweiz BG BGE 86 II 406 = GRUR Int 1961, 408 Druckluftschalter.

116   Vgl RGZ 45, 116, 118 Flaschenkapsel; RGZ 78, 436, 439 = BlPMZ 1912, 275 Aufschließkammern; RGZ 110, 218, 223 f = GRUR 1925, 156 Ringschieber; RG GRUR 1942, 34, 36 Stauchfalzmaschine; RG GRUR 1942, 155 Riemenverbinder; RG GRUR 1943, 286, 288 Riemenverbinderhaken; BGH GRUR 1960, 546, 549 Bierhahn; BGHZ 39, 389, 395 = GRUR 1964, 20 Taxilan; BGH GRUR 1964, 673 Kasten für Fußabtrittsroste; BGH GRUR 1969, 35, 37 Europareise; BGH 22.1.1963 Ia ZR 56/63; *Fitzner/Lutz/Bodewig* Rn 7.

117   *Benkard* Rn 13 gegen RG Flaschenkapsel.

118   BGH Taxilan.

119   BGH 22.1.1963 I a ZR 56/63; vgl RG GRUR 1927, 235 f Schulterspangen; RG GRUR 1937, 621, 624 Ohrenmarkenzange; RGZ 158, 291, 293 = BlPMZ 1939, 19 Polstermatratze; OLG Düsseldorf 11.1.2007 2 U 65/05; LG Frankfurt/M GRUR 1967, 136; *Schulte* Rn 11; *Fitzner/Lutz/Bodewig* Rn 6; vgl auch RG GRUR 1942, 34, 36 Stauchfalzmaschine; s aber RGZ 10, 94 f Rollvorhänge, wo unter Bezugnahme auf den Bericht der Reichstagskommission die Fertigstellung von Modellen als ausreichend angesehen wird; ÖOGH GRUR Int 1986, 561 UNO-City I; ÖOGH GRUR Int 1987, 259 UNO-City III: ausreichend ist die Vorstellung von Modellen und Vorlage von Bauplänen, die die Erfindung zeigen.

120   Vgl RG BlPMZ 1908, 188, 190 Schartenblende; RGZ 110, 218, 223 = GRUR 1925, 156 Ringschieber; RG Schulterspangen; RG GRUR 1932, 870 schwenkbare Windschutzscheibe; RG GRUR 1943, 286, 287 f Riemenverbinderhaken; BGH Bierhahn; OLG Hamm BlPMZ 1906, 48; LG Düsseldorf InstGE 2, 253, 265 ff und nachgehend OLG Düsseldorf 25.3.2004 2 U 139/02.

121   OLG Düsseldorf 25.3.2004 2 U 139/02.

122   RG Ringschieber; RG Riemenverbinder.

123   Vgl BGH Kasten für Fußabtrittsroste.

124   RG Mitt 1929, 329 f Aluminiumfolie; RG Riemenverbinder.

---

zulassung Rn 26. Versuche reichen aus, wenn sie sich auf die bereits beschlossene, praktisch zweckmäßigste Ausführung beziehen, nicht, wenn die Ausführbarkeit an sich erprobt werden soll.[125] Auf den mit der Veranstaltung verbundenen Aufwand kommt es nicht an.[126]

Bloß **vorbereitende Tätigkeiten** wie die Ermittlung der Marktverhältnisse[127] oder Handlungen, die **28** dazu dienen, den auf gewerbliche Benutzung gerichteten Willen erst zu bilden,[127a] Veranstaltungen für eine erst später geplante Ausführung begründen kein Vorbenutzungsrecht;[128] die Veranstaltung muss auf baldige Benutzungsaufnahme gerichtet sein.[129] Fertigungsreife ist nicht erforderlich.[130] Der Entschluss, eine Fertigungspatrone erstellen zu lassen, wurde nicht als ausreichend angesehen, sondern Umsetzung in die Tat gefordert.[131]

Bei einer **Verfahrenserfindung** kann die Herrichtung (Ertüchtigung) der für die Ausführung not- **29** wendigen Anlagen und Maschinen ausreichen, selbst ihre Vorbereitung.[132]

Maßnahmen nichttechnischer Art außerhalb der von § 9 erfassten wie Anbieten, insb Auftragsverga- **30** be oder Werbetätigkeit, reichen idR nicht aus;[133] gründliche Prüfung des Einzelfalls ist jedenfalls geboten.

Benutzungswille. Die Veranstaltung muss den ernstlichen Willen erkennen lassen, die Benutzung **31** der Erfindung alsbald aufzunehmen.[134] Ein bedingter Entschluss genügt nicht.[135] Der Wille zur Benutzung muss erkennbar betätigt sein.[136] Bleibt die Möglichkeit der Benutzung noch offen, liegt keine ausreichende Veranstaltung vor.[137] Geringfügigkeit der Vorbereitungshandlungen kann gegen Benutzungswillen sprechen.[138] Der Benutzungswille eines ArbN ohne Wissen des Betriebsinhabers ist unbeachtlich, wenn nicht dem ArbN eine entspr Stellung im Betrieb zukommt.[139]

5. Maßgeblicher Zeitpunkt

a. Grundsatz. Maßgeblich für die Begründung des Vorbenutzungsrechts ist der **Anmeldetag.** Die **32** Handlungen müssen spätestens am Tag vor der Anmeldung erfolgt sein.[140] Entgegen der früheren Praxis[141] kommt bei einer (nach geltendem Recht nicht mehr zulässigen) Erweiterung der Offenbarung im Lauf des Erteilungsverfahrens kein Vorbenutzungsrecht durch Handlungen zwischen Anmeldung und Offenbarung in Betracht.[142] Vor Veröffentlichung der Patenterteilung vorgenommene Handlungen begründen für die Zeit danach kein Benutzungsrecht (Rn 59 ff).

---

125 BGH Bierhahn; BGH Taxilan; BGH Europareise; vgl auch RGZ 123, 252, 256 = BlPMZ 1929, 119 Vakuumröhre; RG GRUR 1939, 300, 303 Verbinderhaken II; RG Stauchfalzmaschine; RG Riemenverbinderhaken; LG Frankfurt/M GRUR 1967, 137; schweiz BG BGE 86 II 406 = GRUR Int 1961, 408 Druckluftschalter.

126 OLG Düsseldorf 25.3.2004 2 U 139/02 (juris) unter Hinweis auf RG BlPMZ 1908, 188 Schartenblende.

127 RGZ 30, 63 f = JW 1893, 102 Farbstoffe; BGH GRUR 1969, 35, 37 Europareise; *Büscher/Dittmer/Schiwy* Rn 9.

127a LG Düsseldorf 24.4.2014 4b O 129/11.

128 RG GRUR 1942, 34 f Stauchfalzmaschine; LG Frankfurt/M GRUR 1967, 136.

129 BGH Europareise; vgl RGZ 158, 291, 293 f = BlPMZ 1939, 19 Polstermatratze; RG Stauchfalzmaschine; RG GRUR 1943, 286 f Riemenverbinderhaken; OLG München InstGE 1, 1.

130 BGH GRUR 1960, 546, 549 Bierhahn.

131 BGH 11.10.1988 X ZR 50/82.

132 RGZ 78, 436, 439 = BlPMZ 1912, 275 Aufschließkammern; vgl RGZ 30, 63, 66 = JW 1893. 102 Farbstoffe.

133 Vgl RGZ 45, 116, 119 Flaschenkapsel; RG BlPMZ 1908, 188, 190 Schartenblende; RG WarnRspr 1916 Nr 177 Bodenungeziefer; aA *Benkard* Rn 13; *Kraßer* S 825 (§ 34 II b 4); LG Düsseldorf InstGE 10, 17; wohl auch die differenzierende Betrachtung in *Fitzner/Lutz/Bodewig* Rn 6.

134 BGHZ 39, 389, 398 = RGZ 1964, 20 Taxilan; BGH GRUR 1969, 35 Europareise; OLG Düsseldorf 25.3.2004 2 U 139/02 (juris); ÖOGH öPBl 1955, 109 Doppelklappbett.

135 BGH Taxilan; LG Düsseldorf InstGE 2, 253, 266 und nachgehend OLG Düsseldorf 25.3.2004 2 U 139/02; *Benkard* Rn 13 mwN; *Fitzner/Lutz/Bodewig* Rn 7.

136 RG GRUR 1939, 300, 303 Verbinderhaken II.

137 Vgl RGZ 78, 436, 440 = BlPMZ 1912, 275 Aufschließkammern; RG GRUR 1942, 34, 36 Stauchfalzmaschine; RG GRUR 1943, 286, 288 Riemenverbinderhaken; schweiz BG BGE 86 II 406 = GRUR Int 1961, 408 Druckluftschalter.

138 RG BlPMZ 1919, 42 f Abdestillieren; *Fitzner/Lutz/Bodewig* Rn 7.

139 Vgl RG Aufschließkammern; RG BlPMZ 1931, 263 Haarschneidemaschine.

140 *Benkard*[10] Rn 16; *Schulte* Rn 19; *Fitzner/Lutz/Bodewig* Rn 2; *Büscher/Dittmer/Schiwy* Rn 10.

141 BGH GRUR 1963, 519 Klebemax; BGH GRUR 1966, 198 Plastikflaschen; BGH GRUR 1970, 296 Allzwecklandmaschine; BGH GRUR 1970, 289, 292 Dia-Rähmchen IV.

142 Vgl *Benkard*[10] Rn 16.

33   **b. Prioritätsrecht.** Bei Prioritätsinanspruchnahme tritt an die Stelle des Anmeldetags grds der Prioritätszeitpunkt (Abs 2).[143] Das gilt auch bei Inanspruchnahme einer Unionspriorität durch Unionsangehörige (ab Londoner Fassung der PVÜ)[144] (Abs 2 Satz 1; Art 4 B Satz 1 2. Halbs PVÜ, Rn 5 vor § 40), bei Nichtunionsangehörigen kommt es insoweit auf die Verbürgung der Gegenseitigkeit an (Abs 2 Satz 2; § 41 Abs 2). Das TRIPS-Übk ist Staatsvertrag iSd Bestimmung.[145] Bei Inanspruchnahme der Entnahmepriorität (§ 7 Abs 2) und der inneren Priorität (§ 40) ist auf den Prioritätszeitpunkt abzustellen.[146] Handlungen im Prioritätsintervall können ein Vorbenutzungsrecht nicht begründen (s auch die ausdrückliche Regelung im dt-öst Übk vom 15.2.1930, Rn 31 Einl IntPatÜG).[147]

34   **c. Mitteilung der Anmeldung.** Abs 1 Satz 4 trifft eine Sonderregelung für den Fall, dass der Anmelder oder sein Rechtsvorgänger die Erfindung vor der Anmeldung mitgeteilt und sich dabei seine Rechte für den Fall der Patenterteilung vorbehalten hat. Die Regelung, deren Bedeutung im Patentrecht – anders im GbmRecht – durch die Neuregelung der Neuheitsschonfrist in § 3 zurückgegangen ist,[148] ergänzt die über die neuheitsunschädliche Offenbarung in § 3 Abs 4.[149] Der Ausschluss des Vorbenutzungsrechts ist an zwei Voraussetzungen geknüpft, nämlich Kenntnis der Erfindung infolge einer Mitteilung des Anmelders oder seines Rechtsvorgängers und weiter Vorbehalt der Rechte für den Fall der Patenterteilung. Begründung eines Vorbenutzungsrechts durch Handlungen, die innerhalb von sechs Monaten seit Mitteilung liegen, ist dann ausgeschlossen.[150]

35   Die **Mitteilung** ist nicht an eine bestimmte Form oder Übermittlungsweise gebunden.[151] Empfänger kann jeder Dritte sein. Der Benutzer muss von der Erfindung jedoch infolge der Mitteilung – gleichgültig, ob unmittelbar oder über Mittelsleute[152] – erfahren haben; bei Vorkenntnis ist die Regelung nicht anwendbar. Aus dem Inhalt der Mitteilung muss die Erfindung klar erkennbar sein.[153] Auf das Bewusstsein des Benutzers, die Kenntnis der Erfindung durch die Mitteilung erlangt zu haben, kommt es nicht an.[154]

36   Der **Vorbehalt der Rechte** für den Fall der Patenterteilung braucht nicht ausdrücklich zu erfolgen, er kann sich aus schlüssigem Handeln ergeben,[155] namentlich wenn dem Dritten die Anmeldeabsicht bekannt war.[156] Er muss mit der Mitteilung der Erfindung verbunden sein, nicht aber notwendigerweise durch dieselbe Handlung erfolgen. Vorbehalt unmittelbar vor der Mitteilung wird regelmäßig genügen;[157] bei nachfolgendem Vorbehalt ist darauf abzustellen, ob dieser noch als nach der Verkehrsauffassung noch als „bei" der Mitteilung abgegeben anzusehen ist.[158] Auf die Kenntnis des Benutzers vom Vorbehalt soll es nicht ankommen, da es ihm zugemutet werden soll, sich nach einem solchen zu erkundigen.[159] Demnach wären auch Fälle der mittelbaren Kenntnis erfasst, bei denen zwar die Mitteilung der Erfindung, nicht aber auch der Vorbehalt weitergegeben wird. Dies ist bdkl; es erscheint wenig plausibel, warum es dann überhaupt eines Vorbehalts bedarf.[160] Fehlt der Vorbehalt ganz, kann jede Benutzungshandlung das Vorbenutzungsrecht begründen.[161]

---

143   *Fitzner/Lutz/Bodewig* Rn 2, *Büscher/Dittmer/Schiwy* Rn 10; vgl *Thiele* ÖBl 2008, 220, 222.

144   Anders zuvor, RGZ 99, 145 f = GRUR 1920, 102 Aufzwickmaschine II; RG GRUR 1943, 34 f Stauchfalzmaschine.

145   *Schäfers* Normsetzung zum geistigen Eigentum in internationalen Organisationen: WIPO und WTO – ein Vergleich, GRUR Int 1996, 763, 776.

146   Vgl *Mes* Rn 23.

147   *Benkard*[10] Rn 18; BGH GRUR 1992, 692, 694 Magazinbildwerfer; RGZ 153, 321, 324 = GRUR 1937, 367 Gleichrichterröhren.

148   *Kraßer* S 822 (§ 34 II b 1); vgl *Strobel* VPP-Rdbr 2015, 107 f.

149   *Benkard*[10] Rn 17.

150   BGH GRUR 1964, 673 Kasten für Fußabtrittsroste; *Fitzner/Lutz/Bodewig* Rn 4.

151   *Benkard*[10] Rn 17.

152   Vgl BGH GRUR 1964, 673 Kasten für Fußabtrittsroste.

153   *Benkard*[10] Rn 17.

154   *Lindenmaier* § 7 Rn 21; *Tetzner* § 7 Rn 62; vgl auch *Klauer/Möhring* § 7 Rn 39.

155   Vgl BGH GRUR 1964, 673 Kasten für Fußabtrittsroste; *Kraßer* S 822 (§ 34 II b 1); *Benkard*[10] Rn 17.

156   BGH Kasten für Fußabtrittsroste.

157   Vgl *Lindenmaier* § 7 Rn 21; RGZ 59, 378; RGZ 73, 146, 148.

158   Vgl *Benkard*[10] Rn 17; aA *Lindenmaier* § 7 Rn 21.

159   Begr BlPMZ 1936, 305; *Benkard*[10] Rn 17.

160   Vgl *Kraßer* S 822 (§ 34 II b 1).

161   BGH GRUR 1965, 411, 415 Lacktränkeinrichtung II.

Die Regelung nimmt nur solche Benutzungshandlungen und Veranstaltungen von der **Wirkung des** 37 **§ 12** aus, die innerhalb von sechs Monaten seit der Mitteilung erfolgen. Abzustellen ist auf den Zeitpunkt, zu dem die Voraussetzungen (etwa im Fall eines noch „bei" der Mitteilung abgegebenen nachfolgenden Vorbehalts) vollständig vorliegen; die Fristberechnung folgt den allg Regeln. Erfolgt die Anmeldung innerhalb von sechs Monaten, sperrt die Regelung in ihrem Anwendungsbereich das Vorbenutzungsrecht, erfolgt sie später, nimmt sie nur Handlungen innerhalb der sechs Monate nach Mitteilung aus, nicht auch spätere.

Die Regelung lässt den Ausschluss des Vorbenutzungsrechts bei **unredlichem Erfindungsbesitz** 38 unberührt.[162]

d. Fortdauer der Benutzung oder der Veranstaltungen. Die Notwendigkeit der Fortdauer ist bei 39 Benutzungshandlungen und Veranstaltungen unterschiedlich zu beurteilen. Die Benutzung braucht nicht bis zum Anmelde- oder Prioritätszeitpunkt fortgesetzt zu werden, wenn nur die Vorrichtung oder das Verfahren zu dem Bestand an technischen Mitteln gehört, derer sich das Unternehmen nach Bedarf bedient.[163] Vorübergehende Unterbrechung der Benutzung steht dem Erwerb eines Vorbenutzungsrechts nicht entgegen.[164] Das Vorbenutzungsrecht entsteht nicht, wenn die Benutzung freiwillig und endgültig und auf völlig unbestimmte Zeit eingestellt wird.[165] Zum Erlöschen des Vorbenutzungsrechts durch Aufgabe der Benutzung nach dem Prioritäts- oder Anmeldezeitpunkt Rn 52.

Sind **Veranstaltungen** nicht bis zum Anmelde- oder Prioritätstag fortgeführt worden, fehlt es an der 40 fortdauernden Absicht zur alsbaldigen Benutzung; ein Vorbenutzungsrecht kommt in diesem Fall nicht in Betracht,[166] anders uU bei Unterbrechungen aufgrund von Rohstoff- oder Beschaffungsschwierigkeiten.[167] Das Vorbenutzungsrecht entsteht auch nicht dadurch, dass im Inland nicht fortgeführte Veranstaltungen im Ausland fortgesetzt werden.[168] Zwischen Veranstaltungen und der späteren Benutzung liegende Intervalle sind unschädlich.[169]

II. Wirkung

1. Grundsatz. Betätigung des Erfindungsbesitzes begründet zunächst eine Anwartschaft, die wie- 41 der untergehen kann.[170] Durch das Vorbenutzungsrecht tritt die Wirkung des Patents gegenüber dem Vorbenutzer nicht ein (Abs 1 Satz 1). Dieser kann die Erfindung für die Bedürfnisse seines eigenen Betriebs in eigenen oder fremden Werkstätten ausnutzen (Abs 1 Satz 2). Die Benutzung der Erfindung ist in diesem Umfang nicht rechtswidrig.[171] Einer Erlaubnis des Patentinhabers bedarf es ebenso wenig, wie dieser Entschädigung verlangen kann.[172] Das Vorbenutzungsrecht wirkt auch gegenüber dem Entschädigungsanspruch nach § 33.[173] Ein Ausschließlichkeitsrecht gegenüber Dritten begründet § 12

---

162 BGH GRUR 1964, 673 Kasten für Fußabtrittsroste; OLG Düsseldorf GRUR 1980, 170, 172; allgM; vgl auch RG GRUR 1951, 278, 281 Flugzeughallentore.

163 RGZ 123, 252, 255 = BlPMZ 1929, 119 Vakuumröhre; LG Frankfurt/M. GRUR 1967, 136.

164 RG Vakuumröhre; RG GRUR 1938, 770 f Eisenbahnpostwagen; BGH GRUR 1969, 35 Europareise; OLG Hamm GRUR 1934, 250; *Fitzner/Lutz/Bodewig* Rn 7; *Strobel* VPP-Rdbr 2015, 107, 109.

165 RGZ 75, 317 = BlPMZ 1911, 221 Aufgabe der Benutzung; RGZ 80, 206 f = BlPMZ 1913, 51 Vorbenutzungsrecht bei Gebrauchsmustern; RG GRUR 1931, 147 Seliger; RG GRUR 1937, 621, 624 Ohrenmarkenzange; RG GRUR 1943, 67, 69 Reduziermaschine; BGH GRUR 1965, 411, 413 Lacktränkeinrichtung II; BGH Europareise; *Büscher/Dittmer/Schiwy* Rn 11.

166 BGH GRUR 1969, 35, 37 Europareise; vgl RGZ 75, 317, 319 = BlPMZ 1911, 221 Aufgabe der Benutzung; RG BlPMZ 1917, 19 f Zerreibwalzwerk; RGZ 123, 252, 256 = BlPMZ 1929, 119 Vakuumröhre; RG GRUR 1934, 31 f Kohlenkasten; RG GRUR 1937, 621, 624 Ohrenmarkenzange; RG GRUR 1937, 963 f Wandstecker; RGZ 158, 291, 293 = BlPMZ 1939, 19 Polstermatratze; RGZ 166, 326, 331 = GRUR 1941, 272 Lichtregler; RG GRUR 1942, 34 f Stauchfalzmaschine; RG GRUR 1942, 155 f Riemenverbinder; LG Frankfurt/M GRUR 1967, 136; *Büscher/Dittmer/Schiwy* Rn 12; *Strobel* VPP-Rdbr 2015, 107, 109, auch zur Rechtslage in den USA, in Frankreich und in Belgien.

167 BGHZ 6, 172 = GRUR 1952, 564, 567 Wäschepresse.

168 BGH Europareise.

169 *Benkard*[10] Rn 21; vgl RGZ 30, 63, 65 Farbstoffe.

170 BGH GRUR 1969, 35 f Europareise; *Mes* Rn 14.

171 Vgl OLG Düsseldorf 11.1.2007 2 U 65/05.

172 *Fitzner/Lutz/Bodewig* Rn 8; *Thiele* ÖBl 2008, 220, 224.

173 *Kraßer* S 820 (§ 34 II a 1); *A. Krieger* § 24 Abs 5 des Patentgesetzes – eine Erwiderung, GRUR 1968, 225 f; *H. Tetzner* Zum Entschädigungsanspruch aus offengelegten Patentanmeldungen, NJW 1969, 642 f.

nicht.[174] Gegenüber dem eigenen Patent gibt es (auch im Fall der Veräußerung oder für einen Miterfinder) kein Vorbenutzungsrecht.[175] Ebenso ist ein Vorbenutzungsrecht des ArbGb nach § 12 gegenüber einer von ihm in Anspruch genommenen ArbN-Erfindung durch eine ihm vorher von dritten ArbN offenbarte Erfindung ausgeschlossen.[176] Gegenüber ausländ Parallelpatenten wirkt das inländ Vorbenutzungsrecht nicht.[177] Ist das Patent gegenüber der Ursprungsoffenbarung oder einer früheren Fassung in einer Weise unzulässig geänd worden, die nicht zu einer Beseitigung im Nichtigkeitsverfahren führen kann, insb durch Einfügung eines nicht ursprungsoffenbarten einschränkenden Merkmals („uneigentliche" Erweiterung, vgl Rn 95 zu § 21), kommt es auf die Vorbenutzung auch dieser Änderung nicht an; dies kann im Verletzungsstreit inzident geprüft werden (vgl Rn 216 zu § 139).

2. Inhalt

42   **a. Allgemeines.** Ob sich das Vorbenutzungsrecht auf alle Benutzungsarten erstreckt oder ob es durch die Art der Benutzungshandlung oder Veranstaltung beschränkt ist, ist str. Auch die Rechtslage im Ausland ist uneinheitlich. § 23 Abs 1, 2 öPatG ist mit geringen redaktionellen Abweichungen mit der dt Regelung gleichlautend.[178] Auch die Regelung in der Schweiz (Art 35 Abs 1, 2 schweiz PatG)[179] stimmt sachlich überein. Der Wortlaut anderer ausländ Regelungen ist uneinheitlich; einige Gesetze gestatten die Benutzung der Erfindung (insb die Regelungen in Art L 613-7 des frz CPI, Art 30 § 1 belg PatG, Art 50 Abs 1 luxemb PatG 1992/1998, Art 55 Abs 1 niederländ ROW 1995 durch Verweisung auf die Regelung der vorbehaltenen Handlungen, Art 17 Abs 1 tschech PatG, sowie Art 59 Abs 2 jugosl PatG 1995). Andere, insb die skandinavischen (jeweils in § 4) Patentgesetze gestatten lediglich die Beibehaltung der bisherigen Benutzung. Das gilt auch für das Recht des VK (Sec 64 Abs 1 Patents Act, die Rspr lässt allerdings unwesentliche Abwandlungen zu)[180] und das span (Art 54 Abs 1 PatG) sowie das slowenische Recht (Art 20 GgE). Auch die irische Regelung (Sec 55 Abs 2 Buchst a PatG 1992) sieht eine Beschränkung auf die vorgenommene Handlung vor. Gleiches gilt für die Regelung in Rumänien (Art 37 Buchst b PatG 1991) und in Polen (Art 71 RgE). Die russ Regelung (Art 12 PatG 1992) gewährt das Recht nur ohne Erweiterung des Umfangs, auch die bulgar (Art 21 PatG 1993) und das kroat (Art 55 Abs 2 PatG 1999) lassen Weiterbenutzung nur in demselben Umfang zu. Litauen gewährt das Vorbenutzungsrecht so, wie es bei den Vorbereitungen beabsichtigt war (Art 29 PatG 1994). Die Rspr hat hinsichtlich Benutzungsweise und Ausführungsform auf die Benutzungsweise des Vorbenutzers und den dadurch geschaffenen Besitzstand abgestellt.[181]

43   **b. Vervollkommnungen und Abweichungen,** die keinen neuen Patenteingriff bedeuten, hat die Rspr als zulässig angesehen.[182] Das gilt uneingeschränkt für Abweichungen, die nicht von den Patentansprüchen erfasst werden.[183] Abweichungen im Rahmen des Patentschutzes werden vom Vorbenutzungs-

---

174   RGZ 26, 64, 66 Vacuumtrockenapparat; RG GRUR 1937, 135 f Steinzeugisolatoren; BGH GRUR 1965, 411 Lacktränkeinrichtung II; *Benkard* Rn 4; *Schulte* Rn 7; *Fitzner/Lutz/Bodewig* Rn 8.
175   RGSt 49, 202, 207 Grudeofeneinrichtung; RGZ 117, 47, 51 = BlPMZ 1927, 189 Blechhohlkörper; vgl *Büscher/Dittmer/Schiwy* Rn 6.
176   OLG München GRUR 1993, 661.
177   *Benkard* Rn 4.
178   Vgl ÖPA öPBl 1995, 171.
179   Hierzu *Heinrich* [schweiz] PatG/EPÜ[1] Art 35 Rn 17 mit dem Hinweis, dass das Recht sachlich nicht über die Art und Weise der Vorbenutzung hinausgehe, es sich also nicht unbedingt über den ganzen Geltungsbereich des Patents erstrecke.
180   PatentsC RPC 1997, 195, 216; CA England/Wales RPC 1998, 727, 770 Lubrizol/Esso; vgl auch *Strobel* VPP-Rdbr 2015, 107, 110.
181   RG BlPMZ 1911, 289, 291 Walzenabstellapparat; RG MuW 13, 147 Lehrbolzen; RG GRUR 1929, 918 Rotax-Fibre; RG MuW 31, 22 f Kapselung; RG GRUR 1931, 1137, 1139 Sicherheitsrasierapparat; RGZ 133, 377, 380 = GRUR 1932, 66 Fernverbindung; RG GRUR 1934, 26, 28 Sauerstoffatmungsgerät; RG GRUR 1935, 157, 161 Zentrifugaldrehzahlregler, nicht in RGZ; RG GRUR 1936, 112, 114 Atmungsgerät; RGZ 153, 321, 326 = GRUR 1937, 367 Gleichrichterröhren; RG GRUR 1939, 347, 352 Flaschenspülmaschine II; RGZ 166, 326, 331 = GRUR 1941, 272 Lichtregler; KG GRUR 1937, 980, 986; LG Düsseldorf 17.2.1998 4 O 3/97 Entsch 1998, 28, 31; OLG Düsseldorf 18.6.1998 2 U 29/97 undok; OLG Düsseldorf 25.3.2004 2 U 139/02.
182   RG GRUR 1903, 146 Kessel; vgl RG MuW 10, 183 Doppelware I; RG MuW 13, 147 Lehrbolzen; OLG Düsseldorf 18.6.1998 2 U 29/97.
183   Vgl *Kraßer* S 827 (§ 34 II c 4).

recht nicht ohne weiteres erfasst. Es sollen zwar die „glatten" Äquivalente,[184] nicht aber Vervollkommnungen erfasst sein, die einen neuen Patenteingriff darstellen.[185] Die Mitbenutzung eines weiteren, wenn auch naheliegenden Merkmals hat die Rspr abgelehnt.[186] Später hat das RG alle Gleichwerte einschließlich eines allg Erfindungsgedankens mit Ausnahme der gerade dem Patent eigentümlichen einbezogen.[187] Auf diese der Dreiteilungslehre verhafteten Grundsätze kann allenfalls mit Zurückhaltung zurückgegriffen werden. Im übrigen erscheint es schon vom Ansatz her bdkl, an die vorbenutzte Ausführungsform Äquivalenzüberlegungen anzuschließen.[188] Besser sollte auf den Umfang des Erfindungsbesitzes und seiner Betätigung abgestellt werden, wie er sich bei objektiver Würdigung darstellt.[189] In der Rspr des BGH wurden Weiterentwicklungen jedenfalls dann als nicht vom Vorbenutzungsrecht erfasst bezeichnet, wenn sie in den Gegenstand der geschützten Erfindung eingreifen.[190] Dies bedarf der weiteren Ausdifferenzierung: Ein Patenteingriff liegt nicht vor, wenn die Abwandlung in Kenntnis der vorbenutzten Form naheliegend ist, ebenfalls, wenn sie durch das Patent, dem gegenüber das Vorbenutzungsrecht geltend gemacht wird, ihrerseits nicht offenbart oder nahegelegt wird, letzteres schon, weil es hier an einem neuen Eingriff fehlt.[191] Fraglich ist dabei weiterhin, ob, worauf die BGH-Rspr jedenfalls nicht hindeutet, das Nahegelegtsein vor dem Eingriff zu prüfen ist. Jedenfalls wird aber die erstmalige Verwirklichung eines Merkmals in einem Unteranspruch aus dem Vorbenutzungsrecht hinausführen. Eine Übertragung des Vorbenutzungsrechts auf andere Anwendungsbereiche erscheint jedenfalls ausgeschlossen.[192]

c. Eine **mengenmäßige Beschränkung** auf den Benutzungsumfang vor Patentanmeldung besteht nicht; der Vorbenutzer ist an einer Betriebserweiterung nicht gehindert.[193]   **44**

d. Welche **Benutzungsarten** unter welchen Voraussetzungen vom Vorbenutzungsrecht erfasst werden, ist str. Die Rspr hat nach anfänglicher anderer Auffassung[194] aus der Herstellung ein umfassendes Benutzungsrecht abgeleitet[195] und weiter dem Vorbenutzer, der nur angeboten hatte, die Herstellung gestattet,[196] nicht dagegen dem Händler oder Importeur das Herstellen, weil darin eine unstatthafte Ausdehnung des Benutzungsrechts über den bestehenden Besitzstand hinaus liege.[197] Ein Vorbenutzungsrecht   **45**

---

184   RGZ 133, 377, 380 = GRUR 1932, 66 Fernverbindung; aA wohl *Şehirali/Bjerke* GRUR Int 2001, 828, 838.
185   RG Kessel; RG MuW 31, 22 f Kapselung; RG Fernverbindung; RG GRUR 1934, 26 Sauerstoffatmungsgerät; RGZ 146, 29 = GRUR 1935, 157, 161 Zentrifugaldrehzahlregler; RGZ 153, 321, 326 = GRUR 1937, 367, 369 Gleichrichterröhren; RG GRUR 1939, 347, 352 Flaschenspülmaschine II; RGZ 166, 326, 332 = GRUR 1941, 272 Lichtregler; LG Düsseldorf 17.2.1998 4 O 3/97 Entsch 1998, 28, 31; LG Düsseldorf 11.7.2000 4 O 383/98 undok; *Reimer* § 7 PatG Rn 32; vgl RG Doppelware I; RG Lehrbolzen; *Thiel* ÖBl 2008, 220, 226.
186   RG GRUR 1929, 918 Rotax-Fibre, zust *Benkard* Rn 22.
187   RG Lichtregler, vgl schon RG Fernverbindung; RG Gleichrichterröhren; zust *Lindenmaier* § 7 Rn 16; dagegen *Mediger* GRUR 1943, 266 f.
188   Kr auch *Eichmann* GRUR 1993, 73, 77 f, *Kraßer* S 827 (§ 34 II c 4); vgl *Benkard* Rn 22 aE; *Klauer/Möhring* § 7 Rn 28, die auf die fehlende Bereicherung der Technik durch den Vorbenutzer hinweisen.
189   In diese Richtung auch LG Düsseldorf 17.2.1998 4 O 3/97 Entsch 1998, 28, 32.
190   BGH GRUR 2002, 231 Biegevorrichtung; BGH GRUR 2006, 570 extracoronales Geschiebe; vgl *Mes* Rn 17; *Büscher/Dittmer/Schiwy* Rn 12; *Strobel* VPP-Rdbr 2015, 107, 110; LG Düsseldorf Entsch 1998, 28 ff; LG Düsseldorf 27.11.2007 4a O 291/06; PatentsC [2011] EWHC 907, 163-173 Lundbeck/Norpharm.
191   *Keukenschrijver* GRUR 2001, 944, 947 f; vgl *Kraßer* S 827 (§ 34 II c 4); *Mes* Rn 17; OLG Jena GRUR-RR 2008, 115; OLG Karlsruhe 23.12.2009 6 U 28/07.
192   In BGHZ 54, 181, 185 = GRUR 1970, 601 Fungizid offengelassen.
193   BGH GRUR 2012, 895, 898 Desmopressin; RGSt 5, 362, 365 Trockenkopierverfahren; RGSt 6, 107, 109 f Hektograph; RGZ 78, 363, 365 = BlPMZ 1912, 222 undurchleuchtbarer Stoff; RGZ 110, 218, 224 = GRUR 1925, 156 Ringschieber; RG GRUR 1927, 696 f Dermatoid-Schuhkappen; RG GRUR 1940, 434 f Massekerne; BGH 17.11.1970 X ZR 13/69; ÖOGH GRUR Int 1986, 561 UNO-City I; *Benkard* Rn 23; *Schulte* Rn 24; *Mes* Rn 18; *Büscher/Dittmer/Schiwy* Rn 13; *Strobel* VPP-Rdbr 2015, 107, 110; vgl auch RG GRUR 1903, 146 Kessel, abw CCass Rom IIC 2013, 717 Fidia Darmaceuti/Chemi.
194   RGZ 26, 64 f Vacuumtrockenapparat.
195   RG GRUR 1903, 146 Kessel; vgl RGSt 5, 362, 365 Trockenkopierverfahren; ÖOGH GRUR Int 1986, 561 UNO-City I; *Büscher/Dittmer/Schiwy* Rn 13; *Lindenmaier* § 7 Rn 15.
196   RG GRUR 1938, 770 f Eisenbahnpostwagen; ÖOGH UNO-City I; vgl *Fitzner/Lutz/Bodewig* Rn 4 unter Hinweis auf *Götting* Gewerblicher Rechtsschutz[9] § 25 Rn 9: wenn bisherige Lieferanten nicht mehr liefern.
197   *Benkard* Rn 23; *Schulte* Rn 24; *Büscher/Dittmer/Schiwy* Rn 13, die von einer Rangordnung der Benutzungshandlungen ausgehen wollen; *Kraßer* S 825 (§ 34 II c 1); *Klauer/Möhring* § 7 Rn 32; *Tetzner* § 7 Rn 53; LG

durch Anbieten des Verfahrens soll nur gegenüber den Angebotsempfängern bestehen.[198] Nach Auffassung des RG ist der Berechtigte hinsichtlich der Art und Weise der Benutzung nicht beschränkt, wenn nur die Art des Gewerbebetriebs nicht geänd wird.[199] Abs 1 Satz 2 schränkt den Umfang des Vorbenutzungsrechts nicht ein; es ist daher geboten, dem Vorbenutzer jedenfalls im Umfang seines Erfindungsbesitzes eine umfassende Berechtigung zuzubilligen.[200] Nach neuerer Rspr ist der Wechsel der Benutzungsart erlaubt.[201] Das Vorbenutzungsrecht umfasst auch den Aufbau eines Vertriebssystems und dessen Ausgestaltung.[202]

46   **3. Betriebsgebundenheit.** Das Vorbenutzungsrecht besteht nur im Rahmen der Bedürfnisse des Betriebs des Berechtigten; dies schließt die Einschaltung fremder Werkstätten (Zulieferer, Subunternehmer, Zwischenmeister, Heimarbeiter) nicht aus, solange der Berechtigte bestimmenden wirtschaftlichen Einfluss hat;[203] der Dritte darf keinesfalls auf eigene Rechnung und Gefahr handeln.[204] Eine Vervielfältigung des Vorbenutzungsrechts soll dadurch vermieden werden (Rn 49).

47   **4. Erschöpfungswirkung.** Eine ausdrückliche Erschöpfungsregelung enthält § 12 anders als Art 37 Abs 2 GPÜ nicht. Es ist jedoch anerkannt, dass ein dem Hersteller oder Lieferanten zustehendes Vorbenutzungsrecht dem Abnehmer zugute kommt.[205] Eine der Erschöpfung entspr Wirkung muss das Inverkehrbringen aufgrund eines Vorbenutzungsrechts allg haben; sonst würde der Schutz des Besitzstands des Vorbenutzers über Gebühr eingeschränkt.[206]

48   **5.** Die **Rechtskraftwirkung** der Entscheidung über das Bestehen des Vorbenutzungsrechts richtet sich nach allg Grundsätzen. Der Klage auf Feststellung eines Vorbenutzungsrechts steht die Rechtskraft eines Urteils wegen Patentverletzung entgegen, wenn der Vorbenutzungseinwand dort bereits als Verteidigungsmittel hätte erhoben werden können.[207]

III. Übertragung; Zwangsvollstreckung, Insolvenz

49   Das Vorbenutzungsrecht haftet am Betrieb. Es kann nur zusammen mit dem Betrieb vererbt oder veräußert werden (Abs 1 Satz 3).[208] Übertragung eines abgrenzbaren Betriebsteils steht der Übertragung des gesamten Betriebs gleich.[209] Bei einer Änderung der rechtl Zugehörigkeit des Betriebs kann es nicht ver-

---

Düsseldorf 17.2.1998 4 O 3/97 Entsch 1998, 28, 31 f, wonach überdies dem Hersteller, der bisher nur vom Patentinhaber hergestellte Gegenstände ergänzt oder modifiziert hat, Herstellung des Produkts selbst oder durch Dritte nicht gestattet sein soll; *Götting* § 25 Rn 9 will dem Händler, dessen Lieferanten nicht mehr liefern, gestatten, auf eigene Herstellung überzugehen; vgl auch *Fitzner/Lutz/Bodewig* Rn 11; hiergegen *Schulte* Rn 24.

198   AA *Fischer* Der Benutzungsvorbehalt nach dem Arbeitnehmererfinderrecht im Verfahrens- und Anlagengeschäft, GRUR 1974, 500, 503.

199   RGZ 153, 321, 326 = GRUR 1937, 367 Gleichrichterröhren; für Abstellen auf den Einzelfall *Busche* GRUR 1999, 645, 648; *Hubmann/Götting* § 24 I 2b Rn 9 spricht dem Händler auch das Recht auf Herstellung zu.

200   Vgl *Götting* § 25 Rn 9; aA *Benkard* Rn 23; *Eichmann* GRUR 1993, 79; *Kraßer* S 825.

201   BGH GRUR 2012, 895 Desmopressin mwN, zum Benutzungsrecht des Herstellers; vgl *Benkard* Rn 23; *Mes* Rn 18.

202   BGH Desmopressin; *Busche* GRUR 1995, 645, 648; *Mes* Rn 20.

203   BGH 22.5.2012 X ZR 129/09; RG BlPMZ 1908, 188, 191 Schartenblende; RGZ 153, 321, 326 ff = GRUR 1937, 367 Gleichrichterröhren; OLG München GRUR 1996, 47 f; *Fitzner/Lutz/Bodewig* Rn 9; *Mes* Rn 19; vgl *Büscher/Dittmer/Schiwy* Rn 14; vgl auch RGZ 110, 218, 224 = GRUR 1925, 156 Ringschieber.

204   RG Gleichrichterröhren; LG Düsseldorf Mitt 1999, 370.

205   RGSt 6, 10, 13 f Kopierapparat; RGSt 6, 107, 109 Hektograph; RG GRUR 1903, 146 Kessel; RG GRUR 1940, 434 f Massekerne; BGH 17.11.1970 X ZR 13/69; ÖOGH 10.9.1985 4 Ob 361/84 UNO-City II; *Benkard* Rn 4; *Lindenmaier* § 7 Rn 20; *Thiel* ÖBl 2008, 220, 225.

206   Ebenso *Bartenbach/Bartenbach* FS G. Eisenführ (2003), 115, 127.

207   LG München I Mitt 2011, 474; *Mes* Rn 26.

208   Vgl BGH GRUR 1979, 48, 50 Straßendecke I; BGHZ 162, 110 = GRUR 2005, 567 Schweißbrennerreinigung; RGZ 153, 321 = GRUR 1937, 367 Gleichrichterröhren; OLG Düsseldorf ENPR 2000, 120, 168; *Benkard* Rn 25; *Fitzner/Lutz/Bodewig* Rn 9; *Büscher/Dittmer/Schiwy* Rn 15; *Strobel* VPP-Rdbr 2015, 107, 111.

209   BGH GRUR 2012, 1010, 1012 Nabenschaltung III; *Benkard* Rn 25; *Schulte* Rn 26; *Mes* Rn 21; vgl *Büscher/Dittmer/Schiwy* Rn 14.

vielfältigt, und zwar weder verdoppelt noch gespalten werden;[210] dass der Übernehmende weiterhin einen Teil der erforderlichen Arbeiten beim Übertragenden durchführen lässt, muss nicht entgegenstehen.[211] Bei Betriebsübertragung wird es izw mitübertragen.[212] Verschmelzung kann zum Übergang des Rechts führen, jedoch berechtigen der Erwerb der Gesellschaftsanteile einer Gesellschaft und ein wirtschaftlich beherrschender Einfluss das beherrschende Unternehmen nicht, ein Vorbenutzungsrecht dieser Gesellschaft für seinen eigenen Betrieb in Anspruch zu nehmen.[213] Weitergabe an Lizenznehmer ist ausgeschlossen.[214] Der Begriff der Veräußerung ist wirtschaftlich, nicht zivilrechtl zu verstehen, deshalb reichen Verpachtung[215] und Nießbrauchsbestellung aus. Einer ausdrücklichen Erklärung bedarf es nicht, schlüssiges Verhalten kann genügen.[216]

Die Übertragung kann mit einem **Betriebsteil** erfolgen, wenn sich das Vorbenutzungsrecht diesem 50 eindeutig zuordnen lässt;[217] die Übertragung einzelner Sachen und Bestandteile genügt nicht.[218]

Das Vorbenutzungsrecht unterliegt, da es nicht selbstständig verkehrsfähig ist, nicht der **Zwangs-** 51 **vollstreckung.**[219] Im **Insolvenzverfahren** kann es gleichwohl trotz § 36 Abs 1 Satz 1 InsO in die Masse fallen,[220] weil es zusammen mit dem Betrieb, an dem es haftet, zu dieser gelangen kann. Es haftet nämlich ähnlich wie das Unternehmenskennzeichen oder die Firma (vgl § 23 HGB) am Betrieb, der Insolvenzverwalter kann sich auf das Vorbenutzungsrecht des Insolvenzschuldners berufen und es kann grds mit dem Betrieb veräußert werden.[221]

IV. Erlöschen

Nichtausübung des Erfindungsbesitzes oder Einstellung der Benutzung nach dem Anmelde- oder Pri- 52 oritätszeitpunkt führt nicht ohne weiteres zum Erlöschen des Vorbenutzungsrechts, anders bei endgültiger Aufgabe, endgültiger Betriebseinstellung oder Betriebsübergang unter Ausschluss des Vorbenutzungsrechts.[222] Aus der Aufnahme der Produktion einer anderen ungeschützten Vorrichtung allein kann[223] nicht auf einen Verzichtswillen geschlossen werden.[224] Die Grundsätze, die dem Entstehen des Vorbenutzungsrechts entgegenstehen, können nicht herangezogen werden. Zeitweise Aufgabe der Veranstaltungen führt nicht zum Erlöschen.[225] Unbilligen Ergebnissen kann unter dem Gesichtspunkt der Verwirkung (§ 242 BGB) Rechnung getragen werden, zB bei jahrelanger Einstellung und Wiederaufnahme nach großen wirtschaftlichen Erfolgen des Patentinhabers;[226] auch kann unzulässige Rechtsausübung in Betracht kommen.[227] Ein

210 BGH GRUR 1966, 370 Dauerwellen II; BGH Schweißbrennerreinigung; BGH 22.5.2012 X ZR 129/09; RGZ 112, 242, 245 = GRUR 1926, 211 Kugelsteuerung; vgl BGH Nabenschaltung III; RG GRUR 1940, 154 ff Gleiskettenfahrzeuge; *Benkard* Rn 25; *Schulte* Rn 26; *Büscher/Dittmer/Schiwy* Rn 15; *Thiel* ÖBl 2008, 220, 224.
211 BGH Nabenschaltung III; *Schulte* Rn 26.
212 RG Kugelsteuerung; BGH 22.5.2012 X ZR 129/09; OLG Düsseldorf ENPR 2000, 120, 169.
213 BGH 16.2.1971 X ZR 253/63; BGH Schweißbrennerreinigung; vgl BGH GRUR 1990, 1042 Datacolor, UWGSache; *Thiel* ÖBl 2008, 220, 224.
214 BGH GRUR 1992, 432 Steuereinrichtung I; BGH GRUR 1992, 599 Teleskopzylinder; BGH Dauerwellen II; RG Kugelsteuerung; vgl *Strobel* VPP-Rdbr 2015, 107, 110.
215 Vgl BGH GRUR 1963, 473 Filmfabrik Köpenick, WzSache.
216 BGH Dauerwellen II.
217 Vgl RGZ 112, 242, 244 ff = GRUR 1926, 211 Kugelsteuerung; RG GRUR 1943, 131 f Valenciade, WzSache; *Fitzner/Lutz/Bodewig* Rn 9.
218 Vgl RGZ 147, 332, 338 = GRUR 1935, 677 Aesculap, WzSache.
219 *Benkard* Rn 25; *Lindenmaier* § 7 Rn 19; vgl *Fitzner/Lutz/Bodewig* Rn 9, wo auf die Betriebsgebundenheit abgestellt wird.
220 *Benkard* Rn 25; OLG Jena GRUR-RR 2008, 115; BGHZ 182, 231 = GRUR 2010, 47 Füllstoff; zur Übertragung eines Betriebs samt dem darin entstandenen Benutzungsrecht durch den Konkursverwalter, der den Betrieb nicht fortführt, BGH GRUR 1966, 370 Dauerwellen II.
221 Vgl *Benkard* Rn 25.
222 BGH GRUR 1965, 411, 413 Lacktränkeinrichtung II; RG GRUR 1939, 963, 965 Betriebslizenz; vgl *Lindenmaier* § 7 Rn 11; *Schulte* Rn 21; *Fitzner/Lutz/Bodewig* Rn 10; *Kraßer* S 827 (§ 34 II d 3).
223 Entgegen LG Frankfurt/M GRUR 1967, 136, 138.
224 *Benkard* Rn 26.
225 *Benkard* Rn 26; aA LG Frankfurt/M GRUR 1967, 136, 138.
226 BGH Lacktränkeinrichtung II; *Fitzner/Lutz/Bodewig* Rn 10.
227 *Busche* GRUR 1999, 645, 648.

auch andauerndes Abgehen von der Benutzung einer identischen Ausführungsform auf eine andere im Schutzbereich liegende lässt das Vorbenutzungsrecht an der identischen Form unberührt.[228]

V. Geltendmachung; Darlegungs- und Beweislast

53   Der Behauptung der Patentverletzung kann mit der Einrede des Vorbenutzungsrechts begegnet werden; ein Aufgreifen vAw scheidet im Verletzungsstreit aus.[229] Das Vorbenutzungsrecht kann auch gegenüber dem Vorwurf der mittelbaren Patentverletzung geltend gemacht werden.[230] Die Darlegungs- und Beweislast für Bestehen und Umfang des Vorbenutzungsrechts trifft den, der sich auf das Recht beruft;[231] grds sollen wie bei behaupteten Vorbenutzungen strenge Anforderungen zu stellen sein.[232] Allerdings gilt auch hier der Grundsatz der freien Beweiswürdigung. Den Patentinhaber trifft die Beweislast für das Vorbenutzungsrecht ausschließende Umstände wie Unredlichkeit[233] (Rn 15) und die Mitteilung nach Abs 1 Satz 4.[234] Macht der Benutzer geltend, dass ein Ausschlusstatbestand nachträglich entfallen sei, treffen ihn hierfür Darlegungs- und Beweislast.[235]

C. Weiterbenutzungsrechte

Schrifttum: *Blasendorff* Einstweiliger Patentschutz und Zwischenbenutzung, GRUR 1939, 447; *Blasendorff* Die Auswirkungen von Benutzungshandlungen zwischen Patentanmeldung und Bekanntmachung, GRUR 1953, 149; *Bucher* Zur Frage des Weiterbenutzungsrechts nach der Zwischenbenutzung, GRUR 1960, 365; *Gewiese* Der Beginn des Patentschutzes, GRUR 1952, 276; *Hamburger* Können Weiterbenutzungsrechte aus Benützungshandlungen Dritter im Intervall zwischen Anmeldung und Bekanntmachung entstehen? GRUR 1961, 1; *Haupt* Zur Frage des „Zwischenbenutzungsrechts" im deutschen Patentrecht, GRUR 1957, 70; *Hegel* Benutzung des Anmeldungsgegenstands zwischen Anmeldung und Bekanntmachung durch Dritte, GRUR 1959, 508; *Heine* Bedeutung der Bekanntmachung einer Patentanmeldung für deren Schutzwirkung gegenüber Benutzungshandlungen, die vor der Bekanntmachung begonnen und später fortgesetzt werden, GRUR 1952, 114; *U. Krieger* Ist eine gesetzliche Zulassung des sog „Zwischenbenutzungsrechts" in Deutschland mit Art 4B und 5A Abs 4 der Pariser Verbandsübereinkunft vereinbar? GRUR 1954, 426; *Lampert* Zwischenbenutzungsrecht auf Grund von Benutzungshandlungen zwischen Anmeldetag und Bekanntmachung, GRUR 1942, 108; *H. Tetzner* Zum Entschädigungsanspruch aus offengelegten Patentanmeldungen, NJW 1969, 642; *Trüstedt* Der patentrechtliche Zwischenzustand von der Anmeldung bis zur Bekanntmachung, GRUR 1952, 109; *Weidlich* Zum Recht der Zwischenbenutzung, GRUR 1936, 79; *Wilde* Kann eine gesetzliche Regelung des sog „Zwischenbenutzungsrechts" empfohlen werden? GRUR 1954, 421; *Wirth* Rückwirkungen des Patentschutzes auf Handlungen zwischen Anmeldung und Bekanntmachung, GRUR 1941, 301; *Wirth* Das Zwischenbenutzungsrecht, Mitt 1943, 97; *Zeller* Gibt es ein Weiterbenutzungsrecht für Benutzungshandlungen nach der Patentanmeldung? GRUR 1952, 441.

I. Allgemeines

54   Ein Weiterbenutzungsrecht hatte erstmals die Übergangsregelung in § 44 PatG 1877 zum Gegenstand. Weiterbenutzungsrechte (den Begriff „Zwischenbenutzung" verwendet das dt Recht anders als § 136 öPatG und § 6 Abs 6 öPatV-EG nicht) finden sich außer im Fall der Wiedereinsetzung nach § 123 Abs 5 (Rn 109 ff zu § 123) und § 21 GebrMG sowie bei erfolgreichem Antrag auf Überprüfung einer Entscheidung der Beschwerdekammer des EPA (Art 112a Abs 6 EPÜ; Rn 57) in verschiedenen Übergangs- und Erstreckungsregelungen, die heute infolge Zeitablaufs ohne Bedeutung sind (s *5. Aufl* sowie *4. Aufl* § 1 Rn 68 und Anh zu

---

228   OLG Jena GRUR-RR 2008, 115; vgl RG GRUR 1937, 357 f Mantelkronen.
229   Vgl *Thiel* ÖBl 2008, 220, 225.
230   *Heidinger* ÖBl 2006, 156, 158; *Thiel* ÖBl 2008, 220, 226.
231   RG JW 1933, 2517 = MuW 33, 362 f Mischzinn; RGZ 153, 321 = GRUR 1937, 367 Gleichrichterröhren; RG GRUR 1942, 207 f Seifenherstellung II; KG MuW 34, 124; OLG Düsseldorf Mitt 1934, 45; ÖOGH GRUR Int 1997, 164 Wurfpfeilautomat; zu Einzelfällen RG GRUR 1937, 621, 623 Ohrenmarkenzange; BGH GRUR 1964, 673 Kasten für Fußabtrittsroste; vgl *Schulte* Rn 30; *Mes* Rn 25; *Büscher/Dittmer/Schiwy* Rn 16.
232   Vgl BGH GRUR 1963, 311 Stapelpresse; OLG Düsseldorf 11.1.2007 2 U 65/05; LG Düsseldorf 29.4.2014 4b O 56/12; *Mes* Rn 25; *Bruchhausen* GRUR Int 1964, 405; *Dietze* FS W. vom Stein (1961), 39; *Thiel* ÖBl 2008, 220, 226.
233   OLG Düsseldorf Mitt 1987, 239; OLG Braunschweig 10.7.2006 2 U 182/02; *Benkard* Rn 27; *Benkard-EPÜ* Art 64 Rn 31; *Schulte* Rn 30; *Büscher/Dittmer/Schiwy* Rn 16; vgl BGH GRUR 2003, 507 Enalapril.
234   OLG Jena GRUR-RR 2008, 115.
235   OLG Düsseldorf GRUR 1980, 170; *Schulte* Rn 30.

§ 7). Zu Weiterbenutzungsrechten aufgrund fehlerhafter Übersetzungen nicht in dt Sprache vorliegender eur oder erstreckter DDR-Patente (Art II § 3 Abs 5 IntPatÜG aF; § 8 Abs 4 ErstrG) s Rn 19 f zu Art XI § 4 Int-PatÜG; zum Weiterbenutzungsrecht bei in ein Ausschließungspatent umgewandelten Wirtschaftspatenten *6. Aufl*; zum ErstrG im übrigen *7. Aufl*. Zum „Weiterbenutzungsrecht" (besser: Vorbenutzungsrecht) bei der Kollision eines prioritätsälteren Gebrauchsmusters mit dem Patent Rn 8 zu § 14 GebrMG.

Die Vor- und Weiterbenutzungsrechte entspringen dem **allgemeinen Rechtsgedanken**, dass ein red- **55**
lich erworbener Besitzstand nicht unter Berufung auf Rechte aus einem Patent oder einer Patentanmeldung beeinträchtigt werden darf;[236] die Bestimmungen über das Weiterbenutzungsrecht sind daher analogiefähig.[237] Eine analoge Anwendung kommt zB in Betracht im Fall der Anfechtung eines Verzichts auf das
Schutzrecht oder einer Rücknahme der Anmeldung,[238] Wiederherstellung eines für nichtig erklärten Patents durch ein Restitutionsverfahren,[239] bei Berichtigung einer eur Patentanmeldung unter Erweiterung
des aus der Veröffentlichung ersichtlichen Umfangs des Schutzbegehrens;[240] abgelehnt bei Teilung des
Patents im Einspruchsverfahren, wenn der Schutzbereich des auf die Teilanmeldung erteilten Patents über
den des ursprünglich erteilten Patents hinausgeht.[241]

Das durch Benutzung in einem Betrieb entstandene Weiterbenutzungsrecht kann zusammen mit dem **56**
Betrieb **übertragen** werden; hier gilt nichts anderes als beim Vorbenutzungsrecht.[242]

II. Das Weiterbenutzungsrecht bei erfolgreichem Antrag auf Überprüfung einer Entscheidung **57**
der Beschwerdekammer des EPA ist in Art 112a Abs 6 EPÜ wie folgt geregelt:

Wer in einem benannten Vertragsstaat in gutem Glauben die Erfindung, die Gegenstand einer veröffentlichten europäischen Patentanmeldung oder eines europäischen Patents ist, in der Zeit zwischen dem Erlass der Beschwerdekammerentscheidung und der Bekanntmachung des Hinweises auf die Entscheidung der Großen Beschwerdekammer über den Überprüfungsantrag im Europäischen Patentblatt in Benutzung genommen oder wirkliche und
ernsthafte Veranstaltungen zur Benutzung getroffen hat, darf die Benutzung in seinem Betrieb oder für die Bedürfnisse seines Betriebs unentgeltlich fortsetzen.

III. Zu Weiterbenutzungsrechten nach dem Patentänderungsgesetz-DDR 1990 und dem Erstre- **58**
ckungsgesetz *7. Aufl* Rn 8 ff und *6. Aufl*.

IV. Handlungen zwischen Anmeldung oder Prioritätszeitpunkt **und Veröffentlichung der Patent-** **59**
erteilung begründen für die Zeit nach dieser grds kein Weiterbenutzungsrecht („Zwischenbenutzungsrecht"), auch nicht an patentfrei hergestellten Erzeugnissen für nachfolgende Benutzungshandlungen.[243]
Die Frage war in der Lit sehr umstritten[244] und kann auch durch die Rspr[245] nicht als abschließend geklärt

---

236 *Kraßer* S 829 (§ 34 III a7); *Fitzner/Lutz/Bodewig* Rn 1; RGZ 170, 51, 54 = GRUR 1942, 421 Restitutionsklage.
237 BGHZ 6, 172 = GRUR 1952, 564 Wäschepresse; LG München I Mitt 1998, 33 und LG München I 19.2. 1998 7 O 1372/95,
jeweils zu § 60; vgl auch RGZ 75, 317 f = BlPMZ 1911, 221 Aufgabe der Benutzung; RGZ 80, 206 f = BlPMZ 1913, 51
Vorbenutzungsrecht bei Gebrauchsmustern.
238 *Kraßer* S 828 (§ 34 III a 4).
239 RG Restitutionsklage.
240 *Bernhardt/Kraßer*[4] S 610, bei *Kraßer*[6] nicht mehr erwähnt.
241 BGH GRUR 1999, 148 Informationsträger; aA LG München I Mitt 1998, 33; vgl LG München I 19.2.1998 7 O 1072/98;
vgl *6. Aufl* Fn 96 zu § 60.
242 BGH GRUR 1976, 370 Dauerwellen II, zum Weiterbenutzungsrecht nach Art 7 AHKG Nr 8.
243 BGHZ 82, 369 = GRUR 1982, 225, 227 Straßendecke II; vgl auch BGH GRUR 1959, 528, 530 Autodachzelt; BGH GRUR
1964, 673, 675 Kasten für Fußabtrittsroste; RG GRUR 1940, 265, 267 Reibselschleuder; RG GRUR 1942, 34 f
Stauchfalzmaschine; RGSt 23, 21, 23 Faßspunde; anders öOGH GRUR Int 1985, 561 UNO-City I, wonach Gegenstände, die
zwischen Anmeldung und Bekanntmachung gutgläubig hergestellt und in Verkehr gebracht worden sind, vom Erwerber
auch nach Patenterteilung noch frei benutzt werden können; vgl hierzu *Sonn* Das Patentrecht wird ausgemistet! ÖBl 1997,
1; das nl Recht enthält eine Bestimmung in Art 71 Abs 4 ROW 1995; vgl auch *Bruchhausen* GRUR Int 1964, 405, 410.
244 Insb *Wilde* GRUR 1954, 421, sowie *Gewiese* GRUR 1952, 276; *Heine* GRUR 1952, 114, 116; *Zeller* GRUR 1952, 441;
Krieger GRUR 1954, 426; *Hegel* GRUR 1959, 508; *Bucher* GRUR 1960, 365; *Hamburger* GRUR 1961, 1 einerseits; *Blasendorff*
GRUR 1939, 447; *Blasendorff* GRUR 1953, 149; *Schramm* Grundlagenforschung S 124 f; *Trüstedt* GRUR 1952, 109; *H. Tetzner*
NJW 1969, 642; *Weidlich* GRUR 1936, 79 andererseits; vgl weiter *Haupt* GRUR 1957, 70; *Lampert* GRUR 1942, 108; *Wirth*
GRUR 1941, 301; *Wirth* Mitt 1943, 97; zur Diskussion in der Schweiz *Stieger* in *Bertischinger/Münch/Geiser* (Hrsg)
Schweizerisches und europäisches Patentrecht, 2002, Rn 12.228.
245 BGH Autodachzelt; BGH Straßendecke II.

Keukenschrijver

angesehen werden. Danach soll ein Weiterbenutzungsrecht nicht gegeben sein, wenn der Erfinder einem anderen seinen Erfindungsgedanken im Rahmen eines Werklieferungsvertrags zur Anfertigung von der Erfindung entspr Vorrichtungen anvertraut hat und dem Werkunternehmer die Anmeldung des Patents bekannt war.[246] Die Herstellung einer Sache, die die Merkmale einer später patentierten Erfindung aufweist und bei deren Erzeugung von einem später patentierten Verfahren Gebrauch gemacht worden ist, nach Patentanmeldung, aber vor Eintritt der Schutzwirkungen, verleiht kein Recht zu kostenloser Weiterbenutzung der Sache nach Eintritt der Schutzwirkungen. Ob der Benutzer die Weiterbenutzung zu unterlassen hat, wieweit er sich durch die Weiterbenutzung schadensersatzpflichtig macht oder ihm die Weiterbenutzung gegen Zahlung einer Vergütung zu gestatten ist, lässt sich nicht ohne Abwägung der Umstände des Einzelfalls beantworten.[247]

60   An der gesetzlichen Wertung, die für diesen Fall ein Weiterbenutzungsrecht nicht vorsieht, ist festzuhalten.[248] Dieser in der neueren Lit einhellig vertretene Grundsatz[249] erfordert zur Vermeidung von Wertungswidersprüchen[250] allerdings zwei wesentliche **Einschränkungen**: Ist die Benutzung **nach § 33 entschädigungspflichtig**, sind nach dieser Bestimmung weitere Ansprüche und damit auch Unterlassungsansprüche ausgeschlossen. Der Ausgleich zugunsten des Patentinhabers erfolgt allein über die Entschädigung (abw die Regelung in Art 71 Abs 2 niederländ ROW 1995).[251] Zum anderen ist der **Erschöpfungsgedanke** (Rn 47; Rn 143 ff zu § 9) heranzuziehen; vom rechtmäßig handelnden Benutzer in Verkehr gebrachte Erzeugnisse sind so zu behandeln, als ob Erschöpfung der Rechte aus dem Patent eingetreten wäre; hier kann schon im Interesse des Verkehrs nichts anderes gelten als beim Vorbenutzer (auch insoweit abw die Regelung in Art 71 Abs 2 niederländ ROW 1995).[252]

61   Dem Verbietungsrecht des Patentinhabers unterliegen damit nur dem Herstellen nachfolgende Benutzungshandlungen bei zwischen Prioritäts- oder Anmeldetag und Veröffentlichung des Offenlegungshinweises hergestellten Erzeugnissen, sofern diese nicht vor Veröffentlichung der Patenterteilung in Verkehr gebracht sind. Auch insoweit können **besondere Umstände**, insb ein entspr Besitzstand, nach Treu und Glauben der Geltendmachung eines Unterlassungsanspruchs entgegenstehen und dazu führen, dass der Patentinhaber auf Schadensersatz nach der Lizenzanalogie beschränkt wird; ein Weiterbenutzungsrecht nach Treu und Glauben[253] sollte hierin nicht gesehen werden (vgl auch Rn 230 zu § 139).

§ 13
(Staatliche Benutzungsanordnung)

(1) [1] Die Wirkung des Patents tritt insoweit nicht ein, als die Bundesregierung anordnet, daß die Erfindung im Interesse der öffentlichen Wohlfahrt benutzt werden soll. [2] Sie erstreckt sich ferner nicht auf eine Benutzung, die im Interesse der Sicherheit des Bundes von der zuständigen obersten Bundesbehörde oder in deren Auftrag von einer nachgeordneten Stelle angeordnet wird.

(2) Für die Anfechtung einer Anordnung nach Absatz 1 ist das Bundesverwaltungsgericht zuständig, wenn sie von der Bundesregierung oder der zuständigen obersten Bundesbehörde getroffen ist.

(3) [1] Der Patentinhaber hat in den Fällen des Absatzes 1 gegen den Bund Anspruch auf angemessene Vergütung. [2] Wegen der Höhe steht im Streitfall der Rechtsweg zu den ordentlichen Gerichten offen. [3] Eine Anordnung der Bundesregierung nach Absatz 1 Satz 1 ist dem im Register (§ 30 Abs. 1) als Patentinhaber Eingetragenen vor Benutzung der Erfindung mitzuteilen. [4] Erlangt die oberste Bundesbehörde, von der eine Anordnung oder ein Auftrag nach Absatz 1 Satz 2 ausgeht, Kenntnis von der Entstehung eines Vergütungsanspruchs nach Satz 1, so hat sie dem als Patentinhaber Eingetragenen davon Mitteilung zu machen.

---

246   BGH Autodachzelt.
247   BGH Straßendecke II.
248   *Klauer/Möhring* § 7 Rn 14.
249   *Benkard* Rn 28–31; *Schulte* Rn 29; *Kraßer* S 822 (§ 34 II b 1).
250   Vgl BGHZ 121, 194 = GRUR 1993, 460 Wandabstreifer.
251   AA *Klauer/Möhring* § 7 Rn 14, wonach die Entschädigung nur ein Entgelt bis zur früheren Bekanntmachung darstelle.
252   AA *U. Krieger* GRUR 2001, 965 f.
253   So BGHZ 82, 369 = GRUR 1982, 225 Straßendecke II; OLG Düsseldorf 25.5.1967 2 U 11/64; *Benkard* Rn 29, 31.

Ausland: Frankreich: Art L 613-20 CPI; **Italien:** Art 149–151 (Enteignung) CDPI; **Liechtenstein:** vgl Art 4 Abs 2 Patentschutzvertrag; **Litauen:** Art 39 Abs 1-3 PatG; **Luxemburg:** Art 63, 64–66 PatG 1992/1998; **Niederlande:** Art 44, 59 ROW 1995; **Österreich:** vgl Rn 4; **Schweden:** § 78 PatG; **Schweiz:** Art 32 PatG (Enteignung); **Spanien:** vgl Art 58 (Staatsmonopol), vgl 73 (Enteignung) PatG; **Türkei:** vgl Art 81 (gesetzliches Monopol) VO 551; **VK:** Sec 55–59 Patents Act

Übersicht

Schrifttum: *Aicher* Verfassungsrechtlicher Eigentumsschutz und Immaterialgüterrechte, Wirtschaftsrecht in Theorie und Praxis, 1986, 3; *AIPPI (Schweizer Gruppe)* The impact of public health issues on exclusive patent rights (Q 202), sic! 2008, 578; *Asendorf* Zum Bestand der gewerblichen Schutzrechte im Gemeinsamen Markt – Eigentumsgarantie und Grundsatz des freien Warenverkehrs, FS R. Nirk (1992), 13; *Badura* Zur Lehre von der verfassungsrechtlichen Institutsgarantie des Eigentums, betrachtet am Institut des „geistigen Eigentums", FS Th. Maunz (1981), 1; *Benkard* Trennung gewerblicher Schutzrechte, DRZ 1949, 320; *Fuchslocher* Kontrahierungszwang oder Aufopferungsanspruch bei einer im öffentlichen Interesse zu duldenden Patentverletzung? GRUR 1949, 251; *Heinemann* Das Kartellrecht des geistigen Eigentums im TRIPS-Übereinkommen der Welthandelsorganisation, GRUR Int 1995, 535; *Hubmann* Geistiges Eigentum, in *Bettermann/Nipperdey/Scheuner* Die Grundrechte, Bd IV 1 S 1; *Kirchhof* Der verfassungs-rechtliche Gehalt des geistigen Eigentums, FS W. Zeidler, Bd 2, (1987), 1639; *Lenz/Kieser* Schutz vor Milzbrandangriffen durch Angriffe auf das Patentrecht? NJW 2002, 401; *Mächtel* Das Patentrecht im Krieg, Diss Bayreuth 2009; *Maunz* Das geistige Eigentum in verfassungsrechtlicher Sicht, GRUR 1973, 107; *Schlösser* Schutz des gewerblichen Eigentums bei Beschaffungen für den Besatzungsbedarf, NJW 1953, 1336; *H. Schulte* Die Erfindung als Eigentum, GRUR 1985, 772; *M. Seligsohn* Kriegslieferung und Patentverletzung, MuW 20, 79; *Stelkens* Schützen Patentgesetz und Urheberrechtsgesetz vor rechtswidrigen hoheitlichen Eingriffen in das geistige Eigentum? GRUR 2004, 25; *Wilcke* Patente und Warenzeichen zwischen Ost und West, SJZ 1950, 558; *Troller* Internationale Zwangsverwertung und Expropriation von Immaterialgütern, 1955; *Wuylens* Défense nationale et brevet d'invention, 1999.

A. Allgemeines

I. Entstehungsgeschichte

Die durch das PatG 1936 anstelle des früheren § 5 Abs 2 als § 8 eingeführte, die damalige Rspr fixierende[1] Vorschrift ist durch das 1. ÜberlG und das 5. ÜberlG neu gefasst worden. Das KostRegBerG hat in Abs 3 Satz 3 die Worte „in der Rolle" in „im Register" geänd. Geltende Paragraphenbezeichnung durch die Neubek 1981.   **1**

II. Anwendungsbereich

Die Bestimmung erfasst dzt vom DPMA erteilte Patente, mit Wirkung für die Bundesrepublik Deutschland erteilte eur Patente (Art 2 Abs 2, 64 EPÜ), Gebrauchsmuster (§ 13 Abs 3 GebrMG) sowie ergänzende Schutzzertifikate (§ 16a Abs 2). Vor Patenterteilung ist sie nicht anwendbar, weil bis dahin ein Verbietungsrecht nicht besteht (Rn 3 zu § 33). Die Benutzung der offengelegten Patentanmeldung begründet jedoch Entschädigungsansprüche nach § 33.   **2**

Auf das **Europäische Patent mit einheitlicher Wirkung** dürfte die Bestimmung ebenfalls anwendbar sein (vgl VO (EU) Nr 1257/2012, Erwägungsgrund 10, zu Zwangslizenzen).   **3**

---

1   *Mächtel*, Das Patentrecht im Krieg, Diss Bayreuth 2009, 350.

III. Normzweck

4   Der Staat ist grds wie jeder Dritte dem Patentrecht unterworfen.[2] Die Bestimmung des § 13 ermöglicht in gewissem Umfang staatliche Eingriffe in die Rechte des Anmelders und des Patentinhabers. Der Bund (für Dritte: Zwangslizenz nach § 24) kann aus überwiegenden öffentlichen Interessen die patentierte Erfindung gegen den Willen des Patentinhabers benutzen. Auch hoheitlich handelnde öffentliche Stellen sind grds nicht befugt, den Gegenstand der geschützten Erfindung ohne Ermächtigung durch den Patentinhaber zu gebrauchen (Rn 5 zu § 139). Aus Gründen des öffentlichen Interesses tritt die Wirkung des Patents nicht ein, wenn und soweit die Bundesregierung anordnet, dass die Erfindung „im Interesse der öffentlichen Wohlfahrt" benutzt werden soll, oder wenn die zuständige oberste Bundesbehörde die Benutzung „im Interesse der Sicherheit des Bundes" anordnet.[3] Die Bedeutung der Bestimmung liegt mehr in ihrer psychologischen Wirkung als in ihrer praktischen Anwendung;[4] einschlägige Fälle sind nach 1945 nicht bekannt geworden.[5]

5   Die Regelung ist mit den Vorgaben in **Art 31 TRIPS-Übk** konform.[6] Ob sie als eigenständige Regelung neben der Möglichkeit der Erteilung einer Zwangslizenz weiterhin gerechtfertigt ist, kann zwh erscheinen. So sind in Österreich die entspr Bestimmungen (§§ 24, 25, 29 öPatG) im Zug der Umsetzung des TRIPS-Übk aufgehoben worden. Die Schweiz sieht dagegen weiterhin die Enteignung des Patents vor, wenn das öffentliche Interesse dis verlangt; der Enteignete hat Anspruch auf volle Entschädigung, die im Streitfall vom Bundesgericht festgesetzt wird.[7]

B. Benutzungsanordnung

I. Rechtsnatur

6   Die Bestimmung beschränkt das Recht aus dem Patent iS einer **Enteignung**[8] (Art 14 Abs 3 GG) und nicht nur der Sozialbindung des Eigentums[9] (Art 14 Abs 2 GG) ein. Soweit die Benutzungsanordnung als eine Art Zwangslizenz angesehen wird,[10] bedeutet dies keine Einordnung iSd Eigentumsgarantie des Art 14 GG. Eingriffe in Ergebnisse persönlicher schöpferischer Leistungen sind grds entschädigungspflichtig.[11] Ob neben der Benutzungsnordnung und der Zangslizenz auch eine Enteignung des Patents (wie sie etwa Art 32 schweiz PatG vorsieht) in Betracht kommt, erscheint zwh; eine Vollenteignung wird zumindest im Regelfall weder erforderlich noch verhältnismäßig sein.

7   Im Fall ihrer Rechtswidrigkeit stellt die Anordnung einen entschädigungspflichtigen **enteignungsgleichen Eingriff** dar; dasselbe gilt grds erst recht für Eingriffsakte, die sich nicht auf eine Anordnung nach § 13 stützen,[12] allerdings ist hier der Grundsatz des Vorrangs des Primärrechtsschutzes zu beachten (Rn 19). Schlichte Patentverletzungen durch hoheitlich handelnde Stellen unterliegen den allg Abwehr- und Sachschadensersatzansprüchen.[13]

---

2   Vgl schweiz BG GRUR Int 2013 , 446 Haftung bei Patentverletzung durch Bund.
3   BGHZ 107, 46 = GRUR 1990, 997 Ethofumesat.
4   *Schulte* Rn 4; *Fitzner/Lutz/Bodewig* Rn 3.
5   OLG Frankfurt BlPMZ 1949, 330 betrifft eine von der Vorgängerbestimmung nicht erfasste Maßnahme eines Besatzungsoffiziers.
6   *Benkard* Rn 2; vgl *Heinemann* GRUR Int 1995, 535, 537.
7   Näher *Stieger* in *Bertischinger/Münch/Geiser* (Hrsg) Schweizerisches und europäisches Patentrecht, 2002, Rn 13.354 ff.
8   So schon RGZ 79, 427, 430 = BlPMZ 1913, 119 Dampfüberhitzer; ebenso *Mes* Rn 1; *Kraßer* S 841 (§ 24 V 4); *Hubmann/Götting* § 24 IV Rn 17; *Klauer/Möhring* § 8 Rn 3; *von der Osten* Geheimhaltungsbedürftige Patentanmeldungen Privater, GRUR 1958, 465, 471; *Körner* Anordnung und Aufhebung der Geheimhaltung von Patenten nach § 30a PatG als Enteignungsmaßnahmen, GRUR 1970, 387, 389.
9   So aber *Lindenmaier* § 8 Rn 1; *Reimer* § 8 Rn 1; widersprüchlich *Fitzner/Lutz/Bodewig* Rn 3 einerseits, Rn 4 andererseits.
10   4. *Aufl* sowie RGZ 102, 390 f = GRUR 1922, 218 Kompressionsbinden; RGZ 161, 387, 390 = GRUR 1940, 26 Droschkenbestellung.
11   Vgl BVerfGE 49, 382 = GRUR 1980, 44, 48 Kirchenmusik, zu § 52 UrhG.
12   Vgl RGZ 79, 427, 430 = BlPMZ 1913, 119 Dampfüberhitzer; RG BlPMZ 1912, 278 Karabinerfutteral.
13   Vgl zur Abgrenzung auch schweiz BG sic! 2013, 335 LSVA-Erfassungssystem.

II. Voraussetzungen

1. Die Anordnung kann im **Interesse der öffentlichen Wohlfahrt** erfolgen (Abs 1 Satz 1). Der Begriff **8** ist enger als der des öffentlichen Interesses in § 24.[14] In Betracht kommen Bekämpfung von Gefährdungen der Volksgesundheit, von Umweltbeeinträchtigungen oder die Arbeitssicherheit,[15] die in der Lit weiter genannten Bereiche (Sicherheit im Verkehrs- und Versorgungswesen, Grundbedürfnisse im Erziehungs- und Bildungswesen) werden eine Benutzungsanordnung nur in extremen Ausnahmefällen begründen können; anders zB im Urheberrecht.[16]

Immer ist auf die **Erforderlichkeit** des Eingriffs abzustellen.[17] An ihr fehlt es, wenn die Gefährdung **9** auf andere Weise abgestellt werden kann, zB durch ordnungsrechtl Verbote oder Auflagen bei gefährlichen Anlagen oder Verfahren. Erforderlich muss der Eingriff auch in seinem Umfang sein.[18]

2. Die Anordnung kann weiter im **Interesse der Sicherheit des Bundes** erfolgen (Abs 1 Satz 2). Dies **10** geht weiter als die frühere Fassung, die auf die Landesverteidigung abstellte. Erfasst sind Gefahren von außen und innen, Katastrophen- und Zivilschutz.

III. Zuständigkeit

Im Fall des Abs 1 Satz 1 ist allein die **Bundesregierung** (als Kollegialorgan) zuständig, nicht auch ein **11** einzelner Bundesminister[19] (§ 15 Abs 1 Buchst e Geschäftsordnung der Bundesregierung vom 11.5.1951).[20]

Dagegen sind im Fall des Abs 1 Satz 2 die zuständigen **obersten Bundesbehörden**, also die Bundes- **12** ministerien der Verteidigung oder des Innern, sowie in ihrem Auftrag auch nachgeordnete Stellen zuständig;[21] die Verantwortung liegt in jedem Fall beim Minister.

IV. Verpflichteter ist zunächst der Patentinhaber, aber auch der Inhaber einer ausschließlichen Li- **13** zenz[22] oder der ausschließlich dinglich Berechtigte, zB der Nießbraucher.[23] Für eine Einbeziehung des einfachen Lizenznehmers besteht kein Anlass; soweit dieser durch die Anordnung berührt wird, kann dem im Rahmen seiner vertraglichen Beziehungen zum Lizenzgeber Rechnung getragen werden. Ebensowenig besteht Anlass, den Erfinder/Anmelder vor Patenterteilung einzubeziehen, da ihm kein Verbietungsrecht zusteht.

V. Die **Anordnung** erfolgt durch Verwaltungsakt. Ohne Willen der zuständigen Behörde tritt eine Be- **14** nutzungsanordnung nicht ein, die Behörde ist zum Vorgehen nach § 13 nicht verpflichtet.[24]

Die Anordnung wird im Fall des Abs 1 Satz 1 erst mit der **Mitteilung** an den eingetragenen Patentin- **15** haber wirksam;[25] beginnt die Benutzung früher, ist sie, von Notstandsfällen abgesehen, insoweit rechtswidrig.[26] Bei der Benutzung nach Abs 1 Satz 2 ist die Mitteilung dagegen nicht Voraussetzung der Wirksamkeit; sie ist aber nachzuholen (Rn 23).

VI. Wirkung

Die Anordnung lässt den Patentschutz als solchen bestehen, sie macht die Benutzung im Umfang der **16** Anordnung, nicht auch darüber hinaus, rechtmäßig; der Patentinhaber büßt im Rahmen und in den Gren-

---

14 *Kraßer* S 840 (§ 34 V 1); *Schulte* Rn 7; *Fitzner/Lutz/Bodewig* Rn 8; aA *Lindenmaier* § 8 Rn 3.
15 Vgl RGZ 120, 264, 267 = GRUR 1928, 388 Grubenexplosionsbekämpfung I.
16 Vgl BVerfGE 31, 229 = GRUR 1972, 481 Kirchen- und Schulgebrauch.
17 Vgl *Kraßer* S 840 (§ 34 V 1); *Fitzner/Lutz/Bodewig* Rn 12.
18 Vgl *Fitzner/Lutz/Bodewig* Rn 12.
19 Zutr *Benkard* Rn 3; *Schulte* Rn 8; *Fitzner/Lutz/Bodewig* Rn 9; *Mes* Rn 3; aA 4. *Aufl* § 8 Rn 5; *Reimer* § 8 Rn 3.
20 GMBl 1951, 37.
21 *Fitzner/Lutz/Bodewig* Rn 11; *Mes* Rn 4.
22 Vgl zur Anfechtungsberechtigung *Benkard* Rn 9.
23 *Fitzner/Lutz//Bodewig* Rn 6.
24 LG München I GRUR 1952, 228; *Fitzner/Lutz/Bodewig* Rn 14.
25 Vgl *Benkard* Rn 5.
26 OLG Frankfurt BlPMZ 1949, 330.

Keukenschrijver

zen der Anordnung sein Verbietungsrecht, nicht auch sein Benutzungsrecht, ein.[27] Die Benutzung darf im Rahmen des Zwecks der Benutzungsanordnung auch Dritten übertragen werden.[28] Benutzung zu anderen Zwecken als denen, die der Benutzungsanordnung zugrundeliegen, bleibt rechtswidrig[29] (vgl zum Unterlassungsanspruch Rn 46 zu § 139).

17   Die Benutzungsanordnung wirkt auf die **Dauer**, für die sie ausgesprochen ist, längstens auf die Laufdauer des Patents (und ggf eines sich anschließenden ergänzenden Schutzzertifikats).[30] Entfällt die Erforderlichkeit, stehen dem Patentinhaber, sofern noch Widerspruch oder Anfechtungsklage möglich ist, diese Rechtsbehelfe offen. Im Fall der Verfristung besteht nur die Möglichkeit eines Antrags auf nachträgliche Befristung und bei Ablehnung Vorgehen hiergegen im Weg der Verpflichtungsklage.[31] Die Möglichkeit einer Überprüfung ist auch nach Art 31 Buchst g TRIPS-Übk geboten.

18   **VII.** Abs 3 Satz 1 begründet einen **Vergütungsanspruch** in angemessener Höhe gegen den Bund, nicht gegen den tatsächlichen Benutzer (Abs 3 Satz 1).[32] Der Anspruch knüpft im Fall des Abs 1 Satz 1 bereits an die Anordnung der Benutzung, des Abs 1 Satz 2 an die Tatsache der Benutzung an.[33] Die Vergütung ist angemessene Entschädigung iSd Art 14 GG; auf die Grundsätze der Enteignungsentschädigung stellt auch die Lit ab.[34] Angemessen wird regelmäßig eine nach der Lizenzanalogie berechnete Benutzungsvergütung sein;[35] dabei ist im Fall des Abs 1 Satz 1 auf den tatsächlichen Umfang der Benutzung abzustellen.

19   Ist der Eingriff rechtswidrig, haben Rspr und Lehre bisher einen **Entschädigungsanspruch** aus enteignungsgleichem Eingriff bejaht,[36] der allerdings unter dem Gesichtspunkt des Vorrangs des Primärrechtsschutzes[37] ausgeschlossen sein kann, wenn sich der Patentinhaber nicht gegen den Eingriff gewehrt hat; ein Vorgehen nach dem Grundsatz „dulde und liquidiere" kommt demnach grds nicht in Betracht. Nach der Gegenansicht ist § 139 unmittelbar anwendbar.[38] Auch bei Patenteingriffen im Weg der Eingriffsverwaltung können (Verschulden voraussetzende) Schadensersatz- oder Bereicherungsansprüche unter dem Gesichtspunkt eines enteignungsgleichen Eingriffs oder einer Aufopferung nicht weiter reichen als bei Eingriffen sonstiger Dritter.[39] Zu Ansprüchen bei Eingriffen Dritter aufgrund ordnungsrechtl Vorschriften Rn 5 zu § 139.

C. Rechtsweg

20   **I.** Gegen die **Anordnung der Benutzung** ist der Verwaltungsrechtsweg eröffnet, im Fall der Anordnung durch die Bundesregierung oder eine oberste Bundesbehörde durch Klage vor dem BVerwG als einziger Instanz (Abs 2; die Bestimmung gilt nach § 190 Abs 1 Nr 8 VwGO auch gegenüber § 50 VwGO fort), sonst vor dem zuständigen Verwaltungsgericht. Eines Vorverfahrens (§§ 68 ff VwGO) bedarf es nur im letztgenannten Fall (§ 68 Abs 1 Nr 1 VwGO); bei Anordnungen der Bundesregierung oder einer obersten Bundesbehörde findet es nicht statt.[40] Das Vorliegen der Voraussetzungen des Abs 1 ist im Verwaltungs-

---

27 *Benkard* Rn 7; *Fitzner/Lutz/Bodewig* Rn 5; vgl BGHZ 107, 46, 52 = GRUR 1990, 997 Ethofumesat.

28 OLG Frankfurt BlPMZ 1949, 330.

29 Vgl RGZ 161, 387, 390 = GRUR 1940, 26 Droschkenbestellung; OLG Frankfurt BlPMZ 1949, 330.

30 Vgl *Benkard* Rn 8.

31 Vgl *Benkard* Rn 11.

32 *Benkard* Rn 14; *Fitzner/Lutz/Bodewig* Rn 15; *Lenz/Kieser* NJW 2002, 401 f; vgl BVerwGE 48, 10 = Buchholz 427.3 § 12 LAG Nr 146.

33 *Kraßer* S 840 (§ 34 V 3); *Benkard* Rn 14; *Fitzner/Lutz/Bodewig* Rn 16.

34 Vgl *Kraßer* S 840 (§ 34 V 3); *Benkard* Rn 15; *Schulte* Rn 12; *Mes* Rn 1; *Lindenmaier* § 8 Rn 5 will die Grundsätze für Zwangslizenzen heranziehen.

35 Vgl *Benkard* Rn 15 („bietet sich an"); großzügiger *Schulte* Rn 12 und *Fitzner/Lutz/Bodewig* Rn 18 („sowie der entgangene Gewinn").

36 *Benkard* Rn 18 mwN; *Schulte* Rn 13.

37 Vgl BGHZ 90, 17 = NJW 1984, 1169; BGHZ 110, 12 = NJW 1990, 898; BVerfGE 58, 300, 325; *Benkard* Rn 18; *Fitzner/Lutz/Bodewig* Rn 20.

38 *Stelkens* GRUR 2004, 25, 31.

39 Vgl RG GRUR 1939, 898, 903 f Explosionsbekämpfung, wonach eine Herausgabe des Verletzergewinns ausscheidet; vgl auch RGZ 102, 390 f = GRUR 1922, 218 Kompressionsbinden, danach auch Anspruch auf Ersatz des entgangenen Gewinns.

40 *Benkard* Rn 9; *Lenz/Kieser* NJW 2002, 401 f; vgl *Fitzner/Lutz/Bodewig* Rn 18.

rechtsweg voll, die sich an deren Feststellung anschließende Ermessensausübung nur eingeschränkt auf Ermessensmissbrauch oder -überschreitung nachprüfbar.[41]

Eine **Vertretung durch Patentanwälte** vor den Verwaltungsgerichten ist (anders als ihre Mitwirkung **21** nach § 4 PatAnwO) nicht zulässig.[42]

II. Im Streit um die **Höhe der Benutzungsvergütung** ist der Rechtsweg zu den ordentlichen Gerich- **22** ten eröffnet (Abs 3 Satz 2 in Übereinstimmung mit Art 14 Abs 3 Satz 4 GG).

D. Mitteilungspflichten

Die Anordnung nach Abs 1 Satz 1 ist dem eingetragenen Inhaber vor Aufnahme der Benutzung mitzu- **23** teilen (Abs 3 Satz 3). Sobald im Fall des Abs 1 Satz 2 ein Vergütungsanspruch entsteht, also mit tatsächlicher Aufnahme der Benutzung, ist in gleicher Weise Mitteilung zu machen (Abs 3 Satz 4). Zum Auskunftsanspruch Rn 54 zu § 140b.

§ 14
(Schutzbereich)

[1]**Der Schutzbereich des Patents und der Patentanmeldung wird durch die Patentansprüche bestimmt.** [2]**Die Beschreibung und die Zeichnungen sind jedoch zur Auslegung der Patentansprüche heranzuziehen.**

Ausland: Belgien: Rn 88; **Bosnien und Herzegowina:** Art 68 PatG 2010; **Dänemark:** Rn 89; **Frankreich:** Rn 90; **Italien:** Rn 91; **Litauen:** Art 28 (mit detaillierter Regelung zur Einbeziehung von Entsprechungen, zu einschränkenden Erklärungen und zu Ausführungsbeispielen) PatG; **Luxemburg:** Art 44 Abs 1 PatG 1992/1998; **Mazedonien:** § 93 GgR; **Niederlande:** Rn 92; **Österreich:** Rn 93; **Polen:** Art 63 Abs 2 RgE 2000; **Portugal:** Art 93 PatG 1995; **Schweden:** § 39 PatG; **Schweiz:** Rn 94; **Serbien:** Art 58 Abs 1 PatG 2004; **Slowakei:** § 13 Abs 1, 2 PatG; **Slowenien:** Art 18 Abs 2 GgE; **Spanien:** Art 60 PatG; **Tschech. Rep.:** § 12 Abs 1 PatG (geänd 2000); **Türkei:** Art 83 (mit sehr detaillierter Regelung, auch zur Beachtlichkeit von Erklärungen des Anmelders und des Patentinhabers), 84 VO 551; **Ungarn:** Art 24 PatG 1995; **VK:** Rn 95

Übersicht

---

41 *Benkard* Rn 10.
42 So auch *Benkard* Rn 12; *Fitzner/Lutz/Bodewig* Rn 19.

         Keukenschrijver

Schrifttum: zum vor 1978 geltenden Recht s 6. Aufl; zum seit 1978 geltenden Recht *AIPPI (Swiss Group)* The use of prosecution history in post-grant patent proceedings (Q 229), sic! 2012, 492; *Allekotte* „Räumschild" – Neuschnee in der Diskussion über Patentverletzung und erfinderische Abwandlung, GRUR 2002, 472; *Ann* Der Schutzbereich des Patents – Erteilungsakten als Auslegungshilfsmittel? Mitt 2000, 181; *Ballhaus/Sikinger* Der Schutzbereich des Patents nach § 14 PatG, GRUR 1986, 337; *Bardehle* Die Einbeziehung der Äquivalenzlehre in den WIPO-Patentharmonisierungsvertrag, Mitt 1992, 133; *Bardehle* Equivalents and International Patent Law Harmonisation, AIPLA Q.J. 1992, 119; *Bardehle* Die Rolle der Äquivalente und des Erteilungsverfahrens bei der Bestimmung des Schutzbereichs von Patenten, Bericht für die deutsche AIPPI-Landesgruppe, GRUR Int 2003, 627; *Barton* Patent Scope in Biotechnology, IIC 1995, 605; *Bechtold* Die Äquivalenzlehre als Mittel zur Bestimmung des Schutzumfangs im deutschen und europäischen Patentrecht, 1986; *Belser* Sind Verfahrensansprüche mit Vorrichtungsmerkmalen zulässig? GRUR 1979, 347; *Bierbach* Probleme der Praxis des Verletzungsverfahrens mit Bezug zum Erteilungs- und Nichtigkeitsverfahren, GRUR 1981, 458; *Bopp/Jeep* Äquivalenz auf des Messers Schneide: zur Patentverletzung bei Bereichsangaben und der „dritten" Frage nach der Äquivalenz, Mitt 2003, 293; *Bossung* Die Verantwortung des Europäischen Patentamts für den Schutzbereich des europäischen Patents, GRUR Int 1991, 439; *Brandi-Dohrn* Der Schutzbereich nach deutschem und britischem Recht: die Schneidmesserentscheidung des BGH und die Amgen-Entscheidung des House of Lords, Mitt 2005, 337; *Brandi-Dohrn* Das Naheliegen bei der Äquivalenz, FS T. Schilling (2007), 43; *Brinkhof* Einige Gedanken über Äquivalente, GRUR Int 1991, 435; *Brinkhof* Extent of Protection: Are The National Differences Eliminated? FS Kolle/Stauder (2005), 97; *Bruchhausen* Der Schutzbereich des europäischen Patents, GRUR 1974, 1; *Bruchhausen* Sind Endprodukte unmittelbare Verfahrenserzeugnisse eines auf die Herstellung eines Zwischenprodukts gerichteten Verfahrens? GRUR 1979, 743; *Bruchhausen* Schutzgegenstand verschiedener Patentkategorien, GRUR 1980, 364; *Bruchhausen* Die Formulierung der Patentansprüche und ihre Auslegung, GRUR 1982, 1; *Bruchhausen* Der technische Effekt und seine Auswirkung auf den Schutz, FS A. Preu (1988), 3; *Bruchhausen* Die Bestimmung des Schutzgegenstandes von Patenten im Erteilungs-, Verletzungs- und Nichtigkeitsverfahren, GRUR Int 1989, 468; *Bruchhausen* Der Schutz chemischer und pharmazeutischer Erfindungen, FS 100 Jahre GRUR (1991), 323; *Bruchhausen* Der Stoffschutz in der Chemie: Welche Bedeutung haben Angaben über den Zweck einer Vorrichtung, einer Sache oder eines Stoffes in der Patentschrift für den Schutz der Vorrichtung, der Sache oder des Stoffes durch ein Patent? GRUR Int 1991, 413; *Buchholz/Kilchert/Rupprecht* Die Occluder-Entscheidung: zurück zum allgemeinen Erfindungsgedanken? Mitt 2010, 507; *Busche* Die Reichweite des Patentschutzes – Zur Auslegung von Patentansprüchen im Spannungsfeld von Patentinhaberschutz und Rechtssicherheit, Mitt 1999, 161; *Busche* Zur Auslegung von Patentansprüchen, FS R. König (2003), 49; *Christ* Die Äquivalenz bei Stofferfindungen, Mitt 1988, 221; *Cornish/Llewelyn* Who Applies a Doctrine of Equivalence? FS Kolle/Stauder (2005), 115; *Czekay* Deduktive Formulierung von Patentansprüchen, GRUR 1984, 83; *Czekay* Nochmals: Zur deduktiven Formulierung von Patentansprüchen, GRUR 1985, 477; *Dreiss* Patentansprüche und Schutzbereich, GRUR 1977, 221; *Engel* Über den Wortsinn von Patentansprüchen, GRUR 2001, 897 = The „Wortsinn" of Patent Claims in German Case Law on Patent Infringement Disputes, IIC 2003, 233; *Fischer/U. Krieger* Auslegung der Patentansprüche, GRUR Int 1980, 501; *Franzosi* Claim Interpretation, FS Kolle/Stauder (2005), 123; *Furet* Entsprechung von Schutzbereich und Beitrag zum Stand der Technik in der Praxis des Europäischen Patentamts, Diplomarbeit ETH Zürich 2004; *Fürniss* Chemiepatententscheidungen, 1986; *Fürniss* Stoffschutz und Äquivalenz, FS R. Nirk (1992), 305; *Gaul* Die Bedeutung der Äquivalenzlehre für den Schutzumfang eines Patents, in: Aspekte des gewerblichen Rechtsschutzes (1986), 29; *Geisler* Noch lebt die Äquivalenzlehre, GRUR Int 2003, 1; *Gesthuysen* Der „Formstein"-Einwand bei einer nach der Entscheidung „Befestigungsvorrichtung II" äquivalenten Benutzungsform, GRUR 2001, 909; *Grabinski* „Schneidmesser" vs. „Amgen". Zum Sinn oder Unsinn patentrechtlicher Äquivalenz, GRUR 2006, 714; *Grabinski* Bestraft das Leben auch den, der (zu) früh kommt? Zur Bestimmung des Schutzbereichs von Patenten bei unvorhersehbaren Austauschmitteln, FS W. von Meibom (2010), 105; *Gramm* Von der „Drillmaschine" zum „Räumschild": Schutzbereich und Abhängigkeit im Spiegel der Rechtsprechung, GRUR 2001, 926; *Güthlein* Auswahlerfindung und Schutzbereich des älteren Schutzrechts, GRUR 1987, 481; *Haug/Nack/ Ehlers* Die Verwendung der Erteilungsakte in Verfahren nach der Patenterteilung (Q 229), GRUR Int 2012, 888; *Häußer* Anspruchsfassung, Erfindungshöhe und Schutzumfang im deutschen Patentrecht, Mitt 1981, 135; *Hesse* Offenbarung und Schutzbegehren, Mitt 1982, 104; *Heyers* Auswirkungen numerischer Angaben auf den Schutzbereich von Patenten, GRUR 2004, 1002; *Hilty* Der Schutzbereich des Patents, 1990; *Hilty* Schutzgegenstand und Schutzbereich – Überlegungen zur Formulierung von Patentansprüchen, FS R. König (2003), 167; *Hirsch* Die Bedeutung der Beschaffenheit chemischer Stoffe in der Patentrechtsprechung, GRUR 1978, 263; *Hölder* Exogenous Equals Endogenous? Claim Construction After the Amgen Decision, 37 IIC (2006), 662; *Hoffmann* Patent Construction, GRUR 2006, 720; *Hüttermann* Überlegungen zur äquivalenten Patntverletzung, Mitt 2013, 490; *Hufnagel* Der Schutzbereich von Second Medical Use Patenten, GRUR 2014, 123; *Jestaedt* Der „Formstein": eine stumpfe Waffe? Tagungsband des 4. Freiberger Seminars zur Praxis des Gewerblichen Rechtsschutzes (2005), 69; *Jestaedt* Gibt es einen patentrechtlichen Teilschutz? FS R. König (2003), 239; *Jestaedt* Der „Formstein-Einwand" , FS K. Bartenbach (2005), 371; *Johannesson* Schutzbereich und Patentansprüche des deutschen und des europäischen Patents, GRUR Int 1974, 301; *Kaess* Die Merkmalsanalyse als Maßstab für die Eingriffsprüfung im Patentverletzungsprozeß, GRUR 2000, 637; *Keukenschrijver* Äquivalenz und Auslegung – Anmerkungen zur Beurteilung der Äquivalenzproblematik in Deutschland und in den Vereinigten Königreich, FS J. Pagenberg (2006), 33; *Kierig* Formstein – und die Praxis, GRUR 1995, 3; *Klöpsch* Die richtige Anspruchskategorie für ein Arzneimittel, Mitt 1977, 130; *Klöpsch* Zur Schutzfähigkeit und zum Schutzumfang der sogenannten zweiten Indikation im deutschen und europäischen Patentrecht, GRUR 1979, 283; *Köhler* Der Schutzbereich von Pharma-Patenten: mehr Rechtssicherheit bei Grenzwerten und Bereichsangaben, PharmaRecht 2003, 37; *R. König* Die Rechtsprechung des BGH zum Schutzumfang nach neuem Recht, Mitt 1991, 21; *R. König* Der patentrechtliche Teilschutz – Schutz der Teil/Unterkombination, Mitt 1993, 32; *R. König* Zum Schutzbereich und der BGH-Entscheidung „Zerlegvorrichtung für Baumstämme", Mitt 1994, 178; *R. König* Patentverletzung durch erfinderische Abwandlung, Mitt 1996, 75; *König* Zur Beschränkung des Anspruchsinhalts durch „bar"-Derivate, Mitt 1997, 62; *R. König* Die Rechtsnatur der Patenterteilung und ihre Bedeutung für die Auslegung von Patentansprüchen, GRUR 1999, 809; *R. König* Statische oder dynamische Äquivalenz, Mitt 2000, 379; *R. König* „Räumschild" oder der Schnee von gestern, GRUR 2002, 1009; *E. Körner* Die Bedeutung von Vorgaben des Erteilungs-, Einspruchs- und Nichtigkeitsverfahrens für die Interpretation von Patentansprüchen im Verletzungsverfahren, FS R. König (2003), 295; *E. Körner* Wortlautgemäße, wortsinngemäße und äquivalente Verletzung im dualen System des Patentrechts, FS T. Schilling (2007), 299; *E. Körner* Äquivalenz und abhängige Erfindung, GRUR 2009, 97; *Th. Körner* Das Auslegungsprotokoll zu Art 69 EPÜ und die Verletzungsbeurteilung in Deutschland und England, Diplomarbeit ETH Zürich 2003; *Köster* Auslegung der Patentansprüche unter Einbeziehung des allgemeinen Fachwissens bzw Standes der Technik im Hinblick auf die Bestimmung des Schutzbereichs – eine Darstellung der Rechtsentwicklung und aktuellen Rechtsanwendung in der Bundesrepublik Deutschland, Mitt 2003, 5; *Kraßer* Der Verzicht des Anmelders im Erteilungsverfahren, GRUR 1985, 689; *Kraßer* Patentschutz für neue medizinische Anwendungen bekannter Stoffe, FS 25 Jahre BPatG (1986), 159; *Kraßer* Äquivalenz und Abhängigkeit, FS W. Fikentscher (1998), 516; *Kraßer* Berührungspunkte zwischen Anspruchsauslegung und Prüfung der Schutzwürdigkeit im Patentrecht, GRUR Int 2015, 670; *U. Krieger* Die Auslegung der Patentansprüche, GRUR Int 1979, 338; *U. Krieger* Der Äquivalenzbereich – wesentliche und unwesentliche Merkmale des Patentanspruchs, GRUR 1980, 683; *U. Krieger* Zum Schutzumfang von Patenten und zum Vergütungsanspruch des Arbeitnehmererfinders, GRUR 1989, 209; *Kühnen* Äquivalenzschutz und patentierte Verletzungsform, GRUR 1996, 729; *Kühnen* Die Erteilungsakte: Verbotenes oder gebotenes Auslegungsmittel bei der Schutzbereichsbestimmung europäischer Patente? GRUR 2012, 664; *Kühnen* Die Reichweite des Verzichtsgedankens in der BGH-Rechtsprechung zum Äquivalenzschutz, GRUR 2013, 1086; *Kühnen/Grunwald* Hat der Stoffschutz Löcher? GRUR 2015, 35; *Kurig* Formstein – und die Praxis, GRUR 1995, 3; *Lederer* Zur Äquivalenz beim chemischen Stoffpatent, GRUR 1998, 272 = Equivalence of Chemical Product Patents, IIC 1999, 275; *MacLeod* What Does „for" Mean in „Means for"? The Role of Functional Limitations in Apparatus Claims, EIPR 2011, 499; *Letzelter/ Kilchert/Rupprecht* Anmerkungen zu BGH – Okklusionsvorrichtung, Mitt 2012, 110; *Lippich/Knospe* Alternativen in Patentansprüchen, GRUR 2005, 25; *Luginbühl* Die neuen Wege zur Auslegung des Europäischen Patentrechts, GRUR Int 2010, 97; *Meier-Beck* Aktuelle Fragen des Patentverletzungsverfahrens, GRUR 2000, 355 = The Latest Issues in German Patent Infringement Proceedings, IIC 2001, 505; *Meier-Beck* Patentanspruch und Merkmalsgliederung, GRUR 2001, 967 = Patent Claim and Feature Structure, IIC 2002, 679; *Meier-Beck* Patentanspruch und Merkmalsgliederung, VPP-Rdbr 2002, 87; *Meier-Beck* Gegenstand und Schutzbereich von product-by-process-Ansprüchen, FS R. König (2003), 323; *Meier-Beck* Aktuelle Fragen der Schutzbereichsbestimmung im deutschen und europäischen Patentecht, GRUR 2003, 905; *Meier-Beck* The Scope of Patent Protection – The Test of Determining Equivalence, 36 IIC (2005), 339; *Melullis* Zur Auslegung von Patenten, zum Begriff des Fachmanns im Patentrecht und zur Funktion des Sachverständigen im Patentprozess, FS E. Ullmann (2006), 503; *Meyer-Dulheuer* Der Schutzbereich von auf Nucleotid- oder Aminosäuresequenzen gerichteten biotechnologischen Patenten, GRUR 2000, 179; *Moss* Virgin Atlantic v Contour and Delta Airlines: Patent Actions Brought Back Down in Earth? EIPR 2011, 699; *Nahme* Besonderheiten für Pharmazie-Patente nach den Europäischen Übereinkommen, GRUR Int 1978, 188; *Neuhaus* Die Bedeutung des vorbekannten Standes der Technik für die Patentverletzungsfrage bei äquivalenter Benutzung, FS W. Tilmann (2003), 549; *Nieder* Äquivalente Patentverletzung durch erfinderische

Konkretisierung, GRUR 2002, 935; *Nieder* Zum „Formstein"-Einwand, FS R. König (2003), 379; *Ohl* Die Einrede des freien Standes der Technik im Patentverletzungsprozeß nach künftigem Recht, GRUR 1969, 1; *Osterloh* Das „störende" Merkmal des Streitpatents im Verletzungsprozeß, GRUR 1993, 260; *Osterloh* Schutzrechtserweiterung durch Abstraktion in der Rechtsprechung des BGH, GRUR 2001, 989; *Pagenberg* Teilschutz im französischen und deutschen Patentrecht, GRUR 1993, 264; *Pagenberg* The Scope of Art 69 European Patent Convention: Should Sub-Combinations Be Protected? IIC 1993, 314; *Pagenberg* More Refined Rules of Claim Interpretation in Germany – Are They Necessary? IIC 1995, 228; *Popp* Formstein-Einwand: Reine Theorie? GRUR 2009, 318; *Preu* Stand der Technik und Schutzbereich, GRUR 1980, 691; *Preu* Angemessener Erfindungsschutz und Rechtssicherheit, GRUR 1985, 728; *Preu* Der Schutzbereich von Patenten in nationaler und internationaler Entwicklung, FS F. Merz (1992), 455; *Reichle* Patenterteilungsakten als Auslegungshilfsmittel für den Schutzbereich des Patents, 2003, zugl Diss Freiburg/Breisgau; *Reimann/Köhler* Der Schutzbereich europäischer Patente zwischen Angemessenheit und Rechtssicherheit – Anmerkungen zu den Entscheidungen des BGH „Kunststoffrohrteil", „Custodiol I", „Custodiol II", „Schneidmesser I", „Schneidmesser II", GRUR 2002, 931; *R. Rogge* Berücksichtigung beschränkender Erklärungen bei der Bestimmung des Schutzbereichs eines Patents (§ 14 PatG; Art 69 EPÜ), FS H.E. Brandner (1996), 483, ergänzte Fassung Mitt 1998, 201; *R. Rogge* Zum Einfluss von Verfahrensvorgängen auf Auslegung und Bestimmung des Schutzbereichs eines Patents, FS R. König (2003), 451; *R. Rogge* Die Schutzwirkung von „Product-by-Process"-Ansprüchen, Mitt 2005, 145; *Schar* Einige allgemeine Gedanken zu Fragen der Patentverletzung, Mitt 2000, 58; *Scharen* Der Schutzbereich des Patents im Falle verschiedener Einwände des Beklagten eines Verletzungsprozesses, GRUR 1999, 285; *Scharen* „Catnic" versus Kerntheorie, FS W. Erdmann (2002), 877; *Schick* Die Patentverletzung nach Art 69 EPÜ, Mitt. 1999, 41; *Schiuma* Zum Schutzbereich des italienischen Patents im Vergleich mit der deutschen Rechtslage, GRUR Int 1998, 291; *Schmied-Kowarzik* Über die Beschränkung von Patentansprüchen, insbesondere von chemischen Formeln, GRUR 1985, 761; *Schmieder* Zur Kompetenzverteilung zwischen Nichtigkeits- und Verletzungsverfahren nach neuem Patentrecht, GRUR 1978, 561; *Schramm* Zur Vereinfachung der deutschen Patentauslegungsbegriffe als Beitrag zur Europäisierung des Patentrechts, GRUR 1975, 335; *Schramm* Patentverletzungsprozess[7] (2013) Kap 7 *(Kaess)*; *Schrell/Heide* Zu den Grenzen des „product-by-process"-Patentanspruchs im Erteilungs- und Verletzungsverfahren, GRUR 2006, 383; *Schultes* Neues zum Schutzbereich von Swiss-type-Claims, ÖBl 2010, 172; *Schwanhäusser* Der Schutzumfang von Patenten nach neuem Recht, Mitt 1982, 186; *Schwanhäusser* Nochmals: Schutzbereiche des deutschen Patents, Mitt 1984, 226; *Schwanhäusser* Patentverletzung und Rechtssicherheit, Mitt 1994, 29; *Sommer* The scope of gene patent protection and the TRIPS Agreement: an exclusively non-discriminatora approach? IIC 2007, 30; *Stamm* Identitäten und Differenzen im europäischen Patentrecht, Mitt 1997, 278; *Stauder* Die Entstehungsgeschichte von Art 69 (1) EPÜ und Art 8 (3) Straßburger Übereinkommen über den Schutzbereich des Patents, GRUR Int 1990, 793 = The History of Art 69 (1) EPC and Art 8 (3) Strasbourg Convention on the Extent of Patent Protection, IIC 1992, 311; *Takenaka* A Person of Ordinary Skill in the Art and the Extent of Patent Protection, FS J. Pagenberg (2006), 81; *Tauchner* Schutzumfang von Naturstoffpatenten, Mitt 1979, 84; *Tilmann* Patentverletzung bei Genpatenten, Mitt 2002, 438; *Tilmann* Schutzumfang für Patente in Europa, FS K. Bartenbach (2005), 301; *Tilmann* Neue Überlegungen im Patentrecht, GRUR 2005, 904; *Tilmann* Harmonisation of Invalidity and Scope-of-Protection Practice of National Courts of EPC Member States, EIPR 2006, 169; *Tilmann/Jacob* Eine europäische Formel für den Schutzumfang Europäischer Patente? GRUR Int 2003, 982; *A. Troller* Begriff der patentfähigen Erfindung und Auslegung des Patentanspruchs, FS F. Schönherr (1986), 73; *Trüstedt* Schutzbereich des deutschen Patents, Mitt 1984, 131; *Ullmann* Die Verletzung von Patent und Gebrauchsmuster nach neuem Recht, GRUR 1988, 333; *Ullmann* Schutz der Elemente – elementarer Schutz der immateriellen Güter? GRUR 1993, 334; *Valle* Der Schutzbereich europäisch erteilter Patente, Mitt 1999, 166; *Vollrath* Patentansprüche und sogenannte Überbestimmungen, GRUR 1986, 507; *Vollrath* Streichung eines Anspruchsmerkmals nach der Patenterteilung, Mitt 2000, 185; *Vollrath* Anmerkungen zum Einwand der Wirkungslosigkeit des Patents bei Benutzung des freien Standes der Technik, Mitt 2006, 97; *von Drathen* Patent Scope in English and German Law Under the European Patent Convention 1973 and 2000, IIC 2008, 384; *Kurt von Falck* Freiheit und Bindung des Patentverletzungsrichters, GRUR 1984, 392; *Kurt von Falck* Freiheit und Verantwortung des Verletzungsrichters, GRUR 1985, 631; *Kurt von Falck* Die Äquivalenzlehre im neuen Patentrecht, GRUR 1988, 1; *Kurt von Falck* Neues zum Schutzumfang von Patenten, GRUR 1990, 650; *Kurt von Falck* Patentauslegung und Schutzumfang, FS 100 Jahre GRUR (1991), 543; *Kurt von Falck* Die Beschränkung des auf ein bestimmtes Erzeugnis gerichteten Patentanspruchs auf eine bestimmte Art der Verwendung dieses Erzeugnisses, GRUR 1993, 199; *Kurt von Falck* Brauchen wir den Begriff eines patentrechtlichen Teilschutzes? FS R. Vieregge (1995), 217; *Kurt von Falck* Überlegungen zum „Formstein"-Einwand, GRUR 1998, 218; *Kurt von Falck* Zur Äquivalenzprüfung bei im Prioritätszeitpunkt noch unbekannten Ersatzmitteln, GRUR 2001, 905; *von Rospatt* Der auf einen Verwendungsanspruch Bezug nehmende Vorrichtungsanspruch, GRUR 1985, 740; *von Rospatt* Die Bestimmung des Schutzbereichs von Patentansprüchen, die Maß- und Zahlenangaben enthalten, GRUR 2001, 991; *von Schwerin* Wird die Spannschraube überdreht? FS W. Tilmann (2003), 609; *Vossius/Rauh* Der Patentschutz von Verwendungserfindungen auf dem Gebiet der Pharmazie nach geltendem und zukünftigem Deutschem und Europäischem Patentrecht unter besonderer Berücksichtigung der zweiten Indikation, GRUR 1978, 7 und 1980, 776; *Wadlow* Requiem for a Noun: the „Terms of the Claims" (1953–2007), EIPR 2011, 146; *Walter* Zwischen Skylla und Charybdis – zu Auslegung der Patentansprüche nach Art. 69 EPÜ, GRUR 1993, 348; *Welte* Der Schutz von Pioniererfindungen (1991); *Wuttke* Äquivalenz und erfinderische Tätigkeit: Was liegt hier nahe? Mitt 2015, 489.

A. Allgemeines

I. Entstehungsgeschichte

Die Bestimmung, die Art 8 StraÜ entspricht, ist durch das **IntPatÜG** als § 6a neu in das PatG eingefügt 1 worden und hat durch das GPatG die Bezeichnung § 8a erhalten, ihre geltende Bezeichnung durch die Neubek 1981. Die Neuregelung ist als „die seit Jahrzehnten wohl folgenschwerste Änderung" bezeichnet worden.[1] Das Gesetz zur Umsetzung der EPÜ-Revisionsakte hat den Wortlaut der Bestimmung an die Änderung des EPÜ angepasst („die Patentansprüche" statt „Inhalt der Patentansprüche").

II. Anwendungsbereich

Die Regelung gilt für dt Patente und Patentanmeldungen (Schutzlandprinzip) und unterliegt grds 2 nicht der Parteivereinbarung;[2] Art 69 EPÜ stimmt sachlich mit ihr überein. Nach Art XI § 1 Abs 1, § 3 Abs 5 IntPatÜG ist sie nur auf Patente anzuwenden, die **seit dem 1.1.1978 beim DPA** angemeldet worden sind.[3] Da für Anmeldungen vor dem 1.1.1978 und darauf erteilte Patente eine gesetzliche Regelung des Schutzbereichs nicht bestand und die von der Rspr entwickelten Grundsätze nicht den Rang von Gewohnheitsrecht erlangt haben, stände einer Anwendung der in § 14 und Art 69 EPÜ enthaltenen Grundsätze auch auf diese Schutzrechte grds nichts im Weg;[4] die Rspr des BGH wendete allerdings die früheren Grundsätze (Dreiteilungslehre) mit behutsamen Korrekturen[5] weiter an; auch wurde von einer Tendenz der Verletzungsgerichte berichtet, den Bereich der glatten Äquivalenz enger als früher zu ziehen.[6] Auch der einstweilige Schutz der bekanntgemachten Patentanmeldung schloss den gesamten dem erteilten Patent zukommenden Schutzumfang ein;[7] für seit dem 1.1.1978 angemeldete, noch bekanntgemachte Patentanmeldungen bestimmte sich der Schutzbereich nach dem mit § 14 übereinstimmenden § 6a PatG 1978.[8]

Die Bestimmung fand nach § 5 Satz 2 ErstrG auch auf **erstreckte DDR-Patente** Anwendung; dies gilt 3 unabhängig vom Zeitpunkt ihrer Anmeldung.[9] Für auf das Beitrittsgebiet erstreckte vor dem 1.1.1978 angemeldete, vom DPA erteilte Patente galt das frühere Recht weiter.[10]

Für **ergänzende Schutzzertifikate** gilt § 14 aufgrund der Regelung in § 16 Abs 2 entspr.[11] Auf Zertifi- 4 kate zu vor dem 1.1.1978 angemeldeten Grundpatenten war § 14 nicht anzuwenden.[12]

III. Straßburger Übereinkommen; EPÜ

Art 8 Abs 3 StraÜ und **Art 69 Abs 1 EPÜ** enthalten § 14 entspr Regelungen. Die Revision des EPÜ vom 5 29.11.2000[13] stellt – wie nunmehr auch § 14 – auf die Patentansprüche statt auf deren Inhalt ab, um die Verwendung unterschiedlicher Begriffe zu vermeiden, und ergänzt das Auslegungsprotokoll; weitere im Basisvorschlag enthaltene Änderungen sind nicht angenommen und auch nicht für § 14 eingeführt worden (Definition der Äquivalenz unter Abstellen auf den Verletzungszeitpunkt; Einführung des „prosecution history estoppel").

Auslegungsprotokoll. Ergänzend bestimmt Art 1 des Protokolls zur Auslegung des Art 69 EPÜ, das 6 nach Art 164 EPÜ Bestandteil des Übk ist:

---

1 *Mes*[1] Rn 4.
2 OLG Düsseldorf InstGE 4, 21, 26.
3 Vgl BGH 1.10.1991 X ZR 60/89.
4 Vgl *Benkard* Rn 2, *Benkard*[9] Rn 3.
5 Vgl BGH GRUR 1993, 383 Verbindungsglied.
6 *Benkard*[9] Rn 3.
7 BGH GRUR 1963, 563, 566 Aufhängevorrichtung; BGH GRUR 1990, 346, 348 Aufzeichnungsmaterial.
8 *Benkard*[9] Rn 9.
9 *Benkard* Rn 3; *Mes* Rn 3; *Brändel* GRUR 1992, 653, 655; zwd *Bourcevet* Zur Erstreckung von Chemiepatenten im einheitlichen Schutzgebiet der Bundesrepublik Deutschland, Mitt 1992, 259, 264.
10 *Benkard* Rn 2; *Brändel* GRUR 1992, 653 f.
11 Zur Schutzbereichsbestimmung hier LG Mannheim InstGE 6, 147.
12 Vgl BGHZ 144, 15, 19 = GRUR 2000, 683 Idarubicin II.
13 Vgl *Wenning* Mitt 2000, 375; *König* Mitt 2000, 379.

Artikel 1

[1] Artikel 69 ist nicht in der Weise auszulegen, daß unter dem Schutzbereich des europäischen Patents der Schutzbereich zu verstehen ist, der sich aus dem genauen Wortlaut der Patentansprüche ergibt, und daß die Beschreibung sowie die Zeichnungen nur zur Behebung etwaiger Unklarheiten in den Patentansprüchen anzuwenden sind. [2] Ebensowenig ist Artikel 69 dahingehend auszulegen, daß die Patentansprüche lediglich als Richtlinie dienen und der Schutzbereich sich auch auf das erstreckt, was sich dem Fachmann nach Prüfung der Beschreibung und der Zeichnungen als Schutzbegehren des Patentinhabers darstellt. [3] Die Auslegung soll vielmehr zwischen diesen extremen Auffassungen liegen und einen angemessenen Schutz für den Patentinhaber mit ausreichender Rechtssicherheit für Dritte verbinden.

7   Als „**extreme Auffassungen**" iSd Protokolls wurden einerseits die frühere brit Praxis, die sich streng am Anspruchswortlaut ausrichtete, und andererseits die dt angesehen, die Herleitbarkeit der Lehre aus den Patentansprüchen ausreichen ließ.[14] Zur Frage, ob durch Art 69 EPÜ in dessen Anwendungs- und Rezeptionsbereich ein einheitliches Recht geschaffen wird, Rn 92.

8   Die Revisionsakte hat folgenden Art 2 angefügt:

Artikel 2

Bei der Bestimmung des Schutzbereichs des europäischen Patents ist solchen Elementen gebührend Rechnung zu tragen, die Äquivalente der in den Patentansprüchen genannten Elemente sind.

B. Frühere Rechtslage; Dreiteilungslehre

I. Die Dreiteilungslehre in der Rechtsprechung des Reichsgerichts

9   Die Rspr des RG hat früh begonnen, sich bei der Bemessung des Schutzumfangs vom Wortlaut der Patentansprüche zu lösen[15] sowie Gegenstand der Erfindung und Schutzumfang zu unterscheiden.[16] Bei vor 1978 angemeldeten Patenten bildet die „Dreiteilungslehre" die Grundlage für die Bestimmung des Schutzbereichs. Sie ist von der Rspr seit den dreißiger Jahren entwickelt und von *Lindenmaier*[17] systematisch dargestellt worden; ihre Kenntnis bildet einen Schlüssel für das Verständnis der geltenden Regelung. Nach ihr war bei der Prüfung des „Wirkungsbereichs eines Patents" zunächst der „Gegenstand der Erfindung"[18] klarzustellen. Grundlage für die Bemessung des Patentschutzes war der Wortlaut des Patentanspruchs,[19] auch gegenüber abw Beschreibung.[20] Technische Selbstverständlichkeiten konnten ergänzt, Beschreibung und Zeichnungen zur Erläuterung und Ergänzung herangezogen werden. Der Gegenstand des Patents schloss als „glatte Äquivalente" alle Arbeitsmittel gleicher Wirkung ein, die dem Durchschnittsfachmann aufgrund seines Fachwissens ohne weiteres in Ersatz der im Patent ausdrücklich genannten zur Verfügung standen; hierzu gehörten die „technischen" und die „patentrechtl" Äquivalente (Rn 13). Zu berücksichtigen war auch ein engeres Verständnis des Fachmanns aufgrund seiner Kenntnis des vorhandenen StdT.[21] Ausführungen in den Erteilungsakten waren nur von Bedeutung, soweit sie Verzichte oder Beschränkungen enthielten. Der Gegenstand der Erfindung war im Regelfall Grundlage für den Schutzumfang des Patents. Eine Einbeziehung der Äquivalente konnte in bestimmten Fällen aber ausgeschlossen

---

14   Vgl *Kraßer* S 707 (§ 32 I).

15   Vgl RG PatBl 1892, 458 Kombinationspatent III, zu Unterkombination und Elementenschutz; RG BlPMZ 1925, 239 f Spielzeug mit Glasplatte: Erstreckung des Schutzes auf das, worum die Technik tatsächlich bereichert wurde; RG MuW 27, 571 Besatzsteine: „gleichwertige Mittel, mit denen sich dasselbe Ziel ebenfalls erreichen lässt"; RGZ 126, 62 = GRUR 1929, 1418 Bodenauflockerung; *Hagens* GRUR 1908, 341 f.

16   Vgl RGZ 80, 55 = BlPMZ 1910, 157 Koksöschvorrichtung: „Der Patentanspruch hat in erster Linie den Zweck, den Gegenstand der Erfindung für den Techniker möglichst genau zu bezeichnen, nicht aber den daraus sich ergebenden Patentschutz nach allen Seiten genau abzugrenzen"; *Isay* GRUR 1911, 321; zur Entwicklung der Rspr des RG vor Entwicklung der Dreiteilungslehre kr *L. Fischer* (1934); zur Kontroverse auch *Neubauer* GRUR 1931, 174 und 1025.

17   *Lindenmaier* GRUR 1944, 49; *Lindenmaier* (Urteilsanmerkung) GRUR 1942, 350.

18   RGZ 142, 325 = BlPMZ 1934, 87 Mülltonne; RG BlPMZ 1940, 543, 545 Hochglanzphotographien; RG GRUR 1942, 51 Wischdochte; RG GRUR 1944, 22 f Wellblechofenbekleidung; kr zur Begriffsbildung *Lindenmaier* GRUR 1944, 49, 51.

19   RG Wischdochte; RG GRUR 1942, 416 f Türrahmenverbindung.

20   RG Wischdochte.

21   RG GRUR 1942, 153 Werkzeugmaschinengestell; RG GRUR 1942, 261 Kaffeekannenuntersatz; RG GRUR 1942, 416 ff Türrahmenverbindung; RG GRUR 1944, 22 ff Wellblechofenbekleidung.

sein, so, wenn das verwendete Arbeitsmittel gerade im Gegensatz zu seinen Äquivalenten wegen besonderer Eigenschaften gewählt war,[22] weiter, wenn eine Beschränkung oder ein Verzicht im Erteilungsverfahren ihr entgegenstand,[23] insb aber, wenn die Erfindung bei der Anmeldung bereits vollständig vorweggenommen war.[24] Die Rspr hat in diesem Fall den Schutz auf den „unmittelbaren Gegenstand der Erfindung" beschränkt (Rn 14); dies war unabhängig von der Möglichkeit, das Patent mit der Nichtigkeitsklage anzugreifen, und wurde deshalb auch nicht vom Wegfall der Ausschlussfrist für diese berührt.[25] Teilnichtigerklärung oder Klarstellung im Nichtigkeitsverfahren war bindend, allerdings nur innerhalb ihrer Reichweite, und im übrigen nur Auslegungsmittel.[26] Daneben wurde vereinzelt schon früher und verstärkt etwa ab 1937[27] ein „allgemeinerer Erfindungsgedanke"[28] in den Schutzumfang einbezogen (Rn 15).

II. Die Übernahme der Dreiteilungslehre durch den Bundesgerichtshof

Die zunächst[29] teilweise übernommenen Grundsätze für Ermittlung und Bedeutung des Gegenstands **10**
der Erfindung, eines allg („allgemeineren") Erfindungsgedankens und des „unmittelbaren Gegenstands der Erfindung" hat der BGH bestätigt; statt des früheren Sprachgebrauchs hat er ohne sachliche Abweichung jedoch den Ausdruck „allgemeiner" Erfindungsgedanke verwendet.[30] Die Dreiteilungslehre ist allerdings bald kritisiert worden.[31] Eine aus dem StdT folgende Einschränkung des Schutzumfangs konnte im Verletzungsstreit geltend gemacht werden.[32] Der StdT beschränkte dabei den Schutz bei völliger Vorwegnahme auf den Wortlaut unter Ausschluss auch glatter Äquivalente,[33] er war außerhalb glatter Äquivalenz durch Prüfung auf Neuheit, technischen Fortschritt und Erfindungshöhe zu berücksichtigen. Die Vorwegnahme einzelner äquivalenter Lösungsmittel konnte uU dazu führen, dass sie vom Patentschutz auszunehmen waren.[34] Wieweit die „Einrede des freien StdT" erhoben werden konnte, war vor dem Inkrafttreten des § 6a PatG 1978 (entspr dem geltenden § 14) str; seit der „Formstein"-Entscheidung des BGH ist der Einwand für das geltende Recht anerkannt (Rn 84 ff).

III. Die Dreiteilungslehre im einzelnen

1. Gegenstand der Erfindung

a. Grundsatz. Nach § 6 PatG 1936/1968 wurde der Schutzumfang eines Patents durch den Gegenstand **11**
der Erfindung bestimmt, dh durch die technische Lehre, die der Durchschnittsfachmann nach objektiven Gesichtspunkten[35] am Anmeldetag ohne besondere (die Rspr hierzu schwankend) oder gar erfinderische Überlegung den Patentansprüchen bei sinngem Auslegung unter Heranziehung der Beschreibung, der Zeichnung, des allg Fachwissens und des ihm bekannten oder in der Patentschrift mitgeteilten StdT entnahm.[36] Grundlage für die Ermittlung des Gegenstands der Erfindung bildete der Anspruchswortlaut, der

---

22   RG GRUR 1942, 261 Kaffeekannenuntersatz.

23   RG GRUR 1942, 53 Auslegung.

24   RGZ 157, 154 = GRUR 1938, 252 Schutzplatte.

25   *Lindenmaier* GRUR 1944, 49, 53 unter Hinweis auf RG 30.3.1944 I 129/44.

26   RGZ 170, 346 = GRUR 1943, 123 Graviermaschine.

27   Nachw bei *Lindenmaier* GRUR 1944, 49, 55.

28   RG GRUR 1941, 462 f Vervielfältigungsvorrichtung II; RG GRUR 1941, 465, 468 Malerbürsten; RG GRUR 1941, 469 f Achslagerschmiervorrichtung; RG GRUR 1942, 256 f Diffuseur; RG Kaffeekannenuntersatz.

29   BGHZ 3, 365 = GRUR 1952, 362 Schuhsohle.

30   BGH GRUR 1953, 112 Feueranzünder; s auch BGH GRUR 1960, 478 Blockpedale; vgl zur Übernahme *Gesthuysen* GRUR 2001, 909, 911 f.

31   Nachw bei *Gesthuysen* GRUR 2001, 909.

32   BGHZ 3, 365 = GRUR 1952, 562 Schuhsohle.

33   BGH GRUR 1964, 132, 134 f Kappenverschluß.

34   BGH 9.2.1962 I ZR 30/60; BGH 29.2.1968 I a ZR 80/65.

35   BGH GRUR 1960, 546 Bierhahn; BGH Liedl 1965/66, 349, 352 f; RGZ 120, 224, 227 = GRUR 1928, 390 Analysenwagen; BGH GRUR 1983, 116 f Prüfkopfeinstellung; BGH GRUR 1985, 871 f Ziegelsteinformling II.

36   BGH GRUR 1953, 29 Plattenspieler I; BGH GRUR 1961, 409 f Drillmaschine; BGH GRUR 1964, 196 f Mischer I; BGH GRUR 1968, 311 Garmachverfahren; BGH GRUR 1991, 744 Trockenlegungsverfahren; BGH 21.10.1960 I ZR 117/56; *Mediger* Mitt 1963, 81.

Keukenschrijver

grds auch maßgebend blieb, wenn die beschriebene Ausführungsform enger war;[37] überließ der Anspruchswortlaut die Auswahl der Mittel dem Fachmann, fiel jedes Mittel unter den Gegenstand des Patents, das sich dem Fachmann aufgrund seines Könnens ohne weiteres darbot oder am Tag der Anmeldung zum StdT gehörte.[38] Bezugszeichen im Patentanspruch führten nicht zu einer Beschränkung auf das der Zeichnung entspr Ausführungsbeispiel.[39] Im Umfang identischer Benutzung konnte sich der Verletzer nicht darauf berufen, dass er sich im freien StdT bewege.[40] Die sprachliche Fassung des Patentanspruchs war nicht allein entscheidend, vielmehr war auf den durch Ermittlung von Aufgabe und Lösung aus der Sicht des Durchschnittsfachmanns zu ermittelnden Erfindungsgedanken, den Sinngehalt, abzustellen, wobei zum Verständnis der Angaben im Patentanspruch auf den Gesamtinhalt der Patentschrift zurückgegriffen werden konnte.[41] Schöpften die Patentansprüche den Offenbarungsgehalt der Patentschrift nicht aus, konnten Lehren, die im Wortlaut der Patentansprüche keine ausreichende Stütze fanden, schon aus Gründen der Rechtssicherheit regelmäßig nicht in den Gegenstand des Patents einbezogen werden.[42] Zur Klarstellung des unklar gefassten Patentanspruchs konnten Beschreibung und Zeichnungen herangezogen werden,[43] nicht aber den Ausdruck in einem Patentanspruch ersetzen.[44] Die Ergänzung des Gegenstands der Erfindung durch Aufnahme eines nur aus der Zeichnung herleitbaren Merkmals, das weder im Patentanspruch noch in der Zeichnung als erfindungswesentlich erwähnt war, war unstatthaft;[45] die Zeichnungen stellten nach früherem Recht kein gleichwertiges Offenbarungsmittel dar.[46] Unzweideutige Beschränkungen[47] und Verzichte im Erteilungsverfahren, nicht bloße Umformulierungen,[48] waren bei der Bestimmung des Schutzbereichs, auch im Rahmen eines allg Erfindungsgedankens, schutzbegrenzend zu berücksichtigen, ohne dass es auf ihre sachliche Berechtigung ankam.[49] Die Aufnahme eines Merkmals in den Oberbegriff wurde nicht als Verzicht oder Beschränkung angesehen;[50] eine im Lauf des Erteilungsverfahrens vorgelegte engere Anspruchsfassung oder Zusammenziehung mehrerer Ansprüche zu einer Gesamtkombination genügte für sich allein nicht.[51] Der

---

37 RG GRUR 1944, 72, 74 Rechenmaschine; BGH 27.10.1970 X ZR 9/68; vgl auch BGH Liedl 1963/64, 626, 635 Spannbeton I.

38 BGH Plattenspieler I; BGH GRUR 1958, 179 Resin; BGH GRUR 1961, 409 Drillmaschine.

39 Vgl RGZ 167, 339, 345 = GRUR 1942, 57 Etuiteile; RG Mitt 1942, 55 Tabelliermaschine mit Lochmaschine; BGH GRUR 1963, 563 f Aufhängevorrichtung.

40 BGH GRUR 1972, 597, 599 Schienenschalter II; zum freien StdT auch RGZ 119, 70, 74 = GRUR 1928, 128 Wasserabscheidung; BGH GRUR 1955, 139 f eiserner Grubenausbau; BGH GRUR 1962, 29, 31 Drehkippbeschlag; BGH GRUR 1964, 606, 610 Förderband; BGH 19.9.1961 I ZR 49/59; BGH 9.2.1962 I ZR 30/60; BGH 30.1.1969 X ZR 16/66.

41 BGH GRUR 1953, 112 f Feueranzünder; BGH GRUR 1959, 320 f Mopedkupplung; BGH GRUR 1969, 534 f Skistiefelverschluß; BGH GRUR 1972, 597 f Schienenschalter II; BGH GRUR 1975, 422, 424 Streckwalze; BGH GRUR 1984, 425 f Bierklärmittel; BGH GRUR 1987, 280, 283 Befestigungsvorrichtung I; BGH 22.6.1967 Ia ZR 1/65; BGH 22.1.1976 X ZR 35/74; BGH 16.6.1992 X ZR 53/89; BGH 13.10.1992 X ZR 48/90; vgl BGH 13.4.2010 X ZR 29/07: unter Berücksichtigung des durch das Patent zu lösenden Problems.

42 BGH GRUR 1980, 219 Überströmventil; BGHZ 100, 249 = GRUR 1987, 626 Rundfunkübertragungssystem.

43 RG GRUR 1936, 308, 310 Trockenmaschine I; BGH GRUR 1954, 317, 319 Entwicklungsvorrichtung; BGH GRUR 1955, 29, 32 Nobelt-Bund; BGH Liedl 1959/60, 260, 272 Absperrventil 01; BGH Liedl 1961/62, 1 ff Schuheinlage; BGH GRUR 1962, 80 f Rohrdichtung; BGH Liedl 1961/62, 589, 592 Bandanlage; BGH Liedl 1967/68, 112, 120 Gebläsegehäuse.

44 BGH GRUR 1959, 320, 323 Mopedkupplung; BGH 13.1.1961 I ZR 71/59.

45 RG GRUR 1939, 286, 288 Scheibenmühlen; RG GRUR 1941, 360, 363 Akrolit; BGH Liedl 1959/60, 260, 270 Absperrventil 01; BGH Liedl 1961, 1, 6 Schuheinlage.

46 Großzügiger BGH 13.10.1992 X ZR 48/90.

47 Zum Unterschied zwischen Beschränkung und Abgrenzung des Schutzumfangs vom StdT im Erteilungsverfahren BGH 3.12.1974 X ZR 2/72.

48 BGH GRUR 1964, 132, 134 Kappenverschluß.

49 RG GRUR 1933, 223, 225 Kreisstromheizzüge; RGZ 159, 1 = GRUR 1939, 121, 124 Kreuzfalzvorrichtung; RG GRUR 1939, 286 f Scheibenmühlen; RG GRUR 1939, 528, 530 elektromagnetischer Überstromschalter; RG GRUR 1939, 956, 958 Naphthalingewinnung; RG GRUR 1942, 53 Auslegung; BGH GRUR 1956, 542, 546 Anhängerkupplung; BGH GRUR 1961, 77 f Blinkleuchte; BGH GRUR 1961, 404, 408 Klebebindung; BGH GRUR 1964, 606 f Förderband; BGH 9.2.1962 I ZR 30/60; BGH 29.2.1968 Ia ZR 80/65; BGH 22.6.1967 I a ZR 1/65; BGH 27.2.1969 X ZR 81/67.

50 BGH GRUR 1962, 80 f Rohrdichtung; BGH Liedl 1963/64, 157, 168 Fächerreflektor; BGH GRUR 1964, 196, 198 Mischer I; BGH 12.11.1963 Ia ZR 94/63; BGH 22.6.1965 Ia ZR 1/65.

51 BGH GRUR 1987, 510 Mittelohrprothese; vgl BGH GRUR 1967, 413, 417 Kaskodeverstärker; BGH GRUR 1977, 714 f Fadenvlies; BGH BlPMZ 1979, 151 Etikettiergerät 02; zur Unterscheidung von Verzicht und vorübergehendem Fallenlassen BGH Kaskodeverstärker; ein Verzicht sollte namentlich dann anzunehmen sein, wenn der Anmelder sich einem entspr

BGH hat später in einer Neufassung iZw eher einen Formulierungsversuch als einen endgültigen Verzicht gesehen.[52] Bei Rückführung eines unzulässig erweiterten Schutzanspruchs auf den Gegenstand der ursprünglichen Anmeldung verblieb dem Patent der Schutzumfang der ursprünglichen Anmeldung.[53] Dass im Erteilungsverfahren eine Änderung (Unterkombination) als nicht ursprungsoffenbart abgelehnt wurde, schloss es nicht aus, diese in den Schutzbereich einzubeziehen.[54] Zweifel an der Bedeutung eines Ausdrucks konnten anhand der Erteilungsakten aus der Entstehungsgeschichte geklärt werden.[55] Ausführungen im Erteilungsbeschluss, die in der Patentschrift keinen Niederschlag gefunden hatten, durften nicht herangezogen werden, um den Patentgegenstand unter den Anspruchswortlaut einzuschränken; ebenso ein „Witz" der Erfindung, der im Patentanspruch keinen Niederschlag gefunden hatte.[56] Gegenständliche Verletzung des Patents lag nicht vor, wenn die Verwendung der vorgesehenen anstatt der im Patent genannten Mittel erfinderische Überlegung voraussetzte;[57] hiervon ausgenommen war allerdings der Fall der „abhängigen" Erfindung.[58] Der Gegenstand der Erfindung war bei einem erteilten Patent vom Verletzungsrichter grds hinzunehmen; seine Prüfung auf Neuheit, technischen Fortschritt und Erfindungshöhe demnach ausgeschlossen.[59]

b. Äquivalente. Die Äquivalenzlehre ist auf das Bestreben zurückzuführen, dem Erfinder den ihm **12** gebührenden Lohn ungeschmälert zuzuwenden.[60] Die dt Praxis hat dem Entlohnungsinteresse des Erfinders besondere Bedeutung eingeräumt; der Schutz sollte sich „auf alles das erstrecken, was der Erfinder der Nachwelt erkennbar an Bereicherung geschenkt hat, im Gegensatz zu der angelsächsischen Auffassung, die einen Schutz nur auf das gewährt, was der Erfinder subjektiv als Bereicherung der Technik erkannt und als schutzbeanspruchend bezeichnet hat".[61] Äquivalente Benutzung der geschützten Lehre wurde bejaht, wenn ein bestimmtes Lösungsmittel durch ein anderes (oder das Zusammenwirken mehrerer anderer)[62] ausgetauscht wird, das dem ersetzten gleichwertig ist, und wenn der Fachmann durchschnittlichen Könnens am Prioritätstag aufgrund seines Fachwissens die Möglichkeit der Verwendung des anderen Lösungsmittels bei Befolgung der patentgem Lehre erkennen konnte.[63] Dass beide Lösungsmittel in einer Vorveröffentlichung nebeneinander angeführt sind, reichte allein nicht aus.[64] Die Abgrenzung, die Äquivalente müssten dem Fachmann „ohne erfinderisches Bemühen" zur Verfügung stehen,[65] sollte zum Ausdruck bringen, dass nur solche gleichwirkenden Mittel ein Patent verletzen können, die sich dem Fachmann mit seinem Fachkönnen aus der Patentschrift aufgrund des dort offenbarten Erfindungsgedankens zur Lösung der im Patent gestellten Aufgabe als gleichwirkend erschließen;[66] eine spätere Anmeldung des äquivalenten Mittels durch denselben Anmelder konnte im Einzelfall Beweisanzeichen für mangelndes Erkenntnisvermögen des Fachmanns sein.[67] Äquivalenz gegenüber einem in der Beschreibung genannten Äquivalent genügte.[68] Das Weglassen eines Merkmals schloss Äquivalenz aus.[69]

Verlangen der Erteilungsbehörde beugte, zumal wenn ihm diese andernfalls die Zurückweisung der gesamten Anmeldung in Aussicht gestellt hatte; s auch BGH GRUR 1980, 280 ff Rollladenleiste; BGH 14.3.1974 X ZR 8/71.

52 BGH Mittelohrprothese.
53 BGH GRUR 1970, 289 Dia-Rähmchen IV; BGH GRUR 1971, 472 Wäschesack; BGH 3.3.1977 X ZR 77/74.
54 BGHZ 72, 119, 128 = GRUR 1978, 699 Windschutzblech.
55 BGH 16.11.1971 X ZR 5/70: bei Gebrauchsmustern auch aus dem Löschungsverfahren.
56 BGH GRUR 1985, 967 Zuckerzentrifuge.
57 BGH GRUR 1960, 474, 476 Landkartenverschluß; BGH Liedl 1961/62, 741, 760 Leitbleche 03.
58 BGH GRUR 1964, 132, 134 f Kappenverschluß.
59 RG GRUR 1943, 73 f Feuerbestattungsofen; BGH GRUR 1959, 320 Mopedkupplung; BGH 24.6.1958 I ZR 190/56.
60 BGH GRUR 1962, 29, 31 Drehkippbeschlag; BGH GRUR 1969, 534 Skistiefelverschluß; vgl RGZ 119, 70, 74 = GRUR 1928, 128 Wasserabscheidung.
61 *Lindenmaier* GRUR 1944, 49, 54; vgl RGZ 85, 95, 99 = BlPMZ 1914, 298 Manganlegierungen; zur Entlohnung BGH 11.7.1995 X ZR 24/93.
62 BGH 21.10.1969 X ZR 11/68.
63 Vgl BGH GRUR 1955, 29, 31 Nobelt-Bund; BGH GRUR 1964, 826 Förderband; BGH GRUR 1969, 534, 536 Skistiefelverschluß; BGHZ 64, 86, 94 f = GRUR 1975, 425 Metronidazol; BGH GRUR 1975, 484, 486 Etikettiergerät; BGH GRUR 1976, 88 ff Skiabsatzbefestigung; BGH GRUR 1987, 280 Befestigungsvorrichtung I; BGH 16.1.1990 X ZR 57/88.
64 BGH 30.10.1962 I ZR 46/61 Aufhängevorrichtung, nicht in GRUR.
65 Vgl BGH GRUR 1957, 20, 22 Leitbleche I; BGH GRUR 1960, 474, 476 Landkartenverschluß.
66 BGH Skistiefelverschluß; BGH 27.10.1966 I a 96/64 unter Abstellen auf die „konkrete" Aufgabe.
67 BGH 14.10.1969 X ZR 39/67.
68 Vgl BGH GRUR 1971, 78 Dia-Rähmchen V.
69 BGH GRUR 1969, 532, 534 Früchtezerteiler; BGH 23.1.1975 X ZR 44/72; BGH 3.3.1977 X ZR 77/74.

13   „Glatte" und „nicht-glatte" Äquivalenz. Konnte der Fachmann die Gleichwirkung ohne weiteres erkennen, sprach man von „glatten" Äquivalenten, konnte er das erst aufgrund näherer (besonderer), aber noch nicht erfinderischer Überlegung, von „nicht-glatten".[70] Beiden Arten war gemein, dass sie auf einem Erfindungsgedanken beruhten, den der Durchschnittsfachmann der Patentschrift aufgrund seines Fachkönnens entnehmen konnte.[71] Bei der Einordnung der „nicht-glatten" Äquivalenz war die Rspr schwankend. Sie hat aus dieser Unterscheidung unterschiedliche Folgen für den Umfang der Prüfung auf die Voraussetzungen der Schutzfähigkeit im Verletzungsstreit abgeleitet.[72] Der BGH hat die „nicht-glatten" Äquivalente zunächst[73] in Übereinstimmung mit der Rspr des RG[74] nicht zum Gegenstand der Erfindung gerechnet, so dass sie nur über den Schutz des allg Erfindungsgedankens erfasst werden konnten. Demgegenüber hat er in der „Landkartenverschluß"-Entscheidung[75] auch die „nicht-glatten" Äquivalente dem Gegenstand der Erfindung zugerechnet und „zur begrifflichen Vereinfachung" die Grenze erst da angesetzt, wo es eines erfinderischen Gedankengangs bedurfte, diese Auffassung aber bald wieder aufgegeben; demnach waren Ausführungsformen mit nicht-glatten Äquivalenten in den Schutzbereich nur einzubeziehen, wenn Neuheit, Fortschritt und Erfindungshöhe vorlagen.[76] Er hat dies später damit begründet, dass die Einbeziehung auch der äquivalenten Ausführungsformen, die der Fachmann der Patentschrift nur aufgrund besonderer, näherer, wenn auch noch nicht erfinderischer Überlegung entnehmen konnte, den Gegenstand des Patents in unangemessener Weise überdehne. Derartige Ausführungsformen seien nicht auf ihre Patentfähigkeit geprüft; der Patentinhaber erlange für sie Schutz unter leichteren Voraussetzungen als für Ausführungsformen, die er ausdrücklich zu schützen beansprucht habe; der mutmaßliche Verletzer könne sich nämlich nur mit neuheitsschädlicher Vorwegnahme, nicht mit einem Naheliegen gegenüber dem StdT verteidigen.[77] Einen Modifikation hat der BGH auch mit der „Verbindungsglied"-Entscheidung[78] vorgenommen; demnach bedarf es für die Prüfung einer unter dem Gesichtspunkt der Äquivalenz angegriffenen und hinreichend konkret beschriebenen Ausführungsform auch nach altem Recht nicht zusätzlicher Ausführungen des Klägers über die Formulierung eines allg Erfindungsgedankens und dessen Offenbarung, Herleitbarkeit und Schutzfähigkeit; unter dem Gesichtspunkt nicht-glatter Äquivalenz müsse es ausreichen, wenn der Kläger entspr den allg Regeln über den Klagevortrag die für die Auslegung des Klagepatents und die rechtl Schlussfolgerung erforderlichen Tatsachen unter breite, insb die angegriffene Verletzungsform genau beschreibe, auf die Übereinstimmung der Merkmale hinweise und hinsichtlich abw Merkmale die Umstände darlege, deretwegen gleichwohl die Annahme einer Patentbenutzung gerechtfertigt sei. Die Rspr hat zur früheren Rechtslage die „glatten" Äquivalente in „technische" und „patentrechtl" aufgeteilt. Ein technisches Äquivalent war nur gegeben, wenn das verwendete Arbeitsmittel seiner regelmäßigen Funktion nach dem Fachmann in der Technik allg als gleichwirkender Ersatz bekannt war, nicht, wenn es nur im Rahmen eines besonderen technischen Lösungsgedankens und in Anpassung an ihn gleich wirkte.[79] Terminologie und Einordnung in der Rspr des RG waren schwankend.[80] Die „nicht-

---

70   BGH GRUR 1969, 534, 536 Skistiefelverschluß; BGHZ 64, 86, 94 f = GRUR 1975, 425 Metronidazol; BGH GRUR 1987, 280 Befestigungsvorrichtung I; BGH GRUR 1993, 383 Verbindungsglied; BGH 21.10.1960 I ZR 117/56; BGH 15.5.2001 X ZR 107/98 Schulte-Kartei PatG 14.51 Nr 47 Schweißfuge; OLG Düsseldorf 19.10.2000 2 U 86/99.

71   BGH Skistiefelverschluß; zur „glatten" Äquivalenz auch BGH GRUR 1972, 597 Schienenschalter II; BGH GRUR 1988, 444 Betonstahlmattenwender; OLG München 29.4.2004 6 U 1644/01.

72   BGH GRUR 1957, 20, 22 Leitbleche I; BGH GRUR 1964, 132, 134 Kappenverschluß; BGH GRUR 1964, 606, 609 Förderband; BGH GRUR 1969, 534, 536 Skistiefelverschluß; BGH GRUR 1976, 88 ff Skiabsatzbefestigung; BGH GRUR 1987, 280 f Befestigungsvorrichtung I; BGH 3.11.1992 X ZR 29/90.

73   BGH GRUR 1953, 29, 32 Plattenspieler I; BGH GRUR 1955, 29, 31 Nobelt-Bund; BGH GRUR 1957, 20 Leitbleche II; BGH 21.10.1960 I ZR 117/56.

74   RG GRUR 1942, 349 f Strumpfbehandlung; vgl auch RG GRUR 1942, 51, 53 Wischdochte.

75   BGH GRUR 1960, 474 Landkartenverschluß; vgl auch BGH Liedl 1961/62, 741, 760 Leitbleche 03.

76   BGH Kappenverschluß; BGH GRUR 1975, 593, 597 Mischmaschine; BGH GRUR 1981, 259 Heuwerbungsmaschine; BGH 26.6.1969 X ZR 31/66.

77   BGH Befestigungsvorrichtung I; vgl BGH GRUR 1972, 597, 599 Schienenschalter II.

78   BGH GRUR 1993, 383.

79   RG GRUR 1951, 278, 280 Flugzeughallentore; BGH GRUR 1953, 29 Plattenspieler I; BGH GRUR 1955, 29, 31 Nobelt-Bund; BGH GRUR 1957, 20 Leitbleche II; BGH GRUR 1964, 826 Förderband; BGH 9.2.1962 Ia ZR 30/60; BGH 28.5.1968 X ZR 67/65; vgl auch BGH GRUR 1955, 139 eiserner Grubenausbau.

80   Vgl *Bernhardt/Kraßer*[4] S 510 Fn 3; technische Gleichwerte wurden schon in RG GRUR 1940, 262, 264 Spann- und Schließvorrichtung zum unmittelbaren Gegenstand der Erfindung gerechnet; RG GRUR 1941, 462 f

glatten" Äquivalente werden als patentrechtl Gleichwerte bezeichnet.[81] Eine Unterscheidung in „glatte" und „nicht-glatte" patentrechtl Gleichwerte ist erstmals in dem von *Lindenmaier* redigierten Leitsatz 1 der RG-Entscheidung Achslagerschmiervorrichtung angedeutet. Erst spätere Entscheidungen[82] schlagen die technischen und die glatten patentrechtl Äquivalente zum Gegenstand der Erfindung. Der Patentschutz erstreckte sich idR auch auf die kinematische Umkehr der offenbarten Lösung, sofern die wesentlichen Merkmale des Erfindungsgedankens auch bei ihr verwirklicht wurden und die Unterlagen eine Beschränkung des Schutzes auf die in der Patentschrift allein beschriebene Ausführungsform nicht erkennen ließen.[83] Beispiele für technische Äquivalenz: Davit und Galgen bei Fischereischiff.[84] Bei der Montage, nicht aber ohne weiteres in lichttechnischer Hinsicht sind Leuchten mit Leuchtstoffröhren oder Natriumdampflampen für Straßenbeleuchtung als glatte technische Gleichwerte angesehen worden.[85]

2. Der unmittelbare Gegenstand der Erfindung. Nach der Rspr des RG[86] war im Fall der Vorweg- **14** nahme[87] des Patents der Schutzbereich streng auf den Gegenstand des Patents unter Ausschluss jeglicher Äquivalente zu beschränken, bei teilweiser Vorwegnahme entspr.[88] Der BGH hat diese Rspr übernommen; demnach führte die vollständige Vorwegnahme zur Einengung der Patentlehre auf den unmittelbaren, wortlautgem Gegenstand der Erfindung[89] unter Ausschluss selbst der glatten Äquivalente.[90] Der Verletzungsrichter war auf die Prüfung der Verletzung des Wortlauts des Patents als des unantastbaren Rests des Gegenstands der Erfindung beschränkt, wenn der Gegenstand der Erfindung vorweggenommen oder identisch vorpatentiert war;[91] es war ihm verwehrt, den Schutzumfang des Patents etwa im Rahmen einer Äquivalenzprüfung über den Wortlaut des Patentanspruchs hinaus auszulegen.[92] Wurde der Gegenstand des Patents nicht verletzt, kam auch ein Eingriff seinen unmittelbaren Gegenstand nicht in Betracht, weil letzterer als eingeschränkter Gegenstand in diesem enthalten war.[93] Vorwegnahme konnte auch durch den mitgeschützten allg Erfindungsgedanken eines prioritätsälteren, aber nicht vorveröffentlichten Patents erfolgen.[94] Gleiche Grundsätze galten für die bekanntgemachte Patentanmeldung.[95] Selbst bei völliger Vorwegnahme blieb der auf den unmittelbaren Gegenstand des Patents beschränkte Schutzumfang erhal-

---

Vervielfältigungsvorrichtung II und RG GRUR 1942, 51, 53 Wischdochte berücksichtigen patentrechtl Gleichwerte nur im Rahmen eines allg Erfindungsgedankens. RG GRUR 1941, 465, 467 Malerbürsten rechnet nur die technischen Gleichwerte zum Gegenstand der Erfindung, ob der Gegenstand der Erfindung über sie hinausgehen soll, wird aus RG GRUR 1942, 261, 263 Kaffeekannenuntersatz und RG GRUR 1944, 26 f Koksofenkopf nicht deutlich.

81   Vgl RG Vervielfältigungsvorrichtung II; RG GRUR 1941, 469 f Achslagerschmiervorrichtung; RG GRUR 1942, 349 f Strumpfbehandlung.

82   RG GRUR 1944, 22, 25 Wellblechofenbekleidung und RG GRUR 1951, 278, 280 f Flugzeughallentore; ebenso BGH GRUR 1953, 29 Plattenspieler I; zum Verhältnis technischer und patentrechtl Gleichwerte zum Gegenstand der Erfindung und zum allg Erfindungsgedanken BGH GRUR 1957, 20 Leitbleche II.

83   BGH 9.2.1962 I ZR 30/60; zur Beurteilung, ob die gleiche Aufgabe vorliegt, BGH GRUR 1960, 546, 548 Bierhahn; BGH Liedl 1965/66, 349, 352 Miststreuer; zur äquivalenten Verletzung von Kombinationspatenten BGH GRUR 1975, 484, 486 Etikettiergerät sowie BGH GRUR 1983, 497, 499 Absetzvorrichtung, wonach erforderlich ist, dass durch die verwendeten Mittel insgesamt die patentgem Kombinationswirkung eintritt und dass der Fachmann die Verwendung der Mittel als innerhalb der Gesamtkombination gleichwirkend und naheliegend erkennt; BGH 1.12.1960 I ZR 11/59; BGH 19.9.1961 I ZR 49/59.

84   BGH GRUR 1962, 86, 89 Fischereifahrzeug.

85   BGH Liedl 1961/62, 397, 405 Straßenbeleuchtung.

86   RG GRUR 1940, 255, 257 Stellvorrichtung; RG GRUR 1940, 262, 264 Spann- und Schließvorrichtung; RGZ 167, 339, 343 f = GRUR 1942, 57 Etuiteile; RG GRUR 1944, 72 f Rechenmaschine.

87   Zur vollständigen Vorwegnahme BGH GRUR 1953, 29 Plattenspieler I.

88   Vgl RG Rechenmaschine.

89   BGHZ 3, 365 = GRUR 1952, 562 Schuhsohle; BGHZ 6, 172 = GRUR 1952, 564 Wäschepresse; BGH GRUR 1953, 112 Feueranzünder; BGH GRUR 1959, 320 Mopedkupplung; BGH GRUR 1964, 606, 609 Förderband; BGH 24.6.1958 I ZR 190/56.

90   BGH Schuhsohle; BGH GRUR 1957, 20 Leitbleche II; BGH GRUR 1959, 317 Schaumgummi; BGH 24.6.1958 I 190/56; BGH 19.9.1961 I ZR 49/59; BGH 9.2.1962 I ZR 30/60; vgl BGH GRUR 1955, 139 f eiserner Grubenausbau; BGH 17.1.1967 Ia ZR 50/66.

91   BGH Mopedkupplung; BGH 24.6.1958 I ZR 190/56; BGH 19.9.1961 I ZR 49/59.

92   BGH 22.1.1976 X ZR 35/74.

93   BGH Mopedkupplung; BGH GRUR 1961, 335, 337 f Doppelbett.

94   BGH GRUR 1965, 28 Erntemaschine; BGH GRUR 1972, 538 f Parkeinrichtung.

95   BGH GRUR 1963, 563, 566 Aufhängevorrichtung.

ten; eine Beschränkung auf ein noch engeres Ausführungsbeispiel trat nicht ein.[96] Das galt auch bei Kombinationserfindungen.[97] Eine Einschränkung unter den unmittelbaren Gegenstand der Erfindung war auch nicht aufgrund von Vorgängen in den Erteilungsakten, die in der Patentschrift keinen für den Durchschnittsfachmann erkennbaren Niederschlag gefunden hatten, möglich.[98]

15   **3. Der allgemeine Erfindungsgedanke.** Der Schutz umfasste auch eine über den Gegenstand der Patentansprüche hinausgehende verallgemeinerte Lehre (einen allg Erfindungsgedanken). Damit sollte für den wesentlichen Kern der Lehre Schutz geschaffen werden, selbst wenn dieser im Anspruchswortlaut nicht hervortrat. In den Schutzbereich des allg Erfindungsgedankens fielen Abweichungen vom Gegenstand der Erfindung, die über die „glatten" Äquivalente hinausgingen, insb „nicht-glatte Äquivalente" (zur Einordnung Rn 13), Unterkombination und Elementenschutz.[99] Der allg Erfindungsgedanke musste im Gegenstand der Erfindung seine Grundlage finden, für den Fachmann erkennbar in der Patentschrift offenbart, aus den Patentansprüchen herleitbar sein, den materiellrechtl Voraussetzungen für den Patentschutz genügen und sowohl die Gestaltung der Erfindung, die im Anspruch Ausdruck gefunden hatte, als auch die Verletzungsform umfassen (Nachw der Rspr des RG bei Rn 9).[100] Die Angabe der Richtung konnte ausreichen, nicht aber bloße Anregungen, einen neuen Weg zu suchen.[101] Erkenntnisse nach dem Prioritätstag oder aus der Verletzungsform hatten außer Betracht zu bleiben.[102] Ob an den Erfordernissen für nach früherem Recht zu beurteilende Patente weiterhin festzuhalten war, hat der BGH unter Verneinung für den Fall der „nicht-glatten" Äquivalente offengelassen.[103] Die Frage, ob ein allg Erfindungsgedanke geschützt war, stellte sich nur, wenn die angegriffene Verletzungsform nicht vom Gegenstand des Patents erfasst wurde. Dabei war nicht zu prüfen, ob dem Klagepatent ein allg Erfindungsgedanke irgendwelcher Art zu entnehmen war, sondern nur, ob sich ein der angegriffenen Verletzungsform und dem Klagepatent gemeinsamer allg Erfindungsgedanke feststellen ließ.[104]

16   **Unterkombination und Elementenschutz.** Ein allg Erfindungsgedanke konnte sich insb daraus ergeben, dass spezialisierende Merkmale des Patentanspruchs unberücksichtigt blieben, insb bei einer Kombination nur auf eine Unterkombination oder ein Einzelelement abgestellt wurde.[105] Die Unterkombination konnte auch aus Einzelmerkmalen des Hauptanspruchs und einzelnen oder aus Merkmalen eines Unteranspruchs bestehen.[106] Sie brauchte nicht alle Vorteile des Schutzrechts zu erreichen.[107] Unterkombination und Elementenschutz schieden aus, wenn nach ausdrücklicher Erklärung der erteilenden Stelle ausschließlich die Gesamtkombination geschützt sein sollte.[108] Als Unterkombination konnte nicht jeder beliebige Teil der patentierten Kombination, sondern nur ein solcher geschützt werden, der in der Richtung des Kombinationsgedankens lag, dh zum einheitlichen Ziel der Kombination beitrug.[109] Das Verletzungsgericht war nicht wegen Zurückweisung einer unzulässigen Erweiterung im Erteilungsverfahren gehindert, die seinerzeit beanspruchte Unterkombination in den Schutzbereich einzubeziehen.[110] Für die

---

96   RGZ 167, 339 = GRUR 1942, 57 Etuiteile; BGH GRUR 1958, 75 Tonfilmwand; BGH GRUR 1958, 179 Resin.

97   BGHZ 6, 172 = GRUR 1952, 564 Wäschepresse.

98   BGH GRUR 1959, 317, 319 Schaumgummi; BGH GRUR 1961, 77 f Blinkleuchte; BGH 27.2.1969 X ZR 81/67.

99   Dies schon seit RG PatBl 1892, 458 Kombinationspatent III.

100   BGH GRUR 1955, 29, 32 Nobelt-Bund; BGH GRUR 1972, 538, 540 Parkeinrichtung; BGH Liedl 1971/73, 238, 244 Weidepumpe 01; BGH GRUR 1981, 259 ff Heuwerbungsmaschine; BGH GRUR 1981, 338, 340 Magnetfeldkompensation; BGH GRUR 1998, 133, 136 Kunststoffaufbereitung; BGH 1.12.1960 I ZR 11/59; BGH 16.1.1990 X ZR 57/88; OLG Düsseldorf 19.10.2000 2 U 86/99; OLG München 29.4.2004 6 U 1644/01.

101   RG GRUR 1938, 424 f Schüttmasse; BGH 14.2.1995 X ZR 77/93; vgl auch BGHZ 54, 30, 33 = GRUR 1970, 459 Scheinwerfereinstellgerät.

102   BGH 14.2.1995 X ZR 77/93.

103   BGH GRUR 1993, 383 Verbindungsglied, allerdings iSd bisherigen Rspr BGH 14.2.1995 X ZR 77/93.

104   BGH GRUR 1960, 478 Blockpedal; BGH 13.1.1961 I ZR 71/59; BGH 18.9.1962 I ZR 41/61.

105   BGH GRUR 1955, 29, 32 Nobelt-Bund; vgl BGH 4.7.1958 I ZR 22/57; BGH 1.12.1960 I ZR 11/59; BGH 13.1.1961 I ZR 71/59; BGH 7.3.1989 X ZR 93/87; BGH 16.1.1990 X ZR 57/88.

106   BGH GRUR 1956, 542, 546 Anhängerkupplung.

107   BGH GRUR 1964, 221, 224 Rolladen; BGH GRUR 1973, 465, 467 Diebstahlsicherung.

108   BGH GRUR 1964, 433, 437 Christbaumbehang I; BGH GRUR 1975, 484, 486 Etikettiergerät.

109   BGH GRUR 1973, 411 Dia-Rähmchen VI.

110   BGHZ 72, 119, 128 = GRUR 1978, 699 Windschutzblech; vgl BGH 17.3.1964 I a ZR 177/63 Erntemaschine, nicht in GRUR.

Erkennbarkeit der Unterkombination genügte es, wenn der Fachmann aufgrund seines Fachwissens erkennen konnte, dass er eine Kombination auch unter Weglassung einzelner Merkmale der Gesamtkombination bilden und mit ihr ein im Rahmen des mit der Gesamtkombination angestrebten Erfolgs liegendes technisches Ergebnis erzielen konnte.[111] Ein Merkmal einer Unterkombination konnte grds auch durch ein Äquivalent benutzt werden.[112] Elementenschutz wurde abgelehnt für ein in der Beschreibung als bekannt bezeichnetes Merkmal.[113] Funktionelle Unentbehrlichkeit eines Teils reichte für die Begründung von Elementenschutz nicht aus.[114] Der Schutz einer Unterkombination war nur ein Anwendungsfall des Schutzes eines allg Erfindungsgedankens. Es konnte auch eine Kombination geschützt sein, bei der auf die Lösung einer Teilaufgabe verzichtet wurde und die dafür vorgesehenen Maßnahmen derart abgewandelt waren, dass sie nur noch die ihnen im Rahmen der patentierten Konstruktion sonst zugewiesenen Funktionen erfüllten; der besondere Inhalt eines solchen allg Erfindungsgedankens musste berücksichtigt werden.[115] Einzelheiten s *5. Aufl.*

Ein über den Gegenstand des Patents hinausgehender allg Erfindungsgedanke musste auf **Neuheit** **17** **und Erfindungshöhe**[116] sowie **technischen Fortschritt**,[117] Ausführbarkeit, Wiederholbarkeit, Brauchbarkeit und gewerbliche Verwertbarkeit[118] geprüft werden. Er musste eine für den Fachmann ohne erfinderisches Zutun durchführbare Anweisung zum technischen Handeln enthalten.[119] Unüberwindliche Bedenken des Fachmanns gegen den Ersatzweg oder eine erforderliche abstrahierende Auslegung schlossen die Annahme eines allg Erfindungsgedankens aus.[120] Zu Besonderheiten bei Chemiepatenten *5. Aufl.*

C. Der Schutzbereich nach geltendem Recht

I. Allgemeines; Auslegung des Patents

Das Verletzungsgericht hat das Klagepatent selbstständig auszulegen und ist weder rechtlich noch **18** tatsächlich an die Auslegung durch den BGH in einem das Klagepatent betreffenden Patentnichtigkeitsverfahren gebunden.[121] Zu den Auswirkungen des Nichtigkeitsverfahrens Rn 49 ff zu § 84. Der Schutzumfang ist grds nur im Verletzungsstreit und dort nur jeweils mit Bezug auf die angegriffene Ausführungsform zu bestimmen.[122] Bei der Bestimmung des Schutzbereichs sind das Interesse des Schutzrechtsinhabers an einer angemessenen Belohnung und das Interesse der Allgemeinheit an freier wirtschaftlicher Betätigung[123] auszugleichen; von besonderer Bedeutung ist der Gesichtspunkt der Rechtssicherheit, der für die Beteiligten möglichst klare und vorhersehbare Verhältnisse verlangt.[124] Die Schutzbereichsbestimmung, deren Grundsätze in Patentstreitsachen wie bei der Gültigkeitsprüfung in gleichem Maß gelten,[125] obliegt grds nicht den Patentämtern,[126] die aber etwa bei der Erteilung ergänzender Schutzzertifikate (§§ 16a, 49a

111 BGH Diebstahlsicherung; nach BGH 14.2.1995 X ZR 77/93 musste die Unterkombination als selbstständige Lehre erkennbar sein.
112 BGH GRUR 1977, 654 Absetzwagen II.
113 BGH GRUR 1971, 115, 117 Lenkradbezug.
114 BGHZ 2, 261 = GRUR 1951, 449 Tauchpumpensatz; BGH GRUR 1954, 112 Repassiernadel I; BGH GRUR 1964, 196, 198 Mischer I.
115 BGH GRUR 1973, 411 Dia-Rähmchen VI.
116 BGHZ 3, 365, 371 = GRUR 1952, 562 Schuhsohle.
117 BGH GRUR 1957, 20, 22 Leitbleche I; BGH GRUR 1964, 132, 134 f Kappenverschluß; BGH GRUR 1975, 593, 597 Mischmaschine; BGH GRUR 1981, 259 Heu-werbungsmaschine; BGH 26.9.1963 I a ZR 194/63; BGH 26.6.1969 X ZR 31/66.
118 BGH GRUR 1955, 29, 32 Nobelt-Bund; BGH GRUR 1972, 538 f Parkeinrichtung.
119 BGH GRUR 1960, 474, 477 Landkartenverschluß; BGH GRUR 1975, 593, 597 Mischmaschine.
120 BGH 21.10.1960 I ZR 117/56 und I ZR 153/59.
121 BGH GRUR 2015, 972 Kreuzgestänge, gegen OLG Düsseldorf 8.8.2013 2 U 22/12 GRUR-RR 2014, 8 Ls; vgl BGH GRUR 1998, 895 Regenbecken; BGH 29.7.2014 X ZR 5/13.
122 BGHZ 144, 15, 21 = GRUR 2000, 683 Idarubicin II.
123 Vgl *Fitzner/Lutz/Bodewig* Rn 6; insoweit aA *Kraßer* S 712 (§ 32 III a 1); auf eine von der patentrechtl uU abw, hinsichtlich des Schutzumfangs restriktivere Sicht weist *Ullrich* Technologieschutz nach TRIPS: Prinzipien und Probleme, GRUR Int 1995, 623, 628 Fn 46 mwN hin.
124 Vgl *Benkard* Rn 10; OGH BrZ 3, 63, 68 = GRUR 1950, 140 künstliche Wursthüllen.
125 BGHZ 186, 90 = GRUR 2010, 858 Crimpwrkzeug III; *Büscher/Dittmer/Schiwy* Rn 3.
126 Vgl EPA T 740/96.

befasst sein können und darüber hinaus die Folgen jeder Patenterteilung im Auge behalten sollten. Die Zuständigkeitsverteilung in Deutschland, die die Rechtsgültigkeit des Patents und seine Auslegung im Verletzungsprozess verschiedenen Verfahrensarten und in den Tatsacheninstanzen verschiedenen Gerichten zuweist und die Verfahren auch letztinstanzlich vor dem BGH nicht zusammenführt, erschwert[127] die Durchführung des Interessenausgleichs, macht sie aber nicht unmöglich, wenn jeweils der Vortrag im anderen Verfahren eingeführt und beachtet wird. Allerdings kann – entgegen Äußerungen des EPA, brit, niederländ und ital Gerichte (Rn 85 zu § 34) – der Schutzbereich grds nicht als durch den Beitrag zum StdT begrenzt angesehen werden. Bei den Beratungen zu Art 8 Abs 3 StraÜ haben sich Vorstellungen, entspr der brit Auffassung den Schutzbereich ausschließlich an den Wortlaut der Patentansprüche zu binden, nicht durchsetzen können; ein Rückgriff auf Beschreibung und Zeichnungen wurde als zulässig angesehen.[128] Die Tendenz, weder der brit noch der dt Auffassung zu folgen, sondern einen Mittelweg zwischen ihnen zu suchen, kommt im Auslegungsprotokoll zu Art 69 EPÜ zum Ausdruck[129] (Rn 6 ff, 30). Danach kommt den Patentansprüchen bei der Bestimmung des Schutzbereichs zwar Vorrang zu mit der Folge, dass ein offenes Auslegungsergebnis wegen unklar gefasster Patentansprüche zu Lasten des Patentinhabers geht[130] und der Schutzumfang nicht durch Verallgemeinerung spezieller Lösungsmittel erweitert werden darf,[131] andererseits aber auch ein buchstäbliches Verständnis der Patentansprüche nicht als Grundlage für die Bestimmung des Schutzbereichs geeignet ist.

19   Methodisch impliziert die geltende Regelung insoweit einen **zweistufigen Ansatz**, nämlich zunächst die vom Gericht im Einzelfall und eigenverantwortlich vorzunehmende[132] Bestimmung des aus den Patentansprüchen nach objektiven Kriterien abzuleitenden Gegenstands des Patents im Weg der Auslegung (die für sich eine Wertung und nicht eine Tatsachenfeststellung bedeutet),[133] sodann die Ermittlung, ob die angegriffene Ausführungsform in den Schutzbereich des Patents fällt, was bei wortsinngem Benutzung, aber in bestimmtem Umfang auch darüber hinaus der Fall sein kann.[134] Der Schutzbereich ist nach § 14 jedenfalls nicht weiter als nach vormals geltendem Recht und erfasst keine gleichwirkenden Abwandlungen, die – auf der Abstraktionsstufe (Rn 79) – auf erfinderischer Tätigkeit beruhen;[135] dagegen steht es nicht notwendig der Benutzung der Erfindung entgegen, dass die Konkretisierung erfinderisch ist. Der Schutzbereich ist nicht nach der angegriffenen Ausführungsform zu bestimmen.[136] Der Schutzbereich soll nicht veränderlich sein;[137] dies ist allerdings schief, weil sich die Ausführungsformen, die in den Schutzbereich fallen, weiterentwickeln können.

II. Bedeutung der Patentansprüche, von Beschreibung und Zeichnungen

20   **1. Patentansprüche als maßgebliche Grundlage.** Den Patentansprüchen (bei eur Patenten grds denen in der jeweiligen Verfahrenssprache, nicht in dt Übersetzung;[138] Rn 10 zu Art II § 1 IntPatÜG) kommt iVm der geschlossenen Zahl der gesetzlichen Verletzungstatbestände aus Gründen der Rechtssicherheit verstärkte Bedeutung zu. Im Gegensatz zur Rechtslage bis 1978 sind die Patentansprüche nicht nur Ausgangspunkt, sondern maßgebliche Grundlage für die Bestimmung des Gegenstands wie des Schutzbereichs.[139] Es kommt

---

127 *Benkard*[9] Rn 6.

128 *Pfanner* GRUR Int 1962, 545, 553; *Spengler* GRUR 1967, 390 f.

129 Vgl *Bruchhausen* GRUR Int 1974, 1, 5.

130 Vgl *Walter* GRUR 1993, 348, 350.

131 *Ballhaus/Sikinger* GRUR 1986, 337, 341.

132 BGH 24.3.2009 X ZB 7/08.

133 Zur Auslegung BGH GRUR 2008, 887 Momentanpol II; vgl OLG München 10.3.2011 6 U 5352/03; abw wohl OLG München InstGE 10, 203 und hierzu BGHZ 184, 49 = GRUR 2010, 314 Kettenradanordnung II.

134 Vgl *Mes* Rn 6.

135 BGHZ 125, 303 = GRUR 1994, 597 Zerlegvorrichtung für Baumstämme.

136 Vgl *Benkard* Rn 10; OLG München Mitt 2005, 170.

137 *Benkard* Rn 11; aA *Trüstedt* Mitt 1984, 131, 134; wohl auch *Blumer* (1998) S 214.

138 *Mes* Rn 9.

139 BGHZ 98, 12, 18 = GRUR 1986, 803 Formstein; BGHZ 106, 84, 90 f = GRUR 1989, 205 Schwermetalloxidationskatalysator; BGH GRUR 1989, 903 f Batteriekastenschnur; BGH GRUR 1993, 886, 889 Weichvorrichtung I; BGHZ 150, 149, 154 = GRUR 2002, 515 Schneidmesser I; BGH GRUR 2002, 519, 521 Schneidmesser II; BGH GRUR 2002, 527 f Custodiol II; BGHZ 172, 298 = GRUR 2007, 1059, 1062 Zerfallszeitmessgerät; OLG Düsseldorf

nicht darauf an, welchen Zweck der Patentinhaber – abw von den Angaben in der Patentschrift – in der Praxis verfolgt und verwirklicht.[140] Grundlage ist – und das gilt gleichermaßen im Verletzungsstreit wie im Einspruchs- und im Nichtigkeitsverfahren[141] – der durch Auslegung zu ermittelnde Inhalt der Patentansprüche, zu deren Verständnis Beschreibung und Zeichnungen heranzuziehen sind.[142] Die Auslegung ist stets geboten; sie darf auch dann nicht unterbleiben, wenn der Wortlaut des Patentanspruchs eindeutig zu sein scheint.[143]

Als maßgebend ist die **Sicht der Fachwelt** (die mit dem Patent zu arbeiten hat,[144] und letztlich die als **21** typisiert gesehene Kunstfigur des hier im Gesetz nicht genannten Fachmanns – dieser Begriff sollte, da es im Kontext des § 14/Art 69 EPÜ auf die kreativen Fähigkeiten nicht ankommt, besser der Prüfung auf Naheliegen vorbehalten bleiben –, der nicht als reale Größe zu verstehen ist)[145] angesehen worden,[146] deren Verständnis sich bereits bei der Ermittlung des Inhalts der in den Patentansprüchen verwendeten Begriffe auswirkt und auch bei der Feststellung des über den Wortsinn hinausgehenden Gesamtzusammenhangs der Patentansprüche maßgebend ist.[147] Damit kommt es auf den objektiven Offenbarungsgehalt und nicht etwa auf die subjektiven Vorstellungen des Patentinhabers an.[148] Ob eine bestimmte Anweisung zum Gegenstand des Patentanspruchs gehört, entscheidet sich danach, ob sie in dem Patentanspruch Ausdruck gefunden hat.[149] Maßgeblich sind zunächst die unabhängigen Patentansprüche (Hauptanspruch, Rn 36; ggf Nebenansprüche, Rn 37). Die Auslegung hat sich am Kontext (der Gesamtoffenbarung) zu orientieren und dabei auch den Wortlaut weiterer Patentansprüche zu berücksichtigen.[150] Dieselben Grundsätze gelten für Gebrauchsmuster[151] und eur Patente.[152] Die Fachwelt ist grds bestrebt, die Patentschrift in einem sinnvollen Zusammenhang zu lesen.[153]

Den Patentansprüchen kommt bei der Auslegung (wobei es sich bei der Auslegung wie der Ermittlung **22** des Sinngehalts im Ergebnis um eine Rechtsfrage handelt, vgl Rn 249 vor § 143), die jedenfalls mehr Berüh-

---

26.2.2009 2 U 104/07; *Fitzner/Lutz/Bodewig* Rn 11; vgl BGH GRUR 2005, 754 Knickschutz; BGH GRUR 2011, 903 Atemgasdrucksteuerung; öOPM öPBl 2010, 151.

140 BGHZ 101, 159, 165 = GRUR 1987, 794 Antivirusmittel; BGHZ 112, 140 = GRUR 1991, 436, 441 Befestigungsvorrichtung II; für eine zweckgerichtete Auslegung allerdings OLG Nürnberg 26.2.2002 3 U 2379/01.

141 BGH GRUR 2001, 232 f Brieflocher; BGHZ 172, 108 = GRUR 2007, 859 Informationsübermittlungsverfahren I; *Mes* Rn 5.

142 BGH Formstein; BGHZ 105, 1, 10 = GRUR 1988, 896, 898 f Ionenanalyse; BGH Schwermetalloxidationskatalysator; BGH Batteriekastenschnur; BGH GRUR 1992, 594 mechanische Betätigungsvorrichtung; BGH GRUR 1993, 886 Weichvorrichtung I; BGH GRUR 1998, 1003 f Leuchtstoff; BGH Mitt 1999, 365 Sammelförderer und öfter; vgl BGH GRUR 1990, 346, 348 Aufzeichnungsmaterial; BGH Mitt 2000, 105 f Extrusionskopf; BGH Mitt 2002, 176 Gegensprechanlage; BPatG 23.2.1999 1 Ni 2/98 (EU).

143 BGH GRUR 2015, 875 Rotorelemente mwN, BGH GRUR 2016, 361 Fugenband.

144 Vgl *Melullis* FS E. Ullmann (2006), 503, 508.

145 Vgl BGH bodenseitige Vereinzelungseinrichtung; *Meier-Beck* Mitt 2005, 529, 531; *Melullis* FS E. Ullmann (2006), 503, 508; LG München I InstGE 8, 193.

146 HG Aargau sic! 2004, 331 stellt auf den „gut ausgebildeten Durchschnittsfachmann mit durchschnittlichem Denkvermögen" ab.

147 BGH Ionenanalyse; BGH Batteriekastenschnur; BGH mechanische Betätigungsvorrichtung; BGH Weichvorrichtung I; BGH GRUR 1997, 116 ff Prospekthalter; BGH GRUR 1999, 909 Spannschraube; BGH Brieflocher; BGHZ 159, 331 = GRUR 2004, 845 Drehzahlermittlung; LG München I 24.7.2008 7 O 20037/07; vgl auch BGHZ 122, 144 = GRUR 1993, 651 tetraploide Kamille, zur Frage, ob ein Patentanspruch mit der Angabe „mindestens 300 Einheiten des Wirkstoffs Y" bei einer Pflanze bis zur biologisch möglichen Höchstmenge reicht.

148 *Melullis* FS E. Ullmann (2006), 503, 511: „Nicht die Blickrichtung des Fachmanns ... ist der für die Auslegung maßgebliche Gesichtspunkt, sondern das, was sich unter Zugrundelegung der Kenntnisse und Fähigkeiten eines solchen Vertreters der Fachwelt als unter Schutz gestellte Lehre aus der Schrift ergibt"; vgl BGH bodenseitige Vereinzelungseinrichtung; OLG München 27.10.2006 6 U 2435/01.

149 BGH bodenseitige Vereinzelungseinrichtung; BGH GRUR 2007, 959 Pumpeinrichtung; BGH Ziehmaschinenzugeinheit I; OLG Düsseldorf 11.9.2008 2 U 34/07; BPatG GRUR 2009, 145, 147; BPatG 31.3.2009 3 Ni 30/08 (EU); vgl BGH 28.1.2016 X ZR 130/13.

150 Vgl BGHZ 194, 107 = GRUR 2012, 1124 Polymerschaum I; BGH GRUR 2015, 868 Polymerschaum II; BGH 30.6.2009 X ZR 107/05; BPatG 8.3.2016 4 Ni 24/14 (EP).

151 Zum Verständnis des Merkmals „im wesentlichen trapezförmig und offen" in einem Gebrauchsmuster BPatG 6.2.2003 5 W (pat) 408/02.

152 BGH Ionenanalyse.

153 BGH GRUR 2008, 887 Momentanpol II; BGHZ 180, 215 = GRUR 2009, 653 Straßenbaumaschine; BGH 23.10.2007 X ZR 275/02; OLG Düsseldorf Mitt 1998, 179, 181; vgl EPA T 190/99.

Keukenschrijver

rungspunkte mit der Gesetzesauslegung als mit der Auslegung von Willenserklärungen oder der Vertragsauslegung (vgl hierzu Rn 30; §§ 133, 157 BGB) hat, auch nach geltendem Recht **Vorrang vor der Beschreibung** zu.[154] Maßgeblich sind dabei der Sinngehalt eines Patentanspruchs in seiner Gesamtheit und der Beitrag, den die einzelnen Merkmale zum Leistungsergebnis der patentierten Erfindung beitragen.[155] Bei der Ermittlung des Sinngehalts ist ein für sich genommen eindeutiger Wortlaut nicht ausschlaggebend, wenn die Auslegung ergibt, dass im Patentanspruch verwendete Begriffe gegeneinander auszutauschen sind.[156] Eine Auslegung des Patentanspruchs, die zur Folge hätte, dass keines der Ausführungsbeispiele der Beschreibung vom Patent erfasst würde, kommt nur in Betracht, wenn andere Auslegungsmöglichkeiten, die zumindest zur Einbeziehung eines Teils der Ausführungsbeispiele führen, zwingend ausscheiden oder wenn sich aus dem Patentanspruch hinreichend deutliche Anhaltspunkte dafür entnehmen lassen, dass tatsächlich etwas beansprucht wird, das so weitgehend von der Beschreibung abweicht.[157] Werden in der Beschreibung mehrere Ausführungsbeispiele als erfindungsgemäß vorgestellt, sind die im Patentanspruch verwendeten Begriffe iZw so zu verstehen, dass sämtliche Beispiele zu ihrer Ausfüllung herangezogen werden können; nur wenn und soweit sich die Lehre des Patentanspruchs mit der Beschreibung und den Zeichnungen nicht in Einklang bringen lässt und ein unauflösbarer Widerspruch verbleibt, dürfen die Bestandteile der Beschreibung, die im Patentanspruch keinen Niederschlag gefunden haben, nicht zur Bestimmung des Gegenstands des Patents herangezogen werden.[158] Das darf aber nicht dahin verstanden werden, dass bei Widersprüchen zwischen Patentansprüchen und Beschreibung auch solche Bestandteile der Beschreibung, die in den Patentansprüchen keinen Niederschlag gefunden haben, in den Patentschutz einbezogen wären.[159] Die Heranziehung von Beschreibung und Zeichnungen darf weder zu einer inhaltlichen Erweiterung noch zu einer sachlichen Einengung des durch den Wortlaut des Patentanspruchs festgelegten Gegenstands führen (Rn 27). Offenbart die Beschreibung eines Patents mehrere Möglichkeiten, wie eine bestimmte technische Wirkung erzielt werden kann, ist jedoch (objektiv iS einer „Auswahlentscheidung")[160] nur eine dieser Möglichkeiten in den Patentanspruch aufgenommen, kann eine Patentverletzung mit äquivalenten Mitteln nur angenommen werden, wenn sich die abgewandelte Lösung in ihren spezifischen Wirkungen mit der unter Schutz gestellten Lösung deckt und sich in vergleichbarer Weise wie diese Lösung von der nur in der Beschreibung, nicht aber im Patentanspruch aufgezeigten Lösungsvariante unterscheidet.[161] Für einen Rückgriff auf den allg Sprachgebrauch ist umso weniger Raum, je mehr der Inhalt der Patentschrift auf ein abw Verständnis hindeutet (Rn 89 zu § 82). Die gebotene funktionale Betrachtung darf bei räumlich-körperlich definierten Merkmalen nicht dazu führen, dass ihr Inhalt auf die bloße Funktion reduziert und das Merkmal in einem Sinne interpretiert wird, der mit der räumlich-körperlichen Ausgestaltung, wie sie dem Merkmal eigen ist, nicht mehr in Übereinstimmung steht.[162]

23 Die Auslegung der Patentansprüche dient nicht nur der Behebung etwaiger Unklarheiten, sondern auch zur **Erläuterung** der darin verwendeten technischen Begriffe sowie zur Klärung der Bedeutung und der Tragweite der Erfindung; abzustellen ist dabei auf die Sicht der Fachwelt, von deren Verständnis bereits die Bestimmung des Inhalts der Patentansprüche einschließlich der dort verwendeten Begriffe abhängt und das auch bei der Feststellung des über den Wortlaut hinausgehenden Umfangs des von den Patentansprüchen

---

154 BGHZ 160, 204, 209 = GRUR 2004, 1023 bodenseitige Vereinzelungseinrichtung; BGHZ 171, 120 = GRUR 2007, 410 Kettenradanordnung I; BGHZ 172, 88, 97 = GRUR 2007, 778 f Ziehmaschinenzugeinheit I; BGH GRUR 2010, 602 Gelenkanordnung; BGHZ 189, 330 = GRUR 2011, 701 Okklusionsvorrichtung; BGH GRUR 2015, 875 Rotorelemente; schweiz BG GRUR Int 2001, 986 Spannschraube; vgl OLG Düsseldorf 6.9.2007 2 U 25/06.
155 BGHZ 172, 88 = GRUR 2007, 778 Ziehmaschinenzugeinheit I; BGH GRUR 2015, 875 Rotorelemente; BGH GRUR 2016, 169 Luftkappensystem; BPatG 12.1.2016 3 Ni 12/14.
156 BGH Rotorelemente.
157 BGH GRUR 2015, 159 Zugriffsrechte; BGH Rotorelemente; BGH GRUR 2015, 868 Polymerschaum II; vgl BPatG 8.10.2015 2 Ni 42/13 (EP); BPatG 27.10.2015 1 Ni 25/14 (EP).
158 BGH GRUR 2015, 972 Kreuzgestänge.
159 BGHZ 189, 330 = GRUR 2011, 701 Okklusionsvorrichtung m abl Anm *Th. Kühnen.*
160 Vgl hierzu auch OLG Düsseldorf 3.1.2013 2 U 22/10 CIPR 2013, 16 Ls; OLG Karlsruhe 9.7.2014 6 U 29/11 „Zugriffsklasseninformation".
161 BGH GRUR 2012, 45 Diglycidverbindung; vgl BGH GRUR 2014, 852 Begrenzungsanschlag; LG Düsseldorf 3.4.2014 4b O 114/12 CIPR 2014, 74 Ls.
162 OLG Düsseldorf GRUR-RR 2914, 185 „WC-Sitzgelenk".

ausgehenden Schutzes maßgebend ist.[163] Die Auslegung darf nie bei der Sprache haltmachen.[164] Werden in einer Patentschrift zwei sich nur graduell unterscheidende Maßnahmen ohne nähere Differenzierung als Ausgangspunkt für eine im StdT auftretende Schwierigkeit benannt, kann daraus, dass im Patentanspruch nur die stärker wirkende Maßnahme erwähnt ist, nicht ohne weiteres gefolgert werden, dass die schwächer wirkende Maßnahme zur Verwirklichung der geschützten Lehre nicht ausreicht.[165] Wörterbücher können einen Ausgangspunkt bilden, aber nicht entscheidend sein.[166] Beschreibung und Zeichnung sind zwingend zur Auslegung mit heranzuziehen (Satz 2; Rn 27).[167] Die Zusammenfassung nimmt an der Auslegung nicht teil (§ 36). Nach früherer Auffassung hatte die Beschreibung Vorrang vor den Zeichnungen;[168] nach geltendem Recht sind die Zeichnungen gleichwertiges Offenbarungsmittel[169] (str, Rn 247 zu § 34).

Sind **Unklarheiten** nicht aufzulösen, kann dies lediglich Anlass bieten, der Angabe einen beschränkten Sinngehalt bis hin zum engstmöglichen sinnvollen Verständnis zuzuweisen, wenn anders der Vorgabe im Auslegungsprotokoll, bei der Auslegung auch ausreichende Rechtssicherheit zu wahren, nicht Rechnung getragen werden kann.[170] Die Versagung jeglichen Patentschutzes kommt schon deshalb nicht in Betracht, weil die Patenterteilung dem Patentinhaber Rechte zuweist, die auch der Verletzungsrichter solange hinzunehmen hat, als das Patent nicht widerrufen oder für nichtig erklärt ist.[171] Von der Bestimmung des Gegenstands der Erfindung kann daher nicht mit der Begründung abgesehen werden, ein Merkmal sei unbestimmt und zur Abgrenzung vom StdT ungeeignet.[172] **24**

Eine **funktionsorientierte Auslegung**[173] ist jedenfalls dann sachgerecht, wenn die Wortwahl des Patentanspruchs für sich kein fest umrissenes Verständnis erlaubt.[174] Sie darf jedoch über die Funktion der einzelnen Merkmale nicht hinausgehen.[175] Mittels funktionsorientierter Auslegung dürfen aber im Patentanspruch räumlich-körperlich umschriebene Merkmale nicht auf ihre Funktion reduziert werden.[176] Hält sich die funktionsorientierte Auslegung in diesen Grenzen, kann sie sowohl zu einem weiteren als auch zu einem engeren Verständnis des Wortlauts führen.[177] **25**

Bei der Prüfung, ob die unter Schutz gestellte Erfindung benutzt wird, bedarf es zunächst der Befassung mit der technischen Lehre, die sich aus der Sicht der vom Klagepatents angesprochenen Fachwelt aus dem Patentanspruch ergibt.[178] Dazu sind der **Sinngehalt** des Patentanspruchs in seiner Gesamtheit **26**

---

163 BGH Formstein; BGH Ionenanalyse; BGH Schwermetalloxidationskatalysator; BGH Batteriekastenschnur; BGH mechanische Betätigungsvorrichtung; BGH Weichvorrichtung I; BGH Schneidmesser I; BGH Schneidmesser II; BGH GRUR 2002, 511 Kunststoffrohrteil, nicht in BGHZ; BGH GRUR 2002, 523 Custodiol I; BGH Custodiol II; BGH GRUR 2004, 413 Geflügelkörperhalterung; BGH Straßenbaumaschine; vgl LG Düsseldorf InstGE 2, 82, 85; LG Frankfurt/M InstGE 6, 7.
164 *A. Troller* FS F. Schönherr (1986), 73, 77.
165 BGH GRUR 2016, 169 Luftkappensystem.
166 CA England/Wales RPC 1997, 737, 752 3M v. Plastus.
167 Vgl BGH 23.7.2009 Xa ZR 146/07.
168 So noch für das geltende Recht *Benkard*[9] Rn 25 mwN.
169 So auch *Benkard* Rn 29.
170 BGHZ 180, 215 = GRUR 2009, 653 Straßenbaumaschine.
171 BGH Straßenbaumaschine unter Hinweis auf BGH GRUR 2003, 550 Richterablehnung; vgl BGH GRUR 2015, 868 Polymerschaum II.
172 BGH Polymerschaum II.
173 Hierzu BGH GRUR 2009, 655 Trägerplatte, nicht in BGHZ; OLG Düsseldorf 27.10.2011 2 U 3/11; *Benkard* Rn 71; *Schulte* Rn 28; *Büscher/Dittmer/Schiwy* Rn 16; *Kühnen* Hdb Rn 40; *Meier-Beck* GRUR 2003, 905 f.
174 BGH GRUR 2005, 41 Staubsaugersaugrohr unter Hinweis auf BGH GRUR 2001, 232 f Brieflocher; BPatG 10.5.2006 4 Ni 65/04 (EU); OLG Düsseldorf 11.9.2008 2 U 34/07; LG Düsseldorf InstGE 2, 253, 261; *Valle* Mitt 1999, 166, 168; *Meier-Beck* GRUR 2000, 355, 358; *Meier-Beck* GRUR 2003, 905 ff; zur funktionsorientierten Auslegung bei einem auf einen „Satz" Knochenschrauben gerichteten Patentanspruch OLG Düsseldorf 25.1.2005 2 U 92/03; kr zur funktionsorientierten Auslegung *Engel* GRUR 2001, 897, 899.
175 *Melullis* FS E. Ullmann (2006), 503, 506; vgl *Benkard* Rn 10.
176 *Benkard* Rn 71; vgl *Meier-Beck* GRUR 2003, 905, 907; *Gramm* GRUR 2001, 926, 928; *Buchholz/Kilchert/Rupprecht* Mitt 2010, 507, 509 *Engel* GRUR 2001, 897, 899, der darauf hinweist, dass aus BGH GRUR 1999, 909 Spannschraube lediglich die Möglichkeit einer einengenden Auslegung eines funktionalen Merkmals abzuleiten ist, gegen *Meier-Beck* GRUR 2000, 355, 357; vgl *Benkard-EPÜ* Art 69 Rn 14.
177 *Benkard* Rn 71; *Meier-Beck* GRUR 2003, 905, 907; abw *Fitzner/Lutz/Bodewig* Rn 15 unter Hinweis auf BGHZ 112, 140 = GRUR 1991, 436 Befestigungsvorrichtung II.
178 BGHZ 171, 120 = GRUR 2007, 410 Kettenradanordnung I; vgl BGH GRUR 2014, 650 Reifendemontiermaschine; frühere, zT leicht abweichende Formulierungen in BGHZ 150, 149 = GRUR 2002, 515 Schneidmesser I; BGH GRUR 2002, 515

und der Beitrag, den die einzelnen Merkmale zum Leistungsergebnis der Erfindung liefern, unter Heranziehung der den Patentanspruch erläuternden Beschreibung und Zeichnungen durch Auslegung zu ermitteln;[179] nicht der philologisch oder semantisch verstandene Anspruchswortlaut, sondern die sich für die Fachwelt ergebende technische Bedeutung jedes Einzelmerkmals, der **„Wortsinn"**[180] (technische Sinn); dies galt schon unter der früheren Rechtslage (Rn 11 ff) und wurde durch die (allerdings nicht deckungsgleichen)[181] Begriffe „terms"[182] und „teneur" in den früheren fremdsprachigen Fassungen des Art 69 EPÜ unterstrichen.[183] Was unter den Wortsinn fällt, kann nicht nach den Kriterien „glatte" (technische oder sogar patentrechtl) Äquivalenz bestimmt werden.[184] Die Anknüpfung an den Wortsinn kann im Einzelfall zu einer Auslegung führen, die unter dem Wortlaut bleibt.[185] In der Patentschrift nicht genannte Vorteile der Erfindung, die die Fachwelt erkennt, können einzubeziehen sein. Grds darf jedoch nicht unter den Wortlaut ausgelegt werden.[186] Für einen Rückgriff auf den allg Sprachgebrauch ist umso weniger Raum, je mehr der Inhalt der Patentschrift auf ein abw Verständnis hindeutet.[187]

27 **Beschreibung und Zeichnungen** sind immer (und nicht nur bei unklarem Wortlat der Patntansprüche) zu berücksichtigen,[188] ihnen ist aber dienende Funktion zugewiesen;[189] zur Auslegung der Patentansprüche und zur Klärung der in der Patentschrift verwendeten Begriffe sind nach dem Auslegungsprotokoll heranzuziehen[190] (Rn 22). Eine fehlerhafte Angabe in der Beschreibung wurde nicht als Auslegungsmittel angesehen;[191] hier wird es auf die Fallumstände ankommen. Was in den Patentansprüchen keinen Niederschlag gefunden hat, kann nicht geschützt sein. Die Beschreibung dient der Erläuterung der Patentansprüche, der in ihr mitgeteilte StdT ist neben dem allg Fachwissen zur Beurteilung der Reichweite des Schutzes heranzuziehen (Rn 58). Die Heranziehung von Beschreibung und Zeichnungen darf weder zu einer inhaltlichen Erweiterung noch zu einer sachlichen Einengung des durch den Wortsinn des Patentanspruchs festgelegten Gegenstands führen.[192] Allein aus dem Fehlen eines Merkmals in der

Schneidmesser II; BGH GRUR 2002, 511 Kunststoffrohrteil, nicht in BGHZ; BGH GRUR 2002, 523 Custodiol I; BGH GRUR 2002, 527 Custodiol II.

179 BGH Kettenradanordnung I; BGHZ 172, 108 = GRUR 2007, 859 Informationsübermittlungsverfahren I; BGHZ 180, 215 = GRUR 2009, 653 Straßenbaumaschine; BGH GRUR 2009, 749 Sicherheitssystem, für das Nichtigkeitsverfahren; frühere, nicht ganz deckungsgleiche Formulierungen in BGHZ 105, 1, 10 = GRUR 1988, 896 Ionenanalyse; BGH GRUR 1989, 205, 208 Schwermetalloxidationskatalysator; BGH GRUR 1989, 903, 905 Batteriekastenschnur; BGH GRUR 1999, 909, 911 Spannschraube; BGHZ 150, 149, 153 = GRUR 2002, 515 Schneidmesser I; BGH GRUR 2006, 311 f Baumscheibenabdeckung; BGH GRUR 2006, 313, 315 Stapeltrockner spricht von „technischem" Sinngehalt; zum Verständnis des Worts „ein" als Zahlwort oder unbestimmter Artikel OLG München InstGE 4, 120.

180 Vgl BGH GRUR 1998, 1003 f Leuchtstoff; BGH Mitt 2000, 105 f Extrusionskopf; *Benkard* Rn 57; *Fitzner/Lutz/Bodewig* Rn 12; zur Bedeutung des Begriffs, auch im Verhältnis zum Sinngehalt, *Engel* GRUR 2001, 897 f.

181 Hierzu *Preu* FS F. Merz (1992), 455, 458.

182 Vgl *Wadlow* EIPR 2011, 146.

183 Vgl auch *HoL* GRUR Int 1982, 136.

184 So aber noch *Benkard*[9] Rn 118; *Ullmann* GRUR 1988, 333, 335; noch weitergehend *Trüstedt* Mitt 1984, 131, 136.

185 BGH GRUR 2010, 410 Insassenschutzsystemsteuereinheit; kr *Mes* Rn 21 unter Hinweis auf BGHZ 160, 204, 209 = GRUR 2004, 1023 f bodenseitige Vereinzelungseinrichtung.

186 BGH GRUR 1999, 909 Spannschraube; BGH Mitt 2000, 105 Extrusionskopf; BGH GRUR 2006, 962, 965 Restschadstoffentfernung, nicht in BGHZ; BGH GRUR 2007, 309 Schussfädentransport; BGH GRUR 2016. 265 Kfz-Stahlbauteil; OLG Düsseldorf 9.4.2009 2 U 126/07; BPatG 29.6.2010 1 Ni 4/09 (EU); *Benkard* Rn 24; *Benkard-EPÜ* Art 69 Rn 33 mwN; *Meier-Beck* GRUR 2000, 355, 358; *Brandi-Dohrn* GRUR Int 1995, 541, 547.

187 BGH Spannschraube; BGH GRUR 2015, 868 Polymerschaum II.

188 *Benkard* Rn 9; *Büscher/Dittmer/Schiwy* Rn 13; vgl BGH BGH GRUR 2011, 313 Crimpwerkzeug IV; OLG München 10.3.2011 6 U 5352/03.

189 Vgl *Schulte* Rn 20, 28; kr *Fitzner/Lutz/Bodewig* Rn 15.

190 Vgl BGHZ 171, 120 = GRUR 2007, 410 Kettenradanordnung I; BGHZ 172, 88, 97 = GRUR 2007, 778 f Ziehmaschinenzugeinheit I; BGH 23.7.2009 Xa ZR 146/07; OLG Düsseldorf ENPR 2000, 14, 21; OLG Düsseldorf 11.9.2008 2 U 34/07; *Benkard-EPÜ* Art 69 Rn 20.

191 EPA T 409/97.

192 BGHZ 160, 204, 209 = GRUR 2004, 1023 bodenseitige Vereinzelungseinrichtung; BGH Ziehmaschinenzugeinheit I; BGH 12.3.2002 X ZR 224/98; BGH 12.2.2008 X ZR 153/05; BGH GRUR 2010, 602 Gelenkanordnung; BGHZ 189, 330 = GRUR 2011, 701 Okklusionsvorrichtung; BGH 8.5.2012 X ZR 42/10; BGH 18.8.2015 X ZR 83/13; OLG Düsseldorf 16.8.2007 2 U 34/06; OLG Düsseldorf 11.9.2008 2 U 34/07; OLG Düsseldorf 28.8.2008 2 U 75/05; OLG Karlsruhe 10.2.2010 6 U 19/09; OLG

Zeichnung kann nicht ohne weiteres geschlossen werden, es gehöre zur patentgemäßen Lehre, dass dieses Merkmal nicht vorhanden ist.[193]

Eine Offenbarung (ein Erfindungsbereich), die **nur in der Beschreibung** dargestellt, nicht aber hinreichend deutlich in die Patentansprüche einbezogen ist („Nebenerfindung"), ist nicht unter Schutz gestellt.[194] Eine Ausweitung des Schutzbereichs eines Patents auf eine Lehre, die die Fachwelt aufgrund ihres Fachwissens anhand der Patentbeschreibung auffinden kann, das aber in der Anspruchsfassung keinen Niederschlag gefunden hat, ist mit den Grundsätzen des Auslegungsprotokolls zu Art 69 EPÜ nicht vereinbar.[195] Lassen sich die technische Lehre der Beschreibung und die des Patentanspruchs nicht in Einklang bringen, ist der Patentanspruch maßgeblich.[196] Wer es versäumt, durch entspr Fassung der Patentansprüche den gebotenen Patentschutz zu beantragen, kann grds nicht damit gehört werden, dass die eigentliche Erfindung einen weitergehenden Schutz rechtfertige; Ausnahmen können wie bei der Patentbenutzung mit äquivalenten Mitteln gerechtfertigt sein, wenn es aus besonderen Gründen schwer möglich oder nicht zumutbar ist, spätere Benutzungsfälle vorherzusehen und bei der Fassung der Patentansprüche von vornherein zu berücksichtigen.[197] Eine explizit von der im Patentanspruch verkörperten abw Lehre konnte schon nach früherem Recht nicht zum Gegenstand des Patents gerechnet werden.[198] Der von den Patentansprüchen abstrahierend abgesteckte Rahmen kann durch Beschreibung und Zeichnungen konkretisierend aufgefüllt werden, darf aber nicht in der Weise verlassen werden, dass die Patentansprüche als bloße Richtlinie dienen (Auslegungsprotokoll); was in den Patentansprüchen keine Stütze findet, kann nicht in den Schutz einbezogen werden.[199] Die Beschreibung darf nur soweit berücksichtigt werden, als sie sich als Erläuterung des Patentanspruchs lesen lässt.[200] Ein Ausführungsbeispiel, dessen Merkmale nicht in die Patentansprüche eingeflossen sind, kann den Schutzumfang der Patentansprüche nicht erweitern.[201] Auf der anderen Seite erlaubt ein Ausführungsbeispiel idR keine einschränkende Auslegung des die Erfindung allg kennzeichnenden Patentanspruchs (vgl zur parallelen Situation bei Unteransprüchen Rn 38).[202] Das gilt insb, wenn der Beschreibung eine Schutzbegrenzung auf bestimmte Ausführungsformen nicht zu entnehmen ist.[203]

Andererseits kann eine unter Berücksichtigung der erfinderischen Leistung **zu große Anspruchsbreite** nicht zu einer korrigierenden Auslegung unter den Wortsinn führen.[204] Für die Ermittlung des Wortsinns kann dagegen auf den StdT zurückzugreifen sein. Eine Einschränkung auf eine engere Lehre, als sie der Anspruchswortlaut zu vermitteln scheint, kommt in Betracht, wenn die Fachwelt die andere Auslegungsmöglichkeit etwa wegen mangelnder Ausführbarkeit verwerfen wird[205] oder wenn sie sich aus Einzelheiten von Beschreibung und Zeichnungen ergibt, soweit sie Niederschlag im Patentanspruch gefunden haben.[206]

Düsseldorf 11.3.2010 2 U 146/08; OLG Düsseldorf 11.3.2010 2 U 147/08; LG Mannheim 28.2.2014 2 O 53/12; LG Mannheim 28.2.2014 2 O 95/13; vgl BPatG GRUR 2008, 600.

193 BGH GRUR 2009, 390 Lagerregal; BPatG 13.11.2013 1 Ni 3/13 (EP).

194 BGHZ 100, 249 = GRUR 1987, 626 Rundfunkübertragungssystem; BGH Bausch BGH 1994–1998, 51, 71 Isothiazolon, nicht in BlPMZ; *Benkard* Rn 35f; vgl BGHZ 189, 330 = GRUR 2011, 701 Okklusionsvorrichtung.

195 BGHZ 106, 84, 93f = GRUR 1989, 205, 208 Schwermetalloxidationskatalysator; BGHZ 101, 159 = GRUR 1987, 794 Antivirusmittel.

196 BGH Schwermetalloxidationskatalysator; BGH Antivirusmittel; BGH Okklusionsvorrichtung; LG Mannheim 28.2.2014 2 O 53/12; LG Mannheim 28.2.2014 2 O 95/13.

197 BGHZ 116, 122 = GRUR 1992, 305 Heliumeinspeisung; vgl zum früheren Recht BGH GRUR 1980, 219 Überströmventil sowie BGHZ 100, 249, 254 = GRUR 1987, 626 Rundfunkübertragungssystem.

198 BGH GRUR 1966, 192, 196 Phosphatierung.

199 Vgl *Schulte* Rn 20.

200 BGH Okklusionsvorrichtung; *Schulte* Rn 20.

201 BGHZ 160, 204, 210 = GRUR 2004, 1022 bodenseitige Vereinzelungseinrichtung; BGH 29.7.2014 X ZR 5/13; OLG München GRUR 1995, 806f; vgl LG München I InstGE 8, 276.

202 BGH bodenseitige Vereinzelungseinrichtung; BGH GRUR 2008, 779 Mehrgangnabe; OLG Düsseldorf 2.7.2009 2 U 47/08; OLG Düsseldorf 20.1.2011 2 U 92/09; OLG Düsseldorf 4.8.2011 2 U 88/10; BPatG 5.3.2009 2 Ni 34/07 (EU); BPatG 1.6.2011 5 Ni 30/10; BPatG 13.11.2013 1 Ni 3/13 (EP); vgl *Benkard-EPÜ* Art 69 Rn 36; *Büscher/Dittmer/Schiwy* Rn 17; zur früheren Rechtslage schon BGH GRUR 1985, 967f Zuckerzentrifuge.

203 BGH GRUR 2007, 309, 311 Schussfädentransport; BPatG 21.10.2009 5 Ni 72/09.

204 Vgl *Brandi-Dohrn* Der zu weite Patentanspruch, GRUR Int 1995, 541, 547.

205 BGH GRUR 1999, 909, 911 Spannschraube.

206 BGH Mitt 2000, 105, 106 Extrusionskopf; zur Problematik *Graf von Schwerin* FS W. Tilmann (2003), 609.

Keukenschrijver

30   **2. Auslegungsziele; Auslegungsprotokoll.** Obwohl die Patenterteilung Verwaltungsakt ist (Rn 94 ff vor § 34), richtet sie sich als abstrakt-generelle Regelung an die Allgemeinheit; daraus ist abgeleitet worden, dass das Patent hinsichtlich seiner Auslegung wie ein Rechtssatz zu behandeln ist.[207] Bei der Auslegung kann nicht auf die im BGB niedergelegten Grundsätze (wie §§ 133, 157 BGB; vgl Rn 22) zurückgegriffen werden[208] (anders mag man die Rspr im VK verstehen können). Für eur[209] wie für dt Patente ist das Protokoll über die Auslegung von Art 69 Abs 1 EPÜ (Rn 6 ff) heranzuziehen,[210] das allerdings nicht die Auslegung des Patents an sich, sondern die der maßgeblichen Bestimmung des EPÜ betrifft; die Auslegung (des Patents) muss demnach ausreichenden Schutz für den Patentinhaber und gleichwertig ausreichende Rechtssicherheit für Dritte gewährleisten; diese gleichwertig nebeneinander stehenden Ziele[211] sind im Einzelfall gegeneinander abzuwägen.[212] Dabei ist zunächst eine zergliedernde Betrachtung, wie sie durch die übliche Merkmalsgliederung nahegelegt erscheinen kann, zu vermeiden; vielmehr muss der Funktionszusammenhang der offenbarten Lehre ermittelt werden.[213] Für den ersten Gesichtspunkt ist die objektive Bedeutung der Erfindung, wie sie in den Patentansprüchen ihren Niederschlag gefunden hat, und nicht die subjektive Anstrengung des Erfinders maßgeblich,[214] für den zweiten das, was die – nicht mit einer tatsächlich existierenden Person gleichzusetzende[215] – Fachwelt bei objektiver Betrachtung den Patentansprüchen entnimmt. Durch das Gebot der Rechtssicherheit soll erreicht werden, dass der Schutzbereich eines Patents für Außenstehende hinreichend sicher vorhersehbar ist.[216] Auf den insb im Rahmen der Beurteilung erfinderischer Tätigkeit maßgeblichen Fachmann kann hier nicht maßgeblich abgestellt werden, vielmehr muss der Anwenderhorizont berücksichtigt werden.[217] Ein über den Sinngehalt der Patentansprüche hinausgehender Patentschutz ist zwar nicht völlig ausgeschlossen, die Patentansprüche müssen jedoch maßgebliche Grundlage des Patentschutzes bleiben.[218]

31   **3. Bedeutung der Merkmale.** Gegenstand des Patentschutzes ist die in den Schutzansprüchen formulierte Lehre mit der Gesamtheit aller Merkmale,[219] nicht nur der Überschuss gegenüber dem Vorbekannten; es ist grds unerheblich, ob einzelne Merkmale für sich genommen bekannt waren oder zugleich Gegenstand einer anderen Erfindung in einem älteren Schutzrecht sind.[220] Ob die Merkmale so zu interpretieren sind, dass sich aus ihrer Gesamtheit ein für die Zwecke der Erfindung tauglicher und funktionsfähiger Gegenstand ergibt,[221] wird nur nach den Umständen des Einzelfalls zu beurteilen sein. Einen Rechtssatz oder Erfahrungssatz, dass einem im Patentanspruch genannten Merkmal mehr als triviale Bedeutung

---

207   *König* GRUR 1999, 809, 812; vgl *Melullis* FS E. Ullmann (2006), 503 ff; eingehend zur Auslegung des Patentanspruchs *Busche* FS R. König (2003), 49, der aber grds auf die Regeln zur Auslegung von Willenserklärungen und nicht auf die der Gesetzesauslegung zurückgreifen will.
208   Vgl öOGH ÖBl 2004, 83, 85 Amlodipin.
209   EPA G 6/88 ABl EPA 1990, 114 Mittel zur Regulierung des Pflanzenwachstums.
210   Begr IntPatÜG BlPMZ 1976, 322; BGHZ 98, 12, 18 ff = GRUR 1986, 803, 805 Formstein; BGHZ 106, 84, 93 f = GRUR 1989, 205 Schwermetalloxidationskatalisator; BGH GRUR 1989, 903, 905 Batteriekastenschnur; BGHZ 113, 1 = GRUR 1991, 444 Autowaschvorrichtung; BGH GRUR 1992, 594, 596 mechanische Betätigungsvorrichtung; BGH GRUR 2000, 1005 f Bratgeschirr; BGHZ 150, 149 = GRUR 2002, 515 Schneidmesser I; BGH GRUR 2002, 519 Schneidmesser II; BGH GRUR 2002, 511 Kunststoffrohrteil, nicht in BGHZ; BGH GRUR 2002, 523 Custodiol I; BGH GRUR 2002, 527 Custodiol II; zur Reichweite *Tilmann/Dagg* GRUR 2000, 459.
211   OLG Düsseldorf 31.1.2008 2 U 77/06.
212   BGHZ 116, 122 = GRUR 1992, 305 Heliumeinspeisung; vgl auch nlHR BIE 1995, 333, 343 = GRUR Int 1995, 727 f Kontaktlinsenflüssigkeit; GH Den Haag BIE 1997, 203, 205; RB Den Haag BIE 2003, 12; bdkl wegen Auslegung unter den Wortlaut RB Den Haag BIE 2000, 387.
213   *Melullis* FS E. Ullmann (2006), 503, 506; vgl BGH 23.7.2009 Xa ZR 146/07.
214   Vgl *Schulte* Rn 15.
215   BGHZ 160, 204 = GRUR 2004, 1023 bodenseitige Vereinzelungseinrichtung.
216   BGH Batteriekastenschnur; öOGH Amlodipin.
217   Vgl in diese Richtung GH Den Haag GRUR 1990, 478 f („Epilady"); *Comte* L'homme du métier en droit des brevets, sic! 2000, 659, 661; *Melullis* FS E. Ullmann (2006), 503, 507; auch der BGH benutzt in diesem Zusammenhang gelegentlich den Begriff „Fachwelt".
218   BGHZ 116, 122 = GRUR 1992, 305 Heliumeinspeisung.
219   Vgl *Fitzner/Lutz/Bodewig* Rn 8.
220   BGH GRUR 1992, 432 Steuereinrichtung I; BGH GRUR 1992, 599 Teleskopzylinder.
221   OLG Düsseldorf InstGE 13, 129.

---

zukommt, gibt es nicht,[222] andererseits gibt es aber auch keine Auslegungsregel, dass Patenten kein Sinn beigelegt werden dürfe, der eine vergleichsweise kostenintensive Herstellung erfordere.[223]

Zu berücksichtigen sind alle Merkmale, gleichgültig ob bei „zweiteiliger" Anspruchsfassung im **Oberbegriff oder kennzeichnenden Teil,**[224] bei abhängigen Patentansprüchen auch die des in Bezug genommenen, bei Zusatzpatenten die des Hauptpatents.[225] Ein vermeintlicher Widerspruch zwischen Angaben im kennzeichnenden Teil und Merkmalen des Oberbegriffs darf dabei nicht dahin aufgelöst werden, dass den Merkmalen des Oberbegriffs keine Bedeutung beigemessen wird, obwohl der Wortsinn des Patentanspruchs eine widerspruchsfreie Auslegung zulässt und diese durch die in der Beschreibung geschilderten Ausführungsbeispiele nahegelegt wird.[226] **32**

Was ein Merkmal ist, wird im Weg der **Merkmalsanalyse** – als bloßes Hilfsmittel für die Beurteilung, ob ein Eingriff vorliegt[227] – ermittelt, deren Problematik häufig unterschätzt wird (vgl auch Rn 92, 249 vor § 143). Die Merkmalsanalyse ist für die Verletzungsfrage von erheblicher Bedeutung, da das Weglassen eines Merkmals regelmäßig aus dem Schutz herausführt. Diese Bedeutung relativiert sich allerdings dadurch, dass nach der neueren Rspr jegliche, auch teilweise Nichtverwirklichung der geschützten Lehre in ihrer Gesamtheit aus der wortsinngem Verletzung hinausführt (Rn 80);[228] danach bleibt aber die praktische Bedeutung für die Prüfung nicht wortsinngem Benutzung, weil das völlige Weglassen eines Elements der geschützten Lehre idR nicht als deren gleichwertige Verwirklichung angesehen sein wird (vgl Rn 70). Missverständliche Begriffe wie „Teilmerkmal", die es offenlassen, ob ein selbstständiges Merkmal vorliegt, sollten vermieden werden. Was als selbstständiges Merkmal zu gelten hat, ist dogmatisch nicht geklärt.[229] **33**

4. Sonstige Angaben im Patentanspruch

a. In den Patentanspruch aufgenommene **Zweck-, Wirkungs- und Funktionsangaben** beschränken den Schutzbereich einer Vorrichtung nicht auf deren Verwendung zu dem genannten Zweck, in der bestimmten Funktion und mit der angegebenen Wirkung;[230] den Gegenstand des Sachpatents definieren sie regelmäßig dahin, dass er für den angegebenen Zweck verwendbar sein muss.[231] Jedoch müssen sie sich **34**

---

222 Vgl BGHZ 160, 204 = GRUR 2004, 1023 bodenseitige Vereinzelungseinrichtung gegen OLG Düsseldorf 6.12.2001 2 U 66/00; BGH GRUR 2006, 399 Rangierkatze; BGHZ 172, 88, 97 = GRUR 2007, 778 Ziehmaschinenzugeinheit I; BGH GRUR 2010, 602 Gelenkanordnung gegen OLG Düsseldorf 31.1.2008 2 U 92/04; aA für das Nichtigkeitsverfahren BPatG 5.12.2005 1 Ni 22/04.
223 BGH 15.8.2006 X ZR 275/02.
224 Vgl BGHZ 96, 3, 5 = GRUR 1986, 237 Hüftgelenkprothese; BGH GRUR 1989, 103, 105 Verschlußvorrichtung für Gießpfannen; BGH GRUR 1994, 357 Muffelofen; öOGH ÖBl 1986, 147 Schlüssel-Schloß-Kombination; öOGH ÖBl 2006, 232 Weichzellschaum, GbmSache; *Mes* Rn 11; *Benkard* Rn 15; *Benkard-EPÜ* Art 69 Rn 31; *Fitzner/Lutz/Bodewig* Rn 8; vgl BGH GRUR 2011, 129 Fentanyl-TTS.
225 BGH 11.3.1982 X ZR 66/80; BGH 16.1.1990 X ZR 57/88; LG Düsseldorf GRUR 2000, 863, 865: dessen Hauptanspruchs, soweit sich aus Anspruchswortlaut und/oder Beschreibung nichts anderes ergibt.
226 BGH GRUR 2011, 129 Fentanyl-TTS.
227 BGH GRUR 2006, 313, 315 Stapeltrockner.
228 Vgl *Meier-Beck* GRUR 2001, 967.
229 Vgl zB das Merkmal b des Klagepatents in BGHZ 112, 140 = GRUR 1991, 436 Befestigungsvorrichtung II, nach dem der Verbinder aus einem Lagergehäuse und einem Halteglied besteht; bei Aufteilung dieses Merkmals in zwei unterschiedliche – Lagergehäuse einerseits und Halteglied andererseits – kann für die Beantwortung der Verletzungsfrage bedeutsam sein, ob bei der angegriffenen Ausführungsform nur eines der Teile vorhanden ist oder ob es beide sind; frühere wohl vorherrschende Auffassung, die Merkmale weitgehend mit Lösungsmitteln gleichsetzte, vgl RGZ 79, 186 = BlPMZ 1912, 159 Staubabsorbierungsmittel; RGZ 119, 70, 74 = GRUR 1928, 128 Wasserabscheidung; RG GRUR 1928, 134, 138 f Brennstoffvergasung I; BGH GRUR 1963, 563 Aufhängevorrichtung; *Kumm* GRUR 1963, 349, 350, ist bdkl, da ein Lösungsmittel mehrere Merkmale umfassen kann, ein Merkmal aber auch zB in der Beziehung verschiedener Lösungsmittel zueinander liegen kann, sie ist bei aller weiterhin vorzufindender Vielfalt indes wohl weitgehend überwunden; eingehend zur Problematik *Kaess* GRUR 2000, 637, der eine Aufgliederung in sämtliche verwendeten Begriffe befürwortet; *Meier-Beck* GRUR 2001, 967; *Meier-Beck* VPP-Rdbr 2002, 87; vgl LG München I Mitt 1999, 466, 469 f; vgl auch *Blumer* S 73 ff.
230 BGHZ 112, 140, 155 f = GRUR 1991, 436 Befestigungsvorrichtung II, im Anschluss an BGH GRUR 1979, 149 ff Schießbolzen; BPatG 3.7.2007 21 W (pat) 301/05; HG Aargau sic! 2004, 331.
231 BGH Befestigungsvorrichtung II; BGH GRUR 2006, 923 Luftabscheider für Milchsammelanlage; BGH GRUR 2009, 837 Bauschalungsstütze; BGH GRUR 2016, 361 Fugenband; BGH 17.11.2009 X ZR 49/08; BGH 4.2.2014 X ZR 137/10; BGH

nicht zwangsläufig auf den Gegenstand des Anspruchs oder auf dessen einzelne Merkmale beziehen; sie können den Erfindungsgegenstand auch sprachlich zu solchen Gegenständen oder Verfahren in Beziehung setzen, die zur beanspruchten Lehre nur in einem bestimmten Sachzusammenhang stehen und deren Erwähnung dem Fachmann eine Orientierungshilfe bei der technisch-gegenständlichen Erfassung und Einordnung des Gegenstands der Lehre sein kann.[232] Dabei ist ein praktisch vernünftiger Maßstab anzulegen.[233] Gleiches muss grds auch bei Verfahrensansprüchen gelten, anders aber bei Verwendungsansprüchen.[234] Überlegungen zu Zweck, Wirkung und Funktion sind nur am Platz, soweit ein Merkmal des Patentanspruchs nicht identisch verwirklicht wird.[235] Die Definition einer Komponente eines Erzeugnisses durch ein Auswahlverfahren macht dieses Verfahren als solches nicht zum Gegenstand der patentgem Lehre.[236] Zu den besonderen Verhältnissen bei Gensequenzen Rn 49 sowie Rn 20 f zu § 1a; Rn 58 zu § 9; Rn 10 zu § 9a.

35   **b. Bezugszeichen** im Patentanspruch schränken – anders als Klammereinfügungen[237] – den Schutz nicht auf das Ausführungsbeispiel ein (Regel 43 Abs 7 Satz 2 AOEPÜ, Rn 75 zu § 34).[238]

5. Bedeutung der Anspruchsart

36   **a.** Der **Hauptanspruch** bezeichnet idR die geschützte Erfindung in ihrer allgemeinsten beanspruchten Form. Er stellt damit auch die Grundlage für die Ermittlung des Schutzbereichs in seinem weitesten Umfang dar.

37   **b.** Der **Nebenanspruch** kann in unterschiedlichen Formen auftreten. IdR ist er nicht auf den Hauptanspruch rückbezogen, anders etwa bei Wechsel der Anspruchskategorie. Er hat einen vom Hauptanspruch unterschiedlichen, nicht oder jedenfalls nicht vollständig von dessen Schutzbereich umfassten eigenen Schutzbereich.[239] Auch der Schutz des Nebenanspruchs ist im Verletzungsprozess als gegeben hinzunehmen.[240] Das gilt selbst, wenn im Erteilungsverfahren die Schutzfähigkeit des Nebenanspruchs (fehlerhafterweise) nicht geprüft worden ist.[241] Die Ermittlung des Schutzbereichs eines Nebenanspruchs folgt grds denselben Regeln wie die des Hauptanspruchs. Allerdings wird ein auf einen Verfahrensanspruch rückbezogener Sachanspruch als Nebenanspruch nicht ausnahmslos absoluten Sachschutz begründen können (vgl Rn 53 zu § 9). Schützt der Nebenanspruch einzelne Komponenten eines Gesamtsystems, soll es nicht darauf ankommen, ob die Komponenten bei der angegriffenen Ausführungsform in das Gesamtsystem eingebunden sind.[242]

38   **c.** Der Schutzbereich eines **Unteranspruchs** wird durch dessen Inhalt iVm dem Inhalt des oder der in Bezug genommenen übergeordneten Patentansprüche bestimmt;[243] ein Schutz der Elemente des Unteran-

---

9.9.2014 X ZR 14/13; OLG Düsseldorf WuW/E DE-R 3215; LG Düsseldorf 11.8.2009 4b O 38/09; LG Düsseldorf 19.9.2013 4c O 15/13; vgl auch BGH GRUR 1981, 259 Heuwerbungsmaschine; LG Mannheim InstGE 7, 7; BPatG 49, 262 = GRUR 2006, 1015; BPatG 21.12.2006 21 W (pat) 62/04; BPatG 3.7.2007 21 W (pat) 301/05; BPatG 29.6.2010 4 Ni 84/08; BPatG 1.3.2011 1 Ni 19/09 (EU), geänd durch BGH 12.6.2012 X ZR 96/11; BPatG 6.12.2011 1 Ni 9/10 (EP); BPatG 13.11.2013 1 Ni 3/13 (EP); tendenziell enger öOGH GRUR Int 2010, 1080 Isoflavon unter Hinweis auf BGHZ 101, 159 = GRUR 1987, 794 Antivirusmittel: neben der Eignung ist erforderlich, dass der der Erfindung innewohnende Zweck iSd konkreten Zielrichtung der patentierten Lehre in einem praktisch erheblichen Umfang erreicht wird.

232   BGHZ 187, 20 = GRUR 2010, 1081 Bildunterstützung bei Katheternavigation; vgl BPatG 11.6.2012 20 W (pat) 30/10.
233   ÖOGH Isoflavon.
234   BGH Befestigungsvorrichtung II.
235   BGH Befestigungsvorrichtung II.
236   BGH GRUR 1992, 375 Tablettensprengmittel; vgl auch BPatGE 34, 230; BPatG Bausch BPatG 1994–1998, 16.
237   BPatG 22.8.2005 19 W (pat) 337/03.
238   BGH GRUR 2006, 316 Koksofentür; EPA T 237/84 ABl EPA 1987, 309 = GRUR Int 1987, 696 Bezugszeichen; *Benkard* Rn 16.
239   Vgl OLG Düsseldorf InstGE 2, 1, 11.
240   RG GRUR 1935, 161 f Verdeckbezüge.
241   Zutr OLG Düsseldorf 5.2.1965 2 U 79/64; *Nirk* FS 10 Jahre BPatG (1971), 85, 94; *von Rospatt* GRUR 1985, 740, 745; *Benkard* Rn 21 gegen RG GRUR 1939, 541, 543 Selbstschlußventil.
242   LG Mannheim 9.11.2007 7 O 115/05 NJOZ 2008, 160 = GRUR-RR 2008, 117 Ls.
243   *Fitzner/Lutz/Bodewig* Rn 9; vgl öOPM öPBl 2001, 182, 192.

spruchs kommt selbst dann nicht in Betracht, wenn im Verletzungsverfahren eine Prüfung auf Schutzfähigkeit vorgenommen wurde.[244] Die Unterscheidung zwischen „echtem" und „unechtem" Unteranspruch ist damit für die Patentverletzung unfruchtbar,[245] der durch den Unteranspruch (iVm den übergeordneten, in Bezug genommenen Patentansprüchen) gewährte Schutz unterscheidet sich nicht von dem durch einen Haupt- oder Nebenanspruch gewährten). Fällt die nicht wortsinnmäßig verletzende angegriffene Ausführungsform auch unter den Unteranspruch, kann die Unterscheidung für den Einwand des freien StdT Bedeutung haben (Rn 88).

III. Bedeutung der Erfindung

1. Pionier-/Konstruktionserfindung.[246] Dass große Erfindungen einen größeren Schutzbereich als **39** kleine Erfindungen haben,[247] trifft nur insoweit zu, als sich die Bedeutung der Erfindung in der Fassung der Patentansprüche niederschlägt.[248] Der Begriff „Pioniererfindung" als bahnbrechende, ein neues, bisher unbearbeitetes Gebiet der Technik erschließende und deshalb einen besonders weiten Schutzumfang verdienende Erfindung[249] ist wegen der ihm anhaftenden Unschärfe für die Ermittlung des Schutzbereichs nicht geeignet.[250] Der Offenbarungsgehalt des Patents darf nicht überschritten werden;[251] darüber hinaus sind auch hier die Schutzansprüche maßgebliche Grundlage für die Ermittlung des Schutzbereichs. Ist dem Erfinder die Lösung einer Aufgabe zum ersten Mal gelungen, wäre es eine unbillige Verkürzung, wenn der Schutz seines Patents nicht auch Mittel umfasste, die patentrechtl gleichwertig sind;[252] dies setzt allerdings eine entspr Formulierung der Patentunterlagen voraus. Man verwendete den unscharfen[253] Begriff „Konstruktionspatent"[254] als Gegenpol zum Pionierpatent,[255] wenn sich das erfinderische Verdienst in einer rein konstruktiven Maßnahme erschöpft. Er sollte nach früherem Recht allenfalls besagen, dass der Schutz im allg nicht über die besonderen konstruktiven Maßnahmen hinausreiche, weil sich kein allg Lösungsgedanke herleiten lasse.[256]

2. Erfindungskategorie

a. Allgemeines. Die Erfindungs-(Patent-)kategorie ist in erster Linie im Rahmen des § 9 von Bedeu- **40** tung, spielt aber auch für die Bestimmung des Schutzbereichs eine gewisse Rolle.

b. Sach-/Erzeugnispatent.[257] Der Schutz eines Sachpatents erstreckt sich grds auf jede Verwendung **41** der geschützten Sache;[258] das ist beim Stoffschutz nicht anders (Rn 51 ff zu § 9). Zur Bedeutung eines Auswahlverfahrens in einem Sachanspruch Rn 34.

---

244 *Benkard* Rn 18 mwN; *Ballhaus/Sikinger* GRUR 1986, 337, 341.

245 Vgl *Benkard* Rn 19; *Ballhaus/Sikinger* GRUR 1986, 337, 341; *Ullmann* GRUR 1993, 334 f.

246 Bsp für Pioniererfindungen, bei denen Umgehungsmöglichkeiten weitgehend ausgeschlossen waren, bei *Eichmann* Das europäische Geschmacksmusterrecht auf Abwegen? GRUR Int 1996, 859, 869 f und Fn 172.

247 So *Moser von Filseck* GRUR 1974, 506, 509; *Schramm* GRUR 1975, 335, 337; RG GRUR 1939, 533 ff Diffuseureinsatz; schweiz BG GRUR Int 1986, 213 Doxycyclin I; schweiz BG sic! 1999, 293, 295 Anschlaghalter.

248 BGHZ 100, 249, 254 = GRUR 1987, 626 Rundfunkübertragungssystem; vgl *Brunner* sic! 1998, 348, 350; *Scharen* GRUR 1999, 285, 287; *Tilmann/Dagg* GRUR 2000, 459, 462.

249 So RG Diffuseureinsatz; ähnlich RG GRUR 1937, 786 f Abblasvorrichtung.

250 BGH 19.2.1970 X ZR 55/67; kr auch *Benkard* Rn 11; *Brunner* SMI 1994, 101, 105.

251 RGZ 146, 273 f = GRUR 1935, 240 Trommelkulisse I; RGZ 153, 47, 50 = GRUR 1937, 217 Absorptionsverfahren; BGH GRUR 1969, 534 f Skistiefelverschluß; BGH GRUR 1983, 497 f Absetzvorrichtung; BGH 19.2.1970 X ZR 55/67.

252 BGH GRUR 1962, 29, 31 Drehkippbeschlag.

253 RG GRUR 1942, 307, 309 Rohrdraht III; BGH 21.10.1960 I ZR 153/59.

254 Vgl RG GRUR 1936, 590 f Pumpenabdichtung.

255 RG GRUR 1939, 533 Diffuseureinsatz.

256 BGH 21.10.1960 I ZR 153/59; vgl auch RG Diffuseureinsatz; BGH 19.3.1963 Ia ZR 73/63; für das geltende Recht überholt.

257 Zu Besonderheiten bei Chemiepatenten *Hirsch/Hansen* S 293 ff; *Brodeßer* Die sogenannte „Aufgabe" der Erfindung, ein unergiebiger Rechtsbegriff, GRUR 1993, 185, 189 f.

258 Zum Schutzbereich bei einer „veränderbaren" Vorrichtung BGH GRUR 1997, 116, 118 Prospekthalter und hierzu *König* Mitt 1997, 62.

Keukenschrijver

42   **c. Eingeschränkter Sachschutz, zweckgebundener Erzeugnisschutz, Mittelschutz** s Rn 59 ff zu § 9. Zum „product-by-process"-Anspruch Rn 54 f zu § 9.

43   **d. Verwendungsschutz.** Bei einem Patent, das sich auf eine bestimmte Art der Verwendung einer bekannten Sache bezieht, erstreckt sich der Schutz bereits auf die durch die Gebrauchsanleitung sinnfällig hergerichtete Sache; näher Rn 114 ff zu § 9.

44   **e.** Das **Verfahrenspatent,** das grds einen anderen Schutzbereich haben soll als das Vorrichtungspatent,[259] schützt einen bestimmten Verfahrensablauf, der auch durch den Einsatz bestimmter Erzeugnisse (Arbeitsmittel) bestimmt sein kann. Ob die Reihenfolge der Verfahrensschritte eingehalten werden muss, wird sich nur im Einzelfall bestimmen lassen.[260] Die Hinzufügung zusätzlicher Verfahrensschritte führt nicht ohne weiteres aus dem Schutz hinaus.[261] Der Schutz beschränkt sich nicht auf Verfahren, die in jeder Hinsicht die Anweisungen verwirklichen, die der Patentanspruch vorschreibt, auch abgewandelte Verfahren werden im Rahmen der Äquivalenz regelmäßig erfasst,[262] jedoch soll der Schutz für ein Verfahren zur in-vitro-Detektion der viralen Infektion mit HIV Verfahren zur in-vitro-Detektion nicht erfassen, bei denen eine DNS-Probe mit viraler RNS hybridisiert.[263] Das Objekt des Arbeitsverfahrens ist nicht Gegenstand des Schutzes,[264] grds auch nicht die Herstellung von Gegenständen für die Benutzung des geschützten Verfahrens.[265] Ob der Verfahrensschutz grds nicht auf den angegebenen Zweck beschränkt ist,[266] erscheint zwh, da einem technischen Verfahren notwendig ein finales Element innewohnt.

45   **f.** Zu **Mischformen,** insb auf Verfahrensansprüche rückbezogenen Vorrichtungsansprüchen, Rn 53 zu § 9.

IV. Grenzen des Schutzes

46   **1. Offenbarungsgehalt der Patentschrift.** Zu den Patentansprüchen als maßgebliche Grundlage Rn 20 ff. Begriffe in den Patentansprüchen sind so zu deuten, wie sie die angesprochene Fachwelt nach dem Gesamtinhalt der Patentschrift unter Berücksichtigung der in ihr objektiv offenbarten Lösung versteht.[267] Ein auf die Verwendung eines mit seinem internationalen Freinamen (INN) bezeichneter Wirkstoffs gerichteter Patentanspruch hat nicht auch die Verwendung von Derivaten zum Gegenstand.[268] Zu Überbestimmungen Rn 81.

47   Weicht die **Begriffsbildung** in der Patentschrift von der Fachsprache ab, ist sie gleichwohl maßgeblich, denn die Patentschrift bildet insoweit ihr eigenes Wörterbuch (Lexikon);[269] mangels abw Hinweise

---

259   BPatG BlPMZ 2016, 26.

260   BGH 9.12.2008 X ZR 105/06; OLG München 24.11.2005 6 U 5677/04; grds für Notwendigkeit der Einhaltung neben der Vorinstanz LG München I InstGE 5, 243 auch OLG Düsseldorf 17.8.2006 2 U 22/05; BPatG 2.7.2015 7 Ni 63/14 (EP); im Grundsatz auch in BGH GRUR 2015, 159 Zugriffsrechte bejaht, allerdings mit der Einschränkung, dass er dann nicht gilt, wenn sich aus dem weiteren Inhalt der Patentschrift hinreichende Anhaltspunkte für ein abw Verständnis ergeben; vgl auch OLG Düsseldorf 15.1.2009 2 U 13/04.

261   OLG München 24.11.2005 6 U 5677/04.

262   BGH GRUR 2000, 1005 f Bratgeschirr.

263   CA Paris IIC 2009, 852 Institut Pasteur v. Chiron Healthcare.

264   *Benkard* Rn 48.

265   BGHZ 116, 122, 128 = GRUR 1992, 305 Heliumeinspeisung.

266   *Benkard*[9] Rn 44, differenzierend *Benkard* Rn 48.

267   BGH GRUR 2001, 232 f Brieflocher mwN; BGH GRUR 1997, 116 ff Prospekthalter; BGH GRUR 1998, 133 f Kunststoffaufbereitung; BGH GRUR 2002, 519, 521 Schneidmesser II; BGH GRUR 2004, 413 Geflügelkörperhalterung; BGH GRUR 2004, 268 blasenfreie Gummibahn II; vgl OLG Düsseldorf ENPR 2001, 163, 170; LG Düsseldorf Mitt 2001, 561, 564; *Benkard-EPÜ* Art 69 Rn 32.

268   BPatG 30.1.2001 3 Ni 40/99 Mitt 2002, 47 Ls; vgl RB Den Haag BIE 2002, 74, 76 f.

269   BGH GRUR 1984, 425 Bierklärmittel; vgl BGH GRUR 1999, 909, 912 Spannschraube; BGH Mitt 2000, 105 f Extrusionskopf; BGH Mitt 2002, 176, 178 Gegensprechanlage; BGHZ 150, 149, 155 f = GRUR 2002, 515 Schneidmesser I; BGH GRUR 2002, 519 Schneidmesser II; BGH GRUR 2002, 511 Kunststoffrohrteil, insoweit nicht in BGHZ; BGH GRUR 2002, 523 Custodiol I; BGH GRUR 2002, 527 Custodiol II; BGHZ 160, 204 = GRUR 2004, 1023 bodenseitige Vereinzelungseinrichtung; BGH GRUR 2005, 754 Knickschutz; BGH 29.4.2003 X ZR 142/99; BGH GRUR 2008, 887 Momentanpol II; BGH GRUR 2015,

---

sind umgangssprachliche Begriffe in ihrem allg Sinn zu verstehen.[270] Im Fall eines Begriffswandels soll auf die Bedeutung am Anmeldetag abzustellen sein.[271]

Zahl- und Maßangaben hat die ältere Rspr nur relative Bedeutung beigemessen. Sie waren ebenso **48** wie jede sonstige buchstäbliche Kennzeichnung (zB Werkstoffangaben) technischer Maßnahmen aus Sinn und Zweck des Erfindungsgedankens auszulegen. Bedeutete die Zahlenangabe lediglich eine allg Erläuterung der vorteilhaften Anwendung der Lehre des Patents, wurden Abweichungen als vom Schutz erfasst angesehen, wenn die Wirkung der geschützten Lehre gleichwohl ganz oder zum Teil eintrat; nicht aber, wenn das erfinderisch Neue gerade in den Zahlenangaben lag, für die das Patent eine neue Wirkung aufgedeckt hatte.[272] ZT haben die Instanzgerichte diese Grundsätze auch für das geltende Recht herangezogen;[273] die Lit hat einen strengeren Standpunkt vertreten.[274] Dem ist der BGH beigetreten. Die Rspr, nach der die Schutzwirkung eines Patents, dessen Patentanspruch Zahlen- oder Maßangaben enthält; nur dann nicht in Bereiche erstreckt werden kann, die wesentlich von denen des Patentanspruchs abweichen, wenn in diesen Angaben das erfinderisch Neue zu erblicken ist, betrifft lediglich Patente, deren Schutzbereich noch nicht nach geltendem Recht zu beurteilen war; die Verbindlichkeit von solchen Angaben ist grds nicht mehr danach zu beurteilen, in welcher Beziehung sie zum StdT stehen, dies hindert es allerdings nicht, auch Angaben zum StdT zur Auslegung heranzuziehen.[275] Auf der Grundlage des geltenden Rechts sind die Grundsätze der Schutzbereichsbestimmung auch dann anzuwenden, wenn der Patentanspruch Zahlen- oder Maßangaben enthält; diese nehmen an der Verbindlichkeit des Patentanspruchs als maßgeblicher Grundlage der Schutzbereichsbestimmung teil.[276] Die Aufnahme von Zahlen- oder Maßangaben verdeutlicht, dass diese den Schutzgegenstand mitbestimmen und damit auch begrenzen sollen. Daher verbietet es sich, solche Angaben als minder verbindliche, lediglich beispielhafte Festlegungen der geschützten Lehre anzusehen. Bei der Auslegung von Zahlen- und Maßangaben ist zu berücksichtigen, dass diese schon nach ihrem objektiven Gehalt, der auch das Verständnis der Fachwelt prägen wird, in unterschiedlichen Formen Sachverhalte mit verschiedenen Inhalten bezeichnen können, was es bereits aus-

---

875 Rotorelemente; BGH GRUR 2016, 361 Fugenband; BGH 23.7.2009 Xa ZR 146/07; BGH 2.3.2010 X ZR 21/07; OLG Düsseldorf 27.6.1996 2 U 244/93; OLG Düsseldorf 5.6.2003 2 U 181/99; OLG Düsseldorf 25.3.2004 2 U 139/02 undok; OLG Düsseldorf 6.4.2006 2 U 101/04 GRUR-RR 2007, 181 Ls; OLG Düsseldorf 26.2.2009 2 U 104/07; OLG Düsseldorf 27.10.2011 2 U 3/11; BPatG 23.6.2009 3 Ni 39/07; CA England/Wales 24.6.1998 Hoechst Celanese v. BP, referiert in EIPR 1998 N-172: keine Vermutung, dass ein Begriff in seiner technischen Bedeutung verwendet wird, nur weil eine Patentbeschreibung ein technisches Dokument ist; vgl *Meier-Beck* GRUR 2000, 351 ff.

270   LG München I InstGE 1, 38; zur Bedeutung des Worts „oder" im Patentanspruch US-CAFC 60 U.S.P.Q. 2d 1135 Kustom Signals v. Applied Concepts, referiert in EIPR 2002 N-20.

271   BGHZ 45, 102 = GRUR 1966, 312, 317 Appetitzügler I; BGH Liedl 1969/70, 47, 54 Lamellentreppe, je zur früheren Rechtslage.

272   OGH BrZ 3, 63, 71 = GRUR 1950, 140, 142 künstliche Wursthüllen; BGH 25.4.1961 I ZR 90/59; vgl RGZ 86, 412, 417 f = BlPMZ 1915, 172 pyrophore Metallegierungen; RG GRUR 1940, 537 f Seifenherstellung I; aA *Kuhbier* Bestimmung des Schutzumfanges von Patenten im Erteilungsverfahren, 1956, 26 ff; zur Auslegung solcher Angaben im Patentanspruch nach früherer Rechtslage BGH GRUR 1984, 435 Bierklärmittel; OLG Düsseldorf Mitt 1996, 393 sieht bei Legierungspatenten die Erstreckung des Schutzbereichs im Weg glatter Äquivalenz auch auf Ausführungsformen als möglich an, bei denen die im Patentanspruch angegebenen Obergrenzen für einen Legierungsbestandteil überschritten werden, insb, wenn es sich nicht um einen „kritischen" Wert handelt (dort um 10%), noch zum PatG 1968; vgl hierzu *Heyers* GRUR 2004, 1002, 1004; *Fitzner/Lutz/Bodewig* Rn 15.

273   So OLG Düsseldorf 25.1.2001 2 U 188/99; OLG München 22.2.2001 6 U 6769/98; vgl auch OLG Düsseldorf GRUR 2002, 369; strenger schon OLG Karlsruhe 23.10.2000 6 U 166/99; vgl aber LG Düsseldorf InstGE 1, 186 = GRUR-RR 2001, 205, 206, wo aus Gründen der Rechtssicherheit für den Fall nennenswerter Überschreitung einer Bereichsangabe Verletzung verneint wurde, allerdings unter Verkennung, dass gerade bei Winkelangaben als Relativangaben prozentuale Abweichungen kein geeignetes Abgrenzungskriterium bilden (zu dieser Entscheidung auch *Heyers* GRUR 2004, 1002, 1004); BPatG GRUR 2000, 1011, Schutzzertifikatssache, zieht heran, ob die Angaben nach der Beschreibung nur beispielhaft gemeint sind. Zur Beurteilung eines pH-Werts von „approximately 6.0 to 9.0" US-SuprC GRUR Int 1999, 191 Warner-Jenkinson v. Hilton Davis; zur Bedeutung von „nicht größer als" RB Den Haag BIE 2000, 310 f; vgl auch US-CAFC 56 USPQ2d 1865. Vgl zum Offenbarungsgehalt von Bereichsangaben öOPM öPBl 1999, 171, 174.

274   Vgl *Bruchhausen* GRUR 1982, 1, 4; *von Falck* FS 100 Jahre GRUR (1991) Bd 1, 543, 577; *von Rospatt* GRUR 2001, 991; *Benkard*[9] Rn 74; *Schulte* Rn 33; *Heyers* GRUR 2004, 1002 f; *Karet/Watson* Questions about Patent Construction, EIPR 1998, 192, zu Auchinloss v. Agricultural and Veterinary Supplies RPC 1997, 649; vgl weiter *Lederer* GRUR 1998, 272.

275   BGH GRUR 2002, 527 Custodiol II.

276   Vgl *Reimann/Köhler* GRUR 2002, 931; *Köster* Mitt 2003, 5; RB Den Haag BIE 2002, 41, 44.

schließt, ihnen eine immer gleiche feste Bedeutung zuzuweisen.[277] Jedoch wird ihnen schon wegen ihrer Eindeutigkeit idR ein höherer Grad an Klarheit und Eindeutigkeit als verbal umschriebenen Elementen zuzubilligen sein;[278] ihnen kann auch die Bedeutung zukommen, dass der erfindungsgem zu erreichende Erfolg enger eingegrenzt wird als bei bloß verbaler Beschreibung. Eine eindeutige Zahlenangabe bestimmt und begrenzt den geschützten Zahlenbereich grds insoweit abschließend, ihre Über- oder Unterschreitung ist deshalb idR nicht mehr zum Gegenstand des Patentanspruchs zu rechnen.[279] Dies schließt es allerdings nicht aus, dass die Fachwelt – auch bei Bereichen mit Grenzwerten – eine gewisse, zB übliche Toleranzen umfassende Unschärfe als mit dem Sinngehalt der Zahlenangabe vereinbar ansieht;[280] ein Verständnis, dass ein Wert genau einzuhalten ist, wird aber vor allem dann der Vorstellung der Fachwelt entsprechen, wenn sie erkennt, dass es sich um einen „kritischen" Wert handelt.[281] Im Rahmen der Schutzbereichsbestimmung darf zunächst vom Sinngehalt der Zahlen- und Maßangaben nicht abstrahiert werden. Bei der Prüfung der Auffindbarkeit der gleichwirkenden Lösung mit abweichendem Wert muss die sich aus der Zahlenangabe ergebende Eingrenzung des objektiven, erfindungsgem zu erreichenden Erfolgs berücksichtigt werden; gleichwirkend ist nur eine Ausführungsform, die nicht nur überhaupt die Wirkung des Merkmals erzielt, sondern auch gerade die, die der zahlenmäßigen Eingrenzung zukommen soll.[282] Die Grundsätze gelten gleichermaßen für Bereichsangaben.[283]

49   Für **Gensequenzen** sieht Erwägungsgrund 25 der BioTRl vor, dass zur Auslegung der durch ein Patent erteilten Rechte in dem Fall, dass sich Sequenzen lediglich in für die Erfindung nicht wesentlichen Abschnitten überlagern, patentrechtl jede Sequenz als selbstständige Sequenz angesehen wird.[284]

50   **Patentzeichnungen** sind keine Konstruktionszeichnungen und deshalb nicht maßstäblich zu nehmen; sie zeigen idR nur das Prinzip einer Vorrichtung, nicht aber exakte Abmessungen.[285]

51   **2. Heranziehung der Erteilungsakten und der veröffentlichten Anmeldung; Verhalten des Anmelders/Patentinhabers.** Nach der Rspr zu nach früherem Recht erteilten Patenten war die Auslegung einer Patentschrift aus den ursprünglichen Anmeldungsunterlagen nicht statthaft.[286] Ausführungen nur im Erteilungsbeschluss waren ohne Belang.[287] Was nur in den Erteilungsakten erhalten war, durfte nicht im Weg der Klarstellung in das Patent hineingebracht werden.[288] Ein Wille der Erteilungsbehörde, der nicht in der Patentschrift eindeutigen Ausdruck gefunden hatte, konnte nicht berücksichtigt werden.[289] Die Rspr hat zur Rechtslage vor 1978 bestimmten Vorgängen im Erteilungsverfahren für die Bestimmung des Schutzumfangs des Patents erhebliches Gewicht beigemessen (Rn 9, 14; Rn 152ff zu § 34). Auch das Ausland berücksichtigt zT solche Vorgänge („prosecution history";[290] „file wrap-

277 Vgl hierzu *Geißler* GRUR Int 2003, 1f.

278 Vgl BGH GRUR 2005, 41 Staubsaugersaugrohr.

279 Nicht Zahlenangaben einer bevorzugten Ausführungsform, US-CAFC 17.8.2006 Conoco v. Energy & Environmental.

280 Vgl *Benkard* Rn 67; *Boop/Jeep* Mitt 2003, 293f wollen zu weit gehend offenbar Toleranzen generell als gegenständlich erfasst ansehen.

281 *Benkard* Rn 67.

282 BGHZ 150, 149 = GRUR 2002, 515 Schneidmesser I; BGH GRUR 2002, 519 Schneidmesser II; BGH GRUR 2002, 511 Kunststoffrohrteil, nicht in BGHZ; BGH GRUR 2002, 523 Custodiol I; BGH Custodiol II.

283 BGH Schneidmesser I; BGH Schneidmesser II; BGH Kunststoffrohrteil; BGH Custodiol I; BGH Custodiol II; BGH Staubsaugersaugrohr; *Benkard* Rn 68; *Kurt von Falck* FS 100 Jahre GRUR (1991), 543, 577.

284 Vgl hierzu *Straus* Abhängigkeit bei Patenten auf genetische Information – ein Sonderfall, GRUR 1998, 314; *Straus* Genpatentierung – eine „abstruse Idee" – Deutsches Ärzteblatt 2000, 903, 905 mit dem Vorschlag, für die Wesentlichkeit auf die Funktionsangabe durch den Patentinhaber abzustellen.

285 RG GRUR 1935, 936 Schneidewerkzeug; RG GRUR 1941, 368f Gasreinigungsanlage; BGH Liedl 1962/63, 468, 483 Verpackungseinlage; BGH 29.6.1971 X ZR 18/68; BGH GRUR 2012, 1242 Steckverbindung; OLG Düsseldorf 21.8.2014 2 U 29/13; vgl *Benkard* Rn 29; *Schulte* § 34 Rn 309.

286 BGH GRUR 1982, 291 Polyesterimide.

287 BGH GRUR 1985, 967 Zuckerzentrifuge.

288 BGH GRUR 1959, 317, 319 Schaumgummi.

289 BGHZ 53, 274, 278 = GRUR 1970, 361 Schädlingsbekämpfungsmittel.

290 Vgl zB US-CAFC 23.8.1998 Tronzo/Bionet, referiert in EIPR 1998 N-191; US-CAFC 18.9.1998 48 USPQ 2d 1088 Desper v. QSound, referiert in EIPR 1999 N-69; US-CAFC 26.2.1999 Sextant v. Analog, referiert in EIPR 1999 N-112; US-CAFC 14.6.2006 Primos/Hunter's Specialties.

per")[291]. Die Einführung eines „prosecution history estoppel" wurde im Rahmen der Revision des EPÜ diskutiert, ist aber nicht verwirklicht worden. Nach § 163 Abs 5 öPatG ist im Feststellungsverfahren der Inhalt der Erteilungsakten zu berücksichtigen.

Im **geltenden Recht** kann auf Vorgänge im Erteilungsverfahren und im Einspruchs-, Beschränkungs- und Nichtigkeitsverfahren (wie der beschränkten Aufrechterhaltung und der teilweisen Nichtigerklärung) grds nur soweit zurückgegriffen werden, als sie in der Patentschrift ihren Niederschlag gefunden haben[292]. Art 69 EPÜ/§ 14 PatG knüpfen für die Schutzbereichsbestimmung (und nicht nur für die Auslegung des Patentanspruchs) ausschließlich an die Patentansprüche, die Beschreibung und die Zeichnungen an. Einer weiter gehenden Berücksichtigung[293] stände an sich weder der Gesichtspunkt der angemessenen Belohnung noch, da sich die Berücksichtigung nur zugunsten der Allgemeinheit auswirkt, der der ausreichenden Rechtssicherheit für Dritte entgegen; ein praktisches Bedürfnis für eine Berücksichtigung besteht jedoch nicht (vgl Rn 160 zu § 34)[294]. Dass eine einschränkende Formulierung in den Anmeldeunterlagen nicht in die Patentschrift übernommen wurde, kann nicht zu einer entspr Einschränkung des Schutzes führen[295]. **52**

Ein Vergleich mit der **veröffentlichten Patentanmeldung** kommt allenfalls dann in Betracht, wenn dies bei Widersprüchen zwischen Beschreibung und Patentanspruch zur Klärung des Umfangs einer bei der Erteilung des Patents oder im Einspruchsverfahren vorgenommenen Beschränkung des geschützten Gegenstands beitragen kann[296]. **53**

Mehrere Entscheidungen des BGH[297] sehen die Erklärung des Patentanmelders, für eine bestimmte Ausführungsform keinen Patentschutz zu begehren, unter dem Gesichtspunkt von **Treu und Glauben** (venire contra factum proprium) als bedeutsam an, wenn die Erklärung Grundlage für die Patenterteilung in der bestimmten Fassung war und in einem Verfahren erklärt wurde, an dem auch die Partei beteiligt **54**

291 US SuprC GRUR Int 1999, 191 = Mitt 1997, 154 m Anm *König* Warner-Jenkinson v. Hilton Davis; vgl hierzu *König* GRUR 1999, 809, 816 sowie *den Hartog* (Entscheidungsanm) BIE 1999, 143, der zwischen Beschränkungen unterscheidet, die zur Abgrenzung vom StdT und solchen, die aus formalen Gründen erfolgen; bei letzteren soll eine Einschränkung des Schutzbereichs nicht erfolgen; US-CAFC 9.10.2003 Genzyme v. Transkaryotic, referiert in EIPR 2004 N-92, zu „chromosomally integrated"; RB Den Haag BIE 1999, 447 f lässt die Berücksichtigung von für Dritte erkennbaren Tatsachen aus der Erteilungsakte zu, auch GH Den Haag BIE 2000, 307, 309 greift auf die Akten zurück; nlHR 29.3.2002 GRUR Int 2003, 783 van Bentum/Kool = BIE 2003, 99, 110 m Anm *den Hartog* verneint dagegen Einschränkungen des Schutzes bei nachlässiger Anspruchsformulierung; RB Den Haag BIE 2002, 74 sieht unter Hinweis auf nlHR NJ 1995, 391 = BIE 1995, 333, 342 = GRUR Int 1995, 727 Ciba ./. Oté Optics eine Heranziehung der Erteilungsakten zugunsten Dritter als zulässig an, ebenso nlHR 22.12.2006 Dijkstra/Saier, einschränkend dagegen CA England/Wales FSR 2002, 28 Rohm & Haas; RB Den Haag 2002, 41, 44 lässt aus Gründen der Rechtssicherheit eine Ausweitung des Schutzumfangs aus den Erteilungsakten nicht zu; vgl auch RB Den Haag BIE 2002, 208 f; RB Den Haag BIE 2003, 315, 321.
292 BGHZ 115, 204, 208 = GRUR 1992, 40, 42 beheizbarer Atemluftschlauch; BGHZ 150, 161 = GRUR 2002, 511 Kunststoffrohrteil; BGH GRUR 2010, 602 Gelenkanordnung; BGHZ 189, 330 = GRUR 2011, 701 Okklusionsvorrichtung; BGHZ Vv = GRUR GRUR 2016, 257 Glasfasern II; OLG Düsseldorf 16.12.2010 2 U 89/09; OLG Düsseldorf Mitt 2014, 82; OLG Karlsruhe 9.7.2014 6 U 29/11 Mitt 2014, 558 Ls, auch zum Rückgriff auf die erteilte Fassung bei Geltendmachung der noch nicht rechtskräfig geänd Fassung für die Auslegung; *Benkard* Rn 32f mwN; *Schulte* Rn 45; *Fitzner/Lutz/Bodewig* Rn 16; *Preu* GRUR 1985, 728, 731; *Kraßer* (§ 32 III b 4) S 716f; *von Falck* FS 100 Jahre GRUR S 543, 556; *König* GRUR 1999, 809, 816; *Tilmann* GRUR 2005, 904, 906; vgl auch OLG Braunschweig 29.8.2001 2 U 18/01; CA Paris GRUR Int 1993, 173; ebenso für die Rechtslage in der Schweiz *Brunner* SMI 1994, 101, 105; *Brunner* sic! 1998, 348, 352; vgl *Scharen* GRUR 1999, 285, 288 ff; kr zur Beachtlichkeit von Verzichten im Erteilungsverfahren insb *Kraßer* (§ 25 A VIII d 4) S 553 ff; *Schulte* Rn 49 – anders noch *Schulte*[6] Rn 25; aA *Ballhaus* GRUR 1986, 337, 342; relativierend *R. Rogge* Mitt 1998, 201 f, 205, aufgegeben in *R. Rogge* FS R. König (2002), 451, 463.
293 Befürwortet für bestimmte Fallgestaltungen, insb den in der Patentschrift nicht zum Ausdruck kommenden Ausschluss von Äquivalenten, von *R. Rogge* Mitt 1998, 201, 204; die dort angesprochenen Fälle lassen sich aber befriedigend über den Einwand des freien StdT lösen; für eine Berücksichtigung zumindest zum Nachteil des Patentinhabers *den Hartog* BIE 1998, 326 f; vgl BPatG GRUR 2000, 1011, 1014, Schutzzertifikatssache.
294 BGH Kunststoffrohrteil; *Benkard-EPÜ* Art 69 Rn 77 ff, 78.
295 BGH GRUR 2010, 602 Gelenkanordnung.
296 BGHZ 194, 107 = GRUR 2012, 1124 Polymerschaum I; vgl BGH GRUR 2015, 875 Rotorelemente; offen gelassen in BGHZ 189, 330, 340 = GRUR 2011, 701, 704 Okklusdionsvorrichtung; BGH GRUR 2010, 602 Gelenkanordnung; BGHZ Vv = GRUR 2016, 257 Glasfasern II; aA OLG Karlsruhe 9.7.2014 6 U 29/11 Mitt 2014, 558 Ls.
297 BGH GRUR 1993, 886 Weichvorrichtung I; BGH Mitt 1997, 364 Weichvorrichtung II; BGH GRUR 2006, 923 Luftabscheider für Milchsammelanlage, zum GbmLöschungsverfahren.

war, gegen die ein dazu in Widerspruch stehender weiter Patentschutz geltend gemacht wird; dies gilt auch zu Lasten des klagenden Lizenznehmers; der Einwand der unzulässigen Rechtsausübung ist partei- und sachbezogen.[298] Dies betrifft aber nicht den Schutzbereich an sich, sondern nur das Verhältnis zu bestimmten Dritten.[299] Die Erklärung muss nicht in der im Verfahren ergehenden Entscheidung dokumentiert sein; sie kann auch auf andere Weise festgestellt werden.[300] Die Auffassung des BGH ist einerseits wegen der Schwäche der Sonderverbindung aus dem Einspruchs- (oder GbmLöschungs-)verfahren, andererseits wegen des auch dort geltenden Amtsermittlungsgrundsatzes, der die Annahme eines vertrauenbegründenden Verhaltens zwh macht, nicht generalisierungsfähig, wiewohl bei entspr gelagerten Sachverhalten im Ergebnis zu rechtfertigen.[301] Allgemeinverbindliche Bedeutung kommt Erklärungen des Anmelders im Erteilungsverfahren und solchen des Patentinhabers im Einspruchsverfahren nicht zu, der Schutzbereich beurteilt sich hier nach allg Grundsätzen; Erklärungen im Verfahren können aber Auslegungshilfen sein[302] und damit die Sachverhaltsfeststellung erleichtern. Aus dem Erfordernis der Rechtssicherheit für Dritte folgt nicht, dass in diesem Rahmen Vorgänge in der Erteilungsakte niemals zugunsten der vom Patentinhaber vertretenen Auslegung herangezogen werden könnten; Zurückhaltung ist hier gleichwohl geboten.[303] Ob insoweit das Gericht nur dann Vorgänge im Erteilungsverfahren heranziehen darf, wenn für die Fachwelt auch nach Studium der Beschreibung und der Zeichnungen Zweifel über den Inhalt der Patentansprüche bleiben, wobei zu berücksichtigen sein soll, dass Unklarheiten, die aus einer unsorgfältigen Formulierung der Patentschrift folgen, zunächst zu Lasten des Patentinhabers gehen,[304] erscheint zwh.[305]

55   **3. Beschränkungen des Patents.** Beschränkungen im Einspruchs-, Beschränkungs- und Nichtigkeitsverfahren (zum GbmLöschungsverfahren Rn 6 zu § 12a GebrMG) bewirken eine rückwirkende, allgemeinverbindliche rechtsgestaltende Änderung idR der Anspruchsfassung; dies galt auch für die früher praktizierten Klarstellungen.[306] Insoweit treten die darauf gerichteten Entscheidungsgründe an die Stelle der Patentbeschreibung oder neben sie (Rn 53 zu § 84); für die Gründe einer teilweise aufrechterhaltenden Entscheidung im Einspruchs- oder Einspruchsbeschwerdeverfahren wird dies nur gelten können, sofern durch die Entscheidung die Beschreibung nicht geänd wurde. Den Entscheidungsgründen kommt aber keine weitergehende Bedeutung zu als der Beschreibung selbst.[307]

56   Die Gründe des **klageabweisenden Nichtigkeitsurteils** binden den Verletzungsrichter nicht, bieten sich allerdings als Hilfsmittel bei der Auslegung an (Rn 63 zu § 84; dort auch zur Feststellung einer Überbestimmung).

57   **4.** Die Fassung **ausländischer Parallelpatente** ist für die Auslegung ohne Bedeutung;[308] ebenso die Fassung paralleler dt Gebrauchsmuster.

58   **5. Heranziehung des Stands der Technik.** Anders als im früheren Recht (Rn 14) spielt es für die Bestimmung des Schutzumfangs nach geltendem Recht grds keine Rolle, ob der StdT den Gegenstand des Patents vorwegnimmt; anderes gilt im Rahmen der Reichweite des Einwands des freien StdT (Rn 84 ff). Jedoch kann der StdT weiterhin Bedeutung für die Bestimmung des Schutzbereichs haben.[309] Den StdT hat

298   BGH Weichvorrichtung II.
299   BGH Weichvorrichtung II; vgl BGH Kunststoffrohrteil; *Benkard-EPÜ* Art 69 Rn 80; *Tilmann* GRUR 2005, 904, 907.
300   BGH GRUR 2006, 923 Luftabscheider für Milchsammelanlage.
301   BGH Weichvorrichtung II stellt insoweit auf fallspezifische Umstände ab; vgl auch *Scharen* GRUR 1999, 285, 290.
302   Vgl BGH Weichvorrichtung I; BGH Weichvorrichtung II; OLG Düsseldorf 26.2.2009 2 U 104/07; *Benkard-EPÜ* Art 69 Rn 29; *Körner* FS R. König (2003), 295, 299, allerdings hinsichtlich aus der Patentschrift nicht auflösbarer Widersprüche zu weit gehend; *R. Rogge* FS R. König (2003), 451, 463.
303   Ähnlich *R. Rogge* Mitt 1998, 201, 203 mit Fallbeispielen, 205; vgl RB Den Haag BIE 1999, 139, 141; ganz ablehnend *König* GRUR 1999, 809, 816.
304   So nlHR BIE 1995, 333, 343 = GRUR Int 1995, 727 Kontaktlinsenflüssigkeit; vgl RB Den Haag BIE 1997, 370 f.
305   NlHR 29.3.2002, auszugsweise BIE 2002, 155, verneint das Bestehen einer dahingehenden Auslegungsregel.
306   BGH GRUR 1979, 308 f Auspuffkanal für Schaltgase; vgl BGH GRUR 1955, 573 Kabelschelle; RG GRUR 1943, 205 Überfangglas.
307   BGHZ 172, 88, 97 = GRUR 2007, 778, 780 Ziehmaschinenzugeinheit I; OLG Düsseldorf 11.3.2010 2 U 146/08; OLG Düsseldorf 11.3.2010 2 U 147/08.
308   BGH Liedl 1961/62, 304, 320 Reifenpresse 01.
309   Vgl BGH GRUR 2006, 313 Stapeltrockner.

die Rspr für den Schutzumfang insofern als von Bedeutung angesehen, als der mit ihm vertraute Fachmann Inhalt und Tragweite der in der Patentschrift offenbarten Lehre immer unter seiner Berücksichtigung beurteile;[310] weise dieser bereits zahlreiche Lösungswege, stehe dies der Feststellung entgegen, der Fachmann entnehme der Patentschrift über ihren Wortlaut hinaus auch solche Wege, die ihm bereits anhand des StdT ohne erfinderisches Bemühen offenständen. Er lese die Patentschrift darauf hin, was sie ihm gegenüber dem Geläufigen Neues biete.[311] Bei der Auslegung eines Patents ist der StdT als Erkenntnismittel nur heranzuziehen, wenn er in der Patentschrift mitgeteilt ist[312] oder zum allg Fachwissen des Durchschnittsfachmanns gehört.[313] Das galt aber lediglich bei der Ermittlung der Tragweite von in der Patentschrift gebrauchten Begriffen, nicht auch bei der Bestimmung des Schutzumfangs des Patents gegenüber gleichwirkenden Ausführungsformen. Mit Art 69 EPÜ und dem Auslegungsprotokoll steht diese Rspr jedenfalls nicht ohne weiteres im Einklang.[314] Die Rspr berücksichtigt den in der Beschreibung genannten StdT jedenfalls soweit, als auf ihn zur Ergänzung der Beschreibung Bezug genommen ist.[315] Was sich hieraus für die Fachwelt ergibt, wird nur fallweise und nicht schematisch[316] entschieden werden können; selbst vollständige Vorwegnahme durch nicht mitgeteilten StdT kann nicht zur Reduzierung des Schutzumfangs auf Null führen. Dabei kann es bei der Erfassung des technischen Sinngehalts des Patentanspruchs gegen ein bestimmtes weiteres Verständnis sprechen, dass ein solcher Sinngehalt auch den StdT umfassen würde.[317]

V. Vereinbarungen über den Schutzumfang sind aus dem Grundsatz der Vertragsfreiheit möglich, **59** aber nur mit schuldrechtl Wirkung zwischen den Parteien, nicht allgemeinverbindlich.[318] Insb kann dem Patent im Verhältnis der Parteien eine einschränkende Auslegung gegeben werden.[319] Sie können auch Auslegungshilfen bei der Bemessung des Schutzbereichs darstellen,[320] Vorsicht ist hier allerdings geboten. Eine Vereinbarung, mit der der Gegenstand eines Patents zwischen den Parteien erweitert werden soll, ist – ähnlich wie eine Nichtangriffsabrede – an sich vom Grundsatz der Vertragsfreiheit gedeckt, ihr können jedoch kartellrechtl Bedenken entgegenstehen (vgl Rn 102ff zu § 81).[321] Zur Frage eines prozessualen **Geständnises** Rn 125 vor § 143.

VI. Die Verletzungsform

1. Allgemeines. Der Verletzungstatbestand ist nach **objektiven Gesichtspunkten** zu beurteilen, **60** nicht nach der subjektiven Willensrichtung des Verletzers.[322] Maßgeblich ist der Gegenstand, der einer

---

310 RG GRUR 1942, 261, 263 Kaffeekannenuntersatz; vgl BGH GRUR 1999, 909, 911 f Spannschraube; *Fitzner/Lutz/Bodewig* Rn 18.

311 BGH 19.9.1961 I ZR 49/59; BGH 29.2.1968 X ZR 80/65; OLG Braunschweig 29.8.2001 2 U 18/01.

312 BGH 29.7.2014 X ZR 5/13; *Benkard* Rn 61.

313 BGH GRUR 1978, 235 Stromwandler; BGH 16.11.1971 X ZR 5/70; vgl schon BGH 19.2.1970 X ZR 55/67, in bewusster Abweichung von früheren Entscheidungen, in denen unterstellt wurde, dass der Fachmann – insoweit – den gesamten StdT kennt; vgl *Kurt von Falck* Mitt 1969, 252; für eine Berücksichtigung auch der nur auf dem Deckblatt genannten Entgegenhaltungen *Tilmann* Patentschutzsystem in Europa, GRUR 1998, 325, 331, aber aufgegeben in *Tilmann* GRUR 2005, 904, 906.

314 Vgl auch *Jestaedt* Patentrecht[2] S 312; *Benkard* Rn 61.

315 BGH Mitt 1999, 365, 367 Sammelförderer; vgl OLG Düsseldorf 17.12.2009 2 U 118/08, das sich auf BGH GRUR 1991, 811, 813 f Falzmaschine und BGH Stromwandler (beide zur früheren Rechtslage) stützt, *Benkard-EPÜ* Art 69 Rn 25; weitergehend wohl OLG Nürnberg 26.2.2002 3 U 2379/01.

316 Im Einzelfall abl bei einer Kombinationserfindung BGH 20.2.2001 X ZR 140/98.

317 LG Düsseldorf 4.11.1999 4 O 90/99 Entsch 1999, 107; vgl LG Düsseldorf 10.6.1999 4 O 94/98.

318 Vgl RG GRUR 1936, 231 f Vorderradbremssystem; RGZ 153, 329, 331 = GRUR 1937, 288, 290 Membranschallerzeuger; RG GRUR 1939, 42, 44 Deckenbaukörper; RB Den Haag BIE 2002, 328, 331, auch unter dem Gesichtspunkt der Bindung nach Treu und Glauben an eine in einem früheren Rechtsstreit zwischen den Parteien vorgenommenen Auslegung.

319 RG Membranschallerzeuger; BGH GRUR 1979, 308 f Auspuffkanal für Schaltgase; *Ullmann* GRUR 1985, 809, 811; *Benkard* Rn 133.

320 Vgl *Körner* FS R. König (2003) 295, 300 f.

321 BGH Auspuffkanal für Schaltgase; vgl auch BGHZ 3, 193 = GRUR 1952, 141 Tauchpumpen, zur kartellrechtl Beurteilung nach Besatzungsrecht.

322 RG GRUR 1933, 703 f Röhrentrockner; RG GRUR 1935, 505, 508 Avau; RG GRUR 1941, 221, 223 Bodenbelag; LG Mannheim GRUR 1953, 166 f; *Benkard* Rn 87; *Fitzner/Lutz/Bodewig* Rn 20; vgl weiter RG GRUR 1935, 666 f Reißverschluß;

nach §§ 9, 10 vorbehaltenen Handlung zugrunde liegt, grds nicht etwa eine abw, zB durch Umbau erhältliche Ausführungsform.[323] Soweit auf das gelöste technische Problem abzustellen ist, kommt es auf die objektive Lage und nicht auf die im Patent genannte Aufgabe an.[324] Nur bei Verwendungsschutz und ähnlichen Formen ist das finale Element zu berücksichtigen.[325] Dass die Ausführungsform selbstständig erarbeitet wurde, steht der Verletzung nicht entgegen.[326] Wird bei einer Fehlkonstruktion nur gelegentlich die Wirkung der geschützten Merkmale erreicht, kann Patentverletzung objektiv zu verneinen sein;[327] grds sind aber auch zahlenmäßig unerhebliche Patenteingriffe beachtlich.[328] Herstellung und Vertrieb einer Vorrichtung, die in patentverletzender Weise bedient werden kann, sind Patentverletzung, wenn nicht mit geeigneten Mitteln die patentverletzende Verwendung mit Sicherheit verhindert wird.[329]

61   Der Schutzumfang kann nicht ein für allemal abstrakt formuliert werden.[330] Erfindungsgegenstand und Ausführungsform sind miteinander zu **vergleichen**.[331] Zunächst ist unter Zugrundelegung des Verständnisses der Fachwelt der Inhalt der Patentansprüche festzustellen, dh der dem Anspruchswortlaut vom fachkundigen Leser beigelegte Sinn zu ermitteln. Dies geschieht ohne Heranziehung der Verletzungsform.[332] Macht die angegriffene Ausführungsform vom Sinngehalt eines Patentanspruchs, dh von seinen Merkmalen in ihrer Gesamtheit, Gebrauch, wird die unter Schutz stehende Erfindung benutzt. Der Gesamtzusammenhang darf dabei nicht aus dem Auge verloren werden; Ausführungen zum Inhalt einzelner Merkmale dienen nur dazu, schrittweise den allein maßgeblichen Wortsinn des Patentanspruchs als einer Einheit zu ermitteln.[333] Bei einer vom Sinngehalt der Patentansprüche abw Ausführung kann eine Benutzung vorliegen, wenn die Fachwelt aufgrund von Überlegungen, die an den Sinngehalt der in den Patentansprüchen unter Schutz gestellten Erfindung anknüpfen, die bei der angegriffenen Ausführungsform eingesetzten abgewandelten Mittel mit Hilfe ihrer Fachkenntnisse als für die Lösung des der Erfindung zugrundeliegenden Problems gleichwirkend auffinden konnte. Dabei fordert es das gleichgewichtig neben dem Gesichtspunkt eines angemessenen Schutzes der erfinderischen Leistung stehende Gebot der Rechtssicherheit, dass der Sinngehalt der Patentansprüche nicht nur den Ausgangspunkt, sondern die maßgebliche Grundlage für die Bestimmung des Schutzbereichs bildet. Diese hat sich an den Patentansprüchen auszurichten.[334]

RG GRUR 1937, 554 f Nähmaschine; RG GRUR 1937, 973 f Laterne; BGH GRUR 1960, 546, 548 Bierhahn; BGH Liedl 1963/64, 515, 532 Läppen; BGH GRUR 1969, 471, 473 Kronkorkenkapsel; BGH 29.10.1968 X ZR 77/65; BGH 21.9.1971 X ZR 32/70.

323   Vgl OLG Düsseldorf 27.6.1996 2 U 244/93.

324   Vgl OLG Karlsruhe 10.2.2010 6 U 19/09.

325   Vgl BGHZ 68, 156, 160 = GRUR 1977, 652 Benzolsulfonylharnstoff; BGHZ 88, 209, 212 = GRUR 1983, 729 Hydropyridin; BGHZ 101, 159 = GRUR 1987, 794 Antivirusmittel; BGHZ 110, 82, 87 = GRUR 1990, 508 Spreizdübel; BGH GRUR 1990, 505 geschlitzte Abdeckfolie; BGH GRUR 1992, 305, 307 Heliumeinspeisung; BGH 13.7.1971 X ZR 44/68; *Benkard* Rn 49; kr *Haedicke* Mitt 2004, 145.

326   BGHZ 50, 340, 351 = GRUR 1969, 90 Rüschenhaube, Geschmacksmustersache.

327   RG GRUR 1939, 469, 471 Dosenöffner; RG GRUR 1941, 31 f Rasierhobel.

328   *Benkard* Rn 88.

329   BGH 21.9.1971 X ZR 32/70.

330   Vgl GH Den Haag BIE 2001, 298, 300: „Aan dit betoog ligt kennelijk de onjuiste opvatting ten grondslag dat het mogelijk is de beschermingsomvang van een octrooi voor de eeuwigheid deugdelijk te formuleren".

331   Vgl RG Mitt 1940, 4 f Düngerstreuer I; BGH GRUR 1967, 84 f Christbaumbehang II; BGH GRUR 1974, 460, 462 Molliped; BGHZ 98, 12, 19 = GRUR 1986, 803 Formstein.

332   Vgl zur Schutzbereichsbestimmung *Büscher/Dittmer/Schiwy* Rn 4.

333   BGHZ 159, 221, 226 = GRUR 2004, 845 Drehzahlermittlung; BGH GRUR 2000, 1005 Bratgeschirr; BGH GRUR 2006, 311 f Baumscheibenabdeckung; BGH GRUR 2005, 313, 315 Stapeltrockner; BGH GRUR 2007, 959 Pumpeinrichtung; BGH GRUR 2011, 129 Fentanyl-TTS; vgl LG Düsseldorf 20.11.2012 4b O 141/12 GRURPrax 2013, 203 KT; BPatG 9.12.2011 1 Ni 9/10 (EP); vgl *Benkard* § 139 Rn 5.

334   BGHZ 105, 1, 10 = GRUR 1988, 896, 898 f Ionenanalyse; BGHZ 106, 84, 90 f = GRUR 1989, 205, 208 Schwermetalloxidationskatalysator; BGH GRUR 1989, 903, 905 Batteriekastenschnur; BGH GRUR 1993, 886 Weichvorrichtung I; BGHZ 125, 303 = GRUR 1994, 597 Zerlegvorrichtung für Baumstämme; BGH GRUR 1999, 914 Kontaktfederblock; BGH GRUR 2000, 1005 f Bratgeschirr; BGHZ 150, 149 = GRUR 2002, 515 Schneidmesser I; BGH GRUR 2002, 519 Schneidmesser II; BGH GRUR 2002, 511 Kunststoffrohrteil, nicht in BGHZ; BGH GRUR 2002, 523 Custodiol I; BGH GRUR 2002, 527 Custodiol II; BGH Baumscheibenabdeckung; BGH Stapeltrockner; vgl BGH GRUR 1969, 534, 536 Skistiefelverschluß; BGH Molliped.

Bei der Beurteilung kommt es nicht auf Unterschiede, sondern auf die **Gemeinsamkeiten** der patent- **62** gem und der angegriffenen Ausführungsform an.[335] Verschleierungen sind unbeachtlich.[336] Ist (auch nur) ein Lösungsmerkmal weder identisch noch in äquivalenter Weise verwirklicht, scheidet Verletzung grds aus;[337] es genügt jedoch, dass die angegriffene Ausführungsform Eigenschaften annehmen kann, die sich nach dem Patentanspruch nur unter bestimmten Bedingungen einstellen.[338] Hinzufügung weiterer Elemente führt grds nicht aus der Verletzung.[339] Ob sich ein Teil einer Vorrichtung als Verwirklichung der Erfindung darstellt, beurteilt sich aus des Sicht des Patents; abzustellen ist auf die räumlich-körperliche und funktionale Verwirklichung des Erfindungsgedankens.[340]

2. Form des Eingriffs. Der Eingriff in das Schutzrecht kann entspr dem Wortsinn des Patentan- **63** spruchs erfolgen; man spricht dann von identischer Benutzung oder Verletzung. Auch nach geltendem Recht sind daneben Verletzungsformen erfasst, die den Eingriff nicht wortsinngem verwirklichen, Hauptfall ist äquivalente[341] oder gleichwertige (Rn 67ff) Benutzung. Sind einzelne Merkmale identisch, andere äquivalent verwirklicht, liegt insgesamt Verletzung im Äquivalenzbereich vor.[342] Die Unterscheidung zwischen identischer und nichtidentischer Benutzung ist für die Prüfung von Bedeutung; liegt eine identische Benutzung vor, bedarf es zur Bejahung der Verletzung grds keiner weiteren Feststellungen, anders bei der nichtidentischen Benutzung.[343] Die Abgrenzung ist zudem für die Berücksichtigung des Einwands des freien StdT bedeutsam (Rn 84ff).

3. Bei der identischen Benutzung werden alle Lösungsmerkmale eines Patentanspruchs, bei abhän- **64** gigen Patentansprüchen auch die des in Bezug genommenen, wortsinngem verwirklicht. Äußerliche Merkmalsübereinstimmung reicht grds aus.[344] Ein in der Patentschrift nicht ausdrücklich genanntes Lösungsmittel, das der Fachwelt seiner regelmäßigen Funktion nach als gleichwirkend bekannt ist, soll unter den Wortsinn fallen können;[345] dies bedarf allerdings sorgfältiger Prüfung im Einzelfall. Dass die Fachwelt bei einem chemischen Verfahren, bei dem eine bestimmte Ausgangsverbindung eingesetzt wird, eine andere Verbindung wie selbstverständlich mitliest, kann ausreichen; die Annahme bedarf jedoch einer tragfähigen Grundlage, die nicht schon darin liegt, dass nach sachverständiger Äußerung die Nichtaufnahme als Kunstfehler erscheint.[346] Die Auffassung, dass eine wortsinngem Benutzung eines Merkmals gegeben sei, wenn das bei der angegriffenen Ausführungsform verwendete Lösungsmittel zwar in der Patentschrift nicht ausdrücklich genannt werde, der Fachwelt aber aufgrund ihres allg Fachwissens und handwerklichen Könnens zur Verwirklichung der erfindungsgem Lehre zur Verfügung stehe, ohne dass sie sich mit dem Gegenstand der Erfindung näher befassen müsse, ist jedenfalls zu weit, weil sie auch Ausführungsformen erfasst, die dem Bereich der Äquivalenz zuzuordnen sind.[347] Umschreibt das Patent das Mit-

335 BGH 5.12.1989 X ZR 19/88; vgl RG Mitt 1934, 63, 65 Jauchepumpen; RG GRUR 1935, 913f Reißverschluß I; RG GRUR 1936, 100f Aufbereitungsmaschine; RG GRUR 1939, 712, 715 Reifenkontrollvorrichtung II; RG GRUR 1941, 317, 319 Abblendevorrichtung; BGH GRUR 1976, 88, 90 Skiabsatzbefestigung; BGH 16.6.1970 X ZR 72/67; BGH 29.5.1980 X ZR 79/78; Tribunal de Commerce Bobigny GRUR Int 1991, 910; vgl RG GRUR 1936, 303f Tabakförderanlage.
336 Vgl RG GRUR 1936, 236, 241 Stabeisenbiegevorrichtung; *Benkard* Rn 90.
337 Vgl auch OLG Düsseldorf Mitt 1996, 310, 312.
338 LG Düsseldorf 2.9.1999 4 O 239/98 Entsch 1999, 101.
339 Schweiz BG BGE 124 III 375 = GRUR Int 1999, 286f Fosinopril.
340 LG Düsseldorf 2.9.1999 4 O 239/98 Entsch 1999, 101.
341 *Benkard* Rn 91: inhaltsgleiche oder gleichwertige.
342 Vgl BGHZ 112, 140, 153 = GRUR 1991, 436 Befestigungsvorrichtung II; BGHZ 113, 1, 6, 9 = GRUR 1991, 444 Autowaschvorrichtung.
343 Vgl *Ullmann* GRUR 1988, 333, 335.
344 BGHZ 112, 140, 155f = GRUR 1991, 436 Befestigungsvorrichtung II.
345 *Benkard*⁹ Rn 118; *Fitzner/Lutz/Bodewig* En 21; *Mes* Rn 58: allerdings Vorsicht geboten; *Bernhardt/Kraßer*⁴ S 525: „fachnotorisch austauschbare Mittel", allerdings in dieser Allgemeinheit aufgegeben seit *Kraßer*⁵, jetzt *Kraßer* S 722f (§ 32 III d aa 2); *Ullmann* GRUR 1988, 333, 335; vgl RG GRUR 1942, 261f Kaffeekannenuntersatz; BGH GRUR 1954, 584 Holzschutzmittel; BGH GRUR 1962, 86, 89 Fischereifahrzeug; OLG Düsseldorf ENPR 2000, 14, 22: „ohne weiteres austauschbar".
346 BGH 11.7.1995 X ZR 24/93.
347 BGH Mitt 1999, 365, 368 Sammelförderer gegen OLG Karlsruhe 26.3.1996 6 U 108/95.

tel nur allg oder überlässt es die Auswahl dem Anwender, fällt jedes zum Prioritätszeitpunkt geläufige Mittel unter den Gegenstand des Patents.[348]

65   Bei identischer Benutzung sind Erwägungen darüber überflüssig, ob der Benutzer keine ohne weiteres auf der Hand liegende Lösung oder selbst eine **erfinderische Ausgestaltung** gefunden hat oder ob er eine nach der Lehre des Klagepatents naheliegende Gestaltung benutzt. Äquivalenzüberlegungen kommen erst in Betracht, wenn ein Merkmal des Patentanspruchs nicht mehr identisch verwirklicht wird.[349]

4. Benutzung außerhalb des Identitätsbereichs

66   **a. Allgemeines.** Der gebotene Ausgleich zwischen dem Belohnungsinteresse des Erfinders und den Interessen der Allgemeinheit erfordert es, Verletzungsformen in den Schutzbereich des Patents einzubeziehen, die nicht vom Wortsinn der Patentansprüche Gebrauch machen. Der Versuch, den Schutzbereich eindeutig und lückenlos durch die Patentansprüche zu umschreiben, müsste den Prüfungsaufwand wesentlich erhöhen, könnte aber vielfach nicht zum Erfolg führen, weil die Umgehungsmöglichkeiten regelmäßig nicht zu überblicken sind.[350] Der Anmelder kann nicht immer alle möglichen Varianten seiner Erfindung voraussehen; es kann deshalb unbillig sein, ihn am Wortsinn der Patentansprüche festzuhalten.[351] Das dt wie das eur Patenterteilungsverfahren beschränken sich daher darauf, den Gegenstand des Patents festzulegen, und überlassen die Bestimmung des Schutzumfangs dem Verletzungsprozess. In diesem werden in bestimmten Grenzen Verletzungsformen erfasst, die vom Wortsinn der Patentansprüche abweichen. Nach den maßgeblichen Bestimmungen des § 14, des Art 69 EPÜ und des Auslegungsprotokolls kommt eine Erfassung von Verletzungsformen im Umfang der Dreiteilungslehre nicht mehr in Betracht. In erster Linie erfasst der Schutzbereich des Patents äquivalente Ausführungsformen (Rn 67 ff), sonstige Abweichungen vom Wortsinn der Patentansprüche (Rn 82 f) sind aber nicht von vornherein vom Schutz ausgenommen. Nach geltendem Recht kommt Teilschutz nicht mehr in Betracht (Rn 80). Die vom Wortsinn abw Verletzungsform ist freilich nur dann zu prüfen, wenn sie geltend gemacht wird (vgl Rn 94 vor § 143). Eine erweiterte, die Verletzung mit äquivalenten Mitteln umfassende Prüfungspflicht des Gerichts kann jedenfalls in den Fällen nicht angenommen werden, in denen ohne nähere Angabe des Verletzungsklägers schlechterdings Anhaltspunkte fehlen, warum auch in anderer als der sich aus der Kennzeichnung im Antrag ergebenden Hinsicht eine Patentverletzung in Betracht kommen sollte.[352]

67   **b. Gleichwertige (äquivalente) Benutzung.** Zur Behandlung der Äquivalenz unter der Dreiteilungslehre Rn 12 f. Auch nach § 14 und Art 69 EPÜ erstreckt sich der Schutzbereich regelmäßig auf Äquivalente[353] der in den Patentansprüchen unter Schutz gestellten Erfindung;[354] er bemisst sich insoweit nach dem durch Auslegung zu ermittelnden Inhalt der Patentansprüche unter Heranziehung von Beschreibung und Zeichnungen. Äquivalenz ist nicht auf Vorrichtungen beschränkt.[355] Nach den sowohl für das frühere Recht wie auch für das PatG 1981 geltenden maßgeblichen Grundsätzen beschränkt sich der Schutzbereich eines Verfahrenspatents nicht auf Verfahren, die in jeder Hinsicht die Anweisungen verwirklichen, die der betreffende Anspruch des Patents nach seinem Inhalt vorschreibt.[356] Es ist auf die erkennbare Tragweite der Erfindung abzustellen, dessen Verständnis sich bereits bei der Ermittlung und Klärung des Begriffsinhalts der in den Patentansprüchen benutzten Worte auswirkt, darüber hinaus auch bei der Feststellung des über den Wortsinn hinausgehenden weiteren Inhalts der Patentansprüche hinsichtlich der Benutzung der Erfindung durch Äquivalente. Für eine Erstreckung des Schutzumfangs auf eine von einem Merkmal des Patentanspruchs abw Ausführungsform reicht die bloße Übereinstimmung im Leistungsergebnis nicht

---

348   Vgl BGH GRUR 1958, 179, 181 Resin; BGH GRUR 1961, 409 f Drillmaschine.

349   BGH 5.12.1989 X ZR 19/88; vgl BGH GRUR 1975, 484, 486 Etikettiergerät; BGH 27.10. 1970 X ZR 9/68.

350   Vgl *Kraßer* S 721 f (§ 32 III d aa).

351   RB Den Haag BIE 2002, 74, 77.

352   BGH GRUR 2011, 313 Crimpwerkzeug IV; *Scharen* FS W. Tilmann (2003), 607.

353   Kr zu Begriffsbildung wegen mangelnden eindeutigen Inhalts *Benkard* Rn 91.

354   BGHZ 98, 12, 18 f = GRUR 1986, 803 Formstein; BGHZ 105, 1, 12 f = GRUR 1988, 896 Ionenanalyse; BGHZ 112, 140, 148 = GRUR 1991, 436 Befestigungsvorrichtung II; BGHZ 116, 122, 126 = GRUR 1992, 305 Heliumeinspeisung; BGHZ 125, 303 = GRUR 1994, 597 Zerlegvorrichtung für Baumstämme; OLG Düsseldorf ENPR 2000, 14, 23.

355   BGH GRUR 2000, 1005 f Bratgeschirr; GH Den Haag BIE 2000, 174.

356   BGH 15.5.2001 X ZR 107/98 Schulte-Kartei PatG 14.51 Nr 56 Schweißfuge.

aus.[357] Bei Bestimmung des Schutzumfangs gegenüber gleichwirkenden Ausführungsformen kann anders als bei der des Gegenstands des Patents (Rn 58) auf den StdT in seiner Gesamtheit und nicht nur, soweit er in der Patentschrift mitgeteilt ist, zurückgegriffen werden; nicht mitgeteilten StdT generell bei der Ermittlung des Schutzumfangs eines Patents außer Betracht zu lassen, ist nicht gerechtfertigt.[358] Der Äquivalenzbegriff ist nunmehr einheitlich; einer Differenzierung in glatte und nicht-glatte, patentrechtl und technische Äquivalenz bedarf es nicht.[359] Da aus unzulässigen Erweiterungen keine Rechte hergeleitet werden können (§ 38 Satz 5), erscheint es nicht angängig, einem unzulässig eingefügten Merkmal, das der Patentinhaber im Verletzungsstreit gegen sich gelten lassen muss, einen Äquivalenzbereich zuzuordnen.

In der Rspr des BGH ist noch nicht abschließend geklärt, auf welchen **Zeitpunkt** für die Beurteilung **68** durch die Fachwelt abzustellen ist; ob, wie nach der Rspr zum früheren Recht, weiterhin Anmelde- oder Prioritätstag (Rn 11) maßgeblich sind,[360] erscheint auch im Hinblick auf die teilweise abw internat Praxis[361] zwh. Der Vorschlag für eine Änderung des Auslegungsprotokolls zu Art 69 EPÜ, der auf den Verletzungszeitpunkt abstellen wollte,[362] ist nicht umgesetzt worden. Gelegentlich ist eine Synthese der verschiedenen Auffassungen dahin vorgeschlagen worden, dass für die Bedeutung des Wortsinns auf den Anmeldezeitpunkt, für die Äquivalenzprüfung aber auf den Verletzungszeitpunkt abgestellt werden soll, für die Herleitbarkeit der abw Ausführungsform aus Patentansprüchen und Beschreibung aber wiederum auf den Anmeldezeitpunkt.[363] Eine Einschränkung des Schutzbereichs durch spätere Erkenntnisse dürfte nicht in Betracht kommen.

Ausgangspunkt für die Prüfung einer Patentverletzung durch äquivalente Mittel ist ein **Vergleich** zwi- **69** schen der patentgem und der in der angegriffenen Ausführungsform verwirklichten Problemlösung.[364] Es geht mithin nicht um die Bestimmung eines abstrakten „Äquivalenzbereichs".[365] Bei der Prüfung, ob die geschützte Erfindung benutzt wird, ist zunächst unter Zugrundelegung des fachmännischen Verständnisses (besser: des Verständnisses der Fachwelt)[366] der Inhalt der Patentansprüche festzustellen, dh der dem Anspruchswortlaut vom Fachmann beigelegte Sinn zu ermitteln. Zu fragen ist, ob die Fachwelt aufgrund der in den Patentansprüchen unter Schutz gestellten Erfindung dazu gelangt, das durch die Erfindung gelöste Problem mit **gleichwirkenden Mitteln** (Rn 70) zu lösen, dh den angestrebten Erfolg auch mit anderen Mitteln, die zu ihm führen, zu erreichen. Benutzung der Erfindung kann vorliegen, wenn die Ausführung vom Sinngehalt der Patentansprüche abweicht, die Fachwelt aber aufgrund von Überlegungen, die an den Sinngehalt der Patentansprüche anknüpfen, die bei der Ausführungsform eingesetzten abgewandelten Mittel mit Hilfe ihrer Fachkenntnisse zur Lösung des der Erfindung zugrunde liegenden Problems **als gleichwirkend auffinden**[367] konnte; solche Lösungsmittel sind idR in den Schutzbereich einbezogen.[368] Die neue

---

357 BGH Formstein; BGH Ionenanalyse; BGH GRUR 1989, 205, 208 Schwermetalloxidationskatalysator; BGH GRUR 1989, 903 Batteriekastenschnur; BGHZ 113, 1 = GRUR 1991, 444, 446 Autowaschvorrichtung; BGH GRUR 1993, 886 Weichvorrichtung I; BGH Bratgeschirr; BGHZ 171, 120 = GRUR 2007, 410 Kettenradanordnung I; OLG Düsseldorf 26.4.2007 2 U 4/06.

358 BGH GRUR 1987, 280 Befestigungsvorrichtung I; *Benkard-EPÜ* Art 69 Rn 63.

359 *Benkard*[9] Rn 121 f, für die glatte/nicht-glatte Äquivalenz auch BGHZ 98, 12, 19 = GRUR 1986, 803 Formstein, allgM.

360 So *Benkard* Rn 111 mwN; *Benkard-EPÜ* Art 69 Rn 9, *Benkard-EPÜ* 64; *Schulte* Rn 53; *König* Mitt 2000, 379, 387; *Brunner* sic! 1998, 348, 358 f, der aber gleichwohl später verfügbar gewordene Lösungsmittel einbeziehen will; in diese Richtung auch BGHZ 142, 7, 23 = GRUR 1999, 977, 982 Räumschild, wo auf das Erkenntnisvermögen des Fachmanns im Prioritätszeitpunkt abgestellt wird; beiläufig BGH GRUR 2003, 550 Richterablehnung; aA *Bardehle* Mitt 1992, 133; *von Falck* GRUR 2001, 905, 907 f stellt auf die „artgleiche Wirksamkeit" ab.

361 VK: Veröffentlichung der Patentanmeldung, nach neuerer Praxis aber Prioritätszeitpunkt, CA England/Wales RPC 1997, 489 Beloit/Valmet; CA England/Wales GRUR Int 2000, 936 = RPC 1999, 409 Union Carbide/BP; USA – US-CAFC 14.5.1998 USPQ 2d 1752 Chuminatta – und Niederlande: Verletzungszeitpunkt; vgl *Brinkhof* GRUR Int 1991, 435, 438; *den Hartog* BIE 1996, 83, 85; *den Hartog* BIE 1998, 326 f; *Tilmann/Dagg* GRUR 2000, 459, 465; *von Falck* GRUR 2001, 905, 908; *Franzosi* In Defence of Catnic, EIPR 2000, 242; *Tilmann* EIPR 2006, 169; nlHR Mitt 2014, 332; BGHZ 125, 303 = GRUR 1994, 597 Zerlegvorrichtung für Baumstämme beantwortet die Frage nur für eine bestimmte Konstellation.

362 Kr *Wenning* Mitt 2000, 375, 377; *König* Mitt 2000, 379.

363 *Den Hartog* (Entscheidungsanm) BIE 2003, 227.

364 BGH GRUR 1991, 811 Falzmaschine.

365 AA offenbar *Bopp/Jeep* Mitt 2003, 294, 299 ff.

366 BGH GRUR 1999, 909, 911 Spannschraube; BGH GRUR 2000, 1005, 1007 Bratgeschirr.

367 Zur Bedeutung dieses Begriffs *den Hartog* BIE 1998, 326 f in Auseinandersetzung mit *Bertrams* (1998).

368 BGHZ 98, 12, 18 f = GRUR 1986, 803 Formstein; BGHZ 105, 1, 12 f = GRUR 1988, 896 Ionenanalyse; BGHZ 106, 84, 91 = GRUR 1989, 205, 208 Schwermetalloxidationskatalysator; BGH GRUR 1989, 903, 905 Batteriekastenschnur; BGH GRUR 1993, 886 Weichvorrichtung I; BGHZ 125, 303 = GRUR 1994, 597 Zerlegvorrichtung für Baumstämme; BGH 11.7.1995 X ZR

Rspr des BGH fügt als weiteres[369] Kriterium hinzu, dass die Überlegungen, die die Fachwelt anstellen muss, derart **am Sinngehalt der im Patentanspruch unter Schutz gestellten technischen Lehre orientiert** sein müssen, dass er die abweichende Ausführung mit ihren abgewandelten Mitteln als der gegenständlichen gleichwertige Lösung in Betracht zieht (Rn 73).

70   **Gleichwirkung.** Maßgeblich ist, ob das abgewandelte Mittel die gleiche Funktion erfüllt; dies soll nicht der Fall sein, wenn die Doppelfunktion eines einzigen Konstruktionselements der Patentlehre bei der angegriffenen Ausführungsform durch zwei verschiedene Konstruktionselemente erfüllt wird (zwh; vgl Rn 77).[370] Aufgrund einer bloßen Feststellung unterschiedlicher Lösungswege kann Verletzung durch Verwendung äquivalenter Mittel nicht verneint werden.[371] Im Rahmen der Prüfung, ob eine abgewandelte Ausführungsform der patentierten Lösung gleichwirkend ist, müssen der Sinngehalt des Patentanspruchs und die Wirkungen ermittelt werden, die mit den Merkmalen des Patentanspruchs je für sich und in ihrer Gesamtheit erzielt werden.[372] Dabei muss untersucht werden, welche von den einzelnen Wirkungen, die mit den Merkmalen des Patentanspruchs erzielt werden können, zur Lösung des ihm zugrundeliegenden Problems patentgem zusammenkommen müssen. Diese Gesamtheit repräsentiert die patentierte Lösung und stellt die für den anzustellenden Vergleich maßgebliche Wirkung dar,[373] dabei darf jedoch nicht auf eine Ersetzung einzelner Merkmale faktisch verzichtet werden.[374] Eine weitere Unterteilung in „erfindungswesentliche" und „zusätzliche" Wirkungen ist verfehlt.[375] Gleichwirkung ist dabei bereits gegeben, wenn die patentgem Wirkung (und nicht nur die Gesamtwirkung)[376] im wesentlichen erzielt wird.[377] Für die Prüfung der Gleichwirkung ist auf die konkrete Ausgestaltung des Merkmals abzustellen; ist dieses zB zahlenmäßig eingegrenzt, muss auf die Wirkung abgestellt werden, die der zahlenmäßigen Eingrenzung zukommt; dass die Wirkung im übrigen erreicht wird, genügt nicht, insb reicht es nicht aus, dass die Fachwelt eine abstrahierende Lehre als technisch sinnvoll erkennt.[378] Ob die Wirkung zum „Kern" der Erfindung gehört, ist nicht maßgeblich, ebenso, ob die Wirkung in der Patentschrift angesprochen ist; es genügt jedenfalls regelmäßig, dass sie für die Fachwelt ersichtlich ist.[379] Bei Verfahrensschutz wurde die bloße Übereinstimmung im Verfahrensergebnis als nicht ausreichend angesehen; hinzutreten muss demnach, dass das angegriffene Verfahren von dem für die patentgem technische Lehre maßgeblichen Gedanken Gebrauch macht.[380]

71   Die Prüfung der **Erkennbarkeit der Gleichwirkung** erfordert eine Auseinandersetzung mit den möglichen Erkenntnissen der Fachwelt.[381] Der Fachmann muss erkennen, dass von bestimmten Merkmalen des Patentanspruchs abgesehen werden und diese durch geeignete andere Mittel ausgetauscht werden

---

24/93, noch zum PatG 1968; OLG Düsseldorf ENPR 2000, 120, 166; OLG Düsseldorf 27.6.1996 2 U 244/93; OLG Düsseldorf 28.7.2011 2 U 65/10; LG München I InstGE 1, 191, 200; zur Bedeutung des Fachmanns *Dreiss* GRUR 1994, 781, 788; zur Erkennbarkeit *Brunner* sic! 1998, 348, 358 f.

369 Nach *Heyers* GRUR 2004, 1002, 1005 soll die Frage nach ihrem Rang keineswegs an dritter Stelle zu platzieren sein; sie wird sich allerdings erst nach Bejahung der beiden ersten Fragen stellen.

370 LG Frankfurt/M 4.5.2005 6 O 158/04 InstGE 5, 179 Ls.

371 BGHZ 106, 84 = GRUR 1989, 205, 208 Schwermetalloxidationskatalysator; vgl aber OLG Düsseldorf 16.8.2007 2 U 117/97; vgl zu Gleichwirkung bei Sequenzpatenten *Meyer-Dulheuer* GRUR 2000, 179, 181; *Ensthaler/Zech* GRUR 2006, 529, 535.

372 BGH GRUR 2006, 313 Stapeltrockner.

373 BGH GRUR 2000, 1005 f Bratgeschirr; BGH Stapeltrockner; BGH GRUR 2015, 361 Kochgefäß; öOPM öPBl 2007, 57, 70; OLG Düsseldorf 11.10.2007 2 U 52/06; vgl OLG Düsseldorf 22.11.2013 2 U 55/12 „Schweißextruder".

374 LG München I InstGE 1, 191, 201.

375 BGH Kochgefäß.

376 BGH GRUR 2012, 1122 Palettenbehälter III; vgl BGH GRUR 2011, 313 Crimpwerkzeug IV; BGH GRUR 2016, 169 Luftkappensystem.

377 BGH GRUR 1999, 909, 914 Spannschraube; BGH Bratgeschirr; BGH GRUR 2006, 311 Baumscheibenabdeckung.

378 BGHZ 150, 149 = GRUR 2002, 515 Schneidmesser I; BGH GRUR 2002, 519 Schneidmesser II; BGH GRUR 2002, 511 Kunststoffrohrteil, nicht in BGHZ; BGH GRUR 2002, 523 Custodiol I; BGH GRUR 2002, 527 Custodiol II, unter Hinweis auf die dritte Catnic-Frage; BGHZ 159, 76 = GRUR 2004, 758, 760 Flügelradzähler; BGHZ 171, 120 = GRUR 2007, 410, 415 f Kettenradanordnung I; BGH GRUR 2007, 959, 961 Pumpeinrichtung; BGHZ 172, 298 = GRUR 2007, 1059, 1063 Zerfallszeitmessgerät; OLG Düsseldorf 26.2.2009 2 U 104/07.

379 Vgl OLG Düsseldorf 26.2.2009 2 U 104/07.

380 ÖOGH 20.5.2008 17 Ob 6/08v Bicalutamid, Ls in ÖBl 2008, 275.

381 Vgl *Benkard* Rn 109.

können.[382] Darauf, ob das Auffinden der alternativen Lösung ohne weiteres möglich war, kommt es dabei nicht an,[383] solange der erforderliche Aufwand das Erkenntnisvermögen der Fachwelt nicht übersteigt.[384] Die Erkennbarkeit muss die Gleichwirkung einschließen.[385]

Ob für Äquivalenz über die Gleichwirkung und deren Erkennbarkeit für die Fachwelt **weitere Voraussetzungen** bestehen, haben Rspr und Lit zunächst unterschiedlich beantwortet (s auch die Hinweise zur Rechtslage im Ausland). So hat die Rspr des BGH zT darauf abgestellt, dass das Lösungsmittel iS des in seiner Tragweite durch Auslegung zu ermittelnden Erfindungsgedankens gleichwirkend sein muss.[386] Eine Patentverletzung mit äquivalenten Mitteln kann danach nur angenommen werden, wenn die Ausführungsform den Grundgedanken der Erfindung nicht widerspricht[387] oder der Lösungsgedanke wesentlich verändert wird.[388] Zur Beurteilung können mithin auch Überlegungen beitragen, worauf sich das Schutzbegehren richtet.[389] In anderen Fällen hat der BGH auf die Übereinstimmung im Lösungsprinzip abgestellt.[390] Ein unterschiedliches Lösungsprinzip kam erst in Betracht, wenn der Fachmann die Ausführungsform dem Patent nicht ohne erfinderische Überlegung entnehmen konnte.[391] Verschiedene Lösungswege schließen danach Äquivalenz nicht aus;[392] anders, wenn der beschrittene Lösungsweg von dem unter Schutz gestellten so weit entfernt ist, dass er nicht mehr als dessen Verwirklichung erscheint.[393] Auf die Einhaltung desselben Lösungsprinzips oder Lösungswegs wurde auch vielfach in der Lit abgestellt[394] (vgl zur durch die jüngere BGH-Rspr überholten Kritik an diesen Ansätzen 5. Aufl).

In jüngerer Zeit hat der BGH (wieder) auf die anhand der Orientierung der Fachwelt am Sinngehalt der geschützten Lehre zu beurteilende **Gleichwertigkeit**[395] (und nicht auf die Gleichwirkung allein) der Lösung abgestellt. Dies ist ein allgemeinerer, aber im Grund zur dritten Catnic-Frage der Rspr im VK paralleler Ansatz.[396] Allerdings hat die BGH-Rspr die Möglichkeit der Interpretation dahin offengelassen, dass dieses Element (nur) auf die Orientierung am Patentanspruch abzielt; diese Interpretation hat sich in der Folgezeit durchgesetzt.[397] Die der BGH-Rspr[398] zugrundeliegenden Sachverhalte, bei denen ein für die patentgem Lehre wesentliches und bestimmendes Merkmal durch ein Mittel ersetzt wurde, durch dessen Einsatz der mit der Erfindung verfolgte Sinn verfehlt oder in sein Gegenteil verkehrt wurde, oder es für den Gegenstand des Patents bestimmend und wesentlich war, ohne zusätzliche Hilfsmittel oder Aufwand einen bestimmten Erfolg zu erreichen, die Verletzungsform solche Hilfsmittel aber einsetzte, oder bei denen

---

382 BGHZ 105, 1 = GRUR 1988, 896, 900 Ionenanalyse; vgl *Kraßer* FS W. Fikentscher (1998), 516, 535.

383 *Benkard* Rn 109; *Schar* Mitt 2000, 58, 60; *Schulte* Rn 63: ohne erfinderische Überlegungen.

384 Vgl BGHZ 142, 7, 23 = GRUR 1999, 977 Räumschild.

385 BGHZ 150, 149, 158 f = GRUR 2002, 515 Schneidmesser I; *Benkard* Rn 110.

386 BGH GRUR 1960, 478, 487 Blockpedal; BGH GRUR 1962, 29, 31 Drehkippbeschlag; BGH GRUR 1974, 460, 462 Molliped: Gleichwirkung iSd konkreten Erfindungsgedankens; BGH 1.12.1960 I ZR 11/59; BGH 9.2.1962 I ZR 30/60; BGH 11.1.1966 I a ZR 135/63 Wärmeschreiber 01, nicht in GRUR; BGH Mitt 1966, 197 Fußleiste: „im wesentlichen gleicher, übergeordneter Erfindungsgedanke"; BGH 28.5.1968 X ZR 67/65; BGH 13.2.1990 X ZR 51/88: Gleichwirkung iSd im Patent offenbarten Erfindungsgedankens; LG München I InstGE 1, 38, 44: Grundgedanke; LG München I 15.2.2001 7 O 12972/00: naturwissenschaftliches Prinzip.

387 BGH 9.2.1962 I a ZR 30/60.

388 BGHZ 142, 7 = GRUR 1999, 977, 981 Räumschild; vgl LG München I InstGE 1, 38, 44.

389 BGH GRUR 1999, 909, 911 f Spannschraube.

390 Vgl OLG München 11.10.2001 6 U 1754/01; kr zu diesem Ansatz *Benkard-EPÜ* Art 69 Rn 57.

391 BGH GRUR 1969, 471, 473 Kronkorkenkapsel; BGH GRUR 1969, 534, 536 Skistiefelverschluß; BGHZ 64, 86 = GRUR 1975, 425 Metronidazol; BGH GRUR 1976, 88 ff Skiabsatzbefestigung.

392 BGH Skiabsatzbefestigung; BGH GRUR 1987, 280 Befestigungsvorrichtung I; BGH 16.1.1990 X ZR 57/88; aA *Brunner* sic! 1998, 348, 358.

393 BGH 11.7.1995 X ZR 24/93, dort relevante Abweichung verneint.

394 Vgl noch *Bernhardt/Kraßer*[4] S 527, allerdings nicht mehr in den Folgeauflagen; *Preu* GRUR 1985, 732; *Benkard*[9] Rn 120, 122, 127; *U. Krieger* GRUR 1980, 683, 686; *Ballhaus/Sikinger* GRUR 1986, 337, 340; *Ullmann* GRUR 1988, 333, 336; *von Falck* FS 100 Jahre GRUR (1991), 543, 571; *den Hartog* BIE 1998, 326 f diskutiert einen „insubstantial difference test"; vgl auch HG Zürich SMI 1992, 303, 314; ebenso die Praxis des OLG Düsseldorf, zB OLG Düsseldorf 7.3. 1996 2 U 151/92.

395 Vgl hierzu *Schramm* PVP[6] S 218 f (Kap 7 Rn 63 ff).

396 Vgl auch *Bopp/Jeep* Mitt 2003, 293, 298; *Tilmann/Jacob* GRUR Int 2003, 982; *Meier-Beck* 36 IIC (2005), 339, 342 f; PatentsC 19.5.2004 [2004] EWHC 1124 (Pat) Celltech v. Medimmune.

397 BGH GRUR 2011, 313 Crimpwerkzeug IV; OLG Karlsruhe 10.4.2013 6 U 18/12; vgl *Schramm* PVP S 206 (Kap 7 Rn 128).

398 BGH GRUR 1986, 239 Melkstand; BGHZ 113, 1 = GRUR 1991, 444 Autowaschvorrichtung; BGH GRUR 1991, 744 Trockenlegungsverfahren; BGH GRUR 1993, 886 Weichvorrichtung I; BGH Mitt 1997, 364 Weichvorrichtung II.

die Ausführungsform auf den entscheidenden Vorteil der Erfindung verzichtete, indem sie ein im Leistungsergebnis übereinstimmendes Mittel benutzte, dessen Einsatz zu vermeiden Hauptzweck der Erfindung war, lassen sich auf der Grundlage einer Gleichwertigkeitsbetrachtung jedenfalls dann befriedigend lösen,[399] wenn es gelingt, die Grenzen der Gleichwertigkeit zuverlässig zu definieren.[400] Das gilt auch für solche Fälle, in denen ein Merkmal so abgewandelt wird, dass der aus der Patentschrift ersichtliche Wirkungsbereich deutlich verlassen wird.[401] Die für die Bejahung der Gleichwertigkeit erforderliche Orientierung der für die Auffindung einer vom Wortsinn des Patentanspruchs abw gleichwirkenden Ausgestaltung erforderlichen Überlegungen des Fachmanns am Patentanspruch hat nicht zur Voraussetzung, dass die Beschreibung Ausführungen enthält, die den Fachmann gerade zu dieser Ausgestaltung hinlenken; solche Ausführungen können zwar die Einbeziehung einer vom Wortsinn des Patentanspruchs abw Ausgestaltung in den Schutzbereich des Patents stützen; sie sind hierfür jedoch keine notwendige Voraussetzung.[402] Erfasst sind darüber hinaus aber auch die Fälle, in denen durch Formulierungen in der Patentschrift der Eindruck vermittelt wird, es komme unabhängig von der erkennbaren technischen Bedeutung des Merkmals für die Verwirklichung der geschützten Lehre darauf an, dass das Merkmal gem seinem Wortsinn oder doch jedenfalls nicht in der gesamten Breite[403] objektiv gleichwirkender Lösungen benutzt werde.[404] Bei Zahlen- und Maßangaben kann eine wesentliche Abweichung gegen Gleichwertigkeit sprechen.[405] Nicht erfasst werden demgegenüber regelmäßig Fälle, in denen die Beschreibung mehrere Möglichkeiten nennt, wie eine bestimmte technische Wirkung erzielt werden kann, jedoch nur eine dieser Möglichkeiten in den Patentanspruch aufgenommen ist.[406] Die Rspr hat teilweise darauf abgestellt, ob es nahegelegen hat, das Ersatzmittel aufzufinden.[407]

74   Der BGH hat dies insgesamt zu einem **dreistufigen Prüfungsschema** fortentwickelt:[408] Für die Zugehörigkeit einer solchen Ausführungsform zum Schutzbereich ist es erstens erforderlich (aber nicht ausreichend), dass das der Erfindung zugrunde liegende Problem mit abgewandelten, aber **objektiv gleichwirkenden Mitteln** gelöst wird und dass zweitens der Fachmann (besser: die Fachwelt) durch seine Fachkenntnisse befähigt wird, die abgewandelten Mittel als **gleichwirkend aufzufinden**; hinzu treten muss drittens, dass die Überlegungen, die er hierbei anstellen muss, derart am Sinngehalt der im Patentanspruch unter Schutz gestellten technischen Lehre orientiert sind, dass er die abweichende Ausführung mit ihren abgewandelten Mitteln als der gegenständlichen **gleichwertige Lösung** in Betracht zieht (vgl Rn 73).[409]

---

399   Vgl BGH GRUR 2002, 523 Custodiol I; instruktiv auch der OLG Düsseldorf 23.5.1996 2 U 47/95 zugrunde liegende Fall, bei dem ein für den Fachmann erkennbar gleichwirkendes Austauschmerkmal benutzt wurde, der Fachmann aber auch erkannte, „dass das nicht der Weg ist, den das Klagepatent ... vorschlägt"; vgl auch OLG Düsseldorf ENPR 2000, 14, 24; OLG Düsseldorf 8.7.2010 2 U 65/09: „wenn die ergriffene Maßnahme das Gegenteil dessen ist, was das Klagepatent lehrt"; OLG Düsseldorf 25.3.1010 lässt es der Gleichwertigkeit bereits entgegenstehen, wenn der Fachmann erkannt hat, dass die Aufgabe auch mit den abgewandelten Mitteln gelöst wird, er sich dafür aber vom Inhalt der Patentschrift abwenden muss, die keinen Anhalt dafür bietet, dass diese Abwandlung vom Patent erfasst werden soll.
400   Vgl auch die Kritik bei *Heyers* GRUR 2004, 1002, 1006 f; *Reimann/Köhler* GRUR 2002, 931, 935; *Geißler* GRUR Int 2003, 1, 3.
401   BGH GRUR 2002, 519 Schneidmesser II; vgl auch OLG Düsseldorf Mitt 2005, 449 (monoklonaler Maus-Antikörper); OLG Düsseldorf 26.2.2009 2 U 104/07.
402   BGH GRUR 2014, 852 Begrenzungsanschlag.
403   Diese gewollte Abweichung von der Formulierung der dritten Catnic-Frage scheinen *Boop/Jeep* Mitt 2003, 294, 300 zu verkennen.
404   BGH Schneidmesser II; BGH GRUR 2002, 527 Custodiol II; vgl LG Düsseldorf InstGE 3, 163, 173 f; OLG Düsseldorf 13.9.2013 2 U 23/13 und hierzu *Hoppe-Jänisch/Vakil* Drospirenon and Damping Unit: Lifesaver for a German Doctrine of Equivalents or Very Old Wine in New Skins? GRUR Int 2014, 657.
405   Kr hierzu *Geißler* GRUR Int 2003, 1, 3; vgl OLG Düsseldorf 21.3.2013 2 U 73/09 „Chipkarte"; LG München I 20.2.2014 7 O 20345/12 undok: rechteckig statt kreisförmig oder oval.
406   BGHZ 189, 330 = GRUR 2011, 701 Okklusionsvorrichtung.
407   Vgl OLG Düsseldorf 7.7.2011 2 U 48/10.
408   Vgl hierzu *Reimann/Köhler* GRUR 2002, 931; LG Düsseldorf 16.10.2008 4a O 119/07 CIPR 2009, 29.
409   BGHZ 150, 149 = GRUR 2002, 515 Schneidmesser I; BGH GRUR 2002, 519 Schneidmesser II; BGH GRUR 2002, 511 Kunststoffrohrteil, nicht in BGHZ; BGH GRUR 2002, 523 Custodiol I; BGH GRUR 2002, 527 Custodiol II; BGH GRUR 2004, 413 Geflügelkörperhalterung; BGH GRUR 2006, 313, 315 f Stapeltrockner; BGH GRUR 2007, 959 Pumpeinrichtung; BGHZ 172, 298 = GRUR 2007, 1059 Zerfallszeitmessgerät; BGH GRUR 2011, 313 Crimpwerkzeug IV; OLG Düsseldorf 31.1.2008 2 U 77/06; OLG München 6 U 3679/01 Mitt 2003, 270 Ls will Äquivalenz bei unwesentlichen Merkmalen offenbar generell verneinen; vgl auch OLG Jena 24.10.2012 2 U 888/11.

Wird das patentgem Problem nicht gelöst, scheidet Äquivalenz aus.[410] Dabei muss die beanstandete Ausführung, soweit ihre Gestaltung im Hinblick auf die patentgemäße Lösung von Bedeutung ist, in ihrer Gesamtheit erfasst werden; hiervon ausgehend ist zu entscheiden, ob sie als solche eine auffindbar gleichwertige Lösung darstellt.[411] Was die Gleichwertigkeit betrifft, geht die BGH-Rspr nunmehr allerdings dahin, diese aufgrund einer Gesamtbewertung der drei Prüfungsfragen und nicht isoliert anhand der dritten Prüfungsfrage zu beurteilen;[412] dies könnte dafür sprechen, dass die „Schneidmesser"-Rspr aus dem Jahr 2002 insoweit nicht mehr als ein Formelkompromiss war. Äquivalentem Stoffaustausch steht es grds nicht entgegen, dass der ausgetauschte Stoff durch eine Bereichs-, Anteils- oder Mengenangabe präzisiert ist.[413] Für chemische Stoffpatente gelten grds keine Besonderheiten.[414] Bei mehrstufigen chemischen Reaktionsabläufen ist trotz Unterschieden in einzelnen Verfahrensschritten Äquivalenz nicht ausgeschlossen, sofern dieselbe technische Wirkung erzielt wird, der Lösungsweg für den Fachmann naheliegt und dieser die verschiedenen Lösungswege als gleichwertig empfindet; unterschiedliche Zahl von Verfahrensschritten muss daher der Äquivalenz nicht entgegenstehen.[415] Die Überlegung, der Patentinhaber habe es in der Hand gehabt, durch entsprechende Anspruchsformulierung den Schutz weiter zu fassen, ist kein geeignetes Abgrenzungskriterium.[416]

c. Verschlechterte und verbesserte Ausführung; abhängige Erfindung. Abweichungen, etwa im **75** Wirkungsgrad, also verbesserte oder verschlechterte Ausführungen, schließen Patentverletzung nicht aus; das galt im früheren Recht,[417] wie es im neuen gilt.[418] Das gilt nicht nur für die wortsinngem Verletzung.[419] Auf nicht erfindungswesentliche Vorteile und Nachteile kommt es grds nicht an.[420]

Verschlechterte Ausführung. Schon nach früherem Recht konnte auch eine „unvollkommene **76** Nachahmung" in das Patent eingreifen.[421] Geringfügige Verschlechterungen nehmen eine Bauform nicht vom Patentschutz aus.[422] Dabei müssen alle Merkmale, wenn auch (teilweise) in schlechterer Weise, benutzt werden.[423] Auch die verschlechterte Ausführung setzt mithin eine Patentverletzung voraus.[424] Ergibt

---

410 Vgl OLG Düsseldorf 19.1.2012 2 U 13/10; OLG Düsseldorf 18.10.2012 2 U 34/11; OLG Düsseldorf 21.2.2013 2 U 68/11; LG Düsseldorf 31.1.2012 4a O 106/08; LG Düsseldorf 12.6.2012 4b O 5/11; LG Düsseldorf 29.4.2014 4b O 175/12.

411 BGH Pumpeinrichtung; vgl BGH 30.6.2009 X ZR 107/05.

412 BGH Crimpwerkzeug IV; vgl auch BGH GRUR 2014, 852 Begrenzungsanschlag.

413 BGH Kunststoffrohrteil, nicht in BGHZ; vgl zur kinematischen Umkehr OLG Düsseldorf 22.12.2011 2 U 106/10 „Keiltrieb".

414 *Benkard* Rn 53, 55 unter Hinweis auf Schwierigkeiten bei abgewandelten Stoffen; vgl *Bruchhausen* GRUR Int 1991, 414 f; *Lederer* GRUR 1998, 272; *Brodeßer* GRUR 1993, 185; Äquivalenz hier generell verneinend *Fürniss* FS R. Nirk (1992), 305 ff; vgl auch den bei *Lederer* S 274 referierten Fall OLG Düsseldorf 2 U 52/89; zur Einbeziehung von Derivaten PatentsC RPC 2000, 547 American Home Products v. Novartis (Rapamycin) bejahend einerseits, abl nachfolgend CA England/Wales RPC 2001, 158 = ENPR 2002, 339 = IIC 2003, 87 andererseits, abl auch die parallele Entscheidung RB Den Haag 29.3.2000, referiert in EIPR 2000, 127; vgl PatentsC RPC 2002, 1 (Erythropoietin); PatentsC Monsanto v. Merck, ENPR 2002, 98, referiert von *Cole* EIPR 2000, 534, 537 ff bezieht bei Beanspruchung nur eines Tautomeren das nicht beanspruchte in den Schutz nicht ein; zur Äquivalenz bei auf DNS-Sequenzen gerichteten Patentansprüchen *Meyer-Dulheuer* GRUR 2000, 179, der neben der Sequenzangabe die Funktionsangabe heranziehen und funktionsgleiche Sequenzen als äquivalent erfassen will, PatentsC RPC 2002, 1 Kirin-Amgen v. Roche mit Kritik *Schertenleib* EIPR 2003, 125, 135, sowie HG Zürich sic! 1997, 208, 212, wo auf die Hybridisierung unter stringenten Bedingungen abgestellt wird; Benutzung der an sich nicht geschützten cDNS wurde als verletzend angesehen.

415 Vgl ÖOGH 20.5.2008 17 Ob 6/08v Bicalutamid, Ls in ÖBl 2008, 275.

416 Vgl BGH GRUR 2005, 41 f Staubsaugersaugrohr; OLG Düsseldorf 21.12.2006 2 U 90/05; OLG Düsseldorf GRUR-RR 2014, 185 „WC-Sitzgelenk".

417 Vgl BGH 27.10.1970 X ZR 9/68 für die identische Benutzung, BGH GRUR 1963, 519 Klebemax, für glatte Äquivalente, BGH 29.11.1966 Ia ZR 46/64, und BGH 6.3.1969 X ZR 32/66 für den allg Erfindungsgedanken; vgl weiter BGH 16.6.1992 X ZR 53/89; OLG Düsseldorf 15.2.1993 2 U 99/88; GH Den Haag BIE 2000, 174; RB Den Haag BIE 2000, 178.

418 Vgl BGH 20.2.2001 X ZR 140/98; *Benkard-EPÜ* Art 69 Rn 59; vgl auch zum Geschmacksmusterrecht BGH GRUR 1972, 38, 40 Vasenleuchter; BGH GRUR 1996, 767 Holzstühle.

419 Vgl BGH GRUR 2015, 361 Kochgefäß.

420 Vgl BGH GRUR 1964, 606, 609 Förderband; BGH 6.5.1986 X ZR 7/85.

421 Vgl BGH GRUR 1955, 139 eiserner Grubenausbau.

422 BGH GRUR 1961, 409, 411 Drillmaschine; BGH 9.2.1962 I ZR 30/60.

423 BGH GRUR 1962, 575 Standtank; BGH 1.12.1960 I ZR 11/59; BGH 8.1.1963 I a ZR 67/63; BGH 30.11.1967 Ia ZR 62/65.

424 Vgl BGH GRUR 1999, 909, 913 f Spannschraube mwN; BGH GRUR 2000, 1005 f Bratgeschirr: Analyse der patentgem Wirkungen und sich daran anschließende Gewichtung des bei der Ausführungsform festgestellten Defizits sind erforderlich; vgl BGH GRUR 1955, 29, 32 Nobelt-Bund; BGH GRUR 1960, 474 Landkartenverschluß.

die Auslegung des Patentanspruchs Mindestanforderungen an Qualität oder Umfang einer bestimmten Wirkung, können abgewandelte Mittel, die diesen Anforderungen nicht gerecht werden, auch dann nicht unter dem Gesichtspunkt einer verschlechterten Ausführung als gleichwirkend angesehen werden, wenn alle übrigen Wirkungen der patentgem Lösung im wesentlichen erreicht werden.[425] Die ältere Rspr hat zudem gefordert, dass der Benutzer im Rahmen der durch das Patent gestellten (Haupt-)Aufgabe handelt;[426] die gewandelte Dogmatik der Aufgabe verweist dies in den Rang einer bloßen Beurteilungshilfe. Dass die Aufgabe noch gelöst wird, reicht allein nicht aus.[427]

77   Grds genügt es, wenn die patentgem Wirkung (und nicht nur die Gesamtwirkung, sondern auch die Wirkung, die das nicht wortsinngemäß verwirklichte Merkmal erzielen soll)[428] im wesentlichen erzielt wird.[429] Eine verschlechterte Ausführung setzt damit voraus, das ein **praktisch erheblicher Beitrag** zur Herbeiführung des mit der Erfindung erreichten technischen Erfolgs geleistet wird;[430] es genügt nicht, wenn Nachteile, die das Patent beseitigen will, gerade in Kauf genommen werden und auf den erzielten Fortschritt verzichtet wird.[431] Ein Element, das mehrere Funktionen erfüllt, kann nur durch Elemente äquivalent benutzt werden, die ebenfalls (alle) diese Funktionen erfüllen.[432] Dabei kann ein Element, das mehrere Funktionen erfüllt, durch mehrere Elemente ersetzt werden, wenn es nicht zur erfindungsgem Lehre gehört, mit nur einem Element auszukommen.[433]

78   Eine **verbesserte Ausführung** fällt in den Schutzbereich des Patents, solange sie von dessen Merkmalen Gebrauch macht, selbst wenn sie ihrerseits eine abhängige, schutzfähige Erfindung darstellt.[434] Das gilt auch, wenn die Verletzungsform zusätzliche Vorteile aufweist.[435] Werden mit zusätzlichen Mitteln zusätzliche Vorteile erreicht, ist dies keine verschlechterte Ausführung; allenfalls kann sich die Frage einer abhängigen Erfindung stellen.[436]

79   Die **abhängige Erfindung** (Rn 27 ff zu § 9) stellt regelmäßig einen Unterfall der verbesserten Ausführung (im Einzelfall aber auch verschlechterte Ausführung, Rn 30 zu § 9) dar und fällt wie diese in den Schutzbereich des Patents;[437] Patenterteilung auf die angegriffene Ausführungsform lässt daher grds keinen Schluss darauf zu, dass Patentverletzung oder Äquivalenz zu verneinen ist.[438] Die abhängige Erfindung bildet keinen eigenständigen Verletzungstatbestand.[439] Eine Weiterentwicklung der Erfindung, die den geschützten Erfindungsgedanken benutzt, ist Patentverletzung, weil bei ihrer Ausführung von der Lehre des Patents Gebrauch gemacht wird.[440] Wer vom Gegenstand einer geschützten Erfindung Gebrauch

425   BGH GRUR 2012, 1122 Palettenbehälter III.
426   BGH GRUR 1967, 84, 86 Christbaumbehang II; BGH 16.6.1970 X ZR 72/67; vgl auch BGH GRUR 1973, 411 Dia-Rähmchen VI; BGH 3.11.1992 X ZR 29/90.
427   BGH 7.3.1989 X ZR 93/87.
428   BGH GRUR 2012, 1122 Palettenbehälter III.
429   BGH GRUR 1999, 909, 914 Spannschraube; BGH GRUR 2000, 1005 f Bratgeschirr; BGH GRUR 2006, 311, 313 Baumscheibenabdeckung; BGH GRUR 2011, 313 Crimpwerkzeug IV; BGH Palettenbehälter III; BGH GRUR 2015, 361 Kochgefäß; OLG Düsseldorf 3.1.2013 2 U 22/10; vgl LG Düsseldorf 10.11.2011 4b O 30/09.
430   BGH 18.1.1983 X ZR 8/82; BGH 14.6.1983 X ZR 36/82; BGH 7.3.1989 X ZR 93/67.
431   BGH GRUR 1955, 29, 31 Nobelt-Bund; BGH GRUR 1962, 575 Standtank; BGH 25.4.1961 I ZR 90/59; BGH 29.10.1968 X ZR 77/65; BGH 30.1.1969 X ZR 16/66; vgl OLG München InstGE 2, 87 (Zurückbleiben hinter dem nächstliegenden StdT).
432   BGH GRUR 1969, 532, 534 Früchtezerteiler; BGH GRUR 1998, 133, 136 Kunststoffaufbereitung; OLG Düsseldorf 21.12.1995 2 U 242/94; OLG Düsseldorf 22.9.2000 2 U 129/99.
433   OLG Düsseldorf 22.9.2000 2 U 129/99.
434   BGH GRUR 1961, 409, 411 Drillmaschine; BGH GRUR 1975, 484, 486 Etikettiergerät; BGH GRUR 1977, 654 Absetzwagen II; BGH 9.2.1962 I ZR 30/60; BGH 21.12.1962 I ZR 129/60; BGH 14.7.1969 X ZR 17/67.
435   BGH GRUR 1955, 573 Kabelschelle; BGH GRUR 1962, 354, 356 Furniergitter; BGH GRUR 1975, 484, 486 Etikettiergerät; BGH GRUR 1977, 654, 656 Absetzwagen III; BGHZ 142, 7, 16 ff = GRUR 1999, 977 Räumschild; BGH 2006, 399 Rangierkatze; BGH GRUR 2007, 959 Pumpeinrichtung.
436   BGH 19.11.1996 X ZR 111/94.
437   Vgl BGH GRUR 1964, 132, 134 Kappenverschluß; BGHZ 112, 140, 150 ff = GRUR 1991, 436 Befestigungsvorrichtung I; BGH GRUR 1999, 909 Spannschraube; BGH GRUR 2000, 1005 Bratgeschirr; BGH GRUR 2001, 770 Kabeldurchführung II.
438   Vgl OLG Düsseldorf GRUR 1999, 702; *Fitzner/Lutz/Bodewig* Rn 30; bdkl daher OLG Düsseldorf 27.6.1996 2 U 244/93, wo insoweit Indizwirkung angenommen wird.
439   BGHZ 142, 7 = GRUR 1999, 977, 980 f Räumschild; *Gramm* GRUR 2001, 926, 931.
440   BGH GRUR 1975, 484, 486 Etikettiergerät; BGHZ 112, 140, 150 ff = GRUR 1991, 436 Befestigungsvorrichtung II; vgl BGHZ 112, 297 = GRUR 1991, 518 Polyesterfäden; OLG Düsseldorf 29.2.1996 2 U 9/95; schweiz BG GRUR Int 1991, 658

macht, greift in den allein dem Schutzrechtsinhaber vorbehaltenen Bereich auch ein, wenn er dabei zugleich eine weiterführende eigene Erfindung verwirklicht; soweit die jüngere Erfindung auf der älteren aufbaut und damit erst durch diese ermöglicht wird, nutzt sie in besonderer Weise deren Ergebnisse, es wäre daher nicht gerechtfertigt, eine solche Nutzung aus dem Schutzbereich des älteren Patents auszunehmen und dem älteren Erfinder damit den Lohn für seine grundlegende Leistung vorzuenthalten.[441] Patentverletzung mit äquivalenten Mitteln liegt auch vor, wenn die konkrete Ausführungsform in einem oder mehreren Merkmalen als Ausgestaltung einer allgemeineren Aussage zu verstehen ist, die der Fachmann der im Patentanspruch umschriebenen und in der Patentbeschreibung erläuterten Ausbildung als gleichwirkend entnehmen kann;[442] die danach zulässige und gebotene Verallgemeinerung (Abstraktion) der angegriffenen Ausführungsform[443] darf aber nicht mit einer nach geltendem Recht unzulässigen Verallgemeinerung der patentgem Lehre iSd allg Erfindungsgedankens früheren Rechts verwechselt werden.[444] Die Äquivalenzprüfung erstreckt sich in diesem Fall nicht auf die Frage, ob auch die konkrete Ausgestaltung für den Fachmann nahegelegen hat;[445] dies gilt auch bei der Prüfung des Einwands des freien StdT (Rn 85). Für den Fall, dass die erfinderische Leistung gerade auf dieser Ausgestaltung beruht, gilt nichts anderes.[446] Die Weiterführung kann sowohl in der Hinzufügung selbstständiger weiterer Merkmale als auch in der Konkretisierung eines Merkmals bestehen, das entweder wortlautgem oder in äquivalenter Form für den Fachmann erkennbar in der älteren Lehre enthalten ist; in diesen Fällen kann die Weiterentwicklung zwar als solche oder in Kombination mit der älteren Lehre erfinderisch sein, sie ist jedoch von der Lehre des älteren Patents abhängig und fällt als abhängige Erfindung in dessen Schutzbereich.[447] Auch die Einbeziehung solcher Mittel als Äquivalente in den Schutzbereich ist möglich, die erst nach dem Anmeldetag erfunden wurden,[448] aber nur, soweit es sich um eine abhängige Erfindung handelt. Im übrigen besteht für die Anerkennung einer „nachhinkenden" Anreicherung des Patents kein Anlass[449] (vgl aber Rn 68 zum maßgeblichen Zeitpunkt). Eine erfinderische Ausgestaltung des an sich identischen oder äquivalenten Lösungsmittels führt somit nicht aus dem Schutzbereich heraus, wohl aber das (die Kenntnisse des Fachmanns übersteigende) Auffinden eines anderen, gleichwirkenden Lösungsmittels.[450] Es ist vertreten worden, dass es nicht auf die konkrete Ausgestaltung des Ersatzmittels ankomme, wenn die sie ausmachenden Elemente aus der Sicht der Erfindung unwesentlich sind und das Ersatzmittel nach seiner Art eher naheliegend ist;[451] in solcher Allgemeinheit ist dies ebenso bdkl wie die Auffassung,[452] auch eine Abstraktion könne zum Fachwissen gehören.[453]

Doxycyclin III; HG Zürich sic! 1997, 208, 213; s aber GH Den Haag BIE 1997, 319 = GRUR Int 1998, 58 Hoffmann-La Roche/ Organon und hierzu *Scharen* GRUR 1999, 285.

441 BGH Befestigungsvorrichtung II; OLG Düsseldorf 30.8.2001 2 U 15/00; vgl *Gramm* GRUR 2001, 926.

442 BGH Befestigungsvorrichtung II; BGH GRUR 2001, 770 Kabeldurchführung II.

443 Vgl OLG Düsseldorf GRUR 1999, 702 sowie hierzu *König* GRUR 2002, 1009, 1011 und, wenn auch mit bdkl Formulierung, OLG München 20.11.1997 6 U 2949/95.

444 Bezeichnend hierfür OLG Dresden 9.9.1997 14 U 2732/96; wenn BGHZ 125, 303, 314 = GRUR 1994, 597 Zerlegvorrichtung für Baumstämme dies noch offen gelassen hat, ist die Frage – entgegen *Osterloh* GRUR 2001, 989 f – durch BGHZ 142, 7, 19 = GRUR 1999, 977, 981 Räumschild im verneinenden Sinn geklärt; vgl *Nieder* GRUR 2002, 935, der darauf hinweist, dass eine äquivalente Benutzung insoweit nur in Betracht kommt, wenn das Merkmal im Patentanspruch bereits (zu ergänzen wäre: gegenüber der Ausführungsform) auf einer Abstraktionsstufe formuliert ist; zur Problematik auch *Scharen* FS W. Tilmann (2003), 599; vgl weiter CCass IIC 2009, 338 Bourgeois v. Pimas.

445 BGH Befestigungsvorrichtung II; vgl BGHZ 112, 297 GRUR 1991, 518 Polyesterfäden; *Blumer* sic! 1998, 3, 9; vgl OLG Düsseldorf GRUR 1999, 702; OLG München 16.3.2000 6 U 1704/96.

446 AA *Allekotte* GRUR 2002, 472; hiergegen zutr *König* GRUR 2002, 1009.

447 BGH Befestigungsvorrichtung II; vgl BGH Polyesterfäden; zum früheren Recht BGH Etikettiergerät; BGH 14.7.1966 Ia ZR 79/64 Christbaumbehang II, nicht in GRUR; BGH 27.10.1970 X ZR 9/68.

448 *Kraßer* S 728 (§ 32 III d cc); BGH Befestigungsvorrichtung II; BGH Räumschild; OLG Düsseldorf InstGE 10, 198; vgl *Benkard* Rn 113; *K. von Falck* GRUR 2001, 905; in BGH GRUR 1979, 271 Schaumstoffe offengelassen; einschränkend *Blumer* sic! 1998, 3, 7: nur wenn die grundsätzliche Ersetzbarkeit der entspr Merkmale für den Fachmann schon am Anmeldetag erkennbar war.

449 BGHZ 125, 303 = GRUR 1994, 597 Zerlegvorrichtung für Baumstämme.

450 Vgl auch *Kühnen* GRUR 1996, 729, 733 f; *König* Mitt 1994, 178; *König* Mitt 1996, 75; *Brunner* sic! 1998, 348, 359 ff.

451 OLG Düsseldorf GRUR Int 1993, 242, 244; vgl OLG Düsseldorf 7.7.2011 2 U 48/10.

452 OLG Düsseldorf GRUR Int 1993, 242, 244.

453 Kr *Dreiss* GRUR 1994, 781, 789.

Keukenschrijver

80   **d. Teilschutz.** Dass im geltenden Recht Schutz für eine Unterkombination nicht in Betracht kommt, hat der BGH erst 2007 entschieden.[454] Eine entspr Tendenz hatte sich allerdings bereits längere Zeit angedeutet.[455] Der Anmelder muss dafür sorgen, dass das, wofür er Schutz begehrt, sorgfältig in den Merkmalen des Patentanspruchs niedergelegt ist.[456] Er wird indes nicht immer den vollen technischen Gehalt der Erfindung ausschöpfen und erkennen und kann uU rechtl daran gehindert sein; auch ist er nicht verpflichtet dies zu tun. Beschränkt sich das Patent bei objektiver Betrachtung auf eine engere Anspruchsfassung, als dies vom technischen Gehalt der Erfindung und gegenüber dem StdT geboten wäre, darf die Fachwelt darauf vertrauen, dass der Schutz entspr beschränkt ist; dem Patentinhaber ist es dann verwehrt, nachträglich Schutz für etwas zu beanspruchen, was er nicht unter Schutz hat stellen lassen, selbst wenn die Fachwelt erkennt, dass die erfindungsgem Wirkung über den unter Schutz gestellten Bereich hinaus erreicht werden könnte.[457] Der Schutz beschränkt sich in diesem Fall auf das, was mit dem Sinngehalt der Patentansprüche noch in Beziehung zu setzen ist.[458]

81   **e. Überbestimmungen** konnten nach früherer Auffassung wie bloße Wirkungsangaben bei der Bestimmung des Schutzumfangs weggelassen werden; dies galt allerdings nicht bei einer Patentlehre, die das Variieren mehrerer voneinander abhängiger Größen für jeweils eine dieser Größen vorschlägt.[459] Im geltenden Recht wird man eine Überbestimmung schon unter dem Gesichtspunkt der Rechtssicherheit für Dritte (Art 1 Auslegungsprotokoll, Rn 9) jedenfalls nicht von vornherein als zu vernachlässigen ansehen können, der Patentinhaber wird sie grds als beachtlich gegen sich gelten lassen müssen. Die Auslegung eines Patentanspruchs aus seinen Unteransprüchen ist nicht statthaft (vgl zur parallelen Situation bei Ausführungsbeispielen Rn 28).[460] Liegt eine Überbestimmung vor, kann – Erkennbarkeit für die Fachwelt vorausgesetzt – eine Bereinigung schon bei der Ermittlung des Sinngehalts erfolgen;[461] dies wird allerdings nur in eindeutigen Fällen gelten können, etwa wenn ein Merkmal im Patentanspruch mehrfach, wenn auch in unterschiedlicher Umschreibung, aufscheint,[462] nicht schon dann, wenn die Fachwelt erkennt, dass das Merkmal technisch nicht notwendig ist.[463] In Betracht kommt auch, dass die Funktion eines Merkmals des Patentanspruchs durch ein anderes Merkmal dieses Anspruchs mit übernommen wird und das eine Merkmal damit entbehrlich wird.

82   **f. Sonstige Abweichungen, insbesondere anderer Anwendungsbereich.** Eine Erstreckung des Schutzbereichs auf Abweichungen vom Wortlaut der Patentansprüche, die nicht im Austausch von Lösungsmitteln bestehen, zB auf andere Anwendungsbereiche, erscheint nicht von vornherein ausgeschlossen, soweit damit nicht der numerus clausus der gesetzlichen Verletzungstatbestände durchbrochen oder gegen das Gebot der Rechtssicherheit verstoßen wird und solange die Patentansprüche die maßgebliche Grundlage des Patentschutzes bleiben.[464] Die Patentansprüche sind dabei im Licht des Gesamtinhalts der Patentschrift unter Heranziehung des Fachwissens zu betrachten. Von dieser Grundlage aus ist zu beurteilen, ob ausreichend erkennbar ist, dass sich der Schutz eines Patents nicht nur auf die in den Patentan-

---

454   BGHZ 172, 298 = GRUR 2007, 1059 Zerfallszeitmessgerät (Gbm); ebenso für das Patent BGHZ 180, 215 = GRUR 2009, 653 Straßenbaumaschine; BGHZ 189, 330 = GRUR 2011, 701 Okklusionsvorrichtung.
455   Vgl BGH GRUR 1992, 594, 596 mechanische Betätigungsvorrichtung.
456   BGH GRUR 1989, 903 Batteriekastenschnur; zu Zahlenangaben, bei denen der Anmelder besonderen Anlass zu sorgfältiger Formulierung hat, BGHZ 150, 149 = GRUR 2002, 515 Schneidmesser I; BGH GRUR 2002, 519 Schneidmesser II; BGH GRUR 2002, 511 Kunststoffrohrteil, nicht in BGHZ; BGH GRUR 2002, 523 Custodiol I; BGH GRUR 2002, 527 Custodiol II; s auch BGHZ 100, 249 = GRUR 1987, 626 Rundfunkübertragungssystem; BGH GRUR 1991, 744 Trockenlegungsverfahren, jeweils zu § 6 PatG 1968; BGH mechanische Betätigungsvorrichtung; OLG Düsseldorf Mitt 2001, 28.
457   BGH Schneidmesser I; BGH Schneidmesser II; BGH Kunststoffrohrteil, nicht in BGHZ; BGH Custodiol I; BGH Custodiol II; OLG Düsseldorf 20.9.2007 2 U 33/06; LG Düsseldorf 17.7.2008 4a O 45/02.
458   BGH Schneidmesser II; BGH Kunststoffrohrteil; BGH Custodiol I.
459   BGH GRUR 1967, 56 Gasheizplatte.
460   BGH 29.7.2014 X ZR 5/13 unter Hinweis auf BGH GRUR 1955, 244 Repassiernadel II; vgl *Tilmann* GRUR 2005, 904, 906; OLG Düsseldorf 25.3.2004 2 U 139/02 undok: grds sind Ausgestaltungen möglich, die nicht den Vorgaben der Unteransprüche entsprechen.
461   *Ballhaus/Sikinger* GRUR 1986, 337, 340; *Mes* Rn 124; vgl *Brunner* sic! 1998, 348, 357.
462   *Schramm* PVP S 175 f (Kap 6 Rn 168 ff) spricht hier von „echter" Überbestimmung.
463   AA *Ballhaus/Sikinger* GRUR 1986, 337, 340.
464   Vgl *Benkard-EPÜ* Art 69 Rn 42.

Keukenschrijver   **520**

sprüchen genannte Vorrichtung bezieht, sondern auch auf Vorrichtungen erstreckt sein kann, die einer anderen Art angehören, bei der sich entspr Aufgaben stellen, die mit den dem Patent entspr Mitteln gelöst werden können. Hierfür kommt es auf die technologische Nähe des Zwecks und der Mittel an, die im Patent geschützt sind und aus dem Patent als Verletzung beansprucht werden.[465] Der Vorschlag, neben die identische und die äquivalente Benutzung eine Benutzung im Ähnlichkeitsbereich zu stellen, die sich durch Gleichwirkung und Ähnlichkeit des eingesetzten Lösungsmittels auszeichnen soll,[466] beruht auf einer unzulässigen Gleichsetzung der Frage des erfinderischen Charakters der konkreten Ausgestaltung des ausgetauschten Lösungsmittels mit der des Naheliegens des Einsatzes des Austauschmittels in seiner allg Form (Rn 79).

Aus der Äquivalenz hinausführen können damit beschriebene oder im mitgeteilten StdT genannte **83** gleichwirkende, aber nicht beanspruchte sowie im mitgeteilten StdT genannte gleichwirkende, aber nicht beanspruchte alternative Ausführungsformen, ehemals beanspruchte alternative Ausführungsformen, nicht beanspruchte alternative Ausführungsformen, die der Fachmann „mitliest", sowie eine grundlegend andere (gegenteilige) technische Lösung.[467] Ebenfalls aus der Äquivalenz hinaus führen Beschränkungen auf ein bestimmtes Lösungsmittel.[467a]

VII. Einwand des freien Stands der Technik

1. Allgemeines. Mit dem Einwand des freien StdT beruft sich der Verletzer darauf, dass sein Verhal- **84** ten schon vor der Anmeldung des Patents zum Gemeingut der Technik gehört habe.[468] Bei wortsinngem Benutzung kommt der Einwand im dt Rechtssystem nicht in Betracht, weil insoweit für den Verletzungsprozess Bindung an die Patenterteilung besteht;[469] dies gilt selbst bei ungeprüften Patenten.[470] Bei erfinderischen Weiterentwicklungen iS abhängiger Erfindungen wird danach zu unterscheiden sein, ob die Weiterentwicklung ein – abstrahierend – wortsinngem oder äquivalent verwirklichtes Merkmal betrifft.[471] Vorbekanntsein führt nicht ohne Rücksicht auf die Patentlage zu Gemeinfreiheit.[472] Das ist Ausfluss der Tatbestandswirkung der Patenterteilung (vgl auch Art 72 GPÜ 1989).[473] Bei vor dem 1.1.1978 angemeldeten Patenten hat die Rspr nur (und mit eingeschränkter Wirkung, die den unmittelbaren Gegenstand der Erfindung unberührt ließ) den Einwand der identischen Vorwegnahme anerkannt (näher *6. Aufl*).

2. Nach geltendem Recht ist der Einwand zugelassen, die als äquivalent angegriffene Ausführungs- **85** form (und nur diese, Rn 84) stelle mit Rücksicht auf den StdT keine patentfähige Erfindung dar („**Formstein**"-Einwand;[474] wegen der Bindungswirkung der Entscheidung im GbmLöschungsverfahren Rn 12 zu § 12a GebrMG; die Terminologie „Einwand des freien StdT" ist damit strenggenommen nicht mehr zutr).[475]

---

465 BGH GRUR 1981, 259 Heuwerbungsmaschine; vgl auch den in Italien von der Giurì della proprietà industriale GRUR Int 1998, 326 beurteilten, Fernseher und Monitore betr Fall und hierzu kr *Schiuma* GRUR Int 1998, 291, 296; weiteres Beispiel: Christbaumständer als Sonnenschirmhalter (DE-PS 39 32473).
466 *König* Mitt 1996, 75, 81.
467 *Zigann* (Vortragspräsentation) 13.10.2014.
467a LG Düsseldorf 23.7.2015 4c O 52/14, abgeänd durch OLG Düsseldorf 10.3.2016 2 U 41/15; vgl OLG Düsseldorf 13.9.2013 2 U 26/13.
468 Vgl *Benkard* Rn 126 ff.
469 BGHZ 134, 353, 360 = GRUR 1997, 454 Kabeldurchführung I; BGH GRUR 1999, 914, 916 Kontaktfederblock; vgl schon BGH GRUR 1964, 606, 609 Förderband; BGH GRUR 1979, 624 umlegbare Schießscheibe; BGH GRUR 2016, 169 Luftkappensystem; st Praxis soweit ersichtlich aller dt Verletzungsgerichte, zB OLG Karlsruhe 23.7.1997 6 U 178/96; LG Düsseldorf 10.12.1992 4 O 394/91; *Köster* Mitt 2003, 5, 10; *Brunner* sic! 1998, 348, 353f; kr *Tilmann* GRUR 2004, 1008, 1011 und GRUR 2005, 904, 907.
470 *Benkard*⁹ § 9 Rn 60.
471 Zum letztgenannten Fall *Osterloh* GRUR 2001, 989, 991.
472 RG GRUR 1937, 551, 553 Federwindmaschinen I; RGZ 167, 339, 343 = GRUR 1942, 57 Etuiteile; BGH GRUR 1955, 139 eiserner Grubenausbau.
473 *Benkard*⁹ Rn 99.
474 BGHZ 98, 12 = GRUR 1986, 803, 805 Formstein; vgl OLG Nürnberg 26.2.2002 3 U 2379/01; LG Düsseldorf 13.5.2003 4a O 234/02; für das GbmRecht BGHZ 134, 353 = GRUR 1997, 454, 456f Kabeldurchführung I; vgl schweiz BG BGE 115 II 490f = GRUR Int 1991, 313 Polyurethan-Hartschaumplatten; schweiz BG sic! 1999, 293, 295 Anschlaghalter.
475 Vgl *Blumer* sic! 1998, 3, 9f; *Neuhaus* FS W. Tilmann (2003), 549, 551ff.

Der Verletzer kann im Verletzungsstreit auf den StdT nach § 3 Abs 1/Art 54 Abs 1, 2 EPÜ) zurückgreifen und geltend machen, die angegriffene Ausführungsform ergebe sich daraus für den Fachmann in naheliegender Weise (ob er sich auch auf eine neuheitsschädliche ältere Anmeldung (§ 3 Abs 2; Art 54 Abs 3 EPÜ) stützen kann, erscheint dagegen zwh); auf diese Weise wird sichergestellt, dass für die freie nicht erfinderische Weiterentwicklung des StdT alle Kenntnisse herangezogen werden, die auch für die Beurteilung der Schutzfähigkeit des Klagepatents und damit für die Beantwortung der Frage maßgeblich sind, ob dem Erfinder eine Belohnung für die Offenbarung seiner Erfindung zusteht. Eine etwaige Patenterteilung auf die Verletzungsform ist nicht entscheidend, weil es sich um eine abhängige weiterführende Lehre handeln kann, deren erfinderischer Charakter erst durch weiterführende zusätzliche Elemente begründet ist.[476] Gegen Naheliegen in diesem Sinn kann sprechen, dass das Lösungsprinzip des StdT verlassen wird.[477] Die Praxis steht mit Art 69 EPÜ im Einklang.[478]

86   Die **systematische Einordnung** des „Formstein"-Einwands als Teil der Schutzbereichsbestimmung ist str. Als solchen sieht ihn ein Teil der Lit an.[479] Die Gegenmeinung betrachtet den Einwand dagegen als bloßes Gegenrecht, mit dem die Berechtigung geltend gemacht werde, den freien StdT zu benutzen, weil sich der Schutzbereich nur nach den Patentansprüchen, nicht aber nach dem StdT bestimme.[480] Da der Einwand idR losgelöst von den Merkmalen des Patentanspruchs geprüft werden kann, dürfte die praktische Bedeutung dieses Streits gering sein.[481]

87   Abzustellen ist auf die **angegriffene Ausführungsform**, soweit sie der in den Patentansprüchen unter Schutz gestellten Erfindung gleicht; zusätzliche Ausgestaltungen ohne Bezug zur geschützten Erfindung haben außer Betracht zu bleiben.[482] Das gilt auch für solche Ausgestaltungen, die die erst durch Abstraktion der angegriffenen Ausführungsform iS einer allgemeineren Lehre (Rn 79) in den Schutzbereich einbezogen wird; in diesem Fall beurteilt sich der freie StdT anhand dieser Verallgemeinerung.[483] Die Prüfung des Einwands setzt die Klärung aller Merkmale und ihrer Funktion im Rahmen der patentgem Lehre sowie Feststellung, zumindest Unterstellung voraus, dass (aus der Sicht des Fachmanns) bei der Ausführungsform von jedem Merkmal Gebrauch gemacht ist, jedoch mindestens eines nicht in wortsinnigem Form verwirklicht ist.[484] Auch bei einem Kombinationspatent, dessen Einzelmerkmale sämtlich bekannt waren, ist Raum für eine Einbeziehung äquivalenter Lösungsmittel in den Schutzbereich. Der Äquivalenzschutz erstreckte sich nur dann nicht auf eine angegriffene Ausführungsform, wenn diese in ihrer Gesamtheit durch den StdT vorweggenommen oder nahegelegt wäre.[485]

88   Ist zwar die angegriffene Ausführungsform gemessen an einem übergeordneten Patentanspruch durch den StdT nahegelegt, nicht aber die von einem **Unteranspruch** erfasste weitere Ausgestaltung, die die angegriffene Ausführungsform ebenfalls verwirklicht, kann sich der Verletzer gegenüber dem Schutz durch den Unteranspruch nicht auf den freien StdT berufen.[486]

89   Die Rspr sieht die Berücksichtigung des Einwands dort als nicht möglich an, wo sie sich mit der Wirkung der Patenterteilung oder im GbmRecht mit der Bindungswirkung der Entscheidung im GbmLöschungsverfahren nach § 19 Satz 3 GebrMG **in Widerspruch setzen würde**.[487] Nach verbreiteter Auffas-

476   BGH GRUR 1993, 886 Weichvorrichtung I.

477   LG München I 14.12.2000 7 O 3573/99.

478   *Blumer* sic! 1998, 3, 11 f; zwd noch *Singer/Stauder*[2] Art 69 EPÜ Rn 27; *Scharen* GRUR 1999, 285, 287 spricht von einer bloßen Kontrollüberlegung.

479   *Preu* GRUR 1985, 728, 733; *Jestaedt* FS K. Bartenbach (2005), 371; vgl *Schramm* PVP S 213 (Kap 7 Rn 156).

480   *Benkard-EPÜ* Art 69 Rn 83; *Benkard* Rn 127 f; *Scharen* GRUR 1999, 285, 287; *Loth* § 12a GebrMG Rn 19; *Körner* FS T. Schilling (2007), 306; vgl auch *Meier-Beck* GRUR 2000, 355, 359; *Fitzner/Lutz/Bodewig* Rn 26; *R. König* Mitt 2000, 379, 386.

481   Vgl *Benkard*[9] Rn 155.

482   Vgl OLG Düsseldorf 7.3.1996 2 U 151/92: „angegriffene Ausführungsform, soweit sie in äquivalenter Weise von der Lehre des Klagepatents Gebrauch macht".

483   *Gesthuysen* GRUR 2001, 909, 915; *Osterloh* GRUR 2001, 989, 991.

484   BGH GRUR 1999, 914, 918 Kontaktfederblock; vgl *Meier-Beck* GRUR 2000, 355, 359 f.

485   BGH 1.10.1991 X ZR 60/89; *Scharen* GRUR 1999, 285; *Meier-Beck* GRUR 2000, 355, 359 ff.

486   Vgl *Benkard-EPÜ* Art 69 Rn 83; dies verkennt LG München I 22.7.1993 7 O 14902/91 bei *Kurig* GRUR 1995, 3, 4; zwd *Nieder* FS R. König (2003), 379, 392 ff.

487   BGHZ 134, 353, 360 f = GRUR 1997, 454, 457 Kabeldurchführung I; OLG Düsseldorf 17.8.2006 2 U 22/05; vgl OLG Düsseldorf 26.7.2002 2 U 92/99; vgl auch *Neuhaus* FS W. Tilmann (2003), 549.

sung[488] soll im Verletzungsprozess der „Formstein"-Einwand nur zu berücksichtigen sein, wenn der entgegengehaltene StdT überhaupt die äquivalente Abwandlung und nicht ausschließlich solche Merkmale des Patentanspruchs betrifft, die bei der angegriffenen Ausführungsform wortsinngem verwirklicht sind;[489] eine Prüfung könnte[490] so durchgeführt werden, dass zunächst festgestellt wird, ob und warum die Ausführungsform durch den StdT nahegelegt ist, weiter, ob aus diesen Gründen auch der Gegenstand der patentierten Lehre nahegelegt war; der Einwand greife nur, wenn nicht festzustellen sei, dass aus den gegen die Schutzfähigkeit der angegriffenen Ausführungsform sprechenden Gründen auch der Patentanspruch selbst fallen müsse. All dies erscheint zwar sachlich im Hinblick auf die Kompetenzverteilung zwischen Erteilungsbehörden und BPatG einerseits und Verletzungsprozess andererseits nicht ohne Berechtigung und verhindert in entspr gelagerten Fällen (im Extremfall bei nahezu identisch vorweggenommenem Klagepatent, das nur geringfügig in einem Merkmal aus dem Identitätsbereich hinaus abgewandelt wird) eine verkappte Überprüfung der Rechtsbeständigkeit des Klagepatents im Verletzungsstreit, ist aber dogmatisch schon deshalb nicht zwingend, weil man jeglichen gemeinfreien Gegenstand als für die Fachwelt erkennbar aus der Äquivalenz herausgenommen ansehen muss, und führt zu Abgrenzungsproblemen und damit schwerlich zu einem Gewinn für die Praxis, im übrigen schon deshalb nicht zu einem Mehr an materieller Gerechtigkeit, weil der Inhaber eines nicht bestandsfähigen Schutzrechts gegenüber einer Benutzung im Äquivalenzbereich weitergehende Duchsetzungsmöglichkeiten hätte als der Inhaber eines bestandsfähigen. Eine klare Grenzziehung ist nur auf der Grundlage möglich, den Einwand des freien StdT bei jeglicher Benutzung außerhalb des Identitätsbereichs zuzulassen.[491]

D. Internationale Rechtsangleichung und Praxis im Ausland

Schrifttum: *Adam* Quo vadis angemessener Erfinderschutz? Der U.S. Court of Appeals for the Federal Circuit schränkt den Anwendungsbereich der Äquivalenzlehre drastisch ein, GRUR Int 2001, 507; *Adam* Der sachliche Schutzbereich des Patents in Großbritannien und Deutschland, Diss München 2002; *Adams/Monteith* The Continuing Story of Federal Circuit Patent Claim Construction Jurisprudence: Extrinsic Evidence and Other Stories, FederalCircuit Bar J. 1999, 83; *Adelman/Rader/Thomas/Wegner* Cases and Materials on Patent Law, 1998; AIPPI-Resolution zur Rolle der Äquivalente und des Erteilungsverfahrens bei der Bestimmung des Schutzbereichs von Patenten (Frage Q175), sic! 2004, 262; *Altman/Goldman/Brown* The Law of Patent Claim Interpretation: The Revolution Isn't Finished, 8 (1/2) Federal Circuit Bar J. 93 (1998); *Archer* Entwicklungen in der US-amerikanischen Patentrechtsprechung, GRUR Int 1996, 1122 = Development in US Patent Case Law, IIC 1996, 240; *Armitage* Anspruchsformulierung und Auslegung nach den neuen Patentgesetzen der europäischen Länder, GRUR Int 1981, 670; *Armitage* Die Auslegung europäischer Patente, GRUR Int 1983, 242; *Bacher* Landesspezifische Auslegung von Einheitsrecht? FS P. Schlechtriem (2003), 155; *Balass* Nachmachung, Nachahmung, abhängige Erfindung, FS 100 Jahre schweiz PatG (1988), 295; *Balass* Der Schutzbereich des Patents hängt von der Bereicherung der Technik ab, FS L. David (1996), 37; *Bednarek/Thompson* Strategies for Maximising Protection under an Evolving Doctrine of Equivalents – Hilton Davis Chemical Co v Warner-Jenkinson Co., EIPR 1996, 237; *Benyamini* Patent Infringement in the European Community, 1993; *Bergen-Babinecz/Hinrichs/Jung/Kolb* Zum Schutzbereich von US-Patenten: Festo und die deutsche Sicht, VPP-Rdbr 2002, 122, auch in GRUR Int 2003, 487; *Bertrams* – Equivalentie in het octrooirecht. Een vegelijkend onderzek naar equivalentie in Nederland, Duitsland en de VS, 1998; *Beton* The interpretation of United Kingdom patents, Mitt 1992, 189; *Beton* Are International Standards for Patent Claim Interpretation Possible? EIPR 1994, 276; *Blumer* Schutzbereich und Stand der Technik im europäischen Patentrecht, sic! 1998, 3; *Bodenheimer/Beton* Infringement by equivalents in the United States and Europe: A comparative analysis, Mitt 1993, 99; *Bodmer* Auslegung von Patentansprüchen gemäß Schweizer Praxis: Neuere Fallbeispiele, Diplomarbeit ETH Zürich 2002/02; *Brändle* Kann und darf die Auslegung und Ermittlung des Schutzbereichs eines europäischen Patents in verschiedenen Ländern zu unterschiedlichen Ergebnissen führen? GRUR 1998, 854 = Can and May Interpretation and Determination of the Extent of Protection of a European Patent in Different Countries Lead to Different Results? IIC 1999, 875; *A. Briner* Patentansprüche

---

488   Insb LG Düsseldorf GRUR 1994, 509, 511 „Rollstuhlfahrrad" und LG Düsseldorf 28.1.1997 4 O 377/95 Entsch 1997, 1, 5; OLG Düsseldorf 10.5.2001 2 U 183/99, insoweit nicht in InstGE 2, 1; *Benkard-EPÜ* Art 69 Rn 85; *Schulte* Rn 75; *Fitzner/Lutz/Bodewig* Rn 27; *Mes* Rn 111; *Kühnen* Hdb Rn 156; hierzu aus schweiz Sicht *Blumer* sic! 1998, 3, 11.

489   Vgl *Meier-Beck* GRUR 2000, 355, 359 f, wonach als Gegenstand des Formstein-Einwands nicht die angegriffene Ausführungsform, sondern die in dieser verkörperte äquivalente Benutzung des Patentanspruchs anzusehen ist; *Neuhaus* FS W. Tilmann (2003), 549, 553.

490   Nach einer von *Scharen* GRUR 1999, 285, 287 f formulierten These.

491   Ähnlich *von Falck* GRUR 1998, 218, 222, und ihm folgend *Tilmann* Patentschutzsystem in Europa, GRUR 1998, 325, 330, sowie *Tilmann/Dagg* GRUR 2000, 459, 464; vgl *Gesthuysen* GRUR 2001, 909, 913; *Schramm* PVP S 214 (Kap 7 Rn 162); *Nieder* FS R. König (2003), 379, 387; *Kraßer* S 738 (§ 32 III f bb 5); *Jestaedt* FS K. Bartenbach (2005), 371, 383.

sind nach Treu und Glauben auszulegen, FS L. David (1996), 21; *Brinkhof* Legt der niederländische Richter Patente zu weit aus? GRUR 1986, 610; *Brinkhof* Over de beschermingsomvang van octrooien, BIE 1995, 6; *Brinkhof* Existiert eine Europäische Äquivalenzlehre? GRUR 2001, 885 = Is There a European Doctrine of Equivalence, IIC 2002, 911; *Bruchhausen* Neuere Rechtsprechung zum Schutzumfang von Patenten in verschiedenen europäischen Staaten, GRUR Int 1973, 610; *Bruderer* Doctrine of equivalents: A comparison between the US, the UK, the German and the Japanese approaches, Diplomarbeit ETH Zürich 2000/01; *Brunner* Zur Anwendung von Art 69 EPUe und des Auslegungsprotokolls, SMI 1994, 129; *Brunner* Der Patentverletzungsprozeß, SMI 1994, 101; *Brunner* Der Schutzbereich europäisch erteilter Patente aus schweizerischer Sicht – eine Spätlese, sic! 1998, 348; *Brunner* Schutzbereich und Einrede des freien Standes der Technik (Art 8 und 66 PatG), sic! 1998, 428; *Chartove* The Doctrine of Equivalents remains an Important Part of U.S. Patent Law – A Report on the U.S. Supreme Court's Hilton Davis decision, Mitt 1997, 149; *Chisum* Developments on the „Written description" and „Enablement" Requirements, Claim Interpretation, and the Doctrine of Equivalents, BIE 1998, 171; *Chisum* The Scope of Protection for Patents After the Supreme Court's „Warner-Jenkinson" Decision: The Fair Protection – Certainty Conundrum, 14 (1) Santa Clara J. Computer & High Tech. (1998), 1; *Cohen* Article 69 and European Patent Integration, 92 Nw.Univ. L.Rev. 1083 (1998); *Cole* Purposive Construction under English Law, EIPR 1994, 455; *Cole* Kastner v. Rizla – A historic decision on equivalents, EIPR 1997, 617; *Cole* Pioneering Pays – or Does it? Claim Scope and Support Requirements for Inventions Based on Empirical Research, EIPR 2000, 534; *Comte* Internationale Harmonisierung des Äquivalenzbegriffs, SMI 1994, 7; *Coolley* Notifications of Infringement and Their Consequences, JPTOS 1995, 246; *Cornish* Intellectual Property Infringement and Private International Law: Changing the Common Law Approach, GRUR Int 1996, 285; *Czekay* Der Schutzbereich des Patents in der französischen Rechtsprechung, GRUR Int 1985, 147; *Czekay* Der Schutzbereich des Patents nach deutschem und französischem Recht, 1986; *Day* Entscheidung des Obersten Gerichtshofs in Festo oder: Die Äquivalenzlehre überlebt! Mitt 2002, 307; *den Hartog* De beschermingsomvang van octrooien, BIE 1996, 83; *den Hartog* (Literaturbesprechung) BIE 1998, 326; *Di Cataldo* Some Considerations on the Inventive Step and Scope of Patents for Chemical Inventions, FS F.-K. Beier (1996), 11; *Dolder* Methodische Probleme der Bestimmung des Schutzbereichs von Patenten, Habilitationsschrift Basel 1989; *Dolder/Faupel* Der Schutzbereich von Patenten², 2004; *Dolder/Butler* Der Schutzbereich von Patenten, Bd 2, 2008; *Drope* EPILADY-Subsumtion von unbekannten und nicht naheliegenden gleichwirkenden Verletzungsformen unter den Schutzbereich europäischer Patente, Mitt 1995, 229 = VPP-Rdbr 1995, 80; *Dunner/Jakes* The Equitable Doctrine of Equivalents, JPTOS 1993, 857; *Esslinger* Auslegung unter den Wortlaut – die Interpretation von „means-plus-function"-Ansprüchen in den USA, Mitt 1998, 132; *Falconer* Die Bestimmung des Schutzgegenstands im Erteilungs-, Verletzungs- und Nichtigkeitsverfahren, GRUR Int 1989, 471; *Feiereisen* Das Ende der „Doctrine of Equivalents" – die Festo-Entscheidung des Obersten US-Patentgerichts, Mitt 2001, 148; *Felfe* Neue Entwicklungen im US-Patentrecht und Praxis unter den GATT-Bestimmungen, VPP-Rdbr 1996, 43; *Fisher* Fundamentals of Patent Law: Interpretation and Scope of Protection, 2007; *Fisher* New Protocol, same old story? Patent claim construction in 2007: Looking back with a view to the future, IPQ 2008, 133; *Ford* Schutzbereich von Patenten (Vortragsmanuskript Dt. Anwaltsakademie 4.6.1993, in engl. Sprache); *Fox* Divided by a Common Language: A Comparison of Patent Claim Interpretation in the English and American Courts, EIPR 2004, 528; *Franzosi* Save your Translation Expenses: Follow the Clear Teaching of (Unclear) Article 69 EPC, EIPR 1998, 36; *Franzosi* Three European Cases on Equivalence – Will Europe Adopt Catnic? IIC 2001, 113; *Gassauer-Fleissner* Aufgaben und Grenzen des Sachverständigengutachtens bei Fragen der Patentverletzung, ÖBl 2005, 244; *Garde* Legal Certainty, Stare Decisis and the Doctrine of Equivalents, EIPR 2005, 365; *Geißler* Noch lebt die Äquivalenzlehre, GRUR Int 2003, 1; *Glassman* Patent Litigation and Prosecution After the Supreme Court's Hilton Davis Decision, 9 The Journal of Proprietory Rights 2 (1997); *Godenhielm* Die Auslegung von Patentansprüchen – Zum WIPO-Vorschlag einer Konvention zur Harmonisierung gewisser patentrechtlicher Bestimmungen, GRUR Int 1989, 251; *Godenhielm* Om ekvivalens och annat gott, 1995; *Götting* Die Äquivalenzdoktrin im US-amerikanischen Patentrecht, FS R. König (2003), 153; *Grabinski* Kann und darf die Bestimmung des Schutzbereichs eines europäischen Patents in verschiedenen Ländern zu unterschiedlichen Ergebnissen führen? GRUR 1998, 857 = Can and May Determination of the Extent of Protection Conferred by a European Patent in Different Countries Lead to Different Results? IIC 1999, 855; *Grabinski* „Schneidmesser" versus „Amgen": Zum Sinn und Unsinn patentrechtlicher Äquivalenz, GRUR 2006, 714; *Gupta* Four Lessons to be Learned from the Festo Opinion, EIPR 2003, 233; *Hantman* Doctrine of Equivalents, JPTOS 1988, 511; *Hassan* Patent Equivalence: Some Italian Court Decisions from an International Perspective, IIC 2012, 679; *Hilty* Der Schutzbereich des Patents. Eine Untersuchung des Europäischen Patentübereinkommens anhand des vergleichbaren schweizerischen Rechts, 1990 (Diss Zürich 1989); *Hilty* Die Bestimmung des Schutzbereichs nach schweizerischem Patentrecht im Lichte des europäischen Patentübereinkommens, Mitt 1993, 1; *Hilty* Die Bestimmung des Schutzbereiches schweizerischer und europäischer Patente, AJP 1993, 396; *Hoffman/Oliver* With Hilton Davis the Federal Circuit Takes the Doctrine of Equivalents Back to its Roots, JPTOS 1995, 763; *Hoffman/Oliver* The Doctrine of Equivalents Goes Back to its Roots, EIPR 1996, 103; *Hoffmann* Patent Construction, GRUR 2006, 720; *Hojtink* De beschermingsomvang en de verleningsprocedure van het octrooi, BIE 1995, 4, mit Duplik BIE 1995, 8; *Holzer* Der Schutzbereich nach Art 69, die „unzulässige Erweiterung" nach Art 138 EPÜ und österreichisches Recht, Mitt 1992, 129; *Huydecoper* Interpretation of patents, equivalency and invalidity defences in Netherlands patent law and practice, Mitt 1995, 65; *Iwata* Ball Spline Bearing – Report on the Decision by the Supreme Court of Japan with Respect to the Doctrine of Equivalence, Mitt 2000, 88; *Jacob* Decisions relating to patents granted by the EPO in Great Britain and Germany, VPP-Rdbr 1999, 13; *Janicke* The Crisis in Patent Coverage: Defining Scope of an Invention by Function, Intellectual Property Law Review 1996, 31; *Kaspar* Auslegung der Patente nach französischem Recht im Vergleich mit dem EPÜ, Mitt 1993, 359; *Katona* Seltenere Formen der Patentverletzung nach dem Recht der Vereinigten Staaten von Amerika, VPP-Rdbr 1993, 7; *Kim* Transition from Central to Peripheral Definition of Patent Claim Interpretation System in Korea, JPTOS 1995, 401; *König* Statische oder dynamische Äquivalenz – die Verabschiedung der Rechtssicherheit, Mitt 2000, 379; *Laddie* Kirin Amgen: The End of Equivalents in England? IIC 2009, 3; *Lambert/Khan* Merck & Co Inc v Generics (UK) Ltd, EIPR 2004, 361; *Lai* Dysfunctional Formalism: How Modern Courts are Undermining the Doctrine of Equivalents, 44 UCLA Law Rev. 2031 (1997); *Le Tallec* Die Bestimmung des Schutzgegenstands im Erteilungsverfahren, Verletzungs- und Nichtigkeitsprozeß, GRUR Int 1989, 475; *MacKernan/Stern* A Major Change in the Doctrine of Equivalents or a Damp Squib? Warner-Jenkinson v. Hilton Davis, EIPR 1997, 375; *Martin* Federal Circuit Limits Jury's Role in Patent Trials, JPTOS 1995, 641; *McDermott* ‚Hilton Davis‘ and the Doctrine of Equivalents: A Little Change, A Little Mischief, 37 IDEA (1997) 755; *Mehler* Das Prosecution History Estoppel im US-Patentrecht, GRUR Int 2006, 278; *Merges* Intellectual Property Rights and Bargaining Breakdown: The Case of Blocking Patents, 64 Tennessee Law Review (1994), 75; *Modiano* Der Schutzbereich nach Art 2, 69 und 164 EPÜ im italienischen Patentrecht, Mitt 1992, 286; *Norman* Determining the scope of the patentee's monopoly: purposive construction revisited, Anglo-American Law Review 1998, 221; *Okawa/Kamiya* Japanische Rechtsprechung zur Auslegung von Patentansprüchen, Mitt 1994, 103; *Oliver* Kastner v Rizla: Too Far, Too Fast, EIPR 1996, 28; *Pagenberg* Teilschutz im französischen und deutschen Patentrecht, GRUR 1993, 264; *Pagenberg/Cornish* (Hrsg) Interpretation of Patents in Europe, 2006; *Petranker* Droit français et droit allemand en matière de brevets concernant la protéction de différents inventions dans la domaine de la chimie, 1976; *Pfeifer/Rioufrays/Checcacci/Roberts* Patent claim interpretation in member countries of the European patent convention, Mitt 1993, 93; *Pieroen* Beschermingsomvang van octrooien in Nederland, Duitsland en Engeland, Diss Leiden 1988; *Pohlmann* Patentverletzung und Klageansprüche im amerikanischen Recht, 1999; *Radulescu* Federal Circuit's Narrowing of the Literal Scope of Patent Claims by Focussing on Embodiments Disclosed in the Specification, JPTOS 2000, 539; *Rasser* Towards greater certainty: the Festo ruling and beyond, BIE 2001, 157; *Rentsch/Wild* Die patentrechtliche Einrede des freien Standes der Technik, insbesondere im Bereich der Nachmachung, sic! 2006, 15; *Ropski/Filarski* Claim Interpretation and patent infringement under United States patent law, Mitt 1993, 42; *Schiuma* Zum Schutzbereich des italienischen Patents im Vergleich mit der deutschen Rechtslage, GRUR Int 1998, 291; *Schiuma* Formulierung und Auslegung von Patentansprüchen nach europäischem, deutschem und italienischem Recht, 2001, zugl Diss München 2000; *Schuster* Germany's Doctrine of Equivalent, 55 Managing Intellectual Property (1995), 32; *Schwarz* Claim Interpretation in US Patent Litigation, EIPR 1996, 502; *Sheraton/Sharples* The Court of Appeal Puts Biogen Insufficiency Back Where It Belongs, EIPR 2002, 396; *Sherman* Patent Claim Interpretation: The Impact of The Protocol on Interpretation, 54 Modern Law Rev. (1991) 499; *Shough* Infringement of Hardware Patents by Software-Controlled Devices: A Study of Equivalences, The Journal of Proprietory Rights August 1996, 8; *Soobert* Analyzing Infringement by Equivalents: A Proposal to Focus the Scope of International Patent Protection, Rutgers Computer & Tech.L.J. 1996, 189; *Steenbeek* Hoe unitair is een Europees octrooi? BIE 1996, 368; *Stenvik* Protection for Equivalents Under Patent Law – Theories and Practice, IIC 2001, 1; *Takenaka* Claim Interpretation in Japan, the U.S. and Germany, IIC Studies Nr 17, 1995; *Tilmann/Dagg* EU-Patentrechtsharmonisierung I: Schutzumfang, GRUR 2000, 459; *Tilmann/Jacob* Eine europäische Formel für den Schutzumfang Europäischer Patente? GRUR Int 2003, 982; *Thomson/Kempton* Construction Issues in Pharmaceutical and Biotech Cases, EIPR 2002, 591; *Turner* Purposive Construction: Seven Reasons Why Catnic is Wrong, EIPR 1999, 531, mit Entgegnung *Franzosi* EIPR 2000, 242 und *Pendleton* EIPR 2000, 342; *Valle* Der sachliche Schutzbereich des europäischen Patents, 1996; *van Engelen* De ‚Doctrine of Equivalents‘ na Warner Jenkins v. Hilton Davis: U.S. Patent Law als inspiratie voor Europa? BIE 1998, 4; *Walter* Die Auslegung staatsvertraglichen und harmonisierten Rechts: Gewicht und Bedeutung von Entscheidungen ausländischer Gerichte und der Beschwerdekammern des EPA, GRUR 1998, 866; *Wegner et al* The Future of the Doctrine of Equivalents, 26 AIPLA Q.J. 277 (1998); *Wenning* Die geplante Änderung des Art 69 EPÜ und die Ergänzung zum Protokoll über die Auslegung von Art 69 EPÜ, Mitt 2000, 375; *Wien* Uitvindersland in Europees verband. De Hoge Raad over de moderne beschermingsomvang van octrooien, NJB 1995, 1035; *Yamamoto/Tessensohn* The Born-again Doctrine of Equivalents in Japan, EIPR 1996, 572.

I. Internationale Rechtsangleichung

Über den Bereich des EPÜ hinaus wurde ein Anlauf zur internat Rechtsangleichung mit den Arbeiten **90** an dem 1991 vorerst gescheiterten Patentharmonisierungsvertrag (Patent Law Treaty) unternommen. Art 21 Abs 2 des Grundlagenentwurfs („Basic Proposal") sah vor, dass ein Patentanspruch auch Äquivalente erfassen muss. Es waren zwei Definitionen der Äquivalenz vorgesehen. Den Vertragsparteien sollte es freistehen, lediglich eine der Definitionen anzuerkennen, wobei sich die eine an die US-amerikanische Auffassung („function – way – result") anlehnte, die andere Äquivalenz dann annahm, wenn es für den Fachmann offenkundig ist, dass dieselbe Wirkung wie durch das Lösungsmittel im Patentanspruch auch durch das ausgetauschte Element erreicht wird. In der Folge wurde eine dritte Alternative auf der Grundlage der jp Praxis vorgesehen. Mit dem Scheitern des Patentharmonisierungsvertrags auf der Basis des Grundlagenentwurfs sind die Arbeiten vorerst obsolet geworden.

Um eine Definition bemüht sich die **AIPPI-Resolution** zu Frage Q175. Nr 4, 5 der Resolution lau- **91** ten:

4. An element shall be regarded as equivalent to an element in a claim, if, in the context of the claimed invention:

a) the element under consideration performs substantially the same function to produce substantially the same result as the claimed element; and

b) the difference between the claimed element and the element under consideration is not substantial according to the understanding of the claim by a person skilled in the art at the time of the infringement.

5. Notwithstanding that an element is regarded as an equivalent, the scope of protection conferred by a patent claim shall not cover the equivalent if:

a) a person skilled in the art would at the filing date (or where applicable the priority date) have understood it, from the description, drawings and the claims, to be excluded from the scope of protection, or

b) as a result the claim covers the prior art or that which is obvious over the prior art, or

c) the patentee expressly and unambiguously excluded it from the claim during prosecution of that patent to overcome a prior art objection.

II. Praxis im Ausland

1. Mitgliedstaaten des EPÜ

92   **a. Allgemeines.** Für eur Patente gilt in allen Vertragsstaaten Art 69 EPÜ, der seinerseits Art 8 Abs 3 StraÜ rezipiert (Rn 5), nebst dem Ausführungsprotokoll. Damit besteht insoweit eine einheitliche Rechtsgrundlage (die es im übrigen erst ermöglicht, etwa im Eilverfahren auch über Verletzungen eur Patente in anderen Vertragsstaaten mitzuentscheiden; hierzu, insb zur niederländ Praxis, Rn 28 ff zu § 143).[492] Die Praxis ist allerdings nicht einheitlich; es ist versucht worden, dies mit unterschiedlichen Ansätzen in der Mathematik (Unvollständigkeitssatz von *Gödel* und Position von *Hilbert*) zu erklären.[493] Den Rechtsbegriffen des Art 69 EPÜ kommt entgegen einer in der in- und ausländ Praxis anzutreffenden Auffassung eigenständige, durch konventionskonforme Auslegung des EPÜ zu ermittelnde Bedeutung zu und nicht nur die einer Verweisung auf die Sachnormen des maßgeblichen nationalen Rechts.[494] Dass angesichts des derzeitigen Fehlens einer gemeinsamen Instanz Unterschiede in der Rechtsanwendung fortbestehen, ist nicht ausschlaggebend. Soweit die Regelung des Art 69 EPÜ auch für nationale Patente rezipiert worden ist, wird man für diese ebenfalls von einer einheitlichen Rechtsgrundlage auszugehen haben. Auch die Unterschiede in der Erteilungspraxis der einzelnen Patentämter sollten nicht dazu führen, den Schutzumfang solcher Schutzrechte unterschiedlich zu beurteilen.[495] Vergleichsmaterial für die Praxis in verschiedenen Ländern haben insb die „Epilady"-Fälle geliefert, weiter die „Spannschraube"-Fälle.[496]

---

492   Vgl *Mes* Rn 149 ff; dies scheint auch *Laddie* in PatentsC 19.5.2004 Celltech/Medimmune, 2004 EWHC 1124, referiert in EIPR 2004 N-156, so zu sehen.

493   *Hüttermann* Mitt 2013, 490 ff unter Hinweis auf *Benkard*[10] Rn 99.

494   Sehr str; vgl OLG Düsseldorf Mitt 2000, 369 f; OLG Düsseldorf 30.9.1999 2 W 60/98; PatentsC ENPR 2000, 58 Bristol-Myers v. Baker Norton: anders, soweit weiterhin nat Recht maßgeblich ist; *Brinkhof* Geht das grenzüberschreitende Verletzungsverbot im einstweiligen Verfügungsverfahren zu weit? GRUR Int 1997, 489, 494; *Bacher* FS P. Schlechtriem (2003), 156, 159 f; *Stauder* (Entscheidungsanmerkung) GRUR Int 1998, 62: „Entwicklung einer europäischen Äquivalenzlehre"; hierzu eingehend *Brinkhof* GRUR 2001, 885; RB Den Haag BIE 1998, 418 f CrossLaps-kits; aA LG Düsseldorf GRUR Int 1999, 458, 460; *Grabinski* GRUR 1998, 857 sowie unter Hinweis auf das Fehlen eines einheitlichen Begriffsapparats *König* Materiellrechtliche Probleme der Anwendung von Fremdrecht bei Patentverletzungsklagen und -Verfügungsverfahren nach der Zuständigkeitsordnung des EuGVÜ, Mitt 1996, 296, 303; vgl *Brändle* GRUR 1998, 854, der sich dafür ausspricht, sich mit ausländischen Entscheidungen ähnlich wie mit qualifizierten Lehrmeinungen auseinanderzusetzen; RB Den Haag BIE 2002, 41, 45 verweist darauf, dass der Schutzumfang in den Mitgliedstaaten nicht ohne weiteres gleichzustellen ist; OLG München 23.12.2004 6 U 1946/03 verweist auf die abw Auslegungsregeln im Ausland.

495   Vgl *Brinkhof* BIE 1995, 6 f gegen *Hojtink* BIE 1995, 4.

496   BGH GRUR 1999, 909 Spannschraube, CA Paris 19.11.1999 und CCass Paris 4.6.2002, beide ABl EPA Sonderausgabe 2003, 116; CA Douai 20.9.2004, schweiz BG GRUR Int 2001, 986 Spannschraube I, ausdrücklich gegen BGH; eingehende Referate zum frz, brit, it und schwed Recht m Nachw aus der jeweiligen Rspr in LG Düsseldorf GRUR Int 1999, 458, 460 ff; zur Praxis in England und den USA *Tilmann/Dagg* GRUR 2000, 459. „The criteria elaborated in various cases, like the English Catnic, the German Formstein, the Italian Forel, the American Hilton Davis, the Japanese THK, may give some help, but it could be that at the end of the day the matter remains one of first impression" (*Franzosi* EIPR 2000 N-177).

b. Einzelne Staaten. Belgien. Art 26 PatG 1984.[497]   **93**

Dänemark. § 39 PatG 1996. Die Rspr stellt darauf ab, ob dieselbe Aufgabe im wesentlichen auf über- **94** einstimmende Weise gelöst wird.[498]

Frankreich. Art L 613-2 Abs 1 CPI entspricht § 14. Es ist unzulässig, an der wörtlichen Bedeutung fest- **95** zuhalten, vielmehr muss unter Heranziehung von Beschreibung und Zeichnungen der genaue Sinn der Patentansprüche ermittelt werden;[499] redaktionellen Ungenauigkeiten kommt geringe Bedeutung zu.[500] Oberbegriff und kennzeichnender Teil bestimmen zusammen den Schutzumfang.[501] Nach der Doctrine Labinal[502] soll allerdings gelten: „Seule la partie caractérisante de la revendication, qui délimite la protection qui s'attache au brevet, en détermine la portée effective, les éléments figurant dans le préambule n'étant pas constitutifs de cette invention". Die frz Praxis bezieht Äquivalente in den Schutzumfang ein.[503] Ein Mittel wird als äquivalent angesehen, wenn es dieselbe Funktion wie das wortlautgem Mittel erfüllt und die gleiche Wirkung hat;[504] graduelle Unterschiede sind unschädlich.[505] Ergänzungen sind unzulässig.[506] Anwendungen eines Stoffs, die in einem Patent nicht beschrieben und beansprucht sind, werden nicht geschützt.[507] Teilschutz wurde anerkannt.[508]

Italien. Die Rspr wendet Art 8 Abs 3 StraÜ auch auf nationale Patente an,[509] wobei offen ist, ob dies **96** auch für das Auslegungsprotokoll zu Art 69 EPÜ gilt.[510] Beschreibung und Zeichnungen werden auch bei klarem Wortlaut herangezogen.[511] Ob die Auslegung von Patenten nach zivilrechtl oder verwaltungsrechtl Grundsätzen zu erfolgen hat, ist str.[512] Abgestellt wurde auf eine Analogie der Funktionsweise und auf die Möglichkeit, dass ein Durchschnittstechniker das Mittel durch ein anderes ersetzen und analog anwenden kann.[513] Äquivalente sind einbezogen, die Kriterien wohl noch nicht abschließend geklärt.[514] Äquivalenz soll nicht in Betracht kommen, wenn der Patentinhaber bewusst Einschränkungen in das Patent eingeführt hat oder wenn die Abwandlung einen technischen Unterschied aufweist, wobei es nicht darauf ankommt, ob die Abwandlung naheliegend oder erfinderisch ist;[515] neuerdings wird die Einschränkung jedoch frei gewürdigt.[516] In der Rspr sind der US-Ansatz („FWR-test") und der „Formstein"-Ansatz kombiniert worden.[517]

---

497 Vgl GH Antwerpen GRUR Int 1992, 385, 387 („Epilady") ohne nähere Ausführungen zur Tragweite der Äquivalenzlehre.

498 Vestre Landsræt ENPR 2003, 267, 307: „... maskinen løser samme opgave i det væsentlige på samme måde".

499 CCass Ann. propr. ind. 1985, 67, CA Paris Ann. propr. ind. 1990, 235.

500 CA Paris PIBD 1996 II 305.

501 CA Paris PIBD 1996 III 111 einerseits; CA Paris Ann. prop. ind. 1995, 287 andererseits.

502 *Valle* Mitt 1999, 166, 172.

503 Vgl CCass PIBD 1997, 638 III 457; 1996, 608 III 175; CA Lyon PIBD 1997, 624 III 21; CA Paris PIBD 1997, 631 III 227; CA Paris PIBD 1998, 651 III 185.

504 CCass Ann. prop. ind. 1990, 37, PIBD 1990 III 319, Ann. prop. ind. 1991, 57, RDPI 1993, 54; PIBD 1994 III 21, PIBD 1996 II 175 f; CA Paris Ann. propr. ind. 1990, 233 f m Anm *Mathély*; CA Paris PIBD 1994 III 102 und 173; TGI Paris PIBD 1996 III 555; vgl LG Düsseldorf InstGE 1, 261; *Azéma* in *Lamy* Droit commercial 1997 Rn 1922; *Chavanne/Burst* Droit de la propriété industrielle⁴ (1993) Rn 393.

505 CA Paris Ann. prop. ind. 1996, 182; CA Paris PIBD 1996 IV 606.

506 CA Paris Ann. propr. ind. 1991, 120 = GRUR Int 1993, 173 und Ann. prop. ind. 1989, 181; zu Widersprüchen zur Beschreibung CA Paris PIBD 1991 III 149; vgl auch CA Paris GRUR Int 1993, 173.

507 CCass ABl EPA 1995, 252, 255.

508 CCass 28.4 1987 Equipments Automobiles Marchal v. Paul Journée.

509 Vgl Giurì della proprietà industriale GRUR Int 1998, 326; CA Mailand RDI 2000 II 227 Atlas Copco/FIP; CA Mailand RDI 2000 II 455 Forel/Lisec, auch referiert in EIPR 2000 N-175 mAnm *Franzosi*; zur Praxis vor Inkrafttreten der Bestimmung für Italien CA Mailand GADI 1972, 60 Amodeo/Corimac.

510 *Schiuma* GRUR Int 1998, 291, 293.

511 CA Mailand 26.7.2002 Samsonite/Valigeria Roncato.

512 Giurì della proprietà industriale GRUR Int 1998, 326 einerseits, *Franzosi* RDI 1997 II 218 andererseits; Nachw des Streitstands bei *Schiuma* GRUR Int 1998, 291 und Fn 2; vgl auch Tribunale Rom GRUR Int 2007, 612.

513 Tribunale Mailand GRUR Int 1993, 249, 251, „Epilady".

514 Vgl dazu *Guglielmetti* RDI 2000 I 112.

515 CA Mailand Forel/Lisec; zu Übereinstimmungen mit dem „Catnic"-Test *Franzosi* IIC 2001, 113.

516 CA Mailand 11.2.2004 FITT/Knitting Corporation, referiert in EIPR 2004 N-153.

517 CA Rom 6.4.2004, referiert in EIPR 2005 N-160.

97   **Niederlande.** Maßgeblich ist Art 53 Nr 2 ROW 1995; für Patente, deren Erteilung vor dem 1.4.1995 veröffentlicht worden ist, Art 30 ROW 1910. Der nlHR stellte in stRspr auf das Wesen der Erfindung ab,[518] wobei es auch darauf ankommen sollte, ob vom Patentinhaber zu erwarten war, dass er den gewünschten Schutzumfang im Patentanspruch zum Ausdruck bringt;[519] dies ist durch die neuere Rspr überholt.[520] Bei der Auslegung der Patentansprüche muss das zugrunde gelegt werden, was für die Erfindung wesentlich, der hinter den Patentansprüchen liegende Erfindungsgedanke ist, um ein nur auf die wörtliche Bedeutung gestützte und deshalb vielleicht zu enge oder zu weite Auslegung zu vermeiden; die Auslegungsgrundsätze des Protokolls zu Art 69 EPÜ sind zu beachten; eine Auslegungsregel dahin, dass für eine naheliegende Auslegungsvariante kein Schutz beansprucht werde, ist damit unvereinbar, jedoch bildet die Äquivalenzlehre kein Heilmittel gegen unsorgfältige Anspruchsfassung.[521] Dagegen ist nach aA zur Feststellung des Schutzumfangs vor allem die Wirkung und die Funktion der in den Patentansprüchen genannten Maßnahmen, die Dritte durch andere Maßnahmen ersetzt haben, sowie die Bedeutung dieser Maßnahmen im Hinblick auf die sonstigen in dem Patentanspruch genannten Maßnahmen zu berücksichtigen; eine auf alle Sachverhalte anwendbare Formulierung des „Wesens" der patentierten Erfindung ist dazu nicht geeignet. Anhand des bekannten StdT ist zu prüfen, wieweit der Patentinhaber eine angemessene Abstraktion beanspruchen kann und ob diese gegenüber Dritten nicht unbillig erscheint. Die beim Fachmann in den Niederlanden bestehenden Erwartungen hinsichtlich des Schutzumfangs, die von der niederländ Rspr mitbestimmt werden, sind zu berücksichtigen.[522] Jedenfalls die Instanzrspr wendet die Äquivalenzlehre an.[523] Äquivalente werden schon im Bereich des ROW 1910 einbezogen;[524] Äquivalenz wurde definiert als „maatregelen die in wezen dezelfde functie op in wezen dezelfde wijze vervullen ter bereiking van in wezen hetzelfde resultaat",[525] neuerdings allgemeiner: „... mag daarbij worden verlangd dat de derde ... redelijkerwijs had moeten kunnen begrijpen dat het door hem toegepaste middel, hoewel het niet onder de letterlijke text van de conclusies valt, in wezen toch gelijk is aan het in dat octrooischrift beschrevene."[526] Die neuere Rspr zieht auch den Gleichwertigkeitsgesichtspunkt mit heran: „Het behoort tot de algemene kennis van de gemiddelde vakman dat hydroxyl-beschermende groepen in categorieën zijn ingedeeld die de gemiddelde vakman als niet gelijkwaardig ziet ...".[527] Die Rechtspraxis begnügt sich, falls offen bleibt, ob wortsinnem Benutzung vorliegt, mit der Feststellung, dass in jedem Fall äquivalente Benutzung gegeben sei.[528] Mehrfach ist darauf abgestellt worden, dass die angegriffene Ausführungsform durch den StdT nahegelegt ist.[529] Nichtverwirklichung eines Merkmals führt aus dem Schutz.[530] Unklare Formulierungen im Patentanspruch sollen einer Berufung auf Äquivalenz entgegenstehen.[531] Unterschiede zur Praxis in

---

518   NlHR BIE 1989, 202 = GRUR Int 1990, 384 Stork v. Meyn, BIE 1991, 137 Dupont ./. Globe, BIE 1995, 106, BIE 1995, 238, 245 ARF-Branders, BIE 1995, 288 Metselprofiel, NJ 1995, 391 = BIE 1995, 333, 342 = GRUR Int 1995, 727 Ciba ./. Oté Optics, GRUR Int 1996, 67 Heizkesselanlage; vgl auch RB Den Haag BIE 1999, 246 f; BIE 2002, 41, 44.

519   Hierzu kr *den Hartog* BIE 1996, 83 f „(Dutch disease").

520   Vgl nlHR GRUR Int 2003, 783 van Bentum v. Kool = BIE 2003, 99, 110 mAnm *den Hartog*.

521   Vgl nlHR van Bentum v. Kool, wonach bei der Auslegung des Patentanspruchs nach einem Mittelweg zwischen angemessenem Schutz des Patentinhabers und ausreichender Rechtssicherheit für Dritte zu suchen ist.

522   GH Den Haag GRUR Int 1993, 252 und BIE 1993, 207; vgl GH Den Haag GRUR Int 1990, 478; vgl auch *Huydecoper* Pieroen revisited, BIE 1992, 34 und Mitt 1995, 65 mit weiterführenden Hinweisen, 67; *Ruijsenaars* GRUR Int 1993, 253, IIC 1992, 529. RB Den Haag BIE 1995, 369 f zieht unter dem Gesichtspunkt der Rechtssicherheit auch heran, ob sich der Patentinhaber auf neues Gebiet begeben hat.

523   NlHR Heizkesselanlage.

524   RB Den Haag BIE 1996, 331, 333.

525   RB Den Haag BIE 1996, 331, 333; GH Den Haag BIE 1998, 374, 377; GH Den Haag BIE 1999, 95, 97; GH Den Haag BIE 2000, 174; ähnlich RB Den Haag BIE 1997, 110, 112; RB Den Haag BIE 1997, 443 Ls; RB Den Haag BIE 2000, 4; RB Den Haag BIE 2001, 10; GH Den Haag BIE 2001, 298, 302;RB Den Haag BIE 2002, 337, 340; RB Den Haag BIE 2003, 323; GH Den Haag BIE 2005, 92, 96; vgl zur wesentlich anderen Weise GH Den Haag BIE 2001, 223, 225.

526   RB Den Haag BIE 2003, 12, 15 m Anm *Brinkhof* und Erwiderung *de Haas* BIE 2003, 310.

527   GH Den Haag BIE 2005, 92, 95.

528   RB Den Haag BIE 2001, 195, 197.

529   GH Den Haag BIE 1999, 95, 97; GH Den Haag BIE 1999, 120, 122; RB Den Haag BIE 2000, 6, 8 verneint Verletzung bei Zurückkehr zum StdT derart, dass die Verletzungsform im Wesen mit vorbekannten Einrichtungen identisch ist.

530   Vgl RB Den Haag BIE 2001, 117.

531   RB Den Haag BIE 2003, 166 zu „hydroxy" m kr Anm *den Hartog*.

Deutschland bestehen bei der Behandlung erfinderischer Weiterentwicklungen[532] und verschlechterter Ausführungen.[533] Geht aus Erklärungen in der Erteilungsakte hervor, dass von einem bestimmten Schutz Abstand genommen ist, soll der Patentinhaber diesen später nicht als Äquivalent einbeziehen können.[534] Der Fachmann darf aber nur dann annehmen, dass auf einen Teil des Patentschutzes verzichtet wird, falls dazu bei Betrachtung des Patentanspruchs im Licht der Beschreibung, der Zeichnungen und etwaiger weiterer offengelegter Unterlagen aus dem Erteilungsverfahren guter Grund besteht.[535] Das Gericht kann von erhellenden Erkenntnissen aus der Erteilungsakte nur Gebrauch machen, wenn für den Fachmann auch nach Studium von Beschreibung und Zeichnungen Zweifel bleiben, wie der Inhalt der Patentansprüche zu verstehen ist, dies betrifft aber nur die Auslegung zugunsten des Patentinhabers; für die Auslegung durch einen Dritten gilt diese Beschränkung nicht.[536] In der Lit fand eine intensive Auseinandersetzung mit der Rspr im VK und in Deutschland statt.[537]

Österreich. Unterschieden wurde zwischen erfinderischer (bei der Prüfung der erfinderischen Tätig- **98** keit) und patentrechtlicher Äquivalenz als Kategorie der Verletzungsprüfung.[538] § 22a öPatG (1984)[539] entspricht § 14 und Art 69 EPÜ mit ausdrücklicher Verweisung auf das Auslegungsprotokoll.[540] Die Äquivalenzprüfung entspricht der im dt Recht;[541] jedoch hat das ÖPA Übereinstimmung der Lösungsmittel in der technischen Funktion und Gebrauchmachen vom patentgem Lösungsprinzip verlangt.[542] Als nicht äquivalent ist die Verwendung von gleichwirkenden Lösungsmitteln angesehen worden, die den geschützten Lösungsgedanken wesentlich verändern oder dem Grundgedanken der Erfindung widersprechen.[543] Geprüft wird, ob der Einsatz des Äquivalents erfinderisch ist.[544] Eine verbesserte Ausführungsform schließt einen Patenteingriff jedoch nicht aus.[545] Nach neuerer Definition des früheren öOPM umfasst der Schutzumfang nicht nur die im Patentanspruch ausdrücklich unter Schutz gestellten Lösungsmittel, sondern auch äquivalente Mittel. Voraussetzung hierfür ist, dass die angegriffene Ausführung im Rahmen des Erfindungsgedankens liegt. Eine äquivalente Benützung der Erfindung liegt dann vor, wenn der Fachmann im Prioritätszeitpunkt, ausgerüstet mit dem allg Fachwissen unter Berücksichtigung des StdT, ohne erfinderisches Bemühen anknüpfend an den Sinngehalt des Patentanspruchs die ausgetauschten Merkmale den Patentansprüchen als objektiv gleichwirkende oder funktionsgleiche Lösungsmittel entnimmt.[546] Die Lösungsmittel müssen mit den in den Patentansprüchen genannten Merkmalen in ihrer technischen Funktion übereinstimmen und (im wesentlichen) die gleichen Wirkungen erzielen. Bei einer Verschiedenheit der technischen Problemstellung liegt keine Äquivalenz vor.[547] Die neuere Rspr hat die Prüfung nach Gleichwirkung, deren Erkennbarkeit und Gleichwertigkeit übernommen.[548] Mehrstufige chemische Reaktionsabläufe können nur dann als gleichartig oder äquivalent beurteilt werden, wenn sie in allen ihren

---

532 Vgl die Anm von *Stauder* und *König* zu GH Den Haag Hofmann-La Roche/Organon in GRUR Int 1998, 58, 62 und Mitt 1997, 34, 39, jedoch beziehen GH Den Haag BIE 1999, 158, 160 auch in hohem Maß neuartige Verbesserungen und RB Den Haag BIE 2001, 4 abhängige Erfindungen in den Schutzbereich ein.

533 Vgl nlHR BIE 1998, 407, 416 Stamicarbon/Dow m Anm *Steinhauser*.

534 RB Den Haag BIE 2003, 12, 15 m kr Anm *Brinkhof*.

535 NlHR van Bentum v. Kool unter Hinweis auf nlHR NJ 1995, 391.

536 NlHR 22.12.2006 C05/200HR Dijkstra/Saier; vgl nlHR NJ 2004, 674.

537 Vgl ua die Entscheidungsanmerkungen von *den Hartog* in BIE 2003, 170 und BIE 2003, 227.

538 Vgl *Weiser* öPatG § 22a Anm III.3.

539 Zur Anwendbarkeit ÖPA öPBl 2000, 120.

540 ÖOGH ÖBl 2004, 83 Amlodipin; vgl auch öOGH GRUR Int 1985, 766 Befestigungsvorrichtung für Fassadenelemente; öOGH ÖBl 1980, 121 Werkzeughalter für Bohrhammer, zur Auslegung von Patentansprüchen, öOGH ÖBl 1977, 80 Skibremse; OLG Wien GRUR Int 1992, 53; öOPM öPBl 1982, 24; öOPM öPBl 1986, 157, ÖBl 1989, 18 und öPBl 1996, 224; öOPM öPBl 2001, 127, 129; öOPM öPBl 2010, 151, 154; *Friebel/Pulitzer* Österreichisches Patentrecht² S 33, 204, 212.

541 Vgl öOPM öPBl 1998, 158, 161.

542 ÖPA öPBl 2001, 52, 54; vgl *Gassauer-Fleissner* ÖBl 2005, 244, 247.

543 ÖOPM öPBl 1986, 157; öOPM öPBl 1996, 224; ÖOPM öPBl 1998, 158; ÖOPM öPBl 2001, 100, 102; ÖPA öPBl 2001, 122, 125; *Gassauer-Fleissner* ÖBl 2005, 244, 247.

544 ÖOPM öPBl 1996, 224, 227; näher *Weiser* öPatG § 22a Anm. III.3. mwN.

545 ÖOGH 10.12.1985 4 Ob 384/84.

546 ÖOGH Amlodipin; öOGH 14.2.2008 4 Ob 243/07z, Ls in ÖBl 2008, 232; ÖOGH 18.11.2008 17 Ob 35/08h, Ls in ÖBl 2009, 61; öOPM Op 4/99.

547 ÖOPM öPBl 2004, 26, 33: öOPM öPBl 2007, 57, 70.

548 ÖOGH 20.5.2008 27 Ob 6/08v Bicalutamid, GRUR Int 2008, 1047, Ls in ÖBl 2008, 275; öOPM öPBl 2007, 57, 70.

Verfahrensschritten entweder direkt oder in äquivalenter Form übereinstimmen; liegt weder die gleiche Anzahl an Verfahrensschritten noch die Übereinstimmung aller Verfahrensschritte in direkter oder äquivalenter Form vor, fällt der angegriffene Gegenstand nicht unter das Patent.[549] Im Feststellungsverfahren wird der Schutzbereich durch den StdT im Anmeldezeitpunkt begrenzt.[550] Der „Formstein"-Einwand ist auch im österr Recht anerkannt.[551] Im Provisionalverfahren ist der Nichtigkeitseinwand grds zulässig.[552]

99 **Schweiz.**[553] Die Regelung des EPÜ wurde nicht wörtlich übernommen (vgl Art 51 schweiz PatG: Definition der Erfindung und sachlicher Geltungsbereich, Art 66 Buchst a 2. Halbsatz schweiz PatG: Nachahmung); für eur Patente geht das EPÜ vor.[554] Art 69 Abs 1 EPÜ und der dem Auslegungsprotokoll zu dieser Vorschrift zugrunde liegende Grundsatz zur Auslegung von Patentansprüchen müssen auch im Anwendungsbereich des schweiz PatG gelten. Er erlaubt eine wertende Abwägung der gegenseitigen Interessen. Sowohl der Patentinhaber wie der Dritte haben sich danach daran zu halten, was den Patentansprüchen nach dem Vertrauensgrundsatz unter Mitberücksichtigung von Beschreibung und Zeichnungen als fachtechnische Wissens- und Willenserklärung entnommen werden kann. Dabei gilt, dass die Auslegung iZw zuungunsten des Patentbewerbers ausfallen muss. Der „sachliche Geltungsbereich" in Art 51 Abs 2 schweiz PatG wird daher dem Schutzbereich gleichgesetzt.[555] Der Schutzbereich des Patents beschränkt sich auf die tatsächlich erfolgte Bereicherung der Technik und erfasst all das nicht, was im Zeitpunkt der Anmeldung oder Priorität zum StdT oder deren naheliegender Bereicherung gehörte.[556] Äquivalente „Nachahmungen" werden erfasst.[557] Bei Nachahmung lässt sich nur anhand des StdT beurteilen, ob die abgewandelte Ausführung am Erfindungsgedanken teilnimmt oder ob sie sich in naheliegender Weise aus dem StdT ergibt; die geschützte Bereicherung ist dabei aufgrund der gesamten selbstständigen Patentansprüche zu ermitteln.[558] Str ist, ob der Einwand des freien StdT[559] nur im Nachahmungs- (Äquivalenz-)bereich oder auch bei Nachmachung (identischer Übernahme) geltend gemacht werden kann.[560] Inhaltlich weicht die schweiz Regelung nicht in unzulässigem Maß vom EPÜ ab, „auch wenn die schweizerische Gesetzessystematik als etwas kompliziert erscheint".[561]

100 **Vereinigtes Königreich Großbritannien und Nordirland.** Zur „Biogen insufficiency" Rn 87 zu § 34. Die geltende Regelung in Sec 125 Patents Act ist abw von Art 69 EPÜ formuliert, jedoch bezieht sie das Auslegungsprotokoll ausdrücklich mit ein. Äquivalenz war nicht ausdrücklich anerkannt;[562] die Gerichtspraxis beruht auf einer am Zweck orientierten Auslegung (purposive construction). Anders als nach dt

---

549 ÖOPM öPBl 2004, 26.

550 ÖOPM öPBl 2004, 74.

551 ÖOPM öPBl 2004, 74, 77.

552 ÖOGH 29.11.2005 4 Ob 229/05p Sales Manager Austria I, Ls in ÖBl 2006, 66; ÖOGH 14.3.2006 4 Ob 9/06m Sales Manager Austria II, Ls in ÖBl 2006, 166.

553 Vgl auch den Bericht der schweiz AIPPI-Landesgruppe sic! 2003, 380.

554 Vgl *Brunner* SMI 1994, 129 f; *Bertschinger/Münch/Geiser* Schweizerisches und europäisches Patentrecht (2002) § 14.18 S 655.

555 *Bertschinger/Münch/Geiser* § 14.18 S 655 f.

556 Schweiz BG GRUR Int 1993, 878 Rohrschelle; vgl schweiz BG GRUR Int 1991, 658 Doxycyclin III; schweiz BG BGE 115 II 490 f = GRUR Int 1991, 313 Polyurethan-Hartschaumplatten; schweiz BG BGE 122 III 81 = GRUR Int 1998, 932 Beschichtungsanlage; vgl auch HG Zürich GRUR Int 1992, 66; HG Zürich GRUR Int 1992, 783; HG Zürich sic! 1997, 208, 212; *Blumer* sic! 1998, 3 f; vgl zur Heranziehung von Beschreibung und Zeichnungen schweiz BG sic! 1997, 414, 416 Hitzeschutzschild II.

557 Vgl *Blumer* sic! 1998, 3, 7; *Heinrich* [schweiz] PatG/EPÜ² Art 51 Rn 60: prägnanter, aber etwas veralternder Begriff.

558 Schweiz BG sic! 2001, 749, 752 = ENPR 2003, 223 Palettenförderer.

559 Schweiz BG Polyurethan-Hartschaumplatten, unter Verweis auf die „Formstein"-Entscheidung des BGH; schweiz BG Rohrschelle; HG Zürich SMI 1994, 79 f; *Brunner* SMI 1994, 101, 109 f; *Blumer* sic! 1998, 3, 9.

560 Für das erstere HG Zürich sic! 2005, 401, für letzteres HG Bern 30.1.1996, referiert bei *Brunner* sic! 1998, 428; *Blumer* sic! 1998, 3; zust *Rentsch/Wild* sic! 2006, 15, 21; abl *Brunner* sic! 1998, 348, 353.

561 *Brunner* SMI 1994, 129, 132.

562 Generell ablehnend *Jacob* in *Tilmann/Jacob* GRUR Int 2003, 982, 984 f; CA England/Wales 1.4.2004 [2004] EWCA Civ 381 Rockwater v. Technip France, referiert in EIPR 2004 N-110: „It further follows that there is no general „doctrine of equivalents." Any student of patent law knows that various legal systems allow for such a concept, but that none of them can agree what it is or should be. Here is not the place to set forth the myriad versions of such a doctrine. For my part I do not think that Art. 69 itself allows for such a concept – it says the extent of protection shall be determined by the terms of the claims. And so far as I can understand, the French and German versions mean the same thing. Nor can I see how the Protocol can create any such doctrine."

Praxis kann die Auslegung zu einer Einschränkung des Schutzbereichs führen.[563] Nach der grundlegenden „Catnic"-Entscheidung[564] ist zunächst zu prüfen, ob der Patentanspruch in seiner natürlichen Bedeutung die Ausführungsform erfasst; die Unterscheidung zwischen „textual infringement" und „pith and marrow" (Wesenskern) entfällt damit. Maßgebend ist, ob die Abweichung eine wesentliche Auswirkung auf die Funktionsweise der Erfindung hat oder gleichwirkend ist, sodann, ob es für einen Fachmann bei Veröffentlichung der Anmeldung erkennbar gewesen wäre, dass die abw Ausführungsform gleichwirkend ist, schließlich, ob Fachleute annehmen würden, der Patentinhaber habe allein auf die strenge Einhaltung der Formulierungen in der Patentschrift abstellen wollen („Catnic test").[565]

Lord Diplock führt aus: „... a patent specification is a unilateral statement by the patentee, in words **101**
of his own choosing, addressed to those likely to have a practical interest in the subject matter of his invention (i.e. „skilled in the art"), by which he informs them what he claims to be the essential features of the new product or process for which the letters patent grant him a monopoly. It is those novel features only that he claims to be essential that constitute the so-called „pith and marrow" of the claim. A patent specification should be given a purposive construction rather than a purely literal one derived from applying to it the kind of meticulous verbal analysis in which lawyers are too often tempted by their training to indulge. The question in each case is: whether persons with practical knowledge and experience of the kind of work in which the invention was intended to be used, would understand that strict compliance with a particular descriptive word or phrase appearing in a claim was intended by the patentee to be an essential requirement of the invention so that any variant would fall outside the monopoly claimed, even though it could have no material effect upon the way the invention worked. The question, of course, does not arise where the variant would in fact have a material effect upon the way the invention worked. Nor does it arise unless at the date of publication of the specification it would be obvious to the informed reader that this was so. Where it is not obvious, in the light of thenexisting knowledge, the reader is entitled to assume that the patentee thought at the time of the specification that he had good reason for limiting his monopoly so strictly and had intended to do so, even though subsequent work by him or others in the field of the invention might show the limitation to have been unnecessary. It is to be answered in the negative only when it would be apparent to any reader skilled in the art that a particular descriptive word or phrase used in a claim cannot have been intended by a patentee, who was also skilled in the art, to exclude minor variants which, to the knowledge of both him and the readers to whom the patent was addressed, could have no material effect upon the way in which the invention worked".

Die Rspr wird insb in der **„Improver"-Entscheidung** fortgeführt:[566] **102**

„The proper approach to interpretation of English patents registered under the Patents Act 1949 was explained by Lord Diplock in Catnic Components Ltd. v. Hill & Smith Ltd. The language should be given a „purposive" and not necessarily a literal construction. If the issue was whether a feature embodied in an alleged infringement which fell outside the primary, literal or acontextual meaning of a descriptive word or phrase in the claim („a variant") was nevertheless within its language as properly interpreted, the court should ask itself the following three questions:
      Does the variant have a material effect upon the way the invention works? If yes, the variant is outside the claim. If no
      Would this (i.e that the variant has no material effect) have been obvious at the date of the publication of the patent to a reader skilled in the art? If no, the variant is outside the claim. If yes
      Would the reader skilled in the art nevertheless have understood from the language of the claim that the patentee intended that strict compliance with the primary meaning was an essential requirement of the invention? If yes, the variant is outside the claim.
      On the other hand, a negative answer to the last question would lead to the conclusion that the patentee was intending the word or phrase to have not a literal but a figurative meaning ... denoting a class of things which included the variant and the literal meaning, the latter being perhaps the most perfect, best-known or striking example of the class."

---

563 Vgl *Grabinski* GRUR 2006, 714, 717.
564 Catnic v. Hill & Smith, HoL RPC 1982, 183 = GRUR Int 1982, 136 f, in Abkehr von HoL RPC 1963, 61 van der Lely v. Bamfords, nach der erfindungswesentliche Merkmale wörtlich verwirklicht sein mussten.
565 Kr zu diesem *Turner* EIPR 1999, 531; hiergegen *Franzosi* In Defence of Catnic, EIPR 2000, 242; vgl *Schulte* Rn 76 ff.
566 PatentsC Improver Corporation v. Remington Consumer Products FSR 1989, 181 = GRUR Int 1993, 245, „Epilady"-Fall (hier im Äquivalenzbereich): abgestellt wird auf „the language of the claim"; PatentsC GRUR Int 1997, 370 Assidoman Multipack v. The Mead Corporation; PatentsC 10.12.1997 Advest v. Tavismanor, referiert in EIPR 1998 N-138; CA England/Wales ENPR 2003, 50 Kirin-Amgen v. Transcaryotic Therapies.

103   Eine Hinwendung zur Praxis des BGH ist vereinzelt geblieben;[567] nach späterer Rspr ist der „Catnic-Test" weiter anwendbar.[568] Die Liste ist nicht blindlings abzuhaken; es kommt entscheidend auf das dritte Kriterium an, zu dem die anderen allenfalls hinführen sollen.[569] Das HoL hat die Rechtsprechung in der **Amgen-Entscheidung** bestätigt, in der er dies als Anwendung von Leitlinien bezeichnet, die in die Protokollfragen eingebettet sind.[570] Ein Zahlenwert kann nicht einfach als nicht geschrieben betrachtet werden, wenn er das erfinderische Konzept nicht beeinflusst.[571] Auslegung des Patentanspruchs, der für eine chemische Verbindung nur die Enolform nennt, kann ergeben, dass auch die entspr Ketoform erfasst ist.[572]

104   Die Änderung von Patentansprüchen wird verwehrt, wenn das Verhalten des Patentinhabers „covetous" oder „blameworthy" ist.[573] Parallel zum „Formstein"-Einwand hat die Rspr schon früh die „Gillette defence" entwickelt.[574] Nach neuer Rspr führt **Vorwegnahme oder Naheliegen** einer Lösung, die in den Schutzbereich fällt, zur Ungültigkeit:[575]

> **Lord Justice Aldous:** „The extent of protection is not only important when considering whether an alleged infringement falls within the claim, but also when considering validity. A patent will be invalid if the extent of protection includes within it the prior art or something which was obvious having regard to the prior art."

2. Sonstige Staaten

105   **Vereinigte Staaten von Amerika.** Die Auslegung der Patentansprüche ist Rechtsfrage, sie steht somit dem Richter und nicht der Jury zu.[576] Äquivalenz wird seit 1854 bejaht,[577] wobei die Merkmale jeweils einzeln miteinander (element-by-element) und nicht die Erfindung im ganzen zu vergleichen sind,[578] wenn das gegenüber dem Patentanspruch ausgetauschte Mittel mit der im wesentlichen gleichen Funktion auf die im wesentlichen gleiche Art und Weise zu dem im wesentlichen gleichen Ergebnis führt wie das vom Anspruch ausdrücklich genannte Mittel („Function – Way – Result", „FWR test, triple identity test");[579] dem entspricht Art 21 Abs 2 Buchst b Alt (i) des WIPO-Entwurfs für einen Patentharmonisierungsvertrag. Die Kriterien sind objektiv zu bestimmen; der „FWR-Test" ist nicht die einzige denkbare Methode zur Feststellung der Äquivalenz.[580] Pioniererfindungen genießen einen weiteren Schutz als Erfindungen, die sich

---

567   CA England/Wales PLG Research Ltd. v. Ardon International Ltd., RPC 1995, 287 = GRUR Int 1997, 368, unter Hinweis auf die geänd Rechtsgrundlage – Auslegungsprotokoll anstatt common law.
568   CA England/Wales Kastner v. Rizla, RPC 1995, 585 = GRUR Int 1997, 374, vgl PatentsC RPC 1995, 705 = GRUR Int 1997, 373 Beloit Technologies v. Valmet Paper Machinery; CA England/Wales RPC 1997, 489 Beloit v. Valmet; CA England/Wales RPC 1997, 737 3M v. Plastus; PatentsC FSR 1999, 319 Hoechst Celanese v. BP; PatentsC 30.7.1999 Taylor v. Ishida, referiert in EIPR 2000 N-19; vgl PatentsC RPC 2000, 547 American Home Products v. Novartis (Rapamycine) und hierzu *Cole* EIPR 2000, 534 ff; vgl auch CA Hongkong GRUR Int 1993, 248, „Epilady"; zur Notwendigkeit der Berücksichtigung der Beschreibung zur Auslegung der Patentansprüche CA England/Wales Biogen v. Medeva IIC 1996, 856; zur Beweislast CA England/Wales ICI v. Montedison IIC 1996, 877.
569   PatentsC (*Laddie* J) GRUR Int 2004, 442 Merck v. Generics.
570   HoL (Lord *Hoffmann*) 21.10.2004 [2004] UKHL 46 = GRUR Int 2005, 343 Kirin-Amgen v. Hoechst Marion Roussel, Leitsätze in ABl EPA 2005, 539; vgl auch neuseeländ OG 2006 N.Z.S.C. 20, referiert in EIPR 2006 N-216.
571   CA England/Wales (Hoffmann L.J.) RPC 1993, 513, 522 STEP v. Emson.
572   CA England/Wales GRUR Int 2003, 770 Pharmacia v. Merck.
573   CA England/Wales RPC 2000, 422 = IIC 2001, 232 Kimberly Clark v. Procter & Gamble; vgl PatentsC 21.7.2000 Kimberly-Clark v. Procter & Gamble, referiert in EIPR 2001 N-61.
574   HoL RPC 30 (1913), 465, 480 Gillette v. Anglo-American; CA England/Wales RPC 1995, 233 Merrell Dow v. Norton.
575   CA England/Wales RPC 2001, 133, 141 (*Aldous* LJ) in Wheatly v. Drillsafe; CA England/Wales 10.5.2002 Hewlett Packard v. Waters.
576   US-CAFC Markman v. Westview Instruments, 49 PTCJ 695 = 34 USPQ 2nd 1321, referiert in GRUR Int 1995, 433; hierzu *Martin* JPTOS 1995, 641; der SuprC hat sich dem angeschlossen, 51 PTCJ 730, referiert in EIPR 1996 D-215, hierzu *Schwarz* EIPR 1996, 502; abw Meinung in US-CAFC GRUR Int 2006, 74, 78 Philips v. AWH ua.
577   SuprC Winans v. Denmead, 56 U.S. (15 How.), 330, bestätigt in SuprC USP U.S. 605, 609 Graver Tank (1950); SuprC GRUR Int 1999, 191 = Mitt 1997, 154 m Anm *König* Warner-Jenkinson v. Hilton Davis.
578   SuprC Warner-Jenkinson v. Hilton Davis; US-CAFC 833 F.2d 931, 4 USPQ 1737 Pennwalt v. Durand-Wayland; wN bei *Mehler* GRUR Int 2006, 278 f Fn 25 f.
579   US-CAFC GRUR Int 1985, 214 ff unter Hinweis auf die „Graver Tank"-Entscheidung und GRUR Int 1989, 792 f; weitere Hinweise bei *Preu* FS F. Merz (1992), 455, 459 sowie bei *den Hartog* BIE 1998, 326.
580   Vgl *Hoffman/Oliver* JPTOS 1995, 763, 766 f; *Felfe* VPP-Rdbr 1996, 43, 47 f zum „Hilton Davis"-Fall des US-CAFC; SuprC Warner-Jenkinson v. Hilton Davis: geeignet für mechanische Vorrichtungen.

vom StdT weniger abheben.[581] Nach der „Prior Art Rule" darf dem Patentinhaber durch die Äquivalenzlehre kein weitergehender Schutzbereich zugebilligt werden, als er unter Berücksichtigung des StdT zur Zeit der Patentanmeldung hätte beanspruchen können.[582] Über Äquivalente können Gegenstände, die im Patent offenbart, aber nicht beansprucht sind, nicht in den Schutz einbezogen werden.[583] Auch Gegenstände, die vom Schutz im Patentanspruch ausdrücklich ausgeschlossen sind, werden nicht erfasst.[584] Eine Verletzung liegt bei „Means plus function"-Ansprüchen[585] vor, wenn der Verletzungsgegenstand identische oder äquivalente Strukturen wie nach der Beschreibung benutzt und die gleiche Funktion erfüllt;[586] nach 35 U.S.C. § 112, 6 erfasst ein means-plus-function-Anspruch „the structure disclosed in the patent and any equivalent of the structure which is described in the patent specification as performing the function".[587] Die Rspr des CAFC hat Schutz von Äquivalenten absolut versagt, wenn der Patentinhaber sich aus jeglichem, die Schutzfähigkeit betr Grund oder sonst ohne weitere Erklärung beschränkt hat (prosecution history estoppel; „if you amend, you may not extend");[588] der SuprC hat demgegenüber insoweit eine gewisse Flexibilität bei der Handhabung verlangt, wertet jedoch die Einschränkung im Erteilungsverfahren als Zugeständnis des Anmelders, dass der Schutzbereich des gewährten Anspruchs nicht so weit reicht wie der des ursprünglich eingereichten; der Patentinhaber darf demgegenüber zeigen, dass zur Zeit der Anspruchsänderung vom Fachmann vernünftigerweise nicht erwartet werden konnte, einen Anspruch zu formulieren, der das Äquivalent wörtlich erfasst hätte.[589] Der CAFC hat daraufhin einen Dreistufentest angewendet: Hat die Änderung den wörtlichen Schutzbereich des Anspruchs verengt? Falls ja, wurde die Änderung – wie zu vermuten – aus einem wesentlichen Grund vorgenommen, der die Patentfähigkeit betrifft? In diesem Fall hat der Patentinhaber all das aufgegeben, was zwischen dem ursprünglichen und dem geänd Anspruch liegt. Der Patentinhaber kann demgegenüber die Nichtvoraussehbarkeit des Äquivalents zur Zeit der Änderung aufzeigen, insb, wenn sie eine erst später entwickelte Technik betreffen, sich auf eine bloß tangentiale Beziehung berufen oder sich auf Unvollkommenheiten der Sprache stützen.[590] Die Änderung eines abhängigen in einen unabhängigen Patentanspruch kann eine Verengung darstellen.[591] Nach der Praxis des CAFC[592] lässt die Äquivalenz weiterhin nur unwesentliche Unterschiede zu.[593] Nichvoraussehbarkeit bezieht sich auf den Zeitpunkt der ursprünglichen Anmeldung oder der Änderung und betrifft nicht das Weglassen des bekannten Äquivalents bei der Anmeldung.[594]

China, Volksrepublik. Jede dem Anmelder bekannte äquivalente Ausführungsform muss in den Patentanspruch aufgenommen werden. Nach der Rspr des Obersten Volksgerichts sind die Patentansprüche vollständig auszulegen.[595] Alle Merkmale in einem unabhängigen Patentanspruch sind in die Verletzungsprüfung einzubeziehen.[596]   **106**

581 SuprC Eibel Process v. Minnesota & Ontario Paper, 261 U.S. 45, 63 (1923); wN bei *Mehler* GRUR Int 2006, 278 f Fn 19.

582 US-CAFC 904 F.2d 677, 684 Wilson Sporting Goods v. David Geoffrey; wN bei *Mehler* GRUR Int 2006, 278 f Fn 28.

583 US-CAFC 86 F.3d 1098 Maxwell/Baker, referiert in EIPR 1996 D-309; vgl auch US-CAFC 23.8.1998 Tronzo/Bionet, referiert in EIPR 1998 N-191; US-CAFC 28.3.2002 Johnston v. R. E. Systems, referiert in GRUR Int 2002, 548.

584 US-CAFC 18.8.2006 05-1458 Cook Biotech v. ACell.

585 Nicht, wenn über die bloße Funktion hinaus die technische Struktur beschrieben wird, US-CAFC GRUR Int 2006, 74 Phillips v. AWH ua.

586 US-CAFC 20.6.1999 WMS v. International Game Technology, referiert in EIPR 1999 N-181; zur Bedeutung von „Means"-Ansprüchen US-CAFC Kahn v. General Motors, referiert in EIPR 1998 N-89; zur ihrer Auslegung US-CAFC 18.4.2000 ENNIRCO v. Clestra, referiert in EIPR 2000 N-103.

587 US-CAFC 983 F2d. 1039, 1043 (1993).

588 US-CAFC 56 USPQ2d 1865 Festo, auszugsweise GRUR Int 2001, 562, und hierzu *Feiereisen* Mitt 2001, 148; US-CAFC 30.4.2001 Lockheed v. Space Systems, referiert in EIPR 2001 N-125; einschränkend US-CAFC GRUR Int 2006, 74 Phillips v. AWH ua; Nachw zur früheren Praxis bei *Mehler* GRUR Int 2006, 278 f Fn 29 f, dort auch Gesamtdarstellung der Festo-Verfahren; vgl auch US-CAFC Amgen v. Hoechst Marion Russell, referiert in EIPR 2006 N-216.

589 SuprC (2002) 535 US 722 = GRUR Int 2002, 776 Festo v. Shokezu Kinzoku; vgl hierzu *Geißler* GRUR Int 2003, 1, 4 ff.

590 US-CAFC GRUR Int 2004, 70 mAnm *Adam* Festo.

591 US-CAFC 2.6.2004 (2004) 370 F3d 1131 Honeywell/Hamilton, auch referiert in EIPR 2004 N-176; vgl US-CAFC (2003) 350 F3d 1235 Ranbaxy/Apotex.

592 Näher zur Rspr des US-CAFC *Garde* EIPR 2005, 365.

593 US-CAFC (2003) 347 F3d 1355 Talbert/Uncoal.

594 US-CAFC (2004) 356 F3d 1348 Glaxo Wellcome/Impax; US-CAFC (2004) 356 F3d 1357 Smithkline Beecham/Excel.

595 *Kock* Durchsetzung von Schutzrechten in der VR China, VPP-Rdbr 2004, 124, 126.

596 Oberstes Volksgericht GRUR Int 2006, 164.

107   **Japan.**[597] Erzeugnisschutz wurde als auf das in der Patentanmeldung angegebene Herstellungsverfahren beschränkt angesehen.[598] Äquivalenz kann auch bejaht werden, wenn nicht jedes Merkmal verwirklicht ist; abgestellt wird auf Austauschbarkeit des Merkmals und deren Offensichtlichkeit als positive Voraussetzungen, Hindernisse im Einzelfall können berücksichtigt werden.[599] Die Auffassung des jp OGH ist wie folgt formuliert worden: „A contested device is technically equivalent and infringing if not belonging to prior art at the time of the patent application, embodying the essential parts of the invention with the same purpose or result, and if the equivalent was easily conceivable at the time of production without having been disclaimed by the patentee".[600] Aus dem StdT leicht herleitbare Ausführungsformen fallen aus dem Äquivalenzbereich heraus.[601] Hat der Patentinhaber den Schutzumfang im Einspruchsverfahren begrenzt, kann er insoweit nicht äquivalente Verletzung geltend machen.[602]

108   **Kanada.** Die Praxis des SuprC lehnt sich an die im VK an, unterscheidet jedoch weiterhin zwischen wesentlichen und unwesentlichen Merkmalen; maßgeblich für die Auslegung ist der Zeitpunkt der Veröffentlichung der Beschreibung.[603]

109   **Korea (Republik).** Grds ist der Inhalt der Patentansprüche maßgeblich, durch Heranziehung der Beschreibung darf der Bereich des Patents nicht erweitert ausgelegt werden; auch nicht beschränkend ausgelegt, wenn er in seinem Wortlaut klar zu verstehen ist.[604] Die Auslegung des Patentanspruchs im Verletzungsstreit schließt Äquivalente ein, die keinen nennenswerten technischen Fortschritt gegenüber dem Patent darstellen.[605] Äquivalenz wird bejaht, wenn die technischen Konzepte der Erfindung und der Verletzungsform dieselben sind und das ersetzte Element im wesentlichen dieselbe Funktion hat, der Ersatz für den Fachmann naheliegend und das verletzende Erzeugnis nicht zum StdT gehörte oder leicht aus ihm ableitbar war und nicht willentlich von den Patentansprüchen ausgenommen worden war.[606] Äquivalente Verletzung kann aber nicht gegenüber Ausführungen geltend gemacht werden, die der Patentinhaber ausdrücklich vom Gegenstand der Anmeldung ausgenommen hat, um fehlender Neuheit oder erfinderischer Tätigkeit zu begegnen.[607]

§ 15
(Übertragung und Lizenz)

(1) [1]Das Recht auf das Patent, der Anspruch auf Erteilung des Patents und das Recht aus dem Patent gehen auf die Erben über. [2]Sie können beschränkt oder unbeschränkt auf andere übertragen werden.

(2) [1]Die Rechte nach Absatz 1 können ganz oder teilweise Gegenstand von ausschließlichen oder nicht ausschließlichen Lizenzen für den Geltungsbereich dieses Gesetzes oder einen Teil desselben sein. [2]Soweit ein Lizenznehmer gegen eine Beschränkung seiner Lizenz nach Satz 1 verstößt, kann das Recht aus dem Patent gegen ihn geltend gemacht werden.

(3) Ein Rechtsübergang oder die Erteilung einer Lizenz berührt nicht Lizenzen, die Dritten vorher erteilt worden sind.

---

597 Zur Praxis *Okawa/Kamiya* Mitt 1994, 103; zum Konflikt USA/Japan wegen der Übernahme der Äquivalenzlehre vgl 9 World Intellectual Property 106 (1995).

598 BG Tokio 28.1.2002 16 Law & Technology 88 (2002) = IIC 35 (2004), 98 Ls.

599 OG Osaka GRUR Int 1997, 264 t-PA; „Japanese courts are slowly, if reluctantly, moving towards the less restrictive US and European approaches", *Melson* EIPR 1996 D-229; zur engen Auslegung von Patentansprüchen in Japan *Heath* Bedeutet TRIPS wirklich eine Schlechterstellung von Entwicklungsländern? GRUR Int 1996, 1169, 1178.

600 Jp OGH IIC 1999, 443; hierzu *Iwata* Mitt 2000, 88.

601 BG Tokio 34 IIC (2003), 671 Ls.

602 BG Osaka 35 IIC 2004, 451.

603 Vgl SuprC IIC 2002, 977 Whirlpool v. Camco; SuprC 15.12.2000 Free World v. Electro Sante, referiert in EIPR 2001 N-73; vgl zu Auslegung, Äquivalenten, Pioniererfindungen (Catnic und Improver tests) Federal Court Janssen v. Apotex, referiert in EIPR 2000 N-80.

604 Korean OGH GRUR Int 1997, 273.

605 BezirksG Suwon IIC 31 (2000), 447.

606 SuprC 28.7.2000 35 IIC (2004), 447 Ciprofloxacin.

607 SuprC 35 IIC (2004), 692 Erythropoietin.

MarkenG: §§ 27–31

Übersicht

A. Allgemeines

I. Entstehungsgeschichte

Die Vorschrift stimmt mit § 22 GebrMG überein; sie hat in § 11 SortG eine Parallele. Vgl auch die detail- **1** liertere Regelung in §§ 27–31 MarkenG. Abs 1 entspricht wörtlich § 9 PatG 1936, 1961 und 1968 und sachlich dem vor 1936 geltenden § 6. Abs 2 ist durch Art 8 Nr 6 GPatG eingefügt worden; die Bestimmung entspricht Art 43 Abs 1, 2 GPÜ und den zuvor schon von der Rspr entwickelten Grundsätzen, sie hat somit nur klar-stellende Bedeutung.[1] Abs 3 ist durch Art 2 Abs 9 GebrMÄndG 1986 auf Vorschlag des Bundesrats als Reak-tion auf die Rspr des Kartellsenats des BGH[2] eingefügt worden.[3] Eine Regelung enthält auch **Art 28 Abs 2 TRIPS-Übk**.

II. Zeitliche Geltung

Abs 2 ist am 1.1.1981 in Kraft getreten (Art 17 Abs 3 GPatG); eine Übergangsregelung ist nicht vorgese- **2** hen, weshalb die Bestimmung auch auf bereits früher eingereichte Patentanmeldungen und auf sie erteilte Patente anwendbar ist. Abs 3 ist mWv 1.1.1987 eingeführt worden (Art 7 GebrMÄndG 1986), auch hier fehlt eine Übergangsregelung. Die Bestimmung findet auf nach ihrem Inkrafttreten erfolgende Rechtsübergänge Anwendung;[4] auf frühere wirkt sie weder ex tunc noch ex nunc.[5]

III. Inhalt und Bedeutung der Regelung; verkehrsfähige Rechte

Die Bestimmung ist die zentrale Norm für die Behandlung des Patents und der Patentanmeldung im **3** Rechtsverkehr. Von besonderer Bedeutung ist das Recht des Lizenzvertrags, das im PatG nur rudimentär geregelt ist. Verkehrsfähig sind nach Abs 1 das Recht auf das Patent, der Anspruch auf Erteilung des Pa-tents und die Rechte aus dem Patent. Auch das ergänzende Schutzzertifikat ist verkehrsfähig (§ 16a Abs 2), das Recht auf das Zertifikat allerdings nur mit dem Grundpatent. Verkehrsfähig sind auch nicht geschützte Erfindungsleistungen, Fabrikationsverfahren, Konstruktionen oder sonstige die Technik bereichernde Leistungen, aber nur, soweit sie Betriebsgeheimnisse darstellen.[6]

IV. EPÜ

Für die **europäische Patentanmeldung** gelten ausschließlich[7] die Regelungen in **Art 71–74 EPÜ** so- **4** wie die Bestimmungen der AOEPÜ. Art 71 EPÜ legt die Übertragbarkeit fest, Art 72 EPÜ statuiert (abw vom nationalen Recht und als materiellrechtl Regelung)[8] das Schriftformerfordernis bei rechtsgeschäftlicher Übertragung (Rn 35), Art 73 die Lizenzierbarkeit der eur Patentanmeldung, Art 74 regelt (in Form einer Minimallösung durch grds Verweisung auf das nationale Recht des jeweiligen Vertragsstaats)[9] das an-wendbare nationale Recht, dies aber nur, soweit das EPÜ nicht eigenständige Regelungen enthält.[10] Nä-here Bestimmungen über die **Eintragung von Rechtsübergängen** in das eur Patentregister enthält Re-gel 22 AOEPÜ (Rn 8 f zu § 30). Regeln 23, 24 AOEPÜ betreffen die Eintragung von Lizenzen; Regel 85 AOEPÜ ist insoweit nicht anwendbar.[11]

Das **erteilte europäische Patent** unterliegt der Regelung in § 15 (Art 2 Abs 2 EPÜ). Dies wird auch **5** während des Laufs der Einspruchsfrist und des Einspruchsverfahrens gelten müssen, da Regel 85 AOEPÜ

---

1   Begr GPatG BlPMZ 1979, 276, 280.
2   BGHZ 83, 251 = GRUR 1982, 411 Verankerungsteil.
3   Vgl Gegenäußerung der Bundesregierung BTDrs 10/3903.
4   *Benkard*[10] Rn 108.
5   Vgl OLG Düsseldorf 6.11.1997 2 U 40/93, 2 U 42/93, 2 U 43/93 und für das Markenrecht § 155 MarkenG.
6   BGH 1.10.1963 I a ZR 171/63; BGH 13.7.1982 X ZR 50/81.
7   Vgl *Dybdahl* IIC 1998, 387, 389, 402 f.
8   BGH GRUR 1992, 692 f Magazinbildwerfer; *Kraßer* S 926 (§ 40 II 2); *Dybdahl* IIC 1998, 387, 396.
9   Vgl *Singer/Stauder* Art 74 EPÜ Rn 1.
10   *Singer*[1] Art 74 EPÜ Rn 2.
11   Vgl EPA J 17/91 ABl EPA 1994, 225 Eintragung von Lizenzen; EPA J 19/91; *Dybdahl* IIC 1998, 387, 398.

         Hacker

(zur Anwendbarkeit auf die Eintragung von Lizenzen Rn 4) nur eine entspr Anwendung von Regel 22 AOEPÜ in diesem Zeitraum vorsieht, nicht aber Art 2 Abs 2 und Art 73 EPÜ derogieren kann.[12]

6   Auch für das **Recht auf das europäische Patent** ist nur § 15 anzuwenden.[13]

V. EU-Patent

7   Nach Art 7 VO (EU) Nr 1257/2012 (EPVO) wird ein eur Patent mit einheitlicher Wirkung, soweit es als Gegenstand des Vermögens in Betracht kommt, also im wesentlichen im Hinblick auf Übertragung und Lizenzen, in seiner Gesamtheit und in allen teilnehmenden Mitgliedstaaten wie ein nationales Patent des Mitgliedstaats behandelt, in dem es einheitliche Wirkung hat. Das maßgebliche nationale Recht wird für alle teilnehmenden Mitgliedstaaten einheitlich nach der internationalprivatrechtl Regelung des Art 7 EPVO bestimmt. Demnach kommt zunächst das Recht desjenigen teilnehmenden Mitgliedstaats zur Anwendung, in dem der Patentanmelder nach dem Europäischen Patentregister zum Zeitpunkt der Einreichung der Anmeldung seinen Wohnsitz oder den Sitz seiner Hauptniederlassung hatte (Abs 1 Buchst a), hilfsweise das Recht des Staats, in dem eine Niederlassung bestand (Buchst b). Bei mehreren Anmeldern gilt Art 7 Abs 2 EPVO. Als Auffangrechtsordnung bestimmt Art 7 Abs 3 EPVO das Recht des Sitzes der EPO gem Art 6 Abs 1 EPÜ, also deutsches Recht. Die Regelung ist im wesentlichen Art 16 UnionsmarkenVO nachgebildet, so dass zur Auslegung auch auf die Rspr zu dieser Vorschrift zurückgegriffen werden kann. Näher hierzu Rn 54 ff Anh Einheitlicher Patentschutz in Europa.

B. Rechtsübergang im Weg der Gesamtrechtsnachfolge

Schrifttum: *Damme* Das Heimfallsrecht (gesetzliche Erbrecht) des Fiskus an Urheberrechten im Deutschen Reiche und in Österreich, GRUR 1900, 1; *Kurz* Rechtswahl, Wahl des Gerichtsstands und Schiedsgerichtsvereinbarungen in internationalen Technologielizenzverträgen, Mitt 1997, 345.

I. Allgemeines

8   Abs 1 Satz 1 spricht ausdrücklich die Vererblichkeit des Rechts auf das Patent, des Anspruchs auf Erteilung des Patents[14] und des Rechts aus dem Patent an. Daneben kommen auch andere Formen der Gesamtrechtsnachfolge in Betracht (Rn 14). Ein Rechtsübergang kommt schon vor Anmeldung in Betracht, insb das ArbN-Erfindungsrecht setzt dies voraus. Unübertragbar sind die Erfindung selbst vor ihrer Verlautbarung nach außen und das Erfinderpersönlichkeitsrecht mit Ausnahme seiner vermögenswerten Bestandteile (Rn 12 zu § 6).[15]

II. Vererblichkeit

9   Die in Rn 8 genannten Rechte sind vererblich. Es gelten die allg Regeln; auch der Fiskus kann Erbe sein.[16] Ein erbrechtl Rechtsübergang kommt nur in Betracht, wenn das Recht einer natürlichen Person zugeordnet ist. Juristische Personen des Privatrechts und des öffentl Rechts können nicht beerbt werden; hier kommen andere Formen der Gesamtrechtsnachfolge in Betracht.

10   Für die **internationale Rechtsanwendung** gilt nach dem durch das Gesetz vom 25.7.1986 anstelle der früheren unvollständigen und zum Teil abw Regelung in Art 24, 25 EGBGB eingefügten und am 1.9.1986 in Kraft getretenen Art 25 Abs 1 EGBGB, dass die Rechtsnachfolge von Todes wegen dem Recht des Staats unterliegt, dem der Erblasser im Zeitpunkt seines Tods angehörte. Rück- und Weiterverweisungen des ausländ Rechts sind nach Art 4 Abs 1 EGBGB zu beachten. Bei mehrfacher Staatsangehörigkeit ent-

---

12   Vgl hierzu *Dybdahl* IIC 1998, 387, 394 f und Fn 15; BPatGE 29, 5 f = GRUR 1987, 808 und EPA J 10/93 ABl EPA 1997, 91 = GRUR Int 1997, 476 Rechtsübergang.

13   LG Düsseldorf GRUR Int 2007, 347; *Kraßer* S 926 (§ 40 II 2).

14   Dessen privatrechtl Charakter *Mes* Rn 3 anzweifelt.

15   Vgl zum allg Persönlichkeitsrecht BGHZ 143, 214 = GRUR 2000, 709, 712 ff Marlene Dietrich; BGHZ 50, 133, 137 = GRUR 1968, 552 Mephisto.

16   Vgl *Damme* GRUR 1900, 1.

scheidet (grds auch bei Deutschen) die effektivere.[17] Hiernach kommt häufig das Recht des letzten Wohnsitzes zur Anwendung.[18]

Für die **Europäische Union** gilt für Erbfälle seit dem 17.8.2015 grds die **Verordnung (EU) Nr 650/ 11 2012** vom 4.7. 2012 über die Zuständigkeit, das anzuwendende Recht, die Anerkennung und Vollstreckung von Entscheidungen und die Annahme und Vollstreckung öffentlicher Urkunden in Erbsachen sowie zur Einführung eines Europäischen Nachlasszeugnisses.[19] Nach der allg Kollisionsnorm des Art 21 der VO unterliegt die gesamte Rechtsnachfolge dem Recht des Staats, in dem der Erblasser zum Zeitpunkt seines Tods seinen gewöhnlichen Aufenthalt hatte, sofern sich nicht ausnahmsweise aus der Gesamtheit der Umstände ergibt, dass er im Zeitpunkt seines Tods eine offensichtlich engere Verbindung zu einem anderen als dem Staat des gewöhnlichen Aufenthalts hatte. Durch Rechtswahl kann das Recht des Staats gewählt werden, dem der Erblasser zum Zeitpunkt der Rechtswahl oder seines Tods angehört; die Rechtswahl muss ausdrücklich in einer Erklärung in Form einer Verfügung von Todes wegen erfolgen oder sich aus den Bestimmungen einer solchen Verfügung ergeben; Änderung oder Widerruf der Rechtswahl muss den Formvorschriften für die Änderung oder den Widerruf einer Verfügung von Todes wegen entsprechen (Art 22).

Soweit hiernach **deutsches Recht** Anwendung findet, gelten die Bestimmungen des 5. Buchs des 12 BGB. In Betracht kommt Gesamtnachfolge in den Nachlass nach § 1942 BGB oder Übertragung einzelner Nachlassgegenstände aufgrund letztwilliger Verfügung nach § 2174 BGB.

Zur **Legitimation des Erben** Rn 98 zu § 30. Einer Änderung im Register bedarf es zur Geltendma- 13 chung der Rechte als Erbe gegenüber Dritten nicht.

III. Gesamtrechtsnachfolge bei juristischen Personen

Bei inländ juristischen Personen kommen insb die Bestimmungen des Umwandlungsgesetzes sowie 14 des Handels- und Gesellschaftsrechts über Verschmelzung, Spaltung, Vermögensübertragung und Formwechsel inländ Rechtsträger in Betracht, daneben die des bürgerlichen Rechts über die Vereinigung von juristischen Personen und Vermögensmassen (insb §§ 41, 45, 46, 87, 88, 730, 738 BGB).[20] Bei juristischen Personen des öffentlichen Rechts erfolgt eine Regelung im allg durch Gesetz oder öffentlich-rechtl Vertrag. Bei ausländ juristischen Personen bestimmt sich das anzuwendende Recht nach den Grundsätzen des Internationalen Privatrechts. Insoweit fehlt allerdings (noch) eine gesetzliche Regelung, wie sie Art 24, Art 25 EGBGB für das Erbrecht enthält.

IV. Enteignungen wirken nur im Sitzstaat, sie erfassen daher grds nicht das im Ausland belegene 15 Vermögen; dies galt auch für Enteignungen in der sowjetischen Besatzungszone und der DDR;[21] Enteignung einer Gesellschaft führte für das Inlandsvermögen zu einer Spaltgesellschaft (näher *5. Aufl*).

V. Einigungsvertrag; Eisenbahn- und Postneuordnung s *5. und 6. Aufl*. 16

C. Rechtsgeschäftliche Vollübertragung

Schrifttum: *Ahrberg* Die Gewährleistungsfrist bei der Übertragung des Patentrechts, Diss 1912; *Ahrens* Brauchen wir einen allgemeinen Teil der Rechte des Geistigen Eigentums? GRUR 2006, 617; *Bartenbach/Bartenbach* Schutzrechtsverkauf und Lizenzierung von Schutzrechten und Know-How nach der Schuldrechtsreform, MDR 2003, 1270; *Baur* Haftungsvoraussetzungen und Haftungsfolgen bei Tauglichkeitsmängeln der Erfindung, ZHR 129 (1967), 1; *Berliner* Die Wirkung der Veräußerung des Patentrechts durch den Patentinhaber auf bestehende Lizenzen, Diss 1915; *Beyerlein* Caveat emptor: Leistungsstörungs- und Gewährleistungsrechte beim Verkauf von Patenten, Mitt 2004, 193; *Brinkhof* De codificatie van de rechten van de intellectuele eigendom in Boek 9 Burgerlijk Wetboek. Een tussenbalans, BIE 1997, 279; *Buselmeier* Die Übertragung eines Patents, Diss 1934; *Dörmann* Der gute Glaube im Patentrecht, Diss Hamburg 1952; *Dybdahl* Transfer of Rights and Their Registration in the European Patent and Community Patent Registers, IIC 1998, 387; *Forkel* Gebundene Rechtsübertragungen, Bd I: Patent, Musterrecht, Urheberrecht, 1977; *Haedicke* Rechtskauf und Rechtsmängelhaftung, Habilitationsschrift Tübingen 2003; *Haedicke* Die Gewährleistungshaftung bei Patentveräußerungs- und Patentlizenzver-

---

17 Vgl BGH NJW 1980, 2016.
18 Vgl *Kurz* Mitt 1997, 345 f.
19 ABl EU L 201/107 vom 27.7.2012.
20 Vgl BPatGE 37, 143, WzSache: liquidationsloses Ausscheiden des letzten Kommanditisten.
21 StRspr, zuletzt BGH NJW 2002, 2389.

trägen und das neue Schuldrecht, GRUR 2004, 123; *Heine* Die Übertragung eines Urheberrechtes, insbesondere eines Patentrechtes und beschränkter Rechte am Patentgut, und ihr Erwerb vom Scheinberechtigten, Diss 1913; *Henke/A. von Falck/Haft/Jaekel/Lederer/Loschelder/McGuire/Viefhues/von Zumbusch* Der Einfluss der Mitinhaberschaft an Rechten des Geistigen Eigentums auf deren Verwertung (Q 194), GRUR Int 2007, 503; *Herms* Die Veräußerung des Rechtes an der Erfindung, Diss 1912; *Herzog* Die Mängelhaftung beim Kauf von Patenten, GRUR 1929, 141; *Hilty* Rechtsdogmatisches zur Übertragung von Urheberrechten und gewerblichen Schutzrechten, insbesondere zur Frage des Gutglaubensschutzes obligatorisch Berechtigter, SMI 1992, 211; *Hirsch* Das Recht aus der Erfindung, 1930 mit Nachtrag 1933; *Hoorneman* De Europese octrooiaanvrage op de pijnbank van het Nederlandse vermogensrecht, BIE 1997, 67; *Klinkenstein* Der Kauf von Patenten, Diss 1937; *Koerfer* Der sachenrechtliche Charakter der sogenannten immateriellen Güter, Diss Freiburg (Schweiz) 1930; *Kraßer* Verpflichtung und Verfügung im Immaterialgüterrecht, GRUR Int 1973, 230; *Laub/Laub* Die Verletzung technischer Schutzrechte als Rechtsmangel beim Sachkauf, GRUR 2003, 654; *Lindenmaier* Die Haftung des Patentinhabers bei Veräußerung des Patents und Lizenzbestellung, GRUR 1955, 507, 570; *Liuzzo* Inhaberschaft und Übertragung des europäischen Patents, GRUR Int 1983, 20; *Lüdecke* Welchen Einfluß hat die Veräußerung des Patents auf bestehende Lizenzverträge? GRUR 1964, 470; *Lüdecke/Fischer* Lizenzverträge, 1957; *Malzer* Haftung für Rechtsmängel bei der Übertragung des Rechts aus dem Patent, GRUR 1964, 349; *Malzer* Haftung für Rechtsmängel bei der Übertragung der Rechte aus § 4 Abs 1 und § 30 Abs 1 Satz 2 PatG, GRUR 1964, 415; *Malzer* Zur Haftung für die Ausführbarkeit der technischen Lehre bei der Übertragung von Rechten aus dem Patentgesetz, GRUR 1970, 107; *Malzer* Zur Haftung für vertragsmäßige Brauchbarkeit und zugesicherte Eigenschaften der Erfindung bei der Übertragung von Rechten aus dem Patentgesetz, GRUR 1971, 96; *Möller* Das Patent als Rechtsmangel der Kaufsache, GRUR 2005, 468; *Nirk* Die Einordnung der Gewährleistungsansprüche und Leistungsstörungen bei Verträgen über Patente in das Bürgerliche Gesetzbuch, GRUR 1970, 329 = FS G. Wilde (1970), 139; *Pfeifer* Kaufverträge über patentgeschützte Gegenstände und § 20 GWB, WRP 1968, 345; *Rauter* Die Verwertung von Erfindungen, 1939; *Scherf* Intellectual Property Rights in Mergers: A Reflection of the Situation in the Chemical Industry Sector, EIPR 2009, 364; *Seligsohn* Die Rechtsunsicherheit im Verkehr mit Patenten, GRUR 1902, 33; *Sermatinger* Das Problem des Veräußerungs- und Lizenzvertrages bei nachträglicher Vernichtung oder Beeinträchtigung des gewerblichen Schutzrechts, Diss 1967; *Trüstedt* Haftung für Rechtsmängel im Patentrecht, GRUR 1939, 516; *Uhl* Gutgläubiger Erwerb vom Nichtberechtigten wird nicht geschützt, FS L. David (1996), 257; *Vogel* Urheber- und Erfinderrechte im Rechtsverkehr: eine historisch-dogmatische Untersuchung, 2004; *Völker* Das geistige Eigentum beim Unternehmenskauf, BB 1999, 2413; *Volkmann* Patenterwerb und Machtmissbrauch, 2013; *Walchshöfer* Der Besitz im gewerblichen Rechtsschutz, Diss 1962; *Weber* Der Patentverkauf, 1911; *Wild* Die Übertragung von gewerblichen Schutzrechten, insbesondere der gutgläubige Erwerb vom registrierten Nichtberechtigten, sic! 2008, 271; *Wiese* Die geschichtliche Entwicklung der Haftung des Lizenzgebers und Verkäufers von Erfindungen, Diss 1958; *Worms* Die Verwertung von Erfindungen, 1921; *Zeller* Die Möglichkeit der Übertragung von in- und ausländischen Patenten trotz Pfändung, 1926.

I. Internationales Privatrecht

17   Die für das übertragene Recht maßgebende Rechtsordnung entscheidet insb darüber, ob das Recht übertragbar ist.[22] Bei eur (Bündel-)Patenten ist maßgebend, auf welches Schutzland die zu beurteilenden Rechtswirkungen bezogen sind. Hierzu rechnen neben Entstehung, Bestand und Erlöschen des Patents dessen Lizenzierbarkeit, Übertragbarkeit (einschließlich der Form des Vertrags; vgl den zumindest entspr anwendbaren Art 11 Abs 5 EGBGB)[23] sowie die aus ihm erwachsenden Rechte[24] und die Wirkungen der Lizenz. Auf die Übertragung eines dt (und eur, soweit es mit Wirkung für Deutschland erteilt ist) Patents ist infolge des Territorialitätsprinzips dt Recht anzuwenden,[25] und zwar auch dann, wenn die Übertragung im Rahmen eines Sammelvertrags erfolgt, der auch ausländ Schutzrechte zum Gegenstand hat.[26] Das dürfte jedoch nur für das dingliche Verfügungsgeschäft zutreffen. Für das schuldrechtl Grundgeschäft besteht kein Anlass, von den allg Regeln des IPR abzuweichen.[27] Dieselben Regeln gelten auch für die Übertragung des Rechts auf

---

22   BGH GRUR Int 1965, 504, 506 Carla, WzSache; BGH GRUR 1988, 296, 298 GEMA-Vermutung IV; BGHZ 136, 380 = GRUR 1999, 152 ff Spielbankaffaire mwN, UrhSachen; OLG München GRUR Int 1960, 75.

23   BGH Carla.

24   Vgl OLG Karlsruhe GRUR Int 1987, 788 zum Benutzungsrecht gegenüber dem Inhaber eines prioritätsjüngeren Schutzrechts.

25   OLG Düsseldorf 31.7.2008 2 U 4/07; vgl zum Markenrecht BGH GRUR 2002, 972 f FROMMIA; BGH GRUR 2010, 828 (Nr 17) DiSC; BGH GRUR Int 1965, 504 Carla; zum Territorialitätsgrundsatz BGHZ 75, 150, 152 = GRUR 1980, 52 Contiflex; str, nach der „Einheitstheorie" soll auch hier das Vertragsstatut gelten, OLG Frankfurt GRUR 1998, 141.

26   OLG München GRUR-RR 2006, 130, Markensache.

27   AA BGH GRUR 2002, 972 f FROMMIA, wo die allein das schuldrechtl Grundgeschäft betreffenden Regeln des ex-Art 28 Abs 1 und 2 EGBGB (jetzt Art 4 Rom I-VO) ausdrücklich für unanwendbar erklärt werden; bestätigt in BGH GRUR 2010, 828 f (Nr 17) DiSC.

das Patent; ebenso für eur Patente, jedoch sind bei eur Patentanmeldungen die zwingenden Regelungen des EPÜ zu beachten. Zum anwendbaren Recht, wenn eine Rechtswahl nicht getroffen wurde, Rn 163.

II. Verpflichtungs- und Verfügungsgeschäft

Im dt Recht ist streng zwischen dem Verfügungsgeschäft und dem ihm zugrundeliegenden Verpflich- **18** tungsgeschäft (Kausalgeschäft) unterschieden. Als Verpflichtungsgeschäft kommt jede Art von Vertrag in Betracht, insb Kaufvertrag (Rechtskauf nach § 453 BGB iVm § 433 BGB), Tauschvertrag, Schenkung, Gesellschaftsvertrag.[28] Verfügungs- und Verpflichtungsgeschäft bilden tatsächlich idR eine Einheit.[29] Ob eine Übertragungsverpflichtung gewollt ist, muss iZw durch Auslegung ermittelt werden.[30] Verpflichtungs- und Verfügungsgeschäft können aber zusammenfallen.[31] Verkauf der Erfindung beinhaltet iZw auch Übertragung des Rechts zur Anmeldung.[32] Gesellschaftsähnliche Züge des Vertrags (partiarischer Kauf) stehen der Annahme eines Kaufvertrags nicht entgegen; die Anwendung einzelner gesellschaftsrechtl Bestimmungen bedingt nicht die ergänzende Auslegung des gesamten Vertrags nach Gesellschaftsrecht.[33] Der Rechtserwerb kann sittenwidrig sein, wenn er zweckfremd als Mittel des Wettbewerbskampfs eingesetzt wird.[34]

Unwirksamkeit oder **Fehlerhaftigkeit des Verpflichtungsgeschäfts** berührt die Wirksamkeit des **19** Verfügungsgeschäfts (§ 413 BGB) nicht unmittelbar,[35] kann aber Rückübertragungsansprüche aus ungerechtfertigter Bereicherung begründen. Bei der Verpflichtung zur Übertragung eines Patents im Rahmen eines Gesellschaftsvertrags fällt das Patent mit Ende des Vertrags wieder uneingeschränkt den Gesellschaftern zu.[36]

III. Rechte und Pflichten aus dem Kausalgeschäft

1. Rechtsverschaffungspflicht. Was an Rechten zu übertragen ist, ergibt sich aus der vertraglichen **20** Abrede. Nach § 453 Abs 1 BGB iVm § 433 Abs 1 BGB (zur Rechtslage vor der Schuldrechtsmodernisierung vgl *5. Aufl*) hat der Verkäufer dem Käufer das Recht frei von Rechtsmängeln zu verschaffen; dies ist der Fall, wenn Dritte in bezug auf das Recht keine oder nur die im Kaufvertrag übernommenen Rechte gegenüber dem Käufer geltend machen können (§ 435 BGB). Im übrigen haftet der Veräußerer nach Sachmängelgrundsätzen.[37] IZw wird sich die Verpflichtung nicht auf die bloße Übertragung der formalen Rechtsstellung beschränken, sondern das für die Benutzung der Erfindung nötige Wissen mit einschließen. Zur Überlassung von ergänzendem „Know-how" besteht ohne besondere Abrede grds keine Verpflichtung.[38] Eine territorial beschränkte Teilübertragung ist nicht möglich (Rn 41), ihre Wirkung kann aber weitgehend durch eine ausschließliche Gebietslizenz erreicht werden. Auch bei eur Patentanmeldungen und Patenten ist der einzelne Vertragsstaat die kleinste mögliche Einheit. Der Erwerb des Patents lässt bestehende Lizenzen unberührt (Abs 3; Rn 76). Übernimmt der Erwerber eines Patents vertraglich rückständige Gebühren des Patentamts, folgt daraus noch nicht ohne weiteres, dass auf ihn auch Schadensersatzansprüche wegen Patentverletzungen aus der Zeit vor der Übertragung des Patents stillschweigend übergehen; ihre Übertragung bedarf wie die von Lizenzansprüchen besonderer Abtretung.[39] Die Übertragungspflicht kann auf einen quotenmäßigen Anteil beschränkt sein, auch kann das Recht in das Vermögen einer Gesellschaft bürgerlichen Rechts, in eine oHG oder KG einzubringen sein.[40] Übertragung eines realen Teils des Schutz-

---

28 De lege ferenda für die Schaffung eigenständiger Vertragstypen *Ahrens* GRUR 2006, 617, 622.
29 RGZ 126, 280, 284 = BlPMZ 1930, 102 Lampenschirm.
30 Vgl OLG München 27.3.2003 6 U 4045/02.
31 RG Lampenschirm; *Benkard* Rn 15/16.
32 Vgl schweiz BG sic! 2001, 654, 656 f Pommes-frites-Automat.
33 BGHZ 28, 144 = GRUR 1959, 125, 127 Pansana.
34 Vgl BGH GRUR 1995, 117, 120 f Neutrex; BGH GRUR 2000, 1032, 1034 Equi 2000; BGHZ 150, 82 = GRUR 2002, 967 Hotel Adlon, jeweils zum Wz- bzw Markenrecht.
35 *Benkard* Rn 15/16; vgl aber für Kartellrechtsverstöße BGHZ 17, 41, 51 f = GRUR 1955, 468 Kokillenguß, einerseits, OLG Düsseldorf GRUR 1966, 521 andererseits.
36 BGH 28.11.1958 I ZR 90/57.
37 *Haedicke* GRUR 2004, 123, 124.
38 *Kraßer* S 938 (§ 41 II 1).
39 BGH GRUR 1958, 288 Dia-Rähmchen I.
40 Vgl *Kraßer* S 927 (§ 40 III 1).

Hacker

rechts (zB bestimmte Patentansprüche) ist grds nicht möglich;[41] anders nach Teilung, soweit diese noch in Betracht kommt. Auch aufschiebende oder auflösende Bedingungen können vereinbart werden; insoweit besteht Vertragsfreiheit. Der Übertragende kann zur Vorleistung verpflichtet sein.

21 Ob **Vollübertragung** gewollt ist, ist Frage des Einzelfalls. IZw will der Veräußernde nur so viel übertragen, als für den mit dem Vertrag verfolgten Zweck erforderlich ist (so die insb im Urheberrecht entwickelte „Zweckübertragungstheorie",[42] § 31 Abs 5 UrhG, wonach sich in dem Fall, dass bei Einräumung des Nutzungsrechts die Nutzungsarten, auf die sich das Recht erstrecken soll, nicht einzeln bezeichnet sind, der Umfang des Nutzungsrechts nach dem mit seiner Einräumung verfolgten Zweck bestimmt). Es ist ein anerkannter Erfahrungssatz, dass ein Erfinder oder Schutzrechtsinhaber im Fall der Rechtseinräumung idR von seinem Recht so wenig wie möglich aufgeben will,[43] so dass iZw nur Bestellung eines Benutzungsrechts und nicht Vollübertragung gewollt ist;[44] der Grundsatz steht der Annahme im Einzelfall jedoch nicht entgegen, dass eine Einigung auf eine weitergehende Verpflichtung bis zur Vollrechtsübertragung gewollt ist.[45] Andererseits verlangt § 69d UrhG bei der Lizenzierung von Computerprogrammen, dass der Anwender dieses soweit nutzen kann, wie dies für die vertragsgem Verwendung des Programms unerlässlich ist; dass die Nutzungseinräumung dahinter zurückbleibt, hat der Rechtsinhaber darzulegen.[46] Soll die Auswertung der Erfindung vereinbarungsgem durch Benutzung, nicht durch Veräußerung des Schutzrechts geschehen, liegt es nahe, eine Verpflichtung zur Bestellung einer ausschließlichen Lizenz anzunehmen, nicht eine Verpflichtung zur Übertragung des Schutzrechts selbst.[47] Eine Vereinbarung, durch die einem anderen die Benutzung gestattet wird, ist im allg nur darauf gerichtet, dass der Berechtigte ihm gegenüber auf die Geltendmachung der Ansprüche aus seinem Ausschließlichkeitsrecht insoweit verzichtet.[48] Aus einer unentgeltlichen Überlassung des Patents folgt nicht ohne weiteres, dass der Überlassende zur unentgeltlichen Benutzung berechtigt bleibt.[49]

22 Bei Veräußerung einer Patentanmeldung ist das Recht zu **Auslandsanmeldungen** nur mitzuübertragen, wenn dies vereinbart ist; maßgeblich für die Vertragsauslegung sind iZw die Umstände des Einzelfalls. Schon die Frage des Erwerbers nach Auslandsanmeldungen kann den Willen erkennbar machen, das Recht zu Auslandsanmeldungen zu erwerben. Die einfache Verneinung der Frage, nicht aber ein Hinweis, nur die Rechte aus der dt Anmeldung, nicht aber das Recht zur Anmeldung von Schutzrechten auch im Ausland übertragen zu wollen, kann als Zustimmung zum Recht zur Auslandsanmeldung aufgefasst werden. Hat der zur Sprache gebrachte Zweck des Vertrags auch den Erwerb des Rechts auf Auslandsanmeldungen umfasst, bleibt für die Anwendung der Regel, dass iZw nicht mehr übertragen wird, als zur Erreichung des Vertragszwecks erforderlich ist, kein Raum.[50]

23 Zu **vertraglichen Übertragungsverpflichtungen und Vorausverfügungen** des Erfinders Rn 28 ff, 31 zu § 6.

---

41 BGH GRUR 2009, 657, 659 (Nr 17) Blendschutzbehang; *Schulte* Rn 20.

42 RGZ 118, 282, 285, 287 Das Musikantenmädel; RGZ 123, 312, 317 f = GRUR 1929, 504 Wilhelm-Busch-Werke; RGZ 140, 231, 245 = GRUR 1933, 587 Tonfilm; RGZ 140, 255, 257 Der Hampelmann; BGH GRUR 1974, 786 f Kassettenfilm; BGH GRUR 1981, 196 f Honorarvereinbarung; BGH GRUR 1982, 727, 730 Altverträge; BGH GRUR 1984, 656 f Vorentwurf; BGHZ 131, 8 = GRUR 1996, 121 f pauschale Rechtseinräumung; BGHZ 133, 281, 288 = GRUR 1997, 215, 217 Klimbim; BGHZ 137, 387 = GRUR 1998, 680, 682 Comic-Übersetzungen I; BGH GRUR 2000, 144 Comic-Übersetzungen II; BGHZ 148, 221 = GRUR 2002, 248 Spiegel-CD-ROM; BGH GRUR 2004, 938 Comic-Übersetzungen III, auch zur Bedeutung einer Branchenübung; BGHZ 163, 109 = GRUR 2005, 937 Der Zauberberg, in Abgrenzung zur Auslegungsregel des § 89 Abs 1 UrhG; BGH GRUR 2015, 264, 268 (Nr 56 ff) Hi Hotel II; LG Hamburg GRUR-RR 2002, 93 f; vgl auch BGH GRUR 2005, 860 Fash 2000; kr zur Begriffsbildung *Riesenhuber* Die Auslegung des Wahrnehmungsvertrags, GRUR 2005, 712 f.

43 Vgl RG GRUR 1937, 1001 ff Straßenfahrbahn I; BGH GRUR 2000, 788 Gleichstromsteuerschaltung; BGH GRUR 2006, 401 Zylinderrohr.

44 BGH GRUR 1955, 286 Schnellkopiergerät; BGH 1.10.1963 I a ZR 171/63; BGH 15.6.1965 I a ZR 19/64; BGH 27.3.1969 X ZR 38/66; OLG Schleswig 11.1.2000 6 U 61/98; *Benkard* Rn 26; *Mes* Rn 12.

45 BGH Gleichstromsteuerschaltung.

46 OLG Düsseldorf NJW-RR 2002, 1049.

47 BGH 27.3.1969 X ZR 38/66.

48 Vgl BGH GRUR 1970, 528, 531 Migrol; BGH GRUR 1991, 700 Transatlantische; BGH GRUR 1994, 652 f Virion; BGH GRUR 1997, 903, 906 Garonor, UWG- und Markensachen.

49 BGH GRUR 1951, 70 Holzverwertung.

50 BGH 9.10.1962 I ZR 65/61.

2. Haftung des Veräußerers[51]

a. Bestand; Rechtsmängel. Der Veräußerer des Patents haftet nach § 311a BGB für dessen rechtl **24** Bestand bei Vertragsabschluss auf das positive Interesse.[52] Er muss dafür einstehen, dass ihm das Recht zusteht, er verfügungsberechtigt ist und Patenterteilung erfolgt ist; weiter dafür, dass das Patent nicht Ansprüchen wegen widerrechtl Entnahme ausgesetzt ist (allgM). Nach § 435 BGB haftet er im Fall des Bestehens von Rechten Dritter (Lizenzen, vgl Abs 3), Zwangslizenzen oder mitgeteilter Benutzungsanordnungen,[53] ebenso für den Bestand des eingetragenen Rechts. Der Verkäufer des Rechts auf das Patent hat für die Anmeldung mit der angegebenen Priorität einzustehen.[54] Diese verschuldensunabhängige Haftung begründet zunächst einen Anspruch auf Nacherfüllung (§ 437 Nr 1 BGB). Verpflichtung zu Schadensersatz und Rücktrittsrecht richten sich nach den allg Bestimmungen der §§ 280ff BGB, §§ 323ff BGB, die durch § 440 BGB modifiziert werden.[55] Kenntnis des Rechtsmangels seitens des Käufers bei Vertragsabschluss schließt die Haftung aus, das gilt unter besonderen Voraussetzungen auch für grob fahrlässige Unkenntnis (§ 442 Abs 1 BGB).[56]

b. Im Fall der **Abhängigkeit** oder bei Bestehen eines **Vorbenutzungsrechts** sind die Regeln über **25** Rechtsmängel (§ 453 Abs 1 BGB iVm § 435 BGB) anwendbar.[57] Ob Abhängigkeit oder Vorbenutzungsrecht in diesem Sinn Mängel sind, hängt von den Vereinbarungen und Vorstellungen der Vertragsparteien bei Vertragsschluss ab. Stets haftet der Verkäufer im Fall der Garantie (§ 442 BGB). Die Rechtsfolgen sind bei Sachmängeln und Rechtsmängeln grds gleich (§§ 437–443 BGB), so dass die frühere Unterscheidung im wesentlichen ihre Bedeutung verloren hat. Der Käufer kann Nacherfüllung verlangen, vom Vertrag zurücktreten oder den Kaufpreis mindern oder Schadensersatz nach §§ 280, 281, 284 BGB verlangen.[58]

c. Schutzfähigkeit. Der Erwerb des Schutzrechts ist wie der Abschluss eines Lizenzvertrags (Rn 57) **26** ein gewagtes Geschäft. Für Schutzfähigkeit haftet der Verkäufer mangels anderweitiger Vereinbarung grds nicht;[59] aus der Nichterteilung des Patents kann der Käufer der Patentanmeldung deshalb keine Rechte herleiten.[60] Im Fall des Verkaufs einer Schutzrechtsanmeldung trifft den Veräußerer allerdings eine weitgehende **Offenbarungspflicht**, die bereits durch das Verschweigen eines die Erteilung des Schutzrechts in Frage stellenden Zwischenbescheids des DPMA verletzt wird.[61]

Für **zukünftigen Bestand** des Schutzrechts (Widerruf, Nichtigerklärung) haftet der Veräußerer **27** nicht,[62] es sei denn, er hätte eine Haftung hierfür vertraglich übernommen.[63]

d. Für **Ausführbarkeit und Brauchbarkeit** haftet der Veräußerer im Fall der Unmöglichkeit auf **28** Schadensersatz oder Aufwendungsersatz (§ 311a Abs 2 BGB), sonst nach §§ 437ff BGB.

---

51 Näher *Fitzner* FS W. Tilmann (2003), 779.
52 Vgl *Ann/Barona* Rn 171; zur früheren Rechtslage BGH GRUR 1957, 595 Verwandlungstisch; BGH GRUR 1960, 44, 46 Uhrgehäuse; *Mes* Rn 18; anders für den Fall, dass das Recht nicht zur Entstehung gelangen konnte, weil sein Gegenstand dem Schutzrecht nicht zugänglich war, RGZ 68, 292 = BlPMZ 1909, 16 Annoncenbriefumschlag, GbmSache, zwh.
53 *Mes* Rn 19ff.
54 Vgl *Kraßer* S 746 (§ 41 V a 4).
55 Für Schadensersatzhaftung auch ohne Verschulden *Haedicke* Kap 13 Rn 24; *Mes* Rn 26.
56 Zur Anfechtung des Vertrags wegen arglistiger Täuschung vgl RG GRUR 1934, 39 Ruck-Zuck.
57 *Schulte* Rn 28; *Mes* Rn 21, 23.
58 Näher *Möller* GRUR 2005, 468, 472ff.
59 BGH GRUR 1961, 466 Gewinderollkopf II.
60 BGHZ 83, 283, 288 f = GRUR 1982, 481 Hartmetallkopfbohrer.
61 BGHZ 83, 283, 291 = GRUR 1982, 481 Hartmetall-kopfbohrer; vgl RG GRUR 1938, 846, 848 Schnellstarter.
62 BGH Gewinderollkopf II; BGH Hartmetallkopfbohrer; BGH GRUR 1957, 595 f Verwandlungstisch; BGH GRUR 1958, 175, 177 Wendemanschette II; BGH GRUR 1969, 667 f Rübenverladeeinrichtung, Lizenzvertragssachen; vgl BGH GRUR 1977, 107 Werbespiegel, GbmLizenzsache.
63 Vgl *Kraßer* S 947 (§ 41 V a 6); vgl aber LG Düsseldorf 3.6.1997 4 O 214/96 Entsch 1997, 97 f, wonach der Verkäufer zum Schadensersatz verpflichtet sein kann, wenn er es schuldhaft unterlässt, den Käufer auf Umstände hinzuweisen, von denen er nach Treu und Glauben annehmen muss, dass sie zur Vereitelung des Vertragszwecks geeignet und für die Entschließung des Käufers wesentlich sind.

29   **e. Sonstiges.** In Betracht kommt ein „Marktverlustschaden" durch Vorenthaltung von Patenten.[64]

30   **3. Die Gegenleistung** bestimmt sich nach dem jeweiligen Kausalgeschäft[65] und den allg Regeln des BGB (zB Verzugszinsen auf den Kaufpreis; s auch Rn 31 zu § 6); bei Fehlen einer konkreten Vergütungsabrede gilt die angemessene Vergütung als vereinbart.[66] Zur Verjährung vgl Rn 22 zu § 141.

31   **4.** Zur **kartellrechtlichen Beurteilung** von Patentkaufverträgen Rn 193.

IV. Verfügungsgeschäft

32   **1. Allgemeines.**[67] Die rechtsgeschäftl Übertragung des Rechts am dt und eur Patent und der sonstigen nach § 15 verkehrsfähigen Rechte erfolgt, soweit dt Recht anwendbar ist, durch Abtretungsvertrag (§ 413 BGB iVm §§ 398 ff BGB), wegen der Besonderheiten bei ArbN-Erfindungen Rn 2 f zu § 7 ArbEG, zur Möglichkeit von Vorausverfügungen Rn 30 zu § 6. Die Übertragung des Geschäftsbetriebs oder eines Teils davon ist nicht erforderlich.[68] Da auch bei Handelsunternehmen Patente für bestimmte Objekte ihres Vertriebs einen zusätzlichen Wert darstellen können, konnte die Mitübertragung von Schutzrechten iSd früheren § 8 Abs 1 WZG die Annahme der Übertragung eines Betriebsteils rechtfertigen.[69] Im Verhältnis der Vertragsparteien kommt es auf den Registerstand nicht an.[70] Registereintrag des Zedenten ist nicht erforderlich;[71] die Eintragung eines anderen als des wahren Berechtigten im Register steht einem Rechtserwerb nicht entgegen.[72]

33   **Zusatzpatente** werden von der Übertragung des Hauptpatents nicht ohne weiteres erfasst; auch aus der Übernahme der Patentgebühren für die Vergangenheit durch den Erwerber kann nicht ohne weiteres auf entspr stillschweigende Abrede geschlossen werden.[73]

2. Form der Übertragung

34   **a. Nationales Patent; nationale Patentanmeldung.** Die Übertragung bedarf keiner besonderen Form, schlüssiges Verhalten genügt.[74] § 403 BGB gibt dem Erwerber aber Anspruch auf Ausstellung einer öffentlich beglaubigten Urkunde über die Abtretung auf Kosten des Erwerbers.[75] Zum Schriftformerfordernis nach § 34 GWB aF Rn 83. Zur Formfreiheit der Übertragung des Gebrauchsmusters Rn 4 zu § 22 GebrMG.

35   **b. Europäische Patentanmeldung.** Maßgeblich ist allein das EPÜ, nicht das nationale Recht (Rn 4). **Art 72 EPÜ** stellt besondere Formerfordernisse (Schriftform, Unterschrift der Vertragsparteien) auf. Die Erfordernisse der Regel 22 AOEPÜ gelten im Verhältnis der Beteiligten nicht.[76]

---

64   BGH GRUR 1970, 296, 298 f Allzwecklandmaschine; zur Haftung des Rechtsinhabers gegenüber einem Geschäftsbesorger, der Nutzungsrechte neben dem Rechtsinhaber ein zweites Mal überträgt, BGH GRUR 1992, 605 Schadensbegrenzungsvergleich (UrhSache).

65   Zu einer (teilweise) umsatzabhängigen Ausgestaltung des Kaufpreises LG München I InstGE 8, 204.

66   BGH GRUR 2006, 401 Zylinderrohr: grds wie bei ArbNErfinder, jedoch bei vertraglicher Vereinbarung nur unter Abstellen auf die bereits bekannten oder erwarteten Umstände; OLG München 18.12.1997 6 U 2366/97.

67   Zur Unwirksamkeit der Verfügung bei Übertragung eines Schutzrechts zum Zweck der Steuerverkürzung BGH 17.2.1977 X ZR 31/74.

68   *Benkard* Rn 8.

69   BGH GRUR 1990, 601, 604 Benner, nicht BGHZ.

70   Vgl öOGH ÖBl 1991, 153 Duschtrennwand; RGZ 126, 280, 284 = BlPMZ 1930, 102 Lampenschirm; OLG Düsseldorf 2.11.2004 20 U 68/04.

71   RG Lampenschirm; RGZ 151, 129, 135 = GRUR 1936, 558 Zeitkartenrahmen II; BGHZ 72, 236 = GRUR 1979, 145, 147 Aufwärmvorrichtung.

72   RG BlPMZ 1919, 5 Zerteilen von flüssigem Metall.

73   BGH GRUR 1958, 288 ff Dia-Rähmchen I.

74   BGH GRUR 1992, 692, 694 Magazinbildwerfer, GbmSache; BGH 28.4.1970 X ZR 42/67; vgl RGZ 139, 52, 57 = BlPMZ 1933, 129 Kunstdarm, wonach Aushändigung der Patenturkunde nicht erforderlich war, anders nach schweiz Recht (Schriftform, aber kein Registereintrag) schweiz ERGE sic! 2006, 779.

75   Vgl RGZ 126, 280, 284 = BlPMZ 1930, 102 Lampenschirm.

76   *Dybdahl* IIC 1998, 387, 391.

Die Bestimmung ist als **eigenständige Vorschrift des europäischen Rechts** aus dessen Zusammen- **36**
hang auszulegen. Sie steht im unmittelbaren Zusammenhang mit der auch im übrigen bestimmten Schriftlichkeit im Verkehr mit dem EPA (vgl Regel 76 Abs 1, Regel 99 AOEPÜ), durch die im Interesse der Rechtssicherheit Klarheit und Belegbarkeit der jeweiligen Erklärungen und Entscheidungen erreicht werden soll.
Dieses Ziel ist nicht zu erreichen, wenn nicht der aus dem Schriftstück ersichtliche Inhalt maßgebend,
sondern ein davon abw Wille der Beteiligten zu erforschen ist. Ihre Zweckbestimmung, auf einfache und
vergleichsweise sichere Weise die materielle Berechtigung an der Patentanmeldung bestimmen zu können, gebietet ein enges Verständnis der Regelung, der idR nicht schon durch eine getrennte Beurkundung
des Angebots einer solchen Übertragung und seiner Annahme genügt werden kann.[77] Nichteinhaltung hat
Unwirksamkeit der Übertragung zur Folge. Schriftform ist nur gewahrt, wenn beide Parteien in einer Urkunde die Erklärung unterzeichnen, die die Übertragung bewirkt. Aus der Urkunde müssen die Parteien
des Übertragungsgeschäfts ersichtlich sein; auch eine versehentliche Falschbezeichnung einer Partei steht
der Wirksamkeit der Übertragung entgegen.[78] Es reicht für die Wahrung der Form nach Art 72 EPÜ jedenfalls aus, dass die Beteiligten in einer Urkunde die Erklärung unterzeichnen, die die Übertragung bewirkt.[79] Die Regelungen in §§ 126, 126a, 126b BGB über Schriftform, elektronische Form und Textform sind
nicht anwendbar.[80]

c. Europäisches Patent. Die Übertragung richtet sich für den jeweiligen Vertragsstaat ausschließlich **37**
nach nationalem Recht.[81] Die vom EPA während des Laufs der Einspruchsfrist, eines Einspruchs- und
Einspruchsbeschwerdeverfahrens vorgenommene Eintragung von Rechtsübergängen nach Regel 61 iVm
Regel 20 Abs 1 AOEPÜ bzw Regel 85 AOEPÜ iVm Regel 22 Abs 1 AOEPÜ hat in den Vertragsstaaten keine
Wirkung, jedoch erkennt eine Reihe von Vertragsstaaten für die Zwecke der nationalem Registerführung
derartige Umschreibungen an.[82] Zum Einheitspatent (EU-Patent) Art 7 EPVO; vgl Rn 7.

d. Ergänzendes Schutzzertifikat. Die Übertragung erfolgt wie beim Grundpatent. Dies folgt nicht **38**
unmittelbar aus § 16a Abs 2, der nur wegen der Lizenzen auf § 15 verweist, es ergibt sich aber aus dem
Sinnzusammenhang der Regelung.

3. Der **registermäßige Vollzug** der Übertragung erfolgt durch Umschreibung, sofern dem DPMA der **39**
Rechtsübergang nachgewiesen wird (§ 30 Abs 3 Satz 1). Zu Einzelheiten Rn 50 ff zu § 30.

4. Gutgläubiger Erwerb vom Nichtberechtigten ist nicht möglich[83] (Rn 37 zu § 30); auch der Regis- **40**
tereintrag legitimiert den eingetragenen Nichtberechtigten nicht zur Verfügung, denn § 30 Abs 3 kann die
§§ 413, 398 BGB nicht derogieren[84] (anders beim gemeinschaftlichen Sortenschutz, vgl Art 100 Abs 1
GSortV); vgl zur Rechtslage bei der Lizenz Rn 54.

D. Beschränkte rechtsgeschäftliche Übertragung

Schrifttum: *Brämer* Die Sicherungsabtretung von Markenrechten, 2005; *Brauer/Sopp* Sicherungsrechte an Lizenzrechten: eine unsichere Sicherheit? ZUM 2004, 112; *Bromfield/Runeckles* Taking Security over Intellectual Property: A
Practical Overview, EIPR 2006, 344; *Effenberger* Trust statt Eigentum: Fiduzia und Trust bei Zuordnung der Rechte an
immateriellen Gütern, Schweiz. Juristenztg 2001, 137; *Herrmann* Nießbrauch und Pfandrecht an einem Patentrechte nach
dem Bürgerlichen Gesetzbuch, Diss 1900; *Klawitter/Hombrecher* Gewerbliche Schutzrechte und Urheberrechte als Kreditsicherheiten, WM 2004, 1213; *Lang* Patentanmeldungen und Erfindungen als Kreditsicherungsmittel, Wien 1999; *Lang*
Patente, Patentanmeldungen und Erfindungen als Kreditsicherungsmittel, ecolex 1999, 475; *Meurer* Nießbrauch, Nutz-
nießung und Pfandrecht an Patenten unter Berücksichtigung des internationalen Privatrechts, MuW 36, 397; *Schmidt* Auf

---

77 EPA J 18/84 ABl EPA 1987, 215, 224 Patentregister, Eintragung.
78 BGH GRUR 1992, 692 Magazinbildwerfer; vgl OLG Düsseldorf 2.11.2004 20 U 68/04.
79 BGH Magazinbildwerfer.
80 Vgl BGH GRUR 1983, 41, 43 f Butterreinfett, zu gemeinschaftsrechtl Schriftformregelungen.
81 ÖOGH GRUR Int 1992, 131 = ÖBl 1991, 153 = ABl EPA 1993, 87 Duschtrennwand.
82 Nachw bei *Stohr* Mitt 1993, 160.
83 *Benkard* Rn 8; *Kraßer* S 926 (§ 40 II 1); *Schulte* Rn 17; kr *Wild* sic! 2008, 271.
84 *Ullmann* FS O.-F. von Gamm (1990), 315, 318; *Benkard* Rn 7; *Mes* Rn 32; *van Venrooy* Mitt 2000, 26, 28 f; aA *R. Rogge*
GRUR 1985, 734, 739; vgl auch *Ristow* Die Bedeutung der Patentrolle bei der Übertragung eines Patents, JW 1937, 1858.

dem Weg zur vollen Anerkennung immaterieller Vermögenswerte als Kreditsicherheit? WM 2012, 721; *Woeste* Immaterial-güterrechte als Kreditsicherheiten im deutschen und US-amerikanischen Recht, Diss Kiel 2002.

I. Teilübertragung

41   Die in Abs 1 genannten Rechte können auch zu einem Bruchteil übertragen werden; in diesem Fall entsteht Bruchteilsberechtigung; Näheres hierzu bei § 6. Eine territorial beschränkte Teilübertragung (etwa für ein Bundesland) ist ausgeschlossen, weil der Bestand des Schutzrechts für das gesamte Schutzgebiet notwendig einheitlich ist;[85] anders bei der Übertragung des eur Patents, die für einzelne Vertragsstaaten möglich ist. Besonderheiten gelten für die eur Patentanmeldung (Rn 4). Auch bei Teilübertragung oder Belastung in bürgerlich-rechtl Formen ist oft eine kaufähnliche Grundlage anzunehmen.[86]

42   Dagegen kann es nicht als beschränkte Rechtsübertragung iSv § 15 Abs 1 Satz 2 angesehen werden, wenn ein Patent unter **Zurückbehaltung eines** unwiderruflichen **einfachen Nutzungsrechts** veräußert wird. Die gegenteilige Auffassung[87] übersieht, dass der Erwerber in diesem Fall nicht gehindert ist, Dritten ein inhaltsgleiches Nutzungsrecht einzuräumen, was ausgeschlossen wäre, wenn irgendein Teil des Stammrechts beim Veräußerer zurückgeblieben wäre.

II. Fiduziarische Übertragung

43   Die Übertragung (auch Teilübertragung, Rn 41) kommt auch in treuhänderischer Weise in Form der Sicherungsabtretung in Betracht.[88] Diese erfolgt nach § 1273 BGB ohne Publizitätsakt.[89] Im Insolvenzfall ist der Insolvenzverwalter zur Benutzung und Verwertung sicherungsabgetretener Schutzrechte berechtigt.[90] Mit Eröffnung des Insolvenzverfahrens über das Vermögen des Rechtsnachfolgers geht auch dann dessen Befugnis zu Verwaltung und Verfügung auf den Insolvenzverwalter über, wenn das Patent vor Eröffnung des Insolvenzverfahrens auf einen anderen sicherungsübertragen wurde, die Sicherungsübertragung aber nicht im Register eingetragen wurde.[91]

III. Nießbrauch; Pfandrecht

44   An Patenten (und Patentanmeldungen) als Rechten, die Nutzungen gewähren können, ist Nieß-brauchsbestellung möglich.[92] Maßgeblich sind die Bestimmungen der §§ 1069–1084 iVm §§ 1030–1067 BGB. Der Nießbrauch gewährt ein nicht übertragbares dingliches Recht auf die Nutzungen. Der Nießbrau-cher hat die vollen Abwehrrechte des Patentinhabers (§ 139),[93] weiter die Rechte aus § 33 (bzw Art II § 1 Int-PatÜG). Auch die Bestellung eines Pfandrechts nach §§ 1273, 1274 BGB ist möglich (so ausdrücklich § 34 öPatG für das Recht aus dem Patent; § 29 Abs 1 Nr 1 MarkenG); sie führt nicht zum Rechtsübergang des Patents auf den Pfandgläubiger.[94] Die Form der Nießbrauchs- und Pfandrechtsbestellung entspricht je-weils der der Übertragung (§§ 1069 Abs 1, 1274 Abs 1 iVm §§ 413, 398 BGB).[95]

---

85   Vgl *Schulte* Rn 18; *Mes* Rn 9.

86   Vgl *Kraßer* S 937 (§ 41 I 2).

87   OLG München GRUR 2013, 1125, 1132 „Technische Schutzrechte" in Bestätigung von LG München I GRUR-RR 2012, 142, 144 m zust Anm *Haedicke*.

88   Vgl *Mes* Rn 10; BGH NJW-RR 1998, 1057 f Trias, Geschmacksmustersache; zur Rechtsstellung des Treuhänders BGH 30.10.1962 I ZR 143/61; zu einem Treuhandverhältnis, wenn trotz mangelnder Einigung über die Veräußerung der Erfindung der andere durch Entgegennahme der Übertragungserklärung und anschließende Umschreibung im Register die formelle dingliche Rechtsposition nach außen hin erhalten hat, BGH 7.7. 1965 Ia ZR 5/64.

89   *Ahrens* GRUR 2006, 617, 622.

90   *Häcker* ZIP 2001, 995.

91   BPatG 27.4.2000 13 W (pat) 13/97.

92   *Kraßer* S 927 (§ 40 III 1); *Schulte* Rn 23; *Mes* Rn 8; *Fitzner/Lutz/Bodewig* § 6 Rn 68; *Dybdahl* IIC 1998, 387, 398; vgl RG GRUR 1937, 670, 672 Rauchfangeinrichtung; öOGH 30.4.1996 4 Ob 2083/96v: kein Verwertungsrecht.

93   Vgl RG Rauchfangeinrichtung.

94   BPatG 7.2.2000 10 W (pat) 113/99.

95   *Kraßer* S 927 (§ 40 III 1); vgl für europäische Patentanmeldungen *Dybdahl* IIC 1998, 387, 399 f.

E. Patent und Patentanmeldung als Gegenstand der Zwangsvollstreckung

Schrifttum: *Adler* Die Zwangsvollstreckung in gewerbliche Immaterialgüterrechte, GRUR 1919, 18; *Beeg* Patente und Insolvenz, VPP-Rdbr 2011, 2; *Blum* Zur Sicherstellung von Patenten, MuW 30, 102; *Dominick* Die Pfändbarkeit des Anspruchs des Erfinders auf Patenterteilung, Diss 1909; *Gerb* Die Erfindung in der Zwangsvollstreckung, Diss 1913; *Göttlich* Die Zwangsvollstreckung in Schutzrechte, MDR 1957, 11; *Häcker* Verwertungs- und Benutzungsbefugnis des Insolvenzverwalters für sicherungsübertragene gewerbliche Schutzrechte, ZIP 2001, 995; *Hoffmann* Immaterialgüterrechte in der Insolvenz, Zs für das gesamte Insolvenzrecht 2003, 732; *Hubmann* Die Zwangsvollstreckung in Persönlichkeitsrechte und Immaterialgüterrechte, FS H. Lehmann (1956), Bd II, 812; *Jansen* Rechte des Gemeinschuldners an einer Erfindung, Diss 1939; *Jautz* Probleme der Zwangsvollstreckung in Patentrechte und Patentlizenzrechte, Diss Tübingen 1997; *Mentzel* Der Einfluß des Konkurses auf Patentrechtsverhältnisse, ZS für Konkurs- und Treuhandwesen 1937, 17; *Pinzger* Zwangsvollstreckung in das Erfinderrecht, ZZP 60 (1936/37), 415; *Pöggeler* Die sicherungsübereignete oder vertraglich verpfändete Marke in der Insolvenz des Sicherungsgebers, WRP 2002, 1241; *Rapp* Kann eine europäische Patentanmeldung sequestriert werden? Mitt 1998, 347; *Schiemer* Die Pfändung des Patentrechtes und des Rechtes aus der Anmeldung eines Patentes, ÖJZ 1949, 266; *Schramm* Pfändung und Sequestration ausländischer Patente, GRUR 1958, 480; *Schwabe* Pfändungspfandgläubiger und Erteilungsverfahren, MuW 39, 155; *H. Tetzner* Gläubigerzugriff in Erfinderrechte und Patentanmeldungen, JR 1951, 166; *H. Tetzner* Gläubigerzugriff in das Erfinderrecht, DJ 1941, 1139; *Volkmer* Das Markenrecht im Zwangsvollstreckungsverfahren, Diss 1999; *von Gamm* Sequestration im gewerblichen Rechtsschutz und Urheberrecht, GRUR 1958, 172; *Wallner* Insolvenzfeste Nutzungsrechte und Lizenzen an Software, NZ Insolvenz/Sanierung 2002, 70; *Zeising* Gewerbliche Schutzrechte im Konkurs, Diss Berlin (Humboldt-Universität) 1996; *Zeising* Die insolvenzrechtliche Verwertung und Verteidigung von gewerblichen Schutzrechten, Mitt 2000, 206; *Zeising* Die Abwicklung von Know-how-Verträgen und Schutzrechtsveräußerungen im Insolvenzverfahren, Mitt 2001, 287; *Zeising* Verfügungs- und Verwaltungsbefugnisse des Insolvenzverwalters über gewerbliche Schutzrechte, Mitt 2001, 411; *Zeising* Wettlauf der gewerblichen Schutzrechte im Insolvenzverfahren, KTS 2002, 367; *C. Zeller* Die Möglichkeit der Übertragung von in- und ausländischen Patenten trotz Pfändung, 1926; *Zimmermann* Immaterialgüterrechte und ihre Zwangsvollstreckung, Diss Bonn 1997/8; *Zimmermann* Das Erfinderrecht in der Zwangsvollstreckung, GRUR 1999, 121.

I. Einzelvollstreckung

1. Grundsatz. Patente und Patentanmeldungen unterliegen der Zwangsvollstreckung und sind nach § 857 Abs 1, 2, §§ 828 ff ZPO pfändbar[96] (vgl § 29 Abs 1 Nr 2 MarkenG; zum Verzicht auf das gepfändete Patent Rn 20 zu § 20; zur gerichtl Zuständigkeit Rn 53 zu § 143). Ob in das Recht auf das Patent erst vollstreckt werden kann, wenn es der Erfinder veräußert oder die Absicht bekundet, es wirtschaftlich zu verwerten,[97] ist str.[98] Ein Teil der Lehre stellt auf die objektive Verwertbarkeit ab.[99]   **45**

2. Dient die Zwangsvollstreckung der **Befriedigung von Geldforderungen**, ist § 857 ZPO (Pfändung) anwendbar.[100] Zustellung des Pfändungsbeschlusses an das DPMA ist nicht erforderlich,[101] aber zweckmäßig.[102] Der Pfändungspfandgläubiger hat kein Recht auf Akteneinsicht, aber einen Auskunftsanspruch nach § 836 Abs 3 ZPO.[103] Die Rechte verbleiben dem Inhaber, allerdings mit dem Pfändungspfandrecht belastet;[104] insb erwirbt der Gläubiger kein Benutzungsrecht,[105] er tritt auch nicht in die Verfahrensstel-   **46**

---

96   RGZ 52, 227, 230 = BlPMZ 1903, 138 Rauchverbrennung; RG GRUR 1935, 877 hygienischer Spülapparat; BGHZ 125, 334 = GRUR 1994, 602 Rotationsbürstenwerkzeug; AG München Mitt 1961, 113; *Benkard* Rn 44; *Mes* Rn 8; *Stein/Jonas* ZPO § 857 Rn 20; *Göttlich* MDR 1957, 11; aA früher für die Patentanmeldung OLG Hamburg OLG-Rspr 5, 133; zur Durchführung der Zwangsvollstreckung in die eur Patentanmeldung *Singer/Stauder* Art 71 EPÜ Rn 26 f; *Dybdahl* IIC 1998, 387, 400 f.
97   So BGHZ 16, 172, 175 = GRUR 1955, 388 Dücko; vgl BGH NJW-RR 1998, 1057 Trias, Geschmacksmustersache; *Musielak* ZPO § 857 Rn 12; *Fitzner/Lutz/Bodewig* § 6 Rn 69.
98   Abl *Kraßer* S 927 (§ 40 III 3) mwN; *Jänich* S 331; vgl auch *Mes* Rn 8; *van Hees/Braitmayer* Rn 1373; *Zimmermann* GRUR 1999, 121.
99   Insb *Zeising* Mitt 2000, 206.
100   Vgl AG München Mitt 1961, 113.
101   DPA GRUR 1950, 294; vgl *Ströbele/Hacker* § 29 MarkenG Rn 15; *Ekey/Klippel/Bender* § 30 MarkenG Rn 15, je mwN.
102   *Musielak* ZPO § 857 Rn 12.
103   BPatGE 6, 220 = GRUR 1966, 222.
104   Vgl BGHZ 125, 334, 342 = GRUR 1994, 602 Rotationsbürstenwerkzeug; OLG Karlsruhe GRUR-RR 2005, 68; BPatG 7.2.2000 10 W (pat) 113/99; PA BlPMZ 1917, 100, 101; PA BlPMZ 1936, 234.
105   *Benkard* Rn 46; *van Hees/Braitmayer* Rn 1568.

lung des Anmelders oder Patentinhabers ein,[106] der auch die Jahresgebühren weiter zu zahlen hat.[107] Eine Veräußerung ist dem Gläubiger, nicht aber sonstigen Dritten gegenüber (relativ) unwirksam.[108] Das Pfändungspfandrecht an der Patentanmeldung setzt sich nach Patenterteilung am Patent fort.[109] Die Verwertung erfolgt nach §§ 857 Abs 5, 844 ZPO;[110] Überweisung zur Einziehung scheidet aus.[111]

47   Pfändung oder Sequestration **ausländischer Patente** in Deutschland und dt Patente im Ausland ist möglich, soweit internat Vollstreckungszuständigkeit besteht.[112] Bei eur Patenten ist die Zwangsvollstreckung für den jeweiligen nationalen Anteil gesondert zu beurteilen.[113] Zur Sequestration eur Patentanmeldungen Rn 8 zu Art II § 5 IntPatÜG.

48   **3.** Dient die Zwangsvollstreckung der **Übertragung des Rechts**, ist § 894 Abs 1 ZPO anzuwenden. Demnach gilt die nach § 398 BGB erforderliche Abtretungserklärung (Rn 32) mit der Rechtskraft des Urteils als abgegeben.

49   **4.** Zur **Sequestration** und zu Veräußerungsverboten Rn 266 vor § 143. Der Übertragungsanspruch kann durch Sequestration im Weg der einstweiligen Verfügung gesichert werden[114] (zur Dringlichkeit Rn 274 vor § 143).

II. Insolvenz

50   Im Insolvenzverfahren fallen die in § 15 bezeichneten Rechte in die Masse (vgl § 29 Abs 3 MarkenG).[115] Auch ausländ Rechte können in die Masse fallen.[116] Nach Art 102 EGInsO erfasst ein ausl Insolvenzverfahren im Grundsatz auch das im Inland belegene Vermögen des Schuldners. In der Krise kann der Gesellschafter einer Kapitalgesellschaft verpflichtet sein, die Rechte an der Erfindung der Gesellschaft für einen angemessenen Zeitraum zu überlassen; dieses Nutzungsrecht kann sich nach Entstehen des Schutzrechts als Lizenz an diesem fortsetzen.[117] Vom Umsatz abhängige Lizenzeinnahmen, die der Schuldner laufend erhält, können den Pfändungsschutzbestimmungen der ZPO unterfallen.[118] Das EPA trägt Konkursvermerke nicht ein.[119]

F. Die Lizenz

Schrifttum: *Aeberhard* Rechtsnatur und Ausgestaltung der Patentlizenz im deutschen, französischen und schweizerischen Recht, Diss Bern 1952; *Ahrens* Brauchen wir einen Allgemeinen Teil der Rechte des Geistigen Eigentums? GRUR 2006, 623; *Albert* Patente in der Fusionskontrolle, 2011; *Albrechtskirchinger* Die Bedeutung der Ergebnisse der Luxemburger Konferenz über das Gemeinschaftspatent für das Recht der Lizenzverträge, GRUR Int 1976, 255; *Ann* Know-how: Stiefkind des Geistigen Eigentums? GRUR 2007, 39; *Ann* Exportkontrolle von Know-how, FS P. Mes (2009), 1; *Ann/Loschelder/Grosch* (Hrsg) Praxishandbuch Know-how-Schutz, 2010; *Baronowski* Die Haftung des Lizenzgebers gegenüber dem Nichtvertragspartner, Diss Mainz 1988; *Bartenbach* Patentlizenz- und Know-how-Vertrag⁷, 2013; *B. Bartenbach* Die Patentlizenz als negative Lizenz, 2002, zugl Diss Berlin (Humboldt-Univ) 2001; *B. Bartenbach* Negative Lizenz, Mitt 2002, 503; *B. Bartenbach* Die Schuldrechtsreform und ihre Auswirkungen auf das Lizenzvertragsrecht, Mitt 2003, 102; *Bartenbach/Bartenbach* Schutzrechtsverkauf und Lizenzierung von Schutzrechten und Know-How nach der Schuldrechtsreform, MDR 2003, 1270; *Baur*

---

106   BPatGE 6, 220, 222 = GRUR 1966, 222; *van Hees/Braitmayer* Rn 1568.
107   OLG Karlsruhe GRUR-RR 2005, 68.
108   *Benkard* Rn 47.
109   BGHZ 125, 334 = GRUR 1994, 602 Rotationsbürstenwerkzeug.
110   Vgl OLG Karlsruhe GRUR-RR 2005, 68 f.
111   DPA GRUR 1950, 294.
112   Vgl *Benkard* Rn 48/49 mwN; aA PA BlPMZ 1911, 215 f; OLG München GRUR 1958, 514, 516.
113   CA Paris ENPR 2002, 365.
114   Vgl OLG Karlsruhe GRUR 1954, 259; OLG München GRUR 1958, 514; OLG Frankfurt GRUR 1992, 565; *Weiss* Die Anmeldung im Tatbestand der widerrechtlichen Entnahme, GRUR 1955, 455, 459; *von Gamm* GRUR 1958, 172.
115   RGSt 7, 399 f mexikanische Fiber; PA BlPMZ 1911, 215 f.
116   *Schramm* GRUR 1958, 480, 482; *Benkard* Rn 51 mwN; zum Auslandskonkurs grundlegend BGHZ 95, 256, 263 ff = NJW 1985, 2897.
117   Vgl BGH GRUR 2010, 47 Füllstoff; BGH GRUR 1976, 140, 142 Polyurethan; OLG Jena 19.1.2011 2 U 62/07.
118   BGH NJW-RR 2004, 644 Pfändungsschutz für Lizenzgebühren mNachw des Streitstands zu § 850i ZPO.
119   *Dybdahl* IIC 1998, 387, 401.

Patentlizenz an Hand von Vertragsformularen der Maschinenindustrie, Diss 1923; *J. Baur* Haftungsvoraussetzungen und Haftungsfolgen bei Tauglichkeitsmängeln der Erfindung, ZHR 129 (1967), 1; *Bechert* Der Lizenzvertrag, 1949; *Beier/Bodewig* Die Auslegung von Lizenzverträgen nach US-amerikanischem Recht, FS M. Pedrazzini (1990), 513; *M. Berger* Durchsetzung der Lizenz gegenüber Dritten, sic! 2005, 163; *Bernau* Voraussetzungen und Umfang der Haftung des Patentlizenznehmers nach deutschem und US-amerikanischem Recht, Diss Frankfurt/O. 1996; *Besen/Slobodeniuk* Die neue Gruppenfreistellungsverordnung für Forschungs- und Entwicklungsvereinbarungen, GRUR 2011, 300; *Bodewig* Der Entwurf neuer Kartellrichtlinien für den Erwerb und die Lizenzierung geistigen Eigentums in den USA, GRUR Int 1995, 142; *Bodewig* Neue Guidelines für Lizenzverträge in den USA, GRUR Int 1997, 958; *Böhme* Die patentrechtliche Lizenz, Diss 1919; *Borrmann* Erfindungsverwertung⁴, 1973; *Brandi-Dohrn* Sukzessionsschutz bei der Veräußerung von Schutzrechten, GRUR 1983, 146; *Brandi-Dohrn* Die Ausschließlichkeit von Lizenzen, FS K. Bartenbach (2005), 439; *Buch* Lizenzverträge über Erfindungen und Patente, Diss 1944; *Bühling* Die Markenlizenz im Rechtsverkehr, GRUR 1998, 196; *Burlage* Die neue Rechtsprechung des Reichsgerichts über Gebrauchsmuster-Lizenzen, MuW 15, 297; *Busche* Der Einwand der Zwangslizenz im Patentverletzungsverfahren, CIPR 2009, 104; *Bußmann* Patentrecht und Marktwirtschaft, GRUR 1977, 121; *Carduck* Die Rechtsstellung des Unterlizenznehmers nach dem Fortfall der Hauptlizenz, Diss Köln 2015; *Cebulla* Die Pacht nichtsächlicher Gegenstände (1999); *Cherpillod* Les droits et obligations des parties au contrat de know-how après l'expiration du contrat en droit suisse, in Pouvoir exécutif et pouvoir législatif. Recueil des travaux présentés aux deuxièmes journees juridiques yougoslavo-suisses, Zürich 1986; *Dammler/Melullis* Störung in der patentrechtlichen Lizenzkette, GRUR 2013, 781; *Dessemontet* Le savoir-faire industriel, Diss Lausanne 1974; *Dessemontet* Le contrat de savoir faire en droit suisse, Rapport présenté à la Journée d'information du 17 juin 1981 du groupe suisse de la Licensing Executive Society (LES) sur les contrats de know-how, 1981; *Dick* Bewertung und Verwertung von Erfindungen mit Patent- und Lizenzbeispielen, 1962; *Ditzel* How Technology of Strawberries Was Licensed, LES Nouvelles 1991, 93; *Dönges* Erfindungsverwertung – leicht gemacht, 1960; *Dörrmann* Der gute Glaube im Patentrecht, Diss Hamburg 1952; *Drexl* Die neue Gruppenfreistellungsverordnung über Technologietransfer-Vereinbarungen im Spannungsfeld von Ökonomisierung und Rechtssicherheit, GRUR Int 2004, 716; *Drost* Die geschichtliche Entwicklung der Haftung des Lizenzgebers und Verkäufers von Patenten und Erfindungen, Diss Heidelberg 1957; *Dunkhase* Der Lizenzvertrag über ein ungültiges Gebrauchsmuster, MuW 14, 251; *Dvorak* Der Lizenzvertrag im Franchising: eine rechtsvergleichende Studie zu Marken- und Patentlizenzen sowie Know-how-Verträgen in Betriebsfranchisesystemen in Deutschland und den USA, Diss Mannheim 2015; *Emmert* Die Stellung der Markenlizenz im deutschen Privatrecht, Diss Würzburg 2001; *Enders* Know How Schutz als Teil des geistigen Eigentums, GRUR 2012, 25; *Engels* Die Rechtsnatur der Markenlizenz unter der Geltung des Markengesetzes 1995, Diss Köln 1999; *Fammler* Der Markenlizenzvertrag², 2007; mit Formularbuch³, 2014; *Fette* Die Zweckübertragungslehre – immer noch und immer wieder aktuell, FS P. Hertin (2000), 53; *Fehrenbacher* Der Lizenzvertrag, JR 2001, 309; *Finger* Die Offenkundigkeit des mitgeteilten Fachwissens bei Know-how-Verträgen, GRUR 1970, 3; *Finger* Die ausschließliche Lizenz, WRP 1971, 207; *W. Fischer* Der dingliche Charakter des Patentrechts und der Lizenzvertrag, GRUR 1927, 738; *Fischer* Die Abgabe für die Benutzung eines Patents, 1927; *Fischer* Schadenersatz für den nicht ausschließlichen Lizenznehmer, GRUR 1980, 374; *Fitzner* Leistungsstörungen bei Lizenzverträgen, FS U. Eisenhardt (2007), 219; *Fordis/Haberman-Griffen* Avoiding Traps In Licensing Biotechnology, LES Nouvelles 1991, 45; *Forkel* Gebundene Rechtsübertragungen, 1977; *Forkel* Zur dinglichen Wirkung einfacher Lizenzen, NJW 1983, 1764; *Forkel* Zur Fortentwicklung unseres Lizenzrechts, FS A. Kraft (1998), 85; *Forster* „Lizenzwesen" in Gentechnik, in: Was läuft bei Roche? (1991), 135; *Fritze* Nichtangriffsabrede für die Zeit nach Beendigung des Schutzrechts, GRUR 1969, 218; *Glöckner* Die ausschliessliche Patentlizenz: dogmatische und rechtsvergleichende Betrachtungen zum Schutz des Lizenznehmers. Zs für schweiz Recht 2003, 473; *Goddar* Software-Lizenzverträge im Spannungsfeld zwischen Patent- und Urheberrecht, FS W. Nordemann (2004), 369; *Goddar/Tönhardt* Konfliktlösung durch Patentlizenzverträge, Mitt 2002, 337; *Godt* Equitable Licenses in University-Industry Technology Transfer, GRUR Int 2011, 377; *Goldmann/Redecke* Gewährleistung bei Softwarelizenzverträgen nach dem Schuldrechtsmodernisierungsgesetz, Multimedia und Recht 2002, 3; *Goltz* Einfluß der Vernichtung des Patents auf die Pflicht des Lizenznehmers zur Zahlung von Lizenzgebühren, Mitt 1974, 252; *Groß* Der Lizenzgeber im System der Produzenten- und Produkthaftung, CR 1990, 438; *Groß* Die Lizenz in der Gen- und Biotechnik, Mitt 1994, 256; *Groß* Aktuelle Lizenzgebühren in Patentlizenz-, Know-how- und Computerprogrammlizenzverträgen, BB 1995, 885, BB 1998, 1321, BB 2000 Beil S 24, WRP 2003, 1199, K&R 2005, 20; *Groß* Computerprogramm-Lizenzvertrag², 1996; *Groß* Know-how-Lizenzvertrag², 1996; *Groß/Rohrer* Lizenzgebühren², 2008; *Grunsvold/O'Reilley* Drafting Patent License Agreements⁴, 1998; *Grüter* Aufnahmebogen für Lizenzvorhaben, BB 1982, 942; *Grützmacher* Unternehmens- und Konzernlizenzen: Zur Einräumung urheberrechtlicher Nutzungsrechte an Software bei Unternehmens- und Konzernlizenzen, Der IT-Rechtsberater 2004, 204; *Guadamuz González* Viral Contracts of Unenforcable Documents? Contractual Validity of Copyleft Licences, EIPR 2005, 331; *Guilino* Zur Frage der Notwendigkeit ausschließlicher Lizenzen, GRUR 1974, 187; *Haedicke* Rechtskauf und Rechtsmängelhaftung, Habilitationsschrift Tübingen (2003); *Haedicke* Die Gewährleistungshaftung bei Patentveräußerungs- und Patentlizenzverträgen und das neue Schuldrecht, GRUR 2004, 123; *Hamann* Territoriale Begrenzung und Ausschließlichkeit von Lizenzen. Eine Analyse am Beispiel des gemeinschaftlichen Sortenschutzes, 2000; *Handrup* Die Sicherung von Softwarelizenzen in der Insolvenz des Lizenzgebers, 2015; *Hartmann* Das Mitbenutzungsrecht an patentierten Erfindungen, Diss Basel 1952; *Hederich/Gronow* Der Lizenzvertrag, 1957; *Heinemann* Standardessenzielle Patente in Normenorganisationen. Kartellrechtliche Vorgaben für die Einlösung von Lizenzierungsversprechen, GRUR 2015, 855; *Hellebrand* Ableitung von angemessenen Lizenzsätzen aus ökonomischer Perspektive: Eine Erwiderung, Mitt 2014, 494; *Henn* Patent- und know-how-Lizenzvertrag⁵, 2003; *Herbst* Die rechtliche Ausgestaltung der Lizenz und ihre Einordnung in das System des Bürgerlichen Rechts, Diss Göttingen 1968; *Heucken* Inhalt und Wesen des

Lizenzvertrags unter besonderer Berücksichtigung der Rechtslage bei Nichtigkeitserklärung des Patents, Diss 1930; *Hilty* Lizenzvertragsrecht, 2001; *Hilty* Der Softwarevertrag – ein Blick in die Zukunft: Konsequenzen der trägerlosen Nutzung und des patentrechtlichen Schutzes von Software, Multimedia und Recht 2003, 3; *Hilty/Slowinski* Standardessentielle Patente – Perspektiven außerhalb des Kartellrechts, GRUR Int 2015, 781; *Hiti* Zur Drittwirkung von Marken- und Patentlizenzverträgen, ÖBl 2003, 4; *Hoffmann/Adler* Lizenzvertragsgestaltung, 2002; *Hölzlwimmer* Produkthaftungsrechtliche Risiken des Technologietransfers durch Lizenzverträge, 1995; *Höppner* Mißbräuchliche Verhinderung „neuer" Produkte durch Immaterialgüterrechte: zur Anwendung von Art 82 EG auf Lizenzverweigerungen, GRUR Int 2005, 457; *Huaiwen He* A Self-Defeating Framework: How Far Could ITU Patent Policy Go? EIPR 2009, 343; *Hübner* Lizenzverträge und Struktur des Erfinderrechts, GRUR 1937, 902; *Iskic/Strobel* Lang lebe die Unterlizenz!?! sic! 2013, 682; *Jäckh* Die Lizenz im neuen Patentrecht, Diss 1939; *Jaeger/Metzger* Die neue Version 3 der GNU General Public License, GRUR 2008, 130; *Jestaedt* Bereicherungsausgleich bei unwirksamen Lizenzverträgen, WRP 2000, 899; *D. Jestaedt* Der Lizenzerteilungsanspruch nach der BGH-Entscheidung „Orange-Book-Standard", GRUR 2009, 801; *Kirchhof* Lizenznehmer als Widerspruchsberechtigte nach § 771 ZPO, FS F. Merz (1992), 283; *Kisch* Rückwirkung der Patentnichtigkeitserklärung, GRUR 1936, 277; *Klaka* Zur Verwirkung im gewerblichen Rechtsschutz, GRUR 1970, 265; *Klawitter* Kein Schutz des einfachen Patent-Lizenznehmers bei Veräußerung des Patents durch den Patentinhaber, MDR 1982, 895; *Kloeppel* Der Lizenzvertrag, Diss Leipzig 1896; *Knap* Der Lizenzvertrag als ein besonderer Vertragstypus, GRUR Int 1973, 225; *Knobloch* Abwehransprüche gegen den Nehmer einer einfachen Patentlizenz? 2006; *Koch* Die Bindungswirkung der Exclusivlizenz, BB 1972, 97; *Koch* Urheber- und kartellrechtliche Probleme der Nutzung von Open-Source-Software, CR 2000, 273, 333; *Koller* Der know-how-Vertrag nach schweizerischem Recht unter besonderer Berücksichtigung der Leistungsstörungen und der Vertragsbeendigung, Diss Zürich 1979; *Körner* Die Abhängigkeit von Lizenzverträgen vom Patentschutz oder vom geheimen Know how, die Lage nach amerikanischem, deutschem und europäischem Recht, WuW 1979, 785; *Körner* Der Bestand bzw. Forbestand von Schutzrechten und know-how als Voraussetzung der Lizenzgebühren- bzw. Schadenersatzpflicht, GRUR 1982, 341; *Körner* Zur vertraglichen „Verdinglichung" einfacher Lizenzen, Mitt 1983, 230; *Körner* Die Produzentenhaftung des Lizenzgebers bei der Lizenz über gewerbliche Schutzrechte und Know-how, NJW 1985, 3047; *Kraßer* Der Schutz des Know-how nach deutschem Recht, GRUR 1970, 587; *Kraßer* Verpflichtung und Verfügung im Immaterialgüterrecht, GRUR Int 1973, 230; *Kraßer* Die Wirkung der einfachen Patentlizenz, GRUR Int 1983, 537; *Kraßer* Wirkungen der Nichtigkeit von Patenten oder Marken auf Lizenzverträge, GRUR Int 1990, 611; *Kraßer/Schmid* Der Lizenzvertrag über technische Schutzrechte aus der Sicht des deutschen Zivilrechts, GRUR Int 1982, 324; *Kroitzsch* Die höchstrichterliche Rechtsprechung zu Lizenzverträgen und die Rechtssicherheit, GRUR 1975, 162; *Kurtz* (Un-) Übertragbarkeit von (ausschließlichen) Markenlizenzen, GRUR 2007, 292; *Kuss* Der Lizenzvertrag im Recht der USA, 2006; *Lau* Lizenzverträge und ihre Bedeutung für die Unternehmer nach der neuesten Reichsgerichtsjudikatur, GRUR 1903, 127; *Leistner* Intellectual Property and Competition Law: the European Development from Magill to IMS Health compared to recent German and US case law, ZIP 2005, 138; *Lejeune* Rechtsprobleme bei der Lizenzierung von Open Source Software nach der GNU GPL, Der IT-Rechtsberater 2003, 10; *Leßmann* Weitergeltung von Lizenzen bei Veräußerung des zugrundeliegenden Schutzrechts bzw. anderweitiger Lizenzierung, DB 1987, 145; *Leßmann* Lizenzdauer bei der Vermehrung im Sortenschutzrecht, FS V. Beuthien (2009), 539; *Leupold/Pautke* IMS Health vs. Microsoft: Befindet sich die Kommission bei kartellrechtlichen Zwangslizenzen (erneut) auf Konfrontationskurs mit dem EuGH? Europäisches Wirtschafts- und Steuerrecht 2005, 108; *Lichtenstein* Der Lizenzvertrag im engeren Sinn, NJW 1965, 1389; *Lichtenstein* Zum Abwehranspruch des einfachen Lizenznehmers, GRUR 1965, 344; *Lieberknecht* Patente, Lizenzverträge und Verbot von Wettbewerbsbeschränkungen, 1953; *Lindenmaier* Die Haftung des Patentinhabers bei Veräußerung des Patents und Lizenzbestellung, GRUR 1955, 507, 570; *Lindstaedt/Pilger* Muster für Patentlizenzverträge⁶, 1996; *Linsmeier* Lizenzverträge im Technologietransfer nach tschechischem Recht, 2000; *Lüdecke* Die Ausübungspflicht des Lizenznehmers, GRUR 1952, 211; *Lüdecke* Zur Auslegung von Lizenzverträgen, GRUR 1954, 379; *Lüdecke* Lizenzgebühren für Erfindungen, 1955; *Lüdecke* Die Eröffnung neuer Anwendungsgebiete des lizenzierten Verfahrens durch den Lizenznehmer, GRUR 1958, 415; *Lüdecke* Welchen Einfluß hat die Veräußerung des Patents auf bestehende Lizenzverträge? GRUR 1964, 470; *Lüdecke* Zur rechtlichen Natur der Lizenz, NJW 1966, 815; *Lüdecke* Lizenzverträge über zum Patent angemeldete Erfindungen im neuen Patentrecht, NJW 1968, 1358; *Lüdecke/Fischer* Lizenzverträge, 1957; *Lunze* Haftet der Lizenzgeber für den Bestand des lizenzierten Immaterialgüterrechts? ZGE 2011, 282; *Lutter* Entschädigungsklage des Patentinhabers, der eine ausschließliche Lizenz erteilt hat, gegen einen Patentverletzer, GRUR 1933, 441; *Malzer* Zur Haftung für die Ausführbarkeit der technischen Lehre bei der Übertragung von Rechten aus dem Patentgesetz, GRUR 1970, 107; *Malzer* Haftung für vertragsgemäße Brauchbarkeit und zugesicherte Eigenschaften, GRUR 1971, 96; *Marotzke* Sukzessionsschutz für Lizenzen im Immaterialgüterrecht: dargestellt am Beispiel der Patentlizenz, ZGE 2010, 233; *Marquardt* Rechtliche Natur des Lizenzvertrages, MuW 13, 311; *Massa Felsani* Contributo all'analisi del know-how, 1997; *McGuire* Die Lizenz, Habilitationsschrift Osnabrück 2012; *McGuire* Nutzungsrechte an Computerprogrammen in der Insolvenz, GRUR 2009, 13; *McGuire* Lizenzen in der Insolvenz: ein neuer Anlauf zu einer überfälligen Reform, GRUR 2012, 657; *McGuire* Die Patentlizenz im System des BGB, Mitt 2013, 207; *McGuire/Kunzmann* Sukzessionsschutz und Fortbestand der Unterlizenz nach „M2Trade" und „Take Five": ein Lösungsvorschlag, GRUR 2014, 28; *H. Mediger* Auswirkungen der Patentvernichtung, GRUR 1968, 564; *Megantz* How to License Technology, 1996; *Meier-Beck* Orange Book Standard revisited, FS K. Tolksdorf (2014), 115; *Merkel* Möglichkeiten und Grenzen einer Anwendung der Zweckübertragungstheorie im Erfinder-, Patent- und Gebrauchsmusterrecht, Diss 1974; *Metzger/Jaeger* Open Source Software und deutsches Urheberrecht, GRUR Int 1999, 839; *Möhring* Der Einfluß der Vernichtung eines Patents auf einen bestehenden Lizenzvertrag, der eine ausschließliche Lizenz zum Gegenstand hat, Mitt 1969, 296; *Moritz* Softwarelizenzverträge, CR 1993, 257, 341 und 414; *Müller* Firmenlizenz und Konzernfirma, 1996; *Munk* Die patentrechtliche Lizenz,

1897; *Nestler* Die Ableitung von angemessenen Lizenzsätzen aus ökonomischer Perspektive, BB 2013, 2027 (leicht geänd auch in Mitt 2014, 262); *Nestler* Die Ableitung von angemessenen Lizenzsätzen aus ökonomischer Perspektive: Einr Replik auf Ortwin Hellebrand, Mitt 2015, 62; *Neumann* Patentlizenztausch, Diss 1971; *Nieder* Vergabe einer ausschließlichen Patentlizenz: ein Fall der §§ 265, 325 ZPO? GRUR 2013, 1195; *Nirk* Culpa in contrahendo – Eine richterliche Rechtsfortbildung in der Rechtsprechung des Bundesgerichtshofes, FS Ph. Möhring (1965), 385; *Nirk* Die Einordnung der Gewährleistungsansprüche und Leistungsstörungen bei Verträgen über Patente in das Bürgerliche Gesetzbuch, GRUR 1970, 329; *O'Sullivan* The Pluralistic, Evolutionary, Quasi-legal Role of the GNU General Public Licence in Free/Libre/Open Source Software ("FLOSS"), EIPR 2004, 340; *Oehlrich* Know-how und Tacit Knowledge als vernachlässigte Vertragsbestandteile bei Lizenzverträgen, GRUR 2010, 33; *Ohl* Wegfall der Lizenz vor Ablauf des Patents, GRUR 1992, 77; *Olearius* Die Haftung des Lizenzgebers im gewerblich-technischen Rechtsschutz, Diss Göttingen 1968; *Osterloh* Ist die Benutzung einer Erfindung aufgrund eines wegen Verstoßes gegen kartellrechtliche Vorschriften nichtigen Lizenzvertrags eine Patentverletzung? GRUR 1985, 707; *Pagenberg/Geissler* Lizenzverträge: kommentierte Vertragsmuster[5], 2003; *Pagenberg/Geissler* License Agreements – Lizenzverträge[4], 1997; *Pahlow* Lizenz und Lizenzvertrag im Recht des geistigen Eigentums, Habil-Schr Bayreuth 2005; *Pahlow* Von Müttern, Töchtern und Enkeln: zu Rechtscharakter und Wirkung des urhebervertraglichen Rückrufs, GRUR 2010, 112; *Pahlow* Die einfache Patentlizenz nach der neueren Rechtsprechung des BGH, Mitt 2012, 249; *Parr/Sullivan* (Hrsg) Technology Licensing. Corporate Strategies for Maximizing Value, 1996; *Paul* Der industrielle Lohnfertigungsvertrag über geschützte Gegenstände, NJW 1963, 2249; *Pauli* Patentlizenz- und Technologieverträge, Diplomarbeit ETH Zürich 1998/99; *Pedrazzini* Patent- und Lizenzvertragsrecht[2], 1987; *Peetz* Die Nichtangriffsklausel in Lizenzverträgen, Diss Göttingen 1961; *Picot* Abstraktion und Kausalabhängigkeit im deutschen Immaterialgüterrecht, 2007; *Pinzger (Magdeburg)* Auflösung des patentrechtlichen Verlagsvertrages wegen Unwirtschaftlichkeit der Erfindung, MuW 10, 238; *Pinzger* Der Schadensersatz des einfachen Lizenznehmers, GRUR 1938, 148; *Poth* Zur Rechtsnatur der Patentlizenz, Mitt 1979, 216; *Pfaff/Osterrieth* Lizenzverträge, Formularkommentar[3], 2010; *Pres* Gestaltungsformen urheberrechtlicher Softwarelizenzverträge, 1994; *Plaß* Die Rechtsstellung des Markenlizenznehmers nach § 30 III und IV MarkenG, GRUR 2002, 1029; *Preu* Nichtangriffsabreden in Patent- und Gebrauchsmusterlizenzverträgen, FS W. Wendel (1969), 115; *Preu* Der Einfluß der Nichtigkeit oder Nichterteilung von Patenten auf Lizenzverträge, GRUR 1974, 623; *Preu* Chance und Risiko von Lizenzverträgen, Mitt 1981, 153; *Quaedvlieg* De doeloverdracht als enfant terrible, BIE 2000, 245; *Rasch* Der Lizenzvertrag in rechtsvergleichender Darstellung, 1933; *Rasch* Neuere Rechtsprechung zum Lizenzvertrag, GRUR 1935, 129; *Rasch* Neuere Entwicklung auf dem Gebiet des Lizenzvertragsrechts, GRUR 1937, 1; *Rauter* Die Verwertung von Erfindungen[6], 1956; *E. Reimer* Müssen Verträge über Erwerb oder Benutzung von Patenten, Gebrauchsmustern und Betriebsgeheimnissen schriftlich abgefaßt werden? BB 1961, 21; *E. Reimer* Mangelnde Ausführbarkeit einer Erfindung, BB 1961, 617; *Ritter* Lizenz und Lizenzvertrag im Patentrecht, Diss 1917; *Romanovszky* Know-how- und Lizenzverträge[3], 1985; *Rosenberger* Inhalt des Schutzrechts, Berechnungsgrundlage für Lizenzgebühr und Rechtsschutzinteresse der Kartellbehörde, GRUR 1982, 601; *Rosenberger* Nochmals: Zur Frage des Fortbestandes der einfachen Lizenz bei Übertragung des Patents, GRUR 1983, 203; *Schade* Die Ausübungspflicht bei Lizenzen[2], 1969; *Schaefer* Die Patentlizenzen im englischen Recht im Vergleich zum deutschen Recht, 1999; *Schickedanz* Das kostenlose Mitbenutzungsrecht, Mitt 1969, 46; *Schippel* Die Berechtigung zur Erhebung der Nichtigkeitsklage im Patentrecht und ihre Beschränkung durch Lizenzverträge, GRUR 1955, 322; *Schlicker* Licensing Intellectual Property: Legal, Business, and Market Dynamics, 1996; *R. Schlosser* Le contrat de savoir-faire, Diss Lausanne 1996; *R. Schlosser* Der Know-how-Vertrag, sic! 1998, 269; *Schlott* Haftung beim Lizenzvertrag im Patent- und Urheberrecht, Diss 1927; *Schneider* Ermittlungen der Höhe des Lizenzsatzes aufgrund von Erfahrungswerten, DB 1974, 1899; *Scholz* Zum Fortbestand abgeleiteter Nutzungsrechte nach Wegfall der Hauptlizenz, GRUR 2009, 1107; *Schoos* Die vertragliche Lizenz an Schutzrechten des geistigen Eigentums in der Insolvenz, 2015; *Schramm/Henner* Der Patentprozeß nach dem Vorabgesetz – Lizenzverträge, GRUR 1968, 667, 672; *Schwarz* Der Lizenzvertrag im Patentrecht, Diss 1940; *Schwerdtner* Das patentrechtliche Nichtigkeitsurteil und seine zivilprozessualen und zivilrechtlichen Auswirkungen, GRUR 1968, 9; *Sernatinger* Das Problem des Veräußerungs- und Lizenzvertrages bei nachträglicher Vernichtung oder Beeinträchtigung der gewerblichen Schutzrechte, Diss Freiburg 1966; *Shieh* Kündigung aus wichtigem Grund und Wegfall der Geschäftsgrundlage bei Patentlizenz- und Urheberrechtsverträgen, Diss München 1990; *Sobel* Technology Licensing and Litigation, 1993; *Sosnitza* Gedanken zur Rechtsnatur der ausschließlichen Lizenz, FS G. Schricker (2005), 183; *St Quintin* Oxonica v Neuftec: Patent Licence Construction and the Dangers of Little Knowledge, EIPR 2009, 436; *Starck* Der gute Glaube des Lizenznehmers beim Erwerb der Lizenz von einem Nichtberechtigten, GRUR 1938, 817; *Stickelbrock* Urheberrechtliche Nutzungsrechte in der Insolvenz, WM 2004, 549; *Stöckel/A. Brandi-Dohrn* Der dingliche Charakter von Lizenzen. CR 2011, 553; *Stumpf* Ungeklärte Probleme bei Know-how- und Patentlizenzverträgen, BB 1970, 195; *Stumpf* Schiedsgerichtsbarkeit und Verträge über wissenschaftliche, technische und Erfindungsarbeiten, insbesondere Verträge über den Gebrauch von Erfindungen, Know-how, etc., RIW 1973, 292; *Stumpf/Groß* Der Lizenzvertrag[9], 2007; *Tapiah* Industrial Property Rights, Technical Standards and Licencing Practices (FRAND) in the Telecommunications Industry, 2010; *Tissot* Contrat de licence responsabilités et garanties, sic! 2000, 473; *Troller* Zur Auslegung von Lizenzverträgen, GRUR 1954, 379; *A. Troller* Der rechtliche Schutz des know-how, Rapport présenté à la Journée d'information du 17 juin 1981 du groupe suisse de la Licensing Executive Society (LES) sur les contrats de know-how, 1981; *Trüstedt* Haftung für Rechtsmängel im Patentrecht, GRUR 1939, 516; *Ubertazzi* IP-Lizenzverträge und die EG-Zuständigkeitsverordnung, GRUR Int 2010, 103; *Ullrich/Körner* (Hrsg) Der internationale Softwarevertrag, 1996; *Ulmer-Eilfort/Schmoll* Technologietransfer, 2006; *van Venrooy* Der partiell rechtlose Patentlizenzgeber, Mitt 2000, 26; *Venzky* Die rechtliche Natur der patentrechtlichen Lizenz, Diss 1916; *Völp* Muster für Patentlizenzverträge[3], 1963; *Völp* Weitergeltung der Lizenz bei Veräußerung des Schutzrechts, GRUR 1983, 45; *Walz* Sachenrecht für Nicht-Sachen, KritV 1986, 131; *Wassermann* Patentinhaber und Lizenznehmer, 1931; *Weber* Nichtangriffsklausel (exceptio pacti) im patentamtlichen Erteilungsverfahren? BB 1969, 1116; *Wedel* Zur rechtlichen Auffassung der Patentlizenz, Diss 1920; *Weichert* Die Nichtigkeitserklärung eines Patents und ihre rechtliche Bedeutung mit besonderer Berücksichtigung des Lizenzvertrages, Diss 1913; *Weinmann* Die Rechtsnatur der Lizenz, Diss 1996; *Weisse* Erfindungen, Patente, Lizenzen, 1958; *Westermann* Handbuch Know-How-Schutz, 2007; *Westermann* Der BGH baut den Know-how-Schutz aus: Anmerkungen zu BGH, GRUR 2006, 1044 – Kundendatenprogramm, GRUR 2007, 116; *Wiede* Lizenzverträge über am 1.10.1968 noch nicht bekanntgemachte Patentanmeldungen, GRUR 1969, 203; *Wiese* Der Einfluß von Mängeln des Patents und der Erfindung auf den Lizenzvertrag, unter Berücksichtigung ausländischer Rechte, Diss 1942; *Winzer* Der Lizenzvertrag, 2014; *Wolff-Rojczyk* Angriffsmöglichkeiten des Lizenznehmers auf den Lizenzgegenstand. Marken und Patente, Diss Gießen 1997/1998; *Worms* Die Verwertung von Erfindungen, 1921; *Wündisch/ Bauer* Patent-Cross-Lizenzverträge: Terra incognita? GRUR Int 2010, 641; *Wyss* Die schuldrechtliche Natur des Lizenzvertrages, 1964; *Yuanshi Bu* Das chinesische Patent- und Know-how-Lizenzvertragsrecht, GRUR Int 2009, 807; *Zeller* Lizenz ohne Schutzrecht, GRUR 1941, 353; *Zeller* Erfindervertragsrecht, 1953.

I. Allgemeines

51   **1. Begriff.** Das GPatG hat den Patentlizenzvertrag im PatG erstmals unter Festschreibung des bestehenden Rechtszustands geregelt[120] (vgl auch die Regelung in § 30 MarkenG sowie § 31 DesignG). „Die Lizenz ist im Kern die Erlaubnis, die technische Lehre, die Gegenstand eines Patents ist oder werden soll, in einer gesetzlich dem Patentinhaber vorbehaltenen Weise zu benutzen".[121] Die Rspr des RG hat in der Lizenz anfangs die bloße Verpflichtung gesehen, vom Verbietungsrecht des Patentinhabers iS eines „pactum de non petendo" keinen Gebrauch zu machen.[122] Eine solche „Negativlizenz"[123] ist weiterhin denkbar,[124] ist aber nicht als Lizenz im Rechtssinn anzusehen.[125] Aus der geltenden Regelung folgt, dass im Rahmen der Berechtigung aus der Lizenz das Verhalten des Lizenznehmers rechtmäßig ist.[126]

52   **2. Vertragliche Begründung.** Die Lizenz wird durch idR zweiseitigen Vertrag erteilt, an dem Lizenzgeber und Lizenznehmer beteiligt sind. Zahlung der Schadensersatzlizenz durch den Verletzer, der die eingeräumten Nutzungsrechte überschritten hat, führt nicht zum Abschluss eines Lizenzvertrags.[127] Wer sich auf Rechtserwerb beruft, hat diesen grds darzulegen und zu beweisen.[128] Der Lizenzgeber schuldet als vertragstypische Hauptleistung die Einräumung einer Benutzungsbefugnis am Lizenzgegenstand, der Lizenznehmer als Gegenleistung idR eine Geldleistung, die Lizenzvergütung,[129] es kommen aber auch andersartige Gegenleistungen in Betracht.[130] Der Lizenzvertrag ist nach allg Grundsätzen auszulegen; die Interessenlage der Parteien, der Vertragszweck und das Verhalten der Vertragsparteien bei der Vertragsdurchführung sind heranzuziehen (s näher Rn 125). Daneben können auf beiden Seiten vielfältige Nebenpflichten bestehen. Zur Abgrenzung von der Vollübertragung (Zweckübertragungstheorie) Rn 21.

53   Bei einem **Lizenzaustauschvertrag** entspricht es regelmäßig den Interessen der Parteien, dass sich der Lizenzgeber für die Hingabe der Lizenz außer einer Lizenzzahlung die Einräumung eines Benutzungsrechts an Erfindungen versprechen lässt, die der Vertragspartner aufgrund und in Fortentwicklung der aus dem hingegebenen Patent gewonnenen Erkenntnisse macht; eine Vertragsklausel, die derartiges vorsieht, ist eng dahin auszulegen, dass sie nur Entwicklungen des Lizenznehmers betrifft, die mit dem Patent in wirtschaftlichem Zusammenhang stehen.[131] Bei **Gemeinschaftsarbeit mit vereinbarter Schutzfreiheit** des erstrebten Ergebnisses verzichten die Beteiligten auf die Geltendmachung bestehender Schutzrechte oder im Verlauf der Gemeinschaftsarbeit neu angemeldeter Erfindungen, soweit sie als Konstruktionsele-

---

120   Vgl Begr GPatG BlPMZ 1979, 280.
121   *Kraßer* S 930 (§ 40 V).
122   RGZ 76, 235 = JW 1911, 668 Tarifstelle 32; RGZ 90, 162, 164 = JW 1917, 852 ausländische Lizenzurkunde; vgl RGZ 75, 400, 402 = BlPMZ 1911, 270 Secours-Entschirrungsapparat; RGZ 155, 306, 313 = GRUR 1937, 1086 Funkverband.
123   Eingehend zur Negativlizenz *B. Bartenbach* Mitt 2002, 503.
124   Vgl BGHZ 83, 251, 256 = GRUR 1982, 411, 412 Verankerungsteil; OLG Jena 28.4.2004 2 U 743/03 undok.
125   LG Mannheim InstGE 11, 9 (Nr 14); LG Mannheim InstGE 12, 200 (Nr 22 ff); *Mes* Rn 44.
126   Vgl *Kraßer* S 930 f (§ 40 V a 2).
127   BGHZ 148, 221 = GRUR 2002, 248 Spiegel-CD-ROM.
128   BGH NJW 2002, 1276 Durchzanker.
129   RG GRUR 1937, 1003, 1006 Förderwagenkupplung II.
130   BGHZ 17, 41, 58 = GRUR 1955, 468 Kokillenguß.
131   BGH 7.2.1956 I ZR 91/54.

mente beim Bau der durch die Gemeinschaftsarbeit geschaffenen Vorrichtung Verwendung finden. Im übrigen bleiben ihre Rechte aufgrund der Schutzrechte oder Anmeldungen unberührt.[132]

Verpflichtungs- und Verfügungsgeschäft sind zu unterscheiden.[133] Schuldrechtl kann sich jeder- **54** mann zur Lizenzerteilung verpflichten.[134] Die Einräumung der Lizenz als Verfügungsgeschäft kann nur durch den Berechtigten erfolgen, da niemand einem anderen mehr Rechte verschaffen kann als er selbst innehat (vgl Rn 39); allenfalls kann die Verfügung nach § 185 Abs 2 BGB wirksam werden. In einer Lizenzerteilung durch einen Nichtberechtigten kann eine Teilnahme an der Rechtsverletzung liegen, die der Nehmer der (vermeintlichen) Lizenz im Zug des Einsatzes der Erfindung begeht.[135] Mehrere Mitinhaber des Patents können eine ausschließliche Lizenz nur gemeinsam erteilen.[136] Der Lizenznehmer, dem unmittelbare Ansprüche gegen den Berechtigten nicht zustehen, kann gegen den (nur mitberechtigten) Lizenzgeber vorgehen, soweit diesem, insb aus einer bestehenden Gemeinschaft, Rechte gegenüber den anderen Mitberechtigten zustehen.[137] Abw sah Art 24 GPÜ für das Gemeinschaftspatent eine Regelung vor, nach der der gutgläubige Lizenznehmer, der seine Berechtigung vom Nichtberechtigten ableitet, die Erteilung einer nicht ausschließlichen Lizenz durch den Berechtigten beanspruchen kann. Als Lizenzgeber kommt neben dem Erfinder oder Patentinhaber der Lizenznehmer in Betracht, soweit er zur Erteilung von Unterlizenzen berechtigt ist (Rn 81 f), daneben auch der sonst Verfügungsberechtigte (Treuhänder, Insolvenzverwalter, Testamentsvollstrecker usw). Soweit sich der Patentinhaber durch Erteilung einer ausschließlichen Lizenz seines Nutzungsrechts entäußert hat, handelt er nach hM bei Erteilung einer weiteren Lizenz als Nichtberechtigter;[138] anders bei räumlich oder sachlich beschränkter ausschließlicher Lizenz außerhalb deren Umfangs.[139] Die bloße Verpflichtung, keine weiteren Lizenzen zu erteilen, steht der Wirksamkeit einer späteren Lizenzerteilung nicht entgegen, bindet aber schuldrechtl.[140] Im gemeinschaftl SortSchutzRecht kann der Schutzinhaber oder Nutzungsberechtigte gegen einen Dritten vorgehen, der Material von einem anderen Nutzungsberechtigten erhalten hat, der seinerseits gegen ihm auferlegte Beschränkungen verstoßen hat, die sich unmittelbar auf wesentliche Bestandteile des SortSchutzes beziehen.[141]

3. Außervertragliche Begründung. Von gesetzlichen Lizenzen wird im Rahmen des § 69b UrhG aus- **55** gegangen.[142] Lizenzbegründung durch gerichtl Entscheidung als **Hoheitsakt** erfolgt bei der Zwangslizenz (§ 24; § 20 GebrMG) sowie bei der Verwertung des Patents durch Lizenzierung im Weg der Zwangsvollstreckung.[143] Von der Lizenz ist die staatliche Benutzungsanordnung nach § 13 zu unterscheiden. Zur Lizenzbereitschaftserklärung § 23.

4. Rechtscharakter

a. Der Lizenzvertrag im gewerblichen Rechtsschutz ist nach hM **Vertrag eigenen Charakters**, bei **56** dem sich Befugnisse und Verpflichtungen aus mehreren Vertragsarten vereinen (Typenmischvertrag).[144]

---

132 BGH GRUR 1956, 542 Anhängerkupplung.
133 *Benkard* Rn 82; *Lichtenstein* NJW 1965, 1839 ff; *Lüdecke* NJW 1966, 815; *Pfaff* RIW 1974, 243, 245.
134 Auf die obligatorische Wirkung der Lizenz weist *M. Berger* sic! 2005, 163 f hin.
135 BGHZ 151, 300 = GRUR 2002, 963 elektronischer Pressespiegel; BGH GRUR 2005, 860 Fash 2000.
136 TGI Paris IIC 2008, 725 Mutzel v. Institut Pasteur.
137 Vgl *van Venrooy* Mitt 2000, 26, 29 ff.
138 RGZ 144, 187, 190 = GRUR 1934, 438 Beregnungsanlage V; zwh.
139 BGH GRUR 1992, 310, 311 Taschenbuchlizenz; vgl BGH GRUR 1986, 91, 93 Preisabstandsklausel.
140 RG GRUR 1939, 826, 828 f Sämereiausleser I; *Benkard* Rn 87.
141 EuGH GRUR 2012, 49 Greenstar-Kanzi Europe NV/Jean Hustin m Anm *Würtenberger*.
142 BGH GRUR 2001, 155 Wetterführungspläne I; BGH GRUR 2002, 149 Wetterführungspläne II.
143 Vgl *Ströbele/Hacker* § 29 MarkenG Rn 17.
144 BGHZ 2, 331, 335 = GRUR 1951, 471 Filmverwertungsvertrag; vgl BGHZ 26, 7, 9 = GRUR 1958, 136 Sympatol III; BGHZ 28, 144 = GRUR 1959, 125 Pansana, zum Patentverwertungsvertrag; BGH GRUR 1961, 27, 29 Holzbauträger; BGH GRUR 1970, 547 f Kleinfilter; BGHZ 105, 374, 377 f = GRUR 1989, 68, 70 Präsentbücher, UrhSache; BGH NJW-RR 2004, 644 Pfändungsschutz für Lizenzgebühren; *Benkard* Rn 81; *Knap* GRUR Int 1973, 225; *Kraßer/Schmid* GRUR Int 1982, 324, 328; *B. Bartenbach* Mitt 2003, 102, 104; *Forkel* NJW 1990, 2805 f; *Ströbele/Hacker* § 30 MarkenG Rn 26; *Ingerl/Rohnke* § 30 MarkenG Rn 52; zur (insb ergänzenden) Auslegung des Lizenzvertrags BGH GRUR 1959, 384, 387 Postkalender; BGH GRUR 1999, 566 Deckelfaß; vgl BGH GRUR 1999, 579 f Hunger und Durst, zum Verlagsvertrag; zur Einlagefähigkeit *Götting* Die Aktiengesellschaft 1999, 1; zu Erwerb und Einsatz von Lizenzrechten, die als selbstständige Geschäftsmaßnahmen

---

Grds sind für die einzelnen Leistungen die Rechtsnormen heranzuziehen, die für den jeweiligen Vertragsbestandteil maßgebend sind.[145] Eine Bindung an bestimmte Vertragstypen besteht nicht, der Vertragsinhalt kann grds frei vereinbart werden,[146] sofern nicht gegen zwingendes Recht verstoßen wird. Dessen ungeachtet besteht eine gewisse Verwandtschaft zur **Rechtspacht** (§ 581 Abs 1 BGB), so dass insoweit lückenfüllend auf die Vorschriften des Pachtrechts (§§ 581 ff BGB) und – über § 581 Abs 2 BGB – des Mietrechts (§§ 535 ff BGB) zurückgegriffen werden kann.[147] § 452 BGB aF (Kaufpreisverzinsung) war auf Verträge mit Dauercharakter nicht anzuwenden.[148] Der I. Zivilsenat des BGH hält auch einen **Lizenzkauf** für möglich, der dann vorliegen soll, wenn die beiderseitigen Verpflichtungen durch Einräumung einer Lizenz und Kaufpreiszahlung vollständig erfüllt sein sollen[149] (s dazu auch Rn 164). Das Gesamtbild der Parteibeziehungen und der Vertragszweck sind zu beachten.[150]

57 **b.** Lizenzverträge über gewerbliche Schutzrechte bedeuten für die Beteiligten häufig ein gewisses Wagnis („gewagtes" oder **„aleatorisches Geschäft",**[151] vgl Rn 26); für den Lizenznehmer, weil die wirtschaftliche Verwertbarkeit des Schutzrechts nicht mit Sicherheit abgeschätzt werden kann, für den Lizenzgeber, weil die in die Leistungen und Fähigkeiten des Lizenznehmers gesetzten Erwartungen täuschen können, für beide Teile, weil unvorhergesehene Ereignisse eintreten können, die der weiteren Durchführung des Vertrags vorzeitig ein Ende setzen, sei es, dass sich das Schutzrecht nachträglich als nicht rechtsbeständig erweist, Veränderungen der Marktverhältnisse oder Fortschritte in der Entwicklung der Technik eine weitere Auswertung unwirtschaftlich machen oder andere nicht vorhergesehene Umstände eine vorzeitige Beendigung des Vertragsverhältnisses geboten erscheinen lassen. Diese Risiken führen häufig dazu, dass sich der Lizenzgeber außer der lfd Lizenzgebühr von vornherein ein bestimmtes festes Entgelt sichert, das ihm ohne Rücksicht auf die spätere Entwicklung unter allen Umständen verbleiben soll; andererseits liegt es vielfach im Interesse des Lizenznehmers, dieses Zugeständnis zu machen, wenn er sich die Erteilung der Lizenz und den zu erwartenden wirtschaftlichen Erfolg sichern zu können glaubt.[152] Ungleiche Risikoverteilung begründet noch keine Sittenwidrigkeit.[153]

58 **c. Einfache und ausschließliche Lizenz.** Abs 2 Satz 1 unterscheidet zwischen ausschließlichen und nicht ausschließlichen Lizenzen. Diese Unterscheidung betrifft allein die Anzahl der nutzungsbefugten Personen. Eine ausschließliche Lizenz liegt vor, wenn nach dem Lizenzvertrag nur der Lizenznehmer das Patent im Geltungsbereich der Lizenz benutzen darf,[154] und zwar auch unter Ausschluss des Patentinhabers selbst.[155] Sie wird vielfach als beschränkte Übertragung (Teilrechtsabspaltung vom Mutterrecht) verstanden.[156] Die ausschließliche Lizenz führt zur partiellen Verdrängung des Vollrechtsinhabers aus seiner Rechtsposition.[157] Die Ausschließlichkeit kann sich auf einzelne Befugnisse des Patentinhabers beschrän-

---

außerhalb der satzungsmäßigen Geschäftstätigkeit der Aktiengesellschaft liegen würden, aber als Hilfsgeschäfte vom Unternehmensgegenstand umfasst sein können, BGHZ 144, 290 = NJW 2000, 2356 Sponsorenverträge.

145 BGH GRUR 2002, 282, 283 Bildagentur.

146 Vgl *Kraßer* S 928 (§ 40 IV a 2).

147 Vgl BGH GRUR 2006, 435 (Nr 21) Softwarenutzungsrecht; BGH GRUR 2016, 201 (Nr 43) Ecosoil; *Benkard* Rn 83; *Cebulla* Die Pacht nichtsächlicher Gegenstände (1999), 98 ff; *Ströbele/Hacker* § 30 MarkenG Rn 26; *Ingerl/Rohnke* § 30 MarkenG Rn 52; ähnlich *Kraßer* S 937 (§ 41 I 4); s auch OLG Hamm NJW-RR 1993, 1270; schweiz BG sic! 2007, 140 Schweizerischer Sex Anzeiger SAZ; offengelassen in BGH GRUR 1970, 547 f Kleinfilter; für eine im wesentlichen kaufrechtl Einordnung der ausschließlichen Lizenz *Haedicke* (2003) S 102 ff; *Haedicke* GRUR 2004, 123, 125 ff; *Haedicke* (2009) Kap 13 Rn 31.

148 Vgl BGH Sympatol I.

149 Vgl BGH Ecosoil (Nr 45).

150 *Kraßer* S 938 (§ 41 I 5).

151 RGZ 33, 103 f Pulsometer; BGH GRUR 1961, 27 f Holzbauträger; BGHZ 83, 283, 288 = GRUR 1982, 481 Hartmetallkopfbohrer; BGHZ 129, 236, 248 = DtZ 1995, 285 EKV; kr zum „aleatorischen" Charakter ua *Klauer/Möhring* § 9 Rn 10; *Lunze* ZGE 2011, 282, 288 f.

152 BGH Holzbauträger; vgl BGH GRUR 1975, 598, 600 Stapelvorrichtung.

153 BGH EKV; RG BlPMZ 1913, 276 f Remlu-Eisbecher; vgl RG GRUR 1932, 865, 867 Hochglanzverzinkung.

154 Zur wirtschaftlichen Bedeutung *Benkard* Rn 91 mwN.

155 Vgl BGH IIC 2000, 601 Rotorscheren: ausschließliche Know-how-Lizenz.

156 Vgl *Benkard* Rn 97; *Ströbele/Hacker* § 30 MarkenG Rn 23; vgl auch *Kraßer* S 931 (§ 40 V b).

157 *Ahrens* GRUR 2006, 617, 623.

ken.[158] Im Extremfall verbleibt dem Patentinhaber selbst keinerlei eigenes Benutzungsrecht mehr, sondern nur das bloße „formale" Patentrecht.[159] Ein vorbestehender Sukzessionsschutz zugunsten eines Dritten (Abs 3) steht der Annahme einer ausschließlichen Lizenz jedoch nicht entgegen.[160] Einen besonderen Fall der ausschließlichen Lizenz stellt die sog **Alleinlizenz** dar, bei der nach dem Inhalt des Lizenzvertrags der Lizenzgeber zwar keine weiteren Lizenzen im Geltungsbereich der Lizenz vergeben kann, sich selbst aber ein Nutzungsrecht in diesem Bereich vorbehält (vgl § 31 Abs 3 Satz 2 UrhG, wo die Alleinlizenz ausdrücklich als Unterfall der ausschließlichen Lizenz geregelt ist).[161] Soweit all dies nicht der Fall ist, liegt eine „einfache", nichtausschließliche Lizenz vor.

Das bürgerlich-rechtl **Abstraktionsprinzip** passt jedenfalls auf die einfache Lizenz nicht;[162] die Annahme, dass bei ihr die Benutzungserlaubnis wegen ihrer Verfügungswirkung unabhängig vom Grundgeschäft Bestand haben könnte, wäre unangebracht; dasselbe wird für die beschränkte ausschließliche Lizenz anzunehmen sein,[163] anders nach hM bei der umfassenden ausschließlichen Lizenz.[164] **59**

d. Dauerschuldverhältnis. Der Lizenzvertrag ist auf Dauer angelegt;[165] dies hat Auswirkungen auf **60** die Beendigung des Vertrags (Rn 100 ff). Auch auf vor dem 1.1.2002 begründete Lizenzverträge ist ab 1.1.2003 das neue Schuldrecht anzuwenden (Art 229 § 5 Satz 2 EGBGB).[166]

e. Gesellschaftsrechtlicher Einschlag. Aus der Anlegung auf Dauer und den sich daraus ergeben- **61** den Treuebindungen folgt noch nicht ein gesellschaftsrechtl Charakter.[167] Gesellschaftsrechtl Einschlag kann aber im Einzelfall vorliegen, so, wenn der Vertrag außer der Überlassung zur Ausnutzung vorsieht, dass der Erfinder (Lizenzgeber) seine Arbeitskraft dem Vertrieb des patentierten, vom Lizenznehmer herzustellenden Gegenstands widmet, den Lizenznehmer mit Werkzeugen zur Herstellung ausstatten und auf der Basis der Umsatzbeteiligung längere Zeit mit ihm zusammenarbeiten soll.[168] In Betracht kommt zB auch die gemeinsame Finanzierung von Entwicklungsarbeiten.[169] Aus der Gemeinschaftsbindung können sich je nach ihrer Intensität Fürsorgepflichten beider Lizenzpartner ergeben; dies gilt auch für eine dienstvertragliche Zusammenarbeit.[170]

5. Stellung der Beteiligten

a. Allgemeines. Zur Rechtsstellung des Lizenzgebers und des Lizenznehmers im Verletzungsfall **62** Rn 24 ff zu § 139.

---

158 RGZ 57, 38, 40 = BlPMZ 1904, 220 Bernados'sches Verfahren; RGZ 75, 400, 403 = BlPMZ 1911, 270 Secours-Entschirrungsapparat; RGZ 76, 235 f = JW 1911, 668 Tarifstelle 32c; RGZ 130, 275, 282 Kaliwerk.

159 RG GRUR 1937, 627, 629 Dichtungsvorrichtung; BGH 20.1.1961 I ZR 8/59; kr zur ausschließlichen Lizenz *Ahrens* GRUR 2006, 617, 623.

160 *Benkard* Rn 87.

161 Wie hier *Groß* Rn 38; *Kirchhof* FS F. Merz (1992), S 283, 289; *Benkard* Rn 90; vgl auch BGH GRUR 1982, 411 f Verankerungsteil.

162 *Haedicke* (2009) Kap 13 Rn 39; jetzt aA *Haedicke* ZGE 2011, 377, 388 f.

163 Vgl LG Düsseldorf InstGE 1, 146, 152 f, das § 139 BGB heranzieht.

164 *Kraßer* S 936 (§ 41 I 1); aA *Haedicke* (2009) Kap 13 Rn 16; vgl zur Problematik auch BGH NJW 1998, 1951 Pekatex mwN.

165 Möglicherweise aA BGH GRUR 2009, 946 (Nr 20) Reifen Progressiv, UrhSache, wonach der Lizenzgeber dem Lizenznehmer das Nutzungsrecht im Hinblick auf dessen dinglichen Charakter nicht während der Dauer des Lizenzverhältnisses fortwährend in seinem Bestand vermitteln muss.

166 Vgl BGH GRUR 2009, 1167 (Nr 70) DAX, Markensache; *B. Bartenbach* Mitt 2003, 102, 112 mwN.

167 *Benkard* Rn 84; *Knap* GRUR Int 1973, 225 f; RGZ 155, 306, 309 f = GRUR 1937, 1086 Funkverband.

168 BGH GRUR 1959, 616 Metallabsatz.

169 Vgl BGH GRUR 1957, 482 f Chenillefäden; BGH GRUR 1958, 175, 177 Wendemanschette II; BGH GRUR 1959, 125, 127 Pansana; BGH 29.1.1985 X ZR 54/83 Thermotransformator, nicht in GRUR; BGH GRUR 2016, 745 Filmscanner.

170 BGH GRUR 1961, 470 f Gewinderollkopf I; dort auch zur Pflicht zur Erwirkung einer Ehrung; zur Offenbarungs- und Mitteilungspflicht aus dem Vertrauens- und Treueverhältnis eines Lizenzvertrags BGH 1.10. 1963 Ia ZR 171/63.

Hacker

63   **b. Lizenzgeber.** Beschränkungen, die sich für den Patentinhaber aus der Lizenzerteilung ergeben, sind rein schuldrechtl Art; Zuwiderhandlung ist in diesem Fall bloße Vertragsverletzung und nicht Patentverletzung; dies gilt auch bei ausschließlicher Lizenz.[171]

64   **c. Lizenznehmer.** Soweit die ausschließliche Lizenz reicht, rückt der Lizenznehmer Dritten gegenüber in das ausschließliche Benutzungsrecht des Patentinhabers ein; die Lizenz ist damit eine eigentumsfähige Position iSd Art 14 GG;[172] die Stellung des Lizenznehmers ist in diesem Fall nach hM einer **dinglichen Berechtigung angenähert**, so dass vielfach von einem absoluten, gegenständlichen oder gleichsam dinglichen Recht gesprochen wird.[173] Dies ist mit dem numerus clausus der dinglichen Rechte schwer in Einklang zu bringen; bestimmte „Verdinglichungen" kennt auch das Schuldrecht; zudem ist eine Verdinglichung auch im Interesse der Verkehrsfähigkeit unerwünscht.[174] Die Berufung auf Gewohnheitsrecht für eine „Verdinglichung" der Lizenz trägt schon deshalb nicht, weil die Frage niemals unumstritten war. Zudem erscheint zwh, ob bei Annahme eines dinglichen Charakters am Grundsatz der freien Rechtswahl festgehalten werden könnte (s Rn 174). Zur Eintragung der ausschließlichen Lizenz im Register § 30 Abs 4, 5. Die Rspr hat die einfache Lizenz als im Regelfall **schuldrechtlicher Natur** angesehen.[175] Str ist, ob der einfache Lizenznehmer aus eigenem Recht oder nur im Weg der Prozessstandschaft gegen den Verletzer vorgehen kann (vgl Rn 24 zu § 139). Dem ausschließlichen Lizenznehmer steht – ungeachtet der Frage des dinglichen Charakters – gegenüber der Zwangsvollstreckung in das Schutzrecht die Drittwiderspruchsklage nach § 771 ZPO zu, nicht dagegen dem einfachen Lizenznehmer.[176] Dagegen eröffnet die Know-how-Lizenz das Drittwiderspruchsrecht nicht.[177] Zur Wirkung von Beschränkungen der Lizenz Rn 69 ff.

6. Lizenzierbare Rechte

65   **a. Technische Schutzrechte.** Lizenzierbar sind die in Abs 1 genannten Rechte, daneben Gebrauchsmuster (§ 22 Abs 2 GebrMG), Halbleitertopographie (§ 11 Abs 2 HlSchG iVm § 22 GebrMG), ergänzendes Schutzzertifikat (§ 16a Abs 3) und eur Patente mit einheitlicher Wirkung, soweit sie dt Recht unterliegen (Rn 7). In Betracht kommen auch Geheimpatente,[178] die Patentanmeldung,[179] die Erfindung an sich vor

---

171   Vgl *M. Berger* sic! 2005, 163 ff; aA OLG Karlsruhe GRUR 1980, 784 f; *Kraßer* S 931 (§ 40 V b); *Klauer/Möhring* Rn 26; vgl dazu *Benkard* Rn 90; zur Rechtslage im Markenrecht *Ströbele/Hacker* § 30 MarkenG Rn 57; *Bühling* GRUR 1998, 196; zur Berechnung des entgangenen Gewinns, wenn Verletzer der Patentinhaber ist, der dem Verletzten eine Generallizenz eingeräumt hat und von diesem eine einfache beschränkte Lizenz erhalten hat, BGH GRUR 1962, 580, 582 Laux-Kupplung II.

172   BVerfG GRUR 2001, 43 Human-Immuninterferon.

173   Vgl RGZ 57, 38, 40 f = BlPMZ 1904, 220 Bernardos'sches Verfahren; RGZ 130, 275, 282 Kaliwerk; RGZ 134, 91, 96 = GRUR 1932, 175 Drahtgewebeziegel; RGZ 142, 168, 170 = GRUR 1934, 36 Loseblätterbuch; BGHZ 83, 251, 256 = GRUR 1982, 411 Verankerungsteil; BGH GRUR 2007, 877 (Nr 29) Windsor Estate, Markensache; OLG Hamburg GRUR-RR 2005, 181, Markensache; OLG Jena 19.1.2011 2 U 62/07; OLG München GRUR 1996, 972 f, UrhSache; OLG München NJW-RR 1997, 1266 f, Markensache; LG Mannheim InstGE 13, 65 (Nr 166); öOGH ÖBl 1991, 153 Duschtrennwand; öOGH ÖBl 1999, 208 Kanalreinigungsfahrzeug; *Benkard* Rn 92; *Kraßer* S 931 f (§ 40 V c aa 1); *Schulte* Rn 33; *Ingerl/Rohnke* § 30 MarkenG Rn 13; *Haedicke* (2009) Kap 13 Rn 7; 4. Aufl § 9 Rn 11 f; *Klauer/Möhring* § 9 Rn 26 ff; *Lindenmaier* § 9 Rn 30; *Reimer* § 9 Rn 6; *Lüdecke* NJW 1966, 815 f; *W. Fischer* GRUR 1927, 738; *Forkel* Gebundene Rechtsübertragungen, S 75, 78 und NJW 1983, 1764, 1765; *Kirchhof* FS F. Merz (1992), 283, 288; *Fammler* Markenlizenzvertrag S 6; aA *Ströbele/Hacker* § 30 MarkenG Rn 21 ff; *Sosnitza* FS G. Schricker (2005),183, 195; *Plaß* GRUR 2002, 1029, 1033; für das schweiz Recht schweiz BG sic! 2007, 140, 142 Schweizerischer Sex Anzeiger SAZ; *Berger* sic! 2005, 163 f; *Heinrich* Rn 34.05 ff; kr auch *Troller* Immaterialgüterrecht II § 46 II S 827 ff und GRUR 1952/53, 108, 114 f; *Hauser* (1984), 28; für das öst Recht *Hiti* ÖBl 2003, 4, 6 f; einschränkend auch *Lichtenstein* NJW 1965, 1839, 1841 f; *Ekey/Klippel/Bender* § 30 Rn 7.

174   Vgl BGHZ 143, 232 = GRUR 2000, 724 Außenseiteranspruch II; BGHZ 145, 7 = GRUR 2001, 153 OEM-Version, UrhSache; BGH GRUR 2005, 48 man spricht deutsch, UrhSache.

175   BGHZ 62, 272 = BlPMZ 1974, 291 Anlagengeschäft; BGH Verankerungsteil; vgl BGH GRUR 1965, 595 Wellplatten; *Mes* Rn 43; für das UrhR anders BGH GRUR 2009, 946 (Nr 20) Reifen Progressiv, GRUR 2010, 628 (Nr 29) Vorschaubilder; OLG München InstGE 13, 171 (Nr 28) und hierzu *Scholz* GRUR 2009, 1107; für das Patentrecht jetzt ebenfalls LG Mannheim InstGE 13, 65 (Nr 166); *Haedicke* ZGE 2011, 377, 386 ff, 392; krit dagegen *Heim* GRUR 2012, 97, 98 f.

176   Eingehend *Kirchhof* FS F. Merz (1992), 283 ff.

177   *Kirchhof* FS F. Merz (1992), 283, 296 ff.

178   BGH GRUR 1967, 245 f Lizenzbereitschaft für Geheimpatent.

179   BGH GRUR 1965, 160, 162 Abbauhammer.

---

und nach der Anmeldung und selbst dann, wenn eine Anmeldung nicht beabsichtigt ist,[180] weiter künftige Schutzrechte.[181]

b. „Know-how". Begriff. Gegenstand eines (Veräußerungs- oder) Lizenzvertrags können auch nicht **66** geschützte Erfindungsleistungen, Fabrikationsverfahren, Konstruktionen oder sonstige, die Technik bereichernde Leistungen sein, für die kein Schutzrecht besteht.[182]

Veräußerbar und lizenzierbar ist „Know-how" nur, soweit es ein **Betriebsgeheimnis** darstellt.[183] Für **67** die Frage, ob die Rezeptur eines Medikaments geheim ist, kommt es nicht darauf an, ob der Fachmann in der Lage ist, ein in medizinischer Hinsicht gleichwertiges Präparat herzustellen, sondern darauf, ob er in der Lage ist, das Herstellungsverfahren hinsichtlich der Ausgangsstoffe und Verfahrensschritte nachzuvollziehen.[184] Auch ein Betriebsgeheimnis, das ein gegenüber dem StdT nicht neues Herstellungsverfahren betrifft, kann Gegenstand eines Lizenzvertrags sein.[185] Zum Offenkundigwerden als Beendigungstatbestand Rn 102.

c. Auch bestimmte **sonstige Rechte** (Marke, s die Regelung in § 30 MarkenG, jedoch beschränkt auf **68** die eingetragene, benutzte oder notorisch bekannte Marke und nicht auch verwechselbare Zeichen umfassend;[186] Design (§ 31 DesignG); Firma und Geschäftsbezeichnung;[187] Name;[188] wohl auch sonstige kommerzialisierbare Bereiche des Persönlichkeitsrechts)[189] können Gegenstand von Lizenzen bzw Nutzungsrechten sein. Im Urheber- und Leistungsschutzrecht kommen ähnliche Vertragsarten (Bühnenaufführungsvertrag, Filmverwertungsvertrag, Filmverleihvertrag; Vertrag über das Senderecht) in Betracht.

7. Beschränkungen der Lizenz

a. Grundsatz; patentrechtlich wirkende und sonstige Beschränkungen. Zu unterscheiden ist zwi- **69** schen vertraglichen Bestimmungen, die das Benutzungsrecht des Lizenznehmers gegenständlich festlegen (patentrechtl wirkende Beschränkungen), und anderen Abreden. Die Unterscheidung ist von grundlegender Bedeutung, weil nur Verstöße gegen die gegenständlichen Grenzen des Benutzungsrechts die Benutzung durch den Lizenznehmer als solche zu einer unberechtigten machen. Damit sind zwei wichtige Folgen verbunden. Zum einen kann der Patentinhaber in diesen Fällen gegen den Lizenznehmer nicht nur wegen Vertragsverletzung, sondern darüber hinaus auch aus dem Patent selbst vorgehen (Abs 2 Satz 2, vgl auch § 30 Abs 2 MarkenG, § 31 Abs 2 DesignG),[190] also die Ansprüche nach §§ 139 ff geltend machen.[191] Die-

---

180 BGH GRUR 1961, 466 ff Gewinderollkopf II; BGHZ 51, 263, 265 = GRUR 1969, 493 Silobehälter; BGH GRUR 1969, 677 f Rübenverladeeinrichtung; BGH GRUR 1980, 750 f Pankreaplex II.
181 BGHZ 17, 41, 55 ff = GRUR 1955, 468 Kokillenguß; OLG Jena 28.4.2004 2 U 743/03 undok.
182 Zum Charakter des „Know-how" als selbstständig geschütztes absolutes Recht oder Schutz im Rahmen des eingerichteten und ausgeübten Gewerbebetriebs RGZ 144, 41, 52 f = GRUR 1934, 370 Hosenträgerband; BGHZ 16, 172, 175 = GRUR 1955, 388 Dücko; BGHZ 17, 41, 50 f = GRUR 1955, 468 Kokillenguß; BGH GRUR 1963, 207, 210 Kieselsäure; BGHZ 38, 391, 395 = GRUR 1963, 367 Industrieböden; BGHZ 107, 117, 122 = GRUR 1990, 221 Forschungskosten; BGH NJW 1990, 2931 Arzneimittelzulassung.
183 BGHZ 17, 41, 51 f = GRUR 1955, 468 Kokillenguß; BGH GRUR 2006, 1044 Kundendatenprogramm mAnm *Westemann* GRUR 2007, 116; BGH 6.11.1959 I ZR 126/57; BGH 6.11.1959 I ZR 155/57; BGH 6.4.1962 I ZR 121/60; BGH 1.10.1963 Ia ZR 171/63; BGH 13.7.1982 X ZR 50/81; OLG Düsseldorf WuW 2016, 27; str, Nachw zum Streitstand in der Schweiz bei *R. Schlosser* sic! 1998, 269 f Fn 10; zum Begriff BGH GRUR 1955, 424, 426 Möbelwachspaste; BGH 1.10.1963 Ia ZR 171/63.
184 BGH GRUR 1980, 750 Pankreaplex II.
185 RGZ 163, 1 = BlPMZ 1940, 89 Frutapekt; BGH Möbelwachspaste, auch für den Fall von Abänderungen nach Offenkundigwerden; BGH 6.11.1959 I ZR 126/57.
186 BGH GRUR 2001, 54, 56 SUBWAY/Subwear.
187 Vgl *Schricker* Rechtsfragen der Firmenlizenz, FS O.-F. von Gamm (1990), 289; BGH GRUR 2002, 703 Vossius & Partner; BGH GRUR 2013, 1150, 1153 (Nr 45) Baumann.
188 BGH Vossius & Partner.
189 Vgl BGHZ 143, 214 = GRUR 2000, 709 Marlene Dietrich.
190 RGZ 135, 145, 148 f = GRUR 1932, 579 Bandeisenreifen; BGH GRUR 1967, 676, 680 Gymnastiksandale, *Kraßer* S 935 (§ 40 VI 2); *Benkard* Rn 73; *Schulte* Rn 48.
191 Vgl BGHZ 148, 221 = GRUR 2002, 248 Spiegel-CD-ROM: dem Unterlassungsanspruch steht auch dann nicht der Einwand unzulässiger Rechtsausübung entgegen, wenn der Lizenzgeber verpflichtet gewesen wäre, der weitergehenden

---

Hacker

se können insb im Hinblick auf die Ansprüche auf Vernichtung, Drittauskunft usw weiter reichen als die vertraglichen Ansprüche. Vor allem aber tritt, weil es sich um eine unberechtigte Benutzung handelt, eine Erschöpfung des Patentrechts nicht ein. Demzufolge kann der Patentinhaber in diesen Fällen nicht nur gegen den Lizenznehmer, sondern auch gegen dessen Abnehmer aus dem Patent nach §§ 139 ff vorgehen.[192] Weiter ergeben sich strafrechtl Folgerungen (Rn 17 zu § 142). Verstöße gegen **sonstige Vertragsabreden** (zB Nichtzahlung der vereinbarten Lizenzgebühr) stellen hingegen zwar Vertragsverletzungen dar, berühren aber nicht die Berechtigung der Patentbenutzung als solche. Daher kommen insoweit nur vertragliche Ansprüche gegen den Lizenznehmer in Betracht.[193] Ein Vorgehen gegen die Abnehmer des Lizenznehmers ist grds ausgeschlossen, da infolge der (ungeachtet der Vertragsverstöße) berechtigten Benutzung Erschöpfung eintritt. Der Vertragspartner des Lizenznehmers kann insoweit allenfalls über das Wettbewerbsrecht oder § 826 BGB belangt werden, insb bei Verleiten zum Vertragsbruch[194] oder Beseitigung von Kontrollvorkehrungen,[195] nicht schon bei bloßem Ausnutzen des Vertragsbruchs (Rn 19 zu § 141a).

70   **b. Räumliche Beschränkungen** werden durch Gebiets- oder Bezirkslizenzen bewirkt.[196]

71   **c. Zeitliche Beschränkungen** begrenzen die Berechtigung auf einen Zeitraum, der kürzer ist als die Schutzrechtsdauer. Ein Lizenzvertrag gilt iZw als für die Dauer des Patents abgeschlossen.[196a]

72   **d. Sachliche Beschränkungen** sind in vielfältiger Weise möglich,[197] so mengenmäßige Festlegungen (Quotenlizenz).[198] Die Lizenz kann weiter auf einzelne Benutzungsarten des § 9, wie Herstellung, Vertrieb, Gebrauch, Einfuhr, auf den Export beschränkt sein oder ein Exportverbot enthalten.[199] Sie kann sich auch auf bestimmte Ausführungsformen beschränken.[200] Die schuldrechtl Vereinbarung von Beschränkungen ist unabhängig von den Einschränkungen, die sich patentrechtl ergeben können. Solche Verwendungsbeschränkungen in Lizenzverträgen können aber gegen das Recht der Allgemeinen Geschäftsbedingungen verstoßen.[201]

73   **e. Die Betriebs- oder Konzernlizenz** ist an den Betrieb oder Konzern gebunden und regelmäßig nicht[202] oder nur mit dem Betrieb oder einem selbständigen Betriebsteil[203] übertragbar (womit noch nichts über die vertragliche Gestattung der Übertragung gesagt ist).[204]

74   **f.** Die Vereinbarung einer **Bezugsverpflichtung** soll ebenfalls mit patentrechtl Wirkung möglich sein.[205]

Nutzung zuzustimmen; die Zahlung der Schadensersatzlizenz führt nicht zum Abschluss eines Lizenzvertrags; vgl auch BGH GRUR 2002, 795, 797 Titelexklusivität.

192 *Schulte* Rn 48; vgl zum Markenrecht *Ströbele/Hacker* § 30 MarkenG Rn 43; zum Urheberrecht BGH GRUR 2001, 153 f OEM-Version.

193 RGZ 51, 139, 141 = GRUR 1904, 302 Guajakol-Karbonat; vgl BGH GRUR 1959, 200, 202 Der Heiligenhof, UrhSache; *Kraßer* S 935 f (§ 40 VI 3); *Benkard* Rn 74; *Schulte* Rn 48.

194 Vgl BGH GRUR 1969, 474 f Bierbezug I; BGHZ 37, 30, 34 = GRUR 1962, 426 Selbstbedienungsgroßhandel; BGH GRUR 1976, 372 f Möbelentwürfe; BGH GRUR 1985, 1059 Vertriebsbindung.

195 Vgl BGHZ 142, 192 = GRUR 1999, 1109 Entfernung der Herstellungsnummer I.

196 Vgl EuGH Slg 1982, 2015 = GRUR Int 1982, 530 Maissaatgut.

196a OLG Düsseldorf WuW 2016, 27, auch zur Frage der Bedeutung der „theoretisch möglichen" Laufzeit; *Fitzner/Lutz/Bodewig* Rn 70.

197 Vgl *Kraßer* S 934 f (§ 40 VI 1).

198 Vgl BGH GRUR 1969, 560 Frischhaltegefäß; zu mengenmäßigen Beschränkungen auch Denkschrift zum GPÜ, BlPMZ 1979, 325, 336; zur Rechtslage im Markenrecht *Ströbele/Hacker* § 30 MarkenG Rn 49 mwN; *Ingerl/Rohnke* § 30 MarkenG Rn 48.

199 Vgl BGH GRUR 1968, 243, 246 Gewindeschneidvorrichtungen.

200 *Kraßer* S 934 (§ 40 VI 1); vgl *Mes* Rn 47.

201 BGHZ 152, 233 = GRUR 2003, 416 CPU-Klausel, UrhSache.

202 RGZ 134, 91, 97 = GRUR 1932, 175 Drahtgewebeziegel.

203 RG GRUR 1930, 174 f Metallüberzüge.

204 Vgl LG Düsseldorf InstGE 5, 168 (Nr 12).

205 BGH GRUR 1967, 676, 680 Gymnastiksandale, zwh.

g. Lediglich schuldrechtliche Bedeutung haben dagegen: Vereinbarungen über die Lizenzgebühr, 75 Aufzeichnungspflichten, Preisgestaltung, Wettbewerbsverbote sowie – abw von der Rechtslage im Marken- und Designrecht (vgl § 30 Abs 2 Nr 5 MarkenG, § 31 Abs 2 Nr 5 DesignG) Qualitätssicherungsklauseln und – damit zusammenhängend – Vereinbarungen über den Vertriebsweg.[206] Hat sich der Patentinhaber in einem Vertrag über die Erteilung einer ausschließlichen Herstellungs- und Vertriebslizenz die Stellung eines Generalvertreters des Lizenznehmers ausbedungen, wobei er vereinbarungsgem nur im Namen des Lizenznehmers handeln darf, bedeutet dies nicht eine Beschränkung des Umfangs der Lizenz, sondern stellt lediglich eine schuldrechtl Abmachung dar, die die patentrechtl Befugnisse des Lizenznehmers nicht berührt.[207] Ist Gegenstand der Lizenz ein patentiertes Verfahren und soll der Lizenznehmer vereinbarungsgem Gegenstände in Verkehr bringen, mit denen das Verfahren durchgeführt werden kann, erlangt der Lizenznehmer insoweit zugleich die Befugnis, die Erlaubnis zur Benutzung des patentierten Verfahrens an seine Kunden weiterzugeben;[208] entgegenstehende oder einschränkende Vereinbarungen im Lizenzvertrag dürften (wenn überhaupt) jedenfalls nicht mit patentrechtl Wirkung iSv Abs 2 Satz 2 getroffen werden können.[209]

8. Übertragung des lizenzierten Rechts; Sukzessionsschutz. Die Einräumung einer Lizenz steht der 76 Übertragung des lizenzierten Rechts grds nicht entgegen; in Betracht kommt allenfalls eine die Übertragung ausschließende Abrede nach § 399 BGB. Die ausschließliche Lizenz wirkte nach der Rspr von jeher auch gegenüber dem Rechtsnachfolger des Patentinhabers.[210] Die Rspr hat – nicht nur für den konkret entschiedenen Einzelfall[211] – aus der schuldrechtl Natur der einfachen Lizenz (Rn 64) abgeleitet, dass diese den Erwerber des Patents nicht verpflichtet.[212] Die Verneinung des „Sukzessionsschutzes" ist in der Lit fast einhellig abgelehnt[213] und durch Einfügung des Abs 3 durch das GebrMÄndG 1986 korrigiert worden. Dort ist ausdrücklich geregelt, dass Rechtsübergang oder Erteilung einer Lizenz nicht Lizenzen berühren, die Dritten vorher erteilt worden sind. Insoweit entfällt damit das Bedürfnis für die Annahme einer Verdinglichung. Die Vorschrift ist dispositives Recht, kann also abbedungen werden,[214] und zwar im Hinblick auf die freie Ausgestaltbarkeit auch bei der ausschließlichen Lizenz.[215] Der **Sukzessionsschutz bewirkt keinen Eintritt** des neuen Berechtigten in den Lizenzvertrag,[216] was zu erheblichen Nachteilen für den Erwerber des Schutzrechts führen kann.[217] Auch § 566 Abs 1 BGB ist nicht entspr anwendbar.[218] Vielmehr bedarf es zur Übertragung des Lizenzvertrags auf einen neuen Lizenzgeber der Mitwirkung aller Beteiligten[219] (vgl Rn 79 für den Wechsel des Lizenznehmers). Bloße „Negativlizenzen" (Rn 51) genießen keinen Sukzessionsschutz.[220]

9. Übertragung der Lizenz. Ob die Lizenz übertragbar ist, richtet sich in erster Linie nach dem Par- 77 teiwillen.[221] Die Rspr hat die einfache Lizenz grds als nicht übertragbar angesehen;[222] dies trifft nur inso-

---

206 Vgl *Kraßer* S 935 (§ 40 VI 2); zum Markenrecht auch insoweit anders EuGH GRUR 2009, 593 (Nr 30 ff) Copad/Dior.
207 BGHZ 2, 261 = GRUR 1951, 449 Tauchpumpensatz.
208 BGH GRUR 2007, 773 (Nr 29) Rohrschweißverfahren.
209 Offengelassen von BGH Rohrschweißverfahren (Nr 29).
210 RGZ 76, 235 f = JW 1911, 668 Tarifstelle 32c; RGZ 142, 168, 170 = GRUR 1934, 36 Loseblätterbuch; BGH 27.3.1969 X ZR 38/66; OLG Düsseldorf GRUR Int 1962, 256 f.
211 Vgl OLG Düsseldorf 6.11.1997 2 U 40/93, 2 U 42/93, 2 U 43/93.
212 BGHZ 83, 251 = GRUR 1982, 411 Verankerungsteil.
213 Nachw des früheren Streitstands bei *Rosenberger* GRUR 1983, 203, 206 Fn 29.
214 *Mes* Rn 97; vgl auch zu § 30 Abs 5 MarkenG *Ingerl/Rohnke* § 30 MarkenG Rn 81; *Ströbele/Hacker* § 30 MarkenG Rn 95; aA *McGuire* Mitt 2013, 207, 214.
215 Insoweit aA *Mes* Rn 97.
216 BGH GRUR 2016, 201 (Nr 53) Ecosoil; LG Düsseldorf 20.12.2005 4a O 403/04; *Schulte* Rn 43 und jetzt auch *Benkard* Rn 115; *Ströbele/Hacker* § 30 MarkenG Rn 95; *Ingerl/Rohnke* § 30 Rn 113; *Haedicke* ZGE 2011, 377, 387; *Pahlow* Mitt 2012, 249, 251; *Berger* GRUR 2013, 321, 324; mit beachtlichen Gründen für einen Vertragseintritt analog § 566 BGB *McGuire* Mitt 2013, 207, 214; *McGuire/Kunzmann* GRUR 2014, 28, 32 f.
217 Vgl BGH Ecosoil (Nr 51 ff): kein Kündigungsrecht des Erwerbers.
218 BGHZ 83, 251, 257 = GRUR 1982, 411 Verankerungsteil.
219 Vgl BGH Ecosoil (Nr 53 aE); LG Düsseldorf 20.12.2005 4a O 403/04.
220 LG Mannheim InstGE 11, 9 (Nr 14); LG Mannheim InstGE 12, 200 (Nr 22 ff); LG Mannheim InstGE 13, 65.
221 Vgl RGZ 134, 91, 96 = GRUR 1932, 175 Drahtgewebeziegel; *Benkard* Rn 103; *Kraßer* S 934 (§ 40 V d 1).
222 BGHZ 62, 272, 274 = BlPMZ 1974, 291 Anlagengeschäft; kr *Kraßer* S 933 f (§ 40 V d 1).

Hacker

weit zu, als der erforderlichenfalls durch Auslegung zu ermittelnde Inhalt des Lizenzvertrags nichts Gegenteiliges ergibt. Grundlage für die Unübertragbarkeit sind §§ 399, 413 BGB, wonach ein Recht nicht übertragen werden kann, wenn die Übertragung durch Vereinbarung ausgeschlossen ist. Ob die Übertragbarkeit bei der einfachen Lizenz ausgeschlossen ist, weil die Übertragung iSd § 399 BGB zu einer Inhaltsänderung führen würde,[223] kann ebenfalls nur fallweise entschieden werden.[224] Die ausschließliche Lizenz ist als veräußerlich angesehen worden, wenn nichts Gegenteiliges vereinbart wurde;[225] auch hier handelt es sich um eine Frage des Einzelfalls.[226] § 242 BGB kann der Übertragung entgegenstehen.[227]

78   Der Ausschluss der Übertragbarkeit der Lizenz (anders beim lizenzierten Recht, § 137 BGB)[228] macht die gleichwohl erfolgte Übertragung **absolut** und nicht nur dem Lizenzgeber gegenüber **unwirksam.**[229] § 137 BGB ist in diesem Fall nicht einschlägig, weil die Bestimmung das Bestehen eines veräußerlichen Rechts voraussetzt.[230]

79   Bei der **Übernahme eines Lizenzvertrags** handelt es sich um einen dreiseitigen Vertrag eigener Art, bei dem die ursprünglichen Vertragspartner und der neue Lizenznehmer zusammenwirken. Dabei ist die Zustimmung des Lizenzgebers notwendiger Bestandteil der Vertragsübertragung, weil nur auf diese Weise bewirkt werden kann, dass das Schuldverhältnis als Ganzes übergeht, also einschließlich der Elemente, die von einer Abtretung (§§ 398 ff BGB) und einer Schuldübernahme (§§ 414 ff BGB) nicht erfasst würden.[231] Der Übernehmer haftet nach § 25 Abs 1 HGB für die Lizenzgebühren nur, wenn die Benutzungshandlungen bereits vor Geschäftsübergang erfolgt sind, für Handlungen danach nur, soweit er Anspruch auf die Gegenleistung hat.[232]

80   **Haftung des Übertragenden.** Wer die ihm eingeräumte Befugnis zur Benutzung eines Patents erlaubterweise auf einen Dritten überträgt, hat dafür einzustehen, dass eine ihm obliegende Rechnungslegungspflicht auch insoweit erfüllt wird; auch insoweit trifft ihn die Verpflichtung zur Leistung des vereinbarten Entgelts.[233]

81   **10. Unterlizenz.** Der Inhaber der ausschließlichen Lizenz ist berechtigt, **Unterlizenzen** zu erteilen, soweit dies nicht vertraglich ausgeschlossen ist.[234] Zweifel, ob die Befugnis zur Unterlizenzerteilung dem ausschließlichen Lizenznehmer vorenthalten werden kann,[235] sind nicht gerechtfertigt, weil es zwischen „einfacher" und ausschließlicher Lizenz keine feste Trennlinie gibt.[236] Bei der einfachen Lizenz ist die Erteilung von Unterlizenzen iZw ausgeschlossen.[237] Da die Vergabe von Unterlizenzen die eigenen Nutzungsmöglichkeiten des Lizenzgebers beeinträchtigen kann, muss die Befugnis zur Erteilung von Unterlizenzen oder zu einer anderen Art der Überlassung der Benutzungsbefugnis an einen Dritten durch den einfachen Lizenznehmer besonders eingeräumt werden.[238] Die Unterlizenz kann über die Rechte des Unterlizenzgebers nicht hinausgehen.[239]

---

223 Vgl *Kraßer* S 933 f (§ 40 V d 1); vgl auch RG GRUR 1930, 174 f Metallüberzüge; RGZ 144, 389 = GRUR 1934, 657, 661 Geschwindigkeitsmesser; LG Düsseldorf InstGE 5, 168 (Nr 11).

224 So im Ergebnis auch *Kraßer* S 933 f (§ 40 V d 1).

225 RG MuW 13, 143 f Spannungsreduktoren; vgl auch BGH GRUR 1969, 560 f Frischhaltegefäß.

226 *Kraßer* S 933 f (§ 40 V d 1).

227 Vgl RG Geschwindigkeitsmesser.

228 Vgl BGH GRUR 1992, 310 Taschenbuchlizenz, UrhSache.

229 Vgl BGHZ 40, 156, 159 = NJW 1964, 243.

230 Vgl *Kraßer* S 934 (§ 40 V d 1).

231 BGH NJW-RR 1990, 1251 Kabelaufwickler 02; vgl BGHZ 96, 302, 308 = NJW 1986, 918; OLG Nürnberg 21.8.2009 3 U 2337/08 undok; zum Eintritt eines Lizenznehmers in einen Lizenzvertrag auch BGH 14.7.1961 I ZR 147/57; zur vorweg vereinbarten Übertragung auf ein auszugründendes Unternehmen OLG Brandenburg 11.11.1997 6 U 278/96.

232 BGH Kabelaufwickler 02; BGH 14.7.1961 I ZR 147/57; BGH NJW 2001, 2251 Geschäftsübergang.

233 BGH GRUR 1953, 114 Heizflächenreinigung, nicht in BGHZ.

234 RGZ 89, 81, 84 = BlPMZ 1916, 153 statistische Maschinen; RGZ 142, 168, 170 = GRUR 1934, 36 Loseblättbuch; BGHZ 8, 16 = GRUR 1953, 114, 118 Heizflächenreinigung; BGH GRUR 1955, 338, 340 beschlagfreie Brillengläser.

235 *Kraßer* S 934 (§ 40 V d 2).

236 Vgl auch *Benkard* Rn 105; BGH GRUR 1987, 37, 39 Videolizenzvertrag, UrhSache.

237 BGHZ 62, 272, 274 = BlPMZ 1974, 291 Anlagengeschäft; BGHZ 83, 251 = GRUR 1982, 411 Verankerungsteil; LG Düsseldorf InstGE 5, 168 (Nr 11).

238 BGH Anlagengeschäft.

239 Zum Umfang der Unterlizenz vgl RG GRUR 1937, 627, 629 Dichtungsvorrichtung.

Ist eine Unterlizenz **unberechtigt** vergeben worden, kann dies dem Unterlizenznehmer gegenüber **82** dem Patentinhaber keine Rechte verschaffen; hier können keine anderen Grundsätze als bei der Übertragung (Rn 54) gelten.[240]

Zu den Auswirkungen der Beendigung der Hauptlizenz auf erteilte Unterlizenzen s Rn 117 ff. **83**

II. Vertragsschluss

1. Form. Eine besondere Form ist für Lizenzverträge grds nicht erforderlich,[241] sofern sich nicht im **84** Einzelfall aus Sonderbestimmungen eine Formpflicht ergibt, zB weil es sich bei der Lizenzvergabe um eine Schenkung handelt (§ 518 BGB).[242] Auch die Eintragung in das Patentregister, soweit nach § 30 Abs 4 zulässig, ist keine Wirksamkeitsvoraussetzung. Allerdings ist nach der Rspr des I. Zivilsenats des BGH davon auszugehen, dass Lizenzverträge im kaufmännischen Verkehr idR schriftlich dokumentiert werden; fehlt es daran, ist idR davon auszugehen, dass ein über eine bloße konkludente Gestattung hinausgehender Lizenzvertrag nicht vorliegt.[243] Insoweit bedarf es aber zum Nachweis des Abschlusses eines Lizenzvertrags nicht zwingend der Vorlage eines schriftlichen Lizenzvertrags; so kann zB das Protokoll einer konzerninternen Geschäftsführerbesprechung genügen.[244] Ähnlich hat auch der X. Zivilsenat angenommen, dass nach allg Lebenserfahrung Lizenzverträge von weittragender Bedeutung idR schriftlich geschlossen werden.[245] Das EPÜ und vielfach auch das Ausland sehen Formbedürftigkeit vor.[246]

Auch unter kartellrechtl Gesichtspunkten besteht Formfreiheit, nachdem das **Schriftformerforder-** **85** **nis** des § 34 GWB aF durch die 6. GWB-Novelle vom 26.8.1998 aus Gründen der Deregulierung[247] aufgehoben worden ist. Für vor dem 1.1.1999 abgeschlossene Lizenzverträge ist es allerdings bei der kartellrechtl Formpflicht geblieben, da der Aufhebung des § 34 GWB aF keine Rückwirkung zukam.[248] Davon unberührt bleibt die Möglichkeit, formnichtige Altverträge nach § 141 BGB zu bestätigen.[249]

2. Zum notwendigen Inhalt eines Lizenzvertrags über eine technische Erfindung gehören Einigung **86** über die Einräumung des Benutzungsrechts an einer näher bestimmten oder jedenfalls bestimmbaren Erfindung und, soweit eine Vergütung geleistet werden soll, Einigung über diese. Ob das Benutzungsrecht ausschließlich sein soll, betrifft nur die nähere Bestimmung des Inhalts des Vertrags; eine ausdrückliche Vereinbarung hierüber ist nicht erforderlich; der Vertragsinhalt kann insoweit durch Auslegung zu ermitteln sein.[250]

Die Wirksamkeit des Lizenzvertrags kann nach dem Willen der Verhandelnden davon abhängen, dass **87** sich die Erfindung als fabrikatorisch **ausführbar** und wirtschaftlich nutzbringend verwertbar erweist; dies ist Frage der Auslegung im Einzelfall.[251]

3. Vorvertrag.[252] Eine vorvertragliche Einigung kann nur angenommen werden, wenn der Inhalt des **88** Hauptvertrags bestimmbar ist.[253] Wird aus einem Vorvertrag auf Abschluss eines Hauptvertrags geklagt, sind bei der Fassung der Verurteilung, soweit nötig und möglich, die seit Abschluss des Vorvertrags einge-

---

240 So wohl auch *Benkard* Rn 105 unter Hinweis auf RG GRUR 1937, 627, 630 Dichtungsvorrichtung und BGH GRUR 1987, 37, 39 Videolizenzvertrag; aA *Kraßer* S 934 (§ 40 V d 2).

241 Zum stillschweigenden Vertragsschluss HG Bern sic! 1999, 657 f.

242 Vgl BGH GRUR 2000, 788, 790 Gleichstromsteuerschaltung.

243 BGH GRUR 2016, 201 (Nr 31 f) Ecosoil.

244 BGH Ecosoil (Nr 33).

245 BGH 5.1.1962 I ZR 81/60.

246 Vgl zu den Rechtsfolgen CCass Bull IV Nr 38.

247 Vgl hierzu BRDrs 857/97, S 43.

248 BGH GRUR 1999, 776 f; BGH GRUR 1999, 602 Markant.

249 BGH GRUR 1999, 602 Markant.

250 BGH 9.4.1970 X ZR 50/67.

251 BGH 5.1.1962 I ZR 81/60; zur Vertragsanpassung vgl BGH GRUR 1957, 595 Verwandlungstisch; BGH GRUR 1961, 494 f Hubroller; BGH GRUR 1960, 44 Uhrgehäuse; BGH 5.1.1962 I ZR 81/60.

252 Zum Wesen eines Vorvertrags zu einem Lizenzvertrag BGH GRUR 1963, 52 Spritzgußmaschine II.

253 BGH GRUR 1958, 564, 566 Baustützen; BGH NJW-RR 1993, 139 f (Vorvertrag zu Mietvertrag); zur Verpflichtung zum Abschluss eines Lizenzvertrags zu FRAND-Bedingungen OLG Karlsruhe InstGE 13, 138.

tretenen Veränderungen der tatsächlichen Verhältnisse zu berücksichtigen und die Bestimmungen des Hauptvertrags so festzulegen, wie die Parteien sie bei Kenntnis dieser Veränderungen festgelegt hätten.[254]

89 **4. Verschulden bei Vertragsverhandlungen** (culpa in contrahendo; § 311 Abs 2 BGB) kommt zB in Betracht bei grundlosem Abbruch der Vertragsverhandlungen.[255]

III. Unwirksamkeit und Beendigung des Lizenzvertrags

1. Unwirksamkeit

90 **a. Anfängliche Unmöglichkeit.** Frühere Rechtslage: § 306 BGB aF war auf Lizenzverträge allenfalls anwendbar, wenn das lizenzierte Schutzrecht nicht existierte und auch seinem Wesen nach einem Schutz nicht zugänglich war.[256] Aufgrund von § 437 BGB, § 440 BGB aF konnte die Nichtigkeitsfolge nur dann eintreten, wenn die Entstehung eines Rechts mit dem vereinbarten Inhalt überhaupt unmöglich war; den Verkäufer oder Lizenzgeber traf danach eine Vertragshaftung für den anfänglichen Rechtsbestand des übertragenen oder zur Ausübung überlassenen Rechts.[257] Nach geltendem Recht (§ 311a BGB), das seit 1.1.2003 auch auf fortgeltende Altverträge anzuwenden ist (Art 229 § 5 Satz 2 EGBGB),[258] führt die anfängliche Unmöglichkeit nicht mehr zur Nichtigkeitsfolge, sondern begründet grds Schadensersatz- oder Aufwendungsersatzansprüche.[259] Anders als früher kann nunmehr das positive Interesse verlangt werden.[260] Weder die Rechtsverbindlichkeit eines Lizenzvertrags noch die Pflicht zur Zahlung der vereinbarten Lizenzgebühren werden durch Fehlen der Neuheit oder erfinderischer Tätigkeit beim Gegenstand des lizenzierten Schutzrechts berührt.[261] Grds anders liegt es aber bei mangelnder Ausführbarkeit der Erfindung[262] (dazu Rn 131).

91 Dies gilt auch bei anderen **Schutzrechten**; auch bei ihnen rechtfertigen schon die Vorteile in Gestalt einer günstigen geschäftlichen Stellung eine angemessene Gegenleistung.[263]

92 **Beschränkung, Widerruf, Nichtigkeit oder Vernichtbarkeit** des lizenzierten Schutzrechts begründeten schon nach früherem Recht keine anfängliche Unmöglichkeit; Nichtigerklärung berührt den Lizenzvertrag für die Vergangenheit idR nicht (so auch ausdrücklich Art 33 Abs 2 Buchst b GPÜ 1989). Dies trug dem Umstand Rechnung, dass auch ein nichtiges Patent tatsächliche Vorteile gewähren kann.[264] Nach geltendem Recht verhält es sich nicht anders;[265] auch § 311a BGB ist nicht anwendbar.[266] Auch der Lizenznehmer eines formunwirksamen Know-how-Lizenzvertrags, dem das technische Wissen vertragsgem über-

---

254 BGH Spritzgußmaschine II.

255 BGH GRUR 1975, 616 ff Patrico (Ersatz des Vertrauensschadens, auch zur Haftung des Vertreters); vgl BGH NJW-RR 1990, 614 Katzenstreu 01, zur Haftung eines GmbH-Geschäftsführers wegen Verschuldens bei Vertragsverhandlungen über ein von ihm persönlich entwickeltes neues Herstellungsverfahren.

256 Vgl OLG Karlsruhe GRUR-RR 2009, 121; OLG Naumburg 30.6.1999 6 U 115/98.

257 RGZ 82, 155 = BlPMZ 1918, 39 Konit; BGH GRUR 1960, 44 f Uhrgehäuse; vgl aber RG BlPMZ 1932, 40 Wumbus-Uhr.

258 Vgl BGH GRUR 2009, 1167 Nr 70 DAX, Markensache.

259 Vgl *B. Bartenbach* Mitt 2003, 102, 106; *Ann* VPP-Rdbr 2003, 1, 4.

260 *Ann* VPP-Rdbr 2003, 1, 4.

261 Vgl RGZ 86, 45, 53 ff = BlPMZ 1915, 104 Sprungfedermatratze; BGH GRUR 1957, 595 Verwandlungstisch; BGH GRUR 1969, 677 f Rübenverladeeinrichtung; BGH GRUR 1977, 107, 109 Werbespiegel; BGHZ 86, 330, 334 = GRUR 1983, 237 Brückenlegepanzer I; BGHZ 115, 69 = GRUR 1993, 40 keltisches Horoskop; OLG Düsseldorf 13.3.2001 20 U 164/95.

262 AA OLG Karlsruhe GRUR-RR 2009, 121 f.

263 BGH GRUR 1979, 308, 310 Speisekartenwerbung, Geschmacksmustersache; ebenso für Softwareschutz LG Oldenburg CR 1996, 217, 221; zur Frage, wann ein Vertrag, der die Überlassung eines Geheimverfahrens zum Gegenstand hat, wegen Offenkundigkeit nach § 306 aF BGB nichtig war, BGH GRUR 1963, 207, 209 Kieselsäure.

264 BGH GRUR 1957, 595 Verwandlungstisch; BGH GRUR 1958, 175 Wendemanschette II; BGH GRUR 1958, 231 Rundstuhlwirkware; BGH GRUR 1963, 52 Spritzgußmaschine II; BGH GRUR 1963, 519 Klebemax; BGH GRUR 1969, 677 f Rübenverladeeinrichtung; BGHZ 86, 330, 334 = GRUR 1983, 237 Brückenlegepanzer I; BGHZ 115, 69 = GRUR 1993, 40 keltisches Horoskop; BGH 13.7.1982 X ZR 50/81; vgl LG Düsseldorf GRUR Int 1999, 458, 460; BGH GRUR 2002, 787, 789 Abstreiferleiste; schweiz BG BGE 75 II 166, BGE 85 II 41 und BGE 116 II 191, 196; vgl auch BGH GRUR 1969, 409 Metallrahmen; aA *Möhring* Mitt 1969, 296, 297 f; *Nirk* GRUR 1970, 329, 339.

265 Vgl LG Düsseldorf InstGE 10, 6 Rn 16.

266 LG Düsseldorf InstGE 10, 6 Rn 22; aA *Lunze* ZGE 2011, 282, 294 ff, die aber selbst einräumt, dass die Anwendung des allg Schuldrechts nicht zu befriedigenden Ergebnissen führt (S 302 f).

lassen worden ist und der vereinbarungsgem das „Know-how" oder Teile davon mit Erfolg zum Patent angemeldet hat, hat bis zum Widerruf oder zur Nichtigerklärung an einer Vorzugsstellung teil, wenn das Patent bis dahin von den Mitbewerbern respektiert wird, und schuldet für die bis dahin vorgenommenen Verwertungshandlungen Wertersatz.[267] Gegenüber Dritten wird für den Patentinhaber dadurch allerdings keine geschützte Rechtsstellung begründet.[268] Teilweiser Widerruf oder Nichtigerklärung kann für den Lizenznehmer ein Recht zur Minderung der Lizenzvergütung begründen,[269] wieweit vorher fällige Lizenzzahlungen betroffen sind, hängt von den Umständen ab.[270] Bei nachträglicher Nichtigerklärung oder Beschränkung des Schutzrechts ist § 242 BGB anzuwenden.[271]

b. Verletzung zwingender Normen. Sittenwidrigkeit iSd § 138 Abs 1 BGB führt zur Nichtigkeit, jedoch führt ein Verstoß gegen die guten Sitten des Wettbewerbs (§ 3 Abs 1 UWG) nicht zur Nichtigkeit, sondern grds nur zur Unterlassungs- und ggf Schadensersatzverpflichtung,[272] Sittenwidrigkeit nach § 138 BGB ist eigenständig zu beurteilen.[273] Nach § 134 BGB können Verträge nichtig sein, die zur Begehung unlauteren Wettbewerbs verpflichten, sofern der eingegangenen Verpflichtung selbst das wettbewerbswidrige Verhalten innewohnt.[274] **93**

Kartellverstöße (Rn 183 ff) führen grds nur zur teilweisen Unwirksamkeit (nämlich der wettbewerbsbeschränkenden Klausel), zur Gesamtnichtigkeit des Vertrages gem § 139 BGB nur dann, wenn nicht anzunehmen ist, dass er auch ohne den nichtigen Teil geschlossen worden wäre, was zu beweisen Sache der Vertragspartei ist, die sich auf Teilunwirksamkeit beruft. Bei dieser Rechtslage verbleibt es nach neuerer Rspr des Kartellsenats des BGH auch dann, wenn eine (wirksame) salvatorische Klausel (ggf verbunden mit einer Ersetzungsklausel) vereinbart worden ist.[275] Die salvatorische Klausel bewirkt insoweit (nur) eine Beweislastumkehr zulasten dessen, der sich auf die Gesamtnichtigkeit beruft.[276] Bei bloßer Teilnichtigkeit bleibt es, wenn eine wirksame Ersetzungsklausel vereinbart ist oder die Teilnichtigkeit dem hypothetischen Parteiwillen entspricht. Davon ist grds auszugehen, wenn nach Entfernung des unwirksamen Teils ein Vertragsinhalt übrig bleibt, der für sich allein einen Sinn behält. Eine Gesamtnichtigkeit kommt jedoch auch bei Fehlen einer Ersetzungsklausel nicht in Betracht, wenn anstelle des nichtigen Teils im Weg einer **ergänzenden Vertragsauslegung** eindeutig bestimmt werden kann, welche Regelung die Parteien getroffen hätten, wenn sie die Nichtigkeit der betr Klausel gekannt hätten.[277] **94**

In besonders gelagerten Fällen können sich auch Kollisionen dem **Recht der allgemeinen Geschäftsbedingungen** (§§ 305–310 BGB) ergeben[278] (insb bei Publikumsgeschäften wie Software-Überlassungsverträgen).[279] **95**

c. Formmängel (zum Schriftformerfordernis nach § 34 GWB aF s Rn 85) können zur Nichtigkeit des Lizenzvertrags führen.[280] Auch der Umstand, dass sich eine Lizenzgewährung gesellschaftsrechtl als **verdeckte Sacheinlage** darstellt, kann zur Unwirksamkeit wenigstens des schuldrechtl Teils führen.[281] Im Einzelfall kann auch die Notwendigkeit vormundschaftsgerichtl Genehmigung in Betracht kommen.[282] **96**

---

267 BGH GRUR 2002, 787, 789 Abstreiferleiste, gegen OLG Düsseldorf 20.7.2000 2 U 121/95; BGH GRUR 2005, 935, 937 Vergleichsempfehlung II.
268 BGH Vergleichsempfehlung II.
269 BGH Verwandlungstisch; BGH Rundstuhlwirkware.
270 BGH Rundstuhlwirkware.
271 BGH 23.4.1963 I a ZR 121/63.
272 Vgl BGHZ 110, 156, 174 = GRUR 1990, 522 HBV-Familien- und Wohnungsrechtsschutz.
273 Vgl BGH GRUR 1998, 945 Co-Verlagsvereinbarung.
274 BGH HBV-Familien- und Wohnungsrechtsschutz; BGH Co-Verlagsvereinbarung mwN.
275 BGH GRUR 2004, 353 Tennishallenpacht unter Aufgabe von BGH GRUR 1994, 463, 465 Pronuptia II.
276 BGH Tennishallenpacht; BGH NJW 2010, 1660 f.
277 Vgl BGH GRUR 2011, 641 (Nr 51 ff) Jette Joop (zu einer markenrechtl Abgrenzungsvereinbarung).
278 Ausführlich dazu *Gennen* VPP-Rdbr 2008, 61 ff.
279 Vgl zur „open-source"-Software *Metzger/Jaeger* GRUR Int 1999, 839 und IIC 2001, 52; *Koch* CR 2000, 273, 333; *Sester* CR 2000, 797.
280 Vgl BGH WM 1992, 1437 Windsurfausstattungen.
281 BGH NJW 1998, 1951 Pekatex.
282 Vgl OLG Oldenburg 15.10.1999 6 U 65/99 und nachfolgend BGH ZEV 2003, 375 Verkranzungsverfahren 01.

97   **d. Nutzlosigkeit.** Sind Gegenstand des Lizenzvertrags Handlungen, die gar keiner Lizenz bedürfen, weil sie ohnehin, zB wegen Erschöpfung oder nach § 11, freigestellt sind, berührt dies die Wirksamkeit des Vertrags jedenfalls dann nicht, wenn durch den Vertrag rechtl Zweifel beseitigt werden sollten[283] (s auch Rn 214).

98   **e. Folgen der Unwirksamkeit.** Ist der unwirksame Vertrag durchgeführt, kann das Zurverfügungstellen von geldwertem „Know-how" Bereicherungsansprüche nach §§ 812, 818 Abs 2 BGB (Leistungskondiktion) auslösen;[284] dies gilt selbst dann, wenn das lizenzierte Schutzrecht nicht schutzfähig war.[285] Das gilt aber nicht für den Fall der Unwirksamkeit nach Anfechtung wegen arglistiger Täuschung oder Drohung.[286] Die auf Zahlung der Lizenzvergütung gerichtete Klage schließt den Anspruch auf Herausgabe der Bereicherung grds ein;[287] anders ausnahmsweise, wenn in der Entscheidung der Bereicherungsanspruch bewusst ausgespart und der Wille des Gerichts erkennbar ist, über den Sachverhalt nicht abschließend zu entscheiden.[288] Die Abrechnung erfolgt nach der Saldotheorie, der dem Lizenzgeber zustehende Ausgleich bemisst sich nach der angemessenen und üblichen Lizenzgebühr als objektivem Wert des tatsächlich Erlangten, für deren Höhe das vertraglich vereinbarte Entgelt einen Anhalt liefern kann,[289] der aber nicht allg auf das vereinbarte Entgelt beschränkt ist;[290] allerdings kann bei Vorliegen entspr Umstände (bewusstes Schaffen der bereicherungsrechtl Lage) im Einzelfall das Verlangen vollen Wertausgleichs unzulässige Rechtsausübung, insb unter dem Gesichtspunkt widersprüchlichen Verhaltens, sein.[291] Dabei wurde angenommen, dass dann, wenn der Benutzer tatsächlich die Stellung eines ausschließlichen Lizenznehmers erlangte, der Wert einer ausschließlichen Lizenz herausverlangt werden kann;[292] Der Bereicherungsanspruch löst nach § 242 BGB einen Auskunftsanspruch aus.[293] Soweit eine faktische Gesellschaft besteht, war § 307 BGB aF unanwendbar, in Betracht kommen die Grundsätze zum Verschulden bei Vertragsschluss.[294] Wird das in Erfüllung des unwirksamen Vertrags erhaltene Entgelt behalten, zum Schaden des Vertragspartners über die Erfindung aber anderweitig verfügt, kann dies Schadensersatzansprüche begründen.[295] Das Zugänglichmachen einer Urkunde, aus der sich ergibt, dass der Unwirksamkeitsgrund nicht vorliegt, gegenüber einem Dritten kann gegen eine gesellschafterliche oder dem Geschäftsführer obliegende Treuepflicht verstoßen.[296]

99   **f. Anfechtbarkeit.** Die auf den Abschluss des Lizenzvertrags gerichteten Willenserklärungen können aus den allg Gründen des BGB (beachtlicher Irrtum, § 119 BGB; fehlerhafte Übermittlung, § 120 BGB; arglistige Täuschung und widerrechtl Drohung, § 123 BGB) angefochten werden. Der Irrtum über den wirtschaftlichen Wert des Lizenzgegenstands berechtigt als Motivirrtum nicht zur Anfechtung.[297] Arglistige Täuschung kommt auch durch unrichtige Angaben über die Schutzrechtslage in Betracht, jedoch muss Hinweis auf Patentschutz bei noch nicht erteiltem Patent nicht relevant sein, wenn GbmSchutz besteht.[298]

---

283   BGH GRUR 2009, 1162 (Nr 68) DAX, Markensache.
284   BGH GRUR 1975, 498 Werkstückverbindungsmaschinen; BGH WM 1992, 1437 Windsurfausstattungen; BGH GRUR 1997, 482 f Magic Print; BGH GRUR 1997, 781 f sprengwirkungshemmende Bauteile; BGH GRUR 1998, 838, 840 Lizenz- und Beratungsvertrag; BGH 16.9. 1998 X ZR 181/97; vgl BGH GRUR 2003, 896 chirurgische Instrumente.
285   Vgl BGH GRUR 2002, 787, 789 Abstreiferleiste; BGH GRUR 2000, 685 f formunwirksamer Lizenzvertrag; BGH 19.9.2006 X ZR 24/04.
286   BGH 19.9.2006 X ZR 24/04.
287   BGH Magic Print; BGH sprengwirkungshemmende Bauteile; BGH Lizenz- und Beratungsvertrag; OLG Düsseldorf 24.6.2003 20 U 155/02 R.
288   BGH GRUR 2002, 787 f Abstreiferleiste.
289   BGH sprengwirkungshemmende Bauteile; BGH Lizenz- und Beratungsvertrag; BGH NJW 1998, 1951 Pekatex; BGH GRUR 1999, 776 f Coverdisk; BGH GRUR 2000, 685 formunwirksamer Lizenzvertrag; BGH 16.9. 1998 X ZR 181/97.
290   BGH formunwirksamer Lizenzvertrag gegen OLG Düsseldorf GRUR 1999, 45, bdkl.
291   BGH formunwirksamer Lizenzvertrag.
292   OLG Düsseldorf 11.9.2001 20 U 69/97; Revision nicht angenommen, BGH 28.1.2003 X ZR 206/01.
293   BGH sprengwirkungshemmende Bauteile.
294   BGH GRUR 1961, 494 f Hubroller.
295   BGH ZEV 2003, 375 Verkranzungsverfahren 01.
296   BGH BB 2005, 1985 Originallizenzvertrag; BGH GRUR 2007, 963 Polymer-Lithium-Batterien.
297   Vgl BGHZ 2, 331 = GRUR 1951, 471 Filmverwertungsvertrag.
298   BGH GRUR 1998, 650 ff Krankenhausmüllentsorgungsanlage, auch zu parallelen Ansprüchen aus §§ 823 Abs 2 BGB, 263 StGB.

Schließt ein Erfinder einen Lizenzvertrag über eine zum Patent angemeldete Erfindung ab, muss er bei Meidung einer arglistigen Täuschung von sich aus den Lizenznehmer darüber aufklären, dass nicht er, sondern ein (auch abhängiger) Dritter Anmelder ist.[299] Der Wagnischarakter des Lizenzvertrags beschränkt das Anfechtungsrecht aus § 123 Abs 1 BGB nicht, wenn die Täuschungshandlung durch Äußerungen erfolgt ist, die gerade der Vermeidung von bestimmten, bei den Vertragsverhandlungen erörterten Risiken dienen sollten.[300] Keinen Anfechtungsgrund stellt es dar, wenn der Lizenznehmer bei Vertragsschluss den Lizenzgeber nicht darüber aufgeklärt hat, dass er ein prioritätsjüngeres Patent angemeldet und darin nachteilige Äußerungen über das Lizenzpatent als StdT betätigt hat. Die Anfechtungsmöglichkeit ist befristet (unverzüglich nach § 121 BGB in den Fällen der §§ 119, 120 BGB, binnen Jahresfrist nach § 124 BGB im Fall des § 123 BGB). Die Anfechtung beseitigt die Willenserklärung und damit den Vertrag von Anfang an. Sie muss erklärt werden, bloße Anfechtbarkeit hat keine Wirkung; ohne Anfechtung bleibt der Berechtigte an den Vertrag gebunden und kann nicht etwa Selbsthilferechte geltend machen.[301] Die Beweislast für das Vorliegen eines Anfechtungsgrunds trifft den Anfechtenden.[302]

2. Beendigung und Anpassung des Vertrags

a. Allgemeines; Zeitablauf. Bei Fehlen einschränkender Vereinbarungen ist izw davon auszugehen, **100** dass die Lizenz an einem Patent für dessen Dauer gilt,[303] bei Lizenzierung mehrerer Schutzrechte bis zum Erlöschen des letzten Schutzrechts.[304] Ob der Lizenzvertrag für ein anschließendes ergänzendes Schutzzertifikat fortgilt, ist Sache der Auslegung und Vertragslückenausfüllung.[305] Wird das lizenzierte Recht treuhänderisch für eine BGB-Gesellschaft gehalten, wird das Treuhandverhältnis durch die Auflösung der Gesellschaft nicht berührt.[306] Über die Schutzdauer hinauswirkende Bindungen sind grds auch kartellrechtl unzulässig (Rn 218), anders uU, wenn mehrere Schutzrechte unterschiedlicher Laufdauer oder zusätzlich Marken- oder Namensrechte oder „Know-how" lizenziert sind.

b. Wegfall des Schutzrechts. Die Rspr hat Wegfall oder Versagung des Schutzrechts beim Lizenz- **101** vertrag (anders beim Kaufvertrag)[307] unter dem Gesichtspunkt des **Wegfalls der Geschäftsgrundlage** beurteilt.[308] Dies mag für den teilweisen Wegfall des Schutzrechts berechtigt sein, so für eine Beschränkung des Patents nach § 64,[309] ebenso für die offenbar gewordene Nichtigkeit, solange die entspr Rechtsfolge nicht eingetreten ist.[310] Im übrigen gehen die Bestimmungen über die nachträgliche Unmöglichkeit (§§ 323–326 BGB) vor. Neben das Rücktrittsrecht nach §§ 323, 324 BGB, an deren Stelle nach früherem Recht die Kündigung (Rn 103 ff) trat, woran die Reform nichts geänd haben dürfte (vgl §§ 313 Abs 3 Satz 2, 314 BGB),[311] tritt bei vom Lizenzgeber zu vertretendem Unmöglichwerden (zB Nichtzahlung der Jahresgebühren, Verzicht auf das Patent, Nichtverlängerung des Gebrauchsmusters)[312] nach neuem Recht kumulativ der Anspruch auf Schadensersatz nach § 325 BGB; das Schicksal der Gegenleistung regelt § 326 BGB. Den

299 LG München I InstGE 11, 134.

300 BGH GRUR 1975, 598, 600 Stapelvorrichtung; zur Ursächlichkeit der arglistigen Täuschung des Lizenznehmers, wenn der Lizenzgeber einen negativen Prüfungsbescheid verschweigt, BGHZ 83, 283, 291 = GRUR 1982, 481 Hartmetallkopfbohrer; zur Lage, wenn das Patent gleichwohl erteilt wird, BGH 10.7.1984 X ZR 38/83; zur arglistigen Täuschung bei Kenntnis patenthindernden Materials nach Patenterteilung und Erwirkung einer einstweiligen Verfügung gegen den späteren Lizenznehmer OLG Düsseldorf 24.9.1996 20 U 156/95.

301 BGH 1.10.1963 I a ZR 171/63.

302 OLG Karlsruhe 17.12.2003 6 U 210/01.

303 BGH 6.11.1959 I ZR 182/57, für die ausschließliche Lizenz; OLG Düsseldorf 17.12.2009 2 U 118/08; *Benkard* Rn 64.

304 OLG Düsseldorf 17.12.2009 2 U 118/08.

305 Vgl BGH GRUR 1955, 143 Sympatol I, für die PatentverlängerungsVO vom 10.1.1942.

306 BGH GRUR 2002, 190 Die Profis.

307 BGHZ 83, 283, 289 = GRUR 1982, 481 Hartmetallkopfbohrer.

308 BGH GRUR 1957, 595 Verwandlungstisch; BGH GRUR 1958, 175 Wendemanschette II; BGH GRUR 1961, 466, 468 Gewinderollkopf II; BGH 14.1.1975 X ZR 29/72; BGH 13.7.1982 X ZR 50/81.

309 BGH GRUR 1958, 231 Rundstuhlwirkware.

310 BGH Verwandlungstisch; BGH Wendemanschette II; BGH 14.1.1975 X ZR 29/72; kr de lege ferenda *Ahrens* GRUR 2006, 617, 623.

311 Zwd *B. Bartenbach* Mitt 2003, 102, 107.

312 Vgl RG BlPMZ 1914, 47, 49 Gerüstträger.

Hacker

Patentverkäufer oder Lizenzgeber trifft im übrigen mangels anderweitiger Abreden grds keine Haftung für den zukünftigen Bestand des Schutzrechts.[313] Zu den Auswirkungen der Nichtigerklärung auf die bereits fällig gewordene Lizenzvergütung Rn 143.

102   **c.** Das **Offenkundigwerden**[314] des **Betriebsgeheimnisses** beendet grds die Bindung des Lizenznehmers,[315] dabei ist auf die objektive Lage abzustellen;[316] vgl weiter Rn 221. Ein Lizenzvertrag über „Knowhow" endet nicht ohne weiteres dadurch, dass das Betriebsgeheimnis zum Patent angemeldet wird, jedoch führt die Veröffentlichung zum Verlust des Geheimnischarakters mit der Rechtsfolge eines vom Schuldner zu vertretenden Unmöglichwerdens und den sich für den Lizenznehmer aus §§ 323 ff BGB ergebenden Rechten.[317] Die Vertragsparteien können gleichwohl nach § 242 BGB verpflichtet sein, den Vertrag mit geändertem Inhalt fortzusetzen.[318]

103   **d. Kündigung; Rücktritt.** Ob eine **ordentliche Kündigung** möglich ist, richtet sich in erster Linie nach dem Vertrag; bei Verträgen von über dreißigjähriger oder unbegrenzter Dauer (Marken-, Firmen-, Namens- und Know-how-Lizenz) dürften zudem §§ 544, 594b BGB entspr mit der Folge anwendbar sein, dass nach 30 Jahren mit angemessener Frist gekündigt werden kann; das Kündigungsrecht nach diesen Bestimmungen muss nicht zum ersten möglichen Zeitpunkt ausgeübt werden.[319] Auf Kettenverträge wird § 89 HGB jedenfalls in entspr gelagerten Fällen anwendbar sein.[320] Aus einer Regelung im Vertrag, dass ein wichtiger Grund insb dann vorliege, wenn die andere Partei wesentliche Pflichten aus dem Vertrag schuldhaft verletze, folgt nicht notwendig, dass ein unter geringeren Voraussetzungen eingreifendes Kündigungsrecht als nach den von der Rspr zur Kündigung aus wichtigem Grund entwickelten Grundsätzen vereinbart ist.[321] Ergänzende Vertragsauslegung setzt auch insoweit eine Lücke im Vertrag voraus, in diesem Fall ist zu ermitteln, was die Vertragspartner bei Erkennen der Lücke unter angemessener Abwägung ihrer Interessen nach Treu und Glauben redlicherweise vereinbart hätten.[322]

104   § 314 BGB regelt, dass Dauerschuldverhältnisse aus **wichtigem Grund** gekündigt werden können,[323] wenn dem kündigenden Teil unter Berücksichtigung aller Umstände des Einzelfalls und unter Abwägung der beiderseitigen Interessen die Fortsetzung des Vertragsverhältnisses bis zur vereinbarten Beendigung oder bis zum Ablauf einer Kündigungsfrist nicht zugemutet werden kann.[324] Bloße Meinungsverschiedenheiten über die möglichst zweckmäßige Verwertung der Erfindung reichen dafür nicht aus.[325] An der Zumutbarkeit kann es aber fehlen, wenn das Scheitern einer wirtschaftlichen Verwertung darauf beruht, dass der Lizenznehmer unzulängliche Versuche zur praktischen Verwirklichung der Erfindung unternimmt.[326] Das

---

313   RGZ 78, 363, 367 = BlPMZ 1912, 222 undurchleuchtbarer Stoff; RGZ 86, 45, 53 = BlPMZ 1915, 104 Sprungfedermatratze; BGH GRUR 1961, 466, 468 Gewinderollkopf II; BGH Hartmetallkopfbohrer; BGH 13.7.1982 X ZR 50/81.
314   Vgl hierzu RG GRUR 1929, 232 f optische Instrumente; RGZ 149, 329, 334 = BlPMZ 1936, 152 Stiefeleisenpressen; RG GRUR 1936, 573, 576 Kernöl; RG GRUR 1939, 733, 735 Fettsäure; BGH GRUR 1958, 297, 299 Petromax-Lampe; BAGE 41, 21 = NJW 1983, 134 Thrombozytenreagenz I; BayObLG GRUR 1991, 694 f; *Reimann* Einige Überlegungen zur Offenkundigkeit im Rahmen von §§ 17 ff UWG und von § 3 PatG, GRUR 1998, 298.
315   BGHZ 17, 41, 52 = GRUR 1955, 468 Kokillenguß; BGH GRUR 1963, 210 f Kieselsäure; BGH GRUR 1980, 750 f Pankreaplex II; *Benkard* Rn 246 f; *Reimer* § 9 Rn 165 S 663.
316   BGH 6.11.1959 I ZR 126/57; zur Offenkundigkeit des Betriebsgeheimnisses und zum Unterschied zwischen einem Lizenzvertrag und einem Kaufvertrag über ein Geheimverfahren BGH 1.10.1963 I a ZR 171/63.
317   Vgl zur früheren Rechtslage BGH GRUR 1976, 140 ff Polyurethan.
318   BGH Polyurethan.
319   BGHZ 117, 236, 239 = NJW-RR 1992, 780.
320   Vgl BGH NJW-RR 2002, 1554, für Kettenverträge zwischen Franchisegeber und Franchisenehmer.
321   BGH GRUR 2004, 532 Nassreinigung.
322   BGH GRUR 2002, 280 f Rücktrittsfrist, zum Rücktrittsrecht.
323   Vgl zur früheren Rechtslage BGH GRUR 1990, 443 f Musikverleger IV; BGH GRUR 1992, 112 pulp-wash; BGH GRUR 1997, 610 f Tinnitus-Masker, stRspr; vgl OLG Celle 3.12.1997 13 U 113/93, allerdings mit unzutr Begr; schweiz BG BGE 92 II 300, schweiz BG BGE 96 II 156, schweiz BG SMI 1979, 69.
324   So die stRspr, ua BGHZ 147, 178, 191 = GRUR 2001, 1134 Lepo Sumera mwN; BGH Tinnitus-Masker; BGH GRUR 1992, 112, 114 pulp-wash; BGH GRUR 2002, 703, 705 Vossius & Partner; BGH GRUR 2004, 532 f Nassreinigung; BGH GRUR-RR 2009, 284 (Nr 13) Nassreinigung 01; OLG Düsseldorf 17.12.2009 2 U 118/08; OLG Nürnberg 4.12.2007 3 U 4101/99.
325   BGH GRUR-RR 2009, 284 (Nr 16) Nassreinigung 01.
326   BGH GRUR-RR 2009, 284 (Nr 21) Nassreinigung 01.

gilt selbst bei Schuldlosigkeit des Lizenznehmers jedenfalls dann, wenn eine Besserung der Situation in absehbarer Zeit nicht zu erwarten ist oder sonstige Umstände (zB drohende Zahlungsunfähigkeit) hinzutreten, die geeignet sind, das Vertrauen des Lizenzgebers nachhaltig zu erschüttern.[327] Unberechtigte Weitergabe von geheimem „Know-how" an ein Konkurrenzunternehmen durch den Lizenznehmer ohne Geheimhaltungsverpflichtung rechtfertigt idR ohne weiteres die Kündigung aus wichtigem Grund.[328] Außerordentliche Kündigung aufgrund weitergehender Vereinbarung ist im Anwendungsbereich des Rechts der Allgemeinen Geschäftsbedinungen durch § 307 BGB ausgeschlossen.[329] Dabei kann es darauf ankommen, ob der Lizenznehmer noch in der Lage ist, eine Ausübungspflicht zuverlässig zu erfüllen.[330] Die Schwelle kann bei Entgegenkommen der anderen Seite niedriger liegen.[331] Die Verletzung der Abrechnungspflicht muss nicht in jedem Fall einen Kündigungsgrund bilden.[332] Ist die Fortsetzung des Vertrags mit geänd Inhalt zumutbar, besteht Anspruch auf Vertragsanpassung nach § 313 BGB (Störung der Geschäftsgrundlage). In Betracht kommen pflichtwidriges Verhalten des anderen Vertragsteils, allerdings regelmäßig erst nach Abmahnung (§ 314 Abs 2 BGB),[333] aber auch eine wesentliche Änderung der die Geschäftsgrundlage ausmachenden Verhältnisse, soweit diese nicht dem eigenen Risikobereich des Kündigenden zuzurechnen sind und sich die Störung nicht durch beiden Parteien zumutbare Vertragsanpassung beseitigen lässt, namentlich wenn wirtschaftliche Opfer für die Ausübung der Lizenzpflicht in einem nicht zumutbaren Umfang zu erbringen wären.[334] Hierunter kann auch das Bestehen von Vor- und Weiterbenutzungsrechten fallen (§ 136 Abs 2 öPatG und § 6 Abs 6 öPatV-EG treffen für den § 123 Abs 5 sowie den Art II § 3 Abs 5 IntPatÜG entspr Fall ausdrückliche Regelungen). Gleichwertigkeit von Leistung und Gegenleistung ist nicht ohne weiteres Vertragsgrundlage, ein Grundsatz, dass die Rechte und Pflichten bei jeder Störung des Gleichgewichts zwischen Leistung und Gegenleistung der veränderten Lage angepasst werden müssten, ist für den Lizenzvertrag und die Veräußerung von Rechten aus einem Lizenzvertrag nicht anzuerkennen.[335] Die Beurteilung hat nach objektiven Gesichtspunkten und nicht nach Verschulden zu erfolgen;[336] eine etwaige – auch durch Auslegung zu ermittelnde – vertragliche Regelung geht vor.[337] Bei Wegfall der Geschäftsgrundlage eines teilweise abgewickelten Vertrags sind im allg nur die noch nicht erbrachten Leistungen anzupassen.[338] Ein Nachschieben von bestehenden Kündigungsgründen, die nachträglich bekannt werden, ist möglich; wird die Kündigung auf erst nach ihrer Erklärung entstandene Umstände gestützt, wird sie erst ab Geltendmachung der neuen Gründe wirksam.[339] Bei der Beurteilung, ob die weitere Vertragserfüllung zuzumuten ist, sind auch frühere Verstöße zu berücksichtigen, die nicht zum Anlass einer eigenen Kündigung genommen worden sind.[340] Insolvenzrechtl kann sich ein besonderes Kündigungsrecht ergeben.[341]

---

327 BGH GRUR-RR 2009, 284 (Nr 21 ff) Nassreinigung 01.
328 Vgl BGH GRUR 2011, 455 (Nr 18) Flexitanks.
329 BGH NJW-RR 2003, 2635 Apollo-Optik.
330 BGH GRUR GRUR 2003, 699 Eterna; vgl OLG Düsseldorf 27.4.2010 20 U 212/09 undok; *Henn* Patent- und Know-how-Lizenzvertrag Rn 219 f.
331 BGH Eterna.
332 BGH GRUR 2004, 532, 533 Nassreinigung.
333 Vgl zur früheren Rechtslage BGH 5.1.1962 I ZR 81/60: Pflicht zur Musterlieferung; BGH NJW 1981, 1264 f; BGH pulp-wash; BGH Tinnitus-Masker; BGH NJW-RR 1996, 1108; BGH IIC 2000, 601 Rotorscheren: Informations- und Zahlungspflicht.
334 Vgl zur früheren Rechtslage BGH GRUR 1957, 595 Verwandlungstisch; BGH GRUR 1958, 175, 177 Wendemanschette II; BGH GRUR 1958, 231 Rundstuhlwirkware; BGHZ 41, 104, 108 = NJW 1964, 1129; BGH GRUR 1977, 551, 553 Textdichteranmeldung; BGH NJW 1981, 1264 f; BGH NJW 1989, 1482 f; BGH pulp-wash; BGH GRUR 2001, 223, 225 Bodenwaschanlage; BGH 6.11. 1959 I ZR 182/57; BGH 5.1.1962 I ZR 81/60; BGH 14.1.1975 X ZR 29/72; BGH 6.11.1975 X ZR 14/73; OLG München Mitt 1997, 30, zum Firmenlizenzvertrag; *Palandt* Einl 18 f vor § 241 BGB mwN; zum Wegbrechen der Ostmärkte bei einem West-Ost-Lizenzvertrag aus der Zeit kurz vor dem Beitritt der DDR BGHZ 129, 236, 252 ff = DtZ 1995, 285 EKV.
335 BGH 1.7.1960 I ZR 55/59.
336 BGH 25.3.1965 I a ZR 18/64; BGH 22.1.1976 X ZR 3/73; BGH 13.7.1982 X ZR 50/81; vgl auch BGHZ 93, 327 = GRUR 1985, 472 Thermotransformator; BGH DB 1969, 1403; BGH DB 1972, 2054; *Palandt* Rn 19 Einl vor § 241 BGB.
337 BGH GRUR 1961, 466, 468 Gewinderollkopf II.
338 BGH EKV mwN.
339 BGH Tinnitus-Masker; *Benkard* Rn 217; vgl auch BGH GRUR 2004, 532, 535 (III.2.) Nassreinigung; OLG Düsseldorf 17.12.2009 2 U 118/08.
340 BGH Vossius & Partner.
341 BGH GRUR 2003, 699 Eterna, zu § 19 KO.

105   **Teilkündigung** ist grds ausgeschlossen, anders allenfalls bei Teilbarkeit in mehrere in sich geschlossene Regelungswerke, nicht schon bei Mehrheit von Anwendungsbereichen.[342]

106   Bei einem **gesellschaftsähnlichen Lizenzvertrag**, der ständiges gegenseitiges Vertrauen erfordert, kann, wenn die eine Partei die Vertrauensgrundlage wiederholt erschüttert hat, die andere bei erneuter Erschütterung die Kündigung aus wichtigem Grund auch dann mit auf die früheren Vertrauensbrüche stützen, wenn die Parteien sich in bezug auf sie geeinigt hatten, bevor der neue letzte Vertrauensbruch erfolgt ist; dies gilt auch für Vertrauensbrüche während der Verhandlungen über den Abschluss des Lizenzvertrags.[343] Der Grundsatz, dass der vertragsuntreue Teil aus einer späteren Vertragsuntreue des anderen Teils solange keine diesem ungünstigen Folgen ableiten darf, als er nicht seine eigene Vertragsverletzung gutmacht, gilt nicht für Lizenzverträge mit gesellschaftsrechtl Einschlag; hier sind die für die Kündigung eines Gesellschaftsvertrags aus wichtigem Grund entwickelten Grundsätze maßgebend, nach denen der sich vertragswidrig Verhaltende kündigen kann, wenn beim anderen Teil ernstliche Erfüllungsverweigerung vorliegt.[344]

107   Eine das **Kündigungsrecht ausschließende** oder zB auf vorsätzliche oder grob fahrlässige Verstöße beschränkende Bestimmung im Vertrag ist nach § 723 Abs 3 BGB nichtig.[345] Kündigung kommt schon **vor Ausführung des Lizenzvertrags**, in diesem Fall neben dem Rücktritt, in Betracht.[346] **Nachschieben** eines Kündigungsgrunds ist idR neue Kündigung aus diesem Grund.[347]

108   **Kündigungsgründe für den Lizenznehmer.** Kündigung kann in Betracht kommen, wenn der Lizenzgeber nicht Schutzrechtsinhaber ist.[348] Bei einem Lizenzvertrag über eine noch ungeschützte Erfindung hat die Rspr Wegfall der Geschäftsgrundlage erst nach endgültigem Scheitern der Schutzerwartung in Betracht gezogen.[349] Die Übernahme dieser Rspr für den Kaufvertrag wurde abgelehnt;[350] es erscheint aber auch beim Lizenzvertrag bdkl, auf den Wegfall der Geschäftsgrundlage abzustellen (Rn 101). Nichtunterrichtung über den Wegfall lizenzierter Schutzrechte kann ebenso wie die Nichtzahlung der Aufrechterhaltungsgebühren und Nichtstellung des Prüfungsantrags die Kündigung begründen.[351] Der BGH hat die Grundsätze des Wegfalls der Geschäftsgrundlage in erster Linie auf Lizenzverträge mit gesellschaftsrechtl Einschlag angewendet.[352]

109   **Kündigungsgründe für den Lizenzgeber.** Kündigungsgrund ist Unfähigkeit des Lizenznehmers, einen technisch einwandfreien Lizenzgegenstand herzustellen.[353] Auch die Weitergabe von „Know-how" an ein Konkurrenzunternehmen durch den Lizenznehmer ohne Geheimhaltungsverpflichtung rechtfertigt idR ohne weiteres die Kündigung;[354] ebenso mehrfache Verstöße gegen Abrechnungspflichten.[355] Kündigung kann bei Verstoß gegen eine Nichtangriffspflicht in Betracht kommen, jedoch grds nicht schon bei Vortrag nach § 34 Abs 7 in einem die eigene Patentanmeldung betreffenden Anmeldeverfahren.[356] Dabei kommt es auf die objektive Pflichtverletzung des Lizenznehmers an und nicht darauf, ob diese sich rückschauend

---

342   LG Düsseldorf 18.9.1997 4 O 445/96 Entsch 1996, 98 Ls.

343   BGH GRUR 1955, 338 beschlagfreie Brillengläser.

344   BGH 6.11.1959 I ZR 182/57.

345   BGH 25.11.1965 KZR 10/63; BGH 6.11.1975 X ZR 14/73.

346   BGH 2.5.1967 I a ZR 116/64.

347   BGH GRUR 2004, 532, 535 Nassreinigung.

348   OLG München 17.2.2005 6 U 2587/04.

349   BGH GRUR 1961, 466, 468 Gewinderollkopf II; BGH 13.7.1982 X ZR 50/81; vgl RG GRUR 1936, 1056, 1058 Kalikantik; RG GRUR 1943, 35, 38 Umdruckfolien.

350   BGHZ 83, 283, 289 = GRUR 1982, 481 Hartmetallkopfbohrer.

351   OLG Düseldorf 17.12.2009 2 U 118/08.

352   BGH GRUR 1956, 93, 95 Bioglutan; BGH GRUR 1959, 616 Metallabsatz; BGH 31.5.1960 I ZR 29/59; BGH 20.1.1961 I ZR 8/59; BGH 1.10.1963 Ia ZR 171/63.

353   OLG Karlsruhe GRUR 1992, 162; zur Kündigung bei unter Strafe gestelltem lebensmittelrechtl Verstoß im Zusammenhang mit Herstellung und Vertrieb des lizenzierten Produkts BGH GRUR 1992, 112 pulp-wash (WzSache); zur Kündigung bei unkorrekter Abrechnung bei einem Verlagsvertrag OLG Stuttgart 25.3.1992 4 U 249/91 RzU OLGZ Nr; zur Interessenabwägung BGH GRUR 1997, 610 f Tinnitus-Masker.

354   BGH GRUR 2011, 455 (Nr 18) Flexitanks.

355   OLG München InstGE 12, 27 (Nr 22), UrhSache.

356   Vgl BGH GRUR 2007, 963 Polymer-Lithium-Batterien; OLG Jena 28.4.2004 2 U 743/03 undok.

ausgewirkt hat.[357] Einen Kündigungsgrund (Vertrauensbruch) kann auch ein vom Lizenznehmer zu seinen Gunsten betriebenes Umschreibungsverfahren darstellen.[358]

Für den idR nur vor Durchführung des Lizenzvertrags nach den §§ 323, 324 BGB in Betracht kom- **110** menden[359] – anders, wenn ausnahmsweise ein Interesse besteht, wegen einer nachträglich eingetretenen Störung auch die bereits erbrachten Leistungsteile rückgängig zu machen, und eine vollständige Rückabwicklung nach der Interessenlage sachgerecht ist, oder soweit Leistungsstörungen eingetreten sind[360] – **Rücktritt** vom Vertrag gelten gleiche Grundsätze.[361] Auch wenn der Vertrag teilweise zur Durchführung gelangt ist, ist Rücktritt idR ausgeschlossen; an seine Stelle tritt die Kündigung aus wichtigem Grund.[362] Das Vorliegen der Voraussetzungen des § 326 BGB aF führt aber nicht dazu, dass die fristlose Kündigung ohne weiteres möglich ist, es kommt auch hier darauf an, ob unter Abwägung der beiderseitigen Interessen dem kündigenden Teil die Fortsetzung des Vertrags bis zu dessen vereinbarter Beendigung nach Treu und Glauben nicht zumutbar ist.[363] Positive Vertragsverletzungen rechtfertigen grds keinen Rücktritt.[364] Das Rücktrittsrecht kann verwirkt werden, das Verstreichen eines längeren Zeitraums allein genügt jedoch nicht, denn auch bei Gestaltungsrechten gilt kein allgemeiner Rechtsgrundsatz, dass Verwirkung bereits nach kurzem Zeitlauf eintritt, allerdings können Treu und Glauben verlangen, dass der Berechtigte im Interesse der anderen Vertragspartei alsbald Klarheit darüber schafft, ob er beabsichtigt, seine Rechte auszuüben.[365]

Die **außerordentliche Kündigung** ist grds an keine feste **Frist** gebunden („fristlose" Kündigung), **111** muss aber innerhalb angemessener Frist erklärt werden (§ 314 Abs 3 BGB);[366] die zweiwöchige Ausschlussfrist des § 626 Abs 2 BGB kann nicht als Maßstab herangezogen werden.[367]

Nach der geltenden Regelung kommt allg neben der Kündigung ein **Schadensersatzanspruch** in Be- **112** tracht (§ 314 Abs 4 BGB), sofern dessen Voraussetzungen erfüllt sind, so bei schuldhafter Herbeiführung der Vertragsbeendigung in entspr Anwendung des Rechtsgedankens des § 628 Abs 2 BGB;[368] fehlt es am Verschulden, scheidet ein Schadensersatzanspruch aus.[369] Dieser Anspruch ist grds auf den Zeitraum bis zum ersten Termin beschränkt, zu dem sich der Schuldner durch ordentliche Kündigung vom Vertrag hätte lösen können.[370] Dies gilt nicht, wenn die ordentliche Kündigung ausgeschlossen war; insoweit darf der Schadensersatzanspruch auch nicht schon mit der Erwägung eingeschränkt werden, die Tätigkeit des Gläubigers sei nicht für die gesamte Vertragslaufzeit für den wirtschaftlichen Erfolg ursächlich.[371]

Im Umfang des Schadensersatzanspruchs kann der Gläubiger vom Schuldner des weiteren **Auskunft 113** über alle Umstände verlangen, die zur Berechnung des Schadensersatzanspruchs erforderlich sind.[372]

---

357 BGH Polymer-Lithium-Batterien gegen OLG Jena 28.4.2004 2 U 743/03 undok.
358 BGH GRUR 2004, 532, 535 Nassreinigung; BGH GRUR-RR 2009, 284 (Nr 23) Nassreinigung 01.
359 BGH GRUR 1959, 616 f Metallabsatz; BGH 2.5. 1967 Ia ZR 116/64; BGH 13.7.1982 X ZR 50/81; *Benkard* Rn 165; zwd zum geltenden Schuldrecht B. *Bartenbach* Mitt 2003, 102, 107; vgl zum schweiz Recht *Stieger* sic! 1999, 3, 12 mwN.
360 BGH NJW 2002, 1870 Ionisationsdetektor unter Hinweis auf BGH NJW 1986, 124 und BGH NJW 1987, 2004, 2006.
361 Vgl BGH 6.11.1959 I ZR 182/57; zum Rücktritt, wenn sich endgültig herausstellt, dass die überlassene Erfindung technisch unbrauchbar ist, BGH GRUR 1965, 298 Reaktionsmeßgerät.
362 BGH GRUR 2004, 532, 534 Nassreinigung; BGH 22.1.1976 X ZR 3/73; vgl aber BGH NJW 2002, 1870 Ionisationsdetektor.
363 BGH Nassreinigung.
364 Vgl BGH 6.11.1975 X ZR 14/73, dort nur für Verträge mit gesellschaftsähnlichem Einschlag oder eingehender Zusammenarbeit; OLG Nürnberg 18.7.2000 3 U 4101/99.
365 BGH GRUR 2002, 280, 282 Rücktrittsfrist; vgl auch OLG München GRUR 2002, 285.
366 BGH GRUR 2011, 455 (Nr 26 ff) Flexitanks; OLG Nürnberg 4.12.2007 3 U 4101/99; vgl zur früheren Rechtslage BGHZ 71, 206, 211 = NJW 1978, 1579; BGH NJW 1982, 2432; BGH 1.10.1963 Ia ZR 171/63; BGH GRUR 1959, 384 Postkalender, zum Lizenzvertrag mit gesellschaftsrechtl Einschlag; vgl weiter BGHZ 147, 178 = GRUR 2001, 1134 Lepo Sumera.
367 BGH Flexitanks Nr 27; BGH Lepo Sumera mwN; BGH NJW 1982, 2432 f; dies erwägt noch BGH 29.4.1975 X ZR 10/72; zur Verwirkung bei unbilliger Verzögerung BGH 1.10.1963 I a ZR 171/63 unter Bezugnahme auf RG GRUR 1932, 592, 596 Sägebub-Angel.
368 RGZ 89, 400; RGZ 123, 23; RGZ 158, 326; BGH GRUR 1959, 616 ff Metallabsatz; BGH NJW 1969, 419 ff; BGH 6.11.1975 X ZR 14/73; BGH 22.1.1976 X ZR 3/73; BGH 13.7.1982 X ZR 50/81.
369 Vgl OLG München 1.4.1999 6 U 5004/98.
370 BGH GRUR 2011, 455 (Nr 32) Flexitanks.
371 BGH Flexitanks (Nr 32 ff, 36 ff).
372 BGH GRUR 2011, 455 (Nr 44 ff) Flexitanks.

114   **e. Nachwirkungen des Vertrags.** Nach hM steht bei der Vertriebslizenz, nicht auch bei der Herstellungslizenz, dem Lizenznehmer nach Beendigung des Lizenzvertrags das Recht zu, vorhandene Erzeugnisse noch zu verkaufen („Auslaufsrecht").[373] Räumt der Patentinhaber eine Herstellungs- und Vertriebslizenz bis zum Ablauf der Patentdauer ein, hat er, selbst wenn das Entstehen des Anspruchs und die Lizenzgebühr nach dem Vertrag von der Anfertigung und dem Verkauf der Gegenstände abhängig gemacht ist, idR einen Anspruch auf die Lizenzgebühr auch für die während der Vertragsdauer nur verkauften, jedoch erst nach Vertragsablauf angefertigten und gelieferten Gegenstände.[374] Ein grds denkbarer Unterlassungsanspruch als nachwirkender Anspruch bei Beendigung eines Lizenzvertrags könnte allenfalls für eine bestimmte Zeit zur Unterlassung verpflichten.[375] Aus dem Vertrag können sich auch nachwirkende Treuepflichten ergeben.[376] Ob nach Beendigung der Know-how-Lizenz das (nicht offenkundig gewordene) „Know-how" weiter benutzt werden darf, ist str, für den Fall des Fehlens einer entspr ausdrücklichen oder stillschweigenden Vereinbarung aber idR zu verneinen.[377] Im Markenrecht ist die Stellung des Lizenznehmers im Verhältnis zum Lizenzgeber nach Beendigung des Lizenzvertrags als nicht besser als die eines Dritten angesehen worden, der erstmals ein mit der lizenzierten Marke identisches oder ähnliches Zeichen benutzt.[378]

115   Ob dem Lizenznehmer analog § 89b HGB ein **Ausgleichsanspruch** zusteht, hängt von der Ausgestaltung des Lizenzverhältnisses ab. Der BGH hat für das Markenrecht einen solchen Ausgleichsanspruch nicht grds ausgeschlossen, knüpft ihn aber daran, dass der Lizenznehmer so in die Absatzorganisation des Lizenzgebers eingegliedert ist, dass er wirtschaftlich in erheblichem Umfang dem Handelsvertreter vergleichbare Aufgaben zu erfüllen hat, und verpflichtet ist, seinen Kundenstamm dem Lizenzgeber zu übertragen, so dass dieser bei Vertragsende die Vorteile dieses Kundenstamms sofort und ohne weiteres für sich nutzbar machen kann.[379] Daran fehlt es meist,[380] so dass eine analoge Anwendung des § 89b HGB idR nur bei reinen **Vertriebslizenzen** in Erwägung zu ziehen sein kann.

116   **f. Vertragsanpassung.**[381] Rechtfertigt die zur Störung der Geschäftsgrundlage (§ 313 BGB; spezielle Regelung für den Fall groben Missverhältnisses der Leistungen in § 36 UrhG)[382] führende schwerwiegende Änderung der zur Vertragsgrundlage gewordenen Umstände die Vertragsauflösung nicht, können sich unter dem Gesichtspunkt der Unzumutbarkeit im Einzelfall unterschiedliche Rechtsfolgen für die Anpassung des Vertragsverhältnisses ergeben.[383] Soll die Verpflichtung zur Lizenzzahlung nach den getroffenen Vereinbarungen entfallen, wenn Patentstreitigkeiten mit dem Inhaber älterer Schutzrechte eine wesentliche Änderung des lizenzierten Gegenstands unerlässlich machen, ist in erster Linie auf die objektive Schutzrechtslage unter Berücksichtigung einer für den Lizenznehmer zumutbaren Risikogrenze abzustellen. Waren wesentliche Änderungen objektiv nicht erforderlich, ist zu prüfen, ob ein verständiger Hersteller gleichartiger Gegenstände nach gehöriger Überlegung hätte annehmen müssen, dass er sich ohne unzumutbares Risiko dem Verlangen des Dritten nach Änderung des lizenzierten Gegenstands nicht entziehen könne. Auch in diesem Fall kann die Verpflichtung zur Lizenzzahlung entspr der vertraglichen

---

373   BGH GRUR 1959, 528, 531 Autodachzelt mwN; *Mes* Rn 93.

374   RG GRUR 1903, 145 ff Fahrstuhl; RG GRUR 1943, 247 ff Seidenriemen; BGH GRUR 1955, 87 Bäckereimaschine.

375   BGH GRUR 1993, 912 Bina, WzSache.

376   BGH GRUR 1956, 264 f Wendemanschette I; BGH Liedl 1961/62, 264 ff Lacktränkeinrichtung I; BGH GRUR 1965, 135, 137 Vanal-Patent; *Mes* Rn 96; vgl CCass PIBD 1998 III 319.

377   Vgl *R. Schlosser* sic! 1998, 269, 278 f mwN; für die Zeichennutzung BGH GRUR 2006, 56 BOSS-Club.

378   BGH BOSS-Club.

379   BGH GRUR 2010, 1107 (Nr 24–26) JOOP!.

380   *Martinek/Wimmer-Leonhardt* WRP 2006, 204 ff gegen *Emde* WRP 2003, 468 ff; *Emde* WRP 2006, 449 ff; *Fammler* Markenlizenzvertrag S 175 f; *Ingerl/Rohnke* § 30 MarkenG Rn 91.

381   Zur mangelnden Ernstlichkeit einer Anpassungsvereinbarung BGH 25.4.2001 X ZR 50/99 BGHRep 2002, 703 Ls autohomologe Immuntherapie 01; zur Anpassung der vertraglichen Verpflichtungen nach § 242 BGB, wenn die Parteien im gegenseitigen Einvernehmen das unter das Patent fallende Herstellungsverfahren so abgeändert haben, dass vom Patent kein Gebrauch mehr gemacht wird, sie bei aber von der irrtümlichen Annahme ausgingen, das Patent werde weiter benutzt, BGH 25.2.1965 Ia ZR 240/63.

382   Zu dieser BGHZ 115, 63 = GRUR 1991, 901 Horoskopkalender; BGHZ 137, 387, 397 = GRUR 1998, 680 Comic-Übersetzungen I; BGH GRUR 2002, 153 Kinderhörspiele; BGH GRUR 2002, 149 Wetterführungspläne II.

383   BGH 6.11.1959 I ZR 182/57; BGH 5.1.1962 I ZR 81/60.

Regelung entfallen.[384] Kannten die Parteien bei Vertragsschluss die tatsächliche und rechtl Schwäche des Patentschutzes, war der Lizenzgeber nach der Vereinbarung überhaupt nicht zu einem Vorgehen gegen Patentverletzer verpflichtet, führt die noch nicht rechtskräftige Versagung des Patents nicht zum Wegfall der Geschäftsgrundlage; dies wurde offengelassen für den Fall, dass der Lizenzgeber das aussichtslose Erteilungsverfahren bewusst verschleppt.[385] Die Verpflichtungen der Vertragsparteien entfallen im Fall der unanfechtbaren Versagung des Patents für die zurückliegende Zeit bei einem Vertrag über die Nutzung einer Erfindung, die erst zur Erteilung eines Patents angemeldet war oder deren Anmeldung ernstlich angestrebt wurde, nicht.[386] Bei Verträgen über Dauerschuldverhältnisse, die keine Anpassungsklausel enthalten, kommt nachträgliche Änderung der vereinbarten Vergütung nur ganz ausnahmsweise unter besonderen Umständen in Betracht.[387] Eine Vereinbarung, die im Zusammenhang mit der Frage getroffen wird, ob und in welcher Form ein Lizenzvertrag fortgesetzt oder beendet werden soll, ist in einer Weise auszulegen, dass ihr eine tatsächliche Bedeutung zukommt, wenn sie sich ansonsten als sinnlos erweisen würde.[388] Ist eine Stück- oder Umsatzlizenz vereinbart, rechtfertigt allein der Umstand, dass die Stückzahlen oder Umsätze und damit die Lizenzgebühren sehr hoch ausfallen, keine Anpassung des Vertrags;[389] es ist Sache der Vertragsparteien, für diesen Fall eine entspr Degression zu vereinbaren.

3. Folgen der Beendigung für Unterlizenzen

a. Früher herrschende Meinung. Die früher hM ist davon ausgegangen, dass mit dem Ende des Li- **117** zenzvertrags auch das Benutzungsrecht eines etwaigen Unterlizenznehmers endet.[390]

b. Neukonzeption des I. Zivilsenats des Bundesgerichtshofs. Von diesem Grundsatz ist der **118** I. Zivilsenat zunächst in der urheberrechtl Entscheidung „Reifen Progressiv" für den Fall abgewichen, dass die Hauptlizenz infolge Rückrufs wegen Nichtausübung nach § 41 UrhG endet und eine einfache Unterlizenz gegen Einmalzahlung erteilt worden ist. Er hat das zum einen mit dem dinglichen Charakter (auch) der (einfachen) Unterlizenz und zum anderen mit der spezifischen Interessenlage der Beteiligten bei einem Rückruf nach § 41 UrhG begründet.[391] In den ebenfalls zum Urheberrecht ergangenen Urteilen „M2Trade"[392] und „Take Five"[393] hat er diesen Ansatz auf neuer dogmatischer Grundlage verfestigt und ausgebaut.[394] Während der dingliche Charakter der Lizenz nicht mehr bemüht wird,[395] wird nunmehr unter Hinweis auf die immaterialgüterrechtl Regelungen zum Sukzessionsschutz[396] (s Rn 76) und – wohl maßgeblich[397] – aufgrund einer Interessenabwägung (Abwägung der Interessen des Hauptlizenzgebers gegen die des Unterlizenznehmers)[398] davon ausgegangen, dass es im Regelfall gerechtfertigt ist, dass das **Benutzungsrecht des Unterlizenznehmers vom Fortbestand der Hauptlizenz unabhängig** ist. Maßgeblich hierfür ist,

---

384 BGH GRUR 1970, 202 f Handstrickapparat, nur teilweise in BGHZ.
385 BGH GRUR 1965, 160 ff Abbauhammer.
386 BGH GRUR 1969, 677 f Rübenverladeeinrichtung; BGH 13.7.1982 X ZR 50/81.
387 BGH GRUR 2001, 223, 226 Bodenwaschanlage; vgl BGH GRUR 1990, 1005 Salome I, BGHZ 131, 209, 216 = GRUR 1997, 215 Klimbim; BGH GRUR 1996, 763 f Salome II; BGHZ 147, 244 = GRUR 2001, 826 Barfuß ins Bett, UrhSachen; vgl auch RB Den Haag BIE 2003, 274.
388 BGH 25.4.2001 X ZR 50/99 BGHRep 2001, 703 Ls autohomologe Immuntherapie 01.
389 Vgl BGH GRUR 2009, 1162 (Nr 6972 DAX), Markensache.
390 Vgl RGZ 142, 168, 170 Loseblätterbuch; Benkard[10] Rn 107; Schulte Rn 37.
391 BGH GRUR 2009, 946 (Nr 17 ff, 20, 21 ff) Reifen Progessiv und hierzu Scholz GRUR 2009, 1107 ff; Pahlow GRUR 2010, 112 ff; Pahlow Mitt 2012, 249, 252.
392 BGH GRUR 2012, 916 M2Trade.
393 BGH GRUR 2012, 914 Take Five.
394 S hierzu Meyer-van Raay NJW 2012, 3691 ff; Haedicke Mitt 2012, 429 ff; Trimborn MarkenR 2012, 460 ff; Rieken/Conraths MarkenR 2013, 63 ff; Dammler/Melullis GRUR 2013, 781 ff; Iskic/Strobel sic! 2013, 682 ff; Greifenender/Veh WRP 2014, 17 ff; McGuire/Kunzmann GRUR 2014, 28 ff.
395 Zutr Meyer-van Raay NJW 2012, 3691, 3692; Rieken/Conraths MarkenR 2013, 63, 64; übersehen dagegen bei Haedicke Mitt 2012, 429, 432.
396 BGH GRUR 2012, 916, 918 (Nr 24) M2Trade; BGH GRUR 2012, 914, 915 (Nr 16) Take Five.
397 Zum nicht geklärten Verhältnis der beiden Begründungsansätze s Trimborn MarkenR 2012, 460, 462.
398 BGH GRUR 2012, 916, 919 (Nr 30 ff) M2Trade; BGH GRUR 2012, 914, 915 (Nr 18 ff) Take Five.

dass der Hauptlizenzgeber der Einräumung der Unterlizenz zugestimmt habe und haben müsse[399] (s aber Rn 81 und unten Rn 124).

119   Der **X. Zivilsenat des BGH** hat gegen diese Sichtweise auf Anfrage keine Bedenken erhoben.[400]

120   Der Grundsatz des Fortbestands gilt für ausschließliche wie für einfache Unterlizenzen und unabhängig davon, ob die Unterlizenz durch eine Einmalzahlung vergütet worden ist oder eine fortlaufende Zahlungspflicht besteht. In letzterem Fall steht jedoch dem Hauptlizenzgeber gegen den Unterlizenzgeber, der Partei des Unterlizenzvertrags bleibt, ein bereicherungsrechtl Anspruch aus § 812 Abs 1 Satz 1, 2. Alt BGB auf **Abtretung des gegen den Unterlizenznehmer bestehenden Anspruchs auf ausstehende Lizenzzahlungen** zu.[401] Der Anspruch besteht auch im Fall der Insolvenz des Hauptlizenznehmers, falls der Insolvenzverwalter Nichterfüllung des Hauptlizenzvertrags, aber Erfüllung des Unterlizenzvertrags wählt; er ist dann Masseverbindlichkeit.[402]

121   Darüber hinaus wird man dem Hauptlizenzgeber einen **Auskunftsanspruch** gegen den Unterlizenznehmer zur Kontrolle der Lizenzzahlungen zugestehen müssen bzw einen Anspruch auf Abtretung solcher begleitenden Ansprüche. Erhebliche Probleme können freilich entstehen, wenn sich der Unterlizenznehmer – insb mit Auswirkung auf die Lizenzgebühren – nicht mehr vertragsgemäß verhält.[403]

122   Von einem **Fortfall des Benutzungsrechts des Unterlizenznehmers bei Wegfall der Hauptlizenz** ist dagegen auszugehen, wenn eine solche Kopplung im Haupt- oder im Unterlizenzvertrag **vereinbart** ist. Allein der Umstand, dass die Hauptlizenz als Konzernlizenz vergeben worden und das Recht zur Unterlizenzierung auf konzernabhängige Unternehmen beschränkt ist, erlaubt aber noch nicht den Schluss, dass das Benutzungsrecht des Unterlizenznehmers mit der Hauptlizenz endet.[404]

123   Auch einen ausdrückliche oder konkludente Vereinbarung wird von einem Fortfall des Benutzungsrechts des Unterlizenznehmers auszugehen sein, wenn die erforderliche **Interessenabwägung** (Rn 118) **ausnahmsweise zu Lasten des Unterlizenznehmers** ausgeht. Gründe dafür können sein: der Unterlizenznehmer ist für das Scheitern der Hauptlizenz verantwortlich; Unterlizenz zu dem alleinigen Zweck, die Kündigung des Hauptlizenzvertrags zu umgehen bzw um für den Fall der Insolvenz des Hauptlizenzgebers das Wahlrecht des Insolvenzverwalters aus § 103 InsO zu umgehen;[405] kein Vergütungsanspruch aus der Unterlizenz, zB weil die Unterlizenz als Freilizenz gewährt worden ist oder die Vergütungsansprüche bereits anderweitig abgetreten sind.

124   **c. Kritik.** An der Konzeption des I. Zivilsenats ist vor allem bemängelt worden, dass es zu einem vertragslosen Zustand zwischen Hauptlizenzgeber und Unterlizenznehmer kommen kann.[406] Gegen eine unbesehene Übernahme in das Patentrecht spricht auch, dass nach hM jedenfalls der ausschließliche Lizenznehmer keine Erlaubnis des Patentinhabers zur Vergabe von Unterlizenzen benötigt (Rn 81). Damit entfällt insoweit eine wesentliche Voraussetzung für die vom I. Zivilsenat vorgenommene Korrektur (vgl Rn 118).

IV. Gegenseitige Pflichten aus dem Lizenzvertrag

125   **1.** Über **Haupt- und Nebenpflichten** eines Lizenzvertrags entscheiden der Parteiwille und daneben die Umstände des Einzelfalls.[407] Für die Auslegung von Lizenzverträgen sind die allg Grundsätze heranzuziehen. Danach ist ist in erster Linie der von den Parteien gewählte Wortlaut und der dem Wortlaut zu entnehmende objektiv erklärte Parteiwille zu berücksichtigen. Weiter gilt das Gebot der nach beiden Sei-

---

399   BGH Take Five (Nr 19).
400   Vgl BGH M2Trade (Nr 23 aE); BGH Take Five (Nr 15).
401   BGH M2Trade (Nr 26).
402   BGH M2Trade (Nr 26 aE).
403   Vgl *Dammler/Melullis* GRUR 2013, 781, 788; *Greifenender/Veh* WRP 2014, 17, 22; daher gegen die Abtretungslösung des BGH und für eine im Wege der ergänzenden Vertragsauslegung anzunehmende Vertragsübernahme *McGuire/Kunzmann* GRUR 2014, 28, 34.
404   BGH GRUR 2012, 916, 919 (Nr 34) M2Trade.
405   Vgl *McGuire/Kunzmann* GRUR 2014, 28, 34.
406   *Benkard* Rn 107.
407   RG GRUR 1937, 1003 Förderwagenkupplung II; BGH GRUR 1960, 558, 560 Eintritt in Kundenbestellung; BGH GRUR 1961, 466, 469 Gewinderollkopf II.

ten hin interessengerechten Auslegung und der Berücksichtigung des von den Parteien beabsichtigten Zwecks des Vertrags[408] (zu der vor allem im Urhebervertragsrecht entwickelten Übertragungszweckregel s § 31 Abs 5 UrhG). Soweit die Nichtigkeit des Vertrags droht (zB wegen möglicher Kartellverstöße), ist iZw derjenigen Auslegung der Vorzug zu geben, die die Nichtigkeit vermeidet.[409]

2. Pflichten und Haftung des Lizenzgebers

a. Rechtsverschaffung. Der Patentinhaber muss das lizenzierte Recht, erforderlichenfalls auch zu- **126** gehöriges „Know-how", zur Verfügung stellen.[410] Er muss das lizenzierte Schutzrecht erwirken, aufrechterhalten und verteidigen, insb die erforderlichen Gebühren zahlen.[411] Welche Rechte ein nur Mitberechtigter verschaffen kann, richtet sich nach §§ 741 ff BGB (vgl Rn 45 zu § 6).[412] Anzuwenden sind vorbehaltlich abw Vereinbarungen[413] die allg Gewährleistungsvorschriften des BGB.[414] Die verschiedenen Fälle der Unmöglichkeit und des Unvermögens sind nach der Schuldrechtsreform grds gleichgestellt. Vorübergehende Unmöglichkeit war schon nach früherem Recht für ihre Dauer der dauernden gleichzusetzen.[415] Lässt der Lizenzgeber das Schutzrecht verfallen, ist er wegen Nichterfüllung schadensersatzpflichtig; ist der Vertrag zu bestimmten Zeitpunkten kündbar, ist der ersatzfähige Schaden idR auf Vermögenseinbußen beschränkt, die der Lizenznehmer bis zu dem Zeitpunkt erleidet, zu dem eine Kündigung frühestens möglich gewesen wäre.[416] Wer ihm nicht zustehende Nutzungsrechte einräumt oder ihm nicht zustehende Vergütungsansprüche geltend macht und dabei nicht auf bestehende Zweifel an seiner Rechtsinhaberschaft hinweist, kann als Teilnehmer einer dadurch veranlassten Rechtsverletzung auf Unterlassung in Anspruch genommen werden.[417] Ist neben der Überlassung des nicht existierenden „Schutzrechts" eine Abrede über das Zurverfügungstellen der technischen Erfindung als solcher getroffen, kann teilweise Unmöglichkeit oder Unvermögen zur Leistung vorliegen, wodurch sich nach früherem Recht nur der Anspruch auf die vom Lizenznehmer zu erbringende Gegenleistung nach §§ 472, 473 BGB aF minderte; nach neuem Recht wird § 323 Abs 5 BGB anwendbar sein.[418]

Abhängigkeit. Dem Inhaber eines abhängigen Patents ist es grds nicht verwehrt, ohne Einwilligung **127** des Inhabers des älteren Patents Lizenzen einzuräumen. Die Rspr hat angenommen, dass er, falls der Inhaber des älteren Patents seine Einwilligung verweigert, dem Lizenznehmer hierfür uU nach den Grundsätzen des Mangels im Recht einzustehen habe;[419] indessen kam nach früherer Rechtslage nur Haftung nach Sachmängelgrundsätzen in Betracht (Rn 24), im geltenden Recht ist dies ohne größere Bedeutung. Normalerweise trägt der Lizenznehmer das Risiko einer unerwarteten Abhängigkeit der lizenzierten Erfindung von einem anderen Patent.[420] Die Haftung des Lizenzgebers ist – auch stillschweigend – abdingbar.[421] Gleiches muss gelten, soweit Rechte Dritter eingreifen, ohne dass Abhängigkeit vorliegt.[422]

---

408 BGH GRUR 1998, 673, 676 Popmusikproduzenten; BGH GRUR 2002, 280 f Rücktrittsfrist; BGHZ 150, 32, 39 = GRUR 2002, 532, 534 Unikatrahmen; BGH GRUR 2003, 173 Filmauswertungspflicht; BGH GRUR 2003, 699 Eterna; BGH GRUR 2011, 946 f (Nr 18) KD.

409 Vgl BGH KD (Nr 26); BGH GRUR 2013, 397, 400 f (Nr 46) Peek & Cloppenburg III.

410 RGZ 155, 306, 314 = GRUR 1937, 1086 Funkverband; *Mes* Rn 50; vgl auch BGH GRUR 2005, 406 f Leichtflüssigkeitsabscheider; aA *B. Bartenbach* Mitt 2002, 503, 509; *Kraßer* S 939 (§ 41 II 2).

411 *Benkard* Rn 152.

412 Vgl *van Venrooy* Mitt 2000, 26 ff.

413 Vgl *B. Bartenbach* Mitt 2003, 102, 108.

414 BGH 23.4.1963 I a ZR 121/63 für den Fall des Nichtbestehens des lizenzierten Gebrauchsmusters; vgl BGHZ 2, 331 = GRUR 1951, 471 Filmverwertungsvertrag; OLG Brandenburg 11.11.1997 6 U 278/96 zur Aufrechterhaltung.

415 BGH 23.4.1963 I a ZR 121/63.

416 LG Düsseldorf 23.1.1996 4 O 263/95 Entsch 1996, 14 Ls.

417 BGHZ 151, 300 = GRUR 2002, 963 elektronischer Pressespiegel.

418 Zur früheren Rechtslage BGH 23.4.1963 I a ZR 121/63.

419 RG GRUR 1935, 306 Müllwagen; BGH GRUR 1962, 370, 374 Schallplatteneinblendung in Filme.

420 BGH Liedl 1974/77, 337, 341 Dauerhaftmagnete.

421 BGH 15.5.1973 X ZR 65/70.

422 Vgl, allerdings auf Grundlage einer Rechtsmängelhaftung, BGH GRUR 2001, 223, 226 Bodenwaschanlage; OLG Naumburg 30.6.1999 6 U 115/98.

128   Erfordert die Benutzung der lizenzierten Erfindung die **Mitbenutzung einer weiteren Erfindung** des Lizenzgebers, ist diese iZw mitlizenziert.[423]

129   Die Verletzung der Rechtsverschaffungspflicht begründet nach allg Regeln[424] (§§ 280, 281 BGB) **Schadensersatzpflicht.** Der Lizenzgeber ist vorleistungspflichtig.[425] Lässt der Lizenzgeber das Schutzrecht verfallen, ist er wegen Nichterfüllung schadensersatzpflichtig; ist der Vertrag zu bestimmten Zeitpunkten kündbar, ist der ersatzfähige Schaden idR auf Vermögenseinbußen beschränkt, die der Lizenznehmer bis zu dem Zeitpunkt erleidet, zu dem eine Kündigung frühestens möglich gewesen wäre; zugunsten des Lizenznehmers wird vermutet, dass sich seine Einmalzahlung bei störungsfreier Vertragserfüllung durch den Vorteil der erlaubten Benutzung amortisiert hätte.[426] Als adäquat verursachter Schaden kommen im Einzelfall auch Ersatzleistungen in Betracht, die der auf die Rechtsinhaberschaft seines Lizenzgebers zu Unrecht vertrauende Lizenznehmer an einen nichtberechtigten Dritten erbringt, sofern er unter den gegebenen Umständen von einer Berechtigung des Dritten ausgehen darf.[427] Adäquater Zusammenhang kann fehlen, wenn der Geschädigte durch seine Zahlung in völlig ungewöhnlicher und unsachgem Weise in den schadensträchtigen Geschehensablauf eingreift und eine weitere Ursache setzt, die den Schaden erst endgültig herbeiführt.[428]

130   **b. Haftung für Rechtsbestand.** Den Lizenzgeber trifft grds keine Haftung für die Rechtsbeständigkeit des lizenzierten Schutzrechts.[429] Ist eine Patentanmeldung lizenziert, kann sich aus den vertraglichen Vereinbarungen ergeben, dass bei Patenterteilung in erheblich reduziertem Umfang Gewährleistungsansprüche bestehen.[430] Zu den Folgen des Widerrufs oder der Nichtigerklärung des Schutzrechts für die Vergütungspflicht des Lizenznehmers Rn 143. Der Lizenznehmer kann die während des Nichtbestehens des Schutzrechts geleisteten Zahlungen nach den Vorschriften über die ungerechtfertigte Bereicherung zurückfordern.[431] Der Lizenzgeber kann nach § 242 BGB verpflichtet sein, den Lizenznehmer zu unterrichten, wenn ernste Zweifel auftauchen, ob er seiner Verschaffungspflicht genügen konnte; Unterlassung kann aus positiver Vertragsverletzung einen Schadensersatzanspruch auslösen.[432] Die allg lizenzvertraglichen Grundsätze gelten auch, wenn sich der Lizenzvertrag auf noch anzumeldende ausländ Patente bezieht. Die mangelnde Aussicht, in weiteren ausländ Staaten Patentschutz zu erlangen, berechtigt deshalb den Lizenznehmer nicht, Schadensersatz wegen Nichterfüllung zu verlangen, anders nur, wenn der Lizenzgeber Gewähr für die Patenterteilung übernommen, Zusicherungen gemacht oder ihm bei Vertragsabschluss bekannte Umstände, die der Patenterteilung entgegenstehen konnten, verschwiegen hat.[433] Bei der Knowhow-Lizenz kommt eine Rechtsmängelhaftung entspr den in Rn 24, 127 dargestellten Grundsätzen auch dann nicht in Betracht, wenn für Dritte Schutzrechte bestehen.[434]

131   **c. Haftung für Ausführbarkeit und Brauchbarkeit.** Verkäufer und Lizenzgeber haben grds für Ausführbarkeit und technische Brauchbarkeit, dh Erreichen des erstrebten technischen Verwendungszwecks, des lizenzierten Rechts einzustehen.[435] Eine Benutzung der Erfindung ist unmöglich, solange der Lizenznehmer dazu nicht aufgrund des Durchschnittskönnens eines Fachmanns auf dem betreffenden Gebiet in der Lage ist.[436] Den Lizenzgeber können im Einzelfall werkvertragliche Verpflichtungen (zB Konstruktions-

---

423   BGH GRUR 2005, 406 Leichtflüssigkeitsabscheider.
424   Näher *Ann/Barona* Rn 123 ff; vgl *Ann* VPP-Rdbr 2003, 1, 4 f.
425   BG Höfe (Schweiz) sic! 2007, 140.
426   LG Düsseldorf 23.1.1996 4 O 263/95 Entsch 1996, 14 Ls.
427   BGH GRUR 1991, 332 Lizenzmangel; vgl BGH GRUR 1987, 37, 40 Videolizenzvertrag.
428   BGH Lizenzmangel; vgl BGH NJW 1986, 1329, 1331.
429   Vgl BGH GRUR 1961, 572 Metallfenster; *Ann/Barona* Rn 143.
430   OLG Frankfurt 27.2.2003 6 U 227/01.
431   BGH 23.4.1963 Ia ZR 121/63, zur früheren Rechtslage.
432   BGH 23.4.1963 Ia ZR 121/63.
433   BGH 4.7.1972 X ZR 7/69.
434   AA *R. Schlosser* sic! 1998, 269, 274.
435   Vgl RGZ 75, 400 = BlPMZ 1911, 270 Secours-Entschirrungsapparat; RG MuW 30, 252 f Flyfall; RG MuW 30, 256 Verwertungsvertrag; RG GRUR 1934, 542 Triumphator II; BGH GRUR 1955, 338, 340 beschlagfreie Brillengläser; BGH GRUR 1957, 595 Verwandlungstisch; BGH GRUR 1960, 44 f Uhrgehäuse; BGH GRUR 1961, 466 f Gewinderollkopf II; BGH GRUR 1961, 494 f Hubroller; BGH GRUR 1965, 298, 301 Reaktionsmeßgerät.
436   BGH 24.3.1970 X ZR 65/68; vgl dazu auch LG München I InstGE 9, 257 (Nr 73).

tätigkeit) treffen,[437] wieweit diese gehen, ist Frage der Vertragsauslegung. Die **Beweislast** für fehlende Ausführbarkeit und Brauchbarkeit trifft nach allg Grundsätzen den Lizenznehmer.[438]

Die **Rechtsfolgen** mangelnder Ausführbarkeit sind vom RG unterschiedlich beurteilt worden.[439] Der **132** BGH hat sie zunächst offengelassen.[440] Die Ansichten in der Lit sind uneinheitlich.[441] Für den Filmverwertungsvertrag hat der BGH grds die Vorschriften über die Rechtspacht entspr herangezogen.[442] Zusicherung nach § 463 BGB aF war für die Haftung nicht erforderlich;[443] anzuwenden sind die allg Vorschriften über gegenseitige Verträge. Der Lizenzgeber ist, wenn Brauchbarkeit zum vertraglich vorgesehenen Zweck fehlt, für anfängliches Unvermögen auch ohne spezielle Zusicherung zum Schadensersatz verpflichtet, sofern sich nicht aus den Fallumständen eine andere Risikoverteilung ergibt;[444] dies folgt nach geltendem Recht aus §§ 311a, 437 Nr 3 BGB und gilt insoweit bereits (aber auch nur)[445] bei fahrlässigem Handeln.[446] Die Haftung für Ausführbarkeit und Brauchbarkeit bestimmt sich danach, was geschuldet ist und welche Risikoverteilung die Parteien vereinbart haben.[447] Soweit und solange der Lizenzgeber dem Lizenznehmer nicht die Möglichkeit verschafft, den mit dem lizenzierten Schutzrecht erstrebten Erfolg mit den in dem Schutzrecht vorgeschlagenen Mitteln zu erreichen, kann der Lizenznehmer die Zahlung der Lizenzgebühr verweigern, bei teilweiser Unbrauchbarkeit mindern.[448] Soweit demgegenüber angenommen wurde, dass auch ein aufgrund einer nicht ausführbaren Lehre erteiltes Patent dem Lizenznehmer eine (faktische) Vorzugsstellung vermittle, solange die Konkurrenz das Patent respektiere, so dass die Lizenzgebühren insoweit weiter zu zahlen seien bzw bereits gezahlte nicht zurückgefordert werden könnten,[449] ist dem in dieser Allgemeinheit nicht zu folgen. Bei einer gar nicht ausführbaren Lehre ist es nämlich schon gedanklich ausgeschlossen, dass Wettbewerber das Patent nicht respektieren, dh von der Lehre Gebrauch machen. Insoweit erhält der Lizenznehmer auch keine Vorzugsstellung, die eine Vergütung rechtfertigte. Anders kann es nur ausnahmsweise dann liegen, wenn der patentgemäße Erfolg (zufällig) doch eintritt.[450]

d. Haftung für Verwertbarkeit. Für eine Haftung des Lizenzgebers reicht wegen des Wagnischarak- **133** ters des Lizenzvertrags[451] mangels entspr Abrede das Fehlen wirtschaftlicher Verwertbarkeit nicht aus,[452] dies gilt erst recht für Wettbewerbsfähigkeit.[453] Bei Fehlen besonderer Anhaltspunkte trägt demzufolge im allg der Lizenznehmer das Risiko der wirtschaftlichen Verwertbarkeit.[454] Es ist aber ein Unterschied zu machen, ob sich das Risiko in der Marktchance oder Rentabilität des Absatzes erschöpft oder ob bei Nichteignung oder Schädlichkeit des Lizenzgegenstands schwerwiegende Störungen der öffentlichen Ordnung

---

437 Vgl den Fall in BGH 25.1.2000 X ZR 97/98.

438 LG München I InstGE 9, 257 (Nr 59).

439 RG MuW 30, 252 f Flyfall; RG MuW 30, 256 Verwertungsvertrag: Nichtigkeit; RG GRUR 1934, 542 Triumphator II: §§ 320 ff, 459 ff BGB.

440 BGH GRUR 1957, 595 Verwandlungstisch; BGH GRUR 1961, 494 f Hubroller.

441 Näher *Ann/Barona* Rn 147 ff.

442 BGHZ 2, 331 = GRUR 1951, 471 Filmverwertungsvertrag.

443 RGZ 75, 400 = BlPMZ 1911, 270 Secours-Entschirrungsapparat; BGH GRUR 1960, 44 f Uhrgehäuse; BGH GRUR 1961, 466 f Gewinderollkopf II; BGH GRUR 1965, 298, 301 Reaktionsmeßgerät.

444 BGH GRUR 1979, 768 f Mineralwolle.

445 Vgl *Kraßer* S 944 f (§ 41 IV 7).

446 Vgl *Ann/Barona* Rn 151; *Haedicke* GRUR 2004, 123, 126 nimmt bei ausschließlicher Lizenz Sachmängelhaftung an.

447 BGH Mineralwolle; BGH 10.5.2011 X ZR 156/10, auch zu den – einzelfallabhängigen – Sorgfaltsanforderungen; *Benkard* Rn 110.

448 BGH 24.3.1970 X ZR 65/68; dort offengelassen, ob Grundlage für das Leistungsverweigerungsrecht § 323 BGB, § 478 BGB aF oder § 242 BGB ist; vgl OLG Naumburg 30.6.1999 6 U 115/98.

449 OLG Karlsruhe GRUR-RR 2009, 121 f.

450 Insoweit im Ergebnis zutr OLG Karlsruhe GRUR-RR 2009, 121 f.

451 Vgl BGH GRUR 1961, 27 f Holzbauträger; BGH GRUR 1975, 598, 600 Stapelvorrichtung.

452 BGH GRUR 2001, 223, 226 Bodenwaschanlage; BGH 25.11.1976 X ZR 24/76; vgl BGHZ 2, 331 = GRUR 1951, 471 Filmverwertungsvertrag.

453 BGH 25.2.1965 Ia ZR 240/63; vgl BGH GRUR 1955, 338, 341 beschlagfreie Brillengläser; RGZ 106, 362, 366.

454 BGH 5.1.1962 I ZR 81/60; BGH 22.6.1962 I ZR 2/61; LG München I InstGE 9, 257 (Nr 56).

zu besorgen sind, für die der Lizenznehmer bis zur Vernichtung der wirtschaftlichen Existenz haftbar gemacht werden könnte.[455]

134   **e.** Bei **Fehlen zugesicherter Eigenschaften** einer lizenzierten Erfindung hatte der Lizenzgeber in entspr Anwendung des den §§ 463, 538, 581 BGB aF zugrunde liegenden Rechtsgedankens auf Schadensersatz wegen Nichterfüllung einzustehen; einer Heranziehung der §§ 325, 326 BGB aF bedurfte es insoweit nicht.[456] Zusicherung (nach geltendem Recht Beschaffenheitsgarantie,[457] § 443 Abs 1 BGB) ist das vertraglich vom Lizenzgeber gegebene und vom Lizenznehmer angenommene Versprechen, dass der Lizenzgegenstand eine bestimmte Eigenschaft aufweist; für sie wird man kauf- und werkvertragsrechtl Grundsätze heranziehen können, so dass es darauf, ob es technisch möglich ist, dem Lizenzgegenstand die zugesicherte Eigenschaft zu verleihen, nicht ankommt.[458] Die Beschaffenheitsgarantie, für die verschuldensunabhängig gehaftet wird, kann zB Rentabilität der Auswertung,[459] Fabrikationsreife[460] betreffen. Erkennbare Übertreibungen in der Patentschrift begründen keine Zusicherung,[461] überhaupt werden Angaben in der Patentschrift nicht ohne weiteres Vertragsinhalt. Mängel des Lizenzgegenstands, die mit den dem Fachmann zur Verfügung stehenden Mitteln behoben werden können, fallen idR in den Risikobereich des Lizenznehmers; die Übernahme einer Garantie kann nicht allein daraus hergeleitet werden, dass der Lizenzgeber die Verpflichtung übernimmt, dem Lizenznehmer Unterstützung zu geben, die diesen in den Stand setzt, einwandfreie Erzeugnisse herzustellen.[462]

135   **f.** Eine **Meistbegünstigungsklausel** bezweckt, dass der Lizenznehmer die Lizenz zumindest zu denselben Bedingungen eingeräumt erhält wie spätere Lizenznehmer. Ihm soll insb die Sicherheit gegeben werden, dass andere Lizenznehmer infolge einer geringeren Belastung durch Lizenzabgaben das Erzeugnis nicht niedriger kalkulieren und daher zu einem günstigeren Preis auf den Markt bringen können.[463] Bei der echten Meistbegünstigungsklausel verpflichtet sich der Lizenzgeber, Dritten keine günstigeren Bedingungen einzuräumen als dem Lizenznehmer, bei der unechten verpflichtet er sich zur Einräumung der dem Dritten gewährten günstigeren Bedingungen. Nichtinanspruchnahme der anderen Lizenznehmer auf die Lizenzgebühr lässt in ihrem Umfang die Zahlungspflicht des begünstigten Lizenznehmers entfallen.[464]

136   **g. Verteidigung des Schutzrechts.** Grds besteht keine schlechthin und unbedingt zu bejahende Verpflichtung des Lizenzgebers, gegen jeden Verletzer vorzugehen,[465] sie kann nur auf die Umstände des Einzelfalls gegründet werden,[466] so durch Meistbegünstigungsklausel bei einfacher Lizenz oder bei marktbeherrschender Stellung;[467] Nichteinschreiten kann in diesem Fall das Verlangen der Lizenzzahlung unter dem Gesichtspunkt der Unzumutbarkeit treuwidrig machen.[468] Besteht eine solche Verpflichtung, hängt es von den Fallumständen ab, welche Maßnahmen der Lizenzgeber treffen muss und welcher Zeitraum ihm zuzubilligen ist; grds besteht keine Pflicht zur zeitgleichen Klage gegen eine Vielzahl von Verletzern.[469]

137   **h. Auskunftspflicht.** Auch den Lizenzgeber können Auskunftspflichten treffen, so wenn er entgegen dem Vertrag selbst Marktaktivitäten entfaltet hat. Hierfür gelten die allg Grundsätze. Der Konzernverbund

---

455 BGH 22.6.1962 I ZR 2/61; zu den Auswirkungen der Schuldrechtsreform unter dem Aspekt der unterschiedlichen dogmatischen Ansätze *B. Bartenbach* Mitt 2003, 102, 109 f.
456 BGH GRUR 1970, 547 Kleinfilter; zu den Auswirkungen der Schuldrechtsreform *B. Bartenbach* Mitt 2003, 102, 110.
457 Näher *Ann/Barona* Rn 128 ff.
458 Vgl BGHZ 54, 236, 238 = NJW 1970, 2021; BGHZ 96, 111, 114 f = NJW 1986, 711.
459 BGH Kleinfilter.
460 RG Mitt 1936, 323 f Reflektorlinse; BGH 10.5.2011 X ZR 156/10 (Nr 15 ff).
461 RG BlPMZ 1911, 250 f Gutta-Gentzsch.
462 BGH 24.3.1970 X ZR 65/68.
463 BGH GRUR 1965, 591, 595 Wellplatten; BGH 14.3.1974 X ZR 61/70.
464 BGH 14.3.1974 X ZR 61/70.
465 BGH GRUR 1965, 591, 595 f Wellplatten.
466 BGH 8.7.1971 X ZR 55/68.
467 LG Düsseldorf 27.2.1996 4 O 221/95 Entsch 1996, 14 Ls.
468 BGH Wellplatten.
469 LG Düsseldorf 27.2.1996 4 O 221/95 Entsch 1996, 14 Ls.

stellt aber für sich allein keinen Grund dar, einem abhängigen Unternehmen selbstständige Aktivitäten verbundener Unternehmen zuzurechnen.[470]

3. Pflichten des Lizenznehmers

a. Vergütungspflicht. Grundsatz. Die Zahlung der Lizenzvergütung ist regelmäßig Hauptleistungs- **138** pflicht des Lizenznehmers;[471] in Betracht kommen an ihrer Stelle aber auch andere Pflichten.[472] Die Vergütung wird idR nicht nur für das einmalige Überlassen des Lizenzgegenstands gezahlt.[473] IZw sind alle Handlungen vergütungspflichtig, die in den Schutzbereich des Patents fallen.[474] Erschöpfung muss dem nicht entgegenstehen[475] (vgl Rn 97). Die Lizenz wird iZw jedoch nur für die Handlungen versprochen, die sich als Patentverletzung darstellten, wenn sie nicht lizenziert wären.[476] Daher wird zB bei Lizenzierung eines Verfahrenspatents in der Weise, dass die Lizenzgebühr in Höhe eines bestimmten Vomhundertsatzes vom Nettoverkaufspreis für Vorrichtungen geschuldet ist, die sich zur Durchführung des lizenzierten Verfahrens eignen, keine Lizenzgebühr geschuldet für Vorrichtungen, die zwar im Inland hergestellt, aber in das patentfreie Ausland geliefert werden.[477] Bei „Nullizenz" kann Zahlungspflicht des Lizenznehmers ganz entfallen; regelt der Vertrag nichts, ist grds eine von einer Vertragspartei nach billigem Ermessen zu bestimmende angemessene Vergütung geschuldet[478] (§§ 315, 316 BGB), sonst kann, wenn dies nach dem Willen der Parteien nicht gewollt ist, richterliche Vertragsergänzung nach § 157 BGB in Betracht kommen.[479] Die Verkehrsüblichkeit einer Lizenz kann keine Rolle spielen, wenn ein bestimmter Wille der Vertragsschließenden zu ermitteln ist.[480]

Bemessung der Lizenzgebühr.[481] IdR wird die Lizenzgebühr **umsatzabhängig** vereinbart, als Stück- **139** lizenz,[482] Umsatzlizenz,[483] nach dem Rechnungsbetrag (zB „Netto-Fakturenwert"),[484] Reingewinn[485] oder Wert der durch das lizenzierte Verfahren hergestellten Erzeugnisse.[486] Zur Vergütungspflicht für während der Vertrags- (Patent-)dauer verkaufte, aber erst danach angefertigte und gelieferte Gegenstände Rn 114. Ob die Vergütungspflicht entfällt, wenn bei einer Umsatzlizenz das abgeschlossene Geschäft nicht durchgeführt wird, ist Frage der Vereinbarung und ihrer Auslegung im Einzelfall.[487] Wird in einem Lizenzvertrag ein Lizenzsatz vereinbart, der sich aus Verkaufspreisen für Kunden des Lizenznehmers errechnet, ist der Begriff des Kunden dahingehend zu verstehen, dass bei Einschaltung von Konzernmitgliedern in den Vertriebsweg Verkäufe an Kunden des verbundenen Unternehmens, nicht des Lizenznehmers, in die Abrechnung aufzunehmen sind; ein zur Lizenzzahlung verpflichtender Vorgang liegt nämlich in Anknüpfung an

---

470 BGH NJW 2002, 2771 Anti-Virus-Software.

471 RG GRUR 1937, 1003, 1006 Förderwagenkupplung II.

472 BGHZ 17, 41, 58 = GRUR 1955, 468 Kokillenguß.

473 Vgl BGH NJW-RR 2004, 644 Pfändungsschutz für Lizenzgebühren.

474 Vgl *Benkard* Rn 125.

475 Vgl RB Den Haag BIE 2003, 274.

476 RG GRUR 1936, 121, 123 Kulierwirkmaschine; BGH GRUR 2005, 845 f Abgasreinigungsvorrichtung.

477 BGH GRUR 2005, 845 f Abgasreinigungsvorrichtung; zur Lizenzpflicht für Gegenstände, die zwar in das schutzrechtsfreie Ausland, jedoch zum Zweck des Weitervertriebs in Schutzrechtsgebiete geliefert werden, OLG Düsseldorf InstGE 4, 21.

478 BGH Kokillenguß; BGH GRUR 1958, 564 Baustützen; BGH 10.7.1959 I ZR 73/58.

479 BGH 10.7.1959 I ZR 73/58, dort auch zum Unterschied dieser beiden Bestimmungsarten; BGH GRUR 1961, 432, 435 f Klebemittel.

480 BGH GRUR 1969, 677, 679 Rübenverladeeinrichtung.

481 Zum Einfluss eines parallelen Anstellungsvertrags mit Umsatz- und Gewinnbeteiligung auf die Höhe der Lizenzvergütung BGH Kokillenguß; zur Berechnung der Gewinnbeteiligung, wenn der Schuldner zeitweilig mit Verlust arbeitet, BGHZ 28, 144 = GRUR 1959, 125 Pansana.

482 RGZ 155, 306, 314 = GRUR 1937, 1086 Funkverband.

483 RGZ 136, 320 = BlPMZ 1932, 214 Beregnungsanlage IV.

484 BGH 15.5.1962 I ZR 103/60.

485 BGH Pansana.

486 BGH GRUR 1967, 655, 657 Altix.

487 BGH GRUR 1998, 561 ff Umsatzlizenz; BGH GRUR 2004, 532 Nassreinigung, auch zur Fälligkeit; OLG Frankfurt 17.11.1995 2 U 2/95; OLG Nürnberg 18.7.2000 3 U 4101/99; OLG Nürnberg 4.12.2007 3 U 4101/99; vgl auch RG GRUR 1943, 247 ff Seidenriemen.

Hacker

die Rspr zum Inverkehrbringen noch nicht vor, wenn nur innerhalb eines Konzernbereichs veräußert wird.[488]

140   **Berechnungsgrundlage.** Für die Bemessung des Lizenzsatzes für eine Vorrichtung, von der nur ein Teil unter den Schutz des lizenzierten Rechts fällt, bieten sich zwei Wege an; entweder wird die Lizenz vom Wert des geschützten Teils unter Zugrundelegung eines verhältnismäßig hohen Lizenzsatzes berechnet, oder die gesamte Vorrichtung wird mit gemindertem Lizenzsatz der Lizenzpflicht unterworfen. Beide Wege müssen nicht zu unterschiedlichen Ergebnissen führen; welcher sich als der zweckmäßige erweist, ist Frage des Einzelfalls.[489] Beim „Netto-Fakturenwert" kann der Erstehungspreis für ein Einzelteil nicht anstelle des Erlöses für eine Gesamteinrichtung als maßgebliche Bezugsgröße angesehen werden.[490]

141   In Betracht kommt auch eine **Einmallizenz**, durch die die Lizenzzahlungspflicht abgegolten wird. Die Berechnungsarten können kombiniert werden, so bei Vereinbarung einer Pauschal- oder Grundlizenzgebühr.[491]

142   Bei der **Mindestlizenz** ist ein Mindestbetrag unabhängig davon geschuldet, ob er nach dem Umsatz erreicht wird; umgekehrt kann auch eine Höchstlizenz vereinbart werden. Die Vereinbarung einer Mindestlizenz auf der Grundlage des erwarteten Umsatzes ist grds zulässig,[492] die Mindestlizenz ist auch zu zahlen, wenn sich die Umsatzerwartungen nicht erfüllen,[493] dies schließt im Einzelfall bei nachträglicher Änderung des Preisgefüges eine Anpassung nicht notwendig aus.[494] Auch eine Grundzahlung als Einstandszahlung („cash-down-payment", „lump sum") ist bei Patentlizenzen nicht unüblich, unüblich kann jedoch die Verknüpfung von Einstandszahlung und Mindestlizenz sein.[495]

143   Die (vollständige) **Nichtigerklärung** des Patents lässt trotz Rückwirkung des Nichtigkeitsurteils wegen der tatsächlichen Nutzungsmöglichkeit und der günstigen geschäftlichen Stellung, der faktischen wirtschaftlichen Vorteile, die der Lizenznehmer ohne den Lizenzvertrag nicht gehabt hätte, die Vergütungspflicht bis zur rechtskräftigen Nichtigerklärung grds unberührt.[496] Das gilt nicht, wenn das Patent seine bisherige Wirkung verloren hat und dem Lizenznehmer weitere Nutzung nicht mehr zumutbar ist.[497] Die für den Fall der Nichtigkeit entwickelten Grundsätze gelten auch, wenn sich herausstellt, dass der von den Vertragsparteien vorausgesetzte Schutzumfang in Wirklichkeit enger ist.[498] Fehlender Teil- oder Elementenschutz ließ die Zahlungspflicht insoweit nicht nachträglich entfallen.[499] Soweit das Schutzrecht mit Rückwirkung weggefallen ist, wird auch ein an sich denkbarer Bereicherungsausgleich unter einen Billigkeitsvorbehalt zu stellen sein (so ausdrücklich Art 33 Abs 2 Buchst b GPÜ 1989). Für die Vollstreckungsgegenklage ist die Präklusionswirkung des § 767 Abs 2 ZPO zu beachten.

---

488   LG München I InstGE 3, 97.

489   BGH GRUR 1978, 430, 433 Absorberstabantrieb I.

490   BGH 15.5.1962 I ZR 103/60.

491   Vgl BGH GRUR 1961, 27 ff Holzbauträger; BGH 5.12.1961 I ZR 76/60; *Vollrath* GRUR 1983, 52; vgl den OLG Frankfurt 11.7.1997 6 U 166/96 zugrunde liegenden Fall einer nach Stückumsatz ratenweise fälligen und bis dahin gestundeten Pauschalzahlung, wobei die Stundungsabrede mit Vertragsbeendigung ihre Wirkung verlor; vgl auch zur Frage, ob die Pauschalabgeltung bei vorzeitiger Beendigung in voller Höhe zu zahlen ist, BGH Holzbauträger; OLG Brandenburg 11.11.1997 6 U 278/96.

492   BGHZ 129, 236, 241 f = DtZ 1995, 285 EKV unter Hinweis auf BGH GRUR 1961, 27 ff Holzbauträger.

493   BGH GRUR 1974, 40, 43 Bremsrolle, nicht in BGHZ; BGH GRUR 2001, 223, 225 Bodenwaschanlage; OLG Naumburg 30.6.1999 6 U 115/98.

494   BGH Bodenwaschanlage.

495   BGH EKV.

496   RGZ 86, 45, 50 = BlPMZ 1915, 104 Sprungfedermatratze; RGZ 101, 235, 238 = GRUR 1921, 187 Hülsen; RGZ 123, 113, 116 = GRUR 1929, 335 Selbstinduktionsspule; RG GRUR 1937, 135, 137 Steinzeugisolatoren; RGZ 155, 306, 314 = GRUR 1937, 1086 Funkverband; BGH GRUR 1958, 175, 177 Wendemanschette II; BGH GRUR 1969, 409 ff Metallrahmen; BGH GRUR 1969, 677 f Rübenverladeeinrichtung; BGH GRUR 1977, 107, 109 Werbespiegel; BGH GRUR 1978, 308 Speisekartenwerbung; BGHZ 86, 330, 334 f = GRUR 1983, 237 ff Brückenlegepanzer I, dort auch für den keinem Wettbewerb ausgesetzten Lizenznehmer; BGHZ 115, 69 = GRUR 1993, 40 keltisches Horoskop; BGH GRUR 2002, 787, 789 Abstreiferleiste; BGH GRUR 2005, 935, 937 Vergleichsempfehlung II; BGH 5.12.1961 I ZR 76/60; BGH 14.1.1975 X ZR 29/72; OLG Düsseldorf 17.12.2009 2 U 118/08; OLG Düsseldorf WuW 2016, 27; OLG Karlsruhe GRUR-RR 2009, 121 f; *Benkard* Rn 193 ff; aA *Lunze* ZGE 2011, 282, 293 f.

497   BGH GRUR 1957, 595, 597 Verwandlungstisch; BGH GRUR 1958, 231 f Rundstuhlwirkware; BGH 5.12. 1961 I ZR 76/60.

498   BGH 5.12. 1961 I ZR 76/60.

499   BGH Rübenverladeeinrichtung.

Minderung der Lizenzgebühr. Bei teilweisem Widerruf oder Nichtigerklärung oder nachträglicher 144
Beschränkung des Patents hat eine Anpassung der vertraglichen Beziehungen an die veränderten Umstände zu erfolgen.[500] Insoweit kann dem Lizenznehmer ein Recht zur Minderung der Lizenzgebühr zustehen.[501] Inwieweit vorher fällige Lizenzzahlungen betroffen werden, hängt im wesentlichen von den Tatumständen ab.[502]

Die Vorenthaltung der Vergütung kann dem Zweck der versprochenen Leistung und **Treu und Glau-** 145
ben widersprechen, so, wenn sie ihrer Natur nach zur lfd Bestreitung der Lebensunterhaltskosten bestimmt ist und durch sie Druck im Hinblick auf die Ablieferung angeblicher Verbesserungs- und Verwendungserfindungen ausgeübt wird.[503]

Einwendungen und Einreden des Lizenznehmers. Zum **Zurückbehaltungsrecht** bei mangelnder 146
Leistung des Lizenzgebers Rn 132. Zur **Verjährung** Rn 19 zu § 141.

Die **Aufrechnung** mit einem Anspruch auf Zahlung von Lizenzgebühren ist grds ausgeschlossen, 147
wenn die Forderung einredebelastet ist (§ 390 Satz 1 BGB); dies setzt jedoch voraus, dass der, der sich auf die Einrede beruft, seinerseits erfüllungsbereit ist, und kommt daher nicht mehr in Betracht, wenn der Gegner den Vertrag selbst fristlos gekündigt hat.[504]

b. Auskunft; Rechnungslegung. Rechnungslegungspflicht kann vertraglich vereinbart sein, sich 148
aber auch aus Treu und Glauben ergeben.[505] Die Verpflichtung ist idR Hauptpflicht, jedoch rechtfertigt nicht jede noch so geringfügige Verletzung eine Kündigung aus wichtigem Grund,[506] wohl aber mehrfache Verstöße.[507] Die für die Patentverletzung entwickelten Grundsätze (Rn 48 ff zu § 140b) können nicht ohne weiteres übernommen werden. Bei Rechnungslegungspflicht aus vertraglichen Beziehungen braucht die Rechnung nicht so gelegt zu werden, dass der Kläger die Wahl zwischen den ihm offenstehenden Schadensberechnungsarten sachgem treffen und den Schaden berechnen kann; maßgebend sind die Umstände, nach denen die Vergütung vertraglich zu bemessen ist; das sind Zahl der Lieferungen und dabei erzielte Preise, aber auch die Angabe der Lieferzeiten, da der Gläubiger in den Stand gesetzt werden muss, die Rechnung auf ihre Richtigkeit zu prüfen; die Abnehmer müssen, wenn der Lizenzgeber Wettbewerber des Lizenznehmers ist, grds nicht benannt, sondern können entspr § 87c Abs 4 HGB einem Wirtschafts- oder Buchprüfer mitgeteilt werden.[508] Zur Verjährung Rn 17 zu § 141.[509] Hat der Lizenzgeber die Kosten einer vertraglich vorgesehenen Buchprüfung zu tragen, weil sich die Lizenzabrechnung als im wesentlichen zutr erwiesen hat, kann der Lizenznehmer keinen Ersatz für eigene Aufwendungen im Zusammenhang mit der Buchprüfung beanspruchen.[510]

Aus der Lieferung von Anlagen, die ohne Schwierigkeit durch einfaches Auswechseln von Zubehör- 149
teilen zu patentgem Vorrichtungen hergerichtet werden können, kann sich, auch wenn sie den Anspruch auf Zahlung der vertraglichen Lizenz allein noch nicht rechtfertigt, je nach der Gefährdung der Rechte des Patentinhabers nach Treu und Glauben (§ 242 BGB) die Verpflichtung ergeben, die **Abnehmer zu nen-**

---

500 BGH GRUR 2005, 935, 937 Vergleichsempfehlung II.
501 BGH GRUR 1957, 595 Verwandlungstisch; BGH GRUR 1958, 231 Rundstuhlwirkware, jeweils für die ausschließliche Lizenz; vgl BGH 1.7.1960 I ZR 55/59.
502 BGH Rundstuhlwirkware; zur Auslegung des Begriffs „kalkulatorisch nicht tragbar" bei Bestimmung der Lizenzgebühr BGH 31.5.1960 I ZR 29/59; zur Rückgewähr einer einmaligen Pauschalgebühr bei vorzeitiger Beendigung des Lizenzvertrags (keine Gleichbehandlung mit verlorenem Baukostenzuschuss) BGH GRUR 1961, 27 ff Holzbauträger.
503 Vgl BGH GRUR 1961, 466, 470 Gewinderollkopf II.
504 BGH GRUR 2003, 982 Hotelvideoanlagen.
505 Vgl BGH WM 1992, 1437 Windsurfausstattungen, für den Bereicherungsanspruch bei unwirksamem – § 34 GWB aF – Lizenzvertrag; OLG Nürnberg 10.12.1996 3 U 1452/96.
506 BGH GRUR 2004, 532 Nassreinigung.
507 OLG München InstGE 12, 27 (Nr 22), UrhSache; *Mes* Rn 91.
508 RGZ 127, 243, 245 = GRUR 1930, 430 Grubenstempel III; RG GRUR 1936, 943, 945 Holzkonservierungsmittel; BGH 10.7.1959 I ZR 73/58; vgl BGHZ 107, 161 = GRUR 1989, 411, 413 Offenendspinnmaschine; BGHZ 126, 109, 113 = GRUR 1994, 898 Copolyester I; zum Umfang der Rechnungslegungspflicht auch BGH GRUR 1997, 610 ff Tinnitus-Masker. Zur Rechnungslegungspflicht des ausschließlichen Lizenznehmers bei Verletzung der Ausübungspflicht BGH 9.5.1978 X ZR 17/75.
509 Zu den Besonderheiten bei zulässigem Nachbau im SortRecht *Keukenschrijver* FS E. Ullmann (2006), 465 ff.
510 LG Düsseldorf 15.2.1996 4 O 227/95 Entsch 1996, 14 Ls.

Hacker

nen.[511] Generell hat der Schuldner nach fristloser Kündigung des Vertrags zumindest diejenigen Auskünfte zu erteilen, zu deren Erteilung er bei ordnungsgem Durchführung des Vertrags verpflichtet gewesen wäre;[512] s auch Rn 113.

150 Mangels Vereinbarung im Lizenzvertrag kann dem Lizenzgeber grds nicht das Recht zugebilligt werden, eine vom Lizenznehmer erteilte Abrechnung durch einen Buchsachverständigen **nachprüfen zu lassen.** Davon ist selbst bei Vereinbarung einer Stücklizenz keine Ausnahme zu machen, es sei denn, dass Grund zu der Annahme besteht, dass die in der Abrechnung enthaltenen Angaben vom Lizenznehmer nicht mit der erforderlichen Sorgfalt gemacht worden sind. Die alsbaldige Offenlegung der Geschäftsbücher des Lizenznehmers, auch wenn sie einem Buchsachverständigen gegenüber erfolgen soll, kann als zu weitgehender Eingriff aus § 242 BGB nicht gerechtfertigt werden.[513] Bei unvollständiger Auskunft kann ein Anspruch auf Ergänzung bestehen.[514] Ein Anspruch auf Abgabe einer eidesstattlichen Versicherung nach § 259 BGB besteht nicht bereits, wenn von vornherein gegen die Glaubwürdigkeit der zur Rechnungslegung verpflichteten Person Vorbehalte bestehen, sondern erst, wenn sich die Besorgnis der mangelnden Sorgfalt gegen die gelegte Rechnung richtet; über den Anspruch darf daher erst entschieden werden, wenn Rechnung gelegt ist.[515]

151 **§ 810 BGB** (Einsichtsanspruch in Urkunden) findet keine Anwendung, ebenso nicht die Rspr zu § 810 BGB zugunsten solcher Personen, die am Gewinn eines Unternehmens beteiligt sind,[516] weil bei Stücklizenz weder Gewinn noch Umsatzbeteiligung, sondern nur Beteiligung am Umsatz eines einzelnen Erzeugnisses aus der Gesamtproduktion vorliegt.[517]

152 **c.** Eine **Ausübungspflicht** besteht bei einer **einfachen Lizenz** grds nicht,[518] kann aber vereinbart werden, insb wenn die Lizenzgebühren nach Stückzahlen berechnet werden[519] (zur kartellrechtl Beurteilung Rn 215). Auch ohne ausdrückliche Vereinbarung trifft den **ausschließlichen Lizenznehmer** bei Stücklizenz nach Treu und Glauben schon deshalb, weil die Auswertung der Erfindung allein dem Lizenznehmer überlassen wird, eine nach Lage des Falls zu konkretisierende Ausübungspflicht, deren Inhalt, Umfang und Fortbestand unter dem Vorbehalt der Zumutbarkeit stehen (Rn 153);[520] dies kann auch bei lfd Zahlungen an den Lizenzgeber gelten,[521] ohne besondere Vereinbarung aber nicht, wenn eine Mindestlizenzgebühr vereinbart ist. Eine vertraglich festgelegte Ausübungspflicht untersteht in besonderem Maß Treu und Glauben.[522] Eine Einstandszahlung (Rn 142) steht der Ausübungspflicht nicht ohne weiteres entgegen, sondern ist im Einzelfall zu würdigen.[523] Verletzung der Ausübungspflicht begründet einen Schadensersatzanspruch des Lizenzgebers, der zugleich dem Einwand des Lizenznehmers entgegensteht, von dem lizenzierten Schutzrecht keinen Gebrauch gemacht zu haben.[524] Die Verpflichtung des ausschließlichen Lizenznehmers wird durch Versagung des Patentschutzes oder Rücknahme der Anmeldung nicht rückwirkend hinfällig; bereits entstandene Schadensersatzansprüche des Lizenzgebers wegen Nichtaus-

---

511 BGH 20.1.1977 X ZR 1/73; vgl BGH GRUR 2011, 455 Flexitanks; zur Auskunftspflicht des Lizenznehmers über von ihm benutzte Umgehungslösungen bei einem englischem Recht unterstellten Lizenzvertrag im Weg ergänzender Vertragsauslegung („implied terms") und nach Treu und Glauben OLG Nürnberg 10.12.1996 3 U 1452/96.

512 BGH Flexitanks.

513 BGH GRUR 1961, 466, 469 Gewinderollkopf II.

514 OLG Düsseldorf 13.3.2001 20 U 164/95.

515 BGH 9.5.1978 X ZR 17/75 unter Bezugnahme auf BGHZ 10, 385 f = NJW 1954, 70.

516 RGZ 87, 10 für gewinnbeteiligte Angestellte; RGZ 117, 332 für gewinnbeteiligte ehemalige Gesellschafter; BGHZ 14, 53, 56 = NJW 1954, 1564 für gewinnbeteiligte Gesellschafter einer Kapitalgesellschaft.

517 BGH GRUR 1961, 466, 469 Gewinderollkopf II.

518 *Kraßer* S 940 (§ 41 III 3); OLG Jena 28.4.2004 2 U 743/03 undok.

519 BGH GRUR 1980, 38 f Fullplastverfahren; vgl RG GRUR 1937, 37 f Roto-Riemen; BGH GRUR 1961, 470 f Gewinderollkopf I; OLG Karlsruhe 1.12.2010 6 U 109/09 undok.

520 BGH Gewinderollkopf I; BGH GRUR 2000, 138 Knopflochnähmaschinen: Konkretisierung auf Prototyp; vgl BGHZ 125, 322, 331 = GRUR 1994, 630 Cartier-Armreif; OLG Düsseldorf 27.4.2010 20 U 212/09 undok; vgl auch GH Den Haag BIE 2003, 262, 265; zur Ausübungspflicht des Patentkäufers bei – zum Teil – umsatzabhängig definiertem Kaufpreis LG München I InstGE 8, 204; *Benkard* Rn 134; *Kraßer* S 940 f (§ 41 III).

521 LG München I InstGE 3, 97; vgl auch BGH GRUR 2003, 173 Filmauswertungspflicht.

522 BGH 25.11.1976 X ZR 24/76; vgl BGH GRUR 1970, 40 Musikverleger.

523 Vgl OLG Düsseldorf 27.4.2010 20 U 212/09 undok.

524 BGH Fullplastverfahren; BGH Filmauswertungspflicht; LG München I InstGE 3, 97.

übung werden idR nicht berührt.[525] Einen Verhandlungspartner, dem als Vorwegleistung auf einen noch abzuschließenden Verwertungsvertrag Schutzrechte übertragen worden sind, trifft keine Pflicht zur Ausnutzung der Schutzrechte.[526]

Die Ausübungspflicht kann **entfallen,** wenn dem Lizenznehmer die weitere Erfüllung aus von ihm 153 nicht zu vertretenden Gründen unzumutbar wird; der Einwand der Unzumutbarkeit ist nicht auf die Fälle der Nichtigerklärung des Patents und des Verlusts der bisherigen geschäftlichen Wirkung des Patents infolge offenbar oder wahrscheinlich gewordener Nichtigkeit[527] beschränkt; die Ausübungspflicht entfällt auch bei technischer oder wirtschaftlicher Unverwertbarkeit,[528] ebenso, wenn der Lizenzgegenstand gesundheitsschädliche oder lebensgefährliche Auswirkungen haben kann und deshalb seine bestimmungsgem Verwendung behördlich untersagt worden ist und diese Auswirkungen offenbar werden; die Pflicht kann bei Lizenz an mehreren Schutzrechten bei einem von ihnen weiterbestehen, wenn hierbei die Auswirkungen nicht eintreten.[529] Die Beweislast für die Unzumutbarkeit trifft den Lizenznehmer.[530]

d. Zur **Nichtangriffspflicht** des Lizenznehmers Rn 88, 112 zu § 81. Str ist, ob die Nichtangriffsabrede 154 in einem Lizenzvertrag den Lizenznehmer an der Behauptung hindert, die Erfindung sei unausführbar oder unbrauchbar, ob eine solche Behauptung einen selbstständigen Verstoß gegen die Nichtangriffsabrede darstellt und erneut die vereinbarte Vertragsstrafe auslöst, und ob die Kündigung des Vertrags die Vertragsstrafe auslöst.[531]

e. Sonstige Pflichten des Lizenznehmers können sich aus den Regelungen im Lizenzvertrag ergeben.[532] Zu einem Tätigwerden gegenüber Verletzern ist der Lizenznehmer ohne entspr Absprachen nicht 155 verpflichtet.[533]

In einer Gestattung der **Lieferung durch einen Dritten** an einen Nichtberechtigten liegt ein Verstoß 156 des Lizenznehmers gegen eine Verpflichtung, nicht an einen Dritten zu liefern.[534]

4. Verwirkung der Rechte. Bei Verletzung lizenzvertraglicher Ansprüche reicht Zeitablauf für die 157 Verwirkung nicht aus, hinzukommen müssen daneben ein Verhalten des Gläubigers, das geeignet ist, den Eindruck zu erwecken, der Schuldner werde künftig von Ansprüchen verschont werden, und ein entspr Verhalten des Schuldners, nämlich dass er sich hierauf eingerichtet hat und zB anderweitige finanzielle Dispositionen oder sonstige wirtschaftliche Investitionen unterlassen hat. Die zum Markenrecht entwickelte Rspr wegen eines schützenswerten Besitzstandes des in Anspruch Genommenen[535] ist nicht ohne weiteres anwendbar.[536] Ansprüche wegen anfänglich einer Konstruktion anhaftender Mängel, die beseitigt sind, können nach jahrelanger vorbehaltloser Zusammenarbeit nicht mehr geltend gemacht werden und sind verwirkt.[537]

---

525 BGH 10.10.1967 Ia ZR 16/65.

526 BGH 30.10.1969 X ZR 7/67.

527 BGH GRUR 1957, 595 f Verwandlungstisch.

528 BGH GRUR 1978, 166 Banddüngerstreuer; BGH GRUR 2000, 138 Knopflochnähmaschinen; BGH 5.1.1962 I ZR 81/60: Rufgefährdung; BGH 25.11.1976 X ZR 24/76.

529 BGH 27.3.1962 I ZR 148/60.

530 BGH 5.1.1962 I ZR 81/60; BGH GRUR 2003, 173 Filmauswertungspflicht mwN.

531 Hierzu BGH GRUR 1957, 597 Konservendosen, einerseits; BGH GRUR 2007, 963 Polymer-Lithium-Batterien, andererseits; OLG Jena 28.4.2004 2 U 743/03 undok.

532 Zu Schadensersatzansprüchen des Lizenzgebers, wenn der Lizenznehmer die Arzneimittelzulassung vereitelt, öOGH 13.10.1999 7 Ob 205/98t.

533 BGH GRUR 1998, 133, 137 Kunststoffaufbereitung.

534 BGH 21.5.1963 Ia ZR 75/63; auch zur Frage, wann der Dritte als Erfüllungsgehilfe bei einer dem Lizenznehmer obliegenden Unterlassungsverpflichtung in Betracht kommt.

535 Hierzu *Ströbele/Hacker* § 21 MarkenG Rn 44 ff m zahlreichen Nachw.

536 BGHZ 125, 303 = GRUR 1994, 597 Zerlegvorrichtung für Baumstämme.

537 BGH GRUR 1961, 466 ff Gewinderollkopf II.

V. Beweislastfragen

158   Die Darlegungs- und Beweislast für das Erlöschen des lizenzierten Schutzrechts trifft den aus dem Vertrag auf Zahlung der Lizenzgebühren in Anspruch genommenen Lizenznehmer.[538] Die Behauptungs- und Beweislast für die Voraussetzungen des Wegfalls der Geschäftsgrundlage (der Zahlungspflicht) liegt bei dem, der sich auf Unzumutbarkeit beruft.[539]

VI. Lizenzvertrag in der Insolvenz

Schrifttum: *Barona* Die Insolvenz des Lizenzgebers in der Vertragsgestaltung: Status quo und Reform, FS 10 Jahre Studiengang „International Studies in Intellectual Property Law" (2009), 1971; *Bausch* Patentlizenz und Insolvenz des Lizenzgebers, NZI 2005, 289; *Berger* Absonderungsrechte an urheberrechtlichen Nutzungsrechten in der Insolvenz des Lizenznehmers, in: FS H.-P. Kirchhof (2003), 1; *Berger* Der Lizenzsicherungsnießbrauch – Lizenzerhaltung in der Insolvenz des Kapitalgebers, GRUR 2004, 20; *Berger* Lizenzen in der Insolvenz des Lizenzgebers, GRUR 2013, 321; *Brandt* Softwarelizenzen in der Insolvenz, NZI 2001, 337; *Cepl* Lizenzen in der Insolvenz des Lizenznehmers, NZI 2000, 357; *Fezer* Lizenzrechte in der Insolvenz des Lizenzgebers: zur Insolvenzfestigkeit der Markenlizenz, WRP 2004, 793; *Fischer* Lizenzverträge im Konkurs, Bern 2008; *Gellis* Softwarelizenz: Die Stellung des Lizenznehmers bei Veräußerung des Schutzrechts durch den Lizenzgeber oder bei dessen Konkurs, sic! 2005, 439; *Haedicke* Dingliche Wirkungen und Insolvenzfestigkeit von Patentlizenzen in der Lizenzkette, ZGE 2011,377; *Hauck* Patentlizenzverträge in der Insolvenz des Lizenzgebers, GRURPrax 2013, 437; *Heim* (Anm), GRUR 2012, 97; *Hölder/Schmoll* Patentlizenz- und Know-how-Verträge in der Insolvenz, GRUR 2004, 743, 830; *Kellenter* Schutzrechtslizenzen in der Insolvenz des Lizenzgebers, FS W. Tilmann (2003), 807; *Koehler/Ludwig* Die „insolvenzfeste" Gestaltung von Lizenzverträgen, WRP 2006, 1342; *Kono* Internationale Lizenzen im Recht des geistigen Eigentums und Insolvenz, FS A. Heldrich (2005), 781; *Kummer* Zum Interessenausgleich zwischen Insolvenzverwaltern und Lizenznehmern in der Insolvenz des Lizenzgebers, GRUR 2009, 293; *McGuire* Nutzungsrechte an Computerprogrammen in der Insolvenz, GRUR 2009, 13; *McGuire/Kunzmann* Sukzessionsschutz und Fortbestand der Unterlizenz nach „M2Trade" und „Take Five", GRUR 2014, 28; *Rieken/Conraths* Insolvenzfeste Gestaltung von Lizenzen nach M2Trade/Take Five, MarkenR 2013, 63; *Schmid* Insolvenzfestigkeit von Lizenzen: Neuer Referentenentwurf für die zweite Stufe der Insolvenzrechtsreform, GRURPrax 2012, 75; *Schmid/Kampshoff* Lizenzen in der Insolvenz: (Wie) kann sich der Lizenznehmer in der Insolvenz des Lizenzgebers absichern? GRURPrax 2009, 50; *Seemann* Der Lizenzvertrag in der Insolvenz, Diss Freiburg/Br 2002; *Slopek* Die Lizenz in der Insolvenz des Lizenzgebers: Endlich Rettung in Sicht? WRP 2010, 616; *Specovius/Borstel* Initiative § 109a InsO-E, VPP-Rdbr 2011, 18; *Trimborn* Ist nach „Reifen Progressiv", „Take Five" und „M2Trade" eine gesetzliche Regelung zur Insolvenzfestigkeit von Lizenzen obsolet geworden? MarkenR 2012, 460; *Wallner* Insolvenzfeste Nutzungsrechte und Lizenzen an Software, NZI 2002, 70; *Wallner* Softwarelizenzen in der Insolvenz, ZIP 2004, 2073; *Wiedemann* Lizenzen und Lizenzverträge in der Insolvenz, 2006; *Witz* Patentlizenzen in der Insolvenz des Lizenzgebers: eine Bestandsaufnahme, FS T. Schilling (2007), 393.

159   **1. Insolvenz des Lizenzgebers.** Unter der KO war allgemein anerkannt, dass Schutzrechtslizenzen wie Miet- und Pachtverhältnisse zu behandeln seien, somit nach § 21 Abs 1 KO gegenüber der Konkursmasse wirksam seien und nicht dem Wahlrecht des Konkursverwalters nach § 17 KO unterlägen. Sie galten daher als „insolvenzfest".[540] Mit der Nachfolgevorschrift des § 108 Abs 1 Satz 1 InsO ist diese Fortgeltensregelung auf Miet- und Pachtverhältnisse über unbewegliche Gegenstände und Räume beschränkt worden (Ausnahme § 108 Abs 1 Satz 2 InsO für Leasingverträge). Die ganz hM nimmt daher an, dass Lizenzverträge in der Insolvenz des Patentinhabers – entspr gilt für den Hauptlizenznehmer im Fall einer Unterlizenz – nunmehr dem **Wahlrecht** des Insolvenzverwalters nach **§ 103 InsO unterworfen** sind.[541] Demnach kann

---

538   LG Düsseldorf 28.1.1997 4 O 377/95 Entsch 1997, 1.

539   BGH 5.12.1961 I ZR 76/60; zur Beweislast für die Behauptung, die Lizenzzahlungspflicht aus einer Beteiligung solle vertragsgem entfallen, wenn die Zusammenarbeit aufhöre, BGH 13.3.1962 I ZR 61/60.

540   *Kellenter* FS W. Tilmann (2003) S 807 f; *Ullmann* Mitt 2007, 49 f, jeweils mwN.

541   BGH GRUR 2006, 435 (Nr 21) Softwarenutzungsrecht; BGH GRUR 2012, 916, 918 (Nr 26) M2Trade (offensichtlich nicht richtig daher *Haedicke* Mitt 2012, 429, 432, der dieser zum Fortbestand von Unterlizenzen bei Fortfall der Hauptlizenz ergangenen Entscheidung einen Hinweis auf die Insolvenzfestigkeit von Lizenzen entnehmen möchte; wie hier dagegen *Meyer-van Raay* NJW 2012, 3691, 3694; *Rieken/Conraths* MarkenR 2013, 63, 64; *McGuire/Kunzmann* GRUR 2014, 28, 34); BGH GRUR 2016, 201 (Nr 43) Ecosoil; *Benkard* Rn 234; *HK-InsO/Marotzke* § 103 Rn 12 und § 108 Rn 7; *Lwowski/Hoes* WM 1999, 771, 777; *Slopek/Schröer* Mitt 2012, 533, 535; weitere Nachw bei *Hombrecher* WRP 2006, 219, 220; zur fehlenden Schiedsabredefähigkeit des Wahlrechts des Insolvenzverwalters bzw der aus der Ausübung des Wahlrechts folgenden Rechtsverhältnisse BGH GRUR 2012, 95 Cross Patent License Agreement m Anm *Heim*.

der Insolvenzverwalter die Erfüllung des Vertrags gem § 103 Abs 2 Satz 1 InsO ablehnen, die Lizenz so beenden und das Schutzrecht lastenfrei verwerten. Dies führt für den Lizenznehmer zu erheblichen Problemen. Er verliert das weitere Recht zur Nutzung. Seine Investitionen in die Ausbeutung des Patents erweisen sich als hinfällig. Dies ist zweifellos unbefriedigend, weil der Lizenznehmer auf die Quote verwiesen wird, obwohl er Vorleistungen nicht an den Gemeinschuldner, sondern zugunsten seines eigenen Unternehmens erbracht hat, wenngleich in rechtl Abhängigkeit von dem insolvent gewordenen Lizenzgeber.

Im **Schrifttum** sind verschiedene Vorschläge gemacht worden, um dem abzuhelfen. Eine Mindermeinung will § 108 Abs 1 Satz 1 InsO in Anlehnung an die frühere Rechtslage auf Lizenzverträge analog anwenden und diese so dem Wahlrecht des Insolvenzverwalters entziehen.[542] Dem steht jedoch neben dem klaren Gesetzeswortlaut auch die Intention des Gesetzgebers im Weg. Mit der Beschränkung des § 108 Abs 1 Satz 1 InsO auf Miet- und Pachtverhältnisse über unbewegliche Gegenstände und Räume und der damit geschaffenen Möglichkeit, andere Vermögensgegenstände von Miet- und Pachtlasten zu befreien, sollte eine bessere Verwertbarkeit von Mobilien und Rechten zugunsten der Insolvenzmasse erreicht werden.[543] Diese Erwägung trifft insb auch auf Immaterialgüterrechte zu, die oft einen erheblichen Wert darstellen. Insoweit wird man sich der hM nur schwer entziehen können.[544] Andere wollen die Insolvenzfestigkeit der Lizenz mit deren dinglichem Charakter begründen.[545] Auch dieser Weg ist aber mit Unsicherheiten behaftet.[546] Der I. Zivilsenat des BGH ist auf den vermeintlich dinglichen Charakter (auch) der (einfachen) Lizenz zuletzt – vermutlich gerade wegen der insolvenzrechtl Implikationen einer solchen Annahme[547] – nicht mehr zurückgekommen.[548] **160**

Vor diesem Hintergrund sind die **kautelarjuristischen Bemühungen** zu sehen, die Lizenz auf der Basis der hM insolvenzfest zu machen. Empfohlen wird insoweit ua ein Sicherungsnießbrauch in der Form, dass neben der Lizenz ein Nießbrauch an dem Schutzrecht bzw an der Hauptlizenz eingeräumt wird, der nach dem neben dem Lizenzvertrag abzuschließenden Sicherungsvertrag im Sicherungsfall (Insolvenz des Lizenzgebers und Ablehnung der Erfüllung durch den Insolvenzverwalter) an die Stelle der Lizenz treten soll.[549] Diese Konstruktion ist jedoch mit Risiken behaftet. Sie könnte gegen § 119 InsO verstoßen, wonach Vereinbarungen unwirksam sind, durch die im voraus die Anwendung der §§ 103–118 InsO ausgeschlossen oder beschränkt wird.[550] Außerdem könnte der Nießbrauch seinerseits ungeachtet seines zweifellos dinglichen Charakters den Regeln des § 103 InsO unterworfen sein.[551] **161**

Nach anderer Auffassung soll die Insolvenzfestigkeit der Lizenz dadurch erreicht werden können, dass die Lizenz für eine bestimmte Zeit **ohne Kündigungsrecht** eingeräumt wird und der Lizenznehmer für den Fall der Insolvenz des Lizenzgebers auf die Einreden der §§ 320, 321 BGB verzichtet. In diesem Fall soll der Lizenzvertrag seitens des Lizenzgebers mit der Lizenzeinräumung vollständig erfüllt sein, so dass ein Wahlrecht des Insolvenzverwalters nach § 103 InsO nicht mehr besteht.[552] Dieser Vorschlag setzt sich jedoch in bdkl Weise über den Charakter des Lizenzvertrags als Dauerschuldverhältnis (Rn 60) hin- **162**

542　So unter Hinweis auf die Gesetzgebungsgeschichte insb *Fezer* WRP 2004, 793, 799 ff; dem folgend *Koehler/Ludwig* WRP 2006, 1342.

543　Vgl *Fezer* WRP 2004, 793, 798.

544　Ebenso *Zeising* Mitt 2001, 240 f; *Kellenter* FS W. Tilmann (2003), 807 f; *Sosnitza* FS G. Schricker (2005), 183, 188; *Fammler* Markenlizenzvertrag S 19; *Ullmann* Mitt 2007, 49, 51; *Slopek* WRP 2010, 616, 618 f.

545　*Kellenter* FS W. Tilmann (2003) S 807, 808; *Scholz* GRUR 2009, 1107, 1111; jedenfalls für die ausschließliche Lizenz auch *Schmid* GRURPrax 2012, 75, 76; insoweit aA *Haedicke* ZGE 2011, 377, 380 f, da „Dinglichkeit" ein Rechtsfolgenbegriff sei, also die Insolvenzfestigkeit voraussetze (jedoch im Ergebnis gleicher Ansicht S 396 ff); jedenfalls für die einfache Lizenz aA *Heim* GRUR 2012, 97 ff.

546　Vgl *Benkard* Rn 238; *HK-InsO/Marotzke* § 108 Rn 12; *Ullmann* Mitt 2007, 49; im Ergebnis auch *Slopek* WRP 2010, 616, 618 f.

547　Wohl zutr *Trimborn* MarkenR 2012, 460, 463 mwN.

548　Vgl BGH GRUR 2012, 914 Take Five; BGH GRUR 2012, 916 M2Trade; anders noch BGH GRUR 2009, 946, 948 (Nr 20) Reifen Progressiv; BGH GRUR 2010, 628, 631 (Nr 29) Vorschaubilder.

549　Vgl hierzu *Berger* GRUR 2004, 20 ff; kr *Hölder/Schmoll* GRUR 2004, 830, 832.

550　Vgl *Berger* GRUR 2004, 20, 22, der jedoch die Vereinbarkeit mit § 119 InsO bejaht; zurückhaltend dagegen *Berger* GRUR 2013, 321, 328; für Unwirksamkeit dagegen mit guten Gründen *Hombrecher* WRP 2006, 219, 223; ebenso *Koehler/Ludwig* WRP 2006, 1342, 1347; *Slopek* WRP 2010, 616, 620.

551　Vgl *HK-InsO/Marotzke* § 108 Rn 55.

552　*Hölder/Schmoll* GRUR 2004, 830, 833 ff.

　　　　　　　　　　　　　　　　　　　　　　　　　　　　　　　　　Hacker

weg[553] (der freilich in Zweifel gezogen worden ist).[554] Insoweit steht ihm der Umgehungszweck geradezu ins Gesicht geschrieben (§ 119 InsO).[555]

163   Allerdings hat das OLG München eine **ähnliche Konstruktion** als insolvenzfest beurteilt. Dort war ein Bündel von Patenten unter Zurückbehaltung eines (offenbar unentgeltlichen) unwiderruflichen einfachen Nutzungsrechts an den späteren Gemeinschuldner veräußert worden; der Insolvenzverwalter hatte Nichterfüllung gewählt. Trotzdem hat das OLG den Fortbestand der Nutzungsrechte festgestellt. Begründet wurde dies in erster Linie damit, dass die Patente nur beschränkt iSv § 15 Abs 1 Satz 2 übertragen worden seien; insofern sei der Vertrag vollständig erfüllt worden. Aber auch wenn man die Transaktion als Vollübertragung mit gleichzeitiger Rücklizenz einstufe, sei der Vertrag durch Einräumung einer unwiderruflichen Lizenz seitens des Gemeinschuldners vollständig erfüllt worden, so dass § 103 InsO nicht zum Zug komme.[556] Beides trifft jedoch nicht zu. Einer Qualifikation als beschränkte Übertragung steht entgegen, dass der Erwerber nicht gehindert war, Dritten ein inhaltsgleiches Nutzungsrecht einzuräumen, was ausgeschlossen wäre, wenn irgendein Teil des Stammrechts beim Veräußerer zurückgeblieben wäre (s Rn 42). Aber auch die alternative Einstufung als Rücklizenz verkennt, dass es sich trotz der vereinbarten Unwiderruflichkeit nicht um ein abgeschlossenes Geschäft, sondern um ein Dauerschuldverhältnis handelt, das zB nach wie vor und unabdingbar aus wichtigem Grund gekündigt werden kann.[557]

164   Dasselbe Bedenken trifft den I. Zivilsenat des BGH, der – unter Hinweis auf die vorinstanzliche Entscheidung zu dem bei Rn 163 erörterten Urteil des OLG München – die Einräumung einer unentgeltlichen Lizenz an einer Unionsmarke seitens einer Konzerntochter zugunsten der Konzernmutter und der Schwestergesellschaften unter Vereinbarung einer Nutzungspflicht als beidseitig vollständig erfüllten „**Lizenzkauf**" bzw als **Austauschvertrag eigener Art** eingestuft hat, der dem Wahlrecht des Insolvenzverwalters entzogen sei.[558]

165   Im Anschluss an die „Take Five"- und „M2Trade"-Urteile des I. Zivilsenats des BGH (Rn 160) zum Fortbestand von Unterlizenzen (als Enkelrechte) bei Wegfall der Hauptlizenz (als Tochterrecht) – s dazu Rn 117 ff – wird erwogen, die Insolvenzfestigkeit von Lizenzen dadurch zu erreichen, dass dem eigentlichen Lizenzerwerb eine Hauptlizenz vorgeschaltet wird, so dass derjenige, der das Schutzrecht nutzen soll und will, „nur" eine Unterlizenz nimmt; in der Lit ist dies als **Verenkelung** bezeichnet worden.[559] Fällt der Hauptlizenzgeber in Insolvenz, kann der Insolvenzverwalter zwar Nichterfüllung des Hauptlizenzvertrags wählen, die Unterlizenz aber, an der der Gemeinschuldner nicht beteiligt ist, bleibt bestehen. Dabei wird jedoch übersehen, dass der Fortbestand der Unterlizenz nicht ausnahmslos gilt, sondern von einer Interessenabwägung abhängig ist (Rn 118). Diese aber wird bei einer Gestaltung, bei der der Hauptlizenzvertrag bloße Durchgangsstation ist, zugunsten des Hauptlizenzgebers (Insolvenzverwalters) ausfallen müssen (s Rn 123).

166   Die **weiteren diskutierten Modelle** (Sicherungsübertragung bzw Verpfändung des Schutzrechts zur Sicherung des Schadensersatzanspruchs des Lizenznehmers aus § 103 Abs 2 InsO bzw Übertragung des lizenzierten Schutzrechts auf einen Treuhänder, der dem Lizenznehmer im Sicherungsfall das Absonderungsrecht überträgt;[560] gesellschaftsrechtl Modelle mit Auslagerung der zu lizenzierenden Schutzrechte auf eine IP-Tochtergesellschaft des Lizenzgebers)[561] dürften sich außerhalb verbundener Unternehmen kaum gegenüber dem Lizenzgeber durchsetzen lassen.[562]

167   Zwh erscheint schließlich, ob sich der Entscheidung „Softwarenutzungsrecht" des IX. Zivilsenats des BGH ein Weg zur Insolvenzsicherung von Lizenzen entnehmen lässt. Dort hatten die Parteien eines (Soft-

---

553   *Sosnitza* FS Schricker (2005), 183, 189; *Koehler/Ludwig* WRP 2006, 1342, 1345; *Rieken/Conraths* MarkenR 2013, 63, 64.

554   Vgl *Scholz* GRUR 2009, 1107, 1111 unter Hinweis auf BGH GRUR 2009, 946 (Nr 20) Reifen Progressiv, UrhSache.

555   Ebenso *Hombrecher* WRP 2006, 219, 224; ähnlich *Koehler/Ludwig* WRP 2006, 1342, 1346; *Fammler* Markenlizenzvertrag S 21.

556   OLG München GRUR 2013, 1125, 1132 „Technische Schutzrechte" in Bestätigung von LG München I GRUR-RR 2012, 142, 144.

557   Zutr *McGuire* GRUR 2013, 1133, 1134.

558   BGH GRUR 2016, 201 Ecosoil.

559   *Meyer-van Raay* NJW 2012, 3691, 3694.

560   Vgl dazu *Koehler/Ludwig* WRP 2006, 1342, 1346; *Rieken/Conraths* MarkenR 2013, 63, 65, jeweils mwN.

561   *Schmid/Kampshoff* GRURPrax 2009, 50.

562   So auch *Slopek* WRP 2010, 616, 619 f (zur Sicherungsübereignung und zur Verpfändung).

ware-)Lizenzvertrags ein **außerordentliches Kündigungsrecht** vereinbart, dessen Voraussetzungen lediglich mit den allg gültigen Grundsätzen umschrieben waren (Unzumutbarkeit der Fortsetzung des Vertragsverhältnisses, Rn 104). Mit der Kündigung sollte das lizenzierte Recht gegen eine Einmalzahlung auf den Lizenznehmer übergehen. Nachdem der Lizenzgeber in Insolvenz gefallen war und der Insolvenzverwalter die Erfüllung des Vertrags abgelehnt hatte, hatte der Lizenznehmer von dem Kündigungsrecht Gebrauch gemacht. Der BGH ist davon ausgegangen, dass ein aufschiebend bedingter Rechtsübergang vereinbart worden war, der sich, da die Kündigung wegen der Wahl der Nichterfüllung durch den Insolvenzverwalter zu Recht erfolgt sei, als insolvenzfest erwies.[563] Gegen diese Entscheidung sind zu Recht Bedenken erhoben worden, weil, wie der BGH selbst eingeräumt hat,[564] durch eine solche Vertragsgestaltung im Ergebnis das Wahlrecht des Insolvenzverwalters unterlaufen wird.[565] Außerdem dürfte auch hier gelten, dass sich eine solche Gestaltung außerhalb von Unternehmensverbünden nicht durchsetzen lässt.

Vor diesem Hintergrund sah der von der Bundesregierung vorgelegte Entwurf eines Gesetzes zur Entschuldung mittelloser Personen, zur Stärkung der Gläubigerrechte sowie zur Regelung der Insolvenzfestigkeit von Lizenzen[566] einen **neuen § 108a InsO** vor,[567] der nach dem Stand des Regierungsentwurfs vom 22.8.2007 folgenden Wortlaut haben sollte: **168**

§ 108a Schuldner als Lizenzgeber

[1] *Ein vom Schuldner als Lizenzgeber abgeschlossener Lizenzvertrag über ein Recht am geistigen Eigentum besteht mit Wirkung für die Insolvenzmasse fort.* [2] *Dies gilt für vertragliche Nebenpflichten nur in dem Umfang, als deren Erfüllung zwingend geboten ist, um dem Lizenznehmer eine Nutzung des geschützten Rechts zu ermöglichen.* [3] *Besteht zwischen der im Lizenzvertrag vereinbarten Vergütung und einer marktgerechten Vergütung ein auffälliges Missverhältnis, so kann der Insolvenzverwalter eine Anpassung der Vergütung verlangen; in diesem Fall kann der Lizenznehmer den Vertrag fristlos kündigen.*

Der Entwurf ist indessen zunächst nicht weiterverfolgt worden. Jedoch hat das BMJ unter dem 23.1.2012 einen RefE für ein „Gesetz zur Verkürzung des Restschuldbefreiungsverfahrens, zur Stärkung der Gläubigerrechte und zur Insolvenzfestigkeit von Lizenzen" vorgelegt,[568] der folgenden § 108a vorsah:

§ 108a Schuldner als Lizenzgeber

(1) [1] *Lehnt der Insolvenzverwalter nach § 103 die Erfüllung eines Lizenzvertrages ab, den der Schuldner als Lizenzgeber geschlossen hat, so kann der Lizenznehmer binnen eines Monats, nachdem die Ablehnung zugegangen ist, vom Verwalter oder einem Rechtsnachfolger den Abschluss eines neuen Lizenzvertrages verlangen, der dem Lizenznehmer zu angemessenen Bedingungen die weitere Nutzung des geschützten Rechts ermöglicht.* [2] *Bei der Festlegung der Vergütung ist auch eine angemessene Beteiligung der Insolvenzmasse an den Vorteilen und Erträgen des Lizenznehmers aus der Nutzung des geschützten Rechts sicherzustellen; die Aufwendungen des Lizenznehmers zur Vorbereitung der Nutzung sind zu berücksichtigen, soweit sie sich werterhöhend auf die Lizenz auswirken.*

(2) [1] *Handelt es sich bei dem Vertrag, den der Schuldner als Lizenzgeber geschlossen hat, um einen Unterlizenzvertrag und lehnt der Insolvenzverwalter gegenüber dem Hauptlizenzgeber die Erfüllung des Lizenzvertrages ab, so kann ein Unterlizenznehmer des Schuldners vom Hauptlizenzgeber den Abschluss eines Lizenzvertrages nach den in Absatz 1 genannten Bedingungen verlangen.* [2] *Liegen Tatsachen vor, aus denen sich ernsthafte Zweifel ergeben, dass der Unterlizenznehmer seine Verpflichtungen aus dem Vertrag wird erfüllen können, so kann der Hauptlizenzgeber den Abschluss von einer Sicherheitsleistung abhängig machen.*

(3) [1] *Der Lizenznehmer ist berechtigt, bis zum Abschluss eines neuen Lizenzvertrages das lizenzierte Recht gemäß dem bisherigen Lizenzvertrag zu nutzen.* [2] *Wird innerhalb von drei Monaten nach Zugang der Aufforderung des Lizenznehmers zum Neuabschluss des Lizenzvertrags kein neuer Lizenzvertrag abgeschlossen, so ist die weitere Nutzung nur zulässig, wenn*

1. *eine Vergütung gezahlt wird, deren Höhe sich nach den Anforderungen von Absatz 1 bemisst, und*
2. *der Lizenznehmer spätestens innerhalb einer Ausschlussfrist von zwei Wochen nachweist, dass er gegen den Verwalter, im Fall des Absatzes 2 gegen den Hauptlizenzgeber, Klage auf Abschluss eines Lizenzvertrages erhoben hat.*

---

563 BGH GRUR 2006, 435 (Nr 20 ff) Softwarenutzungsrecht.
564 BGH GRUR 2006, 435 (Nr 26) Softwarenutzungsrecht.
565 Vgl *Koehler/Ludwig* WRP 2006, 1342; *HK-InsO/Marotzke* § 103 Rn 87 Fn 358; aA *Slopek* WRP 2010, 616, 622 f mwN.
566 BTDrs 16/7416; vgl Stellungnahme DVGR GRUR 2008, 138.
567 Dazu *Trips-Hebert* ZRP 2007, 225; *Ullmann* Mitt 2007, 49, 52 ff; *Slopek* GRUR 2009, 128 ff.
568 Dazu *Schmid* GRURPrax 2012, 45.

[3] *Wenn die Parteien nichts anderes vereinbaren, wirkt der neue Vertrag auf den Zeitpunkt der Eröffnung des Insolvenzverfahrens zurück.*

Auch dieser Entwurf ist nicht weiterverfolgt worden.

169   **2.** In der **Insolvenz des Lizenznehmers** bestimmt sich das Schicksal des Lizenzvertrages zunächst nach §§ 103, 105 InsO.[569] Darüber hinaus ist das auf Lizenzverträge entspr anwendbare Kündigungsverbot nach § 112 InsO zu beachten.[570] Danach kann ein Miet- oder Pachtverhältnis, das der Schuldner als Mieter oder Pächter eingegangen war, vom anderen Teil nach dem Antrag auf Eröffnung des Insolvenzverfahrens nicht wegen eines vorher eingetretenen Zahlungsverzugs oder wegen Verschlechterung der Vermögensverhältnisse des Schuldners gekündigt werden. Dieses Kündigungsverbot soll jedoch nicht eingreifen, wenn eine Ausübungspflicht des Lizenznehmers besteht (Rn 152f) und der Lizenznehmer dieser insolvenzbedingt nicht mehr nachkommt.[571]

VII. Lizenzverträge mit Auslandsberührung

Schrifttum: *Aeberhard* Rechtsnatur und Ausgestaltung der Patentlizenz im deutschen, französischen und schweizerischen Recht, Diss Bern 1952; *Beier* Das auf internationale Markenlizenzverträge anwendbare Recht, GRUR Int 1981, 299; *Berger* Markenlizenz und Kapitalersatz, Diss Marburg 1998; *Bertin* Patent and Licensing Strategies of the Various Technology Types of Corporations, in *EPA/IFO-Institut* (Hrsg) Results and Methods of Economic Patent Research, S 83; *Bleeke/Rahl* The Value of Territorial and Fieldof-Use Restrictions in the International Licensing of Unpatented Know-How: An Empirical Study, 1 NW.J. Int'l L. and Bus. 450; *Blum* Nachträgliche Nichtigkeit des Patents im Patentlizenzvertrag (nach Schweizer Recht), GRUR 1955, 201; *Brödermann* Paradigmenwechsel im Internationalen Privatrecht, NJW 2010, 807; *Byrne* Licensing Technology[2], 1998; *Cawthra* Patent Licensing in Europe, 2nd ed., 1986; *Chao* Conflict of Laws and the International Licensing of Industrial Property in the United States, the European Union and Japan, 22 N.C.J.Int'l. L. & Comm. Reg. 147 (1996); *Codoni* Zur Anwendbarkeit des Grundsatzes des Vorranges der absoluten Rechte gegenüber den relativen Rechten im Immaterialgüterrecht und insbesondere im Urheberrecht, SJZ 1999, 2; *Curvelo de Almeida Prado* Contrato internacional de transferência de tecnologia. Patente e know-how, 1997; *Eggers* Verfahrenslizenzen für internationale Anlagenbauprojekte, RIW 2000, 665; *Fallenböck* Zur kollisionsrechtlichen Anknüpfung von Immaterialgüterrechtsverträgen nach dem Europäischen Vertragsrechtsübereinkommen (EVÜ), ZfRV 1999, 98; *Eshete* Lizenz- und Technologietransferverträge in Äthiopien, Kenia und Tansania: vergleichende Darstellung mit dem deutschen und europäischen Recht, GRUR Int 2000, 975; *Feige/Seiffert* Internationale Lizenzen (1965); *Ford* Die zivilrechtlichen Probleme des Patentlizenzvertrages nach dem Recht Großbritanniens, GRUR Int 1982, 320; *Goldscheider* Companion to Licensing Negotiations. Licensing Law Handbook. 1993–94 Edition, 1993 *Goldschmid* International Licence Contracts (1968); *Götting* Die Einlagefähigkeit von Lizenzen an Immaterialgüterrechten, Die Aktiengesellschaft 1999, 1; *Greif* Die deutsche Patent- und Lizenzbilanz, GRUR Int 1979, 451; *Grützmacher/Laier/May* Der internationale Lizenzverkehr[8] (RIW-Schriftenreihe Bd 6), 1997; *Harris* Technology Licensing in the European Union, 38 IDEA 139 (1997); *Hauser* Der Patentlizenzvertrag im französischen Recht im Vergleich zum deutschen Recht, 1984; *Hauser* Drittwirkung und Registrierung von Patentlizenzverträgen in Frankreich, GRUR Int 1983, 858; *Haver/Mailänder* Lizenzvergabe durch deutsche Unternehmen ins Ausland, 1967; *Heide* Patent- und Know-How-Lizenzen in internationalen Anlageprojekten, GRUR Int 2004, 913; *Heiter* Der internationale Lizenzvertrag als Produktabnahmevertrag, eine Untersuchung unter besonderer Berücksichtigung der Vertragspraxis sowie des deutschen und des südkoreanischen Rechts, Diss Köln 2002; *Henn* Problematik und Systematik des internationalen Patent-Lizenzvertrages, 1967; *Hiestand* Die Anknüpfung internationaler Lizenzverträge, 1993; *Hilty* Die Rechtsgrundlage des Lizenzvertrags, FS schweiz Juristentag 1994, 118; *Hilty* Lizenzvertragsrecht, 2001; *Hootz* Internationale Lizenzverträge und das Außenwirtschaftsgesetz, DB 1961, 354; *Hoppe* Lizenz- und Know-how-Verträge im Internationalen Privatrecht. Ein Beitrag zum Kollisionsrecht internationaler und insbesondere multinationaler Lizenzverträge aus dem Bereich des Patent-, Warenzeichen- und Urheberrechts unter Berücksichtigung internationaler Know-how-Verträge, 1994; *Joliet* Der Patentlizenzvertrag im belgischen und französischen Zivilrecht, GRUR Int 1982, 291; *Kerschner* Lizenzverträge im Technologietransfer nach ungarischem Recht, 1992; *Kretschmer/Osterland* Lizenzhandel (1972); *Kreuzer* Know-how-Verträge im deutschen internationalen Privatrecht, FS E. von Caemmerer (1978), 705; *Kirchhartz* Nichtangriffsklauseln in Patentlizenzverträgen, eine vergleichende Betrachtung der Rechtslage in den USA und der EG, Diss München 1982; *Körner* Die Abhängigkeit von Lizenzverträgen vom Patentschutz oder vom geheimen Know how, die Lage nach amerikanischem,

---

569   Ausführlich hierzu *Zeising* Mitt 2001, 240, 242ff; *Schmöll/Holder* GRUR 2004, 743, 747f.
570   *Benkard* Rn 236; *Schmöll/Holder* GRUR 2004, 743, 744f; *Ullmann* Mitt 2007, 49, 50; *HK-InsO/Marotzke* § 112 Rn 23.
571   *Schmöll/Holder* GRUR 2004, 743, 746; vgl OLG Düsseldorf 27.4.2010 20 U 212/10: Kündigung wegen Verletzung der Ausübungspflicht fällt nicht unter die Sperre des § 112 InsO.

deutschem und europäischem Recht, WuW 1979, 785; *Küchler* Lizenzverträge im EWG-Recht – einschließlich der Freihandelsabkommen mit den EFTA-Staaten, 1976; *Kurz* Rechtswahl, Wahl des Gerichtsstands- und Schiedsgerichtsvereinbarungen in internationalen Technologielizenzverträgen, Mitt 1997, 345; *Kuss* Der Lizenzvertrag im Recht der USA, 2005; *Landman* Licensing in European Context, LES Nouvelles 1997, 3, 111; *Langen* Internationale Lizenzverträge², 1958; *Lehner* Die Einwirkung der aktienrechtlichen Fusion auf Verträge, unter besonderer Berücksichtigung der Lizenzverträge, Diss Zürich 1975; *Lennon* Drafting Technology Patent License Agreements, 1999; *Liberman/Chrocziel/Levine* International Licensing and Technology Transfer: Practice and the Law, 2008; *Lichtenstein* Der Lizenzvertrag mit dem Auslande, NJW 1964, 1345; *Lichtenstein* Die Patentlizenz nach amerikanischem Recht, 1965 *Lutz* Internationale Lizenzverträge. Eine theoretische Analyse der Determinanten kontraktorientierter internationaler Leistungsverwertung, 1997; *Manfroy* International Licensing, VPP-Rdbr 1998, 105; *Marchese* Business Licensing Agreements, 1994; *Möhring* Das Recht der Patentlizenzverträge nach österreichischem und deutschem Recht, FS G. Wilde (1970), 99; *Mummenthey* US-Guidelines für die Lizensierung von geistigem Eigentum, CR 1998, 113; *Neuberg* Der Lizenzvertrag und die internationale Patentverwertung³, 1956; *Niedermeier* VR China, deutsch-chinesischer Standardvertrag für Know-how- und Patentlizenzen, 2003; *Nimmer/Cohn/Kirsch* License Contracts under Article 2 of the Uniform Commercial Code. A Proposal, Rutgers Computer & Techn. L.J. 1993, 281; *Nirk* Der Lizenzvertrag nach französischem und deutschem Recht, FS W. Hefermehl (1971), 149; *Oliveira Antunes/Costa Manso* Relacões internacionais e transfêrencia de tecnologa. O contrato de licenca, 1993; *Pain* Licensing Practice & Procedure⁵, 1994; *Pedrazzini* Die zivilrechtlichen Probleme des Patentlizenzvertrags nach schweizerischem Recht, GRUR Int 1982, 283; *Pedrazzini* Versuch einer Nominalisierung des Lizenzvertrags, in FS W. Schluep (1988), 414; *Pfaff* Qualifikation und Anknüpfung von internationalen Lizenzverträgen im Internationalen Lizenzrecht osteuropäischer Länder, MitarbeiterFS E. Ulmer (1973), 477; *Pfaff* Internationale Lizenzverträge im europäischen Internationalen Privatrecht, RIW 1974, 241; *Pfaff* Der Lizenzvertrag, in: Deutsche zivil-, kollisions- und wirtschaftsrechtliche Beiträge zum 10. Intern. Kongreß für Rechtsvergleichung (1978), 289; *Pfaff/Nagel* Internationale Rechtsgrundlagen für Lizenzverträge im gewerblichen Rechtsschutz, 1993; *Pfordte* Der Internationale Lizenzvertrag, DB 1974, 1465; *Pollzien/Langen* International Licensing Agreements² (1973); *Schlicher* Licensing Intellectual Property: Legal, Business, and Market Dynamics, 1996; *Schlicher* Licensing Intellectual Property 1998: International Regulation, Strategy and Practices, 1998; *Schmid* Rechtsfragen des Patentlizenzvertrages im deutsch-spanischen Wirtschaftsverkehr, 1994; *Schulte* Lizenzaustauschverträge und Patentgemeinschaften im amerikanischen und deutschen Recht, 1971; *Schulte-Beckhausen* Markenlizenzverträge, 2002; *Schultz* Methoden und Probleme der Gebührenbemessung bei internationalen Lizenz- und Know-how-Verträgen, Diss St. Gallen 1980; *Seiffert* Das Territorialitätsprinzip der gewerblichen Schutzrechte beim Abschluß internationaler Anlagen- und Lizenzverträge, dn D 1969, 3; *Siegfranz* Patentlizenzverträge im japanischen Antimonopolgesetz, 2002; *Stieger* Zur Beendigung des Lizenzvertrages nach schweizerischem Recht, sic! 1999, 3; *Stim* License Your Invention, 1998; *Stimmel* Die Beurteilung von Lizenzverträgen unter der Rom I-Verordnung, GRUR Int 2010, 783; *Torremans* Choice-of-Law Problems in International Industrial Property Licence, IIC 1994, 390; *A. Troller* Internationale Lizenzverträge, GRUR Int 1952, 108; *Vida* Les contrats de licence en droit international privé, Revue Critique de Droit International Privé 1964, 209; *von Beringe* Lizenzverträge mit dem Ausland, DB Beilage 8/1957; *von Büren* Der Lizenzvertrag, 1995; *von Dungern* Zur Praxis der Lizenzvergabe für gentechnische Erfindungen in den USA, GRUR Int 1982, 502; *Wadlow* Intellectual Property and the Rome Contracts Convention, EIPR 1997, 11; *Wang* Der Lizenzvertrag im deutschen und chinesischen Recht, Diss Konstanz 1989; *Zellmeier-Neunteufel* Der Lizenzvertrag im Technologietransfer mit den Andenpaktstaaten, 1992; *Zenhäusern* Der internationale Lizenzvertrag, 1992.

1. Internationales Privatrecht

a. Allgemeines. Soweit man mit der hM jedenfalls die Einräumung einer **ausschließlichen Lizenz** **170** als dinglichen Rechtsakt iS einer Teilrechtsabspaltung vom Mutterrecht versteht (vgl Rn 64), ist hierauf wie bei einer Vollübertragung (Rn 17) das **Schutzlandprinzip**, im Fall eines dt bzw mit Wirkung für Deutschland erteilten Patents also stets und zwingend dt Recht anzuwenden.[572] Für die Anwendung des allg Schuldvertrags-IPR bleibt dann nur Raum, soweit es um die rein obligatorischen Teile des Lizenzvertrags geht.

Das nach diesen Maßgaben auch für Lizenzverträge geltende **allgemeine Schuldvertrags-IPR** ist in **171** der **Rom I-VO** (Rn 88 ff Einl) geregelt, die nach ihrem Art 29 am 17.12.2009 in Kraft getreten ist. Die Rom I-VO ersetzt die Art 27–37 EGBGB, die mit G vom 25.6.2009[573] aufgehoben worden sind, jedoch für vor dem 17.12.2009 abgeschlossene Lizenzverträge ungeachtet ihres Charakters als Dauerschuldverträge (Rn 60) anwendbar bleiben (Art 28 Rom I-VO in der korrigierten Fassung).[574]

---

572 *Beier* GRUR Int 1981, 299, 305 ff.
573 BGBl 2009 I, 1574.
574 Vgl BGH GRUR 2015, 264, 267 (Nr 42) Hi Hotel II; *Stimmel* GRUR Int 2010, 783 Fn 2; *Staudinger/Magnus* Art 27 Rom I-VO Rn 4.

172   Inhaltlich orientiert sich die Rom I-VO weitgehend an den Normen des **Europäischen Schuldvertragsübereinkommens** (EVÜ) v 19.6.1980, das wiederum den ex-Art 27–37 EGBGB zugrundegelegen hatte. Insoweit bestehen keine grds Bedenken, die hierzu gewonnenen Erkenntnisse auch unter dem neuen Recht anzuwenden.

173   Die Rom I-VO gilt in allen Mitgliedstaaten (auch soweit darin die Anwendung des Rechts eines Drittlands vorgeschrieben ist, Art 2) **mit Ausnahme Dänemarks** (s 46. Erwägungsgrund zur Rom I-VO). Wie Verträge mit Bezug zu Dänemark zu behandeln sind, ist umstr (näher Rn 92 Einl).

174   **b. Einzelfragen.** Lizenzverträge unterliegen dem frei vereinbaren **Schuldstatut** (Vertragsstatut; Art 3 Abs 1 Satz 1 Rom I-VO; früher Art 27 EGBGB).[575] Nach diesem beurteilt sich, ob aus einem Lizenzvertrag eine Nichtangriffspflicht fließt, ebenso die Haftung für Nichtausführbarkeit, die Ausschließlichkeit der Lizenz, Vergabe von Unterlizenzen, Beratungspflichten. Auch die Frage unzulässiger Rechtsausübung richtet sich nach dem Vertragsstatut.[576]

175   Die **Rechtswahl** muss ausdrücklich erfolgen oder sich „eindeutig" aus den Bestimmungen des Vertrags oder aus den Umständen des Falls ergeben (Art 3 Abs 1 Satz 2 Rom I-VO; anders früher Art 27 Abs 1 Satz 2 EGBGB: „mit hinreichender Sicherheit").[577] Ein Anhaltspunkt für eine in der Sache eindeutige Rechtswahl ergibt sich etwa aus einer Gerichtsstandvereinbarung (12. Erwägungsgrund zur Rom I-VO). Für eine nachträgliche Änderung gelten keine höheren Anforderungen. Die deutliche Bezugnahme der Vertragsparteien im Prozess auf eine bestimmte Rechtsordnung kann für die Annahme einer nachträglichen konkludenten Rechtswahl ausreichen, zumindest für eine die ursprünglich getroffene Wahl abändernde Rechtswahl bedarf es aber eines dahingehenden beiderseitigen Gestaltungswillens. Die übereinstimmend geäußerte irrige Auffassung, eine bestimmte Rechtsordnung sei maßgeblich, reicht dafür nicht aus.[578] Zu beachten ist auch das Bestehen partikularer Rechtsordnungen, so bei den Bundesstaaten der USA und im VK. Zu beachten sind weiter Formerfordernisse, die sich aus der Rechtswahl ergeben können.[579]

176   **Mangels Rechtswahl** ist das Recht des Staats anzuwenden, in dem die Partei, die die – bei komplexen Vertragsgestaltungen uU schwierig zu bestimmende – vertragscharakteristische Leistung zu erbringen hat, bei Vertragsschluss ihren gewöhnlichen Aufenthalt oder ihre Hauptverwaltung hat (Art 4 Abs 2 iVm Art 19 Rom I-VO, in Einzelheiten abw von Art 28 Abs 2 EGBGB). Vertragscharakteristische Leistung idS ist idR die Vergabe der Lizenz und nicht die Zahlung der Lizenzgebühr.[580] Haben beide Parteien vertragscharakteristische Leistungen zu erbringen, so dass sich das anwendbare Recht nicht nach Art 4 Abs 2 bestimmen lässt, so kommt es nach Art 4 Abs 4 Rom I-VO darauf an, zu welchem Staat der Vertrag die engste Verbindung aufweist. Eine Anwendung von Art 4 Abs 4 Rom I-VO kommt etwa dann in Betracht, wenn den Lizenznehmer neben der Zahlung der Lizenzgebühr auch eine Ausübungspflicht (Rn 152) trifft.[581]

177   Die grds **Anknüpfung an die Lizenzvergabe** kann zu wenig befriedigenden Ergebnissen führen, da sich ein Lizenzvertrag, den ein ausländ Patentinhaber über ein inländ Patent schließt, mangels abw Vereinbarung nach dem ausländ Recht beurteilt. Es ist daher vorgeschlagen worden, in derartigen Fällen an das Schutzrechtsstatut anzuknüpfen.[582] Dies begegnet jedoch in Hinblick auf die eindeutige Regelung in Art 4 Abs 2 Rom I-VO, die grds nicht auf die Belegenheit abstellt (anders nur bei Verträgen über dingliche Grundstücksgeschäfte, Art 4 Abs 1 Buchst c Rom I-VO), Bedenken.[583] Auch eine Analogie zu den Regeln für Franchise- und Vertriebsverträgen (Art 4 Abs 1 Buchst e und f Rom I-VO) wird nicht in Betracht kommen.

---

575   Vgl BGH Hi Hotel II (Nr 41), UrhSache; OLG Nürnberg 10.12.1996 3 U 1452/96; zur Anknüpfung in der US-amerikanischen Praxis *Kurz* Mitt 1997, 345, 349.
576   LG Düsseldorf InstGE 3, 8, 19 mwN.
577   Hierzu BGH NJW-RR 2000, 1002 Rechtswahlvereinbarung: ausdrückliche Bezugnahme auf Vorschriften einer bestimmten Rechtsordnung; vgl auch BGH 15.6. 1965 Ia ZR 19/64.
578   BGH Rechtswahlvereinbarung.
579   Bsp bei *Kurz* Mitt 1997, 345, 349: Sec 68 brit Patents Act 1977.
580   *Benkard* Rn 229; vgl zu ex-Art 28 Abs 2 EGBGB BGH GRUR 2010, 322, 325 (Nr 21) Sektionaltor (für Vergleich); LG Mannheim InstGE 11, 215 Nr 9.
581   *Stimmel* GRUR Int 2010, 783, 786 f mwN.
582   *Beier* GRUR Int 1981, 299; so auch die ältere Rspr, OLG Düsseldorf GRUR Int 1962, 256.
583   Ähnlich *Benkard* Rn 229.

Die vorgeschlagene Abweichung von den allg Regeln erscheint auch aus praktischen Gründen nicht zwingend geboten, weil es die Parteien in der Hand haben, das anzuwendende Recht frei zu wählen.[584]

Bei **Lizenzierung für verschiedene Staaten** ist **einheitliche Anknüpfung** geboten,[585] die aber idR **178** auf eine Anknüpfung nach Art 4 Abs 2 Rom I-VO, also an den gewöhnlichen Aufenthalt des Lizenzgebers iSv Art 19 Rom I-VO, hinauslaufen wird.[586] Zur einheitlichen Anknüpfung bei eur Patenten mit einheitlicher Wirkung s Rn 7. Bei **Know-how-Verträgen** ist mangels Rechtswahl regelmäßig das am Ort des gewöhnlichen Aufenthalts des Know-how-Gebers geltende Recht maßgebend.[587] Unterliegt ein Lizenzvertrag dt materiellem Recht, kommt es für die Pflicht zur Zahlung der Lizenzgebühren auf die materielle Rechtsbeständigkeit auch eines ausländ Lizenzpatents grds nicht an.[588] Das UN-Einheitskaufrecht kommt auf (reine) Lizenzverträge nicht zur Anwendung.[589] Der Bestand des Schutzrechts beurteilt sich nach dem Recht des Schutzlands.[590]

Zu den unabhängig von dem auf den Vertrag sonst anzuwendenden Recht zwingenden **Eingriffs- 179 normen** s Rn 230 f.

2. TRIPS-Übk. Art 40 Abs 3 und 4 TRIPS-Übk legen in bestimmten grenzüberschreitenden Fällen **180** Konsultationspflichten zwischen den Mitgliedstaaten fest.

3. Die wirtschaftliche Bedeutung des internationalen Lizenzverkehrs ist groß.[591]   **181**

VIII. Lizenzen in der deutschen Einigung

Wegen der infolge Ablaufs der betr Schutzrechte inzwischen obsoleten Rechtsverhältnisse von DDR- **182** Patenten wird auf die Kommentierung in der *7. Aufl* verwiesen.

IX. Lizenzvertrag und Kartellrecht

Schrifttum: *Albrechtskirchinger* Maissaatgut – ein Schlüsselfall für das Lizenzrecht im Gemeinsamen Markt, Pharmaz. Ind. 1982, 891; *Albrechtskirchinger* Zur Patentlizenzpolitik der Gemeinschaft nach Maissaatgut und Coditel II, WuW 1984, 109; *Albrechtskirchinger* Anwendung von Art 85 und 86 EGV auf Vereinbarungen über den Warenvertrieb und auf gewerbliche Schutzrechte und Urheberrechte, GRUR Int 1984, 512; *Albrechtskirchinger* Die Gruppenfreistellung Patentlizenzverträge, GRUR Int 1984, 565; *Albrechtskirchinger* Gruppenfreistellungsverordnungen – wem nutzen sie? VPP-Rdbr 1993, 54; *Alexander* Article 85 of the EEC-Treaty and the exclusive license to sell patented products, CMLR 1967/68, 465; *Alexander* Brevets d'invention et règles de concurrence du Traité CEE, 1971; *Alexander* Gewerbliche Schutzrechte und die Errichtung des Europäischen Gemeinsamen Marktes, GRUR Int 1972, 272; *Alexander* La licence exclusive et les règles de concurrence de la CEE, CahDrEur 1973, 3; *Alexander/Hirsch/Plaisant* Brevets et marques au regard du droit de la concurrence en Europe et en Amèrique, Institut d'Etudes Européennes, 1968; *Allen III* The Present Status of Exclusive Patent Licensing Agreements in Relation to the Rules of Competition of the E.E.C. ..., AntBul 1974, 81; *Anderman* E.C. Competition Law and Intellectual Property Rights: The Regulation of Innovation, 1998; *Anderman* EC competition law and intellectual property rights in the new economy, AntBul 2002, 285; *Anderson/Gallini* (Hrsg) Competition Policy and Intellectual Property Rights in the Knowledge-Based Economy, Ottawa 1998; *Antill/Burdon* The new technology transfer block exemption – A whiter shade of grey? Patent World März 1996, 14; *O. Axster* Forschungs- und Entwicklungsgemeinschaften im deutschen Kartellrecht, Mitt 1969, 299; *O. Axster* Der internationale Lizenz- und Patentaustauschvertrag und seine Bedeutung als Integrationsmittel, in: Gewerbliche Schutzrechte im EWG-Kartellrecht, Kartellrechtsforum 1970, 151; *O. Axster* Die Maissaatgut-Entscheidung des Europäischen Gerichtshofs, GRUR Int 1982, 646; *O. Axster* Offene Fragen unter der EG-Gruppenfreistellungsverordnung für Patentlizenzverträge, GRUR 1985, 581; *O. Axster* Das Verhältnis der Gruppenfreistel-

---

584 Vgl auch *Fallenböck* ZfRV 1999, 98, 102.
585 BGHZ 129, 236, 251 = DtZ 1995, 285 EKV; BGH GRUR 2010, 322, 325 (Nr 22) Sektionaltor; *Stimmel* GRUR Int 2010, 783, 788; *Benkard* Rn 230.
586 Vgl zu ex-Art 28 Abs 2 EGBGB BGH GRUR 2010, 322, 325 (Nr 22) Sektionaltor; *Benkard* Rn 229.
587 Eingehend *Kreuzer* FS E. von Caemmerer (1978), 705 ff.
588 LG Düsseldorf 28.1.1997 4 O 377/95 Entsch 1997, 1; vgl OLG Düsseldorf 13.3.2001 20 U 164/95.
589 *Kurz* Mitt 1997, 345, 350.
590 OLG Düsseldorf 13.3.2001 20 U 164/95.
591 Vgl *Weiden* (Bericht) GRUR 2006, 832 f; *Deutsche Bundesbank* Technologische Dienstleistungen in der Zahlungsbilanz, 1994, sowie die Berichte in GRUR 1998, 647, GRUR 1996, 473, GRUR 1994, 594 und GRUR 1992, 426, dort auch Verweisung auf frühere Berichte.

lungsverordnungen zueinander als Problem der Anwendung des EG-Kartellrechts, FS A. Deringer (1993), 213; *O. Axster* in: Gemeinschaftskommentar zum GWB und europäischen Kartellrecht[3], §§ 20, 21 GWB; *O. Axster* Das „Alles-oder-Nichts-Prinzip" der EG-Gruppenfreistellungsverordnungen, WuW 1994, 615; *Bandasch* Lizenzverträge und Wettbewerbsordnung, FS 10 Jahre Bundeskartellamt (1968), 85; *Bandasch/Lemhoefer/Horn* Die Verwaltungspraxis des Bundeskartellamts zu den Lizenzverträgen nach §§ 20, 21 GWB, 1969; *Bartl* Immaterialgüterrechtliche Marktzutrittsschranken im System des Art 82 EG: Lizenzverweigerung als Missbrauch einer beherrschenden Stellung; zugleich eine kritische Würdigung der Entscheidung der Europäischen Kommission in der Rechtssache IMS Health, Diss Saarbrücken 2004; *Barton* Patents and Antitrust: A Rethinking in Light of Patent Breadth and Sequential Innovation, 65 Antitrust L.J. 449 (1997); *Bartosch* Von der Freistellung zur Legalausnahme – was geschieht mit der Rechtssicherheit? WuW 2000, 462; *Baxter* Legal Restriction on Exploitation of the Patent Monopoly, 76 Yale L.J. 267 (1966); *Beier* Patent License Agreements under German and European Antitrust Law, 1972; *Beier* Wettbewerbsfreiheit und Patentschutz, Zur geschichtlichen Entwicklung des deutschen Patentrechts, GRUR 1978, 123; *Beier* Entwicklung und gegenwärtiger Stand des Wettbewerbsrechts in der Europäischen Gemeinschaft, GRUR Int 1984, 61; *Beier* Mißbrauch einer beherrschenden Stellung durch Ausübung gewerblicher Schutzrechte? FS K. Quack (1991), 15; *Benczek* Die Beurteilung gemischter Know-how- und Patentlizenzverträge nach EG-Kartellrecht, Diss Freiburg/Br. 1995; *Benton ua* The Antitrust Counterattack in Patent Infringement Litigation, 1994; *Besen/Slobodenjuk* Die neue TT-GVO – Überblick über wesentliche praxisrelevante Änderungen, GRUR 2014, 740; *Biedenkopf* Vertragliche Wettbewerbsbeschränkung und Wirtschaftsverfassung, 1958; *Bird/Toutoungi* The New EC Technology Transfer Regulation: Two Years On, EIPR 2006, 292; *Blaisse* Patent Licensing in the E.C., Legal Issues of European Integration, 1985, 27; *Blind/Pohlmann* Patente und Standards: Offenlegung, Lizenzen, Patentstreitigkeiten und rechtspolitische Diskussionen, GRUR 2014, 713; *Bodenhausen* Der EWG-Vertrag und der gewerbliche Rechtsschutz, GRUR Int 1958, 218; *Bodewig* Neue Guidelines für Lizenzverträge in den USA, GRUR Int 1997, 958; *Boeck* Zum Gebietsschutz des Entwurfs einer Gruppenfreistellungsverordnung für Patentlizenzverträge der EG-Kommission, RIW 1979, 603; *Bohlig* Die Auswirkungen des amerikanischen Antitrustrechts auf Patente und Patentlizenzen im Ausland, GRUR Int 1959, 421; *Bohlig* Möglichkeiten und Grenzen der Gruppenfreistellung für Lizenzverträge, GRUR Int 1986, 97; *Bonet* Le nouveau règlement d'exemption par catégorie d'accords de transfert de technologie, Rev.tr.dr.eur. 1996 II 305; *Bornkamm* Anwendung der Art 85, 86 EWG-Vertrag im Zivilprozeß; Bemerkungen zu einer Bekanntmachung der EG-Kommission, in *Henssler/Kolbeck/Moritz/Rehm* (Hrsg) Europäische Integration und globaler Wettbewerb (1993), 549; *Boyd* Competition and industrial property, EurLawRev 1982, 493; *Brändel* Die gemeinschaftsrechtlichen Mißbrauchstatbestände bei Ausübung nationaler Schutzrechte ..., GRUR 1980, 512; *Brandi-Dohrn* Meistbegünstigungsklausel in Lizenzverträgen, BB 1982, 1083; *Bretthauer* Die Beurteilung von Markenlizenzverträgen nach deutschem und europäischem Kartellrecht, 2004, zugl Diss Würzburg 2003; *Bunte* Mißbrauch einer beherrschenden Stellung durch Ausübung gewerblicher Schutzrechte, ecolex 1995, 565; *Bunte* Die Aufhebung des Schriftformerfordernisses nach § 34 GWB, BB 1998, 1600; *Bunte* Die Bedeutung salvatorischer Klauseln in kartellrechtswidrigen Verträgen, GRUR 2004, 301; *Bunte/Sauter* EG-Gruppenfreistellungsverordnungen, 1988; *Burst/Kovar* Sur une jurisprudence récente de la Cour de Justice des Communautés Européennes en matière de propriété industrielle, Jurisclasseur périodique 1975, 11728; *Buxbaum* Patent licensing: a case study on antitrust regulation within the European Economic Community, AntBul 1964, 101; *Buxbaum* Die Anwendbarkeit des GWB auf Lizenzverträge über ausländische Patente, WRP 1963, 288; *Buxbaum* Die dem Patentmonopol innewohnenden Beschränkungen, WuW 1966, 193; *Cabanellas* The Extraterritorial Effects of Antitrust Law on Transfer of Technology Transactions (IIC Studies Vol. 10); *Cabanellas/Massaguer* Know-How Agreements and EEC Competition Law (IIC-Studies Vol. 12); *Cepl/Rüting* Kartellrechtliche Zulässigkeit von Nichtangriffsabreden und ihre Prüfung im Patentnichtigkeitsverfahren, WRP 2013, 302; *Christoph* Wettbewerbsbeschränkungen in Lizenzverträgen über gewerbliche Schutzrechte nach deutschem und europäischem Recht, auch Diss Göttingen 1998; *Chrociel* Zur EG-kartellrechtlichen Beurteilung ehemals „schwarzgelisteter" Klauseln nach der neuen Gruppenfreistellungsverordnung für Technologietransfer-Vereinbarungen, FS O. Lieberknecht (1997), 295; *Celli/Birkhäuser* Die Beurteilung von Vertikalabreden durch die Eidgenössische Wettbewerbskommission, sic! 2002, 378; *Coenen* Rechtsfragen zur Anwendung von Gruppenfreistellungsverordnungen gem. Art. 85 Abs. 3 EGV, Diss. Köln 1999; *Collin* Conflit entre le droit de la propriété industrielle et le droit des ententes et des positions dominantes de la CEE, Revue internationale de la Concurrence 1973, 37; *Conde Gallego* Handelsbezogene Aspekte des Lizenzkartellrechts, 2003, zugl Diss Würzburg 2002; *Craig* Die Anwendung des U.S.-Antitrustrechts auf gewerbliche Schutzrechte, GRUR Int 1971, 8; *Crane/Pfunder* Antitrust and Res Judicata Considerations in the Settlement of Patent Litigation, Antitrust L.J. 1993, 151; *Curley* Intellectual Property Licences and Technology Transfer: A Practical Guide to the new European Licensing Regime, 2004; *Darbyshire* Computer Programs and Competition Policy: A Block Exemption for Software Licensing? EIPR 1994, 374; *Davis/Johnston* Contrast or Convergence? The IP Guidelines and the New EU Technology Transfer Block Exemption, 9 Antitrust Nr 2, 1995, 16; *de Bronett* Der Entzug der Vorteile der Anwendung einer Gruppenfreistellung durch nationale Behörden, WuW 1999, 825; *Decker* Das Europäische Mißbrauchsverbot im Verhältnis zu den Immaterialgüterrechten, 2000, zugl Diss Dresden; *Demaret* Le brevet communautaire après centrafarm, RevTrimDrEur 1977, 11; *Demaret* Article 85 CEE et licences, Droit et pratique du commerce international, 1977, 369; *Deringer* Gewerbliche Schutzrechte und EWG-Vertrag, GRUR Int 1968, 105; *Deringer* Internationale Lizenzverträge und Antitrustrecht, GRUR Int 1968, 179; *Deringer* Stellungnahme zum Weißbuch der Europäischen Kommission über die Modernisierung der Vorschriften zur Anwendung der Art 85 und 86 EG-Vertrag (Art 81 und 82 EG), EuZW 2000, 5; *Desbois* Les rapports entre la propriété industrielle et le régime de la concurrence dans le Traité du Marché Commun, FS Roubier (1961), 425; *Deselaers/Obst* Weißbuch zum Europäischen Kartellrecht: Rechtssicherheit ade? EWS 2000, 41; *Diem* Das Kartellrecht nach dem EWR-Abkommen, DB 1994,

823; *Dittmann* Öffnung von Märkten durch kartellrechtlichen Kontrahierungszwang: eine Analyse von § 20 Abs 1 GWB und Art 82 EG unter Berücksichtigung der essential-facilities-doctrine, 2004, zugl Diss Hamburg 2003; *Dreiss* Die kartellrechtliche Beurteilung von Lizenzvertragssystemen im ausländischen und deutschen Recht, 1972; *Dreiss* Die Anwendbarkeit von § 20 GWB auf Lizenzverträge über nicht geschütztes know how, MitarbeiterFS E. Ulmer (1973), 399; *Drexl* Wettbewerbswidrige Lizenzgebühren: Ein Plädoyer für eine „teilweise" Rückbesinnung auf die Inhaltstheorie, FS H. Köhler (2014), 85; *Drysdale/Stephens-Ofner* Patent licence agreements in the E.E.C., The New Law Journal 1972, 1017; *Ducrey* Die Kartellrechte der Schweiz und der EWG im grenzüberschreitenden Verkehr, 1991; *Dyekjaer-Hansen* Know-how agreements – The logic of restrictions and the restrictions of logic, EIPR 1984, 31; *Ebel* Lizenzverträge und EWG-Kartellrecht, NJW 1980, 1988; *Ebel* Lizenzverträge nach EWG-Recht, WRP 1985, 387; *Ebel* EG-Gruppenfreistellungsverordnung für Technologietransfer-Vereinbarungen, WuW 1996, 779; *Ebenroth/Bohne* Gewerbliche Schutzrechte und Art 86 EG-Vertrag nach der Magill-Entscheidung, EWS 1995, 397; *Ebenroth/Hübschle* Gewerbliche Schutzrechte und Marktaufteilung im Binnenmarkt der Europäischen Union, 1994; *Effenberger* Transfer von Wissen: zur Übertragung von Rechten an geistigen Gütern, insbesondere bei Forschungsverträgen, Schweizerische Juristenzeitung 2003, 217; *Ehlers* Kartellrechtliche Abgrenzung der Verträge über Patente gegenüber den sonstigen vertikalen Verträgen, GRUR 1968, 633; *Ehricke/Blask* Dynamischer Verweis auf Gruppenfreistellungsverordnungen im neuen GWB? JZ 2003, 722; *Emmerich* Kartellrecht[6], 1991; *Emmerich* Kommentierung von §§ 20, 21 GWB in: *Immenga/Mestmäcker* Gesetz gegen Wettbewerbsbeschränkungen, 1981; *Emmerich* Die gewerblichen Schutzrechte im Gemeinsamen Markt, DB 1972, 1275; *Emmerich* Die höchstrichterliche Rechtsprechung zum GWB, 3. Teil, ZHR 140 (1976), 17; *Emmerich* Die Form wettbewerbsbeschränkender Verträge, NJW 1980, 1363; *Emmerich* Zulässigkeit ausschließlicher Lizenzen – „Maissaatgut", JuS 1983, 59; *Emmerich* Anmerkungen zu der „neuen" Wettbewerbspolitik der Europäischen Kommission, WRP 2000, 858; *Ensthaler* Zivilrechtliche und kartellrechtliche Schranken bei der Lizensierung von Computersoftware – Ausschließlichkeitsbindungen des Herstellers, JurPC 1994, 2661; *Ensthaler/Bock* Verhältnis zwischen Kartellrecht und Immaterialgüterrecht am Beispiel der Essential-Facility-Rechtsprechung von EuGH und EuG, GRUR 2009, 1; *Evrard* Les accords de licence en matière de propriété inustrielle au regard du Traité de Rome, Revue de Droit Intellectuel, L'Ingénieur-Conseil, 1962, 35; *Ewing* Durchsetzung der Kartellgesetze und Patentsystem, Ähnlichkeiten im europäischen und amerikanischen Recht, GRUR Int 1980, 333; *Fassy* A Patent Licensee's Obligation to Exploit his Licence. An Extraordinary Aspect of French Law, EIPR 1981, 45; *Faull* Competition and industrial property, EEC competition checklist, EurLawRev 1982, 42; *Feil* Lizenzkartellrecht, Diss München, 2009; *Feldkamp* Die Gruppenfreistellungsverordnung Technologietransfer, Mitt 1998, 462; *Fikentscher* Wettbewerb und gewerblicher Rechtsschutz, 1958; *Fikentscher* Wettbewerbsrecht im TRIPS-Agreement der Welthandelsorganisation – Historische Anknüpfung und Entwicklungschancen, GRUR Int 1995, 529; *Fikentscher* Der Draft International Antitrust Code in der Diskussion, GRUR Int 1996, 543; *Fikentscher* An International Antitrust Code, IIC 1996, 755; *Fikentscher/Heinemann/Kunz-Hallstein* Das Kartellrecht des Immaterialgüterschutzes im Draft International Antitrust Code, GRUR Int 1995, 757; *Fikentscher/Immenga* Draft International Antitrust Code, 1995; *Finger* Patentschutz und EWG-Kartellrecht, NJW 1968, 2178; *Finger* Die Meistbegünstigungsklausel in Patentlizenzverträgen, BB 1970, 1154; *Finnegan/Zotter* Das amerikanische Kartellrecht der Patentlizenzverträge, GRUR Int 1979, 321; *Fischer* Verbots- oder Mißbrauchsprinzip für die kartellrechtliche Prüfung von Lizenzverträgen, GRUR 1972, 319; *Fischmann* Die Pflicht zur Lizenzerteilung in Patent-Ambush-Fällen nach deutschem und europäischem Kartellrecht, GRUR Int 2010, 185; *Folz* Technologiegemeinschaften und Gruppenfreistellung, 2002; *Ford* Die zivilrechtlichen Probleme des Patentlizenzvertrages nach dem Recht Großbritanniens, GRUR Int 1982, 320; *Frenzel* Die Beurteilung von Forschungs- und Entwicklungskooperationen zwischen Herstellern und Zulieferern in der deutschen Automobilindustrie nach europäischem und deutschem Kartellrecht, Diss Hamburg 2003; *Friedrich* Der Begriff „Knowhow" im europäischen Kartellrecht, Diss Trier 1995; *Fuentes* Zur Beurteilung von Patentlizenzverträgen nach EG-Recht, GRUR Int 1987, 217; *Gausser* Die Problematik der Lizenzverträge in der Europäischen Wirtschaftsgemeinschaft, SMI 1977, 125; *Ghidini* „Protektionistische" Tendenzen im gewerblichen Rechtsschutz, GRUR Int 1997, 773; *Giudici* Die Anwendbarkeit der essential-facilities-Doktrin auf die Immaterialgüterrechte, Diss Augsburg 2003; *Gleiss/Hirsch* Kommentar zum EG-Kartellrecht, Bd I: Art. 85 und Gruppenfreistellungsverordnungen[4], 1993; *Gordon ua* (Hrsg) The 1995 Federal Antitrust Guidelines for the Licensing of Intellectual Property, 1996; *Gottwald* Die EG-Gruppenfreistellungsverordnung für Patentlizenzvereinbarungen, Diss München 1992; *Gould/Langenfeld* Antitrust and Intellectual Property: Landing on Patent Avenue in the Game of Monopoly, IDEA 1997, 449; *Govaere* The Use and Abuse of Intellectual Property Rights in E.C. Law, 1996; *Greaves* The Herchel Smith Lecture 1998: Article 86 of the E.C. Treaty and Intellectual Property Rights, EIPR 1998, 379; *Gröning* Die dezentrale Anwendung des EG-Kartellrechts gemäß dem Vorschlag der Kommission zur Ersetzung der VO 17/62, WRP 2001, 83; *Groß* Gruppenfreistellungsverordnung für Technologietransfer-Vereinbarungen (Zusammenfassung der Gruppenfreistellungsverordnungen Patentlizenzen und Know-how-Vereinbarungen), Mitt 1995, 85; *Grovers ua* Intellectual Property and the Internal Market of the European Community, 1993; *Grüter* Absoluter Gebietsschutz durch Patente – ein Mißbrauch? WRP 1968, 214; *Grützmacher* Kartellrechtliche Beurteilung der Verwertung technischer Schutzrechte, Diss München 1970; *Gugerbauer* (Hrsg) Das EWR-Kartellrecht, 1993; *Günzel* Territorial beschränkte Lizenzen bei parallelen Patenten im Gemeinsamen Markt, Kölner Schriften zum Europarecht Bd 31, 1980; *Gutterman* Innovation and Competition Policy – A Comparative Study of the Regulation of Patent Licensing and Collaborative Research and Development in the United States and the European Community, 1997; *Guy/Leigh* The EEC and Industrial Property, 1981; *Handler/Blechman* Der Gruppenfreistellungsentwurf für Patentlizenzen der Kommission aus amerikanischer Sicht, GRUR Int 1980, 555; *Harlfinger* Die Gruppenfreistellungsverordnung Nr 240/96 für Technologietransfervereinbarungen im Lichte der neueren Entwicklungen des europäischen Kartellrechts, Diss Kiel 2003; *Harris* Community Law and Intellectual Property: Recent Cases in the Court of Justice, CMLR 1982, 61; *Hauck* Die wettbewerbsrechtliche Beurteilung von Lizenzverträgen in der EU den USA, Diss Augsburg 2008; *Heer* Die Politik der EG betreffend Alleinvertriebs- und Patentlizenzverträge. Eine Beurteilung aus schweizerischer Sicht, Revue suisse du droit international de la concurrence 1978, 27; *Heidinger* Kartellrechtliche Zwangslizenzen: Die Anwendung der Essential-Facilities-Doktrin auf Immaterialgüterrechte, Medien & Recht 2006, 221; *Heinemann* Das Kartellrecht des geistigen Eigentums im TRIPS-Übereinkommen der Welthandelsorganisation, GRUR Int 1995, 535; *Heinemann* Antitrust law of intellectual property in the TRIPs Agreement of the World Trade Organization, in: *Beier/Schricker* (Hrsg). From GATT to TRIPs (1996), 239; *Heinemann* Gefährdung von Rechten des geistigen Eigentums durch Kartellrecht? GRUR 2006, 705; *Heinemann* Propriété intellectuelle et abus de position dominante en droit communitaire – Bilan et perspectives, sFS 10 Jahre sic! (2007), 33; *Heinemann* Die Relevanz des „more economic approach" für das Recht des geistigen Eigentums, GRUR 2008, 949; *Herin* Brevet et concurrence au regard de la jurisprudence de la Cour de Justice des Communautés européennes, Revue trimestrielle de droit commercial 1977, 383; *Herrmann* Nichtangriffsabreden über gewerbliche Schutzrechte und verwandte Probleme, 1971; *Herrmann* Die Beurteilung exklusiver Know-how-Lizenzen nach dem EWG-Kartellverbot, Diss Augsburg 1993; *Heusch* Missbrauch marktbeherrschender Stellungen (Art 102 AEUV) durch Patentinhaber, GRUR 2014, 745; *Heyers* Effiziente Patentpoolkonstitution: zugleich ein Beitrag zum sog. More Economic Approach, GRUR Int 2011, 213; *Hieber* Lizenzverträge über technische Schutzrechte, Marken und Urheberrechte nach der 6. GWB-Novelle: die kartellrechtliche Beurteilung von Lizenznehmerbeschränkungen in Verträgen über Nutzungsrechte an technischen Schutzrechten, Marken- und Urheberrechten nach § 17 GWB, Diss Passau 2001; *Hilken* Innovation und Patentschutz auf dem EG-Arzneimittelmarkt, Diss Bremen 1988; *Hilty* (Entscheidungsanmerkung) sic! 1998, 105; *Hirsch* Le principe de territorialité du droit des brevets dans le Marché Commun; Brevets et marques au regard du droit de la concurrence en Europe et aux États-Unis, 1968, 102; *Hirsch* Patentrecht und Wettbewerbsordnung, WuW 1970, 99; *Hofer/Williams* Convenants Not to License: Patent Misuse and Antitrust Considerations, The Journal of Proprietory Rights Oktober 1996, 13; *Hoffmann* Die „offene ausschließliche Lizenz" – Tragweite und Konsequenzen, RIW 1984, 93; *Höppner* Die Pflicht, interne Produktionsmittel zu vermarkten: zugleich Anmerkung zum EuGH-Urteil des IMS, EZWiR 2004, 748; *Höppner* Missbräuchliche Verhinderung „neuer" Produkte durch Immaterialgüterrechte, GRUR Int 2005, 457; *Hufnagel* Die neue Gruppenfreistellungsverordnung Technologietransfer Kein Lizenzvertrag ohne Kartellrecht? Mitt 2004, 297; *F. Immenga* Neues aus den USA: Kartellrechtliche Fallstricke bei der Standardsetzung, GRUR 2007, 302; *Immenga/Mestmäcker* EG-Wettbewerbsrecht, 2 Bde 1997; *Isay* Die Patentgemeinschaft im Dienste des Kartellgedankens, 1923; *Jacobs* Industrial Property and the EEC Treaty – A Reply, ICLQ 1975, 643; *Janzze/Oudemans/Wolterbeck* L'influence des règles de concurrence du Traité de Rome sur les droits de propriété industrielle et commerciale, Revue de Droit Intellectuel, L'Ingénieur-Conseil 1962, 66; *Jaume* Lizenzverträge und Wettbewerbsregeln, WuW 1972, 775; *Johannes* Gewerblicher Rechtsschutz und Urheberrecht im Europäischen Gemeinschaftsrecht, 1973; *Johannes* Der Schutz des geheimen technischen Wissens und sein Verhältnis zu den gemeinschaftlichen Wettbewerbsregeln, 1980; *Johannes* Technology Transfer Under EEC Law – a Comparative Law Approach, Annual Proceedings of Fordham Corporate Law Institute, 1983, 65; *Joliet* Der Patentlizenzvertrag im belgischen und französischen Zivilrecht, GRUR Int 1982, 291; *Jones* Fundamentals of international licensing agreements and their application in the European Community, CMLR 1973, 3; *Kaestner* Missbrauch von Immaterialgüterrechten: Europäische Rechtsprechung von Magill bis IMS Health, Diss Münster 2003; *Kahlenberg* Novelliertes deutsches Kartellrecht. Stichtag 1.1.1999, BB 1998, 1593; *Kaiser* Schutzrechtsfremde Wettbewerbsverbote in immaterialgüterrechtlichen Lizenzverträgen, Diss Frankfurt/Main 2001; *Kellermann* Die gewerblichen Schutzrechte im Gesetz gegen Wettbewerbsbeschränkungen, WuW 1958, 643 und 1960, 603; *Kellermann* Zwanzig Jahre Kartellgesetz in der Rechtsprechung des BGH, WM 1978 Sonderbeilage 4; *Kinsella* EU Technology Licensing, 1998; *Kiourtoglou* Der Know-how-Vertrag im deutschen und europäischen Kartellrecht, Diss Frankfurt/M. 1989; *Kirchhartz* Nichtangriffsklauseln in Patentlizenzverträgen, eine vergleichende Betrachtung der Rechtslage in Deutschland, in den USA und der EG, Diss München 1982; *Kirchner* Patentrecht und Wettbewerbsbeschränkungen, in *Ott/Schäfer* (Hrsg) Ökonomische Analyse der rechtlichen Organisation von Innovationen (1994), 157, mit Kommentar *Schredelseker* S 188; *Kirschstein* Patentrechte und Kartellrecht der EWG, Europarecht 1968, 306; *Kleemann* Die Behandlung von von Lizenzverträgen nach dem Kartellrecht der Europäischen Wirtschaftsgemeinschaft, WRP 1963, 38; *Kleemann* Die Stellungnahme der Kommission der EWG zu vertikalen Alleinvertriebsverträgen und Lizenzverträgen im Gemeinsamen Markt, WRP 1963, 117; *Kleinmann* Die neue EG-Gruppenfreistellungsverordnung für Technologietransfer-Vereinbarungen, EWS 1996, 149; *Klemp* Meistbegünstigungsklauseln in Patentlizenzverträgen, DB 1977, 1301; *Kloyer* Der Vorrang der Gruppenfreistellungsverordnungen – dargestellt am Beispiel der Verordnung Nr 123/85; *N. Koch* Die Bindungswirkung der Exklusivlizenz, BB 1972, 97; *Koch* Kommentierung zu Art 85 EGV, Kapitel 4: Anwendung von Art. 85 auf Vereinbarungen über gewerbliche Schutzrechte, Urheberrechte und Know-how, in *Grabitz/Hilf*, Kommentar zur Europäischen Union; *Koch* Urheber- und kartellrechtliche Probleme der Nutzung von Open-Source-Software, CR 2000, 273, 333; *Koenigs* Kooperation in der Forschung und Entwicklung nach deutschem und EWG-Kartellrecht, FS E. Günther (1976), 331; *Koenigs* Europäischer Gerichtshof zur Zulässigkeit ausschließlicher Lizenzverträge, DB 1982, 1811; *Koenigs* Die EG-Gruppenfreistellung für Patentlizenzvereinbarungen, DB 1984, 2442; *Koenigs* Die Beeinträchtigung des Handels zwischen Mitgliedstaaten als Abgrenzungskriterium zwischen dem EG-Kartellrecht und dem nationalen Recht, FS G. Pfeiffer (1987), 569; *Koenigs* Technologietransfer nach dem Patentpoolkonzept. Untersuchung relevanter Vertragsklauseln im Lichte der neuen TT-Leitlinien; GRUR 2014, 1155; *Kommission der Europäischen Gemeinschaften* (Hrsg) Die EWR-Wettbewerbsregeln für Unternehmen und ihre Anwendung durch die EG-Kommission und die EFTA-Überwachungsbehörde, 1993; *Köppen* Gruppenfreistellungsverordnungen. Wirksamkeit und Rechtsschutz, 2000; *Koppensteiner* International Enterprises under the Antitrust Law of the European Economic Community, JWorldTrL 1975, 287; *Korah* Patents and competition law, EurLawRev 1976, 185; *Korah* Competition in industrial property, EurLawRev 1982, 130; *Korah* Exclusive licenses of patent and plant breeders' rights under EEC law after Maize Seed, AntBul 1983, 699; *Korah* Patent Licensing Rules and EEC Competition Rules – Regulation 2349/84 –, 1985; *Korah* The Preliminary Draft of a New EC Group Exemption for Technology Licensing, EIPR 1994, 263; *Korah* The Technology Transfer Regulation – Introduction, EIPR 1996 H.4 Supplement; *Korah* Technology Transfer Agreements and the EC Competition Rules, 1996; *Körber* Geistiges Eigentum, essential facilities und „Innovationsmissbrauch": Überlegungen zum Microsoft-Fall im Lichte der EuGH-Entscheidung IMS Health GmbH, RIW 2004, 881; *Körber* Standardessentielle Patente, FRAND-Verpflichtungen und Kartellrecht, 2013; *Körner* Ausübungspflichten und Wettbewerbsverbote des Lizenznehmers aus kartellrechtlicher Sicht, BB 1980, 1662; *Kraft* Patent und Wettbewerb in der Bundesrepublik Deutschland, 1972; *Kraft* Beschränkungen bei der know-how-Vergabe und EWG-Kartellrecht, FS Bärmann (1975), 563; *Kraft* Lizenzverträge über gewerbliche Schutzrechte in der Rechtsprechung des Europäischen Gerichtshofs, in: X. Internationales Kartellrechtsforum, hrsg von der Studienvereinigung Kartellrecht, 1984, 79; *Krasser/Schmid* Der Lizenzvertrag über technische Schutzrechte aus der Sicht des deutschen Zivilrechts, GRUR Int 1982, 324; *Krauskopf/Russ* Lizenzverträge und Wettbewerbsrecht, sic! 2014, 753; *Krieger* Die sog Wirtschaftsklauseln, GRUR Int 1976, 208; *Kroitzsch* Schwerpunkte bei der Prüfung internationaler Lizenz- und Patentaustauschverträge nach Art 85 EGV unter besonderer Berücksichtigung der sog. Integrationsverträge, WuW 1970, 471; *Kroitzsch* Die höchstrichterliche Rechtsprechung zu Lizenzverträgen und die Rechtssicherheit, GRUR 1975, 162; *Küchler* Lizenzverträge im EWG-Recht einschließlich der Freihandelsabkommen mit den EFTA-Staaten, Schweiz. Beitr. z. Europarecht Bd 19, 1976; *Küchler* Neues zur kartellrechtlichen Beurteilung von Lizenzverträgen in der EWG, Revue suisse du droit international de la concurrence 1978, 57; *Kübel* Die „wettbewerbsrechtliche Zwangslizenz": Lizenzverweigerung als Mißbrauch marktbeherrschender Stellung iSv Art 82 EG, in: *Vieweg* (Hrsg) Spektrum des Technikrechts, Referate eines Symposiums aus Anlaß des 10jährigen Bestehens des Instituts für Recht und Technik in Erlangen, 2002, 293; *Ladas* Der gewerbliche Rechtsschutz im Gemeinsamen Markt aus amerikanischer Sicht, GRUR Int 1960, 389, 485, 551; *Ladas* Some Aspects of Foreign Licenses, The Trademark Reporter 1960, 1135; *Ladas* Antitrust Law in the Common Market with special reference to industrial property agreements, AntBul 1962, 259; *Ladas* La protection légale du „Know-how", ProprInd 1963, 222; *Ladas* Patents, Trademarks and Related Rights, National and International Protection, 1975; *Lampert* Patente und Entkartellierung, GRUR 1950, 1; *Langen/Niederleithinger/Ritter/Schmidt* Kommentar zum Kartellgesetz⁶, 1982; *Langfinger* Die neue EU-Gruppenfreistellungsverordnung Technologietransfer (VO 772/04), FS K. Bartenbach (2005), 427; *Lehr* Die neue EU-Gruppenfreistellungsverordnung für Technologietransfer-Vereinbarungen sowie deren Auswirkungen auf Lizenzverträge, Europa-Blätter 2005, 2, 47; *Lévêque/Shelanski* (Hrsg) Antitrust, Patents and Copyright – EU and US Perspectives, 2005; *Lew* Industrial property licensing and EEC antitrust law, Revue suisse du droit international de la concurrence 1983, 27; *Lieberknecht* Patente, Lizenzverträge und Verbot von Wettbewerbsbeschränkungen, 1953; *Lieberknecht* Verträge über gewerbliche Schutzrechte und sonstige technische Leistungen nach §§ 20, 21 GWB, DB 1957, 1011; *Lieberknecht* Das Verhältnis der EWG-Gruppenfreistellungsverordnungen zum deutschen Kartellrecht, FS G. Pfeiffer (1988), 589; *Liebmann* Lizenzverträge in der EU, ÖBl 1998, 167; *Liebscher* Lizenzverträge nach EU-Recht, Checkliste, ecolex 1996, 464; *Liyang Hou* The Essential Facilities Doctrine: What Was Wrong in Microsoft, IIC 2012, 451; *Lober* Die IMS-Health-Entscheidung der Europäischen Kommission: Copyright K.O.? GRUR Int 2002, 7; *Loest* Aufspaltungskontrolle gewerblicher Schutzrechte auf der Grundlage des europäischen Wettbewerbsrechts, Diss Berlin (FU) 1996/1999; *Loewenheim* Gewerbliche Schutzrechte, freier Warenverkehr und Lizenzverträge, GRUR 1982, 461; *Loewenheim/Belke* Gesetz gegen Wettbewerbsbeschränkungen, 1977; *Lübbig* „... et dona ferentes": Anmerkungen zur neuen EG-Gruppenfreistellungsverordnung im Bereich des Technologietransfers, GRUR 2004, 483; *Lubitz* Die neue Technologietransfer-Gruppenfreistellungsverordnung, EuZWiR 2004, 652; *Ludding* Het mededingenrecht in de EEC en de rechten van industriële en commerciele eigendom, 1979; *Luttermann* Lizenzverträge im Recht gegen Wettbewerbsbeschränkungen, FS O. Sandrock (2000), 631; *Lutz* Lizenzverträge und sachlich notwendige Wettbewerbsbeschränkungen nach EG-Kartellrecht, RIW 1983, 485; *Lutz* Technologie-, Patent- und Know-how-Lizenzverträge im EG-Recht, RIW 1996, 269; *Lutz/Bruderick* EG-Patentlizenz-Formularvertrag, RIW 1985, 349; *Macdonald* Know-how Licensing and the Antitrust Laws, Michigan Law Review 1964, 351; *Macfarlane/Wardle/Wilkinson* The Tension Between National Intellectual Property Rights and Certain Provisions of EC Law, EIPR 1994, 525; *Machlup* Die wirtschaftlichen Grundlagen des Patentrechts, 1962; *Maddock* Know-how Licensing under the Antitrust Laws of the United States and the Rome Treaty, CMLR 1964, 36; *Magen* Lizenzverträge und Kartellrecht, 1963; *Magnin* Know-how et propriété industrielle, 1974; *Maier* Patentmißbrauch durch Lizenzgebühren nach Ablauf der Patentdauer, GRUR Int 1965, 406; *Mailänder* L'exemption par catégorie des ententes économiques dans la CEE, CahDrEur 1966 II, 5; *Mailänder* Die kartellrechtliche Beurteilung von Lizenzverträgen nach EG-Kartellrecht und US-Antitrustrecht, GRUR Int 1979, 378; *Mamane* Reform der EU-Wettbewerbsregeln für Technologietransfer-Verträge: Einfahrt in den sicheren Hafen? sic! 2004, 616; *Mann* Gewerbliche Schutzrechte, mengenmäßige Beschränkungen und EWG-Vertrag, FS Ballerstedt (1975), 421; *Mann* Industrial Property and E.E.C. Treaty, ICLQ 1975, 31; *Marchini-Camia* Esercizio dei diritti della proprietà industriale e tutela delle libertà di concorrenza nella CEE. Il diritto negli scambi internazionali 1971, 462; *Marenco* Pour une intrprétation traditionelle de la notion de mesure d'effet équivalant à une restriction quantitative, CahDrEur 1984, 291; *Martinek/Habermeier* Das Chaos der EU-Gruppenfreistellungsverordnungen, ZHR 158 (1994), 107; *Matfeld* Gewerbliche Schutzrechte und freier Warenverkehr, in *Schwarze* Das Wirtschaftsrecht des Gemeinsamen Marktes in der aktuellen Rechtsentwicklung, 1983, 69; *Meinhardt* Die Beschränkung nationaler Immaterialgüterrechte durch Art. 86 EG-Vertrag unter besonderer Berücksichtigung der Essential-Facilities-Doktrin, 1998; *Mestmäcker* Europäisches Wettbewerbsrecht, 1974; *Meyer* Die EG-Gruppenfreistellungsverordnung zum Technologietransfer,

GRUR Int 1997, 498; *Möhring* Betriebs- und Geschäftsgeheimnisse in wettbewerbs- und kartellrechtlicher Sicht, Fs. Nipperdey Bd II (1965), 415; *Möhring* Lizenzverträge über Pflanzenzüchtungen in kartellrechtlicher Sicht, FS W. Hefermehl (1971), 139; *Monnet* La portée de l'article 36 par rapport à l'article 85 du Traité de la CEE concernant le contrat de licence de brevet, SEW 1964, 181; *Moritz* EC Competition Law Aspects and Software Licensing Agreements – A German Perspective, IIC 1994, 357, 515; *Möschel* Recht der Wettbewerbsbeschränkungen, 1983; *Müller/Giessler/Scholz* Kommentar zum GWB[4], 1981; *Müller-Graff/Fischmann* Der Fall AstraZeneca: „Tool boxes" im Arzneimittelsektor: wer hat die besseren Werkzeuge und welche sind erlaubt? GRUR Int 2010, 792; *Neumann* Patentlizenzaustausch, Diss Köln 1971; *Neumann* Lizenzverträge im EWG-Kartellrecht, RIW 1985, 88; *Newes* Licensing Agreements under the Antitrust Rules of the Common Market, in: International Licensing Agreements, 1965, 351; *Nirk* Der Lizenzvertrag nach französischem und deutschem Recht, FS W. Hefermehl (1971), 149; *Odersky* Artikel 85/86 EG-Vertrag und die nationalen Gerichte, FS E.-J. Mestmäcker (1996), 699; *Ordover/Willig* Economist's View. The Department of Justice Draft Guidelines for the Licensing and Acquisition of Intellectual Property, Antitrust 1995 Nr 2, 29; *Oudemans* De mededingingsbepalingen van het Europamarktvertrag en hun invloed op de rechten van de industriële eigendom, De Nederlandse Industrie 1959, 397; *Oudemans/Kooig/Wolterbeek* Droits de propriété industrielle et règles de concurrence dans le traité de Rome, ProprInd 1960, 28; *Parr* Avoiding Antitrust Pitfalls in Drafting and Enforcing Intellectual Property Agreements in the European Union, EIPR 1997, 43; *Pedrazzini* Die zivilrechtlichen Probleme des Patentlizenzvertrages nach schweizerischem Recht, GRUR Int 1982, 283; *Penard/Nicole* Les contrats de licence – généralités et les répercussions de l'article 85 du Traité de Rome et de ses règlements d'application sur les contrats de licence entre sociétés alliées, Revue Economique et Sociale 1984 n° 1; *Pfaff* Technologietransfer und das Wesen der Lizenzverträge, RIW 1982, 381; *Pfeifer* Kaufverträge über patentgeschützte Gegenstände und § 20 GWB, WRP 1968, 345; *Pfeifer* Ausschließlichkeitsbindungen des Lizenzgebers oder Eigentümers und Kartellrecht, GRUR 1969, 400; *Pietzke* Zur ausschließlichen Lizenz im EG-Recht, GRUR Int 1982, 537; *Plaisant* La propriété intellectuelle et le traité de CEE, Art 85, FS A. Troller (1976), 267; *Plaisant* Les licences de brevet et l'article 85 du traité de Rome interdisant les ententes, ProprInd 1977, 249; *Pliakos* Os direitos de defesa e o direito comunitário da concurrencia, 1994; *Preu* Der Einfluß der Nichtigkeit oder Nichterteilung von Patenten auf Lizenzverträge, GRUR 1974, 623; *Rapin/Maier Viñas* Dans queelle mesure et par quels moyens les droits de propriété intellectuelle devraient-ils pouvoir être soumis à des licences obligatoires pour des motivs tirés du droit de la concurrence? (Bericht), sic 2008, 169; *Rehbinder* Der Vorrang des EG-Kartellrechts vor nationalem Kartellrecht bei Freistellungen: Dogmatische Konstruktion, Sachargumente und politische Interessen, FS E.-J. Mestmäcker (1996), 725; *Reinhart* Patentlizenzverträge in der Entscheidungspraxis der Kommission der Europäischen Gemeinschaften, RIW 1972, 498; *Reinhart* Patentlizenzverträge – ein Hindernis auf dem Weg zur europäischen Integration? DB 1981, 1863; *Reinhart* Zulässigkeit von Patentlizenzverträgen nach dem Maissaatgut-Urteil Rs 258/78, RIW 1982, 825; *Reinhart* Die Bedeutung des Maissaatgut-Urteils des EuGH, RIW 1982, 829; *Reischl* La protection de la propriété industrielle et commerciale et le droit d'auteur dans le Marché commun, CahDrEur 1982, 3; *Reischl* Gewerblicher Rechtsschutz und Urheberrecht in der Rechtsprechung des Europäischen Gerichtshofs, GRUR Int 1982, 151; *Reischl* Europäisches Urheberrecht und gewerblicher Rechtsschutz im Lichte der Rechtsprechung des EuGH, 1990; *Reuters* Territoriale Marktaufteilung mit Hilfe von Warenzeichen-, Patent- und Urheberrechten in der Europäischen Wirtschaftsgemeinschaft, 1976; *Riziotis* Patent Misuse als Schnittstelle zwischen Patentrecht und Kartellrecht, GRUR Int 2004, 367; *Röhling* Die Zukunft des Kartellrechts in Deutschland nach In-Kraft-Treten der neuen EU-Verfahrensrechtsordnung, GRUR 2003, 1019; *Rosen* Intellectual Property and the Antitrust Pendulum. Recent Developments at the Interface Between the Antitrust and Intellectual Property Laws, Antitrust L.J. 1994, 669; *Rupp* Die gewerblichen Schutzrechte im Konflikt zwischen nationalen Grundrechten und Europäischem Gemeinschaftsrecht, NJW 1976, 993; *Sack* Der „spezifische Gegenstand" von Immaterialgüterrechten als immanente Schranke des Art 85 Abs 1 EG-Vertrag bei Wettbewerbsbeschränkungen in Lizenzverträgen, FS W. Ritter (1997), 753, und RIW 1997, 449; *Sack* Zur Vereinbarkeit wettbewerbsbeschränkender Abreden in Lizenz- und Know-how-Verträgen mit europäischem und deutschem Kartellrecht, WRP 1999, 592; *Saltzman* The New Technology Transfer Block Exemption Regulation, EIPR 1996, 506; *Samwer* Neue Entwicklungen im amerikanischen Recht zu Patentlizenz- und Know-how-Verträgen, RIW 1970, 441; *Sauter* Die „gemischten Vereinbarungen" nach den GruppenfreistellungsVOen für Patentlizenz- und Know-how-Vereinbarungen, FS für A.-C. Gaedertz (1992), 481; *Sawchak/Ann* United States Federal Trade Commission (FTC) – Organisation, Zuständigkeit, Verfahren, Mitt 1998, 288; *Schaub* Zur Zulässigkeit von Nichtangriffsabreden in Patentlizenzverträgen, RIW 1989, 216; *Schaub/Dohms* Das Weißbuch der Europäischen Kommission über die Modernisierung der Vorschriften zur Anwendung der Artikel 81 und 82 EG-Vertrag. Die Reform der Verordnung Nr 17, WuW 1999, 1035; *Scherer* Industrial Market Structure and Economic Performance[2], 1980; *Scheuffele* Die Essential Facilities Doktrin: eine ökonomische und rechtliche Analyse, 2004, zugl Diss Univ. München 2002; *Schlag* A theoretical analysis of know-how-licensing under EEC competition law, AntBul 1982, 347; *Schlieder* Die Auswirkungen des EWG-Vertrages auf die gewerblichen Schutzrechte, GRUR Int 1973, 578; *Schlieder* EWG-Kartellrecht und gewerbliche Schutzrechte – wird die Vertragsfreiheit strapaziert? Duttweiler Institut „Lizenzen – warum und wie?", 132; *Schmid* Gebietsbeschränkungen und Patentlizenz- und Know-How-Verträge im Wettbewerbsrecht der EG und der USA, 1987; *A. Schmidt* Kontrolle von Lizenzverträgen, 1969; *I. Schmidt* Das Verhältnis von Patent und Kartellrecht, Die Aussprache 1965, 155; *Schmidt-Szalewski* Le projet d'exemption par categories de contrats de transfert de techniques, GRUR Int 1996, 552; *Schödermeier* Die Ernte der „Maissaat": Einige Anmerkungen zum Verhältnis von Art 30 und 85 EWG-Vertrag, GRUR Int 1987, 85; *Schommer* Die „essential facility"-Doktrin im Europäischen Wettbewerbsrecht, 2003, zugl Diss Kiel 2002; *Schricker* Zur kartellrechtlichen Beurteilung von Zeichenbenutzungsvereinbarungen in Patentlizenzverträgen, WRP 1980, 121; *Schröter* Zur Rechtsprechung des Europäischen Gerichtshofes auf dem Gebiet der gewerblichen Schutzrechte, WRP 1971, 356; *Schulte* Lizenzaustauschverträge und Patentgemeinschaften im amerikanischen und deutschen Recht, Schriftenreihe Wettbewerbsrecht und Wirtschaftsordnung, Bd 10, 1971; *Schulze* Rechtsgeschäftliche Bestätigung oder Rückwirkung – das Übergangsrecht zu § 34 GWB, WRP 1999, 158; *Schulze/Wagener/Pautke* Die Gruppenfreistellungsverordnung für Technologietransfer-Vereinbarungen, Praxiskommentar, 2005; *Schumacher/Schmid* Die neue Gruppenfreistellungsverordnung für Technologietransfer-Vereinbarungen, GRUR 2006, 1; *Schwans* Die Bedeutung der Artikel 36 und 85 des EWG-Vertrages für Patentlizenzverträge, GRUR Int 1964, 626; *Schwarz van Berk* Der Zugang zu wesentlichen Einrichtungen nach europäischem und deutschem Kartellrecht: eine rechtsvergleichende Untersuchung der Essential-Facility-Doktrin im Rahmen von Art 82 EGV und § 19 Abs 4 Nr 4 GWB, 2003, zugl. Diss. Münster; *Schwarze* Der Schutz des geistigen Eigentums im europäischen Wettbewerbsrecht, EWiR 2002, 75; *Schwarze* Die exterritoriale Anwendbarkeit des EG-Wettbewerbsrechts: vom Durchführungsprinzip zum Prinzip der qualifizierten Auswirkung, WuW 2001, 1190; *Seeger* Die Entwicklung auf dem Gebiet des Lizenzrechts der Europäischen Gemeinschaften, RIW 1980, 309; *Seitz/Kock* – Wettbewerbsrechtliche Aspekte von Sortenschutz- und Patentlizenzen im Saatgutbereich, GRUR Int 2012, 711, 868; *Singer* Ausschließliche Patentlizenz- und know-how-Verträge nach deutschem, amerikanischem und europäischem Kartellrecht, Diss Mannheim 1997; *Siragusa* Technology Transfers Under EEC Law: A Private View, Annual Proceedings of Fordham Cooperate Law Institute, 1983, 95; *Skaupy* Know-how-Vereinbarungen und Kartellrecht, GRUR 1964, 539; *Spengler* Die Behandlung des gewerblichen Rechtsschutzes im Rahmen des EWG-Vertrags, GRUR Int 1958, 321; *Stapper* Das essential facility Prinzip und seine Verwendung zur Öffnung immaterialrechtlich geschützter de facto Standards für den Wettbewerb, 2003, zugl Diss Hamburg 2002; *Steger* Technologie-Transfer-GVO, Memo, ecolex 1996, 466; *Steindorff* Teilnichtigkeit kartellrechtswidriger Vereinbarungen in der Rechtsprechung des Bundesgerichtshofs, FS W. Hefermehl (1971), 177; *Steindorff* Europäisches Kartellrecht und Staatenpraxis, ZHR 142 (1978), 525; *Stieger* „Kodak" – eine Momentaufnahme des Schnittbereichs von Immaterialgüter- und Kartellrecht aus helvetischer Sicht, sic! 2001, 89; *Stirnimann/Weber* IT-/Info-Flaschenhälse und Kartellrecht, sic! 2007, 85; *Stoffmehl* Die Gruppenfreistellungsverordnung der EU-Kommission für Technologietransfer-Vereinbarungen, CR 1996, 305; *Stoffmehl* Technologietransfer im europäischen Kartellrecht durch Gruppenfreistellung, 1997; *Stothers* The End of Exclusivity? Abuse of Intellectual Property Rights in the E.U., EIPR 2002, 86; *Strohm* Wettbewerbsbeschränkungen in Patentlizenzverträgen nach amerikanischem und deutschem Recht, 1971; *Stumpf/Lindstaedt* Ausschließliche Patentlizenzen und Exportverbote in der Entscheidungspraxis der EG-Kommission, BB 1973, 406; *Sucker* Gruppenfreistellungsverordnungen für Patentlizenz- und Know-how-Vereinbarungen, CR 1990, 807; *Tessin/Sedemund* Verhältnis des EWG-Kartellrechts zu den nationalen Patentrechten, BB 1968, 604; *Teubner* Die Beurteilung von Verwertungsverträgen über nichtsonderrechtsgeschützte technische Leistungsergebnisse nach Wettbewerbsregeln der EWG, 1966; *Theune* Die Beurteilung ausschließlicher Patentlizenzverträge nach Art 85 EWG-Vertrag, GRUR Int 1977, 63; *Thyri* Immaterialgüterrechte und Zugang zur wesentlichen Einrichtung: der Fall Microsoft im Licht von IMS-Health, WuW 2005, 388; *Timberg* International Patent Licensing and National Antitrust Laws, JPOS 1961, 171; *Treacy/Heide* The New EC Technology Transfer Block Exemtion Regulation, EIPR 2004, 414; *Tritton* Articles 30 to 36 and Intellectual Property. Is the Jurisprudence of the ECJ now an Ideal Standard? EIPR 1995, 442; *Turner* Competition and the Common Market after maize seeds, EurLawRev 1983, 103; *Ubertazzi* Die Maissaatgut-Entscheidung und die Patentlizenzen, RIW 1983, 924; *Ubertazzi* Ausschließliche Patentlizenzen im Gemeinsamen Markt, ZHR 137 (1973), 134; *Ubertazzi* Patentrechtsschutz ausschließlicher Lizenznehmer gegen Direktlieferungen innerhalb des Gemeinsamen Marktes, GRUR Int 1973, 53; *Ubertazzi* Intellectual Property in the EEC, in: Competition Law in Western Europe (1977), 565; *Ubertazzi* Die wettbewerbspolitische Behandlung gewerblicher Schutzrechte in der EWG, GRUR Int 1984, 89; *Ullrich* Patentrechtsschutz ausschließlicher Lizenznehmer gegen Direktlieferung innerhalb des Gemeinsamen Marktes, GRUR Int 1973, 53; *Ullrich* Fortschritt im deutschen Patentkartellrecht, ZHR 137 (1973), 70; *Ullrich* Ausschließliche Patentlizenzen im Gemeinsamen Markt, ZHR 137 (1973), 134; *Ullrich* Die wettbewerbspolitische Behandlung gewerblicher Schutzrechte in der EWG, GRUR Int 1984, 89; *Ullrich* Patentschutz im europäischen Binnenmarkt, GRUR Int 1991, 1; *Ullrich* Patents and Know-How, Free Trade, Interenterprise Cooperation and Competition Within the Internal European Market, IIC 1992, 583; *Ullrich* Lizenzkartellrecht auf dem Weg zur Mitte, GRUR Int 1996, 555; *Ullrich* Lizenzverträge im europäischen Wettbewerbsrecht: Einordnung und Einzelfragen, Mitt 1998, 50; *Ullrich* Wettbewerb und technische Normen: Rechts- und ordnungspolitische Fragestellungen, GRUR 2007, 817; *van der Esch* Industrial Property Rights under EEC Law, Fordham Corporate Law Institute 1984, 539; *van der Haegen* Les droits de propriété et plus particulièrement les brevets d'invention dans leur rapport avec le jeu de la concurrence entre états membres de la Communauté économique européenne, Revue de droit intellectuel 1966, 105; *van Gerven* The Recent Case Law of the Court of Justice Concerning Articles 30 and 36 of the EEC Treaty, CMLR 1977, 5; *van Notten* Know-how Licensing in the Common Market, New York University Law Review 1963, 525; *Veelken* Zum Verhältnis der Gruppenfreistellungsverordnungen zueinander, FS E.-J. Mestmäcker (1996), 789; *Venit* The Commission's Opposition Procedure – between the Scylla of ultra vires and the Charybdis of Perfume: Legal Consequences and tactical Considerations, CMLR 1985, 167; *Verloren van Themaat* Die Bedeutung von Art 36 für die kartellrechtliche Beurteilung von Patentlizenzverträgen nach Art 85 des EWG-Vertrages, GRUR Int 1964, 21; *Verloren van Themaat* Zum Verhältnis von Art. 30 und Art 85 EWG-Vertrag, FS E. Günther (1976), 373; *Völp* Gewerbliche Schutzrechte und GWB, WRP 1957, 313; *Völp* Patentlizenzverträge im Erlaubnisverfahren der Kartellbehörden, BB 1960, 761; *von Bechtoldsheim/Bruder* Die Essential Facilities Doktrin und § 19 (4) GWB, WRP 2002, 55; *von Hahn* Kartellrechtliche Probleme bei Rücklizenzen, Lizenzaustauschverträgen und Patentgemeinschaften, GRUR 1968, 406; *von Knieriem* Die Monopolstellung des Patentinhabers im freien Wettbewerb nach amerikanischem und deutschem Recht, Diss Heidelberg 1952; *von Maltzahn* Zur rechtlichen Beurteilung von Nichtangriffsklauseln über technische Schutzrechte, FS O.-F. von Gamm (1990), 597; *Vrins* Intellectual Property Licensing and Cometition Law: Some News from the Front The Role of Market Power and „Double Jeopardy" in the E.C. Commission's New Deal, EIPR 2001, 576; *Waelbroeck* Gwerbliches Schutzrecht und EWG-Vertrag, Neue Entwickungen im EWG-Kartellrecht, 1973, 153; *Waelbroeck* The Effect of the Rome treaty on the Exercise of National Industrial Property Rights, AntBul 1976, 99; *A. Wagner* EWG-Gruppenfreistellung und nationales Kartellrecht, Diss Heidelberg 1993; *A. Wagner* Der Systemwechsel im EG-Kartellrecht: Gruppenfreistellungen und Übergangsproblematik, WRP 2003, 1369; *Wagret* La propriété industrielle et le droit européen des ententes, Revue de Marché Commun 1962, 431; *Walter* Neuregelung der EU betreffend Patentlizenz- und Know-how-Vereinbarungen (Technologietransfer-Vereinbarungen) SZW/RSDA 1996, 122; *Walz* Der Schutzinhalt des Patents im Recht der Wettbewerbsbeschränkungen, 1973; *R. Walz* Der Vorrang des europäischen vor dem nationalen Kartellrecht, 1994; *Wedekind* Die Anwendung der Kartellvorschriften des EWG-Vertrages auf Patentlizenzverträge, 1989; *Weiser* Antitrustpolitik und gewerbliche Schutzrechte in der Europäischen Wirtschaftsgemeinschaft, WuW 1964, 720; *Wertheimer* Der Einfluß der Wettbewerbsvorschriften des EWG-Vertrages auf die gewerblichen Schutzrechte, GRUR Int 1966, 312; *Wertheimer* Das Territorialitätsprinzip im Patent- und Warenzeichenrecht und seine Bedeutung für das EWG-Kartellrecht, IV. Kartellrechtsforum, 1970; *Wertheimer* Industrial Property and the law of the European Communities, in: European Competition Policy (1973), 160; *Wertheimer/Barents* Over de Verhouding tussen Art 30–36 en 85–86 van het EEG-Verdrag, In Orde: Liber Amicorum P. Verloren van Themaat; *Weston* Neue Entwicklungen im U.S. Antitrustrecht und die kartellrechtliche Beurteilung von Beschränkungen in Patentlizenzverträgen, GRUR Int 1984, 125; *Weyer* Konkurrierende Anwendung des Art. 81 EGV durch Kommission und nationale Gerichte, WuW 2000, 842; *Whaite* The Draft Technology Transfer Block Exemption, EIPR 1994, 259; *Wiedmann* Kommentar zu den Gruppenfreistellungsverordnungen des EWG-Kartellrechts, 1989; *Winkler/Jugal* Die neue EG-Gruppenfreistellungsverordnung für Technologietransfer-Vereinbarungen, EuZW 1996, 364; *Winzer* Die Nichtigkeit eines lizensierten Patentes und die „doctrine of eviction" sowie die „unilateral repudiation" nach amerikanischem Recht, RIW 1971, 160; *Winzer* Forschungs- und Entwicklungsverträge, 2006; *Wirtz/Holzhäuser* Die kartellrechtliche Zwangslizenz, WRP 2004, 683; *Wissel* Die neue EG-Gruppenfreistellungsverordnung für Technologietransfervereinbarungen, WuW 2004, 1244; *Wiszniewska* Patentlizenzverträge im Licht der neuen Entwicklungen im polnischen Kartellrecht, GRUR Int 1996, 568; *Wolf/Fink* Mit der Verordnung Nr 17 ins nächste Jahrtausend? WuW 1994, 289; *Wolfram* „Reach-Through Claims" und „Reach-Through Licensing" Wie weit kann Patentschutz auf biotechnologische Research Tools reichen? Mitt 2003, 57; *Wörz* Die kartellrechtliche Beurteilung von Lizenzaustauschvereinbarungen und Patentgemeinschaften im Europäischen Recht, 1993; *Wündisch/Hering* Rücklizenzen bei FuE-Aufträgen: Das Nutzungsrecht für Forschung und Lehre, GRUR Int 2009, 106; *Zadra-Symes/Basista* Using U.S. Intellectual Property Rights to Prevent Parallel Imports, EIPR 1998, 219; *Zanon* Ties in Patent Licensing Agreements, EurLawRev 1980, 391; *Zhang* Refusal to License Intellectual Property Rights under Article 82 EC in light of Standardisation Context, EIPR 2010, 402; *Zöttl* Das neue EG-Kartellrecht für Technologietransferverträge, WRP 2005, 33.

183   **1. Bedeutung des Kartellrechts für das Patentrecht.** Die Ziele des Patentrechts und des Kartellrechts, Begründung von Ausschließlichkeitsrechten zugunsten einzelner Wettbewerber zur Förderung des Innovationswettbewerbs einerseits und Verhinderung von Wettbewerbsbeschränkungen und -verzerrungen andererseits, stehen in einem Spannungsverhältnis.[592] Der **Zielkonflikt** wird als nicht auflösbar angesehen,[593] Schutz geistigen Eigentums und Wettbewerbsfreiheit verhalten sich komplementär, zwischen den Rechtsgütern muss eine praktische Konkordanz erzielt werden[594] (vgl Einl Rn 70 ff). Das Kartellrecht geht von einer „friedlichen Koexistenz zwischen Wettbewerbsfreiheit und Patentschutz" aus.[595] Auch **Art 40 Abs 1, 2 TRIPS-Übk** sehen die Kontrolle wettbewerbwidriger Praktiken in Lizenzverträgen vor, daneben enthält Art 8 Abs 2 TRIPS-Übk eine allg Klausel gegen Missbrauch.[596]

184   Auf **europäischer Ebene** ist für den gewerbl Rechtsschutz neben dem freien Dienstleistungsverkehr (Art 56 AEUV) insb der freie Warenverkehr (Art 34 AEUV) von Bedeutung. Das Verbot des Art 34 AEUV (Rn 161 f zu § 9) erfasst jede Regelung der Mitgliedstaaten, die geeignet ist, den innergemeinschaftlichen Handel unmittelbar oder mittelbar, tatsächlich oder potentiell zu behindern.[597] Erfasst sind nur (produkt-

---

592 *Langen/Bunte* II Art 101 Rn 350 ff.

593 AA *Ullrich*, referiert bei *Hohagen* (Tagungsbericht) GRUR Int 2000, 246, 254 ff, der die Ausschließlichkeit nicht als wettbewerbsbeschränkend, sondern für den Wettbewerb konstitutiv ansieht, da erst durch sie das Gut Information den Marktregeln unterworfen werde.

594 Vgl *Joliet* GRUR 1992, 240; *Moritz* CR 1993, 259.

595 *Spengler* GRUR 1961, 607.

596 Vgl *Heinemann* GRUR Int 1995, 535; zu Bemühungen um ein eigenständiges WTO-Kartellrecht unter Einbeziehung des Immaterialgüterrechts insb *Fikentscher/Heinemann/Kunz-Hallstein* Das Kartellrecht des Immaterialgüterschutzes im Draft International Antitrust Code, GRUR Int 1995, 757.

597 EuGH Slg 1974, 837 = NJW 1975, 515 Dassonville; EuGH Slg 1979, 649 = NJW 1979, 1766 Cassis de Dijon; EuGH Slg 1990 I 4827 = GRUR Int 1991, 215 Pall Corp./Dahlhausen; EuGH Slg 1993 I 2361 = GRUR 1993, 747 Yves Rocher; öOGH ÖBl 1995, 12 Computerkurse.

bezogene) Einfuhrbeschränkungen, nicht sonstige (vertriebsbezogene) Handelsbeschränkungen, die inländ Erzeugnisse und solche aus den anderen Mitgliedstaaten rechtl wie tatsächlich in der gleichen Weise berühren.[598]

Die Regelungen der Art 34 ff, 56 AEUV über den freien Waren- und Dienstleistungsverkehr stehen **185** nach Art 36 AEUV Einfuhr- und Ausfuhrbeschränkungen und Maßnahmen gleicher Wirkung nicht entgegen, die ua aus Gründen des **Schutzes des gewerblichen oder kommerziellen Eigentums** gerechtfertigt sind und weder ein Mittel zur willkürlichen Diskriminierung noch eine verschleierte Beschränkung des Handels zwischen den Mitgliedstaaten darstellen. Über Art 345 AEUV ist der Schutz von Betriebsgeheimnissen, die Bestandteil des eingerichteten und ausgeübten Gewerbebetriebs sind, in den Vorbehalt des Art 36 AEUV einzubeziehen.[599] Bei Gewährleistung des geistigen Eigentums in seinem Bestand werden die wirtschaftlichen Ausübungsmöglichkeiten außer durch Art 34, 56 AEUV insb durch die kartellrechtl Bestimmungen der Art 101 und 102 AEUV geregelt.[600] Verfälschungen iSd Art 101 Abs 1 AEUV werden nicht nur durch Vereinbarungen begründet, die den Wettbewerb zwischen den Beteiligten beschränken, sondern auch durch solche, die den Wettbewerb verhindern oder begrenzen, der zwischen einem Beteiligten und dritten Personen stattfinden könnte. Hierbei ist es unerheblich, ob die Vertragsparteien nach ihrer wirtschaftlichen Stellung und Funktion auf gleicher Ebene stehen.[601] Die Ausübung der von der Gesetzgebung eines Mitgliedsstaats anerkannten gewerbl Schutzrechte kann unter die Verbotsnormen der Art 101, 102 AEUV fallen.[602]

2. Kartellrechtlicher Rahmen

a. Allgemeines. Nach § 130 Abs 2 GWB findet das dt Kartellrecht Anwendung auf alle, aber auch nur **186** auf Wettbewerbsbeschränkungen, die sich im Geltungsbereich des GWB auswirken, auch wenn sie außerhalb des Geltungsbereichs dieses Gesetzes veranlasst werden.[603] Art 101 AEUV greift nur bei Beeinträchtigung des innergemeinschaftlichen Handels ein.

b. Angleichung des deutschen an das europäische Kartellrecht. Das dt Kartellrecht hatte traditio- **187** nell unterschieden zwischen horizontalen und vertikalen Wettbewerbsbeschränkungen. Für horizontale Beschränkungen galt das allg Kartellverbot des § 1 GWB aF mit den in §§ 2 ff vorgesehenen Ausnahmen. Vertikalvereinbarungen unterlagen dagegen – abgesehen von dem strikten Preisbindungs- und Konditionenverbot des § 14 GWB aF – lediglich einer Missbrauchsaufsicht nach Maßgabe von § 16 GWB aF. Für Lizenzverträge über technische Schutzrechte und über ungeschütztes Know-how sowie gemischte Verträge enthielt das Gesetz besondere Bestimmungen in §§ 17, 18 Nr 1 und 2 GWB aF; diese waren nach § 17 Abs 1 Satz 2, Abs 2 privilegiert und konnten darüber hinaus gem § 17 Abs 3 freigestellt werden.

Mit der **7. GWB-Novelle** vom 7.7.2005,[604] die nach ihrem Art 4 am 1.7.2005 in Kraft getreten ist, ist **188** diese Grundkonzeption aufgegeben und das dt Recht weitgehend den Vorschriften des ex-Art 81 EG, jetzt **Art 101 AEUV**, angeglichen worden, dem die Differenzierung von horizontalen und vertikalen Wettbewerbsbeschränkungen von jeher fremd war. Hintergrund für diese Angleichung ist Art 3 VO (EG) Nr 1/2003 (KartVerfVO). Danach haben die Mitgliedstaaten auf wettbewerbsbeschränkende Vereinbarungen mit Auswirkungen auf den Handel zwischen den Mitgliedstaaten neben dem nach Maßgabe des nationalen Rechts ggf anzuwendenden nationalen Kartellrecht stets auch Art 101 AEUV anzuwenden (Art 3 Abs 1 KartVerfVO). Des weiteren bestimmt Art 3 Abs 2 KartVerfVO, dass eine Vereinbarung, die zwar den zwischenmitgliedstaatlichen Handel berührt, nach Art 101 AEUV aber nicht verboten werden kann, auch nach nationalem Recht nicht verboten werden darf. Für ein von ex-Art 81 EG/Art 101 AEUV abw nationales Kar-

---

598 EuGH Slg 1993 I 6097 = GRUR 1995, 296 Keck; EuGH Slg 1993 I 6787 = GRUR 1994, 299, 300 Hünermund; BGH GRUR 1999, 1122, 1124 EG-Neuwagen I; BGH GRUR 1999, 1125 EG-Neuwagen II; öOGH ÖBl 1999, 186 Pat and Pat pend.: bei Erforderlichkeit der Umgestaltung der Ware liegt keine bloße – unschädliche – Verkaufsmodalität vor.

599 *Moritz* CR 1993, 258 mNachw.

600 Vgl EuGH Slg 1974, 731 = GRUR Int 1974, 338 HAG I; EuGH Slg 1974, 1147 = GRUR Int 1974, 454 Negram II.

601 EuGH Slg 1966, 322 = GRUR Int 1966, 580 Grundig/Consten; zur Beeinträchtigung EuGH Slg 1986, 611 = GRUR Int 1986, 635 Windsurfing International und EuGH Slg 1987, 405 Feuerversicherung.

602 EuGH Slg 1971, 69 = GRUR Int 1971, 279 Sirena/Novimpex.

603 Vgl BGH 30.9.1975 X ZR 51/73.

604 BGBl I 2005, 1954; Neubek des GWB in BGBl I 2005, 2114; Materialien in BTDrs 15/3640; einführend hierzu *Bechtold/Buntscheck* NJW 2005, 2966 ff; *Fuchs* WRP 2005, 1384 ff; *Hartog/Noack* WRP 2005, 1396 ff.

tellrecht wäre somit nur noch im Hinblick auf rein innerstaatliche Sachverhalte Raum gewesen. Mit der Anpassung des nationalen an das EG-Kartellrecht wollte der Gesetzgeber zum einen Rechtsunsicherheit im Hinblick auf die für die Abgrenzung von nat und EG-Kartellrecht maßgebliche, aber wenig klare Zwischenstaatlichkeitsklausel vermeiden, zum andern einer möglichen Ungleichbehandlung von kleinen und mittleren Unternehmen gegenüber Großunternehmen vorbeugen.[605]

189   **§ 1 GWB** sieht demzufolge in enger Anlehnung an Art 101 Abs 1, 1. Halbs AEUV ein allg Verbot wettbewerbsbeschränkender Vereinbarungen, Beschlüsse und Verhaltensweisen vor, ohne zwischen horizontalen und vertikalen Vereinbarungen usw zu unterscheiden. Das Verbot gilt unabhängig davon, ob der zwischenmitgliedstaatliche Handel berührt ist oder nicht. Wird er berührt, gilt § 1 GWB neben Art 101 Abs 1 AEUV (vgl § 22 Abs 1 GWB), wie dies Art 3 Abs 1 KartVerfVO ausdrücklich zulässt. Wird der zwischenmitgliedstaatliche Handel nicht berührt, kommt allein § 1 GWB zum Zug, der insoweit aber inhaltsgleich mit Art 101 Abs 1 AEUV ausgestaltet ist. Im Ergebnis kann daher offen bleiben, ob eine Vereinbarung etc im Einzelfall den zwischenmitgliedstaatlichen Handel berührt. Die **Beispielsliste des Art 101 Abs 1, 2. Halbs AEUV** ist dabei auch im Rahmen des § 1 GWB anzuwenden, obwohl sie nicht explizit in das nationale Recht aufgenommen wurde.[606] Die in Art 101 Abs 2 AEUV angeordnete Rechtsfolge der Nichtigkeit ergibt sich im dt Recht aus § 134 BGB (dazu näher Rn 223).

190   **Freistellung.** Art 101 Abs 3 AEUV sieht unter bestimmten Voraussetzungen die Freistellung einer wettbewerbsbeschränkenden Vereinbarung usw vom Kartellverbot des Abs 1 vor und unterscheidet dabei zwischen Gruppen- und Einzelfreistellung. Die Gruppenfreistellungen sind auf der Basis der Rats-VO Nr 19/65/EWG[607] (geänd durch VO (EG) Nr 1219/1999)[608] durch **Gruppenfreistellungsverordnungen** (GVO) der Kommission erfolgt, wobei im vorliegenden Zusammenhang vor allem die VO (EU) Nr 316/2014 über die Freistellung von Technologie-Transfervereinbarungen (TT-GVO)[609] von Bedeutung ist, die an die Stelle der VO (EG) Nr 772/2004[610] und – noch früher – der VO (EG) Nr 240/96 getreten ist und gem ihrem Art 11 bis zum 30.4.2026 gilt.[611] Soweit Art 101 Abs 3 AEUV die **Einzelfreistellung** vorsieht, ist die Vorschrift im Weg einer authentischen Interpretation durch Art 1 Abs 2 KartVerfVO zur „self-executing-Norm" erklärt worden, dh die Freistellung wird nicht mehr behördlich festgestellt, sondern tritt bei Vorliegen der gesetzlichen Voraussetzungen ex lege ein (Prinzip der Legalausnahme), wobei es Sache (und Risiko) der Beteiligten ist zu beurteilen, ob die Freistellungsvoraussetzungen vorliegen (sog „Selbstveranlagung"). Ergänzend hierzu hat die Kommission „Leitlinien zur Anwendung von Art 101 AEUV auf Technologietransfer-Vereinbarungen" erlassen,[612] die sowohl die Anwendung der TT-GVO als auch die Voraussetzungen einer Einzelfreistellung erläutern, jedoch als bloße Verwaltungsverlautbarung letztlich nicht bindend sind.[613] In dieser Form ist Art 81 Abs 3 EG/Art 101 Abs 3 AEUV durch § 2 Abs 1 GWB in das nationale Recht übernommen worden, wobei nach § 2 Abs 2 GWB die Gruppenfreistellungsverordnungen entspr anzuwenden sind, und zwar auch, soweit der zwischenmitgliedstaatliche Handel nicht berührt ist.[614]

191   **c. Gleichlauf von nationalem und EG-Kartellrecht.** § 23 GWB-Entwurf hatte die Beachtung der Grundsätze des eur Rechts bei der Anwendung der nationalen Kartelltatbestände ausdrücklich vorschreiben wollen. Obwohl diese Bestimmung im Vermittlungsausschuss auf Betreiben der Länder weggefallen ist,[615] muss aufgrund der dargestellten Anpassung des nationalen an das eur Kartellrecht von einem vollständigen Gleichlauf ausgegangen werden, wobei es nicht darauf ankommt, ob der zwischenmitgliedstaat-

---

605   Vgl BTDrs 15/3640, S 22 f.
606   BTDrs 15/3640, S 23.
607   BlPMZ 1967, 193.
608   ABl EG L 148/1 vom 15.6.1999 = BlPMZ 1999, 438.
609   ABl EU L 93/17 vom 28.3.2014 = BlPMZ 2014, 252.
610   ABl EG L 123/11 vom 27.4.2004.
611   Einführend *Besen/Slobodenjuk* GRUR 2014, 740.
612   ABl EU C 89/3 vom 28.3.2014.
613   *Benkard* Rn 264; *Schumacher/Schmid* GRUR 2006, 1, 3 Fn 22.
614   Näher BTDrs 15/3640, S 23 ff.
615   Vgl hierzu Stellungnahme des Bundesrats BTDrs 15/3640 S 74 und Gegenäußerung der Bundesregierung, BTDrs 15/3640 S 86.

liche Handel berührt ist oder nicht.[616] Eine gesonderte Darstellung der Vorschriftengruppen erübrigt sich daher.

3. Prüfungsreihenfolge. Obwohl die Gruppenfreistellung nach der TT-GVO (selbstverständlich) nur **192** eingreift, wenn und soweit der Lizenzvertrag unter das allg Kartellverbot des Art 101 Abs 1 AEUV bzw des § 1 GWB fällt (vgl Art 2 Satz 2 TT-GVO), empfiehlt es sich, aus Praktikabilitätsgründen zunächst zu prüfen, ob nicht (ohnehin) die Freistellung nach der TT-GVO eingreift (vgl den 8. Erwägungsgrund zur TT-GVO), s Rn 193 ff. Ist dies zu verneinen, so führt dies nicht per se zur Nichtigkeit der wettbewerbsbeschränkenden Vereinbarung, sondern es ist in einem zweiten Schritt zu prüfen, ob das (wesentlich weniger bestimmte) allg Kartellverbot betroffen ist (Rn 203 ff). Ist dies zu bejahen, ist als dritter Schritt die Einzelfreistellung nach Art 101 Abs 3 AEUV bzw § 2 Abs 1 GWB zu prüfen (Rn 210). Liegen die Voraussetzungen für eine Einzelfreistellung nicht vor, ist die Rechtsfolge des Kartellverstoßes näher zu bestimmen (Rn 222).

4. Gruppenfreistellung

a. Nach Art einer Generalklausel stellt Art 2 Abs 1 TT-GVO Technologietransfer-Vereinbarungen vom **193** Kartellverbot frei. Der **Begriff der Technologietransfer-Vereinbarung** umfasst nach Art 1 Abs 1 Buchst c Nr i TT-GVO eine von zwei Unternehmen geschlossene Vereinbarung über die Lizenzierung von Technologierechten (Patente, Gebrauchsmuster, Designs, Halbleitertopographien, ergänzende Schutzzertifikate, Sortenschutzrechte, Software-Urheberrechte) mit dem Ziel der Produktion von Vertragsprodukten durch den Lizenznehmer und/oder seine Zulieferer. Ebenfalls erfasst werden nach Art 1 Abs 1 Buchst c Nr ii Übertragungsverträge, sofern der Veräußerer das mit der Verwertung der Technologie verbundene Risiko zum Teil mitträgt wie zB bei Vereinbarung eines umsatzabhängigen Entgelts. Eine Differenzierung nach ausschließlichen, einfachen oder Alleinlizenzen erfolgt nicht.[617] Freigestellt sind in Übereinstimmung mit Art 1 Abs 1 VO (EWG) Nr 19/65 nur Vereinbarungen zwischen **zwei Unternehmen**;[618] die Unternehmen können verschiedenen Handelsstufen angehören.[619] Sind mehrere Unternehmen beteiligt, kann im Rahmen der Einzelfreistellung grds auf die TT-GVO zurückgegriffen werden.[620] Schließlich gilt die Freistellung nur für Lizenzen, die der **Produktion von Vertragsprodukten** dienen, also insb nicht für reine Vertriebslizenzen, für die aber eine Freistellung nach der VO (EG) Nr 330/2010 über die Freistellung von vertikalen Vereinbarungen[621] in Betracht kommt. Die TT-GVO knüpft die Freistellung an folgende **Voraussetzungen**:

b. Gültigkeit des Schutzrechts. Nach Art 2 Abs 2 Satz 2 TT-GVO gilt die Freistellung, solange die **194** Rechte an der lizenzierten Technologie nicht abgelaufen, erloschen oder für ungültig erklärt worden sind oder – im Fall von lizenziertem „Know-how" – solange das „Know-how" geheim bleibt, es sei denn, das „Know-how" wird infolge des Verhaltens des Lizenznehmers offenkundig. Aus diesem Grund scheidet eine Freistellung der Verpflichtung zur Zahlung einer Lizenzgebühr für Lieferungen in das patentfreie Ausland aus.[622]

c. Marktanteilsschwellen (Art 3 TT-GVO). Die Gruppenfreistellung greift nur, soweit die Vertragspar- **195** teien bestimmte Marktanteilsschwellen nicht überschreiten, wobei zwischen Vereinbarungen unter **konkurrierenden Unternehmen**[623] (Abs 1: gemeinsamer Anteil der Parteien auf dem relevanten Markt nicht über **20%**) und unter **Nichtwettbewerbern** (Abs 2: individueller Anteil der Parteien auf dem relevanten Markt nicht über **30%**) unterschieden wird.[624] Zur Berechnung der Marktanteile s Art 8 Buchst a–d TT-

---

616 *Bechtold/Buntscheck* NJW 2005, 2966 f.
617 *Loewenheim/Meessen/Riesenkampff* TT-GVO Rn 23.
618 Zu Technologie- und Patentpools Leitlinien Nr 244 ff; *Loewenheim/Meessen/Riesenkampff* § 1 GWB Rn 206; *Königs* GRUR 2014, 1155.
619 Leitlinien Nr 55; *Loewenheim/Meessen/Riesenkampff* TT-GVO Rn 24.
620 Leitlinien Nr 57.
621 ABl EG L 102/1 vom 23.4.2010.
622 BGH GRUR 2005, 845, 848 Abgasreinigungsvorrichtung mwN zur TT-GVO 1996.
623 Ausf zum maßgeblichen Wettbewerbsverhältnis *Langen/Bunte* II Nach Art 101 Rn 1303 ff.
624 Zu den Schwierigkeiten bei der Bestimmung der maßgeblichen Marktanteile s zB *Schumacher/Schmid* GRUR 2006, 1, 5 f.

GVO, zur Überschreitung der Schwellen während der Laufzeit des Lizenzvertrags trifft Art 8 Buchst e TT-GVO eine Übergangsregelung.

196   **d. Kernbeschränkungen.** Nach Art 4 TT-GVO gilt die Freistellung nicht, soweit die Vereinbarung eine der dort ausdrücklich und abschließend[625] aufgezählten Beschränkungen enthält oder bezweckt, wobei unterschieden wird, ob der Lizenzvertrag unter Wettbewerbern (Abs 1) oder nicht konkurrierenden Unternehmen (Abs 2) geschlossen wird[626] (zur Änderung der Konkurrenzverhältnisse Abs 3).

197   **Unter Wettbewerbern** sind insb verboten: Beschränkungen einer Partei in der Preisfestsetzung gegenüber Dritten, wobei Mindestlizenzgebühren keine solche Beschränkung enthalten,[627] grds auch nicht Stücklizenzgebühren;[628] Beschränkungen des „Outputs", dh der Produktion und/oder des Absatzes einer Partei[629] (mit weitreichenden Ausnahmen); die Zuweisung von Märkten oder Kunden (mit Ausnahmen, die jedoch gegenüber der VorgängerVO Nr 772/2004 deutlich eingeschränkt worden sind); Beschränkungen des Lizenznehmers in der Verwertung eigener Technologien; Beschränkungen von Forschungs- und Entwicklungsarbeiten.

198   **Unter Nichtwettbewerbern** sind verboten: Beschränkungen einer Partei in der Preisfestsetzung gegenüber Dritten, wobei die Festsetzung von Höchstverkaufspreisen und Preisempfehlungen grds zulässig sind; Beschränkungen des Passivverkaufs (mit Ausnahmen, zB für Mitglieder eines selektiven Vertriebssystems bezüglich des Verkaufs an nicht zugelassene Händler, Art 4 Abs 2 Buchst b Nr v); gegenüber Lizenznehmern in einem selektiven Vertriebssystem Beschränkungen des aktiven oder passiven Verkaufs an Endverbraucher.

199   Für sämtliche Kernbeschränkungen des Art 4 TT-GVO gilt der **Grundsatz der kartellrechtlichen Nichtabtrennbarkeit**, dh schon eine einzige unzulässige Klausel der gesamten Vereinbarung steht der Gruppenfreistellung entgegen und macht eine Einzelprüfung nach Art 101 Abs 1 und 3 AEUV bzw §§ 1, 2 Abs 1 GWB erforderlich.[630] Diese wird bezüglich des Verstoßes gegen Kernbeschränkungen regelmäßig negativ ausfallen.[631] Das Schicksal des Gesamtvertrags richtet sich nach § 139 BGB (Rn 223).

200   **e. Nicht freigestellte Beschränkungen.** Von den Kernbeschränkungen des Art 4 TT-GVO sind die nicht freigestellten Beschränkungen nach Art 5 TT-GVO zu unterscheiden. Anders als für die Kernbeschränkungen gilt für die Klauselverbote des Art 5 der Grundsatz der kartellrechtl Abtrennbarkeit, dh die Vereinbarung einer solchen Klausel beseitigt nicht die Gruppenfreistellung der gesamten Vereinbarung, sondern nur die der betr Abrede mit der Folge, dass nur insoweit eine Einzelfreistellung nach Art 101 Abs 1 und 3 AEUV bzw §§ 1, 2 Abs 1 GWB zu prüfen ist (15. Erwägungsgrund zur TT-GVO). Scheitert die Klausel, beurteilt sich das Schicksal des Gesamtvertrags wiederum nach § 139 BGB (Rn 223).

201   **Einzelheiten.** Nicht freigestellte Beschränkungen sind insb: die Pflicht des Lizenznehmers zur exklusiven Rücklizenz oder Voll- oder Teilübertragung etwaiger eigener Rechte an Verbesserungen oder neuen Anwendungen der lizenzierten Technologie, auch wenn hierfür ein Entgelt vereinbart ist, was aber ggf eine Einzelfreistellung ermöglichen kann;[632] Nichtangriffsklauseln (Ausnahme: Kündigungsrecht bei Angriff auf das oder eines der lizenzierten Schutzrechte, wobei diese Ausnahme im Gegensatz zur VorgängerVO (EG) Nr 772/2004 nur für ausschließliche Lizenzen gilt).

202   **f. Erlaubte Beschränkungen.** Erlaubt, dh freistellungsunschädlich sind alle von Art 4 und 5 TT-GVO nicht erfassten Beschränkungen. Nach Nr 183 der Leitlinien gilt dies insb für: Vertraulichkeitsabreden; das Verbot der Unterlizenzierung; Mindestlizenzgebühren oder Mindestmengenvereinbarungen; Vorschriften über Lizenzvermerke.

---

625 *Loewenheim/Meessen/Riesenkampff* TT-GVO Rn 36.
626 Zum maßgeblichen Wettbewerbsverhältnis *Langen/Bunte* II Nach Art 101 Rn 1303 ff.
627 *Loewenheim/Meessen/Riesenkampff* TT-GVO Rn 40; *Langen/Bunte* II Nach Art 101 Rn 1322.
628 *Loewenheim/Meessen/Riesenkampff* TT-GVO Rn 40.
629 *Loewenheim/Meessen/Riesenkampff* TT-GVO Rn 41.
630 14. Erwägungsgrund zur TT-GVO; *Loewenheim/Meessen/Riesenkampff* TT-GVO Rn 37; *Langen/Bunte* II Nach Art 101 Rn 1318.
631 *Loewenheim/Meessen/Riesenkampff* TT-GVO Rn 37; *Langen/Bunte* II Nach Art 101 Rn 1318; *Kraßer* S 955 (§ 42 IV 3).
632 *Loewenheim/Meessen/Riesenkampff* TT-GVO Rn 56.

5. Kartellrechtliche Prüfung

a. Grundsätze. Bestand und Ausübung der Rechte aus dem Patent. Greift die TT-GVO nicht ein, ist **203** in einem zweiten Schritt zu prüfen, ob die betreffende Abrede überhaupt von Art 101 Abs 1 AEUV bzw § 1 GWB erfasst wird. Das ist nicht der Fall, wenn die Abrede lediglich den Bestand des Patents, also seinen spezifischen Gegenstand konkretisiert (sog Immanenztheorie).[633] Der spezifische Gegenstand des Patents liegt nach der Rspr des EuGH darin, dass der Inhaber des Patents zum Ausgleich für seine schöpferische Erfindertätigkeit das ausschließliche Recht erlangt, gewerbl Erzeugnisse herzustellen, in den Verkehr zu bringen, mithin die Erfindung entweder selbst oder im Weg der Lizenzvergabe an Dritte zu verwerten, und dass er berechtigt ist, sich gegen jede Zuwiderhandlung zur Wehr zu setzen.[634] Solange die entspr Rechte nicht harmonisiert sind, ist es allerdings allein Sache des nationalen Rechts, die Voraussetzungen und Qualitäten des Schutzes des geistigen Eigentums und den Umfang der Ausschließlichkeitsrechte zu bestimmen.[635] Rechtswahrnehmung des Berechtigten, die vom Inhalt des Schutzrechts gedeckt ist, stellt keine Wettbewerbsbeschränkung dar.[636] Jedoch verstößt eine Ausübung gewerblicher Schutzrechte, die Gegenstand, Mittel oder Folge einer Kartellabsprache ist, gegen Art 101 AEUV;[637] anders, wenn die Wirkungen nicht über die ohne weiteres mit der Ausübung der Schutzrechte verbundenen hinausgehen.[638] Ist Lizenzbereitschaft erklärt, kann einem Importeur, der sich zum Erwerb einer Lizenz zu den gesetzlich vorgeschriebenen Bedingungen verpflichtet hat, die Einfuhr der unter das Schutzrecht fallenden Gegenstände aus einem anderen Mitgliedstaat grds nicht verwehrt werden.[639] Der Import eines Lizenznehmers aus Drittländern darf nicht unterschiedlich danach behandelt werden, ob der Patentinhaber das Erzeugnis im Inland herstellt oder aus anderen Mitgliedstaaten der Gemeinschaft einführt.[640]

Bei der Lehre vom spezifischen Gegenstand des Schutzrechts geht es darum, im Interesse des Schutz- **204** rechtsinhabers immanente Schranken des allg Kartellverbots zu formulieren. Daneben kann es aber auch **berechtigte Interessen des Lizenznehmers** geben, die nach einer einschränkenden Anwendung des Art 101 Abs 1 AEUV verlangen. So liegt es namentlich, wenn der Lizenznehmer erhebliche Investitionen in das lizenzierte Patent tätigen muss, insb um neue Märkte zu erschließen.[641] Insoweit können auch Wettbewerbsbeschränkungen zulasten des Lizenzgebers dem Anwendungsbereich des Kartellverbots entzogen sein.

Spürbarkeit. Eine weitere immanente Schranke des Kartellverbots liegt schließlich im Erfordernis **205** der Spürbarkeit, das dem Art 101 Abs 1 AEUV/§ 1 GWB als ungeschriebenes Tatbestandsmerkmal entnommen wird.[642] S hierzu die Bek der Kommission vom 30.8.2014 („De-minimis-Bekanntmachung").[643] Abgestellt wird auf den Marktanteil (nicht mehr als insgesamt 10 % zwischen Wettbewerbern oder jeweils 15 % zwischen Nichtwettbewerbern).[644]

b. Einzelheiten. Sowohl die Übertragung des Patents wie auch die Lizenzvergabe sind als solche grds **206** kartellrechtsneutral.[645] Ob eine Lizenzvereinbarung gegen ein kartellrechtl Verbot verstößt, lässt sich re-

---

633 EuGH Slg 1974, 1147 = GRUR Int 1974, 454 Negram II; EuGH Slg 1974, 1183 = GRUR Int 1974, 456 Negram III; EuGH Slg 1981, 2063 = GRUR Int 1982, 47 Moduretik; EuGH Slg 1988, 1285 = GRUR Int 1989, 573, 574 Allen and Hanburys; EuGH Slg 1992 I 5335 = GRUR Int 1995, 144 Cimetidin I; *Benkard* Rn 253; zur Kritik an der Immanenztheorie s *Drexl* FS H. Köhler (2014), 85, 89 ff mwN.

634 EuGH Negram II; EuGH Moduretik; EuGH Slg 1985, 2281 = GRUR Int 1985, 822 (Nr 26) Pharmon.

635 Vgl EuGH Slg 1988, 6039 = GRUR Int 1990, 140 Maxicar/Renault; EuGH Slg 1988, 6211 = GRUR Int 1990, 141 Volvo/Weng; EuGH Slg 1993 I 6227 = GRUR 1994, 286 Quattro; EuGH Slg 1994 I 2789 = GRUR Int 1994, 614 Ideal Standard II; BGH GRUR 1995, 825 Torres.

636 *Moritz* CR 1993, 258 mwN.

637 EuGH Slg 1971, 487 = GRUR Int 1971, 450 Polydor.

638 Vgl EuGH Slg 1976, 811 = GRUR Int 1976, 398 EMI/CBS.

639 EuGH Allen and Hanburys.

640 EuGH Cimetidin I.

641 Ausführlich hierzu *Bretthauer* Die Beurteilung von Markenlizenzverträgen nach deutschem und europäischem Kartellrecht S 126, 129 ff, 149 ff.

642 S dazu mwN *Niebel* WRP 2003, 482, 487 f; *Bretthauer* S 77 f; *Ingerl/Rohnke* § 30 MarkenG Rn 91.

643 ABl EU C 291/1 vom 30.8.2014.

644 Vgl etwa parallel hierzu die US-Antitrust Guidelines mit einer 20 %-Grenze; EIPR 1994 D 298.

645 Zur Übertragung LG Mannheim InstGE 11, 9 (Nr 22); *Loewenheim/Meessen/Riesenkampff* TT-GVO Rn 90, zur Lizenzvergabe Rn 94 und EuGH Slg 1974, 1147 = GRUR Int 1974, 454 Negram II.

Hacker

gelmäßig nur aufgrund einer **Gesamtbetrachtung** des Vertragsgefüges beurteilen, nicht aufgrund isolierter Betrachtung einer einzelnen Vertragsbestimmung.[646]

207   Die Kommission hat verschiedentlich insb **ausschließliche Lizenzverträge** beanstandet.[647] Eine partielle Klärung zur Frage der ausschließlichen Lizenz brachte die (zum Sortenschutz ergangene, aber auch für andere gewerbliche Schutzrechte grds heranzuziehende) **„Maissaatgut"-Entscheidung** des EuGH.[648] Danach fällt eine sog offene ausschließliche Lizenz, bei der sich die Ausschließlichkeit der Lizenz nur auf das Vertragsverhältnis zwischen dem Rechtsinhaber und dem Lizenznehmer bezieht, indem sich der Inhaber lediglich verpflichtet, keine weiteren Lizenzen für dasselbe Gebiet zu erteilen und dem Lizenznehmer in diesem Gebiet nicht selbst Konkurrenz zu machen, jedenfalls insoweit nicht unter das Verbot des Art 101 Abs 1 AEUV, als sich die Lizenz auf die Markteinführung von mit beträchtlichem Forschungsaufwand gezüchtetem Saatgut bezieht. Eine ausschließliche Lizenz mit absolutem Gebietsschutz, bei der die Parteien die Absicht verfolgen, für die betr Erzeugnisse und das fragliche Gebiet jeden Wettbewerb Dritter, etwa von Parallelimporteuren oder Lizenznehmern für andere Gebiete, auszuschalten, fällt dagegen unter das Verbot und kann jedenfalls insoweit nicht freigestellt werden, als der absolute Gebietsschutz gegen Parallelimporte rechtmäßig in Verkehr gesetzter Erzeugnisse gerichtet ist. Zwh ist damit die Beurteilung des an den Lizenznehmer gerichteten Verbots geblieben, direkt in das Gebiet eines anderen Lizenznehmers zu liefern.[649] Die Kommission ist nach der Entscheidung auch befugt, einer Partei die Berufung auf einen gerichtlichen Vergleich insoweit zu untersagen, als dies in Durchführung von wettbewerbsbeschränkenden Abreden oder Verhalten erfolgt, die nach Art 101 AEUV unzulässig ist (vgl zur Frage eines „Vergleichsprivilegs" Rn 108 zu § 81; Rn 165 vor § 143). Bedenken wurden auch gegen das dem Lizenznehmer auferlegte Verbot, patentgem Erzeugnisse direkt in einen anderen Mitgliedstaat zu liefern, und gegen Nichtangriffsklauseln[650] erhoben. Bemühungen, dieser Praxis entgegenzuwirken, zeigte Art 43 GPÜ 1975.[651]

208   Wird der Lizenznehmer verpflichtet, die Erfindung nur im Zusammenhang mit Erzeugnissen oder Bestandteilen von Erzeugnissen zu benutzen und in Verkehr zu bringen, die der Lizenzgeber zuvor nach seinem freien Ermessen **genehmigt** hat, liegt eine Wettbewerbsbeschränkung vor, die nicht mit dem Interesse des Lizenzgebers am Schutz vor sklavischer Nachahmung seitens seiner Lizenznehmer gerechtfertigt werden kann. Die Verpflichtung des Patentlizenznehmers, die lizenzierte Erfindung nur als Teil eines Gesamtgeräts zu verkaufen, dessen Bestandteile nicht vom Schutzumfang des lizenzierten Patents gedeckt sind, stellt eine verbotene Wettbewerbsbeschränkung dar. Die Berechnung der Lizenzgebühr für die Benutzung des Patents nach dem Preis eines solchen Gesamtgeräts stellt eine Wettbewerbsbeschränkung nur dar, wenn sie höhere Gebühren zur Folge hat, als sie bei gesonderter Vergütung nur der Erfindungsbenutzung selbst anfielen, oder wenn sie zur Erhebung von Gebühren auf insgesamt nicht geschützte Gegenstände führt. Erstreckt sich der Schutzumfang des lizenzierten Patents nur auf einen Bestandteil eines komplexen Geräts, ist die Verpflichtung zur Anbringung eines Lizenzvermerks auf dem Gesamtgerät unzulässige Wettbewerbsbeschränkung. Das dem Lizenznehmer auferlegte Verbot, das lizenzierte Erzeugnis in einem Land herzustellen, in dem es keinen Patentschutz genießt, und es dort ohne Zahlung von Lizenzgebühren zu vertreiben, stellt eine durch das Patentrecht nicht gedeckte Wettbewerbsbeschränkung dar, für die eine Rechtfertigung allenfalls insoweit in Betracht kommt, als nachweisbare Qualitätsschutzinteressen des Lizenzgebers tatsächlich gefährdet sind. Daran fehlt es, wenn die Qualitätskontrolle einem komplexen Gerät gilt, in dem die Erfindung nur einen Bestandteil ausmacht.[652]

209   Eine Verpflichtung, nach der ein Lizenznehmer **ohne Befristung** und somit auch nach Erlöschen des Patents eine Lizenzgebühr zu zahlen hat, stellt für sich betrachtet noch keine Wettbewerbsbeschränkung iSd Art 101 Abs 1 AEUV dar, wenn der Vertrag nach der Patentanmeldung und unmittelbar vor der Patenterteilung geschlossen worden ist. Eine Bestimmung in einem Lizenzvertrag, nach der die vom Vertrag erfassten Erzeugnisse nach dessen Kündigung nicht hergestellt und verkauft werden dürfen, fällt nur dann unter das Verbot des Art 101 Abs 1 AEUV, wenn sich aus dem wirtschaftlichen und rechtl Zusam-

---

646 BGHZ 83, 251 = GRUR 1982, 411 Verankerungsteil.
647 Ua GRUR Int 1972, 371, 374; GRUR Int 1975, 449; GRUR Int 1976, 182.
648 EuGH Slg 1982, 2015 = GRUR Int 1982, 530.
649 Hierzu *O. Axster* GRUR Int 1982, 646, 649; vgl weiter *Ghidini* GRUR Int 1997, 773, 777.
650 Hierzu Kommission GRUR Int 1976, 182; GRUR Int 1979, 212; GRUR Int 1984, 171, 178.
651 Hierzu *A. Krieger* GRUR Int 1976, 213.
652 EuGH Slg 1986, 611 = GRUR Int 1986, 635 Windsurfing International.

menhang ergibt, dass der Vertrag geeignet ist, den Handel zwischen den Mitgliedstaaten spürbar zu beeinträchtigen.[653]

Eine **Alleinvertriebsvereinbarung** kann, auch wenn sie nicht zum Missbrauch einer beherrschenden Stellung führt, den Handel zwischen Mitgliedstaaten zu beeinträchtigen geeignet sein und zugleich eine Verhinderung, Einschränkung oder Verfälschung des Wettbewerbs bezwecken oder bewirken, so dass sie unter das Verbot von Art 101 Abs 1 AEUV fällt.[654] **210**

Zur kartellrechtl Beurteilung von **Nichtangriffsverpflichtungen** in Patentlizenzverträgen Rn 82 ff zu § 81. **211**

Zu grds **unbedenklichen Klauseln** s auch Rn 202; weitere Einzelfragen behandeln die Nrn 156 ff der Leitlinien. **212**

c. Weitere Anwendung der zu § 17 Absatz 1 GWB aF entwickelten Grundsätze? Nach § 17 Abs 1 **213** GWB aF waren ua Verträge über die Veräußerung oder Lizenzierung von erteilten oder angemeldeten Patenten oder Gebrauchsmustern verboten, soweit sie dem Erwerber oder Lizenznehmer Beschränkungen im Geschäftsverkehr auferlegten, die über den Inhalt des gewerbl Schutzrechts hinausgingen. Beschränkungen hinsichtlich Art, Umfang, technischem Anwendungsbereich, Menge, Gebiet oder Zeit der Ausübung des Schutzrechts gingen nicht über den Inhalt des Schutzrechts hinaus. Dieser Ansatz war zwar nicht identisch mit der eur Immanenzlehre (Rn 203), ähnelt ihr aber doch im Ausgangspunkt.[655] Insoweit erscheint es nicht grds ausgeschlossen, auf die zu § 17 Abs 1 GWB aF (bzw noch zu der Vorläufernorm des § 20 Abs 1 GWB aF) ergangene Rspr auch im Rahmen der Prüfung nach § 1 GWB nF zurückzugreifen.

Einzelfragen.[656] Die Vereinbarung einer **Mindestlizenz** verstieß auch bei einem Lizenzvertrag über **214** eine noch ungeprüfte Patentanmeldung nicht gegen § 20 GWB aF;[657] vgl später § 17 Abs 2 Nr 4 GWB aF. Die Einbeziehung nicht geschützter Gegenstände in die Lizenzberechnung konnte kartellrechtl Bedenken begegnen, wenn sie weniger die Bedeutung einer technischen Vereinfachung der Abrechnungsweise hatte als das Ziel verfolgte, zweifellos patentfreie Gegenstände in die Lizenzpflicht einzubeziehen,[658] sie musste dies aber nicht in jedem Fall tun;[659] das galt auch im Fall der Erschöpfung.[660] Die Verpflichtung des Lizenznehmers, für die Veräußerung einer selbst nicht geschützten Vorrichtung, die für die Ausübung des erfindungsgemäßen Verfahrens ausgelegt ist, auch dann eine Lizenzvergütung zu zahlen, wenn die Vorrichtung im patentfreien Ausland eingesetzt werden soll, stellte eine über den Inhalt des Schutzrechts hinausgehende Beschränkung des Lizenznehmers dar und konnte grds auch in einem Vergleich nicht wirksam übernommen werden.[661] Der Inhaber eines Verfahrenspatents, der eine Vorrichtung veräußert, mit deren Hilfe das geschützte Verfahren ausgeübt werden kann, war grds nicht gehindert, sich vom Erwerber der Vorrichtung für die Benutzung des geschützten Verfahrens die Zahlung von Lizenzgebühren versprechen zu lassen (Rn 155 zu § 9). Wurde in einem mehrere Patente umfassenden Lizenzvertrag ein bestimmter, gleichbleibender Lizenzsatz vereinbart, verstieß dies auch dann nicht gegen Kartellrecht, wenn bei Abschluss des Vertrags bereits feststand, dass die Laufzeit des einen oder anderen Patents noch vor Ablauf des Vertrags enden wird; Wegfall eines Patents führte nicht zur Herabsetzung der Lizenzgebühr.[662] In einem Vergleich konnte die Vereinbarung einer Vergütungspflicht für Handlungen zulässig sein, bei denen eine Benutzung des Lizenzgegenstands bei objektiver Beurteilung ernstlich zwh sein konnte[663] (s dazu auch Rn 97).

---

653 EuGH Slg 1989, 1177 = GRUR Int 1990, 458 f Ottung/Klee & Weilbach.

654 EuGH Slg 1966, 322 = GRUR Int 1966, 580 Grundig/Consten.

655 *Loewenheim/Meessen/Riesenkampff* § 1 GWB Rn 204; ähnlich *Benkard*[10] Rn 256; aA *Kraßer* S 951 (§ 42 III 1).

656 Zur kartellrechtl Beurteilung von Meistbegünstigungsklauseln BGH GRUR 1971, 272 f Blitzgeräte; BGHZ 80, 43 = GRUR 1981, 605, 606 Garant-Lieferprogramm; OLG München WuW/E OLG 4650, 4654.

657 BGH 15.5.1973 X ZR 65/70.

658 BGH 9.4.1963 Ia ZR 88/63.

659 OLG Karlsruhe Mitt 1996, 251, 253: Erleichterung der Abrechnung.

660 Vgl BGH GRUR 1980, 38 f Fullplastverfahren; BGH GRUR 2001, 223 f Bodenwaschanlage.

661 BGH GRUR 2005, 845 Abgasreinigungsvorrichtung.

662 BGHZ 17, 41, 51 = GRUR 1955, 468 Kokillenguß; BGH 6.11.1959 I ZR 126/57, je zum Recht vor Inkrafttreten des GWB; BGH 1.10.1963 Ia ZR 171/63.

663 Vgl BGHZ 65, 147, 152 = GRUR 1976, 323 Heilquelle.

215   Der Vereinbarung einer **Ausübungspflicht** im Rahmen einer einfachen Lizenz war unbdkl, wenn die Lizenzgebühren nach Stückzahlen oder dem Umsatz des Lizenznehmers berechnet wurden.[664] Eine nach der Höhe des Produktionswerts festgelegte Ausübungspflicht, wie sie bei einer ausschließlichen Lizenz gegen Stücklizenzgebühren üblich ist, ging jedenfalls nicht über den Inhalt des Schutzrechts hinaus.[665]

216   **Abnahmepflicht.** Die Verpflichtung des Erwerbers bei der Übertragung einer ausschließlichen Herstellungs- und Vertriebslizenz, dem Veräußerer der Lizenz bestimmte Lohnfertigungsaufträge zur Herstellung von Gegenständen nach dem lizenzierten Schutzrecht zu erteilen, verstieß auch dann nicht gegen § 20 Abs 1 GWB aF, wenn eine Mindestmenge festgelegt und die Erfüllung der Verpflichtung durch ein Vertragsstrafenversprechen gesichert wird.[666]

217   **Konkurrenzverbote.** Das in einem Werklieferungsvertrag über patentgeschützte Gegenstände enthaltene Verbot für den Unternehmer, andere als diese Gegenstände herzustellen und zu vertreiben, war regelmäßig nach § 20 GWB aF unwirksam.[667]

218   **Abreden,** die dem Lizenznehmer **über die Laufzeit** des Patents **hinaus** Bindungen und Beschränkungen hinsichtlich der Verwertung der Erfindung auferlegen, verstießen gegen Kartellrecht[668] (zu den Schutz erweiternden Vereinbarungen Rn 59 zu § 14); anders uU, soweit der Schutz einer weiterlfd Marke mitlizenziert war und die Pflicht zur Überlassung von „Know-how" bestand.[669]

219   In einem **Vergleich** konnten Abreden, mit denen dem Patent ein weiterer Schutzbereich zugebilligt wurde als er ihm objektiv zukam, dann getroffen werden, wenn sie sich innerhalb des Spielraums hielten, über dessen Abgrenzung bei objektiver Betrachtung Zweifel bestehen konnten, und wenn die Parteien in der Vorstellung gehandelt haben, dem Patent keinen weitergehenden Inhalt zu geben, als er ihm gesetzl zukommt.[670]

220   Der **Lizenzvertrag über ein vernichtbares Patent** ging, solange das Patent nicht rechtskräftig für nichtig erklärt war und die durch das Patent begründete Vorzugsstellung bestand, nicht iSd § 20 Abs 1 GWB aF über den Inhalt des Schutzrechts hinaus, selbst wenn zweifelsfrei ein Nichtigkeitsgrund vorlag; anders allenfalls, wenn das Patent wegen des Nichtigkeitsgrunds nicht mehr respektiert wurde.[671]

221   **Lizenzverträge über die Verwertung von Betriebsgeheimnissen** waren kartellrechtl nur zulässig, solange der Geheimnischarakter gewahrt blieb.[672] Dabei kam es auf die objektive Offenkundigkeit und nicht darauf an, dass der Gegner etwa diese arglistig herbeigeführt hatte (s aber demgegenüber Art 2 Abs 2 Satz 3 TT-GVO). Die Lizenz konnte wie bei Patenten zeitlich und gegenständlich eingeschränkt werden. Die dem Lizenznehmer auferlegte Bindung entfiel spätestens mit Offenkundigwerden des Betriebsgeheimnisses (Rn 102). Die Absprache in einer Lizenzvereinbarung über ein nicht geschütztes, jedermann zugängliches Produktionsverfahren, dass zur Absicherung der ungestörten Auswertung dieses Verfahrens eine vom Lizenzgeber erfundene, zur Ausführung des Verfahrens bestimmte Vorrichtung im Inland nicht weiter vertrieben werden und der Lizenznehmer zur Geltendmachung der für die Vorrichtung erwarteten Schutzrechte ermächtigt sein sollte, war nach § 20 Abs 4 GWB aF (§ 17 Abs 4 GWB aF) – nach Maßgabe der allg kartellrechtl Bestimmungen, also nicht ohne weiteres[673] – unwirksam.[674] Der Inhaber eines Verfahrenspatents, der eine Vorrichtung veräußerte, mit deren Hilfe das geschützte Verfahren ausgeübt werden konnte, war aber nicht gehindert, sich vom Erwerber der Vorrichtung für die Benutzung des geschützten Verfah-

---

664   BGH GRUR 1980, 38 f Fullplastverfahren; BGH 5.1.1962 I ZR 81/60; BGH 10.10.1967 Ia ZR 16/65; vgl BGH GRUR 9.4.1963 Ia ZR 88/63.

665   BGHZ 52, 55, 57 f = GRUR 1969, 560 Frischhaltegefäß.

666   BGHZ 52, 55, 57 f = GRUR 1969, 560 Frischhaltegefäß.

667   BGHZ 46, 365 = GRUR 1967, 378 Schweißbolzen.

668   BGHZ 17, 41, 47 = GRUR 1955, 468 Kokillenguß; BGH 6.11.1959 I ZR 126/57, jeweils zum Recht vor Inkrafttreten des GWB; BGH GRUR 1980, 750 f Pankreaplex II; BGH GRUR 2006, 223 autohomologe Immuntherapie 02; BFH/NV 1994, 23; BGH 16.9.1998 X ZR 181/97.

669   HG Zürich sic! 1998, 97.

670   BGHZ 3, 193, 197 = GRUR 1952, 141 Tauchpumpen; BGHZ 65, 147, 151 Thermalquelle; vgl BGH GRUR 2005, 845, 847 Abgasreinigungsvorrichtung.

671   BGH GRUR 1969, 409, 410 f Metallrahmen; BGH GRUR 1969, 677, 678 Rübenverladeeinrichtung; BGH 14.1.1975 X ZR 29/72.

672   BGH GRUR 1980, 750 Pankreaplex II; vgl BGH GRUR 1963, 207, 209 Kieselsäure.

673   Vgl BGH GRUR 1984, 753 Heizkesselnachbau.

674   BGH GRUR 1975, 206 Kunststoffschaumbahnen.

rens sowie von geheimem Verfahrens-know-how die Zahlung von Lizenzgebühren versprechen zu lassen (vgl Rn 155 zu § 9).

6. Einzelfreistellung. Wird ein Verstoß gegen Art 101 Abs 1 AEUV bzw § 1 GWB festgestellt, ist in ei- **222** nem dritten Schritt zu prüfen, ob die wettbewerbsbeschränkende Abrede nach Art 101 Abs 3 AEUV bzw § 2 Abs 1 GWB ex lege freigestellt ist. Hinweise dazu geben die von der Kommission herausgegebenen **Leitlinien** (Rn 190).

7. Rechtsfolgen. Kartellrechtswidrige Abreden sind gem Art 101 Abs 2 AEUV bzw nach nationalem **223** Recht gem § 134 BGB nichtig. Kartellverstöße führen grds nur zur teilweisen Unwirksamkeit (nämlich der wettbewerbsbeschränkenden Klausel),[675] zur Gesamtnichtigkeit des Vertrags gem § 139 BGB nur dann, wenn nicht anzunehmen ist, dass er auch ohne den nichtigen Teil geschlossen worden wäre, was zu beweisen Sache der Vertragspartei ist, die sich auf bloße Teilunwirksamkeit beruft. Bei dieser Rechtslage verbleibt es nach neuerer Rspr des Kartellsenats des BGH auch dann, wenn eine (wirksame) salvatorische Klausel (ggf verbunden mit einer Ersetzungsklausel) vereinbart worden ist.[676] Die salvatorische Klausel bewirkt insoweit (nur) eine Beweislastumkehr zulasten dessen, der sich auf die Gesamtnichtigkeit beruft.[677] Bei bloßer Teilnichtigkeit bleibt es, wenn eine wirksame Ersetzungsklausel vereinbart ist oder die Teilnichtigkeit dem hypothetischen Parteiwillen entspricht. Davon ist grds auszugehen, wenn nach Entfernung des unwirksamen Teils ein Vertragsinhalt übrig bleibt, der für sich allein einen Sinn behält. Gesamtnichtigkeit kommt jedoch auch bei Fehlen einer Ersetzungsklausel nicht in Betracht, wenn anstelle des nichtigen Teils im Weg einer ergänzenden Vertragsauslegung eindeutig bestimmt werden kann, welche Regelung die Parteien getroffen hätten, wenn sie die Nichtigkeit der betreffenden Klausel gekannt hätten.[678]

8. Missbrauch marktbeherrschender Stellung; Diskriminierungsverbot. Ein Schutzrecht gewährt **224** nicht schon aufgrund des ihm innewohnenden Verbietungsrechts eine beherrschende Stellung iSd Art 102 AEUV, sondern nur, wenn der Inhaber die Macht hat, die Aufrechterhaltung eines wirksamen Wettbewerbs auf einen erheblichen Teil des zu berücksichtigenden Markts zu verhindern, ebensowenig die Zustimmung zur Aussetzung der Vollstreckung eines Unterlassungstitels.[679] Untersagt ist die missbräuchliche Ausnutzung einer marktbeherrschenden Stellung auf dem Gemeinsamen Markt oder eines wesentlichen Teils desselben, soweit diese dazu führen kann, den Handel zwischen Mitgliedstaaten zu beeinträchtigen. Der Missbrauch ist objektiv zu beurteilen, Missbrauchsvorsatz aber indiziell bedeutsam.[680] Der höhere Preis eines Erzeugnisses beweist allein nicht notwendig den Missbrauch, kann jedoch ein entscheidendes Indiz sein, wenn er besonders hoch und sachlich nicht gerechtfertigt ist.[681] Der bloße Erwerb einer ausschließlichen Patentlizenz durch ein marktbeherrschendes Unternehmen stellt für sich allein keinen Missbrauch einer marktbeherrschenden Stellung iSd Art 102 AEUV dar. Es bedarf dazu des Hinzutretens weiterer Umstände, so, dass durch den Lizenzerwerb letzter Wettbewerb auf dem Markt ausge-

---

675 BGHZ 17, 41, 59 = GRUR 1955, 468 Kokillenguß; BGH GRUR 1975, 206, 208 Kunststoffschaumbahnen; BGH 1986, 58 f Preisabstandsklausel; BGH GRUR 2006, 223 autohomologe Immuntherapie 02.

676 BGH GRUR 2004, 353 Tennishallenpacht, unter Aufgabe von BGH GRUR 1994, 463, 465 Pronuptia II.

677 BGH Tennishallenpacht; BGH NJW 2010, 1660 f; LG Mannheim InstGE 11, 9 (Nr 22).

678 Vgl BGH GRUR 2011, 641 (Nr 51 ff) Jette Joop (zu einer markenrechtl Abgrenzungsvereinbarung).

679 Niederländ Hoge Raad BIE 1995, 409, 418 = GRUR Int 1997, 836 f Recormon.

680 EuGH Slg 1991 I 3359, auszugsweise EuZW 1992, 21 AKZO; vgl auch EuG GRUR Int 1993, 316, 321 Magill TV Guide, wonach die Ausübung eines ausschließlichen Rechts, das grds zur Substanz des fraglichen Immaterialgüterrechts gehört, verboten sein kann, wenn sie bei dem Unternehmen, das die beherrschende Stellung einnimmt, zu bestimmten missbräuchlichen Verhaltensweisen führt; kr *Beier* FS K. Quack (1991), 15; *Doutrelepont* Mißbräuchliche Ausübung von Urheberrechten? GRUR Int 1994, 302, 304; vgl weiter EuGH Slg 1995 I 743 = GRUR Int 1995, 490 Magill; *Mennicke* „Magill" – Von der Unterscheidung zwischen Bestand und Ausübung von Immaterialgüterrechten zur „essential facilities"-Doktrin in der Rechtsprechung des Europäischen Gerichtshofes? ZHR 1996, 626; zurückhaltend CA England/ Wales CMLR 1998, 1185 Philips/Ingman und hierzu *Jones* Euro-Defences: Magill Distinguished, EIPR 1998, 352; *Cunningham* How Far Can a Patent Holder Go? EIPR 1999, 469; *Toutougni* Intel v. Via, Holding Back the Tide of Compulsory Licensing? EIPR 2002, 548; *Ullrich*, referiert bei *Hohagen* (Tagungsbericht) GRUR Int 2000, 246, 255; kr zur „essential facilities"-Doktrin *Busche* FS W. Tilmann (2003), 645.

681 EuGH Slg 1971, 69 = GRUR Int 1971, 279 Sirena/Novimpex.

schlossen wird. Dass eine solche Vereinbarung vom Kartellverbot des Art 101 Abs 1 AEUV freigestellt ist, schließt die Anwendung von Art 102 AEUV auf den Lizenzerwerb nicht aus. Die Kommission hat aber bei der Anwendung von Art 102 AEUV den Umständen, die zu der Freistellung führten, soweit Rechnung zu tragen, als diese fortbestehen.[682]

225 Ein marktbeherrschender Patentinhaber verstößt gegen das **Diskriminierungsverbot**, wenn er den Umstand, dass der Zugang zu einem nachgelagerten Markt aufgrund einer Industrienorm oder normähnlicher Rahmenbedingungen von der Befolgung der patentgemäßen Lehre abhängig ist, dazu ausnutzt, um bei der Vergabe von Lizenzen den Zutritt zu diesem Markt nach Kriterien zu beschränken, die der auf die Freiheit des Wettbewerbs gerichteten Zielsetzung des GWB widersprechen.[683]

226 Zur **kartellrechtlichen Zwangslizenz** Rn 100 ff zu § 24, Rn 234 ff zu § 139.

227 **9.** Für den **Europäischen Wirtschaftsraum (EWR)** stellt das EWR-Abkommen in den Art 53 und 54 dem AEUV entspr Regeln auf.

10. Internationale Aspekte

228 **a. Art 40 TRIPS-Übk** betrifft die Kontrolle wettbewerbswidriger Praktiken in vertraglichen Lizenzen.

229 **b. Lizenzverträge über ausländische Patente.** § 20 GWB aF (später § 17 GWB aF) fand auf Verträge von ausländ Lizenzgebern mit inländ Lizenznehmern über die Benutzung ausländ Patente Anwendung, sofern sich die Wettbewerbsbeschränkung im Geltungsbereich des GWB auswirkt[684] (vgl § 130 Abs 2 GWB). Ob die Partner eines Lizenzvertrags über ausländ Schutzrechte im Hinblick auf § 20 Abs 2 Nr 5 GWB aF und Art 81, 82 EG aF die Lizenzzahlungspflicht wirksam daran knüpfen konnten, dass der Lizenznehmer von Deutschland aus an sich patentfreie Anlagen in andere Staaten der EWG liefert, die dort durch die Abnehmern durch einfaches Auswechseln von Zubehörteilen so hergerichtet werden können, dass sie den dort geschützten Vorrichtungen entsprechen und/oder zur Ausübung des dort geschützten Verfahrens benutzt werden können, ohne dass darüber hinaus tatsächlich eine derartige Abänderung der Anlage und/oder deren Benutzung zur Ausübung des geschützten Verfahrens erfolgt, hat der BGH offengelassen.[685]

230 **c.** Wieweit bei Anwendung dt Rechts **ausländische Eingriffsnormen** (zum Begriff der Eingriffsnorm s die Definition in Art 9 Abs 1 Rom I-VO)[686] kartellrechtl oder devisenrechtl Art beachtlich sind, war in ex-Art 34 EGBGB (bewusst) nicht geregelt; die Lückenausfüllung war der Rspr überlassen. Die Regelung in Art 7 Abs 1 des EG-SchuldvertragsÜbk (EVÜ) vom 19.6.1980 war infolge dt Vorbehalts nicht anwendbar und nicht in ex-Art 34 EGBGB übernommen worden. Durch die – gegenüber Art 7 Abs 1 EVÜ allerdings enger gefasste – Bestimmung des Art 9 Abs 3 Rom I-VO, die die Anwendung ausländ Eingriffsnormen in das Ermessen des Gerichts stellt, ist der genannte Vorbehalt erledigt. Soweit dt Kartellrecht anwendbar ist, wird die Anwendung ausländ Rechts als ausgeschlossen angesehen.[687] Die englische Rspr wendet das Kopplungsverbot der Sec 44 brit Patents Act 1977 einschließlich der sich hieraus für den Patentverletzer ergebenden Einrede (Abs 3) auch auf Verträge an, die die Parteien einer anderen Rechtsordnung unterstellt haben.[688] Die schweiz Praxis hat Art 81 EG auch auf einen Schweizer Recht unterstellten Lizenzvertrag angewendet.[689]

---

682 EuG GRUR Int 1991, 903 Tetra Pak Rausing/Kommission.

683 BGHZ 160, 67 = GRUR 2004, 966 Standard-Spundfaß.

684 BGH GRUR 1967, 670 Fischbearbeitungsmaschine.

685 BGH 20.1.1977 X ZR 1/73.

686 Vgl auch BGH GRUR 2015, 264, 267 (Nr 47) Hi Hotel II zu ex-Art 34 EGBGB.

687 LG Düsseldorf InstGE 1, 146, 150 ff mwN; anders für die Schweiz schweiz BG sic! 2001, 675 Sonnenschutzrollo II, soweit die ausl Rechtsordnung Gültigkeit beansprucht.

688 CA England/Wales GRUR Int 1994, 851 m Anm *Moufang*, dort auch Hinweise auf entspr Regelungen in Irland und Indien; austral HighC GRUR Int 1982, 59.

689 HG Zürich sic! 1998, 97.

Demgegenüber sind **deutsche Eingriffsnormen** bei Anwendung ausländ Rechts stets anzuwen- **231** den.[690] Die – vor allem im Urhebervertragsrecht entwickelte (s § 31 Abs 5 UrhG) – Zweckübertragungsregel (s Rn 21 und Rn 125) zählt nach der Rspr des I. Zivilsenats des BGH allerdings nicht zu den in jedem Fall anzuwendenden dt Eingriffsnormen.[691] Im einzelnen ist auf die Kommentierungen zu Art 34 EGBGB bzw Art 9 Rom I-VO zu verweisen.

G. Steuerrechtliche Fragen[692]

Schrifttum: *Berger* B.I.G. – Bewertung Immaterieller Güter, sic! 2000, 346, 450; *Bußmann/Pietzcker* Die Rechtsnatur technischer Lizenzverträge im Hinblick auf den Pachtbegriff des § 8 Ziffer 7 GewStG, BB 1964, 855; *Donle* Gewerbliche Schutzrechte im Unternehmenskauf, DStR 1997, 74; *Ensthaler/Strübbe* Patentbewertung, 2006; *Ensthaler/Strübbe/Zech* Verwertungsstrategien für Erfindungen – Patentbewertung als rechtliche und betriebswirtschaftliche Entscheidungs-grundlage, WRP 2006, 1157; *Goddar* Die wirtschaftliche Bewertung gewerblicher Schutzrechte beim Erwerb technologie-orientierter Unternehmen, Mitt 1995, 357; *Groß* Aktuelle Lizenzgebühren in Patentlizenz-, Know-how- und Computerpro-grammlizenzverträgen, BB 1995, 885 und BB 1998, 1321; *Haase* Geistiges Eigentum im Steuerrecht, 2012; *Jakob* Der patentrechtliche und der steuerrechtliche Erfinder: Gedanken zum „Rentner-Urteil" des BFH vom 18. Juni 1998 – IV R 29/ 97, DStZ 2000, 317; *Kellenberger* Bewertung von Patenten und Marken in der Schweiz, Diplomarbeit ETH Zürich 1997; *Knoppe* Die Besteuerung der Lizenz- und Know-how-Verträge², 1972; *Kröger* Forschungskosten, Erfindungen, Lizenzen und Know-how im Steuerrecht², 1977; *Mechkat* Die Bewertung immaterieller Wirtschaftsgüter in der britischen und deut-schen Rechnungslegung, in: Internat. Wirtschaftsbriefe 1998, 19 = 5 Großbritannien, Gruppe 3, 145; *Poredda* Integratives Bewertungskonzept zur strategischen Produktplanung, GRUR 2003, 182; *Neuburger* Die Bewertung von Patenten, 2005; *Reitzig* Die Bewertung von Patentrechten, Diss München 2002; *Reuter* Wie sicher sind die in der Vermögensaufstellung angesetzten Werte für einen Bestand an Patenten und Know-how? BB 1983, 494; *Rings* Patentbewertung – Methoden und Faktoren zur Wertermittlung technischer Schutzrechte, GRUR 2000, 839; *Schlicker* Measuring Patent Damages by the Market Value of Inventions, JPTOS 2000, 503; *Smith/Parr* Valuation of Intellectual Property and Intangible Assets, 2001; *Stahl* Lizenzen, Know-how und Erfinder im Steuerrecht, Kölner Steuerdialog 1984, 5628; *Tissot* Evaluation d'une marque: le point de vue de l'investisseur, sic! 2000, 665; *Wurzer/Reinhardt* Bewertung technischer Schutzrechte, 2006.

I. Bewertung[693]

Die Patentbewertung erfolgt traditionell nach drei Methoden, nämlich der kostenorientierten, der **232** marktorientierten und der ertrags- oder gewinnorientierten; für eine realistische Bewertung müssen aber uU weitere Faktoren herangezogen werden (Schutzumfang, Umgehungsmöglichkeiten, Abhängigkeiten, „Know-how"). Die Werte (Teilwerte) von nicht in Grundbesitz bestehenden Wirtschaftsgütern, die ein Drit-ter aufgrund eines Lizenzvertrags, der nicht als Miet- oder Pachtvertrag anzusehen ist, überlassen hat, können nicht gem § 12 Abs 2 Nr 2 GewStG dem Einheitswert des Betriebsvermögens hinzugerechnet wer-den.[694] „Know-how" kann wie die ungeschützte Erfindung nur dann als immaterielles Wirtschaftsgut be-wertet werden, solange es geheim ist.[695]

II. Veräußerung[696]

Einkünfte aus der Veräußerung der Erfindung sind regelmäßig solche aus selbständiger Arbeit,[697] an- **233** ders bei wissenschaftlicher Betätigung (dann freiberuflich) oder bei „Zufallserfindungen", dh Ideen, die

---

690 LG Düsseldorf 19.1.1999 4 O 114/98 Entsch 1999, 1, 3 f; *Stimmel* GRUR Int 2010, 783, 790.
691 BGH GRUR 2015, 264, 267 (Nr 45 ff) Hi Hotel II zu ex-Art 34 EGBGB.
692 Zur Zulässigkeit der Aufnahme von Lizenzverträgen in die vom Bundesamt für Finanzen geführte Lizenzkartei BFH DB 1994, 663; zur steuerrechtl Behandlung von Lizenzverträgen mit Auslandsbezug *Bartenbach* Patentlizenz- und know-how-Vertrag Rn 3327 ff.
693 Zur Normalpreisbestimmung in § 29 Abs 1, 3 ZollG, wonach der Normalpreis für nach einer patentierten Erfindung hergestellte Waren den Wert des Rechts zur Benutzung des Patents umfasst, BFHE 116, 420; zur Aktivierungspflicht bei entgeltlich erworbenen Lizenzen BGH NJW 1997, 196 Softwarelizenzen.
694 BFHE 81, 641 = BB 1965, 364.
695 Vgl BFH/NV 1993, 595.
696 Zur Besteuerung bei Betriebsveräußerung und Betriebsaufgabe auch BFH/NV 1994, 23; zur Abgrenzung Veräußerung – zeitlich begrenzte Überlassung FG Münster EFG 1999, 1282.
697 BFHE 125, 280 = BB 1978, 1100.

ohne weitere Ausarbeitung verwertungsreif sind, und die zu den nur gelegentlichen Tätigkeiten gehören.[698] Veräußert der Erbe die vom Erblasser als freiberuflichem Erfinder entwickelten Patente gegen Leibrente, ist die Rente, sobald sie den Buchwert der Patente übersteigt, als lfd Betriebseinnahme (§§ 18 Abs 1, 24 Nr 2 EStG) und nicht als private Veräußerungsrente nur mit dem Ertragsanteil (§ 22 Nr 1 EStG) zu versteuern, es sei denn, dass die Patente durch eindeutige Entnahme vor der Veräußerung in das Privatvermögen überführt worden waren.[699]

III. Lizenzvergabe[700]

234   Überlässt ein freier Erfinder seine Patente und nicht patentierten Erfindungen im Rahmen einer Betriebsaufspaltung (Rn 63 zu § 6) einer von ihm beherrschten Kapitalgesellschaft, können die von ihm hierbei erzielten Lizenzeinnahmen Einkünfte aus Gewerbebetrieb sein.[701] Lizenzeinnahmen aus der Überlassung von Patenten im Rahmen einer bestehenden Betriebsaufspaltung können auch dann zu gewerblichen Einkünften des Besitzunternehmens führen, wenn die Patente nicht wesentliche Betriebsgrundlagen der Betriebsgesellschaft bilden.[702] Einkünfte aus zeitlich begrenzter Nutzungsüberlassung eines Schutzrechts können steuerbare Einküfte sein; maßgeblich sind die Verhältnisse bei Vertragsschluss.[703] Lizenzgebühren, die aufgrund eines Vertrags über die zeitlich befristete Nutzung gewerblicher Schutzrechte (Patente, Warenzeichen u.ä.) oder über die Überlassung von betrieblichen Erfahrungen, Geheimverfahren, ungeschützten Erfindungen, Rezepten usw („Know-how") an den Lizenzgeber gezahlt werden, sind keine Pachtzinsen iSd § 8 Nr 8 GewStG.[704] Die Unwirksamkeit eines Lizenzvertrags ist steuerlich grds unbeachtlich, jedenfalls soweit und solange die Beteiligten das wirtschaftliche Ergebnis gleichwohl eintreten und bestehen lassen[705] (§ 41 AO). Mit der Verwertung einer Erfindung iSd § 4 Nr 3 ErfV wurde im Fall der Verwertung durch Erteilung von Lizenzen in dem Jahr begonnen, in dem der Lizenznehmer mit dem Vertrieb der nicht mehr als Muster anzusehenden Erzeugnisse beginnt, und zwar auch, wenn vereinbarungsgem die auf den Umsatz dieses Jahres entfallenden Lizenzgebühren erst im folgenden Jahr ausgezahlt werden.[706] Die Nutzungsüberlassung einer Erfindung muss nicht bedeuten, dass die Erfindung in das Vermögen des Berechtigten eingelegt wird; die Frage der Anwendung des § 5 Abs 2 EStG stellt sich bei ihr nicht.[707] In überhöhten Lizenzzahlungen an einen Gesellschafter kann eine verdeckte Gewinnausschüttung liegen.[708]

IV. Umsatzsteuer

235   Lizenzvergütungen sind nach §§ 3 Abs 9, 3a Abs 4 UStG als sonstige Leistung steuerbar.[709] Die Vereinbarung von Mindestlizenzgebühren kann zu Teilleistungen führen, die auch ohne Entgeltentrichtung zum Vorsteuerabzug berechtigen.[710] Dagegen unterliegt der Schadensersatz nach der Lizenzanalogie nicht der Umsatzsteuerpflicht.[711] Der Steuersatz ist nicht ermäßigt; für Softwarelizenzen wird allerdings zT die Geltung des ermäßigten Steuersatzes angenommen.[712] Die Aufnahme einer Regelung in den Lizenzvertrag

---

698   BFHE 186, 351 = BB 1998, 2190, dort offengelassen, ob weiterhin den Einkünften aus sonstigen Leistungen zuzuordnen; vgl *Jakob* DStZ 2000, 317; vgl auch BFH/NV 1997, 479.
699   BFH 7.10.1965 IV 346/61 U.
700   Zur steuerrechtl Behandlung von Lizenzzahlungen, insb auch unter dem Gesichtspunkt verdeckter Gewinnausschüttungen, Tagungsbericht GRUR Int 1994, 428.
701   BFHE 125, 280 = BB 1978, 1100.
702   BFHE 186, 433 = Mitt 1999, 478.
703   BFH/NV 2003, 1311.
704   BFHE 81, 641 = BB 1965, 364.
705   BFH/NV 1994, 23.
706   BFHE 106, 42 = BB 1972, 1216.
707   BFH/NV 1996, 215.
708   BFH 18.12.2002 I R 85/01.
709   *Bartenbach* Patentlizenz- und know-how-Vertrag Rn 3317 mwN.
710   BFHE 241, 446 = Mitt 2014, 241.
711   *Bartenbach* Patentlizenz- und know-how-Vertrag Rn 3320.
712   Nachw zum Streitstand bei *Bartenbach* Patentlizenz- und know-how-Vertrag Rn 3322; vgl zur Problematik auch BFHE 196, 335 = DB 2002, 181.

darüber, wer die Umsatzsteuer zu tragen hat, ist zweckmäßig. Bei Fehlen einer Vereinbarung gilt das vereinbarte Entgelt grds auch die Umsatzsteuer ab, soweit sich nicht aus Verkehrssitte oder Handelsbrauch Abweichendes ergibt. Voraussetzung für eine ergänzende Vertragsauslegung ist insoweit, dass die Parteien irrtümlich davon ausgegangen sind, dass der getätigte Umsatz nicht der Umsatzsteuerpflicht unterliegt.[713]

§ 16
(Patentdauer, *Zusatzpatent – weggefallen*)

Das Patent dauert zwanzig Jahre, die mit dem Tag beginnen, der auf die Anmeldung der Erfindung folgt.

DPMA-PrRl 4.1
TRIPS-Übk Art 33
Ausland: Belgien: Art 39 PatG 1984; **Bosnien und Herzegowina:** Art 56 PatG 2010; **Dänemark:** § 40 PatG 1996; **Frankreich:** Art L 611-2 CPI; **Italien:** Patentdauer Art 60 CDPI; **Kosovo:** Art 82 PatG; **Litauen:** Art 27 PatG; **Luxemburg:** Patentdauer Art 43 PatG 1992/1998; **Mazedonien:** § 74 GgR; **Niederlande:** Patentdauer Art 33 Abs 5, 36 Abs 5 ROW 1995 (Patentdauer ohne Recherche sechs Jahre, sonst 20 Jahre); **Österreich:** Patentdauer § 28 Abs 1 öPatG; Zusatzpatent § 4 Abs 2 öPatG (1984/96), § 28 Abs 2 öPatG (1984); **Polen:** Art 63 Abs 3, 30 (Zusatzpatent) RgE 2000; **Schweden:** Schutzdauer § 40 PatG; **Schweiz:** Patentdauer Art 14 PatG; **Serbien:** Art 30 PatG 2004 (Zusatzpatent); Art 71 PatG 2004 (Patentdauer); **Slowenien:** Art 22 GgE; **Spanien:** Art 49 (Patentdauer), Art 21 Abs 2, Art 108–111 (Zusatzpatent) PatG; **Tschech. Rep.:** § 21 (Laufzeit) PatG, geänd 2000; **Türkei:** Art 72 (Patentdauer), 121–124 (Zusatzpatente) VO 551; VK: Sec 25 Patents Act

Übersicht

A. Entstehungsgeschichte

Die Bestimmung geht auf § 10 PatG 1936/1968 zurück.[1] Sie ist durch das IntPatÜG hinsichtlich der Patentdauer und durch das GPatG hinsichtlich der Regelungen über das Zusatzpatent geänd worden. Das 2. PatGÄndG hatte in Abs 2 Satz 1 aF die Wörter „durch Zurücknahme" gestrichen. Das Gesetz zur Novellierung patentrechtlicher Vorschriften und anderer Gesetze des gewerblichen Rechtsschutzes hat die Bestimmungen über das Zusatzpatent (Abs 1 Satz 2, Abs 2) mWv 1.4.2014 gestrichen[2] (s Rn 12 f). Eine Regelung enthält auch **Art 33 TRIPS-Übk**.   **1**

B. Patentdauer (Patentlaufzeit)

Schrifttum: *Brandt* Die Schutzfrist des Patents. Eine rechtsvergleichende Untersuchung, 1996; *Hafner* Die kurze Patentdauer, ein Unrecht am Erfinder, Mitt 1981, 92; *Heinz* Europa-Patent und grundgesetzliche Eigentumsgarantie, Mitt 1975, 202; *Hövelmann* Die Zusatzteilanmeldung – eine trügerische Hoffnung, Mitt 2001, 193; *Krabel* Vergleichende Betrachtung des allg Erfinderrechts und des Urheberrechts, Mitt 1978, 12; *Künzel* Altersvorsorge bei Patenten-Strategien in Zeiten des „Patent-Cliffs", Medien und Recht Int 2011, 36; *Reitböck* Gedanken zu Erfindungshöhe und Patentdauer, ÖBl 2008, 187; *Schickedanz* Kunstwerk und Erfindung, GRUR 1973, 343; *Schickedanz* Sind 20 Jahre Patentschutz genug, GRUR 1980, 828; *Seifert* Geistiges Eigentum und Schutzdauer, in: FS W. Nordemann (2004), 389; *Spoor* Verlies van intellectuele eigendomsrechten door tijdsverloop, BIE 2000, 338; *Suchy* Patentrestlaufzeit neuerer pharmazeutischer Wirkstoffe, GRUR 1992, 7.

---

713   BGH GRUR 2003, 84 Videofilmverwertung.

1   Begr BlPMZ 1936, 106.
2   BGBl I 3830 = BlPMZ 2013, 362.

                Hacker

I. Allgemeines

2   Die Patentlaufzeit beträgt generell 20 Jahre (§ 16 iVm Art XI § 1 Abs 1 IntPatÜG). Die Laufzeit eur Patente beträgt gleichfalls 20 Jahre (Art 63 Abs 1 EPÜ; näher Rn 11). Zur Bedeutung der „theoretisch möglichen" Dauer für die Lizenz vgl Rn 71 zu § 15.

3   Eine **Verlängerung der Patentdauer** kommt weder auf vertraglicher[3] noch auf wettbewerbsrechtl Grundlage (Rn 10 zu § 141a) oder – über die Schutzzertifikatsregelungen (§ 16a) hinaus – sonst auf öffentlich-rechtl Grundlage[4] in Betracht. Wohl aber ist eine Verlängerung durch Gesetz möglich. Von dieser Möglichkeit wurde im Zusammenhang mit den beiden Weltkriegen Gebrauch gemacht (Rn 18, 20, 23 Einl PatG).

4   **Kritik.** Auch in jüngerer Zeit ist die Patentdauer vielfach als zu kurz kritisiert worden.[5] Es wurde beklagt, dass binnen der zwanzigjährigen Patentdauer vor allem dort ein die Kosten der technischen Entwicklung deckender Ertrag nicht mehr erwirtschaftet werden könne, wo die Vermarktung einer zum Patent angemeldeten Erfindung – wie zB bei Arzneimitteln – von einem zeitaufwendigen Zulassungsverfahren abhängig ist. Das Zulassungsverfahren zehre hier einen beträchtlichen Teil der Patentlaufzeit auf. Dieser berechtigten Kritik ist mittlerweile im nationalen wie im eur Bereich durch eine Reihe von Regelungen, insb durch die Einführung eines ergänzenden Schutzzertifikats für Arzneimittel und für Pflanzenschutzmittel jedenfalls teilweise Rechnung getragen worden (vgl § 16a). Ob eine Mindestdauer von Verfassungs wegen vorgegeben ist, hat das BVerfG offen gelassen.[6] Konkurrenzschutz nach Ablauf der Patentdauer ist danach aus Art 14 GG nicht abzuleiten. Auch Art 12 Abs 1 GG bietet hierfür keine Grundlage.[7]

II. Beginn

5   Die zwanzigjährige Frist beginnt mit dem Tag, der auf die Anmeldung der Erfindung (auf den Anmeldetag) folgt. Nur eine wirksame Anmeldung begründet einen Anmeldetag (Rn 5 ff zu § 35). Das DPMA kann den Anmeldetag nicht anders festsetzen (Rn 22 zu § 35). Der im Erteilungsverfahren festgestellte Beginn der Patentlaufzeit bindet Nichtigkeits- und Verletzungsrichter.[8] Die Inanspruchnahme einer Priorität verändert den Beginn der Patentlaufzeit nicht (Art 4bis Abs 5 PVÜ). Zur Wiedereinsetzung in die Frist zur Prioritätsbeanspruchung Rn 9 zu § 35.

6   Der Anmeldetag bleibt auch für eine **Teilanmeldung** gültig (§ 39 Abs 1), ebenso für die Abzweigung eines Gebrauchsmusters (§ 5 GebrMG).

III. Ende

7   Die Patentdauer wird nach §§ 187 Abs 2, 188 Abs 2 BGB berechnet. Die zwanzigjährige Frist endet also mit dem Tag, der nach Tag und Monat dem Anmeldetag entspricht (zB Anmeldetag 1.1.2016, Laufzeitbeginn 2.1.2016, Ende der Patentlaufzeit 1.1.2036). Das gilt auch, wenn das Ende der Patentlaufzeit auf einen Sonn- oder gesetzlichen Feiertag fällt. § 193 BGB gilt nicht, weil keine Willenserklärung abzugeben und keine Leistung zu bewirken ist.[9]

IV. Patentschutzdauer

8   Von der Patentdauer ist die Patentschutzdauer zu unterscheiden. Der Gegenstand der Anmeldung genießt bis zur Offenlegung noch keinen patentrechtl Schutz. Unter den Voraussetzungen des § 33 entsteht ab der Offenlegung gegen den Benutzer des Anmeldungsgegenstands ein Anspruch auf „eine den Umständen nach angemessene Entschädigung". Der volle, Unterlassungs-, Schadensersatz- und Bereiche-

---

3   BGHZ 17, 41 = GRUR 1955, 468 Kokillenguß.
4   Vgl BVerwG NVwZ 1998, 614 Allround-Gerüst.
5   Vgl zB *Heinz* Mitt 1975, 202; *Krabel* Mitt 1978, 12; *Hafner* Mitt 1981, 92; *Suchy* GRUR 1992, 7; *Schickedanz* GRUR 1973, 343; *Schickedanz* GRUR 1980, 828; sowie eingehend *Kraßer* S 575 ff (§ 26 A II a 4); vgl auch OLG Düsseldorf GRUR-RR 2008, 329 (Nr 45).
6   BVerfG – Nichtannahmebeschluss – 10.5.2000 1 BvR 1864/95 Human-Immuninterferon.
7   Vgl BVerwG NVwZ 1998, 614 Allround-Gerüst.
8   BGH GRUR 1963, 563, 566 Aufhängevorrichtung.
9   *Benkard* § 16 Rn 3; *Kraßer* S 574 (§ 26 A II a 1).

rungsansprüche umfassende Patentschutz nach §§ 9, 10 entsteht erst mit der Patenterteilung. Weder der Schutz nach § 33 noch der nach §§ 9, 10 wirken auf den Anmeldezeitpunkt zurück. Die Patentschutzdauer ist also tatsächlich stets kürzer als die Patentdauer.[10]

Die Patentschutzdauer – und mit ihr zugleich die Patentdauer – kann **weiter verkürzt werden** durch **9** die (ex nunc wirkenden) Erlöschenstatbestände des § 20 Abs 1 oder kann ganz oder teilweise entfallen durch (rückwirkenden) Widerruf (§ 21), Nichtigerklärung (§ 22), Widerruf nach § 64 oder durch Wegfall der Offenlegungswirkung des § 33 Abs 1 infolge Versagung des Patents oder Zurücknahme der Anmeldung (§ 58 Abs 2).

V. Erstreckungsgesetz s 6. *Aufl.* **10**

VI. EPÜ

Die Laufzeit des eur Patents ist in **Art 63 EPÜ** geregelt. Die Revision der Bestimmung ist am 4.7.1997 in **11** Kraft getreten. Anders als nach nationalem Recht rechnet die Laufzeit vom Anmeldetag und nicht erst vom folgenden Tag an; aus Regel 131 AOEPÜ ergibt sich nichts anderes.[11] Zu der die Einführung ergänzender Schutzzertifikate ermöglichenden **Revision** Rn 6 Anh § 16a und Rn 2ff zu Art II § 6a IntPatÜG.

C. Zusatzpatent

Das Gesetz zur Novellierung patentrechtlicher Vorschriften und anderer Gesetze des gewerblichen **12** Rechtsschutzes (Rn 2) hat die Bestimmungen über das Zusatzpatent (Abs 1 Satz 2, Abs 2) mWv vom 1.4.2014 aufgehoben, weil dieses Rechtsinstitut – eine dt (und österr, § 28 Abs 2 öPatG) Besonderheit – praktisch weitgehend bedeutungslos geworden ist, jedoch erheblichen Verwaltungsaufwand verursacht hat.[12]

Nach der **Übergangsregelung des § 147 Abs 3** sind jedoch die bisherigen Regelungen sowie die da- **13** mit in Zusammenhang stehenden Vorschriften der §§ 17 Abs 2, § 23 Abs 1 Satz 2, § 42 Abs 2 Satz 1 Nr 4, Satz 2 und Abs 3 Satz 1 sowie § 43 Abs 2 Satz 4 in der bis zum 31.3.2014 geltenden Fassung weiterhin anzuwenden, soweit bis zu diesem Zeitpunkt ein Antrag auf ein Zusatzpatent gestellt worden ist; gleiches gilt für noch in Kraft stehende Zusatzpatente (näher Rn 14 zu § 147, dort auch die frühere Regelung in §§ 16, 17 und 23 im Wortlaut). Wegen der Kommentierung wird im übrigen auf die *7. Aufl* verwiesen.

§ 16a
(Ergänzendes Schutzzertifikat)

(1) [1]**Für das Patent kann nach Maßgabe von Verordnungen der Europäischen Gemeinschaften über die Schaffung von ergänzenden Schutzzertifikaten, auf die im Bundesgesetzblatt hinzuweisen ist, ein ergänzender Schutz beantragt werden, der sich an den Ablauf des Patents nach § 16 unmittelbar anschließt.** [2]**Für den ergänzenden Schutz sind Jahresgebühren zu zahlen.**

(2) **Soweit das Recht der Europäischen Gemeinschaften nichts anderes bestimmt, gelten die Vorschriften dieses Gesetzes über die Berechtigung des Anmelders (§§ 6 bis 8), über die Wirkungen des Patents und die Ausnahmen davon (§§ 9 bis 12), über die Benutzungsanordnung und die Zwangslizenz (§§ 13, 24), über den Schutzbereich (§ 14), über Lizenzen und deren Eintragung (§ 15, 30), über das Erlöschen des Patents (§ 20), über die Nichtigkeit (§ 22), über die Lizenzbereitschaft (§ 23), über den Inlandsvertreter (§ 25), über das Patentgericht und das Verfahren vor dem Patentgericht (§§ 65 bis 99), über das Verfahren vor dem Bundesgerichtshof (§§ 100 bis 122a), über die Wiedereinsetzung (§ 123), über die Wahrheitspflicht (§ 124), über das elektronische Dokument (§ 125a), über die Amtssprache, die Zustellungen und die Rechtshilfe (§§ 126 bis 128), über die Rechtsverletzungen (§§ 139 bis 141a, 142a und 142b), über die Klagenkonzentration und über die Patentberühmung (§§ 145 und 146) für den ergänzenden Schutz entsprechend.**

---

10 BGHZ 1, 194 = GRUR 1951, 314 Motorblock; BGH GRUR 1959, 528, 530 Autodachzelt.

11 Nl PA BIE 2000, 373; aA *Mes* Rn 4.

12 Vgl Begr BTDrs 17/10308 = BlPMZ 2013, 366, 369.

(3) Lizenzen und Erklärungen nach § 23, die für ein Patent wirksam sind, gelten auch für den ergänzenden Schutz.

Ausland: Belgien: Arzneimittel: Königlicher Erlass über die Anmeldung und Erteilung ergänzender Schutzzertifikate für Arzneimittel vom 5.1.1993 (BlPMZ 1993, 360); **Bosnien und Herzegowina:** Art 58–64 PatG 2010; **Dänemark:** Bekendtgørelse om patenter og supplerende beskyttelsescertifikater, nr 77 vom 30.1.1997; **Finnland:** §§ 70a–70e PatG (28.6.1994/21.3.1997); **Frankreich:** Arzneimittel: Regelung durch Gesetz Nr 90-510 (BlPMZ 1992, 291) und VO Nr 91-1180 (BlPMZ 1993, 54); Verfügung über die Einreichung von Anmeldungen BlPMZ 1994, 60. Art L 611-2 3, L 611-3 CPI (erste Entscheidungen besprochen in GazPal 1994, 2, Doctr. 1320); **Irland:** Communities (Supplementary Certificate) Regulations (SI 307 of 2008); **Italien:** Art 61 CDPI; **Liechtenstein:** Ergänzungsvereinbarung zum schweizerisch-liechtensteinischen Patentschutzvertrag (EWR-Anpassung, Art 2–5 Schutzzertifikate) vom 2.11.1994, in Kraft 1.5.1995 bzw 1.9.1995 (Schutzzertifikate), schweiz AS 1995, 3820; **Litauen:** Art 27^1 PatG; **Mazedonien:** §§ 75–85 GgR; **Niederlande:** Arzneimittelzertifikat Art 90–97 ROW 1995, Pflanzenschutzmittelzertifikat Art 98 ROW 1995 iVm Verfügung (Besluit) vom 30.1.1997 (BIE 1997, 102 m Begr); **Österreich:** Schutzzertifikatsgesetz (SchZG) 1994, BlPMZ 1994, 446 f; ersetzt durch Schutzzertifikatsgesetz 1996 BGBl I 1997/11 BlPMZ 1997, 144; **Polen:** Art 75^1–75^{10} RgE, eingefügt 2002; **Portugal:** Hinweise unter www.inpi.pt im Internet; **Schweden:** Arzneimittel: § 105–§ 114 PatG, eingefügt durch Änderungsgesetz vom 9.12.1993 mit Wirkung vom 1.1.1994 (BlPMZ 1995, 141, 145); **Schweiz:** Arzneimittel: Art 140a–140m PatG, Übergangsregelungen in Art 146, 147 PatG, in Kraft 1.9.1995; weiter Art 127a–127k PatVO. Pflanzenschutzmittel: Vorarbeiten sic! 1997, 250; Regelung revidiert zum 1.5.1999. Pflanzenschutzmittel: Art 140n PatG (seit 1.5.1999);[1] **Serbien:** Art 77–86 PatG 2004; Widerruf Art 91 PatG 2004, in Kraft vom Beitritt zur Europäischen Union an (Art 142 Abs 3 PatG 2004); **Slowakei:** §§ 68–78 PatG; **Slowenien:** Decree Implementing Council Regulations (EC) Concerning the Creation of a Supplementary Protection Certificate for Medicinal Products and for Plant Protection Products (English text, pdf); vgl die Übergangsregelung in Art 137 Abs 4 GgE; **Tschechische Republik:** §§ 35h–35o PatG, eingefügt 2000; **VK:** Patents (Supplementary Protection Certificate for Medicinal Products) Regulations 1992; Patents (Supplementary Protection Certificate for Plant Protection Products) Regulations 1996; Patents (Supplementary Protection Certificate) Rules 1997; **Zypern:** Schutzzertifikate: Art 30–48 PatG.

Richtlinien für das Prüfungsverfahren bei ergänzenden Schutzzertifikaten BlPMZ 2015, 65.

Übersicht

Schrifttum: *Adams* Supplementary Protection Certificates: The Challenge to EC Regulation 1768/92, EIPR 1994, 323; *Adams* Supplementary Protection Certificates: The „Salt" Problem, EIPR 1995, 277; *Adocker/Koller* Nichtigerklärung eines ergänzenden Schutzzertifikats und deren Geltendmachung, GRUR Int 2011, 385; *Ang* Patent Term Extensions in Singapore for „Pharmaceutical Products", EIPR 2005, 349; *Batakliev* Supplementary Protection Certificates in Europe – Transitional Regime, IIC 2013, 750; *Berwal* Articles 3 (a) and 3 (b) of the SPC Regulation: An Analysis, EIPR 2014, 29; *Bloch/Schmitt* Le certificat complémentaire de protection institué par le règlement du 18 juin 1992, GazPal 1993, 2, Doctr. 1280; *Bopp/Lux* Das „Salz"-Problem gelöst? Anmerkungen zum Idarubicin-Urteil des EuGH vom 16. September 1999, PharmR 2000, 2; *Brändel* Offene Fragen zum „ergänzenden Schutzzertifikat", GRUR 2001, 873; *Brazell* The Protection of Pharmaceutical Products and Regulatory Data: E.U. Enlagement Update, EIPR 2002, 155; *Brückner* Ergänzende Schutzzertifikate mit pädiatrischer Laufzeitverlängerung, Kommentar[2], 2015; *Brückner* Patent- und zulassungsrechtliche Voraussetzungen der Erteilung ergänzender Schutzzertifikate für Arzneimittel, GRUR Int 2012, 300; *Brückner* Ergänzende Schutzzertifikate für Arzneimittel in der neueren Rechtsprechung des EuGH, GRUR Int 2012, 1097; *Brückner* Zur Erteilung von Schutzzertifikaten mit negativer Laufzeit, Mitt 2013, 205; *Brückner* Neurim: Neue Möglichkeiten für Anmelder von ergänzenden Schutzzertifikaten, Mitt 2014, 156; *Brückner* Wie geht es weiter nach Actavis? GRUR Int 2015, 896; *Brückner* Ergänzende Schutzzertifikate für Biologics – Zur Forsgren-Entscheidung des EuGH, GRUR Int 2016, 647; *Brückner/von Czettritz* Laufzeitverlängerung eines SPC aufgrund fremder pädiatrischer Studien? Mitt 2012, 256; *Calame* Ergänzende Schutzzertifikate für Arzneimittel: Staatsvertrag mit Liechtenstein angepasst, sic! 2005, 694; *Cohen/Weis* Plant protection patent extensions: the case against, 31 Managing Intellectual Property (1993), 6; *de Pastors* Supplementary Protection Certificates. Situation after two years of operation of the EC 1768/92 SPC regulation, World Patent Information 1995, 189; *Domeij* Läkemedelspatent, Stockholm 1998; *Drasch* Die Rechtsgrundlagen des europäischen Einheitsrechts im Bereich des gewerblichen Eigen-

---

1 Zur europarechtskonformen Auslegung schweiz BVerwG B-3064/2008; zur Sistierung des Erteilungsverfahrens in Hinblick auf Einspruchsverfahren gegen das eur Grundpatent schweiz BVerwG B-1019/2010.

tums (Art 100a, 235, 36 und 222 EGV), ZEuP 1998, 118; *Duvigneau* Die vorgesehene Neuregelung der Patentschutzdauer in Australien im internationalen Kontext, Mitt 1999, 11; *Eggenberger/Stöckli/Schaper* Zulassung von Arzneimitteln in Liechtenstein im Spannungsfeld zwischen dem Europäischen und dem Schweizerischen Recht am Beispiel des Ergänzenden Schutzzertifikats für Arzneimittel, PharmR 2008, 35; *Fackelmann* Patentschutz und ergänzende Schutzzertifikate für Arzneimittel im Spannungsfeld von Wettbewerb und Innovation, Diss München 2009; *Feldges/Kramer* Die Bestimmung des Schutzgegenstandes von ergänzenden Schutzzertifikaten für Arzneimittel, FS W. von Meibom (2010), 57; *Gassner* Ergänzende Schutzzertifikate für Kombinationsprodukte – eine neue Kombinatorik?, PharmR 2011, 361; *Goebel* Ergänzende Schutzzertifikate in Europa unter besonderer Berücksichtigung von Deutschland, PharmInd 1993, 442; *Hocks* Schutzzertifikat für Arzneimittel, Pharma Recht 1991, 322; *Hoyng/Fink-Hooijer* The Patent Term of Pharmaceuticals and the Legal Possibilities of Its Extension, IIC 1990, 161; *Hufnagel* Wann endet der Patentschutz? PharmR 2003, 267; *Jones* On the Relevance of Supplementary Plant Protection Certificates on the Basis of Marketing Authorizations for Combination Products, GRUR Int 2011, 1017; *Jones/Patten* Supplementary Protection Certificates for Agrochemicals: The Draft EC Regulation, EIPR 1995, 446; *Junod* La jurisprudence européenne récente sur le certificat complémentaire de protection, sic! 2014, 350; *Kellner* Salz in der Suppe oder Sand im Getriebe? Anmerkungen zu Schutzzertifikaten, GRUR 1999, 805; *Keukenschrijver* Das ergänzende Schutzzertifikat in der neueren Rechtsprechung des Bundesgerichtshofs und des Bundespatentgerichts, FS P. Mes (2009), 223; *Kohler/Friedli* Ergänzende Schutzzertifikate für Arzneimittel, sic! 2011, 92; *Kolker* The Supplementary Protection Certificate: The European Solution for Patent Term Extension, 2 Intellectual Property Quarterly (1997), 249; *Koenig/Müller* EG-rechtliche Privilegierung der Hersteller von Arzneimitteln für seltene Krankheiten (Orphan Medicinal Products) durch Einräumung von Alleinvertriebsrechten versus Patentrecht? GRUR Int 2000, 121; *Kohler/Friedli* Ergänzende Schutzzertifikate für Arzneimittel, sic! 2011, 92; *Kramer* Wann schützt das Grundpatent ein Erzeugnis? Zu den Voraussetzungen der Erteilung ergänzender Schutzzertifikate, Mitt 2012, 434; *Kühnen* Die Erteilung mehrerer ergänzender Schutzzertifikate für dasselbe Erzeugnis an unterschiedliche Inhaber und die Konsequenzen bei einer Verfolgung von Rechtsverletzungen, FS 50 Jahre BPatG (2011), 361; *Künzel* Altersvorsorge bei Patenten: Strategien in Zeiten des „Patent-Cliffs", MR-Int 2011, 36; *Kunz-Hallstein* The Compatibility of a Community „Certificate for the Restoration of the Protection" with the European Patent Convention, EIPR 1990, 209; *Kunz-Hallstein* Institutionelle Fragen einer Revision des Europäischen Patentübereinkommens, GRUR Int 1991, 351; *Markgraf* Ergänzende Schutzzertifikate – Supplementary Protection Certificates, 2014; *Moore/Turnbull* Advocate General Opines on Supplementary Protection Certificates (SPCs) for Combination Products, EIPR 2011, 728; *Moss/Smith* Can the SPC Regulation Be Rendered Fit for Purpose? The Court of Appeal Refers More Questions to the CJEU, EIPR 2011, 771; *P. Mühlens* Das ergänzende Schutzzertifikat für Arzneimittel, Mitt 1993, 213; *Müller-Stoy/Brückner* Supplementary Protection Certificates with Negative Duration? IIC 2011, 629; *Pagenberg* Die Münchner Diplomatische Konferenz zur Revision von Artikel 63 EPÜ, GRUR Int 1992, 224; *Parker* Pharmaceutical Patent Extensions in New Zealand, 1953 to 2000: An Appraisal, EIPR 2002, 99; *Portal* Die Einführung ergänzender Schutzzertifikate für Arzneimittel im französischen Patentrecht, GRUR Int 1991, 89; *Raff* No Protection for Fruits of Research under the Supplementary Protection Certificate Scheme, EIPR 1996, 508; *Reese/Milbradt/Stallberg* The Legal Scope and Content of the Right to SPC Extension under the Paediatric Regulation 1901/2006, EIPR 2010, 146; *Scheil* Das ergänzende Schutzzertifikat, Mitt 1997, 55; *Schell* Neurim: ein neuer Erzeugnisbegriff bei ergänzenden Schutzzertifikaten? GRUR Int 2013, 509; *Schennen* Die Verlängerung der Patentlaufzeit für Arzneimittel im gemeinsamen Markt, 1993; *Schennen* Auf dem Weg zum Schutzzertifikat für Pflanzenschutzmittel, GRUR Int 1996, 102; *Schmidt-Wudy* Ein Überblick zu aktuellen Entscheidungen des EuGH zu ergänzenden Schutzzertifikaten für Arzneimittel, PharmR 2014, 45; *Schuhmacher/Haybäck* Rechtsprobleme der Erteilung eines ergänzenden Schutzzertifikats (SPC) für Arzneimittel, FS I. Griss (2011), 587; *Stief/Bühler* Supplementary Protection Certificates (SPC), 2016; *Stratmann/Dernauer* Die neue Praxis des DPMA zur Erteilung von ergänzenden Schutzzertifikaten für Pflanzenschutzmittel: eine Frage des Vertrauensschutzes? Mitt 2008, 150; *Straus* Zur Zulässigkeit klinischer Untersuchungen am Gegenstand abhängiger Verbesserungserfindungen, GRUR 1993, 308; *Straus* Offene Fragen des ergänzenden Schutzzertifikats für Arzneimittel, GRUR Int 2001, 591; *Suchy* Patentrestlaufzeit neuerer pharmazeutischer Wirkstoffe, GRUR 1992, 7; *von Morzé/Hanna* Critical and Practical Observations regarding Pharmaceutical Patent Term Restoration in the European Communities, JPTOS 1995, 495, 505; *Whaite/Jones* Pharmaceutical Patent Term Restoration: The European Commission's Regulation, EIPR 1992, 324; *Wolfrum* Verfassungsrechtliche Fragen der Zweitanmeldung von Arzneimitteln, Pflanzenbehandlungsmitteln und Chemikalien, GRUR 1986, 512.

A. Allgemeines

§ 16a wurde durch das PatGÄndG vom 23.3.1993[2] eingefügt.[3] Änderungen erfolgten durch Art 2 Nr 2 **1** des 2. PatGÄndG v 16.7.1998[4] und durch Art 7 Nr 3 des Gesetzes zur Bereinigung von Kostenregelungen auf dem Gebiet des geistigen Eigentums v 13.12.2001.[5] Eine weitere Änderung (Verweisung auf den neuen

---

2   BGBl I 366 = BlPMZ 1993, 171.
3   Gesetzesmaterialien in BlPMZ 1993, 205 ff.
4   BGBl I 1827 = BlPMZ 1998, 382; Gesetzesmaterialien BlPMZ 1998, 393, 398.
5   BGBl I 3656 = BlPMZ 2002, 14; Gesetzesmaterialien BlPMZ 2002, 36, 51.

§ 125a) hat Art 4 Abs 1 Nr 1 des Transparenz- und Publizitätsgesetzes vom 19.7.2002[6] vorgenommen. Das BioTRIUmsG hat in Abs 2 nach dem Wort „Zwangslizenz" die Worte „und deren Zurücknahme" gestrichen. Das Gesetz zur Änderung des patentrechtlichen Einspruchsverfahrens und des Patentkostengesetzes hat die Verweisung auf die §§ 100–122 in Abs 2 in eine solche auf die §§ 100–122a geänd. Eine weitere Änderung bei den Verweisungen zur Rechtsverletzung ist durch das Gesetz zur Verbesserung der Durchsetzung von Rechten des geistigen Eigentums vom 7.7.2008 vorgenommen worden. Das PatRVereinfModG vom 31.7.2009 hat in Abs 1 das Wort Wirtschaftsgemeinschaft durch Gemeinschaften ersetzt und in Abs 2 die Bezugnahme auf die Gebührenregelung gestrichen. Das G zur Novellierung patentrechtlicher Vorschriften und anderer Gesetze des gewerblichen Rechtsschutzes hat eine redaktionelle Änderung in Abs 1 vorgenommen. Ergänzende Regelungen treffen die §§ 30 Abs 1 Satz 2, 49a, 81 Abs 1 Satz 1 und 3 sowie Abs 2 Satz 2, 142 Abs 1, für eur Patente Art II § 6a IntPatÜG, sowie §§ 19–21 PatV.

B. Hintergrund und Entstehungsgeschichte

I. Problem; nationale Lösungen

2   Der Zweck des Patentschutzes, dem Erfinder durch ein zeitlich begrenztes ausschließliches Recht zur wirtschaftlichen Nutzung der Erfindung einen angemessenen Lohn und Anreiz dafür zu verschaffen, dass er seine Erfindung der Allgemeinheit offenbart, ist gefährdet, wenn und soweit die Vermarktung der Erfindung von weiteren öffentlich-rechtl Erfordernissen, insb von einer Genehmigung für das Inverkehrbringen erfindungsgem Gegenstände abhängt und diese Genehmigung erst nach Patenterteilung erfolgt. Die damit verbundene „Erosion der Patentlaufzeit" ist besonders bei Arzneimittelerfindungen im Hinblick auf das oft sehr zeitaufwändige arzneimittelrechtl Zulassungsverfahren spürbar geworden,[7] beschränkt sich aber nicht auf diesen Bereich.[8] In den USA und in Japan wurden deshalb schon Mitte der achtziger Jahre des 20. Jahrhunderts Regelungen geschaffen,[9] die in solchen Fällen eine Verlängerung der Patentlaufzeit erlauben. Die frz Gesetzgebung ging mit dem Gesetz Nr 90-510 vom 25.6.1990[10] einen ähnlichen Weg und hat ein ergänzendes Schutzzertifikat für Arzneimittelerfindungen geschaffen, dessen bis zu siebenjährige Laufzeit sich an die reguläre Patentlaufzeit anschloss.[11] Eine vergleichbare Regelung (sogar bis zu 18 Jahren) gab es in Italien.[12]

II. Lösungen auf europäischer Ebene

3   Um einer drohenden Rechtszersplitterung in dieser Frage vorzubeugen, wurden zwei (gem Art 288 Abs 2 AEUV in jedem Mitgliedstaat unmittelbar geltende) EG-Ratsverordnungen erlassen, nämlich die VO (EWG) Nr 1768/92 des Rates vom 17.6.1992 über die Schaffung eines ergänzenden Schutzzertifikats für Arzneimittel (AMVO),[13] gem ihrem Art 23 in Kraft getreten am 2.1.1993, und die VO (EG) Nr 1610/96 des Europäischen Parlaments und des Rates vom 23.7.1996 über die Schaffung eines ergänzenden Schutzzertifikats für Pflanzenschutzmittel (PSMVO),[14] die nach ihrem Art 21 am 8.2.1997 in Kraft getreten ist. Letztere folgt in Regelungstechnik und Wortlaut weitgehend der AMVO. Nachdem die AMVO durch die VO (EG) Nr 1901/2006 über Kinderarzneimittel[15] sowie im Zug der Erweiterung der Gemeinschaft größere Änderun-

---

6   BGBl I 2681 = BlPMZ 2002, 297, Begr BlPMZ 2002, 298.

7   Vgl *Suchy* GRUR 1987, 268.

8   S zu agrochemischen Produkten EU-Wirtschafts- und Sozialausschuss ABl EG 1995 C 155/14.

9   USA: Staatsgesetz Nr 98-417, dt Übers in BlPMZ 1986, 17; s hierzu *Reich* GRUR Int 1986, 765; *Pontani/Rozek* Mitt 1995, 159; 1997, 41. Japan: jp PatG idF d G Nr 91 von 1988, dt bei *Schennen* S 204; s hierzu *Sehine/Kakinuki* EIPR 1989, 238; *Goto/Ishihara* AIPPI-Journal 1987, 35.

10   Dt Übersetzung bei *Schennen* S 205.

11   *Portal* GRUR Int 1991, 89.

12   Gesetz Nr 349 vom 19.10.1991; Übersetzung in BlPMZ 1993, 121, später übernommen in Art 61 CDPI; s dazu auch die schriftliche Anfrage an die Kommission nebst Antwort in PIBD 2002 I 72, sowie Corte di Roma 10.6.2005 Chemi/Novo Nordisk und Beecham (Paroxetin), referiert in EIPR 2006 N-84 f; zur neueren Entwicklung GRUR Int 2008, 879.

13   ABl EG 1992 L 182/1 = GRUR Int 1993, 301.

14   ABl EG 1996 L 198/30 = BlPMZ 1996, 455.

15   ABl EU 2006 L 378/1.

gen erfahren hatte, wurde sie unter Ersetzung der VO (EWG) Nr 1768/92 als VO (EG) Nr 469/2009[16] mWv 6.7.2009 neu erlassen. Aus Industriekreisen wird ein Schutzzertifikat für genetisch veränderte Pflanzen („GVO", „GMO") gefordert.

Beide VOen sehen für Erzeugnisse, die durch ein nationales oder eur Patent (sog Grundpatent) geschützt sind und vor dem Inverkehrbringen einer arzneimittelrechtl bzw pflanzenschutzmittelrechtl Genehmigung bedurften, ein **ergänzendes Schutzzertifikat** vor, das von den nationalen Behörden **für den jeweiligen Mitgliedstaat** erteilt wird. Das gilt auch für eur Patente mit einheitlicher Wirkung. Das ergänzende Schutzzertifikat hat jeweils eine maximale Laufzeit von fünf Jahren (nach Maßgabe der Kinder-AMVO um sechs Monate verlängerbar), die sich unmittelbar an die Laufzeit des Grundpatents anschließt. Es gewährt, bezogen auf das Erzeugnis, im wesentlichen dieselben Rechte wie das Grundpatent und unterliegt denselben Beschränkungen und Verpflichtungen. **4**

Beide VOen sind in ihrer Ausgestaltung **insofern rechtspolitisch verfehlt**, als die Dauer des Patenterteilungsverfahrens keine Rolle spielt. Zertifikate können auch dann erteilt werden, wenn die Genehmigung für das Inverkehrbringen bereits vor der Patenterteilung erfolgt ist (vgl Art 7 Abs 2, 13 Abs 1 AMVO, Art 7 Abs 2, 13 Abs 1 PSMVO), obwohl in diesem Fall die Erosion der effektiven Patentlaufzeit nicht auf der Dauer des behördlichen Genehmigungsverfahrens beruht, sondern auf der Dauer des Patenterteilungsverfahrens. Die dadurch bedingte Erosion der effektiven Patentlaufzeit stellt jedoch kein Spezifikum der von der AMVO und der PSMVO erfassten Branchen dar, sondern trifft alle Anmelder. Die pharmazeutischen und agrochemischen Unternehmen erfahren auf diese Weise eine ungerechtfertigte Besserstellung.[17] **5**

III. Nationale Folgeregelung

1. Notwendigkeit und Zulässigkeit. Obwohl es sich bei den ergänzenden Schutzzertifikaten um eigenständige Schutztitel auf europarechtl Grundlage handelt, regeln die genannten VOen die Rechtsverhältnisse dieser Schutztitel nicht abschließend. Für das Verfahrensrecht enthalten Art 19 Abs 1 AMVO und Art 18 Abs 1 PSMVO ausdrückliche Öffnungsklauseln zugunsten des mitgliedstaatlichen Rechts. Aber auch die materiellrechtl Verhältnisse der ergänzenden Schutzzertifikate sind in den VOen nicht vollständig geregelt (vgl Art 5 AMVO und Art 5 PSMVO). Hier setzt § 16a an. **6**

2. Allgemeiner Charakter der nationalen Regelung. § 16a stellt eine allg, nicht nur für die HAMVO und die PSMVO, sondern für entspr EG-Verordnungen (und nur für sie) generell geltende Regelung dar. Damit wurde dem Umstand Rechnung getragen, dass die Organe der EG ähnliche Verordnungen über ergänzende Schutzzertifikate auch für andere Produkte erlassen können. Derartige Verordnungen, auf die im BGBl hinzuweisen ist, eröffnen den Weg zu einem entspr nationalen ergänzenden Schutzzertifikat, das sich unmittelbar an den Ablauf des Grundpatents anschließt (Abs 1 Satz 1). **7**

3. An das Patentgesetz angelehnte Verfahrensregeln. Die ergänzenden Schutzzertifikate bezwecken und bewirken, obwohl formell als eigenständige Schutzrechte ausgestaltet, eine (allerdings gegenständlich beschränkte) Verlängerung der Patentdauer.[18] Sie stehen in vielfältiger Hinsicht – in Voraussetzungen und Wirkung – einem Patent nahe. Es war daher sinnvoll, auch die ergänzenden und ausfüllenden nationalen Bestimmungen möglichst eng an das PatG anzulehnen. **8**

Dementspr besteht die **nationale Regelung** weithin in der Anordnung der entspr Geltung von Vorschriften des PatG (vgl Abs 2) und nur vereinzelten besonderen Vorschriften für ergänzende Schutzzertifikate (neben § 16a die §§ 27, 30 Abs 1 Satz 2, 49a, 81 Abs 1 und Abs 2 Satz 2, 142 Abs 1 Satz 1 PatG, GebVerz Nr 312210–Nr 312252, Art II § 6a IntPatÜG sowie §§ 19–21 PatAnmV). **9**

Sie alle treten immer nur **ergänzend** neben die Vorschriften der VOen, die Vorrang haben. **10**

4. Die Kommentierung im einzelnen erfolgt im Rahmen der Kommentierung der VOen (Anh zu § 16a). **11**

---

16 ABl EU 2009 L 152/1.
17 Ebenso *Kraßer* S 584 (§ 26 A II b 6).
18 Vgl Begr PatGÄndG BlPMZ 1993, 205 f unter II 1.

Hacker

Anhang zu § 16a

Übersicht

A. Verordnung (EG) Nr 469/2009 des Europäischen Parlaments und des Rates vom 6. Mai 2009 über das ergänzende Schutzzertifikat für Arzneimittel (kodifizierte Fassung)[1]

I. Vorbemerkungen

1. Materialien. Kommissionsvorschlag für eine VO (EWG) des Rates über die Schaffung eines ergän- **1** zenden Schutzzertifikats für Arzneimittel v 11.4.1990;[2] Änderungsvorschläge des Europäischen Parlaments;[3] Stellungnahme des Wirtschafts- und Sozialausschusses;[4] Gemeinsamer Standpunkt des Rates vom 25.2.1992.[5]

2. Änderungen. Die ursprüngliche AMVO (VO (EG) Nr 1768/92) wurde in Art 3, 19 und 20 geänd durch **2** Anhang I Abschnitt IX F des Vertrags vom 24.6.1994 zum Beitritt des Königreichs Norwegen, der Republik Österreich, der Republik Finnland und des Königreichs Schweden zur Europäischen Union,[6] wegen des unterbliebenen Beitritts Norwegens nochmals geänd durch Beschluss des Rates v 1.1.1995.[7] Eine weitere Änderung enthält der Sache nach der 17. Erwägungsgrund zur PSMVO, der auf einen entspr Beschluss des Europäischen Parlaments zurückgeht.[8] Der EuGH hat keine Bedenken gegen diese Art der Normsetzung gesehen.[9] Umfangreiche Ergänzungen erfolgten durch die VO (EG) Nr 1901/2006 über Kinderarzneimittel[10] (Kinder-AMVO, dazu Rn 177 ff) und im Zug der Erweiterung der Gemeinschaft (Beitrittsakte 2003[11] und 2005).[12] Schließlich ist sie mWv 6.7.2009 durch die nunmehr geltende VO (EG) Nr 469/2009 ersetzt worden, die aber lediglich eine Konsolidierung der durch die genannten Änderungen unübersichtlich gewordenen VO 1768/92 darstellt (Erwägungsgrund 1). Für Altfälle kann allerdings die nicht in die neue VO 469/2009 übernommene Übergangsvorschrift des Art 19 VO 1768/92 noch von Bedeutung sein (Rn 167 ff).

3. Verweisungen auf die Richtlinien 2001/83/EG[13] **und 2001/82/EG.**[14] Die AMVO nimmt an mehre- **3** ren Stellen (Art 2, 3 Buchst b, Art 8 Abs 1 Buchst b, Art 14 Buchst d) auf die EG-RL 2001/83/EG und 2001/82/EG Bezug, in denen die europarechtl Vorgaben für die arzneimittelrechtl Zulassung von Human- bzw Tierarzneimitteln geregelt sind. Diese RL sind für den Bereich der Humanarzneimittel an die Stelle der früheren RL 65/65/EWG und in bezug auf Tierarzneimittel an die Stelle der RL 81/851/EWG getreten (näher Rn 42 ff).

---

1 ABl EU 2009 L 152/1.
2 ABl EG 1990 C 114/10; abgedruckt auch bei *Schennen* S 92 ff.
3 ABl EG 1991 C 19/94; ABl EG 1992 C 150.
4 ABl EG 1991 C 69/22.
5 Nicht amtlich veröffentlicht; abgedruckt bei *Sander* AMG, EG-VO „Schutzzertifikat" Anh II/4 I.
6 BGBl II 2022, 2192.
7 ABl EG 1995 L 1, 1, 175.
8 ABl EG 1996 C 96/30 f; zu den Hintergründen für dieses Vorgehen *Schennen* GRUR Int 1996, 102, 107.
9 Vgl EuGH C-392/97 Slg 1999 I 5553 = GRUR Int 2000, 69, 70 (Nr 20) Arzneispezialitäten; s aber auch BGH GRUR 2000, 392, 396 Omeprazol; öOGH GRUR Int 1999, 464, 466 Aciclovir.
10 ABl EU 2006 L 378/1.
11 Anhang II Kap 4 Buchst C Abschn II, ABl EU 2003 L 236/342.
12 Anhang III Kap 1 Abschn II, ABl EU 2005 L 157/56.
13 ABl EG 2001 L 311/67.
14 ABl EG 2001 L 311/1.

Hacker

4	**4. EWR-Staaten.** In **Island** und **Norwegen** gilt die AMVO nach Maßgabe des Art 65 II EWR-Vertrag iVm Anhang XVII idF des Beschlusses des Gemeinsamen EWR-Ausschusses v 21.3.1994.[15] **Liechtenstein** erteilt aufgrund der Patentunion mit der Schweiz keine ergänzenden Schutzzertifikate nach der AMVO (Art 5 iVm Anhang 10 des Beschlusses des EWR-Rates v 10.3.1995);[16] von der Schweiz nach deren Bestimmungen (§§ 140a ff schweiz PatG) erteilte Zertifikate gelten auch in Liechtenstein (Art 2 der Ergänzungsvereinbarung vom 2.11.1994 zum Patentschutzvertrag);[17] die Zertifikate sind einheitlich und haben in beiden Staaten die gleiche Wirkung, jedoch berührt die Erschöpfung in Liechtenstein nach EWR-Recht die Erschöpfung in der Schweiz nicht, Nichtigkeit in Liechtenstein aufgrund EWR-Rechts gilt nicht für die Schweiz (Art 3, 4 der Ergänzungsvereinbarung). Wegen der Lesart von EG-Rechtsvorschriften, die in den EWR-Staaten Anwendung finden, gelten die in der Einleitung zu Anhang XVII des EWR-Abk in Bezug genommenen Regeln des Protokolls 1 zum EWR-Abkommen über horizontale Anpassungen.[18] Insb gelten nach Nr 8 des Protokolls 1 Bezugnahmen auf das Gebiet der „Gemeinschaft" als Bezugnahmen auf die Hoheitsgebiete der Vertragsparteien iSd Art 126 EWR-Abk (Art 126 Abs 2 EWR-Abk ist durch den Beitritt Finnlands zur EU gegenstandslos geworden). Betroffen von dieser Regelung sind die Art 8 Abs 1 Buchst a Nr iv 2. Alt, Buchst c, Art 9 Abs 2 Buchst e, Art 11 Abs 1 Buchst e, Art 13 Abs 1 AMVO (s auch Rn 113 zu Art 8).

5	**5. Allgemeiner Rechtscharakter des ergänzenden Schutzzertifikats.** Das ergänzende Schutzzertifikat stellt einen formal eigenständigen Schutztitel sui generis dar. Diese Form – anstatt einer Verlängerung der Patentlaufzeit – wurde gewählt, um eine etwaige Kollision mit der in Art 63 EPÜ aF vorgesehenen, völkerrechtl verbindlichen Laufzeitbegrenzung auf 20 Jahre für eur Patente zu vermeiden.[19] Die Bundesregierung hatte demgegenüber stets die Auffassung vertreten, dass das Zertifikat faktisch eine Verlängerung der Patentlaufzeit bewirke und insoweit eine Revision des EPÜ erforderlich sei.[20] Die rechtl Qualifikation des ergänzenden Schutzzertifikats hat in mehrfacher Hinsicht Bedeutung:

6	**Vereinbarkeit mit dem EPÜ.** Das Problem der Vereinbarkeit der AMVO mit der Laufzeitregelung des EPÜ ist durch eine entspr Änderung des Art 63 EPÜ entschärft worden.[21] Nach der geltenden Fassung des Art 63 Abs 2 EPÜ lässt die generelle Laufzeitbeschränkung auf 20 Jahre (Art 63 Abs 1 EPÜ) das Recht eines Vertragsstaats unberührt, unter den gleichen Bedingungen, die für nationale Patente gelten, die Laufzeit eines eur Patents zu verlängern oder entsprechenden Schutz zu gewähren, der sich an den Ablauf der Laufzeit des Patents unmittelbar anschließt. Die Änderung ist für Deutschland (wie auch für die anderen Mitgliedstaaten) am 4.7.1997 in Kraft getreten.[22] Offen geblieben ist insoweit, ob in der Zeit vom Inkrafttreten der ursprünglichen AMVO 1768/92 am 2.1.1993 bis zum 4.7.1997 rechtswirksam ergänzende Schutzzertifikate auf der Grundlage eur Patente erteilt werden konnten.[23] Die Frage dürfte jedoch keine praktische Bedeutung mehr erlangen. Eur Patente konnten frühestens am 1.6.1978 angemeldet werden, also frühestens am 1.6.1998 durch Zeitablauf erlöschen. Ergänzende Schutzzertifikate auf der Grundlage eur Patente konnten daher frühestens seit 2.6.1998 rechtl Wirkung entfalten, also zu einem Zeitpunkt, als die Revision des Art 63 EPÜ bereits in Kraft war (vgl Rn 4 zu Art II § 6a IntPatÜG).[24]

7	Als **Rechtsgrundlage** für den Erlass der AMVO gibt diese selbst Art 251 EG (früher Art 100a iVm Art 189b EGV, jetzt Art 294 AEUV) an; für Rechtsakte der Gemeinschaft auf dieser Grundlage gilt das Mehrheitsprinzip. Würde es sich bei dem Zertifikat tatsächlich um einen Schutztitel sui generis handeln, hätte die AMVO jedoch nur durch einstimmigen Ratsbeschluss gem Art 308 EG (früher Art 235 EGV, nunmehr

---

15	ABl EG 1994 L 160/1, 138.

16	ABl EG 1995 L 86/58, 59, 73.

17	Schweiz AS 1995, 3820.

18	BGBl 1993 II 284.

19	Vgl die 19. Begründungserwägung zum Vorschlag der Kommission für eine AMVO, abgedr bei *Schennen* S 97; ähnlich *Kunz-Hallstein* EIPR 1990, 209 ff; *Adams* EIPR 1994, 323 f; *Straus* GRUR 1993, 308, 314 f; *Koenig/Müller* GRUR Int 2000, 121, 124 f.

20	Vgl Begr PatGÄndG BlPMZ 1993, 205, 206; BMJ GRUR Int 1991, 32, 40; *Mühlens* Mitt 1993, 213, 214.

21	Akte zur Revision von Art 63 EPÜ vom 17.12.1991, BGBl 1993 II 242.

22	Bek über das Inkrafttreten der Akte zur Revision von Art 63 EPÜ vom 25.6.1997, ABl EPA 1997, 313; BlPMZ 1997, 355.

23	Vgl BPatG Bausch BPatG 1.94.1998, 172, 180.

24	Ähnlich wohl BMJ GRUR Int 1991, 32, 41; vgl auch Denkschrift zur EPÜ-Revisionsakte BTDrs 12/3537, 14.

Art 352 AEUV) erlassen werden dürfen.[25] Diese Voraussetzung war für die ursprüngliche AMVO 1768/92 nicht erfüllt, nachdem Spanien im Rat gegen die AMVO gestimmt hatte. Eine ua hierauf gestützte Nichtigkeitsklage Spaniens gegen die AMVO 1768/92 ist jedoch vom EuGH abgewiesen worden, weil mit dem Zertifikat kein neuer Titel geschaffen worden sei.[26] Damit ist zugleich klargestellt, dass es sich bei dem ergänzenden Schutzzertifikat rechtl um eine Verlängerung der Patentlaufzeit handelt.

Die Frage der rechtl Qualifikation kann möglicherweise auch Auswirkungen auf die Dauer von Alleinvertriebsrechten nach Art 8 der VO (EG) Nr 141/2000 über Arzneimittel für seltene Krankheiten[27] haben.[28] **8**

II. Text und Kommentierung der Verordnung 469/2009

Das Europäische Parlament und der Rat der Europäischen Union –
gestützt auf den Vertrag zur Gründung der Europäischen Gemeinschaft, insbesondere auf Artikel 95,
auf Vorschlag der Kommission,
nach Stellungnahme des Wirtschafts- und Sozialausschusses,
gemäß dem Verfahren des Artikels 251 des Vertrags,
in Erwägung nachstehender Gründe:

(1) Die Verordnung (EWG) Nr. 1768/92 des Rates vom 18. Juni 1992 über die Schaffung eines ergänzenden Schutzzertifikats für Arzneimittel wurde mehrfach und erheblich geändert. Aus Gründen der Übersichtlichkeit und Klarheit empfiehlt es sich, die genannte Verordnung zu kodifizieren.

(2) Die Forschung im pharmazeutischen Bereich trägt entscheidend zur ständigen Verbesserung der Volksgesundheit bei.

(3) Arzneimittel, vor allem solche, die das Ergebnis einer langen und kostspieligen Forschungstätigkeit sind, werden in der Gemeinschaft und in Europa nur weiterentwickelt, wenn für sie eine günstige Regelung geschaffen wird, die einen ausreichenden Schutz zur Förderung einer solchen Forschung vorsieht.

(4) Derzeit wird durch den Zeitraum zwischen der Einreichung einer Patentanmeldung für ein neues Arzneimittel und der Genehmigung für das Inverkehrbringen desselben Arzneimittels der tatsächliche Patentschutz auf eine Laufzeit verringert, die für die Amortisierung der in der Forschung vorgenommenen Investitionen unzureichend ist.

(5) Diese Tatsache führt zu einem unzureichenden Schutz, der nachteilige Auswirkungen auf die pharmazeutische Forschung hat.

(6) Es besteht die Gefahr, dass die in den Mitgliedstaaten gelegenen Forschungszentren nach Ländern verlagert werden, die einen größeren Schutz bieten.

(7) Auf Gemeinschaftsebene sollte eine einheitliche Lösung gefunden werden, um auf diese Weise einer heterogenen Entwicklung der nationalen Rechtsvorschriften vorzubeugen, die neue Unterschiede zur Folge hätte, welche geeignet wären, den freien Verkehr von Arzneimitteln innerhalb der Gemeinschaft zu behindern und dadurch das Funktionieren des Binnenmarktes unmittelbar zu beeinträchtigen.

(8) Es ist deshalb notwendig, ein ergänzendes Schutzzertifikat für Arzneimittel, deren Vermarktung genehmigt ist, vorzusehen, das der Inhaber eines nationalen oder europäischen Patents unter denselben Voraussetzungen in jedem Mitgliedstaat erhalten kann. Die Verordnung ist deshalb die geeignetste Rechtsform.

(9) Die Dauer des durch das Zertifikat gewährten Schutzes sollte so festgelegt werden, dass dadurch ein ausreichender tatsächlicher Schutz erreicht wird. Hierzu müssen demjenigen, der gleichzeitig Inhaber eines Patents und eines Zertifikats ist, insgesamt höchstens fünfzehn Jahre Ausschließlichkeit ab der ersten Genehmigung für das Inverkehrbringen des betreffenden Arzneimittels in der Gemeinschaft eingeräumt werden.

(10) In einem so komplexen und empfindlichen Bereich wie dem pharmazeutischen Sektor sollten jedoch alle auf dem Spiel stehenden Interessen einschließlich der Volksgesundheit berücksichtigt werden. Deshalb kann das Zertifikat nicht für mehr als fünf Jahre erteilt werden. Der von ihm gewährte Schutz sollte im Übrigen streng auf das Erzeugnis beschränkt sein, für das die Genehmigung für das Inverkehrbringen als Arzneimittel erteilt wurde.

(11) In dem besonderen Fall, in dem ein Patent bereits aufgrund einer spezifischen einzelstaatlichen Rechtsvorschrift verlängert worden ist, ist eine angemessene Begrenzung der Laufzeit des Zertifikats vorzusehen.

Haben folgende Verordnung erlassen:

---

25 Vgl EuGH Gutachten 1/94, Slg 1994 I 5267, 5405 = GRUR 1995, 239 (Nr 59) TRIPS-Kompetenz; EuGH C-350/92 Slg 1996 I 1985, 2012 = GRUR Int 1995, 906 (Nr 23) Arzneimittelzertifikat.
26 EuGH Arzneimittelzertifikat S 907 (Nr 27).
27 ABl EG 2000 L 18/1.
28 Vgl *Koenig/Müller* GRUR Int 2000, 121, 124 f.

9   **1.** Zur Rechtsgrundlage Rn 7. Die **Erwägungsgründe** sind Bestandteil der VO (vgl Art 253 EG, jetzt Art 296 Abs 2 AEUV) und daher bei der Auslegung verbindlich zu beachten.[29] Sie haben insoweit größeres Gewicht als die Entwurfsbegründungen dt Gesetze, bei denen es sich lediglich um letztlich unverbindliche Meinungsäußerungen der Bundesregierung handelt.[30] Ihre Stellung entspricht etwa derjenigen der Präambeln völkerrechtl Verträge.[31]

10   Zur Auslegung des 10. (früher 9.) Erwägungsgrunds s den 17. Erwägungsgrund zur PSMVO (Rn 2).

> **Artikel 1**
> **Definitionen**
>   Im Sinne dieser Verordnung bezeichnet der Ausdruck
> a)   „Arzneimittel" einen Stoff oder eine Stoffzusammensetzung, der (die) als Mittel zur Heilung oder zur Verhütung menschlicher oder tierischer Krankheiten bezeichnet wird, sowie ein Stoff oder eine Stoffzusammensetzung, der (die) dazu bestimmt ist, im oder am menschlichen oder tierischen Körper zur Erstellung einer ärztlichen Diagnose oder zur Wiederherstellung, Besserung oder Beeinflussung der menschlichen oder tierischen Körperfunktionen angewandt zu werden;
> b)   „Erzeugnis" den Wirkstoff oder die Wirkstoffzusammensetzung eines Arzneimittels;
> c)   „Grundpatent" ein Patent, das ein Erzeugnis als solches, ein Verfahren zur Herstellung eines Erzeugnisses oder eine Verwendung eines Erzeugnisses schützt und das von seinem Inhaber für das Verfahren zur Erteilung eines Zertifikats bestimmt ist;
> d)   „Zertifikat" das ergänzende Schutzzertifikat;
> e)   „Antrag auf Verlängerung der Laufzeit" einen Antrag auf Verlängerung der Laufzeit des gemäß Artikel 13 Absatz 3 dieser Verordnung und Artikel 36 der Verordnung (EG) Nr. 1901/2006 des Europäischen Parlaments und des Rates vom 12. Dezember 2006 über Kinderarzneimittel erteilten Zertifikats.

2. Artikel 1

11   **a. Arzneimittel.** Die Definition des Arzneimittels in Buchst a erfasst sowohl Human- als auch Tierarzneimittel und entspricht der Definition des Arzneimittels in Art 1 Nr 2 RL 65/65/EWG des Rates zur Anpassung der Rechts- und Verwaltungsvorschriften über Arzneispezialitäten[32] bzw in der ursprünglichen Fassung des Art 1 Nr 2 RL 2001/83/EG des Europäischen Parlaments und des Rates zur Schaffung eines Gemeinschaftskodexes für Humanarzneimittel; für Tierarzneimittel s die ursprüngliche Fassung des Art 1 Nr 2 RL 2001/82/EG zur Schaffung eines Gemeinschaftskodexes für Tierarzneimittel (Rn 3, 37). Die in den Gemeinschaftskodizes enthaltenen Begriffsbestimmungen sind indessen durch die Richtlinien 2004/27/EG[33] betr Humanarzneimittel bzw 2004/28/EG[34] betr Tierarzneimittel (jeweils Art 1 Nr 1 Buchst b) neu gefasst worden. Mit Gesetz vom 17.7.2009[35] wurden diese Vorgaben in das dt AMG übernommen (§ 2 Abs 1). Ob und wieweit dies mit inhaltlichen Änderungen verbunden ist, ist umstr.[36] Im Hinblick auf den jeweils 7. Erwägungsgrund der genannten ÄnderungsRL wird man aber von einer inhaltlichen Änderung ausgehen müssen. Da die Neufassung der AMVO diese Änderungen nicht nachvollzogen hat, weicht somit der Arzneimittelbegriff der AMVO von dem der Arzneimittelkodizes ab. Dies kann zu (so wohl nicht beabsichtigten) Konsequenzen führen, wenn sich der neue Arzneimittelbegriff der Kodizes als gegenüber der Definition in Art 1 Buchst a AMVO weiter erweist. Insoweit kann der Fall eintreten, dass ein Erzeugnis zwar Gegenstand eines Genehmigungsverfahrens iSv Art 2, 3 Buchst b usw AMVO war, aber eben nicht „als Arzneimittel" iSd möglicherweise engeren Definition der AMVO. Auch Auswirkungen auf den Begriff des Erzeugnisses (Rn 13) sind nicht auszuschließen, da dieser an den Arzneimittelbegriff anknüpft. Maßgeblich bei etwaigen Divergenzen ist jedenfalls die Begriffsbestimmung der AMVO.[37]

---

29   Vgl zB EuGH C-555/13 GRUR 2014, 850 Merck Canada/Accord Healthcare (Montekulast Sodium).
30   Vgl BGHZ 52, 385, 390 = NJW 1970, 99; BGH GRUR 1996, 202 f UHQ; BGH GRUR 2006, 842, 845 (Nr 20) Demonstrationsschrank; s auch schon RGZ 38, 128, 132 f.
31   Bdkl daher nl PA BIE 1994, 373, wonach die Erwägungsgründe nicht zu einer einschränkenden Auslegung herangezogen werden können.
32   ABl EG 1965, S 369, mehrfach geänd.
33   ABl EU 2004 L 136/34.
34   ABl EU 2004 L 136/58.
35   BGBl I 2009, 1990.
36   Vgl *Rehmann* AMG³ § 2 Rn 6.
37   Vgl EuGH C-11/13 GRUR 2014, 756, 758 (Nr 42) Bayer/DPMA (Safener Isoxadifen) zur PSMVO.

Zur näheren Bestimmung des Stoffbegriffs kann auf Art 1 Nr 3 RL 2001/83/EG bzw Art 1 Nr 4 RL 2001/ **12**
82/EG zurückgegriffen werden.[38] Als Stoffe gelten danach alle Stoffe menschlicher, tierischer, pflanzlicher
oder chemischer Herkunft.

b. Erzeugnis. Buchst b definiert den sowohl für die Zertifikatserteilung (Art 2 und 3) und für die Be- **13**
stimmung des Schutzgegenstands des ergänzenden Schutzzertifikats (Art 4) als auch für die Laufzeitberechnung (Art 13 Abs 1 iVm Art 8 Abs 1 Buchst b und c) sowie die frühere Übergangsvorschrift des Art 19 aF
zentralen Begriff des Erzeugnisses als den Wirkstoff oder die Wirkstoffzusammensetzung eines Arzneimittels. Von einer Definition des Wirkstoffbegriffs wurde abgesehen.[39]

aa. Grundsätzliche Anknüpfung an den arzneimittelrechtlichen Wirkstoffbegriff. Im Hinblick **14**
auf die enge Verknüpfung des Erzeugnisbegriffs mit dem arzneimittelrechtl Zulassungsverfahren (vgl
Art 2, 3 Buchst c, 4, 8 Abs 1 Buchst b und c, 11 Abs 1 Buchst d, 14 Buchst d) ist zur näheren Bestimmung des
Wirkstoffbegriffs bei den Begriffsbestimmungen des Arzneimittelrechts anzusetzen.[40] Die **RL 2001/83/EG**
unterscheidet in Art 11 Nr 2, auf den auch in Art 8 Abs 1 Buchst b AMVO Bezug genommen ist, zwischen
Wirkstoffen und Bestandteilen der Arzneiträgerstoffe, deren Kenntnis für eine zweckgem Verabreichung
des Mittels erforderlich ist (für Tierarzneimittel vgl Art 14 Nr 2 RL 2001/82/EG). Das dt AMG definiert den
Wirkstoff in § 4 Abs 19 als denjenigen Stoff (§ 3 AMG), der dazu bestimmt ist, bei der Herstellung von
Arzneimitteln als arzneilich wirksamer Bestandteil verwendet zu werden. Von den Wirkstoffen (früher
„arzneilich wirksamen Bestandteilen") sind die sonstigen Bestandteile zu unterscheiden (vgl § 10 Abs 1
Nr 8 AMG). Daneben verwendet das Gesetz den Begriff des wirksamen Bestandteils (vgl § 29 Abs 2a Nr 2
AMG).[41]

Als **Wirkstoff** iSv Buchst b ist allein der **arzneilich wirksame Bestandteil** iSd § 4 Abs 19 AMG und **15**
als **Wirkstoffzusammensetzung** die Zusammensetzung mehrerer Bestandteile, die in ihrer Zusammensetzung den Wirkstoff bilden, anzusehen, also derjenige Bestandteil bzw diejenige Zusammensetzung,
der/die die in Buchst a beschriebene Wirkung entfaltet.[42] Bei der Bestimmung des arzneilich wirksamen
Bestandteils kann nicht ohne weiteres auf die Rubrik „wirksamer Bestandteil" in der arzneimittelrechtl
Zulassung zurückgegriffen werden, da in dieser auch wirksame Bestandteile bezeichnet werden, die keine
arzneilich wirksamen Bestandteile iSv § 4 Abs 19 AMG sind.[43]

Von einer **echten Wirkstoffzusammensetzung** iSv Art 1 Buchst b kann nur gesprochen werden, **16**
wenn zwei Wirkstoffe gerade in Kombination einen bestimmten therapeutischen Zweck, dh eine bestimmte pharmakologische Wirkung erreichen sollen.[44] Die Zusammensetzung eines arzneilich wirksamen Bestandteils mit einem **Trägerstoff** ist daher als solche keine Wirkstoffzusammensetzung, dh kein (gegenüber dem arzneilich wirksamen Bestandteil eigenständiges) Erzeugnis iSv Art 1 Buchst b.[45] Das gilt auch
dann, wenn der Trägerstoff notwendig ist, um die arzneiliche Wirksamkeit des Stoffs mit den arzneilichen
Wirkungen zu erreichen.[46] Anders verhält es sich, wenn der Trägerstoff über diese Eigenschaft hinaus eine

38 Ebenso *Markgraf* § 3 Art 1 Rn 5.
39 Vgl *Schennen* Art 1 Anm 4.
40 Zutr BPatGE 46, 142 = GRUR 2003, 696 f; ebenso *Brückner* Art 1 Rn 49.
41 Zur (wenig klaren) Terminologie des AMG s *Rehmann* AMG[3] § 4 Rn 21.
42 BPatGE 41, 56; BPatGE 46, 142 = GRUR 2003, 696; EuGH 4.5.2006 C-431/04 Slg 2006 I 4089 = GRUR 2006, 694
Massachusetts Institute of Technology (Wirkstoffzusammensetzung – Gliadel) auf Vorlage BGH GRUR 2004, 929
Polifeprosan; BGH GRUR 2009, 41 (Nr 8) Doxorubicin-Sulfat; BGH GRUR 2010, 123, 130 (Nr 68) Escitalopram; *Schennen*
Art 1 Anm 4; *Benkard-EPÜ* Art 63 Rn 15; *Benkard* § 16a Rn 13.
43 BPatGE 41, 56, 61; ebenso *Brückner* Art 1 Rn 55.
44 Vgl dazu auch EuGH C-322/10 Slg 2011 I 12051 = GRUR 2012, 257 Nr 34 Medeva; EuGH C-422/10 Slg 2011 I 12051 =
GRUR Int 2012, 144 (Nr 28) Georgetown University ua, wo – im Zusammenhang mit Art 3 Buchst b – zu Recht auf die
Verschiedenheit der therapeutischen Zwecke abgestellt wird.
45 BPatGE 46, 142 = GRUR 2003, 696; anders wohl ÖPA öPBl 2005, 93 liposomales Daunorubicin.
46 EuGH C-431/04 Slg 2006 I 4089 = GRUR 2006, 694 (Nr 27–30) Massachusetts Institute of Technology
(Wirkstoffzusammensetzung – Gliadel); bestätigt durch EuGH C-631/13 GRUR Int 2015, 272, 274 (Nr 26) Forsgren; BGH
GRUR 2010, 123, 130 (Nr 68) Escitalopram.

selbständige pharmakologische Wirkung entfaltet.[47] In diesem Fall muss jedoch die eigene Wirkung in der Genehmigung für die Zulassung des Arzneimittels als Indikation konkret ausgewiesen sein.[48]

17   Ein **Adjuvans**, dh ein Stoff, der lediglich die Wirkung eines anderen Stoffs verstärkt, stellt weder für sich einen Wirkstoff noch in Zusammensetzung mit einem solchen eine Wirkstoffkombination dar.[49]

18   Enthält ein Arzneimittel neben einem Wirkstoff A mit bestimmter Indikation (zB Irbesartan zur Senkung des Blutdrucks) einen weiteren Wirkstoff B (zB das Diuretikum Hydrochlorthiazid mit ebenfalls blutdrucksenkender [Neben-]Wirkung), der die pharmakologische Wirkung des Wirkstoffs A **lediglich additiv verstärkt**,[50] handelt es sich der Sache nach nicht um eine echte Wirkstoffzusammensetzung iSv Art 1 Buchst b (s dazu auch Rn 71). Denn soweit es bei dem Einsatz des Diuretikums auf seine blutdrucksenkende (Neben-)Wirkung ankommt, erfüllt es im Hinblick auf den Wirkstoff A nur die Funktion eines Adjuvans (Rn 17). Soweit es dagegen auf seine diuretische Wirkung ankommen sollte, liegt eine andere Indikation vor, so dass es sich um eine unechte Wirkstoffzusammensetzung handelt (Rn 20). Etwas anderes müsste allerdings dann gelten, wenn die medizinisch indizierte Blutdrucksenkung nicht durch eine bloße Steigerung der Dosierung von A oder B erzielt werden kann, sondern gerade erst durch das Zusammenwirken von A und B erfolgt.

19   Nach denselben Grundsätzen ist eine Wirkstoffkombination zu beurteilen, bei der mit einem Wirkstoff A eine bestimmte Krankheit bekämpft oder verhütet werden, während ein Wirkstoff B eine unerwünschte **Nebenwirkung** verhindern oder lindern soll.[51]

20   **Erzeugnisbegriff bei Kombinationsarzneimitteln.** Probleme bereitet der Erzeugnisbegriff des Art 1 Buchst b bei Kombinationsarzneimitteln, dh bei Arzneimitteln, mit denen verschiedene Krankheiten iSv Buchst a bekämpft oder verhütet werden sollen wie insb bei **kombinierten Impfstoffen**. Handelt es sich bei dem Arzneimittel zB um einen Kombinationsimpfstoff mit den Wirkstoffen A, B und C, wobei A zur Verhütung von Keuchhusten, B zur Verhütung von Diphtherie und C zur Verhütung von Tetanus dient, so scheint es, dass A + B + C eine Wirkstoffzusammensetzung des betr Kombinationsimpfstoffs und damit eine Wirkstoffzusammensetzung iSv Art 1 Buchst b darstellt. Dies kann zu Problemen führen, wenn zB nur für den Wirkstoff A Patentschutz besteht, oder wenn die Einzelwirkstoffe Gegenstand verschiedener Patente sind, da dann womöglich kein Grundpatent zur Verfügung steht, das die Voraussetzungen des Art 1 Buchst c erfüllt. Diese Betrachtungsweise wäre jedoch ersichtlich verfehlt. Daher hat sich Generalanwältin Trstenjak in ihren Schlussanträgen zu den Rechtssachen C-322/10 („Medeva") und C-422/10 („Georgetown University ua") für eine teleologische Korrektur des Art 1 Buchst b dahingehend ausgesprochen, dass ein Erzeugnis in diesem Sinn nicht „der" Wirkstoff oder „die" Wirkstoffzusammensetzung eines Arzneimittels, sondern „ein" Wirkstoff oder „eine" Wirkstoffzusammensetzung eines Arzneimittels sein soll.[52] Der EuGH hat dies zwar in den betr Urteilen nicht aufgegriffen,[53] der Sache nach aber stillschweigend gebilligt. Dabei hätte es des teleologischen „Kniffs" nicht bedurft. Denn die rein äußerliche Konfektion eines Arzneimittels als Kombinations- statt mehrerer Monopräparate kann für die Zwecke der AMVO keine Bedeutung haben. In Wirklichkeit liegen hier mehrere Arzneimittel iSv Art 1 Buchst b vor. Daher bilden in dem genannten Beispiel A + B + C auch keine Wirkstoffzusammensetzung iSd Vorschrift; vielmehr handelt es sich um Einzelwirkstoffe, die lediglich aus Gründen der Praktikabilität oder zur Kostensenkung zu einem Kombinationspräparat gebündelt werden (im Rechtssinn **unechte Wirkstoffzusammensetzung**).[54] Andererseits verliert ein Stoff seine Eigenschaft als Wirkstoff nicht deswegen, weil er mit anderen Wirkstoffen kovalent (molekular) verbunden ist, wenn und solange er seine eigene Wirkung behält.[55]

---

47 EuGH C-631/13 GRUR Int 2015, 272 Forsgren.
48 EuGH Forsgren (Nr 34 ff).
49 EuGH C-210/13 PharmR 2014, 98 Glaxosmithkline (Adjuvans), auf Vorlage HighC GRUR Int 2013, 552.
50 Vgl den Fall EuGH C-443/12 GRUR 2014, 157 Actavis/Sanofi (Irbesartan).
51 Vgl dazu EuGH C-11/13 GRUR 2014, 756 Bayer/DPMA (Safener Isoxadifen) zur PSMVO.
52 Gemeinsame Schlussanträge Nr 54 ff, Nr 74 ff und insb Nr 89 f in den genannten Rechtssachen; krit hierzu *Gassner* PharmR 2011, 361, 365 ff.
53 Vgl EuGH C-322/10 Slg 2011 I 12051 = GRUR 2012, 257 Medeva; EuGH 24.11.2011 C-422/10 Slg 2011 I 12051 = GRUR Int 2012, 144 Georgetown University ua.
54 Ebenso jetzt *Schulte* § 16a Rn 9; aA *Brückner* Art 1 Rn 45.
55 EuGH C-631/13 GRUR Int 2015, 272, 274 (Nr 25) Forsgren.

Die therapeutische Nutzung (medizinische Indikation) ist für die Bestimmung des Wirkstoffs im Aus- **21**
gangspunkt unerheblich; **verschiedene Indikationen desselben Wirkstoffs** lassen daher die Identität
des Wirkstoffs grds unberührt.[56] (s auch Rn 25). Dieser Grundsatz wird allerdings dadurch erheblich relativiert, dass der EuGH die Erteilung eines Zertifikats auf der Basis eines Verwendungspatents für eine zweite
oder weitere medizinische Indikation eines bekannten Wirkstoffs zugelassen hat; die Erteilung einer Genehmigung für das Inverkehrbringen eines entspr Erzeugnisses als Arzneimittel kann dann die erste Genehmigung iSv Art 3 Buchst d sein, obwohl für eine anderweitige Verwendung desselben Wirkstoffs als
Arzneimittel bereits früher eine Genehmigung erteilt worden war (näher Rn 79). Dies betrifft aber nur die
von besonderen Voraussetzungen abhängige einschränkende Erteilungsbedingung des Art 3 Buchst d.
Eine generelle Fiktion der Erzeugnis-Nichtidentität verschiedener Indikationen desselben Wirkstoffs im
Rahmen des Art 1 Buchst b[57] ist dadurch nicht veranlasst.[58]

bb. Patentrechtliche Korrekturen des arzneimittelrechtlich definierten Wirkstoff-(erzeugnis-) **22**
begriffs. Der Erzeugnisbegriff des Art 1 Buchst b kann insofern enger sein als der arzneimittelrechtl Wirkstoffbegriff, als jener sich stets nur auf einen Wirkstoff bzw auf eine Wirkstoffzusammensetzung bezieht,
während die arzneimittelrechtl Zulassung mehrere unterschiedlich wirksame Inhaltsstoffe (arzneilich
wirksame Bestandteile) ausweisen kann.[59] Andererseits erweist sich der Rückgriff auf den arzneimittelrechtl definierten Wirkstoff nicht selten als zu eng, weil das Arzneimittelrecht den Wirkstoff oft nur in einer besonderen Form erfasst, während er durch das Grundpatent in einer allgemeineren Form geschützt
ist.[60] So liegt es etwa dann, wenn es sich bei dem Wirkstoff iSd arzneimittelrechtl Zulassung um ein Derivat (Salz oder Ester) des eigentlichen Wirkstoffs, des „Wirkstoffs als solchen",[61] handelt, wie er durch das
Grundpatent geschützt ist. In diesen Fällen würde die Anknüpfung an den in der arzneimittelrechtl Zulassung ausgewiesenen arzneilich wirksamen Bestandteil den Schutzgegenstand des Zertifikats in seinem
Verhältnis zum Grundpatent ungerechtfertigt einengen.[62] Wirkstoff iSv Art 1 Buchst b ist insoweit nicht
(allein) das in der Zulassung ausgewiesene Derivat, sondern grds (auch) der „Wirkstoff als solcher", zB die
freie Base eines Salzes oder Esters.

cc. Rückkorrektur des patentrechtlich erweiterten Wirkstoff-(erzeugnis-)begriffs. Arzneimit- **23**
telrechtl Rückkorrektur. Der patentrechtl iSv Rn 22 erweiterte Wirkstoffbegriff im Hinblick auf den
„Wirkstoff als solchen" bedarf seinerseits in den Fällen einer Einschränkung, in denen der „Wirkstoff als
solcher", zB die freie Base, **andere pharmakologische Eigenschaften** aufweist, also einen anderen Hei-
lungs- bzw Vorbeugungseffekt iSv Art 1 Buchst a entfaltet als das in der arzneimittelrechtl Zulassung als
Wirkstoff ausgewiesene **Derivat** (oder umgekehrt).[63] Insoweit handelt es sich bei dem „Wirkstoff als sol-
chen" in Wahrheit um ein anderes Erzeugnis („aliud"). Die Frage, ob das Derivat und der vermeintliche
Wirkstoff als solcher dasselbe Erzeugnis iSv Art 1 Buchst b darstellen oder ob dies wegen abw pharmakologischer Eigenschaften nicht der Fall ist, muss ggf im Zertifikatserteilungsverfahren anhand geeigneter
Erkenntnisquellen geklärt werden. Indizien hierfür können sich etwa aus der Roten Liste oder aus der
Beschreibung des Grundpatents ergeben.[64] In Zweifelsfällen kann die Beiziehung sachverständiger Hilfe
geboten sein.[65] Die Frage einer arzneimittelrechtl Rückkorrektur des erweiterten Wirkstoffbegriffs kann
sich auch im Verhältnis verschiedener Derivate desselben „Wirkstoffs als solchen" stellen. Führt aller-

---

56 EuGH C-202/05 Slg 2007 I 2839 = Mitt 2007, 308 f Calcitriol.
57 In diesem Sinn *Schell* GRUR Int 2013, 509; *Schell* in *Schulte* § 16a Rn 38.
58 So auch *Brückner* Art 3 Rn 585.
59 BGH GRUR 2002, 415, 416 Sumatriptan.
60 Vgl hierzu *von Morzé/Hanna* JPTOS 1995, 479, 490 f.
61 Vgl zum Begriff „Wirkstoff als solcher" EuGH C-392/97 Slg 1999 I 5553 = GRUR Int 2000, 69, 71 (Nr 21)
Arzneispezialitäten; s demgegenüber (obsolet) DPA BlPMZ 1998, 36 f.
62 Vgl EuGH C-392/97 Slg 1999 I 5553 = GRUR Int 2000, 69 f (Nr 18 f) Arzneispezialitäten.
63 Vgl BGH GRUR 2002, 415, 417 Sumatriptan; BGH GRUR 2009, 41 (Nr 10) Doxorubicin-Sulfat; BPatGE 44, 8 = GRUR Int
2001, 629, 633; *von Morzé/Hanna* JPTOS 1995, 479, 495 (unter Nr 4.3); *Schennen* GRUR Int 1996, 102, 107; *Brückner* Art 1
Rn 74 ff; zur unterschiedlichen pharmakologischen Wirkung von Protein-Derivaten ÖPA öPBl 2003, 131; aA DPA BlPMZ
1998, 36 f.
64 Vgl BGH GRUR 2002, 415, 417 Sumatriptan.
65 Ebenso *Benkard* § 16a Rn 11 aE.

dings das eine Derivat (zB Doxorubicin-Sulfat) im Verhältnis zu dem anderen (zB Doxorubicin-Hydrochlorid) lediglich zu einer Verbesserung der arzneilichen Wirksamkeit oder zu einer Verminderung unerwünschter Nebenwirkungen, liegen noch keine anderen pharmakologischen Eigenschaften vor, die eine solche Rückkorrektur gestatten; es handelt sich nach wie vor um den identischen Wirkstoff.[66] Unerheblich ist in diesem Zusammenhang, ob es für die betreffenden Vergleichsstoffe jeweils eigener arzneimittelrechtl Zulassungen bedarf.[67]

24   Nach denselben Grundsätzen, wie sie für Derivate im engeren Sinn gelten, ist auch die Frage zu entscheiden, ob ein einzelnes **Enantiomer** gegenüber dem **Razemat** (oder umgekehrt) das gleiche oder ein anderes Erzeugnis darstellt; dh es kommt darauf an, ob die pharmakologischen Eigenschaften dieselben sind oder nicht.[68]

25   Von der Frage einer möglichen arzneimittelrechtl Rückkorrektur des patentrechtl erweiterten Wirkstoffbegriffs unter dem Gesichtspunkt unterschiedlicher pharmakologischer Eigenschaften strikt zu unterscheiden ist die – grds zu verneinende – Frage, ob verschiedene **pharmakologische Eigenschaften** (Indikationen) desselben Wirkstoffs zu rechtl unterschiedlichen Wirkstoffen führen (Rn 21).

26   **Keine patentrechtliche Rückkorrektur.** Der iSv Rn 22 im Hinblick auf den „Wirkstoff als solchen" erweiterte Erzeugnisbegriff soll (auch) für den Fall eine Rückkorrektur (Einschränkung) erfahren, dass der Wirkstoff „als solcher" und seine Derivate (Salze und Ester) Gegenstand von Patenten sind, in denen sie jeweils besonders beansprucht werden. Wirkstoff als solcher und Derivate sollen insoweit (ausnahmsweise) als verschiedene Erzeugnisse anzusehen sein. Zur Begründung wird auf den 14. Erwägungsgrund zur PSMVO verwiesen, der nach dem 17. Erwägungsgrund zu dieser VO auch im Rahmen der AMVO zu berücksichtigen ist.[69] Noch weitergehend ist nach der schweiz Rspr nicht nur im Verhältnis zwischen Wirkstoff als solchem und seinen Derivaten, sondern generell davon auszugehen, dass gesondert (wenn auch vielleicht zu Unrecht) patentierte Wirkstoffe oder Wirkstoffzusammensetzungen stets als verschiedene Erzeugnisse anzusehen sind.[70] Dem kann nicht gefolgt werden. Es trifft zwar zu, dass der 14. Erwägungsgrund zur PSMVO der Sache nach den Wirkstoff als solchen und seine Derivate als nichtidentische Erzeugnisse fingiert, soweit sie in verschiedenen Patenten besonders beansprucht werden. Diese Fiktion gilt nach dem insoweit klaren Wortlaut des 14. Erwägungsgrunds aber nur, soweit es um die Frage geht, ob für den Wirkstoff als solchen und die Derivate mehrere Zertifikate erteilt werden dürfen, also im Hinblick auf die Erteilungsvoraussetzung des Art 3 Buchst c (vgl Rn 72). Eine generelle Fiktion der Nichtidentität gesondert patentierter und beanspruchter Wirkstoffe als solcher und ihrer Derivate lässt sich dem 14. Erwägungsgrund zur PSMVO hingegen nicht entnehmen.[71] Zur schweiz Rspr Rn 85.

27   **c. Grundpatent** ist ein Patent, das dessen Inhaber zur Grundlage seines Antrags auf Erteilung des Zertifikats bestimmt. Es kann sich um ein nationales oder eur (vgl Art II § 6a IntPatÜG) Patent handeln. Ein Grundpatent kann das **Erzeugnis** iSv Art 1 Buchst b als solches, ein **Verfahren** zur Herstellung eines Erzeugnisses oder eine **Verwendung** des Erzeugnisses schützen.[72] Letzteres gewinnt vor allem für die Erteilung eines Zertifikats für eine zweite oder weitere medizinische Indikation eines Wirkstoffes Bedeutung (s dazu Rn 79).

28   **d.** Die Definition der **Verlängerung der Laufzeit** (Buchst e) ist durch Art 52 Nr 1 Kinder-AMVO (Rn 177 ff) angefügt worden.

---

66   BGH GRUR 2009, 41 (Nr 12–13) Doxorubicin-Sulfat.

67   BGH GRUR 2010, 123, 131 (Nr 74) Escitalopram.

68   BGH GRUR 2010, 123, 131 (Nr 73) Escitalopram; brit Court of Appeal GRUR Int 2009, 878 Generics/Daiichi.

69   *Benkard*-EPÜ Art 63 Rn 14; *Benkard* § 16a Rn 12.

70   Vgl schweiz BG sic! 1999, 153 ff Arzneimittel; ERGE sic! 1999, 449 f Ciclosporin; zust *Benkard* § 16a Rn 12; vgl auch BPatGE 42, 258, 265 = GRUR Int 2000, 921 „Fusilade".

71   Wie hier BPatG 27.11.2008 14 W (pat) 9/06 „Triptorelin"; *Brückner* Art 1 Rn 100 ff; wohl nur scheinbar aA BGH GRUR 2010, 123, 131 Escitalopram, wo zwar in Nr 76 der 14. Erwägungsgrund zur PSMVO auch im Rahmen des Art 3 Buchst d herangezogen, dann aber (Nr 77) doch entscheidend auf die unterschiedlichen pharmakologischen Eigenschaften, also auf die arzneimittelrechtl Rückkorrektur abgestellt wird.

72   Anders die austral Praxis, vgl austral Federal Court 22.12.2000 F.C.A. 1918, referiert in EIPR 2001 N-57.

Artikel 2
Anwendungsbereich
    Für jedes im Hoheitsgebiet eines Mitgliedstaats durch ein Patent geschützte Erzeugnis, das vor seinem Inverkehrbringen als Arzneimittel Gegenstand eines verwaltungsrechtlichen Genehmigungsverfahrens gemäß der Richtlinie 2001/83/EG des Europäischen Parlaments und des Rates vom 6. November 2001 zur Schaffung eines Gemeinschaftskodexes für Humanarzneimittel oder der Richtlinie 2001/82/EG des Europäischen Parlaments und des Rates vom 6. November 2001 zur Schaffung eines Gemeinschaftskodexes für Tierarzneimittel ist, kann nach den in dieser Verordnung festgelegten Bedingungen und Modalitäten ein Zertifikat erteilt werden.

3. Artikel 2

a. Einschränkung des Anwendungsbereichs. Art 2 schränkt den Anwendungsbereich der AMVO **29** auf solche Erzeugnisse ein, die vor dem Inverkehrbringen als Arzneimittel (Rn 11) Gegenstand eines verwaltungsrechtl Genehmigungsverfahrens nach der RL 2001/83/EG (Humanarzneimittel, früher RL 65/65/EWG) oder der RL 2001/82/EG (Tierarzneimittel, früher RL 81/851/EWG) sind (im einzelnen Rn 42ff). Wie der EuGH klargestellt hat, kommt es im Rahmen des Art 2 darauf an, ob das Erzeugnis **vor seinem Inverkehrbringen in der Gemeinschaft** Gegenstand eines richtlinienkonformen Genehmigungsverfahrens war. Daher scheidet die Erteilung eines Zertifikats von vornherein aus für Erzeugnisse, die schon vor ihrer richtlinienkonformen Zulassung in einem Mitgliedstaat der Gemeinschaft als Arzneimittel vermarktet werden konnten.[73] **Fiktive Zulassungen für Altarzneimittel** gem § 105 AMG stehen dem Genehmigungsverfahren nach den genannten RL nicht gleich; etwaige Nachzulassungen solcher Arzneimittel haben außer Betracht zu bleiben, weil sie nicht „vor dem Inverkehrbringen" stattgefunden haben. In beiden Fällen ist somit der Anwendungsbereich der AMVO nicht eröffnet[74] (s auch Rn 154). Genehmigungsfreiheit des Inverkehrbringens des Erzeugnisses zu anderen Zwecken als als Arzneimittel steht der Anwendbarkeit der AMVO dagegen nicht entgegen.[75]

b. Medizinprodukte. Umstr ist, ob der Anwendungsbereich der AMVO auch Medizinprodukte um- **30** fasst, die einen Stoff beinhalten, der bei gesonderter Verwendung als Arzneimittel zu qualifizieren wäre (vgl Art 1 Abs 4 RL 90/385/EWG über aktive implantierbare medizinische Geräte;[76] Art 1 Abs 4 RL 93/42/EWG über Medizinprodukte).[77][78] Der 14. Senat des BPatG hat dies ua mit der Erwägung bejaht, dass derartige Produkte hinsichtlich des enthaltenen Stoffs nach Maßgabe der RL 2001/83/EG zu prüfen seien[79] (vgl Anh I Nr 10 zu RL 90/385/EWG sowie Anh I Nr 7.4 zu RL 93/42/EWG). Demzufolge solle insoweit die für das Inverkehrbringen von Medizinprodukten erforderliche CE-Zertifizierung (vgl §§ 6, 9 MPG) einer Genehmigung als Arzneimittel iSv Art 2 AMVO gleichstehen. Demgegenüber hat der 15. Senat des BPatG zutr darauf hingewiesen, dass die Zertifizierung von Medizinprodukten kein verwaltungsrechtl Genehmigungsverfahren iSd Art 2 AMVO bzw der RL 2001/83/EG darstellt, sondern auf privatrechtl Basis durchgeführt wird;[80] in den Fällen des Art 1 Abs 4 RL 93/42/EWG findet lediglich eine Konsultation der zuständigen Arzneimittelbehörden statt (Anh II Nr 4.3 Abs 2 und 3 RL 93/42/EWG); eine Zulassung des Arzneimittels ist damit nicht verbunden.[81]

c. Die **Anknüpfung** des Zertifikats **an die arzneimittelrechtliche Genehmigung** (Zulassung) bedeu- **31** tet nicht, dass ein Zertifikat stets nur für ein Erzeugnis in der besonderen Form erteilt werden kann, in der es Gegenstand der arzneimittelrechtl Zulassung ist. Vielmehr kann im Hinblick auf den ggf patentrechtl zu

---

73 EuGH C-195/09 Slg 2011 I 7011 = GRUR Int 2011, 934 Synthon/Merz (Memantin) und EuGH C-427/09 Slg 2011 I 7099 = PharmR 2011, 375 (Nr 30 ff) Galantamin.
74 BPatGE 50, 265 = GRUR 2008, 892, 895 „Memantin"; offengelassen, weil aus anderen Gründen bestätigt von BGH GRUR 2011, 999 Memantin; im Ergebnis wie das BPatG auch EuGH Synthon/Merz (Memantin) und EuGH Galantamin.
75 *Von Morzé/Hanna* JPTOS 1995, 479, 487; *Markgraf* § 3 Art 2 Rn 4.
76 ABl EG 1990 L 189/17, zuletzt geänd durch RL 2007/47/EG vom 5.9.2007, ABl EU 2007 L 247/21.
77 ABl EG 1993 L 169/1, zuletzt geänd durch RL 2007/47/EG vom 5.9.2007, ABl EU 2007 L 247/21.
78 Allg zur Abgrenzung von Arzneimitteln und Medizinprodukten *Dettling* PharmR 2006, 578 ff.
79 BPatG 26.1.2010 14 W(pat) 12/07 PharmR 2010, 237.
80 *Rehmann/Wagner* MPG³ Einf Rn 30 und § 15 Rn 1; *Deutsch/Lippert/Ratzel* MPG § 15 Rn 1 und 3.
81 BPatG 4.2.2010 15 W(pat) 25/08; ebenso *Brückner* Art 2 Rn 101 ff und Art 3 Rn 405 ff; *Schulte* § 16a Rn 27; Nl PA BIE 2002, 360.

modifizierenden Erzeugnisbegriff (Rn 22) dann, wenn die arzneimittelrechtl Zulassung den Wirkstoff in der besonderen Form eines Derivats (zB eines Salzes) betrifft, ein ergänzendes Schutzzertifikat grds auch für den „Wirkstoff als solchen" erteilt werden (sofern dieser nicht grds andere pharmakologische Eigenschaften als das Derivat aufweist, es sich also der Sache nach um einen anderen Wirkstoff handelt). In diesen Fällen kommt somit ein Zertifikat (oder auch mehrere Zertifikate) sowohl für den „Wirkstoff als solchen" als auch für das in der arzneimittelrechtl Zulassung als Wirkstoff ausgewiesene Derivat in Betracht.[82] Voraussetzung ist, dass der „Wirkstoff als solcher" durch das Grundpatent geschützt ist (Rn 35 ff).

32   Das Zertifikat kann jedoch immer nur **für ein bestimmtes Erzeugnis**, dh einen bestimmt zu bezeichnenden Wirkstoff erteilt werden, also insb nicht für „alle pharmazeutisch verträglichen Derivate" (etwa beliebige Salze) eines Wirkstoffs.[83] Das ergibt sich unmittelbar aus Art 2 iVm Art 1 Buchst b, ferner aus dem 14. Erwägungsgrund zur PSMVO, der nach dem 17. Erwägungsgrund zu dieser VO auch im Bereich der AMVO heranzuziehen ist; danach kommt ein ergänzendes Schutzzertifikat für ein Derivat nur insoweit in Betracht, als dieses im Grundpatent besonders beansprucht ist. Formulierungen in den Patentansprüchen des Grundpatents wie „alle pharmazeutisch verträglichen Salze" stellen keine besondere Beanspruchung in diesem Sinn dar.

> **Artikel 3**
> **Bedingungen für die Erteilung des Zertifikats**
>   Das Zertifikat wird erteilt, wenn in dem Mitgliedstaat, in dem die Anmeldung nach Artikel 7 eingereicht wird, zum Zeitpunkt dieser Anmeldung
> a)   das Erzeugnis durch ein in Kraft befindliches Grundpatent geschützt ist;
> b)   für das Erzeugnis als Arzneimittel eine gültige Genehmigung für das Inverkehrbringen gemäß der Richtlinie 2001/83/EG bzw. der Richtlinie 2001/82/EG erteilt wurde;
> c)   für das Erzeugnis nicht bereits ein Zertifikat erteilt wurde;
> d)   die unter Buchstabe b erwähnte Genehmigung die erste Genehmigung für das Inverkehrbringen dieses Erzeugnisses als Arzneimittel ist.

4. Artikel 3

33   **a. Entstehungsgeschichte.** Art 1 iVm Anhang 15 Nr 6 Buchst a des Beschlusses des Gemeinsamen EWR-Ausschusses v 21.3.1994[84] sah im Hinblick auf Art 3 Buchst b AMVO aF vor, dass „für Zwecke dieses Buchstabens und der auf ihn verweisenden Artikel" eine gemäß den nationalen Rechtsvorschriften eines EFTA-Staates erteilte Genehmigung für das Inverkehrbringen als Genehmigung gemäß der Richtlinie 65/65/EWG bzw der Richtlinie 81/851/EWG" gelte. Art 3 Buchst b Satz 2 der VO Nr 1768/92 lautete: „Im Hinblick auf Artikel 19 Absatz 2 wird eine nach den innerstaatlichen Rechtsvorschriften Österreichs, Finnlands oder Schwedens erteilte Genehmigung für das Inverkehrbringen als eine gemäß der Richtlinie 65/65/EWG beziehungsweise der Richtlinie 81/851/EWG erteilte Genehmigung angesehen." Er war eingefügt worden durch Anh I Abschn XI Buchst F I a des Vertrages einschließlich Beitrittsakte und Schlussakte zum Beitritt des Königreichs Norwegen, der Republik Österreich, der Republik Finnland und des Königreichs Schweden zur Europäischen Union[85] idF des Ratsbeschlusses v 1.1.1995.[86] Die Vorschrift betraf nur Übergangszertifikate in den genannten Staaten. Diese sind jedenfalls dann erfasst, wenn die Genehmigung seit dem 1.1.1994 erfolgt ist.[87] Die Verweisung auf Art 19 Abs 2 stellte ein Redaktionsversehen der dt Fassung dar; gemeint war Art 19 Abs 1.[88] Die Neufassung der AMVO hat diese – Übergangscharakter tragenden – Änderungen nicht übernommen. Für Altfälle können sie aber noch von Bedeutung sein.

---

82   Vgl den 14. Erwägungsgrund zur PSMVO, der gem dem 17. Erwägungsgrund zu dieser VO im Bereich der AMVO entspr heranzuziehen ist; insoweit unrichtig daher *Bopp/Lux* PharmaR 2000, 2, 5: Zertifikat nur für den „Wirkstoff als solchen".
83   BGH GRUR 2000, 683, 685 Idarubicin II; aA *von Morzé/Hanna* JPTOS 1995, 479, 493.
84   ABl EG 1994 L 160/1, 138.
85   BGBl 1994 II 2024, 2192.
86   ABl EG 1995 L 1/1, 175.
87   BGH GRUR 2008, 891 Pantoprazol.
88   BGH GRUR 2000, 392, 394 Omeprazol.

b. Erfüllung der Erfordernisse. Die in Buchst a bis d vorgesehenen Erfordernisse müssen (1.) in dem **34** Mitgliedstaat, in dem die Anmeldung nach Art 7 eingereicht wird und (2.) zum Zeitpunkt dieser Anmeldung erfüllt sein. Davon kann auch dann keine Ausnahme gemacht werden, wenn die arzneimittelrechtl Zulassung (Buchst b) erst nach Ablauf des Grundpatents erteilt wurde. Die insoweit entstehende zweckwidrige Schutzlücke ist – vorbehaltlich eines Eingreifens des EU-Gesetzgebers – hinzunehmen.[89] Späterer Wegfall einer Voraussetzung ist zunächst unschädlich, kann aber zum Erlöschen des Zertifikats nach Art 14 Buchst d oder zur Nichtigkeit nach Art 15 Abs 1 Buchst a führen. Der **Wegfall einer Voraussetzung noch vor Erteilung des Zertifikats** macht den Antrag mangels Rechtsschutzbedürfnisses unzulässig.[90] Unerheblich ist es demgegenüber, wenn das Zertifikat erst nach regulärem Ablauf des Grundpatents erteilt wird.[91]

c. Schutz des Erzeugnisses durch Grundpatent (Buchstabe a). Das Erzeugnis, für das das Zertifi- **35** kat erteilt werden soll, muss durch ein zum Zeitpunkt der Anmeldung in Kraft befindliches (dh nicht erloschenes, widerrufenes oder für nichtig erklärtes) Grundpatent (Gebrauchsmuster genügt nicht) geschützt sein (Ausnahme: Art 19 Abs 1, 3 aF in der für Norwegen und Island geltenden Fassung, Rn 168); ein laufendes Nichtigkeits-, Einspruchs- oder Beschränkungsverfahrenverfahren ist unschädlich.[92] Das Zertifikat muss also vor Ablauf des Grundpatents beantragt werden; ist das Grundpatent durch Zeitablauf vor der arzneimittelrechtl Zulassung erloschen, obwohl vor letzterer ein Zertifikat hätte beantragt werden konnte, eine Zertifikatserteilung nicht in Betracht (Rn 34).[93] Ist das Erzeugnis durch mehrere Patente geschützt, hat der Inhaber die Wahl, welches er zum Grundpatent erhebt (Art 1 Buchst c). Eine Erteilung von mehreren Zertifikaten aufgrund mehrerer Grundpatente desselben Inhabers ist ausgeschlossen (vgl Art 3 Abs 2 Satz 1 PSMVO, der nach dem 17. Erwägungsgrund zu dieser VO im Bereich der AMVO entspr heranzuziehen ist). Jedoch können mehreren Inhabern unterschiedlicher für ein Erzeugnis erteilter Patente mehrere Zertifikate erteilt werden (vgl Art 3 Abs 2 Satz 2 PSMVO).[94]

Im Hinblick auf den ggf patentrechtl zu modifizierenden arzneimittelrechtl Erzeugnisbegriff (Rn 22) **36** ist zu beachten, dass unter einem Erzeugnis iSv Buchst a nicht nur der Wirkstoff in der besonderen Form zu verstehen ist, wie er der arzneimittelrechtl Zulassung zugrundeliegt, sondern darüber hinaus auch in der (von der arzneimittelrechtl Zulassung abweichenden) Form, in der er durch das beantragte Zertifikat geschützt werden soll. Soweit ein ergänzendes Schutzzertifikat für den „Wirkstoff als solchen" beantragt ist, muss daher sowohl dieser **„Wirkstoff als solcher"** als auch der Wirkstoff in der besonderen Form, in der er Gegenstand der arzneimittelrechtl Zulassung ist, durch das Grundpatent geschützt sein.[95]

Für die Prüfung, ob das Erzeugnis (in der in der arzneimittelrechtl Zulassung genannten Form und **37** ggf der davon abweichende „Wirkstoff als solcher") durch ein in Kraft befindliches Grundpatent geschützt ist, war nach der ua in Deutschland früher hM[96] auf den gesamten **Schutzbereich des Grundpatents** abzustellen, nicht allein auf dessen Gegenstand.[97] Das Erzeugnis war insoweit daraufhin zu prüfen, ob es – als fiktiver Verletzungsgegenstand gedacht – in den Schutzbereich des Grundpatents fallen würde. Der Schutzbereich ist mangels gemeinschaftsrechtl Regelung nach den Vorschriften des betr Mitgliedstaats zu ermitteln, für eur Patente also nach Art 69 Abs 1 EPÜ iVm dem Auslegungsprotokoll zu

---

89 BPatGE 41, 231, 250 ff = GRUR 2000, 398, 405 ff; *von Morzé/Hanna* JPTOS 1995, 479, 488; *Benkard-EPÜ* Art 63 Rn 18; *Benkard* § 16a Rn 16; *Brückner* Art 3 Rn 354.
90 Vgl SchutzzertifikatsRl Nr 3.3.1.2 BlPMZ 2015, 65, 70: keine Zertifikatserteilung bei Widerruf oder Rücknahme der Zulassung, wohl aber bei Ablauf des Zulassungszeitraums vor der Erteilung; zwd *Markgraf* § 3 Art 14 Rn 22.
91 *Schennen* Art 19 Anm 7.
92 SchutzzertifikatsRl Nr 3.3.3 BlPMZ 2015, 65, 71 f; *Fitzner/Lutz/Bodewig* § 16a Rn 18; *Brückner* Art 3 Rn 19.
93 BPatG GRUR 2010, 132, 135 (Nr 36) „Iodosulfuron"; *Brückner* Art 3 Rn 415.
94 EuGH C-181/95 Slg 1997, I 357, 395 = GRUR Int 1997, 363 Biogen/Smithkline.
95 Vgl BGH GRUR 2000, 683 f Idarubicin II.
96 Zu den unterschiedlichen Ansätzen in der Praxis der EU-Staaten s *Gassner* PharmR 2011, 361, 363 mwN.
97 EuGH C-392/97 Slg 1999 I 5553 = GRUR Int 2000, 69, 71 (Nr 27) Arzneispezialitäten; BGH GRUR 2000, 683 f Idarubicin II (gegen BPatGE 35, 145 = BlPMZ 1995, 446); SchutzzertifikatsRl vom 7.3.2011 Nr 3.3.3 BlPMZ 2011, 121, 127; schweiz BG BGE 124 III 375 = GRUR Int 1999, 286 = sic! 1998, 594 f Fosinopril; schweiz BVerwG sic! 2012, 48 f Panitumumab; ebenso schon Begr PatGÄndG BlPMZ 1993, 205, 211; vgl BPatG 16.6.2009 3 Ni 49/07 Ramipril; *Schennen* Art 10 Anm 7; *Mes*[3] § 16a Rn 34; *Brückner*[i] Art 3 Rn 5 und Rn 165; *Kühnen* FS 50 Jahre BPatG (2011), 361 f; aA *Goebel* AIPPI-Journal 1993, 146, 152; *Goebel* PharmInd 1993, 442 f; *Scheil* Mitt 1997, 55 f.

Art 69,[98] für nationale Patente nach den mit Art 69 EPÜ gleichlaufenden Grundsätzen des § 14, für vor dem 1.1.1978 angemeldete Grundpatente nach § 6 PatG 1968.[99] Nicht erforderlich ist insoweit, dass das Grundpatent das Erzeugnis ausdrücklich benennt oder beschreibt.[100] Unerheblich ist auch, ob das Erzeugnis im Grundpatent in dem Sinn hinreichend offenbart ist, dass der Patentinhaber den Gegenstand des Patents auf das Erzeugnis beschränken könnte, ohne gegen das Verbot der unzulässigen Erweiterung (§ 21 Abs 1 Nr 4, § 38 Satz 2) zu verstoßen; auch wenn eine solche Beschränkung mangels ausreichender Offenbarung unzulässig wäre, kann ein Zertifikat erteilt werden, sofern das Erzeugnis vom Gegenstand oder Schutzbereich des Patents erfasst wird.[101] Es kommt auch nicht darauf an, ob die pharmazeutische Verwendung des Erzeugnisses im Grundpatent offenbart war.[102]

38   **Beispiele.** Das Salz Idarubicinhydrochlorid wird von einem Grundpatent mitgeschützt, dessen Anspruch auf die freie Base Idarubicin gerichtet ist.[103] Von einem geschützten Erzeugnis ist auch auszugehen, wenn es sich bei dem Erzeugnis um die Kombination zweier Wirkstoffe (zB Fosinopril und Hydrochlorthiazid) handelt, das Grundpatent aber nur einen dieser Wirkstoffe (zB Fosinopril) schützt, denn aus einem solchen Grundpatent kann auch gegen die Verwendung der Wirkstoffkombination unter Benutzung des geschützten Wirkstoffs vorgegangen werden.[104] Schützt dagegen umgekehrt das Grundpatent nur eine Wirkstoffkombination, wogegen das Erzeugnis nur einen der Wirkstoffe betrifft, kommt ein Zertifikat nicht in Betracht, weil der Einzelwirkstoff des Erzeugnisses als bloße Teilkombination vom Schutzbereich des Grundpatents nicht umfasst ist.[105] Ein Erzeugnis ist nicht durch das Grundpatent geschützt, wenn die Menge eines der enthaltenen Wirkstoffe von der in den Patentansprüchen des Grundpatents für diesen Wirkstoff angegebenen Menge erheblich abweicht und keine Anhaltspunkte dafür vorliegen, dass es auf diese Abweichung nicht entscheidend ankommen soll.[106] Gibt das Grundpatent keine exakten Mengenangaben vor, kann auf die Wirkungen abzustellen sein, die bei Empfängern mit durchschnittlichem Körpergewicht typischerweise zu erwarten sind.

39   An dem Rn 37 genannten rechtl Ausgangspunkt (Abstellen auf den Schutzbereich des Grundpatents) **kann jedoch nicht festgehalten** werden. Auf eine Reihe von Vorlagen des brit Court of Appeal hat sich der EuGH der Gegenmeinung angeschlossen, wonach ein Zertifikat nur erteilt werden kann, wenn das in der Zertifikatsanmeldung benannte Erzeugnis, dh der Wirkstoff oder die Wirkstoffzusammensetzung (Art 1 Buchst b) **in den Patentansprüchen des Grundpatents benannt** ist.[107] Insoweit schien es noch nicht einmal zu genügen, dass das Erzeugnis – als fiktiver Verletzungsgegenstand gedacht – wortsinngemäß von der Lehre des Patentanspruchs Gebrauch macht. Der Wirkstoff bzw die Wirkstoffzusammensetzung musste vielmehr in den Ansprüchen des Grundpatents identifiziert sein.[108] Von dieser sehr restriktiven Position ist der EuGH jedoch, wohl bewegt durch die Haltung der EU-Kommission,[109] im Urteil „Eli

---

98   Vgl BGH GRUR 2002, 523 f Custodiol I; BGH GRUR 2008, 890 (Nr 5) Anti-Helicobacter-Präparat.

99   BGH GRUR 2000, 683 f Idarubicin II; *Bopp/Lux* PharmR 2000, 2, 5.

100   Vgl schweiz BG GRUR Int 1999, 286 = sic! 1998, 594 f Fosinopril; s auch *Schennen* Art 3 Anm 3.

101   BGH GRUR 2002, 415, 417 Sumatriptan; *Benkard-EPÜ* Art 63 Rn 20; aA *Scheil* Mitt 1997, 55 f; ÖPA öPBl 2002, 176, 179 „Lansoprazol", wonach ein Zertifikat nicht erteilt werden darf, wenn die beanspruchte Wirkstoffkombination im Grundpatent nicht offenbart ist; vgl auch BPatG 1.12.2005 15 W (pat) 15/05, wonach im Rahmen der Zertifikatsanmeldung der Schutz nicht auf Solvate oder wasserhaltige Formen ausgedehnt werden darf, wenn in den Patentansprüchen nur der Stoff als solcher formelmäßig und mit seiner chemischen Verbindung genannt ist.

102   *Hirsch/Hansen* Der Schutz von Chemie-Erfindungen S 273; *Brückner*[1] Art 4 Rn 45.

103   BPatGE 43, 167, 173.

104   Schweiz BG GRUR Int 1999, 286, = sic! 1998, 594 f Fosinopril; vgl demgegenüber ÖPA öPBl 2002, 176, 179 „Lansoprazol".

105   BGH GRUR 2008, 890 (Nr 5) Anti-Helicobacter-Präparat; EuGH C-322/10 Slg 2011 I 12051 = GRUR 2012, 257 (Nr 26) Medeva.

106   Vgl BGH GRUR 2002, 523, 526 Custodiol I; BPatG GRUR 2000, 1011.

107   EuGH C-322/10 Slg 2011 I 12051 = GRUR 2012, 257 (Nr 25, 27) Medeva; EuGH C-518/10 Slg 2011 I 12209 = GRUR-RR 2012, 55 (Nr 37) Yeda; EuGH C-630/10 (Nr 30) Slg 2011 I 12231 = GRUR Int 2012, 356 University of Queensland ua; EuGH C-6/11 Slg 2011 I 12255 = GRUR Int 2012, 356 Ls (Nr 28) Daiichi Sankyo; bestätigend und den „Verletzungstest" noch einmal explizit abl EuGH C-493/12 GRUR 2014, 163 (Nr 33, 37) Eli Lilly/HGS (Neutrokin); BPatG GRUR 2013, 58 „Ranibizumab"; vgl jetzt *Mes* § 16a Rn 34; zu der unzureichenden Begr des EuGH mit Recht kr *Brückner* GRUR Int 2012, 300 ff.

108   Vgl den Hinweis auf den 14. Erwägungsgrund zur PSMVO in EuGH Medeva (Nr 27).

109   Vgl EuGH C-493/12 GRUR 2014, 163 f (Nr 29) Eli Lilly/HGS (Neutrokin).

Lilly"[110] wieder abgegangen. Demnach ist für die Beurteilung, ob das Erzeugnis durch das Grundpatent geschützt ist, durchaus eine **Auslegung des Grundpatents** nach Maßgabe der insoweit einschlägigen Bestimmungen (zB Art 69 EPÜ, § 14 PatG) möglich;[111] eine wörtliche Benennung des Wirkstoffs bzw der Wirkstoffkombination in den Patentansprüchen kann also nicht zwingend verlangt werden. Allerdings ist der Hinweis auf Art 69 EPÜ und das Auslegungsprotokoll hierzu auch nicht iS einer Rückkehr zum fiktiven Verletzungstest (Rn 37) zu verstehen. Das hat der EuGH explizit klargestellt.[112] Erforderlich ist vielmehr, dass sich die Patentansprüche bei rechtskonformer Auslegung „stillschweigend, aber notwendigerweise auf den in Rede stehenden Wirkstoff beziehen, und zwar in spezifischer Art und Weise".[113] Davon dürfte auszugehen sein, wenn das Erzeugnis im Anspruchswortlaut des Grundpatents derart bestimmt ist, dass es der Fachmann auch ohne ausdrückliche Erwähnung als zur Erfindung gehörend konkret erkennt bzw ohne weiteres mitliest.[114] Ob dafür die Angabe einer Strukturformel oder eine Funktionsangabe genügt, lässt sich demnach nicht generell sagen, sondern ist Frage des Einzelfalls.[115]

Nach diesen Grundsätzen kann kein Zertifikat für eine Wirkstoffkombination A+B eines Kombina- **40** tionspräparats (vgl Rn 20) erteilt werden, wenn das Grundpatent **nur einen der Wirkstoffe** benennt.[116] Dasselbe gilt bei echten Wirkstoffzusammensetzungen von Monopräparaten.[117] Aber auch im Verhältnis des Wirkstoffs als solchem und seinen Derivaten gilt, dass ein Zertifikat nur für Stoffe erteilt werden kann, die in den Ansprüchen des Grundpatents iSv Rn 39 benannt sind.[118] In allen diesen Fällen kann somit die bei Rn 37 geschilderte Praxis nicht beibehalten werden. Dagegen bleibt es – wie bisher – dabei, dass ein Zertifikat nicht erteilt werden kann, wenn das Grundpatent nur eine Wirkstoffzusammensetzung schützt, das beanspruchte Erzeugnis dagegen nur einen dieser Wirkstoffe enthält.[119]

d. Gültige Genehmigung für das Inverkehrbringen (Buchstabe b). Buchst b verlangt, dass im **41** Anmeldezeitpunkt für das Erzeugnis als Arzneimittel eine gültige Genehmigung für das Inverkehrbringen gem der RL 2001/83/EG (vormals RL 65/65/EWG) bzw der RL 2001/82/EG (vormals RL 81/851/EWG) vorliegt.[120] Satz 2 der VO 1768/92 stellte im Hinblick auf die Übergangsregelung des Art 19 Abs 1 der VO 1768/92 eine in den Beitrittsstaaten Österreich, Finnland und Schweden vor dem Beitritt nach nicht harmonisiertem Arzneimittelrecht erteilte Genehmigung gleich.[121]

Buchst b umschreibt den Bereich der **in Betracht kommenden Genehmigungen** ebenso wie Art 2 **42** durch Bezugnahme auf die RL 2001/83/EG und 2001/82/EG. Die früher in Bezug genommenen RL 65/65/EWG und 81/851/EWG waren nicht nur mehrfach geänd, sondern durch eine Reihe von weiteren RL in ihrem Anwendungsbereich teils eingeschränkt, teils erweitert worden, wobei diese weiteren RL durch entspr Bezugnahmen auf die Ausgangsrichtlinien auch im Rahmen des Buchst b Bedeutung erlangten, da sie die Reichweite der maßgeblichen arzneimittelrechtl Zulassungspflicht festlegten. Die sehr unübersichtlich gewordene Rechtslage ist für den Bereich der von der RL 65/65/EWG erfassten Humanarzneimittel durch die **Richtlinie 2001/83/EG** vom 6.11.2001 zur Schaffung eines **Gemeinschaftskodexes für Humanarzneimittel**[122] und für den von der RL 81/851/EWG erfassten Bereich der Tierarzneimittel durch die **Richtlinie 2001/82/EG** vom 6.11.2001 zur Schaffung eines **Gemeinschaftskodexes für Tierarzneimit-**

---

110 EuGH C-493/12 GRUR 2014, 163 Eli Lilly/HGS (Neutrokin) auf Vorlage HighC GRUR Int 2013, 441; nachfolgend HighC GRUR Int 2014, 1128.

111 EuGH Eli Lilly (Nr 32).

112 EuGH Eli Lilly (Nr 37); aA *Benkard* § 16a Rn 18c.

113 EuGH Eli Lilly (Nr 39).

114 So *Schulte* § 16a Rn 20; s auch BPatG GRUR 2013, 58 „Ranibizumab".

115 *Schulte* § 16a Rn 21: idR nicht ausreichend.

116 Vgl die genannten Fälle EuGH C-322/10 Slg 2011 I 12051 = GRUR 2012, 257 Medeva und EuGH C-630/10 Slg 2011 I 12231 = GRUR Int 2012, 356 University of Queensland ua.

117 EuGH C-6/11 Slg 2011 I 12255 = GRUR Int 2012, 356 Ls Daiichi Sankyo.

118 Vgl den Hinweis auf den 14. Erwägungsgrund zur PSMVO in EuGH Medeva (Nr 27).

119 EuGH C-322/10 Slg 2011 I 12051 = GRUR 2012, 257 (Nr 26) Medeva; EuGH C-518/10 Slg 2011 I 12209 = GRUR-RR 2012, 55 (Nr 38) Yeda.

120 Anders die brit Praxis, s *Brückner* Art 3 Rn 267.

121 Vgl für Österreich BPatG 15.3.2007 3 Ni 2/06 „Finasterid"; für Schweden BGH GRUR 2008, 891 Pantoprazol; für Genehmigungen in Portugal im Jahr 1990 und in Spanien im Jahr 1991 verneint in BPatG GRUR 2006, 1046.

122 ABl EG 2001 L 311/67.

tel[123] bereinigt worden. Die Gemeinschaftskodex-Richtlinien fassen die bisher weit verstreuten Vorschriften ohne sachliche Änderung zusammen und ersetzen diese. Verweisungen auf die aufgehobenen RL galten schon vor der Kodifizierung als Verweisungen auf die entspr Vorschriften der Gemeinschaftskodex-Richtlinien (Art 128 Abs 1, 2 RL 2001/83/EG und Art 96 Abs 1, 2 RL 2001/82/EG). Die Gemeinschaftskodizes wurden ihrerseits seit ihrem Erlass mehrfach geänd, wobei neben der RL 2004/24/EG zur Schaffung eines Gemeinschaftskodexes für Humanarzneimittel hinsichtlich traditioneller pflanzlicher Arzneimittel[124] vor allem die RL 2004/27/EG[125] (für Humanarzneimittel) und die RL 2004/28/EG[126] (für Tierarzneimittel) umfangreiche Neuerungen brachten.

43   Nachfolgend wird ein **Überblick** über den Kreis der im Rahmen des Art 3 Buchst b AMVO in Betracht kommenden arzneimittelrechtl Genehmigungen gegeben, wobei sowohl die einschlägigen früheren Bestimmungen als auch die der RL 2001/83/EG bzw 2001/82/EG angegeben werden (s hierzu auch die Konkordanzlisten jeweils in Anhang III RL 2001/83/EG bzw 2001/82/EG).

44   **Nationale Genehmigungen für das Inverkehrbringen. Humanarzneimittel.** Durch die RL 65/65/EWG (Erste pharmazeutische Richtlinie)[127] wurden die nationalen Zulassungsverfahren für Humanarzneimittel (Art 2 Abs 1 = Art 2 Abs 1 RL 2001/83/EG) auf einen einheitlichen qualitativen Mindeststandard gehoben. Die RL sieht in Art 3 Abs 1 (= Art 6 Abs 1 Unterabs 1 RL 2001/83/EG) vor, dass ein Arzneimittel in einem Mitgliedstaat erst dann in den Verkehr gebracht werden darf, wenn von der zuständigen Behörde dieses Mitgliedstaats eine Genehmigung für das Inverkehrbringen erteilt worden ist. In Deutschland erfolgt die Genehmigung für das Inverkehrbringen durch Zulassung nach § 25 AMG. Zuständig ist das Bundesinstitut für Arzneimittel und Medizinprodukte (§ 77 Abs 1 AMG), für Sera, Impfstoffe und Blutzubereitungen das Paul-Ehrlich-Institut (§ 77 Abs 2 AMG).

45   Im Rahmen des Art 3 Buchst b AMVO kommt es maßgeblich auf den Anwendungsbereich der RL 65/65/EWG bzw der RL 2001/83/EG an. Dieser ist in mehrfacher Hinsicht **eingeschränkt:**

46   Die RL 65/65/EWG bzw 2001/83/EG befassen sich mit der Rechtsangleichung in diesem Bereich nur unter dem Gesichtspunkt der **öffentlichen Gesundheit** (Qualität, Sicherheit und Wirksamkeit von Arzneimitteln). Etwaige sonstige mitgliedstaatliche Regelungen, die für das Inverkehrbringen von Arzneimitteln Bedeutung erlangen können (zB Festsetzung der Arzneimittelpreise und Einbeziehung von Arzneimitteln in den Anwendungsbereich der innerstaatlichen Krankenversicherungssysteme) fallen nach Art 4 Abs 3 RL 2001/83/EG (früher Art 3 Abs 2 RL 65/65/EWG, seinerzeit eingefügt durch Art 1 Nr 1 RL 93/39/EWG)[128] nicht in den Anwendungsbereich der RL und stellen daher auch keine Genehmigungen iSv Art 3 Buchst b AMVO dar.[129]

47   Das im Hinblick auf Art 3 Buchst b AMVO maßgebliche Genehmigungserfordernis gem Art 6 Abs 1 Unterabs 1 RL 2001/83/EG **gilt** ferner **nicht** für

–   Arzneimittel, die nach einer **Formula magistralis** oder **officinalis** zubereitet wurden (Art 3 Nr 1 und 2 RL 2001/83/EG, vormals Art 2 Abs 3 iVm Art 1 Nr 4 und 5 RL 65/65/EWG);

–   Arzneimittel, die für **Versuche in Forschung und Entwicklung** bestimmt sind (Art 3 Nr 3 RL 2001/83/EG, vormals Art 2 Nr 3, 2. Spiegelstrich RL 65/65/EWG);

–   **Zwischenprodukte**, die für eine weitere industrielle Verarbeitung durch einen autorisierten Hersteller bestimmt sind (Art 3 Nr 4 RL 2001/83/EG, früher Art 2 Nr 3, 3. Spiegelstrich RL 65/65/EWG).

Insoweit nach anderen eur Vorgaben oder nationalem Recht etwa erforderliche Zulassungen stellen daher ebenfalls keine Genehmigungen für das Inverkehrbringen iSv Art 3 Buchst b AMVO dar.

48   **Sonderfälle.** Nach Art 34 Abs 2 RL 75/319/EWG (Zweite pharmazeutische Richtlinie, aufgehoben durch Art 128 Abs 1 RL 2001/83/EG) fand die RL 65/65/EWG keine Anwendung auf Impfstoffe, Testallergene und Sera, Arzneispezialitäten aus menschlichem Blut, aus Bestandteilen menschlichen Bluts oder aus radioaktiven Isotopen sowie auf homöopathische Arzneispezialitäten. Jedoch unterstellte – in Abwei-

---

123   ABl EG 2001 L 311/1.
124   ABl EU 2004 L 136/85.
125   ABl EU 2004 L 136/34.
126   ABl EU 2004 L 136/58.
127   ABl EG 1965 22/369.
128   ABl EG 1993 L 214/22.
129   Vgl EuGH Slg 2003 I 14781 = GRUR 2004, 225 (Nr 60) Omeprazol; *Benkard* § 16a Rn 21.

chung hiervon – die RL 89/342/EWG[130] die aus Impfstoffen, Toxinen und Seren sowie Allergenen bestehenden immunologischen Arzneimittel zur Anwendung beim Menschen den Regeln der RL 65/65/EWG und 75/319/EWG. Insoweit griff daher das Genehmigungserfordernis gem Art 3 Abs 1 RL 65/65/EWG auch für diese immunologischen Arzneimittel ein. Vergleichbare Regelungen enthielten die RL 89/343/EWG[131] für radioaktive Arzneimittel zur Anwendung beim Menschen (vgl Art 1 und 2 dieser RL) und die RL 89/381/EWG[132] für Arzneimittel, die sich aus menschlichen Blutbestandteilen zusammensetzen. Homöopathische Arzneimittel hingegen unterlagen nur unter bestimmten Voraussetzungen einer Genehmigung für das Inverkehrbringen nach Maßgabe der Vorschriften der RL 65/65/EWG, vgl Art 9 RL 92/73/EWG.[133] Im übrigen waren sie lediglich registrierungspflichtig (Art 7 RL 92/73/EWG), so dass insoweit ein Schutzzertifikat nicht in Betracht kam.[134] Gleiches galt für anthroposophische Arzneimittel, wie sich aus dem 4. Erwägungsgrund zur RL 92/73/EWG ergab, wonach anthroposophische Arzneimittel hinsichtlich der Genehmigung für das Inverkehrbringen homöopathischen Arzneimitteln gleichzustellen waren. Die Abgrenzung zwischen Arzneimitteln, die iSd RL 2001/83/EG (und damit auch iSd Art 3 Buchst b AMVO) genehmigungspflichtig sind, und anderen Arzneimitteln findet sich für die angesprochenen Sonderfälle nunmehr in Art 3 Nr 5 und 6 (idF des Art 1 Nr 3 Buchst c RL 2004/27/EG), für homöopathische Arzneimittel (zum Begriff s Art 1 Nr 5 RL 2001/83/EG idF des Art 1 Nr 1 Buchst c RL 2004/27/EG) s Art 13ff (idF des Art 1 Nr 12–15 RL 2004/27/EG, §§ 38, 39 AMG) und zu anthroposophischen Arzneimitteln s den 22. Erwägungsgrund zur RL 2001/83/EG. Darüber hinaus wurde durch die RL 2004/24/EG ein vereinfachtes Registrierungsverfahren für traditionelle pflanzliche Arzneimittel eingeführt (Art 16a–16i RL 2001/83/EG, vgl §§ 39aff AMG).[135] Auch diese Registrierung stellt keine Genehmigung iSv Art 3 Buchst b AMVO dar.

Durch die RL 93/39/EWG[136] wurden die RL 65/65/EWG und 75/319/EWG dahingehend geänd, dass die **49** Mitgliedstaaten (seit 1.1.1998) grds verpflichtet sind, frühere **Zulassungen** des Arzneimittels **in anderen Mitgliedstaaten anzuerkennen** (Art 7a Abs 2 RL 65/65/EWG, Art 9 Abs 4 RL 75/319/EWG, jetzt Art 18 Abs 2, 28 Abs 4 RL 2001/83/EG, § 25b AMG), sog **dezentrales Zulassungsverfahren.** Die Anerkennung ist Genehmigung iSv Art 3 Abs 1 RL 65/65/EWG bzw Art 6 Abs 1 RL 2001/83/EG. Wird die Anerkennung versagt, entscheidet die EG-Kommission, ggf der Rat (s im einzelnen Art 7a Abs 2 RL 65/65/EWG, Art 10ff iVm Art 37b RL 75/319/EWG bzw nunmehr Art 29ff iVm Art 121 Abs 2 RL 2001/83/EG).[137] Die nationale Behörde hat sodann abschließend über die Zulassung nach Maßgabe der Entscheidung der Kommission zu befinden (Art 14 Abs 4 RL 75/319/EWG, jetzt Art 34 Abs 3 RL 2001/83/EG, § 25b Abs 5 Satz 2 AMG).

Tierarzneimittel. Nach Art 5 RL 2001/82/EG (früher Art 4 Abs 1 RL 81/851/EWG) dürfen Tierarzneimit **50** tel in einem Mitgliedstaat erst dann in Verkehr gebracht werden, wenn die zuständige Behörde dieses Mitgliedstaats die Genehmigung dafür erteilt hat. In Deutschland erfolgt die Genehmigung für das Inverkehrbringen auch für Tierarzneimittel durch **Zulassung** nach § 25 AMG; zuständig ist das Bundesamt für Verbraucherschutz und Lebensmittelsicherheit (§ 77 Abs 3 AMG).

Das im Hinblick auf Art 3 Buchst b AMVO maßgebliche Genehmigungserfordernis gem Art 4 Abs 1 RL **51** 81/851/EWG **galt** nach Art 2 Abs 2 dieser RL **nicht** für Fütterungsarzneimittel (Definition in Art 1 Abs 2 letzter Spiegelstrich RL 81/851/EWG), für Tierarzneimittel zur Erzeugung einer aktiven Immunität, zur Diagnose des Immunitätszustands und zur Erzeugung einer passiven Immunität, für Tierarzneimittel auf Basis radioaktiver Isotope, für nicht vorgefertigte Tierarzneimittel für ein Tier oder eine kleine Anzahl von Tieren sowie für homöopathische Arzneimittel. Jedoch war in der RL 90/677/EWG[138] für immunologische Tierarzneimittel eine Genehmigung für das Inverkehrbringen nach Art 4 Abs 1 RL 81/851/EWG vorgeschrieben. Für homöopathische Tierarzneimittel bestand ein Genehmigungserfordernis nur nach Maßgabe des Art 9 RL 92/74/EWG.[139] Die Abgrenzung zwischen genehmigungspflichtigen und genehmigungsfreien Tierarzneimitteln in den genannten Sonderfällen findet sich nunmehr in Art 3 und 16ff RL 2001/82/EG.

---

130   ABl EG 1989 L 142/14.
131   ABl EG 1989 L 142/16.
132   ABl EG 1989 L 181/44.
133   ABl EG 1992 L 297/8.
134   Vgl *Schennen* Art 1 Anm 3.
135   S hierzu *Stolte* PharmR 2008, 133 ff.
136   ABl EG 1993 L 214/22.
137   Im Überblick dargestellt bei *Rehmann* AMG[3] vor § 21 Rn 16 ff.
138   ABl EG 1990 L 373/26.
139   ABl EG 1992 L 297/12.

52   Auch im Bereich der Tierarzneimittel wurde zum 1.1.1998 das **dezentrale Zulassungsverfahren** auf der Basis gegenseitiger Anerkennung eingeführt (RL 93/40/EWG).[140] Danach sind die Mitgliedstaaten grds verpflichtet, die frühere Zulassung des Arzneimittels in einem anderen Mitgliedstaat anzuerkennen (Art 8a RL 81/851/EWG idF des Art 1 Nr 7 RL 93/40/EWG; Art 22 RL 2001/82/EG). Wird die Anerkennung verweigert, entscheidet die Kommission, ggf der Rat gem Art 18 ff iVm Art 42k RL 81/851/EWG idF der RL 93/40/EWG, jetzt Art 33 ff iVm Art 89 Abs 2 RL 2001/82/EG. Die abschließende Entscheidung über die Zulassung ergeht sodann durch die nationale Zulassungsbehörde, die dabei an die Entscheidung der Kommission bzw des Rates gebunden ist (Art 22 Abs 4 Satz 2 RL 81/851/EWG idF der RL 93/40/EWG; nunmehr Art 38 Abs 3 Satz 2 RL 2001/82/EG, § 25b Abs 5 Satz 2 AMG).

53   **Zentrales europäisches Zulassungsverfahren.** An die Stelle des nationalen Zulassungsverfahrens (seit 1.1.1998 in Form des dezentralen Zulassungsverfahrens auf der Basis gegenseitiger Anerkennung) tritt für bestimmte Human- und Tierarzneimittel seit dem 1.1.1995 ein **zentrales Genehmigungsverfahren.** Rechtsgrundlage war früher die **VO (EWG) Nr 2309/93,**[141] jetzt die **VO (EG) Nr 726/2004**[142] zur Festlegung von Gemeinschaftsverfahren für die Genehmigung und Überwachung von Human- und Tierarzneimitteln und zur Errichtung einer Europäischen Arzneimittel-Agentur. Genehmigungsbehörde ist die Kommission (Art 10 Abs 2 VO 726/2004), die hierbei von der Europäischen Arzneimittel-Agentur (European Medicines Agency – EMA – mit Sitz in London) unterstützt wird.

54   Dem zentralen Zulassungsverfahren[143] unterliegen zwingend Human- und Tierarzneimittel, die mit Hilfe bestimmter **biotechnologischer Verfahren** hergestellt worden sind (Art 3 Abs 1 iVm Anhang der VO 726/2004), darüber hinaus Tierarzneimittel (auch soweit nicht auf biotechnologischen Verfahren beruhend), die vorwiegend zur Anwendung als **Leistungssteigerungsmittel** zur Förderung des Wachstums behandelter Tiere oder zur Erhöhung der Ertragsleistungen von behandelten Tieren vorgesehen sind, ferner Humanarzneimittel, die einen **neuen Wirkstoff** enthalten, der bei Inkrafttreten der VO 726/2004 (20.5.2004) noch nicht in der Gemeinschaft genehmigt war und dessen therapeutische Indikation die Behandlung folgender Erkrankungen ist: erworbenes Immundefizienz-Syndrom, Krebs, neurodegenerative Erkrankungen, Diabetes sowie – ab 20.5.2008 – Autoimmunerkrankungen und andere Immunschwächen und Viruserkrankungen. Ebenfalls zentral zuzulassen sind Arzneimittel, die als Arzneimittel für **seltene Leiden** gem der VO (EG) Nr 141/2000 ausgewiesen sind. Durch die VO (EG) Nr 1394/2007[144] ist das zentrale Zulassungsverfahren auch für Arzneimittel für neuartige Therapien gem Art 2 dieser VO vorgeschrieben. Für bestimmte andere Arzneimittel ist das zentrale Verfahren fakultativ (Art 3 Abs 2 VO 726/2004).

55   Die Genehmigung nach der VO 726/2004 ist **für die gesamte Gemeinschaft** gültig und entfaltet dieselben Rechte und Pflichten in jedem Mitgliedstaat wie eine Genehmigung, die von einem Mitgliedstaat nach Art 6 Abs 1 RL 2001/83/EG erteilt wird (Art 13 Abs 1 VO 726/2004). Soweit die zentrale Genehmigung ein Tierarzneimittel betrifft, ist sie einer Genehmigung iSv Art 5 RL 2001/82/EG gleichzustellen. Zwar wird in Art 13 Abs 1 VO 726/2004 nur auf die RL 2001/83/EG, nicht auch auf die RL 2001/82/EG Bezug genommen. Insoweit handelt es sich jedoch offensichtlich um einen Redaktionsfehler.[145] Die Genehmigung nach der VO 726/2004 stellt daher sowohl für Human- wie für Tierarzneimittel eine Genehmigung für das Inverkehrbringen iSv Art 3 Buchst b AMVO dar.[146]

56   **Medizinprodukte.** CE-Zertifizierungen für Medizinprodukte stellen keine Genehmigung iSv Art 3 Buchst b dar, und zwar auch dann nicht, wenn das Medizinprodukt einen Stoff beinhaltet, der bei gesonderter Verwendung als Arzneimittel zu qualifizieren wäre (näher Rn 30).

57   **Gültigkeit der Genehmigung.** Die Genehmigung (Zulassung) muss im Zeitpunkt der Anmeldung (Art 7) gültig sein.[147] Eine erst nachträglich erteilte Genehmigung genügt daher nicht.[148] Entscheidend ist,

---

140   ABl EG 1993 L 214/31.

141   ABl EG 1993 L 214/1.

142   ABl EU 2004 L 136/1.

143   Vgl den Überblick bei *Rehmann* AMG³ vor § 21 Rn 4 ff.

144   ABl EU 2007 L 324/121.

145   Wie hier *Schulte* § 16a Rn 25 aE.

146   Ebenso *Benkard* § 16a Rn 24 aE; *Schulte* § 16a Rn 25.

147   Vgl EuGH C-210/12 GRUR Int 2013, 1129, 1134 (Nr 43) Sumitomo Chemical/DPMA (zu Art 3 Abs. 1 Buchst b PSMVO) auf Vorlage BPatG 10.4.2012 15 W (pat) 24/06 GRUR Int 2012, 669.

148   Vgl EuGH Sumitomo Chemical/DPMA (zu Art 3 Abs. 1 Buchst b PSMVO); BPatG 23.11.2007 14 W (pat) 10/05, offengelassen in BGH GRUR 2008, 890 (Nr 7) Anti-Helicobacter-Präparat.

ob das Arzneimittel zum Zeitpunkt der Anmeldung in den Verkehr gebracht werden darf (vgl Art 14 Buchst d). Das ist bei Arzneimitteln, die der nationalen Zulassung unterliegen, nach § 30 Abs 4 AMG nicht der Fall, wenn die Zulassung zurückgenommen oder widerrufen ist oder das Ruhen der Zulassung angeordnet ist. Diese Maßnahmen (Verwaltungsakte) werden mit ihrer Bekanntgabe wirksam (§§ 43, 41 VwVfG), regelmäßig mit Zustellung nach Maßgabe des VwZG. Jedoch haben Widerspruch (§ 68 VwGO) und Anfechtungsklage (§ 42 VwGO) grds aufschiebende Wirkung (§ 80 Abs 1 Satz 1 VwGO), so dass das Arzneimittel in diesen Fällen weiterhin in Verkehr gebracht werden darf. Im Fall einer Rücknahme usw fehlt es daher an einer gültigen Genehmigung nur dann, wenn a) bei laufender Rechtsbehelfsfrist kein Rechtsmittel eingelegt ist, b) die Rücknahme usw unanfechtbar oder c) sofort vollziehbar ist mit der Folge, dass Widerspruch und Anfechtungsklage entgegen § 80 Abs 1 Satz 1 VwGO keine aufschiebende Wirkung haben. Sofortige Vollziehbarkeit besteht in den Fällen einer Rücknahme oder eines Widerrufs nach § 30 Abs 1 Satz 1 iVm § 25 Abs 2 Nr 5 AMG (ungünstiges Nutzen-Risiko-Verhältnis iSv § 4 Abs 28 AMG) kraft Gesetzes (§ 30 Abs 3 Satz 2, 3 AMG); die aufschiebende Wirkung von Widerspruch und Anfechtungsklage kann aber nach § 80 Abs 5 iVm Abs 2 Nr 3 VwGO vom Verwaltungsgericht angeordnet werden. Soweit dies erfolgt ist, kann das Arzneimittel in Verkehr gebracht werden, so dass von einer gültigen Genehmigung auszugehen ist. Im übrigen kann die sofortige Vollziehbarkeit der Rücknahme, des Widerrufs und des Ruhens von der Zulassungsbehörde nach § 80 Abs 2 Nr 4 VwGO angeordnet und die aufschiebende Wirkung vom Verwaltungsgericht nach § 80 Abs 5 VwGO wieder hergestellt werden.

58   Ob das Zertifikat versagt werden muss, wenn die **Zulassung** zwar nicht widerrufen oder zurückgenommen, aber im Zeitpunkt der Anmeldung bereits **abgelaufen** war, war Gegenstand eines Vorlageverfahrens.[149]

59   Ist nach diesen Grundsätzen trotz möglicher Anfechtbarkeit der Rücknahme usw vom Fehlen einer gültigen Genehmigung auszugehen, wird die betr Entscheidung aber später im verwaltungsgerichtl Verfahren erfolgreich angefochten, wird idR die Frist des Art 7 verstrichen sein. In diesen Fällen kommt jedoch eine **Wiedereinsetzung** nach §§ 16a Abs 2, 123 PatG in Betracht.[150] Ist umgekehrt von einer gültigen Genehmigung auszugehen, so ist das Zertifikat, sofern die weiteren Voraussetzungen vorliegen, zu erteilen. Wird die Rücknahme usw später bestandskräftig, erlischt das Zertifikat (vgl Rn 139).[151]

60   Zu Widerruf und Rücknahme der Genehmigung im zentralen Verfahren Art 20 Abs 1–3 VO 726/2004. An einer gültigen Genehmigung fehlt es, soweit ein Mitgliedstaat die Verwendung des genehmigten Arzneimittels nach Art 20 Abs 4 VO 726/2004 **ausgesetzt** hat. Im Fall einer späteren abw Entscheidung der Kommission oder des Rates kommt Wiedereinsetzung in die etwa versäumte Frist nach Art 7 in Betracht.

61   **Genehmigung „für das Erzeugnis als Arzneimittel".** Die Genehmigung für das Inverkehrbringen muss „für das Erzeugnis als Arzneimittel" erteilt worden sein. In dieser Formulierung kommt zum Ausdruck, dass die Genehmigung bzw Zulassung nicht für das Erzeugnis (dh den Wirkstoff oder die Wirkstoffzusammensetzung) als solches, sondern für ein Arzneimittel erteilt wird, das das betr Erzeugnis als Wirkstoff enthält.

62   Erzeugnis in diesem Sinn ist grds das Erzeugnis, für das das Zertifikat beantragt ist. Unschädlich ist es jedoch, wenn die Genehmigung (nur) für ein **Kombinationsarzneimittel** erteilt worden ist, das neben dem beanspruchten Erzeugnis weitere Wirkstoffe oder Wirkstoffzusammensetzungen enthält, sofern mit diesen weiteren Wirkstoffen oder Wirkstoffzusammensetzungen andere therapeutische Zwecke verfolgt werden.[152] Denn insoweit liegen eigentlich mehrere Arzneimittel vor, die lediglich aus Gründen der Praktikabilität oder zur Kostensenkung äußerlich zu einem einzigen Arzneimittel konfektioniert sind. Beispiel: Beansprucht wird ein Zertifikat für den Wirkstoff (zB Impfstoff) A (zur Verhütung von Keuchhusten), Zulassung ist erteilt für einen Kombinationsimpfstoff, der neben dem Wirkstoff A auch den Wirkstoff B (gegen Diphtherie) und den Wirkstoff C (gegen Tetanus) enthält. Dagegen kann ein Zertifikat für den Wirkstoff D nicht erteilt werden, wenn eine Zulassung lediglich für ein **Monopräparat** mit der Wirkstoffzusammensetzung D+E vorliegt.

---

149   BPatG 10.4.2012 15 W (pat) 24/06.

150   Ebenso *Benkard* § 16a Rn 26; *Schulte* § 16a Rn 28.

151   AA *Brändel* GRUR 2001, 875, 878, der nur bei Widerruf (§ 49 VwVfG) Erlöschen annimmt, bei Rücknahme nach § 48 VwVfG dagegen Nichtigkeit (Art 15 Abs 1 Buchst a).

152   EuGH C-322/10 Slg 2011 I 12051 = GRUR 2012, 257 (Nr 33 ff) Medeva; EuGH C-422/10 Slg 2011 I 12051 = GRUR Int 2012, 144 (Nr 35) Georgetown University ua; EuGH 25.11.2011 C-630/10 Slg 2011 I 12231 = GRUR Int 2012, 356 (Nr 36) University of Queensland ua; zur vergleichbaren Problematik bei Pflanzenschutzmitteln *Jones* GRUR Int 2011, 1017.

63   Ist ein Zertifikat für einen **„Wirkstoff als solchen"** beantragt, sind die Bedingungen des Art 3 Buchst b grds auch dann erfüllt, wenn eine arzneimittelrechtl Genehmigung/Zulassung nur für eine besondere Form des Wirkstoffs vorliegt.[153] Dies gilt nicht, wenn nur der Wirkstoff in dieser besonderen Form die in Art 1 Buchst a beschriebenen Wirkungen hervorruft, nicht aber der „Wirkstoff als solcher".[154] Ob dies der Fall ist, muss im Erteilungsverfahren abschließend geprüft werden. Nicht als ausreichend wurde angesehen, dass das Erzeugnis als Arzneimittel iS einer „freien Wirkstoffkombination" erfasst wird.[155]

64   Keine Genehmigung „für das Erzeugnis als Arzneimittel" liegt vor, wenn der beanspruchte Stoff in der arzneimittelrechtl Genehmigung lediglich als **Trägerstoff** ohne eigene pharmakologische Wirkung ausgewiesen ist.[156]

65   **e. Kein früheres Zertifikat (Buchstabe c).** Für das Erzeugnis darf nicht bereits früher ein Zertifikat (in dem betr Mitgliedstaat)[157] erteilt worden sein. Art 10 Abs 5 eröffnet den Mitgliedstaaten die Möglichkeit, von der **Prüfung** der Voraussetzungen des Buchst c **im Erteilungsverfahren** abzusehen, so dass insoweit nur ein Nichtigkeitsgrund nach Art 15 Abs 1 Buchst a vorliegt. Deutschland hat von dieser Option keinen Gebrauch gemacht.

66   Durch Art 3 Buchst c soll sichergestellt werden, dass für ein Erzeugnis nicht mehrere Zertifikate erteilt werden und so der Schutz über das in Art 13 Abs 2 vorgesehene Maximum von fünf Jahren hinaus ausgedehnt wird.[158] Die Regelung ist insoweit aber unzulänglich. Denn nach Buchst c liegt ein Erteilungshindernis nur dann vor, wenn im Zeitpunkt der Anmeldung bereits ein Zertifikat erteilt ist. Der Ausschlussgrund greift also nicht ein, wenn zu diesem Zeitpunkt lediglich eine oder mehrere frühere Zertifikatsanmeldungen vorliegen.[159] Insoweit ist nicht ausgeschlossen, dass auf die mehreren Anmeldungen mehrere Zertifikate erteilt werden. Um diese zweckwidrige Regelungslücke zu schließen, schreibt **Art 3 Abs 2 Satz 1 PSMVO** ausdrücklich vor, dass einem Inhaber mehrerer Grundpatente für dasselbe Erzeugnis nicht mehrere Zertifikate für dieses Erzeugnis erteilt werden dürfen.[160] Nach dem 17. Erwägungsgrund zur PSMVO ist diese Bestimmung auch im Rahmen der AMVO anzuwenden; davon ist auch unter der kodifizierten Fassung der AMVO auszugehen, obwohl die Vorschrift nicht, wie zu erwarten gewesen wäre, in die Neufassung übernommen worden ist.[161] Möglich ist dies aber erst seit dem Inkrafttreten der PSMVO am 8.2.1997.[162] Vor diesem Zeitpunkt erteilte Zertifikate bleiben hiervon unberührt.

67   Abw von Art 3 Abs 2 Satz 1 PSMVO gestattet **Satz 2** dieser Vorschrift die Erteilung **mehrerer Zertifikate an verschiedene Inhaber** unterschiedlicher Patente für dasselbe Erzeugnis.[163] Die Vorschrift ist wie Art 3 Abs 2 Satz 1 PSMVO auch unter der kodifizierten Fassung der AMVO anzuwenden, obwohl die Vorschrift nicht, wie zu erwarten gewesen wäre, in die Neufassung übernommen worden ist.[164]

68   Wann von verschiedenen Inhabern idS auszugehen ist, ist umstr. Einerseits wird – einer mehr wirtschaftlichen Betrachtungsweise folgend – vertreten, dass konzernrechtl verbundene Gesellschaften nicht als mehrere Inhaber iS dieser Bestimmung anzusehen sind.[165] Die Gegenmeinung will dagegen grds auf eine rein formale Betrachtungsweise abstellen, soweit nicht die Erteilungsschranke des Art 3 Abs 2 Satz 1

---

153 EuGH C-392/97 Slg 1999 I 5553 = GRUR Int 2000, 69, 71 (Nr 22) Arzneispezialitäten.

154 Vgl BGH GRUR 2002, 415, 417 Sumatriptan; näher Rn 18.

155 BPatG 23.11.2007 14 W (pat) 10/05: bei Grundpatent für pharmazeutische Zusammensetzung, die neben dem Wirkstoff X ein helicobacter-hemmendes antimikrobielles Mittel enthält, ist eine Genehmigung für ein Erzeugnis, das nur das Wirkstoffsalz X erfasst, auch bei Zulassung in Kombination mit einem Antibiotikum nicht ausreichend; bestätigt durch BGH GRUR 2008, 890 Anti-Helicobacter-Präparat; ebenso *Brückner* Art 3 Rn 366 ff.

156 EuGH C-631/13 GRUR Int 2015, 272, 274 (Nr 34 ff) Forsgren.

157 *Mühlens* Mitt 1993, 213, 216.

158 Vgl die 36. Begründungserwägung zum AMVO-Kommissionsvorschlag bei *Schennen* S 92, 102.

159 *Von Morzé/Hanna* JPTOS 1995, 479, 486.

160 *Schennen* GRUR Int 1996, 102, 105.

161 *Brückner* Art 3 Rn 608 ff; *Kühnen* FS 50 Jahre BPatG (2011), 361, 365.

162 Wie hier *Benkard* § 16a Rn 28b.

163 EuGH Slg 2009 I 7295 = GRUR Int 2010, 41 AHP Manufactoring (Etanercept); schweiz BVerwG sic! 2011, 113 = GRUR Int 2011, 637 Etanercept; ebenso die Praxis des schweiz IGE seit 10.1.1997, sic! 1997, 112; vgl auch *von Morzé/Hanna* JPTOS 1995, 479, 485.

164 *Brückner* Art 3 Rn 608 ff; *Kühnen* FS 50 Jahre BPatG, S 361, 365.

165 Vgl *von Morzé/Hanna* JPTOS 1995, 479, 485.

PSMVO in missbräuchlicher Weise, insb durch eine Strohmannkonstruktion, umgangen werden soll.[166] Für die formale Sicht wird vor allem angeführt, dass es den Zertifikatsinhabern nach erfolgter Erteilung ohnehin freistehe, die Zertifikate durch Übertragung in einer Hand zu bündeln.[167] Die Frage ist freilich, ob man der Ratio des Art 3 Abs 2 PSMVO nicht – über die bloße Erteilungsschranke hinaus – ein **Übertragungs- und Bündelungsverbot** entnehmen muss.[168] Da das Patentamt im Erteilungsverfahren möglichen Verflechtungen mehrerer Anmelder untereinander naturgemäß nicht nachgehen kann, wird man sich insoweit mit einer rein formalen Prüfung der Personenverschiedenheit begnügen müssen.[169] Das schließt aber nicht aus, der (vorzugswürdigen) wirtschaftlichen Betrachtungsweise jedenfalls im Nichtigkeitsverfahren (Art 15 Abs 1 Buchst a AMVO) Geltung zu verschaffen.

Voraussetzung ist nach dem Wortlaut des Art 3 Abs 2 Satz 2 PSMVO, dass zum Zeitpunkt der betr An- **69** meldung **noch kein Zertifikat** auf das Erzeugnis (für wen auch immer) erteilt ist, so dass in diesem Fall nach der allg Regel des Buchst c eine Zertifikatserteilung ausgeschlossen wäre.[170] Nach der Rspr des EuGH ist Art 3 Abs 2 Satz 2 PSMVO (auch im Rahmen der AMVO) jedoch auch dann anzuwenden, wenn für einen oder mehrere andere Patentinhaber bereits ein Zertifikat erteilt ist, weil es andernfalls vom Zufall der Bearbeitungsdauer abhinge, ob der Zertifikatsschutz gewährt werden kann.[171]

Sowohl die allg Regel des Buchst c als auch Art 3 Abs 2 Satz 1 PSMVO greifen nur ein, soweit die Ertei- **70** lung mehrerer Zertifikate für das **identische Erzeugnis** begehrt wird. Beide Hindernisse stehen einer Zertifikatserteilung daher nicht entgegen, soweit es einerseits um ein Zertifikat für einen bestimmten Wirkstoff, andererseits um die Kombination dieses Wirkstoffs mit einem anderen Wirkstoff geht, sofern das Grundpatent beide schützt.[172] Denn insoweit schützt ein Patent tatsächlich mehrere Erzeugnisse. Voraussetzung ist jedoch, dass sich die Erzeugnisse **voneinander unterscheiden**.[173] Daran fehlt es im Fall von (im Rechtssinn unechten) Wirkstoffzusammensetzungen von Kombinationsarzneimitteln für unterschiedliche therapeutische Zwecke, da hier in Wirklichkeit mehrere Arzneimittel vorliegen, die lediglich aus Gründen der Praktikabilität oder zur Kostenreduzierung zu einem äußerlich einheitlichen Arzneimittel konfektioniert sind (Rn 20). Ist also zB aufgrund eines Patents für den Wirkstoff A (gegen Keuchhusten) und einer entspr Genehmigung für das Inverkehrbringen für ein Arzneimittel mit dem Wirkstoff A ein Zertifikat erteilt worden, kann nicht aufgrund eines weiteren Patents für die Wirkstoffe A (zB Impfstoff gegen Keuchhusten) und B (gegen Tetanus) und einer entspr Zulassung für einen Kombinationsimpfstoff A + B ein weiteres Zertifikat für die Wirkstoffkombination A + B erteilt werden,[174] da in diesem Fall bezüglich A identische Erzeugnisse vorliegen.

Ist einem Patentinhaber aufgrund eines Grundpatents, das als „**zentrale erfinderische Tätigkeit**" **71** einen Wirkstoff A (zB Irbesartan zur Bekämpfung von Bluthochdruck) und daneben in einem Unteranspruch eine Kombination dieses Wirkstoffs mit einem als solchen nicht geschützten bekannten Wirkstoff B (zB dem Diuretikum Hydrochlorthiazid) schützt, ein Zertifikat für den Wirkstoff A erteilt worden, steht nach der Rspr des EuGH Art 3 Buchst c der Erteilung eines weiteren Zertifikats für die Wirkstoffkombination A+B entgegen.[175] Anderes soll gelten, wenn die Kombination A+B Gegenstand eines weiteren Grundpatents ist.[176] Diese Rspr ist nicht zu Unrecht kritisiert worden.[177] Die Frage nach der „zentralen erfinderischen Tätigkeit" ist verfehlt und im Zertifikatserteilungsverfahren auch nicht zu klären. Ebenso muss unerheblich sein, ob die Wirkstoffkombination A+B Gegenstand eines Unteranspruchs oder eines eigen-

---

166 *Kühnen* FS 50 Jahre BPatG (2011), 361, 366; *Brückner* Art 3 Rn 616 ff.

167 *Kühnen* FS 50 Jahre BPatG (2011), 361, 366; *Brückner* Art 3 Rn 631; s auch *Markgraf* § 3 Art 3 Rn 37 aE.

168 Dagegen *Markgraf* § 3 Art 3 Rn 37 Fn 126.

169 Insoweit zutr *Kühnen* FS 50 Jahre BPatG (2011), 361, 366; s auch *Schulte* § 16a Rn 35.

170 Vgl *Schennen* GRUR Int 1996, 102, 106; BPatG 2.3.2000 15 W (pat) 23/99.

171 EuGH Slg 2009 I 7295 = GRUR Int 2010, 41 AHP Manufactoring (Etanercept).

172 EuGH C-484/12 GRUR 2014, 160 Georgetown University/OCN (Papillomaimpfstoff); EuGH C-577/13 GRUR Int 2015, 446, 449 Actavis Group PTC und Actavis UK.

173 EuGH C-484/12 GRUR 2014, 160, 161 (Nr 30) Georgetown University/OCN (Papillomaimpfstoff); EuGH C-443/12 GRUR 2014, 157, 158 (Nr 29) Actavis/Sanofi (Irbesartan).

174 EuGH C-322/10 Slg 2011 I 12051 = GRUR 2012, 257 (Nr 41) Medeva; EuGH C-422/10 Slg 2011 I 12051 = GRUR Int 2012, 144 (Nr 34) Georgetown University ua.

175 EuGH C-443/12 GRUR 2014, 157, 158 (Nr 30) Actavis/Sanofi (Irbesartan); EuGH C-577/13 GRUR Int 2015, 446 Actavis Group PTC und Actavis UK; BPatG GRUR 2014, 1073 „Telmisartan".

176 EuGH C-443/12 GRUR 2014, 157, 160 (Nr 42) Actavis/Sanofi (Irbesartan).

177 Vgl *Brückner* Art 3 Rn 430 ff; *Markgraf* § 3 Art 3 Rn 40 Fn 140.

ständigen Patents ist, denn auch ein auf die Wirkstoffkombination A+B gerichteter Unteranspruch kann unabhängig von der Anknüpfung an einen zweifelsfrei rechtsbeständigen Hauptanspruch für den Wirkstoff A auf einer schutzfähigen Leistung beruhen. Allerdings kann die eigenständige erfinderische Qualität der Kombination A+B auch in einem Nichtigkeitsverfahren nur geklärt werden, wenn sie in einem besonderen Patent beansprucht ist, weil ein entspr Unteranspruch jedenfalls von der Wirkstofferfindung A mitgetragen wird. Auf alles das kommt es aber nicht an. Denn der Gesetzeswortlaut stellt nicht darauf ab, ob für eine bestimmte Erfindung, sondern ob für das beanspruchte Erzeugnis, hier die Wirkstoffkombination A+B, bereits ein Zertifikat erteilt worden ist. Die entscheidende Frage wäre demzufolge gewesen, ob die Kombination A+B gegenüber dem Einzelwirkstoff A ein anderes Erzeugnis darstellt oder nicht. Das hängt von den pharmakologischen Eigenschaften, aber nicht von der erfinderischen Qualität ab. Demnach wäre eine ein Zertifikat ermöglichende eigenständige Erzeugnisqualität der Wirkstoffkombination A+B grds zu verneinen, wenn – wie es wohl im konkreten Fall war – die Hinzufügung von B lediglich die Wirkung von A verstärkt bzw verstärken soll, aber dann zu bejahen, wenn die medizinisch indizierte Verstärkung durch eine bloße Dosiserhöhung von A nicht zu erreichen wäre (s Rn 18).

72   Ebenso stellen der Wirkstoff in der besonderen Form, in der er ggf Gegenstand der arzneimittelrechtl Genehmigung ist, und der „Wirkstoff als solcher", sofern er dieselben pharmakologischen Eigenschaften aufweist, das **gleiche Erzeugnis** dar (und umgekehrt). Nach dem 14. Erwägungsgrund zur PSMVO, der über den 17. Erwägungsgrund zu dieser VO auch im Bereich der AMVO anzuwenden ist, steht diese Erzeugnisidentität, anders als beim Hinzufügen von Hilfsmitteln oder bei einer Änderung der Aufmachung,[178] der Erteilung mehrerer Zertifikate jedoch dann nicht entgegen, wenn die Derivate Gegenstand von Patenten sind, in denen sie besonders beansprucht werden (fiktive Nichtidentität, vgl Rn 26). Vgl im übrigen zum Begriff der Erzeugnisidentität Rn 78.

73   Ist auf der Grundlage zB eines Stoffpatents ein Zertifikat für einen bestimmten Wirkstoff erteilt worden, kommt die Erteilung eines **weiteren Zertifikats** für denselben Wirkstoff auf der Grundlage eines weiteren Patents, das eine **weitere medizinische Indikation** unter Schutz stellt, grds nicht mehr in Betracht.[179] Ob dies auch dann gilt, wenn das durch das erste Zertifikat geschützte Erzeugnis nicht unter dem Schutz des weiteren Patents für eine zweite oder weitere medizinische Indikation fällt, ist dzt nicht geklärt. Zu der Erteilungsvoraussetzung des Art 3 Buchst d hat der EuGH entschieden, dass im Hinblick auf ein Verwendungspatent für eine zweite oder weitere medizinische Indikation als erste Genehmigung für das Inverkehrbringen die erste für die betr Indikation erteilte Genehmigung anzusehen ist. Frühere Genehmigungen für andere Indikationen haben außer Betracht zu bleiben unabhängig davon, ob insoweit Patentschutz bestand oder besteht (näher Rn 79). Vor diesem Hintergrund liegt es nahe, dass unter den genannten Bedingungen die Erteilung eines Zertifikats für die weitere Indikation des betreffenden Erzeugnisses nicht durch das erste Zertifikat ausgeschlossen wird.

74   **f. Keine frühere Zulassung (Buchstabe d).** Art 10 Abs 5 gestattet es den Mitgliedstaaten, die Erteilung von Zertifikaten ohne Prüfung der Voraussetzungen des Buchst d vorzunehmen, so dass insoweit nur ein Nichtigkeitsgrund nach Art 15 Abs 1 Buchst a vorliegt. Auch hiervon hat Deutschland keinen Gebrauch gemacht.

75   Die Zulassung gem Buchst b muss die **erste Genehmigung** für das Inverkehrbringen als Arzneimittel im Anmeldestaat sein. Die Regelung ist Grundlage für die Berechnung der Anmeldefrist nach Art 7 Abs 1 und verhindert darüber hinaus, sofern es sich bei der betr Genehmigung im Anmeldestaat um die erste Genehmigung für das Inverkehrbringen in der Gemeinschaft handelt, eine Verlängerung der Laufzeit über den in Art 13 vorgesehenen Zeitraum hinaus.[180] Ist für das Erzeugnis in einem anderen Mitgliedstaat bereits früher eine Genehmigung für das Inverkehrbringen erteilt worden, hat Buchst d nur für die Berechnung der Anmeldefrist nach Art 7 Abs 1 Bedeutung.

76   Wie sich aus der Bezugnahme auf Buchst b unmittelbar ergibt, muss es sich bei der ersten Genehmigung für das Inverkehrbringen iSv Buchst d um eine solche handeln, die den **Anforderungen** der RL 2001/83/EG oder 2001/82/EG bzw vormals der RL 65/65/EWG oder 81/851/EWG entspricht. Andere Geneh-

---

178   Vgl BGH GRUR 2010, 123, 131 (Nr 76) Escitalopram.
179   EuGH C-202/05 Slg 2007 I 2839 = Mitt 2007, 308 f Calcitriol.
180   *Schennen* Art 3 Anm 6; BPatGE 41, 56, 63.

migungen wie zB fiktive Zulassungen nach § 105 Abs 1 AMG für Altarzneimittel haben daher außer Betracht zu bleiben[181] (s aber oben Rn 29 und unten Rn 154).

Der Begriff der ersten Genehmigung ist **erzeugnisbezogen** auszulegen. Maßgeblich ist also nicht, **77** wann (und ob) gerade dem Inhaber des Grundpatents bzw Anmelder des Zertifikats eine erste Genehmigung für das Inverkehrbringen erteilt worden ist. Vielmehr kommt es darauf an, wann eine erste Genehmigung für das Erzeugnis als solches im Anmeldestaat erteilt worden ist, sei es auch einem Dritten (arg Art 8 Abs 1 Buchst a Nr iv)[182] (s auch unten Rn 113).

Es kommt darauf an, wann das **identische Erzeugnis**, dh der Wirkstoff oder die Wirkstoffkombina- **78** tion iSv Art 1 Buchst b, für den/die das Zertifikat beantragt wird, **zum ersten Mal** arzneimittelrechtl zum Inverkehrbringen zugelassen worden ist. Ist die Erstzulassung im Anmeldezeitpunkt bereits erloschen, ist aber später eine erneute Zulassung erfolgt, die im Anmeldezeitpunkt gültig ist, kann ein Zertifikat nicht erteilt werden.[183] Der Begriff des Erzeugnisses ist, wie durch Art 1 Buchst b vorgegeben, stoffbezogen auszulegen. Daher stellen neue Dosierungen oder Dosierungsformen eines Wirkstoffs, für den bereits früher eine arzneimittelrechtl Zulassung erteilt wurde, ungeachtet der insoweit erforderlichen neuen Zulassung keine neuen Erzeugnisse dar.[184] Unterscheidet sich ein Derivat eines Wirkstoffs (zB Doxorubicin-Sulfat) gegenüber einem anderen Derivat (zB Doxorubicin-Hydrochlorid) nur in einer verbesserten Wirksamkeit oder in der Verminderung unerwünschter Nebenwirkungen, handelt es sich gleichwohl um dasselbe Erzeugnis;[185] auch insoweit ist es unerheblich, ob für die Derivate gesonderte Zulassungen erforderlich sind.[186] Ein Wirkstoff einerseits und die Kombination desselben Wirkstoffs mit einem sonstigen nicht arzneilich wirksamen Bestandteil stellen identische Erzeugnisse dar; liegt eine frühere Zulassung für den Wirkstoff allein und eine spätere Zulassung für die Kombination vor (oder umgekehrt), ist die jeweils frühere Zulassung die erste Genehmigung iSv Art 3 Buchst d.[187]

Nach den vorstehenden Regeln begründet eine **neue Indikation desselben Wirkstoffs**, im Hinblick **79** auf die eine zweite arzneimittelrechtl Zulassung erteilt worden ist, **grds kein neues Erzeugnis**; abzustellen ist in diesem Fall auf die hinsichtlich der ersten Indikation erteilte Zulassung.[188] Daher ist Erzeugnisidentität auch dann gegeben, wenn das Erzeugnis zum einen als Tierarzneimittel, zum andern als Humanarzneimittel zugelassen worden ist; erste Genehmigung ist dann die frühere der beiden Zulassungen.[189] Diese Grundsätze erfahren nach der Rspr des EuGH jedoch eine weitreichende Durchbrechung für den Fall, dass der Inhaber eines Verwendungspatents für eine zweite oder weitere medizinische Indikation eines bekannten Wirkstoffes ein Zertifikat beantragt. In diesem Fall stellt die erste Genehmigung für das Inverkehrbringen des betr Wirkstoffs mit der durch das Grundpatent geschützten Indikation die erste Genehmigung iSv Art 3 Buchst d dar; frühere Genehmigungen für andere veterinär- oder humanmedizinische Indikationen bleiben außer Betracht.[190] Patentrechtl Voraussetzung ist, dass – insoweit selbstverständlich – die betr zweite oder weitere Indikation in den Schutzbereich des für die Zertifikatsanmeldung herangezogenen Grundpatents fällt[191] und dass andererseits die früher genehmigten Verwendungen außerhalb des

---

181 BPatGE 50, 265 = GRUR 2008, 892, 894 „Memantin".

182 *Kühnen* FS 50 Jahre BPatG (2011), 361, 370; *Markgraf* § 3 Art 3 Rn 47.

183 Offen gelassen in BPatGE 42, 258, 266 = GRUR Int 2001, 921, 923 (zu Art 3 I Buchst d PSMVO).

184 Vgl die 36. Begründungserwägung zum AMVO-Kommissionsvorschlag, abgedruckt bei *Schennen* S 92, 102; *Scheil* Mitt 1997, 55, 58; s auch EuGH C-259/99 Slg 2001 I 3643 = GRUR Int 2001, 754, 756 (Nr 28 f) BASF/Bureau voor de Industriële Eigendom (Chloridazon) (zu Art 1 Nr 2, 3 und 8 sowie Art 3 I Buchst d PSMVO); schweiz ERGE sic! 2005, 590: maßgebend die Wirkstoffe; einschränkend *Kohler/Friedli* sic! 2011, 92 ff; kr *Brückner* Art 1 Rn 185.

185 BGH GRUR 2009, 41, 42 (Nr 11 f) Doxorubicin-Sulfat; BGH 14.10.2008 X ZB 5/08 zu BPatG 7.12.2007 14 W(pat) 15/05 „Doxorubicin-Sulfat".

186 BGH GRUR 2010, 123, 131 (Nr 74) Escitalopram.

187 BPatGE 41, 56; BPatGE 46, 142 = GRUR 2003, 696.

188 EuGH C-202/05 Slg 2007 I 2839 = Mitt 2007, 308 Calcitriol; krit hierzu *Kraßer* S 582; vgl auch BPatGE 50, 265 = GRUR 2008, 892, 895 „Memantin"; aA ERGE sic! 1999, 449, 450 Ciclosporin; *Scheil* Mitt 1997, 55, 58; *Kohler/Friedli* sic! 2011, 92, 94.

189 Vgl EuGH C-31/03 Slg 2004 I 10001 = GRUR 2005, 139 Dostinex (zu Art 19 aF); vorausgehend BPatGE 44, 69 und BGH GRUR 2003, 599 Cabergolin I; nachfolgend BGH GRUR 2005, 405 Cabergolin II.

190 EuGH C-130/11 GRUR Int 2012, 910 (Nr 25 f) Neurim Pharmaceuticals.

191 EuGH Neurim Pharmaceuticals (Nr 25).

Hacker

Schutzbereichs liegen.[192] Unerheblich ist demgegenüber, ob die frühere Genehmigung für das Inverkehrbringen zu anderen veterinär- oder humanmedizinischen Therapiezwecken durch ein Patent gedeckt war.[193] Bedeutung hat dies etwa, wenn das Verwendungspatent für die zweite oder weitere medizinische Indikation von einem noch in Kraft stehenden Erzeugnispatent für den Wirkstoff selbst abhängig ist.[194] Eine solche Abhängigkeit steht dann der Zertifikatserteilung nicht entgegen.

80 　　Darüber hinaus ist zu beachten, dass der Erzeugnisbegriff ggf eine **patentrechtliche Modifikation** erfährt (Rn 22). Erzeugnis ist insoweit der in der Anmeldung bezeichnete Wirkstoff, wie er durch das Grundpatent geschützt ist und in einer seiner möglichen Formen Gegenstand einer Genehmigung für das Inverkehrbringen ist.[195] Wird zB ein Zertifikat für den durch das Grundpatent geschützten Wirkstoff Idarubicin beantragt und wurde eine Zulassung zunächst für ein Arzneimittel mit dem Salz dieses Wirkstoffs, zB Idarubicinhydrochlorid, und später eine weitere Zulassung für ein Arzneimittel mit Idarubicin als Wirkstoff erteilt, stellt die Zulassung von Idarubicinhydrochlorid die erste Zulassung (auch) im Hinblick auf den Wirkstoff Idarubicin dar;[196] zu zwei Derivaten desselben Wirkstoffs Rn 78. Dies ist gewissermaßen die (dem Anmelder ungünstige) Kehrseite des erweiterten Erzeugnisbegriffs. Anders liegt es wiederum, wenn der Wirkstoff („als solcher") und sein Derivat qualitativ unterschiedliche Wirkungen hervorrufen, denn in diesem Fall handelt es sich in Wirklichkeit um zwei verschiedene Wirkstoffe, also um zwei Erzeugnisse. Als unterschiedlich eingestuft worden sind auch (bei unterschiedlicher pharmakologischer Wirkung) ein einzelnes Enantiomer und ein Razemat eines Wirkstoffs.[197]

81 　　Besteht nach den geschilderten Grundsätzen **Erzeugnisidentität**, ändert sich daran auch dann nichts, wenn die betr Stoffe Gegenstände von Patenten sind, in denen sie gesondert beansprucht werden. Denn die insoweit im 14. Erwägungsgrund zur PSMVO angeordnete fiktive Nichtidentität (vgl Rn 26 und 72) betrifft nur das Erteilungshindernis des Art 3 Buchst c, nicht aber Art 3 Buchst d.[198]

82 　　Zwh kann die Erzeugnisidentität insb bei **Wirkstoffzusammensetzungen** sein. Das schweiz BG geht davon aus, dass eine Zusammensetzung aus zwei Wirkstoffen A und B in einem bestimmten Verhältnis gegenüber einer Zusammensetzung aus denselben Wirkstoffen in einem anderen Verhältnis wegen der möglicherweise verschiedenen pharmakologischen Eigenschaften ein anderes Erzeugnis darstellen kann; eine frühere Zulassung für eine Zusammensetzung in anderem Verhältnis ist demnach nicht als erste Genehmigung anzusehen.[199] Demgegenüber hat das BPatG unter Hinweis auf die „Idarubicin"-Rspr angenommen, dass dann, wenn die Zusammensetzung aus den Wirkstoffen A und B allgemein durch ein Grundpatent geschützt ist, die Änderung des Verhältnisses (91:9 gegenüber vorher 50:50) lediglich zu einer anderen Form desselben Erzeugnisses führe, die frühere Zulassung für die Zusammensetzung 50:50 also die erste Genehmigung auch im Hinblick auf die Zusammensetzung 91:9 darstelle.[200] Die zu dem besonderen Problem der Derivate entwickelte „Idarubicin"-Rspr und die damit verbundene Erweiterung des Erzeugnisbegriffs dürfte sich jedoch auf die Frage der Erzeugnisidentität bei Wirkstoffzusammensetzungen nicht übertragen lassen. Die „Idarubicin"-Rspr dient dazu, einen angemessenen Zertifikatsschutz für den „Wirkstoff als solchen" ungeachtet der besonderen Form zu verschaffen, in der er Gegenstand der arzneimittelrechtl Zulassung ist. Demgegenüber lässt sich die „Wirkstoffkombination als solche", dh unabhängig von einer bestimmten Bemessung der Anteile, also quasi als Abstractum, kaum als „Wirkstoff als solcher" iS dieser Rechtsprechung begreifen. Richtigerweise wird mit dem Ansatz des schweiz BG darauf

---

192 Vgl Schlussanträge Nr 54 f in der Rechtssache C-130/11; *Schell* GRUR Int 2013, 509, 512; weniger deutlich EuGH Neurim Pharmaceuticals (Nr 26); näher hierzu *Brückner* Mitt 2014, 156.

193 EuGH Neurim Pharmaceuticals (Nr 25).

194 Vgl *Benkard* § 3 Rn 392.

195 BPatGE 42, 258, 266 = GRUR Int 2000, 921, 923 „Fusilade".

196 Vgl die 36. Begründungserwägung (2. Abs) des AMVO-Kommissionsvorschlags, abgedruckt bei *Schennen* S 92, 102.

197 BGH GRUR 2010, 123 (Nr 66 ff) Escitalopram; s auch brit Court of Appeal GRUR Int 2009, 878 Generics/Daiichi; öOGH GRUR Int 2011, 628 Escitalopram; BPatG 29.3.2012 3 Ni 22/10: abw Feststellung nicht möglich.

198 Vgl BGH GRUR 2009, 41, 42 (Nr 13) Doxorubicin-Sulfat; nur scheinbar aA BGH GRUR 2010, 123, 131 Escitalopram, wo zwar in Nr 76 der 14. Erwägungsgrund zur PSMVO auch im Rahmen des Art 3 Buchst d herangezogen, dann aber in Nr 77 doch entscheidend auf die unterschiedlichen pharmakologischen Eigenschaften, also auf die arzneimittelrechtl Rückkorrektur abgestellt wird.

199 Schweiz BG sic! 1999, 153, 154 Arzneimittel.

200 BPatGE 42, 258, 266 = GRUR Int 2000, 921, 923 „Fusilade" (zu Art 3 I Buchst d PSMVO).

abzustellen sein, ob die Zusammensetzungen ungeachtet der verschiedenen Anteilsverhältnisse dieselben pharmakologischen Eigenschaften iSv Art 1 Buchst a aufweisen (dann Erzeugnisidentität) oder nicht.[201] Zu diesem Ergebnis führt im übrigen auch der Lösungsansatz des BPatG. Denn auch der patentrechtl iSd „Idarubicin"-Rspr erweiterte Erzeugnisbegriff steht unter dem Vorbehalt gleicher pharmakologischer Eigenschaften (Rn 23). Freilich kann man sich insoweit nicht – wie das schweiz BG anzunehmen scheint – mit der bloßen Möglichkeit verschiedener Eigenschaften der beiden Zusammensetzungen begnügen. Ob unter diesem Gesichtspunkt Erzeugnisidentität vorliegt oder nicht, ist vielmehr im Erteilungsverfahren abschließend zu klären.

Eine Wirkstoffzusammensetzung A + B stellt gegenüber dem Wirkstoff A ein **anderes Erzeugnis** dar. **83** Ist daher ein Zertifikat für die Zusammensetzung A + B beantragt, handelt es sich bei der früheren Zulassung für den Wirkstoff A gegenüber einer späteren Zulassung für die Kombination A+B nicht um eine frühere erste Genehmigung für das Inverkehrbringen iSv Buchst d.[202] Anders liegt es aber, wenn der Bestandteil B lediglich ein nicht arzneilich wirksamer oder ein sonstiger Bestandteil ist (Rn 78 aE).

Eine andere Beurteilung ist auch bei (im Rechtssinn unechten) **Wirkstoffzusammensetzungen von** **84** **Kombinationsarzneimitteln für unterschiedliche therapeutische Zwecke** geboten, da hier in Wirklichkeit mehrere Arzneimittel vorliegen, die lediglich aus Gründen der Praktikabilität oder zur Kostenreduzierung zu einem äußerlich einheitlichen Arzneimittel konfektioniert sind (Rn 20). Ist also zB ein Zertifikat für den Wirkstoff A (zB ein Impfstoff zur Verhütung von Keuchhusten) beantragt, so ist es zwar unschädlich, wenn die Zulassung ein Kombinationsarzneimittel (zB Kombinationsimpfstoff mit den Wirkstoffen A – gegen Keuchhusten – und B – gegen Tetanus –) betrifft (Rn 62). Dies ist dann aber auch die erste Genehmigung für den Wirkstoff A. Wird später zB auch eine Zulassung für die Wirkstoffkombination A+B+C (C zB ein Impfstoff gegen Diphtherie) erteilt, liegt bezüglich A gleichwohl Erzeugnisidentität vor. Es bleibt also dabei, dass die Zulassung von A+B die erste Genehmigung für das Inverkehrbringen iSv Art 3 Buchst d ist.[203] Gleiches gilt, wenn die erste Zulassung nur ein Monopräparat mit dem Wirkstoff A betraf.

In der schweiz Rspr ist verschiedentlich angenommen worden, dass eine arzneimittelrechtl **Zulas-** **85** **sung**, die **vor dem Prioritätstag des Grundpatents** erteilt wurde, nicht als erste Genehmigung für das Inverkehrbringen desselben Erzeugnisses angesehen werden könne, weil andernfalls die Neuheit des Gegenstands des Grundpatents in Frage gestellt werde, was aber im Zertifikatserteilungsverfahren nicht zu prüfen sei.[204] Dies trifft jedoch so nicht zu. Zwar spielt die mögliche Nichtigkeit des Grundpatents im Zertifikatserteilungsverfahren keine Rolle. Dies ist ggf im Verfahren nach Art 15 Abs 1 Buchst a zu klären. Daraus kann aber keine bindende positive Vorgabe für die im Rahmen des Art 3 Buchst d zu treffende Beurteilung hergeleitet werden, ob es sich bei der vor dem Prioritätstag erteilten Genehmigung um die erste Genehmigung für das Inverkehrbringen gehandelt hat.[205]

Artikel 4
Schutzgegenstand
In den Grenzen des durch das Grundpatent gewährten Schutzes erstreckt sich der durch das Zertifikat gewährte Schutz allein auf das Erzeugnis, das von der Genehmigung für das Inverkehrbringen des entsprechenden Arzneimittels erfasst wird, und zwar auf diejenigen Verwendungen des Erzeugnisses als Arzneimittel, die vor Ablauf des Zertifikats genehmigt wurden.

5. Artikel 4

a. Schutzgegenstand. Das ergänzende Schutzzertifikat wird für ein bestimmtes Erzeugnis, dh für ei- **86** nen Wirkstoff oder eine Wirkstoffzusammensetzung, erteilt (Art 1 Buchst b, Art 2).[206] Damit ist der Schutzgegenstand des Zertifikats definiert, der jedoch nach Art 4 von zwei Richtungen her eine **Einschränkung**

---

201 Ebenso *Benkard* § 16a Rn 29c; vorsichtig zust auch *Markgraf* § 3 Art 1 Rn 10.
202 Vgl schweiz BG sic! 1998, 594 Fosinopril.
203 EuGH C-322/10 Slg 2011 I 12051 = GRUR 2012, 257 (Nr 40) Medeva; EuGH C-422/10 Slg 2011 I 12051 = GRUR Int 2012, 144 (Nr 33) Georgetown University ua.
204 Schweiz BG sic! 1999, 153 ff Arzneimittel; ERGE sic! 1999, 449 f Ciclosporin.
205 Ebenso BPatGE 50, 265 = GRUR 2008, 892, 895 f „Memantin".
206 BGH GRUR 2002, 415, 417 f Sumatriptan; BGH GRUR 2002, 47 f Idarubicin III; LG Düsseldorf GRUR-RR 2012, 58 f.

erfährt. Eine erste Einschränkung erfolgt **durch das Grundpatent**. Dieses bestimmt die Kategorie des durch das Zertifikat vermittelten Schutzes. Handelt es sich bei dem Grundpatent um ein Stoffpatent, schützt auch das Zertifikat das Erzeugnis als Stoff. Handelt es sich dagegen bei dem Grundpatent um ein (Herstellungs-)Verfahrenspatent, beschränkt sich der Schutz des Zertifikats auf den Stoff, soweit er nach dem patentierten Verfahren hergestellt worden ist.[207] Aufgrund eines Verwendungspatents schließlich kann auch das Zertifikat nur die patentierte Verwendung des Erzeugnisses schützen.[208]

87 Eine zweite Einschränkung erfährt der Schutzgegenstand des Zertifikats durch die ihm gem Art 3 Buchst b und d zugrunde liegende **arzneimittelrechtliche Zulassung.** Dies bedeutet, wie der EuGH klargestellt hat, nicht, dass das Erzeugnis (der Wirkstoff oder die Wirkstoffzusammensetzung) durch das Zertifikat nur in der besonderen Form geschützt wird, in der es der Zulassung zugrunde liegt.[209] Ein solches Verständnis ist zwar an sich durch den 10. Erwägungsgrund (Satz 3) zur AMVO nahegelegt. Dieser Erwägungsgrund ist jedoch nach dem 17. Erwägungsgrund zur PSMVO iSd 13. Erwägungsgrunds zu dieser VO zu lesen. Demnach gewährt das Zertifikat Schutz für einen Wirkstoff („als solchen") und seine Derivate (Salze oder Ester), wenn auch das Grundpatent für den Wirkstoff und seine Derivate gilt. Erfasst die arzneimittelrechtl Zulassung den Wirkstoff nur in einer besonderen Form, zB eines Salzes, wirkt sich dies nicht schutzbeschränkend auf das Zertifikat aus. Das Zertifikat kann also nicht nur für den „Wirkstoff als solchen" erteilt werden, sondern genießt dann auch Schutz für diesen. Erst recht lässt sich aus Art 4 keine Beschränkung des Schutzes auf die durch die Zulassung festgelegte Darreichungsform und Dosierung entnehmen.[210] Art 4 PSMVO bringt dies dadurch zum Ausdruck, dass von den „Genehmigungen" gesprochen wird.[211] Nach dem 17. Erwägungsgrund zur PSMVO ist dies auch im Rahmen der AMVO zu beachten. Erst recht beschränkt sich der Schutzgegenstand des Zertifikats nicht auf das konkret zugelassene Arzneimittel.[212] Dessen unbeschadet kommt der arzneimittelrechtl Zulassung aber eine schutzbegrenzende Funktion insoweit zu, als sich der durch das Zertifikat vermittelte Erzeugnisschutz auf die durch die Zulassung gestattete Verwendung (Human-/Tierarzneimittel; Indikation) beschränkt. Insoweit handelt es sich bei dem durch das Zertifikat vermittelten Schutz um **zweckgebundenen Stoffschutz.**[213]

88 Nach Art 4 **erweitert** sich diese Zweckbindung auf alle weiteren Verwendungen, die vor Ablauf des Zertifikats arzneimittelrechtl genehmigt werden (zB nachträgliche Zulassung eines Humanarzneimittels auch als Tierarzneimittel;[214] Zulassung für weitere Indikationen). Dabei kommt es, wie auch im Rahmen des Art 3, nicht darauf an, ob die weiteren Verwendungen gerade für den Inhaber des Zertifikats zugelassen werden.[215] Diese Erweiterung des zweckgebundenen Stoffschutzes kann sich jedoch nur insoweit auswirken, als die weiteren Verwendungen auch durch das Grundpatent erfasst werden.[216] Deckt dieses (als Verwendungspatent) nur die Verwendung des Erzeugnisses iSd ersten arzneimittelrechtl Zulassung ab, führen weitergehende Zulassungen für andere Verwendungen (Indikationen) nicht zu einem erweiterten Schutzgegenstand des Zertifikats.[217]

89 **b. Schutzbereich.** Bei Patenten wird der Schutzbereich durch die Patentansprüche unter Berücksichtigung der Beschreibung und der Zeichnungen bestimmt (§ 14 PatG, Art 69 Abs 1 EPÜ und Auslegungspro-

---

207 Vgl schweiz BG sic! 1999, 655 f Fluoxetin; *Benkard* § 16a Rn 34; *Schulte* § 16a Rn 45.

208 *Benkard* § 16a Rn 34; *Schulte* § 16a Rn 45.

209 EuGH C-392/97 Slg 1997, 5553 = GRUR Int 2000, 69, 71 (Nr 22) Arzneispezialitäten.

210 *Schennen* Art 4 Anm 4.

211 Hierzu *Schennen* GRUR Int 1996, 102, 106.

212 LG Düsseldorf GRUR-RR 2012, 58, 59.

213 *Benkard* § 16a Rn 35; *Benkard-EPÜ* Art 63 Rn 28; *Kraßer* S 586 (§ 26 A II b 9); *Schennen* GRUR Int 1996, 102, 106 Fn 27; *Brändel* GRUR 2001, 875, 877; *Brückner* Art 4 Rn 33; *Markgraf* § 3 Art 4 Rn 17; *Fitzner/Lutz/Bodewig* § 16a Rn 7; LG Düsseldorf GRUR-RR 2012, 58 f; ebenso Generalanwältin *Trstenjak* im Schlussantrag Nr 107 in den Rechtssachen C-322/10 („Medeva") und C-422/10 Slg 2011 I 12051 = GRUR Int 2012, 144 („Georgetown University"); kr hierzu, aber (auch de lege ferenda) nicht überzeugend *von Morzé/Hanna* JPTOS 1995, 479, 496 f.

214 Vgl BGH GRUR 2003, 599, 601 Cabergolin I.

215 *Schennen* Art 4 Anm 5; *ders* GRUR Int 1996, 102, 110; *Benkard-EPÜ* Art 63 Rn 30; *Benkard* § 16a Rn 37; *Brückner* Art 4 Rn 41; *Markgraf* § 3 Art 4 Rn 16; *Schulte* § 16a Rn 48 aE; kr *Kraßer* S 586 f (§ 26 A II b 9); unrichtig *König/Müller* GRUR Int 2000, 121, 126 f.

216 *Benkard* § 16a Rn 37.

217 EuGH C-130/11 GRUR Int 2012, 910 (Nr 25) Neurim Pharmaceuticals.

tokoll hierzu). Für Zertifikate ist die Formulierung von Schutzansprüchen nicht vorgesehen.[218] Es gibt auch keine Beschreibung und keine Zeichnungen. Das Zertifikat wird vielmehr für einen genau zu bezeichnenden Wirkstoff bzw eine Wirkstoffzusammensetzung erteilt, für den/die die Voraussetzungen des Art 3 erfüllt sind.[219] Daraus ergibt sich unmittelbar, dass **das Zertifikat als solches keinen eigenständig zu bestimmenden Schutzumfang** aufweist.[220] In diesem Sinn darf auch die Verweisung in § 16a Abs 2 auf § 14 nicht verstanden werden. Der Schutzbereich des Zertifikats ist vielmehr anhand des Grundpatents und insoweit – über § 16a Abs 2 – nach Maßgabe von § 14/Art 69 Abs 1 EPÜ zu bestimmen,[221] jedoch beschränkt auf das durch das Zertifikat geschützte Erzeugnis. Für die Bestimmung des Schutzbereichs des Zertifikats, die wie bei einem Patent nie abstrakt, sondern stets nur im Hinblick auf eine konkret angegriffene Verletzungsform erfolgen kann,[222] ist demnach auf das Grundpatent zurückzugreifen. Dessen (möglicherweise weitergehende) Patentansprüche sind so zu lesen, als ob darin (nur) der im Zertifikat bezeichnete Wirkstoff angegeben wäre, und zwar für die zugelassene Verwendung des Wirkstoffs als Arzneimittel.[223] Beschreibung und Zeichnungen des Grundpatents sind sodann zur Auslegung der so im Licht des Zertifikats zu lesenden Patentansprüche heranzuziehen.[224]

Nach diesen Grundsätzen kann aus einem für einen bestimmten **Wirkstoff** A erteilten Zertifikat ohne **90** weiteres gegen ein Arzneimittel vorgegangen werden, das diesen Wirkstoff ggf in Kombination mit weiteren Wirkstoffen enthält,[225] sofern das Grundpatent dies deckt. Umgekehrt kann bei einem auf eine **Wirkstoffkombination** gerichteten Grundpatent unabhängig von der Beurteilung der arzneilichen Wirksamkeit ein Schutz für einen der Wirkstoffe allein eine unzulässige Teilkombination darstellen, so dass der Schutz damit unzulässigerweise über den durch das Grundpatent verliehenen hinausginge.[226]

Aus dem Zertifikat kann wie aus dem Grundpatent auch gegen **äquivalente Ausführungsformen 91** vorgegangen werden.[227] Ist zB – durch das Grundpatent wie durch das Zertifikat – die freie Base eines Wirkstoffs geschützt, erfasst der Schutz auch die in den Äquivalenzbereich fallenden Salze und Ester.[228] Das BPatG sieht es für einen Chemiker als selbstverständlich an, dass der Schutzbereich einer Erfindung, die eine organische Verbindung mit einer komplexen Molekülstruktur und zB einer Carboxyl- oder Aminogruppe betrifft, nicht verlassen wird, wenn eine Salzbildung dieser Gruppen vorliegt.[229] Das gilt indessen nur bei organisch-chemischen Verbindungen, dagegen nicht ohne weiteres bei Proteinen als Wirkstoff. Bei diesen kann es bereits durch geringfügige Modifikation bzw Derivatisierung zu wesentlichen Strukturveränderungen kommen, so dass die Ausdehnung des Zertifikatsschutzes auf Derivate wie Salze und Ester des freien Wirkstoffs nicht generell anwendbar ist; vielmehr muss die Frage, welche Derivate unter den Zertifikatsschutz fallen, individuell geklärt werden.[230]

Besonderes gilt, wenn das Zertifikat – entspr der früher vorherrschenden Meinung (Rn 37) – für einen **92** Wirkstoff erteilt wurde, der von den Patentansprüchen des Grundpatents nicht wortlautgem erfasst wird, sondern seinerseits, als Verletzungsform gedacht, lediglich eine **Benutzung des Grundpatents im Äqui-**

---

218 BPatGE 41, 56, 63 f.

219 BGH GRUR 2002, 47 ff Idarubicin III; s auch Art 10 Rn 120.

220 So auch *Schulte* § 16a Rn 50; *Brückner* Art 5 Rn 67; anders wohl BGH GRUR 1998, 363, 366 Idarubicin I.

221 Vgl EuGH C-392/97 Slg 1999 I 5553 = GRUR Int 2000, 69, 71 (Nr 27) Arzneispezialitäten/Farmitalia; BGH GRUR 2008, 890 (Nr 5) Anti-Helicobacter-Präparat; so wohl auch Begr PatGÄndG BlPMZ 1993, 205, 208 f, anders aber S 209 zu Buchst l, wo vom Schutzbereich des Zertifikats gesprochen wird.

222 BGH GRUR 2000, 683, 685 Idarubicin II; BGH GRUR 1998, 363, 365 Idarubicin I.

223 *Benkard* § 16a Rn 38; *Brückner* Art 4 Rn 14 und Art 5 Rn 5; wohl auch *Markgraf* § 3 Art 4 Rn 6; LG Düsseldorf GRUR-RR 2012, 58, 60.

224 Wie hier *Schulte* § 16a Rn 50; wohl auch *Hirsch/Hansen* Der Schutz von Chemie-Erfindungen S 272; vgl auch ÖPA öPBl 2002, 176, 179 „Lansoprazol".

225 LG Düsseldorf GRUR-RR 2012, 58, 60 f; vgl auch EuGH C-322/10 Slg 2011 I 12051 = GRUR 2012, 257 (Nr 39) Medeva; EuGH C-6/11 Slg 2011 I 12255 = GRUR Int 2012, 356 Ls (Nr 29) Daiichi Sankyo; EuGH 25.11.2011 C-630/10 Slg 2011 I 12231 = GRUR Int 2012, 356 (Nr 34) University of Queensland ua; EuGH GRUR 2012, 386 Novartis/Actavis; ausführlich *Brückner* Art 5 Rn 83 ff; aA *Gassner* PharmR 2011, 361, 367.

226 BGH Anti-Helicobacter-Präparat; s auch schweiz BVerwG sic! 2012, 48, 50 Panitumumab.

227 *Schennen* Art 4 Anm 3 *Markgraf* § 3 Art 4 Rn 8; *Schulte* § 16a Rn 51; *Brückner* Art 5 Rn 60 ff; einschränkend *Feldges/Kramer* FS v Meibom S 57 ff.

228 BGH GRUR 2000, 683, 685 Idarubicin II; *Bopp/Lux* PharmaR 2000, 2, 6; *Markgraf* § 3 Art 4 Rn 12.

229 BPatGE 43, 167.

230 Vgl ÖPA öPBl 2003, 131.

Hacker

valenzbereich darstellen würde. In diesem Fall kann – scheinbar – das Problem entstehen, dass auch Äquivalente von Äquivalenten in den Schutzbereich des Zertifikats miteinbezogen werden, die vom Schutzbereich des Grundpatents möglicherweise nicht mehr erfasst sind. Da jedoch nach der hier vertretenen Auffassung das Zertifikat keinen eigenständigen Schutzbereich hat, ist für die Beurteilung einer Verletzung des Zertifikats stets und nur auf den Schutzbereich des Grundpatents abzustellen.[231] Soweit es demgegenüber für erforderlich gehalten wird, in einem ersten Schritt zu prüfen, ob die angegriffene Ausführungsform gegenüber dem im Zertifikat bezeichneten Wirkstoff als Äquivalent angesehen werden kann, und in einem zweiten Schritt, ob die angegriffene Ausführungsform sich auch gegenüber dem Gegenstand des Grundpatents als Äquivalent darstellt,[232] ist dem nicht zuzustimmen. Zur Begründung des ersten Schritts wird insoweit geltend gemacht, dass der Zertifikatsschutz nur zweckgebunden erteilt worden sei und deshalb Äquivalenz gegenüber dem im Zertifikat angegebenen Wirkstoff für die zugelassene Verwendung als Arzneimittel vorliegen müsse.[233] Dabei wird jedoch übersehen, dass schon im Ausgangspunkt die Patentansprüche des Grundpatents mit einer entspr Einschränkung zu lesen sind (Rn 89).[234] Damit führt die einstufige Prüfung zwangsläufig zum selben Ergebnis, die zweistufige zu einer unnötigen Doppelung. Im übrigen kann das Problem nicht mehr auftreten, nachdem Zertifikate nur noch für Wirkstoffe erteilt werden können, die in den Patentansprüchen des Grundpatents genannt sind (Rn 39).

93   Auch sonst ist streng darauf zu achten, dass der Inhaber des Zertifikats **nicht besser gestellt** ist als der Inhaber des Grundpatents. Wird mit der aus einem Zertifikat angegriffenen Ausführungsform von der Lehre des Grundpatents nicht wörtlich Gebrauch gemacht, sondern fällt diese Ausführungsform allenfalls in den Äquivalenzbereich des Grundpatents, und könnte sich im Hinblick hierauf der angegriffene Verletzer auf den „Formstein"-Einwand berufen, kann er dies auch gegenüber einer Klage aus dem Zertifikat, mag dieses auch wörtlich verletzt sein. Das ist keine Durchbrechung der zum Formstein-Einwand entwickelten Grundsätze, sondern ergibt sich wiederum unmittelbar daraus, dass das Zertifikat keinen eigenständig zu bestimmenden, vom Grundpatent zu unterscheidenden (und ggf erst in einem zweiten Schritt auf dessen Schutzbereich zurückzuführenden) Schutzbereich aufweist.[235]

Artikel 5
Wirkungen des Zertifikats
    Vorbehaltlich des Artikels 4 gewährt das Zertifikat dieselben Rechte wie das Grundpatent und unterliegt denselben Beschränkungen und Verpflichtungen.

6. Artikel 5

94   **a.** Für Zertifikate auf der Grundlage **europäischer Patente** (auch und insb solche mit einheitlicher Wirkung) enthält Art 30 EPGÜ eine gleichlautende Bestimmung.

95   **b.** Art 5 spricht von den durch das Zertifikat gewährten **Rechten.** Das entspricht dem Sprachgebrauch des Art 64 Abs 1 EPÜ. Unter „Rechten" in diesem Sinne sind zunächst die in §§ 9, 10 geregelten **Wirkungen** zu verstehen (vgl die Verweisung in § 16a Abs 2).[236] Der darin beschriebene Schutz geht jedoch nach Art 4 nur so weit, wie das patentgeschützte Erzeugnis mit einem Erzeugnis iSv Art 1 Buchst b, Art 2 übereinstimmt, und in dem Umfang und für die Verwendungen, die arzneimittelbehördlich genehmigt sind. Während der Laufzeit des Zertifikats ist damit der Gebrauch eines Erzeugnisses, das nach § 9 Satz 2 Nr 1 geschützt ist oder das das Ergebnis eines nach § 9 Satz 2 Nr 2 geschützten Verfahrens ist, zu anderen Zwecken als der von der Zulassungsbehörde jeweils konkret genehmigten Verwendung als Arzneimittel frei. Diese Einschränkung hat zunächst für diejenigen Fälle Bedeutung, in denen der Wirkstoff des betr Arzneimittelpatents auch zu anderen Zwecken benutzt werden kann, zB als Farbstoff. Insoweit wird für die Laufdauer des Zertifikats der Grundsatz eingeschränkt, dass ein Erzeugnispatent jedweden Gebrauch des

---

231   Vgl EuGH C-392/97 Slg 1997, 5553 = GRUR Int 2000, 69, 71 (Nr 28) Arzneispezialitäten.
232   *Benkard* § 16a Rn 38.
233   *Benkard* § 16a Rn 38.
234   Wie hier *Brückner* Art 5 Rn 59 ff.
235   AA *Bopp/Lux* PharmaR 2000, 2, 5; wie hier *Brückner* Art 5 Rn 78.
236   Vgl zB zum Verbot des Anbietens *Markgraf* § 3 Art 5 Rn 2 und schweiz BPatG sic! 2014, 641, zum Verbot der Einfuhr OLG Düsseldorf 6.8.2015 2 U 21/15 Mitt 2016, 89 Ls „Ezetimib".

erfindungsgem Erzeugnisses, selbst für vom Erfinder nicht vorhergesehene oder erkennbare Verwendungen schützt (absoluter Stoffschutz). Weitere Einschränkungen betreffen solche Verwendungen (Indikationen) des Arzneimittels, die nicht von der Zulassungsbehörde genehmigt sind; diese wären dann aber ohnehin aus arzneimittelrechtl Gründen unzulässig. Soweit solche Verwendungen nachträglich genehmigt werden, werden sie vom Schutz erfasst (vgl Rn 88). Von den genannten Einschränkungen abgesehen ist auch der Inhaber eines Verfahrensgrundpatents während der Laufzeit des Zertifikats gegen jeden – sich im Rahmen der arzneimittelrechtl Zulassung haltenden – Gebrauch eines unmittelbar nach diesem Verfahren hergestellten Wirkstoffs geschützt.[237]

Im Fall einer Zertifikatsverletzung stehen dem Inhaber die in **§§ 139 ff** geregelten Ansprüche zu (§ 16a   **96** Abs 2).[238] Aufgrund des Grundpatents ergangene Unterlassungs- und Schadensersatztitel erstrecken sich nicht auf das Zertifikat.[239] Die Bestimmungen über die gerichtliche Zuständigkeit (§ 143) gelten für Schutzzertifikate unmittelbar.[240] Gleiches gilt im Hinblick auf die Strafvorschriften des § 142.

Zu den Rechten iSd Art 5 gehören des weiteren die **freie Übertragbarkeit** und **Lizenzierbarkeit**   **97** (§ 16a Abs 2 iVm § 15, zur Eintragbarkeit in das Register s §§ 16a Abs 2, 30 Abs 4, zur Gebührenpflicht Geb-Verz Nr 313400 und 313500).

Lizenzen, die für das Grundpatent wirksam sind, dh im Zeitpunkt des Ablaufs der Schutzdauer des   **98** Grundpatents wirksam sind, setzen sich nach § 16a Abs 3 am Zertifikat fort. Dies gilt iZw auch für Verwendungen des Arzneimittels, die erst während des Zertifikatsschutzes zugelassen werden (vgl Rn 88).[241] Hiervon abw Vereinbarungen sind zulässig.[242] Als Äquivalenzstörung wird die Verlängerung des Schutzes jedenfalls idR nicht anzusehen sein.[243] Ungeregelt ist, ob für die Lizenz am Zertifikat eine **eigene Lizenzgebühr** zu entrichten ist. Dies bleibt der Parteidisposition überlassen und ist ggf im Weg ergänzender Vertragsauslegung zu klären.[244]

c. Beschränkungen und Verpflichtungen iSv Art 5 sind insb: **99**
– die Freistellungstatbestände nach § 11;
– innerbetriebliche Vorbenutzungsrechte nach § 12; Vorbenutzungsrechte am Grundpatent setzen sich am Zertifikat fort.[245]
– Benutzungsanordnungen nach § 13 und Zwangslizenzen (§ 24). Benutzungsanordnungen und Zwangslizenzen am Grundpatent setzen sich am Zertifikat fort, und zwar auch dann, wenn das Zertifikat bei Anordnung dieser Maßnahmen noch nicht beantragt war.[246]
– Lizenzbereitschaftserklärungen (§ 23). Lizenzbereitschaftserklärungen zum Grundpatent erstrecken sich auch auf das Zertifikat, sofern sie bei Ablauf der Schutzdauer des Grundpatents noch wirksam sind (§ 16a Abs 3).
– Auskunftspflicht bei Zertifikatsberühmung (§ 16a Abs 2 iVm § 146).

Artikel 6
Recht auf das Zertifikat
Das Recht auf das Zertifikat steht dem Inhaber des Grundpatents oder seinem Rechtsnachfolger zu.

---

237 Begr z Entwurf des PatGÄndG, BlPMZ 1993, 205, 208.
238 Zur Anspruchssituation bei Bestehen mehrerer Zertifikate für dasselbe Erzeugnis (vgl Art 3 Abs 2 PSMVO) ausführlich *Kühnen* FS 50 Jahre BPatG (2011), 361, 371 ff.
239 *Brändel* GRUR 2001, 857, 877; *Brückner* Art 5 Rn 14; *Markgraf* § 3 Art 5 Rn 4; aA öOGH GRUR Int 2011, 628, 631 Escitalopram.
240 Vgl Stellungnahme des Bundesrats und Gegenäußerung der BReg zu Art 1 Nr 1 PatGÄndG BlPMZ 1993, 205, 213.
241 *Benkard* § 16a Rn 39.
242 Begr PatGÄndG BlPMZ 1993, 205, 210; *Mühlens* Mitt 1993, 213, 216; *Brändel* GRUR 2001, 875, 877; *Brückner* Art 5 Rn 25; zwd *Mes* § 16a Rn 53.
243 Vgl zur Rechtslage im Urheberrecht BGH GRUR 1990, 1005 Salome I; BGH GRUR 1996, 763 Salome II; BGH GRUR 2000, 869 Salome III.
244 Begr PatGÄndG BlPMZ 1993, 205, 208, 210.
245 *Schennen* Art 5 Anm 5a.
246 Begr PatGÄndG BlPMZ 1993, 205, 208; *Benkard* § 16a Rn 33; *Brückner* Art 5 Rn 38; aA *Brändel* GRUR 2001, 875, 877; *Markgraf* § 3 Art 5 Rn 5 Fn 13.

7. Artikel 6

100   Das Recht auf das Zertifikat ist materiellrechtl dem Inhaber des Grundpatents oder seinem Rechtsnachfolger zugeordnet. Die **Übertragbarkeit des Rechts auf das Zertifikat** ist str,[247] richtigerweise aber im Hinblick auf §§ 16a Abs 2, 15 Abs 1 Satz 2 zu bejahen.[248] Der Wortlaut des Art 6 steht dem nicht entgegen; er entspricht sachlich § 6 Satz 1. Andere, also zB der Lizenznehmer oder der vom Patentinhaber verschiedene Inhaber der arzneimittelrechtl Zulassung, können kein Zertifikat beanspruchen.[249] Ist das Zertifikat erteilt, ist ein Wechsel des Inhabers des Grundpatents ohne Einfluss auf die Inhaberschaft am Zertifikat oder dieses selbst.[250]

101   Die AMVO enthält keine Vorschriften, wie zu verfahren ist, wenn der in den Veröffentlichungen des DPMA **eingetragene Inhaber** sei es des Zertifikats, sei es des Grundpatents nicht der materiell Berechtigte ist. Für diese Fälle erstreckt § 16a Abs 2 die Ansprüche des besser Berechtigten nach § 7 auf Neuanmeldung bei widerrechtl Entnahme und nach § 8 auf Übertragung auch auf das Zertifikat. Der besser Berechtigte kann somit nicht nur Übertragung des Grundpatents, sondern auch des Zertifikats verlangen.[251]

Artikel 7
Anmeldung des Zertifikats

(1) Die Anmeldung des Zertifikats muss innerhalb einer Frist von sechs Monaten, gerechnet ab dem Zeitpunkt, zu dem für das Erzeugnis als Arzneimittel die Genehmigung für das Inverkehrbringen nach Artikel 3 Buchstabe b erteilt wurde, eingereicht werden.

(2) Ungeachtet des Absatzes 1 muß die Anmeldung des Zertifikats dann, wenn die Genehmigung für das Inverkehrbringen vor der Erteilung des Grundpatents erfolgt, innerhalb einer Frist von sechs Monaten nach dem Zeitpunkt der Erteilung des Patents eingereicht werden.

(3) Der Antrag auf Verlängerung der Laufzeit kann gestellt werden, wenn ein Zertifikat angemeldet wird oder die Anmeldung des Zertifikats im Gange ist und die entsprechenden Anforderungen von Artikel 8 Absatz 1 Buchstabe d bzw. Artikel 8 Absatz 2 erfüllt sind.

(4) Der Antrag auf Verlängerung der Laufzeit eines bereits erteilten Zertifikats ist spätestens zwei Jahre vor Ablauf des Zertifikats zu stellen.

(5) Unbeschadet des Absatzes 4 ist für die Dauer von fünf Jahren nach Inkrafttreten der Verordnung (EG) Nr. 1901/2006 der Antrag auf Verlängerung der Laufzeit eines bereits erteilten Zertifikats spätestens sechs Monate vor Ablauf des Zertifikats zu stellen.

8. Art 7

102   **a. Entstehungsgeschichte.** Die Abs 3–5 sind durch Art 52 Nr 2 VO (EG) Nr 1901/2006 (Kinder-AMVO, Rn 164 ff) angefügt worden.

103   **b. Frist.** Nach Art 7 muss die Zertifikatsanmeldung binnen sechs Monaten eingereicht werden. Die Frist beginnt nach Abs 1 regelmäßig mit der Erteilung der ersten Genehmigung für das Inverkehrbringen iSv Art 3 Buchst b und d im Anmeldestaat (Rn 75). Bei einer Anmeldung für eine zweite oder weitere medizinische Indikation ist die erste Genehmigung für diese Indikation maßgeblich (s Rn 79).[252] Maßgeblicher Erteilungszeitpunkt ist – entgegen der bisher vorherrschenden Praxis[253] – nicht das Ausstellungsdatum der Genehmigung, sondern der – allerdings uU schwer feststellbare – Zeitpunkt des Wirksamwerdens des Zulassungsbescheids, dh der Zeitpunkt der Bekanntgabe gem §§ 43 Abs 1 Satz 1, 41 VwVfG bzw für Geneh-

---

247 Verneinend *Benkard*[9] § 16a Rn 13.

248 *Brändel* GRUR 2001, 875, 878; *Kraßer* S 580 (§ 26 A II b 2); *Benkard* § 16a Rn 40; *Brückner* Art 6 Rn 18; *Markgraf* § 3 Art 6 Rn 7.

249 *Markgraf* § 3 Art 6 Rn 1; für die Schweiz ebenso *Kohler/Friedli* sic! 2011, 92, 95.

250 *Schennen* Art 6 Anm 4a; *Mühlens* Mitt 1993, 213, 216; *Brändel* GRUR 2001, 875, 877; *Brückner* Art 6 Rn 11.

251 Begr PatGÄndG BlPMZ 1993, 205, 208.

252 *Markgraf* § 3 Art 7 Rn 12.

253 BPatGE 49, 113 = Mitt 2006, 73, nachg BGH GRUR 2008, 65 Porfimer (EuGH-Vorlage im Verfahren C-452/07, erledigt durch Rücknahme der Zertifikatsanmeldung); *Benkard* § 16a Rn 41; *Sredl* GRUR 2001, 596, 598; *Schulte* § 16a Rn 44 und § 49a Rn 9 und 11; SchutzzertifikatsRl Nr 3.2.1.3 Abs 1 BlPMZ 2015, 65, 68; vgl auch BPatGE 35, 276, 278 = BlPMZ 1997, 61 f (zu Art 13); BPatG 19.2.2004 3 Ni 1/01 (EU) „Felodipin I" (zu Art 19 aF); CA Paris 11.6.2004 RG 2004/2319.

migungen im zentralen Zulassungsverfahren nach Art 10 VO 726/2004 gem Art 288 Abs 4, Art 297 Abs 2 Unterabs 3 AEUV;[254] s auch Rn 145. Die Nichteinhaltung der Frist führt zur Zurückweisung der Anmeldung.[255]

Art 7 Abs 1 setzt nicht voraus, dass die **Genehmigung** gerade dem **Inhaber des Grundpatents** oder **104** dem Zertifikatsanmelder erteilt worden ist. Die Frist wird also auch durch Erteilung an einen Dritten in Gang gesetzt (Art 8 Abs 1 Buchst a Nr iv).[256]

Wird das Grundpatent erst nach der (ersten) Genehmigung für das Inverkehrbringen erteilt, beginnt **105** die 6-Monats-Frist mit der Erteilung des Grundpatents (Abs 2). Maßgeblich ist der Tag des Erteilungsbeschlusses (§ 49 Abs 1, Art 97 Abs 1 EPÜ).[257]

Aus Art 3 Buchst a ergibt sich, dass die Anmeldung vor **Ablauf des Grundpatents** getätigt werden **106** muss. Läuft das Grundpatent vor Ablauf von sechs Monaten nach Erteilung der Genehmigung für das Inverkehrbringen oder Patenterteilung ab, verkürzen sich die Fristen gem Art 7 Abs 1, 2 entspr.[258]

Anmeldung vor Fristbeginn kommt nicht in Betracht,[259] da in diesem Fall die Voraussetzungen des **107** Art 3, für die es auf den Anmeldezeitpunkt ankommt, nicht erfüllt sein können, was zur Zurückweisung der Anmeldung führt.

Die **Fristberechnung** erfolgt nach § 16a Abs 2, § 99 PatG iVm § 222 ZPO, §§ 187 Abs 1, 188 Abs 2 Satz 1 **108** und Abs 3 BGB. Wiedereinsetzung ist gem § 16a Abs 2, § 123 möglich.[260]

Zur Wahrung der Frist ist es nicht erforderlich, dass die **Pflichtangaben** nach Art 8 Abs 1 innerhalb **109** der Frist vorliegen (vgl Art 10 Abs 3 und 4 AMVO iVm § 49a Abs 2 Satz 2 und 3 PatG). Es reicht aus, wenn Person und Anschrift des Anmelders bekannt sind und wenigstens aus den Umständen ersichtlich ist, dass ein Zertifikat nach der AMVO beantragt sein soll.[261]

c. Antrag auf Verlängerung der Laufzeit. Die Abs 3 bis 5 enthalten besondere Fristen für den Antrag **110** auf Verlängerung der Laufzeit des Zertifikats nach Art 36 Kinder-AMVO iVm Art 13 Abs 3 AMVO. Nach Abs 3 kann der Antrag frühestens zusammen mit dem Antrag auf Erteilung des Zertifikats gestellt werden. Voraussetzung für den Antrag ist, dass die Anforderungen des Art 8 Abs 1 Buchst d und Abs 2 erfüllt sind. Wie im Fall der Zertifikatsanmeldung, bei der die Unterlagen nach Art 8 Abs 1 Buchst a bis c nachgereicht werden können (Rn 109), müssen auch für den Verlängerungsantrag nur die genannten Voraussetzungen erfüllt sein; die Unterlagen selbst können binnen einer vom DPMA zu bestimmenden Frist nachgereicht werden (Art 10 Abs 6 iVm Abs 3 und 4 AMVO iVm § 49a Abs 3 iVm Abs 2 Satz 2, 3). Ist bereits ein Zertifikat erteilt, muss der Verlängerungsantrag nach Abs 4 grds zwei Jahre vor Ablauf des Zertifikats gestellt werden; spätestens zu diesem Zeitpunkt müssen daher auch die Anforderungen nach Art 8 Abs 1 Buchst d und Abs 2 erfüllt sein.

Als **Übergangsregelung** hierzu sieht **Absatz 5** vor, dass für die Dauer von fünf Jahren nach Inkraft- **111** treten der Kinder-AMVO der Verlängerungsantrag für ein bereits erteiltes Zertifikat spätestens sechs Monate vor Ablauf des Zertifikats zu stellen ist. Die Kinder-AMVO ist nach ihrem Art 57 Abs 1 am 30. Tag nach ihrer Verkündung im ABl EU (27.12.2006), also am 26.1.2007, in Kraft getreten, so dass die Übergangsregelung bis zum 26.1.2012 lief. Nicht klar ist, ob die Vergünstigung des Abs 5 nur für Zertifikate gilt, die innerhalb der Fünfjahresfrist ablaufen, oder ob es genügt, dass der Verlängerungsantrag innerhalb der Über-

---

254 Vgl zu Art 13 EuGH C-471/14 GRUR Int 2015, 1120; vorher schon *Schennen* Art 7 Anm 3; s auch *Brückner* Art 7 Rn 63: Zeitpunkt der Veröffentlichung.

255 Schweiz ERGE sic! 2005, 590, zur parallelen schweiz Regelung.

256 *Kühnen* FS 50 Jahre BPatG (2011), 361, 370.

257 *Benkard* § 16a Rn 41; *Benkard-EPÜ* Art 63 Rn 37; aA *Schennen* Art 7 Anm 4a (Veröffentlichung der Erteilung im PatBl; so auch SchutzzertifikatsRl Nr 3.2.3 BlPMZ 2015, 65, 69); *Schulte* § 49a Rn 12 (Wirksamwerden des Patenterteilungsbeschlusses gem § 47 Abs 1 Satz 1, 2); s hierzu auch *Kellner* GRUR 1999, 805, 808; *Zaroli* sic! 2003, 546 ff (dort auch zur Auffassung des schweiz IGE).

258 Ebenso *Brückner* Art 7 Rn 20; *Markgraf* § 3 Art 7 Rn 2.

259 Vgl EuGH GRUR Int 2013, 1129, 1134 (Nr 34 ff) Sumitomo Chemical; BPatG 23.11.2007 14 W (pat) 10/05; *Markgraf* § 3 Art 7 Rn 1; aA *Schennen* Art 7 Anm 8.

260 *Schennen* Art 7 Anm 5; *Markgraf* § 3 Art 7 Rn 4; BPatG 2.3.2000 15 W (pat) 23/99; vgl auch BGH GRUR 2008, 65 (Nr 3 und 10) Porfimer.

261 *Schennen* Art 7 Anm 7; *Markgraf* § 3 Art 7 Rn 3, anders dann aber bei Art 8 Rn 4: zur Vermeidung einer Umgehung der Anmeldefrist sei die Angabe des zugelassenen Arzneimittels, des zu schützenden Erzeugnisses oder des Grundpatents zu fordern.

gangsfrist gestellt wird, so dass Abs 5 für alle erteilten Zertifikate gilt, die nicht später als zwei Jahre nach Ablauf der Übergangsfrist ablaufen (in welchem Fall Abs 4 automatisch eingreift). Für die erste Lösung könnte sprechen, dass die Übergangsfrist offenbar an der maximalen Grundlaufzeit des Zertifikats gem Art 13 Abs 2 orientiert ist. Dagegen spricht, dass bei dieser Lösung für einen Teil der nach Ablauf der Übergangsfrist ablaufenden Zertifikate der Verlängerungsantrag früher gestellt werden müsste als für früher ablaufende Zertifikate.[262] Beispiel: Zertifikatsablauf am 26.4.2012, also nach Ablauf der Übergangsfrist, daher Antragstellung gem Abs 4 spätestens am 26.4. 2010; demgegenüber bei Ablauf des Zertifikats am 26.12.2011 Antragstellung bis zum 26.6.2011 möglich.

Artikel 8
Inhalt der Zertifikatsanmeldung

(1) Die Zertifikatsanmeldung muß enthalten:

a) einen Antrag auf Erteilung eines Zertifikats, wobei insbesondere anzugeben sind:

    i) Name und Anschrift des Anmelders;

    ii) falls ein Vertreter bestellt ist, Name und Anschrift des Vertreters;

    iii) Nummer des Grundpatents sowie Bezeichnung der Erfindung;

    iv) Nummer und Zeitpunkt der ersten Genehmigung für das Inverkehrbringen des Erzeugnisses gemäß Artikel 3 Buchstabe b sowie, falls diese nicht die erste Genehmigung für das Inverkehrbringen in der Gemeinschaft ist, auch Nummer und Zeitpunkt der letztgenannten Genehmigung;

b) eine Kopie der Genehmigung für das Inverkehrbringen gemäß Artikel 3 Buchstabe b, aus der die Identität des Erzeugnisses ersichtlich ist und insbesondere Nummer und Zeitpunkt der Genehmigung sowie die Zusammenfassung der Merkmale des Erzeugnisses gemäß Artikel 11 der Richtlinie 2001/83/EG bzw. Artikel 14 der Richtlinie 2001/82/EG enthält;

c) falls die in Buchstabe b genannte Genehmigung nicht die erste Genehmigung für das Inverkehrbringen dieses Erzeugnisses als Arzneimittel in der Gemeinschaft ist, die Angabe der Identität des so genehmigten Erzeugnisses und der Rechtsvorschrift, auf deren Grundlage dieses Genehmigungsverfahren durchgeführt wurde, sowie eine Kopie der betreffenden Stelle des amtlichen Mitteilungsblatts, in dem die Genehmigung veröffentlicht wurde;

d) falls in der Zertifikatsanmeldung eine Verlängerung der Laufzeit beantragt wird:

    i) eine Kopie der Erklärung über die Übereinstimmung mit einem gebilligten und ausgeführten pädiatrischen Prüfkonzept gemäß Artikel 36 Absatz 1 der Verordnung (EG) Nr. 1901/2006;

    ii) falls erforderlich, zusätzlich zu der Kopie der Genehmigung für das Inverkehrbringen gemäß Buchstabe b den Nachweis, dass das Erzeugnis in allen anderen Mitgliedstaaten gemäß Artikel 36 Absatz 3 der Verordnung (EG) Nr. 1901/2006 zugelassen ist.

(2) Ist eine Zertifikatsanmeldung im Gange, so enthält ein Antrag auf eine verlängerte Laufzeit nach Artikel 7 Absatz 3 die in Absatz 1 Buchstabe d genannten Angaben und einen Hinweis darauf, dass eine Zertifikatsanmeldung im Gange ist.

(3) Der Antrag auf Verlängerung der Laufzeit eines bereits erteilten Zertifikats enthält die in Absatz 1 Buchstabe d genannten Angaben und eine Kopie des bereits erteilten Zertifikats;

(4) Die Mitgliedstaaten können vorsehen, dass für die Einreichung der Zertifikatsanmeldung und den Verlängerungsantrag eine Gebühr zu entrichten ist.

9. Artikel 8

112   **a. Entstehungsgeschichte.** Abs 1 Buchst d, die Abs 1a, 1b (jetzt 2, 3) und die Worte „und den Verlängerungsantrag" in Abs 2 – jetzt Abs 4 – sind durch Art 52 Nr 3 VO (EG) Nr 1901/2006 über Kinderarzneimittel (Kinder-AMVO, Rn 177 ff) eingefügt worden.

113   **b. Inhalt der Anmeldung.** Art 8 Abs 1 zählt die Angaben auf, die in der Anmeldung zwingend enthalten sein müssen. Nach Buchst a sind dies zunächst: Name und Anschrift des Anmelders und eines etwa bestellten Vertreters (s dazu im einzelnen § 19 Abs 1 Satz 2 iVm § 4 Abs 2 Nr 1, 4 und 5 PatV; zum Inlandsvertreter Art 10 Rn 128), Nummer und Bezeichnung des Grundpatents sowie die Nummer und der Zeitpunkt der ersten Genehmigung für das Inverkehrbringen und – falls diese nicht die erste Genehmigung für das Inverkehrbringen in der Gemeinschaft ist – auch Nummer und Zeitpunkt dieser ersten Genehmigung in der Gemeinschaft. Letzteres ist (ausschließlich) für die Berechnung der Laufzeit des Zertifikats erforder-

---

262 *Kraßer* S 585 (§ 26 A II b 7).

lich.[263] Zeitpunkt der ersten Genehmigung ist nach der entspr Klärung des EuGH im Rahmen des Art 13 entgegen der bisherigen Praxis nicht das Ausstellungsdatum, sondern das Datum der Bekanntgabe der Genehmigung gegenüber dem Adressaten (dazu näher Rn 145).

Als **erste Genehmigung in der Gemeinschaft** ist jede Genehmigung in einem Mitgliedstaat der Ge- **114** meinschaft, wie sie zum maßgeblichen Anmeldezeitpunkt (vgl Art 3) bestand, anzusehen. Darüber hinaus kommt nach Art 65 Abs 2 EWR-Abk iVm Anhang XVII Nr 6 und dem Protokoll 1 über horizontale Anpassungen (Nr 8) als erste Genehmigung in der Gemeinschaft auch eine Genehmigung in den früheren EWR-Staaten Finnland, Österreich und Schweden, die seit 1.1.1995 Mitgliedstaaten der Gemeinschaft sind,[264] und in den EWR-Staaten Island, Norwegen und Liechtenstein in Betracht, wobei auch schweiz Genehmigungen mit Erstreckung auf Liechtenstein zu berücksichtigen sind.[265] Dies gilt auch dann, wenn die schweiz Genehmigung im beschleunigten Verfahren erteilt und später ausgesetzt worden ist; unerheblich ist es darüber hinaus, wenn die Europäische Arzneimittelagentur eine Genehmigung aufgrund vergleichbarer klinischer Daten (zunächst) verweigert hat.[266] Zum maßgeblichen Datum der Genehmigung Rn 145f.

Die Aufzählung in Buchst a ist **nicht abschließend** („insbesondere"). Das nationale Recht kann wei- **115** tere (zwingende) Angaben fordern. In Deutschland ist dies insb durch § 19 Abs 2 PatV geschehen. Danach sind dem Antrag Angaben zur Erläuterung des Schutzes durch das Grundpatent beizufügen.[267] Zwingend erforderlich ist darüber hinaus die Bezeichnung des Erzeugnisses, für das das Zertifikat beantragt wird.[268] Bestehen insoweit Unklarheiten, hat das DPMA diese durch Rückfrage beim Anmelder, ggf durch Auslegung aufzuklären.[269] Weder vorgeschrieben noch möglich ist demgegenüber die Einreichung von Schutzansprüchen sowie einer Beschreibung oder von Zeichnungen.[270] § 34 Abs 3 Nr 3 bis 5 ist nicht entspr anwendbar.[271]

Die Anmeldung muss gem Abs 1 Buchst b eine **Kopie der Genehmigung für das Inverkehrbringen** **116** iSv Art 3 Buchst b enthalten. Diese muss im Interesse des Schutzes von Betriebsgeheimnissen nicht vollständig vorgelegt werden. Sie muss aber die Identität des Erzeugnisses, die Nummer und den Zeitpunkt der Genehmigung erkennen lassen sowie die ungekürzte Zusammenfassung der Merkmale des Erzeugnisses gem Art 11 RL 2001/83/EG (früher Art 4a RL 65/65/EWG, Rn 42) bzw Art 14 RL 2001/82/EG (früher Art 5a RL 81/851/EWG, Rn 42) enthalten.[272] Handelt es sich bei der ersten Genehmigung für das Inverkehrbringen um eine zentrale Zulassung nach Art 10 VO 726/2004, ist diese die maßgebliche Genehmigung iSv Buchst b; wegen der erforderlichen Zusammenfassung der Merkmale des Erzeugnisses s Art 6 Abs 1 VO 726/2004 iVm Art 11 RL 2001/83/EG (Humanarzneimittel) bzw Art 31 Abs 1 VO 726/2004 iVm Art 14 RL 2001/82/EG (Tierarzneimittel).

Der ggf vom Inhaber des Grundpatents verschiedene Inhaber der Genehmigung ist nicht verpflichtet, **117** dem Patentinhaber die Kopie der Genehmigung zur Verfügung zu stellen;[273] entspr vertragliche Abreden sind aber zulässig.[274] Sind Inhaber des Grundpatents und Inhaber der Genehmigung für das Inverkehrbringen **verschiedene Personen**, darf die Zertifikatsanmeldung nicht allein deshalb zurückgewiesen werden, weil der Patentinhaber nicht in der Lage ist, eine Kopie der Genehmigung vorzulegen. Die Erteilungsbehörde muss in diesem Fall vielmehr versuchen, sich bei der Zulassungsbehörde eine Kopie der Genehmigung zu verschaffen.[275]

---

263 EuGH C-110/95 Slg 1997, I 3251 = GRUR Int 1997, 908, 910 (Nr 23 f) Yamanouchi; vgl Art 13 Abs 1.
264 BGH GRUR 2008, 891 (Nr 5) Pantoprazol.
265 EuGH C-207/03, C-252/03 Slg 2005 I 3209 = GRUR Int 2005, 581 Novartis; bestätigt durch EuGH C-617/12 EWS 2014, 84 Astrazeneca/Comptroller General; *Kellner* GRUR 1999, 805, 808; *Zaroli* sic! 2003, 546 ff (dort auch zur abw Auffassung des schweiz IGE).
266 EuGH C-617/12 Astrazeneca/Comptroller General.
267 Dazu SchutzzertifikatsRl Nr 3.2.1.6 BlPMZ 2015, 65, 69.
268 *Schennen* Art 8 Anm 2; *Markgraf* § 3 Art 8 Rn 10.
269 Vgl BPatGE 45, 149.
270 BPatGE 41, 56, 63; *Schennen* GRUR Int 1996, 102, 111; *Goebel* AIPPI-Journal 1993, 146, 151; *von Morzé/Hanna* JPTOS 1995, 479, 492f; *Markgraf* § 3 Art 8 Rn 10.
271 Vgl § 16a Abs 2 und hierzu die Begr PatGÄndG BlPMZ 1993, 205, 209 (zu Buchst i).
272 Vgl dazu MittPräsDPA Nr 1/93 und 6/93 BlPMZ 1993, 6 und 169.
273 EuGH C-181/95 Slg 1997, I 357, 397 = BlPMZ 1997, 235, 237 (Nr 36) Biogen/Smithkline.
274 EuGH Biogen/Smithkline (Nr 37).
275 EuGH Biogen/Smithkline (Nr 45).

Hacker

118   Stellt die Genehmigung gem Buchst b **nicht die erste Genehmigung für das Inverkehrbringen** in der Gemeinschaft dar, sind darüber hinaus die Angaben nach Buchst c zu machen. Eine Kopie der ersten Genehmigung für das Inverkehrbringen in der Gemeinschaft ist nicht erforderlich. Von der betr Stelle des in Buchst c genannten amtlichen Mitteilungsblatts ist auf Verlangen des DPMA eine Übersetzung einzureichen (vgl § 19 Abs 1 Satz 2 iVm § 14 PatV; MittPräsDPA Nr 19/96 BlPMZ 1996, 425). Fehlt es an einer amtlichen Veröffentlichung iSv Abs 1 Buchst c, ist ein anderes Dokument beizubringen, das als Nachweis der Erteilung der Genehmigung, des Zeitpunkts der Genehmigung und der Identität des so genehmigten Erzeugnisses dient (vgl Art 8 Abs 1 Buchst c, le Halbs PSMVO iVm dem 17. Erwägungsgrund hierzu).

119   Wird zusammen mit dem Zertifikat eine **Verlängerung der Laufzeit** nach Maßgabe der Kinder-AMVO beantragt (Art 7 Abs 3 1. Alt), ist nach Art 8 Abs 1 Buchst d Nr i eine Kopie der Erklärung über die Übereinstimmung mit einem gebilligten und ausgeführten pädiatrischen Prüfkonzept vorzulegen. Diese Übereinstimmungserklärung ergibt sich gem Art 28 Abs 3 iVm Art 36 Abs 2 Kinder-AMVO aus der Genehmigung für das Inverkehrbringen[276] (s auch Rn 181). Ist das Arzneimittel nicht zentral zugelassen, ist nach Art 8 Abs 1 Buchst d Nr ii AMVO der nach Art 36 Abs 3 Kinder-AMVO erforderliche Nachweis der Zulassung in allen Mitgliedstaaten zu erbringen. Zu nachgereichten Verlängerungsanträgen (Art 7 Abs 3 2. Alt) Abs 2, zu Verlängerungsanträgen für ein erteiltes Zertifikat (Art 7 Abs 4, 5) Abs 3.

120   **c. Zertifikatserschleichung.** Die absichtliche Abgabe irreführender und intransparenter Darstellungen gegenüber nationalen Patentämtern mit dem Zweck, den Patentschutz verlängernde Schutzzertifikate zu erhalten oder aufrechtzuerhalten, stellt eine dem Leistungswettbewerb fremde Praxis und damit den Missbrauch einer beherrschenden Stellung dar.[277]

121   **d. Anmeldegebühr.** Art 8 Abs 4 ermächtigt die Mitgliedstaaten, für die Zertifikatsanmeldung eine Anmeldegebühr vorzusehen. Von dieser Möglichkeit hat der dt Gesetzgeber in GebVerz Nr 311500 Gebrauch gemacht. Die Anmeldegebühr beträgt danach seit 1.1.2002 300 EUR. Die Gebühr ist – abw von § 6 Abs 1 Satz 1 PatKostG – mit der Anmeldung zu zahlen (vgl Art 10 Abs 3 iVm Art 8 Abs 4 AMVO).[278] Wird sie nicht gezahlt, setzt das DPMA hierfür eine Frist, die mindestens zwei Monate beträgt (Art 10 Abs 3 AMVO iVm § 49a Abs 2 Satz 2 PatG). Nach fruchtlosem Fristablauf (Ausschlussfrist, vgl Rn 130) weist es die Anmeldung zurück (Art 10 Abs 4 AMVO iVm § 49a Abs 2 Satz 3). § 6 Abs 2 PatKostG ist wegen der vorrangigen Regeln der AMVO nicht anzuwenden. Die Vorgängerregelung in § 49a Abs 4 aF (aufgehoben durch Art 7 Nr 22 Buchst b KostBerG) war mit der AMVO nicht vereinbaren.

122   Darüber hinaus ermächtigt Art 8 Abs 4 die Mitgliedstaaten, auch für den **Verlängerungsantrag** eine Gebühr zu erheben. Nach GebVerz Nr 311600 beträgt diese 100 EUR, falls der Antrag zusammen mit dem Antrag auf Erteilung eines Zertifikats gestellt wird (vgl Art 7 Abs 3 1. Alt), sonst 200 EUR. Im übrigen gilt dasselbe wie für die Anmeldegebühr (Rn 121, vgl § 49a Abs 3).

Artikel 9
Einreichung der Zertifikatsanmeldung
    (1) Die Zertifikatsanmeldung ist bei der für den gewerblichen Rechtsschutz zuständigen Behörde des Mitgliedstaats einzureichen, der das Grundpatent erteilt hat oder mit Wirkung für den das Grundpatent erteilt worden ist und in dem die in Artikel 3 Buchstabe b genannte Genehmigung für das Inverkehrbringen erlangt wurde, sofern der Mitgliedstaat zu diesem Zweck keine andere Behörde bestimmt.
    Der Antrag auf Verlängerung der Laufzeit eines Zertifikats ist bei der zuständigen Behörde des betreffenden Mitgliedstaats zu stellen.
    (2) Ein Hinweis auf die Zertifikatsanmeldung wird von der in Absatz 1 genannten Behörde bekannt gemacht. Der Hinweis muss zumindest die folgenden Angaben enthalten:
    a)   Name und Anschrift des Anmelders;
    b)   Nummer des Grundpatents;

---

276   Vgl SchutzzertifikatsRl Nr 4.1.5 BlPMZ 2015, 65, 74; aA *Reese/Milbradt/Stallberg* EIPR 2010, 146, 148 ff, die auch jede andere Übereinstimmungserklärung (auch zB des Antragstellers) genügen lassen wollen; ausführlich *Brückner* Pädiatrische Laufzeitverlängerung Rn 105 ff.
277   EuGH C-457/10 NZKart 2013, 113 AstraZenca AB ua/Europäische Kommission; vorausgehend EuG T-321/05 (Nr 591 ff).
278   Ebenso *Markgraf* § 3 Art 8 Rn 24.

c) Bezeichnung der Erfindung;

d) Nummer und Zeitpunkt der Genehmigung für das Inverkehrbringen gemäß Artikel 3 Buchstabe b sowie das durch die Genehmigung identifizierte Erzeugnis;

e) gegebenenfalls Nummer und Zeitpunkt der ersten Genehmigung für das Inverkehrbringen in der Gemeinschaft;

f) gegebenenfalls die Angabe, dass die Anmeldung einen Antrag auf Verlängerung der Laufzeit enthält.

(3) Absatz 2 findet auf den Hinweis auf einen Antrag auf Verlängerung der Laufzeit eines bereits erteilten Zertifikats sowie dann Anwendung, wenn eine Zertifikatsanmeldung im Gange ist. In dem Hinweis ist zudem anzugeben, dass ein Antrag auf eine verlängerte Laufzeit des Zertifikats eingereicht worden ist.

10. Artikel 9

a. Entstehungsgeschichte. Die den Verlängerungsantrag betr Bestimmungen des Abs 1 Unterabs 2, **123** Abs 2 Buchst f sowie Abs 3 wurden durch Art 52 Nr 4 VO (EG) Nr 1901/2006 über Kinderarzneimittel (Kinder-AMVO, Rn 177 ff) eingefügt.

b. Zuständigkeit. Zuständig für die Entgegennahme von Zertifikatsanmeldungen und Verlänge- **124** rungsanträgen ist das DPMA (Patentabteilung, Rn 14 ff zu § 49a). Dies gilt auch für Anmeldungen, die sich auf ein mit Wirkung für Deutschland erteiltes eur Patent als Grundpatent stützen (Art II § 6a IntPatÜG). Von der Ermächtigung in Art 9 Abs 1 Unterabs 1 aE wurde in Deutschland kein Gebrauch gemacht. Eine Anmeldung beim EPA wirkt nicht fristwahrend.[279]

c. Veröffentlichung. Hinweise nach Art 9 Abs 2 werden in Teil 7a1 des Patentblatts veröffentlicht.[280] **125** Die Veröffentlichung gem Art 9 Abs 2 Buchst d bezieht sich nicht nur auf das Erzeugnis in der besonderen Form, in der es Gegenstand der arzneimittelrechtl Genehmigung ist, sondern darüber hinaus auch auf den Wirkstoff als solchen, sofern für ihn ein Zertifikat beantragt ist.[281]

Artikel 10
Erteilung des Zertifikats oder Zurückweisung der Zertifikatsanmeldung

(1) Erfüllen die Zertifikatsanmeldung und das Erzeugnis, das Gegenstand der Anmeldung ist, die in dieser Verordnung festgelegten Voraussetzungen, so erteilt die in Artikel 9 Absatz 1 genannte Behörde das Zertifikat.

(2) Vorbehaltlich des Absatzes 3 weist die in Artikel 9 Absatz 1 genannte Behörde die Zertifikatsanmeldung zurück, wenn die Anmeldung oder das Erzeugnis, das Gegenstand der Anmeldung ist, nicht die in dieser Verordnung festgelegten Voraussetzungen erfüllt.

(3) Erfüllt die Zertifikatsanmeldung nicht die in Artikel 8 genannten Voraussetzungen, so fordert die in Artikel 9 Absatz 1 genannte Behörde den Anmelder auf, innerhalb der gesetzten Frist die festgestellten Mängel zu beseitigen oder die Gebühr zu entrichten.

(4) Werden innerhalb der gesetzten Frist die nach Absatz 3 mitgeteilten Mängel nicht beseitigt oder wird die nach Absatz 3 angeforderte Gebühr nicht entrichtet, so wird die Anmeldung zurückgewiesen.

(5) Die Mitgliedstaaten können vorsehen, dass die Erteilung des Zertifikats durch die in Artikel 9 Absatz 1 genannte Behörde ohne Prüfung der in Artikel 3 Buchstaben c und d genannten Bedingungen erfolgt.

(6) Die Absätze 1 bis 4 gelten entsprechend für den Antrag auf eine Verlängerung der Laufzeit des Zertifikats.

11. Artikel 10. Art 10 regelt das **Erteilungsverfahren**. Die §§ 34 ff finden keine entsprechende An- **126** wendung (vgl § 16a Abs 2).[282] Jedoch enthalten § 49a sowie §§ 19ff PatV einige ergänzende Bestimmungen (vgl Art 19 Abs 1 AMVO). Abs 6 ist durch Art 52 Nr 5 VO (EG) Nr 1901/2006 über Kinderarzneimittel (Kinder-AMVO, Rn 177 ff) angefügt worden.

Zuständig für die Durchführung des Erteilungsverfahrens ist das DPMA, dort die Patentabteilung **127** (§ 49a Abs 1). § 27 ist anzuwenden. Erteilung des Zertifikats und Zurückweisung der Anmeldung sind nur in der Besetzung mit (mindestens) drei Mitgliedern möglich (§ 27 Abs 3, 4 analog).[283]

---

279 Ebenso *Brückner* Art 9 Rn 4; *Markgraf* § 3 Art 10 Rn 1 Fn 5.

280 MittPräsDPA Nr 9/95 BlPMZ 1995, 229.

281 Vgl *Schennen* Art 9 Anm 5.

282 Begr PatGÄndG BlPMZ 1993, 205, 209; *Markgraf* § 3 Art 9 Rn 1 Fn 5.

283 SchutzzertifikatsRl Nr 3 vor 3.1 BlPMZ 2015, 65, 67; *Schulte* § 49a Rn 5; *Brückner* Art 10 Rn 8.

128   Bestellung eines **Inlandsvertreters** ist gem § 16a Abs 2 iVm § 25 erforderlich.

129   **Prüfungsumfang.** Geprüft werden die materiellen (Art 2 und 3) und formellen Voraussetzungen (Art 7 und 8) einschließlich solcher des ergänzenden nationalen Rechts (Art 19 Abs 1). Bei Vorliegen aller formellen und materiellen Voraussetzungen hat der Anmelder – wie im Patenterteilungsverfahren – einen öffentlich-rechtl Anspruch auf Erteilung des Zertifikats.[284] Von der Ermächtigung des Art 10 Abs 5 wurde kein Gebrauch gemacht. Das DPMA prüft also ua, ob für das Erzeugnis demselben Anmelder im Anmeldezeitpunkt bereits ein Zertifikat erteilt worden ist (Art 3 Buchst c) und ob die Genehmigung gem Art 3 Buchst b die erste Genehmigung für das Inverkehrbringen ist (Art 3 Buchst d). Insoweit ist das DPMA weitgehend auf die Angaben des Anmelders angewiesen. Ermittlungen vAw sind aber nicht ausgeschlossen.[285] Unrichtige Angaben führen zur Nichtigkeit des Zertifikats (Art 15 Abs 1 Buchst a) und können darüber hinaus kartellrechtl Sanktionen nach sich ziehen (s Rn 120).

130   **Mängelbeseitigung.** Formelle Mängel nach Art 8 können innerhalb einer vom DPMA zu setzenden Frist beseitigt werden (Art 10 Abs 3). Das gleiche gilt gem § 49a Abs 2 Satz 2 im Hinblick auf formelle Mängel nach Maßgabe des ergänzend anzuwendenden nationalen Rechts (Rn 115). Unterschiede bestehen indessen im Fall einer Überschreitung der gesetzten Fristen. Die nationale Frist nach § 49a Abs 2 Satz 2 ist, wie auch sonst, **keine Ausschlussfrist.**[286] Die Frist bedeutet daher nur, dass das DPMA unter dem Gesichtspunkt des Rechts auf Äußerung nicht vor Fristablauf (zu Lasten des Anmelders) entscheiden, insb die Anmeldung nicht zurückweisen darf. Eine nach Fristablauf erfolgende Mängelbeseitigung ist jedoch bis zur Übergabe des Beschlusses an die Postabfertigungsstelle zu berücksichtigen. Da somit der Fristablauf als solcher keinen Rechtsnachteil zur Folge hat, ist Wiedereinsetzung nicht möglich.[287] Anders verhält es sich bei der **gemeinschaftsrechtlichen Frist nach Art 10 Abs 4** bezüglich Mängeln nach Art 8. Diese Frist ist nach dem – bei der Auslegung von Gemeinschaftsrecht stets vorrangig zu beachtenden – Wortlaut des Art 10 Abs 4 eine **Ausschlussfrist.**[288] Denn danach ist die Anmeldung zurückzuweisen, wenn die Mängel nicht innerhalb der gesetzten Frist beseitigt werden oder die Anmeldegebühr nicht bezahlt wird (vgl demgegenüber § 49a Abs 2 Satz 3). Da der Fristablauf unmittelbar einen rechtl Nachteil zur Folge hat, ist (unter den weiteren Voraussetzungen des § 123) Wiedereinsetzung möglich. Ob daneben auch eine Weiterbehandlung nach § 123a in Betracht kommt, erscheint zwh. § 16a Abs 2 verweist auf § 123a nicht. Einer analogen Anwendung[289] dürfte die vorrangige Regelung in Art 10 Abs 4 entgegenstehen. Die Mindestfrist von zwei Monaten nach § 49a Abs 2 Satz 2 gilt auch für die gemeinschaftsrechtl Frist nach Art 10 Abs 3, da § 49a Abs 2 Satz 2 den Art 10 Abs 3 insoweit ergänzt.[290]

131   **Erteilungsbeschluss.** Das Zertifikat wird durch Beschluss erteilt (vgl für die Zurückweisung der Anmeldung § 49a Abs 2 Satz 3).[291] Der Beschlusstenor hat zu enthalten:

–   die **genaue Bezeichnung des Erzeugnisses**, vgl Art 15 Abs 1 Buchst c: „Erzeugnis, für welches das Zertifikat erteilt worden ist". Die Bezeichnung des Erzeugnisses hat nicht etwa nur informatorische Bedeutung im Sinne einer Titelüberschrift,[292] sondern legt konstitutiv (vorbehaltlich der in Art 4 beschriebenen Grenzen) den Schutzgegenstand des Zertifikats fest.[293]

–   die **Laufzeit des Zertifikats** (§ 49a Abs 2 Satz 1).
Weitere Angaben **sind nicht in den Tenor aufzunehmen.**[294]

---

284   BGH GRUR 2002, 415 f Sumatriptan; BGH GRUR 2002, 47 f Idarubicin III.

285   Vgl SchutzzertifikatsRl Nr 3.3.1.3 BlPMZ 2015, 65, 70.

286   Vgl RPA GRUR 1931, 1078; zum Markenrecht *Ströbele/Hacker* MarkenG § 36 Rn 6.

287   Ebenso *Brückner* Art 10 Rn 31.

288   So auch *Benkard* § 49a Rn 10; *Brückner* Art 10 Rn 32.

289   Vgl SchutzzertifikatsRl Nr 5.2 BlPMZ 2015, 65, 76; *Schulte* § 123a Rn 12.

290   Ebenso *Brückner* Art 10 Rn 34.

291   *Schulte* § 49a Rn 22.

292   So aber BPatGE 44, 8, 32 = GRUR Int 2001, 629, 638 für den Fall, dass das Erzeugnis in einer weiteren Form bezeichnet wird als es der arzneimittelrechtl Zulassung zugrundeliegt.

293   Vgl BGH GRUR 2002, 47, 49 Idarubicin III und nachfolgend BPatG 12.11.2001 15 W (pat) 122/93; *Schennen* Art 11 Anm 3; *Schulte* § 49a Rn 24; zweifelnd *Markgraf* § 3 Art 8 Rn 11 Fn 45; Tenorierungsbeispiel bei *Schulte* § 49a Rn 25; zur Tenorierung auch BPatG 3.6. 2002 15 W (pat) 66/97.

294   BGH GRUR 2002, 47, 49 Idarubicin III; BGH GRUR 2002, 415, 417 f Sumatriptan.

Wirksam wird der Beschluss durch **Verkündung** am Ende einer etwaigen Anhörung, sonst durch Zustellung (§ 49a Abs 5 Satz 2 iVm § 47 Abs 1 Satz 1, 2). Die Bekanntmachung gem Art 11 hat – abw von § 58 Abs 1 Satz 3 – nur deklaratorische Bedeutung.[295] **132**

Ein **Einspruch** findet nicht statt (Art 19 Abs 2). Zu Rechtsbehelfen Rn 163. **133**

Artikel 11
Bekanntmachung

(1) Ein Hinweis auf die Erteilung des Zertifikats wird von der in Artikel 9 Absatz 1 genannten Behörde bekannt gemacht. Der Hinweis muss zumindest die folgenden Angaben enthalten:
a) Name und Anschrift des Inhabers des Zertifikats;
b) Nummer des Grundpatents;
c) Bezeichnung der Erfindung;
d) Nummer und Zeitpunkt der in Artikel 3 Buchstabe b genannten Genehmigung für das Inverkehrbringen sowie das durch die Genehmigung identifizierte Erzeugnis;
e) gegebenenfalls Nummer und Zeitpunkt der ersten Genehmigung für das Inverkehrbringen in der Gemeinschaft;
f) Laufzeit des Zertifikats.
(2) Ein Hinweis auf die Zurückweisung der Zertifikatsanmeldung wird von der in Artikel 9 Absatz 1 genannten Behörde bekannt gemacht. Der Hinweis muss zumindest die in Artikel 9 Absatz 2 genannten Angaben enthalten.
(3) Die Absätze 1 und 2 gelten für Hinweise darauf, dass eine Verlängerung der Laufzeit eines bereits erteilten Zertifikats gewährt oder dass der Antrag auf eine derartige Verlängerung zurückgewiesen wurde.

12. Artikel 11. Abs 3 ist durch Art 52 Nr 6 VO (EG) Nr 1901/2006 über Kinderarzneimittel (Kinder- **134** AMVO, Rn 177 ff) eingefügt worden. In Deutschland ist für ergänzende Schutzzertifikate **kein eigenes Register** vorgesehen, sondern diese werden im **Patentregister** eingetragen (§ 30 Abs 1). Damit ist zugleich ihre Veröffentlichung gewährleistet (vgl § 32 Abs 5). Die Eintragungen haben denselben Umfang wie für Patente. Eine der Offenlegungs- oder der Patentschrift vergleichbare Schutzzertifikatsschrift wird nicht ausgegeben.[296]

Artikel 12
Jahresgebühren

Die Mitgliedstaaten können vorsehen, dass für das Zertifikat Jahresgebühren zu entrichten sind.

13. Artikel 12. Art 12 gesteht den Mitgliedstaaten das Recht zu, für Zertifikate **Jahresgebühren** zu er- **135** heben. Von dieser Möglichkeit hat der dt Gesetzgeber in § 16a Abs 1 Satz 2 durch Schaffung der materiellrechtl Rechtsgrundlage für die Jahresgebührenpflicht Gebrauch gemacht. Die Jahresgebühren sind für das erste bis fünfte (bei Verlängerung auch für das sechste) Jahr der Laufzeit des ergänzenden Schutzes, dh für das 21. bis 25. (ggf auch das 26.) Jahr nach dem Tag der Patentanmeldung, geschuldet (GebVerz Nr 312210 ff). Sie schließen sich (auch in ihrer Progression) an die Patentjahresgebühren an und tragen dadurch sowohl der langen Dauer des Schutzes als auch der Tatsache Rechnung, dass es sich stets um besonders wertvolle Schutzrechte handelt.

Höhe. Die Jahresgebühren betragen seit 1.1.2002 für das erste Jahr des ergänzenden Schutzes **136** 2.650 EUR, für das zweite Jahr 2.940 EUR, für das dritte Jahr 3.290 EUR, für das vierte Jahr 3.650 EUR und für das fünfte Jahr 4.120 EUR (GebVerz Nr 312210 ff). Verlängert sich der Schutz auf Grund einer Laufzeitverlängerung nach Art 36 Kinder-AMVO iVm Art 13 Abs 3 AMVO in ein sechstes Jahr, ist hierfür eine Jahresgebühr in Höhe von 4.520 EUR zu zahlen (GebVerz Nr 312260).

Artikel 13
Laufzeit des Zertifikats

(1) Das Zertifikat gilt ab Ablauf der gesetzlichen Laufzeit des Grundpatents für eine Dauer, die dem Zeitraum zwischen der Einreichung der Anmeldung für das Grundpatent und dem Zeitpunkt der ersten Genehmigung für das Inverkehrbringen in der Gemeinschaft entspricht, abzüglich eines Zeitraums von fünf Jahren.

---

295 *Schennen* Art 10 Anm 2; *Brückner* Art 10 Rn 22.
296 Vgl MittPräsDPA Nr 6/93 BlPMZ 1993, 169; MittPräsDPA Nr 9/95 BlPMZ 1995, 229; Begr PatGÄndG BlPMZ 1993, 205, 211.

(2) Ungeachtet des Absatzes 1 beträgt die Laufzeit des Zertifikats höchstens fünf Jahre vom Zeitpunkt seines Wirksamwerdens an.

(3) Die in den Absätzen 1 und 2 festgelegten Zeiträume werden im Falle der Anwendung von Artikel 36 der Verordnung (EG) Nr. 1901/2006 um sechs Monate verlängert. In diesem Fall kann die in Absatz 1 dieses Artikels festgelegte Laufzeit nur einmal verlängert werden.

(4) Wird ein Zertifikat für ein Erzeugnis erteilt, das durch ein Patent geschützt ist, für welches vor dem 2. Januar 1993 nach den einzelstaatlichen Rechtsvorschriften eine Verlängerung gewährt oder ein Verlängerungsantrag gestellt wurde, so wird die Laufzeit dieses Zertifikats um die Zahl der Jahre verkürzt, die eine zwanzigjährige Laufzeit des Patents übersteigt.

14. Artikel 13

137   **a. Entstehungsgeschichte.** Abs 3 ist durch Art 52 Nr 7 VO (EG) Nr 1901/2006 über Kinderarzneimittel (Kinder-AMVO, Rn 177 ff) angefügt worden; Abs 4 übernimmt die Regelung des vormaligen Art 22 VO 1768/92.

138   **b. Laufzeit.** Das Zertifikat gilt ab dem Ablauf der gesetzlichen Laufzeit des Grundpatents (§ 16a Abs 1 Satz 1) für eine Dauer, die dem Zeitraum zwischen der Einreichung der Anmeldung für das Grundpatent und der **ersten Genehmigung für das Inverkehrbringen in der Gemeinschaft** – abzüglich eines Zeitraums von 5 Jahren – entspricht, jedoch längstens 5 Jahre.[297] Im Ergebnis wird dem Inhaber der Zeitraum, um den die Dauer des Zulassungsverfahrens 5 Jahre übersteigt, vorbehaltlich Abs 3 höchstens aber 5 Jahre, als Laufzeitverlängerung gutgebracht.[298] Durch die Anknüpfung an die erste Genehmigung in der Gemeinschaft soll die Erteilung von Zertifikaten mit je nach Mitgliedstaat unterschiedlicher Laufdauer verhindert werden.[299]

139   Eine weitere zeitliche Begrenzung ergibt sich aus dem **9. Erwägungsgrund** zur AMVO. Demnach müssen demjenigen, der gleichzeitig Inhaber eines Patents und eines Zertifikats ist, insgesamt **höchstens 15 Jahre** Ausschließlichkeit ab der ersten Genehmigung für das Inverkehrbringen des betreffenden Arzneimittels in der Gemeinschaft eingeräumt werden. Nach der Rspr des EuGH ist Art 13 daher dahin auszulegen, dass der Rechtsinhaber nicht die gesamte nach Art 13 berechnete Gültigkeitsdauer des Zertifikats in Anspruch nehmen kann, wenn ihm mit einer solchen Dauer für einen Wirkstoff für mehr als 15 Jahre ab der ersten Genehmigung für das Inverkehrbringen des Arzneimittels eine Ausschließlichkeit zukäme.[300]

140   Nach **Absatz 3** kann die sich so ergebende Laufzeit einmalig pauschal um sechs Monate verlängert werden, wenn die Voraussetzungen des **Artikels 36 Kinder-AMVO** erfüllt sind, wenn also für ein Arzneimittel sämtliche nach einem gebilligten pädiatrischen Prüfkonzept erforderlichen Studien durchgeführt wurden; ob dies der Fall ist, ist im Zertifikatserteilungs- oder -verlängerungsverfahren nicht materiell zu prüfen, sondern der Erklärung gem Art 8 Abs 1 Buchst d Nr i AMVO iVm Art 28 Abs 3 und Art 36 Abs 2 Kinder-AMVO zu entnehmen (Rn 119 und Rn 181).[301] Nach der Rspr des EuGH kommt ein Zertifikatsschutz grds auch dann in Frage, wenn zwischen Patentanmeldung und erster Genehmigung weniger als 5 Jahre liegen, die **Laufzeit des Zertifikats** also **negativ** ist.[302] Dies gilt insb, wenn sich unter Berücksichtigung einer möglichen Verlängerung der Laufzeit nach Abs 3 insgesamt eine positive Laufzeit des Zertifikats ergeben könnte, wenn also zwischen der Anmeldung des Grundpatents und der ersten Genehmigung für das Inverkehrbringen in der Gemeinschaft weniger als fünf Jahre, aber mehr als vier Jahre und sechs Monate liegen.[303] Ist die Laufzeit eines Zertifikats negativ, kann diese jedoch nicht auf null gerundet werden. Das bedeutet, dass die in der Kinder-AMVO vorgesehene Verlängerung ab dem Zeitpunkt zu laufen beginnt, der dadurch bestimmt wird, dass vom Zeitpunkt des Ablaufs des Patents die Differenz zwischen fünf Jah-

---

297   Zur Berechnung der Dauer des Schutzzertifikats in Österreich, wo nach früherer Rechtslage die Schutzdauer des Patents erst mit der Bekanntmachung zu laufen begann, öOGH ÖBl 2006, 233 Carvedilol.

298   Wegen der Einzelheiten vgl *Mühlens* Mitt 1993, 213, 217.

299   EuGH C-110/95 Slg 1997 I-3251, 3276 f = GRUR Int 1997, 908, 910 (Nr 25) Yamanouchi; EuGH C-127/00 Slg 2003 I 14781 = GRUR 2004, 225, 230 (Nr 77) Omeprazol.

300   EuGH 13.2.2014 C-555/13 GRUR 2014, 850 Merck Canada/Accord Healthcare.

301   Wie hier *Schulte* § 16a Rn 62; *Benkard* § 16a Rn 32d; zweifelnd *Markgraf* § 3 Art 13 Rn 25.

302   EuGH 8.12.2011 C-125/10 Slg 2011 I 12987 = GRUR Int 2012, 146 (Nr 28) Merck/DPMA auf Vorlage BPatG 18.2.2010 15 W (pat) 36/08 BlPMZ 2010, 166 Ls „Sitagliptin"; aA schweiz BG sic! 1999, 153 Arzneimittel.

303   EuGH 8.12.2011 C-125/10 (Nr 39 f) Merck/DPMA.

ren und dem Zeitraum, der zwischen der Einreichung der Patentanmeldung und der Erteilung der ersten Genehmigung für das Inverkehrbringen vergangen ist, abgezogen wird. Nur dann, wenn der Zeitraum zwischen der Einreichung der Anmeldung für das Grundpatent und dem Zeitpunkt der ersten Genehmigung für das Inverkehrbringen des betreffenden Arzneimittels in der Gemeinschaft genau 5 Jahre beträgt, kann ein Zertifikat eine Laufzeit von null haben und der Beginn der Verlängerung fällt mit dem Zeitpunkt des Ablaufs des Grundpatents zusammen.[304]

c. Als **erste Genehmigung für das Inverkehrbringen in der Gemeinschaft** ist in territorialer Hin- **141** sicht jede Genehmigung zu berücksichtigen, die im Zeitpunkt der Anmeldung in einem Mitgliedstaat der EU[305] oder in einem der **EWR-Staaten** Norwegen, Island oder Liechtenstein erteilt war (vgl Rn 114). Dabei sind auch Schweizer Genehmigungen mit Erstreckung auf Liechtenstein zu berücksichtigen.[306] Dies gilt auch dann, wenn die schweiz Genehmigung im beschleunigten Verfahren erteilt und später ausgesetzt worden ist; unerheblich ist es darüber hinaus, wenn die Europäische Arzneimittelagentur eine Genehmigung aufgrund vergleichbarer klinischer Daten (zunächst) verweigert hat.[307] Zu berücksichtigen sind auch Genehmigungen, die in einem EWR-Staat **vor dem 1.7.1994** (Zeitpunkt des Inkrafttretens der AMVO aF in den EWR-Staaten, außer Liechtenstein) erteilt worden sind.[308] Soweit dagegen angenommen wird, dass Genehmigungen, die in einem EWR-Staat vor dem 1.1.1994 erteilt wurden, außer Betracht zu bleiben hätten,[309] ist dem nicht zuzustimmen.[310]

Sachlich muss es sich hierbei um eine Genehmigung gem dem **Anforderungsprofil** der RL 2001/ **142** 83/EG (früher RL 65/65/EWG) bzw RL 2001/82/EG (früher RL 81/851/EWG) handeln. Insoweit ist nicht erforderlich, dass die betr Genehmigung aufgrund einer Rechtsvorschrift ergangen ist, die durch die genannten RL bereits harmonisiert war.[311] Entscheidend ist, ob und dass die betr Genehmigung ihrer Art nach in den Anwendungsbereich der RL fällt, also die Qualität, Wirksamkeit und Sicherheit des Arzneimittels gewährleisten soll (vgl Art 3 Buchst b Satz 1 2. Halbs bzw Satz 2 VO 1768/92 idF des EWR-Abk bzw des Beitrittsvertrags, Rn 33).[312] Hängt das Inverkehrbringen des Arzneimittels rechtl oder wirtschaftlich von weiteren Genehmigungen ab, zB bezüglich der Preisgestaltung oder der Erstattungsfähigkeit des Arzneimittels durch die staatliche Krankenversicherung, ist dies für die Laufzeitberechnung ohne Belang.[313]

d. Als erste Genehmigung iSv Art 13 ist jede Genehmigung anzusehen, die **dasselbe Erzeugni**s be- **143** trifft wie das, für das das Zertifikat beantragt ist (vgl Art 8 Abs 1 Buchst c). Zum insoweit maßgeblichen Erzeugnisbegriff bzw zur Frage der Erzeugnisidentität Rn 13 ff, Rn 78 ff.

Unerheblich ist, ob die erste Genehmigung gerade dem Inhaber des Grundpatents bzw Anmelder des **144** Zertifikats erteilt worden ist. Erste Genehmigung iSv Art 13 Abs 1 kann also auch die **einem Dritten erteilte Genehmigung** sein (s auch Rn 77, 104).

---

304 EuGH 8.12.2011 C-125/10 (Nr 42 f) Merck/DPMA.
305 Vgl *Schennen* Art 13 Anm 5; BPatGE 50, 111 = GRUR 2008, 67 „Finasterid"; BPatG 15.3.2007 3 Ni 23/06 „Finasterid 01".
306 EuGH C-207/03, C-252/03 Slg 2005 I 3209 = GRUR Int 2005, 581 Novartis; bestätigt durch EuGH C-617/12 EWS 2014, 84 Astrazeneca/Comptroller General; *Kellner* GRUR 1999, 805, 808; *Zaroli* sic! 2003, 546 ff (dort auch zur abw Auffassung des schweiz IGE).
307 EuGH C-617/12 Astrazeneca/Comptroller General.
308 BGH GRUR 2008, 891 Pantoprazol, zu einer am 6.5.1994 in Schweden (damals noch EWR-Staat) erteilten Genehmigung; vorgehend BPatG PharmR 2007, 299; vgl BPatGE 50, 111 = GRUR 2008, 67 „Finasterid"; BPatG 15.3.2007 3 Ni 23/06 „Finasterid 01": Genehmigung in Österreich im Jahr 1992.
309 Vgl BGH GRUR 2008, 891 f (Nr 10) Pantoprazol; *Schulte* § 16a Rn 57.
310 Vgl BPatG GRUR 2008, 67 „Finasterid" (zu einer 1992 in Österreich erteilten Genehmigung).
311 Wie hier *Schulte* § 16a Rn 57; aA BPatG GRUR 2006, 1046 unter Hinweis auf EuGH C-127/00 Slg 2003 I 14781 = GRUR 2004, 225, 228 (Nr 58) Omeprazol, wonach unter einer „ersten Genehmigung für das Inverkehrbringen in der Gemeinschaft" nur eine gem der RL 65/65/EWG erteilte Genehmigung zu verstehen ist; diese Aussage bezieht sich indessen nur auf den Typus der Genehmigung in Abgrenzung zB von preisrechtl Genehmigungen; wie BPatG aber wohl auch *Benkard* § 16a Rn 31 und *Markgraf* § 3 Art 13 Rn 14.
312 Vgl BGH GRUR 2008, 891 f (Nr 6) Pantoprazol; unter Hinweis auf die Fiktion des Art 3 Buchst b Satz 2 VO 1768/92 offen gelassen in BPatG GRUR 2008, 67 f „Finasterid".
313 Vgl EuGH C-127/00 Slg 2003 I 14781 = GRUR 2004, 225 Omeprazol; BGH GRUR 2000, 392, 394 Omeprazol; BPatG GRUR 2006, 1046; *Straus* GRUR Int 2001, 591, 593.

145   **e.** Der für die Berechnung der Laufzeit maßgebliche **Zeitpunkt der ersten Genehmigung** für das In-verkehrbringen in der Gemeinschaft ist nach der Rspr des EuGH unionsrechtl einheitlich dahingehend zu bestimmen, dass es auf die **Bekanntmachung der Genehmigung gegenüber dem Adressaten** an-kommt.[314] Für Erstzulassungen in Deutschland ist somit maßgeblich der Zeitpunkt der Bekanntgabe gem §§ 43 Abs 1 Satz 1, 41 VwVfG bzw für Genehmigungen im zentralen Zulassungsverfahren nach Art 10 VO 726/2004 gem Art 288 Abs 4, Art 297 Abs 2 Unterabs 3 AEUV. Die früher verbreitet (auch hier) vertretene Auffassung, dass es auf das Ausstellungsdatum der Genehmigung ankomme,[315] ist damit überholt. Das Abstellen auf die Bekanntmachung der Genehmigung gegenüber dem Adressaten ist unproblematisch, soweit es um Genehmigungen im zentralen Zulassungsverfahren geht, weil hier das Datum im Amtsblatt C der EU veröffentlicht wird. Bei nationalen Erstzulassungen können dagegen erhebliche Schwierigkeiten auftreten, das maßgebliche Datum festzustellen, sei es seitens der Behörden, um entsprechende Angaben des Zertifikatsanmelders zu überprüfen, sei es des Anmelders selbst, wenn er nicht Inhaber der Genehmi-gung ist.

146   Anders verhält es sich, soweit es um eine in Liechtenstein als EWR-Staat beachtliche schweiz Zulas-sung geht (Rn 141). Insoweit ist die infolge des Novartis-Urteils des EuGH vom 21.4.2005[316] schon am 22.4.2005 getroffene Ergänzungsvereinbarung zwischen der Schweiz und Liechtenstein zum Notenaus-tausch betreffend die Geltung der schweizerischen Heilmittelgesetzgebung in Liechtenstein vom 11.12.2001 über die Zulassung von Arzneimitteln mit neuen Wirkstoffen zu beachten. Danach erkennt Liechtenstein ab dem 1.6.2005 schweiz Zulassungen nicht mehr automatisch an, sondern nimmt in der Schweiz zugelas-sene Arzneimittel in eine Negativliste vorläufig nicht anerkannter schweiz Zulassungen auf. Dort werden sie im Regelfall nach zwölf Monaten gestrichen und somit anerkannt, uU auch früher oder später.[317] Dieses Datum der Anerkennung ist ggf als Datum der ersten Genehmigung für das Inverkehrbringen in der Ge-meinschaft bzw im EWR maßgeblich.[318]

147   **f. Angabe der Laufzeit.** Die Laufzeit ist im Zertifikatsbeschluss anzugeben (§ 49a Abs 2 Satz 1).

148   **g. Absatz 4.** Die aus Art 22 VO 1768/92 in Abs 4 übernommene Vorschrift betrifft nur Irland.[319]

Artikel 14
Erlöschen des Zertifikats
   Das Zertifikat erlischt
a)   am Ende des in Artikel 13 festgelegten Zeitraums;
b)   bei Verzicht des Inhabers des Zertifikats;
c)   bei nicht rechtzeitiger Zahlung der in Übereinstimmung mit Artikel 12 festgesetzten Jahresgebühr;
d)   wenn und solange das durch das Zertifikat geschützte Erzeugnis infolge Widerrufs der betreffenden Genehmi-gung oder Genehmigungen für das Inverkehrbringen gemäß der Richtlinie 2001/83/EG oder der Richtlinie 2001/82/EG nicht mehr in den Verkehr gebracht werden darf. Über das Erlöschen des Zertifikats kann die in Artikel 9 Absatz 1 dieser Verordnung genannte Behörde von Amts wegen oder auf Antrag eines Dritten ent-scheiden.

15. Artikel 14

149   **a.** In Buchst a bis c sind die üblichen für Patente geltenden, ex nunc wirkenden[320] **Erlöschensgründe** geregelt. Über § 16a Abs 2 finden ergänzend die Vorschriften des § 20 Anwendung. Für den Verzicht gilt

---

314   EuGH C-471/14 GRUR Int 2015, 1120 auf Vorlage OLG Wien GRUR Int 2015, 148; vorher schon *Schennen* Art 7 Anm 3.
315   BPatGE 49, 113 = Mitt 2006, 73, nachgehend BGH GRUR 2008, 65 Porfimer (EuGH-Vorlage im Verfahren C-452/07, erledigt durch Rücknahme der Zertifikatsanmeldung); *Benkard* § 16a Rn 41; *Sredl* GRUR 2001, 596, 598; *Schulte* § 16a Rn 44 und § 49a Rn 9 und 12; SchutzzertifikatsRl Nr 3.2.1.3 Abs 1 BlPMZ 2015, 65, 68; vgl auch BPatGE 35, 276, 278 = BlPMZ 1997, 61 f (zu Art 13); BPatG 19.2.2004 3 Ni 1/01 (EU) „Felodipin I" (zu Art 19 aF); CA Paris 11.6.2004 RG 2004/2319.
316   Slg 2005 I 3209 = GRUR Int 2005, 581.
317   Näher *Stöckli/Schaper* PharmR 2008, 35 ff.
318   Vgl SchutzzertifikatsRl Nr 3.3.1.3 BlPMZ 2015, 65, 70; *Schulte* § 16a Rn 57.
319   Eingehend *Schennen* Art 22 Anm 2 ff.
320   Vgl Schlussanträge Nr 25 ff in der Rechtssache C-484/12; *Benkard* § 16a Rn 44; *Markgraf* § 3 Art 14 Rn 2.

daher das Schriftformerfordernis des § 20 Abs 1 Nr 1;[321] formelle Legitimation (§ 30 Abs 3 Satz 3) ist nicht erforderlich.[322] Des weiteren kann nach § 20 Abs 2 das Erlöschen infolge nicht rechtzeitiger Zahlung der Jahresgebühren nur durch das DPMA festgestellt werden.[323]

b. Art 14 Buchst d knüpft den Fortbestand des Zertifikats darüber hinaus an die **Befugnis zum Inver-** **150** **kehrbringen** auf Grund einer Genehmigung iSd RL 2001/83/EG bzw 2001/82/EG. Das Zertifikat erlischt, wenn und solange das durch das Zertifikat geschützte Erzeugnis infolge Widerrufs der betreffenden Genehmigung oder Genehmigungen nach diesen RL nicht mehr in den Verkehr gebracht werden darf. Mangelnde Befugnis zum Inverkehrbringen wegen Fehlens anderer, zB preisrechtl Genehmigungen ist unschädlich, ebenso der Verzicht auf die Zulassung und deren Zeitablauf (§ 30 Abs 1 Nr 2 und 3 AMG);[324] anders aber bei Feststellung nach § 30 Abs 4 Satz 2 AMG, Rn 152. Darüber hinaus greift Art 14 Buchst d nur dann ein, wenn überhaupt keine Genehmigung für das Inverkehrbringen im Sinn der genannten RL mehr vorliegt. Das Zertifikat bleibt daher bestehen, solange auch nur eine solche Genehmigung das Inverkehrbringen erlaubt; das meint die Formulierung „Genehmigung oder Genehmigungen". Dabei muss es sich nicht notwendig um die Genehmigung handeln, auf die das Zertifikat nach Art 3 Buchst b gestützt war. Es genügt jede Genehmigung, zB auch eine später erlangte, auf die sich das Zertifikat gem Art 4 (aE) mit erstreckt.[325]

Unterschiedliche Auffassungen bestehen über die Auslegung der Formulierung „**wenn und solan-** **151** **ge**". Teils wird vertreten, damit solle zum Ausdruck gebracht werden, dass nur ein rechtskräftiger Widerruf zum Erlöschen des Zertifikats führe.[326] Mit dem Wortlaut der Vorschrift ist dies kaum in Einklang zu bringen. Näher am Wortlaut orientiert ist die Auffassung, wonach das Zertifikat keine Wirkungen iSv Art 5 entfalte, solange die Verkehrsgenehmigung „suspendiert" sei, Erlöschen aber erst mit rechtskräftigem Widerruf eintrete.[327] Es spricht jedoch nichts gegen eine – europarechtl grds vorzugswürdige[328] – wörtliche Auslegung des Art 14 Buchst d. Dabei kommt es zum einen auf den Widerruf, zum andern auf das Inverkehrbringendürfen an. Demnach erlischt das Zertifikat endgültig, „wenn" das Erzeugnis wegen eines rechtskräftigen Widerrufs nicht mehr in Verkehr gebracht werden darf. Ein Wiederaufleben des Zertifikats ist jedoch möglich, wenn nachträglich wieder eine Genehmigung erteilt wird und das Zertifikat noch nicht abgelaufen ist (vgl Art 4 aE).[329] Demgegenüber ist von einem vorläufigen Erlöschen auszugehen, „solange" die Genehmigung noch nicht bestandskräftig widerrufen, ein Vertrieb aber gleichwohl nicht möglich ist, weil der Widerruf kraft Gesetzes oder behördlicher Anordnung sofort vollziehbar (§ 30 Abs 3 Satz 2 AMG, § 80 Abs 2 Nr 3 und 4 VwGO) und eine Wiederherstellung der aufschiebenden Wirkung von Widerspruch und Anfechtungsklage nach § 80 Abs 5 VwGO vom Verwaltungsgericht nicht angeordnet ist. Die Gefahr, dass ein Dritter während des Erlöschens unbehelligt eine Genehmigung für das Inverkehrbringen erlangt, besteht nicht, da in diesem Fall das Zertifikat im Umfang dieser Genehmigung wiederauflebt (arg Art 4 aE). Insoweit stellt sich auch nicht die Frage nach etwaigen Weiterbenutzungsrechten.[330]

Der Begriff des Widerrufs, wie er in Art 14 Buchst d verwendet wird, kann nicht im engen technischen **152** Sinn von § 30 AMG, § 49 VwVfG verstanden werden,[331] da es sich um einen gemeinschaftsrechtl Begriff handelt.[332] Unter einem **Widerruf** ist vielmehr jeder behördliche Akt zu verstehen, der die Befugnis zum Inverkehrbringen nach den RL 2001/83/EG bzw 2001/82/EG beseitigt, so dass auch Rücknahme und Ruhensanordnung nach § 30 AMG darunter fallen.[333] Gleichzustellen sind das Erlöschen der Zulassung durch Versagung der Verlängerung (§ 31 Abs 1 Nr 4 AMG) sowie die Feststellung der Voraussetzungen einer Zu-

---

321 Str; vgl *Markgraf* § 3 Art 14 Rn 5.
322 *Schennen* Art 14 Anm 3; *Brückner* Art 14 Rn 9; *Markgraf* § 3 Art 14 Rn 4.
323 Ebenso *Brückner* Art 14 Rn 13; *Markgraf* § 3 Art 14 Rn 10.
324 *Schennen* Art 14 Anm 5.
325 *Schennen* Art 14 Anm 5; *Brückner* Art 14 Rn 24; *Markgraf* § 3 Art 14 Rn 19.
326 *Schennen* Art 14 Anm 5; *Mühlens* Mitt 1993, 213, 218.
327 *Brändel* GRUR 2001, 875, 878.
328 Vgl EuGH Slg 1982, 3415, 3430 (Nr 17 ff) = NJW 1983, 1257, 1258 CILFIT.
329 *Brändel* GRUR 2001, 875, 878; *Benkard* § 16a Rn 44.
330 Dieser Auffassung zuneigend auch *Benkard* § 16a Rn 44.
331 So aber *Brändel* GRUR 2001, 875, 878.
332 Insoweit zust *Markgraf* § 3 Art 14 Rn 15.
333 *Schennen* Art 14 Anm 5.

Hacker

rücknahme oder des Widerrufs nach § 30 Abs 4 Satz 2 AMG. Auch die rechtskräftige rückwirkende Beseitigung der Genehmigung führt nur zum Erlöschen, nicht zur Nichtigkeit nach Art 15 Abs 1 Buchst a,[334] da andernfalls ein Wiederaufleben des Zertifikats bei nachträglicher Neugenehmigung (Rn 151) ausgeschlossen wäre.

153   Nach Satz 2 kann das DPMA das Erlöschen des Zertifikats gem Art 14 Buchst d vAw oder auf Antrag eines Dritten **feststellen.** Das Feststellungsmonopol des § 20 Abs 2 gilt hierfür nicht, so dass auch eine Inzidentfeststellung durch das Verletzungsgericht in Betracht kommt.[335] Eine sachliche Überprüfung der arzneimittelrechtl Entscheidung ist im Rahmen des Art 14 Buchst d Satz 2 ausgeschlossen.[336]

> **Artikel 15**
> **Nichtigkeit des Zertifikats**
>   (1) Das Zertifikat ist nichtig,
> a)   wenn es entgegen den Vorschriften des Artikel 3 erteilt wurde,
> b)   wenn das Grundpatent vor Ablauf seiner gesetzlichen Laufzeit erloschen ist;
> c)   wenn das Grundpatent für nichtig erklärt oder derartig beschränkt wird, dass das Erzeugnis, für welches das Zertifikat erteilt worden ist, nicht mehr von den Ansprüchen des Grundpatents erfasst wird, oder wenn nach Erlöschen des Grundpatents Nichtigkeitsgründe vorliegen, die die Nichtigerklärung oder Beschränkung gerechtfertigt hätten.
>   (2) Jede Person kann bei der nach den einzelstaatlichen Rechtsvorschriften für die Nichtigerklärung des entsprechenden Grundpatents zuständigen Stelle einen Antrag auf Nichtigerklärung des Zertifikats stellen oder Klage auf Nichtigkeit des Zertifikats erheben.

16. Artikel 15

154   **a. Nichtigkeitsgründe nach Absatz 1.** Das Zertifikat ist nichtig, dh es kann gem Art 15 Abs 2 iVm § 16a Abs 2, §§ 81ff im Klageweg vor dem BPatG für nichtig erklärt werden, wenn es entgegen den Vorschriften des Art 3 erteilt worden ist (Buchst a). Dieser Nichtigkeitsgrund greift nur ein, wenn es im Anmeldezeitpunkt tatsächlich an einer der Voraussetzungen des Art 3 gefehlt hat. Später eintretende Umstände, auch soweit sie auf den Anmeldezeitpunkt zurückwirken, werden von Buchst a nicht erfasst.[337] Für die Nichtigkeit des Grundpatents ergibt sich dies unmittelbar aus Buchst c. Zur rückwirkenden Rücknahme der arzneimittelrechtl Zulassung Rn 152. Bei der Prüfung des Nichtigkeitsgrunds des Buchst a (Erteilung des Zertifikats entgegen den Bedingungen des Art 3) ist zusätzlich zu berücksichtigen, dass dieser nur in dem durch Art 2 bestimmten sachlichen Anwendungsbereich der VO erfüllt sein kann. Daher unterliegen auch Zertifikate, die unter Verstoß gegen Art 2 erteilt wurden, der Nichtigerklärung.[338] Bedeutung kann dies zB für zugelassene Altarzneimittel erlangen, bei denen an sich alle Voraussetzungen des Art 3 vorliegen, die jedoch vor der Nachzulassung aufgrund einer fiktiven Zulassung gem § 105 Abs 1 AMG bereits im Verkehr waren, so dass es insoweit an den Anwendungsvoraussetzungen der AMVO gem Art 2 fehlt (s Rn 29). Zu vorläufig zugelassenen Pflanzenschutzmitteln ohne sich unmittelbar anschließende endgültige Zulassung Rn 190. Weiter führt es zur Nichtigkeit, wenn das Grundpatent vor Ablauf seiner gesetzlichen Laufzeit erloschen ist (Buchst b).

155   Buchst c enthält drei weitere Nichtigkeitsgründe, mit denen das Zertifikat an den **Rechtsbestand des Grundpatents** geknüpft wird. Nach der ersten und zweiten Alternative ist es vernichtbar, wenn das Grundpatent für nichtig erklärt oder derart beschränkt wird, dass das Erzeugnis, für das das Zertifikat erteilt worden ist, nicht mehr von den Patentansprüchen des Grundpatents erfasst wird. Ein entsprechender (Teil-)Widerruf in einem Einspruchsverfahren führt demgegenüber zur Nichtigkeit nach Buchst b.[339] Nach der dritten Alternative ist das Zertifikat vernichtbar, wenn nach Erlöschen des Grundpatents Nichtig-

---

334   AA *Brändel* GRUR 2001, 875, 878; *Benkard-EPÜ* Art 63 Rn 43; *Benkard* § 16a Rn 44 aE; *Brückner* Art 14 Rn 38; *Schulte* § 16a Rn 67.
335   *Schennen* Art 14 Anm 6.
336   Ebenso *Markgraf* § 3 Art 14 Rn 19.
337   AA *Brückner* Art 15 Rn 5.
338   BPatGE 50, 265 = GRUR 2008, 892, 895 „Memantin"; offen gelassen, da aus anderen Gründen bestätigt, durch BGH GRUR 2011, 999 Memantin; die Auffassung des BPatG aber bestätigend EuGH C-195/09 Slg 2011 I 7011 = GRUR Int 2011, 934 Synthon/Merz (Memantin).
339   *Schennen* Art 18 Anm 7.

keitsgründe vorliegen, die die Nichtigerklärung oder Beschränkung des Grundpatents gerechtfertigt hätten. Nach Art 15 Abs 1 Buchst c ist somit grds zuerst das Grundpatent anzugreifen und sodann in einem selbstständigen Verfahren das Zertifikat. Erst nach Erlöschen des Grundpatents kann das Zertifikat allein mit der Begründung der (Teil-)Vernichtbarkeit des Grundpatents angegriffen werden. Die nationale Ergänzungsregelung in § 16a Abs 2 iVm § 22 und in § 81 Abs 1 Satz 3 geht darüber hinaus und erweitert insoweit den Katalog der Nichtigkeitsgründe. Nach der Absicht des dt Gesetzgebers soll es nämlich schon vor dem Erlöschen des Grundpatents möglich sein, das Zertifikat (zusammen mit dem Grundpatent) mit der Begründung anzugreifen, dass Nichtigkeitsgründe gegen das Grundpatent vorliegen.[340] Die Verweisung in § 16a Abs 2 auf die Nichtigkeitsgründe des § 22 betrifft somit nicht das Zertifikat als solches, sondern das Zertifikat, soweit es wegen Vernichtbarkeit (§ 22) des (noch nicht abgelaufenen) Grundpatents seinerseits vernichtbar ist. § 81 Abs 1 Satz 3, 1. Halbs schafft die notwendige verfahrensrechtl Ergänzung, indem er die Verbindung der Klage gegen das Zertifikat mit der Klage gegen das Grundpatent zulässt. Der 2. Halbs von § 81 Abs 1 Satz 3 („und auch darauf gestützt werden ...") regelt dasselbe wie § 16a Abs 2 iVm § 22 und ist daher überflüssig.

Der Wortlaut des § 81 Abs 1 Satz 3 geht insoweit über die Intention des Gesetzgebers hinaus, als er **156** auch nach Ablauf des Grundpatents die Verbindung der Klage gegen das Zertifikat mit der Klage gegen das Grundpatent unter dem Gesichtspunkt der Nichtigkeit des Grundpatents zulässt. Demgegenüber erachtet das BPatG in einem solchen Fall die Klage gegen das Grundpatent für unzulässig, wenn der Kläger kein über die Nichtigerklärung des Zertifikats hinausgehendes Rechtsschutzbedürfnis (zur Terminologie Rn 43 vor § 34) an der Nichtigerklärung des abgelaufenen Grundpatents (zB wegen Inanspruchnahme für die Vergangenheit) nachweisen kann.[341] Im Ergebnis läuft dies auf eine einschränkende Auslegung und Anwendung des § 81 Abs 1 Satz 3 hinaus. Dem ist zuzustimmen,[342] weil der Kläger unter den genannten Voraussetzungen sein Rechtsschutzziel mit einer isolierten Klage gegen das Zertifikat vollständig erreichen kann, so dass für einen (streitwert- und kostentreibenden) Angriff auch auf das abgelaufene Grundpatent kein Anlass besteht (vgl Rn 78 zu § 81).[343] Eine Nichtigerklärung des Zertifikats, dem ein bereits erloschenes Grundpatent zugrunde liegt, ist zudem nur dann gerechtfertigt, wenn sich das erloschene Grundpatent auch bei beschränkter Verteidigung nicht als bestandskräftig erweist oder das ggf beschränkte Zertifikat nicht mehr von den Patentansprüchen des Grundpatents erfasst wird.[344]

b. Weitere Nichtigkeitsgründe. Der dt Gesetzgeber ist stillschweigend davon ausgegangen, dass der **157** Katalog der Nichtigkeitsgründe in **Art 15 Abs 1 nicht abschließend** ist (Rn 155). Diese Auffassung wird auch vom EuGH geteilt.[345]

So ist eine Nichtigerklärung möglich, wenn nach den maßgeblichen Daten ein **Zertifikat nicht hätte** **158** **erteilt werden dürfen.**[346] Insb führt es zur vollständigen Nichtigkeit (nicht nur zu einer (Teil-)Nichtigerklärung im Weg der Laufzeitkorrektur nach Rn 160), wenn ein Zertifikat nach der Übergangsvorschrift des Art 19 Abs 1 aF nicht hätte erteilt werden dürfen, weil die erste Genehmigung für das Inverkehrbringen in der Gemeinschaft bereits vor dem maßgeblichen Stichtag (für Deutschland der 1.1.1988) erteilt worden war (s auch Rn 169 aE).[347]

Zur Nichtigkeit bei **Verstoß gegen Art 2** Rn 154. **159**

Des weiteren war bis zum Inkrafttreten des PatRVereinfModG eine teilweise oder vollständige Nich- **160** tigerklärung des Zertifikats möglich, wenn die **Laufzeit** nach Art 13 **falsch berechnet** worden war. Das folgte aus Art 17 Abs 2 PSMVO, der nach dem 17. Erwägungsgrund zur PSMVO auch im Rahmen der AMVO

---

340   Vgl Begr PatGÄndG BlPMZ 1993, 205, 209 (zu Buchst g) und 212.

341   BPatGE 42, 240, 242 ff; Klage in der Berufungsinstanz zurückgenommen; BPatGE 50, 6 = Mitt 2007, 68 „Alendronsäure"; vgl BGH 22.5.2001 X ZR 80/00.

342   Ebenso *Benkard* § 16a Rn 47a und § 22 Rn 36; *Sredl* GRUR 2001, 596; vgl *Kraßer* S 585 (§ 26 A II 7); wohl aA *Brändel* GRUR 2001, 875, 877.

343   Wohl aA *Brändel* GRUR 2001, 875, 877.

344   BPatGE 50, 6 = Mitt 2007, 68 „Alendronsäure", auch zur Auslegung des Klageantrags; vgl zur Rechtslage in der Schweiz schweiz BG sic! 2008, 643 ff Alendronsäure II.

345   EuGH C-125/00 Slg 2003 I 14781 = GRUR 2004, 225, 230 (Nr 89–91) Omeprazol.

346   *Schennen* Art 15 Anm 2; *Benkard-EPÜ* Art 63 Rn 43 aE; *Benkard* § 16a Rn 46 aE.

347   EuGH C-127/00 Slg 2003 I 14781 = GRUR 2004, 225, 230 (Nr 89–91) Omeprazol; vgl auch BGH GRUR 2000, 392, 395 f Omeprazol; *Benkard-EPÜ* Art 63 Rn 43.

anzuwenden ist. Allerdings verweist der 17. Erwägungsgrund zur PSMVO nur auf Art 17 AMVO aF, jetzt Art 18 AMVO, der sich mit Rechtsmitteln gegen Entscheidungen der in Art 9 Abs 1 genannten Behörde (DPMA) bzw der in Art 15 Abs 2 genannten Stelle (BPatG) befasst. Das könnte die Annahme nahelegen, dass mit dem 17. Erwägungsgrund zur PSMVO nur der Fall angesprochen ist, dass die Laufzeit zu Lasten des Zertifikatsanmelders falsch, also zu kurz, berechnet wurde, weil Dritte gegen den Erteilungsbeschluss selbst nicht vorgehen können. Insoweit wäre nur ein Einspruch denkbar, der jedoch durch Art 19 Abs 2 ausgeschlossen wird. Eine solche Auslegung entspricht wohl auch der ursprünglichen Sicht des historischen Gesetzgebers (Rn 206), dürfte indessen zu kurz greifen, da Art 17 Abs 2 PSMVO objektiv ersichtlich auch den Fall einer zu langen Berechnung der Laufzeit erfasst. Insoweit war nach der Rspr eine entspr Nichtigkeitsklage Dritter mit dem Ziel einer teilweisen oder vollständigen Nichtigerklärung durch Reduzierung der Laufzeit, ggf auf Null, möglich.[348] Das PatRVereinfModG hat indessen eine Zuständigkeit der Patentabteilung begründet, soweit eine Laufzeitkorrektur erforderlich ist, weil der in der Zertifikatsanmeldung angegebene Zeitpunkt der ersten Genehmigung für das Inverkehrbringen unrichtig war (§ 49a Abs 4 Nr 1; Rn 26 zu § 49a). In diesem Umfang schließt der ebenfalls durch das PatRVereinfModG eingefügte § 81 Abs 2 Satz 2 eine Nichtigkeitsklage aus. Beruht die falsche Laufzeitberechnung dagegen auf anderen Gründen, verbleibt es – sofern nicht eine Berichtigung wegen offensichtlicher Unrichtigkeit gem § 16a Abs 2, § 99 Abs 1 PatG iVm § 319 ZPO in Betracht kommt – bei den sonst gegebenen Rechtsbehelfen, dh bei zu kurzer Laufzeit (sofern nicht insoweit dem Antrag des Zertifikatsanmelders voll entsprochen worden ist), Beschwerde des Anmelders, bei zu langer Laufzeit (Teil-)Nichtigkeitsklage.[349]

Artikel 16
Widerruf der Verlängerung der Laufzeit
(1) Die Verlängerung der Laufzeit kann widerrufen werden, wenn sie im Widerspruch zu Artikel 36 der Verordnung (EG) Nr. 1901/2006 gewährt wurde.
(2) Jede Person kann einen Antrag auf Widerruf der Verlängerung der Laufzeit bei der nach einzelstaatlichem Recht für den Widerruf des entsprechenden Grundpatents zuständigen Stelle einreichen.

161   **17. Artikel 16.** Der durch Art 52 Nr 8 der VO (EG) Nr 1901/2006 über Kinderarzneimittel (Kinder-AMVO, Rn 177 ff) als Art 15a VO 1768/92 neu eingefügte Artikel betrifft den Widerruf der Laufzeitverlängerung. In § 49a Abs 4 Nr 2 ist hierfür die Zuständigkeit der Patentabteilung begründet (näher Rn 30 f zu § 49a).

Artikel 17
Bekanntmachung des Erlöschens oder der Nichtigkeit
(1) Erlischt das Zertifikat gemäß Artikel 14 Buchstabe b, c oder d oder ist es gemäß Artikel 15 nichtig, so wird ein Hinweis hierauf von der in Artikel 9 Absatz 1 genannten Behörde bekannt gemacht.
(2) Wird die Verlängerung der Laufzeit nach Artikel 16 widerrufen, so macht die in Artikel 9 Absatz 1 genannte Behörde einen Hinweis hierauf bekannt.

162   **18. Artikel 17.** Die Bestimmung trug in der VO 1768/92 die Bezeichnung Art 16. Abs 2 ist durch Art 52 Nr 9 VO (EG) Nr 1901/2006 über Kinderarzneimittel (Kinder-AMVO, Rn 177 ff) angefügt worden. Die in Art 17 genannten Umstände werden gem § 30 Abs 1 Satz 2 in das Patentregister eingetragen und nach § 32 Abs 5 im PatBl veröffentlicht.

Artikel 18
Rechtsbehelf
Gegen die im Rahmen dieser Verordnung getroffenen Entscheidungen der in Artikel 9 Absatz 1 genannten Behörde oder der in Artikel 15 Absatz 2 und Artikel 16 Absatz 2 genannten Stellen können dieselben Rechtsbehelfe eingelegt werden, die nach einzelstaatlichem Recht gegen ähnliche Entscheidungen hinsichtlich einzelstaatlicher Patente vorgesehen sind.

---

348 BPatGE 50, 111 = GRUR 2008, 67 „Finasterid"; BPatG 15.3.2007 3 Ni 23/06 „Finasterid 01"; ebenso *Schennen* Art 15 Anm 2; ÖPA (Nichtigkeitsabteilung) öPBl 2007, 33, 36 Omeprazol; *Benkard-EPÜ* Art 63 Rn 43; vgl nl PA BIE 2003, 250, 253 Omeprazolum, wonach das PA die Laufzeit – entgegen der nl Fassung, die nur eine Verlängerung anspricht – neu festsetzen kann.
349 Begr PatRVereinfModG BTDrs 16/11339, S 20.

19. Artikel 18. Die Bestimmung trug in der VO 1768/92 die Bezeichnung Art 17. Sie ist durch durch **163** Art 52 Nr 10 VO (EG) Nr 1901/2006 über Kinderarzneimittel (Kinder-AMVO, Rn 177 ff) neu formuliert worden. Die AMVO verzichtet auf eine eigenständige Regelung der Rechtsmittel. Sie beschränkt sich insoweit auf eine Verweisung auf das nationale Recht. Danach können gegen Entscheidungen in Bezug auf die Erteilung oder die Nichtigerklärung der Zertifikate sowie hinsichtlich der Verlängerung der Laufzeit oder deren Widerruf dieselben Rechtsmittel eingelegt werden, die nach einzelstaatlichem Recht gegen entspr Entscheidungen über nationale Patente vorgesehen sind. § 16a Abs 2 konkretisiert diesen Grundsatz, indem er ua die Vorschriften über das BPatG und dessen Verfahren (§§ 65–99) sowie das Verfahren vor dem BGH (§§ 100–122a) für entspr anwendbar erklärt.

Weitergehend kann nach Art 17 Abs 2 PSMVO, der über den 17. Erwägungsgrund zur PSMVO auch im **164** Rahmen der AMVO anzuwenden ist,[350] gegen die Erteilung des Zertifikats auch ein Rechtsmittel eingelegt werden, das darauf abzielt, die **Laufzeit des Zertifikats zu berichtigen,** falls der in der Zertifikatsanmeldung enthaltene Zeitpunkt der ersten Genehmigung für das Inverkehrbringen in der Gemeinschaft unrichtig ist.[351] Sonstige Fehlberechnungen der Laufzeit werden von Art 17 Abs 2 PSMVO nicht erfasst; ggf ist die Laufzeit insoweit nach §§ 16a Abs 2, 99 Abs 1 iVm § 319 ZPO zu berichtigen. Da das nationale Recht zunächst kein eigenes Rechtsmittel zur Verfügung gestellt hatte, wurde früher in den Fällen des Art 17 Abs 2 PSMVO die Nichtigkeitsklage für gegeben erachtet; das PatRVereinfModG hat dies geänd (Rn 160). Eine Beschwerde gegen den Erteilungsbeschluss nach § 73 (in der dem Patentrecht grds fremden Form der Drittbeschwerde eines nicht Verfahrensbeteiligten kommt schon deswegen nicht in Betracht, weil Dritten der Erteilungsbeschluss nicht zugestellt wird.

Artikel 19
Verfahren
(1) Soweit diese Verordnung keine Verfahrensvorschriften enthält, finden auf das Zertifikat die nach einzelstaatlichem Recht für das entsprechende Grundpatent geltenden Verfahrensvorschriften Anwendung, soweit das einzelstaatliche Recht keine besonderen Verfahrensvorschriften für Zertifikate vorsieht.
(2) Ungeachtet des Absatzes 1 ist das Einspruchsverfahren gegen ein erteiltes Zertifikat ausgeschlossen.

20. Artikel 19. Die Bestimmung trug in der VO 1768/92 die Bezeichnung Art 18. Wegen der im Einzel- **165** nen entspr anwendbaren Verfahrensvorschriften § 16a Abs 2 und die Kommentierung insb zu Art 7–11. Die Aufzählung in § 16a Abs 2 ist nicht abschließend.[352] Für eine entspr Anwendung kommt insb § 27 in Betracht.[353]

Nicht entsprechend anwendbar sind die Vorschriften der §§ 34–64[354] (mit Ausnahme der in § 49a **166** Abs 5 genannten) sowie die Bestimmungen der §§ 129–138 über die Verfahrenskostenhilfe, weil mit einer Bedürftigkeit in den einschlägigen Kreisen nicht zu rechnen ist.[355]

Artikel 19
(alt; aufgehoben) Übergangsregelung
(1) [Ursprüngliche Fassung[356]] Für jedes Erzeugnis, das zum Zeitpunkt des Inkrafttretens dieser Verordnung durch ein in Kraft befindliches Grundpatent geschützt ist und für das als Arzneimittel eine erste Genehmigung für das Inverkehrbringen in der Gemeinschaft nach dem 1. Januar 1985 erteilt wurde, kann ein Zertifikat erteilt werden.
Bezüglich der in Dänemark und in Deutschland zu erteilenden Zertifikate tritt an die Stelle des 1. Januars 1985 der 1. Januar 1988.
Bezüglich der in Belgien und in Italien zu erteilenden Zertifikate tritt an die Stelle des 1. Januars 1985 der 1. Januar 1982.

---

350   Vgl hierzu BGH GRUR 2000, 392, 396 Omeprazol (EuGH-Vorlage); BPatGE 50, 111 = GRUR 2008, 67 „Finasterid"; BPatG 15.3.2007 3 Ni 23/06 „Finasterid 01".
351   Vgl EuGH C-127/00 Slg 2003 I 14781 = GRUR 2004, 225, 230 (Nr 88) Omeprazol; BPatGE 50, 111 = GRUR 2008, 67 „Finasterid"; BPatG 15.3.2007 3 Ni 23/06 „Finasterid 01".
352   *Schulte* § 16a Rn 73; *Markgraf* § 3 Art 19 Rn 30.
353   *Schulte* § 16a Rn 73; *Markgraf* § 3 Art 19 Rn 30; s aber Begr PatGÄndG BlPMZ 1993, 205, 209.
354   Begr PatGÄndG BlPMZ 1993, 205, 208 f.
355   Begr PatGÄndG BlPMZ 1993, 205, 209.
356   ABl EG 1992 L 182/1, 4.

(1) [Fassung gem Art 1 Anhang 15 Nr 6 des Beschlusses des Gemeinsamen EWR-Ausschusses vom 21.3.1994.[357]]
Für jedes Erzeugnis, das am 2. Januar 1993 durch ein in Kraft befindliches Grundpatent geschützt war und für das als Arzneimittel eine erste Genehmigung für das Inverkehrbringen im Gebiet der Vertragsparteien nach dem 1. Januar 1985 erteilt wurde, kann ein Zertifikat erteilt werden.

Bezüglich der in Dänemark, in Deutschland, in Finnland und in Norwegen zu erteilenden Zertifikate tritt an die Stelle des 1.Januars 1985 der 1. Januar 1988.

Bezüglich der in Belgien, in Italien und in Österreich zu erteilenden Zertifikate tritt an die Stelle des 1. Januars 1985 der 1. Januar 1982.

(1) [Fassung des Beschlusses des Rates der Europäischen Union vom 1.1.1995 zur Anpassung der Dokumente betreffend den Beitritt neuer Mitgliedstaaten zur Europäischen Union[358]] Für jedes Erzeugnis, das zum Zeitpunkt des Beitritts durch ein in Kraft befindliches Patent geschützt ist und für das als Arzneimittel eine erste Genehmigung für das Inverkehrbringen in der Gemeinschaft oder in Österreich, Finnland oder Schweden nach dem 1. Januar 1985 erteilt wurde, kann ein Zertifikat erteilt werden.

Bezüglich der in Dänemark, in Deutschland und in Finnland zu erteilenden Zertifikate tritt an die Stelle des 1. Januar 1985 der 1.Januar 1988.

Bezüglich der in Belgien, in Italien und in Österreich zu erteilenden Zertifikate tritt an die Stelle des 1. Januar 1985 der 1. Januar 1982.

(2) Der Antrag auf Erteilung eines Zertifikats nach Absatz 1 ist innerhalb von sechs Monaten nach Inkrafttreten dieser Verordnung zu stellen.

(3) Erlischt ein Grundpatent in einem EFTA-Staat wegen Ablaufs seiner gesetzlichen Laufzeit zwischen dem 2. Januar 1993 und dem Zeitpunkt des Inkrafttretens dieser Verordnung gemäß diesem Abkommen, so wird das Zertifikat erst für die Zeit nach dem Zeitpunkt der Bekanntmachung der Zertifikatsanmeldung wirksam. Die Laufzeit des Zertifikats wird gemäß Artikel 13 berechnet.

(4) Im Fall des Absatzes 3 ist die Zertifikatsanmeldung innerhalb einer Frist von zwei Monaten ab dem Zeitpunkt einzureichen, zu dem die Verordnung in dem betreffenden EFTA-Staat in Kraft tritt.

(5) Ein gemäß Absatz 3 angemeldetes Zertifikat hindert einen Dritten, der zwischen dem Erlöschen des Grundpatents und der Bekanntmachung der Zertifikatsanmeldung gutgläubig die Erfindung gewerbsmäßig genutzt oder ernsthafte Vorbereitungen dafür getroffen hat, nicht daran, diese Nutzung fortzusetzen.

21. Artikel 19 (alt)

167   **a. Allgemeines.** Die ursprüngliche Übergangsregelung in Art 19 aF ist in die kodifizierte VO 469/2009 nicht übernommen worden und daher gem Art 22 iVm Art 23 AMVO nF am 6.7.2009 außer Kraft getreten. Für Altfälle kann sie aber noch von Bedeutung sein; deswegen wird sie hier abgedruckt und kommentiert.

168   **b. Frühere Rechtslage.** Die Rechtslage war zunächst dadurch unübersichtlich, dass Art 19 Abs 1 (alt) in drei verschiedenen Fassungen vorlag, wobei es nicht so liegt, dass die jeweils jüngere Fassung die ältere einfach ersetzt hat. Vielmehr galt die (zweite) Fassung gem Beschluss des Gemeinsamen EWR-Ausschusses (vgl Art 92 ff EWR-Abk) vom 21.3.1994 nur in Norwegen und Island (Liechtenstein erteilt keine Zertifikate, vgl Rn 4). Entspr galt für die (dritte) Fassung nach dem Ratsbeschluss vom 1.1.1995, die nur für die Beitrittsstaaten Österreich, Finnland und Schweden Bedeutung hatte. Das ergibt sich aus der Eingangsformulierung „Für jedes Erzeugnis, das zum Zeitpunkt des Beitritts ...“. Im übrigen war die Anmeldefrist nach Art 19 Abs 2 (alt) in den übrigen Mitgliedstaaten zum Zeitpunkt des Beitritts bzw des Abschlusses des EWR-Abkommens bereits abgelaufen. Im Ergebnis bedeutet dies, dass es in Deutschland im Rahmen der Übergangsvorschrift und der darin vorgesehenen Stichtagsregelung nur darauf ankam, ob eine erste Genehmigung für das Inverkehrbringen in einem der damaligen zwölf Mitgliedstaaten vor oder nach dem 1.1.1988 erteilt worden war. Frühere Genehmigungen in einem Beitritts- oder einem EFTA-Staat waren ohne Belang. Dabei musste die „erste Genehmigung für das Inverkehrbringen in der Gemeinschaft" iSv Art 19 Abs 1 (alt) nicht aus dem Mitgliedstaat herrühren, in dem das ergänzende Schutzzertifikat beantragt worden war.[359]

169   Für jedes Erzeugnis, das bei Inkrafttreten der AMVO aF am 2.1.1993 durch ein Patent geschützt war und für das nach dem 1.1.1988 eine erste Genehmigung für das Inverkehrbringen in der Gemeinschaft erteilt worden ist, konnte binnen 6 Monaten nach dem Inkrafttreten, also bis zum 2.7.1993, ein Zertifikat

---

357   ABl EG 1994 L 160/1, 138.

358   ABl EG 1995 L 1/1, 175.

359   EuGH C-127/00 Slg 2003 I 14781 = GRUR 2004, 225, 229 (Nr 69–78) Omeprazol; BGH GRUR 2005, 405 f Cabergolin II.

beantragt werden. Für die **Stichtagsregelung** kam es allein auf eine Genehmigung nach dem Anforderungsprofil der RL 65/65/EWG (nunmehr RL 2001/83/EG) bzw der RL 81/851/EWG (nunmehr RL 2001/82/EG), nicht auf etwaige spätere preisrechtl oder sonstige Genehmigungen an[360] (vgl auch Art 19 Abs 1 PSMVO). Maßgeblich war jede Genehmigung, die dasselbe Erzeugnis betraf, für das das Zertifikat beantragt war (zum insoweit relevanten Erzeugnisbegriff Rn 13 ff und zur Erzeugnisidentität Rn 78 ff). Das Vorsehen unterschiedlicher Stichtage für die verschiedenen Mitgliedstaaten verstieß weder unter dem Gesichtspunkt der Gleichbehandlung noch dem der ausreichenden Begründung (Art 253 EG, jetzt Art 296 AEUV) gegen höherrangiges Gemeinschaftsrecht.[361] Nach Art 19 (alt) konnte ein Zertifikat nur erteilt werden, wenn im übrigen sämtliche Voraussetzungen des Art 3 erfüllt waren, insb gem Art 3 Buchst b zum Zeitpunkt der Anmeldung eine in dem Mitgliedstaat, in dem die Anmeldung eingereicht worden war, erteilte gültige Genehmigung für das Inverkehrbringen des Erzeugnisses als Arzneimittel vorlag; das Vorliegen nur einer sich nicht auf den Mitgliedstaat beziehenden ersten Genehmigung für das Inverkehrbringen in der Gemeinschaft genügte mithin nicht.[362] Für die Beurteilung, ob die erste Genehmigung für das Inverkehrbringen vor dem für die Bundesrepublik Deutschland vorgesehenen Stichtag lag, kam es nicht auf das Datum der Zustellung oder gar der Veröffentlichung, sondern auf das Datum der Erteilung dieser Genehmigung an (s dazu auch Rn 94).[363] Ein Verstoß gegen Art 19 (alt) führte (und führt) zur Nichtigkeit des Zertifikats.[364]

Die **Absätze 3–5** hatten nur in den EWR-Staaten Bedeutung.   170

Artikel 20
Zusätzliche Bestimmungen über die Erweiterung der Gemeinschaft
Unbeschadet der übrigen Bestimmungen dieser Verordnung gelten folgende Bestimmungen:

a) Für jedes durch ein geltendes Grundpatent geschützte Arzneimittel, für das nach dem 1. Januar 2000 eine erste Genehmigung für das Inverkehrbringen als Arzneimittel erlangt wurde, kann in Bulgarien ein Zertifikat erteilt werden, sofern die Anmeldung des Zertifikats binnen sechs Monaten nach dem 1. Januar 2007 eingereicht wird.

b) Für jedes in der Tschechischen Republik durch ein geltendes Grundpatent geschützte Arzneimittel, für das eine erste Genehmigung für das Inverkehrbringen als Arzneimittel,

    i) nach dem 10. November 1999 in der Tschechischen Republik erlangt wurde, kann ein Zertifikat erteilt werden, sofern die Anmeldung des Zertifikats binnen sechs Monaten nach dem Zeitpunkt, zu dem die erste Genehmigung für das Inverkehrbringen erlangt wurde, eingereicht wird;

    ii) frühestens sechs Monate vor dem 1. Mai 2004 in der Gemeinschaft erlangt wurde, kann ein Zertifikat erteilt werden, sofern die Anmeldung des Zertifikats binnen sechs Monaten nach dem Zeitpunkt, zu dem die erste Genehmigung für das Inverkehrbringen erlangt wurde, eingereicht wird.

c) Für jedes durch ein geltendes Grundpatent geschützte Arzneimittel, für das in Estland vor dem 1. Mai 2004 eine erste Genehmigung für das Inverkehrbringen als Arzneimittel erlangt wurde, kann ein Zertifikat erteilt werden, sofern die Anmeldung des Zertifikats binnen sechs Monaten nach dem Zeitpunkt, zu dem die erste Genehmigung für das Inverkehrbringen erlangt wurde, eingereicht wird oder im Falle von Patenten, die vor dem 1. Januar 2000 erteilt wurden, binnen des Sechsmonatszeitraums gemäß dem Patentgesetz vom Oktober 1999.

d) Für jedes durch ein geltendes Grundpatent geschützte Arzneimittel, für das in Zypern vor dem 1. Mai 2004 eine erste Genehmigung für das Inverkehrbringen als Arzneimittel erlangt wurde, kann ein Zertifikat erteilt werden, sofern die Anmeldung des Zertifikats binnen sechs Monaten nach dem Zeitpunkt, zu dem die erste Genehmigung für das Inverkehrbringen erlangt wurde, eingereicht wird; dessen ungeachtet muss die Anmeldung des Zertifikats binnen sechs Monaten nach dem Zeitpunkt, zu dem das Patent erteilt wurde, eingereicht werden, wenn die Genehmigung für das Inverkehrbringen vor der Erteilung des Grundpatents erlangt wurde.

e) Für jedes durch ein geltendes Grundpatent geschützte Arzneimittel, für das in Lettland vor dem 1. Mai 2004 eine erste Genehmigung für das Inverkehrbringen als Arzneimittel erlangt wurde, kann ein Zertifikat erteilt

---

360 EuGH C-127/00 Slg 2003 I 14781 = GRUR 2004, 225, 228 (Nr 52–61) Omeprazol; vgl auch BGH GRUR 2000, 392, 394 Omeprazol; BPatGE 50, 111 = GRUR 2008, 67 „Finasterid"; BPatG 15.3.2007 3 Ni 23/06 „Finasterid 01"; *Straus* GRUR Int 2001, 591, 593; *Benkard-EPÜ* Art 63 Rn 34.
361 EuGH (Nr 35–47) Omeprazol; vgl auch BGH GRUR 2000, 392, 395 Omeprazol; BGH GRUR 2005, 405 f Cabergolin II.
362 EuGH Slg 1997 I 3251, 3276 = GRUR Int 1999, 908 Yamanouchi.
363 BPatG 19.2.2004 3 Ni 1/01 (EU) „Felodipin I"; vgl auch EuGH C-66/09 Slg 2010 I 7913 = GRUR Int 2010, 974 (Nr 42 aE) Kirin Amgen/Lietuvos Respublikos valstybinis patentu biuras.
364 EuGH (Nr 84–92) Omeprazol; BPatG GRUR 2006, 1046; vgl ÖOGH ÖBl 1998, 355 = GRUR Int 1999, 464 Aciclovir; BGH GRUR 2000, 392 Omeprazol.

werden. Sollte die in Artikel 7 Absatz 1 vorgesehene Frist abgelaufen sein, kann innerhalb von sechs Monaten, beginnend spätestens ab 1. Mai 2004, ein Zertifikat angemeldet werden.

f) Für jedes Arzneimittel, das durch ein geltendes, nach dem 1. Februar 1994 angemeldetes Grundpatent geschützt ist und für das in Litauen vor dem 1. Mai 2004 eine erste Genehmigung für das Inverkehrbringen als Arzneimittel erlangt wurde, kann ein Zertifikat erteilt werden, sofern die Anmeldung des Zertifikats binnen sechs Monaten nach dem 1. Mai 2004 eingereicht wird.

g) Für jedes durch ein geltendes Grundpatent geschützte Arzneimittel, für das nach dem 1. Januar 2000 eine erste Genehmigung für das Inverkehrbringen als Arzneimittel erlangt wurde, kann in Ungarn ein Zertifikat erteilt werden, sofern die Anmeldung des Zertifikats binnen sechs Monaten nach dem 1. Mai 2004 eingereicht wird.

h) Für jedes durch ein geltendes Grundpatent geschützte Arzneimittel, für das in Malta vor dem 1. Mai 2004 eine erste Genehmigung für das Inverkehrbringen als Arzneimittel erlangt wurde, kann ein Zertifikat erteilt werden. Sollte die in Artikel 7 Absatz 1 vorgesehene Frist abgelaufen sein, kann innerhalb von sechs Monaten, beginnend spätestens ab 1. Mai 2004, ein Zertifikat angemeldet werden.

i) Für jedes durch ein geltendes Grundpatent geschützte Arzneimittel, für das nach dem 1. Januar 2000 eine erste Genehmigung für das Inverkehrbringen als Arzneimittel erlangt wurde, kann in Polen ein Zertifikat erteilt werden, sofern die Anmeldung des Zertifikats binnen sechs Monaten nach dem 1. Mai 2004 eingereicht wird.

j) Für jedes durch ein geltendes Grundpatent geschützte Arzneimittel, für das nach dem 1. Januar 2000 eine erste Genehmigung für das Inverkehrbringen als Arzneimittel erlangt wurde, kann in Rumänien ein Zertifikat erteilt werden. Sollte die in Artikel 7 Absatz 1 vorgesehene Frist abgelaufen sein, kann innerhalb von sechs Monaten, beginnend spätestens ab dem 1. Januar 2007, ein Zertifikat angemeldet werden.

k) Für jedes durch ein geltendes Grundpatent geschützte Arzneimittel, für das in Slowenien vor dem 1. Mai 2004 eine erste Genehmigung für das Inverkehrbringen als Arzneimittel erlangt wurde, kann ein Zertifikat erteilt werden, sofern die Anmeldung des Zertifikats binnen sechs Monaten nach dem 1. Mai 2004 eingereicht wird, einschließlich der Fälle, bei denen die in Artikel 7 Absatz 1 vorgesehene Frist abgelaufen ist.

l) Für jedes durch ein geltendes Grundpatent geschützte Arzneimittel, für das in der Slowakei nach dem 1. Januar 2000 eine erste Genehmigung für das Inverkehrbringen als Arzneimittel erlangt wurde, kann ein Zertifikat erteilt werden, sofern die Anmeldung des Zertifikats binnen sechs Monaten nach dem Zeitpunkt eingereicht wurde, zu dem die erste Genehmigung für das Inverkehrbringen erlangt wurde, oder innerhalb von sechs Monaten ab dem 1. Juli 2002, wenn die Genehmigung vor diesem Datum erteilt wurde.

171   **22. Artikel 20.** Die durch die Beitrittsakte von 2003[365] als Art 19a in die VO 1768/92 eingestellte und durch die Beitrittsakte von 2005[366] ergänzte Regelung wurde unter Einfügung der Regelung in Buchst a als Art 20 übernommen. Die Vorschrift betrifft nur die Erteilung von Zertifikaten in den genannten Beitrittsstaaten. Sie ist für diese Staaten abschließend, so dass eine Zertifikatserteilung nach Art 19 Abs 1 aF daneben nicht in Betracht kommt.[367] Auch auf Art 7 iVm Art 3 Buchst b kann im Anwendungsbereich des Art 20 nicht zurückgegriffen werden.[368] Demzufolge kann zB in Litauen (Art 20 Buchst f, vormals Art 19a Buchst e) ein Zertifikat nicht erteilt werden, wenn zum Zeitpunkt des Beitritts Litauens zur Gemeinschaft für das Arzneimittel nur eine Gemeinschaftszulassung nach der VO (EWG) Nr 2309/93 (Rn 53), nicht aber eine Zulassung in Litauen vorlag. Dies gilt ungeachtet des Art 12 Abs 1 Unterabs 1 VO (EWG) Nr 2309/93 (jetzt Art 13 Abs 1 VO (EG) Nr 726/2004), wonach die Gemeinschaftszulassung in jedem Mitgliedstaat die gleichen Rechte verschafft wie eine dort erteilte nationale Zulassung.[369]

Artikel 21

(1) Diese Verordnung findet weder Anwendung auf Zertifikate, die vor dem 2. Januar 1993 in Übereinstimmung mit dem einzelstaatlichen Recht eines Mitgliedstaats erteilt wurden, noch auf Zertifikatsanmeldungen, die in Übereinstimmung mit diesem Recht vor dem 2. Juli 1992 eingereicht wurden.

Im Falle Österreichs, Finnlands und Schwedens findet diese Verordnung keine Anwendung auf Zertifikate, die vor dem 1. Januar 1995 in Übereinstimmung mit dem einzelstaatlichen Recht dieser Staaten erteilt wurden.

(2) Diese Verordnung findet auf ergänzende Schutzzertifikate Anwendung, die vor dem 1. Mai 2004 nach Maßgabe der einzelstaatlichen Rechtsvorschriften der Tschechischen Republik, Estlands, Zyperns, Lettlands, Litauens, Maltas, Polens, Sloweniens und der Slowakei und vor dem 1. Januar 2007 nach Maßgabe der einzelstaatlichen Rechtsvorschriften Rumäniens erteilt wurden.

---

365   Anh II Kap 4 Buchst C Abschn II, ABl EU 2003 L 236/342.
366   Anh III Kap 1 Abschn II, ABl EU 2005 L 157/56.
367   EuGH C-66/09 Slg 2010 I 7913 = GRUR Int 2010, 974 (Nr 25) Kirin Amgen.
368   EuGH Kirin Amgen (Nr 36 ff).
369   EuGH Kirin Amgen (Nr 32–34).

23. Artikel 21. Die Bestimmung trug in der VO 1768/92 die Bezeichnung Art 20. In seiner ursprüngli- **172** chen Fassung hatte Art 20 (jetzt Abs 1 Unterabs 1) nur für Frankreich und Italien Bedeutung, die schon vor Erlass der AMVO aF nationale Schutzzertifikate eingeführt hatten (Rn 2 zu § 16a). Abs 1 Unterabs 2 wurde angefügt durch den Beitrittsvertrag vom 24.6.1994 idF des Ratsbeschlusses vom 1.1.1995 (vgl Rn 2). Abs 2 beruht auf den Beitrittsverträgen mit den genannten Mitgliedstaaten.

Artikel 21
(alt; aufgehoben)
> *Ist in den Rechtsvorschriften eines Mitgliedstaats die am 1. Januar 1990 galten, eine Patentierbarkeit von Arznei-*
> *mitteln nicht vorgesehen, so ist in diesem Mitgliedstaat diese Verordnung nach Ablauf von fünf Jahren nach ihrem In-*
> *krafttreten anwendbar.*
> *Artikel 19 findet in diesen Mitgliedstaaten keine Anwendung.*

24. Artikel 21 (alt). Die nicht in die VO 469/2009 übernommene Vorschrift betraf Griechenland, Spa- **173** nien und Portugal. Dort war die AMVO aF seit 2.1.1998 anzuwenden.[370]

Artikel 22
(alt; aufgehoben)

25. Artikel 22. Die Regelung des Art 22 VO 1768/92 ist in der VO 469/2009 sachlich unverändert als **174** Art 13 Abs 4 eingestellt.

Artikel 22
(neu) – Aufhebung
> Die Verordnung (EWG) Nr. 1768/92, in der Fassung der in Anhang I aufgeführten Rechtsakte, wird aufgehoben.
> Verweisungen auf die aufgehobene Verordnung gelten als Verweisungen auf die vorliegende Verordnung und
> sind nach Maßgabe der Entsprechungstabelle in Anhang II zu lesen.

Artikel 23
Inkrafttreten
> Diese Verordnung tritt am zwanzigsten Tag nach ihrer Veröffentlichung im Amtsblatt der Europäischen Union
> in Kraft.

26. Artikel 23. Die VO 1768/92 wurde am 2.7.1992 veröffentlicht und ist am 2.1.1993 in Kraft getreten. **175** Die VO 469/2009 wurde am 16.6.2009 veröffentlicht und ist am 6.7.2009 in Kraft getreten.

Mangels besonderer **Übergangsvorschriften** sind nicht erledigte Zertifikatsanmeldungen, die vor **176** dem Inkrafttreten der VO 469/2009 eingegangen sind, nach den neuen Vorschriften weiterzubehandeln. Die Neufassung ist des weiteren auch auf erteilte Zertifikate anzuwenden. Eine Nichtigerklärung kommt jedoch nur in Betracht, wenn ein Zertifikat nach den zum Zeitpunkt seiner Erteilung geltenden Bestimmungen nichtig war.[371]

B. Verordnung (EG) Nr 1901/2006 über Kinderarzneimittel

I. Allgemeines

Die am 26.1.2007 in Kraft getretene und durch die VO (EG) Nr 1902/2006[372] geänd Verordnung **177** (EG) Nr 1901/2006 des Europäischen Parlaments und des Rates vom 12.12.2006 über Kinderarzneimittel[373] (Kinder-AMVO) hat zahlreiche Änderungen der VO (EWG) Nr 1768/92 über die Schaffung eines ergänzenden Schutzzertifikats für Arzneimittel mit sich gebracht, die in die kodifizierte Fassung der VO (EG) Nr 469/2009 übernommen wurden. Als Anreiz für Forschungen im Bereich von Kinderarzneimitteln wird dem Inhaber eines ergänzenden Schutzzertifikats für Arzneimittel danach die einmalige Verlängerung der

---

370 Eingehend *Schennen* Art 21 Anm 1, 2.
371 ÖOGH GRUR Int 2011, 628, 631 Escitalopram.
372 ABl EU 2006 L 378 S 20.
373 ABl EU 2006 L 378 S 1.

Schutzdauer um sechs Monate ermöglicht. Voraussetzung ist gem Art 36 der Kinder-AMVO, dass Ergebnisse von Studien, die entspr einem gebilligten pädiatrischen Prüfkonzept durchgeführt wurden, in dem Genehmigungsantrag für das Inverkehrbringen des entsprechenden Arzneimittels offengelegt werden.

178 II. Die **Erwägungsgründe** der VO sind nachfolgend auszugsweise wiedergegeben:

(11) Es ist eine Anforderung vorzusehen, nach der für neue Arzneimittel und für bereits zugelassene Arzneimittel, die durch ein Patent oder ein ergänzendes Schutzzertifikat geschützt sind, bei der Stellung eines Genehmigungsantrags oder eines Antrags für eine neue Indikation, eine neue Darreichungsform oder einen neuen Verabreichungsweg entweder die Ergebnisse pädiatrischer Studien entsprechend einem gebilligten pädiatrischen Prüfkonzept vorgelegt werden müssen oder aber Belege dafür, dass eine Freistellung oder Zurückstellung gewährt wurde. Das pädiatrische Prüfkonzept sollte die Grundlage darstellen, auf der die Einhaltung dieser Vorschrift bewertet wird. Diese Vorschrift sollte jedoch nicht für Generika gelten oder für vergleichbare biologische Arzneimittel und Arzneimittel, die im Rahmen des Verfahrens der allgemeinen medizinischen Verwendung zugelassen sind, sowie für homöopathische und traditionelle pflanzliche Arzneimittel, die im Rahmen der vereinfachten Registrierungsverfahren der Richtlinie 2001/83/EG des Europäischen Parlaments und des Rates vom 6. November 2001 zur Schaffung eines Gemeinschaftskodexes für Humanarzneimittel zugelassen sind.

(26) Für Arzneimittel, für die pädiatrische Daten vorzulegen sind, soll Folgendes gelten: Wenn alle Maßnahmen des gebilligten pädiatrischen Prüfkonzepts durchgeführt wurden, wenn das Arzneimittel in allen Mitgliedstaaten zugelassen ist und wenn einschlägige Informationen über die Ergebnisse von Studien in den Produktinformationen enthalten sind, sollte ein Bonus in Form einer sechsmonatigen Verlängerung des ergänzenden Schutzzertifikats gemäß der Verordnung (EWG) Nr. 1768/92 des Rates gewährt werden. Beschlüsse der Behörden der Mitgliedstaaten betreffend die Festsetzung der Preise für Arzneimittel oder ihre Einbeziehung in den Anwendungsbereich der nationalen Krankenversicherungssysteme haben keinen Einfluss auf die Gewährung dieses Bonusses.

(27) Ein Antrag auf Verlängerung der Laufzeit eines Zertifikats nach dieser Verordnung sollte nur zulässig sein, wenn ein Zertifikat im Sinne der Verordnung (EWG) Nr. 1768/92 erteilt wird.

(28) Da der Bonus für die Durchführung von pädiatrischen Studien gewährt wird und nicht für den Nachweis, dass ein Arzneimittel bei der pädiatrischen Bevölkerungsgruppe sicher und wirksam ist, sollte der Bonus auch dann erteilt werden, wenn die pädiatrische Indikation nicht zugelassen wird. Damit jedoch die verfügbaren Informationen über die Verwendung von Arzneimitteln in pädiatrischen Bevölkerungsgruppen verbessert werden, sollten relevante Informationen über eine derartige Verwendung in die Produktinformationen aufgenommen werden.

(29) Gemäß der Verordnung (EG) Nr. 141/2000 des Europäischen Parlaments und des Rates vom 16. Dezember 1999 über Arzneimittel für seltene Leiden erhalten Arzneimittel, die als Arzneimittel für seltene Leiden ausgewiesen sind, eine zehnjährige Marktexklusivität in Bezug auf die Erteilung einer Genehmigung für die Indikation für das ausgewiesene seltene Leiden. Da derartige Mittel häufig nicht patentgeschützt sind, kann in solchen Fällen der Bonus eines verlängerten ergänzenden Schutzzertifikats nicht angewendet werden; sind sie patentgeschützt, würde eine solche Verlängerung zu einem doppelten Anreiz führen. Bei Arzneimitteln für seltene Leiden sollte daher statt einer Verlängerung des ergänzenden Schutzzertifikats die zehnjährige Marktexklusivität auf zwölf Jahre verlängert werden, wenn die Anforderung in Bezug auf Daten über die Verabreichung an die pädiatrische Bevölkerungsgruppe uneingeschränkt erfüllt ist.

(37) Die Verordnung (EWG) Nr. 1768/92, die Richtlinien 2001/20/EG und 2001/83/EG sowie die Verordnung (EG) Nr. 726/2004 sollten dementsprechend geändert werden.

III. Regelungsgehalt

179 Die VO trifft, soweit hier von Interesse, folgende Regelungen:

Artikel 7
(1) Ein Antrag auf Genehmigung für das Inverkehrbringen im Sinne des Artikels 6 der Richtlinie 2001/83/EG in Bezug auf ein Humanarzneimittel, dessen Inverkehrbringen zum Zeitpunkt des Inkrafttretens dieser Verordnung noch nicht in der Gemeinschaft genehmigt war, wird nur dann als zulässig betrachtet, wenn er neben den Angaben und Unterlagen nach Artikel 8 Absatz 3 der Richtlinie 2001/83/EG eines der folgenden Elemente enthält:
a) die Ergebnisse aller Studien sowie Einzelheiten zu sämtlichen Informationen, die in Übereinstimmung mit einem gebilligten pädiatrischen Prüfkonzept durchgeführt bzw. zusammengetragen wurden;
b) eine Entscheidung der Agentur über die Gewährung einer arzneimittelspezifischen Freistellung;
c) eine Entscheidung der Agentur über die Gewährung einer Gruppenfreistellung nach Artikel 11;
d) eine Entscheidung der Agentur über die Gewährung einer Zurückstellung.
    ...

Artikel 8

Im Falle zugelassener Arzneimittel, die entweder durch ein ergänzendes Schutzzertifikat nach der Verordnung (EWG) Nr. 1768/92 oder durch ein Patent geschützt sind, das für die Gewährung eines ergänzenden Schutzzertifikats in Frage kommt, gilt Artikel 7 der vorliegenden Verordnung für Anträge auf Genehmigung neuer Indikationen, einschließlich pädiatrischer Indikationen, neuer Darreichungsformen und neuer Verabreichungswege.

Für die Zwecke des Absatzes 1 erstrecken sich die in Artikel 7 Absatz 1 genannten Unterlagen sowohl auf bestehende als auch neue Indikationen, Darreichungsformen und Verabreichungswege.

Artikel 9

Die Artikel 7 und 8 gelten nicht für Arzneimittel, die gemäß den Artikeln 10, 10a, 13 bis 16 oder 16a bis 16i der Richtlinie 2001/83/EG zugelassen sind.

Artikel 28

...

(3) Stimmt der Antrag mit allen Maßnahmen überein, die in dem gebilligten und ausgeführten pädiatrischen Prüfkonzept enthalten sind, und gibt die Zusammenfassung der Merkmale des Arzneimittels die Ergebnisse von Studien wieder, die entsprechend einem gebilligten pädiatrischen Prüfkonzept durchgeführt wurden, so nimmt die zuständige Behörde eine Erklärung in die Genehmigung auf, aus der hervorgeht, dass der Antrag mit dem gebilligten und ausgeführten pädiatrischen Prüfkonzept übereinstimmt. Für die Zwecke der Anwendung von Artikel 45 Absatz 3 wird in der Erklärung auch angegeben, ob wichtige, im gebilligten Prüfkonzept enthaltene Studien nach dem Inkrafttreten dieser Verordnung abgeschlossen worden sind.

Artikel 36

(1) Beinhaltet ein Genehmigungsantrag nach Artikel 7 oder 8 die Ergebnisse sämtlicher Studien, die entsprechend einem gebilligten pädiatrischen Prüfkonzept durchgeführt wurden, so wird dem Inhaber des Patents oder des ergänzenden Schutzzertifikats eine sechsmonatige Verlängerung des Zeitraums nach Artikel 13 Absätze 1 und 2 der Verordnung (EWG) Nr. 1768/92 gewährt.

Unterabsatz 1 gilt auch, wenn die Ausführung des gebilligten pädiatrischen Prüfkonzepts nicht zur Genehmigung einer pädiatrischen Indikation führt, die Studienergebnisse jedoch in der Zusammenfassung der Merkmale des Arzneimittels und gegebenenfalls in der Packungsbeilage des betreffenden Arzneimittels wiedergegeben werden.

(2) Die Aufnahme der Erklärung nach Artikel 28 Absatz 3 in eine Genehmigung dient der Anwendung von Absatz 1 des vorliegenden Artikels.

(3) Bei Anwendung der Verfahren der Richtlinie 2001/83/EG wird die sechsmonatige Verlängerung des Zeitraums nach Absatz 1 nur dann gewährt, wenn das Arzneimittel in allen Mitgliedstaaten zugelassen ist.

(4) Die Absätze 1, 2 und 3 gelten für Arzneimittel, die durch ein ergänzendes Schutzzertifikat nach der Verordnung (EWG) Nr. 1768/92 oder durch ein Patent, das für ein ergänzendes Schutzzertifikat in Frage kommt, geschützt sind. Sie gelten nicht für Arzneimittel, die nach der Verordnung (EG) Nr. 141/2000 als Arzneimittel für seltene Leiden ausgewiesen sind.

(5) Führt ein Antrag nach Artikel 8 zur Genehmigung einer neuen pädiatrischen Indikation, so gelten die Absätze 1, 2 und 3 nicht, wenn der Antragsteller eine einjährige Verlängerung der Schutzfrist für das betreffende Arzneimittel beantragt und erhält, weil die neue pädiatrische Indikation im Sinne des Artikels 14 Absatz 11 der Verordnung (EG) Nr. 726/2004 oder des Artikels 10 Absatz 1 letzter Unterabsatz der Richtlinie 2001/83/EG von bedeutendem klinischen Nutzen im Vergleich zu den bestehenden Therapien ist.

Artikel 45

...

(3) Unbeschadet des Absatzes 2 werden die Bonusse und Anreize nach den Artikeln 36, 37 und 38 nur gewährt, wenn wesentliche, in einem gebilligten Prüfkonzept enthaltene Studien nach dem Inkrafttreten dieser Verordnung abgeschlossen worden sind.

Artikel 57

(1) Diese Verordnung tritt am dreißigsten Tag nach ihrer Veröffentlichung im Amtsblatt der Europäischen Union in Kraft.

(2) Artikel 7 gilt ab dem 26. Juli 2008.

Artikel 8 gilt ab dem 26. Januar 2009.

...

Art 36 Abs 1 KinderAM-VO macht die Möglichkeit der Verlängerung der Laufzeit eines Zertifikats davon abhängig, dass einem Genehmigungsantrag nach Art 7 oder 8 Kinder-AMVO die **Ergebnisse sämtli-** **180**

Hacker

cher Studien entspr einem gebilligten pädiatrischen Prüfkonzept beigefügt sind, wobei es nach Unterabs 2 nicht darauf ankommt, ob diese Studien zur Zulassung für eine pädiatrische Indikation geführt haben. Wurde jedoch von der eur Arzneimittelagentur eine Einzel- oder Gruppenfreistellung oder eine Zurückstellung gewährt (Art 7 Abs 1 Satz 1 Buchst b–c Kinder-AMVO), kommt eine Laufzeitverlängerung nicht in Betracht.[374] In zeitlicher Hinsicht ist zu beachten, dass nach Art 57 Abs 2 Kinder-AMVO die Voraussetzungen für die Gewährung der Laufzeitverlängerung bei Zulassungsanträgen nach Art 7 Kinder-AMVO erst ab dem 26.7.2008 erfüllt werden können, bei Zulassungsanträgen nach Art 8 Kinder-AMVO erst ab dem 26.1.2009.

181   In der Sache muss die für die Laufzeitverlängerung zuständige Patentabteilung (§ 49a) nicht prüfen, ob die materiellen Voraussetzungen des Art 36 Abs 1 Kinder-AMVO vorliegen. Entscheidend ist insoweit nur die in den Zulassungsbescheid aufzunehmende Erklärung nach Art 28 Abs 3 Satz 1 Kinder-AMVO (vgl Art 36 Abs 2 Kinder-AMVO), die in die Zuständigkeit der Arzneimittelbehörde fällt. Gleiches gilt im Hinblick auf die zeitliche Relevanz pädiatrischer Studien (Art 45 Abs 3, Art 28 Abs 3 Satz 2, Art 36 Abs 2 Kinder-AMVO). Die übrigen Voraussetzungen der Laufzeitverlängerung (Art 36 Abs 3–5 Kinder-AMVO) sind dagegen im Verlängerungsverfahren zu prüfen. Entsprechendes gilt im Widerrufsverfahren (Rn 32 zu § 49a).[375] Wegen weiterer Einzelheiten wird auf die Kommentierung bei Rn 119 verwiesen.

C. Verordnung (EG) Nr. 1610/96 des Europäischen Parlaments und des Rates vom 23.7.1996 über die Schaffung eines ergänzenden Schutzzertifikats für Pflanzenschutzmittel

I. Vorbemerkungen

182   **1. Materialien.** Kommissionsvorschlag;[376] Stellungnahme des Wirtschafts- und Sozialausschusses;[377] Stellungnahme des Europäischen Parlaments;[378] geänd Kommissionsvorschlag;[379] Gemeinsamer Standpunkt des Rates;[380] Beschluss des Europäischen Parlaments.[381]

183   **2. EWR-(EFTA-)Staaten.** In den über das EWR-Abk vom 2.5.1992 mit der EU verbundenen EFTA-Staaten Norwegen, Island und Liechtenstein gilt die PSMVO nach Maßgabe des Art 65 Abs 2 EWR-Abkommen iVm Anhang XVII idF des Beschlusses des Gemeinsamen EWR-Ausschusses vom 31.7.1997.[382] Liechtenstein erteilt keine Zertifikate nach der PSMVO (Anh XVII Nr 6a Buchst e), jedoch gelten die Ausführungen in Rn 4 entspr, nachdem § 140n schweiz PatG nunmehr die Erteilung von Schutzzertifikaten für Pflanzenschutzmittel vorsieht. Zur Lesart von Rechtsvorschriften der EU, die in den EWR-Staaten Anwendung finden, Rn 4.

184   **3. Verweisung.** Der Wortlaut der PSMVO stimmt weitgehend mit dem der AMVO überein. Einige wesentliche Abweichungen beanspruchen nach dem 17. Erwägungsgrund zur PSMVO auch im Rahmen der AMVO Geltung. Es kann daher insgesamt auf die Kommentierung zur AMVO verwiesen werden. Die nachfolgenden Anmerkungen beschränken sich auf wenige Besonderheiten der PSMVO.

II. Text und Kommentierung der Verordnung

Das Europäische Parlament und der Rat der Europäischen Union –
  gestützt auf den Vertrag zur Gründung der Europäischen Gemeinschaft, insbesondere auf Artikel 100a,
  auf Vorschlag der Kommission,

---

374   So auch *Brückner* Pädiatrische Laufzeitverlängerung Rn 36.
375   Wie hier *Schulte* § 16a Rn 61; zwd *Markgraf* § 3 Art 13 Rn 25.
376   ABl EG 1994 C 390/21.
377   ABl EG 1995 C 155/14.
378   ABl EG 1995 C 166/89.
379   ABl EG 1995 C 335/15.
380   ABl EG 1995 C 353/36.
381   ABl EG 1996 C 96/30.
382   ABl EG 1997 L 316/21.

nach Stellungnahme des Wirtschafts- und Sozialausschusses,
gemäß dem Verfahren des Artikels 189b des Vertrags,
in Erwägung nachstehender Gründe:

(1) Die Erforschung von Stoffen zum Pflanzenschutz trägt zur ständigen Verbesserung der Erzeugung und zur Erzielung von reichlichen Mengen an Nahrungsmitteln zu erschwinglichen Preisen und von guter Qualität bei.[383]

(2) Die Forschung im Bereich der Pflanzenschutzmittel trägt zur ständigen Verbesserung der Pflanzenerzeugung bei.

(3) Pflanzenschutzmittel, vor allem solche, die das Ergebnis einer langen und kostspieligen Forschungstätigkeit sind, können in der Gemeinschaft und in Europa weiterentwickelt werden, wenn für sie eine günstige Regelung geschaffen wird, die einen ausreichenden Schutz zur Förderung einer solchen Forschung vorsieht.

(4) Die Wettbewerbsfähigkeit des Sektors der Pflanzenschutzmittel erfordert aufgrund der ihm eigenen Gegebenheiten den gleichen Schutz für Neuerungen, wie er für Arzneimittel aufgrund der Verordnung (EWG) Nr. 1768/92 des Rates vom 18. Juni 1992 über die Schaffung eines ergänzenden Schutzzertifikats für Arzneimittel besteht.[384]

(5) Derzeit wird durch den Zeitraum zwischen der Einreichung einer Patentanmeldung für ein neues Pflanzenschutzmittel und der Genehmigung für dessen Inverkehrbringen der tatsächliche Patentschutz auf eine Laufzeit verringert, die für die Amortisierung der in der Forschung vorgenommenen Investitionen und für die Aufbringung der nötigen Mittel für den Fortbestand einer leistungsfähigen Forschung unzureichend ist.

(6) Diese Tatsache führt zu einem unzureichenden Schutz, der nachteilige Auswirkungen auf die Pflanzenschutzforschung und die Wettbewerbsfähigkeit dieses Wirtschaftsbereichs hat.

(7) Eines der wesentlichen Ziele des Schutzzertifikats besteht darin, der europäischen Industrie die gleichen Wettbewerbsbedingungen zu gewährleisten, wie sie die nordamerikanische und die japanische Industrie vorfinden.[385]

(8) In seiner Entschließung vom 1. Februar 1993 über ein Gemeinschaftsprogramm für Umweltpolitik und Maßnahmen im Hinblick auf eine dauerhafte und umweltgerechte Entwicklung verabschiedete der Rat das allgemeine Konzept und die Strategie für das von der Kommission vorgelegte Programm, die die gegenseitige Abhängigkeit des Wirtschaftswachstums und der Umweltqualität hervorheben. Die Verstärkung des Umweltschutzes erfordert daher, die wirtschaftliche Wettbewerbsfähigkeit der Industrie aufrechtzuerhalten. Die Erteilung eines ergänzenden Schutzzertifikats kann deshalb als positive Maßnahme für den Schutz der Umwelt angesehen werden.

(9) Auf Gemeinschaftsebene ist eine einheitliche Lösung zu finden, um auf diese Weise einer heterogenen Entwicklung der nationalen Rechtsvorschriften vorzubeugen, die neue Unterschiede zur Folge hätte, welche geeignet wären, den freien Verkehr von Pflanzenschutzmitteln innerhalb der Gemeinschaft zu behindern und dadurch das Funktionieren des Binnenmarktes unmittelbar zu beeinträchtigen. Dies entspricht dem in Artikel 3b des Vertrags festgelegten Subsidiaritätsprinzip.

(10) Es ist deshalb notwendig, ein ergänzendes Schutzzertifikat für Pflanzenschutzmittel, deren Inverkehrbringen genehmigt ist, einzuführen, das der Inhaber eines nationalen oder europäischen Patents unter denselben Voraussetzungen in jedem Mitgliedstaat erhalten kann. Die Verordnung ist somit die geeignetste Rechtsform.

(11) Die Dauer des durch das Zertifikat gewährten Schutzes muß so festgelegt werden, daß dadurch ein ausreichender tatsächlicher Schutz erreicht wird. Hierzu müssen demjenigen, der gleichzeitig Inhaber eines Patents und eines Zertifikats ist, insgesamt höchstens fünfzehn Jahre Ausschließlichkeit ab der ersten Genehmigung für das Inverkehrbringen des betreffenden Pflanzenschutzmittels in der Gemeinschaft eingeräumt werden.

(12) In einem so komplexen und empfindlichen Bereich wie dem der Pflanzenschutzmittel müssen jedoch alle auf dem Spiel stehenden Interessen berücksichtigt werden. Deshalb kann das Zertifikat nicht für mehr als fünf Jahre erteilt werden.[386]

(13) Das Zertifikat gewährt die gleichen Rechte wie das Grundpatent. Gilt also ein Grundpatent für einen Wirkstoff und seine Derivate (Salze und Ester), so gewährt das Zertifikat den gleichen Schutz.[387]

(14) Die Erteilung eines Zertifikats für ein aus einem Wirkstoff bestehendes Erzeugnis steht der Erteilung von weiteren Zertifikaten für seine Derivate (Salze und Ester) nicht entgegen, sofern diese Derivate Gegenstand von Patenten sind, in denen sie besonders beansprucht werden.[388]

(15) Auch die Festlegung der Übergangsregelung muß in ausgewogener Weise erfolgen. Diese Übergangsregelung muß es der Pflanzenschutzindustrie in der Gemeinschaft ermöglichen, den Rückstand gegenüber ihren Hauptkonkurrenten zum Teil auszugleichen, wobei gleichzeitig darauf geachtet werden muß, daß mit der Übergangsregelung die Verwirklichung anderer rechtmäßiger Ziele in Verbindung mit den sowohl auf nationaler als auch auf Gemeinschaftsebene verfolgten Politiken im Agrar- und Umweltschutzbereich nicht gefährdet wird.

---

383 Vgl Europäisches Parlament ABl EG 1995 C 166/89.
384 Vgl Europäisches Parlament ABl EG 1995 C 166/89.
385 Vgl Europäisches Parlament ABl EG 1995 C 166/89.
386 Vgl den geänd Kommissionsvorschlag ABl EG 1995 C 335/15, 17.
387 Vgl den geänd Kommissionsvorschlag ABl EG 1995 C 335/15, 17.
388 Vgl den geänd Kommissionsvorschlag ABl EG 1995 C 335/15, 17.

Hacker

(16) Nur durch ein Eingreifen auf Gemeinschaftsebene kann das angestrebte Ziel wirksam erreicht werden, nämlich einen ausreichenden Schutz der Innovation in der Pflanzenschutzindustrie sicherzustellen und zugleich ein angemessenes Funktionieren des Binnenmarktes für Pflanzenschutzmittel zu gewährleisten.

(17) Die in den Erwägungsgründen 12, 13 und 14 sowie in Artikel 3 Abs 2, Artikel 4, Artikel 8 Abs 1 Buchstabe c) und Artikel 17 Abs 2 dieser Verordnung vorgesehenen Modalitäten gelten sinngemäß auch für die Auslegung insbesondere des Erwägungsgrunds 9 und der Artikel 3 und 4, des Artikels 8 Abs. 1 Buchstabe c) und des Artikel 17 der Verordnung (EWG) Nr. 1768/92 des Rates[389] –

haben folgende Verordnung erlassen:

Artikel 1
Definitionen

Im Sinne dieser Verordnung sind:

1. „Pflanzenschutzmittel" Wirkstoffe und Zubereitungen, die einen oder mehrere Wirkstoffe enthalten, in der Form, in welcher sie an den Anwender geliefert werden, und die dazu bestimmt sind,

   a) Pflanzen und Pflanzenerzeugnisse vor Schadorganismen zu schützen oder ihrer Einwirkung vorzubeugen, insoweit diese Stoffe oder Zubereitungen im folgenden nicht anders definiert werden;

   b) in einer anderen Weise als ein Nährstoff die Lebensvorgänge von Pflanzen zu beeinflussen (zB Wachstumsregler);

   c) Pflanzenerzeugnisse zu konservieren, soweit solche Stoffe oder Zubereitungen nicht besonderen Vorschriften des Rates oder der Kommission über konservierende Stoffe unterliegen;

   d) unerwünschte Pflanzen zu vernichten oder

   e) Pflanzenteile zu vernichten, ein unerwünschtes Wachstum von Pflanzen zu hemmen oder einem solchen Wachstum vorzubeugen;

2. „Stoffe" chemische Elemente und deren Verbindungen, wie sie natürlich vorkommen oder industriell hergestellt werden, einschließlich jeglicher bei der Herstellung nicht zu vermeidenden Verunreinigung;

3. „Wirkstoffe" Stoffe und Mikroorganismen, einschließlich Viren, mit allgemeiner oder spezifischer Wirkung

   a) gegen Schadorganismen,

   b) auf Pflanzen, Pflanzenteile oder Pflanzenerzeugnisse;

4. „Zubereitungen" Gemenge, Gemische oder Lösungen aus zwei oder mehreren Stoffen, davon mindestens einem Wirkstoff, die als Pflanzenschutzmittel angewendet werden;

5. „Pflanzen" lebende Pflanzen oder lebende Teile von Pflanzen, einschließlich frischer Früchte und Samen;

6. „Pflanzenerzeugnisse" Erzeugnisse pflanzlichen Ursprungs, unverarbeitet oder durch vereinfachte Verfahren wie Mahlen, Trocknen oder Pressen bearbeitet, soweit sie nicht Pflanzen im Sinne von Nummer 5 sind;

7. „Schadorganismen" Feinde von Pflanzen oder Pflanzenerzeugnissen tierischer oder pflanzlicher Art sowie Viren, Bakterien und Mykoplasmen oder andere Krankheitserreger;

8. „Erzeugnis" der Wirkstoff im Sinne von Nummer 3 oder die Wirkstoffzusammensetzung eines Pflanzenschutzmittels;

9. „Grundpatent" ein Patent, das ein Erzeugnis im Sinne von Nummer 8 als solches, eine Zubereitung im Sinne von Nummer 4, ein Verfahren zur Herstellung eines Erzeugnisses oder eine Verwendung eines Erzeugnisses schützt und das von seinem Inhaber für die Zwecke des Verfahrens zur Erteilung eines Zertifikats angegeben wird;

10. „Zertifikat" das ergänzende Schutzzertifikat.

185   **1. Artikel 1.** Ebenso wie die AMVO eng mit dem Arzneimittelzulassungsrecht verbunden ist, besteht eine enge Verflechtung der PSMVO mit den Regeln über die Zulassung von Pflanzenschutzmitteln. Letztere sind zunächst durch die **Richtlinie 91/414/EWG** des Rats v 15.7.1991 über das Inverkehrbringen von Pflanzenschutzmitteln[390] einer weitgehenden Harmonisierung unterworfen worden; die nationalen Ausführungsbestimmungen waren im PflSchG 1998 enthalten. Auf eur Ebene ist das Pflanzenschutzmittelzulassungsrecht durch die **VO (EG) Nr 1107/2009** vom 21.10.2009 über das Inverkehrbringen von Pflanzenschutzmitteln[391] neu geregelt worden (nachfolgend: VO 1107). Diese VO gilt nach ihrem Art 84 seit dem 14.6.2011; die Richtlinie 91/414/EWG ist weitgehend außer Kraft getreten (s im einzelnen Art 80 VO 1107). Nationale Ausführungsbestimmungen traf zunächst das Gesetz über die vorläufige Durchführung unmittelbar geltender Vorschriften der Europäischen Union über die Zulassung oder Genehmigung des Inver-

---

389 Vgl den Beschl des Europäischen Parlaments ABl EG 1996 C/30.
390 ABl 1991 Nr L 230/1.
391 ABl EU 2009 Nr L 309/1.

kehrbringens von Pflanzenschutzmitteln v 23.5.2011,[392] an dessen Stelle am 14.2.2012 das PflSchG 2012 getreten ist.[393]

Die **Definitionen** des Art 1 Nr 1–7 stimmen wörtlich mit den Definitionen in Art 2 Nr 1 und Nr 3–8 RL **186** 91/414/EWG überein. Dem entsprechen nunmehr im wesentlichen die Definitionen der VO 1107 in Art 2 Abs 1 (zum Begriff des Pflanzenschutzmittels, vgl Art 1 Nr 1 PSMVO), Art 3 Nr 2 („Stoffe", vgl Art 1 Nr 2 PSMVO), Art 2 Abs 2 (zum Begriff des Wirkstoffs, vgl Art 1 Nr 3 PSMVO), Art 3 Nr 3 („Zubereitungen", vgl Art 1 Nr 4 PSMVO), Art 3 Nr 5 („Pflanzen", vgl Art 1 Nr 5 PSMVO), Art 3 Nr 6 („Pflanzenerzeugnisse", vgl Art 1 Nr 6 PSMVO), Art 3 Nr 7 („Schadorganismen", vgl Art 1 Nr 7 PSMVO). Ein völliger Gleichlauf besteht jedoch nicht (zur vergleichbaren Problematik bei Arzneimitteln Rn 11). Wie der EuGH klargestellt hat, ist bei etwaigen Divergenzen allein auf die Bestimmungen der PSMVO abzustellen.[394]

Relevant geworden ist dies bisher bei der Frage, ob **Safener** einem Zertifikatsschutz zugänglich sind. **187** Dabei handelt es sich um Stoffe, die als Antidote (Gegengifte) die schädigenden Wirkungen eines Herbizids in Kulturpflanzen verhindern oder abschwächen. Solche Safener sind ebenso wie Synergisten, Beistoffe und Zusatzstoffe keine Wirkstoffe iSd VO 1107 (vgl Art 2 Abs 3 VO 1107). Gleichwohl kann es sich um Erzeugnisse handeln, für die ein Zertifikatsschutz nach der PSMVO in Betracht kommt, nämlich wenn der Safener eine eigene toxische, phytotoxische oder pflanzenschützende Wirkung entfaltet,[395] was idR der Fall ist.[396]

Die **weiteren Definitionen** in Art 1 Nr 8 und 10 entsprechen Art 1 Buchst b und d AMVO. Die Defini- **188** tion des Grundpatents in Art 1 Nr 9 ist an Art 1 Buchst c AMVO angelehnt. Patente auf Verfahren zur Herstellung von Zubereitungen sowie auf Verwendungen von Zubereitungen iSv Nr 4 können nicht als Grundpatente herangezogen werden. Diese Einschränkung gilt jedoch nicht für Wirkstoffzusammensetzungen, die zwar ebenfalls unter den Begriff der Zubereitung fallen, aber zugleich über den Erzeugnisbegriff nach Nr 8 erfasst werden.

Artikel 2
Anwendungsbereich

Für jedes im Hoheitsgebiet eines Mitgliedstaats durch ein Patent geschütztes Erzeugnis, das vor seinem Inverkehrbringen als Pflanzenschutzmittel Gegenstand eines verwaltungsrechtlichen Genehmigungsverfahrens gemäß Artikel 4 der Richtlinie 91/414/EWG oder – wenn es sich um ein Pflanzenschutzmittel handelt, für das der Genehmigungsantrag vor der Umsetzung der Richtlinie 91/414/EWG durch diesen Mitgliedstaat eingereicht wurde – gemäß einer gleichwertigen einzelstaatlichen Rechtsvorschrift war, kann nach den in dieser Verordnung festgelegten Bedingungen und Modalitäten ein ergänzendes Schutzzertifikat erteilt werden.

2. Artikel 2. Art 2 entspricht sachlich Art 2 AMVO. Die Verweisung auf Art 4 RL 91/414/EWG ist gem **189** Art 83 Abs 2 VO 1107 nunmehr als Verweisung auf Art 28, 29 VO 1107 zu lesen. Da die inhaltlichen Anforderungen für das Inverkehrbringen von Pflanzenschutzmitteln gem Art 4 RL 91/414/EWG nach Art 23 dieser RL erst zum 19.8.1993 in nationales Recht umgesetzt werden mussten, die PSMVO aber auf alle Erzeugnisse Anwendung findet, für die eine erste Genehmigung für das Inverkehrbringen in der Gemeinschaft nach dem 1.1.1985 erteilt wurde (Art 19 Abs 1), sieht Art 2 eine **Gleichstellung von Genehmigungen** nach Maßgabe nichtharmonisierter, aber gleichwertiger nationaler Vorschriften vor, sofern der Genehmigungsantrag vor der Umsetzung der RL 91/414/EWG eingereicht wurde.

Ist für das Pflanzenschutzmittel gem Art 8 RL 91/414/EWG/§ 15c PflSchG 1998 (jetzt Art 30 VO 1107/ **190** § 33 Abs 1 Nr 2 PflSchG 2012) eine vorläufige Zulassung erteilt worden (Rn 195) und schließt sich eine endgültige Zulassung unmittelbar an, ist der Anwendungsbereich der PSMVO eröffnet, obwohl das Pflanzenschutzmittel nicht vor seinem Inverkehrbringen Gegenstand eines Genehmigungsverfahrens nach Art 4 RL 91/414/EWG bzw Art 28, 29 VO 1107 war. Das ergibt sich unmittelbar aus Art 13 Abs 3 (Rn 205).[397] Schließt sich dagegen die endgültige Zulassung (ausnahmsweise) nicht unmittelbar an, ist der Anwendungsbereich

---

392 BGBl 2011 I, 925.
393 BGBl 2012 I, 148.
394 EuGH C-11/13 GRUR 2014, 756, 758 (Nr 42) Bayer/DPMA (Safener Isoxadifen) auf Vorlage BPatG GRUR Int 2014, 233 „Safener Isoxadifen".
395 EuGH (Nr 36) Bayer/DPMA (Safener Isoxadifen) auf Vorlage BPatG GRUR Int 2014, 233 „Safener Isoxadifen".
396 Vgl BPatG 10.12.2014 15 W (pat) 14/07 „Safener Isoxadifen II".
397 Vgl EuGH C-229/09 Slg 2010 I 11335 = GRUR 2011, 213 (Nr 53 f) Hogan Lovells ./. Bayer Crop Science (Iodosulfuron).

der PSMVO nicht eröffnet (vgl zum ähnlich gelagerten Fall nachträglich zugelassener Altarzneimittel Rn 29).

191 Zur Frage, ob eine sog Notgenehmigung (Art 8 Abs 4 RL 91/414/EWG/§ 11 Abs 2 Nr 2 PflSchG 1998 bzw jetzt Art 53 VO 1107/§ 29 Abs 1 Nr 1 PflSchG 2012) den Anwendungsbereich der PSMVO eröffnet, s Rn 196, 200.

Artikel 3
Bedingungen für die Erteilung des Zertifikats

(1) Das Zertifikat wird erteilt, wenn in dem Mitgliedstaat, in dem die Anmeldung nach Artikel 7 eingereicht wird, zum Zeitpunkt dieser Anmeldung

a) das Erzeugnis durch ein in Kraft befindliches Grundpatent geschützt ist;

b) für das Erzeugnis als Pflanzenschutzmittel eine gültige Genehmigung für das Inverkehrbringen gemäß Artikel 4 der Richtlinie 91/414/EWG oder gemäß einer gleichwertigen einzelstaatlichen Rechtsvorschrift erteilt wurde;

für die Zwecke des Buchstabens b) und der sich hierauf beziehenden Artikel gilt eine Genehmigung für das Inverkehrbringen des Erzeugnisses gemäß der einzelstaatlichen Vorschrift eines EFTA-Staates als Genehmigung gemäß der Richtlinie 91/414/EWG oder gemäß einer gleichwertigen einzelstaatlichen Rechtsvorschrift eines EG-Mitgliedstaates.

c) für das Erzeugnis nicht bereits ein Zertifikat erteilt wurde;

d) die unter Buchstabe b) erwähnte Genehmigung die erste Genehmigung für das Inverkehrbringen dieses Erzeugnisses als Pflanzenschutzmittel ist.

(2) Verfügt ein Inhaber über mehrere Patente für dasselbe Erzeugnis, so dürfen ihm nicht mehrere Zertifikate für dieses Erzeugnis erteilt werden. Sind jedoch zwei oder mehr Anmeldungen von zwei oder mehr Inhabern unterschiedlicher Patente für dasselbe Erzeugnis anhängig, so kann jedem dieser Inhaber ein Zertifikat für dieses Erzeugnis erteilt werden.

192 **3. Artikel 3.** Abs 1 Buchst b 2. Halbs betrifft Anmeldungen in **Island und Norwegen**; die Bestimmung wurde durch Anhang XVII Nr 6a Buchst a des EWR-Abk idF des Beschlusses des Gemeinsamen EWR-Ausschusses vom 31.7.1997 angefügt.[398]

193 Das Genehmigungs- bzw **Zulassungsverfahren** für Pflanzenschutzmittel ist zunächst durch die RL 91/414/EWG[399] harmonisiert worden. Die nationale Umsetzung ist durch § 15 PflSchG 1998 erfolgt. MWv 14.6.2011 ist die RL 91/414/EWG durch die VO (EG) Nr 1107/2009 ersetzt worden; die nationalen Ausführungsbestimmungen finden sich im PflSchG 2012 (Rn 185).

194 Das Zulassungsverfahren ist **zweistufig** ausgestaltet. Voraussetzung ist zunächst, dass die in dem Pflanzenschutzmittel enthaltenen Wirkstoffe nach Art 5 und 6 iVm Art 19 RL 91/414/EWG in den Anh I zu dieser RL aufgenommen werden (Art 4 Abs 1 Buchst a RL 91/414/EWG; § 15 Abs 1 Nr 2 PflSchG 1998). An die Stelle des genannten Anh I ist nunmehr die in Art 78 Abs 3 VO 1107 vorgesehene SammelVO (VO (EG) Nr 540/2011)[400] getreten, in die neue Wirkstoffe durch EinzelVO eingestellt werden[401] und auch die gem der RL 91/414/EWG genehmigten Wirkstoffe aufgenommen sind. Des weiteren müssen die in Art 4 RL 91/414/EWG bzw Art 28, 29 VO 1107 aufgeführten Kriterien erfüllt sein. Zuständig für die Zulassung ist das Bundesamt für Verbraucherschutz und Lebensmittelsicherheit (§ 33 Abs 1 Nr 1 PflSchG 2012; früher die Biologische Bundesanstalt). Sofern das Pflanzenschutzmittel in einem anderen Mitgliedstaat bereits nach Art 4 der genannten RL zugelassen ist, erfolgt die Zulassung unter bestimmten Voraussetzungen im Weg der Anerkennung der ausländ Zulassung (Art 10 RL 91/414/EWG iVm § 15b PflSchG 1998, jetzt Art 40–42 VO 1107/§ 33 Abs 1 Nr 3 PflSchG 2012).

195 War ein Wirkstoff noch nicht in den Anhang I der RL aufgenommen, konnte nach Art 8 Abs 1 RL 91/414/EWG (§ 15c PflSchG 1998) eine **vorläufige Zulassung** für höchstens drei Jahre erfolgen (jetzt Art 30 VO 1107/§ 33 Abs 1 Nr 2 PflSchG 2012). Das DPMA hat auf der Grundlage solcher vorläufigen Zulassungen zunächst Schutzzertifikate erteilt, ist hiervon jedoch im Jahr 2007 wieder abgegangen.[402] Ob eine lediglich vorläufige Zulassung den Voraussetzungen des Art 3 Abs 1 Buchst b entspricht, war Gegenstand eines

---

398 ABl EG 1997 L 316/21.

399 ABl EG 1991 L 230/1.

400 ABl EU Nr L 153/1 vom 11.6.2011.

401 Beispiel: VO (EG) Nr 87/2012, ABl EU Nr L 30/8 vom 2.2.2012.

402 SchutzzertifikatsRl vom 30.7.2007 Nr 3.3.1.1 BlPMZ 2007, 354, 357; ebenso *Schulte* § 49a Rn 17; zu den damit verbundenen Problemen *Stratmann/Dernauer* Mitt 2008, 150 ff.

Vorabentscheidungsersuchens des BPatG an den EuGH.[403] Der EuGH hat die Frage ua deswegen bejaht, weil die Kriterien für eine vorläufige Zulassung im wesentlichen denen für eine endgültige Zulassung entsprechen.[404] Die Neuregelung des Zulassungsrechts durch die VO 1107 hat daran nichts geänd, so dass die durch den EuGH erfolgte Klärung auch unter dem neuen Recht Geltung beanspruchen kann. Schließt sich allerdings an die vorläufige Zulassung ausnahmsweise keine endgültige Zulassung an, ist der Anwendungsbereich der PSMVO nicht eröffnet (Rn 190). Ein bereits erteiltes Zertifikat unterliegt wegen Verstoßes gegen Art 2 PSMVO der Nichtigerklärung (vgl Rn 154).

Eine sog **Notgenehmigung** nach Art 8 Abs 4 RL 91/414/EWG iVm § 11 Abs 2 Nr 2 PflSchG 1998 bzw **196** nunmehr Art 53 VO 1107/§ 29 Abs 1 Nr 1 PflSchG 2012 erfüllt hingegen **nicht** die Voraussetzungen des Art 3 Abs 1 Buchst b PSMVO, da es insoweit an einer der endgültigen Zulassung entspr Prüfung fehlt.[405]

Ob eine **gültige Genehmigung** iSv Buchst b vorliegt, bemisst sich danach, ob das Pflanzenschutzmit- **197** tel im Hinblick auf die in Art 4 RL 91/414/EWG bzw Art 28, 29 VO 1107 vorgesehenen Kriterien in Verkehr gebracht werden darf (zum Widerruf s § 16a PflSchG 1998; s auch Art 11 RL 91/414/EWG).

Nach Abs 1 Buchst c darf für das Erzeugnis nicht bereits ein Zertifikat erteilt worden sein. Mit dieser **198** Bestimmung soll eine Verlängerung der Schutzdauer über Art 13 hinaus durch **mehrfache Zertifizierungen** desselben Erzeugnisses auf der Grundlage mehrerer Grundpatente verhindert werden. Dies gilt jedoch nach dem Einleitungssatz zu Art 3 Abs 1 nur im Hinblick auf den Zeitpunkt der Anmeldung. Mehrfache Zertifizierungen wären demnach also möglich, wenn mehrere noch nicht verbeschiedene Anmeldungen für dasselbe Erzeugnis anhängig sind. Abs 2 Satz 1 schließt insoweit jedoch eine Erteilung mehrerer Zertifikate an denselben Inhaber mehrerer Grundpatente aus. Nach Satz 2 gilt dies aber nicht, wenn Zertifikatsanmeldungen von mehreren Inhabern unterschiedlicher Grundpatente anhängig sind. Wegen weiterer Einzelheiten Rn 65 ff.[406]

Liegen **mehrere Genehmigungen** für das Inverkehrbringen vor, muss es sich bei der in Buchst b ge- **199** nannten Genehmigung um die erste Genehmigung für das Inverkehrbringen handeln (Abs 1 Buchst d). Die Frage der Erzeugnisidentität bei mehreren Genehmigungen ist oft zwh (im einzelnen Rn 78 ff). Unterschiedliche Grade der Verunreinigung eines Wirkstoffs führen nicht zum Vorliegen unterschiedlicher Erzeugnisse (vgl Art 1 Nr 2). Deshalb kann kein bzw kein weiteres Zertifikat erteilt werden, wenn es aufgrund eines neuen Verfahrens gelingt, den Wirkstoff in gegenüber einer früheren Zulassung reineren Form herzustellen.[407] Nach der Rspr des BPatG sollen mehrere Genehmigungen dasselbe Erzeugnis betreffen, wenn die erste Genehmigung eine Wirkstoffkombination im Verhältnis 50:50, die zweite dagegen im Verhältnis 91:9 betrifft.[408] S dazu die Kritik Rn 82.

Keine erste Genehmigung iSv Art 3 Abs 1 Buchst d dürfte eine sog **Notgenehmigung** nach Art 8 Abs 4 **200** RL 91/414/EWG iVm § 11 Abs 2 Nr 2 PflSchG 1998 bzw nunmehr Art 53 VO 1107/§ 29 Abs 1 Nr 1 PflSchG 2012 darstellen (vgl Rn 196).

Artikel 4
Schutzgegenstand

In den Grenzen des durch das Grundpatent gewährten Schutzes erstreckt sich der durch das Zertifikat gewährte Schutz allein auf das Erzeugnis, das von den Genehmigungen für das Inverkehrbringen des entsprechenden Pflanzenschutzmittels erfaßt wird, und zwar auf diejenigen Verwendungen des Erzeugnisses als Pflanzenschutzmittel, die vor Ablauf des Zertifikats genehmigt wurden.

4. Artikel 4. Art 4 stimmt nahezu wörtlich mit Art 4 AMVO überein. Durch die Formulierung „Erzeug- **201** nis, das von **den Genehmigungen** ... erfasst wird" soll klargestellt werden, dass der Schutzgegenstand des Zertifikats zwar durch die Zulassung identifiziert wird, sich aber nicht auf die spezielle Formulierung,

---

403 BPatG GRUR 2010, 132 „Iodosulfuron".

404 EuGH C-229/09 Slg 2010 I 11335 = GRUR 2011, 213 (Nr 33 ff, 43, 46) Hogan Lovells ./. Bayer Crop Science (Iodosulfuron).

405 EuGH C-210/12 GRUR Int 2013, 1129, 1133 f (Nr 35 ff) Sumitomo Chemical, auf Vorlage BPatG GRUR Int 2012, 669 „Clothianidin"; das weitere Vorabentscheidungsersuchen BPatG GRUR Int 2013, 35 „Clothianidin II" (EuGH C-477/12) ist zurückgenommen worden.

406 Eingehend *Schennen* GRUR Int 1996, 102, 105 f.

407 EuGH C-258/99 Slg 2001 I 3643 = GRUR Int 2001, 754 BASF/Bureau voor de Industriële Eigendom (Chloridazon).

408 BPatGE 42, 258, 266 = GRUR Int 2000, 921, 923 „Fusilade".

Dosierung usw des Wirkstoffs beschränkt, für die die Zulassung nach Art 3 Abs 1 Buchst b erteilt ist.[409] Diese Klarstellung gilt über den 17. Erwägungsgrund auch für die AMVO.

202 **Nachträgliche Genehmigungen** iSv Art 4 aE sind insb solche nach §§ 18, 18a und 18b PflSchG 1998.

Artikel 5
Wirkungen des Zertifikats

Vorbehaltlich des Artikels 4 gewährt das Zertifikat die gleichen Rechte wie das Grundpatent und unterliegt den gleichen Beschränkungen und Verpflichtungen.

Artikel 6
Recht auf das Zertifikat

Das Recht auf das Zertifikat steht dem Inhaber des Grundpatents oder seinem Rechtsnachfolger zu.

Artikel 7
Anmeldung des Zertifikats

(1) Die Anmeldung des Zertifikats muß innerhalb einer Frist von sechs Monaten, gerechnet ab dem Zeitpunkt, zu dem für das Erzeugnis als Pflanzenschutzmittel die Genehmigung für das Inverkehrbringen nach Artikel 3 Abs. 1 Buchstabe b) erteilt wurde, eingereicht werden.

(2) Ungeachtet des Absatzes 1 muß die Anmeldung des Zertifikats dann, wenn die Genehmigung für das Inverkehrbringen vor der Erteilung des Grundpatents erfolgt, innerhalb einer Frist von sechs Monaten nach dem Zeitpunkt der Erteilung des Patents eingereicht werden.

Artikel 8
Inhalt der Zertifikatsanmeldung

(1) Die Zertifikatsanmeldung muß enthalten:
a) einen Antrag auf Erteilung eines Zertifikats, wobei insbesondere anzugeben sind:
    i)   Name und Anschrift des Anmelders;
    ii)   falls ein Vertreter bestellt ist, Name und Anschrift des Vertreters;
    iii) Nummer des Grundpatents sowie Bezeichnung der Erfindung;
    iv) Nummer und Zeitpunkt der ersten Genehmigung für das Inverkehrbringen des Erzeugnisses gemäß Artikel 3 Abs. 1 Buchstabe c) sowie, falls diese nicht die erste Genehmigung für das Inverkehrbringen in der Gemeinschaft ist, auch Nummer und Zeitpunkt der letztgenannten Genehmigung;
b) eine Kopie der Genehmigung für das Inverkehrbringen gemäß Artikel 3 Abs. 1 Buchstabe b), aus der die Identität des Erzeugnisses ersichtlich ist und die insbesondere Nummer und Zeitpunkt der Genehmigung sowie die Zusammenfassung der Merkmale des Erzeugnisses gemäß Anhang II Teil A.1 (Ziffern 1 bis 7) oder Teil B.1 (Ziffern 1 bis 7) der Richtlinie 91/414/EWG oder gemäß gleichwertigen Rechtsvorschriften des Mitgliedstaats enthält, in dem die Anmeldung eingereicht wird;
c) falls die Genehmigung nach Buchstabe b) nicht die erste Genehmigung für das Inverkehrbringen dieses Erzeugnisses als Pflanzenschutzmittel in der Gemeinschaft ist, die Angabe der Identität des so genehmigten Erzeugnisses und der Rechtsvorschrift, auf deren Grundlage dieses Genehmigungsverfahren durchgeführt wurde, sowie eine Kopie der betreffenden Stelle des entsprechenden amtlichen Mitteilungsblatts, in dem die Genehmigung veröffentlicht wurde, oder, bei Fehlen einer solchen Veröffentlichung, jedes Dokument, das als Nachweis der Erteilung der Genehmigung, des Zeitpunkts der Genehmigung und der Identität des so genehmigten Erzeugnisses dient.

(2) Die Mitgliedstaaten können vorsehen, daß für die Einreichung der Zertifikatsanmeldung eine Gebühr zu entrichten ist.

203 **5. Artikel 8.** Art 8 Abs 1 Buchst c trifft gegenüber der AMVO eine **ergänzende Regelung** für den Fall, dass eine Veröffentlichung der ersten (von der Genehmigung nach Art 8 Abs 1 Buchst b und Art 3 Abs 1 Buchst b und d verschiedenen) Genehmigung für das Inverkehrbringen in der Gemeinschaft nicht erfolgt ist. Insoweit ist anstelle einer Kopie des amtlichen Mitteilungsblatts ein Dokument vorzulegen, das als Nachweis der Genehmigung und der Identität des so genehmigten Erzeugnisses dient. Im Bereich der AMVO findet diese Ergänzung über den 17. Erwägungsgrund entspr Anwendung (Rn 118).

---

409 *Schennen* GRUR Int 1996, 102, 106.

Artikel 9
Einreichung der Zertifikatsanmeldung

(1) Die Zertifikatsanmeldung ist bei der für den gewerblichen Rechtsschutz zuständigen Behörde des Mitgliedstaats einzureichen, der das Grundpatent erteilt hat oder mit Wirkung für den das Grundpatent erteilt worden ist und in dem die Genehmigung für das Inverkehrbringen nach Artikel 3 Abs. 1 Buchstabe b) erlangt wurde, sofern der Mitgliedstaat zu diesem Zweck keine andere Behörde bestimmt.

(2) Ein Hinweis auf die Zertifikatsanmeldung wird von der in Absatz 1 genannten Behörde bekanntgemacht. Der Hinweis muß zumindest die folgenden Angaben enthalten:
a) Name und Anschrift des Anmelders;
b) Nummer des Grundpatents;
c) Bezeichnung der Erfindung;
d) Nummer und Zeitpunkt der Genehmigung für das Inverkehrbringen gemäß Artikel 3 Abs. 1 Buchstabe b) sowie das durch die Genehmigung identifizierte Erzeugnis;
e) gegebenenfalls Nummer und Zeitpunkt der ersten Genehmigung für das Inverkehrbringen in der Gemeinschaft.

Artikel 10
Erteilung des Zertifikats oder Zurückweisung der Zertifikatsanmeldung

(1) Erfüllen die Zertifikatsanmeldung und das Erzeugnis, das Gegenstand der Anmeldung ist, die in dieser Verordnung festgelegten Voraussetzungen, so erteilt die in Artikel 9 Abs. 1 genannte Behörde das Zertifikat.

(2) Vorbehaltlich des Absatzes 3 weist die in Artikel 9 Abs. 1 genannte Behörde die Zertifikatsanmeldung zurück, wenn die Anmeldung oder das Erzeugnis, das Gegenstand der Anmeldung ist, nicht die in dieser Verordnung festgelegten Voraussetzungen erfüllt.

(3) Erfüllt die Zertifikatsanmeldung nicht die in Artikel 8 genannten Voraussetzungen, so fordert die in Artikel 9 Absatz 1 genannte Behörde den Anmelder auf, innerhalb der gesetzten Frist die festgestellten Mängel zu beseitigen oder die Gebühr zu entrichten.

(4) Werden innerhalb der gesetzten Frist die nach Absatz 3 mitgeteilten Mängel nicht beseitigt oder wird die nach Absatz 3 angeforderte Gebühr nicht entrichtet, so wird die Anmeldung zurückgewiesen.

(5) Die Mitgliedstaaten können vorsehen, daß die Erteilung des Zertifikats durch die in Artikel 9 Abs. 1 genannte Behörde ohne Prüfung der in Artikel 3 Abs. 1 Buchstaben c) und d) genannten Bedingungen erfolgt.

6. Artikel 9, 10. Deutschland hat von der Option des Art 10 Abs 5 auch für die PSMVO **keinen Ge-** 204 **brauch** gemacht.

Artikel 11
Bekanntmachung

(1) Ein Hinweis auf die Erteilung des Zertifikats wird von der in Artikel 9 Abs. 1 genannten Behörde bekanntgemacht. Der Hinweis muß zumindest die folgenden Angaben enthalten:
a) Name und Anschrift des Inhabers des Zertifikats;
b) Nummer des Grundpatents;
c) Bezeichnung der Erfindung;
d) Nummer und Zeitpunkt der Genehmigung für das Inverkehrbringen gemäß Artikel 3 Abs. 1 Buchstabe b) sowie das durch die Genehmigung identifizierte Erzeugnis;
e) gegebenenfalls Nummer und Zeitpunkt der ersten Genehmigung für das Inverkehrbringen in der Gemeinschaft;
f) Laufzeit des Zertifikats.

(2) Ein Hinweis auf die Zurückweisung der Zertifikatsanmeldung wird von der in Artikel 9 Abs. 1 genannten Behörde bekanntgemacht. Der Hinweis muß zumindest die in Artikel 9 Abs. 2 genannten Angaben enthalten.

Artikel 12
Jahresgebühren

Die Mitgliedstaaten können vorsehen, daß für das Zertifikat Jahresgebühren zu entrichten sind.

Artikel 13
Laufzeit des Zertifikats

(1) Das Zertifikat gilt ab Ablauf der gesetzlichen Laufzeit des Grundpatents für eine Dauer, die dem Zeitraum zwischen der Einreichung der Anmeldung für das Grundpatent und dem Zeitpunkt der ersten Genehmigung für das Inverkehrbringen in der Gemeinschaft entspricht, abzüglich eines Zeitraums von fünf Jahren.

(2) Ungeachtet des Absatzes 1 beträgt die Laufzeit des Zertifikats höchstens fünf Jahre vom Zeitpunkt seines Wirksamwerdens an.

(3) Bei der Berechnung der Laufzeit des Zertifikats wird eine erste vorläufige Genehmigung für das Inverkehrbringen nur dann berücksichtigt, wenn sich eine endgültige Genehmigung für dasselbe Erzeugnis unmittelbar anschließt.

205   **7. Artikel 11, 12, 13.** Art 13 Abs 1 und 2 entsprechen Art 13 AMVO. Abs 3 enthält eine ergänzende Regelung für den Fall, dass für das Erzeugnis zunächst nur eine **vorläufige Zulassung** nach Art 8 Abs 1 RL 91/414/EWG iVm § 15c PflSchG 1998 bzw nunmehr Art 30 VO 1107/§ 33 Abs 1 Nr 2 PflSchG 2012 (Rn 195) erteilt worden ist. Eine solche vorläufige Zulassung wird als erste Genehmigung für das Inverkehrbringen nur dann berücksichtigt, wenn sich eine endgültige Zulassung für dasselbe Erzeugnis unmittelbar anschließt.[410] Ist dies (ausnahmsweise) nicht der Fall, ist an sich auf die erste endgültige Zulassung abzustellen;[411] allerdings ist in diesem Fall der Anwendungsbereich der PSMVO nach Art 2 nicht eröffnet (Rn 190), so dass aus diesem Grund eine Zertifikatserteilung nicht möglich ist.

Artikel 14
Erlöschen des Zertifikats
   Das Zertifikat erlischt:
a) am Ende des in Artikel 13 festgelegten Zeitraums;
b) bei Verzicht des Inhabers des Zertifikats;
c) bei nicht rechtzeitiger Zahlung der in Übereinstimmung mit Artikel 12 festgesetzten Jahresgebühr;
d) wenn und solange das durch das Zertifikat geschützte Erzeugnis infolge Widerrufs der betreffenden Genehmigung oder Genehmigungen für das Inverkehrbringen gemäß Artikel 4 der Richtlinie 91/414/EWG oder einer gleichwertigen Rechtsvorschrift eines Mitgliedstaats nicht mehr in den Verkehr gebracht werden darf. Über das Erlöschen des Zertifikats kann die in Artikel 9 Abs. 1 genannte Behörde von Amts wegen oder auf Antrag eines Dritten entscheiden.

Artikel 15
Nichtigkeit des Zertifikats
   (1) Das Zertifikat ist nichtig,
a) wenn es entgegen den Vorschriften des Artikels 3 erteilt wurde;
b) wenn das Grundpatent vor Ablauf seiner gesetzlichen Laufzeit erloschen ist;
c) wenn das Grundpatent für nichtig erklärt oder derartig beschränkt wird, daß das Erzeugnis, für welches das Zertifikat erteilt worden ist, nicht mehr von den Ansprüchen des Grundpatents erfaßt wird, oder wenn nach Erlöschen des Grundpatents Nichtigkeitsgründe vorliegen, die die Nichtigerklärung oder Beschränkung gerechtfertigt hätten.
   (2) Jedermann kann bei der nach den einzelstaatlichen Rechtsvorschriften für die Nichtigerklärung des entsprechenden Grundpatents zuständigen Stelle einen Antrag auf Nichtigerklärung des Zertifikats stellen oder Klage auf Nichtigkeit des Zertifikats erheben.

Artikel 16
Bekanntmachung des Erlöschens oder der Nichtigkeit
   Erlischt das Zertifikat gemäß Artikel 14 Buchstaben b), c) oder d) oder ist es gemäß Artikel 15 nichtig, so wird ein Hinweis hierauf von der in Artikel 9 Abs. 1 genannten Behörde bekanntgemacht.

Artikel 17
Rechtsmittel
   (1) Gegen die Entscheidungen, die von der in Artikel 9 Abs. 1 genannten Behörde oder von der in Artikel 15 Abs. 2 genannten Stelle in Anwendung dieser Verordnung getroffen wurden, können die gleichen Rechtsmittel eingelegt werden, die nach einzelstaatlichen Rechtsvorschriften gegen entsprechende Entscheidungen auf dem Gebiet nationaler Patente vorgesehen sind.
   (2) Gegen die Entscheidung der Erteilung des Zertifikats kann ein Rechtsmittel eingelegt werden, das darauf abzielt, die Laufzeit des Zertifikats zu berichtigen, falls der gemäß Artikel 8 in der Zertifikatsanmeldung enthaltene Zeitpunkt der ersten Genehmigung für das Inverkehrbringen in der Gemeinschaft unrichtig ist.

206   **8. Artikel 14, 15, 16, 17.** Art 17 Abs 2 geht offenbar auf eine (unveröffentlichte) Protokollerklärung des Rates aus Anlass der Festlegung des Gemeinsamen Standpunkts zur AMVO zurück, bei der man wohl nur

---

410   Hierzu *Schennen* GRUR Int 1996, 102, 108.
411   Vgl BPatG GRUR 2010, 132, 134 (Nr 31) „Iodosulfuron".

den Fall einer zu kurzen **Laufzeitberechnung** im Auge hatte.[412] Der Wortlaut des Abs 2 deckt jedoch in wörtlicher Übereinstimmung mit der genannten Protokollerklärung auch den Fall einer zu langen Laufzeitberechnung ab. Zu weiteren Einzelheiten s Rn 164 iVm Rn 160.

Artikel 18
Verfahren

(1) Soweit diese Verordnung keine Verfahrensvorschriften enthält, finden auf das Zertifikat die nach einzelstaatlichem Recht für das entsprechende Grundpatent geltenden Verfahrensvorschriften sowie gegebenenfalls die für Zertifikate gemäß der Verordnung (EWG) Nr. 1768/92 geltenden Verfahrensvorschriften Anwendung, sofern das einzelstaatliche Recht keine besonderen Verfahrensvorschriften für Zertifikate nach der vorliegenden Verordnung vorsieht.

(2) Ungeachtet des Absatzes 1 ist das Einspruchsverfahren gegen ein erteiltes Zertifikat ausgeschlossen.

Artikel 19
Übergangsregelungen

(1) Für jedes Erzeugnis, das zum Zeitpunkt des Inkrafttretens dieser Verordnung durch ein in Kraft befindliches Grundpatent geschützt ist und für das als Pflanzenschutzmittel gemäß Artikel 4 der Richtlinie 91/414/EWG oder einer gleichwertigen Rechtsvorschrift eines Mitgliedstaats eine erste Genehmigung für das Inverkehrbringen in der Gemeinschaft nach dem 1. Januar 1985 erteilt wurde, kann ein Zertifikat erteilt werden.

(2) Der Antrag auf Erteilung eines Zertifikats nach Absatz 1 ist innerhalb von sechs Monaten nach Inkrafttreten dieser Verordnung zu stellen.

(3) Erlischt in einem EFTA-Staat ein Grundpatent nach Ablauf seiner gesetzlichen Laufzeit zwischen dem 8. Februar 1997 und dem 2. Januar 1998, so gilt das Zertifikat erst ab dem Zeitpunkt der Bekanntmachung seiner Anmeldung. Für die Berechnung der Laufzeit des Zertifikats ist jedoch Artikel 13 ausschlaggebend.

(4) In dem in Absatz 3 genannten Fall ist die Anmeldung eines Zertifikats innerhalb von zwei Monaten nach dem 2. Januar 1998 einzureichen.

(5) Die Anmeldung eines Zertifikats gemäß Absatz 3 schließt nicht aus, daß Dritte, die die Erfindung zwischen dem Erlöschen des Grundpatents und der Bekanntmachung der Anmeldung eines Zertifikats in gutem Glauben gewerblich genutzt oder eine solche Nutzung ernsthaft vorbereitet haben, diese Erfindung weiterhin nutzen.

9. Artikel 18, 19. Anders als Art 19 Abs 1 AMVO aF (Rn 167 ff) sieht die Vorschrift einen **einheitlichen** **207** **Stichtag** für die Übergangsregelung vor.

Die Abs 3–5 wurden durch Anhang XVII Nr 6a Buchst d des EWR-Abkommens idF des Beschlusses **208** des Gemeinsamen EWR-Ausschusses v 31.7.1997 angefügt[413] und haben nur in **Island und Norwegen** Bedeutung. Das genannte Datum 2.1.1998 ist das Datum des Inkrafttretens der PSMVO in den EWR-Staaten (Rn 211).

Artikel 19a
Bestimmungen über die Erweiterung der Gemeinschaft

Unbeschadet der übrigen Bestimmungen dieser Verordnung gilt Folgendes

a) i) Für jedes in der Tschechischen Republik durch ein geltendes Grundpatent geschützte Pflanzenschutzmittel, für das in der Tschechischen Republik nach dem 10. November 1999 eine erste Genehmigung für das Inverkehrbringen als Pflanzenschutzmittel erlangt wurde, kann ein Zertifikat erteilt werden, sofern die Anmeldung des Zertifikats binnen sechs Monaten nach dem Zeitpunkt, zu dem die erste Genehmigung für das Inverkehrbringen erlangt wurde, eingereicht wird.

  ii) Für jedes in der Tschechischen Republik durch ein geltendes Grundpatent geschützte Pflanzenschutzmittel, für das frühestens sechs Monate vor dem Tag des Beitritts eine erste Genehmigung für das Inverkehrbringen in der Gemeinschaft als Pflanzenschutzmittel erlangt wurde, kann ein Zertifikat erteilt werden, sofern die Anmeldung des Zertifikats binnen sechs Monaten nach dem Zeitpunkt, zu dem die erste Genehmigung für das Inverkehrbringen erlangt wurde, eingereicht wird.

b) Für jedes durch ein geltendes Grundpatent geschützte Pflanzenschutzmittel, für das in Estland vor dem Tag des Beitritts eine erste Genehmigung für das Inverkehrbringen als Pflanzenschutzmittel erlangt wurde, kann ein Zertifikat erteilt werden, sofern die Anmeldung des Zertifikats binnen sechs Monaten nach dem Zeitpunkt, zu dem die erste Genehmigung für das Inverkehrbringen erlangt wurde, eingereicht wird oder im Falle von Pa-

---

412 Vgl *Schennen* Art 17 Anm 2.
413 ABl EG 1997 L 316/21.

tenten, die vor dem 1. Januar 2000 erteilt wurden, innerhalb des Sechsmonatszeitraums gemäß dem Patentgesetz vom Oktober 1999.

c) Für jedes durch ein geltendes Grundpatent geschützte Pflanzenschutzmittel, für das in Zypern vor dem Tag des Beitritts eine erste Genehmigung für das Inverkehrbringen als Pflanzenschutzmittel erlangt wurde, kann ein Zertifikat erteilt werden, sofern die Anmeldung des Zertifikats binnen sechs Monaten nach dem Zeitpunkt, zu dem die erste Genehmigung für das Inverkehrbringen erlangt wurde, eingereicht wird; dessen ungeachtet muss die Anmeldung des Zertifikats binnen sechs Monaten nach dem Zeitpunkt, zu dem das Patent erteilt wurde, eingereicht werden, wenn die Genehmigung für das Inverkehrbringen vor der Erteilung des Grundpatents erlangt wurde.

d) Für jedes durch ein geltendes Grundpatent geschützte Pflanzenschutzmittel, für das in Lettland vor dem Tag des Beitritts eine erste Genehmigung für das Inverkehrbringen als Pflanzenschutzmittel erlangt wurde, kann ein Zertifikat erteilt werden. Sollte die in Artikel 7 Absatz 1 vorgesehene Frist abgelaufen sein, kann innerhalb von sechs Monaten, beginnend spätestens mit dem Tag des Beitritts, ein Zertifikat angemeldet werden.

e) Für jedes Pflanzenschutzmittel, das durch ein geltendes, nach dem 1. Februar 1994 angemeldetes Grundpatent geschützt ist und für das in Litauen vor dem Tag des Beitritts eine erste Genehmigung für das Inverkehrbringen als Pflanzenschutzmittel erlangt wurde, kann ein Zertifikat erteilt werden, sofern die Anmeldung des Zertifikats binnen sechs Monaten nach dem Tag des Beitritts eingereicht wird.

f) Für jedes durch ein geltendes Grundpatent geschützte Pflanzenschutzmittel, für das nach dem 1. Januar 2000 eine erste Genehmigung für das Inverkehrbringen als Pflanzenschutzmittel erlangt wurde, kann in Ungarn ein Zertifikat erteilt werden, sofern die Anmeldung des Zertifikats binnen sechs Monaten nach dem Tag des Beitritts eingereicht wird.

g) Für jedes durch ein geltendes Grundpatent geschützte Pflanzenschutzmittel, für das in Malta vor dem Tag des Beitritts eine erste Genehmigung für das Inverkehrbringen als Pflanzenschutzmittel erlangt wurde, kann ein Zertifikat erteilt werden. Sollte die in Artikel 7 Absatz 1 vorgesehene Frist abgelaufen sein, kann innerhalb von sechs Monaten, beginnend spätestens mit dem Tag des Beitritts, ein Zertifikat angemeldet werden.

h) Für jedes durch ein geltendes Grundpatent geschützte Pflanzenschutzmittel, für das nach dem 1. Januar 2000 eine erste Genehmigung für das Inverkehrbringen als Pflanzenschutzmittel erlangt wurde, kann in Polen ein Zertifikat erteilt werden, sofern die Anmeldung des Zertifikats binnen sechs Monaten nach dem Tag des Beitritts eingereicht wird.

i) Für jedes durch ein geltendes Grundpatent geschützte Pflanzenschutzmittel, für das in Slowenien vor dem Tag des Beitritts eine erste Genehmigung für das Inverkehrbringen als Pflanzenschutzmittel erlangt wurde, kann ein Zertifikat erteilt werden, sofern die Anmeldung des Zertifikats binnen sechs Monaten nach dem Tag des Beitritts eingereicht wird, einschließlich der Fälle, bei denen die in Artikel 7 Absatz 1 vorgesehene Frist abgelaufen ist.

j) Für jedes durch ein geltendes Grundpatent geschützte Pflanzenschutzmittel, für das in der Slowakei nach dem 1. Januar 2000 eine erste Genehmigung für das Inverkehrbringen als Pflanzenschutzmittel erlangt wurde, kann ein Zertifikat erteilt werden, sofern die Anmeldung des Zertifikats binnen sechs Monaten nach dem Zeitpunkt eingereicht wurde, zu dem die erste Genehmigung für das Inverkehrbringen erlangt wurde, oder innerhalb von sechs Monaten ab dem 1. Juli 2002, wenn die Genehmigung vor diesem Datum erteilt wurde.

k) Für jedes durch ein geltendes Grundpatent geschützte Pflanzenschutzmittel, für das nach dem 1. Januar 2000 eine erste Genehmigung für das Inverkehrbringen als Pflanzenschutzmittel erlangt wurde, kann in Bulgarien ein Zertifikat erteilt werden, sofern die Anmeldung des Zertifikats binnen sechs Monaten nach dem Tag des Beitritts eingereicht wird;

l) Für jedes durch ein geltendes Grundpatent geschützte Pflanzenschutzmittel, für das nach dem 1. Januar 2000 eine erste Genehmigung für das Inverkehrbringen als Pflanzenschutzmittel erlangt wurde, kann in Rumänien ein Zertifikat erteilt werden. Sollte die in Artikel 7 Absatz 1 vorgesehene Frist abgelaufen sein, kann innerhalb von sechs Monaten, beginnend spätestens mit dem Tag des Beitritts, ein Zertifikat angemeldet werden.

209   **10. Artikel 19a.** Art 19a wurde durch die **Beitrittsakte von 2003**[414] eingestellt und durch die Beitrittsakte von 2005[415] ergänzt. Die Vorschrift betrifft nur die Erteilung von Zertifikaten in den genannten Beitrittsstaaten.

Artikel 20

(1) In den Mitgliedstaaten, deren Recht am 1. Januar 1990 die Patentierbarkeit von Pflanzenschutzmitteln nicht vorsah, ist die Verordnung ab 2. Januar 1998 anwendbar.

Artikel 19 findet in diesen Mitgliedstaaten keine Anwendung.

---

414 Anhang II Kap 4 Buchst C Abschnitt II, ABl EU 2003 L 236/342.
415 Anhang III Kap 1 Abschnitt II, ABl EU 2005 L 157/56.

(2) Diese Verordnung findet auf ergänzende Schutzzertifikate Anwendung, die vor dem jeweiligen Tag des Beitritts nach Maßgabe der einzelstaatlichen Rechtsvorschriften der Tschechischen Republik, Estlands, Zyperns, Lettlands, Litauens, Maltas, Polens, Rumäniens, Sloweniens und der Slowakei erteilt wurden.

11. Artikel 20. Die Vorschrift gilt nicht in den EWR-Staaten.[416] Abs 2 beruht auf den **Beitrittsverträ-** 210
gen für die genannten Mitgliedstaaten.

Artikel 21
Schlußbestimmung
   Inkrafttreten
   Diese Verordnung tritt sechs Monate nach ihrer Veröffentlichung im Amtsblatt der Europäischen Gemeinschaften in Kraft.

12. Artikel 21. Die VO ist am 8.8.1996 veröffentlicht worden und am 8.2.1997 **in Kraft getreten.** In 211
Norwegen und Island ist sie nach Anhang XVII Nr 6a Buchst c des EWR-Abk idF des Beschlusses des Gemeinsamen EWR-Ausschusses vom 31.7.1997 am 2.1.1998 in Kraft getreten.[417]

§ 17
(Jahresgebühren)

Für jede Anmeldung und jedes Patent ist für das dritte und jedes folgende Jahr, gerechnet vom Anmeldetag an, eine Jahresgebühr zu entrichten.

Ausland: Belgien: Art 40 PatG 1984; **Dänemark:** § 41, vgl § 15 Abs 4 PatG 1996; **Frankreich:** Art L 612-19, R 613-46–48 CPI; **Italien:** Art 47, 48, 56 PatG; **Luxemburg:** Art 67–69 PatG 1992/1998; **Niederlande:** Art 61 ROW 1995; **Schweden:** § 41 PatG; **Schweiz:** Art 17–18d PatV; **Serbien:** Art 72, 73 PatG 2004; **Slowenien:** Art 109, 110 GgE; **Tschech. Rep.:** § 21 Abs 2, 3 PatG, geänd 2000; **Türkei:** Art 173 VO 551

Übersicht

---

416 Art 65 Abs 2 EWR-Abk Anhang XVII Nr 6a Buchst b idF des Beschl des Gemeinsamen EWR-Ausschusses vom 31.7.1997 ABl EG 1997 L 316/21.
417 ABl EG 1997 L 316/21.

Schrifttum: *Ballhaus* Das Kostenrecht des Deutschen Patentamts und des Bundespatentgerichts, Mitt 1962, 1, 41; *Becker* Die Patentgebühren und ihre Systeme, Diss Würzburg 1929; *Bendler* Zur Rechtzeitigkeit der Zahlung der Beschwerdegebühr, Mitt 1962, 98; *Bickmann* Die progressiven Jahresgebühren im Patentrecht, Diss Gießen 1914; *Bruckner* Verjährung von Warenzeichenkosten, Mitt 1979, 161; *Bürglen* Kritische Brennpunkte im RechtsberatungsG, WRP 2000, 846; *Damme* In welchem Zeitpunkte erlischt ein Patent beim Ausbleiben der Gebührenzahlung? GRUR 1897, 3; *Damme* Das Patentgebührenrecht des Bedürftigen, GRUR 1897, 122; *Eggert* Erhöhte oder nicht erhöhte Prüfungsantragsgebühr nach dem Gebührengesetz 1976? Mitt 1979, 49; *Gall* Kommentierung zu Art 51 EPÜ im Münchner Gemeinschaftskommentar (MGK), 10. Lieferung 1986; *Hövelmann* Die letzte Jahresgebühr, Mitt 2007, 540; *Hüfner* Besteht dem Patentamt gegenüber eine rechtliche Verpflichtung des in der Rolle eingetragenen Patentinhabers zur Zahlung der Gebühren? MuW 17, 76; *Jürgensohn* Die Patentgebühren, GRUR 1907, 160; *Keil* Erhöhte Prüfungsgebühr seit 1. November 1976? Mitt 1977, 64; *Kelbel* Erhöhte Prüfungsantragsgebühr seit 1. November 1976, Mitt 1977, 89; *Kelbel* Verfahrenskostenhilfe im Patenterteilungsverfahren, GRUR 1981, 5; *Kloepfer* Die lenkende Gebühr, AöR 97 (1972), 232; *Kockläuner* Gebühren für vor dem Inkrafttreten des PatGebG 1976 eingereichte Patentanmeldungen, Mitt 1977, 207; *Köllner* Hinweise auf wichtige Gesetzesänderungen: Kostenbereinigungsgesetz, Patentkostengesetz, Patentkostenzahlungsverordnung, Mitt 2002, 13; *Korf* Sondersteuer auf Geistiges Eigentum in Deutschland? GRUR 2000, 131; *Krabel* Vergleichende Betrachtung des allgemeinen Erfinderrechts und des Urheberrechts, Mitt 1978, 12; *Kraßer* Der Anspruch der Europäischen Patentorganisation auf Beteiligung an den in den Vertragsstaaten für europäische Patente erhobenen Jahresgebühren, GRUR Int 1996, 851; *Pape* Vergleichende Darstellung des Patentgebührenwesens in den wichtigsten Staaten, Diss Erlangen 1912; *Rauh* Die Prüfungsantragsgebühr nach dem Gebührengesetz 1976, Mitt 1979, 86; *Rupprecht* Jahresgebühren: Verfallsmitteilungen DPMA/EPA, Mitt 2001, 549; *Schickedanz* Jahresgebühren für Patente – wozu eigentlich? GRUR 1981, 313; *Schrader* Bestehenbleiben eines eingetragenen Schutzrechts trotz Nichteinzahlung der Gebühren als Folge der Unterbrechung des „patentamtlichen Gebühreneinzahlungsverfahrens" durch Insolvenzverfahrenseröffnung, Mitt 2008, 69; *Schulte* Die neue Verordnung über die Verwaltungskosten beim Deutschen Patentamt, Mitt 1970, 140; *Sennewald* Die Gebühren in Patentsachen, Mitt 1932, 4; *Stuhr* Bemerkungen zu Schickedanz: „Jahresgebühren für Patente – wozu eigentlich?", GRUR 1982, 85; *Winterfeldt* Aktuelle Problemfälle im Prüfungs- und Einspruchsverfahren – neue Entwicklungen im DPMA, VPP-Rdbr 2000, 40; *Zahn* Fälligkeit aufgelaufener Jahresgebühren bei Ausscheidungsanmeldungen, Mitt 1977, 110; *Zeller* Fälligkeit aufgelaufener Jahresgebühren bei Ausscheidungsanmeldungen, Mitt 1971, 44.

A. Geltungsbereich

1   § 17 entsprach in der bis 31.12.2001 geltenden Fassung im wesentlichen dem auf § 8 PatG 1877 zurückgehenden § 11 Abs 1–6 PatG 1968, er war durch Art 8 Nr 8 GPatG neu gefasst worden (näher *6. Aufl* mit Weiterverweisung). Das **2. PatGÄndG** hat im früheren Abs 2 Satz 2 eine Änderung vorgenommen. Das KostRegBerG hat insb die Abs 3–6 sowie die §§ 18 und 19 aufgehoben. Das Gesetz zur Novellierung patentrechtlicher Vorschriften und anderer Gesetze des gewerblichen Rechtsschutzes vom 19.10.2013 hat den Zusatzpatente betreffenden Abs 2 gestrichen.

2   Die **Gebührenpflicht** degenüber dem DPMA betrifft nationale Anmeldungen (Rn 11 ff) und Patente (Rn 17 ff), internat Anmeldungen und Patente, die in die nationale Phase eingetreten sind, und mit Wirkung für die Bundesrepublik Deutschland erteilte eur Patente (Rn 7 zu Art II § 7 IntPatÜG), weiter ergänzende Schutzzertifikate.

3   **4. EPÜ; PCT; EU-Patent.** Eur Patente und Patentanmeldungen sind ebenfalls jahresgebührenpflichtig, eur Patentanmeldungen jedoch nur gegenüber dem EPA (Einzelheiten bei Art II § 7 IntPatÜG).[1] Zur internat Anmeldung nach dem PCT Rn 11 zu Art III § 4 IntPatÜG. Für das Europäische Patent mit einheitlicher Wirkung bestimmt Art 9 VO 1257/2012, dass dem EPA die Erhebung und Verwaltung der Jahresgebühren obliegt.

B. Jahresgebühren

I. Grundsatz; Zweck; Rechtsnatur

4   Die Bestimmung sieht iVm dem GebVerz für jedes Patent und jede Patentanmeldung – nach einer (abgesehen von der Anmeldegebühr) gebührenfreien zweijährigen Karenzzeit – für das dritte und jedes folgende Jahr, gerechnet vom Anmeldetag an, Jahresgebühren vor.[2]

---

1   Vgl *Fitzner/Lutz/Bodewig* Rn 10.
2   Vgl *Mes* Rn 4.

Zweck. Hierdurch soll der Anmelder dazu angehalten werden, lfd zu prüfen, ob sich die Weiterver- 5 folgung der Anmeldung wirtschaftlich lohnt, und es soll die Rücknahme möglichst vieler wirtschaftlich belangloser Anmeldungen erreicht werden, um das DPMA zu entlasten und den Freiraum der Wettbewerber zu vergrößern.[3]

Rechtsnatur (zur Rechtsnatur der Gebühren im allg Rn 7 ff Einl PatKostG). Nach GebVerz Nr 112000 6 aF wurden die Jahresgebühren „für die Verwaltung eines Patents oder einer Anmeldung" geschuldet. In dem durch das KostRegBerG geänd GebVerz ist von der „Aufrechterhaltung eines Patents oder einer Anmeldung" die Rede. Anders als zB die Beschwerdegebühr, deren Gebührencharakter bezweifelt worden ist,[4] sind sie also **echte Gebühren** iS einer Gegenleistung für behördliches Handeln.[5] Da sie nach der Gesetzesbegründung jedenfalls auch der vermeidbaren Inanspruchnahme staatlicher Ressourcen entgegenwirken sollen, kann man sie als „lenkende Gebühren"[6] oder als „Schutzgebühr"[7] bezeichnen. Ihre Erhebung verstößt nicht gegen das GG.[8]

II. Höhe

Seit dem 1.1.2002 betragen die bei 20-jähriger Laufzeit insgesamt zu zahlenden Jahresgebühren, ab- 7 gesehen von Übergangsfällen (vgl § 14 PatKostG), 13.170 EUR. Die Höhe der einzelnen Jahresgebühren, der ermäßigten Gebühren (Rn 8) und der Verspätungszuschläge ist in Nr 312030–312207 GebVerz (Anl zu § 2 Abs 1 PatKostG; im Anh) festgelegt, der Gebühren für den ergänzenden Schutz nach § 16a in Nr. 312210–312262 GebVerz. Die Jahresgebühren steigen von 70 EUR auf 1.940 EUR an, beim ergänzenden Schutz bis auf 4.520 EUR.[9]

Ermäßigung. Die Sätze ermäßigen sich bei Abgabe einer **Lizenzbereitschaftserklärung** auf die 8 Hälfte (vgl § 23 Abs 1 Satz 1). Die Ermäßigung erstreckt sich auf die nach der Lizenzbereitschaftserklärung ausgeschiedene Trennanmeldung.[10] Zur Übergangsregelung bei Änderung der Gebührensätze § 13 PatKostG. Weitere Ermäßigungen, etwa für Einzelanmelder oder für kleine und mittlere Unternehmen, sind gesetzlich nicht vorgesehen.[11]

III. Jahresgebührenpflicht

1. Allgemeines. Jahresgebührenpflichtig nach Abs 1 (zur Rechtsnatur dieser Pflicht Rn 7 ff Einl Pat- 9 KostG) sind jede anhängige selbstständige Patentanmeldung und jedes Patent, unabhängig davon, ob die Anmeldung – wie in aller Regel – bei Entstehung der Gebührenpflicht offengelegt ist (vgl § 31 Abs 2 Nr 2), also den einstweiligen Schutz des § 33 Abs 1 genießt, oder ob die Offenlegung (etwa gem § 50 iVm § 31 Abs 5) unterbleibt.

Voraussetzung für die Entstehung der Gebührenpflicht ist die **Anhängigkeit** der Patentanmeldung 10 oder der Bestand des Patents. Fällt die Anmeldung oder das Schutzrecht vor Entstehung der Gebührenpflicht fort, entsteht keine Gebührenschuld. Beruht das Erlöschen auf der Versäumung der Frist zur Zahlung einer Jahresgebühr, entstehen weitere Jahresgebühren nur, wenn die Anhängigkeit der Anmeldung oder der Bestand des Patents durch Wiedereinsetzung oder Weiterbehandlung neu begründet wird.[12] Fällt die Anmeldung oder das Patent nach Anfall der Gebühr fort, bleibt die Gebührenschuld bestehen; eine gezahlte Gebühr kann nicht zurückgefordert werden (Rn 1 zu § 10 PatKostG). Die Beitreibung einer noch nicht gezahlten Gebühr findet nach § 10 Abs 2 PatKostG idR nicht statt; im einzelnen vgl dort.

---

3 Vgl Begr PatÄndG 1967, BlPMZ 1967, 244, 251; zur Kritik hieran *Kloepfer* AöR 97, 232 sowie *Stuhr* GRUR 1982, 85.
4 Vgl BPatGE 5, 24 = GRUR 1965, 165.
5 So auch BPatGE 24, 154 = GRUR 1982, 361; vgl auch BPatGE 14, 93, 106 f; BPatG 26.10.2006 10 W (pat) 45/05 BlPMZ 2007, 270 Ls; vgl BGH GRUR 2008, 549 Schwingungsdämpfung: Erhaltung des Fortbestands der Anmeldung; aA *Schulte* Rn 10; vgl auch *Fitzner/Lutz/Bodewig* Rn 3 ff.
6 *Kloepfer* AöR 97, 232.
7 *Ballhaus* Mitt 1962, 1, 3.
8 BPatGE 24, 154 = GRUR 1982, 361; vgl auch BPatGE 14, 93; aA *Schickedanz* GRUR 1981, 313.
9 Vgl *Fitzner/Lutz/Bodewig* Rn 15 ff.
10 BPatGE 13, 159 = Mitt 1972, 137.
11 *Fitzner/Lutz/Bodewig* Rn 46.
12 DPA Mitt 1988, 28 f.

2. Jahresgebührenpflicht von Patentanmeldungen

11   **a. Grundsatz.** Nur Patentanmeldungen, die auf die Erteilung eines selbstständigen Patents (nach neuem Recht aber nicht mehr eines Zusatzpatents, das nicht mehr erteilt werden kann) gerichtet sind, sind gebührenpflichtig.

12   **b. Gebührenpflicht bei Teilung.** Für eine Teilanmeldung sind nicht nur die ab der Teilung fällig werdenden Jahresgebühren zu entrichten; vielmehr sind für die Zeit bis zur Teilung dieselben Gebühren nachzuentrichten, wie sie für die ursprüngliche Anmeldung zu zahlen waren (§ 39 Abs 2 Satz 1; Rn 15 zu § 39).

13   Die nachzuentrichtenden Gebühren werden mit der Teilungserklärung **fällig**; für ihre Zahlung gilt die Dreimonatsfrist des § 39 Abs 3 (Rn 32 zu § 39),[13] die der Regelung in § 6 Abs 1 Satz 2 PatKostG entspricht. Ihre Nichtzahlung führt zur Fiktion, dass die Teilungserklärung als nicht abgegeben gilt (§ 39 Abs 3; vgl auch § 6 Abs 2 2. Alt PatKostG). Wird die Jahresgebühr für die Stammanmeldung erst zum letzten ohne Rechtsverlust möglichen Zeitpunkt gezahlt, ist für die Gebühren, die für die Teilanmeldungen zu entrichten sind, auf diesen Zeitpunkt abzustellen, auch die Verpflichtung zur Zahlung der Gebühren für die Teilanmeldung nach § 39 Abs 2 entsteht in diesem Fall nicht vor der Zahlungsverpflichtung für die Stammanmeldung.[14]

14   **c. Gebührenpflicht bei Ausscheidung.** Da nach Abs 1 Satz 1 Jahresgebühren für „jede" Anmeldung zu zahlen sind, müssen auch für Ausscheidungsanmeldungen nicht nur die nach der wirksamen Ausscheidung fällig werdenden Jahresgebühren gezahlt, sondern auch die Gebühren für die bereits begonnenen Patentjahre nachentrichtet werden (Rn 69 zu § 39).

15   Auch hier werden die nachzuentrichtenden Gebühren mit der Ausscheidungserklärung fällig (Rn 69 zu § 39). Da es sich bei der Ausscheidung um die Beseitigung eines Mangels der ursprünglichen Anmeldung handelt, kann die **Nichtzahlung** der nachzuentrichtenden Jahresgebühren nicht die Fiktion der Nichtabgabe der Ausscheidungserklärung (etwa analog § 39 Abs 3) nach sich ziehen, sondern sie führt gem § 6 Abs 2 PatKostG, § 58 Abs 3 zur Fiktion der Rücknahme der (Ausscheidungs-)Anmeldung.

16   **d. Gebührenfreiheit von Zusatzanmeldungen.** Zusatzanmeldungen waren nach Abs 2 Satz 3 aF iVm Satz 1 von Jahresgebühren befreit (näher *7. Aufl*).

3. Jahresgebührenpflicht von Patenten

17   **a. Hauptpatente** sind jahresgebührenpflichtig (Abs 1). Zur Jahresgebührenpflicht bei eur Patenten Art II § 7 IntPatÜG.

18   **b.** Die bis 30.6.2006 mögliche **Teilung im Einspruchsverfahren** (früherer § 60) ließ das erteilte Patent in seinem gebührenrechtl Status (als Haupt- oder Zusatzpatent) unberührt (näher *6. Aufl*).

19   **c. Zusatzpatente.** Die aufgehobene, aber für bestehende Zusatzpatente nach § 147 Abs 3 weiterhin anzuwendende Vorschrift in Abs 2 ist bei Rn 14 zu § 147 abgedruckt. Näher hierzu *7. Aufl*.

IV. Gebührenpflichtiger; Dritte als Gebührenzahler

20   Gebührenpflichtig (zur Rechtsnatur dieser Pflicht Rn 7 ff Einl PatKostG) ist nur der Anmelder oder Patentinhaber.[15] Es gilt die Regelung in § 4 PatKostG.[16]

---

13   BPatGE 26, 28, 31 = GRUR 1984, 196 zum früheren Recht.
14   BPatG BlPMZ 2007, 290.
15   *Hüfner* MuW 17, 76; vgl OLG Karlsruhe GRUR-RR 2005, 68, zur Pfändung des Patents.
16   Vgl *Fitzner/Lutz/Bodewig* Rn 26.

Dritte können nicht zur Zahlung herangezogen werden, aber, da der Gebührenpflichtige nicht in Per- **21** son leisten muss, grds mit rechtserhaltender Wirkung zahlen;[17] vgl Rn 5 zu § 4 PatKostG.

V. Fälligkeit der Jahresgebühren

Der Beginn der jahresgebührenpflichtigen Patentjahre errechnet sich ab dem Anmeldetag (Abs 1). Mit **22** dem Beginn des Patentjahrs entsteht die Gebührenschuld. Fällig wird sie jedoch erst mit dem Ende des Monats, in dem das Patentjahr beginnt (§ 3 Abs 2 Satz 1 PatKostG).

Besondere Fälligkeiten gelten ua dort, wo eine Gebührenpflicht (Rn 9 ff) erst nachträglich entsteht, **23** dh nachdem bereits ein oder mehrere Patentjahre begonnen haben. Soweit hier Gebühren für die bereits begonnenen Patentjahre nachzuzahlen sind, werden sie grds mit der Entstehung der Gebührenpflicht fällig (für Teilanmeldungen Rn 13, für Ausscheidungsanmeldungen Rn 15, für in selbstständige Patentanmeldungen umgewandelte Zusatzanmeldungen *7. Aufl* Rn 19, für Zusatzanmeldungen, deren Selbstständigkeit fingiert wurde, *7. Aufl* Rn 23).

Für die **Aufhebung des Widerrufs** des eur Patents durch die GBK des EPA sieht Art II § 7 Abs 2 Int- **24** PatÜG eine besondere Fälligkeitsregelung vor (Rn 8 zu Art II § 7 IntPatÜG).

Gebühren für **mehrere begonnene Patentjahre** werden als eine im Rechtssinn einheitliche Gebühr **25** fällig.[18]

Für die **Jahresgebühren, die nach Entstehen der Gebührenpflicht anfallen,** gelten die allg Regeln. **26** Jedoch richtet sich die Fälligkeit der Jahresgebühren bei selbstständig gewordenen Zusatzpatenten – anders als bei selbstständig gewordenen Patentanmeldungen (Rn 17) – nicht nach dem eigenen Anmeldetag, sondern nach dem Anmeldetag des bisherigen Hauptpatents (vgl Abs 2 Satz 2 2. Halbs sowie *7. Aufl* Rn 30, 31).

VI. Zahlung, Rückzahlung und Wiedereinzahlung der Jahresgebühren

1. Zu den **Zahlungsmodalitäten** (Zahlungsarten, Zahlungsempfänger, Einzahlungstag, Erfordernisse **27** der Fristwahrung) Rn 15 ff Einl PatKostG.

2. Zur (zulässigen) **Zahlung vor Fälligkeit** s § 5 Abs 2 PatKostG. **28**

3. Zu den Ansprüchen auf **Rückzahlung gezahlter Jahresgebühren** s § 10 PatKostG. **29**

4. Zum Anspruch des DPMA auf **Wiedereinzahlung** rechtzeitig eingezahlter, vom DPMA aber irrtüm- **30** lich zurückgezahlter Jahresgebühren Rn 8 f zu § 10 PatKostG.

VII. Zweimonatsfrist; Dreimonatsfrist

1. Zweimonatsfrist, Allgemeines. Die Jahresgebühren können innerhalb der Frist des § 7 Abs 1 Satz 1 **31** PatKostG nach ihrer Fälligkeit (§ 3 Abs 2 PatKostG) zuschlagsfrei entrichtet werden. Über die Fälligkeit ergeht keine Nachricht an den Anmelder oder Patentinhaber; er muss die Fälligkeit und den Ablauf der Frist selbst überwachen, wenn er die Rechtsnachteile der nicht fristgerechten Zahlung vermeiden will (Rn 43).

2. Für die **Fristberechnung** gilt § 7 Abs 1 Satz 1 PatKostG, der sachlich der seit 1.1.1998 geltenden Re- **32** gelung entspricht, vgl Rn 2 ff zu § 7 PatKostG.

In Sonderfällen, nämlich bei Jahresgebühren, die wegen nachträglicher Entstehung der Gebühren- **33** pflicht für bereits begonnene Patentjahre nachzuentrichten sind (Rn 23), gilt § 3 Abs 2 Satz 1 PatKostG nicht. Solche Gebühren werden nicht gebündelt am Monatsletzten, sondern mit dem die Gebührenpflicht auslösenden Ereignis fällig. Für sie gilt deshalb nicht § 187 Abs 2 BGB, sondern § 187 Abs 1 BGB. Die Zwei-

---

17 PA BlPMZ 1900, 16; vgl *Fitzner/Lutz/Bodewig* Rn 27.
18 BPatGE 6, 5 = GRUR 1965, 597; aA BPatGE 6, 3 = GRUR 1965, 597.

monatsfrist beginnt hier am dem Fälligkeitstag folgenden Tag und endet nach § 188 Abs 2, 3 BGB mit dem Ablauf des Tags des darauffolgenden zweiten Monats, der durch seine Benennung dem Fälligkeitstag entspricht.[19]

34   **Beispiel:** Fälligkeit 1.1., Ablauf der Zweimonatsfrist 1.3.

35   **3.** Gleiches gilt für die **Dreimonatsfrist**, die bei der Teilung von Patentanmeldungen (§ 39 Abs 3) für die nachzuentrichtenden Jahresgebühren (Rn 13; *7. Aufl* Rn 28, 29) an die Stelle der Zweimonatsfrist des § 7 Abs 1 Satz 1 PatKostG tritt.[20]

36   **4. Feiertage.** Fällt der **Fristablauf** auf einen Sonnabend (Samstag), Sonntag oder gesetzlichen Feiertag, endet die Frist mit dem nächstfolgenden Werktag (§ 193 BGB).

37   **5.** Die **Aussetzung des Patenterteilungsverfahrens** hat keinen Einfluss auf den Lauf der Zahlungsfrist.[21]

38   **6. Unterbrechung.** Die Frist wird durch die Eröffnung des Insolvenzverfahrens nicht unterbrochen,[22] weil die materielle Rechtslage dadurch nicht verändert wird. § 240 ZPO kann daher für die Zahlungsfrist der Jahresgebühren nicht herangezogen werden.[23]

39   **7. Wiedereinsetzung** (§ 123) in die Zweimonatsfrist des § 7 Abs 1 Satz 1 PatKostG (ebenso in die Dreimonatsfrist des § 39 Abs 3, Rn 35) ist möglich;[24] wird sie gewährt, gilt die Jahresgebühr als rechtzeitig gezahlt, ein etwa gezahlter Verspätungszuschlag ist zurückzuzahlen.[25] Nach Eingang einer eindeutigen Zahlungsaufforderung seitens des Vertreters muss vorgetragen werden, welche Vorkehrungen getroffen wurden, um die Einhaltung der Zahlungsfrist zu gewährleisten.[26] Hat der Gebührenpflichtige die Gebührenüberwachung und -zahlung nicht delegiert, kommt es für die Wiedereinsetzung allein darauf an, ob er selbst ohne Verschulden an der Einhaltung der Frist gehindert war. Dabei schützt ihn mangelnde patent- oder gebührenrechtl Kenntnis und Erfahrung nicht vor dem Vorwurf schuldhafter Fristversäumung.[27] Jedoch kann zugunsten eines nicht anwaltlich vertretenen ausländ Patentinhabers zu berücksichtigen sein, dass er hinsichtlich der Bankarbeitstage mit den dt Verhältnissen nicht vertraut ist.[28] Zum Vertreterverschulden Rn 49 ff zu § 123.

VIII. Verspätungszuschlag

40   Wird die Jahresgebühr nicht binnen zweier Monate nach ihrer Fälligkeit (Rn 31 ff) entrichtet, muss der Verspätungszuschlag gem § 7 Abs 1 Satz 2 PatKostG gezahlt werden (Rn 5 zu § 7 PatKostG).

41   Die Versäumung der **Dreimonatsfrist** für nachzuzahlende Jahresgebühren bei der Teilung (§ 39; Rn 35) führt hingegen zur Fiktion der Nichtabgabe der Teilungserklärung; eine Nachfrist ist hier nicht vorgesehen (vgl § 39 Abs 3; Rn 42 zu § 39).

42   **Höhe.** Der Verspätungszuschlag beträgt einheitlich 50 EUR (GebVerz Nr 312032 und folgende), auch bei teilweise fristgerechter Zahlung. Werden die Jahresgebühren für mehrere Patentjahre gleichzeitig fällig (Rn 27, 35), ist nach dem GebVerz für die einzelnen nicht fristgerecht gezahlten Jahresbeträge je ein Verspätungszuschlag von 50 EUR zu zahlen. Das folgt aus der Systematik des GebVerz, in dem der Verspätungszuschlag gesondert bei jeder Jahresgebühr aufgeführt ist.

---

19   BPatGE 26, 28, 31 = GRUR 1964, 196; aA noch BPatGE 14, 9 = Mitt 1972, 217.
20   Zu § 17 Abs 3 Satz 2 PatG aF vgl BPatGE 26, 28, 31 = GRUR 1964, 196.
21   BPatGE 15, 114 = Mitt 1974, 112.
22   *Fitzner/Lutz/Bodewig* Rn 22; *Mes* Rn 9.
23   BGH GRUR 2008, 551 f Sägeblatt gegen BPatG ZInsO 2007, 329; vgl *Schulte* Rn 43; *Schrader* Mitt 2008, 69.
24   BGH GRUR 2008, 551 Sägeblatt; *Mes* Rn 12.
25   RPA BlPMZ 1930, 35.
26   BPatG 31.7.2008 10 W (pat) 52/06.
27   AA BPatG Mitt 1980, 39.
28   BPatG 6.6.2007 10 W (pat) 20/06 Mitt 2007, 560 Ls, zur Nichtöffnung dt Banken am 24., 26 und 31.12; *Mes* Rn 12.

IX. Die frühere **Nachricht** (Abs 3 Satz 2 aF) sowie die Vorschriften über deren Hinausschieben (Abs 4 **43** aF) sowie die Stundung von Gebühr und Zuschlag (Abs 5, 6 aF) wurden durch das KostRegBerG abgeschafft; seither kommt lediglich Verfahrenskostenhilfe gem § 130 Abs 1 Satz 2 in Betracht.[29] Die Frist zur Nachzahlung mit Verspätungszuschlag soll – für alle Schutzrechte – nicht mehr durch den Zugang der Zahlungserinnerung in Gang gesetzt werden, sondern sich nach dem Ablauf der Zahlungsfrist berechnen. Das DPMA erinnert aber auch weiterhin nach Fälligkeit des Verspätungszuschlags formlos an die Zahlung.[30] Auf diese Erinnerung darf als Serviceleistung nicht vertraut werden.[31]

X. Für die **Gebührenüberwachung** sind von privater Seite Servicebüros eingerichtet worden, deren **44** Tätigkeit keine Rechtsberatung ist.[32]

§ 18
(Stundung und Erlass von Erteilungs- und Jahresgebühren, Erstattung von Anmelderauslagen)

[aufgehoben]

Ausland: Dänemark: § 42 PatG 1996; **Italien:** Art 51 PatG; **Schweden:** § 42 PatG; **Schweiz:** Art 19, 19a PatV

Entstehungsgeschichte. Die durch das GPatG als § 11a eingefügte und durch das ProzKostHG vom **1** 13.6.1980 geänd Bestimmung hat ihre Bezeichnung durch die Neubek 1981 erhalten. Art 7 Nr 5 KostReg-BerG hat sie mWv 1.1.2002 aufgehoben. Anstelle von Stundung kann Verfahrenskostenhilfe nach § 130 gewährt werden (Rn 43 zu § 17).

Übergangsrecht. Für Stundungen, die bis zum 31.12.2001 vorgenommen wurden, bestimmte der **2** durch das Gesetz zur Änderung des patentrechtlichen Einspruchsverfahrens und des PatKostG aufgehobene § 147 Abs 2 aF:

(2) Für Stundungen von Patentjahres- oder Aufrechterhaltungsgebühren, die bis zum 31. Dezember 2001 nach § 18 in der bis zu diesem Zeitpunkt geltenden Fassung gewährt wurden, bleiben die bisher geltenden Vorschriften anwendbar.

Die Übergangsvorschrift ist **aufgehoben** worden, weil keine Anwendungsfälle mehr entstehen kön- **3** nen (näher *7. Aufl*).
Für die oft über mehrere Jahre laufenden Stundungen für die Erteilungsgebühr und die 3.–12. Jahres- **4** gebühr gilt, soweit das DPMA sie bis 31.12.2001 gewährt hat, die **frühere Regelung** des § 18 (näher *7. Aufl*).

§ 19
(Vorauszahlung und Rückzahlung von Jahresgebühren)

[aufgehoben]

Ausland: Schweiz: Art 20 PatV

Entstehungsgeschichte. Die durch Art 8 Nr 9 GPatG als § 11b an die Stelle des sachlich entspr § 11 **1** Abs 9 PatG 1968 gesetzte Bestimmung hat ihre Bezeichnung durch die Neubek 1981 erhalten; sie galt seit

---

29 Begr BlPMZ 2002, 39; vgl BPatG 13.5.2004 10 W (pat) 12/01.
30 Begr zum KostRegBerG BlPMZ 2002, 38; *Fitzner/Lutz/Bodewig* Rn 24.
31 BPatG 21.2.2006 10 W (pat) 49/04; BPatG 9.3.2006 10 W (pat) 19/05; BPatG 19.7.2007 10 W (pat) 29/06; *Schulte* Rn 48.
32 BVerfGE 97, 12 = GRUR 1998, 556 Patentgebührenüberwachung; *Schulte* Rn 49; *Fitzner/Lutz/Bodewig* Rn 27.

dem 1.1.1981 für alle Patentanmeldungen, Patente und nach § 16a Abs 2 für ergänzende Schutzzertifikate. Art 7 Nr 6 KostRegBerG hat sie mWv 1.1.2002 aufgehoben.

2   **Nachfolgeregelungen.** Die Regelung über die Vorauszahlung von Jahresgebühren findet sich nunmehr in § 5 Abs 2 PatKostG, die über die Rückzahlung von Gebühren in § 10 Abs 1 Satz 1 PatKostG.

§ 20
(Erlöschen des Patents)

(1) Das Patent erlischt, wenn
1.   **der Patentinhaber darauf durch schriftliche Erklärung an das Patentamt verzichtet oder**
2.   **die Jahresgebühr oder der Unterschiedsbetrag nicht rechtzeitig (§ 7 Abs 1, § 13 Abs 3 oder § 14 Abs 2 und 5 des Patentkostengesetzes, § 23 Abs. 7 Satz 4 dieses Gesetzes) entrichtet wird.**
(2) Über die Rechtzeitigkeit der Zahlung entscheidet nur das Patentamt; die §§ 73 und 100 bleiben unberührt.

Ausland: Belgien: Verzicht Art 42 PatG 1984, Art 30 Erlass vom 2.12.1986; **Bosnien und Herzegowina:** Art 57 PatG 2010; **Dänemark:** §§ 51, 54 PatG 1996; **Frankreich:** Art L 613-22–24, R 613-45 CPI; **Italien:** Art 75 (Nichtzahlung der Jahresgebühren), Art 78 (Verzicht) CDPI; **Litauen:** Art 44 (Vericht) PatG; **Luxemburg:** Verzicht Art 72 PatG 1992/1998; **Mazedonien:** § 87 GgR; **Niederlande:** Art 62, 63 ROW 1995; **Österreich:** § 46 öPatG (1984); **Polen:** Art 90–92 RgE 2000; **Schweden:** §§ 51, 54 (Verzicht) PatG; **Schweiz:** Art 15, 24 (Teilverzicht) PatG, Art 96–98 (Teilverzicht) PatV; **Serbien:** Art 73 PatG 2004; **Slowakei:** §§ 30, 31 PatG; **Slowenien:** Art 77 GgE; **Spanien:** Art 116, 118 PatG; **Tschech. Rep.:** § 22 PatG; **Türkei:** Art 133–135 VO 551; **VK:** Sec 29 Patents Act

Schrifttum: *Hövelmann* Patentverzicht und Erledigung, GRUR 2007, 283; *Hövelmann* Die letzte Jahresgebühr, Mitt 2007, 540; *Lunze* Rechtsfolgen des Fortfalls des Patents, Diss Dresden 2006; *Schmieder* Der Patentverzicht im Nichtigkeitsverfahren, GRUR 1980, 74; *Seetzen* Der Verzicht im Immaterialgüterrecht, 1969; *G. Winkler* Die Anfechtung der Rücknahme einer Patentanmeldung und des Verzichts auf ein Patent, Mitt 1998, 401, 1999, 148.

A. Geltungsbereich

I. Allgemeines

1   Die durch Art 8 Nr 10 GPatG als § 12 neu gefasste Bestimmung geht auf § 12 PatG 1936 zurück. Sie gilt seit dem 1.1.1981 (Art 17 Abs 3 GPatG) und hat durch die Neubek 1981 die geltende Bezeichnung erhalten. Art 7 Nr 7 KostRegBerG hat Abs 1 Nr 3 geänd (näher *6. Aufl*).[1] Das Gesetz zur Novellierung patentrechtlicher Vorschriften und anderer Gesetze des gewerblichen Rechtsschutzes hat den früheren Abs 1 Nr 2 und die erste Alternative von Abs 2 gestrichen, weil eine Patenterteilung ohne Benennung des Erfinders nicht mehr

---

1   Vgl Begr BTDrs 14/6203, 60 = BlPMZ 2002, 36, 52.

möglich ist und die Frist zur Erfinderbenennung nicht mehr über den Zeitpunkt der Patenterteilung hinaus verlängert werden kann.[2]

Für das **Gebrauchsmuster** trifft § 23 Abs 2, 3 GebrMG eine parallele Regelung.　　2

II. Die Bestimmung gilt auch für **ergänzende Schutzzertifikate** (§ 16a Abs 2). Bedeutung hat dies, da 3 Art 14 Buchst b AMVO und Art 14 Buchst b PSMVO (Rn 149 ff Anh § 16a) den Verzicht auf das Zertifikat eigenständig regeln, nur insoweit, als § 20 Abs 1 Nr 3 und Abs 2 den Fall des Erlöschens wegen Versäumung der Nachfrist zur Zahlung der Jahresgebühr (Art 14 Buchst c der genannten VOen) konkretisieren.[3]

III. Die Bestimmung gilt auch für mit Wirkung für die Bundesrepublik Deutschland erteilte **europäi-** 4 **sche Patente.** Der Verzicht auf ein eur Patent richtet sich mangels einer Regelung im EPÜ nach den Bestimmungen des jeweils anwendbaren nationalen Rechts.[4] Jedoch kann das Erlöschen auch im Weg des Widerrufs nach Art 105a EPÜ herbeigeführt werden. Der Einspruch gegen das eur Patent bleibt nach Regel 75 AOEPÜ zulässig, auch wenn für alle benannten Vertragsstaaten auf das Patent verzichtet wurde.[5] Die Folgen der Nichtzahlung der Jahresgebühren richten sich, solange diese dem EPA geschuldet sind, nach Art 86 EPÜ.

IV. Das **Europäische Patent mit einheitlicher Wirkung** kann nur im Hinblick auf alle teilnehmen- 5 den Mitgliedstaaten beschränkt, übertragen oder für nichtig erklärt werden oder erlöschen (Art 3 Abs 2 Unterabs 2 VO 1257/2012). Nach der Normenhierarchie in Art 20 EPG-Übk und der Regelung in Art 3 VO 1257/2012 ist nur der (zentrale) Widerruf nach Art 105a EPÜ Rn 6) möglich, nicht aber der auf einzelne Mitgliedstaaten beschränkte Verzicht oder Widerruf. Nach dem RefE zu Art II § 17 IntPatÜG findet Abs 1 Nr 1 auf europäische Patente mit einheitlicher Wirkung keine Anwendung. Nach Art 11 Abs 2 VO 1257/2012 erlischt das Patent mit einheitlicher Wirkung bei nicht rechtzeitiger Zahlung der Jahresgebühr und ggf einer zusätzlichen Gebühr. Die Nichtigerklärung ist nur durch das Europäische Patentgericht mit Wirkung für alle teilnehmenden Mitgliedstaaten möglich.

B. Erlöschen des Patents

I. Allgemeines

Die Bestimmung regelt – insoweit aber abschließend[6] – nur zwei der insgesamt (nach Wegfall des Er- 6 löschensgrunds der Versäumung der Frist zur Erfinderbenennung) noch sieben möglichen Erlöschensgründe. Nachdem der Erlöschensgrund der Versäumung der Nachfrist zur Zahlung der Erteilungsgebühr (§ 57 Abs 2 aF) durch die Aufhebung des § 57 weggefallen ist, und nach Wegfall der Zurücknahme des Patents durch das 2. PatGÄndG sind dies: der **Verzicht** (Abs 1 Nr 1); er wirkt mit Eingang der Verzichtserklärung beim DPMA (ex nunc; Rn 34) und die nicht rechtzeitige **Zahlung der Jahresgebühr** oder des Unterschiedsbetrags des § 23 Abs 7 Satz 4 (Abs 1 Nr 3); sie wirkt mit Ablauf der gesetzlichen Zahlungsfrist nach den in Abs 1 Nr 3 ausdrücklich in Bezug genommen § 7 Abs 1 PatKostG, § 13 Abs 3 PatKostG oder § 14 Abs 2 und 5 PatKostG ex nunc.

Weitere – anderweitig geregelte – Erlöschensgründe sind das **Ende der Laufzeit** (§ 16 Abs 1), das 20 7 Jahre nach dem Anmeldetag (ex nunc) eintritt, der **Widerruf auf Antrag des Patentinhabers** nach § 64 mit Wirkung ex tunc (Rn 10 zu § 64), der **zentrale Widerruf des europäischen Patents auf Antrag des Patentinhabers** nach Art 105a EPÜ mit Wirkung ex tunc (Rn 5 zu § 64), der **Widerruf** des Patents auf Einspruch im eur (Art 99 ff EPÜ) oder nationalen Verfahren (§ 21), der mit Rechtskraft des Widerrufsbeschlus-

---

2　Vgl Begr BTDrs 17/10308 = BlPMZ 2013, 366, 369.

3　Vgl Begr PatGÄndG BTDrs 12/3630 S 6 ff = BlPMZ 1993, 205, 209.

4　BGH GRUR 2002, 511, 514 Kunststoffrohrteil, nicht in BGHZ; BGH 22.9.2009 Xa ZR 72/06; EPA G 1/90 ABl EPA 1991, 275 = GRUR Int 1991, 641 Widerruf des Patents; EPA T 123/85 ABl EPA 1989, 336 Inkrustierungsinhibitoren; EPA T 73/84 ABl EPA 1985, 42 Stranggießanlage mit bogenförmiger Strangführung; EPA T 186/84 ABl EPA 1986, 79 Widerrufsantrag des Patentinhabers; vgl *Schulte* Rn 3; *Fitzner/Lutz/Bodewig* § 20"Europäisches Patentrecht" und Rn 3.

5　*Fitzner/Lutz/Bodewig* § 20 „Europäisches Patentrecht".

6　BGH GRUR 1999, 571 f künstliche Atmosphäre.

ses eintritt und ex tunc wirkt, und die **Nichtigerklärung** (§ 22; Art II § 6 IntPatÜG), bei der das Erlöschen mit Rechtskraft des Nichtigkeitsurteils eintritt und ex tunc wirkt.

8   Die **Beschränkung** des Patents nach § 64 kann dagegen anders als der Widerruf nicht zu einem vollständigen Erlöschen führen, weil eine „Beschränkung auf Null" nicht möglich ist (Rn 33; Rn 12 zu § 64). Diese Möglichkeit besteht nunmehr allerdings mit dem Widerruf nach § 64 (Rn 10 zu § 64) und der Beschränkung auf Null im Nichtigkeitsverfahren (Rn 105 zu § 82).

9   Die bestandskräftige Erteilung eines **inhalts- und prioritätsgleichen europäischen Patents** (Art II § 8 Abs 1 IntPatÜG) kommt in ihren Wirkungen dem Erlöschen nahe, bildet aber im eigentlichen Sinn keinen Erlöschensgrund.[7] Sie wirkt ex tunc mit dem Ablauf der in dieser Bestimmung genannten Zeiträume (Ablauf der Einspruchsfrist ohne Einspruchseinlegung, rechtskräftiger Abschluss des Einspruchsverfahrens unter Aufrechterhaltung des eur Patents, Patenterteilung nach einem der vorgenannten Zeitpunkte).

10   Zu einem Wirkungsverlust führte nach früherem, aber für vor dem 1.5.2008 veröffentlichte Patente weiterhin anwendbarem Recht auch die **Nichteinreichung einer Übersetzung** fremdsprachiger eur Patente und die Nichtzahlung der Gebühr hierzu (Art II § 3 Abs 2 IntPatÜG aF). Nach ihrer Aufhebung gilt diese Bestimmung für Altpatente fort (Art XI § 4 IntPatÜG).

11   Ein Wirkungsverlust konnte sich auch im Fall der **Teilung des Patents** im Einspruchsverfahren ergeben (§ 60 Abs 1 Satz 2 aF, aufgehoben seit 1.7.2006).

II. Wirkung

12   Den Erlöschensgründen des Abs 1 und des Endes der Laufzeit ist gemeinsam, dass sie nur in die Zukunft wirken. Daher bleibt auch nach ihrem Eintritt unter bestimmten Voraussetzungen Raum für ein Einspruchs- oder ein Nichtigkeitsverfahren (Rn 62 ff zu § 59; Rn 68 ff zu § 81). Das Erlöschen tritt unabhängig von dessen Vermerk im Register (§ 30 Abs 1) ein. Der Registereintrag hat nach den in Rn 6 genannten Bestimmungen des PatKostG keine materiellrechtl, sondern nur rechtsbekundende Bedeutung.[8] Das Erlöschen ist im Verletzungsprozess auch zu beachten, wenn es erst in der Revisionsinstanz eintritt. Es entzieht dem Unterlassungsanspruch die Grundlage, nicht aber dem Rechnungslegungs- und dem Schadensersatzanspruch für die Zeit vor dem Erlöschen des Patents (vgl Rn 255 vor § 143).

III. Die einzelnen Erlöschensgründe

1. Verzicht

13   **a. Rechtsnatur.** Abs 1 Nr 1 behandelt nur den (Teil-)Verzicht auf ein erteiltes Patent, nicht aber die nach Patenterteilung nicht mehr mögliche[9] Rücknahme einer Patentanmeldung (Rn 142 ff zu § 34) oder die häufig ebenfalls als (Teil-)Verzicht bezeichnete beschränkte Verteidigung eines Patents im Einspruchs- oder im Nichtigkeitsverfahren (Rn 117 ff zu § 21, Rn 256 ff zu § 59, Rn 101 ff zu § 82). Ein auf Streichung ganzer Patentansprüche gerichteter Beschränkungsantrag kann nicht nachträglich in eine Verzichtserklärung umgedeutet werden.[10]

14   Der Verzicht ist als einseitige, empfangsbedürftige **Willenserklärung** bezeichnet worden.[11] Näher dürfte es allerdings liegen, von einer öffentlich-rechtl Erklärung (Gestaltungserklärung) auszugehen.[12] Der

---

7   AA offenbar *Fitzner/Lutz/Bodewig* Rn 6.
8   So schon BGHZ 6, 172, 177 = GRUR 1952, 564 Wäschepresse; *Benkard* Rn 2; *Schulte* Rn 8; *Fitzner/Lutz/Bodewig* Rn 8.
9   BGH GRUR 1999, 571 künstliche Atmosphäre.
10   BPatG 23.7.1996 2 Ni 42/95 Schulte-Kartei Pat 20 Nr 11; *Schulte* Rn 10.
11   BPatG 5, 5 ff = GRUR 1965, 143; BPatGE 12, 81, 84 = Mitt 1972, 19; BPatGE 30, 130, 132 = GRUR 1989, 340; *Benkard* Rn 5; *Schulte* Rn 10; *Fitzner/Lutz/Bodewig* Rn 9; *Mes* Rn 15.
12   BPatGE 38, 224, 226 = BlPMZ 1998, 368 nimmt Doppelnatur (Verfahrenshandlung und Willenserklärung) an; *Keukenschrijver* SortG § 31 Rn 3 spricht von einer Verfahrenshandlung mit unmittelbar materiell rechtsgestaltender, nämlich rechtsbeendender Wirkung; *Leßmann/Würtenberger* Hdb Sortenschutz § 6 Rn 17 von einer empfangsbedürftigen Willenserklärung; offen gelassen in BPatG Mitt 2013, 347.

Verzicht ist zugleich eine materielle Verfügung über das Recht aus dem Patent.[13] Auf ihn finden die allg bürgerlich-rechtl Vorschriften über Willenserklärungen entspr Anwendung.[14]

b. Form. Der Verzicht ist nach dem Wortlaut des Abs 1 Nr 1 **schriftlich** zu erklären (vgl § 126 Abs 1 **15** BGB; zum Schriftformerfordernis Rn 62 ff vor § 34; Erklärung mittels Telefax eröffnet § 11 DPMAV (im Anhang),[15] zu ähnlichen Übermittlungsformen Rn 65 vor § 34).[16] Elektronische Dokumente kommen nach § 125a Abs 1 in Betracht.[17] Eine Frist besteht – anders als nach schweiz Recht für den Teilverzicht[18] – nicht.

c. Erklärungsempfänger ist nach Abs 1 Nr 1 das DPMA. Das gilt auch beim erteilten eur Patent.[19] Nur **16** dem DPMA gegenüber kann ein Verzicht erklärt werden.[20] Der Verzicht wird erst mit dem Zugang beim DPMA wirksam. Ein Verzicht gegenüber anderen Verfahrensbeteiligten, dem BPatG,[21] dem BGH oder einem Verletzungsgericht hat diese Wirkung nicht, in ihm kann nur eine Verpflichtung zur Verzichtserklärung wirksam übernommen werden.[22] Eine entspr Gesetzesänderung ist im Interesse der Aktualität des beim DPMA geführten Registers ausdrücklich abgelehnt worden.[23] Jedoch kann der Patentinhaber im Einspruchs- oder im Nichtigkeitsverfahren ein dem (Teil)-Verzicht nahekommendes Ergebnis durch entspr beschränkte Verteidigung des Patents erreichen (Rn 13).

d. Erklärungsberechtigter. Befugt zum Verzicht ist nur der materiell berechtigte, im Register einge- **17** tragene wahre Patentinhaber.[24] Der Verzicht des materiell Berechtigten, der nicht im Register eingetragen ist, scheitert an seiner fehlenden formellen Sachlegitimation (vgl § 30 Abs 3 Satz 2; Rn 38, 96 zu § 30). Ist der Erklärende zwar im Register eingetragen, aber nicht der materiell Berechtigte, ist sein Verzicht unwirksam, weil der Registereintrag keine materielle Verfügungsbefugnis verleiht.

Der Erklärende muss unbeschränkt **geschäftsfähig** und **verfügungsberechtigt** sein.[25] **18**

Mehrere Patentinhaber können nur gemeinsam auf das ganze Patent verzichten. Die Wirkung des **19** Verzichts eines von ihnen auf seinen Anteil am Patent hängt von der Art der Stellung zueinander ab (vgl zB §§ 26, 30, 747, 745 Abs 3, 719 BGB). Anwachsung kommt in Betracht (Rn 45 zu § 6; Rn 85 zu § 30).[26]

Verfügungsbeschränkungen. Auf ein gepfändetes Patent kann der Inhaber nur mit Zustimmung des **20** Pfandgläubigers verzichten (§§ 804, 930 ZPO, § 134 BGB), bei Nießbrauch oder Verpfändung bedarf es der Zustimmung des Nießbrauchers oder des Pfandgläubigers (§§ 1071, 1276 BGB), bei ausschließlicher Lizenz der Zustimmung des Lizenznehmers (§§ 1071, 1276, 1255 BGB). Im Insolvenzverfahren kann nur der Insolvenzverwalter auf ein zur Insolvenzmasse gehörendes Patent verzichten (§ 80 Abs 1 InsO).[27]

---

13 PA BlPMZ 1917, 50; PA BlPMZ 1917, 119; RPA BlPMZ 1935, 149; BPatGE 5, 5 = GRUR 1965, 143.
14 So auch BPatG Mitt 2013, 347.
15 BPatG Mitt 2013, 347; *Mes* Rn 15.
16 BGH 22.9.2009 Xa ZR 72/06; vgl zur Anwendbarkeit auf eur Patente BGH GRUR 2002, 511, 514 Kunststoffrohrteil, nicht in BGHZ.
17 *Benkard* Rn 6 und § 125a PatG Rn 7; aA *Bühring* § 23 GebrMG Rn 57.
18 Vgl schweiz BG sic! 2002, 691 Teilverzicht; schweiz ERGE 21.12.2001 PA 03/01, referiert bei *Schneider* sic! 2002, 446, 450: vierjährige Verwirkungsfrist für Teilverzicht (Art 24 Abs 2 schweiz PatG) beginnt mit Erteilung.
19 Vgl EPA G 1/90 ABl EPA 1991, 275, 280 = GRUR Int 1991, 641 Widerruf des Patents.
20 BPatG Mitt 2013, 347.
21 BPatG 12.4.2006 20 W (pat) 305/05; BPatG 25.5.2009 5 Ni 25/09; BPatG 18.6.2012 2 Ni 47/11 (EP); *Schulte* Rn 15; *Fitzner/Lutz/Bodewig* Rn 12; *Mes* Rn 15; BPatGE 22, 290 = GRUR 1980, 782 und BPatG GRUR-RR 2009, 325 lassen Erklärung gegenüber dem BPatG ausreichen; ebenso *Fitzner/Lutz/Bodewig* § 84 PatG Rn 35.
22 BGH GRUR 1962, 294 Hafendrehkran; BPatGE 3, 172 f = GRUR 1964, 499; BPatGE 22, 290, 293 = GRUR 1980, 782; *Fitzner/Lutz/Bodewig* Rn 12; *Schmieder* GRUR 1980, 74; aA BPatGE 20, 66 = GRUR 1978, 41.
23 Begr GPatG BTDrs 8/2087, 19, 26 = BlPMZ 1979, 276, 281; *Benkard* Rn 5; *Schulte* Rn 15.
24 RG MuW 1931, 34 Metallegierungen.
25 *Schulte* Rn 12.
26 *Bühring* § 23 GebrMG Rn 63 nimmt generell Anwachsung an; vgl aber RPA Mitt 1933, 250; die Möglichkeit und Wirkung des Verzichts eines Mitinhabers werden offen gelassen in BGH 22.9.2009 Xa ZR 72/06.
27 *Schulte* Rn 12.

21   **e. Vertretung.** Eines **Inlandsvertreters** (§ 25) bedarf es für den Verzicht nicht, weil dieser kein Verfahren auslöst und mit ihm kein Recht geltend gemacht wird.[28]

22   **Bevollmächtigung.** Die Anweisung an den Vertreter, die Jahresgebühr nicht einzuzahlen, ist keine Beauftragung, einen Verzicht zu erklären.[29] Die Verzichtserklärung durch einen Vertreter, auch durch einen Inlandsvertreter (§ 25), ist nur wirksam, wenn seine Vollmacht eindeutig die Ermächtigung zum Patentverzicht einschließt[30] oder eine entspr Ergänzungsvollmacht nachgereicht wird.[31]

23   Eine **vollmachtlose Vertretung** kann nicht durch nachträgliche Genehmigung geheilt werden.[32] Unwirksam ist die Verzichtserklärung eines Vertreters – gleichgültig, ob eine Vollmacht dafür besteht oder nicht – auch, wenn die Vollmacht bei Abgabe der Erklärung nicht vorgelegt wird (vorliegt) und das DPMA die Verzichtserklärung unverzüglich zurückweist.[33] Eine solche Zurückweisung ist unverzüglich, wenn sie dem Erklärenden binnen 10 Tagen nach dem Eingang des Verzichts beim DPMA zugeht.[34]

24   Der Patentverzicht liegt nicht im Rahmen der **Inlandsvertretervollmacht**, wie sie in § 25 gesetzlich umschrieben ist (vgl Rn 35 zu § 25).

25   Die **allgemeinen Vollmachten** schließen die Ermächtigung zum Patentverzicht ein.[35]

26   **f. Erklärungsinhalt.** Die Verzichtserklärung ist an keinen bestimmten Wortlaut gebunden, insb muss nicht das Wort „Verzicht" gebraucht werden. Jedoch muss sie den eindeutigen Willen erkennen lassen, die Rechte aus dem Patent sofort und endgültig aufzugeben.[36] Ein Antrag auf Löschung oder die Erklärung, an dem Patent nicht mehr interessiert zu sein, genügt daher nicht.[37] In einer Teilungserklärung, die dem DPMA zugeht, kann zugleich ein Teilverzicht liegen, davon kann aber nicht ohne weiteres ausgegangen werden.

27   **g. Mängel der Verzichtserklärung; Anfechtung.** Der Verzicht kann nicht unter einer **Bedingung** erklärt werden. Diese macht ihn unwirksam.[38] Dagegen wird eine Erklärung, dass der Verzicht erst zu einem späteren Zeitpunkt wirksam werden soll, beachtlich sein.[39]

28   **Widerruf des Verzichts.** Eine (durch Zugang beim DPMA, Rn 16) wirksam gewordene Verzichtserklärung kann nicht widerrufen werden.[40] Wirksam wird sie allerdings nicht, wenn dem Empfänger vorher oder gleichzeitig ein Widerruf des Verzichts zugeht (entspr § 130 Abs 1 Satz 2 BGB); hierzu genügt es aber nicht, dass beide Erklärungen am gleichen Tag eingehen, erforderlich ist vielmehr der Nachweis der tatsächlichen Vorherigkeit oder Gleichzeitigkeit des Widerrufs.[41]

29   **Nichtigkeit.** Der Verzicht kann wegen Sittenwidrigkeit[42] (§ 138 BGB) oder wegen Verstoßes gegen ein gesetzliches Verbot (§ 134 BGB) nichtig sein.

---

28 *Schulte* Rn 13.
29 Vgl schweiz BG 11.4.2006 sic! 2006, 497 Ls Patentverzichtserklärung; Volltext unter http://swisslex.ch?d=sic-2006-497 abrufbar.
30 BPatGE 1, 21 = GRUR 1962, 189; BPatGE 5, 5 = GRUR 1965, 143; BPatGE 9, 147 = Mitt 1967, 218; BPatGE 30, 130 = GRUR 1989, 340.
31 DPA GRUR 1953, 34.
32 BPatGE 5, 5 = GRUR 1965, 143; BPatGE 30, 130 = GRUR 1989, 340; *Bühring* § 23 GebrMG Rn 58; aA BPatG 16.2.2001 5 W (pat) 4/00.
33 BPatGE 5, 5 = GRUR 1965, 143.
34 BPatGE 30, 130 = GRUR 1989, 340.
35 MittPräsDPA BlPMZ 1969, 365; 1970, 69; 1974, 66; 1986, 277; 1986, 349; 1988, 25.
36 Vgl BPatG Mitt 2013, 347.
37 BPatGE 12, 81, 83 = Mitt 1972, 19; vgl *Benkard* Rn 7.
38 DPA BlPMZ 1960, 280; DPA BlPMZ 1961, 175; *Fitzner/Lutz/Bodewig* Rn 11; *Mes* Rn 17.
39 So zu § 31 Abs 1 SortG BGH GRUR 2010, 996 Bordako; OLG Dresden 23.9.2009 11 U 422/09; *Leßmann/Würtenberger* Hdb Sortenschutz § 6 Rn 16 unter Hinweis auf VG Hannover 18.12.1996 11 A 659/94 ; aA wohl *Mes* Rn 17, der die Erklärung für befristungsfeindlich hält.
40 BGH GRUR 2001, 337, 339 Easypress, Markensache: auf den Registereintrag kommt es nicht an; BPatGE 38, 224, 227 = BlPMZ 1998, 368; *Schulte* Rn 21; *Fitzner/Lutz/Bodewig* Rn 14; *Ströbele/Hacker* § 48 MarkenG Rn 4.
41 Vgl BPatGE 33, 200, 202 = BlPMZ 1993, 271.
42 Vgl OLG Düsseldorf BlPMZ 1953, 91.

Anfechtbarkeit. Die Verzichtserklärung unterliegt, sofern man sie mit der hM (jedenfalls auch) als **30** Willenserklärung ansieht, der Anfechtung wegen Willensmängeln.[43] Das gilt im Ergebnis aber auch, wenn man sie wie hier als öffentlich-rechtl Gestaltungserklärungen bewertet. Der zur Anfechtung berechtigende Irrtum kann ein solcher in der Erklärungshandlung oder im Erklärungsinhalt (§ 119 Abs 1 BGB) oder auch ein Irrtum über wesentliche Eigenschaften einer Person oder Sache (§ 119 Abs 2 BGB) sein.[44] Als wesentliche Eigenschaft des Patents ist zB das Bestehen eines Lizenzvertrags angesehen worden, weshalb der Verzicht, der durch einen Irrtum hierüber beeinflusst war, anfechtbar sein soll.[45]

Ein bloßer Irrtum über die wirtschaftliche Auswertbarkeit des Patents oder über den Bedarf an pa- **31** tentgem Waren berechtigt als bloßer **Motivirrtum** nicht zur Anfechtung.[46] In der irrtümlichen Annahme des ArbGb, der eine Diensterfindung in Anspruch genommen hat und auf das Schutzrecht verzichtet, der ArbN-Erfinder sei an der Übertragung des Patents nicht interessiert, liegt kein Irrtum über eine wesentliche Eigenschaft des Patents.[47] Relevanter Irrtum wurde verneint, wenn der Vertreter auf die Anweisung „Jahresgebühr nicht einzahlen" Verzicht erklärte.[48]

Auch die Absicht der **Gläubigerbenachteiligung** macht den Verzicht nicht anfechtbar.[49] **32**

h. Voll- und Teilverzicht. Der Verzicht kann sich nur auf das ganze Patent oder als Teilverzicht auf **33** einen selbstständigen Teil, so auf einzelne Patentansprüche, beziehen. Ein Teilverzicht auf Elemente eines Anspruchs (Merkmale) oder eine weitergehende Fassung eines Anspruchs kommt dagegen nach § 20 nicht in Betracht.[50] Auch ein Verzicht auf Teile des Schutzbereichs kommt nicht in Betracht.[51] Eine solche einschränkende Änderung eines Patentanspruchs kann nur im Beschränkungsverfahren (§ 64) oder durch beschränkte Verteidigung im Einspruchs- oder im Nichtigkeitsverfahren erreicht werden[52] (vgl die Verweisungen in Rn 13). Ein Beschränkungsantrag, der vom DPMA mit der Begründung zurückgewiesen wurde, dass eine Beschränkung nicht durch Streichung von Patentansprüchen vorgenommen werden könne, kann nicht in eine Verzichtserklärung umgedeutet werden.[53]

i. Wirkung. Mit dem Eingang eines wirksamen Verzichts beim DPMA erlischt das Patent für die Zu- **34** kunft[54] (ex nunc). Zu den Auswirkungen des Erlöschens des Patents auf ein Einspruchs- oder Nichtigkeitsverfahren Rn 335 ff zu § 59, Rn 69 zu § 81, Rn 55 ff zu § 82, auf das Beschwerdeverfahren Rn 195 ff zu § 73. Der Verzicht auf den Hauptanspruch erfasst Unteransprüche nicht.[55] Der Verzicht auf das Hauptpatent macht das Zusatzpatent zu einem selbstständigen Patent (§ 16 Abs 2 Satz 1 aF; übergangsrechtl § 147 Abs 3).

j. Registervermerk. Der Verzicht ist im Register zu vermerken (§ 30 Abs 1 Satz 2). Der Registerver- **35** merk hat jedoch entspr der materiellen Natur des Verzichts (Rn 14) keine konstitutive, sondern nur deklaratorische Bedeutung.[56] Ein im Register gelöschtes Patent kann gleichwohl fortbestehen, ein (noch) einge-

---

43 BGH GRUR 2010, 996 Bordako, SortSache; BPatGE 25, 63 = GRUR 1983, 432; BPatGE 38, 224 = BlPMZ 1998, 368; PA BlPMZ 1917, 50; PA BlPMZ 1917, 119; RPA BlPMZ 1935, 149; DPA GRUR 1952, 232; *Ströbele/Hacker* § 48 MarkenG Rn 4; *Mes* Rn 18; *Ingerl/Rohnke* § 48 MarkenG Rn 7; G. *Winkler* Mitt 1998, 401; offen gelassen in BPatG 12.5.2004 26 W (pat) 62/02, Markensache; vgl schweiz BG 11.4.2006 sic! 2006, 497 Ls Patentverzichtserklärung; Volltext unter http://swisslex.ch?d=sic-2006-497 abrufbar.

44 BPatGE 25, 63 = GRUR 1983, 432 mwN; BPatGE 38, 224 = BlPMZ 1998, 368; BPatG 30.6.2008 9 W (pat) 365/03.

45 BPatGE 25, 63 = GRUR 1983, 432 mwN.

46 PA BlPMZ 1952, 150; aA PA MuW 1937, 357.

47 BPatGE 38, 224 = BlPMZ 1998, 368; *Benkard* Rn 8.

48 Schweiz BG Patentverzichtserklärung.

49 OLG Düsseldorf BlPMZ 1953, 91.

50 BGH GRUR 1953, 86 Schreibhefte II; BGH GRUR 1962, 294 ff Hafendrehkran.

51 BGH GRUR 2002, 511 Kunststoffrohrteil, nicht in BGHZ; *Fitzner/Lutz/Bodewig* Rn 16.

52 PA BlPMZ 1911, 28; vgl BPatG Mitt 2013, 347.

53 BPatG 23.7.1996 2 Ni 42/95; *Fitzner/Lutz/Bodewig* Rn 17.

54 Vgl BGH Liedl 1961/62, 549, 552 Atemgerät; BGH Bausch BGH 1999–2001, 200 Hub- und Schwenkvorrichtung; BGH GRUR 1999, 571 f künstliche Atmosphäre; BPatGE 4, 30; BPatG 23.2.2009 5 Ni 15/09; RPA Mitt 1927, 103; RPA Mitt 1937, 213.

55 LG Düsseldorf Mitt 1996, 243 f; *Benkard* Rn 9; *Schulte* Rn 19; *Mes* Rn 21; aA für echte Unteransprüche RGZ 150, 280 = GRUR 1937, 33 Leitungswähler; RGZ 158, 385 = GRUR 1938, 832 Leitungswählerschaltung.

56 BGHZ 6, 172 = GRUR 1952, 564 Wäschepresse; *Mes* Rn 21.

tragenes Patent kann bereits erloschen sein. In beiden Fällen ist das Register auf Antrag des Berechtigten zu berichtigen.

36   **k. Überprüfung.** Wirksamkeit und Tragweite des Verzichts können entspr seiner materiellrechtl Natur in einem späteren Rechtsstreit überprüft werden. Abs 2 weist dem DPMA ausschließliche Prüfungskompetenzen nur in Bezug auf die Erlöschensgründe des Abs 1 Nr 2, 3 zu (Rn 42).

37   **2. Verspätete Erfinderbenennung.** Abs 1 Nr 2 iVm § 37 ist durch das Gesetz zur Novellierung patentrechtlicher Vorschriften und anderer Gesetze des gewerblichen Rechtsschutzes gestrichen worden, weil die Frist zur Erfinderbenennung nicht mehr über den Zeitpunkt der Patenterteilung hinaus verlängert werden kann.[57] Einzelheiten zur früheren Regelung s 7. *Aufl.* Zum Übergangsrecht Rn 17 zu § 147.

38   **3. Nicht rechtzeitige Zahlung der Jahresgebühr** ggf einschließlich des Verspätungszuschlags (§ 17 iVm § 7 Abs 1 PatKostG) führt zum Erlöschen des Patents ebenso wie eines ergänzenden Schutzzertifikats (Rn 149 ff Anh § 16a). Das Erlöschen tritt (ex nunc) mit Ablauf der gesetzlichen Zahlungsfrist,[58] dh der erhöhten Gebühr nach § 7 Abs 1 Satz 2 PatKostG (Rn 5 zu § 7 PatKostG),[59] ein, die sich aus den in Abs 1 Nr 3 im einzelnen aufgeführten Fälligkeitsvorschriften ergibt, somit erst mit Ablauf der Sechsmonatsfrist nach Fälligkeit (§ 7 Abs 1 PatKostG; vgl Rn 6 zu § 7 PatKostG); dies ist auch nach Art 5bis Abs 1 PVÜ geboten.[60] Eine Rückwirkung, etwa auf den Zeitpunkt der Fälligkeit der Gebühr, tritt beim nationalen Patent nicht ein.[61]

39   Bei **Zurücknahme der Lizenzbereitschaftserklärung** (§ 23 Abs 7) ist der Unterschiedsbetrag zwischen den ermäßigten Jahresgebühren und den vollen Jahresgebühren binnes eines Monats nachzuzahlen; unter Entrichtung des Zuschlags ist Entrichtung aber noch innerhalb weiterer vier Monate möglich (§ 23 AAbs 7 Satz 3, 4).[62] Erst nach Ablauf der Viermonatsfrist erlischt das Patent (Rn 71 zu § 23).

40   Die Nichtzahlung von Jahresgebühren, die in die **Verfahrenkostenhilfe** einbezogen sind (§ 130 Abs 5 Satz 1), kann, solange die Einbeziehung gilt, nicht zum Erlöschen des Patents führen (§ 130 Abs 2).[63]

41   Die **Patentüberwachung** obliegt dem Anmelder/Patentinhaber. Für sie bestehen spezielle Dienstleistungsunternehmen.[64]

C. Zuständigkeit; Bindungswirkung (Abs 2)

42   Aus Gründen der Rechtssicherheit entscheidet nur das DPMA über die Rechtzeitigkeit der Zahlung der Jahresgebühr.[65] Die Gerichte sind an eine diesbezügliche Entscheidung des DPMA, auch eine Entscheidung über einen Antrag auf Wiedereinsetzung in die versäumte Frist,[66] gebunden. Das soll nach hM gleichermaßen gelten, wenn keine besondere Entscheidung darüber ergeht, sondern lediglich das Patent im Register gelöscht wird (so auch 7. *Aufl*).[67] Das trifft indessen für reine Registereinträge nicht zu, weil diese materiell keine Wirkung entfalten (Rn 37 ff zu § 30) und der Registereintrag nicht als Entscheidung iSd Abs 2 angesehen werden kann.[68]

---

57   Begr BTDrs 17/10308 S 14.
58   Kr *Hövelmann* Mitt 2007, 540.
59   Vgl *Benkard*[10] § 17 Rn 28; *Schulte* Rn 22 und § 17 Rn 44; *Fitzner/Lutz/Bodewig* § 17 Rn 36 f; *Hövelmann* Mitt 2007, 540, 542; *Schulte* § 17 Rn 44 und *Mes* § 17 Rn 11 interpretieren dies dahin, dass nach dieser Entscheidung nur die Zahlung innerhalb der Zweimonatsfrist fristwahrend sein soll.
60   *Schulte* Rn 22; *Mes* Rn 27; *Hövelmann* Mitt 2007, 540; OLG Düsseldorf Mitt 2007, 143 = GRUR-RR 2007, 216, wo allerdings angenommen wird, dass Erlöschen mit Ablauf des zweiten Monats nach Fälligkeit eintritt, und hierzu Anm *Kreuzkamp*.
61   BGH GRUR 1956, 265, 267 Rheinmetall-Borsig I; *Benkard* Rn 12a; *Mes* Rn 27 ff, auch zur Rechtslage bei Gebührenänderungen.
62   Vgl *Mes* Rn 30.
63   Vgl *Benkard* Rn 11.
64   Vgl BVerfG GRUR 1998, 556 Patentgebührenüberwachung; *Schulte* § 17 Rn 49.
65   Vgl *Mes* Rn 32.
66   *Schulte* Rn 24; *Fitzner/Lutz/Bodewig* Rn 33.
67   *Benkard* Rn 13; *Schulte* Rn 24; *Fitzner/Lutz/Bodewig* Rn 33; *Klauer/Möhring* § 12 Rn 212.
68   Vgl BGHZ 6, 172 = GRUR 1952, 564 Wäschepresse.

Die Bindung gilt nicht für Entscheidungen über die **Wirksamkeit eines Verzichts**, denn Abs 2 nennt **43**
den Verzicht nicht.[69]

Abs 2 2. Halbs stellt klar, dass die Bindung an die Entscheidung des DPMA nicht deren **Anfechtung** in **44**
dem dafür vorgesehenen Instanzenzug, dh die Beschwerde zum BPatG nach § 73 und die Rechtsbeschwerde zum BGH nach § 100, ausschließt.

§ 21
(Widerruf des Patents)

(1) Das Patent wird widerrufen (§ 61), wenn sich ergibt, daß
1. **der Gegenstand des Patents nach den §§ 1 bis 5 nicht patentfähig ist,**
2. **das Patent die Erfindung nicht so deutlich und vollständig offenbart, daß ein Fachmann sie ausführen kann,**
3. **der wesentliche Inhalt des Patents den Beschreibungen, Zeichnungen, Modellen, Gerätschaften oder Einrichtungen eines anderen oder einem von diesem angewendeten Verfahren ohne dessen Einwilligung entnommen worden ist (widerrechtliche Entnahme),**
4. **der Gegenstand des Patents über den Inhalt der Anmeldung in der Fassung hinausgeht, in der sie bei der für die Einreichung der Anmeldung zuständigen Behörde ursprünglich eingereicht worden ist; das gleiche gilt, wenn das Patent auf einer Teilanmeldung oder einer nach § 7 Abs. 2 eingereichten neuen Anmeldung beruht und der Gegenstand des Patents über den Inhalt der früheren Anmeldung in der Fassung hinausgeht, in der sie bei der für die Einreichung der früheren Anmeldung zuständigen Behörde ursprünglich eingereicht worden ist.**

(2) [1]Betreffen die Widerrufsgründe nur einen Teil des Patents, so wird es mit einer entsprechenden Beschränkung aufrechterhalten. [2]Die Beschränkung kann in Form einer Änderung der Patentansprüche, der Beschreibung oder der Zeichnungen vorgenommen werden.

(3) [1]Mit dem Widerruf gelten die Wirkungen des Patents und der Anmeldung als von Anfang an nicht eingetreten. [2]Bei beschränkter Aufrechterhaltung ist diese Bestimmung entsprechend anzuwenden.

Ausland: Dänemark: §§ 21 Abs 2, 55a PatG 1996; **Italien:** Art 76 (nullità), 77 (Wirkungen) CDPI; **Niederlande:** Art 50 ROW 1995 (für eur Patente); **Österreich:** § 102 Abs 2 Satz 2 öPatG (1984/94, Einspruchsgründe); **Schweden:** § 25 PatG; **Schweiz:** Art 26 PatG (Nichtigkeitsgründe); **Serbien:** Art 87 PatG 2004; **Slowakei:** § 46 PatG; **Tschech. Rep.:** § 23 PatG; geänd 2000; **VK:** Sec 72, 73, 75, vgl Sec 26 (Unanfechtbarkeit wegen fehlender Einheitlichkeit), 27 (Änderungen nach Erteilung) Patents Act

Übersicht

---

69 *Mes* Rn 33; vgl BGH GRUR 1999, 574, 576 Mehrfachsteuersystem.

Schrifttum: (S auch die Hinweise zu § 38); *Ballhaus* Folgen der Erweiterung der Patentanmeldung, GRUR 1983, 1; *Bezzubova* Einspruchs- oder Nichtigkeitsklage, Diplomarbeit ETH Zürich 1997; *Bierbach* Probleme der Praxis des Verletzungsverfahrens mit Bezug zum Erteilungs- und Nichtigkeitsverfahren, GRUR 1981, 458; *Dihm* Die Klarstellung von Patentansprüchen im Nichtigkeitsverfahren, GRUR 1995, 295; *Engel* Die Prüfungsbefugnis der Patentabteilung und des Bundespatentgerichts im Einspruchs- und Einspruchsbeschwerdeverfahren, FS R. Nirk (1992), 195; *Flad* Änderungen des Patents im Einspruchs-, Einspruchsbeschwerde-, Nichtigkeits- und Beschränkungsverfahren, GRUR 1995, 178; *Flad* Der auf widerrechtliche Entnahme gestützte Einspruch, GRUR 1995, 709; *Giebe* Widerrechtliche Entnahme im Erteilungs- und Einspruchsverfahren, Mitt 2002, 301; *Gramm* Probleme des Rechtssuchenden vor den Gerichten des gewerblichen Rechtsschutzes, GRUR 1981, 465; *Hesse* Die Erweiterung des Gegenstands der Anmeldung im Erteilungsverfahren, GRUR 1970, 437; *Holzer* Anmerkungen zur Nichtigkeit von Patenten, ÖBl 2008, 192; *Hövelmann* Widerruf ohne Widerrufsgrund? GRUR 1997, 109; *Hövelmann* Neues vom deutschen Einspruch, Mitt 2002, 49; *Keussen* Zum Verhältnis von Art. 83 und 84 EPÜ im Einspruchsverfahren: alles klar? GRUR 2014, 132; *Körber* Prozessuale Auswirkungen unzulässiger Erweiterungen, Mitt 1972, 121; *Lippich* Zur Klarstellung von erteilten Patenten im Einspruchsverfahren, Mitt 2000, 457; *Nirk* Die Einordnung der Gewährleistungsansprüche und Leistungsstörungen bei Verträgen über Patente in das Bürgerliche Gesetzbuch, GRUR 1970, 329, 336; *Pakuscher* Nichtigkeits- und Verletzungsprozeß im deutschen und europäischen Patentrecht, RIW 1975, 305; *Papke* Inhaltliche Änderung der Patentanmeldung, GRUR 1981, 475; *Preu* Der Einfluß der Nichtigkeit oder Nichterteilung von Patenten auf Lizenzverträge, GRUR 1974, 623; *Schlitzberger* Die Kundmachung des Patentgegenstandes, GRUR 1975, 567; *Schmieder* Zur Kompetenzverteilung zwischen Nichtigkeits- und Verletzungsverfahren nach neuem Patentrecht, GRUR 1978, 561; *Schwerdtner* Das patentrechtliche Nichtigkeitsurteil und seine zivilprozessualen und zivilrechtlichen Auswirkungen, GRUR 1968, 9; *Straus* Die Aufrechterhaltung eines europäischen Patents in geändertem Umfang im Einspruchsverfahren und ihre Folgen, FS F.-K. Beier (1996), 171; *Strehlke* Der BGH-Beschluß „Polymermasse" (Teil I): Die Prüfungskompetenz des Bundespatentgerichts im Einspruchsbeschwerdeverfahren, Mitt 1999, 416; *Ströbele* Die Bindung der ordentlichen Gerichte an Entscheidungen der Patentbehörden, 1975; *Winterfeldt* Aktuelle Probleme im Prüfungs- und Einspruchsverfahren, VPP-Rdbr 1996, 37; *V. Tetzner* Die erfinderische Zutat bei widerrechtlicher Entnahme, GRUR 1963, 550.

A. Geltungsbereich

I. Allgemeines

§ 21 ist durch Art 8 Nr 11 GPatG (als § 12a) mit Wirkung vom 1.1.1981 neu eingestellt worden. In Har- **1** monisierung mit der Regelung im EPÜ ist seither das Einspruchsverfahren der Patenterteilung „nachge- schaltet" (Rn 9 ff zu § 59). Zur Rechtslage hinsichtlich des Widerrufs- und Nichtigkeitsgrunds der „unzuläs- sigen Erweiterung" Rn 80 ff. Das Gesetz zur Änderung des patentrechtlichen Einspruchsverfahrens und des Patentkostengesetzes hat als Folge des Wegfalls der Teilung des Patents (§ 60) Abs 3 Satz 2 2. Halbs gestrichen, ohne die Verweisung in § 22 Abs 2 entspr anzupassen. Zum Recht vor 1981 *5. Aufl* Rn 2.

II. Einigungsvertrag; Erstreckungsgesetz s *6. Aufl.*   **2**

III. Ergänzende Schutzzertifikate

Eine entspr Anwendung des § 21 auf ergänzende Schutzzertifikate ist nicht vorgesehen (§ 16a Abs 2), **3** weil es für Schutzzertifikate generell kein Einspruchsverfahren geben soll (Art 18 Abs 2 AMVO; Art 18 Abs 2 PSMVO).[1]

Jedoch kommt kraft der Verweisungsvorschriften des § 22, den § 16a Abs 2 auf Schutzzertifikate für **4** entspr anwendbar erklärt, eine Anwendung des § 21 im **Nichtigkeitsverfahren gegen ergänzende Schutzzertifikate** in Betracht. Das dürfte allerdings nicht für den Katalog der Widerrufs-/Nichtigkeits- gründe des § 21 Abs 1 gelten, jedenfalls nicht, soweit für das Schutzzertifikat eigene Nichtigkeitsgründe (Art 15 AMVO; Art 15 PSMVO) bestimmt sind (näher Rn 154 ff Anh § 16a).

IV. Europäische Patente

Das **Einspruchsverfahren** gegen ein eur Patent folgt den Regeln des EPÜ (Art 99 ff EPÜ). Hier ist we- **5** der eine Zuständigkeit für das DPMA und das BPatG begründet, noch ist Raum für eine Anwendung des nationalen materiellen Patentrechts.[2] Die Einspruchsgründe sind in Art 100 EPÜ im wesentlichen parallel zum nationalen Recht geregelt (Art 100 Buchst a EPÜ: mangelnde Patentfähigkeit nach Art 52–57 EPÜ; Art 100 Buchst b EPÜ: Fehlen ausführbarer Offenbarung; Art 100 Buchst c EPÜ: Hinausgehen über den Inhalt der Anmeldung in der ursprünglich eingereichten Fassung). Widerrechtl Entnahme ist anders als im nationalen Recht kein Einspruchsgrund.

Für das **Europäische Patent mit einheitlicher Wirkung** gelten für das Einspruchsverfahren keine **6** Besonderheiten.

Auch im **Nichtigkeitsverfahren** gegen eur Patente ist für eine Anwendung der §§ 21, 22 kein Raum **7** (Rn 5 f zu § 22).

Die Nichtigkeitsgründe für das **Europäische Patent mit einheitlicher Wirkung** sind nach Art 65 **8** Abs 2 EPG-Übk die der Art 138 Abs 1 und Art 139 Abs 2 EPÜ, die für das eur Patent damit übereinstimmend die des Art II § 6 IntPatÜG.

B. Grundsätze des Einspruchs- und Nichtigkeitsverfahrens

I. Allgemeines

Bis zur Patenterteilung sind Dritte am Verfahren nicht förmlich beteiligt. Sie sind nicht gehindert, auf **9** das Erteilungsverfahren etwa durch Hinweise zum StdT Einfluss zu nehmen (vgl § 43 Abs 3 Satz 2, § 44 Abs 3 Satz 3 iVm § 43 Abs 3 Satz 2), die Stellung eines Verfahrensbeteiligten erhalten sie dadurch aber ebenso wenig wie durch einen Prüfungsantrag (§ 44 Abs 2). Erst durch das Einspruchs- und das Nichtig- keitsverfahren wird der Allgemeinheit, insb den Wettbewerbern, die Möglichkeit eröffnet, ihre Einwände

---

1 *Mühlens* Mitt 1993, 213, 218; vgl BPatG 8.2.2007 34 W (pat) 311/04; BPatG 13.5.2004 5 W (pat) 437/03.
2 DPA BlPMZ 1984, 114.

gegen die Patenterteilung als förmliche Verfahrensbeteiligte vorzutragen, insb entgegenstehendes Material einzuführen.

II. Verfahrensvorschriften

10 Das Einspruchsverfahren gegen ein nat Patent wird durch den fristgebundenen, seit dem 1.1.2002 gebührenpflichtigen Einspruch eingeleitet (zum Verfahren §§ 59 ff); das Nichtigkeitsverfahren wird durch die nicht fristgebundene, gebührenpflichtige Nichtigkeitsklage zum BPatG eröffnet (zum Verfahren §§ 81 ff).

III. Materielles Recht

11 **1.** § 21 und § 22 iVm § 21 geben die **materiellrechtliche Grundlage** für das Einspruchs- und das Nichtigkeitsverfahren.

12 **2. Widerrufsgründe.** Abs 1 listet die Gründe auf, auf die der Widerruf des Patents im Einspruchsverfahren gestützt werden kann. Einer Unterscheidung zwischen Widerrufs- und Einspruchsgründen bedarf es jedenfalls für das nationale Recht nicht; ob der Prüfung im Einspruchsverfahren das Patent in seiner erteilten oder in einer abw verteidigten Fassung zugrunde zu legen ist, ist von der Frage des Widerrufsgrunds zu unterscheiden.[3]

13 **3. Nichtigkeitsgründe.** § 22 Abs 1 nimmt diesen Katalog als Klagegründe für das Nichtigkeitsverfahren in Bezug und fügt für dieses den Klagegrund der Erweiterung des Schutzbereichs des Patents (Rn 25 ff zu § 22) hinzu.

14 Auch die Regeln der Abs 2, 3 gelten nicht nur für das Einspruchs-, sondern auch für das Nichtigkeitsverfahren. Dadurch ergeben sich für beide Verfahren **Gemeinsamkeiten**, die es rechtfertigen, auch die Nichtigkeitsgründe weitgehend – statt bei § 22 – unter § 21 mit zu behandeln.

IV. Einzelne Grundsätze

15 **1.** Die Regelung der materiellen Widerrufs- und Nichtigkeitsgründe in Abs 1, § 22 Abs 1 hat **abschließenden Charakter**; dies gilt auch für Art 100 EPÜ.[4] Das ist für das Nichtigkeitsverfahren stRspr,[5] gilt aber für das Einspruchsverfahren, dessen Gegenstand (anders als vor 1981) ebenfalls ein erteiltes Patent ist, in gleicher Weise.[6] Auf andere als die genannten Widerrufs- und Nichtigkeitsgründe können Einspruch und Nichtigkeitsklage sowie die entspr Entscheidungen nicht gestützt werden, insb nicht auf andere inhaltliche Mängel des Patents und des Erteilungs- oder eines vorangegangenen Beschränkungsverfahrens, gleichgültig, ob diese die Zurückweisung der Anmeldung gerechtfertigt hätten,[7] oder auf das Verhalten des Patentinhabers.[8] Allerdings wird für die denkbaren Fälle, in denen es schon vor Entscheidung im Einspruchsverfahren über ein Beschränkungsverfahren (§ 64) zu einer Erweiterung des Schutzbereichs ge-

3 Vgl aber *Hövelmann* GRUR 1997, 109 f; der auf die Rechtsfolge nach Art 102 Abs 4, 5 EPÜ verweist.
4 *Singer/Stauder* Art 100 EPÜ Rn 11.
5 Vgl RGZ 139, 3, 5 = GRUR 1933, 696 Nichtigkeitsklage; BGH GRUR 1953, 88 Anschlußberufung; BGH GRUR 1965, 473 Dauerwellen I; BGH GRUR 1967, 240, 242 Mehrschichtplatte; BGH GRUR 1967, 543, 546 Bleiphosphit; BGHZ 135, 369 = GRUR 1997, 612, 615 Polyäthylenfilamente; BGH Bausch BGH 1994–1998, 464, 473 Schiebeschwenktür; BGHZ 152, 172 = GRUR 2003, 47 Sammelhefter I; BPatG 29.1.2009 2 Ni 36/07 (EU).
6 BPatGE 28, 112 = GRUR 1986, 882; BGH Polyäthylenfilamente; *Mes* Rn 1; vgl *Fitzner/Lutz/Bodewig* Rn 10.
7 BGH Polyäthylenfilamente; BPatG 7.8.2003 23 W (pat) 703/03: Doppelpatentierung; BPatG 5.8.2014 2 Ni 34/12 (EU); vgl BGH GRUR 2011, 607 kosmetisches Sonnenschutzmittel III: Verstoß gegen das Erfordernis der Klarheit; HG Zürich sic! 1999, 52, 55: Unklarheit; *Fitzner/Lutz/Bodewig* Rn 70.
8 PatentsC 6.7.1999 Kimberley-Clark v. Procter & Gamble; PatentsC 30.7.1999 Texas Instruments v. Hyandai, referiert in EIPR 2000 N-21.

kommen ist, der entspr Nichtigkeitsgrund im Analogieweg auch im Einspruchsverfahren herangezogen werden können.[9]

Ist das Patent mangels Patentfähigkeit für nichtig zu erklären, kann die Frage der unzulässigen Erweiterung **dahingestellt** bleiben.[10]   **16**

Im einzelnen hat die Rspr folgenden Mängeln die patentschädliche Wirkung abgesprochen: Patenterteilung trotz Nichtzahlung der Anmeldegebühr, Fehlens der Erfinderbenennung,[11] der erforderlichen Übersetzung eines eur Patents,[12] Verstoßes gegen § 126,[13] trotz mangelhafter Bekanntmachung,[14] unzulässiger Berichtigungen,[15] mangelnder Einheitlichkeit,[16] Fehlern bei der Ausscheidung oder Teilung,[17] Erteilung trotz (Fiktion der) Rücknahme der Anmeldung,[18] Erteilung unter Verstoß gegen die Antragsbindung,[19] Einreihung in falsche Kategorie,[20] Erteilung durch unzuständige Stelle, unter Verletzung des Rechts auf Äußerung („rechtl Gehörs"), nach unberechtigter Wiedereinsetzung,[21] mit offensichtlich überflüssigen Beschreibungsteilen,[22] mangelnder Klarheit,[23] zB Schwerverständlichkeit des Patents,[24] unzulässige Anspruchsfassung,[25] Unvollkommenheit der Lösung,[26] Widersprüchlichkeit von Patentanspruch und Beschreibung oder Zeichnungen,[27] Divergenz zwischen gedruckter Patentschrift und Druckunterlagen[28] oder Erteilungsbeschluss,[29] falsche Zubilligung einer Priorität,[30] fälschliche Erteilung als Zusatzpatent,[31] Sittenwidrigkeit der Patenterteilung (nach geltendem Recht überholt),[32] fehlendes Rechtsschutzinteresse am Patent[33] oder an einzelnen Patentansprüchen;[34] fehlerhafte Festlegung der Laufzeit.[35]   **17**

---

9 *Bezzubova* (1997) S 5, allerdings unter unzutr Bezugnahme auf BPatG GRUR 1997, 48 und BPatGE 37, 155 = GRUR 1997, 445.

10 BGH GRUR 1991, 120 elastische Bandage; BPatG 23.3.1976 2 Ni 47/74; BPatG 27.1.2006 2 Ni 30/05 (EU); vgl BPatG 16.7.2009 2 Ni 7/08.

11 BGH GRUR 1954, 317 Leitbleche I.

12 BPatG BlPMZ 1986, 255.

13 BGH GRUR 1998, 901 Polymermasse.

14 RGZ 74, 394 = BlPMZ 1911, 118 Maschine zum Überholen des aufzuzwickenden Oberleders; BGH GRUR 1967, 543, 546 Bleiphosphit.

15 RG GRUR 1927, 472 Wasserturbine; RG MuW 32, 500 Schmiervorrichtung.

16 BGH GRUR 1955, 476 f Spülbecken; RG GRUR 1938, 422 Filterpresse; RG GRUR 1940, 258, 260 Nulllinienverschiebung; BPatGE 32, 29 = GRUR 1991, 826 f; EPA G 1/91 ABl EPA 1992, 253, 255 ff = GRUR Int 1992, 827 Einheitlichkeit; vgl aber für das nl Recht RB Den Haag BIE 1997, 436, 439 einerseits, nl PA BIE 2000, 257 andererseits; RB Den Haag BIE 2000, 351, 353.

17 BGH GRUR 1965, 473 Dauerwellen I; BGHZ 152, 172 = GRUR 2003, 47 Sammelhefter I; BPatG 20.1.2003 9 W (pat) 32/01; BPatG 24.4.1975 2 Ni 39/73; vgl hierzu *Königer* Teilung und Ausscheidung im Patentrecht (2004), 235 f; für eur Patente BPatG 29.1.2009 2 Ni 36/07 (EU).

18 BPatG BlPMZ 1984, 380; aA PA BlPMZ 1909, 302.

19 RG Nullinienverschiebung; BPatGE 9, 34, 41.

20 BGH GRUR 1967, 241 f Mehrschichtplatte; RG GRUR 1939, 46, 48 Extraktionsverfahren.

21 BGH GRUR Int 1960, 506 f Schiffslukenverschluß; BGH Sammelhefter I; BPatGE 19, 39, 42 = Mitt 1977, 113.

22 BGHZ 103, 242 = GRUR 1988, 757, 760 Düngerstreuer.

23 BGHZ 198, 205 = GRUR 2013, 1210 Dipeptidyl-Peptidase-Inhibitoren: Beseitigung hat im Erteilungsverfahren zu erfolgen; BPatG 8.6.1999 3 Ni 29/98; öOPM öPBl 1983, 131; vgl auch BPatG 28.10.2004 2 Ni 31/03 (EU); BPatG 18.5.2004 14 W (pat) 307/02; BPatG 7.12.2004 14 W (pat) 25/04: „Die sich dadurch für den Einsprechenden eröffnende Möglichkeit, bei der Auswertung des StdT die für ihn günstigste Messmethode zu wählen, muss der Patentinhaber ... gegen sein unklares Schutzbegehren gelten lassen"; BPatG 19.6.2007 14 W (pat) 321/05; Klarheit prüft allerdings BPatG 19.6.2008 11 W (pat) 20/04 im Zusammenhang mit der Ausführbarkeit.

24 BGH GRUR 1972, 592 Sortiergerät.

25 BGHZ 135, 369 = GRUR 1997, 612, 615 Polyäthylenfilamente: „product-by-process"-Anspruch; vgl BPatG 30.6.2015 3 Ni 16/14 (EP).

26 BGH GRUR 1994, 357 Muffelofen.

27 RGZ 153, 315, 320 = GRUR 1937, 615 Paßstift für Bauteile; BPatG 23.3.2009 14 W (pat) 315/06.

28 RG Paßstift für Bauteile.

29 RG GRUR 1927, 472 f Wasserturbine; RG MuW 1932, 500 f Schmiervorrichtung; DPA BlPMZ 1985, 309.

30 RG GRUR 1940, 346 Abbrennschweißen; BPatGE 2, 52 = GRUR 1965, 32.

31 RGZ 149, 357 = GRUR 1936, 242 Absatzklammern; RG GRUR 1940, 543, 545 Hochglanzphotographien.

32 RPA Mitt 1934, 144; RPA Mitt 1934, 291; aA RPA GRUR 1935, 369.

33 BGH GRUR 1991, 376 beschußhemmende Metalltür.

34 BGH 18.6.1991 X ZR 120/88.

35 Nl PA BIE 2001, 212.

18   **Patenterschleichung** ist kein Nichtigkeitsgrund,[36] auch nicht bei bewusst falschen Angaben zum StdT[37] oder bei der Erfinderbenennung.[38]

19   **2. Popularrechtsbehelf.** Einspruch und Nichtigkeitsklage stehen grds jedermann ohne Rücksicht auf einen Sachbezug zum angegriffenen Patent zu.[39]

20   Lediglich der Einspruch und die Nichtigkeitsklage wegen **widerrechtlicher Entnahme** (Abs 1 Nr 3) stehen nur dem Verletzten zu (§ 59 Abs 1 Satz 1; § 81 Abs 3).

21   Zum **Rechtsschutzbedürfnis** des Einsprechenden Rn 62 ff zu § 59. Zur **Klagebefugnis** des Nichtigkeitsklägers Rn 56 ff zu § 81.

3. Bindung an den Widerrufs- und Nichtigkeitsgrund

22   **a. Einspruchsverfahren.** Die Prüfungsbefugnis beschränkt sich im Einspruchsverfahren nicht auf den oder die fristgerecht geltend gemachten oder auch nur auf die vom Einsprechenden überhaupt geltend gemachten Widerrufsgründe. Das DPMA hat zwar im Einspruchsverfahren in erster Linie die von den Beteiligten ordnungsgem vorgebrachten Einspruchsgründe zu prüfen. Es kann jedoch nach pflichtgem Ermessen anstelle dieser Gründe oder zusätzlich vAw weitere Widerrufsgründe nach Abs 1 in das Verfahren einbeziehen und ggf zur Grundlage des Widerrufs machen.[40] Ob dies auch gilt, wenn lediglich der Einspruchsgrund der widerrechtl Entnahme geltend gemacht wird, ist str.[41]

23   **b. Einspruchsbeschwerdeverfahren.** Hingegen ist das BPatG nach der Rspr des BGH im Einspruchsbeschwerdeverfahren nicht befugt, vAw neue Widerrufsgründe, die nicht Gegenstand des Einspruchsverfahrens vor dem DPMA waren, aufzugreifen und hierauf seine Entscheidung zu stützen[42] (vgl näher Rn 74 vor § 73, Rn 37 f zu § 79; zur Praxis des EPA Rn 102 vor § 73). Ist der Widerrufsgrund der mangelnden Patentfähigkeit geltend gemacht, kann im Beschwerdeverfahren ein Mangel nach § 2a aufgegriffen werden.[43] Ob die Einbeziehung neuer Widerrufsgründe vAw mit Zustimmung des Patentinhabers zulässig ist, lässt der BGH ausdrücklich offen.[44] Da die BGH-Rspr mit der Verfügungsbefugnis des Beschwerdeführers über den Beschwerdegegenstand begründet ist, dürfte sie der Einführung neuer Widerrufsgründe durch den Beschwerdeführer selbst jedenfalls nicht im Weg stehen. Die Behandlung der Widerrufsgründe im Einspruchsbeschwerdeverfahren erscheint damit weitgehend an den Wechsel des Klagegrunds im Nichtigkeitsverfahren angenähert. Wird der auf widerrechtl Entnahme gestützte Einspruch im Einspruchsbeschwerdeverfahren zurückgenommen, kann dieser Widerrufsgrund nicht mehr geprüft werden.[45]

---

36   RGZ 84, 263 f = BlPMZ 1914, 223 Erschleichungsklage; BGH Bausch BGH 1994-1998, 464, 473 Schiebeschwenktür; vgl aber OLG Düsseldorf 6.6.2013 2 U 60/11 GRURPrax 2013, 382 KT unter Hinweis auf OLG Düsseldorf 26.6.2008 2 U 130/06 WuW 2013, 427.
37   BGH GRUR 1954, 107, 111 Mehrfachschelle.
38   BGH GRUR 1954, 317, 319 Leitbleche I; aA *Reimer* § 13 Rn 67.
39   BPatGE 51, 128 = GRUR 2010, 363 f; *Mes* Rn 2.
40   BGHZ 128, 280 = GRUR 1995, 333 Aluminium-Trihydroxid; ebenso BPatG GRUR 1986, 605; BPatGE 31, 148 f = GRUR 1991, 40; BPatG BlPMZ 1991, 72; BPatGE 34, 149 = GRUR 1994, 605; BPatGE 47, 141 = BlPMZ 2004, 59; BPatG 21.4.2005 34 W (pat) 337/03 für einen auf widerrechtl Entnahme gestützten Einspruch; EPA G 9/91 ABl EPA 1993, 408, 420 = GRUR Int 1993, 957 Prüfungsbefugnis; EPA T 627/88 EPOR 1991, 81 Resin composition; *Benkard* Rn 10 und § 59 Rn 58; *Schulte* § 59 Rn 191 ff; *Koppe* FS 25 Jahre BPatG (1986), 229, 235 f; offengelassen in BGHZ 122, 144 = GRUR 1993, 651 tetraploide Kamille; aA *Ballhaus* GRUR 1983, 1, 7 mwN; *Engel* FS R. Nirk (1992), 195, 201; zu Recht differenzierend für den Fall widerrechtl Entnahme *Winterfeld* VPP-Rdbr 1996, 37, 40 ff; insoweit abl auch BPatG 28.11.2000 8 W (pat) 135/97; vgl auch *Kraßer* S 604 (§ 26 B II 7).
41   Verneinend *Kraßer* S 604 (§ 26 B II 7); BPatG 10.8.2004 14 W (pat) 12/03; bejahend *Jestaedt* Patentrecht² S 202; *Benkard* Rn 10 unter Hinweis auf BPatGE 34, 149 = GRUR 1994, 605.
42   BGHZ 128, 280 = GRUR 1995, 333 Aluminium-Trihydroxid; vgl *Strehlke* Mitt 1999, 416, 419; aA mit beachtl Argumenten *Sedemund-Treiber* GRUR Int 1996, 390; Bericht GRUR 1998, 360.
43   BPatG 6.11.2012 21 W (pat) 31/08.
44   BGH Aluminium-Trihydroxid S 337 reSp; bejahend BPatGE 41, 64 = GRUR 1999, 697.
45   BPatGE 36, 213 = BlPMZ 1996, 506.

c. Nichtigkeitsverfahren. Im Nichtigkeitsverfahren dürfen andere als die mit der Klage geltend ge- **24** macht Nichtigkeitsgründe nicht vAw geprüft werden, sondern sie müssen im Weg der Änderung des Klagegrunds nach § 99 iVm § 263 ZPO in das Verfahren eingeführt werden. Sie können nur sachlich geprüft werden, wenn der Beklagte einwilligt oder das Gericht die Änderung des Klagegrunds für sachdienlich erachtet (Rn 32 ff zu § 82).

d. Begriff des Widerrufs- oder Klagegrunds. Soweit eine Bindung an den geltend gemachten Wi- **25** derrufs- oder Klagegrund danach in Betracht kommt, gilt die mangelnde Patentfähigkeit (Abs 1 Nr 1), die eine Vielzahl von Gesichtspunkten einschließt, als ein einheitlicher Widerrufs- und Klagegrund[46] (auch bei eur Patenten, Rn 11 zu Art II § 6 IntPatÜG). Wird der Angriff nur auf einen Aspekt, zB fehlende Neuheit, gestützt, hindert dies nicht die Überprüfung des Patents unter allen unter diesen Widerrufs- bzw Nichtigkeitsgrund fallenden Gesichtspunkten[47] (zB fehlende erfinderische Tätigkeit, Sittenwidrigkeit). Demgegenüber wird für den Bereich des EPÜ zwischen Rechtsgrundlage und Einspruchsgrund unterschieden; eine neue Rechtsgrundlage, wozu auch fehlende Patentfähigkeit nach Art 52 Abs 1, 2 gegenüber mangelnder Neuheit/erfinderischer Tätigkeit und selbst mangelnde Neuheit gegenüber mangelnder erfinderischer Tätigkeit rechnen, kann im Einspruchsbeschwerdeverfahren ohne Einverständnis des Patentinhabers danach nicht berücksichtigt werden (vgl Rn 358 f zu § 59), jedoch können immerhin die für Neuheitsschädlichkeit geltend gemachten Gesichtspunkte bei der Prüfung der erfinderischen Tätigkeit berücksichtigt werden.[48]

4. Antragsbindung. Eine darüber hinausgehende Bindung an einen bestimmten Antrag des Angrei- **26** fers kennt das **Einspruchsverfahren** nicht (str; Rn 258 ff zu § 59), wohl aber das **Nichtigkeitsverfahren** (vgl § 81 Abs 5 Satz 1; Rn 69 ff zu § 82). Deshalb können auch (echte) Unteransprüche bei Nichtigerklärung des Hauptanspruchs nicht vAw für nichtig erklärt werden, sondern nur aufgrund eines entspr Antrags (Rn 74 zu § 82). Eine fest einzuhaltende Prüfungsreihenfolge hinsichtlich der verschiedenen geltend gemachten Nichtigkeitsgründe besteht nicht.[49]

5. Gegenstand des Einspruchs- und Nichtigkeitsverfahrens ist, wie schon aus dem Gesetzeswort- **27** laut folgt, das erteilte Patent in seiner geltenden, ggf auch berichtigten[50] oder in einem vorangegangenen Einspruchs-, Beschränkungs- oder Nichtigkeitsverfahren geänd Fassung,[51] auch wenn die gedruckte Fassung davon abweicht.[52] Zur Bindung an die vom Patentinhaber verteidigte Fassung des Patents Rn 280 ff zu § 59.

Zum **Zusatzpatent** als Verfahrensgegenstand s 7. Aufl. **28**

6. Gegenstand der Prüfung ist im Einspruchs- und im Nichtigkeitsverfahren der Gegenstand des Pa- **29** tents, wie er sich nach den Patentansprüchen in der Auslegung durch Beschreibung und Zeichnungen

---

46 RGZ 139, 3, 5 = GRUR 1933, 696 Nichtigkeitsklage; BGH GRUR 1964, 18 f Konditioniereinrichtung mwN; BGH GRUR 2009, 1098 Leistungshalbleiterbauelement gegen die Vorinstanz BPatG 24.4.2008 23 W (pat) 224/05; BPatGE 6, 189; BPatG 26.4.2001 2 Ni 10/00 (EU) undok; aA *Gaul* GRUR 1965, 337 ff.
47 Vgl BGHZ 17, 305 = GRUR 1955, 531 f Schlafwagen; RGZ 61, 205 f = BlPMZ 1905, 232 neues Material im Nichtigkeitsberufungsverfahren.
48 EPA G 1/95 ABl EPA 1996, 615 = GRUR Int 1997, 162 neue Einspruchsgründe/DE LA RUE; EPA G 7/95 ABl EPA 1996, 626 neue Einspruchsgründe/ETHICON; vgl EPA T 937/91 ABl EPA 1996, 25 Einspruchsgründe; EPA T 514/92 ABl EPA 1996, 270 beschichtete chirurgische Klammer; EPA T 796/90; EPA T 131/01 ABl EPA 2003, 115 neuer Einspruchsgrund sieht den Einspruchsgrund mangelnder erfinderischer Tätigkeit als vom Einspruchsgrund mangelnder Neuheit erfasst an.
49 Vgl zB BGH GRUR 1991, 120 elastische Bandage; BGH Bausch BGH 1999–2001, 129, 135 Detektionseinrichtung 01, wo bei Verneinung erfinderischer Tätigkeit Erweiterung, Schutzbereichserweiterung und Vorwegnahme offen gelassen werden; BPatG 10.6.1976 2 Ni 5/74; BPatG 2.12.2003 3 Ni 40/02; BPatG 27.1.2006 2 Ni 30/05 (EU); beiläufig BPatG 6.8.2002 3 Ni 3/01; BPatG 12.11.2002 4 Ni 28/01, wonach Ausführbarkeit bei mangelnder Patentfähigkeit offen gelassen wurde; BPatG 9.2.2004 20 W (pat) 324/02; BPatG 24.11.2011 2 Ni 17/10 (EP); BPatG 9.2.2012 2 Ni 18/10 (EU); BPatGE 41, 64 = GRUR 1999, 697, 699 meint zu Unrecht, die Prüfung der Patentfähigkeit setze logisch voraus, zunächst das Patent auf vollständige und ausreichende Offenbarung zu prüfen, ähnlich *Mes* Rn 34.
50 RG GRUR 1927, 472 f Wasserturbine.
51 BGH GRUR 1958, 134 f Milchkanne.
52 RG Wasserturbine; RGZ 153, 315, 320 = GRUR 1937, 615 Paßstift für Bauteile.

Keukenschrijver

darstellt, nicht dagegen die Prüfung und Festlegung eines möglicherweise darüber hinausgehenden Schutzumfangs.[53] Im Weg der Auslegung ist der Gegenstand der angegriffenen Patentansprüche zu ermitteln.[54] Die Auslegung des Patents richtet sich nach den Grundsätzen des § 14 PatG und des Art 69 EPÜ.[55] Der Patentanspruch ist dabei stets im Zusammenhang mit der Beschreibung des Streitpatents zu lesen; insb kann die Beschreibung als eigenes Wörterbuch dienen, aus dem sich ggf eine vom allg Sprachgebrauch abw Bedeutung eines Begriffs ergibt.[56] Die Beschreibung darf allerdings nur insoweit berücksichtigt werden, wie sie sich als Erläuterung des Gegenstands des Patentanspruchs lesen lässt, insb darf der engere Patentanspruch nicht nach Maßgabe der weiter gefassten Beschreibung interpretiert werden.[57] Der Patentanspruch hat vielmehr Vorrang vor der Beschreibung.[58] Die Auslegung darf weder zu einer inhaltlichen Erweiterung noch zu einer sachlichen Einengung des durch den Wortlaut des Patentanspruchs festgelegten Gegenstands führen;[59] eine Auslegung unterhalb des Wortlauts (Sinngehalts) des Patentanspruchs ist nicht zulässig.[60] Der Fachmann ist generell bestrebt, Patenten einen sinnvollen Gehalt zu entnehmen.[61] Ein vermeintlicher Widerspruch zwischen Angaben im kennzeichnenden Teil und Merkmalen des Oberbegriffs darf nicht dahin aufgelöst werden, dass den Merkmalen des Oberbegriffs keine Bedeutung beigemessen wird, obwohl der Wortsinn des Patentanspruchs eine widerspruchsfreie Auslegung zulässt und diese durch die Ausführungsbeispiele in der Beschreibung nahegelegt wird.[62] Allein aus Ausführungsbeispielen darf nicht auf ein engeres Verständnis des Patentanspruchs geschlossen werden, als es dessen Wortlaut für sich genommen nahelegt.[63] Die Ermittlung des einem Patent zugrunde liegenden technischen Problems ist Teil der Auslegung des Patentanspruchs; das technische Problem ist aus dem zu entwickeln, was die Erfindung tatsächlich leistet.[64] Zweckangaben in einem Sachanspruch haben im Nichtigkeitsverfahren keine andere Bedeutung als im Verletzungsprozess;[65] zur Abgrenzung vom StdT können sie aber untauglich sein, wenn sie kein unmittelbares Merkmal betreffen.[66] Maßgeblich ist der Anspruchswortlaut, ergänzend sind Beschreibung und Zeichnungen heranzuziehen.[67] Im Rahmen der Auslegung sind der Sinngehalt des Patentanspruchs in seiner Gesamtheit und der Beitrag, den die einzelnen Merkmale zum Leistungsergebnis der Erfindung liefern, zu bestimmen.[68] Im Weg der Auslegung ist auch zu ermit-

---

53 Vgl BGH GRUR 1962, 294 f Hafendrehkran; BGH GRUR 1963, 518 Trockenschleuder; BGH GRUR 1965, 355 Bolzenschießgerät; BGH Bausch BGH 1994–1998, 327, 333 Auspreßvorrichtung: Heranziehung der Grundsätze des § 14; RG GRUR 1931, 512 Durchschreibevorrichtung; RG GRUR 1932, 859 f Beregnungsanlage III; RG GRUR 1937, 677 f Kantenschutz; RG GRUR 1937, 855 Fernmeldekabel; RG GRUR 1939, 118 Kopierschleifmaschine; RG GRUR 1942, 313, 315 f Baskülverschluß II; BPatGE 9, 24 = BlPMZ 1967, 196; vgl auch V. Tetzner GRUR 1963, 550, 552.
54 Vgl nur BGHZ 156, 179 = GRUR 2004, 47 blasenfreie Gummibahn I; BGHZ 172, 88 = GRUR 2007, 778 Ziehmaschinenzugeinheit I; BGH GRUR 2007, 959 Pumpeinrichtung; BPatG 23.12.2009 3 Ni 56/07 (EU); BPatG 15.10.2009 2 Ni 29/08; BPatG 13.5.2014 3 Ni 3/13 (EP).
55 BGH GRUR 2001, 232 Brieflocher; BGH blasenfreie Gummibahn I; BGHZ 194, 197 = GRUR 2012, 1124 Polymerschaum I; BGH 11.11.2003 X ZR 61/99 Schulte-Kartei PatG 4.1 Nr 98, 99, PatG 6.2 Nr 23, PatG 81-85 Nr 318-320 Mikroabschaber; BGH 13.5.2014 X ZR 133/12; BPatG 30.1.2001 3 Ni 40/99 Mitt 2002, 47 Ls; vgl BGH Bausch BGH 1999–2001, 447 Kondensatableitvorrichtung; öOPM öPBl 2001, 111, 118.
56 BGH GRUR 1999, 909 Spannschraube; BGH Mitt 2000, 105 Extrusionskopf; BGH 5.7.2001 X ZR 131/08; vgl BPatG 28.5.2014 4 Ni 60/11 mwN.
57 BGHZ 189, 330 = GRUR 2011, 701 Okklusionsvorrichtung; BGH 30.7.2013 X ZR 36/11; BGH 13.5.2014 X ZR 133/12.
58 BGHZ 160, 204, 209 = GRUR 2004, 1023 bodenseitige Vereinzelungseinrichtung; BGHZ 171, 120 = GRUR 2007, 410 Kettenradanordnung I; BGH Ziehmaschinenzugeinheit I; BGH GRUR 2010, 602 Gelenkanordnung; BGH 30.7.2013 X ZR 36/11; vgl BPatG 15.5.2013 5 Ni 81/11.
59 BGH bodenseitige Vereinzelungseinrichtung; BPatG 11.6.2013 1 Ni 16/12 (EP); BPatG 13.3.2014 7 Ni 4/14; vgl BGH 7.10.2014 X ZR 168/12.
60 BGH GRUR 2007, 309 Schussfädentransport, ständig.
61 Vgl BGHZ 180, 215 = GRUR 2009, 653 Straßenbaumaschine; BGH GRUR 2012, 49 Sensoranordnung; BGH 23.10.2007 X ZR 275/02; BGH 10.9.2013 X ZR 41/12; BGH 6.5.2014 X ZR 61/11.
62 BGH GRUR 2011, 129 Fentanyl-TTS.
63 BGH GRUR 2008, 779 Mehrgangnabe; BPatG 11.6.2013 1 Ni 16/12 (EP).
64 BGH Gelenkanordnung.
65 BGH GRUR 2009, 837 Bauschalungsstütze.
66 Vgl BGH 14.7.2009 X ZR 187/04.
67 BGH GRUR 2013, 1279 Seitenwandmarkierungsleuchte mwN.
68 BGHZ 159, 221, 226 = GRUR 2004, 845 Drehzahlermittlung; BGHZ 171, 120 = GRUR 2007, 410 Kettenradanordnung I; BGHZ 172, 298 = GRUR 2007, 1059 Zerfallszeitmessgerät; BGHZ 186, 90 = GRUR 2010, 858 Crimpwerkzeug III; BGH

teln, ob die Kennzeichnung des Gegenstands eines Nebenanspruchs dahin, dass er eine in Übereinstimmung mit den vorangehenden Patentansprüchen ausgebildete Vorrichtung umfasst, die Verwirklichung der Merkmale sämtlicher vorangehender Unteransprüche erfordert.[69] Ebenso wenig wie der Patentanspruch nach Maßgabe dessen ausgelegt werden darf, was sich nach Prüfung des StdT als patentfähig erweist,[70] darf er nach Maßgabe des Sinngehalts der Ursprungsunterlagen ausgelegt werden. Grundlage der Auslegung ist vielmehr allein die Patentschrift.[71]

7. Wirkung. Widerruf und Nichtigerklärung führen zum vorzeitigen Erlöschen des Patents (zu weiteren Erlöschensgründen Rn 6 f zu § 20). Das Erlöschen tritt mit rückwirkender Kraft und mit Wirkung für und gegen jedermann ein. Wegen der Wirkungen der Entscheidung über den Einspruch und die Klage im einzelnen Rn 124 ff.   **30**

C. Die einzelnen Widerrufs- und Nichtigkeitsgründe

I. Fehlende Patentfähigkeit (Abs 1 Nr 1; Art 100 Buchst a EPÜ) liegt vor, wenn der Gegenstand des   **31** Patents den Erfordernissen der §§ 1–5 (Art 52–57 EPÜ) nicht entspricht. Dabei ist die Änderung und Einfügung der §§ 1, 1a, 2, 2a zu beachten (Umsetzung der BioTRl). Fehlende Patentfähigkeit liegt damit vor, wenn keine Lehre zum technischen Handeln gegeben wird (§ 1 Abs 1; Art 52 Abs 1 EPÜ),[72] die Lehre unter die Ausnahmevorschrift des § 1 Abs 3 (Art 52 Abs 3 EPÜ) fällt, nach § 2 (Art 53 Buchst a EPÜ) oder § 2a Abs 1 (Art 53 Buchst b und c EPÜ) von der Patentierung ausgeschlossen,[73] nicht gewerblich anwendbar ist (§ 1 Abs 1 iVm § 5; Art 57 EPÜ),[74] nicht neu ist (§ 1 Abs 1 iVm § 3, Art 54, 55 EPÜ), nicht auf erfinderischer Tätigkeit beruht (§ 1 Abs 1 iVm § 4; Art 56 EPÜ). Soweit am StdT zu messen ist, kommt es auf dessen Einführung durch den Einsprechenden oder Kläger nicht an.[75] In einem Verstoß gegen § 1a Abs 3 (Beschreibungserfordernis) liegt kein eigenständiger Nichtigkeitsgrund (vgl Rn 19 zu § 1a),[76] jedoch kann mangelnde Ausführbarkeit in Betracht kommen, sowie, wenn die Funktionsangabe zum Gegenstand der Erfindung rechnet, auch mangelnde Patentfähigkeit wegen Fehlens einer Lehre zum technischen Handeln. Zur Beurteilung der erfinderischen Tätigkeit bei eur Patenten Rn 12 zu Art II § 6 IntPatÜG.

Mangelnde Patentfähigkeit liegt bereits vor, wenn in den Gegenstand des Patents neben schutzfähi-   **32** gen auch **schutzunfähige** Ausführungsformen fallen.[77] Dem kann der Patentinhaber im allg durch entspr Selbstbeschränkung Rechnung tragen. Fehlende Patentfähigkeit kann sich auch allein aufgrund von StdT ergeben, der bereits im Erteilungsverfahren berücksichtigt wurde (Rn 8 vor § 81, Rn 8 zu Art II § 6 IntPatÜG).

Da es sich trotz der Vielzahl der unter Abs 1 Nr 1 fallenden Widerrufstatbestände um einen **einheitli-**   **33** **chen Widerrufs- und Nichtigkeitsgrund** handelt,[78] eröffnet die Berufung auf ihn die Überprüfung des Patents unter sämtlichen genannten Gesichtspunkten vAw, auch wenn nur einzelne von ihnen geltend gemacht worden sind. Die Bindung an den geltend gemachten Widerrufsgrund (Rn 22 ff) steht dem nicht entgegen.

Polymerschaum I; vgl BGHZ 172, 108 = GRUR 2007, 859 Informationsübermittlungsverfahren I; BGH Brieflocher; BPatG 30.1.2001 3 Ni 40/99 Mitt 2002, 47 Ls.

69 BGH GRUR 2014, 650 Reifendemontiermaschine.

70 BGH blasenfreie Gummibahn I; vgl. BPatG 24.6.2014 3 Ni 23/12 (EP).

71 BGH Polymerschaum I.

72 Vgl BGH GRUR 1986, 531 Flugkostenminimierung; BPatG Mitt 2002, 458, 461 Aufzeichnungsträger; BPatG 3.3.2005 2 Ni 49/03 (EU) Mitt 2005, 361.

73 Vgl BPatG GRUR 2007, 1049 (neurale Vorläuferzellen), auch zur Anwendung des neugefassten § 2 auf bereits früher angemeldete Patente.

74 Vgl BPatG 17.4.2007 4 Ni 62/05: Therapieverfahren am Tier.

75 Vgl BGH Mitt 2004, 213 Gleitvorrichtung.

76 AA wohl *Benkard* § 1a Rn 16b; vgl *Schulte* § 1a Rn 29.

77 BGH Bausch BGH 1994–1998, 445, 451 Zerstäubervorrichtung.

78 RGZ 139, 3, 5 = GRUR 1933, 696 Nichtigkeitsklage; BGH GRUR 1964, 18 f Konditioniereinrichtung mwN; BPatGE 6, 189; BPatG Bausch BPatG 1994–1998, 820; BPatG 26.4.2001 2 Ni 10/00 (EU); *Fitzner/Lutz/Bodewig* Rn 27; *Scheffler* VPP-Rdbr 2005, 60, 62 f; aA *Schulte* Rn 15; *Gaul* GRUR 1965, 337; BPatG 13.1.2011 10 Ni 6/10 (EU).

II. Fehlen ausführbarer Offenbarung (Abs 1 Nr 2; Art 100 Buchst b EPÜ)

34   Durch den Widerrufsgrund soll der Anmelder veranlasst werden, die Lehre in einem solchen Umfang der Öffentlichkeit aufzudecken, dass es dem fachkundigen Leser möglich ist, sie praktisch zu verwirklichen. Offenbart werden muss jedoch nur, was notwendig ist, um den Leser in den Stand zu versetzen, die Lehre praktisch zu verwirklichen. Die Offenbarung mindestens eines gangbaren Wegs zur Ausführung der Erfindung reicht grds aus; es nicht erforderlich, dass alle denkbaren, unter den Wortlaut des Patentanspruchs fallenden Ausgestaltungen mit Hilfe der im Patent offenbarten Informationen ausgeführt werden können.[79] Der BGH hat darauf hingewiesen, dass seine (durchwegs im Erteilungsverfahren ergangene) Rspr zur Notwendigkeit einer eindeutigen Identifizierbarkeit der Erfindung[80] auf den Nichtigkeitsgrund des Fehlens einer ausführbaren Offenbarung nach geltendem Recht nicht ohne weiteres anwendbar ist.[81] Die Ansicht, dass Ausführbarkeit über die gesamte Anspruchsbreite gegeben sein müsse,[82] ist mit der Regelung für das Einspruchs- und Nichtigkeitsverfahren, die nur eine Offenbarung verlangt, dass der Fachmann die Erfindung ausführen kann, nur vereinbar, soweit sich der Schutz auf bereichsweise definierte Gegenstände bezieht, weil hier als Erfindung iSd Bestimmung der gesamte geschützte Bereich angesehen werden muss,[83] nicht aber bei „generischen" Begriffen;[84] der Begriff der Ausführbarkeit im Einspruchs- und im Nichtigkeitsverfahren kann deshalb enger sein als im Erteilungsverfahren, für das weiterhin auf die Grundsätze der „Acrylfasern"-Entscheidung[85] des BGH zurückzugreifen sein dürfte (vgl zur Anspruchsbreite Rn 80 ff, 279 zu § 34). Es genügt aber, wenn dem Fachmann die „entscheidende Richtung" angegeben wird.[86] Eine Erfindung ist ausführbar offenbart, wenn die in der Patentanmeldung enthaltenen Angaben dem fachmännischen Leser so viel an technischer Information vermitteln, dass er mit seinem Fachwissen und seinem Fachkönnen ohne erfinderisches Zutun und ohne unzumutbare Schwierigkeiten in der Lage ist, die Erfindung aufgrund der Gesamtoffenbarung so zu verwirklichen, dass der angestrebte Erfolg erreicht wird;[87] hierfür ist nicht erforderlich, dass der Patentanspruch alle zur Ausführung erforderlichen Angaben enthält, es soll – tendenziell freilich zu eng – genügen, wenn dem Fachmann mit dem Patentanspruch ein generelles Lösungsschema an die Hand gegeben wird und er notwendige Einzelangaben der Beschreibung und den Ausführungsbeispielen entnehmen kann.[88] Vorgehen nach dem Prinzip Versuch und Irrtum reicht aber nicht aus.[89] Es ist nicht erforderlich, dass mindestens eine praktisch brauchbare Ausführungsform als solche unmittelbar und eindeutig offenbart ist.[90] Dass das Verhalten von Tieren in die geschützte Lehre einbezogen ist, wurde als der Ausführbarkeit nicht entgegenste-

79 BGHZ 147, 306 = GRUR 2001, 813 Taxol; BGH GRUR 2003, 223, 225 Kupplungsvorrichtung II; BGH GRUR 2010, 901 polymerisierbare Zementmischung; BGHZ 198, 205 = GRUR 2013, 1210 Dipeptidyl-Peptidase-Inhibitoren; BGH 16.10.2007 X ZR 182/04; BGH 18.12.2013 X ZR 66/12; BGH 16.6.2015 X ZR 67/13; BGH 10.11.2015 X ZR 88/13; BPatG 19.10.2006 3 Ni 46/04; BPatG 15.10.2009 2 Ni 29/08; BPatG 22.7.2010 3 Ni 57/08 (EU); BPatG 23.11.2010 3 Ni 11/09 (EU); BPatG 15.12.2010 5 Ni 63/09 (EU); BPatG 8.2.2011 3 Ni 8/09 (EU); BPatGE 53, 6 = GRUR 2012, 99 „Lysimeterstation"; BPatG 28.6.2011 3 Ni 10/10 (EU); BPatG 9.7.2015 2 Ni 43/13 (EP).
80 BGHZ 57, 1 = GRUR 1972, 80, 83 Trioxan; BGHZ 92, 129, 134 = GRUR 1985, 31 Acrylfasern; BGH BlPMZ 1984, 211, 213 optische Wellenleiter.
81 BGH GRUR 2009, 749 Sicherheitssystem; vgl auch BPatG 1.3.2005 3 Ni 23/03 (EU); BPatG 26.2.2009 3 Ni 44/07 (EU).
82 So aber allg die Praxis des EPA im Einspruchsverfahren, vgl EPA T 326/04, EPA T 1404/05, anders noch EPA T 292/85 ABl EPA 1989, 275; *Schulte* Rn 28; vgl BPatG GRUR 2011, 905.
83 Vgl BGHZ 184, 300 = GRUR 2010, 414 thermoplastische Zusammensetzung.
84 BGHZ 147, 306 = GRUR 2001, 813 Taxol: „Veresterung".
85 BGHZ 92, 129 = GRUR 1985, 31 Acrylfasern.
86 BGHZ 73, 183 = GRUR 1979, 461 Farbbildröhre; BGH Mitt 1986, 15 Interferenzstromtherapiegerät; BPatG 15.2.2007 3 Ni 32/05.
87 BGH GRUR 2010, 901 polymerisierbare Zementmischung; vgl BGH GRUR 1984, 272 Isolierglasscheibenrandfugenfüllvorrichtung; BGH 14.5.1985 X ZB 19/83 Klebstoff, nicht in BlPMZ; BGH GRUR 2000, 591 Inkrustierungsinhibitoren; BGH Mitt 2002, 176 Gegensprechanlage; BGH GRUR 1980, 166, 168 Doppelachsaggregat; BGH GRUR 2010, 916 Klammernahtgerät; BGH GRUR 2016, 361 Fugenband; BGH 22.2.2011 X ZR 30/06; BGH 7.10.2014 X ZR 168/12; BPatG 9.7.2013 3 Ni 37/11 (EP); BPatG 24.10.2013 10 Ni 31/11 (EP); BPatG 3.6.2014 4 Ni 41/12 (EP); BPatG 9.7.2015 2 Ni 43/13 (EP); öOPM öPBl 2010, 176 fälschungssicheres Dokument.
88 BGH 8.6.2010 X ZR 71/08 Lebensmittel & Recht 2010, 153 Substanz aus Kernen und Nüssen; vgl BPatG 21.10.2008 21 W (pat) 312/06.
89 BPatG GRUR 2011, 905.
90 BGH GRUR 2010, 916 Klammernahtgerät; BGH GRUR 2012, 373 Glasfasern.

hend angesehen.[91] Es steht der Ausführbarkeit auch nicht entgegen, dass die Lehre in einzelnen Fällen versagt.[92] Etwas anders gilt nach der Rspr des BGH nur, wenn aus fachmännischer Sicht keine technische Lehre in verallgemeinerter Form offenbart ist, die anhand eines Ausführungsbeispiels veranschaulicht ist; der durch das Patent geschützte Bereich mag dann zwar im Patentanspruch generalisierend umschrieben sein, wäre damit aber über die erfindungsgem, dem Fachmann in der Beschreibung lediglich ganz konkret an die Hand gegebene Lösung hinaus verallgemeinert und der Patentschutz ist dann auf diesen konkret offenbarten Weg beschränkt.[93]

Problematisch ist das **Verhältnis der Widerrufsgründe** der fehlenden Patentfähigkeit und der man- **35** gelnden Ausführbarkeit zueinander. Herkömmlich sind die Komplexe fertige Erfindung, Ausführbarkeit, Brauchbarkeit und Wiederholbarkeit als Teil der Patentfähigkeit behandelt wurden;[94] der BGH hat zunächst auch nach geltendem Recht die Vollständigkeit der Lehre gelegentlich unter dem Gesichtspunkt der fehlenden Patentfähigkeit behandelt;[95] dies dürfte aber überholt sein.[96] Das EPA wendet bei der Prüfung der Ausführbarkeit grds Art 83 EPÜ an, der § 34 Abs 4 entspricht. Da der Erfindungsbegriff in § 1/Art 52 EPÜ abschließend umschrieben ist, sollten die genannten Komplexe ausschließlich dem zweiten Widerrufsgrund zugeordnet werden.[97] Wenn das BPatG fehlende Brauchbarkeit als nicht zulässigen Widerrufsgrund bezeichnet hat, dann ersichtlich in dem Sinn, dass sich dies nur auf das (qualitativ) „nicht richtige Funktionieren" bezieht,[98] das in der Tat keinen Widerrufs- oder Nichtigkeitsgrund ausfüllt.

Ein zum Widerruf führender **Offenbarungsmangel** liegt vor, wenn die Ausführbarkeit der Lehre **36** nicht nur erschwert, sondern verhindert wird,[99] wenn der fachkundige Leser die Lehre nur mit großen Schwierigkeiten und nicht – oder nur durch Zufall – ohne vorherige Misserfolge praktisch verwirklichen kann.[100] Was dem fachkundigen Leser aufgrund seines Fachwissens an Fachkenntnissen und Fertigkeiten zur Verfügung steht, bedarf keiner Wiederholung;[101] s im einzelnen Rn 272 ff zu § 34. Widersprüchlichkeit der Anweisungen kann der Ausführbarkeit entgegenstehen.[102] An der Ausführbarkeit fehlt es, wenn der fachkundige Leser durch die Patentschrift nicht in die Lage versetzt wird, die Lehre des Patents unter Zuhilfenahme seines Fachwissens praktisch zu verwirklichen; Zahlenangaben müssen dabei nach Auffassung des BPatG eindeutig definiert werden.[103] Das wurde zu Unrecht bei Fehlen einer eindeutigen Identifizierbarkeit mehrerer möglicher Interpretationen (vgl Rn 8, 14 zu § 1)[104] oder einer brauchbaren Anleitung

---

91   BPatG 8.12.2004 4 Ni 21/03 (EU).

92   BPatG 10.7.2006 3 Ni 3/04 (EU); BPatG 14.6.2007 3 Ni 15/05 (EU); BPatG 26.6.2007 4 Ni 52/05 (EU).

93   BGHH 10.11.2015 X ZR 88/13.

94   BGH BlPMZ 1992, 308 Antigenennachweis.

95   BGHZ 117, 144 = GRUR 1992, 430 Tauchcomputer; BGH 9.2.1993 X ZR 40/90 Bausch BGH 1986–1993, 443 Ladewagen 01.

96   AA ersichtlich *Benkard* Rn 14.

97   Vgl BPatGE 34, 1 = GRUR 1995, 394; BPatGE 35, 255 = GRUR Int 1996, 822; BPatGE 41, 120 = GRUR 1999, 1076; BPatG Bausch BPatG 1994–1998, 611, zur Brauchbarkeit; *MGK/Teschemacher* Art 83 EPÜ Rn 63; differenzierend in Ausführbarkeit im engeren (nach § 1) und im weiteren Sinn (nach § 34) *Schulte*[8] § 1 Rn 51f, 54 unter Hinweis auf BGH BlPMZ 1985, 117 Energiegewinnungsgerät (wo allerdings die Zuordnung der technischen Brauchbarkeit zu dem einen oder anderen Widerrufsgrund nicht behandelt wird) und BPatGE 40, 293 = GRUR 1999, 487 („perpetuum mobile") sowie BPatGE 49, 262 = BlPMZ 2006, 419 („Neurodermitis-Behandlungsgerät"), enger jetzt wohl *Schulte* Rn 30; auch *Fitzner/Lutz/Bodewig* Rn 22 wollen die fehlende Realisierbarkeit oder Wiederholbarkeit als Fehlen einer Lehre zum technischen Handeln werten. Zur Frage, ob die eindeutige Identifizierbarkeit der Erfindung auch bei der Beurteilung der Ausführbarkeit oder als Element des Erfindungsbegriffs bei der Beurteilung der Patentfähigkeit zu beachten ist, BPatGE 37, 202; vgl auch BPatG Mitt 1988, 49 (zwh).

98   BPatG 27.10.2004 19 W (pat) 311/02; vgl BPatG 17.2.2010 4 Ni 14/09 (EU).

99   BGH GRUR 1972, 592f Sortiergerät; *Fitzner/Lutz/Bodewig* Rn 29.

100   BGH GRUR 1980, 166 Doppelachsaggregat.

101   BGH GRUR 1984, 272 Isolierglasscheibenrandfugenfüllvorrichtung; zur Berücksichtigung des Ergebnisses einer Literaturrecherche BPatGE 34, 264, 267 = Bausch BPatG 1994–1998, 59, 64.

102   Vgl BPatG 19.4.2006 5 W (pat) 432/05; BPatG 6.7.2009 20 W (pat) 354/04.

103   BPatG 6.7.2004 1 Ni 16/03 (EU) Schulte-Kartei PatG 35.3 Nr. 80; aA BGH GRUR 1968, 311, 313 Garmachverfahren: konkrete Zahlen- und Maßangaben können entbehrlich sein, wenn die entscheidende Richtung angegeben wird und der Fachmann mit ohne erfinderisches Bemühen durchzuführenden Versuchen die jeweils günstigsten Werte ermitteln kann; BGH 1.12.1992 X ZR 13/90 Bausch BGH 1986–1993, 176 Elektrokochplatte; BPatG 29.7.2004 2 Ni 8/01 (EU).

104   BPatG 11.8.2004 4 Ni 36/03 (EU), zu Art II § 6 Abs 1 Nr 2 IntPatÜG, unter Hinweis auf BGHZ 57, 1 = GRUR 1972, 80, 83 Trioxan.

Keukenschrijver

zum Ermitteln einer bestimmten Größe[105] verneint. Demgegenüber hat der BGH darauf hingewiesen, dass die Rspr zur Notwendigkeit einer eindeutigen Identifizierbarkeit der Erfindung auf den Nichtigkeitsgrund des Fehlens einer ausführbaren Offenbarung nach geltendem Recht nicht ohne weiteres anwendbar ist (Rn 34).

37   Widerrufsgrund ist nach dem Gesetzeswortlaut ein Offenbarungsmangel **des Patents als Ganzes,** nicht der Patentansprüche allein[106] (und nicht nur der ursprünglichen Patentansprüche,[107] sondern auch der Beschreibung und der Zeichnungen).[108] Bei Änderungen gegenüber den ursprünglichen Unterlagen ist der Widerrufsgrund der „unzulässigen Erweiterung" (Rn 80ff) zu beachten. Nicht geklärt ist damit, ob der Widerrufsgrund den Fall erfasst, dass zwar die Beschreibung eine ausführbare Lehre offenbart, diese aber nicht unter die Patentansprüche fällt.[109] Dies wird zu bejahen sein, weil es auf die Ausführbarkeit der durch das Patent geschützten Lehre ankommen muss.

38   Widerrufsgrund ist auch **nicht ein Offenbarungsmangel der Anmeldung.**[110] Jedoch wird, wenn ein ursprünglicher Offenbarungsmangel im Patent ausgeräumt ist, im allg der Widerrufsgrund der unzulässigen Erweiterung (Abs 1 Nr 4; Rn 80ff) gegeben sein;[111] anders uU bei Fortschreiten der Technik zwischen Anmeldung und Veröffentlichung der Patentschrift.[112] Wegfall der Ausführbarkeit im Zeitpunkt der Patenterteilung oder danach begründet den Widerrufsgrund, so wenn für die Ausführung erforderliches hinterlegtes biologisches Material nicht mehr verfügbar ist oder nicht mehr die erforderlichen Eigenschaften aufweist.[113] Wegen der Anforderungen an eine ausreichende Offenbarung vgl im übrigen Rn 233ff zu § 34.

39   Zum **maßgeblichen Zeitpunkt** für die Beurteilung der Ausführbarkeit Rn 297f zu § 34.[114] Zur materiellen Beweislast (Feststellungslast) Rn 305ff zu § 59.

III. Widerrechtliche Entnahme

40   **1. Allgemeines.** Dieser Widerrufsgrund betrifft als einziger nicht die Richtigkeit der Patenterteilung, sondern die Person des Berechtigten. Er kann daher im Einspruchs- und im Nichtigkeitsverfahren nur vom Verletzten geltend gemacht werden (§ 59 Abs 1 Satz 1, § 81 Abs 3). Nimmt der Verletzte seinen auf widerrechtl Entnahme gestützten Einspruch zurück, ist die Fortsetzung des Einspruchsverfahrens vAw entgegen § 61 Abs 1 Satz 2 ausgeschlossen[115] (vgl dazu auch Rn 25 zu § 61). Im EPÜ ist der Widerrufsgrund nicht vorgesehen; im Nichtigkeitsverfahren gegen eur Patente tritt an seine Stelle der Nichtigkeitsgrund, dass der Inhaber des eur Patents nicht nach Art 60 Abs 1 EPÜ berechtigt ist (Art 138 Abs 1 Buchst e EPÜ; Art II § 6

---

105   BPatG 4.11.2004 2 Ni 35/03 (EU).

106   BGH GRUR 2003, 223 Kupplungsvorrichtung II; vgl BGH GRUR 1974, 208 Scherfolie; BGHZ 63, 150 = GRUR 1975, 131 Allopurinol; BGH GRUR 1983, 169 Abdeckprofil; BGH GRUR 1992, 157 Frachtcontainer; BGH Bausch BGH 1994–1998, 434, 439 Dilatationskatheter; BGH GRUR 1998, 899f Alpinski; BGH 15.12.1998 X ZR 33/96; BGH 8.6.2010 X ZR 71/08 Lebensmittel & Recht 2010, 153 Substanz aus Kernen und Nüssen; BPatG 4.12.2003 2 Ni 35/02 (EU) undok und BPatG 26.2.2004 2 Ni 38/02 (EU) undok, je zum EPÜ; BPatG 26.6.2007 4 Ni 52/05 (EU); BPatG 12.7.2007 2 Ni 58/05; BPatG 25.10.2007 2 Ni 71/05 (EU); BPatG 14.1.2009 35 W (pat) 466/07; nicht ganz klar BPatG 15.3.2007 2 Ni 19/05; vgl *Dörries* GRUR 1988, 849;vgl *Fitzner/Lutz/Bodewig* Rn 31; aA offenbar GH Den Haag BIE 1999, 394, 397.

107   BGH GRUR 2005, 1023 Einkaufswagen II; BGH GRUR 2010, 513 Hubgliedertor II; BGH 12.3.2013 X ZR 6/10; vgl BGH GRUR 2010, 910 fälschungssicheres Dokument, im Ergebnis übereinstimmend mit CA England/Wales A3/2007/0879, TGI Paris 06/05848 und öOPM öPBl 2010, 176, aber gegen RB Den Haag ZA 06/2495, vorangehend BPatG 27.3.2007 1 Ni 5/06 (EU), in der Sache gegen die Parallelentscheidung im VK PatentsC [2007] EWHC 600 (Ch); BPatG 9.10.2008 2 Ni 43/06 (EU); BPatG 29.4.2009 5 Ni 23/09; BPatG 3.3.2011 2 Ni 26/09; BPatG 3.3.2011 2 Ni 27/09; BPatG 6.3.2012 3 Ni 14/10 (EU); BPatG 25.2.2015 5 Ni 96/12 (EP).

108   BGH GRUR 2009, 933 Druckmaschinentemperierungssystem II; BGH 22.12.2009 X ZR 28/06.

109   Verneinend BPatG 16.11.2004 14 W (pat) 321/03.

110   AA *Schulte* Rn 31; *Singer/Stauder* Art 100 EPÜ Rn 5f.

111   Vgl *Benkard* Rn 13: Prioritätsverschiebung mit Folge der Selbstkollision, zwh, und Rn 16.

112   Vgl BPatGE 34, 1, 4ff = GRUR 1995, 394.

113   *Singer/Stauder* Art 100 EPÜ Rn 7; offengelassen in EPA T 156/91; aA wohl EPA T 667/94.

114   Vgl *Schulte* Rn 30ff und § 34 Rn 360f; *Fitzner/Lutz/Bodewig* Rn 32.

115   BPatGE 36, 213 = BlPMZ 1996, 506; *Kraßer* S 606 (§ 26 B II 8); *Benkard* Rn 18; DPMA-EinsprRl vom 18.1.2007, BlPMZ 2007, 49; in BGHZ 124, 343 = GRUR 1996, 42 Lichtfleck offengelassen.

Abs 1 Satz 1 Nr 5 IntPatÜG; Rn 17 zu Art II § 6 IntPatÜG); im eur Verfahren richten sich die Möglichkeiten dessen, der nicht der Anmelder ist, nach Art 61 EPÜ.

Das **materielle Recht auf das Patent** haben der (die) Erfinder oder deren Rechtsnachfolger (§ 6 **41** Satz 1; ebenso Art 60 Abs 1 Satz 1 EPÜ). Jedoch gilt, damit die sachliche Prüfung der Patentanmeldung nicht durch die Feststellung des Erfinders verzögert wird, im nationalen Erteilungsverfahren der Anmelder als berechtigt, die Patenterteilung zu verlangen (§ 7 Abs 1). Seine Berechtigung wird fingiert und unterliegt im nat Erteilungsverfahren nicht der Nachprüfung. Die Geltendmachung wird durch eine Übertragungsklage nicht ausgeschlossen (Rn 46 f zu § 8).

Mehreren Betroffenen soll das Recht nur gemeinschaftlich zustehen; im nationalen Einspruchsver- **42** fahren wurde deshalb nur gemeinschaftliches Vorgehen als zulässig angesehen.[116]

Die Fiktion der Berechtigung bezieht sich nur auf den **verfahrensrechtlichen Anspruch auf Patent- 43 erteilung**, sie lässt das materielle Recht des Erfinders (§ 6 Satz 1) unberührt. Sie kann aber dazu führen, dass das materielle Recht auf das Patent und die Patentinhaberschaft auseinanderfallen. Auf Verschulden kommt es dabei nicht an.[117]

Möglichkeiten für den Berechtigten. Geschieht dies ohne Einwilligung des Berechtigten, stellt das **44** PatG neben dem Rechtsbehelf des § 8 (häufig, aber zu Unrecht, als „erfinderrechtl Vindikation" bezeichnet, Rn 8 f zu § 8) und der Nichtigkeitsklage[118] die Möglichkeit zur Verfügung, das fremde Patent im Weg des Einspruchs zu beseitigen und nach Wahl des Berechtigten die Erfindung mit der Priorität des angegriffenen Patents selbst anzumelden (§ 7 Abs 2).[119]

Das **Nachanmelderecht** steht dem aus der widerrechtl Entnahme Einsprechenden, nicht aber auch **45** dem Nichtigkeitskläger[120] zu. Eine Nachprüfung seiner materiellen Berechtigung findet ebenso wenig statt wie bei der Anmeldung nach § 7 Abs 1. Auch der Widerruf wegen widerrechtl Entnahme selbst ist nicht vom Nachweis des materiellen Rechts des Einsprechenden auf das Patent oder den Gegenstand der Entnahme abhängig.

2. Einspruchsberechtigung

a. Grundsatz. Einspruchsberechtigt wegen widerrechtl Entnahme ist der Verletzte, der „andere" iSd **46** PatG, dessen Beschreibungen, Zeichnungen, Modellen, Gerätschaften oder Einrichtungen oder von ihm angewandten Verfahren das angegriffene Patent ohne seine Einwilligung entnommen worden ist.[121] Die Einspruchsberechtigung eines Mitberechtigten wurde vom BPatG verneint.[122]

b. Verhältnis Erfinder – Dritter. Einspruchsberechtigter „anderer" wird regelmäßig der Erfinder **47** oder sein materiell berechtigter Rechtsnachfolger iSd § 6 sein;[123] er ist es jedoch nicht notwendigerweise.

Einspruchsberechtigt ist grds auch, wer **Verfügungsgewalt** über die Erfindung hat[124] (vgl zur abw **48** Rechtslage bei der Übertragungsklage Rn 11, 27 zu § 8). Das folgt schon aus dem Gesetzeswortlaut des Abs 1 Nr 3, der nicht an eine materielle Berechtigung eines Erfinders anknüpft, sondern an die Zuordnung von Verkörperungen (Beschreibung, Zeichnung usw) der Erfindung zu einem beliebigen „anderen".

Auch in diesem Stadium des Verfahrens (wie bei der späteren Nachanmeldung durch den erfolgreich **49** Einsprechenden, Rn 45) will das PatG zumindest die **Nachprüfung der materiellen Berechtigung** der Erfinderschaft des Einsprechenden grds ausschließen.[125]

---

116 BPatGE 47, 28 = BlPMZ 2004, 61.
117 Vgl RPA MuW 37, 356 f; zur widerrechtl Entnahme durch bloße Vertragsverletzung RGZ 100, 35, 38 = BlPMZ 1920, 185 Grabenbagger.
118 Vgl BGH GRUR 1962, 140 Stangenführungsrohre; BGH Liedl 1981, 263 Sicherheitsgurtbefestigung.
119 Vgl BGHZ 124, 343 = GRUR 1996, 42 Lichtfleck.
120 BPatG 16.12.2008 3 Ni 34/06.
121 Vgl BPatGE 51, 254; BPatG 7.7.2010 21 W (pat) 314/06.
122 BPatGE 54, 222 = BlPMZ 2015, 130 „Fondue-Einrichtung"; aufgehoben wegen Gehörsverletzung duch BGH 22.9.2015 X ZB 11/14.
123 BPatGE 10, 207, 213; OLG Karlsruhe GRUR 1983, 67, 69.
124 Vgl *Benkard* Rn 20; aA *Dunkhase* MuW 26, 305; vgl zur Rechtslage in Österreich öOPM öPBl 1999, 12, 14; vgl auch BPatG 26.4.2004 15 W (pat) 321/02.
125 Vgl Begr PatG 1936, BlPMZ 1936, 104; OLG München BlPMZ 1951, 96.

50   Deshalb ist nach verbreiteter Ansicht der **Einwand**, dem Einsprechenden fehle die materielle Berechtigung, im Einspruchsverfahren unstatthaft.[126]

51   Dieser Grundsatz lässt sich allerdings nur mit **Einschränkungen** durchhalten. So wird man dem angegriffenen Patentinhaber nicht den Einwand abschneiden können, er sei der besser Berechtigte, zB der Erfinder,[127] denn jedenfalls in diesem Fall steht auch die Widerrechtlichkeit der Entnahme in Frage, die nicht ungeklärt bleiben kann[128] (zur Widerrechtlichkeit Rn 69 ff). Nur auf die materielle Berechtigung stellt die ganz einhellige Auffassung auch bei der Bestimmung der Anmeldeberechtigung von ArbN oder ArbGb nach dem ArbEG ab und bestimmt allein danach, wer von ihnen gegen den anderen widerrechtl Entnahme geltend machen kann (Rn 75 ff).

3. Verfügungsgewalt des Einsprechenden

52   **a. Grundsatz.** Als einspruchsberechtigt sieht das PatG grds den an, der über die Verkörperung die tatsächliche Verfügungsgewalt hat (häufig, aber nicht ganz korrekt, als Erfindungsbesitzer bezeichnet, vgl Rn 9 zu § 8). Hatte der Einsprechende diese zum Anmeldezeitpunkt nicht, kommt widerrechtl Entnahme nicht in Betracht.[129] Das PatG geht davon aus, dass die zum Einspruch berechtigende Verfügungsgewalt in irgendeiner Form nach außen verlautbart ist. Die Aufzählung der Verlautbarungen (Beschreibung, Zeichnungen, Modelle, Gerätschaften, Einrichtungen, angewendetes Verfahren) ist beispielhaft.[130] Insb ist eine Verkörperung nicht notwendig, auch eine mündliche Beschreibung oder ein Lichtbildervortrag genügt,[131] ebenso eine Internet-Veröffentlichung.

53   **b. Verfügungsgewalt eines anderen.** Einspruchsberechtigt ist ein anderer (als der Patentinhaber), der Verfügungsgewalt hat. Widerrechtl Entnahme kommt nicht in Betracht, wenn die Idee im Zeitpunkt der Entnahmehandlung bereits Gemeingut der Technik war.[132]

54   Sind Patentinhaber und Einsprechender Mitberechtigte (zB **Miterfinder**, § 6 Satz 2), kommt widerrechtl Entnahme zwischen ihnen nicht in Betracht.[133] Der in seinen Rechten verkürzte Miterfinder hat nach § 6 Satz 2 iVm § 8 Anspruch auf anteilige Übertragung des Patents (Rn 5 zu § 8). Auch ein ausgeschiedener **Mitanmelder** ist in diesem Sinn kein „anderer", kann also widerrechtl Entnahme nicht geltend machen.[134]

55   Hingegen begeht der **Besteller** einer Vorrichtung widerrechtl Entnahme, wenn er die Erfindung des Auftragnehmers zum Patent anmeldet.[135]

4. Wesentlicher Inhalt

56   **a. Grundsatz.** Der wesentliche Inhalt des Patents in seiner derzeit gültigen Fassung muss den Unterlagen des anderen entnommen sein. Was durch Beschränkung oder Ausscheidung aus der früheren Anmeldung weggefallen ist, ist nicht zu berücksichtigen (vgl Rn 14 zu § 8).

---

126 Vgl 4. *Aufl* § 4 Rn 26; *Lindenmaier* § 4 Rn 27; *Pietzcker* § 3 Anm 33; *Reimer* § 4 Rn 24; aA *Dunkhase* MuW 26, 305, 306 f.

127 *Benkard* Rn 20.

128 *Kraßer* S 373 (§ 20 II 3).

129 BPatG 26.4.2004 15 W (pat) 321/02.

130 RGZ 123, 58 = GRUR 1929, 220 farbige Papierbahnen I; DPA BlPMZ 1959, 115 f; verneint bei Schweigen des Angestellten auf Frage des Patentanwalts, wer Erfinder sei, und Nichtabgabe einer Erfindungsmeldung nach § 5 ArbEG, BPatG 7.12.2004 23 W (pat) 335/03.

131 BGH GRUR 1962, 34 Torsana-Einlage; RGZ 56, 54 = BlPMZ 1904, 171 Mischventil; RG BlPMZ 1909, 11 f mündliche Beschreibung; RG GRUR 1940, 35, 39 Konservendosenetikett.

132 RG GRUR 1940, 35, 39 Konservendosenetikett; BGH GRUR 1962, 34 Torsana-Einlage.

133 BGH GRUR 2011, 509 Schweißheizung; RGZ 117, 47, 50 f = BlPMZ 1927, 189 Blechhohlkörper; RG BlPMZ 1930, 258 f Rostschutzmittel; RPA MuW 36, 153 f; RPA Mitt 1942, 75 f; *Benkard* § 6 Rn 57; aA *Henke* Die Erfindungsgemeinschaft Rn 480; offen gelassen in BGH 22.9.2015 X ZB 11/14.

134 RG Rostschutzmittel.

135 RPA Mitt 1935, 314 f.

b. Wesensgleichheit. Der entnommene Gegenstand muss im angegriffenen Patent wesensgleich 57
enthalten sein. Es wird gefordert, dass beide nach Aufgabe und Lösung übereinstimmen müssen,[136] die
nicht nach der subjektiven Vorstellung der Beteiligten, sondern objektiv anhand der tatsächlichen Lösung
der technischen Probleme zu bestimmen sind.[137] Bloße Ähnlichkeit oder Abhängigkeit genügt nicht,[138]
denn im Patenterteilungs-, Einspruchs- und Nichtigkeitsverfahren wird der Gegenstand des Patents geprüft, nicht aber ein darüber hinausgehender Schutzumfang.[139]

Gegenständliche Übereinstimmung ist nicht erforderlich. Es genügt, dass das angegriffene Patent 58
eine für den Fachmann ohne weiteres erkennbare und auffindbare konkrete Ausgestaltung eines entnommenen allg Lösungsprinzips betrifft.[140] Die **Übernahme des wesentlichen Inhalts** der erfinderischen
Lehre eines Dritten genügt. Dies ist vom Anmeldungsgegenstand her zu beurteilen; was das Erfinderische
der Anmeldung ausmacht, muss mit dem entnommenen Gedankengut übereinstimmen.[141] Übereinstimmung wurde verneint, wenn bei gleicher Aufgabenstellung die Anmeldung auf einem anderen Lösungsgedanken beruht.[142]

Der **wesentliche Kern des Erfindungsgedankens**,[143] den die Unterlagen des Verletzten für den 59
Fachmann erkennbar enthalten,[144] muss wesentlicher Inhalt des Patents sein. Bei Entnahme aus einer
früheren Anmeldung kommt es nicht darauf an, ob das Entlehnte in einem Schutzanspruch oder der Beschreibung enthalten war.[145] Wird in einer Anordnung deren Herstellungsweise erkennbar, kann sie Gegenstand der Entnahme sein.[146]

c. Teilidentität. Die Entnahme eines Elements einer Kombinationserfindung ist keine Entnahme der 60
Kombination,[147] wenn nur die Kombination die Schutzfähigkeit begründet.[148]

Unwesentliche Änderungen und Ergänzungen des Gegenstands der Entnahme, die sich im Rahmen 61
des Fachkönnens halten, berühren die Identität der Gegenstände nicht.[149]

Ist dagegen dem Entnommenen **Erfinderisches hinzugefügt**, kommt, wenn der Gegenstand teilbar 62
ist, nur ein auf den entnommenen Teil beschränkter Widerruf unter Aufrechterhaltung im übrigen in Betracht,[150] ebenso, wenn die Entnahme nur eines von mehreren selbstständig erfinderischen Unteransprüchen oder die Entnahme eines selbstständig erfinderischen Zusatzpatents geltend gemacht wird.[151] Das
muss auch gelten, wenn ein schöpferischer Beitrag erfolgt, der nicht selbstständig erfinderisch ist (Rn 32f
zu § 8). Soweit der Gegenstand unteilbar ist, kommt kein Widerruf in Betracht, sondern nur eine teilweise
Übertragung des Patents (vgl Rn 33 zu § 8).[152]

Enthält ein **Kombinationspatent** entnommene Elemente, die für sich allein schutzfähig sind, kön- 63
nen sie nicht gestrichen werden, weil das zu einer unzulässigen Erweiterung führen würde. Hier soll der
selbstständige Schutz der entnommenen Elemente auszuschließen sein.[153] Wegen des nach geltendem

---

136 RGZ 130, 158 ff = BlPMZ 1931, 7 Wäschekastenmangeln; RG GRUR 1940, 35, 40 Konservendosenetikett.
137 BGHZ 78, 358 = GRUR 1981, 186 Spinnturbine II.
138 RG BlPMZ 1907, 106 Papiermachéwaren; RG BlPMZ 1915, 134 Griessäulenstange; RPA Mitt 1937, 58; zum allg
Erfindungsgedanken nach früherem Recht RG Wäschekastenmangeln.
139 *Benkard* Rn 24.
140 BGH GRUR 1981, 186, 189 Spinnturbine II.
141 BGHZ 68, 242 = GRUR 1977, 594 geneigte Nadeln.
142 BGH 27.10.1961 I ZR 34/60.
143 RG Mitt 1939, 160 f.
144 RG GRUR 1939, 779 Bremsvorrichtung; RG GRUR 1940, 35, 39 Konservendosenetikett.
145 RG Konservendosenetikett.
146 RG Konservendosenetikett.
147 RG BlPMZ 1907, 106 f Papiermachéwaren.
148 RPA Mitt 1937, 58 f.
149 BGHZ 68, 242 = GRUR 1977, 594 f geneigte Nadeln.
150 BGHZ 68, 242 = GRUR 1977, 594 f geneigte Nadeln; BGHZ 78, 358 = GRUR 1979, 692 Spinnturbine II; *Fitzner/Lutz/
Bodewig* Rn 55; BPatG 7.10.1997 8 W (pat) 42/96 verneint bei Neuheit und Nichtnaheliegen der Unterscheidungsmerkmale
widerrechtl Entnahme insgesamt; vgl *Nirk/Ullmann* Patent-, Gebrauchsmuster- und Sortenschutzrecht S 62.
151 OLG Frankfurt GRUR 1976, 698.
152 BGH Spinnturbine II.
153 BGHZ 68, 242 = GRUR 1977, 594 f geneigte Nadeln.

Recht nicht mehr in Betracht kommenden Elementenschutzes besteht diese Möglichkeit nicht mehr (vgl auch Rn 42 zu § 8).

64　　**5. Entnahme** setzt voraus, dass der Entnehmer die Kenntnis vom Gegenstand der Entnahme vor der Anmeldung aus den Unterlagen des Verletzten erlangt hat. Die Rspr hat verlangt, dass der Berechtigte zum Zeitpunkt der Entnahme in Besitz einer fertigen Erfindung gewesen sein muss.[154] Sie ist bereits auf der Grundlage der mündlichen Offenbarung einer fertigen, bisher nur geistig konzipierten Erfindung möglich.[155]

65　　Unerheblich ist, ob die Kenntnis **berechtigt oder unberechtigt** erlangt ist, die Mitteilung vom Erfinder selbst an den Entnehmer erfolgt ist,[156] und ob der Entnehmer gut- oder bösgläubig gehandelt hat.[157]

66　　Der Gegenstand muss nicht unmittelbar den Unterlagen des anderen entnommen sein, mittelbare Entnahme, zB durch Vermittlung oder aus den Zeichnungen eines Dritten, genügt,[158] auch durch Benutzung im Ausland.[159] Erforderlich ist jedoch ein **Kausalzusammenhang** derart, dass die Kenntnis (mittelbar oder unmittelbar) vom Einsprechenden erlangt ist.[160] Keine widerrechtl Entnahme liegt vor bei anderweitiger Erlangung der Kenntnis oder im Verhältnis der Erfinder bei einer Parallelerfindung („Doppelerfindung", § 6 Satz 3; Rn 54 ff zu § 6).

67　　Bei Entnahme einer **Parallelerfindung** („Doppelerfindung") durch einen Dritten hat nur der Erfinder Rechte, auf dessen Verfügungsgewalt über die Erfindung das unberechtigte Patent beruht.[161] Ist es beiden Erfindungen entnommen, haben beide Erfinder das Einspruchsrecht.

68　　Auch der **Erfinder selbst** kann widerrechtl Entnahme begehen, wenn er die Rechte aus der Erfindung wirksam auf einen anderen übertragen hat[162] oder die Erfindungsrechte kraft Gesetzes einem anderen, zB dem ArbGb, zustehen (Rn 75 ff).

6. Widerrechtlichkeit der Entnahme

69　　**a. Grundsatz.** Widerrechtlichkeit setzt voraus, dass der Entnehmer kein Recht zur Anmeldung der Erfindung hat und auch keine Einwilligung des anderen dazu vorliegt. Auf Verschulden oder guten Glauben des Entnehmers kommt es dabei nicht an.[163]

70　　**b. Einwilligung.** Entnahmehandlung ist nicht das Erlangen der Kenntnis von der Erfindung, sondern die Verwertung der Kenntnis durch die Patentanmeldung.[164] Daher ist es für die Widerrechtlichkeit ohne Bedeutung, ob der Entnehmer die Kenntnis unbefugt oder befugt erlangt hat. Es kommt allein darauf an, ob die Erfindung unbefugt, insb ohne Einwilligung des Berechtigten, angemeldet wird.[165]

71　　Eine **stillschweigende Einwilligung** muss sich aus den Umständen klar ergeben.[166] Sie liegt weder in der bloßen Mitteilung der Erfindung[167] noch in der Überlassung einer Zeichnung zum Nachbau einer Maschine.[168]

72　　Eine Einwilligung fehlt auch, wenn die **Einwilligungserklärung** wegen einer Beschränkung der Geschäftsfähigkeit des Erklärenden **unwirksam** oder wegen eines Willensmangels wirksam **angefochten** ist.[169]

154　BGH GRUR 1971, 210 Wildverbißverhinderung; vgl *Fitzner/Lutz/Bodewig* § 8 Rn 18.
155　RG GRUR 1940, 35, 39 Konservendosenetikett; BGH GRUR 1962, 34 Torsana-Einlage.
156　RGZ 2, 137, 140 = PatBl 1881, 37 Reservekuppelung; OLG München GRUR 1951, 157 f.
157　RG GRUR 1931, 147 Seliger; *Dunkhase* GRUR 1907, 216 f.
158　RPA Mitt 1927, 54; RPA Mitt 1935, 314 f; *Dunkhase* MuW 26, 305 ff.
159　AA OLG Hamm GRUR 1935, 539.
160　Vgl *Nirk/Ullmann* Rn 62.
161　*Heydt* GRUR 1936, 470, 474; 1936, 1013, 1015; *Dunkhase* MuW 26, 305, 307; aA *Buß* GRUR 1936, 833, 835.
162　OLG Karlsruhe GRUR 1983, 67, 69.
163　RG GRUR 1931, 147 Seliger; vgl *Nirk/Ullmann* S 62.
164　RGZ 2, 137, 138 f = PatBl 1881, 37 Reservekuppelung; RPA Mitt 1938, 388.
165　RG Reservekuppelung; OLG München GRUR 1951, 157 f; *Fitzner/Lutz/Bodewig* Rn 62.
166　PA MuW 10, 288.
167　RGZ 2, 137, 140 = PatBl 1881, 37 Reservekuppelung; OLG Düsseldorf BB 1970, 1110; OLG München BlPMZ 1951, 96.
168　DPA BlPMZ 1983, 41, 44.
169　*Lindenmaier* § 4 Rn 26; *Reimer* § 4 Rn 28.

Liegt hingegen die Einwilligung bei der Anmeldung vor, wird die Entnahme nicht dadurch wider- 73
rechtl, dass der Anmelder die Anmeldung unter Verstoß gegen ein **vertragliches Veräußerungsverbot**
abtritt. Auch der Erwerber, der die Anmeldung weiterverfolgt, begeht keine widerrechtl Entnahme.[170] Die
bloße Vertragswidrigkeit einer Anmeldung ist keine widerrechtl Entnahme.[171]

c. Besseres Recht zur Anmeldung. Widerrechtl handelt auch der Erfinder selbst, wenn er die Rechte 74
aus der Erfindung vor der Anmeldung wirksam auf einen anderen übertragen hat.[172] Wo das nicht der Fall
ist, kann sich der Erfinder gegenüber dem, der Verfügungsgewalt über die Erfindung hat, auf sein besseres
Recht an der Erfindung berufen (Rn 51), denn dieses schließt die Widerrechtlichkeit seiner Patentanmeldung aus. Eine Nachprüfung der materiellen Berechtigung, die an sich vermieden werden soll, ist hier
ebenso wenig zu umgehen wie bei der ArbN-Erfindung, bei der die Anknüpfung an die Verfügungsgewalt
über die Erfindung allein keine brauchbaren Lösungen ermöglicht (Rn 75 ff).

d. Anmelderecht bei Arbeitnehmererfindungen. Wer im Verhältnis von ArbNErfinder und seinem 75
ArbGb zur Anmeldung berechtigt ist und wer widerrechtl Entnahme begeht, richtet sich, soweit dt Recht
Anwendung findet, nach den Vorschriften des ArbEG, sonst nach den maßgeblichen Bestimmungen des
jeweiligen nationalen Rechts (vgl Rn 9 ff Einl ArbEG) oder (bei der Nichtigerklärung eur Patente) des Art 60
Abs 1 Satz 2 EPÜ (vgl Rn 17 f zu Art II § 6 IntPatÜG).

Das Anmelderecht steht dem **Arbeitnehmer** bei freien Erfindungen (§ 4 Abs 3 ArbEG) und bei frei ge- 76
wordenen (vgl § 8, § 13 Abs 4 Satz 1 ArbEG) Diensterfindungen allein zu. Ihre Anmeldung durch den ArbGb
ist widerrechtl Entnahme.[173]

Hingegen gehen mit der Inanspruchnahme einer Diensterfindung oder deren gesetzlichem Eintritt 77
(„Fiktion"; § 6 Abs 2 ArbEG) die Rechte an ihr, also auch das Recht zur Patentanmeldung, auf den **Arbeitgeber** über[174] (§ 7 Abs 1 ArbEG). Meldet der ArbN eine solche Diensterfindung selbst zum Patent an, begeht
er widerrechtl Entnahme.[175]

Auch der ArbN, der eine **noch nicht in Anspruch genommene Diensterfindung** zum Patent anmel- 78
det, bevor der ArbGb Gelegenheit zur Inanspruchnahme hatte (zB weil der ArbN seine Meldepflicht nach
§ 5 Abs 1 ArbEG versäumte), begeht widerrechtl Entnahme, wenn der ArbGb die Erfindung später wirksam
in Anspruch nimmt[176] oder die Inanspruchnahme nach § 6 Abs 2 ArbEG Wirksamkeit erlangt. Ein Widerruf
kommt aber erst in Betracht, wenn endgültig geklärt ist, ob die Erfindung dem ArbGb zusteht (§ 7 Abs 2
ArbEG) oder frei ist (§ 8 ArbEG; vgl Rn 6 zu § 7 ArbEG).[177]

7. Patentfähigkeit des Entnahmegegenstands. Nach älterer Rspr setzte die widerrechtl Entnahme 79
begrifflich die Patentfähigkeit des angegriffenen Schutzrechts voraus; Schutzunfähiges konnte nicht entnommen werden (näher *7. Aufl*).[178] Diese Rspr wird mit Recht nunmehr allg abgelehnt (näher *7. Aufl*; vgl
für das GbmRecht Rn 19 zu § 15 GebrMG).[179] Die Prüfung, ob das Entnommene patentfähig ist, muss der
Prüfung einer etwaigen Nachanmeldung vorbehalten bleiben, für die § 7 Abs 2 ausdrücklich eine Erfin-

---

170 PA MuW 10, 288 f.
171 RPA Mitt 1937, 58.
172 OLG Karlsruhe GRUR 1983, 67, 69.
173 SstA BlPMZ 1967, 131; *Fitzner/Lutz/Bodewig* Rn 60.
174 BPatGE 10, 207, 215.
175 BPatGE 10, 207, 215 mwN; DPA BlPMZ 1959, 115; *Schulte* Rn 43; *Fitzner/Lutz/Bodewig* Rn 61.
176 Vgl BGH GRUR 2005, 761 Rasenbefestigungsplatte; *Benkard* Rn 22; *Schulte* Rn 43; *Fitzner/Lutz/Bodewig* Rn 61.
177 BPatGE 10, 207, 214 ff; DPA BlPMZ 1959, 115, 117; *Fitzner/Lutz/Bodewig* Rn 61; aA *Lindenmeier/Lüdecke* § 7 ArbEG
Anm 1; nach OLG München 18.9.1997 6 U 1781/92 kommt es dagegen auf die Inanspruchnahme nicht an.
178 BGH GRUR 1962, 140 Stangenführungsrohre; BGH 12.4.1960 I ZR 98/58; BGH 13.7.1965 I a ZR 45/64; RG GRUR 1930,
805 Schuhspanner; RG GRUR 1940, 35, 39 Konservendosenetikett; RG GRUR 1940, 437, 439 Spiegelbildvervielfältigung III;
BPatGE 24, 36, 38 = GRUR 1981, 908, GbmSache; BPatG 28.11.2000 8 W (pat) 135/97 Mitt 2001, 389 Ls; RPA Mitt 1938, 388;
RPA BlPMZ 1942, 40; *Fitzner/Lutz/Bodewig* Rn 63; vgl BGH Mitt 1996, 16, 18 gummielastische Masse I.
179 Vgl *Benkard* Rn 23; *Kraßer* S 374 (§ 20 II 5); *Schulte* Rn 44; *Niedlich* VPP-Rdbr 2001, 122, 125 f; *Mes* Rn 42; für den
Übertragungsanspruch st Rspr, vgl BGH GRUR 2001, 823 Schleppfahrzeug mwN.

Keukenschrijver

dung voraussetzt. Dem trägt die neuere Rspr[180] Rechnung, nach der das Patent auch dann zu widerrufen ist, wenn sein Gegenstand nicht patentfähig ist (vgl Rn 278 zu § 59).

IV. Hinausgehen über den Inhalt der Anmeldung („unzulässige Erweiterung")

80 **1. Geltungsbereich.** Das IntPatÜG hat die unzulässige Erweiterung als Widerrufsgrund (Abs 1 Nr 4; Art 100 Buchst c EPÜ) und als Nichtigkeitsgrund mit Wirkung für alle Patente, die auf seit dem 1.1.1978 eingereichte Anmeldungen erteilt sind, eingeführt. Zum Begriff der Erweiterung auch Rn 18 ff zu § 38.

81 **2. Geltendmachung.** Die „unzulässige Erweiterung" kann jeder geltend machen. Im Einspruchsverfahren kann auf einen zulässigen Einspruch die Erweiterung vAw aufgegriffen werden (Rn 254 zu § 59). Als Nichtigkeitsgrund kann sie nur berücksichtigt werden, wenn sie geltend gemacht wird, sie kann dagegen im Verletzungsstreit nicht nach § 38 Satz 2 als unwirksamer Bestandteil des Patents behandelt werden (Rn 16 zu § 38). Auch im Nichtigkeitsverfahren kann die Erweiterung nicht ohne Geltendmachung des Nichtigkeitsgrunds eliminiert oder unbeachtet gelassen werden.[181] Das schließt nicht aus, dass eine aus einem anderen geltend gemachten Widerrufs- bzw Nichtigkeitsgrund gebotene Beschränkung des Patents so vorgenommen wird, dass die unzulässige Erweiterung im Ergebnis beseitigt wird.[182]

3. Voraussetzungen

82 **a. Grundsatz.** Der Widerrufsgrund liegt vor, wenn der Gegenstand des Patents über den Inhalt der Anmeldung in der Fassung hinausgeht, in der sie bei der für die Anmeldung zuständigen Behörde ursprünglich eingereicht worden ist (Abs 1 Nr 4 1. Halbs). Das ist der Fall, wenn sich der Gegenstand des Patents für den Fachmann erst aufgrund eigener, von seinem Fachwissen getragener Überlegungen ergab, nachdem er die ursprünglichen Unterlagen zur Kenntnis genommen hatte.[183] Abwandlungen und Weiterentwicklungen der Information gehören ebenso wenig zum Offenbarten wie diejenigen Schlussfolgerungen, die der Fachmann kraft seines Fachwissens aus der erhaltenen technischen Information ziehen mag.[184] Entscheidend ist nach der Rspr, ob aus der Sicht des Fachmanns den ursprünglichen Unterlagen unmittelbar und eindeutig[185] zu entnehmen war, dass der geänd Lösungsvorschlag von dem ursprüngli-

180 BGH GRUR 2011, 509 Schweißheizung; BPatG GRUR 2009, 587, BPatGE 52, 19 = GRUR 2010, 521 gegen die frühere Rspr des BPatG; vgl auch BPatG Mitt 2006, 76; noch offen gelassen in BGH GRUR 2007, 996 Angussvorrichtung für Spritzgießwerkzeuge I.
181 Jetzt im Ergebnis wohl auch *Schulte* § 81 Rn 96, abw noch *Schulte*[8] § 81 Rn 99; aA für das frühere Recht BPatGE 22, 149 f = GRUR 1980, 781 mwN.
182 *Kraßer*[5] S 639.
183 BGH GRUR 2010, 509 Hubgliedertor I; BGH GRUR 2010, 910 fälschungssicheres Dokument; BGH GRUR 2013, 809 Verschlüsselungsverfahren; BGH GRUR 2015, 249 Schleifprodukt; BPatG 12.1.2012 2 Ni 13/10; BPatG 24.6.2015 6 Ni 32/14 (EP); vgl BPatG 9.7.2013 3 Ni 37/11 (EP); BPatG 18.9.2013 5 Ni 72/11 (EP); BPatG 25.7.2013 2 Ni 68/11 (EP): dass die erweiternde Änderung im Prüfungsverfahren amtsseitig vorgeschlagen wurde, ist unerheblich; BPatG 8.1.2014 5 Ni 66/11 (EP); BPatG 3.4.2014 5 Ni 32/12 (EP); BPatG 30.9.2014 4 Ni 10/13 (EP); BPatG 18.12.2014 8 W (pat) 32/10: Notwendigkeit nicht auf der Hand liegender trigonometrischer Umformungen zur Auflösung einer angegebenen Bestimmungsgleichungen.
184 BGHZ 179, 168 = GRUR 2009, 382 Olanzapin mwN; BGH Verschlüsselungsverfahren; BPatG 12.5.2011 2 Ni 32/09 (EU); BPatG 20.3.2014 2 Ni 21/12; BPatG 2.10.2014 7 Ni 62/14 (EP); vgl BGH 25.6.2013 X ZR 52/12.
185 BGHZ 148, 383, 389 = GRUR 2002, 148 Luftverteiler; BGH GRUR 2008, 597 Betonstraßenfertiger; BGH Olanzapin; BGH fälschungssicheres Dokument; BGH 27.10.2011 X ZR 94/09; BGH GRUR 2012, 373 Glasfasern; BGHZ 194, 107 = GRUR 2012, 1124 Polymerschaum I; BGH 16.1.2014 X ZR 78/12; BGH 26.6.2014 X ZR 6/11; BGH 15.7.2014 X ZR 119/11 CIPR 2014, 96 Ls Schaltungsanordnung zum schnellen Abschalten; BPatG 25.1.2011 3 Ni 26/09 (EU); BPatG 3.3.2011 2 Ni 26/09; BPatG 3.3.2011 3 Ni 27/09; BPatG 8.6.2011 5 Ni 71/09 (EU); BPatG 9.6.2011 2 Ni 2/10; BPatG 9.6.2011 2 Ni 3/10; BPatG 6.7.2011 5 Ni 43/10; BPatG 7.7.2011 2 Ni 35/09; BPatG 9.5.2012 5 Ni 152/09 (EU); BPatG 18.12.2012 5 Ni 47/10 (EP); BPatG 16.1.2013 5 Ni 7/11 (EP); BPatG BlPMZ 2014, 60; BPatG 14.5.2014 5 Ni 50/12 (EP); BPatG 22.10.2014 5 Ni 20/10 (EU); BPatG 29.12.2014 4 Ni 12/12 (EP); BPatG 25.2.2015 5 Ni 96/12 (EP); BPatG 15.4.2015 5 Ni 11/13 (EP); BPatG Mitt 2015, 324 „Brustpumpe"; BPatG 15.5.2015 2 Ni 14/13 (EP); vgl BPatG 10.3.2011 5 Ni 49/09 (EU); so auch für die ursprüngliche Offenbarung, BGH 23.5.2013 X ZR 32/12 unter Hinweis auf BGH Olanzapin und BGH GRUR 2004, 407 Fahrzeugleitsystem.

chen Schutzbegehren mit umfasst werden sollte;[186] das lässt allerdings außer Betracht, dass in den ursprünglich eingereichten Unterlagen ein Schutzbegehren nicht formuliert werden muss. Weiter ist die Feststellung erforderlich, dass der geänd Lösungsvorschlag dem Fachmann von vornherein als mögliche Ausführungsform[187] als zur Erfindung gehörend offenbart worden ist, ohne dass in den ursprünglichen Unterlagen formulierten Patentansprüchen die gleiche Bedeutung zukommt wie den Patentansprüchen des erteilten Patents.[188] Das Erfordernis der unmittelbaren und eindeutigen Offenbarung muss dabei in einer Weise angewendet werden, die berücksichtigt, dass die Ermittlung dessen, was dem Fachmann als Erfindung und was als Ausführungsbeispiel der Erfindung offenbart wird, wertenden Charakter hat, und eine unangemessene Beschränkung des Anmelders bei der Ausschöpfung des Offenbarungsgehalts der Voranmeldung vermeidet.[189] Der Prüfung der Erweiterung muss die Ermittlung des Sinngehalts und damit eine Auslegung des hierauf zu überprüfenden Patentanspruchs vorangehen, bei der der Beitrag, den ein relevantes („streitiges") Merkmal zum Leistungsergebnis liefert, zu bestimmen ist.[190] Dabei ist auch ein für sich genommen eindeutiger Wortlaut nicht ausschlaggebend, wenn die Auslegung ergibt, dass im Patentanspruch verwendete Begriffe gegeneinander auszutauschen sind.[191] Eine offenbarte Lehre ist aus fachmännischer Sicht grds als ein sinnvolles Ganzes zu verstehen; ihre Aussagen sollen weder zu einem widersprüchlichen noch zu einem sinnlosen Bedeutungsgehalt führen.[192] Patentansprüche, Beschreibung und Zeichnungen sind grds gleichwertige Offenbarungsmittel.[193] Bei der Offenbarung in den Zeichnungen wird aber eine besonders sorgfältige Prüfung für erforderlich gehalten.[194] Abzustellen ist auf die Gesamtheit der ursprünglichen Unterlagen.[195] Entscheidend ist, ob die ursprüngliche Offenbarung für den Fachmann erkennen ließ, der geänderte Lösungsvorschlag solle von vornherein von dem Schutzbegehren umfasst werden[196] oder doch

---

186 BGH GRUR 2010, 513 Hubgliedertor II unter Hinweis auf BGH Mitt 1996, 204, 206 Spielfahrbahn 03; BGH GRUR 2012, 373 Glasfasern; vgl BPatG Mitt 2013, 416 f; BPatG 25.11.2014 1 Ni 12/14.

187 BGH Mitt 1996, 204, 206 Spielfahrbahn 03, BGH GRUR 2002, 49, 51 Drehmomentübertragungseinrichtung; BGH GRUR 2010, 599 Formteil; vgl BPatG 14.1.2014 3 Ni 24/12 (EP); BPatG Mitt 2013, 416 f.

188 Vgl BGHZ 110, 123 = GRUR 1990, 432 Spleißkammer; BGHZ 111, 21, 26 = GRUR 1990, 510 Crackkatalysator I; BGH GRUR 1991, 307 Bodenwalze; BGH Bausch BGH 1986–1993, 620 Webmaschinendrehereinrichtung; BGH Spielfahrbahn 03; BGH GRUR 1992, 157 ff. Frachtcontainer; BGH Bausch BGH 1994–1998, 327, 334 Auspreßvorrichtung; BGH GRUR 1995, 113 f Datenträger; BGH Bausch BGH 1999–2001, 142, 148 Kontaktfederblock 01; BGH GRUR 2000, 1015 f Verglasungsdichtung; BGH Bausch BGH 1999-2001, 180, 192 Ventilbetätigungsvorrichtung; BGH GRUR 2000, 591 Inkrustierungsinhibitoren; BGH Bausch BGH 1999–2001, 563, 567 Flüssigkeitsentnahmevorrichtung; BGH GRUR 2001, 140 f Zeitteilegramm; BGH Drehmomentübertragungseinrichtung; BGH 12.3.2002 X ZR 224/98 Schulte-Kartei PatG 14.21 Nr 12, 81–85 Nr 304 Sanitärtoilettensystem; BGH GRUR 2007, 959 Pumpeinrichtung; BGH 23.10.2007 X ZR 104/06; BGHZ 200, 63 = GRUR 2014, 542 Kommunikationskanal; BGH 10.4.2014 X ZR 74/11; BGH GRUR 2014, 1026 Analog-Digital-Wandler; die aktuelle Formulierung in BGH GRUR 2005, 1023 Einkaufswagen II; BGH Koksofentür; BGH GRUR 2006, 666 Stretchfolienhaube; BGH 23.10.2007 X ZR 104/06; BGH 13.10.2009 X ZR 5/06; BGH Hubgliedertor I; BGH Hubgliedertor II; BGH GRUR 2011, 1109 Reifenabdichtmittel; BGH GRUR 2012, 475 Elektronenstrahltherapiesystem; BGHZ 194, 107 = GRUR 2012, 1124 Polymerschaum I; BGH 27.10.2011 X ZR 94/09; BGH 13.12.2011 X ZR 125/08; BGH 13.12.2011 X ZR 135/08; BPatG 22.2.2006 4 Ni 50/04; BPatG 10.7.2007 3 Ni 38/05 (EU); BPatG 17.10.2007 1 Ni 17/07; BPatG 29.4.2009 5 Ni 23/09; BPatG 9.3.2010 3 Ni 42/08; BPatG 4.6.2010 3 Ni 39/08; BPatG 15.3.2011 1 Ni 10/09 (EU); BPatG 9.7.2013 3 Ni 37/11 (EP); BPatG 10.12.2014 5 Ni 14/12 (EP); BPatG 12.0829.12.2014 4 Ni 12/12 (EP).

189 BGH Kommunikationskanal; BPatG Mitt 2015, 324 „Brustpumpe"; BPatG 29.12.2014 4 Ni 12/12 (EP); vgl BPatG 26.11.2014 5 Ni 69/11 (EP).

190 BGH GRUR 2015, 875 Rotorelemente; BGH GRUR 2015, 868 Polymerschaum II.

191 BGH Rotorelemente; vgl BGH 19.5.2015 X ZR 48/13.

192 BGH Rotorelemente; BGH GRUR 2016, 166 PALplus.

193 BGH GRUR 2007, 578, 580 rückspülbare Filterkerze; BGH GRUR 2010, 599 Formteil; BGH 26.6.2014 X ZR 6/11.

194 BGH GRUR 2010, 599 Formteil; BGH 26.11.2013 X ZR 96/10; BPatG 9.9.2003 6 W (pat) 314/02; vgl BPatG 2.3.2004 1 Ni 22/02 (EU); BPatG 11.3.2009 19 W (pat) 321/06; BPatG 6.12.2010 19 W (pat) 21/07; vgl aber BPatG 13.12.2010 19 W (pat) 30/07; BPatG 6.10.2011 10 Ni 40/10.

195 *Fitzner/Lutz/Bodewig* Rn 35 mwN.

196 BGH Bausch BGH 1986–1993, 620 Webmaschinendrehereinrichtung mwN; vgl BGH Drehmomentübertragungseinrichtung; BGH Zeitteilegramm; BPatG 22.11.2000 4 Ni 9/00 (EU); BPatG 27.9.2004 19 W (pat) 305/02; BPatG 12.7.2005 21 W (pat) 23/03; BPatG 29.11.2011 3 Ni 44/08 (EU); EPA T 255/88 EPOR 1992, 87 Befestigungsvorrichtung für Fassadenelemente; EPA T 192/89 EPOR 1990, 287 Dispositif d'homogénéisation; EPA T 270/89 EPOR 1991, 540 Splash bar method; EPA T 289/95 und EPA T 211/95, zur Teilanmeldung; relativierend zur Bedeutung der Zeichnungen EPA T 497/97; EPA T 962/98 Schulte-Kartei EPÜ 123, 124 Nr 184; vgl auch BPatG 15.5.2015 2 Ni 14/13 (EP); zum maßgeblichen Fachmann BPatGE 1, 1 = GRUR 1965, 83.

Keukenschrijver

zumindest erfasst werden können.[197] Grds keine Erweiterung ist die Beschränkung auf eine von mehreren Lösungsalternativen;[198] dies gilt über den Bereich der Chemie hinaus.[199] Gleiches gilt für die Beschränkung auf eine Ausführungsform, die nur für eine von mehreren ursprünglich offenbarten Verwendungsarten geeignet ist.[200] Darauf, ob die Lösung als vorteilhaft, zweckmäßig oder bevorzugt bezeichnet ist, kommt es nicht an.[201]

83   Erweiternd kann das **Weglassen eines Merkmals** sein.[202] Das gilt jedoch nicht allg, weil Prüfungsmaßstab nicht die Patentansprüche sind, sondern die Ursprungsoffenbarung als solche.[203] Das Fehlen eines ursprünglich offenbarten notwendigen Lösungsmerkmals im Patentanspruch stellt[204] schon deshalb nicht notwendig eine unzulässige Erweiterung dar, weil der Patentanspruch nicht alle notwendigen Merkmale nennen muss (Rn 78 zu § 34).

84   Dass nur eine **bestimmte Ausführungsform** einer Vorrichtung ausführbar offenbart ist, besagt noch nichts darüber, ob ein beschränkter Patentanspruch, der nicht auf eine solche Ausführungsform begrenzt ist, über den Inhalt der Ursprungsoffenbarung hinausgeht.[205] Dabei kann eine Passage in der Beschreibung, die nicht Inhalt der ursprünglichen Unterlagen war, nur dann die Erweiterung begründen, wenn deren Berücksichtigung bei der Auslegung des Patentanspruchs des erteilten Patents zu einem veränderten Verständnis der darin verwendeten Begriffe oder des geschützten Gegenstands führt.[206] Wegen der Einzelheiten (Aufnahme nicht ursprungsoffenbarter einschränkender Merkmale, sog „aliud", Verallgemeinerung) ist auch auf die Kommentierung zu § 38 Satz 2 (Rn 18 ff zu § 38) zu verweisen.

85   Die Erweiterung wird durch **Vergleich** des Gegenstands des erteilten Patents in seiner geltenden Fassung mit dem Inhalt der ursprünglichen Offenbarung (Rn 65 ff zu § 3; Rn 238 ff, 257 ff zu § 34), und zwar der Gesamtheit der Anmeldungsunterlagen der nationalen Anmeldung oder bei Umwandlung einer eur in eine dt Anmeldung (Art 77 Abs 3 EPÜ, Art 135 EPÜ, Art II § 9 IntPatÜG) bzw im Fall des Art 100 PCT die ursprünglichen Unterlagen der entspr Hinterlegung[207] (und nicht nur der ursprünglichen Patentansprüche,[208] sondern auch der Beschreibung und der Zeichnungen, auf die sich die Beschreibung oder die Pa-

---

197 Vgl zur Problematik, insb bei fälschlich als bekannt bezeichneten Merkmalen, *Kraßer* S 544 f (§ 25 A VIII a 4).

198 BGH GRUR 1966, 319, 321 Seifenzusatz; BGHZ 45, 102, 110 f = GRUR 1966, 312 Appetitzügler I; BGH GRUR 1967, 585 Faltenrohre: soweit die Lösung von vornherein als in Betracht kommend hervorgehoben oder, so BPatGE 7, 20 = Mitt 1965, 116, differenziert beschrieben war, zutr aber auch ohne diese Einschränkung, sofern die verbleibenden Alternativen nur ursprünglich als zur Erfindung gehörend offenbart waren; BPatG 19.1.1970 11 W (pat) 166/66; aA BPatGE 5, 10 insb, wenn durch die Beschränkung eine andere als die ursprünglich offenbarte Aufgabe gelöst werde; vgl BGH 12.7.2011 X ZR 75/08.

199 BGH GRUR 1967, 241 Mehrschichtplatte; BGH Liedl 1967/68, 135, 138 Leiterteil; BPatG 4.12.1969 11 W (pat) 190/65 BlPMZ 1971, 27 Ls.

200 BGH GRUR 1968, 86 landwirtschaftliches Ladegerät, GbmSache; vgl auch BPatG 9.11.2004 3 Ni 18/03, wonach auch der Austausch einer nicht ausführbar dargestellten DNA-Sequenz durch eine hinterlegte Sequenz zulässig sein soll (zwh), allerdings war der Austausch dort von der beanspruchten Priorität nicht gedeckt.

201 BGH Crackkatalysator I; BGH Bausch BGH 1999–2001 Kontaktfederblock 01: bei Ausführungsbeispiel idR der Fall; vgl BPatG 6.4.2000 9 W (pat) 53/98; aA offensichtlich *Fitzner/Lutz/Bodewig* § 38 Rn 37 ff unter weitgehendem Rekurs auf die zur Neuheitsprüfung ergangene Rspr: keine zulässige Beschränkung auf nicht mit Vorteilen offenbare zusätzliche Angaben, bei Offenbarung der Alternativen „symmetrisch oder unsymmetrisch" Beschränkung auf „symmetrisch" nur zulässig, wenn Vorteil der symmetrischen Ausgestaltung offenbart, danach ebenso bei Enantiomeren.

202 Vgl BPatG 31.7.2013 5 Ni 49/12 (EP); BPatG 6.11.2013 5 Ni 64/11 (EP): Weglassen der Einschränkung auf Fernsehprogramme bei einem Internet-Programmführer.

203 Vgl BPatG 28.11.2001 4 Ni 56/00 (EU) undok und nachgehend BGH GRUR 2005, 1023 Einkaufswagen II; dies scheint BPatG 31.7.2003 14 W (pat) 310/02 zu übersehen; vgl BPatG 5.10.2006 11 W (pat) 344/02; aA schweiz BG sic! 2011, 731 Federkernmaschinen, für die Streichung eines Merkmals, ds für die Offenbarung eine wesentliche Rolle spielte.

204 Entgegen BPatGE 24, 7, BPatG 28.3.2000 21 W (pat) 33/98 und BPatGE 43, 132 = GRUR 2001, 144; vgl auch schweiz BG sic! 2011, 731 Federkernmaschinen.

205 BGH GRUR 2009, 835 Crimpwerkzeug II.

206 BGH GRUR 2010, 513 Hubgliedertor II.

207 *Fitzner/Lutz/Bodewig* Rn 36.

208 BGH GRUR 2005, 1023 Einkaufswagen II; BGH GRUR 2010, 513 Hubgliedertor II; BGH GRUR 2012, 475 Elektronenstrahltherapiesystem; BGHZ 194, 107 = GRUR 2012, 1124 Polymerschaum I; BGH GRUR 2014, 650 Reifendemontiermaschine; BGH 12.3.2013 X ZR 6/10; BGH GRUR 2014, 970 Stent; vgl *Schulte* Rn 55; BGH GRUR 2010, 910 fälschungssicheres Dokument, vorangehend BPatG 27.3.2007 1 Ni 5/06 (EU), in der Sache gegen die Parallelentscheidung im Vereinigten Königreich Patents Court [2007] EWHC 600 (Ch); BPatG 9.10.2008 2 Ni 43/06 (EU); BPatG 29.4.2009 5 Ni

tentansprüche beziehen),[209] festgestellt.[210] Dabei ist Gegenstand des Patents die durch die Patentansprüche definierte Lehre, zu deren Auslegung die Beschreibung und die Zeichnungen heranzuziehen sind.[211] Nichttechnische Merkmale sollten bei dieser Prüfung nicht außer Betracht zu lassen sein. Allein aus dem Umstand, dass aus technischer Sicht der Anwendung eines in der Patentanmeldung offenbarten Verfahrens zeitlich nachgeordnet ein weiteres Verfahren folgen muss, um insgesamt ein technisch und wirtschaftlich sinnvolles Ergebnis zu erreichen, kann idR nicht gefolgert werden, dass das weitere Verfahren auch ohne erwähnt zu werden als zu der zum Patent angemeldeten Erfindung gehörend offenbart ist; dies gilt auch dann, wenn dem Fachmann mit der Beschreibung des ersten Verfahrens alle Informationen an die Hand gegeben werden, die er benötigt, um mit Hilfe seines Fachwissens auch das weitere Verfahren auszuführen.[212] Die Patentfähigkeit spielt für den Vergleich keine Rolle.[213]

Erweiternd ist nicht nur eine andere Lehre zum technischen Handeln („aliud"), sondern auch eine **gegenständliche Erweiterung** im Sinn eines breiteren Gegenstands derselben Erfindung.[214] Auch ohne Änderung des Anspruchswortlauts kann unzulässige Erweiterung vorliegen, wenn der sonstige Inhalt der Unterlagen so geänd wird, dass der Patentanspruch in einem weiteren Sinn auszulegen ist.[215] Auch die (grds nicht erforderliche) Aufnahme eines „Disclaimer" oder eine Erklärung nach Art eines „Disclaimer" (Rn 102) darf nicht zu einem „aliud" führen.[216] **86**

Grds erweiternd sind **Verallgemeinerungen** (vgl Rn 25 zu § 38).[217] Dies muss jedenfalls gelten, wenn der Fachmann der Gesamtheit der Unterlagen nicht auch einen Gegenstand entnimmt, der das weggelassene Merkmal nicht oder nur in verallgemeinerter Form aufweist;[218] dabei kann von Bedeutung sein, ob das weggelassene Merkmal besonders hervorgehoben ist oder als fakultativ bezeichnet wird.[219] Insoweit **87**

23/09; BPatG 19.10.2010 1 Ni 13/09 (EU); BPatG 3.3.2011 2 Ni 26/09; BPatG 3.3.2011 2 Ni 27/09; BPatG 6.3.2012 3 Ni 14/10 (EU); BPatG 12.3.2013 X ZR 6/10; BPatG 27.2.2014 7 Ni 1/14 (EP); BPatG 14.5.2014 5 Ni 50/12 (EP).

209 BGH GRUR 2007, 578 rückspülbare Filterkerze; BGH GRUR 2009, 933 Druckmaschinentemperierungssystem II; BGH GRUR 2010, 599 Formteil; BGH Hubgliedertor II; BGH 26.11.2013 X ZR 96/10; BGH GRUR 2014, 970 Stent; BPatG 30.8.2010 4 Ni 23/09 (EU).

210 BGH Mitt 1996, 204 Spielfahrbahn 03; BGH 17.9.1991 X ZR 81/90; BGH Bausch BGH 1994–1998, 327, 334 Auspreßvorrichtung; BGH Bausch BGH 1999-2001, 142, 154 ff Kontaktfederblock 01, wo die allg Grundsätze auch auf einen Unteranspruch angewendet werden, der auf einen bestehen bleibenden Patentanspruch rückbezogen ist; BGH GRUR 2000, 1015 f Verglasungsdichtung; BGH GRUR 2006, 316 Koksofentür; BGH 23.10.2007 X ZR 104/06; BGH GRUR 2010, 509 Hubgliedertor I; BGH GRUR 2010, 513 Hubgliedertor II; BGH 21.7.2011 X ZR 7/09; BPatGE 43, 276; BPatG 28.2.2011 9 W (pat) 409/05.

211 BGH Mitt 1996, 204, 206 Spielfahrbahn 03; vgl auch BGHZ 98, 12 = GRUR 1986, 803, 805 Formstein.

212 BGH GRUR 2013, 809 Verschlüsselungsverfahren.

213 BPatG 18.8.1999 2 Ni 47/98.

214 BGH Bausch BGH 1986–1993, 620, 625 Webmaschinendrehereinrichtung; BGH 12.3.2002 X ZR 224/98 Sanitärtoilettensystem, insoweit nicht im Druck veröffentlicht; BGH GRUR 2009, 936 Heizer; BGH GRUR 2010, 910 fälschungssicheres Dokument; BGH GRUR 2010, 1084 Windenergiekonverter; zum „aliud" BPatGE 50, 72 = Mitt 2008, 271 „Fentanyl-Pflaster".

215 BGH Bausch BGH 1994–1998, 434, 439 Dilatationskatheter; *Benkard* Rn 30.

216 BPatGE 49, 84 = BlPMZ 2006, 212; BPatG 2.10.2013 1 Ni 10/13 (EP).

217 Vgl BGH 17.9.1991 X ZR 81/90 Bausch BGH 1986–1993, 620 Webmaschinendrehereinrichtung: „Gestänge" statt „Parallelogrammgestänge"; BGH GRUR 2010, 910 fälschungssicheres Dokument; BGH GRUR 2010, 513 Hubgliedertor II; BGH 8.5.2012 X ZR 42/10; BPatG 2.12.2003 23 W (pat) 3/02; BPatG 28.6.2004 19 W (pat) 9/02; BPatG 30.5.2005 11 W (pat) 319/02; BPatG 27.6.2006 23 W (pat) 51/04; BPatG 13.7.2006 8 W (pat) 30/05: „Polygon" statt „Dreieck"; BPatG 30.5.2006 34 W (pat) 311/03: „Abgeben" statt „Ablegen"; BPatG 13.9.2007 21 W (pat) 34/05: Ersetzen von „geringfügig größer" durch „geringfügig abweichend"; BPatG 8.1.2007 19 W (pat) 319/04; BPatG 1.3.2007 21 W (pat) 51/04; BPatG 11.12.2007 23 W (pat) 322/04; BPatG 28.8.2008 21 W (pat) 6706; BPatG 10.11.2008 20 W (pat) 49/04: „verbindbar" statt „verbunden"; BPatG 29.4.2009 5 Ni 23/09; BPatG 30.7.2012 9 W (pat) 350/06; BPatG 6.6.2013 12 W (pat) 1/09; EPA T 248/88 EPOR 1990, 274 Procédé de fabrication de circuit intégré; anders BPatG Mitt 1969, 200; vgl auch BPatGE 8, 18; BPatGE 24, 132, 137 = GRUR 1982, 364, GbmSache; EPA T 157/90; EPA T 397/89; öOPM öPBl 2000, 97.

218 Dies bejaht BPatG 13.2.1997 6 W (pat) 27/94 für den Fall des Ersetzens des Begriffs Gummischeibe durch elastische Scheibe; vgl BPatG 26.6.2003 17 W (pat) 26/02: berührungsfreie Positionsbestimmung, die auf der Ortung des Senders mittels Ortungsempfängeranlage beruht, offenbart nicht die berührungsfreie Positionsbestimmung unter Verzicht auf die Ortung des Senders; BPatG 28.6.2006 4 Ni 30/04 (EU); vgl auch BGH GRUR 2002, 49 Drehmomentübertragungseinrichtung.

219 Vgl BGH Bausch BGH 1986–1993, 620 Webmaschinendrehereinrichtung; vgl auch BPatG 31.10.2001 3 Ni 38/00: Weglassen einer Verstellmöglichkeit bei einem Stuhl.

gelten dieselben Grundsätze wie für die Neuheitsprüfung.[220] Jedoch werden Verallgemeinerungen ursprungsoffenbarter Ausführungsbeispiele zugelassen.[221] Es muss allerdings wertend entschieden werden, was dem Fachmann als Erfindung und was ihm als bloßes Ausführungsbeispiel der Erfindung offenbart ist.[222] Erweiternd kann die Aufnahme eines speziellen Merkmals für sich sein, das nur in Kombination mit einem weiteren Merkmal offenbart war,[223] ebenso die Verallgemeinerung eines nur in spezieller Form offenbarten, nachträglich aufgenommenen einschränkenden Merkmals[224] oder dessen Umdeutung durch einen Klammerzusatz mit einem nicht ursprünglich offenbarten Begriff.[225] Waren nur Einzelwerte offenbart, nicht aber ein breiter Bereich, kann nachträglich nicht ein bestimmter Bereich beansprucht werden.[226] Auch das Weglassen einer Untergrenze kann erweitern.[227] Nicht erweiternd ist grds die Zusammenfassung von Merkmalen aus den Patentansprüchen, darüber hinaus kommt auch die Aufnahme weiterer, die Lehre einschränkender und als zur Erfindung gehörend erkennbarer Merkmale aus den ursprünglichen Unterlagen in Betracht.[228]

88 **„Zwischenverallgemeinerungen"**[229] sind anders als wohl nach der Praxis des EPA nicht generell ausgeschlossen.[230] Das Aufstellen eines Patentanspruchs, der lediglich einzelne Merkmale der in der ursprünglichen Anmeldung insgesamt offenbarten Lehre erfasst, wie die Hereinnahme solcher Merkmale aus Unteransprüchen oder Beschreibung verstoßen nicht gegen das Erweiterungsverbot, wenn der Fachmann der Gesamtheit der Anmeldeunterlagen auch einen Gegenstand entnimmt, der die weggelassenen Merkmale nicht aufweist,[231] jedenfalls wenn diese für sich betrachtet dem erfindungsgemäßen Erfolg förderlich sind und einen sinnvollen Beitrag zur Erfindung leisten.[232] Es gibt aber keinen Rechtssatz des Inhalts, dass ein Patentanspruch nur in der Weise beschränkt werden könne, dass sämtliche Merkmale eines Ausführungsbeispiels, die der Lösung „förderlich" sind, insgesamt aufgenommen werden müssten[233]

---

220 BGH GRUR 2004, 133 elektr[on]ische Funktionseinheit; BGH GRUR 2012, 1133 UV-unempfindliche Druckplatte; BGHZ 200, 63 = GRUR 2014, 542 Kommunikationskanal; BGH GRUR 2015, 976 Einspritzventil; BGH 11.2.2014 X ZR 146/12; BPatG 10.4.2013 4 Ni 49/11; BPatG 3.7.2013 5 Ni 19/12 (EP); vgl BGHZ 148, 383, 388 = GRUR 2002, 146 Luftverteiler; BGH 3.9.2013 X ZR 16/11.
221 BGH Kommunikationskanal; BGH GRUR 2015, 249 Schleifprodukt; BGHZ 204, 199 = GRUR 2015, 573 Wundbehandlungsvorrichtung; BGH 11.2.2014 X ZR 146/12; BGH 21.4.2016 X ZR 2/14; BPatG 26.11.2014 5 Ni 69/11 (EP); vgl BPatG 17.12.2013 4 Ni 17/12.
222 BGH Kommunikationskanal; BGH Schleifprodukt; BGH 26.6.2014 X ZR 6/11; BPatG 30.9.2014 4 Ni 10/13 (EP).
223 BGH 16.1.1996 X ZB 28/92; BPatGE 36, 192 = BlPMZ 1996, 501; vgl aber EPA T 17/86 ABl EPA 1989, 297 Kälteanlage; zu allg BPatG 30.9.1976 20 W (pat) 69/73, BlPMZ 1977, 165 Ls.
224 Vgl BGH Bausch BGH 1994–1998, 291, 304 Sammelstation; vgl auch EPA T 792/94: Mehrdeutigkeit nach Änderung.
225 BPatG 22.8.2005 19 W (pat) 337/03.
226 EPA T 526/92.
227 BPatG 19.4.2001 1 Ni 10/00 (EU).
228 BGH GRUR 2000, 591 f Inkrustierungsinhibitoren; BGH GRUR 2002, 49 Drehmomentübertragungseinrichtung; BGH GRUR 1991, 307 Bodenwalze, unter dem Gesichtspunkt der Erweiterung des Schutzbereichs; so auch BGHZ 110, 123 = GRUR 1990, 432 f Spleißkammer; BGHZ 111, 121 = GRUR 1990, 510 Crackkatalysator I; vgl BGH GRUR 1967, 585 Faltenrohre, unter Abstellen darauf, dass die Merkmale „differenziert beschrieben" waren; EPA T 428/88 EPOR 1990, 385 Automatic dispenser; EPA T 590/94: auch bei Aufnahme eines nicht ausdrücklich, aber aus dem beschriebenen StdT unmittelbar und eindeutig hervorgehenden Merkmals, wenn ein eindeutiger Zusammenhang mit der beanspruchten Erfindung besteht.
229 Vgl. hierzu EPA T 1003/06.
230 Vgl BGH Elektronenstrahltherapiesystem; BGH Polymerschaum I sowie den BGH 8.5.2012 X ZR 42/10 zugrunde liegenden Fall und BPatG 30.3.2011 5 Ni 10/10 (EU).
231 BGHZ 110, 123, 125 = GRUR 1990, 432 Spleißkammer; BGH GRUR 2005, 1023 Einkaufswagen II; BGH GRUR 2006, 319 Koksofentür; BGH GRUR 2008, 60 Sammelhefter II; BGHZ 194, 107 = GRUR 2012, 1124 Polymerschaum I; BGH GRUR 2014, 650 Reifendemontiermaschine; vgl BPatG 21.7.2004 4 Ni 17/03 (EU); BPatG 30.10.2001 3 Ni 38/00; BPatG 28.11.2001 4 Ni 56/00 (EU); BPatG 22.2.2006 4 Ni 50/04.
232 BGHZ 199, 63 = GRUR 2014, 542 Kommunikationskanal; BGH Reifendemontiermaschine; BPatG Mitt 2015, 324 „Brustpumpe"; vgl BPatG 14.5.2014 5 Ni 50/12 (EP): nicht die Aufnahme eines zusätzlichen speziellen Merkmals.
233 BGHZ 110, 123 = GRUR 1990, 432 Spleißkammer; BGH GRUR 2006, 316, 318 Koksofentür; BGH GRUR 2008, 60 Sammelhefter II; BGH GRUR 2009, 835 Crimpwerkzeug II; BGH 21.10. 2003 X ZR 220/99; BPatG 14.12.1998 9 W (pat) 42/97; BPatG 21.6.2006 9 W (pat) 394/03 gegen BPatGE 14, 108; BPatG 21.11.1988 11 W (pat) 77/86 BlPMZ 1989, 364 Ls; BPatG 10.11.2011 12 W (pat) 23/07; BPatG 25.11.2014 1 Ni 12/14; im Einzelfall weiter abw BPatG 6.5.1992 9 W (pat) 51/90 BlPMZ 1993, 163 Ls unter Abstellen auf gezieltes Wegführen in der Beschreibung; aA EPA T 284/94 ABl EPA 1999, 464 Thermodruckvorrichtung für den Fall, dass den Anmeldungsunterlagen nicht zu entnehmen sei, dass der geänd Gegenstand die Aufgabe vollständig löse; EPA T 1067/97, wonach isolierte Merkmale nur dann aufgenommen werden

---

(„Blümchenpflückmethode"; vgl aber die in 7. *Aufl* § 38 Rn 34 wiedergegebene ältere Rspr). Dienen in der Beschreibung eines Ausführungsbeispiels genannte Merkmale, die für sich, aber auch zusammen den durch die Erindung erreichten Erfolg fördern, der näheren Ausgestaltung der geschützten Erfindung, hat es der Patentinhaber in der Hand, das Patent durch die Aufnahme einzelner oder sämtlicher dieser Merkmale zu beschränken, solange die benspruchte Kombination in ihrer Gesamtheit eine technische Lehre darstellt, die der Fachmann der Ursprungsanmeldung als mögliche Ausgestaltung der Erfindung entnehmen konnte.[234] Das bedeutet jedoch nicht, dass nach Belieben einzelne Elemente eines Ausführungsbeispiels kombiniert werden dürften; die Kombination muss in ihrer Gesamtheit eine Lehre darstellen, die der Fachmann den ursprünglichen Unterlagen als Ausgestaltung der Erfindung entnehmen kann.[235] Ist dies nicht der Fall, liegt allerdings Erweiterung vor.[236] Wird von mehreren Merkmalen eines Ausführungsbeispiels nur eines in den Patentanspruch aufgenommen, das die mit dem Ausführungsbeispiel erzielte Wirkung angibt, liegt darin auch dann keine unzulässige Erweiterung, wenn ein anderer Weg zur Erzielung derselben Wirkung nicht offenbart ist.[237] Ein Gegenstand, der nicht als zur Erfindung gehörend offenbart ist, darf aber nicht in den Patentanspruch einbezogen werden.[238] Das gilt auch dann, wenn dem neu formulierten Patentanspruch der StdT nicht entgegenstände. Dabei kommt es auf die Offenbarung und nicht auf die Ableitbarkeit an.[239] Implizite Offenbarung reicht aus, wenn sich der Gegenstand nur klar und eindeutig aus den ausdrücklichen Aussagen ergibt, dabei ist das allg Fachwissen zu berücksichtigen;[240] willkürlich herausgegriffene Bestandteile bilden keine Offenbarungsgrundlage.[241] Kann der Fachmann den ursprünglichen Unterlagen entnehmen, dass ein Mittel bestimmte Bestandteile „enthalten" soll, ist damit nicht ohne weiteres auch als zur Erfindung gehörend offenbart, dass dem Mittel keine weiteren Bestandteile hinzugefügt werden dürfen; für die Offenbarung, es gehöre zur Erfindung, dass das Mittel ausschließlich aus den genannten Bestandteilen „besteht", bedarf es regelmäßig darüber hinausgehender Anhaltspunkte in den ursprünglichen Unterlagen, wie etwa des Hinweises, dass das ausschließliche Bestehen des Mittels aus den genannten Bestandteilen besondere technische Vorteile hat oder sonst erwünscht ist.[242] Der Gegenstand des Patents geht nicht schon dadurch über den Inhalt der Anmeldung hinaus, wenn identische technische Sachverhalte unterschiedlich sprachlich umschrieben werden[243] oder der Gegenstand des Patents mit Begriffen gekennzeichnet wird, die in den ursprünglichen Unterlagen als solche nicht verwendet worden sind, insb wenn damit längere Umschreibungen zusammenfassend oder schlagwortar-

---

können, wenn keine eindeutig erkennbare funktionale oder strukturelle Verbindung zwischen den Merkmalen bestehe; EPA T 942/98; aA auch für das österr Recht ÖPA öPBl 1999, 40, 44 unter Hinweis auf ÖPA öPBl 1988, 195.

234 BGH Mitt 2012, 344 Antriebseinheit für Trommelwaschmaschine; BGH GRUR 2015, 463 Presszange; BGH 21.4.2015 X ZR 74/13; vgl schon BGH 11.4.2006 X ZR 275/02; BPatG 25.10.2006 4 Ni 44/05 (EU); BPatG 30.1.2014 4 Ni 38/11 (EP); BPatG 22.4.2015 6 Ni 7/14.

235 BGH Spleißkammer, nicht in BGHZ; BGH GRUR 2002, 49, 51 Drehmomentübertragungseinrichtung; BGH Sammelhefter II; BGH 16.10.2007 X ZR 182/04; BGH GRUR 2012, 149 Sensoranordnung; BGH GRUR 2012, 475 Elektronenstrahltherapiesystem; BGH 22.5.2012 X ZR 58/11; BPatG 18.11.2004 8 W (pat) 9/02; BPatG 1.6.2006 2 Ni 23/04 (EU); BPatG 5.2.2007 9 W (pat) 301/04; BPatG 25.10.2007 21 W (pat) 322/04; BPatG 11.12.2007 23 W (pat) 322/04; BPatG 19.5.2008 19 W (pat) 330/05; BPatG 21.3.2012 4 Ni 1/11 spricht von „Zwischenerweiterungen"; *Schulte* Rn 21; vgl EPA T 296/96, wo darauf abgestellt wird, ob der Fachmann die Kombination ernsthaft in Erwägung gezogen hätte; EPA T 1110/97; EPA T 727/00.

236 Vgl BPatG 31.7.2013 5 Ni 49/12 (EP).

237 BGH GRUR 2008, 60 Sammelhefter II.

238 BGH GRUR 2002, 49 Drehmomentübertragungseinrichtung; BGH GRUR 2005, 1023 Einkaufswagen II; BGH GRUR 2011, 1109 Reifenabdichtmittel; BGH 23.10.2007 X ZR 104/06; BGH 27.10.2011 X ZR 94/09.

239 BPatG 17.3.2009 23 W (pat) 37/04.

240 EPA T 823/96; vgl BGH Zeittelegramm; EPA T 749/94; zur Offenbarung eines Geräts bei auf das Verfahren gerichteten Anmeldeunterlagen, in denen implizit ein für die Ausführung des Verfahrens programmierbares Gerät offenbart war, EPA T 784/89 ABl EPA 1992, 438 = GRUR Int 1993, 159 Offenbarung eines mit einem Computer verbundenen Geräts; vgl auch EPA T 40/97 zur Heranziehung der Angaben zu einer konkreter beschriebenen Ausführungsart für eine weitere, weniger genau beschriebene Ausführung; EPA T 329/99.

241 BPatGE 43, 132 = GRUR 2001, 144; vgl auch BPatG 29.9.2004 5 W (pat) 434/03, GbmSache, unter Hinweis auf BGH Drehmomentübertragungseinrichtung.

242 BGH GRUR 2011, 1109 Reifenabdichtmittel; BGH 29.4.2014 X ZR 12/11; vgl *Mes* § 38 Rn 18.

243 BGH GRUR 2009, 933 Druckmaschinentemperierungssystem II; BGH 29.9.2009 X ZR 169/07; vgl BGH 19.4.2011 X ZR 144/07; BGH GRUR 2013, 1121 Halbleiterdotierung; BGH 28.5.2013 X ZR 89/12; BPatG 26.4.2004 23 W (pat) 330/03 Mitt 2006, 28 Ls; BPatG 15.4.2015 5 Ni 11/13 (EP); vgl auch BPatG 25.4.2006 14 W (pat) 326/04.

tig bezeichnet werden; entscheidend ist, dass den verwendeten Begriffen in den ursprünglichen Unterlagen als zur Erfindung gehörend behandelte Elemente eindeutig und in der Weise lückenlos und abschließend zugeordnet sind, dass keine Auslassungen oder Hinzufügungen vorliegen.[244] Es wird vertreten, dass auf funktionsentscheidende Merkmale nicht verzichtet werden dürfe (zwh).[245] Für sich stellt die Aufnahme eines nicht ursprungsoffenbarten Begriffs dann keine unzulässige Änderung dar, wenn die entspr technische Lehre selbst offenbart war.[246] Treffendere Umschreibung ohne Änderung des sachlichen Gehalts stellt keine unzulässige Erweiterung dar,[247] erst recht nicht, wenn ihr einschränkender Charakter zukommt.[248] So kann die offenbarte Definition eines Stoffs durch eine andere, ihn besser charakterisierende (zB die exakte chemische Bezeichnung) ersetzt werden, wenn nur sichergestellt ist, dass diese den ursprünglich offenbarten Stoff kennzeichnet.[249] Eine Passage in der Beschreibung, die nicht Inhalt der ursprünglichen Unterlagen war, kann nur dann die Erweiterung begründen, wenn deren Berücksichtigung bei der Auslegung des Patentanspruchs des erteilten Patents zu einem veränderten Verständnis der darin verwendeten Begriffe oder des geschützten Gegenstands führt.[250] Die Frage der Patentfähigkeit spielt bei der Prüfung keine Rolle.[251] In einer Neuformulierung der „Aufgabe" liegt grds keine Erweiterung.[252]

89   Erweiternd ist die Aufnahme eines in den ursprünglichen Unterlagen erwähnten Lösungsvorschlags, dessen **Nachteile** zu vermeiden sich die Erfindung zum Ziel gesetzt hat.[253] Entspr gilt für die Aufnahme einer nur als „Vergleichsbeispiel" beschriebenen Ausführungsform.[254]

90   Als erweiternd ist die Bezeichnung eines bisher zwingend vorgesehenen Merkmals als **fakultativ** („vorzugsweise"),[255] erst recht seine Weglassung,[256] angesehen worden, auch wenn an seine Stelle ein anderes, bisher als zusätzlich anwendbar offenbartes Merkmal tritt;[257] anders uU, wenn das weggelassene Merkmal eine Überbestimmung[258] oder nicht erforderliche Variante[259] enthielt oder wenn der Fachmann die gestrichene Rückbeziehung ohne weiteres als fehlerhaft erkennt.[260] Dies trifft indessen so nur auf die Erweiterung des Schutzbereichs zu; für die Erweiterung gegenüber der ursprünglichen Offenbarung kommt es grds nicht darauf an, wie sich das geänd Schutzbegehren zu dem ursprünglichen verhält, sondern nur auf das Verhältnis des Schutzbegehrens zur Ursprungsoffenbarung. Sind mehrere Substituenten mit dem Bindewort „und" angegeben, ist ein Übergang auf „und/oder" unzulässig,[261] erst recht auf

244 BGH Druckmaschinentemperierungssystem II; BGH 8.5.2012 X ZR 42/10; BGH 29.9.2009 X ZR 169/07.

245 So BPatG Mitt 2013, 416, 417 und dem folgend *Mes* § 38 Rn 17.

246 Vgl BGH GRUR 2009, 933 Druckmaschinentemperierungssystem II; BGH 8.5.2012 X ZR 42/10; BPatG 15.3.2004 11 W (pat) 306/02: Ersetzen von „Schussfädenzuführvorrichtung" durch „Fadenzuführvorrichtung", soweit darin keine sachliche Änderung liegt; BPatG 5.4.2005 21 W (pat) 303/03 Mitt 2006, 28 Ls: Weglassen einer Selbstverständlichkeit; BPatG 19.5.2005 17 W (pat) 73/03: Ersetzung einer unverständlichen Angabe durch eine verständliche, die sich aus der Beschreibung ergibt; BPatGE 50, 23 = BlPMZ 2007, 285; BPatG 5.9.2007 7 W (pat) 329/04; BPatG 23.1.2007 8 W (pat) 357/03; BPatG 7.10.2010 10 Ni 7/10; *Fitzner/Lutz/Bodewig* Rn 38, 61: Ersetzen von „Tensid" durch „wasserlösliches Tensid", weil Tenside zwangsläufig wasserlöslich sind; ebenso „metallisch" durch „metallisch leitfähig".

247 BGH 27.3.1990 X ZR 53/86; vgl BPatG 6.6.2005 11 W (pat) 344/03: Ersetzen von „voneinander gleich oder unterschiedlich beabstandet" durch „voneinander beabstandet", weil es andere Möglichkeiten nicht gibt.

248 BGH GRUR 1991, 307 Bodenwalze.

249 BPatG GRUR 1973, 463; BPatG 28.10.1974 16 W (pat) 99/72; BPatG 4.11.1974 16 W (pat) 20/70.

250 BGH GRUR 2010, 513 Hubgliedertor II; BGH 19.4.2011 X ZR 144/07; BPatG 3.7.2013 5 Ni 19/12 (EP); BPatG 18.9.2013 5 Ni 72/11 (EP); BPatG 25.11.2014 1 Ni 12/14.

251 BPatGE 42, 57 = GRUR 2000, 302.

252 Vgl EPA T 13/84 ABl EPA 1986, 253 = GRUR Int 1986, 723 Neuformulierung der Aufgabe; EPA T 547/90 Schaltungsanordnung zur Verstärkungsregelung von Vorverstärkerstufen; EPA T 530/90 Vorrichtung zum Schneiden von Papier: sofern Ableitbarkeit aus den Ursprungsunterlagen besteht; EPA T 276/97 zieht die Aufgabe für die Bestimmung des Offenbarungsgehalts heran; zu Missverständnissen Anlass gebend BPatG 4.11.2010 2 Ni 35/08 (EU).

253 BGHZ 71, 152 = GRUR 1978, 417 Spannungsvergleichsschaltung.

254 BPatG 28.2.1980 16 W (pat) 70/77.

255 BGH GRUR 1970, 289, 293 Dia-Rähmchen IV; BPatG 12.7.2005 21 W (pat) 23/03; BPatG 8.2.2007 34 W (pat) 311/04.

256 BPatG 22.5.2003 6 W (pat) 6/00: grds.

257 Vgl BPatG 29.10.1973 11 W (pat) 33/71 BlPMZ 1974, 284 Ls.

258 Vgl BPatG 5.12.2001 5 W (pat) 414/00, GbmSache.

259 BPatG 13.3.2006 9 W (pat) 347/03 Mitt 2007, 79 Ls.

260 BPatG 22.5.2003 6 W (pat) 6/00.

261 EPA T 171/89 EPOR 1990, 126 Vakzinen mit Zuschlagstoffen.

„oder".[262] Das BPatG hat es als unzulässig angesehen, die Offenbarung „Erwärmung durch Infrarotstrahlung" auf „allein durch Infrarotstrahlung" einzuengen.[263] Dagegen wurde Streichung von „wenigstens" als zulässig angesehen.[264]

Nicht erweiternd ist die **Verschiebung eines Merkmals** aus dem Oberbegriff des Patentanspruchs in 91 den kennzeichnenden Teil;[265] dies gilt erst recht für den umgekehrten Fall. Die Aufnahme eines zusätzlichen Merkmals in den Oberbegriff soll zu einer Erweiterung führen können, wenn sie zwar formal eine Einschränkung begründet, sich das Patent nach seinem Gehalt aber als „aliud" darstellt.[266] Die Umwandlung einer Verwendungs- oder Zweckangabe in ein Lösungsmerkmal erweitert nicht.[267] Auch die Weglassung einer Überbestimmung ist als nicht erweiternd angesehen worden (str);[268] ebenso die einer Angabe als „bevorzugt".[269] Die Umstellung von Worten im Kennzeichen ist unzulässig, wenn sich diese Worte im neuformulierten Anspruch auf ein anderes Merkmal beziehen.[270]

Erweiternd ist das nicht ursprünglich offenbarte Auswechseln der **Zeitfolge** von Schritten eines Ver- 92 fahrens.[271]

Als erweiternd ist die Ersetzung eines **Anwendungsgebiets** durch ein nicht ursprünglich offenbartes 93 anderes Anwendungsgebiet angesehen worden.[272]

Als erweiternd ist auch die Aufnahme einer unter eine ursprungsoffenbarte **allgemeine Formel** fal- 94 lende Verbindung angesehen worden, wenn diese nicht als solche von vornherein deutlich als eine in Betracht kommende Lösung der Aufgabe konkret ausgeführt war.[273] Das EPA hat entschieden, dass aus einer Liste einzeln aufgeführter Substituenten dann nicht einige Verbindungen gestrichen werden können, wenn eine besondere technische Wirkung der verbleibenden Verbindungen nicht offenbart und nicht geltend gemacht ist.[274] Zur Offenbarung bei Grenzwerten, Bereichsangaben und allg Formeln Rn 266 ff zu § 34.[275] Nach bisheriger dt Rspr bereitet die Beschränkung von Bereichsangaben danach keine Schwierigkeiten. Auch das EPA hat innerhalb einer allg Bereichsangabe eine Beschränkung auf einen engeren Bereich zugelassen, der sich nicht mit einem genannten bevorzugten Bereich deckte.[276]

Die **„uneigentliche" Erweiterung** (Aufnahme eines nicht ursprünglich offenbarten, einschränken- 95 den Merkmals), die in der Sache eine Einschränkung ist, ist im Erteilungs-, Einspruchs- wie im Nichtigkeitsverfahren nicht zulässig. Ist sie gleichwohl erfolgt, führt dies jedenfalls dazu, dass das nachträglich eingefügte Merkmal zur positiven Beantwortung der Frage der Patentfähigkeit nicht herangezogen werden darf.[277] Das Merkmal, das in den ursprünglichen Unterlagen nicht als zur Erfindung gehörend offenbart ist und dessen Streichung oder Ersetzung durch ein von der ursprünglichen Offenbarung gedecktes Merkmal

---

262 ÖPA öPBl 2000, 166.

263 BPatG 10.4.2006 20 W (pat) 314/03, bdkl.

264 BPatG 5.4.2006 19 W (pat) 24/04.

265 Vgl BGH GRUR 1971, 115, 117 Lenkradbezug; vgl BPatG 22.1.1976 17 W (pat) 13/74; aA BPatGE 5, 129 = GRUR 1965, 357.

266 BPatG GRUR 1989, 414.

267 Vgl ÖPA öPBl 1997, 223, 225.

268 BGH Bausch BGH 1994–1998, 181, 189 Müllentleerungsvorrichtung; BPatG 8.4.2002 15 W (pat) 19/00, wo allerdings keine Überbestimmung, sondern eine Tautologie vorlag; abw BGH GRUR 1959, 81 Gemüsehobel.

269 EPA T 795/95.

270 ÖPA öPBl 1995, 151.

271 BPatG 30.1.1987 8 W (pat) 174/84 BlPMZ 1988, 142 Ls; BPatG 18.3.2013 20 W (pat) 30/09.

272 BPatG 11.5.1971 23 W (pat) 92/70 BlPMZ 1972, 30 Ls, zwh.

273 BPatGE 12, 116 unter Hinweis auf BGH GRUR 1966, 319 Seifenzusatz; vgl EPA T 367/92: „Polyethylentherephthalat" durch den generischen Begriff „Polyester" nicht offenbart.

274 EPA T 10/97, zwh.

275 Zur Änderung von Bemessungsangaben BPatGE 1, 61 = GRUR 1965, 83; zu deren Weglassen BPatG 12.11.2012 6 W (pat) 305/08.

276 EPA T 925/98 unter Hinweis auf EPA T 2/81 ABl EPA 1982, 394 Methylen-bis-(phenyliso-cyanat).

277 BGH GRUR 2001, 140 Zeittelegramm und BGH GRUR 2011, 40 Winkelmesseinrichtung gegen die Praxis des EPA „unentrinnbare Falle"; BGH GRUR 2013, 1135 Tintenstrahldrucker; BPatG 16.12.2010 4 Ni 43/09; anders noch BGH Bausch BGH 1999–2001, 142 = Schulte-Kartei PatG 35.3 Nr. 73 Kontaktfederblock 01 (Aufnahme eines nicht ursprungsoffenbarten, ersichtlich einschränkenden Merkmals in einen Unteranspruch führte zu dessen Nichtigerklärung), differenzierend allerdings nunmehr EPA G 1/99 ABl EPA 2001, 381 = GRUR Int 2002, 868 reformatio in peius, wie teilweise das BPatG – Streichung des Merkmals; vgl zur Problematik *Benkard-EPÜ* Art 138 Rn 31.

zu einer Erweiterung des Schutzbereichs führen würde, kann demnach im Patentanspruch verbleiben, wenn seine Einfügung zu einer Einschränkung gegenüber der ursprünglichen Anmeldung führt.[278] Eine Einschränkung in diesem Sinn liegt vor, wenn das hinzugefügte Merkmals eine Anweisung zum technischen Handeln konkretisiert, die in den ursprünglich eingereichten Unterlagen als zur Erfindung gehörend offenbart ist.[279] Einer Teilnichtigerklärung in Form einer Erklärung nach Art eines „Disclaimer" (dahin, dass aus ihr Rechte nicht hergeleitet werden können) bedarf es dabei grds nicht (vgl Rn 100).[280] Erst recht kommt eine vollständige Nichtigerklärung nicht in Betracht.[281]

96   **b. Teilung; Nachanmeldung.** Für das nach Teilung der Anmeldung (§ 39) erteilte Patent stellt Abs 1 Nr 4 2. Halbs klar, dass das erteilte Patent nicht mit dem Offenbarungsgehalt einer „Teilanmeldung", sondern mit dem der ursprünglichen Anmeldung zu vergleichen ist (zur Rechtslage bei eur Patenten Rn 14 zu Art II § 6 IntPatÜG).[282] Die Formulierung „Teilanmeldung" in Abs 1 Nr 4 beruht offenbar auf der unreflektierten Übernahme der eur zugelassenen Nichtigkeitsgründe in das dt Recht und berücksichtigt nicht, dass dieses eine Teilanmeldung nicht verlangt.[283]

97   Für das auf eine **Nachanmeldung** wegen widerrechtl Entnahme (§ 7 Abs 2) erteilte Patent stellt die Vorschrift klar, dass es nicht auf den Vergleich mit der Nachanmeldung, sondern mit dem Offenbarungsgehalt der Voranmeldung ankommt. Für das eur Einspruchsverfahren gilt Entsprechendes mit der Maßgabe, dass, wenn das Patent auf einer eur Teilanmeldung oder einer nach Art 61 EPÜ eingereichten neuen eur Patentanmeldung beruht, der Inhalt der früheren Anmeldung in ihrer ursprünglich eingereichten Fassung maßgeblich ist.

98   **c. Verzicht.** Die Lit nimmt überwiegend eine unzulässige Erweiterung – trotz in diesem Fall bestehender Übereinstimmung von ursprünglicher Offenbarung und erteiltem Patent – auch an, wenn durch Verzicht (vgl Rn 152 ff zu § 34) endgültig ausgeschiedene Teile in der erteilten Fassung wieder enthalten sind; Abs 1 Nr 4 soll hier entspr anzuwenden sein[284] (vgl Rn 159 zu § 34). Dies trifft nicht zu (zur Kritik Rn 160 zu § 34).

---

278 BGH GRUR 2011, 40 Winkelmesseinrichtung und nachgehend BPatG 13.7.2011 19 W (pat) 5/08; BPatG 13.7.2011 19 W (pat) 4/08; BPatG 16.12.2010 4 Ni 43/09; vgl *Büscher/Dittmar/Schiwy* § 38 Rn 8; dies scheint BPatG 26.11.2014 5 Ni 69/11 (EP) zu verkennen.
279 BGH GRUR 2011, 1003 Integrationselement; BGH Winkelmesseinrichtung; BPatG GRUR 2013, 609.
280 BGH Winkelmesseinrichtung; vgl schon BGH 20.6.2006 X ZR 185/02; ; vgl *Schulte* Rn 69 ff, 73; anders BPatGE 31, 4 = GRUR 1990, 114; BPatGE 31, 109 = GRUR 1991, 834; BPatGE 31, 157 = BlPMZ 1991, 77; BPatGE 42, 57 = GRUR 2000, 302, bestätigt in BPatGE 44, 123; BPatGE 42, 105 = BlPMZ 2000, 282; BPatGE 45, 80 = BlPMZ 2002, 288; BPatG 7.5.2002 4 Ni 4/01; BPatG 19.9.2006 3 Ni 16/04 (EU); selbst noch BPatG 7.2.2012 1 Ni 18/10 unter Bezugnahme auf BGH Winkelmesseinrichtung (!); wohl auch *Kraßer* S 618 (§ 26 B III 9); BPatG 22.5.2001 2 Ni 44/99 (EU) hat dagegen die Aufnahme eines „Disclaimer", der einen Gegenstand ausnimmt, der nicht zum Inhalt der Anmeldung gehört, als, da nicht durch die ursprüngliche Offenbarung gestützt, unzulässig angesehen; BPatG 26.7.2005 4 Ni 6/04 (EU) hat die Zulässigkeit nicht offenbarter Disclaimer dahinstehen lassen; vgl auch BPatG 21.1.2011 4 Ni 44/09 (EU), abgeändert durch BGH GRUR 2014, 970 Stent; der Praxis des EPA (G 1/03 ABl EPA 2004, 413 = Mitt 2004, 261), wonach „Disclaimer" zur Herstellung der Neuheit, nicht aber zur Herstellung der erfinderischen Tätigkeit zulässig sind, hat sich BPatG 10.7.2006 3 Ni 3/04 (EU) sowohl für bereits im Patent enthaltene als auch für im Nichtigkeitsverfahren aufgenommene „Disclaimer" mit der zusätzlichen Begründung, dass nur Anspruchsalternativen ausgeschieden werden, angeschlossen; vgl auch BPatG GRUR-RR 2014, 484 = Mitt 2014, 463 „Fettabsaugvorrichtung", verworfen in BGHZ 204, 199 = GRUR 2015, 573 Wundbehandlungsvorrichtung und dem im Ergebnis zust *Walder-Hartmann* (Anm) Mitt 2015, 279 f; vgl zur Aufnahme eines Hinweises, dass aus einer Änderung der Beschreibung keine Rechte hergeleitet werden können, in den Urteilstenor des Nichtigkeitsurteils Rn 7 zu § 84.
281 Abw, aber ohne nähere Begründung, BPatG 26.9.2000 1 Ni 4/99 (EU).
282 Vgl BGH GRUR 1999, 148 Informationsträger; BGH 21.7.2011 X ZR 7/09 gegen BPatGE 39, 17 = GRUR 1998, 460, 464 und BPatGE 38, 179 = GRUR 1998, 39; BGHZ 152, 172 = GRUR 2003, 47 Sammelhefter I; so jetzt auch BPatG 29.6.2010 4 Ni 83/08 („gefestigte Rspr"); BPatG 24.2.2011 2 Ni 1/10; BPatG GRUR 2013, 609; *Fitzner/Lutz/Bodewig* Rn 37; vgl auch *Königer* Teilung und Ausscheidung im Patentrecht (2004), 184 einerseits, aber S 233 ff andererseits, mit dem nicht haltbaren Argument, wie beim Verzicht bestimme die Teilungserklärung rückwirkend den Inhalt der jeweiligen Teilanmeldung.
283 Vgl Begr BlPMZ 1996, 334.
284 BGH GRUR 1987, 510 f Mittelohrprothese; *Ballhaus* GRUR 1983, 1, 5; *Benkard* Rn 32, *Schulte* Rn 57 und *Fitzner/Lutz/Bodewig* Rn 39: jeweils auf Ausnahmefälle beschränkt.

4. Beseitigung. Die unzulässige Erweiterung kann uU durch **Streichung** der erweiternden Teile **99** (Merkmale) beseitigt werden.[285] Ist die Erweiterung in einem Unteranspruch erfolgt, bildet erst der übergeordnete Anspruch die Grenze für die nicht erweiternde Beseitigung durch Streichung.[286] Die erweiternde Einfügung eines nicht offenbarten Merkmals kann jedoch zugleich eine den Patentgegenstand beschränkende Wirkung haben. Die bloße Streichung des erweiternden Merkmals führt in diesen Fällen zu einer Erweiterung des Patents in anderer Richtung.[287] Wie in solchen Fällen die Beseitigung der Erweiterung zu vollziehen ist, ist differenziert zu behandeln.[288] Führt die (im Verletzungsstreit als Rechtsfrage bis in die Revisionsinstanz überprüfbare) Auslegung des erteilten Patents zu einem Hinausgehen über die ursprüngliche Anmeldung, ist dem im Einspruchs- und Nichtigkeitsverfahren und nicht im Verletzungsprozess Rechnung zu tragen.

Der Erweiterung kann vielfach, aber nicht immer, dadurch Rechnung getragen werden, dass das Patent **100** tent auf eine **nicht erweiternde Fassung** zurückgeführt (beschränkt) wird, sofern diese ursprünglich offenbart und nicht selbst erweiternd ist.[289] Dies kommt aber nach der Rspr des BGH[290] wie des BPatG[291] grds bei einem „aliud" (Rn 20 zu § 38) nicht in Betracht. Das trifft jedoch streng genommen nur dann zu, wenn Ursprungsoffenbarung und geschützter Gegenstand in einem Exklusivitätsverhältnis stehen („exklusives aliud"), also sich gegenseitig ausschließen (Beispiel: ursprungsoffenbart ausschließlich Straßenfahrzeug, geschützt Schienenfahrzeug), weil hier nicht dadurch Abhilfe geschaffen werden kann, dass „aliud" und ursprünglich Offenbartes kumulativ aufgenommen werden (mit der Folge, dass aus dem „aliud" keine Rechte hergeleitet werden können),[292] nicht aber auch dann, wenn lediglich ursprungsoffenbarte Merkmale gegen nicht ursprungsoffenbarte Merkmale ausgetauscht werden („nicht-exklusives aliud"; Beispiel: ursprungsoffenbart Straßenfahrzeug mit Merkmalen a und b, geschützt Straßenfahrzeug mit nicht ursprungsoffenbarten Merkmalen c und d), weil hier die Erweiterung an sich dadurch beseitigt werden könnte, dass die ursprungsoffenbarten und die nicht ursprungsoffenbarten Merkmale kumulativ aufgenommen werden mit der Folge, dass der Patentinhaber die nicht ursprungsoffenbarten Merkmale gegen sich gelten lassen muss, diese aber nicht zur Stützung der Schutzfähigkeit herangezogen werden können; demnach wäre das „nicht-exklusive aliud" wie die „uneigentliche" Erweiterung zu behandeln.[293] Die Rspr des BGH lässt dies aus Rechtssicherheitsgründen und zur Harmonisierung mit der Praxis des EPA allerdings nur bei der Konkretisierung bereits in den ursprünglichen Unterlagen als in ihrer konkreten Ausgestaltung oder wenigstens in abstrakter Form zur Erfindung gehörend offenbarter Handlungsanweisungen zu und nicht auch dann, wenn lediglich formal eine Einschränkung vorliegt.[294] Sie lässt dabei jedoch aus dem Auge, dass die Rechtssicherheit ein Eingreifen hier nicht erfordert, denn das einschränkende Merkmal, das zur Bejahung der Schutzfähigkeit nicht herangezogen werden kann, wirkt sich im Verletzungsfall nur zu Ungunsten des Rechtsinhabers aus. Das BPatG hat dies bei eur Patenten indessen generell abgelehnt (Rn 15 zu Art II § 6 IntPatÜG). Ist die Erweiterung in einem Unteranspruch erfolgt, bildet erst der übergeordnete Anspruch die Grenze für die nicht erweiternde Beseitigung durch Streichung. Ein „aliud" kann grds nicht durch einen „Disclaimer" beseitigt werden.[295] Führt die (im Verletzungsstreit als Rechts-

---

285 Vgl BGH GRUR 1970, 289, 293 Dia-Rähmchen IV.

286 *Keukenschrijver* Patentnichtigkeitsverfahren[6] Rn 48.

287 Vgl dazu beispielhaft BPatG GRUR 1989, 414.

288 Vgl *Fitzner/Lutz/Bodewig* Rn 44.

289 Vgl *Keukenschrijver* GRUR 2001, 575 Fn 57; BPatG 7.11.2012 5 Ni 39/10 (EP): Übergang von der erweiternden Menge im Patent auf eine ursprünglich offenbarte Teilmenge.

290 BGH GRUR 2009, 936 Heizer; BGH GRUR 2010, 910 fälschungssicheres Dokument; BGH GRUR 2011, 1003 Integrationselement.

291 Vgl BPatG 31.7.2013 5 Ni 49/12 (EP); BPatG 25.2.2015 5 Ni 96/12 (EP).

292 Vgl BGH GRUR 2010, 1084 Windenergiekonverter; BGH Integrationselement; *Büscher/Dittmer/Schiwy* § 38 Rn 9.

293 Vgl BGH Integrationselement; BGH 19.4.2011 X ZR 144/07.

294 BGH GRUR 2011, 40 Winkelmesseinrichtung; BGH Integrationselement; BGH GRUR 2013, 809 Verschlüsselungsverfahren; BGH GRUR 2013, 1135 Tintenstrahldrucker; BGHZ 204, 199 = GRUR 2015, 573 Wundbehandlungsvorrichtung; BPatG 3.7.2012 4 Ni 15/10 (EU) Mitt 2013, 39 Ls; BPatG Mitt 2015, 324 „Brustpumpe"; vgl BPatG 16.9.2014 3 Ni 16/13; kr *Walder-Hartmann* (Anm) Mitt 2015, 279 f.

295 BGH GRUR 2001, 140, 143 Zeittelegramm; BPatG 13.1.2009 3 Ni 77/06; BPatG 26.1.2009 3 Ni 15/06, beide zu Fällen des Wechsels von Vorrichtung auf Systemanspruch; BPatG 21.1.2009 4 Ni 42/07; BPatG 3.12.2008 9 W (pat) 382/04; BPatG 19.9.2006 3 Ni 16/04; BPatG 22.5.2006 20 W (pat) 338/03; BPatG 2.8.2004 19 W (pat) 707/03; BPatG 2.8.2004 19 W (pat)

frage bis in die Revisionsinstanz überprüfbare) Auslegung des erteilten Patents zu einem Hinausgehen über die ursprüngliche Anmeldung, ist dem im Nichtigkeitsverfahren und nicht im Verletzungsprozess Rechnung zu tragen.

101   Die Streichung des erweiternden Merkmals kommt nicht in Betracht, wenn hierdurch der Nichtigkeitsgrund der **Erweiterung des Schutzbereichs** geschaffen würde,[296] ist also insb bei Aufnahme eines nicht ursprünglich offenbarten, einschränkenden Merkmals nicht möglich.[297] Die Behandlung dieses Falls der „uneigentlichen Erweiterung"[298] ist höchst str. So hält das EPA die Aufrechterhaltung des Patents nur für möglich, wenn die Anmeldung in der ursprünglich eingereichten Fassung eine Grundlage dafür bietet, dass die nicht ursprungsoffenbarten einschränkenden Gegenstände ohne Verstoß gegen Art 123 Abs 3 EPÜ durch andere ersetzt werden können; andernfalls sei das Patent insgesamt zu widerrufen („inevitable trap; unentrinnbare Falle"; so zu Unrecht auch das BPatG für eur Patente im Nichtigkeitsverfahren, Rn 15 zu Art II § 6 IntPatÜG).[299] Nunmehr lässt das EPA zur Beseitigung einer unzulässigen Änderung, falls das Patent sonst widerrufen werden müsste, in erster Linie die Aufnahme ursprünglich offenbarter Merkmale zu, die den Schutzbereich einschränken, falls das nicht möglich ist, aber auch eine Aufnahme ursprünglich offenbarter, den Schutzbereich der aufrecht erhaltenen Fassung aber erweiternder Merkmale, solange nicht gegen Art 123 Abs 3 EPÜ verstoßen wird, äußerstenfalls die Streichung einer unzulässigen Änderung, sofern nicht gegen Art 123 Abs 3 EPÜ verstoßen wird (vgl Rn 40 zu § 38).[300] Als nicht erweiternd wurde dabei ein Merkmal angesehen, das lediglich den Schutzbereich in der erteilten Fassung einschränkt, ohne einen technischen Beitrag zum Gegenstand der beanspruchten Erfindung zu leisten.[301] Nach aA ist (ähnlich wie bereits zum Nichtigkeitsverfahren alten Rechts vorgeschlagen)[302] weder vollständige Nichtigerklärung oder vollständiger Widerruf erforderlich noch kann das Merkmal gestrichen werden,[303] aber eine Erklärung („Vermerk nach Art eines „Disclaimer") in das Patent, und zwar in die Patentansprüche,[304] ein Hinweis aufzunehmen, dass das nicht offenbarte Merkmal eine unzulässige Erweiterung darstellt, aus der Rechte nicht hergeleitet werden können,[305] wobei der Schutzrechtsinhaber dieses Merkmal aber gegen

707/03; BPatG 22.5.2003 6 W (pat) 6/00; BPatG 11.12.2007 23 W (pat) 322/04; vgl BPatGE 50, 50 = GRUR 2008, 329; BPatG GRUR 1991, 40.

296   BGH GRUR 2001, 140 Zeittelegramm, zum Nichtigkeitsverfahren; vgl BGH GRUR 2000, 1015 Verglasungsdichtung; BPatGE 31, 157 = BlPMZ 1991, 77; BPatGE 41, 12 = GRUR 1999, 695; BPatGE 42, 57 = GRUR 2000, 302; BPatGE 45, 80, 86 = BlPMZ 2002, 288; eingehend *Schulte* Rn 64 ff; aA BPatGE 39, 34 = GRUR 1998, 667; BPatGE 39, 215 = GRUR 1998, 810; *Ballhaus* GRUR 1983, 1, 6.

297   Vgl BPatGE 49, 84 = BlPMZ 2006, 212.

298   *König* Mitt 2004, 477 ff, 487 sieht als solche nur die naheliegende Konkretisierung, nicht aber auch die Hinzufügung eines weiteren Merkmals an.

299   EPA G 1/93 ABl EPA 1994, 541 = GRUR Int 1994, 842 beschränkendes Merkmal und nachfolgend EPA T 384/91 ABl EPA 1995, 745 Kollision zwischen Art 123 Abs 2 und 3 EPÜ; im Ergebnis ähnlich BGH Bausch BGH 1999–2001, 142 Kontaktfederblock 01, wo die Aufnahme eines nicht ursprungsoffenbarten, ersichtlich einschränkenden Merkmals in einen Unteranspruch zu dessen Nichtigerklärung führte; Anwendbarkeit im Nichtigkeitsverfahren gegen ein eur Patent in BPatG 3.7.2012 4 Ni 15/10 (EU) Mitt 2013, 39 Ls offen gelassen, in BPatG Mitt 2014, 463 „Fettabsaugvorrichtung" dagegen gegen die Rspr des BGH (BGH GRUR 2013, 809 Verschlüsselungsverfahren) bejaht, Berufung eingelegt unter BGH X ZR 84/14; abw BPatG 7.2.2012 1 Ni 18/10 (EP); die Auffassung des 4. Senats des BPatG ausdrücklich verworfen in BGHZ 204, 199 = GRUR 2015, 573 Wundbehandlungsvorrichtung.

300   EPA G 1/99 ABl EPA 2001, 381 = GRUR Int 2002, 868 reformatio in peius.

301   EPA G 1/93 ABl EPA 1994, 541 = GRUR Int 1994, 842 beschränkendes Merkmal; zur Frage, ob das hinzugefügte Merkmal einen technischen Beitrag leistet, EPA T 384/91 ABl EPA 1995, 745 Kollision zwischen Art 123 Abs 2 und 3 EPÜ: keine bloße Beschränkung ohne technischen Beitrag zur Erfindung, wenn das hinzugefügte Merkmal eine Wechselwirkung mit der Art und Weise eingeht, wie die anderen Merkmale die aus der Anmeldung in der ursprünglich eingereichten Fassung zu entnehmende Aufgabe lösen; EPA T 64/96; EPA T 553/99; vgl dazu *Günzel* Mitt 2000, 81; *Laddie* GRUR Int 1998, 202; *Brinkhof* GRUR Int 1998, 204; kr *R. Rogge* GRUR Int 1998, 208.

302   Insb BGHZ 73, 40 = GRUR 1979, 224 Aufhänger.

303   *Kraßer* S 618 (26 B III 9); BGH GRUR 2001, 140 Zeittelegramm; schweiz BG GRUR Int 1996, 1224 f Resonanzetikette.

304   BGH Aufhänger; ebenso nach BPatGE 31, 109 = GRUR 1991, 834 für das GbmLöschungsverfahren, nach BPatGE 31, 1 = GRUR 1990, 114, 116 in die Beschreibung.

305   BPatGE 31, 1 = GRUR 1990, 114, 116; aA BPatG 39, 215 = GRUR 1998, 810.

sich gelten lassen muss (Rn 102, Rn 30 zu § 22).[306] Nach der extremen Gegenauffassung ist das Merkmal wieder zu streichen[307] und über Vor- oder Weiterbenutzungsrechte Abhilfe zu schaffen.[308]

„Erklärungen nach Art eines Disclaimer" sind zwar nicht grds zu beanstanden, aber idR überflüs- **102** sig,[309] denn aus solchen Merkmalen, die der Patentinhaber im Verletzungsstreit gegen sich gelten lassen muss, können Rechte nicht hergeleitet werden und sie können deshalb zur Stützung der erfinderischen Tätigkeit nicht herangezogen werden.[310] Elementenschutz kommt nach geltendem Recht insoweit nicht in Betracht. Deshalb bedarf es eines solchen „Disclaimers" in der Patentschrift (gleichgültig, ob im Patentanspruch oder in der Beschreibung) grds nicht.[311] Die Praxis des BPatG wich – und weicht noch – teilweise ab[312] (vgl auch Rn 61 ff zu § 61). Der 4. Senat des BPatG hat die Zulässigkeit nicht offenbarter „Disclaimer" dahinstehen lassen,[313] während der 3. Senat dem EPA mit der zusätzlichen Begründung folgt, dass nur Anspruchsalternativen ausgeschieden werden.[314] Der 20. Senat des BPatG hat die GBK dahin interpretiert, dass auch sie die ursprüngliche Offenbarung des Gegenstands des „Disclaimer" verlange.[315] Nach Auffassung des 19. Senats des BPatG kann in die Beschreibung eine Erklärung dahin aufgenommen werden, dass ein Merkmal eine unzulässige Erweiterung darstellt, wenn die betroffenen Merkmale hinreichend klar definiert sind.[316] Ein „aliud" kann durch einen „Disclaimer" nicht beseitigt werden.[317]

Beispiel für einen „Disclaimer": *„Merkmal x stellt eine unzulässige Erweiterung dar"*, dem auch die **103** Zusätze: *„aus der Rechte nicht hergeleitet werden können"* oder *„die der Patentinhaber gegen sich gelten lassen muss"* hinzugefügt werden.[318]

Grds genügt es, das „uneigentlich erweiternde" Merkmal bei der **Prüfung auf Patentfähigkeit** an- **104** hand des StdT außer Betracht zu lassen,[319] es ist aber bei der Bemessung des Schutzumfangs zu Ungunsten[320] des Patentinhabers zu berücksichtigen,[321] was sich auch durch eine teleologische Reduktion der Regelung in § 21 Abs 1 Nr 4 dahin rechtfertigen lässt, dass diese anders als § 38 den Fall der „uneigentli-

---

306 BPatGE 31, 1 = GRUR 1990, 114; BPatGE 42, 57 = GRUR 2000, 302; BPatG 42, 105, 107; BPatG BlPMZ 2000, 282; BPatGE 44, 123; BPatGE 45, 80 = BlPMZ 2002, 288; BPatG 7.5.2002 4 Ni 4/01; BPatG 9.9.2003 6 W (pat) 314/02; BPatG 12.5.2005 8 W (pat) 332/02; BPatG GRUR 2006, 487 „semantischer Disclaimer"; BPatG 19.9. 2006 3 Ni 16/04 (EU); BPatGE 31, 109 = GRUR 1991, 834, GbmSache: in den Schutzspruch aufzunehmende Erklärung, wobei die Abweichung mit § 15 Abs 3 Satz 2 GebrMG begründet wird; BPatG BlPMZ 1989, 53; BPatGE 31, 157 = BlPMZ 1991, 77; *Benkard-EPÜ* Art 138 Rn 31; *R. Rogge* GRUR Int 1998, 208; eingehende Diskussion bei *Mes* Rn 60 ff.

307 BPatGE 39, 34 = GRUR 1998, 671 m abl Anm *Rau*; BPatGE 39, 215 = GRUR 1998, 810: selbst bei „aliud"; abl auch BPatG GRUR 1999, 695 und hierzu *Niedlich/Graefe* Mitt 1999, 246 f, die uU über Teilung des Patents bzw Abzweigung abhelfen wollen; vgl auch *Stamm* Mitt 1998, 90; *Stamm* Mitt 1998, 207; *Stamm* Mitt 1999, 448; offenbar auch *König* FS W. Tilmann (2003), 487.

308 Vgl *Schwanhäusser* GRUR 1991, 165, 167; *Bossung* FS 10 Jahre GBK EPA (1996), 135, 143 Fn 23 f unter Hinweis auf die Rspr des BGH zur Teilung im Einspruchsverfahren, die auf den hier in Rede stehenden Fall allerdings nicht ausdehnungsfähig ist; BPatGE 39, 34 = GRUR 1998, 671 überlässt die Auflösung den Verletzungsgerichten.

309 Vgl *Fitzner/Lutz/Bodewig* § 38 Rn 43: „nicht obligatorisch"; abw *Fitzner/Lutz/Bodewig* Rn 44 ff.

310 BGH GRUR 2001, 140 Zeittelegramm; so grds auch BGH GRUR 2011, 40 Winkelmesseinrichtung; vgl BPatG 4.3.2004 17 W (pat) 314/02; BPatG 2.8.2004 19 W (pat) 707/03.

311 BGH Winkelmesseinrichtung.

312 Vgl nur BPatGE 31, 4 = GRUR 1990, 114; BPatGE 31, 109 = GRUR 1991, 834; BPatGE 31, 157 = BlPMZ 1991, 77; BPatGE 42, 57 = GRUR 2000, 302, bestätigt in BPatGE 44, 123; BPatGE 42, 105 = BlPMZ 2000, 282; BPatGE 45, 80 = BlPMZ 2002, 288; BPatG 7.5.2002 4 Ni 4/01; BPatG 3.12.2008 9 W (pat) 382/04; BPatG 19.9.2006 3 Ni 16/04 (EU); selbst noch BPatG 7.2.2012 1 Ni 18/10 unter Bezugnahme auf BGH Winkelmesseinrichtung(!); offen gelassen in BPatG 21.1.2011 4 Ni 44/09 (EU); vgl auch *Mes* § 38 Rn 19.

313 BPatG 26.7.2005 4 Ni 6/04 (EU).

314 BPatG 10.7.2006 3 Ni 3/04 (EU).

315 BPatG 10.4.2006 20 W (pat) 314/03.

316 BPatGE 51, 271 unter Hinweis auf BPatG BlPMZ 1989, 53, BPatGE 42, 57 und BPatGE 45, 80; hiergegen BGH Winkelmesseinrichtung.

317 BPatG 11.12.2007 23 W (pat) 322/04; BPatG 21.1.2009 4 Ni 42/07.

318 ZB BPatG GRUR 2002, 599; BPatG GRUR 2006, 487.

319 So auch BGH Zeittelegramm: zur positiven Beantwortung der Frage; BPatG 19.4.2001 1 Ni 10/00.

320 Vgl BGH Zeittelegramm; dies übersieht *Stamm* Mitt 1999, 448 f.

321 BGH GRUR 2011, 40 Winkelmesseinrichtung und nachgehend BPatG 13.7.2011 19 W (pat) 5/08; BPatG 13.7.2011 19 W (pat) 4/08; BPatG 16.12.2010 4 Ni 43/09.

chen" Erweiterung nicht erfasst (vgl Rn 216 zu § 139).[322] In der Praxis wird auch das vielfach als „Disclaimerlösung" bezeichnet,[323] was in Abgrenzung zu der vorgenannten Praxis aber vermieden werden sollte. Dieses Verfahren kann auch angewendet werden, wenn das eingefügte Merkmal auch bei nicht offenbarten Ausgestaltungen verwirklicht sein kann, mit denen das Ziel der Erfindung uU nicht erreicht wird.[324] Zu Widerruf, Nichtigerklärung oder (bei Gebrauchsmustern) Löschung kommt es in diesem Fall nicht.

D. Entscheidung

105   **I.** Im **Einspruchsverfahren** lautet die Entscheidung auf Aufrechterhaltung, Widerruf oder beschränkte Aufrechterhaltung (Teilwiderruf) des Patents (Abs 1 Satz 1, Abs 2 Satz 1; § 61 Abs 1; Rn 32 ff zu § 61).

106   **II.** Im **Nichtigkeitsverfahren** lautet die Entscheidung auf Klagabweisung, Nichtigerklärung oder Teilnichtigerklärung (§ 22 Abs 2 iVm Abs 1 Satz 1, Abs 2; s die Kommentierung zu § 84).

III. Klarstellung

107   In beiden Verfahrensarten wird darüber hinaus die Möglichkeit einer Klarstellung diskutiert (Rn 123 ff).

E. Teilwiderruf

I. Allgemeines

108   Teilwiderruf (Abs 2 Satz 1) kommt in Betracht, wenn die Widerrufsgründe nur einen Teil des Patents betreffen[325] oder wenn das Patent nur in beschränktem Umfang angegriffen oder verteidigt wird (Rn 116 ff). Die Entscheidung kann als beschränkte Aufrechterhaltung oder als Teilwiderruf formuliert werden (Rn 42 ff zu § 61).

II. Nur beschränkende Änderungen

109   Dabei sind nur Änderungen zulässig, die das Patent gegenüber der erteilten Fassung beschränken und die in der erteilten Fassung des Patents offenbart sind.[326] Denn jede gegenüber der erteilten Fassung erweiternde Änderung verwirklicht den Nichtigkeitsgrund der Erweiterung des Schutzbereichs (§ 22 Abs 1 2. Alt), was auch im Einspruchsverfahren unzulässig ist (vgl Art 123 Abs 3 EPÜ);[327] insb darf die Änderung nicht dazu führen, dass an die Stelle der erteilten patentgeschützten Erfindung eine andere (ein „aliud")

---

322   Im Ergebnis wie hier (lediglich Verengung des ursprünglich weiter gefassten Schutzbegehrens und damit keine Erweiterung) BGH 20.6.2006 X ZR 185/02; ähnlich, aber unter Aufnahme einer Anmerkung dahin, dass das Merkmal als bekannt bezeichnet wird, BGHZ 73, 40 = GRUR 1979, 224 Aufhänger, bdkl nur infolge der Klarstellung in Form teilweiser Nichtigerklärung; soweit durch den Hinweis zum Ausdruck gebracht wird, dass sich das Merkmal nicht auf den Schutzumfang auswirkt, erscheint dies bei nach PatG 1978/81 zu beurteilenden Patenten nicht mehr erforderlich; vgl auch *Rau* GRUR 1998, 671, 672, der mit an sich zutr Begr eine „und"-Lösung vorschlägt, deren es ebenfalls nicht bedarf; BGH Zeittelegramm lässt offen, ob ein entsprechender erläuternder Hinweis im Patent erforderlich ist, vgl BPatG 19.4.2001 1 Ni 10/00; Kritik und Diskussion verschiedener Möglichkeiten der Problemlösung bei *Benkard-EPÜ* Art 123 Rn 107 ff, insb 116 f. Abl zur hier vorgeschlagenen Lösung BPatGE 42, 57, 62 ff = GRUR 2000, 302; BPatGE 45, 80 = BlPMZ 2002, 288.
323   Vgl *Walder-Hartmann* (Anm) Mitt 2015, 279 f.
324   BGH GRUR 2013, 1135 Tintenstrahldrucker.
325   BGHZ 143, 47 = GRUR 2007, 862 Informationsübermittlungsverfahren II; BGH GRUR 2010, 87 Schwingungsdämpfer, dort auch zur Reichweite der Anträge des Patentinhabers.
326   BGH GRUR 1960, 542 f Flugzeugbetankung; BGH GRUR 1962, 294 f Hafendrehkran.
327   Vgl BPatG GRUR 1997, 48; BPatGE 37, 155 = GRUR 1997, 445, 450; BPatG 22.5.2006 20 W (pat) 338/03; BPatG 30.5.2006 34 W (pat) 311/03; *Hövelmann* GRUR 1997, 109 f.

gesetzt wird.[328] Die Aufstellung neuer (zusätzlicher) Patentansprüche ist grds nicht zulässig (vgl Rn 270 ff zu § 59).

Zulässig ist zB eine neue Fassung, die in der erteilten Fassung bereits als Kombination des Hauptan- **110** spruchs mit Merkmalen von Unteransprüchen oder als Ausführungsform offenbart war[329] oder eine Beschränkung auf eine von mehreren ursprünglich als gleichwertig dargestellten Lösungen.[330] Die Beschränkung muss sich aber grds nicht auf Ausführungsformen beschränken, die in den ursprünglichen Unterlagen ausdrücklich beschrieben werden; es können gewisse Verallgemeinerungen („Zwischenverallgemeinerungen", Rn 88) vorgenommen werden, sofern dies dem berechtigten Anliegen Rechnung trägt, die Erfindung in vollem Umfang zu erfassen.[331]

Unzulässig, weil erweiternd, ist grds eine **Änderung der Patentkategorie** (vgl Rn 108 zu § 82; Rn 32 **111** zu § 22), zB die Umwandlung eines Vorrichtungspatents in ein Verfahrenspatent,[332] eines Verfahrenspatents in ein Verwendungspatent hinsichtlich der verfahrensgem hergestellten chemischen Verbindung,[333] außer bei Vergreifen der Erteilungsbehörde im Ausdruck[334] und bei bloßem Übergang von einem umfassenden Erzeugnispatent auf eine ursprünglich offenbarte erfinderische Verwendung (Rn 108 zu § 82).

Unzulässig sind die **Feststellung einer Abhängigkeit**,[335] die Umwandlung eines Hauptpatents in ein **112** Zusatzpatent,[336] die Umwandlung in ein Kombinationspatent, für das die Patentschrift keine Unterlage bietet,[337]

Unzulässig ist die Beschränkung auf ein **nicht als zur Erfindung gehörend offenbartes Ausfüh- 113 rungsbeispiel**,[338] insb wenn es allein der (einzigen) Zeichnung zu entnehmen ist;[339] unzulässig ist die Beschränkung auf einzelne, nicht offenbarte chemische Verbindungen aus einer offenbarten Gruppe.[340]

Unzulässig kann die **Hinzufügung eines Merkmals** sein, wenn dieses zwar in der Beschreibung er- **114** wähnt, jedoch nicht in seiner Bedeutung für die Erfindung erkennbar ist[341] oder zwar der Gegenstand formal beschränkt wird, das Patent sich aber in seinem Gehalt dadurch als „aliud" darstellt.[342]

Unzulässig ist schließlich grds die **Streichung von Merkmalen**, da sie in aller Regel zu einer Erweite- **115** rung des Schutzbereichs führt und damit den Nichtigkeitsgrund des § 22 Abs 1 begründet. Zu besonderen Schwierigkeiten führt dies dort, wo eine unzulässige Erweiterung durch die Hinzufügung eines Merkmals entstanden ist, dessen Beseitigung zu einer Erweiterung in anderer Richtung führen würde (Rn 99 ff).

III. Zum Teilwiderruf führt im Erfolgsfall ein **beschränkter Angriff**; ob das Patent über die Anträge **116** des Einsprechenden hinaus widerrufen werden kann, ist str (Rn 291 f zu § 59).

---

328 BGHZ 110, 123, 125 = GRUR 1990, 432 f Spleißkammer; BGHZ 110, 82 = GRUR 1990, 508 Spreizdübel; BGHZ 66, 17, 29 = GRUR 1976, 299 Alkylendiamine I; BGH GRUR 1991, 307 f Bodenwalze; BGH GRUR 1998, 901 f Polymermasse; BGH GRUR 2010, 513 Hubgliedertor II.

329 BGH GRUR 1961, 572, 574 Metallfenster; BGH GRUR 1965, 138, 140 f Polymerisationsbeschleuniger; BGH GRUR 1966, 138 Wärmeschreiber; BGH GRUR 1967, 585 f Faltenrohre.

330 BGHZ 45, 102 = GRUR 1966, 312, 316 Appetitzügler I; BGH GRUR 1966, 319, 321 f Seifenzusatz; BGH GRUR 1967, 241, 243 Mehrschichtplatte; BGH Faltenrohre; BGHZ 83, 83 = GRUR 1982, 406, 409 Verteilergehäuse.

331 BGHZ 198, 205 = GRUR 2013, 1210 Dipeptidyl-Peptidase-Inhibitoren; vgl BPatG 26.11.2014 5 Ni 69/11 (EP).

332 RG GRUR 1933, 134 Formstücke; BGH GRUR 1967, 25, 29 Spritzgußmaschine III; BGH GRUR 1967, 241 f Mehrschichtplatte.

333 BPatGE 12, 119, 124; aA BPatGE 2, 192 = BlPMZ 1963, 37.

334 RGZ 149, 180 = GRUR 1936, 111 Typenkörper I; *Reimer* Mitt 1956, 188; *Harraeus* GRUR 1962, 57; vgl BPatG 21.4.2008 19 W (pat) 59/04.

335 RG BlPMZ 1897, 70 Korkschleifmaschine I.

336 BGH GRUR 1960, 545 Flugzeugbetankung 01.

337 BGH GRUR 1970, 296 f Allzwecklandmaschine; RG MuW 25, 124 f sternartiger Drehrost; BPatGE 3, 31 = GRUR 1964, 447; BPatGE 4, 111 = GRUR 1964, 257.

338 BGH GRUR 1966, 192, 196 Phosphatierung, nach geltendem Recht bdkl.

339 BGHZ 83, 83 f = GRUR 1982, 406 Verteilergehäuse, ebenfalls bdkl.

340 BGHZ 66, 17 = GRUR 1976, 299, 303 Alkylendiamine I.

341 BGHZ 110, 123 = GRUR 1990, 432 f Spleißkammer; BGH GRUR 1977, 598 f Autoskooterhalle.

342 BGH GRUR 1988, 287 ff Abschlußblende; BGH Spleißkammer; BPatG GRUR 1989, 414.

IV. Beschränkte Verteidigung

117   Teilwiderruf erfolgt auch, wenn der Patentinhaber das Patent nur beschränkt verteidigt. Diese Möglichkeit steht ihm neben der Patentbeschränkung nach § 64 und dem Teilverzicht (vgl Rn 33 zu § 20) im Einspruchsverfahren offen,[343] wenn er zu der Einsicht kommt, dass das Patent in seinem vollen erteilten Umfang nicht mit Aussicht auf Erfolg verteidigt werden kann. Er kann dann im Rahmen des Angriffs auf das Patent die Beschränkung durch die Erklärung, in welchem Umfang er das Patent verteidigt, herbeiführen.[344] Dies setzt allerdings voraus, dass die Beschränkung zulässig ist (Rn 109 ff). Generell ist zunächst jede Änderung unzulässig, durch die ein Nichtigkeitsgrund geschaffen würde. Dies ist keine Frage der Berücksichtigung weiterer Widerrufsgründe. Bei der Verteidigung des Patents in geänd Fassung ist die Zulässigkeit dieser Fassung ohne Beschränkung auf die gesetzlichen oder geltend gemachten Widerrufsgründe zu prüfen.[345] Ist sie unzulässig, bleibt, anders als nach Art 102 Abs 3 Buchst a EPÜ auch dann, wenn der Patentinhaber nur sie verteidigt, nach der hier vertretenen, allerdings von der Rspr nicht durchwegs geteilten Ansicht die erteilte Fassung des Patents Gegenstand der Prüfung (differenzierend Rn 284 zu § 59). Erweist sich die Beschränkung hingegen als zulässig, ist lediglich die Bestandsfähigkeit des Patents in seinem verteidigten Umfang zu prüfen.[346] Erweist sich das Patent insoweit als nicht bestandsfähig, ist es insgesamt zu widerrufen. Erweist es sich insoweit hingegen als bestandsfähig, ist es im Einspruchsverfahren im Beschluss über die Aufrechterhaltung (§ 61 Abs 1 Satz 1) unter gleichzeitiger Anpassung der Beschreibung und der Zeichnung (§ 61 Abs 3 Satz 1) auf den verteidigten Inhalt zu beschränken (Rn 122).

118   Daran ändert sich nichts, wenn der Einsprechende die Selbstbeschränkung mit der **Rücknahme des Einspruchs** beantwortet, weil ihn die beschränkte Fassung des Patents nicht mehr stört. Denn bei Einspruchsrücknahme wird das Einspruchsverfahren (außer bei alleiniger Geltendmachung des Widerrufsgrunds der widerrechtl Entnahme; Rn 72 zu § 61) vAw fortgesetzt (§ 61 Abs 1 Satz 2).

119   Auch ein im Einspruchs-, erst recht aber im Nichtigkeitsverfahren erklärter „**Verzicht**" wird häufig nicht als Erklärung nach § 20 Abs 1 Nr 1, sondern als beschränkte Verteidigung aufzufassen sein.[347] Die beschränkte Verteidigung musste nach früherer, allerdings nicht mehr zutr Rspr unbedingt erklärt werden.[348] Ein Streithelfer kann die Selbstbeschränkung des Patentinhabers nicht durch einen Antrag auf vollständige Klageabweisung unterlaufen.[349]

120   Der Patentinhaber kann von der Selbstbeschränkung – ebenso wie von dem Beschränkungsantrag nach § 64 – bis zur Rechtskraft der entspr Entscheidung – **abrücken**,[350] sofern nicht Gründe des Prozessrechts dem entgegenstehen. Der Patentinhaber kann das Patent im Einspruchs- und im Nichtigkeitsverfahren in weitergehendem Umfang verteidigen, als er es in einem gleichzeitigen Beschränkungsverfahren nach § 64 tut.[351]

---

343   BGHZ 110, 123, 125 = GRUR 1990, 432 f Spleißkammer.
344   So für das Nichtigkeitsverfahren BGHZ 21, 8 = GRUR 1956, 409 f Spritzgußmaschine I; BGH GRUR 1960, 542 Flugzeugbetankung; BGH GRUR 1962, 294, 296 Hafendrehkran; BGH GRUR 1984, 644 f Schichtträger; BGH GRUR 1988, 287 f Abschlußblende; BPatG 4.8.1987 12 W (pat) 112/85 BlPMZ 1988, 200 Ls.
345   BGH GRUR 1998, 901 f Polymermasse; BPatGE 52, 195 = BlPMZ 2011, 380; BPatG 20.7.2009 20 W (pat) 61/04; vgl *Strehlke* Mitt 1999, 416; aA offenbar BPatGE 42, 84; sachlich zutr, aber missverständlich BPatG GRUR 1997, 48; im Ergebnis ähnlich BPatGE 38, 204, allerdings mit verfehltem dogmatischem Ansatz über Änderung des Streitgegenstands durch – tatsächlich nicht vorliegende – Änderung der Patentansprüche durch den Patentinhaber; vgl allg BPatGE 38, 93 = GRUR 1997, 622; BPatG 17.4.1997 23 W (pat) 9/94, BPatG 30.4.1997 9 W (pat) 76/95 und BPatG 17.6.1997 8 W (pat) 9/97, jeweils zur Prüfung der Ausführbarkeit hinsichtlich des eingeschränkten Schutzbegehrens; BPatG 14.5.1997 19 W (pat) 23/95 zur Prüfung der Erweiterung; zu eng BPatG 12.5.1997 9 W (pat) 55/96, wonach eine Überprüfung unverändert gebliebener Merkmale bei Verteidigung eines geänderten Patentanspruchs auf ursprüngliche Offenbarung ausgeschlossen sei, wenn der Widerrufsgrund der unzulässigen Erweiterung nicht geltend gemacht war.
346   BGHZ 21, 8 = GRUR 1956, 409 Spritzgußmaschine I; BGH GRUR 1960, 542 Flugzeugbetankung.
347   BGH GRUR 1953, 86 Schreibhefte II; BGH GRUR 1962, 294 ff Hafendrehkran; BPatGE 4, 30.
348   BGH Liedl 1956/58, 376, 380 Fugenstreifen.
349   BGH GRUR 1961, 572 f Metallfenster.
350   BGH GRUR 1965, 480, 483 Harnstoff.
351   BGH GRUR 1961, 529 ff Strahlapparat.

V. Feststellung der Rechtsbeständigkeit im übrigen

Der Teilwiderruf setzt, da es im Einspruchsverfahren keine Bindung an bestimmte Parteianträge gibt, **121** die Feststellung voraus, dass das Restpatent gegenüber den geltend gemachten Widerrufsgründen Bestand hat.

VI. Form des Teilwiderrufs (Absatz 2 Satz 2)

Der Teilwiderruf kann in Form einer **Änderung der Patentansprüche** erfolgen, was die Regel sein **122** wird, er kann aber auch (zusätzlich oder allein) durch eine Änderung der Beschreibung oder der Zeichnung vorgenommen werden (Abs 2 Satz 2). Näher hierzu Rn 42 ff zu § 61.

F. Klarstellung

Die Rspr hat zunächst für das Nichtigkeitsverfahren,[352] später auch für das nachgeschaltete Ein- **123** spruchsverfahren[353] Klarstellungen für zulässig erachtet. Da sie den Rechtsbestand des Patents nicht antastete, war dabei der Einspruch zurückzuweisen, die Nichtigkeitsklage abzuweisen[354] und der Patentinhaber wurde grds als durch eine solche Klarstellung nicht beschwert angesehen (näher *7. Aufl*). Demgegenüber hat der BGH die Klarstellung grds, sofern nicht gleichzeitig die Voraussetzungen einer Teilnichtigerklärung vorliegen, für unzulässig erklärt (Rn 40 zu § 61). Nach Auffassung des BPatG ist der Patentinhaber im Einspruchsverfahren an eine für den fachmännischen Leser der Patentschrift offensichtlich unrichtige Rückbeziehung eines Patentanspruchs nicht gebunden.[355]

G. Wirkung der Entscheidung über den Einspruch (Absatz 3)

I. Aufrechterhaltung

Die Entscheidung, dass das Patent unverändert aufrechterhalten bleibt, wirkt keine materielle **124** Rechtskraft. Sie hindert den erfolglos Einsprechenden nicht, eine Nichtigkeitsklage – auch mit den gleichen Gründen – zu erheben.[356] Gegenstand und Schutzumfang des aufrechterhaltenen Patents richten sich allein nach dessen Inhalt (§ 14). Die Ausführungen der Einspruchsentscheidung sind lediglich unverbindliche Auslegungshilfen. Der Inhalt des Patents bleibt weiterhin allein maßgebend für dessen Gegenstand.[357]

II. Widerruf

1. Allgemeines. Mit dem Widerruf gelten die Wirkungen des Patents (gem §§ 9, 10) und die der An- **125** meldung (gem § 33) als von Anfang an nicht eingetreten (Abs 3 Satz 1), dh sie entfallen rückwirkend und mit Wirkung für und gegen jedermann (vgl für die Nichtigerklärung Rn 53 zu § 84). Für das eur Patent ergibt sich diese Rechtsfolge aus Art 68 EPÜ iVm Art 64 Abs 1 EPÜ, der in das nationale Recht verweist.

---

352 RG GRUR 1938, 768, 770 Abkant- und Biegepresse; RGZ 170, 346 = GRUR 1943, 123, 128 Graviermaschine; BGH GRUR 1959, 22, 24 Einkochdose; BGH Liedl 1963/64, 453 ff kugelgelagerte Drehverbindung; BGH Liedl 1965/66, 220 ff Absetzwagen 01; BGH Liedl 1967/68, 543 ff Strangpreßverfahren; BGH GRUR 1967, 194 Hohlwalze; BGH GRUR 1981, 190 Skistiefelauskleidung.
353 BPatGE 27, 7 = GRUR 1985, 216; BPatG GRUR 1986, 605.
354 BGH GRUR 1967, 194 Hohlwalze.
355 BPatG 18.7.1996 6 W (pat) 43/96 BlPMZ 1997, 365 Ls; vgl auch BPatG 11.6.1997 7 W (pat) 50/96, wo verdeutlichende Änderungen, durch die der erfindungswesentliche Unterschied zum StdT unmissverständlich zum Ausdruck kommt, als geboten bezeichnet werden; ebenso BPatG 17.2.1999 7 W (pat) 15/98; auch BPatG 17.1.2000 11 W (pat) 67/99 sieht eine klarstellende Ergänzung eines erteilten Patentanspruchs, die sich eindeutig aus der Beschreibung ergibt und auch ursprünglich offenbart ist, als zulässig an.
356 Ebenso *Fitzner/Lutz/Bodewig* Rn 73.
357 RGZ 153, 315, 318 = GRUR 1937, 615 Paßstift für Bauteile.

126   Die **rückwirkende Kraft** ergibt sich seit 1.1.1981 aus dem Gesetz (Abs 3 Satz 1 in Übereinstimmung mit Art 33 Abs 1 GPÜ 1989), galt aber nach hM auch für das frühere Recht.[358]

127   Der Widerruf wird **im Register vermerkt** (§ 30 Abs 1 Satz 2). Dieser Eintrag, der nach § 32 Abs 5 im PatBl bekanntgemacht wird, hat jedoch nur deklaratorische Bedeutung. Die rechtsgestaltende Wirkung tritt durch die Entscheidung selbst ein.

128   **2.** Einer **Verletzungsklage** wird durch den Widerruf wie durch die Nichtigerklärung (Rn 54 zu § 84) rückwirkend die materiellrechtl Grundlage entzogen (hM; vgl Rn 253 vor § 143). Sie ist als unbegründet abzuweisen, für eine Erledigung der Hauptsache ist kein Raum (Rn 156 vor § 143).

129   Auf ein **rechtskräftiges Urteil** im Verletzungsprozess hat der Widerruf des Patents keinen unmittelbaren Einfluss.[359] Ob bereicherungsrechtl Ansprüche in Betracht kommen, ist str. Dem als Verletzer Verurteilten ist die **Restitutionsklage** eröffnet (Rn 57 zu § 84).

130   Ansonsten wird dem als Verletzer Verurteilten von der hM die **Vollstreckungsabwehrklage** nach § 767 ZPO zugestanden (Rn 54 zu § 84). Bereits Geleistetes soll zurückgefordert werden können; dies trifft im Grundsatz aber nicht zu (vgl Rn 55 zu § 84; Rn 256 zu § 139).

131   **3. Verträge über das Patent**, zB Kauf oder Lizenzvereinbarungen, verlieren durch den Widerruf nicht ihre Wirkung, es sei denn, dass sich aus dem Vertrag anderes ergäbe (näher Rn 59 zu § 84). Zu Auswirkungen auf die Erfindervergütung Rn 60 zu § 84, auf bereicherungsrechtl Ansprüche Rn 34 zu § 8.

132   **4.** Zu den Auswirkungen auf die **Strafbarkeit** der Patentverletzung Rn 61 zu § 84; Rn 15 zu § 142.

133   **5. Sonstige Wirkungen.** Zum Wegfall eines Hauptpatents *7. Aufl* Rn 49 ff zu § 16.

134   Der Wegfall des Patents berührt nicht die Zugehörigkeit seiner Veröffentlichungen zum **Stand der Technik** (§ 3 Abs 1 Satz 2) oder die **neuheitsschädliche Wirkung** der Anmeldung (§ 3 Abs 2). Er löst grds (außer im Fall des § 10 Abs 1 Satz 1 PatKostG) keine **Gebührenrückzahlungsansprüche** aus[360] (vgl dazu im einzelnen Rn 1 ff zu § 10 PatKostG).

III. Teilwiderruf

135   Wird das Patent beschränkt aufrechterhalten, gilt nach Abs 3 Satz 2 das Patent als von Anfang an nur in der aufrechterhaltenen Fassung erteilt und angemeldet. Die geänd Fassung des Patents tritt an die Stelle der erteilten.[361] Sie bildet die Grundlage der Auslegung auch im Verletzungsprozess.[362]

136   **Publizität.** Die Beschränkung wird im Register vermerkt (§ 30 Abs 1 Satz 2) und im PatBl bekanntgemacht (§ 32 Abs 5 iVm § 30 Abs 1 Satz 2, § 61 Abs 3).

137   Beim teilweisen Widerruf wird eine **geänderte Patentschrift** oder ein Ergänzungsblatt zur Patentschrift veröffentlicht (§ 61 Abs 4).

138   Zum **Nachanmelderecht** des Verletzten einer (teilweisen) **widerrechtlichen Entnahme** Rn 45.

139   **H.** Die Möglichkeit der **Teilung des Patents im Einspruchsverfahren** (§ 60 aF) ist seit 1.7.2006 ersatzlos weggefallen. Das wird angesichts des Fehlens einer Übergangsregelung auch für bereits anhängige Einspruchsverfahren gelten müssen. Zur Rechtslage zuvor (Abs 3 Satz 2 2. Halbs in der bis 30.6.2006 geltenden Fassung) *6. Aufl.*

---

358   BGH GRUR 1963, 519 ff Klebemax; BGH GRUR 1965, 231 f Zierfalten; RGZ 170, 346, 354 = GRUR 1943, 123 Graviermaschine; aA *Schwerdtner* GRUR 1968, 9, 12 ff für den gutgläubigen Inhaber.
359   BGHZ 76, 50 = GRUR 1980, 220 Magnetbohrständer II; *Fitzner/Lutz/Bodewig* Rn 80.
360   PA BlPMZ 1906, 180; RPA Mitt 1931, 308.
361   RGZ 170, 346, 354 f = GRUR 1943, 123 Graviermaschine.
362   BGH GRUR 1961, 335, 337 Doppelbett.

§ 22
(Nichtigkeit des Patents)

(1) Das Patent wird auf Antrag für nichtig erklärt, wenn sich ergibt, daß einer der in § 21 Abs. 1 aufgezählten Gründe vorliegt oder der Schutzbereich des Patents erweitert worden ist.
(2) § 21 Abs. 2 und 3 ist entsprechend anzuwenden.

Ausland: Belgien: Art 49–50 PatG 1984; **Dänemark:** § 52 Abs 1, 2 PatG 1996; **Frankreich:** Art L 613-25–27 CPI; **Italien:** Art 76, 77 (Wirkungen) CDPI; **Litauen:** Art 45 PatG; **Luxemburg:** Art 51, 73 (Nichtigkeitsgründe) PatG 1992/1998; **Niederlande:** Art 75 Abs 1, 2, 6–8 ROW 1995; **Österreich:** § 48 öPatG (1984/1994), Aberkennung § 49 öPatG, Abhängigerklärung § 50 öPatG (1994); **Polen:** Art 89 RgE 2000; **Schweden:** § 52 PatG; **Schweiz:** Art 26, 27 PatG; **Slowenien:** Art 112 GgE; **Spanien:** Art 112 PatG; **Türkei:** Art 129 VO 551; **VK:** vgl Sec 74, 75 Patents Act

Schrifttum: s die Hinweise zu § 21, § 38.

A. Geltungsbereich

I. Zeitlich

Die durch Art 8 Nr 12 GPatG als § 13 neu gefasste Bestimmung (geltende Paragraphenbezeichnung **1** durch die Neubek 1981) gilt seit dem 1.1.1981 (Art 17 Abs 3 GPatG) mangels besonderer Übergangsregelung auch für auf seit 1.1.1978 eingereichte Anmeldungen erteilte dt Patente (Nachw *7. Aufl*). Hingegen waren auf vor dem 1.1.1978 eingereichte Anmeldungen und darauf erteilte Patente §§ 13, 13a PatG 1968 anwendbar (näher *5. Aufl*). Eine Anpassung des Abs 2 an die Änderung des § 21 infolge des Wegfalls der Teilung im Einspruchsverfahren ist erst durch Art 40 des 2. Gesetzes zur Bereinigung von Bundesrecht im Zuständigkeitsbereich des Bundesministeriums der Justiz[1] erfolgt.

II. Sachlich

Die Bestimmung gilt für vom **DPMA** erteilte Patente. **2**
Sie galt auch für erstreckte **DDR-Patente** (näher *7. Aufl* Rn 4 und § 81 Rn 18).[2] **3**

---

1 BGBl 2007 I 2614, 2619.
2 Die letzte Entscheidung zu einem DDR-Patent BPatG 29.4.2014 3 Ni 13/13; dort auch eingehend, allerdings unzutr, zur Anwendbarkeit des DDR-Patentgesetzes 1990.

4   **Ergänzende Schutzzertifikate.** § 22 ist nach § 16a Abs 2 auf ergänzende Schutzzertifikate entspr anwendbar. Dies bedeutet allerdings nicht ohne weiteres, dass eine Nichtigkeitsklage gegen ein Schutzzertifikat auf die Nichtigkeitsgründe des Abs 1 iVm § 21 Abs 1 gestützt werden könnte (Rn 4 zu § 21). Soweit für das Schutzzertifikat, wie in Art 15 AMVO (Rn 154 ff Anh § 16) und Art 15 PSMVO (Rn 206 Anh § 16), eigene Nichtigkeitsgründe statuiert sind, hat diese Regelung Vorrang. Die Anordnung der entspr Anwendung des § 22 stellt lediglich klar, dass die Erhebung einer (zB auf Art 15 Abs 1 Buchst c AMVO und PSMVO gestützten) Nichtigkeitsklage gegen das Zertifikat nicht die vorherige rechtskräftige Nichtigerklärung des Grundpatents, also eine zweite Klage voraussetzt, sondern beide Klagen miteinander verbunden werden können und die Klage gegen das Zertifikat mit dem Vorliegen von Nichtigkeitsgründen iSv Abs 1 iVm § 21 Abs 1 gegen das Grundpatent begründet werden kann.[3]

III. Europäische Patente

5   Das mit Wirkung für die Bundesrepublik Deutschland erteilte europäische Patent unterliegt bis zum Inkrafttreten der Regelungen über das Einheitspatent (Rn 6) den Vorschriften des PatG, also insb den Vorschriften über das Nichtigkeitsverfahren, soweit das EPÜ nichts anderes vorsieht (Art 2 Abs 2 EPÜ). Die Zuständigkeits- und Verfahrensregeln des dt Nichtigkeitsverfahrens sind anwendbar.[4] Eigene Regelungen enthalten hingegen Art 138, 139 EPÜ und das nationale Recht in Art II § 6 IntPatÜG insb hinsichtlich der Nichtigkeitsgründe. Sie entsprechen jedoch inhaltlich im wesentlichen den Nichtigkeitsgründen des nationalen Rechts (zu den Besonderheiten s die Kommentierung zu Art II § 6 IntPatÜG).

6   Hingegen fällt die Nichtigerklärung des **Europäischen Patents mit einheitlicher Wirkung** und grds auch der eur Patente, die zum Zeitpunkt des Inkrafttretens des EPGÜ noch nicht erloschen sind oder die nach diesem Zeitpunkt erteilt werden und für alle eur Patentanmeldungen, die zum Zeitpunkt des Inkrafttretens des EPGÜ anhängig sind oder die nach diesem Zeitpunkt eingereicht werden, in die Zuständigkeit des einheitlichen Patentgerichts, allerdings mit befristeter Möglichkeit des „opt-out“. Nach Art 65 EPGÜ richten sich die Nichtigkeitsgründe nach Art 138, 139 Abs 2 EPÜ.

IV. Gebrauchsmuster

7   Im GbmRecht ist der Nichtigerklärung die Löschung (§§ 15–17 GebrMG) vergleichbar. Die Löschungsgründe weichen teilweise von den Nichtigkeitsgründen ab; das Verfahren ist in erster Instanz Verwaltungsverfahren vor dem DPMA, nicht gerichtl Verfahren; in dritter Instanz ist der BGH als Rechtsbeschwerdegericht nicht Tatsacheninstanz.

V. Andere Regelungen der Nichtigkeit

8   Die Nichtigkeit im Marken- (§§ 50–52 MarkenG), Design- (§ 33 DesignG) und SortRecht (Art 21 PflZÜ 1991, im SortG seit 1985 in Anpassung an die verwaltungsverfahrensrechtl Nomenklatur unter der Bezeichnung Rücknahme, 31 Abs 2 SortG, in Art 20 GemSortV allerdings weiterhin als Nichtigkeit bezeichnet) haben mit der Nichtigkeit des Patents wenig mehr als die Bezeichnung gemein.

B. Allgemeines zur Nichtigkeit des Patents

I. Erlöschenstatbestand

9   Mit der Möglichkeit der Nichtigerklärung regelt § 22 einen weiteren der Erlöschensgründe des Patents (zu den übrigen Erlöschensgründen Rn 6 ff zu § 20). Das Nichtigkeitsverfahren ist neben dem Einspruchsverfahren nach § 21 iVm §§ 59 ff die zweite für die Allgemeinheit eröffnete Möglichkeit, das Patent in seinem Bestand anzugreifen (Popularverfahren, Rn 19 zu § 21) und damit Einwände gegen ein Patent förmlich, als Verfahrensbeteiligter, geltend zu machen (Rn 9 zu § 21). Insb das Nichtigkeitsverfahren hat herausragende

---

3 Vgl Begr PatGÄndG BlPMZ 1993, 206, 209.
4 BGHZ 118, 221 = GRUR 1992, 839 Linsenschleifmaschine; BGH BlPMZ 1995, 322 Isothiazolon; vgl BGHZ 163, 369 = GRUR 2005, 967 Strahlungssteuerung, zu § 81 Abs 2.

Bedeutung als Abwehrmittel des angeblichen Patentverletzers gegen die gegen ihn erhobenen Forderungen.[5]

II. Verhältnis zum Einspruch

1. Grundsatz. Das Nichtigkeitsverfahren ist, wie nunmehr auch das Einspruchsverfahren, gebühren- **10** pflichtig. Im Unterschied zum Einspruchsverfahren, das durch befristeten Einspruch eröffnet wird, wird das Nichtigkeitsverfahren durch nicht an eine Frist gebundene Klage eingeleitet (Rn 10 zu § 21; Rn 15 zu § 81).

Beide Rechtsbehelfe haben gemeinsam, dass sie sich **gegen ein erteiltes Patent** richten. Daraus fol- **11** gen, auch wenn die Verfahren (das Einspruchsverfahren in §§ 59 ff, das Nichtigkeitsverfahren in §§ 81 ff) im einzelnen unterschiedlich geregelt sind, verschiedene Gemeinsamkeiten in der Ausgestaltung. Insb entsprechen sich beide Verfahren in ihren in § 21 und § 22 iVm § 21 praktisch gleich geregelten materiellrechtl Grundlagen, die sich nur durch den zusätzlichen Nichtigkeitsgrund der Erweiterung des Schutzbereichs des Patents unterscheiden (Rn 13 zu § 21).

Das **Einspruchsverfahren** ist mit seiner Nachschaltung nach der Patenterteilung im Jahr 1981 ge- **12** genüber der zuvor geltenden Regelung auf eine neue Grundlage gestellt worden. Die zum Einspruchsverfahren früheren Rechts entwickelten Grundsätze haben damit teilweise ihre Gültigkeit verloren, und das Einspruchsverfahren ist zugleich dem Nichtigkeitsverfahren angenähert worden (allerdings hat der BGH betont, dass das Einspruchsverfahren nicht dem Nichtigkeitsverfahren, sondern dem eur Einspruchsverfahren angeglichen worden sei).[6] Die gemeinsamen materiellen Widerrufs- und Nichtigkeitsgründe sind bei § 21 gemeinsam abgehandelt.

2. Sperrwirkung des Einspruchsverfahrens. Das Nichtigkeitsverfahren ist dem Einspruchsverfah- **13** ren und auch dem eur Einspruchsverfahren nachgeordnet; eine Nichtigkeitsklage kann nicht erhoben werden, solange noch ein Einspruch möglich oder ein Einspruchsverfahren anhängig ist (§ 81 Abs 2; Rn 17 ff zu § 81).

3. Selbstständigkeit der Verfahren. Im übrigen steht das Nichtigkeitsverfahren eigenständig neben **14** dem Einspruchsverfahren. Auch der erfolglos Einsprechende ist nicht gehindert, Nichtigkeitsklage, sogar mit denselben Gründen, die er im Einspruchsverfahren geltend gemacht hat, zu erheben (Rn 124 zu § 21).

III. Zum **Verhältnis des Nichtigkeitsverfahrens zum Verletzungsverfahren** Rn 4 f vor § 81. **15**

IV. Zu den **Verfahrensgrundsätzen des Nichtigkeitsverfahrens** s die Kommentierung zu §§ 81 ff. **16**
Zum Amtsermittlungs- und Untersuchungsgrundsatz Rn 86 ff zu § 82.

V. Zur **Wirkung der Entscheidung** Rn 49 ff zu § 84. **17**

C. Die Nichtigkeitsgründe

I. Allgemeines

Die Nichtigkeitsgründe (Klagegründe) sind in Abs 1 iVm § 21 Abs 1 (für eur Patente in Art II § 6 Abs 1 **18** IntPatÜG) abschließend aufgezählt.[7] Andere als die dort genannten Nichtigkeitsgründe können die Nichtigkeitsklage gegen ein Patent nicht rechtfertigen, ein Urteil nicht tragen (Rn 15 ff zu § 21). Zur Problematik der Prüfung nach „Anspruchssätzen" Rn 78 zu § 82.

---

5 Vgl *Kraßer* S 611 (§ 26 B III 3); *Fitzner/Lutz/Bodewig* Rn 11.
6 Vgl BGHZ 105, 381 = GRUR 1989, 103 Verschlußvorrichtung für Gießpfannen.
7 BGH 18.6.1991 X ZR 120/88 Bausch BGH 1986–1993, 368 Flaschenförderung; *Jestaedt* Patentrecht[2] (2008) Rn 714; *Keukenschrijver* Patentnichtigkeitsverfahren[6] Rn 26.

Keukenschrijver

19   Die **Prüfung** im Nichtigkeitsverfahren beschränkt sich grds auf die vom Kläger geltend gemachten Nichtigkeitsgründe (Klagegründe; Rn 24 ff zu § 21). Deren Änderung im Lauf des Verfahrens ist Klageänderung (Rn 32 ff zu § 82). Die Prüfung weiterer geltendgemachter Nichtigkeitsgründe kann zwar grds dahingestellt bleiben, wenn einer von ihnen durchgreift, sollte aber nach Möglichkeit nicht unterlassen werden, schon um insoweit eine Grundlage für ein sich möglicherweise anschließendes Berufungsverfahren zu legen (Rn 75 zu § 82).

II. Die einzelnen Nichtigkeitsgründe

20   **1. Fehlende Patentfähigkeit** (Abs 1 iVm § 21 Abs 1 Nr 1; Art II § 6 Abs 1 Nr 1 IntPatÜG); Rn 31 ff zu § 21.

21   **2. Unzureichende Offenbarung** (Abs 1 iVm § 21 Abs 1 Nr 2; Art II § 6 I Nr 2 IntPatÜG); Rn 34 ff zu § 21.

22   **3. Widerrechtliche Entnahme** (Abs 1 iVm § 21 Abs 1 Nr 3; vgl Art II § 6 Abs 1 Nr 5, Abs 3 IntPatÜG); Rn 40 ff zu § 21; vgl Rn 17 f zu Art II § 6 IntPatÜG.

23   Ob es sinnvoll ist, im Nichtigkeitsverfahren diesen in der Praxis kaum bedeutsamen **Nichtigkeitsgrund** geltend zu machen, bedarf besonders sorgfältiger Prüfung, weil für den Kläger uU mit der (befristeten) Übertragungsklage oder der Geltendmachung des (gegenüber dem gutgläubigen Entnehmenden entspr befristeten)[8] Arglisteinwands mehr zu erreichen sein wird. Von Bedeutung wird der Nichtigkeitsgrund daher im wesentlichen in den Fällen sein, in denen der Patentinhaber in gutem Glauben war und die Fristen des § 8 Abs 3, 4 abgelaufen sind. Lange Zeit war unklar, ob der widerrechtl Entnahme im Nichtigkeitsverfahren der Einwand der mangelnden Schutzfähigkeit[9] entgegengesetzt werden kann und welche Folgen sich hieraus ergeben (hierzu Rn 79 zu § 21).

24   **4. Hinausgehen über den Inhalt der Anmeldung („unzulässige Erweiterung";** Abs 1 iVm § 21 Abs 1 Nr 4; Art II § 6 Abs 1 Nr 3 IntPatÜG); Rn 80 ff zu § 21.

5. Erweiterung des Schutzbereichs des Patents

25   **a. Allgemeines.** Maßgeblich sind § 22 Abs 1; Art II § 6 Abs 1 Nr 4 IntPatÜG; vgl Art 123 Abs 2 EPÜ. Im Einspruchs- (§ 21 iVm §§ 59 ff), im Beschränkungs- (§ 64; dies kann bei einem „überholenden" Beschränkungsverfahren auch schon für den Einspruch von Bedeutung sein; insoweit wird an eine entspr Heranziehung auch für das nat Einspruchsverfahren zu denken sein, Rn 15 zu § 21)[10] und im Nichtigkeitsverfahren kann es vorkommen, dass das Patent gegenüber der erteilten Fassung erweiternde Änderungen erfährt. Besonders groß ist diese Gefahr bei eur Patenten bei Wechsel von der Verfahrenssprache in die dt Sprache.[11] Jedenfalls wenn sich diese Erweiterungen im Rahmen der ursprünglichen Offenbarung halten, werden sie vom Nichtigkeitsgrund des § 21 Abs 1 Nr 4 („unzulässige Erweiterung") und der entspr Vorschrift für eur Patente nicht erfasst. Die Allgemeinheit muss sich jedoch grds (dies war nur durch die aufgehobene Regelung in § 60 aF durchbrochen) darauf verlassen können, dass ein erteiltes Patent nicht nachträglich einen erweiterten Schutzbereich erhält.[12] Der durch das Patent gewährte Schutz darf nur eingeschränkt, nicht aber erweitert werden.[13] Deshalb kann das Weglassen eines Merkmals (anders als grds im Erteilungsverfahren, Rn 23 zu § 38) Schutzbereichserweiterung begründen.[14] Eine Handlung eines Dritten, die das Patent in der erteilten Fassung nicht verletzte, darf nicht infolge der Änderung zu einer Verletzungshandlung werden können.[15] Der Patentinhaber darf auch bei einer Selbstbeschränkung weder den

---

8   BGHZ 162, 110 = GRUR 2005, 567 Schweißbrennerreinigung.
9   Zu diesem BGH 12.4.1960 I ZR 98/58; BGH 16.5.1961 I ZR 175/58 Torsana-Einlage, insoweit nicht in GRUR; BGH 27.10.1961 I ZR 34/60; BGH GRUR 1962, 140 Stangenführungsrohre.
10   Vgl *Keukenschrijver* Patentnichtigkeitsverfahren[6] Rn 26.
11   Vgl BGH GRUR 2008, 42 Multiplexsystem; BGH 4.11.2008 X ZR 154/05.
12   *Fitzner/Lutz/Bodewig* Rn 28; *Mes* Rn 13; vgl Begr GPatG BTDrs 8/2087 = BlPMZ 1979, 276, 281 zu Nr 12.
13   BGH GRUR 2010, 1084 Windenergiekonverter; BGH 29.9.2010 Xa ZR 68/07; EPA T 1149/97 ABl EPA 2000, 259, 274 Fluidwandler.
14   Vgl zur Problematik BPatG 5.10.2006 11 W (pat) 344/02.
15   *Paterson* Rn 5–40.

Schutzbereich des Patents erweitern noch dessen Gegenstand durch einen anderen ersetzen.[16] UU muss ein Merkmal, das durch Hinzufügung eine andere Bedeutung erlangt, eingeengt werden.[17] Deshalb ist in Abs 1, ebenso wie in Art II § 6 Abs 1 Nr 4 IntPatÜG für das eur Patent, die Erweiterung des Schutzbereichs des Patents als eigenständiger Nichtigkeitsgrund eingeführt worden.

b. Feststellung. Der Nichtigkeitsgrund betrifft ausschließlich nach Patenterteilung vorgenommene 26 Erweiterungen, also solche, die in einem Einspruchs-, Beschränkungs- oder einem vorausgegangenen Nichtigkeitsverfahren erfolgt sind.

Zur Feststellung, ob eine Erweiterung des Schutzbereichs vorliegt, muss der **Gegenstand des ange-** 27 **griffenen Patents** (in seiner Gesamtheit, nicht nur in Bezug auf einzelne Patentansprüche,[18] sondern auch auf Beschreibung und Zeichnungen)[19] in der geltenden Fassung entspr § 14/Art 69 EPÜ, also nach dem Inhalt der Patentansprüche unter Heranziehung von Beschreibung und Zeichnungen als Auslegungshilfen, ermittelt und mit dem in gleicher Weise ermittelten **Gegenstand des ursprünglich erteilten Patents** verglichen werden. Dieser Vergleich erfasst aber grds nicht die ursprünglich eingereichten Unterlagen.[20] Zu vergleichen sind die Patentansprüche des geltenden Patents mit den Patentansprüchen seiner früheren Fassung(en).[21] Der Begriff des Schutzbereichs iSd § 22 kann allerdings nicht ohne weiteres mit dem des § 14 gleichgesetzt werden, weil jener verletzungsbezogen ist.[22] Eine Erweiterung des Schutzbereichs liegt jedenfalls dann vor, wenn der Wortsinn des Patentanspruchs in der geänd Fassung Handlungen umfasst, die nach der vorherigen Fassung nicht umfasst waren.[23] In der Lit wird der „Verletzungstest" herangezogen, nach dem zu prüfen ist, ob eine Handlung, die nach dem erteilten Patentanspruch keine Verletzung darstellte, nunmehr eine Verletzung ist.[24] Der Test erscheint allerdings dann problematisch, wenn eine bisher im Äquivalenzbereich liegende Verletzung durch die Änderung in den Identitätsbereich fällt. Ob auch die Hereinnahme eines zwar in den ursprünglichen Unterlagen, aber nicht im erteilten Patent enthaltenen einschränkenden Merkmals den Nichtigkeitsgrund ausfüllt,[25] ist in Zweifel gezogen worden;[26] in der Hereinnahme eines einschränkenden Merkmals wird allerdings grds eine Schutzbereichserweiterung nicht liegen können. Den Schutzbereich erweitert jedenfalls eine Teilkombination der im Patentanspruch des erteilten Patents geschützten Lehre.[27] Werden Merkmale, die in nicht aufeinander bezogenen Patentansprüchen enthalten sind, kumuliert, dürfte darauf abzustellen sein, ob die Fachwelt dem Patent den sich daraus ergebenden Gegenstand als unter Schutz gestellt entnehmen konnte.[28]

---

16   Vgl BGHZ 66, 17, 29 = GRUR 1976, 299 Alkylendiamine I; BGH GRUR 1988, 287 Abschlußblende; BGHZ 110, 123 = GRUR 1990, 432 Spleißkammer; BGH GRUR 1991, 307 Bodenwalze; BGH GRUR 1996, 857, 858 Rauchgasklappe, insoweit nicht in BGHZ; BGH GRUR 1996, 862, 864 Bogensegment, insoweit nicht in BGHZ; BGH GRUR 1998, 901, 903 Polymermasse; BGH Bausch BGH 1994–1998, 291, 301 Sammelstation; BGH Bausch BGH 1994–1998, 378, 383 Deckengliedertor; BGH BlPMZ 1995, 322 Isothiazolon; BGH Bausch BGH 1999–2001, 180 Ventilbetätigungsvorrichtung; BGH Bausch BGH 1999–2001, 470 Positionierungsverfahren; BGH Bausch BGH 1999–2001, 579 Befestigungselement 02; BGH GRUR 2005, 145 elektronisches Modul.
17   Schweiz BG BGE 95 II 364; schweiz BG sic! 1999, 58 f Betonpflasterstein II; schweiz BG sic! 2000, 634, 637 Sammelhefter IV: nur Merkmale, deren Bedeutung in der erteilten Fassung bereits offenbart wurde.
18   Vgl EPA T 228/85 Abrasive compositions; *Schulte* GRUR Int 1989, 460, 465.
19   EPA T 1149/97 ABl EPA 2000, 259, 274 Fluidwandler.
20   Vgl BPatG 13.1.2009 3 Ni 77/06.
21   BPatG 13.1.2009 3 Ni 77/06, dort wird der Übergang von einem Einzelelement zu einem Verkleidungssystem aus Einzelpaneelen in einem vorangegangenen Nichtigkeitsverfahren als schutzbereichserweiterndes „aliud" angesehen; instruktiv auch BPatG 17.3.2009 4 Ni 39/07 (EU): Erweiterung des Bereichs von 10,1–100,3 kPa auf 1,01–100,3 kPa im Einspruchsverfahren; BPatG 18.6.2002 15 W (pat) 43/01.
22   AA offenbar *Hövelmann* Mitt 2002, 49, 53.
23   BGH GRUR 2010, 1084 Windenergiekonverter; BGH GRUR 2014, 650 Reifendemontiermaschine; BPatG 10.3.2016 4 Ni 12/13 (EP) Vv „Bohrhilfe"; vgl *Fitzner/Lutz/Bodewig* Rn 29; BPatG 22.4.2015 6 Ni 7/14.
24   *Schulte* Rn 15; vgl BGH GRUR 2005, 145 elektronisches Modul; BGH Reifendemontiermaschine; BPatG 13.3.2006 1 Ni 10/04 (EU); BPatG 25.9.2007 4 Ni 58/05 (EU).
25   Vgl etwa BGH 19.2.2002 X ZR 140/99, wo geprüft wird, ob das einschränkende Merkmal in den ursprünglichen Unterlagen und in der Patentschrift als Ausgestaltung der Erfindung offenbart ist.
26   *Hövelmann* Mitt 2002, 49, 53; vgl zur Problematik *Keukenschrijver* GRUR 2001, 571, 573; *Günzel* GRUR 2001, 932, *Schulte* GRUR Int 1989, 460, 462 f; die erst ein „aliud" ausschließen wollen.
27   BGH GRUR 2008, 60 Sammelhefter II.
28   Vgl *Keukenschrijver* Patentnichtigkeitsverfahren Rn 34.

Keukenschrijver

28   Gibt es mehr als zwei Fassungen, ist die geltende mit jeder früheren Fassung zu vergleichen. Bestand hat nur die engste, zugleich durch den Schutzbereich sämtlicher anderer Fassungen gedeckte Patentfassung.[29]

29   **c. Beseitigung.** Die Erweiterung des Schutzbereichs wird als Fall der Teilnichtigkeit nach den hierfür geltenden Regeln beseitigt, dh regelmäßig durch Streichung oder Änderung einzelner Ansprüche, uU, wenn auch praktisch nicht vorkommend, bei dt Patenten auch durch eine Streichung oder Änderung von Teilen der Beschreibung (allein oder in Ergänzung zu Anspruchsänderungen) oder durch die Streichung von Zeichnungsfiguren. Dagegen stehen den letztgenanten Änderungen bei eur Patenten seit der EPÜ-Reform 2000 Art 138 EPÜ und Art II § 6 IntPatÜG entgegen.[30] Das BPatG lässt die Streichung eines irrtümlich in Bezug genommenen widersprüchlichen Merkmals des Hauptanspruchs in einem Unteranspruch zu, der tatsächlich Nebenanspruch ist.[31] Die Streichung einer Bezugnahme auf das Hauptpatent im Oberbegriff des Patentanspruchs des Zusatzpatents führt nicht zu einer Erweiterung des Schutzbereichs.[32]

30   Soweit das Patent nicht durch Streichung der erweiternden Teile, zB einzelner Merkmale, auf den zulässigen Schutzbereich zurückgeführt werden kann, wurde in der Rspr des BPatG die unzutr Auffassung vertreten, dass ein **geeigneter Hinweis** aufgenommen werden müsse, welche Teile des Patents der Patentinhaber als Erweiterungen gegen sich gelten lassen muss, ohne Rechte daraus herleiten zu können; nach der Rspr des BGH ist dies nicht geboten (dazu näher Rn 102 zu § 21).

31   Lässt sich infolge **mehrfacher Änderungen des Patents** eine von allen Fassungen getragene Patentfassung nicht mehr formulieren, wird – soweit es sich nicht um eine „uneigentliche" Erweiterung (Einfügung eines nicht ursprungsoffenbarten einschränkenden Merkmals, Rn 95 zu § 21) handelt – nur die **Nichtigerklärung** des Patents in Betracht kommen.[33]

32   **d. Kategoriewechsel** wird grds als unzulässig angesehen, anders bei Übergang vom Sachschutz auf Verwendungsschutz (Rn 108 zu § 82).

33   **e. Entsprechende Anwendung** der Regelung wollte das BPatG für den Fall vornehmen, dass auf Grund einer Teilung im Einspruchsverfahren (§ 60 aF) auf eine nicht im Stammpatent enthaltene Unterkombination ein Patent erteilt wird;[34] der Fall füllte jedoch, soweit die ursprüngliche Offenbarung nicht verlassen wurde, keinen Nichtigkeitsgrund aus, andernfalls war § 21 Abs 1 Nr 4 einschlägig; vgl auch Rn 29 zu § 39.[35] Durch die geänd Rspr des BGH zu den Anforderungen an eine wirksame Teilung[36] ist dies obsolet geworden.

34   **III. Nicht anerkannte Nichtigkeitsgründe.** Keine Nichtigkeitsgründe[37] sind insb: fehlerhafte Inanspruchnahme einer Priorität,[38] Wirkungslosigkeit des deutschen Patents nach der Kollisionsregelung in Art II § 8 Abs 1 IntPatÜG;[39] Mängel des Erteilungsverfahrens,[40] Patenterteilung trotz Rücknahme der Anmeldung oder Eintritts der Rücknahmefiktion (vgl Rn 21 zu § 49), mangelnde Einheitlichkeit;[41] fehlerhafte Ausscheidung oder Teilung;[42] mangelnde Abgrenzung, unrichtige Bezeichnung der Patentkategorie,[43]

---

29 BGHZ 147, 137 = GRUR 2001, 730 Trigonellin.
30 Vgl *Singer/Stauder* Art 138 EPÜ Rn 15, 17.
31 BPatG 15.5.2000 9 W (pat) 42/98.
32 BPatG 19.7.2006 9 W (pat) 60/03.
33 *Benkard* Rn 20.
34 BPatGE 39, 17 = GRUR 1998, 460 f.
35 Vgl weiter *Kühnen* Teilung S 147 ff.
36 BGHZ 152, 172 = GRUR 2003, 47 Sammelhefter I; vgl BGH 16.10.2007 X ZR 182/04; BPatG 20.7.2004 1 Ni 8/03.
37 Vgl *Benkard* Rn 26.
38 BPatG 1.2.2006 4 Ni 49/04 (EU).
39 Vgl BPatGE 46, 118.
40 BGH GRUR 1965, 473 Dauerwellen I; BPatG BlPMZ 1984, 380.
41 BGH Liedl 1967/68, 1 Warenzuführvorrichtung.
42 BGH GRUR 1965, 473 Dauerwellen I; BGHZ 152, 172 = GRUR 2003, 47 Sammelhefter I; BPatG 24.4.1975 2 Ni 39/73; BPatG 20.1.2003 9 W (pat) 32/01; vgl hierzu *Königer* Teilung und Ausscheidung im Patentrecht (2004), 235 f.
43 BGH GRUR 1967, 241 Mehrschichtplatte.

unvollkommene Lösung;[44] Nichtlösung der Aufgabe;[45] Nichtumfasstsein eines Ausführungsbeispiels vom Patentanspruch;[46] fehlendes Rechtsschutzinteresse am Patent[47] oder an einzelnem Patentanspruch;[48] product-by-process-Anspruch bei möglicher anderer Anspruchsfassung.[49] Auch mangelnde Klarheit begründet keinen Nichtigkeitsgrund;[50] das gilt auch für Fassungen, die das Patent im dt oder eur Beschränkungsverfahren erhalten hat.[51] Die Doppelpatentierung an sich ist kein Nichtigkeitsgrund mehr.[52] Falsche Erfinderbenennung ist kein Nichtigkeitsgrund.[53] Kein eigenständiger Nichtigkeitsgrund ist die Patenterschleichung (vgl Rn 18 zu § 21).[54] Schließlich begründen Verfahrensfehler die Nichtigkeit nicht.[55]

Anspruchsbreite. Die Schaffung eines zusätzlichen Nichtigkeitsgrunds für den Fall, dass die Ansprüche nicht durch die Beschreibung gestützt sind (vgl Art 84 EPÜ), ist diskutiert worden.[56] Nach geltendem Recht füllt aber eine „unangemessene Anspruchsbreite" für sich einen der gesetzlichen Nichtigkeitsgründe grds nicht aus.[57] Jedoch kann sie unter dem Gesichtspunkt mangelnder Ausführbarkeit die Nichtigerklärung rechtfertigen, wenn der Patentanspruch über die erfindungsgemäße, dem Fachmann in Beschreibung und Zeichnungen an die Hand gegebene Lösung hinaus durch offene Bereichsangaben für physikalische Eigenschaften über die dem Fachmann in der Gesamtheit der Unterlagen an die Hand gegebene Lösung hinaus verallgemeinert wird, weil ein einseitig offener Bereich durch zwei einander entgegenwirkende Parameter definiert wird, ohne dass die sich aus dem Zusammenwirken der Parameter ergebenden Schranken offenbart sind, und damit über das hinausgeht, was dem Fachmann unter Berücksichtigung der Beschreibung im Licht seines Fachwissens als allgemeinste Form der Lehre erscheint, durch die das der Erfindung zugrunde liegende Problem tatsächlich gelöst wird, und damit über den Bei-

35

---

44 BGH GRUR 1994, 357 Muffelofen.

45 BPatG 3.2.2010 4 Ni 13/09 (EU).

46 BPatG 1.2.2006 4 Ni 49/04 (EU).

47 BGH GRUR 1991, 376 beschusshemmende Metalltür.

48 BGH GRUR 2007, 578 rückspülbare Filterkerze; BGH Bausch BGH 1986–1993, 368 Flaschenförderung.

49 BGHZ 135, 369 = GRUR 1997, 612 Polyäthylenfilamente.

50 BGH 1998, 205 = GRUR 2013, 1210 Dipeptidyl-Peptidase-Inhibitoren; öOPM öPBl 1983, 131; vgl BGH 6.5.2014 X ZR 61/11; vgl auch BPatG 8.6.1999 3 Ni 29/98; BPatG 28.10.2004 2 Ni 31/03 (EU); BPatG 3.4.2014 3 Ni 4/13; BPatG 30.9.2014 3 Ni 6/13 (EP); BPatG 18.5.2004 14 W (pat) 307/02; BPatG 7.12.2004 14 W (pat) 25/04: „Die sich dadurch für den Einsprechenden eröffnende Möglichkeit, bei der Auswertung des StdT die für ihn günstigste Messmethode zu wählen, muss der Patentinhaber ... gegen sein unklares Schutzbegehren gelten lassen"; unklar allerdings BPatG 14.11.2006 4 Ni 56/04 (EU).

51 BGH GRUR 2011, 607 kosmetisches Sonnenschutzmittel III.

52 BGH GRUR 1991, 376 beschusshemmende Metalltür; offen gelassen in BGH GRUR 2010, 513 Hubgliedertor II.

53 BPatG Bausch BPatG 1994–1998, 270, 272.

54 BGH GRUR 1954, 107 Mehrfachschelle; BPatGE 34, 264, 266 = Bausch BPatG 1994–1998, 59, 63.

55 *Benkard* Rn 27.

56 *Roberts* EIPR 1994, 371, 373; vgl hierzu BPatGE 37, 212; BPatG 11.5.1999 1 Ni 17/96; vgl auch Oberstes Volksgericht China GRUR Int 2007, 448.

57 BGHZ 156, 179, 184 = GRUR 2004, 47 blasenfreie Gummibahn I; BGH GRUR 2010, 901 polymerisierbare Zementmischung; BPatG 30.7.1996 3 Ni 42/95 undok; BPatGE 37, 302, 305; BPatG 6.8.2002 3 Ni 3/01; BPatG 7.8.2002 3 Ni 4/01; BPatG 4.11.2004 2 Ni 35/03 (EU); BPatG 27.1.2006 2 Ni 30/05 (EU); BPatG 15.2.2006 3 Ni 25/02 (EU); BPatG 14.6.2007 3 Ni 15/05 (EU); BPatG 26.2.2009 3 Ni 44/07 (EU); BPatG 22.7.2010 3 Ni 57/08 (EU); BPatG 17.9.2013 3 Ni 12/12; BPatG 14.1.2014 3 Ni 24/12 (EP); BPatG 30.9.2014 3 Ni 6/13 (EP); BPatG 15.7.2015 6 Ni 68/14 (EP); Ausnahmen zieht BPatG 11.5.1999 1 Ni 17/96 in Betracht, soweit die Breite eines Erzeugnisanspruchs in keiner Beziehung mehr zur erfinderischen Leistung steht; zur Frage, ob die eindeutige Identifizierbarkeit der Erfindung auch bei der Beurteilung der Ausführbarkeit oder als Element des Erfindungsbegriffs bei der Beurteilung der Patentfähigkeit zu beachten ist, vgl BPatGE 37, 202 sowie BPatG 11.5.1999 1 Ni 17/96, wo es als in seltenen Ausnahmefällen möglich angesehen wird, aus einer unangemessenen, in keiner Beziehung zur erfinderischen Leistung stehenden Anspruchsbreite Konsequenzen zu ziehen, was auch einer im EPA und im Vereinigten Königreich verbreiteten Auffassung entspricht, vgl EPA T 939/92 ABl EPA 1996, 309 = GRUR Int 1996, 1049 Triazole; EPA T 694/92 ABl EPA 1997, 408, 414 f, 419 = GRUR Int 1997, 918 Modifizieren von Pflanzenzellen; HoL GRUR Int 1998, 412 Biogen/Medeva: „Biogen Insuffiency", GH Den Haag BIE 1999, 394, 397, wonach fehlende Stützung des Patentanspruchs durch die Beschreibung den Widerrufs- und Nichtigkeitsgrund mangelnder Offenbarung ausfülle; nicht aber der des BGH, vgl BGHZ 147, 306 = GRUR 2001, 813 Taxol, insoweit gegen die Vorinstanz BPatG Bausch BPatG 1994–1998, 105. BGH GRUR 2003, 223 Kupplungsvorrichtung II; BGHZ 156, 179 = GRUR 2004, 47, 48 blasenfreie Gummibahn I; BPatG 20.12.2011 1 Ni 21/09 (EU); vgl auch *Tilmann* Neue Überlegungen im Patentrecht, GRUR 2006, 824, 830.

Keukenschrijver

trag der Erfindung zum StdT hinausgeht.[58] Das BPatG hat entschieden, dass dann, wenn die mittels einer generalisierenden Formulierung beanspruchte Lehre über die dem Fachmann in der Gesamtheit der Unterlagen an die Hand gegebene konkrete Lösung hinaus so weit verallgemeinert ist, dass sie nicht mehr durch den konkret aufgezeigten Lösungsweg repräsentiert wird, der Patentschutz über den geleisteten Beitrag der Erfindung zum StdT hinausgeht und nicht die Anforderungen an eine ausführbare Offenbarung erfüllt.[59] In einem solchen Fall beansprucht der Satz Geltung, dass der mögliche Patentschutz durch den Beitrag zum Stand der Technik begrenzt wird.[60] Das gilt nach vom BPatG vertretener Ansicht aber nur für Stofferfindungen.[61]

36   Eine ausführbare Offenbarung der Erfindung kann auch dann zu verneinen sein, wenn der durch eine generalisierende Formulierung verallgemeinerte Gegenstand mangels Angaben in der Patentschrift eine für den Fachmann nur partiell ausführbare Problemlösung beansprucht und dieser im übrigen vor einen Erfindungsauftrag gestellt wird.[62] Dieses Problem kann sich insb bei **Durchgriffsansprüchen** („reach-through"-Ansprüchen) stellen.[63]

37   Dass die Lehre **in einzelnen Fällen versagt**, steht der Ausführbarkeit nicht entgegen.[64] Allerdings soll auch hier Unausführbarkeit in einem „größeren, in sich abgeschlossenen und ohne weiteres aus der allgemeinen Lehre auszuklammernden Bereich" zu berücksichtigen sein.[65] Zudem ist zu erwägen, dass ein Patent in einer Breite, die in keinem Bezug mehr zur erfinderischen Leistung steht, im Einzelfall in die allg Handlungsfreiheit Dritter eingreifen kann, was unter dem Gesichtspunkt der Garantie effektiven Rechtsschutzes in extrem gelagerten Fällen eine Reaktion auch im Nichtigkeitsverfahren erfordern könnte.[66] Das BPatG hat versucht, den Widerspruch dadurch zu lösen, dass das Patent auf den geltend gemachten Nichtigkeitsgrund mangelnder Ausführbarkeit in dem Umfang für nichtig zu erklären ist, wie der Nichtigkeitskläger den Nachweis der Unausführbarkeit erbringt; eine Abwägung der ausführbaren und nichtausführbaren Bereiche soll insoweit nicht stattfinden.[67]

38   Die Ansicht, dass Ausführbarkeit über die gesamte Anspruchsbreite gegeben sein müsse,[68] ist mit der Regelung für das Nichtigkeitsverfahren, die nur eine Offenbarung dahin verlangt, dass der Fachmann die Erfindung ausführen kann, grds nur vereinbar, soweit sich der Schutz auf **bereichsweise definierte Gegenstände** bezieht, weil hier als Erfindung iSd gesetzlichen Regelung der gesamte geschützte Bereich angesehen werden muss,[69] nicht aber bei „generischen" Begriffen, bei denen das generische Merkmal in

---

58   BGHZ 184, 300 = GRUR 2010, 414 thermoplastische Zusammensetzung; BGHZ 195, 364 = GRUR 2013, 272 neurale Vorläuferzellen II; BGH 16.1.2014 X ZR 78/12; vgl BGH 3.4.2012 X ZR 90/09; BPatG GRUR 2011, 905; BPatG 7.2.2012 3 Ni 30/10 (EP); BPatG 24.7.2012 4 Ni 21/10 Mitt 2013, 39 Ls; BPatGE 54, 1 = Mitt 2013, 39 Ls; EPA T 435/91 ABl EPA 1995, 188 = GRUR Int 1995, 591 Reinigungsmittel; EPA T 1063/06 GRUR Int 2010, 158 Durchgriffsanspruch: vgl *Meier-Beck* FS E. Ullmann (2006), 495, 502; *Benkard* Rn 28; *Mes* Rn 68; vgl auch *Tilmann* Neue Überlegungen im Patentrecht, GRUR 2006, 824, 830 f; BPatG GRUR 2011, 905: Fehlen einer Auswahlregel; BPatG 7.2.2012 3 Ni 30/10 (EP): „Forschungsprogramm"; vgl unter dem Gesichtspunkt der eine Beschränkung ermöglichenden Offenbarung BGH GRUR 2012, 475 Elektronenstrahltherapiesystem unter Hinweis auf BGHZ 184, 300 = GRUR 2010, 414 thermoplastische Zusammensetzung.
59   BPatG 4.6.2013 4 Ni 16/11 Mitt 2013, 460 Ls.
60   BGH thermoplastische Zusammensetzung; BGH neurale Vorläuferzellen II.
61   BPatG 24.1.2012 3 Ni 5/10 (EU).
62   BPatG GRUR 2013, 487 „Fixationssystem"; hierzu BGH 7.10.2014 X ZR 168/12.
63   Vgl BPatG 15.7.2009 3 Ni 23/08 (EU); BPatG 24.1.2012 3 Ni 5/10 (EU); EPA T 1063/06 GRUR Int 2010, 158 Durchgriffsanspruch; vgl auch BPatG 7.2.2012 3 Ni 30/10 (EP): „Forschungsprogramm".
64   BPatG 10.7.2006 3 Ni 3/04 (EU); BPatG 14.6.2007 3 Ni 15/05 (EU); BPatG 26.6.2007 4 Ni 52/05 (EU).
65   BGHZ 112, 297 = GRUR 1991, 518 Polyesterfäden, noch zum Einspruchsverfahren früheren Rechts; BPatG 7.8.2002 3 Ni 4/01.
66   BPatGE 37, 212; vgl *Meier-Beck* FS E. Ullmann (2006), 495, 498 f.
67   BPatG Bausch BPatG 1994–1998, 105; vgl auch BPatG Bausch BPatG 1994–1998, 190 zum Fall fehlender Substantiierung der Behauptung mangelnder Ausführbarkeit in Teilbereichen. HoL RPC 1997, 1 = GRUR Int. 1998, 412 Biogen/Medeva zieht fehlende Stützung der Patentansprüche durch die Beschreibung unter den Widerrufsgrund der mangelnden Ausführbarkeit; vgl hierzu *McInerney* Biotechnology: Biogen v. Medeva in the House of Lords, EIPR 1998, 14, 19; ähnlich *Meier-Beck* FS E. Ullmann (2006), 495, 500, der die Abgrenzung durch eine wertende Betrachtung vornehmen will.
68   So aber allg die Praxis des EPA im Einspruchsverfahren, vgl EPA T 326/04, EPA T 1404/05, anders noch EPA T 292/85 ABl EPA 1989, 275.
69   Vgl BGH thermoplastische Zusammensetzung; BGH 12.6.2012 X ZR 73/09.

---

seiner allg Bedeutung bei wertender Betrachtung zur Problemlösung gehört;[70] der Begriff der Ausführbarkeit im Nichtigkeitsverfahren kann deshalb enger sein als im Erteilungsverfahren, für das weiterhin auf die Grundsätze der „Acrylfasern"-Entscheidung des BGH[71] zurückzugreifen sein dürfte.[72] Eine generalisierende Formulierung verstößt gegen das Gebot deutlicher und vollständiger Offenbarung, wenn sie den geschützten Bereich über die erfindungsgemäße, dem Fachmann in der Beschreibung an die Hand gegebene Lösung hinaus verallgemeinert.[73]

§ 23
(Lizenzbereitschaft)

(1) [1]**Erklärt sich der Patentanmelder oder der im Register (§ 30 Abs. 1) als Patentinhaber Eingetragene dem Patentamt gegenüber schriftlich bereit, jedermann die Benutzung der Erfindung gegen angemessene Vergütung zu gestatten, so ermäßigen sich die für das Patent nach Eingang der Erklärung fällig werdenden Jahresgebühren auf die Hälfte. [2]Die Erklärung ist im Register einzutragen und im Patentblatt zu veröffentlichen.**

(2) **Die Erklärung ist unzulässig, solange im Register ein Vermerk über die Einräumung einer ausschließlichen Lizenz (§ 30 Abs. 4) eingetragen ist oder ein Antrag auf Eintragung eines solchen Vermerks dem Patentamt vorliegt.**

(3) [1]**Wer nach Eintragung der Erklärung die Erfindung benutzen will, hat seine Absicht dem Patentinhaber anzuzeigen. [2]Die Anzeige gilt als bewirkt, wenn sie durch Aufgabe eines eingeschriebenen Briefes an den im Register als Patentinhaber Eingetragenen oder seinen eingetragenen Vertreter oder Zustellungsbevollmächtigten (§ 25) abgesandt worden ist. [3]In der Anzeige ist anzugeben, wie die Erfindung benutzt werden soll. [4]Nach der Anzeige ist der Anzeigende zur Benutzung in der von ihm angegebenen Weise berechtigt. [5]Er ist verpflichtet, dem Patentinhaber nach Ablauf jedes Kalendervierteljahres Auskunft über die erfolgte Benutzung zu geben und die Vergütung dafür zu entrichten. [6]Kommt er dieser Verpflichtung nicht in gehöriger Zeit nach, so kann der als Patentinhaber Eingetragene ihm hierzu eine angemessene Nachfrist setzen und nach fruchtlosem Ablauf die Weiterbenutzung der Erfindung untersagen.**

(4) [1]**Die Vergütung wird auf schriftlichen Antrag eines Beteiligten durch die Patentabteilung festgesetzt. [2]Für das Verfahren sind die §§ 46, 47 und 62 entsprechend anzuwenden. [3]Der Antrag kann gegen mehrere Beteiligte gerichtet werden. [4]Das Patentamt kann bei der Festsetzung der Vergütung anordnen, dass die Kosten des Festsetzungsverfahrens ganz oder teilweise vom Antragsgegner zu erstatten sind.**

(5) [1]**Nach Ablauf eines Jahres seit der letzten Festsetzung kann jeder davon Betroffene ihre Änderung beantragen, wenn inzwischen Umstände eingetreten oder bekanntgeworden sind, welche die festgesetze Vergütung offenbar unangemessen erscheinen lassen. [2]Im übrigen gilt Absatz 4 entsprechend.**

(6) **Wird die Erklärung für eine Anmeldung abgegeben, so sind die Bestimmungen der Absätze 1 bis 5 entsprechend anzuwenden.**

(7) [1]**Die Erklärung kann jederzeit gegenüber dem Patentamt schriftlich zurückgenommen werden, solange dem Patentinhaber noch nicht die Absicht angezeigt worden ist, die Erfindung zu**

---

[70] BGHZ 147, 306 = GRUR 2001, 813 Taxol: „Veresterung"; vgl BGH GRUR 2010, 916 Klammernahtgerät; vgl BGHZ 198, 205 = GRUR 2013, 1210 Dipeptidyl-Peptidase-Inhibitoren; *Meier-Beck* FS E. Ullmann (2006), 495, 501; BPatG 26.2.2004 2 Ni 38/02 (EU) undok; BPatG 16.9.2009 3 Ni 22/08 (EU); BPatG 14.12.2009 3 Ni 23/08 (EU); BPatG 22.7.2010 3 Ni 57/08 (EU); BPatG GRUR 2011, 905; BPatG 14.4.2011 3 Ni 28/09 (EU); BPatG 16.9.2009 3 Ni 22/08 (EU); BPatG 22.7.2010 3 Ni 57/08 (EU); BPatG 14.4.2011 3 Ni 28/09 (EU); *Domeij* EIPR 2001, 326, 331; GH Den Haag BIE 2001, 440, 451: „Nu de uitvinder één weg heeft gewezen voor het verkrijgen op groote schaal en met hoge zuiverheid van deze groep rEPO-verbindingen, is het niet nodig dat alle wijzen waarmee deze groep van polypeptiden kan worden verkregen in het octrooi zijn geopenbaard".
[71] BGHZ 92, 129 = GRUR 1985, 31 Acrylfasern.
[72] BGH thermoplastische Zusammensetzung; BGH Dipeptidyl-Peptidase-Inhibitoren.
[73] BGH Dipeptidyl-Peptidase-Inhibitoren unter Hinweis auf BGH thermoplastische Zusammensetzung; BGHZ 195, 364 = GRUR 2013, 272 neurale Vorläuferzellen II; EPA T 435/91 ABl EPA 1995, 188 = GRUR Int 1995, 591 Reinigungsmittel; vgl *Büscher/Dittmer/Schiwy* Rn 35.

benutzen. [2] Die Zurücknahme wird mit ihrer Einreichung wirksam. [3] Der Betrag, um den sich die Jahresgebühren ermäßigt haben, ist innerhalb eines Monats nach der Zurücknahme der Erklärung zu entrichten. [4] Wird der Unterschiedsbetrag nicht innerhalb der Frist des Satzes 3 gezahlt, so kann er mit dem Verspätungszuschlag noch bis zum Ablauf einer Frist von weiteren vier Monaten gezahlt werden.

Ausland: Frankreich: Art L 613-10, R 613-1–3 CPI; **Italien:** Art 80 CDPI; **Litauen:** Art 37 PatG; **Luxemburg:** Art 56 PatG 1992/1998; **Polen:** Art 80 RgE 2000 (offene Lizenz); **Slowakei:** §§ 25, 26 PatG; **Spanien:** Art 81, 82 PatG; **Türkei:** Art 94, 95 VO 551; **VK:** Sec 36, 37 Patents Act

Übersicht

Schrifttum: *Albrecht* Telefax in der Rechtsprechung des Bundespatentgerichts, GRUR 1999, 649; *Brändel* Das „Weiterbenutzungsrecht" (§ 28 Erstreckungsgesetz) – eine Zwangslizenz besonderer Art, GRUR 1993, 169; *Eggert* Lizenzbereitschaft – ein untauglicher Kompromiß, GRUR 1972, 231; *Mühlens/Schaefer* Die Vereinheitlichung des gewerblichen Rechtsschutzes im vereinigten Deutschland, GRUR 1992, 194; *Piehler* Zwangslizenz und Lizenzbereitschaft, Diss 1938; *Reinelt* Lizenzinformation und Lizenzmarkt, GRUR 1985, 173; *Reinelt* Die unverbindliche Lizenzinteresseerklärung, GRUR 1986, 504; *von Mühlendahl* Gewerblicher Rechtsschutz im vereinten Deutschland – eine Zwischenbilanz, GRUR 1990, 719; *Vorwerk* Die „angemessene Vergütung" in § 14 Patentgesetz, GRUR 1973, 63.

A. Entstehungsgeschichte; Anwendungsbereich

I. Entstehungsgeschichte

Von den zahlreichen, meist schon durch Zeitablauf belanglosen Änderungen, die die Vorschrift seit **1** ihrer Einführung 1936 erfahren hat, ist nur die Einführung der **eingeschränkten Rücknehmbarkeit** der Lizenzbereitschaftserklärung durch Art 7 Nr 2 2. GPatG von Bedeutung (Rn 13, 68 ff).

Das **2. PatGÄndG** hat weiter in Abs 2 die Worte „eines Rechts zur ausschließlichen Benutzung der **2** Erfindung (§ 34 Abs 1)" durch die Worte „einer ausschließlichen Lizenz (§ 30 Abs 4)" ersetzt. Die Änderung ist eine sprachliche Anpassung an Art 73 EPÜ und Regel 24 Buchst a AOEPÜ (früher Regel 22 Abs 1 AOEPÜ).[1] Die Änderung der Paragraphenangabe folgt aus der Unterbringung des Regelungsgehaltes des früheren § 34 Abs 1–4 als § 30 Abs 4 und 5 durch das 2. PatGÄndG.[2] Das **KostRegBerG** hat umfangreiche redaktionelle Änderungen vorgenommen. Sie folgen insbes aus der Umbenennung der Rolle in „Register" und der Übernahme der Kostenregelungen in das PatKostG.[3] Zu bemerken ist, dass Abs 5 Satz 2 trotz Aufhebung des Satzes 2 – offenbar versehentlich – nicht neu bezeichnet worden ist, sondern weiterhin als „Satz 3" bezeichnet wird.[4] Das Gesetz zur Novellierung patentrechtlicher Vorschriften und anderer Gesetze des gewerblichen Rechtsschutzes hat den Zusatzpatente betr Abs 1 Satz 2 gestrichen. Der bisherige Satz 3 wurde Satz 2.[5]

II. Anwendungsbereich

1. § 23 gilt auch für **ergänzende Schutzzertifikate** (§ 16a Abs 2). Eine Lizenzbereitschaftserklärung **3** für ein ergänzendes Schutzzertifikat ist auch möglich, wenn an dem Grundpatent keine Lizenzbereitschaft erklärt ist. Die Jahresgebührenermäßigung kommt dann hier ebenfalls zur Anwendung. Ist im Hinblick auf das Grundpatent Lizenzbereitschaft erklärt, erstreckt sie sich ohnehin ohne weiteres auf das ergänzende Schutzzertifikat (§ 16a Abs 3).[6]

2. Einigungsvertrag; Erstreckungsgesetz. Nach § 4 ErstrG erstreckte DDR-Wirtschaftspatente galten **4** als Patente, für die eine Lizenzbereitschaftserklärung abgegeben worden ist (§ 7 ErstrG). S im übrigen die Darstellung in der 6. *Aufl* Rn 4 ff, Rn 79 ff.

3. EPÜ; EU-Patent. § 23 gilt gem Art 2 Abs 2 EPÜ auch für mit Wirkung für die Bundesrepublik **5** Deutschland erteilte eur Patente, nicht hingegen für eur Patentanmeldungen. Die Gebührenermäßigung des Abs 1 Satz 1 tritt deshalb nur für die gem Art II § 7 IntPatÜG geschuldeten nationalen Jahresgebühren ein, die gem Art 86 EPÜ bis zur Erteilung dem EPA geschuldeten Jahresgebühren bleiben unberührt.

Für **europäische Patente mit einheitlicher Wirkung** sieht Art 8 VO (EU) Nr 1257/2012 eine dem § 23 **6** entspr Regelung vor. Zuständig für die Festsetzung der angemessenen Vergütung ist das Einheitliche Patentgericht (Art 32 Abs 1 Buchst b EPGÜ).

B. Die Lizenzbereitschaft

I. Allgemeines

1. Zweck und Bedeutung der Lizenzbereitschaft. Das 1936 eingeführte Rechtsinstitut will die tech- **7** nische Innovation dadurch fördern, dass es dem Patentinhaber oder Patentanmelder Anreize bietet, seine Erfindung der Allgemeinheit schon während der gesetzlichen Schutzdauer zur entgeltlichen Benutzung zur Verfügung zu stellen. Dieser Anreiz besteht in der Halbierung der Jahresgebühren (Abs 1 Satz 1), einer detaillierten Regelung der Rechtsbeziehungen zwischen dem Lizenzbereiten und dem Erfindungsbenutzer

---

1 Begr BlPMZ 1998, 393, 398.
2 Begr BlPMZ 1998, 393, 401 f.
3 Begr zu Art 7 Nr 8 KostRegBerG, BlPMZ 2001, 36, 52.
4 Vgl Begr zu Art 17 Nr a bb.
5 Vgl Begr BTDrs 17/10308 = BlPMZ 2013, 366, 369.
6 Vgl auch Materialien BlPMZ 1993, 205, 208, 210.

Hacker

bis hin zum Angebot eines vereinfachten Verfahrens vor dem DPMA zur Festsetzung der Vergütung (Abs 2, 3) und der nötigen Publizität durch Veröffentlichung der Lizenzbereitschaft (Abs 1 Satz 3).

8   Die **praktische Bedeutung** der Lizenzvereinbarung war lange Zeit gering,[7] hat aber in den letzten Jahren etwas zugenommen. Es sind eingegangen: bis 2003 fast stets unter 3.000 Erklärungen pro Jahr, sodann aber 2004: 3.317, 2005: 3.293, 2006: 3.719, 2007: 4.761, 2008: 5.121, 2009: 6.455, 2010: 3.571, 2011: 4.424, 2012: 4.389, 2013: 5.194, 2014: 4.311 und 2015: 5.353 Lizenzbereitschaftserklärungen.[8] Unverbindliche Lizenzinteresseerklärungen sind eingegangen 2004: 2.766, 2005: 2.622, 2006: 2.438, 2007: 2.440, 2008: 2.381, 2009: 2.415, 2010: 2.364, 2011: 2.472, 2012: 2.219, 2013: 2.092, 2014: 2.152 und 2015: 1.723.[9]

9   **2. Schwächen der Regelung.** Als nachteilig erwies sich insb die mit der Lizenzbereitschaft verbundene unwiderrufliche (Abs 1 Satz 3 aF) Benutzungserlaubnis für jedermann, die dem Patentinhaber die Vergabe ausschließlicher Lizenzen und damit eine optimale Verwertung seines Schutzrechts für immer unmöglich machte und zugleich den Lizenznehmer der Ungewissheit über die Zahl seiner künftigen Mitbewerber aussetzte, einer Ungewissheit, die mögliche Lizenznehmer von kostenträchtigen Investitionen in ein so belastetes Recht abhielt.[10] S aber Rn 13.

10   **3. Unverbindliche Lizenzinteresseerklärung.** Die Lizenzbereitschaft hat deshalb auch keine solche Bedeutung erlangt, dass mit ihr dem Informationsbedürfnis der Allgemeinheit über lizenzfähige Schutzrechte hinreichend Rechnung getragen werden konnte. Um dem abzuhelfen, hat der PräsDPMA in der unverbindlichen Lizenzinteresseerklärung eine Möglichkeit geschaffen, wie Patentanmelder und Patentinhaber den interessierten Kreisen ihre Bereitschaft zur Lizenzvergabe an Dritte ohne die nachteiligen Wirkungen der Lizenzbereitschaftserklärung bekannt geben können.[11] Seit dem 1.7.1985 nimmt das DPMA Erklärungen der Patentanmelder und -inhaber entgegen, in denen diese ihr unverbindliches Interesse an einer Lizenzvergabe bekunden.[12]

11   Die Lizenzinteresseerklärung ist keine Lizenzbereitschaftserklärung iSv § 23, sie dient lediglich der **Unterrichtung der interessierten Kreise** darüber, welche Schutzrechtsinhaber an einer Weiterverwertung ihrer Erfindung durch Dritte interessiert sind. Sie wirkt sich deshalb auch nicht auf die Höhe der Jahresgebühren aus, ist dafür aber jederzeit zurücknehmbar. Sie wird mit der Abgabe einer Lizenzbereitschaftserklärung oder der Eintragung einer Lizenz gegenstandslos. Ihr wesentlicher Zweck und Nutzen ist die Publizität, die das DPMA ihr bietet. Sie wird im Register angezeigt (Rn 26 zu § 30) und im PatBl veröffentlicht, gelangt also zur Kenntnis der Interessierten.[13]

12   **4. Lizendatenbank.** Zur besseren Information über bestehende Lizenzmöglichkeiten hat der PräsDPMA ferner die Lizenzdatenbank „RALF" eingerichtet, die 2011 nach DPMAregister überführt wurde. DPMAregister informiert die Öffentlichkeit kostenfrei über Lizenzbereitschaftserklärungen nach § 23, unverbindliche Lizenzinteresseerklärungen,[14] ausschließliche Lizenzen, Zwangslizenzen und über geförderte Vorhaben.[15]

13   **5. Bindung an die Lizenzbereitschaftserklärung.** Aus denselben Gründen und in Anpassung des Gesetzes an die ursprünglich für Gemeinschaftspatente vorgesehene Regelung (Art 43 GPÜ 1989) ist der Gesetzgeber (Art 7 Nr 2 2.GPatG) von der gänzlichen Bindung an die Lizenzbereitschaftserklärung (Abs 1 Satz 3 aF) abgerückt. MWv 1.6.1992 ist an ihre Stelle die Regelung des Abs 7 getreten. Danach ist eine Zurücknahme der Lizenzbereitschaftserklärung möglich, solange noch niemand dem Patentinhaber die Absicht, die Erfindung zu benutzen, angezeigt hat.[16]

---

7   *Oppenländer* GRUR 1977, 362, 370; *Eggert* GRUR 1972, 231.
8   BlPMZ 2016, 101.
9   BlPMZ 2016, 101.
10   *Eggert* GRUR 1972, 231; *Reinelt* GRUR 1985, 173, 178.
11   MittPräsDPA Nr 8/85 BlPMZ 1985, 197.
12   Vgl auch MittPräsDPA Nr 15/86 BlPMZ 1986, 349, Lizenzinteresseerklärung für Gebrauchsmuster.
13   Wegen weiterer Einzelheiten und Nachweise *Reinelt* GRUR 1985, 173ff; *Reinelt* GRUR 1986, 504.
14   Vgl MittPräsDPA Nr 8/86 BlPMZ 1986, 77.
15   Im einzelnen *Schulte* § 32 Rn 40; zur Datenbank RALF *Reinelt* GRUR 1985, 173ff; *Reinelt* GRUR 1986, 504ff.
16   Vgl Begr 2.GPatG, BlPMZ 1992, 45, 54.

Hacker

II. Rechtsnatur und Voraussetzungen der Lizenzbereitschaftserklärung

1. Rechtsnatur. Die Lizenzbereitschaftserklärung ist eine einseitige, empfangsbedürftige Willenser- **14** klärung mit Doppelnatur, eine Verfahrenshandlung mit materiellem Gehalt. Der Erklärende verzichtet damit – nach Abs 7 jedenfalls ab dem Wirksamwerden einer Benutzungsanzeige (Rn 43) unwiderruflich – auf wesentliche Teile des Schutzrechts,[17] nämlich auf das Recht zur alleinigen Benutzung, zur Erteilung einer ausschließlichen Lizenz und auf das Verbotsrecht gegenüber jedem, der seine Benutzungsabsicht anzeigt (Abs 3 Satz 4).

2. Erklärung

a. Grundsatz. Die Lizenzbereitschaft kann in jedem Stadium des Verfahrens erklärt werden, dh insb **15** schon bei der Anmeldung (Abs 1 Satz 1, Abs 6), aber auch nach der Erteilung des Patents (Abs 1 Satz 1) und auch für Geheimpatente.[18] Zur Zurücknahme der Lizenzbereitschaftserklärung Rn 13, 67 ff.

Bei den nach § 4 ErstrG **erstreckten Wirtschaftspatenten** wurde die Erklärung fingiert (§ 7 Abs 1 **16** ErstrG). Zum Widerruf der fingierten Lizenzbereitschaftserklärung 6. *Aufl* Rn 83 ff.

b. Schriftform. Die Erklärung bedarf zu ihrer Wirksamkeit der Schriftform (Abs 1 Satz 1; zur Schrift- **17** form Rn 62 ff vor § 34), dh der eigenhändigen Unterzeichnung (§ 126, 126a BGB). Telegramm, Fernschreiben, eMail oder Telekopie (Telefax) genügen nicht,[19] ein Telefax auch dann nicht, wenn es die Kopie der handschriftl Unterzeichnung zeigt.[20] Elektronische Form reicht nach § 125a Abs 1 aus.

Es empfiehlt sich, die Lizenzbereitschaftserklärung auf einem **besonderen Blatt** abzugeben. **18**

c. Wortlaut. Die Erklärung bedarf keiner besonderen Formulierung, insb nicht der Wiederholung des **19** vollständigen Wortlauts des Abs 1 Satz 1. Jedoch muss sie die Bereitschaft, jedermann die Benutzung der Erfindung gegen angemessenes Entgelt zu gestatten, deutlich erkennen lassen.[21] Die Erklärung, dass in der Sache „Lizenzbereitschaft erklärt werde", genügt.[22]

d. Wirksamkeitshindernisse. Die Lizenzbereitschaft darf nicht unter einem Vorbehalt oder einer **20** Bedingung erklärt werden.[23] Sie ist unwirksam, wenn sie gegen ein gesetzliches, gerichtliches oder behördliches Verfügungsverbot (zB Pfändung, Insolvenzeröffnung) verstößt oder wenn und soweit ihr die Eintragung einer ausschließlichen Lizenz entgegensteht (Abs 2; s aber Rn 25),[24] nicht dagegen bei Verstoß gegen bloße vertragliche Verfügungsbeschränkungen oder wegen vorheriger Vergabe einfacher Lizenzen.

e. Willensmängel. Als Willenserklärung mit Doppelcharakter unterliegt die Lizenzbereitschaftserklä- **21** rung der Anfechtung wegen Willensmängeln (§§ 119 ff BGB; vgl Rn 74 ff vor § 34).[25]

f. Wiedereinsetzung. Da die Lizenzbereitschaftserklärung keine befristete Verfahrenshandlung ist, **22** kommt eine Wiedereinsetzung bei ihr nicht in Betracht.[26] Dies gilt auch, soweit die Gebührenermäßigung betroffen ist.

---

17 BPatG GRUR 1994, 605.
18 BGH GRUR 1967, 245 Lizenzbereitschaft für Geheimpatent.
19 BPatGE 32, 158 = GRUR 1992, 44; BPatGE 34, 124 = Mitt 1994, 334; BPatG GRUR 1994, 605; BPatGE 6, 10, 13 = GRUR 1965, 597; vgl auch BPatG Mitt 1972, 199.
20 BPatG GRUR 1994, 605; zur Problematik *Albrecht* GRUR 1999, 649, 652 f.
21 BPatGE 19, 114 = GRUR 1977, 662.
22 BPatGE 24, 47, 49.
23 BPatGE 18, 7 = GRUR 1976, 418; RPA BlPMZ 1938, 120.
24 *Benkard* § 23 Rn 5.
25 AA *Lindenmaier* § 14 Rn 3, der eine Anfechtung nur bis zur Eintragung der Erklärung zulassen will.
26 BPatGE 4, 122 = GRUR 1964, 257; RPA BlPMZ 1937, 91.

23   **3. Erklärungsberechtigung.** Berechtigt ist der im Register eingetragene Patentinhaber (§ 30 Abs 1), aber auch der Patentanmelder, für dessen Lizenzbereitschaftserklärung die Vorschriften der Abs 1–5 nach Abs 6 entspr gelten.

24   Maßgeblich ist allein die **formelle Legitimation**.[27] Auf die materielle Berechtigung des Erklärenden kommt es nach dem klaren Wortlaut des Abs 1 Satz 1 nicht an. Bestätigt wird dies durch die Regelung der Benutzungsanzeige, die nach Abs 3 Satz 2 ebenfalls gegenüber dem formell Legitimierten abzugeben ist und ggf das Benutzungsrecht zur Entstehung bringt. Dass der Registerstand nur deklaratorischen Charakter hat und keinen öffentlichen Glauben genießt, ändert daran wie im Fall des § 81 Abs 1 Satz 2 nichts.[28] Unbillig ist dies nicht, da es die Beteiligten in der Hand haben, durch Herbeiführung eines der materiellen Rechtslage entspr Registerstands Unzuträglichkeiten zu vermeiden. Der noch nicht oder nicht mehr eingetragene Anmelder oder Patentinhaber kann Lizenzbereitschaft nicht wirksam erklären (vgl auch die Kommentierung zu § 30).[29]

25   **Vorbestehende ausschließliche Lizenz.** Eine (gegenüber jedermann wirkende) Lizenzbereitschaft und die ausschließliche Lizenz schließen einander aus, sie können daher grds nicht zugleich am selben Schutzrecht bestehen. Deshalb versagt Abs 2 einer Lizenzbereitschaftserklärung die Wirkung, solange eine ausschließliche Lizenz eingetragen ist oder dem DPMA ein entspr Antrag vorliegt (§ 30 Abs 4 Satz 1). Maßgeblich ist aber wiederum nur die formelle Rechtslage. Eine nicht eingetragene ausschließliche Lizenz berührt die Wirksamkeit der Lizenzbereitschaftserklärung nicht.[30] Das geht außer aus dem klaren Gesetzeswortlaut auch aus den Erwägungen des Gesetzgebers im Zusammenhang mit der Einführung des Instituts der Lizenzbereitschaftserklärung (1936) hervor. Dort ist festgehalten, dass die Möglichkeit der Eintragung einer ausschließlichen Lizenz in das Register gerade im Hinblick auf die Regelung des Abs 2 geschaffen worden ist.[31] Demnach kann es nur auf die formelle Rechtslage ankommen. Etwas anderes ergibt sich auch nicht aus der später eingeführten Regelung des § 15 Abs 3 über den Sukzessionsschutz.[32] Diese Vorschrift ist schon deswegen nicht einschlägig, weil die Lizenzbereitschaftserklärung als solche noch kein Benutzungsrecht Dritter begründet. Dieses kommt erst mit der Benutzungsanzeige zustande, für die Abs 3 Satz 2 wiederum ausschließlich auf die formelle Rechtslage abstellt. Unbillig ist diese Sichtweise nicht, da es die Beteiligten in der Hand haben, durch Herbeiführung eines der materiellen Rechtslage entspr Registerstands Unzuträglichkeiten zu vermeiden.

26   Eine (nicht im Register eintragbare) **einfache Lizenz** entfaltet keine derartigen Wirkungen.

27   **4. Vertretung.** Vertreter können die Lizenzbereitschaftserklärung nur wirksam abgeben, wenn ihre Vollmacht das Recht zur Abgabe dieser Erklärung einschließt. Das ist bei einer Inlandsvertretervollmacht nach § 25 nicht ohne weiteres der Fall (Rn 35 zu § 25). Seit dem 1.1.1970 beim DPMA hinterlegte allg Vollmachten umfassen das Recht zur Abgabe der Lizenzbereitschaftserklärung.[33]

28   Eine **ohne ausreichende Vollmacht** abgegebene Lizenzbereitschaftserklärung ist nach § 180 Satz 1 BGB grds ebenso **unwirksam** und damit nicht genehmigungsfähig,[34] wie die Erklärung eines Vertreters, der – obwohl ausreichend bevollmächtigt – keine entspr Vollmachtsurkunde vorlegt, und dessen Erklärung das DPMA deswegen unverzüglich zurückweist (§ 174 Satz 1 BGB).[35]

---

27   *Schulte* § 23 Rn 9; *Benkard* § 23 Rn 5.

28   AA *Kraßer* S 817 (§ 34 I 4): wirksame Lizenzbereitschaftserklärung nur durch den wirklichen Inhaber, der zugleich formell legitimiert sein muss.

29   *R. Rogge* GRUR 1985, 735 ff mwN; vgl aber *Kraßer* S 817 (§ 34 I 4) mwN.

30   AA *Kraßer* S 817 (§ 34 I 4).

31   BlPMZ 1936, 108.

32   AA insoweit *Benkard* § 23 Rn 9.

33   MittPräsDPA BlPMZ 1969, 365; BlPMZ 1986, 349.

34   BPatGE 5, 5, 7 = GRUR 1965, 143; BPatGE 24, 41, 43; aA BPatGE 3, 13 = GRUR 1964, 445.

35   BPatGE 6, 10 = GRUR 1965, 597; BPatGE 24, 41.

III. Wirksamwerden der Lizenzbereitschaftserklärung; Registereintrag; Veröffentlichung

1. Wirksamwerden. Die Erklärung wird mit dem Eingang beim DPMA wirksam, es sei denn, dass die- **29** sem vorher oder gleichzeitig ein Widerruf zugeht (§ 130 Abs 1, 3 BGB).[36] Das Wirksamwerden hängt nicht von der Eintragung der Erklärung im Register oder der Veröffentlichung im PatBl (Abs 1 Satz 3) ab.[37] Jedoch hängt der Eintritt der gesetzlichen Wirkungen des Abs 3 davon ab (Abs 3 Satz 1, 2; Rn 38).

2. Registereintrag; Veröffentlichung. Das DPMA trägt die formal ordnungsgem (Rn 17 ff) Lizenzbe- **30** reitschaftserklärung in das Register ein und veröffentlicht sie einmal im PatBl (Abs 1 Satz 2). Bei Geheimpatenten erfolgt der Eintrag in das besondere Register des § 54 Satz 1 und die Veröffentlichung unterbleibt, vgl § 50 Abs 1 Satz 1.[38] Mit dem Registereintrag treten die gesetzlichen Wirkungen des Abs 3 ein.

IV. Wirkungen der Lizenzbereitschaftserklärung

1. Allgemeines. Mit der Wirksamkeit der Erklärung tritt die gesetzliche Folge der Gebührenermäßi- **31** gung (Abs 1 Satz 1; Rn 35) sowie die Sperrwirkung für die Eintragung einer ausschließlichen Lizenz (§ 30 Abs 4, Rn 37 ff) ein.

2. Wirkungsumfang. Die Lizenzbereitschaftserklärung erfasst die gesamte Erfindung. **32**
Sie erstreckt sich also auch auf den Gegenstand einer **Teilanmeldung**, allerdings nur, wenn die Li- **33** zenzbereitschaft vor der Teilung erklärt worden ist.[39]
Zur Erstreckung auf **Zusatzpatente** s *7. Aufl.* **34**

3. Gebührenermäßigung (Abs 1 Satz 1). Mit dem Eingang einer wirksamen Lizenzbereitschaftserklä- **35** rung (nicht erst mit ihrer Eintragung oder Veröffentlichung) ermäßigen sich kraft Gesetzes, dh ohne besonderen darauf gerichteten Antrag und ohne sonstige Voraussetzungen,[40] die danach nach dem PatKostG fällig werdenden nationalen (für eur Patente Rn 5) Jahresgebühren (nicht auch andere Gebühren) auf die Hälfte. Die Regelung ist verfassungskonform.[41] Bereits fällig gewordene Gebühren sind nicht begünstigt, auch wenn sie noch nicht bezahlt sind.[42] Zur Wiedereinsetzung Rn 22.
Für die **ermäßigte Gebühr** gelten im übrigen die allg Vorschriften des PatKostG (§§ 2 ff PatKostG). **36**

4. Sperrwirkung (§ 30 Abs 4 Satz 2). Eine (gegenüber jedermann wirkende) Lizenzbereitschaft und **37** die ausschließliche Lizenz schließen einander aus, sie können daher grds nicht zugleich am selben Schutzrecht bestehen. Deshalb ist nach wirksamer (Rn 29 f) Lizenzbereitschaftserklärung ein Antrag auf Eintragung einer ausschließlichen Lizenz unzulässig.

5. Wirkung als Lizenzangebot (Abs 3). Nach der Eintragung der Lizenzbereitschaftserklärung im **38** Register (Abs 3 Satz 1 iVm Abs 1 Satz 2; die Veröffentlichung ist insoweit ohne Bedeutung) wirkt die Erklärung ähnlich wie ein Lizenzangebot an die Allgemeinheit, das jeder Dritte, der die Erfindung benutzen will, und jeder andere nach ihm durch rechtsgestaltende Benutzungsanzeige mit der Folge annehmen kann, dass ihm gegenüber dem Erklärenden ein Recht zur Benutzung der Erfindung zusteht (Abs 3 Satz 4). Die Lizenzbereitschaftserklärung ähnelt damit einer Auslobung (§§ 657 ff BGB). Der Patentinhaber ist nicht gehalten, vor Durchsetzung seiner Rechte ein Lizenzangebot abzugeben (Rn 234 zu § 139).
Dieses Lizenzangebot ist **rücknehmbar**, solange nicht wenigstens ein Dritter dem Patentinhaber die **39** Benutzungsabsicht angezeigt hat (Benutzungsanzeige; Abs 7 Satz 1 iVm Abs 3 Satz 1–3). Mit Wirksamwerden der ersten Benutzungsanzeige (Rn 40 ff) entfällt die Möglichkeit der Zurücknahme.

---

36 BPatGE 18, 7 = GRUR 1976, 418.
37 BPatGE 18, 7 = GRUR 1976, 418; aA RPA BlPMZ 1938, 137.
38 BGH GRUR 1967, 245 Lizenzbereitschaft für Geheimpatent.
39 BPatGE 13, 159 = Mitt 1972, 137.
40 BPatGE 13, 159 = Mitt 1972, 137; BPatGE 24, 41 f.
41 BPatG Mitt 1984, 191.
42 DPA BlPMZ 1953, 178; BPatGE 4, 122 = GRUR 1964, 257.

Hacker

V. Benutzungsanzeige

40   **1. Grundsatz.** Das Lizenzangebot wird durch die Benutzungsanzeige, eine rechtsgestaltende Willenserklärung, angenommen. So entsteht ein Schuldverhältnis, eine Art Lizenzverhältnis (vgl auch Art 8 Abs 2 VO (EU) Nr 1257/2012: „gilt als Vertragslizenz"), dessen Gegenstand durch die Lizenzbereitschaftserklärung einerseits und den Inhalt der Benutzungsanzeige (Abs 3 Satz 3) bestimmt und dessen Inhalt im Gesetz (Abs 3–6) näher geregelt ist, im übrigen behördlicher Konkretisierung unterliegt (Abs 4, 5).

41   **2. Berechtigung.** Die Benutzungsanzeige kann jeder andere als der Patentinhaber abgeben, gleichgültig ob In- oder Ausländer. Der Patentinhaber hat nicht das Recht, einen Benutzungswilligen – aus welchen Gründen auch immer – zurückzuweisen. Für die Benutzungsanzeige ist kein Inlandsvertreter erforderlich.[43]

42   **3. Erklärungsempfänger** ist der Patentinhaber, nicht das DPMA (Abs 3 Satz 1).

43   **4. Form.** Für die Anzeige ist keine Form vorgeschrieben, so dass an sich auch eine mündliche Anzeige möglich ist.[44] Jedoch kommt praktisch – auch mit Rücksicht auf die Komplexität der Erklärung – aus Beweisgründen nur die Schriftform in Betracht. Dabei empfiehlt sich die Form des Abs 3 Satz 2, dh die Aufgabe eines eingeschriebenen Briefs an den eingetragenen Patentinhaber oder seinen eingetragenen Vertreter oder Zustellungsbevollmächtigten (vgl § 30 Abs 1 Satz 2 iVm § 25). Denn dann gilt die Anzeige bereits mit deren Aufgabe zur Post, die ohne weiteres nachweisbar ist, als bewirkt.

44   **5. Inhalt der Benutzungsanzeige** (Abs 3 Satz 3). Außer selbstverständlichen Angaben zur Person des Benutzungswilligen und der Erklärung der Benutzungsabsicht muss die Anzeige Angaben darüber enthalten, wie die Erfindung benutzt werden soll, ob vollen Umfangs oder nur teilweise,[45] ob die Benutzung örtlich oder zeitlich beschränkt werden soll. Eine Benutzungsanzeige kann nicht allein deswegen als unwirksam angesehen werden, weil vorgetragene Angaben noch der Konkretisierung bedürfen.[46]

45   Nach diesen Angaben bestimmt sich ua der Inhalt des entstehenden Schuldverhältnisses, insb der Inhalt und Umfang des **Benutzungsrechts** (Abs 3 Satz 4). Die Benutzungsanzeige ist auch für die Höhe der geschuldeten angemessenen Vergütung von Bedeutung.

46   Der Anzeigende kann diese Angaben – ebenso wie er jederzeit eine neue Benutzungsanzeige mit anderem Inhalt machen könnte – nachträglich, allerdings nur mit Wirkung für die Zukunft, **ändern**.[47]

VI. Rechte und Pflichten der Beteiligten

47   **1. Allgemeines.** Abs 3 Satz 4–6 enthält eine detaillierte Regelung der Rechte und Pflichten der Beteiligten. Abw vertragliche Regelung ist möglich, ergänzende Absprachen, zB über die Höhe der Vergütung, empfehlen sich.

48   **2. Benutzungsrecht** (Abs 3 Satz 4). Mit der wirksamen Benutzungsanzeige (Rn 40 ff) erwirbt der Anzeigende das Recht, die Erfindung in dem Rahmen, den er durch die Anzeige selbst gesetzt hat, zu benutzen. Das Benutzungsrecht ist ein einfaches, kein ausschließliches. Es wirkt nur für die Zukunft, und zwar auch dann, wenn die Benutzung bereits früher aufgenommen wurde, wofür dem Patentinhaber die Ansprüche auf Rechnungslegung und Schadensersatz erhalten bleiben,[48] und nicht gegenüber den Rechten des Inhabers eines schutzbereichgleichen anderen Patents iSv § 29 ErstrG. Der Patentinhaber haftet nicht für den Bestand des Patents.

49   Zum Fortbestand des Benutzungsrechts des Benutzers eines DDR-**Wirtschaftspatents** 6. Aufl Rn 77 ff.

---

43   OLG Nürnberg GRUR 1996, 48 f.

44   *Benkard* § 23 Rn 11; jetzt auch *Schulte* § 23 Rn 22; aA 4. *Aufl.*

45   OLG Nürnberg GRUR 1996, 48.

46   BPatGE 47, 134 = BlPMZ 2004, 193.

47   Differenzierend *Benkard* § 23 Rn 11, der nur eine rückwirkende Erweiterung der Benutzungserklärung als ausgeschlossen ansieht.

48   LG Düsseldorf InstGE 1, 33.

3. Auskunfts- und Vergütungspflicht

a. Auskunftspflicht. Der Benutzer hat dem Patentinhaber kalendervierteljährlich Auskunft über Art **50** und Umfang der Benutzung zu geben (Abs 3 Satz 5). Unterlässt er dies, kann der Patentinhaber ihm nach fruchtlosem Ablauf einer Nachfrist die weitere Benutzung der Erfindung verbieten (Abs 3 Satz 6). Die Nachfrist ist entbehrlich, wenn der Berechtigte die Auskunft ernsthaft und endgültig verweigert, wofür es aber grds nicht ausreicht, dass er die Auskunft nicht erteilt und im Rechtsstreit die Auffassung vertritt, vom Lizenzpatent keinen Gebrauch zu machen.[49]

Für die Auskunftspflicht gelten die **für Lizenznehmer geltenden Grundsätze** (Rn 148 zu § 15). **51**

b. Vergütungspflicht. Ebenfalls kalendervierteljährlich hat der Benutzer die geschuldete Vergütung **52** zu entrichten (Abs 3 Satz 5). Auch wenn er dieser Pflicht nicht nachkommt, kann der Patentinhaber ihm nach fruchtlosem Ablauf einer Nachfrist die weitere Benutzung der Erfindung verbieten (Abs 3 Satz 6). Ein solches Verbot ist jedoch unwirksam, solange sich die Parteien noch nicht auf eine Vergütung geeinigt haben bzw das DPMA sie noch nicht gem Abs 4 festgesetzt hat.[50]

VII. Festsetzung der Vergütung

1. Allgemeines. Über die Höhe der Vergütung sollten die Beteiligten, um späteren Streitigkeiten vor- **53** zubeugen, möglichst schon bei Begründung des Rechtsverhältnisses eine einvernehmliche Regelung herbeiführen. Kommt eine Einigung nicht zustande, liegt nach der Regelung der §§ 315 ff BGB, insbes § 316 BGB, das Recht, die angemessene Vergütung iSv Abs 1 Satz 1 zu bestimmen, beim Patentinhaber, der diese Bestimmung gem § 315 BGB nach billigem Ermessen zu treffen hat. Im Streitfall wird die Bestimmung gem § 315 Abs 3 Satz 2 BGB durch das Gericht für Patentstreitsachen (§ 143) oder auch gem Abs 4 durch das DPMA getroffen.

2. Verfahren

a. Allgemeines. Die Vergütung kann im Rahmen einer Zahlungsklage vor den ordentlichen Gerichten **54** (§ 143) geltend gemacht werden, die dann auch nach § 315 Abs 2 Satz 2 die Höhe der Vergütung bestimmen.[51]

Die Höhe der Vergütung kann aber auch nach Abs 4 **durch das DPMA** festgesetzt werden. Allerdings **55** beschränkt sich dessen Kompetenz auf die Festsetzung der Höhe nach, die für das Verletzungsgericht bindend ist. Sie erstreckt sich nicht auf Vorfragen wie die Vergütungspflicht dem Grunde nach.[52]

Das Festsetzungsverfahren nach Abs 4 führt also zu **keiner abschließenden Klärung** etwaiger Strei- **56** tigkeiten. Es hat daher Berechtigung nur dort, wo die Beteiligten über die Vergütungspflicht dem Grunde nach einig sind.[53] Dieser Nachteil mag ua ein Grund dafür sein, dass es keine erhebliche Bedeutung erlangt hat.[54]

b. Festsetzungsverfahren des DPMA. Zuständigkeit. Die Festsetzung nimmt die Patentabteilung **57** vor (Abs 4 Satz 1, § 27 Abs 1 Nr 2, Abs 3, 4).

Antrag; Verfahren. Das Tätigwerden des DPMA setzt einen schriftlichen Antrag eines Beteiligten **58** voraus (Abs 4 Satz 1); § 125a Abs 1 (elektronische Form) ist anzuwenden. Er kann also sowohl vom Patentinhaber als auch vom Benutzer gestellt werden. Mehrere Mitinhaber des Patents sind notwendige Streitgenossen.[55] Der Antrag kann sich gegen mehrere Beteiligte gleichzeitig richten (Abs 4 Satz 3). Die §§ 46, 47, 62 finden entspr Anwendung (Abs 4 Satz 2).

---

49 LG Düsseldorf InstGE 1, 33.
50 OLG Nürnberg GRUR 1996, 48.
51 LG Mannheim GRUR 1956, 412; str, wie hier *Schulte* § 23 Rn 25; *Benkard* § 23 Rn 13 mwN.
52 LG Mannheim GRUR 1956, 412; *Pfanner* GRUR 1955, 536.
53 RPA BlPMZ 1942, 141.
54 *Eggert* GRUR 1972, 231.
55 BGH GRUR 1967, 655f Altix.

Hacker

59 **Gebühren.** Mit dem Antrag ist gem GebVerz Nr 313200 eine Gebühr von 60 EUR zu zahlen. Es ist also auch dann nur eine Gebühr zu zahlen, wenn sich der Antrag gegen mehrere Benutzer gleichzeitig richtet (Abs 4 Satz 3). Die Gebühr wird mit der Antragstellung fällig (§ 3 Abs 1 PatKostG) und ist binnen 3 Monaten ab diesem Zeitpunkt zu zahlen (§ 6 Abs 1 Satz 2 PatKostG). Wird sie nicht rechtzeitig oder nicht vollständig gezahlt, gilt der Antrag als zurückgenommen (§ 6 Abs 2 PatKostG).

60 **c. Entscheidung.** Die Festsetzung erfolgt durch einen nach allg Regeln (§ 73 Abs 1) beschwerdefähigen **Beschluss**.

61 Das DPMA kann die **Erstattung der Gebühren** durch den Antragsgegner anordnen (Abs 4 Satz 4).

62 **3. Änderung der Festsetzung** (Abs 5). Nach Ablauf eines Jahres seit der letzten Festsetzung kann jeder davon Betroffene die Änderung der Festsetzung beantragen, wenn inzwischen Umstände eingetreten oder bekannt geworden sind, die die festgesetzte Vergütung offenbar unangemessen erscheinen lassen (Abs 5 Satz 1). Der Antrag ist gebührenpflichtig. Die Gebühr beträgt 120 EUR (GebVerz Nr 313300).

63 Ändern sich die Benutzungsanzeige (Rn 46) und entspr der **Umfang der tatsächlichen Benutzung**, dürfte ein Änderungsantrag unabhängig von der Frist des Abs 5 Satz 1 möglich sein.[56]

64 Für das **Änderungsverfahren** gilt im übrigen Abs 4 entspr (Abs 5 Satz 3).

65 **4. Höhe der Vergütung.** Bei der Bemessung der Vergütung gilt der Grundsatz, dass ein gerechter Ausgleich zwischen den Interessen des Patentinhabers und denen der Benutzer herbeigeführt werden muss.[57] Dabei sind insb die Bedeutung des Patents, dessen Lehre benutzt wird, und der Umfang der Benutzung, insgesamt also der damit erzielte Nutzen zu berücksichtigen.[58] Die für die Höhe der Vergütung bei der Zwangslizenz entwickelten Grundsätze (Rn 78 ff zu § 24) können herangezogen werden, weil die Rechtsbeziehungen bei der Zwangslizenz den Beziehungen zwischen lizenzbereitem Patentinhaber und Benutzer vergleichbar sind.[59] Wie dort bietet sich der Vergleich mit frei vereinbarten Lizenzsätzen an.[60]

VIII. Geltung für Patentanmeldungen

66 Abs 6 stellt lediglich klar, dass – was sich bereits aus dem Wortlaut des Abs 1 Satz 1 („Patentanmelder") ergibt – die Regeln der Abs 1–5 insgesamt auch gelten, wenn Lizenzbereitschaft für eine Patentanmeldung erklärt wird. Gleiches wird – entgegen dem Wortlaut des Abs 6 – auch für Abs 7 zu gelten haben, weil diese Vorschrift, wenn sie nur für erteilte Patente Geltung hätte, weitgehend leer liefe.

IX. Zurücknahme der Lizenzbereitschaftserklärung

67 **1. Grundsatz.** Nach dem mWv 1.6.1992 eingeführten Abs 7 kann die Lizenzbereitschaftserklärung schriftlich (zur Schriftform Rn 17) zurückgenommen werden, solange dem Patentinhaber noch keine Benutzungsabsicht angezeigt worden ist.

68 **2. Wirksamkeit der Zurücknahme** (Abs 7 Satz 2). Die Zurücknahme ist – wie die Lizenzbereitschaftserklärung – gegenüber dem DPMA zu erklären. Sie wird mit dem Eingang dort wirksam (Abs 7 Satz 2), allerdings nur, wenn nicht vorher eine Benutzungsanzeige wirksam geworden ist (Abs 7 Satz 1). Ob die Benutzungsanzeige nicht wegen Form und Inhalt, sondern aus anderen Gründen keine Rechtswirkungen entfalten konnte, hat das DPMA im Rahmen der Prüfung, ob die Lizenzbereitschaftserklärung trotz vorheriger Benutzungsanzeige wirksam zurückgenommen worden ist, nicht zu prüfen. Für Streitigkeiten, die sich aus dem durch die Benutzungsanzeige begründeten privatrechtl Schuldverhältnis zwischen Pa-

---

56 *Benkard* § 23 Rn 15.
57 BGH GRUR 1967, 655, 658 Altix.
58 BGH Altix.
59 BGH Altix.
60 BPatG BlPMZ 1990, 329 f; *Fischer* (Entscheidungsanm) GRUR 1967, 660; *Vorwerk* GRUR 1973, 63 ff; *Eggert* GRUR 1972, 231, beide mwN.

tentinhaber und potentiellem Lizenznehmer ergeben, sind mit Ausnahme des Vergütungsfestsetzungsverfahrens (Abs 4) die Zivilgerichte zuständig.[61]

Da die Benutzungsanzeige dem Patentinhaber gegenüber zu erfolgen hat (Abs 3 Satz 1) und uU schon **69** mit der Aufgabe zur Post, also vor dem Zugang beim Patentinhaber, als bewirkt angesehen wird (Abs 3 Satz 2), bleibt die **Wirksamkeit der Zurücknahme** zumindest noch für einen der Postlaufzeit entspr Zeitraum nach der Abgabe der Rücknahmeerklärung in der Schwebe. Die Verschiedenheit der Erklärungsempfänger in Verbindung mit der Zugangsfiktion des Abs 3 Satz 2 hat aber – da die Nichtabsendung einer Benutzungsanzeige als Negativtatsache praktisch nicht bewiesen werden kann – vor allem zur Folge, dass die Wirksamkeit der Rücknahmeerklärung für das DPMA nicht überprüfbar ist. Der Registereintrag beweist daher nicht die Wirksamkeit.

3. Nachzahlung der Gebührendifferenz

a. Nachzahlungspflicht. Mit der Zurücknahme entfällt die Gebührenermäßigung (Abs 1 Satz 1; Rn 35) **70** für die Zukunft. Der in der Vergangenheit genossene Ermäßigungsbetrag (Unterschiedsbetrag; Rn 71) ist binnen eines Monats nach der Zurücknahme der Lizenzbereitschaftserklärung nachzuentrichten (Abs 7 Satz 3).

b. Säumnis (Abs 7 Satz 4). Wird der Unterschiedsbetrag nicht innerhalb der Frist nach Abs 7 Satz 3 **71** gezahlt, kann er nach der seit 1.1.2002 geltenden Regelung in Abs 7 Satz 4 idF des Art 7 Nr 8 f KostRegBerG mit dem Verspätungszuschlag noch bis zum Ablauf einer Frist von vier weiteren Monaten gezahlt werden. Verstreicht auch diese Frist ohne Zahlung, erlischt das Patent nach § 20 Abs 1 Nr 3 (Rn 39 zu § 20).

C. PCT

Im Rahmen des PCT ist seitens der WIPO vorgesehen, Anmeldern die Angabe zu ermöglichen, dass sie **72** Lizenznehmer suchen und dies in den bibliographischen Daten zu veröffentlichen, weiter die Recherche hierzu zu ermöglichen und ein entspr Register einzurichten.

§ 24
(Zwangslizenz)

(1) Die nicht ausschließliche Befugnis zur gewerblichen Benutzung einer Erfindung wird durch das Patentgericht im Einzelfall nach Maßgabe der nachfolgenden Vorschriften erteilt (Zwangslizenz), sofern

1. der Lizenzsucher sich innerhalb eines angemessenen Zeitraumes erfolglos bemüht hat, vom Patentinhaber die Zustimmung zu erhalten, die Erfindung zu angemessenen geschäftsüblichen Bedingungen zu benutzen, und

2. das öffentliche Interesse die Erteilung einer Zwangslizenz gebietet.

(2) [1]Kann der Lizenzsucher eine durch Patent mit jüngerem Zeitrang geschützte Erfindung nicht verwerten, ohne das Patent mit älterem Zeitrang zu verletzen, so hat er gegenüber dem Inhaber des Patents mit dem älteren Zeitrang Anspruch auf Einräumung einer Zwangslizenz, sofern

1. die Voraussetzung des Absatzes 1 Nr. 1 erfüllt ist und

2. seine eigene Erfindung im Vergleich mit derjenigen des Patents mit dem älteren Zeitrang einen wichtigen technischen Fortschritt von erheblicher wirtschaftlicher Bedeutung aufweist.

[2]Der Patentinhaber kann verlangen, daß ihm der Lizenzsucher eine Gegenlizenz zu angemessenen Bedingungen für die Benutzung der patentierten Erfindung mit dem jüngeren Zeitrang einräumt.

(3) Absatz 2 gilt entsprechend, wenn ein Pflanzenzüchter ein Sortenschutzrecht nicht erhalten oder verwerten kann, ohne ein früheres Patent zu verletzen.

---

61 BPatGE 47, 134 = BlPMZ 2004, 193.

(4) Für eine patentierte Erfindung auf dem Gebiet der Halbleitertechnologie darf eine Zwangslizenz im Rahmen des Absatzes 1 nur erteilt werden, wenn dies zur Behebung einer in einem Gerichts- oder Verwaltungsverfahren festgestellten wettbewerbswidrigen Praxis des Patentinhabers erforderlich ist.

(5) [1]Übt der Patentinhaber die patentierte Erfindung nicht oder nicht überwiegend im Inland aus, so können Zwangslizenzen im Rahmen des Absatzes 1 erteilt werden, um eine ausreichende Versorgung des Inlandsmarktes mit dem patentierten Erzeugnis sicherzustellen. [2]Die Einfuhr steht insoweit der Ausübung des Patents im Inland gleich.

(6) [1]Die Erteilung der Zwangslizenz an einem Patent ist erst nach dessen Erteilung zulässig. [2]Sie kann eingeschränkt erteilt und von Bedingungen abhängig gemacht werden. [3]Umfang und Dauer der Benutzung sind auf den Zweck zu begrenzen, für den sie gestattet worden ist. [4]Der Patentinhaber hat gegen den Inhaber der Zwangslizenz Anspruch auf eine Vergütung, die nach den Umständen des Falles angemessen ist und den wirtschaftlichen Wert der Zwangslizenz in Betracht zieht. [5]Tritt bei den künftig fällig werdenden wiederkehrenden Vergütungsleistungen eine wesentliche Veränderung derjenigen Verhältnisse ein, die für die Bestimmung der Höhe der Vergütung maßgebend waren, so ist jeder Beteiligte berechtigt, eine entsprechende Anpassung zu verlangen. [6]Sind die Umstände, die der Erteilung der Zwangslizenz zugrunde lagen, entfallen und ist ihr Wiedereintritt unwahrscheinlich, so kann der Patentinhaber die Rücknahme der Zwangslizenz verlangen.

(7) [1]Die Zwangslizenz an einem Patent kann nur zusammen mit dem Betrieb übertragen werden, der mit der Auswertung der Erfindung befaßt ist. [2]Die Zwangslizenz an einer Erfindung, die Gegenstand eines Patents mit älterem Zeitrang ist, kann nur zusammen mit dem Patent mit jüngerem Zeitrang übertragen werden.

TRIPS-Übk Art 31

Ausland: Belgien: Art 31 PatG 1984 (Nichtausführung), Art 32–38 PatG 1984 (Abhängigkeit); Art 31 Abs 1 und Art 31bis (Gesundheit, mit besonderen Verfahrensregeln) PatG neu eingestellt im Zug der Umsetzung der BioTRl; **Bosnien und Herzegowina:** Art 79, 80 PatG 2010; **Dänemark:** §§ 45–50 PatG 1996; **Frankreich:** Art L 613-11–19, R 613-4–42 CPI; **Italien:** Art 69 CDPI (Ausübungspflicht), Art 70–74 CDPI; **Kosovo:** Art 35ff, 38ff PatG; **Litauen:** Art 38, 38[1], 39 PatG; **Luxemburg:** Art 59–62, 64–66 PatG 1992/1998; **Mazedonien:** §§ 97–115 GgR; **Niederlande:** Art 57, 58, 60 ROW 1995; **Norwegen:** §§ 45–47, 49–50a PatG; **Österreich:** Zwangslizenz §§ 36, 37 öPatG (1996/98), Rücknahme § 47 öPatG (1996); **Polen:** Art 82–88, 68 (Patentmissbrauch) RgE 2000; **Schweden:** §§ 45–50 PatG; **Schweiz:** Zwangslizenz Art 36, 37, 39, 40, 40a, 40b, 40c PatG, Löschung Art 38, 39 PatG; **Serbien:** Art 63–67, 68 (Sortenschutz) PatG 2004; **Slowakei:** §§ 27, 28 PatG; **Slowenien:** Art 125–127 GgE; **Spanien:** Art 80 (zwangsweise Lizenzbereitschaft), 83–85 (Benutzungszwang), 86–107 (Zwangslizenz) PatG; **Tschech. Rep.:** § 20 PatG, geänd 2000 **Türkei:** Art 93 (Lizenzbereitschaft bei unlauterem Wettbewerb), 96–98 (Benutzungszwang), 99–120 (Zwangslizenzen) VO 551; **VK:** Sec 48–54 Patents Act; Patents and Plant Variety Rights (Compulsory Licensing) Regulations 2002

Übersicht

Schrifttum: *AIPPI (Schweizer Gruppe)* The impact of public health issues on exclusive patent rights (Q 202), sic! 2008, 578; *Ann* Kartellrechtliche Zwanglizenz im Patentverletzungsprozess – Was bedeutet Orange Book Standard für die Praxis? VPP-Rdbr 2010, 46; *Apel* Die kartellrechtliche Zwangslizenz im Lichte des europäischen Wettbewerbsrechts, 2015; *Ballhaus* Das Nichtigkeits-, Zurücknahme- und Zwangslizenzverfahren vor dem Patentgericht, Mitt 1961, 182; *Beier* Ausführungszwang bei Patenten, GRUR 1898, 70; *Beier* Ausschließlichkeit, gesetzliche Lizenzen und Zwangslizenzen im Patent- und Musterrecht, GRUR 1998, 185 = Exclusive Rights, Statutory Licenses and Compulsory Licenses in Patent and Utility Model Law, IIC 1999, 251; *Böttger* Zwangslizenzen im Patentrecht: Eine systematische Bewertung der neueren Praxis insbesondere im Bereich der öffentlichen Gesundheit, GRUR Int 2008, 881; *Bodewig* Einige Überlegungen zur Erschöpfung bei Zwangslizenzen an standardessentiellen Patenten, GRUR Int 2015, 626; *Bonadio* Compulsory Licensing on Patents: The Bayer/Natco Case, EIPR 2012, 719; *Brändel* Rechtsfragen des „Erstreckungsgesetzes" zum Schutzbereich und zur Benutzungslage von Patenten im vereinigten Deutschland, GRUR 1992, 653; *Brändel* Das „Weiterbenutzungsrecht" (§ 28 Erstreckungsgesetz) – eine Zwangslizenz besonderer Art, GRUR 1993, 169; *Busche* Der Einwand der Zwangslizenz im Patentverletzungsverfahren, CIPR 2009, 104; *Bußmann* Die patentrechtliche Zwangslizenz, Diss Frankfurt 1975; *J. Bußmann* Patentrecht und Marktwirtschaft, GRUR 1977, 121; *Casper* Die wettbewerbsrechtliche Begründung von Zwangslizenzen, ZHR 2002, 685; *Chronopoulos* Patenting Standards: A Case for US Antitrust Law or a Call for Recognizing Immnent Public Policy Limitations to the Exploitation Rights Conferred by the Patent Act, IIC 29009, 782; *Conde Gallego* Die Anwendung des kartellrechtlichen Missbrauchsverbots auf „unerlässliche" Immaterialgüterrechte im Lichte der IMS Health- und Standard-Spundfass-Urteile, GRUR Int 2006, 16; *Cordes/Gelhausen* Zwischen „Orange-Book-Standard" und „Samsung" – Was bringt die EuGH-Entscheidung „Huawei Technologies/ZTE u.a." (C-170/13) für Patentverletzungsprozesse, die auf standardessentielle Patente gestützt werden? Mitt 2015, 426; *Damme* Die volkswirtschaftliche Bedeutung des Systems des Ausführungszwangs im Patentwesen, 1929; *Davies* Glaxo Group Ltd v Dowelhurst and Taylor: What Future for Altruism in the Pharmaceutical Industry? EIPR 2004, 437; *de Ranitz* Dwanglicenties: verleden, heden en toekomst, IER 1992, 42; *Drexl* IMS Health and Trinko: Antitrust Placebo for Consumers Instead of Sound Economics in Refusal-to-Deal cases, IIC 35 (2004), 788; *Fili* Versuchsprivileg und Zwangslizenz bei gentechnisch hergestellten Arzneimitteln, Diss Erlangen/Nürnberg 2002; *Fischmann* Lizenzerteilungspflicht in Patent-Ambush-Fällen, GRUR Int 2010, 185; *Fröhlich* Standards und Patente: Die ETSI IPR Policy, GRUR 2008, 205; *Gärtner/Vormann* Der kartellrechtliche Zwangslizenzeinwand im

Patentverletzungsstreit, Mitt 2009, 440; *Gielen* Allgemen Belang: Criterium voor dwanglicenties bij biotechnologische innovatie, BIE 1997, 23; *Grabinski* „Standard-Spundfass", „Orange-Book-Standard" und die Folgen: zum kartellrechtlichen Zwangslizenzeinwand im Patentverletzungsverfahren, FS 50 Jahre BPatG (2011), 243 *Greif* Ausübungszwang für Patente, GRUR Int 1981, 731; *Grunwald* Der kartellrechtliche Zwangslizenzeinwand, Mitt 2012, 492; *Harnisch* Die Zwangslizenz im südafrikanischen und deutschen Partentrecht: ein Rechtsvergleich unter besonderer Berücksichtigung der Arzneimittelerfindungen, Diss Göttingen 2005; *Heath* Bedeutet TRIPS wirklich eine Schlechterstellung von Entwicklungsländern? GRUR Int 1996, 1169; *Heidenheim* Die Zwangslizenz nach der Patentnovelle vom 6.6.1911, Diss 1912; *Heidinger* Kartellrechtliche Zwangslizenzen: Die Anwendung der Essential-Facilities-Doktrin auf Immaterialgüterrechte, Medien & Recht 2006, 221; *Heinemann* Kartellrechtliche Zwangslizenzen im Patentrecht: die Spundfass-Entscheidung des BGH vom 13. Juli 2004, Zs für Wettbewerbsrecht 2005, 198; *Heinemann* Compulsory Licences and Product Integration in European Community law – Assessment of the European Commission's Microsoft Decision, IIC 36 (2005), 63; *Heinemann* Standardessenzielle Patente in Normenorganisationen, GRUR 2015, 855; *Herrlinger* Die Patentierung von Krankheitsgenen, 2005; *Heusch* Missbrauch marktbeherrschender Stellungen (Art. 102 AEUV) durch Patentinhaber, GRUR 2014, 745; *Heutz* Das Spannungsverhältnis zwischen den Immaterialgüterrechten und der kartellrechtlichen Kontrolle marktbeherrschender Unternehmen, 2010; *Heyers* Effiziente Patentpoolkonstitution: zugleich ein Beitrag zum sog. More Economic Approach, GRUR Int 2011, 213; *Hilty/Slowinski* Standardessentielle Patente – Perspektiven außerhalb des Kartellrechts, GRUR Int 2015, 781; *Horn* Das öffentliche Interesse an Zwangslizenzen, Mitt 1970, 184; *Huai-Chi Cheng/Kuei-Jung Ni* The Boundary of a Member's Obligation to Comply with Art. 31 (F) of the TRIPS Agreement: A Critical Review of Granting a Compulsory License on Philips CD-R Patents by Taiwan, IIC 2012, 885; *Jabbusch* Begrenzung der konzentrationsfördernden Wirkungen des Patentschutzes durch Erweiterung des Instituts der Zwangslizenz, 1977; *Jaffé* Die Zwangslizenz des § 11 Abs 1 des Patentgesetzes, Diss 1914; *D. Jestaedt* Der Lizenzerteilungsanspruch nach der BGH-Entscheidung „Orange-Book-Standard", GRUR 2009, 801; *Jung* Die Zwangslizenz als Instrument der Wettbewerbspolitik, ZWeR 2004, 379; *Karres* Das Spannungsfeld zwischen Patentschutz und Gesundheitsschutz aufgezeigt am Beispiel der patentrechtlichen Zwangslizenz, Diss Erlangen-Nürnberg 2005; *Kingston* Compulsory Licensing with Capital Payments as an Alternative to Monopoly Grants for Intellectual Property, 1994 (23/5) Research Policy 661; *Klopmeier* Ausführungszwang im Patentrecht: alte Lösung für neue Probleme? CIPR 2007, 40; *Koelman* An Exceptio Standardis: Do We Need an IP Exemption for Standards? IIC 37 (2006), 823; *Körber* Orange-Book-Standard revisited, WRP 2015, 1167; *Kramer* Patentschutz und Zugang zu Medikamenten, Diss München (Univ.) 2006; *Kraetzer* Der Ausführungszwang im Patentrecht, Diss 1910; *Kraetzer* Zum Entwurf eines Gesetzes, betreffend den Patentausführungszwang, JW 1911, 169; *Krieger* Die sogenannten Wirtschaftsklauseln, GRUR Int 1976, 208, 214f; *Kübel* Die „wettbewerbsrechtliche Zwangslizenz": Lizenzverweigerung als Mißbrauch marktbeherrschender Stellung i.S.v. Art. 82 EG, in: *Vieweg* (Hrsg) Spektrum des Technikrechts, Referate eines Symposiums aus Anlaß des 10jährigen Bestehens des Instituts für Recht und Technik in Erlangen, 2002, 293; *Kübel* Zwangslizenzen im Immaterialgüter- und Wettbewerbsrecht, 2004, zugl Diss Erlangen-Nürnberg 2003; *Kung-Chung Liu* Rationalising the Regime of Compulsory Patent Licensing by the Essential Facilities Doctrine, IIC 2008, 757; *Kunz-Hallstein* Verschärfter Ausübungszwang für Patente, GRUR Int 1981, 347; *Leitzen/Kleinevoss* Renaissance der patentrechtlichen Zwangslizenz? Die Neuregelung des § 24 Abs 2 PatG, Mitt 2005, 198; *Lenz/Kieser* Schutz vor Milzbrandangriffen durch Angriffe auf das Patentrecht? NJW 2002, 401; *Leupold/Pautke* IMS Health vs. Microsoft: Befindet sich die Kommission bei kartellrechtlichen Zwangslizenzen (erneut) auf Konfrontationskurs mit dem EuGH? Europäisches Wirtschafts- und Steuerrecht 2005, 108; *Liu* The Need and Justification for a General Competition-Oriented Compulsory Licensing Regime, IIC 2012, 679; *Mächtel* Das Patentrecht im Krieg, Diss Bayreuth 2009; *Matthijs/Halley* European-wide opposition against the breast cancer gene patents, European Journal of Human Genetics 2002, 783; *Maume/Tapia* Der Zwangslizenzeinwand ein Jahr nach Orange Book Standard: Mehr Fragen als Antworten, GRUR Int 2010, 923; *Mebius* Dwanglicenties wegen afhankelijkheid, IER 1986, 65; *Meinberg* Zwangslizenzen im Patent- und Urheberrecht als Instrument der kartellrechtlichen Missbrauchsaufsicht im deutschen und europäischen Recht, Diss Hannover 2006; *Müller* Der kartellrechtliche Zwangslizenzeinwand im Patentverletzungsverfahren – Drei Jahre nach der BGH-Entscheidung „Orange-Book-Standard", GRUR 2012, 686; *Müller/Henke* Erste Rezeption des EuGH-Urteils „Huawei-ZTE" durch die Instanzgerichte, Mitt 2016, 62; *Nägele/Jacobs* Zwangslizenzen im Patentrecht unter besonderer Berücksichtigung des kartellrechtlichen Zwangslizenzeinwands im Patentverletzungsprozess, WRP 2009, 1062; *Odermatt* Investigating New Models of Pharmaceutical Innovation to Protect the Human Right to Health, IIC 2009, 173; *Palzer* Patentrechtsdurchsetzung als Machtmissbrauch – der Zwangslizenzeinwand aus unionsrechtlicher Sicht, EuZW 2015, 702; *Palzer* Patentrechtsdurchsetzung als Machtmissbrauch, InTeR 2015, 197; *Pfanner* Die Zwangslizenzierung von Patenten: Überblick und neuere Entwicklungen, GRUR Int 1985, 357; *Piehler* Zwangslizenz und Lizenzbereitschaft, Diss 1938; *Pilenko* Die juristische Konstruktion des Ausübungszwanges, GRUR 1903, 258; *Pohl* Die Voraussetzungen der patentrechtlichen Zwangslizenz, Diss Heidelberg 1998; *Preu* Zur Zwangslizenz, FS 10 Jahre BPatG (1971), 239; *Rauda* Fallgruppen statt „IMS Health", GRUR 2007, 1022; *Ridder* Die Bedeutung von Zwangslizenzen im Rahmen des TRIPS-Abkommens, 2004; *Schade* Zwangslizenz – eine rechtsgeschichtliche und rechtsvergleichende Studie, Mitt 1964, 101; *Schäfers* Normsetzung zum geistigen Eigentum in internationalen Organisationen: WIPO und WTO – ein Vergleich, GRUR Int 1996, 763; *Schatz* Ausübungszwang und Zwangslizenzen im gemeinsamen Markt, GRUR Int 1968, 273; *Scheffler* Die (ungenutzten) Möglichkeiten des Rechtsinstituts der Zwangslizenz, GRUR 2003, 97; *Schroeter/Poschenrieder* Ausübungszwang in der Patentgesetzgebung aller Länder, 1934; *Segade* Zwangslizenzen für pharmazeutische Erfindungen, GRUR Int 1973, 95, 123; *Stothers* IMS Health and its Implications for Compulsory Licensing in Europe, EIPR 2004, 467; *Straus* Abhängigkeit bei Patenten auf genetische Information: ein Sonderfall? GRUR 1998, 314;

Struck Der patentrechtliche Ausführungs- und Lizenzzwang in der Rechtsprechung des Reichsgerichts, Diss Kiel 2014, *H. Tetzner* Zwei aktuelle Fragen aus dem Patentrecht, GRUR 1973, 62; *Tsa-Yu Lin* Compulsory Licenses for Access to Medicines, Expropriation and Investor-State Arbitration Under Bilateral Investment Agreements: Are There Issues Beyond the TRIPS Agreement? IIC 2009, 152; *Tzimas* Die Zwangslizenzen an internationalen Patenten und an Gemeinschaftspatenten und der freie Warenverkehr im Binnenmarkt der Europäischen Union, Diss Saarbrücken 1995; *Ubertazzi* Un'ipotesi di conflitto tra diritto nazionale dei brevetti e diritto comunitario: l'onere d'attuare l'invenzione, Riv.dir.ind. 1976 I 67; *Urlesberger* Gibt es einen gemeinsamen Markt für Arzneien? ÖBl 2006, 4; *van Gennip* Over de gedwongen licentie op grond van art. 34 lid 4 Rijksoctrooiwet, BIE 1988, 3; *van Overwalle* The Implementation of the Biotechnology Directive in Belgium and its After-Effects, IIC 37 (2006), 889; *Viefhues* Die Erteilung von Zwangslizenzen im europäischen Binnenmarkt, Mitt 1995, 141; *von Meibom/Pitz* Experimental Use and Compulsory Licence Under German Patent Law, Patent World Juni/Juli 1997, 27; *von Schütz* In wieweit ist der Ausübungszwang für Erfindungen fördernd oder hemmend auf die Industrie eines Landes? GRUR 1896, 377; *Vorwerk* Probleme der Zwangslizenzregelung, GRUR 1976, 64; *Wirtz/Holzhäuser* Die kartellrechtliche Zwangslizenz, WRP 2004, 683; *Wolff* Zwangslizenzen im Immaterialgüterrecht, Diss Kiel 2004; *Zhang* Refusal to License Intellectual Property Rights under Article 82 EC in liht of Standardisation Context, EIPR 2010, 402; *Zimmermann* Die Zwangslizenz im Patentrecht, GRUR 1903, 368.

A. Allgemeines

I. Geltungsbereich

1. Allgemeines. Die Vorschrift, im PatG 1936 § 15 (mit der Umschreibung des „öffentlichen Interesses" **1** in der Sprache des damaligen Systems durch „um die Belange der Volksgemeinschaft zu wahren" und Begründung der Zuständigkeit der Reichsregierung),[1] zuvor § 11, ist durch Art 2 Nr 5 2. PatGÄndG in Anpassung an die Vorgaben der Art 27 Abs 1 Satz 2, Art 31 TRIPS-Übk vollständig neu gefasst worden.[2]

Entfallen ist dabei insb die nach § 24 Abs 2 aF unter strengen Voraussetzungen mögliche **Zurück-** **2** **nahme des Patents.** Hauptvoraussetzung der Zurücknahme war die hauptsächliche oder ausschließliche Ausführung der Erfindung im Ausland. **Ausland** iSd Gesetzes waren aber nach der neueren internat Rechtsentwicklung weder das EG-Gebiet (bei einer anderen Auslegung hätte die Vorschrift gegen den damaligen Art 28 EGV verstoßen)[3] noch die WTO-Mitgliedstaaten (Art 27 Abs 1 Satz 5 TRIPS-Übk).[4] Für die schon zuvor kaum praktische Vorschrift fehlte also infolge der neueren übernationalen Rechtsentwicklung praktisch jeder Anwendungsbereich.[5]

Zu den **früheren Gesetzesfassungen** vgl 5. Aufl Rn 4. **3**

Umsetzung der Biotechnologie-Richtlinie. Das BioTRIUmsG hat Abs 2 neu gefasst und einen neuen **4** Abs 3 eingefügt, weiter hat es die Abs 3 – 6 in Abs 4 – 7 umnummeriert.

2. Ergänzende Schutzzertifikate. § 24 gilt nach § 16a Abs 2 auch für ergänzende Schutzzertifikate. **5** Die Möglichkeiten des § 24 gehören zu den in Art 5 VO (EG) Nr 469/2009 genannten Beschränkungen und Verpflichtungen. Dies bedeutet einerseits, dass eine an einem Patent erteilte Zwangslizenz automatisch das Zertifikat miterfasst, selbst wenn das Zertifikat erst nach Erlass der Zwangslizenz angemeldet worden ist. Andererseits bedeutet es, dass an einem Zertifikat selbst eine Zwangslizenz erteilt werden kann, ohne dass eine Zwangslizenz an dem Grundpatent erteilt ist oder erteilt wird.[6]

---

1 Vgl *Mächtel* S 347 f.

2 Vgl dazu auch Begr zu Art 2 Nr 5 2. PatGÄndG BlPMZ 1998, 393, 398 ff.

3 Vgl EuGH Slg 1992 I 829 = GRUR Int 1994, 227 Zwangslizenz Patente/Vereinigtes Königreich; EuGH Slg 1992 I 777 = Mitt 1993, 91 Kommission/Italien; so auch die – freilich die Gerichte nicht bindende – Bek der Bundesregierung über die Auslegung von § 24 Abs 2 PatG im Hinblick auf den EWG-Vertrag, BAnz 1992, 6658 = BlPMZ 1992, 373; vgl auch span OGH 17.6.1997 Schmolz-Bickenbach ./. Don Pablo Baldomero, referiert in EIPR 1998 N-23.

4 *Heath* GRUR Int 1996, 1169, 1176; *Straus* GRUR Int 1996, 179, 193.

5 Vgl dazu auch Begr 2. PatGÄndG BlPMZ 1998, 399; nach HighC Irland GRUR Int 1998, 33 verstößt eine nach Bekanntwerden des TRIPS-Übk erfolgte Erteilung einer Zwangslizenz gegen dieses Übk, wenn sie ein Technikgebiet diskriminiert.

6 Vgl Begr PatGÄndG 1993 BlPMZ 1993, 205, 208.

Hacker

6   **3. Gebrauchsmusterzwangslizenz.** Über die Verweisung des § 20 GebrMG findet § 24 Anwendung auch bei Erteilung einer Zwangslizenz an einer gbm-geschützten Erfindung.[7]

7   **4. Einigungsvertrag; Erstreckungsgesetz** s *6. Aufl.*

8   **5. EPÜ; EU-Patent.** § 24 gilt für mit Wirkung für die Bundesrepublik Deutschland erteilte **europäische Patente** (Art 2 Abs 2, Art 74 EPÜ).

9   Für das **europäische Patent mit einheitlicher Wirkung** ist zu beachten, dass nach Art 5 Abs 2 VO (EU) Nr 1257/2012 Beschränkungen, also auch Zwangslizenzen, in allen teilnehmenden Mitgliedstaaten einheitlich sind. Mangels eigenständiger Regelungen ist das nach Art 5 Abs 3 iVm Art 7 VO (EU) Nr 1257/2012 zu ermittelnde nationale Recht maßgeblich (näher Rn 7 zu § 15). Für Deutschland ist eine entspr Regelung in Art II § 16 IntPatÜG idF des RefE eines Gesetzes zur Anpassung patentrechtlicher Vorschriften auf Grund der europäischen Patentreform vom 16.2.2016 vorgesehen.

10   **6.** Die **PVÜ** enthält Regelungen in Art 5 A (Stockholmer und Lissaboner Fassung übereinstimmend, frühere Fassungen abw).

II. Normzweck; Bedeutung der Bestimmung[8]

11   Weigert sich der Patentinhaber, einem anderen die Benutzung der Erfindung zu angemessenen, geschäftsüblichen Bedingungen zu gestatten, ist dem anderen, wenn das im öffentlichen Interesse geboten ist, die Benutzungsbefugnis auf Klage (§ 81 Abs 1 Satz 1) gerichtlich zuzusprechen (§ 84). Die Vorschrift gehört – wie § 23 (Lizenzbereitschaft) und § 13 (staatliche Benutzungsanordnung) – in den Gesamtzusammenhang der im öffentlichen Interesse vorgesehenen Durchbrechungen der ausschließlichen Nutzungsbefugnis des Patentinhabers. Zur kartellrechtl Zwangslizenz Rn 100 ff. Zur EU-ZwangslizenzVO Nr 816/2006 Rn 12 und Anh I zu § 24, zu Zwangslizenzen nach dem EuratomV Anh II zu § 24.

12   Auch politisch umstr war der Zugang zu **gesundheitsrelevanten Erfindungen** insb für Entwicklungsländer (vgl Rn 27 Einl IntPatÜG).[9] Inzwischen ist die VO (EG) Nr 816/2006 des Parlaments und des Rats über Zwangslizenzen für Patente an der Herstellung von pharmazeutischen Produkten für die Ausfuhr in Länder mit Problemen im Bereich der öffentlichen Gesundheit erlassen worden (Anh I zu § 24).[10] Erfolglose Bemühungen um eine Zustimmung des Rechtsinhabers zu angemessenen geschäftsüblichen Bedingungen sind zu belegen (Art 7 VO). Für Deutschland ist das BPatG als die für die Erteilung der Zwangslizenzen zuständige Behörde benannt worden.[11] Ergänzende Schutzzertifikate werden zwar nicht ausdrücklich erwähnt, sind aber, da sie dieselbe Wirkung entfalten, mit einbezogen. Die Lizenz soll nicht ausschließlich und nicht übertragbar sein und die Menge beschränken; sie beschränkt sich auf das Herstellen und den Verkauf zwecks Ausfuhr in bestimmte WTO-Mitgliedsländer; die Arzneimittel sind besonders zu kennzeichnen und der Lizenznehmer hat bestimmte Angaben im Internet zu veröffentlichen. Im Fall der Patentierung im Einfuhrstaat ist eine Zwangslizenz für Einfuhr und Verkauf erforderlich (Art 8 VO). Die Behörde setzt die Entschädigung fest (Art 8 Nr 9 VO). Die Zwangslizenz berechtigt grds nicht zur Überführung in den zollrechtlich freien Verkehr und zur Wiederausfuhr (Art 11 VO). Die Lizenz kann nach Art 14 VO wieder entzogen werden. Eine Vermarktungszulassung des Berechtigten ist nicht notwendig (vgl Art 16 VO).

13   Belgien hat in Art 31bis PatG eine Zwangslizenz auf dem Gebiet der **öffentlichen Gesundheit** eingeführt, um Problemen zu begegnen, wie sie aus der restriktiven Lizenzvergabe beim Screening des Brustkrebsgens („Myriad case") entstanden sind.[12]

---

7   Vgl Begr 2. PatGÄndG BlPMZ 1998, 393, 401.
8   Vgl dazu *Scheffler* GRUR 2003, 97 f.
9   Hierzu WTO-Declaration on the TRIPS Agreement and Public Health, GRUR Int 2001, 1068; vgl auch GRUR Int 2001, 653, 2002, 371; vgl zur Einführung von Zwangslizenzen für gesundheitsrelevante Patente in den USA GRUR Int 2001, 1069.
10   ABl EU 2006 157/1.
11   Schreiben des BMJ vom 24.8.2006 – III B 4.
12   Vgl *Verbeure/Matthijs/van Overwalle* European Journal of Human Genetics 2006, 26; *van Overwalle* IIC 37 (2006), 889, 908 ff.

Anders als bei der Lizenzbereitschaft (§ 23), bei der eine Art Lizenzverhältnis als Schuldverhältnis **14** zwischen dem Benutzer und einem Lizenzvergabewilligen im öffentlichen Interesse gefördert wird, der Staat bei dessen Zustandekommen aber nur – durch Entgegennahme und Eintragung der Bereitschaftserklärung (§ 23 Abs 1 Satz 1, Abs 2 Satz 1) – mitwirkt, wird bei der Zwangslizenz ein ähnliches Rechtsverhältnis zwischen einem Benutzungswilligen und einem Lizenzvergabeunwilligen durch Gerichtsurteil (§ 84), also **durch staatlichen Hoheitsakt**, begründet. Dabei ist das öffentliche Interesse bei der Zwangslizenz – anders als bei der Lizenzbereitschaft, bei der es nur als gesetzgeberisches Motiv im Hintergrund steht – als materielle Voraussetzung in den Vordergrund gerückt. Zwangslizenzähnliche Rechte können nach §§ 24a, 24b AMG, § 12a PflSchG und § 20a Chemikaliengesetz an öffentlich-rechtl Zulassungen begründet werden.[13] Die Zwangslizenz ähnelt insoweit der **staatlichen Benutzungsanordnung** (§ 13 Abs 1), die der Bund im Interesse der öffentlichen Wohlfahrt erlassen kann.[14]

Diesen Vorschriften ist der **Zweck** gemeinsam, die Allgemeinheit vor den Nachteilen der Monopol- **15** stellung des Patentinhabers und deren uU innovationshemmender Wirkung zu schützen.

Die **praktische Bedeutung** der Zwangslizenz ist gering.[15] Seit 1945 ist in der Bundesrepublik nur eine **16** einzige Zwangslizenz erteilt worden.[16] Ihre Bedeutung liegt wohl am ehesten in einer die freiwillige Lizenzvergabe fördernden psychologischen Wirkung.

B. Die Zwangslizenz

I. Begriff

Das Gesetz definiert die Zwangslizenz in Abs 1 als eine „nicht ausschließliche Befugnis zur gewerbli- **17** chen Benutzung einer Erfindung".[17]

II. Erteilungsvoraussetzungen

1. Allgemeines. Art 31 TRIPS-Übk hat die Möglichkeiten zur Erteilung von Zwangslizenzen erheblich **18** eingeschränkt.[18] Die Vorschrift enthält nur Mindeststandards, die erfüllt sein müssen, bevor eine Benutzung einer Erfindung ohne Genehmigung des Rechtsinhabers zulässig ist, und enthält zusätzliche Verfahrensgarantien. Den Mitgliedern des WTO-Übk, dessen Bestandteil das TRIPS-Übk ist, ist es nicht verwehrt, zum Schutz des Patentinhabers über dem Niveau des TRIPS-Übk liegende zusätzliche Erteilungsvoraussetzungen zu normieren oder beizubehalten und diese mit den im Übk vorgesehenen Mindeststandards zu kumulieren. Eine solche, im TRIPS-Übk nicht vorgesehene, mit ihm aber vereinbare zusätzliche Erteilungsvoraussetzung ist zB das Erfordernis des **öffentlichen Interesses** (vgl dazu Rn 34 ff), das bereits in der früheren Fassung des § 24 enthalten war, auf das der dt Gesetzgeber deshalb auch wegen des Verbots des Art 65 Abs 5 TRIPS-Übk, das (während der Inanspruchnahme der Übergangsfrist) bereits bestehende Schutzniveau zum Nachteil des Patentinhabers zu verändern, nicht verzichten konnte.[19] Das TRIPS-Council hat am 30.8.2003 einen Kompromiss bei Erteilung von Zwangslizenzen für den Arzneimittelexport beschlossen (zur Umsetzung in der EU Rn 12).[20]

---

13 Vgl OVG Lüneburg NVwZ 1995, 286, Ethofumesat-Fall.
14 Zum Verhältnis von Zwangslizenz zu gesetzlicher Lizenz BGHZ 148, 221 = GRUR 2002, 248 Spiegel-CD-ROM.
15 Vgl *Scheffler* GRUR 2003, 97.
16 BPatGE 32, 184 = GRUR 1994, 98, aufgehoben durch BGHZ 131, 247 = GRUR 1996, 190 Polyferon;
Zwangslizenzerteilung in Frankreich CA Lyon PIBD 1998, 650 III 167.
17 Vgl dazu näher Begr zu Art 2 Nr 5 2. PatGÄndG BlPMZ 1998, 393, 400.
18 Vgl hierzu *Schäfers* GRUR Int 1996, 763, 773; zu Bemühungen zur Schaffung eines erleichterten Zugangs zu Medikamenten in wenig entwickelten Staaten im Rahmen der Doha-Runde der WTO Hinweis GRUR Int 2003, 187; zu den Folgerungen aus TRIPS näher *Rott* TRIPS-Abkommen, Menschenrechte, Sozialpolitik und Entwicklungsländer, GRUR Int 2003, 103, 114 ff.
19 Vgl Begr zu Art 2 Nr 5 2. PatGÄndG BlPMZ 1998, 393, 399.
20 Näher GRUR Int 2003, 877; zur Rechtsnatur *Hestermeyer* Flexible Entscheidungsfindung in der WTO, GRUR Int 2004, 194.

Hacker

19   **2. Erteiltes Patent.** Voraussetzung für die Erteilung einer Zwangslizenz ist, dass das Patent, an dem sie erteilt werden soll, seinerseits erteilt ist (Abs 6 Satz 1).

20   Die Zwangslizenz kann an **jeder Art von Patent**, auch eur Patenten (Rn 8 f) erteilt werden. Ein Grund, Geheimpatente auszunehmen, ist nicht ersichtlich.[21] Auch ergänzende **Schutzzertifikate** (Rn 5) sind zwangslizenzfähig.

21   Dass an dem Schutzrecht bereits eine (einfache oder ausschließliche) **Lizenz** bestellt ist, steht der Erteilung einer Zwangslizenz nicht entgegen.[22]

22   **3. Lizenzsucher** kann jeder sein, gleichgültig, ob In- oder Ausländer, der die Erfindung gewerbsmäßig für eigene Rechnung[23] benutzen kann und will.[24]

23   **4. Absicht gewerblicher Benutzung.** Der Lizenzsucher muss die Absicht haben, die Erfindung für eigene Rechnung[25] gewerblich (Abs 1)[26] zu benutzen. Er muss dazu wirtschaftlich (von der Kapitalkraft her), technisch (vom fachmännischen Sachverstand her) und rechtl (zB von seiner rechtl Organisation her) in der Lage sein.[27] Ein eingetragener Verein, dessen Zweck kein wirtschaftlicher Geschäftsbetrieb ist, kann eine Zwangslizenz daher ebenso wenig – auch nicht für seine Mitglieder – erwerben[28] wie eine Liquidationsgesellschaft.[29]

24   Gleichgültig ist hingegen, ob der Lizenzsucher die Erfindung in eigener Produktion ausnutzen oder sich bei der Ausnutzung für die Zwecke seines Unternehmens einer **„fremden Werkstätte"** bedient, die „technische Ausführung" Dritten überlässt.[30]

25   Dass die beabsichtigte **Benutzung in den Schutzbereich** des Patents **fällt**, ist im Zwangslizenzverfahren zu unterstellen,[31] soweit nicht das Gegenteil offensichtlich oder rechtskräftig festgestellt ist.[32] Das gilt insb auch, wenn str ist, ob ein jüngeres Patent, das der Lizenzsucher besitzt und benutzen will, von dem Patent abhängig ist.[33]

26   Dass der Lizenzsucher die Erfindung **bereits benutzt**, steht der Erteilung einer Zwangslizenz nicht im Weg.[34]

5. Verweigerung der Benutzungserlaubnis

27   **a. Allgemeines.** Die Erteilung der Zwangslizenz setzt voraus, dass der Lizenzsucher nachweist, dass er sich innerhalb eines angemessenen Zeitraums vergeblich beim Patentinhaber um eine vertragliche Lizenz zu angemessenen, geschäftsüblichen Bedingungen bemüht hat (Abs 1 Nr 1; so auch Art 31 Buchst b Satz 1 TRIPS-Übk).

28   Es handelt sich hierbei, wie bereits nach früherem Recht,[35] um eine **Zulässigkeitsvoraussetzung** für die Zwangslizenzklage (Art 31 Buchst b Satz 1 TRIPS-Übk),[36] nicht iS einer Prozess-, sondern einer Sachurteilsvoraussetzung, die, sofern nicht bereits bei Klageerhebung erfüllt, bis zum Erlass des Urteils nachgeholt werden kann.[37] Geht der Patentinhaber auf das Angebot des Lizenzsuchers ein, erledigt sich ein bereits anhängiges Zwangslizenzverfahren in der Hauptsache.

---

21   Ebenso *Fitzner/Lutz/Bodewig* § 24 Rn 9; aA *Benkard* Rn 9.
22   RGZ 126, 266, 271 = GRUR 1930, 177 Teigauftrageplatte; BPatGE 32, 184, 188 = GRUR 1994, 98.
23   RG GRUR 1932, 171 Leica I.
24   RGZ 130, 360 = BlPMZ 1931, 74 Gleisrückmaschine III.
25   RG GRUR 1932, 171 Leica I.
26   Vgl RGZ 130, 360 = BlPMZ 1931, 74 Gleisrückmaschine III.
27   RG Gleisrückmaschine III; RPA BlPMZ 1916, 124; RPA BlPMZ 1914, 186.
28   RG Gleisrückmaschine III.
29   RG Leica I.
30   RGZ 83, 274 = BlPMZ 1914, 186 Quecksilbergleichrichter; PA BlPMZ 1916, 124, 127.
31   RGZ 143, 223 = GRUR 1934, 246 Tonaufnahmeverfahren; RG GRUR 1938, 320 Abdichtung.
32   RG GRUR 1928, 131, 132 Fernsprechanlage.
33   RGZ 91, 188, 190 ff = BlPMZ 1918, 20 Gleisrückmaschine I; RGZ 126, 266 f = GRUR 1930, 177 Teigauftrageplatte.
34   RGZ 121, 328 = GRUR 1928, 705, 709 Edison-Sammler; RGZ 126, 266, 270 = GRUR 1930, 177 Teigauftrageplatte.
35   Vgl BGHZ 131, 247 = GRUR 1996, 190, 192 Polyferon; RGZ 113, 115 = BlPMZ 1926, 223 Stapelfaser.
36   Vgl Begr zu Art 2 Nr 5 2. PatGÄndG BlPMZ 1998, 393, 400.
37   Vgl BGH Polyferon; RG Stapelfaser.

b. Nachhaltige Bemühungen. Der Lizenzsucher muss sich nachhaltig („innerhalb eines angemesse- **29** nen Zeitraums") um die Zustimmung zur Benutzung der Erfindung bemüht haben.

c. Zu angemessenen, geschäftsüblichen Bedingungen muss die Benutzungserlaubnis erbeten **30** worden sein. Diese Bedingungen werden in aller Regel – wie nach dem früheren Recht ausdrücklich be- stimmt – das Angebot einer angemessenen Vergütung einschließen. Die hierzu zum alten Recht ergangene Rspr wird also im wesentlichen weiterhin maßgeblich sein.

Die **Wirksamkeit** des Erbietens des Lizenzsuchers ist nicht davon abhängig, dass er den Betrag, oder **31** auch nur annähernd den Betrag anbietet, der später im gerichtlichen Zwangslizenzverfahren für angemes- sen erachtet wird.[38] Er braucht die Vergütung überhaupt nicht zu beziffern. Tut er dies dennoch, so ist sein Angebot nur als Vorschlag anzusehen, es sei denn, er bringt zum Ausdruck, dass er auf keinen Fall mehr zahlen will.[39] Er kann sein Angebot auch durch Bezugnahme auf Vergleichsfälle, zB Lizenzzahlungen anderer Lizenznehmer, konkretisieren oder die Bestimmung der Vergütung dem Patentinhaber überlas- sen.[40]

d. Erbieten zur Sicherheitsleistung. Der Lizenzsucher muss dem Patentinhaber für die angebotene **32** angemessene Vergütung Sicherheitsleistung anbieten. Das war nach der früheren Gesetzesfassung aus- drücklich bestimmt, wird aber kraft der Angemessenheitsklausel auch weiterhin zu gelten haben.[41] Auch hier dürfte kein konkretes Angebot einer bestimmten Art und Höhe der Sicherheit erforderlich sein; viel- mehr dürfte es genügen, wenn der Lizenzsucher die Bereitschaft zum Ausdruck bringt, eine Sicherheit iSv §§ 232 ff BGB in angemessener Höhe zur Verfügung zu stellen. Der Höhe nach soll die Sicherheit idR einem Jahresbetrag der Lizenzgebühr entsprechen[42] (vgl dazu weiter Rn 85).

e. Verweigerung der Benutzungserlaubnis. Der Patentinhaber muss die gütliche Zustimmung zur **33** Benutzung des Patents verweigern, obwohl die Voraussetzungen der Rn 29 ff erfüllt sind. Dabei ist auch die Ablehnung eines dementspr Benutzungsangebots unter gleichzeitiger Mitteilung eines unannehmba- ren Gegenvorschlags eine Weigerung iSd Abs 1.[43]

6. Öffentliches Interesse

a. Allgemeines. Das öffentliche Interesse muss die Erteilung der Zwangslizenz gebieten (Abs 1 Nr 2). **34** Dieses Erfordernis hat der dt Gesetzgeber, entspr der früheren Gesetzesfassung, als gegenüber den Min- desterfordernissen des TRIPS-Übk zusätzliches Erfordernis für die Erteilung einer Zwangslizenz beibehal- ten (vgl dazu auch Rn 18). Abs 2 verzichtet in der Neufassung (Rn 4) für die Abhängigkeitslizenz auf dieses Erfordernis.[44] Ein solches öffentliches Interesse kann zu bejahen sein, wenn zu der Ausschließlichkeits- stellung des Patentinhabers besondere Umstände hinzutreten, die die uneingeschränkte Anerkennung des ausschließlichen Rechts und die Interessen des Patentinhabers zurücktreten lassen, weil die Belange der Allgemeinheit die Ausübung des Patents durch den Lizenzsucher gebieten. Als derartige Umstände, die die Annahme eines öffentlichen Interesses rechtfertigen, kommen unabhängig von einer etwaigen miss- bräuchlichen Ausübung des Patentrechts technische, wirtschaftliche, sozialpolitische und medizinische Gesichtspunkte in Betracht. Ob ein öffentliches Interesse die Erteilung einer Zwangslizenz an einen be- stimmten Lizenzsucher gebietet, hängt von den Umständen des Einzelfalls ab und ist im Einzelfall unter Abwägung der schutzwürdigen Interessen des Patentinhabers und aller die Interessen der Allgemeinheit betreffenden maßgeblichen Gesichtspunkte zu entscheiden.[45] Demgegenüber dient ein kartellrechtl An- spruch auf Lizenzierung der Durchsetzung des gegenüber jedem Marktteilnehmer geltenden Verbots, eine

---

38 BGHZ 131, 247 = GRUR 1996, 190, 192 Polyferon; RGZ 171, 227, 232 f = GRUR 1943, 289 Kohlenstaubmotor; BPatGE 32, 184, 188 f = GRUR 1994, 98, 100.

39 RG Kohlenstaubmotor.

40 RGZ 113, 115 = BlPMZ 1926, 223 Stapelfaser.

41 Ebenso *Kraßer* S 830 (§ 34 IV a 2); *Fitzner/Lutz/Bodewig* Rn 22; ähnlich *Benkard* Rn 13; aA *Mes* Rn 11.

42 RGZ 143, 223, 231 = GRUR 1934, 246 Tonaufnahmeverfahren.

43 RPA Mitt 1943, 21 f.

44 In diesem Sinn schon vorher *Straus* GRUR 1998, 314, 317, 319 f.

45 BGHZ 131, 247, 251 = GRUR 1996, 190 Polyferon; BGHZ 160, 67 = GRUR 2004, 966 Standard-Spundfass.

marktbeherrschende Stellung nicht zu missbrauchen. Die bloße Inhaberschaft an einem Patent begründet noch keine solche Marktstellung, sondern kann lediglich eine ihrer Voraussetzungen sein. Umgekehrt ist der Missbrauch einer marktbeherrschenden Stellung für die patentrechtl Zwangslizenz weder notwendige Voraussetzung noch ohne weiteres hinreichend.[46] Näher zur kartellrechtl Zwangslizenz Rn 100 ff.

35   **b.** Beim **Begriff** des öffentlichen Interesses[47] handelt es sich um einen ausfüllungsbedürftigen unbestimmten Rechtsbegriff, der im PatG, das an einigen Stellen (§ 13 Abs 1 Satz 3, § 76 Satz 1, § 85 Abs 1) darauf Bezug nimmt, nicht definiert ist. Das öffentliche Interesse lässt sich nicht in allgemeingültiger Weise umschreiben. Der Rechtsbegriff ist wie jede Generalklausel dem Wandel unterworfen.[48] Seine Ausfüllung erfordert ein wertendes Abwägen aller Umstände des Einzelfalls,[49] insb der Einzelinteressen des Patentinhabers gegen das Interesse der Allgemeinheit,[50] bei dem die Gewichtung ganz wesentlich von grds politisch-gesellschaftlichen Einschätzungen sowie den Zeit- und Wirtschaftsverhältnissen abhängt.[51] Die älteren Entscheidungen hierzu können deshalb und wegen der seinerzeit geltenden anderen gesellschaftlichen Rahmenbedingungen und Wertmaßstäbe nur mit Vorbehalt herangezogen werden.[52]

36   **c. Maßstab.** Maßgebend für die Beurteilung des öffentlichen Interesses sind die **Umstände des Einzelfalls**.[53] Ein öffentliches Interesse kann nicht allein durch die Ausschließlichkeitsstellung des Patentinhabers begründet werden, selbst wenn er auf dem Markt eine Monopolstellung einnimmt. Die Rechtsordnung gewährt dem Patentinhaber als Lohn für seine Leistung ein ausschließliches Recht, das er unabhängig von der Wettbewerbslage nutzen darf. Dieses Ausschließlichkeitsrecht ist durch Art 14 GG verfassungsrechtl geschützt (Rn 54 ff Einl PatG). Die Zwangslizenz greift in diese geschützte Position ein. Deshalb erfordert das öffentliche Interesse **besondere Umstände**, die die Hintanstellung der Interessen des Patentinhabers gebieten. Bei der erforderlichen Interessenabwägung ist der Grundsatz der **Verhältnismäßigkeit** zu beachten[54] (Rn 40).

37   **d. Besondere Umstände.** Die besonderen Gründe für die Erteilung einer Zwangslizenz liegen – anders als in Art 5 A Abs 2, 4 PVÜ zugelassen – nicht schon in der bloßen **Nichtausübung** oder der unzureichenden Ausübung des Patents,[55] es sei denn, dass gerade die Nichtausübung das öffentliche Interesse an der Lizenzierung auslöst (vgl Abs 5).

38   Besondere Gründe für die Zwangslizenzierung liegen insb – aber nicht nur[56] – dann vor, wenn sich die Verweigerung der Lizenz als ein **Missbrauch der Monopolstellung** des Patentinhabers darstellt, der nicht nur die Interessen des Lizenzsuchers, sondern auch die Interessen der Allgemeinheit empfindlich berührt,[57] gegen den Grundsatz der Sozialbindung des Eigentums verstößt (Art 14 GG).[58]

39   Allerdings kann das öffentliche Interesse auch **losgelöst von einem Missbrauch** zu bejahen sein.[59] Als besondere Umstände, die die Annahme eines öffentlichen Interesses rechtfertigen, kommen unabhängig vom Missbrauchsverdikt vor allem technische, wirtschaftliche, sozialpolitische und medizinische Gesichtspunkte in Betracht.[60] So ist zB das Wohl der Allgemeinheit auf dem Gebiet der Gesundheitspflege zu berücksichtigen.[61] Die bloße Förderung der Wettbewerbsmöglichkeit des Lizenzsuchers genügt zur Beja-

---

46   BGH Standard-Spundfass.
47   Dazu auch *Scheffler* GRUR 2003, 97, 99.
48   BGHZ 131, 247 = GRUR 1996, 190, 192 Polyferon.
49   BPatGE 32, 184, 190 = GRUR 1994, 98.
50   BGH Polyferon; BGHZ 160, 67 = GRUR 2004, 966 f Standard-Spundfass.
51   BPatGE 32, 184, 189 = GRUR 1994, 98; *Schade* Mitt 1964, 101; *Horn* Mitt 1970, 184.
52   BGH Polyferon.
53   BGH GRUR 1972, 471 Cafilon.
54   BGHZ 131, 247 = GRUR 1996, 190, 192 Polyferon.
55   *Kraßer* S 830 (§ 34 IV a 2).
56   BGHZ 131, 247 = GRUR 1996, 190, 192 Polyferon.
57   RG GRUR 1936, 489, 491 Lochkartenprüfmaschine II; RGZ 83, 9, 14 = BlPMZ 1913, 300 Weißblechbüchsen.
58   BGH Polyferon.
59   BGHZ 131, 247 = GRUR 1996, 190, 192 Polyferon; BPatGE 32, 184, 190 = GRUR 1994, 98.
60   BGH Polyferon.
61   BGH Polyferon.

hung des öffentlichen Interesses nicht.[62] Jedoch kann es zu bejahen sein, wenn der Betrieb des Lizenzsuchers nur mit der Lizenz aufrechterhalten werden kann.[63]

e. Da die Zwangslizenz einen Eingriff in das verfassungsrechtl geschützte Eigentumsrecht darstellt, **40** ist bei ihrer Erteilung der Grundsatz der **Verhältnismäßigkeit** zu beachten.[64] Deshalb darf sie nicht erteilt werden, wenn dem öffentlichen Interesse mit anderen, mehr oder weniger gleichwertigen Mitteln Rechnung getragen werden kann. So darf eine Zwangslizenz an einem Arzneimittel nicht zugesprochen werden, wenn das öffentliche Interesse mit anderen, mehr oder weniger gleichwertigen Ausweichpräparaten befriedigt werden kann.[65] Bei der in jedem Fall erforderlichen Interessenabwägung sind ua auch die restliche Laufzeit des Schutzrechts und die etwaigen Ausweichmöglichkeiten des Lizenzsuchers zu berücksichtigen.[66]

Allg gilt, dass ein **öffentliches Interesse** an der Benutzung einer Erfindung umso eher anzunehmen **41** ist, je bedeutender die Erfindung ist.[67]

f. Besonderes Gewicht des Monopolrechts des Patentinhabers. Bei der Prüfung des öffentlichen In- **42** teresses ist zu beachten, dass dem Monopolrecht des Patentinhabers keine zu enge Grenze gesetzt werden darf, damit dem Erfinder nicht der ihm gebührende Lohn für seine Erfindung vorenthalten wird, seine verfassungsrechtl geschützte Rechtsposition nicht ohne Not beeinträchtigt wird.[68] Deshalb darf eine Zwangslizenz nicht erteilt werden, wenn dies zu einer Behinderung des freien Warenverkehrs iSv ex-Art 28 EG/Art 34 AEUV führen würde.[69] Das Auffinden neuer Verwendungen eines patentgeschützten Stoffs, die die medizinische Versorgung der Bevölkerung berühren, indiziert selbst dann kein öffentliches Interesse, wenn der Lizenznehmer ein Verwendungspatent erwirkt hat.[70] Auch die Zulassung eines Arzneimittels durch das Bundesinstitut für Arzneimittel und Medizinprodukte (früher Bundesgesundheitsamt) allein rechtfertigt nicht die Annahme eines öffentlichen Interesses.[71] Jedoch wird ein sich aus dem Missbrauch einer marktbeherrschenden Stellung, einer unbilligen Behinderung oder einer Diskriminierung ergebender kartellrechtl Anspruch auf Einräumung einer Patentlizenz durch § 24 nicht ausgeschlossen, denn beide Rechtsinstitute dienen unterschiedlichen Zielsetzungen und haben unterschiedliche Voraussetzungen (vgl Rn 34).[72]

Die Gleichstellung des Falls, dass die Nachfrage nach dem durch das Patent geschützten Erzeugnis **43** auf dem Inlandsmarkt durch **Einfuhren aus anderen Mitgliedstaaten** befriedigt wird, mit den Fällen, in denen eine Zwangslizenz wegen unzureichender Ausübung des Patents erteilt werden kann, verstößt gegen ex-Art 28 EGV/Art 34 AEUV[73] (vgl dazu und zum geltenden Recht Abs 5 sowie Rn 66).

g. Einzelfälle. Das öffentliche Interesse an der Lizenzvergabe ist in der Vergangenheit zB bejaht wor- **44** den, wenn der Patentinhaber die Bedürfnisse des inländ Marktes nicht befriedigen kann,[74] durch seine Weigerung den Bestand ganzer Industriezweige gefährdet,[75] die Entwicklung der gewerblichen Tätigkeit, insb auf einem volkswirtschaftlich wichtigen Gebiet,[76] behindert oder schädigt.[77] Das öffentliche Interesse

---

62 RPA BlPMZ 1926, 149, 151; RGZ 83, 9 = BlPMZ 1913, 300 Weißblechbüchsen.

63 RG GRUR 1936, 489, 491 Lochkartenprüfmaschine II; aA *Fitzner/Lutz/Bodewig* Rn 31.

64 BGHZ 131, 247 = GRUR 1996, 190, 192 Polyferon.

65 BGH Polyferon; kr *Heath* GRUR Int 1996, 1169, 1176.

66 BGH GRUR 1972, 471 f Cafilon.

67 RGZ 83, 274, 277 = BlPMZ 1914, 186 Quecksilbergleichrichter.

68 RGZ 83, 9, 14 f = BlPMZ 1913, 300 Weißblechbüchsen.

69 Vgl *Viefhues* Mitt 1995, 141.

70 BGHZ 131, 247 = GRUR 1996, 190, 192 Polyferon.

71 BGH Polyferon; zum Kostendämpfungsinteresse auf dem Arzneimittelmarkt vgl BGH Mitt 1996, 241.

72 BGHZ 160, 67 = GRUR 2004, 966 Standard-Spundfass.

73 EuGH Slg 1992 I 829 = GRUR Int 1994, 227 Zwangslizenz Patente/Vereinigtes Königreich; EuGH Slg 1992 I 777 = RIW 1992, 594 Kommission/Italien.

74 RGZ 93, 50 = GRUR 1919, 152 Papierzuführungsvorrichtung; RGZ 121, 328 = GRUR 1928, 705 Edison-Sammler; RG GRUR 1936, 489 Lochkartenprüfmaschine II; RG GRUR 1936, 604 Ölschauzeichen.

75 RGZ 83, 9, 14 = BlPMZ 1913, 300 Weißblechbüchsen.

76 RGZ 130, 360, 366 = BlPMZ 1931, 74 Gleisrückmaschine III.

77 RGZ 54, 4, 5 = BlPMZ 1903, 279 Pichen von Bierfässern I; RGZ 83, 274, 278 = BlPMZ 1914, 186 Quecksilbergleichrichter; vgl zu Lizenzen für „research tools" Art 40b schweiz PatG.

Hacker

ist weiter bejaht worden, soweit es die Möglichkeit der Förderung der Gesundheit der Allgemeinheit,[78] die Erhöhung der Hygiene[79] betraf oder die Erhöhung der Betriebssicherheit,[80] die Sicherung der Stromversorgung,[81] die Sicherung von Arbeitsplätzen,[82] die Verbesserung der Handelsbilanz,[83] die Förderung der Ausfuhr[84] oder die Ersparnis von Einfuhren teurer Rohstoffe,[85] die Verbesserung der Devisenlage.[86]

45   In heutiger Zeit dürften manche der genannten Entscheidungen als obsolet gelten. Statt der dort häufig tragenden nationalstaatlichen Erwägungen dürften heute zB **gesamteuropäische Betrachtungen** in den Vordergrund zu rücken sein. Insb der Gesichtspunkt „Förderung der Ausfuhr" ist mit Art 31 Buchst f TRIPS-Übk nicht zu vereinbaren (Ausnahme: VO (EG) Nr 816/2006, Rn 12 und Anh I zu § 24).[87] Weiter dürfte zB Fragen des Umweltschutzes heute eine wesentliche Rolle zukommen.[88]

III. Zwangslizenz bei abhängigen Erfindungen

46   **1. Allgemeines.** Die Erteilung einer Zwangslizenz bei abhängigen Erfindungen unterliegt nach Abs 2 spezifischen Anforderungen. Die Regelung trägt dem Wortlaut des Art 31 Buchst l Nr i, ii TRIPS-Übk Rechnung.[89] Zur Anwendbarkeit der Regelung in Abs 2 im Verhältnis Patent – Gebrauchsmuster Rn 4 zu § 20 GebrMG; für das Verhältnis Patent – Sortenschutzrecht enthält Art 12 BioTRl eine Regelung, vgl Rn 54 ff.

47   Zwh ist das **Verhältnis zu Absatz 1.** Insoweit wird vertreten, dass eine Abhängigkeitslizenz außer unter den „erleichterten" Bedingungen des Abs 2 auch nach den „strengeren" Vorgaben des Abs 1 erteilt werden kann.[90] Das ist nur dann zutr, wenn die Bedingungen des Abs 1 („öffentliches Interesse") jedenfalls und stets über die Anforderungen des Abs 2 („wichtiger technischer Fortschritt von erheblicher wirtschaftlicher Bedeutung") hinausgehen müssen.[91] Durch den Wortlaut ist dies jedoch nicht ohne weiteres nahegelegt, auch wenn es sich faktisch oft so verhalten mag.

2. Voraussetzungen

48   **a. Grundsatz.** Bei einem Abhängigkeitsverhältnis zwischen zwei Patenten durfte nach Abs 2 aF die Erteilung einer Zwangslizenz an dem älteren Patent „im Rahmen des Abs 1" nur unter den verschärften Voraussetzungen des Abs 2 erfolgen. Auch bei Vorliegen der Voraussetzungen des Abs 1, insb des Abs 1 Nr 1 (Rn 27 ff) und nach Bejahung des öffentlichen Interesses iSv Abs 1 Nr 2 (Rn 34 ff; nach der Neuregelung durch das BioTRIUmsG weggefallen) durfte die Zwangslizenz nur erteilt werden, wenn die zweite Erfindung (jüngeres Patent) einen wichtigen technischen Fortschritt von erheblicher wirtschaftlicher Bedeutung aufwies. Das öffentliche Interesse an der Erteilung der Zwangslizenz und der wichtige technische Fortschritt von erheblicher wirtschaftlicher Bedeutung des jüngeren Patents mussten kumulativ erfüllt sein, um die Erteilung einer Zwangslizenz an der älteren Erfindung zu rechtfertigen.[92] Es handelte sich hierbei letztlich um die Forderung eines qualifizierten öffentlichen Interesses. Durch das BioTRlUmsG ist

---

78 RGZ 126, 266 = GRUR 1930, 177 Teigauftrageplatte; RG GRUR 1935, 877, 878 hygienischer Spülapparat; BPatG 27.3.1974 3 Li 1/73 BlPMZ 1974, 319 Ls; BPatGE 32, 184 = GRUR 1994, 98.

79 RG Teigauftrageplatte; RG hygienischer Spülapparat; RPA Mitt 1933, 97.

80 RG GRUR 1927, 179 Grubenstempel I; RGZ 130, 360 = BlPMZ 1931, 74 Gleisrückmaschine III; RG GRUR 1934, 435 Weichenstellwerke; RG GRUR 1936, 604 Ölschauzeichen.

81 RG Ölschauzeichen.

82 RGZ 113, 115, 118 = BlPMZ 1926, 223 Stapelfaser; RGZ 143, 223, 226 = GRUR 1934, 246 Tonaufnahmeverfahren; RG Lochkartenprüfmaschine II; RG GRUR 1937, 676 Orangußverfahren; RG GRUR 1938, 320 Abdichtung.

83 RGZ 121, 328 = GRUR 1928, 705, 709 Edison-Sammler.

84 RGZ 106, 214 = BlPMZ 1924, 48 Wolframdrahteinführung; RPA BlPMZ 1899, 290; RPA BlPMZ 1904, 361; RPA BlPMZ 1930, 203; RPA BlPMZ 1935, 49.

85 RG Wolframdrahteinführung.

86 RG Abdichtung.

87 Vgl *Kraßer* S 831 f (§ 34 IV a 6).

88 *Kraßer* S 834 (§ 34 IV c 1); *Benkard* Rn 20 aE.

89 Begr 2. PatGÄndG BlPMZ 1998, 393, 400.

90 *Schulte* Rn 16.

91 So *Benkard* Rn 23; *Fitzner/Lutz/Bodewig* Rn 36.

92 Begr 2. PatGÄndG BlPMZ 1998, 393, 400.

das allg Erfordernis eines öffentlichen Interesses entfallen, so dass die Erteilung von Zwangslizenzen zur Nutzung eines abhängigen Patents insoweit nunmehr privilegiert ist.

b. Patentschutz für die abhängige Erfindung. Abs 2 setzt voraus, dass für die abhängige Erfindung **49** Patentschutz besteht. Gebrauchsmuster oder bloße Patentanmeldung genügen nicht.[93] In diesem Fall kommt nur eine Zwangslizenz nach Abs 1 in Betracht.[94] Das Patent muss spätestens im Zeitpunkt der Entscheidung über die Zwangslizenz erteilt sein.[95]

c. Abhängigkeit. Die Abhängigkeit des jüngeren Patents muss im Zwangslizenzverfahren festgestellt **50** werden; bloße Behauptung des Lizenzsuchers genügt nicht.[96] Die Abhängigkeit muss jedoch nur abstrakt festgestellt werden. Es kommt nicht darauf an, ob gerade die vom Lizenzsucher beabsichtigte Nutzung der jüngeren Erfindung eine Benutzung des Zwangslizenzpatents impliziert.[97]

d. Anspruchsberechtigung. Entgegen dem zu engen Wortlaut des Abs 2 hat jeder Anspruch auf die **51** Zwangslizenz, der das abhängige Patent benutzen darf, also nicht nur der Patentinhaber, sondern auch ein (ggf auch nur einfacher) Lizenznehmer.[98]

e. Wichtiger technischer Fortschritt von erheblicher wirtschaftlicher Bedeutung. Unter der Gel- **52** tung des § 24 aF kam die Erteilung einer Zwangslizenz zugunsten des Inhabers eines abhängigen Patents in Betracht, wenn die Ausübung der abhängigen Erfindung einen wesentlichen Fortschritt für die Allgemeinheit erwarten ließ.[99] Die jetzige Formulierung ist deutlich enger insofern, als sie sich nicht mit einem – irgendwie gearteten – wesentlichen Fortschritt für die Allgemeinheit begnügt, sondern einen wichtigen technischen Fortschritt und zusätzlich einen solchen von erheblicher wirtschaftlicher Bedeutung fordert. Die bisherige Rspr hierzu wird also nur mit äußerster Vorsicht verwertbar sein.[100]

f. Gegenlizenz. Abs 2 Satz 2 enthält ein zusätzliches Erfordernis, unter dem im Fall der Abhängigkeit **53** zweier Erfindungen dem Inhaber der jüngeren Erfindung eine Zwangslizenz an der älteren Erfindung erteilt werden kann. Die Vorschrift räumt dem Inhaber des älteren Patents einen Anspruch auf die Einräumung einer Gegenlizenz an der Erfindung ein, die dem jüngeren Patent zugrunde liegt.[101] Die Gegenlizenz ist zu **angemessenen Bedingungen** (Rn 30 ff) zu gewähren.

3. Abhängigkeitslizenzen für Pflanzenzüchter und bei biotechnologischen Erfindungen

a. Allgemeines. Abs 3 sieht eine Zwangslizenz für den Fall vor, dass ein Pflanzenzüchter ein Sorten- **54** schutzrecht nicht erhalten oder verwerten kann, weil seine Erfindung in Abhängigkeit zu einem älteren Patent steht. Die Vorschrift setzt Art 12 Abs 1 und Abs 3 BioTRl in nationales Recht um. Die Regelung war auch deshalb erforderlich, weil der Weiterzüchtungsvorbehalt nach § 10a Abs 1 Nr 3 SortG nur gegenüber bestehendem Sortenschutz, nicht aber auch gegenüber bestehendem Patentschutz privilegiert und auch die Freistellungstatbestände in § 11 Nr 2 und Nr 2a PatG nicht greifen.

b. Vom Patent abhängiges Sortenschutzrecht. Abs 3 verweist hinsichtlich der Voraussetzungen für **55** die Erteilung einer Zwangslizenz zugunsten des Pflanzenzüchters auf Abs 2. Ein wahlweises Ausweichen auf Abs 1 (s Rn 47) ist jedenfalls in diesem Zusammenhang nicht möglich, weil dies mit den Vorgaben der BioTRl unvereinbar wäre.

---

93 *Benkard* Rn 22.
94 *Benkard* Rn 23.
95 *Schulte* Rn 18.
96 AA *Kraßer* S 831 (§ 34 IV a 3).
97 *Schulte* Rn 20.
98 Zutr *Schulte* Rn 17.
99 RG BlPMZ 1930, 203 Holzschleifer I; RGZ 130, 360, 366 = BlPMZ 1931, 74 Gleisrückmaschine III; RG GRUR 1936, 489 f Lochkartenprüfmaschine.
100 Ähnlich *Benkard* Rn 22 aE.
101 Begr 2. PatGÄndG BlPMZ 1998, 393, 400.

56 Nach Abs 2 Satz 1 Nr 1 iVm Abs 1 Nr 1 muss sich der Lizenzsucher zunächst innerhalb eines angemessenen Zeitraums erfolglos um eine Lizenz des Patentinhabers zu angemessenen geschäftsüblichen Bedingungen bemüht haben. Näher hierzu Rn 27 ff. Dies entspricht der Vorgabe des Art 12 Abs 3 Buchst a BioTRl.

57 Des weiteren muss nach Abs 3 iVm Abs 2 Satz 1 Nr 2 die Erfindung des Pflanzenzüchters im Vergleich mit derjenigen des älteren Patents einen **wichtigen technischen Fortschritt** von erheblicher wirtschaftlicher Bedeutung aufweisen. Diese Formulierung geht, wie bei Rn 46 ausgeführt, auf Art 31 Buchst l Nr i TRIPS-Übk zurück, weicht aber von Art 12 Abs 3 Buchst b BioTRl ab, der einen bedeutenden technischen Fortschritt von erheblichem wirtschaftlichem Interesse gegenüber der patentgeschützten Erfindung verlangt. Ein sachlicher Unterschied ist jedoch ersichtlich weder gewollt gewesen noch erkennbar.

58 Der in Abs 3 iVm Abs 2 Satz 2 vorgesehene Anspruch des Patentinhabers auf eine **Gegenlizenz** beruht auf Art 12 Abs 1 Satz 2 BioTRl.

59 **c. Vom Sortenschutzrecht abhängiges Patent.** Den umgekehrten Fall, dass der Inhaber eines Patents für eine biotechnologische Erfindung diese nicht verwerten kann, ohne ein früher erteiltes Sortenschutzrecht zu verletzen, regelt Art 12 Abs 2 BioTRl. Die Umsetzung ist nicht im PatG, sondern in § 12a SortG erfolgt.[102] Zuständig für die Erteilung des erforderlichen Zwangsnutzungsrechts am Sortenschutzrecht ist das Bundessortenamt. Für den wirtschaftlich inzwischen wesentlich bedeutsameren EU-Sortenschutz regelt Art 29 Abs 5a GemSortV die Erteilung der Zwangslizenz. Die Mitgliedstaaten können am gemeinschaftlichen Sortenschutz keine Zwangslizenzen gewähren (Art 29 Abs 7 GemSortV).

IV. Zwangslizenz bei halbleitertechnologischen Erfindungen

60 **1. Allgemeines.** Nach Abs 4 unterliegt die Zwangslizenz bei halbleitertechnologischen Erfindungen spezifischen Anforderungen. Die Vorschrift setzt Art 31 Buchst c TRIPS-Übk um.

2. Voraussetzungen

61 **a. Grundsatz.** Die Zwangslizenz an einer halbleitertechnologischen Erfindung darf nur „im Rahmen des Abs 1" erteilt werden, setzt also zunächst die Erfüllung der Erfordernisse des Abs 1 Nr 1 und Nr 2 voraus. Darüber hinaus wird verlangt, dass die Erteilung der Zwangslizenz der Behebung einer in einem Verwaltungs- oder Gerichtsverfahren festgestellten kartellrechtswidrigen Praxis dient.[103] Insofern sind die Anforderungen des Abs 4 die eines qualifizierten öffentlichen Interesses.

62 **b. Kartellrechtswidrige Praxis.** Verwaltungs- oder Gerichtsverfahren iSd Gesetzes ist nicht das vor dem BPatG, sondern das Verfahren der Kartellbehörden. Ihnen obliegt es, dem Patentinhaber ein wettbewerbswidriges Verhalten, zB im Fall der missbräuchlichen Verweigerung einer Lizenz, zu untersagen (§ 32 GWB). Gegen die Entscheidung der zuständigen nationalen Kartellbehörde steht dem Betroffenen das Rechtsmittel der Beschwerde an das zuständige OLG, gegen dessen Entscheidung die Rechtsbeschwerde zum BGH zu. Die dabei inzidenter getroffene Feststellung der Kartellrechtswidrigkeit des Verhaltens des Patentinhabers hat das BPatG seiner Entscheidung zugrunde zu legen. Es ist an sie gebunden.[104]

63 Zum **Verhältnis zur kartellrechtlichen Zwangslizenz** Rn 101.

V. Nichtausübung im Inland (Absatz 5)

64 **1. Allgemeines.** Als weiteren Spezialfall des eine Zwangslizenz rechtfertigenden öffentlichen Interesses regelt Abs 5 den Fall der Nichtausübung des Patents im Inland. Übt der Patentinhaber die patentierte Erfindung nicht oder nicht überwiegend im Inland aus (Rn 66), können Zwangslizenzen im Rahmen des Abs 1 erteilt werden, um eine ausreichende Versorgung des Inlandsmarkts (Rn 67) mit dem patentierten Erzeugnis sicherzustellen (Abs 5 Satz 1).

---

102 Näher *Keukenschrijver* SortG Kommentierung zu § 12a.
103 Vgl BGHZ 160, 67 = GRUR 2004, 966 Standard-Spundfass.
104 Vgl Begr 2. PatGÄndG BlPMZ 1998, 393, 400.

2. Erteilungsvoraussetzungen. Die Erteilung einer Zwangslizenz erfolgt auch in diesem Fall nur „im **65** Rahmen des Abs 1", dh unter den dort genannten Voraussetzungen, insb der Patenterteilung (Rn 19 ff), der vergeblichen Bemühung des Lizenzsuchers um eine vertragliche Lizenz (Rn 27 ff) und des öffentlichen Interesses (Rn 34 ff).

Wenn diese Voraussetzungen erfüllt sind, erfordert die Erteilung der Zwangslizenz weiter die **man-** **66** **gelnde Ausübung im Inland.** Der Begriff der „Ausübung im Inland" wurde in Anlehnung an Art 5 A PVÜ früher dahin definiert, dass darunter nur die Herstellung oder Verfahrensausübung im Inland fällt, nicht aber der Import. Satz 2 der Vorschrift stellt jedoch den Import der Ausübung im Inland ausdrücklich gleich. Auf diese Weise wird Art 27 Abs 1 Satz 2 TRIPS-Übk, der die Mitglieder verpflichtet, Patentrechte nicht danach zu diskriminieren, ob die Erfindung eingeführt oder im Lande hergestellt wird, und auch den Grundsätzen der Rspr des EuGH[105] Rechnung getragen (vgl Rn 43).[106] Jeder Import, gleichgültig ob er aus einem WTO-Mitglied- oder einem Nicht-WTO-Mitgliedstaat in die Bundesrepublik Deutschland erfolgt, steht der Ausübung der Erfindung im Inland gleich und steht damit der Erteilung einer Zwangslizenz entgegen.[107]

Sicherstellung der ausreichenden Versorgung des Inlandsmarkts ist weitere Voraussetzung der **67** Erteilung einer Zwangslizenz nach Abs 5. Kann der Inlandsbedarf durch Parallelimporte EU-erschöpfter Erzeugnisse gedeckt werden, kommt eine Zwangslizenz nicht in Betracht.[108]

VI. Erteilung der Zwangslizenz (Absatz 6)

1. Allgemeines

a. Grundsatz. Wenn die Voraussetzungen der Abs 1 oder 2, 3, 4, 5 erfüllt sind und das Patent, an dem **68** die Zwangslizenz begehrt wird, erteilt ist (Abs 6 Satz 1, vgl Rn 19 ff), ist dem Lizenzsucher die nichtausschließliche Befugnis zur Benutzung der Erfindung (Zwangslizenz) zuzusprechen; der Lizenzsucher hat einen Rechtsanspruch auf die Zwangslizenz. Ein Ermessen hat die erteilende Stelle nicht.[109] Ob dieser Anspruch öffentlich-rechtl oder privatrechtl Natur ist, ist zwh.[110]

b. Hoheitliche Verleihung der Zwangslizenz. Der Patentinhaber wird nicht etwa verpflichtet, mit **69** dem Lizenzsucher einen Lizenzvertrag abzuschließen, sondern die Benutzungsbefugnis wird kraft staatlichen Hoheitsakts durch Urteil unmittelbar rechtsgestaltend verliehen.[111]

c. Wirkung der Zwangslizenz. Die Erteilung der Zwangslizenz wirkt zeitlich nicht zurück, macht **70** also vorangegangene Patentverletzungen nicht rechtmäßig.[112] Der Lizenzsucher erhält durch die Zwangslizenz die Stellung eines einfachen, nicht ausschließlichen Lizenznehmers (Abs 1).[113] Er ist zur Benutzung der Erfindung berechtigt, aber nicht verpflichtet[114] und nicht gehindert, das Patent mit der Nichtigkeitsklage anzugreifen. Unterlizenzen kann er nicht erteilen, er kann auch nicht einem anderen die Benutzung der Erfindung gestatten, ist jedoch nicht gehindert, sich bei der Benutzung der Erfindung fremder Betriebe zu bedienen.[115] Die Zwangslizenz beschränkt sich als staatlicher Hoheitsakt in ihrer Wirkung – anders als

---

105 EuGH Slg 1992 I 829 = GRUR Int 1994, 227 Zwangslizenz Patente/Vereinigtes Königreich; EuGH Slg 1992 I 777 = Mitt 1993, 91 Kommission/Italien.
106 Vgl Begr 2. PatGÄndG BlPMZ 1998, 393, 400.
107 Vgl Begr 2. PatGÄndG BlPMZ 1998, 393, 400.
108 *Kraßer* S 831 (§ 34 IV a 5).
109 Vgl *Kraßer* S 837 (§ 34 IV d 2); *Benkard* Rn 28.
110 Vgl *Kraßer* S 837 (§ 34 IV d 2); *Benkard* Rn 28.
111 RGZ 86, 436, 438 = BlPMZ 1915, 200 autogenes Schneidverfahren; BPatGE 32, 184, 188 = GRUR 1994, 98.
112 *Benkard* Rn 28; *Kraßer* S 838 (§ 34 IV e 1); RB Den Haag BIE 1999, 443 f.
113 Vgl dazu bereits RGZ 83, 274, 276 = BlPMZ 1914, 186 Quecksilbergleichrichter; RGZ 86, 436, 439 = BlPMZ 1915, 200 autogenes Schneidverfahren; so auch Art 31 TRIPS-Übk.
114 RGZ 91, 188 = BlPMZ 1918, 20 Gleisrückmaschine I; aA *Vorwerk* GRUR 1976, 64, 70.
115 RG Quecksilbergleichrichter; vgl PA BlPMZ 1917, 33.

Hacker

die frei vereinbarte Lizenz – auf den Geltungsbereich des PatG. Sie berechtigt nicht zum Export in ein anderes Land, in dem Parallelpatente entgegenstehen.[116]

71   Den **Patentinhaber** beschränkt die Zwangslizenz – soweit sie reicht – in seinem Ausschließungsrecht; er muss die Benutzungshandlungen des Lizenzsuchers in den Grenzen der Lizenz (Rn 70) dulden,[117] ist aber sonst in der Verfügung über sein Patent frei. Er kann es selbst weiterhin benutzen, weitere – auch ausschließliche[118] – Lizenzen vergeben oder Lizenzbereitschaft (§ 23) erklären oder das Patent auch auf einen anderen übertragen. Gegen den Erwerber einer ausschließlichen Lizenz oder des Patents wirkt allerdings die Zwangslizenz fort (§ 15 Abs 3 bzw § 99 Abs 1 iVm § 325 ZPO). Schließlich ist der Patentinhaber nicht gehindert, das Patent verfallen zu lassen. Ihm erwächst aus der Zwangslizenz keine Verpflichtung, dem Zwangslizenznehmer sein ergänzendes Know-how zur Verfügung zu stellen.[119]

72   **2. Bedingungen, Auflagen** (Abs 6 Satz 2 ff). Die Zwangslizenz kann unter Bedingungen und Auflagen erteilt werden.

73   **Einschränkungen** (Abs 6 Satz 2).[120] Die Zwangslizenz kann eingeschränkt erteilt werden. Eine erste Einschränkung kann sich aus der Bindung des Gerichts an die Anträge des Lizenzsuchers ergeben. Darüber hinaus kommt eine Beschränkung zB auf einen bestimmten Zeitraum[121] in Betracht, eine Beschränkung auf einen bestimmten räumlichen Geltungsbereich oder die Erteilung nur hinsichtlich eines bestimmten Gegenstands, etwa desjenigen des Hauptanspruchs, nicht aber hinsichtlich der Unteransprüche des Patents,[122] oder auf die Herstellung nur zum Eigengebrauch.[123] Spezielle Regelungen über Einschränkungen zu Umfang und Dauer der Zwangslizenz, die sich mit Abs 6 Satz 2 weitgehend überschneiden, enthält Abs 6 Satz 3 (Rn 77).

74   **Bedingungen** (Abs 6 Satz 2). Die Zwangslizenz kann von Bedingungen abhängig gemacht werden.[124] Der Begriff der Bedingung ist nicht im engen Sinn einer Bedingung des bürgerlichen (§ 158 BGB) oder des Prozessrechts zu verstehen. Gemeint ist, dass das Gericht die Benutzung der Erfindung von der Erfüllung bestimmter Auflagen abhängig machen kann.[125]

75   Zu diesen Auflagen wurden im früheren Recht in erster Linie die Verpflichtung zur Zahlung der im Urteil festzusetzenden **Vergütung**[126] (Rn 78 ff) und die Stellung der dort etwa festgesetzten **Sicherheit** (Rn 32, 85) gerechnet. Die Vergütung hat allerdings in Abs 6 Satz 4 ff eine eigenständige Rechtsgrundlage, so dass es ihrer Subsumtion unter die Bedingungen iSv Abs 6 Satz 2 nicht bedarf. Hingegen fehlt eine eigenständige Rechtsgrundlage für die Auflage einer **Sicherheitsleistung**. Sie dürfte daher auf Abs 6 Satz 2 zu stützen sein.

76   Als weitere Auflage kommt zB die Verpflichtung in Betracht, an dem patentgem Produkt einen Hinweis auf das zwangslizenzierte Patent anzubringen.[127] Die **Erteilung unter einer auflösenden Bedingung**[128] dürfte heute wohl eher nach Abs 6 Satz 3 zu gestalten sein (Rn 77).

77   **Begrenzung von Umfang und Dauer.** Abs 6 Satz 3 hebt in Anlehnung an Art 31 Buchst c des TRIPS-Übk ausdrücklich hervor, dass Umfang und Dauer der eingeräumten Zwangslizenz durch den Zweck der erteilten Zwangslizenz zu begrenzen sind.[129] Die Regelung überschneidet sich weitgehend mit der der vorangehenden Sätze. Dass Umfang und Dauer der Zwangslizenz begrenzt werden können, folgt an sich bereits aus den vorangegangenen Vorschriften über Einschränkungen und Bedingungen. Abs 6 Satz 3 ent-

---

116 EuGH Slg 1985, 2281 = GRUR Int 1985, 822 Pharmon.
117 *Meurer* GRUR 1936, 18.
118 AA *Benkard* Rn 38.
119 Str, wie hier *H. Tetzner* GRUR 1973, 62; *Kraßer* S 839 (§ 34 IV e 3); *Benkard* Rn 39; aA *Beier* GRUR 1972, 214, 225.
120 Vgl Begr 2. PatGÄndG BlPMZ 1998, 393, 400 f.
121 Dazu zum früheren Recht BPatGE 32, 184, 198 = GRUR 1994, 98, 103.
122 So bereits zum alten Recht RGZ 106, 214, 216 = BlPMZ 1924, 48 Wolframdrahteinführung.
123 RGZ 93, 50, 54 = GRUR 1919, 152 Papierzuführungsvorrichtung.
124 Vgl Begr 2. PatGÄndG BlPMZ 1998, 393, 400.
125 *Benkard* Rn 31.
126 RG BlPMZ 1924, 49 f Zwangslizenzgebühr.
127 RGZ 93, 50 = GRUR 1919, 152 Papierzuführungsvorrichtung.
128 BPatGE 32, 184, 198 = GRUR 1994, 98.
129 Vgl Begr 2. PatGÄndG BlPMZ 1998, 393, 400.

hält insofern darüber hinausgehend nur noch die relevante Aussage, dass der Grad der Beschränkungen am Zweck der Lizenz zu orientieren ist.

3. Vergütung (Abs 6 Satz 4). Die Zwangslizenz kann nur unter der Bedingung erteilt werden, dass der 78 Lizenzinhaber dem Patentinhaber künftig eine vom Gericht der Höhe nach festzusetzende Vergütung zahlt.[130]

Höhe. Bei der Festsetzung der Höhe der Vergütung hat das Gericht den wirtschaftlichen Wert der Be- 79 nutzungserlaubnis zu berücksichtigen (vgl auch Art 31 Buchst h TRIPS-Übk).[131] Der wirtschaftliche Wert der Benutzungserlaubnis dürfte sich nach dem bemessen, was die Beteiligten bei vertraglicher Einigung vernünftigerweise vereinbaren würden[132] (Rn 157 ff zu § 139 sowie die Kommentierung zu §§ 9 ff ArbEG). Bei der Bestimmung der Höhe der Vergütung ist sowohl die angemessene Entschädigung des Patentinhabers als auch die Leistungsfähigkeit des Lizenzsuchers im Auge zu behalten.[133] Dabei sind alle Umstände des Einzelfalls in Betracht zu ziehen, ua das Alter des Patents, seine wirtschaftliche Bedeutung und der Umfang der lizenzierten Benutzung.[134] Man wird auch den innovativen Aufwand des Patentinhabers und dessen angemessene Amortisation nicht außer Betracht lassen dürfen.[135]

Die Vergütung kann als einmalige oder wiederkehrende (zB vierteljährliche, jährliche),[136] der Höhe 80 nach vornherein festgesetzte oder nach Umsatz, Gewinn oder Stückzahl zu berechnende Leistung bestimmt werden. **Stücklizenzen** können als Festbeträge für das einzelne Stück[137] oder als Prozentsätze vom Verkaufspreis gerechnet werden, uU auch zuzüglich einer bestimmten einmaligen Zahlung,[138] wobei eine Abstufung nach Absatzmengen (Mengenrabatt) möglich ist.[139]

Die **Vergütungssätze** liegen dabei zwischen 1% und über 10% der Verbraucherpreise,[140] bei Massen- 81 artikeln niedriger,[141] bei hochwertigen Gütern höher,[142] insb wenn ein besonderer innovativer Aufwand des Patentinhabers der Amortisation bedarf.[143] In der Praxis wurden Lizenzen unter 5% als selten angesehen, häufiger waren Lizenzen über 10%.[144] Auch die Festsetzung einer jährlichen Mindestlizenz kann zweckmäßig sein,[145] außer wenn die künftige Entwicklung ungewiss ist (wegen weiterer Einzelheiten Rn 65 zu § 23, Rn 157 ff zu § 139 sowie die Ausführungen zur Lizenzhöhe im ArbEG).[146]

Verfahren. Der Lizenzsucher überlässt die Höhe der Vergütung in seinem Klageantrag zweckmäßig 82 dem Ermessen des Gerichts,[147] das sie auf Grund der Anhaltspunkte, die ihm die Parteien vortragen, uU nach Befragung eines Wirtschaftssachverständigen, im Wege der Schätzung ermittelt.[148] Die Festsetzung bindet Parteien und Gerichte,[149] ist jedoch kein vollstreckbarer Titel.[150]

---

130 Begr 2. PatGÄndG BlPMZ 1998, 393, 400.
131 Begr 2. PatGÄndG BlPMZ 1998, 393, 400.
132 RGZ 171, 227, 239 = GRUR 1943, 389 Kohlenstaubmotor; RG GRUR 1937, 676 Orangußverfahren; vgl – zur Vereinbarung der Zwangslizenzvergütung als geschuldete Vergütung – RB Den Haag BIE 2002, 452, 460.
133 BPatGE 32, 184, 189 = GRUR 1994, 98; RGZ 143, 223 = GRUR 1934, 246 Tonaufnahmeverfahren.
134 RGZ 126, 266, 271 = GRUR 1930, 177 Teigauftrageplatte.
135 *Vorwerk* GRUR 1976, 64, 72.
136 Vgl RGZ 126, 266 f = GRUR 1930, 177 Teigauftrageplatte.
137 RGZ 143, 223, 230 = GRUR 1934, 246 Tonaufnahmeverfahren.
138 RGZ 171, 227, 240 f = GRUR 1943, 289 Kohlenstaubmotor.
139 RPA Mitt 1943, 21.
140 RGZ 92, 329 = JW 1918, 443 Unterwasserschallsignalanlagen; RG BlPMZ 1924, 49 Zwangslizenzgebühr; RG GRUR 1943, 295 Kohlenstaubmotor; RGZ 126, 166 = GRUR 1930, 177 Teigauftrageplatte.
141 RPA Mitt 1943, 21.
142 RG GRUR 1935, 877 hygienischer Spülapparat.
143 *Vorwerk* GRUR 1976, 64, 72.
144 LG München I GRUR 1952, 230.
145 RG BlPMZ 1924, 49 Zwangslizenzgebühr; RGZ 143, 223, 230 = GRUR 1934, 246 Tonaufnahmeverfahren.
146 RG Tonaufnahmeverfahren; wegen eines Berechnungsbeispiels vgl BPatGE 32, 184, 199 = GRUR 1994, 98.
147 RG MuW 12, 505 Ausstoßrohr; *Benkard* Rn 33.
148 RGZ 143, 223, 229 = GRUR 1934, 246 Tonaufnahmeverfahren.
149 RG Tonaufnahmeverfahren; RGZ 171, 227, 237 = GRUR 1943, 289 Kohlenstaubmotor.
150 *Benkard* Rn 36.

Hacker

83   Bei **einstweiliger Verfügung** kann die Festsetzung der Vergütung der Entscheidung im Hauptsache-verfahren überlassen bleiben.[151]

84   Die Entscheidung des BPatG über die Höhe der Vergütung unterliegt im übrigen – ebenso wie die Ent-scheidung über die Erteilung der Zwangslizenz – sowohl in tatsächlicher als auch in rechtl Hinsicht un-verändert der weiteren **Überprüfung** durch den BGH, so dass auch insoweit Art 31 Buchst i, j TRIPS-Übk in jeder Hinsicht erfüllt sind.[152]

85   **4. Sicherheit.** Schließlich kann (nicht „muss") das Gericht eine Sicherheit festsetzen, die den Patent-inhaber für den Fall decken soll, dass der Lizenznehmer die Vergütung nicht zahlt. Dass die geltende Be-stimmung eine solche Sicherheitsleistung nicht mehr ausdrücklich vorsieht, steht ihrer Festsetzung nicht entgegen. Sie findet ihre Rechtsgrundlage auf jeden Fall in Abs 6 Satz 2 (vgl Rn 32, 75). Eine Sicherheits-leistung in der Größenordnung eines Lizenzjahresbetrags erscheint sachgerecht. Das Gericht bestimmt ggf auch die Art der zu leistenden Sicherheit (§§ 232ff BGB).[153] In Betracht kommt insb auch die Bürgschaft einer Großbank (§ 232 Abs 2 iVm § 239 BGB; § 108 Abs 2 ZPO).

86   **5. Anpassung der Vergütung.** Abs 6 Satz 5 regelt die materiellrechtl und prozessrechtl Vorausset-zungen einer Anpassung der künftig fällig werdenden wiederkehrenden Vergütungsleistungen an eine wesentliche Änderung der für ihre Bemessung maßgeblichen Verhältnisse. Die Regelung lehnt sich an § 323 ZPO an.[154] Die Anpassung kann von beiden Beteiligten, dem Patentinhaber und dem Zwangslizenz-inhaber, im Weg einer Abänderungsklage, für die das BPatG zuständig ist, dann verlangt werden, wenn nachgewiesen wird, dass sich die Verhältnisse, die für die Bemessung der Höhe der Lizenzvergütung maß-gebend waren, wesentlich verändert haben, so dass eine Neufestsetzung berechtigt ist (Art 31 Buchst j TRIPS-Übk).[155]

VII. Rücknahme der Zwangslizenz

87   Abs 6 Satz 6 regelt die materiellrechtl und prozessrechtl Voraussetzungen einer Rücknahme der Zwangslizenz. Der Patentinhaber oder sein Rechtsnachfolger kann die Rücknahme der Zwangslizenz nur verlangen, wenn die Umstände, die ihrer Erteilung zugrundelagen, entfallen sind und ihr Wiedereintritt unwahrscheinlich ist.[156]

VIII. Übertragung der Zwangslizenz

88   **1. Allgemeines.** In Abs 7 ist die Übertragung der Zwangslizenz geregelt. Die Formulierung der Vor-schrift orientiert sich an Art 31 Buchst e TRIPS-Übk und an Art 5 A Abs 4 Satz 2 PVÜ seit der Lissaboner Fassung.[157]

89   **2. Betriebsgebundenheit.** Nach Abs 7 Satz 1 ist die Zwangslizenz (nur) zusammen mit dem Betrieb, der mit der Auswertung der Erfindung befasst war, übertragbar. Der Betrieb kann Teil eines Unterneh-mens, aber auch das Unternehmen selbst sein.[158] Bei Gesamtrechtsnachfolge geht die Zwangslizenz auf den Rechtsnachfolger über (vgl auch die detaillierte Regelung in § 37 öPatG).

90   **3. Übertragung bei Abhängigkeitsverhältnis.** Bei Abhängigkeitsverhältnissen zwischen einem Patent mit älterem Zeitrang und einem Patent mit jüngerem Zeitrang kann die Zwangslizenz nicht iso-

---

151   Ebenso *Benkard* Rn 33, 36.
152   Begr 2. PatGÄndG BlPMZ 1998, 393, 400.
153   Vgl im Einzelnen RGZ 143, 223 = GRUR 1934, 246 Tonaufnahmeverfahren; RGZ 126, 266 = GRUR 1930, 177 Teigauftrageplatte; RPA Mitt 1933, 99; RPA Mitt 1935, 343.
154   Begr 2. PatGÄndG BlPMZ 1998, 393, 400 f.
155   Vgl Begr 2. PatGÄndG BlPMZ 1998, 393, 401.
156   Art 31 Buchst g TRIPS-Übk; Begr 2. PatGÄndG BlPMZ 1998, 393, 401.
157   Vgl Begr 2. PatGÄndG BlPMZ 1998, 393, 401.
158   Vgl Begr 2. PatGÄndG BlPMZ 1998, 393, 401; zum früheren Recht BGH GRUR 1966, 370, 373 f Dauerwellen II.

liert, sondern nur zusammen mit dem Patent mit dem jüngeren Zeitrang übertragen werden (Abs 7 Satz 2).[159]

IX. Ende der Zwangslizenz

Die Zwangslizenz erlischt bei vertraglicher Aufhebung, die jederzeit möglich ist, bei Freiwerden der **91** Erfindung durch Untergang (Erlöschen, Ablauf der Schutzdauer, Nichtigerklärung usw) des Patents, bei Verzicht auf die Zwangslizenz, mit dem Ablauf einer für sie festgesetzten Frist bzw dem Eintritt einer auflösenden Bedingung (Rn 74 ff), insb bei Rücknahme der Zwangslizenz (Abs 6 Satz 6; Rn 87).

Bei **Nichterfüllung der Vergütungspflicht** oder sonstiger Auflagen wird zT ein **Rücktrittsrecht** des **92** Patentinhabers angenommen (§§ 323 ff BGB).[160] Dies erscheint jedoch mit der Rechtsnatur der Zwangslizenz als hoheitlich verliehener Rechtsposition unvereinbar. Auch der Schutz des Patentinhabers gebietet keine solche Behandlung. Er kann die Vergütung einklagen und auf die Sicherheit zurückgreifen. Ein Recht, sich von der Zwangslizenz einseitig loszusagen, wird man daher allenfalls in krassen Ausnahmefällen annehmen können,[161] wobei dies als actus contrarius zu einer rechtskräftigen Gerichtsentscheidung wohl nur im Klageweg nach §§ 81 ff möglich sein dürfte.[162]

Die Zwangslizenz wird **gegenstandslos**, wenn sich herausstellt, dass die unterstellte Benutzung der **93** Erfindung (Rn 25), insb die Abhängigkeit eines jüngeren Patents des Lizenznehmers von dem in Anspruch genommenen älteren Patent (Rn 50), in Wahrheit nicht vorliegt.[163] Dann wird der Lizenznehmer auch von der Vergütung für die Vergangenheit frei und kann sie zurückfordern.[164]

X. Verfahren

Das Zwangslizenzverfahren richtet sich im wesentlichen nach denselben Vorschriften wie das Nich- **94** tigkeitsverfahren, insb also nach §§ 81–85, §§ 65–72 über das BPatG, §§ 86–99 und §§ 123–128 (gemeinsame Vorschriften), §§ 110–121 über das Berufungsverfahren und §§ 129–138 (Verfahrenskostenhilfe); besondere Vorschriften für das Zwangslizenzverfahren enthalten §§ 85 und § 122 (einstweilige Verfügung und Beschwerde hiergegen, vorläufige Vollstreckbarkeit). Zum Verfahren bei Zwangslizenzen für Patente an der Herstellung pharmazeutischer Erzeugnisse zur Ausfuhr s die Kommentierung zu § 85a.

Zuständig für die Erteilung der Zwangslizenz ist in erster Instanz ein Nichtigkeitssenat des BPatG **95** (§ 66 Abs 1 Nr 2), in der Berufungsinstanz (§ 110 Abs 1) bzw für die Beschwerde gegen einstweilige Verfügungen (§ 122 Abs 1 Satz 1) der BGH. Zur Zuständigkeitsverteilung bei Zwangslizenzen an halbleitertechnologischen Erfindungen Rn 62.

Die **Entscheidung** über die Zwangslizenz ergeht durch Urteil. Sie wird grds erst mit Rechtskraft wirk- **96** sam, kann aber nach § 85 Abs 6 Satz 1 für vorläufig vollstreckbar erklärt werden. Dadurch entsteht, ebenso wie bei der Benutzungsgestattung durch einstweilige Verfügung (§ 85 Abs 1), ein vorläufiges Recht, das Patent zu benutzen. In beiden Fällen führt jedoch die spätere Aufhebung oder Änderung der vorläufigen Gestattung zu Schadensersatzansprüchen (§ 85 Abs 5, Abs 6 Satz 2).

Zum Verfahrensrecht in Bezug auf die **Vergütungspflicht** Rn 82 ff. **97**

Tritt nach rechtskräftiger Entscheidung über die Zwangslizenz und deren Vergütung eine **wesentli- 98 che Änderung der Verhältnisse** ein, sind beide Parteien berechtigt, in einem weiteren Verfahren nach § 81 PatG iVm § 323 ZPO (entspr) eine Änderung oder Rücknahme der Zwangslizenz (Rn 87)[165] oder eine Änderung der Vergütung zu erwirken (Rn 86).[166] Vgl auch § 23 Abs 5 für den Fall der Lizenzbereitschaft.[167]

---

159 Vgl Begr 2. PatGÄndG BlPMZ 1998, 393, 401.
160 RGZ 93, 50 = GRUR 1919, 152 Papierzuführungsvorrichtung; vgl auch 4. *Aufl* § 15 Rn 18 aE.
161 So auch *Benkard* Rn 46 aE mwN.
162 Vgl *Kraßer* S 840 (§ 34 IV e 4).
163 RGZ 91, 188, 190 ff = BlPMZ 1918, 20 Gleisrückmaschine I; RGZ 143, 223, 228 = GRUR 1934, 246 Tonaufnahmeverfahren.
164 *Benkard* Rn 46 mwN.
165 BPatGE 32, 184, 189 = GRUR 1994, 98.
166 RPA GRUR 1923, 41; *Meurer* GRUR 1936, 18 ff.
167 Hierzu BGH GRUR 1967, 655 f Altix.

99   Eine **Veröffentlichung** oder ein **Registereintragung** der Zwangslizenz ist nicht vorgesehen (vgl § 30 Abs 1 Satz 1, § 32 Abs 5).

C. Kartellrechtliche Zwangslizenz

I. Allgemeines

100   Unabhängig von den Voraussetzungen des § 24 kann sich ein Anspruch auf Einräumung einer Lizenz auch aus kartellrechtl Bestimmungen ergeben. Das ist insb dann der Fall, wenn sich die Verweigerung der Lizenz bzw die Durchsetzung des Patents als missbräuchliche Ausnutzung einer marktbeherrschenden Stellung oder als unbillige Behinderung bzw Diskriminierung seitens eines marktbeherrschenden Unternehmens darstellt (§ 33 GWB iVm Art 102 AEUV, §§ 19, 20 GWB; s aber auch Rn 124).[168] Art 31 TRIPS-Übk steht dem nicht entgegen (vgl Buchst k und auch Art 8 Abs 2 TRIPS-Übk).[169]

101   Etwas anderes wird lediglich für Patente im Bereich der **Halbleitertechnologie** zu gelten haben. Insoweit ist die kartellrechtswidrige Praxis des Patentinhabers bereits Tatbestandsmerkmal der patentrechtl Zwangslizenz (§ 24 Abs 4; s auch Art 31 Buchst c TRIPS-Übk), so dass insoweit für einen eigenständigen kartellrechtl Kontrahierungszwang kein Raum sein dürfte.

II. Geltendmachung

102   Der Lizenzsucher kann den Lizenzerteilungsanspruch zum einen im Weg der **Klage** (ggf Widerklage bzw, wenn nicht der Patentinhaber, sondern zB ein Lizenznehmer klagt, Drittwiderklage) durchsetzen.[170] Zuständig sind die ordentlichen Gerichte (Kartellstreitkammern, §§ 87, 89, 95 GWB).[171] §§ 24, 85 finden keine Anwendung.

103   Häufiger ist die Konstellation, dass der kartellrechtl begründete Anspruch auf Lizenzerteilung als **Einwendung im Verletzungsprozess** geltend gemacht wird (s dazu auch Rn 234 ff zu § 139).

III. Marktbeherrschende Stellung

104   Die Inhaberschaft an einem Immaterialgüterrecht, insb einem Patent, begründet als solche noch keine marktbeherrschende Stellung.[172] Eine solche kann sich aber aus der Marktlage,[173] bei einem Patent (allein) aus der technischen oder wirtschaftlichen Überlegenheit der mit der patentierten Erfindung zur Verfügung gestellten Lehre,[174] vor allem aber daraus ergeben, dass die geschützte Lehre – allein oder zusammen mit anderen Patenten – zu einer Industrienorm erhoben oder Teil eines von den Nachfragern wie eine Norm beachteten Regelwerks wird,[175] so dass der betr Industriestandard nur unter Benutzung der patentierten Lehre eingehalten werden kann (standardessentielle Patente).

105   Dabei sind **zwei Arten von Standards bzw von standardessentiellen Patenten** zu unterscheiden. Im ersten Fall erlangt das Patent seine Stellung als standardessentielles Patent aufgrund seiner technischen oder wirtschaftlichen Überlegenheit; insoweit wird von einem „de-facto-Standard" gesprochen.[176] Im zweiten, wesentlich häufiger auftretenden Fall wird unter dem Dach einer Standardisierungsorganisation von den Unternehmen der betreffenden Branche ein Standard festgelegt (sog „de-jure-Standard"[177] oder besser Vereinbarungsstandard). Solche Standards kommen vor allem im Mobilfunkbereich (zB „LTE-

---

168 EuGH GRUR 2015, 764 Huawei Technologies/ZTE; BGHZ 160, 67 = GRUR 2004, 966 f Standard-Spundfass.

169 BGHZ 180, 315 = GRUR 2009, 694, 696 Orange-Book-Standard.

170 Vgl BGHZ 160, 67 = GRUR 2004, 966 Standard-Spundfass; OLG Karlsruhe InstGE 13, 138 (dort auch zur Passivlegitimation bei Veräußerung eines standardessentiellen Patentportfolios).

171 *D. Jestaedt* GRUR 2009, 801 f.

172 EuGH Slg 1995 I 743 = GRUR Int 1995, 490, 492 (Nr 46) Magill TV Guide.

173 Vgl EuGH Magill TV Guide (Nr 47).

174 Vgl BGHZ 160, 67 = GRUR 2004, 966, 968 Standard-Spundfass.

175 Vgl EuGH Slg 2004 I 5039 = GRUR 2004, 524 IMS/Health; BGHZ 160, 67 = GRUR 2004, 966 f Standard-Spundfass.

176 ZB *Schulte* § 24 Rn 84; *Bodewig* GRUR Int 2015, 626, 627; *Hilty/Slowinski* GRUR Int 2015, 781, 783.

177 *Bodewig* GRUR Int 2015, 626, 627.

Standard") und bei anderen modernen Medien (zB „DVD-Standard") vor.[178] Sinn solcher Vereinbarungsstandards ist es, die herstellerübergreifende Funktionalität und Interoperabilität der Geräte sicherzustellen.

Beim Vereinbarungsstandard melden die interessierten Unternehmen ihre in Betracht kommenden **106**
Patente als zum Standard gehörend an, was jedoch seitens der Standardisierungsorganisation regelmäßig
nicht überprüft wird. Im Gegenzug erklärt sich der betr Patentinhaber gegenüber der Standardisierungsorganisation bereit, jedem interessierten Dritten eine Lizenz zu den Bedingungen „Fair, Reasonable And Non
Discriminating" (FRAND) einzuräumen (**FRAND-Erklärung**). Die rechtl Qualifikation solcher Erklärungen
richtet sich nach dem Schutzlandprinzip, für dt Patente bzw den dt Teil eur Patente also nach dt Recht.[179]
Die Rechtsnatur von FRAND-Erklärungen ist umstr.[180] Diskutiert werden insb die Einordnung als Vertrag
zugunsten Dritter (§§ 328 ff BGB) oder als Negativlizenz (pactum de non petendo).[181] Einigkeit besteht darüber, dass der Sukzessionsschutz des § 15 Abs 3 keine Anwendung findet.[182] Sofern nicht ausnahmsweise
die Voraussetzungen einer Lizenzbereitschaftserklärung nach § 23 vorliegen, dürfte die Erklärung jedenfalls nach dt Recht als bloße unverbindliche Absichtserklärung einzustufen sein.[183] Darauf kommt es aber
in kartellrechtl Hinsicht nicht an.

IV. Missbrauch der marktbeherrschenden Stellung

1. Allgemeine Regeln. Missbräuchliche Ausnutzung einer marktbeherrschenden Stellung kommt **107**
nach eur Kartellrecht in Betracht, wenn sich ein marktbeherrschendes Unternehmen generell einer Lizenzvergabe verweigert (Art 102 AEUV); ob auch das nationale Recht insoweit einen Missbrauchstatbestand bereithält, insb § 19 Abs 1 GWB anwendbar ist, ist str.[184] Werden dagegen Lizenzen grds erteilt, kann
sich im Einzelfall die Frage stellen, ob die Verweigerung gegen das Diskriminierungsverbot (Art 102
Buchst c AEUV, § 20 GWB) verstößt.[185]

Nach der Rspr des EuGH handelt es sich bei dem Begriff „missbräuchliche Ausnutzung einer beherr- **108**
schenden Stellung" iSv Art 102 AEUV um einen **objektiven Begriff**, der auf die Verhaltensweisen eines
Unternehmens in beherrschender Stellung abstellt, das auf einem Markt, auf dem der Grad an Wettbewerb
gerade wegen der Anwesenheit des fraglichen Unternehmens bereits geschwächt ist, die Aufrechterhaltung des auf dem Markt noch bestehenden Grads an Wettbewerb oder die Entwicklung des Wettbewerbs
durch den Einsatz von anderen Mitteln als denjenigen eines normalen Produkt- oder Dienstleistungswett-
bewerbs auf der Grundlage der Leistungen der Wirtschaftsteilnehmer behindert.[186]

Grds stellt auch bei marktbeherrschenden Unternehmen weder die generelle Weigerung der Vergabe **109**
von Lizenzen noch die Ungleichbehandlung von Lizenznehmern bzw Lizenzsuchern eine wettbewerbswidrige Praxis dar; vielmehr gehören diese Handlungsmöglichkeiten zum Kernbereich der durch das Patent vermittelten Ausschließungsbefugnis.[187] Es müssen also stets **außergewöhnliche Umstände** hinzukommen, um die Verweigerung als Missbrauch oder eine ungleiche Vergabepraxis als rechtswidrige
Diskriminierung einstufen zu können.[188]

---

178 *Bodewig* aaO; *Hilty/Slowinski* GRUR Int 2015, 781, 783.
179 LG Mannheim InstGE 13, 65, 71 Nr 29 ff; *Schulte* § 24 Rn 84; *Mes* § 9 Rn 114.
180 S näher *Hilty/Slowinski* GRUR Int 2015, 781, 787 ff.
181 Vgl LG Mannheim InstGE 13, 65, 71; *Maume/Tapia* GRUR Int 2010, 923, 927 ff; *Nägele/Jacobs* WRP 2009, 1062,
1074 f.
182 LG Mannheim InstGE 13, 65, 71.
183 Ebenso LG Düsseldorf Mitt 2012, 238, 241 f.
184 S dazu LG Düsseldorf InstGE 7, 92 f (Nr 87 f); *Maume/Tapia* GRUR Int 2010, 923, 929; *Nägele/Jacobs* WRP 2009,
1062, 1064 f.
185 *Schulte* § 24 Rn 46.
186 EuGH GRUR 2015, 764, 766 (Nr 45) Huawei Technologies/ZTE mwN.
187 Vgl EuGH Slg 1988, 6211 = GRUR Int 1990, 141 f (Nr 8) Volvo/Veng, zum Geschmacksmusterrecht; EuGH Slg 1995
I 743 = GRUR Int 1995, 490, 493 (Nr 49) Magill TV Guide, zum UrhRecht; BGHZ 160, 67 = GRUR 2004, 966, 968 Standard-
Spundfass.
188 EuGH GRUR 2015, 764, 766 (Nr 47) Huawei Technologies/ZTE.

110   Nach der Rspr des EuGH[189] stellt sich die generelle Verweigerung von Lizenzen als Missbrauch einer marktbeherrschenden Stellung iSv ex-Art 82 EG/Art 102 AEUV dar, wenn **drei Voraussetzungen** (kumulativ) erfüllt sind:

(1) Die Weigerung muss das Auftreten eines neuen Erzeugnisses verhindern, nach dem eine potentielle Nachfrage der Verbraucher besteht;

(2) die Weigerung darf nicht gerechtfertigt sein;

(3) die Weigerung muss geeignet sein, jeglichen Wettbewerb auf einem abgeleiteten (nachgelagerten) Markt auszuschließen.

Zur Frage, ob es einen entsprechenden Missbrauchstatbestand auch im nationalen Kartellrecht gibt, Rn 107.

111   Demnach scheidet ein kartellrechtl Lizenzierungszwang von vornherein aus, wenn der Marktbeherrscher die betr **Nachfrage selbst bedient**.[190] Anderseits wird ein Missbrauch nicht dadurch ausgeschlossen, dass die Nachfrage nach dem neuen Erzeugnis nicht von dem Marktbeherrscher allein, sondern nur zusammen mit weiteren marktbeherrschenden Unternehmen befriedigt werden könnte.[191]

112   Zum dritten Kriterium hat der EuGH klargestellt, dass es insoweit ausreicht (also von zwei Märkten iS eines vorgelagerten und eines nachgelagerten Markts auszugehen ist), wenn zwei verschiedene Produktionsstufen unterschieden werden können, die dadurch miteinander verbunden sind, dass das vorgelagerte Erzeugnis (Ware oder Dienstleistung) ein für die Lieferung des nachgelagerten Erzeugnisses **unerlässliches Element** ist.[192] Ob die Benutzung eines vorgelagerten Erzeugnisses unerlässlich ist, hängt davon ab, ob es überhaupt Alternativlösungen (wenn auch weniger günstige) gibt und ob technische, rechtl oder wirtschaftliche Hindernisse bestehen, die den Marktzutritt für Dritte ohne Nutzung des vorgelagerten Erzeugnisses unmöglich machen oder zumindest unzumutbar erschweren.[193]

113   **2. Missbrauch bei standardessentiellen Patenten. a. Allgemeines.** Die genannten Regeln erfahren eine erhebliche Modifikation für den Fall, dass ein standardessentielles Patent durchgesetzt werden soll. Von grundlegender Bedeutung ist insoweit, um welche Art von Standard es sich handelt (s Rn 105). Für standardessentielle Patente aus einem de-facto-Standard hat der BGH in der „Orange-Book"-Entscheidung[194] ein Regelwerk aufgestellt, das im wesentlichen auf einer Initiativlast des Lizenzsuchers/Verletzers basiert (s dazu Rn 125 ff). Demgegenüber sieht der EuGH im Urteil „Huawei Technologies/ZTE"[195] für den Fall der Durchsetzung eines standardessentiellen Patents aus einem Vereinbarungsstandard mit FRAND-Erklärung die Initiativlast im wesentlichen beim Patentinhaber.

114   **b. Standardessentielle Patente aus einem Vereinbarungsstandard mit FRAND-Erklärung. Marktbezogene und sanktionierende Verletzungsansprüche.** Soll seitens des Patentinhabers ein standardessentielles Patent aus einem Vereinbarungsstandard durchgesetzt werden, so ist unter dem Gesichtspunkt des Missbrauchs einer marktbeherrschenden Stellung zunächst zu differenzieren, welche Verletzungsansprüche geltend gemacht werden. Zu unterscheiden ist zwischen Ansprüchen, die die Existenz der Verletzerprodukte auf dem Markt betreffen (Ansprüche auf Unterlassung, Rückruf,[196] aber auch auf Vernichtung[197]), und lediglich sanktionierenden Ansprüchen (Auskunft, Rechnungslegung, Schadensersatz).

115   **Marktbezogene Ansprüche auf Unterlassung, Rückruf, Vernichtung.** Nach der Rspr des EuGH weckt die im Zug der Aufnahme des Patents in den Standard abgegebene FRAND-Erklärung – unabhängig von ihrer rechtl Qualifikation (Rn 106) – bei interessierten Dritten jedenfalls die berechtigte Erwartung, dass der Patentinhaber tatsächlich Lizenzen zu FRAND-Bedingungen gewähren wird. Insoweit kann sich

---

189   EuGH GRUR 2004, 524, 526 Nr 38 IMS/Health; GRUR Int 1995, 490, 493 (Nr 50 ff) Magill TV Guide.

190   EuGH Slg 2004 I 5039 = GRUR 2004, 524 IMS/Health (Nr 49).

191   Vgl EuGH Slg 1995 I 743 = GRUR Int 1995, 490 Magill TV Guide.

192   EuGH Slg 2004 I 5039 = GRUR 2004, 524 IMS/Health (Nr 44 f).

193   EuGH IMS/Health (Nr 28).

194   BGHZ 180, 315 = GRUR 2009, 694, 696 Orange-Book-Standard.

195   EuGH C-170/13 GRUR 2015, 764 Huawei Technologies/ZTE, auf Vorlage LG Düsseldorf GRUR Int 2013, 547.

196   Vgl EuGH C-170/13 GRUR 2015, 764, 766 (Nr 44) Huawei Technologies/ZTE.

197   Vgl OLG Düsseldorf Mitt 2016, 85.

eine Weigerung des Patentinhabers, eine Lizenz zu diesen Bedingungen zu erteilen, bzw die Durchsetzung des Patents grds als missbräuchlich iSv Art 102 AEUV darstellen.[198]

Vor diesem Hintergrund ist **zunächst der Patentinhaber** gehalten, den angeblichen Verletzer **vor** 116 **Erhebung der Verletzungsklage anzuhören.** In diesem Zusammenhang hat er den Verletzer auf die vermeintliche Patentverletzung hinzuweisen, indem er das fragliche Patent bezeichnet und angibt, auf welche Weise es verletzt worden sein soll.[199]

Hat der vermeintliche Verletzer – schon vorher oder auf den Verletzungshinweis hin – zum Ausdruck 117 gebracht, einen Lizenzvertrag zu FRAND-Bedingungen abschließen zu wollen, so hat der Patentinhaber gem der abgegebenen FRAND-Erklärung ein **konkretes schriftliches Lizenzangebot** zu unterbreiten und insb die Lizenzgebühr sowie die Art und Weise ihrer Berechnung anzugeben.[200]

Soweit die genannten Obliegenheiten seitens des Patentinhabers erfüllt sind, ist der als **Verletzer** in 118 Anspruch Genommene gehalten, auf das Angebot mit Sorgfalt, insb ohne ungebührliche Verzögerung zu **reagieren.**[201]

Will er das Angebot nicht annehmen, hat er „innerhalb kurzer Frist" schriftlich ein konkretes, 119 FRAND-konformes **Gegenangebot** zu unterbreiten.[202]

Darüber hinaus hat der Verletzer, sofern er das betr Patent bereits benutzt, ab dem Zeitpunkt, zu dem 120 sein Gegenangebot abgelehnt worden ist, über die Benutzungshandlungen **Rechnung zu legen** und eine angemessene **Sicherheit** in Form einer Bankbürgschaft oder durch Hinterlegung der betreffenden Beträge zu leisten.[203] Für die Frage, welche Benutzungshandlungen insoweit in objektiver Hinsicht zugrunde zu legen sind, kann es nur auf die gem Rn 116 dargelegte Sichtweise des Patentinhabers ankommen, weil sich der als Verletzer in Anspruch Genommene ansonsten durch bloßes (zulässiges, Rn 121) Bestreiten der Benutzung dieser Obliegenheit entziehen könnte.[204]

Dagegen besteht keine Pflicht des Verletzers, das Patent nicht mit **Nichtigkeitsklage** anzugreifen. 121 Des weiteren bleibt es ihm unbenommen, die Standardessentialität des Patents und/oder dessen Benutzung zu bestreiten.[205]

Prozessuales. Erfüllt der Patentinhaber seine Obliegenheiten (Anhörung, FRAND-konformes Lizenz- 122 angebot) nicht, ist die Klage unbegründet. Ob das Angebot FRAND-konform ist, ist vom Verletzungsgericht in einem nachfolgenden Verletzungsprozess zu prüfen; die Frage darf nicht offengelassen werden. Denn die nachfolgenden Obliegenheiten des in Anspruch genommenen Verletzers (Rn 118 ff) werden nur durch ein FRAND-konformes Angebot ausgelöst.[206]

Sanktionierende Ansprüche. Da Ansprüche auf Schadensersatz(feststellung) und hiermit in Zu- 123 sammenhang stehende Auskunfts- und Rechnungslegungsansprüche keine unmittelbaren Auswirkungen auf die Existenz von Konkurrenzprodukten auf dem Markt haben, können sie unabhängig von den Voraussetzungen der Rn 116 ff geltend gemacht werden.[207] Allerdings sind etwaige Schadensersatzansprüche unter den Voraussetzungen des Art 102 AEUV der Höhe nach auf FRAND-konforme Lizenzgebühren beschränkt; dies gilt – anders als bei der Verletzung eines de facto standardessentiellen Patents (s dazu Rn 135) – ohne zeitliche Begrenzung, weil das Patent von vornherein nur unter Beachtung der genannten Obliegenheiten des Patentinhabers durchsetzbar war.

c. Standardessentielle Patente aus anderen Vereinbarungsstandards. Der EuGH hat die Initiativ- 124 last des Patentinhabers im wesentlichen mit dem durch die FRAND-Erklärung geschaffenen Vertrauenstatbestand begründet. Darauf kommt es jedoch nach Auffassung des LG Mannheim letztlich nicht an. Die Vereinbarung eines Standards ist eine wettbewerbsbeschränkende Absprache nach Art 101 Abs 1 Buchst b

---

198 EuGH C-170/13 GRUR 2015, 764, 766 (Nr 53, 55) Huawei Technologies/ZTE.
199 EuGH Huawei Technologies/ZTE (Nr 60 f).
200 EuGH Huawei Technologies/ZTE (Nr 63).
201 EuGH Huawei Technologies/ZTE (Nr 65).
202 EuGH Huawei Technologies/ZTE (Nr 66).
203 EuGH Huawei Technologies/ZTE (Nr 67).
204 Im Ergebnis ebenso *Palzer* EuZW 2015, 702, 705.
205 EuGH Huawei Technologies/ZTE (Nr 69).
206 OLG Düsseldorf Mitt 2016, 85, 88.
207 EuGH Huawei Technologies/ZTE (Nr 74 f).

AEUV (Einschränkung oder Kontrolle der technischen Entwicklung; vgl auch die früheren Rationalisierungskartelle nach § 5 GWB aF). Soweit derartige Absprachen nur freistellungsfähig iSv Art 101 Abs 3 AEUV sind, wenn die Teilnehmer der Absprache eine FRAND-Erklärung abgegeben haben, kommt ein kartellrechtl Kontrahierungszwang unabhängig davon in Betracht, ob eine FRAND-Erklärung tatsächlich vorliegt. Vielmehr ergibt sich der Kontrahierungszwang bzw ein entsprechender Zwangslizenzeinwand unmittelbar aus Art 101 AEUV. Auf eine marktbeherrschende Stellung des Patentinhabers kommt es dann nicht an.[208]

125   **d. Standardessentielle Patente aus einem de-facto-Standard. Allgemeines.** Nach der erörterten EuGH-Rspr ist für eine Anwendung der – zulasten des vermeintlichen Verletzers – wesentlich strengeren Grundsätze, die der BGH im Urteil „Orange-Book-Standard"[209] aufgestellt hat, nur noch Raum in Fällen, in denen die marktbeherrschende Stellung des Patentinhabers nicht auf einem durch Vereinbarung geschaffenen Standard, sondern auf der technischen oder wirtschaftlichen Überlegenheit des betr Patents beruht (de-facto-Standard).[210]

126   Kernstück der Konzeption des BGH ist eine **Initiativlast des vermeintlichen Verletzers.** Voraussetzung eines erfolgreichen Zwangslizenzeinwands ist demzufolge, dass der Beklagte dem Kläger einen Lizenzvertrag zumindest zu Bedingungen anbietet, die so ausgestaltet sind, dass der Patentinhaber das Angebot nicht ablehnen kann, ohne den Lizenzsucher unbillig zu behindern oder gegen das Diskriminierungsverbot zu verstoßen.[211] Eine kartellrechtl unzulässige Durchsetzung des Unterlassungsanspruchs liegt somit erst ab der Abgabe eines entspr Angebots vor. Macht der Lizenzsucher ein Angebot zu üblichen Vertragsbedingungen, wird sich der Patentinhaber jedoch nur dann darauf berufen können, er müsse einzelne Vertragsbedingungen nicht akzeptieren, wenn er insoweit andere Bedingungen anbietet, die mit seinen kartellrechtl Pflichten vereinbar sind.[212]

127   **Einzelfragen.** Das Angebot darf nicht unter eine **Bedingung** gestellt werden, insb nicht unter die Bedingung, dass das Verletzungsgericht die (bestrittene) Verletzung bejaht.[213] Damit ist dem Beklagten nicht jedes Bestreiten der Patentverletzung verwehrt. Vielmehr kann er die Verletzung bis zur Annahme des Angebots durch den Patentinhaber weiterhin in Abrede stellen. Nimmt der Patentinhaber das Angebot jedoch im laufenden Verfahren an, erledigt sich der Verletzungsstreit in der Hauptsache.[214]

128   Auch **andere Vorbehalte**, die den Verletzungsansprüchen entgegengehalten werden könnten, sollen grds zu unterbleiben haben.[215] Ob dies auch für den Erschöpfungseinwand gilt,[216] erscheint allerdings zwh, da die Erschöpfung der Parteidisposition unterliegt.[217]

129   Nach instanzgerichtlichen Rspr soll der Lizenzsucher sein Angebot auch nicht davon abhängig machen dürfen, dass sich das Patent in einem Einspruchs- oder Nichtigkeitsverfahren als **rechtsbeständig** erweist. Insb sei es dem Lizenzsucher verwehrt, solche Verfahren (weiter) zu betreiben, weil er sich damit einerseits besser stelle als ein regulärer Lizenznehmer, dessen Verpflichtung zur Zahlung von Lizenzgebühren bei Wegfall des Patents für die Vergangenheit grds unberührt bleibe (Rn 92, 143 zu § 15),[218] und weil er damit zum andern gegen § 242 BGB („dolo petit") verstoßen würde. Denn der Patentinhaber hätte bei einer regulären Lizenz die Möglichkeit, sich bei einem Angriff auf das Patent von der Lizenz zu lösen.[219]

130   **Gegenleistung.** Der Zwangslizenzeinwand kann des weiteren nur Erfolg haben, wenn der Lizenzsucher ab dem unbedingten Lizenzangebot die sich aus dem intendierten Lizenzvertrag ergebenden Verpflichtungen erfüllt. Hierzu hat er insb über seine Benutzungshandlungen Rechnung zu legen und den

---

208 Vgl LG Mannheim Mitt 2015, 286.

209 BGHZ 180, 315 = GRUR 2009, 694 Orange-Book-Standard.

210 *Palzer* InTeR 2015, 197, 204; *Palzer* EuZW 2015, 702, 705; aA *Heinemann* GRUR 2015, 855, 859, der für Aufgabe der „Orange-Book"-Grundsätze plädiert.

211 BGH Orange-Book-Standard (Nr 29).

212 BGH Orange-Book-Standard (Nr 31).

213 BGHZ 180, 315 = GRUR 2009, 694, 696 Orange-Book-Standard Nr 32; kr *Nägele/Jacobs* WRP 2009, 1062, 1072.

214 *Grabinski* FS 50 Jahre BPatG (2011), 243, 250; missverständlich insoweit BGH Orange-Book-Standard (Nr 36 aE).

215 OLG Karlsruhe Mitt 2012, 180, 182.

216 So OLG Karlsruhe Mitt 2012, 180, 182.

217 Vgl EuGH GRUR 2005, 505, 509 Nr 52 f Peak Holding/Axolin-Elinor.

218 *Grabinski* FS 50 Jahre BPatG (2011), 243, 250; LG Mannheim Mitt 2012, 120, 124.

219 LG Mannheim Mitt 2012, 120, 124; OLG Karlsruhe Mitt 2012, 127 f (zwh).

sich aus der Abrechnung ergebenden Zahlungspflichten nachzukommen. Der Lizenzsucher muss jedoch nicht an den Patentinhaber leisten, sondern kann die Lizenzgebühren nach § 372 Satz 1 BGB unter Verzicht auf das Recht der Rücknahme (§ 374 Abs 2 Nr 1 BGB) hinterlegen.[220]

Die **Höhe der Lizenzgebühr** bestimmt sich nach dem Höchstbetrag, der kartellrechtl unbdkl ist. Der **131** Lizenzsucher kann nicht verlangen, die Lizenz zu den günstigsten Bedingungen eingeräumt zu bekommen, die der Patentinhaber Dritten eingeräumt hat. Den kartellrechtl Bestimmungen lässt sich keine Meistbegünstigungsklausel entnehmen.[221] Der Patentinhaber darf vielmehr wirtschaftliche Spielräume ungeachtet seiner nicht allein auf dem Patent beruhenden marktbeherrschenden Stellung ausnutzen. Versagt ist ihm nur eine willkürliche Ungleichbehandlung.[222] Jedoch kann der Lizenzsucher die Bestimmung gem § 315 BGB in das Ermessen des Patentinhabers (mit Vorbehalt gerichtlicher Prüfung) stellen. Zu hinterlegen ist in diesem Fall ein „jedenfalls ausreichender Betrag",[223] was im Patentverletzungsprozess nur summarisch zu prüfen ist.[224]

Zeitpunkt des Angebots. Einigkeit scheint nur darüber zu bestehen, dass die Lizenzofferte nicht bis **132** zum Schluss der mündlichen Verhandlung nachgeschoben werden kann. Teilweise wird gefordert, dass das Angebot schon vor Aufnahme der Benutzungshandlungen erfolgt.[225] Andere verlangen, dass das Angebot innerhalb einer angemessenen Frist ab dem Zeitpunkt zu erfolgen hat, ab dem der Patentbenutzer Kenntnis von der Existenz des Patents und dessen rechtswidriger Nutzung erlangt hat oder hätte erlangen müssen.[226] In Anbetracht strenger Sorgfaltspflichten vor Aufnahme einer Benutzung wird dies häufig auf das Gleiche hinauslaufen.[227]

Geht man davon aus, dass das Angebot nicht schon vor der Benutzung abgegeben werden muss, ist **133** für einen erfolgreichen Zwangslizenzeinwand gefordert worden, dass die **Schadensersatzverpflichtung** für die Vergangenheit dem Grunde nach **anerkannt** wird.[228]

e. Rechtsfolgen des erfolgreichen Einwands. Hinsichtlich des Unterlassungsanspruchs führt ein **134** erfolgreicher Zwangslizenzeinwand zur Erledigung der Hauptsache (s Rn 127 und Rn 154 ff vor § 143). Auch insoweit ist der Patentinhaber mithin deutlich besser gestellt als bei einem Vereinbarungsstandard.

Rechnungslegungs- und Schadensersatzansprüche für die Vergangenheit bleiben erhalten.[229] Ab **135** Abgabe eines annahmepflichtigen Lizenzangebots (Rn 126, 132) ist nur noch der zugesagte Betrag geschuldet,[230] der aber bereits unmittelbar oder durch Hinterlegung geleistet worden ist.[231]

Ob und inwieweit Gegenstände, die vor Abgabe der Lizenzofferte hergestellt worden sind, der **Ver- 136 nichtung** unterliegen, ist umstr.[232]

---

220 BGHZ 180, 315 = GRUR 2009, 694, 697 (Nr 33 ff) Orange-Book-Standard.
221 BGHZ 160, 67 = GRUR 2004, 966 Standard-Spundfass; OLG Karlsruhe InstGE 13, 138, 152 (Nr 49).
222 BGH Standard-Spundfass.
223 BGHZ 180, 315 = GRUR 2009, 694, 697 Orange-Book-Standard (Nr 40).
224 *Grabinski* FS 50 Jahre BPatG (2011), 243, 251; dort S 252 ff auch zu Einzelheiten der Herausgabe des Hinterlegungsbetrags; *Maume/Tapia* GRUR Int 2010, 923, 925.
225 *Ann* VPP-Rundbrief 2010, 46, 49; wohl auch LG Mannheim InstGE 13, 65, 75 (Nr 46: „ab Aufnahme der Benutzungshandlung alles getan").
226 *Nägele/Jacobs* WRP 2009, 1062, 1072; ähnlich *Maume/Tapia* GRUR Int 2010, 923 f.
227 AA *Maume/Tapia* GRUR Int 2010, 923 f.
228 LG Mannheim Mitt 2012, 120, 124.
229 *Schulte* § 24 Rn 71 f; *Fitzner/Lutz/Bodewig* § 24 Rn 113.
230 BGHZ 160, 67 = GRUR 2004, 966, 969 f Standard-Spundfass; *Schulte* § 24 Rn 70.
231 *Fitzner/Lutz/Bodewig* § 24 Rn 113.
232 S hierzu *D. Jestaedt* GRUR 2009, 801, 805; *Fitzner/Lutz/Bodewig* § 24 Rn 114; *Schulte* § 24 Rn 73.

Anhang I zu § 24
Die EU-Zwangslizenzverordnung (VO (EG) Nr 816/2006)

Ausland: Belgien: Art 31ter PatG

Übersicht

Schrifttum: *Bartelt* Compulsory Licences Pursuant to TRIPs Article 31 in the Light of the Doha Declaration on the TRIPs Agreement and Public Health, 2003 JWIP 283; *Engelke/Stahlmann* Equitable Licenses und der Zugang zu lebenswichtigen Medikamenten (Tagungsbericht), GRUR Int 2010, 31; *Kongolo* TRIPs, the Doha Declaration and Public Health, 2003 JWIP 373; *Kongolo* Public Interest versus the Pharmaceutical Industry's Monopoly in South Africa, 2001 JWIP 609; *Kongolo/Shyllon* Panorama of the Most Controversial IP Issues in Developing Countries, EIPR 2004, 258; *Kramer* Patentschutz und Zugang zu Medikamenten, 2007; *Leschke* Patentschutz für lebenswichtige Medikamente in Entwicklungsländern am Beispiel HIV/Aids, in: *Lange/Klippel/Ohly* (Hrsg) Geistiges Eigentum und Wettbewerb, 2009; *Matthews* TRIPS Flexibilities and Access to Medicines in Developing Countries: The Problem with Technical Assistance and Free Trade Agreements, EIPR 2005, 420; *Paas* Compulsory Licensing under the TRIPS Agreement: A Cruel Taunt for Developing Countries? EIPR 2009, 609; *Ridder* Die Bedeutung von Zwangslizenzen im Rahmen des TRIPS-Abkommens, 2004; *Tuosto* The TRIPs Council Decision of August 30, 2003 on the Import of Pharmaceuticals under Compulsory Licenses, EIPR 2004, 542; *van Zimmeren/van Overwalle* A Paper Tiger? Compulsory License Regimes for Public Health in Europe, IIC 2011, 4; *Vandoren/Ravillard* A New EC Initiative to Allow Export of Medicines under Compulsory Licences to Poor Countries, JWIP 2005, 103; *Wakely* Compulsory Licensing under TRIPS: An Effective Tool to Increase Access to Medicines in Developing and Least Developed Countries? EIPR 2011, 299; *Wakely* The Impact of External Factors on the Effectiveness of Compulsory Licensing as a Means of Increasing Access to Medicines in Developing Countries, EIPR 2011, 756.

A. Überblick

1   Das noch nicht in Kraft getretene Ergänzungsprotokoll zum TRIPS-Übk sieht die Einfügung eines Art 31a vor, der aufgrund der Ergebnisse der Doha-Runde der WTO (vgl Rn 18 zu § 24) zur Versorgung der wenig leistungsfähigen Länder unter bestimmten Voraussetzungen bei wichtigen Medikamenten Zwangslizenzen zum Zweck der Ausfuhr in das Ausland gestattet (vgl auch Rn 27 Einl IntPatÜG).[1] Die Verordnung (EG) Nr 816/2006 über Zwangslizenzen für Patente an der Herstellung von pharmazeutischen Erzeugnissen für die Ausfuhr in Länder mit Problemen im Bereich der öffentlichen Gesundheit vom 17.5.2006[2] (EU-ZwangslizenzVO) ist in den Mitgliedstaaten unmittelbar geltendes Recht. Die sie ergänzenden nationalen Verfahrensregelungen sind durch das PatRVereinfModG vom 31.7.2009 als § 85a eingestellt worden. Die EU-ZwangslizenzVO sieht die antragsgebundene, sachlich beschränkte und zeitlich befristete Erteilung nicht ausschließlicher Lizenzen an Patenten und Schutzzertifikaten vor, die pharmazeutische Erzeugnisse betreffen. Die Lizenz kann nur für die Ausfuhr in bestimmte einfuhrberechtigte Länder (Art 4 EU-ZwangslizenzVO) erteilt werden. Sie ist auf Handlungen beschränkt, die zu Herstellung, Ausfuhr und Verteilung erforderlich sind (Art 10 Abs 4 EU-ZwangslizenzVO). Die Bedeutung der EU-ZwangslizenzVO dürfte für Deutschland allein schon wegen der Kostenstruktur gering bleiben.

---

1   Zu Entstehungsgeschichte und Ausblick *Busche/Stoll/Wiebe* TRIPS[2] (2013) Art 31bis Rn 3 ff, 37.
2   ABl EG L 157/1 vom 9.6.2006 = BlPMZ 2006, 279.

B. Die Verordnung

I. Vorbemerkung

Der **Text** der EU-ZwangslizenzVO ist nachfolgend ohne die Fußnoten und den Anhang vollständig **2** wiedergegeben.[3]

II. Text und Kommentierung der Verordnung

Verordnung (EG) Nr 816/2006 des europäischen Parlaments und des Rates vom 17. Mai 2006 über Zwangslizenzen für Patente an der Herstellung von pharmazeutischen Erzeugnissen für die Ausfuhr in Länder mit Problemen im Bereich der öffentlichen Gesundheit

Das Europäische Parlament und der Rat der Europäischen Union –
gestützt auf den Vertrag zur Gründung der Europäischen Gemeinschaft, insbesondere auf Artikel 95 und Artikel 133,
auf Vorschlag der Kommission,
nach Stellungnahme des Europäischen Wirtschafts- und Sozialausschusses,
gemäß dem Verfahren des Artikels 251 des Vertrags, in Erwägung nachstehender Gründe:
(1) Am 14. November 2001 verabschiedete die 4. Ministerkonferenz der Welthandelsorganisation (WTO) die Erklärung von Doha betreffend das Übereinkommen über handelsbezogene Aspekte der Rechte des geistigen Eigentums (TRIPS-Übereinkommen) und die öffentliche Gesundheit. In dieser Erklärung wird anerkannt, dass jedem WTO-Mitglied das Recht zusteht, Zwangslizenzen zu erteilen und die Gründe zu bestimmen, nach denen derartige Lizenzen erteilt werden. Ferner wird darin anerkannt, dass WTO-Mitglieder, die über keine oder unzureichende Fertigungskapazitäten im pharmazeutischen Sektor verfügen, Schwierigkeiten haben könnten, die Zwangslizenzen wirksam zu nutzen.
(2) Am 30. August 2003 verabschiedete der Allgemeine Rat der WTO in Anbetracht der von seinem Vorsitzenden verlesenen Erklärung einen Beschluss über die Durchführung von Ziffer 6 der Doha-Erklärung betreffend das TRIPS-Übereinkommen und die öffentliche Gesundheit (nachstehend „Beschluss" genannt). Unter bestimmten Voraussetzungen hebt der Beschluss bestimmte Verpflichtungen des TRIPS-Übereinkommens hinsichtlich der Erteilung von Zwangslizenzen auf, um den Bedürfnissen von WTO-Mitgliedern gerecht zu werden, die über unzureichende Fertigungskapazitäten verfügen.
(3) Die Gemeinschaft hat sich aktiv für die Verabschiedung des Beschlusses eingesetzt; sie hat sich gegenüber der WTO verpflichtet, in vollem Umfang zur Umsetzung des Beschlusses beizutragen; sie hat ferner alle WTO-Mitglieder aufgerufen, dafür zu sorgen, dass die Voraussetzungen für eine wirksame Anwendung des mit dem Beschluss eingeführten Systems geschaffen werden; aus diesen Gründen ist es unerlässlich, dass die Gemeinschaft dieses System in ihre Rechtsordnung überführt.
(4) Es ist notwendig, den Beschluss einheitlich umzusetzen, damit die Voraussetzungen für die Erteilung von Zwangslizenzen für die Herstellung und den Verkauf von pharmazeutischen Erzeugnissen, die für die Ausfuhr bestimmt sind, in allen Mitgliedstaaten gleich sind und keine Wettbewerbsverzerrungen für die Wirtschaftsteilnehmer im Binnenmarkt entstehen. Mit einheitlichen Regeln soll auch verhindert werden, dass pharmazeutische Erzeugnisse, die gemäß dem Beschluss hergestellt werden, wieder in das Gebiet der Gemeinschaft eingeführt werden.
(5) Diese Verordnung soll Teil der umfassenderen europäischen und internationalen Bestrebungen sein, Probleme im Bereich der öffentlichen Gesundheit, mit denen die am wenigsten entwickelten Länder und andere Entwicklungsländer konfrontiert sind, zu bekämpfen und vor allem den Zugang zu erschwinglichen, sicheren und wirksamen Arzneimitteln einschließlich Kombinationspräparaten, deren Qualität garantiert wird, zu verbessern. In diesem Zusammenhang sind die in den gemeinschaftlichen Rechtsvorschriften über Arzneimittel festgelegten Verfahren zur Gewährleistung der wissenschaftlichen Qualität solcher Erzeugnisse verfügbar, insbesondere das Verfahren nach Artikel 58 der Verordnung (EG) Nr. 726/2004 des Europäischen Parlaments und des Rates vom 31. März 2004 zur Festlegung von Gemeinschaftsverfahren für die Genehmigung und Überwachung von Human- und Tierarzneimitteln und zur Errichtung einer Europäischen Arzneimittel-Agentur.
(6) Da das mit dieser Verordnung geschaffene Zwangslizenzsystem darauf abstellt, Probleme im Bereich der öffentlichen Gesundheit zu bekämpfen, sollte es redlich angewandt werden. Dieses System sollte von den Ländern nicht zur Verfolgung industrie- oder handelspolitischer Ziele genutzt werden. Diese Verordnung ist darauf ausgerichtet, einen sicheren Rechtsrahmen zu schaffen und Rechtsstreitigkeiten zu verhindern.

---

3 Stellungnahme des Wirtschafts- und Sozialausschusses ABl EU C 286 vom 17.11.2005, S 4; Stellungnahme des Europäischen Parlaments vom 1.12.2005; Beschluss des Rates vom 28.4.2006; Verfahren nach Art 58 der Verordnung (EG) Nr. 726/2004 ABl EU L 136 vom 30.4.2004, S 1.

(7) Da diese Verordnung Teil einer umfassenderen Initiative bezüglich des Zugangs der Entwicklungsländer zu erschwinglichen Arzneimitteln ist, sind in dem Aktionsprogramm der Kommission „Beschleunigte Aktion zur Bekämpfung von HIV/AIDS, Malaria und Tuberkulose im Rahmen der Armutslinderung" und in der Mitteilung der Kommission „Ein europäisches Gesamtkonzept für Außenmaßnahmen zur Bekämpfung von HIV/AIDS, Malaria and Tuberkulose" ergänzende Maßnahmen festgelegt. Anhaltende rasche Fortschritte sind notwendig, einschließlich Aktionen zur Unterstützung der Forschung im Bereich der Bekämpfung dieser Krankheiten und zum Ausbau der Kapazitäten in den Entwicklungsländern.

(8) Erzeugnisse, die gemäß dieser Verordnung hergestellt werden, dürfen nur zu denen gelangen, die sie benötigen, und nicht an denen vorbeigelenkt werden, für die sie bestimmt sind. Die Erteilung von Zwangslizenzen gemäß dieser Verordnung muss daher an klare Voraussetzungen für den Lizenznehmer geknüpft werden; dies betrifft die mit der Lizenz abgedeckten Tätigkeiten, die Identifizierbarkeit der in Lizenz hergestellten pharmazeutischen Erzeugnisse und die Länder, in die diese Erzeugnisse ausgeführt werden.

(9) Es sollten Möglichkeiten für Zollmaßnahmen an den Außengrenzen geschaffen werden, damit gegen Erzeugnisse vorgegangen werden kann, die unter einer Zwangslizenz für die Ausfuhr hergestellt und verkauft wurden, bei denen jedoch anschließend der Versuch gemacht wird, sie wieder in das Hoheitsgebiet der Gemeinschaft einzuführen.

(10) Werden unter einer Zwangslizenz hergestellte pharmazeutische Erzeugnisse im Rahmen dieser Verordnung beschlagnahmt, so kann die zuständige Behörde im Einklang mit dem nationalen Recht beschließen, diese Erzeugnisse gemäß der erteilten Zwangslizenz in das jeweilige einführende Land zu schicken, um zu gewährleisten, dass die beschlagnahmten pharmazeutischen Erzeugnisse ihrer bestimmungsgemäßen Verwendung zugeführt werden.

(11) Um der Überproduktion und einer etwaigen Umlenkung von pharmazeutischen Erzeugnissen keinen Vorschub zu leisten, sollten die zuständigen Behörden bereits erteilte Zwangslizenzen für dieselben Erzeugnisse und Länder berücksichtigen, ferner Parallelanmeldungen, die vom Antragsteller angezeigt werden.

(12) Da die Ziele dieser Verordnung, insbesondere die Einrichtung harmonisierter Verfahren für die Erteilung von Zwangslizenzen, die für ein reibungsloses Funktionieren des durch den Beschluss geschaffenen Systems erforderlich sind, auf Ebene der Mitgliedstaaten wegen der den ausführenden Ländern gemäß dem Beschluss zur Verfügung stehenden Gestaltungsmöglichkeiten nicht ausreichend erreicht werden können und daher im Hinblick auf die möglichen Auswirkungen auf die Wirtschaftsteilnehmer im Binnenmarkt besser auf Gemeinschaftsebene zu erreichen sind, kann die Gemeinschaft im Einklang mit dem in Artikel 5 des Vertrags niedergelegten Subsidiaritätsprinzip tätig werden. Entsprechend dem in demselben Artikel genannten Verhältnismäßigkeitsprinzip geht diese Verordnung nicht über das für die Erreichung dieser Ziele erforderliche Maß hinaus.

(13) Die Gemeinschaft erkennt an, dass es äußerst wünschenswert ist, den Technologietransfer und den Aufbau von Kapazitäten in Ländern mit ungenügenden oder fehlenden Produktionskapazitäten im pharmazeutischen Sektor zu fördern, um die Herstellung von pharmazeutischen Erzeugnissen in diesen Ländern zu fördern und auszubauen.

(14) Um die effiziente Bearbeitung der Anträge auf Zwangslizenzen gemäß dieser Verordnung zu gewährleisten, sollten die Mitgliedstaaten die Möglichkeit haben, rein formale oder verwaltungstechnische Auflagen festzulegen, wie etwa Vorschriften über die Sprache des Antrags, die einzuhaltende Form, die Bezeichnung der Patente und/oder der ergänzenden Schutzzertifikate, hinsichtlich der eine Zwangslizenz beantragt wird, sowie Vorschriften für auf elektronischem Weg eingereichte Anträge.

(15) Die einfache Formel zur Festlegung der Entschädigung soll die Erteilung einer Zwangslizenz im Fall eines nationalen Notstands, unter sonstigen Umständen von äußerster Dringlichkeit oder im Fall nichtkommerzieller öffentlicher Nutzung gemäß Artikel 31 Buchstabe b des TRIPS-Übereinkommens beschleunigen. Der Prozentsatz von 4% könnte in anderen als den vorstehend genannten Fällen als Bezugswert für eine angemessene Entschädigung dienen –

haben folgende Verordnung erlassen:

3 **1. Eingang; Erwägungsgründe.** Rechtsgrundlage der EU-ZwangslizenzVO waren insb Art 95 und Art 133 EG (nunmehr Art 114 und Art 207 AEUV). Zur Beachtlichkeit der Erwägungsgründe vgl Rn 9 Anh § 16a PatG.

Artikel 1
Anwendungsbereich

Diese Verordnung schafft ein Verfahren zur Erteilung von Zwangslizenzen für Patente und ergänzende Schutzzertifikate betreffend die Herstellung und den Verkauf von pharmazeutischen Erzeugnissen, die für die Ausfuhr in anspruchsberechtigte einführende Länder bestimmt sind, die diese Erzeugnisse benötigen, um Probleme im Bereich der öffentlichen Gesundheit bekämpfen zu können. Die Mitgliedstaaten erteilen jeder Person, die einen Antrag gemäß Artikel 6 stellt und die Voraussetzungen der Artikel 6 bis 10 erfüllt, eine derartige Zwangslizenz.

2. Art 1. Die Bestimmung regelt den **Anwendungsbereich** der EU-ZwangslizenzVO. Diese betrifft 4 Zwangslizenzen für Patente und ergänzende Schutzzertifikate, nicht auch für Gebrauchsmuster, für die Herstellung und den Verkauf von pharmazeutischen Erzeugnissen, die zum Export in bestimmte Länder bestimmt sind, die diese Erzeugnisse benötigen, um Probleme im Bereich der öffentlichen Gesundheit zu bekämpfen. Personen, die einen Antrag nach Art 6 EU-ZwangslizenzVO stellen und bestimmte Voraussetzungen erfüllen, ist eine Zwangslizenz zu erteilen.

Artikel 2
Begriffsbestimmungen
Für die Zwecke dieser Verordnung bezeichnet der Ausdruck
1. „pharmazeutisches Erzeugnis" jedes Erzeugnis des pharmazeutischen Sektors, einschließlich Arzneimitteln im Sinne von Artikel 1 Absatz 2 der Richtlinie 2001/83/EG des Europäischen Parlaments und des Rates vom 6. November 2001 zur Schaffung eines Gemeinschaftskodexes für Humanarzneimittel sowie Wirkstoffe und Ex-vivo-Diagnosemittel;
2. „Rechteinhaber" den Inhaber eines Patents oder eines ergänzenden Schutzzertifikats, für das nach dieser Verordnung eine Zwangslizenz beantragt wurde;
3. „einführendes Land" das Land, in das das pharmazeutische Erzeugnis ausgeführt werden soll;
4. „zuständige Behörde" für die Zwecke der Artikel 1 bis 11 sowie der Artikel 16 und 17 jede nationale Behörde, die befugt ist, im jeweiligen Mitgliedstaat Zwangslizenzen nach dieser Verordnung zu erteilen.

3. Art 2. Der Artikel enthält Begriffsbestimmungen. 5

Ein **pharmazeutisches Erzeugnis** ist demnach jedes Erzeugnis des pharmazeutischen Sektors ein- 6 schließlich von Arzneimitteln iSd RL 2001/83/EG.[4] Erfasst sind weiter Wirkstoffe und ex-vivo-Diagnosemittel.

Rechteinhaber ist der Inhaber des Patents oder des ergänzenden Schutzzertifikats, für das die 7 Zwangslizenz nach der EU-ZwangslizenzVO beantragt wurde. Erfasst sind nationale und eur Patente und ergänzende Schutzzertifikate zu diesen.[5] Das Patent kann auch ein Verfahrens- oder Verwendungspatent sein, aus dem sich Erzeugnisschutz ergibt.[6]

Einführendes Land ist das Land, in das das pharmazeutische Erzeugnis eingeführt werden soll (vgl 8 Art 4 EU-ZwangslizenzVO).

Zuständige Behörde ist die zur Erteilung von Zwangslizenzen befugte Behörde (Art 3 EU-Zwangs- 9 lizenzVO), in Deutschland mithin das BPatG.

Artikel 3
Zuständige Behörde
Die zuständige Behörde gemäß der Begriffsbestimmung in Artikel 2 Nummer 4 ist diejenige Behörde, die nach einzelstaatlichem Patentrecht für die Erteilung von Zwangslizenzen zuständig ist, sofern der betreffende Mitgliedstaat nichts anderes bestimmt. Die Mitgliedstaaten melden der Kommission die benannte zuständige Behörde gemäß der Begriffsbestimmung in Artikel 2 Nummer 4. Die Meldungen werden im Amtsblatt der Europäischen Union veröffentlicht.

4. Art 3. Die **zuständige Behörde** wird in Deutschland in § 85a festgelegt; zuständig ist demnach das 10 BPatG, wobei sich diese Zuständigkeit, wie sich unmittelbar aus Art 2 Nr 4 ergibt, auf alle Verfahren nach Art 1–Art 11 sowie nach Art 16, 17 erstreckt, somit auch auf Verfahren, die an sich nicht gerichtlicher, sondern exekutiver Natur sind.

Artikel 4
Anspruchsberechtigte einführende Länder
Anspruchsberechtigt sind folgende einführende Länder:
a) die am wenigsten entwickelten Länder, die als solche im Verzeichnis der Vereinten Nationen aufgeführt sind;
b) die WTO-Mitglieder, die nicht zu den unter Buchstabe a genannten am wenigsten entwickelten Ländern zählen, die dem Rat für TRIPS gemeldet haben, dass sie das System uneingeschränkt oder eingeschränkt als Einführer zu nutzen beabsichtigen;

---

4 ABl L 311 v. 28.11.2001, S 67, zuletzt geänd durch die RL 2004/27/EG, ABl L 136 v. 30.4.2004, S 34.
5 *Schulte* § 24 Rn 40.
6 *Schulte* § 24 Rn 40.

c) die Länder, die nicht WTO-Mitglieder sind, die aber im Verzeichnis der Niedrigeinkommensländer mit einem Pro-Kopf-BIP von weniger als 745 USD des Ausschusses für Entwicklungshilfe der OECD aufgeführt sind und die der Kommission gemeldet haben, dass sie das System uneingeschränkt oder eingeschränkt als Einführer zu nutzen beabsichtigen.

WTO-Mitglieder, die gegenüber der WTO erklärt haben, dass sie das System nicht als einführendes WTO-Mitglied nutzen werden, sind keine anspruchsberechtigten einführenden Länder.

11   **5. Art 4.** Die Bestimmung beschränkt die Berechtigung auf bestimmte einführende Länder, nämlich die am wenigsten entwickelten Länder (Buchst a), die nicht von Buchst a erfassten WTO-Mitglieder, die dem Rat für TRIPS gemeldet haben, dass sie das System uneingeschränkt oder eingeschränkt als Einführer zu nutzen beabsichtigen (Buchst b), die Länder, die nicht WTO-Mitglieder sind, als Niedrigeinkommensländer mit einem Pro-Kopf-Bruttoinlandsprodukt von weniger als 745 USD des Ausschusses für Entwicklungshilfe der OECD aufgeführt sind und der Kommission ihre Nutzungsabsicht wie zu Buchst b gemeldet haben (Buchst c).

Artikel 5
Ausdehnung auf am wenigsten entwickelte Länder und Entwicklungsländer, die nicht WTO-Mitglieder sind
Die folgenden Bestimmungen gelten für gemäß Artikel 4 anspruchsberechtigte einführende Länder, die nicht WTO-Mitglieder sind:
a) Das einführende Land erstattet die Meldung gemäß Artikel 8 Absatz 1 unmittelbar der Kommission.
b) Das einführende Land erklärt in der Meldung gemäß Artikel 8 Absatz 1, das System anzuwenden, um seine Probleme im Bereich der öffentlichen Gesundheit zu bekämpfen und nicht als Instrument zur Verfolgung industrie- oder handelspolitischer Ziele, sowie die Maßnahmen gemäß Paragraph 4 des Beschlusses zu treffen.
c) Die zuständige Behörde kann auf Antrag des Rechteinhabers oder, sofern sie nach dem einzelstaatlichen Recht dazu befugt ist, von sich aus eine gemäß diesem Artikel erteilte Zwangslizenz aufheben, wenn das einführende Land seine in Buchstabe b genannten Verpflichtungen nicht erfüllt hat. Vor der Rücknahme einer Zwangslizenz berücksichtigt die zuständige Behörde jegliche Stellungnahmen der in Artikel 6 Absatz 3 Buchstabe f genannten Stellen.

12   **6. Art 5.** Nicht-WTO-Länder haben die **Meldung** nach Art 8 Abs 1 EU-ZwangslizenzVO unmittelbar an die Kommission zu erstatten und in der Meldung zu erklären, dass sie das System anwenden, um ihre Probleme im Bereich der öffentlichen Gesundheit zu bekämpfen und nicht als Instrument zur Verfolgung industrie- oder handelspolitischer Ziele, sowie die Maßnahmen gemäß Paragraph 4 des Beschlusses des Allgemeinen Rats der WTO (Erwägungsgrund 2) zu treffen.

13   Die Zwangslizenz kann **aufgehoben** werden, wenn das einführende Land seine in Rn 12 genannten Verpflichtungen nicht erfüllt. Vor der Rücknahme einer Zwangslizenz hat die zuständige Behörde Stellungnahmen der in Art 6 Abs 3 Buchst f EU-ZwangslizenzVO genannten Stellen (Vertreter der einführenden Länder; nichtstaatliche Institutionen; internat Gesundheitsorganisationen) zu berücksichtigen.

Artikel 6
Antrag auf Erteilung einer Zwangslizenz
(1) Jede Person kann einen Antrag auf Erteilung einer Zwangslizenz gemäß dieser Verordnung bei einer zuständigen Behörde des Mitgliedstaats oder der Mitgliedstaaten stellen, in dem (denen) Patente oder ergänzende Schutzrechte bestehen, die sich auf die von ihr geplanten Tätigkeiten zur Herstellung und zum Verkauf zu Ausfuhrzwecken erstrecken.
(2) Stellt der Antragsteller für dasselbe Erzeugnis bei Behörden in mehr als einem Land einen Antrag auf Erteilung einer Zwangslizenz, muss er in jedem Antrag auf diese Tatsache hinweisen und die betreffenden Mengen und einführenden Länder im Einzelnen angeben.
(3) Der Antrag gemäß Absatz 1 enthält die folgenden Angaben:
a) Name und Kontaktdaten des Antragstellers sowie etwaiger zum Auftreten vor der zuständigen Behörde bevollmächtigter Vertreter;
b) Freiname des pharmazeutischen Erzeugnisses, dessen Herstellung und Verkauf zu Ausfuhrzwecken im Rahmen der Zwangslizenz geplant ist;
c) Menge, die der Antragsteller im Rahmen der Zwangslizenz von dem pharmazeutischen Erzeugnis herzustellen gedenkt;
d) Bezeichnung des einführenden Landes bzw. der einführenden Länder;
e) gegebenenfalls Belege für vorherige Verhandlungen mit dem Rechteinhaber gemäß Artikel 9;
f) Belege für einen besonderen Antrag seitens

i) bevollmächtigter Vertreter des einführenden Landes bzw. der einführenden Länder oder

ii) einer nichtstaatlichen Organisation, die mit der formellen Einwilligung eines oder mehrerer einführender Länder handelt, oder

iii) UN-Organisationen oder anderer internationaler Gesundheitsorganisationen, die mit der formellen Einwilligung eines oder mehrerer einführenden Länder handeln, sowie die Menge der erforderlichen pharmazeutischen Erzeugnisse.

(4) Rein formale und verwaltungstechnische Auflagen, die für die effiziente Bearbeitung des Antrags notwendig sind, können nach einzelstaatlichem Recht festgelegt werden. Diese Auflagen dürfen weder unnötige zusätzliche Kosten oder Belastungen für den Antragsteller verursachen noch das Verfahren für die Erteilung der Zwangslizenzen nach dieser Verordnung komplizierter gestalten als das Verfahren zur Erteilung anderer Zwangslizenzen nach einzelstaatlichen Rechtsvorschriften.

7. Art 6. Antragsberechtigung. Der Antrag kann von jedermann gestellt werden. Der Antrag kann in **14** jedem Land gestellt werden, in dem Schutz durch ein Patent oder ein ergänzendes Schutzzertifikat besteht.

Stellt der Antragsteller den Antrag in **mehreren Ländern**, trifft ihn die Pflicht zu bestimmten Anga- **15** ben (Abs 2).

Antragsinhalt. Die nach **Gemeinschaftsrecht** erforderlichen Angaben nennt Abs 3. **16**

Darüber hinaus kann das **nationale Recht** weitere, rein formale und verwaltungstechnische Angaben **17** vorsehen (Abs 4).

Artikel 7
Rechte des Rechteinhabers

Die zuständige Behörde unterrichtet den Rechteinhaber unverzüglich über die Beantragung einer Zwangslizenz. Vor Erteilung der Zwangslizenz bietet die zuständige Behörde dem Rechteinhaber Gelegenheit, zu dem Antrag Stellung zu nehmen und ihr gegebenenfalls relevante Informationen zu dem Antrag zu übermitteln.

8. Art 7. Die Benachrichtigung des Rechteinhabers erfolgt nach dt Recht durch Zustellung der **18** Zwangslizenzklage. Die Gelegenheit zur Stellungnahme für den Rechteinhaber ist durch die Ausgestaltung des Zwangslizenzverfahrens gewährleistet.

Artikel 8
Überprüfung

(1) Die zuständige Behörde überprüft, dass

a) jedes im Antrag aufgeführte einführende Land, das WTO-Mitglied ist, der WTO eine Meldung gemäß dem Beschluss gemacht hat bzw.

b) jedes im Antrag aufgeführte einführende Land, das nicht WTO-Mitglied ist, der Kommission gemäß dieser Verordnung für jedes beantragte Erzeugnis Folgendes gemeldet hat:

i) Namen und voraussichtliche Mengen der benötigten Erzeugnisse;

ii) sofern es sich bei dem einführenden Land nicht um eines der am wenigsten entwickelten Länder handelt, eine Bestätigung der Feststellung des einführenden Landes, dass es über ungenügende oder keine Produktionskapazitäten im pharmazeutischen Sektor für die betreffenden Erzeugnisse verfügt, wobei diese Feststellung auf eine der Arten zu erfolgen hat, die im Anhang des Beschlusses festgelegt sind;

iii) sofern ein pharmazeutisches Erzeugnis im Hoheitsgebiet des einführenden Landes patentiert ist, eine Bestätigung, dass das einführende Land gemäß Artikel 31 des TRIPS-Übereinkommens und den Bestimmungen des Beschlusses eine Zwangslizenz für die Einfuhr des betreffenden Erzeugnisses erteilt hat oder zu erteilen gedenkt.

Dieser Absatz gilt unbeschadet der Flexibilität, die für die am wenigsten entwickelten Länder gemäß dem Beschluss des Rates für TRIPS vom 27. Juni 2002 gilt.

(2) Die zuständige Behörde überprüft, dass die im Antrag genannte Menge des Erzeugnisses die Menge nicht übersteigt, die der WTO von einem einführenden WTO-Mitglied oder der Kommission von einem einführenden Land, das nicht WTO-Mitglied ist, gemeldet wurde, und dass unter Berücksichtigung anderer anderenorts erteilter Zwangslizenzen die genehmigte Gesamtmenge des für ein einführendes Land hergestellten Erzeugnisses die Menge nicht wesentlich überschreitet, die der WTO von WTO-Mitgliedern oder der Kommission von einführenden Ländern, die nicht WTO-Mitglieder sind, gemeldet wurde.

19   **9. Art 8.** Die Vorschrift regelt den Umfang der **sachlichen Prüfung** des Antrags. Handelt es sich nicht um eines der am wenigsten entwickelten Länder (Art 4 Buchst a), ist eine Bestätigung erforderlich, dass die Produktionskapazitäten des Lands für das Erzeugnis nicht ausreichen.

20   Ist das Erzeugnis im einführenden Land **patentiert**, ist weiter eine Bestätigung vorzulegen, dass das einführende Land gemäß Art 31 TRIPS-Übk und den Bestimmungen des Beschlusses des Allgemeinen Rats der WTO (Erwägungsgrund 2) eine Zwangslizenz für die Einfuhr des betreffenden Erzeugnisses erteilt hat oder zu erteilen gedenkt.

21   Die im Antrag angegebene **Menge** darf die von dem einführenden Land gemeldete Menge nicht und unter Berücksichtigung von Zwangslizenzen in anderen Ländern nicht wesentlich überschreiten (Abs 2).

Artikel 9
Vorherige Verhandlung
    (1) Der Antragsteller hat gegenüber der zuständigen Behörde den Nachweis zu erbringen, dass er sich bemüht hat, die Zustimmung des Rechteinhabers zu erhalten, und dass diese Bemühungen innerhalb eines Zeitraums von 30 Tagen vor Einreichung des Antrags erfolglos geblieben sind.
    (2) Die Anforderung gemäß Absatz 1 gilt nicht in Situationen des nationalen Notstands, bei sonstigen Umständen äußerster Dringlichkeit sowie im Fall nichtkommerzieller öffentlicher Nutzung gemäß Artikel 31 Buchstabe b des TRIPS-Übereinkommens.

22   **10. Art 9.** Die Bestimmung legt in Abs 1 vorrangige erfolglose Bemühungen fest, die Zustimmung des Rechteinhabers zu erhalten. Nach Abs 2 gilt dies jedoch nicht bei einem nationalen Notstand, bei sonstigen Umständen äußerster Dringlichkeit und im Fall nichtkommerzieller öffentlicher Nutzung nach Art 31 Buchst b TRIPS-Übk.

Artikel 10
Bedingungen für Zwangslizenzen
    (1) Die erteilte Lizenz ist nicht übertragbar, es sei denn als Teil des Betriebs oder des Unternehmens, dem die Lizenz zusteht, und sie ist nicht ausschließlich. Sie beinhaltet die in den Absätzen 2 bis 9 vorgeschriebenen besonderen Bedingungen, die vom Lizenznehmer zu erfüllen sind.
    (2) Die Menge der Erzeugnisse, die unter der Lizenz hergestellt werden, darf nicht über das Maß hinausgehen, das zur Deckung des Bedarfs des (der) im Antrag genannten einführenden Landes (Länder) erforderlich ist; dabei ist die Arzneimittelmenge zu berücksichtigen, die im Rahmen von sonstigen andernorts erteilten Zwangslizenzen hergestellt wird.
    (3) Die Geltungsdauer der Lizenz ist anzugeben.
    (4) Die Lizenz beschränkt sich streng auf alle Handlungen, die für das Herstellen des betreffenden Erzeugnisses zwecks Ausfuhr und Verteilung in dem (den) im Antrag genannten Land (Ländern) notwendig sind. Kein Erzeugnis, das unter der Zwangslizenz hergestellt oder eingeführt wurde, darf außerhalb des Hoheitsgebiets eines im Antrag genannten Landes zum Verkauf angeboten oder in den Verkehr gebracht werden, es sei denn, ein einführendes Land bedient sich der Möglichkeiten gemäß Paragraph 6 Ziffer i des Beschlusses, das Erzeugnis in ein anderes Mitgliedsland eines regionalen Handelsabkommens mit den gleichen Problemen im Bereich der öffentlichen Gesundheit auszuführen.
    (5) Erzeugnisse, die unter der Lizenz hergestellt werden, sind durch eine besondere Etikettierung oder Markierung klar als Erzeugnisse zu kennzeichnen, die gemäß dieser Verordnung hergestellt wurden. Die Erzeugnisse sind durch eine spezielle Verpackung und/oder besondere Farb- bzw. Formgebung von den Erzeugnissen zu unterscheiden, die vom Rechteinhaber hergestellt wurden, sofern diese Unterscheidung machbar ist und keine beträchtlichen Auswirkungen auf den Preis hat. Auf der Verpackung und allen zugehörigen Unterlagen ist darauf hinzuweisen, dass das Erzeugnis Gegenstand einer Zwangslizenz im Rahmen dieser Verordnung ist; dabei sind die zuständigen Behörde und gegebenenfalls die Kennnummer anzugeben, ferner ist klar darauf hinzuweisen, dass das Erzeugnis ausschließlich für die Ausfuhr in das und die Verteilung in dem Hoheitsgebiet des (der) betreffenden einführenden Landes (Länder) bestimmt ist. Den Zollbehörden der Mitgliedstaaten sind detaillierte Angaben bezüglich der Eigenschaften der Erzeugnisse zugänglich zu machen.
    (6) Vor dem Transport in das (die) im Antrag genannte(n) einführende(n) Land (Länder) veröffentlicht der Lizenznehmer die folgenden Angaben auf einer Website:
a)   die im Rahmen der Lizenz zu liefernden Mengen und die zu beliefernden einführenden Länder;
b)   die Unterscheidungsmerkmale des betreffenden Erzeugnisses.
    Die Adresse der Website ist der zuständigen Behörde anzuzeigen.
    (7) Unterliegen die von der Zwangslizenz betroffenen Erzeugnisse dem Patentschutz in den im Antrag genannten einführenden Ländern, dürfen die Erzeugnisse nur unter der Voraussetzung ausgeführt werden, dass diese Länder eine Zwangslizenz für die Einfuhr, den Verkauf und/oder die Verteilung der Erzeugnisse erteilt haben.

(8) Die zuständige Behörde kann auf Antrag des Rechteinhabers oder, sofern sie nach dem einzelstaatlichen Recht dazu befugt ist, von sich aus Zugang zu den vom Lizenznehmer geführten Büchern und Aufzeichnungen verlangen, und zwar zu dem alleinigen Zweck, sich davon zu überzeugen, dass die Lizenzbedingungen eingehalten wurden, insbesondere diejenigen, die den endgültigen Bestimmungsort der Erzeugnisse betreffen. Die Bücher und Aufzeichnungen enthalten einen Beleg für die Ausfuhr des Erzeugnisses in Form einer von der betreffenden Zollbehörde bestätigten Ausfuhrerklärung sowie einen Beleg für die Einfuhr von einer der in Artikel 6 Absatz 3 Buchstabe f genannten Stellen.

(9) Der Lizenznehmer hat dem Rechteinhaber eine angemessene Entschädigung zu zahlen, die von der zuständigen Behörde wie folgt festgesetzt wird:

a) In den in Artikel 9 Absatz 2 genannten Fällen wird die Entschädigung auf einen Höchstbetrag von 4% des Gesamtpreises festgesetzt, der vom einführenden Land bzw. für dieses bezahlt werden muss;

b) in allen anderen Fällen wird die Entschädigung unter Berücksichtigung des wirtschaftlichen Wertes der den betreffenden einführenden Ländern im Rahmen der Lizenz zugestandenen Nutzung sowie der humanitären oder nichtkommerziellen Umstände im Zusammenhang mit der Erteilung der Lizenz festgesetzt.

(10) Die Lizenzbedingungen gelten unbeschadet der Methode der Verteilung in dem einführenden Land. Die Verteilung kann beispielsweise durch eine der in Artikel 6 Absatz 3 Buchstabe f genannten Stellen unter kommerziellen oder nichtkommerziellen Bedingungen, auch völlig kostenlos, erfolgen.

11. Art 10. Die Bestimmung legt in wenig systematischer Zusammenstellung verschiedene Auflagen 23 („Bedingungen") für den Fall der Erteilung der Zwangslizenz fest. Dadurch soll sichergestellt werden, dass die unter der Zwangslizenz hergestellten Erzeugnisse nur für die Ausfuhr in die im Zwangslizenzantrag bezeichneten Länder verwendet werden.[7] Die Lizenzbedingungen hängen – mit Ausnahme der Höhe der Entschädigung (Abs 9) – nicht von der Methode der Verteilung in dem einführenden Land ab (Abs 10 Satz 1).

Unübertragbarkeit. Die Lizenz ist nur mit dem Betrieb übertragbar (Abs 1 Satz 1 1. Alt). 24

Die Lizenz ist nicht **ausschließlich** (Abs 1 Satz 1 2. Alt). 25

Sachliche Beschränkungen der Lizenz. Die Lizenz ist auf die Handlungen beschränkt, die für das 26 Herstellen des Erzeugnisses zwecks Ausfuhr und Verteilung in dem im Antrag genannten Land/den im Antrag genannten Ländern erforderlich sind (Abs 4 Satz 1). Grds darf das Erzeugnis nicht außerhalb des Hoheitsgebiets des im Antrag genannten Lands zum Verkauf angeboten oder in Verkehr gebracht werden, soweit nicht die Ausnahme in § 6 Nr 1 des Beschlusses des Allgemeinen Rats der WTO (Erwägungsgrund 2) eingreift (Abs 4 Satz 2). Damit ist ein Reimport ausgeschlossen.[8]

Mengenbegrenzung. Die Menge der lizenzierten Erzeugnisse darf nicht über den Bedarf des oder der 27 in dem Antrag genannten einführenden Lands (Länder) hinausgehen, wobei die Menge der aufgrund anderer Lizenzen hergestellten Erzeugnisse („Arzneimittel") zu berücksichtigen sind (Abs 2).

Entschädigung. Der Lizenznehmer hat dem Rechteinhaber eine angemessene Entschädigung zu zah- 28 len. Die Entschädigung wird von der zuständigen Behörde, dh in Deutschland vom BPatG, festgesetzt (Abs 9). Die Höhe der Entschädigung beträgt in den Fällen des Art 9 Abs 2 (nationaler Notstand; sonstige Umständen äußerster Dringlichkeit; nichtkommerzielle öffentlicher Nutzung) höchstens 4% des Gesamtpreises, der vom einführenden Land bzw für dieses bezahlt werden muss (Abs 9 Buchst a). In allen anderen Fällen wird die Entschädigung unter Berücksichtigung des wirtschaftlichen Werts der den betreffenden einführenden Ländern im Rahmen der Lizenz zugestandenen Nutzung sowie der humanitären oder nichtkommerziellen Umstände im Zusammenhang mit der Erteilung der Lizenz festgesetzt (Abs 9 Buchst b).

Notwendige Angaben. Die Geltungsdauer der Lizenz ist anzugeben (Abs 3), weiter sind die unter der 29 Zwangslizenz hergestellten Gegenstände klar zu kennzeichnen (Abs 5 mit detaillierten Vorgaben).

Veröffentlichung. Im Internet sind vom Lizenznehmer vor dem Transport in die einführenden Län- 30 der zu veröffentlichen die im Rahmen der Lizenz zu liefernden Mengen und die zu beliefernden einführenden Länder (Abs 6 Satz 1 Buchst a) und die Unterscheidungsmerkmale des betr Erzeugnisses (Abs 6 Satz 1 Buchst b). Die Website ist der zuständigen Behörde, dh in Deutschland dem BPatG, anzuzeigen (Abs 6 Satz 2).

Angaben gegenüber den Zollbehörden. Den Zollbehörden der Mitgliedstaaten sind detaillierte An- 31 gaben bezüglich der Eigenschaften der Erzeugnisse zugänglich zu machen (Abs 5 Satz 4).

---

7 *Kraßer* S 832 (§ 34 IV a 6).
8 *Schulte* § 24 Rn 42.

32   **Buchführungspflichten.** Der Lizenznehmer hat in seine Bücher und Aufzeichnungen einen Beleg für die Ausfuhr des Erzeugnisses in Form einer von der betreffenden Zollbehörde bestätigten Ausfuhrerklärung sowie einen Beleg für die Einfuhr von einer der in Art 6 Abs 3 Buchst f genannten Stellen aufzunehmen (Abs 8 Satz 2). Ein Einsichtsrecht des Lizenzgebers ergibt sich aus der Bestimmung nicht.[9]

33   **Überwachung.** Die zuständige Behörde, dh in Deutschland das BPatG, kann auf Antrag des Rechteinhabers Zugang zu den vom Lizenznehmer geführten Büchern und Aufzeichnungen verlangen. Dies dient ausschließlich dem Zweck, sich davon zu überzeugen, dass die Lizenzbedingungen eingehalten wurden (Abs 8 Satz 1). Auch das hierfür vorgesehene Verfahren ist in Deutschland als Klageverfahren ausgestaltet.[10] Dies bürdet dem BPatG ihm an sich fremde Pflichten einer Exekutivbehörde auf.

34   **Patentgeschützte Erzeugnisse im Einfuhrland.** Sofern die Erzeugnisse dem Patentschutz im Einfuhrland unterliegen, dürfen sie nur ausgeführt werden, wenn das Einfuhrland eine Zwangslizenz für die Einfuhr, den Verkauf und/oder die Verteilung der Erzeugnisse erteilt hat (Abs 7).

Artikel 11
Ablehnung des Antrags
      Die zuständige Behörde lehnt einen Antrag ab, wenn eine der in den Artikeln 6 bis 9 aufgeführten Voraussetzungen nicht erfüllt ist oder wenn der Antrag nicht die Angaben enthält, die notwendig sind, damit die zuständige Behörde die Lizenz nach Artikel 10 erteilen kann. Vor Ablehnung eines Antrags räumt die zuständige Behörde dem Antragsteller die Möglichkeit zur Stellungnahme und Richtigstellung ein.

35   **12. Art 11.** Die Bestimmung regelt die Ablehnung des Antrags, die erst nach Gewährung einer Möglichkeit zu Äußerung und neuen Angaben erfolgen darf. Die Ablehnung erfolgt in Deutschland durch Abweisung der Zwangslizenzklage.

Artikel 12
Benachrichtigung
      Wenn eine Zwangslizenz erteilt wurde, benachrichtigt der Mitgliedstaat den Rat für TRIPS über die Kommission von der Lizenzerteilung und den daran geknüpften besonderen Bedingungen. Die Benachrichtigung muss folgende Einzelheiten zu der Lizenz enthalten:
a)   Name und Anschrift des Lizenznehmers;
b)   die betroffenen Erzeugnisse;
c)   die zu liefernden Mengen;
d)   die Länder, in die die Erzeugnisse ausgeführt werden sollen;
e)   die Geltungsdauer der Lizenz;
f)   die Adresse der in Artikel 10 Absatz 6 genannten Website.

36   **13. Art 12.** Die Bestimmung regelt die Notwendigkeit der **Benachrichtigung** des Rats für TRIPS und der Kommission von der Erteilung der Zwangslizenz.

37   Sie regelt weiter den **Inhalt** der Benachrichtigung.

38   Die Pflicht zur Benachrichtigung trifft den **Mitgliedstaat.** Das innerstaatliche Recht bestimmt, wie und durch wen die Benachrichtigung zu erfolgen hat.

Artikel 13
Einfuhrverbot
      (1) Erzeugnisse, die unter einer gemäß dem Beschluss und/oder gemäß dieser Verordnung erteilten Zwangslizenz hergestellt wurden, dürfen nicht zur Überführung in den freien Verkehr, zur Wiederausfuhr, zur Überführung in ein Nichterhebungsverfahren oder zur Überführung in eine Freizone oder ein Freilager in die Gemeinschaft eingeführt werden.
      (2) Absatz 1 gilt nicht im Falle der Wiederausfuhr in das in dem Antrag genannte und auf der Verpackung des Erzeugnisses und den zugehörigen Unterlagen angegebene einführende Land oder die Überführung in ein Versand- oder Zolllagerverfahren oder in eine Freizone oder ein Freilager zum Zwecke der Wiederausfuhr in dieses einführende Land.

---

9   AA *Schulte* § 24 Rn 42.
10 Begr PatRVereinfModG S 33 f.

14. Art 13. Die Bestimmung regelt, dass die Erzeugnisse, die unter der Zwangslizenz hergestellt wor- **39** den sind, nicht in die Gemeinschaft eingeführt werden dürfen (Abs 1). Besteht der begründete Verdacht, dass gegen das Einfuhrverbot verstoßen wird, kommen zollbehördliche Maßnahmen (Art 14) in Betracht. Dies gilt nicht für den Fall der Wiederausfuhr in das Einfuhrland (Abs 2).

Artikel 14
Zollbehördliche Maßnahmen

(1) Besteht der begründete Verdacht, dass Erzeugnisse, die unter einer gemäß dem Beschluss und/oder dieser Verordnung erteilten Zwangslizenz hergestellt wurden, entgegen dem Verbot nach Artikel 13 Absatz 1 in die Gemeinschaft eingeführt werden, so setzen die Zollbehörden die Überlassung der betreffenden Erzeugnisse aus bzw. halten diese Erzeugnisse so lange zurück, bis die zuständige Behörde eine endgültige Entscheidung über die Beschaffenheit der Ware getroffen hat. Die Mitgliedstaaten stellen sicher, dass eine Stelle befugt ist zu überprüfen, ob eine derartige Einfuhr stattfindet. Der Aussetzungs- bzw. Zurückhaltungszeitraum darf höchstens zehn Arbeitstage betragen; er kann in Sonderfällen um höchstens weitere zehn Arbeitstage verlängert werden. Nach Ablauf dieser Frist werden die Erzeugnisse überlassen, sofern sämtliche Zollförmlichkeiten erfüllt wurden.

(2) Die zuständige Behörde, der Rechteinhaber und der Hersteller oder Ausführer der betreffenden Erzeugnisse werden unverzüglich über die Aussetzung der Überlassung oder die Zurückhaltung der Erzeugnisse unterrichtet und erhalten alle diesbezüglich verfügbaren Informationen. Dabei sind die einzelstaatlichen Rechtsvorschriften über den Schutz von personenbezogenen Daten, von Geschäfts- und Betriebsgeheimnissen sowie Berufs- und Amtsgeheimnissen gebührend zu beachten. Der Einführer und gegebenenfalls der Ausführer erhalten ausreichend Gelegenheit, der zuständigen nationalen Behörde die von ihnen als zweckdienlich erachteten Informationen über die Erzeugnisse zu erteilen.

(3) Bestätigt sich, dass die von den Zollbehörden von der Überlassung ausgesetzten oder zurückgehaltenen Erzeugnisse entgegen Artikel 13 Absatz 1 für die Einfuhr in die Gemeinschaft bestimmt sind, trifft die zuständige Behörde die nötigen Vorkehrungen, um sicherzustellen, dass diese Erzeugnisse gemäß den einzelstaatlichen Rechtsvorschriften beschlagnahmt werden und mit ihnen gemäß diesen Rechtsvorschriften verfahren wird.

(4) Das Verfahren zur Aussetzung der Überlassung oder der Zurückhaltung oder Beschlagnahme der Waren erfolgt auf Kosten des Einführers. Falls es nicht möglich ist, die entsprechenden Beträge vom Einführer einzuziehen, so können sie gemäß den einzelstaatlichen Rechtsvorschriften von jeder anderen Person eingezogen werden, die für den Versuch der unerlaubten Einfuhr verantwortlich ist.

(5) Wird in der Folge festgestellt, dass die von den Zollbehörden von der Überlassung ausgesetzten oder zurückgehaltenen Erzeugnisse nicht gegen Artikel 13 Absatz 1 verstoßen, so ordnet die Zollbehörde die Überlassung der Erzeugnisse an den Empfänger an, sofern alle Zollförmlichkeiten erfüllt sind.

(6) Die zuständige Behörde unterrichtet die Kommission über alle Entscheidungen bezüglich der Beschlagnahme oder Vernichtung, die gemäß dieser Verordnung getroffen werden.

15. Art 14. Die Bestimmung sieht zollbehördliche Maßnahmen vor, wenn der begründete Verdacht **40** besteht, dass die Erzeugnisse entgegen Art 13 Abs 1 in die Gemeinschaft eingeführt werden sollen. In diesem Fall sistieren die Zollbehörden die Erzeugnisse für 10 Tage mit Verlängerungsmöglichkeit um weitere 10 Tage.

Zuständige Behörde iSv Abs 2, 3, 6 ist das BPatG, dem insoweit exekutive Aufgaben im Bereich der **41** Zollverwaltung zugewiesen sind (vgl Rn 9 zu § 65). Gegen die Beschlagnahme durch das BPatG ist – anders als nach § 142a Abs 7 – kein Rechtsmittel, insb nicht die Berufung an den BGH, eröffnet. Dies erscheint unter dem Gesichtspunkt des Art 19 Abs 4 GG bdkl, weil das BPatG hier als Verwaltungsbehörde tätig wird.

Artikel 15
Ausnahmeregelung für persönliches Reisegepäck

Von den Artikeln 13 und 14 sind innerhalb der für Zollbefreiungen geltenden Grenzen Waren nicht gewerblicher Art ausgenommen, die im persönlichen Reisegepäck mitgeführt werden und für den persönlichen Gebrauch bestimmt sind.

16. Art 15. Die Bestimmung nimmt vom Einfuhrverbot und von zollbehördlichen Maßnahmen Waren **42** nicht gewerblicher Art im persönlichen Reisegepäck aus, die für den persönlichen Gebrauch bestimmt sind. Solche Waren werden ohnehin in aller Regel unter die Privilegierung des § 11 Nr 1 PatG fallen.

Artikel 16
Rücknahme oder Überprüfung der Lizenz

(1) Vorbehaltlich des angemessenen Schutzes der berechtigten Interessen des Lizenznehmers kann eine gemäß dieser Verordnung erteilte Zwangslizenz durch Entscheidung der zuständigen Behörde oder einer der in Artikel 17 genannten Stellen zurückgenommen werden, wenn die Lizenzbedingungen von dem Lizenznehmer nicht eingehalten werden. Die zuständige Behörde ist befugt, auf begründeten Antrag des Rechteinhabers oder des Lizenznehmers zu prüfen, ob die Lizenzbedingungen beachtet wurden. Diese Prüfung beruht gegebenenfalls auf der im einführenden Land erfolgten Bewertung.

(2) Die Rücknahme einer gemäß dieser Verordnung erteilten Lizenz wird dem Rat für TRIPS über die Kommission mitgeteilt.

(3) Die zuständige Behörde oder jegliche andere vom Mitgliedstaat benannte Stelle ist befugt, nach Rücknahme der Lizenz eine angemessene Frist festzusetzen, innerhalb der der Lizenznehmer dafür zu sorgen hat, dass alle Erzeugnisse, die sich in seinem Besitz, in seinem Gewahrsam, in seiner Verfügungsgewalt oder unter seiner Kontrolle befinden, zu seinen Lasten gemäß Artikel 4 umgeleitet werden in das zur Deckung des Bedarfs bedürftige Länder umgeleitet werden oder andernfalls entsprechend den Anordnungen der zuständigen Behörde oder einer anderen vom Mitgliedstaat benannten Stelle nach Rücksprache mit dem Rechteinhaber mit ihnen verfahren wird.

(4) Meldet das einführende Land, dass die Menge der pharmazeutischen Erzeugnisse nicht mehr ausreicht, um seinen Bedarf zu decken, so kann die zuständige Behörde auf Antrag des Lizenznehmers die Lizenzbedingungen abändern und die Herstellung sowie die Ausfuhr zusätzlicher Mengen des Erzeugnisses in dem zur Deckung des Bedarfs des betroffenen einführenden Landes erforderlichen Umfang genehmigen. In diesen Fällen wird der Antrag des Lizenznehmers in einem vereinfachten und beschleunigten Verfahren bearbeitet, in dessen Rahmen die in Artikel 6 Absatz 3 Buchstaben a und b genannten Angaben nicht erforderlich sind, sofern der Lizenznehmer die ursprüngliche Zwangslizenz angibt. In Fällen, in denen Artikel 9 Absatz 1 angewandt wird, jedoch die in Artikel 9 Absatz 2 genannte Ausnahmeregelung nicht angewandt wird, ist kein weiterer Nachweis für Verhandlungen mit dem Rechteinhaber erforderlich, sofern der geforderte zusätzliche Betrag nicht 25% des in der ursprünglichen Lizenz gewährten Betrags überschreitet. In Fällen, in denen Artikel 9 Absatz 2 angewandt wird, ist kein Nachweis für Verhandlungen mit dem Rechteinhaber erforderlich.

43   **17. Art. 16.** Die Bestimmung regelt Rücknahme und Überprüfung der Zwangslizenz.

44   Die **Rücknahme** der Zwangslizenz kann angeordnet werden, wenn der Lizenznehmer die Lizenzbedingungen (Art 10) nicht einhält. Das BPatG kann als zuständige Behörde die Einhaltung prüfen (Abs 1 Satz 2). Dabei kann eine Bewertung in dem einführenden Land zugrunde gelegt werden (Abs 1 Satz 3).

45   **Mitteilung.** Die Rücknahme wird über die Kommission dem Rat für TRIPS mitgeteilt (Abs 2).

46   **Abwicklung nach Rücknahme der Zwangslizenz.** Die Modalitäten regelt Abs 3.

47   Eine **Überprüfung der Lizenz** kommt in Betracht, wenn die lizenzierten Erzeugnisse den Bedarf nicht mehr decken. Hierfür kommt ein vereinfachtes und beschleunigtes Verfahren zur Anwendung, in dessen Rahmen die in Art 6 Abs 3 Buchst a, b EU-ZwangslizenzVO genannten Angaben nicht erforderlich sind, sofern der Lizenznehmer die ursprüngliche Zwangslizenz angibt (Abs 4 Satz 2). Unter bestimmten Umständen entfällt auch das Erfordernis vorheriger Verhandlung nach Art 9 EU-ZwangslizenzVO (Abs 4 Satz 3, 4).

Artikel 17
Rechtsmittel

(1) Rechtsmittel gegen Entscheidungen der zuständigen Behörde sowie Streitigkeiten über die Einhaltung der Lizenzbedingungen werden von der nach nationalem Recht zuständigen Instanz behandelt.

(2) Die Mitgliedstaaten stellen sicher, dass die zuständige Behörde und/oder die in Absatz 1 genannte Stelle befugt sind zu beschließen, dass ein Rechtsmittel gegen eine Entscheidung über die Erteilung einer Zwangslizenz aufschiebende Wirkung hat.

48   **18. Art. 17.** Gegen die Entscheidung des BPatG im Zwangslizenzverfahren ist das Rechtsmittel der Berufung zum BGH (§§ 110 ff) gegeben. Dies betrifft nicht nur die in § 81 Abs 1 Satz 1 anfallenden, sondern auch alle anderen Entscheidungen des BPatG nach der EU-ZwangslizenzVO mit Ausnahme der Beschlagnahme nach Art 14 EU-ZwangslizenzVO (Rn 41).

49   **Vorläufige Vollstreckbarkeit.** Abs 2 dürfte einer Anwendung von § 85 Abs 6 bei der EU-Zwangslizenz entgegenstehen (Rn 23 zu § 85).

Artikel 18
Sicherheit und Wirksamkeit von Arzneimitteln
(1) Betrifft der Antrag auf Erteilung einer Zwangslizenz ein Arzneimittel, kann sich der Antragsteller folgender Verfahren bedienen:
a) der wissenschaftlichen Begutachtung gemäß Artikel 58 der Verordnung (EG) Nr. 726/2004 oder
b) vergleichbarer Verfahren nach nationalem Recht, etwa wissenschaftlicher Begutachtungen oder Ausfuhrbescheinigungen, die ausschließlich für Märkte außerhalb der Gemeinschaft vorgesehen sind.
(2) Betrifft ein Antrag auf eines der vorstehend genannten Verfahren ein Erzeugnis, das ein Generikum eines Bezugsarzneimittels ist, das gemäß Artikel 6 der Richtlinie 2001/83/EG bereits zugelassen wurde bzw. zugelassen wird, so gelten die in Artikel 14 Absatz 11 der Verordnung (EG) Nr. 726/2004 und Artikel 10 Absätze 1 und 5 der Richtlinie 2001/83/EG genannten Schutzzeiten nicht.

19. Art 18. Die die Sicherheit und Wirksamkeit von Arzneimitteln betr Bestimmung berührt keine patentrechtl Belange. **50**

Artikel 19
Überprüfung
Drei Jahre nach Inkrafttreten dieser Verordnung und danach alle drei Jahre legt die Kommission dem Europäischen Parlament, dem Rat und dem Europäischen Wirtschafts- und Sozialausschuss einen Bericht über die Durchführung dieser Verordnung, gegebenenfalls mit angemessenen Plänen für Abänderungen, vor. Dieser Bericht betrifft insbesondere:
a) die Durchführung von Artikel 10 Absatz 9 zur Festsetzung der Entschädigung des Rechteinhabers,
b) die Durchführung des in Artikel 16 Absatz 4 genannten vereinfachten und beschleunigten Verfahrens,
c) die Frage, ob die Anforderungen gemäß Artikel 10 Absatz 5 ausreichen, um eine Verzerrung des Handels zu verhindern, und
d) den Beitrag dieser Verordnung zur Umsetzung des mit dem Beschluss geschaffenen Systems.

20. Art 19. Die Überprüfungsklausel betrifft keine spezifisch patentrechtl Aspekte. **51**

Artikel 20
Inkrafttreten
Diese Verordnung tritt am zwanzigsten Tag nach ihrer Veröffentlichung im Amtsblatt der Europäischen Union in Kraft.
Die Verordnung ist in allen ihren Teilen verbindlich und gilt unmittelbar in jedem Mitgliedstaat.

21. Art 20. Die VO ist am 9.6.2006 im ABl EU veröffentlicht worden. Sie ist mithin am 30.6.2006 in **52** Kraft getreten.

Anhang II zu § 24
Patentrechtliche Regelungen im Euratom-Vertrag, insbesondere Zwangslizenz

Ausland: Niederlande: Art 60 ROW 1995

Übersicht

Schrifttum: *Breith* Patente und Gebrauchsmuster für Staatsgeheimnisse, Diss München, Universität der Bundeswehr, 2002; *Finniss* Der technische Informationsaustausch und das Patentrecht im Euratomvertrag, GRUR Int 1958, 554; *Kelbel* Die Geheimerfindung, GRUR 1969, 155; *U. Krieger* (Bericht) GRUR Int 1963, 75; *Pelzer* Die rechtliche Problematik der Beschränkung der deutschen Atomwirtschaft durch den Euratom-Vertrag, DB 1962, 394; *Pfanner* Kommentar zum Vertrag über die Gründung der Europäischen Atomgemeinschaft (EURATOM), in: Handbuch für Europäische Wirtschaft Bd 18 III A 43; *Reimer/von Moltke* Erfindungs- und patentrechtliche Vorschriften im kommenden deutschen Atomenergierecht, 1956; *Sünner/Pfanner* Gewerblicher Rechtsschutz im Euratom-Vertrag, 1958.

A. Überblick

1   Die einschlägigen, fast unverändert fortgeltenden und auch nach Inkrafttreten des Vertrags von Lissabon am 1.12.2009 weitergeltenden Regelungen des (politisch allerdings in die Diskussion geratenen)[1] EAG-Vertrags[2] (Art 12, 14, 16–29, 144; „Euratom") sind unmittelbar geltendes Recht (die Änderungen durch das als Anlage zum Lissabon-Vertrag in Kraft gesetzten Protokoll Nr 2 zur Änderung des Vertrags über die Europäische Atomgemeinschaft betreffen die nachstehend genannten Bestimmungen nicht).[3] Sie regeln, soweit sie patentrechtl relevant sind, die Vergabe von Lizenzen an Patenten der Gemeinschaft sowie von Unterlizenzen an Lizenzen der Gemeinschaft (Art 12 EAG-Vertrag, dazu auch Art 144 EAG-Vertrag) sowie die Verbreitung von Kenntnissen (Art 14 EAG-Vertrag) und sehen Mitteilungspflichten an die Kommission vor (Art 16 EAG-Vertrag), weiter die Erteilung von Lizenzen im Weg des Schiedsverfahrens oder vAw (Art 17–23 EAG-Vertrag), Bestimmungen über die Geheimhaltung (Art 24–27 EAG-Vertrag), Haftungsregelungen (Art 27, 28 EAG-Vertrag) und schließlich eine Kompetenzregelung über den Abschluss von Vereinbarungen mit Drittstaaten (Art 29 EAG-Vertrag).

B. Informations- und Mitteilungstätigkeit der Kommission

2   I. Die **Verbreitung von** geschützten **Kenntnissen** Dritter ist in **Art 14 EAG-Vertrag** geregelt.

3   II. **Art 16 EAG-Vertrag** normiert **Mitteilungspflichten** der Mitgliedstaaten an die Kommission.[4]

C. Lizenzen

I. Schutzrechte der Gemeinschaft

4   **Art 12 EAG-Vertrag** regelt den Anspruch auf Erteilung von Lizenzen an Schutzrechten der Gemeinschaft sowie die Erteilung von Unterlizenzen an Vertragslizenzen der Gemeinschaft.

5   Über die Befugnisse des Gerichtshofs der Europäischen Union enthält **Art 144 EAG-Vertrag** Bestimmungen.

II. Schutzrechte Dritter

6   Art 17–23 EAG-Vertrag sehen die Erteilung von Zwangslizenzen im Weg des Schiedsverfahrens oder vAw vor. Die Regelung in Art 17 EAG-Vertrag unterscheidet zwischen Zwangslizenzen zugunsten der Gemeinschaft und der „gemeinsamen Unternehmen" und solchen zugunsten von Personen und Unternehmen in den Mitgliedstaaten. Die Voraussetzungen sind unterschiedlich. Der Schiedsausschuss ist durch VO (Euratom) des Rats Nr 7/63 vom 3.12.1963[5] eingerichtet; er besteht aus 15 Personen und tagt als Schiedsgruppe mit drei Mitgliedern.[6] Er ist Hilfsorgan der Gemeinschaft. Dem Schutzrechtsinhaber ist damit ein Wahlrecht eingeräumt, sich dem nationalen Zwangsverfahren oder dem Verfahren vor dem Schiedsausschuss zu unterwerfen.[7]

7   Schlägt der Schutzrechtsinhaber die Anrufung des Schiedsausschusses nicht vor, kann das nationale **Zwangslizenzverfahren** eingeleitet werden. Dieses richtet sich materiell nach dem EAG-Vertrag; Zustän-

---

1   Vgl Beschlussempfehlung und Bericht des 9. Ausschusses vom 28.11.2012 BTDrs 17/11713.
2   Vgl Begr BlPMZ 1957, 277 ff.
3   *U. Krieger* GRUR Int 1963, 75 f.
4   S hierzu die Mitteilung der Euratom-Kommission über die Behandlung der ihr mitgeteilten Patentanmeldungen, ABl EG vom 28.1.1960, 101 = GRUR Int 1960, 201.
5   ABl EG 180/28 vom 10.12.1963.
6   Vgl GRUR Int 1980, 96, 100.
7   Begr BlPMZ 1957, 277, 280.

digkeit (*4. Aufl* Anh zu § 15) und Verfahren richten sich nach nationalem Recht;[8] § 24 Abs 1 Satz 2, 3 sowie §§ 81 ff, 110 ff sind anwendbar. Für die Entschädigung gilt allein das in Art 22 EAG-Vertrag vorgesehene Verfahren. Auch der Streit nur über die Höhe der Entschädigung ist schiedsvertragsfähig.

III. Eine **Überprüfung aufgrund neuer Tatsachen** sieht **Art 23 EAG-Vertrag** vor. **8**

D. Geheimhaltung

Art 24–27 EAG-Vertrag sehen Bestimmungen über die Geheimhaltung vor;[9] ähnliche Regelungen ent- **9** halten Übk über die Weltraumforschung[10] und das Übk über die Zusammenarbeit bei Gaszentrifungen vom 4.3.1970 (Almelo-Übk);[11] ergänzt durch das Übk über die Zusammenarbeit bei der Zentrifugentechnologie vom 26.6.2006.[12] Die Mitgliedstaaten haben die Vorkehrungen zu beachten, die der vom Ursprungsstaat verlangte Geheimschutzgrad erfordert.

E. Eine besondere Bestimmung über die **Amtshaftung** enthält **Art 28 EAG-Vertrag.** **10**

§ 25
(Inlandsvertreter)

(1) Wer im Inland weder Wohnsitz, Sitz noch Niederlassung hat, kann an einem in diesem Gesetz geregelten Verfahren vor dem Patentamt oder dem Patentgericht nur teilnehmen und die Rechte aus einem Patent nur geltend machen, wenn er im Inland einen Rechtsanwalt oder Patentanwalt als Vertreter bestellt hat, der zur Vertretung im Verfahren vor dem Patentamt, dem Patentgericht und in bürgerlichen Rechtsstreitigkeiten, die das Patent betreffen, sowie zur Stellung von Strafanträgen bevollmächtigt ist.

(2) Staatsangehörige eines Mitgliedstaates der Europäischen Union oder eines anderen Vertragsstaates des Abkommens über den Europäischen Wirtschaftsraum können zur Erbringung einer Dienstleistung im Sinne des Vertrages zur Gründung der Europäischen Gemeinschaft als Vertreter im Sinne des Absatzes 1 bestellt werden, wenn sie berechtigt sind, ihre berufliche Tätigkeit unter einer der in der Anlage zu § 1 des Gesetzes über die Tätigkeit europäischer Rechtsanwälte in Deutschland vom 9. März 2000 (BGBl. I S. 182) oder zu § 1 des Gesetzes über die Eignungsprüfung für die Zulassung zur Patentanwaltschaft vom 6. Juli 1990 (BGBl. I S. 1349, 1351) in der jeweils geltenden Fassung genannten Berufsbezeichnungen auszuüben.

(3) Der Ort, an dem ein nach Absatz 1 bestellter Vertreter seinen Geschäftsraum hat, gilt im Sinne des § 23 der Zivilprozessordnung als der Ort, an dem sich der Vermögensgegenstand befindet; fehlt ein solcher Geschäftsraum, so ist der Ort maßgebend, an dem der Vertreter im Inland seinen Wohnsitz, und in Ermangelung eines solchen der Ort, an dem das Patentamt seinen Sitz hat.

(4) Die rechtsgeschäftliche Beendigung der Bestellung eines Vertreters nach Absatz 1 wird erst wirksam, wenn sowohl diese Beendigung als auch die Bestellung eines anderen Vertreters gegenüber dem Patentamt oder dem Patentgericht angezeigt wird.

MarkenG: § 96; **DesignG:** § 58
Ausland: Belgien: vgl Art 55–70 PatG 1984, Art 12 VO vom 27.2.1981; **Dänemark:** §§ 12, 66 PatG 1996; **Kosovo:** Art 128 PatG; **Litauen:** Art 10 Abs 3, 4 PatG; **Luxemburg:** vgl Art 83–85 PatG 1992/1998; **Niederlande:** Art 26 ROW 1995; **Österreich:** § 21 öPatG, geänd durch die Patent- und Markenrechtsnovelle 2014; **Schweden:** §§ 12, 71 PatG; **Schweiz:** Art 13 PatG, Art 48 PatV; **Serbien:** Art 4 PatG 2004; **Slowakei:** § 79 PatG; **Slowenien:** Art 128–133 GgE; **Tschech. Rep.:** § 70 PatG, geänd 2000; **Türkei:** Art 177 (handlungsberechtigte Personen) VO 551

---

8 Begr BlPMZ 1957, 277, 280.
9 Vgl *Breith* S 139.
10 Hinweis bei *Kelbel* GRUR 1969, 155, 166.
11 BGBl 1971 II 930, hierzu *Breith* S 139 f.
12 BGBl II 608.

Schrifttum (zur Vertretung vor dem EPA s die Hinweise vor Rn 98 vor § 34): *Bayer* Der Patentanwalt: Stellung und Aufgaben im Rechtssystem, 2002; *Dreiss* Zehn Gründe für eine Vertretungsbefugnis der Patentanwälte in Europa vor einem zukünftigen Europäischen Patentgericht, Mitt 2000, 475; *Gesthuysen* Die freiberufliche Tätigkeit des Patentanwalts und die Vertretungsrechte des Patentassessors, Mitt 1989, 174; *Gruber* Schweizerische Rechts- und Patentanwälte im deutschen Marken- und Patentverfahren, GRUR Int 2014, 1125; *Kelbel* Die neue Patentanwaltsordnung, Mitt 1966, 221; *Kelbel* Vertretung vor dem DPA und Bundespatentgericht, Mitt 1989, 162; *Kelbel* Die berufs- und standesrechtliche Stellung der Patentanwälte bei einer Mehrfachzulassung, Mitt 1993, 253; *Kern* Vertretung einer ausländischen Verfahrenspartei vor dem Bundespatentgericht, Mitt 1997, 162; *Kirchner* Zur Anwendung der Inlandsvertreterbestimmungen im Hinblick auf die Teilung Deutschlands, GRUR 1972, 416; *Stauder* Die Anwendung des EWG-Gerichtsstands- und Vollstreckungsübereinkommens auf Klagen im gewerblichen Rechtsschutz und Urheberrecht, GRUR Int 1976, 465; *H. Tetzner* Zwei aktuelle Fragen aus dem Patentrecht, GRUR 1973, 62.

A. Allgemeines

I. Geltungsbereich

1   Die zuvor seit längerem unveränderte Bestimmung (vor 1981 § 16) ist durch das KostRegBerG redaktionell und – entgegen der Gesetzesbegründung[1] – auch inhaltlich erheblich geänd worden. Insb ist ein neuer Abs 2 eingefügt worden, durch den die von der EG-Kommission beanstandete Benachteiligung der Rechts- und Patentanwälte aus den anderen Mitgliedstaaten der EU und aus den anderen EWR-Vertragsstaaten gegenüber den inländ Rechts- und Patentanwälten beseitigt werden soll (näher Rn 25f). Das PatRVereinfModG hat Abs 2 Satz 2 (Notwendigkeit eines Zustellungsbevollmächtigten) ersatzlos gestrichen. Damit hat die Bundesrepublik Deutschland eine Verurteilung durch den EuGH in einem Vertragsverletzungsverfahren wegen eines Verstoßes gegen die Dienstleistungsfreiheit vermieden.[2] An den Inlandsvertreter im EU-Ausland oder im EWR kann jetzt grds unmittelbar zugestellt werden, jedoch kann zusätzlich zum Inlandsvertreter ein Zustellungsbevollmächtigter (§ 167 BGB; vgl Rn 31, 53 zu § 127) im In-

---

1   BTDrs 14/6302, 60 ff = BlPMZ 2002, 36, 52.
2   Vgl auch BPatG 2.7.2009 35 W (pat) 17/06; *Schulte*[8] Rn 32f.

land bestellt werden, was sich zur Vermeidung von Verzögerungen empfehlen kann[3] (zur Situation in der Schweiz Rn 26).

Die Vorschrift gilt auch für **ergänzende Schutzzertifikate** (§ 16a Abs 2). **2**

Sie galt weiter für **erstreckte gewerbliche Schutzrechte** (§ 5 ErstrG). **3**

Schließlich gilt sie für **erteilte europäische Patente** (Art 2 Abs 2 EPÜ), während für eur Patentan- **4** meldungen bis zur Erteilung nach Art 133 EPÜ eine ähnliche Regelung gilt (vgl Rn 110 ff vor § 34).

Für das **Gebrauchsmusterrecht** enthält § 28 GebrMG eine parallele Regelung. **5**

II. Normzweck

Die § 96 MarkenG nachgebildete Regelung bezweckt in Anlehnung an die Regelung in § 87 ZPO,[4] dem **6** DPMA, dem BPatG (vor denen ein Anwaltszwang nicht besteht) und den anderen Verfahrensbeteiligten den Verkehr mit dem auswärtigen Beteiligten zu erleichtern, insb sollen Zustellungen im Ausland vermieden werden;[5] zudem beinhaltet die Vorschrift eine Gerichtsstandsregelung.[6] Sie enthält keine Beschränkung des Auswärtigen in seiner Postulationsfähigkeit (Rn 36).[7]

Kritik. Das Rechtsinstitut des Inlandsvertreters erscheint insofern fragwürdig, als hierdurch ein be- **7** sonderer Anwaltszwang für Auswärtige statuiert wird, der dem PatG ansonsten grds fremd ist. Gleichwohl stellt das Fehlen eines Inlandsvertreters ein Verfahrenshindernis dar („kann ... nur teilnehmen und die Rechte ... nur geltend machen"), obwohl einerseits der auswärtige Beteiligte selbst nicht in seiner Postulationsfähigkeit beeinträchtigt ist und andererseits der Inlandsvertreter im Verfahren selbst nicht tätig werden muss. Dies erscheint bei Verfahren vor dem BPatG im Hinblick auf den allg Justizgewährungsanspruch[8] bdkl. Vor dem Hintergrund auch der Regelung in § 127 Abs 1 Nr 2 wäre im Ergebnis allenfalls gerechtfertigt – und auch mit dem Grundsatz der Dienstleistungsfreiheit des EG-Vertrages vereinbar – anstelle der Regelung des Abs 1, entspr der in §§ 183, 184 ZPO getroffenen Regelung Auswärtigen die Benennung eines inländ Zustellungsbevollmächtigten aufzuerlegen, der kein Anwalt sein müsste und bei dessen Fehlen nicht die Teilnahme am Verfahren gehindert wäre, sondern der auswärtige Beteiligte lediglich das Zustellungsrisiko tragen müsste.[9] Jedenfalls aber sollte stets die Bestellung eines „einfachen" Verfahrensbevollmächtigten ausreichen. Der vom Gesetz in Abs 1 geforderte Umfang der Bevollmächtigung des Vertreters für einen Auswärtigen erscheint überzogen. So ist zB nicht erkennbar, weshalb im Rahmen eines Eintragungsverfahrens oder bei einer Umschreibung ein Inlandsvertreter zur Stellung von Strafanträgen bevollmächtigt sein muss. Seitens des BMJ wurden Überlegungen angestellt, ob das Erfordernis des Inlandsvertreters gegen die EU-Dienstleistungsrichtlinie vom 12.12.2006 verstößt.

B. Inlandsvertreter vor dem Deutschen Patent- und Markenamt

I. Normadressat

1. Grundsatz. Normadressat nach Abs 1 ist, wer im Inland weder einen Wohnsitz noch einen Sitz **8** noch eine Niederlassung hat („Auswärtiger"), gleichgültig, ob Ausländer oder Inländer.[10] Die Vorschrift gilt also auch für im Ausland ansässige Deutsche. In welcher Rolle der Auswärtige am Verfahren beteiligt

---

3 Vgl *Benkard* Rn 1e; *Schulte* Rn 25, 27; *Mes* Rn 20.

4 Vgl BGH GRUR 2009, 701 Niederlegung der Inlandsvertretung.

5 BGHZ 51, 269 = GRUR 1969, 437 Inlandsvertreter; BGH GRUR 1972, 536 akustische Wand; BPatG 19.10.2009 25 W (pat) 3/09, Markensache.

6 Vgl *Schulte* Rn 10.

7 RGZ 42, 92, 95 = BlPMZ 1899, 30 Korkschleifmaschine II; RPA Mitt 1935, 198 f; BGHZ 51, 269 = GRUR 1969, 437 f Inlandsvertreter; BGH GRUR 1972, 536 akustische Wand; BGH 16.12.1996 PatAnwZ 1/96 BGHR PatAnwO § 14 Abs 1 Nr 8 Nebenbeschäftigung 1; BGH 30.9.1969 X ZB 4/68; BPatGE 4, 160 f = GRUR 1964, 500; so auch Begr zu Art 7 Nr 9 KostRegBerG BTDrs 14/6203, 60 ff = BlPMZ 2002, 36, 52.

8 Vgl zB BVerfG NJW 200, 3117 mwN.

9 Vgl zum Verstoß der luxemb Regelung, wonach ein Patentanwalt eine Zustellanschrift bei einem inländischen Bevollmächtigten haben muss, gegen Art 10, 49 EG EuGH 6.3.2003 C-478/01 Slg 2003 I 2351 = RIW 2003, 382; BPatG 2.7.2009 35 W (pat) 17/06.

10 PA BlPMZ 1903, 36; vgl *Benkard* Rn 3 ff.

ist, ob als Antragsteller oder Antragsgegner, als Patentinhaber oder Einsprechender, als Nichtigkeitskläger oder Beklagter, ist unerheblich.

9   **2. Persönlicher Anwendungsbereich.** Auswärtiger in diesem Sinn ist, wer als natürliche Person nicht über einen Wohnsitz iSv §§ 7–11 BGB im Inland verfügt, oder als juristische Person oder einer solchen gleichgestellte Personenmehrheit nicht über einen Sitz (§§ 24, 80 BGB, § 5 AktG; so ausdrücklich der Wortlaut des Abs 1 Satz 1, womit klargestellt ist, dass für die Pflicht zur Bestellung eines Inlandsvertreters für juristische Personen und gleichzuachtende Handelsgesellschaften deren Sitz maßgebend ist)[11] oder nicht über eine Niederlassung im Inland verfügt (Abs 1).

10   **Niederlassung** (vgl § 21 ZPO) ist der Ort, an dem jemand auf längere Dauer ein Gewerbe ausübt,[12] sei es auch nur als Zweigniederlassung. Jedoch genügt eine selbstständige dt Kapitalgesellschaft nicht, auch nicht wenn sie zum gleichen Konzern wie der Auswärtige gehört.[13] Ebenso wenig genügt ein unselbstständiges Verkaufskontor, ein Außenbüro oder eine bloße Betriebsstelle.[14]

11   **Inland** ist das gesamte dt Staatsgebiet.

12   Eine **darüber hinausgehende Inländerbehandlung** Auswärtiger ergibt sich nicht aus Art 2 PVÜ. Vielmehr sind die Vorschriften über den Vertretungszwang für Auswärtige ausdrücklich aufrechterhalten worden (Art 2 Abs 3 PVÜ).[15]

II. Teilnahme an Verfahren; Geltendmachen von Rechten

13   **1. Grundsatz.** Der in Rn 8 ff umschriebene Personenkreis kann an einem im PatG geregelten Verfahren vor dem DPMA und dem BPatG nur teilnehmen und die Rechte aus einem Patent nur geltend machen, wenn er einen Inlandsvertreter bestellt hat. Die Vorschrift regelt somit eine Verfahrensvoraussetzung (zu den Folgen des Fehlens des Inlandsvertreters Rn 47 ff).

14   Die Bestimmung gilt nach Wortlaut und Entstehungsgeschichte **nicht für das Verfahren vor dem Bundesgerichtshof.** Für ihre entspr Anwendung besteht keine Veranlassung. Für das Berufungsverfahren enthält § 113 Satz 1 eine spezielle Vertretungsregelung,[16] für das Rechtsbeschwerdeverfahren stellt § 102 Abs 5 eine Vertretung durch beim BGH zugelassene Rechtsanwälte sicher. Ob es im Nichtigkeitsberufungsverfahren zunächst der Bestellung eines Inlandsvertreters im erstinstanzlichen Verfahren bedarf, hat der BGH offen gelassen,[17] aus dem Vorhandensein des Inlandsvertreters als in jeder Lage des Verfahrens zu beachtender Verfahrensvoraussetzung dürfte dies zu bejahen sein.[18]

15   **2. Teilnahme an Verfahren (Absatz 1).** Der Kreis der Angelegenheiten, die nur betrieben werden können, wenn ein Inlandsvertreter bestellt ist, ist sehr weit gezogen. Er umfasst alle Verfahren, für die das DPMA und das BPatG zuständig sind, sowie die Geltendmachung von Rechten aus dem Patent, dh insb alle bürgerlichen Rechtsstreitigkeiten, die das Patent betreffen, soweit es sich nicht um materiellrechtl Verpflichtungsgeschäfte und Verfügungen handelt (Rn 20 ff), sowie die Stellung von Strafanträgen (vgl § 142 Abs 1, 4; Rn 31 zu § 142). Art 7 Nr 9 KostRegBerG hat Abs 1 insoweit zwar – durch Zusammenführung der früheren Sätze 1 und 2 – neu gefasst. Eine inhaltliche Änderung war damit aber, wie die Begr ausdrücklich anmerkt, nicht beabsichtigt.[19] Die Bestellung des Inlandsvertreters ist Obliegenheit und nicht Rechtspflicht gegenüber dem DPMA oder Dritten.[20] Nach der Begr PatRVereinfModG sind Hinweise des DPMA auf diese Obliegenheit nicht erforderlich, wenn der Auswärtige das Verfahren selbst eingeleitet hat

---

11   Vgl Begr BTDrs 14/6203, 60 ff = BlPMZ 2002, 36, 53.
12   RPA Mitt 1935, 198.
13   BPatG 27.10.2011 21 W (pat) 6/07; RPA Mitt 1935, 198.
14   BPatG Mitt 1982, 77; *Schulte* Rn 13.
15   Vgl *Benkard* Rn 5; zur Vereinbarkeit mit dem EWG-Vertrag BGH GRUR 1994, 360 Schutzüberzug für Klosettbrillen.
16   BGH GRUR 1994, 360 Schutzüberzug für Klosettbrillen.
17   BGH Schutzüberzug für Klosettbrillen.
18   Vgl den BGH 10.7.2013 X ZR 98/11 zugrunde liegenden Sachverhalt; *Keukenschrijver* Patentnichtigkeitsverfahren[6] Rn 432; aA wohl *Benkard* Rn 7, 27, andererseits aber *Benkard* Rn 24, 28.
19   Vgl Begr BTDrs 14/6203, 60 ff = BlPMZ 2002, 36, 52.
20   BGH GRUR 2009, 701 Niederlegung der Inlandsvertretung; *Mes* Rn 4.

(zwh).[21] Nicht erfasst sind die Fälle, in denen den Patentinhaber nicht die Obliegenheit trifft, einen Inlandsvertreter zu bestellen, wie die bloße Innehabung des Patents, solange aus diesem keine Rechte geltend gemacht werden.[22]

Verfahren vor dem Patentamt und dem Patentgericht. Einen Inlandsvertreter braucht jeder, der **16** sich an einem Anmelde-, Prüfungs-, Einspruchs-, Akteneinsichts-, Wiedereinsetzungs-, Zwangslizenz-, Widerrufs- oder Beschränkungs-, Beschwerde- oder Nichtigkeitsverfahren oä beteiligen will. Generell sind alle Verfahren erfasst, die im PatG geregelt sind und die im Regelungsbereich des PatG eine Tätigkeit des DPMA oder des BPatG auslösen,[23] darüber hinaus nicht im PatG geregelte Verfahren, soweit auf § 25 verwiesen wird. Das gilt auch für vom PatG erfasste Verfahren, die eur Patente betreffen, wie das Nichtigkeitsverfahren.[24] Als Verfahren iSd Vorschrift wird auch die Umschreibung (§ 30) angesehen.[25] Bdkl ist insoweit die Auffassung, dass ein Inlandsvertreter entbehrlich ist, wenn einem Antrag ohne weiteres, dh ohne förmliche und zustellungsbedürftige Entscheidung und ohne Beteiligung eines Dritten, stattzugeben ist.[26]

Der Zwang, einen Inlandsvertreter zu bestellen, besteht auch bei **Verfahren nach dem Patentzu- 17 sammenarbeitsvertrag**, in denen das DPMA als Anmeldeamt (Art II § 1 IntPatÜG),[27] Bestimmungsamt oder als ausgewähltes Amt tätig wird (Art 7 PCT iVm Art III § 1 Abs 3, §§ 4, 6 IntPatÜG).[28]

Obgleich sie nicht die Stellung eines Verfahrensbeteiligten erwerben (§ 43 Abs 2 Satz 1), müssen auch **18 Dritte**, die einen Prüfungsantrag (oder einen GbmRechercheantrag, § 7 Abs 2 Satz 1 GebrMG) stellen, einen Inlandsvertreter hierfür benennen (§ 7 Abs 2 Satz 3 GebrMG; Rn 22 zu § 44); die Antragsberechtigung Dritter für die Recherche in Patentverfahren ist seit 1.4.2014 weggefallen.

Keine Verfahrensbeteiligung sind reine Tathandlungen wie die bloße Überwachung und Entrich- **19** tung von Gebühren[29] oder die bloße Nennung von StdT durch einen unbeteiligten Dritten (§ 43 Abs 3 Satz 3), die Benutzungsanzeige gem § 23 Abs 3.[30] Zur Bestellung eines Inlandsvertreters für die Einreichung von Übersetzungen bei eur Patenten Rn 10 zu Art XI § 4 IntPatÜG.

3. Die **Geltendmachung von Rechten** aus einem Patent umfasst sämtliche auf das Patent gestützten **20** bürgerlichen Rechtsstreitigkeiten wie Unterlassungs-, Auskunfts-, Feststellungs- und Schadensersatzklagen, Anträge auf einstweilige Verfügung, und zwar auch solche Anträge eines Lizenznehmers. Entschädigungsklagen aus der veröffentlichten Patentanmeldung werden nach dem Wortlaut der Bestimmung nicht erfasst, sollten aber jedenfalls im Analogieweg einzubeziehen sein.[31] Nicht erfasst sind Veräußerung und Verpfändung des Patents sowie die Lizenzerteilung.[32] Der auswärtige Beklagte (Verletzer) bedarf eines Inlandsvertreters grds nicht, es sei denn, dass er seinerseits Rechte aus dem (einem) Patent herleiten will.

Die **außergerichtliche Geltendmachung** von Rechten wird nicht erfasst.[33] **21**

Keines Inlandsvertreters bedarf es für **materiellrechtliche Verpflichtungsgeschäfte und Verfü- 22 gungen** über ein Patent[34] wie Veräußerung, Verpfändung, Lizenzerteilung, Verzicht auf das Patent (vgl Rn 21 zu § 20); dies wird aber dann nicht gelten, wenn die Wirksamkeit des Verzichts im Streit ist oder der Verzicht angefochten wurde) uä und für Klagen aus solchen Verträgen.

---

21 BlPMZ 2009, 307 ff, 318.
22 BGH Niederlegung der Inlandsvertretung und nachgehend BPatG 9.4.2009 10 W (pat) 56/06, gegen BPatG BlPMZ 2007, 421; BPatG GRUR 2009, 188; *Schulte* Rn 40; *Ströbele/Hacker* § 96 MarkenG Rn 8: bloßer Markenbesitz; vgl BGHZ 121, 58, 63 f = GRUR 1993, 476 Zustellungswesen; BPatG GRUR 2009, 185; *Benkard* Rn 33c.
23 *Schulte* Rn 15; vgl zum Antrag auf beschränkte Aufrechterhaltung im Einspruchsverfahren *Benkard* Rn 26b.
24 Vgl BGH Niederlegung der Inlandsvertretung; *Schulte* Rn 16.
25 BPatG 19.2.2008 27 W (pat) 225/05 GRUR-RR 2008, 414, Markensache.
26 *Ströbele/Hacker* § 96 MarkenG Rn 7; aA BPatG BlPMZ 2008, 256, 258; BPatG 2.7.2009 35 W (pat) 17/06; *Schulte* Rn 20.
27 Vgl *Schulte* Rn 17.
28 BPatG 11.1.2007 15 W (pat) 37/03; ebenso *Benkard* Rn 7a; *Schulte* Rn 17.
29 BPatG 8.9.1999 10 W (pat) 48/99; *Ströbele/Hacker* § 96 MarkenG Rn 8; im Ergebns ebenso *Büscher/Dittmer/Schiwy* Rn 7.
30 OLG Nürnberg GRUR 1996,48.
31 *Schulte* Rn 22; vgl zur Problematik *Benkard* Rn 31.
32 *Büscher/Dittmer/Schiwy* Rn 9.
33 *Ströbele/Hacker* Rn 13.
34 *Schulte* Rn 12; *Ströbele/Hacker* § 96 MarkenG Rn 11.

23   Auf **strafrechtlichem Gebiet** werden die Stellung von Strafanträgen (Abs 1 aE; § 142 Abs 4), Anträgen bei Grenzbeschlagnahme nach §§ 142a, 142b und Privatklagen erfasst.[35]

III. Vertreter

24   **1. Grundsatz; inländischer Rechtsanwalt oder Patentanwalt (Absatz 1).** Der Auswärtige muss „im Inland einen Rechtsanwalt oder einen Patentanwalt als Vertreter bestellt" haben. Gemeint sind in der Bundesrepublik Deutschland als Rechtsanwalt (nicht als BGH-Anwalt, vgl § 172 BRAO) oder als Patentanwalt zugelassene Personen[36] und deren allgemeine Vertreter (§ 46 PAO)[37] sowie Rechtsanwalts- und Patentanwaltsgesellschaften.

25   **2. Ausländischer Rechtsanwalt oder Patentanwalt (Absatz 2).** Nach Abs 2 (zum Hintergrund 7. *Aufl*) können nicht nur inländ Rechts- und Patentanwälte, sondern auch solche aus einem **anderen Mitgliedstaat** der EU oder einem anderen EWR-Vertragsstaat (Island, Liechtenstein, Norwegen) als Vertreter iSv Abs 1 bestellt werden. Voraussetzung ist, dass sie berechtigt sind, ihre berufliche Tätigkeit unter einer der Berufsbezeichnungen auszuüben, die in der Anlage zu § 1 EuRAG (Gesetz über die Tätigkeit europäischer Rechtsanwälte in Deutschland vom 9.3.2000)[38] oder in der Anlage zu § 1 des Gesetzes über die Eignungsprüfung für die Zulassung zur Patentanwaltschaft vom 6. Juli 1990[39] genannt sind (Abs 2 Satz 1). Die Zustellung an sie erfolgt nach § 127 und den Bestimmungen des VwZG.

26   Für die nicht der EU und dem EWR zugehörige **Schweiz** ist die Anerkennung von Berufsqualifikationen seit Juni 2002 über das Abk zwischen der Europäischen Gemeinschaft und ihren Mitgliedstaaten einerseits und der Schweizerischen Eidgenossenschaft andererseits über die Freizügigkeit gewährleistet. Die Einbeziehung der Rechts- und Patentanwälte aus der Schweiz in die Vertretungsberechtigung durch das EurRAÄndG vom 26.10. 2003[40] (die Schweizer Patentanwälte wurden durch Art 47 des 2. KostRMoG vom 23.7.2013[41] in den Anwendungsbereich des Gesetzes über die Eignungsprüfung für die Zulassung zur Patentanwaltschaft ausdrücklich einbezogen) hat im Rahmen des § 25 keinen Niederschlag gefunden, so dass diese zwar auftreten, nicht aber als Inlandsvertreter bestellt werden können; dies wird als korrekturbedürftig angesehen.[42]

27   **3. Patentassessor.** Auch ein Patentassessor (§ 155 PAO) kann – eingeschränkt – zum Inlandsvertreter bestellt werden. Dies setzt voraus, dass der Patentassessor im Geltungsbereich der PAO in einem ständigen Dienstverhältnis – dh für einen hier niedergelassenen Dienstherrn – auf dem Gebiet des gewerblichen Rechtsschutzes tätig ist und im Rahmen dieses Dienstverhältnisses der Vertretungsbedarf iSv §§ 3, 4 PAO für den Dritten anfällt, der Dritte und der Dienstherr des Patentassessors im Verhältnis von Konzernunternehmen (§ 18 AktG) oder Vertragsteilen eines Unternehmensvertrags (§§ 291, 292 AktG) stehen, der Dritte im Inland weder Wohnsitz noch Niederlassung hat und dem Dienstherrn des Patentassessors vertraglich die Wahrnehmung seiner Rechte auf dem Gebiet des gewerblichen Rechtsschutzes übertragen hat.[43] Diese Regelung gilt nach § 155 Abs 3 PAO nicht für Patentanwälte in ständigen Dienst- oder ähnlichen Beschäftigungsverhältnissen.

28   **4. Erlaubnisscheininhaber.** Auch ein eng begrenzter Kreis von Erlaubnisscheininhabern (Alt-Erlaubnisscheininhaber, vgl dazu § 178 Abs 1 PAO) konnte zu Inlandsvertretern bestellt werden, soweit ihnen der PräsDPA diese Befugnis auf einen Antrag, der bis zum 1.7.1967 gestellt werden konnte, erteilt hat (§ 178 Abs 2 PAO). § 178 PAO wurde zwar durch das Gesetz zur Modernisierung von Verfahren im patent-

---

35   Vgl *Mes* Rn 16.
36   *H. Tetzner* GRUR 1973, 62 f.
37   DPA BlPMZ 1954, 23; vgl BPatG Mitt 2006, 141.
38   BGBl I 182.
39   BGBl I 1349, 1351.
40   BGBl I 2074 = BlPMZ 2003, 407.
41   BGBl I 2586, Auszug in BlPMZ 2013, 403.
42   AA offenbar *Schulte* Rn 28; vgl *Gruber* GRUR Int 2014, 1125, 1128; *Benkard* Rn 36.
43   Vgl dazu BPatG 11.1.2011 21 W (pat) 1/07; BPatGE 13, 19.

anwaltlichen Berufsrecht (PatAnwVfModG)[44] aufgehoben, die Vorschrift gilt aber nach § 160 PAO unverändert weiter. Die Regelung dürfte inzwischen wegen Zeitablaufs obsolet sein.

5. Bestellung des Inlandsvertreters

a. Mindestumfang der Vollmacht (Abs 1). Die Bestellung des Inlandsvertreters erfolgt durch eine **29** Bevollmächtigung mindestens in dem in Abs 1 umschriebenen Umfang. Die Zusammenführung der früheren Sätze 1 und 2 des Abs 1 zu einem neuen Abs 1 hat inhaltlich nichts geänd;[45] sie soll nur dem Eindruck vorbeugen, dass der Vertreter in allen genannten Verfahren vertreten könne, zB auch in Verfahren, in denen Vertretungszwang herrscht.[46] Eine Vollmacht, die den gesetzlichen Mindestumfang unterschreitet, erfüllt nicht die Voraussetzungen des Abs 1 und steht der Nichtbestellung eines Inlandsvertreters in ihren Rechtsfolgen (Rn 47 ff) gleich. Zur Vermeidung von Missverständnissen empfiehlt sich eine Bevollmächtigung „im Umfang des § 25 Abs 1 PatG".[47]

b. Bevollmächtigung; Registereintrag. Eine Bevollmächtigung ist an sich nicht formgebunden. Je- **30** doch ist für das DPMA für ihren Nachweis die schriftliche Vorlage erforderlich. Das findet seine Rechtfertigung darin, dass der Inlandsvertreter und der Zustellungsbevollmächtigte – insoweit gebührenfrei – im Patentregister einzutragen sind (§ 30 Abs 1 Satz 1, Abs 3 Satz 1) und das Vorhandensein eines Inlandsvertreters in jeder Lage des Verfahrens vAw und erst Recht auf Rüge zu prüfen ist,[48] und zwar trotz § 15 Abs 4 DPMAV auch bei Anwälten. Diese Vorschrift ist § 97 Abs 6 Satz 2 nachgebildet, dessen Anwendbarkeit auf die Inländervollmacht umstr ist. § 97 Abs 6 Satz 2 und § 15 Abs 4 DPMAV beziehen sich auf die in § 97 Abs 1 Satz 1 angesprochene freie Entscheidung eines Beteiligten, sich vertreten zu lassen. Ob diese Regelungen auf die zwingend vorgeschriebene (§ 97 Abs 1 Satz 2) und als Verfahrensvoraussetzung ausgebildete Bestellung eines Inlandsvertreters übertragen werden können, ist str (vgl die Kommentierungen in der *6. Aufl* und der *7. Aufl*);[49] für die abl Auffassung spricht, dass es insoweit auf den Umfang der Vollmacht ankommt und die Regelung in § 25 vorrangig ist.[50] Zugelassene Rechtsanwalts- und Patentanwaltsgesellschaften mit beschränkter Berufshaftung können als Bevollmächtigte in einer Allgemeinen Vollmacht benannt werden (§ 59 Abs 1 BRAO, § 52 Abs 1 PAO).[51] Erteilung einer Untervollmacht ist auch an Personen außerhalb des zugelassenen Kreises möglich.[52]

c. Allgemeine Vollmacht. Das DPMA bietet die Möglichkeit, dort Allgemeine Vollmachten (und An- **31** gestelltenvollmachten) zu hinterlegen. Die Allgemeine Vollmacht hat einen standardisierten Text. Sie erstreckt sich auf alle Angelegenheiten, die zum Geschäftskreis des DPMA gehören, und schließt insb die Bestellung zum Inlandsvertreter ein, deren Ausschluss – wie überhaupt jede Änderung ihres Inhalts – unzulässig ist.[53]

Im **Verfahren vor dem BPatG** ist die Berufung auf eine allg Vollmacht nicht zulässig (§ 97 Abs 5).[54] **32** Es genügt jedoch, wenn sich eine Vollmacht nach § 25 bei der beigezogenen DPMA-Akte befindet[55] oder der Inlandsvertreter als solcher in das Patentregister eingetragen ist (§ 30 Abs 1 Satz 1 iVm § 30 Abs 3 Satz 2).[56] Die allg Prozessvollmacht umfasst nicht die Inlandsvertretervollmacht.[57]

---

44   BGBl I 2009, 2827 = BlPMZ 2009, 365.
45   Begr Art 7 Nr 9 KostRegBerG BTDrs 14/6203, 60 ff = BlPMZ 2002, 36, 52.
46   Begr Art 7 Nr 9 KostRegBerG BTDrs 14/6203, 60 ff = BlPMZ 2002, 36, 52.
47   *Benkard* Rn 14a; *Mes* Rn 9; *Ströbele/Hacker* § 96 MarkenG Rn 18; vgl aber BPatG GRUR 2009, 185, 187.
48   BPatGE 22, 37 = GRUR 1979, 699; BPatG 12.11.2008 7W (pat) 305/05; RPA BlPMZ 1937, 195; RPA BlPMZ 1938, 211.
49   Bejahend BPatG (23. Senat) BPatGE 54, 276 = Mitt 2014, 426 in Auseinandersetzung mit der Gegenmeinung; verneinend BPatG 16.11.2010 21 W (pat) 10/08; BPatG 11.1.2011 21 W (pat) 1/07; BPatG Mitt 2015, 574.
50   Vgl *Schulte* § 97 Rn 5; BPatG 27.10.2011 21 W (pat) 6/07; BPatG Mitt 2015, 574; vgl auch BPatG 12.11.2008 7 W (pat) 305/05; BPatG BlPMZ 1996, 505, Markensache.
51   MittPräs DPMA Nr 7/99 BlPMZ 1999, 269.
52   *Büscher/Dittmer/Schiwy* Rn 15.
53   MittPräsDPMA Nr 6/06 BlPMZ 2006, 165.
54   Vgl BPatG 16.11.2010 21 W (pat) 10/08; BPatG Mitt 1973, 18; *Schulte* Rn 31; *Horn* Mitt 1962, 166.
55   BPatGE 1, 119 = BlPMZ 1961, 398.
56   BPatGE 28, 219 f = GRUR 1987, 359.
57   BPatG 16.11.2010 21 W (pat) 10/08.

33   **d. Wirkung.** Die Vollmacht gem Abs 1 bzw gem Abs 2 Satz 2 bewirkt – entspr ihrer Zweckbestimmung –, dass dem bevollmächtigten Vertreter alle Akte des DPMA und des BPatG wirksam zugestellt werden können (und müssen (vgl Rn 33 zu § 127).

34   Soweit erforderlich und möglich ist der Umfang der Vollmacht durch Auslegung gem § 133 BGB zu ermitteln.[58] Die Vollmacht nach Abs 1 **berechtigt** den Inlandsvertreter grds **zu allen** die Anmeldung oder das Patent betr **Verfahrenshandlungen**, auch wenn sie gleichzeitig materiellrechtl Gehalt haben, vor dem DPMA, dem BPatG und in bürgerlichen Rechtsstreitigkeiten, insb auch zur Teilung, zur Beschränkung und Rücknahme der Anmeldung,[59] weiter zum Stellen von Strafanträgen und zur Wahrnehmung der Rechte des Patentinhabers im Strafverfahren sowie zur Einlegung und zur Rücknahme von Rechtsmitteln[60] und zur Unterbevollmächtigung, selbst von Personen, die nicht zum Kreis der möglichen Inlandsvertreter (Rn 24 ff) gehören.[61]

35   Die Vollmacht nach Abs 1 berechtigt **nicht** ohne weiteres zu **rein materiellrechtlichen Verfügungen** über das Patent oder die Anmeldung, wie zB zur Übertragung des Patents, zur Lizenzerteilung oder zum Patentverzicht[62] oder zur Erklärung der Lizenzbereitschaft.[63] Die allg Vollmacht (Rn 31 f) schließt sie jedoch seit 1971 ein (Rn 27 zu § 23).

36   Die Vollmacht **beschränkt** den Auswärtigen **nicht** in seiner **Postulationsfähigkeit** (vgl auch Rn 6),[64] begründet keine Verpflichtung des Inlandsvertreters zum Tätigwerden und hindert den Auswärtigen nicht – uU durch einen weiteren Bevollmächtigten,[65] der nicht die Voraussetzungen eines Inlandsvertreters erfüllen muss[66] –, Verfahrenshandlungen vorzunehmen. Wird der Inlandsvertreter jedoch tätig, muss der Auswärtige seine Handlungen, soweit sie von der Vollmacht gedeckt sind, gegen sich gelten lassen.[67]

37   **e. Handeln ohne Vertretungsmacht.** Handlungen, die der Inlandsvertreter ohne die erforderliche Vertretungsmacht vornimmt, kann der Vertretene genehmigen,[68] fristgebundene Handlungen auch nach Fristablauf, da es sich beim Fehlen der Vollmacht um ein bis zu einer endgültigen Entscheidung behebbares Verfahrenshindernis (Rn 47) handelt.[69]

38   **f.** Prüfung vAw erfolgt in **Patentstreitsachen** auch vor den Zivilgerichten, die Präklusionsvorschrift des § 532 ZPO ist nicht anzuwenden.[70]

6. Erlöschen der Vollmacht

39   **a. Grundsatz.** Das **Erlöschen der Vollmacht** folgt den allg Regeln (§§ 168, 672, 673 BGB), es bestimmt sich in erster Linie nach dem Inhalt der Vollmacht selbst bzw nach dem der Erteilung zugrunde liegenden Rechtsverhältnis (§ 168 Satz 1 BGB); das bedeutet zB, dass die für einen Einzelfall erteilte Vollmacht mit dessen Erledigung (Rücknahme bzw Zurückweisung der Anmeldung, Widerruf oder Nichtigerklärung des Patents, auf das sie sich bezog, o.ä.) endet.

40   Die Vollmacht endet auch durch **Widerruf** seitens des Vertretenen (§ 168 Satz 2 BGB) oder durch **Niederlegung** seitens des Inlandsvertreters. Abs 4 enthält eine § 87 Abs 1 ZPO entspr Regelung, wonach die rechtsgeschäftliche Beendigung (Kündigung oder Niederlegung) der Vertretung in einem anhängigen

---

58   BPatGE 1, 25 = BlPMZ 1962, 75.
59   BGH GRUR 1972, 536 f akustische Wand; BPatGE 1, 21 f = BlPMZ 1962, 45; *Schulte* Rn 33.
60   RG BlPMZ 1897, 147 Berufungseinlegung im Nichtigkeitsverfahren.
61   DPA BlPMZ 1954, 229, 439.
62   BPatGE 30, 130, 132 mwN; DPA BlPMZ 1952, 408; *Schulte* Rn 34.
63   BPatGE 9, 147 = Mitt 1967, 218; BPatGE 24, 41 f; DPA Mitt 1955, 58.
64   BGHZ 51, 269 = GRUR 1969, 437 f Inlandsvertreter; BGH GRUR 1972, 536 f akustische Wand.
65   BGH Inlandsvertreter; PA MuW 18, 143; BPatGE 4, 160 f = GRUR 1964, 500; *Benkard* Rn 23.
66   BPatGE 4, 160 = GRUR 1964, 500; BPatG Mitt 1997, 161, Markensache.
67   RGZ 42, 92, 95 = BlPMZ 1899, 30 Korkschleifmaschine II; BPatGE 4, 160.
68   RG BlPMZ 1906, 39 Kratzenbelag.
69   BPatG BlPMZ 2007, 421 f; aA 6. *Aufl* unter Berufung auf BPatG Mitt 1987, 14; vgl auch BGHZ 128; 280 = GRUR 1995, 333 Aluminium-Trihydroxid; OLG Düsseldorf 13.8.2015 15 U 3/14 und 15 U 4/14; insoweit handelt es sich bei BGH GRUR 2009, 701 ff (Nr 18: unbehebbarer Mangel) Niederlegung der Inlandsvertretung um eine offensichtliche Unrichtigkeit.
70   OLG Düsseldorf 13.8.2015 15 U 3/14 und 15 U 4/14.

Verfahren erst mit der Bestellung eines anderen Bevollmächtigten Wirkung erlangt; für den im Register eingetragenen Inlandsvertreter vgl Rn 43.[71] Der vorherige Rechtszustand ist als unbefriedigend empfunden worden, weil bei Ausscheiden eines Inlandsvertreters nicht gewährleistet war, dass alsbald ein anderer an seine Stelle trat, so dass Zustellungen im Ausland erforderlich werden konnten.[72]

b. Erlöschen bei eingetragenem Inlandsvertreter. Nach dem vor dem 1.1.2002 geltenden Recht war **41** zwar sichergestellt, dass ein in der Rolle eingetragener Inlandsvertreter nach Erlöschen seines Mandats nach Maßgabe des PatG berechtigt und verpflichtet blieb, bis das Erlöschen seiner Bevollmächtigung in der Rolle vermerkt war (§ 30 Abs 3 Satz 3 aF).[73] Daran hat sich auch durch das KostRegBerG nichts geänd. Denn die Vorschrift (jetzt § 30 Abs 3 Satz 2) ist insoweit nicht geänd worden. Jedoch ist die aufgrund der Änderung des § 25 überholte ausdrückliche Einbeziehung des Zustellungsbevollmächtigten auf diesen erstreckt worden (vgl Art 7 Nr 13 KostRegBerG).[74]

Das DPMA hatte seine Zustellungen schon nach dieser Vorschrift bis zum **Vermerk der Änderung** im **42** Register weiterhin an den dort eingetragenen Inlandsvertreter[75] oder Zustellungsbevollmächtigten zu richten. Solche Zustellungen sind auch dann wirksam, setzen eine Rechtsmittelfrist in Lauf, wenn die Zustellung später gegenüber einem neuen, nicht im Register eingetragenen Inlandsvertreter wiederholt wird.[76]

Abs 4 stellt sicher, dass der Inlandsvertreter bei Erlöschen seines Mandats in jedem Fall ersetzt wird,[77] **43** jedoch nach der Gesetzessystematik nur, wenn eine Obliegenheit zur Bestellung eines Inlandsvertreters (Rn 15) besteht,[78] dh ein Verfahren iSd Abs 1 tatsächlich anhängig ist,[79] indem er die Wirksamkeit der **rechtsgeschäftlichen Beendigung der Bestellung eines Vertreters** nach Abs 1 (wohl auch nach Abs 2 Satz 1) davon abhängig macht, dass nicht nur die Beendigung, sondern auch die **Bestellung eines anderen Vertreters** gegenüber dem DPMA oder dem BPatG angezeigt wird.[80]

Mit der Anzeige ist der neue Vertreter legitimiert; auch wenn § 30 Abs 3 Satz 2 für diesen Fall nicht **44** ausdrücklich ausgeschlossen ist, können der Übergang der Legitimation oder die Wirksamkeit der Bestellung des neuen Vertreters nicht von der **Eintragung des Vertreterwechsels** abhängig gemacht werden (vgl Rn 98, 102 zu § 30).[81] Der noch Eingetragene bleibt allerdings nach § 30 Abs 3 Satz 2 neben dem neuen weiterhin berechtigt und verpflichtet,[82] bis dem DPMA oder dem BPatG auch die Beendigung der Vertretung angezeigt ist.[83] Eine Übergangsregelung, wie sie in § 165 Abs 7 MarkenG aF bestand, ist im PatG nicht getroffen, warum, lässt sich der Begr nicht entnehmen; Grund könnte aber die schon bestehende Regelung in § 30 Abs 3 Satz 3 aF (jetzt Satz 2) sein.[84] Die mit dieser Regelung verbundenen Auswirkungen auf den Inlandsvertreter begründen unter der Auslegung durch den BGH[85] keinen Grundrechtsverstoß.[86]

Die Vollmacht endet mit dem **Tod des Inlandsvertreters** (§ 673 BGB), der das Verfahren mangels Be- **45** einträchtigung der Postulationsfähigkeit des Auswärtigen jedoch nicht gem § 244 ZPO unterbricht. Sie endet dagegen nicht mit dem Tod oder der Geschäftsunfähigkeit des Vertretenen (§ 86 ZPO; § 672 BGB).[87]

---

71 BPatGE 1, 31 f; BPatGE 2, 19 = GRUR 1965, 82; BPatGE 15, 204; BPatGE 17, 11 ff = BlPMZ 1975, 146; BPatGE 22, 37 = GRUR 1979, 699; BPatG BlPMZ 1994, 292 f; BPatG Mitt 1995, 174; aA BPatG GRUR 2002, 369; BPatG 10.2.2005 25 W (pat) 163/03, Markensache, sowie für den Fall, dass der Inlandsvertreter im Register eingetragen ist, BPatGE 28, 219 = GRUR 1987, 359.

72 Begr BTDrs 14/6203, 60 ff, 69 = BlPMZ 2002, 36, 53, 58.

73 BPatGE 28, 219 = GRUR 1987, 359; BPatG BlPMZ 1988, 253; BPatG BlPMZ 1996, 357.

74 Begr BTDrs 14/6203, 60 ff = BlPMZ 2002, 36, 53.

75 BPatGE 28, 219 = GRUR 1987, 359.

76 BPatG BlPMZ 1996, 357; aA BPatGE 34, 186; BPatG BlPMZ 1994, 292 f; BPatG Mitt 1995, 174; vgl näher *5. Aufl* Rn 34.

77 BPatG 9.4.2009 10 W (pat) 29/05; vgl *Benkard* Rn 33a f; *Mes* Rn 11.

78 BGH GRUR 2009, 701 Niederlegung der Inlandsvertretung; vgl *Benkard* Rn 33d; *Mes* Rn 6; *Büscher/Dittmer/Schiwy* Rn 21.

79 BGH Niederlegung der Inlandsvertretung.

80 Vgl MittPräsDPMA Nr 9/05 BlPMZ 2005, 41, aufgehoben durch MittPräsDPMA Nr 4/09 BlPMZ 2009, 241.

81 Vgl BPatG GRUR 2014, 1029 „Astaxanthin".

82 Vgl BPatGE 28, 219 = GRUR 1987, 305; BPatG BlPMZ 1988, 253; BPatG BlPMZ 1998, 393, 401.

83 MittPräsDPMA Nr 4/09 BlPMZ 2009, 241; *Schulte* Rn 38.

84 BPatG GRUR 2009, 188, Markensache.

85 Vgl BGH Niederlegung der Inlandsvertretung.

86 Vgl BPatG BlPMZ 2007, 421.

87 Vgl *Schulte* Rn 37.

46 Verlegt der Auswärtige seinen **Sitz ins Inland**, wird zwar die Bestellung zum Inlandsvertreter gegenstandslos, die Vollmacht bleibt aber iZw davon unberührt.

9. Folgen des Fehlens eines Inlandsvertreters

47 **a. Allgemeines.** Das Vorhandensein eines Inlandsvertreters nach Abs 1, nicht dessen Tätigwerden, ist Voraussetzung für die Teilnahme des Auswärtigen an Verfahren vor DPMA und BPatG oder die Geltendmachung von Rechten aus einem Patent. Die Bestellung eines Inlandsvertreters und deren Nachweis stellen eine Obliegenheit dar, deren Nichtbeachtung zu Lasten der betroffenen Partei zu einem Verfahrenshindernis führt.[88] Als Verfahrensvoraussetzung unterliegt die Vollmacht ungeachtet dessen, dass die Bestellung des Inlandsvertreters nicht als Rechtspflicht qualifiziert wird, nicht wie allg Verfahrensvollmachten der eingeschränkten Prüfung nach § 97 Abs 6 Satz 2; § 88 Abs 2 ZPO. Es handelt sich um eine verfahrensrechtl Voraussetzung für den sachlichen Fortgang des Verfahrens.[89] Ihr Fehlen begründet ein behebbares Verfahrenshindernis,[90] materiellrechtl Wirkungen hat es nicht.[91] Der Vollmachtsnachweis ist dabei in der Weise zu führen, dass die Vertretungsmacht auf den auswärtigen Verfahrensbeteiligten zurückgeführt werden kann; ist die Vollmacht von einem Vertreter einer Partei unterzeichnet worden, ist der Nachweis der Vertretungsmacht dieses Vertreters Teil des Nachweises der Vollmacht.[92] Die vor Einsetzung eines Inlandsvertreters (oder vor Einsetzung eines neuen Inlandsvertreters nach Wegfall des früheren, Rn 41ff) vorgenommenen Verfahrenshandlungen sind nicht unwirksam,[93] sondern mit einem behebbaren Mangel behaftet, der aber bis zu seiner Behebung jeder Sachprüfung entgegensteht (Rn 51).[94] Der Wegfall des Inlandsvertreters berührt die Wirksamkeit der zuvor von ihm vorgenommenen Verfahrenshandlungen nicht.[95]

48 **b. Teilnahme an Verfahren vor dem Patentamt und dem Patentgericht.** Im Verfahren vor dem DPMA und dem BPatG, nicht aber im Verfahren vor dem BGH (Rn 14), wird der Auswärtige daher zunächst aufgefordert, den Mangel durch Bestellung eines (neuen) Inlandsvertreters zu beheben. Erst wenn er dieser Aufforderung binnen einer zu setzenden (nicht wiedereinsetzungsfähigen)[96] Frist nicht nachkommt, wird seine Anmeldung,[97] im Einspruchsverfahren sein Einspruch zurückgewiesen, im Beschwerdeverfahren seine Beschwerde als unzulässig verworfen,[98] im Nichtigkeitsverfahren seine Nichtigkeitsklage als unzulässig abgewiesen, seine Erklärung zur Nichtigkeitsklage wird nach § 82 Abs 2 behandelt. Gleiches gilt für jeden sonstigen Antrag, zB einen Prüfungsantrag (§ 44 Abs 4 Satz 1).

49 **Fehlt** im Einspruchsverfahren, im Einspruchsbeschwerdeverfahren auf Beschwerde des Einsprechenden, im GbmLöschungsverfahren, im Widerspruchsbeschwerdeverfahren, im Löschungsbeschwerdeverfahren auf Beschwerde des Antragstellers oder im Nichtigkeitsverfahren der Inlandsvertreter des Schutzrechtsinhabers, führt dies für sich nicht zwangsläufig zum Widerruf, zur Löschung oder zur Nichtigerklärung.[99] Allerdings muss der Mangel, wenn er bei Schluss der letzten mündlichen Verhand-

---

88 BGH Niederlegung der Inlandsvertretung.

89 BGHZ 51, 269 = GRUR 1969, 437 Inlandsvertreter; lt Begr Art 7 Nr 9 KostRegBerG BTDrs 14/6203, 60 ff = BlPMZ 2002, 36, 52f handelt es sich insoweit um eine spezielle Regelung gegenüber der allg des § 31 Abs 2 EuRAG, nach der für diesen Fall kein Verfahrenshindernis begründet wird und die Zustellung an Parteien im Ausland zulässig ist.

90 BPatG BlPMZ 2007, 421f; BPatG 5.7.2012 21 W (pat) 31/10; *Benkard* Rn 16.

91 Vgl BGH GRUR 2000, 895 Ewing, zu § 96 MarkenG.

92 BPatG 12.11.2008 7 W (pat) 305/05; BPatG 10.9.2009 8 W (pat) 338/06; BPatG 10.9.2009 8 W (pat) 339/06.

93 BGH Inlandsvertreter.

94 BGH GRUR 2009, 701 Niederlegung der Inlandsvertretung.

95 BGH GRUR 1994, 360 Schutzüberzug für Klosettbrillen.

96 BPatGE 31, 29, 31 = GRUR 1990, 113; BPatG 26.5.2003 10 W (pat) 22/02; *Büscher/Dittmer/Schiwy* Rn 27.

97 BGHZ 51, 269 = GRUR 1969, 437 Inlandsvertreter; BPatG BlPMZ 1988, 114, Wz-Sache; BPatG 27.3.1996 28 W (pat) 171/95, Markensache.

98 BPatGE 2, 19, 21 = GRUR 1965, 82; BPatGE 17, 11; BPatG 16.11.2010 21 W (pat) 10/08; BPatG 27.10.2011 21 W (pat) 6/07; BPatG 4.6.2012 10 W (pat) 28/09; BPatG 6.8.1969 27 W (pat) 379/67, Wz-Sache; BPatGE 37, 153 = BlPMZ 1997, 322; BPatG 8.8.2007 32 W (pat) 144/04, Markensachen; *Schulte* Rn 42; aA insoweit BPatGE 15, 204.

99 BPatGE 37, 153 = BlPMZ 1997, 322; BPatGE 38, 50 = Mitt 1997, 261; BPatG 24.2.1997 30 W (pat) 92/96; BPatG BlPMZ 1998, 374; BPatG 26.8.1997 27 W (pat) 55/96 BlPMZ 1998, 207 Ls; *Schulte* Rn 43; aA BPatG 27.3.1996 28 W (pat) 171/95, Markensachen; vgl auch BGH GRUR 2000, 895 Ewing.

lung[100] oder ggf nach einstweiliger Zulassung in entspr Anwendung von § 89 Abs 1 Satz 1 ZPO und Fristablauf nicht beseitigt wurde, dazu führen, dass eine beschränkte Verteidigung und/oder Hilfsanträge nicht berücksichtigt werden können.[101] Ob der Mangel der Vollmacht auch bei einem Rechtsanwalt als Inlandsvertreter im Verfahren vor dem BPatG vAw berücksichtigt werden muss, ist str (Rn 30).

Richtet sich die Beschwerde gegen die Verwerfung eines Antrags wegen **Fehlens des Inlandsvertreters**, ist sie, auch wenn es weiter am Inlandsvertreter fehlt, zwar zulässig, aber – nach entspr weiterer erfolgloser Fristsetzung – als unbegründet zurückzuweisen.[102] **50**

Hat der Inlandsvertreter schon **im Verfahren vor dem DPMA gefehlt**, ohne dass dies dort beachtet worden wäre, soll die wegen dieses Mangels an sich unzulässige Beschwerde – jedenfalls im zweiseitigen Verfahren – zulässig und die Sache durch Aufhebung und Zurückverweisung zu erledigen sein.[103] Da das Fehlen eines Inlandsvertreters ein Verfahrenshindernis darstellt, kommt es darauf an, ob dieser Mangel vor Beendigung der letzten Tatsachenverhandlung behoben wird[104] sowie darauf, wer Beschwerdeführer ist. **51**

c. Geltendmachung von Rechten aus dem Patent. Im Verletzungsprozess muss die Klage des auswärtigen Patentinhabers, der keinen Inlandsvertreter bestellt, als unzulässig abgewiesen werden.[105] In einem gegen ihn gerichteten Klageverfahren, etwa einem negativen Feststellungsstreit, ist er als säumig zu behandeln.[106] Das gilt trotz des engeren Wortlauts in Abs 1 entspr, wenn nicht die Rechte aus einem Patent, sondern die Rechte aus einer Patentanmeldung (§ 33 Abs 1) im Streit sind.[107] **52**

d. Keine Verfahrensunterbrechung. Da der Inlandsvertreter den Auswärtigen in seiner Postulationsfähigkeit nicht beschränkt (Rn 36), ist er nicht mit dem Anwalt im Anwaltsprozess vergleichbar. § 244 ZPO (Verfahrensunterbrechung bei Wegfall des Anwalts) findet daher beim bloßen Wegfall des Inlandsvertreters keine Anwendung.[108] Dessen Wegfall führt nicht zu einer mangelhaften Vertretung des Auswärtigen iSv § 100 Abs 3 Nr 4.[109] **53**

e. Zustellungen, Fristwahrung, Wiedereinsetzung. Besondere Risiken birgt die Versäumnis, einen (neuen) Inlandsvertreter zu bestellen, bei Zustellungen insb fristsetzender Bescheide. Während bei Bestellung eines Inlandsvertreters unter Vorlage einer schriftlichen Vollmacht an diesen zugestellt werden muss (§ 8 Abs 1 Satz 2 VwZG), entfällt diese Pflicht uU und es kommt – jedenfalls bei Fortfall des Inlandsvertreters im lfd Verfahren (anders bei verfahrenseinleitenden Zustellungen)[110] – zur Zustellung durch Aufgabe zur Post (§ 127 Abs 1 Nr 2),[111] bei der der Zugang mit der bloßen Aufgabe zur Post fingiert wird, ohne dass es auf den tatsächlichen Zugang ankäme. Kommt es deswegen zu einer Fristversäumnis, ist typischerweise Wiedereinsetzung ausgeschlossen, weil das Nichtbestellen eines (neuen) Inlandsvertreters regelmäßig als Sorgfaltsverstoß zu gelten hat.[112] **54**

C. Gerichtsstand (Absatz 3)

Nach § 23 ZPO ist für Klagen wegen vermögensrechtl Ansprüche gegen einen Auswärtigen der Gerichtsstand des Vermögens oder des Streitgegenstands gegeben.[113] Patentrechte begründen einen inländ **55**

---

100 BPatG 17.1.2008 21 W (pat) 339/04.
101 BPatG 29.7.2010 21 W (pat) 322/05; BPatG 27.4.2010 21 W (pat) 319/05.
102 BPatGE 15, 204; BPatG 2.7.2009 35 W (pat) 17/06; *Schulte* Rn 44.
103 BPatGE 22, 37 = GRUR 1979, 699, zwh.
104 Vgl *Thomas/Putzo* Vorbem § 253 ZPO Rn 11 mwN.
105 *Schulte* Rn 42.
106 *Mes* Rn 14.
107 *Mes* Rn 14.
108 BGHZ 51, 269 = GRUR 1969, 437 f Inlandsvertreter; *Mes* Rn 15.
109 BGHZ 51, 269 = GRUR 1969, 437 f Inlandsvertreter; aA BPatGE 22, 37 = GRUR 1979, 699, zwh.
110 BGHZ 121, 58 = GRUR 1993, 476 Zustellungswesen.
111 Vgl BPatG 16.1.2002 7 W (pat) 32/01; *Benkard* Rn 1 f.
112 BPatG BlPMZ 1994, 292; BPatG Mitt 1995, 174; vgl aber BPatGE 22, 37 = GRUR 1979, 699, zwh.
113 RG GRUR 1938, 763 Pottascheherstellung.

Vermögensgegenstand,[114] so dass § 23 ZPO hier an sich Anwendung finden könnte. Abs 3 bestimmt jedoch in Abweichung hiervon (vgl Rn 91 f zu § 143) aus Gründen der Praktikabilität für Klagen aus dem Patent oder gegen das Patent den Ort zum maßgebenden Gerichtsstand des Vermögens, an dem der nach Abs 1 bestellte Vertreter im Inland seinen Geschäftsraum[115] hat. Fehlt ein solcher Geschäftsraum im Inland, was insb in den Fällen des Abs 2 vorkommen kann, ist der Ort maßgebend, an dem der Vertreter im Inland seinen Wohnsitz hat. Hat er im Inland keinen Wohnsitz, ist weiter hilfsweise der Ort des Sitzes des DPMA, also München, maßgeblich.[116] Das KostRegBerG hat insoweit inhaltlich nichts geänd. Es hat insb nicht vorgesehen, dass auch die geschäftliche Niederlassung des Zustellungsbevollmächtigten einen Gerichtsstand begründen kann. Dies erscheine nicht sinnvoll, weil der Zustellungsbevollmächtigte nur die Zustellungen entgegennehme und keine gerichtl Verfahren betreibe.[117] Abs 3 begründet aber nur einen besonderen Gerichtsstand, nicht auch einen ausschließlichen Gerichtsstand.[118]

56   Für Personen, die ihren Wohnsitz oder Sitz in einem ausländ **Staat** haben, auf den die **VO Nr 1215/ 2012** des Parlaments und des Rates vom 12.12.2012[119] (zuvor die EuGVVO), **das EuGVÜ oder das LugÜ** (Rn 8 ff zu § 143) Anwendung findet, gilt nicht der Gerichtsstand des Abs 3, sondern es gelten nur die in diesen Bestimmungen ausdrücklich aufgezählten Gerichtsstände, insb der des Art 24 (Art 22 aF) VO 1215/2012/EuGVVO (vgl Rn 91 zu § 143).[120]

D. Vertretung Auswärtiger vor dem Europäischen Patentamt

57   Allgemein zur Vertretung vor dem EPA Rn 110 ff vor § 34. Natürliche und juristische Personen ohne Wohnsitz oder Sitz in den Vertragsstaaten müssen in den durch das EPÜ geschaffenen Verfahren durch einen zugelassenen Vertreter (Rn 111 vor § 34) vertreten sein; sie müssen Handlungen mit Ausnahme der Einreichung einer eur Patentanmeldung durch ihn vornehmen lassen (Art 133 Abs 2 EPÜ).

---

114   BGH GRUR 1955, 535 Zählwerkgetriebe; RGZ 116, 78 = BlPMZ 1927, 234 sprechender Bildfilm.
115   Begr Art 7 Nr 9 KostRegBerG BTDrs 14/6203, 60 ff = BlPMZ 2002, 36, 52 f: „seine geschäftliche Niederlassung".
116   LG München I GRUR 1962, 165; LG Braunschweig GRUR 1974, 174 für die Übertragungsklage; OLG Düsseldorf BB 1970, 1110.
117   Vgl Begr BTDrs 14/6203, 60 ff = BlPMZ 2002, 36, 52 f.
118   *Mes* Rn 17.
119   ABl EU L 351.
120   Vgl *Stauder* GRUR Int 1976, 465, 468, 470; *Benkard* Rn 32 f.

ZWEITER ABSCHNITT
Patentamt

Vor § 26
Das Europäische Patentamt

Schrifttum (vgl auch die Nachweise vor Art I IntPatÜG): *Bossung* Unionspatent statt Gemeinschaftspatent, GRUR Int 2002, 463 mit Nachtrag GRUR Int 2002, 575 = A Union Patent Instead of the Community Patent, IIC 2003, 1; *de Cooker* (Hrsg) International administration, law and management practises in international organisations, 2009; *Eiden* Qualitäts-sicherungssystem in der Generaldirektion Prüfung/Einspruch im Europäischen Patentamt, VPP-Rdbr 1998, 6; *Schäfers* Anmerkungen zu einem gemeinschaftsrechtlichen Gemeinschaftspatent, GRUR Int 1999, 820; *Stohr* Neue Entwicklungen beim Europäischen Patentamt, VPP-Rdbr 2011, 222; *Teschemacher* Die Zusammenführung von Recherche und Prüfung im europäischen Patenterteilungsverfahren, GRUR Int 2004, 796.

A. Allgemeines

Mit der Errichtung des Europäischen Patentamts (EPA) als Organ der Europäischen Patentorganisa- **1** tion (EPO) ist neben das DPA (jetzt DPMA) und die anderen nationalen Patentämter der Mitgliedstaaten des EPÜ eine konkurrierende – und inzwischen von der Zahl der Patentanmeldungen und Patenterteilungen deutlich bedeutendere – Stelle getreten, die mit Wirkung für die Bundesrepublik Deutschland (aber anders als das DPMA nicht nur für diese) Patente erteilen (nicht auch Gebrauchsmuster eintragen und bisher auch nicht Schutzzertifikate erteilen; vgl zum Europäischen Patent mit einheitlicher Wirkung Rn 4 zu § 49a) kann. Zur Entstehungsgeschichte des EPÜ Rn 5 f zu Art I IntPatÜG. Zum Verhältnis nationaler und eur Patenterteilungsverfahren Rn 1 ff vor § 34. Zur früheren Verwaltungsvereinbarung zwischen dem DPMA und dem EPA über den Zugang von Schriftstücken und Zahlungsmitteln Rn 9 zu § 28.

Am 1.11.1977 wurde das Europäische Patentamt (EPA) **errichtet**, am 1.1.1978 das Internationale Pa- **2** tentinstitut (IIB) in Den Haag in das EPA übernommen. Am 1.6.1978 wurde die Dienststelle Berlin des EPA errichtet; seit diesem Tag ist auch die Einreichung eur Patentanmeldungen möglich. Die Sachprüfung erfolgt seit Frühjahr 1979.

B. Organisation des Europäischen Patentamts

I. Rechtsgrundlagen

1. Europäisches Patentübereinkommen. Die maßgeblichen Bestimmungen finden sich in Kapitel II **3** und III des EPÜ (vgl Rn 7 ff zu Art I IntPatÜG).

Art 6 Abs 2 EPÜ regelt den **Sitz** des EPA,[1] Art 7 EPÜ die **Einrichtung von Dienststellen**.[2] Das EPA hat **4** seinen Sitz in München, eine Zweigstelle in Den Haag und Dienststellen in Berlin und Wien (diese entstanden durch die Übernahme des Internationalen Patentdokumentationsbüros INPADOC zum 1.1.1991).

Art 10 EPÜ regelt als Befugnisnorm[3] die **Leitung** und die Rechte des dem Verwaltungsrat gegenüber **5** verantwortlichen PräsEPA, dem Leitungsfunktionen im Bereich der Patenterteilung wie der Verwaltung

---

1 Zur Bedeutung der Sitzregelung vgl die Kommentierung bei *MGK/Haertel* Art 6 EPÜ; zur „Entlokalisierung" durch das EPÜ 2000 *Benkard-EPÜ* Art 6 Rn 4.
2 Zur Verbindungsstelle in Brüssel und zum Verhältnis zur EU *Schäfers* GRUR Int 1999, 820; *Bossung* GRUR Int 2002, 463; vgl auch EPA G 5/88, G 7/88, G 8/88 ABl EPA 1991, 137 = GRUR Int 1991, 297 Verwaltungsvereinbarung.
3 *Benkard-EPÜ* Art 10 Rn 6.

zukommen, daneben Verordnungskompetenz und die Vertretung der Europäischen Patentorganisation (EPO) nach außen[4] sowie ein Initiativrecht.[5] Seine Aufgaben und Befugnisse nennt Art 10 Abs 2 EPÜ. Der Präsident hat damit eine starke Stellung.[6] Sämtliche Leitungsaufgaben können delegiert werden (Art 10 Abs 2 Buchst i EPÜ).[7]

6   Der durch die Revisionsakte 2000[8] um einen Abs 5 ergänzte Art 11 EPÜ betrifft die **Ernennung hoher Beamter** (Präsident, Vizepräsidenten, Mitglieder der Beschwerdekammern – mit Ausnahme der Beschwerdekammer in Disziplinarangelegenheiten[9] – und Mitglieder nationaler Gerichte als Mitglieder der GBK), die dem Verwaltungsrat obliegt.

7   Art 12 EPÜ regelt die **Amtspflichten** (Verschwiegenheitspflicht) der Bediensteten, während weitere Pflichten im Beamtenstatut geregelt sind.

8   Art 15 EPÜ betrifft die **Organe im Verfahren** (Eingangsstelle, Recherchenabteilungen, Prüfungsabteilungen, Einspruchsabteilungen, Rechtsabteilung, Beschwerdekammern und GBK).

9   Die Zuständigkeit der **Eingangsstelle**[10] (Art 16 EPÜ, der durch das EPÜ 2000 eine Änderung erfahren hat) beginnt mit der Einreichung der eur Patentanmeldung oder mit dem Eintritt in die regionale Phase bei PCT-Anmeldungen; sie endete bis zum Inkrafttreten des EPÜ 2000 mit Stellung des Prüfungsantrags nach Zugang des eur Recherchenberichts (Art 94 Abs 2 EPÜ) oder bei früherer Prüfungsantragsstellung mit der Erklärung, die Anmeldung aufrechtzuerhalten (Art 96 Abs 1 EPÜ).[11] Diese zeitliche Begrenzung ist nunmehr entfallen, jedoch in Regel 10 AOEPÜ wieder aufgegriffen worden.[12] Die Eingangsstelle führt die Aktenerstbearbeitung, die Eingangsprüfung nach Art 80, 90 EPÜ und die Formalprüfung nach Art 91 EPÜ durch.[13]

10   Die Zuständigkeit der aus dem früheren Patentinstitut (IIB) in Den Haag hervorgegangenen **Recherchenabteilungen** (Art 17 EPÜ, geänd durch das EPÜ 2000) erstreckt sich auch auf den ergänzenden eur Recherchenbericht nach Art 157 Abs 2 Buchst a EPÜ.[14] Die Entscheidungen der Recherchenabteilungen sind nicht beschwerdefähig.[15]

11   Die **Prüfungsabteilungen** (Art 18 EPÜ, geänd durch das EPÜ 2000) sind auch für die heute obsolete Entscheidung über eine Verbindung einer eur Patentanmeldung mit einer Euro-PCT-Anmeldung[16] und die Entscheidung über die Zulässigkeit unterschiedlicher Patentansprüche und sonstiger Unterlagen zuständig.[17] Sie entscheiden weiter über die Änderung der Zeichnungen, wenn dies eine technische Prüfung erfordert.[18] Die Zuständigkeit der Prüfungsabteilung endet mit der Erteilung des eur Patents oder der Zurückweisung der Anmeldung[19] sowie mit der Vorlage der Beschwerde an die Beschwerdekammer.[20] Nach

---

4   *MGK/Braendli* Art 10 EPÜ Rn 13 ff; *Benkard-EPÜ* Art 10 Rn 8.

5   *MGK/Braendli* Art 10 EPÜ Rn 90 ff; vgl EPA G 5/88, G 7/88, G 8/88 ABl EPA 1991, 137 = GRUR Int 1991, 297 Verwaltungsvereinbarung.

6   Vgl *Benkard-EPÜ* Art 10 Rn 44.

7   Hierzu *Benkard-EPÜ* Art 10 Rn 47 f; *Singer/Stauder* Art 10 EPÜ Rn 16.

8   ABl EPA Sonderausgabe 1/2007 „Revision des EPÜ (EPÜ 2000)".

9   *MGK/Braendi* Art 11 EPÜ Rn 27.

10   Zur Zuständigkeit für einen Antrag auf Änderung der Erfindernennung EPA J 8/82 ABl EPA 1984, 155 = GRUR Int 1984, 441 Erfindernennung; abw für Berichtigung der Prioritätserklärung EPA J 5/01; keine Zuständigkeit für die technische Prüfung: EPA J 4/85 ABl EPA 1986, 205 Berichtigung der Zeichnungen I und EPA J 33/89 ABl EPA 1989, 288 Berichtigung der Zeichnungen II; vgl auch EPA J 7/97.

11   Zum Aufbau der Eingangsstelle *MGK/Staab* Art 16 EPÜ Rn 16 ff; zur Frage des Übergangs der Zuständigkeit auf die Prüfungsstelle bei Rücknahmefiktion EPA J 33/86 ABl EPA 1988, 84 Ls Rückzahlung der Prüfungsgebühr.

12   Vgl aber EPA J 13/02; kr *Singer/Stauder* Art 16 EPÜ Rn 7 ff.

13   Einzelheiten *MGK/Staab* Art 16 EPÜ Rn 61 ff; zur Zuständigkeitsabgrenzung gegenüber der Prüfungsabteilung EPA J 5/01.

14   EPA J 6/83 ABl EPA 1985, 97 Erstattung der Prüfungsgebühr; *Benkard-EPÜ* Art 17 Rn 8; *Singer/Stauder* Art 18 EPÜ Rn 8.

15   EPA T 87/88 ABl EPA 1993, 430.

16   *Singer/Stauder* Art 16 EPÜ Rn 12.

17   EPA J 21/82 ABl EPA 1984, 65 = GRUR Int 1984, 239 unterschiedliche Anspruchssätze.

18   EPA J 4/85 ABl EPA 1986, 205 Berichtigung der Zeichnungen.

19   EPA G 7/93 ABl EPA 1994, 775 verspätet beantragte Änderungen.

20   *Singer/Stauder* Art 18 EPÜ Rn 10.

Beendigung ihrer Zuständigkeit kann die Prüfungsabteilung ihre Entscheidung nur noch nach Regel 89 AOEPÜ berichtigen.[21]

Der durch die Änderungen des EPÜ 2000 nicht berührte Art 19 EPÜ regelt die **Einspruchsabteilun- 12 gen**. Die Entscheidung der Einspruchabteilung muss grds von allen mitwirkenden Mitgliedern unterschrieben werden.[22]

Die **Rechtsabteilung** (Art 20 EPÜ)[23] ist der Generaldirektion 5 eingegliedert.[24] Ihre Zuständigkeit um- 13 fasst Entscheidungen über Eintragungen und Löschungen im eur Patentregister und in der Liste der zugelassenen Vertreter. Entscheidungen der Rechtsabteilung in ihrem Zuständigkeitsbereich sind beschwerdefähig;[25] zuständig ist die JBK.[26]

Die **Beschwerdekammern** (Art 21 EPÜ, geänd durch die Revisionsakte 2000) sind für die Prüfung 14 von Beschwerden gegen Entscheidungen der Eingangsstelle, der Prüfungsabteilungen, der Einspruchsabteilungen und der Rechtsabteilung zuständig (näher Anh § 65). Die Zuständigkeit der **Großen Beschwerdekammer** (GBK) ergibt sich aus dem ebenfalls durch die Revisionsakte 2000 geänd Art 22 EPÜ (vgl Rn 18 ff vor § 100).

Es wurden ein **Pensionsreservefonds** als rechtlich unselbstständiges Sondervermögen und durch 15 gemeinsamen Beschluss des PräsEPA und des Verwaltungsrats die **Europäische Patentakademie** geschaffen.

Zur Vertretung der Interessen der Beschäftigten besteht der im Beamtenstatut verankerte **Personal- 16 ausschuss**, daneben bestehen der Allgemeine Beratende Ausschuss und örtliche Beratende Ausschüsse.[27] Zum Streikrecht Rn 23.

2. Ausführungsordnung. Eine Ermächtigung des PräsEPA zur Regelung der Geschäftsverteilung ers- 17 ter Instanz ist in **Regel 9 AOEPÜ** enthalten. Ein Teil der Aufgaben der Prüfungs- und der Einspruchsabteilungen ist nach Art 11 Abs 2 EPÜ iVm Regel 9 Abs 3 AOEPÜ dem Formalsachbearbeiter übertragen.[28]

Regel 9 AOEPÜ regelt die Einrichtung von **Direktionen** und **Generaldirektionen**. Folgende **Gene- 18 raldirektionen** sind gebildet:

GD 1 Operative Tätigkeit (zuständig für Recherche, Sachprüfung und Einspruchsverfahren), mit den Hauptdirektionen Business Service und IT-Roadmap 14 Gemeinschaftsclustern und dem Cluster Berlin,

GD 2 Operative Unterstützung, mit fünf Hauptdirektionen,

GD 3 Beschwerde (München); eine Verselbstständigung als „Europäisches Patentbeschwerdegericht" war in der Diskussion, neuerdings eine Verlegung nach Wien oder Berlin (Rn 1 Anh § 65),

GD 4 Verwaltung (München/Den Haag),

GD 5 Recht/Internationale Angelegenheiten (München), mit der Dienststelle Wien.

Eine stärker harmonisierte **Verwaltungsstruktur** in der GD 1 soll nunmehr durch sog „Areas of Competence" (AoC) für bestimmte Gebiete der Technik erreicht werden.

---

21 EPA J 7/96 ABl EPA 1999, 443 Aussetzung des Verfahrens.

22 Vgl EPA T 390/86 ABl EPA 1989, 30 Besetzungsfehler; EPA T 243/87; EPA T 777/97.

23 Zur Entstehungsgeschichte der Regelung *MGK/Dybdahl-Østerborg* Art 20 EPÜ unter II.

24 Zur Zuständigkeit Beschluss des PräsEPA ABl EPA 1989, 177; EPA J 8/82 ABl EPA 1984, 155 = GRUR Int 1984, 441 Erfindernennung; EPA J 18/84 ABl EPA 1987, 215 Patentregister, Eintragung; vgl auch BeschlPräsEPA ABl EPA 2007 Sonderausg 3, G1.

25 Vgl EPA J ../86 ABl EPA 1987, 528 Vertreter – fehlende Geschäftsfähigkeit.

26 Vgl EPA J 1/78 ABl EPA 1979, 285 = GRUR Int 1979, 420 Familienname; EPA J 18/84 ABl EPA 1987, 215 Patentregister, Eintragung.

27 *Benkard-EPÜ* Art 10 Rn 13.

28 Zur Zuständigkeit von Bediensteten, die nicht Prüfer sind, sowie des Formalsachbearbeiters in den Prüfungs- und Einspruchsabteilungen s die Mitteilungen des Vizepräsidenten der Generaldirektion 2 15.6.1984 ABl EPA 1984, 317, 319, vom 1.2.1989 ABl EPA 1989, 178, 179 und vom 28.4.1999 ABl EPA 1999, 503, 504, 506; vgl EPA T 161/96 ABl EPA 1999, 331 unvollständige Entrichtung der Einspruchsgebühr.

II. Dienststellen

19   Das EPA verfügt über folgende Dienststellen:
Erhardtstraße 27, D-80489 München (Postanschrift: D-80298 München)
Zweigstelle Den Haag, Patentlaan 2, NL-2280 HV Rijswijk, Postbus 5818
Dienststelle Berlin, Gitschiner Str. 103, D-10958 Berlin,[29]
Dienststelle Wien, Rennweg 12, Postfach 90, A-1031 Wien.

Die Dienststelle Berlin untersteht der Zweigstelle Den Haag.

20   **III.** Art 6–10 des nicht in Kraft getretenen GPÜ sahen als **besondere Organe** des EPA im Rahmen des GPÜ eine Patentverwaltungsabteilung und eine oder mehrere Nichtigkeitsabteilungen vor. Solche besonderen Organe sind für das Europäische Patent mit einheitlicher Wirkung nicht mehr vorgesehen.

C. Ausschließung und Ablehnung

21   Für Bedienstete der ersten Instanz gilt nicht Art 24 EPÜ wie für die Mitglieder der Beschwerdekammern, aber das Gebot der Unparteilichkeit;[30] auf einen Verstoß kann die Beschwerde gestützt werden.[31] Die Ausschließungsregelung nach Art 19 Abs 2 Satz 2 EPÜ unterscheidet sich von der nationalen Praxis. Es verstößt gegen Art 19 Abs 2 EPÜ, wenn sowohl der erste Prüfer als auch der Vorsitzende der Einspruchsabteilung im Erteilungsverfahren mitgewirkt haben.[32]

22   **D.** Die **Disziplinargewalt** über die vom PräsEPA angestellten Bediensteten liegt bei diesem, für die hohen Beamten iSd Art 11 EPÜ (Präsident, Vizepräsidenten, Mitglieder der Beschwerdekammmern und der GBK) beim Verwaltungsrat;[33] Zur Disziplinargewalt über die Mitglieder der Beschwerdekammern Rn 6, 27 Anh § 65.

23   Das **Streikrecht** der Bediensteten des EPA ist umstritten (vgl zur Zuständigkeit bei dienstrechtl Auseinandersetzungen Rn 10ff zu Art II § 10 IntPatÜG).[34]

24   Eine Regelung im EPÜ, die es den Bediensteten verbietet, selbst **Patente anzumelden**, ist bewusst unterlassen worden, sie findet sich aber in Art 16 Abs 1 Unterabs 3 des Beamtenstatuts.[35] Ob der EPO die Kompetenz zukommt, den Bediensteten auch nationale Patentanmeldungen zu untersagen,[36] erscheint fraglich; jedenfalls wird sich die Wirksamkeit solcher Anmeldungen nach nationalem Recht und nicht nach dem Recht der EPO beurteilen.

25   **E.** Das **Institut der zugelassenen Vertreter** ist in Art 134a EPÜ geregelt, die Voraussetzungen für die Zulassung normiert Art 134 EPÜ.[37]

---

29   Die Vereinbarungen zwischen der Bundesregierung und der EPO über die Errichtung der Dienststelle sind in BlPMZ 1999, 303 und BlPMZ 2001, 347 veröffentlicht.
30   EPA (GBK) G 5/01 ABl EPA 1992, 617 beschwerdefähige Entscheidung/DISCOVISION; vgl auch *MGK/Gori/Löden* Art 24 EPÜ Rn 4, 13, 26, 35ff, 41, 44.
31   *Schulte* § 27 Rn 38.
32   EPA T 476/95; vgl EPA T 251/88; EPA T 939/91; EPA T 382/92; *Singer/Stauder* Art 19 EPÜ Rn 4.
33   *MGK/Braendli* Art 10 EPÜ Rn 171ff.
34   Vgl hierzu ILO-Tribunal Urteil Nr 566, 1983 in re Berte und Beslier; *MGK/Braendli* Art 10 EPÜ Rn 176 f.
35   Vgl *MGK/Braendli* Art 12 EPÜ Rn 5, 19ff.
36   Vgl hierzu *MGK/Braendli* Art 12 EPÜ Rn 21.
37   Vgl hierzu EPA G 4/95 ABl EPA 1996, 412.

§ 26
(Deutsches Patent- und Markenamt; Präsident; Mitglieder; Hilfsmitglieder)

(1) [1]Das Deutsche Patent- und Markenamt ist eine selbständige Bundesbehörde im Geschäftsbereich des Bundesministeriums der Justiz und für Verbraucherschutz. [2]Es hat seinen Sitz in München.

(2) [1]Das Patentamt besteht aus einem Präsidenten und weiteren Mitgliedern. [2]Sie müssen die Befähigung zum Richteramt nach dem Deutschen Richtergesetz besitzen (rechtskundige Mitglieder) oder in einem Zweig der Technik sachverständig sein (technische Mitglieder). [3]Die Mitglieder werden auf Lebenszeit berufen.

(3) [1]Als technisches Mitglied soll in der Regel nur angestellt werden, wer im Inland an einer Universität, einer technischen oder landwirtschaftlichen Hochschule oder einer Bergakademie in einem technischen oder naturwissenschaftlichen Fach eine staatliche oder akademische Abschlußprüfung bestanden hat, danach mindestens fünf Jahre im Bereich der Naturwissenschaften oder Technik beruflich tätig war und im Besitz der erforderlichen Rechtskenntnisse ist. [2]Abschlußprüfungen in einem anderen Mitgliedstaat der Europäischen Union oder in einem anderen Vertragsstaat des Abkommens über den europäischen Wirtschaftsraum stehen der inländischen Abschlußprüfung nach Maßgabe des Rechts der Europäischen Gemeinschaften gleich.

(4) [1]Wenn ein voraussichtlich zeitlich begrenztes Bedürfnis besteht, kann der Präsident des Patentamts Personen, welche die für die Mitglieder geforderte Vorbildung haben (Absatz 2 und 3), mit den Verrichtungen eines Mitglieds des Patentamts beauftragen (Hilfsmitglieder). [2]Der Auftrag kann auf eine bestimmte Zeit oder für die Dauer des Bedürfnisses erteilt werden und ist solange nicht widerruflich. [3]Im übrigen gelten die Vorschriften über Mitglieder auch für die Hilfsmitglieder.

Ausland: Dänemark: § 7 Abs 1 PatG 1996; **Italien:** Art 70 PatG; **Niederlande:** Art 15 ROW 1995; **Österreich:** Wirkungskreis § 57 (1984), Service- und Informationsleistungen §§ 57a, 57b (1984/1992), Sitz und Zusammensetzung § 58, Rechtsfähigkeit §§ 58a, 58b (1992/98); Qualifikation § 59, Einrichtungen § 60, Geschäftsverteilung § 61 öPatG, § 23 öPatV-EG (Zuständigkeit); **Polen:** Art 259–262, 266–274 RgE 2000

Übersicht

Schrifttum: *Althammer* Das Deutsche Patentamt, Aufgaben, Organisation und Arbeitsweise, 1970; *Ann* „Studium an einer wissenschaftlichen Hochschule" als Zugangsvoraussetzung für den Beruf des Patentanwalts, Mitt 2015, 197; *Bossung* Die Rechtsnatur der Patenterteilung, GRUR Int 1958, 286; *Conradt* Die Rechtsstellung des Patentamts, 1957; *Damme* Die Bezeichnung des Patentamtes als einer Verwaltungsbehörde, GRUR 1898, 261; *Goebel* Zurücknahme der Patentanmeldung und Abhilfe bei Zurückweisungsbeschluß, GRUR 1986, 494; *Hägermann* Aufbau (Organisation) und Rechtsstellung (Status) des Deutschen Patentamts, Mitt 1960, 126; *Häußer* Die Aufgabenstellung des Deutschen Patentamtes neben der Europäischen Patentorganisation, GRUR 1979, 604; *Häußer* Die institutionelle Bedeutung des Deutschen Patentamts und seines Präsidenten für Verfahren, die Patente betreffen, FS 25 Jahre BPatG (1986), 63; *Häußer* Zur Notwendigkeit der bilateralen und internationalen Zusammenarbeit der Patentämter, Mitt 1986, 61; *Häußer* Das Deutsche Patentamt im Wandel, FS A. Preu (1988), 107; *Häußer/Hallmann/Ströbele* Das Patentamt von 1877 bis 1977, FS 100 Jahre Patentamt (1977), 403; *Hallmann/Ströbele* Das Patentamt von 1877 bis 1977, FS 100 Jahre Patentamt (1977) 403; *Hannig* Verlegung der Dienststelle Berlin des Deutschen Patentamtes, Mitt 1992, 257; *Hanus* Qualitätsmanagement im Patentbereich des Deutschen Patent- und Markenamts, VPP-Rdbr 2006, 108; *Haugg* Das Leistungsangebot des Deutschen Patentamtes, in Ring (Hrsg) Gewerblicher Rechtsschutz in der Praxis (Tagungsband 1. Freiberger Seminar zur Praxis des Gewerblichen Rechtsschutzes, 1999), 1; *Hilgers* Hundert Jahre Patentamt, DPA-forum 1977 Heft 2/3; *Hoffmann* Die Dienststelle Berlin des Deutschen Patentamts in den Jahren 1963 bis 1975, in: Das Deutsche Patentamt 1975; *Hubert* Wer braucht eine Ausbildung an einer wissenschaftlichen Hochschule? Mitt 2015, 356; *Hübner/Stern* Zur Zulässigkeit der Aufsicht des Deutschen Patentamtes über die Verwertungsgesellschaften nach dem Gesetz über die Wahrnehmung von Urheberrechten und verwandten Schutzrechten vom 9. September 1965 (WahrnG), Rechtsgutachten, in: Im Auftrag der GEMA, 1997, 223; *Huwer* Gerichte und Verwaltungsbehörden – Versuch einer Abgrenzung am Beispiel des Deutschen Patentamtes, Diss 1960; *Köhne* Das Deutsche Patentamt an der Wende zum europäischen Patentrecht, FS K. Haertel (1975), 1; *Kort* Sondersteuer auf geistiges Eigentum in Deutschland? GRUR 2000, 131; *Krabel* Rechtsstellung des Patentamtes, Mitt 1976, 138; *Krabel* Kommt das Patent durch staatlichen Verleihungsakt zustande? GRUR 1977, 204; *Leise* Das Selbstverständnis des Bundespatentgerichts unter besonderer Berücksichtigung des Technischen Richters, GRUR 1981, 470; *Lorenz* Behörden und Gerichte für gewerbliche Schutzrechte, Jura 2010, 46; *Merz* Das Deutsche Patentamt vor der Jahrtausendwende, VPP-Rdbr 1997, 100; *Ortlieb/Schröder* Die Dienststelle Jena (ehemals Berlin) des Deutschen Patent- und Markenamtes, GRUR 1999, 792; *Pakuscher* Patentamt und Patentgericht – ein organisatorisches Rechtsproblem, Mitt 1977, 8; *Pakuscher* Zur beabsichtigten Umbenennung des Deutschen Patentamts und des Bundespatentgerichts, GRUR 1994,467; *Rudloff-Schäffer* DPMA 2015: Herausforderungen und Perspektiven eines großen nationalen Patent- und Markenamts, VPP-Rdbr 2010, 93; *Schade* Das Deutsche Patent- und Markenamt auf dem Weg zum modernen Dienstleister, FS J. Pagenberg (2006), 421; *Starck* Der Prüfer im Patentamt, weisungsgebunden oder selbständig? CR 1989, 367; *Ulmer* Aufbau, Verfahren und Rechtsstellung der Patentämter, 1960; *von Füner* Das Deutsche Patentamt, eine Justiz- oder doch besser eine Wirtschaftsbehörde, Mitt 1980, 27; *Winterfeldt* Qualitätssicherung im Patentbereich des Deutschen Patent- und Markenamtes, VPP-Rdbr 2002, 92; *Zimmer* Stellung und Aufgaben der nationalen Patentämter neben dem Europäischen Patentamt, GRUR 1979, 609.

A. Das Deutsche Patent- und Markenamt

I. Geschichte

1 Das Patentamt wurde durch § 14 Abs 2 Satz 1 PatG 1877 als Reichsbehörde mit Sitz in Berlin errichtet. Es erhielt durch Kaiserliche Verordnung vom 18.6.1877[1] die Bezeichnung „Kaiserliches Patentamt". Durch Bek vom 24.3.1919 wurde es in „Reichspatentamt" umbenannt.[2] Im Zug des Endes des Zweiten Weltkriegs endete die Tätigkeit des Reichspatentamts. Im Jahr 1949 wurde das Patentamt durch das Gesetz über die Errichtung eines Patentamtes für das Vereinigte Wirtschaftsgebiet vom 12.8.1949 mit der Bezeichnung „Deutsches Patentamt im Vereinigten Wirtschaftsgebiet" neu errichtet.[3] Nach Gründung der Bundesrepublik Deutschland nahm es seine Tätigkeit am 1.10.1949 in München auf.[4] Mit der VO zur Auflösung oder Überführung der Einrichtungen der Verwaltung der Vereinigten Wirtschaftgebiete vom 8.9.1950[5] wurde es unter der Bezeichnung „Deutsches Patentamt" (DPA) in die Verwaltung des Bundes überführt; zum 1.7.1961 erfolgte die Ausgliederung des Patentgerichts (Rn 2 zu § 65). Durch Art 1 Abs 1 Nr 1 des 2. PatGÄndG ist das DPA – in Anerkennung der zunehmenden Bedeutung des markenrechtl Bereichs als „zweite wichtige Säule des Amtes" – in „Deutsches Patent- und Markenamt" (DPMA) umbenannt worden.[6] Durch Art 40 des 2. Gesetzes zur Bereinigung von Bundesrecht im Zuständigkeitsbereich des Bundesministeriums der Justiz[7] ist die Organisationsnorm aus dem Gesetz vom 12.8.1949 als Abs 1 in das PatG übernommen worden; die bisherigen Abs 1–3 sind Abs 2–4 geworden. Die 10. ZuständigkeitsanpassungsVO hat nach dem Wort „Justiz" die Worte „und für Verbraucherschutz" eingefügt.

II. Aufgaben

2 Die Zuständigkeiten des Patentamts waren ursprünglich auf den Vollzug des PatG beschränkt, sie wurden aber in der Folgezeit in vielfältiger Hinsicht erweitert. Hinzu kamen insb die gesetzlichen Aufga-

---

1 RGBl S 533.
2 BlPMZ 1919, 17.
3 WiGBl S 251 = BlPMZ 1949, 262.
4 Bek vom 25.8.1949, WiGBl S 251.
5 BGBl S 678.
6 Vgl Hausnachrichten DPA vom 17.11.1998; zur Namensänderung vgl Begr BlPMZ 1998, 393 f; zur Diskussion *Pakuscher* GRUR 1994, 467.
7 BGBl 2007 I 2614, 2619.

ben auf dem Gebiet des Gebrauchsmusterrechts,[8] des Warenzeichenrechts (jetzt Markenrechts)[9] und des Urheberrechts. Nach § 18 des Gesetzes über die Wahrnehmung von Urheberrechten und verwandten Schutzrechten vom 9.9.1965 ist das DPMA Aufsichtsbehörde über die urheberrechtl Verwertungsgesellschaften. Anstelle der hierfür früher zuständigen Amtsgerichte ist es als Musterregisterbehörde für alle Design- (früher:Geschmacksmuster-)anmeldungen zuständig,[10] für Topographieanmeldungen nach dem HlSchG,[11] für die Registrierung von Mustern typographischer Schriftzeichen nach dem Schriftzeichengesetz,[12] sowie für die Erteilung ergänzender Schutzzertifikate (vgl § 16a, § 49a). Das DPMA war auch für die Veröffentlichung dt Übersetzungen eur Patente zuständig (vgl den aufgehobenen Art II § 3 IntPatÜG aF).

Das DPMA ist **zentrale Behörde** für die Entgegennahme und Weiterleitung der vom EPA ausgehen- **3** den Rechtshilfeersuchen (Rn 5 zu Art II § 11 IntPatÜG);[13] es ist Amt für gewerbliches Eigentum iSv Art 12 Abs 1 PVÜ (Rn 11 Einl IntPatÜG) und fungiert als Anmelde- und Bestimmungsamt sowie ausgewähltes Amt iSd PCT (Art III §§ 1, 4, 6 IntPatÜG).

Durch das Gesetz zur Modernisierung von Verfahren im patentanwaltlichen Berufsrecht vom **4** 14.8.2009[14] ist die zuvor dem DPMA zugewiesene Zuständigkeit für Angelegenheiten der Patentanwälte und Patentanwaltsgesellschaften (nicht auch der Patentassessoren und Erlaubnisscheininhaber) zum 1.9.2009 auf die Patentanwaltskammer übergegangen.[15] Dem DPMA sind jedoch weiterhin bestimmte Aufgaben im Rahmen der Ausbildung und der Zulassung der **Patentanwälte** zugewiesen (§ 6 Abs 2 Satz 2 PAO; § 7 PatAO; § 9 PAO: Prüfungskommission; § 10 PAO; § 12 Abs 3 PAO: Prüfungsgebühr).

Einigungsvertrag; Erstreckungsgesetz s 6. Aufl. **5**

III. Sitz; Anschriften

Das DPA ist nach dem Zweiten Weltkrieg mit Sitz in **München** eröffnet worden (Gesetz vom 12.8.1949; **6** Rn 1). Es erhielt in den Jahren 1954–1959 sein Dienstgebäude in der Zweibrückenstraße 12.[16] Einzelne Teile des DPMA sind jedoch inzwischen aus Platzgründen an anderer Stelle untergebracht, und zwar teilweise in München,[17] aber auch in der **Außenstelle Berlin** (**Technisches Informationszentrum Berlin**).[18] und in der **Dienststelle Jena**, die auf Veranlassung der Föderalismus-Kommission durch Verlegung der Dienststelle Berlin gebildet wurde (Rn 13).

Die Dienststellen sind wie folgt zu erreichen: **7**

In **München**:
Anschrift: Deutsches Patent- und Markenamt, Zweibrückenstraße 12, 80331 München
Postanschrift: Deutsches Patent- und Markenamt, 80297 München
Telefon: Zentrale: (089) 2195–0
Telefax: (089) 2195–2221
Internet-Adresse: www.dpma.de (dort auch nähere Angaben)
Zahlungen an Bundeskasse Halle/DPMA, BBk München Kontonr 700 010 54, BIC MARKDEF1700; IBAN DE84700000000070001054

In **Jena**:
Anschrift: Deutsches Patent- und Markenamt, Dienststelle Jena, Goethestraße 1, 07743 Jena
Postanschrift: Deutsches Patent- und Markenamt, Dienststelle Jena, 07738 Jena

---

8   GebrMG vom 1.7.1891, RGBl 290.
9   WZG vom 12.5.1894, RGBl 441.
10   Gesetz zur Änderung des Geschmacksmustergesetzes vom 18.12.1986, BGBl I 2501 = BlPMZ 1987, 46.
11   Vom 22.10.1987, BGBl I 2294 = BlPMZ 1987, 366.
12   Vom 6.7.1981, BGBl II 383 = BlPMZ 1981, 280.
13   VO vom 22.6.1979, BGBl II 742 = BlPMZ 1979, 229.
14   BGBl I 2827 = BlPMZ 2009, 365.
15   MittPräsDPMA Nr 5/09 BlPMZ 2009, 361; vgl Merkblatt http://www.dpma.de/amt/aufgaben/patentanwaltsausbildung/index.html.
16   Vgl Bek BlPMZ 1954, 421; 1959, 1.
17   Vgl MittPräsDPA, BlPMZ 1968, 83; MittPräsDPA, BlPMZ 1971, 353; MittPräsDPA, BlPMZ 1987, 2; MittPräsDPA Nr 12/98, BlPMZ 1998, 381; MittPräsDPMA Nr 3/99, BlPMZ 1999, 1; MittPräsDPMA Nr 10/99, BlPMZ 1999, 170.
18   Vgl §§ 3, 4 Vfg BMJ vom 3.10.1990, BlPMZ 1990, 377.

Telefon: Zentrale: (03641) 40–54
Telefax: (03641) 40–5690

In **Berlin**:
Anschrift: Deutsches Patent- und Markenamt, Technisches Informationszentrum Berlin, Gitschiner Straße 97, 10969 Berlin
Postanschrift: Deutsches Patent- und Markenamt, TIZ Berlin, 10958 Berlin
Telefon: Zentrale: (030) 25992–0
Telefax: (030) 25992–404

IV. Rechtsstellung

8 Das DPMA ist selbstständige Bundesoberbehörde im Geschäftsbereich des Bundesministeriums der Justiz und für Verbraucherschutz (BMJV, früher BMJ), was nunmehr durch Abs 1 im Gesetz ausdrücklich verankert ist.[19] Nach seiner Stellung im Behördenaufbau und seiner inneren Organisation ist es kein Gericht, sondern eine Verwaltungsbehörde.[20] Seine Mitglieder üben keine richterliche Tätigkeit, sondern öffentliche Gewalt iSv Art 19 Abs 4 GG aus.[21] Dem DPMA fehlt die gesetzliche Garantie der richterl Unabhängigkeit (Art 97 GG).[22] Die Entscheidungen des DPMA sind hoheitliche Maßnahmen in Form von Hoheitsakten (Verwaltungsakten), gegen die der Rechtsweg nach Art 19 Abs 4 GG offen steht.[23]

9 Allerdings ist seine **Amtsverfassung** (Vorbildung der Mitglieder, Besetzungsvorschriften, Ausschließung, Ablehnung der Mitglieder) der eines Gerichts in gewisser Weise angenähert, sein Verfahren justizförmig ausgestaltet (Vernehmung von Zeugen und Sachverständigen, Vereidigungsrecht usw).[24] Nähere Regelungen über Organisation, Befugnisse und Verfahren enthält die Verordnung über das Deutsche Patent- und Markenamt (DPMA-Verordnung, DPMAV; im Anhang).

10 Für das DPMA besteht nach dem Grundsatz der **Gesetzmäßigkeit der Verwaltung** Bindung an die geltenden Gesetze. Die Verfassungsmäßigkeit von Gesetzen kann das DPMA andes als die Gerichte nicht zur Überprüfung stellen.[25]

11 Das DPMA verfolgt bei der Aufgabenerfüllung kein eigenes, verwaltungsmäßiges Ziel.[26] Es trifft auch grds keine Ermessensentscheidungen, sondern übt „gebundene Verwaltung" aus. Es wird als **atypische Verwaltungsbehörde** tätig; die Anwendung des VwVfG ist daher grds ausgeschlossen (vgl Rn 24 f vor § 34).[27]

V. Organisation[28]

12 Das DPMA ist in fünf Hauptabteilungen gegliedert. Dies sind
Hauptabteilungen 1/I (Patente I und Gebrauchsmuster) und **1/II** (Patente), mit 28 Abteilungen mit der Abteilung 1.1 (Patent- und Gebrauchsmusterverwaltung), der seit 1.3.2015 die Referate 1.1.1 (Patentverwaltung) sowie 1.1.2 (Formelle Patentverfahren 1 und 2) sowie das Referat 1.1.3 (Gebrauchsmusterstelle) zugeordnet sind,[29] sowie der Abteilung 1.2 (Gebrauchsmusterabteilung, Topographieabteilung, Gebrauchsmusterlöschungsverfahren), getrennt in die Hauptabteilungen 1/I (Allgemeiner Maschinenbau und me-

---

19 § 2 des Gesetzes vom 12.8.1949 idF des Art 1 Nr 2 2. PatGÄndG; vgl Begr BlPMZ 1998, 393, 394, 397, 400.
20 Vgl BVerwG BlPMZ 1959, 258; dazu *Kraßer* S 438; BVerfG (Nichtannahmebeschluss) GRUR 2003, 723 Rechtsprechungstätigkeit; BPatG 18.10.2012 35 W (pat) 41/09; *Schulte* Rn 3.
21 BVerfG Rechtsprechungstätigkeit; BVerwG Buchholz 11 Art 92 GG Nr 16.
22 Vgl BPatG 15.7.2010 5 W (pat) 452/07.
23 *Van Hees/Braitmayer* Rn 12.
24 Vgl BGH GRUR 1966, 583, 585 Abtastverfahren; BGH GRUR 1967, 586 Rohrhalterung; BGH GRUR 1969, 562 Appreturmittel.
25 *Schulte* Rn 5.
26 BGH GRUR 1969, 562 Appreturmittel.
27 *Schulte* Rn 4.
28 Organigramm der Hauptabteilungen 1/I und 1/II bei *Fitzner/Lutz/Bodewig* nach Rn 16.
29 Hinweis BlPMZ 2015, 77.

chanische Technologie) mit den Patentabteilungen 1.11–1.16 sowie 1.21–1.27 und 1/II (Elektrotechnik, Chemie, Physik) mit den Patentabteilungen 1.31–1.36. 1.43–1.45 sowie 1.51–1.56,

Hauptabteilung 2 (Information), mit der Betreuung interner und externer Informationsdienste wie DEPATIS, DPMAregister und bibliothekarischen Aufgaben.

Hauptabteilung 3 (Marken und Designs), zuständig für Marken und geografische Herkuftsangaben und Designs.

Hauptabteilungen 4 V (Verwaltung) und **4 R** (Recht) mit Abteilungen für Personalverwaltung und -entwicklung, Organisation und inneren Dienst (ua mit Haushalt, Statistik und Digitalisierung), der Rechtsabteilung (mit internationalen Beziehungen) sowie der Staatsaufsicht über die Verwertungsgesellschaften.

VI. Dienststelle Jena; Technisches Informationszentrum Berlin

Die Dienststelle Jena (bis 1988 Berlin) prüft rund 40% der neu eingehenden Markenanmeldungen und **13** verwaltet die in Kraft stehenden Marken. Sie bearbeitet weiter die Designanmeldungen. Als Außenstelle der Dienststelle Jena blieb in Berlin ein Technisches Informationszentrum bestehen, das über ein umfassendes Informationsangebot (mit Recherchesaal) verfügt.[30]

VII. Schiedsstellen

Dem DPMA sind folgende Schiedsstellen angegliedert: Schiedsstelle nach dem Gesetz über Arbeit- **14** nehmererfindungen (§§ 29 ff ArbEG), Schiedsstelle nach dem Gesetz über die Wahrnehmung von Urheberrechten und verwandten Schutzrechten (§§ 14 ff UrhWG; VO vom 20.12.1985; Reform im Gesetzgebungsverfahren).[31]

B. Besetzung des Deutschen Patent- und Markenamts

I. Allgemeines

Das PatG regelt nicht die Organisation des DPMA als Verwaltungsbehörde im allg (die aus dem Präsi- **15** denten/der Präsidentin, Vizepräsidenten und sonstigen Beamten und Tarifbeschäftigten besteht), sondern nur seine Organisation als Patenterteilungs- und Patentverwaltungsbehörde iSv § 27 Abs 1. Als solche besteht das DPMA nach Abs 1 aus einem Präsidenten und weiteren (technischen oder rechtskundigen) Mitgliedern.

II. Präsident/Präsidentin

Der Präsident (die Bezeichnung PräsDPMA wird im folgenden als generische ohne Aussage über das **16** natürliche Geschlecht verwendet, wie es der Tradition der Rechtssprache und der Formulierung in Abs 2 Satz 1, nicht aber der in der DPMAV entspricht) ist Behördenleiter. Er ist, wie das Gesetz („und weitere Mitglieder") klarstellt, selbst **Mitglied** des DPMA, muss also die Voraussetzungen des Abs 2 Satz 2 erfüllen. Ob die Voraussetzungen für die Bestellung zum rechtskundigen oder zum technischen Mitglied erfüllt sind, ist unerheblich.

Als **Behördenleiter** hat der PräsDPMA die Organisationsgewalt.[32] Diese umfasst nicht die Teilnahme **17** an den Beratungen der Patentabteilungen.[33] Soweit nicht die Organisation des DPMA gesetzlich geregelt ist, bestimmt sie der PräsDPMA (in Patentsachen §§ 1, 2 DPMAV, Rn 9).[34] Ihm obliegt auch, neben den ihm

30 Vgl MittPräsDPA Nr 1/95, BlPMZ 1995, 1; MittPräsDPA Nr 11/98, BlPMZ 1998, 381; MittPräsDPMA Nr 5/99, BlPMZ 1999, 49; *Hannig* Mitt 1992, 257; *Ortlieb/Schröder* GRUR 1999, 792; *Schulte* Rn 12.
31 BGBl I 2543 = BlPMZ 1986, 158.
32 BPatGE 15, 117, 119 = BlPMZ 1974, 250; *Schulte* Rn 18 f.
33 *Schulte* Rn 20.
34 *Goebel* GRUR 1986, 494 f.

gesetzlich zugewiesenen Aufgaben (Rn 18) die Bestimmung der Vorsitzenden der Patentabteilungen und ihrer Vertreter sowie die Regelung der Vertretung der Mitglieder untereinander.

18 **Gesetzlich zugewiesene Aufgaben.** Insb folgende Aufgaben sind dem PräsDPMA gesetzlich ausdrücklich zugewiesen: Bestellung der Hilfsmitglieder (Abs 3 Satz 1), Bestimmung des Geschäftskreises der Patentabteilungen und der Prüfungsstellen (§ 2 Abs 1 DPMAV), Regelung des Verfahrens zur Klassifizierung der Anmeldungen (§ 2 Abs 1 DPMAV, vgl auch Rn 6 Anh § 27), Leitung und Beaufsichtigung des gesamten Geschäftsbetriebs (§ 1 Abs 1 DPMAV), was das Weisungsrecht gegenüber allen Amtsangehörigen einschließt (Rn 21 f), Hinwirken auf eine gleichmäßige Behandlung der Geschäfte und die Beachtung gleicher Grundsätze (§ 1 Abs 1 DPMAV), insb durch den Erlass von Richtlinien (Rn 21) und Hausverfügungen, die Verfügung über Muster, Modelle, Probestücke und ähnliche der Anmeldung beigefügte Unterlagen, deren Rückgabe nicht beantragt worden ist (§ 31 DPMAV) nach Ablauf der dort genannten Frist.

19 Wohl ebenfalls als Ausfluss seiner Organisationsgewalt nimmt der PräsDPMA für sich die alleinige Befugnis zur Ausstellung von **Prioritätsbelegen** in Anspruch[35] (vgl Rn 20 vor § 40).

20 **Der Präsident als Dienstvorgesetzter** (§ 3 BBG) ist nicht nur für die beamten- und sonstigen arbeitsrechtl Angelegenheiten der Amtsangehörigen zuständig. Er und nicht das BPatG führt die Dienstaufsicht über die Beschäftigten des DPMA.[36]

21 Der PräsDPMA kann den Bediensteten für ihre dienstliche Tätigkeit Weisungen erteilen.[37] Von einer Normierung der Unabhängigkeit der Prüfer ist wegen der parlamentarischen Verantwortung der Bundesregierung abgesehen worden.[38] Dieses **Weisungsrecht** beschränkt sich auch dort, wo der Bedienstete im Rahmen des Abs 1 für das DPMA als Erteilungs- und Patentverwaltungsbehörde tätig wird, nicht auf den Erlass genereller Richtlinien wie der PrRl für Patente und Schutzzertifikate, der EinsprRl, der RechercheRl, der KlassRl und der UmschreibungsRl als die Mitglieder grds bindenden[39] verwaltungsinternen Anweisungen[40] und die Abstellung verfahrensfehlerhafter Sachbehandlung, zB einer verschleppenden Bearbeitung. Wo dem DPMA (ausnahmsweise; Rn 11) ein Ermessen eröffnet ist, kann dessen Ausübung in bestimmter Weise angeordnet werden.

22 Entgegen verbreiteter Auffassung muss vielmehr grds auch ein **Weisungsrecht** in bezug auf die sachliche Entscheidung des Einzelfalls anerkannt werden.[41] Dies folgt aus der Rechtsnatur des DPMA als Verwaltungsbehörde und dem Fehlen einer gesetzlichen Grundlage für die behauptete Weisungsfreiheit. Ob Gleiches für das Kollegialverfahren gilt, in dem § 2 Abs 4, § 3 Abs 4, § 4 Abs 4 DPMAV die Entscheidungskompetenz ausdrücklich dem Mehrheitsentscheid der Mitglieder der Abteilung überweist, muss allerdings bezweifelt werden. Ein Selbsteintrittsrecht des PräsDPMA besteht nicht.[42]

23 Der PräsDPMA ist **Inhaber des Hausrechts** in den Dienstgebäuden des DPMA.

24 Er ist **Vertreter der Bundesrepublik** in allen das DPMA betr gerichtlichen Verfahren.[43]

III. Mitglieder

25 **1. Allgemeines.** Mitglieder – das Gesetz verwendet hier seit jeher eine vorwiegend in Behörden mit Kollegialverfassung gebräuchliche Bezeichnung[44] – sind neben dem PräsDPMA (Rn 16 ff) die weiteren gesetzlich

---

35 PA BlPMZ 1904, 216; MittPräsDPA BlPMZ 1951, 232.

36 BPatG 12.12.2002 10 W (pat) 41/01; BPatG 7.8.2003 10 W (pat) 57/01.

37 *Fitzner/Lutz/Bodewig* Rn 26.

38 Bericht des Rechtsausschusses des Bundestags zum 6. ÜberlG BTDrs 2405/2406 vom 10.10.1961 = BlPMZ 1961, 169 f; *Schulte* Rn 22.

39 Zu den Grenzen BPatG GRUR 2010, 423 „amazing discoveries;", Markensache; *Schulte* Rn 24.

40 Vgl BGH GRUR 1991, 814 Zustellungsadressat; BPatG BlPMZ 2008, 256 f = GRUR-RR 2008, 414, Markensache; *Schulte* Rn 24.

41 Vgl *Kraßer* S 442 (§ 23 I a 9); *Benkard* Rn 11; *Starck* CR 1989, 367 m umfangreichem Nachw zum Streitstand; BGH GRUR 1991, 814, 816 Zustellungsadressat; aA *Schulte* Rn 27, wo allerdings (Rn 28, 29) ein Weisungsrecht für die prozessuale Verfahrensgestaltung und unter Hinweis auf die im Verfahren des einstweiligen Rechtsschutzes ergangenen Entscheidungen VG München 1.6.2011 M 21 E11.2392 und M 21 E 11.2385; VGH München 2.11.2011 6 CE 11.1342 und 6 CE 11.1346 sowie BVerfG (Nichtannahmebeschluss) 12. 3.2012 2 BvR 2606/11, 2 BvR 2607/11 für den Erwerb einer Signaturkarte bejaht wird; *Mes* Rn 7; *Bossung* GRUR Int 1958, 286.

42 *Benkard* Rn 11.

43 Vgl die Vertretungsregelung des BMJ vom 4.2.1971, BlPMZ 1971, 65.

44 Vgl *Hägermann* Mitt 1960, 126, 129.

berufenen Organe, durch die das DPMA seine Aufgaben als Patenterteilungs- und Patentverwaltungsbehörde iSd Abs 1 wahrnimmt. Die Mitglieder üben, auch als Prüfer, keine Rspr im materiellen Sinn aus.[45]

Zu den Mitgliedern gehören grds auch der Vizepräsident und die Hauptabteilungsleiter (diese jedoch wohl nicht zwangsläufig), die Abteilungsleiter (§ 27 Abs 4), Gruppenleiter und die Prüfer (§ 27 Abs 2, 3). Sie werden auf Lebenszeit berufen (Abs 1 Satz 3) und vom Bundespräsidenten ernannt. Dem PräsDPMA sind – abgesehen von vom BMJV vorbehaltenen Fällen – das Recht zur Einstellung und Anstellung von Beamten des höheren Dienstes sowie zur Ernennung von Beamten der Besoldungsgruppen A 14 und A 15 sowie zur Entlassung von Beamten der Besoldungsgruppen A 13 bis A 15 übertragen.[46] **26**

Nur die Mitglieder dürfen, soweit nicht das Gesetz – wie in Abs 4, § 27 Abs 5 – ausdrücklich Ausnahmen zulässt, die **gesetzlichen Aufgaben** des DPMA **wahrnehmen** (vgl Abs 3, 4). Bedienstete, die nicht zu Mitgliedern bestellt sind, Angestellte und Arbeiter dürfen grds allenfalls die Prüfungstätigkeit vorbereitende oder unterstützende bzw administrative Aufgaben wahrnehmen. **27**

2. Die **rechtskundigen Mitglieder** müssen die Befähigung zum Richteramt nach §§ 5–7 DRiG besitzen (Abs 2 Satz 2). **28**

3. Technische Mitglieder[47] müssen in einem Zweig der Technik sachverständig sein (Abs 2 Satz 2). Nach Abs 2 bedeutet dies, dass „in der Regel" als technisches Mitglied nur eingestellt wird, wer im Inland (andere EU-Mitgliedstaaten und EWR-Vertragsstaaten stehen nach Maßgabe des EU-Rechts dem Inland gleich, Abs 2 Satz 2 idF des 2. PatGÄndG)[48] an einer Universität, einer technischen oder landwirtschaftlichen Hochschule oder Bergakademie in einem naturwissenschaftlichen oder technischen Fach (eine Einschränkung auf bestimmte „patentrechtl relevante" Fachrichtungen wird man grds heute nicht mehr annehmen können),[49] eine staatliche oder akademische Abschlussprüfung (nicht bloß Zwischenprüfung; Promotion steht der staatlichen Prüfung gleich) bestanden hat und danach (Volontariat, Praktika während des Studiums zählen nicht)[50] mindestens fünf Jahre im Bereich der Naturwissenschaften oder der Technik beruflich tätig war (Abs 3 Satz 1);[51] diese Formulierung des 2. PatGÄndG stellt ausdrücklich klar, dass die Tätigkeit in wissenschaftlichen Instituten und Forschungseinrichtungen einer Arbeit in einem gewerblichen Unternehmen gleichsteht,[52] und im Besitz der erforderlichen Rechtskenntnisse ist (Abs 3 Satz 1). Diese werden allerdings in der Praxis nicht schon bei der Einstellung vorausgesetzt, sondern in der Einarbeitungszeit, also vor der Bestellung zum Mitglied, durch Kurse und einen speziellen, dem Bewerber beigegebenen „Ausbilder", einen erfahrenen Prüfer, vermittelt.[53] Eine Prüfung ist hierüber nicht abzulegen. Die Möglichkeit, Fachhochschulabsolventen als technische Mitglieder zu berufen, wurde kontrovers beurteilt; seit 2009 ist sie nach § 17 Abs 5 BBG grds gegeben.[54] **29**

Diese Voraussetzungen haben den Charakter von **Sollvorschriften** (Abs 3 Satz 1: „soll in der Regel"), von denen abgewichen werden kann, wenn zB für ein bestimmtes Fachgebiet Kräfte, die diese Voraussetzungen erfüllen, nicht angeworben werden können (vgl aber zu den technischen Richtern des BPatG Rn 30 zu § 65).[55] Abweichungen ohne hinreichenden Grund sind nicht statthaft.[56] Abs 3 geht als Sonderregelung **30**

---

45 BPatG GRUR 2007, 329.

46 Anordnung BMJ vom 25.3.2004 BGBl I 675; Anordnung BMJ 16.10.2006 BGBl I 2668; *Schulte* Rn 21.

47 Vgl dazu auch *Leise* GRUR 1981, 470 f.

48 Vgl Begr 2. PatGÄndG BlPMZ 1998, 393, 401; vgl auch die Stellungnahme des Bundesrats BlPMZ 1998, 415 und die Gegenäußerung der Bundesregierung BlPMZ 1998, 416 zur Frage des Zugangs von Fachhochschulabsolventen; Richtlinie 2005/36/EG des Europäischen Parlaments und des Rats vom 7.9.2005 ABl EU vom 30.9.2005 Nr L255/22 über die Anerkennung von Berufsqualifikationen; vgl *Benkard* Rn 8b.

49 Vgl BlPMZ 1913, 351.

50 BlPMZ 1932, 104.

51 Vgl *Benkard* Rn 8b.

52 Vgl Begr 2.PatGÄndG BlPMZ 1998, 393, 401; *Benkard* Rn 8b.

53 Näher zur amtsinternen Qualifitierung *Fitzner/Lutz/Bodewig* Rn 30.

54 Näher *Schulte* Rn 33; zur Umstrukturierung von Studiengängen (Bachelor- und Masterabschluss) *Fitzner/Lutz/Bodewig* Rn 29; aA *Benkard* Rn 6.

55 Begr BlPMZ 1936, 109; vgl VGH München 27.8.2012 14 ZB 11.3041; *Benkard* Rn 5.

56 BVerwG Buchholz 232 § 21 BBG Nr 3; dort auch zum Ermessen des Dienstherrn, bei anderen als Laufbahnbewerbern und Aufstiegsbewerbern für den höheren technischen Dienst Ausnahmen von der in Abs 2 vorgeschriebenen Vorbildung zuzulassen; vgl VGH München 27.8.2012 14 ZB 11.3041.

den Bestimmungen der Bundeslaufbahnverordnung vor und regelt den Zugang zur Prüferlaufbahn abw von den allg laufbahnrechtl Vorgaben.[57]

31   Dass die **Sachkunde in einem Zweig der Technik** für das technische Mitglied Berufungsvorausset-zung ist, bedeutet aber nicht, dass das technische Mitglied nur auf dem Gebiet tätig werden kann, auf dem seine besondere Sachkunde liegt. Es kann vielmehr auf allen Gebieten der Technik eingesetzt werden.[58]

IV. Hilfsmitglieder (Abs 4)

32   Um „der oft ungleichmäßigen und plötzlichen Entwicklung der patentamtlichen Geschäfte auf man-chen Gebieten der Technik Rechnung tragen zu können",[59] hat der PräsDPMA das Recht, bei einem vor-aussichtlich zeitlich begrenzten Bedürfnis Personen, die die für Mitglieder geforderte juristische oder technische Vorbildung iSv Abs 2 und 3 haben, mit den Verrichtungen eines Mitglieds des DPMA zu beauf-tragen (Hilfsmitglied, Abs 4 Satz 1). Der Auftrag kann für bestimmte Zeit oder – zeitlich unbegrenzt – für die Dauer des Bedürfnisses erteilt werden und ist für die Dauer der Bestellung unwiderruflich (Abs 4 Satz 2). Die Vorschriften für die Mitglieder gelten im übrigen auch für die Hilfsmitglieder.[60] Sie haben die gleichen Befugnisse, können die gleichen Funktionen wahrnehmen, insb als Prüfer tätig werden und als Mitglied einer Patentabteilung eingesetzt werden (§ 27 Abs 3).[61]

33   Zu Hilfsmitgliedern werden **in der Praxis** neu eingetretene Juristen oder Techniker nach ihrer hinrei-chenden Einarbeitung bestellt. Die Stellung als Hilfsmitglied ist also normalerweise die Zwischenstation zwischen der Beschäftigung als Hilfsarbeiter (Rn 34) und der Bestellung zum Mitglied.

34   Rechtskundige **Anwärter** werden oft als von den Landesjustizverwaltungen oder anderen Behörden abgeordnete Richter, Staatsanwälte oder Beamte beschäftigt. Anwärter auf die Position eines technischen Mitglieds werden durchwegs zunächst als Tarifbeschäftigte angestellt, um bei Bewährung als Regierungs-räte zur Anstellung in das Beamtenverhältnis auf Probe und später in das Beamtenverhältnis auf Lebens-zeit übernommen zu werden.

35   **VI. Beamte des gehobenen, mittleren und einfachen Diensts sowie Tarifbeschäftigte** sind im DPMA überwiegend in Büro- und Kanzleitätigkeit eingesetzt. Bestimmte Geschäfte der Prüfungsstellen und Patentabteilungen sind jedoch gem der Ermächtigung des § 27 Abs 5 auf Beamte des gehobenen und des mittleren Diensts sowie vergleichbare Tarifbeschäftigte übertragen (Rn 50 ff zu § 27).

C. Dienstrecht

36   Für die dienstrechtl Verhältnisse der Beamten und Tarifbeschäftigten gelten die allg beamten- und arbeitsrechtl Regelungen;[62] so gelten zB die allg amtshaftungsrechtl Grundsätze (Art 34 GG, § 839 BGB). Das richterliche Amtshaftungsprivileg (§ 839 Abs 2 BGB) gilt nicht, weil die Entscheidungen des DPMA keine Urteile in einer Rechtssache sind.[63]

37   Abzulehnen ist die verbreitete und unter dem Gesichtspunkt des „besonderen Pflichtenverhältnisses" auch vom BVerwG[64] gebilligte Auffassung, dass die Bediensteten des DPMA **keine Patente anmelden** dürfen (Rn 6 zu § 34).

---

57   VGH München 27.8.2012 14 ZB 11.3041; *Schulte* Rn 32.

58   BGHZ 38, 166 = GRUR 1963, 129 Kunststofftablett; *Schulte* Rn 34.

59   Begr BlPMZ 1936, 109.

60   *Benkard* Rn 9.

61   BGH GRUR 1998, 394 f Active Line; BGH GRUR 1998, 813 Change; BGH 19.6.1997 I ZB 8/95; BGH 19.6.1997 I ZB 9/95, Markensachen; BPatG 12.12.1994 30 W (pat) 136/92 und Parallelentscheidungen 30 W (pat) 91/92, 30 W (pat) 98/92; vgl BPatG 24.8.1994 28 W (pat) 116/94.

62   Zur Zuständigkeit für den Erlass von Widerspruchsbescheiden und die Vertretung des Dienstherrn bei Klagen von Beschäftigten des DPMA nach den Beihilfevorschriften Anordnung des BMJ vom 16.7.2002 BGBl I 2670.

63   Ebenso für die Bediensteten des Bundessortenamts *Leßmann/Würtenberger* Deutsche und europäisches Sortenschutzrecht[2] (2009) Rn 5.33; aA teilweise *Kumm* Mitt 1980, 50; zwd auch *Wuesthoff* SortG § 17 Rn 10.

64   BVerwGE 12, 273 = BlPMZ 1961, 400.

§ 27
(Prüfungsstellen; Patentabteilungen)

(1) [1] Im Patentamt werden gebildet

1. Prüfungsstellen für die Bearbeitung der Patentanmeldungen und für die Erteilung von Auskünften zum Stand der Technik (§ 29 Abs. 1 und 2);

2. Patentabteilungen für alle Angelegenheiten, die die erteilten Patente betreffen, für die Festsetzung der Vergütung (§ 23 Abs. 4 und 6) und für die Bewilligung der Verfahrenkostenhilfe im Verfahren vor dem Patentamt. [2] Innerhalb ihres Geschäftskreises obliegt jeder Patentabteilung auch die Abgabe von Gutachten (§ 29 Abs. 3).

(2) Die Obliegenheiten der Prüfungsstelle nimmt ein technisches Mitglied der Patentabteilung (Prüfer) wahr.

(3) [1] Die Patentabteilung ist bei Mitwirkung von mindestens drei Mitgliedern beschlussfähig, unter denen sich, soweit die Abteilung im Einspruchsverfahren tätig wird, zwei technische Mitglieder befinden müssen. [2] Bietet die Sache besondere rechtliche Schwierigkeiten und gehört keiner der Mitwirkenden zu den rechtskundigen Mitgliedern, so soll bei der Beschlussfassung ein der Patentabteilung angehörendes rechtskundiges Mitglied hinzutreten. [3] Ein Beschluss, durch den ein Antrag auf Zuziehung eines rechtskundigen Mitglieds abgelehnt wird, ist selbständig nicht anfechtbar.

(4) Der Vorsitzende der Patentabteilung kann alle Angelegenheiten der Patentabteilung mit Ausnahme der Beschlussfassung über die Aufrechterhaltung, den Widerruf oder die Beschränkung des Patents sowie über die Festsetzung der Vergütung (§ 23 Abs. 4) allein bearbeiten oder diese Aufgaben einem technischen Mitglied der Abteilung übertragen; dies gilt nicht für eine Anhörung.

(5) [1] Das Bundesministerium der Justiz und für Verbraucherschutz wird ermächtigt, durch Rechtsverordnung Beamte des gehobenen und des mittleren Diensts sowie vergleichbare Angestellte mit der Wahrnehmung von Geschäften zu betrauen, die den Prüfungsstellen oder Patentabteilungen obliegen und die ihrer Art nach keine besonderen technischen oder rechtlichen Schwierigkeiten bieten; ausgeschlossen davon sind jedoch die Erteilung des Patents und die Zurückweisung der Anmeldung aus Gründen, denen der Anmelder widersprochen hat. [2] Das Bundesministerium der Justiz und für Verbraucherschutz kann diese Ermächtigung durch Rechtsverordnung auf das Deutsche Patent- und Markenamt übertragen.

(6) [1] Für die Ausschließung und Ablehnung der Prüfer und der übrigen Mitglieder der Patentabteilungen gelten die §§ 41 bis 44, 45 Abs. 2 Satz 2, §§ 47 bis 49 der Zivilprozeßordnung über Ausschließung und Ablehnung der Gerichtspersonen sinngemäß. [2] Das gleiche gilt für die Beamten des gehobenen und des mittleren Dienstes und Angestellten, soweit sie nach Absatz 5 mit der Wahrnehmung einzelner den Prüfungsstellen oder Patentabteilungen obliegender Geschäfte betraut worden sind. [3] Über das Ablehnungsgesuch entscheidet, soweit es einer Entscheidung bedarf, die Patentabteilung.

(7) Zu den Beratungen in den Patentabteilungen können Sachverständige, die nicht Mitglieder sind, zugezogen werden; sie dürfen an den Abstimmungen nicht teilnehmen.

DPMA-Richtlinien für das Einspruchsverfahren, BlPMZ 2007, 49, II.3.

Ausland: Österreich: § 62 öPatG (Beschlussfassung), § 65 öPatG (vorbereitende Verfügungen), § 76 öPatG (Ausschließung); Polen: Art 264, 265 RgE 2000

Übersicht

Schrifttum (s auch Schrifttum zu § 26): *Bardehle* Zur Aufgabe und Arbeit des Prüfers im Patentamt, Mitt 1985, 192; *Bardehle* Die Freigabe von know-how durch das prüfende Patentamt, GRUR Int 1990, 673; *Bernatz* Ausschließung und Ablehnung von Beamten des Deutschen Patentamts und von Richtern des Bundespatentgerichts, Mitt 1968, 30; *Feuerlein* Neues aus dem Deutschen Patent- und Markenamt, Freiberger Seminare zum Gewerblichen Rechtsschutz, Seminarband 9 (2009), 103; *Freudenreich* Führungsfragen und Prüfertätigkeit im Deutschen Patentamt, FS K. Haertel (1975), 11; *Goebel/Möslinger* Die Praxis des Deutschen Patenterteilungsverfahrens, GRUR 1986, 633; *Grosch* (Anm), Mitt 2002, 485; *Hanus* Qualitätsmanagement im Patentbereich des Deutschen Patent- und Markenamts, VPP-Rdbr 2006, 108; *Reinländer* „Befangenheitsablehnung", Mitt 1982, 139; *Stortnik* Erhöhung der Effektivität des Patentprüfungsverfahrens, GRUR 2010, 871; *Veismann* Die Übertragungsverordnung des Deutschen Patentamts, Mitt 1962, 51; *Wernecke* Das Reichspatentamt im Jahre 1929, GRUR 1930, 582; *Wesener* Das „Vorabgesetz" und die Patentabteilung 01, FS K. Haertel (1975), 121; *Winterfeldt* Qualitätssicherung im Patentbereich des Deutschen Patent- und Markenamtes, VPP-Rdbr 2002, 92

A. Allgemeines

I. Geltungsbereich

1   Vor 1981 § 18. Abs 1 und 4 sind durch Art 8 Nr 16 GPatG (dort noch als § 18 Abs 1 und 4) neu gefasst worden. Die Änderung in Abs 1 Satz 1 Nr 1 trägt dem Umstand Rechnung, dass das DPMA zur Nutzbarmachung seiner Dokumentation für die Öffentlichkeit Auskünfte zum StdT erteilen darf (§ 29 Abs 3). Die Vorschrift weist den Prüfungsstellen die Zuständigkeit hierfür zu (Rn 20 ff zu § 29). Die weiteren Änderungen in Abs 1 ziehen die Konsequenz aus der Einführung des der Patenterteilung nachgeschalteten Einspruchsverfahrens. Die Neufassung des Abs 4 erweitert im Interesse einer Verfahrensbeschleunigung die Befugnisse des Abteilungsvorsitzenden.[1]

2   Durch das **PatGÄndG** vom 23.2.1993 sind „den Beamten des gehobenen und des mittleren Dienstes" in Abs 5 Satz 1 und Abs 6 Satz 2 die ihnen „vergleichbaren Angestellten" gleichgestellt worden, wodurch eine in der Rspr aufgetretene Streitfrage geklärt worden ist.[2] Abs 5 ist auf Vorschlag des Rechtsausschusses, insoweit Vorschläge des PräsDPMA aufgreifend, durch das **2. PatGÄndG** derart neu gefasst worden,

---

1   Vgl Begr GPatG BlPMZ 1979, 276, 282.
2   Vgl Begr BlPMZ 1993, 205, 210 reSp.

dass dessen Gestaltungsspielraum erweitert wird[3] (näher Rn 52ff). Die Ermächtigung zur Übertragung der Verordnungsbefugnis nach Abs 5 Satz 2 ist durch Art 7 Nr 10 KostRegBerG dahin geänd worden, dass anstelle des PräsDPMA nunmehr das DPMA Adressat der Delegation ist. Art 1 Nr 1 des **Gesetzes zur Änderung des Patentgesetzes und anderer Vorschriften des gewerblichen Rechtsschutzes**[4] hat die Worte „und die Bewilligung der Verfahrenskostenhilfe" in Abs 4 gestrichen. Die 10. Zuständigkeitsanpassungs-VO hat nach dem Wort „Justiz" die Worte „und für Verbraucherschutz" eingefügt.

II. Verordnung über das Deutsche Patent- und Markenamt (DPMAV)

Nähere Regelungen über die Prüfungsstellen und Patentabteilungen enthält § 2 DPMAV. Danach bestimmt der PräsDPMA den Geschäftskreis der Prüfungsstellen sowie der Patentabteilungen (§ 2 Abs 1 DPMAV). **3**

B. Prüfungsstellen; Patentabteilungen

I. Allgemeines

Das DPMA erledigt seine hoheitlichen Aufgaben als Erteilungsbehörde durch Prüfungsstellen und Patentabteilungen (Abs 1) als seine Organe. Das Gesetz grenzt deren Zuständigkeiten gegeneinander ab und regelt deren Besetzung im Grundsätzlichen (Abs 2, 3). Die Einrichtung der GbmStelle und der GbmAbteilungen ist in § 10 GebrMG, die der Topographiestelle und der Topographieabteilung in § 4 HlSchG, die der Markenstellen und der Markenabteilungen in § 56 MarkenG, die der Designstellen und der Designabteilung in § 23 DesignG geregelt. Hinsichtlich der GbmStelle, der (seither einzigen) GbmAbteilung, der Topographiestelle und der Topographieabteilung ist zum 1.3.2015 die Zuordnung zur Hauptabteilung 1/I (zuvor Hauptabteilung 3) erfolgt.[5] **4**

Diese Regelung ist **verbindlich**, der PräsDPMA kann sie nicht ändern.[6] Er kann zwar einzelne Verfahrensschritte organisatorisch in einer zentralen Stelle zusammenfassen, wie dies zB früher für Umschreibungen mit Einrichtung der zentralen Umschreibstelle geschehen ist, diese kann dann aber nur als die jeweils zuständige Prüfungsstelle tätig werden.[7] Zur Entlastung der Prüfungsstellen und Patentabteilungen kann das BMJV diese Zuständigkeitsregelung im Verordnungsweg durchbrechen und die Ermittlung des StdT (§ 43 Abs 1), die Offensichtlichkeitsprüfung (§ 42) und die Gebührenkontrolle (§ 7 PatKostG) auf besondere Stellen übertragen (§ 43 Abs 8 Nr 1 und 3). Von dieser Verordnungsermächtigung ist derzeit kein Gebrauch gemacht (Rn 63ff zu § 43). Eine weitere Möglichkeit zur Entlastung der Prüfungsstellen und Patentabteilungen sieht Abs 5 in der Ermächtigung zur Übertragung von Aufgaben auf regelmäßig nicht akademisch vorgebildete Bedienstete vor (Rn 50ff). **5**

II. Prüfungsstellen

1. Allgemeines. Abs 1 Satz 1 Nr 1 gebietet die Bildung von Prüfungsstellen. Ihre Zahl bestimmt der Präsident im Rahmen seiner Organisationsgewalt. **6**

2. Zuständigkeit. Die Zuständigkeiten der Prüfungsstellen sind in Abs 1 Satz 1 Nr 1 gesetzlich festgeschrieben. Sie umfassen die Bearbeitung der Patentanmeldungen, daneben die dzt nicht erfolgende Erteilung von Auskünften zum StdT iSv § 29 Abs 3. **7**

Bearbeitung der Patentanmeldungen iSv Abs 1 Satz 1 Nr 1 ist umfassend gemeint.[8] Die Prüfungsstelle ist zuständig für die Bearbeitung aller Anträge, die sich auf die Patentanmeldung beziehen, unabhängig davon, ob das Gesetz die Tätigkeit dem DPMA oder dem Prüfer zuweist. **8**

---

3 Ausschussbericht BlPMZ 1998, 416 f.
4 BGBl 2004 I 3232 = BlPMZ 2005, 3.
5 Hinweis BlPMZ 2015, 77.
6 *Schulte* Rn 4.
7 BPatGE 26, 124 = GRUR 1984, 428.
8 BPatGE 33, 111 f = BlPMZ 1992, 505; BPatGE 26, 124 = GRUR 1984, 428.

9   **Im einzelnen** umfasst ihre Zuständigkeit neben der eigentlichen Prüfung der Patentfähigkeit die Offensichtlichkeitsprüfung (§ 42), die Recherche (§ 43), Aussetzungs-, Akteneinsichts-, Wiedereinsetzungs-, Umschreibungsanträge,[9] Prüfung der Einheitlichkeit, Ausscheidung, Teilung, Abhilfe, Feststellung, dass eine Eingabe keine wirksame Anmeldung ist,[10] Anträge auf Wiederaufnahme des Prüfungsverfahrens, auch wenn die Patenterteilung bestandskräftig geworden ist,[11] Gebührenangelegenheiten der Anmeldung[12] einschließlich Bereicherungsansprüchen des DPMA wegen zu Unrecht zurückgezahlter Gebühren,[13] Auskünfte aller Art über den Stand des Prüfungsverfahrens[14] und gesetzlich vorgesehene Benachrichtigungen.[15] Die Prüfungsstellen sind schließlich zuständig für internat Anmeldungen nach PCT.[16]

10   Die Prüfungsstelle ist **nicht zuständig** für die der Patentabteilung nach Abs 1 Nr 2 vorbehaltenen Tätigkeiten (Rn 20) sowie für solche Tätigkeiten, die durch Rechtsverordnung auf andere Stellen übertragen sind, so nach § 43 Abs 8 Nr 1, 3 (Rn 63 ff zu § 43). Insb ist sie für die Zurückweisung von Anträgen auf Verfahrenskostenhilfe nicht zuständig; das gilt auch, wenn sie von einem Beamten des gehobenen Dienstes oder vergleichbaren Tarifbeschäftigten getroffen wird.[17]

11   **3. Geschäftskreis; Geschäftsgang.** Innerhalb dieses gesetzlichen Rahmens bestimmt der PräsDPMA den Geschäftskreis der einzelnen Prüfungsstellen (§ 2 Abs 1 DPMAV), dh er weist ihnen die technischen Arbeitsgebiete nach der Internationalen Patentklassifikation (Anh zu § 27) zu. Er regelt das Verfahren zur Klassifizierung der Anmeldungen (§ 2 Abs 1 DPMAV, vgl Rn 10 Anh § 27), so dass er letztlich zugleich über Zuständigkeitsstreitigkeiten zwischen den Prüfungsstellen entscheidet.

12   **4. Organisatorische Zuordnung.** Die Prüfungsstellen sind organisatorisch den **Hauptabteilungen 1/I** (Patente I und Gebrauchsmuster) und **1/II** (Patente) zugeordnet (Rn 12 zu § 26).

13   **5.** Die Aufgaben der Prüfungsstelle nimmt ein technisches Mitglied, ggf auch ein Hilfsmitglied (Rn 29 ff zu § 26), der Patentabteilung, der **Prüfer,** wahr (Abs 2). Ihn bestimmt der PräsDPMA. Im Rahmen seiner Zuständigkeit erlässt der Prüfer alle für den Fortgang der Sache erforderlichen Anordnungen, Verfügungen und Bescheide allein und in eigener Verantwortung (zu den Möglichkeiten, ihn von Aufgaben zu entlasten, Rn 5).

III. Patentabteilungen

14   **1. Allgemeines.** Das Gesetz schreibt die Bildung von Patentabteilungen vor (Abs 1 Nr 2) und grenzt deren Zuständigkeiten verbindlich (Rn 4 f) ab. Die Vorschrift befasst sich nur mit der Patentabteilung als Spruchorgan im Rahmen des Verfahrens nach dem PatG (Rn 20 ff), nicht aber mit der Patentabteilung als Organisationseinheit (Rn 15 ff).

15   **2. Die Patentabteilung als Organisationseinheit.** Im DPMA bestehen in den Hauptabteilungen 1/I (Patente I und Gebrauchsmuster) und 1/II (Patente) organisatorisch zusammengefasste Patentabteilungen.[18]

16   Jede Patentabteilung hat einen **Abteilungsleiter,** der zugleich **Vorsitzender** iSv Abs 4 (Rn 31 ff) ist. Er muss (technisches oder rechtskundiges) Mitglied des DPMA sein; in der Praxis sind die Vorsitzenden der Patentabteilungen durchwegs technische Mitglieder. Der Abteilungsleiter steht im Rang eines Leitenden Regierungsdirektors. Er wird vom BMJV bestellt. Als Leiter der Organisationseinheit obliegen ihm die Verwaltungsgeschäfte der Abteilung, die Leitung und Beaufsichtigung des Geschäftsbetriebs der Abteilung

---

9   BPatGE 26, 124 = GRUR 1984, 428.
10   BPatGE 26, 198 = GRUR 1984, 804.
11   BPatGE 25, 147 ff = GRUR 1983, 643.
12   BPatGE 26, 124 = GRUR 1984, 428; aA BPatGE 12, 85, 88 f; BPatGE 15, 117, 119 = BlPMZ 1974, 250.
13   BPatGE 22, 48 = BlPMZ 1979, 381; aA noch BPatGE 13, 163 = Mitt 1972, 177.
14   BPatGE 33, 111 = BlPMZ 1992, 505.
15   BPatGE 26, 124 = GRUR 1984, 428, anders noch BPatGE 12. 85, 89 und BPatGE 15, 117, 119 = BlPMZ 1974, 250.
16   BPatGE 23, 146 = BlPMZ 1981, 242; BPatGE 25, 8 = BlPMZ 1982, 350; BPatG 13.11.2003 10 W (pat) 33/02.
17   BPatG Mitt 2015, 145.
18   Vgl dazu *Wesener* FS K. Haertel (1975) S 121.

und der ihr zugeordneten Prüfungsstellen, die Sorge für eine gleichmäßige Behandlung der Geschäfte und die Beobachtung gleicher Grundsätze.

Jede Patentabteilung hat neben dem Vorsitzenden etwa 25–30 weitere **technische Mitglieder.** Diese **17** werden der Abteilung vom PräsDPMA zugewiesen und nehmen zugleich die Obliegenheiten der der Abteilung organisatorisch eingegliederten Prüfungsstellen wahr (Abs 2).

Den Patentabteilungen sind **rechtskundige Mitglieder** beigegeben, die aber meist zugleich der **18** Rechtsabteilung angehören und nur bei Bedarf hinzugezogen werden (Abs 3 Satz 2).

Innerhalb jeder Patentabteilung sind **Gruppen** gebildet, die jeweils mehrere Prüfungsstellen – nach **19** Fachgebieten gegliedert – zusammenfassen.[19]

3. Die Patentabteilung als Spruchorgan

a. Zuständigkeit; Geschäftskreis. Die **Zuständigkeiten** der Patentabteilungen sind im Gesetz fest- **20** gelegt. Sie erstrecken sich nach Abs 1 Satz 1 Nr 2 in erster Linie auf alle Angelegenheiten, die die erteilten Patente betreffen, also insb auf das Einspruchs- (§§ 59 ff) und das Widerrufs- und Beschränkungsverfahren (§ 64) sowie auf die Verwaltung erteilter Patente (Jahresgebühren, Akteneinsicht, Wiedereinsetzung, Umschreibung, Löschung), aber auch auf Ausschließung und Ablehnung (Abs 6), Festsetzung der Vergütung nach § 23 Abs 4 und 6 bei Lizenzbereitschaft, die Bewilligung der Verfahrenskostenhilfe im Verfahren vor dem DPMA ganz allg,[20] also auch für das Prüfungsverfahren vor der Prüfungsstelle.

Hinzu tritt nach Abs 1 Nr 2 Satz 2 die Zuständigkeit zur Abgabe von **Gutachten** nach § 29 Abs 1, 2. **21**

Weiter ist die Patentabteilung nach § 49a Abs 1, 2 für die Prüfung und Erteilung der **ergänzenden 22 Schutzzertifikate,** deren Laufzeitverlängerung (§ 49a Abs 3) und deren Widerruf (§ 49a Abs 4 Nr 2) und Berichtigung (§ 49a Abs 4 Nr 1) zuständig.

Den **Geschäftskreis** der Patentabteilungen bestimmt der PräsDPMA (§ 2 Abs 1 DPMAV), dh er weist **23** ihnen die technischen Aufgabengebiete gem der Internationalen Patentklassifikation (Anh zu § 27) zu und regelt das Verfahren zur Klassifizierung der Anmeldungen (§ 2 Abs 1 DPMAV, vgl auch Rn 10 Anh § 27). MWv 1.1.2008 ist die Patentabteilung 1.42 in Patentabteilung 1.56 mit der Bezeichnung „Teilbereiche aus Physik, Elektrotechnik, Maschinenbau" umbenannt worden.[21] Die Patentabteilung 41 ist mWv 1.3.2015 aufgelöst, die Patentabteilung 36 neu eingerichtet worden.[22]

b. Besetzung. Die Abteilung ist bei Mitwirkung von drei Mitgliedern, unter denen sich im Ein- **24** spruchsverfahren zwei technische Mitglieder befinden müssen, **beschlussfähig** (Abs 3 Satz 1).[23]

Die Patentabteilung kann als Spruchorgan auch aus mehr als drei Mitgliedern gebildet werden. Dies **25** ist insb dann im Gesetz ausdrücklich vorgesehen, wenn eine Sache **besondere rechtliche Schwierigkeit** hat und keines der nach der Geschäftsverteilung zur Mitwirkung berufenen Mitglieder zu den rechtskundigen Mitgliedern gehört (Abs 3 Satz 2). In diesem Fall soll ein der Abteilung angehörendes rechtskundiges Mitglied bei der Beschlussfassung hinzutreten, ohne dass dafür ein technisches Mitglied ausscheiden muss.[24]

Der Vorsitzende kann auch in anderen Fällen, zB wenn eine Sache in **technische Nachbargebiete 26** hineingreift, nach seinem pflichtgem Ermessen dort besonders sachkundige technische Abteilungsmitglieder zu der normalen Dreierbesetzung hinzuziehen.[25] In besonders wichtigen Fällen kann die Patentabteilung sogar im Plenum entscheiden.[26]

Die hinzutretenden Abteilungsmitglieder wirken, anders als nach Abs 7 zu der Beratung hinzugezo- **27** gene Sachverständige, die keine Abteilungsmitglieder sind (Rn 82), auch bei der **Abstimmung** mit.

---

19 MittPräsDPA BlPMZ 1968, 81.
20 Vgl BPatG 30.4.2013 20 W (pat) 35/12, auch zur Delegationsmöglichkeit.
21 MittPräsDPMA 1/08 BlPMZ 2008, 1.
22 Hinweis BlPMZ 2015, 77.
23 *Fitzner/Lutz/Bodewig* Rn 12.
24 Begr BlPMZ 1936, 103, 109 reSp.
25 *Benkard* Rn 7; einschränkend BPatGE 16, 7, 9: dies sei nur aufgrund einer entspr generellen Anordnung des Vorsitzenden zulässig.
26 Vgl *Schulte* Rn 18.

Keukenschrijver

28   **c. Fachliche Qualifikation der Mitwirkenden.** Besondere Vorschriften über die fachliche Zusammensetzung der Patentabteilung als Spruchorgan, dh hinsichtlich der technischen oder rechtskundigen Vorbildung der Mitglieder einer Spruchbesetzung, kennt das Gesetz nur im Einspruchsverfahren, in dem sich in der Spruchbesetzung zwei technische Mitglieder befinden müssen (Abs 3 Satz 1) und im Fall besonderer rechtlicher Schwierigkeit, in dem ein rechtskundiges Mitglied mitwirken soll (Abs 3 Satz 2), also nicht mitwirken muss.

29   In allen **anderen Fällen** steht die Zusammensetzung des Spruchorgans, was die rechtskundige oder technische Vorbildung der Mitwirkenden angeht, mithin im Ermessen des Vorsitzenden.

30   Die Beteiligten können die **Zuziehung eines rechtskundigen Mitglieds beantragen** (Abs 3 Satz 3). Von dieser selten beachteten Antragsbefugnis sollte häufiger Gebrauch gemacht werden.[27] Die Ablehnung des Antrags auf Zuziehung eines rechtskundigen Mitgliedes ist nicht selbstständig anfechtbar (Abs 3 Satz 3).[28] Ein Antrag auf Zuziehung eines technisches Mitglieds ist nicht vorgesehen.

31   **4. Der Vorsitzende** der Patentabteilung leitet die Geschäfte des Spruchorgans (§ 2 Abs 2 DPMAV). Dazu gehört ua das Recht, im Verfahren vor der Patentabteilung ein anderes als das nach § 2 Abs 2 Satz 2 DPMAV vorgesehene Mitglied zum Berichterstatter zu bestimmen, von der Abhaltung von Sitzungen entgegen dem Grundsatz des § 2 Abs 2 DPMAV abzusehen (§ 2 Abs 3 Satz 2 DPMAV), schließlich der Stichentscheid bei Stimmengleichheit in der Abstimmung der Patentabteilung (§ 2 Abs 4 DPMAV). Die Vorsitzenden der Patentabteilungen sind durchwegs (aber nicht notwendig) tehnische Mitglieder.[29]

32   Der Vorsitzende hat nach Abs 4 das Recht, alle Angelegenheiten der Patentabteilung – mit bestimmten Ausnahmen (Rn 33) – der Bearbeitung durch das Kollegium zu entziehen und sie **allein zu bearbeiten** oder diese Aufgabe einem technischen Mitglied der Abteilung (nicht auch einem rechtskundigen Mitglied) zu übertragen. Auch wenn eine solche Übertragung erfolgt ist, ändert dies aber nichts daran, dass die Entscheidung durch die „Patentabteilung" zu erfolgen hat, was bei der Bezeichnung des Spruchkörpers zum Ausdruck kommen muss (Rn 35).

33   Hiervon sind **ausgenommen**:
 – alle **Anhörungen** (Abs 4 2. Halbs);
 – im **Einspruchsverfahren Beschlüsse** über Aufrechterhaltung, Widerruf (§ 61 Abs 1, § 21 Abs 1) sowie beschränkte Aufrechterhaltung (§ 61 Abs 2, § 21 Abs 2), auch wenn der Einspruch „zurückgewiesen" wird.[30] Hingegen kann der Vorsitzende zB Beschlüsse über die Unzulässigkeit des Einspruchs, über Wiedereinsetzung, Beweisbeschlüsse, isolierte Kostenentscheidungen und sonstige Zwischenentscheidungen allein treffen oder von einem von ihm beauftragten technischen Mitglied treffen lassen;
 – **Beschlüsse** über einen **Widerruf** oder eine **Patentbeschränkung** auf Antrag des Inhabers (§ 64);
 – **Beschlüsse** über die **Vergütung bei Lizenzbereitschaft** (§ 23 Abs 4).

34   Nicht mehr ausgenommen sind seit Inkrafttreten des Gesetzes zur Änderung des Patentgesetzes und anderer Vorschriften des gewerblichen Rechtsschutzes die Beschlüsse über die Bewilligung, Verweigerung und die Aufhebung der **Verfahrenskostenhilfe**, die Beiordnung eines Vertreters als Teil der Bewilligung der Verfahrenskostenhilfe.[31]

35   Der Vorsitzende bzw das von ihm beauftragte technische Mitglied können grds auch die Verfahren, in denen die Beschlussfassung dem Kollegium vorbehalten ist, **bis zur Entscheidungsreife** allein führen, insb Zwischenbescheide erlassen, Ermittlungen durchführen usw.[32] Sie repräsentieren insoweit die Patentabteilung, auch wenn sie unter falscher Bezeichnung als Prüfungsstelle auftreten.[33] Dabei können sie

---

27 Vgl *Goebel* GRUR 1986, 633, 640.
28 *Mes* Rn 8.
29 Vgl *Fitzner/Lutz/Bodewig* Rn 13.
30 *Schulte* Rn 20.
31 So auch *Mes* Rn 21; aA *Benkard* Rn 9 und *Schulte* Rn 20, wo jeweils die Gesetzesänderung 2004 nicht berücksichtigt wird.
32 Vgl *Schulte* Rn 21.
33 BPatG 1.6.2006 10 W (pat) 32/04 Schulte-Kartei PatG 26–29 Nr 45; BPatG 27.10.2011 10 W (pat) 28/07; *Fitzner/Lutz/Bodewig* Rn 16.

jederzeit die Auffassung der Abteilung einholen, was sich immer dann empfehlen wird, wenn, wie bei Beweisbeschlüssen, sonst die Gefahr überflüssigen Aufwands besteht.[34]

5. Das Verfahren der Patentabteilung

a. Allgemeines. Soweit der Vorsitzende nichts anderes bestimmt, übernimmt der für die Sache zu- **36** ständige Prüfer die Berichterstattung (§ 2 Abs 2 Satz 2 DPMAV), hält den Vortrag in der Sitzung, entwirft die Beschlüsse und Gutachten (§ 2 Abs 2 Satz 3 DPMAV). Der Vorsitzende prüft die Entwürfe und stellt sie fest (§ 2 Abs 2 Satz 4 DPMAV, Rn 41). Meinungsverschiedenheiten, auch über den Inhalt der Begründung, sind nach § 2 Abs 2 Satz 5 DPMAV durch Abstimmung auszuräumen (Rn 38).

b. Für die Beschlussfassung über Aufrechterhaltung, Widerruf, Beschränkung von Patenten sowie **37** über Gutachten und Ablehnung von Gutachten bedarf es der **Beratung und Abstimmung in einer Sitzung** (§ 2 Abs 3 Satz 1 DPMAV). Davon kann ausnahmsweise abgesehen werden, wenn der Vorsitzende eine Sitzung nicht für erforderlich hält (§ 2 Abs 3 Satz 2 DPMAV). Für die Leitung von Beratung und Abstimmung wird § 194 GVG entspr heranzuziehen sein (vgl für das Verfahren vor dem BPatG Rn 26 ff, 30 zu § 70).[35]

Abstimmung. Die Patentabteilung entscheidet (auch über die Beschlussbegründung, Rn 36) mit der **38** Mehrheit der Stimmen der mitwirkenden Abteilungsmitglieder; bei Stimmengleichheit gibt die Stimme des Vorsitzenden den Ausschlag (§ 2 Abs 4 DPMAV). Hinzugezogene Sachverständige, die nicht Abteilungsmitglieder sind, dürfen an der Abstimmung nicht teilnehmen (Abs 7 2. Halbs). Sonstige, die Abstimmung betr Regeln fehlen, insb sagt das Gesetz nichts über die Reihenfolge der Abstimmung. Auch hier werden die Regelungen des GVG heranzuziehen sein.

c. Absetzen der Beschlüsse ist Sache des Berichterstatters. Der Beschluss ist schriftlich abzusetzen. **39** Er ist deshalb von allen an der Beratung und Abstimmung Beteiligten (Rn 37 f) eigenhändig zu unterschreiben,[36] in der elektronischen Akte mit einer elektronischen Signatur (Rn 21 zu § 125a) zu versehen. Der Beschluss muss in jedem Fall erkennen lassen, welche Personen entschieden haben. Bei Verhinderung eines Mitwirkungspflichtigen ist entspr der Regelung in § 315 Abs 1 Satz 2 ZPO zu verfahren.[37]

Das Recht des Vorsitzenden, die „Entwürfe zu prüfen und festzustellen", wurde früher gelegentlich **40** dahin missverstanden, dass der Vorsitzende ihren **Wortlaut**, insb den der Begründung, eigenmächtig und ohne Abstimmung mit der Abteilung oder dem Berichterstatter **festlegen** könne. Diese Deutung verbietet sich jedoch in dem justizähnlichen Verfahren der Patentabteilung und widerspricht deren kollegialer Verfassung sowie dem Wortlaut des § 2 Abs 2 Satz 5 DPMAV, wonach bei sachlichen Meinungsverschiedenheiten (zwischen dem Vorsitzenden und den anderen Abteilungsmitgliedern) nicht der Vorsitzende, sondern die Abteilung entscheidet. Meinungsverschiedenheiten über Formulierungen deuten, soweit es sich nicht um reine Stildiskussionen handelt, die ohnehin vermieden werden sollten, regelmäßig auf Meinungsverschiedenheiten in der Sache hin und ihre Diskussion und Abstimmung darf in einem justizähnlichen Kollegialverfahren[38] nicht dem Kollegium entzogen werden (vgl die Regelung des § 194 Abs 2 GVG sowie Rn 12 f, 29 ff zu § 70).

d. Umlaufverfahren. In allen Fällen, in denen eine Sitzung nicht vorgeschrieben ist (§ 2 Abs 3 **41** DPMAV), kann ohne Sitzung und ohne förmliche Beratung und Abstimmung Beschluss gefasst werden. Die Abstimmung erfolgt hier durch die Unterzeichnung (Signatur) des vollständigen, mit Entscheidungsformel und Entscheidungsgründen versehenen Entwurfs. Die Verweigerung der Unterschrift/Signatur bedeutet fehlendes Einverständnis mit der vorgeschlagenen Entscheidung und zwingt zur förmlichen Beratung und Abstimmung in der Sache und damit zur Anberaumung einer Sitzung. Eine Ersetzung der Unterschrift/Signatur kommt in diesem Fall nicht in Betracht (vgl Rn 9 ff, 12 zu § 70).

---

34 Vgl *Schulte* Rn 22.
35 BGH GRUR 1994, 724 Spinnmaschine; vgl *Benkard* Rn 10.
36 Str; BPatGE 37, 130 = GRUR 1997, 58, 60 (Markensache) sieht Unterzeichnung durch lediglich ein Mitglied „im Auftrag" als fehlerhaft an.
37 BGH GRUR 1994, 724 Spinnmaschine; BPatGE 34, 280 = GRUR 1994, 724; aA BPatGE 32, 69 = BlPMZ 1991, 315.
38 Vgl BGH GRUR 1994, 724 Spinnmaschine; BGH GRUR 1966, 583, 585 Abtastverfahren.

42   **e.** Zum **Beratungsgeheimnis** ist dem Gesetz eine Regelung jedenfalls ansatzweise zu entnehmen. Aus Abs 7, der die Zuziehung von Sachverständigen zu den Beratungen gestattet, wird man schließen dürfen, dass die Zulassung anderer Personen unstatthaft ist, also ein Beratungsgeheimnis zu wahren ist. Gleichwohl wird man die beim DPMA zu ihrer Ausbildung Beschäftigten zur Beratung zulassen dürfen (§ 70 Abs 1 Satz 2, 3 analog; vgl Rn 19 ff zu § 70).

43   **6.** Die **Vorprüfungs- und Patentverwaltungsabteilung** (näher 6. *Aufl* Rn 44 ff) ist zum 1.3.2003 aufgelöst worden. An ihrer Stelle wurde in der Hauptabteilung I/1 das Referat 1.0.1 geschaffen (seit 1.3.2015 Referat 1.1.1; Rn 12 zu § 26).

IV. Übertragung von Aufgaben der Prüfungsstellen und Patentabteilungen an Nichtmitglieder

44   **1. Grundsatz.** Um die Mitglieder zu entlasten und deren Arbeitskraft verstärkt für das eigentliche Prüfungsgeschäft nutzbar zu machen,[39] ermächtigt Abs 5 Satz 1 das BMJV, einzelne den Prüfungsstellen und den Patentabteilungen obliegende Geschäfte, die ihrer Art nach keine besonderen technischen oder rechtlichen Schwierigkeiten bieten (so die Fassung des 2.PatGÄndG, die frühere Gesetzesfassung sprach nur von Geschäften, die technisch oder rechtl keine Schwierigkeiten bieten, vgl dazu näher Rn 52 ff) und deshalb nicht von akademisch vorgebildeten Beamten wahrgenommen werden müssen,[40] durch Rechtsverordnung auf Beamte des gehobenen und des mittleren Diensts oder vergleichbare Angestellte (jetzt Tarifbeschäftigte, Rn 46) zu übertragen.

45   Der Anwendungsbereich der Vorschrift beschränkt sich auf die Geschäfte, die das Gesetz der Prüfungsstelle und der Patentabteilung zuweist. **Andere Aufgaben** kann der PräsDPMA kraft seiner Organisationsgewalt ohne Bindung an die Form und die Beschränkungen des Abs 5 durch innerdienstliche Anordnung übertragen.[41]

46   **2. Beamte und vergleichbare Tarifbeschäftigte.** Die Streitfrage, ob der Begriff des Beamten in Abs 1 Satz 1 im statusrechtl Sinn oder funktional zu verstehen sei, ob also Abs 1 Satz 1 auch eine Übertragung von Geschäften auf den gehobenen und den mittleren Beamten vergleichbare Angestellte decke,[42] hat der Gesetzgeber im letzten Sinn geklärt (Rn 2); auch den Beamten des gehobenen und des mittleren Diensts vergleichbare Bedienstete außerhalb des Beamtenstatus können mit der Wahrnehmung von Aufgaben der Prüfungsstellen und Patentabteilungen betraut werden. Die 2. VO zur Änderung der WahrnV vom 18.12.2007[43] hat aufgrund des zum 1.10.2005 in Kraft getretenen Tarifvertrags für den öffentlichen Dienst (TVöD) den Begriff „Angestellte" durch „Tarifbeschäftigte" ersetzt.

47   **Vergleichbar** ist ein Tarifbeschäftigter, wenn er eine ausreichende fachliche Vorbildung für die wahrzunehmende Aufgabe besitzt. IdR sind dies Verwaltungsfachangestellte mit der Qualifikation als Verwaltungsfachwirt.[44]

48   **3. Ausnahmen.** Von der Übertragungsermächtigung sind ausgenommen (Abs 5 Satz 1 2. Halbs) die **Erteilung der Patente** und die **Zurückweisung der Anmeldung** aus Gründen, denen der Anmelder widersprochen hat.[45]

49   **4. Delegation der Verordnungsermächtigung** (Abs 5 Satz 2). Das BMJV kann diese Verordnungsermächtigung durch Rechtsverordnung auf das DPMA übertragen. Von dieser Ermächtigung hat es in § 1 Abs 2 DPMAV Gebrauch gemacht, von der Subdelegation das DPMA mit der Wahrnehmungsverordnung (WahrnV).

---

39   Vgl Begr BlPMZ 1936, 109; Bericht des Rechtsausschusses BlDrs 13/10847 = BlPMZ 1998, 416 f.
40   Vgl Begr BTDrs 12/4309 = BlPMZ 1993, 205, 210.
41   BPatGE 12, 85, 88 f; BPatGE 15, 117, 119 = BlPMZ 1974, 250; BPatG 24.1.1972 4 W (pat) 340/70 BlPMZ 1972, 288 Ls.
42   Vgl BPatGE 15, 117, 121 = BlPMZ 1974, 250; BPatGE 15, 184 ff; BPatGE 20, 174; BPatGE 21, 1 = Mitt 1978, 171.
43   BGBl I 3008 = BlPMZ 2008, 2.
44   Vgl *Schulte* Rn 29.
45   Vgl Bericht des Rechtsausschusses BlPMZ 1998, 416, 418.

5. Wahrnehmungsverordnung

a. Allgemeines. Mit der an die Stelle der früheren WahrnV vom 22.5.1970[46] getretenen WahrnV vom **50** 14.12.1994[47] hat der PräsDPA die Zuständigkeiten der gehobenen und der mittleren Beamten und vergleichbaren Angestellten als Ausnahmetatbestände anders als zuvor im einzelnen aufgezählt (§§ 1, 7 WahrnV 1994).

b. Geltendes Recht. Nach der Änderung der gesetzlichen Verordnungsermächtigung durch Art 24 **51** KostRegBerG und der nachfolgenden Anpassung des § 1 Abs 2 DPMAV (Änderung des Adressaten der Verordnungsermächtigung, vgl Rn 49; jetzt § 1 Abs 2 DPMAV) hat das DPMA die WahrnV durch VO zur Änderung der WahrnV vom 1.1.2002,[48] Art 2 der ÄnderungsVO vom 11.5.2004,[49] Art 6 der VO zur Änderung der MarkenV und anderer VOen vom 17.12.2004,[50] die 2.VO zur Änderung der WahrnV vom 18.12.2007,[51] Art 3 der VO zur Änderung der MarkenV und anderer VOen vom 15.10.2008,[52] Art 1 der 3.VO zur Änderung der WahrnV vom 14.4.2011[53] und zuletzt durch Art 2 der VO zur weiteren Modernisierung des Designrechts und zur Einführung des Nichtigkeitsverfahrens in Designangelegenheiten vom 2.1.2014[54] geänd.

c. Fehlen besonderer technischer und rechtlicher Schwierigkeit. Schon nach der vor dem **52** 1.11.1998 geltenden Gesetzesfassung genügte es für eine rechtmäßige Übertragung von Aufgaben nach hM nicht, dass technische und rechtl Schwierigkeiten im konkreten Einzelfall fehlten.[55] Die Übertragung wurde schon damals nur als rechtmäßig angesehen, wenn die übertragene Art von Geschäften generell frei von solchen Schwierigkeiten war.[56]

Mit der **Neuregelung** (Rn 4) folgt das Gesetz der schon zuvor hM und Rspr. Mit der Formulierung „Ge- **53** schäfte ..., die ihrer Art nach keine besonderen rechtl oder tatsächlichen Schwierigkeiten bieten", stellt sie klar, dass es für die Beurteilung nicht auf den Einzelfall ankommt, sondern darauf, ob die zu übertragende Aufgabe ihrer Art nach häufig rechtl oder technische Schwierigkeiten aufweist. Durch Einführung des Kriteriums der „besonderen" Schwierigkeit wird zugleich der Spielraum für die Delegation erweitert. Es können Geschäfte, die ihrer Art nach rechtl oder tatsächlich schwierig sind, übertragen werden, wenn nur diese Schwierigkeit keine besondere ist. Dies bedeutet zugleich, dass die Wahrnehmung selbst dann wirksam ist, wenn der konkrete Einzelfall durch besondere rechtl oder technische Schwierigkeit gekennzeichnet ist.[57]

Einzelfälle. Nach der zum früheren Recht ergangenen Rspr, die nurmehr mit großer Vorsicht heran- **54** gezogen werden kann, war rechtl schwierig grds die Ausfüllung unbestimmter Rechtsbegriffe wie „Billigkeit", „berechtigtes Interesse", „Verschulden" (näher und Nachw *7. Aufl).*[58] Nach geltendem Recht nicht übertragbar ist die Zurückweisung der Anmeldung mit der Ausnahme, dass der Anmelder auf eine Aufforderung Mängel nicht beseitigt hat, sofern die Zurückweisung nicht aus Gründen erfolgt, denen der Anmelder widersprochen hat (§ 1 Abs 1 Nr 1 Buchst b WahrnV).[59] Dem Widerspruch steht Antrag auf Entscheidung nach Aktenlage gleich,[60] denn damit beharrt der Anmelder auf seiner entgegengesetzten Auffassung. Beamte des gehobenen Diensts oder vergleichbare Tarifbeschäftigte können auch die übrigen in § 1 Abs 1 WahrnV aufgezählten Tätigkeiten wirksam wahrnehmen, so die Bearbeitung von Akteneinsichtsanträgen

---

46   BGBl I 663 = BlPMZ 1970, 201.
47   BGBl I 3812 = BlPMZ 1995, 51.
48   BGBl I 35 f = BlPMZ 2002, 70 f.
49   BGBl I 897 = BlPMZ 2004, 312.
50   BGBl I 3532 = BlPMZ 2005, 45, 48.
51   BGBl I 3008 = BlPMZ 2008, 2.
52   BGBl 1 1995 = BlPMZ 2008, 376.
53   BGBl I 648 = BlPMZ 2011, 207.
54   BGBl I 18 = BlPMZ 2014, 34.
55   AA BPatGE 26, 124 = GRUR 1984, 428, Umschreibung.
56   BPatGE 13, 26 = BlPMZ 1972, 27; BPatGE 13, 30 = BlPMZ 1971, 344.
57   Vgl Bericht des Rechtsausschusses BlPMZ 1998, 416, 417 f.
58   BPatGE 13, 26, 28 = BlPMZ 1972, 27; BPatGE 13, 30 = BlPMZ 1971, 344; vgl *Schulte* Rn 35 f.
59   Vgl BGHZ 112, 157, 160 = GRUR 1991, 37 Spektralapparat.
60   BPatG BlPMZ 1988, 114; vgl BPatGE 13, 65.

(Rn 73 zu § 31) und die Entscheidung über die Rückzahlung nicht fällig gewordener sowie fällig gewordener und verfallener Gebühren mit Ausnahme der Einspruchs- und der Beschwerdegebühr (§ 1 Abs 1 Nr 4 WahrnV).[61] Übertragung auf Beamte des mittleren Diensts und vergleichbare Tarifbeschäftigte ist in den in § 1 Abs 2 WahrnV aufgezählten Fällen möglich. Als nicht übertragbar behandelt wurde die Feststellung, dass eine Patentanmeldung als nicht erfolgt gilt, weil die Übersetzung von fremdsprachigen Begriffen in der Zeichnung nicht vorliegt.[62]

55   Generell den Beamten des gehobenen Diensts und vergleichbaren Tarifbeschäftigten übertragen sind nunmehr die formelle Bearbeitung von Anträgen auf **Wiedereinsetzung** in den vorigen Stand und auf **Weiterbehandlung** und, sofern sie über die nachgeholte Handlung zu entscheiden haben, die Prüfung der materiellen Antragsvoraussetzungen und die Entscheidung über solche Anträge (§ 7 Abs 1 Nr 1 WahrnV), der Erlass von Kostenfestsetzungsbeschlüssen (§ 7 Abs 2 Nr 1 WahrnV) sowie verschiedene andere Entscheidungen in Kostensachen (§ 7 Abs 2 Nr 2 – 4 WahrnV).

56   Zur Übertragbarkeit in **Verfahrenskostenhilfeangelegenheiten** Rn 22 zu § 135.

57   **d. Rechtsfolgen unberechtigter Wahrnehmung.** Nimmt ein Beamter oder Tarifbeschäftigter Aufgaben wahr, die ihm nicht übertragen sind oder deren Übertragung von der gesetzlichen Grundlage nicht gedeckt ist, ist die in Überschreitung der Befugnis vorgenommene Handlung nicht etwa nichtig, sondern nur anfechtbar.[63] Sie ist auf frist- und formgerechte Beschwerde ohne Sachprüfung aufzuheben und die Sache zur erneuten Behandlung und Entscheidung durch den zuständigen Beamten an das DPMA zurückzuverweisen.[64] Das BPatG kann aber, wenn die Sache entscheidungsreif ist, auch von der Zurückverweisung absehen und selbst abschließend in der Sache entscheiden.[65]

V. Ausschließung und Ablehnung

58   **1. Gesetzliche Regelung.** Die Prüfer und die übrigen Mitglieder der Patentabteilung (Abs 6 Satz 1) sowie die nach Abs 5 mit der Wahrnehmung von Prüfer- und Abteilungsaufgaben betrauten Beamten und Tarifbeschäftigten (Abs 6 Satz 2) können wie Richter von der Bearbeitung einer Sache bzw von der Mitwirkung ausgeschlossen sein oder wegen Befangenheit abgelehnt werden. § 57 **MarkenG** enthält eine entspr Regelung.

59   Die **Vorschriften der ZPO** über die Ausschließung und Ablehnung von Gerichtspersonen gelten als erschöpfende Regelung[66] weitgehend (§§ 41–44, § 45 Abs 2 Satz 2, §§ 47–49; vgl Rn 4 ff zu § 86). Wegen der Anwendung und Auslegung dieser Bestimmungen wird auf die Kommentierungen insb zur ZPO verwiesen.

2. Besonderheiten im Verfahren vor dem Deutschen Patent- und Markenamt

60   **a. Ausschließung.** § 41 Nr 5 ZPO setzt voraus, dass der Beamte als Sachverständiger nach § 402 ZPO vernommen worden ist.[67]

61   § 41 Nr 6 ZPO hindert einen Beamten, der als Richter am BPatG bei der Aufhebung und Zurückverweisung einer Sache an das DPMA mitgewirkt hat, nicht, bei der erneuten Sachentscheidung der Patentabteilung mitzuwirken; auch § 86 Abs 2 ist in diesem Fall nicht einschlägig oder entspr anwendbar.[68]

---

61   *Schulte* Rn 27, 33; vgl zur früheren Rechtslage BPatG 22.2.2007 10 W (pat) 49/05 Schulte-Kartei PatG 123, 123a Nr 254; BPatG 26.10.2006 10 W (pat) 45/05 BlPMZ 2007, 270 Ls.

62   BPatG 21.9.2007 10 W (pat) 22/07 Schulte-Kartei PatG 26–29 Nr 49; drei Beschlüsse BPatG 15.11.2007 10 W (pat) 15/06, 10 W (pat) 16/06, 10 W (pat) 17/06 Schulte-Kartei PatG 124–128a Nr 69; zur Unzulässigkeit der Anwendung im Analogieweg *Fitzner/Lutz/Bodewig* Rn 17, 24.

63   BPatGE 13, 65, 67 = BlPMZ 1972, 286; BPatG BlPMZ 2005, 455; BPatG BlPMZ 2006, 374; BPatG 21.9.2007 10 W (pat) 22/07; *Schulte* Rn 34; *Mes* Rn 24; *Büscher/Dittmer/Schiwy* Rn 7.

64   BPatGE 4, 12 = GRUR 1964, 256; BPatGE 13, 26 = BlPMZ 1972, 27; BPatGE 13, 30 = BlPMZ 1971, 344; BPatGE 25, 131 f = BlPMZ 1984, 53.

65   BPatGE 13, 65, 68; BPa tGE 14, 14, 19 = BlPMZ 1972, 263; BPatGE 15, 17, 19; BPatGE 28, 207 = GRUR 1987, 354; BPatG BlPMZ 2005, 455; BPatG 26.10.2006 10 W (pat) 45/05; BPatG 17.2.2007 10 W (pat) 12/06; BPatG 22.2.2007 10 W (pat) 49/05.

66   *Schulte* Rn 36.

67   RPA Mitt 1941, 188.

68   BPatGE 9, 3.

b. Ablehnung ist möglich, wenn ein Ausschließungsgrund iSv § 41 ZPO vorliegt, und wegen Besorg- 62
nis der Befangenheit (Rn 63 ff). Der in einem Verfahren zu bejahende Ablehnungsgrund kann auch auf
weitere, gleichzeitig anhängige Verfahren fortwirken.[69]

Besorgnis der Befangenheit (§ 42 Abs 2 ZPO) rechtfertigt eine Ablehnung, wenn vom Standpunkt 63
des Betroffenen aus gesehen bei vernünftiger Würdigung aller Umstände Anlass besteht, an der Unvorge-
nommenheit und Objektivität des entscheidenden Bediensteten zu zweifeln.[70] Hierzu gehören nur objektive Gründe; rein subjektive, unvernünftige Vorstellungen des Ablehnenden scheiden aus.[71]

Ablehnungsgründe sind typischerweise neben den auch für die Richterablehnung in Betracht kom- 64
menden wie Verwandtschaft, engere Bekanntschaft, Freundschaft und Feindschaft: ein Verhalten, das
den Eindruck einer unsachlichen Einstellung aufdrängt,[72] zB bei sturem Festhalten an einer Meinung, das
jede Bereitschaft zu einer sachlichen Überprüfung vermissen lässt,[73] einseitigem Zwischenbescheid, der
substantiierten Vortrag eines Beteiligten übergeht,[74] ungebührlicher, auf Voreingenommenheit oder Willkür beruhender Verfahrensverzögerung,[75] Verweigerung der Protokollierung von Anträgen,[76] Vorwegnahme des Ergebnisses einer Beweisaufnahme und Androhung von Kostenfolgen für den Fall, dass nicht
auf die Beweisaufnahme verzichtet wird,[77] offensichtlich abwegiger Argumentation,[78] dienstlicher Äußerung des Abgelehnten, die erkennen lässt, dass er sich durch das Ablehnungsgesuch persönlich angegriffen fühlt.[79] Der Ablehnungsgrund kann sich auch aus einer Kette vertrauensschädigender Handlungen
und Äußerungen ergeben, die je für sich wenig bedeutend sein mögen, in ihrer Abfolge und Häufung aber
uU irgendwann das Maß dessen überschreiten, was ein verständiger Verfahrensbeteiligter hinnimmt, ohne
an der Unvoreingenommenheit zu zweifeln.[80]

Keine Ablehnungsgründe sind Auseinandersetzungen des Prüfers mit dem Anmeldervertreter,[81] ir- 65
rige Rechtsauffassung für sich allein,[82] Vorschlag eines beschränkten Patentanspruchs,[83] bestimmte
Rechtsansicht in einer dieselbe Frage betr früheren Entscheidung,[84] Äußerung zur Schutzfähigkeit im
Verfahren über die Bewilligung der Verfahrenskostenhilfe,[85] Äußerungen zum möglichen Verfahrensausgang oder zur Patentfähigkeit,[86] gleichzeitige Zurückweisung weiterer Patentanmeldungen,[87] Äußerung in
einem Kommentar, Aufsatz oder auf einer Tagung,[88] Mitgliedschaft in einer Fachvereinigung,[89] Erstattung

---

69 BPatG 11.5.2006 10 W (pat) 38/05, 10 W (pat) 39/05, 10 W (pat) 41/05, 10 W (pat) 54/05; BPatG 8.11.2007 10 W (pat)
57/06; vgl *Benkard* Rn 18d.
70 BPatGE 22, 63 = Mitt 1980, 16; BVerfGE 35, 253; BVerfGE 43, 127; BVerfGE 46, 38; BGHZ 77, 70, 72 = NJW 1980, 2530;
EPA G 1/05 ABl EPA 2007, 362; EPA T 954/98.
71 BPatG 11.5.2006 10 W (pat) 38/05; BPatG 31.10.2012 10 W (pat) 18/10; BPatG 25.7.2014 29 W (pat) 24/13 Mitt 2015, 91
Ls; *Benkard* Rn 18 f.
72 BGH GRUR 1986, 731 Mauerkasten I, zur Ablehnung eines Richters am BGH, der zuvor Vorsitzender der
Patentstreitkammer war; *Schulte* Rn 44 mN.
73 BPatGE 24, 144 = GRUR 1982, 359; BPatGE 34, 97; BPatG GRUR 1983, 503; vgl auch BPatG 11.5.2006 10 W (pat) 15/05
Schulte-Kartei PatG 26–29 Nr 50, 10 W (pat) 38/05, 10 W (pat) 39/05, 10 W (pat) 41/05 und 10 W (pat) 54/05,
zusammenfassend referiert in GRUR 2007, 542; BPatG 31.10.2012 10 W (pat) 18/10.
74 BPatGE 46, 122 = BlPMZ 2002, 532.
75 BPatG 11.5.2006 10 W (pat) 15/05 Schulte-Kartei PatG 26–29 Nr 50.
76 BPatG Mitt 1996, 350.
77 BPatGE 22, 63 = Mitt 1980, 16.
78 BPatG GRUR 1983, 503.
79 BPatGE 22, 63, 65 = Mitt 1980, 16.
80 BPatGE 27, 25 = GRUR 1985, 433 f.
81 DPA Mitt 1958, 243; BPatG 11.5.2006 10 W (pat) 15/05 Schulte-Kartei PatG 26–29 Nr 50; BPatG 11.5.2006 10 W (pat)
38/05; BPatG 11.5.2006 10 W (pat) 39/05; BPatG 11.5.2006 10 W (pat) 41/05; BPatG 11.5.2006 10 W (pat) 54/05; BPatG
7.5.2007 10 W (pat) 9/07; BPatG 31.10.2012 10 W (pat) 18/10.
82 BPatG GRUR 1983, 503; vgl auch RPA Mitt 1933, 95; RPA Mitt 1932, 218.
83 BPatGE 24, 144 = GRUR 1982, 359; BPatGE 34, 97; RPA BlPMZ 1929, 226.
84 RPA Mitt 1941, 188.
85 BPatG 7.5.2007 10 W (pat) 9/07.
86 BPatG 30.10.2012 10 W (pat) 18/10.
87 BPatG 7.8.2003 10 W (pat) 57/01; BPatG 8.11.2007 10 W (pat) 57/06.
88 *Schulte* Rn 43 mwN.
89 BGH 17.12.2003 X ZA 6/03 Schulte-Kartei PatG 139.4 Nr 38 GRUR-Mitgliedschaft 01 sowie zwei Entscheidungen vom
6.4.2004 X ZA 6/03.

eines Gutachtens im Strafverfahren,[90] fehlende Klassenzuständigkeit,[91] fehlende Sachkenntnis,[92] Mitwirkung bei früherer dem Anmelder ungünstiger Entscheidung[93] oder der Löschung des Gebrauchsmusters für den gleichen Gegenstand,[94] Mitwirkung der technischen Mitglieder des GbmBeschwerdesenats in einem Einspruchsbeschwerdeverfahren über ein paralleles Patent des Beteiligten, insb, wenn der Ablehnungsantrag unmittelbar nach Eröffnung des mündlichen Verhandlung in der GbmBeschwerdesache gestellt wird und der Senat bis zu diesem Zeitpunkt keine Veranlassung für diese Besorgnis gegeben hat,[95] allg fehlerhafte Entscheidung, solange diese nicht auf Voreingenommenheit oder Willkür beruht.[96] Frühere Bearbeitung der Sache als Prüfer rechtfertigt nicht die Ablehnung im Einspruchsverfahren,[97] ebenso wenig Bearbeitung einer erledigten früheren Anmeldung desselben Anmelders,[98] frühere Mitwirkung als Richter nicht die Ablehnung für die erneute Bescheidung der Sache vor der Patentabteilung.[99] Hinweise im Rahmen von § 139 ZPO rechtfertigen die Ablehnung in keinem Fall, so auch nicht der Vorschlag erteilungsfähiger Schutzansprüche.[100] Zitierung englischsprachigen StdT in der Originalsprache begründet Befangenheit nicht.[101]

66   **c. Ablehnungsberechtigter.** Das Ablehnungrecht steht den Beteiligten zu, bei mehreren Beteiligten jedem von ihnen unabhängig voneinander, also insb nicht nur dem, in dessen Verhältnis zum Abzulehnenden der Ablehnungsgrund liegt, sondern auch einem etwaigen Gegner.[102] Es steht den Beteiligten selbst zu, nicht deren Verfahrensbevollmächtigten.[103]

67   **d. Verlust des Ablehnungsrechts.** Wer sich in Kenntnis eines Ablehnungsgrunds auf eine Verhandlung bei dem abzulehnenden Bediensteten einlässt, insb Anträge bei ihm stellt, verliert sein Ablehnungsrecht (§ 43 ZPO).[104] Wer einen Bediensteten ablehnt, bei dem er sich in der beschriebenen Weise eingelassen hat, wird mit dem Ablehnungsgesuch nur gehört, wenn er glaubhaft macht, dass der Ablehnungsgrund erst nach der Einlassung entstanden oder ihm bekanntgeworden ist (§ 44 Abs 4 ZPO).

68   Das Ablehnungsrecht geht nicht verloren, wenn der Ablehnungsgrund in einer **Kette vertrauensschädigender Handlungen und Äußerungen** besteht, die erst nach der Einlassung das Maß dessen überschreitet, was ein verständiger Beteiligter ohne Zweifel an der Unvoreingenommenheit hinnimmt.[105] Denn dann ist das Ablehnungsrecht insgesamt erst nach der Einlassung entstanden. Nach Erlass der der instanzbeendenden Entscheidung bleibt die Ablehnung zulässig, wenn noch weitere Entscheidungen in Nebenverfahren anstehen,[106] jedoch nur bis zur abschließenden Erdedigung des Rechtsstreits.[107]

69   **e. Ablehnungsgesuch. Adressat.** Das Ablehnungsgesuch ist beim DPMA anzubringen (§ 44 Abs 1 ZPO), sinnvollerweise bei der Prüfungsstelle oder Patentabteilung, bei der sich die Sache befindet, auf die sich das Ablehnungsgesuch bezieht.

---

90   PA BlPMZ 1911, 117.
91   RPA Mitt 1933, 249.
92   RPA Mitt 1932, 218; RPA BlPMZ 1930, 38.
93   BPatG 31.10.2012 10 W (pat) 18/10.
94   BPatG 2, 85 f = BlPMZ 1962, 305; vgl auch BGH GRUR 1965, 50 Schrankbett; DPA Mitt 1958, 242 für den umgekehrten Fall, dass die Ablehnung im GbmVerfahren auf die vorherige Mitwirkung im Patenterteilungsverfahren gestützt wird.
95   BPatG GRUR 2008, 733.
96   BPatG 7.8.2003 10 W (pat) 57/01; BPatG 8.11.2007 10 W (pat) 57/06.
97   BPatG GRUR 1983, 503.
98   PA BlPMZ 1902, 42.
99   BPatG 9, 3.
100   BPatGE 24, 144 = GRUR 1982, 359 m abl Anm *Jochem* Mitt 1982, 94, 96 f; BPatGE 34, 97; vgl auch *Reinländer* Mitt 1982, 139; vgl zu Zwischenbescheiden im GbmLöschungsverfahren *Osenberg* GRUR 1999, 838, 840.
101   BPatG 31.10.2012 10 W (pat) 18/10.
102   Vgl *Schneider* JurBüro 1977, 1183.
103   *Schulte* Rn 39.
104   RPA BlPMZ 1930, 258; *Fitzner/Lutz/Bodewig* Rn 29.
105   BPatGE 27, 25 = GRUR 1985, 433.
106   BPatG 7.8.2003 10 W (pat) 57/01; BPatG 8.11.2007 10 W (pat) 57/06.
107   BPatG 7.8.2003 10 W (pat) 62/01; BGH 3.5.2004 X ZA 6/03 Schulte-Kartei PatG 110–122 Nr 68 rechtsmißbräuchliche Ablehnungsgesuche; *Schulte* Rn 40.

Ist dies die **Prüfungsstelle**, empfiehlt es sich, das Gesuch bei ihr anzubringen, weil sich der Abge- 70
lehnte ohnehin dienstlich äußern muss (§ 44 Abs 3 ZPO) und, falls er selbst die Ablehnung für begründet
hält (§ 45 Abs 2 Satz 2 ZPO), die sonst folgende Vorlage an die zur Entscheidung berufene Patentabteilung
(Abs 6 Satz 3) entfallen und die Sache ohne Verzug an seinen Vertreter weitergeleitet werden kann (Rn 74).

Ist ein **Mitglied der Patentabteilung** als Spruchorgan abgelehnt, ist die Patentabteilung für die wei- 71
tere Bearbeitung zuständig (Abs 6 Satz 3), so dass die Einreichung des Gesuchs bei ihr sachgerecht ist.

Begründung. Das Ablehnungsgesuch ist zu begründen und der vorgetragene Grund ist glaubhaft zu 72
machen (§ 44 Abs 2 ZPO), ggf einschließlich der Erklärung, weshalb sich der Ablehnende bei dem Abgelehnten eingelassen hat (§ 44 Abs 4 ZPO; Rn 67 f). Eidesstattliche Versicherung ist für die Glaubhaftmachung nicht zugelassen (§ 44 Abs 2 Satz 1 2. Halbs ZPO), jedoch kann sich der Ablehnende auf das Zeugnis
des Abgelehnten berufen (§ 44 Abs 2 Satz 2 ZPO), der sich dienstlich zu dem Ablehnungsgrund zu äußern
hat (§ 44 Abs 3 ZPO).[108] Im Beschwerdeverfahren können Ablehnungsgründe nicht nachgeschoben werden.[109]

Rechtsmissbrauch. Ein nicht ernst gemeintes Ablehnungsgesuch ist rechtsmissbräuchlich und da- 73
mit unzulässig.[110]

f. Entscheidung; Zuständigkeit. Wird der Prüfer abgelehnt und erklärt er die Ablehnung in seiner 74
dienstlichen Äußerung für gerechtfertigt, bedarf es keiner Entscheidung, er scheidet ohne weiteres aus
(Abs 6 Satz 1 iVm § 45 Abs 2 Satz 2 ZPO), sein Vertreter tritt für ihn als Prüfer ein. Dasselbe gilt nach Abs 6
Satz 1 iVm § 45 Abs 2 Satz 2 ZPO, wenn ein Abteilungsmitglied oder ein sonstiger Beamter oder Angestellter
seine Ablehnung für begründet hält.

In allen anderen Fällen, also wenn der Abgelehnte das Ablehnungsgesuch nicht für begründet er- 75
klärt, wenn ein Mitglied der Patentabteilung als Spruchorgan oder ein sonstiger Beamter oder Angestellter
abgelehnt wird sowie im Fall der Selbstablehnung und der Ablehnung vAw (§ 48 ZPO; Rn 80) entscheidet
nach Abs 6 Satz 3 (§ 45 Abs 1, Abs 2 Satz 1 sind in Abs 6 Satz 1 von der entspr Anwendung ausgenommen)
die **Patentabteilung**.

Richtet sich das Ablehnungsgesuch **gegen ein Mitglied der Patentabteilung**, scheidet dieses für die 76
Entscheidung über das Ablehnungsgesuch aus und wird durch das nächstberufene Mitglied ersetzt. Ist das
gesamte Kollegium „Patentabteilung" einschließlich des Abteilungsvorsitzenden in zulässiger Weise abgelehnt, tritt für die Entscheidung über das Ablehnungsgesuch an die Stelle des Vorsitzenden dessen Stellvertreter, der von sich aus die abgelehnten Prüfer durch zwei andere Mitglieder der Abteilung zu ersetzen
hat.[111]

g. Verfahren. § 46 ZPO ist nicht für entspr anwendbar erklärt (vgl Rn 78). 77

h. Rechtsmittel. Die Nichtanwendbarkeit des § 46 Abs 2 ZPO dürfte zur Folge haben, dass nicht nur 78
die Zurückweisung des Ablehnungsgesuchs, sondern auch die stattgebende Entscheidung gem § 73 der
Beschwerde (eines etwaigen Antragsgegners) unterliegt und selbst die Entscheidung über die Selbstablehnung oder die Ablehnung vAw, wenn sie in Beschlussform ergeht, beschwerdefähig ist (str, vgl Rn 59
zu § 73).[112]

i. Unaufschiebbare Amtshandlungen. Der Abgelehnte darf bis zur Erledigung des Ablehnungsge- 79
suchs nur noch Amtshandlungen vornehmen, die keinen Aufschub dulden (§ 47 ZPO). Die Abhilfeentscheidung nach § 73 Abs 4 gehört nicht zu den in diesem Sinn unaufschiebbaren Handlungen.[113]

j. Selbstablehnung; Ablehnung von Amts wegen. Sinngemäß anwendbar sind auch die Vorschriften 80
über die Selbstablehnung und die Ablehnung vAw (§ 48 ZPO). Auch hier fällt die erforderliche Entscheidung in die Zuständigkeit der Patentabteilung (Abs 6 Satz 3).

---

108   BPatG Mitt 1980, 16 f.
109   BGH 28.6.2001 I ZA 2/00 mwN.
110   BPatGE 24, 144 = GRUR 1982, 359.
111   BPatGE 24, 144 = GRUR 1982, 359; kr *Jochem* Mitt 1982, 96.
112   Vgl dazu aber VGH Kassel NJW 1994, 1083 mwN.
113   BPatGE 27, 23 = GRUR 1985, 433; BPatGE 27, 36 = GRUR 1985, 373.

Keukenschrijver

81   Die Verfahrensbeteiligten müssen vor einer Entscheidung des Gerichts über die Selbstablehnung **gehört** werden.[114]

VI. Sachverständige

82   Abs 7 gestattet zur Steigerung des Sachverstands der Patentabteilung, zu den Beratungen der Patentabteilung Sachverständige hinzuzuziehen, die nicht Mitglieder der Patentabteilung oder des DPMA überhaupt sind. Der BGH empfiehlt dieses Vorgehen dem BPatG bei tatsächlich schwierigen neuen Materien zB des biologischen Bereichs.[115] Grds wird das DPMA die notwendige Sachkunde aber selbst besitzen.[116] Die von außerhalb der Patentabteilung zugezogenen Sachverständigen dürfen an der Beratung teilnehmen, aber nicht mit abstimmen.[117] Mitglieder der entscheidenden Patentabteilung können als solche, nicht aber als Sachverständige iSv Abs 7 hinzugezogen werden. Wenn das geschieht, sind sie auch an der Abstimmung zu beteiligen (Rn 27).

C. Europäisches Patentübereinkommen

83   **I. Zur Organisation** des EPA Rn 3 ff vor § 26.

84   **II. Zu Ausschließung und Ablehnung** Rn 21 vor § 26.

Anhang zu § 27
Patentklassifikation

DPMA-KlassRl vom 2.12.2014 BlPMZ 2015, 3, auch unter www.dpma.de/patent/formulare/index.html
Ausland: Schweiz: Art 66 PatV

Übersicht

Schrifttum: *Haertel* Die internationale Patentklassifikation und ihre Bedeutung für die Neuheitsrecherche, GRUR Int 1975, 65; *Rubach* Die Internationale Patentklassifikation, GRUR Int 1968, 61; *WIPO* (Hrsg) The First Twenty-Five Years of the International Patent Classification 1971–1996 (1996).

Texte, Materialien und Hilfsmittel: Internationale Patentklassifikation, engl und frz Ausgabe (WIPO; im Internet unter www.wipo.int/classifications/ipc/ipcpub/), sowie dt Ausgabe (http://depatisnet.dpma.de/ipc), derzeit Version 2016.01; Stich- und Schlagwörterverzeichnis zur Internationalen Patentklassifikation; IPC:CLASS (CD-ROM); Revisions-Konkordanzlisten und Handbuch zur Einführung in die Klassifikation.

A. Internationale Patentklassifikation

I. Grundlagen

1   Die geltende Klassifikation beruht auf dem **Straßburger Abkommen über die Internationale Patentklassifikation** (IPC-Abk, Rn 20 Einl IntPatÜG), das für die Bundesrepublik Deutschland am 7.10.1975 in Kraft getreten ist.[1]

---

114 BVerfG NJW 1993, 2229; BGH NJW 1995, 403; *Vollkommer* NJW 1994, 2007 mwN.
115 BGHZ 122, 144 = GRUR 1993, 651 tetraploide Kamille; vgl BGHZ 53, 283, 298 = GRUR 1970, 408, 414 Anthradipyrazol; *Fitzner/Lutz/Bodewig* Rn 36.
116 Vgl BGH GRUR 2014, 1235 Kommunikationsrouter, zum technischen Bewerdesenat des BPatG.
117 *Benkard* Rn 20.

1 Bek vom 28.2.1975 BGBl II 283 = BlPMZ 1975, 156; zur früheren Rechslage *Lindenmaier* § 18 Rn 3; zur Entstehung *Klauer/Möhring* Anh Internationales Patentrecht S 1655.

Die **materiellrechtlichen Regelungen** sind in den **Art 1–4** des Übk enthalten. 2

Die **weiteren Regelungen** des Übk betreffen den Sachverständigenausschuss (Art 5), Notifikation, 3
Inkrafttreten und Veröffentlichung von Änderungen und anderen Beschlüssen (Art 6), sowie organisatorische und Finanzregelungen (Art 7–17).

II. Bedeutung

Die Klassifikation ist ein Mittel zur internat einheitlichen Klassifizierung von Patentdokumenten und 4
dient insb den Patentämtern und der interessierten Öffentlichkeit als Rechercheninstrument für das Auffinden von Patentdokumenten. Sie dient daneben als Hilfsmittel für die ordnungsgem Einordnung von Patentdokumenten, als Grundlage zur selektiven Verbreitung der Patentinformation, zur Ermittlung des StdT sowie zur Erstellung von Statistiken über gewerbliche Schutzrechte.[2] Für die Zuordnung sind eine Gesamtschau geboten und eine Aufgliederung in Einzelelemente und -bestandteile unstatthaft.[3] Beim DPMA wird seit der Einführung der elektronischen Schutzrechtsakte die Klassifikation der Neueingänge durch einen elektronischen Klassifikator unterstützt. Nach der Grobauszeichnung vergibt der durch die Grobauszeichnung festgelegte Eingangsprüfer die Hauptklasse und die Nebenklassen; ist er nicht zuständig, wird die Klasse durch die Beauftragen für Klassifikation und Dokumentation der beteiligten Patentabteilungen festgelegt.[4]

Zur Bedeutung für die **Verteilung der Geschäfte** im DPMA Rn 11, 23 zu § 27, für Register und Veröf- 5
fentlichungen Rn 26 zu § 30, Rn 22 zu § 32, Rn 6 zu § 58, für die Geschäftsverteilung im BPatG Rn 16 zu § 68.[5]

III. Revisionen

Die Klassifikation wird in regelmäßigen Abständen revidiert. Seit 1.1.2016 gilt die IPC-Version 2016.01. 6
Die festgesetzte Abkürzung IPC wird unter Hinzufügung einer entspr hochgestellten arabischen Ziffer verwendet (zB IPC[8]). Die Änderungen sind auf der Homepage der DPMA unter http://dpma.de/service/klassifikationen/ipc/ipcrevisionen aufgeführt. Eine jährliche Revision erfolgt jeweils im Januar. Seit 15.4.2011 gelten neue „Richtlinien zur Durchführung der Klassifikation von Patent- und Gebrauchsmusteranmeldungen".

Neben den verbindlichen engl und frz Fassungen liegen vollständige **amtliche Texte** in chin, dt, jp, 7
korean, poln, port, rumän, russ, span, serbokr, tschech und ungar Sprache vor.

IV. Systematik; Inhalt

Die Klassifikation verwendet ein Hybridsystem zur Kennzeichnung. Sie ist in die folgenden acht **Sek-** 8
tionen aufgeteilt, die durch einen Großbuchstaben als Symbol bezeichnet sind und folgende Titel tragen:

A   Täglicher Lebensbedarf
B   Arbeitsverfahren; Transportieren
C   Chemie; Hüttenwesen
D   Textilien; Papier
E   Bauwesen; Erdbohren; Bergbau
F   Maschinenbau; Beleuchtung; Heizung; Waffen; Sprengen
G   Physik
H   Elektrotechnik

Jede Sektion ist in **Klassen** unterteilt; das Klassensymbol besteht aus dem Sektionssymbol, an das sich eine zweistellige Zahl anschließt, zB
A01 Landwirtschaft; Forstwirtschaft; Tierzucht; Jagen; Fallenstellen; Fischfang

---

2   Vgl *Fitzner/Lutz/Bodewig* § 27 Rn 3.
3   BGH GRUR 1996, 346 f Fensterstellungserfassung, auch zur Frage „anwendungsorientierter" und „funktionsorientierter" Klassifikation.
4   Näher *Schulte* § 27 Rn 6.
5   Hierzu auch BGH BlPMZ 1985, 303, 304 Endotoxin; BGH 18.11.1986 X ZB 8/86; BPatG 27.2.1974 13 W (pat) 232/70.

Die Klassen umfassen **Unterklassen**, zB
A01B Bodenbearbeitung in Land- oder Forstwirtschaft; Teile, Einzelheiten oder Zubehör von landwirtschaftlichen Maschinen oder Geräten allg

Die Unterklassen sind in **Gruppen** (Haupt- und Untergruppen) unterteilt, zB (Hauptgruppe, Zifferngruppe/00)
A01B 1/00 Handgeräte
oder (Untergruppe), wobei die dritte und folgende Ziffern nach dem Schrägstrich als Dezimalunterteilung der unmittelbar davor stehenden Stelle gelten)
A01B 1/24 – zum Behandeln von Wiesen oder Rasenflächen.

Das **vollständige Klassifikationssymbol** umfasst die kombinierten Symbole, die die Sektion, Klasse, Unterklasse und Hauptgruppe oder Untergruppe darstellen.

B. Weitere Unterteilung

9   IdR wird die Erfindungsdokumentation durch eine oder mehrere „normale" Klassifikationsstellen angemessen abgedeckt. In Ausnahmefällen, sind die normalen Klassifikationsstellen nicht geeignet, den offenbarten technischen Sachverhalt zutreffend abzubilden; für diese Fälle weist die IPC spezielle Klassifikationsstellen auf, deren Titel keine technischen Abgrenzungen umfassen, zB A99Z 99/00 oder B65H 99/00. Diese dürfen bei der Klassifikation im DPMA nicht verwendet werden; ausgenommen sind Fälle, in denen frühere IPC-Gruppen mit zugehörigen DEKLA-Gruppen in 99er-Gruppen überführt wurden (vgl KlassRl unter 4.). Die DEKLA-Gruppen (DPMA-interne Untergruppen) wurden für die Fälle geschaffen, in denen die IPC nicht ausreicht. DEKLA- und IPC-Gruppen umfassen zZt insgesamt rund 110.000 Unterteilungen, 70.000 davon entfallen auf die IPC. Die zusätzlichen DEKLA-Gruppen sind an einer mit einem Buchstaben beginnenden Buchstaben-Ziffern-Kombination erkennbar. Diese schließt sich dem IPC-Klassifikationssymbol nach einer Leerstelle an. Die DEKLA-Gruppen setzen die Punkthierarchie ihrer jeweiligen IPC-Gruppe fort. Sie sind eine Hierarchieebene tiefer angeordnet als die IPC-Klassifikation.
Beispiel: reguläre IPC-Gruppe: A24F 19/00 Aschenbecher
zusätzliche DEKLA-Gruppe: A24F 19/00 A . mit Bewegungsmechanik

C. Klassifizierung

10   Nach der KlassRl sind die Prüfer der Patentabteilungen mit den Rollen „Grobauszeichner" und „Eingangsprüfer" zuständig für die erstmalige und vollständige Klassifizierung aller Patent- und GbmAnmeldungen durch Vergabe der Hauptklasse und der Nebenklassen auf der Grundlage der jeweils geltenden Fassung der IPC. Nach Eingang der Patent-/GbmAnmeldung im DPMA wird durch das Programm „Elektronischer Klassifikator" auf der Grundlage eines Vergleichs mit eingelesenen klassifizierten Patentdokumenten und einer Wahrscheinlichkeitsanalyse ein Vorschlag von maximal drei IPC-Einheiten erstellt und den Grobauszeichnern zugeleitet; der Grobauszeichner entscheidet über die vorläufige Zuständigkeit für seine eigene Abteilung oder über die Weiterleitung an eine andere Abteilung. Nach einer bestimmten Anzahl von Weitergaben kann die Anmeldung dem Koordinator der Grobauszeichnung vorgelegt werden, der die vorläufig zuständige Abteilung festlegt (KlassRl unter 2.1.1). Nach der Grobauszeichnung analysiert der Eingangsprüfer die Anmeldung und stellt deren Schwerpunkt fest; er vergibt die Hauptklasse und ihm zugängliche Nebenklassen innerhalb seiner Abteilung und veranlasst ggf weitere erforderliche Nebenklassenvorlagen. (KlassRl unter 2.1.2). Kommen die betroffenen Eingangsprüfer oder die zugezogenen Prüfungsstellen nicht zu einer einheitlichen Beurteilung, wir durch den Beauftragten für Klassifizierung und Dokumentation (BfKD) der Patentabteilungen, zu deren Zuständigkeitsbereich die betroffenen Prüfungsstellen gehören, eine Klassifikation festgelegt (KlassRl unter 2.1.3.1). Ist auch seitens der BfKD eine einvernehmliche Festlegung nicht zu erzielen, entscheiden die sachlich betroffenen BfKD oder der sachlich zuständige Schlichter-BfKD (näher KlassRl unter 2.1.3.2). In öfter auftretenden Grenzfällen kann eine bindende Regelung getroffen werden (näher KlassRl unter 2.1.4).

D. EPÜ

Die Bedeutung der Klassifikation entspricht der im Verfahren vor dem DPMA (vgl Regel 8 AOEPÜ). **11** Für die **Geschäftsverteilung erster Instanz** ergibt sie sich aus Regel 11 Abs 1 AOEPÜ.[6]

Das EPA benutzte neben der IPC das gegenüber dieser verfeinerte **Europäische Patentklassifika-** **12** **tionssystem** ECLA.[7]

Das EPA und das USPTO haben Anfang 2013 die gemeinsame Patentklassifikation CPC (**Cooperative** **13** **Patent Classification**) eingeführt, die ab 2016 auch von den Ämtern in der Russischen Förderation, in Japan, der Republik Korea und der Volksrepublik China verwendet werden soll (mit weiterer Sektion Y für neue Technologien und sektionsübergreifende Gebiete).[8]

§ 28
(Organisation, Geschäftsgang des Patentamts, Verordnungsermächtigung)

Das Bundesministerium der Justiz und für Verbraucherschutz regelt durch Rechtsverordnung, die nicht der Zustimmung des Bundesrates bedarf, die Einrichtung und den Geschäftsgang des Patentamts sowie die Form des Verfahrens in Patentangelegenheiten, soweit nicht durch Gesetz Bestimmungen darüber getroffen sind.

Ausland: Luxemburg: Art 89 PatG 1992/1998; **Polen:** Art 90 RgE 2000; **Schweden:** § 77 PatG

Schrifttum: *Schulte* Die neue Verordnung über Verwaltungskosten beim Deutschen Patentamt, Mitt 1970, 141.

A. Entstehungsgeschichte

Vor 1981 § 22; der frühere Abs 2 ist durch Art 7 Nr 11 KostRegBerG aufgehoben und durch dessen Art 1 **1** als § 1 Abs 2 PatKostG eingestellt worden.[1] Die Bestimmung ist durch Art 2 Nr 7 GeschmMRefG neu formuliert worden. Die 10. ZuständigkeitsanpassungsVO hat nach dem Wort „Justiz" die Worte „und für Verbraucherschutz" eingefügt.

B. Das Deutsche Patent- und Markenamt als Verordnungsgeber

Der PräsDPMA hat keine originäre Rechtsetzungsbefugnis.[2] Das BMJV hat in § 1 Abs 2 DPMAV Verord- **2** nungsermächtigungen durch Übertragung der Rechtsetzungsbefugnisse an das DPMA umgesetzt (näher Rn 7). Das KostRegBerG (Rn 39 Einl PatG) hat entspr der seit längerem üblichen Praxis bei Verordnungsermächtigungen für Bundesministerien[3] den PräsDPMA als Adressaten der delegierten Verordnungsbefugnisse durch die sächliche Behördenbezeichnung ersetzt. Die Ermächtigungen richten sich demzufolge an das DPMA als solches.

---

6 Vgl *Singer/Stauder* EPÜ Art 17 Rn 6 f, auch zur fehlenden Beschwerdefähigkeit der Entscheidungen der Recherchenabteilungen.
7 *Singer/Stauder* EPÜ Art 17 Rn 5.
8 *Singer/Stauder* EPÜ Art 17 Rn 5.

1 Vgl dazu Begr BTDrs 14/6203 S 21= BlPMZ 2002, 36, 53.
2 *Goebel* GRUR 1986, 494.
3 So Begr zum KostRegBerG BTDrs 14/6203 S 42 = BlPMZ 2002, 36, 39.

                                                 Keukenschrijver

C. Rechtsverordnungen des Ministeriums

I. Einrichtung, Geschäftsgang, Verfahren des Patentamts

3 Die Vorschrift (früher Abs 1) weist dem BMJV die Befugnis zu, durch Rechtsverordnung Einrichtung (Organisation) und Geschäftsgang des DPMA zu regeln und durch Rechtsverordnung die Form des Verfahrens vor diesem zu bestimmen, soweit hierüber nicht Bestimmungen durch Gesetz getroffen sind.

4 Von dieser Ermächtigung hat das Ministerium durch den Erlass der am 1.6.2004 in Kraft getretenen **Verordnung über das Deutsche Patent- und Markenamt** (DPMAV; im Anh) vom 1.4.2004,[4] die Teile der MarkenV integriert hat und die an die Stelle der mehrfach geänd VO vom 5.9.1968[5] getreten ist, Gebrauch gemacht, die die bestehenden gesetzlichen Organisations- und Verfahrensnormen insb des PatG ergänzt und konkretisiert.

II. Elektronische Aktenführung

5 Ua auf dieser Ermächtigungsgrundlage beruht auch die **Verordnung über die elektronische Aktenführung bei dem Patentamt, dem Patentgericht und dem Bundesgerichtshof (EAPatV)** vom 10.2.2010,[6] zuletzt geänd durch das Gesetz zur Änderung des Designgesetzes und weiterer Vorschriften des gewerblichen Rechtsschutzes vom 4.4.2016[7] (Rn 18 zu § 125a, dort auch zur elektronischen Schutzrechtsakte).

D. Weitere Verordnungsermächtigungen

6 Das Gesetz ermächtigt das BMJV zudem an anderen Stellen zum Erlass von Verordnungen, wobei die Verordnungsermächtigung vielfach Ermächtigungen zur Weiterübertragung enthält. Das BMJV hat in § 20 DPMAV idF des Art 24 Nr 2 KostRegBerG die geänd Verordnungsermächtigung durch entspr Übertragung der Rechtsetzungsbefugnis an das DPMA umgesetzt. Die nachstehende Zusammenstellung differenziert nicht danach, ob die Ermächtigung mit einer Delegationsbefugnis verbunden ist. Die frühere Ermächtigung zum Erlass von Vorschriften über der Rolleninhalt gem § 30 Abs 2 ist entfallen.

7 Im einzelnen handelt es sich um **Ermächtigungen** (Delegation, soweit erforderlich, in § 1 Abs 2 DPMAV) zur **Regelung der Auskunftserteilung** an ausländ und zwischenstaatliche Behörden nach § 43 Abs 8 Nr 2 (Rn 64 zu § 43), zur **Bestimmung der zuständigen obersten Bundesbehörde** gem § 56, umgesetzt durch VO vom 24.5.1961,[8] geänd durch das 2. PatGÄndG (Rn 2 zu § 56), zur **Bestimmung einer für Rechtshilfeersuchen des EPA zuständigen Behörde** nach Art II § 11 IntPatÜG, umgesetzt durch VO vom 22.6.1979[9] (Rn 6 zu Art II § 11 IntPatÜG), zur **Übertragung der Wahrnehmung** einzelner Geschäfte auf Beamte des gehobenen und des mittleren Diensts bzw vergleichbare Tarifbeschäftigte nach § 27 Abs 5, nach § 10 Abs 2 GebrMG sowie § 4 Abs 4 HlSchG iVm § 10 Abs 2 HlSchG, umgesetzt durch die WahrnV vom 14.12.1994,[10] zuletzt geänd durch VO vom 14.4.2011;[11] **von Recherchen** an andere Stellen nach § 43 Abs 8 Nr 1 (dzt nicht umgesetzt; Rn 63 zu § 43), **der Prüfung** nach § 42 an andere Stellen § 43 Abs 8 Nr 3 (dzt nicht umgesetzt; Rn 63 zu § 43), sowie zum **Erlass** von Bestimmungen über die **Erhebung von Auslagen und Verwaltungskosten**, § 1 Abs 2 Nr 1 PatKostG, eingeführt durch Art 1 KostRegBerG vom 13.12.2001,[12] umgesetzt durch die DPMAVwKostV vom 14.7.2006,[13] Vorschriften über die Erteilung von **Auskünften**

---

4 BGBl I 514 = BlPMZ 2004, 296; zuletzt geänd durch VO vom 1.11.2013 BGBl I 3906 = BlPMZ 2013, 378.
5 BGBl I 997 = BlPMZ 1968, 278.
6 BGBl I 83 = BlPMZ 2010, 129.
7 BGBl I 558 = BlPMZ 2016, 161.
8 BGBl I 595 = BlPMZ 1961, 210.
9 BGBl II 742 = BlPMZ 1979, 229.
10 BGBl I 3812 = BlPMZ 1995, 51.
11 BGBl I 648 = BlPMZ 2011, 207 f.
12 BGBl I 3656 = BlPMZ 2002,14; vgl dazu auch Begr BTDrs 14/6203 S 45 = BlPMZ 2002, 36, 41.
13 BGBl I 1586 = BlPMZ 2006, 253.

zum Stand der Technik nach § 29 Abs 3, umgesetzt in der VO vom 25.2.1982,[14] geänd durch VO vom 16.11.1992,[15] aufgehoben durch VO vom 27.11.2001[16] (Rn 24 zu § 29), Vorschriften über die **Zahlungswege** für die an das DPMA zu zahlenden Kosten, § 1 Abs 2 Nr 2 PatKostG, eingeführt durch Art 1 KostRegBerG,[17] umgesetzt durch die Patentkostenzahlungsverordnung – PatKostZV – vom 20.12.2001.[18] Zur früheren Rechtslage *6. Aufl.*

Weiter handelt es sich um **Anmeldebestimmungen** für Patentanmeldungen (§ 34 Abs 6), umge- **8** setzt in der PatV (im Anh), für Gebrauchsmusteranmeldungen (§ 4 Abs 4 GebrMG), umgesetzt in der GebrMV[19] und Topographieanmeldungen (§ 3 Abs 3 HlSchG), umgesetzt in der HalblSchV vom 11.5.2004,[20] **Hinterlegungsbestimmungen für biologisches Material** für Patente (§ 34 Abs 8) und Gebrauchsmuster (§ 4 Abs 7 GebrMG, umgesetzt in der BioMatHintV (im Anh),[21] Vorschriften über die **Erfindernennung** gem § 63 Abs 4, umgesetzt in der PatV vom 1.9.2003, Vorschriften über **sonstige Veröffentlichungserfordernisse** nach Art II § 2 Abs 2 IntPatÜG, Ermächtigung delegiert durch VO vom 27.11.1978,[22] umgesetzt durch AnsprÜbersV vom 18.12.1978,[23] geänd durch VO vom 21.10.1993[24] (Rn 4 zu Art II § 2 IntPatÜG), Vorschriften über das **Übersetzungserfordernis** nach Art II § 3 Abs 6 IntPatÜG aF, umgesetzt durch die VO über die Übersetzungen europäischer Patentschriften (ÜbersV) vom 2.6.1992.[25] Art 8a, 8b des Gesetzes zur Verbesserung der Durchsetzung von Rechten des geistigen Eigentums vom 7.7.2008[26] haben die Übersetzungserfordernisse des Art ii § 3 IntPatÜG mWv 1.5.2008 entfallen lassen (vgl Rn 3, 9 zu Art XI § 4 IntPatÜG).

E. Die **Verwaltungsvereinbarung** zwischen dem DPMA und dem EPA über den Zugang von Schrift- **9** stücken und Zahlungsmitteln vom 29.6.1981 (idF vom 13.10.1989)[27] war von der Ermächtigung nicht gedeckt.[28] Sie wird seit dem 1.3.2005 nicht mehr angewendet.[29] Die Einreichung von eur Patentanmeldungen beim DPMA gem Art 75 Abs 1 Buchst b EPÜ iVm Art II § 4 Abs 1 Satz 1 IntPatÜG bleibt davon unberührt.[30]

F. Der **Vorrang gesetzlicher Bestimmungen** (letzter Halbs) bringt nur eine Selbstverständlichkeit **10** zum Ausdruck.[31]

§ 29
(Gutachten des Patentamts, Auskünfte zum Stand der Technik)

(1) Das Patentamt ist verpflichtet, auf Ersuchen der Gerichte oder der Staatsanwaltschaften über Fragen, die Patente betreffen, Gutachten abzugeben, wenn in dem Verfahren voneinander abweichende Gutachten mehrerer Sachverständiger vorliegen.

---

14 BGBl I 313 = BlPMZ 1982, 117.
15 BGBl I 1930 = BlPMZ 1993, 51.
16 BGBl I 3243 = BlPMZ 2002, 95 f.
17 Vgl dazu auch Begr BTDrs 14/6203 S 45 = BlPMZ 2002, 36, 41.
18 BGBl I 3853 = BlPMZ 2002, 70.
19 BGBl I 890 = BlPMZ 2004, 314.
20 BGBl I 894 = BlPMZ 2004, 318.
21 BGBl I 151 = BlPMZ 2005, 102.
22 BGBl II 1377 = BlPMZ 1979, 1.
23 BGBl II 1469 = BlPMZ 1979, 1.
24 BGBl II 1989 = BlPMZ 1994, 1.
25 BGBl I 395 = BlPMZ 1992, 290.
26 BGBl I 1191 = BlPMZ 2008, 274, 289.
27 BlPMZ 1981, 278; BlPMZ 1989, 373.
28 BPatGE 49, 1 = GRUR 2005, 525; vgl *Fitzner/Lutz/Bodewig* Rn 3.
29 MittPräsDPMA Nr 23/05 BlPMZ 2005, 273.
30 MittPräsDPMA Nr 3/06 BlPMZ 2006, 77.
31 *Benkard* Rn 7.

(2) Im übrigen ist das Patentamt nicht befugt, ohne Genehmigung des Bundesministers der Justiz und für Verbraucherschutz außerhalb seines gesetzlichen Geschäftskreises Beschlüsse zu fassen oder Gutachten abzugeben.

(3) [1] Das Bundesministerium der Justiz wird ermächtigt, zur Nutzbarmachung der Dokumentation des Patentamts für die Öffentlichkeit durch Rechtsverordnung ohne Zustimmung des Bundesrates zu bestimmen, dass das Patentamt ohne Gewähr für Vollständigkeit Auskünfte zum Stand der Technik erteilt. [2] Dabei kann es insbesondere die Voraussetzungen, die Art und den Umfang der Auskunftserteilung sowie die Gebiete der Technik bestimmen, für die eine Auskunft erteilt werden kann. [3] Das Bundesministerium der Justiz und für Verbraucherschutz kann diese Ermächtigung durch Rechtsverordnung ohne Zustimmung des Bundesrates auf das Deutsche Patent- und Markenamt übertragen.

Ausland: Frankreich: Art L 612-23, R 612-60-62 CPI; **Niederlande:** Art 84–87 ROW (Nichtigkeitsgutachten); **Österreich:** §§ 57a 111a öPatG (1984)

Übersicht

Schrifttum: *Barbuto* Erste Anwendung von Art 25 EPÜ in Italien, GRUR Int 1991, 486; *Häußer* Die institutionelle Bedeutung des Deutschen Patentamts und seines Präsidenten für Verfahren, die Patente betreffen, FS 25 Jahre BPatG (1986), 63; *Möhring* Das Verfahren in Patent- und Gebrauchsmustersachen vor dem Revisionsgericht, Mitt 1959, 241; *Roberts* Patent Office Opinions: The Patent Agent's View, EIPR 2006, 524; *Spiess* Zum § 52 des Patentgesetzes von 1936, GRUR 1956, 147; *Ströbele* Die Bindung der ordentlichen Gerichte an Entscheidungen der Patentbehörden, 1975; *van Looijengoed* Quo vadis advies? BIE 2000, 164; *Winkler* Beschleunigung der Patentprozesse, Mitt 1969, 276.

A. Allgemeines[1]

1   Abs 1 und 2 gehören zum „traditionellen Kernbestand" des PatG.[2] Abs 3 wurde durch Art V Nr 1 IntPatÜG (als § 23 Abs 3) eingefügt und wegen Änderung der Bezeichnung des Verordnungsgebers und des Adressaten (Bundesministerium der Justiz, DPMA statt PräsDPMA) durch Art 7 Nr 12 KostRegBerG (Rn 39 Einl PatG) redaktionell geänd. § 21 Abs 1 GebrMG und § 11 Abs 1 HlSchG verweisen auf die Bestimmung. Eine Abs 1 und 2 entspr Regelung ist in § 58 MarkenG enthalten. Die 10. ZuständigkeitsanpassungsVO hat nach dem Wort „Justiz" die Worte „und für Verbraucherschutz" eingefügt.

2   **EPÜ.** Eine entspr Vorschrift enthält Art 25 EPÜ (zu den gutachterlichen Aufgaben des EPA s die Kommentierung zu Art II § 13 IntPatÜG).

3   **Ausland.** Im VK gibt das Patentamt seit 2005 Stellungnahmen zu Fragen der Patentfähigkeit wie der Patentverletzung in Form von „opinions" ab.[3]

---

1   Vgl dazu, insb zum Hintergrund der 1891 eingeführten Beschränkung auf Obergutachten, *MGK/Bossung* Art 25 EPÜ Rn 8.

2   *Benkard* Rn 1.

3   Zur Gutachtertätigkeit des nl PA (Bijzondere Afdeling van de Octrooiraad) nach Art 57 ROW 1910 *van Looijengoed* BIE 2000, 164 sowie RB Den Haag BIE 2001, 190, 191.

B. Das Patentamt als Obergutachter

I. Allgemeines

Abs 1 weist dem DPMA die Rolle eines behördlichen Obergutachters zu. Damit soll die umfassende **4** Sachkunde des DPMA für andere Behörden und Gerichte nutzbar gemacht werden. Die Regelung hat bisher praktisch keine Bedeutung erlangt.[4]

II. Voraussetzungen der Gutachterpflicht

1. Ersuchen. Voraussetzung ist ein **Ersuchen** eines dt Gerichts jedweder Gerichtsbarkeit[5] oder der **5** Staatsanwaltschaft (wegen der Gutachtenanforderung von Schiedsgerichten vgl § 1049 ZPO) im **gerichtlichen oder staatsanwaltschaftlichen Verfahren**; hierzu gehören insb Zivil- oder Strafverfahren, vor allem Verletzungsprozesse und staatsanwaltschaftliche Ermittlungsverfahren, theoretisch auch Verfahren vor dem BPatG, in denen diese Möglichkeit aber kaum praktisch werden kann, weil die betr Senate wegen ihrer eigenen sachkundigen Besetzung von der Einholung von Sachverständigengutachten regelmäßig absehen[5a] und es auch an der Voraussetzung einander widersprechender Vorgutachten (Rn 9) fehlen wird.

2. Gegenstand des Verfahrens müssen **Fragen, die Patente** (zu Gebrauchsmustern und zum Halblei- **6** terschutz Rn 1) **betreffen**, sein. Die Fragen müssen Schutzrechte betreffen, aus denen Ansprüche nach dem PatG vor Gericht geltend gemacht werden können. Dazu gehören dt und mit Wirkung für die Bundesrepublik Deutschland erteilte eur Patente sowie Anmeldungen, aus denen Ansprüche nach § 33 hergeleitet werden können. Eur Anmeldungen, aus denen Ansprüche nach Art II § 1 IntPatÜG hergeleitet werden können, wird man ungeachtet der Begutachtungsmöglichkeit nach Art 25 EPÜ, Art II § 13 IntPatÜG einbeziehen müssen. Das eur Patent mit einheitlicher Wirkung, für das das PatG subsidiär anzuwenden ist, wird man jedenfalls nach Maßgabe des Art 7 der Verordnung (EU) Nr. 1257/2012 des Europäischen Parlaments und des Rates vom 17.12.2012 über die Umsetzung der Verstärkten Zusammenarbeit im Bereich der Schaffung eines einheitlichen Patentschutzes ebenfalls als erfasst ansehen müssen.

Die Fragen können **technischer oder patentrechtlicher Natur** sein (zB Auslegung der Patentan- **7** sprüche, Abgrenzung zum StdT und zu älteren Rechten, Abhängigkeit, technische Erfahrungssätze).[6]

Dagegen sind die Beurteilung des **Schutzumfangs**, Verschuldensfragen uä der Beurteilung durch die **8** ersuchende Stelle vorbehalten und der obergutachterlichen Beurteilung entzogen.[7] Ein allein auf solche Fragen gestütztes Ersuchen wäre unzulässig.

3. Weitere Voraussetzung ist, dass mehrere **voneinander abweichende Sachverständigengutach- 9 ten** zu den vorgenannten Fragen vorliegen. Es muss sich um abw Gutachten mehrerer gerichtlich oder staatsanwaltschaftlich bestellter Gutachter handeln. Abweichende Privatgutachten lösen keine Obergutachterpflicht des DPMA aus.[8] Die Gutachten müssen mit sachlicher Begründung im Ergebnis oder doch in wesentlichen Punkten voneinander abweichen.

III. Verpflichtende Wirkung des Ersuchens

Liegen die Voraussetzungen des Abs 1 vor, ist das DPMA zur Erstattung des Obergutachtens verpflich- **10** tet. Jedoch steht es im Ermessen der ersuchenden Stelle, ob sie von der Möglichkeiten, bei ihm ein Obergutachten anzufordern, Gebrauch machen will.

---

4 Vgl *Kolle* GRUR Int 1987, 476.
5 AA *Benkard* Rn 2: Straf- oder Zivilgericht.
5a Vgl BGH GRUR 2014, 1235 Kommunikationsrouter.
6 Vgl *Schulte* Rn 4; *Büscher/Dittmer/Schiwy* Rn 5.
7 RG MuW 11, 317 Holzmehlstaub; RPA MuW 12, 104; *Benkard* Rn 3; *Schulte* Rn 4; *Büscher/Dittmer/Schiwy* Rn 5; kr *Mes* Rn 2.
8 RG MuW 14, 8 f Mundstück; OLG München 29.4. 2004 6 U 1644/01; DPA BlPMZ 1951, 30; *Benkard* Rn 2; *Schulte* Rn 3; aA *Reimer* § 23 Rn 1; *Tetzner* § 23 Anm 3; vgl RG GRUR 1920, 56 Karbidlampe.

Keukenschrijver

IV. Zuständigkeit

11 Zuständig zur Abgabe des Obergutachtens sind nach § 27 Abs 1 Nr 2 die Patentabteilungen innerhalb ihres jeweiligen Geschäftskreises (Rn 21 zu § 27).

V. Verfahren

12 Für das Verfahren der Patentabteilung bei der Abfassung des Obergutachtens gelten die allg Regeln (Rn 36 ff zu § 27). Näheres regelt § 2 DPMAV. Danach bedarf es der Beratung und Abstimmung in einer Sitzung grds für Beschlüsse, durch die die Abgabe eines Gutachtens abgelehnt wird (§ 2 Abs 3 Satz 1 Nr 5 DPMAV). Davon kann ausnahmsweise abgesehen werden, wenn der Vorsitzende eine Sitzung nicht für erforderlich hält (§ 2 Abs 3 Satz 2 DPMAV). Das DPMA teilt den Inhalt des Gutachtens weder dem Patentinhaber noch Dritten mit;[9] diese können sich nur durch Einsicht in die Akten des Verfahrens, für das das Gutachten erstattet wurde, informieren, sofern die Voraussetzungen der Akteneinsicht (rechtl Interesse) erfüllt sind (§ 299 Abs 2 ZPO).

13 Das Obergutachten wird **schriftlich** erstattet. Auch insoweit gelten die allg Regeln. Eine mündliche Verhandlung findet vor der Patentabteilung, gleichgültig ob ein Antrag gestellt wird oder nicht, nur statt, wenn sie zur Aufklärung der Sache erforderlich erscheint. Wird jedoch mündlich verhandelt, sind die Beteiligten (Prozessparteien einschließlich Nebenintervenienten und Nebenklägern, in Strafsachen auch die Staatsanwaltschaft) dazu zu laden.

14 Eine **mündliche Erläuterung** des Obergutachtens in der Verhandlung vor dem ersuchenden Gericht (§ 411 Abs 3 ZPO; § 256 StPO) ist nicht vorgesehen und jedenfalls nicht erzwingbar.[10] Das Gutachten gibt die Auffassung der Patentabteilung als Spruchorgan wieder, die Meinung eines einzelnen, zu einer solchen mündlichen Verhandlung entsandten Mitglieds darf nicht an die Stelle der Auffassung der Abteilung treten.

15 **Nachtragsgutachten** sind möglich (§ 412 ZPO), falls die Fragen des ersuchenden Gerichts nach dessen Auffassung nicht ausreichend beantwortet sind oder in dem Rechtsstreit neu zu klärende Fragen auftreten.

16 Nicht üblich ist es, ein Mitglied als **Sachverständigen** zu vernehmen, statt vom DPMA ein Obergutachten einzufordern (§ 408 Abs 2 ZPO; § 76 Abs 2 StPO).

VI. Würdigung durch das Gericht

17 Das Gericht muss das Obergutachten des DPMA (wie auch die vorangegangenen Gutachten) eigenverantwortlich würdigen.[11]

18 **VII. Beschlüsse und Gutachten außerhalb des Geschäftskreises des Patentamts** sind diesem nach Abs 2 grds – vorbehaltlich einer Genehmigung des BMJV – untersagt.[12] Jedoch können alle Mitglieder des DPMA ihre persönliche Auffassung darlegen oder wissenschaftlich tätig werden.[13]

19 Eine andere als die nach Abs 1 vorgesehene obergutachterliche Tätigkeit des DPMA als solchen ist grds ausgeschlossen. Es darf weder als **Schiedsrichter** (§§ 1025 ff ZPO) noch als **Schiedsgutachter** tätig werden noch andere als die in Abs 1 genannten gerichtlichen oder auch private Gutachten abgeben.

20 **VIII.** Bloße **Auskünfte** tatsächlicher Art, zB über den Zeitpunkt der Zahlung einer Gebühr, die Anordnung der Löschung des Patents oder über die Person des Patentinhabers, sind hingegen grds zulässig.

---

9 *Fitzner/Lutz/Bodewig* Rn 2.
10 RG BlPMZ 1921, 157 Bierwürzebereitung; *Schulte* Rn 6; *Fitzner/Lutz/Bodewig* Rn 2; vgl *Benkard* Rn 4.
11 Vgl BGH GRUR 2008, 779 Mehrgangnabe; BGHZ 171, 120 = GRUR 2007, 410 Kettenradanordnung I; BGHZ 184, 49 = GRUR 2010, 314 Kettenradanordnung II; BPatG 18.2.2010 6 W (pat) 67/07; BPatG 22.7.2010 6 W (pat) 319/07; *Schulte* Rn 4; *Fitzner/Lutz/Bodewig* Rn 1.
12 Vgl *Schulte* Rn 7; *Mes* Rn 4.
13 Zutr *Schulte* Rn 7.

Hier handelt es sich nicht um gutachterliches Tätigwerden, sondern um Auskunftserteilung aus der Akte, die im Akteneinsichtsrecht (§ 31) ihre gesetzliche Grundlage findet.[14]

IX. Nebentätigkeit der Bediensteten als Sachverständige

Das Verbot, andere als die in Abs 1 beschriebenen Obergutachten abzugeben, trifft nur das DPMA als **21** solches und seine Spruchorgane, insb also die Patentabteilungen und Prüfungsstellen als solche. Es schließt ein gutachterliches Tätigwerden des einzelnen Bediensteten, auch der Mitglieder, nicht ohne weiteres aus.

Jedoch gelten für die Bediensteten die **besonderen beamtenrechtlichen Vorschriften**, nach denen **22** der Beamte für die Übernahme einer Sachverständigentätigkeit einer Genehmigung des Dienstherrn bedarf (§ 408 Abs 2 ZPO; § 76 Abs 2 StPO), die versagt werden kann, wenn die vorgesehene Tätigkeit den dienstlichen Interessen Nachteile bereiten würde (§ 62 Abs 2 BBG). Da die Beschäftigung als Sachverständiger den Ausschluss des Beamten von der Bearbeitung der Sache zur Folge hat (§ 27 Abs 6 iVm § 41 Nr 5 ZPO; Rn 60 ff zu § 27), verweigert der PräsDPMA die Genehmigung für eine solche Tätigkeit regelmäßig.[15] Jedoch führt das DPMA eine nichtamtliche Liste von Sachverständigen, in die auch frühere Mitglieder des DPMA nach ihrem Eintritt in den Ruhestand aufgenommen werden.[16] Nach dem Eintritt in den Ruhestand kann die Tätigkeit nach Maßgabe des § 105 BBG untersagt werden (vgl Rn 45 zu § 65).

C. Auskünfte zum Stand der Technik

Schrifttum: (s auch die Hinweise zur Einl PatG: Bedeutung des Patentschutzes) *ohne Verfasserangabe* Nutzung des beim Deutschen Patentamt gespeicherten technischen Wissens, DB 1982, 588; *J. Beier* Patentinformation, Praxis und Bedürfnisse in der Mittel- und Kleinindustrie, GRUR 1981, 225; *Beier/Straus* Das Patentwesen und seine Informationsfunktion – gestern und heute, GRUR 1977, 282; *Bendl/Weber* Patentrecherche und Internet, 2008; *Feil* Bedeutung von Patentinformation für mittelständische Innovationsunternehmen, in: *Jänich/Schrader* (Hrsg) Fortschritt durch Nachahmung? 2013; *Fischer* Patentdokumentation und -information, Möglichkeiten und Bedürfnisse, GRUR 1981, 217; *Häußer* Recherchen zum Stand der Technik außerhalb des Patenterteilungsverfahrens: Auswirkungen der geänderten Fassung des § 23 PatG, GRUR 1976, 391; *Häußer* Die Dokumentation des Deutschen Patentamts, ein unentdeckter Innovationsschatz, Mitt 1980, 21; *Häußer* Informationszentrum Patente, Stand der Planungen und Zielvorstellungen, GRUR 1981, 231; *Häußer* Schutzrechte und technische Information als Überlebensstrategie für das einzelne Unternehmen und die Volkswirtschaft, Mitt 1984, 121; *Hammer/Rothe* Das DPMA und die Zukunft der Patentinformation, GRUR 1999, 788; *Kolle* Das Europäische Patentamt als Sachverständiger im Patentprozeß, GRUR Int 1987, 476; *Hübenett* Zur Zulässigkeit der Vervielfältigung und Verbreitung von Datenbankausdrucken, GRUR 1992, 664; *Knoll* Geschichtliche Daten der Patentdokumentation, Mitt 1987, 108; *Kolle* Patentinformation als Dienstleistung der Behörden, Rechtsgrundlagen und Einrichtungen der Patentdokumentation im Dienste der Öffentlichkeit in Ost und West, GRUR Int 1975, 328; *Krause/Womser-Hacker* Das Deutsche Patentinformationssystem, 1990; *Metternich* Rechtsfragen im Zusammenhang mit der elektronischen Anmeldung, GRUR 2001, 647; *Pfanner* Technical Program of the WIPO in the Patent Documentation and Information Retrieval Field, in: *WIPO* (Hrsg) The Role of Patent Documentation and Information in Research and Development – Moscow Symposium 1974 (1975), 27; *Rasek* A New Practical Guide to Searching Japanese Patents and Utility Models using some of the New Methods for Making Useful Sense of Japanese Patent and Utility Model Information, Marburg 1998; *Rebel* Strategien zum Einsatz gewerblicher Schutzrechte im EG-Binnenmarkt, RIW 1992, 30; *Schrader* Informationsfunktion des Patentwesens als Voraussetzung von Nachahmung und Fortschritt, in *Jänich/Schrader* (Hrsg) Fortschritt durch Nachahmung? 2013; *Schramm* (Hrsg) Gewerblicher Rechtsschutz im Spannungsfeld neuer Informations- und Kommunikationstechnologien. 20. Kolloquium über Patentinformation der TU Ilmenau am 4. und 5. Juni 1998 – Patinfo '98, 1998; *Staehelin* Zur Informationsaufgabe der Patentämter, Nachr. f. Dokum. 1984 Nr 2; *Straus* Patentdokumentation und -Information, GRUR Int 1975, 323; *Straus* Vorhandene Informationsmöglichkeiten in der Patentliteratur, GRUR 1981, 217; *Suhr* Patentliteratur und ihre Nutzung, 2000; *van Dulken* (Hrsg) Introduction to Patents Information³, 1998; *van Raden* Befugnisse und Grenzen der Kundenberatung durch Mitarbeiter der Patentinformationszentren, Mitt 1996, 202; *Vianès* Die zukünftige Rolle der Patentämter bei der Verbreitung von Informationen aus Patentdokumenten, in: Internationales Symposium Patentinformation und -dokumentation München 16.–18. Mai 1977 (1978), 560; *von Kempski* Zum Aufbau eines Patentinformationssystems im Deutschen Patentamt, GRUR1992, 1; *Walty* Informationen auf dem Gebiet des geistigen Eigentums, ihre rechtliche Bedeutung und ihre Beschaffung, unterstützt durch moderne Hilfsmittel, Diplomarbeit ETH Zürich 1997; *Wittmann* Erin-

---

14 Vgl *Schulte* Rn 7.
15 *Schulte* Rn 8.
16 *Schulte* Rn 8.

nerungen und Gedanken zur Entwicklung der technischen Information im Deutschen Patentamt, FS K. Haertel (1975), 135; *Wittmann* Stellungnahme zu Zimmermann, Dokumentation ..., GRUR 1975, 591; *Wittmann* Grundlagen der Patentinformation und –dokumentation, 1992; *Wittmann/Schikarski* Freitextrecherche und Sprachenbarriere: Brauchen wir eine Patentdatenbank in deutscher Sprache? Mitt 1984, 221; *Zimmermann* Dokumentation für das Patentwesen, Sachstand, Schwierigkeiten, Auswege, GRUR 1975, 171.

I. Allgemeines

23   Das DPMA hat für die Zwecke des Prüfungsverfahrens eine umfangreiche technische Dokumentation aufgebaut und erhält sie mit erheblichem Aufwand. Dieser Wissensschatz wird nur unzureichend genutzt. In zahlreichen Veröffentlichungen ist herausgestellt worden, dass dieser Fundus, insb um die technische Innovation zu fördern, der Allgemeinheit verstärkt zugänglich gemacht werden sollte. Diesem Ziel dient ua die Regelung des Abs 3 (vgl Rn 67 zu § 32).

II. Normative Regelung

24   Um die umfangreiche Dokumentation des DPMA für die Öffentlichkeit nutzbar zu machen,[17] ermächtigt Abs 3 Satz 1 das BMJV, durch Rechtsverordnung zu bestimmen, dass das DPMA ohne Gewähr für Vollständigkeit Auskünfte zum StdT erteilen kann. Die Ermächtigung erstreckt sich auf die Festsetzung der Voraussetzungen, der Art und des Umfangs der Auskunftserteilung sowie der technischen Fachgebiete, für die eine Auskunft erteilt werden kann (Abs 3 Satz 2). Das BMJ konnte die Ermächtigung ohne Zustimmung des Bundesrats auf das DPMA übertragen (Abs 3 Satz 3). Sie ist seit 1.1.2002 – anders als früher – (vgl *5. und 6. Aufl*) zur Entlastung des DPMA nicht ausgenützt; Auskünfte zum StdT werden daher zZt nicht erteilt.[18] Das DPMA führt aber noch in geringem Umfang Recherchen für Entwicklungsländer durch.[19]

25   Durch Abs 3 Satz 1 ist ein gesetzlicher **Haftungsausschluss** festgeschrieben, der eine Gebührenerstattung im Fall einer Unvollständigkeit der Recherche nicht zulässt.[20]

D. Patentinformation

26   Jedoch bietet das DPMA verschiedene Möglichkeiten der elektronischen Information über das Internet (zu den bestehenden elektronischen Auskunftssystemen Rn 67 zu § 32). Zu den Patentinformationszentren, bei denen nicht nur Anmeldungen eingereicht werden können, sondern die auch vielfältige Hilfestellung leisten, Rn 20 zu § 34.[21]

§ 30
(Patentregister)

(1) [1]**Das Patentamt führt ein Register, das die Bezeichnung der Patentanmeldungen, in deren Akten jedermann Einsicht gewährt wird, und der erteilten Patente und ergänzender Schutzzertifikate (§ 16a) sowie Namen und Wohnort der Anmelder oder Patentinhaber und ihrer etwa nach § 25 bestellten Vertreter oder Zustellungsbevollmächtigten angibt, wobei die Eintragung eines Vertreters oder Zustellungsbevollmächtigten genügt.** [2]**Auch sind darin Anfang, Ablauf, Erlöschen, Anordnung der Beschränkung, Widerruf, Erklärung der Nichtigkeit der Patente und ergänzender Schutzzertifikate (§ 16a) sowie die Erhebung eines Einspruchs und einer Nichtigkeitsklage zu vermerken.** [[3] *In dem Register sind ferner der vom Europäischen Patentamt mitgeteilte Tag der Eintragung der einheitlichen Wirkung des europäischen Patents sowie der mitgeteilte Tag des Eintritts der Wirkung des europäischen Patents mit einheitlicher Wirkung nach Maßgabe des Artikels 4 Absatz 1 der Verordnung (EU) Nr. 1257/2012 des Europäischen Parlaments und des Rates vom 17. De-*

---

17   Vgl Bericht des BT-Rechtsausschusses BlPMZ 1976, 347, 349.

18   Vgl *Schulte* Rn 9; *Mes* Rn 6.

19   *Fitzner/Lutz/Bodewig* Rn 4.

20   BPatGE 49, 214 = BlPMZ 2006, 374.

21   Vgl *Fitzner/Lutz/Bodewig* Rn 5.

zember 2012 über die Umsetzung der Verstärkten Zusammenarbeit im Bereich der Schaffung eines einheitlichen Patentschutzes (ABl. L 361 vom 31.12.2012, S. 1; L 307 vom 28.10.2014, S. 83) zu vermerken.]

(2) Der Präsident des Patentamts kann bestimmen, daß weitere Angaben in das Register eingetragen werden.

(3) [1]Das Patentamt vermerkt im Register eine Änderung in der Person, im Namen oder im Wohnort des Anmelders oder Patentinhabers und seines Vertreters sowie Zustellungsbevollmächtigten, wenn sie ihm nachgewiesen wird. [2]Solange die Änderung nicht eingetragen ist, bleibt der frühere Anmelder, Patentinhaber, Vertreter oder Zustellungsbevollmächtigte nach Maßgabe dieses Gesetzes berechtigt und verpflichtet.

(4) [1]Das Patentamt trägt auf Antrag des Patentinhabers oder des Lizenznehmers die Erteilung einer ausschließlichen Lizenz in das Register ein, wenn ihm die Zustimmung des anderen Teils nachgewiesen wird. [2]Der Antrag nach Satz 1 ist unzulässig, solange eine Lizenzbereitschaft (§ 23 Abs. 1) erklärt ist. [3]Die Eintragung wird auf Antrag des Patentinhabers oder des Lizenznehmers gelöscht. [4]Der Löschungsantrag des Patentinhabers bedarf des Nachweises der Zustimmung des bei der Eintragung benannten Lizenznehmers oder seines Rechtsnachfolgers.

DPMA-UmschrRl BlPMZ 2002, 11; **EPA-PrRl** E-XIII
Ausland: Belgien: vgl Art 25 PatG 1984; **Dänemark:** § 27 PatG 1996; **Frankreich:** Art R 613-53–59 CPI; **Italien:** Art 66–69 (Eintragung) PatG; **Litauen:** Art 23 PatG; Luxemburg: Art 75 (Eintragung gerichtlicher Entscheidungen), 86 (Änderungen), 87 (Register) PatG 1992/1998; **Niederlande:** Art 19 ROW 1995, vgl auch Art 31 ROW 1995; **Österreich:** vgl §§ 43, 44 öPatG; Streitanmerkungen § 45 öPatG; Berichtigungen § 128 öPatG; **Polen:** Art 53, 228–231 RgE 2000; **Schweiz:** Art 60, 117 (eur Patente) PatG, Art 89–92 (Aktenheft), 93–95 (Patentregister), 104–107, 117 (eur Patente) PatV; **Serbien:** Art 17 PatG 2004; **Slowakei:** § 50 PatG; **Slowenien:** Art 105–108 GgE; **Tschech. Rep.:** § 69 PatG; Türkei: Art 92 VO 551; VK: Sec 32–35 Patents Act

Schrifttum: *Benkard* Die Publizität des Patentrechts im Deutschen Recht, Beiträge zum Handels- und Wirtschaftsrecht, Hrsg Ernst Wolff, S 79; *Benkard* Eintragung von Änderungen in der Patentrolle, MuW 36, 37; *Düsing* Das Umschreibeverfahren in Warenzeichenangelegenheiten und mit ihm im Zusammenhang stehende Fragen, Mitt 1954, 73; *Dybdahl* Transfer of Rights und Their Registration in the European Patent and Community Patent Registers, IIC 1998, 387; *Heydt* Die Eintragung der ausschließlichen Lizenz in die Patentrolle, JW 1936, 3843; *Th. Kühnen* Patentregister und Inhaberwechsel, GRUR 2014, 137; *McGuire/von Zumbusch/Joachim* Verträge über Schutzrechte des geistigen Eigentums (Übertragung und Lizenzen) und dritte Parteien (Q 190), GRUR Int 2006, 682; *Pahlow* Formelle Inhaberschaft und materielle Berechtigung, FS 50 Jahre BPatG (2011), 417; *Pietzcker* Zur rechtlichen Bedeutung der patentamtlichen Rollen für die gewerblichen Schutzrechte, GRUR 1973, 561; *Pitz* Passivlegitimation in Patentstreitverfahren, GRUR 2009, 805; *Pitz* Aktivlegitimation im Patentstreitverfahren, GRUR 2010, 688; *Rauch* Legitimation nach zweierlei Maß? GRUR 2001, 588; *Repenn* Die Umschreibung von Schutzrechten, 1983; *Repenn* Umschreibung von Schutzrechten, Mitt 1984, 9; *Repenn* Umschreibung von gewerblichen Schutzrechten, 1994; *Repenn* Die Übertragung von gewerblichen Schutzrechten deutscher Inhaber im Ausland, Mitt 1989, 142; *Repenn* Umschreibung von Schutzrechten, Mitt 1994, 9; *Ristow* Die Bedeutung der Patentrolle bei der Übertragung eines Patents, JW 1937, 1858; *R. Rogge* Die Legitimation des scheinbaren Patentinhabers nach § 30 Abs 3 Satz 3 PatG, GRUR 1985, 734; *Scheffler* Monopolwirkung und Informationsfunktion aus heutiger Sicht, GRUR 1989, 798; *Schlüter* Das Selbstkontrahieren (Insichgeschäft nach § 181 BGB) bei der Umschreibung von Schutzrechten, GRUR 1953, 470; *Seiler* Die rechtliche Bedeutung der Patentregistereintragung unter besonderer Berücksichtigung des Patentverletzungsprozesses, 2013; *Seiler* Patentregistereintragung: Bedeutung für den Verletzungsprozess, GRURPrax 2015, 164; *Stohr* Aspekte der Schnittstellen zwischen dem Europäischen Patentübereinkommen und dem nationalen Patentrecht der Vertragsstaaten, Mitt 1993, 156; *Strässle/Liebetanz* Warum man dem Register des Europäischen Patentamts nicht uneingeschränkt Glauben schenken darf, epi Information 2013, 19; *Verhauwen* Wer darf klagen? Noch einmal: zur Aktivlegitimation im Patentverletzungsverfahren, GRUR Int 2011, 116; *Zschucke* Die Unterschriftsbeglaubigung und Vertretungsbescheinigung im Inland und Ausland, GRUR 1953, 71.

A. Allgemeines

I. Geltungsbereich

1   **1. Zeitlich.** § 30 hat durch Art 8 Nr 17 GPatG (dort noch als § 24) und Art 1 Nr 3 PatGÄndG (Einfügung der Hinweise auf die ergänzenden Schutzrechtszertifikate in Abs 1) im wesentlichen seine heutige Form erhalten. Zur zeitlichen Anwendung 6. *Aufl* Rn 1. § 34 aF (jetzt § 30 Abs 4 und der inzwischen aufgehobene Abs 5, vgl Rn 2) ist aus den Gesetzesfassungen vor 1981 (dort zuletzt als § 25) unverändert übernommen worden.

2   Das **2. PatGÄndG** hat in Abs 1 Satz 1 und Abs 3 die Zahl der erforderlichen Registereintragungen beschränkende Änderungen vorgenommen. Es hat die frühere Verordnungsermächtigung in Abs 2 durch eine Ermächtigung an den PräsDPMA ersetzt, dementsprechend die VO über die Patentrolle vom

16.6.1981[1] aufgehoben und die Regelung des § 34 aF mit Änderungen als Abs 4 und 5 in § 30 eingestellt. Art 7 Nr 13 KostRegBerG (Rn 39 Einl PatG)[2] hat umfangreiche, teilweise nur redaktionelle Änderungen gebracht. Bemerkenswert sind die Umbenennung der „Rolle" in „Register",[3] die Einführung der Registerpflicht für den nach § 25 Abs 2 Satz 2 idF des Art 7 Nr 9 KostRegBerG[4] früher erforderlichen Zustellungsbevollmächtigten und die Streichung der durch Art 1 KostRegBerG in das PatKostG übernommenen Regelungen der Abs 2 Satz 2 und Abs 5 über die Gebührenpflicht. Das PatRVereinfModG vom 31.7.2009 hat in Abs 1 Satz 2 das nach Aufhebung von § 60 gegenstandslose Wort „Teilung" gestrichen.

Für das **Einheitspatent** sieht der RegE eines Gesetzes zur Anpassung patentrechtlicher Vorschriften 3 auf Grund der europäischen Patentreform vom 25.5.2016 die Anfügung eines Satzes 3 an Abs 1 vor, der entspr registerrechtl Regelungen enthalten soll.

2. Einigungsvertrag; Erstreckungsgesetz s *7. Aufl.*   **4**

3. Ergänzende Schutzzertifikate. Die Vorschrift gilt nach Abs 1 Satz 1 idF des Art 1 Nr 3 PatGÄndG 5 auch für ergänzende Schutzzertifikate. Dies gilt auch für Abs 4, der bereits als § 34 aF nach § 16a Abs 2 auch für Schutzzertifikate galt (vgl Rn 1).

4. Zum Register für Geheimpatente s § 54.   **6**

5. Gebrauchsmuster. Bestimmungen über das Gebrauchsmusterregister sind in §§ 8, 9 GebrMG ent- 7 halten.

6. EPÜ. Das EPA führt ein eur Patentregister (Art 127 EPÜ).[5] Ergänzende Bestimmungen enthalten die 8 Regeln 22 (in der an Regel 92bis AOPCT angeglichenen Fassung (vgl Rn 4ff zu § 15), 23, 24 (Eintragung von Lizenzen) und 143 AOEPÜ.[6] Erforderlich und Wirksamkeitsvoraussetzung gegenüber dem EPA sind Antrag eines Beteiligten, Zahlung der Verwaltungsgebühr und jeglicher geeigneter urkundlicher Nachweis. Rückwirkung auf den Antragszeitpunkt tritt nicht ein[7] (EPA-PrRl E-XIII). Umschreibungen aufgrund rechtsgeschäftlicher Übertragungen sind von den Vertragsstaaten grds anzuerkennen.[8] Aufgrund einer öffentlichen Urkunde kann der Rechtsübergang nur eingetragen werden, wenn er sich aus ihr unmittelbar ergibt.[9] Eine Übertragung kann im Hinblick auf die Wiedereinsetzungsmöglichkeit in das eur Patentregister noch eingetragen werden, nachdem die eur Patentanmeldung als zurückgenommen gilt, sofern Wiedereinsetzung in den vorigen Stand noch möglich ist und der Rechtsnachfolger zusammen mit seinem Eintragungsantrag geeignete Verfahrensschritte zur Wiederherstellung der Anmeldung unternommen hat.[10] Zuständig für die Entscheidung über die Wiedereinsetzung ist nicht die Rechtsabteilung, die nur über die Eintragung des Rechtsübergangs entscheidet, sondern das Organ, das die Rücknahmefiktion festgestellt hat, also Organe der ersten Instanz (zB Prüfungsabteilung).[11] Das eur Patentregister stellt eine offizielle Veröffentlichung dar.[12] Die Eintragung der Rücknahme einer eur Patentanmeldung gilt als öffentliche Bekanntmachung.[13]

Auf eur Patente, für die die **Bundesrepublik Deutschland wirksam benannt** ist, findet § 30 über 9 Art 2 Abs 2, Art 97 Abs 3 EPÜ Anwendung.[14] Auf die Übersetzung eur Patentschriften wird im Register hin-

---

1   BGBl I 593 = BlPMZ 1981, 261.
2   Vgl Begr BTDrs 14/6203 S 39ff, 62 = BlPMZ 2002, 36ff, 53.
3   Vgl Begr BTDrs 14/6203 S 39, 42 = BlPMZ 2002, 36ff, 39.
4   Vgl Begr BTDrs 14/6203 S 39ff, 60ff = BlPMZ 2002, 36ff, 52f.
5   Zum online-Zugang ABl EPA 1997, 381; ABl EPA 2001, 249.
6   Zur Frage der Eintragung von Anträgen auf Löschung einer Widerrufsentscheidung durch die Beschwerdekammer s die Vorlage EPA J 3/95 ABl EPA 1997, 493 und hierzu EPA G 1/97 ABl EPA 2000, 322 Antrag auf Überprüfung sowie *Dybdahl* IIC 1998, 387, 396f.
7   *Dybdahl* IIC 1998, 387, 391ff.
8   Vgl ÖPA ABl EPA 1984, 276.
9   EPA J 38/92 Umschreibung, LS ABl EPA 1995 Nr 8 S XVI; EPA J 39/92.
10   EPA J 10/93 ABl EPA 1997, 91, 95f = GRUR Int 1997, 476 Rechtsübergang.
11   EPA J 26/95 ABl EPA 1999, 668 = GRUR Int 2000, 165 Konkurs; *Singer/Stauder* Art 127 EPÜ Rn 12 und Art 20 EPÜ Rn 7.
12   EPA J 14/04.
13   EPA J 25/03 ABl EPA 2006, 395 Zurücknahme der Anmeldung.
14   BPatGE 29, 5 = GRUR 1987, 808; ÖPA ABl EPA 1984, 276; MittPräsDPA Nr 14/80 BlPMZ 1980, 241.

gewiesen (Art II § 3 Abs 3 Satz 2 IntPatÜG; zum „Londoner Sprachenprotokoll" Rn 15 zu Art I IntPatÜG). S hierzu auch die EPA-PrRl E-XIII.

II. Normzweck; systematische Stellung.

10   Nachdem es das Grundanliegen des Patentsystems ist, die technische Innovation in jeder Richtung zu fördern, dh sowohl die praktische Umsetzung von Erfindungen als auch die Fortentwicklung der Technik anzuregen, der Anreiz hierfür aber durch Gewährung eines von jedermann zu beachtenden Ausschließlichkeitsrechts geschaffen wird („Informationsfunktion" und „Monopolfunktion"),[15] ist Publizität, die Möglichkeit für jedermann, sich Kenntnis vom Schutzrechtsbestand zu schaffen, ein wichtiges Merkmal des Patentsystems.[16]

11   Diese **Publizität** stellt das PatG her durch das für jedermann frei einsehbare **Patentregister** (Abs 1 Satz 1 iVm § 31 Abs 1 Satz 2), Veröffentlichungen **im Patentblatt** (§ 32 Abs 5), die Gewährung von **Akteneinsicht** (§ 31) und die Veröffentlichung von **Offenlegungsschriften** (§ 32 Abs 1, 2) **und Patentschriften** (§ 32 Abs 1, 3).

12   Da das Funktionieren des Patentwesens davon abhängt, dass dem Erfinder der Lohn für die Offenbarung der Erfindung tatsächlich gesichert ist, kann **Publizität nur in dem Maß** stattfinden, in dem diese Voraussetzung erfüllt ist. Das bedingt ein differenziertes System, in dem zB freie Akteneinsicht (§ 31 Abs 1 Satz 2, Abs 2) und ein jedermann zugänglicher Registereintrag (Abs 1 Satz 1 iVm § 31 Abs 1 Satz 2) davon abhängen, dass eine gesetzliche Entschädigungsregelung zugunsten des Erfinders greift, sobald die Publizität zu einer Benutzung seiner Erfindung durch Dritte geführt hat (§ 33), zuvor hingegen nur eine eingeschränkte Publizität (§ 31 Abs 1 Satz 1) Platz greift.[17]

B. Das Patentregister

I. Begriff

13   Das Patentregister ist ein öffentliches Register, in das jedermann frei Einsicht nehmen kann (§ 31 Abs 1 Satz 2). Die Erstellung privater Register ist frei, jedoch wird immer zu prüfen sein, ob nicht – etwa bei der Geltendmachung von Entgelten – strafrechtlich relevante Sachverhalte in Betracht kommen.[18] Da es durch diese Möglichkeit, zur Einsicht frei zu sein, definiert ist (Abs 1 Satz 1), gehören Datenbestände, die nicht der freien Einsicht unterliegen, nicht zum Patentregister im Rechtssinn, auch wenn sie tatsächlich als Teil des Registers geführt werden. Dass das Patentamt seit jeher den Datenbestand für jede Patentanmeldung bereits mit der Anmeldung anlegt und von da ab fortschreibt, schon bevor er nach Abs 1 Satz 1 iVm § 31 Abs 1 Satz 2 zur Einsicht frei wird, ist allerdings nicht zu beanstanden, soweit Geheimhaltung der (noch) gesperrten Datenbestände gewährleistet ist.

14   Zum **Patentregister im Rechtssinn** gehören nur Angaben, deren Eintragung gesetzlich vorgesehen ist (Rn 17 ff), nicht aber die zusätzlichen Informationen, mit denen das DPMA das Register zur Verbesserung seiner Aussagekraft für den Recherchierenden anreichert (Rn 25).[19] Die gesetzlichen Wirkungen des Registereintrags (Rn 35 ff, 98 ff) gelten für diese zusätzlichen Informationen grds nicht. Insb lässt sich ihre Zugänglichmachung nicht durch den Grundsatz der freien Registereinsicht rechtfertigen. Vielmehr hat das DPMA für jede einzelne Information zu prüfen, ob ihrer Öffentlichkeit Rechte der Betroffenen entgegenstehen oder diese unbdkl ist, weil Rechte der Betroffenen nicht berührt werden oder die Zugänglichkeit anderweitig gerechtfertigt ist.

15   **II. Registerpflichtige Schutzrechte** in dem in Rn 12 genannten Sinn, also der freien Einsicht zugänglich, sind nur Patentanmeldungen, in deren Akte jedermann Einsicht gewährt wird (Abs 1 Satz 1), dh bei denen die Voraussetzungen des § 31 Abs 2 erfüllt sind (**offengelegte Anmeldungen**; Rn 51 ff zu § 31, Rn 23

---

15   Vgl dazu *Scheffler* GRUR 1989, 798 mwN.

16   Vgl zur Publizitätsfunktion des Markenregisters BGHZ 164, 139 = GRUR 2005, 1044 dentale Abformmasse.

17   BGHZ 46, 1 = GRUR 1966, 698, 700 Akteneinsicht IV mwN; BGH GRUR 1973, 154 f Akteneinsicht XII; BPatGE 19, 6 f = GRUR 1976, 721 mwN.

18   Vgl AG Bückeburg Mitt 2004, 326.

19   Vgl *Fitzner/Lutz/Bodewig* Rn 1.

zu § 32; zum Register für eur Patentanmeldungen beim EPA Rn 8), **erteilte Patente** einschließlich der mit Wirkung für die Bundesrepublik Deutschland **erteilten europäischen Patente** (Rn 9) und **ergänzende Schutzzertifikate** iSv §§ 16a, 49a (Rn 5).

III. Inhalt des Registers

1. Allgemeines. Den gesetzlich notwendigen Inhalt des Registers bestimmen Abs 1 (Rn 17 ff) sowie einige gesetzliche Sondervorschriften (Rn 25; zur früheren Patentrollenverordnung 7. *Aufl* Rn 18). Abs 2 ermächtigt den PräsDPMA zu bestimmen, welche weiteren Angaben in das Register einzutragen sind. Das Register, wie das DPMA es tatsächlich führt, enthielt seit jeher eine Reihe nicht durch Normen vorgesehener Informationen, deren Aufnahme zT Gründe der Praktikabilität geboten und mit denen im übrigen die Aussagekraft des Registers für den Recherchierenden verbessert werden sollte (Rn 26). **16**

2. Einzutragende Tatsachen sind nach Abs 1 Satz 1 die Bezeichnung (§ 34 Abs 3 Nr 2) des register- **17** pflichtigen Rechts iSv Abs 1 Satz 1, Name und Wohnort des Anmelders oder Schutzrechtsinhabers; Name eines Handelsunternehmens ist die eingetragene Firmenbezeichnung.[20] Einzutragen ist der Wohnort, nicht die vollständige Anschrift (anders bei Schutzzertifikaten gem Art 9 Abs 2 AMVO; Art 9 Abs 2 PSMVO, die die vollständige „Anschrift" fordern), bei Unternehmen der Sitz, bei ausländ Anmeldern mit Niederlassung im Inland auch deren Sitz.[21] Weiter einzutragen sind Name und Wohnort eines bestellten Inlandsvertreters oder Zustellungsbevollmächtigten nach § 25 Abs 2 Satz 2, nicht aber sonstiger Verfahrens- oder Zustellungsbevollmächtigter. Sind mehrere Vertreter oder Zustellungsbevollmächtigte bestellt, genügt nach Abs 1 Satz 1 die Eintragung eines von ihnen.

Der Auswärtige kann auch in den Fällen, in denen ihn mangels Vorliegens der Voraussetzungen des **18** § 25 Abs 1 nicht die Obliegenheit trifft, einen **Inlandsvertreter** zu bestellen, einen solchen zum Eintrag im Patentregister angeben; dieser kann, solange nicht die Obliegenheit besteht, ihn zu bestellen, gelöscht werden, ohne dass die Sperre des § 25 Abs 4 eingreift (vgl Rn 43 f zu § 25).[22]

Einzutragen sind nach Abs 1 Satz 2 der Anfang (Beginn) des Patents oder Schutzzertifikats iSv § 16 **19** Abs 1 Satz 1, § 16a Abs 1 Satz 1 (Rn 5 zu § 16, Rn 134 Anh § 16a), die Teilung nach § 39, der Ablauf des Patents oder Schutzzertifikats (§ 16 Abs 1 Satz 1, § 16a Abs 1 Satz 1), das (auch teilweise) Erlöschen des Patents oder des Schutzzertifikats gem § 20 Abs 1, die Anordnung der Beschränkung oder des Widerrufs nach § 64, die Erhebung eines Einspruchs und die Entscheidung hierüber durch Widerruf (§ 21 Abs 1, § 61 Abs 1 Satz 1); die Erhebung der Nichtigkeitsklage und die Nichtigerklärung (§ 22 Abs 1) von Patent und Schutzzertifikat.

Aufgrund der Ermächtigung in Abs 2 werden weiterhin eingetragen die vollständige oder beschränkte **20** **Aufrechterhaltung** und die **teilweise Nichtigerklärung** sowie die Rücknahme oder Zurückweisung der Nichtigkeitsklage.

Einzutragen sind nach Abs 3 weiter **Änderungen** in der Person, im Namen oder dem Wohnort des **21** Anmelders oder Patentinhabers, seines Vertreters sowie seines Zustellungsbevollmächtigten, wenn sie dem DPMA nachgewiesen werden (Abs 3 Satz 1; Rn 51 ff).

Einzutragen ist nach Abs 4 weiter die **ausschließliche Lizenz.** **22**

Weitere registerpflichtige Tatsachen sind die Lizenzbereitschaftserklärung (§ 23 Abs 1 Satz 3), die **23** Erfindernennung (§ 63 Abs 1 Satz 2) einschließlich Name und Wohnort (ohne Straßenangabe),[23] sofern der vom Anmelder genannte nicht beantragt, von seiner Nennung abzusehen (§ 63 Abs 1 Satz 3), der Hinweis auf die Veröffentlichung der Übersetzung einer eur Patentschrift (Art II § 3 Abs 3 Satz 2 IntPatÜG aF), die Berichtigung dieser Übersetzung (Art II § 3 Abs 4 Satz 2 IntPatÜG aF) sowie der Hinweis, dass die Wirkung des Patents als von Anfang an nicht eingetreten gilt (Art II § 3 IntPatÜG aF; zu weiteren früher eintragungspflichtigen Tatsachen 7. *Aufl* Rn 19).

---

20 BPatG Mitt 1978, 166.
21 BPatGE 1, 60 = BlPMZ 1962, 134.
22 BGH GRUR 2009, 701 Niederlegung der Inlandsvertretung; *Mes* Rn 28.
23 Vgl MittPräsDPA BlPMZ 1966, 1.

Keukenschrijver

24   Auf Antrag einzutragen sind nach § 29 DPMAV die **Verpfändung** und ein sonstiges dingliches Recht (vgl § 29 DPMAV).[24] Auf Antrag werden weiter Maßnahmen der Zwangsvollstreckung und Insolvenzverfahren eingetragen (vgl § 30 DPMAV). Als Grundlage wird hier allerdings Abs 2 (Rn 25 ff) heranzuziehen sein.

5. Gesetzlich nicht geforderter Registerinhalt

25   **a. Zulässigkeit weiterer Eintragungen.** Früher ist wiederholt die Eintragung anderer als der gesetzlich zur Eintragung vorgesehenen Tatsachen mit der Begründung abgelehnt worden, sie dürften nicht in die Rolle aufgenommen werden.[25] Von dieser Auffassung ist das DPMA mit seiner Eintragungspraxis abgerückt. Ein Verbot, solche Tatsachen einzutragen, bestand zu keiner Zeit.[26] Inzwischen hat der Gesetzgeber mit der Ermächtigung des PräsDPMA in Abs 2 der Amtspraxis eine zusätzliche Grundlage gegeben.[27] Der PräsDPMA wird im Einzelfall zu prüfen haben, ob ein Registereintragung gesetzlich nicht geforderter, aber auch nicht ausdrücklich verbotener Angaben zweckmäßig ist und ihrer mit der Eintragung verbundenen Publizierung keine Verbotsnorm entgegensteht (vgl Rn 13). Ein Anspruch Dritter auf Eintragung derartiger zusätzlicher Angaben wird aber zu verneinen sein.[28]

26   **b. Umfang.** Aus Gründen der Praktikabilität und zur Verbesserung der Aussagekraft des Patentregisters für den Recherchierenden trägt das DPMA zusätzlich zu den gesetzlich geforderten Angaben in das Register ein: die Anmelde- und Patentnummer, die internat Patentklasse (Anh zu § 27)[29] einschließlich der sog Doppelstrichklassifikation für zusätzliche inhaltserschließende Informationen (Rn 9 Anh § 27), Prioritätsangaben wie Prioritätsdatum, Land, Aktenzeichen, den Hinweis auf ein Zusatzverhältnis, die Zusammenfassung gem § 36,[30] die Rechercheergebnisse nach § 43,[31] die im Prüfungsverfahren nach § 44 ermittelten Entgegenhaltungen,[32] die unverbindliche Lizenzinteresseerklärung (vgl Rn 10 f zu § 23).[33]

27   **6. Nicht eintragbare Tatsachen.** In Einzelfällen schließt das Gesetz den Registereintrag ausdrücklich aus, so für die ausschließliche Lizenz, bei der die Eintragung des Berechtigten nach früherem Recht (§ 34 Abs 1 Satz 3 2. Halbs aF) ausdrücklich ausgeschlossen war, nach geltendem Recht aber wohl ebenfalls zu unterbleiben hat (vgl Rn 116).

IV. Amtseintragung; Antrag

28   Die Eintragungen erfolgen durchweg vAw, so zB die Angaben nach Abs 1, nach § 23 Abs 1 Satz 3, § 63 Abs 1 Satz 2, teilweise aber auch auf Antrag (Abs 3 Satz 2; Abs 4 Satz 1, 3).

29   Soweit die Eintragung einen **Antrag** oder einen **Nachweis** des Berechtigten voraussetzt, steht es an sich in dessen Belieben, ob er diesen Antrag stellt bzw den Nachweis erbringt. Unterlässt er es jedoch, das Register – zB bei Inhaberwechsel – mit der materiellen Rechtslage in Einklang zu bringen, können daraus erhebliche Rechtsnachteile, vor allem bei der Wahrung der Rechte aus dem Patent, entstehen (Rn 35 ff).

30   Ein **Antragsrecht** steht nur dem zu, dessen Rechte durch die Eintragung berührt werden können. Der Antrag eines Dritten, ein Patent im Register zu löschen, ist unzulässig, er ist als Anregung für eine Prüfung der Frage vAw zu betrachten.[34]

---

24 Vgl *Fitzner/Lutz/Bodewig* Rn 6; *Schulte* Rn 15.
25 So für Vormerkungen und Widersprüche RPA MuW 29, 615, für Arrestpfandrechte PA BlPMZ 1917, 100, für Bedingungen allg RPA BlPMZ 1931, 24, für die einfache Lizenz RGZ 67, 176, 181 = BlPMZ 1908, 164 Überkochverhütungsapparat; RGZ 89, 81, 83 = BlPMZ 1916, 153 statistische Maschinen; PA BlPMZ 1906, 166.
26 Vgl *Benkard* Rn 7.
27 Vgl *Mes* Rn 13; *Büscher/Dittmer/Schiwy* Rn 5.
28 *Schulte* Rn 14; vgl LG Düsseldorf InstGE 3, 170, zur Legitimationszession.
29 Vgl MittPräsDPA BlPMZ 1966, 33; MittPräsDPA Nr 7/89 BlPMZ 1989, 333.
30 Vgl MittPräsDPA Nr 8/83 BlPMZ 1983, 342.
31 MittPräsDPA Nr 8/83 BlPMZ 1983, 342.
32 Vgl MittPräsDPA Nr 8/83 BlPMZ 1983, 342; MittPräsDPA Nr 1/86 BlPMZ 1986, 49.
33 Vgl *Fitzner/Lutz/Bodewig* Rn 8.
34 BPatGE 17, 14 = BlPMZ 1975, 145.

V. Form des Registers

1. Allgemeines. Vorschriften über die Form, in der das Register zu führen ist, kennt das PatG nicht. **31**
Das Patent- und das Gebrauchsmusterregister sind seit 17.2.2000 im Internet (https://register.dpma.de/
DPMAregister/Uebersicht) für die Öffentlichkeit zugänglich (näher *7. Aufl*). Durch die Einführung der
elektronischen Schutzrechtsakte für Patente und Gebrauchsmuster zum 1.6.2011 wurden auch die Recherchemöglichkeiten im Register verbessert; so sind tagesaktuelle Verfahrensstandinformationen abrufbar.[35]

Seit Inkrafttreten des ErstrG umfasst das Register die Daten des **Patentregisters des DDR-Patent-** **32**
amts.[36] Sie sind ebenfalls online (Rn 31) zugänglich.[37] Zu Saarpatenten *7. Aufl*.

2. Für **Geheimpatente** wird ein besonderes Register geführt (vgl § 54). **33**

VI. Auszüge aus dem Register können in unbeglaubigter Form jederzeit unmittelbar durch Regis- **34**
terabfrage generiert werden (vgl Rn 31), werden aber auch (kostenpflichtig) erstellt. Beglaubigte Registerauszüge werden auf schriftlichen Antrag durch das DPMA erstellt; zu den Kosten Rn 94 zu § 31.

C. Legitimationswirkung der Registereintragung

I. Allgemeines

Die Eintragungen im Register haben keine konstitutive (rechtsbegründende) Wirkung.[38] Sie haben **35**
auch, anders als die Eintragungen nach § 28 Abs 1 MarkenG, keine (weitergehende) Vermutungswirkung,[39]
sondern lediglich deklaratorische (rechtsbekundende) Wirkung („erhebliche Indizwirkung").[40] Sie lassen
den materiellen Bestand des Schutzrechts unberührt.[41]

Der Registereintrag ist **auslegungsfähig**; dabei können auch Angaben (wie Adressangaben) aus der **36**
Erteilungsakte herangezogen werden; ist der als Anmelder oder Patentinhaber Eingetragene nicht rechtsfähig, legitimiert die Eintragung die rechtsfähige Person, der die eingetragene Einheit angehört.[42]

Das Schutzrecht **entsteht** nicht durch den Eintrag, sondern durch den Erteilungsbeschluss.[43] Unab- **37**
hängig vom Registereintrag werden an ihm Rechte rechtsgeschäftlich begründet, etwa das Patent auf einen Dritten übertragen.[44] Der Eintrag bietet keine Gewähr für seine Richtigkeit, da dem Register weder
eine positive (wie dem Grundbucheintrag) noch eine negative Publizitätswirkung (wie dem Handelsregister) zukommt.[45] Auch gutgläubige Dritte müssen also zB einen nicht eingetragenen Rechtsübergang, ein
nicht eingetragenes Erlöschen der Vertretungsmacht gegen sich gelten lassen, es gibt keinen gutgläubigen
Erwerb von einem eingetragenen Nichtberechtigten.[46] Besondere Legitimationsprobleme ergeben sich für
den Fall einer Änderung des Registereintrags bzw für das Intervall zwischen einer Änderung der materiellen Rechtslage und der Anpassung des Registers an diese neue Rechtslage (Rn 103 f).

---

35 MittPräsDPMA Nr 10/11 BlPMZ 2011, 313.
36 Vgl MittPräsDPA Nr 26/91 BlPMZ 1991, 361.
37 MittPräsDPA Nr 5/93 BlPMZ 1993, 169.
38 *Büscher/Dittmer/Schiwy* Rn 20.
39 BGH GRUR 1998, 699, 701 SAM; BGH GRUR 2002, 190 Die Profis.
40 *Mes* Rn 10; *Fitzner/Lutz/Bodewig* Rn 12, wo unter Hinweis auf BPatG GRUR 2009, 188, 191 (Markensache; Nr 26) die
Auffassung vertreten wird, dass die Eintragung die Vermutung und damit einen beachtlichen Rechtsschein der
Richtigkeit entwickle; erhebliche Indizwirkung bejaht auch BGHZ 197, 196 = GRUR 2013, 713 Fräsverfahren (Nr 57); ebenso
LG Mannheim WuW 2016, 86; vgl OLG Düsseldorf 15.9.2011 2 W 58/10 Mitt 2012, 294 Ls, das von einer widerlegbaren
Rechtsvermutung spricht; weitergehend OLG Düsseldorf 24.6.2011 2 U 26/10 (Nr 109: unwiderlegliche Vermutung);
Verhauwen GRUR 2011, 116, 119 f; vgl auch *Benkard* Rn 18c; *Kühnen* Rn D 91 ff; vgl auch *Mes* Rn 18, 20 f.
41 BPatGE 17, 14 ff = BlPMZ 1975, 145; *Fitzner/Lutz/Bodewig* Rn 12; früher str, vgl *R. Rogge* GRUR 1985, 734 mwN in
Fn 3 f.
42 OLG Düsseldorf InstGE 13, 15.
43 RG BlPMZ 1919, 5 Zerteilen von flüssigem Metall.
44 BGHZ 6, 172, 177 = GRUR 1952, 564 Wäschepresse; BGH GRUR 1967, 294 Triosorbin; RGZ 126, 280, 284 = BlPMZ 1930,
102 Lampenschirm; RGZ 151, 129, 135 = GRUR 1936, 558 Zeitkartenrahmen II; RG MuW 40, 76 Zehnerübertragung.
45 BPatGE 17, 14, 16 = BlPMZ 1975, 145; vgl BGHZ 197, 196 = GRUR 2013, 713 Fräsverfahren.
46 RG BlPMZ 1902, 177 Biersiphon III; RG Zeitkartenrahmen II.

38   Der Registereintrag **legitimiert** den Anmelder oder Schutzrechtsinhaber bzw dessen eingetragenen Vertreter **prozessual** als an dem Schutzrecht Berechtigten oder Vertretungsberechtigten,[47] den Zustellungsbevollmächtigten als den Empfangsberechtigten. Das folgt aus den Vorschriften über den Vermerk von Änderungen (Abs 3), insb aus Abs 3 Satz 2, wonach der Eingetragene bis zum Vermerk einer Änderung im Register nach Maßgabe des PatG berechtigt oder verpflichtet bleibt. Diese Legitimationswirkung entfaltet das Register gegenüber jedem Dritten, nicht aber gegenüber dem materiell Berechtigten, zB einem Erwerber.[48]

II. Reichweite

39   Der Registereintrag weist den eingetragenen Anmelder oder Schutzrechtsinhaber bzw dessen eingetragenen Vertreter zB als berechtigt aus zur Antragstellung beim DPMA,[49] zum Verzicht auf das Schutzrecht,[50] zur Rücknahme der Anmeldung,[51] zur Beschwerdeeinlegung und Beteiligung am Beschwerdeverfahren,[52] zur Geltendmachung von in seiner Person liegenden Wiedereinsetzungsgründen (Rn 19 zu § 123),[53] als Adressaten einer Klage wegen Erklärung der Nichtigkeit eines Patents oder Schutzzertifikats oder wegen einer Zwangslizenzsache (§ 81 Abs 1 Satz 2; str, vgl Rn 118 ff zu § 81), als Adressaten einer Übertragungsklage gem § 8 (Rn 12 zu § 8),[54] zur Geltendmachung von Ansprüchen aus § 33, § 139 nebst den entspr Hilfsansprüchen (Rn 5 zu § 33; Rn 18 ff zu § 139, dort auch zur Verletzungsklage des materiell Berechtigten gegen den durch den Registereintrag Legitimierten),[55] als Empfänger schuldbefreiender Leistungen,[56] als Strafantragsteller gem § 142 Abs 2 (Rn 31 zu § 142), als Adressat einer staatlichen Benutzungsanordnung (§ 13), zur Geltendmachung aller anderen Rechtsansprüche, die den Interessenausgleich zwischen Patentinhaber und Patentbenutzer betreffen, auch wenn sie nicht im PatG geregelt sind.[57] Der Registereintrag weist neben dem eingetragenen Anmelder oder Schutzrechtsinhaber bzw dessen eingetragenen Vertreter auch den eingetragenen Zustellungsbevollmächtigten als berechtigt aus zur Entgegennahme von Zustellungen,[58] sowie zum Empfang der formlosen Zahlungserinnerung, die das DPMA nach Fälligkeit des Verspätungszuschlags anstelle der Nachricht nach dem aufgehobenen § 17 Abs 3 versenden soll.[59]

III. Maßgebliches Register

40   Maßgeblich für die Legitimation ist auch bei eur Patenten die Eintragung im nationalen Register, nicht die Eintragung im eur Register.[60]

D. Änderungen des Patentregisters

I. Allgemeines

41   Abs 3 regelt das Verfahren zur Änderung des Registers bei bestimmten nachträglichen Änderungen der materiellen Rechtslage und daraus folgender Unrichtigkeit des Registers (Satz 1) sowie die Rechtsfol-

---

47   RGZ 67, 176, 180 f = BlPMZ 1908, 164 Überkochverhütungsapparat; RGZ 151, 129, 135 = GRUR 1936, 558 Zeitkartenrahmen II.
48   RGZ 144, 389 = GRUR 1934, 657 Geschwindigkeitsmesser.
49   BGHZ 72, 236 = GRUR 1979, 145 f Aufwärmvorrichtung; BPatGE 17, 14, 16 = BlPMZ 1975, 145.
50   BGH MuW Aufwärmvorrichtung; aA noch RG MuW 31, 34 Metallegierungen.
51   BPatGE 3, 38 = GRUR 1964, 499; DPA BlPMZ 1956, 356.
52   Vgl BGHZ 172, 98, 105 = GRUR 2008, 87 Patentinhaberwechsel im Einspruchsverfahren.
53   BGH GRUR 2008, 551 Sägeblatt; BPatGE 1, 126 = BlPMZ 1961, 398; BPatGE 3, 140 .
54   BGH Aufwärmvorrichtung.
55   BGH Aufwärmvorrichtung; BGHZ 197, 196 = GRUR 2013, 713 Fräsverfahren; OLG Düsseldorf InstGE 12, 88; OLG Düsseldorf 1.10.2010 2 U 41/07; OLG Düsseldorf InstGE 12, 261 f: Vernichtungsanspruch; LG Düsseldorf 17.3.2009 4a O 120/08; LG Düsseldorf 17.3.2009 4a O 121/08.
56   *R. Rogge* GRUR 1985, 734, 736 ff; aA *Kraßer* S 471 (§ 23 V a 4); vgl *Rauch* GRUR 2001, 588.
57   *R. Rogge* GRUR 1985, 734, 737.
58   BPatGE 1, 126, 130 = BlPMZ 1961, 398; BPatGE 17, 14, 16 = BlPMZ 1975, 145.
59   Vgl Begr KostRegBerG BTDrs 14/6203 S 39, 41 = BlPMZ 2002, 36, 38.
60   BPatGE 32, 204 = GRUR 1992, 435; *Fitzner/Lutz/Bodewig* Rn 12.

gen eines Auseinanderklaffens von materieller Rechtslage und Registerlage (Satz 2). Gelegenheit zur Äußerung („rechtl Gehör") ist auch einem Beteiligten zu gewähren, der eine formelle Rechtsposition erlangt hat.[61]

II. Berichtigung

Abs 3 regelt nicht den Fall der Berichtigung oder Rückgängigmachung eines originär fehlerhaften **42** oder durch Änderung falsch gewordenen Registereintrags.[62] Diese setzt grds einen Berichtigungsantrag voraus; dessen Inhalt regelt § 26 DPMAV (im Anh).

Die Anwendung des **§ 319 ZPO** über die **Berichtigung offenbarer Unrichtigkeiten** dürfte hier **43** unbdkl sein, zB auch bei Übergang des materiellen Rechts am Patent oder der Anmeldung durch (erbrechtl oder gesellschaftsrechtl) Gesamtrechtsnachfolge (Rn 99f).[63] Als möglich angesehen wurde auch die Änderung unrichtiger Eintragungen nach Abs 2.[64] Zur Umschreibung von DDR-Rechten 7. *Aufl* Rn 41, 79.

Eine darüber hinausgehende **Berichtigung unrichtiger Einträge von Amts wegen** und ohne zu- **44** mindest die Zustimmung des Eingetragenen[65] ist hingegen bdkl. Unbdkl mag noch sein, wenn das DPMA bei Patentanmeldungen versehentliche Abweichungen zwischen Akteninhalt und Register, zB zwischen der Anmeldung und dem Register, oder die Wiedergabe des reinen Aktenstands (zB der Fakten des Abs 1 Satz 2) vAw korrigiert. Eine fehlerhaft vorgenommene Eintragung des Patentinhabers im Patentregister kann über die Korrektur offenbarer Unrichtigkeiten hinaus nicht mit rückwirkender Kraft berichtigt werden.[66] Bei erteilten Patenten richtet sich der Inhalt des Registers nach dem Erteilungsbeschluss. Eine Berichtigung des Registers kommt also nur in Vollzug einer etwaigen Änderung oder Berichtigung dieses Beschlusses im Rahmen des dafür vorgesehenen Verfahrens und durch die dafür zuständige Stelle in Betracht.[67] Gleiches gilt bei allen anderen entscheidungsgebundenen Registerinhalten (Beschränkung, Widerruf usw).

Ähnliches gilt für **fehlerhafte Umschreibungen**; diese können mangels Zustimmung des durch sie **45** Begünstigten nur rückgängig gemacht werden, wenn die Voraussetzungen vorliegen, unter denen ein begünstigender Verwaltungsakt zurückgenommen werden kann,[68] dh wenn die Voraussetzungen einer Wiederaufnahme des Verfahrens vorliegen oder bei Verletzung des Rechts auf Äußerung auf Antrag des dadurch Verletzten.[69]

Die **Zustimmung** des durch eine (fehlerhafte) Eintragung Begünstigten zur Rückgängigmachung der **46** Eintragung bedarf, sofern sie nicht durch Gerichtsurteil ersetzt wird, der für die Umschreibungsbewilligung vorgeschriebenen **Form** (Rn 62ff).[70] Eine Bindung an die einmal erteilte Zustimmung besteht nicht; da durch sie der angestrebte Erfolg nicht unmittelbar herbeigeführt wird, kann sie bis zum Erlass der Entscheidung zurückgenommen werden, sofern dadurch nicht Rechte Dritter beeinträchtigt werden können.[71]

Kann ein Registereintrag auf den aufgezeigten Wegen nicht berichtigt oder rückgängig gemacht wer- **47** den, bleibt dem durch einen angeblich fehlerhaften Eintrag Benachteiligten nur, sein Recht gegen den durch den Eintrag Begünstigten im **ordentlichen Rechtsweg** durchzusetzen.

Das gilt gem ausdrücklicher Vorschrift insb auch für die **Berichtigung der Erfinderbenennung** (§ 63 **48** Abs 2; Rn 25ff zu § 63).

---

61 BPatG 23.1.2001 33 W (pat) 79/99, Markensache.
62 BGH GRUR 1969, 43f Marpin; vgl auch UmschrRl BlPMZ 2002, 11.
63 BPatGE 32, 153 = BlPMZ 1992, 19; vgl *Fitzner/Lutz/Bodewig* Rn 16; *Mes* Rn 26.
64 *Fitzner/Lutz/Bodewig* Rn 16.
65 Vgl RPA Mitt 1921, 190; RPA BlPMZ 1936, 223 sowie *4. Aufl* § 24 Rn 3.
66 BPatGE 50, 1 = BlPMZ 2006, 376.
67 Vgl BPatGE 17, 14, 17 = BlPMZ 1975, 145.
68 BGH GRUR 1969, 43f Marpin; *Fitzner/Lutz/Bodewig* Rn 18.
69 Vgl BPatGE 49, 136, 139 = BlPMZ 2006, 67; BPatGE 41, 150 = BlPMZ 2006, 67; vgl auch BPatG GRUR 1998, 662f; BPatGE 41, 192; BPatG 12.1.2000 29 W (pat) 28/99: keine analoge Anwendung von § 49 VwVfG; BPatG 23.1.2001 33 W (pat) 80/99; BPatG BlPMZ 2003, 158; BPatG 20.1.2005 10 W (pat) 46/03.
70 RPA BlPMZ 1936, 223.
71 BPatG Mitt 2001, 379; BPatG 29.10.2009 10 W (pat) 31/08.

III. Umschreibung

49   **1. Allgemeines.** Ausdrücklich geregelt (Abs 3 Satz 1) sind die Voraussetzungen, unter denen eine Änderung in der Person (Rn 51 ff), im Namen (Rn 53) und Wohnort (Rn 54) des Anmelders oder Patentinhabers und seines Vertreters und seines Zustellungsbevollmächtigten eingetragen wird, sowie die Rechtsfolgen einer verzögerten oder unterlassenen Anpassung des Registers an die geänd materielle Rechtslage (Abs 3 Satz 2). Den Inhalt des Antrags auf Eintragung von Änderungen des Namens oder der Anschrift des Inhabers eines eingetragenen Schutzrechts regelt § 27 DPMAV (im Anh), den auf Eintragung eines Rechtsübergangs § 28 DPMAV (im Anh). Mit dem Antrag auf Eintragung eines dinglichen Rechts befasst sich § 29 DPMAV (im Anh), mit dem auf Eintragung einer Maßnahme der Zwangsvollstreckung und eines Insolvenzverfahrens § 30 DPMAV (im Anh).

50   **2. Umschreibungstatbestände des Absatz 3 Satz 1.** Nach Abs 3 Satz 1 vermerkt das DPMA im Register jede Änderung in der Person, im Namen oder im Wohnort des Anmelders oder Patentinhabers und seines Vertreters oder Zustellungsbevollmächtigten, wenn sie ihm nachgewiesen wird. Im Register zu vermerken sind auch Änderungen in der Person, im Namen oder dem Wohnort des nach Abs 1 Satz 1 im Register einzutragenden Zustellungsbevollmächtigten. Alle diese Umschreibungstatbestände sind gebührenfrei (Rn 91). Die Abgrenzung der einzelnen Begriffe des Abs 3 Satz 1, zB des Begriffs der „Änderung in der Person" von der bloßen Namensänderung hat daher keine gebührenrechtl Bedeutung mehr. Sie behält ihre Bedeutung jedoch ua für die Nachweiserfordernisse der Umschreibungsrichtlinien.

51   **Änderung in der Person** ist jeder Wechsel des Rechtsinhabers, jeder Übergang des Rechts auf eine andere Rechtsperson,[72] also zB jede rechtsgeschäftliche Übertragung (Rn 32 zu § 15),[73] auch bei vertraglichem „Verzicht" eines Mitinhabers zugunsten des anderen,[74] Übertragung auf einen Treuhänder,[75] Versteigerung,[76] Umwandlung eines einzelkaufmännischen Unternehmens in eine OHG,[77] einer Kapitalgesellschaft in eine Personalgesellschaft,[78] Verschmelzung durch Neubildung nach § 339 Abs 1 Nr 2 AktG,[79] Vermögensübergang nach §§ 359–361 AktG, Umwandlung nach §§ 362 ff AktG oder Umwandlung einer GmbH in eine andere GmbH nach dem UmwandlungsG.[80]

52   **Keine Änderung in der Person** liegt vor bei Insolvenz,[81] da diese nur das Verwaltungsrecht, nicht aber die Rechtsinhaberschaft berührt, oder bei gesetzlichem oder gerichtlichem Verfügungsverbot.[82] Pfandrecht und Nießbrauch ändern nichts an der Rechtsinhaberschaft.[83] Auch die Sequestrierung ist keine Änderung in der Person, jedoch erhält der Sequester durch sie eine Vertretungsmacht, kraft derer er für den Rechtsinhaber handeln kann.[84]

53   Ebenfalls keine Änderung der Person, sondern eine bloße **Änderung des Namens** liegt vor, wenn der Rechtsträger gleich bleibt, sich lediglich seine Benennung ändert, zB infolge Eheschließung, Namens- (nach Namensänderungsgesetz) oder Firmenänderung ohne Änderung des Inhabers,[85] bei einer in Liquidation befindlichen GmbH,[86] bei bloßer Legitimationszession oder Abtretung des Vollrechts für begrenzte

72   BPatGE 5, 71 = GRUR 1965, 154.
73   DPA BlPMZ 1954, 262.
74   DPA BlPMZ 1954, 262.
75   RPA BlPMZ 1931, 22.
76   RPA Mitt 1933, 30.
77   BPatGE 5, 71 = GRUR 1965, 154.
78   AG, GmbH in KG oder OHG, RPA BlPMZ 1937, 113; DPA Mitt 1954, 63; BPatGE 32, 153 = BlPMZ 1992, 19.
79   BPatGE 7, 91.
80   BPatGE 25, 126 = BlPMZ 1984, 14; BPatGE 32, 153 = BlPMZ 1992, 19.
81   Vgl BPatG 10.7.2013 4 Ni 8/11 (EP) GRUR 2014, 104 Ls.
82   PA BlPMZ 1917, 100; zur registermäßigen Behandlung von Verfügungsbeschränkungen in der Schweiz schweiz BPatG sic! 2015, 398.
83   PA BlPMZ 1917, 100.
84   BGHZ 172, 98 = GRUR 2008, 87 Patentinhaberwechsel im Einspruchsverfahren, vgl BPatGE 44, 95 = GRUR 2002, 371; *Fitzner/Lutz/Bodewig* Rn 22; aA DPA BlPMZ 1961, 82.
85   PA BlPMZ 1918, 50; *Düsing* Mitt 1954, 73, 79.
86   BPatGE 31, 146.

Zeit,[87] bei Umwandlung einer AG in eine GmbH,[88] bei Verschmelzung einer GmbH mit der bisher eingetragenen AG gem § 249 AktG, selbst wenn zugleich die Firma der AG geänd wurde.[89]

Änderung des Wohnorts. Nach dem Wortlaut des Abs 3 Satz 1 ist nur die Änderung des Wohnorts als 54 solche eintragungsfähig, nicht dagegen die Änderung sonstiger Anschriftteile. Das hindert das DPMA aber nicht, aus Praktikabilitätsgründen die vollständige Anschrift zu aktualisieren.[90]

3. Voraussetzungen der Umschreibung, Umschreibungsrichtlinien

a. Antrag. Die Umschreibung erfolgt nach Abs 3 Satz 1, wenn dem DPMA die Änderung nachgewiesen 55 wird. Von einem Antragserfordernis ist dabei nach der Streichung des Abs 3 Satz 2 aF durch Art 7 Nr 13c KostRegBerG[91] (Rn 39 Einl) im Gesetz keine Rede mehr. Gleichwohl geht der PräsDPMA in den Umschreibungsrichtlinien (UmschrRl) wohl zu Recht davon aus, dass ein Antrag auch weiterhin erforderlich ist. Im Zweifel liegt ein solcher Antrag konkludent in der Vorlage des Nachweises. Antrag ist jedes (auch konkludent geäußerte) erkennbare Verlangen nach Vornahme einer Eintragung.[92] Ist ein Umschreibungsantrag streitig, muss das DPMA ihn – auch im stattgebenden Fall – förmlich durch Beschluss bescheiden und mit dem Vollzug der Umschreibung bis zur Bestandskraft dieses Beschlusses warten.[93] Entscheidet das DPMA trotz des ausdrücklichen Widerspruchs des Antragsgegners nicht förmlich über den Antrag, sondern nimmt es die Umschreibung antragsgemäß vor, leidet das Verfahren an einem wesentlichen Mangel.[94]

Keinesfalls kann die Umschreibung **von Amts wegen** vorgenommen oder sonst erzwungen werden. 56 Auch die ordentlichen Gerichte können keine Umschreibung anordnen.[95]

Antragsberechtigung. Den Antrag kann der eingetragene Inhaber oder – bei Änderungen in der Per- 57 son – auch der Rechtsnachfolger stellen.[96] Zum Antrag des Rechtsnachfolgers ist der Rechtsvorgänger zu hören,[97] zum Antrag des Rechtsvorgängers der Rechtsnachfolger.[98] Das Recht auf Äußerung ist verletzt, wenn das DPMA einem Mitanmelder, der den von den weiteren Mitanmeldern gestellten Umschreibungsantrag und auch eine Umschreibungsbewilligung nicht unterschrieben hat, vor Durchführung der Umschreibung nicht die Gelegenheit gibt, sich zur beantragten Umschreibung zu äußern; in diesem Fall soll ausnahmsweise ein Anspruch auf Rückumschreibung gegeben sein.[99]

Form; Inhalt. Der Antrag muss schriftlich gestellt werden. Antragstellung durch Telefax wird nach 58 den UmschrRl zugelassen.

Mehrere Umschreibungsanträge (und ggf Umschreibungsbewilligungen) können in einem Schrift- 59 satz zusammengefasst werden. Wird allerdings die Umschreibung von Schutzrechten bzw Anmeldungen aus unterschiedlichen Schutzrechtsarten (wenn zB bei Unternehmenskäufen sowohl Patente und Gebrauchsmuster als auch Marken übertragen werden) beantragt, soll nach den UmschrRl der Antragsteller nach Schutzrechtsarten getrennte Anträge (und ggf Umschreibungsbewilligungen) einreichen.

Umschreibungsantrag (und ggf Umschreibungsbewilligung) sind als verfahrensbestimmende Erklä- 60 rungen stets **in deutscher Sprache** einzureichen.

b. Nachweis der Rechtsänderung, allgemeine Regeln. Der Gesetzeswortlaut lässt an sich alle 61 denkbaren Beweismittel zu, das DPMA fordert jedoch in ständiger Praxis und wohl zu Recht den urkundlichen Nachweis, lässt zB Zeugenbeweis mit Rücksicht auf die Besonderheiten des DPMA-Verfahrens nicht

---

87 RPA MuW 29, 615.
88 RPA BlPMZ 1938, 115; zur Rechtslage bei ital Gesellschaften BPatG 10.7.2013 4 Ni 8/11 (EP) GRUR 2014, 104 Ls.
89 BPatGE 7, 91.
90 Vgl *Fitzner/Lutz/Bodewig* Rn 26.
91 Vgl Begr BTDrs 14/6203 S 39 ff, 62 = BlPMZ 2002, 36 ff, 53.
92 RPA BlPMZ 1937, 28.
93 BPatG 20.1.2005 10 W (pat) 46/03; vgl BPatG 12.6. 2003 10 W (pat) 34/01.
94 BPatG 20.1.2005 10 W (pat) 46/03.
95 RPA MuW 29, 615.
96 UmschrRl BlPMZ 2002,11.
97 BPatGE 41, 150 = GRUR 1999, 982 f mit unzutr Begr; BPatG BlPMZ 2008, 256, Markensache.
98 *Fitzner/Lutz/Bodewig* Rn 28.
99 BPatGE 49, 136 = BlPMZ 2006, 67; BPatGE 41, 150 = BlPMZ 2006, 67.

Keukenschrijver

zu.[100] Welche urkundlichen Nachweise im einzelnen zu erbringen sind, ist in den UmschrRl aufgeführt. Seit deren Neufassung 1996[101] ist der Nachweis wesentlich erleichtert worden.

62 So ist die **Beglaubigung** von zu Nachweiszwecken eingereichten Unterlagen, außer bei bestimmten öffentlichen Urkunden (Rn 65), grds nicht mehr erforderlich[102] und es reicht grds die Vorlage von Kopien (auch mittels Telefax) aus. Ergeben sich allerdings im Einzelfall begründete Zweifel (zB bei äußeren Mängeln einer Kopie wie Durchstreichungen, erkennbaren Radierungen, von bisherigen Registereintragungen abweichenden Angaben) bleibt nach den UmschrRl die Nachforderung weiterer Nachweise einschließlich beglaubigter Abschriften vorbehalten.

63 Der Nachweis des Rechtsübergangs erfordert idR, dass der Antrag von den eingetragenen Inhabern oder ihren Vertretern und von den Rechtsnachfolgern oder ihren Vertretern unterschrieben ist oder dem von den Rechtsnachfolgern gestellten Antrag eine von den eingetragenen Inhabern oder ihren Vertretern unterschriebene **Erklärung** beigefügt ist, dass sie der Eintragung der Rechtsnachfolge zustimmen, oder dass Unterlagen beigefügt sind, aus denen sich die Rechtsnachfolge ergibt (§ 28 Abs 3 DPMAV).[103]

64 **Nachweis der Vertretungsmacht** bei juristischen Personen und Personenhandelsgesellschaften ist dadurch erleichtert, dass generell die schlüssige Darlegung der Zeichnungsberechtigung durch Angabe von Stellung oder Funktion des Unterzeichners unter Hinzufügung des Namens in Druck- oder Maschinenschrift ausreicht.[104]

65 Bei bestimmten **öffentlichen Urkunden**, wie Erbschein, Urteil, Vergleich, Insolvenzverwalterbestellung, die die Umschreibungsbewilligung des Berechtigten ersetzen bzw einen anderen zur Verfügung über sein Recht legitimieren, fordern die UmschrRl weiterhin Vorlage einer vollgültigen Urkunde, etwa der Bestallungsurkunde des Insolvenzverwalters bzw des rechtskräftigen, vollstreckbaren Titels in Ausfertigung (§ 894 ZPO), uU eines Versteigerungsprotokolls.[105] Eine Versteigerung im Ausland genügt nicht den Anforderungen.[106]

66 **Bezugnahme.** Sind in einer von mehreren Umschreibungssachen Nachweise vorgelegt, aus denen sich auch Änderungen hinsichtlich anderer Schutzrechte ergeben, kann nach den UmschrRl zu deren Nachweis auf die bereits vorgelegten Unterlagen unter Angabe des anderen Az Bezug genommen werden.

67 **Fremdsprachige Urkunden.** Die UmschrRl stellen klar, dass zu Nachweiszwecken eingereichte fremdsprachige Urkunden anerkannt werden können.

68 Bei **englisch-, französisch-, italienisch- oder spanischsprachigen Nachweisen** kann das DPMA verlangen, dass eine (uU auch auszugsweise) Übersetzung der Urkunde vorgelegt oder von einem Patent- oder Rechtsanwalt beglaubigt bzw durch einen öffentlich bestellten Übersetzer angefertigt wird.

69 Bei Urkunden, die in einer **anderen Fremdsprache** abgefasst sind, ist stets eine von einem Rechts- oder Patentanwalt beglaubigte oder von einem öffentlich bestellten Übersetzer angefertigte Übersetzung der gesamten Urkunde oder von Auszügen aus der Urkunde einzureichen.

70 **Vertretung. Gewillkürte Vertreter.** Es gilt § 15 DPMAV (im Anh), wonach Vertreter ihre Bevollmächtigung schriftlich nachzuweisen haben. Beglaubigung ist auch insoweit nicht mehr erforderlich. Nach § 15 Abs 4 DPMAV wird die Bevollmächtigung von Rechts- und Patentanwälten sowie Erlaubnisscheininhabern nicht vAw, sondern nur auf Rüge geprüft.[107]

71 **Gesetzliche Vertreter.** Der Nachweis der Vertretungsmacht bei juristischen Personen und Personengesellschaften ist dadurch erleichtert, dass generell die schlüssige Darlegung der Zeichnungsberechtigung durch Angabe von Stellung/Funktion des Unterzeichners unter Hinzufügung seines Namens in Druck- oder Maschinenschrift ausreicht.[108]

72 Über die Zulänglichkeit der mit dem Umschreibungsantrag eingereichten Nachweise entscheidet das DPMA in **freier Beweiswürdigung.** Ergeben sich insoweit Zweifel, steht es dem DPMA frei, weitere Nach-

---

100 BGH GRUR 1969, 43, 45 Marpin; BPatG 10.6.2002 5 W (pat) 7/01; BPatG 10.6.2002 5 W (pat) 8/01; UmschrRl BlPMZ 2002, 11; s auch BPatGE 49, 136 = BlPMZ 2006, 67 f.
101 MittPräsDPA Nr 22/96 BlPMZ 1996, 426.
102 Anders grds in Österreich, § 43 Abs 6 öPatG, vgl ÖPA öPBl 1999, 179.
103 Vgl BPatG 16.6.2009 10 W (pat) 2/07; BPatG 29.10.2009 10 W (pat) 31/08; BPatG 25.2.2010 10 W (pat) 43/08.
104 MittPräsDPA Nr 22/96 BlPMZ 1996, 426.
105 RPA Mitt 1933, 30.
106 PA BlPMZ 1911, 215, heute zwh.
107 Vgl dazu auch UmschrRl BlPMZ 2002, 12 unter 1.1.1.3.1.
108 Vgl dazu auch UmschrRl BlPMZ 2002, 12 unter 1.1.1.3.2.

weise, insb beglaubigte Abschriften, anzufordern (Rn 62). Werden berechtigte Zweifel an der Rechtswirksamkeit der Übertragung des Schutzrechts nicht ausgeräumt, hat das DPMA die Umschreibung zu versagen.[109]

c. Erfordernisse nach den Richtlinien im Einzelfall. Die rechtsgeschäftliche Übertragung erfordert **73** die Vorlage entspr Urkunden, dh entweder eines von Inhaber und Rechtsnachfolger oder ihren Vertretern unterschriebenen Umschreibungsantrags oder eines vom Rechtsnachfolger oder seinem Vertreter unterschriebenen Umschreibungsantrags und einer vom Inhaber oder seinem Vertreter unterschriebenen Umschreibungsbewilligung oder sonstiger Unterlagen, aus denen sich die rechtsgeschäftliche Übertragung ergibt, zB eines vom Inhaber und dem Rechtsnachfolger (oder ihren Vertretern) unterzeichneten Vertrags. Weitere urkundliche Nachweise sind in den genannten Fällen grds nicht erforderlich.[110] Die Bezugnahme auf ein Rechtsgeschäft, das eine Änderung in der Person des Rechtsinhabers nicht bewirken kann, genügt nicht.[111]

Erbgang. Hier bedarf es der Vorlage eines Erbscheins in Ausfertigung, ggf eines gegenständlich be- **74** schränkten Erbscheins bei Ausländern (§ 2369 Abs 1 BGB) oder einer beglaubigten Testamentsabschrift nebst Ausfertigung des Eröffnungsprotokolls.

Umschreibung aufgrund zivilrechtlichen Urteils oder Vergleichs. Für die Umschreibung ist die **75** vollstreckbare Ausfertigung des rechts- oder bestandskräftigen Titels vorzulegen.

Übertragung bei Insolvenzverfahren. Hier sind die Umschreibungsbewilligung des Insolvenzver- **76** walters vorzulegen und seine Verfügungsbefugnis durch Vorlage der Bestallungsurkunde in Ausfertigung oder beglaubigter Kopie nachzuweisen. Diese Regelung gilt nur für die Inlandsinsolvenz. Bei Übertragungen aus der Masse einer Auslandsinsolvenz gelten die allg Regeln für rechtsgeschäftliche Übertragungen.

Verschmelzung nach dem Umwandlungsgesetz (UmwG) erfordert einen Auszug aus dem Register **77** des Sitzes des übernehmenden bzw neuen Rechtsträgers. Im Fall der Verschmelzung geht das gesamte Vermögen des übertragenden Rechtsträgers einschließlich der Verbindlichkeiten auf den übernehmenden Rechtsträger über.[112]

Spaltung (§§ 123, 173 UmwG). Es sind ein Auszug aus dem Register des Sitzes des übernehmenden **78** Rechtsträgers beizubringen sowie Unterlagen, aus denen sich der Rechtsübergang auf den übernehmenden Rechtsträger ergibt (zB Spaltungs- und Übernahmevertrag; Bescheinigung des den Spaltungs- und Übernahmevertrag aufnehmenden Notars, dass das Schutzrecht auf den übernehmenden Rechtsträger übergeht). Soweit der übertragende Rechtsträger fortbesteht, kann der Nachweis durch Umschreibungsantrag des übernehmenden Rechtsträgers und Umschreibungsbewilligung des übertragenden Rechtsträgers oder mit den sonst bei rechtsgeschäftlicher Übertragung zulässigen Beweismitteln geführt werden. Bei **Vermögensübertragung** (§§ 174–189 UmwG) gilt dies entspr.

Formwechsel (§§ 190–304 UmwG). Hier bedarf es der Vorlage eines Auszugs aus dem Register, in **79** dem der formwechselnde Rechtsträger eingetragen ist, bzw aus dem für die neue Rechtsform maßgebenden Register.

Firmenänderung (ohne Inhaberwechsel). Es genügt die vom eingetragenen Firmeninhaber oder **80** seinem Vertreter unterzeichnete Anzeige der Firmenänderung. Ebenso: **Sitzverlegung, Anschriftänderung, Namensänderung.**

Wechsel des (Inlands-)Vertreters (§ 25). Niederlegung der Vollmacht des bisherigen Vertreters oder **81** Vollmachtsentzug und bei anhängigem Verfahren Anzeige der Bevollmächtigung des neuen Inlandsvertreters, während außerhalb anhängiger Verfahren eine Niederlegung auch ohne Bestellung eines neuen Vertreters wirksam ist (Rn 15, 43 zu § 25).

Namens- und Anschriftänderung des Inlandsvertreters. Vom Inlandsvertreter unterzeichnete An- **82** zeige der Namens- oder Anschriftänderung.

Bei **Namens- und Anschriftänderung des Zustellungsbevollmächtigten** gelten, auch wenn die **83** UmschrRl hierzu schweigen, dieselben Nachweiserfordernisse wie beim Inlandsvertreter.

---

109 BPatG Mitt 2001, 379, GeschmMSache.
110 Vgl MittPräsDPMA Nr 5/2000 BlPMZ 2000, 305.
111 BPatG BlPMZ 2001, 190.
112 BPatG 21.3.2005 9 W (pat) 353/02.

84   **d. Umschreibung europäischer Patente beim Deutschen Patent- und Markenamt.** Für die Umschreibung von mit Wirkung für die Bundesrepublik Deutschland erteilten eur Patenten gelten diese Regeln ab dem Übergang in die nationale Phase uneingeschränkt (Rn 9).[113] Das DPMA muss eine vor Ablauf der Einspruchsfrist nach Art 99 EPÜ im eur Patentregister vollzogene Umschreibung mit vAw im nationalen Register „nachvollziehen"[114] Sind bei eur Patenten bereits Änderungen vom EPA registriert worden, kann jedoch der Nachweis der Änderungen gegenüber dem DPMA durch Vorlage einer Bescheinigung des EPA (EPA Form 2544) geführt werden.[115]

85   **e. Mehrheit von Beteiligten.** Bei Übertragung des Anteils eines Mitinhabers ist auch dessen Berechtigung zur Übertragung zu prüfen. Bei Bruchteilsgemeinschaft (§§ 741 ff, 747 BGB; Rn 45 ff zu § 6) kann jeder über seinen Anteil verfügen. Diese Gemeinschaft ist regelmäßig anzunehmen, wenn nichts anderes ersichtlich ist. Der Anteil eines von mehreren Mitanmeldern wird daher im Register auch ohne Zustimmung der anderen Mitanmelder auf einen Erwerber umgeschrieben.[116] Bei Anteilsverzicht findet Anwachsung statt[117] (Rn 51 zu § 6; Rn 19 zu § 20; Rn 21 zu § 16 ArbEG; aA *7. Aufl*).

86   Bei **Gemeinschaft zur gesamten Hand** wie Gesellschaft (§§ 719 ff BGB), Erbengemeinschaft (§§ 2032 ff, 2033 Abs 2 BGB), ehelicher Gütergemeinschaft (§§ 1415 ff, 1419 Abs 1 BGB) kann der einzelne allein nur über seinen Anteil an der Gemeinschaft, nicht aber über zum Gemeinschaftvermögen gehörende Gegenstände verfügen; Umschreibung setzt hier die Zustimmung der anderen Gemeinschafter voraus. Verzichtet ein Gemeinschafter auf seinen Anteil, wächst er ohne weiteres den anderen Gemeinschaftern zu.[118]

87   **f. Auslandstatbestände** sind nach dem jeweils anwendbaren Recht zu beurteilen, ihr Nachweis ist den jeweils geltenden Formen zu unterwerfen. Jedoch richtet sich der dingliche Rechtsübergang nach den Vorschriften des Eintragungslands.[119] Soweit es danach auf ausländ Urkunden ankommt, bedürfen diese uU der Legalisation.[120]

88   **4. Umschreibung und zugrundeliegende Rechtsgeschäfte.** Die Wirksamkeit des Grundgeschäfts, auf dem die einzutragende Rechtsänderung beruht, berührt das DPMA nicht. Das DPMA ist auch nicht verpflichtet, die materiellrechtl Wirksamkeit der Rechtsübertragung selbst vor Durchführung der Umschreibung in jeder Richtung zu prüfen. Dem Wesen des Registerverfahrens entspricht es, den Rahmen der rechtl Nachprüfung nicht allzu weit zu ziehen. Jedoch sind Rechtsfragen zu prüfen, soweit dies aufgrund der vorgelegten Nachweise möglich ist. Führt diese Prüfung zu Zweifeln an der Rechtswirksamkeit der Übertragung, der Bewilligung oder der Verfügungsbefugnis des Bewilligenden und lassen sich diese nicht durch Beweismittel beheben, die für das Registerverfahren tauglich erscheinen, muss die Umschreibung versagt werden; denn sie setzt den Nachweis des Rechtsübergangs voraus (vgl Rn 62 ff).[121]

89   Die Prüfung hat sich auch darauf zu erstrecken, ob **behördliche Genehmigungen**, zB des Vormundschaftsgerichts[122] oder eine Devisengenehmigung,[123] erforderlich und ggf erteilt sind, ob – falls hier zu Zweifeln Anlass besteht – der Erklärende **geschäftsfähig** ist, notfalls, ob die **erforderliche Zustimmung** des gesetzlichen Vertreters (Vormund, Betreuer, Pfleger), des Insolvenzverwalters, des Testamentsvollstreckers vorliegt. Falls diese ihrerseits die Bewilligenden sind, ist ihre ordnungsgem Bestallung nachzuprüfen.

---

113   Vgl OLG Düsseldorf 2.11.2004 20 U 68/04.
114   BPatGE 29, 5 = GRUR 1987, 808; vgl auch *Stohr* Mitt 1993, 156, 160.
115   UmschrRl BlPMZ 2002, 11.
116   PA BlPMZ 1911, 195; vgl *Kisch* Die Patentgemeinschaft, GRUR 1952, 267.
117   Abw *Lüdecke* Erfindungsgemeinschaften (1962), 143 f, der iZw ein Übertragungsangebot annimmt.
118   RPA BlPMZ 1929, 251; PA MuW 13, 42.
119   BGH GRUR Int 1965, 504 Carla.
120   Zum Legalisationserfordernis ausländischer Urkunden vgl Anlage 1 zu den UmschrRl vom 25.7.1995, BlPMZ 1995, 336, 339; vgl auch *Zschukke* GRUR 1953, 71.
121   BGH GRUR 1969, 43, 46 Marpin; BPatG BlPMZ 2001, 354; BPatG 29.9.2004 26 W (pat) 116/03, Markensache; BPatG 16.6.2005 10 W (pat) 23/04; BPatGE 50, 54, 58 = BlPMZ 2007, 337, Markensache.
122   RGZ 151, 129, 134 = GRUR 1936, 558 Zeitkartenrahmen II.
123   DPA BlPMZ 1956, 223.

5. Bei Widerruf der Umschreibungsbewilligung ist die Umschreibung abzulehnen, auch wenn der 90
Nachweis des Rechtsübergangs ursprünglich in gehöriger Form erbracht worden ist. Denn der Widerruf
hat diesen Nachweis nachträglich erschüttert.[124]

6. Keine Gebührenpflicht. Mit Wirkung vom 1.1.2002 ist die Gebührenpflicht entfallen (näher *6.* 91
Aufl). Damit sind Umschreibungen aller Art wie im Markenrecht[125] gebührenfrei. Mit dieser Regelung soll
sichergestellt werden, dass das Register möglichst zu jeder Zeit den aktuellen Rechtsstand widerspiegelt.[126]

7. Zuständigkeit. Die Umschreibung ist Sache der Prüfungsstelle oder der Patentabteilung im Rah- 92
men ihres Geschäftskreises (Rn 11, 20 zu § 27).[127] Allerdings sind gegen die im DPMA praktizierte organisatorische Zusammenfassung der Umschreibungsaufgaben in der „Umschreibstelle" amtsverfassungsrechtl
Bedenken nicht zu erheben. Jedoch müssen die von der Umschreibstelle erlassenen Bescheide und Beschlüsse ausnahmslos und zweifelsfrei erkennen lassen, als welche amtsverfassungsrechtl zuständige
Stelle sie im Einzelfall tätig geworden ist.[128] Die Aufgaben der Umschreibung sind durch die WahrnV
(Rn 50 ff zu § 27) auf die Beamten des gehobenen Dienstes delegiert. Dies ist allerdings nur insoweit
unbdkl, als es sich um Umschreibungen ohne rechtl Schwierigkeiten handelt (Rn 52 f zu § 27).[129] Eine Anordnung der Umschreibung durch das BPatG im Weg der einstweiligen Verfügung kommt nicht in Betracht.[130]

8. Wirkung der Umschreibung

a. Materiell. Die Umschreibung ist – wie jeder andere Registereintrag (Rn 35 ff) – für den materiellen 93
Rechtserwerb bedeutungslos; er vollzieht sich außerhalb des Registers und ist allein von der Wirksamkeit
des zugrundeliegenden Verfügungsgeschäfts abhängig.[131] Für den durch die Umschreibung entstandenen
Registereintrag gilt das unter Rn 35 ff Gesagte uneingeschränkt.

b. Legitimationsfunktion. Die materielle Rechtsinhaberschaft ist umgekehrt für die Legitimation zur 94
Wahrnehmung der Rechte an dem Schutzrecht bedeutungslos.[132] Hierzu und insb zur gerichtlichen Geltendmachung des Rechts aus dem Patent legitimiert ist gem Abs 3 Satz 2 immer nur der eingetragene Anmelder, Patentinhaber oder Vertreter bzw der Zustellungsbevollmächtigte,[133] auch wenn der Berechtigte in
Liquidation ist.[134] Bei einer erloschenen Firma gilt der letzte eingetragene Firmeninhaber als berechtigt.[135]

Wird die Patentanmeldung oder das Patent auf einen Dritten **übertragen** oder ändert sich der Ver- 95
treter oder Zustellungsbevollmächtigte, bleibt der Eingetragene bis zum Vollzug der Umschreibung im
Register unabhängig von gutem oder bösem Glauben[136] (Rn 39) allein legitimiert. Er allein kann aus dem
Patent klagen oder verklagt werden,[137] ist antragsberechtigt gegenüber dem DPMA, ist beschwerdeberech-

---

124 BPatGE 46, 42; RPA BlPMZ 1932,116; überholt PA BlPMZ 1905, 97.
125 Zur Wirkung des Wegfalls der Umschreibungsgebühr im Markenrecht seit dem 1.1.1995 auf vorher gestellte
Umschreibungsanträge BPatGE 37, 143.
126 Vgl Begr BTDrs 14/6203 S 39 ff, 49 unter c = BlPMZ 2002, 36 ff, 44.
127 BPatGE 26, 124 = GRUR 1984, 428.
128 BPatGE 26, 124 = GRUR 1984, 428.
129 BPatGE 26, 124 = GRUR 1984, 428.
130 BPatG GRUR 2001, 339.
131 BGH GRUR 1969, 43, 45 Marpin; BGH GRUR 1971, 573 f Nocado; BPatGE 17, 14 ff = BlPMZ 1975, 145; BPatG GRUR
2001, 234; vgl auch RGZ 144, 389 = GRUR 1934, 657, 663 Geschwindigkeitsmesser.
132 Vgl OLG Düsseldorf 25.2.2010 2 U 87/04 IPRspr 2010 Nr 2, 1.
133 BGHZ 6, 172, 177 = GRUR 1952, 564 Wäschepresse; RGZ 67, 176 = BlPMZ 1908, 164 Überkochverhütungsapparat; RGZ
89, 81 = BlPMZ 1916, 153 statistische Maschinen; RGZ 144, 389 f = GRUR 1934, 657 Geschwindigkeitsmesser; RGZ 151, 129,
135 f = GRUR 1936, 558 Zeitkartenrahmen II; OLG Düsseldorf Mitt 1998, 153; OLG Düsseldorf 24.6.2011 2 U 26/10; LG
Düsseldorf 15.11.2012 4b O 123/12 Mitt 2013, 461 Ls; LG Düsseldorf 15.11.2012 4b O 139/12.
134 BPatGE 31, 146.
135 RG BlPMZ 1902, 177, 179 Umkehren einer oszillierenden Drehung.
136 Vgl *R. Rogge* GRUR 1985, 734, 738.
137 Vgl OLG Düsseldorf 24.6.2011 2 U 26/10; OLG Düsseldorf 24.6.2011 2 U 62/04.

tigt[138] und Adressat von Zustellungen. Bei der Prüfung, ob die Frist zur Zahlung einer Jahresgebühr schuldlos versäumt worden ist, ist allein auf den bei Fristende noch eingetragenen früheren Patentinhaber abzustellen, jedenfalls, wenn der Nachweis des Rechtsübergangs und der Umschreibungsantrag erst nach Fristablauf beim DPMA eingehen.[139] Die bloße Vorlage eines ordnungsgem Umschreibungsantrags genügt nicht (Rn 98; anders nach § 28 Abs 2 MarkenG, wo der ordnungsgem Umschreibungsantrag ausreicht und nach der Rspr auch schon unter dem früheren Recht ausreichte).[140] Nach Auffassung des früheren 10. Senats des BPatG[141] bleibt der eingetragene frühere Patentinhaber zwar nach Abs 3 Satz 2 berechtigt und verpflichtet, der Rechtsnachfolger ist aber daneben auch zur Stellung des Wiedereinsetzungsantrags berechtigt, wenn er zuvor einen Umschreibungsantrag gestellt hat; eine zusätzliche Zahlungspflicht des Rechtsnachfolgers soll nicht bestehen.[142]

96   Der Eingetragene kann grds nicht kraft seiner formellen Legitimation **über das materiell fremde Recht verfügen**,[143] (Rn 17 zu § 20; Rn 102 zu § 82; aA Rn 237 f zu 59; Rn 25 zu § 78). Jedenfalls kann er die Zustellung entgegennehmen. Macht er von dieser Möglichkeit zum Nachteil des materiell Berechtigten Gebrauch, bleibt diesem letztlich nur der Schadensersatzanspruch, uU die Klage auf Bewilligung der Umschreibung.[144] Es kann nur empfohlen werden, bestehende Abweichungen zwischen materieller Rechtslage und Registerstand möglichst umgehend auszuräumen, das Register zu „pflegen", um Rechtsnachteile zu vermeiden.[145]

97   Zudem ist dringend zu empfehlen, bei rechtsgeschäftlicher Übertragung durch entspr **vertragliche Regelungen** dafür zu sorgen, dass im Umschreibintervall die Rechte aus dem Schutzrecht gewahrt bleiben, zB, indem der Erwerber den Veräußerer hierzu verpflichtet oder sich ermächtigen lässt, schon vor seiner Eintragung im Namen des noch im Register legitimierten Inhabers im Weg der gewillkürten Prozess- oder Verfahrensstandschaft[146] rechtswahrend tätig zu werden. So können Nachteile, die aus der Formstrenge des Registerrechts erwachsen können, vermieden werden.

98   **c. Eintritt des Rechtsnachfolgers, des neuen Vertreters oder Zustellungsbevollmächtigten.** Der Rechtsnachfolger, der neue Vertreter oder Zustellungsbevollmächtigte rücken nach Abs 3 Satz 2 erst mit Vollzug der Umschreibung im Register in die Rechtsstellung des Patentanmelders oder Patentinhabers bzw des früheren Vertreters oder Zustellungsbevollmächtigten ein.[147] Erst mit der Umschreibung wird der Rechtsnachfolger beschwerdeberechtigt[148] oder strafantragsberechtigt.[149] Auch der durch widerrechtliche Entnahme Verletzte tritt erst mit Umschreibung des Patents aufgrund rechtskräftigen Urteils in die Stellung des Anmelders oder Patentinhabers ein und erlangt erst dadurch Antrags- und Beschwerdeberechtigung.[150] Die früher[151] und auch aktuell wieder,[152] vor allem für das markenrechtl Verfahren stets vertrete-

---

138 BPatG 2.3.2000 6 W (pat) 48/99.
139 BPatGE 49, 53 = BlPMZ 2006, 244.
140 BGH GRUR 2000, 1040 FRENORM/FRENON mwN; zum Streitstand weiter BPatG-Jahresbericht 2006 GRUR 2007, 543; BPatGE 49, 39 = GRUR 2006, 524; BPatGE 49, 48 = BlPMZ 2006, 287; BPatG GRUR 2005, 182.
141 BPatG 12.10.2006 10 W (pat) 1/06.
142 Vgl *Schulte* Rn 48.
143 Vgl für die Sachlegitimation BGHZ 197, 196 = GRUR 2013, 713 Fräsverfahren; *Büscher/Dittmer/Schiwy* Rn 20.
144 RGZ 144, 389 = GRUR 1934, 657, 663 Geschwindigkeitsmesser; KG GRUR 1940, 32 f.
145 Vgl dazu auch *R. Rogge* GRUR 1985, 734, 738 f.
146 Vgl *Schulte* Rn 48.
147 BGHZ 72, 236 = GRUR 1979, 145 f Aufwärmvorrichtung; BGH GRUR 1966, 107 Patentrolleneintrag; BGH GRUR 1967, 56 Gasheizplatte; BGHZ 172, 98 = GRUR 2008, 87 Patentinhaberwechsel im Einspruchsverfahren; BPatGE 1, 126 = BlPMZ 1961, 398; BPatGE 3, 140 = BlPMZ 1963, 156; BPatGE 25, 216 = GRUR 1984, 40; BPatGE 31, 146; BPatGE 33, 92 = GRUR 1992, 609; BPatG 13.8.2004 20 W (pat) 4/04; *Schulte* Rn 48 f; *Fitzner/Lutz/Bodewig* Rn 40; vgl OLG Düsseldorf 25.2.2010 2 U 87/04 IPRspr 2010 Nr 2, 1; OLG Düsseldorf InstGE 12, 261; aA BPatGE 44, 156 = GRUR 2002, 234 mwN, BPatGE 49, 39 = GRUR 2006, 524; BPatGE 49, 48 = BlPMZ 2006, 287; dem zust *Rauch* GRUR 2001, 588; *Pitz* GRUR 2010, 688, 690; *Pahlow* FS 50 Jahre BPatG (2011), 417; vgl auch *Benkard* § 74 Rn 48; *Verhauwen* GRUR 2011, 116.
148 BPatGE 25, 216 f = GRUR 1984, 40; aA BPatGE 49, 39 = GRUR 2006, 524, BPatGE 49, 48 = BlPMZ 2006, 287, wonach der Rechtsnachfolger des Patentinhabers auch schon vor Stellung eines Umschreibungsantrags beschwerdeberechtigt sein soll.
149 *R. Rogge* GRUR 1985, 734, 737 mwN in Fn 34.
150 BPatGE 9, 196, 199.
151 BPatGE 3, 140 = BlPMZ 1963, 156.
152 BPatGE 44, 156 = GRUR 2002, 234.

ne, dort Gesetz (§ 28 Abs 2 MarkenG) gewordene Auffassung, der Rechtsnachfolger erlange seine Legitimation bereits mit Eingang eines ordnungsgem Umschreibungsantrags,[153] ist schon mit dem Wortlaut des Abs 3 Satz 2 unvereinbar. Man mag sich fragen, warum der Gesetzgeber das Patentrecht in diesem Punkt nicht der markenrechtl Rechtslage angeglichen hat.[154] Eine analoge Anwendung des § 28 Abs 2 MarkenG[155] kommt hierfür aber jedenfalls nicht in Betracht.

d. Legitimationsänderung bei Gesamtrechtsnachfolge. Eine Ausnahme gilt für den Erben des ein- **99** getragenen Patentanmelders oder -inhabers. Da ein Toter nicht mehr Inhaber von Rechten und Pflichten sein kann, Abs 3 Satz 2 aber ersichtlich voraussetzt, dass der „frühere" materiell Berechtigte als Rechtssubjekt noch vorhanden ist,[156] ist die Vorschrift auf den Erwerb von Todes wegen nicht anwendbar. Weil zudem andernfalls zeitweilig niemand zur Wahrnehmung der Rechte aus dem Patent oder der Anmeldung legitimiert wäre, was unerwünscht wäre,[157] bedarf es zum Übergang der Legitimation des Eingetragenen auf den Erben keiner vorherigen Umschreibung.[158] Gleiches gilt für andere Fälle des Inhaberwechsels durch (gesellschaftsrechtl) Gesamtrechtsnachfolge.[159]

Der **Gesamtrechtsnachfolger** kann also ohne vorherige Eintragung Anträge, zB einen Wiedereinset- **100** zungsantrag, stellen,[160] Beschwerde gegen einen gegen den Erblasser ergangenen Beschluss einlegen,[161] Adressat von Nichtigkeitsklage oder Löschungsantrag sein.[162] Ein anhängiges Verfahren kann ohne vorherige Eintragung des Gesamtrechtsnachfolgers gegen diesen weitergeführt werden.[163] Das gilt auch im Verfahren vor dem EPA.[164]

e. Auch bei bloßer **Änderung des Namens und des Wohnorts** gilt Abs 3 Satz 2 nicht. Da sich die **101** Identität des Rechtsträgers nicht ändert, also kein „früherer" Berechtigter iSv Abs 3 Satz 2 vorhanden ist, sondern nur die Bezeichnung eine andere ist, bleibt seine Legitimation erhalten. So kann eine Nichtigkeitsklage gem § 81 Abs 1 Satz 2 gegen den eingetragenen Patentinhaber unter seinem neuen Namen erhoben werden, ohne dass der neue Name zuvor im Register vermerkt sein muss.[165]

f. Wechsel des Inlandsvertreters. Hingegen bleibt der Inlandsvertreter bis zur Eintragung eines an- **102** deren Inlandsvertreters in dieser Funktion berechtigt und verpflichtet (Rn 98; § 25 Abs 4; Rn 39 ff, 43 zu § 25); zu den Grenzen Rn 15 zu § 25. Die Bestellung eines neuen Inlandsvertreters wird gegenüber dem DPMA und dem BPatG bereits mit der Anzeige der Neubestellung wirksam;[166] jedoch liegt darin nicht ohne weiteres die Widerrufanzeige für die frühere Vertreterbestellung (vgl Rn 44 zu § 25),[167] so dass der eingetragene Vertreter weiterhin legitimiert bleiben kann.

g. Einfluss der Umschreibung auf anhängige Verfahren. Auf ein anhängiges Verfahren, zB ein **103** Nichtigkeitsverfahren, hat die nach Rechtshängigkeit erfolgende Umschreibung der streitbefangenen An-

---

153 BGH GRUR 2000, 1040 FRENORM/FRENON; BPatGE 43, 108; BPatGE 35, 180 = GRUR 1996, 133; BPatG BlPMZ 1985, 176; BPatGE 33, 92 = GRUR 1992, 609; BPatGE 32, 218 = GRUR 1992, 442 mit umfassender Darstellung des Streitstands; BPatGE 34, 79 = GRUR 1994, 292 mwN; für das Geschmacksmuster ebenso BPatG BlPMZ 1993, 345.
154 So *Rauch* GRUR 2001, 588; vgl BPatGE 44, 156 = GRUR 2002, 234; BPatG 13.8.2004 20 W (pat) 4/04; *Schulte* Rn 50.
155 So BPatGE 44, 156 = GRUR 2002, 234.
156 BPatGE 29, 244, 246 = GRUR 1988, 906; vgl *Fitzner/Lutz/Bodewig* Rn 45.
157 BPatGE 32, 153 = BlPMZ 1992, 19.
158 BPatGE 29, 244 f = GRUR 1988, 906; BPatG 23.6.2009 (auch unter 5.8.2009) 3 Ni 39/07; *R. Rogge* GRUR 1985, 734 f; *Schulte* Rn 52; *Fitzner/Lutz/Bodewig* Rn 45; *Mes* Rn 22; aA noch BPatGE 26, 126 und dem folgend *Benkard* § 8 GebrMG Rn 18 sowie *Mes* § 16 GebrMG Rn 9, ausdrücklich aufgegeben in BPatGE 32, 153, 156 = BlPMZ 1992, 19; aA für das Markenrecht BPatGE 40, 240 = GRUR 1999, 349.
159 BPatGE 32, 153, 157 = BlPMZ 1992, 19; BPatG 27.4.2000 13 W (pat) 13/97; *Schulte* Rn 53.
160 BPatGE 29, 244 = GRUR 1988, 906.
161 BPatGE 32, 153 = BlPMZ 1992, 19.
162 BPatGE 32, 153 = BlPMZ 1992, 19.
163 BPatGE 32, 153, 156 = BlPMZ 1992, 19.
164 EPA T 15/01 ABl EPA 2006, 153 seuchenhafter Spätabort bei Schweinen.
165 BPatGE 22, 9 = GRUR 1979, 634; *Fitzner/Lutz/Bodewig* Rn 46.
166 BPatG BlPMZ 2007, 421; MittDPMA BlPMZ 2005, 41; *Schulte* § 25 Rn 41; vgl *Fitzner/Lutz/Bodewig* Rn 27.
167 *Schulte* § 25 Rn 41; vgl BPatG 21.2.2006 10 W (pat) 49/04.

meldung oder des Patents keinen Einfluss. Dies folgt aus dem entspr anwendbaren § 265 Abs 2 ZPO.[168] Erfolgt die materiellrechtl Übertragung des Streitpatents vor Erhebung der Nichtigkeitsklage, die Umschreibung aber erst danach, ist § 265 Abs 2 Satz 1 ZPO insoweit analog anzuwenden, als für die Person des Beklagten nicht auf den Zeitpunkt der Rechtshängigkeit, sondern auf den der Umschreibung abzustellen ist.[169] Dies gilt nicht nur im Nichtigkeitsverfahren, sondern auch im Einspruchsverfahren.[170]

104   Solange die Übertragung eines Patents nicht im Patentregister eingetragen wurde, ist allein der zuvor eingetragene Patentinhaber berechtigt, Ansprüche wegen **Verletzung** des Streitpatents gerichtlich geltend zu machen (Rn 39). Für die Sachlegitimation ist im Verletzungsrechtsstreit nicht der Eintrag im Patentregister, sondern die materielle Rechtslage maßgeblich. Der frühere Patentinhaber, der Ansprüche des neuen Patentinhabers auf Schadensersatz oder Rechnungslegung geltend macht, muss deshalb seine Klage hinsichtlich des Zeitraums nach dem Rechtsübergang auf Leistung an den neuen Patentinhaber richten.[171] Gleiches gilt für den Anspruch aus § 33 vor Patenterteilung.

105   **h.** Für **nicht offengelegte Patentanmeldungen** gilt § 30 seinem Wortlaut nach nicht, da nur offengelegte Anmeldungen und Patente als einzutragende Rechte genannt sind. Abs 3 Satz 1 und 2 sind auf sie jedoch entspr anzuwenden; an die Stelle der Registereintragung tritt der entspr Vermerk in der Akte.[172]

106   **i. Europäische Patente.** Auch bei einem mit Wirkung für die Bundesrepublik Deutschland erteilten eur Patent ist der Stand des nationalen Registers maßgeblich. Eine Nichtigkeitsklage ist gegen den dort Eingetragenen zu richten, eine nur im eur Patentregister erfolgte Umschreibung ist hierfür unbeachtlich, weil für das erteilte eur Patent das nationale Recht des Wirkungsstaats gilt (Rn 9).[173]

E. Lizenzvermerk (Absatz 4)

I. Geltende Regelung

107   Art 2 Nr 7d 2. PatGÄndG hat den Regelungsgehalt des § 34 aF über den Lizenzvermerk aus systematischen Gründen in § 30 Abs 4, 5 übernommen und zugleich die Voraussetzungen für die Eintragung und Löschung einer ausschließlichen Lizenz in der Patentrolle (jetzt: Patentregister) neu geregelt.[174] Art 7 Nr 13 Buchst e KostRegBerG (Rn 39 Einl PatG) hat Abs 5 aufgehoben.

II. Regelungszweck

108   Nach § 15 Abs 2 hat der Patentanmelder oder Patentinhaber ua das Recht, ausschließliche Lizenzen zu erteilen (Rn 58 zu § 15). Abs 4 Satz 1 iVm § 23 Abs 2 eröffnet die Möglichkeit, die ausschließliche Lizenz durch ihre Eintragung im Patentregister gegen eine Lizenzbereitschaftserklärung abzusichern, deren gesetzliche Wirkungen (§ 23 Abs 3 Satz 4) die Ausschließlichkeit zunichte machen würden. Die Regelung steht in systematischem Zusammenhang mit § 23, da nach Abs 4 Satz 2 eine Lizenzbereitschaftserklärung den Antrag auf Eintragung einer ausschließlichen Lizenz unzulässig macht, so dass sich ausschließliche Lizenz und Lizenzbereitschaft gegenseitig ausschließen (Rn 37 zu § 23).

---

168   BGHZ 72, 236 = GRUR 1979, 145 Aufwärmvorrichtung; BGHZ 117, 144 = GRUR 1992, 430 Tauchcomputer; BGH GRUR 2000, 892 MTS, Markensache; BPatGE 32, 204 = GRUR 1992, 435; vgl *Schulte* Rn 50; aA für das Einspruchsverfahren BPatGE 44, 95 = GRUR 2002, 371; hiergegen BGHZ 172, 98 = GRUR 2006, 87 Patentinhaberwechsel im Einspruchsverfahren; ebenso BPatG 19.7.2010 19 W (pat) 46/06.
169   BPatG GRUR 2014, 1029 „Astaxanthin".
170   BGH Patentinhaberwechsel im Einspruchsverfahren; aA mit beachtlichen Argumenten *Pitz* GRUR 2009, 805, 809 f.
171   BGHZ 197, 196 = GRUR 2013, 713 Fräsverfahren; *Mes* Rn 23 f.
172   DPA BlPMZ 1956, 356; BGHZ 72, 236 = GRUR 1979, 145 f Aufwärmvorrichtung.
173   BPatGE 32, 204 = GRUR 1992, 435.
174   Vgl Begr 2. PatGÄndG BlPMZ 1998, 393, 401.

III. Eintragung

1. Grundsatz. Anders als in das eur Patentregister (Rn 8) kann in das nationale Register nur die aus- **109** schließliche Lizenz eingetragen werden, nicht auch eine einfache Lizenz (zur Unterscheidung Abs 4 Satz 1; Rn 58 zu § 15).[175]

2. Voraussetzungen

a. Die Eintragung setzt einen **Antrag** des Lizenznehmers oder (des Patentanmelders bzw) des Patent- **110** inhabers voraus (Abs 4 Satz 1). Er kann schon vor Erteilung des Patents gestellt werden.[176] Jedoch kann die Lizenz nach dem ausdrücklichen Wortlaut des Abs 4 Satz 1 erst mit der Patenterteilung eingetragen wer- den. Dass der Antrag der Schriftform bedarf, ergibt sich nicht aus dem Wortlaut des Gesetzes, aber aus dem Grundsatz der Schriftlichkeit des Verfahrens vor dem DPMA (Rn 62 ff vor § 34).

b. Die **Zustimmung** des Patentinhabers (Anmelders) oder des Lizenznehmers ist erforderlich, je **111** nachdem, wer den Antrag gestellt hat. Der Nachweis wird (wie bei der Umschreibung) grds durch Vorlage einer Umschreibungsbewilligung geführt (Rn 63 ff).

Nach der geltenden Regelung bedarf es für die Eintragung der Lizenz nicht mehr der **Angabe des Be- 112 rechtigten,** weil schon dessen Zustimmung nachzuweisen ist (Rn 111). Der Name des Berechtigten wird nicht in das Register aufgenommen. Das war in § 34 Abs 1 Satz 3 2. Halbs aF ausdrücklich geregelt, ergibt sich für die geltende Fassung aber wohl hinreichend aus der Formulierung des Abs 4 Satz 1 („trägt die Erteilung einer … Lizenz … ein").[177] Die Person des Berechtigten ergibt sich nur aus den Akten, kann des- halb nur nach Akteneinsichtsvorschriften offengelegt werden, wobei sie nicht Bestandteil der Anmelde- und Patentakten ist (Rn 21 zu § 31) und nicht der freien Akteneinsicht (Rn 40 ff zu § 31) unterliegt, sondern nur nach § 31 Abs 1, also mit Zustimmung der Beteiligten (Patentanmelder bzw -inhaber und Lizenzneh- mer) oder bei Nachweis eines berechtigten Interesses offen zu legen ist.[178] Bedeutung hat die Angabe des Berechtigten vor allem für die Löschung des Lizenzvermerks (Abs 4 Satz 3, 4), weil für die Löschung auf Antrag des Patentinhabers die Einwilligung (Zustimmung) des Berechtigten erforderlich ist, also seine Identität feststellbar sein muss.

c. Gebühr. Für den Antrag auf Eintragung der ausschließlichen Lizenz ist eine Gebühr zu entrichten. **113** Die Gebührenpflicht ergibt sich nunmehr aus GebVerz Nr 313400.[179] Die Gebühr beträgt 25 EUR. Sie wird mit dem Antrag fällig (§ 3 Abs 1 PatKostG) und ist binnen drei Monaten ab Fälligkeit zu zahlen (§ 6 Abs 1 Satz 2 PatKostG). Wird die Gebühr nicht fristgerecht gezahlt, gilt der Antrag als zurückgenommen (§ 6 Abs 2 PatKostG; dazu näher Rn 9 ff zu § 6 PatKostG).

d. Keine Lizenzbereitschaft. Der Antrag auf Eintragung einer ausschließlichen Lizenz ist unzuläs- **114** sig, wenn eine Lizenzbereitschaftserklärung gem § 23 Abs 1 vorliegt. Dabei tritt die Rechtsfolge der Unzu- lässigkeit des Eintragungsantrags nicht erst mit der Eintragung der Lizenzbereitschaft ein, sondern schon mit deren wirksamer Erklärung gegenüber dem DPMA gem § 23 Abs 1 Satz 1 (Rn 29 ff zu § 23).[180] Rücknah- me und bestandskräftige Zurückweisung der Lizenzbereitschaftserklärung machen den Antrag wieder zulässig.[181]

3. Prüfung. Das DPMA prüft nur die Erfüllung der förmlichen Eintragungsvoraussetzungen für die **115** ausschließliche Lizenz, nicht aber, ob eine ausschließliche Lizenz materiellrechtl wirksam eingeräumt worden ist.[182] Diese Prüfung ist entbehrlich, weil die Eintragung keinen positiven Nachweis für das Beste-

---

175 Zur Praxis in der Schweiz Hinweis sic! 2007, 499.
176 Begr 2.PatGÄndG BlPMZ 1998, 393, 401; vgl *Schulte* Rn 56; *Fitzner/Lutz/Bodewig* Rn 48.
177 Vgl auch Begr BlPMZ 1998, 393, 401.
178 Vgl *Schulte* Rn 57.
179 Vgl Begr BTDrs 14/6203 S 39 ff, 45 f = BlPMZ 2002, 36 ff, 41 f.
180 So auch *Mes* Rn 32.
181 Vgl *Schulte* Rn 59.
182 Vgl *Fitzner/Lutz/Bodewig* Rn 50.

hen einer ausschließlichen Lizenz erbringt, sondern lediglich die Eintragung einer Lizenzbereitschaft verhindert (Rn 117 ff).

116 **4. Inhalt.** Nur die Tatsache der Einräumung einer ausschließlichen Lizenz – und ggf deren Umfang (Rn 58 zu § 15) – wird im Register vermerkt, nicht aber die Person des Berechtigten (Abs 4 Satz 1; Rn 112).

117 **5. Wirkung.** Die ausschließliche Lizenz entsteht unabhängig von der Eintragung im Register. Einziger Zweck ihrer Eintragung ist deren Sperrwirkung (§ 23 Abs 2) gegen die Eintragung einer Lizenzbereitschaftserklärung und damit der Schutz des berechtigten Lizenznehmers davor, dass Dritte in kollusivem Zusammenwirken mit dem Patentinhaber Benutzungsrechte an dem Patent erwerben, die die ausschließliche Lizenz beeinträchtigen.[183]

118 Diese **Sperrwirkung** tritt nach § 23 Abs 2 nicht erst mit der Eintragung der ausschließlichen Lizenz im Register ein, sondern sobald dem DPMA der wirksame Antrag auf Eintragung der ausschließlichen Lizenz vorliegt.

119 Die Sperrwirkung der für ein Hauptpatent eingetragenen ausschließlichen Lizenz erstreckt sich nicht auf die **Zusatzpatente** (zwd schon 5.–7. Aufl).[184]

IV. Löschung des Lizenzvermerks

120 **1. Grundsatz.** Der Lizenzvermerk wird auf Antrag des Patentinhabers oder des Lizenznehmers gelöscht (Abs 4 Satz 3). Für die Löschungsvoraussetzungen der ausschließlichen Lizenz gilt im wesentlichen dasselbe wie für die Eintragungsvoraussetzungen.

2. Voraussetzungen

121 **a.** Erforderlich ist auch hier ein **Antrag** des berechtigten Lizenznehmers oder des Patentinhabers (Abs 4 Satz 3), der der Schriftform unterliegt (Rn 110).[185]

122 **b.** Erforderlich ist weiter, sofern der Patentinhaber der Löschungsantragsteller ist, die **Zustimmung des Berechtigten,** hier also des bei der Eintragung benannten Lizenznehmers oder seines Rechtsnachfolgers (Abs 4 Satz 4; Rn 111).

123 **c.** Die **Gebühr** für die Löschung der ausschließlichen Lizenz beträgt gem GebVerz Nr 313 500 wie für den Eintragungsantrag (Rn 113) 25 EUR. Gleich sind auch die Folgen der Nichtzahlung.

124 **3.** Der **Prüfungsumfang** entspricht dem bei der Eintragung des Vermerks über die ausschließliche Lizenz.

125 **4. Löschung.** Sind die Voraussetzungen für die Löschung des Vermerks erfüllt, erfolgt die Löschung im Register.

126 **5. Wirkung.** Die Sperrwirkung (Rn 117 ff) der Eintragung der ausschließlichen Lizenz entfällt mit der Löschung.

V. Keine Veröffentlichung

127 Die Regelung in § 32 Abs 5 schließt die Veröffentlichung des Vermerks der ausschließlichen Lizenz im Register wie dessen Löschung aus. Die Vorschrift enthält eine Ausnahme von dem Grundsatz, dass sämtliche Registereinträge – zumindest in Form der Übersichten des § 32 Abs 5 – im PatBl veröffentlicht werden.

---

183 Vgl auch Begr 2. PatGÄndG BlPMZ 1998, 393, 401; *Mes* Rn 31.
184 *Schulte* Rn 63; aA *4. Aufl* unter Berufung auf *Reimer* § 25 Rn 2.
185 Ebenso *Mes* Rn 34.

Veröffentlicht werden aber Lizenzbereitschaftserklärungen ((§ 23), unverbindliche Lizenzinteresseerklärungen (Rn 10 f zu § 23), ausschließliche Lizenzen, Zwangslizenzen und geförderte Vorhaben (Rn 12 zu § 23).

§ 31
(Akteneinsicht)

(1) [1]Das Patentamt gewährt jedermann auf Antrag Einsicht in die Akten sowie in die zu den Akten gehörenden Modelle und Probestücke, wenn und soweit ein berechtigtes Interesse glaubhaft gemacht wird. [2]Jedoch steht die Einsicht in das Register und die Akten von Patenten einschließlich der Akten von Beschränkungs- oder Widerrufsverfahren (§ 64) jedermann frei.

(2) In die Akten von Patentanmeldungen steht die Einsicht jedermann frei,
1. wenn der Anmelder sich gegenüber dem Patentamt mit der Akteneinsicht einverstanden erklärt und den Erfinder benannt hat oder
2. wenn seit dem Anmeldetag (§ 35) oder, sofern für die Anmeldung ein früherer Zeitpunkt als maßgebend in Anspruch genommen wird, seit diesem Zeitpunkt achtzehn Monate verstrichen sind
und ein Hinweis nach § 32 Abs. 5 veröffentlicht worden ist.

(3) Soweit die Einsicht in die Akten jedermann freisteht, steht die Einsicht auch in die zu den Akten gehörenden Modelle und Probestücke jedermann frei.

(3a) Soweit die Einsicht in die Akten nach jedermann freisteht, kann die Einsicht auch über das Internet gewährt werden.

(3b) Die Akteneinsicht nach den Absätzen 1 bis 3a ist ausgeschlossen, soweit eine Rechtsvorschrift entgegensteht oder soweit das schutzwürdige Interesse des Betroffenen im Sinne des § 3 Absatz 1 des Bundesdatenschutzgesetzes offensichtlich überwiegt.

(4) In die Benennung des Erfinders (§ 37 Abs. 1) wird, wenn der vom Anmelder angegebene Erfinder es beantragt, Einsicht nur nach Absatz 1 Satz 1 gewährt; § 63 Abs. 1 Satz 4 und 5 ist entsprechend anzuwenden.

(5) [1]In die Akten von Patentanmeldungen und Patenten, für die gemäß § 50 jede Veröffentlichung unterbleibt, kann das Patentamt nur nach Anhörung der zuständigen obersten Bundesbehörde Einsicht gewähren, wenn und soweit ein besonderes schutzwürdiges Interesse des Antragstellers die Gewährung der Einsicht geboten erscheinen läßt und hierdurch die Gefahr eines schweren Nachteils für die äußere Sicherheit der Bundesrepublik Deutschland nicht zu erwarten ist. [2]Wird in einem Verfahren eine Patentanmeldung oder ein Patent nach § 3 Abs. 2 Satz 3 als Stand der Technik entgegengehalten, so ist auf den diese Entgegenhaltung betreffenden Teil der Akten Satz 1 entsprechend anzuwenden.

MarkenG: § 62
EPA-PrRl A-XII
Ausland: Dänemark: § 22 PatG 1996; **Frankreich:** Art R 612-41 CPI; **Italien:** Art 96 PatG; **Litauen:** Art 24 PatG; **Luxemburg:** Art 88 PatG 1992/1998; **Niederlande:** Art 21 ROW 1995; **Österreich:** § 81 öPatG; **Polen:** Art 44, 251 RgE 2000; **Schweden:** §§ 22, 56 Abs 1 PatG; **Schweiz:** Art 65 (Aktenverwahrung) PatG, Art 90 (Akteneinsicht) PatV; **Slowakei:** § 56 PatG; **Spanien:** Art 44, 45 PatG; **Tschech. Rep.:** § 66 PatG; **Türkei:** Art 67 VO 551; **VK:** Sec 118 Patents Act

Übersicht

Schrifttum: *Althammer* Gesetz zur Änderung des Patentgesetzes, des Warenzeichengesetzes und weiterer Gesetze, 2. Teil, GRUR 1967, 441; *Ballhaus* Die Akteneinsicht beim Deutschen Patentamt und Bundespatentgericht, Mitt 1961, 201; *Hauswald* Akteneinsicht im patentamtlichen Verfahren, Mitt 1962, 94; *Häußer* Die Gewährung von Einsicht in Patenterteilungsakten unter besonderer Berücksichtigung verfassungsrechtlicher Gesichtspunkte, 1974; *Häußer* Das Deutsche Patentamt im Wandel, FS A. Preu (1988), 107; *Häußer/Goebel* 20 Jahre Offenlegung von Patentanmeldungen aus der Sicht des Deutschen Patentamts, GRUR Int 1990, 723; *Herden* Kosten der Erinnerung im Akteneinsichtsverfahren, Mitt 1994, 299; *Hirte* Mitteilung und Publikation von Gerichtsentscheidungen, NJW 1988, 1698; *Hirte* Interessen und Verfahren bei der Mitteilung von Entscheidungen des Bundespatentgerichts Mitt 1993, 292; *Kohler* Akteneinsicht bei bekanntgemachten Patentanmeldungen, GRUR 1962, 285; *Kockläuner* Zur Akteneinsicht, GRUR 1963, 48; *Müller-Arends* Probleme der Akteneinsicht, Mitt 1962, 48; *Schmieder* Mitteilung von Entscheidungen des Bundespatentgerichts gleich Akteneinsicht? Mitt 1991, 207; *Schubert/Leonhard* Einsicht in die Akten von Patenten, Mitt 1993, 339; *Stortnik* Die Einsicht in die Akten von Patenten steht jedermann frei (§ 31 PatG) – Wann wird der Inhalt von Patentakten Stand der Technik? GRUR 1999, 533; *Trüstedt* Die Einsicht in Patenterteilungsakten, Mitt 1962, 121; *Zahn* Zeitpunkt der Offenlegung von Patentanmeldungen, Mitt 1977, 22.

A. Allgemeines

I. Geltungsbereich

1 **1. Zeitlich.** § 31, durch Art 8 Nr 18 GPatG (dort noch als § 24a) eingefügt, hat § 24 Abs 3 idF vom 2.1.1968 ersetzt. Die Vorschrift enthält seither neben der Anpassung an das nachgeschaltete Einspruchsverfahren und den Fortfall der Bekanntmachung als Neuerung insb die Möglichkeit (Abs 2 Nr 1), eine Anmeldung mit Einverständnis des Anmelders schon vor Erfüllung der Voraussetzungen des Abs 2 Nr 2 offenzulegen (Abs 2 Nr 1; Rn 52). Zum Übergangsrecht vgl *5. Aufl* Rn 2.

2 Das **2. PatGÄndG** hat Abs 2 Nr 2 geänd („Anmeldetag" und Verweisung statt „Tag der Einreichung der Anmeldung"). Damit ist klarstellend dem Umstand Rechnung getragen worden, dass der Tag der Einreichung der Anmeldung nicht in jedem Fall der Anmeldetag ist[1] (§ 35 Abs 2). Art 7 Nr 14 KostRegBerG hat in Abs 1 Satz 2 redaktionell das Wort „Rolle" durch „Register" ersetzt. Das Gesetz zur Änderung des patentrechtlichen Einspruchsverfahrens und des Patentkostengesetzes hat infolge des Wegfalls der Teilung des

---

1 Begr 2.PatGÄndG BlPMZ 1998, 393, 402.

Patents Abs 1 Satz 2 2. Halbs gestrichen. Durch Art 2 des Gesetzes zur Umsetzung der Akte vom 29. November 2000 zur Revision des Übereinkommens über die Erteilung europäischer Patente vom 24.8.2007 ist mWv 13.12.2007 Abs 1 Satz 2 dadurch geänd worden, dass das Wort „Beschränkungsverfahren" durch „Beschränkungs- oder Widerrufsverfahren" ersetzt worden ist. Das Gesetz zur Novellierung patentrechtlicher Vorschriften und anderer Gesetze des gewerblichen Rechtsschutzes hat die Verweisung in Abs 2 Nr 2 geänd sowie die Abs 3a, 3b eingefügt,[2] eine Anpassung der Absatznummerierung ist nicht erfolgt.

2. Erstreckungsgesetz s 7. *Aufl.*   **3**

3. Eine ausdrückliche Bestimmung über die entspr Anwendung der Vorschrift auf **ergänzende**   **4** **Schutzzertifikate** fehlt. Sie wurde für entbehrlich gehalten, weil das DPMA die Vorgänge über das ergänzende Schutzzertifikat als Bestandteil der Akte über das Grundpatent führen werde, so dass für sie ohne weiteres die gleichen Grundsätze gälten wie für das Grundpatent (Rn 20).

4. Bundespatentgericht, Bundesgerichtshof. In Verfahren vor dem Bundespatentgericht ist die Be-   **5** stimmung über § 99 Abs 3 Satz 1 entspr anzuwenden. Für die Einsicht in Akten von Patentnichtigkeitsverfahren gelten jedoch Besonderheiten (Rn 35 ff zu § 99).
Zur Einsicht in die Akten von **Rechtsbeschwerde- und Nichtigkeitsberufungsverfahren** Rn 48 f zu   **6** § 99.

5. Für **Gebrauchsmuster** enthält § 8 Abs 5 GebrMG eine eigenständige Regelung (vgl Rn 24 f zu § 8   **7** GebrMG).

6. Europäisches Patentübereinkommen. Art 128 EPÜ (geänd durch die EPÜ-Revisionsakte vom   **8** 29.11.2000) regelt die Akteneinsicht bei der eur Patentanmeldung.[3] Bis zur Veröffentlichung der Anmeldung wird Akteneinsicht demnach nur mit Zustimmung des Anmelders gewährt (Art 128 Abs 1 EPÜ). Wer nachweist, dass der Anmelder sich ihm gegenüber auf seine eur Patentanmeldung berufen hat, kann vor Veröffentlichung dieser Anmeldung und ohne Zustimmung des Anmelders Akteneinsicht verlangen (Art 128 Abs 2 EPÜ). Nach Veröffentlichung einer eur Teilanmeldung oder einer nach Art 61 Absatz 1 eingereichten neuen eur Patentanmeldung kann jedermann Einsicht in die Akten der früheren Anmeldung auch vor deren Veröffentlichung und ohne Zustimmung des Anmelders verlangen (Art 128 Abs 3 EPÜ). Nach Veröffentlichung der eur Patentanmeldung wird vorbehaltlich der in der AOEPÜ vorgeschriebenen Beschränkungen auf Antrag Einsicht in die Akten der Anmeldung und des darauf erteilten eur Patents gewährt (Art 128 Abs 4 EPÜ).[4] Das EPA kann die in der AOEPÜ genannten Angaben bereits vor Veröffentlichung der eur Patentanmeldung Dritten mitteilen oder veröffentlichen (Art 128 Abs 5 EPÜ). Zur Ablehnung der Akteneinsicht ist der Formalsachbearbeiter nicht berechtigt.[5]
Ergänzend gelten folgende Vorschriften der AOEPÜ: Regel 19 AOEPÜ (Einreichung der Erfindernen-   **9** nung), Regel 31–33 AOEPÜ (biologisches Material), Regel 144 AOEPÜ (von der Einsicht ausgeschlossene Aktenteile, insb Unterlagen zu Ausschließung und Ablehnung von Angehörigen der Beschwerdekammern, Entscheidungsentwürfe, die Erfindernennung),[6] Regel 145 AOEPÜ (Durchführung der Akteneinsicht),[7] Regel 146 AOEPÜ (Auskunft aus den Akten), Regel 147 AOEPÜ (Anlage, Führung und Aufbewahrung von Akten).[8] Beim EPA wird vAw die Ausnahme von Attesten, Prioritätsbelegen, Akteneinsichtsverfahren, Anträgen auf beschleunigte Recherche und beschleunigte Prüfung nach dem PACE-Programm geprüft.[9] Ein Antrag auf Vertagung der mündlichen Verhandlung vor der Beschwerdekammer gehört nicht zu den nach Regel 144 AOEPÜ von der Einsicht ausgeschlossenen Aktenteilen.[10]

---

2   Vgl Begr BTDrs 17/10308 = BlPMZ 2013, 366, 369.
3   Vgl zu den Grundsätzen EPA T 1401/05 GRUR Int 2007, 609 dreidimensionales Bild.
4   Hierzu BeschlPräsEPA vom 12.7.2007 (Sonderausgabe Nr 3 ABl EPA 2007, 125 J.2 und J.3.
5   EPA 10.4.2001 T 1101/99.
6   Vgl dazu den BeschlPräsEPA, Sonderausgabe Nr 3, ABl EPA 2007, 125 J.3.
7   S dazu den BeschlPräsEPA, Sonderausgabe Nr 3, ABl EPA 2007, 125 J.2.
8   S dazu den BeschlPräsEPA, Sonderausgabe Nr 3, ABl EPA 2007, 125 J.1
9   *Schulte* Rn 12; vgl BeschlPräsEPA vom 12.7.2007 Sonderausgabe Nr 3 ABl EPA 2007, 125 J.3.
10   EPA 1.7.2008 T 1053/06.

     Keukenschrijver

10   **Prüfungsrichtlinien.** Die EPA-PrRl A-XI befassen sich mit Akteneinsicht und Auskunft aus den Akten.

11   **Online-Akteneinsicht.** Das Register kann online eingesehen werden. Seit 18.6.2003 wird Akteneinsicht in die Akten eur Patentanmeldungen und Patente sowie von Akten internat Patentanmeldungen, für die das EPA als Bestimmungsamt oder ausgewähltes Amt tätig wird, grds kostenlos online über den Onlinedienst Register Plus gewährt (https://register.epo.org/regviewer?lng=de).[11]

12   **7. Patentzusammenarbeitsvertrag.** Vgl zu nationalen PCT-Verfahren Rn 58 zu § 32.

13   Vorbehaltlich der Regeln 94.2, 94.3 AOPCT werden die Akten der internat vorläufigen Prüfung in Bezug auf eine **Euro-PCT-Anmeldung**, für die das EPA die mit der internat vorläufigen Prüfung beauftragte Behörde ist und für die noch kein internat vorläufiger Prüfungsbericht erstellt worden ist, von der Akteneinsicht ausgeschlossen (EPA-PrRl A XI 2.1).[12]

II. Normzweck; systematische Stellung

14   **1. Grundsatz.** § 31 regelt das Recht der Akteneinsicht beim DPMA und damit weitgehend zugleich die Akteneinsicht beim BPatG (vgl § 99 Abs 3 Satz 1). Die Regelung ist auf einen sachgerechten Ausgleich zwischen dem Geheimhaltungsinteresse des Erfinders/Anmelders, das als Ausfluss seines Rechts auf informationelle Selbstbestimmung[13] nicht zu gering bewertet werden darf,[14] und dem Informationsinteresse Dritter über die Erfindung gerichtet. Sie gibt dem Geheimhaltungsinteresse des Erfinders/Anmelders den Vorrang, solange sein Recht mangels anderweitigen Schutzes durch vorzeitige Preisgabe entwertet würde, stellt hingegen das Informationsinteresse Dritter in den Vordergrund, sobald dem Erfinder der Lohn für seine erfinderische Leistung anders garantiert ist (Rn 10 ff zu § 30).[15] Sie geht von der Grundregel aus, dass die Akteneinsicht ein das Geheimhaltungsinteresse des Patentanmelders überwiegendes **berechtigtes Interesse** des Antragstellers voraussetzt (Abs 1 Satz 1; Rn 30 ff). Als Spezialregelung gehen die Bestimmungen im PatG denen des Gesetzes zur Regelung des Zugangs zu Informationen des Bundes (Informationsfreiheitsgesetz, IFG) vom 5.9.2005[16] vor (§ 1 Abs 3 IFG).[17]

15   **2. Freie Akteneinsicht.** Der Grundsatz der Akteneinsicht nur bei berechtigtem Interesse ist durch zahlreiche Ausnahmeregeln wie die über die freie Akteneinsicht (Rn 40 ff) nach Zahl und Bedeutung derart weitgehend eingeschränkt und umfangreich modifiziert, dass das Regel-Ausnahme-Verhältnis in sein Gegenteil verkehrt ist und die Grundregel des Abs 1 Satz 1 nur in wenigen Fällen (Rn 30 ff) Anwendung findet.

16   **3. Sonderregelungen für die beschränkte Akteneinsicht** sind vorgesehen bei der Erfinderbenennung (Abs 4; Rn 60 ff) und bei Geheimanmeldungen und -patenten (Abs 5; Rn 64 ff).

B. Die Regelung der Akteneinsicht

I. Gegenstand der Akteneinsicht

17   **1. Allgemeines.** Akteneinsicht ist die Kenntnisnahme vom Inhalt der Akten durch eigene (körperliche) Einsichtnahme, elektronischen Zugang (elektronische Akteneinsicht) oder Auskunft der aktenführenden Behörde oder des aktenführenden Gerichts.[18] Der Akteneinsicht unterliegen alle Akten, Modelle und Probestücke von Patenten und Patentanmeldungen (Abs 1 Satz 1, Abs 2, 3), insb auch von Beschrän-

---

11   BeschlPräsEPA Sonderausgabe Nr 3 ABl EPA 2007, 125 J.2.

12   ABl EPA 2003, 382.

13   BVerfGE 65, 1 = NJW 1984, 419, Volkszählungsurteil; BGH GRUR 2007, 628 MOON, Markensache.

14   Vgl auch BPatGE 32, 241, 248 = GRUR 1992, 55, 57 reSp.

15   Vgl auch *Schubert/Leonhard* Mitt 1993, 339.

16   BGBl I 2722.

17   BGH GRUR 2012, 317 Schokoladenstäbchen I; *Benkard* Rn 11.

18   Vgl *Schulte* Rn 8; *Büscher/Dittmer/Schiwy* Rn 1.

kungs- und Widerrufsverfahren (§ 64) und abgetrennten Teilen von Patenten (§ 60 aF; vgl Abs 1 Satz 2 aF) sowie von Geheimanmeldungen und -patenten (Abs 5) sowie das Patentregister (Abs 1 Satz 2). Zur Akteneinsicht, wenn das DPMA die Akten im Amtshilfeweg versendet, Rn 6 zu § 128.

2. Akten. Zu den Akten iSv § 31 gehören alle Vorgänge, die das Erteilungsverfahren betroffen haben,[19] **18** insb alle eingereichten Schriftsätze und Anlagen,[20] auch wenn der Einsender ihre Ausnahme von der Akteneinsicht beantragt hat,[21] Eingaben Dritter,[22] die Entgegenhaltungen,[23] Vorgänge über eine Wiedereinsetzung,[24] Prioritätserklärungen nach §§ 40, 41,[25] die Prioritätsunterlagen,[26] Fristgesuche,[27] Nennungen des StdT,[28] Unterlagen über Zahlung und Stundung von Gebühren und über den Rechtsstatus des Anmelders,[29] Angaben über Publikationen, die dem Anmelder von einem ausländ Patentamt entgegengehalten worden sind (§ 26 Abs 4 Satz 2 PatG 1968),[30] ein zum Nachweis der erfinderischen Tätigkeit eingereichter Schriftwechsel,[31] isolierte Kostenentscheidungen,[32] Delegationsverfügungen,[33] Wiedereinsetzungsverfahren.[34]

Zu den Akten gehören alle in der Sache ergangenen **Entscheidungen** (vgl dazu Rn 30 zu § 99).[35]   **19**

Zu den **Akten erteilter Patente** gehören neben den Aktenteilen, die bis zur Erteilung entstanden **20** sind, auch Akten über Einspruchsverfahren,[36] Beschränkungs- und Widerrufsverfahren (Rn 47 f) sowie die Akten ergänzender Schutzzertifikate für ein Grundpatent.[37]

Nicht zu den Akten iSv § 31 gehören Vorgänge über rechtl selbstständige Verfahren, die zwar mit **21** dem Erteilungsverfahren in sachlichem Zusammenhang stehen, dieses aber, selbst wenn sie dasselbe Az haben, nicht unmittelbar betreffen,[38] zB Verfahrenskostenhilfeakten,[39] andere Akteneinsichtsverfahren, Kostenfestsetzungsverfahren,[40] Vorgänge über die Ausstellung von Prioritätsbelegen, Mitteilungen an Euratom,[41] Vorgänge über den Registereintrag einer ausschließlichen Lizenz (vgl Rn 121, 127 zu § 30).[42]

Nicht zu den Akten erteilter Patente gehören **Akten von Nichtigkeitsverfahren**, für die die Akten- **22** einsicht in § 99 Abs 3 besonders geregelt ist. Der Auffassung, dass das auch für eine Abschrift des Nichtigkeitsurteils in den Akten des erteilten Patents gelte,[43] ist nicht zuzustimmen.[44] Die Gründe des Nichtigkeitsurteils ergänzen oder ersetzen uU die Beschreibung des Patents. Die Akteneinsicht erstreckt sich in

19 BPatGE 13, 33, 35 = GRUR 1972, 147; BPatGE 17, 106; vgl *Büscher/Dittmer/Schiwy* Rn 2.
20 BPatGE 17, 26.
21 BPatGE 12, 104, 109; BPatGE 17, 18, 21 = GRUR 1976, 104.
22 BPatGE 12, 104, 108.
23 BPatGE 6, 30 = BlPMZ 1965, 48; BPatGE 13, 33, 39 = GRUR 1972, 147; *Schulte* Rn 14.
24 BPatGE 17, 18 = GRUR 1976, 104.
25 BPatGE 13, 33, 38 = GRUR 1972, 147.
26 DPA Mitt 1958, 96.
27 BPatGE 12, 104, 108.
28 BPatGE 15, 17.
29 BPatGE 1, 44 = GRUR 1965, 144.
30 BPatGE 13, 33, 39 = GRUR 1972, 147; BPatG 4.5. 1972 5 W (pat) 78/71 BlPMZ 1973, 57 Ls.
31 Vgl BPatGE 17, 26.
32 BPatGE 23, 63.
33 *Fitzner/Lutz/Bodewig* Rn 3.
34 *Büscher/Dittmer/Schiwy* Rn 2.
35 BPatGE 10, 145 f; BPatGE 14, 232 = GRUR 1973, 100; BPatGE 20, 261 = GRUR 1978, 531; BPatGE 23, 55 = GRUR 1980, 1071; BPatGE 32, 241 = GRUR 1992, 55; *Hirte* NJW 1988, 1698, 1700; aA für „anonymisierte Abschriften" von Beschlüssen BPatGE 32, 272 = GRUR 1992, 434; BPatGE 32, 133 = GRUR 1991, 841; BPatGE 32, 172 = GRUR 1992, 54; OLG Celle NJW 1990, 2570 (ohne Begründung); *Schmieder* Mitt 1991, 207.
36 *Schulte* Rn 25.
37 Vgl Begr PatGÄndG 1993 BlPMZ 1993, 210 f; *Büscher/Dittmer/Schiwy* Rn 2.
38 Vgl *Mes* Rn 12.
39 BPatGE 12, 104, 108; BPatGE 17, 18, 21 = GRUR 1976, 104; BPatGE 17, 26, 28.
40 BPatGE 25, 124.
41 BPatGE 13, 33, 35 = GRUR 1972, 147; BPatGE 17, 18, 21 = GRUR 1976, 104.
42 Vgl *Benkard*[10] Rn 13a aE, nicht mehr in der Folgeaufl.
43 BPatG BlPMZ 1993, 484 f.
44 Vgl *Schulte* Rn 15; *Fitzner/Lutz/Bodewig* Rn 3.

diesem Fall auf das Nichtigkeitsurteil, weil sich die Allgemeinheit über den Schutzumfang aus frei zugänglichen Unterlagen informieren können muss.[45]

23   Dass ein Vorgang nicht zu den Akten iSd § 31 gehört, bedeutet nicht, dass er von der Einsichtnahme überhaupt ausgeschlossen wäre. Es bedeutet nur, dass die Einsicht nicht den Regeln der Akteneinsicht in diejenige Akte folgt, als deren Teil er erscheint, sondern die für diesen besonderen Vorgang selbst geltenden Akteneinsichtsregeln eingreifen. Das kann zB typischerweise bedeuten, dass nicht die freie Akteneinsicht gilt, sondern die Anforderungen des § 31 Abs 1 Satz 1 oder sonstiger **Spezialvorschriften**, zB die des § 99 Abs 3 (Rn 22), erfüllt sein müssen.[46]

24   **3. Akteneinsicht über das Internet (Absatz 3a).** Nach der Einführung der elektronischen Schutzrechtsakte am 1.6.2011 ist die jedermann frei stehende Einsicht in die Akten von Patentanmeldungen und erteilten Patenten elektronisch über das Internet ermöglicht worden (Begr).[47] Entspr der Wertung in § 10 Abs 5 BDSG kann bei einer freien Akteneinsicht, in der es um den Abruf allg zugänglicher Daten geht, von den für automatisierte Abrufverfahren vorgesehenen besonderen Vorkehrungen abgesehen werden, allerdings sind die Einschränkungen in dem neuen Abs 3b (Rn 57 ff) zu beachten.[48] Bei den personenbezogenen Angaben der Beschäftigten des DPMA dürfen, wenn sie in einem unmittelbaren Zusammenhang mit dem jeweiligen Vorgang stehen, als Kontaktdaten des Amtsträgers Name, Vorname, Titel, akademischer Grad; Berufs- oder Funktionsbezeichnung und die jeweilige dienstliche Erreichbarkeit enthalten sein, nicht aber weitere persönliche Daten wie Privatanschrift, Familienstand oder Staatsangehörigkeit (Begr). Die elektronische Akteneinsicht ist ein gebührenfreier Service des DPMA.[49]

25   Die elektronische Akteneinsicht wird für veröffentlichte Anmeldungen angeboten; einsehbar sind **Aktenbestandteile** aller Patent-undGbmAnmeldungen, für die seit dem 21.1.2013 ein Akteneinsichtsantrag gestellt wurde, aller ab 21.1.2013 veröffentlichten erteilten Patente und eingetragenen Gebrauchsmuster und aller Patentanmeldungen, die ab dem 21.1.2013 beim DPMA eingereicht und bereits offengelegt wurden.[50]

26   **4. Register.** Zum Register im Rechtssinn gehören und den Vorschriften über die freie Einsicht in das Patentregister (Abs 1 Satz 2; Rn 41) unterliegen nur die gesetzlichen Registerinhalte nach der Offenlegung (Rn 14 zu § 30). Andere Registerinhalte unterliegen den allg Vorschriften über die Akteneinsicht des Abs 1 Satz 1. Das Patentregister und das Gebrauchsmusterregister werden als elektronische Datenbanken geführt und sind frei zugänglich (vgl Rn 31 zu § 30).

27   Register iSv § 31 ist auch das **besondere Register** für Geheimpatente, bei dem für die Einsicht jedoch nicht Abs 1 Satz 2, sondern die Sondervorschrift des § 54 Satz 2 gilt.

28   **II. Normadressat** des § 31 ist „jedermann" (Abs 1 Satz 1); die Vorschrift behandelt allerdings nur die Akteneinsicht durch (am betr Verfahren unbeteiligte) Dritte. Die Verfahrensbeteiligten selbst können die Akten ohnehin jederzeit ohne weiteres einsehen (vgl § 299 Abs 1 ZPO). Die Rspr, dass der Anwalt, der Akteneinsicht beantragt, seinen Auftraggeber nennen muss,[51] ist aufgegeben.[52]

29   **Mitanmelder** sind keine „Dritten", sind nicht „jedermann" iSd § 31. Für sie gilt § 31 nicht; ihnen steht die Akteneinsicht grds frei, auch wenn zwischen ihnen Streit über das Recht an der Erfindung besteht.[53]

---

45 BPatGE 32, 270 = Mitt 1992, 229.

46 BPatG BlPMZ 1993, 484 f; vgl aber für das teilweise für nichtig erklärende Urteil BPatGE 32, 270 = Mitt 1992, 229.

47 Vgl Mitt PräsDPMA 10/11 BlPMZ 2011, 313.

48 Vgl *Mes* Rn 14.

49 MittPräsDPMA Nr 12/13 vom 28.11.2013, BlPMZ 2013, 397 f.

50 MittPräsDPMA Nr 12/13 vom 28.11.2013, BlPMZ 2013, 397 f, dort auch zur Sichtbarkeit von Aktenbestandteilen von der Einsicht ausgenommener Dokumente und zum Verfahren bei der Einsicht.

51 BGH, zwei Beschlüsse vom 29.1.1991 X ZB 5/90.

52 BGH GRUR 1999, 226 Akteneinsicht XIV; BGH GRUR 2001, 149 Akteneinsicht 019.

53 RPA Mitt 1934, 326; DPA Mitt 1957, 76.

III. Beschränkte Akteneinsicht

1. Grundsatz. § 31 geht von der von einer Vielzahl von Ausnahmen (vgl Rn 15) durchbrochenen **30** Grundregel des Abs 1 Satz 1 aus, dass Akteneinsicht nur bei Vorliegen eines berechtigten Interesses (Rn 34 ff) gewährt wird. Die Zahl der entspr Anträge wird als im zweistelligen Bereich liegend angegeben.[54]

Die Grundregel betrifft danach tatsächlich in erster Linie die **noch nicht offengelegte Patentanmel-** **31** **dung** einschließlich der vor Offenlegung zurückgewiesenen, zurückgenommenen (Rücknahme der Anmeldung steht der Akteneinsicht nicht per se entgegen)[55] oder verfallenen, die die **Erfinderbenennung** betr Aktenteile bei Antrag auf Nichtnennung (Abs 4; Rn 60 ff), die Akten rechtl selbständiger, von keiner Sonderregelung erfasster **Nebenverfahren** (Rn 21 ff).

Die Einsicht in diese Akten (zum Aktenbegriff Rn 18 ff) sowie die dazugehörigen Modelle und Probe- **32** stücke gewährt das DPMA nach Abs 1 Satz 1 auf **Antrag** (Rn 68 ff) **jedermann** (Rn 28 f), **wenn und soweit ein berechtigtes Interesse** (Rn 34 ff) **glaubhaft gemacht wird** (Rn 79) oder die Betroffenen **zustimmen** (Rn 33).

2. Zustimmung der angehörten (Rn 80) von der Akteneinsicht Betroffenen (Anmelder und sonstige **33** Verfahrensbeteiligte, Rn 75) rechtfertigt die Gewährung der Akteneinsicht ohne weiteres, weil die Akten nur in deren Interesse geheimgehalten werden. Die Zustimmung, die ausdrücklich erklärt werden muss, ist grds unwiderruflich und nachträglich nicht einschränkbar.[56]

3. Berechtigtes Interesse an der Akteneinsicht ist (anders als das rechtl Interesse des § 299 Abs 2 **34** ZPO) ein nach vernünftiger Erwägung durch die Sachlage gerechtfertigtes Interesse.[57] Es setzt nicht voraus, dass sich das Begehren auf ein bereits vorhandenes Recht stützt.[58] Die Feststellung des berechtigten Interesses ist das Ergebnis einer Abwägung des Geheimhaltungsinteresses des (der) Betroffenen gegen das Akteneinsichtsinteresse des Antragstellers, bei der grds ein strenger Maßstab anzulegen ist.[59] Dabei kann letzteres die Akteneinsicht schon rechtfertigen, wenn die Kenntnis der Akten das künftige Verhalten des Antragstellers bei der Wahrung oder Verteidigung seiner Rechte, insb in einem künftigen Verfahren beeinflussen kann.[60] Das berechtigte Interesse entfällt nicht mit Erlöschen des Patents.[61] In die Abwägung ist das Recht des Anmelders auf informationelle Selbstbestimmung einzubeziehen (näher Rn 37 zu § 99).

Das Akteneinsichtsinteresse kann auch rein tatsächlicher,[62] insb **wirtschaftlicher** Art sein; dagegen **35** reicht ein lediglich **wissenschaftliches** Interesse nicht aus,[63] ebenso wenig der Auftrag zur Erstattung eines **Privatgutachtens**[64] oder ein rein abstraktes berufliches **Fortbildungsinteresse** ohne konkreten Sachbezug.[65]

Art und Bedeutung des Interesses müssen, damit die Interessenabwägung möglich wird, schlüssig **36** dargelegt werden.[66] Dabei ist das berechtigte Interesse nicht durch den Gegenstand des Verfahrens begrenzt, in dessen Akten Einsicht begehrt wird.[67] Im Rahmen der Interessenabwägung kann auch berück-

---

54   *Schulte* Rn 16 Fn 41.
55   Vgl BGH GRUR 1973, 154 Akteneinsicht XII; so auch BPatGE 23, 166, 169 = Mitt 1982, 155; BPatGE 25, 177 = GRUR 1983, 511; BPatG GRUR 2006, 614 f, Markensache; *Büscher/Dittmer/Schiwy* Rn 11.
56   BPatGE 3, 20 = BlPMZ 1963, 38; RPA BlPMZ 1934, 87; DPA BlPMZ 1955, 359; DPA BlPMZ 1957, 76.
57   BPatGE 20, 261 = GRUR 1978, 531.
58   BGH GRUR 1994, 104 Akteneinsicht XIII; *Schulte* Rn 18.
59   BVerfGE 18, 85 = GRUR 1964, 554 f; BGHZ 46, 1 = GRUR 1966, 698, 700 Akteneinsicht IV; BGH GRUR 1973, 154 Akteneinsicht XII; BGH Akteneinsicht XIII; BPatGE 1, 52 f = GRUR 1965, 81; BPatGE 23, 278; BPatGE 27, 191 f = GRUR 1986, 57; *Mes* Rn 22 f; vgl auch DPA BlPMZ 1983, 190 f.
60   BGH Akteneinsicht XIII; BPatG 20.2.2003 10 W (pat) 34/02: Prüfung, ob es sich um eine Diensterfindung handelt; BPatG 16.12.2010 10 W (pat) 27/09; vgl *Schulte* Rn 19; *Büscher/Dittmer/Schiwy* Rn 14.
61   BPatG Mitt 1979, 137 f.
62   BGH GRUR 1994, 104 Akteneinsicht XIII.
63   PA BlPMZ 1918, 7; vgl BPatGE 20, 261 = GRUR 1978, 531; offen gelassen in BPatGE 32, 268 f = Mitt 1992, 228.
64   RPA BlPMZ 1934, 239; DPA BlPMZ 1955, 22; aA BPatGE 2, 37 = GRUR 1964, 619.
65   BPatGE 32, 268 f = Mitt 1992, 228.
66   Ebenso *Schulte* Rn 19.
67   BGH GRUR 1994, 104 Akteneinsicht XIII; aA BPatG 18.1.1993 4 W (pat) 38/92 BlPMZ 1993, 458 Ls.

sichtigt werden, dass die gewünschte Information anderweitig erlangt werden kann, jedoch schließt dies allein die Akteneinsicht nicht aus.[68]

37　Das berechtigte Interesse muss **in der Person des Antragstellers** gegeben sein. Wechsel des Antragstellers ist daher nicht möglich.[69] Da sich die erforderliche Abwägung auf seine Person bezieht, muss ein Vertreter seinen Auftraggeber nennen oder sein eigenes Interesse dartun[70] (anders bei der freien Akteneinsicht, Rn 69, und der Akteneinsicht im Nichtigkeitsverfahren, Rn 48 zu § 99). Das eigene Interesse des antragstellenden Anwalts kann dabei uU auch schon in seinem Bedürfnis, den Mandanten sachgerecht zu beraten, begründet liegen.[71] Ist der Antragsteller benannt, wird der Antragsgegner nicht mit dem Einwand gehört, der Antragsteller sei in Wahrheit nur Strohmann für einen ungenannten Dritten.[72]

38　Das **berechtigte Interesse** ist **anerkannt** worden, wenn sich der Anmelder auf seine Anmeldung beruft (vgl Art 128 Abs 2 EPÜ) oder sich ihrer berühmt, zB durch Ausspruch einer auf sie gestützten Verwarnung,[73] wenn der Antragsteller die Aktenkenntnis zur Verteidigung gegen den Vorwurf der widerrechtl Entnahme benötigt,[74] bei Verwarnung oder Inanspruchnahme aus einem abgezweigten Gebrauchsmuster,[75] aus einem mit der Patentanmeldung identischen Gebrauchsmuster,[76] solange aus diesem Rechte geltend gemacht werden können,[77] bei einem Löschungsantrag gegen das der Patentanmeldung entspr abgezweigte Gebrauchsmuster,[78] in Stammanmeldung zur Feststellung des Umfangs der Ausscheidungsanmeldung,[79] in prioritätsbegründende Anmeldung,[80] wenn die Wirksamkeit der Übertragung des Rechts auf Inanspruchnahme der Priorität einer Voranmeldung in Abrede gestellt wird,[81] Akteneinsicht des ArbN-Erfinders in die angemeldete Diensterfindung,[82] des ArbGb in Anmeldung des ArbN,[83] des Anwalts für seine Beratungstätigkeit,[84] des Treugebers in vom Treuhänder eingereichte Anmeldung (zur Zusatzanmeldung 7. Aufl).[85] Ebenfalls anerkannt wurde es für die Einsicht in die ursprünglichen Unterlagen, wenn Erweiterung geltend gemacht wird.[86] Der Widerrufsgrund des § 21 Abs 1 Nr 4 gibt regelmäßig Veranlassung zur Akteneinsicht.[87] Zum berechtigten Interesse, wenn Einsicht in die Erfinderbenennung begehrt wird, Rn 63.

39　Das **berechtigte Interesse** ist **verneint** worden, wenn es lediglich damit begründet wird, dass eine Entscheidung des DPMA auf einen unveröffentlichten Beschluss des BPatG Bezug genommen hat, ohne dessen wesentlichen Inhalt mitzuteilen,[88] wenn der Antragsteller als Wettbewerber lediglich befürchtet, in

---

68　BGH Akteneinsicht XIII; vgl BPatG BlPMZ 1995, 324 f; *Schulte* Rn 19.

69　BPatG Mitt 1972, 237; *Schulte* Rn 43.

70　BGHZ 42, 19 = GRUR 1964, 548, 551 Akteneinsicht I; BPatGE 7, 94; BPatGE 8, 199 = Mitt 1967, 75; BPatGE 26, 53 = BlPMZ 1984, 194; BPatGE 32, 270 f = Mitt 1992, 229; BPatGE 33, 101 = Mitt 1993, 304; RPA Mitt 1928, 33; DPA BlPMZ 1955, 22.

71　BPatGE 20, 261 = GRUR 1978, 531.

72　BPatGE 33, 101 = Mitt 1993, 304.

73　BPatGE 19, 6 = GRUR 1976, 721; BPatGE 20, 15; BPatGE 27, 191 = GRUR 1986, 57; EPA J 14/91 ABl EPA 1993, 479 = GRUR Int 1994, 62; *Schulte* Rn 21; aA BPatGE 2, 189 = GRUR 1965, 30; BPatG Mitt 1970, 76 f; RPA Mitt 1936, 96; DPA Mitt 1957, 76; vgl EPA J 27/87 EPOR 1988, 282.

74　DPA BlPMZ 1955, 359; RPA Mitt 1938, 391.

75　BGHZ 46, 1 = GRUR 1966, 698 Akteneinsicht IV; BPatGE 1, 52 = GRUR 1965, 81; BPatGE 4, 157 = GRUR 1964, 499; BPatGE 5, 100 = GRUR 1965, 359; BPatGE 6, 171, 178 = BlPMZ 1965, 232; BPatGE 9, 181; BPatGE 13, 173 = GRUR 1973, 48; BPatGE 14, 14 = BlPMZ 1972, 263, jeweils zur früheren GbmHilfsanmeldung; BPatG Mitt 2001, 256.

76　BGH GRUR 1972, 725 Akteneinsicht XI; BPatGE 12, 98; *Schulte* Rn 21.

77　BPatGE 9, 181; BPatGE 13, 173 = GRUR 1973, 48; BPatGE 14, 174, 177 = GRUR 1973, 196.

78　BPatGE 1, 52 = GRUR 1965, 81; BPatGE 9, 181, jeweils zum Hilfsgebrauchsmuster.

79　*Schulte* Rn 21 unter Hinweis auf BPatGE 8, 1.

80　BPatGE 19, 6, 10 = GRUR 1976, 721; BPatGE 14, 174, 179 f = GRUR 1973, 196; BPatG 2.4.2001 10 W (pat) 42/99; BPatG GRUR 2006, 814, 816, Markensache.

81　BGH 21.1.2013 X ZR 49/12 Akteneinsicht 038.

82　BPatGE 8, 1; DPA BlPMZ 1958, 190; *Schulte* Rn 21.

83　BPatGE 23, 278; BPatG 20.2.2003 10 W (pat) 34/02, bei erst kurz ausgeschiedenem ArbN; *Schulte* Rn 21.

84　BPatGE 20, 261 = GRUR 1978, 531.

85　DPA BlPMZ 1956, 223.

86　BPatGE 43, 176; *Schulte* Rn 21.

87　BPatGE 43, 276.

88　BPatGE 23, 55 = GRUR 1980, 1071; BPatGE 10, 145, 148; abw BPatGE 13, 109 = GRUR 1972, 713, WzSache; BPatGE 20, 261 = GRUR 1978, 531, WzSache.

ein künftiges Schutzrecht einzugreifen,[89] bei bloßem Hinweis auf die Anmeldung in einem Werbeprospekt ohne Hinzutreten weiterer Umstände,[90] bei einem Akteneinsichtsantrag aufgrund materiellen Rechts (zB § 55; §§ 823, 1004 BGB; Bestimmungen des UWG),[91] bei Akteneinsicht in Inlandsanmeldung wegen Inanspruchnahme oder Verwarnung aus ausländ Anmeldung,[92] Schutzhinweis ohne Angabe einer bestimmten Anmeldung,[93] in Ausscheidungsanmeldung für Einsprechenden in der Stammanmeldung,[94] bei Behauptung widerrechtl Entnahme (vgl aber Rn 38),[95] bei Akteneinsicht zur Prüfung eines entgegenstehenden StdT[96] (die Rspr zu „älteren Rechten"[97] ist wegen Änderung der Gesetzeslage überholt), für einen Akteneinsichtsantrag des Pfändungspfandgläubigers,[98] bei vertraglichem Verzicht auf Akteneinsicht,[99] bei vom Antragsteller provozierter Berufung auf die Anmeldung,[100] bei Hinweis auf die Anmeldung von dritter Seite,[101] bei Akteneinsicht zur Feststellung des Schutzumfangs eines teilweise für nichtig erklärten Patents (vgl aber Rn 22),[102] für Lizenznehmer.[103]

IV. Freie Akteneinsicht

1. Grundsatz. Sie ist – anders als die beschränkte Akteneinsicht des Abs 1 Satz 1 (Rn 30 ff) – ohne wei- **40** teres zu gewähren, dh ohne Erfüllung bestimmter materieller oder förmlicher Voraussetzungen (vgl Rn 69 ff). Es bedarf für sie weder eines förmlichen Antrags noch einer Anhörung anderer Beteiligter noch einer förmlichen Gestattung der Akteneinsicht durch Beschluss (Rn 69, 81). Demgem gibt es gegen sie auch kein Rechtsmittel (Rn 82). Zu ihrer Durchführung Rn 83 ff, zu den Kosten der Akteneinsicht Rn 90 ff.

Der freien Akteneinsicht unterliegen das **Patentregister** (zum Begriff des Registers im Rechtssinn **41** Rn 26), die **Akten** (zum Aktenbegriff Rn 18 ff) von **erteilten Patenten** (Abs 1 Satz 2; Rn 46 f), **Beschränkungs- und Widerrufsverfahren** (Abs 1 Satz 2; Rn 47 f), **abgetrennten Teilen** eines Patents (Abs 1 Satz 2 2. Halbs aF, § 60 aF; Rn 49), **offengelegten Patentanmeldungen** (Abs 2; Rn 51 ff), die zu den frei einsehbaren Akten gehörenden **Modelle und Probestücke** (Abs 3).

Zur Einsicht Dritter in den **Recherchenbericht** Rn 60 zu § 43. **42**

Die genannten Vorgänge unterliegen der freien Akteneinsicht **in ihrem jeweiligen Bestand**, ohne **43** Rücksicht darauf, ob sie vor oder nach dem Freiwerden der Akteneinsicht entstanden sind. Die freie Akteneinsicht wird nicht dadurch berührt, dass die Anmeldung zurückgenommen oder zurückgewiesen wird oder als zurückgenommen gilt, das Patent widerrufen oder für nichtig erklärt wird oder nach § 20 erlischt.[104]

Die freie Akteneinsicht findet ihre **Grenzen** in den Vorschriften über den Schutz des Erfinders, der **44** seine **Nichtnennung** beantragt hat (Abs 4; Rn 60 ff), den Schutz von **Staatsgeheimnissen** (Abs 5; Rn 64 ff), den Schutz von **Menschenwürde, Intimsphäre, Betriebsgeheimnissen** (Rn 57 ff).

89 BPatGE 27, 191 = GRUR 1986, 57; *Mes* Rn 24.

90 BPatG BlPMZ 2015, 22; BPatG 17.9.2014 7 W (pat) 46/14; vgl *Benkard* Rn 63.

91 BPatGE 2, 189 = GRUR 1965, 30; BPatG 12, 93, 97; BPatG 26.2.1969 4 W (pat) 156/68; DPA Mitt 1957, 76; *Schulte* Rn 22; aA BPatGE 19, 6 = GRUR 1976, 721.

92 BPatGE 2, 189 = GRUR 1965, 30; BPatG Mitt 1968, 216; BPatG BlPMZ 1970, 49, 52 f; BPatG Mitt 1970, 76 f; BPatGE 14, 14 = BlPMZ 1972, 263; BPatGE 19, 6 = GRUR 1976, 721; *Schulte* Rn 22; aA BPatGE 14, 174, 180 f = GRUR 1973, 196, wo auf Exportbehinderung abgestellt wird.

93 Nl PA BIE 2000, 292.

94 BPatGE 13, 167.

95 BPatGE 8, 4 = Mitt 1965, 200; BPatGE 19, 6, 12 = GRUR 1976, 721.

96 BPatGE 12, 93, 97; BPatGE 14, 174, 178 = GRUR 1973, 196.

97 BPatGE 6, 20 = BlPMZ 1965, 92; BPatGE 22, 272 = GRUR 1981, 584; so noch *Schulte* Rn 22; differenzierend BPatGE 6, 26 = GRUR 1965, 600.

98 BPatGE 6, 220 = GRUR 1966, 222; RPA Mitt 1928, 32; vgl Bescheid PräsDPA BlPMZ 1950, 52.

99 BPatGE 6, 163 = GRUR 1966, 207; *Schulte* Rn 22.

100 *Schulte* Rn 22.

101 *Schulte* Rn 22.

102 BPatGE 32, 270 = Mitt 1992, 229.

103 BPatGE 12, 93; RPA Mitt 1930, 139.

104 BGHZ 42, 19 = GRUR 1964, 548 Akteneinsicht I; BGHZ 42, 32 = GRUR 1964, 602 Akteneinsicht II; BGH GRUR 1973, 154 Akteneinsicht XII; BPatGE 2, 41; BPatGE 17, 45 = BlPMZ 1975, 191, zur Ausscheidung; BPatGE 53, 64 = GRUR 2012, 755; BPatG 12.7.2011 3 ZA (pat) 29/11; *Schulte* Rn 39.

45   2. Das **Patentregister** im Rechtssinn (Rn 26) unterliegt der freien Akteneinsicht (Abs 1 Satz 2). Wegen des bei der Registereinsicht einzuhaltenden Verfahrens, der Durchführung der Registereinsicht und der Kostenregelung Rn 68 ff, 83 ff, 90 ff.

46   3. Die **Akten erteilter Patente** werden der freien Akteneinsicht zugänglich, wenn diese nicht schon vorher durch die Offenlegung (Abs 2; Rn 51 ff) eröffnet worden ist. Die Vorschrift hat danach nur für die seltenen Fälle, in denen das Patent vor oder, etwa wegen (später wieder aufgehobener) Geheimstellung (vgl § 50 Abs 1 Satz 1), ohne Offenlegung erteilt worden ist, praktische Bedeutung.[105] Dabei tritt die freie Akteneinsicht nicht schon mit der Wirksamkeit (Zustellung) des Erteilungsbeschlusses ein, sondern erst mit der Veröffentlichung der Patenterteilung im PatBl. Denn erst ab diesem Zeitpunkt treten auch die gesetzlichen Schutzwirkungen (§ 58 Abs 1 Satz 3 iVm §§ 33, 139) des Patents ein, die allein die freie Akteneinsicht rechtfertigen.[106]

47   4. **Akten von Beschränkungs- und Widerrufverfahren** (Abs 1 Satz 2 iVm § 64) unterliegen ab Stellung des Antrags (§ 64) der freien Akteneinsicht.

48   Akten des Beschränkungs- und Widerrufsverfahrens sind **alle Vorgänge**, die ein in § 64 geregeltes Verfahren betreffen, gleichgültig ob es zu einer Beschränkung oder zum Widerruf geführt hat oder der Antrag zurückgenommen oder zurückgewiesen worden ist. Auf die beschränkte Verteidigung des Beklagten im Nichtigkeitsverfahren ist die Vorschrift nicht anzuwenden. Die hierüber erwachsenen Vorgänge sind Bestandteil der Akten des Nichtigkeitsverfahrens und unterliegen den dafür geltenden Akteneinsichtsvorschriften (Rn 22).

49   5. **Akten von abgetrennten Teilen eines Patents** (Abs 1 Satz 2 2. Halbs in der bis 30.6.2006 geltenden Fassung). Bei Teilung eines Patents im Einspruchsverfahren (§ 60 aF) blieb neben dem Stammpatent auch der abgetrennte Teil der freien Akteneinsicht zugänglich. Die Vorschrift hatte praktische Bedeutung nur für den seltenen Fall, dass das Patent vor oder ohne Offenlegung erteilt worden, die freie Akteneinsicht also erst durch die Patenterteilung eröffnet worden war (Rn 46). Sie stellte für diesen Fall klar, dass die durch die Patenterteilung eröffnete freie Akteneinsicht an dem abgetrennten Teil erhalten bleibt, obwohl er durch die Teilung in den Zustand einer Anmeldung, für die Prüfungsantrag gestellt ist, zurückfiel (vgl § 60 Abs 1 Satz 2 in der bis 30.6.2006 geltenden Fassung).[107] Das DPMA hatte auf die Möglichkeit der freien Akteneinsicht in den abgetrennten Teil gem § 32 Abs 5 im PatBl hinzuweisen. Dieser Hinweis hatte jedoch – anders als im Fall des Abs 2 (Rn 51 ff) – keine konstitutive Bedeutung für die freie Akteneinsicht, sondern nur für den Anspruch nach § 33.

50   War der **Akteneinsichtsantrag vor der Teilung** gestellt, bezog er sich nach der Teilung gleichermaßen auf das Restpatent wie auf den abgetrennten Teil.

51   6. **Offengelegte Patentanmeldungen** (Abs 2) unterliegen der freien Akteneinsicht. Im Normalfall wird die freie Akteneinsicht durch die Offenlegung eröffnet. Abs 2 ist für die freie Akteneinsicht maßgeblich, solange die Anmeldung noch nicht zur Patenterteilung geführt hat. Ab der Patenterteilung gilt Abs 1 Satz 2 (Rn 46).[108]

52   Der Tatbestand der Offenlegung ist nach Abs 2 erfüllt, wenn der Anmelder sich gegenüber dem DPMA vorbehaltlos und unbedingt, nicht nur für einen konkreten Einzelfall, sondern generell mit der Freigabe der Akteneinsicht in eine anhängige Patentanmeldung einverstanden erklärt, gem § 37 den Erfinder benennt[109] und der Offenlegungshinweis im PatBl veröffentlicht worden ist (**vorzeitige Offenlegung**, Abs 2 Nr 1).[110]

53   Er ist auch erfüllt, wenn bei einer anhängigen Anmeldung seit dem Anmeldetag oder (sofern eine Priorität beansprucht wird, unabhängig von der Berechtigung dieser Prioritätsbeanspruchung) seit dem

---

105 Vgl *Schubert/Leonhard* Mitt 1993, 339.

106 BPatG BlPMZ 1995, 324 f mwN; *Schulte* Rn 24; vgl auch *Schubert/Leonhard* Mitt 1993, 339; EPA J 7/96 ABl EPA 1999, 443 Aussetzung des Verfahrens; EPA T 877/98 Schulte-Kartei PatG 31 Nr 31; aA *Stortnik* GRUR 1999, 533.

107 Vgl *Schulte* Rn 28.

108 *Schubert/Leonhard* Mitt 1993, 339.

109 Vgl zu den Gründen für diese Regelung Begr GPatG, BlPMZ 1979, 282.

110 Vgl *Schulte* Rn 32.

Prioritätszeitpunkt 18 Monate verstrichen sind und der Offenlegungshinweis gem § 32 Abs 5 im PatBl veröffentlicht worden ist (**Regeloffenlegung**,[111] Abs 2 Nr 2). Die bloße Veröffentlichung der Offenlegungs- und Patentschrift nach § 32 Abs 4 eröffnet für sich nicht die freie Akteneinsicht (Rn 43 ff, 50 zu § 32).

DDR-Anmeldungen s 6. *Aufl.*   54

Der Hinweis nach § 32 Abs 5 darf erst veröffentlicht werden, wenn die übrigen Voraussetzungen des 55
Abs 2 Nr 1 oder Nr 2 erfüllt sind, insb also **nicht vor Ablauf der Achtzehnmonatsfrist** des Abs 2 Nr 2,[112]
sollte aber im Interesse der möglichst frühzeitigen Unterrichtung der Öffentlichkeit auch nicht verzögert
werden.

V. Grenzen der Akteneinsicht

1. Grundsatz. Der Akteneinsicht unterliegen die Akten, Modelle und Probestücke jedenfalls nur in ih- 56
rem **jeweiligen Bestand** (vgl Rn 43). Das Recht auf (freie oder beschränkte) Akteneinsicht hindert das
DPMA nicht, Akten nach Ablauf der Aufbewahrungsfrist zu vernichten.[113] Zu **Mustern, Modellen und
Probestücken** erledigter Anmeldungen und Schutzrechte s § 31 DPMAV. Der Antragsteller hat keinen Anspruch darauf, dass die Verfahrensbeteiligten fehlende Akteteile aus ihren Unterlagen ergänzen.[114] Davon abgesehen erfasst die Akteneinsicht jedoch regelmäßig die gesamte Akte. Die beschränkte Akteneinsicht wird nur gewährt, soweit das berechtigte Interesse reicht.[115]

2. Ausschluss der Akteneinsicht (Absatz 3b). Die Regelung betrifft personenbezogene Daten iSd 57
BDSG. Als solche werden die Akten idR nur wenige und kaum sensible Angaben wie die Namen und Anschriften der Anmelder, ihrer Vertreter und der benannten Erfinder enthalten.[116] Gleichwohl können auch
stärker schutzwürdige Daten Inhalt der Akten werden, so bei Fristversäumung gestellte Anträge auf Wiedereinsetzung, in denen der Antragsteller Gründe anführt, die Schlüsse auf seine persönliche oder gesundheitliche Situation zulassen oder die sein privates Umfeld berühren. Aktenbestandteile, die derartige personenbezogene Angaben enthalten, sind vAw von der Akteneinsicht auszunehmen.[117] Aus der in §§ 16 Abs 1 Nr 1, 14
Abs 2 Nr 5 BDSG vorgesehenen Interessenabwägung ergibt sich, dass die Bekanntgabe allg zugänglicher
oder seitens der verantwortlichen Stelle veröffentlichungsfähiger Daten soweit ausgeschlossen sein soll, als
das entgegenstehende schutzwürdige Interesse des Betroffenen iSd § 3 Abs 1 BDSG überwiegt (Begr).[118]

Die weitere Einsichtssperre einer **entgegenstehenden Rechtsvorschrift** macht deutlich, dass das 58
DPMA außer einschlägigen datenschutzrechtl Einschränkungen auch Normen aus anderen Rechtsberei-
chen wie etwa dem Urheberrecht (insb an zu den Akten gelangten urheberrechtl geschützten Werken, zur
Gemeinfreiheit des Inhalts von Patentveröffentlichungen Rn 5 zu § 32) beachten muss, soweit diese einer
öffentlichen Verbreitung der Akteninhalte oder ggf speziell ihrer Bekanntgabe über das Internet entgegenstehen (Begr).[119]

Beschränkung der Akteneinsicht kommt auch in Betracht, wenn insb zur Begründung einer wider- 59
rechtl Entnahme[120] oder einer offenkundigen Vorbenutzung[121] – uU auch versehentlich[122] – **Betriebsgeheimnisse** offenbart worden sind.[123] Hier können uU Ersatzunterlagen, die das Betriebsgeheimnis nicht
offenlegen, zum Gegenstand der Akteneinsicht gemacht werden.[124]

---

111 Vgl *Schulte* Rn 33.
112 BPatGE 18, 13 f = BlPMZ 1976, 119.
113 Vgl MittPräsDPA Nr 6/76 BlPMZ 1976, 121; MittPräsDPMA Nr 2/01 BlPMZ 2001, 113 über die Aktenvernichtung.
114 DPA BlPMZ 1953, 339.
115 *Benkard* Rn 82.
116 Vgl *Benkard* Rn 97.
117 *Benkard* Rn 102; *Mes* Rn 15.
118 Vgl zur Rechtslage vor Inkrafttreten der Bestimmung BPatGE 17, 18 = GRUR 1976, 104; BPatGE 30, 74 = Mitt 1989,
     179; näher zur Interessenabwägung *Benkard* Rn 99.
119 Vgl *Mes* Rn 15.
120 BPatGE 30, 74 = Mitt 1989, 179.
121 BPatGE 22, 24 = GRUR 1979, 697.
122 BPatGE 22, 24 = GRUR 1979, 697.
123 Vgl auch BPatGE 17, 18, 21 ff = GRUR 1976, 104.
124 Vgl BPatGE 22, 24, 28 = GRUR 1979, 697.

3. Ausnahmen

60   **a. Antrag auf Nichtnennung des Erfinders** (Abs 4). Nach § 63 Abs 1 Satz 3 kann der Erfinder beantragen, ihn in den vorgeschriebenen Veröffentlichungen entgegen dem Grundsatz des § 63 Abs 1 Satz 1 ungenannt zu lassen, seine Identität also vor der Öffentlichkeit geheim zu halten. Es handelt sich hierbei um eine ausdrückliche gesetzliche Ausprägung des allg Persönlichkeitsrechts des Art 2 Abs 1 iVm Art 1 GG.[125] Dieses Recht liefe leer, wenn die Identität des Erfinders durch die Akteneinsicht jederzeit aufgedeckt werden könnte. Deshalb ermöglicht Abs 4, die Akteneinsicht in die Erfinderbenennung nach Maßgabe des Abs 1 Satz 1 zu beschränken, insb sie von der Glaubhaftmachung eines berechtigten Interesses (Rn 34 ff) an der Kenntnis der Person abhängig zu machen.

61   Wenn Abs 4 seinem Wortlaut nach hierfür auch einen eigenständigen **Antrag** voraussetzt, wird man doch iZw in dem Antrag nach § 63 Abs 1 Satz 3 zugleich einen Antrag nach Abs 4 sehen müssen.[126]

62   Der Antrag nach Abs 4 ist jederzeit widerruflich (Abs 4 iVm § 63 Abs 1 Satz 4); sein **Widerruf** macht die Erfinderbenennung frei einsehbar.[127] Das gleiche gilt, wenn sich der Erfinder darauf beschränkt, auf seine Nennung zu verzichten (Abs 4 iVm § 63 Abs 1 Satz 5).

63   Zum **berechtigten Interesse** gelten hier die allg Grundsätze (Rn 34 ff). Ein berechtigtes Interesse an Akteneinsicht in die Erfinderbenennung besteht nicht schon, wenn widerrechtl Entnahme behauptet wird.[128] Die Rspr hat zunächst angenommen, dass sich das Interesse auf die Wahrung von Rechten in dem Patentverfahren beziehen muss, in dem Nichtnennung beantragt ist, und nicht auf die Erleichterung der Rechtsverfolgung in anderen Verfahren.[129] Demgegenüber hat es der BGH ausreichen lassen, dass die Kenntnis von der Person des Erfinders Einfluss auf die Verteidigung der Rechtsposition des Antragstellers haben kann (Rn 24 zu § 37).[130] Das kann der Fall sein, wenn der Antragsteller geltend macht, zB als Miterfinder, selbst Rechte an der Anmeldung zu haben,[131] oder für ihn als ArbGb in Frage steht, ob es sich um die Erfindung seines ArbN handelt.[132]

64   **b. Geheimgestellte Anmeldungen und Patente** (Abs 5 iVm § 50) unterliegen der Akteneinsicht nur unter den besonderen Voraussetzungen, dass nach Anhörung der zuständigen obersten Bundesbehörde (§ 56) ein besonderes schutzwürdiges Interesse des Antragstellers die Akteneinsicht geboten erscheinen lässt und die Gefahr eines schweren Nachteils für die äußere Sicherheit der Bundesrepublik Deutschland nicht zu erwarten ist.[133] Eine solche Gefahr kann bei einer Einsichtnahme durch den Antragsteller oder einen Vertreter, der die wesentlichen, geheimhaltungsbedürftigen Erfindungsmerkmale kennt, zu verneinen sein, wenn er eine entspr Verschlusssachenermächtigung besitzt.[134]

65   Wird in einem Verfahren über eine an sich freie Patentanmeldung oder ein solches Patent eine geheimgestellte Patentanmeldung oder Patent gem § 3 Abs 2 Satz 3 als StdT **entgegengehalten**, gelten für die Akteneinsicht in die diesbezüglichen Aktenteile gleichfalls die in Rn 64 aufgeführten Anforderungen (Abs 5 Satz 2). Gleiches wird zu gelten haben, wenn aus anderen Gründen, zB versehentlich, geheimgestellte Vorgänge zu Bestandteilen nicht geheimgestellter Akten geworden sind.[135]

66   Ein **besonderes schutzwürdiges Interesse** des Antragstellers kann vorliegen, wenn gegen ihn Ansprüche aus einem Geheimpatent geltend gemacht werden, oder wenn es ihm als StdT nach § 3 Abs 2 Satz 3 entgegengehalten wird.[136]

---

125   BGH GRUR 1994, 104 Akteneinsicht XIII.
126   Vgl BPatG 13.6.2013 10 W (pat) 1/12.
127   *Schulte* Rn 36.
128   Vgl BPatGE 2, 22 = GRUR 1965, 30; BPatG Mitt 1975, 176.
129   BPatG 28.9.1992 4 W (pat) 68/91; BPatG 18.1.1993 4 W (pat) 38/92.
130   BGH GRUR 1994, 104 Akteneinsicht XIII.
131   DPA BlPMZ 1983, 190.
132   BPatGE 23, 278 f; BPatGE 40, 33, 35; BPatG 16.12.2010 10 W (pat) 27/09; BPatG 13.6.2013 10 W (pat) 1/12; *Mes* § 63 Rn 15.
133   Vgl *Mes* Rn 31 ff.
134   BPatG 2.10.1975 5 W (pat) 601/74 BlPMZ 1976, 411 Ls.
135   BPatGE 22, 24 = BlPMZ 1980, 20.
136   Abw BPatGE 23, 272 = GRUR 1981, 584, zu § 4 Abs 2 PatG 1978 („älteres Recht").

Im Einzelfall kann hier die **Interessenabwägung** eine Beschränkung der Akteneinsicht auf Aktentei- 67
le, zB die Patentansprüche, gebieten.[137]

C. Verfahren

I. Antrag

Akteneinsicht wird nach Abs 1 Satz 1 auf Antrag gewährt. Das erfordert in den Fällen der beschränk- 68
ten Akteneinsicht des Abs 1 Satz 1, Abs 4, 5 einen förmlichen (schriftlichen) Antrag, der gem § 14 Abs 2
DPMAV dem Anmelder und sonstigen am Akteneinsichtsverfahren Beteiligten (Rn 75) mitgeteilt (Rn 76)
werden muss.

Eines förmlichen Antrags bedarf es nicht für die **freie Akteneinsicht** (Abs 1 Satz 2, Abs 2, 3). Hier er- 69
folgt die Akteneinsicht idR durch elektronische Abfrage (Rn 31 zu § 30). Einer Anhörung anderer Beteiligter
oder einer förmlichen Entscheidung bedarf es nicht; auch ein berufsmäßiger Vertreter braucht einen etwaigen Auftraggeber nicht zu offenbaren[138] (Rn 48 zu § 99; vgl aber für die beschränkte Akteneinsicht
Rn 34 ff, 37).

Die Akteneinsicht kann die vollständigen Akten, Muster und Modelle betreffen, aber auch auf **Teile** 70
davon, zB die in der Sache ergangene Entscheidung beschränkt sein.[139] Sie kann auf körperliche Einsichtnahme gerichtet oder auf bloße Erteilung von Kopien von Akten oder Aktenteilen bzw Überlassung von
Mikrofilmnegativen (Rn 83 ff) oder sogar auf eine bloße Auskunft aus den Akten, zB die Mitteilung von
Entgegenhaltungen, beschränkt sein.[140] An derart beschränkte Anträge ist das DPMA gebunden. Die Akteneinsicht kann nicht in einem über den Antrag hinausgehenden Umfang gewährt werden.

Ein unanfechtbar zurückgewiesener Akteneinsichtsantrag kann **wiederholt** werden.[141] Ein mit der- 71
selben Begründung wiederholter Antrag kann ohne erneute Sachprüfung unter Bezugnahme auf die frühere Entscheidung zurückgewiesen werden.

II. Zuständigkeit; Adressat

Akteneinsicht gewährende und, soweit es einer Entscheidung bedarf (Rn 69 ff), beschließende Stelle 72
ist das DPMA (Abs 1 Satz 1) in seiner Funktion als Erteilungsbehörde iSv § 27 Abs 1. Zuständig ist also je
nach dem Stand des Verfahrens die Prüfungsstelle (Rn 6 ff, 9 zu § 27) oder die Patentabteilung (Rn 14 ff, 20
zu § 27)[142] im Rahmen ihres Geschäftskreises. Die Prüfungsstelle ist insb zuständig bei schwebenden oder
ohne Patenterteilung erledigten Anmeldungen,[143] die Patentabteilung bei erteilten Patenten (vgl § 22 Abs 1
DPMAV). Die SstA ist nicht zuständig.[144] Zur Zuständigkeit von BPatG und BGH Rn 42, 48 f zu § 99.

Die Bearbeitung liegt seit 1.1.2008 bei den **Beamten des gehobenen Diensts** oder vergleichbaren Ta- 73
rifbeschäftigten (§ 27 Abs 5 iVm § 1 Abs 1 Nr 8 WahrnV). sie kann auch von Beamten des mittleren Diensts
und vergleichbaren Tarifbeschäftigten wahrgenommen werden, soweit die Akteneinsicht jedermann freisteht oder der Anmelder zugestimmt hat (§ 1 Abs 2 Nr 1 WahrnV).[145]

III. Verfahrensfragen

1. Kontradiktorischer Charakter. Über den förmlichen Akteneinsichtsantrag (Rn 68 ff) wird nach hM 74
in einem kontradiktorischen Verfahren entschieden. Die ist allerdings nicht zutr (vgl Rn 95).

---

137 BGH BlPMZ 1977, 310 Akteneinsicht Geheimpatent.
138 BGH GRUR 1999, 226 Akteneinsicht XIV; BPatGE 17, 26 f; vgl auch *Schulte* Rn 41.
139 BGH GRUR 1973, 491 Akteneinsicht 08; BPatGE 10, 145 f; BPatGE 14, 232 = GRUR 1973, 100; BPatGE 20, 261 = GRUR
1978, 531; BPatGE 32, 241 = GRUR 1992, 55 mwN.
140 BGHZ 46, 1 = GRUR 1966, 698 Akteneinsicht IV; BPatGE 6, 30 = BlPMZ 1965, 48.
141 RPA Mitt 1932, 222; RPA Mitt 1935, 161.
142 BPatG BlPMZ 1993, 484 f.
143 DPA BlPMZ 1955, 359.
144 SstA 23.1.1992 ArbErf 24/91.
145 Vgl *Schulte* Rn 43.

75   **2. Beteiligte** am Verfahren sind der Antragsteller und etwa durch die Akteneinsicht sonst Betroffene, dh die Beteiligten des Verfahrens, in dessen Akten Einsicht begehrt wird (Anmelder, Einsprechende, Nichtigkeitskläger, Beklagte usw). In Fällen freier Akteneinsicht ist die Beteiligung des Schutzrechtsinhabers zumindest dann geboten, wenn das Vorliegen einer freien Akteneinsicht str ist. Dem Schutzrechtsinhaber kann dann auch die Beteiligung am Beschwerdeverfahren nicht verwehrt werden.[146]

76   **3. Mitteilung an die Beteiligten.** Der Antrag wird den Beteiligten (Rn 75) zur Äußerung (Rn 80) mitgeteilt; Zustellung ist nicht erforderlich (vgl Rn 23 zu § 127; aA *7. Aufl*).[147] Zu diesem Zweck hat der Antragsteller die erforderliche Anzahl von Abschriften aller Schriftsätze beizufügen (§ 17 Abs 2 DPMAV).

77   **4. Zustimmung.** Erklären sich die Beteiligten mit der Akteneinsicht ausdrücklich einverstanden, wird sie ohne weiteres gewährt (Rn 33).

78   **5. Widerspruch.** Widerspricht einer der Beteiligten oder äußert er sich nicht,[148] hat das DPMA vAw zu prüfen, ob das Interesse des Antragstellers die Akteneinsicht (im vollen beantragten Umfang) rechtfertigt.

79   **6. Glaubhaftmachung.** Für den Fall des Widerspruchs hat der Antragsteller die Tatsachen, aus denen er sein Einsichtsrecht herleitet, insb die Tatsachen, aus denen sich sein berechtigtes Interesse ergeben soll, im einzelnen vorzutragen und glaubhaft zu machen (Abs 1 Satz 1), dh er muss für sie nicht den vollen Beweis erbringen, sondern dem DPMA die Überzeugung von ihrer „überwiegenden Wahrscheinlichkeit" vermitteln.[149] Hierfür bietet sich als Mittel der Glaubhaftmachung neben der Vorlage von Urkunden insb die eidesstattliche Versicherung an (zur Glaubhaftmachung § 294 ZPO).[150]

80   **7. Gelegenheit zur Äußerung.** Die übrigen Beteiligten müssen Gelegenheit erhalten, sich zu dem Antrag insgesamt, also auch zu den zu seiner Rechtfertigung vorgebrachten Tatsachen und Nachweisen, zu äußern (§ 21 DPMAV).[151] Sachvortrag und Belege, zu denen eine Äußerung nicht möglich war, dürfen nicht zur Grundlage der Entscheidung gemacht werden. Unterlagen, die der Antragsteller dem Antragsgegner vorzuenthalten wünscht, sind ihm – nach Hinweis auf die Unzulässigkeit seines Ansinnens – zurückzugeben.[152]

IV. Entscheidung

81   Zur Entscheidungszuständigkeit § 22 Abs 1 DPMAV. Bei der Entscheidung ist das DPMA an einen etwa beschränkten Antrag gebunden, es darf nicht darüber hinausgehen (Rn 70). In dem durch den Antrag vorgezeichneten Rahmen kann es dem Antrag ganz oder teilweise stattgeben bzw ihn zurückweisen (vgl Abs 1 Satz 1: „wenn und soweit ein berechtigtes Interesse glaubhaft gemacht wird"). Die Entscheidung ergeht in Beschlussform. Der Beschluss ist zu begründen, schriftlich auszufertigen und mit Rechtsmittelbelehrung zuzustellen (§ 47).

V. Rechtsmittel

82   Die Entscheidung über das Akteneinsichtsgesuch unterliegt der Beschwerde (§ 73); die Durchführung der Akteneinsicht (Rn 83 ff) setzt also den Ablauf der Beschwerdefrist voraus.

---

146   BPatG GRUR 2006, 174 f, GeschmMSache.
147   *Schulte* Rn 44.
148   BPatGE 23, 55, 57 = GRUR 1980, 1071; BPetG Mitt 1977, 72; *Schulte* Rn 44.
149   RPA Mitt 1938, 72; RPA Mitt 1938, 287, 290.
150   Zur Glaubhaftmachung des berechtigten Interesses an der Einsicht in die Benennung des Erfinders BPatGE 40, 33.
151   BPatGE 32, 241 = GRUR 1992, 55 f; aA für die Herausgabe „neutralisierter" Beschlüsse des BPatG BPatGE 32, 172 = GRUR 1992, 54; BPatGE 32, 133 = GRUR 1991, 841.
152   AA noch RPA Mitt 1933, 226; DPA BlPMZ 1954, 440.

VI. Durchführung der Einsichtnahme

1. Akteneinsicht. Die kraft Gesetzes zur Einsicht freien, die kraft Zustimmung der Betroffenen freien **83** oder die durch unanfechtbare Entscheidung (Rn 81 f) zur Einsicht freigegebenen Akten oder Aktenteile stehen zur Einsichtnahme auf elektronischem Weg (Rn 84) sowie an den elektronischen Leseplätzen in den Recherchesälen des DPMA zur Verfügung. Einsicht in das Original von Akten von Anmeldungen und von erteilten oder eingetragenen Schutzrechten, die nicht elektronisch geführt werden, ist nur als „körperliche" Einsicht möglich, sie wird nur in den Dienstgebäuden des DPMA in München, Jena und Berlin gewährt (vgl § 22 Abs 2 Satz 1 DPMAV).[153] Soweit der Inhalt von Akten des DPMA auf Mikrofilm aufgenommen ist, wird Einsicht in die Akten dadurch gewährt, dass der Mikrofilm zur Verfügung gestellt wird. Auf Antrag wird Akteneinsicht durch Erteilung von Ablichtungen oder Ausdrucken (auch beglaubigt) der gesamten Akten oder von Teilen der Akten gewährt (§ 22 Abs 2 Satz 2 DPMAV).

Online-Akteneinsicht über das Internet wird durch Abs 3a ermöglicht.[154] Die Akteneinsicht ist online **84** in DPMAregister für einen Teil der Akten in Patent- und Gebrauchsmusterverfahren sowie bei einigen Akten zu ergänzenden Schutzzertifikaten möglich. Für eine Vielzahl von Akten, die derzeit online noch nicht verfügbar sind, kann eine Freischaltung für die elektronische Akteneinsicht angefordert werden.[155] Für die beschränkte Akteneinsicht wird ein online-Zugang nicht zur Verfügung gestellt.[156]

Der StdT, der im Recherche- und im Patentprüfungsverfahren ermittelt wurde, wird vollständig in **85** DPMAregister erfasst. Es wird vertreten, dass **Nichtpatentliteratur** (nichtamtliche Veröffentlichungen, auch wissenschaftlich-technischen Inhalts) aus urheberrechtl Gründen (§ 45 UrhG) bei einer Akteneinsicht Dritter, die nicht Verfahrensbeteiligte sind, nicht zur Verfügung gestellt und nicht kopiert werden darf; sie wird deshalb in den Akten gekennzeichnet und für die elektronsiche Akteneinicht gesperrt, jedoch bleiben Zitierung und Quellenangabe sichtbar.[157] Die zitierte Nichtpatentliteratur kann vom Antragsteller selbst beschafft werden; das DPMA kann sie zur Verfügung stellen, jedenfalls soweit sie nicht dem Urheberschutz unterliegt.[158] Nach Auffassung des BPatG ist weitergehend Akteneinsicht in Form der Übersendung von Kopien der Amtsakte auch für solche Aktenteile nicht ausgeschlossen, an denen als Nichtpatentliteratur Urheberrechte Dritter bestehen können, weil dies durch die Schrankenregelung in § 45 UrhG gedeckt sei, wonach es zulässig ist, einzelne Vervielfältigungsstücke von Werken zur Verwendung in Verfahren vor einem Gericht, einem Schiedsgericht oder einer Behörde herzustellen oder herstellen zu lassen; als solches Verfahren sei auch das Akteneinsichtsverfahren anzusehen.[159]

Die Akteneinsicht kann auch durch **Übersendung der Akte** an das Amtsgericht des Wohnorts durch- **86** geführt werden.[160] Ein Anspruch auf Abgabe in die Wohnung oder das Büro eines Anwalts besteht nicht.

Ist die Akteneinsicht **auf bestimmte Aktenteile beschränkt**, sind sie von den übrigen Aktenteilen **87** möglichst zu trennen, notfalls sind Abschriften der freien Teile zu fertigen oder die Akteneinsicht ist nur unter Aufsicht zu gewähren.[161] Es können Aktenteile abgedeckt, Entscheidungsabschriften durch Abdeckung der Parteibezeichnung usw „neutralisiert" werden.[162] Enthalten Aktenteile ein Betriebsgeheimnis (Rn 59), kann dessen Schutz dadurch gewahrt werden, dass die Aktenteile durch entspr Dokumente ausgetauscht werden, die das Geheimnis nicht offenbaren.[163]

2. Zur Registereinsicht vgl Rn 34 zu § 30. Auf Antrag werden auch Registerauszüge in Papierform er- **88** teilt.

---

153 Vgl *Schulte* Rn 45.
154 Vgl *Fitzner/Lutz/Bodewig* § 30 Rn 10 f.
155 MittPräsDPMA Nr 1/09 BlPMZ 2009, 113; Merkblatt im Internet unter http://dpma.de/amt/aufgaben/
auskunftsstellenundrecherchesaele/akteneinsicht/.
156 *Benkard* Rn 83 ff; *Schulte* Rn 46.
157 *Schulte* Rn 47.
158 *Schulte* Rn 47; *Fitzner/Lutz/Bodewig* Rn 37, 41.
159 BPatG BlPMZ 2015, 259, zugelassene Rechtsbeschwerde nicht eingelegt; hierzu auch BPatG 16.6.2014 7 W (pat) 7/14.
160 RPA Mitt 1935, 159.
161 RPA Mitt 1932, 257; DPA BlPMZ 1961, 82.
162 BPatGE 32, 241 = GRUR 1992, 55 mwN.
163 BPatGE 22, 24 = GRUR 1979, 697.

89 **3. Auskünfte aus dem Register** werden an jedermann erteilt. Verfahrensbeteiligte erhalten auch Auskunft zum Rechts- oder Verfahrensstand ihrer Schutzrechtsanmeldungen. Weitergehende Auskünfte werden nicht mehr erteilt.[164] Zur Auskunft aus Akten von Patentanmeldungen an ausländ oder zwischenstaatliche Behörden § 23 Abs 1 DPMAV.

VII. Kosten

1. Kosten der Akteneinsicht

90 **a. Gebühren.** Freie Akten- und Registereinsicht gem Abs 1 Satz 2, Abs 2, 3 ist **gebührenfrei** (Anl zu § 2 Abs 1 DPMAVwKostV (KostVerz) Nr 301400), ebenso die Erteilung von Abschriften aus dem Register und frei einsehbaren Akten (KostVerz Nr 301410).

91 **Gebührenpflichtige Akteneinsicht.** Akteneinsicht im Regelfall des Abs 1 Satz 1 ist hingegen gebührenpflichtig. Die Gebühr beträgt nach KostVerz Nr 301400 90 EUR. Zur Verfahrenskostenhilfe Rn 14 vor § 129.

92 **Fälligkeit.** Die Gebühr wird nach § 6 DPMAVwKostV (Rn 2 Einl PatKostG) mit dem Eingang des Antrags auf Vornahme der gebührenpflichtigen Amtshandlung fällig. Das DPMA kann nach § 7 Abs 1 Satz 1 DPMAVwKostV einen Vorschuss verlangen.

93 **b. Auslagen** werden gesondert erhoben (KostVerz Nr 301410 iVm Nr 302100), insb werden Schreibauslagen (Dokumentenpauschale) von 0,50 EUR je Seite für die ersten 50 Seiten, 0,15 EUR für jede weitere Seite in Rechnung gestellt. Die Pauschale für die Überlassung von elektronisch gespeicherten Daten auf CD oder DVD (Datenträgerpauschale) beträgt je CD 7 EUR und je DVD 12 EUR (KostVerz Nr 302100).

94 **2. Kosten der Registereinsicht.** Die Einsicht in das Patent und Gebrauchsmusterregister ist gebührenfrei. Registerauszüge kosten 15 EUR (KostVerz Nr 301100), in beglaubigter Form 20 EUR (KostVerz Nr 301110).

95 **3. Kostenauferlegung** soll sich **im Akteneinsichtsverfahren** als echtem Streitverfahren nach dem Unterliegensprinzip richten (so auch *7. Aufl*).[165] Dem kann nicht beigetreten werden (näher Rn 19 zu § 80; vgl die Praxis im Nichtigkeitsverfahren).

§ 32
(Veröffentlichungen des Patentamts)

(1) [1]Das Patentamt veröffentlicht
1. die Offenlegungsschriften,
2. die Patentschriften und
3. das Patentblatt.
[2]Die Veröffentlichung kann in elektronischer Form erfolgen. [3]Zur weiteren Verarbeitung oder Nutzung zu Zwecken der Patentinformation kann das Patentamt Angaben aus den in Satz 1 genannten Dokumenten an Dritte in elektronischer Form übermitteln. [4]Die Übermittlung erfolgt nicht, soweit die Einsicht ausgeschlossen ist (§ 31 Absatz 3b).

(2) [1]Die Offenlegungsschrift enthält die nach § 31 Abs. 2 jedermann zur Einsicht freistehenden Unterlagen der Anmeldung und die Zusammenfassung (§ 36) in der ursprünglich eingereichten oder vom Patentamt zur Veröffentlichung zugelassenen geänderten Form. [2]Die Offenlegungsschrift wird nicht veröffentlicht, wenn die Patentschrift bereits veröffentlicht worden ist. [3]Bei Anmeldungen, die nicht oder teilweise nicht in deutscher Sprache abgefasst sind, gilt § 35a Absatz 4.

(3) [1]Die Patentschrift enthält die Patentansprüche, die Beschreibung und die Zeichnungen, auf Grund deren das Patent erteilt worden ist. [2]Außerdem ist in der Patentschrift der Stand der Tech-

---

164 MittPräsDPMA Nr 14/99 BlPMZ 1999, 269.
165 BGH 26.5.1964 Ia ZB 233/63 Akteneinsicht I und I a ZB 18/63 Akteneinsicht II, jeweils insoweit nicht veröffentlicht; BPatGE 3, 23, 29 f = BlPMZ 1963, 173; *Schulte* Rn 47; *Mes* Rn 37.

nik anzugeben, den das Patentamt für die Beurteilung der Patentfähigkeit der angemeldeten Erfindung in Betracht gezogen hat (§ 43 Abs. 1). [3]Ist die Zusammenfassung (§ 36) noch nicht veröffentlicht worden, so ist sie in die Patentschrift aufzunehmen.

(4) Die Offenlegungs- oder Patentschrift wird unter den Voraussetzungen des § 31 Abs. 2 auch dann veröffentlicht, wenn die Anmeldung zurückgenommen oder zurückgewiesen wird oder als zurückgenommen gilt oder das Patent erlischt, nachdem die technischen Vorbereitungen für die Veröffentlichung abgeschlossen waren.

(5) Das Patentblatt enthält regelmäßig erscheinende Übersichten über die Eintragungen im Register, soweit sie nicht nur den regelmäßigen Ablauf der Patente oder die Eintragung und Löschung ausschließlicher Lizenzen betreffen, und Hinweise auf die Möglichkeit der Einsicht in die Akten von Patentanmeldungen.

Ausland: Bosnien und Herzegowina: Art 48 PatG 2010; Dänemark: vgl §§ 26, 53f, 55 PatG 1996; Frankreich: Art L 612-21, 22, R 612-39, 40, 74–76 CPI; Italien: Art 38, 56 Abs 2, 97 PatG; Luxemburg: Art 33 (Offenlegung) PatG 1992/1998; Niederlande: Art 20 ROW 1995; Art 51 ROW 1995 für eur Patente; Österreich: § 80 öPatG (Patentregister, Patentschriften), § 101 öPatG (Veröffentlichung der Anmeldung 18 Monate nach Prioritätstag); §§ 3, 7, 20 öPatV-EG; Polen: Art 43, 45, 232–234 RgE 2000; Schweden: §§ 21 (Patentschrift), 22 (Offenlegung), 55 PatG; Schweiz: Seit 1.8.2008 erfolgt die rechtswirksame Publikation von Neueintragungen und Registeränderungen ausschließlich elektronisch in der Schutzrechtsdatenbank www.swissreg.ch.[1] Art 58a, 60b, 61 (Patent-, Muster- und Markenblatt), 63 (Patentschrift), 63a (Auslegeschrift und Patentschrift), 118 (eur Patente) PatG, Art 108–110 PatV; Serbien: Art 41, 48, 49, 50, 51 PatG 2004 (Veröffentlichung der Patentanmeldung und der Patenterteilung; Patenturkunde; Veröffentlichung im Bulletin; Patentspezifikation); Slowakei: § 41 (Offenlegung), § 57 (Register, Amtsblatt) PatG; Spanien: Art 32 PatG; Tschech. Rep.: § 31 PatG; Türkei: Art 55 VO 551; VK: Sec 16 (Veröffentlichung der Anmeldung) Patents Act

---

1 sic! 2008, 497.

Schrifttum: *Ausfelder* Die Dos und Don'ts im deutschen Patenterteilungsverfahren, VPP-Rdbr 2008, 29; *Bardehle* Die Freigabe von Know-how durch das prüfende Patentamt, GRUR Int 1990, 673; *Cohausz* Neue Kurzbezeichnungen für Patente, Gebrauchsmuster und Geschmacksmuster, GRUR 1992, 296; *Götting* Zur Frage des Anspruchs auf Beseitigung herabsetzender Äußerungen in zu veröffentlichenden Patentanmeldungen, GRUR 2010, 256; *Häußer* Das Deutsche Patentamt im Wandel, FS A. Preu (1988), 107; *Häußer/Goebel* 20 Jahre Offenlegung von Patentanmeldungen aus der Sicht des DPA, GRUR Int 1990, 723; *Hammer/Rothe* Das DPMA und die Zukunft der Patentinformation, GRUR 1999, 788; *Hoepffner* Erfahrungen mit der aufgeschobenen Prüfung, GRUR Int 1990, 727; *Hofmeister* Die Fischdose der Pandora: Rechtsfragen zur Durchsetzung der Unterlassung von abwertenden Äußerungen in Patentschriften, Mitt 2010, 178; *Katzenberger* Die Frage des urheberrechtlichen Schutzes amtlicher Werke, GRUR 1972, 686; *Kronz* Urheberrechtlicher Charakter der Patentbeschreibung, Mitt 1976, 81; *Kronz* Urheberrechtlicher Charakter der Erfindungsbeschreibung, Mitt 1976, 181; *Kronz* Über den literarischen Charakter der Patentbeschreibung, Mitt 1979, 142; *Kühnen* Die unvollständige Übersetzung fremdsprachiger europäischer Patentschriften, Mitt 2009, 345; *Leonhard/Schubert* Abwertende (technische) Äußerungen in Patentschriften, Mitt 2003, 372; *Liebetanz* Zur neuen Praxis von Veröffentlichungen nach Revision des Bundesgesetzes über die Erfindungspatente, sic! 2008, 669; *Mes* Herabsetzende Äußerungen in der Beschreibung eines Patents, FS M. Loschelder (2010), 251; *Metternich* Rechtsfragen im Zusammenhang mit der elektronischen Anmeldung, GRUR 2001, 647; *Pinzger* Das Urheberrecht des Patentanwalts an der Patentbeschreibung, GRUR 1932, 1155; *Rupprecht* CD-ROM für Patentveröffentlichungen, Mitt 1993, 335; *Scheffler* Monopolwirkung und Informationsfunktion von Patenten aus heutiger Sicht, GRUR 1989, 798; *Schlitzberger* Die Kundmachung des Patentgegenstandes, GRUR 1975, 567; *von Kempski* Zum Aufbau eines Patentinformationssystems im DPA, GRUR 1992, 1; *von Kempski* Zum Aufbau eines Patentinformationssystems im Deutschen Patentamt, GRUR 1992, 1; *von Michel* Europäische Patente – neue Übersetzungsverfahren ab Mai 2008 nach dem Londoner Protokoll, Mitt 2008, 148; *von Ungern-Sternberg* Werke privater Urheber als amtliche Werke, GRUR 1977, 776; *Weller* Ausgelegte Anmeldungsunterlagen und § 16 LitUrhG, GRUR 1952, 477; *Wesener* Patentblatt und Namensverzeichnis als Hilfsmittel zur Patentinformation, Mitt 1973, 47; *Winkler* Die Patenterteilung aus der Sicht des Verletzungsrichters, GRUR 1972, 275.

A. Allgemeines

I. Geltungsbereich

1   **1. Zeitlich.** Die durch Art 8 Nr 18 GPatG noch als § 24b eingefügte Bestimmung gilt nach Art 12 Abs 1 iVm Art 17 Abs 3 GPatG für alle nach dem 1.1.1981 beim DPA eingereichten Anmeldungen und darauf erteilten Patente. Art 2 Nr 9 2. PatGÄndG hat Abs 2 Satz 1 redaktionell geänd, Abs 2 Satz 2 aF aus Vereinfachungsgründen gestrichen und in Abs 5 den Regelungsgehalt des § 34 Abs 5 aF eingestellt.[2] Art 7 Nr 15 KostRegBerG (Rn 39 Einl PatG) hat zur Vorbereitung der Einführung einer elektronischen Form der Publikationen des DPMA Abs 1 Satz 2 eingefügt und im übrigen Abs 5 redaktionell geänd (Ersetzung des Worts „Rolle" durch „Register").[3] Das Gesetz zur Änderung des patentrechtlichen Einspruchsverfahrens und des Patentkostengesetzes hat infolge des Wegfalls der Teilung des Patents (§ 60) den letzten Satzteil von Abs 5 gestrichen. Das Gesetz zur Durchsetzung der Rechte des geistigen Eigentums betrifft den Regelungsgehalt der Bestimmung infolge des Wegfalls des Übersetzungserfordernisses (Art II § 3 IntPatÜG aF) nur mittelbar.[4] Das Gesetz zur Novellierung patentrechtlicher Vorschriften und anderer Gesetze des gewerblichen Rechtsschutzes hat Abs 2 Satz 3, 4 eingefügt und Abs 3 Satz 2 neu gefasst (StdT statt Druckschriften). Das Gesetz zur Änderung des Designgesetzes und weiterer Vorschriften des gewerblichen Rechtsschutzes vom 4.4.2016[5] hat Abs 2 um einen Satz 3 ergänzt, der auf den neu eingestellten § 35a Abs 4 verweist.

2   **2. Ergänzende Schutzzertifikate.** § 16a erwähnt § 32 nicht unter den für Schutzzertifikate entspr anwendbaren Vorschriften. Die Herausgabe einer der Offenlegungs- oder der Patentschrift entspr Schutzzertifikatsschrift ist nicht vorgesehen.[6] Die Vorschrift des Abs 5 über das PatBl ist allerdings – auch ohne entspr gesetzliche Regelung – anwendbar, weil die Schutzzertifikate nicht in einem Sonderregister, son-

---

2   Vgl Begr 2.PatGÄndG BlPMZ 1998, 393, 400.
3   Vgl Begr BTDrs 14/6203 S 39 ff, 62 = BlPMZ 2002, 36, 53.
4   Näher *Schulte* Rn 1.
5   BGBl I 558 = BlPMZ 2016, 161.
6   Vgl Begr PatGÄndG BlPMZ 1993, 205, 211 liSp; MittPräsDPA Nr 6/93 BlPMZ 1993, 169.

dern nach § 30 Abs 1 im Patentregister eingetragen werden, die dafür geltenden Publizitätsvorschriften sich also ohne weiteres auf die Zertifikatseintragungen erstrecken.[7]

3. EPÜ. Die Regelungen über die Veröffentlichungen des EPA finden sich zunächst in Art 93 EPÜ **3** (Veröffentlichung der eur Patentanmeldung). Seit 1.4.2005 werden die eur Patentanmeldungen und eur Recherchenberichte nur noch in elektronischer Form veröffentlicht und zum Herunterladen bereitgestellt.[8] Der Dienst ist gebührenfrei und unter http://www.epo.org/searching_for_patents/technical/publication_server_de.html#tab1 abrufbar. Art 98 EPÜ regelt die Veröffentlichung der eur Patentschrift (zu deren Inhalt Regel 73 AOEPÜ). Art 129 EPÜ (regelmäßig erscheinende Veröffentlichungen) betrifft das Europäische Patentblatt und das ABl EPA, Regel 67 Abs 1 AOEPÜ die technischen Vorbereitungen für die Veröffentlichung (fünf Wochen vor Ablauf des 18. Monats nach dem Anmeldetag/Prioritätstag),[9] Regel 68 AOEPÜ die Form der Veröffentlichung der eur Patentanmeldungen und der eur Recherchenberichte.[10] Eur Patentanmeldungen, die bei Einreichung ein Sequenzprotokoll enthalten oder mehr als 400 Seiten umfassen, konnten schon vor dem 1.4.2005 allein in elektronischer Form veröffentlicht werden.[11] Regel 69 AOEPÜ betrifft die Mitteilung über die Veröffentlichung. Außer im (nunmehr elektronischen) Amtsblatt veröffentlicht das EPA wichtige Texte auch auf seiner Website (http://www.epo.org/law-practice_de.html). Der espacenet-Dienst vermittelt den Internetzugang zum Patentregister; weitere Informationsmöglichkeiten eröffnet der epoline-Kundendienst (http://www.epoline.org/portal/public).

II. Normzweck; systematische Stellung

Die erwünschte Publizität von Patentanmeldungen, Patenten und Schutzzertifikaten (vgl dazu **4** Rn 10 ff zu § 30, Rn 14 zu § 31)[12] stellt das PatG außer durch die freie Registereinsicht und die Akteneinsicht (§ 31) durch Veröffentlichungen her. Diese Veröffentlichungen, die Offenlegungsschriften (Rn 15 ff), die Patentschriften (Rn 31 ff) und das PatBl (Rn 52 ff; zu weiteren, gesetzlich nicht geregelten Veröffentlichungen des DPMA Rn 62 f), finden in § 32 ihre Rechtsgrundlage und nähere rechtl Gestaltung.

Urheberrecht. Mit der Veröffentlichung wird der Inhalt der Schrift iSd Urheberrechts zum gemein- **5** freien Werk iSd § 5 Abs 2 UrhG (str, nach aA amtliche Bekanntmachung iSv § 5 Abs 1 UrhG, die Auffassung, dass Patentbeschreibungen Urheberschutz genießen, ist überholt),[13] jedoch treten patentrechtl die Wirkungen des § 33 ein. Vor der Veröffentlichung kann dagegen Urheberschutz bestehen.[14]

Register, Akteneinsicht und Veröffentlichungen summieren sich in der Unterschiedlichkeit ihrer Ziel- **6** setzungen und Möglichkeiten[15] zu einem **Informationssystem**, dessen einzelne Teile einander nicht ersetzen oder gegenseitig ausschließen, sondern einander ergänzen. So gibt das Register (Rn 13 ff zu § 30) zwar einen umfassenden Überblick über den Stand des Rechts und seine Entwicklung in formeller Hinsicht, aber kaum Aufschluss über dessen Inhalt. Das PatBl ergibt in seiner ganz anderen Systematik (Rn 52 ff) zunächst nur Hinweise auf einzelne Verfahrensschritte des Schutzrechts, während Offenlegungsschriften und Patentschriften den Stand des Rechts, wenn auch nur in dem jeweiligen Verfahrensstadium, umfassend widerspiegeln. Vollen Aufschluss über Inhalt und Werdegang des Schutzrechts gewährleistet allein die Akteneinsicht (§ 31), die jedoch mit erheblichem Aufwand für alle Beteiligten verbunden ist. Um

---

7 Vgl Begr PatGÄndG 1993 BlPMZ 1993, 205, 210 f.

8 BeschlPräsEPA vom 22.12.2004 ABl EPA 2005, 124; MittEPA ABl EPA 2005, 126; *Singer/Stauder* Art 93 EPÜ Rn 25.

9 Vgl Beschluss PräsEPA vom 25.4.2006 über den Abschluss der technischen Vorbereitungen für die Veröffentlichung der eur Patentanmeldung, ABl EPA 2006, 405.

10 Zur Berichtigung der Veröffentlichung mit den ursprünglich eingereichten, nicht formgerechten Zeichnungen EPA T 546/90 EPOR 1993, 214 dispositif de rangement.

11 Beschluss PräsEPA ABl EPA 2000, 367 sowie MittPräsEPA ABl EPA 2000, 368; Beschluss PräsEPA ABl EPA 2007 Sonderausgabe 3, 97. Zum Veröffentlichungssystem bei Korrekturen von eur Patentveröffentlichungen ABl EPA 2001, 117.

12 *Scheffler* GRUR 1989, 798.

13 Vgl nur *Schricker* Urheberrecht § 5 Rn 46, 65 mNachw des Streitstands; *Benkard* Rn 23; *Klauer/Möhring* § 30 Rn 10; *Reimer* § 26 Rn 47; *Katzenberger* GRUR 1972, 686, 693; *von Ungern-Sternberg* GRUR 1977, 766, 768; vgl auch BPatG 18.12.2012 10 W (pat) 7/10 zu angeblich verfälschenden Änderungen der Unterlagen durch das DPMA; das Urheberrecht an der Beschreibung bejaht RGSt 27, 21 = BlPMZ 1894/95, 198 Nachdruck ausgelegter Patentbeschreibungen; unentschieden RG MuW 21, 214 Entstaubungsvorrichtung für Dreschmaschinen; zwd BPatGE 3, 27 = GRUR 1963, 255 mAnm *Müller*.

14 *Benkard* Rn 23.

15 Vgl BPatG BlPMZ 1992, 257, 258.

diesen Aufwand soweit als möglich zu vermeiden und die frühzeitige, vollständige Unterrichtung der Öffentlichkeit über den Stand des Rechts zu erleichtern, sind die in § 32 vorgeschriebenen Veröffentlichungen vorgesehen.

7   Dabei regelt § 32 nur die im Rahmen des PatG vorgesehenen **Veröffentlichungen.** Das DPMA ist darüber hinaus für weitere, durch Spezialgesetze (IntPatÜG, 2. GPatG, früher ErstrG) geregelte Veröffentlichungen von Patentansprüchen und Patentschriften sowie Hinweise darauf im PatBl zuständig (Rn 62f).

8   **Datenübermittlung.** Der mWv 25.10.2013 eingeführte Abs 2 Satz 3, 4 eröffnet die Möglichkeit, dass das DPMA Daten in elektronischer Form an Dritte übermittelt. Damit soll im Interesse der Rechtsklarheit ausdrücklich statuiert werden, dass das DPMA nicht nur, wie in Abs 2 Satz 2 niedergelegt, selbst die in den Offenlegungs-, den Patentschriften und dem PatBl zu veröffentlichenden Angaben elektronisch publizieren kann. Vielmehr kann es diese Angaben auch an Empfänger weitergeben, wenn und soweit diese die vom DPMA übermittelten Daten zur patentbezogenen Information entweder selbst nutzen oder geschäftsmäßig zur wiederum patentbezogenen Information Dritter verarbeiten wollen. Die Regelung macht mittelbar deutlich, dass dem DPMA die Aufgabe einer umfassenden Unterrichtung der Öffentlichkeit über den Inhalt und den Sachstand der angemeldeten oder erteilten Schutzrechte (Patentinformation) zukommt.[16] Die Stellen, die die vom DPMA erhaltenen Daten weiterverarbeiten, sind an den Verarbeitungszweck „Patentinformation" gebunden.[17] Das DPMA stellt diese Zweckbindung ua durch eine entspr Vertragsgestaltung mit den Datenempfängern sicher, die auch Sanktionen bei zweckwidriger Verarbeitung vorsieht.[18]

9   Für den **Kundenservice** ist beim DPMA das Referat 2.1.2 zuständig.

B. Gesetzlich vorgeschriebene Veröffentlichungen

I. Veröffentlichungspflicht

10   Abs 1 Satz 1, 2 erlegt dem DPMA für den Regelfall die Verpflichtung auf, Offenlegungs- und Patentschriften sowie das PatBl (auch in elektronischer Form) zu veröffentlichen. Die Veröffentlichungen unterbleiben bei geheimgestellten Anmeldungen (§ 50 Abs 1 Satz 1; vgl Rn 16 zu § 50).[19]

11   Die Verpflichtung zur **Veröffentlichung einer Offenlegungsschrift** (die durch das GPatG eingeführt worden ist; zuvor war die Herausgabe in das Ermessen des DPMA gestellt)[20] entfällt nach Abs 2 Satz 3, wenn im Zeitpunkt der Offenlegung (Rn 51ff zu § 31) bereits eine Patentschrift veröffentlicht worden ist (Rn 27).

12   Die Pflicht, nicht aber die Berechtigung zur Herausgabe einer Offenlegungs- oder einer Patentschrift entfällt auch im **Sonderfall des Absatzes 4** (Rn 43ff).

13   Die Absätze 2, 3 und 5 der Vorschrift bestimmen den **Inhalt der Veröffentlichungen** und deren Zeitpunkt näher (Rn 15ff, 31ff, 52ff). Seit 31.10.2001 hat das DPMA eine Absatznummerierung eingeführt.[21]

II. Form

14   Die Veröffentlichung des Patentblatts (abrufbar unter https://register.dpma.de/DPMAregister/blattdownload/pat) sowie der Patentdokumente (A-, B-, C-, U- und T-Schriften) erfolgt seit 1.1.2004 ausschließlich in elektronischer Form.[22] Sog „Mega-Anmeldungen", insb mit Sequenzprotokollen, wurden bereits seit 2001 in elektronischer Form veröffentlicht (vgl DE 100 19 173 A1).

---

16 Begr BTDrs 1710308 S 15 = BlPMZ 2013, 366, 370; vgl *Benkard* Rn 24; *Mes* Rn 4.
17 Vgl *Schulte* Rn 2.
18 Begr BTDrs 1710308 S 15 = BlPMZ 2013, 366, 370.
19 Vgl *Schulte* Rn 10.
20 Vgl BGH GRUR 1970, 300 Offenlegungsschrift; BPatG BlPMZ 1992, 257f.
21 MittPräsDPMA Nr 12/2001 BlPMZ 2001, 373.
22 MittPräsDPMA Nr 11/03 BlPMZ 2003, 353.

III. Offenlegungsschrift

1. Allgemeines. Während Abs 1 Satz 1 Nr 1 die Pflicht des DPMA zur Veröffentlichung einer Offenle- 15
gungsschrift begründet, bestimmt Abs 2 deren Inhalt und – mittelbar – den Zeitpunkt ihrer Veröffentlichung.

Die Offenlegungsschrift dient der frühzeitigen **Unterrichtung** der Öffentlichkeit über die Patentan- 16
meldung und ein künftig mögliches nationales Patent.[23]

2. Inhalt

a. Grundsatz. Die Offenlegungsschrift enthält die gem Abs 2 jedermann zur Einsicht freistehenden 17
Anmeldeunterlagen in der ursprünglich eingereichten oder vom DPMA zur Veröffentlichung zugelassenen
geänd Form sowie die Zusammenfassung (Abs 2 Satz 1), vorausgesetzt, dass diese rechtzeitig eingereicht
worden ist. Letzteres ergibt sich aus Abs 3 Satz 3, in dem geregelt ist, dass die Zusammenfassung, wenn sie
nicht rechtzeitig eingereicht worden ist, mit der Patentschrift veröffentlicht wird.

b. In das **Titelblatt** der Offenlegungsschrift werden bibliografische Daten, Bezeichnung der Erfin- 18
dung, Angaben zum Erfinder oder der Hinweis, dass Antrag auf Nichtnennung gestellt ist, die Zusammenfassung, ggf mit einer Zeichnung, der Hinweis auf die Stellung eines Rechercheantrags oder eines
Prüfungsantrags sowie die für die Beurteilung der Patentfähigkeit in Betracht gezogenen Unterlagen aufgenommen.[24] Dies erfolgt nach dem WIPO-Standard ST.9 unter Verwendung der INID-Codes (Kategorie-
Codes, [10], [20], [30], [40], und Einzelcodes, [11], [12], ...), sowie Schriftenartencodes wie A1, B4, T1. U1).[25]

c. Beschreibung; Patentansprüche; Zeichnungen. Wegen des Inhalts der Offenlegungsschrift ist 19
die Regelung in § 34 Abs 3 Nr 3–5 heranzuziehen, auch wenn das Gesetz auf sie nicht ausdrücklich Bezug
nimmt. Wesentlicher Inhalt der Offenlegungsschrift sind somit die Beschreibung (die Praxis, diese durch
Zwischenüberschriften in Unterabschnitte zu gliedern, ist seit Mitte 2007 aufgegeben),[26] die Patentansprüche und die zugehörige Zeichnung, und zwar grds in der ursprünglich eingereichten Form.

Geänderte Unterlagen muss das DPMA besonders zur Veröffentlichung zulassen (Abs 2 Satz 1). Eine 20
solche Zulassung kommt in Betracht, wenn die ursprünglichen Unterlagen nicht druckfähig sind, wenn
ursprüngliche Patentansprüche oder eine Zeichnung fehlten oder offenbare Unrichtigkeiten oder sonstige
offensichtliche Mängel zu beheben sind (vgl die DPMA-PrRl).[27] Billigung der Änderungen durch den Anmelder ist nicht erforderlich.[28] Die Nichtzulassung einer beantragten Änderung unterliegt anders als die
Vornahme einer Änderung vAw[29] grds der Beschwerde.[30] Der Hinweis auf der Titelseite, der Inhalt weiche
von den am Anmeldetag eingereichten Unterlagen ab, enthält keine Feststellung einer unzulässigen Erweiterung iSv § 38.[31]

d. Die **Zusammenfassung** ist nach Abs 2 Satz 1 in die Offenlegungsschrift aufzunehmen, dies jedoch 21
nur, wenn sie so rechtzeitig eingereicht wird, dass sie noch bei der Herstellung der Offenlegungsschrift
berücksichtigt werden kann (Abs 3 Satz 3, vgl Rn 17). Da die Zusammenfassung vor Ablauf von 15 Monaten
seit dem Anmelde- oder Prioritätstag einzureichen ist (§ 36 Abs 1), wird sie regelmäßig rechtzeitig vorliegen. Ist das nicht der Fall, verzögert dies die Herausgabe der Offenlegungsschrift nicht. Diese wird ohne
die Zusammenfassung veröffentlicht, die Zusammenfassung ist dann in die Patentschrift aufzunehmen
(Abs 3 Satz 3).

---

23 *Schulte* Rn 9; vgl *Mes* Rn 6; BGH GRUR 1970, 300 Offenlegungsschrift; BPatG BlPMZ 1992, 257 f.
24 BPatG BlPMZ 1992, 257; *Schulte* Rn 17.
25 Näher *Fitzner/Lutz/Bodewig* Rn 4 f; die Schriftenartencodes sind unter http://www.dpma.de/docs/service/
veroeffentlichungen/dpmainformativ/1/02_dpmainformativ_schriftenartencodes.pdf veröffentlicht.
26 MittPräsDPMA Nr 7/07 BlPMZ 2007, 353.
27 Vgl BPatGE 16, 115; zum früheren Recht auch BGH GRUR 1970, 300 Offenlegungsschrift.
28 BPatG 18.12.2012 10 W (pat) 7/10.
29 Vgl BPatG 18.12.2012 10 W (pat) 7/10.
30 BPatGE 16, 115; BPatGE 10, 188, 190 = Mitt 1969, 32; *Schulte* Rn 13.
31 BPatG 27.8.1997 4 W (pat) 36/97; *Schulte* Rn 13.

22   **e. Sonstiger Inhalt.** Die Aufzählung in Abs 2 Satz 1 ist nicht abschließend.[32] Sie lässt Raum für die Aufnahme weiterer, insb bibliografischer Informationen, zB des Az, der Klassifikation, der Offenlegungsnummer, des Anmeldetags, des Offenlegungstags, von Prioritätsangaben, Bezeichnung der Erfindung usw sowie ua auch ergänzender Angaben zum Verfahrensstand.[33] Derartige Hinweise, zB auf Rechercheanträge und -ergebnisse, sind zulässig, weil sie dem Zweck der Veröffentlichung, Akteneinsicht durch Dritte möglichst zu ersparen, entgegenkommen.[34]

23   **3. Veröffentlichung.** Die Veröffentlichung der Offenlegungsschriften erfolgt in elektronischer Form wöchentlich regelmäßig mit dem Offenlegungshinweis im elektronischen PatBl.[35] Abs 2 Satz 1 legt mit der Bezugnahme auf § 31 Abs 2 mittelbar zugleich den Zeitpunkt der Veröffentlichung der Offenlegungsschrift fest.

24   Die Veröffentlichung erfolgt, sobald die Voraussetzungen für die **freie Akteneinsicht** iSv § 31 Abs 2 erfüllt sind, dh sobald sich der Anmelder gegenüber dem DPMA mit der Akteneinsicht einverstanden erklärt und den Erfinder benennt oder seit der Anmeldung oder einem etwaigen früheren Prioritätstag 18 Monate verstrichen sind und außerdem im PatBl der Hinweis auf die Möglichkeit der Akteneinsicht (Abs 5) veröffentlicht worden ist (dazu im einzelnen Rn 51 ff zu § 31).

25   Da der Hinweis nach Abs 5 die Erfüllung der anderen, vorgenannten Offenlegungserfordernisse voraussetzt (Rn 55 zu § 31), ist der Tag des Erscheinens dieses Hinweises im PatBl für die Herausgabe der Offenlegungsschrift maßgeblich, regelmäßig also ein Zeitpunkt **achtzehn Monate nach dem Anmeldetag.**

26   **4. Form.** Die Offenlegungsschrift besteht aus dem Titelblatt (Rn 18) mit der Zusammenfassung, den Patentansprüchen, der Beschreibung und der Zeichnung, und zwar seit 1989 in Anpassung an internat Gepflogenheiten in der Reihung Titelblatt, Beschreibung, Patentansprüche, Zeichnung.[36]

27   **5. Entfallen der Offenlegungsschrift.** Eine Offenlegungsschrift wird nicht veröffentlicht, wenn die Patentschrift bereits veröffentlicht ist („überrollende Veröffentlichung"; Abs 2 Satz 2). Denn dann besteht für diese Veröffentlichung kein Bedürfnis mehr, weil die Patentschrift die Informationsbedürfnisse der Öffentlichkeit in jeder Hinsicht gleichwertig erfüllt. Dieser Fall dürfte nur selten eintreten, weil er die Patenterteilung und deren Veröffentlichung vor dem Offenlegungstermin des § 31 Abs 2 voraussetzt, was auch bei frühem Prüfungsantrag und äußerster Verfahrensbeschleunigung kaum je zu erreichen sein wird.

28   Gleiches gilt, wenn die Veröffentlichung der Patentschrift aufgrund bereits erfolgter Patenterteilung **unmittelbar bevorsteht.**[37]

29   Wird die Anmeldung nach Offenlegung geteilt, wird für die **Teilanmeldung** keine Offenlegungsschrift veröffentlicht.[38]

30   **6. Berichtigung.** Fehlerhafte Offenlegungsschriften werden berichtigt (Schriftartencodes A8, A9), solange der Fehler vor Veröffentlichung der Patentschrift bemerkt wird. Die Berichtigung unterbleibt, wenn bereits negative Erledigung der Anmeldung erfolgt ist.[39]

IV. Patentschrift

31   **1. Allgemeines.** Die Verpflichtung zur Veröffentlichung einer Patentschrift folgt aus Abs 1 Satz 1 Nr 2 und § 58 Abs 1 Satz 2, § 61 Abs 3 (geänd Patentschrift). Abs 3 bestimmt den Inhalt der Patentschrift (Rn 32 ff). § 58 Abs 1 Satz 2 bestimmt zugleich den Zeitpunkt ihrer Veröffentlichung näher (Rn 38 f).

---

32   BPatG BlPMZ 1992, 257; BPatG 19.9.1995 4 W (pat) 52/95; *Schulte* Rn 13.
33   Vgl MittPräsDPA BlPMZ 1968, 270.
34   BPatG BlPMZ 1992, 257; *Schulte* Rn 15.
35   *Schulte* Rn 10.
36   MittPräsDPA Nr 1/89 BlPMZ 1989, 3; vgl *Fitzner/Lutz//Bodewig* Rn 28.
37   *Schulte* Rn 10.
38   *Schulte* Rn 16; *Fitzner/Lutz/Bodewig* Rn 27.
39   *Fitzner/Lutz/Bodewig* Rn 29.

2. Inhalt

a. Grundsatz. Die Patentschrift enthält die Unterlagen, aufgrund derer das Patent erteilt worden ist **32** (Abs 3 Satz 1; Rn 33), den in Betracht gezogenen StdT (Abs 3 Satz 2; Rn 35 f) und uU die Zusammenfassung (Abs 3 Satz 3; Rn 37).

b. Erteilungsunterlagen. Die Patentschrift enthält die Unterlagen (Patentansprüche, Beschreibung **33** und Zeichnungen), aufgrund derer das Patent erteilt worden ist (zur Form der Patentschrift Rn 40 ff).[40] Die Patentschrift muss inhaltlich mit dem Erteilungsbeschluss übereinstimmen, insb also die Unterlagen enthalten, die nach dem Erteilungsbeschluss der Patenterteilung zugrunde gelegen haben. Ist der Erteilungsbeschluss fehlerhaft, darf der Fehler nicht einfach in der Patentschrift richtiggestellt werden, solange nicht der Erteilungsbeschluss entspr berichtigt worden ist.[41]

Auch eine Änderung in der **Person des Patentinhabers** zwischen Patenterteilung und Veröffentli- **34** chung der Patentschrift kann nicht ohne weiteres in letzterer berücksichtigt werden.[42]

c. Angabe des Stands der Technik. In der Patentschrift ist nach Abs 3 Satz 2 der StdT anzugeben, **35** den das DPMA für die Beurteilung der Patentfähigkeit der angemeldeten Erfindung in Betracht gezogen hat (§ 43 Abs 1). Nach früherer Rechtslage waren nur Druckschriften anzugeben, nicht auch sonstige (mündliche) Beschreibungen oder Vorbenutzungshandlungen.[43]

Der StdT muss bei der **Beurteilung der Patentfähigkeit** iSv § 1 von Bedeutung sein. Die im Ertei- **36** lungsverfahren behandelten Entgegenhaltungen sind vollständig anzugeben.[44] Ausgeschieden werden können ganz abgelegene Entgegenhaltungen und solche, die zwar zunächst recherchiert worden sind oder die ein Dritter nach § 43 Abs 3 Satz 3 genannt hat, die aber bei der Bewertung der Patentfähigkeit keine Rolle gespielt haben, oder die einen klar abgegrenzten Teil des Patents betroffen haben, der – zB nach Teilung der Anmeldung (§ 39) oder Verzicht – nicht mehr Gegenstand des Patents ist. Der Klammerzusatz des Abs 3 Satz 2 („§ 43 Abs 1") bedeutet weder, dass nur aufgrund isolierter Recherche ermittelter StdT anzugeben ist, noch bedeutet er, dass er in jedem Fall vollständig anzugeben ist.[45] Er weist lediglich auf den Gleichlaut des Abs 3 Satz 2 mit § 43 Abs 1 hin.[46] Die Auswahl der anzuführenden Entgegenhaltungen steht im Ermessen des DPMA. Sie ist nicht gerichtlich nachprüfbar.[47] Die Angaben sind ohne Einfluss auf die Bestimmung des Schutzumfangs des Patents.[48] Deshalb bedarf es einer gerichtlichen Nachprüfbarkeit der Auswahlentscheidung ebenso wenig wie der Einräumung einer Äußerungsmöglichkeit zu der Auswahl.[49]

d. Die **Zusammenfassung** (§ 36) ist nach Abs 3 Satz 3 in die Patentschrift aufzunehmen, wenn ihre **37** Veröffentlichung in der Offenlegungsschrift (Abs 2 Satz 1; Rn 17) nicht möglich war.

3. Der **Zeitpunkt der Veröffentlichung** der Patentschrift ergibt sich aus § 58 Abs 1 Satz 2, Satz 1. Sie **38** erfolgt „gleichzeitig" mit der Veröffentlichung der Erteilung des Patents im PatBl. Die Patentschrift wird am gleichen Tag ausgegeben wie das wöchentlich erscheinende PatBl (Rn 52).

Eine **Aussetzung** der Veröffentlichung der Patentschrift ist nicht zulässig.[50] **39**

---

40 Näher *Fitzner/Lutz/Bodewig* Rn 31.
41 BPatG GRUR 1972, 90; BPatGE 2, 181 = GRUR 1964, 635; BPatGE 13, 77, 81; PA BlPMZ 1913, 188; DPA BlPMZ 1954, 48.
42 RPA BlPMZ 1935, 187; DPA BlPMZ 1952, 404.
43 So auch für das geltende Recht *Schulte* Rn 20, zwh.
44 DPA BlPMZ 1955, 186.
45 AA *Benkard* Rn 11; vgl auch *Schulte* Rn 21.
46 Dazu Begr GPatG BlPMZ 1979, 283 liSp; *Schulte* Rn 22: „überflüssigerweise"; *Benkard*[10] Rn 11: „verfehlt".
47 DPA BlPMZ 1954, 369; DPA BlPMZ 1955, 186.
48 BGH GRUR 1987, 280, 283 Befestigungsvorrichtung I.
49 AA *Schulte* Rn 20.
50 RPA BlPMZ 1934, 214; vgl aber die einstweilige Anordnung des VG München InstGE 2, 242 und nachgehend VGH München Mitt 2003, 400.

Keukenschrijver

40   **4. Form.** Auch bei der Patentschrift folgen einem Kopfteil[51] die Beschreibung, die Patentansprüche und die Zeichnungen.[52] Die Titelseite enthält auch die Zusammenfassung (vgl § 36), bei deren Fehlen auch den Hauptanspruch und die Hauptzeichnung.[53]

41   Die **Veröffentlichung der Patentschrift** erfolgt nach Ablauf der Beschwerdefrist oder nach Eingang des Rechtsmittelverzichts beim DPMA in elektronischer Form wöchentlich, idR am Tag der Veröffentlichung der Patenterteilung im PatBl nach § 32 Abs 5. Das Technische Informationszentrum Berlin des DPMA übermittelt dem Patentinhaber eine Patentschrift in Papierform (§ 25 DPMAV).

42   Offenlegungs- und Patentschriften, die sich auf die gleiche Anmeldung beziehen, haben die **gleiche Nummer** (vgl Rn 99 vor § 34).[54]

V. Wegfall der Anmeldung oder des Patents

43   **1. Allgemeines.** Wird die Patentanmeldung zurückgenommen oder zurückgewiesen, gilt sie als zurückgenommen oder erlischt das Patent, bevor die Anmeldung offengelegt ist, entfällt an sich die Rechtsgrundlage für die Veröffentlichung, auch wenn die Voraussetzungen für eine Offenlegung nach § 31 Abs 2 erfüllt sind. Denn die Offenlegung setzt eine anhängige Anmeldung voraus.[55] Die Veröffentlichung unterbleibt daher in diesem Fall grds.

44   Daran hat der Anmelder, da Patentschutz nicht mehr zu erhoffen ist, häufig sogar ein besonderes Interesse. Vielfach wird es der Zweck der Rücknahme der Anmeldung sein, die Veröffentlichung zu vermeiden, etwa um eine Lehre, für die Patentschutz nicht in Aussicht gestellt worden ist, wenigstens als know-how **geheim zu halten.**

45   Das DPMA kann die Veröffentlichung jedoch nur verhindern, solange die technischen Vorbereitungen hierfür nicht abgeschlossen sind. Abs 4 trägt dem Rechnung, indem er die aus technischen Gründen **nicht mehr vermeidbare Veröffentlichung** legalisiert.[56]

46   **2. Den Abschluss der technischen Vorbereitungen** für die Veröffentlichung, also den Zeitpunkt, bis zu dem die Veröffentlichung noch verhindert werden kann, hat das DPMA zuletzt mit 12 Wochen vor dem Ausgabetag der Schrift angegeben.[57]

47   **3. Mitteilung.** Das DPMA teilt dem Anmelder oder seinem Vertreter zusammen mit der Bibliografiemitteilung das voraussichtliche Datum der Veröffentlichung der Offenlegungsschrift und den Zeitpunkt mit, zu dem die technischen Vorbereitungen für die Veröffentlichung nach Abs 4 abgeschlossen sind.[58] Die Mitteilung erfolgt grds erst nach Abschluss der Offensichtlichkeitsprüfung (§ 42), spätestens aber 14 Monate nach dem Anmelde- oder Prioritätstag; Voraussetzung ist, dass die Unterlagen die Voraussetzungen erfüllen, die für die Veröffentlichung der Offenlegungsschrift notwendig sind.[59]

48   Diese Mitteilung ist nicht geeignet, die Bestimmung des Abs 4, wonach es für die Zulässigkeit der Veröffentlichung letztlich auf den **tatsächlichen Abschluss** der technischen Vorbereitungen ankommt, abzuändern.[60] Eine Veröffentlichung ist also trotz Einhaltung der mitgeteilten Frist grds denkbar, wenn die Frist irrtümlich falsch angegeben war.

49   Die Mitteilung ist eine reine Benachrichtigung ohne Entscheidungscharakter und daher **nicht beschwerdefähig.**[61]

---

51   Dazu näher MittPräsDPA BlPMZ 1963, 353.
52   MittPräsDPA Nr 1/89 BlPMZ 1989, 3.
53   MittPräsDPA Nr 21/95 BlPMZ 1995, 421; *Fitzner/Lutz/Bodewig* Rn 32.
54   MittPräsDPA BlPMZ 1968, 4.
55   *Schulte* Rn 11.
56   Vgl *Schulte* Rn 11; *Mes* Rn 14.
57   MittPräsDPMA Nr 9/11 BlPMZ 2011, 285; *Benkard* Rn 17a; *Schulte* Rn 11; vgl *Ausfelder* VPP-Rdbr 2008, 29, 35.
58   MittPräsDPA Nr 12/81 BlPMZ 1981, 277.
59   MittPräsDPA Nr 12/81 BlPMZ 1981, 277; *Schulte* Rn 12.
60   BPatG Mitt 1984, 32f.
61   BPatG Mitt 1984, 32f; *Schulte* Rn 12.

4. Rechtzeitige Rücknahme der Anmeldung. Die Mitteilung gibt dem Anmelder jedoch für den Re- **50** gelfall eine sinnvolle Hilfe, dass er die Veröffentlichung seiner Erfindung bei Bedarf verhindern kann. Das DPMA empfiehlt für diesen Fall bei der Rücknahme der Anmeldung – vorzugsweise farblich hervorgeho- ben – auf diese Zweckrichtung der Erklärung hinzuweisen, damit Fehlveröffentlichungen tunlichst ver- mieden werden.[62] Das BPatG hat darüber hinaus, um dem Anmelder bei Verfehlung des Zwecks der An- meldungsrücknahme wenigstens die Option auf das Patent zu erhalten, die Rücknahme der Anmeldung unter der auflösenden Bedingung der Veröffentlichung der Offenlegungsschrift zugelassen; die Bedin- gungsfeindlichkeit von Verfahrenshandlungen stehe dem nicht entgegen.[63] Dagegen ist die Rücknahme der Patentanmeldung unter der aufschiebenden Bedingung der Offenlegung als rechtsmissbräuchlich unbeachtlich, weil sie an einen späteren, vorhersehbaren Verfahrensschritt geknüpft wird.[64]

5. Rechtsnatur der Veröffentlichung. Die Veröffentlichung nach Abs 4 ist keine Offenlegung, eröff- **51** net nicht die freie Akteneinsicht[65] (zu deren Voraussetzungen Rn 51 ff zu § 31), und zwar auch dann nicht, wenn trotz Wegfalls der Anmeldung noch ein Offenlegungshinweis gem Abs 5 im PatBl erschienen sein sollte; dieser müsste vielmehr widerrufen werden, weil er fehlerhaft wäre. Sie begründet jedoch die Zu- rechnung zum StdT.[66]

VI. Das Patentblatt

1. Allgemeines. Abs 1 Nr 3 begründet für das DPMA die Verpflichtung, das Patentblatt (PatBl) her- **52** auszugeben. Es kann auch in elektronischer Form veröffentlicht werden (Abs 1 Satz 2). Seit dem 1.1.2004 wird das PatBl als amtliche Publikation einmal wöchentlich, idR donnerstags, nur noch in elektronischer Form[66a] und einmal monatlich als Patentblatt-CD veröffentlicht;[67] dies wird zum Jahresende 2016 einge- stellt.[67a] Sein Inhalt (Rn 58 ff) ist in Abs 5 sowie einer Reihe von Normen im PatG und im ErstrG umschrie- ben. Die Veröffentlichungen im PatBl erfolgen grds vAw, sobald die gesetzlichen Voraussetzungen gege- ben sind. Eines besonderen Antrags der Beteiligten bedarf es hierfür nicht. Am Verfahren unbeteiligte Dritte haben kein Recht, die Wiederholung einer – angeblich fehlerhaften – Veröffentlichung zu verlan- gen.[68]

2. Inhalt

a. Allgemeines. Grds werden im PatBl alle Angaben über Patentanmeldungen und Patente veröffent- **53** licht, deren Kenntnis für die Öffentlichkeit von Bedeutung ist. Das sind nicht nur die in Abs 5 genannten Angaben, sondern darüber hinaus eine große Zahl von Angaben, deren Veröffentlichung im PatG oder in anderen Spezialgesetzen gesondert vorgeschrieben ist oder vom DPMA ohne ausdrückliche gesetzliche Grundlage für angebracht gehalten wird.

b. Inhalt nach Absatz 5. Danach enthält das PatBl regelmäßig erscheinende Übersichten über die **54** Eintragungen im Register (Rn 17 ff zu § 30), soweit sie nicht nur den regelmäßigen Ablauf des Patents (Abs 5), die Eintragung oder Löschung einer ausschließlichen Lizenz (Abs 5; vgl Rn 114, 125 zu § 30) oder Geheimpatente (§ 50 Abs 1 Satz 1) betreffen, sowie Hinweise auf die Möglichkeit der Einsicht in die Akten von Patentanmeldungen.

c. Sonstige Grundlagen im Patentgesetz finden sich in § 58 Abs 1 Satz 1 (Erteilung des Patents), § 43 **55** Abs 3 Satz 1 (Rechercheantrag), § 43 Abs 7 (Mitteilung des Rechercheergebnisses), § 44 Abs 3 Satz 2, § 43

---

62 MittPräsDPA Nr 4/80 BlPMZ 1980, 46.
63 BPatGE 45, 4 = Mitt 2002, 79; zust *Benkard* Rn 17b; *Schulte* Rn 11.
64 *Schulte* Rn 11.
65 *Schulte* Rn 11.
66 *Schulte* Rn 11; wohl auch BPatGE 52, 41.
66a BlPMZ 2016, 161.
67 *Fitzner/Lutz/Bodewig* Rn 33.
67a https://register.dpma.de/DPMAregister/blattdownload/pat.
68 BPatG BlPMZ 1990, 328.

Abs 3 Satz 1, § 44 Abs 3 Satz 3 (Eingang und Unwirksamkeit des Prüfungsantrags), § 61 Abs 3 (Widerruf oder beschränkte Aufrechterhaltung), § 61 Abs 4 Satz 2 (Änderung der Patentschrift bei beschränkter Aufrechterhaltung), § 64 Abs 3 Satz 4 (Änderung der Patentschrift im Beschränkungsverfahren).

56   **d. Grundlagen außerhalb des Patentgesetzes** finden sich im ErstrG (vgl die Hinweise in der *6. Aufl*).

57   **e. Weiterer Inhalt.** Weiter enthält das PatBl (im Teil 5) eine Reihe von Hinweisen auf Veröffentlichungen im Zusammenhang mit anderen als nationalen Patentanmeldungen und Patenten. Dies sind insb Hinweise auf veröffentlichte eur Patentanmeldungen mit Benennung der Bundesrepublik Deutschland,[69] vom EPA erteilte Patente mit Benennung der Bundesrepublik Deutschland,[70] die Veröffentlichung der Übersetzungen von Patentansprüchen eur Patentanmeldungen (Rn 62),[71] vor dem 1.5. 2008 die Veröffentlichung von Übersetzungen eur Patentschriften, die nicht in dt Sprache vorlagen, und ihrer Berichtigung (Art II § 3 IntPatÜG aF; vgl zum Wegfall des Übersetzungserfordernisses infolge des „Londoner Sprachenprotokolls" Rn 4 zu Art XI § 4 IntPatÜG).

58   **3. Aufbau.** Das PatBl enthält in Teil 1 Hinweise zur Nutzung, in Teil 2 offengelegte Patentanmeldungen, in Teil 3 erteilte Patente, in Teil 4 Gebrauchsmuster, in Teil 5 Hinweise auf eur Patentanmeldungen und Patente, in Teil 6 Hinweise auf PCT-Anmeldungen, in Teil 7 ergänzende Schutzzertifikate, in Teil 8 Topografien und in Teil 9 Patentanmeldungen und Patente mit Ursprung in der früheren DDR.

59   Es enthält seit 1970 ein wöchentliches **Namenverzeichnis** zu den Teilen 1 bis 6, in dem die im selben Heft enthaltenen Veröffentlichungen nach den Namen der Anmelder geordnet sind.[72]

60   **4. Rechtswirkungen der Veröffentlichung.** Die Veröffentlichungen im PatBl haben überwiegend rechtsbekundende, in Einzelfällen aber auch rechtsbegründende und fristsetzende Bedeutung. So treten die gesetzlichen Wirkungen der Patenterteilung mit deren Veröffentlichung im PatBl ein (§ 58 Abs 1 Satz 3), mit ihr beginnt der Lauf der Einspruchsfrist (§ 59 Abs 1 Satz 1), die freie Akteneinsicht nach § 31 Abs 2 ist durch die Veröffentlichung des Offenlegungshinweises im PatBl bedingt (§ 31 Abs 2 iVm § 32 Abs 5).

61   Der Eintritt dieser gesetzlichen Wirkungen setzt die **Wirksamkeit der Veröffentlichung** voraus.[73] **Veröffentlichungszeitpunkt** (und damit ua für den Beginn der Einspruchsfrist maßgeblich) ist das offizielle Erscheinungsdatum des PatBl, nicht seine etwa davon abw tatsächliche frühere Ausgabe.[74]

C. Sonstige Veröffentlichungen

62   In Rn 56 ff ist auf Veröffentlichungen im PatBl hingewiesen, die sich auf andere Rechte als nach dem PatG entstandene Patentanmeldungen und Patente beziehen. Das DPMA gibt aber auch eine Reihe von Veröffentlichungen heraus, die diese anderen Rechte betreffen und auf die sich die erwähnten Veröffentlichungen im PatBl zT beziehen. Dabei handelt des sich dzt um Übersetzungen von Patentansprüchen eur Patentanmeldungen (Rn 12 ff zu Art II § 1 IntPatÜG und die Kommentierung zu Art II § 2 IntPatÜG). sowie um Übersetzungen internat Anmeldungen, für die das DPMA Bestimmungsamt ist und die nicht in dt Sprache veröffentlicht worden sind (Art III § 8 IntPatÜG).[75]

63   Im Rahmen der Erfüllung seiner gesetzlichen Aufgaben erstellt das DPMA unter der Voraussetzung, dass ein Vertrag abgeschlossen wird und die Bereitstellungskosten übernommen werden, **maschinenlesbare Dateien**, die an Dritte für den Aufbau, die Entwicklung und Pflege eigener Schutzrechtsdatenbanken usw abgegeben werden. Die Bereitstellung der wöchentlichen Publikationen in einem geschützten Down-

---

69   MittPräsDPA Nr 7/79 BlPMZ 1979, 229.
70   MittPräsDPA Nr 14/80 BlPMZ 1980, 241.
71   MittPräsDPA Nr 10/80 BlPMZ 1980, 158.
72   Deswegen und wegen weiterer Einzelheiten des Aufbaus MittPräsDPA BlPMZ 1968, 202; BlPMZ 1969, 299; *Wesener* Mitt 1973, 47.
73   Zu deren Voraussetzungen BPatG BlPMZ 1990, 328.
74   BPatGE 30, 111 = BlPMZ 1989, 285.
75   MittPräsDPA Nr 21/80 BlPMZ 1980, 325; vgl *Fitzner/Lutz/Bodewig* Rn 40 f.

loadbereich (DPMAdatenabgabe) wurden pro Datenart und Liefertermin von 30 EUR auf 25 EUR für das Jahr 2016 gesenkt.[76]

D. Zugang zu den Veröffentlichungen

I. Einsichtnahme

Die früheren Auslegehallen des DPMA in München und im Technischen Informationszentrum Berlin sind zugunsten des elektronischen Informationsangebots des DPMA auf einige PC- und konventionelle Arbeitsplätze verringert und in Recherchesäle umbenannt worden,[77] deren technische Einrichtungen aufgrund der Allgemeinen Geschäftsbedingungen des DPMA[78] genutzt werden können. Zum Angebot der Patentinformationszentren (Rn 20 zu § 34; ua DEPATISNET, Rn 67) wird jährlich informiert.[79] **64**

Das **Blatt für Patent-, Muster- und Zeichenwesen** (BlPMZ; Bezugspreis 90 EUR jährlich zuzüglich Versandkosten) kann wie die das Taschenbuch des gewerblichen Rechtsschutzes und der PCT-Leitfaden für Anmelder im Buchhandel oder beim Verlag bezogen werden. **65**

III. Online-Zugang

1. Auskunftssysteme. DPMAkurier (kostenfrei) und DPMAdatenabgabe (kostenpflichtig) bieten Zugang zu Schutzrechtsdaten (im Internet unter https://register.dpma.de/DPMAregister/kurier/login/kurier$002UebersichtKurier und www.dpma.de/sevice/e_dienstleistungen/datenabgabe/index.html).[80] **66**

2. DEPATISnet. Das DPMA stellt auch sein gesamtes elektronisches Archiv DEPATIS mit mehr als 70 Mio Patentdokumenten aus aller Welt der Öffentlichkeit über das Internet (http://www.depatisnet.dpma.de) kostenlos zur Verfügung. DEPATISnet bietet Zugriff auf sämtliche deutschen Patente seit 1877. Im Einvernehmen mit den Patentämtern vieler anderer Staaten sind auch deren Dokumente abrufbar.[81] In DEPATISnet ist das frühere DEPAnet integriert worden.[82] Professionelle Datenbankbetreiber können über DEPATISconnect nach Vertragsabschluss kostenpflichtig direkten Zugriff erhalten. Die Kosten für den Zugriff über eine Internet-Standleitung betragen für die jährliche Nutzung für das Jahr 2016 2.500 EUR; hinzu kommt eine einmalige Zahlung von 250 EUR für die Vertragsabwicklung und Einrichtung des Zugangs.[83] Die Datenbank PATDPA wurde im Juni 2011 geschlossen. Die frühere Lizenzdatenbank RALF wurde 2011 nach DPMAregister überführt. **67**

3. Online-Zugänge des EPA s Rn 3. **68**

§ 33
(Entschädigungsanspruch nach Offenlegung)

(1) Von der Veröffentlichung des Hinweises gemäß § 32 Abs 5 an kann der Anmelder von demjenigen, der den Gegenstand der Anmeldung benutzt hat, obwohl er wußte oder wissen mußte, daß die von ihm benutzte Erfindung Gegenstand der Anmeldung war, eine nach den Umständen angemessene Entschädigung verlangen; weitergehende Ansprüche sind ausgeschlossen.

(2) Der Anspruch besteht nicht, wenn der Gegenstand der Anmeldung offensichtlich nicht patentfähig ist.

76 MittPräsDPMA Nr 12/15 BlPMZ 2016, 1.
77 Näher MittPräsDPMA Nr 31/04 BlPMZ 2004, 422; MittPräsDPMA Nr 5/07 BlPMZ 2007, 305.
78 www.dpma.de/docs/dpma/agb2007.
79 Zuletzt BlPMZ 2015, 29.
80 Einzelheiten auch *bei Fitzner/Lutz/Bodewig* Rn 42 ff.
81 MittPräsDPMA Nr 5/01 BlPMZ 2001, 253.
82 MittPräsDPMA Nr 20/05 BlPMZ 2005, 245.
83 MittPräsDPMA Nr 12/15 BlPMZ 2016, 1.

(3) [1]Auf die Verjährung finden die Vorschriften des Abschnitts 5 des Buches 1 des Bürgerlichen Gesetzbuchs entsprechende Anwendung mit der Maßgabe, dass die Verjährung frühestens ein Jahr nach Erteilung des Patents eintritt. [2]Hat der Verpflichtete durch die Verletzung auf Kosten des Berechtigten etwas erlangt, findet § 852 des Bürgerlichen Gesetzbuchs entsprechende Anwendung.

Ausland: Belgien: Art 29 PatG 1984; **Bosnien und Herzegowina:** Art 68, 69 PatG 2010; **Dänemark:** § 60 PatG 1996; **Italien:** Art 53 CDPI; **Litauen:** Art 21 PatG; **Luxemburg:** Art 44 Abs 2 (Schutzbereich), 49 PatG 1992/1998; **Niederlande:** Art 71 ROW 1995; **Österreich:** vgl § 158 öPatG; **Polen:** Art 290 GgE; **Schweden:** § 60 PatG; **Serbien:** Art 56, 58 PatG 2004; **Slowakei:** § 15 Abs 2 PatG; **Tschech. Rep.:** § 11 Abs 3, § 12 Abs 2 PatG, geänd 2002; **Türkei:** Art 82, Art 136 Abs 3 VO 551; **VK:** Sec 69 Patents Act

Schrifttum: (weiteres Schrifttum vor Rn 23 Einl PatG und bei Art II § 1 IntPatÜG) *Dembowski* Auskunft über Patentverletzungen nach Benutzung des Gegenstands der offengelegten Patentanmeldung? FS F. Traub (1994), 49; *Ehlers* Die Offenbarung in angemeldeten Patentansprüchen, FS T. Schilling (2007), 87; *Gaul/Bartenbach* Zum einstweiligen Schutz einer offengelegten Patentanmeldung nach § 24 Abs. 5 PatG, BB 1968, 1061; *Gesthuysen* Frühzeitige Veröffentlichung und vorläufiger Schutz von Patentanmeldungen, GRUR Int 1990, 597; *Goebel* Schutzansprüche und Ursprungsoffenbarung, GRUR 2000, 477; *Haedicke* (Entscheidungsanm) LMK 2004, 198; *Häußer* Die Gewährung von Einsicht in Patenterteilungsakten unter besonderer Berücksichtigung verfassungsrechtlicher Gesichtspunkte, 1974; *Holzapfel* Keine Entschädigung für mittelbare Erfindungsbenutzungen? GRUR 2006, 881; *Huber* Entschädigungsanspruch bei Benutzung des Gegenstandes offengelegter Erfindungen nach § 24 (5) PatG, FS 20 Jahre VVPP (1975), 106; *Johannesson* Zum Recht aus der offengelegten deutschen und veröffentlichten europäischen Patentanmeldung, GRUR 1977, 136; *Kraßer* Erfindungsschutz zwischen Patentanmeldung und Patenterteilung, GRUR Int 1990, 732; *A. Krieger* § 24 Abs 5 des Patentgesetzes – eine Erwiderung, GRUR 1968, 225; *U. Krieger* Der Entschädigungsanspruch aus § 33 I PatG, GRUR 2001, 965; *Kühnen* Kann der Entschädigungsanspruch gem § 33 PatG 1981, § 24 Abs 5 PatG 1968 im besonderen Gerichtsstand der unerlaubten Handlung geltend gemacht werden? GRUR 1997, 19; *Lüdecke* Lizenzverträge über zum Patent angemeldete Erfindungen im neuen Patentrecht, NJW 1968, 1358; *Meier-Beck* Ersatzansprüche gegenüber dem mittelbaren Patentverletzer, GRUR 1993, 1; *Nassall* (Entscheidungsanm) juris-PR-BGHZivilR 36/2004 Anm 4; *Neuhaus* The claim for compensation under Section 33 of the German Patent Law in Practice, IIC 1990, 526; *Nieder* Entschädigungs- und Restentschädigungsanspruch bei mittelbarer Erfindungsbenutzung, Mitt 2004, 241; *Nieder* Die mittelbare Patentverletzung – eine Bestandsaufnahme, GRUR 2006, 977; *Nieder* Restschadenersatz-, Restentschädigungs- und Bereicherungsansprüche im Patentrecht, Mitt 2009, 540; *Ohl* Zur Rechtsnatur des einstweiligen Patentschutzes nach § 24 Abs 5 PatG, GRUR 1976, 557; *Pahlow* Erfindungsschutz vor Patenterteilung, GRUR 2008, 97; *Poth* Zur Rechtsnatur der Lizenz an einer offengelegten Patentanmeldung, Mitt 1990, 162; *Schramm/Henner* Der Patentverletzungsprozeß nach dem Vorabgesetz, GRUR 1968, 667; *Schwanhäusser* § 24 Abs 5 PatG – ein Neuling im System des deutschen Patentrechts, GRUR 1969, 110; *Schwanhäusser* Zum Rückforderungsrecht der nach § 24 Abs 5 PatG gezahlten angemessenen Entschädigung, NJW 1969, 1886; *Schwanhäusser* Die angemessene Entschädigung im Sinne des § 24 Abs 5 PatG, Mitt 1970, 1; *Schweickhardt* „Einstweiliger Schutz" des Vorabgesetzes, Mitt 1969, 84; *Stefan Singer* Voraussetzungen einer Entschädigung nach § 33 PatG, FS T. Schilling (2007), 355; *H. Tetzner* Zum Entschädigungsanspruch aus offengelegten Patentanmeldungen, NJW 1969, 642; *Traub* Die Höhe der Entschädigungslizenz bei der Benutzung offengelegter Patentanmeldungen, FS 25 Jahre BPatG (1986), 267; *Uhlmann/Krauss* Vor der Patenterteilung: Optimierung des vorläufigen Schutzes einer Patentanmeldung, Mitt 2006, 337; *Webman* Issues Arising Under an 18 Month Publication Regime: The Initial Public Response in Light of EPC and PCT Practice, JPTOS 1995, 909; *Weller* § 24 Abs. 5 Patentgesetz, GRUR 1968, 85; *Wenzel* Frühzeitige Offenlegung von Neu-Patentanmeldungen mit nur eingeschränktem Schutz, Mitt 1969, 88.

A. Allgemeines

I. Entstehungsgeschichte

Die Regelung ist mit der Offenlegung der Patentanmeldung durch das PatÄndG 1967 als § 24 Abs 5 **1** eingeführt worden. Sie geht auf einen Kompromissvorschlag des Rechtsausschusses des Bundestags zurück.[1] Durch das GPatG ist sie zunächst als § 24c verselbstständigt und um die Regelung ergänzt worden, dass weitergehende Ansprüche ausgeschlossen sind. Ihre geltende Bezeichnung hat sie durch die Neubek 1981 erhalten. Das SchuldRModG hat Abs 3 neu gefasst; eine Übergangsregelung enthält § 147 Abs 1 (hierzu Rn 11 zu § 147). Vergleichbare Regelungen[2] treffen § 37 Abs 3 SortG für den nationalen und Art 95 SortV für den gemeinschaftlichen Sortenschutz.

II. Bedeutung und Inhalt der Vorschrift

Die Regelung ist wie die in § 140 eine Konsequenz aus der frühzeitigen Offenlegung ungeprüfter Patent- **2** anmeldungen. Die gesetzlichen Wirkungen des Patents treten erst mit der Veröffentlichung der Patenterteilung ein; für die bekanntgemachte Anmeldung bestand nach § 30 Abs 1 Satz 2 PatG 1936/1968 einstweiliger, gleichwertiger Schutz. Dagegen war die Patentanmeldung vor Bekanntmachung vor 1968 nicht geschützt, aber grds geheimzuhalten. Mit der auf die seinerzeit angespannte Geschäftslage des DPA und auf internat Anregungen (Vorschläge im niederl PatG-Entwurf 1961 und im skandinavischen Entwurf 1962 mit Eingang in die Arbeiten des Europarats und der EWG) zurückgehenden Einführung der Offenlegung der ungeprüften Patentanmeldung musste ein ausreichender Schutz des Anmelders geschaffen werden. Das Gesetz sieht ihn darin, dass der Anmelder von dem, der den Gegenstand der Anmeldung benutzt, obwohl er wusste oder wissen musste, dass die benutzte Erfindung Gegenstand der Anmeldung war, unter Ausschluss weitergehender Ansprüche angemessene Entschädigung verlangen kann.[3] Insb gewährt das Gesetz weder Schadensersatz- noch Unterlassungs- oder Beseitigungsansprüche, auch strafrechtl Schutz besteht nicht. Der Schutz der offengelegten Patentanmeldung ist damit allein restitutorisch.[4] Die Regelung ist zT heftig kritisiert worden.[5] Das BVerfG hat anders als das BPatG bei Altanmeldungen[6] die Regelung als verfassungsmäßig erachtet,[7] da es Sache des Gesetzgebers ist, bei der Lösung der Konfliktsituation zwischen den Interessen des Anmelders an der Geheimhaltung der noch nicht patentierten Erfindung und dem Informationsbedürfnis der Öffentlichkeit Maßstäbe festzulegen, die der Natur des Erfinderurheberrechts und seiner sozialen Bedeutung gerecht werden (näher 5. Aufl). Dass ein Verbietungsrecht aus der noch nicht geprüften Patentanmeldung geschaffen werden müsste, lässt sich aus der Position des BVerfG jedenfalls nicht herleiten.[8]

Benutzung vor Patenterteilung ist nach hM **nicht rechtswidrig**,[9] gewährt aber kein Weiterbenut- **3** zungsrecht (Rn 59 ff zu § 12). Dies gilt auch, wenn sich der Benutzer die Kenntnis der Erfindung aus den offengelegten Unterlagen verschafft hat, selbst wenn es sich um die hinterlegten Kulturen eines Mikroor-

---

1 Vgl Bericht des Rechtsausaschusses BTDrs V/1631 = BlPMZ 1967, 279, 281.

2 Zu parallelen Diskussionen in den USA *Webman* JPTOS 1995, 909, 911.

3 Vgl *Fitzner/Lutz/Bodewig* Rn 1; *Büscher/Dittmer/Schiwy* Rn 1.

4 *Holzapfel* GRUR 2006, 881 f.

5 So mit eingehender rechtshistorischer Argumentation von *Straus/Moufang* Hinterlegung und Freigabe von biologischem Material für Patentierungszwecke (1989), 21 ff; *Häußer* Die Gewährung von Einsicht in Patenterteilungsakten unter besonderer Berücksichtigung verfassungsrechtlicher Gesichtspunkte, 1974; vgl auch *U. Krieger* GRUR 2001, 965 f; *Pahlow* GRUR 2008, 97.

6 Vorlagebeschlüsse BPatG BlPMZ 1970, 49; BPatG Mitt 1970, 47; vgl BPatGE 12, 32 = Mitt 1971, 94.

7 BVerfGE 36, 281 = GRUR 1974, 142, 144 Akteneinsicht im Patenterteilungsverfahren.

8 AA wohl *Pahlow* GRUR 2008, 97, 101.

9 BGHZ 64, 101 = GRUR 1975, 430 Bäckerhefe; BGHZ 107, 161 = GRUR 1989, 411 Offenendspinnmaschine; BGHZ 159, 221 = GRUR 2004, 845, 848 Drehzahlermittlung; OLG Karlsruhe GRUR Int 1987, 788, 790; OLG Düsseldorf InstGE 2, 115, 121 = GRUR-RR 2002, 369, 375; OLG München Mitt 2009, 559; LG Düsseldorf Entsch 1997, 25, 31; *Kraßer* S 898 (§ 37 1); *Schulte* Rn 3; *Mes* Rn 1; *Fitzner/Lutz/Bodewig* Rn 1; vgl *Benkard* Rn 2; kr *Pahlow* GRUR 2008, 97 ff unter Hinweis auf die Regelung in § 23 Abs 1 Satz 1; zwd *Holzapfel* GRUR 2006, 881, 883 f, 886, der annimmt, dass die Regelung die herkömmlichen zivilrechtl Haftungssysteme verdrängt und es deshalb auf die Rechtswidrigkeit nicht ankommt, dabei aber nicht ausreichend berücksichtigt, dass die Benutzung der Anmeldung vor Patenterteilung keiner Rechtfertigung bedarf; vgl auch *U. Krieger* GRUR 2001, 965 f.

---

ganismus handelt.[10] Missverständlich ist daher die – durch unreflektierte Übernahme der Regelung in § 141 Abs 3 aF zu erklärende – Verwendung des Begriffs „Verletzung" in Abs 3 idF des SchuldRModG.[11] Ein Unterlassungsanspruch kann aber durch Anmeldung oder Abzweigung eines Gebrauchsmusters begründet werden, soweit die Voraussetzungen für GbmSchutz gegeben sind.[12] Dass dies nicht umfassend der Fall ist, muss (als gesetzgeberischer Missgriff) hingenommen werden.[13]

III. Anwendungsbereich

4   Die Regelung findet nur auf offengelegte Patentanmeldungen nach dem PatG Anwendung; für eur Patentanmeldungen enthält Art II § 1 IntPatÜG eine im wesentlichen übereinstimmende, in Einzelheiten aber abw Regelung.[14] Zum nicht verwirklichten Gemeinschaftspatent *7. Aufl.* PCT-Anmeldungen, für die das DPMA Bestimmungsamt ist, fallen unter den Schutz des § 33, jedoch ergeben sich bei fremdsprachigen Anmeldungen Abweichungen (Art III § 8 IntPatÜG). Zur zeitlichen Anwendbakeit *6. und 7. Aufl.*

B. Entschädigungsanspruch

I. Aktiv- und Passivlegitimation

5   **1. Aktivlegitimation.** Aktiv legitimiert ist der Anmelder. Maßgeblich ist der Registerstand (zur str Rechtslage zwischen Stellung des Umschreibungsantrags und Umschreibung Rn 104 zu § 30). Ob auch der nur materiell Berechtigte und sonstige Dritte wie Lizenznehmer den Anspruch geltend machen können, ist wie bei den Ansprüchen aus § 139 zu beurteilen[15] (Rn 18 ff zu § 139).

6   **2. Passivlegitimation.** Passiv legitimiert ist, wer den Gegenstand der Patentanmeldung benutzt. Der Anspruch ist nichtdeliktischer Art und richtet sich nur gegen den unmittelbaren Nutznießer, nicht gegen den, der lediglich, zB als gesetzlicher Vertreter oder als Sachbearbeiter, die Benutzung veranlasst[16] oder die Erfindung mittelbar benutzt (Rn 8).

II. Voraussetzungen

7   **1. Offenlegungshinweis.** Der Anspruch setzt voraus, dass ein Hinweis auf die Möglichkeit der Einsicht in die Akten der Patentanmeldung nach § 32 Abs 5 im PatBl veröffentlicht worden ist. Auf die Ausgabe der Offenlegungsschrift, die zeitgleich mit diesem Hinweis erfolgt, kommt es nicht an; ein versehentlich vorzeitiger Hinweis wird jedoch regelmäßig keine Kenntnis und kein Wissenmüssen des Benutzers (Rn 10) begründen können.[17] Benutzungen vor dem Hinweis lösen keine Entschädigungspflicht nach § 33 aus. Ob wie bei der Patentverletzung generell eine Überlegungsfrist von ca einem Monat zuzubilligen ist,[18] erscheint zwh, weil es auf Verschulden im technischen Sinn nicht ankommt (zur Problematik Rn 124 zu § 139); hier ird auf den Einzelfall abzustellen sein.

---

10   BGH Bäckerhefe.

11   Vgl *Holzapfel* GRUR 2006, 881, 883.

12   Vgl *Wenzel* Mitt 1968, 88; zur Rechtslage in Österreich *Sonn* Das Patentrecht wird ausgemistet! ÖBl 1997, 1.

13   AA *Pahlow* GRUR 2008, 97, 100.

14   OLG Düsseldorf 10.5.2001 2 U 183/99, insoweit nicht in InstGE 2, 1, wollte § 33 über Art 67 EPÜ anwenden; ähnlich OLG Düsseldorf 15.11.2001 2 U 114/99; dies dürfte jedenfalls seit OLG Düsseldorf InstGE 2, 115 = GRUR-RR 2002, 369 aufgegeben sein.

15   Anders *Lindenmaier* § 24 Rn 42a; im Fall einer ausschließlichen Lizenz will *Kraßer* S 904 (§ 37 7) den Anmelder vom Entschädigungsanspruch ausschließen.

16   BGHZ 107, 161 = GRUR 1989, 411 Offenendspinnmaschine; BGHZ 121, 194, 208 = GRUR 1993, 460 Wandabstreifer; BGHZ 159, 221 = GRUR 2004, 845 Drehzahlermittlung; OLG Düsseldorf 7.12.2006 2 U 11/05; *Benkard* Rn 4d; *Schulte* Rn 8; *Fitzner/Lutz/Bodewig* Rn 7; *Mes* Rn 7; *Büscher/Dittmer/Schiwy* Rn 8; zur Haftung eines persönlich haftenden Gesellschafters nach §§ 128, 161 HGB und zu dessen Auskunftsverpflichtung BGH 11.4. 1989 X ZR 30/88.

17   Vgl *Benkard* Rn 3; *Schulte* Rn 4; *Fitzner/Lutz/Bodewig* Rn 3.

18   So *Mes* Rn 6; *Schulte* Rn 7; *Fitzner/Lutz/Bodewig* Rn 6; *Büscher/Dittmer/Schiwy* Rn 7; nach OLG München InstGE 6, 57 allerdings nicht, wenn ein paralleles Gebrauchsmuster bereits vor mehr als einem Monat veröffentlicht war, ebenso *Schulte* Rn 7; *Fitzner/Lutz/Bodewig* Rn 6.

2. Benutzung. Der Anspruch setzt weiter voraus, dass der Gegenstand der Anmeldung benutzt wird. **8** Benutzungshandlungen sind die des § 9 (allgM),[19] nach der früher umstr, aber billigenswerten Rspr des BGH nicht dagegen die des § 10.[20]

Der **Gegenstand der Anmeldung** ist wie der Gegenstand des Patents für die Zwecke des § 33 (anders **9** im Kontext des § 38) über die für die Beurteilung des Schutzbereichs maßgebenden Regeln zu bestimmen. Dies ist für dt Patente in § 14, für eur Patente in Art 69 Abs 1, Abs 2 Satz 1 EPÜ geregelt (Rn 5 zu Art II § 1 Int-PatÜG).[21] Der Offenbarungsgehalt der Anmeldung ist nicht maßgeblich.[22] Abzustellen ist grds auf die Anspruchsfassung in der Offenlegungsschrift,[23] soweit diese durch die ursprünglichen Unterlagen gedeckt ist; soweit dies nicht der Fall ist, können Rechte nach § 33 nicht begründet werden. Soweit das Patent gegenüber der Offenlegungsschrift mit einem engeren Schutzumfang erteilt wird, lässt dies hinsichtlich des Überschusses die Wirkungen des Patents rückwirkend entfallen (§ 58 Abs 2); es besteht daher kein Anlass, den Entschädigungsanspruch schon durch engere Anspruchsfassungen im Erteilungsverfahren zu beschränken.[24] Über den Schutzbereich der Patentansprüche der Offenlegungsschrift kann der Entschädigungsanspruch nicht ausgedehnt werden.[25] Darauf, ob das Patent mit weitergefassten Patentansprüchen erteilt wird als mit denen der Offenlegungsschrift, kommt es nicht an, weil letztere maßgeblich sind.[26]

3. Die **subjektive Tatseite** setzt voraus, dass der Benutzer wusste oder wissen musste, dass die be- **10** nutzte Erfindung Gegenstand der Anmeldung ist. Hier gelten dieselben Grundsätze wie bei der Prüfung von Vorsatz und Fahrlässigkeit nach § 139.[27] Da die Entschädigungspflicht nicht an rechtswidriges Verhalten anknüpft, kommt es auf die Kenntnis der für eine Beurteilung der Rechtswidrigkeit maßgeblichen Tatsachen nicht an; anders bei solchen Tatsachen, die schon die Tatbestandsmäßigkeit der Benutzung ausschließen.

III. Ausschluss

Der Entschädigungsanspruch ist ausgeschlossen, wenn der Gegenstand der Anmeldung offensicht- **11** lich nicht patentfähig ist[28] (Abs 2). Die Lit misst der Bestimmung nicht prozessrechtl, sondern materiellrechtl Bedeutung zu.[29] Patentfähigkeit ist dagegen nicht (positive) Anspruchsvoraussetzung,[30] im Umfang

---

19 Zwd allerdings *U. Krieger* GRUR 2001, 965 f.

20 BGHZ 159, 221, 229 = GRUR 2004, 845 Drehzahlermittlung; BGH GRUR 2006, 570 extracoronales Geschiebe; LG Düsseldorf 27.2.1996 4 O 101/95 Entsch 1996, 6 f Ls; LG Düsseldorf Entsch 1997, 25, 31; LG München I 24.7.2008 7 O 20037/07; *Benkard* Rn 4; *Fitzner/Lutz/Bodewig* Rn 4; *Mes* Rn 5 und § 10 Rn 51; *Büscher/Dittmer/Schiwy* Rn 5; *Meier-Beck* GRUR 1993, 1, 4; *Kühnen* Hdb Rn 1186 und GRUR 1997, 19; *Tilmann* GRUR 2005, 905; *Haedicke* LMK 2004, 198; jetzt auch *Kraßer* S 899 (§ 37 3); OLG Düsseldorf 20.5.2010 2 U 120/02 unter Aufgabe der früheren Rspr; aA OLG Düsseldorf InstGE 2, 1, 11; OLG Düsseldorf InstGE 2, 115 = GRUR-RR 2002, 369; OLG Düsseldorf Mitt 2003, 252, 259 mAnm *König* unter Hinweis auf OLG Düsseldorf 16.8.1990 2 U 140/89; OLG Düsseldorf Mitt 2003, 264, 269; LG Mannheim InstGE 4, 107, 110 f; LG Düsseldorf 15.3.2001 4 O 38/00 unter ausdrücklicher Aufgabe der früheren Auffassung; *Kühnen/Geschke*[1] Rn 190; *Nieder* Mitt 2004, 244, GRUR 2006, 977, 982 und Mitt 2009, 540, 542; *Holzapfel* GRUR 2006, 881, 884 ff.

21 Vgl BGH GRUR 2008, 887 Momentanpol II; BGHZ 187, 20 = GRUR 2010, 1081 Bildunterstützung bei Katheternavigation.

22 So auch *Benkard* § 14 Rn 12; *Schulte* Rn 6; aA *U. Krieger* GRUR 2001, 965, 967; für das frühere Recht BGH GRUR 1977, 598, 601 Autoskooterhalle; vgl aber BGH GRUR 1970, 296 Allzwecklandmaschine; vgl hierzu *Goebel* GRUR 2000, 477, 481.

23 *Benkard* § 14 Rn 12; *Schulte* Rn 6; aA wohl *Goebel* GRUR 2000, 477, 482.

24 Im Ergebnis ebenso *Kraßer* S 900 (§ 37 3).

25 So auch *Kraßer* S 900 (§ 37 4); *Benkard* § 14 Rn 12; widersprüchlich *Fitzner/Lutz/Bodewig* Rn 5 einerseits, Rn 8 andererseits.

26 *Kraßer* S 900 (§ 37 3); vgl *Benkard* Rn 7; anders noch zur früheren Rechtslage BGHZ 68, 242 = GRUR 1977, 598 Autoskooterhalle und daran weiterhin anschließend *Schulte* Rn 7; ähnlich *Fitzner/Lutz/Bodewig* Rn 5; vgl auch BGHZ 100, 249, 254 = GRUR 1983, 626 Rundfunkübertragungssystem; zum GbmRecht BPatGE 23, 52 = GRUR 1981, 126; BGH GRUR 1981, 515 Anzeigegerät.

27 Vgl *Mes* Rn 6; *Kraßer* S 901 (§ 37 5); *Holzapfel* GRUR 2006, 881, 883; vgl auch LG Düsseldorf 4.12.2014 4b O 123/13 CIPR 2015, 38 Ls.

28 Vgl OLG Karlsruhe Mitt 1973, 112.

29 *Benkard* Rn 9a mNachw.

30 *Benkard* Rn 10.

ihres Fehlens entfällt der Anspruch aber nach § 58 Abs 2 rückwirkend.[31] Offensichtlich, dh zweifelsfrei erkennbare,[32] fehlende Patentfähigkeit ist nicht mit dem Ergebnis der Offensichtlichkeitsprüfung gleichzusetzen; sie kann insb bei neuheitsschädlicher Vorwegnahme in Betracht kommen,[33] idR aber nur bei leicht zugänglichen Vorveröffentlichungen.

12   Die **Ausnahmetatbestände** der §§ 11–13 schließen den Anspruch aus, ebenso sonstige **Benutzungsrechte**.[34] Eine Vergütungs- oder Entschädigungspflicht aus anderem Rechtsgrund bleibt jedoch bestehen.[35] Im Fall der Wiedereinsetzung nach Verfall der offengelegten Patentanmeldung scheidet ein an sich begründbarer Entschädigungsanspruch für das Zeitintervall, in dem die Anmeldung verfallen war, aus;[36] dies folgt auch aus § 123 Abs 6. Zum Wegfall des Entschädigungsanspruchs Rn 18.

IV. Inhalt

13   Aus dem Charakter des nur auf angemessene Entschädigung gerichteten Anspruchs, dem ausdrücklichen Ausschluss weitergehender Ansprüche und der fehlenden Rechtswidrigkeit der Benutzung (Rn 3) folgt, dass das Sanktionensystem des § 139 nicht anwendbar ist.[37] Auch Ansprüche aus den §§ 823, 826 und 1004 BGB werden nicht in Betracht kommen,[38] weiter Ansprüche auf bereicherungsrechtl Grundlage.[39]

14   **Unterlassungsansprüche** sind ausgeschlossen. Das gilt auch bei Zahlungsunwilligkeit oder -unfähigkeit des Benutzers,[40] der Verletzte ist, da eine im Analogieweg zu schließende Lücke nicht vorliegt, auf die vollstreckungsrechtl Möglichkeiten (bis hin zum Antrag auf Eröffnung des Insolvenzverfahrens) beschränkt.

15   Für die Berechnung der **angemessenen Entschädigung** bietet sich die Methode der **Lizenzanalogie** an; Ersatz des konkreten Schadens oder Herausgabe des Benutzergewinns können nicht verlangt werden.[41] Ob gegenüber einer fiktiven frei vereinbarten Lizenz Abschläge gemacht werden müssen, hat der BGH offengelassen. Nach den Materialien[42] sollen sie in Betracht kommen;[43] dem kann nicht beigetreten werden.[44] Verschuldensüberlegungen sind kein geeigneter Ausgangspunkt für die Bemessung der Entschädigung.[45] Der Anspruch kann nicht an den Kriterien des Schadensersatzrechts orientiert werden.[46] Eine Begründung über Bereicherungsrecht ist dogmatisch problematisch[47] (vgl den Bericht des Rechtsausschusses,[48] wonach die Angemessenheit auf subjektive Momente in den Personen der Beteiligten und nicht auf objektivierbare wertbildende Gesichtspunkte abgestellt werden sollte; vgl auch Art 11 Abs 3 Vorschlag GPVO, wonach der gute Glaube zu berücksichtigen ist).

---

31   Vgl BPatG 15.10.2002 17 W (pat) 18/01.

32   *Büscher/Dittmer/Schiwy* Rn 9.

33   *Löscher* BB 1967 Beil 7 Fn 42; vgl *Schulte* Rn 9; *Fitzner/Lutz/Bodewig* Rn 9.

34   Vgl *Benkard* Rn 11; *Schulte* Rn 11; *Mes* Rn 10; *Büscher/Dittmer/Schiwy* Rn 10; *Holzapfel* GRUR 2006, 881, 885, allerdings mit verfehlten Folgerungen für § 10; so für §§ 11, 12 auch *Fitzner/Lutz/Bodewig* Rn 10.

35   *Kraßer*[5] S 923.

36   BGHZ 121, 194 = GRUR 1993, 460 Wandabstreifer m abl Anm *von Maltzahn* und diesem folgend *Schulte* Rn 11.

37   Vgl *Fitzner/Lutz/Bodewig* Rn 11.

38   AA *Pahlow* GRUR 2008, 97, 100 f, der Abwehransprüche des Erfinders und seines Rechtsnachfolgers bei Anmeldungen bejaht, für die bereits Prüfungsantrag gestellt ist.

39   *Büscher/Dittmer/Schiwy* Rn 13.

40   *Ohl* GRUR 1976, 557, 565; *Kraßer* S 902 (§ 37 6); aA *Schulte* Rn 15 (Analogie zu § 23 Abs 3 Satz 6), der sich zu Unrecht auf *Ohl* bezieht; *Fitzner/Lutz/Bodewig* Rn 12; *Schramm/Henner* GRUR 1968, 667, 672 („praeter legem"); *Pahlow* GRUR 2008, 97, 100; *Pross* FS T. Schilling (2007), 333; vgl *Wenzel* Mitt 1969, 88.

41   BGHZ 107, 161, 169 = GRUR 1989, 411 Offenendspinnmaschine; *Benkard* Rn 12; *Schulte* Rn 13; *Mes* Rn 8; *Büscher/Dittmer/Schiwy* Rn 11; vgl *Klauer/Möhring* § 24 Rn 69; *Lindenmaier* § 24 Rn 42; *Gaul/Bartenbach* BB 1968, 1061, 1063; *Huber* FS 20 Jahre VVPP (1975), 106, 114 f; kr *Schweickhardt* Mitt 1969, 84.

42   BlPMZ 1967, 281; vgl *Fitzner/Lutz/Bodewig* Rn 12.

43   So auch OLG Düsseldorf GRUR 1981, 45, 51; vgl *Mes* Rn 8; *Schramm/Henner* GRUR 1968, 667, 671; *Klauer/Möhring* § 24 Rn 69; *Holzapfel* GRUR 2006, 881, 883.

44   So im Ergebnis auch *Kraßer* S 903 (§ 37 6); *Brandt* Die Schutzfrist des Patents (1996), 97.

45   Vgl *Kraßer* S 902 (§ 37 6) mNachw; vgl auch BGH GRUR 1977, 598, 601 Autoskooterhalle.

46   AA *Schwanhäusser* GRUR 1969, 110, 114; *Schwanhäusser* Mitt 1970, 1, 3; vgl *Schweickhardt* Mitt 1969, 84, 86 f; *Ohl* GRUR 1976, 557, 559 f.

47   Vgl *Mes* Rn 15.

48   Bericht des Rechtsausschusses BTDrs V/1631 = BlPMZ 1967, 279, 281.

Zum Zweck der Berechnung der Benutzungsentschädigung steht dem Berechtigten ein Anspruch auf **16** **Auskunft und Rechnungslegung** zu; zu seinem Umfang Rn 73 zu § 140b.

V. Die **Geltendmachung** des Anspruchs kann durch Klage, Mahnbescheid, aber auch außergericht- **17** lich durch Zahlungsaufforderung oder Hinweis auf die Schutzrechtslage (zu deren Inhalt Rn 273 zu § 139) erfolgen. Ob der besondere Gerichtsstand der unerlaubten Handlung auch für den Entschädigungsanspruch eröffnet ist, ist str (Rn 95 zu § 143). Das gerichtliche Verfahren ist Patentstreitsache (Rn 62 zu § 143). § 145 (Klagenkonzentration) ist unanwendbar (Rn 13 zu § 145).

VI. Wegfall

Der Anspruch entfällt rückwirkend mit Rücknahme oder Zurückweisung der Anmeldung (§ 58 Abs 2). **18** Auch die Rücknahmefiktion (Rn 28 f zu § 58, wegen Nichtstellung des Prüfungsantrags oder Nichtzahlung der Anmeldegebühr, einer Jahresgebühr oder der Prüfungsantragsgebühr) führt zum Wegfall. Dasselbe gilt bei Widerruf und Nichtigerklärung (§ 21 Abs 3 Satz 1, § 64; § 22 Abs 2; vgl für den Widerruf Art 68 EPÜ).[49] Betrifft dies nur Teile der Anmeldung, entfällt der Anspruch in entspr Umfang, ebenso bei Beschränkung im Beschränkungsverfahren. Dagegen ist ein Erlöschen des Patents ohne rückwirkende Kraft auf den Anspruch ohne Einfluss.[50] Wegfall der Bereicherung (§ 818 Abs 3 BGB) kann nicht eingewandt werden, weil es sich bei dem Anspruch nicht um einen Bereicherungsanspruch handelt.

Der Wegfall begründet einen **Rückzahlungsanspruch** wegen ungerechtfertigter Bereicherung,[51] und **19** zwar auch bei Nichtigerklärung.[52] Das wird auch gegenüber einem bereits rechtskräftig ausgeurteilten Entschädigungsanspruch gelten müssen, weil auch dieser unter dem Vorbehalt nachträglichen Wegfalls steht.[53]

VII. Zur **Aussetzung** beim Entschädigungsanspruch s § 140. **20**

VIII. Die **Verjährung** des Entschädigungsanspruchs ist in Abs 3 geregelt. Rn 16 zu § 141. Aus der Neu- **21** fassung durch das SchuldRNeuRG (Abs 3 Satz 2) folgt, dass der Restentschädigungsanspruch auch beim Entschädigungsanspruch aus § 33 in Betracht kommt;[54] zum Übergangsrecht Rn 11 zu § 147.

---

49 *Benkard* Rn 15; *Schulte* Rn 12.
50 Vgl BPatGE 50, 256 = GRUR 2008, 96.
51 *Schulte* Rn 14; *Holzapfel* GRUR 2006, 881 f.
52 Insoweit aA *Lindenmaier* § 24 Rn 43.
53 Vgl *Benkard* Rn 15.
54 LG Düsseldorf Mitt 2000, 458; LG Düsseldorf InstGE 1, 33; LG Mannheim InstGE 4, 107, 113: auch für die Zeit vor Neufassung, für diese Zeit verneinend OLG München Mitt 2009, 559; vgl *Mes* Rn 13, 15.

Keukenschrijver

DRITTER ABSCHNITT
Verfahren vor dem Patentamt

Vor § 34

DPMA-PrRl 5; **EPA-PrRl** Teil A (Formalprüfung); B (Recherche); C (verfahrensrechtl Aspekte der Sachprüfung); D (Einspruchsverfahren, Beschränkungs- und Widerrufsverfahren); E (allg Verfahrensfragen); F (eur Patentanmeldung), H (Änderungen und Berichtigungen)

Übersicht

Schrifttum: *Albrecht* Telefax in der Rechtsprechung des Bundespatentgerichts, GRUR 1999, 649; *Berg/Brankin* Das AstraZeneca-Urteil des Gerichts der Europäischen Union, EuZW 2011, 91; *Bernhardt* Das neue Verfahren in Patentsachen, NJW 1961, 996; *Damme* Die Anmeldungen auf falschen Namen, GRUR 1903, 97; *Dunkhase* Das Patenterteilungsverfahren und das Patentamt, 1914; *Ephraim* Die Anmeldungen auf falschen Namen, GRUR 1903, 277; *Haase* Patentanmeldungen entmündigter Geisteskranker, GRUR 1929, 255; *Hildebrandt* „Ballermann" und „Prinz": Ist die Gesellschaft bürgerlichen Rechts markenrechtsfähig? DStR 2004, 1924; *Hövelmann* Das Patent nach Hilfsantrag, GRUR 1998, 434; *Hövelmann* Streitgenossen vor dem Patentamt und dem Bundespatentgericht, Mitt 1999, 129; *Hövelmann* Die Bedingung im Verfahrensrecht dargestellt an Fällen aus dem Patentrecht, GRUR 2003, 203; *Horns* Rechtsverbindliche Telekooperation im gewerblichen Rechtsschutz, Mitt 1999, 201; *Kather* Das Beweismaß in nationalen Verfahren und in Verfahren vor dem EPA, FS G. Eisenführ (2003), 177; *König* Die Rechtsnatur der Patenterteilung und ihre Bedeutung für die Auslegung von Patentansprüchen, GRUR 1999, 809; *Krabel* Rechtsstellung des Patentamts, Mitt 1976, 138; *Krabel* Kommt das Patent durch staatlichen Verleihungsakt zustande? GRUR 1977, 204; *I. Kraßer/Neuburger* Die Unterbrechung des Verfahrens vor dem DPMA im Fall der Insolvenz eines Beteiligten, GRUR 2010, 588; *Miege/Gärtner/Besen* Missbrauch einer marktbeherrschenden Stellung durch irreführende Angaben bei Patentanmeldungen, PharmR 2010, 586; *Momber* Patentanmeldungen entmündigter Geisteskranker, GRUR 1928, 23; *Momber* Patentanmeldungen entmündigter Geisteskranker, GRUR 1929, 407; *Müller-Graff/Fischmann* Der Fall AstraZeneca: „Tool boxes" im Arzneimittelsektor: wer hat die besseren Werkzeuge und welche sind erlaubt? GRUR Int 2010, 792; *Müller-Liebenau* Die Anmeldung einer Erfindung zum Patentschutz und ihre Erfordernisse, Mitt 1932, 7; *Pakuscher* Patentamt und Patentgericht – ein organisatorisches Rechtsproblem, Mitt 1977, 8; *Pfanner* Die Patentanmeldung Geschäftsunfähiger und Geschäftsbeschränkter, GRUR 1955, 556; GRUR 1968, 10; *Roeder* Die Anwendbarkeit zivilprozessualer Normen in den patentamtlichen Verfahren, Diss 1933; *Schoene* (Anm), GRURPrax 2010, 568; *Schulze-Wesener* Das neue Verfahren in Patent- und Warenzeichensachen, 1968; *Schuster* PCT-EASY, EP-EASY, DEPAEASY – ein Vergleich, VPP-Rdbr 1999, 98; *Straus* Patentanmeldung als Missbrauch einer marktbeherrschenden Stellung nach Art 82 EGV? GRUR Int 2009, 93; *Thun* Zur Markenrechtsfähigkeit der Gesellschaft bürgerlichen Rechts, GRUR 1999, 862; *Vollrath* Praxis der Patent- und Gebrauchsmusteranmeldung⁴, 1997; *von der Trenck* Die zivilistische Anmeldung im Patentrecht, GRUR 1951, 437; *Werner* Die Patentanmeldung nach EPÜ und PCT, FS R. Blum (1978), 69; *F. Winkler* Ist die Organisationsform des Deutschen Patentamts als Verwaltungsbehörde mit den Forderungen des Grundgesetzes vereinbar? Mitt 1973, 101; *G. Winkler* Die Anfechtung der Rücknahme einer Patentanmeldung und des Verzichts auf ein Patent – Teil I: Die Anfechtung bei weisungsgebundener Stellvertretung, Mitt 1998, 401, – Teil II: „Doppelnatur" – Motiv-Irrtum, Ausschluß und Folgen der Anfechtung, Mitt 1999, 148; *Zeunert* Das Patenterteilungsverfahren, 1950

A. Verhältnis der Verfahren vor dem Deutschen Patent- und Markenamt, dem Europäischen Patentamt und nach dem Patentzusammenarbeitsvertrag zueinander

I. Allgemeines

1   Ein Zwang, die Anmeldung zuerst im Inland anzumelden, besteht – anders als in anderen Rechtsordnungen[1] – nacht dt Recht grds nicht. Durch die Einführung des eur Patenterteilungsverfahrens und die nach dem Patentzusammenarbeitsvertrag (PCT) eröffneten Möglichkeiten führen anders als früher ver-

---

1   ZB Art 40 poln RgE 2000.

schiedene Wege zu einem mit Wirkung für die Bundesrepublik Deutschland erteilten Patent.[2] Die Patentanmeldung kann national, regional oder international eingereicht werden; es handelt sich um drei autonome Systeme, die durch ihre Beziehung zur PVÜ verknüpft sind.[3] Die Patenterteilung kann dabei durch das DPMA (bei nationaler Anmeldung oder PCT-Anmeldung zum DPMA als Bestimmungsamt) oder durch das EPA (bei eur Anmeldung oder PCT-Anmeldung zum EPA als Bestimmungsamt) erfolgen; das EPA kann ein nur für bestimmte Vertragsstaaten, aber zukünftig auch ein für die Gesamtheit der teilnehmenden Mitgliedstaaten geltendes Patent (Patent mit einheitlicher Wirkung) erteilen. Die verschiedenen Wege können, da die Möglichkeit der Selbstbenennung, dh der Benennung der Vertragsstaaten, in denen eine prioritätsbegründende Voranmeldung erfolgt ist, und umgekehrt (Rn 29 ff zu § 40; Rn 6 zu § 41), besteht, auch kombiniert werden; Doppelschutz wird im Verhältnis eur – nationales Patent durch die Regelung in Art II § 8 IntPatÜG vermieden; eine Kollisionsregelung im Verhältnis zu PCT-Anmeldungen enthält Art III § 4 Abs 3 IntPatÜG. Die Möglichkeit der Umwandlung eur in nationale Patentanmeldungen besteht dzt nur in einem Ausnahmefall, nämlich bei Anmeldungen, die ein Staatsgeheimnis enthalten können und nicht rechtzeitig an das EPA weitergeleitet werden (Art II § 9 IntPatÜG). Statistik zu nationalen Patentanmeldungen und internat Patentanmeldungen mit Wirkung für Deutschland BlPMZ 2016, 89.

II. Das **nationale Patenterteilungsverfahren** und die Folgeverfahren, die sich daran anschließen **2** können, sind im PatG geregelt, und zwar die Verfahren vor dem DPMA (Patenterteilungsverfahren, Einspruchsverfahren und Beschränkungsverfahren) im dritten Abschnitt, das Nichtigkeitsverfahren in den §§ 81–84.

III. Das **europäische Patenterteilungsverfahren** ist im EPÜ geregelt, die nationalen Folgeregelun- **3** gen enthält Art II IntPatÜG. Die eur Anmeldung wirkt wie die nach dem PCT für die benannten Staaten als „dépôt commun"[4] (Art 66, 79, 140 EPÜ). Auch das EPÜ kennt ein (zentrales) Einspruchsverfahren, es steckt den Rahmen für nationale Nichtigkeitsverfahren ab, überlässt die Folgeregelungen insoweit aber bisher ganz dem nationalen Recht. Für das Patent mit einheitlicher Wirkung sind Regelungen in zwei Verordnungen der Union und in einem internat Übereinkommen geschaffen worden (näher im Abschnitt Europäisches Patent mit einheitlicher Wirkung).

IV. Internationale Patentanmeldungen nach dem Patentzusammenarbeitsvertrag (PCT)

1. Allgemeines. Die Wirkungen einer nationalen Patentanmeldung können nach dem Patentzusam- **4** menarbeitsvertrag (PCT) für Personen, die Staatsangehörige eines PCT-Mitgliedstaats sind oder in einem solchen Wohnsitz oder Sitz haben, auch durch eine einzige (internat) Patentanmeldung („dépôt commun") bei einem Anmeldeamt herbeigeführt werden, der eine internat Recherche folgt. Die internat Patentanmeldung wird vom Internationalen Büro veröffentlicht und den benannten Patentämtern (Bestimmungsämtern) zugeleitet. Die Patenterteilung erfolgt durch das nationale oder regionale Bestimmungsamt.

2. Nationaler und regionaler Weg. Der Weg über den Patentzusammenarbeitsvertrag kann, soweit **5** das maßgebliche Recht das zulässt, wahlweise zum nationalen oder zum regionalen Amt führen. Für Deutschland besteht diese Doppelgleisigkeit; als Bestimmungsamt kann sowohl das DPMA als auch das EPA gewählt werden. Eine Reihe von Vertragsstaaten des EPÜ (Belgien, Frankreich, Griechenland, Irland, Italien, Lettland, Litauen, Malta, Monaco, Niederlande, Slowenien, Zypern) hat den nationalen Weg des PCT ausgeschlossen. Die Hinterlegungswirkung beruht auf Art 11 Abs 3, 4 PCT. Zum regionalen Weg Rn 8 ff vor Art III IntPatÜG.

V. Der **„Patent Prosecution Highway"** ermöglicht die beschleunigte Bearbeitung von Patentanmel- **6** dungen durch den Austausch und die gegenseitige Nutzung von Arbeitsergebnissen. Durch den Beitritt des DPMA zum Globalen Pilotprojekt besteht diese Möglichkeit nunmehr im Verhältnis zu den Patentäm-

---

2 S auch *MGK/Beier* Europäisches Patentsystem Rn 60 ff.
3 *MGK/Bossung* Art 75 EPÜ Rn 3 ff.
4 Zu den Vorbildern *MGK/Bossung* Art 79 EPÜ Rn 25 ff.

tern in Australien, China (Volksrepublik, noch auf bilateraler Basis), Dänemark, Estland, Finnland, Island, Israel, Japan, Korea (Republik), Kanada, Norwegen, Österreich, Portugal, der Russischen Föderation, Schweden, Singapur, Spanien, Ungarn, dem VK und den USA. Der Antrag kann auch auf ein Arbeitsergebnis nach dem Patentzusammenarbeitsvertrag gestützt werden.[5]

VI. Vor- und Nachteile der verschiedenen Wege

7 **1. Allgemeines.** Bei der Entscheidung, ob der nationale, der eur oder einer der PCT-Wege beschritten werden soll, werden in erster Linie Kosten-Nutzen-Gesichtspunkte eine Rolle spielen; daneben können die – allerdings schwer zu beurteilende – Schnelligkeit und Gründlichkeit des Verfahrens ins Gewicht fallen. Wesentlich für den Anmelder wird auch sein, für welche Länder und damit für welche Märkte er Patentschutz für wichtig hält. Sämtliche Wege führen zu gleichwertigen Schutzrechten. In jedem Fall kann es sich zum Erreichen einer maximalen Schutzdauer empfehlen, entweder die durch § 40 („innere Priorität") gegebenen Möglichkeiten auszuschöpfen oder zunächst in einem wirtschaftlich weniger wichtigen PVÜ-Staat anzumelden und in den wichtigen Staaten Nachanmeldungen unter Ausnutzung der Prioritätsfrist zu tätigen; dabei kann auch bedacht werden, in welcher Sprache die Prioritätsanmeldung getätigt werden kann, welche Kosten hierfür entstehen und ob die Anmeldung schon mit oder alsbald nach der Prioritätsanmeldung öffentlich zugänglich ist und damit StdT geschaffen wird.

8 **2.** Der **nationale Weg** ist für inländ Anmelder mit dem geringsten Aufwand und (abgesehen von der Erwirkung des zeitlich kürzeren, aber sonst im wesentlichen gleichwertigen Gebrauchsmusterschutzes) den geringsten Kosten verbunden, zudem ergeben sich uU taktische Vorteile durch das System der „aufgeschobenen Prüfung", die das EPÜ so nicht kennt. Ist eine Anmeldung auch im Ausland beabsichtigt, fällt hierfür der volle Aufwand für Auslandsanmeldungen an, allerdings uU gemildert durch die Möglichkeit von eur und PCT-Nachanmeldungen.

9 **3.** Der **europäische Weg** bietet den Vorteil, durch ein („Bündel-")Patent (zukünftig auch durch ein EU-einheitliches Patent) alle oder jedenfalls alle teilnehmenden Mitgliedstaaten der EU, aber nach Wahl auch nur einzelne, Vertragsstaaten des EPÜ sowie über Erstreckungs- und Validierungsregelungen einige weitere Staaten zu erreichen, er ist jedoch verhältnismäßig teuer und erfordert insb hohen Aufwand an Übersetzungen, der allerdings durch das „Londoner Übereinkommen" (Rn 15 zu Art I IntPatÜG) und den möglichen Rückgriff auf maschinell erstellte Übersetzungen gemindert wird.

4. Internationaler Weg

10 **a. Zum Deutschen Patent- und Markenamt.** Der PCT-Weg bietet den Vorteil, dass mit einer Anmeldung der Zeitrang für zahlreiche Staaten gesichert und das Erteilungsverfahren in diesen Staaten eingeleitet werden kann, wobei die nationalen Gebühren und Übersetzungskosten erst später anfallen. Nunmehr erfolgt eine „Globalbenennung" aller PCT-Staaten.[6] Das Verfahren nach dem PCT ermöglicht eine relativ späte Festlegung, ob und in welchen Ländern die Anmeldung weiter verfolgt werden soll. Auch werden Formprobleme dadurch vermieden, dass die formgerechte PCT-Anmeldung von allen Bestimmungsämtern anerkannt wird. Der nationale PCT-Weg ist bei Art III IntPatÜG kommentiert.

11 **b. Zum Europäischen Patentamt.** Der PCT-Weg zum EPA verbindet die Vor- und Nachteile des eur Erteilungsverfahrens mit denen des PCT-Verfahrens. Für die PCT-Anmeldung beim EPA stehen die Amtssprachen des EPA zur Verfügung, daneben uU die weiteren Amtssprachen der Mitgliedstaaten (Rn 21 ff zu § 126).

---

5 BlPMZ 2015, 225; s auch http://www.dpma.de/patent/verfahren/pph.
6 Vgl zur früheren Rechtslage (Bestimmungsgebühren nur für 6 Staaten) *MGK/Bossung* Art 79 EPÜ Rn 82 ff; zur Entwicklung der Benennungen *MGK/Bossung* Art 79 EPÜ Rn 53 ff; zur Nutzung durch bestimmte Unternehmen IIC 1998, 245 f.

B. Übersicht über die im dritten Abschnitt geregelten Verfahren

I. Allgemeines. Der Abschnitt regelt das Patenterteilungsverfahren (§§ 34–58), das Einspruchsverfah- **12** ren (§§ 59–62) sowie das Widerrufs- und Beschränkungsverfahren (§ 64); § 63 enthält – systematisch wenig mit diesen Verfahren zusammenhängend – eine erfinderpersönlichkeitsrechtl Regelung über die Nennung des Erfinders in bestimmten Veröffentlichungen des DPMA.

II. Der Abschnitt regelt zunächst das Verfahren zur Erlangung eines Patents, das **Patenterteilungs-** **13** **verfahren** vor dem DPMA. Es wird durch die Patentanmeldung (§§ 34, 34a, 35, 35a), mit der die Anmeldegebühr zu zahlen ist, in Gang gesetzt, in ihm wird – im Rahmen der Offenbarung in den ursprünglichen Unterlagen und in den Grenzen des Erteilungsantrags – nur über die Patentfähigkeit der angemeldeten Erfindung entschieden, grds aber nicht über die sachliche Berechtigung des Anmelders. Am Patenterteillungsverfahren ist nur der Anmelder beteiligt; Dritte haben nur beschränkte Einflussmöglichkeiten.

Die Anmeldung führt noch nicht zur Sachprüfung, sondern nur zur Prüfung auf offensichtliche Män- **14** gel (**Offensichtlichkeitsprüfung**, § 42). Auf – fakultativen, für das weitere Verfahren nicht wesentlichen – Antrag des Anmelders führt das DPMA eine Recherche nach dem für die Beurteilung der Patentfähigkeit in Betracht zu ziehenden StdT durch (§ 43); hierdurch wird dem Anmelder die Entscheidung erleichtert, ob er das Patenterteilungsverfahren weiterbetreiben will.

Eine **Sachprüfung** auf Erfüllung der materiellen Voraussetzungen der Patentfähigkeit (§§ 1–5) sowie **15** auf Erfüllung der formellen Anmeldeerfordernisse der §§ 34, 35, 35a, 37 und 38 führt das DPMA nur auf (gebührenpflichtigen) Antrag (der auch von anderen als dem Anmelder gestellt werden kann, die dadurch aber nicht Verfahrensbeteiligte werden) durch. Der Antrag kann grds nur bis zum Ablauf von sieben Jahren nach Einreichung der Anmeldung gestellt werden (§ 44); wird ein wirksamer Prüfungsantrag nicht gestellt, gilt die Anmeldung als zurückgenommen (§ 58 Abs 3). Die wirksame Stellung des Prüfungsantrags führt zur Durchführung des Prüfungsverfahrens nach §§ 45 ff (mit besonderen Regelungen für Patentanmeldungen, die ein Staatsgeheimnis betreffen, in §§ 50–56), das grds – sofern nicht die Anmeldung zurückgenommen wird – entweder mit der Zurückweisung der Anmeldung nach § 48 (bei Fehlen der Voraussetzungen nach §§ 1–5, §§ 34, 35, 35a, 37 oder 38) oder mit dem Beschluss über die Patenterteilung (§ 49) endet, falls die materiellen und formellen Voraussetzungen für eine Patenterteilung erfüllt sind. Zur Entscheidung ist die Prüfungsstelle (dh grds der zuständige Prüfer) des DPMA berufen.

Die **Erteilung** führt zu den in § 58 Abs 1 vorgesehenen Veröffentlichungen; mit diesen treten die ge- **16** setzlichen Wirkungen des Patents ein. Die Erteilungsgebühr ist seit 1.1.2002 durch die erhöhte Prüfungsantragsgebühr abgegolten.

Vor dem 1.1.1981 endete das Erteilungsverfahren mit der **Bekanntmachung** des Patents (Veröffentli- **17** chung der Auslegeschrift), die einstweilen bereits den vollen Schutz hebeiführte; das Einspruchsverfahren war der Patenterteilung vorgeschaltet.

III. Seit dem 1.1.1981 ist das **Einspruchsverfahren** auch nach nationalem Recht in Angleichung an **18** die Regelung im EPÜ und an die internat Entwicklung der Patenterteilung nachgeschaltet. Damit ist auch eine Angleichung an verwaltungsrechtl Regeln erfolgt.[7] Im Einspruchsverfahren kann jeder Dritte (bei widerrechtl Entnahme nur der Verletzte) die in § 21 vorgesehenen Widerrufsgründe, die neben der Entnahme die materiellen Erteilungsvoraussetzungen der §§ 1–5 und bestimmte (aber nicht alle) Anmeldeerfordernisse sachlicher Art (ausführbare und ursprüngliche Offenbarung) abdecken, geltend machen. In diesem Umfang führt der innerhalb von neun (früher drei) Monaten nach Veröffentlichung der Patentteilung einzulegende, seit 1.1.2002 gebührenpflichtige Einspruch (§ 59) zu einer Überprüfung durch die Patentabteilung (bzw in bestimmten Fällen durch das BPatG, § 61 Abs 2), die durch Beschluss über Aufrechterhaltung, beschränkte Aufrechterhaltung und Teilwiderruf oder Widerruf des Patents entscheidet (§ 61 Abs 1). Am Einspruchsverfahren sind neben dem Patentinhaber der oder die Einsprechenden und uU Beitretende beteiligt.

Hat kein Einspruchsverfahren stattgefunden oder ist dieses mit Aufrechterhaltung oder beschränkter **19** Aufrechterhaltung abgeschlossen worden, kann jedermann (im Fall widerrechtl Entnahme wiederum nur der Verletzte) vor dem BPatG **Nichtigkeitsklage** erheben; die Nichtigkeitsgründe (§ 22) entsprechen den

---

7   Vgl BGH GRUR 1997, 615 Vornapf.

Widerrufsgründen des Einspruchsverfahrens, fügen jedoch die Erweiterung des Schutzbereichs des Patents als weiteren Nichtigkeitsgrund an. Das erstinstanzliche Nichtigkeitsverfahren ist in §§ 81–84, das zweitinstanzliche in §§ 110–121 geregelt.

20 IV. Nach Erteilung des Patents kann der Patentinhaber, insb zur Vermeidung eines drohenden Nichtigkeitsverfahrens, ein **Widerrufs- und Beschränkungsverfahren** einleiten, das zum Widerruf oder zur Beschränkung des Patents mit rückwirkender Kraft führt (§ 64 Abs 1); auch der Widerrufs- und der Beschränkungsantrag sind gebührenpflichtig. Über sie entscheidet die Patentabteilung.

21 **V. Besondere Arten der Patentanmeldung; Teilung.** Das nationale Recht kannte bis 2013 die Zusatzanmeldung (§ 16 aF); die Rechtspraxis sieht auch eine Ausscheidungsanmeldung vor. Der Anmelder kann die Patentanmeldung teilen (§ 39), während die frühere Möglichkeit, das Patent noch im Einspruchsverfahren zu teilen (§ 60 aF), weggefallen ist. Die Nachanmeldung aufgrund widerrechtl Entnahme ist prioritätsbegünstigt.

22 **VI. Ergänzendes Schutzzertifikat.** Die Erteilung des ergänzenden Schutzzertifikats (§ 16a und die entspr Verordnungen des Gemeinschaftsrechts) ist in § 49a geregelt (s dort und Anh zu § 16a). Ein Einspruchsverfahren ist nicht vorgesehen, wohl aber die Möglichkeit einer Nichtigkeitsklage nach § 81.

C. Rechtsbehelfe

23 Die Entscheidungen des DPMA in den im dritten Abschnitt geregelten Verfahren (insb Zurückweisung der Anmeldung, Widerruf und Aufrechterhaltung des Patents im Einspruchsverfahren) können mit der befristeten Beschwerde zum BPatG (§ 73) angefochten werden; gegen die Entscheidung des BPatG ist nur unter bestimmten Voraussetzungen die Rechtsbeschwerde zum BGH statthaft (§ 100); dies gilt auch, wenn das BPatG nach § 61 Abs 2 erstinstanzlich entscheidet. Das Beschwerdeverfahren vor dem BPatG stellt sich in der Sache als Fortsetzung des Verfahrens vor dem DPMA dar; das BPatG kann grds die Entscheidungen, für die das DPMA zuständig ist, auch selbst treffen, allerdings die Sache auch an das DPMA zurückverweisen (s die Kommentierung zu § 79).

D. Die im Patentgesetz geregelten Verfahren vor dem Deutschen Patent- und Markenamt

24 **I. Verwaltungsverfahren.** Das Verfahren vor dem DPMA ist Verwaltungsverfahren,[8] nicht Gerichtsverfahren (zu den Besonderheiten beim GbmLöschungsverfahren Rn 1 zu § 17 GebrMG). Gleichwohl ist die (unmittelbare) Anwendbarkeit der Bestimmungen des Verwaltungsverfahrensrechts (anders im Verfahren vor dem BSA, § 21 SortG) insgesamt ausdrücklich ausgeschlossen.[9] Ob dies auch dem Abschluss von öffentlich-rechtl Verwaltungsverträgen nach §§ 54 ff VwVfG entgegensteht, ist erwogen worden,[10] aber zu verneinen (vgl auch Rn 72 zur früheren Verwaltungsvereinbarung mit dem EPA).

25 **§ 2 Abs 2 Nr 3 des Verwaltungsverfahrensgesetzes** (VwVfG) bestimmt insoweit:

> **§ 2**
>
> (2) Dieses Gesetz gilt ferner nicht für …
> 3. Verfahren vor dem Deutschen Patent- und Markenamt und den bei diesem errichteten Schiedsstellen, …

26 Auf das Patenterteilungsverfahren und die sonstigen im PatG geregelten Verfahren vor dem DPMA finden zunächst die Bestimmungen des **dritten Abschnitts des Patentgesetzes** Anwendung, die durch weitere Bestimmungen in den aufgrund der Ermächtigungen im PatG erlassenen Verordnungen ergänzt werden. Weitere Verfahrensbestimmungen enthalten der **siebente Abschnitt** (§§ 123–128a, § 128b betrifft nur das gerichtliche Verfahren) sowie, was die Verfahrenskostenhilfe betrifft, der **achte Abschnitt** (§§ 129–138).

---

8 Vgl BGH GRUR 1997, 615 Vornapf.
9 BGH GRUR 2015, 937 Verdickerpolymer II; BPatGE 51, 238 = GRUR 2010, 132.
10 BPatGE 49, 1 = GRUR 2005, 525.

Soweit die genannten Bestimmungen keine Regelung enthalten, kann auf **allgemeine verfahrens- 27 rechtliche Grundsätze** zurückgegriffen werden, insb auf solche, die den verschiedenen Verfahrensordnungen gemeinsam sind.[11] Nach früher verbreiteter Auffassung sollten in erster Linie die Gesetze in Betracht kommen, die das Verfahren der freiwilligen Gerichtsbarkeit regeln,[12] diese waren aber wenig ergiebig. Nunmehr wird weitgehend die Anwendung der ZPO favorisiert.[13] Trotz des ausdrücklichen Ausschlusses der (unmittelbaren) Anwendbarkeit des VwVfG wird es vielfach näher liegen, die in den „drei Säulen" des Verwaltungsverfahrensrechts, nämlich dem VwVfG, der Abgabenordnung (AO) und dem Zehnten Buch des Sozialgesetzbuchs (SGB X) enthaltenen allg Grundsätze entspr heranzuziehen,[14] die ZPO dagegen abgesehen von den Fällen ausdrücklicher Verweisung auf sie (wie in § 27 Abs 6, § 46 Abs 2, § 125a Abs 1 und § 127 Nr 2 Satz 3) nur ausnahmsweise (vgl aber zum Einspruchsverfahren Rn 12 ff zu § 59).[15]

II. Verfahrensvoraussetzungen

1. Allgemeines. Die allg Verfahrensvoraussetzungen sind im PatG nicht geregelt, es gelten jedoch die 28 Grundsätze, die für die Teilnahme an jedem Verwaltungsverfahren vorausgesetzt werden.[16] Zu Verfahrensführungsbefugnis und Registereintragung s die Kommentierung zu § 30. Anzugeben ist der Name des Anmelders (§ 4 PatV). Als Anmelder kann auch eine Mehrheit von (natürlichen oder juristischen) Personen auftreten (vgl die Regelung in Art 59 EPÜ). Die Vergabe von Kennnummern für Anmelder, Vertreter und Angestelltenvollmachten ist in § 16 DPMAV (im Anh) geregelt.

2. Beteiligtenfähigkeit; Handlungsfähigkeit

a. Allgemeines. Das PatG enthält keine Regelung über die Beteiligtenfähigkeit, allerdings finden sich 29 in der DPMAV rudimentäre Bestimmungen; die Grundsätze müssen im übrigen aus den Prozessordnungen sowie dem Verwaltungsverfahrensrecht entnommen werden; die Terminologie (Parteifähigkeit, Beteiligtenfähigkeit, Beteiligungsfähigkeit; Prozessfähigkeit, Rechtsfähigkeit, Verfahrensfähigkeit, Handlungsfähigkeit) ist uneinheitlich. Soweit die Regelungen auf kontradiktorische Verfahren abgestellt sind, können sie angesichts des nichtkontradiktorischen Charakters der im dritten Abschnitt geregelten Verfahren (auch des Einspruchsverfahrens) nicht ohne weiteres übernommen werden. Zu unterscheiden sind Beteiligtenfähigkeit und Handlungsfähigkeit; die erste bezeichnet die Fähigkeit, überhaupt (als Rechtssubjekt) am Verfahren teilzuhaben, dh Anmelder, Patentinhaber, Einsprechender zu sein, die zweite die Fähigkeit, selbst Verfahrenshandlungen vorzunehmen. Dies gilt entspr, soweit das PatG Handlungsmöglichkeiten für Dritte vorsieht, die nicht selbst Beteiligte sind. Die Prüfung der Beteiligten- und Handlungsfähigkeit erfolgt vAw, allerdings nur, soweit hierfür Anlass besteht.[17]

b. Beteiligte an Verfahren vor dem DPMA können natürliche und juristische Personen nationalen 30 oder eur Rechts,[18] politische Parteien dt Rechts,[19] ausländ juristische Personen, Partnerschaftsgesellschaf-

---

11 Vgl BPatG 29.1.2009 2 Ni 36/07 (EU).

12 Vgl RPA Mitt 1934, 212; *Benkard* vor § 34 Rn 3 bezeichnet diese Auffassung als inzwischen überholt; vgl *van Hees/Braitmayer* S 38.

13 *Benkard* vor § 34 Rn 3; differenzierend *van Hees/Braitmayer* S 35.

14 Vgl *Stelkens/Bonk/Sachs* VwVfG § 2 Rn 2 unter Hinweis auf die Begr; *Benkard* vor § 34 Rn 3; vgl aber BPatGE 51, 238 = GRUR 2010, 132 „Iodosulfuron".

15 Vgl RPA Mitt 1932, 176 f; aA anscheinend BGH GRUR 1995, 333 Aluminium-Trihydroxid, wo zur Frage der Wirksamkeit und Genehmigung von Verfahrenshandlungen vollmachtloser Vertreter ohne weiteres auf die ZPO zurückgegriffen wird; aA auch *Bender* Eingeschränkte Schutzansprüche und die entspr Anwendung von zivilprozessualen Grundsätzen im Gebrauchsmusterlöschungsverfahren, GRUR 1997, 785, 788, der zu Unrecht generell von einer „eindeutigen Absage an die VwGO und an verwaltungsverfahrensrechtl Denkansätze im Gebrauchsmuster- und Patentrecht" ausgeht; die verwaltungsverfahrensrechtl Aspekte stellt demgegenüber BGH GRUR 1997, 615 Vornapf zu Recht heraus.

16 Vgl *Benkard* Rn 4 ff.

17 Vgl BPatGE 52, 207, 211 f = BlPMZ 2011, 255; *Schulte* Einl Rn 45.

18 Vgl zu Vereinen nach dt, öst und schweiz Recht EPA – Einspruchsabteilung – ABl EPA 2003, 473, 488 f – Krebsmaus; vgl auch BPatG GRUR 2005, 955 f; *Fitzner/Lutz/Bodewig* § 34 PatG Rn 36.

ten, die eur wirtschaftliche Interessenvereinigung[20] sowie Personenhandelsgesellschaften (OHG, KG, Reederei) sein; eine juristische Person verliert nach dt Recht ihre Beteiligtenfähigkeit nicht durch ihre Auflösung[21] oder Löschung.[22] Nach ausländ Recht kann dies anders sein.[23] Eine Gesellschaft bürgerlichen Rechts war als solche nach früherem Verständnis nicht beteiligtenfähig;[24] dies ist aufgrund der Entwicklung der Rspr zur Rechtsfähigkeit der Gesellschaft bürgerlichen Rechts[25] jedenfalls für die Außengesellschaft überholt.[26] Auch der noch nicht im Handelsregister eingetragenen Vorgesellschaft (zB GmbH in Gründung) wird auf dieser Grundlage die Beteiligtenfähigkeit nicht abgesprochen werden können.[27] Bei ausländ Personengesellschaften wird auf das Heimatrecht abzustellen sein.[28] Auch Behörden können Beteiligte sein, ohne dass es insoweit darauf ankommt, ob sie mit eigener Rechtspersönlichkeit ausgestattet sind (vgl die insoweit übereinstimmenden § 11 VwVfG und § 10 SGB X). Gewillkürte Verfahrensstandschaft ist im markenrechtl Widerspruchsverfahren als zulässig angesehen worden[29] (vgl auch Rn 29 zu § 74).

31   Bei **ausländischen juristischen Personen** bestimmt sich die Beteiligtenfähigkeit nach ihrem Heimatrecht.[30] Eine in den USA wirksam gegründete, dort rechts- und parteifähige und noch bestehende Gesellschaft ist in Deutschland regelmäßig unabhängig davon rechts- und parteifähig, wo sich ihr tatsächlicher Verwaltungssitz befindet.[31] Für Gesellschaften aus der EU und dem EWR folgt dies aus der Niederlassungsfreiheit.[32] Das wird auch für Gesellschaften aus der Schweiz gelten müssen (vgl Rn 7 zu § 113).

32   **c.** Die **Handlungsfähigkeit** soll entgegen früherer Praxis, die auf zivilrechtl Überlegungen abstellte,[33] nach wohl hM entspr den im Zivilprozessrecht zur **Prozessfähigkeit** aufgestellten Grundsätzen (§§ 52–57 ZPO) zu beurteilen sein.[34] Die näher liegende Anwendung der übereinstimmenden Regeln über die Handlungsfähigkeit in § 12 VwVfG und § 11 SGB X sowie der diesen sachlich entspr in § 79 AO führt im wesentlichen zu übereinstimmenden Ergebnissen.

33   Für **Auswärtige** ist zunächst der Vertretungszwang nach § 25 zu beachten,[35] weiter der Rechtsgedanke des § 55 ZPO.[36]

34   **Nicht oder beschränkt Geschäftsfähige**, die nicht handlungsfähig sind, können einstweilen zugelassen werden, wenn mit dem Verzug Gefahr für sie verbunden ist, dh Rechtsverlust droht (Gedanke des § 56 Abs 2 Satz 1 ZPO), die Wirksamkeit der Verfahrenshandlung hängt von der Genehmigung des gesetzlichen Vertreters ab; das gilt auch für Patentanmeldungen.[37] Die Genehmigung kann auch noch nach Ab-

---

19   EPA – Einspruchsabteilung – ABl EPA 2003, 473, 488 f – Krebsmaus, auch zu deren Parlamentsfraktionen; zu Gewerkschaften BPatG GRUR 2005, 955 f unter Hinweis auf BGHZ 50, 325 = WM 1968, 955.
20   *Schulte* Einl Rn 40.
21   BPatGE 41, 160.
22   BPatGE 44, 113; anders für dt Handelsgesellschaft EPA T 353/95.
23   Vgl BPatG 2.2.2004 5 W (pat) 452/01 Mitt 2005, 307 Ls; vgl auch BGH 29.9.2010 X a ZR 68/07.
24   Vgl BPatG 15.7.1998 28 W (pat) 57/98, Markensache; BPatG 16.9.1998 7 W (pat) 32/97: Anwaltssozietät als Einsprechende; zur Markenrechtsfähigkeit *Thun* GRUR 1999, 862; BGH GRUR 2000, 1028 Ballermann.
25   BGHZ 146, 341 = NJW 2001, 1056; BGHZ 151, 204, 206; BGHZ 154, 88, 94 = NJW 2003, 1445; BGH GRUR 2005, 689 Sammelmitgliedschaft III; *Ann* Mitt 2001, 181; *Sprau* BGHRep 2001, 241.
26   *Benkard-EPÜ* Art 58 Rn 6; *Schulte* Einl Rn 40; MittPräsDPMA Nr 4/05 BlPMZ 2005, 2; vgl EPA – Einspruchsabteilung – ABl EPA 2003, 473, 488 Krebsmaus; BPatG 24.1.2005 11 W (pat) 345/04 Mitt 2005, 305 Ls; zum Markenrecht BPatGE 48, 242 = GRUR 2004, 1030; BPatG 20.8.2004 25 W (pat) 291/02; BPatG GRUR 2005, 955 f.
27   Vgl BGHZ 117, 323 = NJW 1992, 1824; abw wohl *Benkard* § 34 Rn 1.
28   Vgl zur Gesellschaft des österr Rechts *Benkard-EPÜ* Art 58 Rn 6.
29   BPatG GRUR 2000, 815.
30   Vgl BGHZ 153, 353, 355 f = NJW 2003, 1607; BGH NJW-RR 2002, 1359 f; BGH ZIP 2004, 1549 f; BGH GRUR 2005, 55 GEDIOS Corporation.
31   BGH GEDIOS Corporation mwN.
32   Vgl EuGH ZIP 2002, 2037 Überseering; EuGH ZIP 2003, 1885 Inspire Act; BGH ZIP 2005, 805; BGHZ 154, 185 = NJW 2003, 1461; BGHZ 164, 148 = NJW 2005, 3351.
33   Vgl PA BlPMZ 1902, 204.
34   Vgl *Benkard* § 34 Rn 2; *Schulte* Einl Rn 42; *Fitzner/Lutz/Bodewig* § 34 Rn 4; *Mes* vor § 34 Rn 34; *Büscher/Dittmer/Schiwy* § 34 Rn 8; *Pfanner* GRUR 1955, 556; *Momber* GRUR 1929, 407; BPatG 26.2.2009 10 W (pat) 37/06.
35   Vgl *Mes* vor § 34 Rn 37.
36   Vgl LG München I 14.5.2012 21 O 14914/09 IPRspr 2012, Nr 162, 362, UrhSache.
37   *Benkard* § 34 Rn 2a mwN und § 7 Rn 5; *Mes* vor § 34 Rn 36; *Bühring* § 4 GebrMG Rn 9; vgl *Haase* GRUR 1929, 255; BGHZ 92, 137 = GRUR 1984, 870 Schweißpistolenstromdüse; aA PA BlPMZ 1902, 204.

lauf der zu wahrenden Frist (zB Einspruchs- oder Beschwerdefrist) erfolgen.[38] Wird die Genehmigung verweigert, ist die Verfahrenshandlung von Anfang an unwirksam, war sie gebührenpflichtig, ist die gezahlte Gebühr zu erstatten.[39] Ein Beteiligter, der sich gegen seine Behandlung als nicht handlungsfähig wendet, ist hierfür handlungsfähig (prozessfähig).[40]

Für eine Anwendung der **§§ 54, 56 Abs 1, 57 und 58 ZPO** besteht – jedenfalls in Patentsachen[41] – keine Notwendigkeit. **35**

3. Vertretung. Handlungsunfähige müssen sich vertreten lassen. Dies gilt für alle juristischen Personen sowie für alle sonst nicht oder nur beschränkt Geschäftsfähigen. Auch hier gelten die allg Regeln. Juristische Personen werden durch ihre Organe (Vorstand, Geschäftsführer) gesetzlich vertreten, Minderjährige und sonst Geschäftsunfähige oder beschränkt Geschäftsfähige durch Eltern, Vormund, Pfleger oder Betreuer (vgl für die Vertretung Minderjähriger § 1629 BGB).[42] Für ausländ juristische Personen gilt das Heimatrecht.[43] Die Vertretungsmacht ist vAw zu prüfen.[44] Zum Inlandsvertreter § 25. **36**

Im übrigen kann sich jeder Beteiligte durch **Bevollmächtigte** (gewillkürte Vertreter) vertreten lassen (§ 13 Abs 1 DPMAV); bei einem Zusammenschluss von Vertretern gilt die Bevollmächtigung iZw für alle (§ 13 Abs 2 DPMAV, im Anh). Wer bei mehreren gemeinschaftlich beteiligten Personen oder bei mehreren Vertretern zustellungs- und empfangsbevollmächtigt ist, regelt § 14 DPMAV (im Anh). Für Bevollmächtigte regelt § 15 DPMAV (im Anh) die Vollmachtsvorlage; vgl zum Verhältnis der Vollmacht zum zugrundeliegenden Rechtsverhältnis § 675 BGB.[45] Mängel der Vollmacht sind vAw zu berücksichtigen, soweit nicht Rechtsanwälte, Patentanwälte, Erlaubnisscheininhaber oder vertretungsberechtigte Patentassessoren auftreten (§ 15 Abs 4 DPMAV). Die Bestimmungen des Rechtsdienstleistungsgesetzes (RDG) sind zu beachten.[46] **37**

§ 97 Absatz 3 gilt nicht.[47] Weitgehend üblich ist die Hinterlegung allg Vollmachten und von Angestelltenvollmachten.[48] Bei einer Teilung der Anmeldung genügt die Vorlage einer Kopie der Originalvollmacht in der Stammanmeldung.[49] Ob ein Handlungsbevollmächtigter eine Vollmacht vorlegen muss, ist str[50] (vgl Rn 96 zu § 59). Mangelnder Vollmachtsnachweis ist noch in der Beschwerdeinstanz heilbar.[51] **38**

Die Eröffnung des Insolvenzverfahrens führt zum **Erlöschen**[52] der Vollmacht.[53] Die Vollmacht erlischt nicht mit der Auflösung der vollmachtgebenden Handelsgesellschaft.[54] **39**

Prozessunfähigkeit des Vertreters führt nicht entspr § 244 ZPO zur Unterbrechung des Verfahrens vor dem DPMA,[55] jedoch kann das Recht auf Äußerung („rechtl Gehör") verletzt sein; Zustellungen an den prozessunfähigen Vertreter sind unwirksam.[56] **40**

38 BPatG GRUR 1989, 495; BPatG 21.4.2004 26 W (pat) 137/02, Markenbeschwerdesache.
39 BPatGE 1, 25, 27 = BlPMZ 1962, 70; *Bühring* § 4 GebrMG Rn 9.
40 BPatG 21.2.2006 6 W (pat) 13/05 Mitt 2006, 574 Ls.
41 Vgl zum Markenrecht BPatG 11.5.2005 32 W (pat) 191/03 Mitt 2005, 384 Ls.
42 Vgl *Schulte* Einl Rn 47; BPatGE 44, 209 = BlPMZ 2002, 220 sieht eine Unterzeichnung, der der Zusatz „i.A." vorangestellt ist und die sich deshalb als ein Handeln „im Auftrag" darstellt, als für die sichere Erkennbarkeit der Vertreterstellung des Unterzeichners für den Auftraggeber nicht ausreichend an.
43 *Schulte* Einl Rn 48.
44 BGHZ 40, 197 = MDR 1964, 134; BGH NJW 2000, 738; *Schulte* Einl Rn 48; vgl BGH 5.2.1981 X ZB 5/80.
45 Vgl LG Düsseldorf Mitt 2001, 182.
46 Vgl OLG Hamm Mitt 2015, 294, zur Klage der Patentanwaltskammer gegen ein als Vertreter auftretendes Ingenieurbüro, und hierzu *Remmertz* (Anm) Mitt 2015, 299.
47 BPatG Mitt 1984, 156.
48 Hierzu MittPräsDPA Nr 9/94 BlPMZ 1994, 301; zur seit 1.3.1999 möglichen Hinterlegung allg Vollmachten für Anwaltsgesellschaften MittPräsDPMA Nr 7/99 BlPMZ 1999, 121; vgl zum Umfang BPatG Mitt 1973, 18; vgl weiter *Fitzner/Lutz/Bodewig* § 34 Rn 40.
49 BPatG 25.6.1987 23 W (pat) 113/86.
50 Bejahend BPatG BlPMZ 1976, 189; BPatGE 30, 20 = GRUR 1989, 46; BPatG 3.6.1976 17 W (pat) 115/75; verneinend BPatGE 30, 182 = GRUR 1989, 664; vgl BPatGE 17, 211 = BlPMZ 1975, 379.
51 BPatGE 33, 218 = BlPMZ 1993, 27.
52 Zum Erlöschen bei Anzeige der Bestellung eines neuen Bevollmächtigten BPatG 30.5.1974 4 W (pat) 39/74.
53 BPatGE 16, 161 = BlPMZ 1974, 320, zur Konkurseröffnung; *Schulte* Einl Rn 51.
54 BPatG Mitt 1977, 235; BPatGE 22, 201, Wz-Sachen; vgl BPatGE 31, 146.
55 BPatG 7.5.1973 34 W (pat) 21/71.
56 BPatG 18.7.1973 4 W (pat) 40/73; BPatG 31.10.1973 7 W (pat) 137/71; aA BPatG 7.5.1973 34 W (pat) 21/71.

41   **Vollmachtlose Vertreter.** Mängel der Vollmacht führen grds zur Unwirksamkeit der Verfahrenshandlung.[57] Dies schließt nachträgliche Heilung nicht aus.[58] § 15 Abs 1 DPMAV (im Anh) fordert lediglich den Nachweis der Vollmacht, er entspricht damit § 14 Abs 1 Satz 3 VwVfG und § 80 Abs 1 ZPO. Der BGH will die Frage der wirksamen Bevollmächtigung nach den allg Bestimmungen, insb der ZPO, beurteilen, soweit nicht die Besonderheiten des Patentrechts anderes verlangen (im rechtl Ansatz zwh, vgl Rn 27); danach kann auch der vollmachtlos auftretende Vertreter wirksam fristgebundene Anträge einreichen und hierfür einstweilen zugelassen werden;[59] die Nachreichung der Vollmachtsurkunde oder Genehmigung, die auch nach Fristablauf erklärt werden kann, heilt in diesem Fall rückwirkend[60] (§ 89 ZPO). Es ist rechtsunwirksam, einzelne Verfahrenshandlungen eines vollmachtlosen Vertreters im Patenterteilungsverfahren zu genehmigen und andere von der Genehmigung auszunehmen.[61] § 177 Abs 1 BGB ist nicht anwendbar.[62] Zu Zustellungen an vollmachtlose Vertreter Rn 31 ff zu § 127.

42   Die Rspr wendet diese Grundsätze überwiegend auch auf die **Einspruchseinlegung** an (Rn 95 zu § 59). Es sollte gegenüber der formalistischen Argumentation der hM weder übersehen werden, dass wegen der Möglichkeit, Nichtigkeitsklage zu erheben, ein endgültiger Rechtsverlust für den Einsprechenden grds nicht drohen kann, noch, dass andere Wertungen des PatG, wie der Ausschluss der Wiedereinsetzung, unter dem Gesichtspunkt zügiger Verfahrensdurchführung, die hM nicht stützen.[63]

43   **III. Rechtsschutzbedürfnis; rechtliches Interesse; Rechtsmissbrauch** (vgl auch Rn 90 zu § 34). Die von der Rspr entwickelten Grundsätze über das Rechtsschutzbedürfnis können auch in den Verfahren vor dem DPMA angewendet werden.[64] Das darf freilich nicht ohne Berücksichtigung der dem Erfinder durch das Gesetz eingeräumten Rechtsstellung und der Besonderheiten des Patenterteilungsverfahrens erfolgen.[65] Überspitzungen mit einer Vermengung verfahrensrechtl (Rechtsschutzbedürfnis) und sachlichrechtl (rechtl Interesse) Gesichtspunkte[66] sind zu vermeiden, in diesem Kommentar wird zwischen beiden unterschieden und die zweideutige Bezeichnung „Rechtsschutzinteresse" wird deshalb vermieden; im Patenterteilungs-, Einspruchs- und Widerrufs- und Beschränkungsverfahren wird das Rechtsschutzbedürfnis idR gegeben sein;[67] anders im Einspruchsverfahren nach Erlöschen des Patents.[68] Zum Rechtsschutzbedürfnis für den **Einspruch** Rn 62 ff zu § 59, für den **Widerrufs-** oder **Beschränkungsantrag** Rn 22 zu § 64.

44   Das Rechtsschutzbedürfnis für den **Erteilungsantrag** folgt grds aus dem öffentlich-rechtl Anspruch auf Patenterteilung, sofern die materiellen und formellen Voraussetzungen hierfür vorliegen;[69] es entfällt schon wegen möglicher Entschädigungsansprüche nach § 33 nicht ohne weiteres mit Ablauf der Schutz-

---

57   Vgl BPatGE 5, 5 = GRUR 1965, 143.

58   Zur Erklärung der Lizenzbereitschaft durch vollmachtlosen Vertreter BPatGE 3, 13 = GRUR 1964, 445; BPatGE 24, 41.

59   BGH GRUR 1995, 333 Aluminium-Trihydroxid; vgl BPatG BlPMZ 1985, 114.

60   Vgl BPatG 6.10.1971 4 W (pat) 54/71; BPatG GRUR 1992, 309: jedenfalls bis zur abschließenden Entscheidung in der Instanz; vgl auch BPatG 28.6.1990 11 W (pat) 43/88; BPatG GRUR 1991, 126.

61   BGHZ 92, 137, 141 = GRUR 1984, 870 Schweißpistolenstromdüse; BPatG 3.10.1983 11 W (pat) 22/83 BlPMZ 1984, 204 Ls). Zur Duldungsvollmacht bei Zustellungen BPatG NJW-RR 1991, 127.

62   BPatG BlPMZ 1985, 114; aA BPatGE 5, 5 = GRUR 1965, 143; BPatGE 6, 10 = GRUR 1965, 597 für Lizenzbereitschaftserklärung.

63   Vgl zur Problematik bei Gestaltungserklärungen BGHZ 114, 360, 366 = NJW 1991, 2552.

64   BGHZ 54, 181, 183 ff = GRUR 1970, 600 Fungizid, zum Patenterteilungsverfahren; BGHZ 57, 1 = GRUR 1972, 80 Trioxan; BGHZ 58, 156, 159 = GRUR 1977, 652 Benzolsulfonylharnstoff; BGHZ 73, 182, 187 = GRUR 1979, 461 Farbbildröhre; vgl BGH GRUR 1982, 291 Polyesterimide; BGHZ 90, 318 = GRUR 1984, 797 Zinkenkreisel; BGHZ 112, 297 = GRUR 1991, 518 Polyesterfäden; BGH GRUR 1997, 615 Vornapf; BGH GRUR 1998, 130 Handhabungsgerät (zwh); BGHZ 166, 347 = GRUR 2006, 748 Mikroprozessor; *Schulte* § 34 Rn 23.

65   BGH Fungizid.

66   Nach Art von BPatGE 29, 39 („Scheintotenentlarvungssystem").

67   vgl BGH GRUR 1995, 342 tafelförmige Elemente, BPatGE 36, 110 = GRUR 1996, 873, 875: Fehlen grds nur bei offensichtlich nicht schutzwürdiger Rechtsverfolgung; *Büscher/Dittmer/Schiwy* § 34 Rn 3.

68   BGH Vornapf.

69   Vgl BGHZ 54, 181, 184 = GRUR 1970, 600 Fungizid; BGHZ 58, 156, 159 = GRUR 1977, 652 Benzolsulfonylharnstoff; BGHZ 73, 182, 187 = GRUR 1979, 461 Farbbildröhre; BGH GRUR 1972, 638 f Aufhellungsmittel; BGH GRUR 1998, 130 f Handhabungsgerät; *Benkard-EPÜ* Art 52 Rn 7.

dauer.[70] Der Anmelder kann jede Kategorie wählen, die er wünscht.[71] Übereinstimmungen im Schutzbereich berühren das Rechtsschutzbedürfnis grds nicht.[72] Eine Ausnahme wurde nur für den Fall in Erwägung gezogen, dass aus besonderen Gründen keinerlei Interesse des Anmelders erkennbar ist und der Anmelder mit den kumulierten Patentansprüchen keinen weitergehenden Schutz erhalten kann.[73]

Nach hM fehlt das Rechtsschutzbedürfnis für eine **weitere**, mit der ersten inhalts- und prioritätsglei- **45** che **Patentanmeldung** desselben Anmelders.[74] Das erscheint in dieser Allgemeinheit nicht zutr. Zwar lässt sich das Fehlen des Rechtsschutzbedürfnisses im Einzelfall damit begründen, dass niemand das DPMA unnütz oder unlauter bemühen oder das Verfahren zur Verfolgung zweckwidriger Ziele ausnutzen darf;[75] hiervon kann aber bei Mehrfachanmeldungen derselben Erfindung nicht ohne weiteres die Rede sein; ebenso bei der „identischen" Teilung (vgl Rn 19 ff zu § 39). Eine von mehreren zeitrang- und inhaltsgleichen Patentanmeldungen ist jedenfalls solange zulässig, als über die anderen nicht rechtskräftig entschieden ist.[76] Es liegt näher, in solchen Fällen nicht das Rechtsschutzbedürfnis, sondern das Bestehen eines öffentlich-rechtl Anspruchs auf Erteilung eines weiteren inhalts- und prioritätsgleichen Patents für denselben Anmelder zu verneinen, dh den Erteilungsanspruch durch die Patenterteilung als materiell verbraucht anzusehen;[77] die Übertragung der Anmelderstellung auf einen Dritten ändert daran nichts, weil niemand mehr Rechte übertragen kann als er selbst innehat. Die Zusammenfassung von in verschiedenen Patentanmeldungen beanspruchten Teilanlagen zu einer Gesamtanlage in einer gesonderten Patentanmeldung mit gleichem Zeitrang ist unter dem Gesichtspunkt des Rechtsschutzbedürfnisses als unbdkl angesehen worden.[78]

Der BGH hat ein Rechtsschutzbedürfnis für einen im wesentlichen **unbrauchbaren Teil** der ange- **46** meldeten Lehre verneint.[79] Auch hier liegt es näher, das Bestehen eines Erteilungsanspruchs zu verneinen; ähnliches gilt für den Fall inhaltlich übereinstimmender Haupt- und Hilfsanträge, bei dem der Hauptantrag Auslegungsschwierigkeiten hervorruft, die dem Hilfsantrag nicht anhaften.[80]

Wegen der unterschiedlichen Schutzbereiche fehlt auch nicht das Rechtsschutzbedürfnis für einen **47** umfassenderen und einen engeren Patentanspruch der **gleichen Kategorie**.[81] Bei der Beurteilung der mittelbaren Patentverletzung kann das unter dem Gesichtspunkt des „wesentlichen" Merkmals allerdings zu Schwierigkeiten führen.

Rechtsmissbrauch.[82] Die Verfolgung verfahrensfremder Ziele ist unstatthaft.[83] Sind über die erste **48** Zulassung eines Arzneimittels, für das ein ergänzendes Schutzzertifikat erteilt wird, wahrheitsgemäße Angaben nicht erfolgt, kann dies als missbräuchliche Verhaltensweise iSd Art 102 AEUV zu werten sein; ebenso der missbräuchliche Antrag auf Widerruf der Arzneimittelzulassung.[84] Das konstante und geradlinige Verhalten eines Pharmaunternehmens, das durch stark irreführende Darstellungen gegenüber den Patentämtern und einen offenkundigen Mangel an Transparenz gekennzeichnet ist und mit dem dieses

---

70 BPatGE 12, 119, 121; BPatGE 42, 256 = GRUR 2000, 1017.

71 BGHZ 95, 295, 297 = GRUR 1986, 163 borhaltige Stähle; BGHZ 166, 347 = GRUR 2006, 748 Mikroprozessor; vgl aber BGH Handhabungsgerät, hiergegen BPatG BlPMZ 2016, 26.

72 BGH Mikroprozessor; vgl BGH Fungizid; BGH Farbbildröhre; BPatG BlPMZ 1988, 262; BPatG BlPMZ 2016, 26.

73 BGH Mikroprozessor.

74 BPatGE 14, 185 = GRUR 1973, 194; BPatG 21, 223; vgl BPatG 27.11.1978 13 W (pat) 98/76; *Benkard* vor § 34 Rn 9; *Kraßer* S 522 (§ 25 A I 5); hiergegen *Schulte* § 34 Rn 25 unter Hinweis auf BGH GRUR 1991, 376 beschußhemmende Metalltür (das allerdings nicht vollständig identische Anmeldungen betraf), wonach solche Doppelanmeldungen wegen Fehlens eines Doppelpatentierungsverbots hinzunehmen sind; vgl auch BPatG BlPMZ 1983, 154, wonach das Rechtsschutzbedürfnis nicht fehlt, wenn die weitere Anmeldung nach Erlass der Beschwerdeentscheidung, aber vor Eintritt der Rechtskraft zurückgenommen wurde.

75 *Benkard* vor § 34 Rn 6; vgl BPatGE 47, 224 = GRUR 2004, 320.

76 BGHZ 90, 318, 321 = GRUR 1984, 797 Zinkenkreisel.

77 Ähnlich *Kraßer* S 521 (§ 25 A I 2); insoweit zutr auch BPatG 27.11.1978 13 W (pat) 98/76.

78 BPatG BlPMZ 1991, 195.

79 BGHZ 112, 297, 304 = GRUR 1991, 518 Polyesterfäden.

80 BGH GRUR 1982, 291 Polyesterimide.

81 BPatG 16.6.2004 20 W (pat) 28/04: Detektionsgerät einerseits und darin enthaltener Sensor andererseits.

82 Allg hierzu *Benkard-EPÜ* Art 52 Rn 11; *Schulte* Einl Rn 308.

83 Vgl BGH GRUR 1997, 747 Cirkulin; BGH GRUR 2005, 1047 OTTO; BGH MarkenR 2011, 267 TSP; BPatG BlPMZ 2013, 28, 30, Markensachen.

84 EuG 1.7.2010 T-321/05 Slg 2010 II-2805 = CIPR 2010, 104 AstraZeneca.

Unternehmen die Patentämter und die Gerichte vorsätzlich täuschen wollte, um sein Monopol auf dem relevanten Markt möglichst lang zu wahren, ist dem Leistungswettbewerb fremd.[85]

IV. Einzelne Verfahrensgrundsätze

49   **1. Antragsgrundsatz.** Die im dritten Abschnitt geregelten Verfahren setzen einen Antrag (Patentanmeldung, Einspruch, Widerrufs- oder Beschränkungsantrag), dh eine Erklärung, die ein bestimmtes Begehren (und sei es, wie bei Einspruch oder Beschwerde, nur auf Überprüfung) enthält,[86] voraus; sie können nicht vAw durchgeführt werden.[87] Zur Antragsbindung Rn 54 f.

50   **2.** Ist das Verfahren wirksam eingeleitet, unterliegt es der Disposition des Antragstellers nur eingeschränkt; so wird auch bei Rücknahme des Prüfungsantrags (anders bei Rücknahme der Anmeldung) das Prüfungsverfahren im **Amtsbetrieb** fortgesetzt (§ 44 Abs 5); Entsprechendes gilt für die Rücknahme des Einspruchs (§ 61 Abs 1 Satz 2).

51   **3.** In bestimmtem Umfang kann der Anmelder über das Verfahren verfügen. Dem **Verfügungsgrundsatz** (vgl Rn 6 zu § 45) unterliegen die Rücknahme der Anmeldung und ihre Erledigung durch Nichtzahlung fälliger Jahresgebühren, Nichtstellen des Prüfungsantrags und Nichtzahlung der Erteilungsgebühr. Auch das Beschränkungsverfahren unterliegt der Disposition des Patentinhabers. Schließlich haben die Beteiligten bestimmte verfahrensgestaltende Möglichkeiten, so beim Rechercheantrag (§ 43), beim Antrag auf Anhörung (§ 46 Abs 1 Satz 2), Aussetzung des Erteilungsverfahrens (§ 49 Abs 2) oder Zuziehung eines rechtskundigen Mitglieds (§ 27 Abs 3 Satz 3).

52   **4.** In den im dritten Abschnitt geregelten Verfahren gilt der **Untersuchungsgrundsatz** (§ 46 Abs 1; Rn 9 f zu § 45; Rn 33 zu § 46; § 59 Abs 3; Rn 294 ff zu § 59; § 64 Abs 3 Satz 2); dies gilt grds auch für das Verfahren vor dem BPatG (§ 87). Eine ausdrückliche Regelung enthält § 59 Abs 1 MarkenG.

53   Das DPMA hat auf die **Stellung sachdienlicher Anträge** hinzuwirken; ihm obliegt in tatsächlicher Hinsicht auch eine Aufklärungs- und Hinweispflicht;[88] eine Pflicht, Anträge und Unterlagen selbst zu erarbeiten, besteht für das DPMA aber nicht (Rn 10 zu § 45).

54   **5. Antragsbindung.** Patenterteilung kommt nur in sachlicher Übereinstimmung mit einem (zumindest hilfsweise gestellten) Erteilungsantrag in Betracht, niemals abw vom ihm; kann dem Erteilungsantrag nicht voll entsprochen werden, ist er zurückzuweisen, eine Patenterteilung mit reduziertem Inhalt ist ausgeschlossen.[89] Insoweit ist das Patent als „Willenserklärung" bezeichnet worden;[90] dies trifft die Sache allerdings eher am Rand. Anderes gilt nur, wenn der Anmelder hilfsweise Erteilungsanträge stellt.[91] Das DPMA darf den Gegenstand der Anmeldung deshalb auch nicht von sich aus verändern.[92] Erfüllt nur ein Hilfsantrag die Erteilungsvoraussetzungen, ist unter Zurückweisung der vorangehenden Anträge auf seiner Grundlage zu erteilen.[93] Dies betrifft aber nur die Anmeldeunterlagen, nicht auch sonstige, in Bezug auf die Erteilung gestellte Anträge.[94] Zur Antragsbindung im Patenterteilungsverfahren s auch Rn 7 zu § 45, Rn 16 ff zu § 48, im Einspruchsverfahren Rn 291 f zu § 59.

55   Es ist **Sache des Anmelders** oder Patentinhabers, bei der Formulierung seines Schutzbegehrens Überlegungen hinsichtlich der technischen Verwertbarkeit der geschützten Erfindung und der Durchsetz-

---

85   EuGH C-457/10 P PharmR 2013, 8 AstraZenca/Kommission.

86   *Van Hees/Braitmayer* S 63 ff; vgl *Büscher/Dittmer/Schiwy* § 34 Rn 12.

87   *Benkard* vor § 34 Rn 11.

88   Vgl BPatGE 12, 133, 138 = GRUR 1971, 569; BPatGE 24, 241, 245 f; *Mes* vor § 34 Rn 26.

89   Vgl BPatGE 16, 130 = GRUR 1974, 426; BPatG 5.3.2002 14 W (pat) 58/00 und Parallelentscheidungen 14 W (pat) 59/00, 14 W (pat) 62/00, jeweils undok.

90   *Michaelis* Das Patent als Willenserklärung, Vortrag, referiert von *Michaelis* in GRUR 2006, 919.

91   Vgl BGHZ 149, 68 = GRUR 2002, 143 Suche fehlerhafter Zeichenketten; EPA T 728/98 ABl EPA 2001, 319, 330 reines Terfenadin.

92   Vgl BPatG 21.1.1969 11 W (pat) 105/65.

93   BPatG BlPMZ 1999, 40; zur Praxis im EPA Rechtsauskunft Nr 15/05 (rev. 2) ABl EPA 2005, 357.

94   Vgl BGHZ 153, 1 = GRUR 2003, 226 Läägeünnerloage.

barkeit seines Patents auf dem Markt anzustellen, insb sich Gedanken über die Behauptung seines Schutzrechts gegenüber Mitbewerbern zu machen und mögliche Verletzungsformen einzuschätzen. Da weder das DPMA noch das BPatG die Auswirkungen von Änderungen auf spätere Verletzungsstreitigkeiten übersehen können, ist es nicht ihre Aufgabe, anstelle des Patentinhabers derartige Erwägungen anzustellen, zumal dieser allein die Folgen einer für ihn ungeeigneten Formulierung seines Schutzbegehrens tragen muss. Die Entscheidung darüber, welchen Inhalt das Schutzrecht haben soll, muss dem überlassen sein, der es wirtschaftlich nutzen will.[95] Dieser Grundsatz gilt jedenfalls in den drei im 3. Abschnitt geregelten Verfahrensarten, nach Erteilung des Patents allerdings wohl allenfalls eingeschränkt (str); ob und wieweit er auch für das Nichtigkeitsverfahren herangezogen werden kann, ist str. Zur Mitwirkung des Anmelders im Erteilungsverfahren Rn 85; Rn 11 zu § 45.

V. Recht auf Äußerung

Die Praxis spricht meist, aber terminologisch unzutr, vom „rechtl Gehör";[96] Art 103 Abs 1 GG, der die **56** Gewährung rechtl Gehörs vorschreibt, gilt nur für Gerichte und nicht für Verwaltungsbehörden.[97] Das Recht der Beteiligten auf Äußerung im Verfahren vor dem DPMA als Verwaltungsverfahren findet seine Grundlage insb im Rechtsstaatsprinzip[98] (Art 20 GG); es wird ua durch §§ 45 (vgl Rn 13 zu § 45), 46 gesichert (vgl zum Einspruchsverfahren Rn 309 ff zu § 59). Es schließt die Kenntnisnahme von Eingaben ein.[99] Eine ausdrückliche Regelung enthält § 59 Abs 2 MarkenG. Für das förmliche Verwaltungsverfahren regelt § 66 VwVfG das Recht auf Äußerung (vgl allg auch den weniger strengen § 28 VwVfG).

Das Recht auf Äußerung besteht auch in offensichtlich eindeutigen Fällen.[100] Es gebietet, dem Betei- **57** ligten **ausreichend Zeit** zur Stellungnahme einzuräumen.[101]

VI. Verfahrenshandlungen

1. Allgemeines; Bedingungsfeindlichkeit. Verfahrenshandlungen (im hier interessierenden enge- **58** ren Sinn unter Ausschluss von Handlungen des DPMA selbst)[102] sind auf den Verfahrensgang gerichtete Handlungen eines Beteiligten oder (ausnahmsweise) eines Dritten; hierzu gehören insb die Einleitung eines Verfahrens (Patentanmeldung, Einspruch, Widerrufs- und Beschränkungsantrag), die auf die Fortführung des Verfahrens gerichteten Handlungen (Rechercheantrag, Prüfungsantrag, Antrag auf Anhörung, Einreichung geänd Unterlagen als Grundlage für den Erteilungsantrag) und ihre Rücknahme. Verfahrenshandlung ist auch die Gebührenzahlung. Schließlich kann die Verfahrenshandlung in einem (wissentlichen und willentlichen) Unterlassen bestehen (zB Nichtstellen des Prüfungsantrags, Nichtwidersprechen auf einen Prüfungsbescheid). Verfahrenshandlungen sind grds bedingungsfeindlich[103] (zum Verfahren vor dem EPA Rn 118); dies ist für den Fall in Zweifel gezogen worden, dass der Anmelder Patenterteilung nach Hilfsantrag unter der auflösenden Bedingung begehrt, dass das Patent nach Hauptantrag wirksam erteilt wird (hierzu Rn 89 zu § 73).[104] Sie können jedoch von einer „innerprozessualen" Bedingung abhängig gemacht werden.[105]

Maßgeblich ist in den im dritten Abschnitt geregelten Verfahren immer dt Recht. Grds ist für die Be- **59** urteilung der Verfahrenshandlung (nicht notwendig für die der materiellen Rechtslage) das Recht zugrundezulegen, das zum Zeitpunkt der Vornahme der Verfahrenshandlung gilt.

---

95 BGHZ 105, 381, 385 = GRUR 1989, 103 Verschlußvorrichtung für Gießpfannen.
96 Vgl BPatGE 5, 21 = GRUR 1965, 145; BPatGE 6, 45 = GRUR 1965, 601; BPatGE 7, 33; BPatG 22.3.2000 28 W (pat) 20/00; BPatG 13.3.2003 11 W (pat) 19/02; BPatG 3.2.2012 7 W (pat) 66/09; *Schulte* Einl Rn 248 ff; *Mes* vor § 34 Rn 25 f.
97 BGH GRUR 1966, 583, 585 Abtastverfahren.
98 Vgl *Kopp/Ramsauer* VwVfG § 28 Rn 2 mwN; *van Hees/Braitmayer* S 205.
99 Vgl BPatG 22.3.2000 28 W (pat) 20/00; BPatG 13.3.2003 11 W (pat) 19/02: neue Anträge am Tag der Entscheidung.
100 Vgl BPatG 4.2.2002 10 W (pat) 60/01.
101 BPatGE 6, 45 = GRUR 1965, 601.
102 Vgl zur Begriffsbildung *van Hees/Braitmayer* S 45 ff.
103 *Schulte* Einl Rn 54; *van Hees/Braitmayer* S 48; eingehend *Hövelmann* GRUR 2003, 203; BPatGE 15, 160; BPatGE 26, 120, 123 = GRUR 1984, 584; vgl BPatG 28.10. 1976 25 W (pat) 266/75, Wz-Sache.
104 *Hövelmann* Das Patent nach Hilfsantrag, GRUR 1998, 434, 436.
105 BGH GRUR 2000, 892 MTS mwN.

2. Form

60   **a. Allgemeines.** Das PatG enthält keine allg Regeln über die Form von Verfahrenshandlungen, jedoch eine Reihe von Einzelregelungen. Zur Dokumentenannahme und zum Nachtbriefkasten ist eine Mitt-PräsDPMA ergangen.[106]

61   **Formblätter** werden vom DPMA herausgegeben und in Papier oder elektronischer Form zur Verfügung gestellt; sie müssen verwendet werden, soweit dies zwingend vorgeschrieben ist, im übrigen sollen sie verwendet werden (näher § 10 DPMAV, im Anh). Zwingend vorgeschrieben ist die Verwendung der Formblätter nach Vordruck P 2007 („Antrag auf Erteilung eines Patents"), P 2008 („Antrag auf Erteilung eines ergänzenden Schutzzertifikats für Arzneimittel/Pflanzenschutzmittel"), P 2040 („Antrag auf Verlängerung der Laufzeit eines ergänzenden Schutzzertifikats"), P 2792 („Erfinderbenennung") sowie im GbmVerfahren nach Vordruck G 6003 („Antrag auf Eintragung eines Gebrauchsmusters") und in HlSchutzsachen nach Vordruck T 6603 („Antrag auf Eintragung des Schutzes einer Topografie eines mikroelektronischen Halbleitererzeugnisses").[107] Zur Form der Handlungen des DPMA Rn 17 f zu § 45.

62   **b. Schriftform** ist ausdrücklich vorgeschrieben in § 23 Abs 1, Abs 4 Satz 1, § 43 Abs 2 Satz 2, § 44 Abs 3 Satz 3 iVm § 43 Abs 2 Satz 2, § 46 Abs 1 Satz 3, § 59 Abs 1 Satz 2 und § 64 Abs 2 sowie in § 23 Abs 3 Nr 1 GebrMG. Lit und Praxis leiten hieraus im Grundsatz ein allg Schriftlichkeitserfordernis ab.[108] Zur Schriftform bei der Patentanmeldung Rn 14 ff zu § 34. Fernschriftliche Einreichung reicht auch in der Weise aus, dass auf die Unterlagen einer bereits früher eingereichten Anmeldung Bezug genommen wird.[109]

63   § 125a eröffnet die Einreichung **elektronischer Dokumente** anstelle der Schriftform (näher dort). Zur elektronischen Schutzrechtsakte Rn 16 ff zu § 125a.

64   **Textform** (§ 126b BGB)[110] genügt für die Verfahren nach dem PatG nicht.[111] Bei ihr handelt es sich um eine durch das Gesetz zur Anpassung der Formvorschriften des Privatrechts und anderer Vorschriften an den modernen Rechtsgeschäftsverkehr[112] im Zivilrecht eingeführte Form, die die Verkörperung der Erklärung nicht nur auf Papier, sondern insb auch auf Diskette, CD-Rom, E-Mail oder Computerfax erlaubt. Dem Lesbarkeitserfordernis ist dabei bereits Genüge getan, wenn der Empfänger den Text auf seinem Bildschirm lesen kann. Eigenhändige Unterschrift ist hier nicht erforderlich.[113] Die Person des Erklärenden muss aber genannt werden, wobei eine mechanisch hergestellte Unterschrift oder eine Angabe oberhalb oder im Inhalt des Texts ausreichend ist. Der Text muss schließlich den Abschluss der Erklärung in geeigneter Weise erkennbar machen. Dies kann durch eine Unterschrift geschehen; ausreichend ist aber auch ein Abschluss durch eine Datierung, eine Grußformel oder in sonstiger Weise.[114] Das PatRVereinfModG hat die Textform als für Erklärungen nach §§ 5, 8, 12, 18, 23 ArbEG ausreichend anerkannt.

65   **Mündliche, telefonische oder** über die Regelung für elektronische Dokumente in § 125a hinaus **auf Aufzeichnungsträgern verkörperte Erklärungen** sind für sich nach geltendem Recht nicht ausreichend. Das Erfordernis bezieht sich auch auf die Beschreibung; eine auf Tonband aufgezeichnete Beschreibung der Erfindung erfüllt nicht das Erfordernis der Schriftlichkeit.[115] Dies schließt fernkopierte (Telefax-) oder

---

106 MittPräsDPMA Nr 21/2005 BlPMZ 2005, 245.

107 Zuletzt MittPräsDPMA Nr 6/12, 7/12, 8/12 BlPMZ 2012, 105, 193 mit nachfolgendem Abdruck der Formblätter.

108 RPA BlPMZ 1926, 50; RPA Mitt 1927, 190; BPatG 20.8.1979 4 W (pat) 135/77 für die Ausscheidungserklärung; BPatGE 20, 144 = BlPMZ 1978, 251; BPatGE 25, 141 = GRUR 1983, 505 und BPatGE 34, 151 für fernmündliche Absprachen zwischen Anmelder und Prüfer; BPatG 12.7.1995 4 W (pat) 53/94, auszugsweise bei *Winterfeldt* Aktuelle Probleme im Prüfungs- und Einspruchsverfahren, VPP-Rdbr 1996, 37 f, zu geänd Patentansprüchen und Unterlagen; *Benkard* vor § 34 Rn 20; vgl *Schulte* Einl Rn 316; anders BPatG Mitt 1978, 119, Geschmacksmustersache; zum Schriftformerfordernis nach dem EPÜ *MGK/Bossung* Art 78 EPÜ Rn 38 ff.

109 BPatGE 16, 18 = BlPMZ 1974, 320.

110 Vgl *van Hees/Braitmayer* S 53.

111 Vgl *Schulte* Einl Rn 317.

112 BGBl 2001 I 1542.

113 OLG Hamm NJW-RR 2007, 852.

114 Begr PatRVereinfModG BTDrs 16/11339 = BlPMZ 2009, 307, 322.

115 BGH GRUR 1979, 109 Tonbandbeschreibung; BPatG BlPMZ 1978, 154; BPatGE 21, 91 = GRUR 1978, 529; aA BPatG 17, 28 = Mitt 1975, 137.

Keukenschrijver

sonst auf elektronischem Weg übermittelte und dann in Schriftform gebrachte Erklärungen nicht aus.[116] Nach § 11 Abs 1 DPMAV (im Anh) kann das unterschriebene Original durch Telefax übermittelt werden; wobei das DPMA unter bestimmten Voraussetzungen Wiederholung der Übermittlung oder Einreichen des Originals verlangen kann (§ 11 Abs 2 DPMAV). Für rechtsgeschäftliche Erklärungen, die nicht bloße Verfahrenshandlungen sind wie die Lizenzbereitschaftserklärung, gelten zusätzlich die §§ 126, 126a und 126b BGB; Telefaxerklärung reicht hier nicht aus.[117] Auf den Patent- (§ 20) und GbmVerzicht (§ 23 GebrMG) ist das Letztere seit Inkrafttreten des § 11 DPMAV nicht mehr anzuwenden.[118]

Schriftform erfordert nach bisher ganz hM grds eigenhändige **Unterschrift** des Handelnden oder sei- **66** nes Vertreters, dh der verantwortlich zeichnenden natürlichen Person[119] (vgl Rn 114 zu § 73); unter dem Gesichtspunkt der Gleichbehandlung mit den Regelungen für elektronische Dokumente ist dies in Zweifel gezogen worden.[120] Originale von Anträgen und Eingaben sind nach ausdrücklicher Regelung in der DPMAV unterschrieben einzureichen (§ 10 Abs 1 DPMAV). Unterschrift unter ein anderes Schriftstück wahrt die Form nicht; ebenso wenig die Beifügung von Kopien des zu unterschreibenden Schriftsatzes.[121] Unterzeichnung mit der Firma einer juristischen Person genügt nicht.[122] Entsprechendes gilt bei bloßer Nennung der Anwaltssozietät ohne Angabe des Namens eines bestimmten Anwalts.[123] Reproduzierte, kopierte oder durchgeschriebene Unterschrift genügt außer bei elektronischer Übermittlung nicht (vgl aber zum Signaturerfordernis § 12 DPMAV).[124] Den Anforderungen an eine eigenhändige Unterschrift ist nur genügt, wenn der Schriftzug individuell und einmalig ist, entspr charakteristische Merkmale aufweist und sich so als eine die Identität des Unterzeichnenden ausreichend kennzeichnende Wiedergabe seines Namens darstellt. Die Unterschrift muss bei in gewissem Grad zulässiger Flüchtigkeit erkennen lassen, dass der Unterzeichnende seinen vollen Namen hat niederschreiben wollen; eine erkennbar abgekürzte Form des Namenszuges (Paraphe) genügt nicht.[125] Es kommt nicht darauf an, ob durch Heranziehung anderer Umstände die Absicht des Abzeichnenden, zu unterzeichnen ermittelt werden könnte.[126] Übertriebene Kleinlichkeit[127] ist nicht am Platz. Nicht fristgebundene Erklärungen ohne eigenhändige Unterschrift sind unwirksam;[128] die Unterschrift wurde bei den Anmeldungsunterlagen aber ohne Zeitrangverlust als nachholbar angesehen (str);[129] zu den Erfordernissen für die Begründung eines Anmeldetags (§ 35) gehört die

---

116 BPatG Mitt 2013, 347, 351 „Schrumpfkappe", zum Teilverzicht im Einspruchsverfahren; *Mes* vor § 34 Rn 22; aA *Schulte* Einl Rn 360; nach BPatG 22.11.1999 10 W (pat) 25/99 jedoch nur, soweit eine Frist einzuhalten oder der Verlust einer Rechtsposition verhindert werden soll; dies ist durch § 11 DPMAV überholt, BPatG Mitt 2013, 347, 351. Allg zur Verwendung von Telefax im Verfahren vor dem DPMA und dem BPatG *Albrecht* GRUR 1999, 649.
117 BPatGE 32, 158 = GRUR 1992, 44; BPatGE 34, 124 = Mitt 1994, 334; BPatG GRUR 1994, 605; BPatG GRUR 1996, 477; vgl MittPräsDPMA Nr 2/02 BlPMZ 2002, 10.
118 BPatG BlPMZ 2013, 315, 320; anders weiterhin *Schulte* § 20 Rn 10; *Bühring* § 23 GebrMG Rn 57: *Mes* § 23 GebrMG Rn 10 (abw allerdings *Mes* vor § 34 PatG Rn 22) sowie zur Rechtslage vor Inkrafttreten der DPMAV 2004 BPatGE 12, 81 = Mitt 1972, 19; BPatGE 17, 216, 221 = BlPMZ 1976, 130, zum Prioritätsverzicht; BPatG 22.11.1999 10 W (pat) 25/99; *6. Aufl*; differenzierend (§ 126 Abs 1 BGB anwendbar) *Benkard* § 20 Rn 6.
119 BGH GRUR 1967, 586 Rohrhalterung; BGHZ 105, 40 f = GRUR 1988, 754 Spulenvorrichtung; BGHZ 107, 129, 133 = GRUR 1989, 506 Widerspruchsunterzeichnung; BPatGE 17, 216, 220 = BlPMZ 1976, 130; BPatGE 19, 72; BPatGE 24, 132 f = GRUR 1982, 364; BPatGE 29, 30 = BlPMZ 1987, 359; BPatGE 33, 24 = GRUR 1992, 601; *Benkard* vor § 34 Rn 23; *MGK/Bossung* Art 78 EPÜ Rn 195 ff.
120 *Zöller* § 130a ZPO Rn 4 mwN; *Schulte* Einl Rn 335 ff; *Schulte*[8] Einl Rn 303.
121 BPatGE 49, 1 = GRUR 2005, 525.
122 BGH GRUR 1966, 280 Stromrichter; BGH Rohrhalterung, die abw frühere Amtsübung begründete kein Gewohnheitsrecht; BPatG 25.3.1970 16 W (pat) 36/66.
123 BPatGE 19, 165 = BlPMZ 1977, 232.
124 BPatGE 13, 198; BPatGE 23, 132; BPatG 12.6.1986 4 W (pat) 111/84 BlPMZ 1987, 133 Ls; BPatG 26.9.1986 11 W (pat) 112/86 BlPMZ 1987, 133 Ls; BPatG 5.6.2002 7 W (pat) 43/01; *Benkard* vor § 34 Rn 23; vgl BGH GRUR 1962, 453 Hörgerät I, zur Berufung im Nichtigkeitsverfahren; aA BPatGE 17, 244 = GRUR 1976, 441; *4. Aufl* § 36l Rn 13; vgl aber BGH NJW 2005, 2086 Computerfax 01; BGH GRUR 2008, 838 Berufungsbegründung per E-Mail; BGH 15.7. 2008 X ZB 9/08.
125 BGH GRUR 1968, 108 Paraphe.
126 BGH Paraphe; BGH GRUR 1959, 232 Förderrinne; vgl auch BGH BlPMZ 1985, 141 Servomotor.
127 Vgl BPatG 18.10.1977 5 W (pat) 26/77: Erkennbarkeit einzelner Buchstaben; BPatGE 16, 150: „Aneinanderreihung von Arkadenbögen".
128 BPatGE 17, 216, 221 = BlPMZ 1976, 130; *Benkard* vor § 34 Rn 23.
129 *Benkard* § 34 Rn 45, zum Erteilungsantrag; *Schulte* Einl Rn 353; *Bühring* § 4 GebrMG Rn 16; anders für das EPÜ (Regel 50 AOEPÜ, vgl jetzt aber Regel 50 Abs 3 AOEPÜ) *MGK/Bossung* Art 78 EPÜ Rn 47 ff, 195 ff.

Keukenschrijver

Unterschrift nicht. Das Unterschrifterfordernis hat nicht nur den Zweck, eine Identifizierung der Person des Absenders zu ermöglichen; es soll auch klarstellen, dass es sich bei der Erklärung nicht um einen bloßen Entwurf handelt, sondern um eine für das DPMA oder BPatG bestimmte, diesem mit dem Willen des Unterzeichners und unter seiner vollen Verantwortung zugehende Erklärung.[130]

67   Bei fristgebundenen, mittels Telefax übermittelten Erklärungen entfällt das Erfordernis der **Eigenhändigkeit** der Unterschrift,[131] nicht die Unterzeichnung des übermittelten Schriftstücks mit dem Namen der vertretungsberechtigt handelnden natürlichen Person.[132] Bei Computerfax genügt es, wenn der Unterschriftszug eingescannt oder ein Hinweis angebracht ist, dass der benannte Urheber wegen der gewählten Übertragungsform nicht unterzeichnen kann;[133] der die Übermittlung des unterschriebenen Originals erfordernde § 11 Abs 1 DPMAV sollte dem nicht entgegenstehen, weil das unterschriebene Original iSd Rspr zu verstehen sein wird.

68   Die Aufnahme einer Erklärung in die **Niederschrift über die Anhörung** (§ 46 Abs 2 Satz 1) ersetzt die Schriftform umfassend.[134]

69   Die **elektronische Signatur** ersetzt nach Maßgabe des § 130a BGB und der §§ 1, 2 BGH/BPatGERVV sowie des § 2 Nr 3 SignG die eigenhändige Unterschrift (näher Rn 7 zu § 125a).[135]

70   **c.** Die Einreichung von **Abschriften** ist in § 17 Abs 2 DPMAV (im Anh) geregelt. Die Bestimmung ist, wie sich aus ihrem Satz 2 ergibt, mit Ausnahme der Kostenfolge sanktionslose Ordnungsvorschrift.

71   **d. Adressat; Zugang; Wirksamkeit.** Adressat der Verfahrenshandlung ist das DPMA (so ausdrücklich § 34 Abs 1). Für den Zugang der Verfahrenshandlung kommt es auf den Eingang beim DPMA, nicht auf den beim Prüfer an.[136] In den Akten wird der Tag des Eingangs vermerkt (§ 8 Abs 1 DPMAV, im Anh); bei Schutzrechtsanmeldungen übermittelt das DPMA dem Anmelder unverzüglich eine Empfangsbestätigung, die das angemeldete Schutzrecht bezeichnet und Aktenzeichen sowie Eingangstag angibt (§ 8 Abs 2 DPMAV); das Aktenzeichen ist bei weiteren Anträgen und Eingaben anzugeben (§ 17 Abs 1 DPMAV, im Anh); die Rechtsfolgen einer Nichtbeachtung sind nicht geregelt, jedoch wird auch hier von einer bloßen Ordnungsvorschrift auszugehen sein. Im Beschwerdeverfahren ist das BPatG alleiniger Adressat;[137] im Rechtsbeschwerdeverfahren ist nach der Rspr auch die Rücknahme der Anmeldung gegenüber dem BGH zu erklären (vgl Rn 19 zu § 102).[138] Die Verfahrenshandlung wird nicht wirksam, wenn dem DPMA vor oder

---

130 Vgl BGH GRUR 1962, 453 Hörgerät I; BGHZ 79, 314, 317f = GRUR 1981, 410 Telekopie.

131 Vgl *van Hees/Braitmayer* S 25.

132 BGH GRUR 1966, 50 Hinterachse; BGH GRUR 1967, 586f Rohrhalterung; BGHZ 93, 171 = GRUR 1985, 371 Sicherheitsvorrichtung; BGHZ 105, 40, 42f = GRUR 1988, 754 Spulenvorrichtung; BGHZ 107, 129, 134 = GRUR 1989, 506 Widerspruchsunterzeichnung; BPatGE 4, 16 = BlPMZ 1963, 237; BPatGE 29, 30 = GRUR 1988, 31, zur Einspruchseinlegung mittels Telekopie; BPatGE 44, 209 = BlPMZ 2002, 220, zur Anmeldungsrücknahme; anders BPatGE 31, 15 = GRUR 1989, 908 bei fernschriftlicher Einlegung und anderen ausreichenden Anhaltspunkten, die Gewähr für Urheberschaft und den Willen begründen, die Beschwerde in den Rechtsverkehr zu bringen.

133 Vgl für bestimmte Schriftsätze mit Vertretungszwang GmS-OGB BGHZ 144, 160, 164f = NJW 2000, 2340f; *Schulte* Einl Rn 346; Fehlen jeglicher Unterzeichnung steht daher weiterhin der Wirksamkeit entgegen, vgl BPatG 12.11.2002 33 W (pat) 67/02; BGH GRUR 2003, 1068 Computerfax (I. Zivilsenat): eine per Computerfax ohne Unterschrift eingelegte Beschwerde genügt dem Erfordernis der Schriftlichkeit, wenn sich aus dem Inhalt des Schriftstücks mit hinreichender Deutlichkeit ergibt, dass die Beschwerde mit Wissen und Wollen des Verfassers gefertigt und der Behörde zugeleitet worden ist; demnach ist die Beschwerde im Einzelfall auch ganz ohne Unterschrift als der Schriftform genügend angesehen worden; so auch BVerfG (Kammerbeschluss) NJW 2002, 3534: wenn aus dem Schriftstück ansonsten in einer jeden Zweifel ausschließenden Weise ersichtlich ist, von wem die Erklärung herrührt und dass kein bloßer Entwurf vorliegt; vgl auch BGH NJW 2005, 2086 Computerfax 01, zu § 130 Nr 6 ZPO.

134 *Van Hees/Braitmayer* S 49; zutr, da „die rechtserheblichen Erklärungen der Beteiligten" zu protokollieren sind, was nur Sinn macht, wenn diese Erklärungen damit wirksam abgegeben sind; aA *Benkard* vor § 34 Rn 20: nur, soweit Schriftform im Gesetz nicht ausdrücklich vorgeschrieben ist; die Frage ist von Bedeutung etwa für Teilung, Lizenzbereitschaftserklärung und Antrag auf weitere Anhörung.

135 Vgl *Schulte* Einl Rn 337f.

136 BPatG BlPMZ 1975, 379; BPatGE 21, 224 = GRUR 1979, 633.

137 Vgl zB BPatGE 17, 33; BPatG Mitt 1975, 89; offengelassen in BPatGE 8, 28, 34; aA BPatG Mitt 1973, 18.

138 BGH GRUR 2011,1052 Telefonsystem; *Klauer/Möhring* § 41r Rn 5; *Benkard* § 102 Rn 6; *Schulte* § 102 Rn 8; *Fezer* § 85 MarkenG Rn 14.

---

mit Eingang ihr Widerruf zugeht (vgl Rn 148 zu § 34);[139] dabei ist auf die Uhrzeit, nicht auf den Eingangstag abzustellen.

Die gemeinsame **Dokumentenannahmestelle** des Dienstgebäudes München, Cincinnatistr. 64 ist **72** zum 1.11.2009 für das DPMA geschlossen worden. Nach der Verwaltungsvereinbarung zwischen dem DPA und dem EPA über den Zugang von Schriftstücken und Zahlungsmitteln vom 29.6.1981/13.10.1989[140] erhielten versehentlich beim falschen Amt eingegangene Schriftstücke das Eingangsdatum des Eingangs bei diesem Amt. Nach einer Entscheidung des BPatG[141] ist die Vereinbarung unwirksam. Die Verwaltungsvereinbarung wird auch vom EPA seit 1.9.2005 nicht mehr angewendet.[142]

Die **Feststellungslast** für den Zugang eines per Telefax eingereichten Dokuments trägt der Einrei- **73** cher, wenn die inneramtlichen Ermittlungen keine Anhaltspunkte für eine Störung des Telefaxverkehrs im Bereich des DPMA erkennen lassen; Gegenbeweis ist jedoch zulässig, wobei Glaubhaftmachung nicht ausreicht.[143] Der Beweis des Zeitpunkts des Eingangs eines Telefax kann jedenfalls allein mit der Vorlage des Absenderprotokolls nicht geführt werden.[144]

3. Rücknahme, Fallenlassen und Anfechtung

a. Grundsatz. Verfahrenshandlungen bleiben existent, bis über das mit ihnen verfolgte Begehren **74** entschieden ist, sie vom handelnden Beteiligten beseitigt oder durch eine andere ersetzt sind oder sich auf andere Weise erledigt haben (etwa durch Nichtzahlung der Jahresgebühren). Der Beteiligte kann somit in bestimmten Grenzen über das Verfahren verfügen; dies ist ausgeschlossen, soweit das PatG vorsieht, dass das Verfahren ungeachtet der Rücknahme der Verfahrenshandlung weiterzuführen ist (Rn 50, 51). Zur Rücknahme der Patentanmeldung Rn 142ff zu § 34.

b. Die Beseitigung von Verfahrenshandlungen ist nicht im einzelnen geregelt. Daraus, dass die **75** **Rücknahme** von Verfahrenshandlungen (mit Wirkung ex nunc) in bestimmten Fällen unbeachtlich ist, folgt, dass sie grds möglich und im Regelfall auch beachtlich ist;[145] dies gilt insb für die Rücknahme der Anmeldung (Rn 142ff zu § 34), des Erteilungsantrags und des Beschränkungsantrags, aber auch des Rechercheantrags. Die Rücknahme des Prüfungsantrags und des Einspruchs sind dagegen grds unbeachtlich[146] (§ 44 Abs 5, § 61 Abs 1 Satz 2); in letzterem Fall entfällt nur die Verfahrensbeteiligung des Einsprechenden.

Die **Anfechtung von Erklärungen gegenüber dem DPMA** hat die Rspr – vor dem Hintergrund der **76** Lehre von der zivilistischen Anmeldung (vgl Rn 91) – zugelassen[147] (jedenfalls nach §§ 119, 120 BGB). Mit der verfahrensrechtl Dogmatik im Patentrecht, die Willensmängel generell als unbeachtlich ansieht,[148] ist dies schwer zu vereinbaren;[149] immerhin lassen die materiellrechtl Wirkungen der Anmeldung und ihrer Rücknahme (Begründung und Verlust des Zeitrangs) ein Zurückgreifen auf Grundsätze des materiellen Rechts vom Ergebnis her wünschenswert erscheinen; greift man auf allg Grundsätze des Verwaltungsverfahrensrechts zurück, wird man eine Anfechtung (ebenso wie Widerruf oder Rücknahme) ausschließen müssen, wenn die Verfahrenshandlung zu einer Amtshandlung geführt hat, der abschließende Wirkung zukommt (Rn 78). Als nicht anfechtbar angesehen werden rein verfahrensrechtl wirkende Erklärungen wie

---

139 BPatGE 9, 15 f.
140 BlPMZ 1981, 278; BlPMZ 1989, 373; ABl EPA 1981, 381; ABl EPA 1991, 187.
141 BPatGE 49, 1 = GRUR 2005, 525.
142 Hinweis ABl EPA 2005, 444.
143 BPatG 6.4.2009 10 W (pat) 42/08.
144 BPatG 6.4.2009 10 W (pat) 42/08; *Zöller* vor § 230 ZPO Rn 2.
145 Vgl *van Hees/Braitmayer* S 59 ff.
146 Vgl BPatG 11.3.1971 4 W (pat) 169/70.
147 BGH GRUR 1966, 146, 149 beschränkter Bekanntmachungsantrag; zwd schon BGH GRUR 1977, 780, 782 Metalloxyd; vgl BPatGE 16, 11 = GRUR 1974, 390; vgl auch BPatG 17.12.1970 4 W (pat) 308/70. Zum maßgeblichen Zeitpunkt bei einem Irrtum in einer schriftsätzlich abgegebenen Erklärung BPatG 15.6.1970 4 W (pat) 19/70; zur Entscheidungszuständigkeit BPatGE 2, 56 = BlPMZ 1962, 235.
148 Vgl BPatGE 20, 231, 234 = BlPMZ 1978, 247; BPatGE 21, 20 = GRUR 1978, 557 mwN; vgl aber zum Streitstand im Verwaltungsverfahrensrecht *Stelkens/Bonk/Sachs* VwVfG⁶ § 22 Rn 45.
149 Vgl auch *van Hees/Braitmayer* S 57 ff.

die Stellung des Prüfungsantrags,[150] des Rechercheantrags oder die Einlegung des Einspruchs. Der Irrtum muss in der Person des Erklärenden vorliegen; dies gilt auch im Verhältnis von Inlandsvertreter und ausländ Korrespondenzanwalt.[151]

77   Zur Anfechtbarkeit und Widerruflichkeit der **Rücknahme der Patentanmeldung** Rn 148 zu § 34.

78   Die Irrtumsanfechtung einer **den Inhalt der Anmeldung betreffenden Erklärung** ist ausgeschlossen, wenn die Erklärung des Anmelders Grundlage einer Entscheidung geworden ist, die Wirkung nach außen entfaltet.[152] Die Zulassung der Irrtumsanfechtung für Erklärungen, die zur Bekanntmachung (nach geltendem Recht zur Patenterteilung) geführt haben, würde den reibungslosen Ablauf des Patenterteilungsverfahrens in untragbarer Weise stören. Das inzwischen fortgeführte Verfahren verlöre durch eine wirksame Anfechtung seine Grundlage. Das Verfahren müsste nach der Anfechtung mit einem veränderten Inhalt der Anmeldung fortgeführt werden. Gegenüber der hierdurch eintretenden Rechtsunsicherheit müssen die Belange des Anmelders, seinen wirklichen Willen zur Geltung zu bringen, zurückstehen.[153] Das Problem ist weitgehend entschärft, wenn ein bindender Verzicht im Erteilungsverfahren nicht anerkannt wird (hierzu Rn 152 ff zu § 34).

79   Aus den zum Ausschluss der Irrtumsanfechtung führenden Gründen ist auch ein nachträglicher freier **Widerruf** einer den Inhalt der Anmeldung betr Erklärung, die Grundlage einer Entscheidung mit Außenwirkung geworden ist, ausgeschlossen.[154] Dies steht mit der verfahrensrechtl Dogmatik grds im Einklang. Auch die Teilungserklärung ist nicht frei widerruflich (Rn 43 zu § 39).

VII. Bestandskraft, Rücknahme und Widerruf von Verwaltungsakten des Patentamts; Wiederaufnahme

80   Wegen des rechtsförmig ausgebildeten Verfahrens vor dem DPMA sind dessen Entscheidungen der Bestandskraft (meist fälschlich als „Rechtskraft" bezeichnet)[155] fähig.[156] Das BPatG hat entschieden, dass das DPMA verpflichtet ist, einen fehlerhaften belastenden Verwaltungsakt zurückzunehmen.[157] Auf die Beschlüsse des DPMA in den in diesem Abschnitt geregelten Verfahren ist dies jedenfalls insoweit nicht anwendbar, als sie der Bestandskraft fähig sind; für die Patenterteilung als doppelwirksamen oder janusköpfigen (weil den Anmelder begünstigenden und die Allgemeinheit belastenden) Verwaltungsakt[158] gilt die Spezialregelung in den §§ 59 ff, die die Anwendung abw allg Grundsätze, auch der Regelungen über Rücknahme und Widerruf von Verwaltungsakten (§§ 48, 49 VwVfG) ausschließt.[159] Jedoch kann das Verfahren entspr den Regelungen in §§ 578 ff ZPO wieder aufgenommen werden.[160]

VIII. Fristen

81   Das PatG enthält keine besonderen Regelungen über die Fristenberechnung; zur Handhabung behördlich gesetzter Fristen im Erteilungsverfahren eingehend Rn 42 ff zu § 45.

82   **Eigenständige Regelungen** enthalten Art 4 C PVÜ für die Berechnung der Prioritätsfrist, Art 47, 48 PCT unter Verweis auf die AOPCT sowie das EPÜ (Rn 122 ff). Im übrigen gelten die allg Vorschriften des BGB, auf die grds auch die Regelungen in § 31 VerwVfG und in § 26 SGB X verweisen.

---

150   BPatGE 11, 219, 221; BPatG 11.3.1971 4 W (pat) 169/70.

151   BPatGE 12, 128.

152   BGH GRUR 1977, 780, 782 Metalloxyd.

153   BGH Metalloxyd, unter Aufgabe von BGH GRUR 1966, 146 beschränkter Bekanntmachungsantrag.

154   BGH GRUR 1977, 780, 782 Metalloxyd.

155   Zur Terminologie *van Hees/Braitmayer* S 81 f; vgl auch *Schulte* Einl Rn 304 ff.

156   Vgl BGHZ 183, 325 = GRUR 2010, 231 Legostein.

157   BPatG 30.11.1970 4 W (pat) 267/70: im konkreten Fall – vorzeitige Offenlegung – bdkl; einem Antrag auf Rückgängigmachung der Rücknahme kann demnach nicht entsprochen werden.

158   Vgl *Schulte* § 49 Rn 28.

159   Vgl *van Hees/Braitmayer* S 81 Fn 296; BPatG 4.8. 1999 29 W (pat) 38/99, Markensache.

160   BPatGE 25, 147, 152 = GRUR 1983, 643; BPatGE 27, 206 = GRUR 1986, 309; *van Hees/Braitmayer* S 83; vgl BPatG 4.6.2003 28 W (pat) 244/00, Markensache.

Nach **§ 193 BGB** verlagert sich das Fristende auf den nächstfolgenden Werktag, wenn der letzte Tag   83
der Frist auf einen Sonnabend (Samstag), Sonntag oder einen gesetzlichen Feiertag[161] fällt.[162] Die in § 31
Abs 5, 6 VwVfG, § 26 Abs 5, 6 SGB X vorgesehenen Ausnahmen kommen im Verfahren vor dem DPMA
kaum in Betracht. Zu den Folgen von Fristversäumnissen s § 20.

Die Zahlungsfrist für die Jahresgebühr wird nicht entspr § 240 ZPO durch Eröffnung des Insolvenzver-   84
fahrens **unterbrochen**.[163]

IX. Verhaltenspflichten und -obliegenheiten der Beteiligten

Die Praxis erlegt den Beteiligten Mitwirkungs- und Verfahrensförderungspflichten auf[164] und zieht   85
diese zur Eingrenzung der Pflichten des DPMA heran. Überwiegend handelt es sich nicht um echte Rechtspflichten, sondern um Mitwirkungsobliegenheiten (anders insb bei der Wahrheitspflicht nach § 124).[165]
Mitwirkungsobliegenheiten sind gegenüber dem DPMA insb in § 34 Abs 7, § 37, § 45 Abs 1, § 59 Abs 1
Satz 4, § 125 normiert.[166]

E. Patenterteilungsverfahren vor dem Deutschen Patent- und Markenamt

I. Rechtsnatur und Bedeutung

1. Entstehen des Patentschutzes. Erst durch das Patenterteilungsverfahren wird aus dem Recht an   86
der Erfindung ein gegenüber jedermann durchsetzbares, freilich befristetes Recht, eine rechtl begründete
Ausschließungsbefugnis,[167] während vor der Anmeldung nur eine tatsächliche, wenngleich von der
Rechtsordnung unterstützte Exklusivität aufgrund der Geheimhaltungsmöglichkeit besteht.[168]

Das Werden der Ausschließungsbefugnis vollzieht sich in **einzelnen Schritten.** Zunächst sichert die   87
Anmeldung, ggf in Verbindung mit einem Prioritätsrecht, den Zeitrang und schafft damit die Grundlage
für die Beurteilung der Erfindung am Maßstab des StdT, sodann begründet (regelmäßig) die Offenlegung,
mit der die angemeldete Erfindung selbst zum StdT wird, Entschädigungsansprüche bei Benutzung der
Erfindung durch Dritte (§ 33), aber noch kein Ausschließungsrecht, schließlich lässt die Veröffentlichung
der Patenterteilung das volle Ausschließungsrecht entstehen.

2. Verhältnis des Rechts aus dem Patent zum Recht an der Erfindung. Das Recht aus dem Patent   88
setzt zunächst eine (jedenfalls vermeintliche) Erfindung voraus; diese ist vom Patent nicht wegzudenken.
Das Patent ist aber nicht in der Form von der Erfindung abhängig, dass es nur dem Erfinder oder seinem
Rechtsnachfolger erteilt werden könnte. Auch auf die Anmeldung eines Nichtberechtigten kann ein Patent
wirksam erteilt werden; dem Berechtigten stehen in diesem Fall aber verschiedene Rechtsbehelfe (materiellrechtl Anspruch auf Übertragung, Einspruch, Nichtigkeitsklage) zur Verfügung. Zum Verhältnis Recht
an der Erfindung – Recht auf das Patent Rn 8 ff zu § 6.

Wird die Erfindung vom Berechtigten angemeldet, **verliert** das Recht auf das Patent als Teil des   89
Rechts an der Erfindung in vermögensrechtl Hinsicht seine **eigenständige Bedeutung**; das Recht an der
Erfindung „geht insofern im Patent ... als dem weiterreichenden formalen Recht auf und teilt fortan un-
trennbar dessen rechtl Schicksal".[169]

---

161   Nicht dagegen Heiligabend, vgl OVG Hamburg NJW 1993, 1941, oder Rosenmontag, vgl BPatGE 21, 106 = GRUR
      1978, 710.
162   Zu den gesetzlichen Feiertagen in München, Jena und Berlin vgl MittPräsDPMA Nr 8/99 BlPMZ 1999, 121.
163   BGH GRUR 2008, 551 Sägeblatt gegen BPatG ZInsO 2007, 329.
164   Vgl zB BPatGE 8, 39 = Mitt 1966, 180; BPatGE 38, 236.
165   Vgl *Zöller* ZPO Einl Rn 52 ff.
166   Vgl *van Hees/Braitmayer* S 214 f.
167   *Kraßer* S 425 f (§ 22 I).
168   Vgl *Troller* Immaterialgüterrecht Bd 1 S 75.
169   *Kraßer* S 426 (§ 22 I 2).

Keukenschrijver

3. Die Patenterteilung als rechtsbegründender Hoheitsakt

90   **a. Verfahrensrechtliche und materiellrechtliche Natur von Anmeldung und Erteilungsantrag.** Das Recht aus dem Patent als Ausschließungsrecht iSd § 9 entsteht durch die Patenterteilung und deren Veröffentlichung. Die Patenterteilung bildet Ziel und Abschluss des Patenterteilungsverfahrens, das selbst nur auf Antrag (die Patentanmeldung) in Gang kommt. Die Patentanmeldung hat damit verfahrensrechtl Bedeutung als Voraussetzung des Patenterteilungsverfahrens, sie hat weiter materiellrechtl Bedeutung für die Festlegung des Altersrangs, die die Erfüllung bestimmter Mindestanforderungen voraussetzt[170] (vgl DPMA-PrRl 2.1). Dagegen wird ein öffentlich-rechtl Anspruch materiellrechtl Natur auf die Patenterteilung durch einen auf die Erteilung des Patents in einer bestimmten Gestalt gerichteten Erteilungsantrag begründet, der mit dem in der Patentanmeldung enthaltenen (formellen) Erteilungsantrag nicht übereinstimmen muss und dann nicht erfolgreich übereinstimmend gestellt werden kann, wenn die Prüfung zum Ergebnis führt, dass das Patent mit den Unterlagen der ursprünglichen Anmeldung nicht erteilt werden kann.

91   Schon früh wurde zwischen einer **„prozessualen"** und einer **„zivilistischen" Anmeldung** unterschieden;[171] diese Auffassung ist später – zu pauschal – als gekünstelt abgelehnt worden.[172]

92   Der Anspruch auf Patenterteilung setzt neben Anmeldung und Erteilungsantrag weiter voraus, dass eine nach §§ 1–5 patentfähige und nicht von der Patentierung ausgeschlossene Erfindung vorliegt und die Anmeldeerfordernisse in §§ 34–38 erfüllt und die entspr Gebühren entrichtet sind. Anders als in zahlreichen anderen Rechtsordnungen wird die Anmeldung (im Rahmen des Erteilungsantrags) auf das Vorliegen dieser Voraussetzungen geprüft; das nationale wie das eur Verfahren folgen damit dem **Vorprüfungssystem** und nicht dem Registriersystem oder „gemischten" Systemen (etwa mit reiner Neuheitsprüfung).

93   **b.** Sind die formellen und materiellen Voraussetzungen erfüllt, besteht ein öffentlich-rechtl **Anspruch auf Patenterteilung**, dem entsprochen werden muss (schief deshalb die häufig anzutreffende Formulierung, das Patent sei „gewährbar").[173] Der Anmelder kann die Erteilung des Patents grds mit dem Inhalt verlangen, der der gegebenen neuen Lehre zum technischen Handeln entspricht[174] (zur „Anspruchsbreite" Rn 80 ff zu § 34). Umgekehrt muss die Anmeldung bei nicht behebbarem Fehlen auch nur einer der Voraussetzungen für die Patenterteilung zurückgewiesen werden; eine Patenterteilung „im Gnadenweg" ist mit rechtsstaatlichen Grundsätzen (Gesetzesbindung der Verwaltung, Willkürverbot) unvereinbar; dies gilt selbst bei krass widersprüchlicher Erteilungspraxis.[175]

94   **c. Rechtsnatur und Wirkung der Patenterteilung.** Die Patenterteilung ist ungeachtet ihrer formalen Ausgestaltung als „Beschluss" Akt rechtsgestaltender Verwaltung;[176] dies ist jedenfalls mit der grundlegenden Entscheidung des BVerwG zur Rechtsstellung des DPA[177] klargestellt. Sie ist kein Rechtssetzungsakt und auch nicht wie ein solcher zu behandeln.[178] Ungeachtet gewisser, im wesentlichen historisch zu erklärender und gelegentlich überbewerteter rechtsförmiger (justizförmiger) Besonderheiten des Verfah-

---

170   BGH BlPMZ 1979, 151 Etikettiergerät 02; BPatGE 26, 198 = GRUR 1984, 804; BPatGE 27, 100 = GRUR 1986, 50; *Kraßer* S 522 (§ 25 A I 4).

171   *Kohler* Handbuch des Deutschen Patentrechts S 272 ff, 279 ff; so auch *von der Trenck* GRUR 1951, 437; *Bühring* § 4 GebrMG Rn 3; vgl *Fitzner/Lutz/Bodewig* § 34 Rn 3 f.

172   So von *Kraßer* S 426 (§ 22 I 3) Fn 2; *Müller-Liebenau* Mitt 1932, 7; vgl *Benkard* § 34 Rn 12a; *Mes* § 34 Rn 26; *Büscher/ Dittmer/Schiwy* § 34 Rn 2.

173   Vgl BPatG 15.9.2003 20 W (pat) 38/03.

174   BGHZ 54, 181, 184 = GRUR 1970, 601 Fungizid; BGHZ 96, 3 = GRUR 1986, 237 Hüftgelenkprothese.

175   Vgl BPatGE 32, 5, 9 f = BlPMZ 1991, 197 mwN, Wz-Sache; BPatG 16.1.1996 24 W (pat) 250/94, Markensache; BPatGE 49, 178 = GRUR 2007, 333, Markensache m zust Anm *Schippert* GRUR 2007, 337; abw BPatG GRUR 2007, 329, Markensache.

176   Vgl *Fitzner/Lutz/Bodewig* § 34 Rn 3.

177   BVerwGE 8, 350 = GRUR 1959, 435; vgl BPatG GRUR 2007, 329, Markensache.

178   *Kraßer* S 441 (§ 23 I a 7); *Pakuscher* Mitt 1977, 9, 10; *Schwerdtner* Das patentrechtliche Nichtigkeitsurteil und seine zivilprozessualen und zivilrechtlichen Folgen, GRUR 1968, 9 f; aA noch RGZ 63, 140, 142 f = BlPMZ 1906, 271 zuckerhaltige Margarine; RGZ 65, 303 f = BlPMZ 1907, 153 Patentversagung; RGZ 148, 400 = GRUR 1936, 167 Kostenrevision; BGH GRUR 1951, 70 Holzverwertung; BGHZ 3, 365 = GRUR 1952, 562 Schuhsohle; vgl BGH GRUR 1955, 573 Kabelschelle.

rens[179] (vgl § 46 Abs 1, § 27 Abs 6) ist sie keine richterliche Tätigkeit; es besteht auch kein Anlass, sie Richtern zu übertragen.[180]

Die Entscheidung ist **Verwaltungsakt.**[181] Verwaltungsakt ist jede Verfügung, Entscheidung oder an- **95** dere hoheitliche Maßnahme, die eine Behörde zur Regelung eines Einzelfalls auf dem Gebiet des öffentlichen Rechts trifft und die auf unmittelbare Rechtswirkung nach außen gerichtet ist (so übereinstimmend § 35 Satz 1 VwVfG; § 31 Satz 1 SGB X; § 118 Satz 1 AO). Weder der Umstand, dass es sich um gebundene Verwaltung handelt,[182] noch die privatrechtsgestaltende Wirkung sprechen gegen diese Einordnung. Zwar weist das Patenterteilungsverfahren enge Bezüge zu registerrechtl Verfahren nach dem FamFG (früher: der freiwilligen Gerichtsbarkeit) auf, jedoch befassen sich auch diese hauptsächlich mit Verfahren, die ihrer Natur nach von Verwaltungsbehörden erledigt werden könnten.

Dass **Patente** im Beschwerdeverfahren nach nahezu einhelliger Auffassung auch **vom BPatG erteilt 96** werden können (Rn 51 zu § 79), ist für die Charakterisierung der Entscheidungen des DPMA über die Patenterteilung nicht ausschlaggebend. Der „Selbsteintritt" eines Gerichts macht die Verwaltungsentscheidung nicht für sich zu einer gerichtlichen; auch das Verwaltungsprozessrecht sieht unter bestimmten Voraussetzungen andere als nur kassatorische Gerichtsentscheidungen vor (§ 113 Abs 2–4 VwGO). Jedenfalls hat ein durch das BPatG erlassener Erteilungsbeschluss keine andere Wirkung als ein durch das DPMA erlassener.

Die Patenterteilung ist **rechtsbegründend** und nicht nur rechtsfeststellend.[183] Erst durch die Veröf- **97** fentlichung der Patenterteilung (§ 58 Abs 1 Satz 3, vgl Rn 22 zu § 49, Rn 9, 23 zu § 58) entsteht das Recht aus dem Patent als Ausschließlichkeitsrecht; es entsteht aber auch, wenn ein Patent wegen des Fehlens materieller oder formeller Voraussetzungen nicht hätte erteilt werden dürfen. Insoweit entfaltet die Patenterteilung Tatbestandswirkung im verwaltungsrechtl Sinn (vgl Rn 214 zu § 139; Rn 253 vor § 143).[184]

4. Aktenführung; Aktenzeichen; Veröffentlichung der Anmeldung und des Patents

a. Aktenführung. Am 1.6.2011 sind sämtliche Verfahren im Patent- und GbmBereich des DPMA voll- **98** ständig auf elektronische Aktenführung und -bearbeitung umgestellt worden (elektronische Schutzrechtsakte).[185] Alle Vorgänge werden nur noch in digitalisierter Form bearbeitet. Die bestehenden Akten und neu eingehende Papierunterlagen werden eingescannt.[186]

b. Jede Anmeldung erhält ein **Aktenzeichen** (Anmeldenummer), das seit 1968 aus dem Buchstaben P **99** für Patente, G für Gebrauchsmuster, den beiden Endziffern der maßgeblichen Jahreszahl (bei Patenten um 50 vermindert, also zB 37 für 1987), einer fortlfd fünfstelligen Zahl sowie einer Kontrollziffer bestand;[187] schrittweise seit 1988 ist an die Stelle des Buchstabens eine Kennziffer getreten (1 für DE-Patente, 2 für Gebrauchsmuster/Topographien, 5 für eur Patente mit Benennung DE, Verfahrenssprache dt, 6 für eur Patente mit Benennung DE, Verfahrenssprache engl/frz); innerhalb der Kennziffern wurden folgende Nummernkreise vergeben (Stand ab 1.1.1995): Kennziffer 1: 00.001–74.999 Patentanmeldungen, 75.001–79.999 Schutzzertifikate, 80.001–99.999 PCT-Patentanmeldungen; Kennziffer 2: 00.001–74.999 Gebrauchsmusteranmeldungen; 75.000–79.999 Topographieanmeldungen, 80.000–99.999 PCT-Gebrauchs-

---

179 Vgl *Kraßer* S 441 (§ 23 I a 8); *Bernhardt* NJW 1961, 996 f.
180 So de lege ferenda aber *Krabel* Mitt 1976, 138; *Krabel* GRUR 1977, 204; *F. Winkler* Mitt 1973, 101; hiergegen eingehend *Kraßer* S 448 ff (§ 23 I a); vgl BPatG GRUR 2007, 329, Markensache, zur Richtlinie Markenanmeldungen, BlPMZ 2005, 245, auch zur Bedeutung des Gleichheitssatzes.
181 BGHZ 152, 172 = GRUR 2003, 47 Sammelhefter I; vgl BGHZ 18, 81, 92 = GRUR 1955, 393 Zwischenstecker II; BGH GRUR 1968, 447, 449 Flaschenkasten; BVerwG 8, 350 = GRUR 1959, 435, 437; *Schulte* Einl Rn 419; *van Hees/Braitmayer* S 4 f; *Bossung* GRUR Int 1958, 287; *König* GRUR 1999, 809 f.
182 Vgl BGHZ 115, 234 = GRUR 1992, 38 Straßenkehrmaschine; BPatG GRUR 2007, 329, 331; *Grabrucker* FS 50 Jahre VPP (2005), 551.
183 *Kraßer* S 439 (§ 23 I a 3); aA *Krabel* GRUR 1977, 204.
184 Vgl BGHZ 152, 172 = GRUR 2003, 47 Sammelhefter I.
185 Vgl MittPräsDPMA Nr 9/10 BlPMZ 2010, 417; MittPräsDPMA Nr 8/11 BlPMZ 2011, 233.
186 MittPräsDPMA Nr 10/11 BlPMZ 2011, 313.
187 Vgl MittPräsDPA BlPMZ 1968, 4.

musteranmeldungen;[188] aus dem Az wurden auch die Patentnummer (unter Wegfall der Prüfziffer) und die Veröffentlichungsnummern (unter Hinzufügung eines Buchstabens und einer Zahl für die Art und Nummer der Veröffentlichung) abgeleitet. Am 1.1.2004 wurden – zunächst für Patent-, Gebrauchsmuster- und Topographieanmeldungen sowie Schutzzertifikate, seit 1.1.2008 auch für Marken- und Geschmacksmusteranmeldungen[189] – neue Aktenzeichen eingeführt, wobei die ersten zwei Ziffern die Schutzrechtsart, die folgenden vier Ziffern das Anmeldejahr, die nächsten sechs Ziffern die fortlaufende Anmeldenummer und die letzte Ziffer die Prüfziffer darstellen, nach folgendem Beispiel: 10.2004.537.108.Prüfziffer. Für die Schutzrechtsart sind zunächst vergeben: 10 dt Patentanmeldungen, 11 PCT-Anmeldungen (Bestimmung DE), 12 ergänzende Schutzzertifikate, 20 Gebrauchsmusteranmeldungen, 21 Gebrauchsmusteranmeldungen aus PCT-Anmeldungen, 22 Topographieanmeldungen, 30 Markenanmeldungen, 40 Geschmacksmusteranmeldungen, 41 typographische Schriftzeichen, 50 EP-Patente für DE in deutscher Sprache, 60 PCT-Anmeldungen internat Phase (Anmeldeamt DE).[190] Zum 1.1.2012 ist die Aktenzeichenform dahin geänd worden, dass bei Patentanmeldungen (10) nach der Art der Anmeldung differenziert wird: 000.001 bis 099.999 in Papier, 100.000 bis 199.999 DPMAdirekt, 200.000 bis 999.999 epoline, bei Gebrauchsmusteranmeldungen (20) 000.001 bis 099.999 in Papier, 100.000 bis 199.999 DPMAdirekt, ebenso bei Gebrauchsmusteranmeldungen aus PCT-Anmeldungen und PCT-Anmeldungen internat Phase, hier zusätzlich wie bei (10) mit epoline.[191]

100   **c. Veröffentlichung.** Es gehört zu den den Patentschutz rechtfertigenden Grundprinzipien, dass die Begründung eines Ausschließungsrechts grds nur um den Preis der **Veröffentlichung** der Erfindung erfolgt; eine Ausnahme gilt nur, wo übergeordnete staatliche (nicht private) Geheimhaltungsinteressen einer Veröffentlichung entgegenstehen (vgl §§ 50–56; Art II § 4, § 14 IntPatÜG). Dabei ist die 1968 eingeführte Regelung, auch nicht geprüfte Patentanmeldungen zu veröffentlichen, die noch nicht den vollen Patentschutz genießen, und bei ihnen Akteneinsicht zu gestatten, jedenfalls mit Rücksicht auf die Entschädigungsregelung in § 33 verfassungsrechtl unbdkl (Rn 2 zu § 33). Zu der im Zusammenhang mit der Hinterlegung von Mikroorganismen stehenden Beschränkung der öffentlichen Zugänglichkeit auf Sachverständige Rn 321 ff zu § 34.

II. Verfahren; Patentverordnung

101   **1. Allgemeines.** Ergänzend zu den Regelungen im PatG treten die in der Patentverordnung (PatV; Rn 13 ff zu § 34).

2. Verfahrensbeteiligte

102   **a.** Am Patenterteilungsverfahren ist nur der **Anmelder** beteiligt. Zur Mehrheit von Anmeldern Rn 7 zu § 34.

103   **b. Beteiligung bei widerrechtlicher Entnahme.** Der durch widerrechtl Entnahme Verletzte ist nicht ohne weiteres Verfahrensbeteiligter[192] (Rn 45 zu § 8).

104   **c. Dritte** können zwar in bestimmten Fällen rechtswirksam Anträge stellen (Prüfungsantrag, § 44 Abs 2, Gbm-Rechercheantrag, nicht mehr Rechercheantrag bei Patentanmeldungen), sie können auch wirksam Gebühren zahlen, werden in all diesen Fällen aber nicht zum Verfahrensbeteiligten.

105   **3. Unterbrechung; Aussetzung.** Unterbrechung des Verfahrens kommt entspr §§ 239 ff ZPO in Betracht.[193] Sie tritt ein durch Tod eines Verfahrensbeteiligten, sofern nicht ein Verfahrensbevollmächtigter

---

188   MittPräsDPA Nr 3/90 BlPMZ 1990, 3; MittPräsDPA Nr 11/93 BlPMZ 1993, 413; MittPräsDPA Nr 8/94 BlPMZ 1994, 301; vgl *Cohausz* Neue Kurzbezeichnungen für Patente, Gebrauchsmuster und Geschmacksmuster, GRUR 1992, 296.
189   MittPräsDPMA Nr 6/07 BlPMZ 2007, 353.
190   MittPräsDPMA Nr 3/03 BlPMZ 2003, 225.
191   MittÜräsDPMA Nr 5/2012 BlPMZ 2012, 77.
192   BPatGE 9, 196.
193   *Schulte* Einl Rn 379 ff; aA BPatGE 1, 1 = GRUR 1965, 83 sowie für das markenrechtl Anmeldeverfahren BPatGE 41, 75 = BlPMZ 1999, 265, zu § 240 ZPO; vgl *Benkard* § 45 Rn 23.

bestellt ist (entspr § 246 ZPO), Eröffnung des Insolvenzverfahrens (entspr § 240 ZPO),[194] gegen die weitere Beteiligte entspr § 239 Abs 2, 4 ZPO vorgehen können,[195] Verlust der Handlungsfähigkeit, Wegfall des gesetzlichen Vertreters oder einer Partei kraft Amts (zur Prozessunfähigkeit des Vertreters Rn 40). Die Wirkung entspricht der des § 249 ZPO. Eine Aussetzung wegen Vorliegens einer älteren übereinstimmenden Patentanmeldung kommt anders als nach der Rechtslage vor 1978 (Doppelpatentierungsverbot)[196] regelmäßig nicht mehr in Betracht.[197] Zur Aussetzung der Patenterteilung Rn 29 f zu § 49.

F. Verfahren vor dem Europäischen Patentamt

Schrifttum: *Bernecker* Der europäische Patentvertreter, seine Pflicht und seine Möglichkeiten zur Förderung des europäischen Patenterteilungsverfahrens, Mitt 1993, 243; *Bossung* Über den Irrtum des Anmelders im europäischen Patenterteilungsverfahren, FS A. Preu (1988), 219; *Bruchhausen* Die Methodik der Auslegung und Anwendung des europäischen Patentrechts und des harmonisierten nationalen Rechts, GRUR Int 1983, 205; *Bruchhausen* Die Auslegung des Europäischen Patentübereinkommens in der Rechtspraxis, FS F. Traub (1994), 33; *EPA* (Hrsg) Der Weg zum europäischen Patent, Leitfaden für Anmelder[15], 2 Bde 2015 (auch im Internet abrufbar); *Dybdahl Østerborg* Discipline and Competition: Good Professional Conduct for European Patent Attorneys, IIC 1995, 350; *EPA, epi, BusinessEurope* (Hrsg) Qualitätshandbuch für die Verfahren vor dem EPA, Stand 2012 (im Internet abrufbar); *Gall* Staatenbenennung und älteres europäisches Recht – die Lage nach dem 1. Juli 1997, Mitt 1998, 161; *Haertel/Stauder* Zur Auslegung von internationalem Einheitsrecht, GRUR Int 1982, 85; *Kelbel* Die berufs- und standesrechtliche Stellung der Patentanwälte bei einer Mehrfachzulassung, Mitt 1993, 253; *Keussen* Zum Verhältnis von Artt. 83 und 84 EPÜ im Einspruchsverfahren: Alles klar? GRUR 2014, 132; *A. Krieger* Die Berufsbezeichnung der beim Europäischen Patentamt zugelassenen Vertreter, GRUR Int 1981, 151; *Mulas* Vortrag einer nicht vertretungsberechtigten Begleitperson in der mündlichen Verhandlung beim Europäischen Patentamt, Mitt 1997, 312 *Rippe* Europäische und internationale Patentanmeldungen[3], 2003 (bis 2. Aufl unter der Verfasserangabe *Rippe/Gall*); *Rippe/Gough* European and International Patent Applications, 2002; *Schäfers* Das Institut der beim Europäischen Patentamt zugelassenen Vertreter, GRUR 1985, 746; *Schmidt/Vogel* „Deutliche Offenbarung" vor dem EPA: spekulative Gefahr für den Anmelder? Mitt 2004, 198; *Schmitz* Der Grundsatz des rechtlichen Gehörs im Verfahren vor dem EPA, Mitt 1993, 165; *Waage* Protection Against Irrevocable Loss of Rights and Principles of Good Faith in European Patent Law, IIC 1998, 641; *Waage* Principles of Procedure in European Patent Law, EPOscript 5, 2002; *Wallinger* Die Rechtsprechung der Großen Beschwerdekammer des Europäischen Patentamts zum rechtlichen Gehör, Mitt 2016, 197.

I. Allgemeines

Das Patenterteilungsverfahren und das Einspruchsverfahren nach dem EPA entsprechen im wesentlichen den nationalen Verfahren. Das EPA hat umfangreiche Prüfungsrichtlinien erlassen, auf die jeweils im Text hingewiesen ist (letzte Ausgabe November 2015).[198] Zu den Abweichungen im Erteilungsverfahren Rn 139 f, im Einspruchsverfahren Rn 356 ff zu § 59. Die Entscheidungen können mit der Beschwerde zur Beschwerdekammer des EPA angefochten werden, die uU eine Entscheidung der GBK herbeiführen kann. Seit der EPÜ-Reform kann die GBK unter engen Voraussetzungen auch mit einem Antrag auf Überprüfung unmittelbar angerufen werden (vgl Rn 18 ff vor § 100). Ein zentrales Nichtigkeitsverfahren ist nicht vorgesehen, jedoch eröffnet Art 138 EPÜ die Möglichkeit nationaler Nichtigkeitsverfahren; insoweit gelten nach dt Recht die Nichtigkeitsgründe des Art II § 6 IntPatÜG, die sachlich im wesentlichen denen des § 22 entsprechen. Ein einheitliches Nichtigkeitsverfahren wird allerdings grds mit den Regelungen für das Europäische Patent mit einheitlicher Wirkung geschaffen. Ein zentrales Widerrufs- und Beschränkungsverfahren ist seit Inkrafttreten des EPÜ 2000 eingeführt, weiter kann das nationale Verfahren beschritten werden (Rn 3 f zu § 64). **106**

II. Die **Lückenausfüllung** ist in Art 125 EPÜ geregelt (zur Auslegung des EPÜ Rn 19 f zu Art I IntPatÜG). **107**

Einzelheiten.[199] Die Eingangsstelle des EPA darf nach den in den Vertragsstaaten allg anerkannten **108** Grundsätzen des Verfahrensrechts Entscheidungen treffen und Beweise erheben.[200] Das Auftreten von

---

194 *Schulte* Einl Rn 380.
195 BPatG 4.8.1997 11 W (pat) 31/97 zum Gesamtvollstreckungsverfahren; vgl *I. Kraßer/Neuburger* GRUR 2010, 588.
196 Vgl *V. Tetzner* Die Aussetzung des Prüfungsverfahrens auf Grund einer älteren Patentanmeldung, GRUR 1975, 522.
197 Näher, insb zum früheren Recht, *Benkard* § 45 Rn 24 ff.
198 Im Internet abrufbar unter http://www.epo.org/law-practice/legal-texts/guidelines_de.html.
199 Zur Behandlung von Irrtümern *Bossung* FS A. Preu (1988), 219.
200 EPA J 20/84 ABl EPA 1987, 95, 102 = GRUR Int 1987, 421 Telekopie-Anmeldung.

Patentanwaltskandidaten in der mündlichen Verhandlung ist durch die allg anerkannten Verfahrensregeln nicht gedeckt.[201]

III. Beteiligte; Vertretung

109   **1. Allgemeines.** Zur Beteiligtenfähigkeit (Anmeldeberechtigung) Rn 163 ff zu § 34.

110   **2. Die Vertretung** vor dem EPA ist in Art 133, 134 EPÜ geregelt. Die Regelung entspricht im wesentlichen der in § 25, der nach Eintritt in die nationale Phase unmittelbar anwendbar ist (Rn 4 zu § 25). Grds besteht kein Vertretungszwang (Art 133 Abs 1 EPÜ). Natürliche und juristische Personen mit Wohnsitz oder Sitz in einem Vertragsstaat können auch durch Angestellte handeln, die keine zugelassenen Vertreter zu sein brauchen, aber einer Vollmacht bedürfen (Art 133 Abs 3 EPÜ). Die **EPA-PrRl** A-VIII 1 befassen sich mit der Vertretung.

111   Den Kreis der **zugelassenen Vertreter** bestimmt Art 134 EPÜ. Neben den zugelassenen Vertretern nach Art 134 Abs 1 EPÜ sind auch Rechtsanwälte aus den Vertragsstaaten zur Vertretung zugelassen, sofern die Voraussetzungen des Art 134 Abs 8 EPÜ erfüllt sind, insb der Rechtsanwalt seinen Geschäftssitz in einem Vertragsstaat hat.[202] Die Vertretungsberechtigung besteht in dem Umfang, in dem der Rechtsanwalt in diesem Staat die Vertretung auf dem Gebiet des Patentwesens ausüben kann (Art 134 Abs 8 Satz 1 EPÜ). Art 134 Abs 8 EPÜ ist eine auf die Rechtsanwaltschaft beschränkte Sonderregelung, die in Großbritannien die Berufe des „solicitor" und des „barrister" und in der Bundesrepublik Deutschland nur den des Rechtsanwalts umfasst und Patentanwälte nicht einbezieht[203] (vgl Sec 84, 85 UK-Patents Act). Die Führung der Bezeichnung European Patent Attorney durch einen Rechtsanwalt, der die europäische Eignungsprüfung nicht abgelegt hat, ist irreführend.[204]

112   **Sonstige Personen** mit Ausnahme von Angestellten nach Art 133 Abs 3 EPÜ sind von der Vertretung ausgeschlossen; dies gilt insb für nur national zugelassene Patentanwälte oder Erlaubnisscheininhaber.[205] Anträge von Personen, die nicht zur Vertretung berechtigt sind, sind unwirksam.[206] Auch eine Untervollmacht eines zugelassenen Vertreters an eine Person, die nicht selbst zugelassener Vertreter ist, wurde als ungültig angesehen.[207]

113   Zum **Geschäftssitz** (Art 134 Abs 6 EPÜ) s Art II § 12 IntPatÜG.

114   Regel 151 AOEPÜ regelt die **Bestellung eines gemeinsamen Vertreters**.[208] Geht die Anmeldung auf mehrere Anmelder über und wird ein gemeinsamer Vertreter nicht bestellt, kann das EPA nach erfolgloser Aufforderung (Regel 100 Abs 2 Satz 3 AOEPÜ) den gemeinsamen Vertreter selbst bestimmen.[209]

115   Die Vollmacht muss **nachgewiesen** werden.[210] Die Vorlage der Vollmacht ist in Regel 152 AOEPÜ geregelt. Allgemeine Vollmachten sind zulässig.[211] Die Rechtsabteilung kann die Vertretungsbefugnis des in einer allg Vollmacht benannten Bevollmächtigten prüfen und über die Ablehnung der Eintragung einer allg Vollmacht förmlich entscheiden.[212] Ein Zusammenschluss von Vertretern iSv Regel 152 Abs 11 AOEPÜ

---

201   EPA T 80/84 ABl EPA 1985, 269 = GRUR Int 1985, 831 Vertretung.

202   EPA J 27/95, dort offengelassen, ob bei einem span Rechtsanwalt Registrierung als „Agente de la Propriedad Industrial" erforderlich ist; vgl weiter EPA J 18/99; EPA (GBK) R 9/09.

203   EPA J 19/89 ABl EPA 1991, 425 = GRUR Int 1991, 814 Legal practitioner; vgl *Singer/Stauder* Art 134 EPÜ Rn 4.

204   LG Düsseldorf InstGE 8, 132.

205   Vgl EPA T 642/92.

206   EPA J 28/86 ABl EPA 1988, 85 Container; vgl EPA J 11/94 ABl EPA 1995, 596 Vertretung/HAUTAU und EPA G 2/94 ABl EPA 1996, 401 Vertretung/HAUTAU, zu mündlichen Ausführungen nicht zugelassener Vertreter EPA G 4/95 ABl EPA 1996, 412 Vertretung/BOGATZKY; EPA T 334/94.

207   EPA J 16/96 ABl EPA 1998, 347 Zusammenschluß von Vertretern; EPA T 227/92; vgl *Schulte* Einl Rn 460.

208   Vgl EPA G 3/99 ABl EPA 2002, 347 = GRUR Int 2002, 927 Zulässigkeit eines gemeinsamen Einspruchs bzw einer gemeinschaftlichen Beschwerde.

209   EPA J 10/96.

210   Näher *Schulte* Einl Rn 462; BeschlPräsEPA Sonderausgabe Nr 3 ABl EPA 2007, L1; BeschlPräsEPA ABl EPA 2012, 352.

211   Vgl BeschlPräsEPA ABl EPA 2013, 600.

212   EPA J 9/99 ABl EPA 2004, 309 = GRUR Int 2004, 859; zu den Anforderungen an eine allg Vollmacht EPA J 11/93.

kann auch von nicht freiberuflich tätigen Vertretern gebildet werden.[213] Die Einreichung einer allg Vollmacht ohne zusätzliche Angaben zu einem bestimmten Fall bedeutet nicht, dass ein zugelassener Vertreter bestellt worden ist.[214]

Die **Nichtvorlage der Vollmacht** führt dazu, dass die Handlungen des Vertreters mit Ausnahme der **116** Einreichung der Patentanmeldung als nicht erfolgt gelten (Regel 152 Abs 6 AOEPÜ).

Änderungen in der Liste der zugelassenen Vertreter betrifft Regel 154 AOEPÜ.[215] **117**

IV. Form von Verfahrenshandlungen

1. Allgemeines; Bedingungsfeindlichkeit. Das EPÜ und die AOEPÜ enthalten eigenständige Rege- **118** lungen, die in den EPA-PrRl erläutert werden. Für die Verfahren vor dem EPA ergeben sich Besonderheiten insb aus der Sprachenfrage (s die Kommentierung zu § 126). Die Verfahrenshandlung muss dem Handelnden zuzurechnen und dem EPA übermittelt sein.[216] Verfahrenshandlungen sind auch vor dem EPA bedingungsfeindlich;[217] hat das EPA die bedingte Verfahrenshandlung als wirksam behandelt, muss es sich hieran wegen des Verbots des „venire contra factum proprium" festhalten lassen.[218]

2. Form der Unterlagen.[219] Das Verfahren vor dem EPA ist schriftlich. Das Erfordernis der Schrift- **119** form erfüllt, wenn sich der Inhalt der Unterlagen in lesbarer Form auf Papier reproduzieren lässt (Regel 1 AOEPÜ). Die Einreichung von Unterlagen durch Einrichtungen zur elektronischen Nachrichtenübermittlung lässt Regel 2 Abs 1 AOEPÜ zu.[220] Die Einreichung ist bei den Annahmestellen, auf dem Postweg, mittels Telefax und elektronisch möglich, aber nicht mittels E-Mail. Bei Einreichung in Papierform sind keine Überstücke erforderlich, bei online- oder Fax-Einreichung grds keine Bestätigungskopie. Der Anmelder hat eine Empfangsbestätigung vorzubereiten, die im Anmeldeformblatt enthalten ist; diese ist mehrfach einzureichen. Für die Form der Anmeldungsunterlagen ist Regel 49 AOEPÜ zu beachten, für unzulässige Angaben (zB Angaben oder Zeichnungen, die gegen die öffentliche Ordnung oder die guten Sitten verstoßen, herabsetzende Äußerungen und belanglose Angaben) Regel 48 AOEPÜ. Für nachgereichte Unterlagen gilt Regel 50 AOEPÜ.

Andere Schriftstücke, die nicht zu den Unterlagen der Anmeldung gehören, betrifft Regel 50 Abs 2 **120** AOEPÜ.

3. Der Erteilungsantrag ist auf einem vom EPA vorgeschriebenen Formblatt einzureichen, Regel 41 **121** Abs 1 AOEPÜ; er ist zu unterschreiben, Regel 41 Abs 2 Buchst h AOEPÜ.

V. Fristen

Art 120 EPÜ gibt den durch die AOEPÜ auszufüllenden Rahmen vor. **122**

Die einzelnen Bestimmungen sind in den **Regeln 131–136 AOEPÜ** enthalten. S hierzu die EPA-PrRl **123** E-VII 1.

---

213 EPA J 16/96 ABl EPA 1998, 347 = GRUR Int 1998, 708 Zusammenschluß von Vertretern, noch zu Regel 101 Abs 9 AOEPÜ aF; vgl auch Beschluss des Verwaltungsrats ABl EPA 2013, 500 und MittEPA ABl EPA 2013, 535 sowie BeschlPräsEPA ABl EPA 2013, 600.

214 EPA J 17/98 ABl EPA 2000, 399 = GRUR Int 2000, 907 allgemeine Vollmacht; zur Notwendigkeit der Vollmachtsvorlage eines zugelassenen Vertreters BeschlPräsEPA ABl EPA 1991, 489; vgl EPA T 850/96 zur Frage, wann sich ein zugelassener Vertreter zu erkennen geben muss.

215 Hierzu BeschlPräsEPA ABl EPA 2013, 600.

216 Vgl EPA J 12/95; zur Folge fehlenden Zugangsnachweises EPA T 632/95.

217 EPA J 11/94 ABl EPA 1995, 596 Vertretung/HAUTAU; EPA J 27/94 ABl EPA 1995, 831 Teilanmeldung.

218 EPA J 14/94 ABl EPA 1995, 824 Vertrauensschutz; EPA Teilanmeldung.

219 Zur Schriftform *MGK/Bossung* Art 78 EPÜ Rn 38 ff; zu Telegramm, Fernschreiben und Telekopie *MGK/Bossung* Art 78 EPÜ Rn 57 ff.

220 S hierzu BeschlPräsEPA, Sonderausgabe 3, ABl EPA 2007, A.3., A.4., A.5, und ABl EPA 2009, 182, sowie BeschlPräsEPA ABl EPA 2012, 348, weiter BeschlPräsEPA ABl EPA 2015, A26; BeschlPräsEPA über die Einreichung von Unterlagen mittels des Case-Management-Systems des EPA, ABl EPA 2015, A27, oder mittels des EPA-Diensts zur Web-Einreichung, ABl EPA 2014, A98; BeschlPräsEPA über das Pilotprojekt zur Einführung neuer Einrichtungen zur elektronischen Nachrichtenübermittlung für Verfahren vor dem EPA, ABl EPA 2015, A28.

124   Regel 131 Abs 2 AOEPÜ definiert den **Fristbeginn** als den Tag, der auf das fristauslösende Ereignis folgt, dies wirkt sich aber auf den Fristablauf nicht durch Gewährung eines zusätzlichen Tags aus.[221]

125   Regel 133 Abs 1 AOEPÜ[222] **fingiert** die Einhaltung der Frist, sofern das verspätet eingegangene Schriftstück rechtzeitig vor Fristablauf der Post oder einem anerkannten Übermittlungsdienst übergeben wurde und das Schriftstück innerhalb von drei Monaten nach Fristablauf beim EPA eintrifft. Die Regel gilt für alle gegenüber dem EPA einzuhaltenden Fristen, nach Abs 2 auch für solche gegenüber den nationalen Ämtern, einschließlich der Prioritätsfrist. Bei Verlust auf dem Postweg gilt die Regelung (anders als nach Regel 82.1 b PCT) nicht.

126   **Feiertage.** Durch Regel 134 Abs 1 AOEPÜ ist sichergestellt, dass Fristen auch dann einheitlich ablaufen, wenn nur an einem der Einreichungsorte Feiertag ist. Ein nationaler Feiertag am letzten Tag der Zahlungsfrist führt nicht zur Fristverlängerung.[223]

127   Die **Benennungsgebühr** ist innerhalb von sechs Monaten nach dem Tag zu entrichten, an dem im EurPatBl auf die Veröffentlichung des eur Recherchenberichts hingewiesen worden ist (Regel 39 Abs 1 AOEPÜ).[224] Nicht rechtzeitige Entrichtung der Benennungsgebühr führt ebenso wie die Rücknahme der Benennung aller Vertragsstaaten zur Fiktion der Rücknahme der Anmeldung.[225]

128   Die **Ablehnung eines Fristgesuchs** nach Regel 132 Satz 2 AOEPÜ ist keine beschwerdefähige Entscheidung.[226]

129   Bei einer allg **Störung im Postverkehr** erstreckt sich nach Regel 134 Abs 2 AOEPÜ die Frist für die Beteiligten mit Wohnsitz, Sitz oder Vertreter in dem Vertragsstaat der Störung auf den ersten Tag nach Beendigung der Störung. Besteht die Störung im Sitzstaat des EPA, gilt die Erstreckung für alle Beteiligten und ihre Vertreter. Ob eine allg Unterbrechung vorliegt, ist vAw zu ermitteln.[227] 134 Abs 2 AOEPÜ ist auch bei regional begrenzten Störungen anwendbar.[228] Unvorhergesehene Störungen der Zustellung, die nicht unter die Bestimmung fallen, begründen keine Fristverlängerung.[229]

130   **VI. Die Unterbrechung des Verfahrens**[230] betrifft Regel 142 AOEPÜ. Ein US-Konkurs bewirkt anders als ein franz Vergleichsverfahren oder eine dt Insolvenzeröffnung keine Unterbrechung.[231]

131   Unter **Geschäftsunfähigkeit** iSd Regel 142 Abs 1 Buchst c AOEPÜ ist die Unfähigkeit des Vertreters zu verstehen, seinen beruflichen Pflichten vor dem EPÜ nachzukommen; die Geschäftsunfähigkeit muss von Dauer sein.[232] Der Begriff ist für das EPÜ autonom zu bestimmen.[233] Die Feststellung der Dauer und die darauf beruhende Bestimmung der gehemmten Fristen sind Sache des EPA.[234] Fehlende Geschäftsfähigkeit einer Person, die nicht als zugelassener Vertreter handelt, ist anhand der nationalen Rechtsordnung festzustellen, der die Person untersteht.[235]

---

221   EPA J 14/86 EPA-E 11, 141 = ABl EPA 1988, 85 Ls Ablauf einer in Monaten ausgedrückten Frist; vgl EPA J 9/82 ABl EPA 1983, 57 = GRUR Int 1983, 301 Berechnung von zusammengesetzten Fristen; vgl auch Regel 80 AOPCT; Bsp zur Fristberechnung in EPA J 13/88.
222   Zu Regel 133 AOEPÜ BeschlPräsEPA ABl EPA 2015, A29; Abs 1 geänd durch Beschluss des Verwaltungsrats CA/D 6/14 vom 15.10.2014 ABl. EPA 2015, A17.
223   EPA J 5/98.
224   Regel 39 AOEPÜ geänd durch Beschluss des Verwaltungsrats CA/D 4/08 vom 21.10.2008, ABl EPA 2008, 513.
225   Zur nicht rechtzeitigen Entrichtung EPA G 4/98 ABl EPA 2001, 131 = GRUR Int 2001, 625 Benennungsgebühren.
226   EPA J 37/89 ABl EPA 1993, 201 Ablehnung einer Fristverlängerung, zu Regel 84 Abs 2 AOEPÜ aF; dort auch zum Antrag auf Weiterbehandlung nach Art 121 EPÜ.
227   EPA J 11/88 ABl EPA 1989, 433 Poststreik/LELAND STANFORD.
228   EPA J 3/90 ABl EPA 1991, 550 Poststreik/FISHER SCIENTIFIC, zu Regel 85 Abs 2 AOEPÜ aF.
229   EPA J 4/87 ABl EPA 1988, 172 = GRUR Int 1988, 674 Verzögerung bei der Postzustellung.
230   Hierzu BeschlPräsEPA ABl EPA 2013, 600.
231   EPA J 26/95 ABl EPA 1999, 668 = GRUR Int 2000, 165 Konkurs; EPA J 11/98; vgl EPA J 7/83 ABl EPA 1984, 211 = GRUR Int 1984, 253 Unterbrechung des Verfahrens; EPA J 9/90.
232   EPA J ../86 ABl EPA 1987, 528 Vertreter: fehlende Geschäftsfähigkeit. Zu den Voraussetzungen für die Feststellung der Geschäftsunfähigkeit EPA J .../87 ABl EPA 1988, 177 Verbindung.
233   EPA J 5/99.
234   EPA J .../87 ABl EPA 1988, 323 Geschäftsunfähigkeit.
235   EPA J .../85 ABl EPA 1985, 159 Unterbrechung des Verfahrens; EPA Verbindung; EPA J 49/92.

Die **Frist für die Stellung des Prüfungsantrags** und die Entrichtung der entspr Gebühr wird mit dem **132** ersten Tag der Geschäftsunfähigkeit des Vertreters des Anmelders gehemmt; die Restfrist läuft vom Tag der Wiederaufnahme des Verfahrens weiter.[236]

Der Zeitpunkt für die **Entrichtung der Jahresgebühren**, die während der Geschäftsunfähigkeit des **133** Vertreters oder des Anmelders fällig geworden sind, verschiebt sich auf den Zeitpunkt der Wiederaufnahme des Verfahrens.[237]

VII. Allgemeine Verfahrensgrundsätze für Verfahren vor dem Europäischen Patentamt

1. Vertrauensschutz.[238] Die vom EPA getroffenen Maßnahmen dürfen das von den Beteiligten in das **134** Verfahren gesetzte berechtigte Vertrauen nicht verletzen.[239] Dies gilt auch bei freiwilligen Serviceleistungen des EPA, sofern sie fehlerhaft erbracht werden, jedoch besteht kein Vertrauensschutz dahin, dass sie überhaupt erbracht werden.[240] Die falsche Auskunft muss ursächlich geworden sein und der Anmelder alle gebotene Sorgfalt beachtet haben;[241] Verstöße müssen glaubhaft gemacht werden.[242] Auf einen drohenden Rechtsverlust ist hinzuweisen, wenn ein Hinweis erwartet werden darf.[243] Ein Vertrauen darauf, dass auf jeden Mangel warnend hingewiesen werde, ist aber nicht begründet;[244] dies gilt insb für leicht erkennbare Mängel.[245] Der Grundsatz besagt nicht, dass alle Formblätter umfassende Rechtsauskünfte enthalten müssen[246] oder einseitige Ratschläge erteilt werden dürften.[247] Änderungen der Spruchpraxis können erst angewendet werden, wenn sie der Öffentlichkeit zugänglich gemacht sind.[248] Darauf, dass von der ständigen Praxis nicht abgewichen wird, darf grds vertraut werden.[249] Die Anforderungen sind gegenüber allen Beteiligten dieselben.[250] Uneinheitliche Praxis begründet keinen Vertrauensschutz.[251] Vertrauensschutz geht nicht so weit, dass dem Beteiligten die eigene Verantwortung abgenommen wird.[252]

236 EPA J 7/83 ABl EPA 1984, 211 = GRUR Int 1984, 253 Unterbrechung des Verfahrens.

237 EPA J .../87 ABl EPA 1988, 323 Geschäftsunfähigkeit.

238 Näher *Benkard-EPÜ* Art 125 Rn 8 ff.

239 EPA G 5/88, G 7/88, G 8/88 ABl EPA 1991, 137 = GRUR Int 1991, 297 Verwaltungsvereinbarung; EPA G 2/97 ABl EPA 1999, 123, 126 = GRUR Int 1999, 446 Vertrauensschutz; *Singer/Stauder* Art 125 EPÜ Rn 8; vgl EPA J 10/84 ABl EPA 1985, 71 Änderungen; EPA J 2/87 ABl EPA 1988, 330 MOTOROLA: falsche Auskunft; EPA T 14/89 ABl EPA 1990, 432 Mängel eines Wiedereinsetzungsantrags: Hinweispflicht auf leicht erkennbaren und fristgerecht behebbaren Mangel; EPA J 5/89 EPOR 1990, 248 Locking device; EPA J 11/89; EPA J 124/93: wiederholte Zustellung einer Entscheidung; EPA J 27/94 ABl EPA 1995, 831 Teilanmeldung; EPA J 18/96 ABl EPA 1998, 403, 411 Anmeldetag; EPA T 343/95: Auskunft über Gebührenabbuchung; eingehend *Waage* IIC 1998, 641.

240 EPA J 1/89 ABl EPA 1992, 17 freiwillige Serviceleistung; EPA T 1029/00: Angabe der Bankverbindung des EPA.

241 EPA T 460/95 ABl EPA 1998, 587 Beschwerdeschrift.

242 EPA T 321/95.

243 EPA Vertrauensschutz; EPA J 3/00: Einreichung einer PCT-Anmeldung in einer nicht zugelassenen Sprache; vgl EPA T 296/96: Vertrauensschutz, wenn bei nach Hinweis erfolgter unzureichender Gebührenzahlung nicht nochmaliger Hinweis erfolgt.

244 EPA J 2/94 EPOR 1998, 195 Union.

245 EPA T 690/93: keine Hinweispflicht auf Fehlen der Wiedereinsetzungsgebühr; EPA T 861/94; EPA J 8/95: Begründungsfrist für Wiedereinsetzungsantrag; EPA J 12/94: bei Behauptung, die vorläufige Prüfung nach PCT sei beantragt, keine Nachfrage erforderlich; EPA J 7/97: keine Hinweispflicht bei Fehlen einer Seite der umfangreichen Beschreibung; EPA T 445/98.

246 EPA J 17/98 ABl EPA 2000, 399 = GRUR Int 2000, 907 allgemeine Vollmacht.

247 Vgl EPA J 29/97.

248 EPA G 5/88 ABl EPA 1991, 137 = GRUR Int 1991, 297 Verwaltungsvereinbarung; EPA G 5/93 ABl EPA 1994, 447 Wiedereinsetzung; EPA G 9/93 ABl EPA 1994, 891 = GRUR Int 1995, 500 Einspruch der Patentinhaber.

249 EPA Teilanmeldung.

250 EPA T 161/96 ABl EPA 1999, 331 unvollständige Entrichtung der Einspruchsgebühr.

251 EPA T 716/91.

252 EPA J 4/96.

135   2. Das **Recht auf faires Verfahren**[253] schließt die Verpflichtung des EPA ein, mit der gebotenen Sorgfalt vorzugehen.[254] Das EPA hat eine Hinweispflicht bei erkennbar ungenügender Gebührenzahlung bejaht.[255]

136   3. Zum **Mündlichkeitsgrundsatz** im Verfahren vor dem EPA Rn 77 ff zu § 46.

137   4. Das **Recht auf Äußerung** (in der Terminologie des EPA „rechtl Gehör"; „right to be heard", „droit d'être entendu") folgt aus Art 113 EPÜ.[256] Gründe iSv Art 113 Abs 1 EPÜ sind neben tatsächlichen[257] auch rechtl Erwägungen;[258] die Beteiligten sind auch zu angestellten Ermittlungen und den Ergebnissen zu hören.[259] Ist eine Entscheidung auf mehrere Gründe gestützt, müssen die Anforderungen des Art 113 Abs 1 EPÜ im Hinblick auf jeden von ihnen, nicht aber auf obiter dicta erfüllt sein.[260] Das Recht wird durch die Stellung eines Verfahrensantrags nicht verwirkt[261] (vgl Rn 72 zu § 45).

138   Art 113 Abs 1 EPÜ ist **verletzt**, wenn sich die Zurückweisung der Anmeldung im wesentlichen auf vom Anmelder zu seinen Gunsten herangezogene Dokumente stützt, ohne ihm zuvor Gelegenheit zur Äußerung zu geben.[262] Die Annahme einer später eingereichten Übersetzung eines fristgerecht eingereichten fremdsprachigen Dokuments in einer Amtssprache darf nicht verweigert werden.[263] Zurückweisung wegen fehlender Neuheit verletzt das Recht, wenn mitgeteilt worden war, zunächst werde die Entscheidung hierüber zurückgestellt, bis über einen Einwand aus Art 123 Abs 2 EPÜ entschieden sei.[264] Bei wesentlicher Änderung des Streitstoffs muss Gelegenheit zur Stellungnahme gewährt werden.[265] Verletzung des Art 113 Abs 1 EPÜ wurde verneint, wenn der Anmelder von neu eingeführtem StdT wusste, genügend Zeit hatte, diesen zu würdigen, und Fristverlängerung oder Vertagung nicht beantragt hat,[266] ebenso, wenn ein Dokument ohne vollständige bibliographische Angaben herangezogen wurde, die Entgegenhaltung dem dem Anmelder bereits bekannten Sachverhalt aber nichts hinzufügte[267] und wenn das Dokument bereits in der Einspruchsbegründung, wenn auch nur in Bezug auf einen Unteranspruch, genannt war.[268] Gewährung des Gehörs in der mündlichen Verhandlung reicht grds aus;[269] zum Nichterscheinen Rn 101 zu § 46. Halbstündige Unterbrechung der Verhandlung bei neu eingeführter komplexer Entgegenhaltung wurde als nicht ausreichend angesehen.[270] Sind Unvollständigkeiten des Vortrags gerügt, braucht weitere Gelegenheit zur Ergänzung nicht gewährt zu werden.[271] Zum Recht auf mündliche Verhandlung (Art 116 EPÜ) Rn 77 ff zu § 46; zum Recht auf Äußerung im Einspruchsverfahren (Art 101 Abs 1 Satz 2 EPÜ) Rn 309 ff zu § 59.

---

253   *Benkard-EPÜ* Art 125 Rn 12 ff.

254   EPA J 30/94, zur Verpflichtung zur unverzüglichen Vorlage der Beschwerde.

255   EPA T 923/95; einschränkend EPA T 161/96 ABl EPA 1999, 331 unvollständige Entrichtung der Einspruchsgebühr sowie EPA G 2/97 ABl EPA 1999, 123 = GRUR Int 1999, 446 Vertrauensschutz: nicht bei Mängeln im Zuständigkeitsbereich des Beteiligten; anders auch das BPatG, vgl BPatG Mitt 1998, 314; BPatG 5.8. 1998 4 W (pat) 26/97.

256   Näher *Benkard-EPÜ* Art 113 Rn 12 ff; *Singer/Stauder* Art 113 EPÜ Rn 13 ff.

257   EPA T 1101/92: Hinweispflicht auf neuheitsschädliche Textstelle, zwh; EPA T 643/96: bibliographische Daten einer Entgegenhaltung.

258   EPA T 532/91; vgl EPA T 105/93; EPA T 187/95; EPA T 1056/98: Zulässigkeit des Einspruchs.

259   EPA J 20/85 ABl EPA 1987, 102 = GRUR Int 1987, 423 fehlende Ansprüche; EPA J 3/90 ABl EPA 1991, 550 Poststreik.

260   EPA T 802/97.

261   EPA T 685/98 ABl EPA 1999, 346 Uhrensynchronisierung.

262   EPA T 18/81 ABl EPA 1985, 166 = GRUR Int 1985, 675 Olefinpolymere.

263   EPA T 94/84 ABl EPA 1986, 337 Malgrund.

264   EPA T 1022/98.

265   EPA T 921/94.

266   EPA T 195/84 ABl EPA 1986, 121 technisches Allgemeinwissen; vgl EPA T 376/98.

267   EPA T 643/96.

268   EPA T 327/92.

269   Vgl EPA T 68/94.

270   EPA T 951/97 ABl EPA 1998, 440 = GRUR Int 1998, 887 rechtliches Gehör.

271   EPA T 405/94: öffentliche Zugänglichkeit einer Entgegenhaltung.

VIII. Patenterteilungsverfahren vor dem Europäischen Patentamt

1. Abweichungen der Regelung im Europäischen Patentübereinkommen von der im nationalen 139
Recht. Auf die Bestimmungen des EPÜ ist jeweils bei den parallelen Regelungen im PatG hingewiesen.
Folgende **Unterschiede** in den Regelungen sind hervorzuheben: 140

Anders als im nationalen Verfahren ist die **Benennung** bestimmter Vertragsstaaten, verbunden mit
der Zahlung der Benennungsgebühr, erforderlich (Art 79 EPÜ). Die Staatenbenennung erfolgt im Weg der
Fiktion einer Pauschalbenennung („gelten alle Vertragsstaaten als benannt, die diesem Übereinkommen
bei Einreichung der europäischen Patentanmeldung angehören").

Das Erfordernis der **Klarheit** der Patentansprüche (Art 84 EPÜ) ist im nationalen Recht nicht ausdrücklich enthalten.

Die **Hinterlegung von Mikroorganismen** ist im Verfahren vor dem EPÜ eigenständig geregelt (Regel 31–34 AOEPÜ).

Eine **Recherche** ist nach Art 92 EPÜ zwingend vorgeschrieben.

Der **Prüfungsantrag** ist nach dem EPÜ nur vom Anmelder und innerhalb von sechs Monaten nach
Veröffentlichung des Recherchenberichts zu stellen (Regel 70 Abs 1 AOEPÜ).

Das eur Patenterteilungsverfahren unterscheidet nicht zwischen **Ausscheidung und freier Teilung**
(Art 76 EPÜ); die Teilung ist zudem abw geregelt.

Über die Patenterteilung entscheidet nicht der Prüfer, sondern die **Prüfungsabteilung.**

Das EPÜ sieht **keine europäischen Geheimpatente** vor.

2. Rechtsgrundlagen im Europäischen Patentübereinkommen. Für das eur Patenterteilungsver- 141
fahren enthalten die Art 78–80, 82–86 EPÜ Regelungen. Hinzu treten verschiedene Bestimmungen in der
AOEPÜ.

3. Aktenzeichen; Veröffentlichungen.[272] Das Az der eur Patentanmeldung wurde bis Ende 2001 aus 142
den beiden Endziffern der Jahreszahl der Einreichung, einer zweistelligen verschlüsselten Angabe über
den Einreichungsort, der lfd Nummer und einer Prüfziffer[273] gebildet. Seither bezeichnen die ersten beiden
Ziffern weiterhin das Anmeldejahr, die letzte Ziffer ist die Prüfziffer, die weiteren Ziffern werden nach einem Schlüssel vergeben.[274] Die Patentnummer ist nicht aus der Anmeldenummer abgeleitet.

Das EPA **veröffentlicht** die eur Patentanmeldung nach Art 93 EPÜ sowie die eur Patentschrift nach 143
Art 98 EPÜ[275] (Rn 3 zu § 32).

G. Internationale Anmeldungen s Rn 232 zu § 34. Das nationale Recht darf hinsichtlich Form und 144
Inhalt der internat Anmeldung grds keine anderen, insb keine zusätzlichen Anforderungen stellen als in
PCT und Ausführungsordnung vorgesehen. Art 28 PCT enthält eine Regelung über die Änderung der Unter-
lagen im Verfahren vor den Bestimmungsämtern. Der vertrauliche Charakter der internat Anmeldung ist in
Art 30 PCT normiert.

Das **nationale Verfahren** für internat Anmeldungen, bei denen das DPMA Anmeldeamt ist, ist in 145
Art III §§ 1–3 IntPatÜG, für solche, bei denen das DPMA Bestimmungsamt ist, in Art III §§ 4, 5 IntPatÜG, für
solche, bei denen das DPMA ausgewähltes Amt ist, in Art III § 6 IntPatÜG geregelt; Art III §§ 7, 8 enthalten
weitere Folgeregelungen. Zu PCT-Anmeldungen in den anderen deutschsprachigen Ländern s den Hinweis
in Rn 32 zu Art III § 1 IntPatÜG.

Die entspr Regelungen für **europäische Anmeldungen**, bei denen das EPA Anmelde-, Bestimmungs- 146
oder ausgewähltes Amt ist, enthalten die Art 150–153 EPÜ.

H. Das Europäische Patent mit einheitlicher Wirkung wird vom EPA nach den allg Regeln erteilt; 147
auch das Einspruchsverfahren richtet sich nach dem EPÜ.

---

272 Zum elektronischen Aktensystem Phoenix BeschlPräsEPA ABl EPA 2007 Sonderausgabe 3, 121; BeschlPräsEPA über
das Pilotprojekt zur Einführung neuer Einrichtungen zur elektronischen Nachrichtenübermittlung für Verfahren vor dem
EPA, ABl EPA 2015, A28.

273 Zu deren Berechnung *MGK/Staab* Art 16 EPÜ Rn 104 ff.

274 Veröffentlicht im ABl EPA 2001, 465 ff.

275 Zur Form *Singer/Stauder* Art 93 EPÜ Rn 2 ff.

Keukenschrijver

§ 34
(Einreichung der Patentanmeldung)

(1) Eine Erfindung ist zur Erteilung eines Patents beim Patentamt anzumelden.

(2) [1]Die Anmeldung kann auch über ein Patentinformationszentrum eingereicht werden, wenn diese Stelle durch Bekanntmachung des Bundesministeriums der Justiz im Bundesgesetzblatt dazu bestimmt ist, Patentanmeldungen entgegenzunehmen. [2]Eine Anmeldung, die ein Staatsgeheimnis (§ 93 Strafgesetzbuch) enthalten kann, darf bei einem Patentinformationszentrum nicht eingereicht werden.

(3) Die Anmeldung muß enthalten:
1. den Namen des Anmelders;
2. einen Antrag auf Erteilung des Patents, in dem die Erfindung kurz und genau bezeichnet ist;
3. einen oder mehrere Patentansprüche, in denen angegeben ist, was als patentfähig unter Schutz gestellt werden soll;
4. eine Beschreibung der Erfindung;
5. die Zeichnungen, auf die sich die Patentansprüche oder die Beschreibung beziehen.

(4) Die Erfindung ist in der Anmeldung so deutlich und vollständig zu offenbaren, daß ein Fachmann sie ausführen kann.

(5) Die Anmeldung darf nur eine einzige Erfindung enthalten oder eine Gruppe von Erfindungen, die untereinander in der Weise verbunden sind, daß sie eine einzige erfinderische Idee verwirklichen.

(6) [1]Das Bundesministerium der Justiz und für Verbraucherschutz wird ermächtigt, durch Rechtsverordnung Bestimmungen über die Form und die sonstigen Erfordernisse der Anmeldung zu erlassen. [2]Es kann diese Ermächtigung durch Rechtsverordnung auf das Deutsche Patent- und Markenamt übertragen.

(7) Auf Verlangen des Patentamts hat der Anmelder den Stand der Technik nach seinem besten Wissen vollständig und wahrheitsgemäß anzugeben und in die Beschreibung (Absatz 3) aufzunehmen.

(8) [1]Das Bundesministerium der Justiz und für Verbraucherschutz wird ermächtigt, durch Rechtsverordnung Bestimmungen über die Hinterlegung von biologischem Material, den Zugang hierzu einschließlich des zum Zugang berechtigten Personenkreises und die erneute Hinterlegung von biologischem Material zu erlassen, sofern die Erfindung die Verwendung biologischen Materials beinhaltet oder sie solches Material betrifft, das der Öffentlichkeit nicht zugänglich ist und das in der Anmeldung nicht so beschrieben werden kann, daß ein Fachmann die Erfindung danach ausführen kann (Absatz 4). [2]Es kann diese Ermächtigung durch Rechtsverordnung auf das Deutsche Patent- und Markenamt übertragen.

MarkenG: §§ 32, 33

TRIPS-Übk Art 29

DPMA-PrRl 2.1, 2.5, 3.3.3.1, 3.3.3.4, 3.3.3.6, 4.2. (biotechnologische Erfindungen), 4.3 (Anmeldungen, die DV-Programme oder Regeln enthalten), 5.3.; **EPA-PrRl** insb A-II, A-III, A-IV 4, 5, A-IX 2.1–2.3, A-XI 9.2., C-II, C-III.

Ausland: Belgien: Art 13–15, 17, 18 Abs 1 PatG 1984, Erlass vom 2.12.1986; **Bosnien und Herzegowina:** Art 18 (Einheitlichkeit), 20 PatG 2010; **Dänemark:** §§ 8, 8a (Mikroorganismen), 10 (Einheitlichkeit), 22 Abs 6–8 (Abgabe von Proben von Mikroorganismen) PatG 1996; **Frankreich:** Art L 612-1, 2, 4–6, R 612-1–25, 38 (Rücknahme), 42, 43 (Mikroorganismen) CPI; **Italien:** Art 51 CDPI; **Kosovo:** Art 47, 50, 51 PatG; **Litauen:** Art 10, 11, 13 (Offenbarung), 14 (Ansprüche), 16 (Einheitlichkeit), 20 Abs 3 (Rücknahme) PatG; **Luxemburg:** Art 21 (Einheitlichkeit), 22 (Offenbarung), 23 (Patentansprüche), 24 (Zeichnungen), 32 (Rücknahme) PatG 1992/1998; **Mazedonien:** §§ 43–46 GgR; **Niederlande:** Art 24, 25, 27 (Einheitlichkeit) ROW 1995; **Österreich:** § 87 (Patentanmeldung), § 87a (1984/86, Offenbarung), § 88 (1984, Einheitlichkeit), § 89 (1984/92, erforderliche Angaben), § 90 (1994, Vollmachtsvorlage), § 91 (1984, Patentbeschreibung), § 92 öPatG (1984, Verordnungsermächtigung für Formalerfordernisse), § 81a öPatG (Proben hinterlegter Mikroorganismen); **Polen:** Art 31–40, Anmelde- und Erteilungsverfahren Art 235 ff RgE 2000; **Schweden:** §§ 8, 8a (Hinterlegung), 10 (Einheitlichkeit) PatG; **Schweiz:** Art 49–52, 55 PatG, Art 21–31, 49 (Anmelde- und Anspruchsgebühr) PatV; **Serbien:** Art 20, 22–26 PatG 2004; **Slowakei:** §§ 37, 38, 80 (Verordnungsermächtigung) PatG; **Slowenien:** § 79, 80, 86, 87 GgE; **Spanien:** Art 21, 24 (Einheitlichkeit), 25 (deutliche Beschreibung), 26 (Patentansprüche), 43 (Rücknahme der Anmeldung) PatG; **Tschech. Rep.:** § 26 PatG; **Türkei:** Art 42, 45 (Einheitlichkeit), 46 (Deutlichkeit), 47 (Patentansprüche), 66 (Rücknahme der Anmeldung) VO 551; **VK:** Sec 14, 125 A (Mikroorganismen) Patents Act

A. Allgemeines

I. Entstehungsgeschichte

1   Die Vorgängerregelung war in § 20 PatG 1877/1891 enthalten. Die geltende Bestimmung (1981–1998 § 35) geht auf den wiederholt geänd § 26 Abs 1–4 PatG 1936 zurück (näher *6. Aufl* Rn 3). Das 2. PatGÄndG brachte umfangreiche Änderungen (näher *6. Aufl* Rn 4). Das KostRegBerG hat Abs 6 gestrichen sowie den Ermächtigungsadressaten in den früheren Abs 7 und 9 – jetzt Abs 6 und 8 – (DPMA statt des Präsidenten) geänd. Die 10. ZuständigkeitsanpassungsVO hat nach dem Wort „Justiz" die Worte „und für Verbraucherschutz" eingefügt.

II. Anwendbarkeit der verschiedenen Fassungen

2   § 35 aF hat seine vor Inkrafttreten des 2. PatGÄndG (1.11.1998) geltende Fassung durch das GPatG erhalten (Paragraphenbezeichnung nach der Neubek 1981); er war auf alle seit dem 1.1.1981 eingereichten Anmeldungen anwendbar (Art 12 Abs 1 GPatG). Zu Anmeldungen zwischen dem 1.1.1978 und dem 31.12.1978 s *6. Aufl.* Für die Neuregelung nach dem 2. PatGÄndG ist keine Übergangsregelung vorgesehen.

3   **III. Internationale Harmonisierung** (s auch Rn 10). Eine Regelung enthält zunächst Art 8 Abs 1, 2 StraÜ. Art 29 TRIPS-Übk enthält eine weitere Regelung. Auch Art 62 Abs 1, 2 und 4 TRIPS-Übk betreffen Erwerb und Aufrechterhaltung von Schutzrechten. Weitergehende Vorgaben enthält der Patentrechtsvertrag (Patent LawTreaty; PLT) vom 1.6.2000.

B. Die Patentanmeldung beim Deutschen Patent- und Markenamt

Schrifttum (zum product-by-process-Anspruch vor Rn 102 zu § 1): *Allwardt* Änderungen in den Patentunterlagen im Lichte der Rechtsprechung in Europa, in Deutschland, in der Schweiz und in den USA, Diplomarbeit ETH Zürich 1996/97; *Althammer/Schulte* Die neuen Anmeldebestimmungen für Patente, GRUR 1965, 389; *Anders* Vollständige Lehre zum technischen Handeln: Anspruchsfassung und Ausführbarkeit, VPP-Rdbr 1994, 1; *Anders* Die unwesentlichen Merkmale im Patentanspruch – Die wesentlichen Merkmale der Erfindung, GRUR 2001, 867; *Anders* Der klare Patentanspruch: Ein unklarer Rechtsbegriff, Mitt 2014, 487; *Armitage* Anspruchsformulierung und Auslegung nach den neueren Patentsystemen der europäischen Länder, GRUR Int 1981, 670; *Aston* Patenting Nucleotide and Amino Acid Sequences in View of Electronic Sequence Database Searches, JPTOS 1993, 30; *Baader* Einheitlichkeit von Anmeldungen, GRUR 1973, 67; *Bader* Outsourcing des Patentanmeldeprozesses, Mitt 1997, 114; *Balck* Unteransprüche bei Stoffpatenten, Mitt 1967, 7; *Balck* Nochmals: Rückbezug bei Unteransprüchen, Mitt 1969, 26; *Baldock* Broad biotech patents – the final word in the UK, Scrip Magazine 1997, 6; *Balk* Einheitlichkeit einer Patentanmeldung, Mitt 1978, 181; *Balk* Über Patentkategorien, Mitt 1978, 81; *Ballhaus/Sikinger* Der Schutzbereich des Patents nach § 14 PatG, GRUR 1986, 337; *Bardehle* Patentanspruch „nicht klar", was heißt das? Mitt 2010, 453; *Bartels* Eine Anregung, die Beschreibung einer Patentschrift zu straffen, GRUR 1964, 547; *Bauer* Erscheint die gegenwärtig übliche Form der Patentansprüche (noch) sinnvoll? GRUR 1972, 25; *Bauer* Nochmals zum Thema Hartig'sche Anspruchsfassung, GRUR 1972, 508; *Bauer* Abgrenzung gegenüber älterem Recht, GRUR 1981, 312; *Bauer* Bezugnahme auf fremdsprachige Dokumente, Mitt 1999, 153; *Beier/Katzenberger* Anfechtung und Widerruf der Zurücknahme von Patentanmeldungen, FS 10 Jahre BPatG (1971), 251; *Belser* Sind Verfahrensansprüche mit Vorrichtungsmerkmalen zulässig? GRUR 1979, 347; *Boecker* Der Begriff der Einheitlichkeit der Erfindung und seine Anwendung, GRUR 1962, 63; *Bohner* Anspruchskategorien chemischer Erfindungen, Diplomarbeit ETH Zürich 1999; *Bösl* Der unklare Patentanspruch, Mitt 1997, 174; *Brandi-Dohrn* The Unduly Broad Claim, IIC 1994, 648; *Brandi-Dohrn* Der zu weite Patentanspruch, GRUR Int 1995, 541; *Breuer* Deutlichkeit von Patentansprüchen, Mitt 1998, 340; *Bruchhausen* Der Schutzgegenstand verschiedener Patentkategorien, GRUR 1980, 364; *Bruchhausen* Die Formulierung der Patentansprüche und ihre Auslegung, GRUR 1982, 1; *Bruchhausen* Die Fassung der Sachanträge in den Patentverfahren, FS R. Nirk (1992), 103; *K.H. Christ* Gestraffte Form der Patentanmeldungsunterlagen, Mitt 1976, 172; *H. Christ* Die Nachreichbarkeit von Beispielen als Investitionshemmnis, Mitt 1996, 145; *Cole* Pioneering Pays – or Does it? Claim Scope and Support Requirements for Inventions Based on Empirical Research, EIPR 2000, 534; *Comte* Der Antragsteller kann nach seiner Wahl das Verfahren oder das Erzeugnis patentieren lassen, FS L. David (1996), 45; *Cristol* L'unité d'invention, 1979; *Czekay* Deduktive Formulierung von Patentansprüchen, GRUR 1984, 83; *Czekay* Nochmals zur deduktiven Formulierung von Patentansprüchen, GRUR 1985, 477; *Dittmann* Patentrechtliche Besonderheiten der Chemie-Erfindungen, Mitt 1972, 81; *Domeij* Patent Claim Scope: Initial and Follow-on Pharmaceutical Inventions, EIPR 2001, 326; *Dönges* Patentanmeldung – leicht gemacht, 1958; *Draub* Über die Verwendung von Warenzeichen in Patentanmeldungsunterlagen, GRUR 1955, 5; *Dreiss* Patentansprüche und Schutzumfang, Mitt 1977, 221; *Dreiss* „Anmaßende" Patentansprüche und Art 84 EPÜ, FS F.-K. Beier (1996), 19; *Ehlers* Die Offenbarung in angemeldeten Patentansprüchen, FS T. Schilling (2007), 87; *Einsele* Formulierung von Patentansprüchen: klar oder nicht klar? Mitt 2014, 249; *Engel* Patentkategorie bei Vorrichtungserfindungen, Mitt 1976, 227; *Féaux de Lacroix* Zur Abgrenzung von Verwendungs-und Verfahrensansprüchen, GRUR 2006, 887; *Féaux de Lacroix* Probleme offen definierter Merkmale in Patentansprüchen, Mitt 2011, 49; *Flad* Aus der Praxis des Prüfungsverfahrens vor dem DPA, insbesondere Erfahrungen mit einteiligen Patentansprüchen, GRUR 1994, 478; *Flad* Patentansprüche und Patentkategorien, VPP-Rdbr 1997, 37; *Ford* Funktionelle Ansprüche, GRUR Int 1985, 249; *Franzosi* Markush Claims in Europe, EIPR 2003, 200; *Freund* Der Patentanspruch mit besonderer Berücksichtigung der Reformfragen, Diss 1935; *Fritsch* Zur Abgrenzung von Patentansprüchen gegenüber Druckschriften, Mitt 1983, 189; *Fromme* Zur Frage der Patentkategorie, BlPMZ 1952, 254; *Führing* Nochmals: Einheitlichkeit einer Patentanmeldung, Mitt 1978, 105; *Gernhardt* Angaben nach § 26 Abs 4 des deutschen Patentgesetzes, Mitt 1976, 8; *Godemeyer* Lack of clarity: a new approach in case law? epi-Information 2014, 157; *Gramm* Probleme des Patenterteilungsverfahrens, FS 100 Jahre GRUR (1991), 459; *Güthlein* Auswahlerfindung und Schutzbereich des älteren Schutzrechts, GRUR 1987, 481; *Häberlein* Bedeutung und Wesen des Patentanspruches, 1913; *Harraeus* Der Erfindungsbegriff und das Einheitlichkeitsproblem, GRUR 1962, 393; *Hartig* Die Formulierung der Ansprüche in den deutschen Patentschrift, PatBl 1881, 136; *Hartig* Studien in der Praxis des kaiserlichen Patentamts, 1890; *Hartig* Zur Markscheidekunst der Patentverwaltung, Zivilingenieur NF 1896 Sp 539; *Häußer* Anspruchsfassung, Erfindungshöhe und Schutzumfang im deutschen Patentrecht, Mitt 1981, 135; *Häußer* Anspruchsformulierung, Offenbarung und Patentfähigkeit im deutschen Patentrecht, Mitt 1983, 121; *Häußler* Die Klarheit der Patentansprüche, GRUR 2013, 1011; *Hegel* Einheitlichkeit einer Patentanmeldung, Mitt 1977, 228; *Hermann* Die andere Fassung der Patentansprüche, Mitt 1987, 8; *Hesse* Vorrichtungsansprüche in Verfahrenspatenten, Mitt 1969, 246; *Hesse* Offenbarung und Schutzbegehren, Mitt 1982, 104; *Hesse* Anwendungsgebiet und Offenbarung des Erfindungsgedankens, Mitt 1983, 106; *Hilty* Schutzgegenstand und Schutzbereich: Überlegungen zur Formulierung von Patentansprüchen, FS R. König (2003), 167; *Hoffstetter* Der Patentanspruch, Diss 1928; *Hofmeister* Die Fischdose der Pandora: Rechtsfragen zur Durchsetzung der Unterlassung von abwertenden Äußerungen in Patentschriften, Mitt 2010, 178; *Holländer* Patentkategorie bei Verfahrenserfindungen, Mitt 1977, 27; *Horns* Rechtsverbindliche Telekooperation im gewerblichen Rechtsschutz, Mitt 1999, 201; *Hövelmann* Streitgenossen vor dem Patentamt und dem Bundespatentgericht, Mitt 1999, 129; *Hüfner* Die zivilistische Anmeldung als Grundlage der Priorität, GRUR 1913, 145; *Hüfner* Patentfähigkeit von untergeordneten und beigeordneten Ansprüchen, MuW 16, 176; *Hüni* Absoluter und zweckbeschränkter Stoffschutz und andere Harmonisierungsprobleme in der europäischen Rechtsprechung, GRUR Int 1990, 425; *Hutter* Eenheid van uitvinding: de valkuilen onder de Rijksoctrooiwet 1995, BIE 1998, 295; *Jahr* Die Anmeldung deutscher Patente, 1933; *Jeser* Aufgabe und Anspruchsunterteilung, Mitt 1985, 143; *Jochem* Einheitlichkeit von Patentanmeldungen, Mitt 1971, 126; *Karet* Over-broad Patent Claims: An Inventive Step by the EPO, EIPR 1996, 561; *Klocke* Europäischer Recherchenbericht und mangelnde Einheitlichkeit, Mitt 1989, 208; *Klöpsch* Die richtige Anspruchskategorie für ein Arzneimittel, Mitt 1977, 130; *Kockläuner* Rückbeziehung von Unteransprüchen, Mitt 1967, 210;

Kockläuner Rückbeziehung von Unteransprüchen, eine Entgegnung, Mitt 1969, 107; *Kockläuner* Zur Frage der Einheitlichkeit der Erfindung, Mitt 1984, 233; *Kockläuner* Aufstellen und Rückbeziehen von Unteransprüchen, Mitt 1987, 210; *Koenigsberger* Ansprüche verschiedener Kategorie in einer Patentanmeldung, Mitt 1969, 69; *Koslin* Die Einheitlichkeitsfrage in internationaler Sicht, Mitt 1964, 229; *Kraßer* Verpflichtung des Patentanmelders oder -inhabers zu Angaben über den Stand der Technik, FS R. Nirk (1992), 531; *Kronz* Patentbeschreibung als Träger technischer Information, Mitt 1975, 21; *Kumm* Die technische Analyse und rationale Beschreibung technischer Erfindungen, GRUR 1966, 349; *Kumm* Die Formen des Patentanspruchs aus rechtsvergleichender Sicht, GRUR Int 1966, 72; *Kunze* Die begriffliche Festlegung technischer Gegenstände in der Patentschrift, GRUR 1957, 308; *Kurig* Anspruchsstrategien, Mitt 1996, 13; *Lange* Über die Berechtigung von Unteransprüchen, Mitt 1967, 209; *Leber* Unity of Chemical and Biological Markush Claims Under the PCT and EPC: Consistency of the PCT and EPC Guidelines with the Law, IIC 2009, 206; *Lederer* Zur Zulässigkeit mehrerer Anspruchskategorien in einer Anmeldung, Mitt 1969, 10; *Lehmann* Der Patentanspruch, GRUR 1949, 243; *Leonhard/Schubert* Abwertende (technische) Äußerungen in Patentschriften, Mitt 2003, 372; *Leonhard/Schubert* Abwertende (technische) Äußerungen in Patentschriften, Mitt 2003, 372; *Lindenmaier* Echte und unechte Unteransprüche sowie Nebenansprüche und deren Nichtigerklärung, Mitt 1955, 107; *Lippich/Knospe* Alternative in Patentansprüchen, GRUR 2005, 25; *Markus* Rechtliche und technische Harmonisierung betreffend Patentanmeldungen auf dem Gebiet der Biotechnologie, Diplomarbeit ETH Zürich 1996/97; *Mediger* Bezugszeichen im Patentanspruch, Mitt 1963, 81; *Meier-Beck* Der zu breite Patentanspruch, FS E. Ullmann (2006), 495; *Mes* Herabwertende Äußerungen in der Beschreibung eines Patents, FS M. Loschelder (2010), 251; *Müller* Der Patentanspruch, 1925; *Müller* Disclaimer – Eine Hilfe für den Erfinder, GRUR 1987, 484; *Müller-Liebenau* Das Wesen der Erfindung, 1924; *Niessen* Neue Struktur der Anmeldungsunterlagen, Mitt 1971, 188; *Niessen* Neue Gestaltung der Patentanmeldung, Mitt 1975, 24; *Olbricht* Einheitlichkeit einer Patentanmeldung, Mitt 1977, 229; *Öttinger* „Insbesondere" im Patentanspruch, hier: in der Rückbeziehung, Mitt 1979, 51; *Papke* „Abgrenzung" als Rechtsbegriff, GRUR 1984, 549; *Papke* Patent„anmeldung". Eine patentrechtsgeschichtliche Studie, FS 25 Jahre BPatG (1986), 211; *Papke* Die Herstellung der Einheitlichkeit, Mitt 1988, 1; *Pfanner* Die Patentanmeldung Geschäftsunfähiger und Geschäftsbeschränkter, GRUR 1955, 556; *Reichel* Zur Abgrenzung von Patentansprüchen gegenüber Druckschriften, Mitt 1983, 226; *Reimer* Patentgestaltung durch Auswahl der Patentkategorie, Mitt 1956, 181; *Roberts* Broad Claims for Biotechnical Inventions, EIPR 1994, 371; *R. Rogge* Berücksichtigung beschränkender Erklärungen bei der Bestimmung des Schutzbereichs eines Patents (§ 14 PatG; Art 69 EPÜ), FS H.E. Brandner (1996), 483, ergänzte Fassung Mitt 1998, 201; *Rothe* Beschreibungen und Ansprüche britischer, kanadischer und us-amerikanischer Patentschriften im Verhältnis zum deutschen Recht, FS W. vom Stein (1961), 102; *Schack* Wie weit kann die „Abstraktion" eines Anspruchs vorgenommen werden unbeschadet seiner genügenden „Bestimmtheit"? Mitt 1940, 121; *Schaefer* Einfluß der Nationalität auf die Erlangung des Patentschutzes, GRUR 1897, 134; *Schamlu* Zur sprachlichen Darstellung von Patentansprüchen, Mitt 1985, 44; *Schanze* Erfindung und Erfindungsgegenstand, GRUR 1897, 161; *Schermer* Die Offenbarung der therapeutischen Wirkung des Stoffs bei der zweiten medizinischen Indikation, GRUR 2009, 349; *Schickedanz* Die wechselseitige Beziehung zwischen Funktions-, Anwendungs-, Auswahl- und zweckgebundenen Stofferfindungen, GRUR 1971, 192; *Schickedanz* Die Formulierung von Patentansprüchen, 2000; *Schiller* Zur Einheitlichkeit von Erfindungen, GRUR 1980, 24; *Schiuma* Formulierung und Auslegung von Patentansprüchen nach europäischem, deutschem und italienischem Recht, 2001, zugl Diss München 2000; *Schmid* Die Voraussetzungen für Erwerb und Aufrechterhaltung des Patents, Diss 1908; *Schmied-Kowarzik* Die Kategorienfrage, GRUR 1950, 323; *Schmied-Kowarzik* Über das Nachreichen von Ausführungsbeispielen, GRUR 1985, 947; *Schmitz* Einheitlichkeit der Erfindung, Mitt 1990, 190; *Schneider* Dissens im BPatG – zur Klarheit von Patentansprüchen, Mitt 2014, 481; *Schneider* Die Klarheit von Patentansprüchen – Anmerkungen zum deutschen und europäischen Recht, Mitt 2016, 49; *Schrell/Heide* Zu den Grenzen des „Product-by-process"-Patentanspruchs im Erteilungs- und Verletzungsverfahren, GRUR 2006, 383; *Schwarz* Anspruchskategorien bei computer-implementierten Erfindungen, Mitt 2010, 57; *Schwindling* Zur Abfassung der Anmeldungsunterlagen, Mitt 1978, 90; *Seeger* Über die Zulässigkeit der Verwendung von Warenzeichen in Patent- und Gebrauchsmusteranmeldungen, GRUR 1974, 365; *Sharples/Kendall-Palmer* So when is a patent claim too broad, GRUR Int 2013, 599; *Sieckmann* Der Disclaimer im Gewerblichen Rechtsschutz der Bundesrepublik Deutschland, GRUR 1996, 236; *Sieckmann* Der Verwendungsanspruch, GRUR 1998, 85; *Springer* Zur Prüfung des Zeitpunkts der Anmeldung Deutscher Reichspatente, GRUR 1898, 59; *Stein* Die Einheitlichkeit der Erfindung, Diss 1937; *Stort* Die Einheitlichkeit der Anmeldung, der Erfindung und der Patentansprüche, Mitt 1902, 19; *Strehlke* Der BGH-Beschluss „Polymermasse" (Teil II): Anforderungen an die Offenbarung durch Bezugnahme, Mitt 1999, 453; *Stumpf* Zur Frage der Patentansprüche in der Optik, GRUR 1950, 323; *Teudt* Die Patentanmeldung und die Bedeutung ihres Wortlauts für den Patentschutz, 1931; *Trüstedt* Patente und ihre Anmeldung, 1957; *Trüstedt* Patentansprüche für Heilmittel, Mitt 1978, 181; *Utermann* Verwendungsanspruch neben Stoffanspruch, GRUR 1981, 537; *Utermann* Der zweckgebundene Verfahrensanspruch für Arzneimittel, GRUR 1985, 813; *van Hees/Braitmayer* Verfahrensrecht in Patentsachen⁴, 2010; *Vollrath* Patentanspruch und sogenannte Überbestimmung, GRUR 1986, 640; *von Boehmer* Die Erfindungs-Einheit im Sinne des Patentgesetzes, GRUR 1902, 125; *von Bülow* Gebührenerhöhung durch § 26 Abs 1 Satz 2 PatG? Mitt 1977, 229; *von Ettenrieth* Die Darstellung des Standes der Technik in der Patentbeschreibung, Mitt 1939, 5; *Kurt von Falck* Die irrtümliche Angabe eines zu starken Standes der Technik in der Beschreibung von Schutzrechten, GRUR 1972, 233; *von Füner* Einige Gedanken zur Form von Patentansprüchen, Mitt 1985, 211; *von Pechmann* Wieder aktuell: Ist die besondere technische, therapeutische oder biologische Wirkung Offenbarungserfordernis bei der Anmeldung chemischer Stofferfindungen? GRUR Int 1996, 372; *von Rospatt* Der auf einen Verfahrensanspruch bezugnehmende Vorrichtungsanspruch, GRUR 1985, 740; *von Voß* Gestaltung der Unterlagen von Patentanmeldungen, Mitt 1975, 141; *Vossius* Schutz von Erfindungen auf dem Gebiet der Arzneimittel, GRUR 1971, 59; *Vossius/Schrell*

Beurteilung der erfinderischen Tätigkeit und der Anspruchsbreite im Bereich der Biotechnologie – die CAFC-Entscheidungen in re O'Farell und in re Vaeck, GRUR Int 1992, 620; *Walenda* Die sogenannten Patentkategorien, Mitt 1977, 68; *Werner* Müssen Patentansprüche in der Beschreibung wiederholt werden? Mitt 1972, 154; *Werner* Dürfen Patentansprüche in der Beschreibung wiederholt werden? Mitt 1977, 185; *Werner* Insbesondere im Patentanspruch, insbes. Hauptanspruch, Mitt 1978, 226; *Werner* Anmeldebestimmungen für Patente und Merkblatt für Patentanmelder, Mitt 1979, 212; *Wesener* Patente und Gebrauchsmuster richtig angemeldet – schnell geschützt, 1965; *White* The Function and Structure of Patent Claims, EIPR 1993, 243; *Wibbelmann* Broad Claims: A Nuisance, EIPR 1997, 515; *Windisch* „Merkmalsanalyse" im Patentanspruch? GRUR 1978, 385; *Winterfeldt* Aktuelle Probleme im Prüfungs- und Einspruchsverfahren, VPP-Rdbr 1996, 37; *Wirth* Bezugnahme auf Patentschriften in Patentbeschreibungen, Mitt 1941, 168; *R. Wirth* Das Deutsche Patentamt und die Einheit der Erfindung, GRUR 1902, 154; *Wirth/Isay* Der Patentanspruch (1912); *Witte* Praktikum für Patent- und Gebrauchsmusteranmelder, 1965; *Wolff* Zitat der Patentansprüche in der Beschreibung? Mitt 1977, 231; *Wolff* Die Patent-Beschreibungseinleitung, Mitt 1980, 84; *Wolfram* „Reach-Through Claims" und „Reach-Through Licensing" – Wie weit kann Patentschutz auf biotechnologische Research Tools reichen? Mitt 2003, 57; *Zeiler* Über Umfang und Beweiserheblichkeit der öffentlichen Druckschriften im Patenterteilungsverfahren, GRUR 1977, 751; *Zeunert* Die Rechtsprechung des Patentamts und der Gerichte hinsichtlich der Patentkategorie, BlPMZ 1952, 247; *Zeunert* Der Gegenstand der Anmeldung und der Umfang der zulässigen Änderung des Patentbegehrens vor der Bekanntmachung, GRUR 1966, 405, 465.

I. Anmelder

1. Grundsatz. Die Patentanmeldung erfordert einen bestimmten Anmelder; anonyme Anmeldungen **4** kommen nicht in Betracht, jedoch kann der Erfinder nach außen im Verborgenen bleiben. Anmelder kann jeder Beteiligtenfähige sein (Rn 29 f vor § 34; vgl auch Art 58 EPÜ; Rn 163). Nennung als Miterfinder begründet noch keine Anmeldereigenschaft; der Miterfinder kann im Verfahren nur als Bevollmächtigter handeln, sofern Vollmacht nachgewiesen ist.[1]

Verfahrensrechtl gilt im Erteilungsverfahren der Anmelder als **Berechtigter** (§ 7 Abs 1). Zur materiell- **5** rechtl Zuordnung der Erfindung §§ 6–8.

2. Nach verbreiteter Auffassung[2] (Rn 37 zu § 26), die sich auf eine Entscheidung des BVerwG aus dem Jahr **6** 1961[3] stützt, soll den **Angehörigen des Patentamts** aus der besonderen Rechtsnatur des Beamtenverhältnisses verboten werden können, Patente anzumelden; ein solches Verbot soll wegen dieses Verhältnisses nicht gegen Art 14 GG verstoßen. Dies ist unter der gewandelten verwaltungsrechtl Dogmatik zum „besonderen Gewaltverhältnis" in dieser Allgemeinheit nicht mehr haltbar.[4] Eine Einschränkung von Grundrechten kann auf das Beamtenverhältnis allein nicht mehr gestützt werden, in Betracht kommen nur Beschränkungen, die sich aus der durch Art 33 Abs 5 GG gebotenen Berücksichtigung der hergebrachten Grundsätze des Berufsbeamtentums ergeben.[5] Zudem ist zu berücksichtigen, dass die Anmeldung eigener Erfindungen zur grds freien Verwaltung eigenen Vermögens rechnet; ein Verbot wird demnach nur im Einzelfall in Betracht kommen, wenn die berührten dienstlichen Belange die Interessen des Beamten überwiegen und ein milderes Mittel (zB Substitution) nicht zur Verfügung steht. Soweit Art 16 des Statuts der EPA-Beamten diesen verbietet, im eigenen Namen oder im Namen Dritter an der Einreichung einer Anmeldung teilzunehmen, dürfte dies im Ergebnis unbdkl sein, da ihnen der Weg einer nationalen Anmeldung offen gelassen wird.

3. Mehrheit von Anmeldern. Mehrere Anmelder für dieselbe Anmeldung können nur einen einheit- **7** lichen Erteilungsantrag stellen.[6] Die Praxis wendet die Bestimmungen der ZPO über die notwendige Streitgenossenschaft an.[7] Säumige Anmelder werden durch die nicht säumigen vertreten.[8] Weichen die Ertei-

---

1 BPatG 19.3.2003 7 W (pat) 19/02.
2 *Benkard* § 26 Rn 13; *Reimer* § 17 Rn 10; *Fitzner/Lutz/Bodewig* § 26 Rn 31.
3 BVerwGE 12, 273 = BlPMZ 1961, 400, 402.
4 Vgl *Schulte* Rn 12.
5 Vgl *Mühl* in Gesamtkommentar öffentliches Dienstrecht § 64 BBG Rn 28.
6 *Schulte* Rn 16; *Bühring* § 4 GebrMG Rn 12.
7 RGZ 76, 298 = BlPMZ 1911, 248 Berufungsrücknahme des Mitinhabers; BPatG GRUR 1999, 702; BPatG 9.12.2004 10 W (pat) 40/04 (mehrere Patentinhaber): Beschlüsse im Wiedereinsetzungsverfahren müssen allen zugestellt werden, falls einer als Zustellungsbevollmächtigter bestellt ist, entsprechend viele Beschlussausfertigungen, andernfalls ist die Zustellung unwirksam; PA Mitt 1912, 26; PA MuW 18, 18; *Benkard* Rn 11; *Schulte* Rn 16; *Bühring* § 4 GebrMG Rn 12; *Hövelmann* Mitt 1999, 129, 131.
8 Vgl BPatGE 21, 212 = GRUR 1979, 696.

lungsanträge der Mitanmelder voneinander ab, führt dies zur Zurückweisung der Anmeldung.[9] Die Rücknahme der Anmeldung (Rn 142ff) als solche ist nur durch alle Mitanmelder gemeinsam möglich,[10] jedoch kann der einzelne Mitanmelder durch entspr Erklärung seine eigene Verfahrensbeteiligung beenden; das Verfahren wird dann mit den verbliebenen Anmeldern fortgesetzt,[11] denen der Anteil des Ausgeschiedenen zuwächst (vgl Rn 51 zu § 6 m Hinweis zum Streitstand).[12]

8 Die PatV (Rn 9) enthält keine Bestimmungen für den Fall der Anmeldermehrheit. Stattdessen sieht nunmehr § 14 Abs 1 DPMAV (im Anh) vor, dass für den Fall einer gemeinschaftlichen Beteiligung mehrerer Personen ohne gemeinsamen Vertreter anzugeben ist, wer für alle Beteiligten als **zustellungs- und empfangsbevollmächtigt** bestimmt ist. Diese Erklärung ist von allen Anmeldern zu unterzeichnen. Fehlt eine solche Angabe, gilt die Person als zustellungs- und empfangsbevollmächtigt, die zuerst genannt ist. Für eine Androhung der Zurückweisung der Anmeldung für den Fall, dass ein Zustellungsbevollmächtigter innerhalb einer gesetzten Frist nicht benannt wird, fehlt eine Rechtsgrundlage.[13]

9 **II.** Die aufgrund der Ermächtigungsdelegation in § 1 Abs 2 DPMAV erlassene Verordnung zum Verfahren in Patentsachen vor dem Deutschen Patent- und Markenamt (**Patentverordnung** – PatV) vom 1.9.2003,[14] die am 15.10.2003 in Kraft getreten und zuletzt durch die VO zur Änderung der Patentverordnung und der Gebrauchsmusterverordnung vom 26.5.2011[15] geänd worden ist (im Anh), hat die mehrfach geänd Patentanmeldeverordnung (PatAnmV) vom 29.5.1981[16] sowie die Erfinderbenennungsverordnung vom 29.5.1981[17] ersetzt. Sie ist Gesetz im materiellen Sinn und anders als die DPMA-PrRl nicht bloße verwaltungsinterne Vorschrift.

III. Erfüllung der Anmeldeerfordernisse

10 **1. Allgemeines.**[18] Die Anmeldeerfordernisse treten zu den Patentierbarkeitserfordernissen der §§ 1–5; mit Ausnahme der Offenbarung und der damit zusammenhängenden Erweiterung werden sie im Einspruchs- und Nichtigkeitsverfahren nicht geprüft; anders bei Änderungen des Patents in diesen Verfahren. Für die internat Harmonisierung waren die Tagung der Vertreter der Patentämter in Bern 1904,[19] später das EuroFormÜ vom 11.12.1953,[20] weiter Art 8 StraÜ und schließlich und andauernd der Patentzusammenarbeitsvertrag (PCT) sowie die Ausführungsordnung von Bedeutung.[21] Art 6 des Patentrechtsvertrags (Rn 3) regelt die Anmeldeerfordernisse durch Verweisung auf den Patentzusammenarbeitsvertrag (PCT). Den Vertragsstaaten steht es frei, zur ausschließlich elektronischen Kommunikation zu wechseln.

11 Auf Einzelheiten der Anmeldeerfordernisse weist das **Merkblatt für Patentanmelder** (Ausgabe 2014) hin, das kostenlos – auch in englischer Sprache – beim DPMA bezogen werden kann.[22]

12 **Weiterbehandlung** einer unzureichenden eur oder internat Patentanmeldung als nationale kann in Betracht kommen (Rn 3ff zu Art II § 9 IntPatÜG; Rn 2f zu Art III § 5 IntPatÜG), ebenso im Fall einer Geheimstellung (Art III § 2 IntPatÜG).

13 **2.** Die **Form der Patentanmeldung** regeln §§ 3–6, 9–12 PatV. Modelle und Proben sind nur auf Anforderung des DPMA einzureichen, § 16 PatV.

---

9 RPA Mitt 1934, 326f; *Bühring* § 4 GebrMG Rn 12; *Hövelmann* Mitt 1999, 129, 131.
10 RPA BlPMZ 1929, 251; RPA Mitt 1933, 250.
11 Vgl PA Mitt 1912, 26; RPA BlPMZ 1929, 251; DPA BlPMZ 1954, 262; vgl auch *Bühring* § 4 GebrMG Rn 12.
12 Vgl *Kraßer* S 357 (§ 19 V b 8); *Bühring* § 4 GebrMG Rn 12, offen gelassen in BPatG 9.10.1997 5 W (pat) 20/97.
13 BPatG 30.3.2005 20 W (pat) 24/05; abw BPatG 15.12.2004 28 W (pat) 266/04, Markensache, in einem Altfall: nicht bei erkennbar entgegenstehendem Willen der Markeninhaber.
14 BGBl I 1702 = BlPMZ 2003, 322.
15 BGBl I 996 = BlPMZ 2011, 206.
16 BGBl I 521 = BlPMZ 1981, 229.
17 BGBl I 525 = BlPMZ 1981, 231.
18 Zur Funktion der Anmeldeerfordernisse insb im Hinblick auf die Patentinformation *MGK/Bossung* Art 78 EPÜ Rn 5.
19 Vgl BlPMZ 1904, 354.
20 BlPMZ 1954, 212; Denkschrift BlPMZ 1955, 16.
21 *MGK/Bossung* Art 78 EPÜ Rn 8ff.
22 Auch im Internet unter http://www.dpma.de/docs/service/formulare/patent/p2791.pdf abrufbar.

Zum **Schriftformerfordernis** Rn 62 ff vor § 34.[23] Abs 6 und § 125a eröffnen die Möglichkeit, die Über- **14** mittlung der Anmeldung durch elektronische Kommunikationsmittel zuzulassen.[24] Für die elektronische Patentanmeldung gelten ermäßigte Gebührensätze. Einzelheiten sind in der ERVDPMAV festgelegt.

Bei Sequenzprotokollen ist zusätzlich ein **Datenträger** in maschinenlesbarer Form einzureichen (§ 6 **15** Abs 1, § 11 Abs 2 PatV idF der VO vom 26.5.2011).[25] Die Regelung in § 6 Abs 6 PatV ist Ordnungsvorschrift.[26]

Die Verwendung von **Marken** und **Phantasiebezeichnungen** in den Anmeldungsunterlagen **16** schränkt § 5 PatV ein.[27] Die Verwendung einer auf einem bestimmten technischen Gebiet für den Fachmann eindeutigen technischen Angabe („Thermoplast" für Kunststoff) ist zulässig, auch wenn die Bezeichnung auf anderen Gebieten geschützt ist.[28]

Mängel der Anmeldungsunterlagen (von vorgeschriebenen weiteren Stücken) rechtfertigen zwar **17** grds die Zurückweisung der Anmeldung,[29] berechtigen das DPMA aber nicht, der Öffentlichkeit die fristgem Offenlegung der Anmeldung vorzuenthalten; es muss so rechtzeitig beanstanden, dass erforderlichenfalls die Anmeldung vor dem Offenlegungstermin zurückgewiesen ist.[30]

3. Adressat; Annahmestellen. Die nationale Patentanmeldung ist **beim DPMA** einzureichen (Abs 1 **18** Satz 1; § 3 Abs 1 PatV, geänd durch die VO vom 11.5.2004).[31] Dies gilt auch für eur Patentanmeldungen, die ein Staatsgeheimnis enthalten können (Art II § 4 Abs 2 IntPatÜG). Andere eur Patentanmeldungen können beim DPMA eingereicht werden (Art II § 4 Abs 1 IntPatÜG). Zur Verwaltungsvereinbarung mit dem EPA über den Zugang von Schriftstücken und Zahlungsmitteln Rn 72 vor § 34.

Annahmestellen sind beim DPMA in München sowie bei der Dienststelle Jena und weiterhin beim **19** Technischen Informationszentrum Berlin des DPMA eingerichtet.

Die Einreichung kann auch über ein **Patentinformationszentrum** vorgenommen werden, sofern **20** dieses durch im BGBl veröffentlichte Bek des BMJV dazu bestimmt ist, Patentanmeldungen entgegenzunehmen (vgl Rn 35 Einl PatG); dies sind (Übersicht über die Patentinformationszentren vom 1.1.2016;[32] beim Patentinformationszentrum Halle sind seit 1.6.2016 Anmeldungen nicht mehr möglich[32a]):
Rheinisch-Westfälische Technische Hochschule **Aachen** – Universitätsbibliothek, Patent- und Normen-zentrum;
Hochschule **Bremen** – Patent- und Normen-Zentrum;
Technische Universität **Chemnitz** – Universitätsbibliothek, Patentinformationszentrum;
Universitätsbibliothek **Dortmund** – Informationszentrum Technik und Patente (ITP);
Technische Universität **Dresden** – Patentinformationszentrum;
Handelskammer **Hamburg** – IPC Innovations- und Patent-Centrum;
Technische Universität **Ilmenau** – PATON Landespatentzentrum Thüringen;
Technische Universität **Kaiserslautern**, Patentinformationszentrum, Kontaktstelle für Information und Technologie (KIT);
TÜV Rheinland Consulting GmbH – Patent- und Normenzentrum, **Nürnberg**;
saar.is saarland.innovation&standort e.V., **Saarbrücken**;
Regierungspräsidium **Stuttgart** – Haus der Wirtschaft, Informationszentrum Patente.

Anmeldungen, die ein **Staatsgeheimnis** enthalten können; können nur direkt beim DPMA einge- **21** reicht werden; eine Strafbewehrung ist nicht vorgesehen, da es sich nicht um eine Auslandsanmeldung

---

23 Zur Einreichung von Schutzrechtsanmeldungen durch Telefax MittPräsDPA Nr 1/97 BlPMZ 1997, 69.
24 Vgl Begr BlPMZ 1998, 393, 402.
25 Vgl MittPräsDPMA Nr 10/05 BlPMZ 2004, 41; Hinweis BlPMZ 2011, 206.
26 Vgl zur Vorgängerregelung BPatGE 21, 224 = GRUR 1979, 633. BPatG 5.6.2002 7 W (pat) 43/01 sieht bereits aufgrund der seit 1.11.1998 geltenden Rechtslage die Nachholung einer fehlenden Unterschrift als entbehrlich an.
27 Vgl BPatGE 9, 6, 11; BPatGE 18, 52; BPatG GRUR 1978, 709; BPatG Mitt 1985, 154; BPatG 18.6.2009 14 W (pat) 52/05; *MGK/Teschemacher* Art 84 EPÜ Rn 95, zu Phantasiebezeichnungen BPatG 5.8.1971 15 W (pat) 11/71 (geringfügig abgewandelte fremdsprachige Fachausdrücke werden danach nicht notwendig erfasst).
28 BPatGE 18, 52, GbmSache.
29 Vgl BPatGE 4, 13 = GRUR 1964, 258.
30 BPatGE 34, 212 = Mitt 1995, 171.
31 BGBl I 897 = BlPMZ 2004, 312.
32 BlPMZ 2016, 33; auch unter http://www.dpma.de/docs/dpma/kooperation/piz_dt.pdf .
32a Bek BMJV BGBl 2016 I, 1137; MittPräsDPMA BlPMZ 2016, 217.

Keukenschrijver

handelt.[33] Die Funktion der Zentren beschränkt sich auf Annahme und Weiterleitung der (nationalen, eur und internat) Anmeldungen; eine wie auch immer geartete Prüfung findet nicht statt. Der Eingangstag wird dokumentiert. Zahlungsmittel können nicht entgegengenommen werden; werden sie mit den Anmeldeunterlagen übersandt, werden sie weitergeleitet.[34]

22   **4. Sprache.** Die Unterlagen müssen anders als grds bis 1998 nicht mehr in dt Sprache vorliegen. Über die Regelung in § 35a (früher § 35 Abs 1 Satz 1) ist die Möglichkeit eröffnet, nationale Anmeldungen auch in anderer als dt Sprache vorzunehmen. In diesem Fall ist grds eine Übersetzung innerhalb von drei Monaten nachzureichen, andernfalls gilt die Anmeldung als zurückgenommen (nach der bis 31.3.2014 geltenden Regelung als nicht erfolgt). Das Nähere ist in § 14 PatV geregelt. Für ganz oder teilweise in engl oder frz Sprache abgefasste Anmeldung verlängert sich die Frist nunmehr auf 12 Monate, bei Inanspruchnahme eines früheren Zeitpunkts als Anmeldetag endet sie aber spätestens mit Ablauf von 15 Monaten nach dem in Anspruch genommenen Zeitpunkt (vgl zum Sprachenregime auch § 126). Beifügung einer fremdsprachigen Fassung zu den in dt Sprache abgefassten Anmeldungsunterlagen war schon früher unschädlich.[35]

5. Inhalt der Patentanmeldung

23   **a. Allgemeines.** Eine ordnungsgem, vollständige Patentanmeldung hat einen Erteilungsantrag sowie die Anmeldunterlagen, bestehend aus Patentanspruch oder Patentansprüchen, Beschreibung und regelmäßig Zeichnungen zu enthalten. Werden auch nach Beanstandung keine Patentansprüche vorgelegt, rechtfertigt dies die Zurückweisung der Anmeldung.[36] Zur Bedeutung der Erfüllung dieser Erfordernisse für die Begründung eines Altersrangs (Anmeldetags) Rn 3 ff zu § 35. Die Zusammenfassung (§ 36) kann ebenso wie die Prioritätsbeanspruchung (§§ 40, 41) nachgereicht werden; die jeweiligen Fristen sind zu beachten. Besteht Unklarheit, welches die ursprünglichen Unterlagen sind, ist dies im Freibeweis zu klären.[37] § 34 betrifft die Anmeldunterlagen und nicht die Erteilungsunterlagen nach Beseitigung der Mängel nach § 42 Abs 3 und/oder § 48.[38] § 35 sieht die – allerdings altersrangschädliche – Möglichkeit der Nachreichung von Zeichnungen und Beschreibungsteilen vor.

24   **b.** Die Erfordernisse regelt Abs 3, ergänzt um eine Verordnungsermächtigung für Form und sonstige Erfordernisse, die § 4 PatV ausfüllt. Der **Erteilungsantrag** ist (unter der Geltung des § 26 Abs 1 PatG 1968) als das „Kernstück der Anmeldung" bezeichnet worden, das für den Umfang und Inhalt der Prüfung maßgebende Begehren des Anmelders wird durch ihn und die Anmeldungsunterlagen bestimmt.[39]

25   Für die **Identifizierbarkeit des Anmelders** (§ 4 Abs 2 Nr 1, 2 PatV) ist bei natürlichen Personen die Angabe des Vornamens und des Familiennamens oder, falls die Eintragung unter der Firma des Anmelders erfolgen soll, der Firma, wie sie im Handelsregister eingetragen ist, erforderlich. Nach der Rspr reichte es idR aus, wenn der Vorname auf den Anfangsbuchstaben abgekürzt war oder fehlte, wenn die sonstigen Angaben die Identifizierung zuließen;[40] die Regelung der ÄnderungsVO vom 11.5.2004[41] ist strenger. Ergänzung der Firmenbezeichnung durch einen Sachzusatz ist unschädlich.[42]

26   Die Anmelderbezeichnung kann mit Wirkung ex tunc **berichtigt** werden, solange die Identität gewahrt bleibt.[43]

27   Die Bestimmung, dass mehrere Anmelder einen gemeinsamen **Zustellungsbevollmächtigten** benennen müssen (§ 14 Abs 1 DPMAV, im Anh), ist durch die Ermächtigungsgrundlage gedeckt.[44]

---

33   Begr BlPMZ 1998, 393, 402.
34   Begr BlPMZ 1998, 393, 402.
35   BPatGE 8, 159.
36   BPatG 5.9.2007 7 W (pat) 30/06.
37   Vgl BPatGE 26, 201 = BlPMZ 1984, 386.
38   Vgl hierzu BPatGE 9, 24 = BlPMZ 1967, 196; BPatGE 10, 153.
39   BPatGE 23, 48, 50 = GRUR 1980, 997, GbmSache.
40   BPatG 20.12.1999 10 W (pat) 705/99; BPatG 20.12. 1999 10 W (pat) 707/99; BPatG BlPMZ 2000, 285, GeschmMSachen.
41   BGBl I 897 = BlPMZ 2004, 312.
42   BPatG 21.2.2000 10 W (pat) 716/99, GeschmMSache.
43   BPatG BlPMZ 2000, 219, BPatG 20.12.1999 10 W (pat) 707/99; BPatG 20.12.1999 10 W (pat) 715/99, GeschmMSachen.
44   BPatG BlPMZ 1999, 44; vgl BPatG 4.11.1998 9 W (pat) 33/97; BPatG 8.7.2003 9 W (pat) 52/02.

Vorgeschrieben ist die Verwendung des vom DPMA herausgegebenen **Formblatts**[45] (§ 4 Abs 1 PatV). **28**
Zu **Vertretung und Vollmacht** Rn 36 ff vor § 34. **29**
Die **Bezeichnung** (§ 4 Abs 2 Nr 2 PatV) soll stichwortartig kurz und technisch genau einen Überblick **30**
über den Gegenstand der Anmeldung geben;[46] sie muss weder dem Oberbegriff des Hauptanspruchs noch
dem Gegenstand der Zeichnung entsprechen.[47] Unzulässige Bezeichnung rechtfertigt die Zurückweisung
der Anmeldung als solche nicht.[48]

c. Patentansprüche. Der Patentanspruch[49] ist Grundlage für die Beurteilung der Patentfähigkeit iSd **31**
§§ 1–5/Art 52–57 EPÜ einerseits und des Schutzumfangs nach § 14/Art 69 EPÜ andererseits, nicht aber zur
Beurteilung der Ausführbarkeit.[50] § 9 PatV enthält die einschlägige Regelung. Nichteinreichung von Patentansprüchen führt nach Beanstandung zur Zurückweisung der Anmeldung.[51]

Zwh ist, ob bei der Prüfung auf den **Schutzbereich** des zu erteilenden Patents Bedacht zu nehmen ist; **32**
die herkömmliche dt Auffassung[52] verneint dies anders als die gegenwärtige Praxis des EPA[53] insgesamt zu
pauschal. Hiermit ist die Problematik der Anspruchsbreite (Rn 80 ff) verbunden. Die in der Patentanmeldung und im Lauf des Anmeldeverfahrens vorgelegten Patentansprüche werden gelegentlich als „Formu-
lierungsversuche" apostrophiert;[54] das ist insoweit berechtigt, als es in diesem Stadium nicht auf die Anspruchsformulierung, sondern auf den Offenbarungsgehalt der Patentanmeldung ankommt.

§ 1a Abs 3 idF des BioTRlUmsG fordert die konkrete Angabe der **Funktion der Sequenz** oder Teilse- **33**
quenz des beanspruchten Gens. In der Lit ist mehrfach die Aufnahme dieser Angabe in den Patentanspruch gefordert worden.[55] Eine derartige Folgerung lässt sich aus dem Wortlaut dieser Bestimmung indessen nicht ableiten (vgl Rn 13 ff zu § 1a). Die Funktion muss aber dann im Patentanspruch angegeben
werden, wenn erst sie Neuheit oder erfinderische Tätigkeit begründen kann.[56]

Anspruchskategorien. Zu unterscheiden ist zwischen unabhängigen und abhängigen Patentansprü- **34**
chen. Abhängige Patentansprüche sind solche, die alle Merkmale eines anderen Patentanspruchs enthalten (vgl Regel 43 Abs 4 AOEPÜ). Rückbeziehungen sind auch in in diesem Sinn unabhängigen Patentansprüchen möglich (vgl eingehend EPA-PrRl C-III 3.7a).

Hauptanspruch ist der erste Patentanspruch (§ 9 Abs 4 PatV). Der Hauptanspruch ist immer selbst- **35**
ständig auf Patentfähigkeit zu prüfen, grds auch jeder weitere „unabhängige" Patentanspruch[57] (Rn 36,
40).

Nebenanspruch. „Unabhängige" Patentansprüche (§ 9 Abs 5 PatV; Regel 43 Abs 2 AOEPÜ; vgl **36**
Art 30 schweiz PatV, § 12 Abs 3 öPatent-, Gebrauchsmuster-, Marken- und MusterVO), dh solche, die nicht
auf einen anderen Patentanspruch rückbezogen sind, sind stets Nebenansprüche.

Auch der auf einen Patentanspruch einer anderen Erfindungs- (Patent-)kategorie **rückbezogene Pa-** **37**
tentanspruch wird jedenfalls idR Nebenanspruch sein[58] (vgl DPMA-PrRl 3.3.3.6; EPA-PrRl C-III 3.7a), an-

---

45 Vordruck P 2007 BlPMZ 2012, 194, im Internet unter www.dpma.de/formulare/patent.html; vgl MittPräsDPMA
Nr 7/12 BlPMZ 2012, 193; vgl *Mes* Rn 13.
46 *Bühring* § 4 GebrMG Rn 44.
47 DPA Mitt 1960, 16.
48 BGHZ 153, 1 = GRUR 2003, 226 Läägeünnerloage, GbmSache; *Büscher/Dittmer/Schiwy* Rn 13; vgl aber DPA Mitt 1960,
16.
49 Zur geschichtlichen Entwicklung *Bruchhausen* GRUR 1982, 1; *Häußer* Mitt 1981, 135; *MGK/Teschemacher* Art 84 EPÜ
Rn 1 ff.
50 Insoweit aA BPatG 19.12.1975 10 W (pat) 80/71.
51 BPatG 5.9.2007 7 W (pat) 30/06.
52 Hierzu *Schneider* Mitt 2016, 49, 53; so auch EPA T 23.6.1994 T 442/91.
53 Kr zu dieser *Schneider* Mitt 2016, 49, 54 mNachw der geäußerten Kritik.
54 Vgl *Fitzner/Lutz/Bodewig* Rn 19; vgl auch *Schneider* Mitt 2016, 49 f.
55 Vgl *Straus* GRUR 2001, 1016, 1020; *Meyer-Dulheuer* GRUR 2000, 181; *Nieder* Mitt 2001, 238; abl *Feuerlein* GRUR 2001,
561, 563; *Landfermann* FS W. Tilmann (2003), 527, 536; *Tilmann* Mitt 2002, 438, 442; *Ensthaler/Zech* GRUR 2006, 529,
534.
56 Vgl *Straus* GRUR 2001, 1016, 1020; *Meier-Beck* GRUR 2003, 905, 911; *Tilmann* Mitt 2002, 438, 447.
57 Vgl *MGK/Teschemacher* Art 84 EPÜ Rn 62.
58 Vgl BGH Liedl 1956/58, 180, 190 Feuerlöschung; BGH Liedl 1984/86, 221 ff Portionieren einer pastenförmigen Masse
einerseits; BGH Liedl 1965/66, 77, 100 Flaschenblasen; BGH Liedl 1967/68, 543, 559 Strangpreßverfahren andererseits;
BPatG 24.8.2006 4 Ni 7/05 (EU); vgl weiter EPA T 1017/98: Vorrichtung zur Durchführung des Verfahrens ist unabhängiger

ders bei Ausgestaltung des unmittelbaren Verfahrenserzeugnisses durch einen Sachanspruch.[59] Die fakultative Rückbeziehung („Vorrichtung, insb zur Durchführung des Verfahrens nach Patentanspruch ...") führt notwendigerweise zu einem Nebenanspruch; dagegen soll die notwendige Rückbeziehung (Vorrichtung zur Durchführung des Verfahrens nach Patentanspruch ...") bereits durch die Rückbeziehung getragen werden.[60] Letzteres wird indes wie beim Verwendungsanspruch (Rn 39) nur von Fall zu Fall zu entscheiden sein.[61] Zur Rückbeziehung des Herstellungsverfahrensanspruchs auf den Sach- (Erzeugnis-, Stoff-) Anspruch Rn 56 ff zu § 4, Rn 138 zu § 1.

38 **Materiell** hat der BGH solche Patentansprüche als Nebenansprüche angesehen, die nicht lediglich eine besondere Ausgestaltung, sondern eine der gleichen Aufgabe dienende, gegenüber der im Hauptanspruch niedergelegten Erfindung selbstständige Lösung enthalten.[62] Daneben kommt der Fall in Betracht, dass der Anmeldung ein übergeordnetes Problem zugrunde liegt und dieses durch zwei parallele Ausprägungen eines erfinderischen Gedankens gelöst wird.[63]

39 Ob ein **Verwendungsanspruch** neben einem Sach- oder Stoffanspruch Nebenanspruch oder Unteranspruch ist, wird nur von Fall zu Fall entschieden werden können.[64]

40 Generell sind Nebenansprüche **gesondert auf Patentfähigkeit zu prüfen**,[65] dabei ist der Inhalt eines in Bezug genommenen Patentanspruchs einzubeziehen,[66] so dass sich die Prüfung im Einzelfall darauf beschränken kann, die Patentfähigkeit aufgrund der in Bezug genommenen Merkmale zu bejahen[67] (vgl auch EPA-PrRl C-III 3.7a, IV 9.5a). Dies gilt allerdings nur, sofern diese Merkmale zum Gegenstand des zu beurteilenden Patentanspruchs gehören; das ist bei der Rückbeziehung eines Vorrichtungsanspruchs auf einen Verfahrensanspruch idR nicht der Fall,[68] jedenfalls wenn im Patentanspruch Vorrichtungsmerkmale enthalten sind; abzustellen ist auf den Einzelfall. Andererseits kann einem abhängigen Nebenanspruch trotz Patentfähigkeit des übergeordneten Patentanspruchs die Schutzfähigkeit fehlen, etwa, wenn die auf ein Verfahren rückbezogene Vorrichtung nicht mehr neu oder ein durch ein schutzfähiges Herstellungsverfahren charakterisierter Gegenstand als solcher vorbekannt ist.[69] Dies kann im Einzelfall die Beurteilung erschweren,

41 Ein **Unteranspruch** bezieht sich auf eine besondere Ausführungsart der Erfindung[70] (§ 9 Abs 6 PatV). Der Inhalt der in Bezug genommenen Patentansprüche gilt als Oberbegriff.[71] Unteransprüche sind besondere Ausführungsarten (Ausgestaltungen) des Hauptanspruchs, eines Nebenanspruchs oder eines anderen Unteranspruchs (vgl § 9 Abs 6 Satz 2 PatV).[72] Als solche können sie den Erfindungsgedanken nicht einschränken, sie sollen ihn lediglich in einer besonders zweckmäßigen Ausgestaltung wiederholen.[73] Es

---

Patentanspruch; *von Rospatt* GRUR 1985, 740, 741 f; *Anders* VPP-Rdbr 1994, 1 ff; *Winterfeldt* VPP-Rdbr 1996, 37 f; *MGK/ Teschemacher* Art 84 EPÜ Rn 59: notwendig.

59 BPatGE 29, 175 = BlPMZ 1988, 219; BPatGE 27, 183 = BlPMZ 1986, 153 sieht im Anschluss an BPatG Mitt 1973, 32 auf Verfahrensansprüche rückbezogene Sachansprüche generell als Nebenansprüche an; zur Zulässigkeit solcher Rückbeziehungen allg EPA T 410/96.

60 BPatG 24.8.2006 4 Ni 7/05 (EU).

61 BGH GRUR 2007, 309 Schussfädentransport.

62 BGHZ 73, 182, 187 f = GRUR 1979, 461 Farbbildröhre; BGHZ 73, 330 = GRUR 1979, 540 Tabelliermappe; BGH 26.9.1963 I a ZR 194/63 unter Hinweis auf RG GRUR 1939, 528 elektromagnetischer Überstromschalter; RPA GRUR 1944, 129, 131.

63 BGH Farbbildröhre; BGH Tabelliermappe.

64 BPatGE 23, 31 = GRUR 1981, 122 nimmt bei Verwendung des Stoffs zur Herstellung eines Erzeugnisses Nebenanspruch an, BPatGE 43, 66 Unteranspruch, wenn die nach dem Hauptanspruch unter Schutz gestellte Sache hinsichtlich ihrer Sachmerkmale unverändert bleibt und ihrer Bestimmung gem verwendet wird.

65 BPatGE 27, 183 = BlPMZ 1986, 153; vgl BGH Liedl 1978/80, 82 ff kaschierte Platten I; BPatGE 23, 31 = GRUR 1981, 122.

66 BGH GRUR 1965, 355 Bolzenschießgerät; BPatG 24.11.1993 3 Ni 41/92 (EU); BPatGE 41, 112; aA BPatG Mitt 1973, 32, wonach die Bezugnahme nur die Bedeutung eines bestimmten Verwendungszwecks hat.

67 Vgl BPatG 24.11.1993 3 Ni 41/92 (EU).

68 *Von Rospatt* GRUR 1985, 740 ff.

69 *Winterfeldt* Aktuelle Probleme im Prüfungs- und Einspruchsverfahren, VPP-Rdbr 1996, 37 f.

70 Zur Abgrenzung vom Nebenanspruch BGH GRUR 1955, 476 Spülbecken.

71 BPatG 25.2.1998 34 W (pat) 36/96.

72 BPatG 1.12.2004 9 W (pat) 29/02 lautet daraus zu Unrecht ab, dass das ausgestaltete Merkmal bereits in einem vorangehenden Patentanspruch genannt sein muss.

73 BGH Liedl 1959/60, 22, 28 Schieblehre.

ist gleichgültig, ob Merkmale aus dem Oberbegriff oder dem kennzeichnenden Teil weiter ausgestaltet werden[74] (EPA-PrRl C-III 3.6a).

Der Gegenstand eines Unteranspruchs braucht **nicht selbstständig patentfähig** zu sein.[75] Ist er das, **42** spricht man von einem „unechten" Unteranspruch, andernfalls von einem „echten" Unteranspruch (Rn 44). Der Inhalt der im Unteranspruch in Bezug genommenen Patentsprüche ist zugleich Inhalt des Unteranspruchs; im Erteilungsverfahren ist die Patentfähigkeit eines Unteranspruchs grds nicht zu prüfen.[76] Eine Beurteilung des Unteranspruchs am StdT findet somit grds nicht statt.[77]

Kategoriewechsel steht der Bewertung als Unteranspruch nicht notwendig in jedem Fall entgegen.[78] **43** Selbst ein Vorrichtungsanspruch kann echter Unteranspruch eines Verfahrensanspruchs sein;[79] es kommt auf den Einzelfall an. Kategoriewechsel ist in den Grenzen der Erweiterung des Gegenstands und des Schutzbereichs grds zulässig.[80]

„Echte" Unteransprüche brauchen sich (gegenüber dem übergeordneten Patentanspruch) nur über **44** das Maß „platter" Selbstverständlichkeit zu erheben.[81] Eine zweckmäßige Maßnahme, die nicht ohne eigenes Nachdenken gefunden werden kann, ist nicht „platt" selbstverständlich.[82]

Die Bedeutung von **Rückbeziehungen** muss klar sein[83] (vgl Art 31 schweiz PatV). Unteransprüche **45** müssen sich auf wenigstens einen übergeordneten Patentanspruch beziehen (§ 9 Abs 6 PatV); mehrfache oder alternative Rückbeziehungen („Vorrichtung nach einem oder mehreren der Patentansprüche ...") sind häufig; bei der Aufstellung der Rückbeziehungen ist Sorgfalt geboten.

Im **Nichtigkeitsverfahren** kann die Nichtigerklärung eines Unteranspruchs nur auf Antrag erfolgen **46** (Rn 74 zu § 82). Dort ist nicht zu prüfen, ob der Unteranspruch über „platt Selbstverständliches" hinausgeht; Entsprechendes gilt im Einspruchsverfahren.

Aufbau der Patentansprüche; zweiteilige und einteilige Anspruchsfassung. Grundsatz. Es ist **47** Sache des Anmelders, durch die Fassung des Patentanspruchs zu bestimmen, für welche Lehre zum technischen Handeln er Patentschutz begehrt.[84] Der Anmelder hat die Wahl zwischen der zweiteiligen („Hartig'schen") und der einteiligen („Windisch'schen") Anspruchsfassung (§ 9 Abs 1–3 PatV; vgl DPMA-PrRl 3.3.3.6). Letztlich handelt es sich um reine Zweckmäßigkeitsfragen.

Herkömmlich üblich (und für eur Patentanmeldungen sowie nach PCT grds vorgeschrieben) ist die **48** **zweiteilige Fassung** mit Oberbegriff und kennzeichnendem Teil.[85] Diese Aufteilung ist für den Gegenstand des Patents rechtl grds bedeutungslos.[86] Widersprechen sich Oberbegriff und kennzeichnender Teil, kann ausschließlich auf den letzteren abzustellen sein.[87]

---

74 BPatGE 28, 24 = BlPMZ 1986, 89; BPatG 25.2.1998 34 W (pat) 36/96.

75 Zumindest missverständlich öPA öPBl 2009, 29, wonach auch für Unteransprüche erfinderische Tätigkeit erforderlich sei.

76 Vgl BGH 26.9.1963 I a ZR 194/63; BGH 17.3.1964 Ia ZR 177/63 Erntemaschine, nicht in GRUR.

77 Vgl *MGK/Teschemacher* Art 84 EPÜ Rn 63; aA offenbar EPA T 127/92.

78 Vgl BPatGE 29, 175 = BlPMZ 1988, 219.

79 BGH Liedl 1965/66, 77, 100 Flaschenblasen; BGH Liedl 1967/68, 543, 559 Strangpreßverfahren: Vorrichtung zur Durchführung des unter Schutz gestellten Verfahrens; BPatG 11.3.1997 8 W (pat) 43/95; BPatGE 29, 175 = BlPMZ 1988, 219: auf Herstellungsverfahren rückbezogener Sachanspruch, der das unmittelbare Verfahrenserzeugnis ausgestaltet; aA BPatG Mitt 1973, 32; BPatG 8.4.1998 20 W (pat) 18/97.

80 BPatG 26.2.2015 7 Ni 46/14 (EP); vgl *Schulte* § 1 Rn 177; *Mes* Rn 45.

81 RG GRUR 1935, 161 Verdeckverschluß; RG GRUR 1937, 545, 548 gestaffelter Hochspannungstransformator; BGH GRUR 1954, 317 Leitbleche I; BGH Liedl 1961/62, 304, 339 Reifenpresse 01; BGH Liedl 1967/68, 543, 559 Strangpreßverfahren; BGH 26.9.1963 I a ZR 194/63; BPatGE 27, 179 = BlPMZ 1986, 89.

82 BGH GRUR 1955, 476 Spülbecken; nach BPatGE 25, 112 = GRUR 1983, 434 soll aber auf eine bereits im Hauptanspruch unter Schutz gestellte, unabhängige Lösung der Aufgabe, für die auch ein Nebenanspruch aufgestellt werden könnte, ein Unteranspruch nicht gerichtet werden können.

83 Vgl EPA T 688/91.

84 Vgl BGHZ 96, 3, 5 = GRUR 1986, 237 Hüftgelenkprothese; BGHZ 105, 381, 385 = GRUR 1989, 103 Verschlußvorrichtung für Gießpfannen; BPatG 13.7.2007 17 W (pat) 49/07; BPatG 28.4.2008 17 W (pat) 87/07; BPatG 27.5.2008 17 W (pat) 27/08; BPatG 18.7.2008 17 W (pat) 28/08 Mitt 2009, 286 Ls; BPatG 9.1.2009 17 W (pat) 20/08.

85 Vgl *MGK/Teschemacher* Art 84 EPÜ Rn 82 ff.

86 BGH GRUR 1981, 190, 193 f Skistiefelauskleidung; *MGK/Teschemacher* Art 84 EPÜ Rn 85; aA BPatG 13.10. 1970 23 W (pat) 149/69; vgl BPatGE 50, 72 = GRUR 2009, 145 „Fentanyl-Pflaster".

87 Vgl BPatG 28.2.2008 11 W (pat) 338/03.

49   Welche Merkmale in den **Oberbegriff** aufzunehmen sind, ist str. Nach Auffassung des EPA entscheidet die objektive Sachlage,[88] auszugehen ist danach idR vom „nächstkommenden" StdT.[89] Dagegen kann nach der Rspr des BGH die Heranziehung des „nächstliegenden" oder eines „besonders geeigneten" StdT zur Bildung des Oberbegriffs nicht verlangt werden;[90] dem trägt § 9 Abs 2 PatV insoweit Rechnung, als nur „die durch den StdT bekannten Merkmale" aufzunehmen sind. Nach den DPMA-PrRl 3.3.3.6 ist zur Bildung des Oberbegriffs regelmäßig nur vom Inhalt einer einzigen Druckschrift oder von einem einzigen der Öffentlichkeit zugänglich gemachten Gegenstand auszugehen. Der Bestimmung ist nicht zu entnehmen, dass sich die geschützte technische Lehre auf das beschränkt, was ausdrücklich im kennzeichnenden Teil in Verbindung mit den Merkmalen des Oberbegriffs unter Schutz gestellt werden soll.[91]

50   Beanstandungen wegen mangelhafter **Abgrenzung** im Erteilungsverfahren können grds die Zurückweisung der Anmeldung nicht begründen.[92]

51   **Beispiel** (zweiteilige Fassung) im Anh.

52   **Einteilige Fassung.** Patentansprüche können auch wie eine Merkmalsanalyse formuliert werden, wenn es sachdienlich ist (vgl DPMA-PrRl 3.3.3.6).[93] Dieser Art der Anspruchsformulierung standen wegen ihrer Sachdienlichkeit die Formvorschrift des § 26 Abs 1 Satz 5 PatG 1968 und § 3a Abs 2 der Anmeldebestimmungen für Patente vom 30.7.1978 nicht entgegen.[94] Sie ist in § 9 PatV ausdrücklich anerkannt. Auch die Praxis des EPA lässt die einteilige Fassung zu, wenn die zweiteilige zu allzu komplexen Formulierungen führt.[95]

53   **Beispiel** (einteilige Fassung) im Anh.

54   **Inhalt der Patentansprüche. Allgemeines.** § 9 Abs 4 PatV sieht vor, dass im Hauptanspruch die **wesentlichen Merkmale der Erfindung** anzugeben sind;[96] § 9 Abs 8 PatV stellt wie Regel 43 Abs 1 AOEPÜ auf die „technischen Merkmale" der Erfindung ab. Was ein „wesentliches Merkmal" ist, ist ungeklärt und (ähnlich wie das „wesentliche Element der Erfindung" in § 10 Abs 1 PatG) letztlich kaum definierbar.[97] Erzeugnisse können durch eindeutig und zuverlässig bestimmbare physikalische Strukturparameter umschrieben werden.[98] Wirkungsangaben können im Einzelfall durchaus zweckmäßig sein.[99]

55   **Funktionelle Merkmale** sind nicht ausgeschlossen[100] (EPA-PrRl C-III 2.1). Sie umfassen alle Mittel, die die im Patentanspruch genannte Wirkung erzielen.[101] Die DPMA-PrRl 4.3.7 lassen übliche wirkungs- und funktionsbezogene Angaben zu. Die Praxis des EPA sieht sie als zulässig an, wenn eine präzisere Beschreibung ohne Einschränkung der Lehre objektiv nicht möglich ist und sie dem Fachmann eine ausrei-

---

88 EPA T 6/81 ABl EPA 1982, 183 Elektrodenschlitten.

89 EPA T 13/84 ABl EPA 1986, 253 = GRUR Int 1986, 723 Neuformulierung der Aufgabe; EPA T 162/82 ABl EPA 1987, 533 Klassifizierung von Bereichen.

90 BGHZ 96, 3, 5 = GRUR 1986, 237 Hüftgelenkprothese; aA BPatGE 27, 179 = Mitt 1986, 210; vgl auch die zT überholte ältere Rspr des BPatG, so BPatGE 6, 182 = Mitt 1965, 99; BPatG 21.1.1969 11 W (pat) 105/65; BPatGE 11, 183; BPatGE 12, 109; BPatG 30.4.1971 8 W (pat) 98/70; BPatGE 27, 17 = GRUR 1985, 123; BPatG 21.10.1985 11 W (pat) 117/83 BlPMZ 1986, 306 Ls.

91 BGH GRUR 2011, 129 Fentanyl-TTS gegen BPatGE 50, 72 = GRUR 2009, 145 „Fentanyl-Pflaster".

92 Vgl *MGK*/*Teschemacher* Art 84 EPÜ Rn 84 und Fn 226 einerseits, Rn 85 m Nachw aus der Praxis andererseits.

93 So schon BGH GRUR 1981, 190 Skistiefelauskleidung, für das Nichtigkeitsverfahren.

94 BGH Skistiefelauskleidung.

95 EPA T 170/84 ABl EPA 1986, 400 Zweiteilige Form eines Patentanspruchs; EPA T 269/84; EPA T 120/86; EPA T 137/86; EPA T 278/86; EPA T 350/93; abw EPA T 735/89.

96 BGHZ 103, 262, 266 = GRUR 1988, 757 Düngerstreuer; BPatG 28.10.2009 19 W (pat) 22/09; BPatG Mitt 2014, 126; BPatGE 54, 118 = Mitt 2014, 501; EPA T 32/82 ABl EPA 1984, 354 Steuerschaltung; EPA T 126/89 EPOR 1990, 292 Fluid filter cleaning system; EPA T 101/99; EPA-PrRl C-III 4.3; *Mes* Rn 32; *Büscher*/*Dittmer*/*Schiwy* Rn 24.

97 Vgl *MGK*/*Teschemacher* Art 84 EPÜ Rn 79; *Blumer* S 484 f, der zwischen „charakterisierenden" und „abgrenzenden" Merkmalen unterscheidet; kr *Anders* GRUR 2001, 867; vgl auch BPatG 20.12.2001 17 W (pat) 61/00; BPatG 11.1.2007 17 W (pat) 106/04, wo auf die sachgerechte Definition des Schutzbereichs abgestellt wird.

98 EPA T 94/82 ABl EPA 1984, 75 zahnradgekräuseltes Garn; EPA T 452/91; EPA T 541/97; zur Formulierung von Patentansprüchen für chemische Stoffe unbekannter Konstitution BPatG GRUR 1973, 463; BPatG GRUR 1978, 633. Zur Kennzeichnung eines chemischen Stoffs im Patentanspruch s auch BPatGE 10, 47.

99 Vgl BGH Mitt 1966, 197 Fußleiste, GbmSache.

100 *MGK*/*Teschemacher* Art 84 EPÜ Rn 81, 126 ff; vgl BPatG 25.6.2002 21 W (pat) 34/01.

101 Vgl BPatG 2.12.2003 1 Ni 18/02; *Schulte* Rn 124; *Esslinger* Mitt 1998, 132.

chend klare technische Lehre offenbaren, die er mit zumutbarem Aufwand ausführen kann.[102] Der StdT darf der Verwendung funktioneller Merkmale nicht entgegenstehen.[103]

In § 9 Abs 8 PatV ist weiter im Grundsatz ein **Verbot von Bezugnahmen** auf Beschreibung und 56 Zeichnungen enthalten.

Im übrigen bestimmt § 34 Abs 3 nur, dass in den Patentansprüchen anzugeben ist, was **als patentfä-** 57 **hig unter Schutz gestellt** werden soll, dh den Gegenstand des begehrten Schutzrechts bildet und Grundlage eines Entschädigungsanspruchs nach § 33 bilden kann; dies setzt die Patentansprüche in unmittelbaren Zusammenhang mit dem Schutzumfang des Patents und der Anmeldung,[104] nicht aber mit der Offenbarung an sich. Von einem „Gegenstand der Anmeldung" (den auch die PatV nicht nennt) kann angesichts des Fehlens einer abschließenden Festlegung nur mit Einschränkungen gesprochen werden; von Bedeutung ist er im wesentlichen für die Prüfung des Entschädigungsanspruchs nach § 33 (Rn 9 zu § 33) und der Erweiterung nach §§ 21, 38 (Rn 19 zu § 38), dabei ist aber zu beachten, dass sich „Gegenstand der Anmeldung" in § 33 und in § 38 nicht decken. Dem Anmelder muss eine Anspruchsfassung zugebilligt werden, die ihm weitestgehenden Schutz seiner Erfindung gewährleistet.[105] Auf einen „Kern der Erfindung" muss sich der Anmelder nicht beschränken.[106] Fertigungshinweise, die garantieren sollen, dass die Ausführungsform ihren Zweck erfüllt, brauchen nicht in einen Patentanspruch aufgenommen zu werden. Es ist erst recht nicht Zweck des Patentanspruchs, eine lückenlose Konstruktionsanweisung zu geben.[107] Er soll nur den wesentlichen Kern der Erfindung herausschälen, ohne dass eine erschöpfende Aufzählung und genaue Beschreibung aller Lösungsmittel notwendig wäre.[108] Was dem Fachmann geläufig ist, braucht jedenfalls nicht angegeben zu werden.[109] Zu den Erfindungskategorien Rn 111ff zu § 1.

Die Wiedergabe **bildlicher Darstellungen** in den Patentansprüchen war früher durch § 3 Nr 10, § 3a 58 Nr 8 der Patentanmeldebestimmungen ausdrücklich ausgeschlossen. Nunmehr gilt die allg Regel in § 5 Abs 1 Satz 1 PatV; zudem werden bildliche Darstellungen nach Sinn und Zweck des Abs 3 Nr 3 grds weiterhin als ausgeschlossen zu gelten haben; äußerstenfalls kommt eine Verweisung auf Zeichnungen in Betracht, die § 9 Abs 8 PatV[110] (so auch schon § 3a Abs 7 der Patentanmeldebestimmungen und § 4 Abs 8 PatAnmV) nicht generell ausschließt (üblich zB bei umfangreichen DNS-Sequenzen, wobei es sich strenggenommen aber nicht um Zeichnungen handelt; vgl die Regelung in § 11 PatV, geänd durch ÄnderungsVO vom 11.5.2004).[111] Schaltbilder dürfen in den Patentansprüchen nicht enthalten sein.[112]

Knappheit und Klarheit. Weitergehende Vorgaben enthält für das eur Patenterteilungsverfahren 59 **Art 84 Satz 2 EPÜ** (Rn 194; vgl auch Art 29 schweiz PatV); danach müssen die Patentansprüche ua **deutlich und knapp gefasst** sein.

Bei der Forderung nach Knappheit und Klarheit handelt es sich um einen **allgemeinen Grundsatz,** 60 der auch im nationalen Recht gilt, was ua auch aus § 5 Abs 1 Satz 3, 4, § 9 Abs 6 PatV folgt.[113] Das BPatG hat zu Unrecht eindeutige Identifizierbarkeit im Patentanspruch nicht nur als sachlich-rechtl (hierzu Rn 8 zu

102   EPA T 68/85 ABl EPA 1987, 228 = GRUR Int 1987, 698 synergistische Herbizide; EPA T 292/85 ABl EPA 1989, 275 = GRUR Int 1990, 61 Polypeptid-Expression I; EPA T 418/89 ABl EPA 1993, 20 monoklonaler Antikörper/ORTHO; EPA T 139/85; EPA T 293/85; EPA T 299/86; EPA T 322/87; EPA T 707/89; EPA T 204/90; EPA T 446/90; EPA T 752/90; EPA T 893/90; EPA T 243/91; EPA T 391/91; EPA T 822/91; EPA T 281/92; EPA T 488/92; EPA T 104/93; differenzierend EPA T 368/88; EPA T 720/92; vgl EPA T 88/87: Kennzeichnung durch resultierende Wirkung; vgl EPA T 241/95 ABl EPA 2001, 103 zur funktionellen Definition des therapeutischen Zwecks.
103   EPA T 204/90; EPA T 181/96.
104   Vgl EPA T 165/84.
105   BPatGE 7, 12; vgl *MGK/Teschemacher* Art 84 EPÜ Rn 80; *Benkard* Rn 64.
106   BPatG 28.4.2008 17 W (pat) 87/07.
107   So auch öOPM öPBl 2002, 111, 116.
108   BGH Liedl 1963/64, 157, 168 Fächerreflektor; vgl BPatG 13.2.1997 20 W (pat) 58/95.
109   Vgl BPatG 18.6.1997 9 W (pat) 91/96.
110   Vgl BPatGE 16, 21 = Mitt 1973, 193; auch BGH BlPMZ 1978, 260 Brillenbügel, GbmSache, sieht allg Verweisungen auf die Zeichnung nur grds als nicht zulässig an.
111   BGBl I 897 = BlPMZ 2004, 312.
112   BPatG 13.12.1976 22 W (pat) 120/73.
113   Vgl *Schulte* Rn 110ff; BPatG 18, 15 = BlPMZ 1976, 190; insoweit zutr auch BPatG 27, 179 = Mitt 1986, 210; vgl BGHZ 103, 262, 265 = GRUR 1988, 757, 760 Düngerstreuer; zur Herleitung aus Abs 3 Nr 3 vgl BGH GRUR 2016, 316 Fugenband; BGH GRUR 2016, 475 Rezeptortyrosinkinase.

§ 1), sondern auch als verfahrensrechtl Erfordernis angesehen.[114] Zur mangelnden Klarheit als Zurückweisungsgrund Rn 14 zu § 48.

61 Weitläufigkeit ist zu vermeiden; Grundwissen des Fachmanns kann (wie in der Beschreibung) vorausgesetzt werden.[115] Fehlende **Knappheit** kann der Klarheit entgegenstehen, dies gilt für die Patentansprüche einzeln und in ihrer Gesamtheit.[116] Aus der Zahl der Patentansprüche allein lässt sich mangelnde Klarheit nicht folgern.[117] Für eine Forderung nach Beschränkung des Anspruchsinhalts zur leichteren Sachprüfung besteht keine Rechtsgrundlage.[118]

62 **Klarheit**[119] bedeutet „so klar wie möglich".[120] Komplexität führt für sich noch nicht zu mangelnder Klarheit[121] oder fehlender Deutlichkeit.[122] Die Definition einer chemischen Verbindungsklasse mittels einer Markush-Formel (Rn 76) wurde als knappste Formulierung bezeichnet.[123] Fehlende Angabe des Messverfahrens kann der Klarheit entgegenstehen.[124] Klarheit fehlt auch, wenn der Patentanspruch offen lässt, ob Merkmale kumulativ oder alternativ zu verstehen sind.[125] Fälle, bei denen mangelnde Klarheit vorliegen soll, lassen sich im Einzelfall schon über die ausführbare Offenbarung lösen, womit der Steit über das Klarheitserfordernis als Zurückweisungsgrund vermieden werden kann.[126]

63 **Widersprüche** zwischen den Patentansprüchen sowie zwischen ihnen und den übrigen Unterlagen sind zu vermeiden, insb durch Verwendung einheitlicher Terminologie und Zeichen[127] (vgl Regel 49 Abs 11 AOEPÜ). Beschreibung und Zeichnungen können zur Beurteilung der Klarheit herangezogen werden.[128] Widersprüche können der Ausführbarkeit[129] oder dem Erfordernis der Deutlichkeit[130] entgegenstehen, dies ist allerdings Frage des Einzelfalls.[131] Dass die Unterlagen auch nicht ausführbare (brauchbare) Lösungen umfassen, steht der Klarheit nicht entgegen.[132]

64 Hinter die Freiheit des Anmelders, die **Erfindungskategorie** zu wählen (vgl Rn 47), muss die Forderung nach Klarheit grds zurücktreten.[133] Bei der Beurteilung der Klarheit ist Kleinlichkeit nicht angebracht.

65 In einen Patentanspruch aufgenommene Parameter sollen sich nicht in einer **Umschreibung der Aufgabe** erschöpfen dürfen.[134] Häufung funktioneller Merkmale kann der Klarheit entgegenste-

---

114 BPatG Mitt 1982, 75.

115 Vgl öOPM öPBl 2001, 111, 117.F

116 Vgl EPA T 79/91 EPOR 1993, 91 Haemodialysis processes and solutions; EPA T 246/91; EPA T 350/93.

117 AA offenbar EPA T 246/91.

118 EPA T 1020/98 ABl EPA 2003, 533 = GRUR Int 2004, 521 Safener.

119 Vgl EPA T 2/80 ABl EPA 1981, 431 = GRUR Int 1981, 771 Polyamidformmassen.

120 *MGK/Teschemacher* Art 84 EPÜ Rn 76.

121 EPA T 574/96; vgl auch BPatG 13.10.2004 5 W (pat) 458/03.

122 EPA T 1020/98 ABl EPA 2003, 533 = GRUR Int 2004, 521 Safener.

123 EPA Safener.

124 BPatG 7.12.2004 14 W (pat) 25/04; ein den Widerruf rechtfertigender Offenbarungsmangel wurde dort wie in BPatG 18.5.2004 14 W (pat) 307/02; BPatG 13.5. 2005 14 W (pat) 325/03 aber verneint.

125 BPatG 9.9.2004 8 W (pat) 33/02.

126 Vgl *Schneider* Mitt 2016, 49, 52.

127 *MGK/Teschemacher* Art 84 EPÜ Rn 77; vgl BPatG 10.11.2011 12 W (pat) 23/07; EPA T 2/80 ABl EPA 1981, 431 = GRUR Int 1981, 771 Polyamidformmassen.

128 Ua EPA T 238/88 ABl EPA 1992, 709 = GRUR Int 1993, 482 Kronenether; EPA T 860/93 ABl EPA 1995, 47 Schutzfarben; EPA T 23/84; EPA T 327/87; EPA T 416/88; EPA T 194/89; EPA T 264/89; EPA T 430/89; EPA T 472/89; EPA T 606/91; vgl BPatG 29.1.1998 11 W (pat) 60/97, wonach auch auf den Fachmann abzustellen ist.

129 BPatG 19.4.2006 5 W (pat) 432/05, GbmSache; vgl EPA T 5/99 unter Hinweis auf EPA T 127/85 ABl EPA 1989, 271 = GRUR Int 1990, 72 Sprengstoffzusammensetzungen.

130 BPatG 10.8.2005 7 W (pat) 33/03.

131 Vgl BPatG 19.2.2004 4 Ni 6/03 (EU), wonach ein Widerspruch im Patentanspruch („stumpfer Winkel von vorzugsweise 60°") unter Zuhilfenahme der Zeichnungen aufgelöst wird; ähnlich BPatG 28.2.2008 19 W (pat) 14/05; BPatG 15.7.2006 21 W (pat) 302/05 („weitestgehend sauerstofffreie Luft mit einem Sauerstoffgehalt unter 14%").

132 BPatG 8.12.2005 21 W (pat) 28/03.

133 AA BPatG 21.7.1977 10 W (pat) 39/75.

134 BGHZ 92, 129, 134 = GRUR 1985, 31 f Acrylfasern, zumindest im entschiedenen Fall bdkl; ebenso BPatG 21.7.1997 14 W (pat) 56/96; vgl aber BGH GRUR 1998, 899, 900 Alpinski; BPatG 7.1.1997 34 W (pat) 107/94; BPatG 20.7.1998 9 W (pat) 122/96: ausreichend, wenn die konkreten Mittel dem Fachmann geläufig oder in den Unterlagen erwähnt sind; BPatGE 40, 250: Aufnahme von Vorrichtungsmerkmalen in Verfahrensanspruch nicht erforderlich.

hen[135] (EPA-PrRl C-III 2.1, 6.5). Zu eng ist die Auffassung, dass eine Vorrichtung nur durch ihre konkret angegebenen konstruktiven Merkmale gekennzeichnet werden könne.[136] Zur Zulässigkeit von „product-by-process"-Ansprüchen generell Rn 103 f.

66 Die **Aufnahme kategoriefremder Merkmale** ist nicht ohne weiteres zu beanstanden.[137] Der BGH hat sie in älteren Entscheidungen grds als unzulässig angesehen, sofern nicht den Besonderheiten der Erfindung nur auf diese Weise Rechnung getragen werden kann.[138] In der Praxis finden sich in Patentansprüchen kategoriefremde Merkmale häufig.[139] Das EPA lässt die Kombination von Verfahrens- und Erzeugnismerkmalen zu.[140] Es ist nicht ausgeschlossen, in einen auf ein Herstellungsverfahren gerichteten Patentanspruch Merkmale aufzunehmen, die die zur Durchführung des Verfahrens betr Vorrichtungen sowie die erforderlichen Randbedingungen und Parameter betreffen.[141]

67 **Verständlichkeit; Eindeutigkeit.** Unpräzise Begriffe sind jedenfalls dann zu vermeiden, wenn eindeutige zur Verfügung stehen.[142] Dies gilt zB für relative Begriffe wie „dünn, weit, stark".[143] Beanstandet wurde „comprising substantially" anstatt „consisting essentially of;"[144] „beträchtlicher Anteil von ...".[145] Als nicht zulässig wurde ein Patentanspruch auf ein Stoffgemisch angesehen, das einen „Wirkstoff" enthielt, weil kein Hinweis auf die Funktion enthalten war.[146] Bei einem auf eine weitere therapeutische Anwendung gerichteten Anspruch soll unter Deutlichkeitsgesichtspunkten eine funktionelle Definition des zu behandelnden Leidens nur dann zulässig sein, wenn der Fachmann anhand der Unterlagen oder des allgemeinen Fachwissens beurteilen kann, welche Leiden dadurch erfasst werden.[147]

68 **Relative Begriffe** wie „Niederalkyl" sind als nicht zulässig angesehen worden,[148] ebenso „im wesentlichen rein", wenn hierfür keine eindeutige, allgemein anerkannte Bedeutung existiert.[149] Als unzulässig angesehen wurde eine Umschreibung eines pharmazeutischen Reinheitsstandards, für den eine allgemein anerkannte quantitative Definition fehlt.[150] „Mit niedrigem Silberanteil" wurde dagegen als hinreichend

---

135 *MGK/Teschemacher* Art 84 EPÜ Rn 129; vgl EPA T 68/85 ABl EPA 1987, 228 synergistische Herbizide, Zulässigkeit demnach, wenn objektiv keine andere Beschreibungsmöglichkeit ohne Beschränkung des Schutzes besteht, die Angaben für den Fachmann ausreichend klar sind und der StdT nicht entgegensteht; EPA T 292/85 ABl EPA 1989, 275 = GRUR Int 1990, 61 Polypeptid-Expression I: auch dann, wenn Möglichkeiten umfasst sind, die erst küftig zur Verfügung stehen; EPA T 694/92 ABl EPA 1997, 408, 413 = GRUR Int 1997, 918 Modifizieren von Pflanzenzellen; EPA T 204/90 EPOR 1992, 382 Breathing apparatus; vgl CA [2013] EWCA Civ 93 Rn 94 ff.
136 So aber öOPM öPBl 2001, 182, 186 f.
137 BPatG Mitt 1976, 239; BPatG Mitt 1977, 133; BPatGE 20, 12 = BlPMZ 1978, 23; BPatG GRUR 2005, 45; BPatG 21.4.2008 19 W (pat) 59/04; *Schulte* § 1 Rn 174; aA BPatGE 8, 136; ÖPA öPBl 2000, 158, 161; vgl BPatG Mitt 1977, 133; BPatG Mitt 1976, 238; BPatG 9.8.2006 19 W (pat) 31/04; BPatG 22.7.1997 21 W (pat) 4/95 stellt zutr auf Klarheit ab; vgl zu Systemansprüchen BPatG 9.1.2009 17 W (pat) 20/08.
138 BGH GRUR 1960, 483 Polsterformkörper; BGH Liedl 1978/80, 211 ff Rohrverbindungsstück.
139 Vgl auch *MGK/Teschemacher* Art 84 EPÜ Rn 53.
140 EPA T 148/87 und EPA T 129/88; vgl EPA T 453/90; EPA T 418/92; EPA T 410/96.
141 BPatG Mitt 1997, 368 f.
142 *MGK/Teschemacher* Art 84 EPÜ Rn 92. Zur Zulässigkeit von Begriffen wie „substituiert" EPA T 939/92 ABl EPA 1996, 309 = GRUR Int 1996, 1049 Triazole; kr hierzu aus Sicht der Betroffenen *Wells* EIPR 1999, 220.
143 *MGK/Teschemacher* Art 84 EPÜ Rn 94; vgl EPA T 47/84; EPA T 577/88 EPOR 1991, 149 Tractor: „near".
144 EPA T 522/91; EPA T 759/91; zur Unterscheidung „enthaltend" – „bestehend aus" auch BGH GRUR 2011, 1109 Reifenabdichtmittel; BGH GRUR 2015, 1091 Verdickerpolymer I; BGH GRUR 2015, 1095 Bitratenreduktion; EPA T 711/90; OLG Düsseldorf 2.9.2004 2 U 62/03; BPatG 21.7.1997 31 W (pat) 49/95; vgl auch BPatGE 38, 122, 124 sowie zur Unterscheidung „umfassen" und „enthalten" BPatG 12.1.1998 15 W (pat) 16/96; vgl auch BGH Bausch BGH 1999–2001, 223 Stützimplantat, wo Unterschied zwischen „besteht" und „umfasst" offengelassen wird.
145 BPatG 15.3.2001 15 W (pat) 39/98.
146 EPA T 586/97; zwh, weil dadurch die Absolutheit des Stoffschutzes unterlaufen werden kann.
147 EPA T 241/95 ABl EPA 2001, 103 = GRUR Int 2001, 460 Serotoninrezeptor.
148 EPA T 337/95 ABl EPA 1996, 628 = GRUR Int 1997, 159 Niederalkyl; hierzu *Bösl* Mitt 1997, 174; EPA T 1129/97 ABl EPA 2001, 273, 283 ff Benzimidazole: Offenbarung der genauen Bedeutung in der Beschreibung genügt nicht; ähnlich EPA T 752/94; abw EPA T 287/97, wo Auslegung des Begriffs „hohes Molekulargewicht" im Licht der Beschreibung zugelassen wurde. Zu Relativierungen, insb bei Zahlen- und Bereichsangaben („etwa") *MGK/Teschemacher* Art 84 EPÜ Rn 97; EPA T 31/81.
149 EPA T 728/98 ABl EPA 2001, 319 reines Terfenadin; vgl auch BPatG 23.8.2010 14 W (pat) 7/08.
150 EPA T 226/98 ABl EPA 2002, 498 = GRUR Int 2003, 465 Famotidin.

klar angesehen.[151] Die Angabe, es solle ein geringerer Anteil einer bestimmten Komponente verwendet werden, kann zulässig sein.[152]

69   Fehlende Angabe der **Messmethode** für einen Relativbegriff kann die Klarheit beeinträchtigen,[153] ebenso die der Berechnungsmethode.[154] Der Klarheit kann das Fehlen von Angaben über die Bedingungen entgegenstehen, unter denen eine Messung vorzunehmen ist.[155] Zu Unklarheiten können auch an die Betriebsweise geknüpfte Angaben führen.[156] Fehlende Angabe der Version einer ISO-Norm wurde als der Klarheit entgegenstehend angesehen.[157]

70   **Nichtverwendung von Fachbegriffen** muss der Klarheit bei entspr Erläuterung in der Beschreibung nicht entgegenstehen.[158]

71   Ob „offene" Angaben, die lediglich eine **Unter- oder Obergrenze** nennen, zulässig sind, hängt vom Fall ab.[159]

72   **Fakultative Merkmale.** Mit „zB", aber auch mit Wendungen wie „vorzugsweise" oder „gegebenenfalls" eingeleitete Satzteile sind in einem Patentanspruch von Ausnahmefällen abgesehen nicht angebracht[160] (vgl EPA-PrRl C-III 4.6). Sie bedeuten entweder eine bloße nähere Erläuterung eines zuvor angeführten Merkmals und gehören dann in die Beschreibung, oder sie sollen eine zweckmäßige Ausgestaltung dieses Merkmals kennzeichnen und sind dann zum Gegenstand eines Unteranspruchs zu machen, wenn sie nicht eine „platte" Selbstverständlichkeit enthalten.[161] Ihre Verwendung im Hauptanspruch bringt die Gefahr von Unklarheiten und Missverständnissen mit sich.[162] Grds beschränken fakultative Merkmale den Schutz nicht.[163] Zweckangaben sind zulässig,[164] auch bei Verfahrensansprüchen,[165] allerdings besteht auch hier die Gefahr von Unklarheiten.

73   **Markenmäßige Bezeichnungen** sind im allg ungeeignet, da sie Veränderungen des bezeichneten Produkts nicht ausschließen.[166]

74   **Bezugnahmen** auf Beschreibung und Zeichnungen sind grds unzulässig (§ 9 Abs 8 PatV; Regel 43 Abs 6 AOEPÜ). Dies schließt „omnibus"-Ansprüche aus, wie sie der früheren brit Praxis entsprachen.[167] Sie sind jedoch zulässig, wenn andernfalls ausreichende Beschreibbarkeit nicht besteht.[168] Bezugnahmen und Verweisungen auf andere Unterlagen sind grds erst recht unzulässig,[169] anders bei Hinterlegung biologi-

---

151   EPA T 515/95.

152   BPatG 9.12.2004 15 W (pat) 304/03.

153   Vgl EPA T 860/93 ABl EPA 1995, 47 Schutzfarben; EPA T 123/85; EPA T 124/85; EPA T 172/87; EPA T 230/87; EPA T 358/88; EPA T 122/89; EPA T 449/90 EPOR 1993, 54 treatment of plasma; EPA T 148/91; EPA T 176/91; EPA T 267/91; EPA T 697/91; EPA T 503/92; EPA T 917/92.

154   EPA T 1055/92 ABl EPA 1995, 214 Klarheit, allerdings bdkl, soweit dort Angaben im Patentanspruch verlangt werden.

155   EPA T 805/93: Temperatur bei Viskositätsmessung.

156   Vgl EPA T 227/91 ABl EPA 1994, 491 zweite chirurgische Verwendung. Zur Bezugnahme auf bekannte Gegenstände EPA T 455/92.

157   EPA T 1888/12 Mitt 2015, 319 unter Hinweis auf EPA T 783/05 mit kr Anm *Schultheiß/Sterzel.*

158   Vgl BPatG 3.3.2008 19 W (pat) 16/05: „Folienmischer"; EPA T 238/88 ABl EPA 1992, 709 = GRUR Int 1993, 482 Kronenether; EPA T 215/90 EPOR 1992, 1 Flexible layered product: „rainwear"; BPatG 22.2.1999 11 W (pat) 78/98: „Teppichfix" für doppelseitiges Klebeband.

159   BGHZ 184, 300 = GRUR 2010, 414 thermoplastische Zusammensetzung; BPatG BlPMZ 2014, 108; EPA T 129/88 ABl EPA 1993, 598 Faser; EPA T 87/84; EPA T 92/84; EPA T 136/84; EPA T 487/89 EPOR 1992, 32 Polyhexanmethylene fiber; vgl *Féaux de Lacroix* Mitt 2011, 49; *Mes* Rn 32.

160   Vgl *Benkard* Rn 66; *Schulte; MGK/Teschemacher* Art 84 EPÜ Rn 96.

161   RGZ 158, 386 = GRUR 1938, 832 Leitungswähler.

162   BGH GRUR 1954, 107 f Mehrfachschelle; BGH Mitt 1961, 199 Schienenbefestigung, dort auch zu einem Ausnahmefall.

163   Vgl BPatG 23.1.2014 2 Ni 19/12; *Schulte* Rn 128.

164   BPatGE 15, 106; vgl EPA T 841/95.

165   BGHZ 187, 20 = GRUR 2010, 1081 Bildunterstützung bei Katheternavigation; BGH 6.5.2014 X ZR 61/11.

166   Vgl EPA T 762/90 EPOR 1993, 296; EPA T 480/98; *Benkard* Rn 85 mwN; *MGK/Teschemacher* Art 84 EPÜ Rn 96.

167   EPA T 150/82 ABl EPA 1984, 309, 313 = GRUR Int 1984, 525 Anspruchskategorien; EPA T 271/88; vgl *MGK/Teschemacher* Art 84 EPÜ Rn 100.

168   Vgl BGH BlPMZ 1978, 260 Brillenbügel; EPA T 986/97; *MGK/Teschemacher* Art 84 EPÜ Rn 99.

169   *MGK/Teschemacher* Art 84 EPÜ Rn 101.

schen Materials (Rn 312 ff); Ausnahmen kommen zB bei der Wiedergabe umfangreicher Normvorschriften in Betracht, wenn dem Gebot der Rechtssicherheit genügt ist.[170]

Bezugszeichen sind unbdkl;[171] sie schränken den Schutz nicht auf das Ausführungsbeispiel ein 75 (Rn 32 zu § 14), anders Klammereinfügungen.[172]

Alternativlösungen in einem Patentanspruch werden von der Praxis zugelassen (vgl EPA-PrRl C-III 76 3.7);[173] sie lassen sich insb auf dem Gebiet der Chemie vielfach nicht vermeiden.[174] Die Praxis in den USA kennt sie als „Markush claims".[175] Es gelten im übrigen die allg Grundsätze; insb muss Klarheit gewahrt sein.[176] Diese kann dann beeinträchtigt sein, wenn nicht eindeutig festgestellt werden kann, ob mehrere Alternativen in einen einheitlichen Patentanspruch (iSv verkappten Nebenansprüchen)[177] oder um einen Gegenstand handelt, mit dem mehrere Alternativen verwirklicht werden können.[178]

Disclaimer, durch die bestimmte Bereiche ausgenommen werden, sind zulässig, wenn sie sachdien- 77 lich sind, insb zur Abgrenzung vom StdT (Rn 136 zu § 3; Rn 192 zu § 4) oder bei Nichtlösung der Aufgabe durch den ausgeschiedenen Bereich; die Praxis des EPA lässt Disclaimer nur zur Herstellung der Neuheit und subsidiär gegenüber positiven Formulierungen zu.[179] Disclaimer können nicht durch Bezugnahme („mit Ausnahme der in Patentschrift … offenbarten Derivate" formuliert werden.[180] Zu ihrer nachträglichen Aufnahme Rn 101 ff zu § 21.

Vollständigkeit. Es ist gefordert worden, dass Patentansprüche aus sich ohne Heranziehung der Be- 78 schreibung verständlich sind.[181] Die Rspr hat gefordert, dass ein zur Lösung der Aufgabe unerlässliches Merkmal[182] oder „Schlüsselmerkmal"[183] immer in den Hauptanspruch aufgenommen werden muss, weitergehend die Angabe aller Merkmale als erforderlich bezeichnet, die für die Lösung der Aufgabe notwendig sind.[184] Es wurde sogar vertreten, dass alle in der Beschreibung erläuterten Merkmale in das Patentbegehren mit einbezogen werden müssen, wenn sie nicht absolut selbstverständlich sind.[185] Das ist nicht zutr (vgl zu nachträglichen Änderungen Rn 18 zu § 38). Eine „vollständige Lehre zum technischen Handeln" muss der Hauptanspruch ebenso wenig wie irgendein anderer Patentanspruch enthalten.[186] Der Patentanspruch muss deshalb auch nicht die Angaben enthalten, die erforderlich sind, damit ein Fachmann die Erfindung ausführen kann; diese Funktion weist Abs 4 der Anmeldung insgesamt zu, nicht den Patentansprüchen allein; sie wird insb durch die Beschreibung ausgefüllt (Rn 239). Ein Hauptanspruch ist

---

170 BPatG 13.11.2002 20 W (pat) 58/00: Bezugnahme „auf ein nach dem ITU-Standard Nr … komprimiertes Signal".

171 EPA T 237/84 ABl EPA 1987, 309 = GRUR Int 1987, 696 Bezugszeichen; vgl *Büscher/Dittmer/Schiwy* Rn 33.

172 BPatG 22.8.2005 19 W (pat) 337/03.

173 Eingehend *Lippich/Knospe* GRUR 2005, 25.

174 Vgl *MGK/Teschemacher* Art 84 EPÜ Rn 87 ff.

175 Ex parte Markush, 1925 CD 126, 340 OG 939 Com'r Patent 1924; *MGK/Teschemacher* Art 84 EPÜ Fn 240 mit weiterführenden Hinweisen; *Benkard-EPÜ* Art 82 Rn 27 ff; *Dack/Cohen* IIC 2001, 485 ff mwN in Fn 7; *Franzosi* EIPR 2003, 200.

176 Vgl auch EPA T 158/82.

177 Instruktiv BGH Bausch BGH 1999–2001, 321 Faltjalousie.

178 Vgl *Lippich/Knospe* GRUR 2005, 25, die folgendes Beispiel anführen: „Antriebsanordnung für ein mit einem Verbrennungsmotor und einer elektrischen Maschine ausgestattetes Hybridfahrzeug, das wahlweise mit rein verbrennungsmotorischem Antrieb oder mit rein elektromotorischem Antrieb betreibbar ist"; vgl auch BPatG GRUR 2000, 408, 410; LG Mannheim 27.9.2002 7 O 90/02.

179 EPA T 4/80 ABl EPA 1982, 149 = GRUR Int 1982, 444 Polyätherpolyole; EPA T 313/86; EPA T 433/86; EPA T 170/87 ABl EPA 1989, 441 = GRUR Int 1990, 223 Heißgaskühler; EPA T 124/90; EPA T 623/91; EPA T 653/92; T 863/96; zur Klarheit (Art 84 EPÜ) EPA G 1/03 ABl EPA 2004, 413 = GRUR Int 2004, 959 Disclaimer; EPA-PrRl C-III 4.11; *MGK/Teschemacher* Art 84 EPÜ Rn 105 f; zur Zulässigkeit auch EPA T 434/92; vgl schon *R. Wirth* Die Bestimmungen über die Anmeldung von Patenten und Gebrauchsmustern vom 22. November 1898, GRUR 1899, 114.

180 EPA T 11/89 EPOR 1991, 336 Naphthyridinone derivatives.

181 EPA T 2/80 ABl EPA 1982, 431 = GRUR Int 1981, 771 Polyamidformmassen; EPA T 454/89; EPA T 760/90; aA mit Recht EPA T 860/93 ABl EPA 1995, 47 Schutzfarben.

182 BPatGE 7, 15.

183 BPatG 30.7.1984 11 W (pat) 136/82 BlPMZ 1985, 50 Ls.

184 BPatG 15.7.1998 9 W (pat) 24/97; vgl EPA T 409/91 ABl EPA 1994, 653 = GRUR Int 1994, 957 Dieselkraftstoffe; EPA T 1055/92 ABl EPA 1995, 214 Klarheit; EPA T 32/82 ABl EPA 1984, 354 Steuerschaltung; EPA T 115/83 vernetzbare Massen; EPA T 269/87; EPA T 622/90; vgl auch EPA T 888/90 ABl EPA 1994, 162 Unterkombination; EPA T 435/89; EPA T 156/91.

185 BPatGE 12, 77.

186 BPatG 28.2.1985 17 W (pat) 16/84; unklar EPA T 61/94; aA offenbar BPatGE 24, 7; BPatG BlPMZ 2000, 387, 389.

schon ausreichend, wenn er die konstruktive Durchführung des von ihm offenbarten grundsätzlichen Lösungswegs dem Fachwissen überlässt; der Ergänzung durch die Merkmale eines Unteranspruchs, der eine bevorzugte Lösung aufzeigt, bedarf es nicht.[187] Das BPatG lässt die Angabe einer mit einem Zahlenbereich gekennzeichneten Relation zweier physikalischer Eigenschaften ausreichen, wenn Unteransprüche und Beschreibung dem Fachmann die Anregungen vermitteln, durch welche Maßnahmen die vorgeschriebenen Verhältniszahlen zu verwirklichen sind.[188] Hinweise auf die Aufgabe sind im Patentanspruch grds überflüssig.[189]

79 Nach älterer Auffassung durften nicht in einem **funktionellen Zusammenhang** stehende Merkmale nicht in demselben Patentanspruch zusammengefasst werden, sondern mussten jedes für sich den Gegenstand eines besonderen Schutzbegehrens bilden;[190] tatsächlich ist hier die Einheitlichkeit angesprochen (Rn 116 ff). Es ist jedenfalls zulässig, dass ein Patentanspruch sowohl Elemente mechanischer Art als auch lichttechnischer Art enthält, wenn zwischen den Elementen ein funktioneller Zusammenhang besteht.[191]

80 **Stützung durch Beschreibung und Zeichnungen; „Anspruchsbreite".** Nach Art 84 Satz 2 EPÜ müssen die Patentansprüche von der Beschreibung gestützt sein (vgl EPA-PrRl C-III 6), dh beide dürfen sich nicht widersprechen. Zwar enthält das nationale Recht keine entspr ausdrückliche Regelung, jedoch wird die Regelung des EPÜ als allg patentrechtl Grundsatz anzusehen sein;[192] § 9 Abs 8 PatV setzt Stützung durch Beschreibung und Zeichnungen in der Sache voraus, wenn dort ausdrückliche Bezugnahmen ausgeschlossen werden. Damit darf zunächst in den Patentansprüchen keine andere Erfindung unter Schutz gestellt werden als die beschriebene (umgekehrt gilt dies nicht ohne weiteres).[193] Auch darf in den Patentanspruch kein weiterer Gegenstand einbezogen werden, als er als zur Erfindung gehörend offenbart ist; andernfalls wird der Nichtigkeitsgrund des Hinausgehens über den Inhalt der ursprünglichen Anmeldung (§ 22 iVm § 21 Abs 1 Nr 4; Art II § 6 Abs 1 Nr 3 IntPatÜG) erfüllt.[194] Dies betrifft aber nur die Übereinstimmung der beschriebenen mit der beanspruchten Erfindung und sagt über die mögliche Anspruchsbreite nichts aus.[195] Breite für sich muss nicht zur Unklarheit führen;[196] bloße Breite eines verwendeten Fachbegriffs steht der Deutlichkeit nicht entgegen, wenn seine Bedeutung für den Fachmann aus sich oder im Licht der Beschreibung unmissverständlich ist.[197]

81 Andererseits hat der Anmelder Anspruch auf Patenterteilung in der **allgemeinsten Form**, die ihn noch in erfinderischer Weise vom StdT abhebt.[198] Dies gestattet vielfach eine sehr weitgehende Abstraktion von den konkreten Merkmalen etwa der Ausführungsbeispiele.[199] Das EPA lässt „glaubwürdige Verallgemeinerung" des Beschriebenen zu,[200] der BGH gewisse Verallgemeinerungen.[201] Jedoch wird es als

---

187 BGH Liedl 1967/68, 20, 24 Klemme, unter Hinweis auf RG GRUR 1943, 28 f Fallmaschenraffer; vgl auch BPatGE 4, 159 = GRUR 1964, 499.
188 BPatG 29.10.1996 13 W (pat) 49/95 BlPMZ 1997, 365 Ls.
189 *MGK/Teschemacher* Art 84 EPÜ Rn 24.
190 BGH Liedl 1961/62, 647, 657 Brieftaubenreisekabine 03.
191 BGH Liedl 1961/62, 397, 402 Straßenbeleuchtung.
192 Vgl *MGK/Teschemacher* Art 84 EPÜ Rn 115.
193 Vgl *MGK/Teschemacher* Art 84 EPÜ Rn 117.
194 BGH GRUR 2005, 1023 Einkaufswagen II.
195 Vgl EPA T 133/85 ABl EPA 1988, 441 = GRUR Int 1989, 580 Änderungen; EPA T 409/91 ABl EPA 1994, 653, 659 = GRUR Int 1994, 957 Dieselkraftstoffe; EPA T 939/92 ABl EPA 1996, 309, 316 = GRUR Int 1996, 1049 Triazole: lassen bei einem Stoffanspruch nicht alle beanspruchten Verbindungen die behauptete Wirkung erwarten, stellt dies keinen Mangel der Stützung durch die Beschreibung dar; aA offenbar *MGK/Teschemacher* Art 84 EPÜ Rn 21.
196 Vgl EPA T 523/91; EPA T 688/91.
197 EPA T 456/91.
198 Vgl BPatG 29.4.1997 13 W (pat) 25/95; BPatG 20.7. 1998 9 W (pat) 122/96; BPatG 24.5.2012 2 Ni 32/10; BPatG 24.5.2012 2 Ni 33/10 (EU); EPA T 484/92; EPA T 630/93; *MGK/Teschemacher* Art 84 EPÜ Rn 120 ff, 127; vgl auch BPatG 25.6.1997 20 W (pat) 22/96: ist Schaltung mit drei Abtastwerten nicht erfinderisch, nur Patentanspruch mit Merkmal „mehr als drei Abtastwerten" zu gewähren.
199 Vgl BGH GRUR 1959, 125 Textilgarn; BGH GRUR 1966, 201 ferromagnetischer Körper; BGH GRUR 1967, 56 Gasheizplatte; BGH GRUR 1968, 311 Garmachverfahren; BGH GRUR 1976, 213 Brillengestelle; BPatG Mitt 1984, 213; EPA T 202/83; CA Paris PIBD 1997, 639 III 489.
200 EPA T 26/82; vgl auch EPA T 586/97 zur fehlenden Angabe einer Obergrenze im Patentanspruch.
201 BGHZ 198, 205 = GRUR 2013, 1210 Dipeptidyl-Peptidase-Inhibitoren; BPatG 21.2.2015 18 W (pat) 4/14; BPatG 15.9.2015 4 Ni 22/13 (EP).

---

unzulässig angesehen, einen „Stoff, der zehnmal härter als Diamant ist" zu beanspruchen, sondern nur den durch Zusammensetzung und Struktur oder durch sein Herstellungsverfahren gekennzeichneten Stoff.[202]

Nach der Rspr kann die Angabe des „wesentlichen Kerns", eines **allgemeinen Prinzips**, genügen, wenn die konkreten Mittel in den Unterlagen genannt oder dem Fachmann geläufig sind.[203] Das EPA verlangt bei einer Lehre, die die tatsächliche Verwirklichung einer theoretisch vorweggenommenen Wirkung betrifft, eine Abwägung zwischen dem tatsächlichen Beitrag der offenbarten Erfindung zum StdT und der Anspruchsformulierung, wobei die Erfordernisse der Art 84, 83 und 56 EPÜ in Zusammenhang gebracht werden müssen; besteht der Kern der Erfindung in der Erzielung der Wirkung in verschiedenen Anwendungsbereichen mittels bekannter Techniken und bestehen ernsthafte Zweifel, ob die Wirkung ohne weiteres im gesamten beanspruchten Anwendungsbereich erzielt werden können, können umfangreiche technische Angaben und mehr als ein Ausführungsbeispiel erforderlich sein.[204] Lässt der Patentanspruch die **entscheidende Richtung** erkennen, in der der Fachmann vorgehen muss, um die Lehre des Patents verwirklichen zu können, und besteht die Gefahr, dass mit einer betragsmäßigen oder verhältnismäßigen Eingrenzung des Maßes der bei der Anwendung der Erfindung einzuhaltenden Grenzen eine Minderung des dem Erfinder zustehenden Schutzes verbunden sein könnte, ist es nicht gerechtfertigt, die für die Anwendung der Lehre notwendigen (physikalisch-technischen) Rahmenbedingungen im einzelnen festzulegen.[205] Ähnliche Fragen stellen sich etwa bei der Angabe von Gruppenformeln und bei Bereichsangaben, in extremer Weise etwa bei der Parameterangabe für optische Systeme; Rn 84 ff.

82

Die **Abgrenzung**[206] ist eine Frage der Patentfähigkeit, nicht in erster Linie eine solche der Zulässigkeit des Anspruchs.[207] Gegenüber einer vorbekannten Lehre, die für eine chemische Lösung einen pH-Wert von mindestens 10 verlangt, wurde ein Patentanspruch, der für eine gleiche Lösung demgegenüber bewusst einen pH-Wert unter 10 vorschreibt, als genügend abgegrenzt angesehen.[208] Sind in einem Patentanspruch unterschiedliche Lösungen der gleichen erfinderischen Idee über die Konjunktion „und/oder" verbunden, ist die daraus resultierende Breite des Patentanspruchs keine Frage der Klarheit, sondern der Neuheit und erfinderischen Tätigkeit.[209]

83

Bisher nicht zufriedenstellend gelöste Schwierigkeiten bereitet die Frage der **zulässigen bzw unangemessenen Anspruchsbreite** (zur Behandlung im Nichtigkeitsverfahren Rn 35 zu § 22).[210] Das EPA fordert (für das Erteilungsverfahren zu Recht) Nacharbeitbarkeit für den Fachmann im gesamten beanspruchten Bereich ohne unzumutbaren Aufwand unter Verwendung des allg Fachwissens und aufgrund der Angaben in der Anmeldung.[211] Soll eine bestimmte Funktionsweise erreicht werden, bedarf es nach Auffassung des BPatG der Aufnahme eines zusätzlichen Merkmals in den Hauptanspruch, das diese Funktionsweise sicherstellt, zumindest dann nicht, wenn sich das nicht explizit angegebene Merkmal aus dem Anspruchswortlaut zwangsläufig ergibt.[212] Das für ein Verfahren zum Bestimmen der zeitlichen Lage einer

84

---

202   *Jacob J.* in CA England/Wales [2008] EWCA Civ. 311 Lundbeck v. Generics; vgl hierzu *Freeland/Blachman* EIPR 2009, 478.

203   Vgl RG GRUR 1943, 28 f Fallmaschenraffer; BGH Liedl 1963/64, 157, 168 Fächerreflektor; BGH Liedl 1967/68, 20, 24 Klemme. BGH GRUR 1980, 849 Antiblockiersystem.

204   EPA T 694/92 ABl EPA 1997, 408, 413 = GRUR Int 1997, 918 Modifizieren von Pflanzenzellen; vgl auch EPA T 939/92 ABl EPA 1996, 309 = GRUR Int 1996, 1049 Triazole; EPA T 583/93 ABl EPA 1996, 496 wasserlösliche Polymerdispersion.

205   BGH Mitt 1986, 15 Interferenzstromtherapiegerät, im Anschluss an BGHZ 57, 1, 9 ff = GRUR 1972, 80 Trioxan; BGHZ 73, 183 = GRUR 1979, 461 Farbbildröhre; vgl BGH GRUR 1976, 213 f Brillengestelle.

206   Vgl zu diesem Begriff BPatG 17.6.1996 11 W (pat) 40/95 BlPMZ 1997, 230 Ls; zu Angaben wie „in an sich bekannter Weise" *MGK/Teschemacher* Art 84 EPÜ Rn 25; ÖPA ÖPBl 2002, 152, 155.

207   Vgl BPatGE 47, 163 = BlPMZ 2004, 63: Abgrenzung vom StdT und allenfalls Ausführbarkeit; BPatG 11.1.2007 17 W (pat) 106/04.

208   BGH GRUR 1965, 473 Dauerwellen I.

209   BPatG Mitt 2016, 80.

210   Vgl *Brandi-Dohrn* IIC 1994, 648; *Brandi-Dohrn* GRUR Int 1995, 541; *Vossius/Schrell* GRUR Int 1992, 620; *Roberts* EIPR 1994, 371; *Dreiss* FS F.-K. Beier (1996), 19; *Wibbelmann* EIPR 1997, 515; *Cole* EIPR 2000, 534; vgl weiter BPatGE 19, 83 = BlPMZ 1977, 234: „unrealistische Breite des Anspruchs"; vgl auch BPatGE 42, 204 = GRUR 2000, 794 f zur Maßgeblichkeit bei der Prüfung auf Schutzfähigkeit. Zur „aufgabenhaften Umschreibung" der Lösungsmittel *MGK/Teschemacher* Art 84 EPÜ Rn 125.

211   EPA T 435/91 ABl EPA 1995, 188 = GRUR Int 1995, 591 Reinigungsmittel; vgl *Schulte* Rn 353 f.

212   BPatG 3.4.2003 21 W (pat) 19/01.

Synchronisationsfolge in einem empfangenen Datenstrom beanspruchte Merkmal „unter Anwendung des Prinzips der Maximum-Likelihood-Theorie" ist allgemein und breit gefasst, was für sich gesehen kein patentrechtl Mangel ist.[213] Das EPA sieht einen Verfahrensanspruch zur Herstellung eines Proteins, das die Funktion eines menschlichen Gewebeplasminogenaktivators besitzt, ohne nähere Angaben darüber, welche von dessen zahlreichen Funktionen gemeint sind, als unzulässig an, weil der Fachmann sonst nicht wüsste, ob ein Derivat, das nur eine der typischen Funktionen besitzt, unter den Schutzbereich fällt;[214] bdkl wegen der Vermengung von Fragen des Verletzungsrechts mit solchen der Prüfung im Erteilungsverfahren ähnlich wie in der „Trioxan"-Entscheidung des BGH zur Identifizierbarkeit des Gegenstands, vgl Rn 8, 14 zu § 1. Als problematisch werden auch „reach-through"-Ansprüche mit der Kombination Marker – Selektionsverfahren und hierdurch aufgefundene Stoffe („an isolated and purified receptor agonist identified by the method of claim …") angesehen;[215] hier dürften sowohl eine ausreichende Offenbarung als auch eine fertige Lehre fehlen.[216] Als unter Offenbarungsgesichtspunkten unzulässig sind eine Klasse von Verbindungen umfassende Patentansprüche angesehen worden, die Gegenstände umfassen, die die erfindungsgem Wirkung nicht aufweisen;[217] dies ist zu eng.[218]

85   Wird die Erfindung in größtmöglicher Abstraktion beansprucht, sind unter Abgrenzungsgesichtspunkten (zB bei erstmaligem Zurverfügungstellen eines Therapeutikums für eine bestimmte, bisher nicht behandelbare Krankheit) Patentansprüche mit dem ausschließlichen Inhalt „Stoff (Mittel) zur Bekämpfung der Krankheit X" ohne jegliche nähere Spezifizierung des Stoffs denkbar, mit der Folge, dass jeder zur Therapie dieser Krankheit verwendete oder hergerichtete Stoff unabhängig von seiner Konstitution unter den Patentanspruch fiele; ebenso ist es denkbar, bei der Angabe einer neuen Sache (Erzeugnis, Stoff) diese unter Einschluss aller Wege und Mittel, die zu ihr führen, zu beanspruchen.[219] Dies ist unzulässig, wenn der beanspruchbare Schutz durch den **Beitrag zum Stand der Technik** beschränkt wird. Ein entspr Rechtsgrundsatz ist wiederholt postuliert worden.[220] Dies trifft indessen nur bei der Beanspruchung von Bereichsangaben zu.[221] Bei per se neuen Erzeugnissen erscheint es angesichts der Absolutheit des Erzeugnisschutzes[222] geboten, dem Erfinder, der einen ausführbaren Herstellungsweg aufzeigt, Schutz für das Erzeugnis an sich zukommen zu lassen und ihn nicht auf das vorgeschlagene Lösungsmittel oder den vorgeschlagenen Lösungsweg zu beschränken[223] (vgl Rn 120 zu § 1); dies kann aber nur gelten, soweit es um konkrete Erzeugnisse oder Stoffe mit bestimmten (auch mittelbar definierten) Eigenschaftsparametern geht. Andererseits zwingt die Offenbarung einer einzigen spezifischen Anwendung eines Therapeutikums

213   BPatGE 48, 213 = GRUR 2005, 43.

214   EPA T 923/92 ABl EPA 1996, 564 = GRUR Int 1997, 258 menschlicher tPA.

215   *Wolfram* Mitt 2003, 57, 60, der neben Art 83 EPÜ die Grundsätze der „Trioxan"-Entscheidung BGHZ 57, 1 = GRUR 1972, 80) heranziehen will; *D. Walter* Journal für Verbraucherschutz und Lebensmittelsicherheit 2008, 359; vgl US-CAFC Mitt 2004, 306 m Anm *Wolfram*.

216   Vgl EPA T 1063/06 ABl EPA 2009, 516 = GRUR Int 2010, 158 Durchgriffsanspruch; BPatG 14.12.2009 3 Ni 23/08 (EU); zur Patentierbarkeit von „Screening"-Verfahren in den VstA CAFC GRUR Int 2011, 1104 AMP v. USPTO.

217   PatentsC Monsanto v. Merck, ENPR 2002, 98, referiert bei *Cole* EIPR 2000, 534, 537 f.

218   Vgl BGHZ 198, 205 = GRUR 2013, 1210 Dipeptidyl-Peptidase-Inhibitoren.

219   Vgl *Lord Hoffmann* RPC 1997, 1, 51; *Meier-Beck* FS E. Ullmann (2006), 495, 499 hält sie gleichwohl für unzulässig; dies ist aber zunächst nicht mehr als eine petitio principii.

220   BPatG 24.7.2012 4 Ni 21/10 Mitt 2013, 39 Ls; EPA T 133/85 ABl EPA 1988, 441 = GRUR Int 1989, 580 Änderungen; EPA T 409/91 ABl EPA 1994, 653, 659 = GRUR Int 1994, 957, 959 Dieselkraftstoffe; EPA T 435/91 ABl EPA 1995, 188 = GRUR Int 1995, 591 f Reinigungsmittel; EPA T 939/92 ABl EPA 1996, 309, 319 = GRUR Int 1996, 1049 Triazole; EPA T 694/92 ABl EPA 1997, 408, 412, 414 = GRUR Int 1997, 918 Modifizieren von Pflanzenzellen; EPA T 942/98; HoL RPC 1997, 25 = GRUR Int 1998, 412 Biogen/Medeva; CA England/Wales RPC 1996, 535 = GRUR Int 1998, 419 Chiron/Murex; US-SuprC (1985) 56 U.S. (50 How.) 62 O'Reilly/Morse; HoL RPC 1908, 26 British United Shoe Machinery/Collier; it CCass GADI 1995, 3195 Cefatrizine, it CCass GADI 1997, 3574 Cimetidine; GH Den Haag BIE 1999, 394, 397; RB Den Haag BIE 1999, 367 f; vgl *Czekay* GRUR 1984, 83; *MGK/Teschemacher* Art 84 EPÜ Rn 119; BGHZ 92, 129, 133 = GRUR 1985, 31 Acrylfasern; vgl weiter *Roberts* EIPR 1994, 371; *Brandi-Dohrn* GRUR Int 1995, 541; *Franzosi* EIPR 2003, 200.

221   Ohne diese Einschränkung BGH 10.11.2015 X ZR 88/13 unter Hinweis auf BGHZ 184, 300 = GRUR 2010, 414 thermoplastische Zusammensetzung und BGHZ 195, 364 = GRUR 2013, 272 neurale Vorläuferzellen II.

222   Entgegen BGH Acrylfasern.

223   BGH GRUR 1959, 125 Textilgarn; BGH 17.12.1963 I a ZR 150/63; vgl BGHZ 147, 306 = GRUR 2001, 813 Taxol; BGH GRUR 2003, 223, 225 Kupplungsvorrichtung II; BGHZ 198, 205 = GRUR 2013, 1210 Dipeptidyl-Peptidase-Inhibitoren; BGH 16.10.2007 X ZR 182/04; BPatG GRUR 2011, 905; BPatG 19.10.2006 3 Ni 46/04; BPatG 16.9.2009 3 Ni 22/08 (EU); BPatG 4.2.2010 3 Ni 16/07 (EU); BPatG 22.7.2010 3 Ni 57/08 (EU); ähnlich GH Den Haag BIE 2001, 440, 451.

nicht dazu, den zweckgebundenen Stoffanspruch auf diese zu beschränken; „pharmazeutisches Mittel enthaltend den Wirkstoff ..." ist zulässig.[224] Ein Patentanspruch ist dann als zu breit bezeichnet worden, wenn er über das hinausgeht, was dem Fachmann unter Berücksichtigung der Beschreibung und der darin enthaltenen Ausführungsbeispiele im Licht seines Fachwissens als allgemeinste Form der technischen Lehre erscheint, durch die das der Erfindung zugrunde liegende technische Problem tatsächlich gelöst wird.[225] Im Regelfall, in dem der Gegenstand in verallgemeinerter Form beansprucht werden kann, weil das oder die Ausführungsbeispiele aus fachlicher Sicht als Ausführungsformen der Erfindung erkannt werden, darf der durch den Patentanspruch vermittelte Schutz lediglich nicht über das hinausgehen, was dem Fachmann als allgemeinste Form derjenigen technischen Lehre erscheint, die zur Lösung des der Erfindung zugrunde liegenden Problems vorgeschlagen wird;[226] die Verallgemeinerung muss vom Fachmann als solche als prägender Bestandteil der Lösung des der Erfindung zugrunde liegenden Problems verstanden werden können.[227] Eine ausführbare Offenbarung der Erfindung kann auch dann zu verneinen sein, wenn der durch eine generalisierende Formulierung verallgemeinerte Gegenstand mangels Angaben in der Patentschrift eine für den Fachmann nur partiell ausführbare Problemlösung beansprucht und dieser im übrigen vor einen Erfindungsauftrag gestellt wird.[228] Die bloße Breite des Patentanspruchs spricht nicht gegen ausreichende Offenbarung[229] und stellt erst recht keinen eigenständigen Widerrufs- oder Nichtigkeitsgrund dar (Rn 89). Zur Bedeutung des Beitrags zum StdT für die Bestimmung des **Schutzbereichs** Rn 58 zu § 14.[230]

Untaugliche Anspruchsvarianten. Bei einem Patent für ein chemisches Mittel ist es als unerheblich **86** angesehen worden, ob der Patentanspruch auch Verbindungen umfasst, die bei Anmeldung des Patents noch nicht bekannt waren.[231] Dies muss konsequenterwesie auch über den Bereich der Chemie hinaus gelten. Dass die Erfindung (innerhalb der Schutzdauer) auch den Einsatz von Mitteln erfasst, die zum Anmeldezeitpunkt noch nicht bekannt waren, ist an sich weder eine Frage der zulässigen Anspruchsbreite noch der ausführbaren Offenbarung, sondern letztlich des Schutzumfangs[232] und bei Verwendung allg Begriffe nicht ungewöhnlich.[233] Nach der Rspr des BGH zur früheren Rechtslage[234] dürfen Patentansprüche für chemische Erfindungen, bei denen Gruppenformeln die beanspruchten Verbindungen bezeichnen, keine Verbindungen umfassen, von denen festgestellt ist, dass vom Fachmann im Anmeldezeitpunkt nicht hergestellt werden können; dies gilt jedenfalls nach geltendem Recht zu weit (vgl. Rn 277 ff).[235]

Das EPA sieht breite Patentansprüche als unzulässig an, wenn der Fachmann nach Lektüre der Be- **87** schreibung nicht ohne weiteres in der Lage ist, die Erfindung ohne unzumutbaren Aufwand und ohne erfinderisches Zutun im **gesamten beanspruchten Bereich** auszuführen.[236] Es versagt das Patent schon, wenn nicht im wesentlichen alle beanspruchten Verbindungen die patentbegründende Wirkung erwarten lassen.[237] Auch das HoL sieht ausführbare Offenbarung über die gesamte Anspruchsbreite als erforderlich

224 EPA T 128/82 ABl EPA 1984, 164 = GRUR Int 1984, 303 Pyrolidin-Derivate; *MGK/Teschemacher* Art 84 EPÜ Rn 122.

225 *Meier-Beck* FS E. Ullmann (2006), 495, 502.

226 Vgl BGH Dipeptidyl-Peptidase-Inhibitoren; BGH 10.11.2015 X ZR 88/13.

227 Vgl *Meier-Beck* FS E. Ullmann (2006) 495, 500 f.

228 BPatGE 54, 1 = GRUR 2013, 487 „Fixationssystem"; BPatG GRUR 2011, 905.

229 BPatGE 19, 83 = BlPMZ 1977, 234: „unrealistische Breite"; EPA T 19/90 ABl EPA 1990, 476 = GRUR Int 1990, 978 Krebsmaus II; EPA T 238/88 ABl EPA 1992, 709 = GRUR Int 1993, 482 Kronenether.

230 Vgl zur Anspruchsbreite in Beziehung zum Schutzbereich auch *Wibbelmann* EIPR 1997, 515.

231 BGH GRUR 1965, 473, 475 Dauerwellen I; zum Verwendungsanspruch BGHZ 198, 205 = GRUR 2013, 1210 Dipeptidyl-Peptidase-Inhibitoren.

232 Vgl BGH 112, 140 = GRUR 1991, 436 Befestigungsvorrichtung II.

233 Vgl EPA T 292/85 ABl EPA 1989, 275 = GRUR Int 1990, 61 Polypeptid-Expression I; *Domeij* EIPR 2001, 326 f.

234 BGH GRUR 1978, 162, 164 7-Chlor-6-demethyltetracyclin (dort zur Hinterlegung von Mikroorganismen).

235 Vgl auch BPatG 23.10.1972 13 W (pat) 210/70; EPA T 412/93 EPOR 1995, 629 Erythropoietin: nicht nacharbeitbarer Unteranspruch, der vom Hauptanspruch umfasst wird.

236 EPA T 694/92 ABl EPA 1997, 408, 414 f, 419 = GRUR Int 1997, 918 Modifizieren von Pflanzenzellen; ähnlich EPA T 612/92: Patentanspruch auf Verfahren, das bereits bei dikotyledonen Pflanzen verwendet wurde, für monokotyledone Pflanzen allg nicht zulässig, wenn die Ausführung des Verfahrens auch nur bei einer Art monokotyledoner Pflanzen nicht möglich ist.

237 EPA T 939/92 ABl EPA 1996, 309 = GRUR Int 1996, 1049 Triazole; vgl hierzu *Karet* EIPR 1996, 561; EPA T 668/94; EPA T 1173/00 ABl EPA 2004, 16, 27 f Transformator mit Hochtemperatur-Supraleiter für Lokomotive.

an;[238] dies ist im Gegensatz zur „klassischen" Unausführbarkeit als „Biogen Insuffiency" bezeichnet worden;[239] demgegenüber hat der CA in einer späteren Entscheidung nur die „klassische" Unausführbarkeit anerkannt, für die jedoch Nacharbeitbarkeit über die gesamte Anspruchsbreite erforderlich ist.[240] Für die „Biogen Insufficiency" wird[241] ins Feld geführt, dass sie bei aufgabenhaft verallgemeinerten Produktansprüchen angemessen sei, bei denen der zu schützende Stoff nicht definiert wird; auch in diesem Fall handelt es sich indes um eine (allerdings im Erteilungsverfahren anders als in den Bestandsverfahren – Einspruch, Nichtigkeitsverfahren (Rn 89) – zu berücksichtigendes) Frage vorrangig der Anspruchsbreite und nicht der Ausführbarkeit.[242] Nach Auffassung des BGH genügt es, dass die geschützte Lehre für bestimmte Anwendungsfälle geeignet ist.[243] Die Zulässigkeit des Patentanspruchs wird nicht dadurch in Frage gestellt, dass auch Ausgangsmaterialien umfasst werden, bei denen das Verfahren nicht zum Erfolg führt; demnach muss unter Berücksichtigung aller Umstände des Einzelfalls entschieden werden, in welchem Umfang die Einbeziehung untauglicher Verfahrensvarianten in die Patentansprüche noch als tragbar in Kauf genommen werden kann. Dafür sollen das Verhältnis der tauglichen zu den untauglichen Verfahrensvarianten, die Schwierigkeit für den nacharbeitenden Fachmann, die tauglichen Varianten herauszufinden, die Bedeutung der Erfindung und die tatsächlich gegebenen Möglichkeiten, untaugliche Verfahrensvarianten vollständig zu erfassen und in verständlicher Form auszuklammern, maßgebend sein. In welchem Umfang das Patent zu erteilen ist, muss danach der Bedeutung der offenbarten Erfindung und dem Gebot angemessener Belohnung des Erfinders Rechnung tragen; maßgeblich soll sein, ob die vom Patentanspruch erfassten unbrauchbaren Varianten ein solches Gewicht haben, dass sie die Versagung des Patents rechtfertigen. Wenn Versuchsergebnisse hinreichend belegen, dass die Erfindung in großer Bandbreite ausführbar ist, verdient der Anmelder auch einen entspr weit gefassten Patentschutz; eine Überprüfung jedes einzelnen denkbaren Anwendungsfalls verbietet sich schon aus praktischen Erwägungen.[244] Je größer die Bandbreite einer Erfindung ist, desto größer ist die Möglichkeit, dass die verallgemeinerte Lehre auch einzelne Anwendungsfälle erfasst, in denen sie aus nicht ohne weiteres vorhersehbaren Gründen nicht zum Erfolg führt, insoweit also nicht ausführbar ist. Es gibt technische Gebiete, auf denen der einschlägig erfahrene Fachmann mögliche Fehlschläge von vornherein in Rechnung stellt und einen weitgefassten Patentanspruch mit solchen Vorbehalten liest. Eine allg Lehre kann eine wertvolle Bereicherung der Technik darstellen, auch wenn sie innerhalb des von ihr erfassten Bereichs zwar nicht in jedem Einzelfall, aber doch in aller Regel zum Erfolg führt und damit dem Fachmann einen Weg zeigt, wie er bei zielgerichtetem Vorgehen das erfindungsgem Ergebnis hinreichend zuverlässig, wenn auch ggf erst nach einigen Versuchen erreichen kann, die nicht über den Rahmen des Angemessenen und Zumutbaren hinausgehen.[245] Grds dürfen allg gefasste Patentansprüche nur Bereiche umfassen, die durch eine entspr

238   HoL (*Lord Hoffmann*) RPC 1997, 25 = GRUR Int 1998, 412 Biogen/Medeva; vgl hierzu *McInerney* Biotechnology: Biogen v. Medeva in the House of Lords, EIPR 1998, 14, 18 ff; PatentsC 27.11.2000 Novo Nordisk v. DSM, referiert in EIPR 2001 N-141; CA England/Wales ENPR 2002, 231 Pharmacia v. Merck: Bei einer Klasse von Verbindungen muss die Offenbarung die Ausführung der Erfindung über die volle Breite des beanspruchten Monopols ermöglichen; vgl GH Den Haag BIE 1999, 394, 397.

239   Judge Neuberger in PatentsC Kirin-Amgen v. Roche Diagnostics („Erythropoietin"), auszugsweise zitiert von *Curley/Toumi* Gene Genie: The United Kingdom Patents Court Uncorks Biogen Insufficiency, EIPR 2002, 40 f; vgl PatentsC 4.5.2007 Generics v. Lundbeck, HC05C03689; HG St. Gallen sic! 2010, 441, 443 mAnm *Stieger*; enger wohl CA England/Wales 31.7.2002 Kirin Amgen v. Transcaryotic und hierzu *Sheraton/Sharples* EIPR 2002, 596: keine Anwendung bei der Anspruchsauslegung.

240   CA England/Wales ENPR 2003, 50, 84 Kirin Amgen v. Transcaryotic Industries; vgl auch CA England/Wales [2008] EWCA Civ 311 Generics v. Lundbeck.

241   Unter Hinweis auf BGHZ 92, 129 = GRUR 1985, 31 Acrylfasern.

242   Abw wohl BGHZ 198, 205 = GRUR 2013, 1210 Dipeptidyl-Peptidase-Inhibitoren.

243   BGH GRUR 1994, 189 Müllfahrzeug; ebenso BPatGE 52, 187.

244   Vgl BGHZ 198, 205 = GRUR 2013, 1210 Dipeptidyl-Peptidase-Inhibitoren: sofern der Fachmann die Eignung unschwer durch Versuche feststellen kann, unbdkl auch, wenn Stoffe erfasst werden, die nicht ohne erfinderisches Bemühen aufgefunden werden können; BPatG 4.2.2010 3 Ni 16/07 (EU); BPatG 10.7. 2009 14 W (pat) 11/07.

245   BGHZ 112, 297, 305 = GRUR 1991, 518, 520 Polyesterfäden; vgl auch BGH 13.10.1992 X ZR 48/90 Bausch BGH 1986–1993, 600 Wandabstreifer 01; BGH 9.2.1993 X ZR 40/90 Bausch BGH 1986–1993, 439 Ladewagen 01; BPatG 11.7.1985 21 W (pat) 31/84 BlPMZ 1986, 228 Ls; BPatG 22.3.1999 9 W (pat) 44/98; BPatG 28.4.2009 6 W (pat) 14/08; verneint in BPatG 31.10.2006 14 W (pat) 16/04; EPA T 48/95; vgl auch PatentsC RPC 2000, 547 American Home Products v. Novartis, Rapamycin-Fall, und hierzu *Cole* EIPR 2000, 534 ff.

Anzahl von Bsp ausgefüllt sind.[246] Dies gilt insb bei durch das Zusammenwirken einer Vielzahl von Parametern gekennzeichneten Gegenständen wie optischen Systemen; das BPatG hält bei ihnen eine Beschränkung auf solche Parameterbereiche für geboten, die ausreichend dicht durch Ausführungsbeispiele belegt sind.[247] Das BPatG hat Sachansprüche durch Kennzeichnung verschiedener miteinander reagierender Ausgangsstoffe als ausgeschlossen angesehen, wenn durch den Reaktionsablauf Produkte entstehen, die sich nicht mehr auf die Ausgangsstoffe zurückführen und daher gegenüber Produkten nach dem StdT nicht abgrenzen lassen;[248] dies ist indessen eine Frage der Neuheit.

Kritik. Die Rspr berücksichtigt nicht immer ausreichend, dass die Ausführbarkeit der Offenbarung **88** nicht anhand der Patentansprüche, sondern anhand der Gesamtheit der Unterlagen zu beurteilen ist, außerdem führt sie im Einzelfall zu schwer lösbaren Abgrenzungsschwierigkeiten. Man wird aber auf der Grundlage des Rechtsgedankens des Art 84 EPÜ[249] (vgl auch EPA-PrRl C-III 4.3 unter ii, 4.4) die[250] Aufnahme ausreichend unterscheidungskräftiger Merkmale verlangen müssen, die die geschützte Lehre unter den als ausführbar offenbarten Bereich zieht.[251] Diese Schwierigkeit wird sich, wenn relevanter StdT vorliegt, vielfach schon durch Abgrenzung zu diesem lösen lassen.

Die Breite des Patentanspruchs stellt grds keinen eigenständigen **Nichtigkeits- oder Widerrufs- 89 grund** dar (vgl Rn 35 zu § 22)

Erfindungskategorien. Grundsatz. Das PatG verbietet es nicht, Patentansprüche verschiedener Er- **90** findungs-(Patent-)kategorien in eine einzige Anmeldung aufzunehmen; Grenze ist die Einheitlichkeit der Anmeldung[252] (vgl Art 30 schweiz PatV). Dem Anmelder kann nicht vorgeschrieben werden, wie der Gegenstand festzulegen ist, den er unter Schutz gestellt haben möchte, sondern er kann die Gewährung des Patents grds in jeder Ausgestaltung verlangen, die der gegebenen technischen Lehre entspricht und patentfähig ist.[253] Wenn sich diese in mehrere Erfindungskategorien einordnen lässt, muss der Erteilungsanspruch vom Anmelder mithin auf sämtliche in Betracht kommenden Erfindungskategorien bezogen werden können.[254] Lässt sich die Lehre in mehrere Anspruchsformen fassen, kann der Anmelder für sie in einer oder in mehreren (zeitgleichen) Anmeldungen Schutz beanspruchen,[255] Grenze ist das Bestehen eines Rechtsschutzbedürfnisses an den verschiedenen Kategorien.[256] Beanspruchung eines Patents in mehreren Erfindungskategorien kann nur als unzulässig angesehen werden, wenn an der Patenterteilung im angestrebten Umfang im Einzelfall aus besonderen Gründen keinerlei Interesse des Anmelders erkennbar ist, insb wenn das Verlangen des Anmelders missbräuchlich erscheint[257] oder wenn notwendigerweise

---

246 Vgl BGHZ 111, 21, 28 = GRUR 1990, 510 Crackkatalysator I; BGHZ 118, 210 = GRUR 1992, 842 Chrom-Nickel-Legierung; BPatG 15.7.2009 3 Ni 23/08 (EU); vgl auch *Christ* Mitt 1996, 145, 147; *MGK/Teschemacher* Art 84 EPÜ Rn 124, sowie den in GH Den Haag 27.1.2000 Boehringer Mannheim/Kirin Amgen, referiert in EIPR 2000, 125 ff angewendeten Test.

247 BPatGE 29, 210, 212; BPatG 10.4.1962 17 W (pat) 4/61 und BPatG 3, 95 = GRUR 1964, 448 sehen im Anschluss an RPA BlPMZ 1944, 6 allg Rahmenbedingungen für die Konstruktionsdaten nur für schutzfähig an, wenn ein echtes Konstruktionsprinzip vorliegt.

248 BPatG 9.2.1971 32 W (pat) 29/70 BlPMZ 1972, 59 Ls.

249 *Meier-Beck* FS E. Ullmann (2006), 495, 500 befürwortet eine Heranziehung von Art 83 EPÜ und Abs 4.

250 Sonst zur Abgrenzung erforderliche, vgl BGHZ 57, 1 = GRUR 1972, 80 Trioxan; BPatGE 15, 1 = GRUR 1973, 463.

251 Vgl *Armitage* GRUR Int 1971, 670, 673: Hinweise auf die Ausgestaltung der strukturellen Elemente und deren Beziehung zueinander; *MGK/Teschemacher* Art 84 EPÜ Rn 129, der einen ausreichenden Hinweis auf die einsetzbaren Mittel verlangt; im Ergebnis ähnlich *Meier-Beck* FS E. Ullmann (2006), 495, 501 f.

252 BPatG Mitt 1969, 12.

253 BGH GRUR 2007, 769 Pipettensystem; BGH 10.4.2014 X ZR 74/11.

254 BGHZ 95, 295, 297 = GRUR 1986, 163 borhaltige Stähle; vgl BPatG 25.7.2003 14 W (pat) 51/02; BPatG GRUR 2005, 45; *Mes* Rn 42.

255 Vgl BGHZ 54, 181, 183 = GRUR 1970, 601 Fungizid; BGHZ 73, 183, 187 = GRUR 1979, 461 Farbbildröhre; BGH GRUR 1977, 212 Piperazinoalkylpyrazole; *Comte* FS L. David (1996), 45, 49.

256 BGH Fungizid; BGH Farbbildröhre; BGHZ 68, 156, 159 = GRUR 1977, 652 Benzolsulfonylharnstoff; BGH GRUR 1972, 638, 640 Aufhellungsmittel; BGH GRUR 1972, 646 Schreibpasten; BGH GRUR 1998, 130 f Handhabungsgerät; vgl BPatG 7.9.2010 21 W (pat) 67/06; EPA T 433/89; EPA T 426/89 ABl EPA 1992, 172 = GRUR Int 1992, 549 Herzschrittmacher beanstandet allerdings unter dem Gesichtspunkt der Deutlichkeit einen auf ein „Verfahren zum Betreiben" eines Geräts gerichteten Patentanspruch, der nur die Wirkungsweise des Geräts umschreibt.

257 BGH Fungizid; BGH Farbbildröhre; BGH Handhabungsgerät; vgl BPatG Mitt 1969, 12; BPatG Mitt 1969, 75; aA BPatGE 8, 136 und BPatG Mitt 1971, 156, wonach die Zuweisung zu einer Erfindungskategorie nach objektiven

Erschöpfung eingetreten ist; dasselbe gilt für mehrere Ausprägungen innerhalb derselben Kategorie.[258] Der Anmelder kann die Erfindung in allen denkbaren Kategorien beanspruchen, ohne dass der Patentanspruch der einen Erfindungskategorie dem der anderen etwas hinzufügen muss.[259] Kleinlichkeit ist hier nicht angebracht; regelmäßig wird es ausreichen, wenn durch die weitere Erfindungskategorie die Rechtsdurchsetzung irgendwie erleichtert werden kann.[260] Dass für einen Patenterteilungsantrag auf ein durch das Herstellungsverfahren gekennzeichnetes Verfahrenserzeugnis das Rechtsschutzbedürfnis fehle, wenn das Herstellungsverfahren bereits patentiert ist,[261] trifft in dieser Allgemeinheit nicht zu; allerdings kann es im Einzelfall fehlen;[262] das wird aber nur ausnahmsweise in Betracht kommen. Der BGH hat für Verfahrensansprüche neben einer geschützten Vorrichtung keinen Raum gesehen, wenn erstere lediglich die Wirkungsweise der gegenständlichen Merkmale der Vorrichtung beschreiben oder nicht zu erkennen ist, in welch anderer Weise als mit der unter Schutz gestellten Vorrichtung das beschriebene Verfahren noch ausgeführt werden könnte.[263] Dem kann nicht gefolgt werden. Das Fehlen des Rechtsschutzbedürfnisses muss festgestellt werden, nicht sein Bestehen. Überlegungen, dass ein Anspruch dem anderen nichts hinzufüge, sind für sich nicht geeignet, das Rechtsschutzbedürfnis zu verneinen; erst recht nicht, einer ausufernden Zahl von Patentansprüchen entgegenzuwirken, hier sind ausschließlich Knappheit und Klarheit als Maßstab heranzuziehen.

91   **Zulässigkeit.** Als nebeneinander zulässig wurden angesehen[264] (vgl den Katalog in Art 30 Abs 2 schweiz PatV) Patentansprüche auf einen Stoff, dessen Herstellung und dessen Verwendung,[265] offengelassen für eine Vielzahl von Verwendungsansprüchen neben dem Stoffanspruch.[266] Grds wurde ein „Auffanganspruch" (Verwendungs- oder Mittelanspruch) neben dem Stoff- und dem Herstellungsanspruch als zulässig angesehen.[267] Der BGH rechtfertigt dies mit der Erleichterung der Rechtswahrung und -verfolgung durch die genauere Umschreibung des dem Anmelder zustehenden Schutzes;[268] er hat es, solange der Stoffanspruch besteht, zunächst als im Belieben des Anmelders stehend angesehen, ob dieser für den Mittelanspruch eine allg gehaltene Zweckangabe wählt oder ob er diese Zweckangabe bei einem Arznei-

---

Gesichtspunkten zu erfolgen hat und nicht der Disposition des Anmelders unterliegt; in diese Richtung auch *MGK/ Teschemacher* Art 84 EPÜ Rn 53.

258   BGH Farbbildröhre; BGHZ 166, 347 = GRUR 2006, 748 Mikroprozessor gegen BPatG GRUR 2004, 320; BGH GRUR 2007, 769 Pipettensystem; vgl BPatG Mitt 2007, 557; BPatG 18.7.2008 17 W (pat) 28/08 Mitt 2009, 286 Ls; *Schönborn/Ehlgen* Mitt 2016, 104 f; im Einzelfall zu streng BPatGE 47, 224 = GRUR 2004, 320 f; vgl *Mes* Rn 43; aA BPatG 13.4.1977 20 W (pat) 10/76 BlPMZ 1977, 369 Ls.

259   Vgl BPatG Mitt 2007, 557; BPatGE 29, 177 = BlPMZ 1988, 262; BPatGE 40, 219, allerdings aus Gründen der Rechtsklarheit grds mit der Forderung nach Aufnahme aller Merkmale, sofern solche überhaupt angegeben werden und nicht nur Zweckangabe – „Vorrichtung zur Durchführung des Verfahrens nach Patentanspruch 1" – erfolgt; BPatG Mitt 2016, 22; ausdrücklich offengelassen in BGH Handhabungsgerät; aA ohne überzeugende Gründe BPatG 21.4.1994 23 W (pat) 55/92 BlPMZ 1995, 222 Ls, wo neben einem Vorrichtungsanspruch kein weiterer Patentanspruch auf die Arbeitsweise oder eine Verwendung der Vorrichtung als zulässig angesehen wird; die Entscheidung ist im Rechtsbeschwerdeverfahren bestätigt worden, weil das BPatG Tatsachen festgestellt hatte, die die Verneinung des Rechtsschutzbedürfnisses trugen; vgl auch BPatG 11.3.1997 8 W (pat) 43/95.

260   Vgl BPatGE 29, 177 = BlPMZ 1988, 262.

261   BPatGE 33, 153.

262   BGH Handhabungsgerät; in BGH Mikroprozessor als nicht verallgemeinerungsfähiger Fall bezeichnet; vgl *Benkard-EPÜ* Art 52 Rn 11; BPatG 28.4.2008 17 W (pat) 73/07.

263   BGH Liedl 1963/64, 515, 531 Läppen, nicht in GRUR; BGH Liedl 1965/66, 115, 121 Dungschleuder; offengelassen in BGH Handhabungsgerät.

264   Vgl *MGK/Teschemacher* Art 84 EPÜ Rn 39 ff.

265   BGHZ 54, 181, 183 = GRUR 1970, 600 Fungizid; BPatG 10, 148 = Mitt 1969, 76; BPatG Mitt 1969, 77; BGH GRUR 1977, 212 Piperazinoalkylpyrazole; BPatG 11.2.1969 15 W (pat) 180/64; BPatG GRUR 1970, 365; BPatGE 23, 31 = GRUR 1981, 122; BPatG Mitt 1969, 12: Mittel und dessen Verwendung; aA BPatG 14.8.1969 16 W (pat) 95/68 BlPMZ 1970, 459 Ls.

266   BGH Fungizid; BGHZ 57, 1, 23 f = GRUR 1972, 80 Trioxan: „product-by-process"-Anspruch neben Patentanspruch auf das Herstellungsverfahren; ebenso BGH Fungizid.

267   BGH Fungizid; BGHZ 53, 274 = GRUR 1970, 361 Schädlingsbekämpfungsmittel; BGH GRUR 1972, 644, 646 gelbe Pigmente; BGHZ 68, 156, 159 = GRUR 1977, 652 Benzolsulfonylharnstoff; BPatG GRUR 1972, 648; BPatG 21.2.1972 16 W (pat) 71/71; BPatG Mitt 1978, 218; vgl BPatG 16.3.1978 16 W (pat) 131/74; aA für das GbmRecht BPatGE 11, 96, wonach ein Unteranspruch auf Verwendung des in übergeordneten Schutzansprüchen beanspruchten Geräts rechtsunwirksam sei.

268   BGH Fungizid; BGH gelbe Pigmente.

mittel durch eine richtungsweisende Indikationsangabe einengt.[269] Später hat der BGH den Mittelanspruch generell abgelehnt; dies ist bdkl (Rn 133 zu § 1). Ebenfalls zulässig ist ein Sachanspruch auf ein Erzeugnis neben einem Sachanspruch auf eine Vorrichtung zu seiner Herstellung.[270] Als zulässig angesehen wurde neben einem Verfahrensanspruch ein Patentanspruch auf ein Mittel zu seiner Durchführung,[271] zB auf ein photographisches Verfahren, das Aufnahmematerial und einen Entwickler.[272]

Unzulässigkeit. Als unzulässig angesehen wurde neben Stoff, Herstellung und Verwendung die Auf- **92** nahme der unter Verwendung des Stoffs hergestellten Erzeugnisse.[273] Für die Kumulierung von Verwendungs- und Mittelanspruch neben Stoff- und Verfahrensanspruch zur Herstellung wurde das Rechtsschutzbedürfnis verneint.[274]

d. Beschreibung. Der **Inhalt** der Beschreibung bestimmt den Altersrang in sachlicher Hinsicht.[275] Je- **93** doch sind Schutzansprüche und Zeichnungen ebenfalls zu berücksichtigen.

Der **Mindestinhalt** der Beschreibung ergibt sich aus § 10 PatV. Von Bedeutung ist insb § 10 Abs 2 Nr 7 **94** PatV, wonach zumindest ein Weg zum Ausführen der Erfindung anzugeben ist (Rn 109).

Bezugnahme auf die Patentansprüche oder Teile von ihnen ist ausdrücklich zugelassen.[276] Auf das **95** Unterlassen der Streichung der Wiederholung von Patentansprüchen und Teilen von ihnen in der Beschreibung kann eine Zurückweisung der Anmeldung regelmäßig nicht gestützt werden.[277] Eine Klarstellung zum Schutzumfang in der Beschreibung ist nicht erforderlich.[278]

Anwendungsgebiet. Die Angabe der Patentklasse ist nicht erforderlich; Klassifizierung ist Sache des **96** DPMA. Die Rspr hat bei Anmeldung eines chemischen Analogieverfahrens idR die Angabe eines technischen Gebiets gefordert, auf dem das Verfahren Anwendung finden soll;[279] die Angabe „wertvolle Pharmazeutika" bzw „Zwischenprodukte für die Herstellung von Pharmazeutika" genügt.[280] Der BGH hat zunächst offen gelassen, ob die Angabe nachgebracht oder im Lauf des Erteilungsverfahrens geänd werden kann,[281] dies später aber auch für den Stoffschutz bejaht.[282] Nach Auffassung des BPatG musste die Angabe ursprünglich offenbart sein.[283] Dies sollte nicht gelten, wenn sich Art und Gebiet der Anwendung für den Fachmann bereits aus der formelmäßigen Zusammensetzung der Verfahrenserzeugnisse ergeben.[284] Ebenso ist für den Stoffschutz die Angabe eines Anwendungsgebiets gefordert worden.[285] Man wird den Schlüssel darin sehen müssen, wieweit die Angabe der Stoffparameter auch ohne Verwendungshinweise geeignet ist, den Anforderungen zu genügen, die an die Offenbarung einer (zielgerichteten) Lehre zum technischen Handeln zu stellen sind (vgl Rn 122 f zu § 1). Zum Beschreibungserfordernis bei Gensequenzen Rn 12 ff zu § 1a.

---

269 BGH GRUR 1977, 212 Piperazinoalkylpyrazole; vgl BPatG 16.3.1978 16 W (pat) 131/74 gegen BPatG 9.10.1975 16 W (pat) 125/73 BlPMZ 1976, 427 Ls.

270 BGHZ 73, 183, 187, 190 = GRUR 1979, 461 Farbbildröhre.

271 BPatG Mitt 1969, 75.

272 In diesem Fall aA BPatG Mitt 1969, 18. Zum Verhältnis des Analogieverfahrens zur Verwendung des durch dieses hergestellten Erzeugnisses vgl BPatGE 7, 1 = Mitt 1965, 96.

273 BGH GRUR 1972, 646 f Schreibpasten, zwh.

274 BGH GRUR 1972, 638, 640 Aufhellungsmittel; BGH Schreibpasten; BGHZ 68, 156, 159 = GRUR 1977, 652 Benzolsulfonylharnstoff; BPatG 22.6.1970 16 W (pat) 78/68 BlPMZ 1971, 188 Ls; vgl BPatG BlPMZ 1984, 296.

275 DPA BlPMZ 1955, 255, GbmSache.

276 Vgl zum früheren Recht BPatG 4.12.1969 23 W (pat) 8/67 einerseits, BPatG 17.8.1971 20 W (pat) 250/67 andererseits.

277 BPatGE 21, 206 = GRUR 1979, 393.

278 AA BPatGE 9, 24 = BlPMZ 1967, 196 zur Frage, wieweit Elementenschutz begehrt wird, der nach geltendem Recht jedoch nicht mehr in Betracht kommt.

279 BGHZ 45, 102, 109 f = GRUR 1966, 312 Appetitzügler I.

280 Abl zu dem Erfordernis mit beachtlichen Argumenten *MGK/Pagenberg* Art 57 EPÜ Rn 50 ff, hiergegen *MGK/Teschemacher* Art 83 EPÜ Rn 46; *Hesse* Mitt 1983, 106, 108 sieht die gewerbliche Anwendbarkeit nicht als offenbarungsbedürftig an; Angaben fordert grds auch CA Paris PIBD 1998 646 III 129.

281 BGH Appetitzügler I.

282 BGHZ 58, 280, 289 = GRUR 1972, 541, 543 f Imidazoline.

283 BPatGE 17, 192.

284 BPatG Mitt 1967, 110.

285 BGH Imidazoline; BPatGE 17, 192; zwd *Benkard* Rn 16.

Keukenschrijver

97   **Angaben zum Stand der Technik.** Nach Abs 7 hat der Anmelder auf Verlangen des DPMA den StdT nach seinem besten Wissen vollständig und wahrheitsgemäß anzugeben;[286] die Bestimmung korrespondiert mit § 8 Abs 2 Nr 2 PatV. Die Nachreichung solcher Angaben ist nicht an § 38 zu messen.[287] Die Bestimmung verpflichtet den Anmelder auf Verlangen des DPMA zur vollständigen und wahrheitsgem Angabe des StdT, soweit er dazu in der Lage ist, nicht aber zu dessen Würdigung[288] (zu den Folgen unrichtiger Angaben Rn 21 ff zu § 124). Negativerklärung kann ausreichen.[289] Die Angabe betriebsinternen Materials, dessen öffentliche Zugänglichkeit zwh ist, wird nicht gefordert.[290] Das BPatG hat wiederholt die Wiedergabe des relevanten StdT derart verlangt, dass bei einem Vergleich mit der beanspruchten Lehre leicht erkennbar ist, welche Anspruchsmerkmale aus den zitierten Fundstellen oder genannten Entgegenhaltungen bekannt sind; dabei kann es bei zweiteiliger Anspruchsfassung genügen, die zur Abfassung des Oberbegriffs herangezogene Entgegenhaltung zu benennen, dagegen soll es die einteilige Fassung erfordern, die maßgeblichen Entgegenhaltungen in der Beschreibung inhaltlich zumindest soweit wiederzugeben, als merkmalsmäßige Übereinstimmung mit dem Anmeldungsgegenstand vorliegt.[291]

98   Die Pflicht zur **Aufnahme in die Beschreibung** (Abs 7) bezieht sich nur auf den relevanten StdT, sie dient dazu, das Wesen der Erfindung klar darzustellen.[292] Ist die öffentliche Zugänglichkeit einer Entgegenhaltung nicht geklärt, muss diese nicht in die Beschreibung aufgenommen werden.[293]

99   **Problem (Aufgabe).** Ausführungen über die Aufgabenstellung mögen häufig einen Beitrag für das richtige Verständnis der in den Patentansprüchen enthaltenen Merkmale und der durch die Gesamtheit der Anspruchsmerkmale charakterisierten technischen Lehre leisten, haben jedoch keine von den Merkmalen der Patentansprüche losgelöste selbstständige Bedeutung.[294] Einer ursprünglichen Offenbarung des Problems (der Aufgabe) bedarf es entgegen der früheren Praxis[295] nicht. Eine als fehlerhaft gerügte Aufgabenstellung rechtfertigt jedenfalls dann nicht die Zurückweisung der Anmeldung, wenn der Anmelder die Anpassung der Beschreibung in Aussicht gestellt hat.[296]

100   **Lösung.** Allgemeines zur Lösung Rn 89 ff zu § 1. Für die Offenbarung genügt es, wenn der Anmelder die objektiven kausalen Voraussetzungen eines technischen Erfolgs angibt. Ein von ihm geäußerter Irrtum in der Beurteilung der Ursachen ist unschädlich.[297] Zur Ermittlung der Offenbarung darf herangezogen werden, was jedem Fachmann beim Lesen als selbstverständliche Grundlage erscheint.[298] Dem Fachmann muss nicht in allen Einzelheiten vorgeschrieben werden, was er zu tun hat.[299] Es bedarf keiner besonderen Anweisung über die Ausgestaltung eines bestimmten Elements des Erfindungsgegenstands, sofern sich diese für ihn aus dem Gesamtinhalt der Patentschrift ergibt.[300] Insb sind genau zahlenmäßig beschriebene Werte entbehrlich, wenn der Fachmann diese dem Inhalt der Patentschrift ohne erfinderisches Bemühen

---

286   Vgl BPatG 27.4.2015 21 W (pat) 104/09.

287   Vgl EPA T 450/97 ABl EPA 1999, 67, 74 f = GRUR Int 1999, 352, 354 Shampoozusammensetzung.

288   BPatGE 20, 111 = GRUR 1978, 241; BPatGE 38, 17 = BPatG BlPMZ 1997, 323; vgl BPatG 9.7.2008 20 W (pat) 18/07 Mitt 2009, 286 Ls; *Mes* Rn 79; vgl auch Federal Court Kanada 27.2.1998 Bourgault v. Flexi-Coil, referiert in EIPR 1998 N-111; vgl aber VG München InstGE 2, 242, 247 f, aufgehoben durch VGH München InstGE 4, 81 = Mitt 2003, 400 = GRUR-RR 2003, 297.

289   BPatG 9.7.2008 20 W (pat) 18/07 Mitt 2009, 286 Ls.

290   BPatG 24.1.2006 17 W (pat) 18/05 Mitt 2006, 219 Ls; *Mes* Rn 79.

291   BPatGE 38, 17 = BlPMZ 1997, 323 und BPatG 5.5. 1998 23 W (pat) 40/97.

292   BPatGE 20, 111 = GRUR 1978, 241.

293   BPatG 24.1.2006 17 W(pat) 18/05 Mitt 2006, 219 Ls.

294   BGH GRUR 1990, 33 Schüsselmühle; BGH 16.1. 1990 X ZR 57/88; auf die „bloße Aufgabenstellung" stellt allerdings öOPM öPBl 2006, 103 ab.

295   ZB BPatGE 7, 73 = Mitt 1965, 198, BPatG Mitt 1965, 10, beide zu Analogieverfahren; zum Meinungsstand *Benkard* Rn 19.

296   BPatG BlPMZ 1991, 71.

297   RG MuW 32, 463 Regneranlage II, nur teilweise in RGZ 136, 320; RG GRUR 1935, 535 Lamellenkupplung; RG GRUR 1935, 869 Kesselofen aus Beton; BGH GRUR 1955, 386 Optik; BGH Liedl 1969/70, 110, 115 Elektronenschweißen.

298   RG GRUR 1936, 799 f Schaltungsanordnung für Wähler; BGH Liedl 1961/62, 1, 6 Schuheinlage.

299   BGH GRUR 1966, 201, 205 ferromagnetischer Körper; BGH 1.12.1992 X ZR 13/90; BPatG 17.3.2001 4 Ni 18/00 (EU).

300   BGH GRUR 1954, 317, 319 Leitbleche I; BGH Schuheinlage.

entnehmen kann.[301] Die für eine Rechenmaschine erforderlichen Schaltungsanordnungen können grds durch logische Gleichungen definiert werden.[302]

Stofferfindung. Die Kennzeichnung des Stoffs kann zunächst durch die chemische Formel (Struktur- **101** formel, deren Angabe grds ausreicht)[303] erfolgen, eine solche Kennzeichnung ist jedoch nicht unbedingt erforderlich. Das PatG verfolgt nicht das Ziel, die reine Theorie um die Erkenntnis der vollständigen und exakten Struktur neu gefundener makromolekularer Stoffe zu bereichern.[304] Vom Erfinder kann vollständige und exakte Aufklärung der Struktur eines erstmals hergestellten Stoffs nicht verlangt werden, wenn er ihn auf andere Weise eindeutig identifiziert.[305] Patentschutz für einen makromolekularen chemischen Stoff braucht nicht daran zu scheitern, dass der Stoff nicht durch eine vollständige und exakte Strukturformel gekennzeichnet werden kann; es ist notwendig und ausreichend, dass der durch die Beschreibung erläuterte Patentanspruch soviel Angaben zur Kennzeichnung enthält, wie erforderlich sind, um seine Eigenart durch zuverlässig feststellbare (messbare) Charakteristiken (Parameter) von zuverlässig feststellbaren Charakteristiken anderer Stoffe zu unterscheiden;[306] bezieht sich eine Anmeldung auf ein Gemisch von Makropolymeren, braucht nur das Gemisch, nicht das einzelne Individuum des Gemischs eindeutig identifizierbar bezeichnet zu werden, gleiches gilt für eine Stoffgruppe.[307] Auch bei Stoffgemischen ist Zweckangabe im Patentanspruch nicht erforderlich.[308] Die Rspr des BGH[309] und des BPatG[310] hat zunächst die Kennzeichnung durch andere unterscheidungskräftige Parameter zugelassen, wenn die Angabe der Formel nicht möglich war; die Angabe bestimmter physikalischer und chemischer Eigenschaften kann ausreichen;[311] dabei muss es sich nicht um ohne weiteres feststellbare Parameter handeln.[312] Das gilt indes nicht nur, wenn die Konstitution des Stoffs nicht bekannt ist, eine Kennzeichnung durch entspr andere Parameter ist in jedem Fall zulässig.[313] Dass Struktur und unterscheidungskräftige Parameter nachgebracht werden können,[314] verdient nur soweit Zustimmung, als damit die ursprüngliche Offenbarung nicht verlassen wird, dh eine Abgrenzung des Stoffs gegenüber anderen schon mit den bisherigen Angaben möglich war.[315] Ein Sachanspruch kann auch für nur beschränkt lagerfähige Reaktionsgemische aufgestellt werden, die durch die zu mischenden, miteinander reaktionsfähigen Ausgangsstoffe gekennzeichnet sind.[316]

Besonderheiten bei Zwischenprodukten. Wenn für ein chemisches Zwischenprodukt (Rn 131 ff zu **102** § 1) oder das Verfahren zu seiner Herstellung Schutz begehrt wird, ist nach der älteren Rspr des BGH in den ursprünglichen Unterlagen zu offenbaren, wie es zum Endprodukt weiterzuverarbeiten ist, falls dies dem

---

301 BGH GRUR 1968, 311, 313 Garmachverfahren mwN; BGH 1.12.1992 X ZR 13/90; vgl auch BGH GRUR 1965, 298, 301 Reaktionsmeßgerät; BPatG Mitt 1968, 211: Angabe von errechenbaren Mengenverhältnissen der Ausgangsstoffe; abw BPatG 6.7.2004 1 Ni 16/03 (EU) Mitt 2005, 123 Ls; BPatG 11.8.2004 4 Ni 36/03 (EU).

302 BPatGE 21, 64, 66 f = GRUR 1979, 52.

303 Vgl BPatG GRUR 1979, 849: Summenformel.

304 Vgl BGH GRUR 1966, 312, 316 Appetitzügler I; RG PatBl 1889, 209 Kongorot I.

305 BGHZ 57, 1, 8 = GRUR 1972, 80 Trioxan.

306 Vgl auch EPA T 94/82 ABl EPA 1984, 75, 79 zahnradgekräuseltes Garn.

307 BGH Trioxan, in BGHZ nur teilweise; BPatGE 14, 4; BPatGE 15, 1, 8 = GRUR 1973, 463; BPatG GRUR 1978, 633, 635; BPatG GRUR 1979, 629, 631.

308 BPatG Mitt 1970, 134.

309 BGH Trioxan; BGH Liedl 1978/80, 842, 846 Adsorptionsmittel für Bier.

310 BPatGE 25, 79 = GRUR 1983, 173; BPatGE 15, 1, 8 = GRUR 1973, 463.

311 BGH Trioxan; BGH BlPMZ 1984, 211, 213 optische Wellenleiter und vorausgehend BPatG 21.6.1982 31 W (pat) 87/79 BlPMZ 1982, 339 Ls; BGHZ 92, 129, 134 = GRUR 1985, 31 Acrylfasern, gegen BPatG 7.7.1983 11 W (pat) 66/83 BlPMZ 1984, 204 Ls; BGH GRUR 1998, 899, 900 Alpinski: Beschreibung durch Messwerte und Messwertrelationen; vgl BGH GRUR 1983, 116 f Prüfkopfeinstellung; BPatGE 20, 6, 9: physikalische Parameter wie Hygroskopizität, Röntgen- und IR-Spektrum; BPatG GRUR 1978, 633; BPatG GRUR 1979, 849; BPatGE 25, 193 = GRUR 1983, 737; EPA zahnradgekräuseltes Garn; EPA T 248/85 ABl EPA 1986, 261 = GRUR Int 1986, 550 Bestrahlungsverfahren; strenger BPatGE 23, 253: keine Parameter, die nur durch Zwischentests während der Herstellung festgestellt werden können.

312 BGH optische Wellenleiter.

313 Vgl BGHZ 122, 144 = GRUR 1993, 651 tetraploide Kamille; BPatG 23.1.2004 14 W (pat) 52/02; EPA T 452/91: übliche Parameter; ebenso *MGK/Teschemacher* Art 84 EPÜ Rn 111.

314 So BPatGE 15, 1, 8 = GRUR 1973, 463; BPatG Mitt 1987, 10.

315 In diese Richtung, aber missverständlich, auch BPatG 19.1.1995 11 W (pat) 46/91 BlPMZ 1996, 189 Ls; hierzu BGHZ 135, 369 = GRUR 1997, 612, 615 Polyäthylenfilamente.

316 BPatG 22.11.1983 32 W (pat) 50/81 BlPMZ 1984, 330 Ls.

Fachmann nicht geläufig ist.[317] Das soll auch gelten, wenn ein Vorurteil besteht.[318] Dies betrifft aber nicht die Ausführbarkeit, sondern die gewerbliche Anwendbarkeit, und wird insoweit als überholt gelten müssen (vgl Rn 7 zu § 5). Ein auf ein chemisches Zwischenprodukt einer angegebenen Konstitution gerichteter Stoffanspruch ist als unstatthaft angesehen worden, wenn das Zwischenprodukt im Zug eines offenbarten, von einem Ausgangs- zum Endprodukt führenden Herstellungsverfahrens in einer Reaktionsmischung nur vorübergehend existiert und dem Fachmann kein Weg bekannt ist oder offenbart wurde, wie er ein solches Zwischenprodukt isolieren und „in die Hand bekommen" kann;[319] dies hat die neuere Rspr indes relativiert (Rn 32 zu § 3).

103   **Kennzeichnung eines Erzeugnisses durch das Herstellungsverfahren („product-by-process")** ist grds zulässig;[320] für die eindeutige Identifizierung eines durch sein Herstellungsverfahren gekennzeichneten Stoffs genügt es demnach, dass mit üblichen Analysemethoden der Analyse die Herstellungsweise festgestellt werden kann.[321] „Product-by-process"-Ansprüche kommen auch außerhalb von Chemie und Biologie in Betracht.[322] Möglich sind sowohl reine „product-by-process"-Ansprüche, bei denen das Erzeugnis allein durch sein Herstellungsverfahren definiert ist, als auch gemischte „product-by-process"-Ansprüche, bei denen die Kennzeichnung sowohl durch Herstellungsschritte als auch durch weitere Merkmale oder Parameter erfolgt.[323] Derartige Patentansprüche werden allerdings nur als subsidiär zulässig angesehen, wenn keine andere Möglichkeit zur eindeutigen Kennzeichnung besteht, weil das Erzeugnis, insb der chemische Stoff, weder durch seine Konstitution noch durch hinreichend unterscheidbare und zuverlässig feststellbare Charakteristiken identifiziert werden kann oder eine Kennzeichnung durch Parameter seiner Eigenschaften ganz unpraktisch ist;[324] solche Anspruchsfassungen sind auch zur Abgrenzung des Erzeugnisses gegenüber dem StdT zulässig;[325] die Subsidiarität[326] lässt sich damit begründen, dass die Beschreibung eines Erzeugnisses soweit möglich mit dessen technischen Merkmalen zu erfolgen hat, was im Interesse der Klarheit auch auf die Darstellung im Schutzanspruch ausstrahlt. Der Anmelder hat darzulegen, dass alle verfahrensgemäß hergestellten Stoffe von den im StdT bekannten abweichen.[327] Product-by-process-Ansprüche sind Sachansprüche.[328]

104   Dies gilt auch für **biologische Erzeugnisse**.[329] Für die Kennzeichnung bedarf es nicht des Nachweises, dass das durch das Züchtungsverfahren beschriebene Erzeugnis tatsächlich mittels des angegebenen

---

317   BGH GRUR 1972, 642, 644 Lactame; BPatG 16.10. 1980 16 W (pat) 87/77.

318   BPatG 2.12.1974 16 W (pat) 6/73.

319   BPatG 23.3.1992 16 W (pat) 71/90 BlPMZ 1993, 163 Ls; vgl auch CA Mailand GRUR Int 1995, 597, 601.

320   BGHZ 57, 1 = GRUR 1972, 80 Trioxan gegen BPatG 11.12.1969 15 W (pat) 68/68 BlPMZ 1970, 459 Ls; BGHZ 122, 144 = GRUR 1993, 651, 655 tetraploide Kamille; EPA T 205/83 ABl EPA 1985, 363 Vinylester-Crotonsäure-Copolymerisate; EPA T 219/83 ABl EPA 1986, 211 Zeolithe; EPA T 248/85 ABl EPA 1986, 261 Bestrahlungsverfahren; EPA T 664/90; *Benkard-EPÜ* Art 84 Rn 33f; vgl auch HoL GRUR Int 2005, 343 Kirin-Amgen; BPatG 11.9.1969 15 W (pat) 120/66.

321   BGHZ 57, 1, 17 = GRUR 1972, 80, 86 Trioxan.

322   BPatGE 20, 20, 24 = BlPMZ 1978, 54: netzartiger Faservliesstoff; BPatG 14.1.2009 35 W (pat) 466/07.

323   EPA T 148/87; EPA T 129/88 ABl EPA 1993, 598 Faser; *Schrell/Heide* GRUR 2006, 383.

324   BGH Trioxan; BGH GRUR 1978, 162 7-Chlor-6-demethyltetracyclin; BGHZ 73, 183, 188 = GRUR 1979, 461 Farbbildröhre; BGHZ 92, 129, 136 = GRUR 1985, 31 Acrylfasern; BGHZ 122, 144 = GRUR 1993, 651, 655 tetraploide Kamille; BGH GRUR 2001, 1129, 1133 zipfelfreies Stahlband; BPatGE 13, 44; BPatG 15, 1, 8 = GRUR 1973, 463; BPatGE 25, 79, 81 = GRUR 1983, 173; BPatG 14.1.2009 35 W (pat) 466/07; LG Düsseldorf 13.5.2003 4a O 234/02; EPA T 150/82 ABl EPA 1984, 309 = GRUR Int 1984, 525 Anspruchskategorien; EPA T 248/85 ABl EPA 1986, 261 = GRUR Int 1986, 550 Bestrahlungsverfahren; EPA T 320/87 ABl EPA 1990, 71 = GRUR Int 1990, 629 Hybridpflanzen; EPA T 487/89 EPOR 1992, 32 Polyhexanmethylene fiber; wenn eine Definition durch Parameter zwar möglich sein könnte, der Anmelder diese aber nicht zur Hand hat; *Mes* § 1 Rn 193; *Schrell/Heide* GRUR 2006, 383 f, 386, auch zu Unterschieden in der dt und der eur Praxis; *Rogge* Mitt 2005, 145; *Straus* GRUR 1993, 794 f; vgl auch BGHZ 184, 300 = GRUR 2010, 414 thermoplastische Zusammensetzung.

325   EPA T 130/90 rekombinanter monoklonaler Antikörper, auszugsweise bei *Jaenichen* GRUR Int 1992, 327, 330; EPA T 552/91 ABl EPA 1995, 100 = GRUR Int 1995, 705 Chromanderivate: bei falsch angegebener Strukturformel kommt Ersetzung durch „product-by-process"-Anspruch in Betracht; *Benkard*[9] § 1 Rn 88; *Kraßer* S 485 (§ 24 A III 4); vgl zur Praxis in der Volksrepublik China *Yin Xin Tian* IIC 1998, 139, 146ff.

326   Vgl *MGK/Teschemacher* Art 84 EPÜ Rn 108.

327   EPA T 205/83 ABl EPA 1985, 363 Vinylester-Crotonsäure-Copolymerisate; *Schrell/Heide* GRUR 2006, 383, 385; vgl BGH GRUR 2001, 1129 zipfelfreies Stahlband.

328   *Mes* Rn 38.

329   BGHZ 122, 144, 154 = GRUR 1993, 651 tetraploide Kamille; BPatGE 21, 43 = GRUR 1978, 586f „Lactobacillus bavaricus": Mikroorganismus; EPA T 320/87 ABl EPA 1990, 71 = GRUR Int 1990, 629 Hybridpflanzen: Samen und Pflanzen,

Verfahrens hergestellt ist (Rn 54 ff zu § 9; s auch Rn 124 zu § 1). Auf die Hinterlegung braucht sich der Anmelder nicht verweisen zu lassen.[330]

Nukleotid- oder Aminosäuresequenzen betrifft § 11 PatV.[331] In Anpassung an die Regeln des WIPO- 105 Standards St 25 und des PCT-Standards sieht die durch die ÄndVO vom 11.5.2004[332] geänd Anl 1 zur PatV nach § 11 Abs 2 Satz 2 PatV verbindliche entsprechende (sprachunabhängige) Regeln vor. Zum Offenbarungsgehalt Rn 270.

Verfahren, insbesondere Analogieverfahren. Bei chemischen Verfahren kann Definition mittels 106 graphischer Darstellung in Form eines Diagramms ausreichen.[333] Bei ihnen sind Angaben über die Herstellung der Ausgangsstoffe nicht erforderlich.[334] Zur Offenbarung einer Erfindung, deren Gegenstand ein chemisches Analogieverfahren ist, genügt die Angabe der Ausgangsstoffe, der Arbeitsmethoden und der Endprodukte des Verfahrens.[335]

Gewerbliche Anwendbarkeit. Angaben sind nur ausnahmsweise erforderlich (§ 8 Abs 2 Nr 5 PatV), 107 wenn die gewerbliche Anwendbarkeit nach § 5 ausgeschlossen sein kann (vgl Rn 96).

Vorteilhafte Wirkungen. § 8 Abs 2 Nr 6 PatV sieht die Angabe von Vorteilen vor. Da Patentfähigkeit 108 ein vorteilhaftes Abweichen vom StdT nicht mehr voraussetzt, kann es indes auf die Vorteile nurmehr ankommen, soweit diese schutzbegründend sind. Es müssen nicht sämtliche Vorteile dargelegt werden.[336] Vorteile können nachträglich geltend gemacht werden, soweit sie die Erfindung nicht verändern.[337] Nach der älteren Rspr müssen allerdings patentbegründende Vorteile ursprünglich offenbart sein.[338] Ein Vorteil (oder Verwendungszweck),[339] der das eigentliche Wesen der Erfindung ausmacht und dessen Ausnutzung der Befolgung der Lehre erst ihren eigentlichen Sinn gibt, muss, wenn er patentbegründend sein soll, offenbar sein.[340] Die zur Begründung der Patentfähigkeit erforderlichen Angaben über die besonderen technischen, therapeutischen oder sonstwie wertvollen Eigenschaften der Verfahrensprodukte eines Analogieverfahrens können nach der Rspr des BGH nachgebracht werden.[341] Auch bei einer Stofferfindung muss nach der Rspr des BGH der technische oder therapeutische Effekt nicht ursprünglich offenbart sein;[342] das ist in dieser Allgemeinheit nicht zutr und entspricht zudem nicht der Praxis des EPA (vgl Rn 122 zu § 1).

Weg zum Ausführen. Anzugeben ist ein (beliebiger) Weg zum Ausführen der Erfindung; hierdurch 109 muss die Ausführbarkeit (Rn 272 ff; Einzelheiten dort) sichergestellt werden. Im Gegensatz zu anderen Rechtsordnungen verlangt das nationale Recht nicht die Angabe des „besten" Wegs, den der Anmelder etwa als Betriebsgeheimnis für sich behalten kann (Rn 276).

§ 10 Abs 3 PatV schließt **offensichtlich nicht notwendige Angaben** aus. In Betracht kommen ohne 110 weiteres erkennbar falsche, unvollständige und mit dem Gegenstand der Anmeldung in keinem Zusammenhang stehende Darstellungen,[343] unsachlicher und polemischer Inhalt.[344] Das BPatG fordert die Strei-

---

die keine im einzelnen definierbaren biologischen Individuen sind, die durch ihre physiologischen oder biologischen Merkmale gekennzeichnet werden könnten.

330 BGH tetraploide Kamille.

331 Vgl *Mes* Rn 77.

332 BGBl I 897 = BlPMZ 2004, 312.

333 BPatGE 11, 199.

334 BPatGE 8, 149.

335 BGHZ 45, 102, 105 = GRUR 1966, 312 Appetitzügler I; BPatG Mitt 1967, 110; aA BPatG Mitt 1965, 10.

336 Vgl schon BPatG Mitt 1979, 239.

337 BPatGE 2, 155 = GRUR 1965, 30; BPatGE 6, 181 = GRUR 1966, 258, dort als stRspr bezeichnet.

338 RG GRUR 1942, 156, 158 Dreheisenquotientenmesser; BGH GRUR 1960, 542, 544 Flugzeugbetankung; BGH GRUR 1962, 83, 85 Einlegesohle; BGH Liedl 1967/68, 349, 359 Selengleichrichter; vgl BGH GRUR 1962, 80 Rohrdichtung; dagegen stellen BGH GRUR 1957, 213 f Dipolantenne I und BGH BlPMZ 1973, 259 f Lenkradbezug 02 sowie BPatGE 15, 62 = Mitt 1974, 18 und BPatGE 20, 133, 136, GbmSachen, auf die Erkennbarkeit der tatsächlich vorhandenen Vorteile für den Fachmann ab; vgl auch BPatG Mitt 1979, 170, GbmSache.

339 BGH Einlegesohle: bei Funktionserfindung.

340 BGH Flugzeugbetankung; vgl BGH Liedl 1963/64, 228, 236 Motorrollerhilfsrahmen.

341 BGHZ 45, 102, 105 = GRUR 1966, 312 Appetitzügler I; vgl auch BPatG 10.3.1970 34 W (pat) 471/68.

342 BGHZ 58, 280, 287 f = GRUR 1972, 541 Imidazoline; vgl *Féaux de la Croix* GRUR 2006, 625, 629.

343 Weitergehend, allerdings auf abw Rechtsgrundlage, BPatG 24, 194, 197 f = GRUR 1982, 555, GbmSache, wonach der Hinweis auf eine früher eingereichte, nicht vorveröffentlichte Anmeldung unzulässig sein soll.

344 BPatG 18.4.2001 8 W (pat) 38/00, VKH-Sache; vgl VGH München InstGE 4, 81 = Mitt 2003, 400 = GRUR-RR 2003, 297.

chung von Beschreibungsteilen, die nicht der Klarstellung der Erfindung dienen.[345] Kleinlichkeit ist insgesamt nicht angebracht.[346] Aus Art 20 Abs 3 GG, Art 12 GG ist abgeleitet worden, dass Konkurrenten ein Abwehrrecht in bezug auf ihre Produkte **herabsetzende Äußerungen** in der Patentschrift haben können (zum Rechtsweg Rn 20 zu § 58 mit Weiterverweisungen),[347] richtigerweise wird sich der betroffene Dritten jedenfalls im Regelfall auf ein Vorgehen verweisen lassen müssen, wie es im PatG vorgesehen ist.[348] Abweichendes gilt im Fall der Schmähkritik.[349] Zu beanstanden sind Angaben, die auf eine Ausdehnung des Schutzumfangs abzielen.[350]

111 **Beispiel** für eine Beschreibung im Anh. Das DPMA hat zusätzlich zur Zeilen- und Spaltennummerierung seit 4.10.2001 eine Absatznummerierung eingeführt.[351]

112 **e. Zeichnungen** stellen eine Erfindung idR prinzipiell und schematisch, nicht aber maßstabsgerecht dar.[352] Dass die Zeichnungen in anderer als dt Sprache beschriftet sind, ist unschädlich.[353] § 35 eröffnet eine Möglichkeit für die Nachreichung von Zeichnungen unter Verschiebung des Anmeldetags.

113 **§ 12 PatV** iVm der durch die ÄndVO vom 11.5.2004[354] geänd Anlage zu dieser Bestimmung enthält die maßgebliche Regelung zu den Zeichnungen.[355] Werden auch nach Aufforderung vorschriftsmäßige Zeichnungen nicht vorgelegt, kann dies zur Zurückweisung der Anmeldung führen.[356] Die Aufnahme von Figuren, die den StdT zeigen, ist zumindest dann zulässig, wenn diese und die zugehörigen Beschreibungsteile dem besseren Verständnis der Erfindung dienen und die Bezeichnungen der Figuren ausdrücklich als zum StdT gehörend gekennzeichnet sind.[357]

114 Die **Figurenzählung** muss mit Nr 1 beginnen.[358] Diesbezügliche Mängel können aber jederzeit beseitigt werden.

115 **f. Zur Hinterlegung** als Ergänzung der Offenbarung Rn 312 ff.

6. Einheitlichkeit der Patentanmeldung

116 **a. Grundsatz.** Das Erfordernis der Einheitlichkeit war für das nationale Recht vor Inkrafttreten des 2. PatGÄndG (1.11.1998) (ausschließlich) aus Abs 1 Satz 2 aF abzuleiten, wonach für jede Erfindung eine besondere Anmeldung erforderlich ist.[359] Abs 5 enthält nunmehr eine ausdrückliche Regelung, die der in den internat Übk entspricht (vgl DPMA-PrRl 3.3.3.4). Die Ordnungsvorschrift[360] sichert neben der Übersichtlichkeit der Anmeldung und des Patents sowie übersichtlicher Dokumentation auch das staatliche Gebüh-

---

345 BPatGE 7, 102 = BlPMZ 1966, 14; vgl auch BPatG 19.11.2007 9 W (pat) 8/05.

346 BPatG Mitt 1979, 239; vgl BPatG 16.6.2009 6 W (pat) 8/06.

347 VG München InstGE 2, 242, 247 f, aufgehoben durch VGH München InstGE 4, 81 = Mitt 2003, 400 = GRUR-RR 2003, 297.

348 VGH München GRUR-RR 2003, 297; BGHZ 183, 309 = GRUR 2010, 253 Fischdosendeckel; kr hierzu *Götting* GRUR 2010, 257; s auch *Hofmeister* Mitt 2010, 178; *Mes* FS M. Loschelder (2010), 251; *Mes* Rn 49; vgl BPatGE 52, 256; BVerfG NJW 2002, 2621 (Glykolskandal) betraf eine schon deshalb nicht vergleichbare Fallgestaltung, weil es dort um schlichtes staatliches Informationshandeln ging und eine gesetzlich verankerte Pflicht des Staats zum Tätigwerden nicht bestand.

349 BGH GRUR 2007, 963 Polymer-Lithium-Batterien; BGH Fischdosendeckel.

350 Vgl *MGK/Teschemacher* Art 84 EPÜ Rn 20.

351 Bsp BlPMZ 2001, 373.

352 BPatG 22.9.2015 3 Ni 18/14 (EP).

353 Vgl BPatG 11.3.2015 19 W (pat) 56/13.

354 BGBl I 897 = BlPMZ 2004, 312.

355 Zu fließenden Grautonübergängen BPatG 16.12.2014 21 W (pat) 70/09; zur Aufnahme von Stichworten in Schaltpläne und Diagramme BPatG 30.10.1974 21 W (pat) 38/74.

356 BPatG 8.5.2006 6 W (pat) 11/03; verneint in BPatG 16.12.2014 21 W (pat) 70/09, weil die Anmeldung auch ohne die Zeichnungen genügend beschrieben war.

357 BPatG 14.1.2004 9 W (pat) 34/02.

358 BPatGE 20, 77 = BlPMZ 1978, 53.

359 Vgl BPatG 15.1.1969 18 W (pat) 231/64.

360 Vgl BPatG BlPMZ 2000, 387, 389.

reninteresse.[361] Im Rahmen des EPÜ ist das Erfordernis der Einheitlichkeit in Art 82 EPÜ sowie in Regel 44 AOEPÜ normiert (Rn 208 ff).

b. Begriff. Einheitlichkeit setzt voraus, dass die Anmeldung nur eine einzige Erfindung[362] oder eine **117** Gruppe von Erfindungen enthält, die untereinander in der Weise verbunden sind, dass sie eine einzige allg erfinderische Idee[363] verwirklichen (Abs 5; DPMA-PrRl 3.4.4.3; vgl § 11 Abs 1, 2 öPGMMV;[364] Regel 44 AO-EPÜ, Rn 212), wobei die jeweiligen besonderen technischen Merkmale nicht identisch sein müssen und es ausreicht, dass sie in einer Wechselbeziehung zueinander stehen.[365] Die Zusammenfassung mehrerer Ausbildungsformen einer Erfindung in einem Patent ist als zulässig angesehen worden, wenn sie derselben Gesamtaufgabe dienen.[366] Bei einer Mehrheit von chemischen Verfahren kann die Verwendung einer Zwischenverbindung die gemeinsame erfinderische Idee bilden, auch wenn die Verfahren keinen gemeinsamen Verfahrensschritt aufweisen.[367] Zur Einheitlichkeit bei Patentansprüchen mit chemischen oder nichtchemischen Alternativen („Markush"-Ansprüchen) EPA-PrRl C-III 7.4.1 und PCT-RechRl Kap VII.[368]

Bei der Beurteilung der Einheitlichkeit ist der BGH im Anschluss an das PA[369] zunächst davon ausge- **118** gangen, dass eine einheitliche Erfindung auch aus einem Komplex von Erfindungen bestehen kann, sofern diesem ein Gesamtproblem (Gesamtaufgabe) zugrunde liegt und alle Teile der Erfindung zur Problemlösung nötig oder auch nur geeignet sind, sie zu fördern.[370] Die Formulierung verschiedener Aufgaben für mehrere Patentansprüche muss nicht zur Verneinung der Einheitlichkeit führen.[371] Die neuere Rspr des BGH hat es genügen lassen, wenn ein Patentanspruch eine besondere **Ausprägung der** in dem anderen Patentanspruch wiedergegebenen **Erfindungsidee** darstellt.[372] Es soll dabei ausreichen, wenn die eine Erfindung auf die andere hin konzipiert ist.[373] Die erforderliche technische Wechselbeziehung soll aber nicht durch eine bloße Zweckangabe erreicht werden können, wenn die Merkmale der Vorrichtungen keinen technischen Bezug zu den weiteren Patentansprüchen aufweisen.[374] Nach Auffassung des BPatG ist es ausreichend, wenn die besondere technische Ausbildung eines Geräts auch in einer weiteren Vorrichtung verwirklicht ist, die ihrerseits Geräte mit den besonderen technischen Merkmalen aufweist.[375] Bei der Herstellung der Einheitlichkeit obliegt es allein dem Anmelder zu bestimmen, mit welchen der nebengeordneten uneinheitlichen Patentansprüche die Patentanmeldung weiterverfolgt wird; eine amtsseitige Einschränkung der Prüfung auf einen bestimmten dieser Gegenstände ist nicht zulässig; zur Mängelbehebung

---

361 Vgl EPA T 110/82 ABl EPA 1983, 274 = GRUR Int 1983, 657 Benzylester; *Benkard* Rn 95; *MGK/Teschemacher* Art 82 EPÜ Rn 3 ff unter Bezugnahme auf *Seligsohn* § 20 PatG Rn 8; PA BlPMZ 1906, 181; PA GRUR 1913, 281.

362 Vgl BPatG 7.7.2008 9 W (pat) 45/04.

363 Hierzu EPA W 6/90 ABl EPA 1991, 438 einzige allgemeine Idee: gewisse Teilidentität der Lehren, die ihren Ursprung in den strukturellen Merkmalen der Gegenstände und/oder den mit ihnen verknüpften Wirkungen oder Ergebnisse hat; EPA T 249/89 EPOR 1992, 137 Surgical instruments.

364 BPatGE 50, 260, 263 = GRUR 2009, 50; ÖPA öPBl 1998, 203 und öPBl 1999, 167, wonach diese Merkmale einen über den bisherigen StdT hinausgehenden Beitrag darstellen und bei zweiteiliger Fassung im kennzeichnenden Teil des Patentanspruchs stehen müssen.

365 BPatGE 50, 260, 263 = GRUR 2009, 50.

366 BGH GRUR 1958, 389 Kranportal; vgl auch BPatG 5.2.2002 17 W (pat) 23/00.

367 EPA T 957/96.

368 Hierzu EPA W 3/94 ABl EPA 1995, 775 Ketonoxin-O-ether; EPA W 4/96 ABl EPA 1997, 552 Zahnweißmittel: der technische Zusammenhang kommt in den gemeinsamen besonderen technischen Merkmalen zum Ausdruck, die einen Beitrag zum StdT bestimmen; er kann nicht anerkannt werden, wenn der StdT bereits belegt, dass sich Vertreter der Klasse so verhalten wie in der Anmeldung offenbart, es ist nicht danach zu unterscheiden, ob struktureller oder funktioneller Zusammenhang besteht; vgl EPA W 4/93 ABl EPA 1994, 939 Zeolith-Suspensionen; EPA W 6/95: gemeinsames wesentliches Strukturelement erforderlich, das aber nicht neu sein muss.

369 PA GRUR 1913, 281; vgl *Benkard* Rn 97 ff.

370 BGH GRUR 1971, 512, 514 Isomerisierung; BGHZ 73, 183, 187 f = GRUR 1979, 461 Farbbildröhre; BGHZ 73, 330 = GRUR 1979, 540 Tabelliermappe; vgl BPatGE 21, 243 = GRUR 1979, 544; so weiterhin *Büscher/Dittmer/Schiwy* Rn 97.

371 Vgl EPA T 26/81 ABl EPA 1982, 211, 214 f = GRUR Int 1982, 614 Behälter; *MGK/Teschemacher* Art 82 EPÜ Rn 32 f.

372 BGHZ 149, 68 = GRUR 2002, 143 Suche fehlerhafter Zeichenketten.

373 BPatG 16.6.2004 20 W (pat) 28/04.

374 BPatGE 49, 154.

375 BPatG 11.5.2006 17 W (pat) 92/03.

genügt die Streichung von Patentansprüchen und eine weitergehende Erklärung in Form einer Ausscheidung oder eines Verzichts ist nicht erforderlich.[376]

119   Mangelnde **Klarheit** steht für sich der Einheitlichkeit nicht entgegen.[377]

120   Einheitlichkeit kann nicht schon verneint werden, weil ein Komplex von Erfindungen nach der **Gruppeneinteilung der Patentklassen** nicht zusammengehöre.[378] Das BPatG hat gewisse Anzeichen für das Vorliegen eines allg Erfindungsgedankens ausreichen lassen.[379] Ein bloßer technischer Zusammenhang genügt nicht.[380]

121   Das Erfordernis gilt auch für **abhängige Patentansprüche** (in Regel 13 (4) AOPCT ausdrücklich geregelt, aber auch sonst anwendbar).[381] Die Zahl der Patentansprüche ist ohne Belang.[382]

122   Eine **unnötige Zerstückelung der Patentanmeldung** ist zu vermeiden.[383] Die Aufnahme eines Disclaimers gegenüber dem StdT ist zulässig, wenn dadurch die Einheitlichkeit nicht in Frage gestellt wird.[384] Zu eng ist die Auffassung,[385] dass es der Einheitlichkeit schon entgegenstehe, wenn Unteransprüche nicht den kennzeichnenden Teil, sondern den Oberbegriff des übergeordneten Patentanspruchs weiterbildeten. Uneinheitlichkeit wurde bei einer Anmeldung bejaht, bei der für zwei verschiedene Aufgaben zwei verschiedene Lösungen vorgeschlagen wurden und sich aus den Ausführungsbeispielen keine Kombination der Lösungen ergab.[386]

123   **c. Einzelheiten.** Maßgeblich ist der Inhalt der Patentansprüche, nicht die Wortwahl.[387] Bei Stoffgruppen stellt die Rspr auf die Konstitution der Verbindungen ab;[388] maßgeblich ist danach das gemeinsame neue Strukturprinzip; dass die Verbindungen nur nach verschiedenen Verfahren herstellbar sind, steht der Einheitlichkeit nicht entgegen.[389] Die Umwandlung unterschiedlicher Ausgangsstoffe kann einheitlich sein, auch wenn sich die Ausgangsstoffe nicht streng einem einheitlichen Gattungsbegriff unterordnen lassen.[390] Einheitlichkeit wurde bei einem zahlenmäßig und stofflich unbegrenzten Kollektiv von Stoffen verneint, bei denen weder eine gemeinsame stoffliche Basis oder Leitstruktur noch Herstellbarkeit nach gemeinsamen, definierten Verfahrensweisen gegeben war, so dass ein gemeinsames Dach nicht gebildet werden konnte.[391]

124   Dass **Patentansprüche verschiedener Kategorien** aufgestellt sind, steht für sich der Einheitlichkeit nicht entgegen.[392]

125   **Herstellungs- und Verwendungsanspruch** bei chemischen Erzeugnissen sind einheitlich.[393] Eine Anmeldung, in der ein Stoff und das Verfahren zu seiner Herstellung sowie ein den Stoff enthaltendes

---

376   BPatG GRUR 2010, 919.

377   Vgl EPA W 31/88 ABl EPA 1990, 134 Beta-Blocker; EPA W 7/89; EPA W 59/90.

378   Vgl BGH GRUR 1974, 774 f Alkalidiamidophosphite; BGH GRUR 1971, 512, 514 Isomerisierung; BGHZ 64, 101, 109 = GRUR 1975, 430 Bäckerhefe; BGHZ 73, 183, 187 f = GRUR 1979, 461 Farbbildröhre; BGHZ 73, 330 = GRUR 1979, 540 Tabelliermappe; BPatGE 5, 116 = GRUR 1965, 358; BPatGE 7, 99 = Mitt 1965, 154; BPatGE 28, 20 = GRUR 1986, 604; *MGK/Teschemacher* Art 82 EPÜ Rn 25; vgl EPA W 5/92.

379   BPatGE 8, 13.

380   BPatGE 28, 20 = GRUR 1986, 604.

381   EPA W 3/87; EPA W 2/88; EPA W 30/89; EPA W 32/89; EPA W 26/90; EPA W 8/91; EPA W 54/91; vgl EPA T 140/83; EPA T 249/89 EPOR 1992, 137 Surgical instruments; *MGK/Teschemacher* Art 82 EPÜ Rn 27 ff.

382   *MGK/Teschemacher* Art 82 EPÜ Rn 26.

383   BGH GRUR 1971, 512, 514 Isomerisierung; BGH GRUR 1974, 774 f Alkalidiamidophosphite; BGHZ 149, 68 = GRUR 2002, 143 Suche fehlerhafter Zeichenketten.

384   BPatGE 19, 14 = GRUR 1976, 697; BPatG Mitt 1984, 75.

385   BPatG 15.12.1970 23 W (pat) 5/70.

386   EPA W 12/94.

387   EPA W 39/90; EPA W 33/92; EPA W 2/95. Zur Einheitlichkeit bei Konservierungsmittel und Desinfektionsmittel BPatGE 4, 133 = BlPMZ 1964, 21; zur Einheitlichkeit bei einem Gemisch, einem wesentlichen Bestandteil des Gemischs oder einer eng definierten Variante davon EPA W 7/85 ABl EPA 1988, 211 Isolierpuder.

388   BPatG 23.2.1978 16 W (pat) 37/76.

389   BPatG 16.9.1976 16 W (pat) 55/74.

390   BPatGE 5, 116 = GRUR 1985, 358.

391   BPatG 8.7.2013 15 W (pat) 2/12.

392   Vgl *Büscher/Dittmer/Schiwy* Rn 98; enger wohl EPA W 23/91; vgl auch EPA T 202/83; EPA T 702/93, jeweils zu Regel 30 AOEPÜ aF.

393   BPatG Mitt 1984, 232.

Mittel zusammengefasst sind, ist nur uneinheitlich, wenn das Mittel in seiner angemeldeten Zusammensetzung Besonderheiten aufweist, die die Patentfähigkeit des Mittelanspruchs begründen könnten.[394] Stoff und Verwendung bzw Weiterverarbeitung sind regelmäßig einheitlich.[395] Als einheitlich angesehen wurden ein Gerbverfahren und das dazu verwendete Gerbmittel,[396] Verfahren und Verfahren als Mittel zu dessen Ausführung;[397] Polymerisation und anschließende thermische Vernetzung.[398] Als uneinheitlich wurden ein Katalysatorsystem und ein Verfahren zur Dimerisation von Olefinen erachtet.[399]

Zwischenprodukte, das Verfahren zu ihrer Herstellung und das Verfahren zur Weiterverarbeitung **126** des Zwischenprodukts sind einheitlich.[400] Endprodukte, Verfahren zu ihrer Herstellung und Zwischenprodukte als Ausgangsstoffe eines Verfahrens für die Herstellung der Endprodukte sind einheitlich[401] (vgl EPA-PrRl C-III 7.3a).

Bei **Produktanspruch** und unabhängigem Schutzanspruch zu seiner **Herstellung** lässt das Fehlen **127** wörtlich gleicher technischer Merkmale noch nicht auf Uneinheitlichkeit schließen.[402]

Erste und zweite medizinische Indikation sind grds einheitlich.[403] **128**

Therapeutische und nichttherapeutische Verwendung (kosmetisch, diätetisch) in einer Anmel- **129** dung sind zulässig.[404]

Eine Anmeldung, die ein **Verfahren** und eine **Vorrichtung** zu seiner Ausführung betrifft, ist grds **130** nicht als uneinheitlich anzusehen.[405]

d. Prüfung. Einheitlichkeit kann idR erst nach Ermittlung des einschlägigen StdT geprüft werden.[406] **131** Maßgeblich ist das erfinderische Konzept; es kommt daher nicht auf die Patentansprüche allein an;[407] das EPA legt dabei das Aufgabe-Lösungs-Konzept zugrunde.[408] Gegenüber dem StdT nicht Schutzfähiges kann nicht zur Patenterteilung führen und ist damit für die Prüfung der Einheitlichkeit ohne Belang.[409] Im Einspruchs- und im Nichtigkeitsverfahren wird die Einheitlichkeit nicht geprüft, denn sie füllt weder einen Widerrufs- noch einen Nichtigkeitsgrund aus.[410]

---

394 BGH GRUR 1972, 644, 646 gelbe Pigmente; vgl BPatG GRUR 1972, 648; BPatG 21.2.1972 16 W (pat) 71/71.
395 Vgl BPatG Mitt 1966, 193; BPatG 18.12.1972 15 W (pat) 12/72; BPatG 25.1.1979 16 W (pat) 46/75; BPatG 20.11.1979 16 W (pat) 20/77; EPA W 29/88; vgl EPA T 492/91; aA BPatG 14.8.1972 16 W (pat) 48/71 BlPMZ 1973, 257 Ls; BPatG 7.12.1972 16 W (pat) 25/71 BlPMZ 1973, 343 Ls.
396 BPatG GRUR 1972, 89.
397 EPA W 40/92.
398 BPatGE 2, 47 = GRUR 1965, 31.
399 BPatG Mitt 1971, 192.
400 BGH GRUR 1974, 774 Alkalidiamidophosphite, dort offengelassen, ob auch neue Stoffe, die unmittelbar einer Verwendung zugeführt werden können, das Verfahren zu ihrer Herstellung und das Verfahren zu ihrer Weiterverarbeitung im Weg der chemischen Umsetzung als einheitlich anzusehen sind; *Holzapfel* GRUR 2006, 10, 15.
401 EPA 57/82 ABl EPA 1982, 306 = GRUR Int 1982, 747 Copolykarbonate; für niedermolekulare Endprodukte EPA T 110/82 ABl EPA 1983, 274 = GRUR Int 1983, 657 Benzylester; EPA T 35/87 ABl EPA 1988, 134 Hydroxypyrazole; EPA T 470/91 ABl EPA 1993, 680 Einheit: strukturell miteinander nicht verwandte Zwischenprodukte, die die Strukturelemente des Endprodukts aufweisen; EPA W 35/91.
402 EPA W 2/95 zieht die Beschreibung mit heran, um zu untersuchen, welche Wirkungen den einzelnen Anspruchsmerkmalen zuzuordnen sind. Zur Frage der offensichtlichen Uneinheitlichkeit von niedermolekularen Stoffen, deren Herstellung und deren Weiterverarbeitung zu Kunststoffen BGH GRUR 1974, 722 aromatische Diamine. Gemisch und dessen wesentlicher Bestandteil: EPA W 7/85 ABl EPA 1988, 211 Isolierpuder.
403 EPA W 13/89; EPA W 5/91; vgl auch *Büscher/Dittmer/Schiwy* Rn 100.
404 EPA T 200/86.
405 Vgl EPA W 32/88 ABl EPA 1990, 138 Verfahren-Vorrichtung; EPA W 16/89; EPA T 861/92: Verfahren und Vorrichtung zur Durchführung eines einzigen der Verfahrensschritte.
406 BPatG BlPMZ 1991, 195; BPatGE 50, 260, 263 = GRUR 2009, 50; vgl BPatG 21, 243 = GRUR 1979, 544, dort auch zur Behandlung im Rahmen der Offensichtlichkeitsprüfung nach § 42; vgl BPatG Mitt 1966, 101; BPatG Mitt 1966, 193; vgl auch BPatGE 20, 10 = BlPMZ 1977, 368; aA BPatG 15.12.1970 23 W (pat) 5/70; einen Ausnahmefall betrifft BPatGE 50, 258 = GRUR 2009, 52.
407 EPA T 94/91.
408 EPA W 10/92.
409 Vgl *Fitzner/Lutz/Bodewig* Rn 31 f.
410 *Keukenschrijver* GRUR 2001, 571, 574.

132   Einheitlichkeit kann im Weg der Ausscheidung hergestellt werden, in diesem Fall ist die Beschreibung an die verbliebenen Anmeldungsteile anzupassen.[411] Statt der Forderung nach **Ausscheidung oder Verzicht** wird es oft sachgem sein, zunächst Gelegenheit zur Formulierung eines einheitlichen, eingeschränkten Patentbegehrens zu geben.[412] Auch bei Uneinheitlichkeit ist nach Stellung des Prüfungsantrags soweit möglich vor Zurückweisung wenigstens ein Anmeldungsgegenstand auf Patentfähigkeit zu erörtern.[413] Werden nur die Patentansprüche, nicht auch die weiteren Unterlagen entspr der Beanstandung der Uneinheitlichkeit angepasst, steht dies einem Fortgang des Prüfungsverfahrens grds nicht entgegen.[414] Eine Änderung der Bezeichnung kann die fehlende Einheitlichkeit nicht beseitigen.[415]

7. Anmeldegebühr

133   **a. Grundsatz.** Die Pflicht zur Gebührenzahlung ergibt sich aus §§ 1 Abs 1, 2 Abs 1 PatKostG und nicht mehr wie früher unmittelbar aus dem PatG. Die Gebührenpflicht folgt aus dem GebVerz. Die Anmeldegebühr beträgt bei elektronischer Anmeldung 40 EUR, bei Anmeldung in Papierform 60 EUR (GebVerz Nr 311000, 311100).[416] Bei Einreichung der Anmeldung über ein Patentinformationszentrum ist der Gebühreneingang beim DPMA maßgeblich.[417]

134   **b. Anspruchsgebühren** sind (allerdings unter bewusstem Verzicht auf diese Bezeichnung, um die Eigenart der Regelungstechnik deutlich zu machen, die zu einer Erhöhung der einheitlichen Anmeldegebühr und nicht zu einer neuen Gebühr führt) durch Art 4 des PatRVereinfModG eingeführt worden. Danach steigt die Gebühr ab dem elften Patentanspruch. Das gilt auch, wenn die Zahl der Patentansprüche durch eine Änderung im Lauf des Verfahrens heraufgesetzt wird (§ 3 Abs 1 Satz 2 Nr 5 PatKostG), allerdings nicht, wenn sie zuvor herabgesetzt wurde und dann wieder auf eine die ursprüngliche Zahl nicht übersteigende Höhe erhöht wird; die Verminderung der Zahl der Patentansprüche im Lauf des Verfahrens hat dagegen auf die Gebührenhöhe keinen Einfluss.[418] Die Gebührenhöhe ab dem elften Patentanspruch erhöht sich für jeden weiteren Anspruch bei elektronischer Anmeldung um 20 EUR, bei Anmeldung in Papierform um 30 EUR. Die Bemessung der Gebühr richtet sich nach der in den Anmeldeunterlagen vom Anmelder angegebenen Anzahl von Patentansprüchen und nicht nach deren sachlichem Gehalt.[419]

135   Wenn sich die Zahl der Patentansprüche durch einen **Hilfsantrag** erhöht, kommt es darauf an, ob über diesen entschieden wird (§ 3 Abs 1 Satz 4 PatKostG).[420]

136   **c. Fälligkeit.** Die Anmeldegebühr wird mit der Einreichung der Anmeldung fällig (§ 3 Abs 1 PatKostG). Grds verfällt sie mit dem Fälligwerden; sie kann, da Rückzahlung aus Billigkeitsgründen nicht vorgesehen ist, bei Rücknahme der Anmeldung weder ganz noch teilweise erstattet werden. Stundung kommt nicht mehr in Betracht. Nachzuentrichtende Anspruchsgebühren (Rn 134) werden mit der Antragsänderung fällig.[421]

137   **d. Rückzahlung** ist nur möglich, wenn die Rücknahmeerklärung vor oder gleichzeitig mit der Anmeldung eingeht oder wenn die Anmeldung im Zeitpunkt der Zahlung nicht mehr vorlag, weil sie schon

---

411 BPatG 7.7.2008 9 W (pat) 45/04.

412 BPatGE 20, 92 = BlPMZ 1978, 18.

413 BPatGE 20, 10 = BlPMZ 1977, 368; BPatG 18.3.1982 12 W (pat) 51/81.

414 Vgl EPA T 544/88 ABl EPA 1990, 429 = GRUR Int 1990, 977 Verminderung des NOx-Gehalts.

415 BPatGE 50, 258 = GRUR 2009, 52.

416 Vgl Begr BTDrs 14/6203, 50 = BlPMZ 2002, 36, 45.

417 Vgl Begr 2. PatGÄndG BlPMZ 1998, 393, 402.

418 Vgl Begr BTDrs 16/11339 = BlPMZ 2009, 320.

419 BPatG Mitt 2013, 453f; kr, aber im Ergebnis zustimmend *Fitzner/Lutz/Bodewig* Rn 45; vgl zur Gebühr nach Art III § 4 Abs 2 IntPatÜG BPatGE 54, 72 = Mitt 2013, 447.

420 Vgl *Fitzner/Lutz/Bodewig* Rn 50.

421 *Fitzner/Lutz/Bodewig* Rn 46.

vorher zurückgenommen oder rechtskräftig zurückgewiesen war.[422] Dass die Anmeldung keinen Patentanspruch enthielt, steht dem Verfall der Gebühr nicht entgegen.[423]

e. Nichtzahlung. Bei Nichtzahlung nimmt das DPMA die Anmeldung nicht in Bearbeitung[424] (§ 5 **138** Abs 1 Satz 1 PatKostG). Eine Gebührennachricht ist nicht mehr vorgesehen,[425] jedoch bleibt dem DPMA die Möglichkeit einer formlosen Zahlungsaufforderung.[426]

Wird die Anmeldegebühr nicht innerhalb von drei Monaten nach Einreichung der Anmeldung ent- **139** richtet, gilt die Anmeldung als **zurückgenommen** (§ 6 Abs 1 Satz 2, Abs 2 PatKostG). Die Prüfung kann in jeder Lage des Verfahrens erfolgen; § 20 Abs 2 ist unanwendbar.[427] Wiedereinsetzung (§ 123) ist möglich.

Werden die **Anspruchsgebühren** (Rn 134) nicht innerhalb von drei Monaten seit Fälligkeit entrichtet, **140** gelten die zusätzlichen Patentansprüche als nicht eingereicht; die Prüfung erfolgt auf der Grundlage der bisherigen Patentansprüche.[428] Wiedereinsetzung wird nur in Betracht kommen, wenn die Fristversäumung zu einem endgültigen Rechtsverlust führt.[429]

IV. Wirkungen der Patentanmeldung

Die Patentanmeldung eröffnet das Patenterteilungsverfahren. Neben diese verfahrensrechtl Wirkung **141** treten materiellrechtl („zivilistische Anmeldung", Rn 91 vor § 34). Mit der Patentanmeldung wird die Erfindung verkehrsfähig. Der Anmeldung kommt daneben Bedeutung für den Stichtag der Beurteilung der Erfindung am StdT (Anmeldetag; Rn 3 ff zu § 35) sowie die Patentlaufzeit (§ 16) zu.

V. Rücknahme der Patentanmeldung

1. Freie Rücknahme. Die Patentanmeldung (insgesamt, nicht auch in Teilen;[430] vgl aber Rn 153) un- **142** terliegt bis zum Eintritt der Wirkungen des Patents[431] (§ 58) der freien Rücknahme; dies gilt auch im Rechtsbeschwerdeverfahren. Die Rücknahme ist schriftlich zu erklären, elektronische Form (§ 125a Abs 1) und moderne Übermittlungsformen reichen jedoch aus.[432] Während des Einspruchsverfahrens besteht keine Rücknahmemöglichkeit mehr.[433] Die Rücknahme wirkt für sich nicht auf eine parallele weitere Patentanmeldung aus.[434] Von Rücknahme kann nur ausgegangen werden, wenn ein entspr Wille eindeutig feststellbar ist.[435]

Adressat der Rücknahmeerklärung ist das DPMA, im Beschwerdeverfahren wegen des Devolutivef- **143** fekts das BPatG.[436] Im Rechtsbeschwerdeverfahren ist die Rücknahme gegenüber dem BGH zu erklären,[437] ohne dass hier die Mitwirkung eines beim BGH zugelassenen Rechtsanwalts erforderlich wäre.[438]

---

422 BGHZ 92, 137 = GRUR GRUR 1984, 870 Schweißpistolenstromdüse.

423 BPatGE 37, 187.

424 Vgl Hinweis BlPMZ 2001, 365.

425 Vgl zur früheren Rechtslage BPatGE 42, 113.

426 Diese wird mit der Eingangsbestätigung und Mitteilung des Aktenzeichens verbunden, vgl Begr BTDrs 14/6203, 47 = BlPMZ 2002, 36, 42.

427 BPatGE 23, 248, 251, GbmSache; *Bühring* § 4 GebrMG Rn 82.

428 Vgl *Fitzner/Lutz/Bodewig* Rn 46 f.

429 AA *Fitzner/Lutz/Bodewig* Rn 48: generell ausgeschlossen.

430 BPatGE 24, 194, 202 = GRUR 1982, 555, GbmSache; *Fitzner/Lutz/Bodewig* Rn 55.

431 Vgl PA BlPMZ 1909, 303; BPatGE 38, 195: bis zur Bestandskraft des Erteilungsbeschlusses, ebenso *Hövelmann* GRUR 2007, 283 f Fn 5; *Benkard* Rn 145; *Schulte* Rn 448.

432 BPatGE 44, 209, 212 = BlPMZ 2002, 220.

433 BGH GRUR 1999, 571 f künstliche Atmosphäre; BPatGE 38, 195; *van Hees/Braitmayer* Rn 280; vgl *Schulte* § 49 Rn 37.

434 Vgl BPatG BlPMZ 1983, 154.

435 Vgl BPatG 3.12.1971 34 W (pat) 55/70; BPatG 29.1.1976 17 W (pat) 161/75; *Fitzner/Lutz/Bodewig* Rn 56.

436 BPatG 15.2.2007 21 W (pat) 54/04.

437 BGH GRUR 2011, 1052 Telefonsystem.

438 BGH GRUR 1999, 571 künstliche Atmosphäre; BGH GRUR 2000, 688 Graustufenbild; Schreiben des Berichterstatters des BGH Mitt 1985, 52; BPatG GRUR 2005, 496.

144   Die Rücknahme ist grds **bedingungsfeindlich**.[439] Jedoch hat die Rspr die Bedingung zugelassen, dass die Offenlegung unterbleibt.[440]

145   Für die **Berechtigung zur Rücknahme** kommt es auf den Registerstand an, nicht auf die materielle Berechtigung (Rn 39 zu § 30).

146   Erklärt ein **nichtberechtigter Anmelder** die Rücknahme, kann der materiell Berechtigte dem nur durch die Durchsetzung des Übertragungsanspruchs bzw vorläufige Maßnahmen wie Verfügungsverbot oder Sequestrierung begegnen (vgl Rn 266 vor § 143, Rn 8f zu Art II § 5 IntPatÜG). Art 39 nl ROW 1995 schränkt bei Streit über die Berechtigung oder deren Fehlen die Wirksamkeit der Rücknahme ein oder steht ihr entgegen. Auch nach Art 43 Abs 2 span PatG steht der freien Rücknahme der Anmeldung entgegen, wenn im Patentregister Rechte Dritter eingetragen sind.

147   **2. Fingierte Rücknahme.** In bestimmten Fällen wird die Rücknahme fingiert (Rn 28f zu § 58), so auch bei Nichtzahlung der Anmeldegebühr (§ 6 Abs 2 PatKostG).

148   **3. Widerruf; Anfechtbarkeit.** Die Rücknahme wird mit Eingang beim DPMA oder, wenn das Verfahren beim BPatG anhängig ist, bei diesem, und wenn sie im Rechtsbeschwerdeverfahren beim BGH anhängig ist, bei jenem, wirksam,[441] ohne dass es darauf ankäme, wann sie zu den Akten gelangt;[442] sie kann nach diesem Zeitpunkt nicht widerrufen[443] und nicht zurückgenommen werden; offen gelassen wurde, ob eine Anfechtung der Rücknahme einer Anmeldung wegen eines Irrtums über verkehrswesentliche Eigenschaften iSd § 119 Abs 2 BGB in Betracht kommt[444] (vgl zur Problematik der Anfechtbarkeit von Erklärungen gegenüber dem DPMA Rn 74ff vor § 34). Irrtum des Vertreters über das Vorliegen einer Weisung des Anmelders wurde als unbeachtlicher Motivirrtum angesehen.[445] Es soll demnach möglich sein, das beendete Verfahren nach einer wirksamen Anfechtung mit einem unveränderten Anmeldungsgegenstand wieder aufzunehmen.[446]

149   Lässt man eine Rückgängigmachung der Rücknahme zu, wird ggf an ein **Weiterbenutzungsrecht** zu denken sein.[447]

150   Die Erklärung des Widerrufs der Rücknahme kann grds nicht als **Neuanmeldung** der Erfindung behandelt oder in eine solche umgedeutet werden.[448] Neuanmeldung mit neuem Zeitrang ist jedoch möglich.[449]

151   Ein auf die Anfechtung der Rücknahmeerklärung einer Patentanmeldung ergangener Bescheid, dass die Anmeldung **weiterbehandelt** werde, bindet nicht und begründet keinen Vertrauensschutz;[450] auch die Weiterbehandlung der Anmeldung als solche begründet keinen Vertrauenstatbestand.[451]

---

439 Vgl BPatGE 15, 160; BPatGE 45, 4 = Mitt 2002, 79f.

440 BPatGE 45, 4 = Mitt 2002, 79; näher hierzu *Hövelmann* GRUR 2003, 203, 207f.

441 BGH GRUR 2011, 1052 Telefonsystem unter Hinweis auf BGH GRUR 1977, 789 Tribol/Liebol.

442 BPatGE 8, 28; BPatGE 8, 188 = Mitt 1967, 119, GbmSache, dort auch zu den Folgen versehentlicher Eintragung; BPatG Mitt 1973, 18; BPatG 25.3.1969 11 W (pat) 325/66.

443 BPatGE 9, 15; BPatG 16, 11 = GRUR 1974, 390 und BPatG 10.9.1975 4 W (pat) 109/74 BlPMZ 1976, 144 Ls: jedenfalls vom Offenlegungszeitpunkt an.

444 BGH GRUR 1977, 485 Rücknahme der Patentanmeldung; BGH GRUR 1985, 919 Caprolactam: abgesehen vom Fall nach § 130 Abs 1 Satz 2, Abs 3 BGB; bejahend BPatGE 1, 21 = BlPMZ 1962, 45, BPatG 8, 28 und BPatG 25.3.1969 11 W (pat) 325/66 bei Irrtum über den Inhalt der Erklärung oder falscher Übermittlung durch Boten; BPatG 9, 15 für den Fall des § 119 BGB; BPatGE 16, 11 = GRUR 1974, 390, wo auf den Irrtum in der Person des Vertreters und nicht auf den in der Person des Anmelders abgestellt wird, ebenso BPatGE 12, 128; *Fitzner/Lutz/Bodewig* Rn 60; bejahend auch BPatG 12.10.1972 4 W (pat) 94/69, insoweit unveröffentlicht; verneinend für den Fall unrichtiger Übermittlung BPatG 6.2.1969 34 W (pat) 47/68 und BPatG 9, 15; vgl hierzu *G. Winkler* Mitt 1998, 401; zum Streitstand *Benkard* Rn 151. Eine Heranziehung der Wiedereinsetzungsregelungen erwägt *MGK/Bossung* Einl zu Kap I des Dritten Teils Rn 30.

445 BPatG 14.2.1972 4 W (pat) 122/71.

446 BGH GRUR 1977, 780, 782 Metalloxyd.

447 *MGK/Bossung* Einl zu Kap I des Dritten Teils Rn 32.

448 BGH GRUR 1985, 919 Caprolactam; BPatG 18.5. 1983 4 W (pat) 64/80 BlPMZ 1983, 375 Ls.

449 *Bühring* § 4 GebrMG Rn 203.

450 BGH GRUR 1972, 536 akustische Wand; BPatG 12.10.1970 4 W (pat) 94/69 BlPMZ 1971, 188 Ls.

451 Vgl BGH GRUR 1977, 485, 487 Rücknahme der Patentanmeldung; BGH GRUR 1985, 919 Caprolactam; *Benkard* Rn 154.

VI. Verzicht auf einzelne Anmeldungsteile

1. Allgemeines. Verzichte und dementspr Beschränkungen im Erteilungsverfahren werden her- **152** kömmlich in zweierlei Hinsicht als möglich angesehen, nämlich bzgl des Schutzumfangs und als gegenständliche Beschränkung. Als Verzicht auf ein weitergehendes Patentbegehren wurde es angesehen, wenn sich der Anmelder vorbehaltlos mit einem vom DPA vorgeschlagenen beschränkten Patenanspruch einverstanden erklärte, eine diesem Patentanspruch angepasste neue Patentbeschreibung vorlegte und vorbehaltlos einen auf diese Unterlagen bezogenen Bekanntmachungsantrag stellte.[452]

Als Verzicht ist auch die Erklärung angesehen worden, dass **einzelne**, nummernmäßig bezeichnete **153** **Patentansprüche** gestrichen werden sollten,[453] ebenso die nach Kenntnisnahme von Entgegenhaltungen abgegebene Erklärung, keinen selbstständigen Schutz für einen Patentanspruch zu beanspruchen.[454] Das EPÜ kennt einen Verzicht auf einzelne Patentansprüche, der sich auch aus der Nichtzahlung von Anspruchsgebühren ergeben kann.

Nicht jedes Fallenlassen oder Zusammenziehen von Patentansprüchen wurde als Verzicht oder Be- **154** schränkung angesehen; es kam auf die Umstände des Falls an (**Fallenlassen „der Form"** oder „der Sache" **nach**).[455]

Verzicht wurde nicht schon in der **Einreichung neuer Unterlagen** nach Beanstandung wegen Un- **155** einheitlichkeit gesehen,[456] er wurde auch verneint, wenn die differenzierte Beschreibung des Gegenstands erklärtermaßen in den Unterlagen verbleiben sollte und Merkmale enthielt, die über den Aussagegehalt des gestrichenen Patentanspruchs in beanspruchbarer Weise hinausgingen,[457] wohl aber im Antrag, das Patent mit den für gewährbar erachteten Patentansprüchen zu erteilen,[458] regelmäßig auch in der Erklärung, ein Patentanspruch werde ersatzlos gestrichen.[459] In der Erklärung, Patentansprüche dürften als Unteransprüche gewährbar sein, wurde ein Verzicht auf selbständigen Schutz nicht gesehen.[460]

Verzicht kommt erst recht nicht in Betracht, wenn **Ausscheidung vorbehalten** bleibt.[461] **156**

Die Rspr hat zeitweise die **Irrtumsanfechtung** eines Verzichts nach § 119 BGB zugelassen,[462] dies **157** aber unter ausdrücklicher Aufgabe dieser Auffassung später jedenfalls für den Fall verneint, dass die Erklärung Grundlage einer Entscheidung mit Außenwirkung geworden ist.[463] Das EPA sieht ein generelles Verbot des Widerrufs des Verzichts nicht als gerechtfertigt an.[464]

2. Schutzumfang. Zum einen sollte Verzicht oder – als Gegenstück – Beschränkung auf Teile des **158** Schutzumfangs mit bindender Wirkung für den Verletzungsprozess (Rn 11 zu § 14) in Betracht kommen.[465]

---

452 BGH GRUR 1966, 146 beschränkter Bekanntmachungsantrag; BGH GRUR 1967, 413 Kaskodeverstärker; BPatG Mitt 1965, 52; BPatGE 16, 125 = GRUR 1975, 18; BPatGE 19, 109 = BlPMZ 1977, 233; vgl BPatGE 1, 63 = GRUR 1965, 81; BPatG 14.3.1989 31 W (pat) 6/88: nach Beanstandung der Uneinheitlichkeit; vgl weiter BPatGE 20, 39 = BlPMZ 1977, 336, dort auch zum Übergangsrecht bei Aufhebung des Stoffschutzverbots; BPatG 14.4.1970 23 W (pat) 124/66: bei eindeutiger Erkennbarkeit des Willens, ein Erfindungsmerkmal wegen entgegenstehenden StdT aus der Erörterung mit der Prüfungsstelle herauszuhalten; BPatG 12.1.1970 13 W (pat) 27/67; BPatG Mitt 2015, 320.
453 BPatG 20.5.1969 13 W (pat) 83/67.
454 BPatGE 5, 120 = GRUR 1965, 358.
455 BGH GRUR 1967, 413 Kaskodeverstärker.
456 BGH GRUR 1966, 312, 317 Appetitzügler I; vgl BPatG Mitt 2015, 320.
457 BPatGE 20, 105 = BlPMZ 1978, 186.
458 BPatG 14.3.1989 31 W (pat) 6/88; weitergehend BPatGE 17, 207 = Mitt 1976, 57: schon im Einverständnis mit der Bekanntmachung ohne als nicht gewährbar bezeichnete Patentansprüche.
459 BPatG BlPMZ 1975, 287; BPatG Mitt 1978, 237.
460 BPatG Mitt 1984, 115.
461 BPatGE 23, 113, 117 = GRUR 1981, 350; vgl BPatG Mitt 2015, 320.
462 BGH GRUR 1966, 146, 149 beschränkter Bekanntmachungsantrag.
463 BGH GRUR 1977, 780, 782 f Metalloxyd: Bekanntmachung; vgl *van Hees/Braitmayer* Rn 1366.
464 EPA T 910/92.
465 RG GRUR 1933, 223, 225 Koksofen III; RGZ 159, 1 = GRUR 1939, 121 Kreuzfalzvorrichtung; RG GRUR 1939, 286, 289 Scheibenmühlen; RG GRUR 1939, 956, 958 Naphthalin; BGH GRUR 1956, 542, 546 Anhängerkupplung; BGH GRUR 1961, 77 Blinkleuchte; BGHZ 53, 274, 278 = GRUR 1970, 361 Schädlingsbekämpfungsmittel; BGH GRUR 1980, 280 Rolladenleiste; BGH 14.3.1974 X ZR 8/71; BGH 3.12.1974 X ZR 2/72; so Verzicht auf Elementenschutz, BGHZ 68, 242 = GRUR 1977, 594 geneigte Nadeln; BPatGE 1, 70 = GRUR 1985, 81; auf selbständigen Schutz eines Unteranspruchs, BGH GRUR 1961, 404,

Hierbei geht es auch darum, ob Vorgänge, die in der Patentschrift keinen Niederschlag gefunden haben, für die Bestimmung des Schutzumfangs herangezogen werden können. Der BGH lehnt dies grds ab.[466]

159   3. Die Rspr hält daneben einen bindenden Verzicht auf einzelne Anmeldungsteile im Sinn einer **gegenständlichen Beschränkung** mit der Wirkung, dass diese nicht mit Erfolg zum Gegenstand des Erteilungsantrags gemacht werden können, im Einzelfall für möglich,[467] zwischen beiden Formen des Verzichts wird allerdings nicht immer deutlich unterschieden.[468] Soweit dabei auf die „Zäsurwirkung der Bekanntmachung" abgestellt wurde,[469] findet sich im geltenden Recht kein entspr Anknüpfungspunkt mehr.[470]

160   **4. Kritik.** Die verschiedentlich geäußerte Kritik an der Möglichkeit eines Verzichts[471] ist für das geltende Recht jedenfalls im Ergebnis gerechtfertigt. Für die – auch dogmatisch bdkl, weil wohl den konkludenten Abschluss eines öffentlich-rechtl Vertrags mit dem DPMA oder nicht minder gewagte Konstruktionen über allg bindende einseitige Erklärungen zu den Akten voraussetzende, zudem im Gesetz keine Stütze findende – Annahme bindender Verzichte besteht keine praktische Notwendigkeit. Bezieht sich der Verzicht auf Teile des Anmeldungsgegenstands, die einer Patenterteilung entgegenstehen, kann in der Sache dasselbe, nämlich die Nichtpatentierung, durch Zurückweisung der Anmeldung erreicht werden, sofern sich der Anmelder einer entspr Beanstandung nicht beugt und einen entspr Erteilungsantrag zur Entscheidung stellt, dann aber aufgrund einer sachlichen und gerichtlich überprüfbaren Entscheidung. Die Zulassung eines, insb konkludent erklärten, Verzichts beeinträchtigt in bdkl Weise die gerichtliche Überprüfbarkeit. Bezieht sich der Verzicht auf Teile, die einer Patentierung nicht entgegengestanden hätten, war er mithin sachlich ungerechtfertigt, besteht auch kein Grund, den Anmelder an einer entspr Erklärung festzuhalten; die Annahme des Verzichts verlagert die Verantwortung für Fehlentscheidungen hier nur vom DPMA auf den Anmelder oder seinen Vertreter.[472] Ob daneben für die Möglichkeit einer Teilrücknahme der Patentanmeldung ein praktisches Bedürfnis besteht,[473] erscheint schon deshalb fraglich, weil dasselbe Ergebnis auch durch einen entspr eingeschränkten Erteilungsantrag erreicht werden kann.[474]

161   **VII.** Das BPatG hat die Möglichkeit einer **Zusammenlegung (Verbindung) von** getrennt eingereichten **Patentanmeldungen** in einem obiter dictum verneint,[475] in einem anderen Fall dagegen bejaht; danach steht bei Vorliegen der Voraussetzungen der Erlass eines Verbindungsbeschlusses im freien Ermes-

---

408 Klebebindung; Äquivalente, BGH GRUR 1964, 606, 609 Förderband; allg Erfindungsgedanken, BGH 22.6.1967 I a ZR 1/65; vgl BGHZ 75, 143 Leitkörper; beiläufig BGHZ 124, 343, 350 = GRUR 1996, 42, 44 Lichtfleck; generell abl BGHZ 115, 204, 208 = GRUR 1992, 40, 42 beheizbarer Atemluftschlauch, wonach sich aus dem Ablauf des Erteilungsverfahrens ergebende Tatsachen schon im Hinblick auf das Gebot der Rechtssicherheit bei der Bemessung des Schutzbereichs keine Berücksichtigung finden können, andererseits für Beachtlichkeit im Einzelfall inter partes unter dem Gesichtspunkt des „venire contra factum proprium" BGH GRUR 1993, 886 Weichvorrichtung I; BGH Mitt 1997, 364 Weichvorrichtung II.

466   BGHZ 150, 161 = GRUR 2002, 511 Kunststoffrohrteil.

467   BGH GRUR 1966, 146 beschränkter Bekanntmachungsantrag; BGH GRUR 1967, 413, 417 Kaskodeverstärker; BGH GRUR 1975, 310 Regelventil; BGH GRUR 1977, 714 f Fadenvlies; BGH BlPMZ 1979, 151 Etikettiergerät 02; BGH GRUR 1987, 510 f Mittelohrprothese; BGH GRUR 1998, 458 f Textdatenwiedergabe; vgl BGH GRUR 1966, 312, 317 Appetitzügler I; BPatG 2.2.1971 23 W (pat) 76/79 für Wiederaufgreifen im Einspruchsverfahren früheren Rechts zur Beseitigung einer unzulässigen Erweiterung; *Benkard* § 21 Rn 32; *Ballhaus* GRUR 1983, 1, 5; *R. Rogge* Mitt 1998, 201 f; *Stortnik* GRUR 2004, 120 f; vgl *Fitzner/Lutz/Bodewig* § 38 Rn 18.

468   Vgl BGH Mittelohrprothese.

469   BGH Regelventil; BGH Fadenvlies; BGH GRUR 1977, 780, 783 Metalloxyd; vgl BGH beschränkter Bekanntmachungsantrag; vgl auch BGHZ 115, 234 = GRUR 1992, 38 Straßenkehrmaschine.

470   Abw wohl BPatG 29.7.2005 14 W (pat) 349/03 unter Hinweis auf *Schulte*[7] § 49 Rn 38 ff.

471   *Kraßer* GRUR 1985, 689; *Kraßer* S 551 ff (§ 25 A VIII); *R. Rogge* Mitt 1998, 201 f, die in Ausnahmefällen allerdings die Möglichkeit einer bindenden Teilrücknahme der Patentanmeldung bejahen; *Benkard* Rn 158b ff unter Hinweis auf BPatG Mitt 2015, 320; vgl auch *van Hees/Braitmayer* Rn 1363; *Schulte* Rn 418 ff, 425 f.

472   Vgl BPatG 15.5.2007 17 W (pat) 307/05; *Winterfeldt/Engels* GRUR 2008, 553, 564.

473   Vgl BPatGE 35, 268.

474   Vgl BGHZ 150, 161 = GRUR 2002, 511 Kunststoffrohrteil.

475   BPatGE 27, 82 = GRUR 1985, 1040 f.

sen des Gerichts.[476] Unter der Voraussetzung, dass zwei gesondert eingereichten Patentanmeldungen derselbe Zeitrang zukommt und Einheitlichkeit ihrer Gegenstände besteht, erscheint eine Zusammenlegung jedenfalls nicht von vornherein ausgeschlossen.

Die Verbindung beider Anmeldungen darf allerdings nicht zu einer Erfindung führen, die in **keiner** **162** **der beiden Ursprungsanmeldungen enthalten** war, sondern sich erst aus der Kombination beider Anmeldungen ergibt.[477] Zur Verbindung bei Teilung und Ausscheidung Rn 47, 76 zu § 39.

C. Die europäische Patentanmeldung

Schrifttum: *Assarson* Observations on European Patent Practice in the Chemical Field with Particular Regard to Swedish Practice and Tradition, NIR 1983, 327; *Bardehle* Beseitigung problematischer Bestimmungen des PCT und des EPÜ, Mitt 1980, 201; *Bauvir* Designation fees – what useful purposes do they serve? epi-Information 1998, 31; *Blumer* Formulierung und Änderung der Patentansprüche im europäischen Patentrecht, 1998 (Diss St. Gallen 1996); *Bossung* Das nationale Vorverfahren im europäischen Patentsystem, GRUR Int 1975, 272, 333; *Cawthra* Current Legal Problems of the EPO, EIPR 1982, 38; *Dack/Cohen* Complex Applications – A Return to First Principles, IIC 2001, 485; *Fernandez-Novoa* Die Berichtigung von Fehlern in der europäischen Patentanmeldung, GRUR Int 1983, 157; *Gall/Rippe* Staatenbenennung und Benennungsgebühren bei internationalen und europäischen Patentanmeldungen, Mitt 1981, 227; *Gall* Die Europäische Patentanmeldung und der PCT in Frage und Antwort[7], 2006; *Gehring* Welche Zukunft hat der Disclaimer? Mitt 2003, 197; *Günzel* „Materielle Zäsurwirkung der Patenterteilung gemäß dem Europäischen Patentübereinkommen" – Eine neue „Falle" für den Patentinhaber? GRUR 2001, 932; *Jaenichen* Alle Erfindungen sind gleichberechtigt: Klärung der Entscheidung T 1329/04 zugunsten der Vollständigkeit von DNA-Erfindungen ohne „Wet Biology"-Experimente, GRUR Int 2007, 104; *Johannesson* Schutzbereich und Patentansprüche des europäischen Patents, GRUR Int 1974, 301; *Kemp* (Hrsg) Patent Claim Drafting and Interpretation, 1983; *Kempton* Broad Biotech Patent Claims – Latest EPO Case Law, 4 Bio-Science Law Review (1997), 152; *Lagler/Köpf/Stauber* Alles klar! Entscheid der Grossen Beschwerdekammer G 3/14 vom 24. März 2015, sic! 2015, 476; *Lançon* The Case Law of the EPO Boards of Appeal 1994 to 1996 – A Summary, IIC 1997, 889, 897 ff; *Merz* La revendiction en droit européen des brevets, 1982; *Mulder* Periods and Remedies Under the EPC: Compliance of the EPC with the PLT, EIPR 2012, 12, 87; *Parup* Correction of Errors – Rule 88 EPC, NIR 1985, 129; *Rieck/Köllner* Patent Prosecution Highway: Lohnt sich der Aufwand? Mitt 2013, 525; *Rippe/Gall* Wegweiser für europäische und internationale Patentanmeldungen, 1998; *Roberts* A Practical Guide to Drafting Patents, 2007; *Schmidt/Vogel* „Deutliche Offenbarung" vor dem EPA: Spekulative Gefahr für den Anmelder? Mitt 2004, 198; *Staehelin* Europäisches Patenterteilungsverfahren in der Praxis, GRUR Int 1981, 284; *Tada* Revision of Examination Guideline for Requirement of Unity of Invention, epi Information 2013, 171; *Teschemacher* Einschränkungen für Beschränkungen vor dem EPA: Der Verzicht auf eine offenbarte Ausführungsform, FS D. Stauder (2011), 293; *Tessensohn* The Scylla of Accelerated Examination and Charybdis of Competitor Coverage – Prospersing from the Patent Prosecution Highway, EIPR 2011, 357; *van Empel* The Granting of European Patents, 1975; *Waage* L'application de principes généraux de procédure en droit européen des brevets, 2000, zugl Diss Strasbourg 1998; *Wallace* Practice before the European Patent Office, EIPR 1983, 36; *Weber* How to draft a European patent application based on a US-style application, AIPPI Jap.Group.Int. 1998 Nr 1, 3.

I. Anmelder

1. Anmeldeberechtigung. Art 58 EPÜ regelt das Recht zur Anmeldung europäischer Patente. Die **163** Rechtsfähigkeit regelt sich nach nationalem Recht.[478]

2. Mehrheit von Anmeldern. Art 59 EPÜ regelt den Fall mehrerer Anmelder. Nach Regel 151 Abs 1 **164** AOEPÜ gilt grds der erstgenannte Anmelder als gemeinsamer Vertreter; ist einer der Anmelder verpflichtet, einen zugelassenen Vertreter zu bestellen, gilt dieser Vertreter als gemeinsamer Vertreter, sofern nicht der im Antrag als Erster genannte Anmelder einen zugelassenen Vertreter bestellt hat.[479] Mehrere Personen, die gemeinsam eine Anmeldung einreichen, dürfen keine andere verfahrensrechtliche Stellung innehaben als ein einzelner Anmelder.[480]

---

476 BPatG BlPMZ 1985, 193.
477 BGH GRUR 1986, 531 Schweißgemisch; vgl *MGK/Bossung* Einl zu Kap I des Dritten Teils Rn 33.
478 EPA G 3/99 ABl EPA 2002, 347 = GRUR Int 2002, 927 Zulässigkeit eines gemeinsamen Einspruchs bzw einer gemeinschaftlichen Beschwerde.
479 Vgl *Hövelmann* Mitt 1999, 129, 132 f; EPA J 35/92.
480 EPA J 2/01 = GRUR Int 2005, 507 ABl EPA 2005, 88 Teilanmeldung.

Keukenschrijver

165   Für den Fall, dass für **verschiedene Vertragsstaaten verschiedene Anmelder** benannt werden, regelt Art 118 EPÜ die Einheit der eur Patentanmeldung oder des eur Patents. Daraus folgt, dass die Entscheidungen des EPA für alle Benennungsstaaten wirken.[481]

II. Erfüllung der Anmeldeerfordernisse

1. Form und Adressat der Patentanmeldung; Annahmestellen; Übermittlung

166   **a. Regelung im EPÜ.** Art 75 Abs 1, 2 EPÜ regelt die Einreichung der europäischen Patentanmeldung. Nach Regel 41 Abs 1 AOEPÜ ist der Erteilungsantrag auf einem vom EPA vorgeschriebenen Formblatt einzureichen; das Schriftformerfordernis ergibt sich mittelbar aus Regel 35 Abs 1 AOEPÜ und Regel 49 Abs 8 AOEPÜ (Maschinenschrift oder Druck).[482] Einreichung per Fax ist bei den Annahmestellen des EPA und bei verschiedenen nationalen Behörden möglich.[483] Durch den Beschluss des PräsEPA vom 7.12.2000[484] wurde die Einreichung mit der epoline-Software zugelassen (nunmehr OLF[484a]). Zwischen dem EPA, dem USPTO und dem japanischen Patentamt ist eine Einigung auf ein einheitliches Anmeldeformat erfolgt.[485]

167   **b. Einreichung beim EPA.** Eine Einreichung ist in München und Den Haag sowie bei der **Dienststelle Berlin des EPA** möglich (Beschluss des PräsEPA vom 10.5.1989).[486]

168   Aus dem (räumlichen) **Nebeneinander** in München, Den Haag und Berlin ergeben sich Probleme.[487]

169   **c. Einreichung bei nationalen Ämtern.** Eine nationale Folgeregelung, die von der Ermächtigung in Art 75 Abs 1 Buchst b EPÜ Gebrauch macht, so dass die eur Patentanmeldung beim DPMA eingereicht werden kann, enthält Art II § 4 Abs 1 Satz 1 IntPatÜG; Regelungen nach Art 75 Abs 2 EPÜ sind in Art II § 4 Abs 2 IntPatÜG getroffen; zur Einreichung bei der Dienststelle Jena und der Annahmestelle Berlin sowie über Patentinformationszentren Rn 3 zu Art II § 4 IntPatÜG. Zur Sprache Rn 191.

170   Die **Rechtslage in anderen Vertragsstaaten** ist unterschiedlich.[488]

171   **d. PCT-Anmeldungen.** Eine Einreichung eur PCT-Anmeldungen ist grds bei allen PCT-Anmeldeämtern möglich; Einreichung beim **Internationalen Büro** (Regel 19 AOPCT) ist wegen Art 152 EPÜ nicht vorgesehen.

172   **e.** Zur **Form** verhält sich Regel 35 AOEPÜ. Die Unterlagen sind nur noch in einem Stück einzureichen.[489]

173   **Einreichung durch die Post** bedeutet Zuleitung durch die Post, nicht Eingang bei der Post; dies gilt auch, wo abw nationale Regelungen bestehen.[490]

174   Für den Eingangstag ist die **Ortszeit** maßgeblich.[491]

175   Die **Unterrichtung** nach Regel 35 Abs 4 AOEPÜ erfolgt mittels des Formblatts 1033. Zur **Anmeldenummer** Rn 142 vor § 34.

---

481   EPA T 119/99: Anfechtung des Widerrufs des Patents bei unterschiedlichen Inhabern in den Benennungsstaaten durch nur einen Inhaber wirkt für alle Benennungsstaaten.
482   *Benkard-EPÜ* Art 78 Rn 54.
483   Näher *Benkard-EPÜ* Art 78 Rn 55 ff.
484   Beilage zum ABl EPA Nr 4/2001.
484a Näher *Singer/Stauder* EPÜ Art 78 Rn 22 ff.
485   Zur Implementierung eines dem „Patent Prosecution Highway" entspr Projekts Bericht GRUR 2008, 137 f.
486   ABl EPA 1989, 218; zur früheren Rechtslage *MGK/Bossung* Art 75 EPÜ Rn 50 ff.
487   Hierzu *MGK/Bossung* Art 75 EPÜ Rn 23 f.
488   Hierzu *MGK/Bossung* Art 75 EPÜ Rn 57 f, 70 ff; *Singer/Stauder* Art 75 EPÜ Rn 19 ff.
489   Beschl PräsEPA vom 15.11.2001 ABl EPA 2001, 563.
490   *MGK/Bossung* Art 75 EPÜ Rn 89.
491   *MGK/Bossung* Art 75 EPÜ Rn 92 ff. Zu den Auswirkungen unterschiedlicher Feiertagsregelungen *MGK/Bossung* Art 75 EPÜ Rn 99 f.

f. Die **Übermittlung** bei der nationale Zentralbehörde eingereichter **europäischer Patentanmeldungen** an das EPA ist in **Art 77 EPÜ** geregelt; von Bedeutung ist der Fall der Anmeldung, die ein Staatsgeheimnis enthalten kann (Rn 5 ff zu Art II § 4 IntPatÜG). Nationale Folgeregelungen sind in Art II § 4 Abs 2 und Abs 3 IntPatÜG enthalten. **176**

2. Inhalt der Patentanmeldung

a. Allgemeines. Art 78 EPÜ betrifft die Erfordernisse der europäischen Patentanmeldung. Zur Behandlung von Hilfsanträgen im EPA Rechtsauskunft Nr 15/05 (rev. 2).[492] **177**

Anmelde- und Recherchegebühr sind innerhalb eines Monats nach Einreichung zu zahlen (Art 78 Abs 2 EPÜ; Regel 38 AOEPÜ; Art 2 Nr 1, 2 GebO).[493] Die Anmeldegebühr beträgt bei elektronischer Einreichung dzt 120 EUR, sonst 210 EUR (Art 2 Nr 1 GebO), die Zusatzgebühr (anstelle der früheren Druckkostengebühr), wenn die Anmeldung mehr als 35 Seiten umfasst, je Seite 15 EUR (Art 2 Nr 1a GebO).[494] Die Recherchegebühr beträgt für eine eur Recherche dzt 1.300 EUR (Art 2 Nr 2 GebO). Gilt die Anmeldung wegen nicht rechtzeitiger Zahlung als zurückgenommen, kommt Weiterbehandlung nach Art 121 EPÜ in Betracht.[495] Wiedereinsetzung ist anders als im nationalen Recht auch nach der Revision des EPÜ ausgeschlossen (Art 122 Abs 4 EPÜ; Regel 136 Abs 3 AOEPÜ).[496] Die Gebührenermäßigung nach Regel 6 Abs 3 AOEPÜ ist mWv 1.4.2014 im Grundsatz weggefallen, jedoch besteht weiterhin eine Gebührenermäßigung für kleine und mittlere Unternehmen. **178**

Besonderheiten gelten bei **PCT-Anmeldungen**.[497] **179**

Verspätet gezahlte Eingangsgebühren können grds **nicht zurückgezahlt** werden, wenn sie verfallen sind, eine abw Regelung besteht nur in Art 9 GebO für die Recherchegebühr.[498] **180**

b. Die **Benennung von Vertragsstaaten** regelt Art 79 EPÜ. Die EPÜ-Revision hat die Bestimmung unter Anpassung an die bestehende Praxis neu formuliert. Es gilt nunmehr die Fiktion der Benennung aller Vertragsstaaten.[499] Die Benennung aller Vertragsstaaten erfolgt kraft Gesetzes. **181**

Nach der zum 1.4.2009 in Kraft getretenen Neuregelung sieht Regel 39 AOEPÜ eine **einheitliche Benennungsgebühr** für alle benannten Vertragsstaaten vor; die Höhe beträgt dzt 585 EUR. Teilrechtsverluste für einzelne benannte Vertragsstaaten kommen damit nicht mehr in Betracht. Für die Teilanmeldung fällt die Benennungsgebühr erneut an, ebenso für die neue eur Patentanmeldung nach Art 61 Abs 3 EPÜ. Wiedereinsetzung wird durch Art 122 Abs 4 EPÜ, Regel 136 Abs 3 AOEPÜ ausgeschlossen, weil Weiterbehandlung (Art 121 EPÜ) möglich ist. **182**

Zur **Erstreckung** und **Validierung** aufgrund von Erstreckungs- und Validierungsabkommen Rn 17 f zu Art I IntPatÜG. Erstreckung kommt auch in anderen Fällen in Betracht, soweit das nationale Recht des jeweiligen Gebiets dies vorsieht. Dies gilt insb für verschiedene früher oder noch brit Gebiete. **183**

Zur Wirkung der **Nichtzahlung** der Benennungsgebühr Rn 222. **184**

Rücknahme der Benennung eines Vertragsstaats (Art 79 Abs 3 EPÜ) ist bis zum Wirksamwerden der Erteilung jederzeit, auch bereits im Erteilungsantrag, möglich.[500] Das Rücknahmeverbot in Regel 15 AOEPÜ ist zu beachten.[501] Die Rücknahme ist bedingungsfeindlich.[502] Ob sie widerruflich ist, ist zwh.[503] **185**

492   ABl EPA 2005, 357.

493   Nähere Hinweise zur Anmeldegebühr s *MGK/Bossung* Art 78 EPÜ Rn 215 ff; vgl auch *Singer/Stauder* Art 78 EPÜ Rn 26 ff.

494   Näher MittEPA ABl EPA 2009, 118 und 338.

495   *Singer/Stauder* Art 78 EPÜ Rn 29.

496   Art 122 EPÜ Rn 21; zur früheren Rechtslage EPA J 18/82 ABl EPA 1983, 441 höhere Gewalt.

497   Hierzu *MGK/Bossung* Art 78 EPÜ Rn 226 ff.

498   Vgl *Singer/Stauder* Art 78 EPÜ Rn 34; differenzierend *MGK/Bossung* Art 78 EPÜ Rn 233 ff.

499   Vgl *Benkard-EPÜ* Art 79 Rn 10; *Singer/Stauder* Art 79 EPÜ Rn 3.

500   *MGK/Bossung* Art 79 EPÜ Rn 181 ff; *Singer/Stauder* Art 79 EPÜ Rn 30.

501   Vgl *Singer/Stauder* Art 79 EPÜ Rn 31.

502   *MGK/Bossung* Art 79 EPÜ Rn 174, der aber eine Irrtumsanfechtung für möglich hält.

503   Vgl *MGK/Bossung* Art 79 EPÜ Rn 173 einerseits, EPA J 10/87 ABl EPA 1989, 323 = GRUR Int 1990, 221 Widerruf einer Zurücknahme andererseits; generell zum Widerruf der Zurücknahme eines Antrags EPA T 824/00 ABl EPA 2004, 5 = GRUR Int 2004, 435 Widerruf der Zurücknahme eines Antrags.

Nichtzahlung der Benennungsgebühr fingiert die Rücknahme (Art 91 Abs 4 EPÜ) der Benennung des Staats.[504] Rücknahme lässt vorläufigen Schutz nach Art 67 EPÜ rückwirkend entfallen. Ist Veröffentlichung bei Rücknahme bereits erfolgt, bleibt die Wirkung des Art 54 Abs 3, 4 EPÜ wie des § 3 Abs 2 bestehen[505] (vgl Rn 148, 151 zu § 3). Widerruf und Anfechtung der Rücknahme sind wie bei der Rücknahme der Anmeldung zu beurteilen (Rn 228).

186   **c. Form und Inhalt des Erteilungsantrags** betrifft Regel 41 AOEPÜ. Danach ist der Antrag auf einem vom EPA vorgeschriebenen Formblatt einzureichen. Er muss ein Ersuchen auf Erteilung eines eur Patents, die Bezeichnung der Erfindung, die eine kurz und genau gefasste technische Bezeichnung der Erfindung wiedergibt und keine Fantasiebezeichnung enthalten darf, den Namen, die Anschrift, die Staatsangehörigkeit und den Staat des Wohnsitzes oder Sitzes des Anmelders, falls ein Vertreter bestellt ist, seinen Namen und seine Geschäftsanschrift, ggf Angaben zu Teilanmeldung und Priorität, die Unterschrift des Anmelders oder Vertreters, eine Liste der Anlagen, sowie, falls der Anmelder der Erfinder ist, die Erfindernennung, enthalten; bei mehreren Anmeldern soll der gemeinsame Vertreter angegeben werden.

187   Das **Formblatt** Form 1001 kann im Internet abgerufen werden.[506]

188   **d. Anmeldungsunterlagen.** Allg Bestimmungen über die Form der Anmeldungsunterlagen enthält Regel 49 AOEPÜ.

189   **Regel 50 AOEPÜ** regelt die Nachreichung von Unterlagen.

190   **EPA-PrRl A-IX 2** enthalten Ausführungen zur Form der Unterlagen.

191   **Sprache.** Die eur Patentanmeldungen sind in einer Amtssprache des EPA (Deutsch, Englisch und Französisch) einzureichen (Art 14 Abs 1 Satz 2 EPÜ; Rn 11 ff zu § 126, dort auch zur Privilegierung bestimmter Personen). Für eur Teilanmeldungen gelten besondere Regelungen.

192   In der Anmeldung **in Bezug genommene Schriftstücke** können in jeder Sprache abgefasst sein.[507]

193   **Unzulässige Angaben** betrifft Regel 48 AOEPÜ.[508] Die Bestimmung verbietet Angaben oder Zeichnungen, die gegen die öffentliche Ordnung oder die guten Sitten verstoßen (Regel 48 Abs 1 Buchst a AOEPÜ), herabsetzende Äußerungen über Erzeugnisse oder Verfahren Dritter oder den Wert oder die Gültigkeit von Anmeldungen oder Patenten Dritter, soweit es sich nicht um reine Vergleiche mit dem StdT handelt (Regel 48 Abs 1 Buchst b AOEPÜ), schließlich nach den Umständen offensichtlich belanglose oder unnötige Angaben (Regel 48 Abs 1 Buchst c AOEPÜ). Solche Angaben können von der Veröffentlichung ausgeschlossen werden, die Auslassungen sind aber kenntlich zu machen (Regel 48 Abs 2, 3 AOEPÜ).

194   **Patentansprüche.** Art 84 Satz 1 EPÜ enthält die maßgebliche Regelung dahin, dass die Patentansprüche den Gegenstand angeben müssen, für den Schutz begehrt wird. Die Patentansprüche müssen deutlich und knapp gefasst sein und von der Beschreibung gestützt werden (Art 84 Satz 2 EPÜ).[509]

195   Verlangt wurde die Angabe des **tatsächlichen Beitrags** zum StdT im Patentanspruch.[510]

196   **Form und Inhalt der Patentansprüche** betrifft Regel 43 AOEPÜ. Die detaillierte Bestimmung enthält kein ausdrückliches Erfordernis, einen Anspruch in zweiteiliger Form auf der Grundlage des „nächstkommenden" StdT zu formulieren.[511]

197   Eine strikte **Begrenzung der Zahl** der Patentansprüche ist nicht vorgegeben, jedoch erlaubt Regel 43 Abs 5 AOEPÜ in krassen Fällen eine Beanstandung;[512] auch unrichtige Abgrenzung soll gegen Art 84 EPÜ

---

504   EPA J 25/88 ABl EPA 1989, 486 = GRUR Int 1990, 229 Anmeldung; EPA G 1/98 ABl EPA 2001, 131 Benennungsgebühr.

505   Vgl *MGK/Bossung* Art 79 EPÜ Rn 179.

506   http://documents.epo.org/projects/babylon/eponet.nsf/0/5C683C367A8DFBC7C12577F400449FD8/$File/1001_01_12_editable.pdf; zur Erzwingbarkeit der Verwendung des Formblatts *MGK/Bossung* Art 78 EPÜ Rn 114 ff; *Benkard-EPÜ* Art 78 Rn 8.

507   EPA T 920/92.

508   Nähere Hinweise s *MGK/Bossung* Art 78 EPÜ Rn 83 ff; *Benkard-EPÜ* Art 78 Rn 59 ff; vgl auch VG München InstGE 2, 242, 248, aufgehoben durch VGH München InstGE 4, 81 = Mitt 2003, 400 = GRUR-RR 2003, 297.

509   Zur Entstehungsgeschichte *MGK/Teschemacher* Art 84 EPÜ Rn 12 ff.

510   EPA T 332/94.

511   EPA T 980/95.

512   Vgl *MGK/Teschemacher* Art 84 EPÜ Rn 112 ff; vgl EPA T 79/91; EPA T 596/97.

und Regel 43 AOEPÜ verstoßen können.[513] Regel 43 Abs 2 AOEPÜ bekräftigt den Grundsatz „ein unabhängiger Anspruch pro Kategorie" und nennt die möglichen Ausnahmen.

Unterschiedliche Anspruchsfassungen für verschiedene Vertragsstaaten[514] können aus verschiedenen Gründen in Betracht kommen, nämlich im Fall älterer eur Rechte (Regel 138 AOEPÜ) und älterer nationaler Rechte (Regel 138 AOEPÜ), früher auch bei (seit 1992 nicht mehr möglichen) nationalen Vorbehalten nach Art 167 Abs 2 Buchst a EPÜ 1973 und schließlich bei teilweisem Rechtsübergang aufgrund einer Entscheidung nach Art 61 EPÜ iVm Regel 18 Abs 2 AOEPÜ, Regel 78 Abs 2 AOEPÜ.[515] **198**

Regel 138 AOEPÜ enthält die maßgebliche Bestimmung über unterschiedliche Patentansprüche, Beschreibungen und Zeichnungen für verschiedene Staaten. **199**

Der **Inhalt der Beschreibung** ist in Regel 42 AOEPÜ festgelegt.[516] Anzugeben ist das technische Gebiet, auf das sich die Erfindung bezieht. Weiter ist der bisherige StdT anzugeben, soweit er nach der Kenntnis des Anmelders für das Verständnis der Erfindung, die Erstellung des eur Recherchenberichts und die Prüfung der eur Patentanmeldung als nützlich angesehen werden kann. Zudem ist die Erfindung, wie sie in den Patentansprüchen gekennzeichnet ist, so darzustellen, dass danach die technische Aufgabe, auch wenn sie nicht ausdrücklich als solche genannt ist, und deren Lösung verstanden werden können;[517] außerdem sind ggf vorteilhafte Wirkungen der Erfindung unter Bezugnahme auf den bisherigen StdT anzugeben. Die Zeichnungen sind kurz zu beschreiben. Wenigstens ein Weg zur Ausführung der beanspruchten Erfindung ist im einzelnen anzugeben. Wenn es sich aus der Beschreibung oder der Art der Erfindung nicht offensichtlich ergibt, ist ausdrücklich anzugeben, in welcher Weise der Gegenstand der Erfindung gewerblich anwendbar ist. Werden Abbildungen irrtümlich als StdT bezeichnet, kann diese Angabe ohne Verstoß gegen Art 123 Abs 2 EPÜ gestrichen werden.[518] **200**

Sind Nucleotid- oder **Aminosäuresequenzen** offenbart, hat die Beschreibung ein Sequenzprotokoll zu enthalten, das den vom PräsEPA erlassenen Vorschriften für die standardisierte Darstellung von Nucleotid- und Aminosäuresequenzen entspricht (Regel 30 Abs 1 AOEPÜ). Die Bestimmung wird durch den Beschluss des PräsEPA vom 28.4.2011 über die Einreichung von Sequenzprotokollen[519] ergänzt. **201**

Die **EPA-PrRl A-IV 5** sehen hierzu vor, dass dann, wenn in der eur Patentanmeldung Nucleotid- oder Aminosäuresequenzen offenbart sind, diese in einem dem WIPO-Standard ST. 25 entspr Sequenzprotokoll darzustellen sind. Das Sequenzprotokoll sollte, wenn es zusammen mit der Anmeldung eingereicht wird, den letzten Teil der Anmeldung bilden. Es kann auf Papier eingereicht werden; in diesem Fall ist zusätzlich auch ein Exemplar in computerlesbarer Form einzureichen. Bei online-Einreichung der Anmeldung ist das Sequenzprotokoll als Anhang einzureichen. Die computerlesbaren Daten müssen dem WIPO-Standard ST. 25 Nr 39ff entsprechen. Wird die Anmeldung auf Papier eingereicht, muss die auf dem elektronischen Datenträger gespeicherte Information mit dem Sequenzprotokoll auf Papier übereinstimmen, das die rechtsverbindliche Fassung darstellt. Der Anmelder oder sein Vertreter hat zusammen mit dem Datenträger eine entsprechende Erklärung gemäß Regel 30 Abs 1 AOEPÜ und WIPO-Standard ST. 25 einzureichen. **202**

Angaben zum Stand der Technik. Art 124 EPÜ regelt Angaben („Auskünfte") des Anmelders über den StdT, der in nationalen oder regionalen Patentverfahren in Betracht gezogen wurde. **203**

Die **Form der Zeichnungen** betrifft Regel 46 AOEPÜ.[520] **204**

EPA-PrRl A-X befassen sich mit den Zeichnungen. **205**

Zur **Zusammenfassung**, die anders als nach nationalem Recht Bestandteil der Anmeldungsunterlagen ist, aber wie dort nur der technischen Information dient, Rn 16ff zu § 36. **206**

Zur **Hinterlegung** von biologischem Material (Regel 31ff AOEPÜ) Rn 343ff. **207**

---

513 EPA T 688/91, bdkl.

514 Zur unterschiedlichen Fassung sonstiger Anmeldungsteile in solchen Fällen *MGK/Teschemacher* Art 84 EPÜ Rn 73.

515 Vgl *Singer/Stauder* Art 84 EPÜ Rn 64.

516 Zur Entstehungsgeschichte *MGK/Teschemacher* Art 83 EPÜ Rn 16ff.

517 Nach EPA T26/81 ABl EPA 1982, 211 = GRUR Int 1982, 614 Behälter und *Singer/Stauder* Art 56 EPÜ Rn 55 als zwingendes Erfordernis.

518 EPA T 1039/93. Zur nachträglichen Aufnahme eines wesentlichen Dokuments EPA T 450/97 ABl EPA 1999, 67, 74f = GRUR Int 1999, 352, 354 Shampoozusammensetzung.

519 ABl EPA 2011, 372.

520 Nähere Hinweise s *MGK/Bossung* Art 78 EPÜ Rn 151ff. Zur Berichtigung von zum StdT eingereichten Zeichnungen EPA T 889/83.

208   **3.** Das Erfordernis der **Einheitlichkeit der europäischen Patentanmeldung** ist in Art 82 EPÜ dahin geregelt, dass die eur Patentanmeldung nur eine einzige Erfindung oder eine Gruppe von Erfindungen enthalten darf, die untereinander in der Weise verbunden sind, dass sie eine einzige allg erfinderische Idee verwirklichen.[521] Neuheitsschädlichkeit einer Entgegenhaltung ist kein hinreichender Grund, um a posteriori auf mangelnde Einheitlichkeit der beanspruchten Gegenstände zu schließen; auch eine Beschränkung mit ursprünglich offenbarten Merkmalen soll generell nicht die Einheitlichkeit beeinträchtigen.[522]

209   Nach **Regel 44 Abs 1 AOEPÜ** ist das Erfordernis nur erfüllt, wenn zwischen diesen Erfindungen ein technischer Zusammenhang besteht, der in einem oder mehreren gleichen oder entspr besonderen technischen Merkmalen zum Ausdruck kommt. Unter dem Begriff „besondere technische Merkmale" sind die technischen Merkmale zu verstehen, die einen Beitrag jeder beanspruchten Erfindung als Ganzes zum StdT bestimmen. Die Entscheidung hat ohne Rücksicht darauf zu erfolgen, ob die Erfindungen in gesonderten Patentansprüchen oder als Alternativen innerhalb eines einzigen Patentanspruchs beansprucht werden (Regel 44 Abs 2 AOEPÜ).

210   S hierzu die **EPA-PrRl C-III 7.** Nichteinheitlichkeit kann sich a priori oder a posteriori ergeben (EPA-PrRl C-III 7.6).[523] Zur Herangehensweise bei der Prüfung EPA-PrRl C-III 7.7. Nach der Praxis des EPA sind zunächst die Aufgaben zu untersuchen.[524]

211   Die **Prüfung der Einheitlichkeit** ist auf das Erteilungsverfahren beschränkt.[525] Die Recherchenabteilung kann nicht abschließend entscheiden.[526]

212   Im eur **Einspruchsverfahren** ist Uneinheitlichkeit folgenlos;[527] dies gilt erst recht für nationale Nichtigkeitsverfahren.

213   Zum **europäischen Recherchenbericht** bei mangelnder Einheitlichkeit (Regel 64 AOEPÜ) Rn 82 ff zu § 43.

214   Zur Einheitlichkeit bei **PCT-Anmeldungen** sind Art 152 EPÜ, Regel 158 AOEPÜ zu beachten. Materielle Grundlage für das Einheitlichkeitserfordernis ist Art 3 Abs 4 ii PCT iVm Regel 13.1 AOPCT.[528]

4. Anmelde-, Recherchen-, Anspruchs- und Benennungsgebühr

215   **a. Übersicht.** Anders als bei nationalen Anmeldungen ist nicht nur die Anmeldegebühr zu entrichten, zu ihr tritt sogleich die Recherchengebühr (Art 78 Abs 2 EPÜ, Rn 178). Hinzu kommen die Benennungsgebühr (Art 79 Abs 2 EPÜ, Rn 181 ff) und fallweise die Anspruchsgebühren (Regel 45 AOEPÜ, Rn 216). Zum Gebührenrecht des EPÜ und der zugehörigen Gebührenordnung Rn 44 ff Einl PatKostG.

216   **b.** Die **Anspruchsgebühren** betrifft Regel 45 AOEPÜ. Anspruchsgebühren sind demnach seit Inkrafttreten des Beschlusses des Verwaltungsrats vom 6.3.2008,[529] wirksam seit 1.4.2008, für den sechzehnten und jeden weiteren Patentanspruch zu entrichten. Diese Gebühr beträgt dzt für jeden weiteren Patentanspruch 235 EUR (Art 2 Nr 15 GebO), ab dem 51. Anspruch 585 EUR. Maßgeblich ist die Zahl der Ansprüche, die sich bei Ablauf der Zahlungsfrist in den Akten befinden.[530]

217   Zur Gebührenpflicht für weitere in der Beschreibung enthaltene **(Quasi-)Ansprüche** sind verschiedene Entscheidungen ergangen.[531] Bei weiteren Anspruchssätzen (Rn 198) sind jeweils die über die Zahl von fünfzehn hinausgehenden Patentansprüche gebührenpflichtig.[532]

---

521 Zur Entstehungsgeschichte *MGK/Teschemacher* Art 82 EPÜ Rn 10 f; zum Hintergrund in der Praxis der Vertragsstaaten *MGK/Teschemacher* Art 82 EPÜ Rn 21 mNachw.
522 EPA T 708/00 ABl EPA 2004, 160 = GRUR Int 2004, 668 Übertragungsrahmen.
523 Vgl *Singer/Stauder* Art 82 EPÜ Rn 17.
524 EPA W 11/89 ABl EPA 1993, 225 Faservlies; EPA W 6/97.
525 EPA G 1/91 ABl EPA 1992, 263 = GRUR Int 1992, 827 Einheitlichkeit.
526 *MGK/Teschemacher* Art 82 EPÜ Rn 47 ff, 58; *Singer/Stauder* Art 82 EPÜ Rn 19.
527 *MGK/Teschemacher* Art 82 EPÜ Rn 59; *Singer/Stauder* Art 82 EPÜ Rn 23.
528 Vgl *Singer/Stauder* Art 82 EPÜ Rn 26 ff; *Singer/Stauder* Art 152 EPÜ Rn 331 ff.
529 ABl EPA 2008, 124.
530 EPA J 6/96.
531 EPA J 5/87 ABl EPA 1987, 295 Zahl der gebührenpflichtigen Patentansprüche, einerseits; EPA J 15/88 ABl EPA 1990, 445 Anspruchsgebühren; EPA J 16/88 EPOR 1990, 64 Claims fees; EPA J 29/88; EPA J 25/89; EPA J 26/89; EPA J 27/89; EPA J 28/89; EPA J 34/89; EPA T 440/90 andererseits.
532 *Singer/Stauder* Art 84 EPÜ Rn 66 vgl EPA J 9/84 ABl EPA 1985, 233 Anspruchsgebühren.

Bei **Teilzahlung** muss der Anmelder konkret angeben, für welche Patentansprüche die Zahlung gel- **218** ten soll, andernfalls fordert das EPA ihn hierzu auf.[533]

c. Fälligkeit; Zahlungsfrist; Folgen der Nichtzahlung; Wiedereinsetzung. Anmelde-, Recherchen-, **219** Benennungs- und Anspruchsgebühren werden mit Einreichung der Anmeldung fällig. Die Zahlungsfristen sind unterschiedlich, sie betragen für Anmelde-, Recherchen- und Anspruchsgebühren jeweils einen Monat ab Einreichung der Anmeldung (Art 78 Abs 2 EPÜ; Regel 38 AOEPÜ; zur Fristberechnung Regel 131 Abs 4 AOEPÜ), für die Benennungsgebühr sechs Monate ab Veröffentlichung des Hinweises auf die Veröffentlichung des eur Recherchenberichts[534] (Rn 181 ff).

Wird die **Anmelde- oder die Recherchengebühr** nicht rechtzeitig gezahlt, stellt das EPA fest, dass **220** die Anmeldung als zurückgenommen gilt (Regel 112 Abs 1 AOEPÜ; Art 7 GebO).

Wird die Zahlungsfrist für die Anmelde- oder die Recherchengebühr versäumt, kommt gebühren- **221** pflichtige **Weiterbehandlung** nach Art 121 EPÜ in Betracht. Für die Anspruchsgebühren enthalten Regel 45 Abs 2 AOEPÜ und Regel 71 Abs 6 AOEPÜ abw Bestimmungen (vgl Rn 223).

Nichtzahlung der **Benennungsgebühr** führt zur Fiktion der Rücknahme der eur Patentanmeldung **222** (Regel 39 Abs 2 AOEPÜ).[535] Die Benennung wurde unbeschadet Art 67 Abs 4 EPÜ nicht rückwirkend wirkungslos und galt nicht als nie erfolgt, wenn die entspr Benennungsgebühr nicht fristgerecht entrichtet wurde.[536]

Nichtzahlung der **Anspruchsgebühr** gilt als Verzicht auf den entspr Patentanspruch[537] (Regel 45 **223** Abs 3 AOEPÜ). Die Verzichtswirkung ist nicht materieller Art, sie bedeutet grds nur, dass der Patentanspruch im weiteren Verfahren nicht berücksichtigt wird.[538]

Wird bei mangelnder Einheitlichkeit die erforderliche **weitere Recherchengebühr** nicht entrich- **224** tet, kann der Anmelder die Erfindung oder einheitliche Gruppe von Erfindungen auswählen, die er in der Stammanmeldung weiterverfolgen will. Ob in der Nichtzahlung der zusätzlichen Recherchengebühr ein Verzicht auf den nichtrecherchierten Teil liegt, war str.[539] Die GBK hat dies bejaht.[540] Regel 137 Abs 5 AOEPÜ trägt dem Rechnung (Rn 41 zu § 38).

Wiedereinsetzung. Die Zahlungsfristen für die Anmelde-, Recherchen- und Benennungsgebühren **225** sind nicht wiedereinsetzungsfähig; das folgt aus Art 122 Abs 4 Satz 2 EPÜ iVm Regel 136 Abs 3 AOEPÜ.

III. Wirkungen der europäischen Patentanmeldung

1. Allgemeines. Die Laufzeit des eur Patents beträgt grds zwanzig Jahre, gerechnet vom Anmeldetag **226** (Rn 30 zu § 35) an (Art 63 Abs 1 EPÜ). Die eur Patentanmeldung, deren Anmeldetag feststeht, hat in den benannten Vertragsstaaten die Wirkung einer vorschriftsmäßigen nationalen Hinterlegung, ggf mit der in Anspruch genommenen Priorität (Art 66 EPÜ, Rn 148 zu § 3). Die eur Patentanmeldung begründet ihrerseits ein Prioritätsrecht (Art 87 Abs 2 EPÜ). Die zurückgewiesene Anmeldung ist noch bis zum Ablauf der Beschwerdefrist anhängig, auch wenn keine Beschwerde eingelegt wurde.[541]

2. Schutzbegründende Wirkung. Die eur Patentanmeldung gewährt vom Tag ihrer Veröffentlichung **227** an einstweiligen Schutz nach Art 64 EPÜ (Art 67 EPÜ); s im einzelnen Art II § 1 IntPatÜG.

---

533 *MGK/Teschemacher* Art 84 EPÜ Rn 136.

534 Vgl *Singer/Stauder* Art 79 EPÜ Rn 19.

535 Zur Rechtslage unter dem früheren Regime der Einzelbenennungen EPA G 1/98 ABl EPA 2001, 131 Benennungsgebühren; vgl EPA J 4/86 ABl EPA 1988, 119 Klimaanlage.

536 EPA Benennungsgebühren; anders noch EPA J 22/95 ABl EPA 1998, 569 Benennung von Vertragsstaaten in einer Teilanmeldung.

537 Zum Sinn der Regelung *MGK/Teschemacher* Art 84 EPÜ Rn 132 f.

538 *Singer/Stauder* Art 84 EPÜ Rn 60, der allerdings unter Hinweis auf EPA-PrRl A-III 9 annimmt, dass der Patentanspruch nicht wieder aufgenommen werden kann, wenn die Offenbarung nur im Patentanspruch enthalten war; dies erscheint indessen nicht zwingend.

539 Bejahend EPA T 178/84 ABl EPA 1989, 157 nicht beanstandete Uneinheitlichkeit, abl EPA T 87/88 ABl EPA 1993, 430 = GRUR Int 1994, 64 weitere Recherchengebühr.

540 EPA G 2/92 ABl EPA 1993, 591 Nichtzahlung weiterer Recherchengebühren.

541 EPA G 1/09 ABl EPA 2001, 336 anhängige Anmeldung auf Vorlage EPA J 2/08 ABl EPA 2010, 100 anhängige Anmeldung.

IV. Rücknahme der europäischen Patentanmeldung

228   **1. Gewillkürte Rücknahme.** Der Anmelder kann durch Rücknahme (im Sprachgebrauch des EPA Zurücknahme) über die Anmeldung disponieren[542] (vgl Art 67 Abs 4 EPÜ). Die Wirksamkeit hängt nicht vom Wortlaut der Erklärung ab; es kommt allein darauf an, was der Anmelder will.[543] Die Rücknahme kann mit der Bedingung verknüpft werden, dass die Veröffentlichung unterbleiben kann.[544] Die eur Praxis unterscheidet zwischen der „aktiven" Zurücknahme und dem „passiven" Verzicht.[545] Ein Widerruf der Rücknahme ist nach deren amtlicher Bekanntgabe (Hinweis im eur Patentregister oder Bekanntmachung im Europäischen PatBl) ausgeschlossen,[546] nicht schon zuvor, sofern entschuldbares Versehen vorliegt und Interessen der Öffentlichkeit oder Dritter nicht beeinträchtigt werden.[547] Die Erklärung, die Anmeldung fallenzulassen, ist als Rücknahme ausgelegt worden.[548] Geht die Rücknahme spätestens fünf Wochen vor dem Ablauf des 18. Monats nach Anmeldetag/Prioritätstag ein, hat das EPA die Veröffentlichung zu unterlassen, geht sie bis spätestens zwei Wochen vor dem vorgesehenen Veröffentlichungstag ein, wird das EPA sich bemühen, dass eine Veröffentlichung unterbleibt.[549]

229   **2. Eine fingierte Rücknahme** sehen ua Art 77 Abs 3, Art 124 Abs 2 EPÜ, Regel 37 Abs 2 AOEPÜ, Regel 39 Abs 2 AOEPÜ, Regel 100 Abs 3 AOEPÜ vor. Die Rücknahmefiktion in Regel 100 Abs 3 AOEPÜ tritt grds auch ein, wenn im ex-parte-Beschwerdeverfahren ein Bescheid unbeantwortet bleibt, sofern in der angefochtenen Entscheidung nicht die Anmeldung, sondern nur ein bestimmter Antrag zurückgewiesen wurde.[550]

V. Verzicht

230   Zur Wirkung der Nichtzahlung der Anmeldegebühr Rn 220 f. Im übrigen besteht für die Annahme eines bindenden Verzichts ebenso wenig Anlass wie im nationalen Recht. Das EPA hat bindenden Verzicht auf einen Gegenstand angenommen, der ausdrücklich aufgegeben und vollständig gestrichen wurde.[551] Soweit nach Patenterteilung nicht vom Schutz erfasste Gegenstände in den Schutz einbezogen werden, steht dem schon das Erweiterungsverbot des Art 123 Abs 3 EPÜ entgegen; dies bedarf keiner zusätzlichen Begründung über eine „Zäsurwirkung" der Patenterteilung.[552] Gegen die Aufnahme ursprünglich offenbarter und in der Patentschrift genannter einschränkender Merkmale sollten keine Bedenken bestehen.

231   **VI. Eine Verbindung europäischer Patentanmeldungen** ist grds möglich; sie setzt entgegen der Rechtsauskunft Nr 10/92,[553] die an die Stelle der Rechtsauskunft Nr 10/81[554] getreten ist, neben übereinstimmendem Anmeldetag nicht unbedingt auch Übereinstimmung im Wortlaut von Patentansprüchen und

---

542   EPA J 11/80 ABl EPA 1981, 141 = GRUR Int 1981, 460 Zurücknahme einer europäischen Anmeldung; *MGK/Bossung* Einl zu Kap I des Dritten Teils Rn 13 ff.

543   EPA J 7/87 ABl EPA 1988, 422 = GRUR Int 1989, 228 Verzicht.

544   EPA Zurücknahme einer europäischen Anmeldung.

545   EPA J 15/86 ABl EPA 1988, 417 Zurücknahme der Anmeldung; EPA Verzicht.

546   EPA J 15/86 ABl EPA 1988, 417 Zurücknahme der Anmeldung; EPA J 10/87 ABl EPA 1989, 323 = GRUR Int 1990, 221 Widerruf einer Zurücknahme; EPA J 25/03 ABl EPA 2006, 395 Zurücknahme der Anmeldung; vgl Rechtsauskunft Nr 8/80 ABl EPA 1981, 6.

547   EPA J 4/97.

548   EPA J 6/96 ABl EPA 1988, 124 Zurücknahme. Zur Frage der Rückgängigmachung *MGK/Bossung* Einl zu Kap I des Dritten Teils Rn 26 ff.

549   MittEPA ABl EPA 2006, 406.

550   EPA J 29/94 ABl EPA 1998, 147 = GRUR Int 1998, 605 Rücknahmefiktion, noch zur Vorgängerbestimmung des Art 110 Abs 2 EPÜ, dort S 154 ff eingehend zur Entstehungsgeschichte.

551   EPA T 61/85; EPA T 64/85; vgl auch EPA T 420/86: Wiederaufnahme eines gestrichenen Merkmals nach Patenterteilung.

552   So im Ergebnis wohl auch EPA T 1149/97 ABl EPA 2000, 259, 272 f, 274 = GRUR Int 2000, 762 Fluidwandler, und hierzu *Günzel* GRUR 2001, 932.

553   ABl EPA 1992, 662.

554   ABl EPA 1981, 349.

Beschreibung voraus, jedenfalls wenn die Patentansprüche, mit denen die Anmeldung weiterverfolgt werden soll, aus den ursprünglichen Anmeldungen hergeleitet werden können.[555]

D. Die internationale Anmeldung nach dem Patentzusammenarbeitsvertrag (PCT)

Die Anmeldeerfordernisse ergeben sich insb aus Art 3 (internat Anmeldung), Art 4 (Erteilungsantrag), Art 5 (Beschreibung), Art 6 (Schutzansprüche), Art 7 (Zeichnungen) PCT sowie Regeln 3–13bis, 15 (Gebühren) AOPCT, die Anmelderfähigkeit ist in Art 9 PCT und Regel 18 AOPCT geregelt, das Anmeldedatum und die Wirkungen der internat Anmeldung in Art 11 PCT und Regel 20 AOPCT, die Übermittlung der internat Anmeldung an das Internationale Büro, die Recherchenbehörde und an die Bestimmungsämter in Art 12, 13 PCT sowie in Regeln 14, 22 AOPCT.[556] Seit 12.2.2004 können Anmeldungen bei der WIPO über PCT-SAFE in elektronischer Form eingereicht werden.[557] Die Bestimmungen treten sowohl bei der Euro-PCT-Anmeldung wie auch bei der nationalen PCT-Anmeldung an die Stelle der sonst geltenden (zu den nationalen und eur Folgeregelungen Rn 142f vor § 34).   **232**

E. Offenbarung der Erfindung; Ausführbarkeit; Brauchbarkeit; Wiederholbarkeit; fertige Lehre

Schrifttum: *Anders* Die technische Brauchbarkeit – wird sie als besonderer Aspekt der Ausführbarkeit gebraucht? FS R. König (2003), 1; *Baltzer* Offenbarung von Erfindungsaufgabe und Lösungsprinzip in Patentanmeldungen, Mitt 1965, 44; *Beil* Offenbarung der Erfindung und Anspruchsformulierung, GRUR 1966, 589; *Beil* Bemerkungen zu dem Aufsatz von Pfab, GRUR 1973, 450; *Benkard* Wiederholbarkeit als Erfordernis der Patentfähigkeit, GRUR 1953, 97; *Bingbin Lu* Disclosure Requirements for Patent Application: Article 29 of the TRIPS Agreement and a Dimensional Exploration, EIPR 2012, 336; *Bormann* Offenbarungsprobleme für lebende Materie, Diplomarbeit ETH Zürich 1999; *Brodeßer* Offenbarung und Beschränkung des Schutzbegehrens im Patentrecht, FS R. Nirk (1992), 85; *Christ* Nicht erfinderische Auswahl – eine zulässige Korrektur der Offenbarung, Mitt 1986, 101; *Christ* Sind Weissagungen patentfähig? Mitt 1990, 133; *Christ* Die Nachreichbarkeit von Beispielen als Investitionshemmnis, Mitt 1996, 145; *Christ* Der „Crackkatalysator" oder das Ende der Zwiebelschalen-Ideologie, Mitt 1998, 408; *Cole* Pioneering Pays – or Does it? Claim Scope and Support Requirements for Inventions Based on Empirical Research, EIPR 2000, 534; *Dreiss* Der Durchschnittsfachmann als Maßstab für ausreichende Offenbarung, Patentfähigkeit und Patentauslegung, GRUR 1994, 781; *Dürschke* Nochmals: Offenbarung der „Aufgabe" einer Erfindung, Mitt 1983, 225; *Ehlers* Die Offenbarung in angemeldeten Patentansprüchen, FS T. Schilling (2007), 87; *Ephraim* Die Brauchbarkeit in ihren Beziehungen zu Erfindung und Patent, GRUR 1902, 265; *Freeland/Blachman* Generics UK v H Lundbeck A/S: The law of insufficiency: Is Biogen Still Good Law? EIPR 2009, 478; *Grünecker* Die patentfähige Erfindung und ihre Offenbarung, GRUR 1980, 681; *Gudel* Änderung der Aufgabe bei Abgrenzung, Mitt 1972, 28; *Hagen* Erfindungsoffenbarung durch Zeichnung, GRUR 1972, 569; *Hansen* Probleme der Ausführbarkeit bei Chemie-Erfindungen, GRUR 2000, 469; *Harris* Trends in U.K. Patent Litigation: The Age of Reason? EIPR 1999, 254; *Häußer* Anspruchsformulierung, Offenbarung und Patentfähigkeit im deutschen Patentrecht, Mitt 1983, 121; *Hesse* Offenbarung und Schutzbegehren, Mitt 1982, 104; *Hesse* Anwendungsgebiet und Offenbarung des Erfindungsgedankens, Mitt 1983, 106; *Kockläuner* Ist der Patentanmelder an bevorzugte Angaben gebunden? GRUR 1980, 141; *Kolle/Fischer* Ausreichende Offenbarung der Erfindung (Bericht), GRUR Int 1978, 80; *U. Krieger* Zu den Anforderungen an die Offenbarung einer Erfindung, GRUR 1985, 33; *Leung* În search of optimal patent protection: Biogen insufficiency and the chequered history of product claims, EIPR 2010, 165; *Lewinsky* Der Umfang der Offenbarung in Patentsachen, Mitt 1964, 221; *Lewinsky* Anwendungsgebiet und technischer Fortschritt als Teile der ursprünglichen Anmeldungsunterlagen, Mitt 1965, 65, 189; *Melullis* Offenbarung im Patentrecht, Mitt 2015, 481; *Meyer-Dulheuer* Die Bedeutung von Sequenzprotokollen für den Offenbarungsgehalt biotechnologischer Erfindungen, GRUR 2000, 1; *H.-J. Müller* Offenbarung der Aufgabe, Mitt 1971, 41; *H.-J. Müller* Die patentrechtliche Offenbarung und die nicht genannte Aufgabe (Bericht), Mitt 1974, 81; *Müller* Offenbarung der „Aufgabe" einer Erfindung, Mitt 1983, 169; *Niedlich* Die erfindungswesentliche Offenbarung, Mitt 1994, 72; *Ohnesorge* Zulässigkeit und Grenzen der Nachprüfung der „Offenbarung" im Patentstreit, GRUR 1943, 149; *Pfab* Ursprüngliche Offenbarung der Erfindung, GRUR 1973, 389, 439; *Pinzger* Zulässigkeit und Grenzen einer Nachprüfung der „Offenbarung" im Patentstreit, GRUR 1942, 517; *Reimann* Zur Offenbarung von erfindungswesentlichen Merkmalen in der Patentanmeldung, GRUR 1982, 410; *Salud* Offenbarung der Erfindung – Anforderung im Bereich der chemischen Verbindungen, Diplomarbeit ETH Zürich 1999; *Schanze* Nur der Patentschutz, nicht die Erfindung geht über die vom Erfinder erkannte Brauchbarkeit hinaus, GRUR 1896, 377; *Schanze* Die Brauchbarkeit als Element des Erfindungsbegriffs, GRUR 1901, 125; *Stolzenburg/Ruskin/*

---

555 EPA J 17/92, zur Zusammenlegung von eur Direktanmeldung und Euro-PCT-Anmeldung mit von der Direktanmeldung nicht erfassten Vertragsstaaten.
556 Zur Einführung der Möglichkeit elektronischer Anmeldungen *Hübenett* Neuerungen in der PCT-Ausführungsordnung, GRUR Int 2000, 745, 746 f; zu elektronischen Anmeldungen in China EIPR 2007 N-95.
557 Hinweis GRUR Int 2004, 344.

Jaenichen Von unfertigen fertigen Erfindungen – T 1329/04 – 3.3.8., GRUR Int 2006, 798; *Storch* Zum Offenbarungsbegriff bei Prüfung der Patentanmeldung auf Neuheit und ausreichende Offenbarung, GRUR 1981, 814; *Strehlke* Der BGH-Beschluß „Polymermasse" (Teil II): Anforderungen an die Offenbarung durch Bezugnahme, Mitt 1999, 453; *Thouvenin* Offenbarung und Ausführbarkeit – ein auseinander zu haltendes Paar, sic! 2006, 362; *Tilmann* Background Information on „Enabling Disclosure" prepared by the European Patent Lawyers Association (EPLAW) for the Venice III Conference of European Patent Judges, 2007; *von Pechmann* Wieder aktuell: Ist die besondere technische, therapeutische oder biologische Wirkung Offenbarungserfordernis bei der Anmeldung chemischer Stofferfindungen? GRUR Int 1966, 366; *Weißig* Erfordernisse der Offenbarung der Erfindung, Bedeutung der Erfindungsaufgabe sowie ihre Änderung und die Änderung des Patentbegehrens im Verfahren vor der Bekanntmachung der Patentanmeldung, GRUR 1965, 396; *Zech* Noch nicht ausführbare Erfindungen: Patentschutz für Zukunftstechnologien? ZGE 2010, 314; *Zeiler* Über die Offenbarungsformen der Komponenten chemischer Stoffgemische und ihre materiell-rechtlichen Konsequenzen, Mitt 1993, 190; *Zeunert* Der Gegenstand der Anmeldung und der Umfang der zulässigen Änderungen des Patentbegehrens vor der Bekanntmachung, GRUR 1966, 405, 465; *Zeunert* Offenbarung des beanspruchten Erfindungsgedankens und Schutzumfang des Patents, 1968.

I. Allgemeines zur ausführbaren Offenbarung

233   **1. Grundsatz.** Die Patentierung einer Erfindung setzt voraus, dass es sich um eine fertige Lehre handelt, dass die Lehre wiederholbar, ausführbar und brauchbar ist. All diese Erfordernisse wurden nach überkommener dt Auffassung der Patentfähigkeit zugerechnet;[558] dies entspricht indes nicht der eur Praxis und sollte durch die Harmonisierung des nationalen Rechts mit dem eur Recht auch für das nationale Recht aufgegeben werden (vgl im einzelnen Rn 5 ff, 10, 12 ff zu § 1).

234   Die genannten Erfordernisse sind weiterhin Voraussetzung für die Erteilung eines Patents, allerdings nicht im Sinn ihres objektiven Vorhandenseins allein, sondern unter Hinzutreten einer entspr **Offenbarung.** Offenbarung und Ausführbarkeit müssen dabei auseinandergehalten werden.[559] Es genügt also nicht, dass die Lehre objektiv ausführbar usw ist, dies muss vielmehr für den maßgeblichen Fachmann aus den zu berücksichtigenden Unterlagen (bei der Prüfung im Erteilungsverfahren ursprüngliche Anmeldungsunterlagen, bei der Prüfung im Einspruchs- und Nichtigkeitsverfahren Patentschrift) zu entnehmen sein.[560] Durch die Regelung in § 34 Abs 4 und Art 83 EPÜ ist dies verdeutlicht worden. Sinn dieser Vorschriften ist es, den Anmelder zu veranlassen, die Lehre, für die er die Erteilung eines Patents erstrebt, in einem solchen Umfang zunächst der Erteilungsbehörde und durch deren Vermittlung später der Öffentlichkeit aufzudecken, dass es einem Fachmann möglich ist, diese Lehre praktisch zu verwirklichen,[561] aber nicht notwendig mehr;[562] auch hierin zeigt sich, dass es bei der Ausführbarkeit nicht um die Patentfähigkeit der Erfindung an sich geht. Zur Vollständigkeit einer Lehre auf dem Gebiet der Datenverarbeitung bedarf es regelmäßig keiner Offenbarung des Quellcodes.[563] Kann eine Lehre die Aufgabe nicht lösen, fehlt (allenfalls) die Brauchbarkeit (vgl Rn 303), nicht die gewerbliche Anwendbarkeit.[564] Auch bei einer ausschließlichen Zuordnung unter die Erfordernisse des § 34 Abs 4 bzw des Art 83 EPÜ bleiben die genannten Gesichtspunkte als Patenterteilungsvoraussetzungen (wenn auch nicht als Voraussetzungen der Patentfähigkeit) beachtlich; praktische Auswirkungen ergeben sich vor allem unter dem Gesichtspunkt der Zuordnung zu den einzelnen Widerrufs- und Nichtigkeitsgründen im Nichtigkeits- und im Einspruchsbeschwerdeverfahren; nach der hier vertretenen Auffassung füllt das Fehlen der genannten Erfordernisse ausschließlich den zweiten Widerrufs- bzw Nichtigkeitsgrund aus. Praktische Unzuträglichkeiten ergeben sich hieraus, auch für den „perpetuum-mobile"-Fall, nicht (vgl Rn 303).

---

558   So noch BGH 9.2.1993 X ZR 40/90; BGH Bausch BGH 1994–1998, 242, 246 verschleißfeste Oberfläche, allerdings jeweils ohne nähere Begründung.

559   Vgl HoL 20.10.2005 [2005] UHKL 59 Synthon v. Smithkline Beecham und hierzu *Thouvenin* sic! 2006, 362.

560   Vgl auch BPatG 26.4.2004 15 W (pat) 321/02.

561   BGH GRUR 1984, 272 f Isolierglasscheibenrandfugenfüllvorrichtung; BGH GRUR 2010, 916 Klammernahtgerät; vgl BPatG 6.8.2012 20 W (pat) 17/08; BPatG 7.8.2013 19 W (pat) 12/13.

562   BGH Bausch BGH 1999–2001, 435 Schrankenantrieb.

563   BPatGE 48, 238 = GRUR 2004, 934; *Mes* Rn 61.

564   BGH BlPMZ 1985, 117 Energiegewinnungsgerät; aA offenbar *van Raden/von Renesse* „Überbelohnung" – Anmerkungen zum Stoffschutz für biologische Erfindungen, GRUR 2002, 393, 399; kr zum Begriff der Brauchbarkeit *Anders* RS R. König (2003), 1.

2. Regelung im PatG und im EPÜ. Bestimmungen über die ausführbare Offenbarung enthalten ua 235
für das nationale Recht Abs 4 sowie für eur Anmeldungen Art 83 EPÜ.[565]

Ausführbarkeit (als Rechtsfrage)[566] setzt nach den **Definitionen** in Abs 2, Art 83, Art 100 Buchst b, 236
Art 138 Abs 1 Buchst b EPÜ, Art II § 6 Abs 1 Nr 2 IntPatÜG, § 21 Abs 1 Nr 2 voraus, dass – je nach Regelungszusammenhang – die Anmeldung oder das Patent die Erfindung so deutlich und vollständig offenbart,
dass ein Fachmann sie ausführen kann.[567] Die Regelung in Art 8 Abs 2 StraÜ und in Art 5 PCT weicht
sprachlich ab, ohne dass daraus ersichtlich Unterschiede abgeleitet würden. Das Erfordernis der deutlichen und vollständigen Offenbarung soll gewährleisten, dass das erteilte Ausschließlichkeitsrecht dem
Umfang der Erfindung entspricht, die der Anmelder der Öffentlichkeit zur Verfügung stellt.[568] Nicht erforderlich ist, dass auf den offenbarten Gegenstand ein Schutzanspruch gerichtet ist.[569]

Klarheit (Identifizierbarkeit) **und Offenbarung** der Erfindung sind unter dem Gesichtspunkt des § 34 237
als einheitliches Kriterium aufgefasst worden.[570]

II. Offenbarung

1. Ursprüngliche, neuheitsschädliche, ausführbare Offenbarung. Zum Verhältnis der ursprüngli- 238
chen zur neuheitsschädlichen und zur ausführbaren Offenbarung Rn 65 zu § 3; bei § 3 auch näher zur neuheitsschädlichen Offenbarung, deren Grundsätze unter Berücksichtigung der zu beachtenden Unterschiede herangezogen werden können. Ein generelles, nur für den Fall der Nachreichung von Zeichnungen und
Beschreibungsteilen modifiziertes Verbot erweiternder Änderungen ergibt sich aus § 38 und Art 123 Abs 2
EPÜ.[571]

2. Maßgebliche Unterlagen

a. Grundsatz. Maßgeblich für die Offenbarung sind die Angaben in den Anmeldeunterlagen oder 239
der Patentschrift (im Kontext des § 34 Abs 4 und des Art 83 EPÜ die Anmeldeunterlagen) insgesamt,
nicht die in den Patentansprüchen.[572] Das gilt für die rangbegründende Offenbarung und die unzulässige Erweiterung; auf die Angaben im Patentanspruch kommt es aber auch für die Ausführbarkeit nicht
entscheidend an.[573] Bei der internat Anmeldung ist diese und nicht ihre Übersetzung maßgeblich.[574]

565 Zur Entstehungsgeschichte *MGK/Teschemacher* Art 83 EPÜ Rn 11 ff.
566 Vgl BGH GRUR 2015, 472 Stabilisierung der Wasserqualität.
567 Hierzu BPatG 15.12.2003 11 W (pat) 25/02.
568 BGHZ 198, 205 = GRUR 2013, 1210 Dipeptidyl-Peptidase-Inhibitoren.
569 BGH GRUR 1988, 197 Runderneuern; *Mes* Rn 60.
570 BPatG 6.11.1969 6 W (pat) 12/68; vgl auch EPA T 297/90 EPOR 1993, 389 Nonwoven sheet.
571 Vgl auch EPA T 60/89 ABl EPA 1992, 268 = GRUR Int 1992, 771 Fusionsproteine.
572 Vgl BPatG 15.11.2007 10 W (pat) 19/07.
573 Vgl BGH GRUR 1974, 208 Scherfolie; BGHZ 63, 150 = GRUR 1975, 131 Allopurinol; BGH GRUR 1983, 169 f
Abdeckprofil; BGHZ 111, 21, 26 = GRUR 1990, 510 Crackkatalysator I; BGH GRUR 1992, 157 Frachtcontainer; BGH Mitt 1996,
204 Spielfahrbahn 03; BGH Bausch BGH 1994–1998, 348, 353 Seitenspiegel; BGH Bausch BGH 1994–1998, 434, 439
Dilatationskatheter; BGH GRUR 2000, 591 Inkrustierungsinhibitoren; BGH GRUR 2001, 140 ff Zeittelegramm; BGH GRUR
2002, 49 f Drehmomentübertragungseinrichtung; BGH GRUR 2003, 223 Kupplungsvorrichtung II; BGHZ 156, 179 = GRUR
2004, 47 blasenfreie Gummibahn I; BGH 4.11.2008 X ZR 154/05; BPatGE 37, 202; BPatGE 40, 10; BPatGE 52, 187; BPatG
GRUR 2011, 905; BPatG 4.4.1991 21 W (pat) 50/89; BPatG 20.3.1997 6 W (pat) 25/94; BPatG 30.4.1997 9 W (pat) 76/95; BPatG
17.9.1998 21 W (pat) 40/95; BPatG 14.12.1998 9 W (pat) 42/97; BPatG 4.4.2000 21 W (pat) 17/98; BPatG 6.2.2003 2 Ni 1/02;
BPatG 9.4.2003 7 W (pat) 346/02; BPatG 26.4.2004 23 W (pat) 330/03; BPatG 8.11.2004 19 W (pat) 37/03; BPatG 26.6.2007
4 Ni 52/05 (EU); BPatG 14.1.2009 35 W (pat) 466/07; BPatG 21.1.2015 18 W (pat) 4/14; vgl *Mes* Rn 67; BPatG 5.3.2003 20 W
(pat) 17/01, wo allerdings verlangt wird, dass der Patentanspruch die entscheidende Richtung vorgibt, was jedenfalls
unter Offenbarungsgesichtspunkten nicht zutrifft; vgl EPA T 94/82 ABl EPA 1984, 75 zahnradgekräuseltes Garn: bei
Erzeugnisanspruch sind Angaben zur Herstellung nicht erforderlich; EPA T 512/94, *MGK/Teschemacher* Art 84 EPÜ Rn 22;
aA BPatGE 49, 262 = GRUR 2006, 1015 f, zur Ausführbarkeit; BPatGE 6, 33 = GRUR 1965, 600 zu mikrobiologischen
Verfahren; BPatGE 7, 15, dort auch zur Zulässigkeit von „Aufgabenansprüchen", zu diesen auch BPatGE 7, 12, aA offenbar
auch BPatG 31.3.1999 9 W (pat) 84/97; vgl auch BGH GRUR 1998, 899 f Alpinski.
574 EPA T 605/93.

Nicht zu den maßgeblichen Unterlagen gehören die Prioritätsunterlagen.[575] Dass Angaben zur Aufgabe in der Beschreibung unerlässlich sind, ist zu verneinen.[576]

240 **Auslegung.** Der Sinngehalt der Merkmale von Patentansprüchen soll auch im Prüfungsverfahren aus der Sicht des zuständigen Fachmanns auszulegen sein (str); sofern das zur Auslegung notwendige Wissen keinen oder nur unvollständigen Eingang in die Patentanmeldung gefunden hat, sei es durch die Prüfungsstelle zu ermitteln und ggf zu dokumentieren, um den beanspruchten Gegenstand in nachvollziehbarer Weise für die sich anschließende Prüfung auf Patentfähigkeit festzulegen.[577] Für die Feststellung des Offenbarungsgehalts der Gesamtheit der Anmeldeunterlagen gilt nichts anderes als für die Auslegung der in einem Patentanspruch verwendeten Begriffe und dessen Lehre zum technischen Handeln.[578]

241 Offenbart ist alles, was in der **Gesamtheit der Unterlagen** (Bezeichnung der Erfindung, Beschreibung, Zeichnung und Patentansprüche) niedergelegt ist und sich aus fachlicher Sicht ohne weiteres aus der Gesamtheit der Unterlagen am Anmeldetag erschließt[579] (zur Offenbarung in den Zeichnungen Rn 245). Eine nur für einige Ausführungsbeispiele genannte Größe kann aus fachlicher Sicht allg offenbart sein.[580] Schlagwortartig wird der Offenbarungsbegriff als kontextabhängig bezeichnet.[581]

242 Die **Zusammenfassung** hat außer Betracht zu bleiben[582] (§ 36), dies gilt trotz der abw Formulierung auch für das EPÜ, weil sie auch dort ausschließlich der technischen Information dient.[583] Auch der Erteilungsantrag scheidet als Ort der Offenbarung aus.[584]

243 Es sind auch **naheliegende Abwandlungen** erfasst, die sich aus fachlicher Sicht bei aufmerksamer, weniger auf die Worte als ihren erkennbaren Sinn achtender Lektüre ohne weiteres erschließen, so dass der fachkundige Leser sie gewissermaßen in Gedanken mitliest, auch wenn ihm das nicht bewusst wird.[585] Dagegen kommt es für die Prüfung auf Schutzfähigkeit nicht auf die Offenbarung, sondern auf den Schutzgegenstand an, der durch die Patentansprüche definiert wird, die im Rahmen der ursprünglichen Offenbarung auch erweitert werden können.[586] Soweit nähere Anweisungen erforderlich sind, ist es genügend, diese in der Beschreibung niederzulegen.[587]

244 **b. Rangordnung der Offenbarungsmittel; Verhältnis von Patentansprüchen, Beschreibung und Zeichnungen.** Die einzelnen Teile der Unterlagen sind im geltenden Recht grds gleichwertig;[588] dagegen wurde früher ein Vorrang des Patentanspruchs vor der Beschreibung angenommen.[589] Die Hinterlegung ist kein eigenständiges Offenbarungsmittel, sondern Ergänzung der sonstigen Unterlagen (Rn 319).

---

575 EPA T 260/85 ABl EPA 1989, 105 = GRUR Int 1989, 686 Koaxialverbinder.

576 Vgl BGH GRUR 1998, 899 f Alpinski; *Mes* Rn 50.

577 BPatG Mitt 2016, 75 „Polyurethanschaum"; vgl *Benkard* Rn 41i; kr *Schneider* Mitt 2016, 49, 52; aA BPatG Mitt 2015, 501; BPatG 12.1.2015 21 W (pat) 81/09, wonach sich eine Auslegung im Erteilungsverfahren verbiete.

578 BGH GRUR 2008, 887 Momentanpol II gegen BPatG 16.5.2006 8 W (pat) 302/04.

579 Vgl BGH GRUR 1995, 113 Datenträger; BPatGE 14, 111; BPatG GRUR 2008, 600; EPA T 14/83 ABl EPA 1984, 105 = GRUR Int 1984, 439 Vinylchloridharze, st Praxis; vgl weiter EPA T 435/89; EPA T 82/90; EPA T 126/91; EPA T 32/84 ABl EPA 1986, 9 = GRUR Int 1986, 261 Neudefinition einer Erfindung, zu nicht ausdrücklichen Offenbarungen.

580 Vgl BPatG 13.11.1997 15 W (pat) 48/95.

581 *Schneider* Mitt 2016, 49, 54 unter Hinweis auf BGH GRUR 2010, 916 Klammernahtgerät.

582 BPatG 6.4.2000 9 W (pat) 53/98.

583 EPA T 246/86 ABl EPA 1989, 199 = GRUR Int 1990, 68 Identifikationssystem; *MGK/Teschemacher* Art 83 EPÜ Rn 26 f.

584 Vgl *MGK/Teschemacher* Art 83 EPÜ Rn 25.

585 BGH Bausch BGH 1994–1998, 348, 353 f Seitenspiegel; BGH Bausch BGH 1999–2001, 180 Ventilbetätigungsvorrichtung; strengere Anforderungen bei der Neuheitsprüfung seit BGHZ 179, 168 = GRUR 2009, 382 Olanzapin.

586 BGH GRUR 1988, 197 Runderneuern.

587 BGH GRUR 1971, 210, 212 Wildverbißverhinderung.

588 BGHZ 111, 21 = GRUR 1990, 510 Crackkatalysator I; BPatG 14.12.1998 9 W (pat) 42/97; BPatG 30.8.2010 4 Ni 23/09 (EU); *Schulte* Rn 328.

589 RG GRUR 1942, 51 Wischpolster; BGH GRUR 1955, 244 Repassiernadel II; BPatG 12.1.1981 15 W (pat) 101/76 BlPMZ 1981, 355 Ls; vgl auch BPatG 9.2.1970 13 W (pat) 213/66, wonach eine in der Beschreibung beiläufig erwähnte Ausführungsform für einen Sonderfall, auf den die Patentansprüche nicht abgestellt sind, nicht als zur Erfindung gehörend offenbart sei; BPatG 30.4.1997 9 W (pat) 76/95.

Die **Zeichnungen** waren nach früherem Recht kein gleichwertiges Offenbarungsmittel, was sich dar- **245**
auf stützen ließ, dass sie der Anmeldung lediglich beizufügen waren.[590] Es wurde daher grds als unzulässig angesehen, Merkmale, die allein der ursprünglichen Zeichnung der Patentanmeldung zu entnehmen
waren und im Inhalt der ursprünglichen Beschreibung keine[591] Stütze fanden, nachträglich in den Patentanspruch aufzunehmen.[592]

Bei einem **Widerspruch** zwischen Abbildung und Beschreibung wurde die Beschreibung als maßge- **246**
bend angesehen.[593]

Beschreibung und Zeichnungen sind im geltenden Recht **gleichwertige Offenbarungsmittel**,[594] so **247**
dass die Umstände des Einzelfalls maßgeblich sind.[595] Danach muss der fachkundige Leser iS einer unmittelbaren und eindeutigen Offenbarung ohne weiteres erkennen können, dass das (nur) gezeichnete Merkmal zur Erfindung gehört.[596] Zeichnungen können schematisch sein und im Offenbarungsgehalt von der
Beschreibung abweichen.[597] Details einer Zeichnung können der künstlerischen Freiheit des Zeichners
entspringen und insoweit keinen technischen Gehalt aufweisen.[598] Allein mit einer Lupe erkennbare Einzelheiten sind nur offenbart, wenn Anlass zu entspr Untersuchung besteht.[599] Gezeichnete Merkmale zur
Geometrie einzelner Vorrichtungsteile gehören jedenfalls dann zur Erfindung, wenn in der Beschreibung
darauf hingewiesen ist.[600] Ob das Weglassen eines in den Zeichnungen nicht dargestellten und in der Beschreibung nicht erwähnten Merkmals offenbart ist, ist Frage des Einzelfalls, wird regelmäßig aber zu
verneinen sein; allein aus dem Fehlen in der Zeichnung kann nicht geschlossen werden, dass es zur pa-

---

590 So dass eine unrichtige Zeichnung durch die richtige ersetzt werden konnte, BPatGE 21, 220, 222 f = GRUR 1979, 316,
GbmSache; BPatGE 22, 29 = GRUR 1979, 704, GbmSache; BPatG 10.6.1969 23 W (pat) 2/68; vgl aber BPatG 7, 130, 132 f,
GbmSache, wo lediglich die Beseitigung von Flüchtigkeiten usw zugelassen wurde.

591 Oder nur eine geringe, BPatG BlPMZ 1975, 321; BPatG 7.8.1986 5 W (pat) 44/85 undok, zitiert bei *Bühring* GebrMG[5]
§ 4 GebrMG Fn 113; vgl BPatG GRUR 1977, 154, GbmSache; aA BPatG 10.5.1971 19 W (pat) 87/69 BlPMZ 1972, 29 Ls; anders,
wenn der Fachmann aus der Beschreibung die Notwendigkeit des Merkmals zur Lösung der Aufgabe ohne weiteres
erkennen konnte, BPatG Mitt 1972, 29.

592 BGH Liedl 1963/64, 422, 427 Schuko-Konturenstecker; BGH GRUR 1967, 585 Faltenrohre; BGH GRUR 1972, 595
Schienenschalter I; BPatG 11.3.1966 7 W (pat) 95/62 BlPMZ 1966, 287 Ls; BPatG 21.10.1969 34 W (pat) 346/68; BPatG Mitt
1973, 111; BPatG 2.7.1974 18 W (pat) 73/70; *Bühring* GebrMG**5** § 4 GebrMG Rn 73; BGH GRUR 1967, 476 Dampferzeuger, dort
offengelassen, ob ausnahmsweise doch, wenn gerade dem Merkmal eine besondere Figur gewidmet wird; dies bejahend
BPatG 15.2.1974 14 W (pat) 107/72; dies in allg aber auch für diesen Fall verneint in BGHZ 83, 83 = GRUR 1982, 406
Verteilergehäuse und in BGH GRUR 1985, 214 f Walzgutkühlbett, die Möglichkeit unter Aufgabe dieser Rspr dagegen
bejaht in BGH GRUR 1996, 753 Zahnkranzfräser; vgl BGH GRUR 1967, 241, 243 f Mehrschichtplatte; BGH GRUR 1972, 595
Schienenschalter I; differenzierend auch BPatG 26.6.1975 2 Ni 7/74; vgl auch BPatG 9.6. 1970 23 W (pat) 64/70.

593 RG GRUR 1942, 51 Wischpolster; BGH GRUR 1955, 244 Repassiernadel II; vgl BGH Mitt 1962, 74 Braupfanne; BPatG
4.3.1976 2 Ni 35/74.

594 BGHZ 111, 21, 26 = GRUR 1990, 510 Crackkatalysator I; BGH GRUR 1996, 757, 762 Zahnkranzfräser; BGH GRUR 2007,
578, 580 rückspülbare Filterkerze; BGH GRUR 2010, 599 Formteil; BPatG 20.4.1998 31 W (pat) 48/96; BPatG 11.11.1997 1 Ni
3/97 (EU): findet sich ein beschränkendes Merkmal in der Patentschrift nicht wortlautmäßig, ist es aber in sämtlichen
Figuren dargestellt, kann es der Fachmann der Patentschrift als zur Erfindung gehörend entnehmen; BPatG 9.9.2003
6 W (pat) 314/02; BPatG 12.10.2005 4 Ni 51/04; vgl BGH 13.10.1992 X ZR 48/90; BPatG BlPMZ 1999, 228, zum EPÜ; *Schulte*
Rn 318; *Büscher/Dittmer/Schiwy* Rn 63; *MGK/Teschemacher* Art 83 EPÜ Rn 28, 31 f; *Benkard-EPÜ* Art 83 Rn 22; EPA T 169/83
ABl EPA 1985, 193 Wandelement; *Mes* Rn 80; aA immer noch *Benkard* Rn 30 mwN; BPatG 22.5.2007 3 Ni 64/05 (EU) Mitt
2008, 26 Ls; BPatG 16.4. 2008 19 W (pat) 342/05.

595 Vgl BGH GRUR 1988, 197 Runderneuern; BGH GRUR 2008, 887 Momentanpol II, auch zur Revisibilität; EPA
T 818/93; EPA T 398/92; vgl auch ÖPA öPBl 1993, 126, öPBl 1994, 135, öPBl 1996, 176, 180; öOPM öPBl 1999, 22, 25; aA für
das GbmRecht früher *Bühring* GebrMG[5] § 4 GebrMG Rn 72, aufgegeben seit *Bühring* GebrMG6 § 4 GebrMG Rn 89.

596 Im Ansatz zu eng BPatG 22.5.2007 3 Ni 64/05 (EU) Mitt 2008, 26 Ls und BPatG 15.5.2007 4 Ni 53/05 (EU), wo
deutliche Darstellung und weiter verlangt wird, dass die Aufmerksamkeit des Fachmanns in irgendeiner Weise auf das
Merkmal gelenkt wird; wie BPatG *Schulte* Rn 305 ff.

597 Vgl BGH GRUR 2012, 1042 Steckverbindung; BPatG 19.11.1997 9 W (pat) 10/96; *Mes* Rn 80; sehr weitgehend BPatG
GRUR 1999, 695, wonach bei eindeutiger Beschreibung abweichende Ausführungen der Zeichnung nicht als
„erfindungswesentlich" entnommen werden können.

598 EPA T 906/97.

599 EPA T 127/83; zust *MGK/Teschemacher* Art 83 EPÜ Rn 32.

600 BPatG 20.4.1998 31 W (pat) 48/96.

Keukenschrijver

tentgemäßen Lehre gehört, dass das Merkmal nicht vorhanden ist.[601] Einen Widerspruch zwischen Zeichnungen untereinander löst der fachkundige Leser aus dem Gesamtinhalt der Offenbarung.[602]

248   **c. Verweisungen; Bezugnahmen.** Verweisung auf weitere Unterlagen kann als Offenbarung ausreichen;[603] das wird aber nur gelten können, wenn diese spätestens zum Offenlegungszeitpunkt allg und zuvor dem DPMA zugänglich sind.[604] Der bloße Hinweis auf eine unveröffentlichte ausländ Patentanmeldung unter Nennung ihrer Nummer genügt nicht;[605] anders, wenn die Unterlagen dem DPMA und interessierten Dritten zugänglich sind.[606] Durch die Bezugnahme in der Beschreibung auf weitere Unterlagen wird die Offenbarung vervollständigt.[607] Nicht zitierte Unterlagen können grds nicht herangezogen werden.[608] Die Ähnlichkeit einer den StdT beschreibenden Figur mit der Figur einer nicht genannten Entgegenhaltung reicht als Bezugnahme nicht aus.[609] Jedoch kann allg Fachwissen herangezogen werden.[610] Die Bezugnahme auf nicht deutschsprachige Unterlagen ist beachtlich, weil die Offenbarung nicht an eine bestimmte Sprache geknüpft ist.[611] Bei Zusatzanmeldungen können auch Teile der Hauptanmeldung berücksichtigt werden, selbst wenn die Hauptanmeldung zwischenzeitlich untergegangen ist.[612]

3. Indizien für den Offenbarungsgehalt

249   **a. Grundsatz.** Die Offenbarung einer Entgegenhaltung ist nach der Rspr des BGH durch eine Wertung zu ermitteln.[613] Das sollte aber nicht dazu verleiten, insoweit von einer Auslegung zu sprechen, denn Entgegenhaltungen stellen weder eine Willenserklärung noch ein Gesetz dar und sind daher grds einer Auslegung nicht zugänglich.

250   **b. Erteilungsakten.** Maßgeblich ist die Sicht des fachkundigen Lesers (Rn 262 ff; nach früherer Auffassung der den Unterlagen zu entnehmende objektivierte Wille des Anmelders). Deshalb kommt es auf den Inhalt der Erteilungsakten grds nicht an, in ihnen enthaltene Erklärungen sachkundiger Beteiligter können allerdings als Hinweise dafür, was den Unterlagen zu entnehmen ist, herangezogen werden.[614]

251   **c.** Für die **Prioritätsunterlagen** gilt dasselbe wie für die Erteilungsakten.[615]

---

601   Vgl BGH 2009, 390 Lagerregal; BPatG 5.10.2006 11 W (pat) 344/02.
602   BGH Mitt 1996, 204, 206 Spielfahrbahn 03.
603   Vgl BPatGE 16, 18 = BlPMZ 1974, 320; BPatG Mitt 1985, 153: frühere Patentanmeldung; BPatG 24, 58: ausländ Prüfnormvorschrift; EPA T 6/84 ABl EPA 1985, 238 Änderung der Ansprüche; EPA T 288/84 ABl EPA 1986, 128 = GRUR Int 1986, 470 aktivierter Träger; EPA T 267/91; differenzierend BPatGE 31, 204 = GRUR 1991, 200: dann nicht in vollem Umfang, wenn ersichtlich nur auf einen bestimmten Teilinhalt Wert gelegt wurde.
604   *MGK/Teschemacher* Art 83 EPÜ Rn 36; EPA T 429/96; hierfür muss es nicht auf die Angabe der exakten bibliographischen Bezeichnung ankommen, EPA T 737/90; vgl die Problematik bei der Hinterlegung sowie BPatGE 36, 165, 167 = Mitt 1997, 88 unter Hinweis auf BGH GRUR 1966, 488, 491 Ferrit und BGH GRUR 1985, 214, 216 Walzgutkühlbett.
605   BGH Ferrit; *Büscher/Dittmer/Schiwy* Rn 69.
606   Vgl BGH GRUR 1998, 901, 903 f Polymermasse.
607   EPA T 611/89.
608   EPA T 51/87 ABl EPA 1991, 177 = GRUR Int 1991, 372 Starting compounds; EPA T 580/88; EPA T 772/89.
609   BPatGE 36, 165, 167 = Mitt 1997, 88.
610   Vgl EPA T 171/84 ABl EPA 1986, 95 = GRUR Int 1986, 467 Redox-Katalysator; EPA T 580/88.
611   Vgl BGH Polymermasse, dort nicht abschließend entschieden, und dazu *Strehlke* Mitt 1999, 453 f; EPA T 382/94 ABl EPA 1998, 24, 29 f ursprünglich eingereichte Unterlagen, wo darauf abgestellt wird, ob ein Anmeldetag zuzuerkennen ist; aA BPatGE 37, 215 (wegen § 126).
612   BPatGE 16, 193; BPatG 23.7.1974 18 W (pat) 188/68.
613   BGHZ 179, 168 = GRUR 2009, 382 Olanzapin; BGH 24.3.2009 X ZB 7/08.
614   RG GRUR 1939, 286 Scheibenmühlen; RG GRUR 1940, 353 elektronisches Meß- oder Regelgerät; BGH Liedl 1961/62, 432, 437, 441 Hubstapler; BGH GRUR 1968, 311 Garmachverfahren; BGH 25.4.1961 I ZR 90/59; BGH 8.5.1962 I ZR 47/60, jeweils als Beweisanzeichen gewertet.
615   BGH Liedl 1961/62, 432, 437 Hubstapler; BPatGE 22, 246 = BlPMZ 1980, 224 hat eine mit der Anmeldung zur Wahrung einer Ausstellungspriorität eingereichte Zeichnung zur ursprünglichen Offenbarung gerechnet.

d. Parallelschutzrechte, insb ausländ Parallelpatente, können zur Ermittlung der Offenbarungsge- **252** halts grds nicht herangezogen werden.[616] Sachkundigen Äußerungen von Beteiligten in parallelen Erteilungsverfahren, insb im eur Erteilungsverfahren, wird man dagegen eine ähnliche Relevanz zubilligen müssen wie solchen Äußerungen im nationalen Erteilungsverfahren[617] (Rn 250).

e. Sonstige Indizien. Dass der Anmelder einen bestimmten Patentanspruch erst Jahre nach der An- **253** meldung aufgestellt hat, ist (vor Einführung der aufgeschobenen Prüfung) als Indiz gegen seine Offenbarung herangezogen worden.[618] Dass weder Prüfer noch Einsprechende oder Gerichte und Sachverständige in Verletzungsverfahren Zweifel an der ausreichenden Offenbarung geäußert haben, kann für ausreichende Offenbarung sprechen.[619]

4. Art der Darstellung. Für die Offenbarung spielt weder eine Rolle, ob etwas in der Beschreibung **254** gegenüber gleichzeitig offenbarten anderen Lösungen als vorteilhaft, zweckmäßig oder bevorzugt bezeichnet ist, noch gibt es eine Abstufung in der **Wertigkeit der** für die Beschreibung der Erfindung benutzten **Offenbarungsmittel.**[620] Besondere Hervorhebung oder Betonung, etwa als Gegenstand einer Ausführungsform oder eines Bsp, oder Kennzeichnung als vorteilhaft, zweckmäßig oder bevorzugt, erleichtern lediglich die Erkenntnis, dass das Merkmal als zur beanspruchten Erfindung gehörend offenbart ist; Fehlen solcher Kriterien schließt ausreichende Offenbarung nicht aus.[621]

Keine ausreichende Offenbarung liegt vor, wenn das Patentbegehren **mosaikartig** aus einzeln ge- **255** nannten, aber nicht im Zusammenhang beschriebenen Merkmalen **zusammengesetzt** werden muss, insb wenn Einheiten einer allg Formel aus verschiedenen, nicht im Zusammenhang stehenden Stellen der Unterlagen willkürlich herausgesucht und verknüpft werden.[622] Entgegenstehen kann es zB, wenn die einzelnen Offenbarungsstellen über die gesamte Beschreibung verstreut sind und sich der fachkundige Leser die einzelnen Informationen hätte merken und sie in einen neuen logischen Zusammenhang hätte bringen müssen.[623]

Erkenntnis durch **Schlussfolgerungen** kann genügen, wenn diese vom fachkundigen Leser ohne **256** weiteres angestellt werden und keiner näheren Überlegungen bedürfen.[624] Herumexperimentieren in gewissen Grenzen muss nicht entgegenstehen.[625]

5. Offenbarung als zur Erfindung gehörend. Die Schutzgewährung für einen in den Anmeldungs- **257** unterlagen enthaltenen Lösungsgedanken setzt voraus, dass dieser als zur angemeldeten[626] Erfindung gehörend („gehörig"), als „Gegenstand der Erfindung" iSd § 38, offenbart ist.[627] Die Rspr wendet das Kriterium der Offenbarung als zur Erfindung gehörend (früher: als „erfindungswesentlich") sowohl in bezug auf das Offenbarungsmittel (insb die Zeichnungen) als auch auf die anmeldungsgem Lehre. Nur in

---

616 Vgl BGH Liedl 1961/62, 304, 330 Reifenpresse 01; BPatG 28.7.2005 17 W (pat) 43/03; vgl zu anderen Patentschriften auch EPA T 171/84.
617 Vgl BGH GRUR 1996, 753 Zahnkranzfräser.
618 BGH GRUR 1963, 563, 566 Aufhängevorrichtung; RPA Mitt 1937, 334.
619 BGH GRUR 1968, 311, 313 Garmachverfahren.
620 BGHZ 111, 21 = GRUR 1990, 510 Crackkatalysator I; *Mes* Rn 60.
621 BGH Crackkatalysator I; BGHZ 118, 210 = GRUR 1992, 842 Chrom-Nickel-Legierung; BGH Bausch BGH 1999–2001, 142 Kontaktfederblock 01; vgl BGH GRUR 1995, 113 Datenträger.
622 BPatG 7.11.1974 15 W (pat) 24/74 BlPMZ 1976, 24 Ls.
623 Vgl den BPatGE 37, 155 = GRUR 1997, 445 zugrunde liegenden Sachverhalt.
624 BGH GRUR 1974, 208 f Scherfolie; BGHZ 63, 150, 154 = GRUR 1975, 131 Allopurinol; BGH GRUR 1995, 113 Datenträger; vgl auch BPatG GRUR 1998, 368: Mitlesen einer nur bei einer von mehreren Lösungsalternativen beschriebenen Maßnahme bei einer anderen Alternative.
625 EPA T 226/85 ABl EPA 1988, 336 = GRUR Int 1988, 934 beständige Bleichmittel.
626 Nicht zu einer anderen, vgl BPatG 10.6.1969 23 W (pat) 2/68.
627 BGH GRUR 1967, 476 Dampferzeuger; BGH GRUR 1968, 86, 89 landwirtschaftliches Ladegerät, GbmSache; BGHZ 71, 152, 156 = GRUR 1978, 417 f Spannungsvergleichsschaltung; BGHZ 80, 323, 328 = GRUR 1981, 812 Etikettiermaschine; BGH GRUR 1985, 214 Walzgutkühlbett; BGHZ 111, 21, 26 = GRUR 1990, 510 Crackkatalysator I; BGH GRUR 1991, 307 f Bodenwalze; BGH GRUR 1995, 113 Datenträger; RGZ 155, 385 f = GRUR 1938, 120 Lederabzeichen, GbmSache; vgl BPatGE 5, 129 = GRUR 1965, 357; BPatG 10.3.2009 23 W (pat) 335/05.

letzterem Sinn ist dies sachlich gerechtfertigt. Die Offenbarung als zur Erfindung gehörend spielt für die Neuheitsschädlichkeit keine Rolle (Rn 65 zu § 3).

258 Die Praxis hat **differenzierte Beschreibung** verlangt[628] und Merkmale ausgeschlossen, deren Erwähnung als zufällig erscheint.[629] Darauf, ob eine Maßnahme als **bekannt** bezeichnet ist, kommt es nicht an.[630]

259 Die Rspr hat die Offenbarung als „erfindungswesentlich" auch für die **Kombination** mehrerer bestimmter Merkmale aus der Fülle der ursprünglich offenbarten Merkmale verlangt;[631] dies ist zumindest in dieser Allgemeinheit zwh. Ob eine Kombination oder umgekehrt ein Einzelmerkmal als solche(s) ursprünglich offenbart sein muss, ist Frage des Einzelfalls.[632] Wenn die ursprünglichen Unterlagen die Lösung durch eine Kombination von Merkmalen lehren und es zum Fachwissen gehört, dass es für die erfindungsgem Wirkung auf jedes dieser Merkmale ankommt, ist eine Lehre, die auf eine Lösung mit nur einem der Merkmale gerichtet ist, nicht offenbart.[633]

260 Ob eine an sich offenbarte, aber als **nachteilig** bezeichnete Lösung als zur Erfindung gehörend offenbart ist, hängt vom Einzelfall ab.[634] Das ist nicht der Fall, wenn sie die Nachteile, deren Beseitigung die Erfindung sich zum Ziel gesetzt hat, nicht vermeidet, sondern im Gegenteil gerade aufweist.[635]

261 Eine Arbeitsweise, die die gelehrte in ihr **Gegenteil** verkehrt, kann nicht als offenbart angesehen werden.[636]

262 **6. Sicht des Fachmanns.** Die Ermittlung des Inhalts der Unterlagen hat mit den Augen des hier nicht iSd § 4/Art 56 EPÜ zu verstehenden Fachmanns, dh des fachkundigen Lesers, zu erfolgen;[637] zu prüfen ist, welche Erkenntnisse ihm durch diese objektiv ohne weiteres vermittelt werden. Er orientiert sich an dem insgesamt vermittelten Sinn,[638] nicht am Wortlaut der Unterlagen, sondern an dem mit der Erfindung im Hinblick auf die Nachteile des StdT verfolgten Zweck und am Lösungsvorschlag mit seinen einzelnen Elementen.[639] Er beurteilt Inhalt und Tragweite der offenbarten Lehre unter Berücksichtigung des StdT.[640]

263 Die Auffassung, die der **Anmelder oder Erfinder** mit der Fassung der Unterlagen verbunden hat, ist unmaßgeblich.[641]

264 Vgl zum Fachwissen und Fachkönnen Rn 281 ff sowie Rn 130 ff zu § 4. Der fachkundige Leser wird erkennbare Ungereimtheiten und Fehler **richtigstellen** und uU lückenhafte Angaben **ergänzen**.[642] Zum

---

628 Bühring § 4 GebrMG Rn 113.

629 RG GRUR 1939, 202 Steilkartei; kr hierzu wie zur „erfindungswesentlichen" Offenbarung insgesamt MGK/Teschemacher Art 83 EPÜ Rn 50 unter Hinweis auf EPA T 201/83 ABl EPA 1984, 481, 484 = GRUR Int 1985, 44 Bleilegierung.

630 AA BPatGE 20, 133, 137, GbmSache.

631 BPatGE 4, 111 = GRUR 1964, 257; vgl auch BPatGE 2, 155 = GRUR 1965, 30.

632 Strenger Bühring⁶ § 4 GebrMG Rn 94 im Anschluss an BPatGE 20, 133, 137; vgl auch EPA T 54/82 ABl EPA 1983, 446, 448 Offenbarung.

633 BPatG 22.11.2000 4 Ni 9/00 (EU).

634 Vgl BGH 16.1.1996 X ZB 28/92; BPatGE 36, 192 = BlPMZ 1996, 501; generell verneinend BPatG 30.9.1976 20 W (pat) 69/73 BlPMZ 1977, 165 Ls.

635 BGHZ 71, 152, 156 = GRUR 1978, 417 f Spannungsvergleichsschaltung.

636 BGH GRUR 1960, 483, 486 Polsterformkörper.

637 Vgl BPatG 23.6.2005 17 W (pat) 14/03.

638 BPatG 10.2.2003 11 W (pat) 705/02; vgl BPatG 17.1.2005 19 W (pat) 341/02.

639 BGH GRUR 1983, 169 f Abdeckprofil; BGHZ 111, 21, 26 = GRUR 1990, 510 Crackkatalysator I; BGHZ 118, 210 = GRUR 1992, 842 Chrom-Nickel-Legierung; BGH GRUR 1995, 113 Datenträger; BGHZ 133, 79 = GRUR 1996, 862 Bogensegment; BGH Bausch BGH 1994–1998, 181, 186 Müllentleerungsvorrichtung.

640 RG GRUR 1942, 261, 263 Kaffeekannenuntersatz II; BGH 19.9.1961 I ZR 49/59; BGH 29.2.1968 I a ZR 80/65.

641 Vgl RG GRUR 1944, 22 Wellblechofenbekleidung; BGH GRUR 1955, 244 Repassiernadel II; BGH 24.6.1958 I ZR 190/56; BGH 10.11.1961 I ZR 51/59.

642 Vgl BGH GRUR 1974, 148 f Stromversorgungseinrichtung; BGH 13.10.1992 X ZR 48/90; BGH Mitt 2002, 176 Gegensprechanlage; BPatG GRUR 2000, 408, 410; BPatG 4.2.2003 34 W (pat) 18/00; BPatG 6.2.2003 2 Ni 2/01; RPA Mitt 1937, 382; EPA T 206/83 ABl EPA 1987, 5 = GRUR Int 1987, 170 Herbizide; EPA T 171/84 ABl EPA 1986, 95 = GRUR Int 1986, 467 Redox-Katalysator; EPA T 226/85 ABl EPA 1988, 336 = GRUR Int 1988, 934 beständige Bleichmittel; EPA T 609/95; PatentsC 21.7. 2000 Kimberly-Clark v. Procter & Gamble, referiert in EIPR 2001 N-61; HG Aargau sic! 2004, 331.

Routinehandeln gehörende Maßnahmen sind zu berücksichtigen,[643] ebenso zumutbare einfache Versuche.[644] Auch Patentschriften rechnen zum Fachwissen.[645]

Subjektive Hemmnisse können in Betracht zu ziehen sein, so Vorurteile, die ihn daran hindern, ein **265** Merkmal der Gesamtheit der ursprünglichen Unterlagen zu entnehmen.[646]

7. Einzelheiten

a. Eine Offenbarung in Form von **Grenzwerten, Bereichsangaben und** durch **allgemeine Formeln** **266** ist nach den genannten Kriterien zu beurteilen. Eine Beschränkung eines mit Gruppenformeln von Substituenten chemischer Verbindungen weit gefassten, eine Vielzahl einzelner chemischer Verbindungen umfassenden Patentanspruchs auf einzelne Verbindungen ist zulässig, soweit dadurch die Erfindung nicht durch eine andere ersetzt wird, was zB der Fall wäre, wenn der fachkundige Leser aus einer Vielzahl von Verbindungen die betr einzelne unter Aufbietung schöpferischer Tätigkeit auswählen müsste.[647] Mangels gegenteiliger Anhaltspunkte ist nach der allerdings bereits seit geraumer Zeit vom BGH nicht mehr aufgegriffenen Rspr insb des BGH davon auszugehen, dass der fachkundige Leser durch Grenzwerte definierte Bereiche dahin versteht, dass alle innerhalb der angegebenen Grenzen liegenden Werte erfasst sind; die Nennung der Grenzwerte stellt nur eine vereinfachte Schreibweise auch für die Zwischenwerte dar.[648] Eine abw Beurteilung lässt sich danach nicht mit der Gefahr rechtfertigen, es würden unfertige Erfindungen mit vorsorglich sehr weit gefassten (spekulativen) Merkmalsbereichen angemeldet und dann im Verlauf des Erteilungsverfahrens das Patentbegehren auf beliebige, ursprünglich nicht zahlenmäßig offenbarte kleinere Bereiche oder einzelne Werte eingeschränkt, ohne dass diese aus den ursprünglichen Unterlagen eindeutig als eine in Betracht kommende Lösung der gestellten Aufgabe erkennbar wären; unter dieser Annahme wäre der Anmelder gezwungen, bereits bei seiner Anmeldung alle nur denkbaren Bereiche zahlenmäßig abzugrenzen, die möglicherweise in Zukunft eine Rolle spielen könnten, was um ein Vielfaches spekulativer wäre.[649]

Ist den Unterlagen zu entnehmen, dass ein Element **mehrfach oder einfach** vorhanden sein kann, ist **267** damit die Bauweise mit einfacher Anordnung ausreichend offenbart.[650] Ist eine **Obergrenze** nicht angegeben, muss dies einer ausreichenden Offenbarung nicht entgegenstehen.[651]

Eine allg **Strukturformel** wurde nicht als ursprünglich offenbart angesehen, wenn sie sich nur durch **268** willkürliches Auffüllen der ursprünglich offenbarten allg (engeren) Formel mit in den Stoffen der Ausführungsbeispiele vorliegenden Strukturelementen ergibt.[652]

Ist den Unterlagen zu entnehmen, dass ein Erzeugnis bestimmte Bestandteile enthalten soll, ist damit **269** nicht auch ohne weiteres offenbart, dass ihm keine **weiteren Bestandteile** hinzugefügt werden dürfen; hierfür bedarf es weiterer Anhaltspunkte wie des Hinweises, dass das ausschließliche Bestehen aus den genannten Bestandteilen besondere Vorteile hat oder sonst erwünscht ist.[653]

---

643 BPatG 30.4.1997 9 W (pat) 76/95; EPA T 1380/05: Routineversuche.

644 BGH 23.9.1986 X ZR 18/85 Bausch BGH 1986– 1993, 539 Schweineenthaarung.

645 AA EPA Herbizide, hierzu mit Recht kr *Hansen* GRUR 2000, 469 ff.

646 BGH GRUR 1974, 208 Scherfolie; vgl BGH 21.10.1960 I ZR 153/59.

647 BGHZ 66, 17, 29 = GRUR 1976, 299 Alkylendiamine I; vgl EPA T 201/83 ABl EPA 1984, 481 = GRUR Int 1985, 44 Bleilegierung.

648 BGHZ 111, 21, 27 = GRUR 1990, 510 Crackkatalysator I; BGH GRUR 1992, 842, 844 Chrom-Nickel-Legierung; BGH GRUR 2000, 591 Inkrustierungsinhibitoren; BGH Bausch BGH 1999-2001, 119 Filtereinheit; BPatG 10.2.2009 3 Ni 24/07 (EU); BPatG 19, 95; aA BPatG 5.10.1970 13 W (pat) 52/69 BlPMZ 1972, 29 Ls; BPatG 18.1.1988 15 W (pat) 71/85 BlPMZ 1988, 264 Ls; BPatG BlPMZ 1991, 31; vgl BPatG 22, 1; BPatG 6.12.1978 13 W (pat) 33/76; BPatG 27.1.2009 3 Ni 78/06 (EU); BPatG 10.2.2009 3 Ni 24/07 (EU); EPA T 615/95; BPatG 13.11.2013 1 Ni 3/13 (EP); auf eine gewisse Abkehr könnte BGH 17.4.2012 X ZR 54/09 hindeuten, wo ausgeführt wird, dass die Änderung der Untergrenze den Kriterien entspricht, die auch die GBK des EPA zur Zulässigkeit eines Disclaimers zur Herstellung der Neuheit gegenüber dem Stand der Technik entwickelt hat.

649 BGH Crackkatalysator I; BGH Chrom-Nickel-Legierung.

650 BGH GRUR 1995, 113 Datenträger.

651 vgl EPA T 94/82 ABl EPA 1984, 75 zahnradgekräuseltes Garn; EPA T 487/89 EPOR 1992, 32 Polyhexanmethylene fiber; EPA T 297/90 EPOR 1993, 389 Nonwoven sheet: spezifische Werte in den Ausführungsbeispielen genannt.

652 BPatGE 25, 181 = GRUR 1983, 735.

653 BGH GRUR 2011, 1109 Reifenabdichtmittel.

Keukenschrijver

270   Die genannten Grundsätze gelten auch für **biologische Erfindungen**.[654] Allerdings muss hier geprüft werden, ob nach dem Verständnis des fachkundigen Lesers die Beschreibung durch Angabe von Wirkstoffmengenbereichen lediglich eine Präzisierung des Patentanspruchs und nicht eine Beschränkung des Schutzbegehrens darstellt und ob nach diesem Verständnis bei einem geschützten Pflanzenkollektiv oder bei einer Pflanzensorte die Wirkstoffdurchschnittswerte richtigerweise durch Bereichsangaben mit „etwa"-Werten als mit genauen Grenzwerten zu beschreiben sein werden.[655] Eine bestimmte Aminosäuresequenz eines Proteins als echtes technisches Merkmal bedarf als solche der Offenbarung, die Offenbarung unterschiedlicher Varianten ist nicht ausreichend.[656] Unzureichende Offenbarung wurde bei einem Anspruch auf menschliche DNS angenommen, wenn sich die Beschreibung nur auf Mäuse-DNS bezog.[657]

271   **b. Verallgemeinerungen** sind erfasst, wenn der fachkundige Leser aufgrund seines Fachwissens der Gesamtheit der Unterlagen auch einen Gegenstand entnimmt, der das weggelassene Merkmal nicht aufweist (vgl Rn 26 zu § 38). Zur Offenbarung von Äquivalenten Rn 24 zu § 38.

III. Ausführbarkeit

272   **1. Begriff.** Für die Ausführbarkeit ausreichende Offenbarung ist gegeben, wenn der erstrebte Erfolg bei Einhaltung des in der Anmeldung (insgesamt, nicht nur in den Patentansprüchen, Rn 239) angegebenen Lösungswegs unter Benutzung der vorhandenen wissenschaftlichen Hilfsmittel in praktisch ausreichendem Maß erreicht werden kann[658] (nach der Formulierung in § 26 PatG 1968 die wiederholte Benutzung durch andere Sachverständige möglich erscheint).[659] Nicht erforderlich ist dagegen, dass der Erfolg mit den Vorteilen verbunden ist, die der Erfindung in der Beschreibung zugeschrieben werden.[660] Die Anmeldung muss die Erfindung als eine Lehre zum technischen Handeln offenbaren; sie muss zugleich die Angaben enthalten, die der fachkundige Leser benötigt, um die Lehre auszuführen.[661] Bei einer chemischen Verbindung genügt die Veröffentlichung einer Formel grds nicht.[662] Ausführbarkeit fehlt immer dann, wenn die Lehre im Widerspruch zu Naturgesetzen steht; die rechtl Einordnung dieser Fälle ist aber umstr (vgl auch Rn 234, 303).[663] Erforderlich ist, dass es dem fachkundigen Leser ohne große Schwierigkeiten und nicht nur durch Zufall ohne vorherige Misserfolge möglich ist, die Lehre aufgrund der Angaben in den Patentunterlagen und mit den Fachkenntnissen am Anmeldetag (vgl hierzu aber Rn 297 f) praktisch so zu verwirklichen, dass der angestrebte Erfolg (und nicht ein anderer)[664] erreicht wird;[665] wird die in der

---

654   Zum Offenbarungsgehalt von Nucleotid- und Aminosäuresequenzen in einem Sequenzprotokoll *Meyer-Dulheuer* GRUR 2000, 1, 3.

655   BGHZ 122, 144 = GRUR 1993, 651 tetraploide Kamille.

656   EPA T 923/92 ABl EPA 1996, 564, 578 ff = GRUR Int 1997, 258 menschlicher tPA, dort in erster Linie unter Prioritätsgesichtspunkten.

657   High Court Tokio 16 Law & Technology 85 (2002) = IIC 34 (2003), 964 Ls.

658   RG GRUR 1938, 256, 261 Kopiermaschine; BGH GRUR 1962, 80 Rohrdichtung; BGH GRUR 1980, 166 Doppelachsaggregat; BGH GRUR 2010, 901 polymerisierbare Zementmischung; BGH 16.6.2015 X ZR 67/13; öOGH ÖBl 2005, 222 Paroxat; vgl BGH 25.3.2010 X a ZR 36/07 (Nr 20); RG GRUR 1935, 921 Gerätestecker; BPatGE 1, 68; BPatGE 49, 262 = GRUR 2006, 1015, 1017; BPatG 23.6.2005 17 W (pat) 14/03; BPatG 30.9.2010 15 W (pat) 38/08; BPatG 24.2.2014 21 W (pat) 51/13; BPatG 24.2.2014 21 W (pat) 19/13; BPatG 28.10.2015 6 Ni 60/14 (EP); *Kraßer* S 191 f (§ 13 7).

659   BGH GRUR 1989, 899 Sauerteig.

660   BGH GRUR 2015, 472 Stabilisierung der Wasserqualität; BGH 25.3.2010 X a ZR 36/07.

661   BGH GRUR 1999, 920, 922 Flächenschleifmaschine; BGH Stabilisierung der Wasserqualität; vgl auch BPatGE 5, 123; BPatG 14.11.2005 21 W (pat) 31/02.

662   ÖOGH ÖBl 2005, 220, 222 Paroxat; vgl *Schulte* § 3 Rn 133.

663   Vgl BPatG 3.6.2003 19 W (pat) 73/01; BPatG 7.12.2005 19 W (pat) 50/03; zum Widerspruch innerhalb der Patentansprüche und der Beschreibung BPatG 6.7.2009 20 W (pat) 354/04.

664   Vgl BPatG 27.2.2003 21 W (pat) 21/00: Detektion von Neutrinos und nicht „irgendwelcher" Teilchen; BPatG 18.11.2003 14 W (pat) 68/02: fehlende Definition des dem Fachmann unbekannten Begriffs „positiv polarisiertes Wasser" in den Anmeldeunterlagen; vgl auch PatentsC 16.1.1998 Chiron v. Evans, referiert bei *Marshall* Whooping Caugh Vaccine: Enablement and Anticipation Decided Against Patentee, EIPR 1998, 273 f; weitere Hinweise zur Praxis im VK bei *Harris* EIPR 1999, 254, 258 ff.

665   BGH GRUR 1980, 166, 168 Doppelachsaggregat; BGH Bausch BGH 1994–1998, 242, 246 verschleißfeste Oberfläche; BGH Bausch BGH 1994–1998, 135, 145 Mischbehälterentleerung; BGH polymerisierbare Zementmischung; BGH GRUR

Beschreibung genannte „Aufgabe" nicht gelöst, nötigt dies freilich nur zu deren Änderung, nicht zu der des Patentanspruchs.[666] Es genügt, dass der Erfinder, wenn auch aufgrund irriger Vorstellungen über die zugrunde liegenden Ursachen,[667] die Vorrichtung so beschrieben hat, dass dies den fachkundigen Leser in die Lage setzt, die zugrunde liegende Aufgabe praktisch zu lösen.[668] Ist eine bestimmte Wirkung nicht nur ein Vorteil, sondern notwendiger Bestandteil der Lehre, kann es genügen, wenn die Wirkung nur in geringem Maß oder nur unter bestimmten Bedingungen eintritt, sofern der erzielbare Erfolg noch praktisch erheblich ist.[669] Verwendung einer falschen Bezeichnung ist für sich nicht schädlich.[670] Marktreife ist nicht erforderlich.[671] Die Umschreibung des der Erfindung zugrunde liegenden Problems allein ist nicht ausreichend.[672] Das Fehlen der Angabe der technischen Mittel zur Problemlösung und einer nachvollziehbaren Darlegung des grds Lösungsgedankens stehen der Ausführbarkeit entgegen;[673] anders, wenn ein Lösungsweg unterbreitet wird.[674]

Es ist angenommen worden, dass dann, wenn zwar die Beschreibung einen Weg zur Ausführung angibt, dieser aber nicht unter den Patentanspruch fällt, Ausführbarkeit zu verneinen ist.[675] Bei lückenhafter Offenbarung kommt es auf die objektive Unmöglichkeit der Ausführung nicht an.[676] Es ist nicht erforderlich, dass die Erfindung **bereits ausgeführt** wurde.[677]   **273**

Verschleierungen können der Ausführbarkeit entgegenstehen.[678] Bei Definition durch ein Auswahlverfahren führt dessen Nichtausführbarkeit zur Nichtausführbarkeit insgesamt.[679] Dagegen stehen Nachteile der Erfindung ihrer Ausführbarkeit grds nicht entgegen.[680]   **274**

Entscheidend ist, ob die Lehre von einem Fachmann überhaupt ausgeführt werden kann; dass es gelegentlich zu **„Ausreißern"** kommt oder die Lehre in einzelnen Fällen versagt, ist unerheblich.[681] Die Einbeziehung des Verhaltens von Tieren steht der Ausführbarkeit jedenfalls nicht notwendig entgegen.[682] Unerheblich ist auch, ob die Ausführung gegen Gesetze, Normen oder Standards verstößt.[683] Ein Vorschlag, den ein Fachmann nur mit großen Schwierigkeiten und nicht oder nur durch Zufall ohne vorherige Misserfolge praktisch verwirklichen kann, ist nicht ausreichend offenbart.[684] Nichtausführbarkeit des einzigen mit konkreten Angaben offenbarten Ausführungsbeispiels wurde auch dann als der Ausführbarkeit entgegenstehend angesehen, wenn eine unter den Wortlaut der Patentansprüche fallende Variante aus-   **275**

2010, 916 Klammernahtgerät; BGH 3.11.2015 X ZR 47/13; BGH 4.11.2008 X ZR 154/05; BPatG 12.5.2003 20 W (pat) 35/01; *Mes* Rn 63; vgl BPatG 30.6.2015 3 Ni 16/14 (EP); EPA T 818/97.
666   BPatG GRUR 1997, 523; BPatGE 47, 163 = BlPMZ 2004, 63; vgl *Mes* Rn 55.
667   Insoweit offenbar aA schweiz ERGE sic! 2002, 181 f, wo unter Hinweis auf *Heinrich* [schweiz] PatG/EPÜ[1] Rn 50.11 Angabe des Wirkungszusammenhangs verlangt wird.
668   BGH Liedl 1961/62, 684, 698 Mischer 01; vgl BPatGE 1, 68: Ausführbarkeit nur in einer ganz bestimmten, in den Anmeldeunterlagen nicht folgerichtig und widerspruchsfrei offenbarten Weise; vgl auch EPA T 487/91.
669   BGH Stabilisierung der Wasserqualität; vgl BGH GRUR 2015, 976 Einspritzventil.
670   Vgl BPatG 20.2.2002 7 W (pat) 25/01.
671   BGH GRUR 1999, 920, 922 Flächenschleifmaschine.
672   BGHZ 92, 129, 132 f = GRUR 1985, 31 Acrylfasern; BGHZ 117, 144 = GRUR 1992, 430 Tauchcomputer.
673   BPatG Bausch BPatG 1994–1998, 406; RB Den Haag BIE 2001, 13, 15; vgl BPatG 2.6.2003 19 W (pat) 20/01; schweiz ERGE sic! 2002, 181.
674   BGH GRUR 1998, 899 f Alpinski.
675   So BPatG 16.11.2004 14 W (pat) 321/03.
676   Vgl EPA T 1173/00 ABl EPA 2004, 16 = GRUR Int 2004, 437 Transformator mit Hochtemperatursupraleiter für Lokomotive.
677   *MGK/Teschemacher* Art 83 EPÜ Rn 52.
678   Vgl EPA T 219/85 ABl EPA 1986, 376 = GRUR Int 1987, 104 unzureichende Beschreibung.
679   PatentsC 21.7.2000 Kimberly-Clark v. Procter & Gamble, referiert in EIPR 2001 N-61.
680   Vgl EPA T 881/95.
681   BGH GRUR 1989, 899 Sauerteig; BGH GRUR 1999, 920, 922 Flächenschleifmaschine; BGH Bausch BGH 1986–1993, 443 Ladewagen 01; BGH 2.4.2009 X a ZR 52/05; BPatG 10.7.2006 3 Ni 3/04 (EU); EPA T 931/91; vgl EPA T 14/83 ABl EPA 1984, 105 = GRUR Int 1984, 439 Vinylchloridharze; EPA T 202/83; *MGK/Teschemacher* Art 83 EPÜ Rn 30.
682   BPatG 8.12.2004 4 Ni 21/03 (EU).
683   BGH Flächenschleifmaschine; vgl BPatGE 34, 1 = GRUR 1995, 394: Toxizität; BGH Bausch BGH 1994–1998, 135 f Mischbehälterentleerung: Einhaltung von DIN-Normen; vgl zu letzteren § 7 DPMAV.
684   BGH GRUR 1980, 166, 168 Doppelachsaggregat; BGH Bausch BGH 1999–2001, 435 Schrankenantrieb.

führbar war, die nicht in den „Kernbereich" der beanspruchten Erfindung fällt (bdkl).[685] Zur Rechtslage, wenn noch Versuche erforderlich sind, Rn 282, 291 ff, 311.

276 Weder das nationale Recht noch das EPÜ erfordert eine Offenbarung der **„besten" Ausführungsform** oder von die Ausführung erleichterndem know-how.[686]

277 Es muss mindestens **ein Weg zum Ausführen** eindeutig aufgezeigt werden,[687] so dass der Fachmann zur Nacharbeitung ohne erfinderisches Zutun in der Lage ist.[688] Nicht erforderlich ist, dass alle denkbaren unter den Wortlaut des Patentanspruchs fallenden Ausgestaltungen ausgeführt werden können.[689] Ein Molekül in einem Gemisch ist der Öffentlichkeit nicht zugänglich gemacht, wenn dem Fachmann keine Mittel zur Isolierung und Identifizierung zur Verfügung stehen und ein zur Abgrenzung vom StdT wesentliches Merkmal nicht nachgeprüft werden kann.[690] Negativangaben können ausreichen.[691] Es ist nicht erforderlich, dass ein konkret beschriebenes Ausführungsbeispiel exakt wiederholt werden kann;[692] die Angabe eines Ausführungsbeispiels ist nicht unabdinglich, wenn Beschreibung und Verweisungen auf den StdT für den fachkundigen Leser ausreichende Angaben enthalten,[693] aber für sich auch nicht ohne weiteres ausreichend.[694]

278 Bei einem **Sachanspruch** ist die Beschreibung des **Herstellungsverfahrens** ausreichend.[695]

279 Ausführbarkeit muss insb nach der Praxis des EPA in der **gesamten Breite der beanspruchten Erfindung** ohne unzumutbaren Aufwand gegeben sein.[696] Danach ist Ausführbarkeit über die gesamte Anspruchsbreite erforderlich, wenn der Patentanspruch mehrere Erzeugnisse einer Erzeugnisklasse be-

---

685 EPA T 1173/00 ABl EPA 2004, 16 = GRUR Int 2004, 437 Transformator mit Hochtemperatursupraleiter für Lokomotive.

686 *MGK/Teschemacher* Art 83 EPÜ Rn 57 ff.

687 BGHZ 147, 306, 317 = GRUR 2001, 813 Taxol, gegen die Vorinstanz BPatG Bausch BPatG 1994–1998, 105; BGH GRUR 1998, 899 f Alpinski; BGH GRUR 2009, 749 Sicherheitssystem; BGHZ 198, 205 = GRUR 2013, 1210 Dipeptidyl-Peptidase-Inhibitoren; BGH 4.11.2008 X ZR 154/05; BGH 16.6.2015 X ZR 67/13; BGH 3.11.2015 X ZR 47/13; schweiz BG sic! 2003, 603, 605 Anschlaghalter II; BPatG 7.6.2005 3 Ni 11/01 (EU); BPatG 27.1.2006 2 Ni 30/05 (EU); BPatG 26.6.2007 4 Ni 52/05 (EU); BPatG 22.7.2010 3 Ni 57/08 (EU); BPatG 8.2.2011 3 Ni 8/09 (EU); BPatGE 53, 6 = GRUR 2012, 99 „Lysimeterstation"; BPatG 28.6.2011 3 Ni 10/10 (EU); *Mes* Rn 56; BPatG 31.10.2006 14 W (pat) 16/04 zum Fehlen jeglichen Ausführungsbeispiels; EPA T 292/85 ABl EPA 1989, 275 = GRUR Int 1990, 61 Polypeptid-Expression I; EPA T 81/87 ABl EPA 1990, 250 = GRUR Int 1990, 974 Prä-Pro-Rennin; EPA T 301/87 ABl EPA 1990, 335 = GRUR Int 1991, 121 Alpha-Interferone; EPA T 238/88 ABl EPA 1992, 709 = GRUR Int 1993, 482 Kronenether; EPA T 60/89 ABl EPA 1992, 268 = GRUR Int 1992, 771 Fusionsproteine; EPA T 182/89 ABl EPA 1991, 391 = GRUR Int 1991, 812 Umfang des Einspruchs; EPA T 19/90 ABl EPA 1990, 476 = GRUR Int 1990, 498 Krebsmaus; EPA T 386/94 ABl EPA 1996, 658, 667 Chymosin; EPA T 456/91; EPA T 242/92; EPA T 612/92; EPA T 48/95; vgl BPatG 1.3.2005 3 Ni 23/03 (EU); EPA T 212/88 ABl EPA 1992, 28 = GRUR Int 1992, 283 Theta-1.

688 BGHZ 100, 67, 71 = GRUR 1987, 231 f Tollwutvirus; BPatG 11.5.1999 1 Ni 17/96; vgl *Fitzner/Lutz/Bodewig* Rn 23; zum unzumutbaren Aufwand EPA T 674/96.

689 BGH GRUR 2003, 223 Kupplungsvorrichtung II unter Hinweis auf BGH Taxol; BGH GRUR 2004, 47 f blasenfreie Gummibahn II; BGH GRUR 2010, 901 polymerisierbare Zementmischung; BGH 12.6.2012 X ZR 79/09; BPatG 26.2.2004 2 Ni 35/02 (EU) undok; BPatG 26.6.2007 4 Ni 52/05 (EU); BPatG 4.2.2010 3 Ni 16/07 (EU); BPatG 22.7.2010 3 Ni 57/08 (EU); BPatG 23.11.2010 3 Ni 11/09 (EU); vgl BPatG 23.6.2005 17 W (pat) 14/03.

690 EPA T 780/95.

691 BPatG 18.12.2000 20 W (pat) 66/99.

692 EPA T 281/86 ABl EPA 1989, 202 = GRUR Int 1990, 69, 71 Präprothaumatin; EPA T 299/86; EPA T 181/87; EPA T 19/90 ABl EPA 1990, 476 = GRUR Int 1990, 978 Krebsmaus; EPA T 293/97.

693 *Benkard* Rn 24a; EPA T 561/96; in EPA T 589/95 wurde das Fehlen eines Ausführungsbeispiels als patenthindernd angesehen.

694 Vgl EPA T 322/93.

695 EPA T 94/82 ABl EPA 1984, 75 zahnradgekräuseltes Garn; EPA T 292/85 ABl EPA 1989, 275 = GRUR Int 1990, 71 Polypeptid-Expression I; EPA T 212/88 ABl EPA 1992, 28 = GRUR Int 1992, 283 Theta-1; EPA T 182/89 ABl EPA 1991, 391 Umfang des Einspruchs. Zur ausführbaren Offenbarung bei einem durch ein Auswahlmessverfahren gekennzeichneten Stoff BPatG Bausch BPatG 1994–1998, 16.

696 EPA T 19/90 ABl EPA 1990, 476 = GRUR Int 1990, 978 Krebsmaus; EPA T 409/91 ABl EPA 1994, 653 = GRUR Int 1994, 957 Dieselkraftstoffe; EPA T 435/91 ABl EPA 1995, 188 = GRUR Int 1995, 591 Reinigungsmittel; EPA T 923/92 ABl EPA 1996, 564, 586 = GRUR Int 1997, 258, 260 menschlicher tPA; EPA T 418/91; EPA T 548/91; EPA T 242/92; EPA T 659/93; vgl EPA T 412/93 EPOR 1995, 629 Erythropoietin; BPatGE 29, 210; HoL RPC 1997, 25 = GRUR Int 1998, 412 Biogen/Medeva; hierzu *Karet* Delivering the Goods? The House of Lords' Decision in Biogen v. Medeva, EIPR 1997, 21; PatentsC RPC 2001, 473 Dyson v. Hoover.

trifft;[697] vorteilhafte Wirkungen (kennzeichnende Eigenschaften)[698] müssen demnach für die gesamte Klasse zutreffen[699] (zur „enabling disclosure" Rn 63 zu § 3). Dieses Erfordernis steht in einem schwer auflösbaren Spannungsverhältnis mit der Möglichkeit der Formulierung breiter Ansprüche unter Abstrahierung von technischen Einzelheiten (vgl Rn 80 ff).[700]

Der BGH hat die Forderung nach Ausführbarkeit über die gesamte Anspruchsbreite in solchen Fällen **280** verworfen, in denen ein geläufiger Verfahrensschritt allgemein beansprucht wird, aber nur ein spezieller, unter den allgemeinen Begriff fallender **ausführbarer Weg** offenbart ist, und zwar unabhängig davon, ob dem Fachmann andere Wege zur Verfügung stehen (näher, auch zum Offenbarungserfordernis bei bereichsweise definierten Gegenständen, Rn 87).

2. Mitteilung von Einzelheiten. Es muss nur aufgedeckt werden, was notwendig ist, den fachkundi- **281** gen Leser in den Stand zu versetzen, die Lehre praktisch auszuführen; was diesem aufgrund seines Fachwissens an Fachkenntnissen und Fertigkeiten zur Verfügung steht, bedarf keiner Wiederholung.[701] Es bietet sich an, insoweit auf die Kriterien zurückzugreifen, die auch auf die Beurteilung des Naheliegens angewendet werden. Eine „revolutionäre" Erfindung kann daher eine weitergehende Offenbarung erfordern als eine Erfindung auf einem bekannten technischen Gebiet.[702] Das gilt auch bei extremen Verhältnissen, die sich nach der Erfindung einstellen.[703] Aus der Verwendung einschlägiger Fachbegriffe können sich für den fachkundigen Leser die entspr Parameterwerte ergeben.[704] Aus nicht ausreichend wurde es angesehen, wenn der Wirkzusammenhang zwischen verschiedenen Komponenten offen bleibt (bdkl).[705] Kenntnisse, die nur beim Anmelder oder von diesem in die Entwicklung eingeschalteten Dritten vorhanden sind, können grds nicht herangezogen werden.[706]

Die Erfindung muss nicht so offenbart werden, dass dem fachkundigen Leser in **allen Einzelheiten** **282** (etwa iS einer konkreten Bauanleitung) vorgeschrieben wird, was er zu tun hat.[707] Es reicht vielmehr aus,

---

697 Vgl hierzu auch EPA T 1212/97; ähnlich CA England/Wales GRUR Int 2003, 770 Pharmacia v. Merck.

698 CA England/Wales GRUR Int 2003, 770 Pharmacia v. Merck.

699 So auch BPatG 10.7.2006 3 Ni 3/04 (EU).

700 Einschränkend auch GH Den Haag BIE 2001, 440, 450, wonach es ausreicht, dass glaubhaft gemacht wird, dass alle Verbindungen der Gruppe die geforderte Wirkung erzielen.

701 BGH GRUR 1984, 272 Isolierglasscheibenrandfugenfüllvorrichtung; BGH 14.5.1985 X ZB 19/83 Klebstoff, nicht in BlPMZ; BGH GRUR 2000, 591 Inkrustierungsinhibitoren; BGH Mitt 2002, 176 Gegensprechanlage; BGH GRUR 2010, 901 polymerisierbare Zementmischung; BPatG 11.1.2000 21 W (pat) 24/98; BPatG 7.12.2000 34 W (pat) 43/98: in DIN-Vorschrift enthaltener Begriff; BPatG 20.3.2003 11 W (pat) 41/02; öOPM öPBl 2002, 111, 116: Werkstoffauswahl, Dimensionierung; vgl BGH GRUR 1992, 157 Frachtcontainer; BGH GRUR 1980, 166, 168 Doppelachsaggregat; BGH GRUR 2010, 916 Klammernahtgerät; BGH 22.2.2011 X ZR 30/06; BPatG 1.8.2002 15 W (pat) 13/01, zur Ausführbarkeit eines Verfahrens zur Identifizierung einer Nukleotidsequenz, bei dem der Fachmann aus Nukleinsäurepools Nukleinsäuren bestimmter Eigenschaften herauszufinden hat; BPatG 3.6.2003 14 W (pat) 62/02; BPatG 28.7.2004 14 W (pat) 316/03; BPatG 5.10.2006 17 W (pat) 82/04: Auffinden einer geeigneten Programmiersprache; öOPM öPBl 2010, 176 fälschungssicheres Dokument; vgl BPatG 7.11.2006 17 W (pat) 302/04; BPatG 10.5.2007 2 Ni 64/04 (EU); BPatG 1.7.2008 8 W (pat) 358/04; BPatG 11.11.2014 3 Ni 26/13; *MGK/Teschemacher* Art 83 EPÜ Rn 49; EPA T 206/83 ABl EPA 1987, 5 = GRUR Int 1987, 170 Herbizide; EPA T 51/87 ABl EPA 1991, 177 = GRUR Int 1991, 372 Ausgangsverbindungen; EPA T 212/88 ABl EPA 1992, 28 = GRUR Int 1992, 283 Theta-1; EPA T 32/85 EPOR 1986, 267 Biomass Preparation; EPA T 580/88; EPA T 772/89; EPA T 23/92; EPA T 654/90: nicht bei umfassender Recherche; EPA T 492/92; EPA T 676/94 zur Heranziehung allg Fachwissens; EPA T 277/95; PatentsC 30.7.1999 Taylor v. Ishida, referiert in EIPR 2000 N-19, 21; EPA T 1173/00 ABl EPA 2004, 16, 30 Transformator mit Hochtemperatur-Supraleiter für Lokomotive: maßgeblich das allg Fachwissen; dagegen soll nach BPatGE 28, 6 = GRUR 1986, 603 und BPatG 16.5.2002 15 W (pat) 34/00 eine nachträgliche uneingeschränkte Einbeziehung von nach dem StdT allg bekannten Maßnahmen iSv „omnibus in arte" nicht den Offenbarungserfordernissen genügen; zur Heranziehung des in den ursprünglichen Unterlagen genannten StdT vgl auch BPatG 30.4.1970 17 W (pat) 14/72.

702 EPA T 541/96.

703 BPatG 20.8.2008 19 W (pat) 23/08.

704 BPatG 8.7.2002 15 W (pat) 17/01.

705 BPatG 29.7.2009 20 W (pat) 335/05.

706 BGH GRUR 1999, 920, 922 Flächenschleifmaschine.

707 BGH GRUR 1966, 201, 205 ferromagnetischer Körper; BGH GRUR 1967, 56 Gasheizplatte; BGH Liedl 1965/66, 670, 679 Federungshohlkörper; BGH GRUR 1968, 311, 313 Garmachverfahren; BGH Bausch BGH 1994–1998, 242, 246 verschleißfeste Oberfläche; BGH Bausch BGH 1999–2001, 435 Schrankenantrieb; BGHZ 184, 300 = GRUR 2010, 414

wenn der fachkundige Leser Unvollkommenheiten mit Hilfe seines Fachwissens überwinden kann, ohne selbst erfinderisch tätig werden zu müssen.[708] Eine Erfindung ist daher ausführbar offenbart, wenn die in der Patentanmeldung enthaltenen Angaben dem fachkundigen Leser so viel an technischer Information vermitteln, dass er mit seinem Fachwissen und Fachkönnen in der Lage ist, die Erfindung erfolgreich auszuführen; es ist dagegen nicht erforderlich, dass mindestens eine praktisch brauchbare Ausführungsform als solche unmittelbar und eindeutig offenbart ist.[709] Ein Merkmal, das eine technische Maßnahme nur allgemein wiedergibt, ist zulässig, wenn der fachkundige Leser damit bestimmte technische Vorstellungen verbindet; es reicht aus, wenn eine Realisierungsmöglichkeit anhand einer bevorzugten Ausführungsform dargestellt ist.[710] Vom fachkundigen Leser kann erwartet werden, dass er zur Ausführung einer Erfindung sein Fachwissen einsetzt und erforderlichenfalls eine zielgerichtete Literaturrecherche durchführt, deren Ergebnis jedenfalls dann den Kenntnissen des Fachmanns zuzurechnen ist, wenn es sich nicht um eine entlegene Fundstelle handelt, die einen besonders hohen Suchaufwand erfordert oder nur zufällig aufgefunden werden kann.[711] Unzumutbare Schwierigkeiten für den fachkundigen Leser, insb Notwendigkeit eingehender Versuche (Rn 291 ff) oder Zufallsabhängigkeit, stehen der Ausführbarkeit entgegen.[712]

283   Ein **Unterscheidungsparameter** für einen Stoff muss so eindeutig angegeben werden, dass er für den fachkundigen Leser zuverlässig feststellbar ist,[713] grds ist auch die Angabe der Messmethode erforderlich, jedoch nicht, wenn diese in einer anderen Veröffentlichung, auf die verwiesen wird, hinreichend erläutert ist, er diese aufgrund seines allg Fachwissens kennt[714] oder sie ohne weiteres durch Vergleich feststellen kann[715] oder wenn es auf sie nicht ankommt.[716] Fehlende Angabe der Bestimmungsmethode ist unschädlich, wenn der fachkundige Leser unter Berücksichtigung seines Fachwissens über den Aufbau des Stoffs den Gruppenanteil für die eine Gruppe berechnen und in Kenntnis der nach den angegebenen Methoden ermittelten und für die Berechnung notwendigen Werte berechnen kann.[717] Sie kann auch dann unschädlich sein, wenn ihm wenigstens ein Stoff zur Verfügung steht, der dem Parameter nach jeder in Betracht kommenden Bestimmungsmethode genügt. Darf nach dem Patentanspruch eine bestimmte Eigenschaft nicht vorhanden sein, soll die Angabe des Bestimmungsverfahrens nicht erforderlich sein.[718]

284   Nennung nur **funktioneller Merkmale** ohne Konkretisierung in der Beschreibung kann der Ausführbarkeit entgegenstehen,[719] jedoch sind sie unschädlich, wenn sie dem fachkundigen Leser die Lehre vermitteln, wie er die geschützte Vorrichtung ausgestalten muss.[720] Unzutr ist aber die Auffassung, dass bei der Kennzeichnung eines Sachanspruchs durch eine Bestimmungsangabe deren Realisierung hinreichend offenbart sein muss.[721] Ein nicht eindeutig bestimmtes und umschriebenes und damit nicht zu identifizie-

---

thermoplastische Zusammensetzung; BGH GRUR 2010, 916 Klammernahtgerät; BGH GRUR 2011, 707 Dentalgerätesatz; BPatG 16.10.2012 3 Ni 11/11 (EP); BPatG 20.10.2015 4 Ni 6/14; *Mes* Rn 63 f.

708   Vgl BGH 4.11.2008 X ZR 154/05; BGH 21.4.2009 X ZR 153/04; BPatG 18.8.2015 4 Ni 20/14 (EP).

709   BGH Klammernahtgerät; BPatG GRUR 2011, 905; BPatG 24.1.2012 3 Ni 5/10; BPatG 24.5.2012 2 Ni 32/10; BPatG 24.5.2012 2 Ni 33/10 (EU); BPatG 16.10.2012 3 Ni 11/11 (EP); BPatG 5.3.2013 3 Ni 3/12 (EP); vgl BPatG 12.12.2005 15 W (pat) 362/03.

710   BPatG 11.12.2002 20 W (pat) 54/01; vgl auch BPatG 12.12.2006 15 W (pat) 326/03.

711   BPatGE 34, 264.

712   Vgl BGH GRUR 2010, 901 polymerisierbare Zementmischung; BPatG 22.4.2015 6 Ni 7/14; *MGK/Teschemacher* Art 83 EPÜ Rn 54 f; EPA T 225/93: fehlende Angabe der Messmethode; EPA T 187/93: unzumutbarer Aufwand bei breiten Schutzansprüchen im Bereich der Biotechologie.

713   BGH GRUR 2000, 591 Inkrustierungsinhibitoren; vgl BPatG 8.12.1975 15 W (pat) 44/72; BPatG 41, 120 = GRUR 1999, 1076; BPatG 5.4.2001 3 Ni 23/00 (EU); BPatG 21.2.2002 34 W (pat) 10/01; BPatG 6.7.2010 6 W (pat) 331/06; BPatG 21.3.2011 20 W (pat) 45/07; EPA T 575/05; EPA T 452/91; EPA T 387/01; zu Verfahrensparametern BPatG 22.5.2007 21 W (pat) 3/06.

714   BGH 12.6.2012 X ZR 73/09.

715   BPatG 16.12.1999 13 W (pat) 52/98, anders im Einzelfall BPatG 25.6.2002 15 W (pat) 27/01: mehrere Meßmethoden, die zu unterschiedlichen Ergebnissen führen.

716   Vgl BPatG 16.5.2003 14 W (pat) 301/02.

717   BPatG 27.4.2000 15 W (pat) 17/98.

718   EPA T 1012/98.

719   Vgl EPA T 6/80 ABl EPA 1981, 434, 437 = GRUR Int 1981, 769 Reflektorzwischenlage; *Hesse* Mitt 1982, 104; *MGK/Teschemacher* Art 84 EPÜ Rn 129.

720   BPatG 11.3.2003 1 Ni 22/01.

721   So aber BPatGE 49, 262 = GRUR 2006, 1015; BPatG 26.6.2007 4 Ni 52/05 (EU), vgl BGH GRUR 2010, 916 Klammernahtgerät.

rendes Verfahren zur Direktreduktion von Eisen enthaltenden Metalloxiden ist nicht ausführbar, wenn für den fachkundigen Leser auch bei Heranziehung der Patentbeschreibung unauflösbare Widersprüche bestehen bleiben.[722]

Einer **besonderen Anweisung** über die Gestaltung eines Elements bedarf es nicht, wenn sich diese **285** für den fachkundigen Leser aus dem Gesamtinhalt der Patentschrift ergibt.[723] Ausreichend ist, dass ihm die entscheidende Richtung angegeben wird, in der er – ohne Aufwendung eigener erfinderischer Tätigkeit, aber auch ohne am Wortlaut zu haften – mit Erfolg weiterarbeiten und jeweils die günstigste Lösung auffinden kann.[724] Es genügt jedenfalls, wenn der fachkundige Leser die notwendigen Einzelangaben der allg Beschreibung oder den Ausführungsbeispielen entnehmen kann.[725]

Besondere **Gebrauchsanweisungen** für eine Vorrichtung brauchen jedenfalls dann nicht gegeben zu **286** werden, wenn es hierfür auf die Umstände des Einzelfalls ankommt und erwartet werden kann, dass die an der Maschine arbeitenden geschulten Fachkräfte über das nötige technische Rüstzeug und genügende Erfahrung verfügen, um sie den jeweiligen Bedürfnissen entspr einstellen und fachgerecht bedienen zu können.[726]

Es ist nicht erforderlich, dass **Größen- und Maßangaben** in den Patentanspruch aufgenommen wer- **287** den, wenn nur die Beschreibung die Gesichtspunkte liefert, unter denen der fachkundige Leser aufgrund seines allg Wissens die erforderlichen Angaben ermitteln kann.[727] Eine Lehre, die das Variieren mehrerer Größen vorschlägt, kann aber nur zutr erkannt werden, wenn klar herausgestellt wird, welche Größe aus welchem Grund und mit welchem Ziel variiert werden soll.[728]

Bei **biologischen Erfindungen** (Pflanzenkollektiven und -sorten) sind die Umstände des Einzelfalls **288** maßgebend;[729] dabei können Merkmale wie „inhaltsstoffmäßig homogen" und (bezogen auf bestimmte Wirkstoffe) „beständig" ausreichen, wenn sie dahin zu verstehen sind, dass die Wirkstoffgehalte dauerhaft vorhanden sein sollen.[730]

Ein **biochemisches Verfahren** zur Herstellung eines Stoffs durch Spaltung eines Stoffs mittels Mik- **289** roorganismen ist ausführbar offenbart, wenn die geeigneten Mikroorganismen genannt sind.[731] Liegen eine Beschreibung mit ausreichenden Angaben zur Herstellung von menschlichem Geweplasminogenaktivator und ein Schutzanspruch vor, der auf Derivate davon gerichtet ist und einen Hinweis darauf enthält, auf welche Funktionen diese getestet werden sollen, kann vom fachkundigen Leser erwartet werden, dass er ohne erfinderisches Zutun und unvertretbaren Aufwand in der Lage ist, durch Aminosäuredeletion, -substitution, -insertion, -addition oder -austausch solche Derivate herzustellen und zu testen, welche dieser Derivate den funktionellen Anforderungen entsprechen.[732]

722 BPatG 26.8.1997 13 W (pat) 97/94; vgl auch BPatG 6.7.2009 20 W (pat) 354/04.

723 BGH GRUR 1954, 317, 319 Leitbleche I; vgl BPatG 15.4.2003 23 W (pat) 14/01.

724 BGH Leitbleche I; BGH GRUR 1962, 80 f Rohrdichtung; BGH Liedl 1965/66, 430, 441 Leuchtglobus 02; BGH GRUR 1966, 312, 317 Appetitzügler; BGH GRUR 1968, 311, 313 Garmachverfahren mwN; BGH GRUR 1976, 213 f Brillengestelle; BGH GRUR 1998, 1003, 1005 Leuchtstoff; BGH 13.10.1992 X ZR 48/90; BGH Bausch BGH 1994–1998, 242, 246 verschleißfeste Oberfläche; BGH Bausch BGH 1999–2001, 435 Schrankenantrieb; BGH 4.11.2008 X ZR 154/05; BGH GRUR 2009, 743 Airbag-Auslösesteuerung; BGH 30.4.2009 X a ZR 64/08; BPatG Mitt 1977, 133; BPatG 27.2.2003 21 W (pat) 21/00; BPatG 15.3.2004 11 W (pat) 306/02; BPatG 13.5.2004 14 W (pat) 317/03; BPatGE 49, 262 = GRUR 2006, 1015, 1018; vgl RG MuW 29, 499 f Zweitaktverbrennungskraftmaschine mit Schlitzspülung; vgl auch BGH Bausch BGH 1994–1998, 181, 188 f Müllentleerungsvorrichtung.

725 BGH GRUR 2010, 901 polymerisierbare Zementmischung; BGH 12.6.2012 X ZR 73/09.

726 BGH Liedl 1961/62, 618, 638 Zerspaner; vgl BGH GRUR 1957, 120 Plattenspieler II; BGH GRUR 1957, 488 Schleudergardine.

727 BGH GRUR 1968, 311, 313 Garmachverfahren; BGH Bausch BGH 1994-1998, 242, 246 verschleißfeste Oberfläche; vgl BPatG 2.7.2002 14 W (pat) 55/01.

728 BGH GRUR 1967, 56 Gasheizplatte.

729 EPA T 158/91; vgl zu mikrobiologischen Erfindungen EPA T 812/02 Remacle's Patent, referiert in EIPR 2004 N-48.

730 BGHZ 122, 144 = GRUR 1993, 651 tetraploide Kamille.

731 Vgl BPatG GRUR 1972, 178, wo weiter darauf abgestellt wird, dass auch eine Methode zum Auffinden weiterer geeigneter Organismen angegeben ist und der Fachmann diese danach mit zumutbarem Aufwand auffinden kann; vgl EPA T 727/95 ABl EPA 2001, 1, 9 f = GRUR Int 2001, 243 Cellulose zu dem Fall, dass das Auffinden weiterer stabiler Stämme mit entspr Eigenschaften auch durch Mutagenese nur durch Zufall möglich ist.

732 EPA T 923/92 ABl EPA 1996, 564, 591 ff = GRUR Int 1997, 258 menschlicher tPA.

Keukenschrijver

290   Das Erfordernis, dass die Erfindung mit **zumutbarem Aufwand** ausgeführt werden kann, gilt auch bei Hinterlegung biologischen Materials.[733] Notwendigkeit einer Reinigung zur tatsächlichen Anwendung wurde als unschädlich angesehen.[734]

291   **3. Aufwand; Versuche.** Voraussetzung für die Ausführbarkeit ist nicht, dass die Unterlagen dem fachkundigen Leser so genaue Angaben zB über die Art und Menge des einzusetzenden Ausgangsmaterials und die einzuhaltenden Verfahrensbedingungen machen, dass er sofort und ohne jeglichen Fehlschlag zu einem Endprodukt mit den erstrebten Eigenschaften gelangen kann; es reicht aus, dass er anhand der Angaben aufgrund seines Fachwissens und Fachkönnens ohne eigenes erfinderisches Bemühen Unvollständigkeiten ergänzen[735] und sich notfalls mit Hilfe orientierender Versuche alsbald ein zuverlässiges Bild darüber verschaffen kann, welche Stoffe und welche Mengen davon er nehmen muss, um den gewünschten Erfolg zu erreichen.[736]

292   Der Grundsatz, dass die Lehre nicht in allen Einzelheiten vorgeschrieben sein muss, gilt auch, wenn zur Ermittlung der günstigsten Lösung noch Versuche angestellt werden müssen, sofern diese **das übliche Maß nicht übersteigen** und keine erfinderischen Überlegungen erfordern;[737] insb das EPA, aber auch der BGH[738] stellt darauf ab, ob der im Patentanspruch definierte Gegenstand anhand der Lehre der Patentschrift ohne unzumutbaren Aufwand vollständig ausführbar ist.[739] Durchführung eines Forschungsprogramms ist generell nicht zumutbar.[740]

293   **4. Den wissenschaftlichen Hintergrund** der Lehre muss der Erfinder nicht erkannt haben[741] und erst recht nicht vermitteln.[742]

---

733   EPA T 418/89 ABl EPA 1993, 20 monoklonaler Antikörper; EPA T 495/89 GRUR Int 1992, 457 monoklonaler Antikörper; vgl EPA T 349/91; EPA T 498/94; EPA T 510/94.

734   RB Den Haag BIE 2001, 90.

735   RGZ 115, 280, 285 = GRUR 1927, 117 Wechselstromzähler; vgl RGZ 156, 217, 219 = GRUR 1938, 47 Strumpf; BPatG 4.6.1997 19 W (pat) 40/95: Auswahl der sinnvollen Möglichkeiten, wenn auch unsinnige erfasst sind.

736   BGH GRUR 1965, 138, 141 Polymerisationsbeschleuniger; BGH GRUR 1965, 473, 475 Dauerwellen I; BGH GRUR 1966, 312, 317 Appetitzügler I; BGH Liedl 1967/68, 446, 456 f Schaumgummi 01; BGH GRUR 1976, 213 Brillengestelle; BGHZ 112, 297 = GRUR 1991, 518, 520 Polyesterfäden; vgl BPatGE 35, 255 = GRUR Int 1996, 822: Beanspruchung eines herbizid wirksamen Enantiomers ohne Angabe, um welches der beiden Enantiomere es sich handelt; BPatG 20.3.1997 15 W (pat) 49/95: ausreichend, wenn der erstrebte Erfolg nur bei einigen wenigen, aber vom fachkundigen Leser aufgrund seines Fachwissens nach den Angaben der Patentschrift zuverlässig zu ermittelnden Bedingungen eintritt; BPatG Bausch BPatG 1994-1998, 190, zur Substantiierung im Nichtigkeitsverfahren; BPatG 17.9.2013 3 Ni 12/12; EPA T 14/83 ABl EPA 1984, 105 = GRUR Int 1984, 439 Vinylchloridharze; EPA 639/95: „trial and error"; vgl BPatG 28.2.2002 23 W (pat) 18/00.

737   BGH GRUR 1965, 138, 141 f Polymerisationsbeschleuniger; BGH GRUR 1965, 473, 475 Dauerwellen I; BGH GRUR 1966, 312, 317 Appetitzügler I; BGH GRUR 1967, 56 ff Gasheizplatte; BGH GRUR 1968, 311, 313 Garmachverfahren; BGH GRUR 1980, 166 Doppelachsaggregat; BGH 23.9.1986 X ZR 18/85 Bausch BGH 1986–1993, 539 Schweineenthaarung; BGH 13.10.1992 X ZR 48/90; BGH Bausch BGH 1994–1998, 242, 246 verschleißfeste Oberfläche; BGH GRUR 1998, 1003 Leuchtstoff; BGH 4.11.2008 X ZR 154/05; BPatGE 34, 1, 4 = GRUR 1995, 394; BPatG Bausch BPatG 1994–1998, 611.

738   BGH 10.6.2008 X ZR 26/04; vgl *Benkard* Rn 15b.

739   EPA T 727/95 ABl EPA 2001, 1, 8 ff Cellulose; EPA T 409/91 ABl EPA 1994, 653 = GRUR Int 1994, 957 Dieselkraftstoffe; EPA T 435/91 ABl EPA 1995, 188 = GRUR Int 1995, 591 Reinigungsmittel; EPA T 612/92; EPA T 226/85 ABl EPA 1988, 336 = GRUR Int 1988, 934 beständige Bleichmittel; EPA T 48/85 GRUR Int 1988, 58 Eimeria necatrix; EPA T 307/86; BPatG 30.4.2010 14 W (pat) 30/06; *Schulte* Rn 349; vgl zum Aufwand bei biotechnischen Erfindungen EPA T 412/93 EPOR 1995, 629 Erythropoietin; EPA T 223/93; EPA T 772/89. Zur Zumutbarkeit des Aufwands EPA T 418/89 ABl EPA 1993, 20 monoklonaler Antikörper; EPA T 32/85 EPOR 1986, 267 Biomass Preparation; EPA T 256/87; EPA T 312/88; EPA T 475/88; EPA T 721/89; vgl PatentsC 21.7.2000 Kimberly-Clark v. Procter & Gamble, referiert in EIPR 2001 N-61; EPA T 1635/09 ABl EPA 2011, 542 Zusammensetzung zur Empfängnisverhütung. Zur fehlenden Vorgabe auch der Richtung BPatG 15.12.2010 5 Ni 63/09 (EU).

740   EPA T 612/92; EPA T 694/92 ABl EPA 1997, 408, 413 = GRUR Int 1997, 918 Modifizieren von Pflanzenzellen; EPA T 1466/05; EPA T 405/06; EPA T 1372/05.

741   BGH GRUR 1973, 263, 265 Rotterdam-Geräte; BGH GRUR 1965, 138, 142 Polymerisationsbeschleuniger; BGH GRUR 1955, 386, 388 Optik; vgl BGH GRUR 1994, 357 Muffelofen; *Mes* Rn 65.

742   BGH Bausch BGH 1994–1998, 242, 247 verschleißfeste Oberfläche; *MGK/Teschemacher* Art 83 EPÜ Rn 51; vgl BGH GRUR 2011, 999 Memantin; BGH 20.12.2011 X ZR 53/11 Glasfasern; vgl auch EPA T 449/90 EPOR 1993, 54 treatment of plasma.

5. Rückgriff auf nicht allgemein verfügbares Material

a. Erzeugnisse des Anmelders. Ausführbarkeit setzt grds voraus, dass die Umsetzung der Lehre des **294** Patents mit gleichbleibendem Erfolg wiederholt werden kann, ohne dass der fachkundige Leser auf Erzeugnisse des Patentinhabers angewiesen ist.[743]

b. Noch nicht verfügbares Material. Bei einer auf die weitere Verarbeitung und qualitative Verbes- **295** serung näher umschriebener Ausgangsmaterialien gerichteten Erfindung steht es der Ausführbarkeit nicht entgegen, dass die in den Patentansprüchen gewählten Begriffe auch solche Ausgangsmaterialien einbeziehen, die der Fachwelt zur Zeit der Patentanmeldung noch nicht zur Verfügung stehen. Bei Vorliegen der sonstigen Patentierungserfordernisse ist es unter Belohnungsgesichtspunkten gerechtfertigt, wenn der Schutz auf die Bearbeitung erst später erfinderisch entwickelter Ausgangsmaterialien erstreckt wird.[744]

6. Wert der Erfindung. Ob eine Erfindung „wertvoll" oder „optimal" ist, berührt nicht die Ausführ- **296** barkeit der technischen Lehre.[745]

7. Maßgeblicher Zeitpunkt. Die Rspr stellt für die Prüfung der Ausführbarkeit auf den **Anmelde-** **297** **oder Prioritätszeitpunkt** ab.[746] Dies ist für die Prüfung im Erteilungsverfahren zutr, wie sich aus Abs 2 ergibt; zu den sich hierdurch bei der Hinterlegung („Expertenlösung") ergebenden Schwierigkeiten Rn 321 ff. Offenbarungs- und Ausführbarkeitsmängel sind für das Erteilungsverfahren grds nicht heilbar[747] (vgl auch Rn 20 zu § 5). Durch einen Disclaimer kann ein Offenbarungsmangel nachträglich grds nicht beseitigt werden.[748]

Nach älterer Praxis des BGH gilt dieser Zeitpunkt – anders als für die Beurteilung der Gesetzes- oder **298** Sittenwidrigkeit (Rn 23 zu § 2) – auch für die Beurteilung im **Einspruchs-** und im **Nichtigkeitsverfahren.** Demnach ist ein Patent, dessen technische Lehre bis zum Abschluss des Erteilungsverfahrens nicht ausführbar war, auch dann für nichtig zu erklären, wenn die Lehre nach der Erteilung des Patents ausführbar geworden ist;[749] für das (nicht harmonisierte) GbmRecht hat der BGH dies bestätigt.[750] Auch das EPA ist dem gefolgt.[751] Mit der Regelung in § 21 Abs 1 Nr 2, Art II § 6 Abs 1 Nr 2 IntPatÜG, Art 138 Abs 1 Buchst b EPÜ ist dies nur dann in Einklang zu bringen, wenn man den Gesetzeswortlaut, der auf „das Patent" (iSd Erteilungsbeschlusses) abstellt,[752] iS eines Redaktionsversehens uminterpretiert (vgl weiter die EPA-PrRl

---

743 BGH 11.5.1993 X ZB 19/92 BPatGE 34, 272 Ls Spulentransportvorrichtung; BGHZ 100, 67, 69 = GRUR 1987, 231 Tollwutvirus; vgl BGH GRUR 1978, 696 alpha-Aminobenzylpenicillin; EPA T 156/91; *MGK/Teschemacher* Art 83 EPÜ Rn 53.

744 BGHZ 112, 297 = GRUR 1991, 518 Polyesterfäden; *Mes* Rn 66; vgl EPA T 292/85 ABl EPA 1989, 275 = GRUR Int 1990, 61 Polypeptid-Expression I; aA BPatG BlPMZ 1988, 220, wonach es erforderlich sein soll, dass alle Verbindungen, für die Schutz beansprucht wird, am Anmelde- oder Prioritätstag herstellbar waren; zum Fall, dass ein erforderliches Testverfahren noch nicht zur Verfügung steht, vgl EPA T 449/90 EPOR 1993, 54 treatment of plasma.

745 BGH 27.11.1991 X ZR 43/90.

746 BGH Liedl 1974/77, 144, 152 Brillengestelle; BGH GRUR 1984, 335 Hörgerät II; BGH BlPMZ 1992, 308 Antigenennachweis, BGH 22.10.1991 X ZR 20/90; vgl auch BGH 27.6.1972 X ZR 8/69; offengelassen in BGH Bausch BGH 1994–1998, 394, 401 Kabelnebenstöreffekte.

747 Vgl *MGK/Teschemacher* Art 83 EPÜ Rn 61; für die Ausführbarkeit str, vgl zur Berücksichtigung der nachträglichen Ausführbarkeit im Erteilungsverfahren *Kraßer* S 195 (§ 13 10) mwN.

748 Vgl BPatG 11.2.1985 16 W (pat) 22/83.

749 BGH GRUR 1966, 141, 145 Stahlveredlung, dort offengelassen, ob ein vor der Bekanntmachung liegender Zeitpunkt maßgeblich sein könnte, m Anm *Moser von Filseck*; BGH GRUR 1976, 213 f Brillengestelle – Prioritätstag –; BGHZ 64, 101 = GRUR 1975, 430, 432 Bäckerhefe – Anmeldunterlage, falls Priorität beansprucht wird, Prioritätsunterlagen –; BGH GRUR 1978, 162, 164 7-chlor-6-demethyltetracyclin – Anmeldezeitpunkt –; BGH GRUR 1984, 335 ff Hörgerät; BGHZ 112, 297, 301 = GRUR 1991, 518 f Polyesterfäden – Anmeldetag –; BGH BlPMZ 1992, 308 ff Antigenennachweis, wo es ausdrücklich für unerheblich erklärt wird, dass die Lehre unter zusätzlicher Berücksichtigung späterer Entwicklung und Erkenntnisse ausführbar geworden ist, ebenso BGH 22.10.1991 X ZR 20/90; RG MuW 29, 177 Petersen-Spule; für das Fehlen ausführbarer Offenbarung im StdT als Schutzfähigkeitsvoraussetzung auch BGH GRUR 2010, 123 Escitalopram.

750 BGH GRUR 1999, 920 f Flächenschleifmaschine.

751 EPA T 1173/00 ABl EPA 2004, 16, 26 Transformator mit Hochtemperatur-Supraleiter für Lokomotive.

752 Vgl BPatGE 34, 1, 6 = GRUR 1995, 394, 396; *Benkard* § 21 Rn 16 und ähnlich *Benkard-EPÜ* Art 100 Rn 10 allerdings mit zu kurz greifendem Ansatz über die unzulässige Erweiterung; *von Albert* GRUR 1981, 451, 453 reSp; mit

Keukenschrijver

D-V 4.1 für das Einspruchsverfahren und die Praxis des EPA, die auf den fachkundigen Leser des Patents abstellt).[753] Die neuere Rspr stellt – allerdings im Kontext der Frage, ob es allein auf die Patentansprüche ankommen soll – auf die Gesamtheit der Patentschrift ab.[754] Die Gesichtspunkte, die es rechtfertigen, für die Gesetz- und Sittenwidrigkeit auf den Entscheidungszeitpunkt abzustellen,[755] gelten indessen im wesentlichen auch für die Ausführbarkeit.

299   **8. Nachweis der Ausführbarkeit.** Experimenteller Nachweis der Ausführbarkeit oder Vorlage von Gutachten kann im **Erteilungsverfahren** jedenfalls idR nicht verlangt werden[756] (Rn 37 zu § 46). Die Beweislast hat der Anmelder zu tragen, wenn er sich auf andere als die durch die herkömmlichen Naturgesetze hervorgerufenen Wirkungen stützt.[757] Im Nichtigkeitsverfahren trifft die Beweislast für mangelnde Ausführbarkeit den Nichtigkeitskläger.

300   Ausführbarkeit ist – anders als Klarheit – im **Einspruchsverfahren** (jedenfalls auf entspr Rüge) zu prüfen.[758] Es muss nachgewiesen werden, dass die Nacharbeitung bei Einhaltung der in den Ausführungsbeispielen genannten Bedingungen nicht gelingt.[759]

301   Im **Haftungsprozess** obliegt der Nachweis dem, der sich auf mangelnde Ausführbarkeit als ihm günstigen Umstand beruft.[760]

302   **9. Revisibilität.** Im zivilgerichtlichen Streitverfahren ist die Frage, ob eine Erfindung so deutlich und vollständig offenbart ist, dass ein Fachmann sie ausführen kann, wie die Frage, ob dem Gegenstand des Patents Patentfähigkeit zukommt, revisible Rechtsfrage, deren Klärung nicht dem gerichtlichen Sachverständigen überlassen werden darf.[761]

IV. Brauchbarkeit

303   **1. Allgemeines.** Die technische Brauchbarkeit der Erfindung wird als besonderer Aspekt der Ausführbarkeit angesehen;[762] sie darf nicht mit der gewerblichen Anwendbarkeit verwechselt werden.[763] Brauchbarkeit fehlt, wenn mit dem Anmeldungsgegenstand die angestrebten Wirkungen, das angestrebte Ergebnis nicht erreicht, das der Lehre zugrunde liegende Problem mit den vorgeschlagenen Mitteln unter Berücksichtigung des Fachwissens nicht gelöst werden kann,[764] was sich uU durch Anpassung des Problems beheben lassen soll.[765] In der Rspr des BPatG wird Brauchbarkeit in den Fällen, in denen Naturgeset-

---

differenzierenden Überlegungen *Kraßer* S 196 f (§ 13 10); *Beier/Straus* Der Schutz wissenschaftlicher Forschungsergebnisse (1982), 73 f; vgl auch den Bericht der brit Delegation zum zweiten Vorentwurf eines Übk über ein europäisches Patenterteilungsverfahren, 1971, Bd II, Nr 64, der für eine gewollte Abweichung von der früheren dt Praxis sprechen könnte, vgl auch BPatGE 37, 202; *Schulte* § 21 Rn 30 ff, *Schulte*[7] Rn 338, dagegen *Schulte* Rn 360 f; *Singer/Stauder* Art 100 EPÜ Rn 5 f. Nach HoL RPC 1997, 25 = GRUR Int 1998, 412, 419 Biogen/Medeva ist auf den Anmeldezeitpunkt abzustellen, Weiterentwicklungen des StdT haben danach unberücksichtigt zu bleiben.

753   EPA T 182/89 ABl EPA 1991, 392 = GRUR Int 1991, 812 Umfang des Einspruchs.

754   BGH GRUR 2003, 223 Kupplungsvorrichtung II; BPatGE 34, 1 = GRUR 1995, 394; BPatGE 37, 202; BPatG 6.2.2003 2 Ni 1/02; BPatG 1.4.2004 2 Ni 28/02 (EU); BPatG 16.10.2008 3 Ni 30/06 (EU); EPA T 667/94; EPA T 156/91.

755   *Benkard* § 2 Rn 10.

756   Vgl BPatG Mitt 1968, 14; EPA T 242/92; EPA T 484/92.

757   Schweiz BG sic! 1997, 77 Hochdruckkraftwerk.

758   Vgl EPA 24.3.2015 G 3/14; EPA T 127/85 ABl EPA 1989, 271 = GRUR Int 1990, 72 Sprengstoffzusammensetzungen.

759   Vgl EPA T 182/89 ABl EPA 1991, 391 = GRUR Int 1991, 812 Umfang des Einspruchs; EPA T 665/90; EPA T 740/90 EPOR 1993, 459 Yeast; EPA T 406/91; EPA T 588/93; EPA T 998/97.

760   BGH GRUR 2015, 472 Stabilisierung der Wasserqualität.

761   BGH GRUR 2015, 472 Stabilisierung der Wasserqualität.

762   BGH GRUR 1965, 298, 301 Reaktionsmeßgerät; BGH 25.2.1965 I a ZR 240/63; vgl BGH GRUR 1981, 338 Magnetfeldkompensation; *MGK/Teschemacher* Art 83 EPÜ Rn 56; vgl auch BPatGE 35, 255 = GRUR Int 1996, 822; BPatGE 49, 262 = GRUR 2006, 1015 f.

763   Vgl BPatG 25.2.1970 18 W (pat) 88/67; BPatGE 49, 262 = GRUR 2006, 1015 f.

764   BGH Liedl 1963/64, 73, 86 Filmspule, dort unter dem Gesichtspunkt der Ausführbarkeit angesprochen; BGH Reaktionsmeßgerät; BGH Liedl 1971/73, 1, 6, 8 f Lenkradbezug 01; BGH BlPMZ 1985, 117 f Energiegewinnungsgerät; BGH BlPMZ 1992, 308, 310 Antigenenachweis, BGH 22.10.1991 X ZR 20/90.

765   BPatG 7.5.2003 9 W (pat) 9/02.

ze nicht beachtet werden,[766] insb in den „perpetuum-mobile"-Fällen, dh bei Verstoß der Lehre gegen den Energieerhaltungssatz, verneint.[767] Das Erfordernis ist mit beachtlichen Argumenten als „überflüssig bis unzulässig" bezeichnet worden.[768] Die in der Rspr unter dem Gesichtspunkt der Brauchbarkeit abgehandelten Gesichtspunkte betreffen weitgehend die Ausführbarkeit als solche.

2. Einzelheiten. Ein Verfahren zum Nachweis von Antigenen in menschlichen oder tierischem Serum 304
ist nur dann als brauchbar angesehen worden, wenn es bei seiner praktischen Anwendung für den Fachmann durchschnittlichen Könnens (nicht nur für einen hochqualifizierten Wissenschaftler) ein gewisses **Mindestmaß an Zuverlässigkeit** der Untersuchungsergebnisse gewährleiste; es sei erforderlich, dass der Durchschnittsfachmann aufgrund seines allg Fachwissens der Lehre ein mit einiger Zuverlässigkeit arbeitendes und daher praktisch brauchbares immunologisches Untersuchungsverfahren entnehmen könne.[769] Könne der Fachmann anhand der Offenbarung der Patentschrift am fertigen Erzeugnis nicht feststellen, ob damit die erfindungsgem Aufgabe gelöst sei, fehle die Brauchbarkeit.[770]

Eine dem Fachmann ohne erfinderischen Schritt mögliche notwendige **Ausgestaltung oder Ergän-** 305
zung berührt die Brauchbarkeit nicht.[771] Eine nur unter besonders ungünstigen Bedingungen auftretende technische Unbrauchbarkeit kann außer Betracht bleiben.[772] Ein naturwissenschaftlicher Irrtum steht der Brauchbarkeit für sich nicht entgegen.[773]

V. Wiederholbarkeit

Ein Aspekt der Ausführbarkeit ist die Wiederholbarkeit, die allerdings herkömmlich als Aspekt der 306
Patentfähigkeit behandelt wurde[774] und insb bei Züchtungsverfahren und sonstigen biologischen Erfindungen eine Rolle gespielt hat. Die Rspr hat auf Wiederholbarkeit gelegentlich auch bei anderen Erfindungen abgestellt.[775] Man wird auch den Gesichtspunkt der Wiederholbarkeit dem der Ausführbarkeit in dem Sinn zuordnen müssen, dass das Ergebnis unabhängig vom Zufall reproduziert werden kann.[776] Nur ein wiederholbares Verfahren ist eine „Bereicherung der Allgemeinheit"; wäre das (Züchtungs-)Verfahren nicht wiederholbar, wäre die Allgemeinheit nur auf das in der Hand des Erfinders befindliche körperliche (Züchtungs-)Verfahrensergebnis verwiesen. An die Stelle einer Belehrung träte ein allein aus dem einmaligen Züchtungsvorgang abgeleitetes tatsächliches Monopol auf die Erzeugnisse; dies ist als dem Patentrecht fremd angesehen worden.[777]

Für die Beurteilung der Wiederholbarkeit eines **Tierzüchtungsverfahrens** ist auf die allg Angabe der 307
Ausgangsindividuen ohne Kennzeichnung ihrer stammesmäßigen Herkunft, wodurch der Fachmann lediglich auf einen genetisch nicht näher bestimmten Phänotyp verwiesen wird, die Unbestimmtheit der für

766 BPatG 16.7.2003 21 W (pat) 25/00: neutralisierender Energieflussregler.
767 Vgl BPatG 1.8.1997 9 W (pat) 91/95; BPatG 24.3.2003 19 W (pat) 43/01; BPatG 24.3.2003 19 W (pat) 48/01; BPatG 24.3.2003 19 W (pat) 27/02; BPatG 23.4.2003 9 W (pat) 8/02; BPatG 7.5.2003 9 W (pat) 9/02; BPatG 30.7.2003 9 W (pat) 28/02; BPatG 27.10.2003 9 W (pat) 32/03; vgl BPatG 16.7.2003 9 W (pat) 25/00; BPatG 30.7.2003 9 W (pat) 28/03; BPatG 27.10.2003 9 W (pat) 32/03; BPatG 10.1.2005 9 W (pat) 80/04; BPatG 10.1.2005 9 W (pat) 91/04.
768 *Anders* FS R. König (2003), 1, 13, der die Fälle, in denen der Gegenstand des Patentspruchs nicht ausführbar ist, unter fehlende Ausführbarkeit subsumiert und für den Fall, dass nur aufgabengemäß angestrebte Wirkungen nicht erreicht werden, grds einen Mangel verneint; ähnlich BPatGE 49, 262 = GRUR 2006, 1015 f.
769 BGH BlPMZ 1992, 308 Antigenenachweis, BGH 22.10.1991 X ZR 20/90.
770 BPatGE 41, 120 = GRUR 1999, 1076, 1078.
771 BGH GRUR 1954, 317 Leitbleche I; BGH GRUR 1957, 120 Plattenspieler II.
772 BGH GRUR 1957, 488 Schleudergardine; BGH 19.1.1965 I a ZR 136/63 Bolzenschießgerät, nicht in GRUR.
773 BGH Liedl 1961/62, 602, 607 Schwarzemail.
774 Vgl RG BlPMZ 1903, 252; PA BlPMZ 1914, 257 f; *Benkard* § 1 Rn 72 ff.
775 BGH Liedl 1963/64, 172, 176 Hüftgelenkprothese 01.
776 Vgl *Benkard* § 1 Rn 72; HG Zürich sic! 1997, 208, 211 sieht bei biotechnischen Erfindungen Wiederholbarkeit als Voraussetzung der Brauchbarkeit an; auch schweiz BG sic! 1997, 77 Hochdruckkraftwerk rechnet die planmäßige Wiederholbarkeit unter Ausschluss des Zufalls zur technischen Brauchbarkeit; nach BPatG 9.3.2004 3 Ni 19/02 (EU) ist maßgeblich, dass dem Fachmann ein Verfahrensweg offenbart ist, auf dem er mit einem hohen Grad an Wahrscheinlichkeit die gleichen Ergebnisse erzielen kann.
777 BGHZ 52, 74 = GRUR 1969, 672 rote Taube; BGHZ 64, 101, 106 f = GRUR 1975, 430 Bäckerhefe; BGHZ 100, 67, 69 = GRUR 1987, 231 Tollwutvirus; BGHZ 122, 144 = GRUR 1993, 651 tetraploide Kamille; vgl *Mes* Rn 73.

die folgenden Selektionsmaßnahmen angegebenen Merkmale, die komplexen Erbverhältnisse der gezüchteten Art abgestellt worden.[778] Hieran hat der BGH zunächst auch für mikrobiologische Erzeugnisse festgehalten.[779] Durch den Patentierungsausschluss für im wesentlichen biologische Züchtungsverfahren (jetzt § 2a Abs 1) und die seit der Entscheidung „Tollwutvirus" in weiterem Umfang zugelassene Hinterlegung biologischen Materials (Rn 312 ff) hat die Wiederholbarkeit an Bedeutung verloren (vgl auch Rn 9 ff zu § 2a).[780] Das einmalige Misslingen einer Nacharbeitung unter Verwendung hinterlegter Zellen stellt keinen ausreichenden Beweis für die Unfähigkeit der hinterlegten Zellen in ihrer Gesamtheit dar, die mit ihnen verbundene Lehre auszuführen, da die Hinterlegungsstelle üblicherweise weitere Zellproben zur Verfügung stellt, wenn die von ihr erhaltenen Proben nicht den Anforderungen genügen.[781] Die Wiederholbarkeit mikrobiologischer Verfahren ist nicht schon dann zu verneinen, wenn eine spontane Mutation nur mit einer geringen Rate auftritt, denn dem wird der Fachmann durch entspr große Ansätze zu begegnen wissen.[782]

308   Die Praxis der **Beschwerdekammern des EPA** geht davon aus, dass allg anwendbare biologische Verfahren nicht schon unzureichend beschrieben sind, weil einige Ausgangsstoffe oder deren genetische Vorläufer wie eine bestimmte DNS oder ein bestimmtes Plasmid nicht ohne weiteres verfügbar sind, sofern das Verfahren nur als solches wiederholbar ist.[783] Ein konkret beschriebenes Verfahrensbeispiel muss nicht genau wiederholbar sein, wenn es nur vom Fachmann aufgrund seines allg Fachwissens ohne unzumutbaren Aufwand ausgeführt werden kann; ob bei einem intermediären Plasmid die Offenbarung ausreicht, hängt in erster Linie davon ab, ob die DNS-Grundstrukturen und sonstigen Komponenten zur Hand sind.[784] Abweichungen in der Zusammensetzung innerhalb einer Klasse genetischer Vorläufer sind für die Wiederholbarkeit unerheblich, sofern der Fachmann zuverlässig zu einigen Stoffen der Klasse gelangen kann, ohne dass er unbedingt vorher wissen muss, welche das sind.[785] Art 83 EPÜ erfordert nicht, dass in Fällen, in denen die beanspruchte Erfindung weiter gefasst ist als ein Ausführungsbeispiel, in dem die Herstellung eines bestimmten Plasmids beschrieben wird, dieses Bsp identisch wiederholbar ist; die Lehre muss allerdings zuverlässig zu Plasmiden führen, die unter den Patentanspruch fallen.[786] Ein Überraschungsmoment bei Anwendung der Lehre bei einer Tierart steht der Wiederholbarkeit bei anderen Tieren für sich nicht entgegen; ein zu weit gefasster Patentanspruch steht für sich der Ausführbarkeit nicht entgegen.[787]

VI. Fertige Lehre

309   **1. Allgemeines.** Nur die „fertige Erfindung" ist schutzfähig.[788] Es handelt sich auch hier um einen Aspekt der Ausführbarkeit und jedenfalls nach geltendem Recht nicht mehr um einen solchen der Patentfähigkeit.[789] Eine Erfindung ist erst fertig, wenn die ihr zugrunde liegende Lehre technisch ausführbar ist, wenn also der Fachmann nach den Angaben des Erfinders mit Erfolg arbeiten kann. Sie offenbart nur dann

---

778   BGHZ 52, 74 = GRUR 1969, 672 rote Taube; vgl BPatG 9.7.1970 16 W (pat) 26/69.

779   BGHZ 64, 101, 106 f = GRUR 1975, 430 Bäckerhefe; BGH GRUR 1978, 162 7-chlor-6-demethyltetracylcin: zB induzierte Mutation; BPatG 21.3.1977 16 W (pat) 50/73 BlPMZ 1977, 302 Ls und BPatG 4.11.1982 16 W (pat) 1/80 stellen darauf ab, ob die Mutations- und Selektionsmaßnahmen mit zumutbarem zeitlichem Aufwand wiederholbar sind; zum zumutbaren Aufwand bei rekombinanten DNS-Sequenzen auch HG Zürich sic! 1997, 208, 211 f.

780   Der kanad SuprC hat in seiner „Krebsmaus"-Entscheidung vom 21.4.1998 ua ausgeführt, es möge möglich sein zu sagen, dass ein bestimmter Prozentsatz von Merkmalen kontrolliert werden müsse, bevor eine ganze Lebensform als Erfindung beansprucht werden könne; auch bei breitester Auslegung könne eine Maus nicht als Rohstoff angesehen werden, dem der Erfinder neue Eigenschaften gegeben habe (zit nach *Funder* EIPR 1999, 551, 568).

781   BPatG 9.3.2004 3 Ni 19/02 (EU).

782   BPatG 10.5.2005 14 W (pat) 33/03 Mitt 2005, 28 Ls.

783   EPA T 292/85 ABl EPA 1989, 275 = GRUR Int 1990, 61 Polypeptid-Expression I.

784   EPA T 281/86 ABl EPA 1989, 202 = GRUR Int 1990, 69 Präprothaumatin.

785   EPA T 301/87 ABl EPA 1990, 335 = GRUR Int 1991, 121 Alpha-Interferone.

786   EPA T 181/87 Hepatitis-B-Virus; vgl EPA T 299/86.

787   EPA T 19/90 ABl EPA 1990, 476 = GRUR Int 1990, 978 Krebsmaus einerseits, EPA T 226/85 ABl EPA 1988, 336 = GRUR Int 1988, 934 beständige Bleichmittel andererseits.

788   *Benkard* § 1 Rn 51 ff; BPatGE 49, 262 = GRUR 2006, 1015, 1018.

789   Vgl BPatG 26.6.2007 4 Ni 52/05 (EU).

eine fertige Lösung, wenn der Fachmann in beliebiger Wiederholung nach der Lehre mit gleichbleibendem Erfolg arbeiten kann.[790]

Der Gefahr der Anmeldung unfertiger Erfindungen mit spekulativ **weitgefassten Parameterberei- 310 chen** kann dadurch Rechnung getragen werden, dass sich die Prüfungsstelle das Erreichen des erstrebten Ergebnisses nachweisen lässt.[791] Ob eine auf die Verwendung eines bekannten Stoffs für einen bestimmten therapeutischen Einsatzzweck gerichtete Lehre so deutlich und vollständig offenbart ist, dass der Fachmann sie nicht nur als eine Spekulation auffasst, ist jedenfalls dann, wenn die Lehre objektiv realisierbar (brauchbar) ist, unter dem Gesichtspunkt der unzureichenden Offenbarung zu beurteilen.[792]

2. Wenn vor Ausführung einer Erfindung noch **Versuche** gemacht werden müssen, ist für die Frage, 311 ob eine fertige Erfindung vorliegt, nach der Rspr des RG[793] zu unterscheiden: Versuche, die erst dem Auffinden einer Lösung der gestellten Aufgabe dienen, die dem Erfinder erst Klarheit darüber geben sollen, ob der von ihm eingeschlagene Weg zu dem beabsichtigten Erfolg führt, zeigen, dass noch keine fertige Erfindung vorliegt. Anders ist es jedoch, wenn die Versuche lediglich noch ein Ausprobieren der gegebenen Lehre darstellen. Zur Vollendung der Erfindung ist nicht erforderlich, dass sie schon einmal in die Tat umgesetzt und eine verkaufsreife Konstruktion festgelegt worden ist, Patentreife liegt schon vor, wenn die Lösung so klar und bestimmt erkannt ist, dass ihre Ausführung im Bereich des durchschnittlichen fachlichen Könnens liegt, mag auch das Festlegen einer verkaufsreifen Konstruktion noch ein Probieren von mehr oder weniger langer Dauer erforderlich machen. Sie muss jedoch ohne Aufwand weiterer erfinderischer Überlegungen ausführbar sein. Die erforderlichen Versuche dürfen nicht das für den in Frage kommenden Fachkreis übliche Maß übersteigen, was zB der Fall wäre, wenn die Anzahl der Versuche ungewöhnlich groß sein müsste. Diese Grundsätze hat auch der BGH im Kern übernommen.[794] Die Rspr hat zunächst auf das subjektive Urteil des Erfinders abgestellt; stellt er Versuche an, um Klarheit darüber zu erlangen, ob der theoretisch erdachte technische Erfolg bei praktischer Erprobung auch tatsächlich eintritt, dienen diese dem Aufsuchen einer patentreifen Erfindung; ob sich die Versuche vom Standpunkt rückschauender Betrachtung aus als entbehrlich erweisen, ist unerheblich.[795] Später hat er dagegen die Erkenntnis des Durchschnittsfachmanns zugrunde gelegt.[796] Ob sich der Erfinder durch die Versuche Klarheit verschaffen will oder ob die Maßnahmen den Zweck haben, eine sich fertige Erfindung auf ihre Fabrikationsreife hin zu prüfen, ist Tatfrage.[797] Kann der Fachmann unschwer durch Versuche feststellen, welche Stoffe sich am besten eignen (zB hinsichtlich Toxizität), liegt eine fertige Erfindung vor, und zwar auch dann, wenn der Erfinder darüber unrichtige Angaben gemacht hat.[798]

F. Hinterlegung von biologischem Material

Schrifttum: *Beier* Gewerblicher Rechtsschutz für moderne biotechnologische Verfahren und Produkte, GRUR Int 1990, 219; *Biggart* Patentability, Disclosure Requirements, Claiming and Infringement of Microorganism-Related Inventions, in *Patent Resources Group* Genetically Engineered Microorganisms & Cells (1981), 2; *Blum* Der Patentschutz für mikrobiologische Erzeugnisse nach dem schweizerischen Patentrecht und dem Europäischen Patentübereinkommen, Diss Zürich 1979; *Boeters* Erfahrungen bei der Hinterlegung von Gewebekulturen, Mitt 1982, 73; *Boeters/Collins* Hinterlegung von Plasmiden, Mitt 1983, 91; *Boeters/Lindenmaier* Schutz von Zellkulturen entgegen der Bäckerhefe-Entscheidung – für Erfinder schon nicht mehr aktuell? GRUR 1982, 703; *Breuer* Offenbarung durch Hinterlegung, Mitt 1997, 137; *Cadman* Der Schutz von Mikroorganismen im Europäischen Patentrecht, GRUR Int 1985, 242; *Crespi* The Micro-Organism Deposit System in European Patent Law – An Appraisal of Current Proposals, IIC 1993, 1; *Dolder* Schranken der Patentier-

---

790 BGHZ 52, 74, 81 f = GRUR 1969, 672 rote Taube.

791 BGHZ 111, 21 = GRUR 1990. 510 Crackkatalysator I; BGHZ 118, 210 = GRUR 1992, 842 Chrom-Nickel-Legierung.

792 BPatGE 51, 178 = GRUR 2010, 50 „Cetirizin"; vgl BPatG 28.6.2011 3 Ni 10/10 (EU): keine Voraussetzung der Patentierbarkeit.

793 Vgl insb RG GRUR 1938, 256, 261 Kopiermaschine.

794 BGH GRUR 1960, 546, 549 Bierhahn mwN; BGH 16.1.1962 I ZR 48/60; BGH GRUR 1971, 210, 212 Wildverbißverhinderung; BPatG 15.11.1972 35 W (pat) 104/72.

795 RGZ 140, 53, 58 Spannungseisen I; BGH GRUR 1951, 404, 407 Wechselstromgeneratoren; BGH GRUR 1966, 558 f Spanplatten.

796 BGH Wildverbißverhinderung; vgl BPatG 13.1.2015 14 W (pat) 29/12.

797 BGH Wechselstromgeneratoren.

798 BGH GRUR 1965, 473, 475 Dauerwellen I; BGHZ 45, 102 = GRUR 1966, 312 Appetitzügler I.

barkeit biotechnologischer Erfindungen nach dem Europäischen Patentübereinkommen, Mitt 1984, 1; *Duttenhöfer* Über den Patentschutz biologischer Erfindungen, in FS 10 Jahre BPatG (1971), 171; *Frühauf* Biologische Erfindungen – ihr Schutz und ihre Grenzen, GRUR 1992, 247; *Goebel* Biotechnologische Erfindungen in der Erteilungspraxis des Deutschen Patentamts, GRUR Int 1987, 297, auch in *Gesellschaft für Rechtspolitik* (Hrsg) Biotechnologie und gewerblicher Rechtsschutz (1988), 21; *Hallmann* Der Budapester Vertrag über die internationale Anerkennung der Hinterlegung von Mikroorganismen, GRUR Int 1978, 55; *Hampar* Patenting of Recombinant DNA Technology: The Deposit Requirement, JPOS 1985, 569; *Hansen/Wüsten* Freigabe von Mikroorganismus-Kulturen, Mitt 1976, 110; *Hüni* The Disclosure in Patent Applications for Microbiological Inventions, IIC 1977, 499; *Jaenichen* Die Patentierung von Biotechnologie-Erfindungen beim EPA, GRUR Int 1992, 312; *Kraus* A Different New Matter Standard for Biotechnology Patent Applications Accompanied by a Deposit, AIPLA Q.J. 1997, 101; *Krauß* Verordnung über die Hinterlegung von biologischem Material in Patent- und Gebrauchsmusterverfahren, Mitt 2005, 289; *Markus* Rechtliche und technische Harmonisierung betreffend Patentanmeldungen auf dem Gebiet der Biotechnologie, Diplomarbeit ETH Zürich 1997; *Meyer* Problems and Issues in Depositing Microorganisms for Patent Purposes, JPOS 1983, 455; *Moufang* Genetische Erfindungen im gewerblichen Rechtsschutz, 1988; *Pilarski* In re Lundak: The Federal Circuit Relaxes the Depositing Requirements for Microbiological Patent Applicants, IDEA 1988, 187; *Robbins* Zur Frage der Patentierung von mikrobiologischen Erfindungen – ein internationales Problem, GRUR Int 1961, 117; *Schneider* Microorganisms and the Patent Office: To Deposit or not to Deposit, that is the Question, Fordham Law Review 1984, 592; *Straus* Rechtsfragen der Anerkennung der Hinterlegung von Mikroorganismen nach dem Budapester Vertrag, GRUR Int 1986, 601; *Straus* Biotechnologische Erfindungen, ihr Schutz und ihre Grenzen, GRUR 1992, 252; *Straus/Moufang* Hinterlegung und Freigabe von biologischem Material für Patentierungszwecke (1989); *Teschemacher* Ein Sonderrecht für mikrobiologische Erfindungen? GRUR Int 1979, 444; *Troller* Zur Vereinbarkeit der mit der Freigabe hinterlegter Mikroorganismen vorgesehenen Expertenlösung mit dem Münchner Patentübereinkommen, GRUR Int 1980, 199; *Trüstedt* Der BGH-Beschluß „Bäckerhefe", GRUR 1977, 196; *Trüstedt* Patentierung mikrobiologischer Erfindungen, GRUR 1981, 95; *von Pechmann* Über nationale und internationale Probleme des Schutzes mikrobiologischer Erfindungen, GRUR 1972, 51 = National and International Problems Concerning the Protection of Microbiological Inventions, IIC 1972, 295; *von Pechmann* Hinterlegung und Freigabe neuer Mikroorganismen, Mitt 1977, 41; *von Pechmann* Der Sachverständige als Öffentlichkeit – eine neue patentrechtliche Fiktion, GRUR Int 1980, 339; *von Pechmann* Ausschöpfung des bestehenden Patentrechts für Erfindungen auf dem Gebiet der Pflanzen- und Tierzüchtung unter Berücksichtigung des Beschlusses des BGH „Tollwutvirus", GRUR 1987, 475; *Vossius* Der Patentschutz von Mikroorganismen und Viren nach dem deutschen Patentgesetz und dem zukünftigen europäischen Patenterteilungsverfahren, GRUR 1973, 159; *Vossius* Das Problem der Freigabe von hinterlegten Mikroorganismen, GRUR 1975, 584; *Vossius* Bedingungen für die Freigabe von Mikroorganismen-Kulturen, GRUR 1977, 74; *Vossius* Ein wichtiger Schritt zur Anerkennung von Mikroorganismen in den USA, GRUR Int 1980, 16; *WIPO* (Hrsg) Guide to the Deposit of Microorganisms under the Budapest Treaty, 1997

I. Allgemeines

312   **1. Grundsatz; Rechtsgrundlagen.** Eine allgemeine Regelung über die Hinterlegung enthält das PatG nicht; die Verordnungsermächtigung in § 34 Abs 8 setzt aber die Hinterlegungsmöglichkeit voraus;[799] die Zustimmung der Bundesrepublik Deutschland zum Budapester Vertrag erkennt das von Praxis und Rspr entwickelte Institut mittelbar an. Von der Verordnungsermächtigung ist nach Delegation in § 1 Abs 2 DPMAV vom DPMA durch die VO über die Hinterlegung von biologischem Material in Patent- und Gebrauchsmusterverfahren (Biomaterial-HinterlegungsVO – BioMatHintV) vom 24.1.2005[800] Gebrauch gemacht worden (Text im Anh). Ausdrückliche Regelungen sind in Regeln 31–34 AOEPÜ und Art 13, 14 EG-BioTRl enthalten. Ist eine Beschreibung durch Wort und Bild, und zwar auch in Form von „product-by-process"-Ansprüchen (Rn 103 f), nicht möglich, bleibt nur die Möglichkeit der Hinterlegung des nicht beschreibbaren Teils (Merkmals, Elements), sofern dieses zur Hinterlegung geeignet ist. Die Hinterlegung eines Gegenstands, nämlich biologischen Materials und insb eines Mikroorganismus, sichert im Zusammenhang mit seiner Freigabe die freie Verfügbarkeit und damit die Wiederholbarkeit der Erfindung;[801] dies gilt auch, wenn eine Nacharbeitung nur mit unzumutbarem Aufwand möglich wäre.[802] Die Hinterlegung kann zugleich die Funktion als Offenbarungsmittel erfüllen (Rn 319). Die Regelung durch das 2. PatGÄndG soll die Übernahme der Regelungen im EPÜ und der BioTRl wie eine Anpassung der nationalen Rechtsgrundsätze an die sich ändernden Gegebenheiten ermöglichen.[803] Sie räumt damit dem Verordnungsgeber einen an sich bdkl weiten Spielraum ein, der durch die Vorgaben der BioTRl aber weitestgehend reduziert ist.

---

799   Vgl Begr 2. PatGÄndG BlPMZ 1998, 393, 403.
800   BGBl I 151 = BlPMZ 2005, 102.
801   BPatGE 16, 1 = GRUR 1974, 392; BPatG 21.3.1977 16 W (pat) 50/73 BlPMZ 1977, 302 Ls; *Schulte* Rn 466.
802   BPatG BlPMZ 1977, 302; BPatG 4.11.1982 16 W (pat) 1/80.
803   Begr 2. PatGÄndG BlPMZ 1998, 393, 403.

2. Entwicklung des Instituts. Die Rspr hat zunächst der Amtspraxis des DPA, in den USA, den Nie- **313** derlanden, der Schweiz und Schweden folgend eine Hinterlegung von Mikroorganismen zugelassen. Dies galt zunächst nur für Verfahrenserfindungen. Der BGH hat dieser Praxis zwar nicht den Rang von Gewohnheitsrecht zuerkannt, sie aber gleichwohl gebilligt.[804] Für den Sachschutz ist die Anerkennung erst später in Hinwendung zur internat Praxis erfolgt.[805]

Im **Ausland** ist die Hinterlegung 1970 in den USA gerichtlich anerkannt worden.[806] Eine erste norma- **314** tive Regelung ist 1973 in der ursprünglichen Fassung der Regel 28 AOEPÜ erfolgt; im Anschluss daran haben verschiedene EPÜ-Vertragsstaaten die Regelung rezipiert.[807]

3. Budapester Vertrag. Um eine Belastung der Anmelder durch Hinterlegungen in zahlreichen Län- **315** dern zu vermeiden, ist es 1977 zum Abschluss des am 19.8.1980 in Kraft getretenen Budapester Vertrags (BV) gekommen, nach dessen Art 3 die Hinterlegung bei jeder internat Hinterlegungsstelle (Rn 340) von den Vertragsstaaten anzuerkennen ist.

Die Bundesrepublik Deutschland hat dem Vertrag mit dem **Gesetz zu dem Budapester Vertrag vom** **316** **28. April 1977 über die internationale Anerkennung der Hinterlegung von Mikroorganismen für die Zwecke von Patentverfahren** vom 25.8.1980[808] zugestimmt (Rn 338 f).

4. „Expertenlösung". Umstritten war insb, von welchem Zeitpunkt an und für welche Personen das **317** hinterlegte Material zugänglich sein muss, nämlich der Allgemeinheit oder nur Sachverständigen („Expertenlösung"), in letzterem Fall wird für die Zeit bis zur Veröffentlichung des Patents („kleine Expertenlösung") und danach („große Expertenlösung") unterschieden.

5. Eine Hinterlegung sieht auch Kapitel IV (Art 13, 14) der **EG-Biotechnologie-Richtlinie** vor. **318**

II. Hinterlegung als Offenbarungsmittel

1. Allgemeines. Zur vollständigen Beschreibung einer mikrobiologischen Erfindung kann der Mikro- **319** organismus bei einer anerkannten Hinterlegungsstelle hinterlegt werden; die Hinterlegung ist damit Beschreibungsersatz,[809] dies allerdings nur iS einer Ergänzung der Beschreibung um den nicht beschreibbaren Teil.[810] Ein Zwang zur Hinterlegung anders beschreibbarer Erfindungen besteht nicht; sieht sich der Anmelder in der Lage, seine Erfindung auf andere Weise, etwa durch das Herstellungsverfahren oder durch ein Sequenzprotokoll, hinreichend zu beschreiben, kann er nicht auf die Hinterlegung verwiesen werden.[811] Die Hinterlegung ist iS eines Angebots zur Erleichterung der Beschreibung und zugleich des Nachweises der Wiederholbarkeit durch Reproduktion zu verstehen.[812] Als Offenbarungsmittel ergänzt die Hinterlegung die Anmeldeunterlagen;[813] insoweit ist sie einer Bezugnahme in diesen vergleichbar. Allerdings führt auch die Hinterlegung nicht in jedem Fall zu einer ausreichenden Offenbarung.[814] Bloße Hin-

---

804 BGHZ 64, 101 = GRUR 1975, 430 Bäckerhefe.
805 BGHZ 100, 67 = GRUR 1987, 231 Tollwutvirus.
806 Court of Customs and Patent Appeals GRUR Int 1973, 41, Argoudelis-Entscheidung; aA seinerzeit brit HoL RPC 1971, 425.
807 Vgl die Übersicht im WIPO-Guide to the Deposit of Microorganisms under the Budapest Treaty, 1988, 115 ff.
808 BGBl 1980 II 1104 = BlPMZ 1981, 53.
809 BGHZ 61, 101, 106 = GRUR 1975, 430 Bäckerhefe; BGHZ 81, 1 = GRUR 1981, 734 Erythronolid; EPA T 118/87 ABl EPA 1991, 474 amylolytische Enzyme.
810 *Schulte* Rn 475 ff.
811 BGHZ 122, 144 = GRUR 1993, 651 tetraploide Kamille; BPatG GRUR 1978, 586 f; BPatG BlPMZ 1987, 360: Beanspruchung eines allg, mit beliebigen Mikroorganismen durchführbaren Verfahrens, das in der Anmeldung ausführbar offenbart ist; BPatG 23.6.2003 14 W (pat) 40/02; EPA T 412/93 EPOR 1995, 629 Erythropoietin; EPA T 223/92; vgl *Benkard* § 2a Rn 104, 130.
812 BGH tetraploide Kamille gegen BPatG BlPMZ 1991, 72.
813 Vgl *Breuer* Mitt 1997, 137, 144 f.
814 Vgl BPatGE 32, 174 = BlPMZ 1992, 174 für ein durch eine Erkennungssequenz und eine definierte Spaltungsstelle gekennzeichnetes Enzym unbekannter Struktur, wenn die Gewinnung des Enzyms nur aus einem einzigen hinterlegten Mikroorganismenstamm beschrieben ist und Grund zur Annahme besteht, dass strukturell unterschiedliche Enzyme derselben Erkennungssequenz und Spaltungsstelle aus anderen Mikroorganismenstämmen erhalten werden können.

terlegung ohne Stütze in der Beschreibung offenbart nichts,[815] sie kann allenfalls eine Zurechnung des hinterlegten Materials zum StdT begründen. Es gelten grds die allg Regeln über die Offenbarung. Das Hinterlegungserfordernis soll sicherstellen, dass der, der das beanspruchte Verfahren nachvollziehen will, nicht selbst genötigt ist, den im Verfahren zu verwendenden Mikroorganismus unter erfinderischem Aufwand zu erzeugen oder aufzufinden.[816]

320   **2. „Doppelnatur" der Hinterlegung.** Die Probleme, die sich aus der frühzeitigen Offenlegung ohne gleichzeitigen Ausgleich durch vollen Patentschutz ergeben (vgl Rn 2 zu § 33), stellen sich auch hier. Es tritt hinzu, dass der Anmelder nicht nur gehalten ist, der Öffentlichkeit Informationen zur Verfügung zu stellen, sondern zugleich vermehrungsfähiges, für die Ausführung der Erfindung bedeutsames Material. Damit gewinnt die Hinterlegung anders als die schriftliche und bildliche Offenbarung eine sachenrechtl Komponente; in diesem Zusammenhang ist von einer strukturell-informationellen Doppelnatur der Hinterlegung gesprochen worden.[817] Die sachenrechtl Problematik muss als ungeklärt angesehen werden; sie wird insb durch die Überlagerung privatrechtl, nach unterschiedlichen Rechtssystemen zu behandelnder Fragen durch öffentlich-rechtl Regelungen erschwert.

3. Hinterlegung und Freigabe

321   **a. Grundsatz.** Erst durch das Zusammenspiel von Hinterlegung und Freigabe erfolgt eine ausreichende Offenbarung. Hier ist vieles ungeklärt; Budapester Vertrag (BV) und die EG-BioTRl bemühen sich um Klärung.

322   Unter dem Gesichtspunkt des **Hinausgehens des Patents über die ursprüngliche Offenbarung** iSd vierten Widerrufs- und Nichtigkeitsgrunds des § 21 wird nicht auf die Freigabe, sondern auf die Hinterlegung an sich abzustellen sein; deshalb erscheint eine Übernahme der US-Praxis aus der „Lundak"-Entscheidung des US-CAFC,[818] nach der eine Hinterlegung im Lauf des Prüfungsverfahrens ausreicht, nicht möglich.

323   Dagegen kommt es für die Prüfung der **Ausführbarkeit der Erfindung** iSd zweiten Widerrufs- und Nichtigkeitsgrunds des § 21 auf den Anmelde- oder Offenlegungszeitpunkt nicht an; der eindeutige Wortlaut der Bestimmung wie auch der entspr Regelungen im EPÜ und im IntPatÜG stellen hier auf die Offenbarung im Patent und damit auf den Zeitpunkt der Veröffentlichung der Patenterteilung ab. Insoweit ist nur die „große" Expertenlösung bdkl.

324   **b. Hinterlegungszeitpunkt.** Die dt Praxis fordert die Hinterlegung zum Anmelde- oder Prioritätszeitpunkt (§ 1 Abs 1 Nr 1 BioMatHintV, Rn 331), die US-amerikanische ist großzügiger.

325   **c. Zeitpunkt und Umfang der Freigabe.** Für die Freigabe kommen zeitlich in erster Linie entweder der Tag der Anmeldung (so § 4 Abs 1 BioMatHintV, Rn 335), die erste Veröffentlichung der Anmeldung (so die frühere dt Rspr) oder die Patenterteilung in Betracht, vermittelnde Lösungen sehen insb für die Zeit zwischen erster Veröffentlichung und Patenterteilung zumindest als Option nur die Freigabe an einen unabhängigen Sachverständigen vor (so die Regelung in der AOEPÜ sowie Art 13 EG-BioTRl). Für die Frage, wann und in welcher Weise das Hinterlegungsmaterial freizugeben ist, muss in erster Linie auf die Offenbarungsfunktion der Hinterlegung abgestellt werden. Dabei kann nicht außer Betracht bleiben, dass der Anmelder dort, wo eine Offenbarung durch Wort und Bild möglich ist, zur Hinterlegung nicht gezwungen ist, und dass da, wo sie nicht möglich ist, eine Patentierung ohne das Institut der Hinterlegung ausgeschlossen wäre. Vor diesem Hintergrund beeinträchtigt die Hinterlegung die Rechtsstellung des Anmelders zunächst nicht, sondern erweitert sie. Aus dem Offenbarungscharakter der Hinterlegung folgt

---

815   EPA T 269/87 Prochymosin; EPA T 418/89 ABl EPA 1993, 20 monoklonaler Antikörper; EPA T 495/89 GRUR Int 1992, 437 monoklonaler Antikörper; vgl zur Problematik US-CAFC GRUR Int 2003, 654 Enzo v. Gen-Probe.
816   BGH GRUR 1978, 162, 164 7-Chlor-6-demethyltetracyclin; vgl BGHZ 81, 1 = GRUR 1981, 734 Erythronolid; BGHZ 95, 162 = GRUR 1985, 1035 Methylomonas.
817   *Straus/Moufang* Hinterlegung und Freigabe von biologischem Material für Patentierungszwecke (1989), 95 ff mwN.
818   US-CAFC GRUR Int 1987, 54 Lundak.

zugleich, dass mangels einer Sonderregelung im nationalen Recht die Hinterlegung den allg Offenbarungserfordernissen nach Zeit und Zugänglichkeit genügen muss; dh, dass das Material dem DPMA jedenfalls am Anmeldetag (so § 5 Abs 1 Nr 1 Buchst b BioMatHintV, Rn 331) und der Öffentlichkeit zum Zeitpunkt der ersten Veröffentlichung zur Verfügung stehen muss.

Verfassungsrechtl ist eine derartige Regelung allerdings nicht geboten; dem Gesetzgeber stand es frei, 326 jedenfalls eine **„kleine" Expertenlösung** einzuführen, nach der das Material bis zur Patenterteilung nur an Sachverständige herauszugeben ist (so auf Antrag des Hinterlegers nach § 5 Abs 1 Nr 2 BioMatHintV mit Sonderregelung für den Fall der Rücknahme und der Zurückweisung der Anmeldung in § 5 Abs 2 BioMatHintV: 20 Jahre ab Anmeldetag; dagegen erscheint die in der BioMatHintV nicht vorgesehene „große" Expertenlösung nach ital Vorbild systemwidrig).

Wer als **Sachverständiger** in Betracht kommt, ist in § 5 Abs 3 BioMatHintV und in Regel 32 Abs 2 327 AOEPÜ geregelt.[819]

Für die **Zurechnung zum StdT** (Neuheitsschädlichkeit der Offenbarung durch Hinterlegung) wird 328 nicht darauf abzustellen sein, dass das hinterlegte Material jedermann zugänglich ist; eine Expertenlösung wird man hier als ausreichend ansehen müssen.

III. Hinterlegung im nationalen Erteilungsverfahren

1. Allgemeines; Verordnungermächtigung. Die nationale Praxis unterschied früher zwischen **zwei** 329 **Arten der Hinterlegung,** nämlich der nach den Grundsätzen der „Bäckerhefe"-Entscheidung des BGH und der nach dem Budapester Vertrag (BV). Eine Hinterlegung nach den Grundsätzen der AOEPÜ war für das nationale Verfahren nicht anerkannt und vor Inkrafttreten der EG-BioTRl auf der Grundlage des früheren Rechts auch nicht anerkennungsfähig. Abs 8 enthält eine durch die BioMatHinterlV (Rn 331 ff) ausgeschöpfte Verordnungsermächtigung, die, soweit sie auch die Möglichkeit der Einführung der „Expertenlösung" eröffnet, unter dem Gesichtspunkt des Parlamentsvorbehalts nicht als ganz unproblematisch erscheint.

2. Prüfungsrichtlinien. Über die Hinterlegung verhalten sich die **DPMA-PrRl** 4.22. und 5.3. 330

3. Die Verordnung über die Hinterlegung von biologischem Material in Patent- und Gebrauchs- 331 **musterverfahren** (Biomaterial-HinterlegungsVO; BioMatHintV; in Kraft seit 28.2.2005) regelt in die Notwendigkeit der Hinterlegung dahin, dass die Beschreibung nur dann als ausreichend gilt, wenn das biologische Material spätestens am Tag der Anmeldung oder bei Prioritätsbeanspruchung am Prioritätstag bei einer anerkannten Hinterlegungsstelle hinterlegt worden ist (§ 1 Abs 1 Nr 1 BioMatHintV),[820] die Anmeldung die einschlägigen Informationen enthält, die dem Anmelder bezüglich der Merkmale des hinterlegten biologischen Materials bekannt sind (§ 1 Abs 1 Nr 2 BioMatHintV) und in der Anmeldung die Hinterlegungsstelle und das Aktenzeichen der Hinterlegung angegeben sind (§ 1 Abs 1 Nr 3 BioMatHintV).

Bei **früherer Hinterlegung** durch einen Dritten bedarf es keiner weiteren Hinterlegung, wenn durch 332 die erste Hinterlegung die Ausführbarkeit der weiteren Erfindung für mindestens fünf Jahre nach Eingang des letzten Antrags auf Abgabe einer Probe, mindestens aber fünf Jahre über die maximale Schutzdauer des Schutzrechts hinaus, sichergestellt ist (§ 1 Abs 3, § 7 BioMatHintV).[821]

Anerkannte Hinterlegungsstellen sind die nach dem Budapester Vertrag (Rn 338 ff) und solche wis- 333 senschaftlich anerkannte Einrichtungen, die die Gewähr für eine ordnungsgemäße Aufbewahrung und Herausgabe von Proben bieten und rechtlich, wirtschaftlich und organisatorisch vom Hinterleger unabhängig sind (§ 2 BioMatHintV). Das IGE der Schweiz erkennt auch Hinterlegungen bei weiteren Stellen an und führt hierüber eine Liste (Art 45c PatV).[822]

Das **Aktenzeichen** der Hinterlegung kann innerhalb der Frist des § 3 Abs 1 Nr 2, Abs 2 BioMatHintV 334 nachgereicht werden, sofern bereits aufgrund der Anmeldeunterlagen eine eindeutige Zuordnung der

---

819   Vgl MittEPA ABl EPA 2010, 498; *Schulte* Rn 505.
820   Vgl MittEPA ABl EPA 2010, 498; EPA 12.7.2012 T 107/09 EPOR 13, 205; *Schulte* Rn 486.
821   Abw wohl *Schulte* Rn 494.
822   Sic! 2002, 880.

Keukenschrijver

Anmeldung zun dem hinterlegten biologischen Material möglich ist.[823] Die Nachreichung ist Offenbarungserfordernis und hat daher materiellrechtl Charakter.[824]

335 Die **Freigabeerklärung** ist in § 4 BioMatHintV geregelt. Danach hat der Anmelder das hinterlegte Material ab dem Tag der Anmeldung zur Herausgabe von Proben durch Abgabe einer unwiderruflichen Erklärung vorbehaltlos zur Verfügung zu stellen (§ 4 Abs 1 Satz 1 BioMatHintV).

336 Den **Zugang** zu dem hinterlegten Material regelt § 5 BioMatHintV. Danach wird das Material bis zur Veröffentlichung des Offenlegungshinweises (§ 32 Abs 5) oder der Eintragung des Gebrauchsmusters dem Hinterleger, auf Anforderung dem DPMA und unter besonderen Voraussetzungen dem Anmelder oder einem sonstigen Dritten zugänglich gemacht (§ 5 Abs 1 Nr 1 BioMatHintV). Nach Veröffentlichung des Offenlegungshinweises besteht Zugang für jedermann, der auf Antrag aber auf die Herausgabe an einen vom Antragsteller benannten unabhängigen Sachverständigen beschränkt wird (§ 5 Abs 1 Nr 2 BioMatHintV). Nach Erteilung des Patents/des ergänzenden Schutzzertifikats oder Eintragung des Gebrauchsmusters wird das Material jedermann zugänglich gemacht (§ 5 Abs 1 Nr 3 BioMatHintV). Bei Widerruf oder Nichtigerklärung bleibt die Zugänglichkeit erhalten. Bei Zurückweisung oder Zurücknahme der Anmeldung wird der Zugang auf Antrag des Hinterlegers für die Dauer von 20 Jahren ab dem Tag der Anmeldung auf den Sachverständigen beschränkt (§ 5 Abs 2 BioMatHintV). Als Sachverständiger kann jede natürliche Person, auf die sich Hinterleger und Antragsteller geeinigt haben, oder die vom PräsDPMA als Sachverständiger anerkannt ist, benannt werden (§ 5 Abs 3 BioMatHintV). Dem Antragsteller werden nach § 6 BioMatHintV verschiedene Verpflichtungen abverlangt, insb für die Dauer sämtlicher Schutzrechte, die sich auf die Hinterlegung beziehen, Dritten keine Probe des hinterlegten Materials oder daraus abgeleiteten Materials zugänglich zu machen und keine Probe solchen Materials zu anderen als Versuchszwecken zu verwenden, es sei denn, dass auf eine derartige Verpflichtung verzichtet wird; die Verpflichtung wird im Fall der Verwendung aufgrund einer Zwangslizenz oder staatlichen Benutzungsanordnung (§ 13) hinfällig. Eine gleichartige Verpflichtung hat der Sachverständige abzugeben.

337 **4. Zur Hinterlegung nach den Grundsätzen der „Bäckerhefe"-Entscheidung** s 6. Aufl Rn 329 ff.

5. Hinterlegung nach dem Budapester Vertrag

Materialien: WIPO Records of the Budapest Diplomatic Conference for the Conclusion of a Treaty on the International Recognition of the Deposit of Microorganisms for the Purposes of Patent Procedure 1977 (1980); Denkschrift der Bundesregierung BlPMZ 1981, 66; Begr zum Zustimmungsgesetz BlPMZ 1981, 66.

338 **a. Allgemeines.** Der Budapester Vertrag (BV) und die Ausführungsordnung zu ihm (AOBV) sind die völkerrechtl maßgebliche Grundlage für die internat Anerkennung von Hinterlegungen.

339 Der Vertrag ist für die Bundesrepublik Deutschland am 20.1.1981 **in Kraft getreten.**[825] Die **Vertragsstaaten** sind in Rn 18 Einl IntPatÜG genannt.

340 **b. Besonderheiten.** Freigabeerklärung, Herausgabe von Proben, Verpflichtungserklärung und Aufbewahrungsdauer richten sich allein nach dem BV und der AOBV in der jeweils gültigen Fassung (§ 8 BioMatHintV). Die Hinterlegung kann hier nur bei einer der **internationalen Hinterlegungsstellen** gem Art 7 BV erfolgen; dies sind mit Datum des Inkrafttretens:
Advanced Biotechnology Center ABC, Genua (Italien) 29.2.1996
Agricultural Research Service Culture Collection NRRL, Pecna (Illinois, USA) 31.1.1981
American Type Culture Collection ATCC, Manassas (Virginia, USA) 31.1.1981
Banco Español de Algas (BEA), vormals Banco Nacional de Algas (BNA), Telde – Las Palmas (Spanien) 28.10.2005
Belgian Coordinated Collections of Microorganisms BCCM, Brüssel (Belgien) 1.3.1992
CABI Bioscience, UK Centre (IMI), vormals International Research Center of Antibiotics/International Mycological Institute IMI, Englefield Green, (VK) 31.3.1983

---

823 Vgl *Schulte* Rn 490 ff.
824 *Schulte* Rn 492; vgl MittEPA ABl EPA 2010, 498.
825 BGBl II 1980, 1531 = BlPMZ 1981, 69.

Centraalbureau voor Schimmelcultures CBS, Baarn (Niederlande) 1.10.1981
China Center for Type Culture Collection CCTCC, Wuhan (China) 1.7.1995
China General Microbiological Culture Collection Center CGMCC, Beijing (China) 1.7.1995
Colección Chilena de Recursos Genéticos Microbianas CChRGM, Chillán (Chile) 26.3.2012
Colección Española de Cultivos Tipo CECT, Burjasot (Valencia) (Spanien) 31.5.1992
Collection of Industrial Yeasts DBVPG, Perugia (Italien) 31.1.1997
Collection coréenne de cultures agricoles CCCA, Wanju-gun (Republik Korea) 1.5.2015
Collection Nationale de Cultures de Micro-organismes CNCM, Paris (Frankreich) 31.8.1984
Collection de Souches Microbiennes de la Lettonie (CSML) – Microbial Strain Collection of Latvia (MSCL), Riga (Lettland) 31.5.1997
Culture Collection of Algae and Protozoa CCAP, Ambleside und Oban (VK) 30.9.1982
Culture Collection of Yeasts, früher Czechoslovak Collection of Yeasts CCY, Bratislava (Slowakische Rep.) 31.8.1992
Czech Collection of Microorganisms, früher Czechoslovak Collection of Microorganisms CCM, Brno (Tschechische Rep.) 31.8.1992
Leibniz.Institut DSMZ – Deutsche Sammlung von Mikroorganismen und Zellkulturen GmbH, (früher DSM), Braunschweig (Deutschland) 1.10.1981
European Collection of Cell Cultures ECACC, früher European Collection of Animal Cell Cultures, Porton Down (VK) 30.9.1984, mit Einschränkung seit 2.10.2004[826]
Guangdong Microbial Collection Center GDMCC, Guangzhou (VR China) 27.10.2015
IAFB Collection of Industrial Microorganisms, Warschau (Polen) 12.12.2000
IMET – Nationale Sammlung von Mikroorganismen (Deutschland, ehem. DDR) 31.8.1989–21.5.1992 (Hinterlegungen auf die Deutsche Sammlung für Mikroorganismen übertragen)
International Depositary Authority of Canada, früher Bureau of Microbiology at Health Canada BMHC, Winnipeg (Kanada) 13.11.1998
International Patent Organism Depositary IPOD, National Institute of Technology and Evaluation (AIST), vormals National Institute of Bioscience and Human-Technology NITE, früher Fermentation Research Institute, Tsukuba-shi (Japan) 1.5.1981
In Vitro International, Inc. IVI (USA) 30.11.1983 – 25.9.1991 (Hinterlegungen auf American Type Culture Collection übertragen)
**Istituto Zooprofilattico Sperimentale della Lombardia e dell'Emilia Romagna „Bruno Ubertini"
IZSLER,** Brescia (Italien) 9.2.2015
Korean Agricultural Culture Collection KACC, Jeollabuk-do (Republik Korea), 17.3.2015
Korean Cell Line Research Foundation KCLRF, Seoul (Republik Korea) 31.8.1993
Korean Collection for Type Cultures KCTC, Taejon (Republik Korea) 30.6.1990
Korean Culture Center of Microorganisms KCCM, Seoul (Republik Korea) 30.6.1990
Lady Mary Fairfax Cell Bank, Westwood (Australien) 22.2.2010
Microbial Culture Collection MCC, Pune (Indien) 9.4.2011
Microbial Type Culture Collection & Gene Bank MTCC, Chandigarh (Indien) 4.10.2002
National Bank for Industrial Microorganisms and Cell Cultures NBIMCC, Sofia (Bulgarien) 31.10.1987
National Collection of Agricultural and Industrial Microorganisms NCAIM, Budapest (Ungarn) 1.6.1986
National Collection of Food Bacteria NCFB, Reading (VK) 28.2.1990–5.6.1997
National Collection of Type Cultures NCTC, Porton Down (VK) 31.8.1982
National Collection of Yeast Cultures NCYC, Norwich (VK) 31.1.1982
National Collections of Industrial, Food and Marine Bacteria NCIMB, Aberdeen (VK) 31.3.1982
National Institute for Biological Standards and Control NIBSC (VK) 16.12.2004
National Measurement Institute (NMI), vormals Australian Government Analytical Laboratories AGAL, Pymble (NSW) (Australien) 30.9.1988
National Institute of Technology and Evaluation, Patent Microorganisms Depositary NPMD, Chiba (Japan) 1.4.2004

---

[826] BlPMZ 2004, 457.

National Research Center of Antibiotics, früher All Russian Scientific Centre of Antibiotics VNIIA, zuvor USSR Research Institute for Antibiotics of the USSR Ministry of the Medical and Microbiological Industry, sodann All Union Scientific Centre of Antibiotics, Moskau (Russische Föderation) 31.8.1987–31.3.2016

Polish Collection of Microorganism PCM, Wrocław (Polen) 12.12.2000

Russian Collection of Microorganisms VKM, vormals Institute of Biochemistry and Physiology of Microorganisms of the Russian Academy of Sciences (IBFM), früher Institute of Microorganism Biochemistry and Physiology of the USSR Academy of Science, Puschkino-na-Okje (Russische Föderation) 31.8.1987

Russian National Collection of Industrial Microorganisms VKPM, GNII Genetika, vormals All-Union Institute of Genetics and Industrial Cultivation of Microorganisms of the Corporation Pharmindustry VKPM, früher USSR Research Institute for Genetics and Industrial Microorganism Breeding of the USSR Ministry of the Medical and Microbiological Industry, Moskau (Russische Föderation) 31.8.1987

VTT Culture Collection (Finnland) 25.8.2010

341   Zu beachten sind die Regelungen über die **Arten der entgegengenommenen Organismen** und die Gebühren.[827]

342   Einer besonderen **Freigabe** bedarf es nicht. Soweit der BV oder die AOBV keine Regelung treffen, gilt das nationale Recht. Im einzelnen ist auf den BV, die AOBV sowie die DPMA-PrRl zu verweisen.

IV. Hinterlegung im europäischen Erteilungsverfahren

343   **1. Allgemeines.** Die Hinterlegung betreffen die Regeln 31–34 AOEPÜ. Mit ihr befassen sich auch die EPA-PrRl A-IV 4.1 und C-II 6.3.[828]

344   **2. Ausführungsordnung. Regel 31 AOEPÜ** regelt die Hinterlegung von „biologischem Material" und nicht mehr nur von Mikroorganismen. Die in Regel 31 Abs 1 Buchst c AOEPÜ vorgeschriebene Angabe des Az der hinterlegten Kultur kann nach Ablauf der Frist nach Regel 31 Abs 2 Buchst a AOEPÜ nicht mehr vorgenommen werden.[829]

345   Das EPA erkennt seit 1979 eine Hinterlegung auch dann als ausreichend an, wenn eine Freigabe nicht an beliebige Dritte erfolgt („**Expertenlösung**"; Regel 32 AOEPÜ).[830]

346   Der **Zugang** zu dem biologischen Material ist in Regel 33 AOEPÜ geregelt. Vom Tag der Veröffentlichung der eur Patentanmeldung an ist das hinterlegte biologische Material jedermann und vor diesem Tag dem, der das Recht auf Akteneinsicht nach Art 128 Abs 2 EPÜ hat, auf Antrag zugänglich. Vorbehaltlich Regel 32 AOEPÜ wird der Zugang durch Herausgabe einer Probe des hinterlegten Materials an den Antragsteller hergestellt. Die Herausgabe erfolgt grds nur, wenn sich der Antragsteller gegenüber dem Anmelder oder Patentinhaber verpflichtet hat, das biologische Material oder davon abgeleitetes biologisches Material Dritten nicht zugänglich zu machen und es lediglich zu Versuchszwecken zu verwenden, bis die Patentanmeldung zurückgewiesen oder zurückgenommen wird oder als zurückgenommen gilt oder das eur Patent in allen benannten Staaten erloschen ist, sofern der Anmelder oder Patentinhaber nicht ausdrücklich darauf verzichtet. Abgeleitetes biologisches Material diesem Sinn ist jedes Material, das noch die für die Ausführung der Erfindung wesentlichen Merkmale des hinterlegten Materials aufweist. Die Formalitäten des Antrags sind in Regel 33 Abs 4 AOEPÜ festgelegt.

347   Ist nach Regel 31 AOEPÜ hinterlegtes biologisches Material bei der anerkannten Hinterlegungsstelle nicht mehr zugänglich, gilt die Unterbrechung der Zugänglichkeit als nicht eingetreten, wenn dieses Material bei einer anerkannten Hinterlegungsstelle unter denselben Bedingungen wie denen des BV **erneut hinterlegt** wird und dem EPA innerhalb von vier Monaten nach dem Tag der erneuten Hinterlegung eine Kopie der von der Hinterlegungsstelle ausgestellten Empfangsbescheinigung unter Angabe der Nummer der eur Patentanmeldung oder des eur Patents übermittelt wird (Regel 34 AOEPÜ).

---

827   Vgl auch die WIPO-Veröffentlichung Guide to the Deposit of Micro-Organisms under the Budapest Treaty.
828   Vgl zur früheren Rechtslage EPA T 39/88 ABl EPA 1989, 499, 502 = GRUR Int 1990, 231 Mikroorganismus; EPA T 239/87 EPOR 1988, 311 = GRUR Int 1989, 931 Ls Mikroorganismus; EPA J 8, 9/87 ABl EPA 1989, 9 = GRUR Int 1989, 587 f Angaben zur Hinterlegung eines Mikroorganismus; vgl auch EPA (Prüfungsabteilung) GRUR Int 1990, 530 f.
829   EPA G 2/93 ABl EPA 1995, 275 = GRUR Int 1995, 712 Hepatitis-A-Virus II, zur früheren Regel 28 AOEPÜ.
830   Näher *Schulte* Rn 502 ff.

3. EPÜ und Budapester Vertrag. Die EPO hat die in Art 9 Abs 1 Buchst a Satz 1 des Budapester Ver- **348** trags (BV) vorgesehene Erklärung am 26.8.1980 notifiziert. Die Erklärung ist am 26.11.1980 wirksam geworden. Gem der Erklärung erkennt die EPO nach Art 3 (1) (a) BV die Tatsache und den Zeitpunkt einer Hinterlegung des Mikroorganismus bei jeder internat Hinterlegungsstelle sowie die Tatsache an, dass die gelieferte Probe eine Probe des hinterlegten Mikroorganismus ist.

§ 34a
(Herkunftsangabe bei biologischem Material)

(1) [1]Hat eine Erfindung biologisches Material pflanzlichen oder tierischen Ursprungs zum Gegenstand oder wird dabei derartiges Material verwendet, so soll die Anmeldung Angaben zum geographischen Herkunftsort dieses Materials umfassen, soweit dieser bekannt ist. [2]Die Prüfung der Anmeldungen und die Gültigkeit der Rechte aufgrund der erteilten Patente bleiben hiervon unberührt.

(2) Enthält die Anmeldung Angaben zum geographischen Herkunftsort nach Absatz 1 Satz 1, teilt das Patentamt diese Anmeldung dem Bundesamt für Naturschutz als zuständige Behörde im Sinne von § 6 Absatz 1 des Gesetzes zur Umsetzung der Verpflichtungen nach dem Nagoya-Protokoll und zur Durchführung der Verordnung (EU) Nr. 511/2014 vom 25. November 2015 (BGBl. I S. 2092) nach Veröffentlichung des Hinweises gemäß § 32 Absatz 5 mit.

Ausland: Belgien: Art 15 Abs 1 Nr 6° PatG; **Dänemark:** Änderungsgesetz Nr 1086 vom 11.12.2000; **Norwegen:** § 8b PatG; **Schweiz:** Art 49a, 81a, 138 PatG

Schrifttum (vgl Schrifttum zu §§ 2, 2a): *Bergmans* Propriété industrielle et diversité biologique des espèces végétales et animales, L'Ingénieur-Conseil 1987, 319; *Bertoni* Research and „Development as Freedom": Improving Democracy and Effectiveness in Pharmaceutical Innovation for Neglected Tropical Diseases, IIC 2012, 771; *Blakeney* Biotechnology, TRIPs and the Convention on Biological Diversity, in: Bio-Science Law Review 1998/1999, 144; *Bucher* The Protection of Genetic Resources and Indigenous Knowledge Disclosure of Origin on the International and Latin-American Agenda, IIC 2008, 35; *Charturvedi/Agrawal* Analysis of Farmers' Rights in the Light of the Protection of Plant Varieties and Farmers' Rights Act of India, EIPR 2011, 708; *Crucible Group (The)* People, Plants and Patents: Impact of Intellectual Property on Trade, Plant Biodiversity and Rural Society (1994); *Curchod* Obligation de déclarer la source des ressources génétiques et des savoirs traditionnels et Traité de coopération en matière de brevets (PCT), FS Kolle/Stauder (2005), 31; *Curci* The Protection of Biodiversity and Traditional Knowledge in International Law of Intellectual Property, 2010; *Dolder* Patente auf der Grundlage biologischer Ressourcen aus Entwicklungsländern, Mitt 2003, 349; *Demirbilek* Der Schutz indigenen Wissens im Spannungsfeld von Immaterialgüterrecht und customary law, 2015; *Drahos/Blakeney* (Hrsg) IP in Biodiversity and Agriculture: Regulating the Biosphere, 2001; *Dutfield* Intellectual Property Rights, Trade and Biodiversity. Seeds and Plant Varieties, 2000; *Dutfield* A Critical Analysis of the Debate on Traditional Knowlwdge, Drug Discovery and Patent-based Biopiracy, EIPR 2011, 238; *Fabry/Fischer* (Bio-)Piraten der Karibik, Mitt 2010, 346; *Feuerlein* Umsetzung des Patentgesetzes vom 21.1.2005 in die Praxis, VPP-Rdbr 2006, 53; *Fiorillo-Buonomano* Das Zustimmungserfordernis bei der Patentierung von biotechnologischen Erfindungen unter Verwendung menschlichen Materials, Bern 2007; *Frison/Dedeurwaerdere/Halewood* Intellectual Property and Facilitated Access to Genetic Resources under the International Treaty on Plant Genetic Resources for Food and Agriculture, EIPR 2010, 1; *Girsberger* Transparency Measures under Patent Law regarding Genetic Resources and Traditional Knowledge, JWIP 2004, 451; *Girsberger/Kraus-Wollheim* Die Offenlegung der Quelle von genetischen Ressourcen und traditionellem Wissen in Patentanmeldungen: Die Vorschläge der Schweiz, sic! 2005, 832; *Götting* Biodiversität und Patentrecht, GRUR Int 2004, 731; *Gopalakrishnan* TRIPs and Protection of Traditional Knowledge of Genetic Resources: New Challenges to the Patent System, EIPR 2005, 11; *Henne* Genetische Vielfalt als Ressource, 1998; *Kamau/Winter* Genetic Resources, Traditional Knowledge & the Law: Solutions for Access and Benefit Sharing, 2009; *Kariyawasam* Access to Biological Resources and Benefit-sharing: Exploring a Regional Mechanism to Implement the Convention on Biological Diversity in SAARC Countries, EIPR 2007, 325; *Keating* Access to Genetic Resources and Equitable Benefit Sharing Through a New Disclosure Requirement in the Patent System, JPTOS 2005, 525; *Koechlin* Patente auf Lebewesen: „Biopiraterie" und die private Kontrolle genetischer Ressourcen, in: *Brühl ua* (Hrsg) Die Privatisierung der Weltpolitik: Entstaatlichung und Kommerzialisierung im Globalisierungsprozess (2001), 299; *Kongolo* Biodiversity and African Countries, EIPR 2002, 579; *Lawson* Biodiversity Conservation Access and Benefit-sharing Contracts and the Role and Place of Patents, EIPR 2011, 135; *Lawson/Pickering* The Conflict for Patented Genetic Materials under the Convention on Biological Diversity and the Agreement on Trade Related Aspects of Intellectual Property Rights, 12 AIPJ 104 (2001); *Mahop* Intellectual Property, Community Rights and Human Rights: The Biological and Genetic Resources of Developing Countries, 2010; *Moufang* Ethische Voraussetzungen und Grenzen des patentrechtlichen Schutzes biotechnologischer

Erfindungen, in: Geistiges Eigentum: Schutzrecht oder Ausbeutungstitel? (2008) 89; *Nägele/Jacobs* Patentrechtlicher Schutz indigenen Wissens, Mitt 2014, 353; *Nijar/Ling* The Implications of the Intellectual Rights Regime of the Convention on Biological Diversity and GATT on Biodiversity Conservation: a Third World Perspective, in: *Krattiger ua* (Hrsg) Widening Perspective on Biodiversity, 1994; *Ruttekolk* Der Schatten des zahnlosen § 34a PatG: Mögliche Konsequenzen des Inkrafttretens des Nagoya-Protokolls für die Praxis, Mitt 2015, 434; *Santamauro* Reducing the Rhetoric: Reconsidering the Relationship of the TRIPs Agreement, CBD and Proposed New Patent Disclosure Requirements Relating to Genetic Resources and Traditional Knowledge, EIPR 2007, 91; *Sellnick* Erfindung, Entdeckung und die Auseinandersetzung um die Umsetzung der Biopatentrichtlinie der EU, GRUR 2002, 121; *Sherman* Regulating access and use of genetic resources: intellectual property law and biodiscovery, EIPR 2003, 301; *Spranger* Indigene Völker, „Biopiraterie" und internationales Patentrecht, GRUR 2001, 89; *Straus* The Rio Biodiversity Convention and Intellectual Property, IIC 1993, 602; *Straus* Biodiversity and Intellectual Property, in *Hill/Takenaka/Takeuchi* (Hrsg) Rethinking International Intellectual Property (2001), 141; *Straus* Angabe des Ursprungs genetischer Ressourcen als Problem des Patentrechts, GRUR Int 2004, 792; *Subramanian* Genetic Resources, Biodiversity, and Environmental Protection: An Analysis, and Proposals Towards a Solution, 26 Journal of World Trade (1992), 105; *Swanson* (Hrsg) Intellectual Property Rights and Biodiversity Conservation: an interdisciplinary analysis of the values of medicinal plants, 1995; *Swarna Latha* Biopiracy and Protection of Traditional Medicine in India, EIPR 2009, 465; *Urbanski* Chemical Prospecting, Biodiversity Convention, and the Importance of International Protection of Intellectual Property Rights in Biological Materials, 2 Buffalo Journal of International Law (1995), 131; *van Overwalle* Traditional Medicinal Knowledge, Patents and the Convention on Biological Diversity, IngCons 2001, 161; *van Overwalle* Belgium Goes its Own Way on Biodiversity and Patents; EIPR 2002, 233; *van Overwalle* The Implementation of the Biotechnology Directive in Belgium and its After-Effects, IIC 37 (2006), 889; *von Hahn* Traditionelles Wissen indigener und lokaler Gemeinschaften zwischen geistigen Eigentumsrechten und der public domain, Diss Heidelberg 2002/2003; *von Lewinski* WIPO-Sitzung des zwischenstaatlichen Ausschusses über geistiges Eigentum und genetische Ressourcen, überliefertes Wissen und Folklore, GRUR Int 2002, 836; *Wendland* Intellectual Property, Traditional Knowledge and Folklore: WIPO's Exploratory Program, 33 IIC (2002) 485, 606; *Wolfrum ua* Genetische Ressourcen, traditionelles Wissen und geistiges Eigentum im Rahmen des Übereinkommens über die Biologische Vielfalt. A Case Study in China, EIPR 2007, 134; *Zografos* Intellectual Property and TCEs, 2010.

A. Hintergrund

1   Die durch das BioTRlUmsG eingefügte Bestimmung im jetzigen Abs 1 übernimmt den Erwägungsgrund 27 der BioTRl, der wiederum einen Gedanken aus Art 15 des Übk über die Biologische Vielfalt (Convention on Biodiversity, CBD) vom 5.6.1992[1] aufgreift. Die Einfügung einer entspr Regelung in die BioTRl (Art 8a) hatte das Parlament vorgeschlagen, während die Kommission sie ablehnte.[2] Durch die Regelung soll Transparenz geschaffen werden, ohne dem laufenden internat Diskussionsprozess vorzugreifen (Näheres s Begr).[3] Die Mitteilungspflicht nach Abs 2 ist durch das Gesetz zur Umsetzung der Verpflichtungen nach dem Nagoya-Protokoll (Rn 10) mWv 1.7.2016 eingeführt worden.

2   Der Begriff des **biologischen Materials** ist in § 2a Abs 3 Nr 1 definiert (Rn 40 zu § 2a). Vgl für Patente, denen biologisches Material menschlicher Herkunft zugrunde liegt, Erwägungsgrund 26 zur BioTRl und dazu Rn 4 zu § 1a.

3   Im Bereich der Nutzung biologischen Materials soll größere Transparenz geschaffen werden, um mögliche Verstöße gegen das Übk über biologische Vielfalt aufzuspüren und ihnen damit indiekt vorzubeugen.[4] AIPPI schlägt vor, dass der Öffentlichkeit zugängliches **traditionelles Wissen** wie jede andere der Öffentlichkeit zugängliche Information behandelt wird, und die Gesetze nur verlangen sollen, dass der Anmelder nach bestem Wissen und Gewissen die Quelle identifiziert, aus der der Erfinder das genetische Material oder die auf traditionellem Wissen aufbauende Information erhalten hat, und den Anmelder berechtigen, eine fehlende Quellenangabe zu korrigieren oder später erhaltene Information über den Ursprung des genetischen Materials hinzuzufügen.[5]

---

1   BGBl 1993 II 1741; vgl *Lawson* EIPR 2011, 135.
2   Dok COM (97) 446 final; vgl *Benkard* Rn 2f.
3   Vgl auch die in sic! 2003, 648 referierten Vorschläge der Schweiz betr die Offenlegung der Quelle von genetischen Ressourcen und traditionellem Wissen in Patentanmeldungen; zum Diskussionsstand in der WIPO, der WTO, der CBD-Konferenz und in der EU *Benkard* Rn 4–5e.
4   *Schulte* Rn 2.
5   Entschließung zu Frage Q166.

Die Bestimmung in Abs 1 steht in Übereinstimmung mit Art 27 Abs 1 PCT und mit dem PLT.[6] Für den **4**
Sortenschutz dürfte die Einführung einer entspr Bestimmung im Widerspruch zu Art 5 Abs 2 PflZÜ 1991
stehen.

B. Verfahren

Die Angaben zum geographischen Herkunftsort biologischen Materials Satz 1 sind dem **Erteilungs-** **5**
antrag auf einem gesonderten Blatt beizufügen (§ 4 Abs 7 PatV).[7]

Bei der Bestimmung handelt es sich (allenfalls) um eine für das weitere Verfahren bedeutungslose **6**
Ordnungsvorschrift, deren Verletzung nach der Regelung in Abs 1 Satz 2 nicht einmal eine Beanstandung
rechtfertigt.[8] Str ist, ob Verstöße gegen die Konvention über die biologische Vielfalt gleichzeitig einen Sittenverstoß iSd § 2a oder des Art 53 EPÜ darstellen können.[9] Es wird auch diskutiert, in besonders gelagerten Fällen einen Verstoß gegen das Gebot der deutlichen und ausreichenden Offenbarung (§ 34 Abs 4) zu
bejahen.[10]

Biopatent-Monitoring führen in Deutschland das Bundessortenamt (im pflanzlichen Bereich) und **7**
die Bundesanstalt für Landwirtschaft und Ernährung (im Bereich der Nutztiere) durch.[11]

Die Mitgliedstaaten der EU haben vorgeschlagen, ein **zwingendes Erfordernis** einzuführen, nach **8**
dem das Ursprungsland oder die Quelle genetischen Ausgangsmaterials in allen internat, regionalen und
nationalen Patentanmeldungen anzugeben ist, der Anmelder eine entspr Erklärung abzugeben hat, die
Nichtabgabe zur Nichtweiterbehandlung der Anmeldung führt und Unrichtigkeit oder Unvollständigkeit
der Erklärung zu effektiven, verhältnismäßigen und abschreckenden Sanktionen führen soll.[12]

Durch das Inkrafttreten des **Nagoya-Protokolls**[13] für die EU und die EU-VO Nr 511/2014 des Europäi- **9**
schen Parlaments und des Rates vom 16.4.2014 über Maßnahmen für die Nutzer zur Einhaltung der Vorschriften des Protokolls von Nagoya über den Zugang zu genetischen Ressourcen und die ausgewogene
und gerechte Aufteilung der sich aus ihrer Nutzung ergebenden Vorteile in der Union[14] hat dies zusätzlichen Auftrieb erhalten.[15]

Die EU-VO ist durch das **Gesetz zur Umsetzung der Verpflichtungen nach dem Nagoya-Protokoll,** **10**
zur Durchführung der Verordnung (EU) Nr. 511/2014 und zur Änderung des Patentgesetzes sowie zur Änderung des Umweltauditgesetzes vom 25.11.2015[16] in das nationale Recht umgesetzt worden; durch dieses
Gesetz wurde mWv 2.7.2016 die Mitteilungspflicht nach Abs 2 für das DPMA eingeführt.

§ 35
(Anmeldetag; Nachreichung von Zeichnungen und Beschreibungsteilen)

**(1) Der Anmeldetag der Patentanmeldung ist der Tag, an dem die Unterlagen nach § 34 Abs. 3
Nr. 1 und 2 und, soweit sie jedenfalls Angaben enthalten, die dem Anschein nach als Beschreibung
anzusehen sind, nach § 34 Abs. 3 Nr. 4**

---

6 *Curchod* FS Kolle/Stauder (2005), 31, 42.
7 Vgl MittPräsDPMA Nr 12/11 BlPMZ 2011, 314.
8 Vgl *Benkard* Rn 3, 6; *Mes* Rn 2; *van Overwalle* IIC 37 (2006), 889, 895 f einerseits; andererseits zur vorgesehenen
Bußgeldbewehrung in der Schweiz und zur Rechtslage dort allg (formale conditio sine qua non) *Kohler* sic! 2006, 451, 462
Fn 105.
9 Vgl *Schulte* Rn 3; *Götting* GRUR Int 2004, 731, 736; verneinend *Benkard* Rn 6; wohl auch *Fitzner/Lutz/Bodewig*
Rn 2.
10 *Fitzner/Lutz/Bodewig* Rn 2.
11 Zum Biopatent Monitoring Komitee nach öst Recht öBGBl 2009 I 126.
12 Dok WIPO/GRTKF/IC/8/11 vom 17.5.2005; Dok WIPO/GRTKF/IC/28/4 vom 2.6.2014; vgl *Benkard* Rn 5, 5a.
13 ABl EU L 150/234 vom 20.5.2014.
14 ABl EU L 150/59 vom 20.5.2014.
15 Vgl *Ruttekolk* Mitt 2015, 434.
16 BGBl I 2092, Auszug in BlPMZ 2016, 2.

1. **beim Patentamt**
2. **oder, wenn diese Stelle durch Bekanntmachung des Bundesministeriums der Justiz und für Verbraucherschutz im Bundesgesetzblatt dazu bestimmt ist, bei einem Patentinformationszentrum**

eingegangen sind.

(2) [1]**Wenn die Anmeldung eine Bezugnahme auf Zeichnungen enthält und der Anmeldung keine Zeichnungen beigefügt sind oder wenn mindestens ein Teil einer Zeichnung fehlt, so fordert das Patentamt den Anmelder auf, innerhalb einer Frist von einem Monat nach Zustellung der Aufforderung entweder die Zeichnungen nachzureichen oder zu erklären, dass die Bezugnahme als nicht erfolgt gelten soll.** [2]**Reicht der Anmelder auf diese Aufforderung die fehlenden Zeichnungen oder die fehlenden Teile nach, so wird der Tag des Eingangs der Zeichnungen oder der fehlenden Teile beim Patentamt Anmeldetag; anderenfalls gilt die Bezugnahme auf die Zeichnungen als nicht erfolgt.**

(3) **Absatz 2 gilt entsprechend für fehlende Teile der Beschreibung.**

DPMA-PrRl 2.1.

Ausland: Belgien: Art 16 PatG 1984; **Bosnien und Herzegowina:** Art 22 PatG 2010 (Anmeldetag); **Litauen:** Art 12 PatG; **Luxemburg:** Art 18, 19, 20 PatG (Anmeldetag); **Mazedonien:** §§ 48, 49 GgR; **Niederlande:** Art 29 (Anmeldedatum) ROW 1995; **Österreich:** § 91a (1984/94, Übersetzungen fremdsprachiger Anmeldungsteile), § 93 (1984, Priorität des Anmeldetags) öPatG; **Polen:** Art 31 Abs 3, 5 RgE 2000; **Schweiz:** Art 49–52, 55, 56 PatG, Art 46, 64, 65 PatV; **Serbien:** Art 28 PatG 2004; **Slowakei:** § 35 PatG; **Slowenien:** Art 81, 82, 83 GgE; **Spanien:** Art 22 PatG; **Türkei:** Art 43 VO 551; **VK:** Sec 5 Abs 1, Sec 15 Patents Act

Schrifttum: *Damme* Die anderweite Feststellung des Anmeldetages eines Patentes im Nichtigkeitsverfahren, GRUR 1898, 1; *Damme* Die Festsetzung des Anmeldetages für Patente, GRUR 1898, 261; *Hövelmann* Der Anmeldetag – jetzt geregelt, GRUR 1999, 801; *Kretschmer* (Bericht) GRUR 2001, 38; *Lord* EPC 2000: Filing of Claims after the Filing Date, Mitt 2008, 296; *Mulder/Visser* Filing date requirements under the EPC: an option to extend subject-matter? epi-Information 2010, 44; *Mulder/Visser* Filing date requirements under the EPC: filing by reference to a previously filed application, epi-Information 2010, 126; *Mulder/Visser* Proposals for streamlining the filing date requirements of the European Patent Convention, IIC 2013, 220; *Naumann* EPÜ 2000: Der Anmeldetag – Die Bezugnahme auf eine frühere Anmeldung, Mitt 2008, 56; *Naumann* EPÜ 2000: Nachreichung fehlender Unterlagen (Regel 56), Mitt 2008, 250; *Ohly* Zur Wirkung prioritätsgleicher Patente, Mitt 2006, 241; *Papke* Patent„anmeldung“, eine patentrechtsgeschichtliche Studie, FS 25 Jahre BPatG (1986), 211; *Schuster* PCT-EASY, EP-EASY, DEPAEASY – im Vergleich, VPP-Rdbr 1999, 98; *Strehlke* Der BGH-Beschluß „Polymermasse“ (Teil II) – Anforderungen an die Offenbarung durch Bezugnahme, Mitt 1999, 453; *Teschemacher* Anmeldetag und Priorität im europäischen Patentrecht, GRUR Int 1983, 695; *Winterfeld* Aktuelle Problemfälle im Prüfungs- und Einspruchsverfahren – neue Entwicklungen im DPMA, VPP-Rdbr 2000, 40.

A. Allgemeines; Entstehungsgeschichte

1 Das 2. PatGÄndG, durch das die frühere Regelung in § 35 mit Änderungen als § 34 eingestellt wurde, hat zugleich mWv 1.11.1998 einen neuen § 35 geschaffen, der in engem Zusammenhang mit § 34 steht. Die Bestimmung, die auf den Entwurf des Patentharmonisierungsvertrags aus dem Jahr 1991 zurück-

geht,[1] war auf bei ihrem Inkrafttreten bereits anhängige Anmeldungen nicht anwendbar.[2] Das Gesetz zur Novellierung patentrechtlicher Vorschriften und anderer Gesetze des gewerblichen Rechtsschutzes vom 24.1.2012 hat die Regelung über fremdsprachige Anmeldungen mWv 1.4.2014 als § 35a verselbstständigt (s § 35a und die dortige Kommentierung). Die Regelung über Anmeldetag und fehlende Zeichnungen ist in erweiterter Form in § 35 verblieben.[3] Die 10. ZuständigkeitsanpassungsVO hat nach dem Wort „Justiz" die Worte „und für Verbraucherschutz" eingefügt.

Inhalt. Die Bestimmung regelt die vor 1998 im nationalen Recht nicht ausdrücklich normierten Vor- **2** aussetzungen für die Zuerkennung eines Anmeldetags (Abs 1) sowie die Nachreichung von Zeichnungen (Abs 2) und von Beschreibungsteilen (Abs 3).

B. Anmeldetag

I. Begriff und Bedeutung

Der Anmeldetag ist der qualifizierte Tag, der die Wirkung einer nationalen Hinterlegung iSd Art 4 A **3** Abs 2, 3 PVÜ hat.[4] Er bestimmt den Altersrang der Anmeldung.[5] Der Festlegung des Zeitrangs kommt für die Rechtssicherheit hohe Bedeutung zu; die Feststellung des Anmeldetags soll einfach, klar und ohne Unsicherheiten möglich sein. Die materiellrechtl Beurteilung, welcher StdT bei der Prüfung auf Patentfähigkeit zu berücksichtigen ist, stellt allerdings nicht notwendig auf den Anmeldetag ab;[6] insb wenn eine Priorität beansprucht ist, sie richtet sich aber auch sonst nicht notwendig nach dem Anmeldetag, wenngleich eine andere Zeitrangbestimmung, insb wegen der seit 1998 grds ausgeschlossenen Prioritätsverschiebung (vgl Rn 2 zu § 38), im allg nicht in Betracht kommen wird (vgl aber zum Sonderfall der verfristeten GbmAbzweigung Rn 22 zu § 5 GebrMG). Mit dem Anmeldetag wird der Inhalt der Anmeldung festgelegt, der nachträglich nicht mehr vergrößert werden darf.[7]

Der Anmeldetag wirkt sich aber nicht nur auf die Rechtsstellung des Anmelders, sondern auch auf die **4** **Rechte Dritter**, die am Erteilungsverfahren nicht beteiligt sind, aus. Deren Rechtsstellung, bezogen auf den Anmeldetag, wird ua berührt durch die Regelungen des § 6 Satz 3, nach dem der Erstanmelder das Recht auf das Patent hat, des § 12 (Vorbenutzungsrecht) sowie durch den allg Grundsatz, dass ein an einem älteren Patent Berechtigter gegenüber einem jüngeren Patent ein stärkeres Recht hat (Rn 22 zu § 9). Maßgeblich ist der Anmeldetag auch für die Patentdauer (§ 16 Abs 1; Rn 5 ff zu § 16). Zur Regelung im EPÜ (Art 80 EPÜ) Rn 30 ff. Art 5 PLT knüpft den Anmeldetag an einen bestimmten Mindestinhalt.

II. Maßgeblicher Zeitpunkt

Maßgeblich ist der Tag, an dem die Anmeldeunterlagen vollständig bei der zuständigen Stelle (Rn 6) **5** eingegangen sind.[8] Ausschlaggebend sind die objektiven Gegebenheiten.[9] Maßgeblicher Zeitpunkt ist der Tag als kleinste patentrechtl relevante Einheit, nicht die Uhrzeit.[10] Ausdrückliche Regelungen über die Festlegung des Anmeldetags enthält das PatG (anders als Art 80 EPÜ oder § 33 MarkenG; vgl auch DPMA-PrRl 2.1.) erst seit Inkrafttreten der Neuregelung durch das 2.PatGÄndG (1.11.1998).

Maßgeblicher Zeitpunkt für die Anmeldung einer Erfindung ist der **Eingang** der Anmeldungsunterla- **6** gen **beim DPMA**[11] oder bei einem dazu bestimmten Patentinformationszentrum, nicht deren Aufgabe bei der Post[12] (vgl aber die abw Regelung in Art 56 Abs 2 schweiz PatG, Art 2 schweiz PatV, seit 1.1.2006 auch

---

1 Vgl Begr BTDrs 13/9971 = BlPMZ 1998, 393, 403 f; *Benkard* Rn 3 ff.
2 BPatG 14.7.2003 9 W (pat) 33/02.
3 Vgl Begr BTDrs 17/10308 = BlPMZ 2013, 366, 370.
4 Begr 2.PatGÄndG BTDrs 13/9971 = BlPMZ 1998, 393, 404.
5 *Schulte* Rn 13.
6 BGHZ 152, 172 = GRUR 2003, 47 Sammelhefter.
7 Vgl *Schulte* Rn 12; EPA G 2/95 ABl EPA 1996, 555 Austausch der Anmeldeunterlagen.
8 BPatG BlPMZ 2011, 225 f; BPatG 4.12.2008 10 W (pat) 40/08.
9 BGH GRUR 1971, 565, 567 Funkpeiler; BPatG BlPMZ 2011, 226 f; schweiz ERGE sic! 2002, 181 f; *Benkard* Rn 7.
10 Vgl *Fitzner/Lutz/Bodewig* Rn 3.
11 BGH GRUR 1971, 565 Funkpeiler; BPatG 7.11.1973 4 W (pat) 111/73; BPatG 27.3.1974 4 W (pat) 1/74.
12 BGH GRUR 1989, 38 Schlauchfolie; BPatGE 17, 200, 202 = BlPMZ 1976, 118; BPatG 10.11.1987 8 W (pat) 105/87.

bei internat Anmeldungen, bei denen das IGE Anmeldeamt ist). Das Zugangsrisiko trägt der Anmelder.[13] Die Empfangsbescheinigung des DPMA beweist den Eingang der in ihr genannten Unterlagen.[14] Bei Anmeldung mittels Telefax kommt es auf den Zeitpunkt der vollständigen Speicherung an, der Zeitpunkt des Ausdrucks[15] oder der Eingang der Originalunterlagen ist ohne Belang.[16] Der Faxvermerk durch den Faxserver des DPMA liefert vollen Beweis, Gegenbeweis ist nicht durch das Absendeprotokoll, wohl aber durch Vorlage von Abrechnungen des Telekommunikationsunternehmens und durch Zeugenbeweis möglich.[17]

7 Zur Behandlung von Eingängen trifft **§ 8 DPMAV** eine Regelung dahin, dass in den Akten der Tag des Eingangs vermerkt wird und das DPMA dem Anmelder unverzüglich eine Empfangsbestätigung mit festgelegtem Inhalt zu übermitteln hat.

8 Ein „verzögerter" **Postlauf** kommt dem Anmelder nicht zugute (zum EPA Rn 34).[18] Dass als Anmeldetag der Tag des Eingangs der Anmeldung beim DPMA gilt, stellt eine zulässige Bestimmung von Inhalt und Schranken des Eigentums iSd Art 14 Abs 1 Satz 2 GG dar und ist insb durch das Bedürfnis nach Rechtssicherheit gerechtfertigt.[19] Der Grundsatz, dass im Rahmen der Wiedereinsetzung in den vorigen Stand Verzögerungen der Beförderung nicht als Verschulden angerechnet werden dürfen, ist nicht anwendbar, da er auf den hier nicht einschlägigen Prozessgrundrechten (Art 103 Abs 1 und Art 19 Abs 4 GG) beruht; die Regelung widerspricht nicht dem Gleichheitsgrundsatz, da jeder Patentanmelder das Übermittlungsrisiko trägt und in seine Überlegungen einbeziehen kann.[20]

9 Nach Einführung der Wiedereinsetzungsmöglichkeit in die Frist zur **Prioritätsbeanspruchung** nach § 41 soll dies nicht dahin zu modifizieren sein, dass im Fall der Gewährung der Wiedereinsetzung der letzte Tag des Prioritätszeitraums als Anmeldetag zu gelten hat, obwohl dadurch eine Verlängerung der Patentlaufzeit eintreten könnte.[21]

III. Einhaltung der Mindesterfordernisse

10 **1. Grundsatz.** Für die Zuerkennung des Anmeldetags erforderlich und nicht nachholbar sind nur solche Erfordernisse, die Voraussetzung dafür sind, dass überhaupt ein Erteilungsverfahren eingeleitet werden kann. Das sind Angaben zur Identität des Anmelders (Rn 13), der Erteilungsantrag (Rn 14) und Angaben, die dem Anschein nach als Beschreibung anzusehen sind (Abs 1; Rn 15).

11 **2.** Eine bestimmte **Form** muss nicht eingehalten werden;[22] insb sind die Bestimmungen der PatV nicht anzuwenden, jedoch muss die Erfindung so verkörpert sein, dass das DPMA ohne weiteres in zumutbarer Weise von ihr Kenntnis nehmen kann. Die Einreichung kann elektronisch erfolgen (§ 125a Abs 3). Als nicht ausreichend wurden die Einreichung eines Tonbands[23] und die telefonische Übermittlung[24] behandelt. Erstreckt sich die Übermittlung über Mitternacht hinaus, gilt die gesamte Eingabe erst als am Folgetag erfolgt.[25]

12 Erforderlich ist der **Eingang** der erforderlichen Unterlagen beim DPMA (und seinen in Rn 18 f zu § 34 genannten Dienststellen) oder einem Patentinformationszentrum (Abs 1; Rn 20 zu § 34; vgl DPMA-PrRl 2.1.); dies entspricht der Regelung in Art 5 Abs 1 PLT.

---

13 EPA J 8/93.

14 BPatGE 28, 109, 111 = BlPMZ 1986, 374; BPatG BlPMZ 2001, 153, GeschmMSache.

15 BPatG BlPMZ 2011, 226 f.

16 BPatG 5.8.1999 10 W (pat) 60/99.

17 BPatG BlPMZ 2011, 226 f.

18 BGH GRUR 1989, 38 Schlauchfolie.

19 BVerfG – Nichtannahmebeschluss – BlPMZ 1990, 247.

20 BVerfG BlPMZ 1990, 247; BPatG 27.3.1974 4 W (pat) 1/74.

21 BPatG GRUR 2005, 887 und BPatG 3.2.2005 10 W (pat) 712/02, Geschmacksmustersachen; gegen die *6. Aufl.*

22 Vgl *Schulte* Rn 21.

23 Vgl BGH BlPMZ 1979, 157 Tonbandbeschreibung; BPatGE 21, 91 = BlPMZ 1978, 324; BPatG BlPMZ 1978, 154; aA BPatGE 17, 28, alle zur früheren Rechtslage.

24 Vgl BPatGE 25, 141; *Schulte* Rn 22.

25 BPatGE 52, 227 = GRUR-RR 2011, 432; vgl *Fitzner/Lutz/Bodewig* Rn 4.

3. Einzelheiten. Angaben zur Identität. Erforderlich ist die Angabe des Namens des Anmelders **13** (Rn 25 f zu § 34). Abs 1 regelt dies unter Verweisung auf § 34 Abs 3 Nr 1, 2 und 4 im wesentlichen in Übereinstimmung mit der bisherigen Praxis abschließend; eine Unterschrift (§ 34 Abs 3 Nr 6) ist zur Begründung des Anmeldetags nicht erforderlich.[26]

Der **Erteilungsantrag** muss sich auf die Erteilung eines Patents, nicht eines anderen Schutzrechts **14** wie eines Gebrauchsmusters richten. Hierzu gehört die zumindest durch Auslegung zu ermittelnde Erklärung, dass ein Schutzrecht in Form eines Patents erworben werden soll.[27] Nicht ausreichend sind bloße Anfrage nach den Kosten einer Patentanmeldung[28] oder ein Antrag in einer früheren GbmAnmeldung.[29] Die Einreichung der Übersetzung einer PCT-Anmeldung, die wegen Fristversäumung als zurückgenommen gilt, wird ausreichen.[30]

Es müssen Angaben enthalten sein, die dem Anschein nach eine **Beschreibung** darstellen sollen. **15** Eine formelle Beschreibung iSd § 34 Abs 6 ist nicht erforderlich.[31] Ausreichend ist, dass eine technische Lehre offenbart ist.[32] Die Aufspaltung in mehrere Teile kommt grds nicht in Betracht, da bereits der erste eingereichte Teil den Anschein einer Beschreibung erwecken wird.[33] Die Offenbarung kann grds auch durch Bezugnahme auf anmeldungsfremde Unterlagen,[34] einen beigefügten Prioritätsbeleg oder eine weitere Anmeldung, deren innere Priorität beansprucht wird,[35] erfolgen. Offenbarung in einer Zeichnung kann ausreichen,[36] ebenso Angaben im Anmeldeformular.[37] Zu den Voraussetzungen der Zuerkennung eines Anmeldetags gehört nicht, dass in der Anmeldung eine Erfindung iSd § 1 beschrieben wird.[38] Darauf, ob die Angaben auch dem Erfordernis der deutlichen und vollständigen Offenbarung des § 34 Abs 4 genügen, kommt es für die Erfüllung der Mindesterfordernisse zur Begründung des Anmeldetags grds nicht an.[39] Bezugnahme auf ein Modell allein im Erteilungsantrag ohne schriftliche Darstellung der Erfindung wird dagegen als nicht ausreichend angesehen.[40] Detailliert ausformulierte Patentansprüche können ausreichen.[41] Sind Patentansprüche und Beschreibung eingereicht, die nicht zueinander gehören, nimmt das EPA Begründung eines Anmeldetags für das in der Beschreibung Offenbarte, grds aber nicht für das in den Patentansprüchen Enthaltene an.[42]

Die **Vorlage von Patentansprüchen** ist nicht erforderlich[43] (vgl zur eur Patentanmeldung Rn 31); **16** dasselbe muss für ein Sequenzprotokoll gelten, soweit ein solches gefordert wird.[44] Erst recht ist die Vor-

---

26 Begr 2.PatGÄndG BTDrs 13/9971 = BlPMZ 1998, 393, 404; *Schulte* Rn 24.
27 Vgl BGH BlPMZ 1979, 151 Etikettiergerät 02; BGH GRUR 1977, 483 Gardinenrollenaufreiher: Anfrage, ob Patentschutz möglich ist; *Schulte* Rn 19.
28 OLG Düsseldorf GRUR 1931, 636.
29 BPatGE 7, 96; *Schulte* Rn 19.
30 Vgl *Schulte* Rn 19; aA BPatGE 25, 68 = BlPMZ 1983, 305.
31 BPatG 13.11.2012 10 W (pat) 14/11.
32 Vgl BGH BlPMZ 1979, 151 Etikettiergerät 02; BPatG 12.6.2002 7 W (pat) 42/01: bejaht bei Skizze mit Erläuterungen iVm der genauen Bezeichnung der Erfindung; BPatG 15.12.2005 10 W (pat) 24/04; BPatG 19.7.2007 10 W (pat) 17/07: auch bei knapper Offenbarung; BPatG 15.11.2007 10 W (pat) 19/06; *Schulte* Rn 20; vgl zum Markenrecht – Hörmarke – BPatGE 36, 241 = NJWE-WettbR 1996, 205; BPatG GRUR 1997, 60 f. Zur Möglichkeit von Klarstellungen *MGK/Bossung* Art 80 EPÜ Rn 105 ff.
33 *Fitzner/Lutz/Bodewig* Rn 3.
34 *Strehlke* Mitt 1999, 453.
35 Einschränkend *Schulte* Rn 20.
36 Vgl BPatG 19.7.1993 4 W (pat) 24/93 Schulte-Kartei 35.2 Nr 30; *Schulte* Rn 20; vgl BPatG 15.11.2007 10 W (pat) 19/07.
37 BPatG 19.7.2007 10 W (pat) 17/07 Schulte-Kartei 35.2 Nr 30.
38 BPatG 13.10.2005 10 W (pat) 3/04; vgl *Schulte* Rn 20: „perpetuum mobile".
39 BPatG 19.7.2007 10 W (pat) 17/07 Schulte-Kartei 35.2 Nr 30; *Schulte* Rn 20.
40 BPatGE 29, 36 = BlPMZ 1987, 328; *Schulte* Rn 20.
41 Vgl BPatG 15.12.2005 10 W (pat) 24/04; BPatG 18.9.2000 10 W (pat) 58/00; *Schulte* Rn 20; *Fitzner/Lutz/Bodewig* § 34 Rn 71.
42 EPA J 21/94 EPOR 1997, 77; vgl *Bühring* § 4a GebrMG Rn 38.
43 BPatGE 29, 117; BPatGE 37, 187; *Benkard* Rn 10.
44 Vgl *Schulte* Rn 32; BPatG GRUR 1997, 60, Markensache, zum Erfordernis der Einreichung einer Hörmarke sowohl in klanglicher als auch in akustischer Wiedergabe; BPatGE 36, 241 = NJWE-WettbR 1996, 205.

Keukenschrijver

lage einer Zeichnung nicht erforderlich.[45] Der Anmeldetag bleibt auch bei nachträglicher Einreichung der Patentansprüche erhalten.[46]

17 Zahlung der **Anmeldegebühr** ist zur Begründung des Anmeldetags nicht erforderlich.[47]

18 Eine Einreichung von **Übersetzungen** der Anmeldeunterlagen ist für die Zuerkennung des Anmeldetags nicht erforderlich; die Priorität kann damit nicht mehr verloren gehen.[48]

19 **4.** Liegt nach diesen Kriterien eine **Nichtanmeldung** vor, hat die Prüfungsstelle über sie, sofern der Einsender festgestellt werden kann, durch Beschluss zu entscheiden, mit dem die Rechtsunwirksamkeit der Anmeldung festgestellt wird;[49] die §§ 42, 44, 45, 48 und 49 sind unanwendbar; die Anmeldegebühr verfällt nicht.[50] Eine derartige Sachbehandlung wird voraussetzen, dass dem Anmelder Gelegenheit zur Mängelbeseitigung gegeben worden ist.[51]

20 **5. Nachholung.** Der Hinterlegungsakt ist nachträglichen Änderungen zwar grds nicht zugänglich;[52] abw aber für die Einreichung von Zeichnungen (Rn 24ff) und nunmehr auch für die Nachreichung von Beschreibungsteilen (Rn 29), womit der Grundsatz für den Zeitraum von einem Monat nach Zustellung der Aufforderung praktisch in sein Gegenteil verkehrt wird; zur Wiedereinsetzung in die Frist zur Prioritätsbeanspruchung Rn 9; Rn 29 zu § 123. Das BPatG[53] ließ bei Nachholung der Mindestvoraussetzungen (zu denen das BPatG[54] früher auch die vollständige Offenbarung des Anmeldungsgegenstands gerechnet hat; dies ist mit dem Ziel der Regelung im jetzigen § 38 durch das PatÄndG 1967 indessen nicht vereinbar und kann erst recht nicht mehr nach der Regelung durch das 2.PatGÄndG gelten) die Bestimmung des Zeitpunkts der Nachreichung als Anmeldetag auf Antrag des Anmelders zu. Nach Auffassung des BPatG liegt eine wirksame Patentanmeldung auch vor, wenn die Anmeldeerfordernisse nacheinander erfüllt sind[55] (so ausdrücklich auch Art 56 Abs 1 schweiz PatG). Solange die Anmeldeerfordernisse nicht vollständig erfüllt sind, liegt nur eine Eingabe und keine Anmeldung im Rechtssinn vor.[56] Liegt überhaupt keine Beschreibung im Rechtssinn vor, kann als Anmeldetag deren Eingangszeitpunkt beansprucht werden.[57] Anmeldetag ist in diesem Fall der Tag, an dem das letzte Erfordernis erfüllt ist.[58]

21 **IV.** Eine **Verschiebung** des (wirksam begründeten) Anmeldetags wurde vor Inkrafttreten des PatÄndG 1967 als möglich angesehen (vgl Rn 32 zu § 38). Seither wurde sie grds nicht mehr anerkannt. Ausnahmen ergeben sich nur nach Rn 20,[59] sonst bleibt nur die Möglichkeit der Inanspruchnahme der inneren Priorität.[60] Die Regelung erspart es dem Anmelder, seine nicht ausreichend offenbarende Anmeldung zurückzunehmen und zusätzliche Kosten für eine neue Anmeldung aufzuwenden.[61] Kommt es wegen der Nachreichung zu einer Verschiebung, soll der Anmelder dennoch die Ausstellung einer Prioritätsbeschei-

45 Vgl *Schulte* Rn 32.

46 Begr 2.PatGÄndG BTDrs 13/9971 = BlPMZ 1998, 393, 404.

47 *Benkard* Rn 9; *Mes* Rn 12.

48 Begr BTDrs 17/10308 = BlPMZ 2013, 366, 370.

49 Vgl BPatG 26, 198 = GRUR 1984, 804; nach *Schulte* Rn 35 kann auch der Erteilungsantrag zurückgewiesen werden.

50 BPatG 26, 198 = GRUR 1984, 804; BPatG 15.11.2007 10 W (pat) 19/07; *Schulte* Rn 34, 37; aA BPatG 16.6.1999 10 W (pat) 47/99: Zurückweisung der Anmeldung; *Hövelmann* GRUR 1999, 801, 804; vgl auch BPatG 28, 181, 185 = GRUR 1987, 114.

51 Vgl BPatG GRUR 1997, 134, BPatGE 36, 241 = NJWE-WettbR 1996, 205 und BPatG GRUR 1997, 60, Markensachen.

52 *MGK/Bossung* Art 80 EPÜ Rn 102; vgl *Fitzner/Lutz/Bodewig* Rn 3.

53 BPatG 21, 96 = BlPMZ 1978, 322 (betr einen Fall der Einreichung fremdsprachiger Unterlagen und daran anschließend BPatGE 31, 19 = GRUR 1989, 906.

54 BPatGE 31, 19 = GRUR 1989, 906; so auch BPatG 16.6.1999 10 W (pat) 47/99.

55 BPatGE 27, 100 = GRUR 1986, 50; BPatG 26.4.2000 5 W (pat) 1/00; *Schulte* Rn 38; *Bühring* § 4a GebrMG Rn 35.

56 Vgl *Schulte* Rn 44 f.

57 BPatGE 27, 100 = GRUR 1986, 50; BPatGE 29, 36 = BlPMZ 1987, 328; *Mes* Rn 20; vgl zur Heilung mit Wirkung ex nunc *MGK/Bossung* Art 80 EPÜ Rn 102 f.

58 BPatG 9.7.1997 4 W (pat) 57/96.

59 Vgl BPatG 27.6.2006 17 W (pat) 159/05 Schulte-Kartei 35.24 Nr 11.

60 BPatG 27.6.2006 17 W (pat) 159/05.

61 Begr 2.PatGÄndG BTDrs 13/9971 = BlPMZ 1998, 393, 404.

nigung mit dem ursprünglichem Anmeldetag als Prioritätsdatum verlangen können.[62] Hierfür spricht, dass die Verschiebung des Anmeldezeitpunkts nach ausländ Rechtsordnungen unbeachtlich sein kann.

V. Berücksichtigung

Der Anspruch auf Zugrundelegung des richtigen Anmeldetags kann in jedem Stadium des Erteilungs- **22** verfahrens geltend gemacht werden,[63] er ist auch vAw zu berücksichtigen. Er kann – anders als ein Prioritätsanspruch – auch nicht durch verspätete Geltendmachung verwirkt werden. Der Nachweis, dass das Faxempfangsgerät des DPMA einen falschen Zeitpunkt ausweist, durch Zeugenbeweis ist grds möglich.[64] Wird in einer Patentveröffentlichung ein falscher Anmeldetag angegeben, berührt dies die Wirksamkeit der Veröffentlichung nicht.[65] Der Geltendmachung des richtigen Anmeldetags standen weder die frühere Bekanntmachung der Anmeldung noch ein Gebot der Rechtssicherheit entgegen; dies gilt auch bei einer Ausscheidungsanmeldung, für die ein Anmeldetag aus der Stammanmeldung geltend gemacht wird.[66] Wird die Berichtigung des Registers abgelehnt, ist Beschwerde möglich, weil der Anmelder/Patentinhaber hierdurch beschwert ist.[67] Das DPMA kann den Anmeldetag nicht abw festsetzen;[68] zur Rechtslage bei Beitritt neuer Mitgliedstaaten zum EPÜ Rn 40.

Wird ein **unzutreffender Anmeldetag** beansprucht, ist die Anmeldung nach Anhörung des Anmel- **23** ders zurückzuweisen.[69] Eine **Vorabentscheidung** über den Anmeldetag ist nicht zulässig[70] (vgl zur Rechtslage bei Prioritätsbeanspruchung und Abzweigung Rn 48 zu § 41 sowie Rn 19 ff zu § 5 GebrMG). Neuanmeldung mit späterem Zeitrang ist möglich.[71]

C. Nachreichung von Zeichnungen

I. Grundsatz

Abs 2 ermöglicht die (altersrangschädliche) Nachreichung von Zeichnungen sowie von Teilen von ih- **24** nen, auf die die Anmeldung Bezug nimmt, die dieser aber nicht beigefügt sind. Die Regelung lehnt sich an den Entwurf des Patentharmonisierungsvertrags an und entspricht inhaltlich Art 14 Abs 2 PCT und Art 91 Abs 6 EPÜ, Regel 43 AOPCT. Der Anmelder hat demnach eine Wahlmöglichkeit, die Zeichnungen unter Inkaufnahme einer Altersrangverschiebung nachzureichen, was für ihn günstig sein kann, wenn die Zeichnungen einen Offenbarungsüberschuss enthalten,[72] oder sich auf den Offenbarungsgehalt ohne Zeichnungen zu beschränken, damit aber den Anmeldetag zu wahren. Durch die Möglichkeit der altersrangschädlichen Nachreichung wird verhindert, dass die Anmeldung durch die Nachreichung unzulässig erweitert wird. Vervollständigung der Zeichnungen wurde vom DPMA schon früher wie Nachreichung behandelt; in diesem Fall bezieht sich die Nichtberücksichtigung, sofern diese gewählt wird, nur auf die nachgereichten Zeichnungen.[73] Das BPatG wendet die Bestimmung auch auf den Fall nicht vorschriftsmä-

---

62 BPatG GRUR 2011, 48; zust *Mes* Rn 15.

63 BGH BlPMZ 1973, 347 Funkpeiler; vgl BPatG 15.12.2005 10 W (pat) 24/04; *Schulte* Rn 33.

64 BPatG GRUR-RR 2011, 432; vgl BPatG 23.5.2012 9 W (pat) 39/10.

65 BGH BlPMZ 1977, 23 Tampon; BPatGE 15, 38 = BlPMZ 1973, 358; *Schulte* Rn 40.

66 BGH GRUR 1971, 565, 567 Funkpeiler; *Benkard* Rn 42.

67 *Schulte* Rn 40; aA BPatGE 22, 248 = BlPMZ 1980, 313.

68 VG München BlPMZ 1960, 340, 342; BPatG 2.4. 2007 10 W (pat) 9/06 Schulte-Kartei PatG 35.24 Nr 10, st Rspr.

69 BGH GRUR 1966, 488, 490 Ferrit; BGH GRUR 1972, 472 Zurückverweisung; BGH GRUR 1979, 221 beta-Wollastonit; BPatGE 18, 177, 183, GbmSache; BPatGE 22, 248 ff = BlPMZ 1980, 313, GbmSache; BPatGE 29, 36, 38; BPatGE 34, 87; BPatG 21.8.2003 10 W (pat) 5/02; BPatG 17.2.2007 10 W (pat) 12/06; BPatG 2.4.2007 10 W (pat) 9/06 Schulte-Kartei PatG 35.24 Nr 10; BPatG 15.11.2007 10 W (pat) 19/07; *Benkard* Rn 42; *Schulte* Rn 39.

70 BPatGE 2, 56 = BlPMZ 1962, 235; BPatG Mitt 1970, 236; BPatGE 18, 177, 183; BPatG 16.6.1999 10 W (pat) 47/99; BPatG 17.2.1972 4 W (pat) 99/71, zur Ausscheidungsanmeldung; BPatGE 34, 87; BPatGE 50, 275 = BlPMZ 2008, 219; BPatG 21.8.2003 10 W (pat) 5/02; BPatG 13.10.2005 10 W (pat) 3/4; BPatG 17.2.2007 10 W (pat) 12/06; BPatG 2.4. 2007 10 W (pat) 9/06 Schulte-Kartei PatG 35.24 Nr 10; BPatG 8.12.2008 10 W (pat) 41/08; BPatG 26.2.2009 10 W (pat) 37/06; BPatG 6.4.2009 10 W (pat) 42/08, je zur Rechtslage nach dem 2.PatGÄndG; *Bühring* § 4a GebrMG Rn 41.

71 Vgl *Schulte* Rn 39.

72 Vgl Begr 2.PatGÄndG BTDrs 13/9971 = BlPMZ 1998, 393, 403.

73 *Winterfeldt* VPP-Rdbr 2000, 40, 45; BPatG 2.4.2007 10 W (pat) 9/06 Schulte-Kartei PatG 35.24 Nr 10.

ßiger Zeichnungen an.[74] Der Inanspruchnahme der inneren Priorität bedarf es nicht.[75] Wird die Anmeldung, zu der Zeichnungen nachgereicht wurden, für die innere Priorität in Anspruch genommen, erfasst die innere Priorität nicht die nachgereichten Zeichnungen;[76] ein derartige Vorgehen kann sich empfehlen, wenn relevanter StdT im Zeitraum bis zur Nachreichung bekannt wird, weil die in Bezug genommene Anmeldung als zurückgenommen gilt (§ 40 Abs 5 Satz 1).[77]

II. Verfahren

25   **1. Allgemeines.** Die Regelung sieht zunächst ein Tätigwerden des DPMA in der Weise vor, dass der Anmelder unter Setzung der gesetzlichen Monatsfrist aufgefordert wird, entweder die Zeichnungen nachzureichen oder zu erklären, dass die Bezugnahme auf die Zeichnungen als nicht erfolgt gelten soll (Abs 2 Satz 1). Voraussetzung ist, dass aus den eingereichten Anmeldeunterlagen das Fehlen von Zeichnungen erkennbar wird.[78] Für die Beanstandung ist der Beamte des gehobenen Diensts nicht zuständig.[79] Enthielt die Anmeldung keine Bezugnahme auf Zeichnungen, erfolgt keine Aufforderung. Die Aufforderung kann bis zur Patenterteilung jederzeit ergehen,[80] das DPMA wird jedoch gehalten sein, sie so früh wie möglich zu erlassen. Dem Anmelder steht die Frist zur Verfügung, um in der einen oder anderen Art tätig zu werden, er kann aber auch untätig bleiben. Einreichung der Zeichnungen vor Aufforderung hat dieselbe Wirkung wie auf Aufforderung (so auch Regel 56 AOEPÜ).[81]

26   **2. Frist.** Die Monatsfrist wird erst durch förmliche Zustellung der Aufforderung in Lauf gesetzt; die Fristberechnung folgt den allg Regeln. Die Frist ist wiedereinsetzungsfähig (§ 123), aber nicht weiterbehandlungsfähig (§ 123a).[82]

27   **3. Nachreichung.** Werden innerhalb der Frist Zeichnungen nachgereicht, verschiebt sich der Anmeldetag auf den Tag des Eingangs der Zeichnungen beim DPMA;[83] Formmängel sind unschädlich.[84] Eingang bei anderen Stellen, insb Patentinformationszentren, ist für sich nicht fristwahrend.[85] Darauf, ob die Zeichnungen die in der Anmeldung in Bezug genommenen sind, kommt es wegen der eintretenden Zeitrangverschiebung nicht an.[86] Die Gegenauffassung belastet das DPMA im Ergebnis mit einer wenig sinnvollen und der Rechtssicherheit nicht förderlichen Prüfung, ob die nachgereichten Zeichnungen tatsächlich die fehlenden sind.

28   In **anderen Fällen**, dh bei Abgabe der Negativerklärung nach Abs 2 Satz 1, bei verfristeter Nachreichung oder Untätigbleiben, tritt eine Verschiebung des Anmeldetags nicht ein; es bleibt der ursprüngliche Anmeldetag mit den ursprünglich eingereichten Unterlagen ohne Berücksichtigung der fehlenden Zeichnungen erhalten. Die verspätete Einreichung kann nicht durch Festsetzung eines neuen Anmeldetags geheilt werden.[87]

---

74   BPatG 16.12.2014 21 W (pat) 70/09.

75   Vgl *Fitzner/Lutz/Bodewig* Rn 63.

76   BPatGE 52, 86 = GRUR 2011, 48.

77   *Fitzner/Lutz/Bodewig* Rn 64.

78   *Schulte* Rn 54.

79   BPatG 15.12.2005 10 W (pat) 17/02; BPatG 17.2.2007 10 W (pat) 12/06; BPatG 21.9.2007 10 W (pat) 22/07 Schulte-Kartei PatG 26-29 Nr 49; BPatG 21.9.2007 10 W (pat) 22/07 Schulte-Kartei PatG 26–29 Nr 49; drei Parallelentscheidungen BPatG 15.11.2007 10 W (pat) 15/06, 16/06, 17/06 Schulte-Kartei PatG 124–128a Nr 69; *Schulte*[8] Rn 37; aA *Schulte* Rn 54.

80   *Schulte* Rn 54; BPatG 2.4.2007 10 W (pat) 9/06 Schulte-Kartei PatG 35.24 Nr 10.

81   *Winterfeldt* VPP-Rdbr 2000, 40, 45; jetzt auch *Bühring* § 4a GebrMG Rn 23; aA *Schulte* Rn 57: nachträgliche Aufforderung erforderlich.

82   *Benkard* Rn 19a.

83   *Schulte* Rn 55.

84   *Schulte* Rn 56.

85   Vgl *Schulte* Rn 56; *Bühring* § 4a GebrMG Rn 22; MittPräsDPMA Nr 4/2006 BlPMZ 2006, 77.

86   AA *Bühring* § 4a GebrMG Rn 22; *Schulte* Rn 56, 57: mkeine Prüfung der Erweiterung, aber objektive Erkennbarkeit der Unvollständigkeit Voraussetzung, sonst Zulassung nur, wenn die Anmeldung nicht unzulässig erweitert wird.

87   Begr 2.PatGÄndG BTDrs 13/9971 = BlPMZ 1998, 393, 404.

D. Nachreichung von Beschreibungsteilen

Nach früher geltendem Recht war die Möglichkeit einer altersrangschädlichen Nachreichung von Be- **29** schreibungsteilen nicht vorgesehen. Die Neuregelung eröffnet auch diese Möglichkeit. Eine Regelung für den Fall, dass gar keine Beschreibung eingereicht wurde, ist hier nicht erforderlich, weil das Fehlen eines Teils, der dem Anschein nach eine Beschreibung darstellt, dazu führt, dass die Mindestvoraussetzungen für die Zuerkennung eines Anmeldetags nicht gegeben sind.[88]

E. EPÜ

I. Der **Anmeldetag** (Zeitrang) der eur Patentanmeldung, der nicht mit dem Tag der Einreichung (des **30** Eingangs iSd Regel 35 Abs 2 AOEPÜ) zusammenfallen muss, ist in **Art 80 EPÜ**[89] seit der Revision des EPÜ durch Verweisung auf die AOEPÜ geregelt.[90] Steht er fest, bleibt er grds unverändert. Kommt bei Telefax-übermittlung ein Teil der Unterlagen erst am nächsten Tag an, kann der Anmelder auf diesen Teil verzichten.[91] Die bloße Behauptung des Einwurfs vor Mitternacht reicht grds nicht aus.[92]

Regel 40 AOEPÜ normiert die **Minimalerfordernisse** für die Behandlung als eur Patentanmeldung **31** wie für die Begründung des Zeitrangs.[93] Das sind ein Hinweis, dass die Erteilung eines eur Patents beantragt wird, Angaben, die es erlauben, die Identität des Anmelders festzustellen oder mit ihm Kontakt aufzunehmen (Rn 36) und eine Beschreibung oder eine Bezugnahme auf eine früher eingereichte Anmeldung[94] (Rn 37; Regel 40 Abs 1 AOEPÜ). Auf die materielle Schutzfähigkeit kommt es nicht an.[95] Das EPÜ fordert seit seiner Revision keinen Patentanspruch mehr (zur früheren Rechtslage 6. *Aufl*).[96] Das Benennungserfordernis ist durch die Revision des EPÜ entfallen (zur früheren Rechtslage 6. *Aufl*).[97]

Form; Einreichung. Schriftliche Fixierung ist erforderlich,[98] nicht dagegen Unterschrift.[99] Einrei- **32** chung der Anmeldung mittels Telekopie reicht aus,[100] ebenso ist Einreichung mittels Telefax möglich, nicht aber telegraphisch oder durch ähnliche Verfahren.[101] Elektronische Anmeldung kann über die vom EPA herausgegebene Software[102] oder beim DPMA durch die DPMA-Direkt-Software[103] sowie auf elektronischen Datenträgern[104] erfolgen. Die Hinterlegung von Mustern oder Modellen begründet keinen Anmeldetag,[105] auch Zeichnungen allein genügen nicht.[106] Die Beifügung von Zeichnungen ist nicht notwendig.[107]

Die Einreichung kann bei den Dienststellen des EPA in München, Den Haag und Berlin oder bei den **33** nationalen Patentämtern der Vertragsstaaten erfolgen (Art 75 Abs 1 EPÜ). Es kommt auf den **Eingang** der

---

88   Vgl Begr BTDrs 17/10308 = BlPMZ 2013, 366, 370.

89   Eingehend zur Entstehungsgeschichte *MGK/Bossung* Art 80 EPÜ Rn 8 ff; zur Revision 2002 *Benkard-EPÜ* Art 80 Rn 25.

90   Zur intertempralen Anwendung von Art 80 EPÜ, Regeln 55, 56 AOEPÜ EPA J 3/06 ABl EPA 2009, 170 Übergangsbestimmungen; EPA J 10/07 ABl EPA 2008, 567 Nachreichung von Zeichnungen.

91   BeschlPräsEPA ABl 2007 Sonderausg Nr 3, A.3.

92   EPA J 22/99.

93   Vgl *MGK/Bossung* Art 80 EPÜ Rn 21; vgl *Singer/Stauder* EPÜ Art 80 Rn 1 ff. Zu den Anforderungen an die Beschreibung, insb die Möglichkeit von Bezugnahmen, *MGK/Bossung* Art 80 EPÜ Rn 82 ff.

94   Vgl *Singer/Stauder* EPÜ Art 80 Rn 9 f.

95   *MGK/Bossung* Art 80 EPÜ Rn 44.

96   Vgl *Schulte* Rn 7; *Singer/Stauder* EPÜ Art 80 Rn 9.

97   Vgl *Schulte*[8] Rn 31.

98   *MGK/Bossung* Art 80 EPÜ Rn 52 ff.

99   *MGK/Bossung* Art 80 EPÜ Rn 59; *Schulte* Rn 24.

100   EPA J 20/84 ABl EPA 1987, 95, 102 = GRUR Int 1987, 421 Telekopie-Anmeldung; Beschluss des PräsEPA vom 26.5.1992 ABl EPA 1992, 299; Mitt vom 2.6.1992 ABl EPA 1992, 306.

101   Beschl PräsEPA 12.7.2007 ABl EPA 2007 Sonderausgabe 3 S 7; *Schulte* Rn 23.

102   Beschl PräsEPA 12.7.2007 ABl EPA 2007 Sonderausgabe 3 S 12, und vom 23.1.2008 ABl EPA 2008, 218.

103   Beschl PräsEPA 12.7.2007 ABl EPA 2007 Sonderausgabe 3 S 19.

104   Beschl PräsEPA 12.7.2007 ABl EPA 2007 Sonderausgabe 3 S 17.

105   *MGK/Bossung* Art 80 EPÜ Rn 54.

106   *MGK/Bossung* Art 80 EPÜ Rn 91.

107   *MGK/Bossung* Art 80 EPÜ Rn 64 ff.

Anmeldungsunterlagen beim EPA oder einer zuständigen nationalen Behörde an; nationale Rechtsvorschriften oder Billigkeitsgesichtspunkte können nicht herangezogen werden.[108]

34 Ein **verzögerter Postlauf** rechtfertigt auch beim EPA nicht die Zuerkennung eines früheren Anmeldetags[109] (zu nationalem Recht Rn 8).

35 Erforderlich ist ein **Schutzbegehren**, das etwa bei Stellung eines isolierten Rechercheantrags fehlt.[110]

36 Die **Identität des Anmelders** muss feststellbar sein.[111] Berichtigung ist nach Regel 139 AOEPÜ zulässig, wenn genügend Beweise zur Stützung des Berichtigungsantrags vorliegen.[112] Auf die Berechtigung des Anmelders kommt es nicht an.[113]

37 Dem **Beschreibungeserfordernis** ist genügt, wenn die Angaben dem Anschein nach eine Beschreibung darstellen sollen; eine formelle Beschreibung ist nicht erforderlich.[114] Nunmehr ist auch eine Bezugnahme auf eine früher eingereichte Anmeldung möglich (Regel 40 Abs 1 Buchst c 2. Alt AOEPÜ); in diesem Fall hat der Anmelder aber innerhalb von zwei Monaten eine beglaubigte Abschrift der früher eingereichten Anmeldung einzureichen (Regel 40 Abs 3 Satz 1 AOEPÜ). Ist die in Bezug genommene Anmeldung nicht in einer Amtssprache des EPA abgefasst, ist innerhalb derselben Frist eine Übersetzung in eine Amtssprache einzureichen (Regel 40 Abs 3 Satz 2 AOEPÜ), jedoch reicht infolge der Verweisung in Regel 40 Abs 3 Satz 3 AOEPÜ Verfügbarkeit der früheren Anmeldung nach Regel 53 Abs 2 AOEPÜ aus.

38 **Mängelbeseitigung** ist innerhalb einer nicht verlängerbaren Frist von zwei Monaten möglich (Regel 55 AOEPÜ). In diesem Fall erhält die Anmeldung als Anmeldetag den Tag, an dem die Mängel beseitigt sind.[115] Bei Fristversäumung kommt Wiedereinsetzung, nicht Weiterbehandlung in Betracht.[116] Fehler können nach Regel 139 AOEPÜ berichtigt werden.[117]

39 Sind die Mindesterfordernisse nicht erfüllt, lautet die **Entscheidung** des EPA dahin, dass die Anmeldung nicht als eur Patentanmeldung behandelt wird (Art 90 Abs 2 EPÜ). Über Beschwerden entscheidet der juristische Beschwerdesenat.

40 Im Fall des Inkrafttretens des EPÜ für **neue Vertragsstaaten** lässt die Praxis in bestimmten, engen Grenzen eine Verschiebung des Anmeldetags zu.[118]

41 **II.** Regel 56 Abs 2 AOEPÜ lässt die **Nachreichung von Zeichnungen und Beschreibungsteilen** innerhalb von zwei Monaten ab Anmeldetag oder Ergehen einer diesbezüglichen Aufforderung grds zu. In diesem Fall wird der Anmeldetag auf den Tag der Einreichung der fehlenden Teile der Beschreibung oder der fehlenden Zeichnungen neu festgesetzt. Waren diese Teile im Fall der Prioritätsinanspruchnahme in der Prioritätsanmeldung vollständig enthalten, kann auf Antrag des Anmelders grds der ursprüngliche Anmeldetag in Anspruch genommen werden (Regel 56 Abs 3 AOEPÜ). Regel 56 Abs 4–6 AOEPÜ treffen

---

108 EPA J 18/86 ABl EPA 1988, 165 = GRUR Int 1988, 672 Anmeldetag; EPA J 4/87 ABl EPA 1988, 172 = GRUR Int 1988, 674 Verzögerung bei der Postzustellung.
109 EPA J 4/87 ABl EPA 1988, 172.
110 *MGK/Bossung* Art 80 EPÜ Rn 45 ff, 71 ff.
111 Zu den Erfordernissen EPA J 25/86 ABl EPA 1987, 475 = GRUR Int 1988, 253 Identität des Anmelders; vgl EPA-PrRl A II 4.1.3.1.
112 EPA J 18/93 ABl EPA 1997, 326 Berichtigung einer Unrichtigkeit.
113 *MGK/Bossung* Art 80 EPÜ Rn 38.
114 *Schulte* Rn 20; vgl EPA G 2/95 ABl EPA 1996, 555 Austausch der Anmeldungsunterlagen.
115 *Singer/Stauder* EPÜ Art 80 Rn 14.
116 Vgl *Singer/Stauder* EPÜ Art 80 Rn 11.
117 EPA J 7/80 ABl EPA 1981, 137 = GRUR Int 1981, 459 Berichtigung einer Anmeldung in zwei Amtssprachen; EPA J 18/93 ABl EPA 1997, 326 Berichtigung einer Unrichtigkeit; EPA J 17/96; *Singer/Stauder* EPÜ Art 80 Rn 15; kr *MGK/Bossung* Art 80 EPÜ Rn 39 und Fn 33.
118 Vgl EPA J 18/90 ABl EPA 1992, 511 = GRUR Int 1993, 238 Dänemark-ausdrücklich, EPA J 14/90 ABl EPA 1992, 505 = GRUR Int 1993, 236 Dänemark-stillschweigend; Hinweis ABl EPA 1991, 549 zum Beitritt von Portugal und Monaco; vgl auch EPA J 30/90 ABl EPA 1992, 516 = GRUR Int 1993, 239 Dänemark-PCT; ABl EPA 1998, 1, zum Beitritt von Zypern; ABl EPA 2000, 443 f, zum Beitritt der Türkei; ABl EPA 2002, 249 f zum Beitritt von Bulgarien, Estland, der Slowakei und der Tschechischen Republik; ABl EPA 2002, 464 zum Beitritt Sloweniens; ABl EPA 2004, 1 zum Beitritt Polens; ABl EPA 2004, 480, 481 f zum Beitritt Islands und Litauens; ABl EPA 2007, 1 f zum Beitritt von Malta; ABl EPA 2007, 531 f zum Beitritt Norwegens; ABl EPA 2007, 637 f zum Beitritt Kroatiens; ABl EPA 2008, 507 f zum Beitritt von Mazedonien; ABl EPA 2009, 396 zum Beitritt von San Marino; ABl EPA 2010, 96 zum Beitritt von Albanien; *Gall* Mitt 1998, 161, 171 f.

weitere detaillierte Regelungen. Vgl auch EPA-PrRl A-III 10.[119] Regel 56 AOEPÜ ist nur auf Anmeldungen anwendbar, die nach dem Inkrafttreten des EPÜ 2000 eingereicht worden sind.[120]

F. PCT

Art 11 Abs 1 Nr iii PCT regelt die Voraussetzungen für die Zuerkennung des Anmeldetags; erforderlich **42** sind abw von der nationalen Regelung und der Regelung im EPÜ ein Hinweis darauf, dass die Anmeldung als internat Anmeldung behandelt werden soll, die Benennung mindestens eines Vertragsstaats und ein Teil, der als Anspruch oder als Ansprüche angesehen werden kann. Nach Art 28 Abs 1 PCT muss dem Anmelder die Möglichkeit zur Änderung von Ansprüchen, Beschreibung und Zeichnungen im Verfahren vor dem Bestimmungsamt gegeben werden. Soweit PCT und AOPCT keine ausdrückliche Regelung treffen, müssen die Änderungen in jeder Hinsicht dem nationalen Recht des Bestimmungsstaats entsprechen (Art 28 Abs 3 PCT).

§ 35a
(Fremdsprachige Unterlagen)

(1) [1]Ist die Anmeldung nicht oder teilweise nicht in deutscher Sprache abgefasst, so hat der Anmelder eine deutsche Übersetzung innerhalb einer Frist von drei Monaten nach Einreichung der Anmeldung nachzureichen. [2]Wird die deutsche Übersetzung nicht innerhalb der Frist eingereicht, so gilt die Anmeldung als zurückgenommen.

(2) [1]Ist die Anmeldung ganz oder teilweise in englischer oder französischer Sprache abgefasst, verlängert sich die Frist nach Absatz 1 Satz 1 auf zwölf Monate. [2]Wird anstelle des Anmeldetages für die Anmeldung ein früherer Zeitpunkt als maßgebend in Anspruch genommen, endet die Frist nach Satz 1 jedoch spätestens mit Ablauf von 15 Monaten nach diesem Zeitpunkt.

(3) Ist für die Anmeldung ein Antrag nach § 43 Absatz 1 oder § 44 Absatz 1 gestellt worden, so kann die Prüfungsstelle den Anmelder auffordern, eine deutsche Übersetzung der Anmeldungsunterlagen vor Ablauf der in Absatz 2 genannten Frist einzureichen.

(4) [1]Erklärt sich der Anmelder vor Ablauf der Frist nach den Absätzen 1 und 2 gegenüber dem Patentamt mit der Akteneinsicht in seine Anmeldung nach § 31 Absatz 2 Satz 1 Nummer 1 einverstanden, hat er eine deutsche Übersetzung der Anmeldungsunterlagen einzureichen. [2]Das Einverständnis gilt erst mit Eingang der Übersetzung beim Patentamt als erteilt.

Ausland: Bosnien und Herzegowina: Art 19 PatG 2010; **Österreich:** § 91a (1984/94, Übersetzungen fremdsprachiger Anmeldungsteile) öPatG

Übersicht

Schrifttum: *Altenburg* Indienin het Engels, beter voor iederen, BIE 2000, 306; *Holzwarth-Rochford* DPMA konkurriert stärker mit dem EPA: Der Kampf um Erstanmeldungen, GRURPrax 2013, 374; *Keukenschrijver* Zur Notwendigkeit der Übersetzung europäischer Patentschriften in Deutschland, FS D. Stauder (2011), 117; *Mes* Tamsulosin: eine Überdosis, FS W. von Meibom (2010). 315; *Sendrowski* Undeutsche Wörter, Mitt 2009, 218.

---

119 Zur Nachreichung von Unterlagen allg *MGK/Bossung* Art 75 EPÜ Rn 110 ff.
120 EPA J 3/06 ABl EPA 2009, 370 Transitional Provisions.

A. Allgemeines; Entstehungsgeschichte

1   Das Gesetz zur Novellierung patentrechtlicher Vorschriften und anderer Gesetze des gewerblichen Rechtsschutzes hat die Bestimmungen über fremdsprachige Anmeldungen aus § 35 herausgelöst und mWv 1.4.2014 als § 35a verselbstständigt.[1] Die Bestimmung gilt nur für nationale Anmeldungen und nicht auch für PCT-Anmeldungen.[2] Die Verlängerung der Frist für Anmeldungen in engl und franz Sprache gilt nur für Anmeldungen, bei denen die frühere kürzere Frist bei Inkrafttreten der Neuregelung noch nicht abgelaufen war.[3] Das Gesetz zur Änderung des Designgesetzes und weiterer Vorschriften des gewerblichen Rechtsschutzes vom 4.4.2016[4] hat, einen neuen Abs 4 eingestellt, durch den sichergestellt wird, dass Offenlegungsschriften nur in dt Sprache veröffentlicht werden und dass Entschädigungsansprüche nach § 33 nur entstehen können, wenn die Patentanmeldung in dt Sprache veröffentlicht worden ist.[5]

B. Fremdsprachige Anmeldeunterlagen

I. Grundsatz

2   Bis zum Inkrafttreten der Regelung des 2.PatGÄndG (Rn 1 zu § 35) war eine Einreichung einer Patentanmeldung auf nationalen Weg in anderer als dt Sprache durch § 126 grds ausgeschlossen. Die geltende Regelung, die § 126 vorgeht und ihn verdrängt,[6] eröffnet Anmeldemöglichkeiten auch in anderen Sprachen, um ausländ Anmeldern die Nachanmeldung innerhalb der Prioritätsfrist zu erleichtern; sie bietet weiter die Gewähr, dass nicht durch eine Übersetzung Bestandteile der Offenbarung verlorengehen, da sich der maßgebliche Offenbarungsgehalt nach der Anmeldung in der Originalsprache richtet.[7] Die Regelung ist allerdings ihrem Wortlaut nach nicht auf Nachanmeldungen beschränkt, sondern ermöglicht grds auch fremdsprachige Erstanmeldungen, und zwar im internat Vergleich sehr weitgehend – wenngleich nicht singulär – Anmeldungen ganz oder teilweise in jeder beliebigen Sprache[8] (vgl auch Art 6 Abs 3 PLT).

3   Voraussetzung ist lediglich, dass es sich um eine **Sprache** handelt;[9] dies schließt jedenfalls auch Mundarten ein, wenn diese als National- oder Minderheitensprachen anerkannt sind, wie das Plattdeutsche (vgl Rn 9 zu § 126),[10] wird aber auch darüber hinaus für Dialekte gelten müssen, für die sich eine ausreichende (nicht notwendig einheitliche) Normierung herausgebildet hat, wie für die schweizerdeutsche Variante des Alemannischen.

4   Auch **„tote"** Sprachen (Latein, Sanskrit, Altkirchenslawisch) und **„konstruierte"** Sprachen (wie Ladin Dolomitan oder Rumantsch Grischun) kommen grds in Betracht.

5   **Plansprachen** (Basic English, Esperanto, Latino sine flexione, Ido, Interglossa, Interlingua, Occidental, Volapük) wird man jedenfalls dann als erfasst ansehen müssen, wenn sie in nennenswertem Umfang verbreitet sind, dies gilt etwa für Esperanto, ist bei Volapük aufgrund der früher stärkeren Verbreitung wohl noch zu bejahen und für das für ein Filmprojekt entwickelte Klingonisch sowie für **fiktionale Sprachen** wie das von *J.R.R. Tolkien* entwickelte Quenya und auch für Toki Pona wegen der geringen Sprecherzahl wohl zu verneinen. Problemfälle werden in der Praxis aber die seltene Ausnahme sein. Erfasst sind

---

1 Vgl Begr BTDrs 17/10308 = BlPMZ 2013, 366, 370.
2 Zu § 35 aF BPatG 4.12.2000 10 W (pat) 104/99; MittPräsDPMA BlPMZ 1999, 1; *Mes*[3] Rn 2; zum geltenden Recht *Schulte* Rn 9.
3 *Benkard* Rn 28.
4 BGBl I 558.
5 Begr BRDrs 540/15 S 34.
6 BGHZ 153, 1 = GRUR 2003, 226 Läägeünnerloage, zu § 4a GebrMG; vgl *Fitzner/Lutz/Bodewig* § 35 Rn 25; aA offenbar *Bühring*[7] § 4a GebrMG Rn 11.
7 Begr 2. PatGÄndG BlPMZ 1998, 393, 403; BPatG 23.9.2010 10 W (pat) 17/10; BGH GRUR 2012, 91 Polierendpunktbestimmung; vgl *Benkard* Rn 9; *Schulte*[8] § 35 Rn 32.
8 Vgl Begr BTDrs 13/9971 = BlPMZ 1998, 393, 396; *Benkard* Rn 7; *Schulte* Rn 11, der allerdings zu Unrecht Dialekte generell ausnimmt; zu niederdeutschen (plattdeutschen) Unterlagen BGHZ 153, 1 = GRUR 2003, 226 Läägeünnerloage und nachfolgend BPatG 30.7.2003 5 W (pat) 12/00.
9 *Fitzner/Lutz/Bodewig* § 35 Rn 26 stellt auf die Eignung der Sprache zur Einreichung der Patentanmeldung ab.
10 Vgl BGH Läägeünnerloage; strenger zu Regionalsprachen und Dialekten *Benkard* Rn 7; *Schulte* Rn 11.

nur die Anmeldeunterlagen, nicht auch die Angabe des Namens des Anmelders und der Erteilungsantrag (§ 34 Abs 3 Nr 1, 2).

Der früheren Regelung war nicht eindeutig zu entnehmen, ob **fremdsprachige Bestandteile** in den 6 Zeichnungen nach § 35 Abs 1 Satz 1 aF oder nach § 35 Abs 1 Satz 2 aF zu behandeln waren.[11] Das BPatG hat § 35 Abs 1 Satz 1 aF angewendet.[12] Nach der Rspr des BGH kommt es hierauf aber im Ergebnis nicht an (Rn 12). Zur Zuständigkeit (Prüfer/Beamter des gehobenen Dienstes) Rn 4 zu § 35.

II. Mit der **Neuregelung** sollen die Folgen der unzureichenden Übersetzung abgemildert und die Frist 7 für die Einreichung einer Übersetzung für englisch- und französischsprachige Anmeldungen verlängert werden. An die Stelle der als zu scharf empfundenen und in der Praxis kritisierten Fiktion, dass die Anmeldung als nicht erfolgt gilt, die zum Verlust der Möglichkeit der Prioritätsinanspruchnahme führte, tritt die Fiktion der Rücknahme der Anmeldung, mit der die Möglichkeit der Prioritätsbeanspruchung nicht verloren geht.[13] Zu den Erleichterungen für englisch- und französischsprachige Anmeldungen Rn 16.

III. Wirkung

Die fremdsprachige Anmeldung war nach früherem Recht, sofern sie die Voraussetzungen der Zuer- 8 kennung eines Anmeldetags (§ 35) erfüllt, schwebend wirksam. Die Wirksamkeit entfiel früher rückwirkend, wenn nicht rechtzeitig (Rn 11) beim DPMA eine dt Übersetzung der fremdsprachigen Unterlagen einging (§ 35 Abs 2 Satz 2 aF iVm § 35 Abs 1 Satz 1 aF). Nunmehr gilt die Anmeldung als zurückgenommen (Abs 1 Satz 2), bleibt mithin Grundlage für eine Prioritätsbeanspruchung. Zu den Anforderungen an die Übersetzung vgl Rn 10 zu § 126. Die Anforderungen an die Übersetzung sind nach der Rspr des BGH nicht höher als die Anforderungen, die an die Zuerkennung eines Anmeldetags zu stellen sind (Rn 12). Zu Hinweisen auf die Notwendigkeit der Übersetzung ist das DPMA nicht verpflichtet.[14] Nach Ablauf der Frist bleibt die Möglichkeit der Neuanmeldung mit späterem Zeitrang, uU unter Verlust der Möglichkeit der Prioritätsbeanspruchung.[15]

IV. Übersetzung

1. Adressat. Die Übersetzung muss beim DPMA eingereicht werden; Eingang bei anderen Stellen (zB 9 Patentinformationszentrum) ist nicht ausreichend.[16] Die vorgeschriebene Zahl von Übersetzungen ist in der PatV nicht mehr geregelt.

2. Beglaubigung. Die Übersetzung muss durch einen Rechtsanwalt oder Patentanwalt beglaubigt 10 oder von einem öffentlich bestellten Übersetzer angefertigt sein (§ 14 Abs 1 PatV), das DPMA erkennt jedoch nachgereichte Beglaubigungsvermerke an.[17] Unterschrift und Nachweis der öffentlichen Bestellung sind durch öffentliche Beglaubigung nachzuweisen (§ 14 Abs 1 Satz 2 PatV). Die Beglaubigung ist nicht fristgebunden.[18] Bei mehreren Zwischenübersetzungen genügt die Beglaubigung der dt Übersetzung.[19] Sprachkenntnis des Beglaubigenden wird für nicht erforderlich gehalten.[20] Eine besondere Form der Beglaubigung ist nicht vorgeschrieben, jedoch ist die Erklärung erforderlich, dass die Übersetzung nach bestem Wissen des Beglaubigenden richtig und vollständig ist.[21] Bei Mängeln ist das DPMA zur Beanstan-

---

11 Vgl *Schulte*[8] § 35 Rn 37.
12 BPatG 16.6.2009 10 W (pat) 43/07 und Parallelentscheidungen.
13 Vgl Begr BTDrs 17/10308 = BlPMZ 2013, 366, 370.
14 *Schulte* Rn 28.
15 Insoweit ungenau Begr 2.PatGÄndG BlPMZ 1998, 393, 404.
16 Vgl *Mes* Rn 4, der allerdings Zweifel anmeldet, ob dies auch für die Neuregelung gilt; *Schulte* Rn 13; *Bühring* § 4a GebrMG Rn 6; MittPräsDPMA Nr 4/2006 BlPMZ 2006, 77.
17 *Winterfeldt* VPP-Rdbr 2000, 40, 44.
18 *Schulte* Rn 13.
19 *Winterfeldt* VPP-Rdbr 2000, 40, 45.
20 *Fitzner/Lutz/Bodewig* § 35 Rn 39, zwh.
21 BGH GRUR 2012, 91 Polierendpunktbestimmung; BPatG 4.4.2012 10 W (pat) 35/08; BPatG 4.4.2012 10 W (pat) 46/08; *Schulte* Rn 13; *Mes* Rn 4.

dung verpflichtet.[22] Die Unterschrift des Übersetzers ist öffentlich beglaubigen zu lassen, ebenso die Tatsache, dass der Übersetzer für derartige Zwecke öffentlich bestellt ist (§ 14 Abs 1 Satz 1 PatV). Fehlen der Beglaubigung führt zur Nichtberücksichtigung.[23]

11   **3.** Die **Frist** für die Einreichung der Übersetzung der Anmeldeunterlagen beträgt drei Monate ab Einreichung der Anmeldung (abw für Anmeldungen in engl und franz Sprache Rn 16). Eine Aufforderung durch das DPMA ist nicht vorgesehen[24] und erfolgt auch in der Praxis nicht.[25] Die Frist ist wiedereinsetzungsfähig[26] (§ 123), jedoch nicht weiterbehandlungsfähig (§ 123a); sie kann auch nicht verlängert werden.[27] Die Bemessung der Frist soll dem ausländ Anmelder ausreichend Zeit einräumen, eine Übersetzung anzufertigen und nachzureichen.[28] Für die Einreichung von Übersetzungen von Unterlagen, die nicht zu den Anmeldeunterlagen zählen, sieht § 14 Abs 2–5 PatV eine Regelung vor.

12   **4. Inhaltliche Erfordernisse.** Die systematische Stellung sowie Sinn und Zweck des § 35 Abs 2 Satz 2 Halbsatz 2 aF geboten es, die dort normierte Rechtsfolge nicht eintreten zu lassen, wenn Fehler oder Auslassungen in der Übersetzung ausschließlich solche Angaben betrafen, die nicht für die Zuerkennung eines Anmeldetags erforderlich waren. Betraf die Auslassung in der Übersetzung Angaben, die für die Zuerkennung eines Anmeldetags erforderlich waren, zog dies in jedem Fall die Rechtsfolge des § 35 Abs 2 Satz 2 Halbsatz 2 aF nach sich. Fehlten in der Übersetzung dagegen sonstige Angaben oder Bestandteile der Anmeldung, die im weiteren Verlauf des Erteilungsverfahrens insb im Hinblick auf die Offenlegung erforderlich waren, kam zum Tragen, dass sich der Offenbarungsgehalt einer Anmeldung nach den Unterlagen in der Originalsprache und nicht nach der Übersetzung richtet; insoweit konnte die Übersetzung daher korrigiert und ergänzt werden.[29] Auf den Umfang der Auslassung kam es dabei nicht an.[30] Sinn und Zweck der Bestimmung erforderten es nicht, dass die Fälle fehlerhafter oder unvollständiger Übersetzungen einer gänzlich fehlenden Übersetzung gleichzustellen waren mit der Folge, dass jeder Fehler oder jede Auslassung zum Verlust des Anmeldetags führen musste, ihnen entsprach es, dass eine Übersetzung, die die in § 35 Abs 2 Satz 1 aF genannten Angaben umfasste, die Rechtsfolge des § 35 Abs 2 Satz 2 aF nicht auslöste. Erfüllte die Übersetzung die Mindestanforderungen, die für die fremdsprachige Anmeldung selbst gelten – Name des Anmelders, Antrag auf Erteilung des Patents und Angaben, die dem äußeren Anschein nach eine Beschreibung der Erfindung darstellen –, genügte sie den Anforderungen, die das Gesetz für die Zuerkennung des Anmeldetags ausreichen lässt. Es war nicht entscheidend, wie umfangreich Auslassungen in der Übersetzung verglichen mit den fremdsprachigen Unterlagen waren, denn dies hätte eine Prüfung im Einzelfall vorausgesetzt, die das Gesetz nicht forderte und die das DPMA jedenfalls nicht für alle Fremdsprachen leisten konnte. Entscheidend war vielmehr der äußere Anschein einer Beschreibung, auf den § 35 Abs 2 Satz 1 aF für den fremdsprachigen Text ausdrücklich abstellte. Auf diesen Anschein kam es nicht nur für den fremdsprachigen Text selbst, sondern auch für dessen Übersetzung an, denn auch für diese galt, dass eine Prüfung auf Vollständigkeit nicht Voraussetzung für die Zuerkennung des Anmeldetags war.[31] Die fehlerhafte Übersetzung konnte daher in jeder Lage des Anmeldeverfahrens und auch schon vor Ablauf der Dreimonatsfrist sowohl in der Offensichtlichkeitsprüfung nach § 42 als auch in der Sachprüfung beanstandet und bei erfolgloser Beanstandung die Anmeldung zurückgewiesen werden.[32] Diese Grundsätze werden auch auf die geänd Rechtsfolge der neuen Bestimmung anzuwenden sein. Er-

---

22   *Schulte* Rn 23; *Fitzner/Lutz/Bodewig* § 35 Rn 40.
23   *Fitzner/Lutz/Bodewig* § 35 Rn 40.
24   Vgl *Benkard* Rn 11.
25   Vgl *Winterfeldt* VPP-Rdbr 2000, 40, 44.
26   Begr 2.PatGÄndG BlPMZ 1998, 393, 404; *Benkard* Rn 11; *Schulte* Rn 15; *Fitzner/Lutz/Bodewig* § 35 Rn 37.
27   *Mes* Rn 9.
28   Begr 2.PatGÄndG BlPMZ 1998, 393, 403.
29   BGH GRUR 2012, 91 Polierendpunktbestimmung; BGH Mitt 2012, 30 Tafelbearbeitungsmaschine [Panelli di legno]; vgl *Fitzner/Lutz/Bodewig* § 35 Rn 53; *Mes* Rn 4.
30   BGH Polierendpunktbestimmung; BGH Tafelbearbeitungsmaschine [Panelli di legno].
31   BGH Polierendpunktbestimmung; BGH Tafelbearbeitungsmaschine [Panelli di legno].
32   BPatG 4.4.2012 10 W (pat) 35/08.

kennbare Scheinübersetzungen werden freilich – wie beim Übersetzungserfordernis für eur Patentschriften – nicht anzuerkennen sein.[33]

Ist die Übersetzung **enger** als der Offenbarungsgehalt der fremdsprachlichen Anmeldung, kann hierin eine Beschränkung iSd § 38 liegen.[34]   13

Zu den Folgen einer **Nichtanmeldung** nach früherem Recht nach diesen Kriterien Rn 19 zu § 35.   14

Nach der Neuregelung gilt die Anmeldung als zurückgenommen; die Gebühr ist damit verfallen. Damit bleibt anders als nach früherer Rechtslage die Möglichkeit der Prioritätsinanspruchnahme erhalten.[35] Die **Rücknahmefiktion** tritt bei einer teilweise in deutscher Sprache und teilweise in einer anderen Sprache eingereichten Anmeldung auch dann nicht ein, wenn keine Übersetzung eingereicht wird, die deutschsprachigen Teile der Anmeldung aber die Voraussetzungen für die Zuerkennung eines Anmeldetags erfüllen.[36]   15

V. Erleichterungen für englisch- und französischsprachige Anmeldungen

Nach der Neuregelung beträgt die Frist zur Einreichung übersetzter Anmeldungen in den beiden anderen Amtssprachen des EPA zwölf Monate. Damit wird die Patentanmeldung für diese beiden Amtssprachen des EPA erleichtert.[37] Der Anmelder soll mit dem neu definierten Recherchebericht des DPMA in der Lage sein zu entscheiden, ob Aussicht auf Patenterteilung besteht. Für den Fall der Prioritätsbeanspruchung richtet sich die Frist nach Abs 2 Satz 3, sie endet mithin 15 Monate nach dem frühesten Prioritätstag.[38] Auch diese Fristen können nicht verlängert werden.[39]   16

VI. Fristverkürzung

Nach Abs 3 kann das DPMA den Anmelder bereits nach Stellung eines Recherche- oder Prüfungsantrags zur Einreichung einer Übersetzung auffordern.[40] Wird hierbei eine Frist bestimmt, ist diese als Amtsfrist weiterbehandlungsfähig (§ 123a).[41] Nach erfolglosem Fristablauf kann die Anmeldung zurückgewiesen werden.[42]   17

C. EPÜ

Die Beschreibung muss anders als vor Inkrafttreten der EPÜ-Reform[43] zur Sicherung des Anmeldetags nicht mehr in den in Art 14 Abs 1 oder 2 EPÜ vorgesehenen **Sprachen** eingereicht werden. Schädlich war vor Inkrafttreten der EPÜ-Revision die Einreichung der Patentansprüche und der Beschreibung in verschiedenen Amtssprachen, jedoch konnte sich der Anmelder auf den Grundsatz des Vertrauensschutzes berufen, wenn ihn die Eingangsstelle über längere Zeit im Glauben lässt, die Anmeldung sei wirksam eingereicht.[44] Dies wird grds weiterhin zu gelten haben.[45]   18

---

33 BPatGE 52, 73 = GRUR 2011, 360: Übersetzung betrifft andere Anmeldung oder ganze Bestandteile der Anmeldungsunterlagen fehlen; *Fitzner/Lutz/Bodewig* § 35 Rn 42; vgl *Keukenschrijver* FS D. Stauder (2011), 117, 122.
34 *Fitzner/Lutz/Bodewig* § 35 Rn 45.
35 Vgl auch *Mes* Rn 6.
36 BPatGE 53, 169 = Mitt 2012, 272.
37 Vgl *Benkard* Rn 13.
38 Vgl *Schulte* Rn 19.
39 *Mes* Rn 9.
40 Vgl Begr BTDrs 17/10308 = BlPMZ 2013, 366, 370.
41 *Mes* Rn 9 sieht sie lediglich als verlängerbar an.
42 *Benkard* Rn 27.
43 *MGK/Bossung* Art 80 EPÜ Rn 60 ff; vgl EPA J 15/98 ABl EPA 2001, 183 Anmeldetag; EPA T 382/94 ABl EPA 1998, 24, 28 f ursprünglich eingereichte Unterlagen, auch zur Frage, ob anderssprachige Teile in Patentansprüchen und Beschreibung schädlich sind; *MGK/Bossung* Art 80 EPÜ Rn 63; *Benkard-EPÜ* Art 80 Rn 23, 41; *MGK/Haertel* Art 14 EPÜ Rn 26.
44 EPA J 18/96 ABl EPA 1998, 403 = GRUR Int 1998, 801 Anmeldetag; EPA J 22/03 Verbesserungen in einem Funk-Kommunikationssystem: kein Anmeldetag, falls anderssprachige Anmeldeteile eingereicht werden; vgl auch HABM ABl HABM 2000, 144.
45 Vgl aber *Singer/Stauder* EPÜ Art 80 Rn 13.

D. Europäisches Patent mit einheitlicher Wirkung

19   S die Kommentierung in Rn 113 f Europäisches Patent mit einheitlicher Wirkung.

§ 36
(Zusammenfassung)

(1) Der Anmeldung ist eine Zusammenfassung beizufügen, die noch bis zum Ablauf von fünfzehn Monaten nach dem Anmeldetag oder, sofern für die Anmeldung ein früherer Zeitpunkt als maßgebend in Anspruch genommen wird, bis zum Ablauf von fünfzehn Monaten nach diesem Zeitpunkt nachgereicht werden kann.

(2) [1]Die Zusammenfassung dient ausschließlich der technischen Information. [2]Sie muß enthalten:

1. die Bezeichnung der Erfindung;
2. eine Kurzfassung der in der Anmeldung enthaltenen Offenbarung, die das technische Gebiet der Erfindung angeben und so gefaßt sein soll, daß sie ein klares Verständnis des technischen Problems, seiner Lösung und der hauptsächlichen Verwendungsmöglichkeit der Erfindung erlaubt;
3. eine in der Kurzfassung erwähnte Zeichnung; sind mehrere Zeichnungen erwähnt, so ist die Zeichnung beizufügen, die die Erfindung nach Auffassung des Anmelders am deutlichsten kennzeichnet.

EPA-PrRl A-III 10; B-XI (mit Anl WIPO-Norm ST 12); C-II 2
Ausland: Frankreich: Art R 612-3, 20 CPI; **Litauen:** Art 15 PatG; **Luxemburg:** Art 25 PatG 1992/1998; **Mazedonien:** § 47 GgR; **Niederlande:** Art 24 Abs 2 ROW 1995; **Schweiz:** Art 55bPatG, Art 32, 33 PatV; **Serbien:** Art 27 PatG 2004; **Spanien:** Art 27 PatG; **Türkei:** Art 48 VO 551

Übersicht

Schrifttum: (zur Patentinformation s die Hinweise zu § 29) *Bossung* Unionspatent statt Gemeinschaftspatent, GRUR Int 2002, 463; *Camp* Some observations on the technical content of existing and future families of UK, EPO and derwent Abstracts, epi-information 1999, 10; *Rupprecht* Plädoyer für die „Zusammenfassung", Mitt 1990, 75; *Schmieder* Deutsches Patentrecht in Erwartung des europäischen Gemeinschaftspatents, NJW 1980, 1190.

A. Entstehungsgeschichte; Anwendungsbereich

1   Die an Art 78, 85 EPÜ und Art 3 Abs 3 PCT[1] angelehnte Bestimmung ist durch das GPatG als § 26a neu eingeführt worden; die geltende Paragraphenbezeichnung beruht auf der Neubek 1981. Das 2. PatGÄndG hat Abs 1 geänd („Anmeldetag" statt „Tag der Einreichung der Anmeldung").[2]

2   **Anwendungsbereich.** Im Gebrauchsmusterrecht ist eine Zusammenfassung nicht vorgesehen. Sie wird dort auch als nicht zulässig angesehen.[3] Auch das **ergänzende Schutzzertifikat** kennt die Zusammenfassung nicht.

---

1   Zur Entstehungsgeschichte dieser Regelungen *MGK/Straus* Art 85 EPÜ Rn 6 ff.
2   Vgl Begr BlPMZ 1998, 393, 404.
3   *Bühring* § 4 GebrMG Rn 4.

B. Die Zusammenfassung

I. Zweck; Bedeutung

Die Zusammenfassung soll dem gestiegenen technischen Informationsbedürfnis in einer für Doku- **3** mentationszwecke geeigneten Form Rechnung tragen, was die Anmeldeunterlagen weniger gut leisten können,[4] und ist in der technischen Lit üblichen „abstracts" vergleichbar.[5] Schon die vorbildgebende Regelung im EPÜ nützt die Erfahrungen der „ICIREPAT"-(Committee for International Cooperation in Information Retrieval among Examining Patent Offices)-Arbeiten.[6]

Die Zusammenfassung dient „ausschließlich" der **technischen Unterrichtung**[7] (Abs 2 Satz 1). Art 85 **4** EPÜ und Art 3 Abs 3 PCT regeln weitergehend, dass die Zusammenfassung nicht für **andere Zwecke**, insb für die Bestimmung des Umfangs des begehrten Schutzes, herangezogen werden kann. Dies gilt auch für das nationale Recht. Die Zusammenfassung rechnet deshalb nicht zum Inhalt der ursprünglichen Offenbarung iSd § 21 Abs 1 Nr 4 (vgl Rn 242 zu § 34), was sich auch daraus ergibt, dass sie der Anmeldung „beizufügen", also nicht deren Bestandteil ist.[8] Der Inhalt der Zusammenfassung kann nicht zum Nachweis dafür herangezogen werden, dass eine unzulässige Erweiterung nicht vorliegt.[9]

Zusammenfassung als Stand der Technik. Zum StdT nach § 3 Abs 2 rechnet die Zusammenfassung **5** nicht[10] (so ausdrücklich Art 85 EPÜ zum Verhältnis zu Art 54 Abs 3 EPÜ sowie die EPA-PrRl C-IV 6.1; Rn 158 zu § 3). Dagegen kann die veröffentlichte Zusammenfassung nicht anders als jegliche sonstige Veröffentlichung behandelt werden[11] (Rn 44, 158 zu § 3).

II. Form; Inhalt

1. Allgemeines. Die Zusammenfassung muss den Vorgaben des Abs 2 Satz 2 genügen (s auch das **6** Merkblatt für die Zusammenfassung zur Patentanmeldung [P 2794/9.13]).[12]

2. Einzelne Bestandteile

a. Anzugeben ist die **Bezeichnung der Erfindung** (Abs 2 Satz 2 Nr 1). Dies entspricht dem Erfordernis **7** in § 34 Abs 3 Nr 2 sowie in Regel 47 Abs 1 AOEPÜ[13] (EPA-PrRl A-III 7). Die Bezeichnung sollte mit der im Erteilungsantrag und mit dem Titel der Beschreibung übereinstimmen.[14]

b. Die Zusammenfassung hat weiter eine **Kurzfassung der** in der Anmeldung enthaltenen **Offenba-** **8** **rung** zu enthalten (Abs 2 Satz 2 Nr 2). Das Erfordernis entspricht im wesentlichen Regel 47 Abs 2, 3 AOEPÜ, die allerdings vorsieht, dass die Zusammenfassung aus nicht mehr als 150 Worten bestehen soll, und Regel 8.1 Buchst a und b AOPCT. Über die Offenbarung in der Anmeldung darf sie nicht hinausgehen.[15] Der auch insoweit durch § 34 Abs 6, § 1 Abs 2 DPMAV gedeckte § 13 PatV regelt Einzelheiten; danach soll die Zusammenfassung aus nicht mehr als 1.500 Zeichen bestehen; sie darf eine chemische Formel enthalten, jedoch keine Bezugnahmen.

---

4 Begr GPatG BlPMZ 1979, 276, 283; vgl *Benkard-EPÜ* Art 85 Rn 2 ff.
5 *Schmieder* NJW 1980, 1190, 1195; *Benkard* Rn 1b; *MGK/Straus* Art 85 EPÜ Rn 1.
6 *MGK/Straus* Art 85 EPÜ Rn 9.
7 Hierzu *Benkard* Rn 11; *Mes* Rn 1; *Fitzner/Lutz/Bodewig* Rn 1.
8 *Benkard* Rn 11; *Schulte* Rn 27; *Fitzner/Lutz/Bodewig* Rn 2; vgl BPatG 6.4.2000 9 W (pat) 53/98; zur Frage, wieweit die Zusammenfassung als Indiz für das Verständnis der Anmeldeunterlagen durch den Fachmann herangezogen werden kann, *Schmieder* NJW 1980, 1190, 1195 Fn 48; enger, aber nicht gänzlich abl *Benkard* Rn 11a; vgl auch *Schulte* Rn 27.
9 EPA T 246/86 ABl EPA 1989, 199 = GRUR Int 1990, 68 Identifikationssystem; EPA T 407/86 EPOR 1988, 255 Memory circuit.
10 Vgl *Benkard* § 3 Rn 297; *Schulte* Rn 26.
11 Vgl *Benkard* Rn 11a; EPA T 160/92 ABl EPA 1995, 35 Druckplatte, zu „Japan Abstracts"; *MGK/Straus* Art 85 EPÜ Rn 24.
12 Im Internet unter http://www.dpma.de/patent/formulare.
13 Vgl *Benkard* Rn 5.
14 *Schulte* Rn 10; vgl *Fitzner/Lutz/Bodewig* Rn 4.
15 Vgl *Schulte* Rn 11; *Fitzner/Lutz/Bodewig* Rn 5 stellt auf „wesentliches" Hinausgehen ab.

9   c. Eine **Zeichnung** ist nicht zwingend vorgeschrieben (anders Regel 47 Abs 4 AOEPÜ für den Fall, dass die Anmeldung Zeichnungen enthält); nur wenn die Kurzfassung Zeichnungen erwähnt, muss die Zusammenfassung eine Zeichnung enthalten[16] (Abs 2 Satz 2 Nr 3); werden mehrere Zeichnungen erwähnt, ist die die Erfindung nach Auffassung des Anmelders am deutlichsten kennzeichnende beizufügen.[17]

10   **3. Muster für eine Zusammenfassung** im Anh.

III. Frist zur Vorlage

11   Die Bestimmung, dass der Anmeldung eine Zusammenfassung beizufügen ist, stellt im Hinblick auf die vom Gesetz eröffnete Möglichkeit zur Nachreichung eine sanktionslose Ordnungsvorschrift dar; Wiedereinsetzung kommt daher nicht in Betracht.[18] Die 15-Monats-Frist entspricht der in § 37, jedoch sieht § 36 die in § 37 Abs 2 eröffnete Erleichterung nicht vor. Die Fristdauer soll es ermöglichen, die Zusammenfassung in die Offenlegungsschrift aufzunehmen[19] (vgl § 32 Abs 2 Satz 2). Auch die Versäumung der 15-Monats-Frist ist an sich sanktionslos,[20] jedoch führt die Nichtvorlage der Zusammenfassung zwingend zur Beanstandung schon bei der Offensichtlichkeitsprüfung; sie kann damit Grundlage für die Zurückweisung der Anmeldung sein, jedoch erst dann, wenn die zur Mängelbeseitigung bestimmte (wiedereinsetzungsfähige) Frist nach § 42 Abs 1 Satz 1 oder nach § 45 Abs 1 abgelaufen ist.[21] Dies setzt aber einen Mängelbescheid des DPMA nach Fristablauf voraus, der nicht schon in einem Hinweis auf die Bibliographiemitteilung liegt.[22] Der Mangel ist noch im Abhilfeverfahren und der Beschwerdeinstanz heilbar (Rn 17 ff zu § 37). Für eine Wiedereinsetzung in die Frist ist deshalb kein Raum.[23]

IV. Teilanmeldungen

12   Ist die Stammanmeldung bereits offengelegt, bedarf es für die Teilanmeldung keiner Zusammenfassung mehr (vgl Rn 35 zu § 39).[24]

13   **V. Änderungen** der Zusammenfassung sind vor Veröffentlichung möglich. Änderungen, die einer Beanstandung Rechnung tragen, müssen auch nach Ablauf der 15-Monats-Frist zugelassen werden.

14   **VI. Mängel** der Zusammenfassung sind nach §§ 42, 45 zu beanstanden; dies beschränkt sich aber, wie sich aus § 45 Abs 1 Satz 1 ergibt, auf offensichtliche Mängel,[25] so, wenn die Zusammenfassung nicht die in Abs 2 Satz 2 genannten Bestandteile aufweist,[26] nicht § 13 Abs 1 PatV entspricht, nicht in dt Sprache abgefasst ist oder offensichtlich im Widerspruch zur Offenbarung in der Anmeldung steht;[27] im übrigen ist Kleinlichkeit nicht angebracht.[28] Nach Veröffentlichung der Zusammenfassung ist eine Beanstandung sinnlos; sie hat daher zu unterbleiben.[29]

---

16   *Benkard* Rn 7.

17   *Schulte* Rn 13 sieht auch eine Zeichnung als zulässig an, die nicht mit den Zeichnungen nach § 34 Abs 3 Nr 5 identisch, sondern vereinfacht ist.

18   Vgl *Fitzner/Lutz/Bodewig* Rn 8.

19   Begr GPatG BlPMZ 1979, 276, 283.

20   Vgl *Benkard* Rn 3; *Schulte* Rn 16; *Mes* Rn 3; BPatG 25.11.2004 20 W (pat) 66/04.

21   BPatG 25.11.2004 20 W (pat) 66/04; vgl BPatG 25.11.2004 20 W (pat) 62/04; vgl *Fitzner/Lutz/Bodewig* Rn 8.

22   BPatG 25.11.2004 20 W (pat) 66/04; vgl BPatG 25.11.2004 20 W (pat) 62/04.

23   *Benkard* Rn 3.

24   BPatGE 47, 13 = GRUR 2003, 783; *Fitzner/Lutz/Bodewig* Rn 12; ähnlich, allerdings unter Abstellen auf die Veröffentlichung der Zusammenfassung zur Stammanmeldung, *Benkard* Rn 9b; aA BPatG 22.10.1996 und 14.2.1997 14 W (pat) 64/96; *Schulte* Rn 5.

25   Vgl *Benkard* Rn 8; *Schulte* Rn 19; *Fitzner/Lutz/Bodewig* Rn 9.

26   *Benkard* Rn 9.

27   Vgl *Schulte* Rn 19 mit weiteren Bsp.

28   Vgl *Benkard* Rn 9.

29   *Benkard* Rn 8, 10 unter Hinweis auf die Begr GPatG BlPMZ 1979, 276, 283; *Schulte* Rn 22.

VII. Veröffentlichung

Die Zusammenfassung wird in der Offenlegungsschrift oder in der Patentschrift veröffentlicht (§ 32 **15** Abs 2 Satz 2, Abs 3 Satz 3; Näheres s dort). Eine Anzeige erfolgt auch im EDV-Patentregister.[30]

C. EPÜ

Anders als nach dem PatG ist die Zusammenfassung der Anmeldung nicht nur beizufügen, sondern **16** deren Bestandteil (Art 78 Abs 1 Buchst e EPÜ). Fehlen der Zusammenfassung ist behebbarer Mangel, der nach Regeln 57 Buchst d, 58 AOEPÜ gerügt wird, Nichtbehebung führt zur Zurückweisung der Anmeldung nach Art 90 Abs 5 EPÜ.[31] Die Überprüfung der Zusammenfassung erfolgt anhand einer Kontrollliste nach WIPO-Norm ST 12.[32] Beim EPA wurden Überlegungen in Richtung auf eine „erweiterte Zusammenfassung" angestellt.[33]

Art 85 EPÜ betrifft die Zusammenfassung, die auch nach dem EPÜ ausschließlich der technischen In- **17** formation dient.[34] Ergänzend verhält sich **Regel 47 AOEPÜ** zu Form und Inhalt der Zusammenfassung. Diese muss neben der Bezeichnung der Erfindung eine Kurzfassung der in Beschreibung und Zeichnungen offenbarten Erfindung enthalten und darf nicht länger als 150 Wörter sein. Detaillierte Vorgaben macht der WIPO-Standard ST 12.

In Betracht kommt die Verwendung **„kategorisierter Zusammenfassungen"** nach den ICIREPAT- **18** Richtlinien (Rn 3).[35]

Den **endgültigen Inhalt der Zusammenfassung** betrifft Regel 66 AOEPÜ. **19**

Veröffentlichung. Die Zusammenfassung ist grds mit der eur Patentanmeldung, ggf gesondert, zu **20** veröffentlichen[36] (Regel 68 AOEPÜ).

§ 37
(Erfinderbenennung)

(1) [1] Der Anmelder hat innerhalb von fünfzehn Monaten nach dem Anmeldetag oder, sofern für die Anmeldung ein früherer Zeitpunkt als maßgebend in Anspruch genommen wird, innerhalb von fünfzehn Monaten nach diesem Zeitpunkt den oder die Erfinder zu benennen und zu versichern, daß weitere Personen seines Wissens an der Erfindung nicht beteiligt sind. [2] Ist der Anmelder nicht oder nicht allein der Erfinder, so hat er auch anzugeben, wie das Recht auf das Patent an ihn gelangt ist. [3] Die Richtigkeit der Angaben wird vom Patentamt nicht geprüft.

(2) [1] Macht der Anmelder glaubhaft, daß er durch außergewöhnliche Umstände verhindert ist, die in Absatz 1 vorgeschriebenen Erklärungen rechtzeitig abzugeben, so hat ihm das Patentamt eine angemessene Fristverlängerung zu gewähren. [2] Die Frist kann nicht über den Erlaß des Beschlusses über die Erteilung des Patents hinaus verlängert werden.

EPA-PrRl A-III 6

Ausland: Bosnien und Herzegowina: Art 21 PatG 2010 (Nichtnennung); **Frankreich:** Art L 611-9 CPI, R 611-15–17 CPI; **Italien:** Art 128, 165 CDPI; **Litauen:** Art 9 PatG; **Luxemburg:** Art 17 PatG 1992/1998; **Niederlande:** Art 24 Abs 1, 38 Abs 2 ROW 1995; **Österreich:** § 20 öPatG; **Polen:** Art 32 RgE 2000; **Schweiz:** Art 5, 6 PatG; Art 34–38 PatV; **Spanien:** Art 23, vgl Art 14 PatG; **Tschech. Rep.:** § 25 Abs 1 PatG; **Türkei:** Art 44 VO 551; **VK:** Sec 13 Abs 2 Patents Act

---

30 Vgl MittPräsDPA Nr 8/83 BlPMZ 1983, 342.

31 Vgl Mitteilung ABl EPA 1979, 293 und 1982, 357.

32 EPA-PrRl B-XI, Anlage.

33 Vgl *Bossung* GRUR Int 2002, 463, 471.

34 Vgl EPA T 246/86 ABl EPA 1989, 199 = GRUR Int 1990, 68 Identifikationssystem; EPA T 168/86; EPA T 407/86 EPOR 1988, 254 Non-volatile semiconductor memory circuit; EPA T 606/06; *Singer/Stauder* EPÜ Art 85 Rn 3; vgl weiter EPA T 1080/99 ABl EPA 2000, 568, 586 Berührungssteuerung, zu Abweichungen von der Anmeldung in einem „Japan Abstract".

35 *MGK/Straus* Art 85 EPÜ Rn 13.

36 Einzelheiten *MGK/Straus* Art 85 EPÜ Rn 19 ff.

Schrifttum: *Beil* Erfindernennung und Miterfinder, CIT 1953, 533, 633; *Benkard* Persönlichkeitsrecht und Erfindungsschutz, GRUR 1950, 481; *Beyerlein* Unwahre Erfinderbenennung und ihre Konsequenzen, Mitt 2003, 65; *Doukoff* Das Recht auf Erfindernennung als Bestandteil des Erfinderpersönlichkeitsrechts, Diss München 1976; *Ehlers* Kann ein Erfinder die Nennung seines Namens auch bei anderen als den amtlichen Veröffentlichungen über die Erfindung verlangen? GRUR 1950, 359; *Hellebrand* Definition und Bewertung des miterfinderischen Beitrags, Mitt 2010, 432; *Johannesson* Erfinder – Erfindungen – „Betriebserfindungen", GRUR 1973, 581; *Kraßer* Der „Verzicht" des Anmelders im Erteilungsverfahren, GRUR 1985, 689; *Lichti* Grenzen der Unterzeichnungsbefugnis des Bevollmächtigten bei der Erfinderbenennung, Mitt 1982, 41; *Liebenau/Zech/Hofmann* Das Recht an der Erfindung und das Recht auf das Patent, ZGE 2012, 133; *Loth* Erfindernennung mit Rangfolge, GRUR 1948, 233; *Mast* Der abschließende Entwurf des Vertrags über die Internationale Zusammenarbeit auf dem Gebiet des Patentwesens (PCT), GRUR Int 1969, 273; *Mast* Die Erfindernennung, GRUR Int 1971, 106; *Rauter* Die Namensnennung des Erfinders, MuW 37, 84; *Schanze* Der rechtliche Schutz der Erfinderehre, GRUR 1902, 65; *Seeger/Wagner* Offene Fragen der Miterfinderschaft, Mitt 1975, 108; *Starck* Die Erschleichung der Erfinderehre, GRUR 1937, 599; *Witte* Die Angabe der Anmeldeberechtigung bei Diensterfindungen, GRUR 1963, 76; *Zeller* Die Bedeutung der Erfinderbenennung, Mitt 1955, 16.

A. Entstehungsgeschichte; Geltungsbereich

1   **Art 4ter PVÜ** (seit Londoner Fassung unverändert)[1] ist internat Grundlage des Rechts des Erfinders, als solcher genannt zu werden.

2   Die Bestimmung, die mit der in § 63 korrespondiert, ist unter Abkehr von dem bis dahin geltenden reinen Anmelderprinzip als § 26 Abs 6 **PatG 1936** eingefügt worden. Die Begr[2] führt aus, mit Rücksicht auf die neuen Vorschriften zur Wahrung der Erfinderehre sei die Bestimmung aufgenommen worden, mit der unlauteren Machenschaften zur Ausschaltung Beteiligter und zur Vorschiebung von Strohmännern zwecks Erlangung des Armenrechts vorgebeugt werden solle.

3   Eine mit dem heutigen **Absatz 2** sachlich übereinstimmende Bestimmung ist durch das 5. ÜberlG als § 26 Abs 7 eingeführt worden; sie übernimmt im wesentlichen Erleichterungen, die bereits durch die VOen vom 9.11.1940 und 12.5.1943 eingeführt worden waren;[3] dabei wurde davon ausgegangen, dass eine Verlängerung der Erklärungsfrist über den Patenterteilungsbeschluss hinaus eine auf wenige Fälle beschränkte Ausnahme bleiben werde.

4   § 26 Abs 6 Satz 1 ist durch das **PatÄndG 1967** neu gefasst worden.

5   Die geltende Fassung des Abs 1 Satz 1 beruht auf dem **GPatG**, das zugleich die Bestimmung als § 26b verselbstständigt hat, die Bezeichnung als § 37 auf der Neubek 1981. Die Fassung des GPatG ist auf alle **seit dem** 1.1.1981 erfolgten Anmeldungen anzuwenden (Art 12 Abs 1 GPatG). Das **2. PatGÄndG** hat Abs 1 Satz 1 geänd[4] („Anmeldetag" statt „Tag der Einreichung der Anmeldung").

6   **Änderung.** Das Gesetz zur Novellierung patentrechtlicher Vorschriften und anderer Gesetze des gewerblichen Rechtsschutzes hat in Abs 2 Satz 2 das Wort „soll" durch „kann" ersetzt und Abs 2 Satz 3, 4

---

1   Zur Londoner Konferenz *MGK/Bossung* Art 81 EPÜ Rn 9 f.
2   BlPMZ 1936, 103, 110.
3   Vgl Begr BlPMZ 1953, 295 f.
4   Vgl Begr BlPMZ 1998, 393, 404.

gestrichen. Die Begr[5] führt hierzu aus, durch eine zeitlich verzögerte Erfinderbenennung werde in das Erfinderpersönlichkeitsrecht eingegriffen, das nach § 63 PatG dem Erfinder ein Recht auf seine Nennung gebe. Diese Einschränkung finde ihre Rechtfertigung darin, dass die Bestimmung des einzelnen Erfinders oder gar des Kreises von Miterfindern schwierig sein könne und nicht selten eine komplizierte tatsächliche und rechtl Prüfung erfordere. Werde die Erfinderbenennung so weit verzögert, dass das Patent ohne Erfinderbenennung erteilt werde, sei das Erfinderpersönlichkeitsrecht im Ergebnis zu stark und in einer nicht mehr durch die Belange des Anmelders zu rechtfertigenden Weise beschränkt. Der Anmelder habe ab Anmeldung oder ab dem Prioritätsdatum 15 Monate Zeit zur Prüfung der Erfinderschaft und zur Benennung des Erfinders; dieser Zeitraum könne sogar noch verlängert werden. Spätestens bis zur Erteilung des Patents sollte der Anmelder Zeit genug gehabt haben, um sich über die Erfinderschaft Gewissheit zu verschaffen und dem Erfinder zu seinem Recht auf Nennung zu verhelfen. Hinzu komme, dass die Patenterteilung ohne Erfinderbenennung einen erheblichen Verwaltungsaufwand und Vorkehrungen in der elektronischen Datenverarbeitung beim DPMA erfordere. Da diese Verfahrensmöglichkeit durchschnittlich nur etwa einmal pro Jahr in Anspruch genommen werde, erscheine dieser Aufwand nicht gerechtfertigt. Die Möglichkeiten des Anmelders zur Verzögerung der Erfinderbenennung sollten daher durch das Prinzip „keine Patenterteilung ohne Erfinderbenennung" begrenzt werden. Die Neuregelung gilt für alle Verfahren, in denen zum Zeitpunkt des Inkrafttretens (1.4.2014) der Neuregelung der Verlängerungsantrag beim DPMA noch nicht eingegangen war (§ 147 Abs 4 – neu).

Auf **PCT-Anmeldungen** ist die Bestimmung nicht anzuwenden (vgl Rn 35). Zur Rechtslage im **EPÜ** **7** s Rn 27 ff. Im **Gebrauchsmusterrecht** sind die Bestimmungen über die Erfinderbenennung nicht anwendbar (Rn 3 zu § 13 GebrMG).

B. Die Erfinderbenennung

I. Rechtsnatur; Bedeutung

Die Erfinderbenennung ist als Ausfluss des Erfinderpersönlichkeitsrechts[6] Grundlage für die Erfin- **8** dernennung nach § 63 (vgl Rn 6 zu § 63). Sie ist ein vom Anmelder[7] zu erfüllendes, nachholbares Anmeldeerfordernis. Anders als als Anmelder kommt als Erfinder immer nur eine oder mehrere natürliche Person(en) in Betracht. Es handelt sich zwar um einen behebbaren Mangel; Nichterfüllung nach Beanstandung führt aber zur Zurückweisung der Anmeldung.[8]

II. Form

1. Allgemeines. § 37 stellt keine Formerfordernisse auf. Die Verordnungsermächtigungen in § 34 **9** Abs 7 und in § 63 Abs 4 sowie die Delegationsbefugnis auf den PräsDPMA, von der in § 20 DPMAV Gebrauch gemacht ist, sind Grundlage für die Regelung der Förmlichkeiten in der PatV (Rn 11 ff), früher in der ErfBenV (Rn 10).

2. Patentverordnung. Die durch die Ermächtigungsgrundlage in § 34 Abs 6 gedeckten[9] §§ 7, 8 PatV **10** haben mWv 15.10.2003 die frühere VO über die Benennung des Erfinders (Erfinderbenennungsverordnung – ErfBenV) vom 29.5.1981[10] abgelöst (vgl Rn 50 zu § 63).

---

5 BTDrs 17/10308 S 16 f = BlPMZ 2013, 366, 371.
6 BGH GRUR 2004, 272 rotierendes Schaftwerkzeug; *Mes* Rn 1; *Schulte* Rn 9.
7 *Schulte* Rn 9; vgl aber *MGK/Bossung* Art 81 EPÜ Rn 37 ff zur Mitverantwortung des Vertreters, des Amts und des Erfinders.
8 BPatG Mitt 2015, 145.
9 *Schulte* Rn 11, zu § 7 PatV.
10 BGBl I 525 = BlPMZ 1981, 231.

3. Einzelheiten

11   **a. Formblatt.** Die Benennung hat schriftlich oder als Datei[11] entspr dem vom DPMA bekanntgemachten Formblatt (P 2792)[12] zu erfolgen (§ 7 Abs 1 PatV). Auch der Antrag auf Nichtnennung, dessen Widerruf sowie Anträge auf Berichtigung oder Nachholung der Nennung sind schriftlich einzureichen (§ 8 Abs 1 Satz 1 PatV). Die Benennung hat in dt Sprache zu erfolgen (§ 126); da sie kein Bestandteil der Anmeldung ist § 35 Abs 1 Satz 1 nicht anwendbar.[13] Benennt sich der Patentanmelder selbst als alleinigen Erfinder, brauchte nach früherer Rechtslage diese Erklärung jedenfalls dann nicht auf einem besonderen Blatt abgegeben zu werden, wenn kein Antrag auf Nichtnennung gestellt wurde;[14] nach geltendem Recht dürfte jetzt auch in diesem Fall das Formblatt zu verwenden sein.[15] Die inhaltlichen Anforderungen regelt § 7 Abs 2 PatV.

12   **b. Unterschrift.** Die Erfinderbenennung muss vom Anmelder (bei mehreren von allen) oder seinem Vertreter unterschrieben werden (§ 7 Abs 2 Nr 5 PatV). Der Antrag auf Nichtnennung, dessen Widerruf sowie Anträge auf Berichtigung oder Nachholung der Nennung müssen vom Erfinder unterzeichnet sein und die Bezeichnung der Erfindung und das amtliche Az enthalten (§ 8 Abs 1 Satz 2 PatV; vgl Rn 15 zu § 63). Öffentliche Beglaubigung der Unterschrift kann verlangt werden (§ 17 PatV).

13   **c. Vertretung** ist nur bei der Erfinderbenennung möglich.[16] Öffentliche Beglaubigung der Unterschrift des Vertreters kann verlangt werden (§§ 17, 7 Abs 2 Nr 5 PatV). Der benannte Miterfinder wird durch die Benennung nicht zum Mitanmelder.[17]

III. Inhalt

14   **1. Angabe des Erfinders.** Die Erfinderbenennung hat den oder die Erfinder anzugeben (Abs 1 Satz 1), dh die natürlichen Personen, die iSd § 6 Erfinder sind; das gilt auch für ArbN-Erfinder,[18] und zwar auch, wenn nach der maßgeblichen Rechtsordnung originärer Erwerb beim ArbGb eintritt. Anzugeben sind alle Erfinder, aber auch nur diese; Bruchteile bei Miterfindern sind nicht anzugeben,[19] die Angabe ist aber unschädlich. Die Angabe eines Betriebs als „Erfinder" kommt nicht in Betracht.[20] Anzugeben ist neben dem Vor- und Zunamen auch die Anschrift (§ 7 Abs 2 Nr 1 PatV); das DPMA übernimmt c/o-Angaben nicht mehr in die Datensätze, die veröffentlicht und im Register vermerkt werden, jedoch werden bei eur Anmeldungen und Patenten mit Benennung der Bundesrepublik Deutschland Daten automatisiert vom EPA übernommen und unverändert veröffentlicht und im Register vermerkt.[21]

15   **2. Negativerklärung.** Neben der Benennung der Erfinder hat der Anmelder zu versichern, dass weitere Personen seines Wissens nicht an der Erfindung beteiligt sind. Die Erklärung dient dem Schutz des Erfinders.[22]

16   **3. Angaben über den Rechtserwerb.** Der Anmelder, der nicht alleiniger Erfinder ist, hat anzugeben, wie das Recht auf das Patent an ihn gelangt ist (Abs 1 Satz 2, ebenso Art 81 Satz 2 EPÜ). Der Rechtsgrund

---

11 Vgl MittPräsDPMA Nr 5/03 BlPMZ 2003, 305, 313.
12 BlPMZ 2003, 316; im Internet unter www.dpma.de/patent/formulare.
13 *Schulte*[8] Rn 12, in der *9. Aufl* nicht mehr enthalten.
14 BPatGE 20, 103 = Mitt 1978, 95.
15 *Schulte* Rn 12.
16 Vgl *MGK/Bossung* Art 81 EPÜ Rn 52; *Lichti* Mitt 1982, 41; zum Nachweis der Bevollmächtigung bei der Unterzeichnung der Erfinderbenennung durch einen Handlungsbevollmächtigten BPatGE 17, 211 = BlPMZ 1975, 379; BPatG BlPMZ 1976, 189 sowie MittPräsDPA BlPMZ 1979, 189; *Benkard* Rn 3.
17 BPatG 19.3.2003 7 W (pat) 19/02.
18 RPA Mitt 1938, 285.
19 Vgl *Benkard* Rn 5, *Fitzner/Lutz/Bodewig* Rn 2; *Schulte* Rn 13 unter Hinweis auf BGH GRUR 1969, 133 Luftfilter.
20 DPA BlPMZ 1951, 294.
21 MittPräsDPMA Nr 8/2015 BlPMZ 2015, 245.
22 RPA BlPMZ 1938, 213; DPA GRUR 1951, 72; *Benkard* Rn 6.

muss bestimmt und nachprüfbar bezeichnet werden;[23] Hinweis auf Inanspruchnahme einer Diensterfindung ist ausreichend,[24] jedenfalls im Anwendungsbereich des ArbEG nicht aber die (bloße) Angabe, dass der Erfinder ArbN des Anmelders ist.[25] Bei Erwerb von Todes wegen genügt eine Angabe wie „gesetzliche Erbfolge", „Testament".[26] In den übrigen Fällen ist der Vertrag mit Datum anzugeben, eine nähere Kennzeichnung ist nicht erforderlich.[27] Die Praxis ist zu Recht (auch im Hinblick auf Abs 1 Satz 3) großzügig.

IV. Frist

Die geltende Regelung hat die Frist auf 15 Monate ab Anmelde- oder Prioritätsdatum verlängert. Für **17** die Annahme einer Ausschlussfrist ist kein Raum,[28] das wird nach der Neuregelung 2013 gleichermaßen gelten müssen, da die Verlängerungsmöglichkeit nach Abs 2 Satz 2 geblieben ist. Die Nichteinhaltung der Voraussetzungen führt zur Zurückweisung der Anmeldung, es besteht aber Heilungsmöglichkeit im Abhilfeverfahren[29] wie in der Beschwerdeinstanz,[30] jedoch nicht mehr über den Zeitpunkt der Patenterteilung hinaus (Rn 18). Zur Wiedereinsetzung Rn 20 zu § 123.

Die Frist ist wie schon früher nach früherem Recht **verlängerbar**, jedoch anders als bisher nicht mehr über **18** den Zeitpunkt des Beschlusses über die Patenterteilung hinaus (Abs 2 Satz 2 nF). Die Nichteinhaltung der verlängerten Frist führt anders als früher nicht mehr zum Erlöschen des Patents, sondern steht der Patenterteilung entgegen; Wiedereinsetzung nach § 123 bleibt möglich. Das Gesetz zur Novellierung patentrechtlicher Vorschriften und anderer Gesetze des gewerblichen Rechtsschutzes vom 24.1.2012 hat die zwingende Einschränkung der Verlängerungsmöglichkeit gebracht, aber auch den Wegfall des Erlöschensgrunds (vgl § 20).[31]

Auf die Verlängerung besteht bei Vorliegen der Voraussetzungen ein **Rechtsanspruch**; über das Vor- **19** liegen ist im Weg des Freibeweises zu befinden.[32]

V. Verfahren

1. Prüfung durch das DPMA. Nicht ordnungsgem Erfinderbenennung stellt einen Mangel dar.[33] Das **20** DPMA hat Mängel schon bei der Offensichtlichkeitsprüfung zu berücksichtigen (§ 42) und zu beanstanden; eine Zurückweisung der Anmeldung ist aber frühestens nach Ablauf der 15-Monats-Frist möglich.[34] Eine Überprüfung der Angaben in der Erfinderbenennung auf ihre sachliche Richtigkeit ist nicht vorgesehen (Abs 1 Satz 3); das Erteilungsverfahren soll von der Prüfung der Erfinderschaft freigehalten werden.[35] Das DPMA ist an eine formgerecht und inhaltlich eindeutig erklärte Erfinderbenennung des zum Zeitpunkt der Veröffentlichung berechtigten Anmelders gebunden (Rn 7 zu § 63) und darf die Richtigkeit nicht nachprüfen.[36] Trotz der Wahrheitspflicht, der der Anmelder nach § 124 unterliegt, haben unrichtige Angaben daher keine Nachteile zur Folge.[37] Sie erfüllen insb nicht den Tatbestand der mittelbaren Falschbeurkundung

---

23   RPA BlPMZ 1938, 213; RPA BlPMZ 1939, 176; DPA GRUR 1951, 72.
24   Vgl DPA GRUR 1953, 220; MittPräsDPA BlPMZ 1972, 61.
25   OLG Düsseldorf GRUR-RR 2004, 163; aA *Benkard* Rn 7: Bezeichnung als Diensterfindung ausreichend; vgl *Schulte* Rn 13 je mit Hinweis auf die ältere Praxis des DPA und des BPatG.
26   *Fitzner/Lutz/Bodewig* Rn 2.
27   RPA Mitt 1940, 114; RPA Mitt 1943, 122; DPA GRUR 1951, 72; MittPräsDPA BlPMZ 1972, 61; kr *MGK/Bossung* Art 81 EPÜ Rn 47 f.
28   Vgl *Schulte* Rn 16; *Benkard* Rn 10.
29   BPatG 18.12.1969 17 W (pat) 61/69, zur früheren Rechtslage.
30   BPatG 28.11.1969 19 W (pat) 125/69; BPatG 5.12.1969 7 W (pat) 64/69; BPatG 16.7.1970 12 W (pat) 31/70; BPatG 17.7.1970 13 W (pat) 232/69, jeweils zur früheren Rechtslage.
31   Vgl Begr BTDrs 17/10308 = BlPMZ 2013, 366, 371.
32   *Mes* Rn 13.
33   Vgl zum EPÜ 1973 EPA J 1/80 ABl EPA 1980, 289 = GRUR Int 1980, 618 Einreichung von Prioritätsunterlagen.
34   *Schulte* Rn 15; vgl BPatG 10.6.2003 17 W (pat) 61/92.
35   *Benkard* Rn 9; *Fitzner/Lutz/Bodewig* Rn 8 spricht sich für eine Schlüssigkeitsprüfung aus; auch *Schulte* Rn 21 verlangt, dass die Benennung in sich schlüssig sein muss.
36   BPatGE 25, 131 = BlPMZ 1984, 53.
37   *Benkard* Rn 9.

(§ 271 StGB).[38] Bewusst falsche Angaben füllten den Tatbestand der „Patenterschleichung" (Rn 18 zu § 21) nicht aus.[39] Bei der Feststellung, wer Arbeitnehmererfinder oder -miterfinder ist, darf im Rahmen freier Beweiswürdigung die Benennung durch den Arbeitgeber anlässlich der Anmeldung der Diensterfindung als Hinweis hierauf berücksichtigt werden.[40]

2. Änderung der Angaben

21　　　**a. Vor Veröffentlichung.** Der Anmelder, dem allein die Benennung obliegt, kann diese bis zur Veröffentlichung der Patentanmeldung durch Benennung einer anderen Person ändern, ohne dass es dazu der Zustimmung des zunächst Benannten bedarf; § 63 Abs 2 ist auf diesen Fall nicht anwendbar.[41]

22　　　**b. Nach Veröffentlichung.** Nach einmal erfolgter Nennung der ursprünglich benannten Erfinder ist die Nachbenennung eines weiteren Miterfinders für das DPMA unbeachtlich, solange nicht die Zustimmung der genannten Erfinder beigebracht oder durch rechtskräftiges Urteil ersetzt wird.[42]

23　　　**3. Bindungswirkung.** Die Beurteilung der Rechtzeitigkeit der Angaben nach Abs 1 durch das DPMA bindet für das nachfolgende Einspruchs- und Nichtigkeitsverfahren sowie für den Verletzungsstreit.

24　　　**VI. Akteneinsicht** (s auch Rn 59 ff zu § 31). § 31 Abs 4 schränkt die Akteneinsicht in die Erfinderbenennung ein, wenn der vom Anmelder angegebene Erfinder dies beantragt; in diesem Fall wird Akteneinsicht insoweit nur bei Glaubhaftmachung eines berechtigten Interesses nach § 31 Abs 1 Satz 1 gewährt.[43] Das BPatG hat wiederholt einen strengen Maßstab angelegt; ein solches Interesse soll idR nicht durch die Behauptung widerrechtl Entnahme und auch nicht dadurch begründet werden, dass der Anmelder in einem anhängig gewesenen Rechtsstreit den Erfinder genannt hat;[44] das Interesse müsse sich auf die Wahrung von Rechten in dem Verfahren beziehen, in dem Nichtnennung beantragt ist, und nicht auf die Erleichterung der Rechtsverfolgung in anderen Verfahren.[45] Dagegen legt der BGH den Begriff des berechtigten Interesses in § 31 Abs 4 nach allg Grundsätzen aus. Ein solches kann danach vorbehaltlich der Berücksichtigung eines im Einzelfall erkennbaren besonderen Interesses an einer Geheimhaltung vorliegen, wenn der Antragsteller ein verständiges, durch die Sachlage gerechtfertigtes Interesse auch tatsächlicher Art verfolgt, das im allg dann gegeben ist, wenn sein künftiges Verhalten durch die Kenntnis vom Akteninhalt beeinflusst werden kann. Es ist grds nicht durch den Gegenstand des Verfahrens begrenzt, in dessen Akten Einsicht begehrt wird. Die Möglichkeit, dass die Akteneinsicht die Rechtsposition des Antragstellers hätte beeinflussen können, muss grds ausreichen. Ferner ist es nicht stets erforderlich, dass das Interesse nicht auf andere Weise befriedigt werden kann und deshalb die Einsichtnahme in die Akten notwendig sein müsste; die Möglichkeit anderweitiger Informationserlangung kann lediglich im Rahmen einer ggf erforderlichen Interessenabwägung ins Gewicht fallen.[46]

VIII. Rechte des nicht oder nicht richtig benannten Erfinders

25　　　Ansprüche auf Erfindernennung sind ideeller Art; soweit sie mit vermögensrechtl Interessen verbunden sind, sind sie vermögensrechtl Natur.[47] Die Benennung weiterer Erfinder für die gleiche Erfindung

---

38 *Schulte* Rn 21; *Beyerlein* Mitt 2003, 65.
39 BGH GRUR 1954, 317 Leitbleche I.
40 BGHZ 167, 118 = GRUR 2006, 754 Haftetikett.
41 BPatGE 13, 53 = Mitt 1972, 116; BPatGE 25, 131 = BlPMZ 1984, 53; BPatG 3.8.1971 4 W (pat) 65/71; *Benkard* Rn 8; *Schulte* Rn 20; ebenso für das EPÜ EPA J 8/82 ABl EPA 1984, 157, 162 = GRUR Int 1984, 441 Erfindernennung; vgl aber Regel 21 AOEPÜ; zur nachträglichen Änderung der Erfinderbenennung durch den ArbGb SstA BlPMZ 1960, 280.
42 BPatGE 26, 152 = GRUR 1984, 646; *Schulte* Rn 20.
43 Zur früheren Rechtslage BPatGE 1, 42 = BlPMZ 1962, 75; BPatGE 1, 47 = BlPMZ 1962, 137; BPatGE 2, 22 = GRUR 1965, 30.
44 BPatG Mitt 1975, 176.
45 BPatG 18.1.1993 4 W (pat) 38/92 BlPMZ 1993, 458 Ls unter Hinweis auf BPatG 28.9.1992 4 W (pat) 68/91.
46 BGH GRUR 1994, 104 Akteneinsicht XIII.
47 BGHZ 14, 72, 74 = GRUR 1955, 83 Autostadt.

kann das Persönlichkeitsrecht des Erfinders beeinträchtigen.[48] Der nicht oder nicht richtig benannte Erfinder braucht nicht die Erfindernennung (§ 63) abzuwarten, sondern kann schon vorher Berichtigung der Erfinderbenennung verlangen[49] (Rn 41 zu § 63); dieser Anspruch beruht auf dem Erfinderpersönlichkeitsrecht und richtet sich gegen den Anmelder (vgl die ausdrückliche Regelung in Art 14 span PatG); zur Frage, ob auch der zu Unrecht Benannte passiv legitimiert ist, Rn 39 zu § 63. Der Anspruch ist höchstpersönlich, unübertragbar und kann nicht im Weg der Prozessstandschaft geltend gemacht werden.[50] Der Miterfinder hat keinen Anspruch auf Angabe des Umfangs oder Ausmaßes seiner Beteiligung (Rn 14).

Weicht die Erfindernennung des DPMA in einer **Veröffentlichung** von der ihm zu diesem Zeitpunkt **26** vorliegenden wirksamen Erfinderbenennung durch den Anmelder ab, ist das DPMA verpflichtet, die Erfindernennung in seinen späteren Veröffentlichungen und im Patentregister von sich aus mit der Erfinderbenennung in Übereinstimmung zu bringen. Der Einholung einer Zustimmungserklärung des zunächst fehlerhaft allein als Erfinder Genannten bedarf es nicht.[51] Zum Fall der unrichtigen Benennung Rn 25 ff zu § 63.

C. EPÜ

Art 81 EPÜ[52] regelt die **Erfindernennung.** Die Regelung in Art 81 Satz 1 EPÜ entspricht hinsichtlich **27** der Notwendigkeit der Erfinder(be)nennung[53] der im nationalen Recht, fordert aber die Benennung bereits in der Patentanmeldung. Die Benennung hat schriftlich zu erfolgen.[54] Die Verwendung des Formblatts (Form 1002)[55] ist zu empfehlen. Das EPÜ sanktioniert die Nicht(be)nennung nach Ablauf von 16 Monaten nach dem Anmelde- oder Prioritätstag durch die Zurückweisung der Anmeldung nach Art 90 Abs 5 EPÜ; diese Frist gilt als eingehalten, wenn die Information vor Abschluss der technischen Vorbereitungen für die Veröffentlichung der eur Patentanmeldung mitgeteilt wird (Regel 60 Abs 1 AOEPÜ).[56] Die 16-Monats-Frist verkürzt sich nicht, wenn eine frühzeitige Veröffentlichung nach Art 93 Abs 1 Nr 3 EPÜ erfolgt.[57] Wiedereinsetzung kommt in Betracht,[58] ebenso Weiterbehandlung.[59] Die Praxis des EPA setzt eine Rüge voraus (vgl Regel 60 AOEPÜ).[60] Sie lässt die Zurückweisung auch nicht bei Mängeln hinsichtlich der Erfinderbezeichnung eintreten.[61]

Regel 19 AOEPÜ enthält **nähere Bestimmungen** über die Einreichung der Erfindernennung. Die **28** Richtigkeit der Erklärung wird danach nicht geprüft (Regel 19 Abs 2 AOEPÜ). Die **Unterschrift** wird als nicht nachholbar angesehen.[62]

Benachrichtigung. Ist der Anmelder nicht alleiniger Erfinder, teilt das EPA dem genannten Erfinder **29** ua den Namen des Anmelders mit (Regel 19 Abs 3 AOEPÜ). Hierauf kann der Erfinder verzichten.[63] Die Benachrichtigung „gibt dem Erfinder eine gewisse Möglichkeit zu einer überprüfenden Mitwirkung".[64] Die Freistellung von Ansprüchen des Anmelders und des Erfinders nach Regel 19 Abs 4 AOEPÜ beugt Haftungsansprüchen nach Art 9 Abs 2 EPÜ vor.[65]

---

48   BGH 30.10.1959 I ZR 188/57.
49   BGH GRUR 1969, 133 Luftfilter.
50   BGH GRUR 1978, 583 Motorkettensäge.
51   BPatGE 25, 131 = BlPMZ 1984, 53.
52   Zur Entstehungsgeschichte *MGK/Bossung* Art 81 EPÜ Rn 17 ff.
53   Zur Abweichung in der Terminologie *MGK/Bossung* Art 81 EPÜ Rn 36.
54   *Benkard-EPÜ* Art 81 Rn 8 f, auch zu den inhaltlichen Anforderungen.
55   ABl EPA 2007 Sonderausgabe 7, 15.
56   Vgl *Schulte* Rn 17; kr zur Vorgängerregelung *MGK/Bossung* Art 81 EPÜ Rn 14 f, 23, 27, 71 ff.
57   EPA J 1/10 EPOR 2010, 474 Designation of inventor; *Schulte* Rn 17.
58   *MGK/Bossung* Art 81 EPÜ Rn 70; *Benkard-EPÜ* Art 81 Rn 7.
59   Vgl EPA-PrRl A III 6, 5.5.; *Schulte* Rn 18.
60   *MGK/Bossung* Art 81 EPÜ Rn 76 f; *MGK/Strebel* Art 91 EPÜ Rn 148 ff, zur früheren Rücknahmefiktion; vgl *Schulte* Rn 17.
61   *MGK/Bossung* Art 81 EPÜ Rn 78 f, zur früheren Rücknahmefiktion; vgl *Benkard-EPÜ* Art 81 Rn 6.
62   Kr *MGK/Bossung* Art 81 EPÜ Rn 50.
63   MittEPA ABl EPA 1991, 226; *Benkard-EPÜ* Art 81 Rn 12; *Schulte* Rn 19.
64   *MGK/Bossung* Art 81 EPÜ Rn 58.
65   Vgl *Benkard-EPÜ* Art 81 Rn 10.

30   Die **Nachholung** der Erfindernennung ist in Regel 60 AOEPÜ geregelt. Es handelt sich mithin um einen behebbaren Mangel.[66]

31   Die **Prüfungszuständigkeit** liegt grds bei der Eingangsstelle, anders nach Veröffentlichung der Anmeldung bei streitigen Berichtigungen, bei denen eine Zuständigkeit der Rechtsabteilung in Betracht kommt.[67] Im Einspruchsverfahren kommt eine Prüfung nicht in Betracht.[68]

32   **Art 62 EPÜ** spricht dem Erfinder gegenüber dem Anmelder einen zivilrechtlichen Anspruch[69] auf (Be)nennung vor dem EPA zu; ein solcher Anspruch folgt bereits aus dem Erfinderpersönlichkeitsrecht. Die nach Art 81 EPÜ erforderlichen Angaben zum Rechtserwerb teilt das EPA nach Regel 19 Abs 2, 3 AOEPÜ dem genannten Erfinder mit.[70] Der **Anspruch des Erfinders** gegen den Anmelder auf (Be)nennung ist nach dem Anerkennungsprotokoll vor den nationalen Gerichten durchzusetzen.[71]

33   Regel 20 AOEPÜ betrifft die **Bekanntmachung der Erfindernennung** und den Verzicht auf Erfindernennung.

34   Regel 21 AOEPÜ betrifft die **Berichtigung der Erfindernennung** (zur Zuständigkeit Rn 31). Die Bestimmung betrifft nur die unrichtige Erfinder(be)nennung; eine freie Änderungsmöglichkeit besteht nach dem EPÜ nicht.[72] Sie geht Regel 139 Satz 1 AOEPÜ vor und betrifft alle Angaben nach Art 81 EPÜ und Regel 19 AOEPÜ. Antragsberechtigt ist der Anmelder oder Patentinhaber, ein Dritter, insb der eintretende oder ausscheidende Erfinder, dagegen nur mit deren Zustimmung. Zustimmen muss auch der (ganz) ausscheidende Erfinder, daneben wohl auch der Erfinder, dessen Persönlichkeitsrecht durch die Änderung beeinträchtigt werden kann.[73] Allerdings wurde Zustimmungsbedürftigkeit bei Hinzutreten eines weiteren Erfinders verneint.[74] Die gerichtliche Durchsetzung der Berichtigung erfolgt durch Klage gegen den Anmelder/Patentinhaber vor dem nationalen Gericht.[75] Zuständig für die Durchführung der Berichtigung ist im EPA die Stelle, vor der das Verfahren schwebt.[76] Lediglich für den Registereintrag ist die Rechtsabteilung zuständig.[77]

D. PCT

35   Da das nationale Recht wegen Art 27 Abs 1 PCT die Erfüllung anderer Erfordernisse als nach Regel 51bis.1a, 2 AOPCT übereinstimmend mit Art 6 Abs 6 PLT nicht verlangen darf, ist § 37 auf PCT-Anmeldungen nicht anwendbar.[78] Der Erfinder ist jedoch nach Regeln 4.1 Abs a Nr iv, 4.6 AOPCT und 4.17 i und ii AOPCT anzugeben. Eine Rechtsnachfolgeerklärung wird nicht verlangt (Art 4 Abs 1 Nr v PCT; Regel 4.6 AOPCT). Regel 51bis.2 und 3 AOPCT schränkt (mit Übergangsregelungen) die Möglichkeit des DPMA als Bestimmungsamt ein, Nachweise zu verlangen, vgl Regel 27 Abs 1 AOPCT.[79]

---

66 *Benkard-EPÜ* Art 81 Rn 4.

67 EPA J 18/84 ABl EPA 1987, 215, 226 Patentregistereintragung; vgl auch EPA J 8/82 ABl EPA 1984, 155 = GRUR Int 1984, 441 Erfindernennung; BeschlPräsEPA vom 12.7.2007 ABl EPA 2007 Sonderausgabe 3 S 113; *Benkard-EPÜ* Art 81 Rn 18; *Schulte* Rn 22; vgl aber *MGK/Bossung* Art 81 EPÜ Rn 101.

68 EPA T 412/93 EPOR 1995, 629 Erythropoietin.

69 ÖOGH öPBl 1993, 1544 = GRUR Int 1994, 65 Holzlamellen; *Singer/Stauder* EPÜ Art 62 Rn 5.

70 Vgl EPA J 8/82 ABl 1984, 155 = GRUR Int 1984, 441 Erfindernennung.

71 *MGK/Bossung* Art 81 EPÜ Rn 63 und Fn 80; aA *Singer/Stauder* EPÜ Art 62 Rn 5; vgl EPA G 3/92 ABl EPA 1994, 607 = GRUR Int 1995, 56 unberechtigter Anmelder.

72 *Benkard-EPÜ* Art 81 Rn 15.

73 *MGK/Bossung* Art 81 EPÜ Rn 93 ff.

74 EPA J 8/82 ABl EPA 1984, 155 = GRUR Int 1984, 441 Erfindernennung; zust *Singer/Stauder* EPÜ Art 62 Rn 7.

75 *Singer/Stauder* EPÜ Art 62 Rn 8.

76 EPA Erfindernennung.

77 EPA T 553/90 ABl EPA 1993, 666 Fachkonstruktion.

78 Vgl *Schulte*[8] Rn 10.

79 Vgl das Merkblatt des DPMA für internationale (PCT-) Anmeldungen, Ausgabe Juli 2008, im Internet unter www.dpma.de/docs/service/formulare/patent/pct_dpma_200.pdf; *Schulte* Rn 10; aA wohl BPatG 11.1.2007 15 W (pat) 37/03 undok, nachgewiesen bei *Schulte*.

§ 38
(Änderungen der Anmeldung)

[1] **Bis zum Beschluß über die Erteilung des Patents sind Änderungen der in der Anmeldung enthaltenen Angaben, die den Gegenstand der Anmeldung nicht erweitern, zulässig, bis zum Eingang des Prüfungsantrags (§ 44) jedoch nur, soweit es sich um die Berichtigung offensichtlicher Unrichtigkeiten, um die Beseitigung der von der Prüfungsstelle bezeichneten Mängel oder um Änderungen des Patentanspruchs handelt.** [2] **Aus Änderungen, die den Gegenstand der Anmeldung erweitern, können Rechte nicht hergeleitet werden.**

MarkenG: vgl § 39

DPMA-PrRl 3.3.3.3.; **EPA-PrRl** E-II

Ausland: Belgien: vgl Art 20 Abs 1 PatG 1984, Art 26, 27 Erlass vom 2.12.1986; **Bosnien und Herzegowina:** Art 36 PatG 2010; **Dänemark:** § 13 PatG 1996; **Frankreich:** Art L 612-13, R 612-36, 37 CPI; **Litauen:** Art 20 PatG; **Luxemburg:** Art 37 PatG 1992/1998; **Mazedonien:** vgl § 50 GgR; **Polen:** Art 37 RgE 2000; **Schweden:** § 13, 14 (Zeitrangverschiebung) PatG; **Schweiz:** Art 58 PatG, Art 51, 64 PatV; **Serbien:** Art 31 PatG 2004; **Slowakei:** § 45 PatG; **Slowenien:** Art 65 GgE; **Spanien:** Art 41 PatG; **Türkei:** Art 64 VO 551; **VK:** Sec 19, 76 Patents Act

Schrifttum: *Allwardt* Änderungen in den Patentunterlagen im Lichte der Rechtsprechung in Europa, in Deutschland, in der Schweiz und in den USA, Diplomarbeit ETH Zürich 1997; *Ballhaus* Folgen der Erweiterung der Patentanmeldung, GRUR 1983, 1; *Bayer/Schwarzmaier/Zeiler* Zur Patentfähigkeit von Metallegierungen, FS 10 Jahre BPatG (1971), 201; *Beil* Offenbarung der Erfindung und Anspruchsformulierung, GRUR 1966, 589; *Beil* Bemerkungen zu dem Aufsatz von Pfab, GRUR 1973, 450; *Beil* Wiederaufnahme fallengelassener Patentansprüche im Erteilungsverfahren, GRUR 1974, 495; *Blumer* Formulierung und Änderung der Patentansprüche im europäischen Patentrecht, 1998; *Bossung* Gedanken zur Weiterbildung der Rechtsprechung des Großen Beschwerdekammer des EPA ausgelöst durch den Fall G 1/93 „Kollidierende Erfordernisse der Absätze 2 und 3 des Artikels 123 EPÜ", FS 10 Jahre GBK *EPA (1996)*, 135; *Brinkhof* The Conflict between Article 123(2) and (3) EPC, IIC 1997, 833 = Kollision zwischen Artikel 123 (2) und (3) EPÜ, GRUR Int 1998, 204; *Brodeßer* Offenbarung und Beschränkung des Schutzbegehrens im Patentrecht, FS R. Nirk (1992), 85; *Bruchhausen* Der Schutzbereich des europäischen Patents, GRUR Int 1974, 1; *Christ* Nicht erfinderische Auswahl – eine zulässige Korrektur der Offenbarung? Mitt 1986, 101; *Dörries* Zum Offenbarungsgehalt einer (Vor)beschreibung – Gedanken zum BGH-Beschluß „Crackkatalysator", GRUR 1991, 717; *Ehlers* Die Offenbarung in angemeldeten Patentansprüchen, FS T. Schilling (2007), 87; *Ehlers* Streichung von Merkmalen in angemeldeten Patentansprüchen. Zugleich Anmerkung zu BGH Kommunikationskanal, Mitt 2014, 301; *Engel* Zur Beschränkung des Patents und deren Grenzen, GRUR 2009, 248; *Evers* Über die Zulässigkeit von Änderungen während des Erteilungsverfahrens, BlPMZ 1952, 261; *Gehring* Welche Zukunft hat der Disclaimer? Mitt 2003, 197; *Gehring* Der Disclaimer – ein Auslaufmodell? Mitt 2004, 490; *Grünecker* Die patentfähige Erfindung und ihre Offenbarung, GRUR 1980, 681; *Gudel* Änderung der Aufgabe bei Abgrenzung, Mitt 1972, 28; *Günzel* Der Konflikt zwischen der Beseitigung unzulässiger Erweiterungen der Anmeldung und dem Verbot der Erweiterung des Schutzbereichs – eine unentrinnbare Falle für den Patentinhaber? Mitt 2000, 81; *Günzel* Materielle Zäsurwirkung der Patenterteilung gemäß dem europäischen Patentübereinkommen: eine neue „Falle" für den Patentinhaber? GRUR 2001, 932; *Hansen/Bachelin* Zur Zurückweisung vorgelegter Patentansprüche – Auslegung von Regel 86 (3) EPÜ –, GRUR Int 1999, 307; *Harden* Die Neuheitsprüfung – ihre Bedeutung für die Prüfung der Zulässigkeit von Änderungen und des Anspruchs auf Priorität, GRUR Int 1993, 370 = IIC 1993, 729; *Hesse* Die Erweiterung des Gegenstandes der Anmeldung im Erteilungsverfahren, GRUR 1970, 437; *Heyers* Auswirkungen numerischer Angaben auf den Schutzbereich von Patenten, GRUR 2004, 1002; *Hillinger* Auswahlerfindungen auf dem Gebiet der Legierungen, Mitt 1972, 102; *Johannesson* Schutzbereich und Patentansprüche des deutschen und des europäischen Patents, GRUR Int 1974, 301; *Jung* Rechtsprechung auf dem Gebiet des Schutzes von Katalysatoren aus der Sicht des Praktikers, FS R. Nirk (1992), 507; *Kern* Regel 86 (3) und Artikel 113 (2) des Europäischen Patentübereinkommens, Mitt 1994, 169; *Keukenschrijver* Änderungen der Patentansprüche erteilter Patente im Verfahren vor dem Bundespatentgericht und vor dem Bundesgerichtshof, GRUR 2001, 571; *Kockläuner* Soll die Beschränkung auf eine von zwei offenbarten Möglichkeiten einer Alternative unzulässig sein? GRUR 1965, 67; *Kockläuner* Änderungen von Patentansprüchen nach der Bekanntmachung von Patentanmeldungen, GRUR 1973, 57; *Kockläuner* Ist der Patentanmelder an bevorzugte Angaben gebunden? GRUR 1980, 141; *König* Zum Offenbarungsgehalt bedingungsfreier Gehaltsbereiche bei Legierungserfindungen, Mitt 1992, 236; *König* Der Normenwiderspruch in § 21 Abs 1 Ziff 4 und § 22 Abs 1 Alternative 2 PatG/Art 123 Abs 2 und Abs 3 EPÜ, FS W. Tillmann (2003), 487; *König* Disclaimer und rechtliche Folgen, Mitt 2004, 477; *Körber* Prozessuale Auswirkungen unzulässiger Erweiterungen, Mitt 1972, 121; *Körfer* Entfernung eines nicht offenbarten Merkmals aus dem Patentanspruch im Einspruchsverfahren, Mitt 1998, 225; *Köster* Article 123 (2) EPC; Recent Case Law and a Chessboard, epi-Information 2012, 71; *Kraßer* Der „Verzicht" des Anmelders im Erteilungsverfahren, GRUR 1985, 689; *Kraßer* Die Änderung von Patentansprüchen während des Prüfungsverfahrens im europäischen Patentrecht, GRUR Int 1992, 699 = Possibilities of Amendment of Patent Claims During the Examination Procedure, IIC 1992, 467; *A. Krieger* Das Bundespatentgericht als „Bundesgericht für Angelegenheiten des gewerblichen Rechtsschutzes" (Artikel 96 GG), GRUR 1977, 343, 345; *Künneth* Ausscheidungsanmeldungen nach dem Vorabgesetz, Mitt 1970, 186; *Kurig* Beseitigung unzulässiger Erweiterungen der Patentanmeldung, GRUR 1990, 19; *Laddie* The Inescapable Trap – Thoughts from the United Kingdom, IIC 1997, 825 = Die unentrinnbare Falle, Überlegungen aus dem Vereinigten Königreich, GRUR Int 1998, 202; *Liedel* Das deutsche Patent-nichtigkeitsverfahren (1979), S 166 ff; *Marterer* Die Änderung des Patents nach Erteilung, insbesondere im Hinblick auf das Erweiterungsverbot im Einspruchs- und Nichtigkeitsverfahren, GRUR 1989, 455; *Merz* Der Einwand der unzulässigen Erweiterung im Patentverletzungsprozeß nach dem Vorabgesetz, FS W. Wendel (1969), 19; *Müller* Zulässiges Erweitern und Beschränken im Rahmen der Offenbarung, Mitt 1991, 10; *Musker* Additional Subject-Matter and Claim Broadening, EIPR 1995, 594; *Neervoort* Die Änderung des Patents nach Erteilung, insbesondere im Hinblick auf das Erweiterungsverbot im Einspruchs- und Nichtigkeitsverfahren, GRUR Int 1989, 457; *Niedlich/Graefe* Die unzulässige Erweiterung des Patents – eine Fallgrube? Mitt 1999, 246; *Papke* Die inhaltliche Änderung der Patentanmeldung, GRUR 1981, 475; *Pentheroudakis* Zulässige Änderungen der Patentansprüche nach Art. 123 (2) EPÜ im Hinblick auf die Problematik der sog. Zwischenverallgemeinerung (intermediate generalisation), GRUR Int 2008, 699; *Pfab* Ursprüngliche Offenbarung der Erfindung, GRUR 1973, 389, 439; *Pfeiffer* Zu EPÜ Art. 123(2) und (3), epi-Information 2003, 21; *Rieck* Die Disclaimer-Rechtsprechung der technischen Beschwerdekammern am Europäischen Patentamt nach G 2/10, Mitt 2014, 529; *R. Rogge* The Conflict Between Art 123(2) and (3) EPC, IIC 1997, 842 = Zur Kollision zwischen Artikel 123 (2) und (3) EPÜ, GRUR Int 1998, 208; *Schar* Zur Frage des Konflikts zwischen den Bestimmungen von Art 123(2) und Art 123(3) EPÜ, Mitt 1999, 321; *Schmied-Kowarzik* Über die Beschränkung von Patentansprüchen, insbesondere von allgemeinen chemischen Formeln, GRUR 1985, 47; *Schmied-Kowarzik* Über das Nachreichen von Ausführungsbeispielen, GRUR 1985, 947; *Schmieder* Zur Kompetenzverteilung zwischen Nichtigkeits- und Verletzungsverfahren nach neuem Patentrecht, GRUR 1978, 561; *Schmieder* Die „feststellende Vernichtung" bei unzulässig erweitertem Streitpatent, GRUR 1980, 895; *Schneider* Patenting of Pharmaceuticals: Still a Challenge? IIC 2008, 511; *Schneider* Ist der absolute Stoffschutz noch zu retten? GRUR 2007, 831; *Schrell* „Singling out" oder das „Listen"-Argument vor dem Europäischen Patentamt, GRUR Int 2007, 672; *Schrell/Heide* Zu den Grenzen des „product-by-process"-Patentanspruchs im Erteilungs- und Verletzungsverfahren, GRUR 2006, 383; *Schulte* Die Änderung des europäischen Patents nach seiner Erteilung und das Verbot der Erweiterung des Schutzbereichs, GRUR Int 1989, 460; *Schuster* Änderung des Patentanspruchs nach der Bekanntmachung, GRUR 1938, 287; *Schwanhäusser* Erweiterung der Patentanmeldung oder des Patents nach neuem Recht, GRUR 1991, 165; *Schwanhäusser* Nochmals: Die Behandlung der unzulässigen Erweiterung im Patentverletzungsprozeß, GRUR 1992, 295; *Sendrowski* Olanzapin: Eine Offenbarung? GRUR 2009, 707; *Stamm* Abgrenzungen aus der Logik im Patentrecht, Beziehungen zwischen Inhalts- und Neuheitsbedingung der Artikel 123 (2) und 54 EPÜ, Mitt 1994, 85; *Stamm* Das Patent als Opfer eines Prämissenwiderspruchs – Ein Ausweg aus dem Dilemma der Absätze 2 und 3 des Artikels 123 EPÜ (Änderungen), Mitt 1998, 90; *Stamm* Anmerkungen zu den Beschlüssen „Steuerbare Filterschaltung" und „Zerkleinerungsanlage" des Bundespatentgerichts, Mitt 1998, 207; *Stamm* Bestimmt das unzulässige Anspruchsmerkmal einen zulässigen Schutzbereich? Zur „Reaktion" von Niedlich und Graefe, Mitt 1999, 448; *Stamm* Überlegungen zur aktuellen Entwicklung der Disclaimer, Mitt 2004, 56; *Stamm* Disclaimer und verstandene Anmeldung im logischen Ordnungssystem, Mitt 2004, 243; *Stamm* Konstanter Inhalt und reduzierter Bereich: Lehren aus der Disclaimer-Entscheidung der GBK, Mitt 2004, 488; *Stamm* Die logische Lösung des Änderungsdilemmas, Mitt 2006, 153; *Steinbrener* Die (un)zulässige Verallgemeinerung des Erfindungsgegenstands und der Fachmann aus europäischer Sicht, GRUR Int 2009, 356; *Teschemacher* Der zeitliche Rahmen für Änderungen im Verfahren vor dem EPA, FS F.-K. Beier (1996), 195; *Teschemacher/Pagenberg* The Inescapable Trap: A Case for Reconsideration? FS J. Straus (2009), 490; *Tönnies* An wen wendet sich § 38 Satz 2 PatG 81? Mitt 1991, 85; *van den Berg* Die Bedeutung des Neuheitstests für die Priorität und die Änderung von Patentanmeldungen und Patenten, GRUR Int 1993, 354 = The Significance of the „Novelty Test" for Priority and Amendments to Patent Applications, IIC 1993, 696; *van der Burg* Conclusies aanpassen na het nieuwheidsrapport? BIE 1999, 237; *von Saint André* Das Dilemma der einschränkenden Erweiterung nach dem deutschen, europäischen, englischen und US-amerikanischen Patentrecht (2007); *Vollrath* Streichung eines Anspruchsmerkmals nach der Patenterteilung, Mitt 2000, 185; *K. von Falck* Die irrtümliche Angabe eines zu starken Standes der Technik in der Beschreibung von Schutzrechten, GRUR 1972, 233; *K. von Falck* Die Äquivalenzlehre im neuen Patentrecht, GRUR 1988, 1; *Wagner* Willkürliche Einschränkung von Parameterbereichen, Mitt 1976, 143; *Walder-Hartmann* Die unentrinnbare Falle: (k)ein Importschlager? Mitt 2015, 149; *Walder-*

Hartmann (Anm) Mitt 2015, 279; *Weiss* Willkürliche Einschränkung von Parameterbereichen, Stellungnahme zum Aufsatz von Wagner, Mitt 1976, 188; *Weißig* Erfordernisse der Offenbarung der Erfindung, Bedeutung der Erfindungsaufgabe sowie ihre Änderung und die Änderung des Patentbegehrens im Verfahren vor der Bekanntmachung der Anmeldung, GRUR 1965, 396; *Wheeler* The „Conflict" Between Article 123(2) and 123(3) EPC, IIC 1997, 822 = Der „Konflikt" zwischen Artikel 123 (2) und (3) EPÜ, GRUR Int 1998, 199; *Winkler* Änderung und Beschränkung von Schutzansprüchen im Erteilungsverfahren und Verletzungsprozeß, GRUR 1976, 393; *R. Wirth* Änderung des Patentanspruchs während des Erteilungsverfahrens, GRUR 1897, 253; *Zeunert* Der Gegenstand der Anmeldung und der Umfang der zulässigen Änderungen des Patentbegehrens vor der Bekanntmachung, GRUR 1966, 405, 465.

A. Entstehungsgeschichte; Anwendungsbereich

Im **PatG 1877** und im **PatG 1891** regelte § 20 Abs 3 Satz 1 die Änderungen der Anmeldung. Im **PatG** **1** **1936** § 26 Abs 5.

Durch das **PatÄndG 1967** ist die Bestimmung neu gefasst worden (ohne die Voraussetzungen für die **2** Zulassung von Änderungen zu verändern).[1] Die Begr[2] führt ua aus, dass auch im geänd Erteilungsverfahren ein Bedürfnis für die Möglichkeit nachträglicher Änderungen bestehe; gegen eine unbeschränkte Zulassung von Änderungen beständen jedoch Bedenken, weil sich daraus Missbräuche entwickeln könnten. Es sei deshalb geboten, die Änderungsmöglichkeiten auf das unbedingt Notwendige zu beschränken und Änderungen materiellrechtl Wirkung zu versagen, soweit sie den ursprünglichen Gegenstand der Anmeldung erweiterten. Die Beschränkungen reichten noch nicht aus, um die Gefahren zu vermeiden, die für die Allgemeinheit mit der unzulässigen Erweiterung einer Anmeldung verbunden sein könnten. Die Regelung, dass aus einer unzulässigen Erweiterung Rechte nicht hergeleitet werden könnten, sei durch das System der verschobenen Prüfung notwendig bedingt, da es bei ihm vorkommen könne, dass unzulässige Änderungen erst spät bemerkt würden. Es bleibe dem Anmelder im Fall einer unzulässigen Erweiterung unbenommen, die Erweiterung auszuscheiden und zum Gegenstand einer neuen Anmeldung zu machen, die als an dem Tag eingereicht angesehen werde, an dem die ursprüngliche Erweiterung eingereicht worden sei. Die Öffentlichkeit sehe sich damit Neuanmeldungen mit weit zurückliegenden Prioritäten gegenüber, woraus sich für Investitionen erhebliche Risiken ergäben. Es sei deshalb nicht vertretbar, die großzügige Praxis, für die es in den Patenterteilungsverfahren anderer Staaten keine Parallele gebe, nach Einführung der verschobenen Prüfung beizubehalten.[3]

Das **GPatG** hat die Bestimmung als § 26c verselbstständigt und in die geltende Fassung gebracht; die **3** geltende Paragraphenbezeichnung hat die die Neubek 1981 eingeführt.

Anwendungsbereich. Die geltende Fassung ist auf alle seit dem 1.1.1981 erfolgten Anmeldungen anzuwenden (Art 12 Abs 1 GPatG). Die Bestimmung wird im GbmRecht entsprechend angewendet.[4] **4**

Für **Änderungen nach Patenterteilung** gilt die Bestimmung nicht,[5] sofern nicht der Anmelder mit **5** aufschiebender Wirkung (§ 75) Beschwerde gegen den Erteilungsbeschluss eingelegt hat.[6] Auch Berichtigungen nach Patenterteilung sind ausgeschlossen.[7] Die Patenterteilung stellt eine Zäsur dar, nach der das Patentbegehren nicht auf von den Patentansprüchen nicht umfasste Gegenstände gerichtet werden kann[8] (vgl den Nichtigkeitsgrund der Erweiterung des Schutzbereichs). Nach Abschluss des Erteilungsverfahrens kann der Patentinhaber Änderungen von sich aus nur noch im Rahmen des (Widerrufs- und) Beschränkungsverfahrens (§ 64) vornehmen; daneben kommt beschränkte Verteidigung im Einspruchs- und Nichtigkeitsverfahren in Betracht (Rn 117 ff zu § 21; Rn 256 ff zu § 59; Rn 101 ff zu § 82). Für erweiternde Änderungen nach Patenterteilung findet allerdings Satz 2 Anwendung.[9]

---

1   BGHZ 72, 119, 128 = GRUR 1978, 699 Windschutzblech.

2   BTDDrs V/714 = BlPMZ 1967, 244, 253 ff.

3   Zum Übergangsrecht vgl BPatGE 10, 231; BPatG Mitt 1969, 172; BPatG 13.2.1970 34 W (pat) 265/68; BPatG 7.4.1970 16 W (pat) 71/69; BPatGE 13, 47 = Mitt 1972, 69; BPatG 27.11.1972 12 W (pat) 166/72; BPatGE 15, 12 = Mitt 1973, 111; BPatG 8.10.1973 13 W (pat) 22/72.

4   BPatGE 18, 56, 62 f.

5   *Fitzner/Lutz/Bodewig* Rn 47 ff; *Mes* Rn 4.

6   BGH GRUR 2000, 688 Graustufenbild; *Schulte* Rn 8; *Fitzner/Lutz/Bodewig* Rn 47.

7   EPA J 23/03 Schulte-Kartei EPÜ R 86–89 Nr 123.

8   BPatG 19.3.1990 9 W (pat) 129/88; auch, wenn die weitere Angabe in der Beschreibung noch enthalten ist und die engere im Patentanspruch auf einem Versehen beruht, BPatG 18.6.2002 15 W (pat) 43/01.

9   *Fitzner/Lutz/Bodewig* Rn 2.

B. Änderungen der Anmeldung

I. Grundsatz

6   Die Regelung erfasst nur die „in der Anmeldung enthaltenen" Angaben, dh die in § 34 Abs 3 genannten und insb nicht die Zusammenfassung, die Prioritätsunterlagen[10] oder die Angaben zum StdT.[11] Aus § 38 folgt der allg Grundsatz, dass während des Erteilungsverfahrens Änderungen der in der Anmeldung enthaltenen Angaben grds zulässig sind; dies gilt auch für den Patentanspruch,[12] was der geltenden Fassung der Bestimmung explizit zu entnehmen ist.[13]

7   Aus der Bestimmung folgen jedoch zwei wesentliche **Einschränkungen**: zum einen sind zur Erleichterung der Offenlegung und im Interesse der Rechtssicherheit[14] bis zum Eingang des Prüfungsantrags nur bestimmte Änderungen zulässig (Rn 8 ff), zum anderen dürfen die Änderungen den Gegenstand der Anmeldung nicht erweitern.

II. Änderungen vor Eingang des Prüfungsantrags

8   **1. Grundsatz.** Nach der in der Praxis wenig bedeutsamen Regelung in Satz 1 2. Halbs[15] sind vor Eingang des Prüfungsantrags nicht erweiternde Änderungen nur in drei Fällen zulässig, nämlich wenn es sich um die Berichtigung offensichtlicher Unrichtigkeiten (Rn 9), die Beseitigung von der Prüfungsstelle bezeichneter Mängel (Rn 10) oder um Änderungen der Patentansprüche (Rn 11) handelt. Bei unzulässigen Änderungen ist die Anmeldung und nicht nur die Änderung zurückzuweisen.[16]

9   **2. Die Berichtigung offensichtlicher Unrichtigkeiten** (Schreibfehler uä) ist jederzeit möglich.[17] Die vollständigen Anmeldungsunterlagen können aber nicht im Weg der Berichtigung durch andere ersetzt werden.[18] Die Änderung einer für den fachmännischen Leser der Patentschrift offensichtlich unrichtigen Rückbeziehung eines Patentanspruchs noch im Einspruchsverfahren wurde als möglich angesehen.[19] Ist die zu berichtigende Angabe mehrdeutig, muss die Berichtigung für den Fachmann am Anmeldetag den Unterlagen unter Heranziehung des allg Fachwissens eindeutig zu entnehmen sein.[20]

10   **3. Die Beseitigung gerügter Mängel** ist im Erteilungsverfahren zu jeder Zeit zulässig. Eine Rüge kommt im Rahmen der Offensichtlichkeitsprüfung nach § 42 in Betracht.

11   **4. Die Änderung der Patentansprüche** ist möglich, um dem Ergebnis einer Recherche oder von Einwendungen Dritter Rechnung tragen zu können.[21] Werden die geänd Patentansprüche in der Offenlegungsschrift veröffentlicht, erfolgt ein Hinweis, dass die Offenlegungsschrift von den ursprünglichen Unterlagen abweicht; das gilt auch, wenn die Patentansprüche nachgereicht werden.[22]

---

10   EPA G 3/89 ABl EPA 1993, 117 Berichtigung nach Regel 88 Satz 2; EPA G 11/91 ABl EPA 1993, 125 Glu-Gln; EPA T 260/85 ABl EPA 1989, 105 Koaxialverbinder; vgl *Schulte* Rn 10, 18; *Mes* Rn 5.

11   EPA T 11/82 ABl EPA 1983, 479 Steuerschaltung für Gleichstrommotoren.

12   BGH GRUR 1985, 1037 Raumzellenfahrzeug I; BGH GRUR 1988, 197 Runderneuern: selbst in der Weise, dass etwas zum Gegenstand eines Patentanspruchs gemacht wird, worauf in den ursprünglichen Unterlagen kein Patentanspruch gerichtet war; vgl BPatG Mitt 1967, 114.

13   So schon für das frühere Recht BGH GRUR 1963, 563, 566 Aufhängevorrichtung; BGH Liedl 1965/66, 694, 700 Nadelrollenkäfig; BGH 10.11.1961 I ZR 51/59.

14   Vgl *Benkard* Rn 5; Begr PatÄndG 1967 BlPMZ 1967, 253 f.

15   Vgl *Büscher/Dittmer/Schiwy* Rn 5.

16   BPatG Mitt 1971, 157 f; *Benkard* Rn 6.

17   Zum Begriff BPatG Mitt 1971, 157 f; BPatG Mitt 1973, 78 f; *Benkard* Rn 6; vgl zur Praxis in Japan (Fujitsu-Fall des OG Tokio vom 18.1.1996) *Yamamoto/Tessensohn* Too little, too late, EIPR 1997, 487.

18   EPA G 2/95 ABl EPA 1996, 555 = GRUR Int 1997, 161 Austausch der Anmeldungsunterlagen.

19   BPatG 18.7.1996 6 W (pat) 43/96 BlPMZ 1997, 365 Ls; auch ÖPA ÖPBl 2000, 36, 39 ließ die Berichtigung sinnstörender Fehler in den bekanntgemachten Unterlagen zu, soweit diese zwingend notwendig war.

20   EPA T 955/92.

21   Vgl Begr BlPMZ 1967, 253 f; *Benkard* Rn 7; *Fitzner/Lutz/Bodewig* Rn 12.

22   *Fitzner/Lutz/Bodewig* Rn 13 f.

III. Änderungen nach Eingang des Prüfungsantrags

1. Grundsatz. Nach Eingang des Prüfungsantrags (§ 44) sind alle Änderungen zulässig, die den Ge- **12** genstand der Anmeldung gegenüber dem ursprünglich Offenbarten nicht erweitern; die Einschränkungen in Satz 1 2. Halbs gelten in diesem Stadium nicht. Die geänd Unterlagen müssen (bei Änderungen vor Patenterteilung; zu Änderungen im Einspruchsverfahren Rn 256 ff zu § 59, im eur Einspruchsverfahren Rn 397 ff zu § 59, im Nichtigkeitsverfahren Rn 101 ff zu § 82) den Erfordernissen des § 34 und der PatV bzw bei eur Patenten im Nichtigkeitsverfahren Art 83, 84 EPÜ, Regel 43 AOEPÜ genügen, da es nur so zu erteilungs-reifen Unterlagen kommen kann. Damit müssen sie auch dem Erfordernis der Ausführbarkeit genügen.

Änderungen der Beschreibung und der Zeichnungen sind möglich, sofern durch sie der Schutz **13** nicht erweitert wird, wobei eine solche Erweiterung nur in seltenen Ausnahmefällen in Betracht kommen dürfte, nämlich, wenn wenn die Berücksichtigung der Änderung bei der Auslegung des Patentanspruchs des erteilten Patents zu einem veränderten Verständnis der darin verwendeten Begriffe oder des geschütz-ten Gegenstands führt.[23] Die bloße Aufnahme eines Hinweises auf den StdT ist nicht erweiternd.[24]

2. Erweiternde Änderungen

a. Grundsatz. Erweiternde Änderungen sind in jedem Stadium des Erteilungsverfahrens ausge- **14** schlossen, darüber hinaus, wie sich aus § 21 Abs 1 Nr 4, § 22 Abs 1, § 64 Abs 1 sowie Art II § 6 Abs 1 IntPatÜG ergibt, auch im Einspruchs-, Nichtigkeits- und Beschränkungsverfahren; im Widerrufsverfahren nach § 64 kommen ohnehin Änderungen nicht in Betracht. Eine unzulässige Erweiterung kann im Nichtigkeitsver-fahren nicht auf die Fiktion der Rücknahme der Anmeldung gestützt werden.[25] Ausscheidung zur Herstel-lung der Einheitlichkeit erweitert die Stammanmeldung ebenso wenig[26] wie ihr Widerruf.[27]

b. Folgen der unzulässigen Erweiterung. Satz 2 bestimmt, dass aus erweiternden Änderungen **15** Rechte nicht hergeleitet werden können.[28] Die Bestimmung gilt entspr ihrem Standort im Gesetz zunächst nur für das dt Erteilungsverfahren und in diesem nur für den Vergleich einer geänd Anmeldung mit deren ursprünglicher Fassung.[29] Sie schließt es aus, im Fall einer Teilung oder Abzweigung, bei der sich eine Erweiterung ergibt, für die Prüfung einen späteren Anmeldetag zugrunde zu legen (str; vgl zur Abzwei-gung Rn 10 zu § 5 GebrMG).[30] Auch der durch widerrechtl Entnahme Verletzte kann aus der Erweiterung keine Rechte herleiten (Rn 11 zu § 7). Die Erweiterung ist grds vAw zu beachten.

Für das **Einspruchs-** und das **Nichtigkeitsverfahren** treffen §§ 21, 22 ausdrückliche Regelungen, **16** ebenso Art II § 6 IntPatÜG für das Nichtigkeitsverfahren gegen eur Patente. Die Erweiterung wird im Nich-tigkeitsverfahren nur berücksichtigt, wenn sich der Nichtigkeitskläger auf den entspr Nichtigkeitsgrund stützt, weiter, wenn die Zulässigkeit einer beschränkten Verteidigung zu prüfen ist (zur Frage, wieweit die Erweiterung im Einspruchs- und Nichtigkeitsverfahren auch ohne Geltendmachung dieses Nichtigkeits-grunds zu berücksichtigen ist, Rn 81 zu § 21). Zur Möglichkeit der (altersrangschädlichen) Nachreichung von Zeichnungen und Beschreibungsteilen Rn 24, 29 zu § 35.

Im **Verletzungsstreit** kann die unzulässige Erweiterung seit der Einführung des entspr Widerrufs- **17** und Nichtigkeitsgrunds nicht mehr geltend gemacht werden.[31] Zur Berücksichtigung einer Erweiterung

---

23 BGH GRUR 2010, 513 Hubgliedertor II; vgl *Fitzner/Lutz/Bodewig* Rn 44 ff; BGH GRUR 2005, 1023 Einkaufswagen II.
24 EPA T 450/97 ABl EPA 1999, 67, 72 f = GRUR Int 1999, 352 Shampoozusammensetzung.
25 BPatG BlPMZ 1984, 380.
26 BPatG 9.7.1980 3 Ni 31/79.
27 BPatGE 20, 68 = GRUR 1978, 42; unzutr BPatG 19.6.2012 17 W (pat) 113/07, wonach die Beibehaltung des ausgeschiedenen Merkmals in der Stammanmeldung zur Erweiterung führe.
28 Vgl BGHZ 75, 143 = GRUR 1979, 847 Leitkörper.
29 AA *König* Mitt 2004, 477, 484 f; BPatG 12.4.1978 9 W (pat) 3/75 BlPMZ 1978, 378 Ls: Festsetzung des Anmeldetags; zur Anwendbarkeit in GbmSachen BPatG 13, 216; zur Auswirkung einer unzulässigen Erweiterung einer Ausscheidungsanmeldung auf die aus ihr abgezweigte GbmAnmeldung BPatG Mitt 1996, 211.
30 AA *Kühnen* Teilung S 146.
31 BGH GRUR 2005, 41 Staubsaugerohr; *Benkard* Rn 47; *Schulte* Rn 27; *Mes* Rn Rn 28; *Kraßer* S 550 (§ 25 A VIII c 4); *Schmieder* GRUR 1978, 561; *Ballhaus* GRUR 1983, 5; vgl *Fitzner/Lutz/Bodewig* Rn 55; aA *Tönnies* Mitt 1991, 85; *König* Mitt 2004, 477, 484 f.

des Schutzbereichs im Verletzungsprozess Rn 216 zu § 139. Zur Frage, ob Äquivalente zu nicht ursprungs- offenbarten Merkmalen im Verletzungsstreit geltend gemacht werden können, Rn 67 zu § 14.

18   Die Aufnahme des Merkmals auf Anregung des Prüfers begründet **keinen Vertrauensschutz.**[32]

19   **c. Erweiterung.** Unzulässige Erweiterung begründet einen Widerrufs- und Nichtigkeitsgrund (Rn 80 ff zu § 21). Für den Begriff der Erweiterung kann nicht an den „Schutzbereich" des § 22 Abs 1 angeknüpft werden, weil die ursprünglichen Unterlagen keinen „Schutzbereich" festlegen.[33] Folgerichtig stellt Satz 1 auf den Gegenstand der Anmeldung (das EPÜ – wie auch § 21 Abs 1 Nr 4 – in einer besser gelungenen Formulierung auf den Inhalt der Anmeldung) ab. Dieser kann aber nicht wie in § 33 (Rn 9 zu § 33) über den Schutzbereich der Patentansprüche definiert werden. Er beurteilt sich durch Vergleich des als geschützt Beanspruchten mit der Gesamtheit der Anmeldungsunterlagen[34] (zu den maßgeblichen Unterlagen in Sonderfällen – umgewandelte eur Anmeldung, PCT-Anmeldung, Teilanmeldung, Nachanmeldung bei widerrechtl Entnahme – Rn 97 zu § 21; zum „Verzicht" Rn 27 mit Weiterverweisungen), als deren Inhalt alles anzusehen ist, was sich aus der Sicht des fachkundigen Lesers (und nicht nach den subjektiven Vorstellungen des Anmelders)[35] ohne weiteres aus dem Gesamtinhalt der Unterlagen (und nicht nur aus den Patentansprüchen)[36] erschließt,[37] dh was sie ihnen (ohne weiteres Nachdenken und ohne nähere Überlegungen) unmittelbar und eindeutig[38] als zur Erfindung gehörend entnehmen kann[39] (s hierzu auch Rn 82 ff zu § 21; Rn 257 ff zu § 34; vgl zur früheren Rechtslage 6. Aufl). Das EPA wendet den „Neuheitstest"[40] („Novelty test"; zum „Wesentlichkeitstest" Rn 24) an.

20   Die in der Gesamtheit der ursprünglich eingereichten Unterlagen offenbarte Lehre (hierzu Rn 82 zu § 21) darf nicht gegen eine andere **ausgetauscht**, nicht an die Stelle der angemeldeten Erfindung eine andere, ein „aliud", gesetzt werden.[41] Der Begriff des „aliud" ist freilich schillernd; er umfasst sowohl die unzulässige

---

32   BPatG 16.2.1973 6 W (pat) 100/70 BlPMZ 1974, 171 Ls.

33   Missverständlich daher BGH Bausch BGH 1994–1998, 348, 352 ff Seitenspiegel.

34   BGHZ 72, 119, 128 = GRUR 1978, 699 Windschutzblech; BGH GRUR 2005, 1023 Einkaufswagen II; BGH GRUR 2010, 513 Hubgliedertor II; BGH GRUR 2010, 910 fälschungssicheres Dokument; BPatG 9.10.2008 2 Ni 43/06 (EU); BPatG 29.4.2009 5 Ni 23/09; BPatG 19.10.2010 1 Ni 13/09 (EU).

35   BGH 21.4.2009 X ZR 153/04.

36   BGH Einkaufswagen II; vgl *Meier-Beck* GRUR 2007, 11 f; zwd BPatG 16.5.2006 8 W (pat) 302/04.

37   Vgl BGH GRUR 2006, 316 Koksofentür; BGH GRUR 2011, 1109 Reifenabdichtmittel; BGH 22.5.2012 X ZR 58/11; BPatG 27.9.2005 9 W (pat) 332/02; BPatG 12.10. 2005 4 Ni 51/04.

38   BGH fälschungssicheres Dokument; BGH 27.10.2011 X ZR 94/09; BPatG 11.11.2010 2 Ni 31/09.

39   Vgl insb BGHZ 110, 123 = GRUR 1990, 432 Spleißkammer; BGHZ 111, 21, 26 = GRUR 1990, 510 Crackkatalysator I; BGH GRUR 1991, 307 Bodenwalze; BGH GRUR 1992, 157 ff Frachtcontainer; BGH Mitt 1996, 204 Spielfahrbahn 03; BGH GRUR 1995, 113 f Datenträger; BGH Bausch BGH 1994–1998, 327, 334 Auspreßvorrichtung; BGH Bausch BGH 1999–2001, 180, 192 Ventilbetätigungsvorrichtung; BGH GRUR 2000, 591 Inkrustierungsinhibitoren; BGH GRUR 2000, 1015 f Verglasungsdichtung; BGH GRUR 2001, 140 ff Zeitteletramm; BGH GRUR 2002, 49 ff Drehmomentübertragungseinrichtung; BGH GRUR 2010, 509 Hubgliedertor I; BGH GRUR 2012, 475 Elektronenstrahltherapiesystem; BGH Bausch BGH 1999–2001, 563, 567 Flüssigkeitsentnahmevorrichtung; BGH Bausch BGH 1986–1993, 620 Webmaschinendrehereinrichtung; BGH 12.3.2002 X ZR 224/98 Schulte-Kartei PatG 14.21 Nr 12, 81–85 Nr 304 Sanitärtoilettensystem; BPatG 27.9.2004 11 W (pat) 315/02; BPatG 29.9.2004 7 W (pat) 55/02 (großzügig); BPatG 29.9.2004 9 W (pat) 329/02; BPatG 26.10.2004 6 W (pat) 701/03; BPatG 18.11.2004 8 W (pat) 9/02; BPatG 3.8.2005 19 W (pat) 315/03; *Fitzner/Lutz/Bodewig* Rn 28; *Mes* Rn 8; vgl auch öOPM öPBl 2000, 97, 101.

40   EPA T 194/84 ABl EPA 1990, 59 Cellulosefasern; EPA T 527/88 EPOR 1991, 184 Interconnected bags, auch zum Verhältnis zum „Wesentlichkeitstest"; EPA T 339/89 EPOR 1991, 545 System for electronic audio communication; *Blumer* S 485 schlägt demgegenüber einen „Vorwegnahmetest" vor.

41   Vgl BGHZ 66, 17, 29 = GRUR 1976, 299 Alkylendiamine I; BGHZ 110, 123 = GRUR 1990, 432 Spleißkammer; BGH GRUR 1995, 113 Datenträger; BGH Bausch BGH 1994–1998, 348, 352 Seitenspiegel; BGH GRUR 2000, 591 Inkrustierungsinhibitoren; BGH GRUR 2001, 140, 141 Zeitteletramm; BGH GRUR 2002, 49, 51 Drehmomentübertragungseinrichtung; BGH GRUR 2008, 67 Sammelhefter II; BGH GRUR 2008, 887 Momentanpol II; BGH GRUR 2011, 40 Winkelmesseinrichtung; BGH GRUR 2011, 1003 Integrationselement; BGH GRUR 2013, 1135 Tintenstrahldrucker; BGHZ 204, 199 = GRUR 2015, 573 Wundbehandlungsvorrichtung; BPatGE 31, 148 = GRUR 1991, 40; BPatG 12.5.1975 11 W (pat) 121/71 BlPMZ 1976, 427 Ls; BPatGE 10, 51; BPatG 15.3.2004 11 W (pat) 306/02; BPatG 18.5.2004 6 W (pat) 44/02; BPatG 29.9.2005 2 Ni 51/03; BPatG 29.9.2005 2 Ni 9/04; BPatG 21.11.2005 11 W (pat) 324/03; BPatG 9.2.2006 23 W (pat) 51/04; BPatG 22.5.2006 20 W (pat) 338/03; BPatG 7.6. 2006 7 W (pat) 43/04; BPatG 27.6.2006 23 W (pat) 51/04; BPatG 9.6.2011 2 Ni 2/10; BPatG 3.7.2012 4 Ni 15/10 (EU); BPatG 1.12.2015 3 Ni 23/14; EPA T 541/97; öOGH GRUR Int 2010, 431 Nebivolol.

nachträgliche Anreicherung des Patentanspruchs als auch sich ausschließende Gegenstände. Insb darf nicht die Strukturformel des beanspruchten Stoffs (ebenso eine DNS-Sequenz)[42] gegen eine andere, allerdings kann die unrichtige Strukturformel durch die Definition des Stoffs durch sein Herstellungsverfahren ersetzt werden,[43] das gilt jedenfalls, wenn das Herstellungsverfahren ursprünglich offenbart war. Die Nomenklatur kann ausgetauscht werden, soweit dies nicht zu sachlichen Änderungen führt.[44] Eine falsche Zahlenangabe kann grds nicht berichtigt werden.[45] Die Aufnahme nicht ursprünglich offenbarter Eigenschaften (Parameter) anstelle der Beschreibung durch das Herstellungsverfahren umschreibt dasselbe Erzeugnis nur anders und erweitert daher nicht ohne weiteres.[46] Zum Kategoriewechsel Rn 108 zu § 82.

Die **Feststellung**, dass ein „aliud" vorliegt, setzt die Ermittlung des Sinngehalts des zu überprüfenden Patentanspruchs voraus/(vgl Rn 82 zu § 21). **21**

Einzelheiten. Austausch von „excluded" in „included" wurde auch unter dem Gesichtspunkt einer Berichtigung nicht zugelassen.[47] Auch der Austausch von „nahezu vollständig" durch „vollständig" wurde als unzulässig behandelt,[48] ebenso „vollständig ersetzt" statt „unterstützt".[49] Einfügung von „oder dergleichen" in den Patentanspruch des erteilten Patents stellt eine Erweiterung dar,[50] ebenso Einfügung von „mindestens".[51] Als nicht erweiternd wurde der Austausch von „übergriffen" durch „angeordnet" angesehen.[52] Die Zusammenfassung von Varianten, deren Kombination nicht offenbart ist, erweitert.[53] Besteht in den ursprünglichen Unterlagen durchgehend eine feste Zuordnung zwischen einem positiven bzw negativen Vorzeichen, stellen die Begriffe „ein erstes Vorzeichen bis ein viertes Vorzeichen" eine ursprünglich nicht offenbarte Verallgemeinerung dar.[54] Aufnahme weiterer StdT in die Beschreibung führt grds nicht zu einer Einschränkung.[55] Eine Speicherschaltungskomponente kann nicht beansprucht werden, wenn die Offenbarung nur auf das gesamte BUS-System gerichtet war.[56] **22**

Die **Aufnahme einschränkender Merkmale** ist idR keine Erweiterung, sondern eine inhaltliche Beschränkung;[57] das gilt grds auch, wenn der ursprünglich offenbarte Gegenstand nurmehr in einem ebenfalls offenbarten allgemeineren Zusammenhang beansprucht wird.[58] Eine „Erweiterung" (genauer: unzulässige Änderung) iSd § 38 kann aber auch in der Hereinnahme nicht ursprünglich offenbarter, an sich einschränkender Merkmale liegen, insb wenn durch sie keine Konkretisierung der ursprünglich offenbarten Lehre erfolgt.[59] Die Behandlung dieser „uneigentlichen" (unechten) Erweiterung macht in der Praxis **23**

---

42   BPatG 9.12.2004 3 Ni 18/03.

43   EPA T 552/91 ABl EPA 1995, 100 = GRUR Int 1995, 705 Chromanderivate; vgl BPatG GRUR 1973, 313; BPatG 27.2.1975 16 W (pat) 68/72; BPatG 9.12.2004 3 Ni 18/03.

44   Vgl BGH Bausch BGH 1999–2001, 142 Kontaktfederblock 01: „Kontaktfederblock" statt „Isolierblock"; BGH Bausch BGH 1999–2001, 460 Riemenscheibe; LG Düsseldorf 18.5.2000 4 O 285/98 Entsch 2000, 51, 62 f.

45   BPatG 8.3.1973 15 W (pat) 45/71; anders EPA T 3/88 EPOR 1988, 377 1-Acylimidazolinone, für Zahlendreher; vgl auch *Heyers* GRUR 2004, 1002 f.

46   BGHZ 135, 369 = GRUR 1997, 612, 615 Polyäthylenfilamente; BPatGE 15, 1, 8 f = GRUR 1973, 463 f; *Schulte*[8] § 1 Rn 336; aA EPA Chromanderivate.

47   EPA T 337/88 EPOR 1990, 533 Polyolefinic plasto-elastomeric compositions.

48   BPatG 10.4.2008 23 W (pat) 84/05.

49   BPatG 7.6.2006 7 W (pat) 43/04.

50   BPatG 11.8.2005 34 W (pat) 382/03.

51   BPatG 8.1.2007 19 W (pat) 319/04; vgl zur Einbeziehung eines runden Werkstücks zu einem viereckigen BPatG 9.2.2006 23 W (pat) 319/05.

52   BPatG 29.6.2010 4 Ni 83/08.

53   BPatG 19.5.2008 19 W (pat) 330/05.

54   BPatG 10.3.2004 20 W (pat) 307/02.

55   BPatG GRUR 2008, 600.

56   BPatG 24.2.2011 23 W (pat) 47/09.

57   BGH GRUR 1991, 307 Bodenwalze; BGH GRUR 1999, 566, 569 Deckelfaß; BGH GRUR 2001, 140 Zeittelegramm; BGH GRUR 2010, 599 Formteil; BGH GRUR 2011, 40 Winkelmesseinrichtung; BGH GRUR 2013, 1135 Tintenstrahldrucker; *Mes* Rn 12; vgl auch BPatG 2.12.2003 1 Ni 18/02; abw *Fitzner/Lutz/Bodewig* Rn 57.

58   Vgl BPatG Bausch BPatG 1994–1998, 774: Dämmmaterial für Rohrleitungen wird im Kontext eines „Bauwerksaufbaus", geschützt; BPatG 22.11.2006 19 W (pat) 18/04; BPatG 25.10.2007 21 W (pat) 12/05: keine Aufnahme von Merkmalsteilen, die als solche nicht selbstständig offenbart sind.

59   Vgl BGH Liedl 1963/64, 422, 427 Schuko-Konturenstecker; BGH GRUR 1967, 585 Faltenrohre; BGH GRUR 2011, 40 Winkelmesseinrichtung; BPatG 8.5.2006 19 W (pat) 319/03; BPatG 15.5.2007 4 Ni 53/05 (EU), nachgehend BGH 15.7.2010 X a ZR 129/07; BPatG 23.1.2007 8 W (pat) 357/03: teilweise oder vollständige Aufschmelzung statt teilweise

Schwierigkeiten (Rn 95 zu § 21). Die Beschränkung eines Bereichs auf einen engeren wird regelmäßig keine unzulässige Änderung begründen.[60] Ein zu breiter, von der ursprünglichen Beschreibung nicht gestützter Patentanspruch ist keine taugliche Grundlage für Änderungen.[61]

24   **Äquivalente.**[62] Die Verwendung dieses verletzungsbezogenen Begriffs ist hier nicht angebracht (zur Rspr vor 1981 s *7. Aufl*).[63]

25   **Für sich allein nicht erweiternd** gegenüber der ursprünglichen Offenbarung (anders grds bei der Schutzbereichserweiterung) ist das **Weglassen von Anspruchsmerkmalen** (Rn 83 zu § 21). Das EPA stellt hier darauf ab, ob das weggelassene Merkmal einen technischen Beitrag zum Gegenstand der beanspruchten Erfindung leistet.[64] Im Weglassen des Merkmals kann zugleich ein Austausch oder eine Verallgemeinerung der offenbarten Lehre (Rn 20, 26) liegen, die als solche unzulässig sind.[65] Maßstab ist hier die Offenbarung als zur Erfindung gehörend und nicht die Schutzbeanspruchung.

26   Zu **Verallgemeinerungen** Rn 87 ff zu § 21;[66] vgl auch den „Wesentlichkeitstest" („,Is it essential?' test") des EPA.[67] Abstrahierenden Formulierungen („Zwischenverallgemeinerungen";[68] Rn 88 zu § 21) muss dies aber nicht notwendig entgegenstehen. Enthalten die Patentansprüche eine Verallgemeinerung („Zwischenverallgemeinerung") gegenüber dem ausdrücklich Beschriebenen, ist maßgeblich, ob ein Schutz begehrt wird, der über das hinausgeht, was dem Fachmann unter Berücksichtigung der Beschreibung und der in dieser enthaltenen Ausführungsbeispiele als allgemeinste Form der technischen Lehre erscheint, durch die das der Erfindung zugrundeliegende Problem gelöst wird.[69]

Aufschmelzung; BPatG 24.3.2009 3 Ni 19/07 (EU): kontrollierte Freisetzung gegenüber normaler Freisetzung; EPA G 1/93 ABl EPA 1994, 541 = GRUR Int 1994, 842 beschränkendes Merkmal; EPA T 873/94 ABl EPA 1997, 456 = GRUR Int 1998, 165 f geänderte Teilanmeldung; BPatGE 3, 37 = GRUR 1964, 448: dann nicht, wenn das Merkmal zwar nicht ausdrücklich genannt ist, sich aber als nächstliegende Möglichkeit anbietet; *Fitzner/Lutz/Bodewig* Rn 57 sehen auch im Ersetzen etwa von „Metall" durch „Aluminium" eine Erweiterung.

60   Vgl BGHZ 111, 21 = GRUR 1990, 510 Crackkatalysator I; BPatG 5.4.2006 19 W (pat) 24/04; *Mes* Rn 11; anders zur Hereinnahme einer nicht ursprünglich offenbarten Lageangabe („oben") BPatG 25.11.2008 6 W (pat) 49/04 und zu einer Klammereinfügung BPatG 22.8.2005 19 W (pat) 337/03.

61   EPA T 770/90 EPOR 1992, 438 Image enhancement circuit.

62   Vgl auch EPA T 118/88: Naheliegen eines Merkmals kein Ersatz für ursprüngliche Offenbarung; EPA T 284/94 ABl EPA 1999, 464 Thermodruckvorrichtung: keine Ersetzung eines konkreten Merkmals durch einen allgemeineren Begriff, wenn damit nicht offenbarte Äquivalente eingeführt werden; EPA T 265/88 EPOR 1990, 399 semipermeable membranes, EPA T 673/89 und EPA T 685/90 EPOR 1993, 183 Color Printer lassen die nachträgliche Einbeziehung von Äquivalenten nicht zu.

63   Vgl *Fitzner/Lutz/Bodewig* Rn 60.

64   EPA G 1/93 ABl EPA 1994, 541 = GRUR Int 1994, 842 beschränkendes Merkmal; vgl EPA T 802/92 ABl EPA 1995, 379 Fotodiode; EPA T 112/95; *Günzel* Mitt 2000, 81; *Mes* Rn 13.

65   Vgl BGH Einkaufswagen II; BPatG Mitt 2013, 416; BPatG 15.10.2012 20 W (pat) 37/08: auch bei nicht ausreichend offenbartem Merkmal; EPA T 189/94; anders nach EPA T 917/94 bei redundanten Merkmalen.

66   Vgl BGH 17.9.1991 X ZR 81/90 Bausch BGH 1986–1993, 620 Webmaschinendrehereinrichtung: „Gestänge" statt „Parallelogrammgestänge"; BGH GRUR 2010, 910 fälschungssicheres Dokument; BGH GRUR 2010, 513 Hubgliedertor II; BGH 8.5.2012 X ZR 42/10; BPatG 2.12.2003 23 W (pat) 3/02; BPatG 28.6.2004 19 W (pat) 9/02; BPatG 30.5.2005 11 W (pat) 319/02; BPatG 27.6.2006 23 W (pat) 51/04; BPatG 13.7.2006 8 W (pat) 30/05: „Polygon" statt „Dreieck"; BPatG 30.5.2006 34 W (pat) 311/03: „Abgeben" statt „Ablegen"; BPatG 13.9.2007 21 W (pat) 34/05: Ersetzen von „geringfügig größer" durch „geringfügig abweichend"; BPatG 8.1.2007 19 W (pat) 319/04; BPatG 1.3.2007 21 W (pat) 51/04; BPatG 11.12.2007 23 W (pat) 322/04; BPatG 28.8.2008 21 W (pat) 6706; BPatG 10.11.2008 20 W (pat) 49/04: „verbindbar" statt „verbunden"; BPatG 29.4.2009 5 Ni 23/09; EPA T 248/88 EPOR 1990, 274 Procédé de fabrication de circuit intégré; anders BPatG Mitt 1969, 200; vgl auch BPatGE 8, 18; BPatGE 24, 132, 137 = GRUR 1982, 364, GbmSache; EPA T 157/90; EPA T 397/89; öOPM öPBl 2000, 97.

67   EPA T 260/85 ABl EPA 1989, 105 Koaxialverbinder; EPA T 331/87 ABl EPA 1991, 22 = GRUR Int 1991, 295 Streichung eines Merkmals: keine Bezeichnung des Merkmals als wesentlich in der Offenbarung, keine Unverzichtbarkeit für die Funktion der Erfindung im Licht der Aufgabe, keine tatsächliche Notwendigkeit zur Änderung anderer Merkmale zum Ausgleich der Änderung; EPA T 527/88 EPOR 1991, 184 Interconnected bags; EPA T 236/95; EPA T 623/92; EPA T 396/95; EPA T 374/93; EPA T 784/97; vgl auch EPA T 147/90 EPOR 1992, 131 Bodenbelagsanordnung; EPA T 415/91 EPOR 1993, 279 High DC voltage power supply; EPA T 583/93 ABl EPA 1996, 496 wasserlösliche Polymerdispersion; zum Weglassen eines „wesentlichen" Merkmals auch BPatG 28.8. 2008 21 W (pat) 6/06.

68   EPA T 1003/06.

69   BGHZ 198, 205 = GRUR 2013, 1210 Dipeptidyl-Peptidase-Inhibitoren, allerdings im Ls schief unter dem Gesichtspunkt der ausführbaren Offenbarung angesprochen; vgl *Fitzner/Lutz/Bodewig* Rn 31.

Zur Bedeutung eines „**Verzichts**"[70] Rn 152 ff zu § 34, Rn 98 zu § 21, zum EPÜ Rn 230 zu § 34. Als erwei-   **27**
ternd ist die Wiederaufnahme eines Merkmals angesehen worden, auf das der Anmelder verzichtet hatte;
dies sollte auch für das Verbleiben in der Beschreibung gelten, wenn das Merkmal hier zur genaueren
Erläuterung des Anmeldungsgegenstands diente;[71] unter der hier zur Frage des Verzichts vertretenen Auffassung ist dem nicht zu folgen.

Im Patentanspruch müssen nicht die in den Ausführungsbeispielen gezeigten Mittel angegeben wer-   **28**
den, die gewährleisten, dass der dort beschriebene Effekt erreicht wird.[72] Dass im Lauf des Erteilungsverfahrens einmal eine **andere Anspruchsformulierung** verwendet wurde, steht dem Rückgriff auf die ursprüngliche Offenbarung nicht entgegen.[73]

Die Aufnahme einer **Funktionsangabe** kann eine sachliche Beschränkung darstellen;[74] die Angabe   **29**
einer weiteren Eigenschaft eines Elements muss nicht erweitern.[75]

Grds nicht erweiternd ist die Aufnahme eines **Disclaimers**.[76]   **30**

Zu „**Erklärungen nach Art eines Disclaimers**" Rn 102 zu § 21.   **31**

IV. Verfahren

1. Früheres Recht s *6. Aufl.* Die Möglichkeit, der Erweiterung durch eine Prioritätsverschiebung zu   **32**
begegnen, besteht nicht mehr.[77]

2. Geltendes Recht

a. Patentverordnung. § 15 Abs 1–3 PatV regeln das Verfahren bei Änderungen.[78] Für die Änderungen   **33**
sind Reinschriften einzureichen (§ 15 Abs 1 PatV);[79] zudem hat der Anmelder anzugeben, an welcher Stelle
die neuen Erfindungsmerkmale ursprungsoffenbart sind. Beschreibung und Zeichnungen sind im Erteilungsverfahren in Einklang mit den geänd Patentansprüchen zu bringen (DPMA-PrRl 3.7.1).[80] Eine Berichtigung nur durch Veröffentlichung im PatBl stellt keine Berichtigung des allein maßgeblichen Erteilungsbeschlusses dar, für den § 95 entspr gelten soll.[81]

b. Verfahren bei unzulässiger Erweiterung. Die unzulässige Erweiterung führt zwingend zur Bean-   **34**
standung und bei Nichtbehebung des Mangels zur Zurückweisung der Anmeldung.[82] Das gilt auch, wenn
durch die Erweiterung keine Einheitlichkeit mehr gegeben ist.[83]

---

70 Vgl BGH GRUR 1975, 310 f Regelventil; dort im Zusammenhang mit der „Zäsurwirkung" der Bekanntmachung.
71 BPatGE 14, 22; so auch *Fitzner/Lutz/Bodewig* Rn 65.
72 Vgl BGH GRUR 2006, 316 Koksofentür; BGH 8.5.2012 X ZR 42/10; *Mes* Rn 12.
73 RB Den Haag BIE 1999, 43, 46.
74 Vgl BPatG 30.4.1997 9 W (pat) 76/95: Ausschluss bestimmter Steuereinheiten.
75 Vgl BPatG 23.3.2000 6 W (pat) 37/98.
76 Vgl EPA T 426/94, anders in EPA T 323/97 ABl EPA 2002, 476, 490 = GRUR Int 2003, 179 Disclaimer, wo jede
Anspruchsänderung, die durch die Anmeldung in der ursprünglich eingereichten Fassung nicht gestützt wird und darauf
abzielt, den beanspruchten Gegenstand gegenüber dem StdT weiter abzugrenzen, als unzulässig angesehen wird, EPA
T 898/91, wonach das, was ausgeklammert wird, konkret schon in der ursprünglichen Anmeldung oder der
Entgegenhaltung enthalten gewesen sein muss; vgl EPA T 982/94; nach BPatG BlPMZ 2007, 335 führt der Disclaimer dann
zur unzulässigen Erweiterung, wenn er die therapeutische Behandlung ausnehmen soll, diese aber in den ursprünglichen
Unterlagen allein offenbart ist; vgl auch BPatG 7.5.2015, ber 20.8.2015 7 Ni 41/14 (EP).
77 BGH GRUR 2010, 1084 Windenergiekonverter; vgl auch schweiz BG sic! 2011, 731 Federkernmaschinen.
78 S hierzu – auf der Grundlage der früheren Patentanmeldebestimmungen – BPatGE 16, 28 = BlPMZ 1974, 255; *Benkard*
Rn 3.
79 Vgl zum Schriftformerfordernis und zu den Einzelheiten der Reinschrift eingehend *Fitzner/Lutz/Bodewig* Rn 7 ff.
80 Vgl *Büscher/Dittmer/Schiwy* Rn 12.
81 BPatG 14.10.2004 34 W (pat) 319/02.
82 Vgl *Mes* Rn 21.
83 Vgl BGH GRUR 1962, 398 Atomschutzvorrichtung; BGH Mitt 1967, 16 Nähmaschinenantrieb.

35   Die Frage der **Beseitigung der Erweiterung** (Rn 99 ff zu § 21, Rn 29 ff zu § 22) stellt sich im Erteilungs-verfahren seit Nachschaltung des Einspruchsverfahrens nicht mehr;[84] enthält die zur Entscheidung über die Erteilung gestellte Fassung eine Erweiterung, führt dies bei richtiger Sachbehandlung zur Zurückwei-sung der Anmeldung.

36   Im **Einspruchs- und Nichtigkeitsverfahren** (ebenso im GbmLöschungsverfahren) müssen, aller-dings nur, soweit die Erweiterung Gegenstand der Sachprüfung ist (im Nichtigkeitsverfahren mithin nur, wenn der Nichtigkeitsgrund geltend gemacht ist), bei der Prüfung der Patentfähigkeit Erweiterungen au-ßer Betracht bleiben; nur der verbleibende Teil kann der Prüfung zugrunde gelegt werden. Eine unzulässi-ge Erweiterung muss nicht notwendig in vollem Umfang zu Widerruf oder Nichtigerklärung führen;[85] als unvermeidbar ist dies in der Rspr des BGH[86] wie des BPatG[87] allerdings bei Ersetzung eines Merkmals durch ein „aliud" gegenüber der ursprünglichen Offenbarung angesehen worden,[88] und zwar unabhängig davon, ob ein „aliud" immer zugleich eine unzulässige Erweiterung des Schutzbereichs darstellt (näher Rn 100 ff zu § 21).[89]

37   Eine **Erweiterung des Schutzbereichs** kann grds dadurch beseitigt werden, dass die entfallenen Merkmale mit den hinzugekommenen kumuliert werden, jedenfalls sofern sämtliche Merkmale ursprüng-lich offenbart sind;[90] das gilt aber nicht, wenn sie sich gegenseitig ausschließen.[91]

C. EPÜ

38   **Art 123 Abs 1, 2 EPÜ** regeln die Zulässigkeit von Änderungen zunächst unter Verweisung auf die Be-stimmungen der AOEPÜ. Eine eur Patentanmeldung und ein eur Patent dürfen nicht in der Weise geänd werden, dass ihr Gegenstand über den Inhalt der Anmeldung in der ursprünglich eingereichten Fassung hinausgeht (Art 123 Abs 2 EPÜ). Nach Auffassung des EPA kann die bloße Streichung einer wichtigen ge-wünschten Eigenschaft in der Beschreibung zu einer Erweiterung des Schutzbereichs führen.[92] Maßgeb-lich ist die Fassung der Anmeldesprache, auch wenn diese nicht Amtssprache ist.[93]

39   Die Praxis des EPA lässt (bei einem nicht mit der Rspr des BPatG zum Einspruchs- und Nichtigkeits-verfahren übereinstimmenden Begriffsverständnis) überwiegend die Einfügung eines **Disclaimers** zur Begründung der Neuheit,[94] aber nicht der erfinderischen Tätigkeit zu.[95] Der Disclaimer soll auch nicht breiter sein dürfen als die zu entkräftende Vorbeschreibung.[96] Anderseits muss er nach Auffassung des EPA alles ausschließen, was in der Entgegenhaltung offenbart ist.[97] Der GBK wurden mehrere Vorlagen zu Fragen vorgelegt, die sich mit der Zulässigkeit von Disclaimern befassen, insb, ob diese schon deshalb unzulässig sind, weil sie nicht ursprünglich offenbart sind, mit Differenzierungen, ob diese zur Herstel-lung der Neuheit nach Art 54 Abs 2 oder Art 54 Abs 3 EPÜ verwendet werden sollen, und mit der Frage, ob ein Disclaimer gegen Art 123 Abs 2 EPÜ verstößt, wenn sein Gegenstand in der ursprünglich eingereichten

---

84   Vgl zum früheren Recht BPatG 5.3.1971 6 W (pat) 64/69; zur Rechtslage in Österreich ÖPA öPBl 1997, 10: Wiedereinfügung eines weggelassenen Merkmals im Beschwerdeverfahren.

85   Vgl schweiz BG GRUR Int 1996, 1224 Resonanzetikette; *Ballhaus* GRUR 1983, 1, 6; *Bossung* FS 10 Jahre GBK EPA (1996), 135, 142 ff.

86   BGH GRUR 2009, 936 Heizer; BGH GRUR 2010, 910 fälschungssicheres Dokument; BGH GRUR 2011, 1003 Integrationselement.

87   Vgl BPatG 31.7.2013 5 Ni 49/12 (EP).

88   BPatGE 31, 148 = GRUR 1991, 40; BPatG 19.4. 2001 1 Ni 10/00; BPatG 26.7.2005 1 Ni 7/03; BPatG 21.1.2009 4 Ni 42/07; vgl EPA T 938/90 EPOR 1993, 287 Polyester composition.

89   Offen gelassen in BGH GRUR 2005, 145 elektronisches Modul, ebenso in BPatG 13.1.2009 3 Ni 77/06; bejahend BPatG 22.5.2006 20 W (pat) 338/03.

90   Vgl BGH GRUR 2010, 1084 Windenergiekonverter, zur Schutzbereichserweiterung.

91   BGH Windenergiekonverter Rn 43 f.

92   EPA T 142/05 GRUR Int 2007, 607 Kunststoffschlauch.

93   EPA T 287/98.

94   ZT nur bei „zufälliger Vorwegnahme", aber nicht bei „hochrelevanten" Entgegenhaltungen, EPA T 596/96; EPA T 863/96; vgl EPA T 159/95; zum Begriff der „zufälligen Vorwegnahme" auch EPA T 1071/97.

95   Vgl die Nachweise in EPA Disclaimer; vgl auch EPA T 13/97.

96   EPA T 893/96, vgl die Nachweise in EPA Disclaimer; vgl auch EPA T 13/97.

97   EPA T 65/97; zusammenfassend zu den Anforderungen an die Zulässigkeit des Disclaimers EPA T 934/97.

Fassung der Anmeldung als Ausführungsform der Erfindung offenbart war.[98] Die GBK hat die Änderung eines Anspruchs durch Aufnahme eines Disclaimers nicht schon deshalb als unzulässig angesehen, weil weder der Disclaimer noch der durch ihn ausgeschlossene Gegenstand aus der Anmeldung in der ursprünglich eingereichten Fassung herleitbar ist; es hat die Einfügung des Disclaimers als grds zulässig angesehen, um Neuheit gegenüber dem StdT nach Art 54 Abs 3 und 4 EPÜ oder einer zufälligen, dh vom Fachmann keinesfalls in Betracht gezogenen Vorwegnahme zu begründen oder um nicht patentfähige Gegenstände auszuklammern, nicht aber, wenn er für die Beurteilung der erfinderischen Tätigkeit oder die ausreichende Offenbarung von Bedeutung ist.[99] Ein Patentanspruch, der einen Disclaimer enthält, muss die Erfordernisse der Knappheit und Klarheit erfüllen.[100] Disclaimer, die sich ausschließlich auf einen StdT nach Art 54 Abs 3 EPÜ stützen oder durch die eine Abgrenzung gegenüber einer zufälligen Vorwegnahme erfolgt oder einen Gegenstand ausnimmt, der aus nichttechnischen Gründen vom Patentschutz ausgeschlossen ist, verstoßen demnach nicht gegen Art 123 Abs 2 EPÜ.[101] Dies gilt auch für einen Disclaimer, dessen Gegenstand in der ursprünglich eingereichten Anmeldung enthalten ist;[102] auf diesen wird die einschränkende Praxis zu nicht offenbarten Disclaimern generell nicht angewendet werden können. Die Ausklammerung eines in der ursprünglich eingereichten Fassung enthaltenen Gegenstands durch den Disclaimer verstößt jedoch gegen Art 123 Abs 2 EPÜ, wenn der verbleibende Gegenstand dem Fachmann, der allg Fachwissen heranzieht, in der ursprünglich eingereichten Fassung nicht – implizit oder explizit – unmittelbar und eindeutig offenbart wird; ob das der Fall ist, muss anhand einer technischen Beurteilung aller technischen Umstände des Falls bestimmt werden.[103]

40 Nach der Praxis des EPA kann es zu einem Konflikt zwischen Art 123 Abs 2 EPÜ und Art 123 Abs 3 EPÜ (Verbot der Erweiterung des Schutzbereichs) kommen; dies soll auch dann gelten, wenn die Änderung nach Art 123 Abs 2 EPÜ zulässig wäre.[104] War die Änderung unzulässig, könne das Patent im Einspruchsverfahren nicht unverändert aufrechterhalten werden,[105] Art 123 Abs 3 verbiete aber die Streichung des Merkmals. Das soll selbst dann gelten, wenn das Merkmal auf Anraten der Prüfungsabteilung eingefügt worden sei. Die GBK hat dazu entschieden, dass die beiden Bestimmungen in Art 123 EPÜ gleichrangig seien und unabhängig voneinander beachtet werden müssten.[106] Daraus ergibt sich nach der Praxis des EPA eine **„unentrinnbare Falle"**, nach der das Patent jedenfalls dann widerrufen werden muss, wenn das unzulässigerweise hinzugefügte Merkmal einen technischen Beitrag zum Gegenstand der Erfindung leistet.[107] Dieses Ergebnis ist wiederholt kritisiert[108] und in der nationalen Rspr verworfen worden; dies nicht nur für dt Patente, sondern, wie der BGH[109] für das Nichtigkeitsverfahren entgegen einzelnen Entscheidungen des BPatG[110] (vgl Rn 15 zu Art II § 6 IntPatÜG) klargestellt hat, auch für eur Patente.

41 **Regel 137 AOEPÜ** betrifft den Zeitpunkt von Änderungen. Vor Erhalt des eur Recherchenberichts darf der Anmelder die Beschreibung, die Patentansprüche und die Zeichnungen grds nicht ändern. Geänd Patentansprüche dürfen sich nicht auf nicht recherchierte Gegenstände beziehen, die mit den ursprünglichen Patentansprüchen nicht durch eine einzige allg erfinderische Idee verbunden sind (Regel 137 Abs 5 AOEPÜ); sie sind zurückzuweisen, wenn der Gegenstand der ursprünglich eingereichten Patentansprüche und der der geänd Patentansprüche derart sind, dass bei ursprünglich gleichzeitiger Einreichung eine

---

98 EPA G 1/03, G 2/03 ABl EPA 2004, 413, 448 = Mitt 2004, 261 Disclaimer, auf Vorlagen EPA T 507/99 und EPA T 451/99 ABl EPA 2003, 182 und 183; vgl Hinweis ABl EPA 2003, 113; weitere Vorlage EPA T 1068/07 ABl EPA 2011, 256 enzymatische DNA; vgl zur Problematik *Gehring* Mitt 2003, 197.
99 EPA G 1/03, G 2/03 ABl EPA 2004, 413, 448 = GRUR Int 2004, 959 Disclaimer; ebenso BPatG 10.7.2006 3 Ni 3/04 (EU), auch für während des Nichtigkeitsverfahrens zusätzlich aufgenommene Disclaimer; vgl BGH 17.4.2012 X ZR 54/09.
100 EPA G 1/03, G 2/03 ABl EPA 2004, 413, 448 = GRUR Int 2004, 959 Disclaimer.
101 EPA T 525/99 ABl EPA 2003, 452 Fluorkohlenwasserstoffe; vgl BPatG 20.5.2014 3 Ni 19/13 (EP).
102 EPA G 2/10 ABl EPA 2012, 376 Disclaimer/SCRIPPS auf Vorlage EPA T 1068/07 ABl EPA 2011, 256.
103 EPA Disclaimer/SCRIPPS.
104 Vgl *Singer/Stauder* EPÜ Art 123 Rn 125.
105 EPA 12.8.2004 T 942/01.
106 EPA G 1/93 ABl EPA 1994, 541 = GRUR Int 1994, 842 beschränkendes Merkmal.
107 Vgl EPA T 384/91 ABl EPA 1995, 745; EPA 2.10.2000 T 1066/98; EPA 4.3.2008 T 250/05; EPA 2.8.2007 T 1180/05; so auch schweiz BG BGE 121 II 279 = GRUR Int 1996, 1224 Resonanzetikette; *Benkard-EPÜ* Art 123 Rn 212ff; *Singer/Stauder* EPÜ Art 123 Rn 136ff.
108 Vgl nur *Benkard-EPÜ* Art 123 Rn 224ff; *Bossung* FS 10 Jahre Rspr GBK EPA (1996), 135, 141, 146.
109 BGHZ 204, 199 = GRUR 2015, 573 Wundbehandlungsvorrichtung.
110 Eingehend für Anwendung der Praxis des EPA BPatG Mitt 2014, 463 „Fettabsaugvorrichtung".

weitere Recherchengebühr zu entrichten gewesen wäre;[111] Teilanmeldung bleibt aber möglich. Regel 137 Abs 5 Satz 2 AOEPÜ, wonach sich die Änderungen nicht auf einen nach Regel 62a AOEPÜ oder Regel 63 AOEPÜ nicht recherchierten Gegenstand beziehen dürfen, erfasst nicht den Fall, in dem die Nichtdurchführung der Recherche auf einem Patentierungsausschluss beruhte.[112]

42　　Zusammen mit Stellungnahmen, Berichtigungen oder Änderungen, die in Erwiderung auf Mitteilungen des EPA nach Regel 70a Abs 1, 2, Regel 161 Abs 1 AOEPÜ vorgenommen werden, kann der Anmelder **Änderungen** nach Regel 137 Abs 2 AOEPÜ von sich aus vornehmen (vgl EPA-PrRl H-II 2.4, C-V 4).[113] Der Vorschlag von Änderungen auf Beanstandungen hin obliegt dem Anmelder.[114] Weitere Änderungen können nur mit Zustimmung der Prüfungsabteilung vorgenommen werden (Regel 137 Abs 3 AOEPÜ). Die Voraussetzungen nach Art 123 Abs 1 EPÜ iVm Regel 137 Abs 3 AOEPÜ gelten solange, als die Prüfungsabteilung zuständig ist, dh bis zum Zeitpunkt, zu dem der Beschluss über die Erteilung oder Zurückweisung der Anmeldung getroffen ist.[115]

43　　**Regel 138 EPÜ** ermöglicht Änderungen, insb gesonderte Anspruchssätze, in Anpassung an ältere nationale Rechte.

44　　**Regel 139 AOEPÜ** betrifft die **Berichtigung** von Mängeln. Sprachliche Fehler, Schreibfehler und Unrichtigkeiten können auf Antrag berichtigt werden, Beschreibung, Patentansprüche und Zeichnungen jedoch nur, wenn die Berichtigung derart offensichtlich ist, dass sofort erkennbar ist, dass nichts anderes beabsichtigt sein konnte als das, was als Berichtigung vorgeschlagen wird. Die Berichtigung ist nur während eines lfd Erteilungs- oder Einspruchsverfahrens möglich, danach ist der Anmelder auf die nationalen Verfahren verwiesen.[116] Einem Berichtigungsantrag wird idR nicht stattgegeben, wenn die Berichtigung die Rechtssicherheit im Verfahren beeinträchtigen würde, verneint bei begehrter Berichtigung der Rücknahme aller Anträge durch den Patentinhaber im Einspruchsverfahren.[117] Berichtigung der Beschwerdeeinlegung, die bewirkt, dass Beschwerde nicht eingelegt wurde, kommt bei nach Einlegung bekanntgewordener Weisung des Anmelders, Beschwerde nicht einzulegen, nicht in Betracht.[118]

§ 39
(Teilung der Anmeldung)

(1) [1]Der Anmelder kann die Anmeldung jederzeit teilen. [2]Die Teilung ist schriftlich zu erklären. [3]Wird die Teilung nach Stellung des Prüfungsantrags (§ 44) erklärt, so gilt der abgetrennte Teil als Anmeldung, für die ein Prüfungsantrag gestellt worden ist. [4]Für jede Teilanmeldung bleiben der Zeitpunkt der ursprünglichen Anmeldung und eine dafür in Anspruch genommene Priorität erhalten.

(2) [1]Für die abgetrennte Anmeldung sind für die Zeit bis zur Teilung die gleichen Gebühren zu entrichten, die für die ursprüngliche Anmeldung zu entrichten waren. [2]Dies gilt nicht für die Gebühr nach dem Patentkostengesetz für die Recherche nach § 43, wenn die Teilung vor der Stellung des Prüfungsantrags (§ 44) erklärt worden ist, es sei denn, daß auch für die abgetrennte Anmeldung ein Antrag nach § 43 gestellt wird.

(3) Werden für die abgetrennte Anmeldung die nach den §§ 34, 35, 35a und 36 erforderlichen Anmeldungsunterlagen nicht innerhalb von drei Monaten nach Eingang der Teilungserklärung

---

111　EPA T 708/00 ABl EPA 2004, 160 Übertragungsrahmen; vgl EPA T 442/95.

112　EPA T 613/99.

113　Zur Ausübung des der Prüfungsabteilung insoweit eingeräumten Ermessens EPA T 166/86 ABl EPA 1987, 372 = GRUR Int 1989, 679 gesonderter Anspruchssatz; EPA T 182/88 ABl EPA 1990, 287 = GRUR Int 1990, 852 gesonderter Anspruchssatz; EPA T 76/89; EPA T 375/90 (kein Ermessen bei Änderungen zur Behebung von Mängeln, die Verstöße gegen das EPÜ darstellen, sonst Abwägung des Interesses des EPA am schnellen Verfahrensabschluss gegen das Interesse des Anmelders); eingehend *Hansen/Bachelin* GRUR Int 1999, 307; zum Verfahren – Recht auf Äußerung – EPA T 1066/96.

114　EPA T 300/89 ABl EPA 1991, 480 Änderungen.

115　EPA T 556/95 ABl EPA 1997, 205 Systeme mit unbestreitbarer Unterschrift.

116　EPA J 42/92.

117　EPA T 824/00 ABl EPA 2004, 5 Widerruf der Zurücknahme eines Antrags.

118　EPA T 309/03 ABl EPA 2004, 91 Berichtigung.

eingereicht oder werden die Gebühren für die abgetrennte Anmeldung nicht innerhalb dieser Frist entrichtet, so gilt die Teilungserklärung als nicht abgegeben.

DPMA-PrRl 3.3.3.4. (Prüfung der Einheitlichkeit und Ausscheidung), 3.3.3.5. (Teilung); **EPA-PrRl** A-IV 1, C-VI 9
Ausland: Belgien: vgl Art 18 Abs 2, 3 PatG 1984, Art 18, 19 Erlass vom 2.12.1986; **Bosnien und Herzegowina:** Art 23 PatG 2010; **Frankreich:** Art R 612-33–35 CPI; **Litauen:** Art 17 PatG; **Luxemburg:** Art 31 PatG 1992/1998; **Mazedonien:** § 53 GgR; **Niederlande:** Art 28 ROW 1995; **Österreich:** § 92a öPatG; **Polen:** Art 39 RgE 2000; **Schweiz:** Art 25, 27 Abs 3, 30 Abs 2 (Errichtung neuer Patente), 42a, 57 PatG, Art 65 (Anmeldedatum), 100–102 (Errichtung neuer Patente), 103 (neues Patentgesuch nach teilweiser Abtretung) PatV; **Serbien:** Art 29 PatG 2004; **Spanien:** Art 24 Abs 2, 3 (Teilung bei Uneinheitlichkeit) PatG

Übersicht

Schrifttum: (auch zum früheren § 60; zum EPÜ vor Rn 76) *AIPPI, schweiz Landesgruppe* Bericht zu Frage Q 193 (Teilanmeldungen), sic! 2007, 582; *Anders* Teilung der Patentanmeldung und des Patents – neuere Entscheidungen und Folgerungen für die Praxis, VPP-Rdbr 1997, 112; *Anders* Die Teilung der Patentanmeldung im Beschwerdeverfahren: Zuständigkeiten für die Trennanmeldung, GRUR 2009, 200; *Beck/Rössig* Die Teilung des Patents im Einspruchsverfahren, VPP-Rdbr 1999, 75; *Böning* „Straßenkehrmaschine", eine nur vorübergehende Wohltat für den Erfinder? Mitt 1997, 233; *Burghardt* Der subjektive Anwendungsbereich der in der Pariser Verbandsübereinkunft vorgesehenen besonderen Rechte, GRUR Int 1973, 600; *Dunkhase* Über die Teilung von Patentanmeldungen, GRUR 1910, 89; *Füchsle/Giebe* „Straßenkehrmaschine" – Patente und Weiterbenutzungsrecht, Mitt 1996, 232; *Gall* Jahresgebühren in Sonderverfahren des EPÜ, Teilanmeldungen und internationale Anmeldungen, Mitt 1984, 161; *Georgii* Teilung von Patentanmeldungen und Erfindungsklassen, Mitt 1901, 27, 36; *Giebe/Lemke* Teilung des Patents = Teilung des Schutzbereichs? Mitt 1999, 445; *Hacker* Probleme der Teilung des Patents und der Patentanmeldung, Mitt 1999, 1; *Harraeus* Die Ausscheidung im Patentprüfungsverfahren und ihre prozessuale Behandlung in der Beschwerdeinstanz, GRUR 1960, 153; *Hövelmann* Teilung und Entscheidungsreife, Mitt 1996, 235; *Hövelmann* Das Patent nach Hilfsantrag – Eine kostengünstige Alternative zur Teilung der Anmeldung, GRUR 1998, 434; *Hövelmann* Zwischenstand – Aktuelle Entscheidungen des Bundespatentgerichts zur Teilung des Patents, Mitt 1998, 3; *Hövelmann* ... causa finita? – Der Bundesgerichtshof zur Teilung des Patents, Mitt 1998, 406; *Hövelmann* Die hilfsweise Teilung, Mitt 1999, 411; *Hövelmann* Alles Fiktion? GRUR 1999, 476; *Hövelmann* Ein Nachruf: § 60 PatG, GRUR 2006, 739; *Hövelmann* Der nicht beschiedene Hilfsantrag, GRUR 2009, 718; *Hüfner* Ist es gesetzlich zulässig, nach der Bekanntmachung der Anmeldung die ausgelegten Patentansprüche vom Gesichtspunkte der Einheitlichkeit aus zu prüfen? GRUR 1908, 124; *Hüfner* Die Priorität abgezweigter Patentanmeldungen, GRUR 1911, 93; *Hüfner* Kann der Patentsucher freiwillig, dh ohne Aufforderung des Patentamts, die angemeldete Erfindung vor der Bekanntmachung mit der Maßgabe teilen, daß der abgetrennten der ursprüngliche Anmeldungstag verbleibt? GRUR 1913, 50; *Hüfner* Die zivilistische Anmeldung als Grundlage der Priorität, GRUR 1913, 145, 155 ff; *Kahle* Teilung der Anmeldung nach der Bekanntmachung, GRUR 1931, 561; *Keukenschrijver* Zur Teilung des Patents im Einspruchsverfahren, Mitt 1995, 267; *Keil* Fallstudie zur Teilung im Einspruchsverfahren unter Berücksichtigung des Leitsatzes der BGH-Entscheidung „Straßenkehrmaschine", Mitt 1994, 69; *Klaka/Nieder* divide et extende? Zur Teilung des Patents im Einspruchsverfahren, GRUR 1998, 251; *Klinghardt* Ausscheidung und Teilung im Patenterteilungsverfahren, Mitt 1988, 121; *Kolbe* Zur Frage der Teilung einer Anmeldung wegen Uneinheitlichkeit der Erfindung nach der Bekanntmachung, GRUR 1931, 1029; *Königer* Teilung und Ausscheidung im Patentrecht, 2004 (zugl Diss Universität München, 2003); *Kühnen* Die Teilung des Patents, 2000 (zugl Diss Münster 1999; Bespr *Hacker* Mitt 2000, 279, *Tilmann* GRUR 2000, 554); *Lach* Behandlung eines ausgeschiedenen Anmeldungsteils, Mitt 1938, 95; *Lutter* Die Abzweigung von Bestandteilen einer Patentanmeldung, GRUR 1913, 53; *Lutter* Ausscheidung eines Anmeldungsteils, GRUR 1931, 439; *Melullis* Zur Teilung von Patent und Anmeldung, GRUR 2001, 971; *Melzer* (Anm) Mitt 1996, 248; *Nieder* Teilung der Trennanmeldung und ursprüngliche Offenbarung der Stammanmeldung, Mitt 1999, 414; *Nieder* Ausscheidung und Teilung im deutschen Patentrecht, GRUR 2000, 361; *Nieder* Teilung des Patents – unvermindertes Restpatent? Mitt 2001, 281; *Niedlich* Die Teilung im Einspruchsverfahren oder eine Kehrmaschine in einer Einbahnstraße, GRUR 1995, 1; *Niedlich* Noch einmal: „Zur Teilung von Patent und Anmeldung" – Entgegnung zu Melullis ..., GRUR 2002, 565; *Niedlich* Teilen ist nicht gleich Teilen Geteilte Gedanken zu BGH „Sammelhefter", GRUR 2003, 663; *Papke* Die Herstellung der Einheitlichkeit – Zur Problematik des nationalen Ausscheidungsverfahrensrechts, Mitt 1988, 1; *Pfanner* Die Teilung von Patentanmeldungen, GRUR Int 1966, 262; *Redies* Teilung der Anmeldung während des Prüfungsverfahrens, GRUR 1936, 352; *Schanze* Ueber die Einheit und Untheilbarkeit des Patentgegenstandes, Glasers Annalen für Gewerbe und Bauwesen 1899, 15; *Schober* Von der Realteilung zur Verfahrensteilung: ein Paradigmenwechsel im deutschen Patentrecht? Mitt 2002, 481; *Schwanhäusser* Straßenkehrmaschine: eine Anmerkung zu einer Anmerkung, Mitt 1996, 349; *Stort* Teilung der Patentanmeldungen, Mitt 1913, 69; *Stortnik* Gedanken zur Teilung des Patents, GRUR 2000, 111; *Stortnik* Abschied von der Ausscheidungserklärung, GRUR 2004, 117; *Stortnik* Wider die ewige Teilung – Wege zu mehr Rechtssicherheit ohne Einschränkung der Gestaltungsfreiheit, GRUR 2005, 729; *Strebel* Die europäische Teilanmeldung, Mitt 1982, 192; *Vossius* Anmerkungen zum Aufsatz von Volker Zeiler, Rezepte zur Ausschöpfung des ursprünglich Offenbarten nach der Patentteilung, Mitt 1994, 75; *Wagner* Freiwillige Teilung einer Patentanmeldung, Mitt 1972, 105; *Wagner* Teilung von Patentanmeldungen nach zukünftigem Patentrecht, Mitt 1980, 149; *Wassermann* Zur Frage der Priorität abgezweigter Patentanmeldungen, GRUR 1912, 118; *Wirth* Die willkürliche Abzweigung von Patentanmeldungen, GRUR 1913, 101; *Wirth* Methodisches und willkürliche Patentteilung, GRUR 1913, 201; *Zeiler* Rezepte zur Ausschöpfung des ursprünglich Offenbarten nach der Patenterteilung, Mitt 1993, 353; *H.-D. Zeller* Fälligkeit aufgelaufener Jahresgebühren bei Ausscheidungsanmeldungen, Mitt 1971, 44; *O. Zeller* Ausscheidungsanmeldungen und Fälligkeit der Anmeldegebühr, Mitt 1957, 223.

A. Allgemeines

I. Entstehungsgeschichte

1   Die Teilung der Patentanmeldung ist erstmals in **Art 4 G PVÜ** geregelt worden.[1] Der Grundgedanke der Teilung wurde auf der Haager Revisionskonferenz 1925 in die PVÜ aufgenommen; die Fassung des

---

1   Zu früheren Auffassungen *Lindenmaier* § 26 Rn 34.

Abs 1 beruht auf der Londoner Revisionskonferenz 1934,[2] Abs 2 wurde auf der Lissaboner Revisionskonferenz 1958 eingefügt.[3]

§ 39 ist (als § 26d) durch Art 8 Nr 20 GPatG eingefügt worden. Die Bestimmung setzt die in Art 4 G **2** Abs 2 PVÜ vorgesehene Möglichkeit der **freien Teilung** in das nationale Recht um und klärt damit die zuvor umstrittene Frage,[4] ob über die ausländ Verbandsangehörigen hinaus auch die dt Staatsangehörigen das Recht zur freien Teilung haben.[5] Die Möglichkeit, einschränkende Bedingungen für die Teilung vorzusehen, steht allein dem Gesetzgeber zu,[6] der hierbei einen weiten Spielraum hat, solange er nicht willkürlich Fristen einführt.[7] Von ihr wurde – anders als im eur Erteilungsverfahren (Rn 76 ff) – kein Gebrauch gemacht, um dem praktischen Bedürfnis nach weitgehender Gestaltungsfreiheit Rechnung zu tragen (Begr). Das 2.PatGÄndG hat die Verweisungen in Abs 3 geänd. Das KostRegBerG hat Abs 2 geänd. Das BioTRIUmsG hat als redaktionelle Folgeänderung die Angabe „§§ 34 bis 36" in Abs 3 durch die Angabe §§ 34, 35 und 36" ersetzt. Das Gesetz zur Novellierung patentrechtlicher Vorschriften und anderer Gesetze des gewerblichen Rechtsschutzes hat mWv 1.4.2014 eine redaktionelle Änderung vorgenommen.

Die Teilung der **Gebrauchsmusteranmeldung** ist in § 4 Abs 6 GebrMG geregelt (Rn 29 ff zu § 4 **3** GebrMG).

Im **Markenrecht** sieht § 40 MarkenG eine Teilung vor, durch die die Anmeldung für bestimmte Waren **4** und Dienstleistungen als abgetrennte Anmeldung weitergeführt wird; anders als im Patentrecht gilt die abgetrennte Anmeldung bei Nichteinreichung der Unterlagen oder Nichtzahlung der Gebühr als zurückgenommen; die Abweichung wird mit den Erfahrungen aus dem Patentrecht begründet.[8]

II. Zeitliche Geltung

§ 39 findet auf die nach dem 31.12.1980 eingegangenen Patentanmeldungen Anwendung[9] (Art 17 **5** Abs 3, Art 12 Abs 1 GPatG). Für zuvor eingegangene Anmeldungen ergab sich die Teilungsmöglichkeit unmittelbar aus der PVÜ (Rn 2; zum Übergangsrecht s *6. Aufl*). Auch das Prüfungsverfahren nach § 12 ErstrG (*6. Aufl* Rn 73 zu § 44) eröffnete eine Teilungsmöglichkeit nach § 39.[10]

B. Die freie Teilung

I. Zeitpunkt

Der Anmelder kann die Anmeldung **jederzeit** teilen.[11] Die Teilung ermöglicht es dem Anmelder, den **6** Offenbarungsgehalt seiner Anmeldung voll auszuschöpfen,[12] wurde allerdings nicht selten dazu missbraucht, das Verfahren zu verzögern und insb eine Zurückweisung der Anmeldung zu verhindern. Eine

---

2 Vgl hierzu *Redies* GRUR 1936, 352.

3 Vgl hierzu den Bericht der dt Delegation GRUR Int 1959, 57, sowie die Denkschrift der Bundesregierung zum Entwurf des Zustimmungsgesetzes BlPMZ 1961, 233; zur Entstehungsgeschichte *MGK/Bossung* Art 76 EPÜ Rn 11 ff; zur Rechtslage im Ausland und nach dem Patentzusammenarbeitsvertrag *Fitzner/Lutz/Bodewig* Rn 7 ff.

4 Bejahend BPatGE 14, 213, 215 = BlPMZ 1973, 168; vgl auch BPatG 17.12.1970 17 W (pat) 181/67; offen gelassen in BGHZ 71, 152, 158 f = GRUR 1978, 417 Spannungsvergleichsschaltung; ohne nähere Ausführungen BGH GRUR 1998, 458 f Textdatenwiedergabe; zum Streitstand vgl *Burghardt* GRUR Int 1973, 600; *Pfanner* GRUR Int 1966, 262; *Wieczorek* Unionspriorität S 183.

5 Begr GPatG BlPMZ 1979, 276, 284; vgl zur Anwendung der PVÜ auf Inländer Art 16 schweiz PatG.

6 BGH Spannungsvergleichsschaltung; BPatGE 9, 163; BPatG 24.3.1972 18 W (pat) 76/69; BPatGE 14, 213 = BlPMZ 1973, 168; BPatGE 16, 226 = Mitt 1975, 96; BPatGE 20, 1 = GRUR Int 1978, 42; aA BPatG 30.9.1976 20 W (pat) 69/73 BlPMZ 1977, 165 Ls; vgl auch BPatG 17.12.1970 17 W (pat) 181/67.

7 Vgl EPA G 10/92 ABl EPA 1994, 633, 639 f Teilanmeldung.

8 Begr MarkenRRefG BTDrs 12/6581 S 91; zur Teilung im Beschwerdeverfahren BPatGE 44, 235 = GRUR 2002, 263.

9 BGH GRUR 1998, 458 f Textdatenwiedergabe.

10 BPatG 15.4.2004 10 W (pat) 47/01 unter Aufgabe von BPatG 23.6.1997 4 W (pat) 40/96, dort offengelassen zum früheren § 60.

11 Vgl *Kraßer* S 564 (§ 25 A IX c 7); *Stortnik* GRUR 2005, 729 f zieht eine Begrenzung der Teilungsmöglichkeit auf die Siebenjahresfrist des § 44 in Betracht; dem steht de lege lata aber entgegen, dass das Gesetz eine derartige Einschränkung nicht vorsieht.

12 *Fitzner/Lutz/Bodewig* Rn 11.

Frist für die Teilung besteht nicht, daher auch keine Wiedereinsetzungsmöglichkeit,[13] jedoch kommt Wiedereinsetzung bei Versäumung der Frist nach Abs 3 in Betracht.[14] Die Teilungsmöglichkeit besteht bis zur Erstarkung der Anmeldung zum Vollrecht (Rn 8) oder bis zum Eintritt der Bestandskraft des Zurückweisungsbeschlusses,[15] auch während des Laufs von Rechtsmittelverfahren, wobei es grds auf die Zulässigkeit des Rechtsmittels nicht ankommt;[16] sie ist insb nicht auf bestimmte Abschnitte des Erteilungsverfahrens beschränkt.[17] Auch vor Stellung des Prüfungsantrags ist Teilung möglich, die Regelung geht der in § 38 Satz 1 vor.[18]

7   Teilung einer Patentanmeldung **nach Beendigung der Tatsacheninstanzen** ist allerdings nach den Vorschriften über die Rechtsbeschwerde im Rechtsbeschwerdeverfahren nicht zu berücksichtigen;[19] dies bedeutet aber nicht Unwirksamkeit der Teilungserklärung, sondern nur, dass die Teilungserklärung keine Auswirkungen auf die ursprüngliche Anmeldung haben kann, was ohnehin der neueren Auffassung des BGH entspricht.[20] Die zum früheren Recht ergangene Rspr,[21] wonach eine nach Abgang des über den Einspruch entscheidenden Beschlusses eingehende Teilungserklärung nicht berücksichtigt werden müsse, ist ebenfalls nur für das Verfahren über die ursprüngliche Anmeldung berechtigt.

8   Die Teilung setzt weiter **Anhängigkeit** der Anmeldung voraus.[22] Im Fall der Patenterteilung ist zeitliche Grenze nicht der Erlass oder die Herausgabe an die Post bzw die Postabfertigungsstelle,[23] sondern der Eintritt der Unanfechtbarkeit des Erteilungsbeschlusses, so dass die Teilungsmöglichkeit bis zum Ablauf der Beschwerdefrist unabhängig davon erhalten bleibt, ob Beschwerde eingelegt wird, deren Einlegung zu verlangen unnötige Förmelei wäre.[24] Entsprechendes gilt für das Rechtsbeschwerdeverfahren.[25]

9   Eine – durch die PVÜ nicht gebotene, in ihren Auswirkungen zweifelhafte und von der Rspr früher nicht immer befriedigend behandelte – Teilungsmöglichkeit im **Einspruchsverfahren** eröffnete der mWv vom 1.7.2006 aufgehobene § 60 (Rn 47 f).

II. Voraussetzungen

1. Formelle Erfordernisse

10   **a. Teilungserklärung.** Teilung vAw kommt nicht in Betracht.[26] Die Teilung erfordert die Abgabe einer entspr schriftlichen Erklärung[27] durch den Anmelder gegenüber der zuständigen Stelle (Rn 14) in einem anhängigen Anmeldeverfahren (Rn 8). Vor dem BPatG genügt Erklärung zum Sitzungsprotokoll.[28] Bei Anmeldermehrheit kann ein säumiger Mitanmelder durch einen anderen vertreten werden.[29]

11   Auf die Erklärung sind die allg, für Verfahrenshandlungen geltenden Grundsätze anzuwenden. Einen bestimmten **Inhalt**, der über die Erklärung der Teilung hinausgeht, muss die Teilungserklärung nicht haben; der BGH hat demgegenüber früher Bestimmtheit in dem Sinn verlangt, dass unzweideutig zum Aus-

---

13   BPatG 6.4.2006 10 W (pat) 59/05; BPatG 22.5.2006 14 W (pat) 43/00.

14   *Fitzner/Lutz/Bodewig* Rn 36.

15   Vgl BPatGE 48, 271 = GRUR 2005, 496; BPatG 17.11.2005 10 W (pat) 1/03; *Kraßer* S 560 f (§ 25 A IX c 1); *Fitzner/Lutz/ Bodewig* Rn 34.

16   BGH GRUR 2000, 688 Graustufenbild; BPatGE 51, 257; BPatGE 43, 221 = BlPMZ 2001, 108, 109; BPatGE 26, 28, 30 = GRUR 1984, 196 f; *Melullis* GRUR 2001, 971, 972.

17   BPatGE 14, 213 = BlPMZ 1973, 168.

18   BPatGE 20, 108 = BlPMZ 1978, 182.

19   BGH GRUR 1980, 104 Kupplungsgewinde; BGH GRUR 1993, 655 Rohrausformer.

20   Vgl *Kraßer* S 561 (§ 25 A IX c 1).

21   BGH GRUR 1967, 435 Isoharnstoffäther; BGH GRUR 1982, 406 Treibladung; vgl BGH GRUR 1997, 223 Ceco, Markensache.

22   BPatGE 23, 113 = GRUR 1981, 350; BPatG 6.4.2006 10 W (pat) 59/05; *Benkard* Rn 13; vgl BPatG 21.8.2014 7 W (pat) 8/14.

23   So BPatGE 40, 259 = GRUR 1999, 488; BPatG 2.8. 1999 10 W (pat) 84/99.

24   BGH GRUR 2000, 688 Graustufenbild; BPatG 18.9. 2000 10 W (pat) 37/00; kr *Benkard* Rn 11 f.

25   BPatG 30.1.2003 6 W (pat) 18/00; BPatGE 48, 271 = GRUR 2005, 496.

26   Vgl BGH GRUR 1962, 398 Atomschutzvorrichtung; BGH Mitt 1967, 16 Nähmaschinenantrieb.

27   *Kraßer* S 564 f (§ 25 A IX c 10) will de lege ferenda die Einreichung einer Teilanmeldung genügen lassen.

28   BPatGE 43, 221 = BlPMZ 2001, 108 f; BPatG 29.9. 2003 15 W (pat) 309/02; *Fitzner/Lutz/Bodewig* Rn 29.

29   BPatG 11.3.2004 15 W (pat) 54/03, zu § 60.

druck zu bringen ist, welcher Gegenstand in dem einen Verfahren bleibt und was Gegenstand des weiteren Einspruchsverfahrens ist,[30] dies folgerichtig aus der seinerzeitigen, aber inzwischen aufgegebenen materiellrechtl Betrachung der Teilung abw von der hier vertretenen Auffassung (Rn 18 ff). Das EPÜ verlangt die Einreichung einer Teilanmeldung (Rn 76 ff), ebenso vielfach das ausländ Recht. Eine Anfechtung der Teilungserklärung ist ausgeschlossen. Fehlerhafte Teilungserklärung führt nicht zur Nichtigkeit (im verwaltungsverfahrensrechtl wie im patentrechtl Sinn) des in der Folge erteilten Patents (vgl Rn 21 zu § 49).[31] Die Annahme einer Missbräuchlichkeit der Teilungserklärung scheidet, solange der Gesetzgeber nicht entsprechende Voraussetzungen formuliert, schon im Hinblick auf das „freie" Teilungsrecht grds aus.[32] §§ 39, 60 sind in diesem Sinn im Beschwerdeverfahren Spezialnormen zu § 318 ZPO iVm § 99.

Die Teilungserklärung ist als Verfahrenshandlung[33] grds **bedingungsfeindlich** (vgl Rn 58 vor § 34). **12**

Die Teilung kann **hilfsweise** erklärt werden,[34] auch wenn über die hilfsweise abgetrennten Teile be- **13** reits im Rahmen der vorangehenden Anträge entschieden ist,[35] da entgegen der früheren Auffassung des BGH eine „Erledigung" einzelner Schutzansprüche mit insoweit verfahrensbeendigender Wirkung nicht in Betracht kommt; allerdings kann das Rechtsschutzbedürfnis für eine erneute Entscheidung fehlen. Eine hilfsweise erklärte Teilung führt mit ihrem Eingang zur Anhängigkeit der aus der Teilung entstandenen Anmeldung mit der Folge, dass die Dreimonatsfrist nach Abs 3 zu laufen beginnt.[36]

Adressat der Teilungserklärung ist die Stelle, vor der die Anmeldung anhängig ist. Im Beschwerde- **14** verfahren ist die Teilung gegenüber dem BPatG zu erklären.[37] Das Verfahren über die aus der Teilung entstandene Anmeldung wird in diesem Fall vor dem BPatG anhängig.[38] Zur Prüfungszuständigkeit des BPatG in diesem Fall Rn 27. Geht eine versehentlich an das DPMA gerichtete Erklärung erst nach Abschluss des Beschwerdeverfahrens beim BPatG ein, kann sie keine Wirkungen entfalten.[39] Bei Teilung des Patents im Einspruchsbeschwerdeverfahren nach früherem Recht war eine Entscheidungszuständigkeit des BPatG nicht gegeben.[40]

b. Gebühren. Für die aus der Teilung entstandene Anmeldung sind für die Zeit bis zur Teilung die **15** Gebühren zu entrichten, die für die ursprüngliche Anmeldung zu entrichten waren (Abs 2; vgl Rn 32 ff). Gebührenpflicht besteht aber nur, wenn die aus der Teilung entstandene Anmeldung zu einer endgültigen, wirksamen und im weiteren Verfahren selbstständigen Anmeldung erstarkt. Ist dies von vornherein oder infolge nachträglicher, vor der Vollwirksamkeit der aus der Teilung entstandenen Anmeldung eintretender Ereignisse nicht der Fall, fehlt oder entfällt der Rechtsgrund für die Gebührenpflicht. Das ist auch

30 BGH GRUR 1996, 747 Lichtbogen-Plasma-Beschichtungssystem, zu § 60; vgl auch BPatG 10.11.1998 17 W (pat) 64/94, wonach für die Auslegung der Teilungserklärung nur heranzuziehen ist, was zum Zeitpunkt ihres Eingangs erkennbar war.

31 Vgl BGHZ 152, 172 = GRUR 2003, 47 Sammelhefter I, zu § 60; BPatG Mitt 1998, 25 Ls, 26 Gründe; BPatGE 44, 193: Heilungswirkung des unanfechtbaren Erteilungsbeschlusses, gegen BPatGE 39, 17 = GRUR 1998, 460, 461; *Hövelmann* Mitt 2002, 49, 54 f.

32 AA *Stortnik* GRUR 2005, 729, 734, der Teilungserklärungen im Prinzip auf uneinheitliche Gegenstände beschränken will.

33 BPatG 14.12.2006 10 W (pat) 10/06.

34 BPatGE 29, 189 = Mitt 1988, 154; BPatG BlPMZ 2000, 31, 33 f mwN; BPatG 22.7.1999 17 W (pat) 27/97, hM; *Mes* Rn 9; *Fitzner/Lutz/Bodewig* Rn 30; *Hövelmann* Mitt 1999, 411; *Hövelmann* GRUR 2003, 203, 205 f, auch zur Frage der auflösenden oder aufschiebenden Bedingung; *Nieder* GRUR 2000, 361 f; aA *Hacker* Mitt 1999, 1, 8 und die Lit zum Markenrecht, vgl *Ströbele/Hacker* § 40 MarkenG Rn 4 und Fn 5 unter Hinweis auf die fehlende Widerruflichkeit nach § 40 Abs 2 Satz 3 MarkenG.

35 Vgl BPatGE 23, 119 = Mitt 1981, 241; aA BGH GRUR 1980, 716 Schlackenbad und BPatG 27.11.1978 13 W (pat) 98/76; BPatGE 16, 226 = Mitt 1975, 96; BPatG BlPMZ 1989, 393; BPatGE 34, 224, 229; BPatG 10.12.1996 14 W (pat) 82/95: nur soweit dies nicht der Fall ist.

36 BPatGE 29, 189 = Mitt 1988, 154; *Anders* VPP-Rdbr 1997, 112, 115; *Hövelmann* Mitt 1999, 411 f; *Kühnen* Teilung S 94; aA BPatG BlPMZ 2000, 31, 34; BPatG 22.7.1999 17 W (pat) 27/97; *Klaka/Nieder* GRUR 1998, 251, 255: erst mit Eintritt der Bedingung.

37 BPatG 17.11.2005 10 W (pat) 1/03, wonach die gegenüber dem DPMA abgegebene Erklärung in diesem Fall erst mit Eingang beim BPatG wirksam wird; *Schulte* Rn 25.

38 BGH GRUR 1972, 742 Zurückverweisung; BGH GRUR 1972, 474 Ausscheidungsanmeldung; BGH GRUR 1977, 209 Tampon; BPatG Mitt 1975, 89; BPatGE 17, 33; BPatGE 8, 28.

39 BPatGE 17, 33.

40 BGH GRUR 1999, 148 Informationsträger; BPatGE 47, 141 = BlPMZ 2004, 59; BPatG 1.4.2003 21 W (pat) 315/02.

der Fall, wenn die innere Priorität der Teilanmeldung für eine Nachanmeldung in Anspruch genommen wird und die aus der Teilung entstandene Anmeldung deshalb nach § 40 Abs 5 als zurückgenommen gilt; eine sachliche Berechtigung, den Anmelder in diesem Fall dreifach mit Gebühren zu belasten, besteht nicht, sofern dies innerhalb der Dreimonatsfrist des Abs 3 erfolgt.[41]

16   Die **Jahresgebührenpflicht** entfiel bei der nunmehr nicht mehr möglichen Begründung eines Zusatzverhältnisses.[42]

17   **c.** Weiter sind für die abgetrennte Anmeldung die nach §§ 34–36 erforderlichen **Anmeldungsunterlagen**, also auch die Zusammenfassung,[43] innerhalb der Dreimonatsfrist einzureichen (Abs 3). Die Frist gilt auch für die Gebührenzahlung (Rn 15); sie ist wiedereinsetzungsfähig, jedoch wird im Wiedereinsetzungsantrag regelmäßig eine konkludente neuerliche Teilungserklärung zu sehen sein (Rn 26 zu § 123), so dass es der Wiedereinsetzung nur dann bedarf, wenn die Stammanmeldung inzwischen erledigt ist.

2. Materielle Erfordernisse

18   **a. Grundsatz.** Materielle Teilungserfordernisse bestehen, nachdem der Gesetzgeber insoweit von den ihm durch die PVÜ eingeräumten Möglichkeiten nicht Gebrauch gemacht hat (anders zB im EPÜ oder im niederländ Recht: gesonderte Anmeldung für einen Teil des Gegenstands, Art 28 ROW 1995; in Serbien: Teilung des Gegenstands, Art 29 PatG 2004), entgegen Teilen der Rspr und der früher wohl hM nicht. Insb lassen sie sich nicht philologisch aus dem Begriff der Teilung ableiten; dieser ist aus der PVÜ übernommen und somit zunächst vertragsautonom zu bestimmen, Regelungen in anderen Verbandsländern zeigen, dass er zunächst – ohne einschränkende Regelungen in der nationalen Gesetzgebung – auch Verdoppelungen (Frankreich, Rn 19) und Ausweitungen (Österreich) erfassen kann. Die Teilung setzt das Vorhandensein einer selbstständigen, abgrenzbaren Erfindung nicht voraus.[44] Auch Nützlichkeit der Teilung oder eine Zustimmung der Prüfungsstelle werden nicht gefordert.[45] Geteilt werden kann auch eine aus der Teilung entstandene Anmeldung.[46]

19   **b. Die Lehre vom anderen Erfindungsgegenstand.** Die Rspr hat früher verlangt, dass der „zu teilende Gegenstand" in mindestens zwei Teile aufgespalten wird.[47] Nach früher hM musste die Teilanmeldung einen (ab)teilbaren, „formell" anderen Erfindungsgegenstand beinhalten als die Stammanmeldung, was (zu Unrecht, vgl Art R 612–35 Abs 2 frz CPI, wonach der Anmelder in jede Teilanmeldung den Inhalt der ursprünglichen Anmeldung aufnehmen kann, aber nicht muss) aus dem Begriff der Teilung abgeleitet wurde,[48] dergestalt, dass der Hauptanspruch der Teilanmeldung sich wenigstens in einem Merkmal unterscheide,[49] sich der abgetrennte und der verbleibende Teil wenigstens durch ein Anspruchsmerkmal voneinander unterscheiden und im verbleibenden Teil überhaupt ein wenn auch noch so kleiner Rest verbleibe.[50] Überschneidungen wurden dabei nicht ausgeschlossen.[51] Eine Teilung sollte aber begrifflich schon

---

41   BGH GRUR 1993, 890 Teilungsgebühren; BGH 14.7.1993 X ZB 8/92 gegen BPatG 6.11.1991 4 W (pat) 36/90 BlPMZ 1992, 506 Ls; vgl *Fitzner/Lutz/Bodewig* Rn 69.

42   *Kühnen* Teilung S 91.

43   Hierzu BPatG 22.10.1996 und nachgehend 14.2.1997 14 W (pat) 64/96.

44   BGH GRUR 1979, 692, 694 Spinnturbine I; aA *Pfanner* GRUR Int 1966, 262, 269.

45   BPatGE 9, 163, 165 = GRUR Int 1968, 132.

46   BGH GRUR 1998, 458 f Textdatenwiedergabe; *Mes* Rn 8; eingehend *Melullis* GRUR 2001, 971, 973 ff.

47   BGH GRUR 1996, 747, 749 Lichtbogen-Plasma-Beschichtungssystem; BGHZ 133, 18, 22 f = GRUR 1996, 753, 754 f Informationssignal; BGH GRUR 1998, 458 f Textdatenwiedergabe; BPatG 29.11.1997 14 W (pat) 6/97.

48   *Benkard* Rn 21 ff; *Schulte* Rn 10; BGH GRUR 1979, 692, 694 Spinnturbine I; BGH Textdatenwiedergabe; BPatGE 9, 163, 173 f; BPatGE 20, 1, 5 = GRUR Int 1978, 42; schweiz BG BGE 94 I 182 = GRUR Int 1969, 168 Schädlingsbekämpfungsmittel; ÖPA öPBl 1984, 110; *MGK/Bossung* Art 76 EPÜ Rn 112, 131 ff lässt Ausrichtung auf einen bestimmbaren Teil ausreichen.

49   BPatG BlPMZ 1993, 156; BPatG 12.8.1997 17 W (pat) 64/94.

50   BGH Lichtbogen-Plasma-Beschichtungssystem; vgl *MGK/Bossung* Art 76 EPÜ Rn 132: wenigstens kleinste Erfindungsgegenstände, die in Problem und Lösung unterscheidbar sind.

51   BGH Textdatenwiedergabe.

dann nicht vorliegen, wenn in dem einen Verfahren kein Rest verbleibe oder wenn nichts abgetrennt werde.[52]

Eine Teilung sollte demnach auch dann nicht vorliegen, wenn der **Anmeldungsgegenstand unan- 20 getastet** blieb, weil das, was nach dem Inhalt der Teilungserklärung abgetrennt werden sollte, nicht Bestandteil der Anmeldung sei;[53] dies sei nicht schon der Fall, wenn der abgetrennte Gegenstand nicht vollständig in der geteilten Anmeldung enthalten sei, er dürfe nur nicht vollständig außerhalb liegen.[54] Allerdings reichte es hiernach nicht aus, wenn einzelne Merkmale des Gegenstands der Teilanmeldung in der Stammanmeldung enthalten waren, der Gegenstand der Teilanmeldung aber insgesamt gegenüber der ursprünglichen Offenbarung der Stammanmeldung eine unzulässige Erweiterung darstellte.[55] Auch die Einbeziehung der Unteransprüche der Teilanmeldung in diese Prüfung wurde gefordert.[56]

Nach früherer Rspr erforderte schon die Teilungserklärung zu ihrer Wirksamkeit eine eindeutige Aus- 21 sage über den Teil, der abgetrennt werden sollte.[57] Eine Teilungserklärung nach § 60 sollte auch dann unwirksam sein, wenn damit der gesamte Inhalt des Patents aus dem Verfahren über das (Rest-)Patent herausgelöst würde.[58] Die hilfsweise erklärte, mit dem Hauptantrag identische Teilung sollte „mangels Masse" gegenstandslos sein.[59] Eine Teilung werde nicht bewirkt, wenn die vollständigen ursprünglichen Unterlagen der Stammanmeldung zum Gegenstand der Teilungserklärung gemacht werden, auch wenn die Stammanmeldung nur mit eingeschränkten Patentansprüchen weiterverfolgt werde.[60] Nach aA sollte eine derartige Teilung zulässig sein, wenn zur Stammanmeldung neugefasste, inhaltlich geänd Schutzansprüche vorgelegt werden.[61] Nach Auffassung des 23. Senats des BPatG[62] setzte die Teilung schon begrifflich eine Zerlegung eines Ganzen in **reale Teile** voraus („Tortentheorie"); die „Teilungsmasse" sollte dabei in dem zur Erteilung angemeldeten Erfindungsgegenstand bestehen, Teilung der Anmeldung Teilung der zur Erteilung angemeldeten Erfindung vor Erteilung des Patents bedeuten. Der 20. Senat des BPatG hat früher bei Überlappung des Gegenstands der Stammanmeldung mit dem der Teilanmeldung[63] eine Ausrichtung der Teilungserklärung auf eine teilbar enthaltene technische Lehre gefordert.[64]

c. Kritik. Der Lehre vom anderen Erfindungsgegenstand kann nicht gefolgt werden.[65] Sie kann in der 22 Rspr des BGH nunmehr – wenngleich abschließend noch nicht entschieden – als aufgegeben gelten.[66]

---

52 BGH Informationssignal, zu § 60; ebenso BPatGE 32, 212 = GRUR 1992, 377, GbmSache: Abtrennung des gesamten Anmeldungsgegenstands mit identischen Unterlagen; vgl auch BPatG 29.9.1997 30 W (pat) 53/97, Markensache, wo diese Grundsätze auf das Markenrecht übertragen werden.
53 BGHZ 133, 18, 22 f = GRUR 1996, 753 ff Informationssignal; vgl BGH GRUR 1999, 485 Kupplungsvorrichtung I; zu § 60.
54 BGH GRUR 1998, 458 f Textdatenwiedergabe, noch zur Rechtslage vor Inkrafttreten des § 39, insoweit gegen BPatGE 37, 37 = GRUR 1997, 277 f für die Teilung einer Teilanmeldung, wonach es nicht ausreicht, wenn die abgetrennte Lehre in der Stammanmeldung enthalten war, sofern sie nicht auch Gegenstand der Teilanmeldung geworden ist, dabei soll sich die Festlegung des Inhalts der Teilanmeldung idR aus den Patentansprüchen ergeben, wenn die Teilungserklärung durch Ankreuzen des hierfür vorgesehenen Felds auf dem Vordruck nach § 3 Abs 1 PatAnmV aF abgegeben worden ist.
55 BGH GRUR 1999, 41, 43 Rutschkupplung; aA für das GbmRecht BPatG 22.12.1999 5 W (pat) 447/98 Mitt 2001, 190 Ls, wonach ein über die Ursprungsanmeldung hinausgehender Gegenstand die Erklärung nicht unwirksam macht, wenn er auch eine Lehre umfasst, die in der Stammanmeldung teilbar enthalten ist.
56 BPatG GRUR 1999, 490.
57 BPatGE 19, 16; BPatGE 20, 1 = GRUR Int 1978, 42; BPatG BlPMZ 1993, 156; BPatG GRUR 1992, 684.
58 BGH GRUR 1996, 747, 750 Lichtbogen-Plasma-Beschichtungssystem; BPatG GRUR 1992, 684.
59 BPatGE 34, 224, 229.
60 BPatGE 39, 198 (6. Senat).
61 BPatG BlPMZ 1999, 46.
62 BPatGE 35, 268.
63 ISv BGH GRUR 1998, 458 f Textdatenwiedergabe.
64 BPatGE 39, 264 = GRUR 1998, 1006.
65 Vgl *Mes* Rn 7; *Kraßer* S 559 (§ 25 A IX b 4); *Fitzner/Lutz/Bodewig* Rn 32; kr auch *Melullis* GRUR 2001, 971, 973 f, der – unter Beibehaltung der Lehre vom anderen Erfindungsgegenstand für die Teilung des Patents nach § 60 – in erster Linie darauf abstellt, dass im Erteilungsverfahren die Patentansprüche den Gegenstand nicht in gleicher Weise bestimmen wie nach Patenterteilung; sowie *Hövelmann* Mitt 2002, 49, 54.
66 BGHZ 152, 172 = GRUR 2003, 47 Sammelhefter I, zu § 60: „Jedenfalls ist aus dem Erfordernis einer Teilung nicht nur des Verfahrens ... nicht abzuleiten, dass bereits durch die Teilungserklärung ein gegenständlich bestimmter Teil des Patents definiert werden muss, der von diesem abgetrennt wird"; BPatGE 47, 1 = GRUR 2004, 317; vgl BPatG 20.1.2003 9 W

Schon der frz Wortlaut des Art 4 G PVÜ spricht von „diviser la demande de brevet" und deutet damit auf eine rein verfahrensrechtl Aufspaltung des bisher einheitlichen Anmeldeverfahrens in mehrere hin.[67] Dies erfordert bei der Prüfung der Wirksamkeit der Teilung noch keine Prüfung, auf welches Rechtsschutzziel die Teilungserklärung über die Einleitung eines weiteren Verfahrens hinaus gerichtet ist und schließt auf dieser Stufe damit die Möglichkeit ein, in der aus der Teilung entstandenen Anmeldung (und sogar in mehreren) auf den gesamten ursprünglichen Offenbarungsgehalt zurückzugreifen,[68] so, als ob dieselbe Erfindung vom Anmelder mit übereinstimmenden Unterlagen zeitgleich mehrfach angemeldet worden wäre.[69] Die Bedeutung, die die früher hM der Teilungserklärung für die Festlegung des Gegenstands der Teilanmeldung zumisst, musste – sofern die Teilung nicht nur verfahrenstaktische Bedeutung hatte – dazu verleiten, dass der Anmelder die Möglichkeiten vorsorglich bis zum letzten ausschöpfte und versuchte, möglichst nahezu den gesamten oder sogar den gesamten[70] Inhalt der Anmeldung in die Teilanmeldung zu retten.[71] Es war zudem wenig damit gewonnen, für die Teilanmeldung irgendeinen formellen Unterschied zum Gegenstand der Stammanmeldung zu fordern, der für das weitere Verfahren keinerlei Relevanz haben musste[72] und sich damit letztlich nur als Obulus für den Eintritt in das weitere Verfahren – und somit allein ein Verlangen um der Form willen – darstellte.[73] Die früher hM war einem der Mengenlehre entlehnten Teilungsbegriff verhaftet,[74] dem die Vorstellung zugrunde lag, der Gegenstand einer Anmeldung könne ohne weiteres in mehrere Teile zerlegt werden. Dies ist nicht notwendig der Fall; gerade die Hereinnahme eines „formell" unterscheidenden Merkmals begründet eine derartige Aufteilung nicht,[75] da auch der „angereicherte" Schutzanspruch von einem allgemeineren, in der Stammanmeldung weiter verfolgten umfasst wird;[76] die Praxis behalf sich hier teilweise mit „Disclaimer"-Lösungen, deren es jedoch auch auf der Grundlage der früher hM nicht bedurfte.[77] Der Begriff der Teilung muss deshalb **rein verfahrensbezogen** interpretiert werden.[78] Die Teilung ist nicht mehr und nicht weniger als die Aufspaltung des bisher einheitlichen Erteilungsverfahrens in mehrere selbstständige, in denen jeweils für sich zu prüfen ist, ob den in ihnen gestellten Erteilungsanträgen zu entsprechen ist, weil sie durch die ursprünglichen Unterlagen der Stammanmeldung gedeckt sind und auch die übrigen Patentierungserfordernisse erfüllen. Durch die Teilung wird folglich entgegen der früher hM und der früheren Rspr des BGH nur das Verfahren geteilt, nicht der Gegenstand der Anmeldung (auch das frz Recht stellt diese Möglichkeit zur Verfügung, Art R 612-35 Abs 2 1. Alt CPI). Da nichts aus der Anmeldung „herausgeteilt" wird, kann bei Eintritt der Nichtabgabefiktion (Abs 3) auch nichts „zurückfallen".[79] Dies hat der 20. Senat des BPatG[80] auch daraus gefolgert, dass[81] noch zu einem Zeitpunkt geteilt werden kann, zu dem wegen der Bindung des DPMA und

---

(pat) 32/01; BPatG 13.2.2003 23 W (pat) 2/01; BPatG 1.4.2003 21 W (pat) 315/02, zu § 60; BPatG 7.8.2003 23 W (pat) 703/03; BPatG 29.9.2003 15 W (pat) 309/02, zu § 60; aA *Benkard* Rn 20a.

67 Hiergegen BPatG 12.10.1995 23 W (pat) 86/93, auszugsweise in Mitt 1996, 237.

68 Vgl EPA T 441/92; BPatG 27.6.2005 10 W (pat) 23/03; zutr auch BGH GRUR 1998, 458 f Textdatenwiedergabe, unter Hinweis auf BGHZ 115, 234 = GRUR 1992, 38 Straßenkehrmaschine, wonach erst am Ende des Prüfungsverfahrens der genaue Inhalt der Trennanmeldung feststehen kann und muss; vgl auch BPatG 11.8.1999 7 W (pat) 88/98; BPatG 13.2.2003 23 W (pat) 2/01, wo dem „Versuch einer Doppelpatentierung" aber eine Absage erteilt wird.

69 So auch *Kraßer* S 559 (§ 25 A IX b 4); auch hiergegen BPatG 12.10.1995 23 W (pat) 86/93, auszugsweise in Mitt 1996, 237.

70 Vgl BPatG BlPMZ 1999, 46.

71 Vgl BGH Sammelhefter I.

72 Konsequent, aber gleichwohl nicht zu billigen daher *Kühnen* Teilung S 125 ff, der Bindung an die Teilungserklärung annimmt; auch sein Hinweis auf das EPÜ trägt nicht, weil die Teilung dort anders geregelt ist.

73 Vgl *Melullis* GRUR 2001, 971, 975; *Stortnik* GRUR 2000, 111, 119; BGH Sammelhefter I, zu § 60.

74 Instruktiv hierzu *Keil* Mitt 1994, 69; dies zu Unrecht leugnend BPatG 12.10.1995 23 W (pat) 86/93, auszugsweise in Mitt 1996, 237 f; vgl auch *Königer* (2004), der – insb S 57 – von „Sachantragsmenge" spricht.

75 So auch BPatG 12.10.1995 23 W (pat) 86/93, auszugsweise in Mitt 1996, 237; vgl *Melullis* GRUR 2001, 971, 976.

76 Vgl hierzu BGH Sammelhefter I.

77 Nach BGH Textdatenwiedergabe sind Überlappungen nicht ausgeschlossen.

78 So auch *Kraßer* S 560 (§ 25 A IX b 4); vorsichtig in diese Richtung jetzt auch *Benkard* Rn 29, der die Teilungserklärung nunmehr für einen (gesetzgeberischen) Fehlgriff hält; aA noch BPatG 12.10.1995 23 W (pat) 86/93, auszugsweise in Mitt 1996, 237 f.

79 BGH GRUR 2003, 781 Basisstation.

80 BPatGE 43, 221 = BlPMZ 2001, 108 f, im Grundsatz bestätigt in BGH Basisstation.

81 Nach BGH GRUR 2000, 688 Graustufenbild; vgl *Melullis* GRUR 2001, 971, 973; kr *Nieder* Mitt 2001, 281 f.

des BPatG an seine Entscheidung nach deren Erlass nichts mehr abgespalten werden kann. Die Rspr des BGH stellt nurmehr darauf ab, dass – was erst am Ende des Prüfungsverfahrens der aus der Teilung entstandenen Anmeldung beurteilt werden kann und nicht Vorliegen und Wirksamkeit der Teilung an sich betrifft – im Verfahren über die aus der Teilung entstandene Anmeldung kein Gegenstand beansprucht werden kann, über den in der Stammanmeldung bereits abschließend sachlich entschieden worden ist;[82] dies lässt sich aber zwanglos daraus ableiten, dass der Erteilungsanspruch des Anmelders insoweit verbraucht ist[83] (Rn 24). Zutr ist auf die (materiellrechtl) Bedeutungslosigkeit der Teilungserklärung hingewiesen worden.[84] Ob nach der neueren Rspr noch eine „Realteilung" möglich ist, hat der BGH offengelassen;[85] ihre Wirkungen können aber jedenfalls durch das Verhalten des Anmelders in den Verfahren über die Stammanmeldung und die Teilanmeldung herbeigeführt werden.

d. Keine unzulässigen Änderungen. Nach früher hM setzte die Teilung voraus, dass die Grenzen **23** beachtet werden, die der Berücksichtigung einer Veränderung des Patentbegehrens durch Teilung der Anmeldung oder durch Änderung der Patentansprüche durch verfahrensrechtl Vorschriften der nationalen Gesetzgebung gezogen sind.[86] Die in der aus der Teilung entstandenen Anmeldung beanspruchten Merkmale mussten demnach ursprünglich hinreichend als zur Erfindung gehörend offenbart sein.[87] Die Weiterverfolgung des Gegenstands einer unzulässigen Erweiterung in einer Teilanmeldung ist ausgeschlossen.[88] Die Rspr prüfte früher die Erweiterung schon im Rahmen der Wirksamkeit der Teilungserklärung;[89] sie sah eine Teilungserklärung als unwirksam an, wenn der nach der Teilungserklärung abgetrennte Gegenstand nicht Bestandteil der Stammanmeldung ist, dh sich in einer Erweiterung erschöpft.[90] Damit wurde die Feststellung der Unwirksamkeit der Teilung als vorrangig gegenüber einer Feststellung behandelt, dass die Teilanmeldung unzulässig erweitert sei, mit der Folge, dass nach Patenterteilung im Verfahren über die Stammanmeldung eine Rückführung auf einen nicht erweiternden Gegenstand nicht mehr möglich war; jedoch sei die Teilanmeldung „mit einem durch eine Teilungserklärung zulässig abgetrennten Gegenstand entstanden", ohne dass zu prüfen sei, ob ein zugleich abgetrennter weiterer Gegenstand in der Stammanmeldung offenbart sei.[91]

Kritik. Bei der Behandlung von Erweiterungen handelt es sich entgegen der früheren Rspr nicht um **24** eine spezifische Frage der Teilung, sondern um eine allein an § 38 zu messende.[92] Ob ein Verzicht auf Teile der Anmeldung einer Weiterverfolgung in der Teilanmeldung entgegensteht, ist auf der Grundlage der Beurteilung des Verzichts und nicht am Maßstab der Teilung zu beurteilen[93] (vgl Rn 152ff zu § 34). Auch die Möglichkeit der Beseitigung einer unzulässigen Erweiterung im Verfahren über die Teilanmeldung und die Zulässigkeit der identischen Teilung wie der „Doppelpatentierung" sind hiernach zu beantworten;[94] der Verfolgung eines identischen zweiten Erteilungsantrags seitens desselben Anmelders steht demnach schon entgegen, dass der Erteilungsanspruch aus der Anmeldung verbraucht ist (Rn 45 vor § 34); Rspr und Lit verneinen zT ein Rechtsschutzbedürfnis.[95] Wurde die Stammanmeldung bereits ord-

---

82 BGH Graustufenbild; BGH Sammelhefter I; BPatG 16.8.2010 20 W (pat) 5/07.

83 Vgl BPatGE 43, 221 = BlPMZ 2001, 108 f; *Melullis* GRUR 2001, 971, 974 f; kr insoweit *Kraßer* S 560 Fn 197 (§ 25 A IX b 4), der unter Verweis auf den materiellrechtl Charakter des Erteilungsanspruchs auf das Fehlen eines Rechtsschutzbedürfnisses abstellen will.

84 *Niedlich* GRUR 2003, 663 f; *Benkard* Rn 29.

85 BGH GRUR 2009, 657 Blendschutzbehang.

86 BGH GRUR 1980, 104 Kupplungsgewinde.

87 BPatGE 20, 1, 5 = GRUR Int 1978, 42; BPatG 30.9.1976 20 W (pat) 69/73 BlPMZ 1977, 165 Ls; vgl EPA T 441/92; *MGK/Bossung* Art 76 EPÜ Rn 140 ff: „Erweiterungsverbot".

88 BGHZ 71, 152 = GRUR 1978, 407 Spannungsvergleichsschaltung; BGH GRUR 1979, 692, 694 Spinnturbine I; anders § 92a öPatG, der die Weiterverfolgung einer unzulässigen Änderung, allerdings mit dem Zeitrang ihres Eingangs beim PA, zulässt; für das EPÜ *MGK/Bossung* Art 76 EPÜ Rn 143.

89 BGH GRUR 1999, 41, 43 Rutschkupplung und vorangehend BPatGE 38, 218 = GRUR 1998, 370.

90 BGH Rutschkupplung im Anschluss an BGH GRUR 1998, 458 Textdatenwiedergabe.

91 BPatG 15.7.1997 6 W (pat) 78/94.

92 Vgl BPatG Mitt 2007, 283; BPatG 12.8.2009 19 W (pat) 5/08; vgl auch *Benkard* Rn 16.

93 Vgl *Kraßer* S 560 (§ 25 A IX c 1); EPA T 910/92 behilft sich mit einer Auslegung der Verzichtserklärung.

94 Vgl *Fitzner/Lutz/Bodewig* Rn 79.

95 Vgl BPatG Mitt 2007, 557 (dort bejaht bei Patentansprüchen verschiedener Kategorien); *MGK/Bossung* Art 76 EPÜ Rn 51: „Motivgerechtigkeit".

nungsgem zurückgewiesen, bedarf es vor Zurückweisung der identischen Teilanmeldung keines Prüfungsbescheids.[96]

III. Prüfungszuständigkeit

25 **1. Teilungserklärung.** Über die Wirksamkeit der Teilungserklärung kann nach verbreiteter Meinung im Verfahren über die Stammanmeldung entschieden werden;[97] dies soll auch bei Fehlen der materiellrechtl Voraussetzungen gelten.[98] Eine Entscheidung im abgetrennten Erteilungsverfahren ist aber jedenfalls nicht ausgeschlossen (Rn 26). Nach zutr Ansicht ist vor einer Entscheidung im Verfahren über die Stammanmeldung abzuwarten, ob die Voraussetzungen der Teilung rechtzeitig erfüllt werden; ist dies der Fall, kommt nur eine Entscheidung im Verfahren über die Teilanmeldung in Betracht.[99] Eine geteilte Entscheidung hinsichtlich der getrennten Anmeldungen ist keine unzulässige Teilentscheidung.[100] Eine Vorabentscheidung des DPMA über die Zulässigkeit einer Teilungserklärung oder Ausscheidungserklärung wurde als nicht zulässig angesehen;[101] auf der Grundlage der hier vertretenen verfahrensrechtl Auffassung sollte für sie regelmäßig keine Notwendigkeit bestehen.

26 **2. Teilanmeldung.** Die Zulässigkeit der Teilung ist auch im Verfahren über die aus der Teilung entstandene Anmeldung zu prüfen.[102] Abgesehen von der Frage der Zuständigkeit der Prüfungsstelle ergeben sich Probleme nur hinsichtlich der Kompetenzabgrenzung DPMA – BPatG.

27 **Entscheidungskompetenz des BPatG.** Ob das BPatG über die aus der Teilung entstandene Anmeldung selbst entscheiden kann, ist grds nicht anders zu beurteilen als bei der sachlichen Entscheidungskompetenz des BPatG an sich (Rn 32 zu § 79). Nach einer im BPatG vertretenen Auffassung sollte für die aus der Teilung entstandene Anmeldung eine Prüfungs- und Entscheidungskompetenz des BPatG schon wegen des Gewaltenteilungsgrundsatzes (oder weil diese bei ihm nicht anfällt)[103] nicht gegeben sein, nach dieser Auffassung hat das BPatG die aus der Teilung entstandene Anmeldung entspr § 281 ZPO (oder §§ 13, 17a GVG) an das DPMA zu verweisen.[104] Dem kann nicht gefolgt werden; auch die Entscheidung über die aus der Teilung entstandene Anmeldung ist eine Entscheidung über die Beschwerde iSd § 79 Abs 1;[105] die Zuständigkeit des BPatG beschränkt sich nicht auf die sachliche Behandlung der aus der Teilung entstandenen Anmeldung, erfasst allerdings Handlungen nicht, für die ausschließliche Empfangszuständigkeit des DPMA besteht, wie die Gebührenzahlung.[106] Allerdings kann das BPatG über eine Teilanmeldung, die erst nach vollumfänglicher Zurückweisung der Anmelderbeschwerde gegen die Zurückweisung der Patentanmeldung durch eine Teilungserklärung während der Rechtsbeschwerdefrist entstanden ist, nicht entscheiden; die Zuständigkeit liegt insoweit originär beim DPMA.[107] Das BPatG kann aber die Sache nach § 79 Abs 3 Nr 1 (oder Nr 3, str; vgl Rn 79 zu § 79) an das DPMA zurückverweisen[108] und wird dies zweckmäßigerweise schon im Hinblick auf die besseren Recherchemöglichkeiten und den sonst eintretenden In-

---

96 BPatG 2.2.2011 19 W (pat) 75/09.

97 BPatG BlPMZ 1993, 156; BPatG GRUR 1992, 684; aA BPatG 4. Senat BPatGE 29, 128 = BlPMZ 1988, 215: nach Anlegung der Trennakte nur in dieser.

98 BPatGE 22, 153 = BlPMZ 1980, 226; vgl auch BPatG BlPMZ 1989, 393, zu § 60.

99 BPatG 14.12.2006 10 W (pat) 10/06.

100 BPatG BlPMZ 1989, 393.

101 BPatGE 17, 226 = BlPMZ 1976, 20; aA *Kühnen* Teilung S 131 ff.

102 BGH GRUR 1999, 41, 43 Rutschkupplung; vgl – jeweils zu § 60 – BGH GRUR 1996, 747, 750 Lichtbogen-Plasma-Beschichtungssystem; BGHZ 133, 18, 22 = GRUR 1996, 753 Informationssignal.

103 BPatG GRUR 2011, 949.

104 BPatG 8.9.1993 9 W (pat) 79/93; BPatG GRUR 2011, 949; BPatG 1.12.2014 18 W (pat) 36/14 mit Hinweis auf weitere ungedruckte Entscheidungen des BPatG.

105 Vgl BGH GRUR 1999, 574 Mehrfachsteuersystem; BGH GRUR 1998, 458 Textdatenwiedergabe mwN; BGH GRUR 1999, 148 Informationsträger; BPatGE 39, 98 = GRUR 1998, 665; aA BPatG GRUR 2011, 949; BPatG 1.12.2014 18 W (pat) 36/14.

106 BGH Mehrfachsteuersystem mwN.

107 BPatGE 48, 271 = GRUR 2005, 496.

108 Zutr BPatG 8.3.1995 21 W (pat) 79/94 im Anschluss an BGH Ausscheidungsanmeldung; BPatG 13.2.2003 23 W (pat) 2/01; BPatG 1.12.2014 18 W (pat) 36/14; vgl *Keukenschrijver* Mitt 1995, 267, 270 f; *Fitzner/Lutz/Bodewig* Rn 57.

stanzverlust im Regelfall auch tun, damit endet die Anhängigkeit bei ihm.[109] Das DPMA kann im Amtshilfeweg eine Akte (nunmehr: elektronische Akte) anlegen[110] und ein Aktenzeichen vergeben[111] und den Eingang der nach Abs 3 einzureichenden Unterlagen überwachen, ist aber – soweit es nicht originär oder nach Zurückverweisung zuständig ist – zu Entscheidungen, etwa über die Bewilligung einer Wiedereinsetzung, nicht befugt (Rn 91 zu § 123).[112]

IV. Wirkung

1. Gestaltungswirkung? Die Teilung ist als ein rein verfahrensrechtl Vorgang ohne sachlich-rechtl **28** Bedeutung der Prozesstrennung nach § 145 ZPO vergleichbar;[113] die spätere Rspr wies der Teilungserklärung selbst – und nicht erst den anschließenden Verfahrenshandlungen des Anmelders – demgegenüber (zu Unrecht) weitgehende materielle Bedeutung zu, nämlich Gestaltungswirkung in dem Sinn, dass der um den abgetrennten Teil verminderte Rest nicht mehr Gegenstand der Sachprüfung[114] und der Umfang dessen festgelegt sei, was aus der Stammanmeldung herausgelöst wird,[115] wobei gleichwohl im Verfahren über die Teilanmeldung auf den gesamten Offenbarungsgehalt der Teilanmeldung zurückgegriffen werden könne[116] und erst am Ende des Prüfungsverfahrens der genaue Inhalt der Trennanmeldung feststehen müsse;[117] schon dies führte iVm der Lehre vom anderen Erfindungsgegenstand zu kaum lösbaren Problemen.[118] Der (inzwischen überholten) Annahme der früher hM, dass der Teilungserklärung „materielle"[119] Bedeutung zukomme, ist aus systematischen Gründen und mangels Stütze im Gesetz nicht zu folgen.[120]

Weitergehend ist in der **Teilungserklärung** auch eine Schranke dafür gesehen worden, was mit der **29** abgeteilten Anmeldung weiterverfolgt werden und wieweit damit die ursprüngliche Offenbarung ausgeschöpft werden kann;[121] dies folgte indessen schon nicht notwendig aus der früheren Auffassung des BGH und ist vom BGH auch auf der Grundlage seiner früheren Auffassung verworfen worden.[122] Auch bei „Teilungsketten" kann mithin auf den gesamten Offenbarungsgehalt der ersten Anmeldung zurückgegriffen werden.[123]

2. Verfahrensrechtlich. Bereits mit Eingang der (formell) wirksamen Teilungserklärung einer Stamm- **30** anmeldung **entsteht** die Teilanmeldung,[124] wenn auch unter dem Vorbehalt des Unwirksamwerdens; wer-

---

109 BPatGE 34, 31, 32 – zu § 60 ergangen, aber nur für § 39 zutr –; BPatG Mitt 1994, 15, ebenfalls zu § 60, spricht von „Verweisung".
110 BPatG Mitt 1973, 18; BPatG Mitt 1975, 89.
111 *Fitzner/Lutz/Bodewig* Rn 58.
112 Vgl *Fitzner/Lutz/Bodewig* Rn 64.
113 Vgl BGH GRUR 1967, 413, 417 Kaskodeverstärker; im Ergebnis wieder BGHZ 152, 172 = GRUR 2003, 47 Sammelhefter I, zu § 60.
114 BGH GRUR 1996, 747 Lichtbogen-Plasma-Beschichtungssystem; vgl BGHZ 133, 18 = GRUR 1996, 753 f Informationssignal, zu 60; „Doppelnatur"; *Hacker* Mitt 1999, 1 f.
115 BGH GRUR 1998, 458 f Textdatenwiedergabe.
116 BPatG 29.6.2010 4 Ni 83/08.
117 BGH Textdatenwiedergabe; BGH GRUR 1999, 148 Informationsträger.
118 Vgl BGH Sammelhefter I; eine Auflösung versuchte bereits *Melullis* GRUR 2001, 971, 974 f.
119 Zur Ungenauigkeit der Begriffsbildung *Königer* (2004), 191.
120 So auch BPatG (20. Senat) BPatGE 43, 221 = BlPMZ 2001, 108 f; ebenso für die erste Teilungserklärung – anders weiterhin für Teilungsketten – BPatG (6. Senat) BlPMZ 2000, 58; kr *Schulte*[8] Rn 14, abw jetzt *Schulte* Rn 9; kr für die Teilung nach § 39 – anders nach dem früheren § 60 – auch *Hacker* Mitt 1999, 1, 5 ff.
121 BPatGE 38, 179 = GRUR 1998, 39, zu § 60; BPatGE 39, 264 = GRUR 1998, 1006; BPatG 23.6.1998 6 W (pat) 44/95 BlPMZ 1999, 163 Ls, wonach die Teilungserklärung weiterer Maßstab für eine unzulässige Erweiterung sein soll und bei einer weiteren Teilung der Offenbarungsgehalt der Ursprungsanmeldung nur im Umfang der ersten Teilungserklärung ausgeschöpft werden könne; ähnlich BPatG 30.7.1998 6 W (pat) 45/95 BlPMZ 1999, 163 Ls; BPatG 10.9.1998 6 W (pat) 97/96 BlPMZ 1999, 163 Ls, wonach bei einer Teilungskette nicht auf den letzten Teilungsgehalt der ersten Anmeldung am Anfang der Kette abgestellt werden kann; neuerdings noch *Königer* (2004), 190.
122 BGH GRUR 1999, 148 Informationsträger; BGH GRUR 2000, 688 f Graustufenbild; BPatG 29.6.2010 4 Ni 83/08; *Schulte* Rn 41; abl auch *Klaka/Nieder* GRUR 1998, 251 ff und *Nieder* Mitt 1999, 414 und GRUR 2000, 361, 363 f.
123 *Melullis* GRUR 2001, 971, 975 f.
124 BGH GRUR 1993, 890 f Teilungsgebühren; BGH GRUR 1999, 574, 576 Mehrfachsteuersystem; BPatGE 22, 153 = BlPMZ 1980, 226.

den die Gebühren und die Anmeldeunterlagen[125] nicht in der Frist des Abs 3 (zur Wiedereinsetzungsfähigkeit Rn 27 zu § 123) beigebracht, wird die Teilanmeldung nachträglich mit rückwirkender Kraft unwirksam[126] (zum Schwebezustand zuvor Rn 35 ff); eine Mitwirkung des DPMA ist – anders als bei der Ausscheidung – nicht erforderlich.[127] Insoweit entfaltet die Teilungserklärung – verfahrensrechtl – Gestaltungswirkung.[128]

31   Die (wirksame) Teilung der Anmeldung hat zur Folge, dass in einem zweiten Prüfungsverfahren die vom Anmelder in diesem Verfahren zur Entscheidung gestellten Patentansprüche auf die Patentfähigkeit ihrer Gegenstände überprüft werden.[129] Die aus der Teilung entstandene Anmeldung stellt eine **Fortsetzung des bereits anhängigen Erteilungsverfahrens** dar.[130] Erfolgt die Teilung nach Stellung des Prüfungsantrags, gilt dieser auch für den abgetrennten Teil als gestellt (Abs 1 Satz 3). Sonst ist er fristgemäß zu stellen. Auch ein Rechercheantrag wirkt für die Teilanmeldung fort, sofern er nicht bereits erledigt ist.[131] Zum Rechercheantrag bei Teilung vgl Rn 21 zu § 43, zum Prüfungsantrag Rn 41 zu § 44. Jedoch kann der Auffassung nicht beigetreten werden, dass die Teilung nur innerhalb von sieben Jahren ab Anmeldetag zulässig sei.[132]

32   **Gebühren.** Nach Abs 2 Satz 1 sind für die abgetrennte Anmeldung für die Zeit bis zur Teilung die gleichen Gebühren zu entrichten, die für die ursprüngliche Anmeldung zu entrichten waren. Dazu gehören die für die Durchführung des Erteilungsverfahrens und die für die Aufrechterhaltung der Anmeldung zu entrichtenden Gebühren (Anmeldegebühr, ggf Anspruchsgebühren, wobei die Praxis zu Unrecht dahin tendiert, diese nach der Zahl der ursprünglichen Schutzansprüche und nicht nach der Zahl der Patentansprüche nach Teilung zu bemessen,[133] Prüfungsantragsgebühr (Rn 41 zu § 44), Jahresgebühren einschließlich bei Eingang der Teilungserklärung bereits fälliger Zuschläge,[134] vgl Rn 13 zu § 17), die Recherchegebühr nur, wenn die Teilung nach Stellung des Prüfungsantrags erklärt und für die Stammanmeldung eine Recherchegebühr entrichtet worden ist, Abs 2 Satz 2), nicht aber eine im Verfahren der Stammanmeldung angefallene Beschwerdegebühr[135] oder weitere Gebühren für Verfahrensanträge wie die Umschreibegebühren (vgl Rn 13 zu § 17).[136] Jedenfalls dann, wenn mittels Zahlung der Verspätungsgebühr der letztmögliche gesetzliche Zahlungszeitpunkt für Jahresgebühr der Stammanmeldung gewählt wird, der noch keinen Rechtsverlust für diese zur Folge hat, ist für die für die Teilanmeldung zu entrichtenden Gebühren nicht auf den Zeitpunkt der Fälligkeit der Jahresgebühr für die Stammanmeldung, sondern auf den Zeitpunkt abzustellen, zu dem die Jahresgebühr tatsächlich und letztmöglich zu entrichten ist; die Verpflichtung zur Gebührenzahlung für die Teilanmeldung entsteht in diesem Fall nicht vor der Zahlungsverpflichtung für die Stammanmeldung.[137]

33   Die **Recherchegebühr** ist nicht zu entrichten, wenn die Teilung vor Stellung des Prüfungsantrags erklärt worden ist, es sei denn, dass auch für die Trennanmeldung ein Rechercheantrag gestellt wird (Abs 2 Satz 2).[138]

34   Die **innere Priorität** einer formell zulässigen Teilanmeldung kann vom Zeitpunkt der Teilungserklärung an für eine Nachanmeldung mit Wirkung vom Zeitpunkt der Abgabe der Prioritätserklärung in Anspruch genommen werden. Die Teilanmeldung steht im Fall der Inanspruchnahme ihrer inneren Priorität wegen einer Nachanmeldung gebührenrechtl der noch beim DPMA anhängigen ungeteilten früheren Anmeldung gleich, deren Zurücknahme nach § 40 Abs 5 mit Abgabe der Prioritätserklärung fingiert wird, um einen Doppelschutz für eine Erfindung zu verhindern.[139]

---

125   Zur Empfangszuständigkeit für die Anmeldungsunterlagen *Hacker* Mitt 1999, 1, 11.

126   BGH Teilungsgebühren; BGHZ 133, 18 = GRUR 1996, 753 Informationssignal; BGH 14.7.1993 X ZB 8/92.

127   BPatGE 20, 108 = BlPMZ 1978, 182.

128   Vgl *Schulte* Rn 12; BPatG 14.12.2006 10 W (pat) 10/06.

129   BGH GRUR 2009, 657 Blendschutzbehang.

130   Vgl BGH GRUR 1971, 565, 567 Funkpeiler; *Kraßer* S 561 (§ 25 A IX c 2).

131   BPatGE 29, 128 = BlPMZ 1988, 215.

132   So aber *Stortnik* GRUR 2005, 729 f.

133   So aber auch *Benkard* Rn 32a, anders die Praxis des EPA.

134   BPatGE 26, 28 = BlPMZ 1984, 140 gegen BPatGE 14, 9; *Schulte* Rn 57 f, aA *Kühnen* Teilung S 90; vgl *Kraßer* S 563 (§ 25 A IX c 5).

135   *Benkard* Rn 32b; *Schulte* Rn 59.

136   BPatGE 54, 153 = BlPMZ 2002, 385, 386; *Benkard* Rn 32c; *Schulte* Rn 60.

137   BPatG BlPMZ 2007, 290.

138   BPatGE 45, 153 = BlPMZ 2002, 385.

139   BGH GRUR 1993, 890 Teilungsgebühren; BGH 14.7.1993 X ZB 8/92.

Bis zur Erfüllung der Voraussetzungen nach Abs 2, 3 besteht ein **Schwebezustand**. Der Anmelder hat **35** drei Monate lang Gelegenheit, die nach §§ 34–36 erforderlichen Anmeldeunterlagen, zu denen grds auch die Zusammenfassung gehört[140] (allerdings dann nicht, wenn die ursprüngliche Anmeldung im Zeitpunkt der Abgabe der Teilungserklärung bereits offengelegt war (str)),[141] und die bisher für die ursprüngliche Anmeldung zu entrichtenden Gebühren (Rn 32) auch für die Teilanmeldung zu entrichten; daraus folgt für die Dauer des Schwebezustands eine freie Widerruflichkeit der Teilungserklärung (Rn 43).[142] Mangelfreiheit der Anmeldeunterlagen wird nicht vorausgesetzt.[143]

Werden die Voraussetzungen der Abs 2 und 3 fristgem erfüllt, treten die Wirkungen des Abs 1 **endgül-** **36** **tig** ein, der Schwebezustand entfällt. Die Teilanmeldung wird im weiteren Verfahren als selbstständige Anmeldung behandelt.[144] Ein nach der Teilung ergangener Prüfungsbescheid zur Stammanmeldung wirkt anders als ein vor Teilung ergangener Prüfungsbescheid[145] nicht für die Teilanmeldung.[146] Auch diese kann wiederum geteilt werden[147] („mehrfache Teilung"; vgl zu „Teilungsketten" Rn 29 aE).

Die Teilungserklärung führt nicht zur **Begründung einer Gebührenpflicht** für die Teilanmeldung, **37** weil es der Anmelder in der Hand hat, ob er die Voraussetzungen für das Wirksambleiben der Teilmeldung herbeiführen will; sie begründet nur dann einen gebührenpflichtigen Tatbestand, wenn sie zu einer wirksamen Anmeldung erstarkt.[148]

Die abgetrennte Anmeldung **fällt** entgegen früher hM[149] **nicht** in die Stammanmeldung **zurück**; das **38** Zurückfallen wurde dahin interpretiert, dass der Gegenstand der Teilanmeldung dem Gegenstand der Stammanmeldung quasi wieder „anwächst". Dem kann auf der Grundlage der hier vertretenen Auffassung wie auch der neueren Rspr nicht gefolgt werden,[150] weil die Teilung als solche nicht zu einer gegenständlichen Aufteilung der Anmeldung führt.

Zeitrang. Der Altersrang der ursprünglichen Anmeldung bleibt erhalten (Abs 1 Satz 4); die Anmel- **39** dungen haben – grds – gleichen Zeitrang;[151] dies soll nicht gelten, wenn die Teilung unwirksam ist;[152] dem kann wegen der Tatbestandswirkung der Patenterteilung (Rn 21 zu § 49) nicht gefolgt werden, soweit sich die Teilanmeldung im Rahmen der ursprünglichen Offenbarung hält, andernfalls liegt ein schutzhindernder Offenbarungsmangel vor und es besteht keine Notwendigkeit für ein Eingreifen auf der Ebene der Teilung.[153]

3. Materiell. Sachlich-rechtl Wirkungen entfaltet die Teilungserklärung nicht (Rn 19ff, 28). Sie ent- **40** hält nicht schon dadurch, dass die Summe aller (bezeichneten) Teile kleiner als das ursprüngliche Ganze ist, einen Verzicht auf den dieser Differenz entspr (restlichen) Teil des ursprünglichen Gegenstands.[154]

4. Wegfall der Wirkungen; Rücknahme. Sofern die Gebühren oder die Anmeldeunterlagen für die **41** Teilanmeldung nicht fristgerecht beigebracht werden, wird die Teilung unwirksam,[155] die Teilungserklärung gilt als nicht abgegeben (Abs 3; Fiktion, „Nichtabgabefiktion").[156] Divergenzen zwischen Teilungser-

---

140 BPatG 22.10.1996 14 W (pat) 64/96 undok; BPatG 14.2.1997 14 W (pat) 64/96 undok; *Kraßer* S 561 (§ 25 A IX c 1).

141 BPatGE 47, 13 = GRUR 2003, 783; vgl *Benkard* § 36 Rn 9b.

142 BPatGE 43, 132 = GRUR 2001, 144, 149.

143 *Benkard* Rn 35.

144 BPatG 14.12.2006 10 W (pat) 10/06.

145 BPatG 20.6.2006 8 W (pat) 4/04.

146 BPatG 23.5.2006 6 W (pat) 52/02 und 6 W (pat) 53/02.

147 Hierzu *Melullis* GRUR 2001, 971ff.

148 BGH GRUR 1993, 890f Teilungsgebühren; BGH 14.7.1993 X ZB 8/92 gegen BPatGE 22, 153, BPatGE 22, 254 und BPatGE 26, 28 = BlPMZ 1984, 140.

149 BGH GRUR 1993, 890f Teilungsgebühren; BGH GRUR 1996, 747 Lichtbogen-Plasma-Beschichtungssystem; *Nieder* GRUR 2000, 361, 363; vgl auch die Regelung im Markenrecht, durch die ein Zurückfallen vermieden werden soll.

150 So auch BPatGE 46, 137 = GRUR 2003, 321: selbst wenn durch die Teilungserklärung ein gegenständlich bestimmter Teil des Patents definiert wurde; im Ergebnis auch *Hövelmann* Mitt 1996, 235, 237.

151 Vgl BPatGE 9, 163, 173 = GRUR Int 1968, 132.

152 BPatGE 32, 212 = GRUR 1992, 377, GbmSache; BPatGE 39, 17 = GRUR 1998, 460; *Kühnen* Teilung S 146ff.

153 Vgl BPatG 5.8.2014 2 Ni 34/12 (EP), zur eur Teilanmeldung.

154 BPatG 24.4.1975 2 Ni 39/73.

155 BGH GRUR 1993, 890f Teilungsgebühren; BGH 14.7.1993 X ZB 8/92.

156 *Hövelmann* Alles Fiktion? GRUR 1999, 476f.

klärung und eingereichten Unterlagen lösen die Fiktion nicht aus.[157] Der Teilungserklärung werden die ihr beigelegten Wirkungen mit rückwirkender Kraft entzogen.[158] Es wird festgestellt, dass die Teilanmeldung als nicht entstanden gilt.[159] Die mit der Teilungserklärung fällig gewordenen Gebühren gelten als nicht angefallen, weil der Rechtsgrund rückwirkend entfallen ist. Eine bereits entrichtete Gebühr ist deshalb zurückzuerstatten.[160]

42   Die **Inanspruchnahme der inneren Priorität** der Teilanmeldung begründet die Fiktion der Rücknahme der Teilungserklärung (§ 40 Abs 5). Zur Rückzahlung der Gebühren in diesem Fall Rn 15.

43   **Rücknahme der Teilungserklärung** (die sich in ihren Wirkungen bei der Teilung vom Widerruf nicht unterscheidet) ist jederzeit möglich, solange der Schwebezustand (Rn 35) andauert[161] (anders für das Markenrecht ausdrücklich § 40 Abs 2 Satz 4 MarkenG: kein Widerruf); danach hat sie nur die Bedeutung eines Antrags auf Verbindung der geteilten Verfahren (Rn 46); widerruflich ist die Teilungserklärung nach Beendigung des Schwebezustands nicht.[162] Der BGH hat früher in der Einreichung von Anspruchsfassungen, die nicht der Teilungserklärung entsprechen, uU eine stillschweigende Rücknahme der Teilungserklärung, verbunden mit einer neuen, gesehen;[163] derartiger Konstruktionen bedarf es indessen nicht. Zur Anfechtung Rn 11.

V. Entscheidung über Stamm- und Teilanmeldung

44   **1. Stammanmeldung.** Eine Entscheidung konnte nach früher hM bei Entscheidungsreife schon **während des Schwebezustands** nach Abs 2, Abs 3 ergehen, wenn die Teilungserklärung nicht den Erfordernissen genügt und wenn die Teilanmeldung, etwa wegen mangelnder Patentfähigkeit ihres Gegenstands oder aus anderen Gründen, nicht zum Patent führen kann; in einem solchen Fall widerspräche es dem Grundsatz der Verfahrensökonomie, den Eintritt der Voraussetzungen nach Abs 2 und 3 abzuwarten.[164] Das sollte auch der Fall sein, wenn für den Fall des Eintritts der Nichtabgabefiktion auf den abgetrennten Teil verzichtet[165] oder wenn diese unter dieser Bedingung zurückgenommen wird;[166] ein solcher Verzicht sei nicht an § 20 zu messen und stelle auch keine unzulässige bedingte Erklärung dar, weil der abgetrennte Teil in der Stammanmeldung auf jeden Fall nicht weiterverfolgt werden soll.[167] Die Verzichtserklärung ist grds einschränkend dahin auszulegen, dass mit ihr nicht zugleich auf das Recht auf Wiedereinsetzung in die Frist des Abs 3 verzichtet wird.[168] Nach Auffassung des 20. Senats des BPatG[169] sollte der Anmelder im Stammverfahren grds an den Anträgen festgehalten werden, die er dort in der letzten mündlichen Verhandlung gestellt hat. Zutr kommt es auf das Schicksal der Teilanmeldung schon deshalb nicht an, weil die Teilung keine materiellrechtl Wirkungen entfaltet; der Anmelder hat es demnach in der Hand, etwa mit einem Hauptantrag seinen Erteilungsantrag umfassend zu verfolgen und mit einem Hilfsantrag nur das, was er im Verfahren über die Stammanmeldung erreichen möchte, oder aber im Verfahren über die Stammanmeldung sogleich einen eingeschränkten Erteilungsantrag zu stellen und das Weitere – auch auf das Risiko der Rechtsfolgen des Abs 3 – dem Verfahren über die Teilanmeldung zu überlassen.[170] Für ein –

---

157   BPatG 13.10.2000 34 W (pat) 56/97.

158   BGH Teilungsgebühren; BGH GRUR 1996, 747 Lichtbogen-Plasma-Beschichtungssystem; vgl BGHZ 98, 196 = GRUR 1986, 877, 879 Kraftfahrzeuggetriebe; *Schulte* Rn 61.

159   BPatG 27.7.1992 4 W (pat) 22/91 undok, referiert bei *Hövelmann* Mitt 1996, 235, 237.

160   *Fitzner/Lutz/Bodewig* Rn 68.

161   BGH GRUR 1996, 747 Lichtbogen-Plasma-Beschichtungssystem; BPatG Mitt 1998, 95; *Schulte* Rn 27, 61; *Mes* Rn 20; BPatG BlPMZ 1995, 257.

162   BGH GRUR 1998, 458, 460 Textdatenwiedergabe.

163   BGH Lichtbogen-Plasma-Beschichtungssystem.

164   BPatG 12.6.1980 11 W (pat) 2/78; grds abl *Kühnen* Teilung S 98 ff.

165   BPatGE 34, 31, zu § 60; *Nieder* Mitt 2001, 281 f.

166   BPatG 3.8.1999 23 W (pat) 60/97, abl zitiert bei *Hövelmann* Mitt 2002, 49, 54 Fn 52.

167   BPatG – 13. Senat – BPatGE 34, 250, 253 f = BlPMZ 1995, 195, 197; BPatG 3.8.1999 23 W (pat) 60/97; grds zust *Hacker* Mitt 1999, 1, 8 ff; abl *Hövelmann* Mitt 1996, 235; *Hövelmann* Mitt 2002, 49, 54; BPatGE 39, 98 = GRUR 1998, 665; offengelassen in BGH GRUR 1999, 574, 576 Mehrfachsteuersystem.

168   BGH Mehrfachsteuersystem.

169   BPatG 14.2.1996 20 W (pat) 11/95, zust referiert bei *Hövelmann* Mitt 1996, 235 f.

170   Für letztere Möglichkeit auch *Hövelmann* Mitt 1996, 235; so ausdrücklich auch BGH GRUR 2003, 781 Basisstation; vgl BGH GRUR 2009, 657 Blendschutzbehang.

unter der Prämisse der früher hM, dass der abgetrennte Teil mit Beendigung des Schwebezustands in die Stammanmeldung zurückfalle (Rn 38), folgerichtiges – Zuwarten bis zum Ablauf der Frist des Abs 3 besteht deshalb keine Notwendigkeit.[171]

2. Für die Entscheidung über die **Teilanmeldung**, die erst nach Wegfall des Schwebezustands erfolgen kann, gelten an sich keine Besonderheiten. Die Frage der Unwirksamkeit der Teilungserklärung, die durch die frühere Rspr erhebliches Gewicht gewonnen hatte,[172] nach der neuen Rspr aber eine untergeordnete Rolle spielen dürfte, ist von der Prüfungsstelle zu beachten; Unwirksamkeit muss hier folgerichtig zur Zurückweisung der Anmeldung führen, soweit nur die Mindestvoraussetzungen einer Patentanmeldung gewahrt sind.[173] Im Einspruchs- und Nichtigkeitsverfahren ist die Wirksamkeit der Teilung nicht mehr überprüfbar, da hier die Tatbestandswirkung der Patenterteilung zum Tragen kommt (vgl Rn 21 zu § 49).[174] **45**

VI. Eine **Verbindung** geteilter Anmeldungen ist grds möglich[175] (vgl Rn 161 f zu § 34), selbst wenn die Verfahren in verschiedenen Instanzen anhängig sind.[176] Der BGH hat eine Wiedervereinigung von Stammanmeldung und Ausscheidungsanmeldung, also eine Wiederherstellung einer ursprünglich einheitlichen Anmeldung, als zulässig angesehen.[177] Eine Zurückweisung des Antrags auf Verbindung soll bei Vorliegen eines berechtigten Interesses ausgeschlossen sein.[178] Nach Verbindung kann erneut geteilt werden.[179] **46**

C. Teilung im Einspruchsverfahren

Nach der Begr zum GPatG,[180] durch das das freie Teilungsrecht nach Art 4 G PVÜ in das PatG übernommen worden ist, wurde die Teilungsmöglichkeit für das Patent im (nachgeschalteten) Einspruchsverfahren geschaffen, weil die Einführung der Patenterteilung vor Prüfung und Entscheidung über die Einsprüche einen Fortfall der zuvor auf die Anmeldung bezogenen Teilungsmöglichkeit in diesem Stadium, die in der Praxis erhebliche Bedeutung habe, nicht rechtfertige. Entspr der für die Teilung im Anmeldestadium vorgeschlagenen Lösung erscheine es zweckmäßig, den abgetrennten Teil der Prüfung zuzuführen, wodurch gewährleistet werde, dass die Patentfähigkeit des abgetrennten Teils geklärt werde und die Wettbewerber die Möglichkeit erhielten zu prüfen, ob sie gegen das neue Patent Einspruch erheben sollten. Da der abgetrennte Teil in das Prüfungsverfahren zurückfalle, sei es folgerichtig, dass insoweit die Wirkungen des Patents ex tunc beseitigt würden, die Wirkung der Anmeldung aber unberührt bleibe. Die Regelung hatte im Verfahren vor dem EPA keine Parallele. Die Rspr des BGH hat im Ergebnis die Möglichkeit eröffnet, ein von Anmelderseite schlecht geführtes Erteilungsverfahren „nachzubessern". Damit war das Einlegen eines Einspruchs für den Einsprechenden mit einem gewissen Risiko behaftet. Das – und die Harmonisierung mit der Regelung im EPÜ – haben den Gesetzgeber veranlasst, die insb mit dem folgerichtigen Wegfall des Erfordernisses, dass etwas „herausgeteilt" werden müsse,[181] erheblich erleichterte Teilungsmöglichkeit im Einspruchsverfahren mWv 1.7.2006 abzuschaffen, weil sie sich in der Praxis nicht bewährt habe.[182] Die Erklärung der Teilung des Patents im Einspruchsverfahren war damit bis einschließlich 30.6.2006 möglich.[183] Die umfangreiche, zT auch Sumpfblüten erzeugende Lit auf diesem einer Spielwiese gleichenden Gebiet ist mit dem Wegfall der Bestimmung zur Makulatur geworden. Näher zur frühe- **47**

---

171 Vgl BPatGE 47, 1 = GRUR 2004, 317; so auch BPatGE 43, 221 = BlPMZ 2001, 108 f und nachfolgend BGH Basisstation, BPatG 1.4.2003 21 W (pat) 315/02, je zu § 60; kr *Nieder* Mitt 2001, 281 f.

172 Vgl *Hövelmann* Mitt 1998, 3 ff.

173 Vgl *Hövelmann* Mitt 1998, 3 ff.

174 AA BPatGE 39, 17 = GRUR 1998, 460; vgl *Hövelmann* Mitt 1998, 3 ff.

175 BGH GRUR 1998, 458, 460 Textdatenwiedergabe.

176 Vgl BPatG BlPMZ 1985, 193; BPatG GRUR 1981, 346; BPatG 6.3.1974 4 W (pat) 9/74; BPatG 22.4.1971 34 W (pat) 565/68; BPatGE 21, 78; BPatGE 12, 15; RPA GRUR 1931, 71; *MGK/Bossung* Art 76 EPÜ Rn 228 ff.

177 BGH GRUR 1967, 413, 417 Kaskodeverstärker; BGH GRUR 1986, 531 Schweißgemisch.

178 BGH Textdatenwiedergabe.

179 *Fitzner/Lutz/Bodewig* Rn 73.

180 BlPMZ 1979, 276, 287.

181 Vgl insb BGHZ 152, 172 = GRUR 2003, 47 Sammelhefter I.

182 BTDrs 16/735 S 10.

183 Vgl *Winterfeldt/Engels* GRUR 2008, 553, 558.

Keukenschrijver

ren Regelung, die in den Einzelheiten sehr umstr war, die Kommentierung zu § 60 in der *6. Aufl.*[184] Der Patentinhaber konnte auch nach dem Wandel der Rspr „im Einspruchsverfahren sein Patent weiterhin real und reell teilen"[185] dh entsprechende Erklärungen abgeben. Eine Bindung sollte damit aber nicht eintreten. Er konnte sich aber auch auf die Erklärung beschränken, er teile das Patent.[186]

48 Dass die Teilungsmöglichkeit im Einspruchsverfahren ist mit dem 1.7.2006 ersatzlos **weggefallen** ist, führt dazu, dass seit diesem Zeitpunkt abgegebene Teilungserklärungen im Einspruchsverfahren keine Wirkung mehr entfalten, während die Wirksamkeit von bis zum 30.6.2006 abgegebenen Teilungserklärungen nicht beeinträchtigt wird.[187]

49 Abwegig ist der Vorschlag,[188] **den Schutzbereich erweiternde Änderungen** im Einspruchsverfahren als Ersatz für die weggefallene Möglichkeit der Teilung des Patents zuzulassen.

D. Die Ausscheidung

I. Begriff

50 Ausscheidung ist die seit 1905 anerkannte,[189] im Einvernehmen mit dem DPMA (oder dem BPatG in der Beschwerdeinstanz) erfolgende Trennung eines Teils der Stammanmeldung wegen Uneinheitlichkeit[190] (Rn 116 ff, 208 ff zu § 34; „notwendige" Teilung).

51 Die Praxis des DPMA und die Rspr wenden § 39 auf sie nicht an.[191] Die hiergegen geäußerte Kritik[192] kann nicht überzeugen. Schon die Entstehungsgeschichte der Regelung in der PVÜ, auf der sowohl die Bestimmung des § 39 als auch die von der Praxis in Analogie zu § 145 ZPO entwickelte Ausscheidung beruhen, zeigt auf, dass es sich um **zwei verschiedene Institute** mit unterschiedlichen Voraussetzungen und unterschiedlichem Ziel handelt. Die Regelung in § 39 ist auf die freie Teilung zugeschnitten und passt nicht auf die Ausscheidung, die einen Sachverhalt betrifft, der der Weiterverfolgung in einer Anmeldung entgegensteht. Anders als die Teilung setzt die Ausscheidung an der Grenzlinie der Einheitlichkeit geschiedene abgrenzbare Teile der Anmeldung begrifflich voraus. Allerdings sollte die Anwendung der Grundsätze der Ausscheidung auf die Fälle beschränkt werden, in denen der Anmelder einer Beanstandung wegen fehlender Einheitlichkeit Rechnung trägt. Wird ohne Beanstandung geteilt, liegt auch bei bestehender Uneinheitlichkeit Teilung und nicht Ausscheidung vor. Damit kann die Einheitlichkeit unter Wahrung des Zeitrangs der Anmeldung auch im Weg der Teilung mit anschließender Weiterverfolgung nur einheitlicher Gegenstände erreicht werden,[193] die anderslautende Rspr des BGH[194] sollte durch die Neudefinition der Wirkungen der Teilung obsolet sein. Zwh bleibt nur, ob der Anmelder auch noch nach Beanstandung den Mangel über die freie Teilung beseitigen kann,[195] wogegen systematisch nichts spricht, wenn man beide Möglichkeiten als alternativ gegeben ansieht; jedenfalls wird es in diesem Fall an einer Grundlage für die Aufrechterhaltung der Beanstandung fehlen. Das eur Erteilungsverfahren unterscheidet seit 1.10.1988 nicht mehr zwischen freier Teilung und Teilung auf Beanstandung (Rn 76 ff).

---

184 Ergänzend zur Rspr BPatG 7.8.2003 23 W (pat) 703/03; BPatGE 47, 1 = GRUR 2004, 317.
185 *Niedlich* GRUR 2003, 683, 684.
186 Unberechtigte Kritik bei *Schulte*[8] Rn 8.
187 Zutr *Schulte* § 60 Anm; *Mes* § 60 Rn 3.
188 *Stortnik* GRUR 2005, 729, 735 f.
189 PA BlPMZ 1905, 99.
190 Vgl BGHZ 98, 196 = GRUR 1986, 877 Kraftfahrzeuggetriebe (zum historischen Hintergrund *Benkard* § 34 Rn 111a und *Kraßer* S 565); BGH GRUR 1993, 890 Teilungsgebühren; BGH 14.7.1993 X ZB 8/92; *MGK/Bossung* Art 76 EPÜ Rn 17.
191 BGHZ 98, 196 = GRUR 1986, 877 Kraftfahrzeuggetriebe; BPatG GRUR 1984, 805; *Benkard* § 34 Rn 111a, 111c; *van Hees/Braitmayer* Rn 1248.
192 *Kraßer* S 565 f (§ 25 A IX d 3).
193 Vgl *Kraßer* S 565 Fn 230 aE (§ 25 A IX d 1), 566; *Benkard* § 34 Rn 112b, wonach der Anmelder der Beanstandung wegen Uneinheitlichkeit durch Teilung zuvorkommen kann; aA *Schulte* § 34 Rn 254 unter Bezugnahme auf BGH Kraftfahrzeuggetriebe, jedoch inkonsequent unter Berücksichtigung von *Schulte* § 34 Rn 265.
194 BGH Kraftfahrzeuggetriebe.
195 Verneinend *Benkard* § 34 Rn 112b aE.

II. Grundsätze

Entspr anzuwenden sind die Bestimmungen der §§ 34 Abs 6, 44 Abs 2 und 3 und § 17.[196] Ob die Aus- **52** scheidung wegen Uneinheitlichkeit des Anmeldungsgegenstandes ein rein verfahrensmäßiger, der Prozesstrennung nach § 145 ZPO vergleichbarer Vorgang ohne sachlich-rechtl Bedeutung ist, der deshalb rückgängig gemacht werden kann,[197] ist mit dem Argument in Zweifel gezogen worden, dass die Einheitlichkeit nur über eine Änderung der Patentansprüche hergestellt werden kann.[198] Daran ist zutr, dass durch die Ausscheidung der uneinheitliche Teil aus der Anmeldung herausgenommen werden soll; insoweit unterscheidet sich die Ausscheidung von der Teilung.

III. Voraussetzungen der Ausscheidung

1. Formell. Voraussetzung der Ausscheidung ist die Abgabe einer Ausscheidungserklärung in einem **53** anhängigen Anmeldeverfahren[199] gegenüber der zuständigen Stelle.[200] Darauf, dass der auszuscheidende Gegenstand in der Stammanmeldung enthalten ist, kommt es für die Wirksamkeit der Ausscheidungserklärung nicht an; auch wenn dies nicht der Fall ist, entsteht eine verfahrensrechtl selbstständige Anmeldung (zu den materiellrechtl Folgen in diesem Fall Rn 58).[201]

Vor **Beanstandung** der mangelnden Einheitlichkeit durch die Prüfungsstelle kommt eine Ausschei- **54** dung nicht in Betracht,[202] eine Ausscheidungserklärung ist in diesem Fall jedoch regelmäßig in eine Teilung umzudeuten[203] und bleibt auch im Fall noch erfolgender Beanstandung Teilung. Die Ausscheidungserklärung muss erkennen lassen, dass der ausgeschiedene Teil nicht mehr in der Stammanmeldung verfolgt werden soll.[204]

Für die **Ausscheidungserklärung** gelten die allg Grundsätze für Verfahrenshandlungen. Schriftform **55** ist grds erforderlich.[205] Ob eine Ausscheidungserklärung vorliegt oder eine Teilung nach § 39 gewollt ist, hängt von den Umständen ab, auf die Bezeichnung der Erklärung kommt es nicht entscheidend an.[206] Ausscheidung liegt vor, wenn sich der Anmelder einer Beanstandung wegen Uneinheitlichkeit beugt und aufgrund dieser die Ausscheidung erklärt, was erforderlichenfalls durch Auslegung der Erklärung zu ermitteln ist. Die Erklärung kann **hilfsweise** abgegeben werden;[207] es gelten dieselben Grundsätze wie bei der Teilung (Rn 13).

Im **Beschwerdeverfahren** ist die Ausscheidung gegenüber dem BPatG zu erklären;[208] insoweit gelten **56** dieselben Regeln wie bei der Teilung (Rn 14). Die Entscheidung des BPatG ist auch, wenn die Ausscheidung erst in der Beschwerdeinstanz erfolgt, Entscheidung über eine Beschwerde iSd § 100 Abs 1.[209] Ausführungen des BPatG über die weitere Behandlung einer ohne Sachprüfung an das DPMA zurückverwiesenen Ausscheidungsanmeldung, die eine Ausscheidung in der Beschwerdeinstanz betrifft, binden weder das DPMA noch das BPatG. Das DPMA ist nicht befugt, eine beim BPatG anhängig gewordene Ausschei-

196 BGHZ 98, 196 = GRUR 1986, 877 Kraftfahrzeuggetriebe; BPatG GRUR 1984, 805.
197 BGH GRUR 1967, 413 Kaskodeverstärker; BGH GRUR 1972, 474 Ausscheidungsanmeldung; BPatGE 23, 44 = GRUR 1980, 1068; *Schulte* § 34 Rn 254.
198 *Van Hees/Braitmayer* Rn 1251 Fn 1368.
199 BPatGE 23, 113 = GRUR 1981, 350; *Benkard* § 34 Rn 111b.
200 BPatGE 17, 33.
201 BGH GRUR 1977, 209 Tampon; vgl BGH GRUR 1971, 565, 567 Funkpeiler; aA *Schulte* § 34 Rn 261.
202 Vgl BGH GRUR 1972, 474 Ausscheidungsanmeldung; PA Mitt 1916, 102.
203 Vgl BPatG 24.3.1972 18 W (pat) 76/69.
204 Vgl RPA BlPMZ 1936, 4; RPA Mitt 1938, 26. Zur Frage des Verzichts im Zusammenhang mit einer Ausscheidung BGH GRUR 1966, 146 beschränkter Bekanntmachungsantrag; BGH GRUR 1967, 413 Kaskodeverstärker; BGH Funkpeiler; BPatGE 23, 113 = GRUR 1981, 350.
205 BPatG 20.8.1979 4 W (pat) 135/77.
206 Vgl BPatGE 23, 113, 116 = GRUR 1981, 350; BPatG 20.2.1974 4 W (pat) 126/73; BPatG 19.7.1979 16 W (pat) 11/77; BGH GRUR 1971, 565, 568 Funkpeiler; *Benkard* § 34 Rn 121; *Schulte* § 34 Rn 256.
207 BPatGE 23, 119 = Mitt 1981, 241; vgl BPatGE 16, 226 = Mitt 1975, 96.
208 Vgl BPatGE 8, 28; BPatG Mitt 1975, 89; BPatGE 2, 190 = GRUR 1965, 32; BPatG 30.7.1970 10 W (pat) 100/69 BlPMZ 1972, 288 Ls; *Schulte* § 34 Rn 274.
209 Vgl BGH GRUR 1972, 472 Zurückverweisung; BPatG 30.7.1970 10 W (pat) 100/69 BlPMZ 1972, 288 Ls.

dungsanmeldung sachlich zu behandeln,[210] wenn nicht durch Zurückverweisung die Zuständigkeit auf das DPMA übergegangen ist; das DPMA kann jedoch im Weg der Amtshilfe zB eine Akte anlegen und ein Az vergeben.[211] Das BPatG kann in der Sache auch über die Ausscheidungsanmeldung entscheiden, wenn Entscheidungsreife vorliegt; Gebührenzahlung ist nicht Voraussetzung.[212] Zurückverweisung kann aber zweckmäßig sein.[213] Die Ausscheidung setzt eine anhängige Patentanmeldung voraus.[214] Nach Patenterteilung ist sie ausgeschlossen, selbst wenn der Anmelder sie sich im Erteilungsverfahren ausdrücklich vorbehalten hat;[215] eine Ausscheidung im Einspruchsverfahren kommt mithin – anders als nach dem früheren § 60 eine Teilung und nach früherem Recht eine Ausscheidung nach Bekanntmachung[216] – nicht in Betracht. Nach Patentversagung in der Beschwerdeinstanz ist Wiedereinsetzung zum Zweck einer nachträglichen Ausscheidung unzulässig.[217]

57   **Nach Beendigung der Tatsacheninstanzen** ist die Ausscheidung ausgeschlossen,[218] mit Zurückverweisung der Sache an das BPatG wird die Ausscheidungsmöglichkeit jedoch wieder eröffnet.

58   **2. Materiell.** Die materiellrechtl Unzulässigkeit (auch die Erweiterung gegenüber der Stammanmeldung) führt zur Zurückweisung der Ausscheidungsanmeldung. Dass diese auch in den Akten der Stammanmeldung erfolgen kann,[219] erscheint allenfalls unter verfahrensökonomischen Gesichtspunkten vertretbar (vgl auch Rn 67).

IV. Prüfung der Ausscheidungserklärung

59   Für die Beurteilung der Zulässigkeit der Ausscheidungserklärung ist ausschließlich die mit der Stammanmeldung befasste Stelle zuständig.[220] Ihre Mitwirkung beschränkt sich materiell allerdings auf die Feststellung der Uneinheitlichkeit.[221] Eine Zwischen- oder Vorabentscheidung über den Zeitrang einer Ausscheidungsanmeldung ist nicht zulässig,[222] ebenso über die Zulässigkeit der Ausscheidungserklärung.[223]

V. Wirkung der Ausscheidung

1. Verfahren

60   **a. Bindung.** Die Ausscheidungserklärung wird erst bindend, wenn über die Ausscheidung mit der befassten Stelle Einigkeit erzielt ist; zuvor kann sie zurückgenommen werden. Für das Entstehen der Ausscheidungsanmeldung ist die Mitwirkung der Prüfungsstelle oder des Beschwerdesenats erforderlich.[224] Das Einverständnis liegt bereits in der Beanstandung, wenn die Ausscheidungserklärung dieser entspricht; wird das Einverständnis verweigert, kann der Anmelder (auch hilfsweise) nach § 39 teilen.[225] Eine spätere Rücknahme der Erklärung ist ohne Wirkung, eine Anfechtung nach § 119 BGB ausgeschlossen.[226]

---

210 Vgl BPatGE 20, 19 = BlPMZ 1977, 301.
211 BGH GRUR 1972, 474 Ausscheidungsanmeldung.
212 BPatGE 23, 93; vgl BPatGE 21, 30 = BlPMZ 1979, 182; *Schulte* § 34 Rn 275.
213 Vgl BPatG 7.4.1970 16 W (pat) 71/69; BPatGE 8, 23.
214 BPatGE 23, 113 = GRUR 1981, 350.
215 BPatGE 34, 32 = BlPMZ 1994, 38.
216 Hierzu BPatGE 8, 23.
217 BPatG 17.8.1973 6 W (pat) 164/70.
218 *Benkard* § 34 Rn 114; *Schulte* § 34 Rn 259.
219 So BPatGE 22, 153 = BlPMZ 1980, 226.
220 BPatGE 1, 65 = Mitt 1962, 114; BPatG 28.9.1972 31 W (pat) 719/67.
221 Vgl BPatG 6.5.1974 4 W (pat) 10/74.
222 DPA BlPMZ 1955, 216; BPatGE 2, 56 = BlPMZ 1962, 235; BPatG Mitt 1970, 236; BPatG 17.2.1972 4 W (pat) 99/71; BPatG 6.5.1974 4 W (pat) 10/74.
223 BPatGE 17, 226 = BlPMZ 1976, 20; *Schulte*⁶ § 34 Rn 248.
224 *Benkard* § 34 Rn 121; *Schulte* § 34 Rn 265; BGH GRUR 1971, 565, 568 Funkpeiler; BGH GRUR 1986, 877 Kraftfahrzeuggetriebe.
225 *Schulte* § 34 Rn 265.
226 *Schulte* § 34 Rn 264; vgl BPatGE 8, 28.

b. Die Ausscheidung bewirkt ein **weiteres** gebührenpflichtiges **Erteilungsverfahren,**[227] das in der **61**
Verfahrenslage weitergeführt wird, in der sich das bisherige Verfahren befand.[228]

2. Sachlich

a. Zeitrang. Da die Ausscheidung das anhängige Erteilungsverfahren fortsetzt, sind dessen **Priori-** **62**
täts- und Anmeldetag auch für die Ausscheidungsanmeldung maßgeblich.[229] Einer Patentanmeldung,
die einen schon in einer früheren Anmeldung beschriebenen Gegenstand betrifft, kann nur dann der Anmeldetag der früheren Anmeldung zugrunde gelegt werden, wenn sie sich als Ausscheidung aus der früheren Anmeldung darstellt und der Wille des Anmelders, mit ihr die frühere Anmeldung teilweise fortzuführen, ausreichend erkennbar geworden ist.[230] Die Beanspruchung eines unrichtigen Anmeldetags ist
Zurückweisungsgrund.[231]

b. Inhalt von Anmeldung und Ausscheidungserklärung. Merkmale mit dem Anmeldetag der **63**
Stammanmeldung können nach hM dann beansprucht werden, wenn sie zu dem Gegenstand gehören, der
in der Ausscheidungserklärung bezeichnet ist und in den ursprünglichen Unterlagen der Stammanmeldung hinreichend offenbart und zum Zeitpunkt ihrer Übernahme in die Trennanmeldung in der noch im
Erteilungsverfahren anhängigen Stammanmeldung existent waren.[232] Damit wird ein materieller Zusammenhang zwischen Ausscheidungserklärung und Anspruch auf Patenterteilung hergestellt, dessen es
nicht bedarf und der auch als systemwidrig erscheint;[233] dies umso mehr, als er für das Nichtigkeitsverfahren ohne Konsequenzen ist (Rn 64). Wird im Erteilungsverfahren über die Ausscheidungsanmeldung (dasselbe muss für die Stammanmeldung gelten) ein Gegenstand beansprucht, der uneinheitlich ist, steht der
Patenterteilung bereits der Mangel der Einheitlichkeit entgegen; für ein Abstellen auf die Ausscheidungserklärung besteht schon deshalb kein praktisches Bedürfnis, weil der bestehende Mangel die Beanstandung und Zurückweisung allein rechtfertigt. Wie bei der Teilung kommt deshalb der Ausscheidungserklärung für sich rechtsbegrenzende Wirkung nicht zu.

c. Einspruchs- und Nichtigkeitsverfahren. Für die Prüfung der Bestandsfähigkeit des auf die Aus- **64**
scheidungsanmeldung erteilten Patents kommt es bei Rüge unzulässiger Erweiterung nur darauf an, ob ihr
Gegenstand in den ursprünglichen Unterlagen der Stammanmeldung hinreichend offenbart war, nicht
darauf, ob die Ausscheidung fehlerfrei erfolgt ist.[234] Ist die Erläuterung des ausgeschiedenen Teils in der
Beschreibung verblieben, erstreckt sich der Gegenstand des Patents gleichwohl nicht auf den ausgeschiedenen Teil.[235]

d. Für die **Abzweigung einer Gebrauchsmusteranmeldung** soll die Frage, ob „dieselbe Erfin- **65**
dung" vorliegt, durch Vergleich mit der Ausscheidungsanmeldung zu beantworten sein (vgl Rn 8 zu § 5
GebrMG).

VI. Weiteres Verfahren in Bezug auf die Stammanmeldung

Nach der Ausscheidung ist über die ursprüngliche Anmeldung selbstständig zu entscheiden.[236] Es be- **66**
steht keine Verpflichtung des Prüfers, nach Eingang einer sonst einwandfreien Ausscheidungserklärung

---

227 Vgl BPatGE 22, 153; BPatGE 22, 254.
228 BPatGE 43, 159 = GRUR 2001, 412.
229 BGH GRUR 1971, 565, 567 Funkpeiler; BGH GRUR 1977, 209 f Tampon; BPatGE 14, 135; BPatGE 19, 16; BPatGE 23, 113,
118 = GRUR 1981, 350; BPatG Mitt 1973, 51.
230 BGH Funkpeiler.
231 BGH GRUR 1972, 472 Zurückverweisung.
232 BPatGE 19, 16; BPatGE 20, 1 = GRUR Int 1978, 42; BPatG 8.11.1976 19 W (pat) 150/75; BPatG 30.9.1976 20 W (pat)
69/73 BlPMZ 1977, 165 Ls; BPatG GRUR 1978, 425; BPatG Mitt 1965, 52; RPA BlPMZ 1935, 8; DPA BlPMZ 1959, 358.
233 Vgl auch *Stortnik* GRUR 2004, 117, 120 f.
234 BPatG 24.4.1975 2 Ni 39/73, zum Nichtigkeitsverfahren.
235 BPatGE 2, 46 = BlPMZ 1962, 278.
236 BGH GRUR 1972, 474 Ausscheidungsanmeldung.

bis zu einem Vierteljahr mit der Erteilung des Patents auf die ursprüngliche Anmeldung zuzuwarten, um den Eingang noch ausstehender Unterlagen und Gebühren für die Ausscheidungsanmeldung zu überwachen.[237] Beanstandet die Prüfungsstelle die Einheitlichkeit der Patentanmeldung und beantragt daraufhin der Anmelder, auch hilfsweise, die Ausscheidung der beanstandeten Anmeldungsteile, kann die Prüfungsstelle die Anmeldung nur noch insoweit zurückweisen, als es sich um die verbliebenen Anmeldungsteile handelt.[238] Sinnwidrig in der Stammanmeldung verbliebene, an sich ausgeschiedene Teile sollen aber auch nicht auf diesem Weg patentiert werden können;[239] nach neuerem Verständnis der Teilung und Ausscheidung wird Grundlage für eine Zurückweisung insoweit allerdings nur die weiter bestehende Uneinheitlichkeit sein können.[240] Eine Beanstandung ist erforderlich.[241]

VII. Behandlung der Ausscheidungsanmeldung

67 **1. Zuständigkeit.** Der ausgeschiedene Teil wird unberührt und unabhängig von der Stammanmeldung in derselben Instanz, in der die Ausscheidung erfolgt ist, weiterbehandelt;[242] soweit Recherche und Prüfung in Bezug auf die Ausscheidungsanmeldung bereits erfolgt sind, bedarf es keiner Wiederholung.[243] Eine Verfahrenstrennung ist vor Entscheidung über die Ausscheidungsanmeldung nicht erforderlich; über Stammanmeldung und Ausscheidungsanmeldung kann in einem Beschluss entschieden werden.[244] Hat die Prüfungsstelle nach Eingang einer Teilungserklärung die „Ausscheidungsverfügung Teil A" erlassen und die Anlegung einer Trennakte angeordnet, der ein dem Anmelder bekanntgegebenes Az zugeteilt ist, sind die Trennanmeldung betr Entscheidungen nur in der Trennakte zu treffen.[245] Treten bei einer Ausscheidungsanmeldung Bedenken hinsichtlich der Einheitlichkeit auf, ist darüber unter Heranziehung der Ursprungsunterlagen der Stammanmeldung erneut zu entscheiden.[246]

68 **2. Wirksamwerden.** Die Ausscheidungsanmeldung wird mit dem Eingang der Ausscheidungserklärung, nicht erst mit der Einreichung der Unterlagen existent.[247] Abschrift der Voranmeldung,[248] Erfinderbenennung und Vollmachtsurkunde müssen für die Ausscheidungsanmeldung nicht nochmals eingereicht werden.[249] Bei der Offensichtlichkeitsprüfung ist zu beanstanden, wenn zu einer Ausscheidungsanmeldung die ursprünglichen Unterlagen der Stammanmeldung, nicht aber Patentansprüche, die sich erkennbar nur auf die ausgeschiedenen Teile erstrecken, sowie keine den Patentansprüchen formell angepasste Beschreibung vorgelegt werden.[250] Die Frist zur Nachreichung der nach §§ 34–36 erforderlichen Anmeldungsunterlagen ist bei der Aufforderung gem § 1 Abs 2 Nr 2 WahrnV (mittlerer Dienst) grds auf einen Monat zu bemessen; nach fruchtlosem Ablauf ist die Ausscheidungsanmeldung zurückzuweisen.[251]

3. Gebühren; Offenlegung; Prüfungs- und Rechercheantrag

69 **a. Gebühren.** Mit dem Entstehen der Ausscheidungsanmeldung tritt für diese Gebührenpflicht (Anmeldegebühr, Prüfungsantragsgebühr, Jahresgebühren) ein (vgl Rn 32). Die Anhängigkeit der Ausscheidungsanmeldung ist nicht von der Gebührenzahlung abhängig.[252] Die Gebührenpflicht für den ausgeschiedenen Teil beruht auf der Endgültigkeit der Ausscheidung. Die Ausscheidungserklärung führt eine

---

237 BPatG GRUR 1984, 805.
238 BPatGE 16, 226 = Mitt 1975, 96.
239 BPatG 4.12.1969 23 W (pat) 123/69.
240 Vgl *Stortnik* GRUR 2004, 117, 121 f.
241 BPatGE 23, 35 = BlPMZ 1981, 188.
242 BGH GRUR 1977, 209 f Tampon.
243 BPatGE 43, 159 = GRUR 2001, 412.
244 BPatGE 21, 30 = BlPMZ 1979, 182.
245 BPatGE 29, 128 = BlPMZ 1988, 215.
246 BPatGE 18, 157 = BlPMZ 1976, 407.
247 BPatGE 13, 47 = Mitt 1972, 69.
248 BPatGE 14, 135.
249 *Schulte* § 34 Rn 270; aA offenbar BPatGE 13, 57, 60.
250 BPatGE 13, 57.
251 BPatG GRUR 1984, 805.
252 BPatGE 20, 68 = GRUR 1978, 42.

sofort wirksame Trennung des Erteilungsverfahrens hinsichtlich des ausgeschiedenen Teils herbei. Mit ihr entsteht der gebührenpflichtige Tatbestand für die Ausscheidungsanmeldung, der nicht rückgängig gemacht werden kann, weil im Gegensatz zur Teilung nach § 39 durch die Ausscheidung ein Mangel der Anmeldung behoben wird.[253] Die Anmeldegebühr[254] und die Jahresgebühren für die bereits begonnenen gebührenpflichtigen Jahre werden mit Beginn des Tags fällig, der dem Eingang der Ausscheidungserklärung folgt.[255] Allein auf den Eingang der Ausscheidungserklärung abzustellen ist allerdings solange problematisch, als noch kein Einverständnis erzielt ist.[256] Sachgerecht erscheint es, Fälligkeit erst mit Einverständnis eintreten zu lassen. Für die Prüfungsantragsgebühr[257] gilt die Frist des § 3 Abs 1 PatKostG, § 44 Abs 2 Satz 2, 3 (vgl Rn 24 ff zu § 44);[258] zu den Folgen der Nichtzahlung Rn 9 ff zu § 6 PatKostG.

Eine im Verfahren über die Stammanmeldung abgegebene **Lizenzbereitschaftserklärung** erfasst auch den ausgeschiedenen Teil. Sie löst auch für das Trennverfahren die Ermäßigung der Jahresgebühren aus, ohne dass es einer besonderen Erklärung bedarf.[259] **70**

Zuschlagsgebühren sind anders als bei der Teilung nicht nachzuentrichten.[260] **71**

b. Offenlegung; Prüfungs- und Rechercheantrag. Sind sie vor der Ausscheidung in der Stammanmeldung erfolgt oder gestellt, wirken sie auch für die Ausscheidungsanmeldung;[261] zur Gebührenzahlung Rn 28 zu § 44. Ein bereits in der Stammanmeldung erledigter Rechercheantrag lebt aber nicht wieder auf. Ist Prüfungsantrag noch nicht gestellt, beginnt die Siebenjahresfrist mit dem Anmeldetag, nicht mit der Ausscheidung.[262] **72**

c. Zur Entrichtung der **Prüfungsantragsgebühr**, falls die Ausscheidung nach Stellung des Prüfungsantrags und Zahlung der Prüfungsantragsgebühr in der Stammanmeldung erfolgt, Rn 41 zu § 44. **73**

Wird die Prüfungsantragsgebühr nicht fristgerecht entrichtet, gilt die Ausscheidungsanmeldung als **zurückgenommen**; sie fällt nicht in die Stammanmeldung zurück.[263] **74**

4. Eine **Rückgängigmachung** der Ausscheidung durch Verbindung ist wie bei der Teilung grds möglich[264] (Rn 46). Für sie muss ein sachlicher Anlass bestehen.[265] Voraussetzung ist auch, dass die zu verbindenden Anmeldungen einheitlich sind.[266] Die Beschwerde gegen die Ausscheidung kann als Antrag auf Rückgängigmachung behandelt werden.[267] **75**

E. EPÜ

Schrifttum: *Ackermann* Die Zustellung an Dritte als fristauslösendes Ereignis: Die Einreichung von europäischen Teilanmeldungen nach Regel 36 (1) EPÜ, Mitt 2011, 217; *Arrowsmith/Faulkner* An antidote to poisonous divisionals? CIPA Journal 2012, 120; *Barth* Divisional Applications: Another Trap in the Law, epi Information 2013, 88; *Bobzien/Drope* Divisionals Reloaded: T 1443/05 and Poisonous Divisionals, epi Information 2014, 110; *Bouche/Braitmayer/Bremi/Visser* Divisionals and Deemed Withdrawals: A Way out of the Mist? epi Information 2011, 61; *Bremi* Divide et impera? Die Antwort der Grossen Beschwerdekammer in den Entscheidungen G 1/05 und G 1/06, sic! 2008, 251; *Bremi/Harrisson* Divide et

253 BGH 1993, 890 Teilungsgebühren; BGH 14.7.1993 X ZB 8/92.
254 BPatGE 13, 47, 52 = Mitt 1972, 69.
255 BPatGE 14, 9 = Mitt 1972, 217; vgl BPatG Mitt 1975, 89; vgl BGH GRUR 1971, 563 Dipolantenne II; BGH GRUR 1977, 216 Schuhklebstoff; vgl dazu auch *Zeller* Mitt 1971, 44.
256 *Schulte*[6] § 34 Rn 245 hielt vorsorgliche Zahlung für zweckmäßig.
257 Zur Fälligkeit BPatG GRUR 2006, 791.
258 BPatG GRUR 2006, 791.
259 BPatGE 13, 159 = Mitt 1972, 137.
260 *Schulte* § 34 Rn 271.
261 BPatGE 17, 45 = BlPMZ 1975, 190 für den Prüfungsantrag.
262 BPatGE 15, 132 = Mitt 1973, 194; BPatGE 16, 50 = Mitt 1974, 33.
263 BGHZ 98, 196 = GRUR 1986, 877 Kraftfahrzeuggetriebe; BGH 1993, 890 Teilungsgebühren; BGH 14.7.1993 X ZR 8/92; vgl BPatG 20.11.1969 11 W (pat) 144/66.
264 Nach BPatG 22.4.1971 34 W (pat) 565/68 allerdings nur vor Offenlegung.
265 *Benkard* § 34 Rn 128; aA BPatGE 20, 68 = GRUR 1978, 42; BPatGE 21, 78 = GRUR 1979, 113.
266 Vgl BPatGE 20, 68; BPatG 16.1.1975 20 W (pat) 109/69.
267 BPatG 16.1.1975 20 W (pat) 109/69.

impera? Recent case law related to divisional applications before the EPO, Mitt 2006, 49; *Bremi/Harrison* „A Truth Universally Acknowledged ...“ Still? Double Patenting at the EPO, epi-Information 2011, 100; *Drope* Innere Priorität im europäischen Patentsystem, Mitt 2012, 494; *Frischknecht/Kley* Never ending notices of the EPO in respect to changes of the EPO coming into force on April 1st, 2010, epi Information 2010, 10; *Günzel* Die Anhängigkeit der Stammanmeldung als Voraussetzung für die Einreichung einer Teilanmeldung: ein Bericht und viele Fragen, GRUR Int 2008, 644; *Hay* Poisonous EPC Divisionals: an Alternative Viewpoint, epi Information 2011, 119; *Kebikus/Ricker* Anmerkung zu dem Beitrag von Bremi/Harrison „Divide et impera?“ ..., Mitt 2006, 159; *Lawrence* Review of toxic priority, CIPA Journal 2013, 518; *Lawrence* The Doctrine of Partial and Multiple Priorities, especially from the standpoint of Toxic Priority, epi Information 2015, 23; *Lawrence/Wilkinson* Poisonous EPC Divisionals, epi Information 2011, 54; *Müller* G 1/09: Bis wann kann eine Teilanmeldung eingereicht werden, falls die Stammanmeldung zurückgewiesen wurde? Mitt 2009, 486; *Naumann/Wichmann* Die Einreichung einer Teilanmeldung und deren Fristberechnung in der Praxis, Mitt 2012, 168; *Rüfenacht* Die europäische Teilanmeldung: Möglichkeiten und Grenzen, Diplomarbeit ETH Zürich 2000/01; *Schauwecker* Die Anhängigkeit der Stammanmeldung als Bedingung für die Teilung europäischer Patentanmeldungen, GRUR Int 2012, 410; *Schmidt/Evers/Thun* Nachträgliche Heilung europäischer Teilanmeldungen, die bei Einreichung die Anforderungen des Art. 76 (1) EPÜ nicht erfüllen, Mitt 2006, 56; *Stamm* Interne Identität oder „interner Stand der Technik“? Mitt 2015, 5; *Strässle/Liebetanz* Warum man dem Register des europäischen Patentamts nicht unbedingt Glauben schenken darf, epi Information 2013, 19; *Teschemacher* Enlarged Board of Appeal of the EPO Restores Legal certainty for Divisional Applications, IIC 2007, 703; *Teschemacher* Poisonous Divisionals: ein Gespenst verschwindet? Mitt 2014, 16; *Vögele/Nemec* Yet another item about new rule 36, epi Information 2010, 97; *Walder-Hartmann* Giftige Teilanmeldungen – Altlast oder Lärm um nichts? GRUR Int 2014, 17; *Wegner/Teschemacher* Mission impossible: No reliable system for monitoring the new time limit for filing divisionals without indication of their true limits in reexamination reports, epi Information 2010, 53; *Wohlmuth* Potential Solutions for prior art under Art. 54 (3) EPC oft he same patent family, epi Information 2014, 112.

I. Allgemeines

76 Eine eur Teilanmeldung kann beim EPA nur unmittelbar eingereicht werden (Art 76 Abs 1 Satz 1 EPÜ), und zwar nur in München, Den Haag oder Berlin (Regel 36 Abs 2 AOEPÜ). Die nationalen Geheimhaltungsvorschriften, die einer Anmeldung unmittelbar beim EPA entgegenstehen könnten, beziehen sich nicht auf eur Teilanmeldungen.[268] Leitet eine nationale Behörde die bei ihr eingereichte Teilanmeldung an das EPA weiter, entsteht diese mit Eingang beim EPA.[269]

77 Das **Recht zur Teilung** ergibt sich bereits aus der PVÜ und wird durch das EPÜ und die AOEPÜ nur in das eur Patenterteilungsverfahren eingepasst.[270]

78 Die Teilung konnte seit der Neuregelung in der AOEPÜ am 1.4.2010 als **freiwillige** und als **obligatorische** erfolgen (Regel 36 Abs 1 AOEPÜ aF). Hier galten unterschiedliche Fristen (Rn 87). Die Regelung ist auf Kritik gestoßen[271] und seit 1.4.2014 für neue Teilanmeldungen aufgehoben; seither kann der Anmelder eine Teilanmeldung zu jeder anhängigen früheren eur Teilanmeldung eingereicht werden[272] (Regel 36 Abs 1 AOEPÜ nF).

II. Erfordernisse für die Teilanmeldung

79 **1. Anmeldeberechtigung.** Zur Einreichung der Teilanmeldung ist nur der frühere Anmelder (oder sein Rechtsnachfolger nach Eintragung des Rechtsübergangs im Register, Regel 22 AOEPÜ) berechtigt. Ist die frühere Anmeldung von mehreren Anmeldern gemeinsam eingereicht worden, kann auch die Teilanmeldung grds nur von allen Anmeldern gemeinsam eingereicht werden.[273] Jedoch gilt nach Art 76 Abs 1 Satz 2 2. Halbs EPÜ auch die von einem anderen als dem früheren Anmelder eingereichte Teilanmeldung als am Anmeldetag der früheren Anmeldung eingereicht.[274] Die Teilanmeldung kann nicht eingereicht werden, solange das Verfahren über die frühere Anmeldung nach Regel 14 AOEPÜ ausgesetzt ist.[275] Der

---

268 *MGK/Bossung* Art 75 EPÜ Rn 142.
269 EPA T 196/10; *Schulte* Rn 76.
270 *MGK/Bossung* Art 76 EPÜ Rn 45 ff.
271 Vgl *Ackermann* Mitt 2011, 217; *Naumann/Wichmann* Mitt 2012, 168.
272 ABl EPA Februar 2014 = BlPMZ 2014, 307; vgl *Schulte* Rn 2; *Singer/Stauder* EPÜ Art 76 Rn 27 ff.
273 EPA J 2/01 ABl EPA 2005, 88 Teilanmeldung.
274 BPatG 5.8.2014 2 Ni 34/12 (EP); vgl EPA T 600/08; OLG Düsseldorf 22.11.2012 2 U 27/09.
275 EPA J 20/05 GRUR Int 2008, 506 Teilanmeldung während einer Aussetzung.

Einreichung der Teilanmeldung steht auch entgegen, dass auf deren Gegenstand in der früheren Anmeldung unwiderruflich verzichtet wurde.[276]

2. Erteilungsantrag. Der Antrag muss die Erklärung, dass es sich um eine europäische Teilanmeldung handelt, und die Nummer der früheren Anmeldung enthalten (Regel 41 Abs 2 Buchst e AOEPÜ). Mängelbeseitigung ist möglich. **80**

3. Die eur Teilanmeldung kann nur für einen **Gegenstand** eingereicht werden, der nicht über den Inhalt der früheren Anmeldung in der ursprünglich eingereichten Fassung hinausgeht,[277] insoweit erhält sie deren Anmeldetag und genießt deren Prioritätsrecht (Art 76 Abs 1 Satz 2 EPÜ). Eur Teilanmeldungen müssen nicht nur den Erfordernissen des Art 76 Abs 1 EPÜ, sondern auch denen des Art 123 Abs 2 EPÜ genügen,[278] so dass das Beanspruchte nicht nur über den Gegenstand der früheren Anmeldung,[279] sondern auch über den der Teilanmeldung nicht hinausgehen darf; anders als im nationalen Recht wurde die Teilanmeldung als weitere inhaltliche Schranke angesehen.[280] Zwh ist allerdings, ob ein Verstoß hiergegen den Nichtigkeitsgrund der unzulässigen Erweiterung nach Art II § 6 Abs 1 Nr 3 IntPatÜG ausfüllt (hierzu Rn 14 zu Art II § 6 IntPatÜG). Jedoch ergibt sich aus der Rspr der GBK, dass eine Teilanmeldung Grundlage für weitere Teilanmeldungen sein kann (vgl Rn 97).[280a] Beschränkt sich der Gegenstand einer Teilanmeldung auf einen Teil des in der früheren Anmeldung beanspruchten Gegenstands, muss sich dieser Teil unmittelbar und eindeutig als eine separate Einheit aus der Stammanmeldung ableiten lassen.[281] Werden mit der Teilanmeldung falsche Unterlagen eingereicht, kommt Berichtigung nach Regel 139 AOEPÜ nicht in Betracht.[282] Art 125 EPÜ (Heranziehung allgemeiner Grundsätze der Vertragsstaaten) ist als verfahrensrechtl Regelung auf die materiellrechtl Erfordernisse der Teilung nicht anwendbar;[283] die Ansprüche der Teilanmeldung können gegenüber denen der früheren Anmeldung verallgemeinert sein.[284] Nach den EPA-PrRl C.VI.9.1.6 darf in der Teilanmeldung nicht der gleiche Gegenstand wie in der ursprünglichen Anmeldung beansprucht werden[285] (zwh, nachdem sich dem EPÜ diese Einschränkung des freien Teilungsrechts nicht entnehmen lässt). **81**

Unter dem Gesichtspunkt der **„toxischen Teilanmeldung"** („poisonous divisionals") soll bei einer Verallgemeinerung in der früheren Anmeldung gegenüber der Prioritätsanmeldung die aus dieser in Anspruch genommene Priorität nicht zum Tragen kommen; die spätere Teilanmeldung aus der früheren Anmeldung kann demnach für die frühere Anmeldung unter dem Gesichtspunkt der Unzulässigkeit von Teil- und Mehrfachprioritäten[286] (vgl Rn 61 ff zu § 41; dort auch zur möglichen Neuheitsschädlichkeit der Prioritätsanmeldung für die Nachanmeldung) neuheitsschädlich sein, wenn diese die Priorität anders als die frühere Anmeldung zu Recht in Anspruch nimmt.[287] Jedoch wird für den Fall, dass Merkmale des Patentanspruchs der früheren Anmeldung Verallgemeinerungen der Offenbarung in der Prioritätsanmeldung sind, die Anerkennung einer Teilpriorität als angemessen angesehen, soweit es möglich ist, eine beschränkte Anzahl eindeutig definierter Gegenstände zu bestimmen, die die besonderen Verkörperungen verwirklichen, die unmittelbar und eindeutig von der Prioritätsanmeldung ableitbar sind, wobei es nicht **82**

---

276 EPA J 15/85 ABl EPA 1986, 395 = GRUR Int 1987, 172 Verzicht auf Anspruch; EPA Teilanmeldung; *Schulte* Rn 76.

277 Zur Prüfungszuständigkeit der Prüfungsabteilung EPA J 13/85.

278 EPA T 1055/92 ABl EPA 1995, 214 Klarheit; EPA T 873/94 ABl EPA 1997, 456 = GRUR Int 1998, 165 geänderte Teilanmeldung; EPA T 441/92; EPA T 284/85; EPA T 1221/97.

279 EPA T 527/88 EPOR 1991, 184 Interconnected bags; EPA T 176/90 EPOR 1994, 401 Triazole compounds; EPA T 873/94 ABl EPA 1997, 456 geänderte Teilanmeldung; EPA T 1221/97; *Benkard-EPÜ* Art 76 Rn 26.

280 Vgl EPA T 441/92; EPA T 542/94; BPatG 28.6.2011 1 Ni 6/09 (EU); BPatG Mitt 2015, 324, 328.

280a EPA G 1/06 ABl EPA 2008, 307 Ketten von Teilanmeldungen. Hierzu *Singer/Stauder* EPÜ Art 76 Rn 13.

281 EPA T 545/92.

282 EPA T 1008/99, zu Regel 88 AOEPÜ 1973.

283 EPA T 587/98 ABl EPA 2000, 497, 504 = GRUR Int 2001, 67 Anspruch der Teilanmeldung kollidiert mit Anspruch des Stammpatents; vgl auch *Benkard-EPÜ* Art 76 Rn 6, 27 ff unter Hinweis auf EPA T 118/91.

284 EPA Anspruch der Teilanmeldung kollidiert mit Anspruch des Stammpatents.

285 EPA J 2/01 ABl EPA 2005, 88 Teilanmeldung, ebenso *Schulte* Rn 76.

286 Vgl EPA G 2/98 ABl EPA 2001, 413 = GRUR Int 2002, 80 Erfordernis für die Inanspruchnahme einer Priorität für „dieselbe Erfindung".

287 So EPA T 1496/11; PatentsC [2013] EWHC 923 (Pat) Nestec SA v. Dualit Ltd; hiergegen EPA T 1222/11; näher *Teschemacher* Mitt 2014, 16; vgl *Lawrence/Wilkinson* epi Information 2011, 54; *Hay* epi Information 2011, 119.

erforderlich sein soll, dass die alternativen Gegenstände als solche in der Anmeldung genannt werden oder als oder-Alternativen aufscheinen.[288] Ungeachtet aller Kritik an dem Konzept der „poisonous divisionals" hat die Beschwerdekammer 3.3.07 des EPA an ihm jedenfalls für den Fall festgehalten, dass es nicht möglich ist, eine beschränkte Zahl eindeutig definierter Gegenstände („a limited number of clearly defined subject-matters") zu definieren.[289] Fraglich, aber wohl zu bejahen ist, ob dies auch bei kontinuierlichen numerischen Bereichen gelten kann.[290]

83   **4. Die Staatenbenennung** in der Teilanmeldung korrespondiert notwendig mit der Benennung in der ursprünglichen Anmeldung (Art 76 Abs 2 EPÜ).[291] Staaten, für die die Benennung in der früheren Anmeldung zurückgenommen wurde, sind auch nicht für die Teilanmeldung benannt (EPA-PrRl A.IV.1.3.4).

84   **5. Anhängige frühere Anmeldung.** Der Anmelder kann die Teilanmeldung zu jeder anhängigen früheren eur Patentanmeldung einreichen (Regel 36 Abs 1 AOEPÜ), also einer beim EPA anhängigen eur Anmeldung und nicht einer internat Anmeldung, die nicht die Voraussetzungen für den Eintritt in die regionale Phase erfüllt,[292] und nicht mehr, sobald im eur PatBl auf die Patenterteilung hingewiesen ist (auch der Tag des Hinweises scheidet aus),[293] mit Bestandskraft der Zurückweisung (also auch noch bis Ablauf der Beschwerdefrist, wenn keine Beschwerde eingelegt wird)[294] oder mit Rücknahme der früheren Anmeldung oder deren Fiktion.[295] Durch die Regelung wird keine Frist begründet, die Anhängigkeit der Anmeldung ist vielmehr materiellrechtl Erfordernis.[296] Ist die frühere Anmeldung nicht mehr anhängig, kommt Wiedereinsetzung nicht in Betracht.[297] Die zeitliche Beschränkung der Möglichkeit, eine Teilanmeldung einzureichen (näher *5. Aufl*), ist zum 2.1.2002 entfallen. Der Status einer Teilanmeldung, die eingereicht wird, während eine Beschwerde gegen die Entscheidung über die Erteilung eines Patents auf die Stammanmeldung anhängig ist, hängt vom Ausgang der Beschwerde ab. Über die Wirksamkeit der Einreichung der Teilanmeldung soll deshalb erst befunden werden können, wenn die Beschwerdekammer über die Beschwerde entschieden hat.[298] Eine Anmeldung, die wegen Nichtzahlung einer Jahresgebühr als zurückgenommen gilt, ist während der Frist zur Stellung des Wiedereinsetzungsantrags und nach Stellung dieses Antrags nicht anhängig.[299]

85   Die Einreichung ist auch mehrfach (vgl EPA-PrRl C.VI.9.11.) und zu früheren **Teilanmeldungen** möglich.[300] Im Fall der Teilung einer Teilanmeldung ist auch die Wirksamkeit der ersten Teilanmeldung zu prüfen; fehlt diese, ist auch die zweite Teilanmeldung unwirksam.[301]

86   Eine Teilanmeldung kann auch zu einer **PCT-Anmeldung** eingereicht werden, allerdings erst nach Eintritt in die regionale Phase, und bis zu dem Tag, an dem im eur PatBl auf die Erteilung hingewiesen wird, bei Zurückweisung auch noch während des Beschwerdeverfahrens.

---

288 EPA T 571/10 Mitt 2015, 189 HMG COA reductase inhibitor, unter Hinweis auf EPA G 2/98 Erfordernis für die Inanspruchnahme einer Priorität für „dieselbe Erfindung"; vgl EPA T 1222/11; *Teschemacher* Mitt 2014, 16 f; generell zur Anerkennung einer Teilpriorität *Schulte* § 41 Rn 46; vgl auch die Vorlage an die GBK, anhängig unter G 1/15.
289 EPA HMG COA reductase inhibitor.
290 Vgl *Rieck* (Anm) Mitt 2015, 193 f, auch zur vorgesehenen Vorlage an die GBK im Verfahren EPA T 557/13; hierzu auch *Lawrence* epi Information 2015. 23, 26; zur Zulässigkeit von Verallgemeinerungen BGH200, 63 = GRUR 2014, 542 Kommunikationskanal; BGH 11.2.2014 X ZR 146/12.
291 Vgl EPA G 4/98 ABl EPA 2001, 131 = GRUR Int 2001, 625 Benennungsgebühren.
292 EPA J 18/09 GRUR Int 2011, 755 Pending earlier European Patent application.
293 EPA J 28/03 ABl EPA 2005, 597 Teilanmeldung; EPA J 24/03 ABl EPA 2004, 544 = GRUR Int 2005, 330 Definition einer Frist.
294 EPA G 1/09 ABl EPA 2011, 336 anhängige Anmeldung; EPA Definition einer Frist.
295 EPA Definition einer Frist.
296 EPA J 18/04 ABl EPA 2006, 560, 567 = GRUR Int 2007, 146 Begriff der Frist.
297 EPA Begriff der Frist; EPA J 10/01.
298 EPA J 28/03 ABl EPA 2005, 597 = GRUR Int 2006, 156 Teilanmeldung.
299 EPA J 4/11 ABl EPA 2012, 516.
300 Vgl EPA T 1158/01 ABl EPA 2005, 110 Teilung einer Teilanmeldung; EPA T 904/97; abl zur Teilung zweiter Generation T 797/02.
301 EPA Teilung einer Teilanmeldung.

6. Frist. Die Teilanmeldung war nach der seit 1.4.2010 geltenden Regelung einzureichen entweder vor **87** Ablauf einer Frist von 24 Monaten nach dem ersten Bescheid der Prüfungsabteilung nach Art 94 Abs 3 EPÜ, Regel 71 Abs 1, 2 AOEPÜ oder Regel 71 Abs 3 AOEPÜ zu der frühesten Anmeldung eingereicht wird, zu der ein Bescheid ergangen ist (Regel 36 Abs 1 Buchst a AOEPÜ, freiwillige Teilung) oder vor Ablauf einer Frist von vierundzwanzig Monaten nach einem Bescheid, in dem die Prüfungsabteilung eingewandt hat, dass die frühere Anmeldung nicht den Erfordernissen des Art 82 EPÜ (Einheitlichkeit) genügt, vorausgesetzt, sie hat diesen konkreten Einwand zum ersten Mal erhoben (Regel 36 Abs 1 Buchst b AOEPÜ, obligatorische Teilung). Die juristische Beschwerdekammer[302] hat die Gültigkeit einer automatisch erstellten Mitteilung der Prüfungsabteilung auf EPA Form 2001A in Zweifel gezogen. Um zu verhindern, dass bei Anmeldern und der Öffentlichkeit infolge dieser Entscheidung Rechtsunsicherheit im Hinblick auf die Berechnung der Frist nach Regel 36 Abs 1 AOEPÜ entsteht, betrachtete die Eingangsstelle des EPA bei der Prüfung einer Teilanmeldung nach Art 90 Abs 1 EPÜ iVm mit Regel 36 Abs 1 AOEPÜ für die Erfüllung des Fristerfordernisses eine auf EPA Form 2001A ergangene Mitteilung nicht mehr als fristauslösenden Bescheid der Prüfungsabteilung. Die Frist nach Regel 36 Abs 1 Buchst a AOEPÜ lief damit ab Zustellung des ersten Bescheids der Prüfungsabteilung nach Artikel 94 Abs 3 EPÜ und Regel 71 Abs 1, 2 oder 3 AOEPÜ zu der frühesten Anmeldung, zu der ein Bescheid ergangen ist.[303] MWv 1.4.2014 gelten infolge einer Änderung der Regel 36 Abs 1 AOEPÜ keine Fristen mehr (zur vorherigen Rechtslage *7. Aufl* Rn 83 f).

7. Die Teilanmeldung ist in der **Verfahrenssprache** der früheren Anmeldung abzufassen (Regel 36 **88** Abs 2 AOEPÜ). Damit scheidet die Einreichung in einer Nichtverfahrenssprache aus, das Sprachenprivileg des Art 14 EPÜ gilt hier nicht (EPA-PrRl A.IV.1.3.3). Wird das Erfordernis nicht eingehalten, erhält die Teilanmeldung nicht den Anmeldetag der ursprünglichen Anmeldung.

8. Erforderlich ist die Einreichung einer separaten **Erfindernennung** (Regel 19 AOEPÜ). **89**

9. Gebühren

a. Die **Anmeldegebühr** und die **Recherchengebühr** für die Teilanmeldung sind innerhalb eines Mo- **90** nats nach Einreichung der Anmeldung (Grundfrist) zu entrichten, andernfalls gilt die Teilanmeldung als zurückgenommen (Regel 36 Abs 3 AOEPÜ), jedoch kommt Weiterbehandlung nach Art 121 EPÜ, Regel 135 AOEPÜ in Betracht. Für Anmeldungen, die mehr als 35 Seiten umfassen, fällt eine Zusatzgebühr an. Die Recherchengebühr ist auch dann zu entrichten, wenn bereits eine weitere Recherchengebühr nach Regel 64 Abs 1 AOEPÜ für den Recherchenbericht zu dem Teil der ursprünglichen Anmeldung entrichtet wurde, bei dem mangelnde Einheitlichkeit festgestellt wurde und der Gegenstand der Teilanmeldung ist (EPA-PrRl A.IV.1.4.1). Zahlt der Anmelder bei Beanstandung der Uneinheitlichkeit durch die Recherchenabteilung die geforderten zusätzlichen Recherchengebühren nicht, hindert ihn das an der Einreichung einer Teilanmeldung nicht, wenn er für den Gegenstand weiterhin Schutz begehrt.[304]

Die Gebührenordnung kann im Fall einer Teilanmeldung, die zu einer früheren Anmeldung einge- **91** reicht wird, die ihrerseits eine Teilanmeldung ist, als Teil der Anmeldegebühr eine **Zusatzgebühr** vorsehen (Regel 38 Abs 4 AOEPÜ, eingefügt mWv 1.4.2014).

b. Für seit dem 1.4.2009 eingereichte Teilanmeldungen ist eine pauschale **Benennungsgebühr** zu **92** entrichten. Die Benennungsgebühren sind innerhalb von 6 Monaten nach dem Tag zu entrichten, an dem im eur PatBl auf die Veröffentlichung des eur Recherchenberichts zu der Teilanmeldung hingewiesen worden ist. Bei nicht rechtzeitiger Zahlung gilt die Teilanmeldung als zurückgenommen (Regel 36 Abs 4 AOEPÜ); Weiterbehandlung kommt wie bei der Anmelde- und Recherchengebühr (Rn 90) in Betracht.

c. Anspruchsgebühren. Enthält die Teilanmeldung bei Einreichung des ersten Anspruchssatzes **93** mehr als fünfzehn Patentansprüche, ist für jeden weiteren Patentanspruch eine Anspruchsgebühr zu entrichten, und zwar auch dann, wenn in der früheren Anmeldung Anspruchsgebühren für Patentansprüche

---

302 EPA J 9/10.
303 MittEPA ABl EPA 2013, 16.
304 EPA G 2/92 ABl EPA 1993, 591 Nichtzahlung weiterer Recherchengebühren.

des Erfindungsgegenstands entrichtet wurden, der in der Teilanmeldung behandelt wird (Regel 45 Abs 1 AOEPÜ).

94 **d. Jahresgebühren.** Für das dritte und jedes weitere Jahr, gerechnet vom Anmeldetag der früheren Anmeldung an, sind Jahresgebühren an das EPA zu entrichten Art 76 Abs 1, 86 Abs 1 EPÜ). Wird die Teilanmeldung zu einem Zeitpunkt eingereicht, zu dem bereits Jahresgebühren für die ursprüngliche Anmeldung fällig geworden sind, sind diese Jahresgebühren auch für die Teilanmeldung zu entrichten und werden mit Einreichung der Teilanmeldung fällig. Die Frist für die Zahlung dieser Gebühren beträgt 4 Monate ab Einreichung der Teilanmeldung. Bei Fristversäumung ist Zahlung unter gleichzeitiger Zahlung der Zusatzgebühr binnen 6 Monaten möglich (Regel 51 Abs 3 AOEPÜ; Art 2 Nr 5 GebO).[305] Entspr gilt bei erstmaliger Fälligkeit oder Fälligkeit von weiteren Jahresgebühren (EPA-PrRl A.IV.1.4.3). Bei nicht rechtzeitiger Entrichtung der Jahresgebühren ist die Weiterbehandlung ausgeschlossen (Regel 135 Abs 2 AOEPÜ), jedoch kommt Wiedereinsetzung in Betracht. Berechnungsbeispiel EPA-PrRl A.IV.1.4.3.

III. Entstehen der Teilanmeldung

95 Die Teilanmeldung entsteht anders als bei der Teilung nach nationalem Recht mit ihrer Einreichung,[306] die auch elektronisch erfolgen kann.[307] Teilanmeldungen zur Herstellung der Einheitlichkeit (vgl im nationalen Recht die Ausscheidung) und freie Teilung werden im EPÜ seit 1988 gleich behandelt (zur vorübergehend unterschiedlichen Behandlung hinsichtlich der Fristen Rn 87). Die Teilanmeldung muss keine Patentansprüche enthalten.

IV. Verfahren

96 Die Formalprüfung wird in gleicher Weise durchgeführt wie bei anderen Anmeldungen. Teilanmeldungen werden wie diese recherchiert, veröffentlicht und geprüft. Eine Umwandlung in eine eigenständige Anmeldung kommt nicht in Betracht (EPA-PrRl C.VI.9.1.4). Die Recherchengebühr wird unter den Voraussetzungen aus Art 9 Abs 2 GebO erstattet (näher EPA-PrRl A.IV.1.8.). Die Prüfungsantragsfrist wird durch den Hinweis auf die Veröffentlichung des Recherchenberichts zur Teilanmeldung in Lauf gesetzt. Wegen der Eigenständigkeit der Teilanmeldung kommt Aussetzung weder im Verfahren über die Teilanmeldung[308] noch im Verfahren über die frühere Anmeldung[309] in Betracht.

97 Geht die Teilanmeldung über den Inhalt der früheren Anmeldung hinaus, liegt ein **Mangel** vor, zu dessen Behebung der Anmelder aufgefordert werden muss.[310] Zurückweisung der Teilanmeldung erfolgt, wenn der Mangel nicht beseitigt wird. Das gilt auch bei Kettenteilungen.[311]

V. Wirkung der Teilung

98 Art 76 Abs 1 EPÜ bestimmt auch, ob der Teilanmeldung der **Zeitrang** der Stammanmeldung zukommt.[312]

99 Die eur Teilanmeldung ist eine neue, von der früheren **unabhängige Anmeldung**, die dieselben Erfordernisse wie jede Anmeldung zu erfüllen hat; daher darf sie nicht über ihren ursprünglichen Inhalt hinausgehen.[313] Die Streichung der Erweiterung setzt aber nicht voraus, dass die frühere Anmeldung noch anhängig ist; wegen der Eigenständigkeit der Teilanmeldung kommt weder im Verfahren über diese noch im Verfahren über die frühere Anmeldung Aussetzung in Betracht.[314]

---

305 Zur Berechnung der Nachfrist EPA J 4/91 ABl EPA 1992, 402.
306 *Schulte* Rn 76.
307 BeschlPräsEPA ABl EPA 2007 Sonderausgabe 3, A 4.
308 EPA T 1177/00; *Schulte* Rn 77.
309 EPA T 1184/00; *Schulte* Rn 77.
310 EPA G 1/05 ABl EPA 2008, 271 Wirksamkeit von Teilanmeldungen; hierzu *Bremi* sic! 2008, 251, 255.
311 EPA G 1/06 ABl EPA 2008, 307 Ketten von Teilanmeldungen, auf Vorlage EPA T 1459/05; *Schulte* Rn 82.
312 EPA T 873/94 ABl EPA 1997, 456 geänderte Teilanmeldung.
313 EPA G 1/05 ABl EPA 2008, 271 Wirksamkeit von Teilanmeldungen, auf Vorlage EPA T 39/03 ABl EPA 2006, 362 Teilanmeldung/ASTROPOWER, hierzu MittEPA ABl EPA 2006, 538.
314 EPA Wirksamkeit von Teilanmeldungen.

Aus dem EPÜ lässt sich nicht ableiten, dass der **Gegenstand der Teilanmeldung** als **in bezug auf** **100** **die ursprüngliche Anmeldung** aufgegeben gelte.[315] Inhalt der Anmeldung in der ursprünglich eingereichten Fassung ist die Gesamtheit der Informationen, die dem Fachmann durch die frühere Anmeldung vermittelt werden; er wird durch die Einreichung der Teilanmeldung nicht reduziert.[316] Merkmale, die zum Gegenstand der Teilanmeldung gehören, können danach auch Gegenstand eines abhängigen Patentanspruchs in der früheren Anmeldung sein. Generell sind Überlappungen nicht ausgeschlossen.[317] Umgekehrt kann das Erlöschen der früheren Anmeldung den Inhalt einer zuvor eingereichten Teilanmeldung nicht schmälern.[318]

F. PCT

Eine Regelung ist nicht erfolgt, Art 4 G PVÜ ist jedoch unmittelbar anwendbar (vgl zu Euro-PCT- **101** Anmeldungen Rn 86 und EPA-PrRl A-VII 4.1).[319] Die Teilanmeldung muss auch hier in der Verfahrenssprache der früheren Anmeldung eingereicht werden.

Vor § 40
Prioritätsrecht

DPMA-PrRl 3.3.3.7.; **EPA-PrRl** A-III 6, C-V

Übersicht

Schrifttum: (allgemein zur PVÜ s die Hinweise zur Einl IntPatÜG) *Alexander-Katz* Das Prioritätsrecht in der Internationalen Union für den gewerblichen Rechtsschutz, GRUR 1902, 233; *Asendorf* Europäische und internationale Patentanmeldung als Grundlage eines Prioritätsrechts für die Nachanmeldung der Erfindung in einem benannten Vertragsstaat, GRUR 1985, 577; *Aúz Castro* Der Begriff „derselben Erfindung" im Europäischen Patentübereinkommen, VPP-Rdbr 2000, 38; *Beier/Katzenberger* Zur Wiedereinsetzung in die versäumte Prioritätsfrist des Art 4 PVÜ, GRUR Int 1990, 277; *Beier/ Moufang* Verbesserungserfindungen und Zusatzpatente im Prioritätsrecht der Pariser Verbandsübereinkunft, GRUR Int 1989, 869; *Beier/Straus* Probleme der Unionspriorität im Patentrecht, GRUR Int 1991, 255; *Berkenfeld* Kann aus einer unzulässigen Erweiterung ein Prioritätsrecht hergeleitet werden? Mitt 1964, 90; *Boehmert* Kann ein Staatsangehöriger in seinem Heimatstaate das Prioritätsrecht aus einer im Auslande vorgenommenen Erstanmeldung beanspruchen? MuW 37, 194; *Boff* Prior Art Self Collision, epi-Information 1995, 27; *Bossung* Das nationale Verfahren im europäischen Patentsystem, GRUR Int 1975, 272; *Bossung* Innere Priorität und Gebrauchsmuster, GRUR 1979, 661; *Bremi* Kann man ein Prioritätsrecht „verbrauchen"? sic! 2004, 141; *Bremi/Liebetanz* Kann man ein Prioritätsrecht „verbrauchen"? Mitt 2004, 148; *Bremi/Liebetanz* Entwarnung: Keine Erschöpfung des Prioritätsrechts, sic! 2005, 698; *Bruchhausen* Gilt die Zurücknahmefiktion des § 40 Abs 5 auch für eine noch beim Patentamt anhängige Gebrauchsmusteranmeldung? GRUR 1984, 389; *Cassel* Die Unionspriorität im Patentrecht, Diss 1914; *Chomé* Les effets du droit de priorité selon l'article 4 de la Convention d'Union de Paris, FS A. Braun (1994); *Daus* Einige Fallstricke der Unionspriorität in den USA, GRUR Int 1992, 614; *Daus* Paris Convention Priority, JPTOS 1995, 138; *Davidson* Das Prioritätsrecht in den Niederlanden, GRUR Int 1960, 35; *den Hartog* About G 3/93, epi-Information 1995, 85; *di Cataldo* Rivendicazione di priorità sulla base di una domanda di primo deposito che rinvia a domanda anteriore segreta, Riv. dir. ind. 1992 I 5; *Drope* Innere Priorität im europäischen Patentsys-

---

315 EPA T 118/91; vgl auch die durch Rücknahme der Beschwerden erledigte Vorlageentscheidung EPA T 1040/04.
316 Zur Frage, ob in der Stammanmeldung gestrichene Anmeldungsteile in die Teilanmeldung aufgenommen werden können, EPA T 910/92 sowie EPA J 15/85 ABl EPA 1986, 395 = GRUR Int 1987, 172 Verzicht auf Anspruch; EPA T 61/85; vgl *MGK/Bossung* Art 76 EPÜ Rn 117 f.
317 EPA T 587/98 ABl EPA 2000, 497, 504 = GRUR Int 2001, 67 Anspruch der Teilanmeldung kollidiert mit Anspruch des Stammpatents.
318 EPA T 441/92.
319 *MGK/Bossung* Art 76 EPÜ Rn 55 f.

tem, Mitt 2012, 494; *Duchesne* Zum Wesen des sogenannten „Prioritätsrechts" und der Prioritätserklärung gem Artikel 4 des Unionsvertrages, MuW 25, 148; *Fikentscher* Neuheitserfordernis, Selbstkollision und Unionspriorität im Patentrecht, GRUR 1977, 318; *Foyer* Le mirage de la priorité interne, JCP 1992 I 3590; *Goebel* Die innere Priorität, GRUR 1988, 243; *Goebel* Der Schutz der Weiterentwicklung einer bereits zum Schutz angemeldeten Erfindung, Mitt 1989, 185; *Gramm* Probleme der inneren Priorität, GRUR 1980, 954; *Gudel* Die Vollständigkeit des Prioritätsbeleges – neue Munition für Einspruch und Nichtigkeitsklage? Mitt 1980, 83; *Gutmann* Effects of Priority Rights on Claims of European Patents Claiming one or several Priority Dates, IIC 1991, 741; *Haedicke/König* Der Zeitpunkt der Übertragung eines Prioritätsrechts, GRUR Int 2016, 613; *R. Isay* Sachlicher Umfang des Prioritätsrechts aus Art IV der Pariser Union, GRUR 1926, 14; *Jaenichen/Malek* The assessment of priority cannot demand more than science can deliver …, epi-Information 2/2008, 91; *Joos* Identität der Erfindung, Mehrfach- und Teilpriorität im europäischen Patentrecht, FS F.-K. Beier (1996), 73; *Joos* Veröffentlichungen im Prioritätsintervall – eine Erwiderung, GRUR Int 1998, 456; *Joos* Publications Within the Priority Interval, IIC 1999, 607; *Keil* Prioritätsbeanspruchung und die Einreichung einer Abschrift der Voranmeldung, Mitt 1972, 208; *Keukenschrijver* Zur Inanspruchnahme des Prioritätsrechts durch den materiell Berechtigten aus einer von einem Treuhänder getätigten Voranmeldung, Mitt 2001, 233; *Kisch* Zur Frage der Unionspriorität, GRUR 1930, 901; *Kolbe* Über die Rechtsnatur des Prioritätsrechts, Diss 1931; *Krüger* Zur Frage der Zulässigkeit eines Verzichts auf die Unionspriorität, GRUR 1933, 353; *Lawrence* A Review of Priority Date Assessment under EPC, epi Information 2013, 89; *Lins* Das Prioritätsrecht für inhaltlich geänderte Nachanmeldungen, 1992; *Lins* Die Rechtsprechung zur Teilpriorität – Konflikt zwischen Dogma und Praxis? FS G. Eisenführ (2003), 195; *Lins/Gramm* Ein Anspruch – Eine Priorität? GRUR 1983, 634; *Maemecke* Das Prioritätsrecht für eine nach den Gesetzen des Landes der Erstanmeldung nicht patentfähige Erfindung, Mitt 1938, 164; *Mediger* Prioritätserklärungen und Erklärungen zur Priorität, Mitt 1957, 201; *Miller* United States Provisional Patents Applications and Paris Convention Priority Rights – „The Same Effect", 37 IDEA [1996], 161; *Naumann/Zimmermann* EPÜ 2000; Die Inanspruchnahme einer Priorität, Mitt 2008, 145; *Nebesky* Die Inanspruchnahme mehrerer Prioritäten für eine Nachanmeldung, Mitt 1970, 221; *Nöthe* Prioritätsverlust durch Ergänzung der Erfindung bei europäischer Nachanmeldung? GRUR Int 1998, 454; *Papke* Beanspruchung der inneren Priorität in internationalen Patentanmeldungen, Mitt 1990, 131; *Patch* Provisional Applications and 35 U.S.C. lit. e in View of Milburn, Hilmer and Wertheim, JPTOS 1995, 339; *Rambelli* Poisonous National Priority Application for the Unitary patent, epi Information 2014, 30; *Rau* Prioritätsrecht versus Neuheitsschonfrist, Mitt 1998, 414; *Redies* Das neue deutsche Patentgesetz und die zwischenstaatliche Priorität des Unionsvertrages, GRUR Int 1937, 247; *Riedinger* Die Wiederholbarkeit der Prioritätsbeanspruchung, GRUR 1927, 422; *Ruhl* Eine Hungerkur für die Snackfood-Linie? Zum Verfahren G 2/98 über die Frage, ob ein der Nachanmeldung hinzugefügtes Merkmal stets zum Prioritätsverlust führt, Mitt 1999, 135; *Ruhl* Die Unionspriorität, 2001; *Ruhl* Priorität und Erfindungsidentität nach der Entscheidung der Großen Beschwerdekammer des EPA in der Sache G 2/98, GRUR Int 2002, 16; *Schallmoser* Qui bene distinguit, bene judicat: Grenzen der Schutzbeanspruchung trotz einheitlichen Offenbarungsbegriffs, GRURPrax 2012, 473; *Scharen* Wie ist das Erfordernis der so genannten Anmelderidentität des Art 87 I EPÜ zu verstehen? GRUR 2016, 446; *Schennen* Innere Gebrauchsmusterpriorität und Abzweigung, GRUR 1987, 222; *Schlich* Publish and be damned? The EPO's Enlarged Board of Appeal Decision in G 3/93, EIPR 1995, 327; *Schneiter* Die Rechtsnatur einer „Provisional Application" nach US-Patentrecht im Hinblick auf die Prioritätsbeanspruchung gemäß EPÜ, Diplomarbeit ETH Zürich 1999; *Schneiter* Die vorläufige Patentanmeldung nach amerikanischem Patentrecht – prioritätsbegründend nach EPÜ? sic 2000, 542; *Schricker* Die Inanspruchnahme der Unionspriorität beim Beitritt neuer Verbandsländer, GRUR Int 1966, 373; *Schricker* Fragen der Unionspriorität im Patentrecht, GRUR Int 1967, 85; *Schwaab/Wegner* Harmonization and Priority of Invention, FS F.-K. Beier (1996), 159; *Speckmann* Unrichtige und unvollständige Prioritätserklärungen, GRUR 1954, 6; *Spiess* Die Erweiterung der Nachanmeldung im Vergleich zur prioritätsbegründenden Ursprungsanmeldung, GRUR 1975, 126; *Storz/Wind-Falk* Die Wiedereinsetzung in die Prioritätsfrist und sich daraus ergebende Probleme, epi-Information 2/2008, 68; *Straus* Priority right, U.S.C. Section 102(d) bar and the TRIPS obligations of the USA: a last chance to analyze the issue, FS E. Ullmann (2006), 515; *Teschemacher* Anmeldung und Priorität im europäischen Patentrecht, GRUR Int 1983, 695; *Tönnies* Ist die Identität der Erfindung Voraussetzung für die Wirkung des Prioritätsrechts? GRUR Int 1998, 451; *Tönnies* Ist die Schutzfähigkeit der Erstanmeldung Voraussetzung für die Wirkung des Prioritätsrechts? Mitt 2000, 496; *Trüstedt* Die Priorität einer Anmeldung nach deutschem Recht unter besonderer Berücksichtigung der Unionspriorität, GRUR Int 1959, 573; *Ullmann* Das Prioritätsrecht im Patentwesen – Verbrauch und Missbrauch? Mitt 2009, 201; *van den Berg* Die Bedeutung des Neuheitstests für die Priorität und die Änderungen von Patentanmeldungen und Patenten, GRUR Int 1993, 354 = The Significance of the „Novelty Test" for Priority and Amendments to Patent Applications, IIC 1993, 696; *von Hellfeld* Welche Wirkung hat die Inanspruchnahme einer Priorität? Mitt 1997, 294; *von Uexküll* Das Wesen der Prioritätserklärung im Anmeldeverfahren, GRUR 1967, 61; *E. Ulmer* Europäische Patentanmeldung und Pariser Unionsvertrag, FS H. Dölle (1963), Bd II, 461; *Wegner* Filing patents for evolutionary inventions abroad: Pitfalls under the Paris Convention, IIC 1992, 184; *Wieczorek* Die Inanspruchnahme der Unionspriorität im Inland, MitarbeiterFS E. Ulmer (1973), 235; *Wieczorek* Unionspriorität und inhaltliche Änderung der Voranmeldung, GRUR Int 1974, 172; *Wieczorek* Die Unionspriorität im Patentrecht, 1975; *Windisch* Gewerblicher Rechtsschutz und Urheberrecht im zwischenstaatlichen Bereich, 1969; *Winkler* Das neue Gebrauchsmustergesetz, Mitt 1987, 3; *Winterfeldt* Aktuelle Probleme im Prüfungs- und Einspruchsverfahren, VPP-Rdbr 1996, 37; *Winterfeldt* Aktuelle Problemfälle im Prüfungs- und Einspruchsverfahren – neue Entwicklungen im DPMA, VPP-Rdbr 2000, 40; *Würtenberger* Die Priorität im Sortenschutzrecht, Diss Marburg 1992; *Zutrauen* Zur Frage der Identität zwischen Vor- und Nachanmeldung bei Beanspruchung der Unionspriorität, GRUR Int 1960, 498.

A. Das Prioritätsrecht

I. Entstehungsgeschichte

1. Nationale Entwicklung vor Beitritt zur PVÜ. Der Zeitrang einer Anmeldung wird durch ihren **1**
Anmeldetag begründet. Dies kann insb bei der Nachanmeldung von zuvor im Ausland angemeldeten Erfindungen zu Unzuträglichkeiten führen, vor allem, wenn die ausländ Anmeldung alsbald nach ihrer Einreichung öffentlich zugänglich ist und damit StdT wird. Schon frühzeitig wurde die Notwendigkeit erkannt, für diesen Fall für den Anmelder Vergünstigungen vorzusehen.

Das PatG 1877 kannte solche, auch im internat Verkehr, noch nicht. Erstmals enthielt § 2 Abs 2 **PatG** **2**
1891 eine Regelung für ausländ Erstanmeldungen.

Eine Einräumung von Prioritätsrechten erfolgte zunächst in **zweiseitigen Verträgen**, so in dem vom **3**
6.12.1891 mit Österreich-Ungarn,[1] vom 18.1.1892 mit Italien,[2] vom 13.4.1892 mit der Schweiz[3] und vom
21./9.8.1892 mit Serbien. Weitere zweiseitige Regelungen brachten das dt-sowjetische[4] und das dt-südafri-
kanische Übk.[5]

2. Die Pariser Verbandsübereinkunft vom 20.3.1883 (Rn 2ff Einl IntPatÜG), der das Deutsche Reich **4**
zunächst nicht beitrat, sah von Anfang an ein Prioritätsrecht für ausländ Verbandsangehörige vor.

Nach **Revision der PVÜ** im Jahr 1900, die ua eine Verlängerung der Prioritätsfrist von sechs Monaten **5**
auf ein Jahr brachte, ist 1903 auch das Deutsche Reich beigetreten. Seither können Verbandsangehörige
aus Erstanmeldungen in einem Verbandsland ein Prioritätsrecht in Anspruch nehmen. Die Bestimmungen
in der PVÜ sind mehrfach geänd worden.

Zur **Anwendbarkeit der verschiedenen Fassungen** Rn 8 Einl IntPatÜG. **6**

3. Regelung im PatG nach Beitritt zur PVÜ. Die Vorschriften über die Abgabe der Prioritätserklä- **7**
rung waren zunächst in der Bek vom 8.4.1913[6] enthalten. Nach Art 2 des Gesetzes zur Ausführung der in
Washington revidierten Verbandsübereinkunft vom 31.3.1913[7] hatte die Nichteinhaltung dieser Vorschriften den Verlust des Prioritätsrechts zur Folge; da die Regelung als zu hart angesehen wurde, wurde durch
das PatG 1936 eine weniger strenge Regelung als § 27 eingestellt (s bei § 41).

Zur **weiteren Geschichte der Prioritätsregelung** s die Kommentierung zu §§ 40, 41. Zur Regelung im **8**
Markenrecht, das weiterhin eine Ausstellungspriorität vorsieht, §§ 34, 35 MarkenG.

II. EPÜ

Das Prioritätsrecht ist für den Fall der eur Nachanmeldung (für den Fall der Inanspruchnahme der **9**
Priorität einer eur Patentanmeldung für eine Nachanmeldung in einem Vertragsstaat oder einem Drittstaat
Rn 6 zu § 41) in den **Art 87–89 EPÜ** geregelt (s hierzu die EPA-PrRl A-III 6 und C–V). Die Revision 2000 hat
Änderungen vorgenommen, insb die ausdrückliche Berücksichtigung der Priorität der Welthandelsorganisation (WTO), vgl Art 87 Abs 1 Buchst b EPÜ. Das TRIPS-Übk berechtigte bis zum Inkrafttreten des EPÜ
2000 am13.12.2007 den Anmelder einer eur Patentanmeldung nicht, die Priorität einer ersten Anmeldung
in einem Staat zu beanspruchen, der zwar Mitglied der WTO, nicht aber Mitglied der PVÜ ist.[8] Die prioritätsbegründende und die spätere Anmeldung müssen dieselbe Erfindung betreffen (vgl Rn 29 zu § 41; zur
Anmelderidentität Rn 79 zu § 39), Nach Auffassung einer Beschwerdekammer des EPA sieht Art 87 Abs 1
EPÜ nicht die Möglichkeit vor, mehrere Anmeldungen unter Beanspruchung desselben Prioritätsbelegs

---

1 RGBl 1892, 289 = BlPMZ 1903, 107.
2 RGBl S 292 = BlPMZ 1903, 112.
3 RGBl 1894, 511 = BlPMZ 1903, 114.
4 RGBl 1926 II 46 = BlPMZ 1926, 23.
5 RGBl 1931 II 207, 542 = BlPMZ 1931, 92, 215.
6 RGBl S 241 = BlPMZ 1913, 157.
7 RGBl S 236 = BlPMZ 1913, 155.
8 EPA G 2/02, G 3/02 ABl EPA 2004, 483 Indische Prioritäten; vgl zur Problematik für die Zeit vor Anerkennung der
WTO-Priorität EPA J 9/98 und J 10/98 ABl EPA 2003, 184, 194 ff = GRUR Int 2003, 948 Indische Priorität (Vorlage an die
GBK).

einzureichen; die Priorität kann danach nur für die erste Anmeldung wirksam in Anspruch genommen werden („Erschöpfung des Prioritätsrechts").[9] Dies dürfte eine Einzelfallentscheidung sein.[10] Dieser Auffassung ist mehrfach widersprochen worden; weitere Entscheidungen anderer Beschwerdekammern verwerfen sie.[11]

10   Die Regelung **transformiert** die Bestimmungen der Stockholmer Fassung des PVÜ in das EPÜ.[12] Die Bestimmungen gelten auch, soweit es sich bei der PVÜ um unmittelbar anwendbares Recht handelt; konventionsfreundliche Auslegung ist geboten.[13] Der Auffassung, die das Prioritätsrecht der PVÜ und diese im Rahmen des EPÜ als subsidiär anwendbar ansieht,[14] wird insoweit beizutreten sein, als über Art 66 EPÜ der eur Patentanmeldung auch die Wirkungen einer nach PVÜ, sonstigen Staatsverträgen oder im Fall der Gegenseitigkeit prioritätsbegründenden Hinterlegung zukommen, sofern die jeweiligen Voraussetzungen vorliegen.

11   Die Prioritätsregelung der durch die Revision 2000 geänd Art 87–89 EPÜ ist eine **eigenständige Regelung des EPÜ** und von der PVÜ unabhängig.[15] Die Priorität nach Art 87 kann auch in Anspruch genommen werden, wenn der Anmelder nicht Angehöriger eines Verbandsstaats ist.[16] Angesichts der widersprüchlichen Staatenpraxis hat das EPA ein Prioritätsrecht aus einer Geschmacksmusteranmeldung verneint.[17]

12   **Änderungen durch das EPÜ 2000.** Die wichtigsten Änderungen sind:[18] Die Priorität kann nunmehr bis zum Ablauf von 16 Monaten ab dem frühesten Prioritätstag beansprucht werden (Änderung von Art 87 Abs 1 EPÜ, Regel 52 Abs 2 AOEPÜ). Die Priorität kann nun auch von früheren Anmeldungen in Mitgliedstaaten der WTO beansprucht werden (Art 2 TRIPS-Übk; Änderung von Art 87 Abs 1 EPÜ). Ein Erfinderzertifikat(-schein) kann keine Priorität mehr begründen (Änderung von Art 87 Abs 1 EPÜ). Eine Berichtigung der Prioritätsangaben ist bis zum Ablauf von 4 Monaten ab dem Anmeldetag oder 16 Monaten ab dem frühesten Prioritätstag möglich (Regel 52 Abs 3 AOEPÜ). Das Erfordernis der Übersetzung des Prioritätsbelegs zum Zweck der Prioritätsbegründung ist weggefallen (Art 5 Abs 7 PLT; Regel 51bis.1e AOPCT). Eine gesonderte Wiedereinsetzung in das Prioritätsjahr ist möglich (Änderung von Art 122 Abs 2 EPÜ, Regel 136 Abs 1 AOEPÜ). Die Frist für die Nachreichung des Prioritätsbelegs bei Euro-PCT-Anmeldungen ist nicht mehr verlängerbar (Regel 163 Abs 2 AOEPÜ), Weiterbehandlung ist nach Regel 135 Abs 2 AOEPÜ möglich; die Frist gemäß Regel 59 AOEPÜ für EP-Direktanmeldungen bleibt dagegen verlängerbar, die Wiedereinsetzung möglich.

13   **Ausführungsordnung.** Regel 52 AOEPÜ idF des Beschlusses des Verwaltungsrats vom 7.12.2006, zuletzt geänd durch Beschluss vom 14.10.2015,[19] betrifft die Prioritätserklärung. Durch die Überführung gewisser Erfordernisse für die Inanspruchnahme einer Priorität in die AOEPÜ (von Art 88 Abs 1 EPÜ nach Regel 52 AOEPÜ) kann das EPA flexibler auf technische und rechtl Entwicklungen reagieren. Soweit ein elektronischer Austausch von Prioritätsunterlagen besteht, verlangt die Eingangsstelle nicht mehr die Einreichung von Abschriften.[20] Das EPA erkennt vom USPTO digital signierte elektronische Dokumente als Prioritätsunterlagen iSv Regel 53 AOEPÜ an.[21] Wird die Priorität einer Anmeldung in Anspruch genommen, deren Sprache nicht eine Amtssprache des EPA ist, ist eine Übersetzung von Prioritätsunterlagen nur dann einzureichen, wenn die Wirksamkeit des Prioritätsanspruchs für die Beurteilung der Patentierbarkeit der Erfindung relevant ist (Regel 53 Abs 3 AOEPÜ). Danach muss der Anmelder entweder eine Übersetzung der früheren Anmeldung in eine der Amtssprachen oder eine Erklärung einreichen, dass die eur Patentanmel-

---

9   EPA T 998/99 ABl EPA 2005, 229 Hautäquivalent.
10 *Singer/Stauder* Art 87 EPÜ Rn 10 und Art 89 EPÜ Rn 16.
11 EPA T 15/01 ABl EPA 2006, 153 seuchenhafter Spätabort der Schweine; EPA 9.11.2005 T 5/05.
12 Vgl *MGK/Beier* Europäisches Patentsystem Rn 36 ff.
13 *MGK/Beier* Europäisches Patentsystem Rn 40, 41; *Singer/Stauder* Vor Art 87-89 EPÜ Rn 2 mwN.
14 *MGK/Bossung* Art 76 EPÜ Rn 63 ff und Art 80 EPÜ Rn 22.
15 EPA J 15/80 ABl EPA 1981, 213 = GRUR Int 1981, 559 Prioritätsrecht, Geschmacksmuster.
16 *Schulte* § 41 Rn 22.
17 EPA Prioritätsrecht, Geschmacksmuster; vgl EPA T 301/87 ABl EPA 1990, 335 = GRUR Int 1991, 121 Alpha-Interferone; kr *MGK/Bossung* Art 80 EPÜ Fn 39.
18 Vgl *Naumann/Zimmermann* Mitt 2008, 145.
19 ABl EPA Sonderausgabe 1/2007; ABl EPA 2015, A83.
20 ABl EPA 1999, 430.
21 MittEPA vom 15.10.2004 ABl EPA 2004, 562.

---

dung eine vollständige Übersetzung der früheren Anmeldung ist; diese kann nur anerkannt werden, wenn der Text der eur Patentanmeldung eine vollständige Übersetzung der früheren Anmeldung ist.[22]

Das EPA lässt nach Regel 52 Abs 3 AOEPÜ **Berichtigungen der Prioritätserklärung** zu, wenn der An- **14** trag so rechtzeitig gestellt wird, dass bei der Veröffentlichung der Anmeldung darauf hingewiesen werden kann,[23] bei Fehlen eines Hinweises auf den Berichtigungsantrag nur, wenn die Interessen Dritter nicht ernsthaft berührt werden können.[24]

Zugelassen wurden Berichtigungen des Datums und Az für die Hinzufügung weiterer Prioritätsbean- **15** spruchungen bei Büroversehen,[25] bei Offensichtlichkeit des Fehlers selbst Aufnahme der fehlenden ersten Priorität.[26] Überprüfung im Beschwerdeverfahren ist möglich.[27]

Frist. Für eur Anmeldungen hat das revidierte EPÜ die Möglichkeit geschaffen, die Prioritätserklä- **16** rung noch bis zum Ablauf von 16 Monaten ab dem frühesten Prioritätstag abzugeben (Art 87 Abs 1 EPÜ iVm Regel 52 AOEPÜ). Zu den Übergangsbestimmungen *7. Aufl.*

III. Einheitspatent

Es wird vertreten, dass die Prioritätsanmeldung in einem teilnehmenden Vertragsmitgliedstaat einem **17** eur Patent mit einheitlicher Wirkung hindernd entgegenstehen kann, wenn dessen Priorität in Anspruch genommen wird.[28]

IV. Internationale Anmeldungen s Rn 12 ff zu Art III § 4 IntPatÜG.   **18**

V. Weitere Fälle der Priorität

Über den Geltungsbereich der PVÜ hinaus eröffnet § 41 die Möglichkeit einer Prioritätsbeanspru- **19** chung bei Gegenseitigkeit. Eine Ausscheidungspriorität ist seit Inkrafttreten des PatÄndG 1967 im dt Recht ausgeschlossen (s die Kommentierung zu § 38).[29] Zur früheren Ausstellungspriorität im Patentrecht *6. Aufl* Rn 226 ff zu § 3; Art VI IntPatÜG); zur Entnahmepriorität s die Kommentierung zu § 7. Eine Priorität sah auch das AHKG 8 vor.

B. Die Ausstellung von **Prioritätsbescheinigungen**[30] ist eine Verwaltungsmaßnahme des PräsDMPA **20** (vgl Rn 19 zu § 26).[31] Insoweit ist daher nicht der Rechtsweg zum BPatG, sondern zu den Verwaltungsgerichten eröffnet (str; Rn 10 zu § 65; Rn 9 vor § 73).[32] Bei einer Verschiebung des Anmeldetags im Fall der Nachreichung von Zeichnungen gem § 35 Abs 2 Satz 3 kann der Anmelder dennoch die Ausstellung einer

---

22   EPA, Rechtsauskunft Nr 19/99 ABl EPA 1999, 296; Mitt EPA ABl EPA 2002, 192, jetzt in die seit 1.4.2012 geltende Neufassung der Prüfungsrichtlinien (ABl EPA 2012, 442) aufgenommen. Zur Aufnahme einer Abschrift der früheren Anmeldung und von Prioritätsunterlagen in die Akten Beschlüsse des PräsEPA vom 22.12.1998 ABl EPA 1999, 80 und vom 9.3.2000 ABl EPA 2000, 227.

23   EPA J 4/82 ABl EPA 1982, 385 = GRUR Int 1983, 41 Prioritätserklärung/YOSHIDA; EPA J 14/82 ABl EPA 1983, 121 = GRUR Int 1983, 654 = Prioritätserklärung/JOHNSON MATTHEY; *Schulte* § 41 Rn 72 f; *Singer/Stauder* Art 88 EPÜ Rn 18 ff.

24   EPA J 3/91 ABl EPA 1994, 365 Priority declaration (correction)/UNI-CHARM: Datum und Az bei offensichtlichem Fehler; EPA J 6/91 ABl EPA 1994, 349 Correction – Priority declaration; EPA J 2/92 ABl EPA 1994, 375 Priority declaration (correction)/UNITED STATES: Datum und Az; vgl auch EPA J 11/92 ABl EPA 1995, 25 = GRUR Int 1995, 334 Prioritätserklärung (Berichtigung)/BEECHAM; EPA J 7/94 ABl EPA 1995, 817 Prioritätserklärung (Berichtigung)/FONTECH; EPA T 796/94.

25   EPA J 3/82 ABl EPA 1983, 171 = GRUR Int 1983, 740 Berichtigung einer Prioritätserklärung; EPA J 11/89.

26   EPA J 6/91 ABl EPA 1994, 349 Correction – Priority declaration.

27   EPA T 713/02 ABl EPA 2006, 267 Phosphoramidite, auch zum Umfang der Überprüfungsmöglichkeit.

28   *Rambelli* epi Information 2014, 30.

29   Zur Ausscheidungspriorität im Warenzeichenrecht BPatGE 29, 80.

30   Zur Form der Bescheinigungen Hinweis BlPMZ 2000, 229.

31   BPatG BlPMZ 1990, 370, zum Geschmacksmusterrecht; vgl BPatGE 52, 86, 88 = GRUR 2011, 48 „Prioritätsbescheinigung".

32   AA BPatGE 52, 86, 88 = GRUR 2011, 48 „Prioritätsbescheinigung", wo eine Annexzuständigkeit des BPatG bejaht wird.

Prioritätsbescheinigung mit dem ursprünglichen Anmeldetag als Prioritätsdatum verlangen.[33] Im Zusammenhang mit der Einführung der Elektronischen Schutzrechtsakte Patente/Gebrauchsmuster (ELSA Pat/Gbm) wurde die Praxis bei der Ausstellung von Prioritätsbescheinigungen geänd. Seit dem 1.6.2011 sind Anträgen auf Erteilung eines Prioritätsbelegs in Patent- und GbmSachen keine Abschriften oder Kopien der Anmeldungsunterlagen mehr beizufügen.[34]

21   Für das **EPA** regelt Regel 54 AOEPÜ die Ausstellung von Prioritätsunterlagen.

§ 40
(Innere Priorität)

(1) Dem Anmelder steht innerhalb einer Frist von zwölf Monaten nach dem Anmeldetag einer beim Patentamt eingereichten früheren Patent- oder Gebrauchsmusteranmeldung für die Anmeldung derselben Erfindung zum Patent ein Prioritätsrecht zu, es sei denn, daß für die frühere Anmeldung schon eine inländische oder ausländische Priorität in Anspruch genommen worden ist.

(2) Für die Anmeldung kann die Priorität mehrerer beim Patentamt eingereichter Patent- oder Gebrauchsmusteranmeldungen in Anspruch genommen werden.

(3) Die Priorität kann nur für solche Merkmale der Anmeldung in Anspruch genommen werden, die in der Gesamtheit der Anmeldeunterlagen der früheren Anmeldung deutlich offenbart sind.

(4) Die Priorität kann nur innerhalb von zwei Monaten nach dem Anmeldetag der späteren Anmeldung in Anspruch genommen werden; die Prioritätserklärung gilt erst als abgegeben, wenn das Aktenzeichen der früheren Anmeldung angegeben worden ist.

(5) [1]Ist die frühere Anmeldung noch beim Patentamt anhängig, so gilt sie mit der Abgabe der Prioritätserklärung nach Absatz 4 als zurückgenommen. [2]Dies gilt nicht, wenn die frühere Anmeldung ein Gebrauchsmuster betrifft.

(6) Wird die Einsicht in die Akte einer späteren Anmeldung beantragt (§ 31), die die Priorität einer früheren Patent- und Gebrauchsmusteranmeldung in Anspruch nimmt, so nimmt das Patentamt eine Abschrift der früheren Patent- oder Gebrauchsmusteranmeldung zu den Akten der späteren Anmeldung.

Ausland: Dänemark: § 11 PatG 1996; **Frankreich:** Art L 612-3, L 614-31 CPI; **Luxemburg:** Art 26 PatG 1992/1998; Art 8 PCT-Zustimmungsgesetz; **Niederlande:** Art 10 ROW 1995; **Österreich:** (§ 93aöPatG (1998)); **Schweden:** § 11 PatG; **Schweiz:** Art 17 Abs 1ter PatG, Art 39a, 62a (Aussetzung der Prüfung) PatV; **Türkei:** vgl Art 50 (Ausstellungspriorität) VO 551; **VK:** Sec 5 Abs 2–5, Sec 6 Patents Act

Übersicht

---

33   BPatGE 52, 86, 88 = GRUR 2011, 48.
34   MittPräsDPMA Nr 5/11 BlPMZ 2011, 177.

A. Entstehungsgeschichte; Anwendungsbereich

Die Bestimmung ist durch das GPatG als § 26e eingefügt worden und ist auf alle seit dem 1.1.1981 ein- **1** gereichten Anmeldungen anzuwenden (Art. 12 Abs 1 GPatG; näher 6. Aufl); sie hat ihre geltende Bezeichnung durch die Neubek 1981 erhalten. Es wurde als unbefriedigend angesehen, dass einem Anmelder, der seine Anmeldung beim DPA einreicht, anders als bei einer ausländ früheren Anmeldung nicht die Möglichkeit offenstand, die Erfindung weiter zu entwickeln und die Weiterentwicklung in eine innerhalb der Prioritätsfrist eingereichte Patentanmeldung einzubeziehen.[1] Wegen der sich hieraus ergebenden Nachteile insb für kleine und mittlere Unternehmen und mit Rücksicht auf die Möglichkeit, eur Patentanmeldungen mit Wirkung für die Bundesrepublik Deutschland unter Inanspruchnahme der Priorität einer dt Anmeldung einzureichen, ist die Bestimmung entspr gleichen Vorkehrungen im nl und brit Patentrecht geschaffen worden. Zur „inneren" Priorität einer inländ Anmeldung für eine eur oder internat Anmeldung Rn 29 f.[2]

Abs 5 ist durch das 2.GPatG geänd worden. Die Einfügung des Satzes 2 stellt iSd Rspr des BGH (Rn 23) **2** klar, dass nur eine frühere Patentanmeldung als zurückgenommen gilt, nicht auch eine frühere GbmAnmeldung.[3] Die Änderung ist am 1.7.1992 in Kraft getreten (Art 15 Abs 2 2.GPatG). Das **2. PatGÄndG** hat auf Vorschlag des Rechtsausschusses und Vorstellungen des PräsDPA sowie der beteiligten Kreise aufgreifend Abs 4 geänd, der die Einreichung einer Abschrift der früheren Anmeldung vorsah, und Abs 6 angefügt.[4]

EPÜ; PVÜ. Abs 1 entspricht Art 87 Abs 1, 4 EPÜ, Art 4 A Abs 1, Art 4 C Abs 1, 4 PVÜ, Abs 2 entspricht **3** Art 88 Abs 2 EPÜ und Art 4 F PVÜ. Abs 3 entspricht Art 88 Abs 3, 4 EPÜ und Art 4 H PVÜ. Diese Vorschriften und die zu ihnen ergangene Judikatur können daher auch für die Auslegung der entspr Bestimmungen in § 40 herangezogen werden.[5]

Gebrauchsmusterrecht. Eine parallele Regelung findet sich seit 1987 in § 6 GebrMG. Vor deren Ein- **4** führung wurde eine Inanspruchnahme der inneren Priorität nicht zugelassen.[6]

B. Die innere Priorität

I. Allgemeines

Das Institut der inneren Priorität ermöglicht die Inanspruchnahme des Zeitrangs einer früheren An- **5** meldung beim DPMA für weitere innerhalb der Prioritätsfrist eingereichte Patentanmeldungen; sie stellt damit die inländ frühere Anmeldung derjenigen in einem Verbandsland prioritätsrechtl gleich. Für eine Geschmacksmusteranmeldung kann die Priorität einer inländ früheren Patentanmeldung nicht in Anspruch genommen werden.[7] Die Inanspruchnahme der inneren Priorität verbraucht diese nicht.[8] Für eine Rücknahme der Prioritätserklärung besteht daher jedenfalls aus diesem Grund kein Bedürfnis.

Ob ein Anmelder berechtigt ist, eine innere Priorität in Anspruch zu nehmen, ist keine Frage der for- **6** mellen, sondern der **materiellen Wirksamkeit des Prioritätsanspruchs.** Die materielle Berechtigung wird daher nur dann geprüft, wenn es hierauf für die Prüfung der Nachanmeldung (bei entscheidungserheblichen Veröffentlichungen im Prioritätsintervall) oder der Voranmeldung (beim Streit um die gesetzliche Rücknahmefiktion bzgl dieser Anmeldung) ankommt.[9]

1 Begr GPatG BlPMZ 1979, 276, 284; *Fitzner/Lutz/Bodewig* Rn 2, die darauf hinweisen, dass diese Begründung nach heutigem Verständnis überholt sei, weil ein Anspruch den Zeitrang der Voranmeldung verliere, wenn es bei der Erteilung auf ein erst in der Nachanmeldung hinzugefügtes Merkmal ankomme.
2 Zu Sinn und Zweck der Regelung in Abs 5 BGHZ 105, 222 = BlPMZ 1989, 50 Wassermischarmatur.
3 Begr 2.GPatG BlPMZ 1992, 45, 54; in diesem Sinn auch schon die Begr GebrMÄndG BlPMZ 1986, 320, 326.
4 Vgl Ausschussbericht BTDrs 13/10847 = BlPMZ 1998, 416, 418.
5 Zutr *Schulte* Rn 6 unter Hinweis auf die Begr GPatG BTDrs 8/2087 = BlPMZ 1979, 276, 284 f; *Kraßer* S 510 (§ 24 A IX b 1); BPatGE 35, 62 = GRUR 1995, 667 „Hakennagel"; BPatGE 28, 31 = GRUR 1986, 607 „Schallsonde".
6 BGHZ 86, 264 = GRUR 1983, 243 Drucksensor; BPatGE 25, 74 = BlPMZ 1983, 150.
7 BPatGE 49, 164 = GRUR 2006, 580; vgl zur früheren Rechtslage im GbmRecht BGHZ 86, 264 = GRUR 1983, 243 Drucksensor.
8 *Schulte* Rn 16 mwN; *Mes* Rn 11; *Goebel* GRUR 1988, 243 f; jetzt allgM.
9 BPatG Mitt 1986, 88.

Tochtermann

II. Voraussetzungen

1. Personenidentität

7 **a. Allgemeines.** Das Prioritätsrecht steht dem Anmelder zu. Erforderlich ist demnach grds Personenidentität zwischen früherem und späterem Anmelder; bloße Namensänderungen (bei juristischen Personen nur, wenn sie nicht mit einer Änderung der Rechtspersönlichkeit verbunden sind) sind ohne Belang.

8 **b.** Im Fall der **Rechtsnachfolge** kann der Rechtsnachfolger die innere Priorität beanspruchen.[10] Gleichgültig ist, ob die Rechtsnachfolge auf Gesetz oder Rechtsgeschäft beruht. Sie kann auch konkludent erfolgen[11] und bedarf keiner Form.[12] Zur rechtswirksamen Inanspruchnahme der Priorität muss die Übertragung des Prioritätsrechts auf den Anmelder als Rechtsnachfolger vor der Prioritätserklärung stattgefunden haben, die nach dem Anmeldetag der Nachanmeldung liegen kann.[13] Die Inanspruchnahme setzt nicht den sofortigen Nachweis der Rechtsnachfolge voraus.[14] Rechtsnachfolge in das Prioritätsrecht, das nach hM als verselbstständigungsfähiges Teilrecht des Erfinderrechts auch ohne die zugrundeliegende Anmeldung nach §§ 413, 398 BGB übertragen werden kann,[15] reicht nach hM wie bei der Priorität nach § 41 aus.[16] Das EPA erkennt zum Nachweis der Rechtsnachfolge eidesstattliche Versicherungen an, obwohl sie nicht in Art 117 EPÜ genannt sind.[17] Verlangt wird jedoch ein vergleichbar hohes Beweismaß wie bei der Übertragung der eur Patentanmeldung (Art 72 EPÜ).[18]

9 **2. Frühere Anmeldung** kann nur eine Patent- oder GbmAnmeldung[19] sein, der ein Zeitrang zukommt[20] und die selbst keine Priorität in Anspruch nimmt (Abs 1 2. Halbs); Inanspruchnahme von Kettenprioritäten ist damit ausgeschlossen.[21] Ob im übrigen die für die Unionspriorität geltenden und in Art 87 EPÜ niedergelegten Grundsätze entspr heranzuziehen sind, so dass grds (soweit nicht die in Art 4 C Abs 4 PVÜ, Art 87 Abs 4 EPÜ geregelten Fälle vorliegen) nur Erstanmeldungen als prioritätsbegründend in Anspruch genommen werden können,[22] erscheint zwh.

10 Die Priorität aus einer **Mehrheit von früheren Anmeldungen** kann in Anspruch genommen werden (Abs 2 entspr den Regelungen in Art 4 F PVÜ und Art 88 Abs 2 EPÜ).[23] Allerdings können nicht Merkmale mit unterschiedlicher Priorität in ein und demselben Patentanspruch miteinander kombiniert werden.[24] Das Prioritätsrecht kann teilweise aus einer Patentanmeldung und teilweise aus einer GbmAnmeldung abgeleitet werden.[25] Bei übereinstimmenden früheren Patent- und GbmAnmeldungen hat der Anmelder die Wahl, auf welche frühere Anmeldung er sich stützt; bei abgeleiteten GbmAnmeldungen ist die neuheitsschädliche Wirkung der zugrundeliegenden Patentanmeldung nach § 3 Abs 2 zu beachten.[26]

---

10 AllgM; *Goebel* GRUR 1988, 243.
11 BGH GRUR 2013, 712 Fahrzeugscheibe (Nr 14 ff).
12 BGH Fahrzeugscheibe.
13 BPatG BlPMZ 2011, 255.
14 BPatGE 28, 31 = GRUR 1986, 607; strenger *Goebel* GRUR 1988, 243 f, der diese Entscheidung des BPatG offensichtlich in diesem Sinn versteht.
15 BPatGE 52, 207 = Mitt 2011, 132 „Unterbekleidungsteil"; BPatG GRUR Int 1982, 452 „Metallschmelzvorrichtung"; *Fitzner/Lutz/Bodewig* Rn 9; *Schulte* Rn 8; wohl auch *Mes* Rn 4.
16 BPatGE 52, 207, 214 = BlPMZ 2011, 255; *Goebel* GRUR 1988, 243; *Winterfeldt* VPPRdbr 2000, 40, 45; BPatG GRUR Int 1982, 452 f; abw *6. und 7. Aufl*.
17 EPA T 493/06 mwN.
18 EPA T 62/05.
19 Zur früheren Gbm-Hilfsanmeldung *Mes* Rn 9.
20 *Benkard* Rn 2.
21 BPatGE 29, 262, 266 = GRUR 1988, 911, GbmSache; dort auch zur Ausstellungspriorität; *Schulte* Rn 12, 18; *Mes* Rn 10.
22 So *Schulte* Rn 12; offengelassen in BGH 7.2.2006 X ZR 148/02.
23 *Schulte* Rn 10; *Fitzner/Lutz/Bodewig* Rn 7; *Goebel* GRUR 1988, 243, 245.
24 BGH GRUR 2002, 146, 148 Luftverteiler, zu Art 87 Abs 1 EPÜ; *Haedicke/Timmann* § 5 Rn 311 und 891.
25 *Benkard* Rn 8.
26 *Benkard* Rn 3.

Erteilung des Patents oder Eintragung des Gebrauchsmusters steht der Inanspruchnahme der inneren Priorität nicht entgegen.[27] Ein Rechtsschutzbedürfnis für die Erteilung eines Patents, für das eine innere Priorität in Anspruch genommen wird, kann dem Anmelder auch dann nicht abgesprochen werden, wenn zum Zeitpunkt der Abgabe der Prioritätserklärung auf die frühere Anmeldung bereits ein Patent erteilt ist.[28]   **11**

Wegfall der früheren Anmeldung beeinträchtigt das bereits mit Einreichung der früheren Anmeldung entstandene Prioritätsrecht nicht (Art 4 A Abs 3 PVÜ).[29]   **12**

3. Sachidentität. Die Priorität kann nur für die Anmeldung „derselben Erfindung" in Anspruch genommen werden. Der Umfang richtet sich nach Abs 3, der Art 4 H PVÜ und Art 88 Abs 2, 3 EPÜ entspricht (vgl Rn 29 ff zu § 41). Maßgeblich ist der Offenbarungsgehalt der Gesamtheit der Anmeldungsunterlagen der früheren Anmeldung. Hierzu kann auf die Grundsätze zurückgegriffen werden, die zur Offenbarung als zur Erfindung gehörend entwickelt worden sind (vgl Rn 257 ff zu § 34).[30] Hierzu vgl die Kommentierung Rn 29 ff zu § 41. Die Regelung erfasst auch mit der Voranmeldung **identische Nachanmeldungen**.[31]   **13**

Abweichende Nachanmeldungen. Dieselbe Erfindung wie in der früheren Anmeldung liegt nur dann vor, wenn die mit der Nachanmeldung beanspruchte Merkmalskombination dem Fachmann in der früheren Anmeldung in ihrer Gesamtheit als zur Erfindung gehörend offenbart war (Rn 61 f zu § 41). Zur früheren GbmHilfsanmeldung s *6. Aufl.*   **14**

4. Die **Prioritätsfrist** beträgt 12 Monate nach dem Anmeldetag der früheren Anmeldung. Die Fristberechnung erfolgt nach §§ 187 Abs 2, 188 Abs 2 BGB.[32] Wiedereinsetzung ist nach § 123 Abs 1 Satz 2 Nr 3 (weiterhin) ausgeschlossen.[33] Seit 1.1.1987 werden Anmeldungen auch an Sonn- und Feiertagen angenommen, dies steht der Weiteranwendung von § 193 BGB auf den Fristablauf jedoch nicht entgegen.[34]   **15**

III. Prioritätserklärung

1. Form; Inhalt. Die Regelung gilt auch für PCT-Anmeldungen, für die das DPMA nur Bestimmungsamt ist[35] (vgl zur Prioritätserklärung im PCT-Verfahren Rn 21 zu Art III § 1 IntPatÜG). Das Prioritätsrecht muss durch Abgabe einer Prioritätserklärung (Abs 4) ausgeübt werden; es wirkt nicht von selbst. Es gelten zunächst die allg Regeln. Eine vollständig einschließlich der Unterschrift fotokopierte Erklärung ist unwirksam.[36] Die Erklärung muss erkennen lassen, dass der Anmeldetag einer früheren, beim DPMA eingereichten Patent- oder GbmAnmeldung beansprucht wird, wobei der Anmeldetag der Voranmeldung selbst nicht angegeben werden muss.[37] Auf die Prioritätsbeanspruchung kann verzichtet, die Prioritätserklärung aber wegen der Wirkung aus Abs 5 nicht von Anfang an widerrufen werden.[38] Ein in seiner Wirkung auf Deutschland beschränkter Prioritätsverzicht kann in der inländ nationalen Phase des Erteilungsverfahrens wirksam ausgesprochen werden.[39]   **16**

Weiter ist das **Aktenzeichen** der früheren Anmeldung anzugeben (Abs 4 2. Halbs); zuvor gilt die Erklärung nicht als abgegeben. Das Erfordernis, eine Abschrift der früheren Anmeldung einzureichen, ist – auch zur Vermeidung von Wiedereinsetzungsfällen – durch das 2. PatGÄndG gestrichen worden, da die in Frage kommenden Akten dem DPMA vorliegen; Abs 6 schafft hier im Interesse dessen, der Akteneinsicht   **17**

27 BPatGE 30, 192 = GRUR 1989, 663; BPatGE 32, 71 = GRUR 1991, 752 für GbmAnmeldungen; *Schulte* Rn 17; *Mes* Rn 9.
28 BPatG GRUR 1993, 31; *Benkard* Rn 5.
29 *Schulte* Rn 13; vgl *Benkard* Rn 4.
30 *Benkard* Rn 9; vgl *Schulte* Rn 14; BPatG 14.11.2002 11 W (pat) 6/02.
31 BPatG BlPMZ 1983, 372; *Benkard* Rn 2; *Goebel* GRUR 1988, 243, 244; *Kraßer* S 511 (§ 24 A IX b 4).
32 BPatGE 26, 32 = BlPMZ 1984, 141; *Schulte* Rn 15 mit Berechnungsbeispiel aus der genannten Entscheidung.
33 Vgl auch ÖPA öPBl 1996, 78; wohl versehentlich inkorrekter Verweis, eine Wiedereinsetzung sei möglich, bei *Mes* Rn 12 auf die Kommentierung zu § 123, wo das Gegenteil vertreten wird.
34 *Goebel* GRUR 1988, 243, 248.
35 Vgl *Asendorf* GRUR 1985, 577, 579.
36 BPatGE 25, 41 = BlPMZ 1983, 47.
37 Vgl *Schulte* Rn 19; strenger – Angabe des Anmeldetags – *Benkard* Rn 15.
38 *Goebel* GRUR 1988, 243, 246.
39 BPatGE 48, 207 = GRUR 2004, 1025.

Tochtermann

nimmt, einen Ausgleich in der Weise, dass im Rahmen der Akteneinsicht eine Abschrift durch das DPMA zu den Akten zu nehmen ist, da insoweit für Dritte keine Möglichkeit der Einsicht in die nicht offengelegte Akte der früheren Anmeldung besteht[40] (zur Akteneinsicht Rn 28). Ist noch kein Az zugeteilt, gilt bei einer Ausscheidungsanmeldung das Aktenzeichen der Stammanmeldung als maßgeblich.[41] Fehlerhafte Angabe des Aktenzeichens ist nur schädlich, wenn es dem DPMA nicht ohne weiteres möglich ist, die frühere Anmeldung zu bestimmen.[42] Innerhalb der Zweimonatsfrist sind Berichtigungen möglich.[43]

18   **2. Frist.** Die Priorität kann nur innerhalb von zwei Monaten nach dem Anmeldetag der Nachanmeldung in Anspruch genommen werden (Abs 4 1. Halbs; „Prioritätserklärungsfrist"). Maßgeblich ist der Zeitpunkt des Eingangs der inhaltlich ausreichenden Erklärung (Aktenzeichen der früheren Anmeldung; Einreichung einer Abschrift ist nicht mehr erforderlich, Rn 17) beim DPMA. Eine Hinweispflicht des DPMA ist nicht vorgesehen, Hinweis erfolgt aber idR.[44] Wiedereinsetzung ist möglich.[45] Die Frist ist deshalb zT etwas unglücklich als Ausschlussfrist bezeichnet worden.[46] Fristberechnung erfolgt nach §§ 187 Abs 1, 188 Abs 2 BGB; § 193 BGB ist anwendbar.[47] Bei Fristversäumung hilft, sofern die Prioritätsfrist noch nicht abgelaufen ist, erneute Anmeldung unter Prioritätsbeanspruchung; Verwirkung tritt nicht ein.[48]

IV. Verfahren

19   **1. Prüfung.** Das DPMA hat die materielle Wirksamkeit der Prioritätsinanspruchnahme (Rn 6) nicht vorsorglich, sondern nur dann zu prüfen, wenn und soweit es für die Prüfung der Nachmeldung – etwa wegen entscheidungserheblichen StdT aus dem Prioritätsintervall – oder für die frühere Anmeldung, nämlich wenn der Eintritt der Rücknahmefiktion in Streit gerät, darauf ankommt.[49] Das Erteilungsverfahren soll nämlich nicht mit der Prüfung von Fragen belastet werden, die ggf niemals Bedeutung erlangen. Eine abschließende Prioritätserklärung – ggf ein Verzicht auf eine Priorität – kann erst verlangt werden, wenn die Sachprüfung ergibt, dass es sich bei den im Prioritätsintervall liegenden Entgegenhaltungen um entscheidungserhebliches Material handelt.[50]

20   **2.** Im Verfahren über die Nachanmeldung ist eine **Vorabentscheidung** über die Inanspruchnahme zulässig, soweit diese unabhängig von der Entscheidung über die materielle Berechtigung der Inanspruchnahme ergehen kann,[51] weil schon die förmlichen Voraussetzungen der Inanspruchnahme nicht gegeben sind. Eine solche Entscheidung ist daher nicht möglich, wenn die fehlende materielle Berechtigung der Inanspruchnahme der Priorität entgegensteht,[52] zu der auch die Entscheidung über den Verlust des Prioritätsrechts wegen einer Kettenpriorität rechnet.[53] Denn hierüber ist durch einen die Anmeldung zurückweisenden Beschluss zu entscheiden, sofern der Patenterteilung im Prioritätsintervall veröffentlichter SdT entgegensteht. Soweit teilweise unter Hinweis auf ältere Rspr des BPatG vertreten wird, dass eine Vorabentscheidung über die formelle Wirksamkeit der Inanspruchnahme durch den Beamten des gehobe-

---

40   Vgl Ausschussbericht BTDrs 13/10847 = BlPMZ 1998, 418.
41   BPatGE 28, 222 = GRUR 1987, 358; *Goebel* GRUR 1988, 243, 245 f.
42   *Benkard* Rn 15; *Schulte* Rn 21.
43   *Benkard* Rn 16.
44   BPatG 5.8.1998 4 W (pat) 26/97.
45   *Benkard* Rn 14, 16; *Schulte* Rn 23.
46   *Benkard* Rn 11.
47   *Benkard* Rn 12.
48   *Benkard* Rn 14; *Goebel* GRUR 1988, 243, 245.
49   BPatGE 28, 31 = GRUR 1986, 607 „Schallsonde"; BPatGE 28, 222 = GRUR 1987, 358 „Werkstoff für elektrische Kontakte"; BPatG GRUR 2006, 1018, 1020; s auch BPatGE 23, 259 = GRUR Int 1982, 452 „Metallschmelzeinrichtung"; vgl aber für das Markenrecht BPatG Mitt 1998, 308, 311, wonach die Markenstellen die Pflicht haben, auch den materiellen Umfang des Prioritätsrechts zu prüfen.
50   BPatGE 28, 222 = GRUR 1987, 358; nach BPatGE 23, 259 = GRUR Int 1982, 452 ist dagegen eine materielle Prüfung des Prioritätsrechts vAw jederzeit zulässig.
51   Vgl BPatGE 25, 74 = BlPMZ 1983, 150; BPatGE 26, 32 = BlPMZ 1984, 141; *Benkard* Rn 1c; *Schulte* Rn 32.
52   Vgl BPatGE 28, 31 = GRUR 1986, 107; BPatGE 28, 222 = GRUR 1987, 358.
53   BPatG 6.12.1999 10 W (pat) 8/99.

nen Diensts gem § 27 Abs 5 nicht möglich sei,[54] ist diese Auffassung seit Änderung der WahrnV überholt. Nach § 1 WahrnV sind die Beamten des gehobenen Diensts nunmehr auch mit der Feststellung, dass die Prioritätserklärung als nicht abgegeben gilt, die Priorität nicht fristgerecht beantragt wurde oder sonst formell unwirksam ist (§ 1 Nr 1 Buchst d WahrnV) sowie der Mitteilung, dass die frühere Anmeldung als zurückgenommen gilt (§ 1 Nr. 1 Buchst e WahrnV) sowie mit der Prüfung der Anmelderidentität oder der wirksamen Rechtsnachfolge betraut (§ 1 Nr 2 WahrnV), dürfen aber keine Entscheidung über die Zurückweisung der Anmeldung als solcher aus Gründen treffen, denen der Anmelder widersprochen hat (§ 27 Abs 5 Satz 1 2. Halbs PatG).

3. Das **Verfahren über die frühere Anmeldung** wird nicht weitergeführt.[55] In ihm kann im Hinblick **21** auf die Rechtsfolge des Abs 5 über den Eintritt der Rücknahmefiktion durch Beschluss entschieden werden.[56] Die Entscheidung ist selbstständig der Bestandskraft fähig. Im Verfahren der Nachanmeldung ist die Feststellung nicht statthaft.[57] Bloße Mitteilungen in diesem Zusammenhang, die das DPMA versendet, sind nicht beschwerdefähig.[58]

V. Wirkung der Prioritätsbeanspruchung

1. Altersrang der Nachanmeldung. Es tritt Begünstigung wie bei der Priorität nach § 41 ein (Rn 64 ff **22** zu § 41),[59] allerdings nur für die in der früheren Anmeldung enthaltenen Merkmale.[60]

2. Rücknahmefiktion (Absatz 5)

a. Grundsatz. Die Abgabe der Prioritätserklärung nach Abs 4 führt zur Fiktion der Rücknahme der **23** früheren Patentanmeldung (nicht zum Wegfall des bereits erteilten Patents oder bei Inanspruchnahme der inneren Priorität einer späteren GbmAnmeldung des eingetragenen Gebrauchsmusters, vgl Rn 6 zu § 6 GebrMG).[61] Die Fiktion gilt nicht für eine frühere GbmAnmeldung, die für eine spätere Patentanmeldung in Anspruch genommen wird, wie Abs 5 Satz 2 unter Übernahme der Rspr des BGH[62] ausdrücklich klarstellt, nach § 6 Abs 1 Satz 2 2. Halbs GebrMG auch nicht im umgekehrten Fall, so dass die Rücknahmefiktion immer nur innerhalb der gleichen Schutzrechtsart eintreten kann. Die Rücknahmefiktion des Abs 5 findet auch keine analoge Anwendung, wenn für eine spätere Patentanmeldung nicht die Priorität einer früheren Patentanmeldung, sondern die einer aus dieser Anmeldung abgezweigten GbmAnmeldung beansprucht wird. Eine solche Prioritätserklärung kann im Fall ihrer Unwirksamkeit nicht gegen den Willen des Anmelders in die Inanspruchnahme der Priorität der früheren Patentanmeldung umgedeutet werden.[63] Eine beim DPMA anhängige Patentanmeldung gilt unmittelbar und ohne weiteren Zeitablauf in dem Zeitpunkt als zurückgenommen, in dem ihre Priorität für eine spätere Patentanmeldung wirksam in Anspruch genommen worden ist. Änderungen der in einer späteren Patentanmeldung abgegebenen Prioritätserklärung lassen die aufgrund dieser Erklärung bereits eingetretene Fiktion der Rücknahme der früheren Patentanmeldung unberührt.[64] Ob es möglich ist, die kraft Fiktion eingetretene Rücknahme rückgängig zu machen, ist noch nicht höchstrichterlich geklärt. Nach Ansicht des BPatG[65] und Stimmen in der Lit wird dies mit der Begründung abgelehnt, eine Irrtumsanfechtung sei aus-

---

54 So etwa noch *Schulte* Rn 32 und *7. Aufl.*
55 *Goebel* GRUR 1988, 243, 247.
56 BPatGE 25, 41 = BlPMZ 1983, 47; BPatGE 26, 119 = BlPMZ 1984, 238; BPatGE 28, 31 = GRUR 1986, 607; BPatG BlPMZ 1990, 77; *Benkard* Rn 17.
57 BPatG BlPMZ 1990, 77: nicht im Verfahren der PCT-Nachanmeldung.
58 BPatG BlPMZ 1983, 307; *Benkard*[9] Rn 19; kr *Schulte* Rn 34.
59 *Schulte* Rn 24.
60 *Goebel* GRUR 1988, 243 f.
61 *Benkard* Rn 19, *Benkard* § 6 GebrMG Rn 3.
62 BGHZ 105, 222 = BlPMZ 1989, 50 Wassermischarmatur gegen BPatGE 26, 17 = GRUR 1984, 115 und BPatG 10.11.1987 5 W (pat) 31/87 BlPMZ 1988, 264 Ls; vgl *Bruchhausen* GRUR 1984, 389; Begr GebrMÄndG BTDrs 10/3903, S 23 f; *Benkard* § 6 GebrMG Rn 3.
63 BPatG GRUR 2006, 1018 „Frequenzsignal".
64 BPatGE 31, 160 = GRUR 1991, 46.
65 BPatG 5.7.1999 10 W (pat) 24/99; anders danach bei Anfechtung.

geschlossen, weil die Inanspruchnahme eine reine Verfahrenshandlung sei, die nicht zusätzlich die materiellrechtl einzuordnende Erklärung enthalte, die Anmeldung zurücknehmen zu wollen. Die Rücknahme trete allein aufgrund der gesetzlichen Fiktion ein.[66] Diese Auffassung ist anzuzweifeln. Denn derjenige, der eine Priorität durch Erklärung in Anspruch nimmt, wird sich bei seiner Prioritätserklärung über die gesetzliche Rücknahmefiktion als Folge seiner Erklärung bewusst sein, so dass seiner Erklärung im Regelfall ein entspr Erklärungsgehalt beizumessen sein wird, der auch der Anfechtung unterliegen sollte. Denn auch sonst sind Willenserklärungen des Bürgers gegenüber der Verwaltung im öffentlichen Recht anfechtbar[67] und es handelt es sich bei der Prioritätserklärung auch nicht um eine reine Prozesshandlung ohne jeden materiellrechtl Erklärungswert, deren Anfechtung ausgeschlossen ist, weil das Verfahren nicht mit Unsicherheiten belastet werden soll. Eine Anfechtung sollte somit jedenfalls innerhalb der Prioritätsfrist unter den sonstigen Anfechtungsvoraussetzungen möglich sein.

24   **b. Anforderungen an die Nachanmeldung.** Die Rücknahmefiktion tritt nur ein, wenn es sich bei der Nachanmeldung um eine nationale Patentanmeldung handelt, dagegen nicht bei GbmAnmeldungen (§ 6 Abs 1 Satz 2 2. Halbs GebrMG) und eur Patentanmeldungen mit Benennung der Bundesrepublik Deutschland,[68] anders bei einer nationalen Anmeldung umgewandelter eur Patentanmeldung,[69] für die die Priorität der Selbstbenennung (Rn 31) erhalten bleibt.[70]

25   Bei **PCT-Anmeldungen**, für die das DPMA Bestimmungsamt ist, gilt Art III § 4 Abs 4 IntPatÜG, nach dem die Rücknahmefiktion (erst) zu dem Zeitpunkt eintritt, in dem die Voraussetzungen des Abs 2 der genannten Bestimmung erfüllt sind, also erforderlichenfalls auch die Übersetzung eingereicht ist (Rn 12 zu Art III § 4 IntPatÜG);[71] die Auffassung, dass die Rücknahmefiktion in diesem Fall nicht eingreife,[72] ist jedenfalls nach Einfügung der genannten Regelung in das IntPatÜG überholt.[73] Ist für die frühere internat Anmeldung neben anderen Bestimmungsstaaten auch die Bundesrepublik Deutschland benannt, liegt ein Fall der Inanspruchnahme der inneren Priorität vor;[74] dies ist durch die Änderung des Art III § 4 IntPatÜG klargestellt.[75]

26   **c. Wirkung bei Teilanmeldungen.** Wird die innere Priorität einer Teilanmeldung für eine Nachanmeldung in Anspruch genommen und gilt die Teilanmeldung nach Abs 5 deshalb als zurückgenommen, entfällt der Rechtsgrund für eine Gebührenpflicht für die Teilanmeldung.[76]

27   **3. Nichteintritt.** Ist die Prioritätsbeanspruchung formell[77] oder materiell unwirksam, tritt die Rücknahmefiktion nicht ein.[78] Jedoch führt die Inanspruchnahme auch dann zum vollständigen Wegfall der früheren Anmeldung, wenn der Inhalt der früheren Anmeldung und der Nachanmeldung nur teilweise übereinstimmt.[79] Um dies zu vermeiden, muss die frühere Anmeldung zunächst geteilt und dann die Priorität entweder der Stamm- oder der Teilanmeldung beansprucht werden.

---

66 *Schulte* Rn 31.

67 *Palandt* § 119 BGB Rn 6 mwN.

68 Vgl BGHZ 105, 222, 226 = BlPMZ 1989, 50 Wassermischarmatur; BPatGE 31, 62 = GRUR 1990, 350; *Benkard* Rn 18 aE; *Kraßer* S 512 Fn 200 (§ 24 A IX b 5).

69 *Schulte* Rn 13.

70 BGHZ 82, 88 = GRUR 1982, 31 Roll- und Wippbrett.

71 Vgl *Benkard* Rn 22; *Schulte* Rn 37.

72 DPA Mitt 1991, 172 m zust Anm *Schubert*; *Papke* Mitt 1990, 131, 132; *Mes* Rn 16.

73 *Winterfeldt* VPP-Rdbr 1996, 37 ff; vgl auch Begr 2. GPatG BlPMZ 1992, 45, 53 f.

74 *Asendorf* GRUR 1985, 577, 579; aA *Kraßer* S 502 Fn 146 (§ 24 A IX a aa 1).

75 Vgl hierzu auch die MittPräsDPMA 24/04 vom 4.5.2004 über die Rücknahmefiktion bei Inanspruchnahme der inneren Priorität in einer am 1.1.2004 oder später eingereichten internationalen PCT-Anmeldung, BlPMZ 2004, 349.

76 BGH GRUR 1993, 890 Teilungsgebühren; BGH 14.7.1993 X ZB 8/92.

77 BPatGE 25, 41 = BlPMZ 1983, 47; *Benkard* Rn 18; *Goebel* GRUR 1988, 243, 246.

78 Zutr *Schulte* Rn 34 für die Fälle fehlender Anmeldungs- oder Erfinderidentität; vorsichtig wie hier *Goebel* GRUR 1988, 243, 246 f.

79 BGH GRUR 1993, 890 Teilungsgebühren; BGH 14.7.1993 X ZB 8/92; BPatGE 26, 60 = GRUR 1984, 341.

VI. Akteneinsicht (Absatz 6)

Die Regelung schließt an die Neufassung des Abs 4 durch das 2. PatGÄndG an, durch die die Unterla- **28** gen der früheren Anmeldung nicht mehr automatisch Bestandteil der Akten der späteren Anmeldung sind, so dass für Dritte idR nach § 31 keine Möglichkeit zur Einsicht in die Anmeldeunterlagen der früheren Anmeldung besteht. „Um zu gewährleisten, dass für Dritte, die den materiellen Umfang der Offenbarung der Erstanmeldung überprüfen wollen, auch eine Akteneinsicht in die Anmeldungsunterlagen der Erstanmeldung möglich ist, wird das Patentamt künftig aufgrund des neuen Absatzes 6 durch geeignete organisatorische Maßnahmen dafür Sorge tragen, dass in den Fällen der Akteneinsicht die Anmeldungsunterlagen der früheren Anmeldung zum Bestandteil der Akte der späteren Anmeldung werden".[80] Interne Amtsvermerke aus der Akte der früheren Anmeldung dürfen nicht aufgenommen werden,[81] darüber hinaus aber auch nicht Prüfungsbescheide oder etwa bereits ergangene Entscheidungen im Prüfungsverfahren. Die Akten müssen nicht schon bei Inanspruchnahme der inneren Priorität ergänzt werden, sondern erst bei beantragter Akteneinsicht.[82]

C. „Innere" Priorität im Verhältnis von nationalen und europäischen Anmeldungen

Probleme ergeben sich bei der Inanspruchnahme der Priorität einer eur (oder internat) Anmeldung für **29** eine nachfolgende nationale Anmeldung oder (in der Praxis häufiger) einer nationalen Anmeldung für eine nachfolgende eur oder internat. Es handelt sich hierbei um einen weder in § 40 noch in § 41 geregelten Fall.[83]

Für den erstgenannten Fall ist **Art 66 EPÜ** zu beachten (vgl Rn 151 zu § 3), wonach die eur Patentan- **30** meldung in den benannten Vertragsstaaten die Wirkung einer vorschriftsmäßigen nationalen Hinterlegung hat.[84]

Die Rspr wendet Art 66 EPÜ auch auf den **umgekehrten Fall** an.[85] Wenn die Priorität einer früheren **31** Anmeldung für die Anmeldung derselben Erfindung zum eur Patent in Anspruch genommen ist, ist das Prioritätsrecht für die der eur Patentanmeldung vorangehenden Anmeldung gem Art 66 EPÜ für alle benannten Vertragsstaaten wirksam.

Das Prioritätsrecht nach Art 87 Abs 1 EPÜ (ebenso nach Art 8 Abs 2b PCT) umfasst auch das sog **32** **Selbstbenennungsrecht**, dh die Patent- oder GbmAnmeldung in einem Vertragsstaat lässt das Prioritätsrecht auch für eine eur Patentanmeldung entstehen, in der dieser Vertragsstaat nach Art 79 EPÜ benannt ist.[86] Doppelschutz wird (für das dt Recht) durch Art II § 8 IntPatÜG vermieden.

§ 41
(Ausländische Priorität; Prioritätserklärung)

(1) [1] **Wer nach einem Staatsvertrag die Priorität einer früheren ausländischen Anmeldung derselben Erfindung in Anspruch nimmt, hat vor Ablauf des sechzehnten Monats nach dem Prioritätstag Zeit, Land und Aktenzeichen der früheren Anmeldung anzugeben und eine Abschrift der früheren Anmeldung einzureichen, soweit dies nicht bereits geschehen ist.** [2] **Innerhalb der Frist können die Angaben geändert werden.** [3] **Werden die Angaben nicht rechtzeitig gemacht, so wird der Prioritätsanspruch für die Anmeldung verwirkt.**

(2) Ist die frühere ausländische Anmeldung in einem Staat eingereicht worden, mit dem kein Staatsvertrag über die Anerkennung der Priorität besteht, so kann der Anmelder ein dem Priori-

80 Ausschussbericht BTDrs 13/10847 = BlPMZ 1998, 416, 418.
81 Ausschussbericht BTDrs 13/10847 = BlPMZ 1998, 416, 418.
82 Vgl Ausschussbericht BTDrs 13/10847 = BlPMZ 1998, 416, 418; *Schulte* Rn 40.
83 Hierzu *Benkard* Rn 1b; *Mast* GRUR Int 1971, 101; *Bossung* GRUR 1979, 661f; *Gramm* GRUR 1980, 954f; *Papke* Mitt 1990, 131.
84 Vgl BPatGE 23, 264 = GRUR 1981, 816, GbmSache, dort aber zu Unrecht nur für den Fall bejaht, dass mindestens auch ein anderer Staat benannt ist.
85 BGHZ 82, 88 = GRUR 1982, 31 Roll- und Wippbrett gegen BPatGE 23, 264, 269 = GRUR 1981, 816 und BPatG GRUR 1981, 194; ebenso Rechtsauskunft des schweiz BAGE ABl EPA 1981, 527; *MGK/Bossung* Art 79 EPÜ Rn 70ff.
86 BGHZ 82, 88 = GRUR 1982, 31 Roll- und Wippbrett; vgl *Schulte* § 41 Rn 21.

tätsrecht nach der Pariser Verbandsübereinkunft entsprechendes Prioritätsrecht in Anspruch nehmen, soweit nach einer Bekanntmachung des Bundesministeriums der Justiz und für Verbraucherschutz im Bundesgesetzblatt der andere Staat aufgrund einer ersten Anmeldung beim Patentamt ein Prioritätsrecht gewährt, das nach Voraussetzungen und Inhalt dem Prioritätsrecht nach der Pariser Verbandsübereinkunft vergleichbar ist; Absatz 1 ist anzuwenden.

Ausland: Belgien: Art 19 PatG 1984; **Bosnien und Herzegowina:** Art 25–31, 34 PatG 2010 (Unionspriorität, Prioritätsbeanspruchung; Prioritätsbescheinigung); **Dänemark:** § 6 PatG 1996; **Frankreich:** Art L 611-12, 612-7 CPI; **Kosovo:** Art 62 PatG; **Litauen:** Art 18 PatG; **Luxemburg:** Art 26–28 PatG 1992/1998; **Niederlande:** Art 9 ROW 1995; **Österreich:** §§ 93, 93b–95 öPatG; **Polen:** Art 14, 17–19 RgE 2000; **Schweden:** § 6 PatG; **Schweiz:** Art 17 Abs 1, 1 bis, 18–20 PatG, Art 39–43a PatV; **Serbien:** Art 33–37, Art 39 (Prioritätsbescheinigung) PatG 2004; **Slowakei:** § 36 PatG; **Slowenien:** Art 61, 63, 64 GgE; **Spanien:** Art 28, 29 PatG; **Tschech. Rep.:** §§ 27, 28, 76 PatG; **Türkei:** Art 49, 51, 52 VO 551; **VK:** Sec 5 Abs 2–5, Sec 6 Patents Act

A. Entstehungsgeschichte; Anwendungsbereich

I. Entstehungsgeschichte

1 S zunächst vor § 40. Die Regelung geht auf **§ 27 PatG 1936** zurück.

2 Durch das 6. ÜberlG wurde die Bestimmung aufgrund der **Lissaboner Revision des PVÜ** neu gefasst.[1]

3 Durch das **PatÄndG 1967** wurde Satz 2 zur Erleichterung der Prüfung, ob die Inanspruchnahme der Priorität der Voranmeldung begründet ist, ergänzt.[2]

---

1 Vgl Begr BlPMZ 1961, 140, 146.
2 Begr BlPMZ 1967, 244, 255; vgl hierzu *Benkard* Rn 8.

Eine neue Fassung hat Abs 1 durch das **GPatG** erhalten; es handelte sich lediglich um eine Anpas- **4**
sung an die neuere Terminologie.[3] Zu Abs 2 Rn 71 ff.

Das **2. PatGÄndG** hat Abs 1 nochmals neu gefasst.[4] Die 10. ZuständigkeitsanpassungsVO hat nach **5**
dem Wort „Justiz" die Worte „und für Verbraucherschutz" eingefügt.

II. EPÜ

Art 66 EPÜ (unverändert durch die Revision des EPÜ 2000) begründet ein von der Unionspriorität un- **6**
abhängiges Prioritätsrecht für die Nachanmeldung in den Vertragsstaaten unabhängig von der Benennung
eines bestimmten Vertragsstaats in der eur Erstanmeldung (Rn 30 zu § 40; vgl Rn 9 ff vor § 40). Im übrigen
regeln Art 87 – 89 EPÜ das Prioritätsrecht. Die Revision 2000 hat Art 87 und Art 88 EPÜ geänd. Das EPÜ
2000 hat Bestimmungen des PCT, des TRIPS-Übk und des PLT berücksichtigt.

III. DDR

1. Anwendbarkeit auf DDR-Patentanmeldungen und -Patente. In der DDR war nach § 3 der **7**
VO über die Wiederanwendung der Bestimmungen der Pariser Verbandsübereinkunft zum Schutze des
gewerblichen Eigentums und ihrer Nebenabkommen vom 15.3.1956[5] die Inanspruchnahme der Unionspriorität der Voranmeldung in einem Mitgliedstaat der PVÜ vorgesehen. Dies war für erstreckte DDR-Anmeldungen und -Patente beachtlich.[6] Die Frage, ob und wann die DDR dem Pariser Verband wirksam beigetreten ist,[7] stellt sich in diesem Zusammenhang nicht.

2. Priorität aus DDR-Anmeldungen. Jedenfalls seit 1968 wurden auch Anmeldungen in der DDR als **8**
prioritätsbegründend behandelt.[8] Anl I Kap III Sgb E II Nr 1 § 4 EinigV enthält eine Regelung.

B. Die Unionspriorität

I. Voraussetzungen

1. Allgemeines. Die Voraussetzungen für die Inanspruchnahme der Unionspriorität ergeben sich aus **9**
den einschlägigen Regelungen in der PVÜ. Abs 1 enthält die nationalen Folgeregelungen. Die Priorität
einer Markenanmeldung kann für eine Patentanmeldung nicht beansprucht werden.[9]

2. Persönlich. Anmelder der früheren Anmeldung und der Nachanmeldung müssen übereinstimmen **10**
oder der Nachanmelder muss sein Recht vom Anmelder der früheren Anmeldung ableiten; dass der Nachanmelder materiell Berechtigter ist, reicht nicht aus;[10] zur Rechtsnachfolge Rn 8 zu § 40. Ob eine Anmeldung durch einen Treuhänder mit der Folge möglich ist, dass der Treugeber als Anmelder anzusehen ist,
hat der BGH als zw bezeichnet.[11]

Ebenso wie bei der inneren Priorität nach § 40 ist das Prioritätsrecht aus der Unionspriorität **bis zu** **11**
seiner wirksamen Inanspruchnahme frei, dh auch ohne die Anmeldung, und zwar auch für einzelne
Verbandsländer, **übertragbar,** solange die Priorität noch nicht in Anspruch genommen wurde.[12] Die Form

---

3 Begr BlPMZ 1979, 276, 284.
4 Vgl Begr BlPMZ 1998, 393, 404.
5 GBl DDR I 1956, 271 = BlPMZ 1956, 206.
6 Vgl BPatGE 34, 160, 163 f = GRUR Int 1995, 338.
7 Vgl Bek vom 20.3.1970 GBl DDR I 177: mit Wirkung vom 20.6.1968; BGHZ 136, 11 = GRUR 1997, 749, 752 L'Orange.
8 Vgl MittPräsDPA BlPMZ 1968, 2 gegen DPA BlPMZ 1968, 191.
9 Zum umgekehrten Fall BPatG 13.7.2005 29 W (pat) 187/03: „völlig unterschiedliche Schutzrechtsarten".
10 Vgl *Keukenschrijver* Mitt 2001, 233.
11 BGH GRUR 2013, 712 Fahrzeugscheibe unter Bezugnahme auf *Keukenschrijver* Mitt 2001, 233 und *Benkard-EPÜ* Art 87
Rn 3.
12 BPatGE 23, 259 = GRUR Int 1982, 452; BPatGE 52, 207, 212 = BlPMZ 2011, 255; BPatG 15.2.2012 5 Ni 59/10 (EP); BPatG
1.7.2014 3 Ni 14/10 (EP); DPA Mitt 1980, 135; *Benkard* Einl Internat Teil Rn 35; *Schulte* Rn 28; *Haedicke/Timmann* Hdb
Patentrecht § 5 Rn 890; vgl Tribunal Valence GRUR Int 1965, 627, 629.

der Übertragung richtet sich nach dem Ortsrecht des Staats der ersten Anmeldung als Schutzland,[13] die Feststellung des ausländ Rechts nach § 293 ZPO.[14] In Deutschland ist keine besondere Form vorgeschrieben (§§ 398, 413 BGB).[15] Weitergehende Formerfordernisse lassen sich auch nicht aus Art 87 EPÜ ableiten.[16]

12   Die Unionspriorität steht nur **Verbandsangehörigen** iSd Art 2, 3 PVÜ zu.[17] Verbandszugehörigkeit muss schon zur Zeit der ersten Anmeldung[18] und bei einer Mehrheit von Anmeldern hinsichtlich aller bestehen.[19] Ob der Nachanmelder als Erwerber des Prioritätsrechts Verbandsangehöriger sein muss, ist str.[20] Die Auffassung, die die Verbandsangehörigkeit auch des Rechtsnachfolgers verlangt, verdient Zustimmung. Denn nur diesem Personenkreis sollen nach Art 2, 3 PVÜ die durch die Verbandszugehörigkeit vermittelten Privilegien zustehen.

3. Sachlich

13   **a. Hinterlegung der früheren Anmeldung in einem Verbandsland.** Die frühere Anmeldung kann in jedem Verbandsland erfolgt sein;[21] der Anmelder genießt „sozusagen patentrechtl Freizügigkeit".[22] Für den Erstanmeldestaat wie für den Nachanmeldestaat muss die Eigenschaft als Verbandsland zZt der früheren Anmeldung bestehen.[23] Anders als nach der in den USA geltenden „Hilmer-Doktrin"[24] hängt die Wirkung der Prioritätsinanspruchnahme nicht von der Einreichung einer Übersetzung ab.

14   Die frühere Anmeldung muss nur die Anforderungen erfüllen, die das **Erstanmeldeland** für die Begründung eines Anmeldetags fordert („beschränkte formelle Vorschriftsmäßigkeit");[25] anders die US-Praxis nach der „Hilmer-Doktrin", Rn 13. Eine Prüfungskompetenz des Nachanmeldelands wird insoweit nicht anerkannt.[26] Eine „Provisional Application for Patent" in den USA (§ 111 (b) (5), § 119 (e) (1) USC 35) wird vom DPMA vorbehaltlich einer gerichtlichen Klärung als prioritätsbegründend angesehen,[27] ebenso vom EPA.[28] Die Anmeldung muss von den Behörden des Nachanmeldelands überprüfbar sein.[29] Es kann sich um eine Patent-, Gbm-, Erfinderscheinanmeldung (vgl Art 4 I PVÜ; Art 87 Abs 1 EPÜ) handeln. Übereinstimmung der **Schutzrechtskategorie** bei früherer Anmeldung und Nachanmeldung ist nicht erforderlich.[30]

---

13   BGH GRUR 2013, 712 Fahrzeugscheibe mwN; BPatG 1.7.2014 3 Ni 14/10 (EP), zur Übertragung nach dem Recht der USA; *Benkard-EPÜ* Art 87 Rn 5; aA *Ruhl* Unionspriorität, Rn. 260 (Recht des Nachanmeldestaats).

14   BPatG 1.7.2014 3 Ni 14/10 (EP).

15   PA BlPMZ 1906, 127, 129; *Benkard* Einl Internat Teil Rn 35 mwN.

16   BGH Fahrzeugscheibe; aA EPA T 62/05 gegen EPA J 19/87, kr hierzu *Bremi* epi-Information 1/2010, 17 ff.

17   *Schulte* Rn 26; vgl BPatG 7.11.1983 4 W (pat) 41/81 BlPMZ 1983, 204 Ls für die insoweit gleichgelagerte Ausstellungspriorität.

18   *Benkard* Einl Internat Teil Rn 30.

19   PA BlPMZ 1904, 259, 261.

20   Dagegen: *7. Aufl*; *Lindenmaier* § 27 Rn 14 sowie *Reimer* § 27 Rn 9 unter Hinweis auf DPA 28.9.1951 GRUR 1952, 33 f; für Verbandsangehörigkeit des Rechtsnachfolgers: PA BlPMZ 1904, 167 f; *Wieczorek* Unionspriorität, 129, 136; *Benkard*[10] Einl Internat Teil 36; *Bodenhausen* Art 4 A Abs 1 Anm b unter Hinweis auf die Historie der Vorschrift.

21   RGZ 141, 295, 299 = GRUR 1933, 705 Schokoladenherstellung; PA BlPMZ 1910, 5; LG Konstanz Mitt 1985, 71, Geschmacksmustersache; *Benkard* Einl Internat Teil Rn 32; *Schulte* Rn 22.

22   *Reimer* § 27 Rn 1.

23   RGZ 80, 375 = BlPMZ 1913, 275 PVÜ; PA GRUR 1904, 135; RG BlPMZ 1913, 238, 240 Gleitflieger; *Reimer* § 27 Rn 5 für den Nachanmeldestaat; sehr str, eingehend zum Streitstand *Schricker* GRUR Int 1966, 373, der sich für eine extensive Anwendung ausspricht.

24   CAFC GRUR Int 1971, 16 Hilmer II; CAFC GRUR Int 1974, 139 Metlesics; CAFC GRUR Int 1990, 994 Gosteli; vgl *Bardehle* Ein neuer Anlauf zur weltweiten Harmonisierung des Patentrechts, GRUR 1998, 182, 184 f.

25   *MGK/Bossung* Art 80 EPÜ Rn 24; *Schulte* Rn 14; *Haedicke/Timmann* Hdb Patentrecht Rn 889; vgl *Benkard* Einl Internat Teil Rn 31; *Benkard-EPÜ* Art 87 Rn 13; CA Paris GRUR Int 1968, 207; RB Den Haag BIE 1997, 211; BPatGE 23, 264 = GRUR 1981, 816; RPA BlPMZ 1934, 128.

26   *Würtenberger* S 95 f.

27   MittPräsDPA Nr 10/96 BlPMZ 1996, 325; vgl Hinweis GRUR Int 1996, 1067; Bek PräsEPA ABl EPA 1996, 81; zum Meinungsstand *Miller* 37 IDEA [1996], 161; vgl *Schneiter* sic! 2000, 542.

28   MittEPA vom 26.1.1996 ABl EPA 1996, 81.

29   *Beier* GRUR Int 1964, 22, 24.

30   BPatGE 23, 264 = GRUR 1981, 816; vgl *Benkard* Einl Internat Teil Rn 54.

Wieweit auch **Geschmacksmusteranmeldungen** (jetzt: Designanmeldungen) prioritätsbegründend **15** sein können, ist str.[31] Die hM lässt dies jedenfalls für GbmAnmeldungen zu.[32] Dieser dt Sonderweg sollte mit Blick auf die Regelung des Art 4 E Abs 2 PVÜ und die internat Praxis aufgegeben werden.

Auch in einer **späteren Erweiterung** einer ausländ Anmeldung kann – mit dem Zeitrang der Erweite- **16** rung – eine prioritätsbegründende frühere Anmeldung liegen;[33] dies gilt nicht für zweckmäßige Ausgestal- tungen ohne eigene erfinderische Bedeutung.[34] Voraussetzung ist, dass das Recht des Staats der früheren Anmeldung derartige Erweiterungen zulässt.

Das **spätere Schicksal** der früheren Anmeldung ist grds ohne Bedeutung (Art 4 A Abs 3 PVÜ; Art 87 **17** Abs 3 EPÜ).[35]

Maßgebend ist der **Offenbarungsgehalt** der früheren Anmeldung. Fügt eine spätere Anmeldung et- **18** was hinzu, begründet sie selbstständig ein weiteres Prioritätsrecht.

Abs 1 betrifft die frühere ausländ Hinterlegung nach einem Staatsvertrag. Dies betrifft zum einen die **19** Unionspriorität in einem (PVÜ-)**Verbandsland**, zum anderen die Regelung in Art 66 EPÜ (Rn 5 mit weite- ren Hinweisen). Soweit die eur (oder internat) Anmeldung die Wirkung einer nationalen Anmeldung nach dt Recht hat, richtet sich die Prioritätsbeanspruchung nach Art 87 EPÜ, Art 11 PVÜ. Den PVÜ-Verbands- ländern stehen solche Staaten gleich, auf die über Art 2 Abs 1 TRIPS-Übk, Art 4 PVÜ das Regime der in- ternat Priorität anwendbar ist, soweit diese nicht von der Möglichkeit der verlängerten Übergangsfrist Gebrauch gemacht haben.[36] Das DPMA sieht Anmeldungen in einem Mitgliedstaat der **Welthandelsorga- nisation** unterschiedslos als prioritätsbegründend an.[37]

b. Erste Hinterlegung.[38] Das Prioritätsrecht kann nur aus der ersten Hinterlegung abgeleitet werden **20** (Art 4 C Abs 2 PVÜ; Art 87 Abs 1 EPÜ).[39] Erste Hinterlegung ist grds die zeitlich früheste nach den Former- fordernissen des Ersthinterlegungsstaats wirksame Hinterlegung (Art 4 A Abs 3 PVÜ),[40] sofern nicht die Ausnahmeregelung in Art 4 C Abs 4 PVÜ oder Art 87 Abs 4 EPÜ eingreift. Danach ist die ältere Anmeldung von den Wirkungen der ersten Hinterlegung ausgenommen, wenn sie bis zum Zeitpunkt der Hinterlegung der jüngeren Anmeldung zurückgezogen, fallengelassen oder zurückgewiesen worden ist.[41] Die Praxis des EPA stellt auf die Neuheit der jüngeren früheren Anmeldung gegenüber der älteren ab (Rn 29); der Begriff „desselben Gegenstands" ist identisch mit dem „derselben Erfindung".[42] Ist der Gegenstand bereits in einer früheren Anmeldung enthalten gewesen, dort aber durch einen Disclaimer vom Schutz ausgenom- men worden, der das Wesen der Erfindung nicht berührt, kann eine spätere Anmeldung dieses Gegen- stands nicht mehr als erste Hinterlegung herangezogen werden.[43]

---

31   Vgl. *Benkard-EPÜ* Art 87 Rn 9 mwN.

32   BPatGE 9, 211, 214 mwN und BPatGE 9, 216, GbmSachen. Nach BPatG 25.4.1979 4 W (pat) 138/77 und DPA Mitt 1986, 212 f kann die Priorität aus einer Geschmacksmusteranmeldung auch für eine Patentanmeldung beansprucht werden, ebenso *Schulte* Rn 15; *Mes* Rn 5; *Haedicke/Timmann* Hdb Patentrecht Rn 888; abl EPA J 15/80 ABl EPA 1981, 213 = GRUR Int 1981, 559 Prioritätsrecht, Geschmacksmuster sowie schweiz BG GRUR Int 1977, 326, öVGH GRUR Int 1981, 122 (zum umgekehrten Fall), PatentsC GRUR Int 1983, 664; *Benkard* Einl Internat Teil Rn 55; *Benkard-EPÜ* Art 87 Rn 9.

33   BGH GRUR 1977, 483, 485 Gardinenrollenaufreiher; BPatG Mitt 1987, 11; *Schulte* Rn 15; *Benkard* Einl Internat Teil Rn 31; *Trüstedt* GRUR Int 1959, 573, 579.

34   BGHZ 6, 172 = GRUR 1952, 564, 566 Wäschepresse.

35   RGZ 141, 295, 299 = GRUR 1933, 705 Schokoladenherstellung; RB Den Haag BIE 1997, 211; *Schulte* Rn 16; *Benkard* Einl Internat Teil Rn 33; *Benkard-EPÜ* Art 87 Rn 14; *Fitzner/Lutz/Bodewig* Rn 15; *Maemecke* Mitt 1938, 164.

36   *Schäfers* Normsetzung zum geistigen Eigentum in internationalen Organisationen: WIPO und WTO – ein Vergleich, GRUR Int 1996, 763, 776.

37   MittPräsDPA Nr 6/97 über die Anerkennung von Prioritäten aus Mitgliedstaaten der Welthandelsorganisation vom 20.5.1997, BlPMZ 1997, 213.

38   Zur Frage der ersten Hinterlegung bei mehreren Anmeldungen am gleichen Tag vgl *Klauer/Möhring* § 27 Rn 4 aE.

39   BGH GRUR Int 1960, 506, 508 Schiffslukenverschluß; BPatGE 4, 130, 132 = GRUR 1964, 256; DPA Mitt 1986, 212 f; Patents Appeal Tribunal GRUR Int 1967, 102, 105; *Benkard* Einl Internat Teil Rn 49.

40   Nicht aber eine Hinterlegung, der kein Anmeldetag zukommt, BPatG 15.12.2005 10 W (pat) 24/04.

41   Anders noch RGZ 141, 295, 299 = GRUR 1933, 705 Schokoladenherstellung, aber durch Änderung der PVÜ im Verhältnis zu den meisten Verbandsländern überholt; vgl auch *Benkard* Einl Internat Teil Rn 33 mwN.

42   EPA G 2/98 ABl EPA 2001, 413 = GRUR Int 2002, 80 Erfordernis für die Inanspruchnahme einer Priorität für dieselbe Erfindung; *Benkard-EPÜ* Art 87 Rn 16; vgl EPA T 107/96.

43   EPA T 255/91 ABl EPA 1993, 318 Priorität.

Tochtermann

21   **Ausführbarkeit.** Ob eine Anmeldung als erste Hinterlegung anzusehen ist, beurteilt sich auch danach, ob sie aus der Sicht des (diese Voraussetzung fordernden) Nachanmeldestaats die Erfindung so offenbart, dass ein Fachmann sie nacharbeiten kann.[44] Im Rahmen der Prüfung, ob eine Anmeldung als erste Hinterlegung anzusehen ist, sind für die Beurteilung der Nacharbeitbarkeit der Offenbarung die Kenntnisse und Fähigkeiten des Fachmanns durchschnittlichen Könnens maßgeblich.[45] Die Grundsätze für die ausführbare Offenbarung (Rn 272 ff zu § 34) gelten auch für die Beurteilung der Offenbarung in einer Prioritätsanmeldung.[46]

22   **c.** **Offenbarung der Erfindung** in der Gesamtheit der Unterlagen reicht aus (Art 4 H PVÜ; Art 88 Abs 4 EPÜ). Der Gesamtinhalt der Voranmeldung ist dabei zu ermitteln.[47] Für das Erfordernis der deutlichen Offenbarung iSd Art 4 H PVÜ ist nicht zu fordern, dass sämtliche Merkmale der Erfindung wortwörtlich in den Anmeldungsunterlagen der ersten Anmeldung genannt sind. Es genügt, dass sich einzelne nicht ausdrücklich erwähnte Merkmale der Erfindung dem Fachmann mit seiner Sachkunde und Erfahrung im Zeitpunkt der ersten Hinterlegung aus der Gesamtheit der Voranmeldung ohne weiteres Nachdenken und ohne nähere Überlegungen ergeben.[48] Erforderlich ist unmittelbare und eindeutige Offenbarung (Rn 29 ff). Offenbarung in den Zeichnungen kann genügen,[49] ebenso in allein eingereichten Patentansprüchen.[50] Dass sich ein Merkmal beim Nacharbeiten ergibt, reicht nicht aus.[51] Der Offenbarungsumfang ist von den mit der Nachanmeldung befassten Behörden zu bestimmen (Art 4 H PVÜ),[52] auf das materielle Patentrecht des Hinterlegungsstaats kommt es dabei nicht an, so dass Schutzausschlüsse nach dessen Recht unbeachtlich sind.[53]

23   **d.** Die **Nachanmeldung** kann im Heimatland erfolgen.[54] Die PVÜ eröffnet aber anders als § 40, EPÜ und PCT nicht die Möglichkeit der Inanspruchnahme einer „inneren" Priorität.[55] Es steht der Inanspruchnahme der durch Art 4 PVÜ gewährten Priorität nicht entgegen, dass sie bei einer früheren, inzwischen aber wirksam zurückgenommenen inländ Anmeldung bereits einmal beansprucht war,[56] mehrfache Inanspruchnahme ist auch darüber hinaus möglich, zB für nationale und eur Anmeldung, für Patent- und GbmAnmeldung, mehrere gleichartige Nachanmeldungen,[57] allerdings nicht von verschiedenen Anmeldern für ein Verbandsland, da das Prioritätsrecht nach einer wirksamen Inanspruchnahme unübertragbar ist;[58] spätere Übertragung der Nachanmeldung wird dadurch nicht ausgeschlossen. Nach der Praxis des

---

44 BPatGE 34, 160, 165 f = GRUR Int 1995, 338 mwN; RB Den Haag BIE 1997, 211, 213; vgl BGHZ 63, 150, 154 = GRUR 1975, 131 Allopurinol; BGH GRUR 1966, 488 Ferrit; EPA T 184/84 EPOR 1986, 169 Ferrite Crystal; EPA T 81/87 ABl EPA 1990, 250, 254 = GRUR Int 1990, 974 Prä-Pro-Rennin; EPA T 767/93; EPA T 919/93; *Schulte* Rn 31; zum Erfordernis der fertigen Erfindung und ihrer Wiederholbarkeit für die Inanspruchnahme der Unionspriorität BGH GRUR 1969, 271, 273 Zugseilführung; BGHZ 64, 101, 108 = GRUR 1975, 430 Bäckerhefe; vgl auch HoL GRUR Int 1993, 325 ff; HoL RPC 1997, 1 = GRUR Int 1998, 412 Biogen/Medeva; PatentsC 16.1.1998 Chiron v. Evans; referiert bei *Marshall* Whooping Caugh Vaccine: Enablement and Anticipation Decided Against Patentee, EIPR 1998, 273; OG Tokio GRUR Int 1977, 453 f; *Benkard* Einl Internat Teil Rn 41, dort auch zur Entbehrlichkeit von Ausführungsbeispielen.
45 BPatGE 34, 160 = GRUR Int 1995, 338; vgl BGH BlPMZ 1991, 159 ff Haftverband; PatentsC Chiron v. Evans.
46 BGHZ 64, 101 = GRUR 1975, 430, 432 Bäckerhefe; BPatGE 34, 160 = GRUR Int 1995, 338.
47 BGH GRUR 2009, 390 Lagerregal.
48 BGHZ 63, 150, 154 = GRUR 1975, 131 Allopurinol; *Benkard* Einl Internat Teil Rn 38; vgl auch EPA T 1052/93; BPatG 10.7.2006 3 Ni 3/04 (EU); BPatG 26.2.2015 7 Ni 46/14 (EP).
49 Vgl DPA Mitt 1986, 212 f.
50 BPatG 15.12.2005 10 W (pat) 24/04.
51 BGH GRUR 2012, 1133 UV-unempfindliche Druckplatte.
52 BGH GRUR Int 1960, 506, 508 Schiffslukenverschluß; RB Den Haag BIE 1997, 211; *Benkard* Einl Internat Teil Rn 39.
53 *Benkard* Einl Internat Teil Rn 46.
54 RGZ 141, 295, 299 = GRUR 1933, 705; schweiz BAGE GRUR Int 1986, 741; *Benkard* Einl Internat Teil Rn 32; *Wieczorek* Unionspriorität S 121 ff, 126.
55 *Benkard* Einl Internat Teil Rn 32.
56 BGH GRUR Int 1960, 506 f Schiffslukenverschluß; *Benkard* Einl Internat Teil Rn 67; aA *Mediger* Mitt 1957, 201.
57 *Ruhl* Unionspriorität (2000), 96; *Bremi* sic! 2004, 141; vgl auch *Fitzner/Lutz/Bodewig* Rn 27; für den Fall der Zurückweisung der Nachanmeldung, str, wie hier RPA GRUR 1927, 583, 585 für den Fall, dass die Nachanmeldung nicht zum Patent führt; *Riedinger* GRUR 1927, 422; *Kisch* Handbuch S 115 Fn 28; aA insb *Isay* PatG⁴ S 630 Anm 18; *Wieczorek* Unionspriorität S 184; EPA T 998/99, wonach die erste Nachanmeldung das Prioritätsrecht verbrauche.
58 *Schulte* Rn 28.

EPA kann die Priorität nur für die erste Nachanmeldung in Anspruch genommen werden (Rn 9 vor § 40). Die Nachanmeldung kann auch eine PCT-Anmeldung sein (Rn 21 zu Art III § 1 IntPatÜG; soweit das DPMA Bestimmungsamt ist, Rn 25 zu § 40). Ihr Schutzumfang bestimmt sich nach nationalem Recht des Nachanmeldestaats, ohne dass es hier des Rückgriffs auf Art 4 H PVÜ bedürfte.[59]

Die Inanspruchnahme setzt **Nachanmeldung innerhalb der Prioritätsfrist** voraus. Die Frist dient **24** dem Zeitgewinn des Anmelders für Maßnahmen aller Art;[60] sie läuft vom Zeitpunkt der ersten Hinterlegung und beträgt für alle Verbandsländer einheitlich[61] wie bei der inneren Priorität zwölf Monate (Art 4 C Abs 1 PVÜ; Fristberechnung erfolgt nach Art 4 C Abs 2, 3 PVÜ und den allg Regeln; anders bei Geschmacksmustern, Rn 28). Die Beachtung der Prioritätsfrist ist materiellrechtl Erfordernis der Inanspruchnahme der Priorität.[62] Jedoch sind Unklarheiten bei der Zuordnung unschädlich, solange eine der Voranmeldungen alle Merkmale des strittigen Anspruchs offenbart und selbst das ungünstigste in Betracht kommende Prioritätsdatum vor dem Veröffentlichungstag der entgegengehaltenen Druckschriften liegt.[63]

Der Prioritätszeitpunkt ist **unverrückbar**,[64] Verschiebungen nach dem Recht eines Verbandslands **25** sind in anderen Staaten unbeachtlich,[65] sofern sie nicht den Fortfall der Rechte aus dem früheren Anmeldezeitpunkt zur Folge haben; in diesem Fall ist Art 4 C Abs 4 PVÜ entspr anzuwenden.[66]

Eine **Verlängerung der Frist** ist ausgeschlossen;[67] Wiedereinsetzung ist seit 1.11.1998 möglich (Rn 29 **26** zu § 123; vgl Art 13 PLT sowie die Hinweise in der *5. Aufl*). Für eur Anmeldungen ist Wiedereinsetzung seit dem Inkrafttreten des EPÜ 2000 möglich (Art 122 EPÜ). Für die Frist des Art 87 Abs 1 EPÜ 1973 ist eine – schon in Art 122 Abs 5 EPÜ 1973 ausgeschlossene – Wiedereinsetzung verneint worden.[68] Bei gewährter Wiedereinsetzung erfolgt keine Vorverlegung des Anmeldetags auf den letzten Tag der Prioritätsfrist.[69]

Eine **Kumulierung** mit der Neuheitsschonfrist früheren Rechts oder der Sechsmonatsfrist nach § 3 **27** Abs 4 ist nicht möglich[70] (Rn 180 zu § 3 zur Frist des § 3 Abs 4; anders verschiedene ausländ Rechtsordnungen).

Bei Inanspruchnahme einer Priorität aus einer **Geschmacksmusteranmeldung** (jetzt: Designanmel- **28** dung; vgl Rn 15) beträgt die Prioritätsfrist nach Art 4 C Abs 1 PVÜ sechs Monate.[71]

e. Übereinstimmung der Nachanmeldung mit der früheren Anmeldung („Erfindungsidentität") **29** wird nach Art 4 C Abs 4 PVÜ vorausgesetzt.[72] Die Anmeldungen müssen dieselbe Erfindung betreffen (Art 87 Abs 1 EPÜ).[73] Die Priorität kann nur anerkannt werden, wenn der Fachmann unter Berücksichtigung des allg Fachwissens den Anspruchsgegenstand unmittelbar und eindeutig der Voranmeldung ent-

---

59 *Benkard* Einl Internat Teil Rn 44; aA *Raible* GRUR Int 1970, 137 ff.

60 RPA BlPMZ 1943, 44; *Benkard* Einl Internat Teil Rn 48.

61 RGZ 141, 295, 299 = GRUR 1933, 705 Schokoladenherstellung.

62 BPatGE 38, 20 = BlPMZ 1998, 369, GbmSache.

63 BPatG 26.10.2004 6 W (pat) 701/03.

64 DPA BlPMZ 1956, 278 f; *Benkard* Einl Internat Teil Rn 50.

65 RPA BlPMZ 1934, 128 f; DPA BlPMZ 1956, 278 f; *Benkard* Einl Internat Teil Rn 52.

66 BPatGE 18, 21 = GRUR Int 1975, 437, zum brit „post-dating"; str, weitere Hinweise bei *Benkard* Einl Internat Teil Rn 52.

67 EPA J 4/87 ABl EPA 1988, 172 = GRUR Int 1988, 674 Verzögerung bei der Postzustellung; vgl auch EPA J 18/86 ABl EPA 1988, 165 = GRUR Int 1988, 672 Anmeldetag; *Schulte* Rn 48.

68 EPA J 9/06.

69 BPatGE 49, 59 = BlPMZ 2005, 314, GeschmMSache.

70 BGH GRUR 1971, 214 customer prints; BPatGE 8, 190 = GRUR Int 1967, 274; BPatG BlPMZ 1994, 365 zur Neuheitsschonfrist; *Benkard* Einl Internat Teil Rn 51; vgl RPA BlPMZ 1940, 138.

71 BPatGE 9, 216, 218 f.

72 RG GRUR 1930, 1111 f Steuergitter I; RG GRUR 1939, 895 wässerige Dispersion; BGH GRUR Int 1960, 506, 508 Schiffslukenverschluß; BPatGE 34, 160, 165 = GRUR Int 1965, 338; EPA T 184/84 EPOR 1986, 169 Ferrite Crystal; RPA GRUR 1926, 115 f; *Benkard* Einl Internat Teil Rn 43; vgl BPatG 14.12.1988 29 W (pat) 145/88, Wz-Sache, zur Bedeutung von Abweichungen; *Beier/Strauss* GRUR Int 1991, 255, 259; kr *R. Isay* GRUR 1926, 14, 16 f; *von Hellfeld* Mitt 1997, 294.

73 BPatGE 40, 115 = Mitt 1998, 430; BPatG 10.7.2006 3 Ni 3/04 (EU); EPA G 3/93 ABl EPA 1995, 18 = GRUR Int 1995, 336 Prioritätsintervall; EPA T 136/95 ABl EPA 1998, 198, 203 = GRUR Int 1998, 604 Abfallpresse; EPA T 552/94; US-CAFC GRUR Int 1990, 994 in re Gosteli; EPA T 647/97 verlangt Übereinstimmung in Aufgabe und Lösung.

nehmen kann.[74] Stellt die in einer späteren eur Anmeldung beanspruchte Erfindung eine sog Auswahlerfindung in Bezug auf den Gegenstand dar, der in der Voranmeldung offenbart ist, deren Priorität beansprucht wird, sind zur Beurteilung „derselben Erfindung" auch die Kriterien zu berücksichtigen, anhand derer das EPA die Neuheit von Auswahlerfindungen beurteilt.[75] Nach der Rspr des BGH liegt dieselbe Erfindung nur vor, wenn die mit der Nachanmeldung beanspruchte Merkmalskombination dem Fachmann in der früheren Anmeldung in ihrer Gesamtheit als zur Erfindung gehörend offenbart war.[76] Es gelten die Grundsätze der Neuheitsprüfung.[77] Wörtliche Wiedergabe oder Übersetzung ist keinesfalls erforderlich; abweichende Wortwahl für ein und dieselbe Erfindung ist unschädlich (vgl Art 4 H PVÜ),[78] ebenso erkennbare Schreibfehler[79] oder unterschiedliche Hervorhebungen und Schwerpunktsetzungen.[80] Das EPA hat auf den „Neuheitstest" abgestellt.[81] Der BGH und das BPatG sind dem beigetreten.[82] Die neuere BGH-Rspr betrifft zwar die Auslegung von Art 87, 88 EPÜ, ist aber wegen der grds Aussagen zur Bestimmung des Umfangs des Prioritätsrechts auch für die Unionspriorität nach § 41 und die innere Priorität nach § 40 heranzuziehen.[83] Es kommt auf inhaltliche Übereinstimmung und ausführbare Offenbarung an (vgl Rn 31).[84] Die Schutzansprüche brauchen nicht übereinzustimmen.[85] Alle Merkmale der Nachanmeldung müssen aber in der früheren Anmeldung als zur Erfindung gehörend deutlich offenbart sein (Art 88 Abs 3, 4 EPÜ).[86] Das EPA hat sich für eine flexible Handhabung ausgesprochen;[87] danach brauchen Merkmale der Nachanmeldung in der Prioritätsanmeldung nicht ausdrücklich erwähnt zu sein, sofern sie der Fachmann der Prioritätsanmeldung mit seinem Fachwissen allein oder durch Vornahme einzelner Ausführungsschritte entnehmen kann.[88] Dabei werden Verallgemeinerungen ursprungsoffenbarter Ausführungs-

---

74 EPA G 2/98 ABl EPA 2001, 413 = GRUR Int 2002, 80 Erfordernis für die Inanspruchnahme einer Priorität für dieselbe Erfindung; BGHZ 148, 383, 389 = GRUR 2002, 146 Luftverteiler; BGH GRUR 2004, 133 elektr[on]ische Funktionseinheit; BGH 30.7.2013 X ZR 36/11; BGHZ 200, 63 = GRUR 2014, 542 Kommunikationskanal; BGH 11.2.2014 X ZR 146/12; BPatG 23.11.2005 4 Ni 44/04 (EU); BPatG 6.3.2012 3 Ni 14/10 (EU); BPatG 22.5.2012 4 Ni 69/09 (EU); BPatG 23.5.2012 5 Ni 22/10 (EP); BPatG 1.8.2012 5 Ni 24/10 (EP); BPatG 18.12.2012 5 Ni 47/10 (EP); BPatG 7.10.2015 5 Ni 27/13 (EP); öOPM öPBl 2008, 111 Kontrastmittel; *Singer/Stauder* EPÜ Art 87 Rn 5 ff.
75 EPA Erfordernis für die Inanspruchnahme einer Priorität für dieselbe Erfindung; EPA T 903/05.
76 BGH GRUR 2005, 749 Aufzeichnungsträger; BGH GRUR 2012, 149 Sensoranordnung; BGH GRUR 2004, 133, 135 elektr[on]ische Funktionseinheit; BGH Kommunikationskanal; BGH 11.2.2014 X ZR 146/12; BGH 7.7.2015 X ZR 100/13; vgl auch BPatG 10.4.2002 4 Ni 9/01; BPatG 16.7.2008 4 Ni 73/06 (EU); BPatG 10.12.2009 3 Ni 24/08 (EU); BPatG 14.12.2009 3 Ni 23/08 (EU); BPatG 22.5.2012 4 Ni 69/09 (EU).
77 BGH elektr[on]ische Funktionseinheit; BGH Kommunikationskanal; BGH GRUR 2012, 1133 UV-unempfindliche Druckplatte; BGH GRUR 2015, 976 Einspritzventil; BGH GRUR 2016, 166 PALplus; BGH 11.2.2014 X ZR 146/12; BGH 7.7.2015 X ZR 100/13.
78 BGH GRUR 1966, 488, 492 Ferrit; BGH 18.6.1991 X ZR 120/88; RPA MuW 35, 337; BGH Luftverteiler; *Benkard* Einl Internat Teil Rn 39.
79 Vgl jp OG Osaka GRUR Int 1996, 740, 746 m Anm *Someno.*
80 RG GRUR 1930, 959 Hochfrequenzspule I; RG wässerige Dispersion; *Benkard* Einl Internat Teil Rn 45.
81 EPA T 255/91 ABl EPA 1993, 318 Priorität; vgl EPA T 1090/92; EPA T 116/84; EPA T 85/87; EPA T 295/87; EPA Abfallpresse; EPA-PrRl C-V 2.4; *Aúz-Castro* VPP-Rdbr 2000, 38.
82 BGH Luftverteiler; BGH Bausch BGH 1999–2001, 587 Palettenbehälter; BGH elektr[on]ische Funktionseinheit; BGH GRUR 2008, 268, 270 Betonstraßenfertiger; BGH GRUR 2009, 390 Lagerregal; BGH GRUR 2012, 149 – Sensoranordnung; BPatG 2.12.2003 3 Ni 40/02; BPatG 9.11.2004 3 Ni 18/03; BPatG 4.5.2005 4 Ni 31/03 (EU); BPatG 23.11.2005 4 Ni 44/04 (EU); BPatG 12.4.2006 4 Ni 9/05 (EU); BPatG 2.9.2009 5 Ni 65/09 (EU); BPatG 10.12.2009 3 Ni 24/08 (EU); vgl auch BPatG 7.7.2005 2 Ni 22/03 (EU).
83 *Benkard* § 40 Rn 9b.
84 BPatG 1.7.2014 3 Ni 14/13 (EP); EPA T 296/93 Herstellung von HBV-Antigenen, insoweit nicht in ABl EPA; vgl EPA T 81/87 ABl EPA 1990, 250 = GRUR Int 1990, 974 Prä-Pro-Rennin; EPA T 301/87 ABl EPA 1990, 335 = GRUR Int 1991, 121 Alpha-Interferone; EPA T 207/94. Abw davon führt nach EPA T 73/88 ABl EPA 1992, 557 = GRUR Int 1993, 232 Snack-Produkt das Fehlen eines Merkmals nicht zum Prioritätsverlust, sofern durch das besondere Merkmal Wesen und Art der Erfindung nicht verändert werden; vgl *Tönnies* Mitt 2000, 496 f unter Abstellen auf den Erfindungsgedanken und – zu weit gehend – die Schutzfähigkeit des in der Erstanmeldung Enthaltenen.
85 PA MuW 11, 162; ÖPA öPBl 1970, 155; *Benkard* Einl Internat Teil Rn 44.
86 BPatG 12.4.2006 4 Ni 9/05 (EU); BPatG 10.7.2006 3 Ni 3/04 (EU).
87 EPA Abfallpresse; BPatG 7.3.2013 10 Ni 13/11 (EP) lässt Konkretisierung der in der Prioritätsanmeldung allg offenbarten Lehre zu.
88 Vgl auch EPA T 903/97; EPA T 289/00.

---

beispiele zugelassen.[89] Eine neue Formulierung des BGH geht dahin, dass die Priorität in Anspruch genommen werden kann, wenn sich die in der Voranmeldung anhand eines Ausführungsbeispiels oder in sonstiger Weise beschriebenen technischen Anweisungen für den Fachmann als Ausgestaltung der in der Nachanmeldung umschriebenen allgemeineren technischen Lehre darstellen und diese Lehre in der in der Nachanmeldung offenbarten Allgemeinheit bereits der Voranmeldung als zu der angemeldeten Erfindung gehörend entnehmbar war.[90] Ein vom Anmelder als unerlässlich angesehenes „Schlüsselmerkmal" muss bereits in der ersten Hinterlegung enthalten sein.[91] Werden Nachanmeldungen in Verbandsstaaten eingereicht, in denen für die Bestimmung des Schutzbereichs des Patents der Inhalt der Patentansprüche maßgeblich ist (Art 69 EPÜ, § 14), ist zur Feststellung der Erfindungsidentität ein Vergleich nur der Ansprüche der Nachanmeldung (nicht aller Anmeldeunterlagen) mit dem Offenbarungsgehalt der gesamten Prioritätsanmeldung durchzuführen.[92]

In einem einzigen Patentanspruch können nicht Einzelmerkmale unterschiedlicher Priorität miteinander kombiniert werden.[93] Der Gegenstand des Patentanspruchs muss sich dem Fachmann unter Heranziehung seines allg Fachwissens unmittelbar und eindeutig ohne weiteres aus der früheren Anmeldung als Ganzes erschließen. In Widerspruch hierzu sah das BPatG für den Fall, dass die Priorität einer früheren Anmeldung nicht wirksam in Anspruch genommen werden kann, weil der Patentanspruch ein Merkmal enthält, das über den Inhalt der Prioritätsanmeldung hinausgeht, und dass der Anspruchsgegenstand wegen seines späteren, dem Anmeldetag entsprechenden Zeitrangs nicht patentfähig ist, eine Patentierung als möglich an, wenn der Patentanspruch eine in der Prioritätsanmeldung offenbarte patentfähige Unterkombination enthält und ihn eine Erklärung des Inhalts aufgenommen wird, dass das in Rede stehende Anspruchsmerkmal über den Inhalt der Prioritätsanmeldung hinausgeht und die Patentfähigkeit bei Berücksichtigung des Zeitrangs der Prioritätsanmeldung nicht stützen kann („**Prioritätsdisclaimer**").[94] Hiergegen wendet sich mit Recht eine neuere Entscheidung des BPatG, die einen Prioritätsdisclaimer aus Gründen der Rechtssicherheit grds ablehnt.[95] Nach der Rspr des BGH kann die Priorität einer Voranmeldung, die eine Bereichsangabe enthält, jedenfalls dann wirksam in Anspruch genommen werden, wenn der in der Nachanmeldung beanspruchte, innerhalb dieses Bereichs liegende einzelne Wert oder Teilbereich in der Voranmeldung als mögliche Ausführungsform der Erfindung offenbart ist.[96] Das Prioritätsrecht wird nicht davon berührt, dass der Gegenstand der prioritätsbeanspruchenden Anmeldung nach Patenterteilung infolge nachträglicher Beschränkung deckungsgleich mit der prioritätsbegründenden Anmeldung wird.[97]

Unschädliche Abweichungen. Die Nachanmeldung darf zur freiwilligen Beschränkung des Schutzbereichs unwesentliche Merkmale hinzufügen.[98] Die Ausführungen der Beschwerdekammern des EPA in diesen früheren Entscheidungen, wonach die Hinzufügung unwesentlicher, den Schutzbereich lediglich beschränkender Merkmale den Prioritätsanspruch nicht unwirksam macht, sind jedoch angesichts späterer Entscheidungen der GBK[99] nur noch insoweit relevant, als sie im Einklang mit den für die Beurteilung

30
31

---

89 BGH Kommunikationskanal; BGH 11.2.2014 X ZR 146/12.

90 BGH Kommunikationskanal; BGH 19.5.2015 X ZR 48/13.

91 BPatG 30.7.1984 11 W (pat) 136/82, BlPMZ 1985, 50 Ls; vgl EPA T 1054/92.

92 EPA G 2/98 ABl EPA 2001, 413 = GRUR Int 2002, 80, 83 Erfordernis für die Inanspruchnahme einer Priorität für dieselbe Erfindung; BGHZ 148, 383 = GRUR 2002, 146 Luftverteiler.

93 EPA G 2/98 ABl EPA 2001, 413 = GRUR Int 2002, 80 Erfordernis für die Inanspruchnahme einer Priorität für dieselbe Erfindung; BGHZ 148, 383 = GRUR 2002, 146 Luftverteiler; BGH GRUR 2004, 133 elektonische Funktionseinheit; BGH GRUR 2005, 749, 752 Aufzeichnungsträger; BGH Bausch BGH 1999–2001, 587 Palettenbehälter; BPatG 2.12.2003 3 Ni 40/02; BPatG 3.4.2013 4 Ni 45/10 (EP).

94 BPatGE 47, 34 = BPatG GRUR 2003, 953.

95 BPatG GRUR-RR 2013, 500; gleichfalls gegen die Möglichkeit eines Prioritätsdisclaimers *Schulte* Rn 41; aA *Fitzner/Lutz/Bodewig* Rn 45 und die *7. Aufl.*

96 BGH GRUR 2016, 50 teilreflektierende Folie.

97 BGH elektr[on]ische Funktionseinheit; BGH GRUR 2008, 597 Betonstraßenfertiger mwN; BPatG 15.7.2009 3 Ni 23/08 (EU); BPatG 7.5.2015, ber 20.8.2015 7 Ni 41/14 (EP).

98 EPA T 16/87 ABl EPA 1992, 212 = GRUR Int 1992, 656 Katalysator; vgl EPA T 364/95; EPA T 172/95: andere Berechnungsmethode; EPA T 582/91; EPA T 441/91.

99 EPA G 2/98 ABl EPA 2001, 413 = GRUR Int 2002, 80, 83 Erfordernis für die Inanspruchnahme einer Priorität für dieselbe Erfindung; EPA G 1/03 ABl EPA 2004, 413 = GRUR Int 2004, 959 Disclaimer.

der Zulässigkeit von Änderungen gem Art 123 Abs 2 EPÜ entwickelten Kriterien stehen.[100] Zusätzliche Merkmale, die nicht schutzrechtsbeschränkend sind, sind hingegen schädlich.[101] Als unschädlich wurde angesehen, dass die frühere Anmeldung einen weitergefassten Bereich umfasste als die Nachanmeldung.[102] Beschränkung auf eine Ausführungsform, wenn die frühere Anmeldung mehrere mögliche Alternativen offenbart, steht der Identität[103] nicht entgegen.[104] Der wirksamen Prioritätsinanspruchnahme steht es nicht entgegen, dass in der Nachanmeldung eine technische Wirkung beansprucht ist, die in der Prioritätsanmeldung nicht angegeben ist, wenn die Erzielung der Wirkung aus der Sicht des Fachmanns bei der Nacharbeitung der offenbarten Erfindung selbstverständlich erscheint.[105]

32   **Schädliche Abweichungen.** Unterschiedliche Lösungswege in Vor- und Nachanmeldung schließen die Prioritätsbeanspruchung aus.[106] Führen abw Lösungsmittel auch zu einer abw Wirkung, besteht keine Übereinstimmung.[107] Bauliche und wirkungsmäßige Unterschiede sind schädlich.[108] Auch die Weglassung eines wesentlichen Merkmals wird als schädlich angesehen.[109] Keine Übereinstimmung für eine spezielle Verbindung, wenn die Voranmeldung nur eine generelle Offenbarung enthält;[110] dagegen wurde die Verwendung eines allgemeineren Begriffs in der Nachanmeldung als unschädlich angesehen.[111] Abweichungen einer Aminosäuresequenz in Bezug auf drei Aminosäuren wurden als prioritätsschädlich angesehen.[112] Offenbart die frühere Anmeldung nur Elemente, nicht aber deren Kombination, ist sie für die Nachanmeldung der Kombination nicht prioritätsbegründend.[113] Keine Übereinstimmung besteht hinsichtlich eines in der früheren Anmeldung nicht erwähnten Bestandteils eines Gegenstands jedenfalls dann, wenn es erheblicher Nachforschungen bedarf.[114]

II. Inanspruchnahme; Prioritätserklärung

33   **1. Allgemeines.** Das bloße Bestehen eines Prioritätsrechts begründet noch keine Rechtswirkungen; die Priorität muss in Anspruch genommen werden. Das Begehren, die Unionspriorität „zuerkannt" zu erhalten, wurde dahin aufgefasst, die Aufnahme des Prioritätsanspruchs in die Bekanntmachung zu bewilligen.[115]

34   Die nach Art 4 D Abs 1 PVÜ erforderliche **Prioritätserklärung**, die zunächst die Einhaltung der Prioritätsfrist (Rn 24 ff) voraussetzt, zerfällt nicht mehr wie vor Inkrafttreten des 2. PatGÄndG in zwei Teile. Art 4 D PVÜ regelt die formellen Erfordernisse, die die Verbandsländer aufstellen können, abschließend.[116] Die Erklärung gilt nur für die Anmeldung, zu der sie abgegeben worden ist.[117] Zu Teilanmeldungen s § 39 Abs 1 Satz 4. § 41 und Art 88 EPÜ iVm Regeln 52, 53 AOEPÜ präzisieren die in der PVÜ enthaltenen Bestimmungen im Hinblick auf die Fristen zur Erfüllung der Formerfordernisse; zum Problem der „toxischen Teilanmeldungen" („poisonous divisionals") Rn 82 zu § 39.

---

100   *Singer/Stauder* Art 87 EPÜ Rn 7 ff.
101   *Benkard-EPÜ* Art 88 Rn 15.
102   EPA T 669/93.
103   Entgegen EPA T 61/85 EPOR 1988, 20 Polyester crystalisation.
104   Vgl auch EPA T 828/93.
105   BGH GRUR 2008, 597 Betonstraßenfertiger; BGH 17.9.2009 X a ZR 128/05.
106   EPA T 409/90 ABl EPA 1993, 40 = GRUR Int 1993, 425 Avalanche-Photodioden.
107   BGH GRUR 1979, 621, 623 Magnetbohrständer I.
108   EPA T 594/90 und EPA T 961/90.
109   Vgl EPA T 809/95; EPA T 134/94: Neuheitstest ist nicht anwendbar.
110   EPA T 85/87 EPOR 1989, 27 Arthropoditical compounds; EPA T 77/97: nur generische Formel; vgl. in diesem Sinn auch BGHZ 179, 168, 174 f = GRUR 2009, 382, 384 Olanzapin.
111   EPA T 1050/92.
112   EPA T 923/92 ABl EPA 1996, 564 = GRUR 1997, 258 f menschlicher tPA.
113   BPatGE 23, 259 = GRUR Int 1982, 452.
114   EPA T 301/87 ABl EPA 1990, 335 = GRUR Int 1991, 121 alpha-Interferone; vgl auch EPA T 828/93: Hinzufügung nicht trivialer Merkmale.
115   BGH GRUR Int 1960, 506 f Schiffslukenverschluß.
116   BPatGE 38, 20 = BlPMZ 1998, 369, GbmSache.
117   *Benkard* Rn 4a; *Schulte* Rn 63.

2. Erforderliche Angaben

a. Form; Inhalt. Anzugeben sind schriftlich und in dt Sprache[118] Zeit und Land der früheren Anmel- **35** dung; die Angabe „europäische Patentanmeldung" genügt.[119] Das Problem dürfte sich im übrigen für eur Patentanmeldungen durch Änderungen bei der Staatenbenennung (Rn 181ff zu § 34) nicht mehr stellen.[120]

Das **Aktenzeichen** der früheren Anmeldung ist richtig und vollständig anzugeben. Die Regelung hat **36** ihre Grundlage in Art 4 D Abs 5 PVÜ.

Weiter ist eine (vollständige) **Abschrift der früheren Anmeldung** einzureichen (vgl Art 4 D Abs 3 **37** PVÜ). Die Einreichung dient dazu, die Prüfung zu ermöglichen, ob die Priorität zu Recht in Anspruch genommen wurde.[121] Die Abschrift ist zur Akte der Nachanmeldung einzureichen und bleibt bei der Akte.[122]

Die Abschrift muss mit der früheren Anmeldung **vollständig übereinstimmen**.[123] Wo sich frühere **38** Anmeldung und Nachanmeldung völlig decken, kann ein Doppel der Anmeldeunterlagen als Abschrift angesehen werden, sofern der Anmelder innerhalb der Sechzehnmonatsfrist auf die Übereinstimmung hinweist.[124] Übersetzungen einer früheren fremdsprachigen Anmeldung genügen nicht.[125] Zur Einreichung von Übersetzungen der Prioritätsbelege § 14 Abs 2 PatV und die übereinstimmende Regelung in § 9 Abs 2 GebrMV; Übersetzungen sind nur noch auf Anforderung einzureichen.

Zur **Vollständigkeit** der Abschrift gehört auch die Zeichnung, wenn diese Bestandteil der ausländ **39** Anmeldung war.[126] Der Erteilungsantrag muss nicht enthalten sein.[127]

Es genügt eine **einfache Abschrift**, ein förmlicher Prioritätsbeleg ist anders als nach Regel 53 Abs 1 **40** und Regel 54 AOEPÜ nicht erforderlich.[128] Nachdem das USPTO in Patentangelegenheiten seit 30.7.2004 nur noch in elektronischer Form liefert, hat das schweiz IGE einen Ausdruck verlangt.[129]

Bezugnahmen auf **zu anderen Anmeldungen eingereichte Unterlagen** sind nicht ausreichend.[130] **41** Bei der Abzweigung nach § 5 GebrMG stellt sich das Problem nicht mehr, weil für diese das für die Patentanmeldung beanspruchte Prioritätsrecht erhalten bleibt (§ 5 Abs 1 Satz 2 GebrMG).[131]

b. Frist. Seit dem Inkrafttreten des 2.PatGÄndG können alle erforderlichen Angaben einheitlich (aber **42** auch nacheinander) bis zum Ablauf des sechzehnten Monats nach dem Prioritätstag eingereicht werden. Die Fristberechnung folgt den allg Regeln (§§ 187, 188 BGB). Für internat Anmeldungen bleibt es dabei, dass die Prioritätserklärung mit Einreichung der Nachanmeldung, also mit dem Erteilungsantrag abgegeben werden muss (Art 8 PCT, Regel 4.10 AOPCT).

Zur **Aufforderung** nach Abs 1 Satz 2 aF und deren Rechtsfolgen s *6. Aufl* Rn 43, 44. **43**

---

118 *Klauer/Möhring* § 27 Rn 10.

119 *Benkard* Einl Internat Teil Rn 60; aA BPatGE 23, 264 = GRUR 1981, 816, GbmSache; s auch *Schulte* Rn 65 mit Hinweis, dass für eine konkrete Nennung der Vertragsstaaten kein Bedürfnis besteht; vgl auch MittPräsDPA BlPMZ 1980, 65; *Benkard* Rn 5.

120 Vgl *Benkard* Rn 5.

121 Vgl Begr BlPMZ 1967, 244, 255; BPatGE 33, 33 = BlPMZ 1992, 470, Geschmacksmustersache.

122 BPatGE 16, 57 = BlPMZ 1974, 253.

123 *Schulte* Rn 72f; vgl BPatG Mitt 1971, 34.

124 Vgl BPatG Mitt 1971, 34; *Benkard* Rn 9a unter Hinweis auf *Keil* Mitt 1972, 208 f; kr *Lindenmaier* § 27 Rn 15.

125 BPatGE 14, 202, 204 = Mitt 1973, 79.

126 BGH GRUR 1979, 626f elektrostatisches Ladungsbild: BPatGE 17, 252: auch Fehlen von Teilen schädlich, kr hierzu *Gudel* Mitt 1980, 83.

127 BPatG Mitt 1971, 34; BPatGE 33, 33 = BlPMZ 1992, 470, Geschmacksmustersache.

128 MittPräsDPA BlPMZ 1969, 2; BPatGE 21, 169 = GRUR 1979, 399; *Keil* Mitt 1972, 208; *Schulte* Rn 75; *Fitzner/Lutz/Bodewig* Rn 70; *Haedicke/Timmann* Hdb Patentrecht § 5 Rn 896.

129 Hinweis sic! 2004, 813 f.

130 BGH GRUR 1979, 626 elektrostatisches Ladungsbild, zur GbmHilfsanmeldung; BPatGE 15, 187, 191 = GRUR 1974, 82; BPatGE 19, 149, 151: kein „Ausleihen" aus der anderen Akte; BPatGE 16, 57, 59 = BlPMZ 1974, 253: keine Entnahme aus der Akte einer inzwischen erledigten Anmeldung; BPatGE 20, 38 = BlPMZ 1977, 334 und BPatG 12.9.1974 5 W (pat) 28/74: Kopierauftrag an das DPA kurz vor Fristablauf nicht ausreichend, ebenso BPatG 2.11.1976 5 W (pat) 33/76 auch dann, wenn ausreichend Zeit verbleibt; aA für die frühere GbmHilfsanmeldung DPA BlPMZ 1961, 239.

131 Vgl BPatGE 31, 217 = GRUR 1991, 42.

44   **3. Änderungen und Berichtigungen** der Angaben von Zeit, Land, Aktenzeichen und Abschrift der Voranmeldung sind innerhalb der Sechzehnmonatsfrist nach Abs 1 Satz 2 jederzeit möglich.[132] Innerhalb dieser Frist können auch eine andere Voranmeldung benannt und eine Abschrift dieser Anmeldung eingereicht werden. Nach Ablauf der Sechzehnmonatsfrist sind Änderungen vorbehaltlich einer Wiedereinsetzung in den vorherigen Stand grds unzulässig. Berichtigungen und Ergänzungen der vorliegenden Angaben werden als zulässig angesehen, wenn die Unrichtigkeit oder Unvollständigkeit offensichtlich oder jedenfalls ohne weiteres erkennbar war und das DPMA die richtigen oder fehlenden Angaben den ihm vorliegenden Anmeldungsunterlagen oder den jedermann zugänglichen Registern usw innerhalb der Frist mit hinreichender Sicherheit hätte entnehmen können.[133]

45   **4. Die Rücknahme der Prioritätsbeanspruchung** ist mit Wirkung ex nunc, also mit Eingang der Rücknahmeerklärung beim DPMA, möglich. Für die Zurücknahme von Prioritätsansprüchen bei internat Anmeldungen vgl Regel 90bis Abs 3 AOPCT.

5. Fristversäumnis; Verwirkung (Absatz 1 Satz 3)

46   **a. Grundsatz.** Wiedereinsetzung ist möglich (Rn 29 zu § 123).[134] Nichteinhaltung der Erfordernisse führt zur Verwirkung des Prioritätsrechts für die Anmeldung, nicht auch für andere (Art 4 C PVÜ).[135] Die Verwirkung tritt mit Fristablauf kraft Gesetzes ein. Das DPMA kann die Verwirkung feststellen,[136] der Beschluss hierüber hat nur deklaratorische Bedeutung.[137] Die Anmeldung ist in diesem Fall mit ihrem Anmeldetag zu prüfen,[138] weitergehende Rechtsfolgen treten nicht ein (Art 4 D Abs 4 PVÜ).[139] Jedoch tritt Rechtsverlust nicht ein, wenn das DPMA die richtige Angabe unschwer erkennen kann (vgl Rn 52). Im einzelnen ist hier vieles unsicher.

47   **b. Nichteinreichung der Abschrift.** Der Anmelder verwirkt seinen Prioritätsanspruch auch, wenn er eine Abschrift der Voranmeldung nicht innerhalb der Frist beim DPMA einreicht, dies gilt selbst, wenn das DPMA bei einer anderen Akte bereits über die Abschrift verfügt.[140]

48   **c. Prüfung der Verwirkung.** Die Feststellung der Verwirkung kann durch selbstständig anfechtbare Vorabentscheidung erfolgen.[141] Aufrechterhaltung der Anmeldung unter Prioritätsinanspruchnahme nach rechtskräftiger Vorabentscheidung führt nach den genannten Entscheidungen zur Zurückweisung der Anmeldung.[142]

---

132 *Benkard* Rn 15; vgl BPatGE 17, 39 = Mitt 1975, 139.
133 BGHZ 61, 257, 259 f = GRUR 1974, 212 Spiegelreflexkamera; BGHZ 61, 265, 268 = GRUR 1974, 214 Elektronenstrahlsignalspeicherung.
134 *Benkard* Rn 20.
135 Vgl BGH GRUR Int 1960, 506, 508 Schiffslukenverschluß; BGH GRUR 1973, 139 f Prioritätsverlust; BGH GRUR 1979, 626 elektrostatisches Ladungsbild; BPatGE 23, 264 = GRUR 1981, 816; *Schulte* Rn 88; *Fitzner/Lutz/Bodewig* Rn 76.
136 BPatG 22.7.1983 4 W (pat) 80/82 BlPMZ 1983, 347 Ls, Geschmacksmustersache.
137 *Benkard* Rn 21.
138 RPA BlPMZ 1935, 148 f; *Benkard* Rn 22.
139 BGH GRUR 1973, 139 f Prioritätsverlust; *Benkard* Einl Internat Teil Rn 62: aA BPatGE 23, 259 = GRUR Int 1982, 452, 454.
140 BGH GRUR 1973, 139 Prioritätsverlust; BPatGE 11, 204 = Mitt 1970, 135; BPatG 9.12.1970 4 W (pat) 292/70; BPatG 12.9.1974 5 W (pat) 28/74; BPatG 2.11.1976 5 W (pat) 33/76; BPatGE 19, 149; BPatGE 20, 38 = BlPMZ 1977, 334; vgl *Fitzner/Lutz/Bodewig* Rn 67; aA BPatGE 11, 34 = Mitt 1970, 114: Prioritätsverlust durch konstitutiven Beschluss, und BPatG Mitt 1971, 95.
141 BPatGE 9, 211, 213; vgl BPatGE 31, 43, 46 = GRUR 1990, 435 und BPatGE 32, 259 = GRUR 1992, 380, GbmSachen, zur Abzweigung, dort allerdings inzwischen aufgegeben, Rn 22 zu § 5 GebrMG; DPA BlPMZ 1956, 61, 62; RPA BlPMZ 1935, 137; *Benkard* Rn 21; *Schulte* Rn 89.
142 Ebenso BGH GRUR 1966, 488, 490 Ferrit, allerdings einen Altfall betr; DPA BlPMZ 1956, 61 f; *Benkard* Rn 22; *Bühring* § 6 GebrMG Rn 72; zwh im Hinblick auf Art 4 D Abs 4 Satz 2 PVÜ; vgl *Fitzner/Lutz/Bodewig* Rn 56; abl *Schricker* GRUR Int 1967, 91.

III. Prüfung

1. Allgemeines. Die Prüfung erfasst die förmlichen Voraussetzungen und die materielle Berechti- **49** gung.

2. Förmliche Voraussetzungen

a. Grundsatz. Sie werden vom DPMA im Patenterteilungs- und GbmEintragungsverfahren[143] vAw ge- **50** prüft und sind im Verletzungs-, Einspruchs- oder Nichtigkeitsverfahren nach der Patenterteilung nicht mehr nachprüfbar,[144] ebenso im GbmLöschungsverfahren. Zu ihnen gehören auch Berichtigung und Wiedereinsetzung.[145]

b. Vollständigkeit und Richtigkeit der Angaben. Die Angaben müssen zutr und vollständig sein[146] **51** (s aber Rn 52).

Vervollständigung. Fehlende Angaben sind, wenn es sich um offensichtliche Unrichtigkeit oder Un- **52** vollständigkeit handelt, anhand der dem DPMA innerhalb der Frist zur Verfügung stehenden Kenntnisse aus öffentlichen Druckschriften, Registern und den Unterlagen der betr Anmeldung zu vervollständigen.[147] Das ist jedoch nur möglich, wenn die dem DPMA zur Verfügung stehenden Unterlagen über die für die Prioritätserklärung erforderlichen Angaben zuverlässig Auskunft geben und einen sicheren Schluss auf die betr Tatsache, zB das Land der Voranmeldung, zulassen. Im Interesse der Rechtssicherheit muss dafür ein sehr hoher Grad von Wahrscheinlichkeit verlangt werden.[148] Aus einer Unstimmigkeit des angegebenen Az mit dem angegebenen Land ergibt sich nicht ohne weiteres, dass das Land unrichtig angegeben ist. Aus diesem Umstand ist deshalb nicht mit einem sehr hohen Grad von Wahrscheinlichkeit die Unrichtigkeit der Angabe des Landes erkennbar.[149]

Nationalität und jeweiliges **Anmeldeverhalten** können ebenso wie das angegebene Aktenzeichen **53** Hinweise geben.[150]

c. Nachträgliche Änderung der Angaben. Einer Irrtumsanfechtung bedarf es nicht, weil die Anga- **54** ben nach Abs 1 Satz 2 innerhalb der Frist ohnehin geänd werden können. Jedenfalls kommt eine Irrtumsanfechtung außerhalb der Fristen nicht mehr in Betracht, weil die wahre Erklärung dann ohnehin nicht mehr fristgerecht erfolgen könnte.[151] Nach Ablauf der Frist des Abs 1 sind Änderungen oder Ergänzungen grds unzulässig,[152] selbst wenn die Unrichtigkeit auf dem Verhalten des ausländ Amts beruht.[153] Sind ausreichende Hinweise vorhanden, kann auch unter Berücksichtigung der dabei erforderlichen strengen Anforderungen bei der Prioritätsangabe das Land der Voranmeldung außerhalb der Frist zur Prioritätserklä-

---

143 Hierzu BPatGE 38, 20 = BlPMZ 1998, 369, GbmSache.

144 BGH GRUR Int 1960, 506 f Schiffslukenverschluß, BGHZ 152, 172 = GRUR GRUR 2003, 47 Sammelhefter, zur Wiedereinsetzung; RPA BlPMZ 1926, 221 f; RPA BlPMZ 1935, 33; *Benkard* Einl Internat Teil Rn 72 und § 22 Rn 27; *Schulte* Rn 92; *Beier/Straus* GRUR Int 1991, 255 f.

145 BGH Schiffslukenverschluß.

146 Vgl PA BlPMZ 1915, 29; DPA BlPMZ 1953, 337; DPA BlPMZ 1956, 61; *Benkard* Rn 5 f.

147 Vgl BPatGE 12, 133, 135 f = GRUR 1971, 569; BPatG 22.1.1973 4 W (pat) 3/70 BlPMZ 1973, 257 Ls; BPatG 9.4.1973 4 W (pat) 100/72 BlPMZ 1973, 342 Ls; BPatGE 17, 36 = BlPMZ 1976, 130; RPA Mitt 1937, 56; DPA BlPMZ 1953, 337; DPA BlPMZ 1956, 61; strenger noch BPatGE 14, 124 und BPatG 14, 130; großzügiger BPatGE 16, 135 = GRUR 1975, 21: Erkennbarkeit ohne weiteres nicht erforderlich, ausreichend, wenn die Unrichtigkeit aus bis zum Ablauf der Erklärungsfrist verfügbaren Veröffentlichungen hervorgeht, hiergegen *Benkard* Rn 17; eingehend *Speckmann* GRUR 1954, 6.

148 BGHZ 61, 257, 261 = GRUR 1974, 212 Spiegelreflexkamera; BGHZ 61, 265, 270 f = GRUR 1974, 214 Elektronenstrahlsignalspeicherung; BPatGE 17, 36 = BlPMZ 1976, 130: Land der früheren Anmeldung ergibt sich zutr aus der fristgerecht eingereichten Abschrift; vgl auch DPA BlPMZ 1961, 239: verschriebene Jahreszahl; BPatGE 12, 133, 136 = GRUR 1971, 569: nicht, wenn die Angabe fehlt und aus den Unterlagen des DPA nicht feststellbar ist.

149 BGH Elektronenstrahlsignaleinspeicherung.

150 BGHZ 61, 257, 264 f = GRUR 1974, 212 Spiegelreflexkamera; BPatGE 17, 42: Jahreszahl nach dem Herrscherjahr bei jp Az; *Benkard* Rn 18; *Schulte* Rn 81.

151 RPA Mitt 1937, 56; vgl. *Benkard* Rn 16.

152 BPatGE 12, 133 = GRUR 1971, 569; *Benkard* Rn 16.

153 BPatGE 17, 216 = BlPMZ 1976, 130: nachträgliche Zuerkennung eines früheren Anmeldetags.

rung vervollständigt werden.[154] Vor dem EPA sind Berichtigungen nach Maßgabe der Regel 139 AOEPÜ zulässig.[155]

55   **d. Hinweispflicht.** Weder aus dem durch die Patentanmeldung begründeten Rechtsverhältnis zwischen dem Anmelder und der Erteilungsbehörde noch aus allg Verwaltungs- und Verfahrensgrundsätzen lässt sich eine Verpflichtung des DPMA herleiten, die eingehenden Prioritätserklärungen auf Vollständigkeit der erforderlichen Angaben nachzuprüfen und den Anmelder auf fehlende Angaben hinzuweisen.[156] Ob das DPMA verpflichtet ist, den Anmelder bei erkennbar unrichtigen Angaben auf den Fehler hinzuweisen, ist str; die Praxis insb des jur Beschwerdesenats des BPatG ist schwankend.[157] Nach neuerer Praxis des jur Beschwerdesenats ist das DPMA nicht verpflichtet, den Anmelder auf die Unrichtigkeit oder die Unvollständigkeit seiner Angaben zur Prioritätserklärung hinzuweisen; unterbleibt ein solcher Hinweis, hindert das nicht die Verwirkung des Prioritätsanspruchs.[158]

56   Nach Auffassung des früheren 31. Senats des BPatG war das DPA dann verpflichtet, den Anmelder auf die Unvollständigkeit seiner Angaben zur Prioritätserklärung hinzuweisen, wenn eine **formgerechte Aufforderung** nach Abs 1 Satz 2 zuvor noch nicht erfolgt war;[159] dem ist durch die Neuregelung durch das 2. PatGÄndG die Grundlage entzogen. Generell sollte eine Hinweispflicht bei erkennbar unrichtigen Angaben bejaht werden, soweit eine Änderung nach Abs 1 Satz 2 noch möglich ist.[160]

57   **3. Die materielle Berechtigung** wird nur bei Anlass geprüft.[161] Dies gilt auch hinsichtlich der Übereinstimmung von früherer und Nachanmeldung und von der Rechtsnachfolge in das Prioritätsrecht.[162] Zu den materiellrechtl Erfordernissen gehört auch die Einhaltung der Prioritätsfrist,[163] darüber hinaus wohl auch die Frage, zu welchem Zeitpunkt die Prioritätsanmeldung erfolgt ist. Über sie kann grds nicht vorab entschieden werden.[164] Anlass zur Prüfung besteht immer, wenn es auf die Priorität ankommt, dh wenn im Prioritätsintervall relevanter StdT vorliegt.[165] Die Prüfung kann im Erteilungs-, Einspruchs- und Nichtigkeitsverfahren erfolgen.[166] Zu den materiellen Voraussetzungen zählt bei fehlender Anmelderidentität[166a] auch der Nachweis eines wirksam erfolgten Rechtsübergangs.[167]

---

154   BGHZ 61, 257, 261 = GRUR 1974, 212 Spiegelreflexkamera; BPatGE 25, 208 = GRUR 1983, 645; vgl BGHZ 61, 265 = GRUR 1974, 214 Elektronenstrahlsignalspeicherung; großzügier BPatGE 7, 104, wonach ein Schreibfehler in der Datumsangabe nach Fristablauf schon berichtigt werden kann, wenn die Unrichtigkeit hätte festgestellt und die richtige Angabe auch durch Rückfrage hätte ermittelt werden können.

155   *Benkard-EPÜ* Art 88 Rn 6 ff.

156   BGHZ 61, 257, 261 = GRUR 1974, 212 Spiegelreflexkamera; BGHZ 61, 265, 270 = GRUR 1974, 214 Elektronenstrahlsignalspeicherung gegen *Speckmann* GRUR 1954, 6, 13 f; BPatGE 7, 104, 106; vgl auch BPatGE 12, 133, 137 ff = GRUR 1971, 569: im Regelfall keine Verpflichtung; *Benkard* Rn 7: angemessene Sachbehandlung, aber keine Verpflichtung.

157   Gegen Hinweispflicht BPatGE 12, 133 = GRUR 1971, 569 und BPatGE 14, 124; für Hinweispflicht BPatGE 20, 184 = BlPMZ 1978, 247; BPatG Mitt 1978, 139; gegen Hinweispflicht auch 5. Senat BPatGE 23, 264 = GRUR 1981, 816.

158   BPatGE 28, 192 = GRUR 1987, 286: Fehlen von Teilen der Abschrift der früheren Anmeldung; *Mes* Rn 20.

159   BPatGE 29, 48 = GRUR 1987, 802: erkennbar fehlerhafte Angabe des Az der früheren Anmeldung.

160   Vgl auch *Schulte* Rn 87.

161   Vgl BPatGE 38, 20 = BlPMZ 1998, 369, GbmSache; BPatGE 28, 31 = GRUR 1986, 607, zur inneren Priorität; BGHZ 92, 188 = GRUR 1985, 34 Ausstellungspriorität, zu dieser; *Benkard* Einl Internat Teil Rn 71; vgl RPA BlPMZ 1929, 312 f.

162   RPA BlPMZ 1935, 137 f.

163   BPatGE 38, 20 = BlPMZ 1998, 369.

164   BPatGE 28, 31 = GRUR 1986, 607; *Schulte* Rn 89, 93.

165   BGHZ 92, 188 = GRUR 1985, 34 Ausstellungspriorität; BPatGE 21, 48 f = GRUR 1979, 51; BPatGE 26, 119 = BlPMZ 1984, 238, zur inneren Priorität; BPatGE 28, 31 = GRUR 1986, 607; BPatGE 28, 222 = GRUR 1987, 358; BPatGE 32, 212, 214 = GRUR 1992, 377; *Beier/Straus* GRUR Int 1991, 255, 257; vgl aber BPatG 11.12.1974 15 W (pat) 71/65 BlPMZ 1976, 24 Ls, wonach die Frage, ob es sich um die erste Hinterlegung handelt, auch zu prüfen sein soll, wenn im Prioritätsintervall kein entgegenstehendes Material vorliegt, und BPatGE 23, 259, 264 = GRUR Int 1982, 454; hiergegen mit Recht *Benkard* Einl Internat Teil Rn 71, *Schulte* Rn 93.

166   BPatG 15.2.2012 5 Ni 59/10 (EP); für das Erteilungsverfahren BPatGE 52, 207, 212 = BlPMZ 2011, 255.

166a   *Scharen* GRUR 2016, 446.

167   BPatG 15.2.2012 5 Ni 59/10 (EP).

Die materielle Berechtigung ist im **Einspruchs- und Nichtigkeitsverfahren** selbstständig nachprüf- 58
bar,[168] ebenso, ob es sich um die erste Hinterlegung der Erfindung gehandelt hat.[169] Auswirkungen hat
dies nur, soweit daraus ein Widerrufs- oder Nichtigkeitsgrund folgt. Für die Nachprüfbarkeit im Verletzungsstreit gilt, soweit eine solche überhaupt besteht, grds dieselbe Abgrenzung.

Für den **Nachweis des Rechtsübergangs** wurde auf die Anmelderfiktion des § 7 Abs 1 zurückgegrif- 59
fen.[170]

IV. Wirkung

1. Allgemeines. Das PatG definiert den Begriff der Priorität nicht, es setzt ihn in § 41 voraus.[171] Der 60
BGH hat offengelassen, ob das Prioritätsrecht nach der PVÜ bereits durch die Grundanmeldung oder erst
durch die Folgeanmeldung als subjektives Recht entsteht.[172] Die Grundanmeldung lässt in allen Staaten
der PVÜ ein Recht entstehen, die Priorität in einer Nachanmeldung zu beanspruchen.[173] Die Prioritätsbeanspruchung muss nicht veröffentlicht werden, um wirksam zu werden.[174]

2. Mehrfache und teilweise Priorität

a. Mehrfache Priorität liegt vor, wenn eine Nachanmeldung keine einheitliche Priorität hat, sondern 61
für einzelne Teile die Priorität aus verschiedenen Voranmeldungen beansprucht.[175] Art 4 F PVÜ ermöglicht
wie Art 88 Abs 3 EPÜ[176] eine solche Inanspruchnahme mehrfacher Priorität für eine Anmeldung oder einer
oder mehrfacher Priorität für nur einen Teil der Anmeldung, soweit nur die Einheit der Erfindung gewahrt
bleibt, Art 4 G Abs 1 PVÜ.[177] Ist die in der Nachanmeldung enthaltene Erfindung nicht in einer einzigen,
sondern in mehreren Voranmeldungen offenbart worden (insb im Fall von Weiterentwicklungen nach der
Erstanmeldung), muss nicht für jede Voranmeldung gesondert eine Nachanmeldung eingereicht werden,
vielmehr kann die Priorität mehrerer Voranmeldungen in einer einzigen Nachanmeldung zusammengefasst werden. Mehrfache Priorität kann auch für einen Patentanspruch in Anspruch genommen werden,
was in Art 88 Abs 2 Satz 2 EPÜ[178] ausdrücklich geregelt ist, ebenso in § 94 Abs 1 öPatG. Ein Grundsatz „ein
Anspruch – eine Priorität", dh der Patentanspruch als kleinste Einheit, an die eine Priorität anknüpfen
kann, ist daher abzulehnen, soweit der Anspruch noch weiter aufgespalten werden könnte.[179] Kleinste
Einheit, die Gegenstand einer Priorität sein kann, ist vielmehr jede in einem Anspruch enthaltene Lehre,
die auch Gegenstand eines eigenen Anspruchs sein könnte.[180] Die grds Möglichkeit einer Mehrfachpriori-

---

168 BGH GRUR 1963, 563, 566 Aufhängevorrichtung; BPatGE 21, 48 f = GRUR 1979, 51; BPatGE 34, 160, 164 = GRUR Int
1995, 338; vgl *Benkard* Einl Internat Teil Rn 73; *Fitzner/Lutz/Bodewig* Rn 50.
169 BPatGE 21, 48 = GRUR 1979, 51; BPatGE 34, 160 = GRUR Int 1995, 338; dagegen behandelt BPatG 11.12.1974 15 W
(pat) 71/65 BlPMZ 1976, 24 Ls die Frage wie ein formelles Erfordernis.
170 BPatG 6.3.2012 3 Ni 14/10 (EU).
171 Zur Rechtsnatur vgl *K. Wolf* Zur Unionspriorität, MuW 32, 378; *Trüstedt* GRUR Int 1959, 573, 577; *Reimer* § 27 Rn 1
(subjektives Recht) einerseits; *Pietzcker* § 3 Anm 11a; *Duchesne* MuW 25, 148; *Wuesthoff/Leßmann/Würtenberger* Rn 691
(Gestaltungsbefugnis bzw Gestaltungsrecht) andererseits.
172 BGHZ 44, 263, 266 ff = GRUR 1966, 309 Flächentransistor; vgl RGZ 85, 374, 377 = BlPMZ 1914, 342 Luftschraube.
173 *Benkard* Einl Internat Teil Rn 65.
174 Vgl BPatG 20.11.1969 11 W (pat) 131/65; vgl zur Veröffentlichung auch BPatGE 3, 116 f = GRUR 1964, 446; RPA BlPMZ
1935, 137 f.
175 *Singer/Stauder* Art 88 EPÜ Rn 42 ff.
176 EPA T 828/93.
177 *Benkard* Einl Internat Teil Rn 57; *Pfanner* GRUR Int 1966, 262; *Schricker* GRUR Int 1967, 85; *Beier/Moufang* GRUR Int
1989, 869, 873; *Aúz Castro* VPP-Rdbr 2000, 38, 40.
178 Der nach EPA T 828/93 nur für Alternativen in einem Anspruch von Bedeutung ist.
179 Vgl BPatGE 28, 222 = GRUR 1987, 358; BPatGE 35, 62 = GRUR 1995, 667 „Hakennagel" gegen BPatGE 5, 215, 220 f =
GRUR 1965, 419; BPatGE 23, 259 = GRUR Int 1982, 452 und BPatG 20.11.1969 11 W (pat) 131/65; ebenso *Benkard* Einl Internat
Teil Rn 57 f; *Schulte* Rn 44; *Kraßer* S 505 ff (§ 24 A IX a bb 3); vgl weiter BPatG 11 W (pat) 149/95; EPA T 301/87 ABl
EPA 1990, 335 = GRUR Int 1991, 121 Alpha-Interferone; *Lins/Gramm* GRUR Int 1983, 634, 636; aA *Lindenmaier* § 27 Rn 11;
Joos GRUR Int 1998, 456, 460; ÖPA öPBl 1999, 40, 45 ff, wonach Teilpriorität nur bei Zusammenfassung von zwingenden
und fakultativen Merkmalen sowie Alternativen im Patentanspruch in Betracht kommen soll.
180 Vgl *Schulte* Rn 44 mwN.

tät bedeutet jedoch nicht, dass es zulässig wäre, eine „partielle" Priorität für einzelne Merkmale der Nachanmeldung zu beanspruchen, dh, verschiedenen Merkmalen eines einheitlichen Anspruchsgegenstands „mosaikartig" unterschiedliche Priorität beizumessen.[181] In ein und demselben Patentanspruch können deshalb nicht Einzelmerkmale unterschiedlicher Priorität miteinander kombiniert werden.[182] Soll sich die Priorität nur auf einen Teil der Voranmeldung beziehen, muss die Nachanmeldung (auch) einen Anspruch enthalten, der sich auf die in der Voranmeldung offenbarten Merkmale beschränkt.[183] Die Wahrung der Einheitlichkeit des jeweiligen Erfindungsgegenstands vorausgesetzt, kann dies auch im Weg der nachträglichen Teilung erfolgen.[184] Auch die erstmalige Kumulierung einzelner Merkmale verschiedener Voranmeldungen lässt eine einheitliche Priorität für die Nachanmeldung nicht entstehen, da es insoweit an einer entspr Offenbarung eines solchen Erfindungsgegenstands in den Voranmeldungen fehlt. Vielmehr begründet die Nachanmeldung für die Merkmale, die in den Voranmeldungen nicht enthalten sind, eine eigene Priorität (Art 4 F Abs 2 PVÜ). Eine Mehrfachpriorität für ein und denselben Anspruch kommt danach in Betracht, wenn der Anspruch verschiedene eigenständige technische Lehren, insb Alternativlösungen, umfasst.[185]

62   Nach der Rspr der GBK[186] ist für die Frage, ob die Inanspruchnahme mehrfacher Priorität für ein und denselben Anspruch einer Anmeldung berechtigt ist, zwischen dem **„und"-Anspruch** und dem **„oder"-Anspruch** zu unterscheiden. Bei einem „und"-Anspruch kann bei einer ersten Prioritätsanmeldung mit einem offenbarten Anspruchsmerkmal A und einer zweiten Prioritätsanmeldung mit einem offenbarten Anspruchsmerkmal B zusammen mit A einem in der Nachanmeldung auf A und B gerichteten Anspruch eine Teilpriorität mit dem ersten Prioritätsdatum nicht zukommen, weil die Erfindung A und B nur zum Zeitpunkt der zweiten Prioritätsanmeldung offenbart wurde. Daraus folgt, dass für einen „und"-Anspruch eine mehrfache Priorität nicht beansprucht werden kann. Ist in diesem Fall der Gegenstand nur durch die jüngere Priorität gedeckt, sind Tatsachen, die zwischen der älteren und der jüngeren Priorität liegen, zu berücksichtigen.[187] Bei einem „oder"-Anspruch kann bei Offenbarung des Anspruchsmerkmals A in der ersten Prioritätsanmeldung und des Anspruchsmerkmals B als Alternative zu A in der zweiten Prioritätsanmeldung ein in der Nachanmeldung auf A oder B gerichteter Anspruch die erste Priorität für das Anspruchsmerkmal A und die zweite Priorität für das Anspruchsmerkmal B beanspruchen. Weiterhin soll die Priorität beider Anmeldungen auch für einen auf ein Merkmal C gerichteten Anspruch beansprucht werden können, wenn das Anspruchsmerkmal C in Form eines generischen Begriffs oder einer Formel oder anderweitig sowohl A als auch B umfasst, sofern dadurch eine beschränkte Zahl eindeutig definierter alternativer Gegenstände beansprucht wird.

63   **b.** Der Begriff der „**Teilpriorität**" erscheint bei konsequenter Anwendung der in Rn 61 angewendeten Grundsätze unscharf und sollte daher vermieden werden.[188] Denn es können gerade keine unterschiedlichen Prioritäten für verschiedene Anspruchsmerkmale einer einheitlichen Erfindung mosaikartig zusammengefügt werden. Vor diesem Hintergrund erscheinen auch Aussagen bdkl, die dahin gehen, die in der Voranmeldung offenbarte Erfindung dürfe innerhalb des Prioritätsjahrs „weiterentwickelt" werden, es dürften daher Merkmale in der Nachanmeldung nach Art 4 F Abs 1 PVÜ und Art 88 Abs 3 EPÜ hinzugefügt werden und die Teilpriorität gelte dann nicht für die nicht in der Voranmeldung, sondern erst und nur in der Nachanmeldung offenbarte Erfindung, also nicht für den sog „Überschuss".[189]

181 *Benkard* Einl Internat Teil Rn 57.
182 Näher hierzu *Ruhl* GRUR Int 2002, 16.
183 *Benkard-EPÜ* Art 88 Rn 15.
184 *Joos* GRUR Int 1998, 456, 458 f.
185 EPA G 2/98 ABl EPA 2001, 413 = GRUR Int 2002, 80 Erfordernis für die Inanspruchnahme einer Priorität für dieselbe Erfindung.
186 EPA G 2/98 ABl EPA 2001, 413, 426 f = GRUR Int 2002, 80 Erfordernis für die Inanspruchnahme einer Priorität für dieselbe Erfindung (zu Nr 6.5–6.7).
187 Vgl BPatG 28.4.1998 21 W (pat) 38/95.
188 Zutr *Ruhl* GRUR Int 2002, 16, 20; *Benkard-EPÜ* Art 88 Rn 18.
189 So *7. Aufl* und *Schulte* Rn 45; zutr differenzierend dagegen *Benkard-EPÜ* Art 88 Rn 11 ff.

3. Wirkungen im einzelnen

a. Rangsicherung. Die Priorität betrifft den Zeitrang der Anmeldung, der wiederum von Bedeutung 64
ist, soweit die Anmeldung zeitrang- (stichtags-)bezogen am StdT zu messen ist. Nach Art 4 B PVÜ kann
eine Nachanmeldung („spätere Hinterlegung") nicht durch Tatsachen berührt („unwirksam gemacht")
werden, die nach ordnungsgem Erstanmeldung innerhalb des Prioritätsintervalls („vor Ablauf dieser Fristen") eingetreten sind. Die Inanspruchnahme der Priorität bewirkt damit eine Rangsicherung.[190] Die stich-
tagsbezogene Beurteilung richtet sich nicht nach dem StdT zum Anmeldezeitpunkt, sondern zum früheren
Prioritätszeitpunkt (so ausdrücklich Art 89 EPÜ). Dies verhindert bei sachgem Ausnutzung der Prioritäts-
regelungen durch den Anmelder nicht nur Selbstkollisionen mit der eigenen früheren ausländ (§ 41) oder
inländ („innere Priorität", § 40) Anmeldung, sondern auch mit jeglichem sonstigem StdT. Die Priorität
verhindert damit auch den Erfolg von Anmeldungen Dritter im Prioritätsintervall, sie hat **Defensivwir-
kung** (§ 3 Abs 2; §§ 13 Abs 1, 15 Abs 1 Nr 2 GebrMG).[191] Bei wirksamer Inanspruchnahme einer Priorität tritt
ein früherer Zeitpunkt für die Feststellung des maßgeblichen StdT an die Stelle des Tags der Anmeldung;[192] dies gilt nicht nur für die Neuheitsprüfung, sondern auch für die Beurteilung der erfinderischen
Tätigkeit. In dieser Wirkung wird überwiegend die Fiktion eines früheren Anmeldetags gesehen („eingeschränkte Fiktionstheorie");[193] die Gegenmeinung nimmt den in der früheren Anmeldung enthaltenen
StdT von der Berücksichtigung aus.[194] Da die Prioritätsbeanspruchung auf die Berechnung der Patentlaufzeit keinen Einfluss hat (Art 4bis Abs 5 PVÜ),[195] kann durch sie im Ergebnis ein Hinausschieben des Schut-
zendes im Umfang bis zur Länge der Prioritätsfrist erreicht werden.

Die frühere Anmeldung begründet das Prioritätsrecht mit ihrem **Anmeldetag**. Jedoch lässt eine nach 65
ausländ Recht zulässige **Nachdatierung** das Prioritätsrecht mit dem Zeitrang der Nachdatierung entstehen.[196]

b. Keine Erleichterung der Nachanmeldung. Über die Rangsicherung hinausgehende Wirkungen 66
hat die Inanspruchnahme der Priorität nicht, so tritt insb keine Bindung an den zur früheren Anmeldung
ermittelten StdT ein.[197] Sie verschafft dem Erfinder insofern keine Erleichterung, als seine Folgeanmeldung
nach den jeweils geltenden innerstaatlichen Vorschriften eine patentfähige Erfindung verkörpern und den
innerstaatlichen Formvorschriften genügen muss. Das Prioritätsrecht darf nicht dahin missverstanden
werden, als ob es die Gesetzgebungsautonomie der Verbandsländer so weitgehend einschränkte, dass
durch die Stammanmeldung in einem Verbandsland zugleich ein Bündel von Patentanwartschaften für
alle übrigen Verbandsländer entstände; Rechtsänderungen im Prioritätsintervall sind vielmehr zu berücksichtigen.[198]

c. Vorbenutzungsrechte können im Prioritätsintervall nicht entstehen (Art 4 B PVÜ seit Londoner 67
Fassung; § 12 Abs 2; Rn 33 zu § 12).[199]

d. Akteneinsicht; Offenlegung. Für die Achtzehnmonatsfrist ist bei Prioritätsbeanspruchung das 68
Prioritätsdatum maßgebend (§ 31 Abs 2 Nr 2).

4. Verzicht auf das Prioriätsrecht ist jederzeit möglich (Rn 16 zu § 40).[200] 69

---

190 BGHZ 44, 263, 266 = GRUR 1966, 309 Flächentransistor; BGH GRUR 1971, 214 customer prints; *Benkard* Einl Internat
Teil Rn 66; *Schulte* Rn 52; vgl BPatGE 34, 160, 164 = GRUR Int 1995, 338.
191 *Benkard* Einl Internat Teil Rn 64; *Schulte* Rn 53; vgl auch RGZ 99, 145 = GRUR 1920, 102 Aufzwickmaschine II.
192 BGH Bausch BGH 1994–1998, 44, 47 Wasser-Öl-Wischtuch.
193 *Wieczorek* Unionspriorität S 241; *Tönnies* GRUR Int 1998, 451, 452; *Joos* GRUR Int 1998, 456, 460.
194 *Von Hellfeld* Mitt 1997, 294, 297.
195 BGH Wasser-Öl-Wischtuch; *Benkard* Einl Internat Teil Rn 64.
196 18, 21 = GRUR Int 1975, 437.
197 BGHZ 44, 263, 266 = GRUR 1966, 309 Flächentransistor; *Benkard* Einl Internat Teil Rn 64; vgl BPatGE 8, 190.
198 BGH Flächentransistor; BPatGE 2, 164, 169 f = BlPMZ 1963, 158; *Benkard* Einl Internat Teil Rn 66; *Schulte* Rn 52.
199 RGZ 153, 321, 324 = GRUR 1937, 367 Gleichrichterröhren; *Benkard* Einl Internat Teil Rn 64.
200 *Krüger* GRUR 1933, 353, 358 f; vgl auch BPatGE 17, 216 = BlPMZ 1976, 130; *Benkard* Einl Internat Teil Rn 69 mwN: nur
bis zur Patenterteilung.

70   **C. Sonstige Staatsverträge** haben für Prioritätsfragen – mit Ausnahme von EPÜ und PCT – lange Zeit keine praktische Rolle gespielt. Art 1 Abs 3, Art 2 **TRIPS-Übk** verpflichtet gegenüber Angehörigen der Mitgliedstaaten der Welthandelsorganisation (Rn 27 Einl IntPatÜG) zur Anwendung der Regelung in der PVÜ (1967); man wird das TRIPS-Übk ungeachtet der Frage seiner unmittelbaren Anwendbarkeit als Staatsvertrag iSd § 41 ansehen und die völkerrechtl Verpflichtung durch diese Bestimmung als umgesetzt ansehen müssen.[201] Die GBK hat jedoch entscheiden, dass das TRIPS-Übk den Anmelder einer eur Patentanmeldung nicht berechtigt, die Priorität einer ersten Anmeldung in einem Staat zu beanspruchen, der zu den maßgeblichen Zeitpunkten zwar Mitglied des TRIPS-Übk, aber nicht Mitglied der PVÜ war.[202] Seit der Änderung der Regel 4.10 AOPCT mit Wirkung vom 1.1.2000 ist grds auch im PCT-Bereich die Inanspruchnahme der Priorität von Anmeldungen in einem WTO-Mitgliedstaat möglich.[203] Indien erkennt eur Patentanmeldungen seit 20.5.2003 als prioritätsbegründend an.[204] Die EPÜ-Revision 2000 erkennt die Beanspruchung der Priorität auch von früheren Anmeldungen in Mitgliedstaaten der Welthandelsorganisation an (Art 87 Abs 1 EPÜ). Außerdem ermöglicht Art 87 Abs 5 EPÜ die gegenseitige Anerkennung von Prioritätsrechten im Verhältnis zu Anmeldungen bei einer weder der PVÜ noch der Welthandelsorganisation unterliegenden Behörde für den gewerblichen Rechtsschutz. Die das Vorbenutzungsrecht im Prioritätsintervall betr Regelung im Übk mit Österreich wird durch die PVÜ überlagert.

D. Prioritätsrecht nach Absatz 2

71   Die Regelung wurde durch Art 13 Abs 1 Nr 2 MarkenRRefG vom 25.10.1994[205] angefügt. Danach sollen wie im Markenrecht auch Patentanmeldungen in Staaten, die nicht der PVÜ angehören oder Vertragspartei eines anderen Staatsvertrags mit Bestimmungen über Prioritätsrechte sind, ein Prioritätsrecht begründen, wenn nach einer Bek des BMJ (jetzt: BMJV) Gegenseitigkeit gegeben ist.[206] Die Bestimmung soll der dt Industrie die Anmeldung in Ländern erleichtern, die Prioritätsrechte nur bei Vorliegen der Gegenseitigkeit anerkennen. Das Prioritätsrecht nach Abs 2 entspricht dem nach der PVÜ. Es reicht aber nur soweit, als Gegenseitigkeit besteht.

72   **Bekanntmachungen** sind bisher bzgl Taiwan, Ecuador und Kolumbien erfolgt (abgedruckt in der *6. Aufl*; für Kolumbien und Ecuador durch Beitritt zur PVÜ überholt;[207] für Taiwan durch Beitritt zur WTO).[208] Thailand ist durch die WTO-Mitgliedschaft erfasst. Für die Republik Kosovo ist eine Bek noch nicht ergangen, sie dürfte aber zu erwarten sein.

Vor § 42
Nationales und europäisches Prüfungs- und Erteilungsverfahren; internationale Recherche und Prüfung

Schrifttum: *Ausfelder* Die Dos und Don'ts im deutschen Patenterteilungsverfahren, VPP-Rdbr 2008, 29; *Cockburn/ Kortum/Stern* Are All Patent Examiners Equal? National Bureau of Economic Research Working Paper (2002) *Teschemacher* Die Zusammenführung von Recherche und Prüfung im europäischen Patenterteilungsverfahren, GRUR Int 2004, 796.

1   Das **nationale Prüfungs- und Erteilungsverfahren** (unter Einschluss der Recherche) ist in den §§ 42–58 geregelt, wobei die §§ 50–56 Sonderregelungen für geheimhaltungsbedürftige Anmeldungen betreffen. Insb die § 43 Abs 3 Satz 2, §§ 46, 47 enthalten allgemeine Verfahrensregeln, die auch im Einspruchsverfahren entspr anzuwenden sind (§ 59 Abs 4); § 44 Abs 1 und die §§ 45–48 gelten über § 64 Abs 3 Satz 1 im Beschränkungs- und Widerrufsverfahren entspr (zum Umfang dieser Verweisung Rn 22 zu § 64).

---

201   Vgl MittPräsDPA Nr 6/97 BlPMZ 1997, 213; im Verhältnis zu Thailand Hinweis BlPMZ 1998, 175.
202   EPA G 2/02, G 3/02 ABl EPA 2004, 483 = GRUR Int 2005, 58 Indische Prioritäten, auf Vorlagen EPA J 9/98 und J 10/98 ABl EPA 2003, 184 = GRUR Int 2003, 948 Indische Priorität.
203   Vgl Hinweis BlPMZ 1999, 437; EPA Indische Priorität unter 2.7.
204   ABl EPA 2003, 529.
205   BGBl 1994 I 3082 = BlPMZ 1994 Sonderheft S 1; Begr BlPMZ 1994 Sonderheft S 45, 131.
206   Zur Bedeutung der Bek vgl EPA J 9/98, J 10/98 ABl EPA 2003, 184 f Indische Priorität.
207   Vgl Bek vom 23.8.1996 BGBl II 2478 = BlPMZ 1996, 436.
208   Vgl sic! 2002, 553 f.

Anweisungen an den Prüfer ohne Rechtsnormqualität enthalten die Prüfungs- und Recherchenrichtlinien des DPMA.[1] Das Prüfungsverfahren führt regelmäßig zur Entscheidung über Erteilung des Patents oder Zurückweisung der Anmeldung (§§ 48, 49) oder des ergänzenden Schutzzertifikats (§ 49a). § 58 betrifft die Veröffentlichung der Patenterteilung und der Patentschrift; § 57, der die Erteilungsgebühr betraf, ist mWv 1.1.2002 aufgehoben.

Das **Patenterteilungsverfahren nach dem EPÜ** weicht in einigen Regelungen deutlich vom nationa- 2 len Verfahren ab. Die Zuständigkeiten sind zwischen der Eingangsabteilung in Den Haag, der Recherchenabteilung in Den Haag und der Prüfungsabteilung in München aufgeteilt;[2] dies wird durch das 1989 gestartete „BEST"-Programm („bringing examination and search together") zT korrigiert, das seit Ende 2000 auf alle eur Patentanmeldungen ausgedehnt worden ist. Im Rahmen des „PACE"-Programms kann eine Beschleunigung des Recherche- und auch des Prüfungsverfahrens beantragt werden. Zunächst erfolgt die Eingangsprüfung, bei der insb zu klären ist, ob der Anmeldung ein Anmeldetag (Zeitrang) zukommt. Darauf folgt die Formalprüfung nach Art 90 EPÜ iVm Regel 57, 60, 56 AOEPÜ. Die Erstellung eines Recherchenberichts ist daneben obligatorisch (Art 92 EPÜ). Der erste Prüfungsbescheid ergeht zusammen mit dem Recherchenbericht. Die Recherchenabteilung prüft auch die Einheitlichkeit. Die Veröffentlichung der eur Patentanmeldung entspricht im wesentlichen der nationalen (vgl § 32). Die Frist zur Stellung des Prüfungsantrags ist an die Veröffentlichung des eur Recherchenberichts gekoppelt (Art 94 Abs 1 EPÜ iVm Regel 70 AOEPÜ). Die Einführung der elektronischen Bearbeitung ist im Rahmen des „PHOENIX"-Projekts erfolgt. Auch das eur Erteilungsverfahren führt regelmäßig zur Erteilung des eur Patents oder zur Zurückweisung der Anmeldung; im Fall der Erteilung ergeben sich Besonderheiten daraus, dass das eur Patent für die verschiedenen benannten Staaten verschiedenen Inhabern zustehen und unterschiedlichen Inhalt haben kann. Hinweise im Einzelnen sind bei den vergleichbaren Regelungen des nationalen Rechts aufgenommen.

Der Patentzusammenarbeitsvertrag (PCT) stellt kein eigenständiges Erteilungsverfahren, aber Mög- 3 lichkeiten für **internationale Recherchen** und **internationale vorläufige Prüfung** zur Verfügung; die Berücksichtigung in nationalen und regionalen Erteilungsverfahren richtet sich nach dem jeweils maßgeblichen Recht. Die internat Recherche wird von bestimmten Patentämtern als Internationale Recherchenbehörde (International Search Authority, ISA) durchgeführt (Rn 7 vor Art III IntPatÜG; Rn 3 zu Art III § 3 IntPatÜG); für beim DPMA eingereichte internat Anmeldungen ist nach dem Zentralisierungsprotokoll das EPA internat Recherchenbehörde. Im Rahmen der fakultativen internat vorläufigen Prüfung wird das EPA auch für beim DPMA eingereichte Anmeldungen als mit der internat vorläufigen Prüfung beauftragte Behörde tätig; Näheres s Art III IntPatÜG. Die internat Prüfung führt zu einem Prüfungsbericht, der für die Bestimmungsstaaten, in denen er verwendet werden soll („ausgewählte Staaten") nicht verbindlich ist.

Statistik. Beim **DPMA** sind 2015 (2014, 2013, 2012, 2011, 2010, 2009, 2008, 2007, 2006, 2005, 2004, 4 2003) eingegangen 13.674, 14.004, 12.243, 11.931, 11.048, 10.747, 10.541, 11.616, 10.893, 10.335, 9.784, 9.516, 9.635) Recherchenanträge nach § 43 Abs 1, 2015, 2014 und 2013 nicht in der Statistik (2.729, 2.895, 3.185, 3.152, 3.283, 3.276, 3.451, 3.284, 3.073) Recherchenanträge nach § 7 Abs 1 GebrMG, Anträge auf Auskünfte zum StdT nach § 29 Abs 3 bis 2001 s 7. Aufl.

§ 42
(Offensichtlichkeitsprüfung)

(1) [1]Genügt die Anmeldung den Anforderungen der §§ 34, 36, 37 und 38 offensichtlich nicht, so fordert die Prüfungsstelle den Anmelder auf, die Mängel innerhalb einer bestimmten Frist zu beseitigen. [2]Entspricht die Anmeldung nicht den Bestimmungen über Form und über die sonstigen Erfordernisse der Anmeldung (§ 34 Abs. 6), so kann die Prüfungsstelle bis zum Beginn des Prüfungsverfahrens (§ 44) von der Beanstandung solcher Mängel absehen.

(2) Ist offensichtlich, daß der Gegenstand der Anmeldung
1. seinem Wesen nach keine Erfindung ist,
2. nicht gewerblich anwendbar ist oder
3. nach § 2 von der Patenterteilung ausgeschlossen ist,

---

1 DPMA-Prüfungsrichtlinien BlPMZ 2004, 69.
2 Vgl *MKG/Strebel* Einl zum Vierten Teil Rn 2 ff.

so benachrichtigt die Prüfungsstelle den Anmelder hiervon unter Angabe der Gründe und fordert ihn auf, sich innerhalb einer bestimmten Frist zu äußern.

(3) [1]Die Prüfungsstelle weist die Anmeldung zurück, wenn die nach Absatz 1 gerügten Mängel nicht beseitigt werden oder wenn die Anmeldung aufrechterhalten wird, obgleich eine patentfähige Erfindung offensichtlich nicht vorliegt (Absatz 2 Nr. 1 bis 3). [2]Soll die Zurückweisung auf Umstände gegründet werden, die dem Patentsucher noch nicht mitgeteilt waren, so ist ihm vorher Gelegenheit zu geben, sich dazu innerhalb einer bestimmten Frist zu äußern.

DPMA-PrRl vom 1.3.2004, BlPMZ 2004, 69, früher DPA-PrRl vom 2.6.1995 BlPMZ 1995, 269, zuvor DPA-PrRl vom 24.6.1981, BlPMZ 1981, 263

Ausland: Kosovo: Art 70, 72 PatG; **Luxemburg:** vgl Art 29, 30 PatG 1992/1998; **Niederlande:** Art 30 ROW 1995; **Österreich:** §§ 99, 100 öPatG (1992, Vorprüfung); **Polen:** Art 42, 46 GgE 2000; **Schweiz:** Art 47, 59 PatG, Art 50 PatV; **Serbien:** vgl Art 38, 40 (Formalprüfung) PatG 2004; **Slowakei:** § 40 PatG; **Slowenien:** Art 84, 85 GgE; **Spanien:** vgl Art 30, 31, 35 PatG; **Tschech. Rep.:** § 30 PatG; **Türkei:** vgl Art 53, 54 VO 551; **VK:** Sec 17 Abs 1–3 Patents Act

Schrifttum: *Althammer* Gesetz zur Änderung des Patentgesetzes, des Warenzeichengesetzes und weiterer Gesetze, GRUR 1967, 394; *Führing* Nochmals Einheitlichkeit einer Patentanmeldung, Mitt 1978, 105, *Löscher* Der künftige Ablauf des Patenterteilungsverfahrens und die sonstigen Neuerungen im Patentrecht, BB 1967, Beil 7.

A. Geltungsbereich

1   § 42 (vor 1981 § 28), durch Art 8 Nr 22 GPatG neu gefasst, gilt für alle seit dem 1.1.1981 eingereichten Anmeldungen (zu früher eingereichten Anmeldungen 7. *Aufl*). Die Vorschrift ist durch das 2.PatGÄndG im wesentlichen redaktionell angepasst worden. Dies gilt insb für deren Abs 1 Satz 1, der mit Rücksicht auf die Einführung einer Vorschrift über den Anmeldetag (§ 35) und die dadurch bedingte Änderung der Folge der Verweisungsnormen anzupassen war. Der frühere Abs 1 Satz 2 konnte im Hinblick auf die Neufassung des § 41 Abs 1 entfallen. Abs 1 Satz 2 entspricht Satz 3 aF; er ist lediglich um Mängel der „Form der Anmeldung" erweitert worden.[1] Art 7 Nr 18 KostRegBerG hat die Verweisung in Abs 1 Satz 2 redaktionell ange-

---

1   Vgl Begr BlPMZ 1998, 393, 404.

passt. Eine Anpassung an die Regelungen des BioTRlUmsG ist nicht erfolgt (vgl Rn 16). Das Gesetz zur Novellierung patentrechtlicher Vorschriften und anderer Gesetze des gewerblichen Rechtsschutzes hat infolge des Wegfalls der Zusatzpatente Abs 2 Satz 1 Nr 4 sowie Abs 2 Satz 2 und die Verweisung auf § 16 Abs 1 in Abs 3 Satz 1 gestrichen.

Ergänzende Schutzzertifikate unterliegen nicht der Offensichtlichkeitsprüfung. **2**

B. Entstehungsgeschichte, Zweck und systematische Stellung

Die Offensichtlichkeitsprüfung ist im Zusammenhang mit der – zur Beschleunigung des Verfahrens **3** eingeführten – aufgeschobenen Prüfung (jetzt § 44) durch das PatÄndG 1967 eingeführt worden.[2]

Die Offensichtlichkeitsprüfung soll sicherstellen, dass die zunächst ungeprüfte Anmeldung, ohne den **4** angestrebten Beschleunigungseffekt zu gefährden, gewissen **Mindestanforderungen** im Hinblick auf die Offenlegung (§ 31 Abs 2), die damit verbundenen Schutzwirkungen (§ 33 Abs 1), die Veröffentlichung der Offenlegungsschrift (§ 32 Abs 2) sowie eine etwaige isolierte Recherche gerecht wird, dh von gewissen offensichtlichen förmlichen und inhaltlichen Mängeln frei ist. Sie soll dementspr schnell und reibungslos klar zutage liegende Mängel abstellen, ohne der späteren vollständigen Prüfung nach § 44 („Sachprüfung") mehr als nötig vorzugreifen und ohne das Erteilungsverfahren in diesem frühen Stadium mehr als nötig zu belasten.[3] Entspr diesem Prüfungszweck ist die Offensichtlichkeitsprüfung gegenüber der Sachprüfung nach § 44 nach Umfang und Intensität begrenzt. Sie beschränkt sich auf die in Abs 1 und 2 ausdrücklich genannten Mängel (Rn 5 ff) und erfasst selbst diese nur, soweit sie offensichtlich (Rn 17 ff) sind. Darüber hinaus ist die Offensichtlichkeitsprüfung, die vAw erfolgt, gegenüber der nur auf Antrag erfolgenden Sachprüfung nach § 44 subsidiär (Rn 25). Wie die Prüfung nach § 44 setzt sie eine wirksame Anmeldung voraus,[4] bei Nichtanmeldungen (Rn 19 zu § 35) kommt sie nicht in Betracht.

C. Offensichtlichkeitsprüfung

I. Umfang

Der Umfang der Offensichtlichkeitsprüfung ist in § 42 abschließend und erschöpfend festgelegt. Die **5** Offensichtlichkeitsprüfung darf nicht auf andere als die dort aufgezählten Anmeldeerfordernisse, Patentierungsvoraussetzungen oder -hindernisse, insb nicht auf die Prüfung der materiellen Patentfähigkeit anhand des StdT (Neuheit, erfinderische Tätigkeit) ausgedehnt werden.[5]

Die Prüfungsstelle ist allerdings nicht gehindert, den Anmelder auch in diesem Verfahrensstadium **6** auf **zufällig aufgefundenen Stand der Technik** hinzuweisen, um ihn möglichst vor der Weiterverfolgung einer aussichtslosen Anmeldung zu bewahren.[6] Eine Zurückweisung kann auf solchen StdT aber auch bei vermutlich missbräuchlichem Handeln nicht gestützt werden.[7] Hat die Anmeldung Mängel, die die Zurückweisung im Rahmen der Offensichtlichkeitsprüfung rechtfertigen, ist die Erörterung anderer Patentierungsvoraussetzungen auch dann zu unterlassen, wenn zwischenzeitlich Prüfungsantrag nach § 44 gestellt ist, der Weg zu einer vollständigen Prüfung also grds eröffnet ist.[8]

II. Förmliche Anmeldeerfordernisse

Nach Abs 1 Satz 1 sind Gegenstand der Offensichtlichkeitsprüfung zunächst alle förmlichen Erfordernisse der Patentanmeldung iSd §§ 34–38 (Rn 10 ff zu § 34), gleich, ob sie sich aus dem PatG, der DPMAV, der PatV (Rn 13 zu § 34) oder der BioMatHintV ergeben. Die Offensichtlichkeitsprüfung der Zusammenfas-

2 Begr BlPMZ 1967, 244 ff, 255.
3 BGH GRUR 1971, 512, 514 Isomerisierung; BGHZ 57, 1, 19 = GRUR 1972, 80, 86 Trioxan; BGH GRUR 1974, 722 aromatische Diamine.
4 Vgl *Fitzner/Lutz/Bodewig* Rn 4; *Mes* Rn 4.
5 BPatGE 16, 119, 121; BPatGE 50, 260 = GRUR 2009, 50; BPatG 17.3.2010 7 W (pat) 33/04; *Schulte* Rn 42.
6 BPatGE 16, 119, 121.
7 BPatGE 16, 119, 121; *Benkard* Rn 21; zwd *Löscher* BB 1967, Beil 7 Fn 12.
8 BGH BlPMZ 1985, 117 f Energiegewinnungsgerät.

sung erstreckt sich nur auf die in § 36 Abs 2 und in der PatV bestimmten Formerfordernisse (DPMA-PrRl 2.4.).

8   Allerdings kann die Prüfungsstelle nach Abs 1 Satz 2 **von der Beanstandung** von Verstößen gegen Bestimmungen über die Form und die sonstigen Erfordernisse nach der PatV **absehen,** ihre Beanstandung bis zum Beginn des Prüfungsverfahrens nach § 44 zurückstellen, sofern die alsbaldige Beseitigung dieser Mängel vom Zweck der Offensichtlichkeitsprüfung nicht gefordert wird. Das DPMA kann sich mithin auf die Beanstandung solcher Mängel beschränken, die der Veröffentlichung der Anmeldeunterlagen (§ 32 Abs 2) entgegenstehen, den Zweck der Offenlegung gefährden oder eine sachgerechte Recherche behindern, was bei Mängeln iSd PatV nicht immer der Fall ist.[9] Abs 1 Satz 2 ist eine Kannvorschrift.[10] Sie hindert das DPMA nicht, nach seinem Ermessen auch weniger wichtige offensichtliche Mängel alsbald zu beanstanden, wenn sie ohne großen Aufwand beseitigt werden können, wie etwa eine unsachgem, nicht mit „1" beginnende Figurenzählung.[11]

9   Nach der Praxis des DPMA (vgl die DPMA-PrRl 2.5.) wird in der Offensichtlichkeitsprüfung insb beanstandet, wenn

- der **Patenterteilungsantrag** (Rn 24 ff zu § 34) **unvollständig** ist oder vom Inhalt der Vollmacht abweicht,
- zwh ist, ob das Patent für den Anmelder unter seiner Firma oder unter seinem bürgerlichen **Namen** beantragt wird,
- bei mehreren Anmeldern ohne gemeinsamen Vertreter ein **Zustellungsbevollmächtigter** nicht benannt ist oder die Unterschrift sämtlicher Mitanmelder nicht vorliegt oder
- Teile der **Anmeldungsunterlagen** (Patentansprüche, Beschreibung, ggf Zeichnungen sowie die Zusammenfassung – Text und ggf Zeichnung –) nach den §§ 34–36 fehlen,[12]
- die **Vollmachtsurkunde** für den oder die im Antrag angegebenen Vertreter unvollständig ist oder, sofern es sich nicht um anwaltliche Vertreter iSv § 18 Abs 3 DPMAV handelt, fehlt,
- bei Anmeldern, die im Inland weder Wohnsitz noch Niederlassung haben, eine eingereichte **Vollmachtsurkunde** nicht den Erfordernissen des § 25 entspricht,
- die **Bezeichnung** der Erfindung nicht kurz und genau ist (Rn 21),[13]
- die **Erfinderbenennung** (§ 37) fehlt oder unvollständig ist.

10   Die **Einheitlichkeit** der Erfindung ist in den DPMA-PrRl nicht mehr als bei den formellen Mängeln zu berücksichtigender Gesichtspunkt genannt; dass sie weiterhin von der Offensichtlichkeitsprüfung erfasst sein soll, ergibt sich zum einen aus ihrer Erwähnung bei der Bestimmung der Zuständigkeit des fachlich zuständigen Prüfers (DPMA-PrRl 2.3.), zum anderen daraus, dass die DPMA-RrRl unter Nr 2.7. ausführen, die Offensichtlichkeitsprüfung bezwecke in diesem Zusammenhang, dass mehrere Erfindungen, die offensichtlich nichts miteinander zu tun haben, nicht in einer Anmeldung missbräuchlich zusammengefasst werden. Offensichtliche Uneinheitlichkeit ist aber zu verneinen, wenn eine technisch sinnvolle und vor Berücksichtigung des StdT auch einheitliche Aufgabe angegeben werden kann, zu deren Lösung alle Teile der Anmeldung erforderlich oder zumindest dienlich sind.[14] Da die Prüfung der Einheitlichkeit regelmäßig die Ermittlung des StdT voraussetzt (Rn 131 zu § 34), für die im Rahmen der Offensichtlichkeitsprüfung aber kein Raum ist, kommt eine Beanstandung nur in Betracht, wenn der Mangel offen zutage tritt.[15] Eine

---

9   Vgl *Fitzner/Lutz/Bodewig* Rn 17.
10   BPatGE 20, 77, 79 = BlPMZ 1978, 53.
11   BPatGE 20, 77, 80 = BlPMZ 1978, 53.
12   Vgl BPatG 5.9.2007 7 W (pat) 30/06 (fehlende Patentansprüche); BPatG 8.5.2006 6 W (pat) 11/03 (freihändig gezogene Linien in den Zeichnungen, bdkl); BPatG 17.3.2010 7 W (pat) 33//04; BPatG 16.12.2013 14 W (pat) 46/12 (ausreichender Kontrast).
13   Vgl dazu aber BPatG 18, 15, 17 = BlPMZ 1976, 190.
14   BPatGE 21, 243 = GRUR 1979, 544; zur Frage der offensichtlichen Uneinheitlichkeit von niedermolekularen Stoffen, deren Herstellung und deren Weiterverarbeitung zu Kunststoffen BGH GRUR 1974, 722 aromatische Diamine; kr insoweit *Führing* Mitt 1978, 105.
15   BPatGE 16, 119, 122; BPatGE 21, 243, 246 = GRUR 1979, 544; BPatGE 50, 260, 263 f = GRUR 2009, 50; vgl *Schulte* Rn 19.

unnötige Zerstückelung der Patentanmeldung soll vermieden werden.[16] In Zweifelsfällen erfolgt keine Banstandung.[17]

Andere Verstöße gegen die PatV sind nur zu rügen, wenn sie den **Druck der Offenlegungsschrift** 11 behindern oder unmöglich machen, insb, wenn sich die Unterlagen infolge mangelhafter Qualität als Druckvorlage nicht eignen, die Vorschriften über das Format oder die weitere Anforderungen in §§ 5, 6, 11, 12, 13 und 15 PatV nicht eingehalten sind;[18] hier soll im Interesse der Öffentlichkeit ein strenger Maßstab angelegt werden (DPMA-PrRl 2.5.3.). Da die Veröffentlichung nur noch in elektronischer Form erfolgt (Rn 4 zu § 32), ist nunmehr auf die elektronische Veröffentlichungsfähigkeit abzustellen.[18a]

Hinsichtlich des Inhalts und Aufbaus der **Patentansprüche** und der **Beschreibung** sind nur 12 schwerwiegende Mängel zu beanstanden (DPMA-PrRl 2.5.4.).[19]

III. Offensichtlichkeitsprüfung nach Absatz 2 Satz 1

1. Offensichtliches Fehlen einer Erfindung (Nr 1). Die Zurückweisung der Anmeldung kommt hier- 13 nach in Betracht, wenn der Gegenstand der Anmeldung „seinem Wesen nach" keine Erfindung ist. Auch in diesem Fall darf lediglich die Unwirksamkeit der Anmeldung festgestellt werden, sondern diese muss nach Abs 3 zurückgewiesen werden.[20] Zum Wesen der Erfindung gehört auch, dass sie eine Lehre zum technischen Handeln gibt (Rn 18 ff zu § 1), weiter fällt unter die Bestimmung, dass es sich um eine Nichterfindung iSv § 1 Abs 3 handelt, aber nicht, dass sie ausführbar, wiederholbar und technisch brauchbar ist.[21]

Das „**perpetuum mobile**" fällt nicht darunter.[22] Ein theoretisches Modell, dem sich auch konkrete 14 technische Merkmale entnehmen lassen, die eine Anwendung als räumliches Demonstrationsmodell zulassen, kann nicht als offensichtlich nicht technisch zurückgewiesen werden.[23]

2. Fehlen der gewerblichen Anwendbarkeit (Nr 2). Das offensichtliche Fehlen kann im Verfahren 15 der Offensichtlichkeitsprüfung nur dann beanstandet werden, wenn es ohne Berücksichtigung des StdT festgestellt werden kann. Zum Begriff Rn 7 ff zu § 5.

3. Ausschlussgründe des § 2 (Nr 3). Die durch das BioTRlUmsG neu eingeführten Patentierungsver- 16 bote der §§ 1a, 2a werden mit einzubeziehen sein, auch wenn der Gesetzeswortlaut insoweit nicht angepasst worden ist.[24] Bei zweifelsfrei rein medizinischen Diagnose- und Heilverfahren, deren andere Verwendung nicht denkbar ist, wird infolge der Überführung der Materie in § 2a Abs 1 Nr 2 der Ausschluss nach Nr 3 entspr heranzuziehen sein (str).[25] Offensichtlich von der Patentierung ausgeschlossen sind Erfindungen, deren Verwertung gegen die öffentliche Ordnung oder die guten Sitten verstoßen würde (§ 2 Abs 1). In diesen Fällen kann uU die Offensichtlichkeit fehlen. Jedoch hat der Prüfer zB die einschlägigen Gesetze (nicht nur das PatG) zu Rat zu ziehen; er darf sich nicht auf die Auswertung seiner präsenten Gesetzeskenntnis beschränken (Rn 17 ff).[26] Die Beschränkung des Vertriebs durch die nationale Gesetzgebung reicht aber nicht aus (DPMA-PrRl 2.6.3.). Ausgeschlossen sind weiter Pflanzensorten oder Tierarten und im wesentlichen biologische Verfahren zu deren Züchtung sowie die ausschließlich durch solche Verfahren gewonnenen Pflanzen und Tiere.

---

16 BGHZ 149, 68, 80 GRUR 2002, 143, 146 Suche fehlerhafter Zeichenketten; BGH GRUR 1971, 512, 514 Isomerisierung; BGH GRUR 1974, 774 f Alkalidiamidophosphite; *Mes* Rn 6.

17 Vgl BPatGE 50, 260 = GRUR 2009, 50, 52; *Büscher/Dittmer/Schiwy* Rn 11.

18 Vgl BPatG 8.5.2006 6 W (pat) 11/03: freihändig gezogene Linien in den Zeichnungen.

18a Vgl BPatG 16.12.2013 14 W (pat) 46/12; BPatG 16.12.2014 21 W (pat) 70/09.

19 Vgl *Büscher/Dittmer/Schiwy* Rn 6; weitergehend BPatGE 20, 77, 80 = BlPMZ 1978, 53.

20 Vgl BPatG 13.10.2005 10 W (pat) 3/04.

21 AA offensichtlich *Benkard* Rn 11.

22 *Schulte* Rn 23 verneint mit BPatGE 26, 210 = GRUR 1985, 278 und BPatG GRUR 1985, 125 hier die gewerbliche Anwendbarkeit; BGH BlPMZ 1985, 117 f Energiegewinnungsgerät die Brauchbarkeit und beanstandet deshalb.

23 BPatGE 40, 254 „kernmechanisches Modell".

24 Vgl mit überzeugender Argumentation *Benkard* Rn 12, 12a, 12b; aA*Mes* Rn 8.

25 *Schulte* Rn 23 wendet ersichtlich weiterhin Nr 2 an.

26 BPatGE 11, 47, 50 = Mitt 1970, 97.

IV. Offensichtlichkeit

17   Entspr ihrem Zweck (Rn 3 f) ist die Offensichtlichkeitsprüfung außer im Prüfungsumfang auch in der Prüfungsintensität begrenzt, und zwar auf offensichtliche Mängel.

18   **Offensichtlich** sind Mängel, die dem Prüfer bei der Durchsicht der Unterlagen anhand seiner Sach- und Fachkenntnisse ohne Heranziehung nicht sofort verfügbaren Materials oder ohne zusätzliche Ermittlungen und Nachforschungen zweifelsfrei so deutlich erkennbar sind, dass ihre Darlegung allenfalls einer kurzen Begründung bedarf (DPMA-PrRl 2.4).[27] Fragen, die einen Schwierigkeitsgrad in rechtl und tatsächlicher Hinsicht erkennen lassen, der den Rahmen einer Offensichtlichkeitsprüfung sprengt, sind dem Prüfungsverfahren nach § 44 vorbehalten.[28] Das bedeutet allerdings nicht, dass eine flüchtige Prüfung genügte oder sich der Prüfer auf die Berücksichtigung seines präsenten Wissens beschränken dürfte, greifbare Lit, insb die einschlägigen Gesetze (nicht nur das PatG), hat er in Betracht zu ziehen.[29] Ist für den Prüfer der Mangel nicht zweifelsfrei oder erst nach längerem Studium der Unterlagen erkennbar, ist dies ein Indiz dafür, dass der Mangel nicht offensichtlich ist (DPMA-PrRl 2.4.).

19   Dies gilt nicht nur für Fragen mit mehr technischem, sondern auch für solche mit mehr rechtl Einschlag.[30] **Rechtsfragen** soll der Prüfer in der Offensichtlichkeitsprüfung deshalb nur aufgreifen, wenn sie aufgrund einer eindeutigen Gesetzeslage[31] oder gesicherten Rspr (auf die die DPMA-PrRl 2.4 allein abstellen) klar und zweifelsfrei beantwortet werden können und sich dabei keine besonderen Probleme ergeben.

20   Streitige **Grenzfragen** eignen sich grds nicht dazu, in einem Schnellverfahren ohne gründliche Prüfung des Einzelfalls und ohne nähere Erörterung mit dem Anmelder erledigt zu werden.[32] Dies gilt auch für die Bewertung wissenschaftlicher Schlüssigkeit und erst recht für die dem Prüfungsverfahren vorbehaltene Beurteilung der Schutzfähigkeit gegenüber dem StdT.[33] Erfolgt die Prüfung der Einheitlichkeit im Rahmen der Offensichtlichkeitsprüfung, kommt eine Zurückweisung der Anmeldung daher nur in Betracht, wenn sich auch unter Nichtbeachtung der Patentfähigkeit keine sinnvolle technische Aufgabe angeben lässt, zu deren Lösung alle Teile der Anmeldung nötig oder zumindest sachdienlich sind.[34]

21   Für die Offensichtlichkeitsprüfung ungeeignet ist regelmäßig die Beanstandung der **Bezeichnung** der Erfindung; denn sie wäre nur schnell und reibungslos zu klären, wenn der Prüfer alsbald einen für den Anmelder akzeptablen Formulierungsvorschlag unterbreitet.[35]

V. Verfahren

1. Verfahrensvoraussetzungen

22   **a. Amtsprüfung.** Ein Antrag ist für die Offensichtlichkeitsprüfung nicht erforderlich. Sie erfolgt vAw.

23   **b.** Erforderlich ist lediglich eine **wirksame Patentanmeldung.** Ob sie vorliegt, ist umfassend, ohne Beschränkung auf die Offensichtlichkeit etwaiger Mängel, zu prüfen und ggf vollständig aufzuklären. Hierher gehört zB die Prüfung, ob die Mindestvoraussetzungen einer Patentanmeldung erfüllt sind (Rn 10 ff zu § 35).[36] Hierzu gehört weiter die Prüfung der allg Verfahrensvoraussetzungen, wie zB der Beteiligten- und Handlungsfähigkeit des Anmelders (Rn 29 ff vor § 34) und der ordnungsgem Vertretung von Auswärtigen (§ 25).

---

27 BGH GRUR 1971, 512, 514 Isomerisierung; BGH GRUR 1990, 346 Aufzeichnungsmaterial; BPatGE 26, 110 f = GRUR 1985, 278; vgl *Mes* Rn 12; *Büscher/Dittmer/Schiwy* Rn 3.

28 BGHZ 57, 1, 19 f = GRUR 1972, 80, 86 Trioxan.

29 BPatGE 11, 47, 50 = Mitt 1970, 97.

30 BGH GRUR 1971, 512, 514 Isomerisierung.

31 BPatGE 11, 47, 50 = Mitt 1970, 97.

32 BGH Isomerisierung; BGH GRUR 1974, 722 aromatische Diamine; BPatGE 18, 15, 17 = BlPMZ 1976, 190; BPatGE 26, 110 f = GRUR 1985, 278; *Schulte* Rn 37.

33 BPatGE 40, 254 „kernmechanisches Modell".

34 BPatG BlPMZ 2008, 175 f.

35 BPatGE 18, 15, 17 = BlPMZ 1976, 190.

36 BPatGE 26, 198 = GRUR 1984, 804.

c. Beginn und Ende; Subsidiarität der Offensichtlichkeitsprüfung. Sind die in Rn 23 genannten **24** Voraussetzungen erfüllt, sollte die Offensichtlichkeitsprüfung alsbald aufgenommen werden, damit sie ihrem Zweck gem jedenfalls vor Ablauf der Frist des § 31 Abs 2 Nr 2 für die Offenlegung abgeschlossen werden kann.[37] Die abschließende Entscheidung soll nach verwaltungsinterner Vorgabe spätestens vier Monate nach dem Anmeldetag ergehen (DPMA-PrRl 2.8 3. Abs). Eine zeitliche Grenze für die Offensichtlichkeitsprüfung ist dadurch aber nicht vorgegeben; diese kann notfalls bis zum Eingang eines wirksamen Prüfungsantrags nach § 44 (Rn 25) fortgesetzt oder, zB bei Auftauchen neuer Mängel, wieder aufgenommen werden, etwa wenn sich nachträglich herausstellt, dass Unklarheiten der Anmeldung die Recherche ausschließen.[38]

Subsidiarität. Da die Sachprüfung nach § 44 weiter geht als die Offensichtlichkeitsprüfung, ist für **25** letztere kein Raum (mehr), wenn Prüfungsantrag nach § 44 gestellt wird.[39] Wird er mit oder alsbald nach der Anmeldung gestellt, kommt es zu keiner Offensichtlichkeitsprüfung.[40] Wird er später gestellt, ist eine noch nicht abgeschlossene Offensichtlichkeitsprüfung abzubrechen bzw in die Sachprüfung nach § 44 überzuleiten. Ergeben sich dabei Mängel, die im Rahmen der Offensichtlichkeitsprüfung zur Zurückweisung der Anmeldung hätten führen müssen, ist eine Prüfung der übrigen Patentierungsvoraussetzungen überflüssig und zu unterlassen.[41]

2. Zuständigkeit

a. Allgemeines. Die Offensichtlichkeitsprüfung ist Sache der Prüfungsstelle. Von der Ermächtigung **26** des § 43 Abs 8 Nr 3, sie anderen Stellen des DPMA zuzuweisen, ist kein Gebrauch gemacht (Rn 65 zu § 43). Die früher für die Offensichtlichkeitsprüfung zuständige Vorprüfungs- und Patentverwaltungsabteilung ist aufgelöst (Rn 43 zu § 27).[42]

b. Mittlerer und gehobener Dienst. Die formelle Bearbeitung von Patentanmeldungen erfolgt im **27** Rahmen der Ermächtigung in § 1 Abs 1, 2 WahrnV durch Beamte des gehobenen und mittleren Diensts und vergleichbare Tarifbeschäftigte.

c. Prüfer. Hingegen ist die Offensichtlichkeitsprüfung auf materielle Mängel iSv Abs 2 und auf fehlende **28** Einheitlichkeit, unzureichende Offenbarung und unzulässige Erweiterung, deren Beanstandung und Zurückweisung mangels Mängelbeseitigung einschließlich der Zurückweisung wegen formeller Mängel aus Gründen, denen der Anmelder widersprochen hat (§ 1 Abs 1 Nr 1 Buchst b WahrnV), Sache der technischen Prüfer iSv § 27 Abs 2 (Rn 13 zu § 27; DPMA-PrRl 2.3.).

3. Verfahrensgang

a. Allgemeines. Der Verfahrensgang der Offensichtlichkeitsprüfung ist in § 42 selbstständig geregelt. **29** Die Regelung entspricht derjenigen in §§ 45, 48 für das Prüfungsverfahren nach § 44. Auf deren Kommentierung wird daher ergänzend verwiesen. Für eine entspr Anwendung der übrigen Vorschriften des Prüfungsverfahrens (§§ 44 ff) ist nur begrenzt Raum. So sind die Vorschriften über die Begründung, Ausfertigung, Zustellung und Rechtsmittelbelehrung (§ 47) bei Zurückweisungsbeschlüssen in der Offensichtlichkeitsprüfung anwendbar. Eine Beweiserhebung (§ 46) und eine Aussetzung des Verfahrens kommen nicht in Betracht.[43]

Auch § 49 (Patenterteilung) ist unanwendbar. Die Offensichtlichkeitsprüfung führt zwar bei negativem **30** Ergebnis zu einem (Beanstandungs-) Bescheid bzw Zurückweisungsbeschluss iSv §§ 45, 48 (Rn 37 ff), ein **positives Prüfungsergebnis** wird jedoch nicht nach außen verlautbart, sondern lediglich in den Akten vermerkt (DPMA-PrRl 2.8.; Rn 36).

---

37 Vgl *Benkard* Rn 16; *Mes* Rn 15; BPatGE 34, 272 = BlPMZ 1995, 172.
38 *Benkard* Rn 17.
39 *Benkard* Rn 4.
40 Vgl *Büscher/Dittmer/Schiwy* Rn 1.
41 BGH BlPMZ 1985, 117 f Energiegewinnungsgerät.
42 MittPräsDPA BlPMZ 1968, 81; MittPräsDPA BlPMZ 1968, 270.
43 So auch *Schulte* Rn 36.

31   **b. Prüfungsbescheid.** Ergibt die Offensichtlichkeitsprüfung Beanstandungen iSv Abs 1, 2, ergeht, außer uU im Fall des Abs 1 Satz 2 (Rn 8), ein Beanstandungsbescheid. Er enthält bei Beanstandung von Mängeln, deren Beseitigung möglich ist, insb bei den förmlichen Beanstandungen nach Abs 1, die Aufforderung zur Mängelbeseitigung. Im Bescheid muss die Prüfungsstelle ihren Standpunkt klar und deutlich darlegen.[44] Der bloße Hinweis auf eine gesetzliche Vorschrift genügt ebensowenig[45] wie die Übersendung einer Bibliografiemitteilung mit Hinweis auf die Notwendigkeit der Nachreichung von Reinschriften oder auf die gesetzliche Frist für die Einreichung der Zusammenfassung,[46] auch nicht der Hinweis auf den Leitsatz oder die Gründe einer unveröffentlichten Entscheidung.[47]

32   Soweit die Beseitigung eines Mangels ausscheidet, insb in den Fällen des Abs 2, **benachrichtigt** die Prüfungsstelle den Anmelder unter Angabe der Gründe von der Beanstandung und fordert ihn auf, sich hierzu binnen einer bestimmten Frist zu äußern (Abs 2 Satz 1). Die Beanstandungsbegründung darf sich nicht auf summarische Feststellungen beschränken, sondern muss die Umstände und Überlegungen angeben, auf die sie sich stützt.

33   **c. Weitere Beanstandungsbescheide.** Außer in Ausnahmefällen ergeht nur ein Beanstandungsbescheid, auch wenn der Anmelder ihm widerspricht (DPMA-PrRl 2.8.; vgl Rn 38). Sind die vom Anmelder vorgebrachten Gründe stichhaltig, ist die Beanstandung fallenzulassen, andernfalls wird die Anmeldung zurückgewiesen. Auch soweit ausnahmsweise eine weitere Beanstandung ergeht, muss diese dem Anmelder förmlich zugestellt werden oder ihm sonst nachweisbar zugegangen sein, wenn die Entscheidung darauf gestützt werden soll.[48] Mitteilungsbedürftige Umstände sind nur Tatsachen und Verhältnisse tatsächlicher Art, nicht dagegen Rechtssätze und rechtl Erwägungen, also auch nicht die Änderung einer Rechtsauffassung des Prüfers (Rn 28 ff zu § 48).

34   **d. Äußerung des Anmelders; Frist.** Entspr der Ausgestaltung der Offensichtlichkeitsprüfung als Schnellverfahren kommen nur kurze Äußerungsfristen in Betracht. Regelmäßig wird eine Frist von einem Monat gesetzt, in Ausnahmefällen von 2 Wochen.[49] Die Frist für die Erwiderung auf Sachbescheide kann von vier auf zwei Monate abgekürzt werden, wenn andernfalls die Offensichtlichkeitsprüfung nicht vor der Offenlegung abgeschlossen werden kann (DPMA-PrRl 2.11.). Wiedereinsetzung ist nicht möglich, ein Wiedereinsetzungsantrag kann aber als Beschwerde auszulegen sein.[50]

35   **e. Beseitigung der Mängel.** Ziel des Prüfungsbescheids ist es, soweit möglich, dh insb in den Fällen des Abs 1 Satz 1, auf eine Beseitigung der Mängel hinzuwirken. In allen anderen Fällen, insb denen des Abs 2, geht es darum, dem Anmelder Gelegenheit zu geben, den Prüfer vom Fehlen des Mangels oder seiner Offensichtlichkeit zu überzeugen, uU aber auch die frühzeitige Rücknahme der Anmeldung zu erwirken.[51] Der Mangel der Uneinheitlichkeit kann durch Teilung der Anmeldung (§ 39), Ausscheidung oder durch Verzicht auf einen der Teile beseitigt werden.[52]

36   **f. Abschluss der Offensichtlichkeitsprüfung. Bei positivem Prüfungsergebnis.** Ergeben sich keine Beanstandungen, wird dies in den Akten vermerkt;[53] das gilt auch, wenn die Prüfungsstelle ihre Beanstandungen fallenlässt. Die Offensichtlichkeitsprüfung ist damit beendet. Eine förmliche Entscheidung ergeht nicht.[54] Jedoch sollte der Anmelder, wenn ein Beanstandungsbescheid ergangen ist, vom Fallenlassen der Beanstandung formlos unterrichtet werden.[55]

---

44   BPatG Mitt 1973, 53 f mwN; *Benkard* Rn 23.
45   BPatGE 11, 47, 49 = Mitt 1970, 97; BPatGE 26, 110 = GRUR 1985, 278.
46   BPatG 25.11.2004 20 W (pat) 62/04; *Schulte* Rn 39.
47   BPatGE 13, 201 f.
48   BPatG Mitt 1979, 178, GbmSache.
49   Vgl *Schulte* Rn 39.
50   BPatG 28.4.1998 6 W (pat) 45/97.
51   Vgl *Schulte* Rn 44.
52   Vgl *Fitzner/Lutz/Bodewig* Rn 23.
53   Vgl *Schulte* Rn 43; *Mes* Rn 17.
54   Vgl *Schulte* Rn 38.
55   *Löscher* BB 1967 Beil 7 S 3; *Benkard* Rn 27.

Zurückweisung der Anmeldung. Gelingt die Mängelbeseitigung nicht oder kann der Anmelder den 37
Prüfer nicht überzeugen, dass die beanstandeten Mängel nicht vorhanden oder nicht offensichtlich sind,
ist die Anmeldung zurückzuweisen. Die Zurückweisung darf nicht allein auf die Nichteinhaltung der Frist
(Abs 1 Satz 1) gestützt werden.[56]

Eine Zurückweisung darf auch nicht auf Gründe gestützt werden, die dem Anmelder **noch nicht mit-** 38
geteilt worden sind (Abs 3 Satz 2). Diese Bestimmung ist wiederholt auch für das Prüfungsverfahren herangezogen worden. Die Begründung ist mangelhaft, wenn der Anmelder ihr nicht zweifelsfrei entnehmen
kann, auf welchen Mangel die Zurückweisung der Anmeldung gestützt wird.[57] Ergeben sich nachträglich
Beanstandungen, auf die die Zurückweisung gestützt werden muss, weil sich zB frühere Beanstandungen
nachträglich als nicht stichhaltig erwiesen haben, bedarf es eines weiteren Beanstandungsbescheids, zu
dem der Anmelder binnen einer zu bestimmenden Frist Stellung nehmen kann. Ein Verstoß wäre eine
Verletzung des **Rechts auf Äußerung** (Rn 56 f vor § 34), also ein schwerer Verfahrensmangel.[58] Auch Überraschungsentscheidungen sind unzulässig.[59]

Die Entscheidung kann auch dann auf einen festgestellten offensichtlichen Mangel gestützt werden, 39
wenn **bereits Prüfungsantrag** nach § 44 gestellt ist.[60] Stellt der Anmelder Antrag auf Aussetzung mit konkretem neuem Vorbringen, soll zunächst über die Aussetzung zu entscheiden sein.[61]

Der Zurückweisungsbeschluss ist zu **begründen**, schriftlich auszufertigen und mit Rechtsmittelbe- 40
lehrung zuzustellen (§ 47). Da Zurückweisungsgründe nur offensichtliche Mängel sind, kann die Begründung idR kurz ausfallen.[62] Der Beschluss muss sich auch zur Offensichtlichkeit des Mangels äußern.[63]

g. Anfechtung. Der Zurückweisungsbeschluss unterliegt der Beschwerde nach § 73. 41

h. Verfahrenskostenhilfe kann bereits in der Offensichtlichkeitsprüfung gewährt werden, wenn der 42
Anmelder ersichtlich mit der Beseitigung der Mängel der Anmeldung überfordert ist.[64]

D. EPÜ

I. Allgemeines

Für die Eingangs- und Formalprüfung ist nach Art 16 EPÜ die Eingangsstelle zuständig. In Art 90 43
EPÜ, der auf die AOEPÜ verweist, sind die maßgeblichen Bestimmungen zusammengefasst. Regel 55
AOEPÜ betrifft die Eingangsprüfung, Regel 57 AOEPÜ die Formalprüfung und Regel 56 AOEPÜ das Verfah-
ren bei Fehlen von Teilen der Beschreibung oder von Zeichnungen.[65]

II. Die **Eingangsprüfung** nach Regel 55 AOEPÜ ist darauf beschränkt, ob bestimmte Erfordernisse für 44
die Zuerkennung eines Anmeldetags (Regel 40 Abs 1 a, c, Abs 2 und Abs 3 Satz 1 AOEPÜ) erfüllt sind. Festgestellte Mängel sind dem Anmelder mitzuteilen und er ist zu deren Beseitigung binnen einer Frist von
zwei Monaten mit dem Hinweis aufzufordern, dass die Anmeldung andernfalls nicht als eur Patentanmeldung behandelt werde. Falls die Mängel fristgerecht beseitigt werden, ist dem Anmelder der vom EPA
zuerkannte Anmeldetag mitzuteilen.

---

56 BPatG 17.3.2010 7 W (pat) 33/04; *Schulte* Rn 39.
57 BPatG 9.9.2008 34 W (pat) 12/08.
58 Vgl hierzu BPatGE 47, 21 = BlPMZ 2003, 245; *Schulte* Rn 42.
59 Vgl *Schulte* Rn 42 unter Hinweis auf (nicht zur Offensichtlichkeitsprüfung ergangene) Rspr des BPatG (BPatGE 53,
158 = GRUR 2013, 101; BPatG 9.7.2013 21 W (pat) 71/09).
60 BGH BlPMZ 1985, 117 f Energiegewinnungsgerät.
61 BPatG 2.6.2005 23 W (pat) 3/03 Mitt 2005, 555 Ls.
62 BPatG 19.2.2004 17 W (pat) 63/02; vgl BGH GRUR 1971, 512 Isomerisierung.
63 BGH GRUR 1979, 46 Corioliskraft I.
64 BPatGE 12, 177; *Schulte* Rn 46.
65 Zur Zuständigkeit der Eingangsstelle des EPA nach EPÜ 1973 J 4/85 ABl EPA 1986, 205 Berichtigung der
Zeichnungen; EPA J 33/89 ABl EPA 1991, 288 Berichtigung der Zeichnungen; s auch *Singer/Stauder* Art 91 EPÜ Rn 29.

III. Formalprüfung

45 **1. Allgemeines.** Art 90 Abs 3 EPÜ behandelt iVm Regel 57 AOEPÜ die weitere formale Prüfung solcher Anmeldungen, für die der Anmeldetag feststeht.

46 **2. Umfang der Prüfung.** Bei diesen Anmeldungen ist zu prüfen, ob gem Regel 57 AOEPÜ
- nach Buchst a iVm Art 14 Abs 2 EPÜ oder Regel 40 AOEPÜ eine erforderliche **Übersetzung** der Anmeldung rechtzeitig eingereicht worden ist,
- nach Buchst b der **Antrag auf Erteilung** eines eur Patents den Erfordernissen nach Regel 41 AOEPÜ entspricht,
- nach Buchst c die Anmeldung einen oder mehrere **Patentansprüche** nach Art 78 Abs 1 c EPÜ oder eine Bezugnahme auf eine früher eingereichte Anmeldung nach Regel 40 Abs 1c, 2 und 3 enthält, die zum Ausdruck bringt, dass sie auch die Patentansprüche ersetzt,
- nach Buchst d die Anmeldung eine **Zusammenfassung** nach Art 78 Abs 1 e enthält,
- nach Buchst e die **Anmeldegebühr** und die **Recherchengebühr** nach Regel 17 Abs 2 AOEPÜ, Regel 36 Abs 3 AOEPÜ oder Regel 38 AOEPÜ entrichtet worden sind,
- nach Buchst f die **Erfindernennung** nach Regel 19 Abs 1 AOEPÜ erfolgt ist,
- nach Buchst h ggf den **Erfordernissen** des **Art 133 Abs 2 EPÜ** entsprochen worden ist,
- nach Buchst i die Anmeldung den in **Regel 46, Regel 49** Abs 1–9 und 12 vorgeschriebenen **Erfordernissen** entspricht,
- nach Buchst j die Anmeldung den in **Regel 30 AOEPÜ** oder **Regel 163 Abs 3 AOEPÜ** vorgeschriebenen **Erfordernissen** entspricht.

47 **3.** Stellt die Eingangsstelle **behebbare Mängel** fest, gibt sie dem Anmelder nach Art 90 Abs 4 EPÜ Gelegenheit zur Mängelbeseitigung.

48 **4. Nichtbeseitigung der Mängel.** Werden die Mängel nicht fristgerecht behoben, wird die eur Anmeldung, soweit das EPÜ keine andere Rechtsfolge vorsieht, zurückgewiesen bzw der Prioritätsanspruch für die Anmeldung erlischt (Art 90 Abs 5 EPÜ).

49 **5. Nichtzahlung der Benennungsgebühr.** Wird die Benennungsgebühr für einen Vertragsstaat nicht rechtzeitig entrichtet, gilt die Benennung dieses Staats als zurückgenommen (Art 79 Abs 2 EPÜ iVm Regel 39 Abs 2 AOEPÜ). Seit 1.4.2009 gilt eine einheitliche Benennungsgebühr.[66]

50 **6. Nichtnennung des Erfinders.** Wird die Erfindernennung nicht rechtzeitig nachgeholt, gilt die eur Patentanmeldung als zurückgenommen (Art 91 Abs 5 EPÜ).

51 **7. Nichteinreichung von Teilen der Beschreibung und von Zeichnungen.** Werden Teile der Beschreibung oder Zeichnungen innerhalb von zwei Monaten nach dem Anmeldetag oder einer entspr Aufforderung durch das EPA eingereicht, wird der Anmeldetag auf den Tag der Einreichung der fehlenden Unterlagen festgesetzt (Regel 56 Abs 2 AOEPÜ). Werden die fehlenden Unterlagen rechtzeitig eingereicht und nimmt die Anmeldung die Priorität einer früheren Anmeldung in Anspruch, bleibt der Anmeldetag der Tag, an dem die Erfordernisse der Regel 40 Abs 1 AOEPÜ erfüllt waren, wenn die fehlenden Unterlagen vollständig in der früheren Anmeldung enthalten sind (Regel 56 Abs 3 AOEPÜ) und weitere in Regel 56 Abs 3a–c AOEPÜ genannte Vorraussetzungen vorliegen. Werden die zuletzt genannten Erfordernisse nicht rechtzeitig erfüllt, wird der Anmeldetag auf den Tag der Einreichung der fehlenden Unterlagen neu festgesetzt (Regel 56 Abs 5 AOEPÜ). Werden die fehlenden Unterlagen nicht innerhalb der genannten Frist von zwei Monaten eingereicht, gelten etwaige Bezugnahmen als gestrichen und die Einreichung der fehlenden Unterlagen als nicht erfolgt (Regel 56 Abs 4 AOEPÜ).

---

66 Näher *Singer/Stauder* EPÜ Art 79 Rn 5 ff.

§ 43
(Recherche)

(1) [1]Das Patentamt ermittelt auf Antrag den Stand der Technik, der für die Beurteilung der Patentfähigkeit der angemeldeten Erfindung in Betracht zu ziehen ist, und beurteilt vorläufig die Schutzfähigkeit der angemeldeten Erfindung nach den §§ 1 bis 5 und ob die Anmeldung den Anforderungen des § 34 Absatz 3 bis 5 genügt (Recherche). [2]Soweit die Ermittlung des Standes der Technik einer zwischenstaatlichen Einrichtung vollständig oder für bestimmte Sachgebiete der Technik ganz oder teilweise übertragen worden ist (Absatz 8 Nummer 1), kann beantragt werden, die Ermittlungen in der Weise durchführen zu lassen, dass der Anmelder das Ermittlungsergebnis auch für eine europäische Anmeldung verwenden kann.

(2) [1]Der Antrag kann nur von dem Patentanmelder gestellt werden. [2]Er ist schriftlich einzureichen. [3]§ 25 ist entsprechend anzuwenden.

(3) [1]Der Eingang des Antrags wird im Patentblatt veröffentlicht, jedoch nicht vor der Veröffentlichung des Hinweises gemäß § 32 Absatz 5. [2]Jedermann ist berechtigt, dem Patentamt Hinweise zum Stand der Technik zu geben, die der Erteilung eines Patents entgegenstehen könnten.

(4) [1]Der Antrag gilt als nicht gestellt, wenn bereits ein Antrag nach § 44 gestellt worden ist. [2]In diesem Fall teilt das Patentamt dem Patentanmelder mit, zu welchem Zeitpunkt der Antrag nach § 44 eingegangen ist. [3]Die für die Recherche nach § 43 gezahlte Gebühr nach dem Patentkostengesetz wird zurückgezahlt.

(5) [1]Ist ein Antrag nach Absatz 1 eingegangen, so gelten spätere Anträge als nicht gestellt. [2]Absatz 4 Satz 2 und 3 ist entsprechend anzuwenden.

(6) Stellt das Patentamt nach einem Antrag auf Recherche fest, dass die Anmeldung die Anforderung des § 34 Absatz 5 nicht erfüllt, so führt es die Recherche für den Teil der Anmeldung durch, der sich auf die in den Patentansprüchen als erste beschriebene Erfindung oder Gruppe von Erfindungen bezieht, die untereinander in der Weise verbunden sind, dass sie eine einzige allgemeine erfinderische Idee verwirklichen.

(7) [1]Das Patentamt teilt dem Anmelder das Ergebnis der Recherche nach Absatz 1 unter Berücksichtigung des Absatzes 6 ohne Gewähr für Vollständigkeit mit (Recherchebericht). [2]Es veröffentlicht im Patentblatt, dass diese Mitteilung ergangen ist. [3]Gegen den Recherchebericht ist ein Rechtsbehelf nicht gegeben. [4]Ist der Stand der Technik von einer zwischenstaatlichen Einrichtung ermittelt worden und hat der Anmelder einen Antrag im Sinne von Absatz 1 Satz 2 gestellt, so wird dies in der Mitteilung angegeben.

(8) Das Bundesministerium der Justiz und für Verbraucherschutz wird ermächtigt, zur beschleunigten Erledigung der Patenterteilungsverfahren durch Rechtsverordnung zu bestimmen, dass

1. die Ermittlung des in Absatz 1 bezeichneten Standes der Technik einer anderen Stelle des Patentamts als der Prüfungsstelle (§ 27 Absatz 1), einer anderen staatlichen oder einer zwischenstaatlichen Einrichtung vollständig oder für bestimmte Sachgebiete der Technik oder für bestimmte Sprachen übertragen wird, soweit diese Einrichtung für die Ermittlung des in Betracht zu ziehenden Standes der Technik geeignet erscheint;

2. das Patentamt ausländischen oder zwischenstaatlichen Behörden Auskünfte aus Akten von Patentanmeldungen zur gegenseitigen Unterrichtung über das Ergebnis von Prüfungsverfahren und von Ermittlungen zum Stand der Technik erteilt, soweit es sich um Anmeldungen von Erfindungen handelt, für die auch bei diesen ausländischen oder zwischenstaatlichen Behörden die Erteilung eines Patents beantragt worden ist;

3. die Prüfung der Patentanmeldungen nach § 42 sowie die Kontrolle der Gebühren und Fristen ganz oder teilweise anderen Stellen des Patentamts als den Prüfungsstellen oder Patentabteilungen (§ 27 Absatz 1) übertragen wird.

DPMA-RechRl vom 1.4.2014, BlPMZ 2014, 153; **EPA-PrRl** Teil B

Ausland: Belgien: Art 21 PatG 1984, Art 20–25 Erlass vom 2.12.1986 (Art 21 geänd durch Erlass vom 25.5.1987); **Dänemark:** §§ 9 PatG 1996; **Frankreich:** Art L 612-14, 15 Abs 1, R 612-53–69 CPI; **Luxemburg:** Art 34 (Angaben Dritter), 35, 36, 39 (Recherchenbericht) PatG 1992/1998; **Niederlande:** Art 32, 34–37 ROW 1995, Angaben Dritter Art 38 Abs 1 ROW 1995; **Österreich:** § 57a öPatG (1984), § 13 öPatV-EG (ergänzende Recherche); **Polen:** Art 47 RgE 2000; **Schweiz:** Art 49

Abs 4 PatG, Art 55–60 PatV; **Spanien:** Art 33, 34 (obligatorischer Bericht über StdT), 36 (Bemerkungen Dritter) PatG; **Türkei:** Art 56, 57, 58 VO 551; **VK:** Sec 17 Abs 4–7, Sec 21 (Angaben Dritter) Patents Act

Übersicht

Schrifttum: *Althammer* Gesetz zur Änderung des Patentgesetzes, des Warenzeichengesetzes und weiterer Gesetze, GRUR 1967, 394; *Bendl/Weber* Patentrecherche im Internet[4], 2013; *Beyer* Recherche und Prüfung einer Erfindung auf Patentfähigkeit, GRUR 1986, 345; *Brüntjen/Ruttekolk/A. Teschemacher* Zur Vertraulichkeit von Internetrecherchen, GRUR 2013, 897; *Davies* Searching Computer-Implemented Inventions: The Truth is Out There, EIPR 2006, 509, 2007, 1; *EPA* (Hrsg) Patentinformationsdienste für Experten, Benutzerhandbuch, 2012, auch im Internet abrufbar; *Finniss* Internationale und europäische Recherche zur Ermittlung des Standes der Technik, GRUR Int 1973, 366; *Haertel* Die internationale Patentklassifikation und ihre Bedeutung für die Neuheitsrecherche, GRUR Int 1975, 65; *Holzer* Über Akronyme zu einem europäischen Patentrecherchenstandard, ÖBl 2010, 49; *Löscher* Der künftige Ablauf des Patenterteilungsverfahrens und die sonstigen Neuerungen im Patentrecht, BB 1967 Beil 7; *Luginbühl* Einführung des erweiterten europäischen Recherchenberichts, sic! 2005, 232; *Luginbühl* Verstärkte Nutzung von Vorarbeiten unter den Patentämtern, sic! 2008, 765; *Luginbühl* Die Pflicht der Anmelder zur Einreichung von Arbeitsergebnissen von Erstanmeldeämtern beim EPA nach der revidierten Rgel 141 EPÜ und der neuen Regel 70b EPÜ, sic! 2010, 922; *Schäfers* Aspekte des neuen Patentrechts, Mitt 1981, 6, 14 f; *Stortnik* Erhöhung der Effektivität des Patentprüfungsverfahrens, GRUR 2010, 871; *Teply* Probleme der Patentrecherche, Mitt 1978, 47; *Teply* Kategorien von Dokumenten in EP- und PCT(WO)-Recherchenberichten, Mitt 1982, 88; *Teschemacher* Die Zusammenführung von Recherche und Prüfung im europäischen Patenterteilungsverfahren, GRUR Int 2004, 796; *van der Burg* Conclusies aanpassen na het nieuwheidsrapport? BIE 1999, 237; *Völcker* Methodik und Ökonomie der isolierten und gezielten Recherche, Mitt 1973, 221; *Wittmann* Ablageorientierte und inhalterschließende Dokumentation für die Patentrecherche, GRUR 1974, 130; *Wittmann* Die technische Dokumentation des Deutschen Patentamts, Mitt 1983, 48; *Wittmann/Schiffels* Grundlagen der Patentdokumentation (1976).

A. Geltungsbereich; Normzweck

I. Zeitlich; Gesetzesgeschichte

Die durch das PatÄndG 1967 (Vorabgesetz) als § 28a in das Gesetz eingefügte Bestimmung wurde **1** durch Art 8 Nr 23 GPatG mit der Einfügung des Abs 1 Satz 2 und des Abs 7 Satz 2 sowie redaktionellen Änderungen in Abs 3 Satz 1 und Abs 7 Satz 1 geänd; geltende Bezeichnung durch die Neubek 1981. Die Vorschrift galt nach Art 12 Abs 1, Art 17 Abs 3 GPatG für alle seit dem 1.1.1981 eingereichten Anmeldungen in dieser Fassung. Art 7 Nr 19 KostRegBerG hat Abs 1 Satz 1 um die internat übliche Kurzbezeichnung „Recherche" ergänzt, Abs 2 Satz 4 (Recherchegebühr) wegen Übernahme der Bestimmung in das PatKostG aufgehoben und Abs 4 Satz 3 redaktionell angepasst. Das Gesetz zur Novellierung patentrechtlicher Vorschriften und anderer Gesetze des gewerblichen Rechtsschutzes (PatNovG) hat umfangreiche Änderungen vorgenommen, insb die Neudefinition der Recherche in Anpassung an internat Recherchestandards insb im PCT und im EPÜ, den Wegfall des selten genutzten Rechts der (weiterhin zur Stellung des Prüfungsantrags und zur Einreichung von Hinweisen zum StdT berechtigten) Dritten, einen Rechercheantrag zu stellen, die Einbeziehung weiterer Patenterteilungsvoraussetzungen, die Prüfung der Uneinheitlichkeit auch im Rahmen der Recherche und die Ersetzung des Begriffs der „Druckschriften".[1] Die Neuregelung ist am 1.4.2014 in Kraft getreten, sie gilt aber auch für bei Inkrafttreten noch nicht abgeschlossene Rechercheverfahren.[2] Für Recherchen zu Zusatzpatenten gilt die Übergangsregelung in § 147 Abs 3. Zur Übermittlung von Arbeitsergebnissen an das EPA Art II § 3 IntPatÜG idF des PatNovG. Die 10. ZuständigkeitsanpassungsVO hat nach dem Wort „Justiz" die Worte „und für Verbraucherschutz" eingefügt.

II. Die **Gebrauchsmusterrecherche** ist in § 7 GebrMG teilweise abw geregelt.

2

III. Für **ergänzende Schutzzertifikate** kommt eine Recherche nicht in Betracht.

3

IV. Normzweck; systematische Stellung

Die Recherche dient der Ermittlung des für die Beurteilung der Patentfähigkeit der angemeldeten Er- **4** findung in Betracht zu ziehenden StdT. Sie ermöglicht dem antragstellenden Anmelder oder Dritten die Beurteilung der Patentfähigkeit, insb der Neuheit und der erfinderischen Tätigkeit des Gegenstands der Anmeldung vor Eintritt in das Prüfungsverfahren. Die Schwierigkeit der Recherche bei „computerimplementierten Erfindungen" wird kontrovers beurteilt.[3] Die im Gegensatz zur Recherche im Rahmen eines Prüfungsverfahrens nach § 44 „selbstständige" („isolierte", vgl Rn 2 zu § 7 GebrMG) Recherche ist nach ihrer Stellung im Gesetz und im Gesamtsystem Teil des Patenterteilungsverfahrens und kann nur in seinem Verlauf und für seine Zwecke durchgeführt werden. Die Recherche kann also höchstens bis zum Ablauf von sieben Jahren nach der Anmeldung (§ 58 Abs 3)[4] und nur bis zu einer etwaigen Zurückweisung, zB in der Offensichtlichkeitsprüfung (§ 42), oder Rücknahme der Anmeldung beantragt und durchgeführt

---

1 Vgl Begr BTDrs 17/10308 = BlPMZ 2013, 366, 371 f.
2 *Schulte* Rn 3.
3 Vgl *Davies* EIPR 2006, 509 unter Hinweis auf PatentsC [2005] EWHC 1589 (Pat).
4 *Löscher* BB 1967, Beil 7.

werden. Eine anhängige Recherche endet mit dem Fortfall der Anmeldung. Die selbstständige Recherche nach § 43 ist ein fakultativer, kein notwendiger Teil des Patenterteilungsverfahrens (anders nach dem EPÜ). Statt ihrer kann, ggf schon mit der Anmeldung, die Prüfung der Patentanmeldung nach § 44 beantragt werden, in deren Rahmen der für die Beurteilung der Patentfähigkeit maßgebliche StdT gleichfalls ermittelt wird und neben der für die selbstständige Recherche deshalb kein Raum ist (Abs 4). Jedoch empfiehlt sich die selbstständige Recherche als der kostengünstigere Weg zur Klärung der Erfolgsaussichten eines etwaigen Prüfungsverfahrens, ggf auch – bei einem für die Anmeldung negativen Ergebnis – zur Einsparung der Kosten und des Aufwands eines Prüfungsverfahrens. Die Prüfungsantragsgebühr (350 EUR) ermäßigt sich nämlich nach vorgängiger Recherche um 200 EUR (GebVerz Nr 311200, 311300, 311400). Im Prüfungsverfahren bildet der bei einer vorgängigen selbstständigen Recherche ermittelte StdT den Ausgangspunkt, wenn auch nicht die alleinige Grundlage der Prüfung (Rn 56 zu § 44).

B. Recherche nach nationalem Recht

I. Verfahrensvoraussetzungen

1. Antrag

5 **a. Grundsatz.** Die Recherche setzt einen besonderen Antrag voraus (Abs 1 Satz 1). Er kann nur auf Ermittlung des StdT gerichtet sein, der für die Beurteilung der Patentfähigkeit der angemeldeten Erfindung in Betracht zu ziehen ist (Abs 1 Satz 1).

6 Da der Rechercheantrag kein notwendiger Bestandteil des Erteilungsverfahrens ist, kann zwh sein, ob eine **selbstständige Recherche** tatsächlich gewollt ist oder eine Recherche im Rahmen der Prüfung. Dies hat die Prüfungsstelle durch Auslegung des Antrags, iZw durch Rückfrage zu klären.[5]

7 **b. Antrag nach Absatz 1 Satz 2.** Der Antrag, die Ermittlung mit der Maßgabe des Abs 1 Satz 2, dh so durchzuführen, dass das Ermittlungsergebnis auch für eine eur Anmeldung verwendet werden kann, kann mangels entspr Übertragung der Recherche gegenwärtig nicht gestellt werden (Rn 63).

8 **c. Statthaftigkeit.** Der Rechercheantrag kann gestellt werden, sobald und solange die Patentanmeldung anhängig[6] (abw bei der GbmRecherche, Rn 7 zu § 7 GebrG) und noch kein zulässiger Prüfungsantrag (Abs 4 Satz 1) oder ein anderer Rechercheantrag (Abs 5) gestellt ist. Der Rechercheantrag setzt nicht den Abschluss der Offensichtlichkeitsprüfung voraus, diese wird jedoch, da sie die Recherche vorbereiten kann (Rn 5, 11 zu § 42) zweckmäßigerweise vor Eintritt in die Recherche abgeschlossen.

9 **d. Antragsberechtigung.** Den Antrag kann anders als vor Inkrafttreten der Neuregelung nur der Anmelder stellen (Abs 2 Satz 1).

10 **e. Rechtsschutzbedürfnis** ist nicht erforderlich (zur Verfahrenskostenhilfe Rn 62).

11 **f. Rücknahme** des Antrags beendet die Recherche. Eine entspr Anwendung des § 44 Abs 4, wonach die Prüfung auch bei Rücknahme des Prüfungsantrags fortgesetzt wird, kommt nicht in Betracht.[7]

12 **g. Anfechtung.** Der Antrag unterliegt wegen seines rein verfahrensrechtl Charakters nicht der Irrtumsanfechtung.[8]

13 **2. Die allgemeinen Verfahrensvoraussetzungen** müssen, da der Rechercheantrag ein Verfahren einleitet, erfüllt sein, insb muss Beteiligten- und Handlungsfähigkeit des Antragstellers gegeben sein (Rn 29 ff vor § 34).

---

5 BPatG 24.8.2006 10 W (pat) 13/06; *Schulte* Rn 21.
6 BPatGE 16, 33, 35 = BlPMZ 1974, 169; *Mes* Rn 7.
7 BPatGE 13, 195, 198 = Mitt 1972, 117; vgl *Schulte* Rn 24.
8 BPatG 12.11.1998 5 W (pat) 18/96; *Bühring* § 7 GebrMG Rn 4.

3. Besondere Verfahrensvoraussetzungen

a. Der Antrag erfordert **Schriftform** (Abs 2 Satz 2; zur Schriftform, die auch elektronische Dokumente **14** erfasst, Rn 62 ff vor § 34).

b. Zeitpunkt. Eine Antragsfrist ist nicht gesetzt, jedoch liegt eine zeitliche Begrenzung des Recher- **15** cheantrags in seiner Natur.[9]

c. Der auswärtige Anmelder benötigt bereits nach § 25 für das Anmeldeverfahren einen **Inlandsver- 16 treter.** Die frühere Regelung in Abs 2 Satz 3 aF war damit entbehrlich.

d. Gebühr. Der Antrag ist gebührenpflichtig. Die Gebührenpflicht ergibt sich aus den Vorschriften **17** des PatKostG. Die Gebühr beträgt seit 1.4.2014 300 EUR, zuvor 250 EUR (GebVerz Nr 311200). Die Recherchegebühr wird mit Einreichung des Rechercheantrags fällig (§ 3 Abs 1 PatKostG). Die Gebührenzahlung hat der Antragstellung binnen drei Monaten nachzufolgen (§ 6 Abs 1 Satz 2 PatKostG). Wird die Gebühr nicht in dieser Frist entrichtet, gilt der Rechercheantrag – außer im Fall der Verfahrenskostenhilfe (§ 130 Abs 2 Satz 1 iVm Abs 6) – als zurückgenommen (§ 6 Abs 2 PatKostG; s im einzelnen die Kommentierung zum PatKostG). Die Gebühr enfällt bei Nichtzahlung, außer wenn die Recherche bereits durchgeführt ist (§ 10 Abs 2 PatKostG): Zur Recherchegebühr bei Teilanmeldungen Rn 33 zu § 39.

Übergangsregelungen. Bei einer Änderung des Gebührensatzes gilt der bisherige Gebührensatz nur **18** dann fort, wenn der Rechercheantrag und die Gebührenzahlung vor Inkrafttreten der Gebührenänderung eingegangen sind ist (§ 13 Abs 2 PatKostG; näher 7. Aufl Rn 16). Wird eine innerhalb von drei Monaten nach dem Inkrafttreten eines geänd Gebührensatzes fällig werdende Recherchegebühr noch nach dem bisherigen Gebührensatz entrichtet, kann der Unterschiedsbetrag zur neuen Gebühr bis zum Ablauf einer vom DPMA zu setzenden Frist nachentrichtet werden (§ 13 Abs 3 PatKostG).

Rückzahlung der Recherchegebühr sehen Abs 4 Satz 3, Abs 5 Satz 2 für den Fall vor, dass der Re- **19** chercheantrag wegen eines früheren Prüfungs- oder Rechercheantrags als nicht gestellt gilt. Diese Regelung ist überflüssig, weil hier mangels Rechtsgrunds die Recherchegebühr schon nach allg Regeln zurückzuzahlen ist (Rn 5 ff zu § 10 PatKostG), und auch, weil die Antragsmöglichkeit für Dritte nicht mehr besteht.[10] Ist die Recherchegebühr fällig geworden, ist sie verfallen. Sie ist also zu zahlen und beitreibbar, es sei denn, dass ihre Nichtzahlung dazu geführt hat, dass der Rechercheantrag nach § 6 Abs 2 als zurückgenommen gilt und die Rechercheleistung noch nicht erbracht ist (§ 10 Abs 2 PatKostG; näher Rn 22 f zu § 10 PatKostG; vgl auch Rn 35 zu § 44 zur Rückzahlung der Prüfungsantragsgebühr). Wird zugleich mit der Einreichung der Anmeldung eine Recherche beantragt, diese aber nicht bis zum Ablauf der Prioritätsfrist zur Einreichung einer Nachanmeldung angefertigt, kann der Antragsteller auch bei Rücknahme des Recherchenantrags jedenfalls idR die Zurückzahlung der Recherchegebühr nicht verlangen.[11] Die Gebühr kann grds nicht zurückgefordert werden, so nicht bei erklärter Rücknahme,[12] bei fingierter Rücknahme, wenn die Recherche vorgenommen wurde (vgl § 10 Abs 2 PatKostG),[13] oder Zurückweisung des Rechercheantrags, Wegfall der Anmeldung.[14] Sie kann dann auch nicht für einen erneuerten Rechercheantrag verwendet werden.[15] Eine Rückzahlung kommt weder unter bereicherungsrechtl noch unter Gesichtspunkten

---

9 Vgl *Schulte* Rn 13.
10 So auch *Benkard* Rn 14.
11 BPatGE 44, 170; BPatGE 46, 207 = BlPMZ 2004, 162; näher *Bühring* § 7 GebrMG Rn 12.
12 Unklar *Schulte* Rn 18 unter Hinweis auf BPatG 22.2.2007 10 W (pat) 49/05, zur Prüfungsantragsgebühr.
13 *Schulte* Rn 17 f; vgl zum früheren Recht BPatGE 13, 195, 197 = Mitt 1972, 117; BPatGE 44, 170; BPatGE 46, 207 = BlPMZ 2004, 162, zu § 7 Abs 2 Satz 4 GebrMG: idR auch nicht, wenn die Recherche nicht bis zum Ablauf der Prioritätsfrist durchgeführt ist.
14 BPatGE 16, 33 f = BlPMZ 1974, 169; vgl auch BPatGE 11, 55; BPatGE 11, 222; BPatGE 25, 32 = GRUR 1983, 116; BPatG BlPMZ 1985, 114; vgl zur Prüfungsantragsgebühr BPatG 22.2.2007 10 W (pat) 49/05; aA für diese BPatG Mitt 1980, 77 mAnm *Stratmann*.
15 BPatGE 13, 195, 197 = Mitt 1972, 117.

des öffentlich-rechtl Erstattungsanspruchs[16] noch aus Billigkeitsgründen in Betracht.[17] Jedoch ist die Gebühr zu erstatten, wenn die Zahlung ohne Rechtsgrund erfolgt ist (§ 10 PatKostG).[18]

20   **e. Kein früherer Recherche- oder Prüfungsantrag.** Der Rechercheantrag gilt als nicht gestellt, wenn bereits ein wirksamer Prüfungsantrag nach § 44 gestellt ist (Abs 4 Satz 1) oder ein früherer, wirksam gestellter Rechercheantrag vorliegt (Abs 5 Satz 1); in Betracht wird hier nurmehr der Antrag eines Mitanmalers kommen. Von mehreren derartigen Anträgen ist der zuerst wirksam gestellt, für den der Antrag (nicht auch die Gebühr) zuerst beim DPMA eingegangen ist.[19]

21   **f. Besonderheiten bei Teilung und Ausscheidung.** Ein bereits vor Teilung oder Ausscheidung gestellter unerledigter Rechercheantrag gilt auch für die Teil- oder Ausscheidungsanmeldung (Rn 72 zu § 39). Jedoch ist für sie die Recherchegebühr nachzuentrichten, wenn die Recherche auch für die Teilanmeldung durchgeführt werden soll.[20] Ist die Teilung nach dem Zeitpunkt erklärt worden, zu dem in der ursprünglichen Anmeldung Prüfungsantrag gestellt worden ist, hat der Anmelder eine isolierte Recherchegebühr und die ermäßigte Prüfungsgebühr zu entrichten.[21] Ein im Stammverfahren infolge Durchführung der Recherche erledigter Rechercheantrag lebt im Verfahren der Ausscheidungsanmeldung nicht von selbst wieder auf, sondern muss erneut ausdrücklich gestellt werden, wenn der Trennanmelder eine nochmalige Recherche wünscht.[22]

II. Zuständigkeit

22   **1. Grundsatz.** Für die Bearbeitung des Rechercheantrags ist die Prüfungsstelle zuständig (§ 27 Abs 1 Nr 1; vgl Rn 9 zu § 27). Alle wirksam gestellten Rechercheanträge werden von der Prüfungsstelle bearbeitet, in deren Aufgabenbereich die gem IPC angegebene Hauptklasse fällt. Nach Feststellung der Wirksamkeit des Prüfungsantrags wird die Akte der für die Hauptklasse zuständigen Prüfungsstelle zur Durchführung der Recherche zugeleitet. Diese prüft alsbald ihre Zuständigkeit und ergänzt etwa fehlende Nebenklassen; hält sie sich nicht für zuständig, leitet sie unverzüglich Maßnahmen zur Feststellung der für die Hauptklasse zuständigen Prüfungsstelle ein (RechRl unter 3).

23   **2. Übertragung.** Von der Ermächtigung des Abs 8 Nr 1, die Zuständigkeit auf andere Stellen zu übertragen, ist gegenwärtig kein Gebrauch gemacht (Rn 63).

24   **3. Die sachliche Durchführung der Recherche** ist dem Prüfer vorbehalten.

25   **4. Die formelle Bearbeitung** der Anträge einschließlich der Feststellung, dass der Antrag wegen Nichtzahlung der Recherchegebühr als zurückgenommen (Rn 17) oder wegen eines früher eingegangenen Antrags als nicht gestellt gilt (Rn 31), ist auf die **Beamten des gehobenen Dienstes** und vergleichbare Tarifbeschäftigte übertragen (§ 1 Abs 1 Nr 3 WahrnV, vgl Rn 55 zu § 27).

26   Die Aufforderung, bei Altverfahren vor Abschaffung des Zusatzpatents einen Recherche- oder Prüfungsantrag auch für das Hauptpatent zu stellen (Abs 2 Satz 4 aF), ist auf die **Beamten des mittleren Dienstes** und vergleichbare Tarifbeschäftigte übertragen (§ 1 Abs 2 Nr 4 WahrnV).

27   **5.** Diese werden als die für die formelle Bearbeitung „zuständige Stelle" angesprochen (RechRl unter 3). Diese Stelle führt den notwendigen Schriftwechsel mit dem Anmelder oder dem Antragsteller. Ein unmittelbarer Schriftwechsel zwischen diesen und der Prüfungsstelle findet während des Rechercheverfahrens nicht statt.

---

16   BPatGE 44, 170.
17   BPatGE 16, 33 f = BlPMZ 1974, 169; *Benkard* Rn 14; zur unvollständigen Recherche BPatG 6.4.2006 10 W (pat) 2/05 Mitt 2006, 426 Ls; zwd *Bühring* § 7 GebrMG Rn 12 unter Hinweis auf BPatGE 46, 207 = BlPMZ 2004, 162.
18   *Schulte* Rn 17.
19   *Schulte* Rn 20; vgl zur früheren Rechtslage BPatGE 11, 55; BPatGE 11, 222; BPatGE 12, 85, 88.
20   *Schulte* Rn 22.
21   BPatGE 45, 153, 156 = BlPMZ 2002, 385.
22   BPatGE 29, 186 = GRUR 1988, 529.

III. Verfahren

1. Allgemeines. Nach Eingang eines Rechercheantrags prüft das DPMA dessen Statthaftigkeit sowie **28** die übrigen allg und besonderen Verfahrensvoraussetzungen. Ergeben sich dabei Bedenken, muss der Antragsteller darauf hingewiesen und ihm Gelegenheit zur Stellungnahme gegeben werden. Sind die Mängel behebbar, ist er zu ihrer Behebung unter Fristsetzung aufzufordern. Intern bindende Anweisungen ohne Rechtsnormqualität enthalten die RechRl. Die Zahlung der Recherchegebühr ist, da der Rechercheantrag die Gebührenzahlung nicht mehr voraussetzt, keine Wirksamkeitsvoraussetzung des Rechercheantrags und damit keine Verfahrensvoraussetzung. Gleichwohl wird das DPMA nicht vor Zahlung der Gebühr oder Bewilligung von Verfahrenskostenhilfe in das Rechercheverfahren eintreten, dh die „zuständige Stelle" (Rn 27) wird den Rechercheantrag erst dann an die zuständige Prüfungsstelle zur Durchführung der Recherche weiterleiten, weil erst dann geklärt ist, ob das Verfahren in eine Recherche oder in einen Ausspruch gem § 6 Abs 2 PatKostG mündet.

2. Beteiligte. Da die Recherche Teil des Patenterteilungsverfahrens ist, ist der Anmelder auch an dem **29** auf sie bezogenen Verfahren ohne weiteres beteiligt.

Dritte sind am Rechercheverfahren nach der geltenden Rechtslage nicht beteiligt. Jedoch hat weiter- **30** hin jedermann das Recht, dem DPMA **Hinweise** zum StdT zu geben, die der Erteilung des Patents entgegenstehen könnten (Abs 3 Satz 2). Eine Verfahrensbeteiligung des Dritten wird dadurch nicht begründet; er ist auf die Akteneinsicht verwiesen.[23] Die Eingabe des Dritten wird dem Anmelder und während eines anhängigen Rechercheverfahrens auch der Prüfungsstelle unverzüglich mitgeteilt (RechRl unter 3). Des in Abs 3 Satz 2 begründeten Rechts bedarf es nicht, weil das DPMA niemanden hindern kann, sich mit Eingaben am Verfahren zu beteiligen, und es ihm dabei etwa bekannt gewordenes Material vAw auf seine Relevanz prüfen und, falls es relevant ist, im Rechercheberichts aufführen muss.[24] § 59 Abs 5 erklärt die Vorschrift auch im Einspruchsverfahren für anwendbar.

3. Früherer Recherche- oder Prüfungsantrag. Liegt bereits ein wirksamer Prüfungs- oder Recher- **31** cheantrag vor (Rn 20), ist der Antragsteller hiervon unter Angabe des Zeitpunkts der früheren Antragstellung zu benachrichtigen. Die Recherchegebühr ist zurückzuzahlen (Abs 4 Satz 2, 3; Abs 5 Satz 2 iVm Abs 4 Satz 2, 3). Ist die Prüfung der Wirksamkeit des früheren Antrags noch nicht abgeschlossen, wird auch hiervon der spätere Antragsteller zu unterrichten und die Rückzahlung der Antragsgebühr zurückzustellen sein, bis die Prüfung des früheren Antrags zu einem positiven Ergebnis geführt hat und, auch wenn die Wirksamkeit davon nicht abhängt, die Gebühr gezahlt ist.

4. Zurückweisung des Rechercheantrags erfolgt, wenn er unwirksam ist oder sich sonst als un- **32** statthaft oder unzulässig erweist und seine Mängel nicht behoben werden (können). Die Zurückweisung erfolgt durch Beschluss (§ 47), der dem Antragsteller zuzustellen ist.

5. Verfahren bei zulässigem Antrag

a. Grundsatz. Erweist sich der Rechercheantrag als zulässig, ergeht hierüber kein besonderer Be- **33** scheid. Vielmehr setzt das DPMA das Verfahren fort.

b. Zum **Rechercheantrag für Zusatzanmeldung** (Abs 2 Satz 4 aF) Rn 15 zu § 147. **34**

c. Veröffentlichung. Der Eingang des Rechercheantrags wird im PatBl veröffentlicht (Abs 3 Satz 1). **35** Dies geschieht, um der Öffentlichkeit Gelegenheit zu geben, bei der Ermittlung des StdT mitzuwirken (Abs 3 Satz 2). Zugleich sollte dadurch weiteren unnötigen Rechercheanträgen vorgebeugt werden, dies ist durch die Beschränkung der Antragsberechtigung auf den Anmelder weitgehend obsolet. Die Veröffentlichung des Antrags setzt daher die Feststellung seiner Zulässigkeit und der Gebührenzahlung voraus. Um ein vorzeitiges Bekanntwerden der Anmeldung zu verhindern, darf die Veröffentlichung erst nach Offen-

---

23 *Schulte* Rn 42.
24 Vgl *Schulte* Rn 42.

legung der Anmeldung erfolgen (Abs 3 Satz 1 2. Halbs). Ein Widerruf der Veröffentlichung, falls sie sich nachträglich als fehlerhaft erweist, ist nicht vorgesehen, wird sich aber empfehlen.[25]

36   **d. Gesetzlich vorgeschriebene Mitteilungen.** Dem Antragsteller, dessen Antrag als nicht gestellt gilt, weil bereits früher ein anderer Rechercheantrag nach Abs 1 oder ein Prüfungsantrag (§ 44) wirksam gestellt ist, wird der Zeitpunkt mitgeteilt, zu dem der Prüfungsantrag oder frühere Rechercheantrag eingegangen ist (Abs 4 Satz 2, Abs 5 Satz 2 iVm Abs 4 Satz 2).

6. Durchführung der Recherche

37   **a. Allgemeines.** Über die Recherche selbst enthält das Gesetz, von der Bezeichnung ihres Gegenstands in Abs 1 Satz 1 abgesehen, auch nach Inkrafttreten der Neuregelung nur rudimentäre Vorschriften. Sie ergeben sich im wesentlichen aus den RechRl.

38   Bei der Recherche in **Internetquellen** ist darauf zu achten, dass der Inhalt noch nicht offengelegter Anmeldungen nicht durch die Verwendung von Suchbegriffen oder von Kombinationen von Suchbegriffen ganz oder in Teilen versehentlich der Öffentlichkeit zugänglich gemacht wird. Die Prüfungsstelle hat die Suchbegriffe so zu wählen, dass die Recherche sinnvoll durchgeführt werden kann, aber die Verschwiegenheit bezügl unveröffentlichter Anmeldungen nicht verletzt wird; Strings aus mehreren Suchbegriffen oder ganze Textpassagen eines Anspruchs sind daher nicht als Suchbegriffe zu verwenden (RechRl unter 5). Es kann empfehlenswert sein, den Rechercheantrag erst nach Offenlegung zu stellen.[26] Bei Datenbankrecherchen ist ein Protokoll über den vollständigen Ablauf der Recherche zu erstellen, das der Akte als elektronisches Dokument zuzuführen ist (RechRl unter 5).

39   **b. Formelle Behandlung des Antrags.** Nach Feststellung der Wirksamkeit des Rechercheantrags (vgl Rn 32) wird die Akte der für die Hauptklasse zuständigen Prüfungsstelle zur Durchführung der Recherche zugeleitet (RechRl unter 3). Recherchen werden in der Reihenfolge des zeitlichen Eingangs der Anträge und unter Berücksichtigung des Arbeitsaufkommens der Prüfungsstelle durchgeführt, wovon bei einem begründeten Beschleunigungsantrag abgewichen werden kann; die Prüfungsstellen sind angehalten, die Recherchen so durchzuführen, dass dem Antragsteller das Prüfungsergebnis vor Ablauf des Prioritätsjahrs vorliegt (RechRl unter 3); dies setzt freilich eine frühzeitige Stellung des Rechercheantrags voraus.

40   **c. Gegenstand der Recherche** ist, was nach den Patentansprüchen als patentfähig unter Schutz gestellt werden soll (RechRl unter 4). Die Recherche erstreckt sich auf die Gegenstände sämtlicher Patentansprüche. Liegen mehrere Anspruchsfassungen vor, ist der Recherche die zuletzt eingereichte, von der zuständigen Prüfungsstelle als zulässig erachtete Fassung zugrunde zu legen (RechRl unter 4). Ergibt sich, dass die Anmeldung das Erfordernis der Einheitlichkeit nicht erfüllt, wird die Recherche für den Teil der Anmeldung durchgeführt, der sich auf die in den Patentansprüchen als erste beschriebene Erfindung oder Gruppe von Erfindungen bezieht, die untereinander in der Weise verbunden sind, dass sie eine einzige allg erfinderische Idee verwirklichen (Abs 6; RechRl unter 4).

41   **d. Umfang der Recherche.** Mit der Recherche ist der StdT so zu ermitteln, dass damit die Schutzfähigkeit der angemeldeten Erfindung vorläufig beurteilt werden kann (Abs 1 Satz 1; RechRl unter 5). Jede Anmeldung wird im Rahmen der Bestimmung nur einmal recherchiert; der Antragsteller hat keinen Anspruch auf eine erneute Recherche, deren Ergänzung oder Vervollständigung.[27] Die Prüfungsstelle hat sich bei der Recherche der vorhandenen technischen Hilfsmittel sowie der durch diese verfügbaren Informationsquellen zu bedienen, sofern dies erfolgversprechend und der Aufwand vertretbar erscheint (RechRl unter 5). Dazu gehört auch das Heranziehen des vom Anmelder selbst genannten StdT; soweit möglich wird geprüft, ob in anderen Staaten bereits Rechercheergebnisse vorliegen (RechRl unter 5). Zu Internetquellen Rn 38.

---

25   Vgl *Benkard* Rn 23.
26   Vgl MittPräsDPMA Nr 6/01 BlPMZ 2001, 301; *Benkard* Rn 27d.
27   BPatGE 17, 222 = Mitt 1976, 37.

Der ermittelte StdT ist **für jeden Patentanspruch**, soweit er nicht nur Selbstverständlichkeiten ent- 42
hält, anzugeben. Die vom Anmelder angegebenen Schriften sind, ggf nach Anforderung beim Anmelder,
zu berücksichtigen. Wäre infolge zu weiter Fassung des Hauptanspruchs der anzugebende StdT zu groß,
ist der StdT zu nennen, der dem Erfindungsgegenstand unter Berücksichtigung einschränkender Merkmale der Unteransprüche besonders nahe kommt. Zur Bestimmung des Wortsinns der Patentansprüche sind
Beschreibung und Zeichnungen heranzuziehen (RechRl unter 5).

Es braucht jeweils nur ein Mitglied der **Patentfamilie** berücksichtigt zu werden, es sei denn, es be- 43
steht Grund zu der Annahme, dass bei dem Inhalt einzelner Mitglieder der gleichen Patentfamilie wesentliche sachliche Unterschiede bestehen (RechRl unter 5).

Es gilt der **Grundsatz der gründlichen, aber nicht übertriebenen Recherche**. Wird bei der Durch- 44
führung der Recherche erkennbar, dass für eine nur noch geringe Verbesserung des Ergebnisses ein unverhältnismäßig großer Arbeitsaufwand erforderlich wäre, ist die Recherche zu beenden (RechRl unter 5).

Bezugszeitpunkt für die Recherche ist der Anmeldetag und nicht der ggf in Anspruch genommene 45
Prioritätstag (RechRl unter 5).

Die Recherche erstreckt sich auch auf nachveröffentlichte **Patentanmeldungen mit älterem Zeit-** 46
rang (§ 3 Abs 2), sofern sie die Neuheit des Gegenstands eines Patentanspruchs in Frage stellen und zum
Zeitpunkt der Recherche bereits als Druckschrift (der Begriff ist zu eng gewählt) vorliegen. Hierbei sind
auch nachveröffentlichte PCT-Anmeldungen und eur Anmeldungen mit älterem Zeitrang anzugeben, in
denen die Bundesrepublik Deutschland bestimmt oder benannt ist, und zwar auch, wenn die Voraussetzungen für ihre Berücksichtigung noch erfüllt werden können (RechRl unter 5).

e. Verhältnis von Recherche- und Prüfungsantrag. Wird der Rechercheantrag vor oder gleichzeitig 47
mit dem Prüfungsantrag nach § 44 gestellt, wird zuerst die Recherche nach § 43 durchgeführt und vorläufig beurteilt, ob die Schutzfähigkeit nach den §§ 1–5 gegeben ist und ob die Anmeldung den Anforderungen des § 34 Abs 3–5 genügt. Danach wird mit dem Prüfungsverfahren begonnen (RechRl unter 1).

7. Recherchebericht

a. Allgemeines. Das DPMA teilt das Ergebnis der Recherche dem Anmelder ohne Gewähr für Voll- 48
ständigkeit (Rn 51) mit und veröffentlicht im PatBl, dass die Mitteilung erfolgt ist (Abs 7 Satz 1, 2). Diese
Mitteilung ist der Recherchebericht.

Ist der Anmeldungsgegenstand **uneinheitlich**, wird im Recherchebericht darauf hingewiesen, eben- 49
so auf die Nummern der Patentansprüche, deren Gegenstände uneinheitlich sind, und auf die Nummern
der Patentansprüche, für deren Gegenstände die Recherche durchzuführen ist (RechRl unter 4).

b. Wertung. Anders als bis 2014 ist der Recherchebericht nicht mehr nur reine Materialzusammen- 50
stellung[28] ohne patentrechtl Würdigung des aufgefundenen Materials. Die Neuregelung sieht vor, dass das
DPMA vorläufig die Schutzfähigkeit der angemeldeten Erfindung nach den §§ 1–5 beurteilt und weiter,
dass beurteilt wird, ob sie den Anforderungen des § 34 Abs 3–5 genügt (Abs 1 Satz 1; **„erweiterter Recher-**
chebericht“).[29] Damit ist eine Beurteilung abzugeben, ob den formalen Anforderungen des § 34 Abs 3
entsprochen wird, ob die Erfindung so deutlich offenbart wird, dass ein Fachmann sie ausführen kann
(§ 34 Abs 4), und schließlich, ob den Anforderungen an die Einheitlichkeit genügt wird (§ 34 Abs 5). Dies
entspricht dem Standard der internat Rechercheberichte nach PCT und des Rechercheberichts des EPA.[30]

c. Das DPMA übernimmt mit dem Bericht **keine Gewähr für Vollständigkeit**.[31] Demzufolge scheiden 51
Ansprüche auf Ergänzung oder Vervollständigung der Recherche[32] ebenso aus wie Schadensersatzansprü-
che, zB ein Anspruch auf Rückzahlung der im Vertrauen auf die Vollständigkeit der Recherche gezahlten
Prüfungsantragsgebühr.[33] Im Recherchebericht wird darauf hingewiesen, dass eine Gewähr für die Voll-

---

28 So für das frühere Recht Begr PatÄndG 1967, BlPMZ 1967, 244, 256.
29 *Schulte* Rn 35 ff.
30 *Schulte* Rn 36.
31 Vgl *Schulte* Rn 37.
32 BPatGE 17, 222 = Mitt 1976, 37.
33 BPatGE 13, 60; BPatG 6.4.2006 10 W (pat) 2/05 und 10 W (pat) 3/05; vgl BPatGE 49, 214 = BlPMZ 2006, 374.

ständigkeit der Ermittlung der Druckschriften und für die Richtigkeit der angegebenen Kategorien nicht übernommen wird (vgl Abs 7 Satz 1; RechRl unter 6.D).

52   **d. Inhalt.** Der Recherchebericht hat folgende Angaben zu enthalten (RechRl unter 6):
-     die Klassifizierung des Anmeldungsgegenstands nach der IPC (Anhang zu § 27),
-     die recherchierten Gebiete und Recherchemittel (zB Datenbanken),
-     das Ergebnis der Ermittlung des StdT (Rn 53 f),
-     die vorläufige Beurteilung, ob die angemeldete Erfindung schutzfähig ist und ob sie den Anforderungen nach § 34 Abs. 3 – 5 genügt (Rn 55).

53   Der ermittelte **Stand der Technik** ist unter Bezug auf die Nummern der Patentansprüche, ggf mit Erläuterungen und Hinweisen auf relevante Textstellen und Abbildungen, falls dies zum Verständnis notwendig ist, tabellarisch aufzuführen. Bei einem StdT, der keinem der Patentansprüche zugeordnet werden kann, entfällt die Bezugnahme auf die Patentansprüche. Patentdokumente sind nach dem Zwei-Buchstaben-Ländercode nach WIPO-Standard ST.3[34] zu zitieren. Druckschriftennummer und -art sowie Textstellen in Büchern und Zeitschriften sind gem Hausverfügung 15 so zu zitieren, dass sowohl das Buch oder die Zeitschrift als auch die in Frage kommende Textstelle eindeutig ermittelbar sind (RechRl unter 6.C). Anzugeben sind weiter die Kategorien (Relevanzindikatoren) des ermittelten StdT in Großbuchstaben gem WIPO-Standard ST.3 , wobei bedeutet:
„X" Entgegenhaltung, die die Neuheit einer beanspruchten Erfindung oder deren Beruhen auf einer erfinderischen Tätigkeit allein in Frage stellt,
„Y" Entgegenhaltung, die das Beruhen der beanspruchten Erfindung auf einer erfinderischen Tätigkeit in Kombination mit einer oder mehrerer solcher Entgegenhaltungen in Frage stellt, wobei die Kombination für den Fachmann nahe liegen muss,
„A" Dokument, das den technologischen Hintergrund definiert,
„O" Dokument, das Bezug nimmt auf eine mündliche Offenbarung, eine Benutzung, eine Ausstellung oder eine andere Art der Offenbarung,
„P" im Prioritätsintervall veröffentlichter Stand der Technik,
„T" nachveröffentlichter, nicht kollidierender Stand der Technik, der die Theorie der angemeldeten Erfindung betrifft und für ein besseres Verständnis der angemeldeten Erfindung nützlich sein kann oder zeigt, dass der angemeldeten Erfindung zugrundeliegende Gedankengänge oder Sachverhalte falsch sein können,
„E" ältere Patentanmeldungen gem § 3 Abs 2,
„D" Stand der Technik, der bereits in der Anmeldung zitiert ist („Eigenzitat") und auch von der Prüfungsstelle als relevant betrachtet wird,
„L" aus besonderen Gründen genanntes Dokument, zB zum Nachweis des Veröffentlichungstags einer in Betracht gezogenen Entgegenhaltung oder bei Zweifeln an der Priorität.

54   **Nichtpatentliteratur** mit möglicherweise eingeschränkten Druck- und Kopierrechten darf nicht in die elektronische Schutzrechtsakte eingebunden werden; derartige Dokumente sind im Nichtpatentliteraturarchiv des DPMA abzulegen und der elektronischen Schutzrechtskte ist die Zitierung mit den vollständigen bibliographischen Angaben sowie die Archividentifikationsnummer hinzuzufügen (RechRl unter 6.C). Der Anmelder ist darüber zu informieren, dass derartiger StdT nicht als Anlage zum Recherchebericht übersandt werden kann, sondern mit gesonderter Post übermittelt wird; in der Online-Akteneinsicht ist sie für die Öffentlichkeit nur als Fundstelle verfügbar (RechRl unter 6.D).

55   Für die **vorläufige Beurteilung** nach Abs 1 Satz 1 ist das dafür vorgesehene elektronische Formular zu verwenden, das inhaltlich nicht verändert werden darf (näher RechRl unter 6.D).

56   **e. Mitteilung des Rechercheberichts; Publizität.** Das DPMA teilt dem Anmelder das Ergebnis der Recherche unter Berücksichtigung der sich aus Abs 6 ergebenden Einschränkungen mit (Abs 7 Satz 1). Es veröffentlicht im PatBl, dass diese Mitteilung ergangen ist. Damit wird die Öffentlichkeit darüber unterrichtet, dass der Bericht vorliegt und in den Akten eingesehen werden kann (Rn 60). Dabei geht das Gesetz davon aus, dass die Offenlegung zu diesem Zeitpunkt erfolgt ist (Abs 3 Satz 1).

---

34   MittPräsDPA Nr 2/98 BlPMZ 1998, 157.

Außerdem gibt das DPMA auf dem Titelblatt der **Offenlegungsschrift** an, dass ein Antrag auf Re- **57** cherche gestellt ist und welche öffentlichen Druckschriften mit der Recherche ermittelt worden sind.[35] Dies ist zulässig.[36]

f. Berichtigung von Veröffentlichungen. Wird nach der Veröffentlichung des Hinweises auf den **58** Recherchebericht im PatBl auf der Offenlegungsschrift oder auf der Patentschrift in Bezug auf den angegebenen StdT ein schwerwiegender Fehler (zB falsches Druckschriftenzitat) festgestellt, wird im PatBl eine entspr Berichtigung veröffentlicht (RechRl unter 6.D).

g. Lieferung des Rechercheergebnisses. Das DPMA liefert mit dem Recherchebericht den ermittel- **59** ten StdT kostenfrei an den Anmelder (RechRl unter 6.D; zur Behandlung von Nichtpatentliteratur Rn 54).

h. Akteneinsicht. Dritte können den Recherchebericht im Weg der Akteneinsicht zur Kenntnis er- **60** halten; ein gebührenpflichtiger Antrag ist nicht erforderlich, sobald die Akteneinsicht frei ist (KostVerz 301400, 301410; abw *7. Aufl* Rn 55).[37] Die Lieferung des Rechercheergebnisses an sie erfolgt gegen Ersatz der Auslagen (KostVerz Nr 302100; vgl Rn 93 zu § 31). Bei der Online-Akteneinsicht ist zitierte Nichtpatentliteratur für die Öffentlichkeit nur als Fundstelle verfügbar (RechRl unter 6.D). Ist aufgrund des Rechercheberichts eine falsche Druckschrift übersandt worden, ist eine Kopie der richtigen – gebührenfrei – nachzusenden (RechRl unter 7.).

i. Rechtsmittel. Abs 7 Satz 3 schließt Rechtsbehelfe gegen den Recherchebericht ausdrücklich aus.[38] **61** Nach der Begr verstößt dies nicht gegen die Rechtsschutzgarantie (Art 19 Abs 4 GG), weil der Gesetzgeber nicht zu jeder Maßnahme des DPMA, die auch die Interessen des Antragstellers berührt, einen Rechtsbehelf vorsehen müsse und der Antragsteller seine Argumentation im Prüfungsverfahren vortragen könne.

8. Verfahrenskostenhilfe (§§ 129 ff) kann dem Anmelder jedenfalls nach erfolgreicher Offensicht- **62** lichkeitsprüfung für das weitere Eintragungsverfahren, also auch für die Recherche, gewährt werden.[39] Die Möglichkeit besteht für Dritte seit der Neuregelung nicht mehr (vgl Rn 60 zu § 130).

IV. Verordnungsermächtigung

1. Übertragung der Ermittlung des Stands der Technik. In Abs 8 Nr 1 wird das BMJ (jetzt: BMJV) **63** zur Beschleunigung des Patenterteilungsverfahrens ermächtigt, die Ermittlung des StdT nach Abs 1 durch Rechtsverordnung auf andere als die Prüfungsstellen und eine andere staatliche oder zwischenstaatliche Einrichtung zu übertragen. Für den Fall, dass von dieser Ermächtigung Gebrauch gemacht wird, eröffnet Abs 1 Satz 2 die Möglichkeit, zu beantragen, dass die Recherche so durchgeführt wird, dass das Ergebnis auch für eine eur Patentanmeldung verwendet werden kann. Entspr ist dann nach Abs 7 Satz 3 auch die Mitteilung des Rechercheergebnisses abzufassen. Von dieser Ermächtigung war zeitweilig durch Übertragung der Recherche für bestimmte Gebiete der Technik auf das EPA Gebrauch gemacht. Der hierzu ermächtigende § 1 der VO zu § 28a des Patentgesetzes vom 31.5.1978[40] ist durch § 34 Abs 1 Nr 2 DPMAV vom 1.4.2004[41] aufgehoben worden (näher *6. Aufl* Rn 84). Die Vorschrift läuft seither leer.[42]

2. Recherchenaustausch. Der BMJ hat von der Ermächtigung des Abs 8 Nr 2 durch § 2 der VO zu § 28a **64** des Patentgesetzes (Rn 63) Gebrauch gemacht. Ein versuchsweiser Recherchenaustausch mit dem US-Pa-

---

35 MittPräsDPA BlPMZ 1968, 270.
36 BPatG BlPMZ 1992, 257.
37 AA offensichtlich *Schulte* Rn 41.
38 Vgl *Schulte* Rn 37; *Mes* Rn 15: da lediglich Tatsachenfeststellung.
39 BPatGE 12, 177, 181.
40 BGBl I 660 = BlPMZ 1978, 221, geänd durch VO vom 4.1.1979, BGBl I 50 = BlPMZ 1979, 38, vom 1.8.1979, BGBl I 1365 = BlPMZ 1979, 358, und vom 26.6. 1980, BGBl I 770 = BlPMZ 1980, 242.
41 BGBl I 514, 520 f = BlPMZ 2004, 296.
42 Dazu *Schäfers* Mitt 1981, 6, 14; vgl *Schulte* Rn 9, 45.

tentamt hat bereits zuvor stattgefunden.[43] Die Regelung ist nach Aufhebung der VO als § 23 Abs 1 DPMAV eingestellt worden. Danach kann das DPMA ausländ und zwischenstaatlichen Behörden im Einzelfall Auskünfte erteilen, sofern es sich um Anmeldungen von Erfindungen handelt, für die auch bei der ausländ oder zwischenstaatlichen Behörde die Erteilung eines Patents beantragt worden ist.[44] Eine weitergehende Übermittlung von Informationen an das EPA ermöglicht nunmehr Art II § 3 IntPatÜG.

65   **3.** Von der Ermächtigung zur **Übertragung der Offensichtlichkeitsprüfung** sowie der Kontrolle der Gebühren und Fristen auf andere Stellen des DPMA in Abs 8 Nr 3 ist kein Gebrauch gemacht worden. Gebühren- und Fristenkontrolle laufen seit Einführung der elektronischen Schutzrechtsakte automatisiert ab.[45]

C. Recherche nach dem Europäischen Patentübereinkommen

I. Allgemeines

66   Das EPÜ sieht eine obligatorische und der Sachprüfung notwendig vorgeschaltete Recherche vor; es weicht damit von vielen nationalen Regelungen, auch der dt, ab; gegenüber dem System der aufgeschobenen Prüfung will sie damit zu größerer Rechtssicherheit beitragen.[46] Die Frist zur Bestätigung des Prüfungsantrags ist deshalb an die Veröffentlichung des eur Recherchenberichts geknüpft.

II. Zuständigkeit

67   Zuständig für die Erstellung eur Rechercheberichte sind die **Recherchenabteilungen** (Art 17 EPÜ). Durch das EPÜ 2000 ist die Zuordnung der Recherchenabteilungen zur Dienststelle Den Haag aufgehoben worden, so dass Recherchenabteilungen auch am Hauptsitz in München eingerichtet werden können. Recherchen werden nach dem Zentralisierungsprotokoll auch bei der Dienststelle Berlin und nach dem BEST-Projekt auch bei der Generaldirektion 2 in München durchgeführt. Regel 11 AOEPÜ sieht die Direktionen als Organisationseinheiten vor, denen die in Recherche, Sachprüfung und Einspruch tätigen Prüfer zugewiesen werden.[47]

68   Recherchen können daneben nach dem Zentralisierungsprotokoll auch den **Zentralbehörden** der Mitgliedstaaten übertragen werden.[48] Die Recherchenabteilungen erstellen die Recherchenberichte. Recherche und Sachprüfung sind trotz ihrer organisatorischen Zusammenführung weiterhin zwei getrennte Abschnitte des Erteilungsverfahrens.[49]

III. Voraussetzungen der Recherche

69   Die Recherche ist im Verfahren vor dem EPA obligatorisch. Der Recherchenbericht wird nach dem durch die Revision 2000 neu gefassten Art 92 EPÜ vAw zu einer eur Patentanmeldung, also einer Anmeldung, der ein Anmeldetag zuerkannt worden ist und die anhängig ist, auf der Grundlage der Patentansprüche unter angemessener Berücksichtigung der Beschreibung und der vorhandenen Zeichnungen erstellt. Zu Patentansprüchen, die sich auf Geschäftsmethoden oder lediglich allg bekannte Merkmale zu ihrer technischen Umsetzung beziehen, wird keine Recherche durchgeführt, wenn nicht der Recherchenprüfer eine technische Aufgabe feststellen kann, deren Lösung eine erfinderische Tätigkeit beinhalten kann.[50] Die Prüfungsabteilung braucht eine zusätzliche Recherche nur dann nicht durchzuführen, wenn

---

43   MittPräsDPA BlPMZ 1963, 217; MittPräsDPA BlPMZ 1967, 145; zum Rechercheaustausch mit dem slowenischen Amt BlPMZ 1992, 1.
44   Vgl *Schulte* Rn 46; *Mes* Rn 19.
45   *Schulte* Rn 47.
46   Vgl hierzu *Benkard-EPÜ* Art 92 Rn 3f.
47   Vgl *Singer/Stauder* Art 17 EPÜ Rn 1, 3.
48   Näher *MGK/Straus* Art 92 EPÜ Rn 17.
49   *Singer/Stauder* Art 17 EPÜ Rn 3.
50   Mitt ABl EPA 2002, 260 f.

die technischen Merkmale des Anspruchs notorisch bekannt sind.[51] Die Verweigerung der zusätzlichen Recherche bei Nichtvorliegen dieser Voraussetzung stellt einen Verfahrensfehler dar.[52]

Eine **ergänzende Recherche** wird für Euro-PCT-Anmeldungen nach Eintritt in die eur   70
Phase durchgeführt. Der Verwaltungsrat beschließt, unter welchen Bedingungen und wieweit auf einen ergänzenden eur Recherchenbericht verzichtet oder die Gebühr herabgesetzt wird (Art 153 Abs 7 EPÜ).

Eine **beschleunigte Recherche** ermöglicht das PACE-Programm, nach dem der Anmelder für eur   71
Erstanmeldungen ohne besonderen Antrag den erweiterten eur Recherchenbericht idR spätestens sechs Monate nach dem Anmeldetag erhält; bei eur Nachanmeldungen kann eine beschleunigte Recherche beantragt werden.[53] Seit 3.7.2014 ist das Programm „Early Certainty form Search" eingeführt.[54]

Die **EPA-Prüfungsrichtlinien Teil B** betreffen die Recherche.   72

IV. Recherchengebühr

Die eur Recherche ist gebührenpflichtig. Die Recherchengebühr wie die Gebühr für die ergänzende   73
eur Recherche beträgt für vor dem 1.7.2005 eingereichte Patentanmeldungen 885 EUR und für ab dem 1.7.2005 eingereichte Patentanmeldungen 1.300 EUR (Art 2 Nr 2 GebO). Zur Rückerstattung der Gebühr vgl Art 9 GebO in der seit 13.12.2007 geltenden Fassung.[55] Die entrichtete Recherchengebühr wird in voller Höhe zurückerstattet, wenn die eur Patentanmeldung zu einem Zeitpunkt zurückgenommen oder zurückgewiesen wird oder als zurückgenommen gilt, in dem das EPA mit der Erstellung des Recherchenberichts noch nicht begonnen hat (Art 9 Abs 1 GebO).[56] Wird der eur Recherchenbericht auf einen früheren Recherchenbericht gestützt, den das EPA für eine Patentanmeldung, deren Priorität beansprucht wird, oder für eine frühere Anmeldung iSd Art 76 EPÜ oder der Regel 17 AOEPÜ erstellt hat, erstattet das EPA gem einem Beschluss des PräsEPA dem Anmelder einen Betrag zurück, dessen Höhe von der Art der früheren Recherche und dem Umfang abhängt, in dem sich das EPA bei der Durchführung der späteren Recherche auf den früheren Recherchenbericht stützen kann (Art 9 Abs 2 GebO).[57] Zur Rückzahlung der weiteren Recherchengebühr Rn 85.

V. Grundlage des Recherchenberichts

Der Recherchebericht wird auf der Grundlage der Patentansprüche unter angemessener Berücksichtigung der Beschreibung und der vorhandenen Zeichnungen erstellt (Art 92 EPÜ).   74

VI. Form des Recherchenberichts

1. Allgemeines. Der Recherchenbericht wird in der in der AOEPÜ vorgeschriebenen Form erstellt   75
(Art 92 Abs 1 EPÜ). Regel 62 AOEPÜ sieht einen erweiterten eur Rechercheberricht vor.[58] Seit 2005 wird der Recherchenbericht in elektronischer Form veröffentlicht (wie Patentanmeldung und Patentschrift).

2. Sprache. Der eur Recherchenbericht wird in der Verfahrenssprache abgefasst (Regel 61 Abs 5   76
AOEPÜ).[59]

---

51   EPA T 1242/04 ABl EPA 2007, 421; EPA T 690/06 EPOR 2007, 373; EPA T 359/11.
52   EPA T 1515/07.
53   Näher *Benkard-EPÜ* Art 92 Rn 20 ff; *Singer/Stauder* EPÜ Art 92 Rn 34.
54   Näher *Singer/Stauder* EPÜ Art 92 Rn 36 ff.
55   Dazu auch Rechtsauskunft EPA Nr 14/83 ABl EPA 1983, 189, aufgehoben ABl EPA 2002, 161; BeschlPräsEPA ABl EPA 2006, 83; BeschlPräsEPA ABl EPA 2006, 189.
56   Hierzu die MittEPA vom 29.1.2013 über die Anpassung der vorgesehenen Rückerstattung von Recherchen- und Prüfungsgebühren iSd Entscheidungen J 25/10 und J 9/10, ABl EPA 2013, 153.
57   Hierzu BeschlPräsEPA über die Rückerstattung von Recherchengebühren vom 21.2.2014 ABl EPA 2014, A29 und Mitt EPA vom 9.1.2009 über die Kriterien für die Rückerstattung von Recherchengebühren, ABl EPA 2009, 99, sowie BeschlPräsEPA vom 21.2.2014 über die Rückerstattung der internat Recherchengebühr durch das EPA als Internationale Recherchenbehörde, ABl EPA 2014, A30.
58   Hierzu *Luginbühl* sic! 2005, 232.
59   Hierzu auch MittEPA über den Anhang zum eur Recherchenbericht ABl EPA 1982, 448; ABl EPA 1984, 381; ABl EPA 1990, 90.

77   **3. Klassifikation.** Auf dem Recherchenbericht ist die Klassifikation des Gegenstands der eur Patentanmeldung nach der IPC anzugeben (Regel 61 Abs 6 AOEPÜ).

VII. Inhalt des Recherchenberichts[60]

78   Im eur Recherchenbericht werden die dem EPA zur Zeit der Erstellung des Berichts zur Verfügung stehenden Schriftstücke genannt, die zur Beurteilung der Neuheit und der erfinderischen Tätigkeit der eur Patentanmeldung in Betracht gezogen werden können (Regel 61 Abs 1 AOEPÜ).[61] Sie werden im Zusammenhang mit den Patentansprüchen aufgeführt, auf die sie sich beziehen. Ggf werden die maßgeblichen Teile jedes Schriftstücks näher gekennzeichnet (Regel 61 Abs 2 Satz 2 AOEPÜ). Dabei ist zu unterscheiden zwischen Schriftstücken, die vor dem beanspruchten Prioritätstag, zwischen dem Prioritätstag und dem Anmeldetag und an oder nach dem Anmeldetag veröffentlicht worden sind (Regel 61 Abs 3 AOEPÜ). Schriftstücke, die sich auf eine vor dem Anmeldetag der eur Patentanmeldung der Öffentlichkeit zugänglich gemachte mündliche Beschreibung, Benutzung oder sonstige Offenbarung beziehen, werden unter Angabe des Tags der etwaigen Veröffentlichung und einer nicht schriftlichen Offenbarung genannt (Regel 61 Abs 4 AOEPÜ). Zum Recherchenbericht bei eur Erstanmeldungen bis 2005 *7. Aufl.*

79   Bei Anmeldungen, die seit dem 1.7.2005 eingereicht wurden, ergeht grds zusammen mit dem eur Recherchenbericht der **erweiterte europäische Recherchenbericht** („Extended European Search Report", EESR), der eine Stellungnahme dazu enthält, ob die Anmeldung und die Erfindung, die sie zum Gegenstand hat, die Erfordernisse des EPÜ zu erfüllen scheint. Er entspricht inhaltlich entweder dem ersten Prüfungsbescheid, der die Einwände gegen die Patenterteilung enthält, oder eine Erklärung, dass ein Patent erteilt werden kann (62 AOEPÜ).[62]

VIII. Veröffentlichung und Übermittlung

80   Der Recherchenbericht wird unmittelbar nach seiner Erstellung dem Anmelder zusammen mit den Abschriften aller angeführten Schriftstücke übermittelt (Regel 65 AOEPÜ) und veröffentlicht, jedoch wird die Stellungnahme nach Regel 62 AOEPÜ nicht zusammen mit dem Recherchenbericht veröffentlicht, sie ist aber im Weg der Akteneinsicht zugänglich.[63] Gleichzeitig mit der Erstellung des eur Recherchenberichts bestimmt das EPA den endgültigen Inhalt der Zusammenfassung und übermittelt diese dem Anmelder zusammen mit dem Recherchenbericht (Regel 66 AOEPÜ).

IX. Unvollständige Recherche

81   Entspricht die eur Patentanmeldung auch nach Beanstandung den Vorschriften des EPÜ so wenig, dass sinnvolle Ermittlungen über den StdT ganz oder zum Teil unmöglich sind, stellt die Recherchenabteilung entweder fest, dass Ermittlungen nicht möglich sind, oder sie erstellt den Recherchenbericht für den Teil der Anmeldung, soweit dies durchführbar ist, und die Prüfungsabteilung fordert den Anmelder auf, die Patentansprüche auf den recherchierten Gegenstand zu beschränken, sofern der Einwand gerechtfertigt war (Regel 63 AOEPÜ). Gleiches gilt, wenn mehrere unabhängige Patentansprüche nicht Regel 43 Abs 2 AOEPÜ entsprechen (Regel 62a AOEPÜ, eingefügt mWv 1.4.2010).

82   **X. Mangelnde Einheitlichkeit** (Regel 64 AOEPÜ). Ist die eur Patentanmeldung uneinheitlich, erstellt die Recherchenabteilung einen teilweisen eur Recherchenbericht für die Teile der Anmeldung, die sich auf die zuerst in den Patentansprüchen erwähnte Erfindung oder Gruppe von Erfindungen iSv Art 82 EPÜ beziehen.[64]

---

60 Eingehender dazu EPA-PrRl Teil B; *Singer/Stauder* Art 92 EPÜ Rn 68 ff.
61 Vgl dazu MittEPA über den Anh zum eur Recherchenbericht, ABl EPA 1982, 448; ABl EPA 1984, 381; ABl EPA 1999, 90.
62 MittEPA vom 12.5.2014 über die Einführung einer abschließenden Recherche im Verfahren nach Kapitel II PCT ABl EPA 6/2014, A 57.
63 *Singer/Stauder* Art 92 EPÜ Rn 4.
64 Vgl EPA G 2/92 ABl EPA 1993, 591 Nichtzahlung weiterer Recherchengebühren; s hierzu auch EPA T 747/06.

Im übrigen teilt sie dem Anmelder mit, dass für jede weitere Erfindung innerhalb einer Frist von zwei **83** Monaten eine **weitere Recherchengebühr** zu entrichten ist, wenn der Recherchebericht diese Erfindung erfassen soll (Regel 64 Abs 1 Satz 2 AOEPÜ).[65] Die Recherchenabteilung erstellt den eur Recherchenbericht für die Teile der Anmeldung, die sich auf die Erfindungen beziehen, für die die Recherchengebühren entrichtet sind (Regel 64 Abs 1 Satz 3 AOEPÜ). Ein Recherchenbericht internat Art (Art 15 Abs 5 Buchst a PCT) ersetzt den weiteren Recherchenbericht nicht ohne weiteres.[66]

Die **Frist für die Zahlung der weiteren Gebühr** nach Regeln 62a, 63 und 64 AOEPÜ beträgt jeweils **84** zwei Monate. Sie ist nicht weiterbehandlungsfähig (Regel 135 Abs 2 AOEPÜ), aber wiedereinsetzungsfähig (Regel 136 AOEPÜ).

Die nach Regel 64 Abs 1 Satz 2 AOEPÜ gezahlte weitere Recherchengebühr wird **zurückgezahlt**, wenn **85** der Anmelder dies beantragt und die Prüfungsabteilung feststellt, dass die Mitteilung nach Abs 1 Satz 2 nicht gerechtfertigt war (Regel 64 Abs 2 AOEPÜ).[67] Die Prüfungsabteilung ist auch dann nicht gehindert, die Feststellung mangelnder Einheitlichkeit zu überprüfen, wenn die auf sie gestützte weitere Gebührenforderung nicht erfüllt worden ist.[68] Die Prüfungsabteilung hat im Rahmen der Regel 64 Abs 2 AOEPÜ nur zu prüfen, ob die Mitteilung gerechtfertigt war. Auf sonstige Einwände des Anmelders zur Recherche muss sie nicht eingehen.[69]

D. Recherchen des Europäischen Patentamts für nationale Ämter

Das EPA führt aufgrund bilateraler Vereinbarungen für nationale Ämter, die ihm diese Aufgabe über- **86** tragen haben, nationale Recherchen durch, so für das franz Amt, das niederl Amt und die türk, belg, luxemb, griech, zypriot, ital und malt Ämter.[70] Für das DPMA führt das EPA die internat Recherche durch (Rn 88).

E. Patentzusammenarbeitsvertrag; internationale Recherche; Recherche internationaler Art

Recherche nach dem Patentzusammenarbeitsvertrag. Art 15–19 PCT regeln die Recherche bei in- **87** ternat Anmeldungen. Die internat Recherche wird durch eine internat Recherchenbehörde durchgeführt (Art 16 PCT); diese ist sowohl für Anmeldungen beim EPA als auch für Anmeldungen beim DPMA grds das EPA (Rn 88; Rn 15 ff vor Art III PatÜG; Rn 3 zu Art III § 3 IntPatÜG).

Zur **internationalen Recherche** durch das EPA als Anmeldeamt Rn 15 ff vor Art III IntPatÜG, für das **88** DPMA als Anmeldeamt Art III § 3 IntPatÜG.

Zu der in Art 15 Abs 5 PCT vorgesehenen **Recherche internationaler Art** Rn 7 zu Art III § 3 IntPatÜG. **89**

§ 44
(Prüfungsantrag)

(1) Das Patentamt prüft auf Antrag, ob die Anmeldung den Anforderungen der §§ 34, 37 und 38 genügt und ob der Gegenstand der Anmeldung nach den §§ 1 bis 5 patentfähig ist.

(2) [1]Der Antrag kann von dem Anmelder und jedem Dritten, der jedoch hierdurch nicht an dem Prüfungsverfahren beteiligt wird, bis zum Ablauf von sieben Jahren nach der Einreichung der Anmeldung gestellt werden. [2]Die Zahlungsfrist für die Prüfungsgebühr nach dem Patentkostengesetz beträgt drei Monate ab Fälligkeit (§ 3 Abs. 1 des Patentkostengesetzes). [3]Diese Frist endet spätestens mit Ablauf von sieben Jahren nach Einreichung der Anmeldung.

---

65 EPA T 178/84 ABl EPA 1989, 157 nicht beanstandete Uneinheitlichkeit sieht die Nichtzahlung der weiteren Recherchengebühr auf Aufforderung innerhalb der Frist als gegenständlichen Verzicht an; aA EPA T 87/88 ABl EPA 1993, 430 = GRUR Int 1994, 64 weitere Recherchengebühr. EPA G 2/92 ABl EPA 1993, 591 Nichtzahlung weiterer Recherchengebühren lässt eine Weiterverfolgung des Gegenstands, für den keine Recherchengebühren entrichtet worden sind, nicht zu, wohl aber eine Teilanmeldung hierfür, Verzicht wird verneint.
66 EPA T 319/96.
67 Vgl hierzu EPA 13.5.2015 T 359/11, zu Regel 137 Abs 3 AOEPÜ; EPA 21.5.2015 T 755/14.
68 EPA T 631/97 ABl EPA 2001, 13 = GRUR Int 2001, 245 dotierte Gebiete; vgl auch EPA T 755/14.
69 EPA J 24/96 ABl EPA 2001, 434 = GRUR Int 2001, 1058 Einheitlichkeit der Erfindung.
70 *Singer/Stauder* Art 92 EPÜ Rn 11.

(3) [1]Ist bereits ein Antrag nach § 43 gestellt worden, so beginnt das Prüfungsverfahren erst nach Erledigung des Antrags nach § 43. [2]Hat ein Dritter den Antrag nach Absatz 1 gestellt, so wird der Eingang des Antrags dem Anmelder mitgeteilt. [3]Im Übrigen ist § 43 Absatz 2 Satz 2 und 3, Absatz 3 und 5 entsprechend anzuwenden.

(4) [1]Erweist sich ein von einem Dritten gestellter Antrag nach der Mitteilung an den Anmelder (Absatz 3 Satz 2) als unwirksam, so teilt das Patentamt dies außer dem Dritten auch dem Anmelder mit. [2]Im Fall der Unwirksamkeit des von einem Dritten gestellten Antrags kann der Anmelder noch bis zum Ablauf von drei Monaten nach der Zustellung der Mitteilung, sofern diese Frist später als die in Absatz 2 bezeichnete Frist abläuft, selbst einen Antrag stellen. [3]Stellt er den Antrag nicht, wird im Patentblatt unter Hinweis auf die Veröffentlichung des von dem Dritten gestellten Antrags veröffentlicht, dass dieser Antrag unwirksam ist.

(5) [1]Das Prüfungsverfahren wird auch dann fortgesetzt, wenn der Antrag auf Prüfung zurückgenommen wird. [2]Im Falle des Absatzes 4 Satz 2 wird das Verfahren in dem Zustand fortgesetzt, in dem es sich im Zeitpunkt des Eingangs des vom Anmelder gestellten Antrags auf Prüfung befindet.

DPMA-PrRl vom 1.3.2004, BlPMZ 2004, 69, früher DPA-PrRl vom 2.6.1995 BlPMZ 1995, 269, zuvor DPA-PrRl vom 24.6.1981, BlPMZ 1981, 263

EPA-PrRl, Stand November 2014

Ausland: Albanien: Registrierverfahren; **Belgien:** Registrierverfahren mit Recherche; **Bulgarien:** Prüfungsverfahren ohne Antrag; **Dänemark:** Prüfungsverfahren ohne Antrag; **Estland:** Prüfungsverfahren ohne Antrag; **Finnland:** Prüfungsverfahren ohne Antrag; **Frankreich:** Registrierverfahren mit Recherche; **Griechenland:** Registrierverfahren mit Recherche; **Irland:** Registrierverfahren mit Recherche; **Island:** Prüfungsverfahren ohne Antrag; **Italien:** Art 31 PatG, Registrierverfahren mit Recherche (nur Prüfung auf Erfordernisse der Art 12 und 13); **Kosovo:** vgl Art 78, 79 PatG; **Kroatien:** Prüfungsverfahren auf Antrag; **Lettland:** Registrierverfahren; **Litauen:** Art 19 PatG; **Luxemburg:** Registrierverfahren mit Recherche; **Makedonien:** Registrierverfahren; **Monaco:** Registrierverfahren; **Niederlande:** Registrierverfahren mit Recherche; **Norwegen:** Prüfungsverfahren ohne Antrag; **Österreich:** Die Prüfung auf Gesetzmäßigkeit (§ 99 Abs 1 öPatG) erfordert keinen Antrag; **Polen:** Prüfungsverfahren ohne Antrag; **Portugal:** Prüfungsverfahren ohne Antrag; **Rumänien:** Prüfungsverfahren auf Antrag; **San Marino:** Registrierverfahren; **Schweden:** Prüfungsverfahren ohne Antrag; **Schweiz:** die Regelung über die Vorprüfung mit Bekanntmachung, Einspruch und Beschwerde (Art 87–106a PatG, Art 61a–69 PatV) ist mWv 1.7.2008 aufgehoben, jetzt Registrierverfahren mit optionaler Recherche; **Serbien:** Prüfungsverfahren auf Antrag, Art 42 PatG 2004 (grds 6 Monate ab Veröffentlichung der Patentanmeldung); **Slowakei:** Prüfungsverfahren auf Antrag, § 42 PatG; **Slowenien:** Registrierverfahren; Art 88, 89 (Bekanntmachung) GgE; **Spanien:** Art 39, 40 (Erteilungsverfahren mit Vorprüfung ohne Antrag) PatG; **Tschech. Rep.:** Prüfungsverfahren auf Antrag, § 33 PatG; **Türkei:** Prüfungsverfahren auf Antrag, Art 59, 62, 63 VO 551; **Ungarn:** Prüfungsverfahren auf Antrag; **VK:** Prüfungsverfahren auf Antrag, Sec 18 Patents Act; **Zypern:** Registrierverfahren mit Recherche

Übersicht

Schrifttum: *Althammer* Gesetz zur Änderung des Patentgesetzes, des Warenzeichengesetzes und anderer Gesetze, GRUR 1967, 394, 401; *Ausfelder* Die Dos und Don'ts im deutschen Patenterteilungsverfahren, VPPRdbr 2008, 29; *Beyer* Recherche und Prüfung einer Erfindung auf Patentfähigkeit, GRUR 1986, 345; *Bruchhausen* Die Bestimmung des Schutzgegenstandes von Patenten im Erteilungs-, Verletzungs- und Nichtigkeitsverfahren, GRUR Int 1989, 468; *Eggert* Erhöhte oder nicht erhöhte Prüfungsantragsgebühr nach den Gebührengesetz 1976, Mitt 1979, 49; *Eisenrauch/van Raden* Die neuen Richtlinien für die Prüfung von Patentanmeldungen – ein Beitrag zur Rechtssicherheit und Rechtsfortbildung, Mitt 1996, 45; *Goebel* Zurücknahme der Patentanmeldung und Abhilfe bei Zurückweisungsbeschluß, GRUR 1986, 494; *Goebel/Möslinger* Die Praxis des Deutschen Patenterteilungsverfahrens, GRUR 1986, 633; *Hoepffner* Erfahrungen mit der aufgeschobenen Prüfung im deutschen Patentrecht, GRUR Int 1990, 727; *Hövelmann* Streitgenossen vor dem Patentamt und dem Bundespatentgericht, Mitt 1999, 129; *Jung* Die Praxis des europäischen und deutschen Patenterteilungsverfahrens im Vergleich, GRUR 1986, 210; *Keil* Erhöhte Prüfungsgebühr seit dem 1.11.1976, Mitt 1977, 64; *Kelbel* Erhöhte Prüfungsgebühr seit 1.11.1976, Mitt 1977, 89; *Löscher* Der künftige Ablauf des Patenterteilungsverfahrens und die sonstigen Neuerungen im Patentrecht, BB 1967, Beil 7; *Mes* Herabsetzende Äußerungen in der Beschreibung eines Patents, FS M. Loschelder (2010), 251; *Papke* Zur Rechtsnatur der Richtlinien für die Prüfung von Patentanmeldungen, GRUR 1985, 14; *Papke* Aktuelle Probleme des Patenterteilungsverfahrens, GRUR 1985, 410; *Papke* Das Dilemma des deutschen Patentierungsverfahrensrechts, GRUR 1986, 11; *Papke* „stillschweigend bedingte" Patenterteilung, Mitt 1987, 29; *Papke* Bekanntmachungsbeschluß – eine Zwischenverfügung sui generis, Mitt 1987, 70; *Rauh* Die Prüfungsantragsgebühr nach dem Gebührengesetz 1976, Mitt 1979, 86; *Redies* Erhöhte oder nicht erhöhte Prüfungsantragsgebühr nach dem Patentgebührengesetz 1976, Mitt 1978, 49; *Schickedanz* Patentversagung ohne entgegengehaltenen Stand der Technik, GRUR 1987, 71; *Stortnik* Erhöhung der Effektivität des Patentprüfungsverfahrens, GRUR 2010, 871; *Teschemacher* Gesetzgeberische Maßnahmen zum EPÜ unter dem Motto Raising the Bar, VPP-Rdbr 2010, 61; *Trüstedt* Deutsche Patenterteilung, europäisch harmonisiert, FS 25 Jahre BPatG (1986), 109; *Ullrich* Die Beteiligung Dritter im Verfahren der Schutzrechtsteilung : Sonderling Sortenschutz, FS U. Loewenheim (2009), 333; *van Raden/Eisenrauch* Die neuen Richtlinien für die Prüfung von Patentanmeldungen: ein Beitrag zur Rechtssicherheit und Rechtsfortbildung, Mitt 1996, 45; *Wirth* Das Rechtsdenken der Patentprüfung insbesondere nach Bekanntmachung der Anmeldung, 1931; *Zahn* Prüfungsantragsgebühr für vor dem Inkrafttreten des Patentgebührengesetzes 1976 eingereichte Patentanmeldungen, Mitt 1977, 110; *Zahn* Prüfungsantragsgebühr für vor dem Inkrafttreten des Patentgebührengesetzes 1976 eingereichte Patentanmeldungen, Mitt 1977, 110; *Zahn* Prüfungsantragsgebühr für vor dem 1.1.1976 angemeldete Patente, Mitt 1980, 65.

A. Geltungsbereich; Normzweck; zeitliche Geltung

I. Zeitlich

§ 44, durch Art 8 Nr 24 GPatG (dort noch als § 28b) in Abs 1 und Abs 4 Satz 4 (jetzt Abs 3 Satz 4) redaktionell neu gefasst, gilt nach Art 12 Abs 1 GPatG iVm Art 17 Abs 3 GPatG für alle seit dem 1.1.1981 eingereichten Anmeldungen. Für früher eingereichte Anmeldungen galt § 28b idF vom 2.1.1968. **1**

Änderungen 1998–2004. Das 2. PatGÄndG hat die Verweisung in Abs 1 redaktionell angepasst.[1] Art 7 Nr 20 KostRegBerG[2] hat den früheren Abs 3 (Prüfungsantragsgebühr und Folgen ihrer Nichtzahlung) wegen Übernahme der Regelung in das PatKostG gestrichen, die früheren Abs 4 und 5 in Abs 3 und 4 umnummeriert und Abs 3 Satz 2 redaktionell an die Änderung des § 43 Abs 2 angepasst. Dabei ist die Anpassung der Verweisung im jetzigen Abs 4 Satz 2 versäumt worden; sie ist durch das GeschmMRefG nachgeholt worden. Dieses hat mWv 19.3.2004 an Abs 2 die Sätze 2 und 3 angefügt, da die bisher geltende Regelung dazu führe, dass beim DPMA in den Fällen, in denen ein Rechercheantrag nach Stellung des **2**

---

1 Vgl Begr BlPMZ 1998, 393, 404.
2 Vgl dazu auch Begr BTDrs 14/6203 S 63 = BlPMZ 2002, 36, 53.

Prüfungsantrags gestellt werde, Bearbeitungsschwierigkeiten aufträten.[3] Diese Regelung galt für Anmeldungen, die seit dem 19.3.2004 eingereicht worden sind, für frühere Anmeldungen verblieb es bei der früheren Rechtslage, nach der die Gebühr jederzeit bis zum Ablauf der Siebenjahresfrist entrichtet werden kann (str).[4]

3   Das **Gesetz zur Novellierung patentrechtlicher Vorschriften** und anderer Gesetze des gewerblichen Rechtsschutzes hat auch in dieser Bestimmung als Folge der Neuregelung der Recherche (§ 43) mWv 1.4.2014 umfangreiche Änderungen der Abs 3 und 4 vorgenommen, in Abs 2 Satz 3 das Wort „jedoch" durch „spätestens" sowie den Begriff des Patentsuchers durch den des Anmelders ersetzt.[5]

4   **II. Erstreckungsgesetz** s *6. und 7. Aufl.* Zur Frage, welche Fassung des Rechts der früheren DDR anzuwenden ist, Rn 8 vor § 1 sowie *6. Aufl* Rn 5 ff vor § 1.

5   **III. Ergänzende Schutzzertifikate** unterliegen nicht der Prüfung nach §§ 44 ff. Für sie gilt die Sondervorschrift des § 49a.[6]

IV. Normzweck; systematische Stellung

6   § 44 geht in seinem Kern auf das PatÄndG 1967 zurück. Während vor dessen Inkrafttreten am 1.1.1968 jede Patentanmeldung vAw auf alle Merkmale der Patentfähigkeit geprüft wurde, findet seither vAw nur noch die Offensichtlichkeitsprüfung auf bestimmte formelle und materielle Mängel (§ 42) statt. Das dt Patentrecht beruht, anders als zahlreiche ausländ Rechtsordnungen, weiterhin auf dem System der Vorprüfung; die vollständige Prüfung (Sachprüfung), insb die Prüfung auf Patentfähigkeit gegenüber dem StdT, wird aber nicht mehr automatisch nach Eingang der Anmeldung, sondern nur auf besonderen, gebührenpflichtigen Prüfungsantrag vorgenommen, der bis zum Ablauf von sieben Jahren nach der Anmeldung gestellt werden kann. Die Regelung sollte das DPA von der Prüfung wirtschaftlich unbedeutender Anmeldungen entlasten.[7] Die Einreichung der Anmeldung sichert dem Anmelder die Priorität. Er hat danach sieben Jahre Zeit zur Klärung, ob der wirtschaftliche Wert der Anmeldung, ihre Verwertbarkeit, den Aufwand und die Kosten eines Prüfungsverfahrens rechtfertigen (System der aufgeschobenen Prüfung).[8] Das System der aufgeschobenen Prüfung ist allerdings nicht bis zur letzten Konsequenz durchgeführt. Der Prüfungsantrag kann auch sofort nach Einreichung der Anmeldung gestellt werden. Dem wirkt ua die gebührenmäßige Begünstigung eines Prüfungsantrags, dem eine Recherche vorangegangen ist, entgegen. In jedem Fall geht die Prüfung der Patenterteilung voraus, mündet in diese ein (§ 49).

B. Voraussetzungen des Prüfungsverfahrens

I. Allgemeines

7   Das Prüfungsverfahren unterliegt einer Reihe von Voraussetzungen, deren Nichterfüllung in jeder Lage des Verfahrens vAw zu beachten ist.

II. Anhängigkeit einer Patentanmeldung (Abs 1)

8   Das Prüfungsverfahren setzt eine anhängige Patentanmeldung voraus, der Prüfungsantrag kann also frühestens mit der wirksamen Anmeldung gestellt werden. Ein Prüfungsantrag für eine nicht oder nicht mehr anhängige Anmeldung, zB eine mangels Erfüllung der Mindestvoraussetzungen unwirksame (Rn 10 ff zu § 35) oder zurückgenommene (Rn 142 ff zu § 34) Anmeldung ist unzulässig. Das Prüfungsverfahren geht

---

3 Begr BlPMZ 2004, 253.
4 Vgl *Schulte* Rn 22 f; *Benkard* Rn 12a ff.
5 Vgl Begr BTDrs 17/10308 = BlPMZ 2013, 366, 372.
6 Begr PatGÄndG BTDrs 12/3630 = BlPMZ 1993, 205, 211.
7 Vgl BGH GRUR 1995, 45 Prüfungsantrag; *Mes* Rn 1.
8 Vgl Begr PatÄndG 1967 BTDrs V/714 = BlPMZ 1967, 244 ff; Bericht des Rechtsausschusses BTDrs V/1631 = BlPMZ 1967, 279 ff.

---

grds der Patenterteilung voraus, hat also eine Patentanmeldung und nicht ein erteiltes Patent zum Gegenstand.

III. Prüfungsantrag

1. Grundsatz. Das Prüfungsverfahren wird durch einen besonders zu stellenden, wirksamen Prüfungsantrag eingeleitet, den anders als nach der Neuregelung beim Rechercheantrag weiterhin neben dem Anmelder jeder Dritte stellen kann (Rn 19 ff). Er ist unverzichtbare Verfahrensvoraussetzung für die Durchführung der Prüfung vor der Prüfungsstelle und ein sich daran anschließendes Beschwerdeverfahren vor dem BPatG.[9] Sein Fehlen oder seine Unwirksamkeit ist in jeder Lage des Verfahrens vAw zu berücksichtigen.[10] Jedoch ist die Rücknahme eines einmal wirksam gestellten Prüfungsantrags auf die Fortsetzung der Prüfung ohne Einfluss (Abs 5 Satz 1; Rn 50). Eine Verpflichtung, einen Prüfungsantrag zu unterlassen, erscheint kartellrechtl unbdkl, weil es ohne Prüfungsantrag nicht zur Erteilung eines Patents kommen kann. **9**

2. Wirksamkeit; Zulässigkeit. Der Prüfungsantrag muss wirksam und zulässig sein. Er muss hierfür die allg Voraussetzungen jeder Verfahrenshandlung erfüllen (Rn 28 ff vor § 34). Er muss unbedingt gestellt sein.[11] Der Antragsteller muss genannt werden.[12] **10**

3. Form. Darüber hinaus gilt für den Prüfungsantrag Schriftform (Abs 3 Satz 3 iVm § 43 Abs 2 Satz 2; zur Schriftform, die auch elektronische Dokumente erfasst, Rn 62 ff vor § 34). **11**

4. Prüfungsantragsfrist (Absatz 2)

a. Allgemeines. Der Prüfungsantrag kann gestellt werden, sobald – ggf auch gleichzeitig mit der Anmeldung – und solange die Anmeldung anhängig ist. Jedoch setzt Abs 2 – verfassungsrechtl unbdkl[13] – für den Antrag eine Frist bis zum Ablauf von sieben Jahren nach der Einreichung der Anmeldung. **12**

b. Fristbeginn. Der Lauf der Siebenjahresfrist beginnt mit der Einreichung der Anmeldung. Bei Ausscheidungsanmeldungen ist der Tag der Einreichung der Stammanmeldung maßgeblich (s aber Rn 41).[14] Auf einen etwaigen früheren Prioritätstag kommt es nicht an. Antragstellung im Voraus auf den letzten Tag der Prüfungsantragsfrist ist nicht möglich.[15] **13**

c. Fristende. Die Frist endet mit dem Ablauf des Tags des siebten Jahrs, der durch seine Benennung dem Tag des Fristbeginns entspricht (§ 187 Abs 1 BGB iVm § 188 Abs 2 BGB; zu Ausnahmen Rn 15 , 18, 41).[16] Der Fristlauf wird nicht dadurch gehemmt, dass die Anmeldung währenddessen und bei Fristende mangels Zahlung der Jahresgebühren – vorbehaltlich späterer Wiedereinsetzung – als zurückgenommen gilt. Auch in diesem Fall müssen fristgerecht Prüfungsantrag gestellt und die Gebühr bezahlt werden, wenn das Erteilungsverfahren nach gewährter Wiedereinsetzung als Prüfungsverfahren fortgesetzt werden soll.[17] Geschieht dies nicht, wird nicht in der Sache über die Anmeldung entschieden.[18] **14**

d. Verlängerte Prüfungsantragsfrist. Erweist sich der von einem Dritten gestellte Prüfungsantrag als unzulässig, kann der Anmelder, den dieser unzulässige Antrag uU von einem eigenen Prüfungsantrag **15**

---

9 BPatG BlPMZ 1993, 448.
10 BPatGE 19, 39, 42 = Mitt 1977, 113.
11 *Büscher/Dittmer/Schiwy* Rn 2.
12 BPatG 18.12.2003 10 W (pat) 26/02; *Schulte* Rn 12.
13 BPatGE 14, 31, 33.
14 BPatGE 15, 132, 134 = Mitt 1973, 194; BPatGE 16, 50, 52 = Mitt 1974, 32; vgl auch BPatG GRUR 2006, 791.
15 *Schulte* Rn 14 unter Hinweis auf BPatGE 45, 4; BPatG 26.1.2005 11 W (pat) 240/03.
16 BPatGE 14, 31, 33.
17 BGH GRUR 1995, 45 Prüfungsantrag; *Mes* Rn 10; vgl auch vorangehend BPatG 24.1.1994 4 W (pat) 47/93 BlPMZ 1994, 366 Ls.
18 BPatG 9.5.2011 10 W (pat) 16/08; *Schulte* Rn 8.

Keukenschrijver

abgehalten hat (Abs 4 Satz 1, 2), noch bis zum Ablauf von drei Monaten nach Zustellung der Mitteilung über die Unzulässigkeit (Abs 4 Satz 2), sofern diese Frist später als die Prüfungsantragsfrist nach Abs 2 abläuft, selbst einen Prüfungsantrag stellen (Rn 48).

16   **e. Gebührenzahlung.** Der Prüfungsantrag ist gebührenpflichtig (Rn 24 ff). Zur (fristgerechten) Antragstellung gehört – außer im Fall der Verfahrenskostenhilfe (§ 130 Abs 2, 6) – die (fristgerechte, Rn 32) Gebührenzahlung. Als unverzichtbare Verfahrensvoraussetzung ist sie in jeder Lage des Verfahrens, auch im Beschwerdeverfahren, vAw zu prüfen.[19] Nach Abs 3 in der früheren, durch Art 7 Nr 20 KostRegBerG aufgehobenen Fassung galt der Prüfungsantrag erst als gestellt, wenn die Prüfungsantragsgebühr entrichtet war. Ob der Antrag nach § 6 PatKostG weiterhin erst mit der Gebührenzahlung wirksam wird (als gestellt gilt) oder seine – an sich ohne die Zahlung gegebene Wirksamkeit – durch die nicht fristgerechte Zahlung lediglich wieder verliert (als zurückgenommen gilt),[20] lässt das Gesetz nicht eindeutig erkennen (vgl Rn 9 zu § 6 PatKostG; Rn 33). Jedenfalls sind der Prüfungsantrag gem Abs 2 fristgebunden iSv § 6 Abs 1 PatKostG und die Frist ist nach § 6 Abs 2 PatKostG nur gewahrt, wenn auch die Gebühr fristgerecht, dh seit der Neuregelung durch das Geschmacksmusterreformgesetz (vgl Rn 17 zu § 43) binnen drei Monaten ab Fälligkeit, längstens jedoch bis zum Ablauf von sieben Jahren nach Einreichung der Anmeldung (Abs 2 Satz 2, 3),[21] entrichtet ist. Soweit die genannte Frist nicht in Frage steht, etwa weil der Prüfungsantrag lange vor deren Ablauf gestellt ist, sind die Zweifel über die rechtsdogmatischen Folgen einer Nichtzahlung ohne praktische Bedeutung. Das DPMA ist zwar unter der Geltung des früheren Abs 3 immer davon ausgegangen, dass die Gebührenzahlung innerhalb der Siebenjahresfrist jederzeit nachgeholt werden könne und die Fiktion, dass der Antrag als nicht gestellt gelte, erst mit Ablauf der Siebenjahresfrist eintrete (DPA-PrRl 1995 3.1.; DPMA-PrRl 2004 3.1.). Die Neuregelung schließt dies jedoch aus.[22] In jedem Fall wird die Prüfung – wie bisher – erst aufzunehmen sein, wenn die Gebühr gezahlt ist (§ 5 Abs 1 PatKostG, so auch die DPMA-PrRl 2004 3.1.), der Bestand des Prüfungsantrags als unverzichtbarer Verfahrensgrundlage (Rn 9) also endgültig sichergestellt ist.

17   **f. Rechtsfolgen der Fristversäumnis.** Wird die rechtzeitige Antragstellung oder die Gebührenzahlung versäumt, gilt also der Prüfungsantrag als nicht gestellt oder zurückgenommen, tritt mit Ablauf der Frist für den Prüfungsantrag bzw für die Gebührenzahlung gem Abs 2 ohne weiteres die Rücknahmefiktion des § 58 Abs 3 ein. Einer besonderen Benachrichtigung mit Fristsetzung bedarf es hierfür – anders als sonst im Patenterteilungsverfahren – nicht.[23] Diese Regelung ist aus verfassungsrechtl Gründen nicht zu beanstanden.[24] Die Bundesregierung hatte das DPMA als verpflichtet angesehen, den Anmelder im Verwaltungsweg zusammen mit der Anforderung der 7. Jahresgebühr auf den bevorstehenden Fristablauf hinzuweisen.[25] Diese Verpflichtung änderte, auch wenn die Mitteilung unterblieb, nichts am Eintritt der Rücknahmefiktion.[26] Mit dem Wegfall der Jahresgebührennachrichten ist diese Verpflichtung gegenstandslos. Das Fehlen einer entspr Erinnerung kann bei der langen Prüfungsantragsfrist besonders leicht zu Fristversäumnissen führen. Hier bleibt nur die Möglichkeit der Wiedereinsetzung.

18   **g. Wiedereinsetzung** in die Prüfungsantragsfrist ist möglich (vgl Rn 26 zu § 123).[27] Das gilt auch für die Frist für die Gebührenzahlung, da § 123 Abs 1 Satz 2 diese nicht von der Wiedereinsetzungsmöglichkeit ausnimmt. Die Wiedereinsetzung kann nicht darauf gestützt werden, dass das DPMA den Anmelder auf den drohenden Ablauf der Prüfungsantragsfrist und dessen Folgen nicht hingewiesen hat, denn eine solche Hinweispflicht kennt das PatG nicht (Rn 17). Sie folgt auch nicht aus Gründen einer allg Fürsorgepflicht des DPMA oder der Verpflichtung, auf die Stellung sachdienlicher Anträge hinzuwirken.[28] Die Rspr

---

19   BPatG BlPMZ 1993, 448.
20   So wohl *Fitzner/Lutz/Bodewig* Rn 30.
21   Begr BlPMZ 2004, 253; vgl MittPräsDPMA Nr 23/04 BlPMZ 2004, 321; zu einer vor Inkrafttreten des Abs 2 Satz 4 erklärten Ausscheidung BPatG GRUR 2006, 791.
22   AA *Mes* Rn 10, nach dem die Zahlung nicht innerhalb der Siebenjahresfrist erfolgen muss.
23   BPatGE 22, 280, 282 = Mitt 1980, 136; BPatG 16.3.2006 10 W (pat) 42/04.
24   BPatGE 14, 31.
25   Begr GPatG BlPMZ 1979, 292, 294 zu Nr 24.
26   BPatGE 22, 280, 282 = Mitt 1980, 136.
27   BPatG 16.3.2006 10 W (pat) 42/04; *Mes* Rn 10; *Schulte* Rn 17, abw noch *Schulte*[7] Rn 17.
28   AA BPatGE 22, 280, 282 = Mitt 1980, 136.

hatte allerdings die Auffassung vertreten, ein unerfahrener Anmelder könne sich darauf verlassen, dass das DPMA eine im Gesetzgebungsverfahren gegebene Zusage der Bundesregierung, ihn bei Anforderung der 7. Jahresgebühr auf den bevorstehenden Fristablauf hinzuweisen, einhalten werde.[29] Mit dem Wegfall der Gebührenanforderung ist auch dieser Rspr die Grundlage entzogen.

5. Antragsberechtigung; Vertretung; Inlandsvertreter. Antragsberechtigt sind der Anmelder und **19** jeder Dritte (Abs 2 Satz 1). Dritter kann auch ein Anwalt sein.[30]

Ein **Rechtsschutzbedürfnis** braucht – außer für die Inanspruchnahme der Verfahrenskostenhilfe **20** (§ 130 Abs 6) – auch der Dritte nicht nachzuweisen.[31]

Antragstellung durch Vertreter ist möglich, auch in verdeckter Stellvertretung. Dass der Dritte, zB **21** ein Anwalt, der im eigenen Namen Prüfungsantrag stellt, im Interesse eines anderen handelt, steht der Zulässigkeit nicht entgegen.[32] Da auch der andere antragsberechtigt wäre, ist der Dritte kein Strohmann. Er braucht nicht einmal den Namen des anderen offenzulegen[33] und handelt, wenn er ihn verschweigt, nicht standeswidrig.[34] Wird der Prüfungsantrag hingegen im fremden Namen gestellt, muss der Vertreter den Vertretenen nennen[35] und seine Vertretungsmacht nachweisen.

Einen **Inlandsvertreter** (§ 25) benötigt der auswärtige Anmelder bereits für die Anmeldung, nicht erst **22** für den Prüfungsantrag. Bei ihm führt das Fehlen eines Inlandsvertreters, wenn der Mangel trotz Aufforderung nicht beseitigt wird, zur Zurückweisung der Anmeldung. Der auswärtige Dritte bedarf nach Abs 3 Satz 3 iVm § 43 Abs 2 Satz 3 für den Prüfungsantrag gleichfalls eines Inlandsvertreters. Solange er keinen Inlandsvertreter bestellt hat, kann sein Prüfungsantrag nicht Grundlage eines Prüfungsverfahrens sein, da der Mangel der Inlandsvertretung ein Verfahrensfortgangshindernis bedeutet (Rn 48 zu § 25).[36] Holt der Antragsteller die Bestellung eines Inlandsvertreters trotz entspr Aufforderung und Fristsetzung innerhalb der gesetzten Frist nicht nach, ist der Prüfungsantrag als unzulässig zu verwerfen. Eine gezahlte Prüfungsantragsgebühr ist verfallen.[37]

6. Anfechtung des Prüfungsantrags wegen Willensmängeln kommt, da es sich um eine reine Verfah- **23** renshandlung ohne materielle Wirkung handelt, nicht in Betracht (Rn 74 ff vor § 34).[38]

7. Prüfungsantragsgebühr

a. Allgemeines. Mit dem Prüfungsantrag ist eine Gebühr nach dem Tarif zu zahlen (Anl zu § 2 Abs 1 **24** PatKostG – KostVerz – Nr 311300 und 311400). Die Gebühr entfällt, wenn der Antrag als zurückgenommen gilt und die Amtshandlung nicht vorgenommen wurde (§ 10 Abs 2 PatKostG).

b. Rechtsnatur. Die Prüfungsantragsgebühr ist eine Antragsgebühr (vgl Rn 4 Einl PatKostG).[39] Sie ist **25** keine zur Aufrechterhaltung eines Schutzrechts vorgesehene Gebühr iSv Art 5bis Abs 1 PVÜ.[40] Ihre Zahlung gehört zu den unverzichtbaren Verfahrensvoraussetzungen des Prüfungsverfahrens und ist jederzeit in dessen Verlauf – auch im Beschwerdeverfahren – vAw zu prüfen.[41]

c. Höhe. Die Gebühr beträgt 350 EUR (Anlage zu § 2 Abs 1 PatKostG (KostVerz) Nr 311400). Sie ermä- **26** ßigt sich nach KostVerz Nr 311300 auf 150 EUR, wenn zuvor in demselben Patenterteilungsverfahren[42] ein

29 BPatGE 22, 280, 282 = Mitt 1980, 136.
30 BPatGE 15, 134 = GRUR 1974, 80; *Mes* Rn 6.
31 BPatGE 15, 134 = GRUR 1974, 80.
32 BPatG 22.1.2008 6 W (pat) 35/05; *Schulte* Rn 12.
33 BPatGE 15, 134 = GRUR 1974, 80; OLG München Mitt 1983, 95; kr *Kockläuner* GRUR 1974, 199; *Keil* Mitt 1973, 234.
34 OLG München Mitt 1983, 95.
35 BPatGE 15, 134 = GRUR 1974, 80.
36 BGH GRUR 1969, 437 Inlandsvertreter.
37 BPatGE 25, 32 = GRUR 1983, 116 unter Aufgabe von BPatG Mitt 1980, 77.
38 Ebenso *Schulte* Rn 35; *Fitzner/Lutz/Bodewig* Rn 42.
39 BPatGE 11, 222; BPatG 8.7.1998 4 W (pat) 32/96; *Fitzner/Lutz/Bodewig* Rn 31.
40 BPatGE 14, 31.
41 BPatG BlPMZ 1993, 448.
42 BPatG 8.7.1998 4 W (pat) 32/96: nicht bei Recherche in paralleler GbmSache.

Rechercheantrag wirksam gestellt worden ist. Die Ermäßigung tritt auch dann ein, wenn für eine umgewandelte eur oder internat Anmeldung eine vollständige Recherche vorliegt (Art II § 9, Art III § 7 IntPatÜG). Zur Übergangsregelung bei Änderung des Gebührensatzes vgl Rn 18 zu § 43 sowie die Erläuterungen zu §§ 13, 14 PatKostG.

27   **d. Fälligkeit.** Die Prüfungsgebühr wird mit der wirksamen Stellung des Prüfungsantrags fällig (§ 3 Abs 1 PatKostG).[43] Beitreibbar ist die Gebühr nicht.[44] Die Sanktion der Nichtzahlung ist in der Sache der Nichteintritt in das Prüfungsverfahren (näher Rn 16 f, 32).

28   **e. Zahlung.** Die nach Fälligkeit entrichtete Prüfungsantragsgebühr verfällt mit ihrer Zahlung[45] und entfaltet damit zugleich ihre Wirkung, dass der Prüfungsantrag vollwirksam wird,[46] dh von dem Makel der möglichen Sanktion des § 6 PatKostG befreit wird und das DPMA veranlasst wird, in das Prüfungsverfahren einzutreten (Rn 16, 32).

29   Der Zeitpunkt der Vollwirksamkeit, dh der Zeitpunkt, in dem Antrag und Gebühr – letztere unter Berücksichtigung des § 2 PatKostZV vom 20.12.2001[47] – nebeneinander vorliegen, ist insb auch maßgeblich für die Beurteilung des **Zeitrangs mehrerer Prüfungsanträge** untereinander oder des Prüfungsantrags zu einem Rechercheantrag (Abs 3 Satz 1).[48]

30   Wird die Gebührenzahlung durch die Bewilligung der **Verfahrenskostenhilfe** ersetzt (§ 130 Abs 2, 6), tritt der Zeitpunkt ihrer Bewilligung an die Stelle des Zahlungszeitpunkts.

31   **Reicht der gezahlte Betrag** als Prüfungsantragsgebühr für mehrere Anmeldungen **nicht aus**, ist der angegebene Verwendungszweck nicht brauchbar; entspr § 366 Abs 2 BGB wird zunächst die fällige Schuld, unter mehreren fälligen Schulden diejenige, die dem Gläubiger geringere Sicherheit bietet, unter mehreren gleich sicheren die dem Schuldner lästigere, unter mehreren gleich lästigen die ältere Schuld und bei gleichem Alter jede Schuld verhältnismäßig getilgt. Bei unterschiedlichem Alter der Schuld kommt es auf die Entstehungszeit der Forderung an, die mit der Einreichung der Anmeldung gleichzusetzen ist, da die Siebenjahresfrist zur Zahlung der Prüfungsantragsgebühr dieser beginnt.[49]

32   **f. Zahlungsfrist; Nichtzahlung.** Die Zahlungsfrist beträgt drei Monate ab Fälligkeit, endet jedoch mit Ablauf von sieben Jahren nach Einreichung der Anmeldung (Abs 2); maßgeblich ist die jeweils kürzere Frist.[50]

33   Ob die **Nichtzahlung** zur Folge hat, dass der Prüfungsantrag als nicht gestellt oder als zurückgenommen gilt, ist unklar, aber von geringer praktischer Bedeutung (vgl Rn 9 zu § 6 PatKostG; Rn 16). Das DPMA tritt in jedem Fall erst in das Prüfungsverfahren ein, wenn die Gebühr gezahlt ist (so auch DPMA-PrRl 3.1).

34   Die Nichtvornahme- oder Rücknahmefiktion tritt nicht ein, wenn **Verfahrenskostenhilfe** für den Anmelder rechtzeitig bewilligt ist (§ 130 Abs 2 Satz 1). Gleiches gilt, wenn der antragstellende Dritte, der hierfür ein schutzwürdiges Interesse an der Prüfung glaubhaft machen muss, Verfahrenskostenhilfe erhalten hat (§ 130 Abs 6).

35   **g. Rückzahlung** der Prüfungsantragsgebühr kommt nicht in Betracht, wenn sie nach Eintritt der Fälligkeit, also mit Rechtsgrund gezahlt worden ist (Rn 1 zu § 10 PatKostG), zB nicht bei späterer Rücknahme des Prüfungsantrags, auch bei verzögerter Bearbeitung,[51] oder, ggf auch kraft Fiktion des § 40

---

43   Vgl *Fitzner/Lutz/Bodewig* Rn 28; ebenso zu früherem Recht BPatGE 11, 55; BPatGE 11, 222; BPatGE 13, 60, 62; BPatG Mitt 1971, 115; BPatG 8.7.1998 4 W (pat) 32/96.

44   So zum früheren Recht BPatGE 11, 55; BPatGE 11, 222; BPatGE 13, 60, 62; BPatG Mitt 1971, 115; BPatG 8.7.1998 4 W (pat) 32/96.

45   BPatGE 37, 187.

46   So zum früheren Recht BPatGE 19, 18 = BlPMZ 1977, 18.

47   BGBl I 3853 = BlPMZ 2002, 70.

48   Vgl BPatGE 11, 222 f; BPatG 12, 85, 88.

49   BPatG 20.12.2007 10 W (pat) 17/04.

50   Vgl *Benkard* Rn 12c; zur Prüfungsgebühr für die Ausscheidungsanmeldung vor Inkrafttreten der Regelung in Abs 2 Satz 2 BPatG GRUR 2006, 791.

51   BPatG 22.2.2007 10 W (pat) 49/05; *Schulte* Rn 30.

Abs 5[52] und des § 58 Abs 3,[53] der Anmeldung,[54] und zwar auch im Fall verzögerlichen Betreibens des Prüfungsverfahrens durch das DPMA.[55] Dies gilt auch, wenn die Prüfung noch nicht aufgenommen worden ist.[56] Auch Billigkeitsgründe können die Rückzahlung nicht rechtfertigen,[57] zB nicht der Vortrag, dass auf das Ergebnis der Prüfung einer anderen Sache zurückgegriffen werden könne[58] oder der zurückgewiesene Prüfungsantrag bei ordnungsgem Durchführung der vorgängigen Recherche und entspr Aufschluss über den maßgeblichen StdT nicht gestellt worden wäre.[59] Auch die Zurückweisung des Prüfungsantrags mangels Inlandsvertreters bzw wegen Vollmachtlosigkeit des Vertreters rechtfertigt die Rückzahlung nicht.[60] Gehen mehrere Prüfungsanträge mit Gebühr am gleichen Tag ein, sind sie alle wirksam, die Gebühren sind sämtlich verfallen.

Hingegen ist die Gebühr bei **rechtsgrundloser Zahlung** zurückzuzahlen (Rn 5 ff zu § 10 PatKostG), zB **36** wenn die Anmeldung bei Antragstellung nicht mehr anhängig ist, als zurückgenommen gilt, oder – insoweit kraft ausdrücklicher Regelung (Abs 3 Satz 2 iVm § 43 Abs 4 Satz 3 und Abs 5 Satz 2) – wenn ein Prüfungsantrag wegen eines anderen, früher wirksam gestellten Antrags als nicht gestellt gilt.[61] Gleiches gilt nach § 10 Abs 2 Satz 1 PatKostG, wenn der Prüfungsantrag an einem Mangel iSd § 6 Abs 2 PatKostG leidet, etwa weil die Prüfungsantragsgebühr verspätet gezahlt worden ist.[62]

Die **Entscheidung** über die Rückzahlung kann von Beamten des gehobenen Dienstes oder vergleich- **37** baren Tarifbeschäftigten getroffen werden (§ 1 Abs 1 Nr 4 WarnV).

h. Anfechtung der einer Gebührenzahlung zugrunde liegenden Willenserklärung nach § 119 BGB ist **38** denkbar,[63] wird aber wegen bloßen Motivirrtums idR erfolglos sein (vgl aber Rn 74 ff vor § 34).[64]

8. Kein früherer Prüfungsantrag. Ein Prüfungsantrag (des Anmelders oder jedes Dritten) gilt als **39** nicht gestellt, wenn zuvor ein anderer Prüfungsantrag, gleich ob vom Anmelder oder einem Dritten wirksam gestellt worden ist (Abs 3 Satz 2 iVm § 43 Abs 5). Der Prüfungsantrag eines Dritten wird erst mit Bekanntgabe seines Namens wirksam.[65] Für den Zeitrang mehrerer Prüfungsanträge ist der Zeitpunkt maßgeblich, in dem Antrag und Gebühr vorliegen.[66] Wenn dies bei mehreren Anträgen am gleichen Tag der Fall ist, sind sie alle wirksam.

9. Verhältnis zu Offensichtlichkeitsprüfung (§ 42) **und Recherche** (§ 43). Beide stehen dem wirk- **40** samen Prüfungsantrag nicht im Weg. Werden Recherche- und Prüfungsantrag gleichzeitig gestellt, sind beide wirksam (zu den Auswirkungen auf die Gebühren des beigeordneten Vertreters Rn 25 zu § 133).[67] Wird Prüfungsantrag gestellt, wird eine bereits beantragte Recherche zunächst erledigt (Abs 3 Satz 1),[68] die Offensichtlichkeitsprüfung wird in die Sachprüfung übergeleitet.

---

52   BPatG BlPMZ 2012, 71; BPatG 6.6.2013 10 W (pat) 6/09, auch zum Zahlungstag bei Einziehungsermächtigung; *Mes* Rn 20.
53   BPatGE 11, 55; *Schulte* Rn 29.
54   BPatGE 11, 55; BPatGE 11, 222 ; BPatG 8.7.1998 4 W (pat) 32/96; BPatGE 49, 123 = GRUR 2006, 261.
55   BPatGE 49, 123 = GRUR 2006, 261; BPatG 22.2.2007 10 W (pat) 49/05.
56   BGH GRUR 2014, 710 Prüfungsgebühr in Bestätigung von BPatG 6.6.2012 10 W (pat) 6/09 CIPR 2014, 72 Ls.
57   BPatGE 13, 60, 63; BPatGE 16, 33 = BlPMZ 1974, 169; BPatG BlPMZ 2004, 162; vgl BPatGE 49, 123 = GRUR 2006, 261, wonach die erklärte nicht mit fingierter Rücknahme gleichgesetzt werden kann; BPatG 22.2.2007 10 W (pat) 49/05; *Schulte* Rn 29 f.
58   BPatG Mitt 1971, 115; BPatG 8.7.1998 4 W (pat) 32/96.
59   BPatGE 13, 60, 63.
60   BPatGE 25, 32 f = GRUR 1983, 116; BPatG BlPMZ 1985, 114; aA BPatG Mitt 1980, 77.
61   BPatGE 13, 60, 63; BPatGE 16, 33 = BlPMZ 1974, 169; BPatG Mitt 1971, 115; vgl *Schulte* Rn 31.
62   BPatGE 14, 206.
63   Ebenso *Fitzner/Lutz/Bodewig* Rn 43.
64   BPatG Mitt 1986, 17.
65   BPatG 16.8.2000 10 W (pat) 33/00.
66   BPatGE 11, 55; BPatGE 11, 222.
67   BPatG 24.8.2006 10 W (pat) 13/06, auch zu den Auswirkungen auf die Gebühren des beigeordneten Vertreters.
68   *Mes* Rn 17.

10. Besonderheiten

41   **a. Bei Teilung und Ausscheidung.** Ein Prüfungsantrag, der nach Teilung oder Ausscheidung gestellt wird, gilt nur für die Anmeldung, auf die er sich bezieht. Für die durch Teilung/Ausscheidung entstandene Anmeldung ist der Prüfungsantrag fristgemäß zu stellen, sofern die Teilung vor Ablauf der Prüfungsantragsfrist erfolgt. Andernfalls muss bereits ein Prüfungsantrag für die Stammanmeldung vorliegen.[69] Hingegen wirkt ein Prüfungsantrag, der vor Teilung der Anmeldung (§ 39) oder nach früherem Recht des Patents (§ 60 aF) oder vor Ausscheidung gestellt worden ist, auch für den abgetrennten Teil.[70] Der abgetrennte Teil gilt als Anmeldung, für die ein Prüfungsantrag gestellt worden ist (§ 39 Abs 1 Satz 2; früher auch § 60 Abs 1 Satz 2 aF). Jedoch muss die Prüfungsantragsgebühr für den abgetrennten Teil nachentrichtet werden (§ 39 Abs 2 Satz 1; § 60 Abs 1 Satz 3 aF).[71] Der Prüfungsantrag wird erst mit der Zahlung wirksam.[72] Wird die Gebühr nicht binnen drei Monaten nach der Teilungserklärung gezahlt, gilt die Teilungserklärung als nicht abgegeben (§ 39 Abs 3). Wird nach Stellung des Prüfungsantrags ein Teil der Anmeldung ausgeschieden, wirkt der Prüfungsantrag ebenfalls für die Ausscheidungsanmeldung fort. Die Prüfungsantragsgebühr muss nachentrichtet werden;[73] hierfür galt bei vor dem 19.3.2004 erfolgter Ausscheidungsanmeldung die Siebenjahresfrist, seither gilt Abs 2 Satz 2;[74] die vom BGH[75] früher entwickelten, umstr Grundsätze sind seit Inkrafttreten des PatKostG nicht mehr anzuwenden.[76] Erfolgt die Teilung oder Ausscheidung erst nach Ablauf der Siebenjahresfrist, kann die Prüfungsantragsgebühr innerhalb von drei Monaten entrichtet werden; geschieht dies nicht, gilt die Teilungserklärung als nicht abgegeben (§ 39 Abs 3), bei Ausscheidung wird nunmehr Abs 2 Satz 2 anzuwenden sein[77] (vgl Rn 33). Die Rspr des BPatG hat bei einer Ausscheidungsanmeldung auf den Zeitpunkt des Eingangs der Ausscheidungserklärung abgestellt (Rn 69 zu § 39).[78] Die entspr Anwendung des Abs 2 Satz 3 soll auch in Betracht kommen, wenn die Frist zur Zahlung der Prüfungsantragsgebühr für eine Ausscheidungsanmeldung aufgrund einer nach Fristablauf erfolgenden Änderung der die bisherige Amtspraxis stützenden Rspr des BPatG versäumt wird.[79]

42   **b. Das Zusatzpatent** kommt nur noch in Betracht, wenn am 1.4.2014 ein Antrag auf Zusatzpatent bereits gestellt war oder noch gestellt werden kann (§ 147 Abs 3); insoweit wird auf die Kommentierung in der *7. Aufl* verwiesen.

C. Verfahren nach Prüfungsantrag

I. Wirksamkeitsprüfung

43   Das DPMA prüft zunächst die Wirksamkeit (Zulässigkeit) des Prüfungsantrags. Das Aktenzeichen wird um die Abteilungskennziffer ergänzt.[80] Die Prüfung erfolgt nach den in Rn 9 ff dargestellten Kriterien. Ergeben sich Bedenken gegen die Wirksamkeit des Antrags oder sonstige Zulässigkeitshindernisse, weist das DPMA den Beteiligten darauf hin und gibt ihm unter Fristsetzung Gelegenheit, Stellung zu nehmen oder – wenn dies möglich ist – die Mängel zu beseitigen. Da die Wirksamkeit des Antrags unverzichtbare Verfahrensvoraussetzung, ihr Fehlen in jeder Lage des Verfahrens zu beachten ist (Rn 9), kann auch eine

---

69 Vgl zur Problematik *Stortnik* GRUR 2005, 729 f; *Kraßer* S 562 f (§ 25 A IX c 5).

70 BPatGE 16, 35, 37 = BlPMZ 1974, 59; BPatGE 17, 45 = BlPMZ 1975, 190 f; vgl BPatGE 43, 159 = GRUR 2001 412; aA BPatGE 15, 132 = Mitt 1973, 194; BPatGE GRUR 2006, 791.

71 BPatGE 17, 45 = BlPMZ 1975, 190 f.

72 BPatGE 15, 132 = Mitt 1973, 194; BPatGE 16, 35 = BlPMZ 1974, 59.

73 BGHZ 98, 196 = GRUR 1986, 877 Kraftfahrzeuggetriebe m kr Anm *Eisenführ*; BPatGE 15, 132 = Mitt 1973, 194; BPatGE 16, 35 = BlPMZ 1974, 59; BPatGE 17, 45 = BlPMZ 1975, 190 f.

74 BPatG GRUR 2006, 791; *Schulte* § 34 Rn 272.

75 BGH Kraftfahrzeuggetriebe.

76 BPatG GRUR 2006, 791, zugelassene Rechtsbeschwerde nicht eingelegt.

77 *Büscher/Dittmer/Schiwy* Rn 14 lassen die Rücknahmefiktion eintreten.

78 BPatG GRUR 2006, 791.

79 BPatGE 20, 154 = BlPMZ 1978, 208.

80 Vgl hierzu *Schulte* Rn 38.

bereits abgeschlossene Wirksamkeitsprüfung bis zum Abschluss des Prüfungsverfahrens jederzeit wieder aufgenommen werden, wenn sich nachträglich Bedenken ergeben.

Beteiligt an der Wirksamkeitsprüfung ist ausschließlich der Antragsteller, entweder der Anmelder **44** oder der antragstellende Dritte, der durch Abs 2 vom Prüfungsverfahren selbst, nicht aber vom Verfahren über die Zulässigkeit seines Prüfungsantrags ausgeschlossen wird.[81] Auch der Anmelder ist bei Antragstellung durch einen Dritten an der Prüfung der Zulässigkeit dieses Antrags nicht beteiligt; sein Antrag, den Prüfungsantrag des Dritten zurückzuweisen, kann keinen Erfolg haben. Er ist erst beteiligt, wenn die Wirksamkeit des Prüfungsantrags feststeht.[82]

Entscheidung. Die Feststellung, dass der Prüfungsantrag wirksam und auch sonst zulässig ist, kann **45** förmlich durch Zwischenbeschluss erfolgen.[83] Sie kann aber auch konkludent durch Anordnung der für diesen Fall vorgesehenen Bekanntmachungen und Mitteilungen oder Eintritt in die Sachprüfung erfolgen.

Gilt der Prüfungsantrag hingegen als nicht gestellt, wird dies durch förmlichen Beschluss festgestellt. **46** In sonstigen Fällen der **Unwirksamkeit oder Unzulässigkeit** ist der Prüfungsantrag, wenn seine Mängel nicht beseitigt bzw die Bedenken gegen ihn nicht zerstreut werden, zurückzuweisen.[84] Der Beschluss ist dem Antragsteller als einzigem Beteiligten zuzustellen. Lediglich im Fall eines früheren Prüfungsantrags eines Dritten ist der Anmelder in jedem Fall, obgleich insoweit unbeteiligt, zu benachrichtigen (Rn 47).

Wirksamer früherer Prüfungsantrag eines Dritten. Hat ein Dritter Prüfungsantrag gestellt, wird **47** der Eingang des Antrags dem Anmelder mitgeteilt (Abs 3 Satz 2). Steht die Prüfung, ob (und wann) der frühere Antrag wirksam geworden ist, noch aus, hat das DPMA den anderen (späteren) Antragsteller hiervon zu unterrichten und die Rückzahlung der Gebühr zurückzustellen, bis feststeht, welcher Antrag als der frühere wirksam geworden ist.

Unwirksamer früherer Prüfungsantrag eines Dritten. Erweist sich der von einem Dritten gestellte **48** Prüfungsantrag als unwirksam, teilt das DPMA dies nicht nur dem Dritten, sondern auch dem Anmelder mit (Abs 4 Satz 1). Der Anmelder erhält so Gelegenheit, noch bis zum Ablauf von drei Monaten nach Zustellung der Mitteilung selbst Prüfungsantrag zu stellen (Abs 4 Satz 2). Dies gilt jedoch nur soweit, als die Prüfungsantragsfrist des Abs 2 zur Zeit des Ablaufs der Frist nach Abs 4 Satz 2 noch nicht abgelaufen war; nach Ablauf der Siebenjahresfrist bleibt hier mithin noch die Frist nach Abs 4 Satz 2.[85] In diesem Fall wird das Prüfungsverfahren in dem Zustand fortgesetzt, in dem es sich im Zeitpunkt des vom Anmelder gestellten Prüfungsantrags befindet (Abs 5 Satz 2).

Ist ein Prüfungsantrag wirksam gestellt, hat das DPMA eine Reihe von **Bekanntmachungen, Mittei- 49 lungen und Aufforderungen** zu erlassen. Der Prüfungsantrag wird im PatBl veröffentlicht. Die Veröffentlichung darf nicht vor der Offenlegung erfolgen (Abs 3 Satz 3 iVm § 43 Abs 3 Satz 1; Rn 35 zu § 43). Ebenso wird die nachträglich festgestellte Unwirksamkeit des Prüfungsantrags eines Dritten unter Hinweis auf die Veröffentlichung des von dem Dritten gestellten Antrags im PatBl veröffentlicht (Abs 4 Satz 3, Rn 48), wenn der Anmelder nicht selbst Prüfungsantrag stellt. Dem Anmelder werden der wirksame Prüfungsantrag eines Dritten (Abs 3 Satz 2) sowie die nachträglich festgestellte Unwirksamkeit des Prüfungsantrags eines Dritten (Abs 4 Satz 1) mitgeteilt.

II. Rücknahme des Prüfungsantrags (Abs 5 Satz 1) ist an sich jederzeit – bis zum Abschluss des Prü- **50** fungsverfahrens – möglich. Sie beendet aber als Ausnahme von dem sonst regelmäßig geltenden Verfügungsgrundsatz das Prüfungsverfahren nicht. Eine noch nicht begonnene Prüfung ist trotz der Antragsrücknahme durchzuführen.[86] Durch diese Regelung soll die Möglichkeit abgeschnitten werden, einer drohenden Zurückweisung zur Erhaltung des einstweiligen Schutzes durch die Beendigung des Prüfungsverfahrens zuvorzukommen.[87] Eine Bekanntmachung der Rücknahme des Prüfungsantrags ist nicht vorgesehen und mangels Auswirkungen auf das Prüfungsverfahren auch entbehrlich.

81 BPatGE 15, 134 = GRUR 1974, 80.
82 BPatGE 15, 134 = GRUR 1974, 80.
83 BPatGE 15, 134, 137 = GRUR 1974, 80.
84 BPatGE 15, 134 = GRUR 1974, 80.
85 Vgl *Mes* Rn 15 f.
86 Vgl *Fitzner/Lutz/Bodewig* Rn 42; *Büscher/Dittmer/Schiwy* Rn 20.
87 BPatGE 15, 134, 139 f = GRUR 1974, 80; vgl *Benkard* Rn 27 ff; *Schulte* Rn 34.

Keukenschrijver

III. Sachprüfung

51   **1. Charakter.** Von der Offensichtlichkeitsprüfung unterscheidet sich die Sachprüfung in zweierlei Hinsicht: einmal darin, dass sie sich auch auf die materielle Patentfähigkeit erstreckt, zum anderen darin, dass sie sich nicht auf offensichtliche Mängel beschränkt, sondern eine gründliche und vollständige Prüfung in formeller und materieller Hinsicht ist.

52   **2. Prüfungsrichtlinien.** Bei der Sachprüfung sind neben den gesetzlichen Vorschriften die Grundsätze der DPMA-PrRl zu beachten, die für die Prüfer des DPMA – anders als für die Gerichte – verbindlich sind und die eine einheitliche und zügige Prüfung der Patentanmeldungen gewährleisten sollen, wobei die Veröffentlichung der Richtlinien dazu dient, die Anmelder über die Arbeitsweise der Prüfer zu unterrichten (DPMA-PrRl 1. Vorbemerkung).

53   **3. Beteiligte.** Anders als an der Prüfung der Wirksamkeit des Prüfungsantrags ist am Prüfungsverfahren als solchem, gleichgültig wer den Prüfungsantrag gestellt hat, nur der Anmelder beteiligt, nicht aber ein Dritter (Abs 2 Satz 1).[88] Der Dritte ist auf die Möglichkeit der Akteneinsicht verwiesen, jedoch wird er aus Zweckmäßigkeitsgründen – ohne Begründung eines Rechtsanspruchs – vom DPMA über den Abschluss des Verfahrens unterrichtet.[89]

54   **4. Hinweise zum Stand der Technik.** Nach Abs 3 Satz 3 iVm § 43 Abs 3 Satz 2 ist jedermann ist berechtigt, dem DPMA Hinweise zum StdT zu geben, die der Erteilung eines Patents entgegenstehen könnten. Dies entspricht dem Recht zur Nennung von Druckschriften nach Abs 4 Satz 2 aF. Der Dritte erlangt hierdurch keine Beteiligung am Prüfungsverfahren; er kann jedoch Akteneinsicht nehmen (§ 31). Der Inhalt der Eingabe des Dritten wird dem Anmelder mitgeteilt.[90]

55   **5. Bindung.** Die Prüfungsstelle ist an die Beurteilungen und Feststellungen der Offensichtlichkeitsprüfung nicht gebunden. Sie kann dort fallengelassene Beanstandungen wieder aufgreifen und braucht Beanstandungen, die dort zurückgestellt worden sind (§ 42 Abs 1 Satz 2), nicht zu erheben. Jedoch ist sie an die dort getroffenen Zwischenentscheidungen, wie zB an eine gewährte Wiedereinsetzung, gebunden.

56   **6. Recherche.** Die Prüfung auf materielle Patentfähigkeit hat unter Berücksichtigung des gesamten verfügbaren StdT zu erfolgen. Das Ergebnis einer vorausgegangenen Recherche nach § 43 wird zwar regelmäßig die Grundlage der Sachprüfung sein, der Prüfer ist jedoch nicht darauf beschränkt.[91] Er ist berechtigt und verpflichtet, die für die Beurteilung der Patentfähigkeit maßgeblichen Umstände vAw zu ermitteln (§ 46 Abs 1 Satz 1). Deshalb darf er jederzeit, wenn ihm das vorliegende Material unvollständig erscheint, eine Nachrecherche vornehmen. Er ist hierzu insb verpflichtet, wenn sich der Anmeldegegenstand in eine Richtung verändert, die bei der Recherche noch nicht berücksichtigt werden konnte.

57   **IV. Ende des Prüfungsverfahrens** tritt nicht durch Rücknahme des Prüfungsantrags (Rn 50) ein, wohl aber durch Rücknahme der Anmeldung, Zurückweisung der Anmeldung nach § 48, Patenterteilung nach § 49, Feststellung der Unwirksamkeit oder Unzulässigkeit des Prüfungsantrags.

---

88   Vgl BGHZ 183, 309 = GRUR 2010, 253 Fischdosendeckel; BGH GRUR 2015, 927 Verdickerpolymer II in Bestätigung von BPatGE 54, 176 = Mitt 2014, 295 mit krit Anm *Schallmoser*, zur Wiedereinsetzung; BPatGE 52, 256; *Schulte* Rn 9.
89   *Schulte* Rn 9.
90   *Fitzner/Lutz/Bodewig* Rn 44.
91   Vgl auch CCass PIBD 1997, 641 III 545.

D. Prüfung der europäischen Patentanmeldung

I. Grundsatz

Das EPA prüft nach Maßgabe der AOEPÜ auf Antrag, ob die eur Patentanmeldung und die Erfindung, **58** die sie zum Gegenstand hat, den Erfordernissen des EPÜ entspricht (Art 94 Abs 1 Satz 1 EPÜ). Bei der Sachprüfung sind neben den Vorschriften des EPÜ und der AOEPÜ die EPA-PrRl zu beachten.

II. Antrag

Es bedarf eines schriftlichen Antrags (Regeln 1, 2 AOEPÜ). Er ist in dem – zwingend vorgeschriebe- **59** nen – Formblatt 1001 für den Erteilungsantrag[92] untrennbar enthalten. In Art 94 EPÜ in der seit dem 13.12.2007 geltenden revidierten Fassung ist das Wort „schriftlich" durch „nach Maßgabe der Ausführungsordnung" (vgl Regel 70 AOEPÜ) ersetzt. Ist die Prüfungsgebühr (Rn 63) rechtzeitig entrichtet, aber kein schriftlicher Prüfungsantrag gestellt,[93] muss der Anmelder grds auf dessen Notwendigkeit hingewiesen werden.[94]

III. Antragsfrist

Der Prüfungsantrag kann bis zum Ablauf von sechs Monaten nach dem Tag gestellt werden, an dem **60** im eur PatBl auf die Veröffentlichung des eur Recherchenberichts hingewiesen worden ist (Regel 70 Abs 1 AOEPÜ). Das EPÜ geht damit einen Mittelweg zwischen der sofortigen Sachprüfung und der aufgeschobenen Prüfung („aufgeschobene Prüfung eigener Art").[95] Es bindet die Prüfungsantragsfrist verhältnismäßig kurz an die Veröffentlichung des eur Recherchenberichts.[96] Stellt der Anmelder den Prüfungsantrag vor der Übermittlung des eur Recherchenberichts, fordert das EPA ihn auf, innerhalb einer zu bestimmenden Frist zu erklären, ob er die Anmeldung aufrechterhält, und gibt ihm Gelegenheit, zum Recherchebericht Stellung zu nehmen und ggf die Anmeldung zu ändern (Regel 70 Abs 2 AOEPÜ). Wird der Antrag bis zum Ablauf der Frist nach Regel 70 Abs 1 AOEPÜ nicht wirksam gestellt, gilt die Anmeldung als zurückgenommen (Art 94 Abs 2 EPÜ). Auf die dann ergehende Mitteilung des Rechtsverlusts kann der Anmelder Weiterbehandlung nach Art 121 EPÜ iVm Regel 135 AOEPÜ beantragen. Wiedereinsetzung in die versäumte Prüfungsantragsfrist ist nach Art 122 Abs 4 EPÜ iVm Regel 136 Abs 3 AOEPÜ ausgeschlossen.

Die in Art 95 EPÜ 1973 vorgesehene Möglichkeit einer **Verlängerung** der Prüfungsantragsfrist durch **61** den Verwaltungsrat ist ebenso wie die in Regel 85b AOEPÜ 1973 bei Versäumung fristgerechter Stellung des Prüfungsantrags vorgesehene Möglichkeit, innerhalb einer **Nachfrist** von einem Monat nach Zustellung einer Mitteilung, in der auf die Fristversäumung hingewiesen wird, den Antrag noch wirksam zu stellen, sofern innerhalb dieser Frist eine Zuschlagsgebühr entrichtet wird, durch die Revision des EPÜ ersatzlos entfallen.

IV. Antragsberechtigung

Antragsberechtigt ist der Anmelder (Regel 70 Abs 1 Satz 1 AOEPÜ). Die Möglichkeit der Stellung des **62** Prüfungsantrags durch Dritte ist anders als bei der nationalen Patentanmeldung nicht vorgesehen.[97]

V. Gebühr

Der Antrag gilt erst als gestellt, wenn die Prüfungsgebühr entrichtet worden ist (Art 94 Abs 1 Satz 2 **63** EPÜ). Die Prüfungsgebühr beträgt für eine ab dem 1.7.2005 eingereichte Anmeldung 1.635 EUR und 1.825 EUR für eine ab dem 1.7.2005 eingereichte internat Anmeldung, für die kein ergänzender eur Recher-

---

92 Neufassung Form ABl EPA 1999, 359.
93 Vgl EPA J 12/82 ABl EPA 1983, 221.
94 EPA J 25/92 unter Hinweis auf EPA J 13/90 ABl EPA 1994, 456 omitted payment not completed.
95 Zur Diskussion über die Einführung der aufgeschobenen Prüfung *Weiden* (Bericht) GRUR 2009, 739.
96 Vgl *MGK/Singer* Art 94 EPÜ Rn 1–3.
97 *Singer/Stauder* Art 94 EPÜ Rn 19.

chenbericht erstellt wird (Art 153 Abs 7 EPÜ; Art 2 Abs 1 GebO, Nr 6). Weist die Prüfungsabteilung nach Zurücknahme der Anmeldung den Antrag auf Rückerstattung der Prüfungsgebühr mit der Begründung zurück, dass die Prüfung bereits begonnen habe, muss sie die Zurückweisung auf Tatsachen stützen, die dies objektiv belegen.[98]

64   **VI. Rücknahme des Prüfungsantrags** ist nicht möglich (Regel 70 Abs 1 Satz 2 AOEPÜ).

65   **VII. Versäumung der Prüfungsantragsfrist** hat zur Folge, dass die eur Patenanmeldung als zurückgenommen gilt (Art 94 Abs 2 EPÜ).[99]

66   **E. Internationale vorläufige Prüfung** s Art III § 6 IntPatÜG.

§ 45
(Prüfungsbescheide)

(1) [1]Genügt die Anmeldung den Anforderungen der §§ 34, 37 und 38 nicht oder sind die Anforderungen des § 36 offensichtlich nicht erfüllt, so fordert die Prüfungsstelle den Anmelder auf, die Mängel innerhalb einer bestimmten Frist zu beseitigen. [2]Satz 1 gilt nicht für Mängel, die sich auf die Zusammenfassung beziehen, wenn die Zusammenfassung bereits veröffentlicht worden ist.

(2) Kommt die Prüfungsstelle zu dem Ergebnis, daß eine nach den §§ 1 bis 5 patentfähige Erfindung nicht vorliegt, so benachrichtigt sie den Patentsucher hiervon unter Angabe der Gründe und fordert ihn auf, sich innerhalb einer bestimmten Frist zu äußern.

DPMA-PrRl vom 1.3.2004, BlPMZ 2004, 69, 3.3.2. (Beschleunigungsanträge), 3.4. (Bescheide), 3.7. (Vorbereitung der Erteilung des beantragten Patents)

Ausland: Dänemark: § 15 PatG 1996; **Österreich:** § 99 öPatG (1992, Vorprüfung); **Schweden:** § 15 PatG; **Schweiz:** Art 52, 63 (Beschleunigung) PatV; **Serbien:** Art 43, 44, 45 PatG 2004 (Sachprüfung; Prüfungsbescheide); **Slowakei:** § 43 PatG (materielle Prüfung); **Spanien:** vgl Art 41 PatG; **VK:** vgl Sec 20 Patents Act

---

98   EPA J 25/10 ABl EPA 2011, 624 Katheter mit linearen Elektrodenanordnungen.
99   EPA J 4/86 ABl EPA 1988, 119 Klimaanlage.

Schrifttum: *Arca* EPC 2000: Request for examination and the grant procedure, Mitt 2008, 529; *Götting* Keine Wettbewerbsklage gegen nachteilige Äußerungen in Patentschrift – Fischdosendeckel, GRUR 2010, 253; *Hallmann* Fristen und ihre Verlängerung im Verfahren vor dem Deutschen Patentamt, Mitt 1973, 21; *Hofmeister* Die Fischdose der Pandora: Rechtsfragen zur Durchsetzung der Unterlassung von abwertenden Äußerungen in Patentschriften, Mitt 2010, 178; *Kraßer* Der „Verzicht" des Anmelders im Erteilungsverfahren, GRUR 1985, 689; *Mes* Herabsetzende Äußerungen in der Beschreibung eines Patents, FS M. Loschelder (2010), 251; *Papke* Eventualanträge im Patenterteilungsverfahren, Mitt 1982, 161; *Stortnik* Erhöhung der Effektivität des Patentprüfungsverfahrens, GRUR 2010, 871; *Trüstedt* Die Zeitordnung im Verfahren vor dem Patentamt, GRUR 1956, 152; *van Raden/Eisenrauch* Die neuen Richtlinien für die Prüfung von Patentanmeldungen: ein Beitrag zur Rechtssicherheit und Rechtsfortbildung, Mitt 1996, 45; *Werner* Prüfungsbescheide im Verfahren vor dem Deutschen Patentamt, Mitt 1988, 6; *Willich* Zur Begründungspflicht von Fristverlängerungsgesuchen im Patenterteilungsverfahren, Mitt 1966, 144; *Witte* Hilfsanträge im deutschen und europäischen Patenterteilungs- und Beschwerdeverfahren, Mitt 1997, 293.

A. Geltungsbereich; Normzweck

I. Zeitlich

Die in ihrem Abs 1 durch Art 8 Nr 25 GPatG – dort noch als § 28c – neu gefasste Bestimmung gilt in dieser Fassung nach Art 12 Abs 1 GPatG iVm Art 17 Abs 3 GPatG für alle seit dem 1.1.1981 eingereichten Anmeldungen. Für vorher eingereichte Anmeldungen galt § 28c idF vom 2.1.1968. Das 2. PatGÄndG brachte neben der Aufhebung von Abs 1 Satz 2 (hierzu Rn 1 zu § 42) eine Änderung der Verweisung in Abs 1.[1] **1**

II. Ergänzende Schutzzertifikate s Rn 5 zu § 44. **2**

III. Normzweck; systematische Stellung

§ 45 regelt die näheren Modalitäten der Prüfung nach § 44 und das dabei einzuhaltende Verfahren, **3** insb die Behandlung der dort festgestellten Mängel der Anmeldung und die zu ihrer Beseitigung vorzunehmenden Schritte. Die Vorschrift sichert damit zugleich bei jeder Art von Mängeln, insb bei denen, deren Beseitigung nicht möglich ist, die Gewährung des Rechts auf Äußerung (Rn 13).

Vorrangig bietet die Vorschrift die Grundlage für den Dialog zwischen Anmelder und DPMA, der zur **4** sachgerechten Gestaltung des Schutzrechts meist erforderlich ist, weil der Anmelder den in Betracht zu ziehenden StdT bei der Anmeldung häufig nicht kennt, und die schutzbegründenden Merkmale der Anmeldung deshalb erst im Lauf des Prüfungsverfahrens herausgearbeitet werden können. Die Vorschrift gewährleistet damit zugleich, dass das DPMA seiner **Aufklärungspflicht** (Rn 10) nachkommt.

B. Die Regelung des Prüfungsverfahrens

I. Grundsätze

1. „Zweiseitiges" Verfahren. Das Prüfungsverfahren ist als „zweiseitiges" Verfahren zwischen An- **5** melder und DPMA ausgestaltet.[2] In der Terminologie des eur Verfahrensrechts handelt es sich um ein „exparte"-Verfahren. Prüfungsbescheide und Entscheidungen werden nur dem Anmelder zugestellt. Nur er kann im Verfahren Anträge stellen. Dritte sind, auch wenn sie den Prüfungsantrag gestellt haben, am Prüfungsverfahren nicht beteiligt (§ 44 Abs 2). Sie können aber durch Hinweise zum StdT auf das Verfahren Einfluss nehmen (Rn 54 zu § 44).

2. Verfügungsgrundsatz. Der Anmelder kann das Prüfungsverfahren jederzeit durch Rücknahme der **6** Anmeldung oder Nichtzahlung der Jahresgebühren beenden (Rn 51 vor § 34). Sonst ist seine Dispositions-

---

1 Begr BTDrs 13/9971 = BlPMZ 1998, 393, 404.
2 RPA BlPMZ 1923, 146; RPA BlPMZ 1932, 243, 245.

befugnis allerdings eingeschränkt. Die Rücknahme des Prüfungsantrags, auch wenn der Anmelder ihn selbst gestellt hat, beendet das Prüfungsverfahren nicht (§ 44 Abs 4 Satz 1; Rn 50 zu § 44).

7 **3. Antragsbindung.** Der Anmelder bestimmt durch seinen Antrag den Gegenstand des Verfahrens, den Inhalt des zu erteilenden Schutzrechts (vgl auch Rn 54 f vor § 34).[3] Dem Erteilungsbeschluss darf nur eine vom Anmelder zumindest hilfsweise gebilligte Fassung der Unterlagen zugrunde gelegt werden.[4] Dem Anmelder darf kein von seinem Antrag abw Patent erteilt werden. So darf die Anmeldung nicht gegen den Willen des Anmelders geteilt,[5] eine andere als die beantragte Priorität zuerkannt[6] oder das Patent mit einem gegenüber dem Antrag reduzierten Inhalt erteilt werden.[7] Probleme können sich da ergeben, wo auf eine aktive Mitwirkung des Prüfers abgestellt wird.[8]

8 Weigert sich der Anmelder, einer Beanstandung des DPMA Rechnung zu tragen, kommt nur die Zurückweisung der Anmeldung in Betracht.[9] Der Anmelder kann diese jedoch vermeiden, indem er der Beanstandung im Rahmen eines **Hilfsantrags** Rechnung trägt.[10]

9 **4. Untersuchungsgrundsatz; Aufklärungspflicht.** Im Prüfungsverfahren gilt uneingeschränkt der Untersuchungsgrundsatz. Das DPMA ermittelt den Sachverhalt vAw,[11] ohne dabei an den Sachvortrag und Anträge des Anmelders gebunden zu sein (Rn 52 vor § 34). Auch die Hinweise Dritter (Rn 54 zu § 44) berücksichtigt es im Rahmen des Untersuchungsgrundsatzes vAw. Der StdT wird im Rahmen einer Recherche ermittelt (zu deren Umfang Rn 41 ff zu § 43). Eine vorausgegangene „isolierte" Recherche (§ 43) begründet keine Beschränkung des zu berücksichtigenden StdT.

10 Das DPMA hat den Sachverhalt vAw in jeder Richtung **aufzuklären**. Es hat insb auf eine zweckdienliche Gestaltung der Anmeldung hinzuwirken und dem Anmelder die für eine sachdienliche Antragstellung und Fassung der Anmeldeunterlagen erforderlichen Hinweise zu geben (vgl Rn 53 vor § 34 sowie näher Rn 34 zu § 46).[12] Es ist nicht verpflichtet, eine erteilbare Fassung der Anmeldungsunterlagen selbst zu erarbeiten.[13]

11 **5. Mitwirkung des Anmelders.** Der Aufklärungspflicht des DPMA entspricht auf Anmelderseite die Obliegenheit (Rn 85 vor § 34) zur Mitwirkung. Der Anmelder ist gehalten, das Verfahren seinerseits nach Kräften zu fördern und einer Verschleppung entgegenzuwirken.[14]

12 **Aufklärungspflicht und Mitwirkungsobliegenheit** ergänzen sich (Rn 34 zu § 46). So kann den Anmelder die Obliegenheit treffen, bestimmte Angaben über Wirkungen oder Vorteile der Anmeldung, von denen sich der Prüfer nicht aufgrund eigener Sachkunde überzeugen kann, glaubhaft zu machen,[15] zB durch Vorlage von Gutachten,[16] Vorführung oder Vergleichsversuche.[17]

---

3 BGHZ 105, 381 f = GRUR 1989, 103 Verschlußvorrichtung für Gießpfannen; BPatG GRUR 1983, 367.

4 BGH GRUR 1966, 85 f Aussetzung der Bekanntmachung; BGH GRUR 1979, 220 f beta-Wollastonit; BGH GRUR 1980, 716, 718 Schlackenbad.

5 BGH GRUR 1962, 398 Atomschutzvorrichtung.

6 BGH GRUR 1966, 488 Ferrit.

7 BPatGE 16, 130 = GRUR 1974, 726.

8 Vgl *Kilger/Jaenichen* GRUR 2005, 984, 996.

9 Vgl BGHZ 183, 309, 318 = GRUR 2010, 253 Fischdosendeckel; kr hierzu *Götting* GRUR 2010, 257; BGHZ 105, 381 = GRUR 1989, 103 Verschlußvorrichtung für Giespfannen; *Schulte* Rn 12; s auch *Hofmeister* Mitt 2010, 178; *Mes* FS M. Loschelder (2010), 251.

10 BPatGE 21, 11 = Mitt 1978, 232; EPA T 1105/96 ABl EPA 1998, 249 = GRUR Int 1998, 610 Anträge; vgl auch *Papke* Mitt 1982, 161; *Kraßer* GRUR 1985, 689 f.

11 RPA Mitt 1940, 112.

12 BPatGE 7, 33; BPatG 18.4.2001 8 W (pat) 38/00; RPA BlPMZ 1929, 226; RPA BlPMZ 1931, 97; RPA BlPMZ 1939, 113; VGH München Mitt 2003, 400.

13 BPatGE 8, 39 = Mitt 1966, 180; BPatGE 16, 130 = GRUR 1974, 426.

14 BPatGE 8, 39 f = Mitt 1966, 180; BPatGE 35, 119 = BlPMZ 1996, 362.

15 BGHZ 53, 283, 296 = GRUR 1970, 408 Anthradipyrazol; BPatGE 19, 83 f = BlPMZ 1977, 234; vgl *Schulte* Rn 16.

16 BPatG Mitt 1968, 14.

17 BPatG Mitt 1978, 236; BPatG GRUR 1971, 352, 354; RPA Mitt 1934, 376.

6. Recht auf Äußerung. Das Prüfungsverfahren wird vom Grundsatz beherrscht, dass keine den An- **13** melder belastenden Entscheidungen auf Gründe gestützt werden dürfen, zu denen dieser sich nicht zuvor hat äußern können (§ 48 Satz 2 iVm § 42 Abs 3 Satz 2; Rn 56 f vor § 34, dort auch zur Terminologie; vgl Rn 34 zu § 42 und Rn 26 ff zu § 48). Das Recht wird durch die in § 45 vorgesehenen Prüfungsbescheide (Rn 14 ff), ggf auch im Rahmen einer Anhörung (§ 46) gewährt.[18] Das Recht ist verletzt, wenn die Anmeldung aus den Gründen eines Prüfungsbescheids zurückgewiesen wird, der dem Anmelder nicht nachweislich zugegangen ist,[19] nicht dagegen, wenn die Anmeldung ohne erneuten Prüfungsbescheid aus Gründen zurückgewiesen wird, die der Anmelder nach Beanstandung in seiner Bescheidserwiderung nicht ausgeräumt hat.[20] Soweit im Verfahren über die Stammanmeldung Gelegenheit zur Äußerung in Bezug auf einen später ausgeschiedenen Gegenstand bestand, bedarf es grds keiner erneuten Anhörung nach Ausscheidung.[21] Das gilt nicht, wenn der Prüfungsbescheid zur Stammanmeldung erst nach der Teilung ergangen ist,[22] und soll dann nicht gelten, wenn nicht davon auszugehen ist, dass der Anmelder den Prüfungsbescheid auch auf die Stammanmeldung bezogen hat.[23]

II. Prüfungsbescheide

1. Allgemeines. Das Ergebnis der Prüfung in formeller (Abs 1) und materieller (Abs 2) Hinsicht teilt **14** die Prüfungsstelle dem Anmelder in Form von Prüfungsbescheiden mit.[24] Sie dienen der Unterrichtung des Anmelders darüber, welche Mängel nach Auffassung der Prüfungsstelle der Anmeldung anhaften, und beinhalten die Aufforderung, hierzu Stellung zu nehmen (Rn 13) oder sie, sofern möglich, auszuräumen. Im Ergebnis dienen sie also der Vorbereitung der Patenterteilung nach § 49 oder der Zurückweisung der Anmeldung nach § 48.

Positive Aussagen zur Schutzfähigkeit im Prüfungsbescheid entfalten keine Bindungswirkung für **15** das weitere Verfahren.[25]

Weist die Anmeldung **keine Mängel** auf, sondern erfüllt sie alle Voraussetzungen der Patenterteilung, bedarf es vor der Erteilung keines Prüfungsbescheids.[26] **16**

2. Form. Die Prüfungsbescheide müssen grds schriftlich erlassen werden. Dies folgt aus dem Grund- **17** satz der Schriftlichkeit des Patenterteilungsverfahrens.[27] Signatur ist nur erforderlich, wenn eine Fristsetzung erfolgt, deren Versäumung die Rechtsfolge der Zurückweisung unmittelbar herbeiführt.[28]

Das schließt die **telefonische Klärung** (DPMA-PrRl 3.6.3.) von Fragen, die nicht unbedingt einen **18** schriftlichen Bescheid erfordern, nicht aus. Die telefonische Rücksprache eignet sich in erster Linie für die kurze Erörterung der textlichen Fassung der Beschreibung, die Klärung von Zweifelsfragen in neuen Unterlagen, die Anforderung von Reinschriften uä. Hingegen kann sie keine Prüfungsbescheide ersetzen, in denen dem Anmelder zum Erfindungsgegenstand sachliche Stellungnahmen von erheblicher Tragweite mitgeteilt werden. Darin, dass die Prüfungsstelle wesentliche Teile des Prüfungsverfahrens fernmündlich durchführt und den Zurückweisungsbeschluss ausschließlich auf die dabei erhobenen Beanstandungen stützt[29] oder bei der Patenterteilung eine telefonisch vereinbarte Änderung der Beschreibung zugrundelegt, die der Anmelder nicht schriftlich bestätigt hat, liegt ein erheblicher Verfahrensmangel.[30] Telefonische Erarbeitung erteilungsreifer Unterlagen bedarf stets schriftlicher Bestätigung.[31] Auch Anhörungen

---

18 Vgl auch schweiz ERGE sic! 2004, 791 f.
19 BPatG Mitt 1979, 178.
20 BPatGE 19, 107 = BlPMZ 1977, 164.
21 BPatGE 43, 159 = GRUR 2001, 412.
22 BPatG 23.5.2006 6 W (pat) 52/02 und 6 W (pat) 53/02.
23 BPatG 20.6.2006 8 W (pat) 4/04.
24 Zur Gestaltung von Prüfungsbescheiden im Einzelnen s die DPMA-PrRl; *Werner* Mitt 1988, 6.
25 *Fitzner/Lutz/Bodewig* Rn 2 unter Hinweis auf BPatG 26.10.2006 10 W (pat) 45/05 Mitt 2007, 324 Ls (Nr 25).
26 BPatG GRUR 1983, 367; *Schulte* Rn 5.
27 BPatGE 20, 144 = BlPMZ 1978, 251; BPatG 16.6.2009 6 W (pat) 8/06; *Schulte* Rn 6.
28 BPatG 10.6.2013 20 W (pat) 24/12.
29 BPatGE 20, 144 = BlPMZ 1978, 251.
30 BPatGE 25, 141 = GRUR 1983, 505; vgl BPatG 17.5.2004 10 W (pat) 46/02.
31 BPatGE 25, 141 = GRUR 1983, 505; BPatGE 34, 151 = BlPMZ 1995, 38; *Schulte* Rn 6; vgl *Fitzner/Lutz/Bodewig* Rn 1.

Keukenschrijver

(§ 46) mit umfangreichen sachlichen Erörterungen können durch eine fernmündliche Rücksprache nicht ersetzt werden. Eine Signatur ist nicht erforderlich, soweit die Bescheide nur die vorläufige Auffassung der Prüfungsstelle widergeben.[32]

19   **3.** Förmliche **Zustellung** der Prüfungsbescheide ist erforderlich, wenn darin eine Frist gesetzt wird (Rn 22 zu § 127); sonst genügt formlose Übersendung, § 21 DPMAV. Jedoch muss der Zugang des Bescheids feststehen.[33] Bei mehreren Anmeldern muss selbst bei gemeinsamem Zustellungsbevollmächtigtem jedem eine Ausfertigung zugestellt werden.[34] Stützt sich die Zurückweisung der Anmeldung auf im Prüfungsbescheid genannte Gesichtspunkte, muss über dessen Zugang Gewissheit bestehen.[35] Mit dem Prüfungsbescheid werden dem Anmelder Ablichtungen des entgegengehaltenen StdT geliefert; diese Leistung ist mit der Prüfungsgebühr abgegolten.[36] Das DPMA kann, muss aber nicht die Entgegenhaltungen auch ohne Antrag liefern.[37]

4. Inhalt

20   **a. Grundsatz.** Nach Abs 1 hat der Prüfungsbescheid die Anmeldung in Bezug auf die Erfüllung der formellen Anforderungen der §§ 34, 37, 38 und auf offensichtlich nicht erfüllte Anforderungen des § 36 sowie nach Abs 2 in bezug auf Patentfähigkeit nach §§ 1–5 zu würdigen.

21   Über die Mitteilung hinaus, welche Gründe der Patenterteilung entgegenstehen, kann die Prüfungsstele dem Anmelder **Hinweise** zur erfolgversprechenden Formulierung der Patentansprüche und der Beschreibung geben, und für den Fall der Befolgung die Patenterteilung in Aussicht stellen.[38]

22   Werden Formmängel trotz vorangegangener Offensichtlichkeitsprüfung erst bei Beginn der sachlichen Prüfung festgestellt, ist nicht allein die Beseitigung der Formmängel zu fordern, sondern die Formmängelrüge mit einem **vollständigen sachlichen Prüfungsbescheid** zu verbinden (DPMA-PrRl 3.4.1.).[39]

23   **b. Beanstandungen nach Absatz 1** können sich auf sämtliche förmlichen Erfordernisse der Anmeldung iSv § 34, also auch auf die Erfordernisse der dort in Bezug genommenen Gesetze wie das PatKostG und Verordnungen wie die PatV (vgl § 34 Abs 6; zu unsachlichen Äußerungen Rn 110 zu § 34) beziehen, trotz fehlender Verweisung auf § 35a auch auf Mängel der Übersetzung, die nicht zu einem Rechtsverlust führen (Rn 12 zu § 35a),[40] weiter auf die Erfordernisse des § 37 (Erfinderbenennung), § 38 (unzulässige Änderungen) sowie des § 36 (Zusammenfassung), wobei insoweit nur eine Beanstandung (in der Offensichtlichkeitsprüfung übersehener) offensichtlicher Mängel (§ 45 Abs 1 Satz 1) einer noch nicht veröffentlichten Zusammenfassung (§ 45 Abs 1 Satz 3) in Betracht kommt.[41] Die Aussage, Merkmale eines Patentanspruchs seien nicht offenbart, enthält die ausreichende Beanstandung einer unzulässigen Erweiterung.[42] Auch das Fehlen einer ausführbaren Offenbarung (§ 34 Abs 4) ist zu berücksichtigen.

24   **c. Beanstandungen nach Absatz 2** können sämtliche Patentierungsvoraussetzungen der §§ 1–5 zum Gegenstand haben. Dabei hat sich die Prüfung von vornherein auf den Gegenstand der gesamten Anmeldung unter Berücksichtigung der Beschreibung und der Zeichnungen zu erstrecken und eine Stellungnahme nur zu einzelnen Teilen des Patentbegehrens, zB einzelnen Patentansprüchen, nach Möglichkeit zu vermeiden.[43] Der Gegenstand der Anmeldung ist unter vollständiger Berücksichtigung des vorliegenden StdT, auch soweit vom Anmelder genannt, zu würdigen.[44]

---

32   Vgl BPatGE 46, 211; *Benkard* Rn 27; *Schulte* Rn 6.
33   Vgl BPatGE 47, 21 = BlPMZ 2003, 245; *Schulte* § 48 Rn 14; *Fitzner/Lutz/Bodewig* § 48 Rn 15.
34   BPatGE 40, 276 = BlPMZ 1999, 158; *Schulte* Rn 34.
35   *Fitzner/Lutz/Bodewig* Rn 5 unter Hinweis auf BPatG 13.3.2003 11 W (pat) 55/01.
36   *Schulte* Rn 20.
37   *Schulte* Rn 20.
38   Vgl *Fitzner/Lutz/Bodewig* Rn 20 ff, dort auch zum möglichen weitergehenden Inhalt des Prüfungsbescheids.
39   BPatGE 20, 10, 12 = BlPMZ 1977, 368.
40   Vgl *Schulte* Rn 14.
41   Vgl *Mes* Rn 3.
42   BPatG 14.12.1998 9 W (pat) 42/97.
43   BPatGE 30, 32, 35 = GRUR 1989, 105.
44   BPatGE 20, 111 = GRUR 1978, 241.

d. Eine feste **Rangfolge** kennt die Prüfung nach Abs 1 und Abs 2 nicht. Die Anmeldeerfordernisse und **25** die Patentfähigkeit können zugleich oder nacheinander geprüft werden.[45] Es genügt allerdings die Feststellung eines einzigen eindeutig gegebenen Zurückweisungsgrunds.[46]

Ihre **gemeinsame Erörterung** in einem Bescheid wird jedoch im allg zweckmäßig sein,[47] nicht nur **26** wegen der damit allg verbundenen Beschleunigung des Verfahrens, sondern auch, weil erst die materielle Prüfung Aufschluss über notwendige Änderungen der Unterlagen gibt,[48] zB über notwendige Ergänzungen der Angaben zum StdT in der Beschreibung,[49] die Einordnung in die zutr Patentkategorie[50] oder die Einheitlichkeit der Anmeldung.[51]

Die **getrennte Erörterung** der Mängel kann aber notwendig sein, zB wenn die formellen Mängel **27** nicht oder nur schwer behebbar sind oder die materielle Prüfung erst nach Beseitigung der formellen Mängel möglich ist (DPMA-PrRl 3.4.1.).[52] Umgekehrt kann auch von der Erörterung formeller Mängel, zB der mangelnden Einheitlichkeit, abgesehen werden, wenn bereits feststeht, dass die Anmeldung ohnehin insgesamt mangels Patentfähigkeit zurückgewiesen werden muss.[53]

e. Die **Zahl der Prüfungsbescheide** sollte – aus Gründen der Verfahrensbeschleunigung und der **28** Verfahrensökonomie – möglichst gering gehalten werden.[54] Sie bestimmt sich aus der Verpflichtung zur Sachaufklärung (Rn 10), zur Gewährung des Rechts auf Äußerung (Rn 13) und damit nach den besonderen Umständen des Einzelfalls (DPMA-PrRl 3.4.). Ist die Anmeldung erteilungsreif, bedarf es keines Prüfungsbescheids (Rn 16).

Ein **erster Prüfungsbescheid** ist sonst erforderlich, gleichgültig, ob das Patent überhaupt nicht oder **29** jedenfalls so nicht erteilbar ist.

Weitere Prüfungsbescheide. Ein zweiter sachlicher Prüfungsbescheid braucht **nicht in jedem Fall** **30** zu ergehen, zB nicht, wenn die Sache aufgrund der Erwiderung des Anmelders auf den Erstbescheid entscheidungsreif ist, weil der Anmelder dort erhobene Bedenken nicht ausgeräumt hat, dort näher begründeten Forderungen nicht nachgekommen ist,[55] es sei denn, dass dies versehentlich geschehen ist (Rn 31). Ist der Anmelder bereits wiederholt und eindringlich auf die Unzulässigkeit der Erweiterung der Anmeldung und deren Folgen hingewiesen worden, braucht er nicht erneut zur Beseitigung einer erneuten Erweiterung aufgefordert zu werden.[56]

Ein **weiterer Prüfungsbescheid** ist **erforderlich**, wenn er voraussichtlich zu einer Beseitigung der **31** Mängel führt und damit zugleich einer Beschwerde gegen die Zurückweisung der Anmeldung vorbeugt, wenn der Anmelder seine Bereitschaft, etwa noch vorhandene Mängel zu beseitigen, bekundet,[57] bereits benannte Mängel versehentlich nur zum Teil ausgeräumt hat,[58] wenn die Mängelbeseitigung zu neuen Mängeln geführt hat,[59] wenn der Erstbescheid unvollständig oder missverständlich war oder ohne grobe Fahrlässigkeit missverstanden worden ist.[60]

Der **zweite Prüfungsbescheid** sollte idR der letzte sein. Auch wenn in Sonderfällen diese Zahl über- **32** schritten wird, kann sie für den üblichen Verfahrensablauf in einer Prüfungsstelle als Richtschnur gelten (DPMA-PrRl 3.4.2.).

---

45 BGH GRUR 1970, 456 Salzlösung; zur zweckmäßigen Gliederung DPMA-PrRl 3.4.7; *Schulte* Rn 7.

46 BPatGE 23, 142 = BlPMZ 1981, 382; BPatG 22.2.2003 23 W (pat) 41/01; BPatG 2.4.2003 20 W (pat) 58/01; *Schulte* § 48 Rn 9.

47 BPatGE 20, 10 = BlPMZ 1977, 368; BPatGE 20, 12 = BlPMZ 1978, 23; BPatGE 20, 112, 114 = BlPMZ 1978, 210.

48 BPatGE 3, 165 f = GRUR 1964, 554; BPatG Mitt 1974, 76 f.

49 BPatGE 3, 165 f = GRUR 1964, 554.

50 BPatGE 20, 12, 14 = BlPMZ 1978, 23.

51 BPatGE 20, 10 = BlPMZ 1977, 368.

52 BPatGE 3, 165 f = GRUR 1964, 554.

53 DPA Mitt 1956, 76.

54 *Schulte* Rn 8 und § 48 Rn 19; vgl BPatGE 9, 208; BPatGE 14, 38; BPatGE 14, 209; BPatGE 16, 39; BPatGE 18, 30; BPatGE 18, 68; BPatGE 20, 25; BPatG BlPMZ 1972, 284.

55 BPatGE 19, 107 = BlPMZ 1977, 164.

56 BGH GRUR 1962, 398 Atomschutzvorrichtung.

57 BPatG Mitt 1978, 37.

58 BPatG Mitt 1978, 37; BPatG 25.6.2008 10 W (pat) 25/06 Schulte-Kartei Pat 65–80, 86–99 Nr 375.

59 BPatG 30.10.2008 6 W (pat) 5/08.

60 Vgl *Schulte* Rn 9.

Keukenschrijver

33   **f. Konkretisierung.** Ein sachgerechtes Prüfungsverfahren, das den Erfordernissen der Gewährung des Rechts auf Äußerung ebenso Rechnung trägt wie den Grundsätzen der Verfahrensbeschleunigung und der Verfahrensökonomie, setzt Prüfungsbescheide voraus, die den Anmelder ohne weiteres in die Lage versetzen, seine Anmeldung den förmlichen und sachlichen gesetzlichen Erfordernissen anzupassen. Deshalb müssen die Bescheide die nach Auffassung der Prüfungsstelle bestehenden förmlichen und materiellen Mängel der Anmeldung konkret und unmissverständlich nachvollziehbar bezeichnen.[61] Die Anregung zur Überarbeitung der Patentansprüche kann gegeben werden (DPMA-PrRl 3.4.3).[62] Das Maß der erforderlichen Konkretisierung soll sich nach der Person des Adressaten richten (zwh).[63]

34   Eine **Beanstandung trägt die Zurückweisung,** wenn der Bescheid erkennen lässt, weshalb und inwieweit der StdT nach Auffassung der Prüfungsstelle patenthindernd sein soll.[64] Hierzu müssen die patenthindernde Entgegenhaltung und in ihr die maßgebliche Stelle in nachprüfbarer Weise genau bezeichnet[65] und die daraus gezogenen Schlussfolgerungen[66] in lückenloser, streng logischer Gedankenkette abgehandelt werden.[67]

35   Als **Beanstandung unzureichend** wurde ein Bescheid angesehen, der sich ausschließlich auf die im Bescheid beschriebenen Kenntnisse der Fachwelt stützt,[68] der nicht erkennen lässt, weshalb und inwieweit der StdT patenthindernd entgegenstehen soll,[69] der bloße Hinweis auf eine unveröffentlichte Entscheidung des BPatG,[70] der Hinweis auf die Notwendigkeit, Unklarheiten in den Anmeldungsunterlagen zu beseitigen, der diese Unklarheiten nicht erkennen lässt,[71] eine allg Bemerkung, es handle sich um eine naheliegende Maßnahme, die sich nur im Rahmen der Weiterentwicklung der einschlägigen Technik bewege,[72] eine Aufforderung, sich zu beschränken, weil ein Stoffanspruch einen unrealistischen Umfang aufweise,[73] die Stützung auf einen bereits beseitigten Mangel,[74] die beispielhafte Beanstandung einzelner Wörter und Redewendungen, die nicht erkennen lässt, wie weit die formalen Anforderungen der Prüfungsstelle gehen,[75] der bloße Hinweis auf verschiedene Paragraphen der Anmeldebestimmungen oder sonstiger Vorschriften, wenn daraus Art und Umfang der Beanstandung nicht erkennbar sind,[76] die Aufforderung, bei bevorstehenden Änderungen der Anmeldeunterlagen bestimmte Vorschriften der Anmeldebestimmungen zu beachten.[77]

36   **g.** Nur **notwendige Änderungen,** dh solche, die zur Klarstellung der Erfindung erforderlich sind, können verlangt werden, nicht bloß zweckmäßige Änderungen, zB aufbaumäßiger oder stilistischer Art,[78] die Ersetzung von Wiederholungen durch Bezugnahmen[79] oder die Verwendung einheitlicher Bezugszeichen.[80] Letztere können nur angeregt werden, ohne dass die Nichtbefolgung der Anregung für den An-

---

61   BPatGE 1, 76 = GRUR 1965, 82; BPatGE 1, 105 f = GRUR 1962, 190; BPatGE 3, 165, 167 = GRUR 1964, 554; BPatGE 14, 194; BPatG Mitt 1973, 53; BPatGE 19, 83 = BlPMZ 1977, 234; BPatGE 20, 111 = GRUR 1978, 241; BPatGE 23, 96 = BlPMZ 1981, 246; BPatG BlPMZ 1991, 71; BPatG 14.6.2004 6 W (pat) 45/01, zum Fall der Neuheitsschädlichkeit einer Entgegenhaltung; BPatG 15.7.2009 19 W (pat) 35/09; dagegen verlangt schweiz ERGE sic! 2004, 791 f nur einen Hinweis auf die anwendbaren Rechtsnormen.
62   Vgl *Schulte* Rn 17.
63   BPatG 28.2.2013 12 W (pat) 26/11; *Schulte* Rn 17.
64   BPatGE 20, 111 = GRUR 1978, 241.
65   BPatGE 30, 250, 253 = GRUR 1990, 111; RPA Mitt 1935, 421; RPA Mitt 1940, 112.
66   RPA Mitt 1940, 112.
67   BPatGE 1, 76 = GRUR 1965, 82; BPatGE 30, 250, 253 = GRUR 1990, 111.
68   BPatGE 30, 250, 253 = GRUR 1990, 111.
69   BPatGE 20, 111 = GRUR 1978, 241; BPatG 14.6.2004 6 W (pat) 45/01.
70   BPatGE 10, 145, 148; BPatGE 23, 55 = GRUR 1980, 1071.
71   BPatGE 23, 96 = BlPMZ 1981, 246.
72   BPatGE 1, 76 = GRUR 1965, 82.
73   BPatGE 19, 83 = BlPMZ 1977, 234.
74   Vgl BPatG GRUR 2010, 919 (Uneinheitlichkeit); *Mes* Rn 6; vgl auch BPatG 9.7.2008 20 W (pat) 18/07 Mitt 2009, 286 Ls.
75   BPatGE 1, 105 f = GRUR 1962, 190.
76   BPatG Mitt 1973, 53.
77   BPatGE 14, 194.
78   BPatGE 1, 105 = GRUR 1962, 190.
79   BPatGE 21, 206, 208 = GRUR 1979, 393.
80   BPatG 16.6.2004 20 W (pat) 28/04.

---

melder nachteilige Folgen hätte.[81] Wenn die Prüfungsstelle Wert auf derartige Änderungen legt, muss sie sich der Mühe unterziehen, in den eingereichten Unterlagen selbst die entspr Korrekturen vorzunehmen und sie dem Anmelder zur Einverständniserklärung vorzulegen, wie dies in der Praxis vielfach geschieht.[82]

h. Anpassung der Unterlagen. Die Beanstandungen richten sich zunächst nur auf die Herstellung **37** einer für die Patenterteilung geeigneten („gewährbaren") Fassung der Patentansprüche (dazu näher DPMA-PrRl 3.4.). Erst wenn endgültig gewährbare Ansprüche erarbeitet sind, dh wenn Einverständnis zwischen dem Anmelder und der Prüfungsstelle hierüber hergestellt ist, kann die Anpassung der übrigen Unterlagen, insb der Beschreibung gefordert werden (DPMA-PrRl 3.4.).[83] Nur in Ausnahmefällen wird bereits im Erstbescheid eine Anpassung der Beschreibung zu fordern sein (DPMA-PrRl 3.4.).

Kommt der Anmelder nach Festlegung einer gewährbaren Anspruchsfassung der **Aufforderung zur 38 Anpassung** der Unterlagen (DPMA-PrRl 3.4., 3.8.2.) nicht oder nur teilweise nach,[84] rechtfertigt dies die Zurückweisung der Anmeldung,[85] ohne dass es zuvor einer weiteren Aufforderung zur Mängelbeseitigung bedürfte. Eine solche ist jedoch erforderlich, wenn der Anmelder alle näher bezeichneten Änderungen der Unterlagen vorgenommen hat und der Bescheid im übrigen nicht klar erkennen ließ, wie weit die formalen Anforderungen der Prüfungsstelle gingen.[86]

i. Zusatzanmeldung. Prüfungsbescheide vor Einreichung der Zusatzanmeldung (§ 16 Abs 1 Satz 2 aF) **39** wirken für diese nicht.[87]

k. Nachanmeldung. Bei Nachanmeldung unter Inanspruchnahme der inneren Priorität (§ 40) der **40** früheren Anmeldung ist es unzulässig, in Bescheiden lediglich auf in der früheren Anmeldung erlassenen Bescheide Bezug zu nehmen und eine detaillierte Angabe von Gründen, die der Patentierung entgegenstehen könnten, zu unterlassen.[88]

III. Fristen

1. Allgemeines. Nach Abs 1 Satz 1 und Abs 2 hat die Prüfungsstelle dem Anmelder zur Erledigung der **41** dort vorgesehenen Beanstandungen Fristen zu setzen. Eine sachgerechte Fristsetzung und insb auch die Beachtung der gesetzten Frist durch die fristsetzende Stelle[89] sind Voraussetzung für die Wahrung des Rechts auf Äußerung.[90] Bei den im Prüfungsverfahren zu setzenden Fristen handelt es sich nicht um gesetzliche, sondern um behördliche Fristen (zur Unterscheidung Rn 25 zu § 123).[91]

2. Bemessung. Die Mindestfrist soll einen Monat, bei Beteiligten, die im Inland weder Sitz, Niederlas- **42** sung oder Wohnsitz haben, mindestens zwei Monate betragen (§ 18 Abs 1 DPMAV). Die Fristen sind so zu bemessen, dass der Anmelder (bzw sein Vertreter) bei pflichtgem Wahrnehmung seiner Mitwirkungsobliegenheit, dh wenn er unverzüglich nach Erhalt des Prüfungsbescheids die erforderlichen Unterlagen und Informationen beschafft und mit der Vorbereitung der Bescheidserwiderung beginnt, ausreichend Zeit hat.[92] Welcher Zeitraum hierfür erforderlich ist, hat der Prüfer abzuschätzen. Dabei sind zu knappe Fristen zu vermeiden, weil sie durch überflüssige Fristverlängerungsgesuche lediglich den Aktenumlauf erhöhen.

---

81 BPatGE 21, 206, 208 = GRUR 1979, 393; DPA BlPMZ 1950, 300.

82 BPatGE 1, 105 f = GRUR 1962, 190.

83 BPatG BlPMZ 1991, 71.

84 BPatGE 1, 90, 93 = GRUR 1965, 118.

85 BGH GRUR 1970, 258 Faltbehälter; BPatGE 17, 204 = GRUR 1975, 548; BPatGE 23, 96 f = BlPMZ 1981, 246; BPatGE 35, 119 = BlPMZ 1996, 362; BPatGE 13, 57, 59.

86 BPatGE 1, 105 f = GRUR 1962, 190.

87 BPatGE 52, 219; *Schulte* Rn 10; *Müller-Stoy* Fortgeltung von Prüfungsbescheiden („Zusatzanmeldung"), juris-PR-WettbewR 4/2011 Anm 2.

88 BPatG 23.5.2013 20 W (pat) 28/09 Mitt 2013, 418 Ls; *Schulte* Rn 11; *Mes* Rn 5.

89 BPatGE 8, 154, 156 = Mitt 1967, 139.

90 Vgl BVerfG MDR 1977, 202; BPatGE 9, 18 = Mitt 1967, 115.

91 Vgl *Schulte* Rn 21.

92 BPatGE 6, 45 = GRUR 1965, 601.

Bei der Fristbemessung soll auch die Geschäftslage der Prüfungsstelle mitberücksichtigt werden, weil es bei den Anmeldern mit Recht auf Unverständnis stößt, wenn ihnen kurze Fristen gesetzt werden, sie dann aber unverhältnismäßig lange auf eine Reaktion der Prüfungsstelle warten müssen.

43   Für den **Regelfall** werden folgende Fristen für angemessen erachtet (DPMA-PrRl 3.5.): Zur **Beseitigung von Formmängeln** ein Monat, in einfachen Fällen zwei Wochen; zur **Erwiderung auf Sachbescheide** vier Monate. Kann der Bescheid seiner Art nach ohne Rückfragen oder sonstige zeitraubende Maßnahmen beantwortet werden, kann auch eine kürzere Frist angemessen sein. Entsprechendes wird häufig gelten, wenn der Anmelder einen früheren Bescheid unvollständig beantwortet hat.

44   **Bei der Offensichtlichkeitsprüfung** nach § 42 kann die Frist von vier auf zwei Monate verkürzt werden, wenn die Offensichtlichkeitsprüfung anders nicht vor der Offenlegung der Anmeldung abgeschlossen werden kann (DPMA-PrRl 3.5.).

45   Im Prüfungsverfahren einer Patentanmeldung, deren **Priorität in einer europäischen Anmeldung** mit Benennung der Bundesrepublik Deutschland in Anspruch genommen wird, kann eine Erwiderungsfrist bis zu 12 Monaten gewährt werden. Voraussetzung für die – ggf auch wiederholte – Gewährung dieser Frist ist ein entspr Gesuch des Anmelders, in dem das Az der eur Anmeldung zu nennen und zu erklären ist, dass in dieser Anmeldung die Priorität der dt Patentanmeldung in Anspruch genommen und die Bundesrepublik Deutschland benannt ist.[93] Die Frist wird nicht gewährt, wenn die eur Anmeldung erledigt oder die Benennung der Bundesrepublik zurückgenommen ist, ein Dritter, zB durch Prüfungsantrag, Interesse an der zügigen Durchführung des Prüfungsverfahrens bekundet oder die Prüfungsstelle die Gewährung der Frist nach pflichtgem Ermessen für nicht sachdienlich hält, zB weil die gleichzeitige Bearbeitung der Anmeldung mit anderen in Sachzusammenhang stehenden Anmeldungen geboten ist (DPMA-PrRl 3.5.). Es wurde als nicht verfahrensökonomisch bezeichnet, den Anmelder zur Weiterführung des Prüfungsverfahrens zu zwingen, weil er einmal nicht rechtzeitig die ihm zustehende Fristverlängerung beantragt hatte.[94]

46   **Längere als die Regelfristen** können und sollen von vornherein gewährt werden, wenn erkennbar ist, dass der Anmelder sie, zB für Versuche[95] oder für die Prüfung zahlreicher, umfangreicher Entgegenhaltungen benötigt.

47   **3. Berechnung** der Fristen erfolgt nach §§ 186 ff BGB (Rn 81 ff vor § 34). Der Fristlauf beginnt mit der Verkündung oder Zustellung des fristsetzenden Bescheids (§ 221 ZPO).[96] Ein vor Fristablauf gestelltes Fristverlängerungsgesuch verkürzt die Frist nicht.[97]

48   **4. Fristverlängerung** ist auf Antrag (nicht vAw) möglich und kann notwendig sein, auch wenn die Frist bei der Fristsetzung als „unverlängerbare" „letzte Frist" bezeichnet worden ist.[98] Das Verlängerungsgesuch muss vor Fristablauf eingehen.[99] Auch Gesuche, die am letzten Tag der Frist beim DPMA eingehen, müssen berücksichtigt werden.[100] Muss absehbar Abhilfe gewährt werden, darf nicht entschieden werden.[101]

49   **Begründung des Verlängerungsgesuchs** ist erforderlich (§ 18 Abs 2 DPMAV). Ein Anspruch auf Fristverlängerung besteht nur, wenn ohne die Fristverlängerung der Garantie des Rechts auf Äußerung nicht angemessen entsprochen wäre.[102] Im übrigen besteht nur ein Recht auf fehlerfreien Ermessensgebrauch (vgl Rn 109 zu § 80). Die Begründung muss auf erforderlichenfalls nachprüfbare Umstände gestützt

93   BPatG Mitt 2004, 18.
94   Vgl zwei Entscheidungen BPatG Mitt 2004, 18.
95   BPatG BlPMZ 1983, 21.
96   BPatGE 26, 156 = GRUR 1984, 650; *Mes* Rn 4.
97   BPatGE 8, 154, 156 = Mitt 1967, 139.
98   BPatGE 9, 18 = Mitt 1967, 115; BPatGE 9, 177 = Mitt 1968, 116; vgl BPatG 2.6.2005 23 W (pat) 3/03 Mitt 2005, 555 Ls.
99   *Schulte* Rn 29 unter Hinweis auf EPA J 7/81 ABl EPA 1983, 89.
100   Vgl BGH GRUR 1974, 210 Aktenzeichen; BPatGE 8, 188; BPatGE 12, 151; BPatGE 13, 65, 69; BPatGE 14, 191; BPatGE 16, 39 = BlPMZ 1974, 198; BPatGE 17, 241; DPA BlPMZ 1956, 62; DPA BlPMZ 1961, 242f; *Schulte* Rn 32 mNachw der Rspr des BVerfG.
101   BPatGE 24, 210, 213 = BlPMZ 1982, 290; vgl BPatG 17.1.2008 10 W (pat) 42/06; BPatG 21.4.2008 10 W (pat) 45/06; BPatG 25.6.2008 10 W (pat) 25/06 Schulte-Kartei PatG 65-80, 86-99 Nr 375; *Schulte* Rn 33; *Schulte* § 48 Rn 17.
102   BPatGE 9, 18 = Mitt 1967, 115.

werden, die erkennen lassen, dass eine fristgerechte Bescheidserwiderung auch bei unverzüglichem Beginn der Bearbeitung nicht möglich war.[103] Bei Anhängigkeit einer parallelen eur Patentanmeldung oder einer PCT-Anmeldung muss der Anmelder im Verfahren vor dem DPMA aus wirtschaftlichen und verfahrensökonomischen Gründen in die Lage versetzt werden, durch wiederholte Fristgesuche zur Beantwortung eines Prüfungsbescheids um jeweils 12 Monate das Prüfungsverfahren auch über einen längeren Zeitraum, dh bis zur Erledigung der eur Patentanmeldung oder der PCT-Anmeldung, nicht zu betreiben.[104]

Fristverlängerung erfolgt, wenn die Bescheidserwiderung umfangreiche Versuche voraussetzt,[105] sich unerwartete Schwierigkeiten bei der Erarbeitung der Bescheidserwiderung ergeben oder unerwartete Ereignisse die Fristwahrung unmöglich machen.[106] Dem ersten Fristverlängerungsgesuch ist idR auch bei knapper Begründung zu entsprechen (DPMA-PrRl 3.5). **50**

Keine Fristverlängerung erfolgt hingegen bei formelhafter Begründung, zB bloßer Berufung auf „die Urlaubszeit",[107] „Arbeitsüberlastung",[108] darauf, dass noch „Rückfragen" erforderlich seien,[109] dass die erforderlichen Mandanteninstruktionen noch ausstehen.[110] Dass eine Begründung für eine erste Fristverlängerung ausgereicht hat, begründet keinen Anspruch auf eine weitere Verlängerung mit derselben Begründung.[111] Als Begründung unzureichend ist auch die Behauptung, die Entgegenhaltungen hätten erst verspätet beschafft werden können, weil der Anmelder sie sich kostenfrei (Rn 19) mit dem Bescheid zusenden lassen kann.[112] **51**

Die Zurückweisung eines Fristverlängerungsgesuchs setzt nicht voraus, dass die gesetzte Frist als „letzte Frist" bezeichnet worden ist.[113] Es gibt kein Recht auf eine solche „letzte Frist" (vgl Rn 48).[114] **52**

Der Grundsatz der Verfahrensökonomie (Vermeidung einer sonst uU notwendigen Beschwerde) gebietet auch bei unzureichend begründetem Fristverlängerungsgesuch häufig, eine **kurze Nachfrist** (idR ein Monat) zu setzen, insb wenn sich aus den Umständen, zB der Begründung des Fristverlängerungsgesuchs, ergibt, dass die Bescheidserwiderung in kurzer Zeit nach Fristablauf zu erwarten ist (DPMA-PrRl 3.5.).[115] Das gilt selbst, wenn der Anmelder nach Fristablauf eine Stellungnahme zu einem Prüfungsbescheid als unmittelbar bevorstehend ankündigt. Ist der Zurückweisungsbeschluss noch nicht zur Postabfertigung gegeben, muss der Prüfer ihn anhalten und die Stellungnahme abwarten.[116] Entscheidung zur Unzeit kann groben Verfahrensmangel darstellen, zur Aufhebung der Entscheidung auf Beschwerde und zur Anordnung der Rückzahlung der Beschwerdegebühr führen (Rn 109 zu § 80). **53**

Entscheidung. Über die Fristverlängerung entscheidet der Prüfer, nicht der Beamte des gehobenen Dienstes.[117] Die Zurückweisung erfolgt grds durch gesonderte Entscheidung, die zu begründen ist.[118] Sie ist nicht selbstständig anfechtbar, sondern nur zusammen mit der Entscheidung in der Hauptsache (Rn 71 zu § 73). Wird auf ein Gesuch um stillschweigende Fristverlängerung nicht reagiert, kann von deren Gewährung ausgegangen werden; bei mehrfachen stillschweigenden Fristverlängerungen bedarf es vor der Entscheidung eines ausdrücklichen Hinweises.[119] Als wesentlicher Verfahrensmangel wurde angesehen, **54**

---

103 BPatGE 14, 38, 41; BPatGE 20, 25 f mwN; BPatG BlPMZ 1972, 284.
104 BPatG Mitt 2004, 18; vgl BPatG 23.9.2003 34 W (pat) 30/03.
105 BPatG BlPMZ 1983, 21 f.
106 BPatG BlPMZ 1972, 284.
107 BPatGE 14, 209, 212 = Mitt 1973, 166; BPatG BlPMZ 1972, 284.
108 BPatGE 14, 38 = BlPMZ 1973, 56.
109 BPatGE 20, 25 f = BlPMZ 1978, 129; BPatGE 24, 210 = BlPMZ 1982, 290.
110 BPatGE 9, 18 = Mitt 1967, 115; BPatGE 16, 222 = BlPMZ 1975, 119; aA für das erste Fristgesuch BPatGE 8, 154 = Mitt 1967, 139.
111 BPatGE 9, 18 = Mitt 1967, 115.
112 BPatGE 16, 139 = BlPMZ 1974, 321.
113 BPatGE 9, 18 = Mitt 1967, 115; DPA BlPMZ 1956, 223.
114 DPA Mitt 1957, 15; vgl aber BPatGE 8, 154 = Mitt 1967, 139.
115 BPatGE 9, 177 = Mitt 1968, 116; BPatGE 9, 208, 210 = Mitt 1968, 118; BPatGE 14, 38 = BlPMZ 1973, 56; BPatGE 14, 209, 212 f = Mitt 1973, 166; BPatGE 16, 39, 44 = BlPMZ 1974, 198; BPatGE 20, 25 f = BlPMZ 1978, 129; BPatGE 24, 210, 212 = BlPMZ 1982, 290; *Mes* Rn 4.
116 BPatGE 24, 210 = BlPMZ 1982, 290.
117 BPatGE 4, 12 = GRUR 1964, 256.
118 BPatGE 4, 12 = GRUR 1964, 256; BPatG 31.7.2012 21 W (pat) 34/10.
119 Vgl BPatG 14.8.2003 10 W (pat) 63/01; *Schulte* Rn 31.

wenn der Prüfer von dem ihm eingeräumten eingeräumten Ermessen keinen Gebrauch macht und die Entscheidung nicht in ausreichendem Umfang begründet.[120]

55   Die Ablehnung der Fristverlängerung kann ausnahmsweise **mit der Entscheidung in der Sache selbst verbunden** werden, wenn auch bei gesonderter Zurückweisung des Fristverlängerungsgesuchs nicht mehr mit einer ordnungsgem sachlichen Erledigung des Amtsbescheids innerhalb der gesetzten Frist gerechnet werden kann (DPMA-PrRl 3.5.), zB wenn das Fristverlängerungsgesuch erst wenige Tage vor Ablauf der Frist eingeht und der Anmelder die Frist auch bei sofortiger Bescheidung nicht mehr einhalten kann (vgl Rn 110 zu § 80).[121]

56   5. Zur **Wiedereinsetzung** in die nach § 45 gesetzten Fristen Rn 25 f zu § 123.

57   **IV.** Die **Sachentscheidung** kann an sich unmittelbar nach Ablauf der im Prüfungsbescheid gesetzten Frist erlassen werden. Jedoch empfiehlt es sich mit Rücksicht auf den Grundsatz der Verfahrensökonomie, zwischen Fristablauf und Erlass der Entscheidung einen ausreichenden Sicherheitszeitraum zu legen. Dieser dient nicht dem Anmelder zur nachträglichen Bescheidserwiderung, sondern soll sicherstellen, dass bei der Entscheidung alle fristgerecht eingereichten Eingaben zuverlässig berücksichtigt werden können, auch wenn sie, wie häufig, erst mit Verspätung zur Akte gelangen.[122] Denn ihre Nichtberücksichtigung kann als Verfahrensfehler die Rückzahlung der Beschwerdegebühr rechtfertigen (Rn 100 zu § 80). Das kann selbst bei Nichtberücksichtigung nach Fristablauf, der Prüfungsstelle erst nach Absendung des Beschlusses vorgelegter Schriftsätze[123] der Fall sein. Sind sie eingegangen, bevor die Entscheidung zur Postabfertigungsstelle gegeben ist, werden sie nach den für das Beschwerdeverfahren entwickelten Grundsätzen auch im Verfahren vor dem DPMA zu berücksichtigen sein (Rn 8 zu § 87).[124]

58   Grds nicht als verfahrensfehlerhaft wurde eine Entscheidung angesehen, wenn ein rechtzeitiges Fristgesuch erst nach Erlass eines Beschlusses **zu den Akten** gelangt (bdkl und im einzelnen sehr str; vgl Rn 110 zu § 80).[125]

C. Prüfung der europäischen Patentanmeldung

I. Grundlagen

59   Die Prüfung der eur Patentanmeldung erfolgt auf Antrag des Anmelders (Art 94 EPÜ, näher Rn 58 ff zu § 44). Die Einzelheiten der **Prüfung** regelt **Art 94 EPÜ** iVm Regeln 70, 70a, 71 AOEPÜ.

60   **II.** Anders als im nationalen Recht liegt die **Prüfungszuständigkeit** nicht beim einzelnen Prüfer, sondern bei der **Prüfungsabteilung** (Art 18 EPÜ). Das erklärt sich insb aus dem Neuaufbau der Prüfung beim EPA und erscheint inzwischen nicht mehr sachgerecht. Die Prüfungstätigkeit wird in der Praxis überwiegend durch den „beauftragten Prüfer" (Art 18 Abs 2 Satz 2 EPÜ) durchgeführt.[126] Die Zuständigkeit der Prüfungsabteilung entsteht nach der Neuregelung der Zuständigkeitsabgrenzung gegenüber der Eingangsstelle mit Eingang des wirksamen Prüfungsantrags bzw mit der Erklärung des Anmelders nach Regel 70 Abs 2 AOEPÜ, dass er die Anmeldung aufrechterhalte (Art 18 Abs 1 iVm Art 16 EPÜ). Die Prüfungsabteilung wird ab dem Zeitpunkt für die Prüfung zuständig (Art 94 Abs 1 EPÜ), an dem ein Prüfungsantrag gestellt wird (Regel 10 Abs 2 AOEPÜ; Sonderfälle sind in Regel 10 Abs 3, 4 AOEPÜ geregelt).

---

120   BPatG 31.7.2012 21 W (pat) 34/10.

121   BGH BlPMZ 1963, 179 rechtliches Gehör 01; BPatGE 4, 12 = GRUR 1964, 256; BPatGE 8, 154 = Mitt 1967, 139; BPatGE 9, 18 = Mitt 1967, 115; BPatGE 16, 139, 141 = BlPMZ 1974, 321; BPatGE 14, 38 = BlPMZ 1973, 56; BPatG Mitt 1973, 174; BPatGE 16, 222 = BlPMZ 1975, 119; BPatG Mitt 1997, 100; ; BPatG 31.7.2012 21 W (pat) 34/10; DPA Mitt 1957, 15; *Schulte* Rn 29; aA BPatG Mitt 1970, 199.

122   BGH GRUR 1967, 435 Isoharnstoffäther; BPatGE 16, 39 = BlPMZ 1974, 198; BVerfG MDR 1980, 117; BVerfG NJW 1983, 2187; aA BPatGE 24, 210, 212 = BlPMZ 1982, 290; DPA BlPMZ 1956, 62; DPA BlPMZ 1961, 242 f; DPA Mitt 1957, 117.

123   Vgl RPA Mitt 1940, 138; DPA BlPMZ 1955, 57; DPA BlPMZ 1955, 359.

124   Vgl BGH GRUR 1997, 223 f Ceco, Markensache; EPA T 798/95.

125   DPA BlPMZ 1956, 279: dort aber Rückzahlung der Beschwerdegebühr wegen Amtsversehens; DPA BlPMZ 1960, 15; DPA GRUR 1960, 122.

126   Vgl *Singer/Stauder* Art 18 EPÜ Rn 13.

III. Frühzeitiger Prüfungsantrag (Regel 70 Abs 2 AOEPÜ)

Der Anmelder kann sich gegen die Härte der Fristenregelung bei der Stellung des Prüfungsantrags **61** (Rn 60 ff zu § 44) sichern, indem er den Prüfungsantrag frühzeitig, etwa zugleich mit dem Erteilungsantrag, einreicht. Das Erteilungsantragsformular ist entspr gefasst.

Hat der Anmelder den Prüfungsantrag gestellt, bevor ihm der eur Recherchenbericht zugegangen ist, **62** fordert ihn das EPA nach Übersendung des Berichts oder eines **ergänzenden europäischen Recherchenberichts** nach Art 157 Abs 7 EPÜ[127] auf, innerhalb einer zu bestimmenden Frist zu erklären, ob er die eur Patentanmeldung aufrechterhält (Regel 70 Abs 2 AOEPÜ). Auf diese Mitteilung kann der Anmelder zur Beschleunigung des Verfahrens verzichten.[128]

In dem **Bescheid** stellt das EPA dem Anmelder zugleich anheim, zu dem eur Recherchenbericht Stel- **63** lung zu nehmen und ggf die Beschreibung, die Patentansprüche und die Zeichnungen zu ändern (Regel 70 Abs 2 AOEPÜ).

Antwortet der Anmelder nicht fristgerecht auf diese Anfrage, gilt die Anmeldung als **zurückgenom-** **64** **men** (Art 94 Abs 4 EPÜ). Auf die entspr Mitteilung des EPA (Regel 112 Abs 1 AOEPÜ) kann der Anmelder binnen 2 Monaten eine förmliche Entscheidung des EPA beantragen (Regel 112 Abs 2 AOEPÜ).

IV. Bescheide nach § 94 Abs 3 EPÜ

Ergibt die Prüfung, dass die eur Patentanmeldung oder die Erfindung, die sie zum Gegenstand hat, **65** den Erfordernissen des EPÜ nicht genügt, fordert die Prüfungsabteilung den Anmelder nach Maßgabe der AOEPÜ so oft wie erforderlich auf, innerhalb einer von ihr zu bestimmenden Frist eine Stellungnahme einzureichen. Ggf fordert sie ihn auf, festgestellte Mängel zu beseitigen und, soweit erforderlich, die Beschreibung, die Patentansprüche und die Zeichnungen in geänd Form einzureichen (Regel 71 Abs 1 AOEPÜ).

Diese Prüfung erfolgt auf der Grundlage des eur Recherchenberichts. Eine **eigene Recherche** führt **66** die Prüfungsabteilung oder der beauftragte Prüfer (Art 18 Abs 2 Satz 2 EPÜ) grds nicht durch (vgl Rn 69 zu § 43).

Die **Beanstandungen** müssen klar und eindeutig gefasst sein.[129] Sie sind **zu begründen**. Wird die **67** Zustimmung zu einer geänd Anspruchsfassung verweigert, so sind auch dafür die Gründe darzulegen.[130]

In dem Bescheid **sollen alle Gründe** zusammengefasst werden, die der Erteilung des eur Patents ent- **68** gegenstehen (Regel 71 Abs 2 AOEPÜ), jedoch ist dies nicht zwingend.[131]

Weitere Bescheide. Art 94 Abs 3 EPÜ geht davon aus, dass das Prüfungsverfahren mehrere Prü- **69** fungsbescheide erforderlich machen kann. Das heißt aber nicht, dass sie in jedem Fall erforderlich sind. Die Anmeldung kann, wenn die Beanstandungen nicht ausgeräumt werden, grds schon nach dem ersten Bescheid zurückgewiesen werden,[132] zB, wenn sich der Anmelder mit den Beanstandungen nicht ernsthaft auseinandersetzt.[133]

Jedoch können weitere Bescheide **erforderlich** werden, zB wenn der Anmelder hinsichtlich der Besei- **70** tigung der Mängel in gutem Glauben ist,[134] sich erkennbar ernsthaft und aussichtsreich um ein positives Ergebnis bemüht.[135]

---

127 EPA J 8/83 ABl EPA 1985, 102 Rückzahlung der Prüfungsgebühr (PCT) II.
128 MittPräsEPA vom 1.7.1997 ABl EPA 1997, 340 f.
129 EPA J 13/84 ABl EPA 1985, 34 = GRUR Int 1985, 336 Teilanmeldung; EPA T 951/92 ABl EPA 1996, 53 rechtliches Gehör/NEC.
130 EPA T 907/91.
131 EPA T 98/88.
132 EPA T 79/91 EPOR 1993, 91 Haemodialysis processes and solutions; EPA T 63/93; vgl EPA T 66/83; EPA T 304/87; EPA T 275/99.
133 EPA T 92/96.
134 EPA T 734/91.
135 EPA T 793/92; EPA T 89/93; zu den Grenzen EPA T 201/98.

71   Ein neuer Bescheid ist in jedem Fall nötig bei **geänderter Beanstandung**,[136] neuer Bewertung des StdT durch die Prüfungsabteilung,[137] Berücksichtigung weiteren Materials,[138] Abrücken von vorherigem positivem Prüfungsbescheid.[139]

V. Recht auf Äußerung („rechtliches Gehör")

72   Entscheidungen des EPA dürfen nur auf Gründe gestützt werden, zu denen sich die Beteiligten äußern konnten (Art 113 Abs 1 EPÜ; vgl Rn 137 f vor § 34).[140] Dies macht normalerweise vor einer zurückweisenden Entscheidung mindestens einen Zwischenbescheid erforderlich. Eine zurückweisende Entscheidung nach positivem Prüfungsbescheid verstößt gegen Art 113 Abs 1 EPÜ.[141]

VI. Einverständniserklärung des Anmelders

73   Bevor die Prüfungsabteilung die Patenterteilung beschließt, teilt sie dem Anmelder mit, in welcher Fassung sie das Patent zu erteilen beabsichtigt, um sein Einverständnis mit dieser Fassung herbeizuführen, und fordert ihn zur Einzahlung der Erteilungs- und der Veröffentlichungsgebühr sowie zur Einreichung der Übersetzung der Patentansprüche in die anderen Amtssprachen auf (Regel 71 Abs 3 AOEPÜ). Diese Regelung hat im nationalen Recht keine Parallele, weicht sachlich aber nicht ab, weil eine Patenterteilung hier wie dort nur mit einer vom Anmelder gebilligten Fassung erfolgen kann (Art 113 Abs 2 EPÜ).[142] Es gilt als Einverständnis, wenn der Anmelder innerhalb einer Frist von vier Monaten die angeforderten Gebühren einzahlt und die Übersetzung einreicht (Regel 71 Abs 5 AOEPÜ; vgl Rn 42 ff zu § 49).

VII. Rücknahmefiktion

74   Unterlässt es der Anmelder, auf eine Aufforderung nach Regel 70 Abs 2 AOEPÜ und Art 94 Abs 3 EPÜ rechtzeitig zu antworten, gilt die eur Patentanmeldung als zurückgenommen (Art 94 Abs 4 EPÜ). Das EPA stellt den Eintritt dieser Rechtsfolge fest und teilt sie dem Anmelder mit (Regel 112 Abs 1 AOEPÜ). Wenn der Anmelder die Feststellung für unzutreffend hält, kann er innerhalb von zwei Monaten nach Zustellung der Mitteilung eine Entscheidung des EPA beantragen (Regel 112 Abs 2 AOEPÜ). Beharrt dieses auf seiner Beurteilung, trifft es eine entspr förmliche Entscheidung; ändert es seine Beurteilung zugunsten des Anmelders, teilt es ihm dies formlos mit (Regel 112 Abs 2 Satz 2 AOEPÜ). Antrag auf Weiterbehandlung nach Art 121 EPÜ (Rn 15 ff zu § 123a) sowie Wiedereinsetzung nach Art 122 EPÜ (Rn 12 zu § 123) hinsichtlich der Frist nach Regel 70 Abs 2 AOEPÜ sind weiterhin möglich.[143] Die Einreichung einer Teilanmeldung stellt keine Antwort auf eine Aufforderung der Prüfungsabteilung iSv Art 94 Abs 4 EPÜ) in der Stammanmeldung dar.[144]

75   Werden die **Erteilungsgebühr, die Veröffentlichungsgebühr oder die Anspruchsgebühren** nicht rechtzeitig entrichtet oder wird die **Übersetzung** der Patentansprüche nicht rechtzeitig eingereicht, gilt die eur Patentanmeldung als zurückgenommen (Regel 71 Abs 7 EPÜ). Für eine Zurückweisung der Anmeldung, wie sie früher bei Verweigerung der Einverständnisses oder bei Schweigen vorgesehen war (Regel 51 Abs 5 AOEPÜ aF), war schon vor der Revision des EPÜ kein Raum.[145]

---

136 EPA T 220/93; EPA T 218/83.
137 EPA T 891/92.
138 EPA T 582/93.
139 EPA T 802/97.
140 EPA T 84/82 ABl EPA 1983, 451 = GRUR Int 1984, 33 Chloralderivate; EPA T 161/82 ABl EPA 1984, 551 = GRUR Int 1985, 197 Steckkontakt; EPA T 162/82 ABl EPA 1987, 533 Klassifizierung von Bereichen; EPA T 243/89; EPA T 640/91 ABl EPA 1994, 918 Prüfungsverfahren; EPA T 309/94; EPA T 763/04 GRUR Int 2007, 1032 Sitzmöbel.
141 EPA T 802/97.
142 Vgl EPA T 425/97.
143 Vgl *Singer/Stauder* Art 121 EPÜ Rn 19 f zur Weiterbehandlung.
144 EPA J 5/07, zu Art 96 Abs 3 EPÜ 1973.
145 Mitt EPA vom 9.1.2002, ABl EPA 2002, 112, 114.

VIII. Änderungen der Anmeldung sind im eur Erteilungsverfahren nach Regel 137 AOEPÜ (Rn 41 zu **76**
§ 38) nur eingeschränkt möglich (Rn 42 zu § 38).

IX. Erteilung

Genügt die Anmeldung und die Erfindung den Erfordernissen des EPÜ, steht fest, dass der Anmelder **77**
mit der von der Prüfungsabteilung in Aussicht genommenen Fassung einverstanden ist, sind die erforderlichen Gebühren gezahlt und die erforderlichen Übersetzungen der Patentansprüche eingereicht, beschließt die Prüfungsabteilung die Erteilung des Patents (Art 97 Abs 1 EPÜ).

X. Zurückweisung der Anmeldung erfolgt, wenn die Anmeldung oder die Erfindung den Erforder- **78**
nissen des EPÜ nicht genügt (Art 97 Abs 2 EPÜ; Regel 71 AOEPÜ). Die Versäumung der von der Prüfungsabteilung nach Regel 71 AOEPÜ gesetzten Fristen führt zur Fiktion der Anmeldungsrücknahme. Für eine
Zurückweisung der Anmeldung ist hier kein Raum mehr (Rn 75 f).

XI. Form der Entscheidungen des EPA

Vgl dazu Regeln 111, 112, 113 AOEPÜ. **79**

XII. Die **beschleunigte Prüfung** kann grds jederzeit schriftlich beantragt werden. Aus Effizienzgrün- **80**
den empfiehlt sich die Beantragung bei Einreichung der eur Patentanmeldung, wenn der Prüfungsantrag
zu diesem Zeitpunkt verbindlich gestellt wird, oder nach Erhalt des erweiterten Recherchenberichts und
zusammen mit der Erwiderung des Anmelders auf die Stellungnahme zur Recherche nach Regel 62
AOEPÜ. Ist beschleunigte Prüfung beantragt, setzt das EPA alles daran, den ersten Prüfungsbescheid innerhalb von 3 Monaten nach Eingang der Anmeldung, der Erwiderung des Anmelders nach Regel 70a
AOEPÜ oder des Antrags auf beschleunigte Prüfung bei der Prüfungsabteilung zu erstellen. Auch für Euro-
PCT-Anmeldungen kann die beschleunigte Prüfung grds jederzeit beantragt werden. Aus Effizienzgründen
empfiehlt sich die Beantragung jedoch bei Eintritt in die eur Phase vor dem EPA oder zusammen mit der
nach Regel 161 Abs 1 AOEPÜ erforderlichen Erwiderung auf den WO-ISA, IPER oder SISR. Wenn der Antrag
bei Eintritt in die eur Phase gestellt wird, erstreckt sich die beschleunigte Bearbeitung je nach Sachlage auf
die Formalprüfung, den ergänzenden eur Recherchenbericht und/oder die Sachprüfung. Da bei Euro-PCT-
Anmeldungen eine Mitteilung nach Regel 161 Abs 1 oder 2 AOEPÜ ergeht, wird mit der Bearbeitung der
Anmeldung erst nach Ablauf der 6-Monats-Frist begonnen, selbst wenn ein Antrag auf beschleunigte Bearbeitung im Rahmen des PACE-Programms gestellt wurde. Möchte der Anmelder, dass direkt mit der ergänzenden eur Recherche oder Prüfung begonnen wird, muss er bei Eintritt in die eur Phase ausdrücklich
auf die Mitteilung nach Regeln 161 Abs 1 oder 2 und 162 AOEPÜ verzichten, etwaige Anspruchsgebühren
entrichten und ggf eine Erwiderung nach Regel 161 Abs 1 AOEPÜ einreichen (EPA-PrRl E-VII 3.2).[146]

§ 46
(Sachaufklärung, Anhörung, Niederschrift)

(1) [1]**Die Prüfungsstelle kann jederzeit die Beteiligten laden und anhören, Zeugen, Sachverständige und Beteiligte eidlich oder uneidlich vernehmen sowie andere zur Aufklärung der Sache
erforderliche Ermittlungen anstellen.** [2]**Bis zum Beschluß über die Erteilung ist der Anmelder auf
Antrag zu hören.** [3]**Der Antrag ist schriftlich einzureichen.** [4]**Wird der Antrag nicht in der vorgeschriebenen Form eingereicht, so weist sie den Antrag zurück.** [5]**Der Beschluß, durch den der Antrag zurückgewiesen wird, ist selbständig nicht anfechtbar.**
(2) [1]**Über die Anhörungen und Vernehmungen ist eine Niederschrift zu fertigen, die den wesentlichen Gang der Verhandlung wiedergeben und die rechtserheblichen Erklärungen der Beteiligten enthalten soll.** [2]**Die §§ 160a, 162 und 163 der Zivilprozeßordnung sind entsprechend anzuwenden.** [3]**Die Beteiligten erhalten eine Abschrift der Niederschrift.**

---

146 Mitt EPA vom 5.4.2011 ABl EPA 2011, 354.

DPMA-PrRl 3.6. (Anhörung und telefonische Gespräche); **DPMA-EinsprRl 4.5.1** (Anhörung und Beweisaufnahme)
Ausland: Slowenien: vgl Art 70 GgE; **Tschech. Rep.:** § 32 (Einwendungen Dritter) PatG; **VK:** Sec 101, 102 Patents Act.

Übersicht

Schrifttum: (vgl auch die Hinweise vor Rn 71) *Bartels* Ist das Protokoll über die mündliche Verhandlung prioritätsbegründend? GRUR 1960, 4; *Dinné* Chemischer technischer Fortschritt – bleibt alles beim alten? Mitt 1977, 18; *Fabel* Die Anzahl der Vergleichsversuche, GRUR 1971, 188; *Harmsen* Die Niederschrift über die mündliche Verhandlung gem § 33 PatG, Mitt 1939, 1; *Harraeus* Die mündliche Verhandlung im Patentprüfungsverfahren, GRUR 1960, 313; *Horn* Zeugenbeweis und eidesstattliche Versicherung im Patentrecht, Mitt 1970, 126; *Papke* „Stillschweigend bedingte" Patenterteilung? Mitt 1987, 29; *Schmied-Kowarzik* Über den Nachweis des technischen Fortschritts bei Chemie-Erfindungen, Mitt 1971, 61, 81; *Tergau* Anhörung nach § 33 Abs 1 PatG, Mitt 1967, 64; *Vossius* Stellungnahme zu dem Aufsatz von Fabel, Die Anzahl der Vergleichsversuche, GRUR 1971, 389; *G. Winkler* Der Zeuge im Patentprozeß – Glaubwürdigkeit und Vernehmungstechnik, VPPRdbr 2000, 69.

A. Geltungsbereich; Normzweck

I. Zeitlich

1   Die durch Art 8 Nr 26 GPatG – dort noch als § 28d – anstelle des durch Art 8 Nr 33 GPatG aufgehobenen § 33 Abs 1 PatG 1936/1968 eingefügte Bestimmung – gilt nach Art 17 Abs 3 GPatG seit dem 1.1.1981 für alle Anmeldungen. Die geltende Bezeichnung geht auf die Neubek 1981 zurück. Der Vorentwurf eines Gesetzes zur Änderung des Patentgesetzes und anderer Vorschriften des gewerblichen Rechtsschutzes vom 11.3.2004 sah folgende Einfügung nach Abs 1 Satz 1 vor: „Die §§ 401 und 413 der Zivilprozessordnung sind entsprechend anzuwenden"; dies ist im Gesetzgebungsverfahren nicht umgesetzt worden. Das Gesetz zur Novellierung patentrechtlicher Vorschriften und anderer Gesetze des gewerblichen Rechtsschutzes hat das Sachdienlichkeitserfordernis für die Anhörung entfallen lassen und damit im Erteilungsverfahren unter Angleichung an die seit 1.7.2006 geltende Regelung für das Einspruchsverfahren (§ 59 Abs 3 Satz 1) die obligatorische Anhörung auf Antrag des Anmelders eingeführt.[1] Dies gilt für alle Anträge auf Anhörung, die seit dem 1.4.2014 eingegangen sind, für zuvor gestellte Anträge bleibt es bei der früheren Regelung.[2]

II. Die Bestimmung betrifft nur das Verfahren vor der Prüfungsstelle, nicht auch das Verfahren über **2** Anträge auf Wiedereinsetzung außerhalb des Erteilungs- und Einspruchsverfahrens.[3] Im **Einspruchsverfahren** gilt sie entspr (§ 59 Abs 4).

III. Im Verfahren über die Erteilung **ergänzender Schutzzertifikate** vor der Patentabteilung findet **3** § 46 gleichfalls Anwendung (§ 49a Abs 3 Satz 2).

IV. Normzweck; systematische Stellung

§ 46 dient demselben Zweck wie § 45 (Rn 3f zu § 45), dh der Gewährleistung der **Aufklärungspflicht** **4** des DPMA und des **Rechts auf Äußerung.** Die Vorschrift ergänzt die in § 45 hierfür vorgesehenen verfahrensrechtl Mittel. Sie stellt neben die in § 45 als Regelfall vorgesehene schriftliche Erörterung der Sache die Möglichkeit einer persönlichen Anhörung des Anmelders, in der sowohl die Sachaufklärung als auch die Gewährung des Rechts auf Äußerung in Rede und Gegenrede häufig effizienter geleistet werden können, als dies bei schriftlicher Erörterung möglich wäre. Im Gesetz nicht vorgesehen, aber gleichfalls grds möglich ist die fernmündliche Rücksprache mit dem Anmelder (Rn 30f). Zudem gibt die Vorschrift der Prüfungsstelle als ergänzende Mittel der Sachaufklärung Ermittlungsmöglichkeiten wie die Vernehmung von Beteiligten, Zeugen und Sachverständigen an die Hand.

B. Die einzelnen Regelungen

I. Allgemeines

Abs 1 Satz 1 eröffnet für die Prüfungsstelle im Rahmen des Untersuchungsgrundsatzes (Rn 33; Rn 52f **5** vor § 34; Rn 9f zu § 45) in generalklauselartiger Weise[4] die Möglichkeit der Anhörung der Beteiligten (Rn 6ff), die auch durch Vorsprache ohne Ladung auf Initiative des Anmelders zustande kommen (Rn 29) und uU durch eine fernmündliche Rücksprache ersetzt werden kann (Rn 30f). Beteiligte iSv Abs 1 sind die jeweiligen Verfahrensbeteiligten (Anmelder, Patentinhaber, Einsprechende).[5] Weiter gibt die Vorschrift die Rechtsgrundlage für die Durchführung von Ermittlungen (Rn 32ff) vAw. Abs 1 Satz 2–5 begründen bei entspr Antrag eine Verpflichtung der Prüfungsstelle, eine Anhörung durchzuführen (Rn 9ff) und regeln die Einzelheiten des Antragsverfahrens; das Sachdienlichkeitserfordernis, zu dem umfangreiche Rspr vorliegt (näher *7. Aufl*) ist entfallen. Abs 2 regelt die Protokollierung von Anhörungen und Vernehmungen (Rn 51ff).

II. Anhörung

1. Grundsatz. Die Prüfungsstelle kann jederzeit die Beteiligten laden und anhören. Das gilt auch, **6** wenn der Anmelder beantragt, in das schriftliche Verfahren überzugehen.[6] Die Anhörung dient einerseits der Gewährung des Rechts auf Äußerung ("rechtl Gehör"; Rn 56f vor § 34), andererseits – wie die in Abs 1 Satz 1 weiter genannten Ermittlungen (Rn 32ff) – der Sachaufklärung. Nach ihrer Zweckbestimmung, das

---

1 Vgl Begr BTDrs 17/10308 = BlPMZ 2013, 366, 372.
2 Vgl *Schulte* Rn 2.
3 BPatG 22.2.2007 10 W (pat) 47/05 Schulte-Kartei PatG 123, 123a Nr 254; *Schulte* Rn 1.
4 Vgl *Mes* Rn 5.
5 BGH GRUR 2011, 509 Schweißheizung.
6 BPatG 19.12.2012 19 W (pat) 5/11; *Schulte* Rn 10.

häufig zu schwerfällige schriftliche Verfahren des § 45 zu ersetzen oder zu ergänzen, gelten bei der Anhörung die zu § 45 erläuterten Grundsätze des Prüfungsverfahrens entspr.

7   **Ziel der Anhörung** ist es, ohne weiteren Zwischenbescheid zu einer abschließenden Beurteilung des Anmeldungsgegenstands zu gelangen (DPMA-PrRl 3.6.1.). In der Anhörung können neue Zurückweisungsgründe mitgeteilt werden; der Zurückweisungsbeschluss (§ 48) kann auf diese allerdings nur gestützt werden, wenn dem Anmelder eine Stellungnahme in der Anhörung, ggf nach deren Unterbrechung oder Setzung einer Äußerungsfrist, zumutbar ist.[7] Der Prüfer kann in der Anhörung seinen Standpunkt ändern.[8]

8   **2. Anhörung von Amts wegen** (Abs 1 Satz 1; zur Anhörung auf Antrag Rn 9 ff) kann jederzeit angeordnet werden.[9] Sie steht im Ermessen des Prüfers.[10] Die Anordnung ist angezeigt, wenn sie eine Beschleunigung und Erleichterung des Patenterteilungsverfahrens verspricht (Rn 4). Sie kann aus Gründen der Verfahrensökonomie zwingend geboten sein; so, wenn zu erwarten ist, dass sich die vorwiegend auf formellen Mängeln beruhenden Bedenken bei mündlicher Erörterung beseitigen lassen. Die Unterlassung einer Anhörung kann die Rückzahlung der Beschwerdegebühr rechtfertigen (Rn 104 ff zu § 80).

3. Anhörung auf Antrag (Abs 1 Satz 2)

9   **a. Grundsatz.** Bis zum Beschluss über die Erteilung ist der Anmelder auf seinen Antrag (Rn 10) zwingend zu hören. Auf Sachdienlichkeit (hierzu *7. Aufl* Rn 12 ff; teilweise abw *7. Aufl* Rn 50 f zu § 79; Rn 35 zu § 78) ist nicht mehr abzustellen.[11]

10   **b. Antrag** (Abs 1 Satz 2). Die Anhörung setzt einen Antrag voraus. Er wird in aller Regel bereits darin zu sehen sein, dass der Anmelder eine Anhörung oder Vorführung vorschlägt (DPMA-PrRl 3.6.1). Der Antrag kann auch unter einer innerprozessualen Bedingung (hilfsweise, zB Patenterteilung nicht nach Hauptantrag) gestellt werden.[12] Er bleibt existent, solange er nicht ausdrücklich fallengelassen wird,[13] zB durch Antrag auf Entscheidung nach Aktenlage (zu dieser § 19 DPMAV).[14] Wird in der Anhörung Entscheidung nach Aktenlage beantragt, müssen die vorgetragenen Argumente im Beschluss abgehandelt werden (DPMA-PrRl 3.8.2).

11   **c. Schriftform** ist einzuhalten (Abs 1 Satz 3); substantiierte Begründung ist nicht erforderlich.[15] Nichteinhaltung der Form kann zur Zurückweisung führen (Rn 13).

12   **d. Wiederholung.** Die Anhörung muss uU wiederholt werden. Das kommt in erster Linie, jedoch nicht ausschließlich (anders insoweit Art 116 Abs 1 Satz 1 EPÜ), in Betracht, wenn sich der entscheidungserhebliche Sachverhalt ändert,[16] etwa wenn neuer StdT ermittelt wird, der zu einer Änderung der rechtl Beurteilung durch die Prüfungsstelle führt,[17] bei Wechsel der Verfahrensbeteiligten,[18] wenn nach Prüferwechsel der neue Prüfer eine andere Meinung vertritt. Einer Anhörung bedarf es jedoch auch in einem solchen Fall nicht, wenn der neue Prüfer seine andere Auffassung vor Beschlussfassung mitgeteilt hat, wie es ohnehin von ihm erwartet wird (DPMA-PrRl 3.6.1.) und der Anmelder keinen Antrag auf erneute Anhö-

---

7   *Schulte* § 48 Rn 18.
8   BPatG 19.1.2011 17 W (pat) 104/07 (Nr 59); *Schulte* Rn 9.
9   *Schulte* Rn 10.
10 *Büscher/Dittmer/Schiwy* Rn 3.
11 Differenzierend *Mes* Rn 10 f, der zu Unrecht, allerdings deutlich abgeschwächt, auf die bisherigen Grundsätze zurückgreifen will.
12 BPatG Mitt 1980, 116; RPA Mitt 1921, 32; vgl *Schulte* Rn 10; *Büscher/Dittmer/Schiwy* Rn 4.
13 BPatG Mitt 1980, 116; BPatG 15.2.2007 21 W (pat) 54/04.
14 RPA Mitt 1937, 302.
15 BPatG 13.6.2012 19 W (pat) 145/09 (Nr 80); *Schulte* Rn 17.
16 BPatGE 15, 149 = Mitt 1974, 55; BPatGE 26, 44 = BlPMZ 1984, 241.
17 BPatGE 15, 149 = Mitt 1974, 55.
18 BPatGE 26, 44 = BlPMZ 1984, 241.

rung stellt.[19] Es steht nicht im Widerspruch zum geltenden Recht, auch die Möglichkeit in Betracht zu ziehen, dass statt des Anmelders der Prüfer seinen Standpunkt ändern könnte.[20]

e. Zurückweisung des Antrags (Abs 1 Satz 4) erfolgt, wenn er nicht schriftlich eingereicht wird **13** (Rn 11; DPMA-PrRl 3.6.1).[21] Zurückweisung wegen fehlender Sachdienlichkeit kommt für die erste Anhörung nicht mehr in Betracht. Soll die Zurückweisung mit der Sachentscheidung verbunden werden, muss uU zuvor Gelegenheit zur schriftlichen Äußerung gegeben werden.[22]

Die Zurückweisung erfolgt in **Beschlussform** (Abs 1 Satz 5). **14**

Der Beschluss ist zu **begründen**.[23] Die von der Rspr hierzu entwickelten Grundsätze betreffen in ers- **15** ter Linie die Begründung zur Sachdienlichkeit und haben für die erste Anhörung ihre Bedeutung weitgehend verloren. Die Begründung muss ergeben, dass alle wesentlichen Gesichtspunkte berücksichtigt sind.[24] Sie muss die sie tragenden Feststellungen und Wertungen in nachprüfbarer Weise erkennen lassen.[25] Lässt der Beschluss jede Begründung für die Ablehnung vermissen, ist anzunehmen, dass der Antrag nicht zur Kenntnis genommen wurde.[26] Verfahrensfehler wurde bei Begründung dahin, dass das Vorbringen des Anmelders zur Kenntnis genommen und bei der Entscheidung erwogen worden ist, bejaht, wenn die Begründung des Zurückweisungsbeschlusses im wesentlichen aus Textteilen des Erstbescheids besteht und nicht erkennbar ist, wie das Vorbringen des Anmelders in seiner Erwiderung berücksichtigt wurde.[27]

Der zurückweisende Beschluss ist **nicht selbstständig anfechtbar**,[28] sondern nur zusammen mit der **16** Sachentscheidung über die Anmeldung (Abs 1 Satz 5). Anfechtung kommt auch nicht zusammen mit einem Ablehnungsgesuch in Betracht.[29] Die Nachprüfung im Beschwerdeverfahren soll auf eine Rechtskontrolle beschränkt sein.[30]

Die Ablehnung einer Anhörung kann die **Rückzahlung der Beschwerdegebühr** rechtfertigen **17** (Rn 104 ff zu § 80). Die Rückzahlung der Beschwerdegebühr wegen des in der Versagung des Rechts auf Äußerung liegenden Verfahrensverstoßes ist auch dann gerechtfertigt, wenn der Antrag, auch unverschuldet, übersehen worden ist.[31]

Zu **Aufhebung und Zurückverweisung** wegen eines wesentlichen Verfahrensmangels nach § 79 **18** Abs 3 wegen Ablehnung der Anhörung Rn 82 zu § 79.

4. Anordnung und Durchführung der Anhörung

a. Die **Anordnung** der Anhörung bedarf keiner förmlichen Entscheidung. Dem Antrag wird dadurch **19** entsprochen, dass Termin zur Anhörung bestimmt und der Anmelder dazu förmlich geladen wird.[32] Die Ladung muss Ort und Zeit der Anhörung nennen.[33]

---

19 BPatGE 8, 37 = BlPMZ 1966, 124; BPatG 19.1.2011 17 W (pat) 104/07; *Schulte* Rn 16.
20 BPatG 19.1.2011 17 W (pat) 104/07.
21 Vgl BPatG 20.12.2010 19 W (pat) 19/07.
22 BPatGE 2, 79 f = GRUR 1965, 144.
23 BPatGE 1, 80 = GRUR 1965, 144; BPatGE 7, 26, 29; BPatG 31.8.2006 34 W (pat) 4/03; *Schulte* Rn 17; *Fitzner/Lutz/ Bodewig* Rn 16.
24 BPatGE 1, 80 = GRUR 1965, 144; BPatGE 7, 26; DPA BlPMZ 1960, 224; vgl BPatG 14.6.2004 6 W (pat) 45/01.
25 BPatGE 26, 44 = BlPMZ 1984, 241.
26 BPatG 1.4.2003 17 W (pat) 31/01.
27 BPatG 14.6.2004 6 W (pat) 45/01; *Schulte* Rn 17.
28 Vgl *Fitzner/Lutz/Bodewig* Rn 16; *Mes* Rn 16.
29 Vgl BPatG 8.11.2007 10 W (pat) 57/06; *Schulte* Rn 17.
30 BPatG 1.4.2003 17 W (pat) 31/01; *Schulte* Rn 10.
31 BPatG 15.2.2007 21 W (pat) 54/04; vgl BPatG 1.4.2003 17 W (pat) 31/01; *Schulte* Rn 17; vgl zum schwerwiegenden Verfahrensfehler bei Ablehnung der Anhörung auch BPatG 11.2.2015 20 W (pat) 24/11.
32 BPatGE 22, 29, 32 = GRUR 1979, 704, GbmSache; vgl BPatG 13.10.2014 20 W (pat) 15/11; *Schulte* Rn 10 aE; *Büscher/ Dittmer/Schiwy* Rn 5.
33 *Fitzner/Lutz/Bodewig* Rn 17.

20   **b. Durchführung.** Zweckmäßigerweise sollte die Anhörung nach Ermittlung des StdT oder nach schriftlicher Äußerung auf einen Prüfungsbescheid durchgeführt werden.[34] Liegen mehrere anhörungsbedürftige Anmeldungen desselben Anmelders bei derselben Prüfungsstelle vor, sollten die Anhörungen aus Gründen der Verfahrensökonomie am selben Tag durchgeführt werden.

21   Die Anhörung wird im Erteilungsverfahren durch die **Prüfungsstelle** durchgeführt; der Prüfer leitet die Anhörung. Sie findet in einem der Dienstgebäude des DPMA statt.[35]

22   Die Anhörung ist **nicht öffentlich,** dh Dritte dürfen ohne Einverständnis des Anmelders nicht daran teilnehmen.[36] Mit Zustimmung des Anmelders ist es zulässig, sachverständige Kollegen des Prüfers zur Teilnahme an der Anhörung zuzuziehen, sofern der Anmeldungsgegenstand das Prüfungsgebiet mehrerer Prüfungsstellen berührt oder eine zusätzliche besondere Sachkunde erforderlich ist (DPMA-PrRl 3.6.1.).

23   Zu Beginn der Anhörung muss sich der Erschienene, sofern er dem Prüfer nicht bekannt ist, ausweisen. Handelt es sich nicht um den Anmelder selbst, muss der Prüfer, außer bei anwaltlichen Vertretern iSv § 15 Abs 4 DPMAV, regelmäßig die Vorlage einer **Vollmacht** verlangen (DPMA-PrRl 3.6.1.).

24   Für die Anhörung müssen der Prüfer und der Anmelder mit dem Sachverhalt vertraut sein. Sollen bisher nicht erörterte Fragen besprochen werden, ist hierauf in der Ladung hinzuweisen. Erweisen sich die **Erschienenen als nicht ausreichend vorbereitet** und die Anhörung deshalb als nicht erfolgversprechend, soll der Prüfer sie abbrechen und einen neuen Termin hierfür anberaumen (DPMA-PrRl 3.6.1.).

25   In der Anhörung soll zunächst der Prüfer die streitigen oder unklaren Punkte **vortragen.** Anmelder und Prüfer haben dann ihre unterschiedlichen Standpunkte miteinander zu **erörtern,** um so eine schnelle Klärung zu allen tatsächlichen und rechtl Fragen herbeizuführen. Der Prüfer darf sich nicht auf bloßes Zuhören beschränken (DPMA-PrRl 3.6.1.).[37] Der Vortrag ist grds in freier Rede zu halten.[38] Power-Point-Demonstrationen sind grds zulässig, jedenfalls soweit sie die Chancengleichheit nicht beeinträchtigen.[39]

26   Der Prüfer ist nicht gehalten, sich in der Anhörung zu den Aussichten der Anmeldung abschließend zu äußern.[40] Wird in der Anhörung über die Patentierbarkeit Einigung erzielt, muss der Prüfer auf **erteilungsreife Unterlagen** hinwirken, ohne sie jedoch selbst erarbeiten zu müssen (Rn 10 zu § 45).[41] Es empfiehlt sich in diesem Fall, noch in der Verhandlung die **Fassung der Patentansprüche im Wortlaut** und wenn möglich den Aufbau der **Beschreibung** festzulegen (DPMA-PrRl 3.6.1.).

27   Während der Anhörung eingereichte **Dokumente** werden eingescannt und in die elektronische Akte aufgenommen.[42]

28   **Nichterscheinen.** Erscheint der Anmelder nicht zur Anhörung, kann gleichwohl entschieden werden.[43] Bloße Ankündigung des Nichterscheinens hindert die Durchführung der Anhörung nicht.[44]

III. Vorsprache ohne Ladung

29   Spricht der Anmelder oder sein Vertreter ohne Ladung bei der Prüfungsstelle vor, steht es im Ermessen des Prüfers, ob er sich auf eine Erörterung der Sache einlässt. Eine Verpflichtung, in eine Anhörung einzutreten, besteht nicht. Der Prüfer wird sein Verhalten davon abhängig machen, ob seine Aktenkenntnis ohne weitere Vorbereitung für eine zweckdienliche Erörterung ausreicht. Über die Vorsprache soll ein Aktenvermerk gefertigt werden (DPMA-PrRl 3.6.2.).

---

34   BPatGE 15, 149 = Mitt 1974, 55; *Schulte* Rn 10.
35   *Schulte* Rn 20.
36   Ebenso *Büscher/Dittmer/Schiwy* Rn 7; vgl *Mes* Rn 8.
37   Vgl *Tergau* Mitt 1967, 64 f.
38   *Schulte* Rn 19.
39   Vgl *Schulte* Rn 19; *Rau* Power-Point-Präsentationen in der mündlichen Verhandlung, FS T. Schilling (2007), 341, BPatG 15.6.2005 4 Ni 38/03 (EU) Schulte-Kartei PatG 65–80, 86–99 Nr 370 einerseits, BPatG 8.11.2005 4 Ni 58/04 EU Schulte-Kartei PatG 65-80, 86-99 Nr 371 andererseits; einschränkend EPA 6.5.2004 T 1122/01; EPA 4.10.2004 T 1110/03.
40   Vgl *Tergau* Mitt 1967, 64 f.
41   Vgl BPatG 5.3.2002 14 W (pat) 58/00 und Parallelentscheidungen 14 W (pat) 59/00, 14 W (pat) 62/00, jeweils undok; *Schulte* Rn 21.
42   Vgl *Schulte* Rn 21.
43   Vgl BPatGE 8, 40, zur Verwertung von in der Anhörung neu eingeführtem Material; *Fitzner/Lutz/Bodewig* Rn 25 ff.
44   Vgl *Fitzner/Lutz/Bodewig* Rn 27.

IV. Fernmündliche Rücksprachen sind im Gesetz nicht ausdrücklich vorgesehen, jedoch in geeig- **30** neten Fällen sinnvoll und zB angebracht, wenn das Telefongespräch eine schnelle Klärung einfacher Restfragen verspricht (vgl Rn 18 zu § 45). Die fernmündliche Rücksprache eignet sich insb nicht dafür, dem Anmelder weitreichende Hinweise zum eigentlichen Erfindungsgegenstand zu geben oder die Sache mit ihm umfänglich zu erörtern (DPMA-PrRl 3.6.3.).[45] Das Telefonat ersetzt die Anhörung nicht.[46]

Der zuständige Prüfer oder Sachbearbeiter des gehobenen Diensts soll einen (elektronischen) **Akten-** **31** **vermerk** über das Telefongespräch fertigen (DPMA-PrRl 3.6.3.).[47]

V. Ermittlungen

1. Allgemeines. Wenn der für die Entscheidung maßgebliche Sachverhalt unklar ist und die Anhö- **32** rung der Beteiligten keine hinreichende Klarheit erbringt, kann die Prüfungsstelle von den anderen Ermittlungsmöglichkeiten des Abs 1 Satz 1 Gebrauch machen.

2. Amtsermittlung; Untersuchungsgrundsatz; Aufklärungspflicht. Die erforderlichen Ermittlun- **33** gen hat die Prüfungsstelle vAw anzustellen.[48] Sie ist dabei an Anträge der Beteiligten nicht gebunden (Untersuchungsgrundsatz, vgl Rn 52 f vor § 34, Rn 9 zu § 45). Aus dem Untersuchungsgrundsatz folgen Art und Umfang der erforderlichen Ermittlungen. Für die Prüfungsstelle besteht eine Aufklärungspflicht (Rn 10 zu § 45).[49] Abs 1 Satz 1 ist entgegen seinem Wortlaut („kann") keine Ermessensvorschrift.[50] Unzureichende Sachaufklärung begründet einen Verfahrensmangel, der nach § 79 Abs 3 Nr 2 zur Aufhebung und Zurückverweisung der Sache führen kann[51] (zwh, vgl Rn 82 zu § 79). Die „Vorwegnahme" einer Beweiswürdigung ist unzulässig.[52] Der Grundsatz der Amtsermittlung verbietet die Zurückweisung eines schlüssigen Beweisangebots wegen Verspätung.[53]

3. Mitwirkung der Beteiligten. Die Aufklärungspflicht der Prüfungsstelle (Rn 33) findet ihre Grenze **34** dort, wo die Beteiligten es an der ihnen obliegenden Mitwirkung (Rn 11 zu § 45) fehlen lassen. Das ist zB der Fall, wenn sie ihrer Obliegenheit, zur Aufklärung beizutragen, nicht nachkommen.[54] In diesem Rahmen kann es dem Anmelder obliegen, Umstände, die für die Patenterteilung von Bedeutung sind, wie zB die **Ausführbarkeit** der Lehre (Rn 37) oder deren **Vorteile** (Rn 38 f) darzulegen und notfalls, wenn die Darlegungen den Prüfer nicht überzeugen, glaubhaft zu machen.[55]

4. Ermittlungsarten. Neben den in Abs 1 Satz 1 ausdrücklich genannten Ermittlungsarten, der uneid- **35** lichen oder eidlichen Vernehmung der Beteiligten, Zeugen und Sachverständigen, die bei Vorliegen der Voraussetzungen des § 377 Abs 3 ZPO auch durch eine schriftliche Erklärung dieser Personen ersetzt werden kann,[56] kommen weiter die Beiziehung von Urkunden und Akten, Besichtigungen, Vorführungen zB des Anmeldungsgegenstands, Versuche, Einholung von einfachen Auskünften jeder Art, insb auch von schriftlichen Auskünften der Beteiligten, der Zeugen oder der Sachverständigen in Betracht.[57] Das Spektrum der Ermittlungsmöglichkeiten reicht von Aufklärungshandlungen über die Mittel der Glaubhaftmachung (Rn 36 ff) bis zum förmlichen Beweisverfahren (Rn 40 ff).

---

45 Vgl BPatG 20.12.2010 19 W (pat) 19/07.
46 BPatG 13.9.2011 17 W (pat) 15/10.
47 Vgl *Schulte* Rn 43; *Mes* Rn 17.
48 BPatGE 14, 47; BPatGE 24, 1 = GRUR 1961, 652.
49 Vgl BPatGE 52, 100 = Mitt 2010, 305; *Mes* Rn 6.
50 *Schulte* Rn 6; *Büscher/Dittmer/Schiwy* Rn 1; aA RPA BlPMZ 1932, 245.
51 BPatGE 32, 11, 15 = GRUR 1991, 309.
52 BPatGE 24, 1 = GRUR 1961, 652.
53 BPatGE 24, 1 = GRUR 1961, 652.
54 BPatGE 14, 47; vgl *Büscher/Dittmer/Schiwy* Rn 15.
55 BGHZ 53, 283, 296 = GRUR 1970, 408 Anthradipyrazol.
56 BPatGE 32, 11, 15 = GRUR 1991, 309; DPA BlPMZ 1953, 341.
57 *Van Hees/Braitmayer* Rn 896.

36   **5. Glaubhaftmachung** ist hier nicht im technischen Sinn des § 294 ZPO zu verstehen.[58] Sie kann ua durch die Darlegung allg fachmännischer Erfahrungssätze, durch Vorlage von Versuchsberichten oder durch Vorführungen erfolgen.[59]

37   **Ausführbarkeit** wird typischerweise durch Vorführung glaubhaft gemacht. Die Anforderungen an die Glaubhaftmachung dürfen nicht überspannt werden (vgl Rn 299 zu § 34).[60]

38   Auch **Vorteile**, auf die die Patentfähigkeit gestützt werden soll (Rn 69 ff zu § 4), sind glaubhaft zu machen, wenn die Darlegungen des Anmelders insoweit Zweifel offen lassen.

39   Zum Nachweis der überlegenen Wirkung bieten sich **Vergleichsversuche** an. Geht es um die überlegene Wirkung einer Gruppe von Verbindungen, werden sich die Vergleichsversuche regelmäßig auf eine repräsentative Zahl von Verbindungen erstrecken.[61]

6. Beweisaufnahme

40   **a. Allgemeines.** Für die Anordnung und Durchführung der Beweisaufnahme sind die Vorschriften der §§ 355 ff ZPO entspr heranzuziehen.[62] Wegen der Einzelheiten kann insoweit auf diese Vorschriften und die Erläuterungen zu §§ 87, 88 verwiesen werden. Die Durchführung der Beweisaufnahme vor der Patentabteilung kann entspr § 375 ZPO auch einem beauftragten Mitglied übertragen werden.[63]

41   **Beweisaufnahmen im Ausland** unterliegen der Rechtshilfeordnung für Zivilsachen (ZRHO).[64] Die schriftliche Befragung eines Zeugen im Ausland bedarf grds der Zustimmung der ausländ Behörden.[65] Die Befragung eines Zeugen im Ausland mittels Videokonferenz oder Telekonferenz (vgl hierzu die VO (EG) Nr 1206/2001 über die Zusammenarbeit zwischen den Gerichten der Mitgliedstaaten auf dem Gebiet der Beweisaufnahme in Zivil- oder Handelssachen vom 28.5.2001 – EuBeweisVO –)[66] erfordert ein Rechtshilfeersuchen.[67] Außerhalb der EU (und für Dänemark, auf das die EuBeweisVO nicht anwendbar ist) kommt Beweisaufnahme nach dem Haager Übereinkommen über die Beweisaufnahme im Ausland in Zivil- und Handelssachen (HBÜ) vom 18.3.1970[68] in Betracht.

42   **b. Eidesstattliche Versicherung.** Für die Abgabe einer eidesstattlichen Versicherung,[69] die im nationalen Verfahren kein eigenständiges Beweismittel ist, gegenüber dem DPMA wird trotz der Regelung in Abs 1 Satz 1, nach der das DPMA Zeugen usw eidlich hören kann, schon mangels einer Zuständigerklärung des DPMA entspr § 27 Abs 1 Satz 1 VwVfG, § 23 Abs 2 SGB X und mangels einer § 95 AO entspr Vorschrift keine Grundlage bestehen;[70] die Tatsache, dass die Erklärung an Eides statt erfolgt, wird jedoch frei zu würdigen sein. Eidesstattliche Versicherung hat geringeren Beweiswert als eine Zeugenaussage.[71] Die Glaubwürdigkeit eines Zeugen kann dadurch beeinträchtigt sein, dass er sich durch eine eidesstattliche Erklärung bereits festgelegt hat.[72] Ist ein Beteiligter mit der Verwertung der Versicherung nicht einverstanden, muss Zeugen- oder Sachverständigenvernehmung durchgeführt werden.[73]

---

58   So auch *Kather* FS G. Eisenführ (2003), 177, 188; *Büscher/Dittmer/Schiwy* Rn 16.

59   BGHZ 53, 283, 296 = GRUR 1970, 408 Anthradipyrazol; BGH GRUR 1969, 265, 267 Disiloxan; RPA Mitt 1935, 74.

60   RPA Mitt 1935, 74.

61   *Fabel* GRUR 1971, 188, 191; *Beil* GRUR 1971, 382, 388 ff; *Vossius* GRUR 1971, 389.

62   *Horn* Mitt 1970, 126; *Benkard* Rn 10a; *Schulte* Rn 22 ff mit Bsp eines Beweisbeschlusses.

63   *Schulte* Rn 27.

64   Im Internet unter https://www.bundesjustizamt.de/DE/SharedDocs/Publikationen/IRZH/ZRHO.pdf?__blob= publicationFile.

65   BGH NJW 1984, 2039 (Nr 12); *Schulte* Rn 30, str.

66   ABl EG L 174/1.

67   *Schulte* Rn 30.

68   BGBl 1977 II 1453 = BlPMZ 1978, 285.

69   Vgl BPatGE 33, 228 = BlPMZ 1993, 454, WzSache; *Schulte* Rn 55.

70   AA *Schulte* Rn 45, wo dies aus dem Untersuchungsgrundsatz abgeleitet wird.

71   Vgl BPatG GRUR 1978, 358; BPatG 22, 63 = Mitt 1980, 16: zum Nachweis offenkundiger Vorbenutzung meist nicht geeignet; BPatGE 30, 101 = BlPMZ 1989, 223; *Schulte* Rn 45.

72   BPatGE 22, 63 = Mitt 1980, 16.

73   Vgl BPatGE 32, 11, 15 = GRUR 1991, 309; *Schulte* Rn 45; *Mes* Rn 7.

c. Vernehmung von Zeugen, Sachverständigen und Beteiligten. Die Prüfungsstelle kann Zeugen **43**
(§§ 373 ff ZPO) und Sachverständige (Rn 45) sowie die Beteiligten (vgl §§ 445 ff ZPO; Rn 10 zu § 88) nicht nur
vernehmen, sondern sie auch selbst vereidigen (Abs 1 Satz 1; §§ 478 ff ZPO). Die Vernehmung kann auch
vor dem DPMA (aber nicht in privaten Räumen außerhalb des DPMA) mittels Videokonferenz erfolgen,[74]
das DPMA ist aber nicht verpflichtet, die notwendige technische Ausstattung zur Verfügung zu stellen.[75]

Mit der **schriftlichen Beantwortung der Beweisfragen** darf sich das DPMA nur unter den Voraus- **44**
setzungen des § 377 Abs 3 ZPO begnügen.[76] Auch sie unterliegt der freien Beweiswürdigung; ihr wird nicht
generell ein ausreichender Beweiswert abgesprochen werden können.[77]

Sachverständige (§§ 402 ff ZPO) sind wegen der eigenen Sachkunde der Mitglieder des DPMA zu- **45**
meist entbehrlich. Ob sie zugezogen werden, liegt im pflichtgem, nur auf Verstöße gegen die Denkgesetze
und allg Erfahrungssätze nachprüfbaren, Ermessen der entscheidenden Mitglieder des DPMA.[78] Die Zuziehung eines Sachverständigen empfiehlt sich zB, wenn eine im tatsächlichen schwierige neue Materie zu
beurteilen ist.[79] Sachverständige müssen angehört werden, wenn die Sachkunde der zuständigen Mitglieder nicht ausreicht oder sonst die Aufklärungspflicht verletzt wäre.[80]

Die **Entschädigung** ist in § 128a durch Verweisung auf das Justizvergütungs- und -entschädigungs- **46**
gesetz (JVEG) geregelt. Zur Sachverständigenvergütung liegt reichhaltige Rspr aus dem Nichtigkeitsberufungsverfahren alten Rechts vor (Rn 19 ff zu § 128a). Ersattungspflichtig ist, wer die Amtshandlung veranlasst hat oder zu dessen Gunsten sie vorgenommen wurde; dies wird im Erteilungsverfahren notwendig
der Anmelder sein.[81]

Einen **Auslagenvorschuss** für die Gebühren der Zeugen und Sachverständigen kann das DPMA nur **47**
nach Anl zu § 2 Abs 1, 2 DPMAVwKostV (KostVerz) Nr 302420 erheben.[82] Es kann die Bestellung des Sachverständigen und die Ladung der Zeugen oder Sachverständigen von der Zahlung oder der Sicherstellung
des Vorschusses abhängig machen (§ 7 Abs 1 DPMAVwKostV; vgl Rn 14 Einl PatKostG). In gleicher Weise
kann die Einnahme des Augenscheins (Rn 49) von der vorschussweisen Zahlung der dabei anfallenden
Auslagen abhängig gemacht werden (§ 2 Abs 1, 2 DPMAVwKostV iVm KostVerz Nr 302430).[83] Wird der
Vorschuss nicht geleistet, unterbleibt die Beweisaufnahme. Zur Rechtslage bei der Einholung eines Sachverständigengutachtens vAw Rn 5 zu § 128a.

Ordnungs- und Zwangsmittel gegen Zeugen und Sachverständige kann das DPMA nicht eigenstän- **48**
dig festsetzen. Es ist insoweit auf die Rechtshilfe des BPatG angewiesen, das über ein entspr Ersuchen
nach § 128 entscheidet.

d. Beweis durch **Augenschein** (§§ 371 ff ZPO) kann zB durch Vorführung oder Besichtigung der erfin- **49**
dungsgem Vorrichtung eingenommen werden.[84] Verweigerung kann frei gewürdigt werden.

e. Zum **Urkundenbeweis** vgl §§ 415 ff ZPO; zur formlosen Verwertung von Entgegenhaltungen Rn 9 **50**
zu § 88.

VI. Niederschrift

1. Allgemeines. Über Anhörungen und Vernehmungen, zweckmäßigerweise auch über andere Er- **51**
mittlungsmaßnahmen wie zB eine Augenscheinseinnahme, ist eine Niederschrift („Protokoll") zu fertigen

---

74 *Schulte* Rn 26; BPatGE 45, 227 = GRUR 2003, 176 für das Verfahren vor dem BPatG.
75 Eingehend *Schulte* Rn 26 mwN.
76 BPatGE 32, 11, 15 = GRUR 1991, 309; *Schulte* Rn 28.
77 AA BPatGE 22, 63; einschränkend auch *Schulte* Rn 28.
78 BGH GRUR 1978, 162 7-Chlor-6-demethyltetracyclin; vgl BGH GRUR 2002, 957 Zahnstruktur.
79 BGHZ 122, 144 = GRUR 1993, 651, 654 tetraploide Kamille.
80 BGHZ 53, 283 = GRUR 1970, 408, 414 Anthradipyrazol.
81 Vgl BPatGE 26, 194; BPatGE 45, 227 = GRUR 2003, 176; *Schulte* Rn 25.
82 Vgl Begr BTDrs 14/6203 S 76 = BlPMZ 2002, 36, 63; BPatGE 26, 194; BPatGE 45, 227 = GRUR 2003, 176
(Videokonferenz mit Zeugen im Ausland); *Schulte* Rn 25.
83 Vgl Begr BTDrs 14/6203 S 76 = BlPMZ 2002, 36, 63; *Büscher/Dittmer/Schiwy* Rn 22.
84 Vgl *Schulte* Rn 44.

(Abs 2 Satz 1), für dessen Inhalt die §§ 160a (vorläufige Protokollaufzeichnung), 162 (Genehmigung), 163 (Unterschreiben) ZPO entspr anzuwenden sind (Abs 2 Satz 2; vgl für das Gerichtsprotokoll Rn 6 ff zu § 92).

52   **2. Beweiskraft.** Die Niederschrift ist kein gerichtliches Protokoll, sie verfügt nicht über dessen Beweiskraft iSv § 165 ZPO. Sie hat jedoch als öffentliche Urkunde die Beweiskraft der §§ 415 ff ZPO.[85]

3. Inhalt

53   **a. Allgemeines.** Die Niederschrift soll den wesentlichen Gang der Verhandlung und die rechtserheblichen Erklärungen der Beteiligten wiedergeben (Abs 2 Satz 1; DPMA-PrRl 3.6.1.). Anhaltspunkte dafür, was in diesem Sinn wesentlich ist, ergeben sich aus § 160 ZPO.[86]

54   **b. Zu protokollierende Sachverhalte.** Zu protokollieren sind die Förmlichkeiten, dh insb die in § 160 Abs 1 ZPO genannten Tatsachen wie Ort, Datum und Gegenstand (Aktenzeichen) der Verhandlung, die anwesenden Amtspersonen (Prüfer, ggf hinzugezogene sachverständige Prüferkollegen – Rn 22 –, ggf hinzugezogener Schriftführer) sowie die sonst erschienenen Personen (Beteiligte, Vertreter, Beistände, Zeugen, Sachverständige) und der Verlauf der Anhörung. Hören die Prüfungsstelle im Eintragungsverfahren oder die Patentabteilung im Einspruchsverfahren Verfahrensbeteiligte formlos an, ist dies in der Niederschrift über den Gang der Verhandlung zu vermerken, ein Inhaltsprotokoll ist nicht erforderlich. Ein nicht am Einspruchsverfahren Beteiligter, zB Miterfinder, ist als Zeuge zu vernehmen, und seine Aussage ist zu protokollieren.[87]

55   Festzuhalten sind ferner die **wesentlichen Vorgänge der Verhandlung**, insb die in § 160 Abs 3 ZPO aufgezählten Vorgänge und rechtserheblichen Erklärungen[88] wie Anträge und deren Änderung oder Rücknahme, alle Erklärungen, die den Anmeldegegenstand materiell ändern oder das Verfahren berühren, einschließlich der Änderung der Anmeldeunterlagen, Verzichts-, Ausscheidungs- und Teilungserklärungen,[89] die Zusammenführung von Anmeldungen[90] sowie, soweit bei Altfällen noch möglich (§ 147 Abs 3), die Erklärung über ein Zusatzverhältnis. Hierzu gehören weiter die Aussagen der Zeugen, Sachverständigen und vernommenen Beteiligten, das Ergebnis eines Augenscheins, neuer StdT[91] und neue rechtl Gesichtspunkte.[92]

56   Ebenfalls hierzu rechnen die erforderlichen **Verlesungen** oder Abspielungen **vorläufiger Aufzeichnungen** (Rn 59 ff) und der **Erklärungen der Beteiligten**. Schließlich gehören hierzu alle in der Anhörung **verkündeten Zwischen- oder Endentscheidungen** (vgl DPMA-PrRl 3.6.1.), alle **Fristsetzungen**,[93] uU auch Abweichungen des Prüfers von seiner bisherigen Auffassung aufgrund der Anhörung, sofern die Protokollierung zum Nachweis der Wahrung des Rechts auf Äußerung erforderlich erscheint (vgl DPMA-PrRl 3.6.1.).[94] Wird am Ende der Anhörung der Erteilungsbeschluss verkündet, sind die der Erteilung zugrunde liegenden Unterlagen in der Niederschrift zu protokollieren; ein Verweis auf ein nach der Beschlussfassung erstelltes Anlagenverzeichnis ist nicht zulässig.[95]

57   **c. Nicht zu protokollierende Sachverhalte.** Nicht in das Protokoll gehören die Ausführungen der Beteiligten zur Sache oder Meinungsäußerungen der Prüfungsstelle, sofern es sich nicht um rechtserhebliche Erklärungen, die Einführung neuer Tatsachen, insb neuen StdT, neuer rechtl Gesichtspunkte oder um das Ergebnis der Anhörung handelt bzw sie sonst der Wahrung des Rechts auf Äußerung dienen.[96]

---

85 Ebenso *Schulte* Rn 50.
86 Vgl dazu auch BPatGE 18, 30, 43 ff = BlPMZ 1976, 138.
87 BGH GRUR 2011, 509 Schweißheizung.
88 Vgl BGH GRUR 2011, 509 Schweißheizung.
89 BPatGE 18, 30, 42 = BlPMZ 1976, 138.
90 BGH Mitt 1979, 120 Bildspeicher.
91 BPatGE 18, 30, 43 = BlPMZ 1976, 138.
92 BPatGE 18, 30, 45 = BlPMZ 1976, 138.
93 BPatGE 18, 30, 43 f = BlPMZ 1976, 138.
94 BPatGE 18, 30, 43 f = BlPMZ 1976, 138.
95 BPatGE 54, 94 = Mitt 2014, 132.
96 RPA Mitt 1940, 18; BPatGE 18, 30, 43 f = BlPMZ 1976, 138.

4. Form

a. Grundsatz. Die Niederschrift ist in der Anhörung durch den Schriftführer grds in elektronischer **58** Form oder in gebräuchlicher Hand- oder Maschinenschrift aufzuzeichnen. Dabei sind die §§ 160a, 162 und 163 ZPO entspr anzuwenden (Abs 2 Satz 2). Wird die Niederschrift in elektronischer Form erstellt, ist sie unverzüglich mit einer elektronischen Signatur zu versehen.[97]

b. Vorläufige Aufzeichnung. Anstelle der Aufzeichnung in Langschrift eröffnet Abs 2 Satz 2 iVm **59** § 160a Abs 1 ZPO die Möglichkeit, das Protokoll vorläufig in Form einer Kurzschrift oder Tonaufnahme aufzuzeichnen. In diesem Fall ist unverzüglich nach der Sitzung eine Langschrift herzustellen (§ 160a Abs 2 ZPO), seit Einführung der elektronischen Akte in Form eines Digitalisats.[98] Dabei kann von der Übertragung der Aussagen von Zeugen, Sachverständigen oder Beteiligten oder des Ergebnisses eines Augenscheins abgesehen und lediglich die Tatsache der Aufzeichnung dieser Aussagen im Protokoll vermerkt werden (§ 160a Abs 2 ZPO), sofern nicht ein Beteiligter oder das Rechtsmittelgericht die Ergänzung des Protokolls um diese Aussagen verlangt (§ 160a Abs 2 Satz 3 ZPO).

c. Prüfung durch die Beteiligten. Wesentliche Feststellungen iSv § 160 Abs 3 ZPO, insb Aussagen **60** und alle Anträge und verfahrensleitenden Erklärungen der Beteiligten müssen von den Beteiligten gebilligt werden. Dies geschieht bei einem Langtextprotokoll durch Vorlesen oder Vorlage zur Durchsicht (§ 162 Abs 1 Satz 1 ZPO), bei vorläufiger Aufzeichnung (Rn 59) durch Vorlesen oder Abspielen der Aussage bzw Erklärung (§ 162 Abs 1 Satz 2 ZPO).

Im Protokoll ist zu vermerken, dass dies geschehen und die **Genehmigung** erteilt worden ist. Übli- **61** cherweise lautet dieser Vermerk „vorgelesen und genehmigt" („v.u.g."). Erhebt der Beteiligte Einwendungen gegen den Protokollinhalt, ist diesen, soweit sie berechtigt sind, durch entspr Änderung der Aufzeichnung Rechnung zu tragen. Soweit dies nicht gerechtfertigt erscheint und der Beteiligte auf seinen Einwendungen beharrt, sind sie im Protokoll zu vermerken (§ 162 Abs 1 Satz 3 ZPO).

Aussagen von Zeugen, Sachverständigen und Beteiligten, die in deren Gegenwart **unmittelbar auf-** **62** **gezeichnet oder diktiert** worden sind, brauchen nach § 162 Abs 2 ZPO unter bestimmten Voraussetzungen nicht noch einmal verlesen oder abgespielt zu werden. Die Erfüllung dieser Voraussetzungen muss sich gleichfalls aus dem Protokoll ergeben (übliche Vermerke je nach Sachlage: „nach Diktat genehmigt", „auf Verlesung wurde verzichtet" – kurz: „auf V. verz." –, „Auf das Abspielen der Aussage wurde verzichtet").

Wird **neben der unmittelbaren Aufzeichnung** der Bekundungen einer Partei mit einem Tonauf- **63** nahmegerät bei ihrer Vernehmung das wesentliche Ergebnis der Aussage zugleich durch einen Prüfer vorläufig aufgezeichnet, ist diese Aufzeichnung den Beteiligten vorzulesen. Wird dies versäumt, kann das Rügerecht des § 295 ZPO verloren gehen.[99]

d. Unterschrift. Aus Abs 2 Satz 2 iVm § 163 ZPO sind die Verantwortlichkeiten für die Protokollunter- **64** zeichnung und für die Übertragung der vorläufigen Aufzeichnungen ersichtlich. Sie treffen je nach Sachlage den Vorsitzenden, bei dessen Verhinderung auch seinen Vertreter (§ 163 Abs 2 ZPO), und einen etwa hinzugezogenen Schriftführer, im Fall der vorläufigen Aufzeichnung (Rn 59) auch den Geschäftsstellenleiter (§ 163 Abs 1 Satz 2 ZPO). Verhinderungen an der Unterschriftleistung sollen im Protokoll festgehalten werden.

5. Berichtigung der Niederschrift ist in entspr Anwendung des § 164 ZPO möglich. Sie muss vom Un- **65** terzeichner des Protokolls selbst vorgenommen werden[100] und findet in dessen Erinnerungsvermögen ihre Grenze.[101] Voraussetzungen und Einzelheiten ergeben sich aus § 164 ZPO.

---

97 *Schulte* Rn 49.
98 BPatG 5.3.2013 20 W (pat) 28/12 und nachgehend BPatG 12.5.2014 20 W (pat) 28/12; *Schulte* Rn 49.
99 BGH NJW 1983, 2275.
100 RPA BlPMZ 1939, 55.
101 RPA BlPMZ 1939, 110.

66   **6. Abschrift.** Nach Abs 2 Satz 3 erhalten die Beteiligten eine Abschrift der Niederschrift. Diese ist kostenfrei (Anl zu § 2 Abs 1 DPMAVwKostV – KostVerz – Nr 302100).[102] Die Abschrift ist den Beteiligten grds unverzüglich zuzustellen.[103]

C. Verfahren nach dem EPÜ

Schrifttum: *Davis/Cole* Oral Proceedings before the EPO, EIPR 1999, 609; *Göken* Die mündliche Verhandlung vor dem Europäischen Patentamt, VPP-Rdbr 2000, 74; *I. Koch* Verspätetes Vorbringen (Regel 71a, Art 114 EPÜ), Mitt 1997, 286; *Liesegang* Späte Anträge im Europäischen Erteilungs-, Einspruchs- und Beschwerdeverfahren, Mitt 1997, 290 = epi-Information 1998, 26; *A. Rau* Defizite des Beweisrechts des EPÜ, Mitt 2000, 223; *Ritscher* Affidavits und andere Erklärungen, sic! 2001, 693; *Schulte* Die Behandlung verspäteten Vorbringens im Verfahren vor dem Europäischen Patentamt, GRUR 1993, 300.

I. Amtsermittlung (Untersuchungsgrundsatz)

67   Das EPA ermittelt den Sachverhalt vAw; es ist dabei weder auf das Vorbringen noch auf die Anträge der Beteiligten beschränkt (Art 114 Abs 1 EPÜ).

68   Das Amt braucht Tatsachen und Beweismittel, die **verspätet** vorgebracht werden, nicht zu berücksichtigen (Art 114 Abs 2 EPÜ). Die Organe des EPA sind grds verpflichtet, sich von der Relevanz vorgelegter Beweismittel zu überzeugen, bevor sie über deren Annahme oder Ablehnung entscheiden.[104] Zurückweisung des Vorbringens kann erfolgen, wenn seine Erheblichkeit nur unter erheblicher Verfahrensverzögerung festgestellt werden kann und für die Verspätung keine überzeugenden Gründe vorgetragen werden.[105] Die Fragen zur Zulässigkeit „späten" oder „verspäteten" Vorbringens, vor allem bei Einreichung neuen Materials zum StdT, von Vergleichsversuchen oder bei Änderung von Patentansprüchen, nehmen insb im Einspruchs- und (Einspruchs-)Beschwerdeverfahren vor dem EPA einen breiten und oft kontrovers diskutierten Raum ein (Rn 108 ff vor § 73).

II. Einwendungen Dritter

69   Nach der Veröffentlichung der eur Patentanmeldung kann jeder Dritte Einwendungen gegen die Patentierbarkeit erheben (Art 115 Abs 1 EPÜ). Der Dritte ist an die Verfahrenssprache nicht gebunden, er kann jede der Amtssprachen des EPÜ, aber auch nur diese, verwenden. Von ihm eingereichtes Material kann infolge des Amtsermittlungsgrundsatzes immer verwertet werden.[106]

70   Die Einwendungen werden dem Anmelder oder Patentinhaber **mitgeteilt**, der dazu Stellung nehmen kann (Art 115 Abs 2 EPÜ).

III. Schriftliches Verfahren

71   Das Verfahren vor dem EPA ist im Grundsatz schriftlich. Das folgt schon daraus, dass Art 116 EPÜ die mündliche Verhandlung von besonderen Voraussetzungen abhängig macht (Rn 72 ff).

IV. Mündliche Verhandlung

72   **1. Erforderlichkeit.** Mündliche Verhandlung findet entweder **auf Antrag** eines Beteiligten statt,[107] oder aber **von Amts wegen**, sofern das EPA dies für **sachdienlich** erachtet (Art 116 Abs 1 Satz 1 EPÜ).[108]

---

102   Vgl Begr BTDrs 14/6203 S 76 = BlPMZ 2002, 36, 63; zum früheren Recht *5. Aufl.*
103   BPatGE 54, 94 = Mitt 2014, 132.
104   EPA T 142/97 ABl EPA 2000, 358 = GRUR Int 2000, 913 Vorrichtung zum Vereinzeln von scheibenförmigen Gegenständen.
105   EPA T 122/84 ABl EPA 1987, 177 = GRUR Int 1987, 593 Metallic-Lackierung; vgl auch EPA T 97/90 ABl EPA 1993, 719 Schmiermittel; EPA 12.5.2015 T 1218/13; EPA 15.6.2015 T 1775/12.
106   *MGK/Haertel* Art 14 EPÜ Rn 67 ff.
107   Zum Antrag auf mündliche Verhandlung EPA T 299/86 ABl EPA 1988, 88 mündliche Verhandlung/SECHER; EPA T 88/87; EPA T 433/87; EPA T 668/89; EPA T 663/90; EPA T 263/91; EPA T 283/88 EPOR 1989, 225 Oral proceedings.
108   Zur Bedeutung des Rechts auf mündliche Verhandlung EPA T 19/87 ABl EPA 1988, 268 mündliche Verhandlung/FUJITSU; EPA T 663/90; EPA T 808/94. Zur Terminsverlegung EPA T 86/94.

Wenn ein **Antrag** gestellt wird, ist die mündliche Verhandlung zwingend erforderlich,[109] es sei denn, **73** dem Sachantrag des Beteiligten soll vollinhaltlich stattgegeben werden. Auf Sachdienlichkeit kommt es grds nicht an. Vor der Eingangsstelle findet eine mündliche Verhandlung auch bei Beantragung durch den Anmelder nur statt, wenn die Eingangsstelle sie für sachdienlich erachtet (Art 116 Abs 2 EPÜ).[110]

Antrag auf mündliche Verhandlung kann **jederzeit** gestellt werden, solange eine Entscheidung noch **74** nicht ergangen ist.[111] Voraussetzung ist die Anhängigkeit des Verfahrens vor dem EPA.[112]

Ob eine Eingabe als Antrag auf mündliche Verhandlung zu verstehen ist, ist Auslegungsfrage und im **75** **Zweifelsfall** durch Rückfrage zu klären.[113] Art 116 EPÜ gewährt ein Recht auf mündliche Verhandlung, nicht aber auf eine Anhörung.[114]

Kein Antrag auf mündliche Verhandlung liegt in der Bitte um Gelegenheit zur Rücksprache,[115] in der **76** Erklärung, „sich das Recht auf mündliche Verhandlung vorzubehalten",[116] wenn um eine mündliche Verhandlung „bei Erfordernis" ersucht wird.[117]

Antrag auf mündliche Verhandlung liegt hingegen in ihrer „Anregung",[118] der Bitte um Rückspra- **77** che zur Vorbereitung derselben,[119] in jedem Hinweis, dass das Recht auf mündliche Verhandlung für den Fall geltend gemacht werde, dass dem Begehren nicht Rechnung getragen werden kann.[120]

Hilfsweise Beantragung der mündlichen Verhandlung ist möglich.[121] Wird sie nur für den Fall dro- **78** hender Zurückweisung beantragt, braucht sie nicht anberaumt zu werden, wenn lediglich der Antrag auf Rückzahlung der Beschwerdegebühr abgelehnt wird,[122] ein hilfsweise für den Fall der Aufrechterhaltung gestellter Antrag zwingt auch zur Ladung, wenn nur die Zulässigkeit in Frage steht.[123]

Antragsrücknahme ist möglich.[124] Schweigen stellt keine Antragsrücknahme dar.[125] **79**

Übergehen eines Antrags auf mündliche Verhandlung soll zur Nichtigkeit der Entscheidung füh- **80** ren.[126]

Ein über das Recht auf mündliche Verhandlung hinausgehendes **Recht auf Rücksprache** mit dem **81** Prüfer besteht nicht.[127]

Einen Antrag auf **erneute mündliche Verhandlung** vor demselben Organ kann das EPA ablehnen, **82** wenn die Parteien und der dem Verfahren zugrundeliegende Sachverhalt gleich geblieben sind (Art 116 Abs 1 Satz 2 EPÜ).[128] Hingegen kann eine erneute mündliche Verhandlung gefordert werden, wenn sich der Sachverhalt oder die Parteien geändert haben, zB neue relevante Entgegenhaltungen auftauchen.[129]

---

109 EPA T 556/95 ABl EPA 1997, 205 Systeme mit unbestreitbarer Unterschrift; EPA T 383/87; EPA Oral proceedings; EPA T 93/88; EPA T 598/88; EPA T 125/89; vgl EPA T 1051/92; EPA T 870/93: auch auf Hilfsantrag, soweit die Bedingung eintritt.
110 Vgl hierzu EPA J 900/85 ABl EPA 1985, 159 Unterbrechung des Verfahrens; EPA J 20/87 ABl EPA 1989, 67 = GRUR Int 1989, 681 Rückerstattung der Recherchegebühr.
111 EPA T 598/88.
112 EPA T 299/86 EPA-E 11, 56; EPA T 556/95 ABl EPA 1997, 205 Systeme mit unbestreitbarer Unterschrift; zur mündlichen Verhandlung nach Zurückverweisung EPA T 892/92 ABl EPA 1994, 664 Zurückverweisung.
113 EPA T 19/87 ABl EPA 1988, 268; EPA T 494/90 EPOR 1992, 60; EPA T 352/89 EPOR 1991, 249.
114 EPA T 1426/07.
115 EPA T 409/87; EPA T 299/86 EPA-E 11, 56; EPA T 19/87 ABl EPA 1988, 268; EPA T 88/87; EPA T 454/93.
116 EPA T 299/86 EPA-E 11, 56.
117 EPA T 433/87.
118 EPA T 283/88 EPOR 1989, 225 Oral proceedings.
119 EPA T 19/87 ABl EPA 1988, 268.
120 EPA T 668/89; EPA T 494/90 EPOR 1992, 60.
121 EPA T 3/90 ABl EPA 1992, 737 mündliche Verhandlung/BRITISH TELECOM; EPA T 344/88 EPOR 1994, 508.
122 EPA J 25/89.
123 EPA T 344/88 EPOR 1994, 508.
124 Vgl dazu EPA T 283/88 EPOR 1989, 225 Oral proceedings; EPA T 3/90 ABl EPA 1992, 737 mündliche Verhandlung/BRITISH TELECOM; EPA T 663/90; EPA T 879/92; EPA T 1482/05, EPA T 1101/06.
125 EPA T 35/92; EPA T 686/92; EPA T 795/91.
126 EPA T 19/87 ABl EPA 1988, 268 mündliche Verhandlung/FUJITSU; EPA T 93/88; EPA T 560/88; EPA T 663/90; EPA T 766/90.
127 EPA T 98/88; vgl EPA T 523/91; vgl weiter EPA T 19/87 ABl EPA 1988, 268 mündliche Verhandlung/FUJITSU; zur Durchführung von Rücksprachen und mündlichen Verhandlungen als Videokonferenz Mitt ABl EPA 1997, 572.
128 EPA T 547/88, EPOR 1994,349; EPA T 441/90; EPA T 614/90; EPA T 748/91; EPA T 529/94.
129 EPA T 731/93; EPA T 194/96; vgl zur weiteren mündlichen Verhandlung auch EPA T 1775/12.

83   Bei **Wechsel des Prüfers** dürfte eine neue mündliche Verhandlung vAw sachdienlich sein.[130] Für das Beschwerdeverfahren ist sie Pflicht (Art 8 VerfOBK in der seit 13.12.2007 geltenden Fassung).[131]

2. Verfahren[132]

84   **a. Ladung zur mündlichen Verhandlung.** Zur mündlichen Verhandlung nach Art 116 EPÜ werden die Beteiligten gem Regel 115 AOEPÜ geladen, sobald die Schriftsätze der Beteiligten vollständig sind.[133] Eine Erwiderung auf die Ladung hebt diese nicht auf; einer Bestätigung der Ladung bedarf es nicht.[134]

85   Das EPA setzt sich zur **Vereinbarung eines Termins** mit den Beteiligten in Verbindung (anders im Beschwerdeverfahren, Rn 110 vor § 73).[135]

86   Die Ladung erfolgt **durch eingeschriebenen Brief mit Rückschein** (Regel 126 Abs 1 Satz 1 AOEPÜ). Sie wird mit dem Hinweis verbunden, dass das Verfahren bei **Ausbleiben der Beteiligten** ohne sie fortgesetzt werden kann (Regel 115 Abs 2 AOEPÜ).

87   Die **Ladungsfrist** beträgt mindestens **zwei Monate.** Sie kann verkürzt werden, wenn die Beteiligten mit einer kürzeren Frist einverstanden sind (Regel 115 Abs 1 Satz 2 AOEPÜ). In besonderen Fällen kann die Ladungsfrist auch ohne Einwilligung der Beteiligten verkürzt werden.[136] Ansonsten jedoch macht die Verkürzung der Ladungsfrist ohne Einwilligung die Ladung nichtig.[137]

88   **Terminsverlegung** kommt nur bei unvorhergesehenen, außergewöhnlichen Umständen in Betracht, die eine sachgerechte Verhandlung unmöglich machen (Krankheit des Vertreters, Verhinderung wichtiger Zeugen oder Sachverständigen, nicht dagegen Verhinderung des Beteiligten, solange nicht die Notwendigkeit seiner Teilnahme dargelegt wird).[138]

89   **b. Vorbereitung der mündlichen Verhandlung.** Regel 116 AOEPÜ ist zwingender Natur,[139] gilt aber nicht für die Beschwerdekammern (Rn 98).[140]

90   Mit der Ladung gibt das EPA **Hinweise,** welche Punkte es als erörterungsbedürftig ansieht (Regel 116 Abs 1 Satz 1 AOEPÜ). Dabei hat sich das zuständige Organ im zweiseitigen Verfahren strikt unparteiisch zu verhalten.[141]

91   **Fristsetzung.** Zugleich wird eine Frist gesetzt, binnen derer Schriftsätze zur Vorbereitung der mündlichen Verhandlung eingereicht werden können (Regel 116 Abs 1 Satz 2 AOEPÜ). Die Fristsetzung lässt die Befugnis zur Zurückweisung verspäteten Vorbringens unberührt.[142] Die Anwendung der Regel 132 AOEPÜ über die Mindest- und Höchstdauer sowie die Verlängerung von Fristen ist dabei ausdrücklich ausgeschlossen (Regel 116 Abs 1 Satz 3 AOEPÜ).

92   **Verspätetes Vorbringen.** Nach Fristablauf vorgebrachte Tatsachen und Beweismittel brauchen nicht berücksichtigt zu werden, soweit sie nicht wegen einer Änderung des dem Verfahren zugrundeliegenden Sachverhalts zuzulassen sind (Regel 116 Abs 1 Satz 4 AOEPÜ).[143] Die Vorschrift darf nicht im Umkehrschluss dahin missdeutet werden, dass aus anderen Gründen bereits verspätetes Vorbringen wieder zuläs-

---

130   Vgl *Singer/Stauder* EPÜ Art 116 Rn 31 unter Hinweis auf EPA 28.4.2004 T 900/02; aA noch *Singer/Stauder*² Art 116 Rn 33.

131   Zur entspr Anwendung im Einspruchsverfahren EPA T 862/98.

132   Zum Verfahren bei mündlichen Verhandlungen Mitteilungen der Vizepräsidenten der Generaldirektionen 2 und 3 ABl EPA 1997, 469 und ABl EPA 2000, 456.

133   EPA G 4/95 ABl EPA 1996, 412 Vertretung/BOGASKY.

134   EPA T 1183/02 ABl EPA 2003, 404 = GRUR Int 2004, 66 Ladung zur mündlichen Verhandlung.

135   Mitt ABl EPA 1987, 168 und 1989, 132; EPA T 320/88 ABl EPA 1990, 359.

136   EPA J 14/91 ABl EPA 1993, 479 = GRUR Int 1994, 62 Akteneinsicht.

137   EPA T 111/95.

138   EPA T 275/89 ABl EPA 1992, 126 = GRUR Int 1992, 547 Stahlradiatoren; EPA T 392/97; EPA T 37/97; s auch Mitt des Vizepräsidenten der GD3 des EPA vom 16.7.2007, Beilage zum ABl EPA 1/2011, 67.

139   Vgl zur Vorgängerregelung in Regel 71a AOEPÜ EPA T 276/93 ABl EPA 1996, 330 Anwendbarkeit der Regel 71a EPÜ auf die Beschwerdekammern.

140   EPA G 6/95 ABl EPA 1996, 649 = GRUR Int 1997, 366 Auslegung der Regel 71a (1).

141   EPA T 253/95.

142   EPA T 452/96.

143   Vgl *Koch* Mitt 1997, 286; EPA T 712/97 ABl EPA 2000, 48; zur Verspätung EPA T 476/96.

sig würde, wenn es nur vor dem in der Ladung bestimmten Termin vorgebracht wird.[144] Art 114 Abs 2 EPÜ geht insoweit vor (vgl Rn 68).[145]

Geänderte Unterlagen. Sind dem Anmelder oder Patentinhaber die Gründe mitgeteilt, die der Ertei- **93** lung oder Aufrechterhaltung des Patents entgegenstehen, kann er aufgefordert werden, binnen der Frist den Erfordernissen des EPÜ entsprechende Unterlagen einzureichen (Regel 116 Abs 2 AOEPÜ). In diesem Fall gelten bei verspäteter Vorlage die gleichen Regeln wie bei verspätetem Vorbringen (Regel 116 Abs 2 Satz 2 AOEPÜ). Die verspäteten Unterlagen werden nur berücksichtigt, wenn sie eindeutig gewährbar sind und ihre verspätete Einreichung triftig begründet ist.[146]

Die genannten Grundsätze gelten nicht für die **Beschwerdekammern** (Rn 119 vor § 73).[147] **94**

c. Durchführung der mündlichen Verhandlung. Der **Vorsitzende** leitet die mündliche Verhand- **95** lung. Im Kollegialverfahren gestattet er den anderen Mitgliedern, Fragen zu stellen (EPA-PrRl E-III, 8.8).

Bei **Ausbleiben eines Beteiligten,**[148] der ordnungsgem geladen ist, kann die mündliche Verhand- **96** lung ohne ihn durchgeführt werden (Regel 115 Abs 2 AOEPÜ). Der Beteiligte verliert dadurch jedoch nicht seinen Anspruch auf Anhörung (dazu näher Rn 137 f vor § 34).[149]

Sprache. Die Beteiligten können sich jeder Amtssprache des EPA bedienen, sofern sie dies dem EPA **97** spätestens einen Monat vor dem Termin mitteilen oder selbst für die Übersetzung in die Verfahrenssprache sorgen (Regel 4 Abs 1 Satz 1 AOEPÜ). Sie können sich auch jeder anderen Amtssprache eines Vertragsstaats bedienen, müssen dann aber selbst für die Übersetzung sorgen (Regel 4 Abs 1 Satz 2 AOEPÜ). Die Übersetzungskosten trägt das EPA, sofern nicht ein Beteiligter selbst für die Übersetzung zu sorgen hat (Regel 4 Abs 5 AOEPÜ), insb auch, wenn er die Mitteilung verspätet macht.[150]

d. Beweisaufnahme (Art 117 EPÜ). In den Verfahren vor einer Prüfungsabteilung, Einspruchsabtei- **98** lung, Rechtsabteilung oder Beschwerdekammer sind als Beweismittel zulässig: die Vernehmung der Beteiligten, Einholung von Auskünften, Vorlegung von Urkunden, Vernehmung von Zeugen, Begutachtung durch Sachverständige, Einnahme eines Augenscheins, Abgabe einer schriftlichen Erklärung unter Eid (Art 117 Abs 1 EPÜ).

Zur Beweiserhebung berechtigte Organe sind danach die Prüfungsabteilungen, Einspruchsabtei- **99** lungen, Rechtsabteilung oder Beschwerdekammern.

Die Formulierung des Art 117 Abs 1 EPÜ (vor dem EPA) erstreckt das Recht zur Beweiserhebung auch **100** auf die **Eingangsstelle.**[151] Hingegen besteht idR kein Bedürfnis für die Erstreckung auf die **Recherchenstelle,** weil dort regelmäßig keine Nachweise erforderlich sind.

Der **Begriff der Beweisaufnahme** ist im EPÜ sehr weit gefasst.[152] Jeder zu beweisende Sachverhalt **101** kann durch jede Art von Beweismittel unter Beweis gestellt werden.[153] Die Aufzählung des Art 117 Abs 1 EPÜ hat also nur Beispielcharakter.

144 EPA T 39/93 ABl EPA 1977, 134.
145 EPA T 885/93.
146 EPA T 95/83 ABl EPA 1985, 75; EPA T 153/85 ABl EPA 1988, 1; EPA T 251/90; zur Nichtberücksichtigung neuer Anträge EPA T 583/93 ABl EPA 1996, 496 wasserlösliche Polymerdispersion; EPA T 926/93; EPA T 951/97 ABl EPA 1998, 440; EPA T 619/98; EPA T 484/99; zur Ausübung der Ermessensentscheidung EPA T 755/96 ABl EPA 2000, 174 Campothecin-Derivate; kr zur Praxis *Göken* VPP-Rdbr 2000, 74, 75 ff.
147 EPA G 6/95 ABl EPA 1996, 649 = GRUR Int 1997, 366 Auslegung der Regel 71a (1); aA zu Regel 71a Abs 2 AOEPÜ EPA T 1105/98.
148 Zum Nichterscheinen in der mündlichen Verhandlung EPA G 4/92 ABl EPA 1994, 149 = GRUR Int 1994, 750 rechtliches Gehör; EPA T 653/91; EPA T 930/92 ABl EPA 1996, 191 Ionenstrahlbearbeitung; EPA T 892/94 ABl EPA 2000, 1 = GRUR Int 2000, 269 desodorierende Gemische; EPA T 253/95; EPA T 414/94; EPA T 1049/93.
149 EPA rechtliches Gehör.
150 EPA T 44/92; EPA T 473/92.
151 EPA J 20/85 ABl EPA 1987, 102 = GRUR Int 1987, 423 fehlende Ansprüche; J 4/82 ABl EPA 1982,385 und 390 Nr. 11.
152 EPA T 117/86 ABl EPA 1989, 401 Kosten; EPA T 416/87 ABl EPA 1990, 415 Blockpolymer; EPA T 323/89 ABl EPA 1992, 169 = GRUR Int 1992, 551 photographisches Material; EPA T 314/90; EPA T 798/93 ABl EPA 1997, 363 = GRUR Int 1997, 831, 833 Identifizierung des wahren Einsprechenden; vgl auch EPA T 395/91 zur Anhörung eines Sachverständigen.
153 EPA G 11/91 ABl EPA 1993, 125 = GRUR Int 1993, 489 Glu-Gln; EPA G 3/89 ABl EPA 1993, 117 Berichtigung nach Regel 88 Satz 2 EPÜ; EPA J 11/88 ABl EPA 1989, 433 Poststreik; EPA T 838/92; anders EPA T 231/90.

102   Sie umfasst ua die **Vernehmung der Beteiligten**.[154] Sie muss von der bloßen Anhörung, die nur der Aufklärung des Sachverhalts dient, unterschieden werden, da sie seiner Erhärtung dient.[155] Für sie gilt Beweisaufnahmerecht.

103   **Einholung von Auskünften.** Gemeint sind Auskünfte von Behörden und Beamten, aber auch von Firmen oder Privatpersonen, zB über den Zeitpunkt der Veröffentlichung eines Werks.

104   **Vorlegung von Urkunden.**[156] Der Urkundenbegriff des EPÜ ist weiter als der des nationalen Rechts.[157] Urkunden sind alle schriftlichen Unterlagen, die einen gedanklichen Inhalt durch Schriftzeichen oder Zeichnungen verkörpern, zB auch öffentliche Druckschriften, die im Patentverfahren vielfach Verwendung finden.[158] Jede wie auch immer geartete Urkunde ist als Beweismittel zulässig.[159] Ihre Beweiskraft unterliegt der freien Beweiswürdigung (Rn 116 ff).[160]

105   **Vernehmung von Zeugen.** Als Zeugen kommen nur Personen in Betracht, die nicht Beteiligte sind. Jedoch kann ein Angestellter[161] oder Kunde[162] eines Beteiligten als Zeuge vernommen werden. Der Wert einer solchen Aussage unterliegt der freien Beweiswürdigung (Rn 116 ff).[163]

106   Zeugen werden, wie aus Regeln 118, 120 Abs 1 AOEPÜ folgt, grds **mündlich** vernommen. Eine schriftliche Auskunft des Zeugen kann das EPA einholen, wenn sie ihm ausreichend erscheint (Rn 103). Sie steht aber der Vernehmung nicht gleich. Zur eidlichen Erklärung Rn 109 f.

107   **Begutachtung durch Sachverständige** erfolgt wie im Verfahren vor dem DPMA nur ausnahmsweise (Regeln 117, 118 AOEPÜ).[164] Der Sachverständige gibt regelmäßig zunächst ein schriftliches Gutachten ab, dem die Vernehmung in der mündlichen Anhörung nachfolgt (EPA-PrRl E-IV, 1.8.1.). Das Verfahren zur Vernehmung des Sachverständigen folgt Regeln 117, 118 AOEPÜ.

108   **Einnahme eines Augenscheins.** Augenschein ist die unmittelbare Wahrnehmung von körperlichen Eigenschaften oder Zuständen von Sachen, Personen oder von Vorgängen mit Hilfe der Sinne. Augenscheinseinnahme kommt hauptsächlich in Form der Vorführung von Maschinen, Modellen oder Verfahren in Betracht.[165]

109   **Abgabe einer schriftlichen Erklärung**[166] unter Eid. Gemeint ist hier in erster Linie das vor allem im englischen Rechtskreis als „affidavit" bekannte Beweismittel,[167] nicht aber die eidesstattliche Erklärung deutschen Rechts, die das EPA allerdings gleichfalls zulässt (Rn 110). Das „affidavit" ist eine Erklärung der Auskunftsperson, die diese vor einer dafür zuständigen Person beeidigt. Die Formulierung ist Sache des Erklärenden. Ihr Wortlaut darf nicht von dritter Seite, insb auch nicht vom EPA vorgegeben werden.[168] Werden Behauptungen aus einer eidesstattlichen Versicherung bestritten, muss dem Antrag eines Beteiligten auf Zeugenvernehmung idR stattgegeben werden, bevor diese Behauptungen einer Entscheidung zu Ungunsten dessen zu Grunde gelegt werden, der sie bestreitet.[169] Die Erklärung unterliegt wie die anderen Beweismittel der freien Würdigung.[170]

---

154   Zur Vernehmung von Beteiligten in Abwesenheit ihrer anwaltlichen Vertreter EPA T 451/89; EPA T 883/90.
155   EPA T 451/89.
156   Zur Rückgabe geheimhaltungsbedürftiger Beweisunterlagen EPA T 760/89 ABl EPA 1994, 797 Rückgabe von Dokumenten.
157   Vgl *Singer/Stauder* Art 117 EPÜ Rn 42 ff mwN.
158   EPA T 951/97 ABl EPA 1998, 440.
159   EPA T 482/89 ABl EPA 1992, 646 Stromversorgung.
160   EPA T 301/94 für eine notariell beglaubigte „déclaration sur l'honneur"; EPA T 760/89 ABl 1994,797 für eine schriftlich festgehaltene Zeugenaussage aus einem ausländischen Verletzungsverfahren.
161   EPA T 482/89 ABl EPA 1992, 646 Stromversorgung; EPA T 575/94; EPA T 937/93.
162   EPA T 575/94.
163   EPA T 443/93; EPA T 363/90; EPA Stromversorgung.
164   Vgl EPA 7.12.1995 T 395/91; EPA 16.3.1993 T 230/92.
165   EPA 4.3.1997 T 364/94.
166   Zur Rechtzeitigkeit der Vorlage einer schriftlichen Erklärung EPA 12.5.1992 T 953/90.
167   EPA 3.12.1991 T 232/89; EPA 19.11.1993 T 327/91; EPA 30.11.1994 T 674/91.
168   EPA T 804/92 ABl EPA 1994, 862.
169   EPA T 474/04 ABl EPA 2006, 129 = GRUR Int 2006, 332 eidesstattliche Versicherung, unter Hinweis auf BPatGE 32, 11 = GRUR 1991, 309; vgl auch EPA T 716/06, EPA T 190/05.
170   EPA 30.11.1994 T 674/91; EPA 20.2.1994 T 839/92; EPA 19.11.1993 T 327/91; EPA 9.7.1997 J 4/97 Schulte-Karte EPÜ 116–118 Nr 106; EPA 12.5.2000 T 728/98 ABl EPA 2001, 319.

Andere geeignete Beweismittel. Da die vorstehende Aufzählung nur beispielhaft zu verstehen ist 110
(Rn 101), schließt sie andere geeignete Beweismittel nicht aus,[171] zB nicht die eidesstattliche Erklärung
deutschen Rechts, die nicht unter Art 117 Abs 1 Buchst g EPÜ fällt,[172] von einem ausländ Gericht übermittelte Beweismittel[173] oder die Einreichung einer schriftlichen Stellungnahme des Beschwerdegegners.[174]

Nicht zu den Beweismitteln gehören Ausführungen der Begleitperson einer Partei,[175] Rechtsausfüh- 111
rungen und Antragstellung.[176]

Regel 117 AOEPÜ enthält Vorgaben für den Beweisbeschluss und dessen Inhalt, Voraussetzungen der 112
Ladung der Beweispersonen, die Ladung und deren Inhalt, Ladungsfrist sowie über die **Durchführung
der Beweisaufnahme.**

Zur **Beauftragung von Sachverständigen** s Regel 121 AOEPÜ. 113

Kosten der Beweisaufnahme (Regel 122 AOEPÜ). Vgl zu Regel 74 Abs 4 AOEPÜ (1973) die VO des 114
Verwaltungsrats vom 21.10.1977 über Entschädigungen und Vergütungen für Zeugen und Sachverständige.[177]

Zur **Beweissicherung** s Regel 123 AOEPÜ. 115

Beweiswürdigung; Beweislast. Grds wird für den Beweis keine absolute Sicherheit gefordert, sie 116
wäre kaum je zu erreichen. Zu fordern ist jedoch eine an Sicherheit grenzende Wahrscheinlichkeit. Dabei
gilt der Grundsatz der **freien Beweiswürdigung** (vgl Rn 200 ff zu § 3).[178] Die Anforderungen an den
Beweis (anders, wo nur Glaubhaftmachung gefordert wird) sind grds in allen Verfahrensarten gleich. Mängel der
Beweisführung gehen zu Lasten dessen, der sich auf den zu beweisenden Sachverhalt beruft, dem er günstig wäre **(Beweislast).**[179]

Das gilt grds auch, soweit es um den Nachweis von **fristwahrenden Handlungen gegenüber dem** 117
EPA geht. Jedoch genügt hier, wenn die fristwahrende Handlung beim EPA nicht feststellbar ist, bei möglicher Mitschuld der Behörde die Darlegung einer **hinreichend großen Wahrscheinlichkeit.** Es muss
dargetan werden, dass für die fristgerechte Vornahme der Handlung eine wesentlich höhere Wahrscheinlichkeit spricht als gegen sie.[180] Daran fehlt es, wenn die Wahrscheinlichkeit eines Verlusts im EPA geringer ist als die Wahrscheinlichkeit eines Verlusts beim Einreichenden.[181] Grds gehen Unklarheiten insoweit
zu Lasten des Handelnden,[182] es sei denn, er kann – zB durch eine Empfangsbescheinigung – glaubhaft
machen, dass die Handlung erfolgt ist. In diesem Fall kehrt sich die Beweislast um.[183]

Auch im **zweiseitigen Verfahren** gelten die freie Beweiswürdigung und die erwähnten (Rn 117) Be- 118
weislastgrundsätze. Ein Tatsachenkomplex muss nicht zweifelsfrei und mit absoluter Gewissheit nachgewiesen werden, vielmehr kann idR die Entscheidung nach generellem Abwägen der Wahrscheinlichkeit
(„balance of probabilities") getroffen werden.[184] Für eine offenkundige Vorbenutzung wird dagegen ein
zweifelsfreier, lückenloser Nachweis („up to the hilt") gefordert.[185]

---

171 EPA 10.1.1995 T 838/92.
172 EPA 13.6.1995 T 614/93; EPA 20.2.1994 T 770/91; EPA 1.2.1994 T 473/93; EPA 15.3.1996 T 970/93; EPA 10.2.1997
T 558/95; *Schulte* Rn 45 aE, 46 aE.
173 EPA T 760/89 ABl EPA 1994, 797; vgl EPA T 665/95.
174 EPA T 117/86 ABl EPA 1989, 401 Kosten.
175 EPA G 4/95 ABl EPA 1996, 412.
176 EPA T 22.2.1996 642/92.
177 ABl EPA 1983, 102.
178 EPA G 3/97 ABl EPA 1999, 245 Einspruch in fremdem Auftrag/INDUPACK; EPA T 482/89 ABl EPA 1992, 646
Stromversorgung; EPA 8.6.1989 T 162/87; EPA 23.11.1990 T 332/87; EPA 3.4.1990 T 204/88; EPA 4.7.1990 T 627/88; EPA
11.12.1990 T 482/89; EPA 11.7.1991 T 595/89; EPA 20.5.1992 T 725/89; EPA T 760/89 ABl EPA 1994, 797; EPA 22.3.1993
T 363/90; EPA 19.11.1993 T 327/91; EPA 10.1.1995 T 838/92; EPA 1.2.1994 T 473/93; EPA 11.7.1996 T 575/94; EPA 28.11.1996
T 301/94; zur Nichtvorlage von Beweismitteln 23.2.2001 EPA T 428/98.
179 EPA T 219/83 ABl EPA 1986, 211; EPA 22.3.1994 T 34/94.
180 EPA T 128/87 ABl EPA 1989, 406; EPA 11.12.1992 J 10/91; EPA 19.3.1997 J 8/93.
181 EPA 11.12.1992 J 10/91.
182 EPA 19.3.1997 J 8/93.
183 EPA 15.9.1987 T 69/86.
184 EPA T 381/87 ABl EPA 1990, 213 = GRUR Int 1990, 853; EPA T 270/90 ABl EPA 1993, 725
Polyphenylenätherzusammensetzungen.
185 EPA T 472/92 ABl EPA 1998, 161; EPA 7.11.2002 T 12/00, EPA 3.2.2007 T 267/06, EPA 24.1.2008 T 1210/05.

119   Jeder der **Verfahrensbeteiligten** trägt die **Beweislast** für die von ihm geltend gemachten, ihm günstigen Umstände (vgl Rn 116). So hat der Einsprechende die Tatsachen zu beweisen, die die erfinderische Tätigkeit erschüttern könnten.[186] Ihm obliegt der Nachweis, dass ein fachkundiger Leser des Patents nicht in der Lage wäre, die Erfindung auszuführen,[187] ebenso der Nachweis der offenkundigen Vorbenutzung.[188] Hier gilt ein strenger Maßstab, insb wenn alle Beweise aus der Sphäre des Einsprechenden stammen.[189] Demgegenüber obliegt dem Patentinhaber der Nachweis einer Geheimhaltungsverpflichtung.[190]

120   **e. Niederschrift.** Über die mündliche Verhandlung oder Beweisaufnahme wird eine Niederschrift (uU auch eine Tonträgeraufzeichnung)[191] aufgenommen, die den wesentlichen Gang der Verhandlung oder Beweisaufnahme, die rechtserheblichen Erklärungen und Aussagen der Beteiligten, Zeugen oder Sachverständigen sowie das Ergebnis eines Augenscheins enthalten soll (Regel 124 AOEPÜ). Berichtigung auf Antrag ist zulässig.[192] Die Niederschrift ist keine Entscheidung, sie kann daher nicht mit der Beschwerde angefochten werden.[193] Für die Berichtigung ist das erstinstanzliche Organ zuständig, das die Niederschrift aufgenommen hat.[194]

121   **Genehmigung.** Die Niederschrift über die Aussage eines Zeugen, Sachverständigen oder Beteiligten wird diesem vorgelesen oder zur Durchsicht vorgelegt. In der Niederschrift wird vermerkt, dass dies geschehen und die Niederschrift von der aussagenden Person genehmigt worden ist. Wird die Niederschrift nicht genehmigt, werden die Einwendungen vermerkt (Regel 124 Abs 2 AOEPÜ).

122   **Unterschrift.** Die Niederschrift wird von dem Bediensteten, der sie aufnimmt, regelmäßig einem Mitglied des entscheidenden Organs, und dem Vorsitzenden durch Unterschrift oder andere geeignete Mittel authentisch bestätigt (Regel 124 Abs 3 AOEPÜ). Ein Mangel kann nach Regel 140 AOEPÜ berichtigt werden.[195]

123   Die Beteiligten erhalten eine **Abschrift** der Niederschrift (Regel 124 Abs 4 AOEPÜ).

§ 47
(Begründung, Zustellung, Verkündung der Beschlüsse; Rechtsmittelbelehrung)

(1) [1]**Die Beschlüsse der Prüfungsstelle sind zu begründen und den Beteiligten von Amts wegen in Abschrift zuzustellen; eine Beglaubigung der Abschrift ist nicht erforderlich.** [2]**Ausfertigungen werden nur auf Antrag eines Beteiligten und nur in Papierform erteilt.** [3]**Am Ende einer Anhörung können die Beschlüsse auch verkündet werden; die Sätze 1 und 2 bleiben unberührt.** [4]**Einer Begründung bedarf es nicht, wenn am Verfahren nur der Anmelder beteiligt ist und seinem Antrag stattgegeben wird.**

(2) [1]**Mit Zustellung des Beschlusses sind die Beteiligten über die Beschwerde, die gegen den Beschluss gegeben ist, über die Stelle, bei der die Beschwerde einzulegen ist, über die Beschwerdefrist und über die Beschwerdegebühr zu belehren.** [2]**Die Frist für die Beschwerde (§ 73 Abs. 2) beginnt nur zu laufen, wenn die Beteiligten nach Satz 1 belehrt worden sind.** [3]**Ist die Belehrung unterblieben oder unrichtig erteilt, so ist die Einlegung der Beschwerde nur innerhalb eines Jahres**

---

186   EPA T 219/83 ABl EPA 1986, 211; EPA 22.3.1994 T 34/94.
187   EPA T 182/89 ABl EPA 1991, 391 = GRUR Int 1991, 812 Umfang des Einspruchs; EPA T 16/87 ABl EPA 1992, 212.
188   EPA 22.6.1994 T 782/92; EPA 29.11.1994 T 326/93, wonach eine Vorbenutzung über jeden vernünftigen Zweifel hinaus zu beweisen ist, vermittelnd EPA 15.1.1992 T 109/91; vgl EPA 11.7.1996 T 575/94.
189   EPA T 472/92 ABl EPA 1998, 161; EPA T 750/94 ABl EPA 1998, 32 = GRUR Int 1998, 410 Beweis einer Vorveröffentlichung.
190   EPA 8.12.1992 T 221/91.
191   ABl EPA 1986, 63; EPA PrRl E-III, 10.
192   EPA 15.2.2001 T 642/97; vgl EPA 3.2.2006 T 740/00.
193   EPA 10.1.1995 T 838/92; zur Protokollberichtigung EPA 2.2.1999 T 819/96.
194   EPA 5.3.2001 T 1198/97.
195   EPA T 212/88 ABl EPA 1992, 28.

seit Zustellung des Beschlusses zulässig, außer wenn eine schriftliche Belehrung dahin erfolgt ist, daß eine Beschwerde nicht gegeben sei; § 123 ist entsprechend anzuwenden.

DPMA-PrRl 3.8.
Ausland: Österreich: § 64 Abs 2, 3 öPatG

Übersicht

Schrifttum: *Kähler* Beseitigung von Unrichtigkeiten in Beschlüssen des Patentamts, Mitt 1938, 43; *Wirth* Beseitigung von Unrichtigkeiten in Beschlüssen des Patentamts, Mitt 1937, 359.

A. Geltungsbereich; Normzweck

I. Zeitlich

§ 47, durch Art 8 Nr 26 GPatG – dort noch als § 28e anstelle des durch Art 8 Nr 33 GPatG aufgehobenen **1** § 34, der nicht die Regelungen in Abs 1 Satz 2, 3 enthielt und in Abs 2 Satz 1 statt der „schriftlichen Ausfertigung" „Beschlüsse" nannte, in das Gesetz eingefügt – gilt nach Art 17 Abs 3 GPatG seit dem 1.1.1981 für alle Anmeldungen. Die geltende Paragraphenbezeichnung geht auf die Neubek 1981 zurück. Abs 2 ist durch Art 7 Nr 21 KostRegBerG redaktionell angepasst (Streichung der Worte „sofern eine Beschwerdegebühr zu entrichten ist"). Das Gesetz zur Änderung des Designgesetzes und weiterer Vorschriften des gewerblichen Rechtsschutzes vom 4.4.2016[1] hat umfangreiche Änderungen in Abs 1, Abs 2 Satz 1 und eine weitere Änderung in Abs 2 Satz 2 gebracht, die der Erleichterung des elektronischen Rechtsverkehr dienen sollen.[2] Die geänd Fassung tritt am 1.10.2016 in Kraft.

---

1 BGBl I 558.
2 Begr BRDrs 540/15 S 35.

　　　　　　　　　　　　　　　　　　　　　　　　　Keukenschrijver

2   **II.** Im **Einspruchsverfahren** gilt die Vorschrift entspr (§ 59 Abs 4). Bei Entscheidungen des BPatG im erstinzanzlichen Einspruchsverfahren bestimmt sich die Begründungspflicht nach Abs 1 Satz 3 und nicht nach § 94 Abs 2.[3]

3   **III.** Im Verfahren über die Erteilung **ergänzender Schutzzertifikate** findet die Vorschrift nach § 49a Abs 3 Satz 2 Anwendung.

IV. Gebrauchsmuster- und Halbleitertopographiesachen

4   Nach § 17 Abs 3 Satz 4 GebrMG, § 8 Abs 5 HlSchG ist Abs 2 in Löschungsverfahren entspr anzuwenden. Auch im übrigen wird die Bestimmung entspr anwendbar sein.[4]

V. Sonstige Grenzen

5   Im Markenrecht (insb § 36 MarkenG) und im Designrecht (insb § 16 DesignG) gelten spezielle Regelungen, die den Rückgriff auf § 47 ausschließen. Keine Geltung beansprucht die Vorschrift in anderen als den zuvor genannten Bereichen, insb in anderen Verwaltungsangelegenheiten des DPMA. Für sie gelten die einschlägigen Vorschriften des Verwaltungs- und Verwaltungsverfahrensrechts entspr.

VI. Normzweck; systematische Stellung

6   § 47 regelt die Modalitäten der Verlautbarung von Entscheidungen, mit denen die Prüfungsstellen und Patentabteilungen des DPMA im Rahmen ihrer gesetzlichen Zuständigkeiten, also im Rahmen der Schutzrechtsprüfung und -verwaltung, abschließende Regelungen mit Außenwirkung gegenüber Dritten, insb den Verfahrensbeteiligten, treffen.[5]

7   Die Vorschrift stellt klar, dass derartige Verlautbarungen **in Form von Beschlüssen** zu ergehen haben, und gibt einige Grundregeln für deren Gestaltung und die Art und Weise ihrer Verlautbarung, die in den Vorschriften über die Rechtsmittelbelehrung und die Folgen ihres Fehlens oder ihrer Mangelhaftigkeit in das Rechtsmittelrecht der §§ 73 ff hineinwirken.

8   Dabei verwendet § 47 den Begriff „Beschluss" einerseits – nämlich soweit die Norm selbst Formvorschrift ist (Rn 7) – in einem formellen Sinn. Andererseits ist der Begriff dort – ebenso wie in § 73 Abs 1 – insofern materiell zu verstehen, als § 47 keine Geltung für andere als die in Rn 11 genannten Verlautbarungen beansprucht, also für **Verlautbarungen ohne abschließende Regelung und ohne Außenwirkung**, zB Verfügungen und Bescheide (Prüfungs- und sonstige Zwischenbescheide, die ihren eigenen Regeln, zB nach §§ 45, 46 folgen) nicht gilt.

9   Abs 1 definiert nicht etwa den Beschlussbegriff des § 73 Abs 1 als materiellen Begriff. Die Vorschriften korrelieren lediglich insofern, als § 47 festlegt, wie ein Beschluss im materiellen Sinn, also eine abschließende Regelung mit Außenwirkung iSv § 73 Abs 1, die gem dieser Vorschrift unabhängig von ihrer förmlichen Gestalt beschwerdefähig ist (Rn 38 ff zu § 73), **gestaltet** sein und **verlautbart** werden muss, damit sie den förmlichen Anforderungen der Beschwerdeprüfung Stand halten und eine Beschwerdefrist in Lauf setzen kann (Abs 2 iVm § 73 Abs 2). Die Vorschrift regelt also die förmlichen Erfordernisse der Gestaltung und Verlautbarung von Beschlüssen im materiellen Sinn.

B. Beschlüsse

I. Regelungsgehalt

10   § 47 schreibt in der ab 1.10.2016 geltenden Fassung vor, dass Beschlüsse (Rn 11) zu begründen (Rn 22 ff) und den Beteiligten vAw zuzustellen (Rn 55 ff) sind bzw verkündet werden können (Rn 14 ff),

---

3   BPatGE 47, 168 = BlPMZ 2004, 60.
4   Vgl BPatGE 15, 200 zur entspr Anwendung von § 48.
5   Vgl BPatG BlPMZ 2006, 415.

schreibt eine Rechtsmittelbelehrung (Rn 37 ff) vor und regelt die Folgen ihres Fehlens oder ihrer Mangelhaftigkeit (Rn 45 ff).

II. Begriff

Den Vorgaben des § 47 unterliegen (nur) Beschlüsse im materiellen Sinn. Das sind alle Aussprüche **11** des DPMA, durch die eine abschließende Regelung ergeht, die die Rechte eines Beteiligten berühren kann,[6] im wesentlichen also die Aussprüche des DPMA, die nach § 73 Abs 1 – unabhängig davon, ob die Form des § 47 bei ihnen gewahrt ist[7] – der Beschwerde unterliegen (dazu näher Rn 32 ff zu § 73). Das können auch Teil- oder Zwischenbeschlüsse (Rn 55 zu § 73) oder solche Beschlüsse sein, bei denen eine selbständige Anfechtung ausgeschlossen ist (Rn 22). Äußere Form und Bezeichnung sind nicht entscheidend.[8]

Keine Beschlüsse iSd Vorschrift sind, selbst wenn sie in Beschlussform des § 47 ergehen, Verlautba- **12** rungen des DPMA, die keine solche abschließende Regelung mit Außenwirkung beinhalten, zB Zwischenbescheide, die eine Entscheidung erst vorbereiten sollen, alle Prüfungsbescheide, verfahrensleitende Zwischenverfügungen wie Ladungen, Entscheidungen über Frist- und Beschleunigungsgesuche,[9] Beweisbeschlüsse, gesetzlich vorgesehene Benachrichtigungen,[10] die bloße Übermittlung einer Eintragungsverfügung[11] oder die Bekanntgabe einer Rechtsauffassung, zB die Feststellung rechtzeitiger Gebührenzahlung,[12] der Entbehrlichkeit eines Wiedereinsetzungsantrags,[13] der Wirksamkeit einer Anfechtung,[14] die formularmäßige Mitteilung über den Eintritt der Rücknahmefiktion bei Inanspruchnahme der inneren Priorität,[15] die Ablehnung der Verbindung zweier Erteilungsverfahren,[16] Bescheide gegenüber am Verfahren unbeteiligten Dritten.[17]

III. Form

1. Allgemeines. Das Gesetz ging bisher als Regelfall davon aus, dass die Beschlüsse (nur) schriftlich **13** verlautbart werden (Abs 1 Satz 1), räumt jedoch für den Fall einer Anhörung die Möglichkeit der Verkündung (Rn 14 ff) ein. Die Angabe eines falschen Aktenzeichens macht den Beschluss nicht wirkungslos.[18]

2. Verkündung. Am Ende einer Anhörung kann (nicht: muss) die Prüfungsstelle ihren Beschluss ver- **14** künden. Die Anberaumung eines besonderen Termins hierfür schließt das Gesetz nicht aus,[19] sie dürfte sich aber aus Gründen der Verfahrensökonomie regelmäßig verbieten. Nach Schluss der Anhörung kommt eine Verkündung nicht mehr in Betracht.[20]

Die Verkündung erfolgt durch **Verlesen der schriftlich abgefassten Beschlussformel**, des „Tenors" **15** (Rn 23). Soweit eine Begründung nötig ist (Rn 22 ff), sollte ihr wesentlicher Inhalt bei der Verkündung des Beschlusses mündlich eröffnet werden. Zwingend notwendig ist das aber nicht.[21] Mit Rücksicht darauf, dass der Verkündung regelmäßig eine umfassende Erörterung der Sachfragen vorausgegangen sein wird (Rn 20 ff zu § 46), kann sich die mündliche Begründung auf den Kern konzentrieren, uU auf das in der

---

6 BPatGE 2, 56, 58 = BlPMZ 1962, 235; BPatGE 15, 134, 136 = GRUR 1974, 80 mwN; BPatGE 26, 152 f = GRUR 1984, 646; *Fitzner/Lutz/Bodewig* Rn 3 ff.

7 BPatGE 10, 43, 46 = Mitt 1968, 139.

8 Vgl BPatGE 29, 65 = GRUR 1987, 807; *Fitzner/Lutz/Bodewig* Rn 5 f.

9 BPatGE 10, 35, 40 = Mitt 1968, 136; *Fitzner/Lutz/Bodewig* Rn 6; *Mes* Rn 4.

10 BPatGE 3, 8, 12 = GRUR 1964, 445; BPatGE 10, 43, 46 = Mitt 1968, 139; *Fitzner/Lutz/Bodewig* Rn 6.

11 BPatG 10.11.2008 19 W (pat) 52/07.

12 BPatGE 23, 248, 251; *Fitzner/Lutz/Bodewig* Rn 6; aA BPatGE 22, 121 f.

13 BPatGE 23, 248, 251; aA BPatGE 22, 121 f.

14 BGH GRUR 1972, 536 akustische Wand.

15 BPatG BlPMZ 1983, 307; BPatGE 47, 10, 12 = BlPMZ 2003, 244 mwN.

16 BPatGE 27, 82 = GRUR 1985, 1040; *Mes* Rn 4.

17 BPatG BlPMZ 1990, 328.

18 BPatG BlPMZ 2006, 293.

19 AA *Schulte* Rn 32; *Fitzner/Lutz/Bodewig* Rn 29.

20 *Schulte* Rn 32.

21 Vgl *Fitzner/Lutz/Bodewig* Rn 29.

Anhörung Gesagte Bezug nehmen und dementspr knapp ausfallen. Einer Rechtsmittelbelehrung (Rn 37 ff) bedarf es bei der Verkündung nicht.

16 Mit der Verkündung wird der **Beschluss wirksam** und bindet das DPMA, das ihn – außer im Weg der Abhilfe nach Einlegung einer Beschwerde (§ 73 Abs 3) – nicht mehr ändern kann (Rn 62 ff). Die Bindung erstreckt sich nicht auf die Einzelheiten der Begründung, die erst bei der schriftlichen Abfassung (Rn 18 ff) abschließend festgelegt werden. Sie bedeutet jedoch, dass nach der Verkündung bekannt werdende neue Umstände, insb neuer Sachvortrag der Beteiligten, nicht mehr berücksichtigt werden dürfen, auch nicht im Einverständnis der Beteiligten.[22] Insofern kann sich die Verkündung des Beschlusses als Maßnahme der Verfahrensbeschleunigung empfehlen.

17 Auch wenn der Beschluss am Ende einer Anhörung verkündet wird, muss den Beteiligten anschließend vAw die **Ausfertigung einer begründeten schriftlichen Entscheidung** (Rn 18 ff) zugestellt werden (Abs 1 Satz 2 2. Halbs).[23] Auf den am Ende der Anhörung verkündeten Beschluss ist Bezug zu nehmen; das Datum des schriftlich begründeten Beschlusses darf nicht vom Datum des mündlich verkündeten abweichen.[24]

3. Schriftliche Entscheidung

18 **a. Allgemeines.** Über Aufbau und Inhalt der begründeten schriftlichen Entscheidung lassen sich keine verbindlichen Regeln aufstellen, sie richten sich nach den Erfordernissen des Einzelfalls (DPMA-PrRl 3.8.). Jedoch gelten die nachfolgend dargestellten allg Grundsätze. Eine normative Regelung enthält § 20 DPMAV.

19 **b. Kopfschrift (Rubrum).** Nach § 20 Abs 1 DPMAV erhält die Ausfertigung von Dokumenten (Rn 54) die Kopfschrift „Deutsches Patent- und Markenamt".[25] Die nähere Bezeichnung der beschließenden Stelle behält die DPMAV abw von § 313 Abs 1 Nr 2 ZPO dem Beschlussausgang vor (Rn 31). Da die Ausfertigung eine entspr Urschrift voraussetzte,[26] von der sie nicht abweichen konnte, war diese Regelung zugleich für die Urschrift des Beschlusses verbindlich.[27] Nunmehr tritt an die Stelle der Urschrift idR das elektronische Dokument.

20 Keine Regelung enthält das PatG darüber, wie das Rubrum der Beschlüsse des DPMA im übrigen zu gestalten ist. Ob die Beschlüsse – etwa im Hinblick auf § 313 Abs 1 ZPO – stets ein **vollständiges Rubrum** haben müssen, ist offen.[28] Es entspricht jedoch allg Verfahrensübung, dort zumindest auch die Verfahrensbeteiligten, ihre gesetzlichen Vertreter und Verfahrensbevollmächtigten zu benennen. Diese Praxis hat auch für das DPMA zu gelten. Jedenfalls reichte es nicht aus, wenn das für die Akten bestimmte Exemplar, die Urschrift des Beschlusses, die Beteiligten nur durch Bezugnahme auf andere Aktenteile erkennen lässt.[29] Das wird für die elektronischen Dokumente gleichermaßen gelten müssen. Die Angabe eines falschen Aktenzeichens auf einem Zurückweisungsbeschluss macht diesen nicht gegenstandslos.[30]

21 **c. Beschlussformel.** Jeder Beschluss enthält zu Beginn einen besonderen, von der Begründung äußerlich getrennten Ausspruch, die Beschlussformel („Tenor").[31] Diese enthält die eigentliche Entscheidung (DPMA-PrRl 3.8.). Sie geht bei einem Widerspruch zu den Gründen diesen vor.[32] Wird beschlossen, das Patent zu erteilen, sind die der Erteilung zugrunde liegenden Unterlagen in den Tenor aufzunehmen, ein

---

22 BPatGE 34, 55 = BlPMZ 1994, 124; *Fitzner/Lutz/Bodewig* Rn 30.
23 Vgl BPatGE 54, 94 = Mitt 2014, 132.
24 BPatGE 54, 94 = Mitt 2014, 132.
25 MittPräsDPA Nr 15/98 BlPMZ 1998, 382.
26 BPatGE 32, 36, 38 = BlPMZ 1991, 248.
27 Ebenso *Fitzner/Lutz/Bodewig* Rn 10.
28 So BPatGE 32, 36, 38 = BlPMZ 1991, 248; vollständige Angaben fordern *Schulte* Rn 13 und *Fitzner/Lutz/Bodewig* Rn 12.
29 BPatGE 32, 36, 38 = BlPMZ 1991, 248.
30 BPatG BlPMZ 2006, 293.
31 Bsp s *van Hees/Braitmayer* Rn 363 ff.
32 RPA Mitt 1941, 21; *Fitzner/Lutz/Bodewig* Rn 13.

Verweis auf ein nachträglich erstelltes Anlagenverzeichnis ist unzulässig; der Tenor des schriftlich begründeten Beschlusses darf nicht vom Tenor des mündlich verkündeten abweichen.[33]

d. Begründung. Erforderlichkeit. Nach Abs 1 Satz 1 sind Beschlüsse zu begründen. Eine Begrün- **22** dung ist jedoch regelmäßig nur notwendig, wo ein Verfahrensbeteiligter durch den Beschluss beschwert ist, insb weil in diesen Fällen die Begründung als Grundlage für eine Nachprüfung durch das BPatG dient. Zu begründen sind gleichwohl auch Beschlüsse, die nicht selbstständig anfechtbar sind (zB Beschlüsse gem § 27 Abs 3 Satz 3 oder § 46 Abs 1 Satz 5).[34] Da sie jedenfalls im Zusammenhang mit der nachfolgenden Sachentscheidung der Beschwerde unterliegen, muss auch bei ihnen die Grundlage für die Nachprüfung in Form einer Begründung gelegt werden.[35] Auch unanfechtbare Beschlüsse, zB die Gewährung der Wiedereinsetzung (§ 123 Abs 4), sind zu begründen, sofern ein Beteiligter durch sie beschwert werden kann.[36] Die Begründung muss sich auch mit neu eingereichten Patentansprüchen auseinandersetzen.[37] Sie muss innerhalb von fünf Monaten erfolgen.[38]

Eine **Begründung** ist **nicht erforderlich** (aber auch nicht ausgeschlossen),[39] wenn am Verfahren nur **23** der Anmelder beteiligt ist und seinem Antrag voll stattgegeben wird (Abs 1 Satz 3), zB bei antragsgem Patenterteilung bzw Gewährung der Wiedereinsetzung in einseitigen Verfahren.[40] Das gilt nicht, wenn Entscheidung nach Aktenlage beantragt ist.[41] Einer besonderen Begründung bedarf es auch dann nicht, wenn die Anmeldung zurückgewiesen wird, weil die in einem Prüfungsbescheid ausdrücklich gerügten Mängel nicht beseitigt wurden und der Anmelder sich hierzu nicht geäußert hat.[42] In diesen Fällen kann zur Begründung auf die Gründe des Prüfungsbescheids verwiesen werden (DPMA-PrRl 3.8.). Jedoch muss feststehen, dass der Anmelder den Prüfungsbescheid erhalten hat.[43] Die Entscheidung des Beschwerdesenats im erstinstanzlichen Einspruchsverfahren bedarf keiner Begründung, wenn nach Rücknahme ggf sämtlicher Einsprüche nur noch der Patentinhaber beteiligt ist und seinem Antrag auf Aufrechterhaltung des Patents stattgegeben wird.[44]

Inhalt. Die Begründung muss sich auf alle für die Entscheidung maßgeblichen Streitpunkte erstrecken. **24** Sie erfordert eine nähere Darlegung aller tatsächlichen und rechtl Überlegungen, die die Prüfungsstelle zu der getroffenen Entscheidung veranlasst haben (DPMA-PrRl 3.8.),[45] und zwar derart, dass eine Nachprüfung dieser Überlegungen durch die Beteiligten und die Beschwerdeinstanz möglich ist.[46] Bloße summarische Feststellungen, formelhafte Wendungen oder leere Redensarten genügen ebenso wenig als Begründung[47] wie in sich unklare und widerspruchsvolle,[48] ganz unverständliche und verworrene Ausführungen, die nicht

33 BPatGE 54, 94 = Mitt 2014, 132.

34 Vgl dazu BPatGE 1, 80 = GRUR 1965, 144.

35 *Benkard* Rn 7; *Schulte* Rn 27; *Fitzner/Lutz/Bodewig* Rn 17.

36 BPatGE 19, 39, 43 = Mitt 1977, 113; *Schulte* Rn 27; *Fitzner/Lutz/Bodewig* Rn 17.

37 BPatG 23.6.2003 14 W (pat) 40/02; BPatG 22.11.2007 17 W (pat) 36/05; BPatG 1.2.2012 19 W (pat) 6809, *Schulte* § 48 Rn 17.

38 BPatG 26.3.2012 15 W (pat) 14/11.

39 *Schulte* Rn 30; *Fitzner/Lutz/Bodewig* Rn 19.

40 *Fitzner/Lutz/Bodewig* Rn 18 unter unzutr Hinweis auf BPatGE 25, 7.

41 BPatG 19.4.2012 12 W (pat) 46/11 (auch bei Antrag des Anmelders, die Anmeldung zurückzuweisen).

42 *Fitzner/Lutz/Bodewig* Rn 18.

43 BPatG BlPMZ 2003, 245.

44 BPatGE 47, 168 = BlPMZ 2004, 60.

45 BGHZ 39, 333 = GRUR 1963, 645 Warmpressen; BGH GRUR 1970, 258 Faltbehälter; BPatGE 6, 50, 52 = GRUR 1965, 601; BPatG Mitt 1973, 52 mwN; BPatGE 50, 260 = GRUR 2009, 50; BPatG 14.4.2009 20 W (pat) 9/09; BPatG 4.8.2010 20 W (pat) 109/05; BPatG 6.6.2011 20 W (pat) 28/10; *Schulte* § 48 Rn 17; *Mes* Rn 9.

46 BPatGE 1, 76 = GRUR 1965, 82; BPatGE 6, 50 = GRUR 1965, 601; BPatGE 7, 26; BPatGE 9, 262; BPatGE 10, 35, 41 = Mitt 1968, 136; BPatGE 14, 209, 211 = Mitt 1973, 166; BPatG Mitt 1973, 52; BPatGE 30, 250 = GRUR 1990, 111; BPatG Mitt 1997, 371 f, Markensache; *Mes* Rn 10: verneint bei Nichteingehen auf substantiierten Vortrag zur Einhaltung einer Frist und Zurückweisung eines vermeintlichen Wiedereinsetzungsantrags, BPatG 16.10.2003 10 W (pat) 20/03.

47 BGH Warmpressen; BPatG Mitt 1973, 52; BPatGE 1, 76; vgl BPatG 21.7.2003 17 W (pat) 27/01; BPatG 28.12.2005 21 W (pat) 63/05; BPatG 19.7.2007 21 W (pat) 72/04; BPatG 30.3.2009 20 W (pat) 48/04: pauschale, nicht nachvollziehbar gemachte Behauptung der Neuheitsschädlichkeit einer Entgegenhaltung.

48 BPatGE 7, 26 = GRUR 1965, 82; BPatG 2.8.2007 21 W (pat) 15/05; vgl auch EPA T 278/00 ABl EPA 2003, 546, *Schulte* Rn 24: pauschale und nicht näher begründete Bezeichnung eines Patentanspruchs als „unklar"; ähnlich BPatGE 54, 113 = Mitt 2014, 280; vgl BPatGE 52, 100 = Mitt 2010, 305; BPatG 15.4.2009 20 W (pat) 71/04; vgl auch BGHZ 180, 215 = GRUR

erkennen lassen, welche Gründe für die Entscheidung maßgebend waren,[49] oder bloße Wiederholungen des Gesetzes oder allg Rechtsgrundsätze.[50] Das Zitieren unveröffentlichter Entscheidungen ersetzt eine Begründung nicht.[51] Die entscheidende Stelle kann sich aber die in der unveröffentlichten Entscheidung vertretene Auffassung zu eigen machen (DPMA-PrRl 3.8.). Unvollständigkeit oder Fehlerhaftigkeit der Gründe stellt dagegen keinen formellen Mangel dar.[52]

25   **Bezugnahmen** auf frühere Prüfungsbescheide sind nicht ausreichend, wenn der Anmelder der Auffassung der Prüfungsstelle ausdrücklich schriftlich widersprochen hat,[53] ebenso, wenn diese zur Begründung der Zurückweisung nicht ausreichend sind.[54] Auch Bezugnahmen auf Bescheide in einer anderen Anmeldung, deren innere Priorität in Anspruch genommen wird, genügen nicht.[55] Dagegen kann im Fall der Teilung auf Bescheide, die zur Stammanmeldung vor Eingang der Teilungserklärung ergangen sind, Bezug genommen werden.[56]

26   Bei **Entscheidung über die Patentfähigkeit** bedarf es nachvollziehbarer Ausführungen zu Neuheit und erfinderischer Tätigkeit.[57] Erforderlich ist eine Auseinandersetzung in logischer Gedankenführung mit allen bis zum maßgeblichen Zeitpunkt (Rn 30, 60, 63ff) schlüssig vorgetragenen Ansprüchen und selbstständigen Angriffs- oder Verteidigungsmitteln (Klaggründen, Einwendungen, Einreden, Repliken, Dupliken),[58] etwa vorgetragenen Hilfskriterien („Beweisanzeichen") für die erfinderische Tätigkeit[59] und allen rechtzeitig eingeführten relevanten Entgegenhaltungen.[60] Wird eine Entgegenhaltung, die für sich allein die Patentfähigkeit des Anmeldungsgegenstands in Frage stellt, nicht berücksichtigt, liegt ein Begründungsmangel vor,[61] ebenso, wenn die Begründung nur auf einen Prüfungsbescheid Bezug nimmt, in dem frühere Einwendungen des Anmelders übergangen worden waren,[62] oder wenn der Anmelder dem Bescheid widersprochen und zu erkennen gegeben hat, dass er seinen Erteilungsantrag weiterverfolgt; in einem solchen Fall muss der Zurückweisungsbeschluss selbst eine Begründung enthalten.[63]

27   **Grenzen der Begründungspflicht.** Auf die im Rahmen der Prüfung im Rechtsbeschwerdeverfahren entwickelten Grundsätze (Rn 81ff zu § 100) kann verwiesen werden.[64] Unterlaufene Versehen sind unschädlich, wenn die gewollte Begründung aus dem Gesamtzusammenhang klar entnehmbar ist.[65] Bei Zurückweisung einer Anmeldung mangels Patentfähigkeit des Gegenstands des Hauptanspruchs sind Ausführungen zu den Unteransprüchen zweckmäßig, aber nicht notwendig.[66] Jedoch war ein Patenterteilungsbeschluss im Einspruchsverfahren nach früherem Recht unzureichend begründet, wenn ein als weitere Ausgestaltung des Anmeldungsgegenstands zugelassener Unteranspruch nachträglich im Weg der Berichtigung durch einen Nebenanspruch ersetzt wurde.[67] Bei der Begründung fehlender erfinderischer

2009, 653 Straßenbaumaschine, zur Abweisung der Verletzungsklage mit der Begründung, der Patentanspruch sei unklar.

49   BGH Warmpressen; BPatG 19.11.2008 19 W (pat) 13/08 Mitt 2009, 180 Ls; vgl BPatGE 54, 113 = Mitt 2014, 280 f.

50   BPatGE 14, 209, 211 = Mitt 1973, 166; BPatGE 49, 154; BPatG BlPMZ 2008, 175 f.

51   BPatGE 13, 201.

52   BPatG 22.2.2007 10 W (pat) 47/05; *Schulte* Rn 25.

53   BPatG 15.6.2005 7 W (pat) 46/03 Mitt 2005, 555 Ls; BPatG 22.11.2007 17 W (pat) 36/05; BPatG 15.7.2009 19 W (pat) 35/09; *Schulte* § 48 Rn 17; vgl BPatG 22.11.2007 17 W (pat) 36/05; BPatG 9.9.2008 34 W (pat) 12/08.

54   Vgl BPatG 23.4.2007 19 W (pat) 64/04.

55   BPatG 23.5.2013 20 W (pat) 28/09 Mitt 2013, 418 Ls; *Mes* Rn 13.

56   BGHZ 98, 96 = GRUR 1986, 877 Kraftfahrzeuggetriebe; BPatGE 43, 159 = GRUR 2001, 412.

57   BPatGE 6, 50, 52 = GRUR 1965, 601; BPatG Mitt 1973, 52 mwN; BPatG 6.6.2011 20 W (pat) 28/10.

58   Vgl BGHZ 39, 333 = GRUR 1963, 645 Warmpressen; BPatGE 6, 50 = GRUR 1965, 601; BPatGE 17, 241 = GRUR 1975, 657.

59   BPatGE 17, 241 = GRUR 1975, 657.

60   Vgl BPatG 30.10.2003 6 W (pat) 18/03.

61   BGH GRUR 1982, 406 Treibladung.

62   BPatGE 21, 75.

63   BPatG 15.6.2005 7 W (pat) 46/03 Mitt 2005, 555 Ls; s auch BPatGE 47, 21 = BlPMZ 2003, 245.

64   Grundlegend BGHZ 39, 333 = GRUR 1963, 645 Warmpressen.

65   BPatGE 20, 157 = Mitt 1987, 96; BPatG 5.5.1972 10 W (pat) 97/70 BlPMZ 1973, 257 Ls; BPatG 8.7.2003 9 W (pat) 52/02; *Fitzner/Lutz/Bodewig* Rn 26.

66   BPatGE 11, 224, 226; *Fitzner/Lutz/Bodewig* Rn 27.

67   BGH GRUR 1983, 62, 64 Streckenvortrieb.

Tätigkeit genügt es, wenn der Beurteilung das allg Fachwissen des zuständigen Fachmanns zugrundegelegt wird. Es genügt die Darlegung der Kenntnisse, die die Prüfungsstelle bei diesem voraussetzt.[68]

Mehrere Erteilungsanträge im Eventualverhältnis sind, soweit sie zurückgewiesen werden, einzeln in der Reihenfolge zu bescheiden, in der sie gestellt sind.[69] Dabei genügt für die Zurückweisung der Hilfsanträge ggf die Begründung, die ihnen zugrunde liegenden Anspruchsfassungen variierten den Anmeldungsgegenstand gegenüber der Fassung des Hauptantrags nur sprachlich, ohne ihn in der Substanz seiner technischen Lehre zu verändern, oder sie schränkten die Anspruchsfassung gem Hauptantrag lediglich durch zusätzliche Merkmale ein, die keine selbstständige Erfindungseigenschaft aufwiesen und mit den übrigen Merkmalen keine schutzfähige Kombination ergäben, bzw sie veränderten den Anmeldungsgegenstand lediglich durch Wechsel der Patentkategorie.[70] **28**

Die **Gründe eines Aussetzungsbeschlusses** müssen erkennen lassen, ob die Prüfungsstelle von dem ihr eingeräumten Ermessen in einer dem Zweck der Aussetzung entspr Weise Gebrauch gemacht und die Grenzen pflichtgem Ermessens eingehalten hat.[71] **29**

Maßgeblicher Zeitpunkt. Zu berücksichtigen sind das gesamte bei Erlass der Entscheidung dem DPMA vorliegende Material und Vorbringen der Beteiligten. Maßgebend war die Hinausgabe des Beschlusses von der Geschäftsstelle an den Dokumentenversand zur Zustellung.[72] Seit Einführung der elektronischen Schutzrechtsakte wird auf den Zeitpunkt abzustellen sein, zu dem der Prüfer den Beschluss elektronisch signiert.[73] Darauf, ob das Vorbringen rechtzeitig zur Kenntnis des Prüfers, also etwa rechtzeitig zur Akte gelangt ist und tatsächlich berücksichtigt werden konnte, kommt es nicht an.[74] **30**

e. Beschlussausgang. Die Erfordernisse sind in § 20 Abs 2 DPMAV festgelegt. Die Angaben am Ende des Beschlusses müssen so gefasst sein, dass klar erkennbar ist, ob der Beschluss von der Prüfungsstelle oder der Patentabteilung stammt[75] und von welcher Prüfungsstelle oder Abteilung er erlassen worden ist. Der Beschluss ist zudem mit einer Signatur zu versehen und nennt Namen und ggf Amtsbezeichnung der Unterzeichner (§ 20 Abs 2 DPMAV). **31**

f. Unterschrift. Zu den Erfordernissen der Unterschrift in Papierform, die durch die Einführung der elektronischen Akte weitgehend überholt sind, näher *7. Aufl* Rn 33 f. Fehlen der Unterschrift auf der Urschrift führt zur Nichtigkeit des Beschlusses; bloße Paraphe reicht nicht aus.[76] Unterschrift lediglich der ersten Seite des Beschlusses, die den Tenor enthält, führt dazu, dass der Beschluss keine Gründe enthält, macht den Beschluss aber nur anfechtbar und führt auf Beschwerde zu seiner Aufhebung.[77] Die Unterschrift durch einen anderen als den, der den Beschluss verkündet hat, ist unwirksam. Der Zusatz „i.V." nimmt der Unterschrift die Wirksamkeit, macht den verkündeten Beschluss aber nur anfechtbar und nicht nichtig.[78] **32**

Seit Einführung der elektronischen Akte (Rn 20 ff zu § 125a) erfolgt **elektronische Signatur** (Rn 21 zu § 125a). Hierfür bestimmt § 6 EAPatV, dass in den Ausdruck der Name der Person, die das Dokument mit einer elektronischen Signatur versehen hat, der Tag, an dem das Dokument mit einer elektronischen Signatur oder einem anderen Herkunftsnachweis versehen wurde, sowie der Hinweis, dass die Ausfertigung nicht unterschrieben wird, aufzunehmen sind. **33**

---

68 BPatG Mitt 1990, 81.

69 BGH Mitt 1967, 16 f Nähmaschinenantrieb; BGH GRUR 1971, 532 f Richterwechsel I; BGH GRUR 1983, 171 Schneidhaspel; BPatGE 21, 11 f = Mitt 1978, 232; BPatGE 24, 149, 151 = GRUR 1982, 367; BPatGE 25, 37 f = GRUR 1983, 394; *Fitzner/Lutz/Bodewig* Rn 24; *Büscher/Dittmer/Schiwy* Rn 4.

70 BPatGE 21, 11 = Mitt 1978, 232.

71 BPatGE 15, 57 = BlPMZ 1973, 286.

72 BPatGE 40, 259; *Schulte* § 49 Rn 26.

73 *Schulte* § 49 Rn 26; vgl BPatG 25.8.2014 35 W (pat) 404/12, 408/12, 413/12 Mitt 2015, 50 Ls und 418/12.

74 BPatGE 17, 241 = GRUR 1975, 657; BPatGE 21, 224 = GRUR 1979, 633.

75 BPatGE 12, 177 ff.

76 BPatG Mitt 2009, 92; vgl BPatG BlPMZ 2012, 356; *Mes* Rn 7.

77 BPatG 8.5.2008 10 W (pat) 11/07 Mitt 2009, 285 Ls; *Mes* Rn 6.

78 Vgl *Mes* Rn 7.

34   **Nachholung der Unterschrift** kommt nur innerhalb von fünf Monaten nach Verkündung des Beschlusses in Betracht.[79]

35   Ein **Verhinderungsvermerk** („Ersetzung der Unterschrift") ist in entspr Anwendung von § 315 Abs 1 Satz 2 ZPO möglich, wenn ein bei der Verkündung des Beschlusses beteiligtes Mitglied an der Unterschrift verhindert ist,[80] ebenso, wenn es im schriftlichen Verfahren nach Beschlussfassung an der Unterschriftsleistung verhindert ist.[81] Nach Ersetzung der Unterschrift ist für deren Nachholung kein Raum mehr.[82]

36   **g.** Nachträgliche **Änderungen** des Beschlusses nach dessen Wirksamwerden (Rn 16, 56 ff) sind unzulässig.[83]

IV. Rechtsmittelbelehrung

37   **1. Grundsatz.** Der früheren schriftlichen Ausfertigung (Rn 54) – nicht auch der mündlichen Beschlussverkündung nach Anhörung (Rn 14 ff) – eines Beschlusses war eine Erklärung beizufügen, in der die Beteiligten über die Beschwerde, die gegen den Beschluss gegeben ist, die Stelle, bei der die Beschwerde einzulegen ist, die Beschwerdefrist und über die Beschwerdegebühr belehrt werden (Abs 2 Satz 1; Rn 39). Dies gilt nunmehr für die Zustellung des Beschlusses in Abschrift.

38   **2. Erforderlichkeit; Umfang.** Schon aus dem Gesetzeswortlaut („die Beschwerde, die gegen den Beschluss gegeben ist") folgt, dass die Rechtsmittelbelehrung nur bei Beschlüssen (Rn 11 f) in Betracht kommt, dass sie nur in Bezug auf eine etwaige Beschwerdeberechtigung, nicht auch in bezug auf denkbare andere Rechtsbehelfe wie Verfassungsbeschwerde, Wiedereinsetzung, Tatbestandsberichtigung, Wiederaufnahme- und Weiterbehandlungsantrag angebracht ist, und dass eine Belehrung nur bei Beschwerdefähigkeit des Beschlusses erforderlich ist; jedoch ist empfohlen worden, grds allen Beschlüssen des DPMA die Belehrung beizufügen.[84] Einer Belehrung über das Fehlen einer Beschwerdemöglichkeit bedarf es auch nach dem Zweck der Regelung (Gewährleistung des Rechtsschutzes einerseits, Begrenzung der Anfechtbarkeit im Interesse der Rechtssicherheit andererseits) nicht.[85]

39   Bei Beschlüssen, durch die **kein Beteiligter beschwert** ist, schadet das Fehlen einer Rechtsmittelbelehrung an sich nicht. Jedoch empfiehlt es sich, die Belehrung über eine an sich statthafte Beschwerde immer beizufügen, weil das Vorliegen oder Fehlen einer Beschwer bei Beschlussfassung nicht immer mit Sicherheit zu übersehen ist.[86]

40   **3. Form.** Nach Abs 2 Satz 2 aF bedurfte die Rechtsmittelbelehrung bis 30.9.2016 der Schriftform, musste also selbst unterzeichnet oder – sei es auch als Anlage zum Beschluss im Weg eindeutiger Bezugnahme – von der Beschlussunterschrift gedeckt sein.[87]

41   **4. Inhalt.** Die Belehrung muss auf das Beschwerderecht nach § 73 Abs 1 (nicht auf andere denkbare Rechtsbehelfe, Rn 38) hinweisen, über den Adressaten der Beschwerdeerklärung (nach § 73 Abs 2 Satz 1 das DPMA), die Form der Beschwerdeerklärung (nach § 73 Abs 2 Satz 1 Schriftform),[88] die Beschwerdefrist nach § 73 Abs 2 Satz 1 bzw § 62 Abs 2 Satz 4 sowie über die nach dem PatKostG zu zahlende Gebühr und ihre Höhe nach dem Tarif[89] belehren.

---

79 BPatGE 54, 189 = GRUR 2014, 913, vgl BPatG 26.3.2012 15 W (pat) 14/11; nach aA wirkt nachgeholte Unterschrift nur für die Zukunft, BPatG 21.2.2013 10 W (pat) 19/12.

80 BGH GRUR 1994, 724 Spinnmaschine; BPatGE 24, 190 = BlPMZ 1982, 266, GbmSache; für die elektronische Signatur BPatGE 54, 189 = GRUR 2014, 913.

81 BPatG 16.11.1992 11 W (pat) 98/90 BlPMZ 1993, 457 Ls; aA BPatGE 32, 69 = BlPMZ 1991, 315.

82 BPatG 16.11.1992 11 W (pat) 89/90.

83 Vgl BPatGE 35, 102 = BlPMZ 1996, 226; *Mes* Rn 7.

84 BPatGE 18, 27, 29 f = BlPMZ 1976, 22; *Fitzner/Lutz/Bodewig* Rn 46.

85 Vgl BVerwG NJW 1961, 380; *Fitzner/Lutz/Bodewig* Rn 46.

86 BPatGE 18, 27, 29 = BlPMZ 1976, 22.

87 Ebenso *Fitzner/Lutz/Bodewig* Rn 47.

88 AA insoweit BVerwG 1979, 1670 mwN; *Fitzner/Lutz/Bodewig* Rn 53.

89 BPatGE 23, 61 f = GRUR 1981, 123.

Erfolgt die Zustellung des Beschlusses mittels **eingeschriebenen Briefs**, muss der für die Berech- 42
nung des (fiktiven) Zustellungszeitpunkts und Fristenlaufs maßgebliche Tag der Aufgabe des Briefs zur
Post dem Empfänger weder auf der übermittelten Ausfertigung noch im Rahmen der Rechtsmittelbelehrung explizit mitgeteilt werden.[90]

Weitere Hinweise sind **nicht vorgeschrieben** und für die Ordnungsmäßigkeit der Rechtsmittelbe- 43
lehrung nicht erforderlich.[91] Nicht erforderlich sind Hinweise zB auf die Jahresfrist des Abs 2 Satz 3,[92] besondere (Gebühren-)Erfordernisse bei mehreren Beschwerdeführern[93] oder auf die unterschiedlichen Möglichkeiten der Gebührenzahlung.

Praktische Hinweise – wenn auch nicht Wirksamkeitserfordernis – sind die Aufforderung, der Be- 44
schwerdeschrift Abschriften für die anderen Beteiligten beizufügen, nähere Hinweise über die bei der Zahlung erforderlichen Angaben, die möglichen Zahlungsarten.

5. Rechtsfolgen fehlender oder fehlerhafter Rechtsmittelbelehrung

a. Grundsatz. Ist die Belehrung unterblieben oder unrichtig erteilt, beginnt die normale Beschwerde- 45
frist nicht zu laufen (Abs 2 Satz 2, 3; Rn 49 ff). Statt ihrer läuft eine Jahresfrist ab Zustellung des Beschlusses (Abs 2 Satz 3; Rn 51), es sei denn, die schriftliche Belehrung wäre dahin gegangen, dass eine Beschwerde gar nicht gegeben sei (Abs 2 Satz 4; Rn 52).[94]

b. Unrichtige Belehrung. Unrichtig ist die Rechtsmittelbelehrung, wenn die gesetzlich vorgesehenen 46
Angaben fehlen, unvollständig oder falsch sind. Dies beurteilt sich bei nachträglicher Berichtigung von
Beschluss und Rechtsmittelbelehrung nach der Fassung des Berichtigungsbeschlusses.[95]

Unrichtig ist die Rechtsmittelbelehrung auch, wenn ihr **gesetzlich nicht vorgeschriebene Hinweise** 47
beigefügt sind, die beim Empfänger unrichtige Vorstellungen über die Erfordernisse der Beschwerde hervorrufen und ihn davon abhalten konnten, das Rechtsmittel einzulegen oder rechtzeitig einzulegen.[96] So
hindert der unrichtige Hinweis darauf, dass ein Antrag zu stellen oder dass die Beschwerde zu begründen
sei, den Lauf der Beschwerdefrist ebenso wie der Hinweis, dass der Beschwerde eine bestimmte Zahl von
Abschriften beizufügen seien.[97]

c. Nachholung; Berichtigung. Die Rechtsmittelbelehrung kann innerhalb der Jahresfrist des Abs 2 48
Satz 3 nachgeholt, vervollständigt oder berichtigt werden. Die Beschwerdefrist beginnt dann mit der Zu-
stellung der ordnungsgem Belehrung zu laufen, endet jedoch spätestens mit der Frist des Abs 2 Satz 3
(Rn 51 f).

d. Fristlauf. Bei unterbliebener oder unrichtiger Rechtsmittelbelehrung läuft die regelmäßige Be- 49
schwerdefrist nicht. Wird in der Rechtsmittelbelehrung versehentlich statt der Beschwerdefrist des § 62
Abs 2 Satz 4 (zwei Wochen) die Monatsfrist des § 73 Abs 2 Satz 1 angegeben, hat das nicht zur Folge, dass
keine Frist läuft, sondern es läuft die angegebene längere Frist.[98]

Kenntnis des Beschwerdeberechtigten. Der Lauf der Beschwerdefrist ist auch gehemmt, wenn der 50
Beschwerdeberechtigte die Beschwerdeberechtigung und die Beschwerdeerfordernisse kennt. Legt er jedoch die Beschwerde trotz falscher oder unterbliebener Belehrung rechtzeitig ein, ist der Mangel der Belehrung unschädlich. Der Beschwerdeführer kann sich auf ihn nicht berufen, um etwa nach Rücknahme
der Beschwerde diese innerhalb der Jahresfrist des Abs 2 Satz 3 erneut zu erheben.[99]

---

90 BPatGE 40, 270 = GRUR 1999, 569; *Mes* Rn 21.
91 BGHZ 83, 271 = GRUR 1982, 414 Einsteckschloß; BVerwG DVBl 1960, 897; BVerwG NJW 1961, 380; *Mes* Rn 21.
92 BGH Einsteckschloß.
93 BGH Einsteckschloß.
94 *Fitzner/Lutz/Bodewig* Rn 55; *Büscher/Dittmer/Schiwy* Rn 12; vgl zur Problematik BGHZ 150, 390 = NJW 2002, 2171.
95 BPatGE 19, 125 f = BlPMZ 1977, 236.
96 BVerwG NJW 1979, 1670; BVerwG NJW 1980, 1707, 1708 mwN; *Fitzner/Lutz/Bodewig* Rn 56; vgl *Schulte* Rn 44.
97 BVerwG NJW 1980, 1707.
98 WürttBad. VGH VRspr 10 Nr 156; BVerwG NJW 1967, 591 f; *Benkard* Rn 22; *Fitzner/Lutz/Bodewig* Rn 58.
99 *Benkard* Rn 22; *Schulte* Rn 44; *Fitzner/Lutz/Bodewig* Rn 58.

51   **e. Jahresfrist.** Wenn die regelmäßige Beschwerdefrist mangels ordnungsgem Rechtsmittelbelehrung nicht in Lauf gesetzt wird (Rn 45 ff), bleibt die Beschwerde gleichwohl nicht unbefristet zulässig. Für sie (nicht auch für die Zahlung der Beschwerdegebühr)[100] gilt vielmehr eine Frist von einem Jahr ab Zustellung des Beschlusses. Der Beschluss muss, um die Jahresfrist in Lauf zu setzen, – wenn auch ohne Rechtsmittelbelehrung – ordnungsgem zugestellt sein. Ist das nicht der Fall, läuft auch die Jahresfrist nicht. Wird die ursprünglich richtige Rechtsmittelbelehrung durch einen Berichtigungsbeschluss unrichtig, ist die Beschwerde innerhalb eines Jahrs seit Zustellung des „berichtigten" Beschlusses zulässig.[101]

52   Die **Jahresfrist läuft nicht**, wenn eine schriftliche Belehrung dahin erfolgt ist, dass eine Beschwerde nicht gegeben sei (Abs 2 Satz 3), oder wenn die Zustellung des Beschlusses aussteht oder unwirksam ist (Rn 51). Auch für die Zahlung der Beschwerdegebühr gilt die Jahresfrist nicht.[102]

53   **f. Wiedereinsetzung** in die Jahresfrist des Abs 2 Satz 3 ist möglich (Abs 2 Satz 3 2. Halbs).

V. Ausfertigung

54   Die **Beschlüsse** waren bis zum 30.9.2016 auszufertigen.[103] Die Form der Ausfertigung regelte § 20 DPMAV aF. Seit 1.10.2016 werden Ausfertigungen nur auf Antrag eines Beteiligten erteilt (Abs 1 Satz 2 nF). Ausfertigung ist die amtliche Abschrift der Urschrift des aus Kopf, Beschlussformel, Begründung, Beschlussausgang und Rechtsmittelbelehrung (Rn 18 ff) bestehenden vollständigen schriftlichen Beschlusses.[104] Als amtliche Abschrift der Urschrift setzte sie die Existenz einer entspr Urschrift voraus.[105] Es verstieß daher gegen Abs 1, wenn in den Akten des DPMA keine der Ausfertigung entspr Urschrift aufbewahrt wird, sondern eine davon abw Fassung, in der die gewollte Beschlussfassung zum Teil nur durch Bezugnahmen auf andere Aktenteile konkretisiert ist.[106] Zu den Anforderungen an die Ausfertigung in der elektronischen Schutzrechtsakte Rn 20 f zu § 125a.

VI. Zustellung

55   **1. Grundsatz.** Alle Beschlüsse sind allen Beteiligten vAw in Abschrift zuzustellen. Das gilt auch für verkündete Beschlüsse (Rn 14 ff). Soweit durch Gesetz oder Rechtsverordnung Zustellung nicht vorgesehen ist, genügt formlose Übersendung, die auch durch Telefax erfolgen kann (§ 21 DPMAV).

56   **Wirksame Zustellung** setzt einen ordnungsgemäßen Beschluss voraus.[107]

57   **2. Die Form** der Zustellung richtet sich nach § 127.

58   **3. Zustellungsempfänger** (Beteiligte) sind insb der Anmelder im Erteilungsverfahren, der Patentinhaber und der Einsprechende sowie der Beigetretene (§ 59 Abs 2) im Einspruchsverfahren sowie sonstige Antragsteller, auch der unzulässig Einsprechende oder Beigetretene oder Antragsteller sonst unzulässiger Anträge, solange sie nicht durch Beschluss unanfechtbar aus dem Verfahren gewiesen sind. Ist ein Vertreter bestellt, muss an ihn zugestellt werden; die Zustellung allein an den Anmelder ist unwirksam.[108]

59   **4. Mehrere Anmelder** sind notwendige Streitgenossen.[109] Die Entscheidung ist daher notwendig einheitlich. Grds ist an jeden von ihnen zuzustellen. Dies wird dadurch erleichtert, dass sie nach § 14 Abs 1 DPMAV einen (von ihnen als) Zustellungsbevollmächtigten benennen müssen, wenn sie keinen gemeinsamen Vertreter oder zumindest verschiedene Vertreter mit gleicher Anschrift bestellt haben. Anders als

---

100   Vgl BPatGE 23, 61 = GRUR 1981, 123; BPatG 5.8.2008 24 W (pat) 97/07, Markensache.
101   BPatGE 19, 125 f = BlPMZ 1977, 236.
102   BPatGE 23, 61 = GRUR 1981, 123.
103   Vgl *Schulte* Rn 13.
104   BPatGE 32, 36, 38 = BlPMZ 1991, 248; *Fitzner/Lutz/Bodewig* Rn 9; *Mes* Rn 8.
105   BPatG 25.8.2014 35 W (pat) 404/12, 408/12, 413/12 und 418/12.
106   BPatGE 32, 36, 38 = BlPMZ 1991, 248.
107   BPatG 25.8.2014 35 W (pat) 404/12, 408/12, 413/12 und 418/12.
108   BPatG 24.9.2014 15 W (pat) 15/14.
109   RPA BlPMZ 1929, 251; BPatGE 40, 276 = GRUR 1999, 702; BPatG 30.3.2011 9 W (pat) 46/10.

beim Vertreter mehrerer Beteiligter, bei dem die Zustellung einer Ausfertigung für alle Beteiligten genügt (§ 127 Abs 1 iVm § 8 Abs 1 Satz 3 VwZG), ist dem Zustellungsbevollmächtigten mehrerer Beteiligter eine Abschrift für jeden Beteiligten zuzustellen (§ 127 Abs 1 iVm § 7 Abs 2 VwZG).[110] Eine Verletzung dieser Vorschrift hat zur Folge, dass die Beschwerdefrist nicht in Lauf gesetzt wird.[111]

VII. Wirksamwerden

Die Beschlüsse werden mit Verkündung (Rn 14 ff), mangels Verkündung, insb auch bei Zustellung an Verkündungs statt, mit Zustellung (Rn 55 ff) wirksam (vgl DPMA-PrRl 3.8.). Ist nur an einen Beteiligten zuzustellen, wird die Entscheidung mit dieser Zustellung, zB der Zustellung des Erteilungsbeschlusses[112] wirksam. Ist an mehrere Beteiligte zuzustellen, wird der Beschluss erst mit der zeitlich letzten Zustellung wirksam (str).[113] Erst sie setzt die Rechtsmittelfrist für alle Beteiligten in Lauf (Rn 61).[114] Während ein nach Abs 1 Satz 2 verkündeter Beschluss (ebenso ein nach § 94 Abs 1 Satz 1 verkündeter Beschluss des BPatG) mit Verkündung wirksam wird,[115] werden nach Abs 1 Satz 1 zugestellte Beschlüsse zwar bereits existent (erlassen) und bindend, sobald sie die Akten endgültig verlassen, also spätestens dann, wenn der Urkundsbeamte der Geschäftsstelle den Beschluss der Post zur Beförderung übergibt[116] oder wenn eine Ausfertigung des Beschlusses in das Abholfach (§ 127 Abs 1 Nr 4) eingelegt wird, aber auch schon dann, wenn eine Ausfertigung bei der Geschäftsstelle abgetragen ist, um sie in das Abholfach einzulegen oder zur Post(-stelle) zu geben,[117] oder wenn sie an den internen Dokumentenversand herausgegeben ist[118] und damit den inneren Geschäftsbetrieb mit der unmittelbaren Zweckbestimmung verlässt, den Beteiligten bekanntgegeben zu werden.[119] Wirksamkeit tritt dagegen erst mit wirksamer Zustellung an die Beteiligten ein.[120] **60**

VIII. Die **Beschwerdefrist** wird gem § 73 Abs 2 Satz 1 bei verkündeten wie bei nicht verkündeten Beschlüssen erst mit der Zustellung, bei mehreren Zustellungen mit der zeitlich letzten (Rn 60; Rn 129 zu § 73; Rn 10 zu § 94, Rn 7 zu § 102; sehr str)[121] in Lauf gesetzt. Aus Gründen äußerster Vorsicht sollte aber die Gegenansicht nicht außer acht gelassen werden. Den Verfahrensbeteiligten soll die Möglichkeit geboten werden, die Frage, ob Beschwerde eingelegt werden soll, anhand der die schriftliche Begründung enthaltenden Beschlussausfertigung zu entscheiden.[122] Gleichwohl setzt die Zustellung des Beschlusses die Beschwerdefrist auch in Lauf, wenn der Beschluss keine Begründung trägt.[123] **61**

---

110 BPatG 2.11.2010 21 W (pat) 39/08; BPatG 30.3.2005 20 W (pat) 24/05 unter Hinweis auf BPatGE 40, 276 = GRUR 1999, 702; BPatG 9.12.2004 20 W (pat) 40/04 undok mwN.

111 DPA BlPMZ 1958, 136; BPatGE 40, 276 = GRUR 1999, 702; *Fitzner/Lutz/Bodewig* Rn 32.

112 BPatGE 1, 15 = BlPMZ 1962, 152.

113 BGH GRUR 1962, 384 Wiedereinsetzung III; BPatGE 21, 27; BPatGE 31, 18 f; BPatG 25.8.2014 35 W (pat) 404/12, 408/12, 413/12 und 418/12; BGHZ 32, 370, 371 f = NJW 1960, 1763 mwN, Entschädigungssache; *Benkard* § 61 Rn 4; *Schulte* Rn 38; *Fitzner/Lutz/Bodewig* Rn 28; für an Verkündungs statt nach § 310 Abs 3 ZPO zugestellte Entscheidungen eingehend BGH NJW 1994, 3359 f mNachw des Streitstands; vgl BGH NJW 1996, 1969; aA (mit Zustellung an den Beschwerdeführer) BPatGE 18, 5 f = BlPMZ 1976, 132; BPatGE 36, 106, 108 = GRUR 1996, 872 (eingehend); BPatG 26.6.1996 30 W (pat) 99/95 BlPMZ 1997, 231 Ls, zu § 66 MarkenG; BPatGE 42, 107 = BlPMZ 2000, 226 mwN; *4. Aufl* § 36 l Rn 12; *Lindenmaier* § 36 l Rn 10; abl für an Verkündungs Statt zugestellte Beschlüsse und ausführlich zum Streitstand *Ströbele/Hacker* § 79 MarkenG Rn 14 f; Übersicht in *van Hees/Braitmayer* Rn 1057.

114 BPatGE 31, 18; aA BPatGE 36, 106 = GRUR 1996, 872; abw im Bereich der ZPO BGH VersR 1980, 928; *Zöller* § 517 ZPO Rn 11 f.

115 BGH NJW-RR 2004, 1575; *Ströbele/Hacker* § 79 MarkenG Rn 12; *Schulte* Rn 31.

116 BGH GRUR 1967, 435 Isoharnstoffäther; BGH GRUR 1997, 223 Ceco; *Schulte* Einl Rn 75; *Ströbele/Hacker* § 79 MarkenG Rn 17; *Baumbach/Lauterbach/Albers/Hartmann* § 329 ZPO Rn 24; *Thomas/Putzo* § 329 ZPO Rn 5.

117 BGH NJW-RR 2004, 1575.

118 DPMA-PrRl 3.8.

119 BGH NJW-RR 2004, 1575; *Thomas/Putzo* § 329 ZPO Rn 5.

120 Vgl BGH GRUR 1994, 439, 441 Sulfonsäurechlorid; BPatGE 25, 147 = GRUR 1983, 643; *Mes* Rn 15.

121 Wie hier BGH GRUR 1962, 384 Wiedereinsetzung III; BPatGE 31, 18; aA BPatGE 18, 5 = BlPMZ 1976, 132; BPatGE 36, 106 = GRUR 1996, 872; *Mes* § 94 Rn 6; jetzt offen gelassen bei *Schulte* Rn 40.

122 Begr GPatG BlPMZ 1979, 286, zu § 28e.

123 BGH GRUR 1971, 484 Entscheidungsformel; *Schulte* Rn 39; *Fitzner/Lutz/Bodewig* Rn 34.

IX. Selbstbindung des Patentamts

62   Solange ein Beschluss die innerdienstliche Sphäre des DPMA nicht verlassen hat, also weder verkündet noch im schriftlichen Verfahren zugestellt oder wenigstens seine Ausfertigung zur Zustellung an den Dokumentenversand gegeben ist, ist der **Beschluss nicht existent,** mag über ihn auch bereits beraten und abgestimmt oder eine Urschrift unterzeichnet sein.[124] Er kann somit jederzeit geänd werden. Eingaben der Beteiligten müssen berücksichtigt werden.[125]

63   Mit der Abgabe der zuzustellenden Beschlussausfertigung an den Dokumentenversand ist der **Beschluss erlassen** (vgl DPMA-PrRl 3.8). Mit ihr verlässt er die tatsächliche Verfügungsgewalt der entscheidenden Stelle. Danach brauchen neue Eingaben nicht mehr berücksichtigt, der Beschluss hierzu nicht mehr zurückgerufen zu werden.[126]

64   Der Erteilungsbeschluss entfaltet als rechtsgestaltender Verwaltungsakt **Tatbestands- und Feststellungswirkung** (vgl Rn 21 zu § 49).[127]

65   Mit der Zustellung, ggf bereits mit der Verkündung, wird der Beschluss wirksam (Rn 60). Mit Wirksamkeit des Beschlusses wird dieser für das DPMA **bindend.** Dies folgt, ähnlich wie in der ZPO,[128] in der diese Bindung allerdings ausdrücklich geregelt ist (§ 318 ZPO), aus allg Grundsätzen des Verwaltungsrechts und der besonderen Regelung im PatG.[129] Es folgt insb im Umkehrschluss aus der gesetzlichen Abhilferegelung (§ 73 Abs 3, 4; Rn 143 ff zu § 73), die überflüssig wäre, wenn das DPMA seine Beschlüsse – etwa nach den Regeln über den Widerruf von Verwaltungsakten – jederzeit ändern könnte.[130] Aus der Patenterteilung erwächst dem Anmelder ein Anspruch auf unverzügliche Vornahme der Veröffentlichung (Rn 22 zu § 49).

66   Aus der **Bindung** folgt, dass das DPMA erlassene Beschlüsse generell nicht ohne zulässige Beschwerde und nur im dafür vorgesehenen Verfahren ändern kann. Selbst im einseitigen Verfahren kann es eine den einzigen Beteiligten belastende Entscheidung, zB eine Zurückweisung, die es als fehlerhaft erkennt, oder auch einen antragsgem erlassenen Erteilungsbeschluss, nicht aufheben,[131] auf zulässige Beschwerde hin kann es jedoch abhelfen. Es kann sie auch nur im dafür vorgesehenen Verfahren (Rn 68 f) wegen offenbarer Unrichtigkeiten berichtigen,[132] allenfalls bei Vorliegen der Wiederaufnahmevoraussetzungen wieder aufgreifen (str),[133] nicht aber nach den Regeln über den Widerruf von Verwaltungsakten; auch ein rechtswidriger Erteilungsbeschluss kann nicht widerrufen werden (Rn 80 vor § 34; vgl DPMA-PrRl 3.8.1).[134] Die Bindung wirkt auch, wenn über einen Antrag nicht entschieden, sondern er – zB der Wiedereinsetzungsantrag mangels Säumnis – für gegenstandslos erklärt wird.[135]

---

124   BPatGE 32, 69, 70 = BlPMZ 1991, 315; *Fitzner/Lutz/Bodewig* Rn 36.

125   BGH GRUR 1967, 435 Isoharnstofffäther; BGH GRUR 1982, 406 Treibladung, für das gerichtliche Beschwerdeverfahren; BPatG GRUR 1983, 366 f; BPatGE 33, 111 = BlPMZ 1992, 505; vgl BGH GRUR 2000, 688 Graustufenbild; *Mes* Rn 16.

126   BGH GRUR 1967, 435 Isoharnstofffäther; BGH GRUR 1982, 406 Treibladung, für das gerichtliche Beschwerdeverfahren; BGH GRUR 2000, 688 Graustufenbild; BPatGE 34, 224 = Mitt 1995, 173 und BPatG GRUR 1999, 488, jeweils zur Teilungsmöglichkeit; BPatG 2.8.2000 29 W (pat) 227/00 und Parallelentscheidungen: Beschluss wird bindend; nach den DPMA-PrRl „tritt eine Selbstbindung ein"; EPA G 12/91 ABl EPA 1994, 285 endgültige Entscheidung; vgl EPA T 631/94 ABl EPA 1996, 67 Formmaschine; vgl *van Hees/Braitmayer* Rn 341.

127   Vgl BPatGE 32, 259, 263 = GRUR 1992, 380 f; *Mes* Rn 17.

128   Vgl BPatG GRUR 1972, 90 f.

129   BPatGE 13, 77, 82; BPatGE 14, 191; BPatGE 15, 142, 148; BPatGE 21, 234 = GRUR 1979, 434; BPatGE 25, 147, 149 = GRUR 1983, 643.

130   BPatGE 14, 191, 193; BPatGE 15, 142, 148; BPatGE 21, 234 = GRUR 1979, 434; *van Hees/Braitmayer* S 79 f.

131   Vgl BGHZ 112, 157 = GRUR 1991, 37 Spektralapparat; EPA G 12/91 ABl EPA 1994, 285 endgültige Entscheidung; BPatG BlPMZ 1999, 318; BPatG 4.8.1999 29 W (pat) 38/99, Markensachen; *Fitzner/Lutz/Bodewig* § 49 Rn 15.

132   BPatG GRUR 1972, 90 f; vgl *van Hees/Braitmayer* Rn 18.

133   BPatGE 21, 234, 237 = GRUR 1979, 434, zu Gebührenentscheidungen; BPatG Mitt 1978, 195; *Fitzner/Lutz/Bodewig* Rn 30, 37; vgl *Benkard* Rn 31a; gänzlich abl BPatGE 25, 147, 149 ff = GRUR 1983, 643.

134   *Schulte* Rn 27; *Fitzner/Lutz/Bodewig* § 49 Rn 15; BPatGE 25, 147, 149 = GRUR 1983, 643; offen gelassen in BPatGE 15, 38, 44 = GRUR 1974, 218.

135   BPatGE 22, 121.

Keine Bindung besteht bei Verfügungen und Bescheiden ohne Beschlusscharakter (Rn 12). Sie wer- **67** den grds erst mit der vorbereiteten Entscheidung und nur in deren Rahmen bindend.[136] Sie begründen auch grds keinen Vertrauensschutz.[137] Keine Bindung besteht weiter bei Beschlüssen vor ihrem Wirksamwerden (Rn 60), bei wirksamen Beschlüssen, wenn die Voraussetzungen der Abhilfe (§ 73 Abs 3, 4) gegeben sind, wenn ein Wiederaufnahmegrund gegeben ist (str, Rn 66), beim Bekanntmachungsbeschluss früheren Rechts (näher *6. Aufl*).

X. Berichtigung; Ergänzung

1. Allgemeines. Die Vorschriften der §§ 95, 96, auf deren Kommentierung wegen der Einzelheiten Be- **68** zug genommen wird, finden entspr Anwendung.[138] Hilfsweise – dh im wesentlichen hinsichtlich der im PatG nicht geregelten Ergänzung (Rn 80) – sind die einschlägigen Vorschriften der ZPO (§§ 319–321 ZPO) und der VwGO entspr heranzuziehen.[139] Jedenfalls haben die Regelungen der §§ 95, 96 über die Berichtigung Vorrang vor denen der ZPO, weil das Verfahren vor dem BPatG dem vor dem DPMA näher steht als das zivilprozessuale.[140]

So gelten bei Unterschieden in den **Fristen** des PatG und der ZPO die des PatG.[141] **69**

Entgegen § 319 ZPO ist eine Berichtigung auch nach **Wechsel des Sachbearbeiters** möglich.[142] **70**

Die §§ 319 ff ZPO müssen auch zurücktreten, soweit sie die **Beschwerde** gegen Entscheidungen im Be- **71** richtigungsverfahren ausschließen (§§ 319 Abs 3, 320 Abs 4 Satz 3). Beschwerde gegen die Entscheidungen des DPMA über Berichtigungs- und Ergänzungsanträge ist zulässig (Rn 69 zu § 73).

Für die Beschwerde gegen die Entscheidung im Berichtigungsverfahren gilt die **Frist** des § 73 Abs 2 **72** Satz 1. Die Berichtigung setzt **keine neue Beschwerdefrist** in bezug auf den berichtigten Beschluss in Lauf,[143] es sei denn, dass die Beschwer erstmalig im Berichtigungsbeschluss auftritt.[144]

Die Beschwerde gegen Entscheidungen im Berichtigungsverfahren ist – wie alle Beschwerden gem **73** § 73 Abs 1 – **gebührenpflichtig.** Zur Gebührenhöhe Rn 27 ff zu § 73.

2. Wegen der **Einzelheiten** kann auf die Kommentierung zu den §§ 95, 96 Bezug genommen werden. **74** Ergänzend ist zu bemerken: **Berichtigung wegen offenbarer Unrichtigkeit** (entspr § 95) ist bei einem offenkundigen Widerspruch zwischen dem von der Erteilungsbehörde Gewollten und dem in der Entscheidung Ausgesprochenen möglich; dem wahren Willen gebührt hier gegenüber den Zufälligkeiten eines fehlerhaften Ausdrucks der Vorrang, selbst wenn der Gegenstand des Patents dadurch eine Erweiterung erfahren sollte.[145] Sie wird entgegen § 320 ZPO auch nach Wechsel des Sachbearbeiters als möglich angesehen.[146]

Berichtigung kann auch in Betracht kommen, wenn die Entscheidung Naturgesetzen bzw gefestigten **75** **naturwissenschaftlichen Erkenntnissen** widerspricht.[147]

Antragsberechtigt ist nur ein Verfahrensbeteiligter.[148] **76**

Berichtigung des Erteilungsbeschlusses ist gleichermaßen möglich;[149] nur mit ihm können auch **77** die **Erteilungsunterlagen** berichtigt werden.[150] Dies setzt voraus, dass nicht nur der Fehler, sondern darüber hinaus zweifelsfrei zu erkennen ist, was an Stelle der fehlerhaften Fassung hätte gesagt sein sollen.

136 BGH GRUR 1972, 536, 538 akustische Wand.
137 BGH akustische Wand.
138 BGH GRUR 1977, 780 f Metalloxyd, zum Bekanntmachungsbeschluss früheren Rechts; BPatGE 50, 1 = BlPMZ 2006, 376; *Mes* Rn 18.
139 BGH Metalloxyd; BPatGE 9, 202, 203; BPatGE 13, 77, 81; *Fitzner/Lutz/Bodewig* Rn 39.
140 BPatGE 15, 45, 47 = Mitt 1973, 219.
141 BPatGE 15, 45, 47 = Mitt 1973, 219.
142 RPA BlPMZ 1938, 214.
143 BPatGE 9, 128.
144 BGH NJW 1977, 297.
145 BGH GRUR 1977, 780 f Metalloxyd; BPatGE 24, 50, 52.
146 RPA BlPMZ 1938, 214; *Fitzner/Lutz/Bodewig* Rn 41.
147 BGH GRUR 1977, 780 f Metalloxyd; BPatGE 13, 77.
148 BPatGE 17, 14, 17 = BlPMZ 1975, 145.
149 BGH GRUR 1977, 780 f Metalloxyd.
150 BPatGE 2, 181 = GRUR 1964, 635; BPatGE 13, 77; DPA BlPMZ 1953, 402.

Eine Größenangabe kann daher nicht berichtigt werden, wenn zwar die angegebene Größe offensichtlich zu hoch ist, jedoch offen ist, welche Größenangabe an ihre Stelle zu treten hätte.[151] Bei widersprüchlichen Formulierungen in den Erteilungsunterlagen müssen der Widerspruch offen zutage treten und der richtige Inhalt der Unterlagen aus diesen selbst zwingend und für jeden sachkundigen Aussenstehenden erkennbar hervorgehen.[152]

78   Die Berichtigung ist nicht dazu da, **Fehler bei der Willensbildung** nachträglich zu korrigieren.[153] Eine Berichtigung ist ausgeschlossen, wenn die Prüfungsstelle eine Formulierung nicht irrtümlich, sondern mit Vorbedacht gewählt hat.[154] Die nachträgliche Kennzeichnung eines in der Patentschrift verwendeten Worts als Warenzeichen (Marke) kann nicht im Weg der Berichtigung erfolgen.[155]

79   **Tatbestandsberichtigung** (entspr § 96) ist gleichfalls zulässig. Es gilt die zweiwöchige **Antragsfrist** des § 96 Abs 1.[156] Wegen der Einzelheiten wird auf die Kommentierung zu § 96 verwiesen.

80   **Ergänzung** der Entscheidung ist in entspr Anwendung des § 321 ZPO möglich.[157]

XI. Nichtigkeit

81   Die Entscheidung (Erteilungs- oder Zurückweisungsbeschluss) ist (im verwaltungsverfahrensrechtl Sinn) entspr § 44 Abs 1 VwVerfG nichtig und damit entspr § 44 Abs 3 VwVerfG unwirksam, wenn sie an einem besonders schwerwiegenden Fehler leidet und dies bei verständiger Würdigung aller in Betracht kommenden Umstände offensichtlich ist.[158] In diesem Fall kommt die Beseitigung des gesetzten Rechtsscheins durch eine deklaratorische Entscheidung in Betracht.

XII. Anfechtung

82   Die Zurückweisung der Anmeldung kann vom Anmelder mit der Beschwerde nach § 73 angefochten werden. Die Patenterteilung kann vom Anmelder (und grds nur von diesem, sofern nicht ein besonders gelagerter Ausnahmefall vorliegt, so möglicherweise, wenn ein sachlicher Zusammenhang der den Dritten betreffenden Angaben in der Beschreibung mit der Erfindung nicht erkennbar ist, sie auf der Hand liegend falsch sind oder sich als eine unzulässige Schmähung darstellen)[159] nur insoweit mit der Beschwerde angefochten werden, als vom Erteilungsantrag abgewichen wurde, ansonsten ist sie wegen Fehlens der Beschwer unzulässig (zur Beschwer des Anmelders Rn 89 f zu § 73). Will sich der Patentinhaber in der Folge einschränken, kann er nur das Widerrufs- und Beschränkungsverfahren (§ 64) beschreiten. Gegen das erteilte Patent kann die Allgemeinheit mit Einspruch (§ 59) oder Nichtigkeitsklage (§ 81) vorgehen; hier kann der Patentinhaber das Patent beschränkt verteidigen.

C. Entscheidungen nach dem EPÜ

I. Form der Entscheidungen

83   **1. Allgemeines.** Regel 111 AOEPÜ bestimmt die Form der Entscheidungen, ihre Begründung sowie die erforderliche Rechtsmittelbelehrung.

84   **2. Verkündung.** Regel 111 Abs 1 Satz 1 AOEPÜ gibt die Möglichkeit, **Entscheidungen**, sofern eine **mündliche Verhandlung** stattfindet, und nur in diesem Fall, zu verkünden. Die Verkündung erfolgt in dem Termin der mündlichen Verhandlung. Ob das entscheidende Organ von der Möglichkeit der Verkün-

---

151   DPA BlPMZ 1954, 48.
152   BPatGE 13, 77.
153   BPatGE 13, 77, 82.
154   DPA BlPMZ 1953, 402; BGH GRUR 1977, 780 f Metalloxyd.
155   BPatGE 2, 181 = GRUR 1964, 635.
156   BPatGE 15, 45 = Mitt 1973, 219; *Fitzner/Lutz/Bodewig* Rn 42.
157   Ebenso *Schulte* Rn 21; *Fitzner/Lutz/Bodewig* Rn 43.
158   Vgl *Schulte* § 49 Rn 30; *Fitzner/Lutz/Bodewig* § 49 Rn 6.
159   Vgl aber BPatGE 52, 256 „Aufreißdeckel"; *Schulte* § 49 Rn 46.

dung Gebrauch macht, steht in seinem und nicht im Ermessen der Beteiligten.[160] Verkündet die Einspruchsabteilung eine Entscheidung, müssen alle an der mündlichen Verhandlung beteiligten Mitglieder anwesend sein.[161] Mit der Verkündung wird die Entscheidung wirksam und für die entscheidende Stelle bindend.[162]

3. Begründung. Entscheidungen, die mit der Beschwerde angefochten werden können (das sind solche nach Art 106 Abs 1 EPÜ) sind in jedem Fall schriftlich zu begründen (Regel 111 Abs 1 Satz 2 AOEPÜ).[163]   **85**

Das gilt insb auch, wenn die Entscheidung **verkündet** worden ist (Regel 111 Abs 1 Satz 2 AOEPÜ). Der   **86** Begründung muss dann zu entnehmen sein, dass sie von den an der Entscheidung beteiligten Mitgliedern abgefasst ist.[164] Das schließt die Ersetzung einer Unterschrift nicht aus (Rn 87).

4. Unterzeichnung. Die Entscheidungen müssen mit der Unterschrift und dem Namen des oder der   **87** mitwirkenden Mitglieder versehen sein (Regel 113 Abs 1 AOEPÜ).[165] Ist ein Mitglied, das an der Entscheidung mitgewirkt hat, durch Krankheit oä gehindert, zu unterschreiben, kann ein anderes mitwirkendes Mitglied seine Unterschrift ersetzen.[166] Jedoch muss stets deutlich werden, dass nur die in der Entscheidung genannten Personen entschieden haben.[167]

Entscheidungen der **Beschwerdekammern** sind vom Vorsitzenden und dem zuständigen Geschäfts-   **88** stellenbeamten zu unterschreiben (Regel 102 Abs 1 Satz 2 AOEPÜ).

5. Rechtsmittelbelehrung. Die Entscheidungen sind mit einer Belehrung darüber zu versehen, dass   **89** gegen sie die Beschwerde statthaft ist (Regel 111 Abs 2 Satz 2 AOEPÜ). In der Belehrung sind die Beteiligten auch auf Art 106–108 EPÜ (Beschwerdemöglichkeit, Beschwerdeform und -frist) aufmerksam zu machen und deren Wortlaut ist beizufügen (Regel 111 Abs 2 Satz 2 AOEPÜ). Die Beteiligten können jedoch aus der Unterlassung der Rechtsmittelbelehrung keine Rechte herleiten (Regel 111 Abs 2 Satz 3 AOEPÜ).[168]

6. Die **Beschwerdefrist** (Art 108 EPÜ) beginnt in jedem Fall, auch dem der Verkündung (Rn 84), erst   **90** mit der Zustellung der vollständigen schriftlichen Entscheidung. Eine zwischen Verkündung und Zustellung eingelegte Beschwerde ist jedoch zulässig.[169]

II. Berichtigung von Entscheidungen

Die entscheidende Stelle ist an ihre Entscheidung, wenn sie einmal wirksam geworden ist, gebunden   **91** und kann sie nicht von sich aus aufheben oder ändern (Rn 84).[170] Dies ist vielmehr Sache der Beschwerdeinstanz. Eine Fehlerbeseitigung durch die entscheidende Stelle ist nur im Rahmen der Regel 140 AOEPÜ gestattet;[171] der Formalsachbearbeiter darf nicht berichtigen.[172] Der GBK wurden die Fragen vorgelegt, ob

---

160   EPA T 180/85.
161   EPA T 390/86 ABl EPA 1989, 30 Besetzungsfehler.
162   EPA G 12/91 ABl EPA 1994, 285 endgültige Entscheidung; EPA T 212/88 ABl EPA 1992, 28 = GRUR Int 1992, 283 Theta-1.
163   Zur Begründung der Entscheidung über die Patentfähigkeit vgl EPA T 493/88 ABl EPA 1991, 380 Abstandsgitter; EPA T 153/89; EPA T 691/89; EPA T 292/90; EPA T 735/90; EPA T 856/91; EPA T 33/93; EPA T 647/93 ABl EPA 1995, 132 Verfahrensmangel; EPA T 311/94; zur Begründung der Entscheidung der Einspruchsabteilung nach Zurückverweisung EPA T 740/93; EPA T 227/95. Zum Umfang der Begründungspflicht bei Ablehnung mehrerer Anträge EPA T 234/86 ABl EPA 1989, 79 = GRUR Int 1989, 684 Interferenzstromtherapie. Zur Begründungspflicht bei Haupt- und Hilfsantrag EPA T 155/88; EPA T 484/88; EPA T 1105/96 ABl EPA 1998, 249, 253 Anträge; EPA T 1105/96; EPA J 9/06; EPA T 278/07; EPA T 1287/04; EPA T 567/06; EPA T 1747/06.
164   EPA T 390/86 ABl EPA 1989, 30 Besetzungsfehler.
165   Vgl EPA T 390/86 ABl EPA 1989, 30 Besetzungsfehler.
166   EPA T 243/87; EPA T 999/90.
167   EPA T 243/87; EPA T 777/97.
168   Vgl EPA T 42/84 ABl EPA 1988, 251 = GRUR Int 1988, 935 Aluminat-Spinell.
169   EPA T 389/86 EPA-E 11, 150 Beschwerdefrist.
170   EPA T 212/88 ABl EPA 1992, 28 = GRUR Int 1992, 283 Theta-1.
171   EPA Theta-1.
172   EPA J 16/99.

ein Antrag auf Berichtigung zulässig ist, den der Patentinhaber nach Einleitung des Einspruchsverfahrens stellt, und ob die Prüfungsabteilung in diesem Fall bindend im ex-parte-verfahren entscheidet.[173] Die GBK hat dies verneint.[174]

92   Umgekehrt ist die Berichtigung nach Regel 140 AOEPÜ allein Sache der entscheidenden Stelle, nicht aber der **Beschwerdekammer.** Diese entscheidet nur über die Beschwerde gegen die Ablehnung der Berichtigung durch die entscheidende Instanz.[175] Dabei ist für die Beschwerde gegen die Ablehnung der Berichtigung eines Erteilungsbeschlusses die Technische Beschwerdekammer zuständig.[176]

93   Berichtigt werden können nur sprachliche **Fehler**, Schreibfehler und **offenbare Unrichtigkeiten**[177] in den Entscheidungen, wobei eine Berichtigung unwichtiger, für die Sachaussage der Entscheidung bedeutungsloser Fehler vermieden werden sollte. In Betracht kommen zB Fehler des Erteilungsbeschlusses,[178] so, wenn in ihm Unterlagen genannt sind, die die Prüfungsabteilung offensichtlich nicht gemeint hat und meinen konnte. Sie können dann durch die Unterlagen ersetzt werden, die die Abteilung tatsächlich zugrunde legen wollte.[179] Die Auslassung einzelner Seiten der Beschreibung im Erteilungsbeschluss wurde als nicht berichtigungsfähig angesehen.[180]

94   **Sachliche Fehler** können nicht berichtigt werden, so zB nicht eine fehlerhafte Gesetzesauslegung oder die verfahrensfehlerhafte Erteilung mit falschen Unterlagen, etwa weil die eingereichten geltenden Unterlagen mangels Vorlage bei der Entscheidung nicht berücksichtigt werden konnten.

95   **Wirkung der Berichtigung.** Ob das EPA[181] die Berichtigung zu Recht als „rückwirkend" bezeichnet, kann angesichts ihres bloß klarstellenden Charakters dahinstehen.[182]

III. Feststellung eines Rechtsverlusts

96   Regel 112 AOEPÜ trifft Bestimmungen für den Fall, dass das EPA einen Rechtsverlust feststellt, ohne dass eine Entscheidung über die Zurückweisung der eur Anmeldung oder über die Erteilung, den Widerruf oder die Aufrechterhaltung des eur Patents oder über die Beweisaufnahme ergangen ist.[183] Das EPA teilt dem Betroffenen diese Feststellung nach Art 119 EPÜ mit (Regel 112 Abs 1 AOEPÜ). Hiergegen kann der Betroffene binnen zwei Monaten nach Zustellung der Mitteilung eine Entscheidung des EPA beantragen (Regel 112 Abs 2 AOEPÜ).

97   Als **Rechtsverlust** kommen in Betracht: Nichtzuerkennung eines Anmeldetags, Fiktion der Rücknahme, Fiktion der Rücknahme der Benennung eines Vertragsstaats, Prioritätsverlust, Fiktion des Verzichts auf einen Patentanspruch, Fiktion der Streichung der Zeichnungen und/oder der Bezugnahme auf sie, Fiktion der Nichtstellung des Prüfungsantrags, des Antrags auf Weiterbehandlung, des Wiedereinsetzungs- oder Umwandlungsantrags, der Nichteinlegung der Beschwerde, des Nichteingangs eines Schriftstücks, die Handlung des Vertreters gilt als nicht erfolgt.[184] Regel 112 AOEPÜ betrifft nur Fälle, in denen der Rechtsverlust unmittelbar aufgrund des EPÜ eintritt, nicht auch Rechtsverluste aufgrund von nach Art 65 EPÜ (Übersetzung des eur Patents) erlassenen nationalen Vorschriften.[185]

---

173   EPA T 1145/09 ABl EPA 2011, 94 Aussetzung des Verfahrens.
174   EPA G 1/10 ABl EPA 2013, 194 = GRUR Int 2012, 1038 Berichtigung des Erteilungsbeschlusses.
175   EPA J 12/85 ABl EPA 1986, 155 unzulässige Beschwerde. EPA G 8/95 ABl EPA 1996, 481 Berichtigung des Erteilungsbeschlusses.
176   EPA G 8/95 ABl EPA 1996, 481 Berichtigung des Erteilungsbeschlusses.
177   EPA T 150/89; EPA T 367/96.
178   EPA T 850/95 ABl EPA 1997, 152 = GRUR Int 1997, 744 Berichtigung des Erteilungsbeschlusses; EPA T 8/95 ABl EPA 1996, 481 Berichtigung des Erteilungsbeschlusses; EPA J 16/99: Prioritätsdatum; EPA T 1093/05 ABl EPA 2008, 430.
179   EPA T 850/95 ABl EPA 1997, 152 = GRUR Int 1997, 744 Berichtigung des Erteilungsbeschlusses.
180   EPA T 55/00.
181   EPA T 116/90; EPA T 212/88 ABl EPA 1992, 28 = GRUR Int 1992.283 Theta-1.
182   Vgl *Singer/Stauder* Art 123 EPÜ Rn 201.
183   Vgl hierzu Rechtsauskunft Nr 16/85.
184   *MGK/Strebel* Art 90 EPÜ Rn 52 ff.
185   EPA J 43/92.

§ 48
(Zurückweisung der Anmeldung)

¹Die Prüfungsstelle weist die Anmeldung zurück, wenn die nach § 45 Abs. 1 gerügten Mängel nicht beseitigt werden oder wenn die Prüfung ergibt, daß eine nach den §§ 1 bis 5 patentfähige Erfindung nicht vorliegt. ²§ 42 Abs. 3 Satz 2 ist anzuwenden.

Ausland: Belgien: Art 18 Abs 4 PatG 1984; **Dänemark:** § 16 PatG 1996; **Frankreich:** Art L 612-12, R 612-45–52 CPI; **Österreich:** § 100 öPatG; **Polen:** Art 49–51 RgE 2000; **Schweden:** § 16 PatG; **Serbien:** Art 47 PatG 2004; **Slowakei:** § 44 Abs 1 PatG; **Tschech. Rep.:** § 34 Abs 1, § 35 (Doppelpatentierungsverbot) PatG; **Türkei:** Art 53 VO 551; **Schweiz:** Art 59 PatG, Art 67, 68 PatV

Übersicht

Schrifttum: *Anders* Der klare Patentanspruch: ein unklarer Rechtsbegriff, Mitt 2014, 487; *Bardehle* Patentanspruch ist „nicht klar", was heißt das? Mitt 2010, 453; *Bösl* Der unklare Patentanspruch, Mitt 1997, 174; *Einsele* Formulierung von Patentansprüchen: klar oder nicht klar? Mitt 2014, 249; *Godemeyer* Lack of clarity: a new approach in case law? epi-Information 2014, 157; *Häußler* Die Klarheit der Patentansprüche, GRUR 2013, 1011; *Schickedanz* Patentversagung ohne entgegengehaltenen Stand der Technik, GRUR 1987, 71; *Schneider* Dissens im BPatG: Zur Klarheit von Patentansprüchen, Mitt 2014, 481; *Schneider* Die Klarheit von Patentansprüchen – Anmerkungen zum deutschen und europäischen Recht, Mitt 2016, 49; s auch die Hinweise bei § 49

A. Geltungsbereich; Normzweck

I. Zeitlich

Die – nur in den Verweisungen geänd – Vorschrift, vor 1981 § 29, verweist seit 1.1.1981 auf §§ 1–5 (zu den früheren Regelungen vgl *5. Aufl*). Das **2.PatGÄndG** hat in Abs 1 die Worte „Anmeldung aufrechterhalten wird, obgleich" durch die Worte „Prüfung ergibt, daß" ersetzt.¹ — **1**

II. Im **Einspruchsverfahren** gilt § 61. — **2**

III. Im Verfahren über die Erteilung **ergänzender Schutzzertifikate** gilt § 49a Abs 2 Satz 3. — **3**

IV. Normzweck; systematische Stellung

Während § 47 Form und Gestaltung der Entscheidungen des DPMA regelt, bestimmen die §§ 48, 49 (§ 49a Abs 2 für das ergänzende Schutzzertifikat) den möglichen Inhalt und die Voraussetzungen der (abschließenden) Entscheidung im Prüfungsverfahren. Dabei hat § 49 (§ 49a Abs 2 Satz 1 für das ergänzende Schutzzertifikat) die positive Bescheidung des Erteilungsantrags, die Erteilung des Patents, zum Gegen- — **4**

---

1 Begr 2.PatGÄndG BTDrs 13/9971 = BlPMZ 1998, 393, 404.

stand. § 48 (§ 49a Abs 2 Satz 3 für das ergänzende Schutzzertifikat) betrifft demgegenüber die negative Bescheidung des Erteilungsantrags, die Zurückweisung der Anmeldung und deren Voraussetzungen. Dabei korrespondieren die Erteilungs- bzw Zurückweisungsvoraussetzungen inhaltlich. Fehlt es an einer der in § 49 genannten Erteilungsvoraussetzungen, führt dies, wenn der Mangel nicht beseitigt werden kann oder trotz Rüge nicht beseitigt wird, nach § 48 zur Zurückweisung der Anmeldung. Umgekehrt ist die Erteilung des Patents nach § 49 die Folge, wenn Mängel iSv § 48 nicht vorliegen oder beseitigt werden. Zu Zwischenentscheidungen Rn 19 ff.

B. Zurückweisung der Anmeldung

I. Grundsatz; Zeitpunkt

5   § 48 bestimmt, dass bei negativer Beurteilung des Erteilungsantrags die Anmeldung zurückzuweisen ist, und legt die Voraussetzungen fest, unter denen die Zurückweisung erfolgt. Jedenfalls wenn der Anmelder sein Interesse an einer Offenlegung nicht vor Beschlussfassung kundtut, darf das DPMA den Zurückweisungsbeschluss so früh treffen, dass eine Veröffentlichung unterbleibt.[2] Erklärt der Anmelder, eine sachliche Erwiderung auf den Prüfungsbescheid nicht zu beabsichtigen, kann sogleich entschieden werden.[3]

II. Voraussetzungen

6   **1. Anhängige Anmeldung.** § 48 steht im inneren Zusammenhang der Vorschriften über das Prüfungsverfahren, setzt also ein solches und damit eine Anmeldung voraus (Rn 12f zu § 44). Dies ergibt sich auch aus dem Gesetzeswortlaut. Eine Anmeldung, die nicht (mehr) anhängig ist, etwa weil sie unwirksam oder zurückgenommen worden ist, als nicht erfolgt gilt (§ 35 Abs 2 2. Halbs aF) oder ihre Zurücknahme fingiert wird (§ 58 Abs 3), kann nicht zurückgewiesen werden.[4] Das ist in jeder Lage des Verfahrens zu berücksichtigen.

7   **2. Wirksamer Prüfungsantrag.** Aus der Stellung der Vorschrift im Prüfungsverfahren (Rn 6) folgt zugleich, dass die Zurückweisung der Anmeldung einen wirksamen Prüfungsantrag voraussetzt.[5] Fehlt der Prüfungsantrag oder ist er unwirksam, ist – anders als bei seiner Rücknahme (§ 44 Abs 4 Satz 1) – keine Entscheidung im Prüfungsverfahren, also auch keine Zurückweisung der Anmeldung, möglich. Eine Entscheidung über die Anmeldung und insb deren Zurückweisung kann dann nur im Rahmen der Offensichtlichkeitsprüfung nach § 42 Abs 3 Satz 1 ergehen.[6] Rücknahme des Prüfungsantrags führt nicht zur Beendigung des Prüfungsverfahrens (§ 44 Abs 5 Satz 1).

3. Zurückweisungsgründe

8   **a. Allgemeines.** Satz 1 nennt zwei Gruppen von Zurückweisungsgründen, einmal die Nichtbeseitigung nach § 45 Abs 1 gerügter Mängel der Anmeldung (Rn 24 zu § 45; Rn 9 ff), zum anderen das Fehlen einer patentfähigen Erfindung nach §§ 1–5 (§ 45 Abs 2; Rn 24 zu § 45; Rn 12).

9   **b. Mängel der Anmeldung** iSv § 45 Abs 1, die eine Zurückweisung tragen, liegen vor, wenn die in den §§ 34–38 vorgeschriebenen Anforderungen nicht erfüllt sind oder trotz ordnungsgemäßer Beanstandung im Prüfungsverfahren (§ 45 Abs 1) nicht fristgerecht (Rn 41 ff zu § 45) erfüllt werden.[7] Zu den eine Zurückweisung rechtfertigenden Mängeln der Anmeldung gehören dabei nicht nur Verstöße gegen die in den genannten und dort in Bezug genommenen Vorschriften erwähnten Anmeldeerfordernisse (Rn 23 zu

2   BPatG 30.3.1999 9 W (pat) 16/99.
3   BPatG 26.1.2010 21 W (pat) 40/09.
4   Ebenso *Fitzner/Lutz/Bodewig* Rn 3.
5   Ebenso *Fitzner/Lutz/Bodewig* Rn 4.
6   Ebenso *Schulte* Rn 5; *Fitzner/Lutz/Bodewig* Rn 4.
7   Vgl BPatG GRUR 2010, 919 und dazu *Stortnik* GRUR 2010, 871.

§ 45), sondern auch das Fehlen allg Verfahrensvoraussetzungen (Rn 28 ff vor § 34),[8] der Beteiligtenfähigkeit (Rn 29 ff vor § 34), der Handlungsfähigkeit eines Beteiligten (Rn 32 ff vor § 34), der ordnungsgem Bevollmächtigung eines notwendigen Vertreters (Rn 36 ff vor § 34), eines notwendigen Inlandsvertreters (§ 25), des Rechtsschutzbedürfnisses (Rn 43 ff vor § 34). Das Fehlen von Mehrfertigungen der Anmeldeunterlagen rechtfertigt nicht ohne weiteres die Zurückweisung.[9]

Dabei rechtfertigt nur die **Nichterfüllung notwendiger Voraussetzungen** die Zurückweisung, nicht **10** aber die Nichterfüllung bloßer Zweckmäßigkeiten (Rn 36 zu § 45). Eine Zurückweisung tragen danach die Nichterfüllung der Anmeldeerfordernisse des § 34 und der PatV, Mängel der Hinterlegung,[10] das Fehlen oder die offensichtliche Mangelhaftigkeit der Zusammenfassung (§ 45 Abs 1 Satz 1 iVm § 36 sowie Rn 6 ff, 11 ff zu § 36), die fehlende oder mangelhafte Erfinderbenennung (§ 37; Rn 8 ff, 17 f zu § 37), die unzulässige, den Gegenstand der Anmeldung erweiternde Änderung (§ 38; Rn 6 ff zu § 38), die Nichtanpassung der Unterlagen (Rn 37 zu § 45).

Zurückweisung wegen Formmangels sollte nur erfolgen, wenn der Mangel voraussichtlich nicht zu **11** beheben ist oder eine sachliche Prüfung unmöglich macht. Sonst ist die Anmeldung auch sachlich zu prüfen.[11] Umgekehrt bedarf es, wenn ein materieller Zurückweisungsgrund feststeht, grds nicht der Prüfung auf weitere Gründe.

c. Fehlen einer patentfähigen Erfindung. Der zweite – und häufigste – Zurückweisungsgrund nach **12** Satz 1 ist gegeben, wenn die Prüfung ergibt, dass eine nach den §§ 1–5 patentfähige Erfindung nicht vorliegt, dh eine Lehre zum technischen Handeln, gewerbliche Anwendbarkeit, Neuheit oder erfinderische Tätigkeit fehlen oder ein Patentierungsausschluss nach §§ 2, 2a eingreift. Die durch das BioTRlUmsG eingeführten Änderungen (insb § 1a Abs 3, 4) sind – unabhängig davon, ob man in ihnen materielle oder formelle Mängel sehen will, zu berücksichtigen.[12] Dass sich der Patentgegenstand im Weltraum befindet, steht der Patenterteilung nicht entgegen.[13]

d. Unzureichende Offenbarung (vgl Rn 233 ff, 297 f zu § 34) stellt systematisch bereits einen Mangel **13** der Anmeldung (Rn 9) dar und führt ebenfalls zur Zurückweisung der Anmeldung,[14] ohne dass noch auf den Gesichtspunkt der fehlenden Patentfähigkeit zurückgegriffen werden muss.[15]

e. Ob **mangelnde Klarheit** der Patentansprüche (vgl Rn 59 ff zu § 34) einen Zurückweisungsgrund **14** ausfüllt, ist umstr. Die vorzugswürdige bejahende Ansicht[16] stützt sich darauf, dass Widersprüche im Erteilungsverfahren zu beseitigen sind; dies sollte aber auf tatsächliche Widersprüche beschränkt bleiben[17] und nicht auf Unschärfen ausgedehnt werden. Dagegen vertritt die Gegenauffassung die Meinung, dass ein Zurückweisungsgrund nicht aus § 34 Abs 3 Nr 3 abzuleiten sei, vielmehr sei der Sinngehalt der Anspruchsmerkmale aus fachmännischer Sicht auszulegen, um den beanspruchten Gegenstand festzulegen (vgl Rn 240 zu § 34).[18] Zu Recht kritisiert wird auch, dass es sich um formale Beanstandungen handle und

8 *Benkard* Rn 2; *Schulte* Rn 7; *Fitzner/Lutz/Bodewig* Rn 7.

9 BPatG 12.6.2002 7 W (pat) 7/02.

10 *Benkard* Rn 4h.

11 BPatGE 3, 165 = GRUR 1964, 554; BPatGE 20, 10 = BlPMZ 1977, 368; BPatGE 20, 12 = BlPMZ 1978, 23; BPatGE 29, 217 = BlPMZ 1988, 259; BPatG BlPMZ 1991, 71; BPatG 28.5.2015 21 W (pat) 50/12; *Schulte* Rn 10; *Fitzner/Lutz/Bodewig* Rn 10.

12 Vgl *Benkard* Rn 4a.

13 BPatG 15.9.2003 20 W (pat) 38/03.

14 Vgl *Benkard* Rn 4b.

15 *Benkard* Rn 4b mwN.

16 BPatGE 54, 118 = Mitt 2014, 501; BPatG 8.11.2007 10 W (pat) 57/06 (Nr 29); BPatG 16.4.2013 23 W (pat) 35/09; vgl BPatG 10.11.2011 12 W (pat) 23/07; *Einsele* Mitt 2014, 249; vgl auch die in BPatG Mitt 2016, 75 und bei *Schneider* Mitt 2016, 49, 51 referierte Auffassung des PräsDPMA; vgl weiter zur Herleitung aus § 34 Abs 3 Nr 3 BGH GRUR 2016, 316 Fugenband; BGH GRUR 2016, 475 Rezeptortyrosinkinase.

17 BGH GRUR 2013, 310 Dipeptidyl-Peptidase-Inhibitoren spricht von vermeidbaren Unklarheiten; vgl *Schneider* Mitt 2016, 49, 54.

18 BPatGE 52, 100 = Mitt 2010, 305; BPatGE 54, 222 = Mitt 2014, 126; BPatGE 54, 238 = Mitt 2015, 284; ähnlich BPatG 15.4.2009 20 W (pat) 71/04; BPatG 8.7.2009 20 W (pat) 17/05; BPatGE 54, 113 = Mitt 2014, 280 f; BPatG Mitt 2016, 75, Rechtsbeschwerde zugelassen, aber vom PräsDPMA nicht eingelegt, kr hierzu *Schneider* Mitt 2016, 49, 52; *Mes* Rn 4; vgl

die Patentfähigkeit des Anmeldungsgegenstands nicht in Zweifel stehe;[19] dies sollte sich aber durch zurückhaltendes Heranziehen des Zurückweisungsgrund beherrschen lassen. Die Beanstandung muss allerdings begründet werden (vgl Rn 22 ff zu § 47);[20] allein auf die Patentansprüche darf dabei nicht abgestellt werden.[21] Der Prüfungsstelle obliegt es, das der Erfindung zugrunde liegende technische Problem zu ermitteln.[22]

15   **f. Rangfolge.** Die Zurückweisungsgründe stehen nicht in einem Rangverhältnis zueinander.[23] Im allg wird ihre umfassende Prüfung sinnvoll sein, jedoch sind hier aus Gründen der Zweckmäßigkeit Ausnahmen zu machen (Rn 25 ff zu § 45).

III. Bindung an den Erteilungsantrag

16   Das Gesetz sieht als Entscheidungsvarianten die Zurückweisung der Anmeldung (§ 48) oder die Erteilung eines Patents (§ 49) vor. Schon daraus folgt als tragender Grundsatz des Erteilungsverfahrens die sachliche Bindung des DPMA an den Erteilungsantrag. Die Erteilung kann nur so erfolgen, wie sie beantragt ist.[24] Jede Änderung der Unterlagen, die nicht nur in geringfügigen redaktionellen Verbesserungen wie der Berichtigung von Schreibfehlern oder offensichtlichen grammatikalischen oder sprachlichen Unrichtigkeiten besteht, setzt das schriftlich erklärte Einverständnis des Anmelders voraus.[25] Eine vom Erteilungsantrag sachlich abw Patenterteilung ist ausgeschlossen, und die Zurückweisung der Anmeldung ist notwendige Folge, wenn eine Erteilung nach dem – zumindest hilfsweise gestellten – Erteilungsantrag des Anmelders nicht möglich ist (näher Rn 54 f vor § 34).

17   Über **Haupt- und Hilfsantrag** wird idR in einem einheitlichen Beschluss entschieden (Rn 21);[26] erfolgt Erteilung nach Hilfsantrag, kann diese Entscheidung im Fall erfolgreicher Beschwerde für wirkungslos erklärt werden.[27] Die Prüfungsstelle hat kein Wahlrecht zwischen Haupt- und Hilfsantrag.[28]

18   Die Zurückweisung der Anmeldung erfolgt zwingend, wenn der Anmelder eine **notwendige Änderung** nicht zumindest im Rahmen eines Hilfsantrags vornimmt,[29] zB an einem nicht gewährbaren Anmeldetag festhält,[30] eine unzulässige Erweiterung nicht beseitigt,[31] bei nicht gewährbarem Hauptanspruch nicht hilfsweise Erteilungsantrag mit gewährbaren Patentansprüchen stellt (vgl Rn 20).[32]

Bardehle Mitt 2010, 453; *Schulte* § 47 Rn 24: wenn ein Patentanspruch pauschal und ohne Begründung als „unklar" bezeichnet wird; *Schulte* § 48 Rn 17; vgl weiter BGHZ 180, 215 = GRUR 2009, 653 Straßenbaumaschine, Verletzungssache.

19   Vgl *Schneider* Mitt 2016, 49, 53.

20   BPatG 8.11.2007 10 W (pat) 57/06 (Nr 29); vgl BPatG 10.11.2011 12 W (pat) 23/07; *Einsele* Mitt 2014, 249.

21   BGH GRUR 1980, 984, 986 Tomograph.

22   BGH GRUR 2005, 141 Anbieten interaktiver Hilfe; BPatG 23.9.2009 17 W (pat) 94/08; BPatG 20.3.2012 17 W (pat) 58/07; *Häußler* GRUR 2013, 1031; *Schulte* Rn 17.

23   Vgl zB BPatGE 23, 142 = BlPMZ 1981, 382; BPatG 18.2.2003 23 W (pat) 5/02 (zum Einspruchsverfahren); BPatG 20.2.2003 23 W (pat) 41/01; BPatG 2.4.2003 20 W (pat) 58/01.

24   BGHZ 173, 47 = GRUR 2007, 862 Informationsübermittlungsverfahren II; BPatG 26.2.2004 10 W (pat) 18/02; BPatG 17.5.2004 10 W (pat) 46/02; BPatG 7.10.2014 7 W (pat) 78/14; insoweit zutr auch BPatG 1.12.2004 9 W (pat) 29/02.

25   BPatG 26.2.2004 10 W (pat) 18/02: Streichung des Worts „vorzugsweise"; BPatG 7.10.2014 7 W (pat) 78/14; vgl auch BPatG 18.6.2008 10 W (pat) 46/06; BPatG 27.6.2008 10 W (pat) 35/06; *Schulte* § 49 Rn 23.

26   Vgl *Schulte* Rn 12; *Fitzner/Lutz/Bodewig* Rn 14.

27   BPatG GRUR 2006, 1046, Schutzzertifikatssache.

28   Vgl ÖPA öPBl 2002, 95, 97.

29   BGH GRUR 1966, 85 f Aussetzung der Bekanntmachung; BGH Mitt 1967, 16 Nähmaschinenantrieb; BGH GRUR 1966, 488, 490 Ferrit; BGH GRUR 1968, 435 Isoharnstoffäther; BGH Mitt 1970, 120 Zonenschmelzverfahren; BGH GRUR 1979, 220 f beta-Wollastonit; BGH GRUR 1980, 716, 718 Schlackenbad; BGHZ 105, 381 f = GRUR 1989, 103 Verschlußvorrichtung für Gießpfannen; BGH GRUR 1993, 896 Leistungshalbleiter; vgl *Fitzner/Lutz/Bodewig* Rn 12; *Mes* Rn 6.

30   BGH GRUR 1966, 488, 490 Titelsetzgerät; DPA BlPMZ 1959, 358.

31   BGH Titelsetzgerät; BPatGE 16, 130 f = GRUR 1974, 726.

32   BGH Schlackenbad; BPatGE 21, 11 = Mitt 1978, 232.

IV. Teil-, Zwischen- und Vorabentscheidungen

1. Grundsatz. Grds ist wegen der Bindung an den Erteilungsantrag über die Anmeldung als Ganzes **19** zu entscheiden. Teilentscheidungen sind grds unzulässig (vgl aber Rn 21).[33] Auch dies folgt grds bereits daraus, dass das Gesetz die möglichen Entscheidungsinhalte in den §§ 48, 49 abschließend dahin umschreibt, dass das Prüfungsverfahren in die Patenterteilung oder die Zurückweisung der Anmeldung einmündet. Daraus folgt auch, dass bei Anmeldermehrheit der Verfahrensgegenstand nicht teilbar ist.[34] Zumindest für eine äußerste Beschränkung der Zwischen- und Vorabentscheidungen spricht aber auch, dass sie die gesetzliche Zuständigkeitsverteilung für die Beschwerdeinstanz – zwischen technischem und juristischem Beschwerdesenat – willkürlich verändern.[35]

2. Teilentscheidungen. Ein Patent kann nicht teilweise gewährt werden, insb kann, wenn ein Patent **20** mit mehreren Patentansprüchen angemeldet ist, von denen sich einer als nicht gewährbar erweist, die Anmeldung nur insgesamt zurückgewiesen werden, es sei denn, dass der Anmelder hilfsweise Erteilung mit einer (insgesamt) gewährbaren Anspruchsfolge beantragt.[36] Insb ist eine Aufteilung nach Anspruchskategorien nicht zulässig.[37]

Unter Zurückweisung des Hauptantrags kann das Patent nach Hilfsantrag erteilt werden.[38] Als **unzu- 21 lässig** ist es vom BPatG insb angesehen worden, eine Anmeldung, bei der die Patenterteilung mit einem Patentanspruch in einer ersten und hilfsweise in weiteren Fassungen geltend gemacht wird, unter Zugrundelegung der ersten Fassung durch Teilbeschluss zurückzuweisen und die Entscheidung über die hilfsweise geltend gemachte(n) Fassung(en) bis zur Rechtskraft des Teilbeschlusses auszusetzen.[39] Der BGH hat dies jedoch als grds zulässig angesehen,[40] allerdings können Gründe der Verfahrensökonomie gegen ein solches Vorgehen sprechen.[41] Zulässig sein soll nach Auffassung des BPatG hingegen eine Teilentscheidung, wenn sich das Erteilungsbegehren auf mehrere, durch unterschiedliche Fassungen der Patentansprüche festgelegte Anmeldungsgegenstände erstreckt und von diesen mehreren, im Eventualverhältnis zueinander stehenden prozessualen Ansprüchen nur einer zur Entscheidung reif ist.[42] Jedoch ist die alleinige Zurückweisung des Hauptantrags eine unangemessene und den Grundsätzen der Verfahrensökonomie widersprechende Sachbehandlung, wenn im Patenterteilungsverfahren der Hauptantrag durch Teilbeschluss zurückgewiesen wird, obwohl der Hilfsantrag entscheidungsreif und gewährbar ist.[43]

---

33 BPatG BlPMZ 1999, 40 f; BPatGE 23, 48 = GRUR 1980, 997, GbmSache; PA BlPMZ 1908, 258; PA Mitt 1914, 166; BPatGE 2, 56, 59 = BlPMZ 1962, 235; BPatGE 16, 130 = GRUR 1974, 726; BPatGE 17, 228, 232 = GRUR 1975, 600 mwN; *Benkard* Rn 5; *Schulte* Rn 11; *Fitzner/Lutz/Bodewig* Rn 13; aA BPatGE 27, 1 = BlPMZ 1985, 47; vgl BGH GRUR 1966, 85 Aussetzung der Bekanntmachung; EPA T 1105/96 ABl EPA 1998, 249 Anträge: keine Zurückweisung eines weiteren, für gewährbar erachteten Hilfsantrags, weil der Anmelder nicht auf alle im Rang vorgehenden Anträge verzichtet.
34 BPatG BlPMZ 2007, 46.
35 BPatGE 2, 56, 59 = BlPMZ 1962, 235; BPatGE 17, 228, 232 = GRUR 1975, 600 mwN; BPatGE 22, 153 f = BlPMZ 1980, 226; *Fitzner/Lutz/Bodewig* Rn 13.
36 BGH GRUR 1979, 220 f beta-Wollastonit; BGH GRUR 1980, 716, 718 Schlackenbad; BPatGE 16, 130 = GRUR 1974, 726; *Büscher/Dittmer/Schiwy* Rn 6; so bereits zur Bekanntmachung früheren Rechts BGH GRUR 1966, 146 beschränkter Bekanntmachungsantrag.
37 *Schulte* Rn 11.
38 BPatG 17.5.2004 10 W (pat) 46/02; *Schulte* Rn 12.
39 BPatG BlPMZ 1999, 40 f; BPatGE 23, 48 = GRUR 1980, 997; BPatG GRUR 2006, 1046 „Aceclofenac", Schutzzertifikatssache; aA BPatGE 47, 224 = GRUR 2004, 320.
40 BGHZ 166, 347 = GRUR 2006, 748 Mikroprozessor; *Mes* Rn 8; kr *Hövelmann* GRUR 2009, 718 f, der eine Teilentscheidung nur dann für zulässig hält, wenn es in letzter Tatsacheninstanz um die formale Zulässigkeit einer Anspruchsfassung geht und die Gefahr einander widersprechender Entscheidungen nicht besteht.
41 BGH Mikroprozessor; BPatG 28.4.2008 17 W (pat) 87/07: nur in Ausnahmefällen, *Schulte* Rn 12; *Fitzner/Lutz/Bodewig* Rn 14; vgl BPatG 28.4.2008 17 W/pat) 73/07; BPatG 27.5.2008 17 W (pat) 27/08 Schulte-Kartei PatG 35.1 Nr 383 Ls; BPatG 18.7.2008 17 W/pat) 28/08 Mitt 2009, 286 Ls; BPatG 10.11.2011 17 W (pat) 43/08.
42 BPatGE 27, 1 = BlPMZ 1985, 47; vgl zur Problematik *Hövelmann* GRUR 1998, 434 und Mitt 1999, 411, 413.
43 BPatG BlPMZ 2011, 308 in Fortführung von BPatG 17 W (pat) 28/08 Mitt 2009, 286 Ls und BPatG 28.4.2008 17 W (pat) 87/07; vgl BPatG 19.1.2011 17 W (pat) 104/07; *Schulte* Rn 12.

22 **3. Zwischen- oder Vorabentscheidungen** sind ausnahmsweise zulässig, wenn Gesetz oder Sinn des Verfahrens sie erfordern.[44] Sie sind jedenfalls unzulässig, wenn in der Sache selbst abschließend entschieden werden kann.[45]

23 Unzulässig ist die Vorabentscheidung über die Wirksamkeit einer Teilungs- oder Ausscheidungserklärung,[46] den richtigen Anmeldetag,[47] die Rechtmäßigkeit einer Gebührenbenachrichtigung (§ 17 Abs 3 aF),[48] die Zulässigkeit des Einspruchs.[49]

24 Zulässig ist eine Vorabentscheidung über die förmlichen Voraussetzungen der Inanspruchnahme einer Ausstellungspriorität,[50] die Verwirkung der Priorität,[51] die Unzulässigkeit eines Prüfungsantrags,[52] die Unzulässigkeit eines Einspruchs.[53]

25 Wenn eine Vorabentscheidung zulässig ist, steht es im pflichtgem **Ermessen** der entscheidenden Stelle, ob sie von dieser Möglichkeit Gebrauch macht oder die Entscheidung mit der abschließenden Sachentscheidung trifft.[54] Es gibt keinen Anspruch auf Erlass einer Vorabentscheidung, ihre Ablehnung ist deshalb nicht beschwerdefähig.[55]

V. Recht auf Äußerung („rechtl Gehör")

26 Das Prüfungsverfahren ist vom Grundsatz beherrscht, dass keine Entscheidung auf Gründe gestützt werden darf, die dem Anmelder nicht zuvor mit der Gelegenheit zur Stellungnahme mitgeteilt worden sind (Rn 13 zu § 45; Rn 56 f vor § 34).[56] Vor der Zurückweisung ist dem Anmelder daher durch (mindestens) einen Prüfungsbescheid (Rn 14 ff zu § 45), ggf auch durch Anberaumung einer Anhörung (Rn 6 ff zu § 46) Gelegenheit zu geben, zu den Beanstandungen Stellung zu nehmen und die Mängel, soweit möglich, binnen zu setzender Fristen zu beseitigen. Durch die ausdrückliche Verweisung in Satz 2 auf § 42 Abs 3 Satz 2 wird verdeutlicht, dass seine Erfüllung ggf auch mehrere Prüfungsbescheide erforderlich machen kann (Rn 28 ff zu § 45; Rn 31 ff zu § 42). Auf neues sachliches Vorbringen des Anmelders muss eingegangen werden.[57] Ist die Äußerungsmöglichkeit im erforderlichen Umfang gewährt, ist ohne Bedeutung, ob der Anmelder von der Möglichkeit zur Äußerung oder Mängelbeseitigung Gebrauch macht, dies bloß unterlässt oder ob er die Mängelbeseitigung ausdrücklich verweigert.[58] Erklärt der Anmelder, eine Äußerung sei nicht beabsichtigt, kann jedoch sogleich entschieden werden.[59] Zur Zusatzanmeldung *7. Aufl.*

27 Bei vollständigem Übereinstimmen der Unterlagen der **Teilanmeldung** mit denen der Stammanmeldung („identische Teilung") kann die Teilanmeldung zurückgewiesen werden, ohne dass es eines weiteren Prüfungsbescheids zur Teilanmeldung bedarf, wenn der Bescheid bereits zur Stammanmeldung ergangen ist.[60]

28 **Umstände** iSv Satz 2 iVm § 42 Abs 3 Satz 2, die der Sachentscheidung nicht ohne vorherige Erörterung mit dem Anmelder zugrunde gelegt werden dürfen, sind nur Tatsachen und Verhältnisse tatsächli-

44 BPatGE 17, 226 = BlPMZ 1976, 20; BPatGE 22, 153 f = BlPMZ 1980, 226.

45 BPatGE 22, 153 f = BlPMZ 1980, 226.

46 BPatGE 17, 226 f = BlPMZ 1976, 20; BPatGE 22, 153 f = BlPMZ 1980, 226.

47 BPatGE 2, 56, 59 = BlPMZ 1962, 235; BPatG Mitt 1970, 236; DPA BlPMZ 1955, 216.

48 BPatGE 3, 8, 11 = GRUR 1964, 445.

49 BPatGE 17, 228 = GRUR 1975, 600.

50 BGHZ 92, 188 = GRUR 1985, 34 Ausstellungspriorität.

51 BPatGE 9, 211, 213 = Mitt 1973, 166; BPatGE 25, 74 = BlPMZ 1983, 150 f; RPA BlPMZ 1935, 137.

52 BPatGE 15, 134, 137 = GRUR 1974, 80.

53 BPatGE 11, 60, 65; BPatG 4.11.1969 20 W (pat) 137/66 BlPMZ 1971, 28 Ls; BPatG 3.11.2004 9 W (pat) 701/04; DPA BlPMZ 1954, 260; DPA BlPMZ 1959, 324; DPA BlPMZ 1961, 57.

54 BGHZ 92, 188 = GRUR 1985, 34 Ausstellungspriorität; BPatGE 15, 134, 137 = GRUR 1974, 80; BPatGE 17, 228, 232 = GRUR 1975, 600; BPatG 3.11.2004 9 W (pat) 701/04.

55 BPatGE 15, 134, 137 = GRUR 1974, 80.

56 BPatGE 34, 212 = BlPMZ 1995, 172; BPatG 2.10.2003 11 W (pat) 31/02; BPatG 13.7.2007 17 W (pat) 49/07; BPatG 2.4.2009 19 W (pat) 9/05; BPatG 9.7.2013 21 W (pat) 71/09; vgl *Schulte* Rn 14 ff; *Fitzner/Lutz/Bodewig* Rn 15 ff; *Mes* Rn 3; vgl zum Markenrecht BGH GRUR 2016, 500 Fünf-Streifen-Schuh.

57 BPatG 23.6.2003 14 W (pat) 40/02.

58 BGH GRUR 1970, 258, 260 Faltbehälter.

59 BPatG 26.1.2010 21 W (pat) 40/09; *Schulte* Rn 14.

60 Vgl BPatG 2.2.2011 19 W (pat) 75/09; *Schulte* Rn 14.

cher Art, nicht auch Rechtssätze oder rechtl Erwägungen.[61] Solche Umstände sind zB neu festgestellte Formmängel,[62] neue Entgegenhaltungen,[63] eine Änderung der Auslegung einer erörterten Literaturstelle durch den Prüfer,[64] die geänd Wertung einer bisher nicht als patentschädlich angeführten Entgegenhaltung,[65] die Wertung eines Begriffsaustauschs als erweiternd.[66]

Zu den **inhaltlichen Anforderungen** an den Beschluss Rn 21 ff zu § 47. **29**

Eine **geänderte Rechtsauffassung** ist zwar kein Umstand in diesem Sinn, eine Verpflichtung, sie **30** mitzuteilen, kann sich aber aus der Aufklärungspflicht ergeben.[67]

VI. Wirkung der Zurückweisung

Die Zurückweisung wird mit Herausgabe der zuzustellenden Beschlussausfertigung an den Doku- **31** mentenversand für das DPMA bindend (Rn 62 ff zu § 47). Sie ist auch bindend, wenn sie in einer Anhörung verkündet wird. Außenwirkung entfaltet sie allerdings erst mit der Zustellung oder der Verkündung.[68] Mit Unanfechtbarkeit des Zurückweisungsbeschlusses ist die Patentanmeldung erledigt. Die Entscheidung wirkt keine materielle Bestandskraft,[69] erwächst aber in formelle Bestandskraft. Der Anmelder ist nicht gehindert, denselben Gegenstand (mit anderem Zeitrang) erneut anzumelden.[70] Jedoch steht die frühere Anmeldung uU als StdT entgegen.[71]

Weiterbehandlung nach § 123a kommt in Betracht; wenn die Zurückweisung auf der Versäumung **32** einer vom DPMA gesetzten Frist beruht.

Ein Zurückweisungsbeschluss nach Eintritt der Rücknahmefiktion ist nichtig; dies kann durch **33** deklaratorischen Beschluss festgestellt werden.[72]

C. Zurückweisung der europäischen Patentanmeldung

Die eur Patentanmeldung wird entweder im Rahmen der Formalprüfung nach Art 90 Abs 5 EPÜ oder **34** im Prüfungsverfahren nach Art 97 Abs 2 EPÜ zurückgewiesen, wenn sie oder die Erfindung, die sie zum Gegenstand hat, den Erfordernissen des EPÜ nicht genügt, sofern das EPÜ keine andere Rechtsfolge vorschreibt.

Die **Zurückweisung** erfolgt, wenn die Anmeldung einem Erfordernis des EPÜ nicht genügt, **ohne** **35** **weitere Prüfung**, ob sie einen patentfähigen Gegenstand enthält.[73]

Andere Rechtsfolge iSv Art 97 Abs 1 EPÜ, die den Erlass einer zurückweisenden Entscheidung aus- **36** schließt, ist die Fiktion der Anmeldungsrücknahme, wie sie in Art 94 Abs 4 EPÜ (nicht rechtzeitige Antwort), Art 86 Abs 1 EPÜ (Nichtzahlung der Jahresgebühr) oder Regel 71 Abs 7 EPÜ (Nichtzahlung der Erteilungs- und der Veröffentlichungsgebühr sowie der Anspruchsgebühren) vorgesehen ist.[74]

Eine **Zwischenentscheidung** kommt nicht in Betracht, wenn das Patent nur nach **Hilfsantrag** zu er- **37** teilen ist.[75] Zur Behandlung des Falls, dass der Anmelder auf einer weitergehenden Erteilung des Patents beharrt, Rn 33 zu § 49.

---

61 BGH GRUR 1966, 583 f Abtastverfahren; BPatGE 3, 40 f = BlPMZ 1963, 38; DPA BlPMZ 1952, 325 f; *Schulte* Rn 15; *Fitzner/Lutz/Bodewig* Rn 16; aA für besonders gelagerte Fälle BPatGE 41, 231 = GRUR 2000, 398.
62 BPatGE 23, 2, 4 = BlPMZ 1981, 245.
63 Zur Notwendigkeit eines Hinweises auf eine Druckschrift, die zwar in einer anderen Entgegenhaltung zitiert ist, auf die aber nicht eigens hingewiesen wurde, BPatG 2.10.2003 11 W (pat) 31/02.
64 DPA BlPMZ 1961, 176.
65 *Schulte* Rn 15 und *Fitzner/Lutz/Bodewig* Rn 16, jeweils unter Hinweis auf RPA Mitt 1929, 131.
66 BPatG 9.1.2012 19 W (pat) 65/09; *Schulte* Rn 15.
67 DPA BlPMZ 1952, 325; vgl *Schulte* Rn 15; *Fitzner/Lutz/Bodewig* Rn 16.
68 Vgl *Schulte* Rn 20.
69 So auch *Büscher/Dittmer/Schiwy* Rn 10.
70 RGZ 79, 330 = BlPMZ 1912, 228 Ledernarben.
71 Vgl *Schulte* Rn 20; *Fitzner/Lutz/Bodewig* Rn 18.
72 BPatG 12.12.2001 9 W (pat) 57/00.
73 EPA T 5/81 ABl EPA 1982, 249 = GRUR Int 1982, 676 Herstellung von Hohlkörpern; EPA T 293/86; EPA T 398/86; EPA T 98/88; EPA T 162/88; EPA T 856/05.
74 *Singer/Stauder* Art 97 EPÜ Rn 48.
75 EPA T 839/95.

38   Zur **Form der Zurückweisung** (Regel 111 AOEPÜ) Rn 83 ff zu § 47.

39   **Begründung** des Zurückweisungsbeschlusses ist in jedem Fall erforderlich (vgl Rn 85 f zu § 47). Das Fehlen einer Begründung stellt einen schweren Verfahrensmangel dar, der die Rückzahlung der Beschwerdegebühr rechtfertigt.[76] Eine mangelhafte Begründung steht dem Fehlen einer Begründung nicht ohne weiteres gleich.[77]

40   **Zuständigkeit.** Die Zurückweisung nach Art 97 Abs 2 EPÜ ist Sache der Prüfungsabteilung. Beseitigt der Anmelder vom Formalsachbearbeiter nach Art 90 Abs 5 iVm Abs 3 EPÜ beanstandete Mängel nicht, erlässt die Eingangsstelle die Entscheidung.[78]

41   Zur **Berichtigung der Zurückweisungsentscheidung** (Regel 140 AOEPÜ) vgl Rn 91 ff zu § 47.

§ 49
(Erteilungsbeschluss, Aussetzung der Erteilung)

(1) Genügt die Anmeldung den Anforderungen der §§ 34, 37 und 38, sind nach § 45 Abs. 1 gerügte Mängel der Zusammenfassung beseitigt und ist der Gegenstand der Anmeldung nach den §§ 1 bis 5 patentfähig, so beschließt die Prüfungsstelle die Erteilung des Patents.

(2) Der Erteilungsbeschluß wird auf Antrag des Anmelders bis zum Ablauf einer Frist von fünfzehn Monaten ausgesetzt, die mit dem Tag der Einreichung der Anmeldung beim Patentamt oder, falls für die Anmeldung ein früherer Zeitpunkt als maßgebend in Anspruch genommen wird, mit diesem Zeitpunkt beginnt.

Ausland: Belgien: vgl Art 22 PatG 1984, Art 28, 29 Erlass vom 2.12.1986; **Dänemark:** § 19 Abs 1, 2 PatG 1996; **Frankreich:** Art L 612-17, R 612-70–73 CPI; **Litauen:** Art 22 Abs 1 PatG; **Niederlande:** Art 33, 36 ROW 1995; **Österreich:** § 101c öPatG; **Polen:** Art 52 RgE 2000; **Schweden:** § 19 PatG; **Schweiz:** Art 59a, 59b (Verschiebung) PatG, Art 69, 70 PatV; **Serbien:** Art 46 PatG 2004; **Slowakei:** § 44 Abs 4 PatG; **Slowenien:** Art 90–93 GgE; **Spanien:** Art 37 PatG; **Tschech. Rep.:** § 34 Abs 3 PatG; **Türkei:** Art 60 (Patenterteilung ohne Sachprüfung), 62 (Patenterteilung mit Sachprüfung) VO 551

---

[76]   EPA J 27/86.
[77]   EPA T 647/93 ABl EPA 1995,132 Nr 4.2.
[78]   Mitt EPA ABl 1984, 317 Nr 6; 1989, 178; 1999, 503.

Schrifttum: *Goebel/Möslinger* Die Praxis des deutschen Patenterteilungsverfahrens, GRUR 1986, 633; *Günzel* Die Anhängigkeit der Stammanmeldung als Voraussetzung für die Einreichung einer Teilanmeldung – ein Bericht und viele Fragen, GRUR Int. 2008, 644; *Hövelmann* Das Patent nach Hilfsantrag, GRUR 1998, 434; *Hövelmann* Der nicht beschiedene Hilfsantrag, GRUR 2009, 718; *Jung* Die Praxis des europäischen und deutschen Patenterteilungsverfahrens im Vergleich, GRUR 1986, 210; *König* Die Rechtsnatur der Patenterteilung und ihre Bedeutung für die Auslegung von Patentansprüchen, GRUR 1999, 809; *Krabel* Kommt das Patent durch staatlichen Verleihungsakt zustande? GRUR 1977, 204; *Mes* Der Anspruch auf das Patent: ein Rechtsschutzanspruch? GRUR 2001, 584; *Möbes* Die Rechtsnatur der Patenterteilung, Diss 1919; *Papke* Abhilfe, GRUR 1986, 864; *Papke* „Stillschweigend bedingte" Patenterteilungen? Mitt 1987, 29; *Schanze* Die Patenterteilung, in: Das Recht der Erfindungen und Muster, 1899; *Schlitzberger* Die Kundmachung des Patentgegenstands, GRUR 1975, 567; *Stortnik* Erhöhung der Effektivität des Patentprüfungsverfahrens, GRUR 2010, 871; *Trüstedt* Deutsche Patenterteilung, europäisch harmonisiert, FS 25 Jahre BPatG (1986), 109.

A. Geltungsbereich; Normzweck

I. Zeitlich

Die Vorgängerbestimmung (§ 30) ist durch Art 8 Nr 27 GPatG neu gefasst worden (zum Wegfall der **1** Bekanntmachung, die der Patenterteilung vorgeschaltet war, seit 1.1.1981 Rn 17 vor § 34, Rn 1 zu § 58). Sie hat ihre geltende Bezeichnung (§ 49) durch die Neubek 1981 erhalten. Nach Art 12 Abs 4, Art 17 Abs 3 GPatG gilt sie für **alle Anmeldungen**, ausgenommen solche, deren Bekanntmachung vor dem 1.1.1981 beschlossen worden ist. Art 2 Nr 18 2.PatGÄndG hat die Verweisung in Abs 1 redaktionell geänd.[1]

II. Im **Einspruchsverfahren** gilt § 61. **2**

III. Im Verfahren über die Erteilung **ergänzender Schutzzertifikate** gilt § 49a Abs 2 Satz 1. **3**

IV. Normzweck; systematische Stellung

S zunächst Rn 4 f zu § 48. § 49 regelt die positive Entscheidung, die früher die Bekanntmachung (vgl **4** *5. Aufl* Rn 2f), nach geltendem Recht hingegen die Erteilung des Patents beinhaltet. Das Einspruchsverfahren ist nach geltendem Recht der Patenterteilung nahgeschaltet und nicht mehr wie vor 1981 diesem vorgeschaltet.

B. Patenterteilung

I. Grundsatz

§ 49 bestimmt, dass bei positiver Beurteilung des Patenterteilungsantrags das Patent zu erteilen ist, **5** und legt die Voraussetzungen fest, unter denen diese Entscheidung zu ergehen hat. Die Aufzählung dieser Voraussetzungen ist abschließend, muss allerdings um die zu beachtenden allg Verfahrensvoraussetzungen ergänzt werden (Rn 9 zu § 48). Da die Erteilungsvoraussetzungen mit den in § 48 genannten Voraussetzungen der Zurückweisung korrespondieren, kann wegen der Einzelheiten auf Rn 6 ff zu § 48 verwiesen werden.

II. Erteilungsvoraussetzungen sind anhängige Anmeldung (Rn 6 zu § 48), wirksamer Prüfungsan- **6**
trag (Rn 7 zu § 48) und Fehlen eines Zurückweisungsgrunds (Rn 8 ff zu § 48).

III. Zur **Bindung an den Erteilungsantrag** Rn 16 f zu § 48. **7**

IV. Erteilungsbeschluss

1. Allgemeines. Das Patent wird durch Beschluss erteilt (Abs 1; Rn 10 ff zu § 47). Der Ertei- **8** lungsbeschluss ist rechtsgestaltender Verwaltungsakt, er schafft das Patent und legt seinen Inhalt

---

1 Begr 2.PatGÄndG BTDrs 13/9971 = BlPMZ 1998, 393, 404.

fest.[2] Er geht der Patentschrift vor,[3] ist für den Bestand des Patents und dessen Wortlaut maßgebend.[4] Aus ihm muss klar und eindeutig hervorgehen, welche Anspruchsfassung der Erteilung zugrunde gelegt worden ist.[5]

9   **2. Zuständigkeit.** Der Erteilungsbeschluss wird bei dt Patenten von der **Prüfungsstelle** erlassen (§ 27 Abs 1 Satz 1 Nr 1), und zwar stets durch den Prüfer (§ 27 Abs 2; Rn 13 zu § 27), nie durch Beamte des gehobenen oder mittleren Diensts oder vergleichbare Tarifbeschäftigte (§ 27 Abs 5 Satz 1 2. Halbs).

10   Im Beschwerdeverfahren wegen Zurückweisung der Anmeldung kann der **Beschwerdesenat des BPatG** das Patent erteilen (Rn 51 zu § 79).

3. Inhalt

11   **a. Kopfschrift (Rubrum)** (Rn 19 f zu § 47). Als Berechtigten hat der Erteilungsbeschluss den wirklichen Rechtsträger aufzuführen, also den berechtigten Anmelder oder seinen Rechtsnachfolger, bei rechtsgeschäftlicher Übertragung den Erwerber, sofern die Übertragung bei Erlass des Erteilungsbeschlusses nachgewiesen ist (§ 30 Abs 3 Satz 1; Rn 49 zu § 30), wenn der Anmelder verstorben ist, seine Erben.[6] Die Erben müssen vor Erlass des Erteilungsbeschlusses ermittelt werden, weil das Patent nach Rspr und Lit nicht einer unbekannten Person oder Personenmehrheit erteilt werden kann (Rn 99 zu § 30).[7] Jedoch kann ein anhängiges Verfahren ohne vorherige Eintragung des Gesamtrechtsnachfolgers gegen diesen weitergeführt werden.[8] Die in Rspr und Lit vertretene Auffassung erscheint damit wenig konsequent, zumal für die unbekannten Erben ein Nachlasspfleger (§ 1960 BGB) bestellt werden kann.

12   **b. Die Beschlussformel** (Rn 21 zu § 47) enthält den Ausspruch über die Patenterteilung. Ein Beschluss des BPatG, wonach „das Patent zu erteilen ist", ist kein Erteilungsbeschluss, sondern eine ausführungsbedürftige Anweisung an die Prüfungsstelle.[9] In der Beschlussformel sind die Unterlagen, mit denen das Patent erteilt wird, genau zu bezeichnen.[10] Wird der Erteilungsbeschluss am Ende einer Anhörung verkündet, sind die der Erteilung zugrunde gelegten Unterlagen in den Tenor aufzunehmen und in der Niederschrift zu protokollieren; ein Verweis auf ein nach der Beschlussfassung erstelltes Anlagenverzeichnis ist nicht zulässig. Im Tenor des schriftlich begründeten Beschlusses ist der identische Wortlaut des mündlich verkündeten Tenors zu verwenden.[11]

13   **c. Begründung** (Rn 22 ff zu § 47). Der Erteilungsbeschluss bedarf, wenn er dem Erteilungsbegehren voll entspricht, keiner Begründung[12] (§ 47 Abs 1 Satz 3; Rn 23 zu § 47). Wird nach Hilfsantrag erteilt, bedarf die Zurückweisung des Haupt- oder eines vorrangigen Hilfsantrags der Begründung.

14   **d. Beschlussausgang** und **Unterschrift** (Rn 31, 32 ff zu § 47). Zur elektronischen Signatur Rn 21 f zu § 125a.

---

2   BPatGE 1, 1 = GRUR 1965, 83; BPatGE 1, 15, 17 = BlPMZ 1962, 152; BPatG 30.9.2013 10 W (pat) 10/12; BPatGE 32, 259, 263 = GRUR 1992, 380, GbmSache; *Benkard* Rn 3; *Fitzner/Lutz/Bodewig* Rn 5; *Mes* Rn 4; *Büscher/Dittmer/Schiwy* Rn 6; aA *Krabel* GRUR 1977, 204.

3   BPatG 25.3.2013 10 W (pat) 34/12; RGZ 46, 68 = BlPMZ 1900, 268 Leibbinden II; *Benkard* Rn 3.

4   RGZ 153, 315, 320 = GRUR 1937, 615 Passstift für Bauteile; BPatGE 18, 27, 29 = BlPMZ 1976, 22; *Benkard* Rn 3; *Fitzner/Lutz/Bodewig* Rn 5; *Schlitzberger* GRUR 1975, 567, 569 mwN; ebenso EPA Rechtsauskunft Nr 17/90 ABl EPA 1990, 260; vgl *Schulte* Rn 40.

5   BPatG 25.3.2013 10 W (pat) 34/12 unter Hinweis auf BPatGE 18, 27, 29 f = BlPMZ 1976, 22 zum Bekanntmachungsbeschluss; BPatG 30.9.2013 10 W (pat) 10/12.

6   Vgl *Benkard* Rn 3; *Fitzner/Lutz/Bodewig* Rn 10.

7   BPatGE 1, 1, 4 = GRUR 1965, 83; *Benkard* Rn 3; *Fitzner/Lutz/Bodewig* Rn 10.

8   BPatGE 32, 153, 156 = BlPMZ 1992, 19, GbmSache.

9   BPatGE 1, 1, 4 = GRUR 1965, 83; *Schulte* Rn 20.

10   BPatGE 18, 27 = BlPMZ 1976, 22; *Benkard* Rn 4; *Schulte* Rn 23; *Fitzner/Lutz/Bodewig* Rn 11.

11   BPatGE 54, 94 = Mitt 2014, 132 „Modulanordnung"; vgl BPatG 27.7.2009 20 W (pat) 65/04.

12   *Mes* Rn 7.

e. Rechtsmittelbelehrung (Rn 37 ff zu § 47). Da der Erteilungsbeschluss Beschluss iSv § 47 ist, muss **15** er eine Rechtsmittelbelehrung enthalten.[13] Ein Rechtsmittel ist allerdings nur zulässig, wenn der Anmelder beschwert ist, weil seinem Antrag nicht voll entsprochen worden ist (Rn 79 ff zu § 73). Schädlich ist das Fehlen einer Rechtsmittelbelehrung daher nur in diesem Fall (Rn 39 zu § 47).

V. Zur **Ausfertigung** des Erteilungsbeschlusses Rn 54 zu § 47, zu seiner **Zustellung** Rn 55 ff zu § 47, **16** zum **Wirksamwerden** Rn 60 zu § 47, zu **Berichtigung und Ergänzung** Rn 68 ff zu § 47. Zur Ausfertigung einer Patenturkunde Rn 24 zu § 58, § 25 DPMAV.

VI. Wirkungen des Erteilungsbeschlusses

1. Erteilungswirkung. Mit Wirksamwerden des Erteilungsbeschlusses (Rn 60 zu § 47) ist das Patent – **17** vorbehaltlich der aufschiebenden Wirkung einer Beschwerde gegen den Erteilungsbeschluss (Rn 26) – erteilt[14] (zum Eintritt der gesetzlichen Wirkungen des Patents vgl allerdings Rn 22). Bei Divergenzen zur Patentschrift geht er dieser vor (Rn 8).

2. Zur **Bindungswirkung** (Selbstbindung) Rn 62 ff zu § 47. **18**

3. Beendigungswirkung. Der Beschluss beendet das Prüfungsverfahren.[15] Seine Fortsetzung nach **19** antragsgem Patenterteilung ist nicht möglich, weil keine Anmeldung mehr anhängig ist.[16] Sie kann auch nicht wegen nachträglich erkannter Patenthindernisse erfolgen oder weil etwa der Anmelder selbst mit der antragsgem Fassung des Patents nicht mehr einverstanden ist. Dies folgt aus der Bindungswirkung der Patenterteilung, die nicht zur Disposition des Anmelders steht.[17]

Die **Rücknahme der Patentanmeldung** ist jedoch bis zur Bestandskraft des Erteilungsbeschlusses **20** (auch noch im Rechtsbeschwerdeverfahren) möglich, da diese bis zu diesem Zeitpunkt anhängig ist.[18]

4. Heilungswirkung. Der unanfechtbare Erteilungsbeschluss heilt etwaige unbemerkt gebliebene **21** Mängel des Erteilungsverfahrens,[19] zB die Erteilung trotz Rücknahme der Anmeldung[20] (anders im GbmRecht, Rn 11 vor § 15 GebrMG)[21] oder vorherigen Eintritts der Rücknahmefiktion,[22] zu Unrecht gewährter Wiedereinsetzung.[23] Der BGH leitet dies nicht aus einer im Gesetz nicht geregelten Heilungswirkung der Patenterteilung als solcher ab, sondern zieht die Tatbestandswirkung des Verwaltungsakts der Patenterteilung heran. Diese muss sich zwar auf die Bestimmung des Anmeldetags, aber nicht notwendig auch auf die materiellrechtl Frage erstrecken, welcher Tag den Zeitrang der Anmeldung (iSd § 3 Abs 1) bestimmt (vgl auch Rn 50 zu § 41).[24] Zur Berücksichtigung im Nichtigkeitsverfahren Rn 34 zu § 22.

5. Der **Eintritt der gesetzlichen Wirkungen des Patents** ist nach § 58 Abs 1 Satz 3 von der Veröffent- **22** lichung der Patenterteilung im PatBl abhängig, auf deren unverzügliche Vornahme der Anmelder nach der bestandskräftigen Patenterteilung einen Rechtsanspruch hat.[25] Ihre Ablehnung, zB wegen unrechtmäßiger Patenterteilung, wäre rechtswidrig.

---

13 BPatGE 18, 27 = BlPMZ 1976, 22.
14 *Benkard* Rn 6; *Fitzner/Lutz/Bodewig* Rn 14.
15 BPatGE 25, 147, 150 = GRUR 1983, 643; BPatGE 26, 36, 38 = BlPMZ 1984, 194; *Schulte* Rn 34; zur Aufnahme zwar ursprungsoffenbarter, aber nicht mitpatentierter Merkmale im Einspruchsverfahren BPatG 29.7.2005 14 W (pat) 349/03.
16 BPatGE 32, 259, 263 = GRUR 1992, 380, GbmSache.
17 BPatGE 25, 147, 149 = GRUR 1983, 643; vgl auch BPatG Mitt 1984, 173.
18 BGH GRUR 1999, 571 f künstliche Atmosphäre; BPatG 33, 171 = BlPMZ 1993, 321; BPatG 38, 195; *Schulte* Rn 37; *Fitzner/Lutz/Bodewig* Rn 14; vgl Schreiben des Berichterstatters des BGH Mitt 1985, 52.
19 *Schulte* Rn 39; *Fitzner/Lutz/Bodewig* Rn 16; *Büscher/Dittmer/Schiwy* Rn 6.
20 Vgl *Schulte* Rn 28; BPatG Mitt 1991, 159 (Zusatzpatent nach Rücknahme der Hauptanmeldung).
21 Vgl aber BPatGE 44, 209, 213 f = BlPMZ 2002, 220, GbmSache; BPatGE 10, 140, 142 = GRUR 1970, 100, WzSache.
22 BPatG BlPMZ 1984, 380; BPatGE 44, 193: unwirksame Teilung; BPatG 29.1.2009 2 Ni 36/07 (EU); BPatG 5.8.2014 2 Ni 34/12 (EP); *Schulte* Rn 28, 39; *Fitzner/Lutz/Bodewig* Rn 16; vgl *Mes* Rn 6; aA offenbar BPatGE 39, 17 = GRUR 1998, 460.
23 BGH GRUR Int 1960, 506 Schiffslukenverschluß; BGHZ 152, 172 = GRUR 2003, 47 Sammelhefter I; *Schulte* Rn 28.
24 BGH Sammelhefter I.
25 *Schulte* Rn 38.

6. Fristwirkung

23   **a.** Die **Beschwerdefrist** wird nach § 73 Abs 2 Satz 1 durch die Zustellung des Erteilungsbeschlusses in Lauf gesetzt (Rn 61 zu § 47).

24   **b.** Die **Einspruchsfrist** wird erst mit der Veröffentlichung der Patenterteilung in Lauf gesetzt (§ 59 Abs 1 Satz 1).

VII. Anfechtung

25   Der Erteilungsbeschluss ist Beschluss im materiellen Sinn (Rn 11 zu § 47). Gegen ihn ist daher **Beschwerde** statthaft. Sie setzt Beschwer (Rn 80 ff zu § 73) voraus, die bei antragsgem Patenterteilung fehlt.[26] Die Beschwerde ist insb zulässig, wenn der Erteilungsbeschluss vom Erteilungsantrag abweicht (Einzelheiten Rn 89 f zu § 73).

26   **Aufschiebende Wirkung** (§ 75 Abs 1). Eine Beschwerde, die nicht offensichtlich unzulässig ist, suspendiert die Wirkungen der Patenterteilung bis zur unanfechtbaren Erledigung des Rechtsbehelfs. Bis dahin bestehen die Schutzwirkungen des § 33 Abs 1 fort (Rn 15 zu § 75).

VIII. Unanfechtbarkeit

27   Die Patenterteilung wird unanfechtbar (bestandskräftig), wenn gegen den Erteilungsbeschluss oder eine ihn bestätigende Beschwerdeentscheidung kein Rechtsmittel eingelegt oder über ein solches Rechtsmittel unanfechtbar entschieden ist; dies gilt bei Erteilung durch das BPatG auch, wenn Rechtsbeschwerde nicht zugelassen wurde, weil die zulassungsfreie Rechtsbeschwerde eingelegt werden kann.[27]

IX. Keine Erteilungsgebühr

28   Mit der Aufhebung des § 57 durch Art 7 Nr 24 KostRegBerG ist die Erteilungsgebühr seit dem 1.1.2002 ersatzlos entfallen.[28]

C. Aussetzung der Patenterteilung (Abs 2)

29   Auf Antrag des Anmelders wird der Erteilungsbeschluss bis zum Ablauf einer Frist von 15 Monaten ab dem Anmelde- oder Prioritätstag ausgesetzt. Die Regelung soll dem Anmelder Zeit für Auslandsanmeldungen in Nicht-PVÜ-Staaten geben, in denen die inländ Veröffentlichung neuheitsschädlich sein könnte.[29] Die Aussetzung ist zeitlich begrenzt, damit die Veröffentlichung der Patenterteilung (§ 58 Abs 1, § 32 Abs 3) möglichst noch vor Ablauf der Achtzehnmonatsfrist des § 31 Abs 2 Nr 2 erfolgen und die Veröffentlichung einer Offenlegungsschrift vermieden werden kann (§ 32 Abs 2 Satz 3). Ihre Verlängerung ist nicht möglich. Ein Antrag auf Fristverlängerung ist unbeachtlich.

30   Der **Antrag** auf Aussetzung des Erteilungsbeschlusses kann nur bis zu dessen Bestandskraft gestellt werden.[30] Er bedarf keiner Begründung, ihm ist also ohne weiteres stattzugeben. Der Anmelder kann die Erteilung und deren Veröffentlichung nach Ablauf der Fünfzehnmonatsfrist nur noch durch Anmeldungsrücknahme verhindern.[31]

---

26   BPatGE 25, 7 = Mitt 1983, 71; BPatG GRUR 1983, 369.

27   BPatG 28.8.1975 16 W (pat) 140/73.

28   Begr BTDrs 14/6203 S 21=BlPMZ 2002, 36, 54.

29   BPatGE 26, 36 = BlPMZ 1984, 194; vgl Begr PatÄndG 1967 BTDrs V/714 = BlPMZ 1967, 244, 258; *Schulte* Rn 47; *Mes* Rn 10.

30   BPatGE 26, 36 = BlPMZ 1984, 194; BPatG BlPMZ 1992, 280; *Fitzner/Lutz/Bodewig* Rn 24; *Büscher/Dittmer/Schiwy* Rn 14.

31   BGH GRUR 1966, 85 Aussetzung der Bekanntmachung; vgl *Schulte* Rn 48; *Fitzner/Lutz/Bodewig* Rn 24.

D. Erteilung des europäischen Patents

Schrifttum: *Virkkala* eDrex – the new T-Rex? epi-Information 2015, 104.

I. Allgemeines

Die Entschweidung über die Erteilung des eur Patents ergeht nach Art 97 Abs 1 EPÜ iVm Regeln 71, **31** 71a Abs 1 AOEPÜ, wenn alle Gebühren nach Regel 71 AOEPÜ entrichtet sind, eine Übersetzung der Patentansprüche in den beiden Amtssprachen eingereicht ist, die nicht Verfahrenssprache sind, und Einverständnis mit der für die Erteilung vorgesehenen Fassung besteht.

II. Einverständnis

Eine ausdrückliche Einverständniserklärung mit der in Aussicht genommenen Fassung des Patents **32** ist nicht mehr vorgesehen. Vielmehr gilt die Zahlung der Gebühren und Übersendung der erforderlichen Übersetzungen der Patentansprüche als Einverständnis (Regel 71 Abs 3 Satz 2, Abs 5 AOEPÜ).

Verweigerung des Einverständnisses. Seit 1.4.2012 hat die Einverständniserklärung ihre Bedeutung **33** für den Fall wiedergewonnen, dass der Anmelder der vorgeschlagenen Fassung nicht zustimmt.[32] Entscheidend ist andernfalls allein, ob der Anmelder durch Zahlung der angeforderten Gebühren und Einreichung der angeforderten Übersetzungen der Patentansprüche die Fiktion seines Einverständnisses auslöst (Rn 32; Rn 73 zu § 45). Jedoch muss dem Anmelder die Gelegenheit gegeben werden, sein Nichteinverständnis mit der von der Prüfungsabteilung vorgeschlagenen Fassung zu erklären, und eine beschwerdefähige Entscheidung über die Zurückweisung seiner Anträge zu erwirken.[33] Erteilung des eur Patents nur für einen Teil der Patentansprüche ist nicht möglich, wohl aber (wie im dt Recht) Patenterteilung nach Hilfsantrag unter beschwerdefähiger Zurückweisung weitergehender Anträge.[34] Allerdings wurde es als nicht zulässig angesehen, eine exzessive Anzahl von Hilfsanträgen vorzulegen.[35] Der Anmelder kann der als gewährbar erachteten Fassung nach Hilfsantrag nach Regel 71 Abs 3 AOEPÜ zustimmen oder auf einer rangmäßig vorgehenden Anspruchsfassung bestehen. Wenn sich der Anmelder mit keiner der vorgeschlagenen Fassungen einverstanden erklärt, wird die Anmeldung regelmäßig nach Art 97 Abs 2 EPÜ zurückgewiesen.[36] Erfolgt die Erteilung mit einer Fassung, die der vom Anmelder gebilligten nicht entspricht, ist hiergegen die Beschwerde eröffnet.[37] Die Beschwerdekammer ist im Beschwerdeverfahren an eine positive Bewertung einer hilfsweise beantragten Fassung nicht gebunden. Zu Änderungsvorschlägen Rn 76 ff zu § 45.

III. Gebührenzahlung; Übersetzung

Nach Regel 71 Abs 3 AOEPÜ werden die erforderlichen Gebühren angefordert, also gleichzeitig mit der **34** Mitteilung der Fassung, in der die Prüfungsabteilung das Patent zu erteilen beabsichtigt. Angefordert werden in jedem Fall die Erteilungs- und die Veröffentlichungsgebühr (Regel 71 Abs 3 Satz 2 AOEPÜ), ggf zusätzliche Anspruchsgebühren (Regel 71 Abs 4 AOEPÜ). Zugleich ergeht die Aufforderung zur Einreichung der erforderlichen Übersetzungen der Patentansprüche in den beiden anderen Amtssprachen (Regel 71 Abs 3 AOEPÜ).

Die Zahlung der **Jahresgebühren** ist in Art 86 EPÜ iVm Regel 51 AOEPÜ geregelt; Fristversäumnis be- **35** gründet die Rücknahmefiktion für die Anmeldung. Wird eine Jahresgebühr nach der Mitteilung nach Regel 71 Abs 3 AOEPÜ, aber vor dem Tag der frühestmöglichen Bekanntmachung des Hinweises auf die Ertei-

---

32 Vgl *Singer/Stauder* EPÜ Art 97 Rn 8.
33 EPA T 1181/04 ABl EPA 2005, 312 Nichteinverständnis mit der für die Erteilung vorgeschlagenen Fassung; EPA T 1255/04 ABl EPA 2005, 323 Ls Dibenzorhodaminfarbstoffe; vgl auch EPA T 560/05.
34 Rechtsauskunft Nr 15/05 (rev. 2) ABl. EPA 2005, 357, auch zur Formulierung und Prüfung der Hilfsanträge; Aufhebung der Rechtsauskunft ABl EPA 2012, 446, hierzu *Singer/Stauder* EPÜ Art 97 Rn 18 ff.
35 EPA T 907/91.
36 Vgl *Singer/Stauder* EPÜ Art 97 Rn 14.
37 EPA T1093/05 ABl EPA 2008, 430; *Singer/Stauder* EPÜ Art 97 Rn 17.

lung des eur Patents fällig, wird der Hinweis auf die Erteilung erst bekannt gemacht, wenn diese Jahresgebühr entrichtet ist („Jahresgebührenlücke"; Regel 71a Abs 4 AOEPÜ).[38]

IV. Fristsetzung; Fristversäumung

36 Die Prüfungsabteilung setzt dem Anmelder zur Entrichtung der Gebühren sowie zur Einreichung der Übersetzungen eine Frist von vier Monaten. Diese ist nicht verlängerbar; Weiterbehandlung kann jedoch in Anspruch genommen werden.[39]

37 Die Versäumung der Frist zur Zahlung der Erteilungs- und der Veröffentlichungsgebühr sowie etwaiger Anspruchsgebühren und zur Einreichung der erforderlichen Übersetzungen hat zur Folge, dass die **europäische Patentanmeldung als zurückgenommen gilt** (Regel 71 Abs 7 AOEPÜ; Rn 75 zu § 45).

38 **V. Die Erteilung** des eur Patents **an verschiedene Anmelder** betrifft Regel 72 AOEPÜ.

39 **VI. Form des Erteilungsbeschlusses** s Rn 83 ff zu § 47. Der Erteilungsbeschluss wird von einem Formalsachbearbeiter erlassen.[40] Bis zur Entscheidung über die Erteilung des eur Patents kann die Prüfungsabteilung das Prüfungsverfahren jederzeit wieder aufnehmen (Regel 71a Abs 2 AOEPÜ).

40 **VII. Bindung des Europäischen Patentamts** tritt erst mit Erlass des Erteilungsbeschlusses ein, und zwar mit der Abgabe des Beschlusses an die interne Poststelle des EPA.[41] Bis dahin hindert weder das Einverständnis des Anmelders noch die Aufforderung zur Zahlung der Gebühren (Rn 35) die Vornahme von Änderungen auf Antrag oder vAw.[42] Jedoch kann der Anmelder ein einmal erteiltes Einverständnis nicht widerrufen, um noch eine Teilungserklärung einzureichen.[43]

41 **VIII. Wirksamkeit des Erteilungsbeschlusses** tritt erst an dem Tag ein, an dem im eur PatBl auf die Erteilung hingewiesen worden ist (Art 97 Abs 3 EPÜ). Der Hinweis wird vier Wochen nach Ergehen der Entscheidung über die Erteilung bekanntgemacht. Bis zur Veröffentlichung des Hinweises bleibt die Anmeldung als solche anhängig, kann zurückgenommen, übertragen und es können zulässige Fehlerberichtigungen vorgenommen werden. Auch ein Antrag auf Aussetzung nach Regel 14 AOEPÜ ist möglich.[44] Dabei genügt es, wenn der Antragsteller in einem Vertragsstaat ein Verfahren gegen den Anmelder eingeleitet hat, durch das ihm der Erteilungsanspruch zugesprochen werden soll.[45] Insb für die Zulässigkeit einer Teilanmeldung kommt es darauf an, ob die (Stamm-)Anmeldung bis zu dem Tag anhängig ist, an dem im eur PatBl auf die Patenterteilung hingewiesen wird.[46]

IX. Wirkung des Erteilungsbeschlusses

42 Der Erteilungsbeschluss lässt das Patent entstehen.[47] Die Fassung, in der das eur Patent erteilt wird, wird – wie im nat Recht – im Erteilungsbeschluss abschließend festgelegt (Regel 71 Abs 3 AOEPÜ). Dies geschieht durch Verweisung auf die dem Anmelder mitgeteilten und von ihm gebilligten Unterlagen. Für den Inhalt eines eur Patents ist allein die im Erteilungsbeschluss angegebene Fassung maßgeblich.[48] Für die Annahme einer „Zäsurwirkung" der Patenterteilung besteht keine Notwendigkeit (vgl Rn 230 zu § 34).

---

38 Vgl *Singer/Stauder* EPÜ Art 97 Rn 35.

39 Mitt EPA ABl EPA 2005, 126, 129 f.

40 ABl EPA 1999, 504 Nr I 9.

41 EPA G 12/91 ABl EPA 1994, 285 endgültige Entscheidung.

42 EPA G 7/93 ABl EPA 1994, 775 verspätet beantragte Änderungen.

43 EPA J 29/96 ABl EPA 1998, 581.

44 EPA J 7/96 ABl EPA 1999, 443 Aussetzung des Verfahrens.

45 EPA J 36/97.

46 Hierzu und zur aufschiebenden Wirkung der Beschwerde s EPA J 28/03 und *Günzel* GRUR Int 2008, 644; vgl auch *Singer/Stauder* Art 97 EPÜ Rn 42 sowie EPA G 1/09 ABl EPA 2012, 336 = GRUR Int 2012, 797 anhängige Anmeldung (Nr 4.3 der Gründe).

47 Rechtsauskunft EPA Nr 17/90 ABl EPA 1990, 260.

48 Rechtsauskunft EPA Nr 17/90 ABl EPA 1990, 260.

X. Berichtigung des Erteilungsbeschlusses s Rn 91 ff zu § 47. **43**

XI. Berichtigung der europäischen Patentschrift

Anders als der Erteilungsbeschluss hat die eur Patentschrift keinen bindenden Charakter. Ihre Veröf- **44** fentlichung dient nur der leichteren Information der Allgemeinheit über den Inhalt des erteilten Patents. Deshalb kann die Patentschrift, wenn sie von der allein maßgeblichen Fassung des Patents gem Erteilungsbeschluss abweicht, jederzeit vAw richtiggestellt werden. Dies geschieht durch einen Hinweis im eur PatBl und Herausgabe eines Korrigendums.[49] Die Kriterien für eine Berichtigung offensichtlicher Fehler der eur Patentschrift entsprechen denen, die für die Berichtigung von Entscheidungen nach Regel 140 AOEPÜ gelten.[50]

XII. Eine **Aussetzung des Verfahrens** nach Regel 14 AOEPÜ ist bis zur Veröffentlichung des Hinwei- **45** ses über die Erteilung des eur Patents möglich.[51]

§ 49a
(Prüfung der Anmeldung eines ergänzenden Schutzzertifikats)

(1) Beantragt der als Patentinhaber Eingetragene einen ergänzenden Schutz, so prüft die Patentabteilung, ob die Anmeldung der entsprechenden Verordnung der Europäischen Gemeinschaften sowie dem Absatz 5 und dem § 16a entspricht.

(2) ¹Genügt die Anmeldung diesen Voraussetzungen, so erteilt die Patentabteilung das ergänzende Schutzzertifikat für die Dauer seiner Laufzeit. ²Andernfalls fordert sie den Anmelder auf, etwaige Mängel innerhalb einer von ihr festzusetzenden, mindestens zwei Monate betragenden Frist zu beheben. ³Werden die Mängel nicht behoben, so weist sie die Anmeldung durch Beschluß zurück.

(3) Soweit eine Verordnung der Europäischen Gemeinschaften die Verlängerung der Laufzeit eines ergänzenden Schutzzertifikats vorsieht, gelten die Absätze 1 und 2 entsprechend.

(4) Die Patentabteilung entscheidet durch Beschluss über die in Verordnungen der Europäischen Gemeinschaften vorgesehenen Anträge,

1. die Laufzeit eines ergänzenden Schutzzertifikats zu berichtigen, wenn der in der Zertifikatsanmeldung enthaltene Zeitpunkt der ersten Genehmigung für das Inverkehrbringen unrichtig ist,

2. die Verlängerung der Laufzeit eines ergänzenden Schutzzertifikats zu widerrufen.

(5) ¹§ 34 Abs. 6 ist anwendbar. ²Die §§ 46 und 47 sind auf das Verfahren vor der Patentabteilung anzuwenden.

SchutzzertifikatsRl BlPMZ 2015, 65

Schrifttum s bei § 16a.

---

49 Rechtsauskunft EPA Nr 17/90 ABl EPA 1990, 260.
50 EPA T 150/89; EPA T 55/00.
51 EPA J 7/96 ABl EPA 1999, 443 Aussetzung des Verfahrens; vgl EPA J 33/95.

A. Geltungsbereich

I. Zeitlich und sachlich

1   § 49a ist durch Art 1 Nr 4 PatGÄndG 1993 mWv 1.4.1993 eingefügt worden. Zur Entstehungsgeschichte der Vorschrift Rn 1, 8 zu § 16a. Art 2 Nr 19 2. PatGÄndG hat in Abs 3 Satz 1 aF (jetzt Abs 5 Satz 1) als redaktionelle Folgeänderung die Verweisungsnorm § 34 Abs 6 (nach der Änderung durch das KostRegBerG, zuvor Abs 7) an die Stelle des dort früher genannten § 35 Abs 4 gesetzt.[1] Das KostRegBerG hat weiter die Gebührenregelung in Abs 4 aF aufgehoben (s dazu auch Rn 121 Anh § 16a). Art 40 des 2. Gesetzes zur Bereinigung von Bundesrecht im Zuständigkeitsbereich des Bundesministeriums der Justiz hat ein Redaktionsversehen in Abs 1 beseitigt. Das PatRVereinfModG vom 31.7.2009 hat mWv 1.10.2009 neben redaktionellen Änderungen in Abs 1 die neuen Abs 3 und 4 eingestellt; Abs 3 ist demzufolge Abs 5 geworden.

2   Die Vorschrift gilt für alle zu **deutschen Patenten** beantragten ergänzenden Schutzzertifikate einschließlich der nach § 4 ErstrG erstreckten Patente und auf erstreckte Anmeldungen erteilten Patente.

II. EPÜ; EU-Patent

3   Für mit Wirkung für die Bundesrepublik Deutschland erteilte **europäische Patente** gilt § 49a nach dem durch das PatGÄndG 1993 neu eingestellten Art II § 6a IntPatÜG)[2] gleichfalls.

4   Entgegen ursprünglichen Planungen sieht weder die VO (EU) Nr 1257/2012 noch das EPGÜ eine Rechtsgrundlage für ein gemeinschaftsweites Schutzzertifikat für den Fall vor, dass ein **europäisches Patent mit einheitlicher Wirkung** Grundpatent sein soll. Auch insoweit verbleibt es daher dabei, dass Zertifikate nur als nationale Schutztitel erteilt werden.

B. Gesetzeszweck und systematische Stellung

5   Die Vorschrift dient – neben § 16a und §§ 19–21 PatV – der Umsetzung und Ausfüllung von EU-Verordnungen über die Erteilung ergänzender Schutzzertifikate. Sie gilt wie die genannten anderen nationalen Vorschriften als allgemeine Regelung (Rn 7 zu § 16a) für alle geltenden und künftig zu erlassenden entspr EU-Verordnungen. Sie hat allerdings gegenüber deren Regelungen subsidiären, nur ergänzenden Charakter (vgl Art 19 Abs 1 AMVO und Art 18 Abs 1 PSMVO, Rn 6 zu § 16a). Ihr gehen also neben den allg gemeinschaftsrechtl Regelungen und Rechtsgrundsätzen auch die Verfahrensvorschriften der EU-VOen (vgl Art 7–12 AMVO/PSMVO) vor.

6   § 49a regelt die **Einzelheiten des Verfahrens** bei Erteilung ergänzender Schutzzertifikate. Die Vorschriften der §§ 34 ff finden grds keine Anwendung oder sind nur nach Maßgabe des § 49a anwendbar, der ergänzend zu § 16a Abs 2 in Abs 5 teilweise auf sie verweist. Darüber hinaus werden sie zur Gesetzesauslegung und Ausfüllung etwa noch bestehender Gesetzeslücken herangezogen werden können.

C. Zertifikatsanmeldung

I. Antragserfordernisse

7   Antrag iSv Abs 1 Satz 1 ist der Antrag iSv § 16a Abs 1 Satz 1, der auch als Anmeldung bezeichnet wird (vgl Art 7 AMVO/PSMVO). Er steht allein dem Inhaber des Grundpatents oder seinem Rechtsnachfolger zu (Rn 100 f Anh § 16a) und ist fristgebunden (Rn 103 ff Anh § 16a).

8   Der Antrag ist **gebührenpflichtig** (Rn 121 Anh § 16a); die Gebühr beträgt 300 EUR (GebVerz Nr 111500).

9   Zu den Folgen der **Nichtzahlung** der Gebühr Rn 121 Anh § 16a.

10   Der Antrag muss auf dem vom DPMA herausgegebenen **Anmeldevordruck**[3] eingereicht werden (zu seinem Inhalt im einzelnen Rn 112 ff Anh § 16a; vgl MittPräsDPA Nr 7/12[4] sowie § 19 PatV).

---

1   Vgl Begr BlPMZ 1998, 393, 404.
2   Vgl Begr PatGÄndG BlPMZ 1995, 205, 212.
3   BlPMZ 2012, 198.
4   BlPMZ 2012, 193.

Der Antragsvordruck gibt Raum für die in **Art 8 der EU-VOen vorgeschriebenen Angaben** und **11** nennt die nach dieser Vorschrift **beizufügenden Anlagen** (vgl §§ 20, 21 PatV). Hinsichtlich der Übersetzungen fremdsprachiger Unterlagen ist § 14 PatV zu beachten.

Bei Auswärtigen finden auf den Antrag die Vorschriften über die **Inlandsvertretung** (§ 25) nach § 16a **12** Abs 2 entspr Anwendung.[5]

Wiedereinsetzung in die Antragsfrist und die Frist zur Zahlung der Anmeldegebühr ist nach § 16a **13** Abs 2 möglich, **nicht** dagegen eine **Weiterbehandlung** nach § 123a (str, Rn 130 Anh § 16a).

II. Zuständigkeit (Abs 1 Satz 1; vgl Rn 124 Anh § 16a)

Zuständig für die Prüfung und die Erteilung des ergänzenden Schutzzertifikats ist, anders als beim **14** Patent, dessen Prüfung Sache der Prüfungsstelle ist (§ 27 Abs 1 Nr 1), die Patentabteilung. Dies entspricht der Zuständigkeitsregelung des § 27 Abs 1 Nr 2 und findet seine Rechtfertigung darin, dass ein ergänzendes Schutzzertifikat nach den EU-VOen nur auf ein bereits erteiltes Patent erteilt werden kann.[6]

Patentabteilung iSd Abs 1 Satz 1 ist die Patentabteilung iSv § 27 Abs 1 Nr 2. Die für sie geltenden Re- **15** gelungen des § 27 dürften daher, obgleich sie ausdrücklich nicht für entspr anwendbar erklärt sind,[7] gleichfalls gelten.[8]

Eine **Übertragung** von Geschäften der Patentabteilung **auf Beamte des gehobenen oder mittleren** **16** **Diensts** oder vergleichbare Tarifbeschäftigte nach § 27 Abs 5 dürfte insoweit unzulässig sein, weil § 16a die Anwendung der §§ 26–29 ausdrücklich von der entspr Anwendung ausgenommen hat.[9]

III. Prüfung

Erfüllt der Antrag die gesetzl Voraussetzungen (Rn 7 ff), tritt die Patentabteilung in seine sachliche **17** Prüfung ein (Rn 129 f Anh § 16a).

IV. Erteilung des Zertifikats (Abs 2 Satz 1)

Genügt die Anmeldung den in Abs 1 genannten Voraussetzungen (Rn 7 ff, 17) der entspr EU-VO, des **18** § 47 Abs 3 und 4 und des § 16a, erteilt die Patentabteilung das ergänzende Schutzzertifikat für die Dauer seiner Laufzeit (Rn 131 ff Anh § 16a).

Die Erteilung erfolgt **durch Beschluss** (Rn 22 ff sowie Rn 10 ff zu § 47), der, sofern ohne Einschrän- **19** kungen erteilt wird, keiner Begründung bedarf (Rn 23 zu § 47).[10] Bei der Erteilung ist das Erzeugnis (Wirkstoff oder Wirkstoffzusammensetzung), für die das Zertifikat gilt, konkret zu bezeichnen.[11] Der Antrag auf Erteilung des Zertifikats für eine konkret bezeichnete Substanz kann nicht schon mit der Begründung zurückgewiesen werden, eine hilfsweise beantragte Fassung ohne die konkrete Bezeichnung des zu schützenden Wirkstoffs sei vorzugswürdig.[12]

V. Zwischenbescheide (Abs 2 Satz 2)

Genügt die Anmeldung den in Abs 1 genannten Voraussetzungen der entspr EU-VO, des § 47 Abs 3, 4 **20** und des § 16a nicht, fordert die Patentabteilung den Anmelder des Schutzzertifikats auf, die Mängel innerhalb einer von ihr festzusetzenden, mindestens zweimonatigen Frist zu beheben.[13] Die Mängel sind dabei

---

5 Vgl Begr PatGÄndG BlPMZ 1993, 205, 209.

6 Vgl Begr PatGÄndG BlPMZ 1993, 205, 211.

7 Vgl Begr BlPMZ 1993, 205, 209.

8 *Schulte* § 49a Rn 5.

9 *Benkard* § 49a Rn 10; anders SchutzzertifikatsRl Nr 3.2. vor 3.2.1, BlPMZ 2015, 65, 67.

10 Zur Tenorierung eingehend, auch im Hinblick auf die Derivate-Problematik, allerdings nur teilweise zutr, BPatGE 43, 167.

11 BGH GRUR 2002, 415 Sumatriptan.

12 BGH GRUR 2002, 47 Idarubicin III gegen BPatGE 43, 167.

13 Vgl BPatGE 45, 149; *Schulte* § 49a Rn 20.

so konkret zu bezeichnen, dass der Anmelder über die Art der Beanstandung nicht im Unklaren bleibt.[14] Sonst ist das Recht auf Äußerung verletzt (Rn 32 zu § 45; s im übrigen zur Mängelbeseitigung Rn 130 Anh § 16a). Statt einen Zwischenbescheid zu erlassen, kann die Patentabteilung den Anmelder auch persönlich laden und anhören. Auch kann sie in Beweiserhebungen eintreten (Rn 22).

VI. Zurückweisung der Zertifikatsanmeldung (Abs 2 Satz 3)

21 Werden die ordnungsgem gerügten Mängel innerhalb der gesetzten (verlängerbaren, Rn 49 ff zu § 45) Frist nicht behoben, weist die Patentabteilung die Zertifikatsanmeldung zurück (zu den Folgen einer Fristversäumung Rn 119 Anh § 16a). Die Zurückweisung ergeht in Beschlussform (Rn 10 ff zu § 47). Zurückweisung des Erteilungsantrags kann als Zurückweisung der Anmeldung auszulegen sein.[15] Zu Teilbeschlüssen Rn 20 f zu § 48. Der Beschluss ist, weil für den Anmelder belastend, in jedem Fall zu begründen (Rn 22 ff zu § 47), schriftlich auszufertigen und – auch wenn er verkündet worden war – dem Anmelder mit Rechtsmittelbelehrung zuzustellen (Rn 23; Rn 132 Anh § 16a).

VII. Verfahren vor der Patentabteilung (Abs 5 Satz 2)

22 Die §§ 46, 47 finden auf das Verfahren vor der Patentabteilung Anwendung. Die Patentabteilung kann insb jederzeit den Patentinhaber laden und anhören sowie Zeugen, Sachverständige und den Patentinhaber eidlich oder uneidlich vernehmen oder andere Ermittlungen, die zur Aufklärung der Sache erforderlich sind (§ 46 Abs 1 Satz 1), anstellen. Ebenso gilt das Recht des Patentinhabers auf Durchführung einer Anhörung (§ 46 Abs 1 Satz 2–5). Auch die Vorschriften über die Niederschrift (§ 46 Abs 2) sind anwendbar.

23 Anwendung finden weiter die Vorschriften über die **Begründung der Beschlüsse** (§ 47 Abs 1 Satz 1, 3), deren **Ausfertigung** (§ 47 Abs 1 Satz 1), ihre **Zustellung** (§ 47 Abs 1 Satz 1) oder **Verkündung** (§ 47 Abs 1 Satz 2) sowie die **Rechtsmittelbelehrung** (§ 47 Abs 2) und die **Folgen ihres Fehlens** oder **ihrer Unrichtigkeit** (§ 47 Abs 2 Satz 2, 3).

24 **VIII. Rechtsmittel** ist die Beschwerde zum BPatG (§ 16a Abs 2 iVm § 73 Abs 1). Die Beschwerde kann sich nicht nur gegen den Zurückweisungsbeschluss, sondern auch gegen den Erteilungsbeschluss richten, sofern er den Anmelder, zB wegen unrichtiger Festsetzung der Laufzeit des Schutzzertifikats (Rn 18),[16] belastet und eine Laufzeitkorrektur nach Abs 4 Nr 1 nicht möglich ist. Das BPatG entscheidet über sie nach § 67 Abs 1 in der Besetzung mit einem technischen Mitglied als Vorsitzendem, zwei weiteren technischen Mitgliedern und einem rechtskundigen Mitglied.[17]

25 **IX. Nichtigkeitsklage** gegen das Schutzzertifikat ist möglich (§ 81 Abs 1; näher Rn 154 ff Anh § 16a).[18] Für die Berichtigung der Laufzeit hat die Rspr früher das Nichtigkeitsverfahren als eröffnet angesehen.[19] Nach Abs 4 Nr 1 idF des PatRVereinfModG ist hierfür jedoch die Patentabteilung zuständig, sofern die Laufzeit unrichtig ist, weil der in der Zertifikatsanmeldung enthaltene Zeitpunkt der ersten Genehmigung für das Inverkehrbringen nicht zutreffend angegeben war (Rn 26 ff).

D. Laufzeitberichtigung; Laufzeitverlängerung und Widerruf der Laufzeitverlängerung

26 **I. Die Laufzeitberichtigung** war früher nur im Weg des Nichtigkeitsverfahrens möglich (vgl Rn 160 Anh § 16a). Das PatRVereinfModG hat sie unter Ausschluss der Nichtigkeitsklage (§ 81 Abs 2 Satz 2) für den Fall der Patentabteilung zugewiesen, dass die Korrektur wegen einer fehlerhaften Angabe über den Zeitpunkt der ersten Verkehrsgenehmigung erforderlich ist (Abs 4 Nr 1).[20] Auf anderen Gründen beruhende

---

14 Vgl SchutzzertifikatsRl Nr 3.4, BlPMZ 2015, 65, 72.

15 Vgl BPatG GRUR 2000, 1011.

16 Begr PatGÄndG BlPMZ 1993, 205, 211.

17 BPatGE 35, 145, 153 = BlPMZ 1995, 446, 448; vgl BPatGE 35, 276 = BlPMZ 1997, 62; *Schulte* § 49a Rn 32; jetzt auch *Benkard* Rn 12.

18 Begr PatGÄndG BlPMZ 1993, 205, 209.

19 Vgl BPatG 15.3.2007 3 Ni 23/06 „Finasterid I"; ÖPA öPBl 2007, 33, 36.

20 Vgl Begr PatRVereinfModG BTDrs 16/11339 S 19 ff.

Fehler der Laufzeitberechnung können mit dem Antrag nach Abs 4 Nr 1 nicht geltend gemacht werden.[21] Insoweit kommt bei offensichtlicher Unrichtigkeit (insb Rechenfehler) eine Berichtigung nach §§ 16a Abs 2, 99 Abs 1 iVm § 319 ZPO in Betracht,[22] ansonsten je nach Fallkonstellation Beschwerde des Patentinhabers oder – von Seiten Dritter – (Teil-)Nichtigkeitsklage (insoweit wie früher, Rn 160 Anh § 16a).[23]

Der **Antrag** kann sowohl vom Patentinhaber als auch von jedem Dritten gestellt werden.[24] **27**

Die **Gebühr** für den Antrag auf Berichtigung der Laufzeit beträgt 150 EUR (Nr 315100 GebVerz). **28**

Die Patentabteilung entscheidet durch **Beschluss**, gegen den die Beschwerde nach § 73 eröffnet ist. **29**

II. Durch die VO (EG) Nr 1901/2006 über Kinderarzneimittel (Kinder-AMVO, Rn 177 ff Anh § 16a)[25] ist **30** unter bestimmten Voraussetzungen als Forschungsanreiz die Möglichkeit einer einmaligen **Laufzeitverlängerung** um 6 Monate eingeführt worden (Art 13 Abs 3 iVm Art 7 Abs 3–5 AMVO und hierzu Rn 110 f, 140 Anh § 16a). Für diese gelten die Abs 1, 2 entspr (Abs 3).

Widerruf. Nach Art 16 Abs 1 AMVO kann eine gewährte Verlängerung widerrufen werden, wenn sie **31** entgegen Art 36 Kinder-AMVO gewährt wurde, wobei nach Art 16 Abs 2 AMVO ein entspr Widerrufsantrag von jeder Person bei der nach einzelstaatlichem Recht für den Widerruf des Grundpatents zuständigen Stelle eingereicht werden kann. In Ergänzung hierzu (vgl Art 19 Abs 1 AMVO) sieht Abs 4 Nr 2 idF des PatRVereinfModG die Zuständigkeit der Patentabteilung für den Widerruf vor. Antragsberechtigt ist jeder Dritte, nicht jedoch der Zertifikatsinhaber, da ihm die Möglichkeit des Verzichts offen steht (Art 14 Buchst b AMVO).[26] Eine entspr (Teil-)Nichtigkeitsklage ist durch § 81 Abs 2 Satz 2 ausgeschlossen. Für das Verfahren ist Abs 3 entspr anzuwenden, Abs 5 gilt unmittelbar.

In materieller Hinsicht hat die Patentabteilung – ebenso wie bei der Gewährung der Laufzeitverlänge- **32** rung (Rn 140 Anh § 16a) – nicht zu prüfen, ob die für die Laufzeitverlängerung erforderlichen Studien entspr einem gebilligten pädiatrischen Prüfkonzept tatsächlich durchgeführt wurden und vorliegen (vgl Art 36 Abs 1 Kinder-AMVO). Dies festzustellen ist allein Sache der zuständigen Arzneimittelbehörde (vgl Art 28 Abs 3 und Art 36 Abs 2 Kinder-AMVO). Die weiteren Voraussetzungen und Ausschlussgründe des Art 36 Abs 3–5 Kinder-AMVO können und müssen dagegen im Widerrufs- wie im Verlängerungsverfahren geprüft werden.[27]

Die **Gebühr** für den Antrag auf Verlängerung der Laufzeit beträgt, wenn der Antrag zusammen mit **33** dem Antrag auf Erteilung des Zertifikats gestellt wird, 100 EUR (Nr 311500 GebVerz), wenn der Antrag erst später gestellt wird, 200 EUR (Nr 311550 GebVerz). Für den Antrag auf Widerruf der Verlängerung der Laufzeit beträgt die Gebühr 200 EUR (Nr 315200 GebVerz).

Vor § 50
Geheimanmeldungen und Geheimpatente

Ausland: Dänemark: § 70 PatG 1996; **Frankreich:** Art L 612-8–11, R 612-26–32 CPI; **Luxemburg:** Art 38 (Recherche bei Aufhebung der Geheimhaltung) PatG 1992/1998; **Mazedonien:** §§ 71–73 GgR; **Niederlande:** Art 40, 41, 43–45 ROW 1995; **Österreich:** § 110 öPatG (Patente der Bundesverwaltung, 1998 aufgehoben); **Polen:** Art 56–62 RgE 2000; **Portugal:** § 72 PatG; **Schweden:** § 79 PatG; **Schweiz:** Art 62 PatG wurde zum 1.7.2008 ersatzlos aufgehoben; **Serbien:** Art 102–107 PatG 2004; **Slowakei:** § 59 PatG; **Slowenien:** Art 17 GgE; **Spanien:** Art 119–122 PatG; **Tschech. Rep.:** § 71 PatG, geänd 2000; **Türkei:** Art 125–128 VO 551; **USA:** 35 U.S.C. 184; **VK:** Sec 22, 23 Patents Act

Übersicht

---

21 Begr PatRVereinfModG BTDrs 16/11339 S 20.
22 Vgl SchutzzertifikatsRl Nr 5.3, BlPMZ 2015, 65, 76.
23 Ebenso *Markgraf* § 3 Art 18 Rn 12 Fn 15.
24 Ebenso *Markgraf* § 3 Art 18 Rn 11.
25 ABl EU 2006 L 381/1.
26 Begr PatRVereinfModG BTDrs 16/11339 S 21; aA *Brückner* Art 16 Rn 10.
27 Näher SchutzzertifikatsRl Nr 4.2.3–4.2.5, BlPMZ 2015, 65, 76.

Schrifttum: *Bellstedt* Zur staatsrechtlichen Problematik von Geheimpatenten und -gebrauchsmustern, DÖV 1961, 811; *Doettloff* Geheimpatente, GRUR 1910, 170; *Breith* Patente und Gebrauchsmuster für Staatsgeheimnisse, Diss München (Hochschule der Bundeswehr) 2002; *Breith* Sind die gesetzlichen Regelungen über die Geheimhaltung von Patenten und Gebrauchsmustern noch zeitgemäß? GRUR 2003, 587; *Fischer* Joker oder Schwarzer Peter? GRUR 1980, 160; *Gaul* Geheimhaltung und Entschädigungspflicht nach §§ 36 f PatG, GRUR 1966, 293; *Gottlob/Fink* Das Geheimpatent als Instrument des wirtschaftlichen Wettbewerbs, GRUR 1978, 67; *Harmsen* Zur Frage der Geheimpatente, GRUR 1927, 854; *Hesse* Der Schutz von Staatsgeheimnissen im neuen Patentrecht, BB 1968, 1058; *Hüfner* Das Geheimpatent nach geltendem Recht und unter dem Gesichtspunkte notwendiger Verbesserungen, GRUR 1911, 260; *Kelbel* Die Geheimerfindung, GRUR 1969, 155; *Klein* Verfassungsimmanente Bestandssicherungsklausel? Antwort auf Bellstedt, DÖV 1962, 41; *Körner* Anordnung und Aufhebung der Geheimhaltung von Patenten nach § 30a PatG als Enteignungsmaßnahmen, GRUR 1970, 387; *Kumm* Staatsgeheimnisschutz und Patentschutz von geheimen Erfindungen, 1980; *Kumm* Zum Amtshaftungsanspruch aus Beschlüssen des Deutschen Patentamts, Mitt 1980, 50; *Kumm* Probleme der Geheimhaltung von technischen Erfindungen im Interesse der Staatssicherheit, GRUR 1979, 672; *Landenberger* Zur Theorie des Patentrechts mit Rücksicht auf die Möglichkeit des Vorhandenseins von Geheimpatenten, GRUR 1909, 265; *Mächtel* Das Patentrecht im Krieg, Diss Bayreuth 2009; *Martens* Secret Patenting in the USSR and Russia, 2010; *Müller* (Anm) GRUR 1958, 544; *Paul* Einspruch gegen ehemalige Geheimpatente nach neuem Recht möglich? Mitt 1985, 29; *O'Dell* Inventions and Official Secrecy, 1994; *Reitstötter* Geheime Erfindungen, GRUR 1959, 557; *Schrell* Die „Foreign Filing Licence" – Fallstrick für so manche Patentanmeldung? Mitt 2003, 544; *Specht* Heeresverwaltung und Erfindungsschutz unter besonderer Berücksichtigung der Kriegsverhältnisse, Diss Berlin 1918; *Trüstedt* Der Schutz von Staatsgeheimnissen im Patent- und Gebrauchsmusterrecht, BB 1960, 1141; *von der Osten* Geheimhaltungsbedürftige Patentanmeldungen Privater, GRUR 1958, 465; *Weber* Der Patentfond der ehemaligen Nationalen Volksarmee (NVA), Wehrtechnik 1992, 51; *Weller* Zur Behandlung geheimzuhaltender Patentanmeldungen, GRUR 1959, 123; *Wiedemann/Zobel* Geheimhaltung und schutzrechtliche Sicherung von Ergebnissen der wissenschaftlich-technischen Arbeit, Diss Berlin 1975; *Wuylens* Défense nationale et brevet d'invention, 1999; *Zschucke* Das Geheimpatent, GRUR 1954, 556; *Zschucke* Das Geheimpatent, Wehrtechnische Hefte 1953/54, 181; *Zschucke* Das Geheimpatent, Ein Nachtrag, Wehrtechnische Hefte 1955, 149; *Zschucke* Das Geheimpatentverfahren, Mitt 1960, 219.

A. Geheimanmeldungen und Geheimpatente[1]

1   **I. Entstehung der Regelung. § 23 Abs 2 PatG 1877** und **§ 23 Abs 5 PatG 1891** enthielten Vorgängerregelungen.[2]

2   Die **KriegsVO über den Ausschluss der Öffentlichkeit für Patente und Gebrauchsmuster** vom 8.2.1917[3] sah erstmals die Erteilung von Patenten ohne Bekanntmachung auch auf Anmeldungen von Privatpersonen vor, wenn die Geheimhaltung im Interesse der Landesverteidigung oder der Kriegswirtschaft für erforderlich erachtet wurde. Die formell niemals aufgehobene VO verlor schon nach Ende des Ersten Weltkriegs ihre praktische Bedeutung.[4]

3   **§ 30 Abs 5 PatG 1936** traf eine der Regelung im PatG 1891 weitgehend entspr Regelung.

4   Durch § 8 der **1. VO über Maßnahmen auf dem Gebiet des Patent-, Gebrauchsmuster- und Warenzeichenrechts** vom 1.9.1939 (1. MaßnVO) wurde auch anderen als dem Staat die Möglichkeit zur Anmeldung von Geheimpatenten eröffnet; diese waren zuvor auf eine treuhänderische Übertragung auf den Staat oder ähnliche Formen verwiesen.[5]

5   Das **1. ÜberlG** hob § 30 Abs 5 sowie § 8 der 1. MaßnVO auf. Geheimhaltungsmöglichkeiten waren demnach nicht vorgesehen. Die Regelung wurde allerdings alsbald durch das Kontrollratsgesetz Nr 17

---

1   Zur Entwicklung in der ehem DDR s die Berliner Diss von *Wiedemann/Zobel* sowie *Breith* S 26 ff, der die Zahl von 950 vom DPA übernommenen Geheimpatenten nennt.

2   Näher *Breith* S 8 ff.

3   RGBl 1917, 121 = BlPMZ 1917, 13; vgl *Breith* S 14.

4   *Klauer/Möhring* § 30a Rn 2.

5   Vgl *Breith* S 16 f.

überlagert.[6] Nachdem das Strafrechtsänderungsgesetz vom 30.8.1951[7] wieder Regelungen über Staatsgeheimnisse geschaffen hatte, erwies sich die Einführung patentrechtl Regelungen als unabweisbar.

Das **5. ÜberlG** stellte § 30a neu in das Gesetz ein. Eine im RegE 5. ÜberlG noch vorgesehene Regelung **6** für Erfindungen, die anderen als dem Bund gehörten,[8] ist nicht Gesetz geworden; dies führte zu Schwierigkeiten bei der Behandlung entspr Anmeldungen.[9]

Das **6. ÜberlG** brachte mit dem neugefassten § 30a und den neu eingestellten §§ 30b–30g im wesent- **7** lichen die geltende Regelung.

Weitere Änderungen (insb durch das 8. StRÄndG, das IntPatÜG und das GPatG) sind bei den einzel- **8** nen Vorschriften nachgewiesen. Die Paragraphenbezeichnungen beruhen auf der Neubek 1981.[10]

II. Geheimhaltung und Publizitätsgrundsatz

Erfindungen können Staatsgeheimnisse sein. Der Publizitätsgrundsatz des Patentrechts und die **9** (nicht im Patentrecht begründete) Geheimhaltungsbedürftigkeit von Staatsgeheimnissen vertragen sich nicht. Gleichwohl kann der Geheimischarakter der Erfindung kein hinreichender Grund sein, den Erfinder von der Patentierung völlig auszuschließen. Die Regelung im PatG löst den Zielkonflikt dadurch, dass sie das Recht auf das Patent (für das Inland) uneingeschränkt auch bei Erfindungen anerkennt, die Staatsgeheimnisse sind, die Publizität aber weitestgehend ausschließt. Dies hat für den Anmelder zwar gewisse Nachteile, uU aber auch Vorteile (absoluter Know-how-Schutz).[11] Obwohl die Geheimhaltung weder als Enteignung noch als Aufopferung angesehen worden ist (Rn 14 zu § 50), gewährt das Gesetz einen Entschädigungsanspruch als Billigkeitsausgleich (§ 55). Für eur und internat Anmeldungen sehen Art II § 4, § 14 IntPatÜG, Art III § 2 IntPatÜG Regelungen vor (Rn 13, 14).

III. Staatsgeheimnis

§ 93 Abs 1 StGB definiert Staatsgeheimnisse als „Tatsachen, Gegenstände oder Erkenntnisse, die nur **10** einem begrenzten Personenkreis zugänglich sind und vor einer fremden Macht geheimgehalten werden müssen, um die Gefahr eines schweren Nachteils für die äußere Sicherheit der Bundesrepublik Deutschland abzuwenden". Nach § 93 Abs 2 StGB sind „Tatsachen, die gegen die freiheitliche demokratische Grundordnung oder unter Geheimhaltung gegenüber den Vertragspartnern der Bundesrepublik Deutschland gegen zwischenstaatlich vereinbarte Rüstungsbeschränkungen verstoßen", keine Staatsgeheimnisse.[12] Die Koppelung an den Begriff des Staatsgeheimnisses ist kritisiert worden.[13]

Der Regelung liegt ein materieller Geheimnisbegriff zugrunde, der eine Geheimhaltungsanordnung **11** nicht voraussetzt. Die Erfindung kann nur insoweit ein **Staatsgeheimnis** sein, als sie über den in Betracht kommenden, jedermann (zB mittels veröffentlichter Literatur) zugänglichen technischen Wissensstand hinausgeht.[14] Nach hM kommen als Staatsgeheimnisse nur dt Staatsgeheimnisse in Betracht, dh Geheimnisse, die in Deutschland entstanden oder aus einem sonstigen Grund dem Schutzbereich der Bundesrepublik Deutschland zuzurechnen sind, wobei an den Ort der Erfindung, Wohnsitz und Nationalität des Erfinders angeknüpft werden soll.[15] Eine Erfindung, die ein Staatsgeheimnis ist, gehört im Fall einer rechtl gebotenen Einstufung (mindestens) in den Verschlusssachengrad (Geheimhaltungsstufe) „Geheim"; die Bewertung durch das BMVtg wird berücksichtigt.[16] NATO-Geheimnisse werden unter bestimmten Umstän-

---

6   Vgl *Breith* S 18 f.

7   BGBl I 739.

8   Vgl Begr BlPMZ 1953, 295, 296 f.

9   Vgl MittPräsDPA BlPMZ 1956, 2423; DPA BlPMZ 1958, 207; *Breith* S 20 f, 144 f.

10   Einen Reformvorschlag macht *Kumm* GRUR 1979, 672, 679, weitere Reformvorschläge bei *Breith* S 183 ff.

11   Vgl *Gottlob/Fink* GRUR 1978, 68 f.

12   Zur Beurteilungspraxis *Breith* S 40 ff; zum Begriff des Staatsgeheimnisses dort S 53 ff.

13   *Kumm* GRUR 1979, 672; *Breith* GRUR 2003, 587; *Benkard* § 50 Rn 4 ff.

14   BPatG 11.12.1975 5 W (pat) 603/73 BlPMZ 1976, 411 Ls; vgl BGH 3.2.1977 X ZB 4/76; kr *Breith* S 65 ff und GRUR 2003, 587 f.

15   Vgl *Kelbel* GRUR 1969, 155 ff; *Schrell* Mitt 2003, 544.

16   BPatGE 22, 136; BPatG 6.4.1981 5 W (pat) 600/80 BlPMZ 1982, 17 Ls, sowie drei weitere gleichzeitige Beschlüsse aaO; BPatG 19.4.1982 5 W (pat) 604/81; *Schulte* § 50 Rn 7; *Breith* S 63 f und GRUR 2003, 587 f verweist auf eine weitere

den wie dt Staatsgeheimnisse behandelt.[17] Über die Behandlung von Verschlusssachen durch Vertreter liegt beim DPMA ein unveröffentlichtes Merkblatt vor.[18] S auch Art 73 TRIPS-Übk.

B. Fälle mit Auslandsbezug[19]

I. Erfindungen mit Ursprung in Deutschland

12 **1. Die Auslandsanmeldung deutscher Staatsgeheimnisse** ist in § 52 geregelt. Die im PatG an sich systemwidrige Regelung stellt ein Verbot mit Genehmigungsvorbehalt auf und stellt Verstöße gegen das Verbot oder Auflagen unter Strafe. Von einer allg Verpflichtung, zunächst im Inland anzumelden, ist bewusst abgesehen worden.[20]

13 **2. Europäische Patentanmeldungen**, die ein Staatsgeheimnis enthalten können, sind zwingend beim DPMA einzureichen (Art II § 4 Abs 2 IntPatÜG; Art 75, 77 EPÜ). Ergibt eine durch das DPMA vorzunehmende Prüfung, dass ein Staatsgeheimnis vorliegt, erfolgt eine Weiterbehandlung als nationale Anmeldung, für die eine Geheimhaltungsanordnung ergangen ist. Art II § 14 IntPatÜG stellt die unmittelbare Anmeldung beim EPA unter Strafe.

14 **3. Internationale Anmeldungen** nach dem Patentzusammenarbeitsvertrag (PCT), die beim DPMA als Anmeldeamt eingereicht werden, sind vom DPMA darauf zu prüfen, ob sie ein Staatsgeheimnis enthalten; ist dies der Fall, wird die Anmeldung nicht weitergeleitet und jede Bekanntmachung unterbleibt. Mit Rechtskraft der entspr Anordnung gilt die Anmeldung als geheimgestellte nationale Anmeldung (Art III § 2 IntPatÜG).

15 **II. Die Inlandsanmeldung ausländischer Staatsgeheimnisse** ist im nationalen Recht in § 50 Abs 4 geregelt (Rn 22 ff zu § 50).

III. Zwischenstaatliche Regelungen

16 **1. Euratom** s Rn 9 Anh II zu § 24.

17 **2. Ehemalige Westeuropäische Union.** GeheimschutzÜbk vom 28.3.1995[21] und OCCAR-Geheimschutz-Übk (Organisation Conjointe de Coopération en matière d'Armement; multinat Rüstungszusammenarbeit) vom 24.9.2004; hierzu Gesetz vom 12.8.2005 zu dem OCCAR-Geheimschutzübereinkommen vom 24.9.2004.[22] Die Westeuropäische Union wurde im Juni 2011 aufgelöst.

18 **3. NATO-Folgeverträge.** Das Übk über die wechselseitige Geheimbehandlung verteidigungswichtiger Erfindungen, die den Gegenstand von Patentanmeldungen bilden – **NATO-GeheimÜ** –, vom 21.9.1960[23] ist für die Bundesrepublik Deutschland in Kraft seit 5.2.1964.[24] Es ist inzwischen für Bulgarien, Lettland, Litauen, Polen, Rumänien, die Slowakei, Slowenien, die Tschechische Republik und sämtliche karibischen Gebiete des Königreichs der Niederlande in Kraft getreten.[25] S hierzu weiter die **Verfahrensregelung** zum

---

Entscheidung des BPatG vom 11.1.1977 und kritisiert diese Rspr; zum Konflikt zwischen formeller Geheimstellung und dem materiellem Begriff des Staatsgeheimnisses auch *Benkard* § 50 Rn 12a.

17 Hierzu *Kelbel* GRUR 1969, 155, 166.
18 Änderung veröffentlicht in BlPMZ 1998, 89.
19 Darstellung der Rechtslage in Frankreich, im VK und in den USA bei *Breith* S 164 ff.
20 Begr 6.ÜberlG BlPMZ 1961, 140, 148.
21 BGBl 1997 II 1380.
22 BGBl II 778.
23 BGBl 1964 II 773 = BlPMZ 1964, 225.
24 Bek vom 30.5.1964 BGBl II 772 = BlPMZ 1964, 224.
25 Aufstellung BGBl 2013 II 997 = BlPMZ 2013, 304.

NATO-Übk über die wechselseitige Geheimbehandlung verteidigungswichtiger Erfindungen, die den Gegenstand von Patentanmeldungen bilden, vom 7.3.1962 idF vom 15.3.1967.[26]

Zu beachten ist weiter das NATO-Übk über die Weitergabe technischer Informationen zu Verteidi- **19** gungszwecken (**NATOInfÜ**) vom 19.10.1970[27] nebst Verfahrensregelung vom 1.1.1971.[28] Das Übk „ist nicht so auszulegen, als berühre es" das NATO-GeheimÜ (Art VI Abs 2). Auch die zugehörige Verfahrensordnung findet nach ihrem Abschnitt I auf die Weitergabe von Kopien von Geheimpatentanmeldungen an Regierungsstellen keine Anwendung.

4. Zweiseitige Abkommen (Verwaltungsabkommen)[29] nebst Verfahrensregelungen bestehen mit **20** verschiedenen NATO-Mitgliedstaaten sowie mit Schweden;[30] es handelt sich um Abkommen mit
Belgien (vom 1.2.1963),[31] in Kraft seit 1.3.1963;
Frankreich (vom 28.9.1961),[32] in Kraft seit 28.9.1961;
Griechenland (Notenwechsel vom 15.10./15.12.1971),[33] in Kraft seit 27.1.1974;
Italien (vom 27.1.1960),[34] in Kraft seit 28.3.1972;
Kanada (Notenwechsel vom 21./28.8.1964),[35] in Kraft seit 28.10.1964;
den **Niederlanden** (vom 16.5.1961);[36]
Schweden (dt-schwed RegierungsAbk über die gegenseitige Geheimhaltung von Patent- oder Gebrauchsmusteranmeldungen verteidigungswichtiger Erfindungen vom 26.8.1991),[37] in Kraft seit 26.8. 1991; da Schweden nicht NATO-Mitglied ist, bildet es im Verhältnis zu diesem Staat die alleinige Rechtsgrundlage;[38]
den **Vereinigten Staaten von Amerika** (vom 4.1.1956),[39] in Kraft mWv 27.12.1955.

C. Geheimgebrauchsmuster; Geheimtopographie

Die §§ 9 GebrMG, 4 Abs 4 HlSchG verweisen im wesentlichen auf die Regelungen der §§ 50–56. **21**

D. EPÜ

Das EPÜ kennt keine Geheimpatente; im Fall der Anmeldung von Staatsgeheimnissen greifen die Re- **22** gelungen des Art II §§ 4, 9 IntPatÜG ein.

E. Bedeutung der Geheimstellung: 2001 sind 13 Patentanmeldungen und 0 GbmAnmeldungen ge- **23** heim gestellt worden (2000: 15; 1).[40]

---

26 BAnz 1967, 1 = BlPMZ 1967, 318.
27 BGBl 1973 II 985 = BlPMZ 1973, 308.
28 BGBl 1973 II 993 = BlPMZ 1973, 310.
29 *Breith* S 135 ff unter Hinweis auf BPatG 2.10.1975 5 W (pat) 601/74 undok.
30 Vgl auch *Kelbel* GRUR 1969, 155, 167.
31 BAnz Nr 171 vom 13.9.1963 = BlPMZ 1963, 292, Änderung der Verfahrensordnung BAnz Nr 102 vom 3.6.1965 = BlPMZ 1965, 232.
32 BAnz Nr 171 vom 13.9.1963 = BlPMZ 1963, 288.
33 BGBl 1974 II 1063 = BlPMZ 1975, 19.
34 BGBl 1973 II 7 = BlPMZ 1973, 164.
35 BAnz Nr 195 vom 17.10.1963 = BlPMZ 1964, 373.
36 BAnz Nr 168 vom 10.9.1964 = BlPMZ 1964, 313.
37 BGBl 1992 II 4 = BlPMZ 1992, 185.
38 *Breith* S 138.
39 BAnz Nr 73 vom 14.4.1956 = BlPMZ 1956, 144; Verfahrensbestimmungen mit Änderungen BAnz Nr 144 vom 5.8.1965 = BlPMZ 1965, 275.
40 Detaillierte Zahlen seit 1964 bei *Breith* S 45 ff.

§ 50
(Geheimhaltungsanordnung)

(1) [1] Wird ein Patent für eine Erfindung nachgesucht, die ein Staatsgeheimnis (§ 93 des Strafgesetzbuches) ist, so ordnet die Prüfungsstelle von Amts wegen an, daß jede Veröffentlichung unterbleibt. [2] Die zuständige oberste Bundesbehörde ist vor der Anordnung zu hören. [3] Sie kann den Erlaß einer Anordnung beantragen.

(2) [1] Die Prüfungsstelle hebt von Amts wegen oder auf Antrag der zuständigen obersten Bundesbehörde, des Anmelders oder des Patentinhabers eine Anordnung nach Absatz 1 auf, wenn deren Voraussetzungen entfallen sind. [2] Die Prüfungsstelle prüft in jährlichen Abständen, ob die Voraussetzungen der Anordnung nach Absatz 1 fortbestehen. [3] Vor der Aufhebung der Anordnung nach Absatz 1 ist die zuständige oberste Bundesbehörde zu hören.

(3) Die Prüfungsstelle gibt den Beteiligten Nachricht, wenn gegen einen Beschluß der Prüfungsstelle, durch den ein Antrag auf Erlaß einer Anordnung nach Absatz 1 zurückgewiesen oder eine Anordnung nach Absatz 1 aufgehoben worden ist, innerhalb der Beschwerdefrist (§ 73 Abs. 2) keine Beschwerde eingegangen ist.

(4) Die Absätze 1 bis 3 sind auf eine Erfindung entsprechend anzuwenden, die von einem fremden Staat aus Verteidigungsgründen geheimgehalten und der Bundesregierung mit deren Zustimmung unter der Auflage anvertraut wird, die Geheimhaltung zu wahren.

A. Entstehungsgeschichte

1   Die Bestimmung ist geänd durch das 6. ÜberlG, das 8. StRÄndG und das GPatG („Veröffentlichung" statt „Bekanntmachung" in Abs 1 Satz 1); vor 1981 § 30a (vgl Rn 1 ff vor § 50).

B. Geheimhaltungsanordnung

I. Voraussetzungen

2   Die Anordnung setzt regelmäßig voraus, dass die Anmeldung für eine Erfindung eingereicht wird, die ein Staatsgeheimnis (Rn 10 vor § 50) ist. Auf Patentfähigkeit kommt es nicht an, jedoch kann Bekanntsein des in der Anmeldung Offenbarten den Geheimnischarakter ausschließen.[1] Liegen dem Anmelder bereits konkrete Anhaltspunkte für ein Staatsgeheimnis vor, soll er dies durch Verwendung eines entspr gekennzeichneten zusätzlichen inneren Briefumschlags kenntlich machen oder formlos darauf hinweisen.[2] Zu beachten ist, dass sich die Kriterien für das patentrechtl Bekanntsein und das Vorliegen eines Staatsgeheimnisses nicht decken.[3] Die Anordnung ist nicht schon gerechtfertigt, weil der Erfindungsgedanke den allg zugänglichen Veröffentlichungen nicht zu entnehmen ist; dies gilt auch, wenn die Anmeldung ein

---

1 Vgl BGH 3.2.1977 X ZB 4/76; *Benkard* Rn 6; zwd *Kumm* GRUR 1979, 672, 674 f.
2 *Schulte* Rn 11; Hinweise im Internet unter http://www.dpma.de/patent/patentschutz/geheimschutz/index.html.
3 Insoweit ist die Kritik bei *Kumm* GRUR 1979, 672 berechtigt.

technisches Gebiet betrifft, bei dem die Prüfung auf Geheimhaltungsbedürftigkeit regelmäßig geboten erscheint.[4]

II. Anmeldung

Die Anmeldung muss schriftlich erfolgen; eine elektronische Anmeldung ist nicht möglich.[5] Auch **3** eine Anmeldung über ein Patentinformationszentrum ist ausgeschlossen (§ 34 Abs 2 Satz 2). Zu Auslandsanmeldungen § 52.

III. Verfahren[6]

Grds sind sowohl inländ als auch ausländ Staatsgeheimnisse ausschließlich einem begrenzten Perso- **4** nenkreis zugänglich zu machen. Nur die Personen dürfen Kenntnis von der Verschlusssache erlangen, für die dies aus zwingenden beruflichen Gründen unerlässlich ist. Dies ist durch organisatorische Maßnahmen und sicherheitstechnische Einrichtungen zu gewährleisten. Dieser Personenkreis hat sich einer Sicherheitsüberprüfung durch das Bundesamt für Verfassungsschutz zu unterziehen. Zuständig für die Sicherheitsüberprüfung ist der Geheimschutzbeauftragte des DPMA. Die Überprüfung selbst nimmt das Bundesamt für Verfassungsschutz als mitwirkende Behörde anhand einer von der betroffenen Person auszufüllenden Sicherheitserklärung vor. Anträge für Sicherheitsüberprüfungen sollen per E-Mail mit entspr Begründung angefordert werden (bei Geheimschutzbeauftragter@dpma.de).Wer zB als **Vertreter** konkret beabsichtigt, in Geheimschutzangelegenheiten tätig zu werden, darf dies erst nach entspr Ermächtigung durch den Geheimschutzbeauftragten des DPMA. Gleiches gilt auch für Mitarbeiter, die mit dem Vorgang befasst sind oder sein werden. Eine Überprüfung oder Ermächtigung ohne konkreten Anhaltspunkt für die Bearbeitung eines Staatsgeheimnisses wird nicht erteilt. Der Überprüfungs- und Ermächtigungsprozess dauert etwa sechs Monate.[7]

Die nur deklaratorisch wirkende[8] **Anordnung** ergeht vAw (Abs 1 Satz 1). Die oberste Bundesbehörde, **5** das BMVtg (§ 56), ist zu hören (Abs 1 Satz 2); sie kann auf die Anordnung hinwirken[9] (Abs 1 Satz 3). Zunächst erfolgt eine Grobsichtung durch den Eingangsprüfer und durch Beauftrage des BMVtg, denen die in Betracht kommenden Schutzrechtsanmeldungen insb aus den Gebieten Rüstungstechnologie, geheime Nachrichtenübertragung, Kerntechnik und Sicherheits- und Wertdokumente zugeleitet werden („Geheimstellungsvorprüfung"). Die Anmeldungen werden dann ggf als „geheim" eingestuft und nach einer Feinsichtung durch das BMVtg, erforderlichenfalls unter Einschaltung weiterer Ressorts und Behörden, auf das Vorliegen eines Staatsgeheimnisses überprüft und mit einer Stellungnahme („Bewertung") wieder dem DPMA zugeleitet.[10] Macht das BMVtg von der ihm nach Abs 1 Satz 3 eingeräumten Möglichkeit Gebrauch, den Erlass einer Anordnung zu beantragen, begibt es sich in die Rolle eines Verfahrensbeteiligten.[11] Zum Antrag ist der Anmelder zu hören.[12] Wendet sich das BMVtg, ohne selbst Beschwerdeführer zu sein, gegen die Aufhebung der Anordnung, kann hierin ein neuer Antrag liegen.[13]

---

4   BPatG 11.12.1975 5 W (pat) 603/73 BlPMZ 1976, 411 Ls.

5   Vgl http://dpma.de/patent/patentschutz/geheimschutz/faqs/index.html#a11 .

6   Hierzu MittPräsDPA BlPMZ 1956, 242.

7   http://dpma.de/patent/patentschutz/geheimschutz/faqs/index.html#a11 .

8   BGH GRUR 1973, 141,143 Kernenergie; BGH GRUR 1999, 573 f Staatsgeheimnis; BGH 12.1.1999 X ZB 8/98; BGH 12.1.1999 X ZB 9/98.

9   Vgl *Kumm* GRUR 1979, 672, 675; *Benkard* Rn 9, 11; zur Begründungsbedürftigkeit der Äußerung des BMVtg *Breith* S 73 f.

10   Vgl *Breith* S 38 f und GRUR 2003, 587, 589.

11   BGH 3.2.1977 X ZB 4/76; BPatG 2.10.1975 5 W (pat) 611/74 BlPMZ 1976, 144 Ls; *Mes* Rn 7; aA wohl *Kumm* (1980) S 52 ff: Hoheitsakt des BMVtg; nach *Breith* S 71 ff handelt es sich um ein „Votum zur Geheimhaltungsbedürftigkeit".

12   BGH 3.2.1977 X ZB 4/76; BPatG 2.10.1975 5 W (pat) 611/74 BlPMZ 1976, 144 Ls; *Benkard* Rn 11; *Schulte* Rn 11; *Mes* Rn 7; *Breith* S 75 ff und GRUR 2003, 587, 589 f, der insoweit Regelungen des VwVfG heranziehen will, auch zur praktizierten Form, bei der konkrete Hinweise, die die Geheimniseigenschaft begründen, dem Anmelder nicht mitgeteilt werden; aA *Kumm* GRUR 1979, 672, 677.

13   BGH Staatsgeheimnis.

6   Zuständig für die Anordnung ist die **Prüfungsstelle** (Abs 1 Satz 2). Sie hat die Voraussetzungen für den Erlass der Anordnung in eigener Zuständigkeit und Verantwortung zu prüfen;[14] zur Prüfung nach Beschwerde gegen Aufhebung der Anordnung Rn 28 zu § 79.

7   Die Anordnung ergeht durch zu begründenden **Beschluss** in der Form des § 47,[15] jedoch müssen nicht in jedem Fall alle Merkmale des § 93 StGB einzeln festgestellt werden.[16] Die Anordnung ist dem Anmelder zuzustellen, der obersten Bundesbehörde nur, wenn diese sie beantragt hat,[17] andernfalls genügt formlose Mitteilung.

8   Die **Ablehnung der Anordnung** bedarf, wenn die oberste Bundesbehörde keinen Antrag gestellt hat, nicht der Beschlussform,[18] im Fall der Antragstellung ist § 47 anwendbar. Wird in diesem Fall die Entscheidung nicht angefochten, trifft die Prüfungsstelle eine Benachrichtigungspflicht (Abs 3).

IV. Anfechtbarkeit

9   **1. Anordnung der Geheimhaltung.** Der Anmelder kann sich gegen die Anordnung mit dem Ziel, ihre Aufhebung zu bewirken, beschweren;[19] die aufschiebende Wirkung der Beschwerde ist durch § 75 Abs 2 ausdrücklich ausgeschlossen. Die Beschwerde setzt nicht voraus, dass die Anordnung in Beschlussform ergangen ist.[20] Die oberste Bundesbehörde kann die Anordnung trotz § 74 Abs 2 grds nicht anfechten[21] (Rn 30 zu § 74), jedoch die Aufhebung beantragen (Rn 20) und gegen deren Ablehnung vorgehen.[22] Sie kann auch unabhängig von einem Rechtsmittelverfahren eine neue Anordnung beantragen.[23]

10   Im Verfahren über die Beschwerde gegen eine Geheimhaltungsanordnung kann das BPatG, wenn die Anordnung vom DPMA wegen Wegfalls ihrer Voraussetzungen aufgehoben wird, auf Antrag des Beschwerdeführers aussprechen, dass die Anordnung (von Anfang an) rechtswidrig war, falls der Beschwerdeführer ein berechtigtes Interesse an dieser **Feststellung** hat.[24]

11   **2. Ablehnung der Anordnung.** Die Beschwerde steht der obersten Bundesbehörde zu, auch wenn sie sich am Verfahren nicht förmlich beteiligt hat (§ 74 Abs 2) und wenn die Entscheidung nicht in Beschlussform ergangen ist. Der Anmelder ist nicht beschwert.[25]

V. Wirkung

1. Materiell

12   **a. Wirkung der Anmeldung und des Patents.** Das nach Erlass der Geheimhaltungsanordnung erteilte Patent entfaltet, auch wenn die Nichtveröffentlichung an sich im Widerspruch zu patentrechtl Grundprinzipien steht,[26] Rechtswirkungen wie jedes andere Patent. Das Patent gewährt grds die vollen Ansprüche bei Verletzung, wegen des Fehlens der Veröffentlichung bedarf, soweit es darauf ankommt, die Frage des Verschuldens besonderer Prüfung. Allerdings kann der Entschädigungsanspruch des § 33 nicht zur Geltung kommen.[27]

---

14   BGH 3.2.1977 X ZB 4/76; BPatG 2.10.1975 5 W (pat) 611/74 BlPMZ 1976, 144 Ls; *Lindenmaier* § 30 Rn 8.

15   Vgl BPatGE 21, 112 = GRUR 1979, 230, 232; *Klauer/Möhring* § 30a Rn 30.

16   BPatG 2.10.1975 5 W (pat) 611/74 BlPMZ 1976, 144 Ls.

17   *Benkard* Rn 13.

18   *Benkard* Rn 14; *Schulte* Rn 14; *Lindenmaier* § 30a Rn 9.

19   BGH 3.2.1977 X ZB 4/76; vgl aber BPatG 25.7.1972 5 W (pat) 601/72 bei *Kumm* GRUR 1979, 672, 678.

20   Vgl BGH GRUR 1972, 535, 537 Geheimhaltungsanordnung.

21   *Benkard* Rn 22.

22   *Benkard* Rn 22.

23   BGH GRUR 1999, 573 f Staatsgeheimnis; BGH 12.1.1999 X ZB 8/98; BGH 12.1.1999 X ZB 9/98; *Benkard* Rn 22.

24   BPatGE 21, 112 = BlPMZ 1979, 246; *Schulte* Rn 18; *Mes* Rn 14; aA *Benkard* Rn 25; *Kumm* Mitt 1980, 50; *Breith* S 84 Fn 205.

25   BGH GRUR 1972, 535 f Geheimhaltungsanordnung.

26   Vgl zur Problematik *Trüstedt* BB 1960, 1141; *Reitstötter* GRUR 1959, 557, 566; *Gottlob/Fink* GRUR 1978, 67 ff; *Breith* S 88 ff, der von einem Schutzrecht sui generis spricht.

27   *Lindenmaier* § 30a Rn 8.

b. Zurechnung zum Stand der Technik. Die Anmeldung gilt mit Ablauf des achtzehnten Monats **13** nach ihrer Einreichung als StdT iSv § 3 Abs 2 (Rn 155 zu § 3). Verfahrensrechtl Besonderheiten ergeben sich, wenn ein anderes Schutzrecht aus einer geheimgestellten Anmeldung oder aus einem Geheimschutzrecht angegriffen wird.[28]

c. Keine Enteignung. Die Geheimhaltungsanordnung ist Inhalts- und Schrankenbestimmung des Ei- **14** gentums und keine Enteignungsmaßnahme und begründet auch keinen Aufopferungsanspruch.[29] Die Anordnung zieht aus dem Vorliegen eines Staatsgeheimnisses die notwendige Folgerung für das Patenterteilungsverfahren, nimmt dem Erfinder aber nichts von seinem Schutzrecht; sie gibt ihm lediglich Kenntnis davon, dass es sich bei seiner Erfindung um ein Staatsgeheimnis handelt[30] (vgl Rn 10f vor § 50). Ein Anspruch des Anmelders auf Anordnung oder Bestehenbleiben der Geheimhaltung besteht nicht.[31]

2. Verfahrensrechtlich

a. Die **Geheimstellung** wirkt nur deklaratorisch.[32] Gleichwohl ist sie (feststellender) Verwaltungs- **15** akt.[33] Der Bescheid des DPMA, dass eine Patentanmeldung, die eine als Staatsgeheimnis anzusehende Erfindung betrifft, in den Geheimhaltungsgrad „Geheim" eingestuft wurde, macht den Patentanmelder (wegen der außerhalb des DPMA befindlichen, die Erfindung betr Unterlagen) nicht für die Beachtung des genannten Geheimhaltungsgrads verantwortlich; der Anmelder muss aber die ihm gesetzlich oder anderweitig auferlegten Pflichten beachten.[34]

b. Erteilungsverfahren. Das Verfahren richtet sich grds nach den allg Vorschriften mit der Abwei- **16** chung, dass Offenlegung, Offenlegungshinweis, Veröffentlichung der Patentschrift und des Hinweises auf die Patenterteilung unterbleiben. Die gesetzlichen Wirkungen der Patenterteilung treten bereits mit Wirksamwerden des Erteilungsbeschlusses ein.[35] Erfassung, Vorprüfung und Verwaltung der Anmeldungen erfolgen nach der Grobauszeichnung im Referat 1.1.2, Geschäftsstelle 320 (früher „Büro 99"), durch eigens qualifizierte Beschäftigte.[36] Auch für ein Geheimpatent kann Lizenzbereitschaft erklärt werden.[37]

c. Ein **Einspruchsverfahren** kommt erst nach Aufhebung der Geheimhaltungsanordnung und Nach- **17** holung der Veröffentlichung, dann aber nach allg Regeln, in Betracht (Rn 21).[38]

d. Nichtigkeitsklage und Klage auf Erteilung einer Zwangslizenz sind möglich.[39] Die Geheimhaltung **18** muss gewahrt werden, so durch Ausschluss der Öffentlichkeit nach § 172 Abs 1 GVG und ggf Auferlegung der Geheimhaltungspflicht nach § 353c StGB auf Beteiligte.[40]

e. Verletzungsprozess. Der Geheimhaltungsbedürftigkeit ist wie im Nichtigkeitsverfahren (Rn 18) **19** Rechnung zu tragen.

---

28 Näher *Breith* S 97 f.
29 Begr 6. ÜberlG BlPMZ 1961, 140, 149; *Mes* Rn 10; vgl *von der Osten* GRUR 1958, 465; DPA BlPMZ 1958, 207 mAnm *Müller* GRUR 1958, 544; *Bellstedt* DÖV 1961, 811; *Klein* DÖV 1962, 41; *Gaul* GRUR 1966, 293; *Kelbel* GRUR 1969, 155, 160 ff; *Breith* S 146 ff mit eingehender Diskussion auch zur neueren Dogmatik; aA *Körner* GRUR 1970, 387; Bedenken auch bei *Klauer/Möhring* § 30a Rn 30.
30 BGH GRUR 1973, 141 Kernenergie.
31 Vgl BGH GRUR 1972, 535 Geheimhaltungsanordnung.
32 *Mes* Rn 10; Darstellung des Streitstands bei *Breith* S 79 f.
33 *Breith* S 81 ff; aA *Kumm* Mitt 1980, 50, 52.
34 BPatGE 24, 218 = BlPMZ 1982, 356; vgl BPatGE 22, 136, dort jeweils auch zur Anfechtbarkeit der Einstufung.
35 *Benkard* § 54 Rn 2; *Büscher/Dittmer/Schiwy* Rn 13.
36 *Schulte* Rn 11; DPMA-KlassifizierungsRl BlPMZ 2011, 177 unter 3.4.
37 BGH GRUR 1967, 245 Lizenzbereitschaft für Geheimpatent; BPatG 22.7.1968 4 W (pat) 106/65.
38 BPatG Mitt 1985, 33; BPatGE 30, 17 = GRUR 1988, 903; *Benkard* § 54 Rn 2; *Büscher/Dittmer/Schiwy* Rn 14; *Breith* S 94 f; aA *Paul* Mitt 1985, 29.
39 RG GRUR 1920, 8 Kriegspatent; *Klauer/Möhring* § 30a Rn 17; *Reimer* § 30e Anm.
40 *Schulte* § 54 Rn 3; vgl *Zschucke* Mitt 1960, 219, 224; *Kelbel* GRUR 1969, 155, 159.

VI. Aufhebung der Anordnung

20 Die Anordnung ist aufzuheben, wenn die Voraussetzungen nach Abs 1 entfallen sind, dh, wenn die Anmeldung kein Staatsgeheimnis mehr darstellt. Dies gilt auch, wenn sich nachträglich herausstellt, dass die Anmeldung kein Staatsgeheimnis darstellte.[41] Die Aufhebung erfolgt auf Antrag[42] oder vAw; Abs 2 Satz 2 sieht eine periodische Überprüfung vor. Anhörung des Anmelders und der obersten Bundesbehörde ist erforderlich, soweit diese nicht selbst die Aufhebung beantragt haben.[43] Die Entscheidung ergeht durch beschwerdefähigen und dem Anmelder/Patentinhaber und dem BMVtg zuzustellenden[44] Beschluss, jedoch ist der Anmelder/Patentinhaber durch die Aufhebung nicht beschwert.[45]

21 **Wirkung.** Nach Aufhebung der Anordnung gelten für die Anmeldung und das Patent die allg Regeln.[46] Die Anmeldung ist, sofern das Patent noch nicht erteilt ist, offenzulegen, nach Erteilung ist eine Patentschrift zu veröffentlichen.[47] Die Aufhebung eröffnet den Einspruch (Rn 5, 38 zu § 59).

C. Anvertraute Erfindungen (Absatz 4)

22 Der Bundesregierung mit deren Zustimmung zur Wahrung der Geheimhaltung von einem fremden Staat anvertraute Erfindungen, die von dem fremden Staat aus Verteidigungsgründen geheimgehalten werden, unterliegen denselben Regelungen wie staatsgeheime Erfindungen. Als Grundlagen kommen der EAV (EuratomV), das NATO-GeheimÜ und die ergänzenden Abkommen mit NATO-Mitgliedstaaten, sonstige Regierungsvereinbarungen genereller Art (wie das dt-schwed Abk) oder Vereinbarungen im Einzelfall in Betracht. Darauf, ob die anvertraute Erfindung zugleich Staatsgeheimnis nach § 93 StGB ist, kommt es nicht an; ist dies der Fall, ergibt sich die Notwendigkeit der Anordnung sowohl aus Abs 1 als auch aus Abs 4.

23 **Voraussetzungen der Anordnung** sind hier:

Geheimhaltung der Erfindung durch einen fremden Staat aus Verteidigungsgründen;[48]

Anvertrauen der Erfindung durch den fremden Staat an die Bundesregierung unter der Auflage, die Geheimhaltung zu wahren,

Zustimmung der Bundesregierung.

Das Vorliegen dieser Voraussetzungen ist von der Prüfungsstelle zu prüfen.

24 Die **Zustimmung der Bundesregierung** kann insb davon abhängig gemacht werden, dass der Anmelder auf Entschädigungsansprüche nach § 55 verzichtet (vgl Art III NATO-GeheimÜ). Angesichts der Regelung in § 55 Abs 3 wird man das Ermessen der Bundesregierung, von einem solchen Verzicht abzusehen, als auf Null reduziert ansehen müssen (vgl aber Rn 6 zu § 55).

25 **Aufhebung der Anordnung** erfolgt, sofern die Anmeldung nicht zugleich nach Abs 1 geheimzuhalten ist, wenn die in Rn 23 genannten Voraussetzungen nicht (mehr) vorliegen; jedoch kann sich die Bundesregierung aus ihren Verpflichtungen gegenüber dem fremden Staat nicht ohne weiteres einseitig lösen (vgl Art IV NATO-GeheimÜ: Ersuchen der Ursprungsregierung).

---

41 *Benkard* Rn 16; *Klauer/Möhring* § 30a Rn 33.
42 BGH 3.2.1977 X ZB 4/76.
43 BGH GRUR 1972, 535 f Geheimhaltungsanordnung; *Benkard* Rn 17.
44 *Fitzner/Lutz/Bodewig* Rn 20; *Schulte* Rn 15.
45 BGH Geheimhaltungsanordnung; BPatG 27.1.1998 5 W (pat) 601/97, 602/97, 603/97 undok; vgl auch BPatG 13.11.1969 5 W (pat) 605/69, wonach die Gründe, aus denen das BMVtg die Aufhebung beantragt, nicht der Nachprüfung unterliegen sollen; aA *Körner* GRUR 1970, 387; differenzierend unter dem Gesichtspunkt der formellen Beschwer *Klauer/Möhring* § 30a Rn 34.
46 Vgl BGH GRUR 1972, 535 Geheimhaltungsanordnung.
47 *Lindenmaier* § 30a Rn 10; *Schulte* Rn 15.
48 Für eine extensive Auslegung dieser Regelung *Breith* S 133 f und GRUR 2003, 587, 592, der auch eine Prüfung der Geheimhaltungsbedürftigkeit verneint.

§ 51
(Akteneinsicht für die oberste Bundesbehörde)

Das Patentamt hat der zuständigen obersten Bundesbehörde zur Prüfung der Frage, ob jede Veröffentlichung gemäß § 50 Abs. 1 zu unterbleiben hat oder ob eine gemäß § 50 Abs. 1 ergangene Anordnung aufzuheben ist, Einsicht in die Akten zu gewähren.

A. Entstehungsgeschichte

Die Bestimmung wurde durch das 6. ÜberlG eingefügt, die Worte „Bekanntmachung einer Anmel- **1** dung" wurden durch das GPatG durch „Veröffentlichung" ersetzt. Vor 1981 trug sie die Bezeichnung § 30b.

B. Akteneinsicht der obersten Bundesbehörde

Es handelt sich um einen gesetzlich geregelten Fall der Amtshilfe; die Regelung ist erforderlich, weil **2** ohne sie § 31 der Akteneinsicht entgegenstehen könnte und die gesetzliche Wertung des § 31 auch bei der Amtshilfe zu beachten ist.[1] Über Anlass und Umfang der Akteneinsicht entscheidet die oberste Bundesbehörde (§ 56) grds in eigener Verantwortung.[2] Ist die Anmeldung veröffentlicht, ergibt sich das Einsichtsrecht schon aus § 31, die Einsicht kann deshalb im Ergebnis auch hier nicht versagt werden.[3] Der Akteneinsicht nach der Vorschrift unterliegen auch Aktenteile, die den StdT betreffen, weil sich hieraus Aufschlüsse über die Geheimhaltungsbedürftigkeit ergeben können. Soweit eine Relevanz für die Prüfung von vornherein nicht in Betracht kommt (personenbezogene Daten, zB Gesundheitsatteste und Aktenteile, die die persönlichen Voraussetzungen der Verfahrenskostenhilfe betreffen), ist Akteneinsicht nicht zu gewähren.[4]

Zweckbindung. Das Akteneinsichtsrecht ist nur zur Prüfung der Frage, ob jede Veröffentlichung zu **3** unterbleiben hat oder ob eine diesbezüglich ergangene Anordnung aufzuheben ist, gewährt. Ein berechtigtes Interesse muss gleichwohl nicht dargelegt werden.[5]

C. Verfahren

Die Gewährung der Einsicht erfolgt auf formloses Ersuchen, wobei die einzusehenden Anmeldungen **4** auch pauschal (zB nach der Klassifizierung oder nach Herkunft) bezeichnet werden können.[6]

Anhörung des Anmelders ist grds nicht erforderlich, da dieser keine Einwirkungsmöglichkeit hat und **5** in seinen Rechten nicht berührt wird.

Einer **förmlichen Entscheidung** bedarf es nur im Fall der Ablehnung des Antrags.[7] **6**

Überprüfung. Im Fall der Ablehnung kann die oberste Bundesbehörde remonstrieren; eine Be- **7** schwerdemöglichkeit ist (anders als durch § 74 Abs 2 im Fall des § 50 Abs 1, 2) nicht eröffnet (str);[8] da auch § 159 GVG unanwendbar ist, wird äußerstenfalls eine verwaltungsgerichtliche Klage (Parteistreitigkeit) wie allg bei der Verletzung der Pflicht zur Amtshilfe in Betracht kommen[9] (auch insoweit zwh und str, da die Behörde nicht Trägerin materieller Rechte sei).[10]

---

1 Vgl *Klauer/Möhring* § 30b Rn 1; *Kelbel* GRUR 1969, 155, 159; anders allerdings die Amtspraxis vor Einführung der Bestimmung, die die Behörde als „Sachverständigen" zugezogen hat.
2 Vgl *Benkard* Rn 2; *Klauer/Möhring* § 30b Rn 2.
3 Vgl *Benkard* Rn 2.
4 Ebenso *Schulte* Rn 2; vgl *Mes* Rn 1.
5 Vgl *Büscher/Dittmer/Schiwy* Rn 5.
6 Vgl *Benkard* Rn 4; *Schulte* Rn 2.
7 *Benkard* Rn 4.
8 AA die hM: *Klauer/Möhring* § 30b Rn 3; *Reimer* § 30b Anm; *Benkard* Rn 4 („im Hinblick auf das dem BMVtg ausdrücklich eingeräumte Recht auf Einsicht"); *Schulte* Rn 2 („wegen des Sachzusammenhangs"); *Fitzner/Lutz/Bodewig* Rn 4.
9 *Benkard* Rn 4 hält dies für „den am wenigsten geeigneten Weg".
10 Vgl *Eyermann* VwGO § 14 Rn 10; die Klagemöglichkeit bejahend, sofern ein substantielles Recht der Behörde verletzt ist, *Redeker/von Oertzen* VwGO § 14 Rn 5; *Kopp/Schenke* § 14 VwGO Rn 3.

§ 52
(Anmeldung im Ausland; Strafvorschrift)

(1) [1]Eine Patentanmeldung, die ein Staatsgeheimnis (§ 93 des Strafgesetzbuches) enthält, darf außerhalb des Geltungsbereichs dieses Gesetzes nur eingereicht werden, wenn die zuständige oberste Bundesbehörde hierzu die schriftliche Genehmigung erteilt. [2]Die Genehmigung kann unter Auflagen erteilt werden.

(2) Mit Freiheitsstrafe bis zu fünf Jahren oder mit Geldstrafe wird bestraft, wer
1. entgegen Absatz 1 Satz 1 eine Patentanmeldung einreicht oder
2. einer Auflage nach Absatz 1 Satz 2 zuwiderhandelt.

Ausland: VK: Sec 23 Patents Act

A. Entstehungsgeschichte

1 Die Bestimmung wurde durch das 6.ÜberlG eingefügt, geänd durch das 8.StRÄndG, das EGStGB vom 23.3.1974 und das IntPatÜG; vor 1981 § 30c.

B. Auslandsanmeldungen

I. Allgemeines

2 Die Eigenschaft als Staatsgeheimnis schließt Auslandsanmeldungen grds aus.[1] Die Bestimmung schafft demgegenüber ein Verbot mit Genehmigungsvorbehalt. Die Vorschrift des Abs 1 bezieht sich nach ihrem Wortlaut nur auf Patentanmeldungen, ist aber entspr auf Gbm- und Topographieanmeldungen anzuwenden (§ 9 GebrMG; § 4 HlSchG).

II. Verfahren

3 Die Auslandsanmeldung erfordert einen Antrag; dieser ist schriftlich unter Beifügung der Anmeldungsunterlagen und unter Angabe der Staaten, in denen angemeldet werden soll, beim BMVtg zu stellen.[2] Auf laufende Prioritätsfristen sollte schon im eigenen Interesse hingewiesen werden.

III. Genehmigung

4 **1. Allgemeines.** Die Genehmigung wird schriftlich erteilt; Mangel der Schriftform führt zur Unwirksamkeit.[3] Die Kriterien, nach denen sie zu erteilen oder zu versagen ist, sind im Gesetz nicht festgelegt. Es ist nach pflichtgemem Ermessen zu entscheiden.[4] Die Genehmigung wird grds zu erteilen sein, wenn Geheimhaltung durch den ausländ Staat gewährleistet ist und die Kenntnis durch dessen amtliche Stellen

---

1 Vgl Begr 6. ÜberlG BlPMZ 1961, 140, 148.
2 Vgl *Zschucke* Mitt 1960, 219, 223; *Schulte* Rn 4; *Büscher/Dittmer/Schiwy* Rn 3.
3 *Benkard* Rn 4; vgl *Mes* Rn 1.
4 *Benkard* Rn 3; vgl *Kelbel* S 166; aA *Kumm* S 35; *Breith* S 130 f.

nicht ihrerseits eine Gefährdung der äußeren Sicherheit der Bundesrepublik Deutschland darstellt.[5] Inländ Erstanmeldung ist nicht Voraussetzung für die Genehmigung, befreit aber nicht von der Genehmigungspflicht.[6]

2. Auflagen. Als Auflage kann zB in Betracht kommen, die Offenbarung zu beschränken, dies aller- **5** dings nur, soweit damit nicht gegen zwingende Anmeldeerfordernisse verstoßen wird. Weiter kann die Auflage erteilt werden, biologisches Material nur bei einer bestimmten Hinterlegungsstelle oder nicht bei einer bestimmten anderen Hinterlegungsstelle zu hinterlegen.[7]

IV. Anfechtung der Entscheidung

Gegen die Versagung der Genehmigung oder die Erteilung unter Auflagen ist der Verwaltungsrechts- **6** weg eröffnet, dagegen nicht die Beschwerde nach § 73.[8]

V. Alternatives Vorgehen

Der Anmelder kann zunächst im Inland anmelden und abwarten, ob eine Geheimhaltungsanordnung **7** erfolgt. Ist das nicht der Fall, kann die Anmeldung im Ausland unter Inanspruchnahme der Priorität der Inlandsanmeldung frei erfolgen. Ergeht die Geheimhaltungsanordnung, muss die Genehmigung für die Auslandsanmeldung (Rn 4 ff) eingeholt werden.[9]

C. Strafvorschrift

I. Allgemeines

Die im PatG an sich deplazierte Strafbestimmung in Abs 2 ist aufgrund der Neuregelung des Geheim- **8** nisverrats durch das 8.StRÄndG eingeführt worden. Durch sie soll in erster Linie der Fall erfasst werden, dass die Erfindung noch nicht zur Kenntnis der staatlichen Stellen gelangt und von diesen geheimgestellt worden ist.[10]

II. Der **objektive Tatbestand** umfasst zunächst das Vorliegen eines **Staatsgeheimnisses** iSd § 93 **9** StGB (vgl Rn 10 f vor § 50). Nicht erfasst sind Geheimnisse der nichtdeutschen NATO-Vertragsstaaten und anvertraute Geheimnisse iSd § 50 Abs 4, soweit diese nicht zugleich die Voraussetzungen des § 93 StGB erfüllen. Darauf, ob eine Geheimhaltungsanordnung ergangen ist, kommt es nicht an.[11] Auch die Schutzfähigkeit ist nicht Tatbestandsmerkmal.[12]

Der Tatbestand erfasst weiter **zwei Alternativen**, einmal die Auslandspatentanmeldung ohne Ge- **10** nehmigung der obersten Bundesbehörde, zum andern die Zuwiderhandlung gegen mit der Genehmigung verbundene Auflagen. Auslandsanmeldung ist jede Anmeldung außerhalb des Geltungsbereichs des PatG, also auch die PCT-Anmeldung;[13] für die eur Patentanmeldung geht die Regelung in Art II § 14 IntPatÜG als lex specialis vor.

Gebrauchsmuster- und Topographieanmeldungen im Ausland sind über die Verweisungen in § 9 **11** Abs 2 GebrMG und § 4 Abs 4 HlSchG erfasst[14] (vgl § 120 Abs 1 Nr 3 GVG).

---

5   Vgl *Schulte* Rn 4; Rechtstatsächliches bei *Breith* S 127 f.
6   *Benkard* Rn 3b; *Schulte* Rn 2; *Breith* S 129 f; kr *Breith* GRUR 2003, 587, 592.
7   Vgl zu Auflagen auf grund der jeweiligen Anmeldeerfordernisse *Zschucke* Mitt 1960, 219, 223.
8   *Schulte* Rn 3; *Büscher/Dittmer/Schiwy* Rn 5; *Gottlob/Fink* GRUR 1978, 67, 68; *Breith* S 132 f; die bei *Klauer/Möhring* § 30c Rn 4 und *Reimer* Anm zu § 30c geäußerte Ansicht, die Ablehnung sei unanfechtbar, ist im Hinblick auf die Rechtsweggarantie des Art 19 Abs 4 GG offensichtlich nicht haltbar.
9   *Büscher/Dittmer/Schiwy* Rn 6; vgl auch *Mes* Rn 2.
10   Ausschussbericht BTDrs V/2860 S 32.
11   *Lindenmaier* § 30c Rn 2.
12   *Klauer/Möhring* § 30c Rn 8.
13   So wohl auch *Breith* S 125.
14   *Klauer/Möhring* § 30c Rn 5 f, allerdings nicht in Übereinstimmung mit der Formulierung der Tatbestandsvoraussetzungen.

III. Verschulden

12   Erforderlich ist wegen § 15 StGB **Vorsatz**, also wissentliches und willentliches Handeln in Bezug auf alle Tatbestandsmerkmale; bedingter Vorsatz reicht grds aus.[15] Jedoch schränkt die Regelung in § 53 die Verantwortlichkeit hinsichtlich des Tatbestandsmerkmals des Staatsgeheimnisses bei Vorliegen der jeweiligen Voraussetzungen auf direkten Vorsatz (positive Kenntnis) ein.[16] Zur Behandlung des Irrtums Rn 20 f zu § 142.

13   **IV.** Der **Versuch** ist nicht strafbar (§ 23 Abs 1 StGB). Vollendung setzt die Einreichung der Anmeldung bei dem ausländ Amt voraus; auf die Einhaltung der formellen Anmeldevoraussetzungen kommt es nicht an, jedoch muss die Anmeldung das Staatsgeheimnis offenbaren.

V. Konkurrenzen

14   Die unbefugte Auslandsanmeldung kann bei Vorliegen der Voraussetzungen die Tatbestände der §§ 94 StGB (Landesverrat), 95 StGB (Offenbaren von Staatsgeheimnissen), 97 StGB (Preisgabe von Staatsgeheimnissen), Voraussetzung ist jeweils das Herbeiführen (Verursachen) einer schweren Gefahr für die äußere Sicherheit der Bundesrepublik Deutschland, und § 353b StGB (Verletzung von Dienstgeheimnissen oder besonderer Geheimhaltungspflichten) erfüllen. Gegenüber diesen Bestimmungen tritt der Straftatbestand in Abs 2 nach hM zurück.[17]

15   Gegenüber dem Straftatbestand des **Art II § 14 IntPatÜG** besteht Exklusivität.

VI. Rechtsfolgen der Tat

16   Das Gesetz sieht Freiheitsstrafe (Mindestmaß ein Monat, § 38 Abs 2 StGB) bis zu fünf Jahren oder Geldstrafe (Mindestmaß 5 Tagessätze, Höchstmaß 360 Tagessätze, Tagessatzhöhe von 1 EUR bis 30.000 EUR, § 40 Abs 2 Satz 3 StGB), vor. Mehrere Auslandsanmeldungen werden regelmäßig in Tatmehrheit stehen, anders etwa bei Anmeldung regionaler Patente.

VII. Verfahren

17   Die **Ermittlungszuständigkeit** liegt beim Generalbundesanwalt (§ 142a Abs 1 GVG iVm § 120 Abs 1 Nr 3 GVG), der das Verfahren vor Einreichung einer Anklageschrift grds an die Landesstaatsanwaltschaft abzugeben hat (§ 142a Abs 2 Nr 1 Buchst d GVG); Ausnahmen: Die Tat berührt die Interessen des Bunds in besonderem Maß oder es ist im Interesse der Rechtssicherheit geboten, dass der Generalbundesanwalt sie verfolgt (§ 142a Abs 3 Nr 1, 2 GVG).

18   Die **gerichtliche Zuständigkeit** im ersten Rechtszug liegt beim OLG, das für den Sitz der Landesregierung zuständig ist (§ 120 Abs 1 Nr 3 GVG); dies gilt auch, soweit Gbm- und Topographieanmeldungen betroffen sind.

§ 53
(Ausbleiben der Geheimhaltungsanordnung)

(1) Wird dem Anmelder innerhalb von vier Monaten seit der Anmeldung der Erfindung beim Patentamt keine Anordnung nach § 50 Abs. 1 zugestellt, so können der Anmelder und jeder andere, der von der Erfindung Kenntnis hat, sofern sie im Zweifel darüber sind, ob die Geheimhaltung der Erfindung erforderlich ist (§ 93 des Strafgesetzbuches), davon ausgehen, daß die Erfindung nicht der Geheimhaltung bedarf.

---

15   *Schulte* Rn 5.
16   Vgl *Klauer/Möhring* § 30c Rn 9.
17   *Klauer/Möhring* § 30c Rn 12 nimmt Gesetzeskonkurrenz iSv Subsidiarität an; ähnlich *Lindenmaier* Rn 2; vgl *Hesse* BB 1968, 1058 f.

(2) Kann die Prüfung, ob jede Veröffentlichung gemäß § 50 Abs. 1 zu unterbleiben hat, nicht innerhalb der in Absatz 1 genannten Frist abgeschlossen werden, so kann das Patentamt diese Frist durch eine Mitteilung, die dem Anmelder innerhalb der in Absatz 1 genannten Frist zuzustellen ist, um höchstens zwei Monate verlängern.

A. Entstehungsgeschichte

Die Bestimmung wurde durch das 6. ÜberlG eingefügt, Abs 1 geänd durch das 8.StRÄndG; vor 1981 **1**
§ 30d.

B. Ausbleiben der Geheimhaltungsanordnung

I. Allgemeines

Die Beurteilung der Geheimhaltungsbedürftigkeit kann für den Erfinder im Einzelfall schwierig sein; **2**
eine verbindliche Äußerung einer staatlichen Stelle hierüber ist – abgesehen von der Anordnung nach
§ 50 – nicht vorgesehen. Wegen der sich hieraus für den Erfinder und die Allgemeinheit ergebenden
Nachteile soll die Bestimmung dem Erfinder einen Weg eröffnen, auf dem er rasch Klarheit über die Geheimhaltungsbedürftigkeit erlangen kann, wenn er selbst nicht weiß, dass seine Erfindung ein Staatsgeheimnis darstellt.[1] Sofern die Anmeldung dem BMVtg zur „Feinsichtung" vorgelegt und dazu zunächst als
„geheim" eingestuft wird, können sich gleichwohl Probleme für den Anmelder ergeben.[2] Die Bestimmung
gibt dem ArbN-Erfinder kein Recht zur Anmeldung.[3]

II. Fristen

Bei der Viermonatsfrist des Abs 1 und der verlängerten Frist nach Abs 2 handelt es sich um uneigent- **3**
liche Fristen iSd Verfahrensrechts.[4] Die Fristen sind einerseits mit Rücksicht auf den erforderlichen Prüfungszeitraum, andererseits im Hinblick auf die einjährige Prioritätsfrist gewählt worden.[5]

III. Wirkung

Das Ausbleiben der Anordnung innerhalb der – notfalls nach Abs 2 verlängerten – Frist hindert eine **4**
spätere Anordnung nach § 50 Abs 1 – mit Wirkung ab ihrem Zugang – nicht.[6]

Das Ausbleiben führt lediglich dazu, dass der Anmelder und Dritte, die von der Erfindung Kenntnis **5**
haben, so zu behandeln sind, als ob sie die Geheimhaltungsbedürftigkeit nicht kennen, sofern sie darüber
nur iZw sind. Die Regelung schützt damit in erster Linie bei **bedingtem Vorsatz** (Rn 12 zu § 52).

Die Wirkung tritt gegenüber dem nicht ein, der die Geheimhaltungsbedürftigkeit **positiv kennt**; dies **6**
gilt auch im Fall nachträglicher Anordnung.[7] Bloße Anordnung ohne Kenntnis genügt nicht, insoweit verbleibt es bei der Strafbarkeit nach den Bestimmungen des StGB.[8]

C. In entsprechender Anwendung des § 50 Abs 3 wird der Anmelder oder Patentinhaber nach be- **7**
standskräftiger Aufhebung der Geheimhaltungsanordnung davon ausgehen können, dass die unter Schutz
gestellte Erfindung keiner Geheimhaltung mehr bedarf.[9]

---

1 Begr 6. ÜberlG BlPMZ 1961, 140, 148.
2 Näher *Breith* S 78.
3 *Kelbel* GRUR 1969, 155, 157.
4 So auch *Breith* S 78.
5 Begr 6. ÜberlG BlPMZ 1961, 140, 148.
6 *Mes* Rn 1; *Klauer/Möhring* § 30d Rn 5; *Lindenmaier* § 30d Anm; vgl *Benkard* Rn 5; *Schulte* Rn 3.
7 Vgl *Benkard* Rn 5; *Schulte* Rn 3.
8 Insoweit offenbar aA *Klauer/Möhring* § 30d Rn 5.
9 BGH GRUR 1972, 535 f Geheimhaltungsanordnung.

§ 54
(Besonderes Register)

[1]Ist auf eine Anmeldung, für die eine Anordnung nach § 50 Abs. 1 ergangen ist, ein Patent erteilt worden, so ist das Patent in ein besonderes Register einzutragen. [2]Auf die Einsicht in das besondere Register ist § 31 Abs. 5 Satz 1 entsprechend anzuwenden.

A. Entstehungsgeschichte

1   Die durch das 6. berlG eingefügte Bestimmung trug vor 1981 die Bezeichnung § 30e.

2   Das IntPatÜG hat die Verweisungen in Abs 1 angepasst; die **geltende Fassung** beruht auf dem GPatG, das KostRegBerG hat jedoch den Begriff „besondere Rolle" durch „besonderes Register" ersetzt. Die frühere Sonderregelung hat sich im wesentlichen erübrigt, weil Patente allg ohne Bekanntmachung erteilt werden; die Regelung über die Registereinsicht dient der Klarstellung.[1]

B. Besonderes Register

3   Die Eintragungen erfolgen in ein besonderes, dh getrennt geführtes Register, das Register iSv § 31 ist.

4   In das besondere Register wird auch die **Lizenzbereitschaftserklärung** eingetragen (Rn 30 zu § 23).

C. Registereinsicht; Akteneinsicht

5   Die Einsicht in das besondere Register unterliegt nach Satz 2 der Sonderregelung über die Akteneinsicht in § 31 Abs 5 Satz 1, wonach das DPMA Einsicht nur nach Anhörung der zuständigen obersten Bundesbehörde gewähren darf, soweit ein besonderes schutzwürdiges Interesse des Antragstellers die Gewährung der Einsicht geboten erscheinen lässt und hierdurch die Gefahr eines schweren Nachteils für die äußere Sicherheit der Bundesrepublik Deutschland nicht zu erwarten ist (Rn 64 ff zu § 31). Dabei ist zu beachten, dass das Register keinen Aufschluss über den Inhalt der Schutzrechtsunterlagen gewährt; die Anforderungen an das besondere schutzwürdige Interesse sind daher geringer als im Fall des § 31 Abs 5.[2]

6   Die Gewährung der Einsicht in die **Akten** eines Geheimpatents ist nicht schon deshalb ausgeschlossen, weil die geschützte Erfindung von einem fremden Staat aus Verteidigungsgründen geheimgehalten wird und der Bundesregierung nach § 50 Abs 4 mit deren Zustimmung unter der Auflage anvertraut ist, die Geheimhaltung zu wahren.[3] Elektronische Akteneinsicht wird regelmäßig nicht in Betracht kommen (vgl § 31 Abs 5).

D. Verfahren

7   Der schriftliche Antrag auf Akteneinsicht wird dem BMVtg und dem Patentinhaber zur Äußerung übermittelt.[4] Über die Akteneinsicht, die nur in den Diensträumen des DPMA gewährt wird, entscheidet die zentrale Stelle des DPMA für Patent- und GbmAngelegenheiten, bei denen das Geheimhaltungsverfahren läuft (Geschäftsstelle 320, früher „Büro 99").[5]

§ 55
(Entschädigungsanspruch)

(1) [1]Ein Anmelder, Patentinhaber oder sein Rechtsnachfolger, der die Verwertung einer nach den §§ 1 bis 5 patentfähigen Erfindung für friedliche Zwecke mit Rücksicht auf eine Anordnung

---

1   Begr GPatG BTDrs 8/2087 = BlPMZ 1979, 276, 286.
2   *Breith* S 104 unter Hinweis auf BPatG 14.9.1998 5 W (pat) 26/96 undok.
3   BPatG 2.10.1975 5 W (pat) 601/74 BlPMZ 1976, 411 Ls.
4   *Büscher/Dittmer/Schiwy* Rn 3.
5   Vgl http://dpma.de/patent/patentschutz/geheimschutz/faqs/index.html#a11.

nach § 50 Abs. 1 unterläßt, hat wegen des ihm hierdurch entstehenden Vermögensschadens einen Anspruch auf Entschädigung gegen den Bund, wenn und soweit ihm nicht zugemutet werden kann, den Schaden selbst zu tragen. [2] Bei Beurteilung der Zumutbarkeit sind insbesondere die wirtschaftliche Lage des Geschädigten, die Höhe seiner für die Erfindung oder für den Erwerb der Rechte an der Erfindung gemachten Aufwendungen, der bei der Entstehung der Aufwendungen für ihn erkennbare Grad der Wahrscheinlichkeit einer Geheimhaltungsbedürftigkeit der Erfindung sowie der Nutzen zu berücksichtigen, der dem Geschädigten aus einer sonstigen Verwertung der Erfindung zufließt. [3] Der Anspruch kann erst nach der Erteilung des Patents geltend gemacht werden. [4] Die Entschädigung kann nur jeweils nachträglich und für Zeitabschnitte, die nicht kürzer als ein Jahr sind, verlangt werden.

(2) [1] Der Anspruch ist bei der zuständigen obersten Bundesbehörde geltend zu machen. [2] Der Rechtsweg vor den ordentlichen Gerichten steht offen.

(3) Eine Entschädigung gemäß Absatz 1 wird nur gewährt, wenn die erste Anmeldung der Erfindung beim Patentamt eingereicht und die Erfindung nicht schon vor dem Erlaß einer Anordnung nach § 50 Abs. 1 von einem fremden Staat aus Verteidigungsgründen geheimgehalten worden ist.

Ausland: Niederlande: Art 42 ROW 1995

A. Entstehungsgeschichte

Die Bestimmung wurde durch das 6. ÜberlG eingefügt,[1] Abs 1 geänd durch das IntPatÜG („nach den §§ ... patentfähigen Erfindung"); vor 1981 § 30 f. Die Regelung ist – entgegen teilweise hochgesteckten Erwartungen – praktisch nahezu bedeutungslos geblieben. **1**

B. Entschädigungsanspruch

I. Grundsatz

Geheimhaltungspflicht und -anordnungen müssen zwar nicht notwendig, können aber zu uU schwerwiegenden Einschränkungen bei der Verwertung führen, insb wenn die Erfindung zugleich militärisch und zivil nutzbar ist (Rn 8). Eine Enteignung oder Aufopferung wird hierin nach hM nicht gesehen (Rn 14 zu § 50). Jedoch kann auch eine Inhalts- und Schrankenbestimmung eine Ausgleichspflicht begründen,[2] jedenfalls ist der Gesetzgeber grds frei, eine solche vorzusehen.[3] Die Regelung trägt dem Interesse der Betroffenen dadurch Rechnung, dass sie unter bestimmten Voraussetzungen dem Anmelder, Patentinhaber **2**

---

1 Zur Vorgeschichte vgl Große Anfrage der SPD-Fraktion BTDrs III/569; näher *Breith* S 106 ff; vgl auch *von der Osten* GRUR 1958, 465.
2 Vgl nur BVerfGE 58, 300; BVerfGE 100, 226, 241 = NJW 1999, 2877; *Breith* S 153 ff und GRUR 2003, 587, 590 f; vgl auch *von der Osten* GRUR 1958, 465.
3 *Breith* S 160 ff.

oder Rechtsnachfolger aus Billigkeitsgründen einen Entschädigungsanspruch zuspricht.[4] Die Regelung ist vom BGH als verfassungsgem angesehen worden.[5]

II. Verhältnis zur Amtshaftung

3   Die Regelung betrifft nur den Fall rechtmäßiger Anordnungen; sie schließt einen Schadensersatzanspruch wegen Amtspflichtverletzung nicht aus.[6] Einen besonderen Amtshaftungsfall regelt Art 28 EAV.

III. Voraussetzungen des Anspruchs

4   **1. Patentfähige Erfindung.** Der Entschädigungsanspruch setzt materielle Schutzfähigkeit nach den §§ 1–5 voraus. Im Anwendungsbereich des GebrMG und des HlSchG kommt es auf Schutzfähigkeit nach diesen Gesetzen an. Einhaltung der formellen Anmeldeerfordernisse ist nicht Voraussetzung.

5   **2. Erstanmeldung beim DPMA (Absatz 3).** Die Entschädigung wird nur gewährt, wenn die Erstanmeldung beim DPMA erfolgt. Dabei kommt es nicht darauf an, ob es sich um eine beim DPMA eingereichte nationale, eur oder internat Anmeldung handelt. Eine Erstanmeldung im Ausland steht auch dann nicht gleich, wenn sie mit Genehmigung nach § 52 Abs 1 erfolgt.[7] Ist anderswo zuerst angemeldet worden, soll die Entschädigung Sache der dortigen Stellen sein.[8]

6   **3. Anordnung nach § 50 Absatz 1.** Der Anspruch setzt weiter voraus, dass eine Anordnung nach § 50 Abs 1 ergeht; eine Anordnung nach § 50 Abs 4 reicht nach hM nicht aus[9] (vgl aber Rn 24 zu § 50).

7   **4. Keine Geheimhaltung seitens eines fremden Staats vor Erlass der Anordnung (Absatz 3).** Geheimhaltungsmaßnahmen fremder Staaten vor Erlass der Anordnung stehen dem Anspruch entgegen; auch in diesem Fall soll die Entschädigung Sache des fremden Staats sein.[10]

8   **5. Unterlassen der Verwertung für friedliche Zwecke.** Beeinträchtigungen der militärischen Verwertung sind nicht geeignet, Entschädigungsansprüche zu begründen; der Entschädigungsanspruch setzt damit voraus, dass die Erfindung auch im nichtmilitärischen Bereich praktisch verwertbar ist („dual-use"-Erfindungen)[11] und eine solche Verwertung unterbleibt[12] oder eingeschränkt ist.

9   **6. Vermögensschaden.** Geschützt ist nur das Vermögensinteresse der Berechtigten; die Beeinträchtigung ideeller Interessen (Bekanntwerden der Erfindung und des Erfinders) begründet keinen Anspruch.[13] Schadensermittlung und -berechnung erfolgen nach allg zivilrechtl und zivilprozessualen Grundsätzen;[14] Vorteilsausgleichung kann zu berücksichtigen sein.[15] Die Bestimmung bezieht sich nur auf den Vermögensschaden, der aus der Nichtverwertung des in der Anordnung nach § 50 vom DPMA bezeichneten und somit von der Anordnung unmittelbar betroffenen Schutzrechts entstanden ist, nicht auch auf Erfindungen, für die eine Anordnung nach § 50 nicht ergangen war oder deren Nichtverwertung aus anderen

---

4   BGH GRUR 1973, 141 f Kernenergie; vgl Begr 6.ÜberlG BlPMZ 1961, 140, 149; *Kelbel* GRUR 1969, 155, 163: „Ersatzförderung" des Erfinders.
5   BGH Kernenergie; eingehende Erörterung der verfassungsrechtl Problematik der Geheimstellung bei *Breith* S 144 ff und GRUR 2003, 587, 591, der eine Umgestaltung der Entschädigungsregelung für erforderlich hält.
6   BPatGE 21, 112 = BlPMZ 1979, 246; vgl *Breith* S 120 ff; *Benkard* Rn 1b.
7   *Benkard* Rn 2; *Schulte* Rn 2.
8   Vgl Begr 6. ÜberlG BlPMZ 1961, 140, 149.
9   *Benkard* Rn 3; *Schulte* Rn 4; *Klauer/Möhring* § 30 f Rn 3; *Reimer* § 30 f Rn 3.
10 *Benkard* Rn 4; vgl *Mes* Rn 4; kr hierzu *Klauer/Möhring* § 30 f Rn 4.
11 *Breith* S 112, der aus Gleichbehandlungsgründen Bedenken gegen diese Einschränkung äußert; vgl *Benkard* Rn 6.
12 Vgl *Benkard* Rn 7; *Klauer/Möhring* § 30 f Rn 6.
13 *Benkard* Rn 15; *Schulte* Rn 7; *Klauer/Möhring* Rn 8; *Breith* S 114.
14 So auch *Schulte* Rn 7; *Fitzner/Lutz/Bodewig* Rn 10.
15 Vgl *Klauer/Möhring* Rn 8; *Breith* S 114.

Rechtsgründen unbeachtlich ist.[16] Unter die Entschädigungspflicht fallen auch Nachteile, die ihre Ursache in der Anordnung der Geheimhaltung haben, sich jedoch erst bei späterer Aufhebung der Geheimhaltung auswirken.[17]

7. Kausalität. Die Anordnung muss für die Unterlassung der Verwertung und diese muss für den 10 Vermögensschaden ursächlich geworden sein.[18] Ob dies im Sinn einer ausschließlichen Verursachung verstanden werden muss,[19] erscheint zwh.[20] Über den zu eng gefassten Wortlaut der Regelung hinaus wird es zudem ausreichen müssen, wenn die Verwertung mit Rücksicht auf die Geheimhaltungsbedürftigkeit und nicht erst mit Rücksicht auf die Anordnung unterlassen wird.[21] Als Verwertung wird nur eine solche nach § 9 in Betracht kommen.[22]

8. Unzumutbarkeit der Schadenstragung. Schon die Entstehung des Anspruchs setzt voraus, dass 11 es dem betroffenen Erfinder unzumutbar ist, den entstandenen Schaden selbst zu tragen. Was unzumutbar ist, kann nur im Einzelfall nach Vornahme einer Gesamtbetrachtung aller zu berücksichtigenden Umstände ermittelt werden.[23] Abs 1 Satz 2 nennt nicht abschließend[24] Gesichtspunkte, die bei der Gesamtbetrachtung zu berücksichtigen sind, nämlich die wirtschaftliche Lage des Geschädigten, die Höhe seiner Aufwendungen, wobei auch eine staatliche Förderung zu berücksichtigen sein kann,[25] den erkennbaren Wahrscheinlichkeitsgrad der Geheimhaltungsbedürftigkeit[26] und den Nutzen aus einer sonstigen Verwertung.

IV. Höhe des Anspruchs

Der Anspruch darf den erlittenen Vermögensschaden nicht übersteigen, wird jedoch regelmäßig hin- 12 ter ihm zurückbleiben müssen, da die Zumutbarkeit auch die Höhe des Anspruchs begrenzt.[27]

V. Berechtigter ist der Anmelder, Patentinhaber oder Rechtsnachfolger, dabei kommt es außer im 13 Fall der Gesamtrechtsnachfolge auf die formelle (Registerstand) und nicht auf die materielle Berechtigung an.[28] Dem materiell Berechtigten kann uU ein Abtretungsanspruch gegenüber dem Registerberechtigten zustehen.[29]

VI. Verpflichteter ist der Bund (Abs 1 Satz 1); geltend zu machen ist der Anspruch beim BMVtg als 14 zuständiger oberster Bundesbehörde (Abs 2 Satz 1).[30]

VII. Durchsetzung des Anspruchs

1. Verfolgbarkeit. Der Anspruch kann nach Abs 1 Satz 3 erst nach Patenterteilung geltend gemacht 15 werden. Zuvor ist er nicht durchsetzbar, insb nicht klagbar, aber erfüllbar.[31]

---

16   BGH GRUR 1973, 141 Kernenergie.
17   BGH GRUR 1972, 535 Geheimhaltungsanordnung: Aufhebung der Geheimhaltung nach Ablauf der Unionsprioritätsfrist.
18   Vgl *Benkard* Rn 7; *Schulte* Rn 6.
19   So *Klauer/Möhring* § 30 f Rn 7; vgl *Schulte* Rn 6.
20   Vgl auch *Kelbel* GRUR 1969, 155, 163; *Breith* S 113.
21   *Kelbel* GRUR 1969, 155, 164; *Klauer/Möhring* § 30 f Rn 7; differenzierend *Breith* S 113 f.
22   Vgl *Schulte* Rn 6 mit Hinweis auf BGH GRUR 1973, 141 Kernenergie.
23   BGH GRUR 1973, 141 Kernenergie; *Schulte* Rn 8; *Breith* S 114 ff.
24   Vgl Begr 6. ÜberlG BlPMZ 1961, 140, 149; *Büscher/Dittmer/Schiwy* Rn 8.
25   BGH Kernenergie; *Benkard* Rn 9a.
26   Kr hierzu *Klauer/Möhring* § 30 f Rn 12; *Lindenmaier* § 30 f Rn 3; *Reimer* § 30 f Rn 8.
27   *Benkard* Rn 15; *Klauer/Möhring* § 30 f Rn 9; vgl *Kelbel* GRUR 1969, 155, 164.
28   Vgl *Benkard* Rn 14; *Klauer/Möhring* § 30 f Rn 14.
29   *Benkard* Rn 14.
30   *Schulte* Rn 9; *Mes* Rn 9.
31   Vgl *Klauer/Möhring* § 30 f Rn 15; *Benkard* Rn 20; *Schulte* Rn 9.

16   Nach Abs 1 Satz 4 kann der Anspruch nur **nach der Entstehung des Schadens**[32] und nur für **Zeitabschnitte** geltend gemacht werden, die nicht kürzer sind als ein Jahr; dies soll ua der Möglichkeit einer Aufhebung der Anordnung Rechnung tragen und zu einer Verfahrenskonzentration führen.[33]

17   **2. Rechtsweg; Zuständigkeit.** Rechtsstreitigkeiten über die Entschädigung sind dem **Zivilrechtsweg** zugewiesen (Abs 2 Satz 2); dies ist angesichts der Sachnähe zur Enteignungsentschädigung, für die Art 14 Abs 3 Satz 4 GG eine entspr Regelung trifft, sachgerecht.

18   Das gerichtliche Verfahren ist **Patentstreitsache**.[34]

19   **Örtlich zuständig** ist in erster Instanz das Landgericht Düsseldorf als das für den ersten Dienstsitz des BMVtg als zuständiger oberster Bundesbehörde zuständiges Gericht in Patentstreitsachen (§ 18 ZPO).

20   **3. Verfahren.** Vorherige außergerichtliche Geltendmachung ist nicht vorgeschrieben, da Abs 2 Satz 1 keine Klagevoraussetzung darstellt, sondern nur eine Zuständigkeitsregelung enthält,[35] aber angezeigt. Wegen der Regelung in Abs 1 Satz 4 sind Klagen auf künftige Leistung ausgeschlossen;[36] nicht dagegen Feststellungsklagen.[37] Der Anspruch begründet kein berechtigtes Interesse für die Akteneinsicht (Rn 39 zu § 31).

21   **4.** Zur **Verjährung** des Anspruchs Rn 23 zu § 141.

§ 56
(Zuständige Behörde)

Die Bundesregierung wird ermächtigt, die zuständige oberste Bundesbehörde im Sinne des § 31 Abs. 5 und der §§ 50 bis 55 und 74 Abs. 2 durch Rechtsverordnung zu bestimmen.

1   **Entstehungsgeschichte.** Die Bestimmung (vor 1981 § 30g) wurde eingefügt durch das 6. ÜberlG und geänd durch das GPatG.

2   Durch **§ 1 der VO zur Ausführung des § 56 des Patentgesetzes und des § 9 des Gebrauchsmustergesetzes** vom 24.5.1961[1] (PatG/GebrMGAV) idF des Art 19 des 2.PatGÄndG wird das BMVtg als zuständige oberste Bundesbehörde bestimmt.[2]

§ 57
(Erteilungsgebühr)

[aufgehoben]

Ausland: Belgien: vgl Art 20 Abs 2 PatG 1984; **Dänemark:** §§ 19 Abs 3 PatG 1996; **Schweden:** § 19 Abs 2, 3 PatG

1   **A.** Die Vorschrift, die eine **Erteilungsgebühr** vorsah und die Rechtsfolgen der Nichtzahlung dieser Gebühr regelte (vgl dazu *5. Aufl* mit zusätzlichen Hinweisen *6. Aufl*), ist durch Art 7 Nr 24 KostRegBerG

---

32   *Büscher/Dittmer/Schiwy* Rn 10.
33   *Lindenmaier* § 30 f Rn 5; vgl *Schulte* Rn 9.
34   *Schulte* Rn 9.
35   *Benkard* Rn 23; *Fitzner/Lutz/Bodewig* Rn 20; *Klauer/Möhring* § 30 f Rn 17; aA ersichtlich *Schulte* Rn 9; *Mes* Rn 10.
36   Vgl *Benkard* Rn 22; *Schulte* Rn 9; *Reimer* § 30 f Rn 12.
37   *Schulte* Rn 9; *Lindenmaier* § 30 f Rn 5; Begr 6. ÜberlG BlPMZ 1961, 140, 149; differenzierend *Klauer/Möhring* § 30 f Rn 16.

1   BGBl I 595 = BlPMZ 1961, 210; geänd durch das 2. PatGÄndG („Bundesministerium" statt „Bundesminister").
2   De lege ferenda kr *Breith* S 189 f und GRUR 2003, 587, 590; dagegen *Benkard* Rn 2.

ersatzlos aufgehoben worden. Eine Erteilungsgebühr wird aus Gründen der Verfahrensvereinfachung nicht mehr erhoben. Sie ist durch die – entspr erhöhte – Prüfungsgebühr abgegolten.[1]

B. EPÜ

Das EPÜ 2000 hat die Erteilungsgebühr in **Regel 71 Abs 3, 7 AOEPÜ** und in **Art 2 Nr 7 GebO** geregelt **2** (zuvor **Art 97 Abs 3–6 EPÜ**). Die Erteilungsgebühr beträgt für eine ab dem 1.4.2009 eingereichte Patentanmeldung einschließlich der Veröffentlichungsgebühr (Regel 71 Abs 3 AOEPÜ) 925 EUR. Die Veröffentlichungsgebühr für die neue eur Patentschrift (Regel 82 Abs 2, Regel 95 Abs 3 AOEPÜ) beträgt nach Art 2 Nr 8 GebO 75 EUR. Diese Gebühren sowie etwa verfallene Anspruchsgebühren (Regel 71 Abs 4 AOEPÜ) sind innerhalb einer Frist von vier Monaten von der Mitteilung an, in welcher Form das EPA das Patent zu erteilen beabsichtigt, zu entrichten. Die Entrichtung dieser Gebühren sowie die Einreichung der Übersetzungen gilt als Einverständnis mit der mitgeteilten Fassung und als Beleg für die Verifizierung der bibliografischen Daten (Regel 71 Abs 5 AOEPÜ). Beantragt der Anmelder begründete Änderungen oder Berichtigungen in der ihm mitgeteilten Fassung oder hält er an der letzten von ihm vorgelegten Fassung fest, erlässt die Prüfungsabteilung im Fall ihrer Zustimmung eine neue Mitteilung nach Regel 71 Abs 3 AOEPÜ; andernfalls nimmt sie das Prüfungsverfahren wieder auf (Regel 71 Abs 6 AOEPÜ). Nicht rechtzeitige Entrichtung der Erteilungs- und Veröffentlichungsgebühr oder der Anspruchsgebühren führt dazu, dass die Anmeldung als zurückgenommen gilt (Regel 71 Abs 7 AOEPÜ).

§ 58
(Veröffentlichung der Patenterteilung und der Patentschrift, Eintritt der Patentwirkungen, Rücknahmefiktion)

(1) [1]Die Erteilung des Patents wird im Patentblatt veröffentlicht. [2]Gleichzeitig wird die Patentschrift veröffentlicht. [3]Mit der Veröffentlichung im Patentblatt treten die gesetzlichen Wirkungen des Patents ein.

(2) Wird die Anmeldung nach der Veröffentlichung des Hinweises auf die Möglichkeit der Einsicht in die Akten (§ 32 Abs. 5) zurückgenommen oder zurückgewiesen oder gilt sie als zurückgenommen, so gilt die Wirkung nach § 33 Abs. 1 als nicht eingetreten.

(3) Wird bis zum Ablauf der in § 44 Abs. 2 bezeichneten Frist ein Antrag auf Prüfung nicht gestellt oder wird eine für die Anmeldung zu entrichtende Jahresgebühr nicht rechtzeitig entrichtet (§ 7 Abs. 1 des Patentkostengesetzes), so gilt die Anmeldung als zurückgenommen.

Ausland: Belgien: Art 23, 24 PatG 1984; **Dänemark:** § 20 PatG 1996; **Litauen:** Art 22 Abs 2 PatG; **Luxemburg:** Art 41, 42 PatG 1992/1998; **Österreich:** § 109 öPatG (1984); **Polen:** Art 54 RgE 2000; **Schweden:** § 20 PatG; **Schweiz:** Art 63 (Patentschrift), 64 (Patenturkunde) PatG, Art 71 (Druckkostengebühr) PatV; **Serbien:** Art 55 PatG 2004; **Spanien:** Art 37 Abs 3, Art 38 (Patentschrift) PatG; **VK:** Sec 24 Patents Act

Übersicht

---

1 Begr KostRegBerG BTDrs 14/6203 S 39, 63 = BlPMZ 2002, 36, 54.

Schrifttum: *Schlitzberger* Die Kundmachung des Patentgegenstandes, GRUR 1975, 567.

A. Geltungsbereich

I. Zeitlich

1   § 58 hat in seinen Abs 1 und 2 durch Art 8 Nr 4 GPatG – dort noch als § 35 – im wesentlichen seine geltende Fassung erhalten. Abs 3 ist durch Art 7 Nr 25 KostRegBerG[1] redaktionell geänd worden.

II. Sachlich

2   Auf nach teilweiser Nichtigerklärung inhaltlich reduzierte Patente ist § 58 nicht, auch nicht entspr, anwendbar.[2]

III. Ergänzende Schutzzertifikate

3   Für eine Anwendung des § 58 ist kein Raum (vgl § 16a Abs 2). Ihre Bekanntmachung ist in Art 11 der entspr EWG-Verordnungen eigenständig geregelt (Rn 125 Anh § 16a). Die Herausgabe einer Schutzzertifikatsschrift ist nicht vorgesehen.

B. Gesetzeszweck und systematische Stellung

4   Abs 1 regelt die Publikation des erteilten Patents und dessen Wirkungseintritt. Der Publikation bedarf es wegen der rechtsgestaltenden Wirkung der Patenterteilung (Rn 22 zu § 49) und um der Öffentlichkeit Gelegenheit zur Erhebung von Einsprüchen (§ 59) zu geben.[3] Die Publikation, dh die Veröffentlichung im PatBl und nicht der Erteilungsbeschluss oder die Herausgabe der Patentschrift, ist zugleich Auslöser der gesetzlichen Wirkungen des Patents (Abs 1 Satz 3) und setzt die Einspruchsfrist in Gang (Rn 15; § 59 Abs 1 Satz 1).

C. Veröffentlichungen

I. Veröffentlichung der Patenterteilung

5   **1. Allgemeines.** Die Veröffentlichung im PatBl (Abs 1 Satz 1; Rn 52 zu § 32, seit 2004 nur noch in elektronischer Form) ist im Verhältnis zur Veröffentlichung der Patentschrift der gewichtigere Vorgang.

6   **2. Zuständigkeit.** Die Veröffentlichung der Patenterteilung im PatBl ist Sache des DPMA, auch wenn der Erteilungsbeschluss vom BPatG erlassen worden ist.[4]

7   **3. Den Inhalt** der Veröffentlichung im PatBl schreibt das Gesetz nicht im einzelnen vor (Ausnahme: § 63 Abs 1 Satz 1). Sie muss jedoch so ausreichende und zutr Angaben enthalten, dass jeder Dritte den Pa-

---

1   Vgl Begr BTDrs 14/6203 S 39, 63 = BlPMZ 2002, 364.
2   LG Erfurt 5.10.2006 3 O 317/06; vgl *Schulte* Rn 9.
3   Vgl *Benkard* Rn 1a; *Mes* Rn 3.
4   *Schulte* Rn 5.

tentinhaber und das erteilte Patent einwandfrei feststellen kann;[5] ist dies nicht möglich, ist die Veröffentlichung unwirksam und zu wiederholen.[6] Die Veröffentlichung der Patenterteilung erfolgt unter der Patentnummer (hierzu Rn 91 vor § 34). Sie enthält regelmäßig den Namen des Patentinhabers, dessen Wohnsitz, seinen Vertreter und dessen Wohnsitz sowie nach ausdrücklicher gesetzlicher Vorschrift den Namen des Erfinders, soweit er bereits benannt ist – was nunmehr Voraussetzung für die Veröffentlichung ist (Rn 6 zu § 37) – (§ 63 Abs 1 Satz 1) und die Bezeichnung der Erfindung (§ 34 Abs 3 Nr 2). Weiter enthält sie üblicherweise den Offenlegungstag, den Erteilungstag sowie den Anmeldetag. Die Angabe eines falschen Anmeldetags ist unschädlich, der Erteilungstag kann auch nachträglich anders festgesetzt werden.[7] Angegeben wird weiter die Klassifikation, es erfolgen Angaben zur Priorität, dh Zeitpunkt, Land und Az der Voranmeldung (Art 4 D PVÜ)[8] sowie, soweit bei Altanmeldungen noch anwendbar, einem etwaigen Zusatzverhältnis.[9]

4. Anspruch auf Veröffentlichung. Mit der bestandskräftigen Patenterteilung hat der Inhaber Anspruch auf die Veröffentlichung des Patents. Sie kann zwar bei Nichtigkeit des Erteilungsbeschlusses, sonst aber nicht abgelehnt werden, so nicht mit der Begründung, dass die Patenterteilung mit Hinblick auf nachträglich aufgefundenen StdT zu Unrecht beschlossen worden sei. Eine Ablehnung der Veröffentlichung ist beschwerdefähig.[10]   **8**

5. Zeitpunkt. Die Patenterteilung ist alsbald zu veröffentlichen. Allerdings setzt die Veröffentlichung Bestandskraft des Erteilungsbeschlusses voraus (Rn 27 zu § 49). Da dieser uU der Beschwerde unterliegt (Rn 25 zu § 49), sollte seine Unanfechtbarkeit mit Rücksicht auf die aufschiebende Wirkung einer solchen Beschwerde (Rn 26 zu § 49; Rn 3 ff zu § 75) abgewartet werden (Rn 12 zu § 75).[11]   **9**

6. Eine **Aussetzung** der Veröffentlichung ist unzulässig, selbst wenn sie dem Interesse des Inhabers entsprechen sollte. Dies folgt aus der Bindungswirkung des Erteilungsbeschlusses, die nicht zur Disposition des Anmelders steht (Rn 62 ff zu § 47). Ein Aufschub der Veröffentlichung kann im Ergebnis nur durch Antrag auf Aussetzung der Patenterteilung (§ 49 Abs 2; Rn 29 ff zu § 49) erreicht werden.   **10**

7. Widerruf. Eine wirksame Veröffentlichung kann nicht widerrufen werden. Es liegt nicht in der Macht des DPMA, die gesetzlichen Wirkungen der Patentveröffentlichung rückgängig zu machen.[12] Ein gleichwohl ausgesprochener Widerruf lässt die eingetretenen Wirkungen der Veröffentlichung unberührt, ist ohne Einfluss auf den Eintritt der Patentwirkungen, den Lauf der Einspruchsfrist und ein etwa anhängiges Einspruchsverfahren. Eine etwaige weitere Veröffentlichung setzt keine neue Einspruchsfrist in Gang.[13]   **11**
Bei **unwirksamer Veröffentlichung** treten die gesetzlichen Wirkungen nicht ein. Es bedarf deshalb keines Widerrufs, sondern der Neuvornahme einer wirksamen Veröffentlichung. Ein gleichwohl erklärter Widerruf der fehlerhaften Veröffentlichung hat allenfalls klarstellende Bedeutung.[14]   **12**

8. Wiederholung; Neuvornahme. Bei vorausgegangener wirksamer Veröffentlichung ist deren Wiederholung wirkungslos (Rn 11). Hingegen ist eine Neuvornahme notwendig, wenn die frühere Veröffentlichung wirkungslos war. Nach Teilnichtigerklärung erfolgt keine neue Veröffentlichung.[15]   **13**

9. Veröffentlichungstag iSv Abs 1, also Tag des Eintritt der Patentwirkungen iSv Abs 1 Satz 3 und des Beginns der Einspruchsfrist iSv § 59 Abs 1 Satz 1, ist das offizielle Erscheinungsdatum des PatBl; darauf,   **14**

---

5   Vgl DPA BlPMZ 1985, 309; BPatG BlPMZ 1990, 328; *Schulte* Rn 4.
6   BPatG BlPMZ 1990, 328.
7   RPA BlPMZ 1929, 312; RPA Mitt 1931, 304; BGH GRUR 1971, 565, 567 Funkpeiler.
8   Zur Angabe einer Ausstellungspriorität vgl BPatGE 3, 116 = GRUR 1964, 446.
9   Einzelheiten *Benkard* Rn 4a; *Schulte* Rn 8.
10   *Schulte* Rn 6.
11   Vgl *Büscher/Dittmer Schiwy* Rn 3; vgl dazu auch VGH München BlPMZ 1958, 194.
12   Vgl *Schulte* Rn 9; *Mes* Rn 6.
13   BGH GRUR 1977, 209 Tampon; BGH GRUR 1977, 714 Fadenvlies; *Schulte* Rn 9.
14   *Schulte* Rn 9.
15   Vgl LG Erfurt 5.10.2006 3 O 317/06.

wann es tatsächlich – etwa auch vor diesem Datum – in den Verkehr gelangt ist und der Verkehr von der Veröffentlichung Kenntnis erlangt hat, kommt es nicht an.[16]

15   **10. Wirkung.** (Spätestens) durch die Veröffentlichung der Erteilung des Patents (Abs 1) wird der Inhalt der Patentanmeldung iSd § 3 Abs 2 **der Öffentlichkeit zugänglich**.[17]

16   Die Veröffentlichung setzt die **Einspruchsfrist** in Lauf. Das gilt auch bei inhaltlich fehlerhaften Veröffentlichungen.[18] Der vor Veröffentlichung der Patenterteilung erhobene Einspruch ist unzulässig.[19]

17   Mit der Veröffentlichung der Patenterteilung kann der **Übertragungsanspruch** nach § 8 Satz 3 geltend gemacht werden (Rn 17 zu § 8).

18   Anders als der Erteilungsbeschluss (Rn 19 zu § 49) hat die Veröffentlichung der Patenterteilung **keine Zäsurwirkung**.

II. Veröffentlichung der Patentschrift

19   **1. Grundsatz.** Gleichzeitig mit der Veröffentlichung der Patenterteilung wird die Patentschrift veröffentlicht (Abs 1 Satz 2). Die Veröffentlichung erfolgt seit 1.1.2004 nur noch in elektronischer Form (Rn 41 zu § 32).

20   **Herabsetzende Äußerungen.** Die verwaltungsgerichtliche Rspr hat zunächst ein Vorgehen Dritter, die sich durch bestimmte Äußerungen in der Patentschrift herabgesetzt sehen, nach § 123 VwGO zugelassen, später jedoch unter dem Gesichtspunkt des Sachzusammenhangs den Rechtsweg zum BPatG als eröffnet erachtet (vgl Rn 110 zu § 34; Rn 4 vor § 73). Gegen den Inhalt der Patentschrift kann auch nicht im Zivilrechtsweg auf deliksrechtl oder wettbewerbsrechtl Grundlage vorgegangen werden.[20] Zur Gemeinfreiheit der Patentschrift Rn 5 zu § 32.

21   **2. Inhalt.** Im Gegensatz zur Veröffentlichung der Patenterteilung, die sich auf die Angabe einiger formaler Grunddaten beschränkt, und als deren Ergänzung enthält die Patentschrift die zur umfassenden Unterrichtung der Öffentlichkeit über den Gegenstand des Patents erforderlichen vollständigen Erteilungsunterlagen nach Maßgabe des Erteilungsbeschlusses, mit dem sie übereinstimmen muss (§ 32 Abs 3; Rn 32ff zu § 32).[21]

22   **3. Wirkung.** Die Wirkungen der Veröffentlichung der Patenterteilung sind nicht von der Veröffentlichung der Patentschrift abhängig. Dass die Patentschrift „gleichzeitig" mit der Veröffentlichung der Patenterteilung veröffentlicht wird, heißt nicht, dass sie deren notwendiger Bestandteil wäre.[22] Die Patentwirkungen treten deshalb auch ein, wenn keine Patentschrift erscheint oder die Veröffentlichung der Patentschrift mangelhaft ist (Rn 23).

D. Eintritt der gesetzlichen Wirkungen des Patents

23   Die gesetzlichen Wirkungen des Patents sind allein an die Veröffentlichung der Patenterteilung im PatBl geknüpft und insb nicht von der Herausgabe der Patentschrift abhängig. Die Veröffentlichung der Patenterteilung und nicht die Veröffentlichung der Patentschrift löst die Wirkungen des Patents (Abs 1 Satz 3) und den Lauf der Einspruchsfrist (Abs 1 Satz 1; Rn 16) sowie der Frist für die Geltendmachung des Übertragungsanspruchs (§ 8 Satz 3; Rn 17) aus. Diese Rechtswirkungen werden durch Fehler bei der Ver-

---

16   BPatGE 30, 111 = BlPMZ 1989, 285.
17   BPatGE 52, 41.
18   Vgl BPatG 8.11.1999 10 W (pat) 26/99.
19   BPatGE 49, 198 = Mitt 2006, 425; vgl BPatGE 30, 111 = BlPMZ 1989, 285 sowie zur früheren Bekanntmachung BPatGE 20, 27; *Mes* Rn 3.
20   BGH GRUR 2010, 253 Fischdosendeckel; vgl auch VGH München Mitt 2003, 400; *Schulte* Rn 14.
21   Vgl *Büscher/Dittmer Schiwy* Rn 8; näher zum Inhalt auch *Schulte* Rn 14.
22   BPatGE 15, 38 = GRUR 1974, 218; vgl auch BPatGE 15, 142 für die Auslegeschrift; DPA BlPMZ 1985, 309; *Schulte* Rn 12.

öffentlichung der Patentschrift, zB Veröffentlichung unrichtiger Patentunterlagen,[23] verzögerte Herausgabe der Patentschrift,[24] Fehler in der Patentschrift[25] nicht beeinträchtigt.

E. Die Ausfertigung einer **Patenturkunde** ist in § 25 Abs 1 DPMAV geregelt.[26] Die Patenturkunde ist **24** nicht Träger des Rechts, sondern Beweisurkunde.[27] Ihre Ausstellung ist gebührenfrei (Anl zu § 2 Abs 1 DPMAVwKostV – KostVerz – Nr 301320 idF des Art 25 KostRegBerG). Auf Antrag (§ 25 Abs 2 DPMAV; beim DPMA, Dienststelle Jena, Schriftenvertrieb) kann gegen eine Gebühr von 30 EUR eine Schmuckurkunde erteilt werden (Anl zu § 2 Abs 1 DPMAVwKostV – KostVerz – Nr 301320).

F. Wegfall des Entschädigungsanspruchs

Nach § 33 Abs 1 hat der Anmelder von der Veröffentlichung des Hinweises auf die Möglichkeit der **25** Einsicht in die Anmeldeakten gem § 32 Abs 5 (Offenlegung) uU Anspruch auf angemessene Entschädigung gegen einen Benutzer der Anmeldung (Rn 7 ff zu § 33). Dieser Anspruch entfällt nach der (an dieser Stelle recht unsystematisch eingestellten) Regelung des Abs 2, wenn die Anmeldung nach Veröffentlichung des Hinweises auf die Möglichkeit der Akteneinsicht (Offenlegung) zurückgenommen oder zurückgewiesen wird oder als zurückgenommen gilt.[28]

Der Anspruch entfällt **rückwirkend**.[29] Er lebt im Fall der Wiedereinsetzung wieder auf.[30] Jedoch haben **26** ben Dritte, die den Gegenstand des Patents zwischenzeitlich in Benutzung genommen haben, ein Weiterbenutzungsrecht (§ 123 Abs 6).

Wegen des Entschädigungsanspruchs kann das **Rechtsschutzbedürfnis an der Patenterteilung** **27** auch nach Ablauf der höchstmöglichen Patentdauer nicht verneint werden.[31]

G. Rücknahmefiktion

Abs 3 regelt (ebenso wie Abs 2 an dieser Stelle systematisch unpassend) zwei weitere Fälle der Rück- **28** nahme der Patentanmeldung. Als zurückgenommen gilt die Patentanmeldung danach, wenn bis zum Ablauf der Prüfungsantragsfrist des § 44 Abs 2 kein Prüfungsantrag gestellt[32] oder eine für die Anmeldung nach § 7 Abs 1 PatKostG zu entrichtende Jahresgebühr nebst Zuschlag nicht oder nicht rechtzeitig entrichtet wird.[33] Mit dem Eintritt der Rücknahmefiktion wird ein Umschreibungsantrag gegenstandslos.[34]

Weitere Fälle der Fiktion der Rücknahme der Anmeldung sind Nichtzahlung oder nicht rechtzeitige **29** Zahlung der **Anmeldegebühr** (§ 6 PatKostG iVm GebVerz Nr 311000 oder 311100), der **Prüfungsantragsgebühr**, weil sie zur Folge hat, dass der Prüfungsantrag als nicht gestellt oder als zurückgenommen gilt (§ 6 PatKostG iVm GebVerz Nr 311300 oder 311400; vgl Rn 9 zu § 6 PatKostG), hingegen nicht mehr der **Erteilungsgebühr** (früher § 57 Abs 2), da diese ersatzlos gestrichen worden ist. Schließlich gilt die Patentanmeldung auch bei einer Nachanmeldung unter Inanspruchnahme der inneren Priorität als zurückgenommen (§ 40 Abs 5 Satz 1).

---

23 DPA BlPMZ 1985, 309.
24 BPatGE 28, 17 = GRUR 1986, 535 f.
25 BPatGE 28, 17 = GRUR 1986, 535; *Schulte* Rn 12; zum früheren Namensverzeichnis BPatG BlPMZ 1990, 328 f.
26 Mit Wirkung vom 1.7.1988 eingeführt durch die 3. VO zur Änderung der DPAV, BlPMZ 1988, 201.
27 RPA BlPMZ 1929, 227.
28 Vgl OLG Karlsruhe 11.7.2012 6 U 114/11, insoweit nicht im Druck veröffentlicht.
29 BGH GRUR 1969, 677 f Rübenverladeeinrichtung; *Schulte* Rn 18.
30 *Schulte* Rn 18.
31 BPatGE 42, 256 = GRUR 2000, 1017; *Schulte* Rn 18; *Mes* Rn 7.
32 BPatG 9.5.2011 10 W (pat) 16/08.
33 Vgl zur fehlenden Verpflichtung, auf den Ablauf der Prüfungsantragsfrist hinzuweisen, BPatG 16.3.2006 10 W (pat) 42/04; zur Entscheidung nur über einen Wiedereinsetzungsantrag, wenn die Fristversäumnis in Abrede gestellt wird, BPatG 16.10.2003 10 W (pat) 20/03.
34 BPatG 11.10.2007 10 W (pat) 26/06; BPatG 10.12.2007 10 W (pat) 34/06.

H. Veröffentlichung der Erteilung des europäischen Patents

I. Bekanntmachung der Patenterteilung

30   Auch im eur Erteilungsverfahren ist die Veröffentlichung des Hinweises auf die Patenterteilung im eur PatBl (Art 97 Abs 3 EPÜ), nicht die Herausgabe einer Patentschrift, Voraussetzung für das Wirksamwerden des eur Patents (Art 97 Abs 3 EPÜ). Eine verzögerte Herausgabe der Patentschrift schadet nicht.

31   Die in Art 97 Abs 4 Satz 2 EPÜ 1973 enthaltene Regelung, dass der **Hinweis auf die Erteilung** des eur Patents im eur PatBl frühestens drei Monate nach Beginn der in Art 97 Abs 2 b EPÜ 1973 genannten Frist zur Zahlung der Erteilungs- und der Druckkostengebühr (nach Regel 71 Abs 3 AOEPÜ nunmehr viermonatige Frist zur Zahlung der Erteilungs- und der Druckkostengebühr sowie Einreichung der Übersetzung der Patentansprüche in die zwei Amtssprachen, die nicht Verfahrenssprache sind; vgl dazu Rn 73 zu § 45) bekanntgemacht wird, ist durch die Revisionsakte gestrichen worden. Die Bekanntmachung kann sich weiter verzögern, solange der Anmelder Benennungsgebühren und Jahresgebühren schuldig bleibt, die nach Zustellung der Mitteilung nach Regel 71 Abs 3 AOEPÜ fällig werden (Regel 71 Abs 8, 9 AOEPÜ). Hierüber wird der Anmelder unterrichtet (Regel 71 Abs 8 Satz 2, Abs 9 Satz 2 AOEPÜ).

II. Herausgabe der europäischen Patentschrift

32   **1. Grundsatz.** Die Herausgabe der eur Patentschrift unterbleibt, wenn die Anmeldung vor Abschluss der technischen Vorbereitungen für die Veröffentlichung (Rn 34) rechtskräftig zurückgewiesen oder zurückgenommen wird oder als zurückgenommen gilt (Regel 73 AOEPÜ iVm Regel 67 Abs 2 AOEPÜ).

33   **2. Zeitpunkt.** Das EPA veröffentlicht die Patentschrift nach Art 98 EPÜ sobald wie möglich nach Bekanntmachung des Hinweises auf die Erteilung des eur Patents im eur PatBl.

34   **3. Den Abschluss der technischen Vorbereitungen** für die Veröffentlichung der eur Patentschrift bestimmt der PräsEPA (Regel 73 Abs 1 AOEPÜ). Die technischen Vorbereitungen sind sieben Wochen vor Ablauf des 18. Monats nach dem Anmeldetag oder dem frühesten Prioritätstag abgeschlossen.[35] Wenn eine Rücknahmeerklärung vier Wochen vor dem Veröffentlichungstag eingeht, kann die Veröffentlichung uU noch verhindert werden.[36] Eine Anmeldung kann unter der Bedingung zurückgenommen werden, dass eine Veröffentlichung unterbleibt.[37]

35   **4. Form.** Seit 1.4.2005 erfolgt die Veröffentlichung nurmehr in elektronischer Form mittels eines Veröffentlichungsservers, auf dem die Patentschrift zum Herunterladen bereitgestellt wird.[38] Die eur Patentschrift wird unter einer Patentnummer herausgegeben, die mit der Veröffentlichungsnummer der Anmeldung identisch ist und den Zusatz B1 trägt. Sie enthält neben bibliographischen Angaben auf der Titelseite die Bezeichnung,[39] die Erfindernennung (Regel 20 AOEPÜ), Angaben der Prioritätserklärung (Regel 52 Abs 5 AOEPÜ), die benannten Vertragsstaaten (Regel 73 AOEPÜ), die Einspruchsfrist (Regel 73 AOEPÜ), weiterhin die Beschreibung, die Patentansprüche und ggf die Zeichnungen (Regel 73 Abs 1 AOEPÜ).

36   Unterschiedliche Patentansprüche, Beschreibung und Zeichnungen **für verschiedene Staaten** s Regel 138 AOEPÜ.

37   **Ermächtigung.** Regel 73 Abs 2 AOEPÜ ermächtigt den PräsEPA zum Erlass von (weiteren) Vorschriften über Form und Inhalt der Patentschrift.[40]

38   **5. Herausgabe einer neuen europäischen Patentschrift** (Art 103 EPÜ) erfolgt, wenn das Patent nach Art 101 Abs 3 Buchst a EPÜ im Einspruchsverfahren geänd worden ist, und zwar sobald wie möglich nach der Bekanntmachung des Hinweises auf die Entscheidung über den Einspruch im eur PatBl. Die neue

---

35   MittPräsEPA ABl EPA 1993, 55.
36   MittPräsEPA ABl EPA 1993, 56.
37   EPA J 11/80 ABl EPA 1981, 141.
38   BeschlPräsEPA vom 22.12.2004 ABl EPA 2005, 124.
39   MittPräsEPA ABl EPA 1984, 88.
40   Vgl MittPräsEPA ABl EPA 2007, Sonderausgabe Nr 3 S 97 D.3.

Patentschrift enthält die Patentansprüche, die Beschreibung und ggf die Zeichnungen in der geänd Form. Für sie gelten die Regeln 73 Abs 2, 3, 74 AOEPÜ entspr (Regel 87 AOEPÜ).

III. Ausstellung einer Patenturkunde erfolgt, sobald die eur Patentschrift herausgegeben worden **39** ist. Der Urkunde ist die Patentschrift als Anlage beigefügt. In der Urkunde wird bescheinigt, dass das Patent der in ihr genannten Person für die in der Patentschrift beschriebene Erfindung für die benannten Vertragsstaaten erteilt worden ist (Regel 74 AOEPÜ). Vgl den BeschlPräsEPA über Inhalt, Form und Verfahren der Übermittlung der Urkunde über das eur Patent vom 22.12.2004.[41] Wenn eine neue eur Patentschrift herausgegeben wird, ist auch eine neue Patenturkunde auszustellen (Regel 87 AOEPÜ). Der Patentinhaber kann gegen Gebühr weitere Ausfertigungen der Urkunde erhalten.[42]

IV. Berichtigung der europäischen Patentschrift s Rn 44 zu § 49. **40**

§ 59
(Einspruch, Beitritt als Einsprechender)

(1) [1]Innerhalb von neun Monaten nach der Veröffentlichung der Erteilung kann jeder, im Falle der widerrechtlichen Entnahme nur der Verletzte, gegen das Patent Einspruch erheben. [2]Der Einspruch ist schriftlich zu erklären und zu begründen. [3]Er kann nur auf die Behauptung gestützt werden, daß einer der in § 21 genannten Widerrufsgründe vorliege. [4]Die Tatsachen, die den Einspruch rechtfertigen, sind im einzelnen anzugeben. [5]Die Angaben müssen, soweit sie nicht schon in der Einspruchsschrift enthalten sind, bis zum Ablauf der Einspruchsfrist schriftlich nachgereicht werden.

(2) [1]Ist gegen ein Patent Einspruch erhoben worden, so kann jeder Dritte, der nachweist, daß gegen ihn Klage wegen Verletzung des Patents erhoben worden ist, nach Ablauf der Einspruchsfrist dem Einspruchsverfahren als Einsprechender beitreten, wenn er den Beitritt innerhalb von drei Monaten nach dem Tag erklärt, an dem die Verletzungsklage erhoben worden ist. [2]Das gleiche gilt für jeden Dritten, der nachweist, daß er nach einer Aufforderung des Patentinhabers, eine angebliche Patentverletzung zu unterlassen, gegen diesen Klage auf Feststellung erhoben hat, daß er das Patent nicht verletze. [3]Der Beitritt ist schriftlich zu erklären und bis zum Ablauf der in Satz 1 genannten Frist zu begründen. [4]Absatz 1 Satz 3 bis 5 ist entsprechend anzuwenden.

(3) [1]Eine Anhörung findet im Einspruchsverfahren statt, wenn ein Beteiligter dies beantragt oder die Patentabteilung dies für sachdienlich erachtet. [2]Mit der Ladung soll die Patentabteilung auf die Punkte hinweisen, die sie für die zu treffende Entscheidung als erörterungsbedürftig ansieht. [3]Die Anhörung einschließlich der Verkündung der Entscheidung ist öffentlich. [4]§ 169 Satz 2 sowie die §§ 171b bis 175 des Gerichtsverfassungsgesetzes sind entsprechend anzuwenden mit der Maßgabe, dass die Öffentlichkeit von der Anhörung auf Antrag eines Beteiligten auch dann ausgeschlossen werden kann, wenn sie eine Gefährdung schutzwürdiger Interessen des Antragstellers besorgen lässt.

(4) Der Vorsitzende der Patentabteilung sorgt für die Aufrechterhaltung der Ordnung in der Anhörung und übt insoweit das Hausrecht aus.

(5) Im Übrigen sind § 43 Absatz 3 Satz 2 und die §§ 46 und 47 im Einspruchsverfahren entsprechend anzuwenden.

DPMA-Richtlinien für das Einspruchsverfahren (EinsprRl) vom 18.1.2007 (in Aktualisierung), abrufbar im Internet http://www. dpma.de/docs/service/formulare/patent/p2797.pdf = BlPMZ 2007, 49; frühere Fassungen BlPMZ 2002, 269; BlPMZ 1982, 142 und BlPMZ 1972, 146

EPA-PrRl Teil D

Ausland: Bosnien und Herzegowina: Art 42 PatG 2010 (Einspruch gegen die Anmeldung); **Dänemark:** § 21 Abs. 1 PatG 1996; **Norwegen:** § 24 PatG (Einspruchsfrist bei Verstoß gegen öffentliche Ordnung oder gute Sitten); **Finnland:** 24 PatG (Einspruch gegen erteiltes Patent innerhalb von 9 Monaten); **Österreich:** § 102 öPatG (seit 2005 nachgeschalteter

---

41 ABl EPA 2005, 122.
42 *Singer/Stauder* Art 98 EPÜ Rn 7; vgl ABl EPA 2005, 122.

Engels

Einspruch); **Schweden:** § 24 PatG; **Schweiz:** die früher auf bestimmten Gebieten der Technik durchgeführte Vorprüfung mit Bekanntmachung, Einspruch und Beschwerde (Art 87–106a PatG, Art 73–81 PatV) ist ausgelaufen; **Serbien:** Art 88, 89 PatG 2004; **Slowakei:** § 42 PatG; **Spanien:** Art 39 Abs. 2–11 PatG (nur bei Erteilungsverfahren mit Vorprüfung); **Türkei:** Art 70, 71 (Einspruch wegen Formmängeln) VO 551

Übersicht

Schrifttum: *Ballhaus* Das Einspruchsverfahren nach dem neuen Verfahrensrecht, Mitt 1961, 221; *Bartenbach/Volz* Nichtangriffspflicht des (ausgeschiedenen) Arbeitnehmererfinders gegenüber seinen in Anspruch genommenen patentgeschützten Diensterfindungen, GRUR 1987, 859; *Beier* Die Rechtsbehelfe des Patentanmelders und seiner Wettbewerber im Vergleich, GRUR Int 1989, 1; *Bezzubova* Einspruchs- oder Nichtigkeitsklage, Diplomarbeit ETH Zürich 1997; *Engel* Die Prüfungsbefugnis der Patentabteilung und des Bundespatentgerichts im Einspruchs- und Einspruchsbeschwerdeverfahren, FS R. Nirk (1992), 195; *Feiereisen* Reexamination – Patentamtliches Verfahren in den USA zur Überprüfung von U.S.-Patenten, Mitt 1990, 16; *Fitzner/Waldhoff* Das patentrechtliche Einspruchs- und Einspruchsbeschwerdeverfahren – eine Analyse aus öffentlich-rechtlicher Sicht, Mitt 2000, 446; *Fuchs-Wissemann* Rechtsfolgen der nicht fristgerechten Zahlung der (vollständigen) Einspruchsgebühr, Mitt 2003, 489; *Goebel* Die Praxis des deutschen Patenterteilungsverfahrens, GRUR 1986, 633; *Goebel* Neuere Entwicklungen im deutschen Patentrecht, GRUR 1981, 303; *Goebel/Möslinger* Die Praxis des deutschen Patenterteilungsverfahrens, GRUR 1986, 210; *Gröning* Angriff und Verteidigung im reformierten Patentnichtigkeitsberufungsverfahren, GRUR 2012, 996; *Harlfinger* Bindungswirkung eines auf Teilwiderruf des Patents gerichteten Antrags des Einsprechenden, GRUR 2009, 466; *Haugg* Die Entwicklung des Einspruchsverfahrens im deutschen und europäischen Patentrecht, 1999; *Hoffmeister* Übertragung eines Einspruchsrechts, Mitt 1956, 239; *Hövelmann* Neues vom deutschen Einspruch, Mitt 2002, 49; *Hövelmann* Die neuen Einspruchsrichtlinien und der Beitritt, Mitt 2003, 303; *Hövelmann* Der gemeinsame Einspruch, Mitt 2004, 59; *Hövelmann* Patentverzicht und Erledigung, GRUR 2007, 283; *Hövelmann* Wechsel des Einsprechenden: leicht gemacht, Mitt 2009, 481; *Jestaedt* Die Erledigung der Hauptsache im Patentnichtigkeits- und Patenteinspruchsverfahren, WRP 1994, 680; *Jung* Die Praxis des europäischen und deutschen Patenterteilungsverfahrens, GRUR 1986, 210; *Keukenschrijver* Änderungen der Patentansprüche erteilter Patente im Verfahren vor dem Bundespatentgericht und vor dem Bundesgerichtshof, GRUR 2001, 571; *Koppe* Das „nachgeschaltete Einspruchsverfahren" nach neuem Recht: ein „vorgezogenes Nichtigkeitsverfahren"? FS 25 Jahre BPatG (1986), 229; *Kruse* Behandlung verspätet vorgebrachter Entgegenhaltungen im Rahmen eines rechtzeitig eingereichten und sonst zulässigen Einspruchs, GRUR 1941, 298; *Kuhbier* Nichtigkeitsverfahren: Popularklage oder Parteiprozeß? Zur Einrede der „exceptio pacti", GRUR 1954, 187; *Lewinsky* Die Zulässigkeit der Beschwerde im Einspruchsverfahren, Mitt 1958, 24; *Mediger* Erfordernisse der Einspruchsbegründung, Mitt 1955, 35; *Melullis* Zu den Anforderungen an den Inhalt der Begründung des patentrechtlichen Einspruchs im Hinblick auf seine Zulässigkeit, FS K. Geiß (2000), 625; *Merz* Einspruch auf Grund offenkundiger Vorbenutzung, Zulässigkeitsanforderungen an den Einspruch bei behaupteter offenkundiger Vorbenutzung, Mitt 1982, 224; *Mes* Zum Doppelschutzverbot des Art II § 8 IntPatÜG, GRUR 2001, 976 f; *Müller-Börner* Zum nachgeschalteten Einspruch gemäß § 59 PatG, FS W. Oppenhoff (1985), 227; *Niedlich* Das Einspruchsverfahren vor dem Deutschen Patentamt, GRUR 1988, 193; *Niedlich* Einspruch ohne Vollmacht, GRUR 1989, 158; *Osenberg* Das Gebrauchsmuster-Löschungsverfahren in der Amtspraxis, GRUR 1999, 838; *Paul* Einspruch gegen ehemalige Geheimpatente nach neuem Recht möglich? Mitt 1985, 29; *Pfab* Offenkundige Vorbenutzung im Sinne des Patentgesetzes, Mitt 1973, 1; *Pitz* Verfahrensrechtliche Unwirksamkeit der Nichtangriffsabrede im europäischen und im deutschen Einspruchsverfahren, Mitt 1994, 239; *Pitz* Passivlegitimation in Patentstreitverfahren, GRUR 2009, 805; *Raible* Einspruchsverfahren im Wandel, Mitt 1987, 61; *Röhl* Zustellung der Schriftsätze, Mitt 1971, 19; *Schmieder* Parteiherrschaft und Amtsermittlung im Patentnichtigkeitsverfahren, GRUR 1982, 348; *Schmidt* Nachreichung von neuem Einspruchsmaterial nach Ablauf der Einspruchsfrist, Mitt 1937, 131; *Schulte* Reformatio in peius und Anschlussbeschwerde vor dem EPA, GRUR 2001, 999; *Schulze* Zur Frage der Berücksichtigung von Nachreichungen von neuem Einspruchsmaterial nach Ablauf der Einspruchsfrist, Mitt 1937, 193; *Schwanhäusser* Erweiterung der Patentanmeldung oder des Patents nach neuem Recht, GRUR 1991, 165; *Sieckmann* Die

Geltendmachung von weiteren Einspruchsgründen nach Ablauf der Einspruchsfrist vor dem Deutschen und dem Europäischen Patentamt, insbesondere in der Beschwerde, GRUR 1997, 156; *Starck* Die Statthaftigkeit der Beschwerde zum Bundespatentgericht, GRUR 1985, 798; *Stortnik* Einspruch ohne Vollmacht, GRUR 1989, 868; *Stortnik* Wider die ewige Teilung – Wege zu mehr Rechtssicherheit ohne Einschränkung der Gestaltungsfreiheit, GRUR 2005, 729; *van Hees* Der Beitritt eines Dritten im Patenterteilungsverfahren, GRUR 1987, 855; *Vollrath* Streichung eines Anspruchsmerkmals nach der Patenterteilung, Mitt 2000, 185; *von Maltzahn* Zur rechtlichen Beurteilung von Nichtangriffsabreden über technische Schutzrechte, FS O.-F. von Gamm (1990), 597; *Weber* Nichtangriffsklausel (exceptio pacti) im patentamtlichen Erteilungsverfahren? BB 1969, 1116; *Winterfeldt* „Quo vadis, Einspruch?" Exitus oder Renaissance, Popularrechtsbehelf oder Streitverfahren und: Gibt es eine exceptio pacti? FS 50 Jahre VPP (2005), 210.

A. Geltungsbereich

I. Zeitlich

Die durch Art 8 Nr 35 GPatG als § 35a eingefügte und durch das Gesetz zur Änderung des patentrechtlichen Einspruchsverfahrens und des Patentkostengesetzes vom 21.6.2006[1] insb durch Einfügung des neuen Abs 3 geänd Bestimmung gilt für alle Patente mit Ausnahme solcher, die auf Anmeldungen erteilt werden, deren Bekanntmachung vor dem 1.1.1981 beschlossen worden ist (Art 12 Abs 4, Art 17 Abs. 3 GPatG). Die Regelzuständigkeit für das Einspruchsverfahren liegt wieder bei den Patentabteilungen des DPMA (§ 61 Abs 1), nachdem vom 1.1.2002 bis zum 30.6.2006 zur Entlastung des DPMA nach der Übergangsbestimmung des § 147 Abs 3 Satz 3 aF (eingeführt durch Art 4 Abs 1 Nr 4 des Transparenz- und Publizitätsgesetzes vom 19.7.2002) das BPatG über die Einsprüche zu entscheiden hatte (vgl *6. Aufl* Rn 14 ff zu § 147). § 61 Abs 2 sieht nunmehr unter bestimmten Voraussetzungen die Durchführung des Einspruchsverfahrens vor dem BPatG vor. Zur Fortgeltung der Zuständigkeit des BPatG für Altverfahren Rn 5 zu § 61. Das Gesetz zur Novellierung patentrechtlicher Vorschriften und anderer Gesetze des gewerblichen Rechtsschutzes hat in Abs 1 Satz 1 das Wort „drei" durch das Wort „neun" ersetzt, also die Einspruchsfrist in Angleichung an die Regelung im EPÜ auf neun Monate verlängert; diese Regelung gilt seit 1.4.2014 (Art 8 der Novelle); als maßgeblich wird der Zeitpunkt der Veröffentlichung der Patenterteilung (Rn 37) anzusehen sein. Die Begr[2] nennt als Grund für die Verlängerung, diese sei angesichts der vielfach komplexen technischen Sachverhalte und der notwendigen Abstimmungsprozesse in global agierenden Wirtschaftsunternehmen erforderlich, um einen Einspruch substantiell begründen zu können. Weiter ist die Öffentlichkeit der Anhörung vorgesehen (Abs 3 Satz 3, 4, Abs 4).   1

II. ErstrG s *6. Aufl.*   2

III. Ergänzende Schutzzertifikate

Auf sie finden die Vorschriften über das Einspruchsverfahren keine Anwendung; das Einspruchsverfahren gegen Schutzzertifikate ist ausdrücklich ausgeschlossen (Art 18 Abs 2 AMVO und PSMVO; Rn 133, 166 Anh § 16a). Zu unterscheiden hiervon ist die nach § 49a Abs 3 mWv 1.10.2009 geschaffene Möglichkeit der Laufzeitberichtigung oder des Widerrufs der Laufzeitverlängerung durch Beschluss der Patentabteilung, die zwar mit der Beschwerde anfechtbar sind und deshalb kein Nichtigkeitsverfahren mehr erfordern (Rn 26 ff zu § 49a), aber kein Einspruchsverfahren darstellen.   3

IV. Europäische Patente

Gegen eur Patente, auch gegen mit Wirkung für die Bundesrepublik Deutschland erteilte, findet kein Einspruchsverfahren nach §§ 59 ff statt. Sie unterliegen ausschließlich dem Einspruchsverfahren gem Art 99 ff EPÜ vor dem EPA.[3] Einzelheiten Rn 356 ff.   4

---

1   BGBl I 1918 = BlPMZ 2006, 225.
2   BTDrs 17/10308 = BlPMZ 2013, 366, 372.
3   DPA BlPMZ 1984, 114.

V. Geheimpatente

5   Da bei Geheimpatenten jede Veröffentlichung unterbleibt (§ 50 Abs 1 Satz 1), fehlt die Grundlage für eine Anwendung der Einspruchsvorschriften auf sie (Rn 17 zu § 50). Wird die Geheimstellung aufgehoben, ist die Veröffentlichung gem § 58 Abs 1 Satz 1 nachzuholen (Rn 37 f). Sie eröffnet dann den Einspruch (Rn 20 f zu § 50).

B. Bedeutung, Rechtsnatur und systematische Stellung des Einspruchsverfahrens

I. Allgemeines

6   Die Bestimmung eröffnet für die Allgemeinheit, die sich am Prüfungsverfahren allenfalls durch Nennung von Entgegenhaltungen beteiligen kann, die Möglichkeit, alsbald nach Veröffentlichung der Patenterteilung Gründe, die dem Rechtsbestand des erteilten Patents entgegenstehen, im Rahmen der in § 21 abschließend aufgeführten Widerrufsgründe geltend zu machen, und so in einem gegenüber dem Nichtigkeitsverfahren (§§ 81 ff) vereinfachten und besonders kostengünstigen, eigenständigen Verfahren, in dem der Einsprechende über die Rechte nach § 43 Abs 3 Satz 3 hinaus (Abs 3) die vollen Rechte eines Verfahrensbeteiligten hat, das erteilte Patent einer vertieften Überprüfung zu unterwerfen, ggf seinen Widerruf zu erreichen, jedenfalls aber zur Klärung der unter Schutz gestellten technischen Lehre und deren inhaltlicher Festlegung beizutragen.[4]

II. Verfahrensgegenstand

7   Gegenstand des Verfahrens ist **das Patent**, nicht die Überprüfung des Erteilungsbeschlusses als des über die Patentanmeldung entscheidenden Verwaltungsakts (vgl Rn 332; Rn 94 ff vor 34)[5] oder des Einspruchs. Ungenaue gesetzl Formulierungen, wie in § 62 Abs 1 aF („in dem Beschluß über den Einspruch") oder § 147 Abs 3 Satz 1 aF („entscheidet über den Einspruch nach § 59 der Beschwerdesenat") sind zwischenzeitlich durch den Gesetzgeber korrigiert worden.[6] Nur das Patent selbst kann daher Gegenstand möglicher Dispositionen des Patentinhabers sein, insb führt der Einspruch nicht dazu, dass das Verfahren in das Stadium vor der Patenterteilung zurückgeworfen wird und der Patentinhaber seine ursprünglich umfassende verfahrensrechtl Dispositionsbefugnis zurückgewinnt. Für Verfahrenshandlungen, die sich auf die dem Patent zugrundeliegende Patentanmeldung beziehen, wie deren Rücknahme, ist in diesem Stadium deshalb kein Raum mehr.[7]

8   Der **besondere Wert** des Einspruchsverfahrens liegt dabei in der Möglichkeit, ein zu Unrecht erteiltes, störendes Schutzrecht auf einfache und kostengünstige Weise zu beseitigen und hierfür – anders als im Prüfungsverfahren – das Sachwissen der einschlägigen Fachkreise zu nutzen, sei es, dass sie den StdT, der der Prüfung zugrunde gelegen hat, ergänzen (was gemäß § 43 Abs 3 Satz 3 an sich auch schon im Prüfungsverfahren möglich ist) oder anders als die Prüfungsstelle würdigen, oder dass sie neues Material, zB eine offenkundige Vorbenutzung, einführen, deren Berücksichtigung im Prüfungsverfahren nach § 43 Abs 3 Satz 3 ausscheidet. Es sind eingelegt worden 2015 (2014, 2013, 2012, 2011, 2010, 2009, 2008, 2007, 2006, 2005, 2004, 2003, 2002, 2001, 2000, 1999, 1998, 1997, 1996, 1995, 1994) 480 (305, 589, 500, 454, 634, 589, 859, 927, 948, 860, 841, 881, 841, 1.004, 1.062, 1.067, 1.252, 1.355, 1.476, 1.475, 1.627) Einsprüche.

III. Nachgeschaltetes Einspruchsverfahren

9   Das Einspruchsverfahren setzt die Erhebung eines Einspruchs nach Veröffentlichung der Patenterteilung voraus (Abs 1 Satz 1 iVm § 58 Abs 1 Satz 1), folgt der Patenterteilung also zeitlich nach. Erst wenn die Einspruchsmöglichkeit oder etwa erhobene Einsprüche erledigt sind, das erteilte Patent also in diesem Sinn Bestandskraft erlangt hat,[8] ist die Nichtigkeitsklage eröffnet (§ 81 Abs 2; Rn 17 ff zu § 81).

---

4   BGH GRUR 1994, 439 Sulfonsäurechlorid.
5   BGH GRUR 1999, 571 künstliche Atmosphäre; BPatGE 45, 162 = BlPMZ 2003, 28; BPatG BlPMZ 2011, 384.
6   BPatGE 45, 162 = BlPMZ 2003, 28.
7   BGH künstliche Atmosphäre; BPatGE 38, 195.
8   BGH GRUR 1994, 439 Sulfonsäurechlorid.

Im Unterschied zum **Einspruchsverfahren alten Rechts**, das der Patenterteilung vorausging, also **10** eine Fortsetzung des Prüfungsverfahrens unter Beteiligung Dritter war,[9] ist das Verfahren geltenden Rechts der Erteilung nachgeschaltet. Der Einspruch richtet sich gegen ein erteiltes Patent (Abs 1 Satz 1).

Das bedeutet aber nicht, dass das Einspruchsverfahren jetzt ein eigenständiges, vom Prüfungsverfah- **11** ren losgelöstes neues Verfahren wäre, das Einspruchsverfahren bildet mit diesem in gewissem Sinn, aber nicht umfassend, eine **Einheit**[10] und setzt das Erteilungsverfahren nunmehr in Form des einheitlichen (Rn 216, 254) Einspruchsverfahrens mit beschränktem Prüfungsumfang (Abs 1, § 21) bis zu dessen bestandskräftiger Entscheidung fort, wobei die abschließenden Widerrufgründe (vgl auch Rn 257) den wichtigsten Erteilungsvoraussetzungen entsprechen.[11] In diesem einheitliches Verfahren ist unter Berücksichtigung sämtlicher Einsprüche und sämtlicher Widerrufsgründe einheitlich über die Aufrechterhaltung des Patents zu entscheiden.[12] Das Verfahren endet erst mit der Bestandskraft des Erteilungsbeschlusses nach Ablauf der Einspruchsfrist.

IV. Rechtsnatur

Das Einspruchsverfahren ist ein **Verfahren mit verwaltungsrechtl Charakter,**[13] das das Erteilungs- **12** verfahren fortsetzt,[14] was durch die stärkere Ausprägung des Amtsermittlungsgrundsatzes und – hiermit korrespondierend – die eingeschränkte Geltung des Dispositionsgrundsatzes zum Ausdruck kommt (vgl Rn 296). Der BGH hat hierzu bisher unterschiedliche Deutungen angeboten. Sie reichen von der Qualifikation als „Fortsetzung des Erteilungsverfahrens"[15] über „einen besonderen Abschnitt eines Verwaltungsverfahrens",[16] ein „gegen das Patent als materielles Recht gerichtetes Rechtsbehelfsverfahren"[17] bis zu einem „Vorverfahren, das es der Erteilungsbehörde ermöglicht – ähnlich dem Widerspruchsverfahren nach der VwGO – dem Rechtsschutzbegehren des Einsprechenden durch einen vollständigen oder teilweisen Widerruf des Patents abzuhelfen".[18]

In der Praxis findet dennoch für die Ausgestaltung des Verfahrens eine zunehmende Orientierung an **13** den mit § 99 Abs 1 zu vereinbarenden Vorschriften der ZPO statt. Hiermit geht einher, dass von der Rspr seit jeher die parteiähnliche Stellung der Beteiligten in Abgrenzung zur bloßen Gehilfenschaft betont wurde[19] und dass das Einspruchsverfahren auch als **quasi-kontradiktorisches Verfahren** bzw als **Inter-partes-Verfahren**[20] bezeichnet wird (vgl auch Rn 214; Rn 133 zu § 73; zu den Grenzen Rn 21 zu § 79). Es ist ebenso wie das GbmLöschungsverfahren gerichtsähnlich[21] (justizförmig) ausgestaltet und einem gerichtlichen Streitverfahren angenähert[22] (vgl Rn 2f zu § 17 GebrMG; zur Anwendbarkeit der Entscheidungsbegründungsfrist von 5 Monaten Rn 51 zu § 73). Auch die Anerkennung der Anschlussbeschwerde setzt wegen des Gegenseitigkeitserfordernisses (Rn 208 ff zu § 73) ein derartiges Verständnis voraus, während zB hinsichtlich der Rechtsstellung der Einsprechenden untereinander und der Anerkennung als Streitgenossen traditionell auf die Unterschiede zum Zivilverfahren und das Fehlen eines kontradiktorischen Streitverhältnisses verwiesen wird (Rn 214 ff).[23]

---

9   BGH GRUR 1969, 562 Appreturmittel.
10   BGH GRUR 2001, 47 Ausweiskarte.
11   BGH GRUR 1999, 571 künstliche Atmosphäre.
12   BGH GRUR 2003, 695 automatiches Fahrzeuggetriebe.
13   BGHZ 128, 280 = GRUR 1995, 333 Aluminium-Trihydroxid; *Schulte* Rn 28: verwaltungsrechtl Rechtsbehelfsverfahren; *Benkard* Rn 9: eigenständiges Verwaltungsverfahren.
14   BGH GRUR 1994, 439 Sulfonsäurechlorid; BPatGE 44, 240 = GRUR 2002, 327, 330.
15   BGH Sulfonsäurechlorid.
16   BGHZ 128, 280 = GRUR 1995, 333 Aluminium-Trihydroxid.
17   BGH GRUR 1999, 571 künstliche Atmosphäre.
18   BGHZ 172, 108 = GRUR 2007, 859 Informationsübermittlungsverfahren I.
19   BGHZ Aluminium-Trihydroxid; BGHZ 124, 343 = GRUR 1996, 42 Lichtfleck: wegen § 61 Abs 1 Satz 2 keine Parteien; BPatGE 36, 177, 183.
20   *Schulte* Rn 28.
21   BGH GRUR 1966, 583 Abtastverfahren; *Schulte* Rn 2; BPatG 28.10.2015 9 W (pat) 43/09.
22   BGH GRUR 1994, 724 Spinnverfahren; vgl auch zu § 265 II ZPO BGH GRUR 2008, 87 Patentinhaberwechsel im Einspruchsverfahren; zum MarkenG BGH GRUR 1998, 940 Sanopharm.
23   Ausführlich BPatGE 12, 153, 155 ff; BPatGE 158, 160.

14 Dies ist nicht ohne **Kritik** geblieben,[24] insb, da es sich bei dem Verfahren vor dem DPMA um ein Verwaltungsverfahren handele, für das im Hinblick auf Art 20 Abs 3 GG das Gebot der Gewaltenteilung zu beachten sei. Die Vorstellung eines „justizähnlichen" Verfahrens beruhe deshalb auf einer historisch bedingten, aber rechtsfehlerhaften Auffassung.[25] Dies gelte auch für die Annahme, dass das Verfahren vor dem Beschwerdesenat des BPatG als einheitliches Verfahren fortgesetzt werde (vgl Rn 34 vor § 73) und das BPatG selbst abschließend in der Sache entscheiden könne (vgl Rn 51 zu § 79).[26] Auch die Anwendbarkeit der Vorschriften der ZPO für das Verfahren vor dem DPMA wird deshalb teilweise grds in Frage gestellt (vgl auch Rn 27 vor § 34)[27] oder aber jedenfalls die Anwendbarkeit einzelner Rechtsinstitute der ZPO, wie die Anerkennung einer Trennung von formaler Verfahrensstellung und Sachbefugnis, die Anwendbarkeit des § 265 Abs 2 ZPO (hierzu Rn 229), die Öffnung für weitere Formen der Verfahrensbeteiligung, wie die Streithilfe[28] (Rn 174), die Grenzen der Antragsbindung zB gegenüber dem Einsprechenden beim Teileinspruch (Rn 291), die Anwendbarkeit des Rechtsinstituts der Erledigung (Rn 330 ff) oder die dem zivilrechtl Verständnis entspr Rechtsmittellehre einer auf den Verfahrensgegenstand erster Instanz beschränkten Anfallwirkung der Einspruchsbeschwerde (Rn 9, 37 ff zu § 79).

15 Die Diskussion um die systematische Deutung des Einspruchsverfahrens muss im Auge behalten, dass über die Ausgestaltung des Verfahrens durch den Gesetzgeber hinaus die Bewertung und Grenzziehung der **verfahrensrechtlich gebotenen Ausgestaltung** präjudiziert wird. Dies gilt zunächst für die Erkenntnis, dass sich für das Verfahren vor dem DPMA und damit auch für das dortige Einspruchsverfahren keine dem § 99 Abs 1 entspr Verweisungsnorm findet, die im Gegensatz zum Verfahren vor dem BPatG eine entspr Anwendbarkeit von ZPO und GVG ausdrücklich anordnet, soweit die Besonderheiten des Verfahren dies nicht ausschließen.

16 Insoweit wird nach stRspr im Ergebnis eine entspr Anwendbarkeit für das Einspruchsverfahren vor dem DPMA im Hinlick auf dessen justizfömige Ausgestaltung in den Grenzen des § 99 Abs 1 praktiziert,[29] wenn die Anwendbarkeit des § 148 ZPO zur Aussetzung (Rn 79 zu § 61),[30] der §§ 239 ff ZPO[31] (zur Insolvenz Rn 346 f)[32] oder § 265 ZPO (hierzu Rn 229 ff) und zur Nebenintervention (Rn 195) bejaht wird.[33] Damit findet in Anbetracht der ergänzend heranzuziehenden Normen der ZPO und des GVG im Ergebnis eine **doppelte analoge Anwendung**, nämlich des § 99 Abs 1 und der jeweiligen Anwendungsnorm der ZPO, statt, soweit dies die Besonderheiten des Verfahrens vor dem DPMA nicht ausschließt, was einer sorgfältigen Einzelfallprüfung bedarf. Eine solche Anwendbarkeit kann aber nur bei Annahme eines justizfömig, insb quasikontradiktorisch, ausgestalteten Verfahrens angenommen werden, und steht insoweit nicht im Widerspruch zu einer im Einzelfall zu bewertenden Lückenfüllung mit der ZPO, auch wenn das Verfahren verwaltungsrechtl Charakter aufweist, da die Vorschriften des VwVfG nicht anwendbar sind.[34] Die insoweit geübte generelle Kritik (Rn 14) ist zurückzuweisen und der Umstand, dass das DPMA eine Verwaltungsbehörde ist, steht dem nicht entgegen.

17 Die systematische Einordnung des Einspruchsverfahrens präjudiziert zugleich auch die Bewertung der Anforderungen an den **Amtsermittlungsgrundsatz** (§ 46 Abs 1, § 87 Abs 1) und damit das repräsentierte öffentliche Interesse und deren Auswirkungen (Rn 294 ff), zB auf die Beschränkungen der Dispositionsbefugnis der Beteiligten (Rn 296), die Beachtlichkeit prozesshindernder Einreden (vgl zur „exceptio

---

24 Vgl *Pitz* GRUR 2009, 805, 809.

25 *Benkard* vor § 73 Rn 7, 9.

26 *Benkard* § 79 Rn 36.

27 *Benkard* Rn 142, auf ein beredtes Schweigen des Gesetzes zur Anwendbarkeit der ZPO hinweisend.

28 Vgl BGHZ 172, 98 = GRUR 2008, 87 Patentinhaberwechsel im Einspruchsverfahren.

29 Ebenso *Ströbele/Hacker zu* § 56 MarkenG Rn 1; abl als rechtssystematisch verfehlt, auf den Charakter als Verwaltungsverfahren verweisend *Benkard* Rn 142 ff.

30 *Schulte* Einl Rn 132.

31 *Schulte* Einl Rn 192.

32 *Schulte* Einl Rn 192; abw BPatG GRUR 2008, 364, zur Anwendbarkeit des § 240 ZPO im Fall der Insolvenz im markenrechtl Widerspruchsverfahren unter Hinweis auf eine Unvereinbarkeit mit Art 20 Abs 3 GG und BVerfG BVerfGK 1, 55 = GRUR 2003, 723 Rechtsprechungstätigkeit, wonach die Vorschriften über das gerichtliche Verfahren nur in den ausdrücklich gesetzlich bestimmten Fällen im Amtsverfahren anwendbar seien; ebenso abl *Benkard* Rn 155.

33 Abl *Benkard* Rn 142, wonach nur Normen anwendbar sein sollen, die für Verwaltungsverfahren und Gerichtsverfahren gleichermaßen anwendbar sind.

34 Vgl auch *Schulte* Einl Rn 192; zum Markenrecht *Ströbele/Hacker* § 82 MarkenG Rn 3; aA *Benkard* Rn 144.

pacti" Rn 46 f) oder den Umfang der Anfallwirkung im Beschwerdeverfahren. Hier gibt § 61 Abs 1 Satz 2 einen deutlichen Hinweis (Rn 292 f).

Von Bedeutung ist auch, dass einzelne Regelungen, wie der Beitritt des vermeintlichen Patentverlet- **18** zers nach Abs 2 oder das Nachanmelderecht nach § 7 Abs 2, **nur im Einspruchsverfahren** und nicht im Nichtigkeitsverfahren anwendbar sind.[35] Deshalb erscheint es fraglich, ob dennoch im Einspruchsverfahren zB Raum für die Nebenintervention (§§ 66 f) ZPO ist (hierzu Rn 195)[36] und ob aus der systematischen Stellung des Einspruchsverfahrens unterschiedliche Regeln für die Bindung an den Sachantrag des Patentinhabers gegenüber dem Nichtigkeitsverfahren abzuleiten sind (zur Antragsbindung Rn 282).

Nach dem **Verständnis der Beschwerdekammern des EPA** stellt das Einspruchsverfahren keine **19** Fortsetzung des Erteilungsverfahrens dar, sondern ein Inter-partes-Rechtsbehelfsverfahren zwischen Parteien mit gegensätzlichen Interessen (Rn 357), wobei allerdings trotz der nahezu übereinstimmenden Regelungen (ein wesentlicher Unterschied besteht darin, dass das EPÜ den Widerrufsgrund der widerrechtl Entnahme nicht kennt) die Dispositionsbefugnisse der Beteiligten und die kontradiktorische Ausgestaltung (zum nationalen Verfahren Rn 13) zB durch Mitwirkungspflichten stärker hervorgehoben werden, wie zB die Bindung an den Antrag des Einsprechenden beim Teileinspruch (Regel 76c AOEPÜ) oder Mitwirkungs- und Antragspflichten des Patentinhabers bei Verteidigung des Patents (Regel 82 Abs 2 AOEPÜ; Rn 386 ff). Auch ist das Verständnis eigenständiger Widerrufsgründe bei fehlender Patentfähigkeit stärker ausdifferenziert (§ 21 Abs 1 Nr 1; Art 100 Buchst a EPÜ; Rn 25 zu § 21).

V. Abgrenzung zum Nichtigkeitsverfahren

Das Einspruchsverfahren ist auch durch seine Umgestaltung als der Erteilung nachgeschaltetes Ver- **20** fahren nicht dem Nichtigkeitsverfahren angenähert worden,[37] wie auch diese Annäherung nicht das Ziel der Umgestaltung war, sondern die Harmonisierung des nationalen mit dem eur Patentrecht.[38] Jede Auslegung der Einspruchsvorschriften hat dem Rechnung zu tragen.[39] Allerdings ist, was gelegentlich übersehen wird, die Harmonisierung nicht so weit gegangen, dass sie das Recht des eur Einspruchsverfahrens unverändert übernommen hätte, ua sind einzelne Bestimmungen über Widerruf oder Aufrechterhaltung nicht in das nationale Recht übernommen. Die Praxis hat auf diesem Hintergrund die Gleichsetzung gelegentlich überzogen.

Das Einspruchsverfahren hebt sich mit zunehmender Tendenz vom Nichtigkeitsverfahren deutlich ab **21** und ist anders als dieses **kein** (gerichtliches, kontradiktorisches) **Parteistreitverfahren.**[40] Das kommt nicht nur in der deutlich reduzierten Dispositionsfreiheit der Beteiligten (Rn 296) und der unterschiedlichen Antragsbindung und in deren Stellung als „Beteiligte" zum Ausdruck,[41] sondern insb auch darin, dass die in neuerer Zeit mit dem PatRVereinfModG einhergehenden Verschiebungen des Amtsermittlungsgrundsatzes im Nichtigkeitsverfahren zugunsten einer verstärkten Mitwirkungspflicht der Parteien (vgl Rn 3 ff zu § 83) und der deutlichen Annäherung an den Beibringungsgrundsatz einschließlich einer beschränkten Präklusion im Einspruchsverfahren nicht gelten. Hierin liegt in der Praxis ein erheblicher Unterschied, obwohl sich der Kanon der Einspruchs- und Nichtigkeitsgründe grds nicht unterscheidet.

All dies gilt ohne Unterschied auch im Hinblick auf das nach § 61 Abs 2 (Rn 4 zu § 61) und zuvor schon **22** vorübergehend an das BPatG verlagerte Einspruchsverfahren, das ebenso wie das Nichtigkeitsverfahren als **erstinstanzliches gerichtliches Verfahren** ausgestaltet ist, deshalb jedoch nicht näher an dieses Verfahren herangerückt ist (Rn 14 zu § 61)[42] und sich auch kostenmäßig deutlich vom Nichtigkeitsverfahren

---

35   BPatG 16.12.2008 3 Ni 34/06.

36   BGHZ 172, 98 = GRUR 2008, 87 Patentinhaberwechsel im Einspruchsverfahren, zur Anwendung des § 265 Abs 2 Satz 2 ZPO bei Übertragung des Patents.

37   Im Gegensatz zu EPA G 9/91 ABl EPA 1993, 408 = GRUR Int 1993, 957 Prüfungsbefugnis; vgl auch *Benkard* Rn 13, die Nichtigkeitsklage als eigenständigen Rechtsbehelf wertend.

38   BGHZ 105, 381 = GRUR 1989, 103 f Verschlußvorrichtung für Gießpfannen; Begr IntPatÜG BlPMZ 1976, 322; Begr GPatG BlPMZ 1979, 276.

39   BGH Verschlußvorrichtung für Gießpfannen; vgl aber BGHZ 172, 98 = GRUR 2008, 87 Patentinhaberwechsel im Einspruchsverfahren.

40   *Schulte* Rn 28.

41   BGHZ 124, 343 = GRUR 1996, 42 Lichtfleck; BGHZ 128, 280 = GRUR 1995, 333 Aluminium-Trihydroxid.

42   Anders aber BPatGE 45, 162, 164 = BlPMZ 2003, 29.

abhebt. In der Begr[43] ist es definiert „als ein besonderes, der Patenterteilung zeitlich nachgeordnetes Verfahren, das der Überprüfung dient, ob das Patent zu Recht erteilt wurde oder zu widerrufen ist."[44] Der BGH hat dies insoweit bestätigt, als er hervorhebt, dass mit der Übertragung des erstinstanzlichen Einspruchsverfahrens auf das BPatG lediglich die Zuständigkeit verlagert worden ist, es im übrigen aber grds bei den schon zuvor geltenden Regeln über das Einspruchsverfahren vor dem DPMA verbleibt (Rn 322).[45]

C. Einspruch

I. Einspruchsgebühr

23 **1. Regelungsgehalt des PatKostG.** Der Einspruch ist seit 1.1.2002 nach Art 1 KostRegBerG im nationalen Verfahren gebührenpflichtig. Dies gilt seit dem 1.7.2006 auch – wie im eur Verfahren (Rn 375, 379) – für den Beitritt zum Einspruchsverfahren (Rn 158). Die Gebühr beträgt 200 EUR (Anlage zu § 2 Abs 1 PatKostG – GebVerz – Nr 313600).

24 Die Gebühr ist **innerhalb der Einspruchsfrist zu zahlen** (§ 6 Abs 1 Satz 1 PatKostG). Ein Hinweis des DPMA auf die ausstehende Gebühr wurde als unzulässig angesehen.[46]

25 **Wiedereinsetzung** in die Frist zur Zahlung der Einspruchsgebühr ist ausgeschlossen (§ 123 Abs 1 Satz 2; vgl Rn 13 zu § 6 PatKostG).[47]

26 **2. Rechtsfolgen bei Nichtzahlung.** Wird die **Gebühr nicht, nicht vollständig oder verspätet gezahlt**, gilt der Einspruch als nicht erhoben, da er eine sonstige Handlung iSv § 6 Abs 2 PatKostG ist,[48] wie § 3 Abs 1 Nr 1 PatKostG (Einlegung von Rechtsbehelfen) idF des Gesetzes zur Änderung des patentrechtlichen Einspruchsverfahrens und des Patentkostengesetzes im Hinblick auf die von § 6 Abs 2 PatKostG vorausgesetzte „Handlung" klargestellt hat (ebenso § 23 Abs 1 Nr 4 RPflG)[49] (vgl Rn 9 zu § 6 PatKostG; noch abw und zum Streitstand 6. Aufl).[50] Erlischt das Patent nach Zahlung der Einspruchsgebühr, kann diese nicht zurückverlangt werden.[51]

27 Die rechtzeitige und ausreichende Zahlung der Einspruchsgebühr ist **keine echte Zulässigkeitsvoraussetzung** des Einspruchs, sondern weitergehend wegen der in § 6 Abs 2 PatKostG bestimmten Fiktion der Nichterhebung eine bereits die Anhängigkeit des Einspruchsverfahrens bedingende Wirksamkeitsvoraussetzung,[52] die nicht nur die Wirkungen des angefochtenen Beschlusses hemmt, sondern – anders als bei einem unzulässigen Einspruch – wegen der Fiktion der Nichteinlegung des Einspruchs bereits eine Anhängigkeit des Einspruchsverfahrens verhindert und damit weitergehende Rechtsfolgen auslöst als die Unzulässigkeit des Einspruchs (vgl Rn 9 zu § 6 PatKostG, zum Beitritt Rn 159; zur Beschwerde Rn 21 zu § 73).

28 So tritt infolge der Fiktion des § 6 Abs 2 PatKostG die die **Zulässigkeit einer Nichtigkeitsklage** nach § 81 Abs 2 ausschließende Rechtswirkung nicht ein. Auch ist ein **Beitritt zum Einspruchsverfahren** – anders als beim unzulässigen Einspruch – nach Abs 2 nicht möglich (Rn 159).

---

43 BTDrs 14/7140 = BlPMZ 2002, 36, 66 zu Art 7 Nr 37.
44 In diesem Sinn auch BGHZ 172, 108 = GRUR 2007, 859 Informationsübermittlungsverfahren I unter Hinweis auf BTDrs 14/7140 S 60 f; BGH GRUR 1999, 57 künstliche Atmosphäre.
45 BGH GRUR 2010, 361 Dichtungsanordnung; BGH Mitt 2020, 292 Dichtungsanordnung 01; BGH 17.12.2009 Xa ZR 40/08.
46 BPatG 22.12.2004 20 W (pat) 343/04.
47 BGH GRUR 2005, 284 verspätete Zahlung der Einspruchsgebühr; BPatG BlPMZ 2004, 164; BPatG 6.11.2003 6 W (pat) 319/02; BPatG 10.11.2003 21 W (pat) 326/03; BPatG 18.12.2003 34 W (pat) 305/03 BlPMZ 2004, 171 Ls; *Hövelmann* Mitt 2002, 49.
48 BGH GRUR 2005, 184 verspätete Zahlung der Einspruchsgebühr.
49 Vgl Begr BTDrs 14/6203, 47 = BlPMZ 2002, 36, 42; so auch schon vor der gesetzlichen Regelung BPatG 3.4.2003 20 W (pat) 5/03; BPatG 26.5.2003 10 W (pat) 4/03; BPatG 4.8.2003 8 W (pat) 8/03; BPatG 6.8.2003 19 W (pat) 40/03; BPatG 25.5.2004 27 W (pat) 83/04.
50 BGH GRUR 2005, 184 verspätete Zahlung der Einspruchsgebühr; BPatG 6.11.2003 6 W (pat) 319/02; BPatGE 47, 285 = BlPMZ 2004, 437; BPatG 18.12.2003 34 W (pat) 305/03 BlPMZ 2004, 171 Ls; BPatG 6.5.2004 6 W (pat) 322/03; BPatG 17.8.2004 9 W (pat) 317/04; BPatG 22.12.2004 9 W (pat) 317/04; nach aA als zurückgenommen, jedoch ohne die Rechtsfolge nach § 61 Abs 1 Satz 2 BPatGE 48, 5 = GRUR 2005, 85.
51 BPatG 27.8.2003 9 W (pat) 329/03.
52 BGH GRUR 2005, 184 verspätete Zahlung der Einspruchsgebühr; s auch BGH GRUR 2013, 539 Kontaktplatte.

Es kommt nicht darauf an, ob die Wirkung des § 6 Abs 2 PatKostG **bereits durch Beschluss** (§ 23   **29**
Abs 1 Nr 4 RPflG) **festgestellt ist**, da dieser dem Rechtspfleger übertragene Beschluss nur deklaratorische
Bedeutung hat und die Fiktion auf einer bereits kraft Gesetzes ohne weiteres eintretenden Rechtswirkung
beruht (Rn 166).

Eine **verspätet oder nicht in ausreichender Höhe gezahlte Gebühr** ist nicht verfallen, sondern   **30**
nach § 10 Abs 2 PatKostG wegen der nach § 6 Abs 2 PatKostG eingetretenen Fiktion des Nichteinlegung des
Einspruchs zurückzuzahlen.[53] Die nach Art 8 GebO im eur Einspruchsverfahren vorgesehene Möglichkeit,
geringe Fehlbeträge ohne Rechtsnachteil für den Einzahler unberücksichtigt zu lassen, ist im nationalen
Recht gesetzlich nicht vorgesehen (Rn 88 vor § 73).

3. Mehrere Einsprechende. Die im GebVerz unter A Abs 2 mWv 1.7.2006 eingestellte Regelung, dass   **31**
die Gebühren für die dort genannten Nummern für jeden Antragssteller gesondert erhoben werden, sollte
die zur früheren Rechtslage umstrittene Frage[54] klären, ob mehrere Einsprechende mehrere Gebühren zu
entrichten haben.[55] Die Regelung ordnet – jedenfalls seit der Klarstellung vom 1.7.2006 erkennbar – eine
Mehrfachzahlung entspr der Anzahl der Einsprechenden an – und zwar insb auch für den Fall, dass der
Einspruch gemeinsam durch einen Vertreter eingelegt wird.[56] Eine Anrechung zugunsten eines Einsprechenden ist zur Vermeidung unzumutbarer Härten ebenso wie bei der Beschwerdegebühr möglich[57] (zur
Beschwerde Rn 24 zu § 73).

Eine Gebühr ist jedoch ausreichend, sofern es sich um eine „Rechtsgemeinschaft" handelt, der das   **32**
Recht oder dessen Ausübung nur gemeinschaftlich zusteht: der BGH lässt allerdings für die von den vermeintlichen Miterfindern auf widerrechtliche Entnahme gestützten Einsprüche und ebenso für die vergleichbare Situation in der Beschwerde und Zahlung der Beschwerdegebühr für eine Bruchteilgemein-
schaft (§ 741 BGB) in Abgrenzung zu Mitgesellschaftern einer Gesellschaft des bürgerlichen Rechts die
Zahlung nur einer Gebühr nicht ausreichen,[58] wobei für die BGB-Gesellschaft noch darauf abzustellen sein
dürfte, ob sie innerhalb der Einspruchsfrist eine rechtsfähige Außengesellschaft bildet. Denn nur diese
wird als aktiv und passiv parteifähig anerkannt.[59] Gleiches gilt im Fall des auf widerrechtl Entnahme gestützten Einspruchs.[60]

II. Zulässigkeit des Einspruchs

1. Allgemeines. Die sachliche Prüfung des Einspruchs setzt dessen Zulässigkeit voraus.[61] Die gesetz-   **33**
lichen Zulässigkeitsvoraussetzungen können nicht um weitere Anforderungen vermehrt werden, zB nicht
um die eines Rechtsschutzbedürfnisses (dazu näher Rn 62f).[62] Die Zulässigkeit des Einspruchs ist vAw in
jedem Stadium des Verfahrens und damit auch im Beschwerdeverfahren zu prüfen.[63] Grds kommt es auf

---

53 Vgl aber Begr BTDrs 14/6203, 47 = BlPMZ 2002, 36, 42.
54 BPatG GRUR 2006, 169; BPatGE 47, 141 = BlPMZ 2004, 59; BPatG 28.8.2006 11 W (pat) 348/02; BPatG GRUR 2006, 169;
BPatG GRUR 2008, 103; BPatG BlPMZ 2003, 430; BPatG 26.8.2009 20 W (pat) 356/04; BPatG 4.11.2005 14 W (pat) 364/03;
BPatG 23.10.2006 11 W (pat) 305/03 einerseits; BPatGE 48, 13 = BlPMZ 2004, 469; BPatG 26.1.2004 34 W (pat) 325/02; BPatG
6.3.2004 14 W (pat) 327/02; BPatG 26.10.2004 23 W (pat) 325/03; BPatG 1.12.2004 20 W (pat) 335/03; BPatG 29.8.2006 34 W
(pat) 343/05 andererseits; vgl weiter BPatG GRUR 2009, 587; BPatG 27.11.2006 19 W (pat) 303/04; BPatG 19.4.2007 23 W
(pat) 362/04 Mitt 2007, 371 Ls.
55 Vgl *Hövelmann* Mitt 2004, 59 ff.
56 S zur widerrechtl Entnahme BGH GRUR 2011, 509 Schweißheizung; bestätigt und zugleich für die Beschwerdegebühr
BGH GRUR 2015, 1255 Mauersteinsatz.
57 So ausdrücklich BGH Mauersteinsatz unter Hinweis auf BPatG GRUR 2006, 169; GRUR 2008, 1031; BPatG 26.8.2009 –
20 W (pat) 356/04.
58 BGH GRUR 2015, 1255 Mauersteinsatz; s auch BPatG GRUR 2006, 169.
59 BGHZ 146, 341 = NJW 2001, 1056.
60 BPatG GRUR 2006, 169 unter Bezugnahme auf BPatGE 47, 141 = BlPMZ 2004, 59; BPatG GRUR 2009, 587.
61 BGH GRUR 1972, 592 Sortiergerät; BGH BlPMZ 1985, 304 Einspruchsbegründung; BPatGE 26, 143 = GRUR 1984, 799;
BPatG Mitt 1985, 194.
62 BGH GRUR 1994, 439 Sulfonsäurechlorid gegen BPatG 20.1.1992 16 W (pat) 51/88 BlPMZ 1992, 506 Ls; BPatGE 29,
214 = GRUR 1988, 683; BPatG BlPMZ 1993, 62f.
63 BGH GRUR 2003, 695 automatisches Fahrzeuggetriebe.

                                                             Engels

den Entscheidungszeitpunkt an (Rn 60 vor § 73; Rn 46 zu § 78; Rn 76 zu § 100).[64] Auch insoweit gilt der Amtsermittlungsgrundsatz (Rn 261f; Rn 34f zu § 79).

2. Zulässigkeitsvoraussetzungen

34   **a. Erteiltes Patent.** Der Einspruch setzt ein erteiltes Patent voraus.[65] Ein vor Patenterteilung erhobener Einspruch ist ebenso unstatthaft wie ein Einspruch gegen ein nicht erteiltes, aber im PatBl fälschlich als erteilt veröffentlichtes Patent.

35   Hingegen berührt das **Erlöschen** eines erteilten Patents, auch wenn es noch innerhalb der Einspruchsfrist oder vor Einlegung des (fristgerechten) Einspruchs erfolgt, die Zulässigkeit nicht (str, Rn 337), auch wenn der Einsprechende kein eigenes Interesse am rückwirkenden Widerruf des Patents hat. Dass das Patent im Zeitpunkt der Einlegung des Einspruchs noch besteht, gehört ebenfalls nicht zu den Zulässigkeitsvoraussetzungen.[66] Das Erlöschen ist hier nach zutr Ansicht als Erledigung der Hauptsache zu behandeln (Rn 337f), wenn nicht der Einsprechende ein Rechtsschutzbedürfnis am rückwirkenden Widerruf des Patents und damit an der Fortführung des auf Widerruf gerichteten Verfahrens nachweist und deshalb das Verfahren auf Widerruf für die Vergangenheit fortzuführen ist (Rn 339; zum Beschwerdeverfahren Rn 190 zu § 73).

36   Wird der **Erlöschenstatbestand** nachträglich, zB durch Anfechtung des Verzichts oder Wiedereinsetzung, **beseitigt**, lebt nicht nur das Patent, sondern auch das Einspruchsverfahren wieder auf.[67]

37   **b. Veröffentlichung der Patenterteilung.** Der Einspruch setzt die Veröffentlichung der Patenterteilung im PatBl nach § 58 iVm § 32 in elektronischer Form (vgl Rn 52 zu § 32),[68] nicht die Veröffentlichung der Patentschrift,[69] voraus. Die Bekanntmachung der Patenterteilung im Patentregister über DPINFO (abgelöst durch DPMAregister) ist keine Veröffentlichung iSd Bestimmung.[70] Ein vorheriger Einspruch ist unzulässig,[71] da sich der Einspruch gegen das Patent und nicht gegen den Erteilungsbeschluss richtet und die gesetzlichen Wirkungen des Patents (§ 58 Abs 1 Satz 3) erst mit der Veröffentlichung im PatBl eintreten. Auch eine Anerkennung als statthaft verfrüht eingelegter Einspruch – analog verfrüht eingelegter Rechtsbehelfe[72] – scheitert an der insoweit erforderlichen Existenz des Patents. Auch für den Fall der Abhilfe auf Beschwerde (Rn 143ff zu § 73) und anschließender Veröffentlichung der Patenterteilung ist die bereits aufgrund des ersten Erteilungsbeschlusses erfolgte Veröffentlichung mangels Patenterteilung unwirksam, so dass ein dagegen gerichteter Einspruch gegenstandslos und als unzulässig zu verwerfen ist.[73] Mangels Veröffentlichung ist der Einspruch gegen ein Geheimpatent unstatthaft, solange die Geheimstellung andauert (Rn 5).

38   **Veröffentlichung** iSv Abs 1 Satz 1 ist auch die nachträgliche Veröffentlichung der Patenterteilung im PatBl nach Aufhebung einer Geheimhaltungsanordnung (Rn 5). Zur Veröffentlichung der Aufrechterhaltung des DD-Patents (§ 12 Abs 3 Satz 2 ErstrG) s *6. Aufl.* Veröffentlichung in diesem Sinn ist nicht der Hinweis auf die Erteilung eines eur Patents im eur PatBl.[74]

39   Maßgeblicher **Veröffentlichungszeitpunkt** ist der Veröffentlichungstag (Rn 14 zu § 58), dh das amtliche Erscheinungsdatum der betr Nummer des PatBl, nicht ein etwaiger früherer tatsächlicher Auslieferungstag.[75]

---

64   *Fitzner/Lutz/Bodewig* Rn 22.
65   BGH GRUR 1994, 439 Sulfonsäurechlorid; BPatG Mitt 2006, 425; vgl BPatGE 20, 27; BPatGE 30, 111 = BlPMZ 1989, 285; *Schulte* Rn 66.
66   *Schulte* Rn 69.
67   BPatG BlPMZ 1993, 62f.
68   BPatG BlPMZ 1993, 62f.
69   BPatGE 28, 17 = GRUR 1986, 535; BPatG BlPMZ 1988, 254.
70   BPatGE 49, 198 = Mitt 2006, 425; *Schulte* Rn 66 und § 58 Rn 17.
71   BPatGE 49, 198 = Mitt 2006, 425; BPatGE 30, 111; BPatGE 20, 27; vgl *Schlüter* GRUR 1956, 162.
72   *Thomas/Putzo* § 517 ZPO Rn 1, Zulässigkeit erst ab Erlass des Urteils.
73   BPatG 17.3.2005 11 W (pat) 369/04.
74   DPA BlPMZ 1984, 114.
75   BPatGE 30, 111 = BlPMZ 1989, 285.

c. Einspruchsberechtigung. Die Einspruchsberechtigung stellt eine Zulässigkeitsvoraussetzung **40** dar.[76] Den Einspruch kann nach Abs 1 Satz 1 1. Alt „jeder" einlegen, ausgenommen bei widerrechtl Entnahme (Rn 43), ob natürliche oder juristische Person im In- oder Ausland, auch ein Patentanwalt im eigenen Namen[77] (vgl auch Rn 41, 56) oder der Erfinder,[78] der Einspruch ist Popularrechtsbehelf.[79] Jedoch muss der Einsprechende beteiligten- und handlungsfähig sein (Rn 61 vor § 73).

Dies gilt auch für den **Strohmann**, der im Interesse eines anderen tätig wird (Rn 94 ff zu § 81),[80] auch **41** für einen berufsmäßigen Vertreter in Patentsachen, zB Patentanwalt.[81] Erhebt er im eigenen Namen Einspruch, wird er selbst – und nicht sein Auftraggeber – Verfahrensbeteiligter.[82] Der Wegfall (Tod) des Strohmanns gibt dem Auftraggeber nicht das Recht, in das Einspruchsverfahren einzutreten (zum Tod des Einsprechenden Rn 235; Rn 7 zu § 79).[83] Jedoch wurde der Einspruch eines Strohmanns, der damit unzulässigerweise geschäftsmäßig fremde Rechtsangelegenheiten besorgt, wegen des damit verbundenen Verstoßes gegen das (bis 30.6.2008 geltende) RBerG als unzulässig angesehen.[84]

Der **Patentinhaber** selbst ist nach stRspr nicht einspruchsberechtigt,[85] auch nicht ein Mitinhaber,[86] **42** ausgenommen im Fall der widerrechtl Entnahme (Rn 45).[87] Dies wird damit begründet, dass mit dem Begriff „jeder" nur jeder Dritte gemeint ist, nicht aber der Patentinhaber, dem ein Bedürfnis für ein Einspruchsrecht fehlt, weil er sich des Patentverzichts (§ 20), des Widerrufs- und Beschränkungsverfahrens (§ 64) oder der beschränkten Verteidigung bedienen kann.[88] Soweit deshalb Möglichkeiten der Selbstbeschränkung und –widerrufs ex tunc nicht bestehen, so zB ungeklärt für ergänzende Schutzzertifikate (§ 16a), kann dieser Grundsatz allerdings nicht ohne weiteres gelten. Erwirbt der Einsprechende das Patent nachträglich oder geht es auf ihn über, wird hierdurch nicht ohne weiteres der Einspruch unzulässig (Rn 43), auch wenn die Zulässigkeitserfordernisse grds noch im Entscheidungszeitpunkt vorliegen müssen (vgl Rn 247, 328). Denn für den Widerruf eines Patents im Einspruchsverfahren ist es ohne Bedeutung, wer Patentinhaber ist bzw ob dies der Einsprechende ist, was auch die nicht erforderliche Beteiligung des Einsprechenden im Entscheidungszeitpunkt im Fall der Rücknahme des Einspruchs nach § 61 Abs 1 Satz 2 belegt.[89] Auch können für den nachträglichen Erwerb bei laufendem Einspruchsverfahren die angeführten Argumente für ein einschränkendes Verständnis der Einspruchsberechtigung nicht gelten.[90] Das Einspruchsverfahren ist vielmehr einseitig mit dem jetzigen Patentinhaber fortsetzen.[91]

Im Fall der **widerrechtlichen Entnahme** ist nur der Verletzte einspruchsberechtigt, dem widerrecht- **43** lich der Erfindungsbesitz weggenommen worden ist. Dieser Einspruchsgrund ist vom Individualinteresse getragen und nimmt eine Sonderstellung ein, was auch verfahrensrechtl Besonderheiten mit sich bringt (Rn 303; Rn 72 zu § 61). Insoweit wird auch – aus systematischer Sicht nicht zu Unrecht – die Schaffung einer eigenständigen Regelung gefordert.[92] Erwirbt der Verletzte das Patent nach zulässigem Einspruch[93] – auch als Patentmitinhaber[94] – oder macht der bereits vor Einlegung des Einspruchs als Patentmitinhaber

---

76 AA *van Hees/Braitmayer* Rn 482: als Frage der Aktivlegitimation und Begründetheit.
77 *Benkard* Rn 25.
78 *Schulte* Rn 56.
79 PA Mitt 1914, 166.
80 DPA Mitt 1986, 170; RPA GRUR 1927, 889; RPA Mitt 1937, 117; vgl *van Hees/Braitmayer* Rn 971 ff.
81 BPatGE 17, 223 f = Mitt 1976, 38.
82 BPatGE 17, 223 = Mitt 1976, 38.
83 RPA BlPMZ 1939, 5.
84 DPA Mitt 1986, 170, zwh.
85 *Schulte* Rn 56; BPatGE 30, 194 = GRUR 1989, 818 mwN; BPatGE 32, 54 = GRUR 1991, 748; vgl aber auch BGHZ 124, 343 = GRUR 1996, 42 Lichtfleck, dort offen gelassen unter Hinweis, dass Personenverschiedenheit nicht Voraussetzung ist.
86 BGH GRUR 2011, 409 Deformationsfelder; BGH GRUR 2011, 507 Schweißheizung; PA MuW 12, 302; *Schulte* Rn 56; vgl auch EinsprRl 3.5.
87 BGH Schweißheizung.
88 BPatGE 30, 194 = GRUR 1989, 818 mwN; offen gelassen in BGH Lichtfleck.
89 BGH Lichtfleck.
90 Ebenso *Fitzner/Lutz/Bodewig* Rn 87, 178.
91 *Fitzner/Lutz/Bodewig* Rn 179.
92 *Fitzner/Lutz/Bodewig* Rn 7.
93 BGHZ 124, 343 = GRUR 1996, 42 Lichtfleck.
94 BGH GRUR 2011, 509 Schweißheizung.

eingetragene Einsprechende seine alleinige Berechtigung geltend,[95] wird sein Einspruch deswegen nicht ohne weiteres unzulässig, da das Einspruchsverfahren nicht notwendig eine Personenverschiedenheit zwischen Patentinhaber und Einsprechendem voraussetzt[96] und in diesem Fall das Rechtsschutzbedürfnis an der Aufrechterhaltung des Einspruchs aus dem Nachanmelderecht (§ 7 Abs 2) abgeleitet werden kann (Rn 25 zu § 61).[97]

44 Auch **erledigt** sich das Einspruchsverfahren durch die Übertragung des Patents nicht ohne weiteres (vgl Rn 226 f, zur Erledigung Rn 330; Rn 82 zu § 61), da die Übertragung des Patents auf den sachlich Berechtigten kein Umstand ist, der den ursprünglich zulässigen und begründeten Einspruch nachträglich gegenstandslos macht,[98] wobei nach den Grundsätzen der auch im Einspruchsverfahren geltenden Trennung von Verfahrensstellung und Sachbefugnis (Rn 226) die Übertragung des Patents auch dann nicht zum Wechsel der Beteiligtenstellung und zum Ausscheiden des bisherigen Patentinhabers führt, wenn der Einspruch zurückgenommen wird.[99]

45 Das gilt auch, wenn der die widerrechtl Entnahme geltend machende Einsprechende bereits **vor Erhebung des Einspruchs** Patentinhaber oder -mitinhaber geworden ist; denn auch in diesem Fall braucht sich die Einsprechende nicht auf eine Auseinandersetzung im Weg der Übertragungsklage verweisen zu lassen, sofern er seine alleinige Berechtigung an der Erfindung geltend macht,[100] also seinen alleinigen Erfindungsbesitz. Macht er jedoch nur einen Mitbesitz an der Erfindung geltend, der auch nur von einer Mitberechtigung oder Mitinhaberschaft getragen ist, ist der Einspruch unzulässig, wobei dahingestellt bleiben kann, welche erfinderischen Beiträge der Patentinhaber und der Einsprechende bis zur Anmeldungsreife des Streitpatents geleistet haben, und ob der Einsprechende oder der Patentinhaber als alleiniger Erfinder zu gelten hat oder ob die Beteiligten Miterfinder sind.[101] Macht der Einsprechende allerdings kein Nachanmelderecht geltend, kann sein Verhalten eine unzulässige Rechtsausübung iSv § 242 BGB („venire contra factum proprium") darstellen und zur Unzulässigkeit des Einspruchs führen (Rn 42; zum Zeitpunkt Rn 46), so, wenn der die Diensterfindung in Anspruch nehmende ArbGb entgegen der ratio legis des § 16 ArbEG dem Erfinder nicht die Übertragung des Patents anbietet, sondern den Widerruf des Patents wegen fehlender Patentfähigkeit trotz Rechtserwerbs betreibt.[102]

46 **Nichtangriffsverpflichtung** („exceptio pacti"). Für das Nichtigkeitsverfahren ist seit jeher die Möglichkeit anerkannt, eine Nichtangriffsverpflichtung geltend zu machen (Einzelheiten und Fallgruppen Rn 83 ff zu § 81; Rn 133 zu § 73). Diese kann auf einer ausdrücklichen oder konkludenten vertraglichen Vereinbarung (Nichtangriffsabrede) beruhen und als verpflichtender Prozessvertrag über § 242 BGB mittelbare prozessuale Wirkung erzeugen und zu einem Verfahrensführungs- oder -fortsetzungsverbot führen (Rn 133, 137 zu § 73; Rn 24 zu § 79).[103] Die Nichtangriffsabrede darf nicht gem § 138 BGB als rechtsmissbräuchlich getroffen nichtig sein (vgl Rn 101 zu § 81). Eine zB durch Prozessvergleich geschlossene Vereinbarung als Prozessvertrag wirkt unmittelbar[104] und führt ohne weiteres zur Unzulässigkeit des Einspruchs.

47 Eine Nichtangriffsverpflichtung kann aber auch außervertraglich unmittelbar aus dem das gesamte Rechtsleben beherrschenden Grundsatz von **Treu und Glauben** (§ 242 BGB) abgeleitet werden.[105] Sie stellt eine prozesshindernde Einrede (str) dar (Rn 64 vor § 73). Für das Einspruchsverfahren ist die Beachtlichkeit der Nichtangriffsverpflichtung, insb im Hinblick auf die Rechtsnatur des Einspruchsverfahrens

---

95 BGH Schweißheizung.

96 BGH Lichtfleck, unter Hinweis darauf, dass Einsprechender und Patentinhaber im Einspruchsverfahren nicht Parteien, sondern Beteiligte sind und es für den Widerruf des Patents ohne Bedeutung ist, wer Patentinhaber ist; BPatGE 52, 61.

97 BGH Schweißheizung.

98 BGHZ 124, 343 = GRUR 1996, 42 Lichtfleck, unter Hinweis auf BGHZ 83, 13 = NJW 1982, 1598; BGH NJW 1986, 589; BGH NJW 1991, 1116, insb erledigt also die Übertragung nach § 8 nicht das Einspruchsverfahren.

99 So aber BPatG 27.11.2007 6 W (pat) 313/03: der frühere Patentinhaber scheidet mit Erwerb des Patents durch den Einsprechenden aus, das Verfahren ist mit diesem als Patentinhaber fortzusetzen; ebenso BPatG Mitt 2009, 235.

100 BGH GRUR 2011, 509 Schweißheizung; ebenso Vorinstanz BPatG GRUR 2009, 587.

101 BPatGE 54, 222 = Mitt 2014, 29.

102 BPatGE 52, 61; vgl auch *Schulte* Einl Rn 336.

103 *Thomas/Putzo* Einl III ZPO Rn 8.

104 *Thomas/Putzo* Einl III ZPO Rn 7.

105 BGH GRUR 2011, 409 Deformationsfelder; BPatGE 32, 54 = GRUR 1991, 748; BPatGE 36, 177 = GRUR Int 1997, 631; *Benkard* Rn 22.

(Rn 15 ff) str, ebenso, ob es sich bei der „exceptio pacti" um eine vAw zu beachtende Einwendung[106] oder eine geltend zu machende oder verzichtbare und damit dem Willen der Verfügungsbefugnis des Berechtigten unterstellte Einrede handelt (vgl auch Rn 83 zu § 81).[107] Maßgebender Zeitpunkt ist die letzte mündliche Verhandlung (Rn 33; Rn 115 zu § 81).[108]

Beim vorgeschalteten Einspruchsverfahren früheren Rechts[109] war anerkannt, die „exceptio pacti" **48** **nicht zu beachten,** was auch für das nachgeschaltete Einspruchsverfahren teilweise so gesehen wird (zum eur Einspruchsverfahren Rn 367).[110] Hierfür spricht die Rechtsnatur des Einspruchs als ein dem öffentlichen Interesse verpflichteter und deshalb der Amtsermittlung unterstellter Popularrechtsbehelf, der an den Allgemeininteressen ausgerichtet ist. Diese haben weitgehend Vorrang vor den Dispositionsrechten der Beteiligten, die sich – anders als im Nichtigkeitsverfahren[111] – nicht in einem Parteistreitverfahren gegenüberstehen (Rn 20).[112] Andererseits gilt das Verbot unzulässiger Rechtsausübung nach § 242 BGB auch im Verfahrensrecht, wobei den Besonderheiten des Rechtsgebiets Rechnung zu tragen ist.[113]

Nach der Rspr des BGH ist jedenfalls nicht von vornherein ausgeschlossen, dass auch die Erhebung **49** des Einspruchs nach § 242 BGB zu missbilligen ist und dies den Einspruch unzulässig macht.[114] Ob es sich so verhält, bedarf in jedem Einzelfall einer umfassenden Würdigung aller Umstände, die zudem im Licht des Interesses der Allgemeinheit an der Beseitigung nicht patentwürdiger Schutzrechte zu erfolgen hat und auf die, je nach den Umständen, auch die gesetzgeberische Wertung von Einfluss sein kann, dass vertraglichen Nichtangriffsabreden kartellrechtl Grenzen (hierzu Rn 102 ff zu § 81) gesetzt sind.[115] Insoweit ist folgerichtig, die (außerhalb des Einspruchsverfahrens) geschlossene vertragliche Nichtangriffsabrede **regelmäßig als beachtlich anzusehen,** da die Unzulässigkeit des Einspruchs auch hier Folge des Verbots einer unzulässigen Rechtsausübung iSv § 242 BGB[116] ist, die auf Verpflichtung des nur mittelbar wirkenden Prozessvertrags (Rn 46) beruht. Allerdings kann dem einsprechenden Dritten iSv § 328 BGB, der aus einem zwischen dem alleinigen Patentinhaber und einem Miterfinder geschlossenen Vertrag zur Nutzung der patentgemäßen Lehre berechtigt ist, vom Patentinhaber grds nicht der gegenüber dem Miterfinder grds bestehende Einwand der Treuwidrigkeit entgegengehalten werden.[117]

Einspruchsverbietungsklage. Eine Klage, die darauf gerichtet ist, einem Einsprechenden zu verbie- **50** ten, seinen Einspruch auf ein bestimmtes tatsächliches Vorbringen zu stützen, insb bestimmten Vortrag im Einspruchsverfahren zu unterlassen, ist unzulässig. Solches kann jedenfalls nicht vor den ordentlichen Gerichten geltend gemacht werden. Die Verurteilung zum Widerruf und zur Unterlassung von Vorbringen

---

106 So *Schmieder* GRUR 1982, 348, 351: persönlicher Einwand.

107 So *Schulte* § 81 Rn 46; *Mes* § 81 Rn 103; § 16 GebrMG Rn 24; wohl auch BGHZ 10, 22 = GRUR 1953, 385, 387 Nichtangriffsabrede; *Kuhbier* GRUR 1954, 187; offen gelassen zum Nichtigkeitsverfahren in BPatGE 52, 54.

108 BGH GRUR 1956, 264 f Wendemanschette I; BPatGE 52, 54.

109 BPatGE 10, 18 = Mitt 1969, 155; BPatG 22.12.1967 8 W (pat) 26/67; DPA BlPMZ 1954, 439; DPA Mitt 1958, 117; RPA Mitt 1939, 101; *Lindenmaier* § 36m Rn 1.

110 *Fitzner/Lutz/Bodewig* Rn 32 f; *Koppe* FS 25 Jahre BPatG (1986), 229, 244; *Pitz* Mitt 1994, 239 m umfassenden Nachw; *Winterfeldt* FS 50 Jahre VPP (2005), 210, 221 ff; BPatGE 48, 203 = GRUR 2005, 182; BPatG 20.1.2005 15 W (pat) 313/02, vgl auch BPatG 24.6.2003 21 W (pat) 306/02 sowie für das Markenrecht BPatG CR 2003, 408; für Beachtlichkeit, weil wie im Nichtigkeitsverfahren gegen das erteilte Patent gerichtet, *Schulte* Rn 60; *Mes* Rn 39; *Vollrath* Mitt 1982, 43; *Bartenbach/Volz* GRUR 1987, 859 mwN in Fn 26, 28; *Weber* BB 1969, 1116; *von Maltzahn* FS O.-F. von Gamm (1990), 597, 602 Fn 12; BPatGE 32, 54 = GRUR 1991, 748; BPatGE 36, 177 = GRUR Int 1997, 631; BPatG 5.12.2005 8 W (pat) 319/03; wohl auch BPatG 6.3.2003 10 W (pat) 35/01; BPatG 5.12.2005 8 W (pat) 319/03; BPatGE 48, 203 = GRUR 2005, 182; BPatG 7.11.2006 23 W (pat) 335/04; auf den Vertragsinhalt abstellend BPatG 14.10.1991 4 W (pat) 37/90; offen gelassen in BPatG 26.8.1997 13 W (pat) 97/94; für die vertraglich begründete Nichtangriffsverpflichtung offen gelassen in BGH GRUR 2011, 409 Deformationsfelder.

111 Hierauf für das Nichtigkeitsverfahren abstellend BGHZ 10, 22 = GRUR 1953, 365 Nichtangriffsabrede.

112 BPatG 7.11.2006 23 W (pat) 335/04 nimmt bei einer erst nach Einspruchseinlegung geschlossenen Nichtangriffsabrede an, dass der bei Einlegung zulässige Einspruch dies auch bleibt; kr hierzu *Winterfeldt/Engels* GRUR 2008, 553, 562 Fn 111.

113 *Palandt* § 242 BGB Rn 82.

114 BGH GRUR 2011, 409 Deformationsfelder; gegen eine Anwendung *Fitzner/Lutz/Bodewig* Rn 33.

115 BGH Deformationsfelder.

116 So schon RGZ 102, 217, 222 f; RGZ 159, 186, 190; vgl BGHZ 28, 45, zum Rechtsmittelverzicht; BGH NJW-RR 1987, 307; ebenso *Benkard* Rn 22.

117 BGH Deformationsfelder; zum Einwand der Treuwidrigkeit im markenrechtl Löschungsverfahren BGHZ 123, 30, 35 = GRUR 1993, 969 Indorektal II; BGHZ 182, 325 = GRUR 2010, 231 Legostein; BGH 14.4.2011 I ZA 21/10.

in einem anderen Gerichtsverfahren ist unzulässig, weil ein solches Übergreifen auf ein anderes Verfahren mit der Kompetenzverteilung in der Rechtspflege in Konflikt gerät.[118]

51   **d. Identität des Einsprechenden.** Im Einspruchsverfahren – wie in jedem Rechtsbehelfsverfahren (oder Rechtsmittelverfahren) – bedarf es der eindeutigen Erkennbarkeit der Person des Rechtsbehelfsführers, weil der Rechtsbehelf nur in Verbindung mit einer bestimmten Person denkbar ist, von der sie ausgeht. Zudem gebietet die Rechtssicherheit, klar erkennbar werden zu lassen, wer mit seinem Rechtsbehelf einen neuen Verfahrensabschnitt einleitet.[119] Die Identität des Einsprechenden muss deshalb innerhalb der Einspruchsfrist eindeutig feststehen.[120] Dabei müssen die erforderlichen Angaben nicht unbedingt in der Einspruchsschrift selbst enthalten sein. Es genügt, wenn sich die Identität bei verständiger Würdigung der beim DPMA befindlichen Unterlagen oder aufgrund einer exakten Adressangabe[121] innerhalb der Einspruchsfrist ohne weitere Nachforschungen zweifelsfrei bestimmen lässt.[122]

52   Die **Bezeichnungen der Beteiligten** sind als Teil einer Verfahrenshandlung grds der Auslegung zugänglich, wobei insb nach § 99 Abs 1 iVm § 139 ZPO die Sachaufklärung Vorrang genießt und die verfahrensrechtl Auslegungsgrundsätze zu beachten sind, wie das Gebot einer materiell-rechtsfreundlichen Auslegung und das Verbot übertriebener Formstrenge (Rn 48 ff vor § 73). Lässt die am letzten Tag der Einspruchsfrist eingereichte Einspruchsschrift die Person des Einsprechenden offen, muss durch Auslegung festgestellt werden, ob sich aus dem objektiven Erklärungsinhalt des Schreibens eine eindeutige Zuordnung zu einer bestimmten Person ermitteln lässt.[123] Dabei ist maßgebend, wie die Bezeichnung bei objektiver Deutung aus der Sicht der Empfänger (Gericht und Gegenpartei) zu verstehen ist. Es kommt wie bei einer Klage darauf an, welcher Sinn der gewählten Bezeichnung bei objektiver Würdigung des Erklärungsinhalts beizulegen ist.[124]

53   Danach ist bei objektiv **unrichtiger oder mehrdeutiger Bezeichnung** grds die Person als Beteiligter anzusprechen, die erkennbar durch die Bezeichnung betroffen werden soll,[125] wobei der gesamte Inhalt der Einspruchsschrift einschließlich Anlagen zu berücksichtigen ist (vgl auch Rn 365). Dies gilt auch für den Verfahrensbeteiligten, der sich selbst fehlerhaft bezeichnet hat.[126] Wird daraus unzwh deutlich, welcher Beteiligte wirklich gemeint ist, steht der entspr Auslegung auch nicht entgegen, dass irrtümlich die Bezeichnung einer tatsächlich existierenden dritten Person gewählt wurde (vgl auch Rn 221; zur Beschwerde Rn 46 f vor § 73, Rn 116 zu § 73; zum Nichtigkeitsverfahren Rn 39 zu § 82).[127]

54   **Bleiben** bei verständiger Würdigung der innerhalb der Einspruchsfrist eingereichten Unterlagen insoweit **Zweifel**, ist der Einspruch unzulässig,[128] so wenn der Gesamtinhalt des Einspruchsschriftsatzes aus Empfängersicht mehrere Alternativen zulässt und deshalb eine eindeutige Identifizierung des Einsprechenden nicht möglich ist.[129]

55   **Bezeichnungen auf Briefköpfen** und Adressenzusätze auf schriftlichen Erklärungen von Unternehmen und juristischen Personen sind jedenfalls dann lediglich als internes Organisationskennzeichen des Absenders anzusehen, wenn das Organisationskennzeichen, zB eine beim DPMA hinterlegte allg

---

118   BGH BlPMZ 1982, 18 Vorlagebeschluss (§ 32); BGH GRUR 1982, 161 Einspruchsverbietungsklage; aA früher BAG NJW 1980, 608 Einspruchsverbietungsklage.

119   Zur Beschwerde BGH GRUR 1977, 508 f Abfangeinrichtung.

120   BGH GRUR 1988, 808 Geschoß; BGH GRUR 1990, 108 Meßkopf; BPatG 20.8.2004 14 W (pat) 323/03; BPatGE 28, 126 = GRUR 1987, 113.

121   BPatG 9.10.2008 15 W (pat) 336/03.

122   BGH Geschoß; BGH GRUR Meßkopf; zur Beschwerde BGH Abfangeinrichtung; BPatG 18.5.2011 20 W (pat) 117/05.

123   BPatG GRUR 2009, 609.

124   BGH NJW-RR 2008, 524; BGHZ 4, 328.

125   BGH NJW-RR 1995, 764.

126   BGH GRUR 1990, 348 Gefäßimplantat; BGHZ 83, 271 = GRUR 1982, 414 Einsteckschloß (zur Beschwerde); BPatG GRUR 2008, 1127.

127   BGH NJW-RR 2008, 524; BGH GRUR 2009, 42 Multiplexsystem.

128   BGHZ 123, 119 = GRUR 1993, 892 f Heizkörperkonsole; BGH GRUR 1990, 108 Meßkopf; BGH GRUR 1990, 348 Gefäßimplantat; BGH GRUR 1977, 508 f Abfangeinrichtung; BPatGE 33, 139 = GRUR 1993, 110; BPatGE 28, 186 = GRUR 1987, 113; BPatGE 29, 246 f = GRUR 1988, 905; *Schulte* Rn 85 mwN.

129   BPatG GRUR 2009, 609.

Vollmacht, eindeutig kenntlich gemacht wird und dadurch die Erklärung eindeutig einer bestimmten juristischen Person zuzuordnen ist.[130]

Um den **Patentanwalt**, der den Einspruchsschriftsatz verfasst hat, selbst eindeutig **als Einsprechen-** 56 **den** identifizieren zu können, sollen die Angabe des vollständigen Namens, die Berufsbezeichnung und die Verwendung des Briefkopfs der Kanzlei, dem der Patentanwalt angehört, allein nicht ausreichen. Da Rechts- und Patentanwälte üblicherweise im Namen Dritter tätig werden, sind weitere Umstände erforderlich, aus denen sich ergibt, dass der Anwalt außerhalb seiner beruflichen Stellung nicht für einen Dritten, sondern im eigenen Namen auftreten wollte.[131]

Diese Grundsätze gelten gleichermaßen für die **Beschwerde** (vgl Rn 46 ff vor § 73).[132] 57

Einzelfälle. So kann der Einspruch **zulässig** sein, obwohl sich die wahre Identität des Einsprechen- 58 den nur aus der beim DPMA hinterlegten allg Vollmacht ergibt,[133] auch wenn das DPMA deren Aussagegehalt bei der Eingangsbestätigung nicht berücksichtigt hat[134] oder wenn durch eine beim DPMA hinterlegte allg Vollmacht Klärung erzielt wird[135] oder Abweichungen von Bezeichnungen auf Briefköpfen und Adressenzusätze lediglich als interne Organisationskennzeichen des Absenders erkennbar sind.[136]

Der Einspruch ist hingegen **unzulässig**, wenn der Einsprechende nur in dem bestimmungsgem an 59 den Verfahrensbevollmächtigten zurückgesandten Empfangsbekenntnis genannt ist, die Akten sonst aber keinen Hinweis auf ihn enthalten.[137] Zur Identifizierung einer natürlichen Person ist idR die Angabe der Anschrift erforderlich.[138] Dass der Patentinhaber die Person des Einsprechenden schon aus der bloßen Namensnennung bekannt ist, ist nicht ausreichend.[139]

Wenn möglich, soll das DPMA den Einsprechenden rechtzeitig vor Ablauf der Einspruchsfrist auf 60 insoweit festgestellte Mängel **hinweisen**. Eine Rechtspflicht hierzu besteht indessen nicht (vgl Einspr-Rl).

Auf Antrag des **Scheinbeteiligten** ist dieser aus dem Verfahren zu entlassen.[140] 61

e. Rechtsschutzbedürfnis. Das „Einspruchsrecht" ist als solches kein „Recht" und kein „Vermö- 62 gensgegenstand" iSd Privatrechtsordnung, sondern eine dem einzelnen als Angehörigem der Allgemeinheit zukommende „Befugnis", eine „offenstehende Freiheit", eine „Sache des Beliebens" und dient dem Zweck, die Allgemeinheit vor ungerechtfertigten Patenterteilungen zu bewahren und damit die Freiheit der gewerblichen Betätigung aller zu schützen.[141]

Für die Einlegung des Einspruchs bedarf es deshalb keiner Darlegung eines **eigenen Rechtsschutz-** 63 **bedürfnisses** des Einsprechenden (Rn 340), ausgenommen im Fall der widerrechtl Entnahme wegen der Anforderung an die Einspruchsberechtigung als Verletzter (Abs 1 2. Alt). Das Rechtsschutzbedürfnis resultiert aus der Rechtsnatur des Einspruchs als **Popularrechtsbehelf**, der im Hinblick auf das der Allgemeinheit gegenüber wirkende Patent einem nicht abgrenzbaren Kreis Dritter als Ausschließungsrecht die Möglichkeit einer Überprüfung gewährt.[142] Dies gilt für jede natürliche oder juristische Person.[143]

---

130 BPatG GRUR 2008, 1127.
131 BPatG GRUR 2009, 609, sehr weitgehend.
132 BGH GRUR 1977, 508 Abfangeinrichtung.
133 BPatG 16.12.2004 6 W (pat) 705/02.
134 BPatGE 33, 139 = GRUR 1993, 110 f.
135 BPatG 28.4.2008 9 W (pat) 314/05.
136 BPatG GRUR 2008, 1127.
137 BGH GRUR 1988, 808 Geschoß.
138 BGH GRUR 1990, 108 Meßkopf; BPatG 30.8.1988 18 W (pat) 119/86 BlPMZ 1989, 225 Ls.
139 BPatG 17.10.2005 23 W (pat) 316/03.
140 Vgl BGH NJW-RR 2008, 524.
141 BGH GRUR 1968, 613 Gelenkkupplung.
142 BGH GRUR 1963, 279, 281 Weidepumpe; BGH GRUR 1994, 439 Sulfonsäurechlorid; BGH GRUR 2008, 279 Kornfeinung.
143 BGH GRUR 1990, 348 Gefäßimplantat; BGHZ 123, 119 = GRUR 1993, 892 f Heizkörperkonsole; zur Auslegung eines für ein konkursbefangenes Unternehmen eingelegten Einspruchs BPatGE 33, 139, 141 f = GRUR 1993, 110.

64   **Erlischt das Patent**, zB wegen Verzichts[144] oder Ablaufs der Schutzdauer oder Nichtzahlung der Jahresgebühren,[145] erledigt sich das Einspruchsverfahren dadurch grds wegen des Wegfalls des Allgemeininteresses in der Hauptsache, der Einspruch wird jedoch nicht nachträglich mangels Rechtsschutzbedürfnisse unzulässig (str, Rn 336), obwohl diesen Erlöschenstatbeständen trotz des auf den Erteilungszeitpunkt zurückwirkenden Widerrufs (§ 21 Abs 3 Satz 1) nur eine ex-nunc-Wirkung zukommt (vgl zum Erledigungsbegriff Rn 331). Eine zulässige Fortsetzung des Verfahrens setzt den Nachweis voraus, dass der Einsprechende ein besonderes Rechtsschutzbedürfnis am rückwirkenden Widerruf des Patents hat, etwa weil er Gefahr läuft, aus dem Patent für die Vergangenheit in Anspruch genommen zu werden (Rn 340 ff).

65   Das Rechtsschutzbedürfnis an der Fortführung des Verfahrens gegen ein durch Verzicht erloschenes Patent kann nicht allein mit dem Hinweis auf ein **inhaltsgleiches europäisches Patent** begründet werden.[146]

66   **Doppelschutzverbot.** Ein besonderes Rechtsschutzbedürfnis braucht der Einsprechende auch dann nicht nachzuweisen, wenn dem Patentinhaber ein im wesentlichen gleiches[147] oder offensichtlich identisches[148] eur Patent erteilt worden ist und das angegriffene nationale Patent infolge der Bestandskraft des eur Patents wirkungslos wird. Diese aus Art II § 8 IntPatÜG resultierende Rechtsfolge, deren Zweck es ist, aus Gründen der Rechtssicherheit sicherzustellen, dass der Inhaber eines eur und eines gleichrangigen identischen nationalen Patents nur das sich aus dem eur Patent ergebende Ausschließungsrecht ausüben kann, führt nicht zum Verlust des dt Patents schlechthin, sondern nur zum Wegfall der Schutzwirkung für die Zukunft im Umfang seiner Überschneidung mit dem eur Patent.[149] Dass das dt Patent wegen des Doppelschutzverbots im Hinblick auf die bestandskräftige Erteilung eines eur Patents keine Wirkung mehr hat, beseitigt deshalb nicht das Rechtsschutzbedürfnis der Allgemeinheit (Rn 340).[150] Dies gilt auch, wenn das dt und das eur Patent offensichtlich identisch sind.[151]

67   Der **Fortbestand des Widerrufsbegehrens** kann unzulässig sein, wenn – wie bei der Nichtangriffsabrede (Rn 46) – das Streitpatent auf den Einsprechenden übergangen oder übertragen ist, wobei der ausschließlich nach § 21 Abs 1 Nr 3 auf widerrechtl Entnahme gestützte Einspruch im Hinblick auf das Nachanmelderecht nach § 7 Abs 2 eine Sonderstellung einnimmt (vgl Rn 43).

68   **f.** Die **Einspruchserklärung** muss eindeutig als solche kenntlich sein, also die Absicht des Erklärenden deutlich machen, sich an einem Einspruchsverfahren zu beteiligen. Fehlt diese Absicht, liegt etwa nur eine Angabe von Hinweisen zum StdT iSv § 43 Abs 3 Satz 2 vor, ist die Erklärung kein wirksamer Einspruch.[152]

69   Die Einspruchserklärung muss erkennen lassen, **gegen welches Patent** sich der Einspruch richtet. Sie muss dieses so bezeichnen, dass es in der Einspruchsfrist ermittelt werden kann.[153] Die versehentlich falsche Bezeichnung des im übrigen eindeutig identifizierten Patents macht den Einspruch nicht unzulässig.[154]

70   Hingegen stellt ein **verstümmeltes Fernschreiben**, das keine sinnvolle Erklärung enthält und weder den Absender noch einen Bezug auf ein bestimmtes Patent erkennen lässt, keinen wirksamen Einspruch

---

144   BPatGE 29, 84 = GRUR 1988, 30; BPatG 7.7.2010 21 W (pat) 314/06; DPA BlPMZ 1986, 127.

145   BGH GRUR 1981, 515 Anzeigegerät; BGH GRUR 1997, 615 Vornapf; BPatGE 29, 65 = GRUR 1987, 807; BPatG BlPMZ 2005, 241; BPatG 15.1.1996 4 W (pat) 71/94 BlPMZ 1997, 175 Ls; BPatG 28.4.2005 15 W (pat) 326/03; BPatG 26.4.2006 7 W (pat) 308/03; BPatG. 5.7.2006 7 W (pat) 378/03; *Schulte* § 20 Rn 20.

146   BPatG 26.4.2006 7 W (pat) 308/03; BPatG 5.7.2006 7 W (pat) 378/03; BPatG 2.8.2001 15 W (pat) 23/00; BPatG 26.10.2004 34 W (pat) 12/04.

147   BGH GRUR 1994, 439 Sulfonsäurechlorid; BGH GRUR 2008, 279 Kornfeinung; BPatGE 49, 243.

148   BPatGE 49, 243.

149   BGH Sulfonsäurechlorid.

150   BPatGE 49, 243; bestätigt von BGH Kornfeinung; noch offen geblieben in BGH Sulfonsäurechlorid; ebenso *Schulte* Rn 244; *Mes* GRUR 2001, 976, 979.

151   BPatGE 49, 243; für die Nichtigkeitsklage BPatG 13.2.2008 4 Ni 15/05, bestätigt von BGH 8.9.2009 X ZR 15/07 unter Hinweis auf BGH 12.11.2002 X ZR 118/99.

152   Vgl BPatGE 17, 223 = Mitt 1976, 38.

153   EPA T 317/86 ABl EPA 1989, 378 = GRUR Int 1990, 144 Bezeichnung der Erfindung; EPA (Einspruchsabteilung) ABl EPA 1984, 118.

154   BPatGE 27, 84, 86 = GRUR 1986, 50; EPA (Einspruchsabteilung) ABl EPA 1984, 118.

dar.[155] Allerdings dürfen aus Gründen der Rechtsstaatlichkeit und des Vertrauensschutzes Fehler beim Ausdruckvorgang des Fernschreibempfangs im DPMA nicht zu Lasten des Einsprechenden gehen (Rn 77).

g. Keine Antragspflicht. Einen förmlichen Antrag braucht der Einsprechende nicht zu stellen,[156] da **71** das Gesetz eine solche Pflicht – ebenso wie für den Patentinhaber[157] (Rn 281) – nicht begründet. Bisher höchstrichterlich nicht geklärt ist, ob der Einspruch mit bindender Wirkung gegenständlich beschränkt sein kann, zB sich auf bestimmte Patentansprüche oder -anspruchsgruppen oder eine von mehreren Alternativen eines Anspruchs (vgl zum Teileinspruch Rn 291). Eine nachträgliche Einschränkung des Einspruchs schränkt den Prüfungsumfang ebenso wenig ein wie die vollständige Einspruchsrücknahme (§ 61 Abs 1 Satz 2; Rn 293).

Auslegung. Der Antrag, das Patent in vollem Umfang zu widerrufen, sofern der Patentinhaber inner- **72** halb des Einspruchsverfahrens nicht auf den Patentanspruch X verzichten sollte, ist so auszulegen, dass der Widerruf des Patents in vollem Umfang beantragt ist unter der auflösenden Bedingung, dass der Patentinhaber auf den Anspruch X verzichtet. Diese an eine innerprozessuale Bedingung geknüpfte Formulierung des Antrags ist zulässig, da dieser Erwirkungshandlung ist (Rn 68 vor § 73). Auch der Hilfsantrag, das Patent teilweise zu widerrufen, und zwar im Umfang des Gegenstands des dem Patentanspruch 1 nachgeordneten Patentanspruchs X, ist zulässig.[158]

Solange es dem Einsprechenden freisteht, im wesentlichen konsequenzenlos, insb ohne Furcht vor **73** Kostenfolgen wegen teilweisen Unterliegens, seinen Einspruch einschränkungslos zu verfolgen, liefe der Zwang zur Antragstellung auf einen leeren Formalismus hinaus. Das könnte anders sein, wenn und soweit ein **zu weit gehender Einspruch** mit Kostenfolgen zu belegen wäre.

h. Schriftform; Sprache. Der Einspruch und seine Begründung – sofern sie gesondert eingeht[159] – **74** müssen der Schriftform und nicht nur der Textform iSv § 126b BGB genügen (EinsprRl; Rn 62 ff vor § 34).[160] Bei einer Einspruchsbegründung, die nicht gesondert unterschrieben, sondern lediglich der unterschriebenen Einspruchserklärung beigefügt ist, ist der Schriftform genügt, wenn beide Schriftstücke fest verbunden sind[161] oder zwischen ihnen inhaltlich und äußerlich eine enge Verbindung besteht, so, wenn beide Schriftstücke ursprünglich gleichzeitig und gemeinsam geheftet eingegangen sind und die Einspruchserklärung auf die Einspruchsbegründung ausdrücklich Bezug nimmt.[162] § 125a eröffnet die Möglichkeit der Einreichung **elektronischer Dokumente** anstelle der Schriftform im Verordnungsweg, so auch nach § 1 Nr 1 Buchst b ERVDPMAV (im Anh) für den Einspruch. Einzelheiten hierzu Rn 63 vor § 34 und Kommentierung zu § 125a.

Zum Erfordernis **eigenhändiger Unterschrift** Rn 66 vor § 34. Zulässig sind auch telegraphisch, durch **75** Fernschreiben oder durch Telekopie (Telefax) eingelegte Einsprüche;[163] zum Unterschriftserfordernis in diesem Fall Rn 67 vor § 34. Das Computerfax ist hinsichtlich des Schriftformerfordernisses dem konventionellen Telefax gleichzusetzen (EinsprRl zu 3.2).

Formmängel. Es entspricht angemessener Sachbehandlung, dass das DPMA, soweit dies noch recht- **76** zeitig möglich ist, auf erkannte Formmängel hinweist. Eine Rechtspflicht hierzu besteht aber grds nicht (EinsprRl),[164] jedenfalls nicht über das Zumutbare hinaus.[165] Ermittlungen, die nach Dienstschluss angestellt werden müssten, sind nicht angezeigt, insb wenn der Einspruch am letzten Tag der Frist kurz vor Dienstschluss eingeht.[166]

---

155 BPatGE 21, 54.
156 BPatGE 31, 148 f = GRUR 1991, 40; BPatG Mitt 1986, 171 f; ebenso *Schulte* Rn 80; *Fitzner/Lutz/Bodewig* Rn 43.
157 Vgl BGHZ 173, 47 = GRUR 2007, 862 Informationsübermittlungsverfahren II.
158 BPatGE 50, 66 = GRUR 2008, 634; vgl auch BPatG 26.1.2005 11 W (pat) 340/03.
159 BGH GRUR 1967, 586, 588 f Rohrhalterung; BGHZ 105, 40 = GRUR 1988, 754 Spulenvorrichtung.
160 EinsprRl v. 18.1.2007 BlPMZ 2007, 4.
161 BGHZ 97, 251 = NJW 1986, 650.
162 BPatGE 45, 14.
163 BGHZ 79, 314 = GRUR 1981, 410 Telekopie.
164 BPatGE 33, 24 = GRUR 1992, 601, 604.
165 BPatGE 39, 186.
166 BPatGE 39, 186.

77   Formfehler, die auf Risiken und Unsicherheiten beruhen, deren Ursache allein **in der Sphäre des Patentamts** liegt, dürfen bei der Entgegennahme fristgebundener Schriftsätze unter dem Gesichtspunkt rechtsstaatlicher Verfahrensgestaltung nicht auf den Bürger abgewälzt werden.[167] Lässt sich der Inhalt einer verstümmelt eingegangenen Erklärung nachträglich feststellen und liegt die Ursache für die Verstümmelung in der Sphäre des DPMA, ist die Erklärung mit ihrem vollständigen Inhalt als eingegangen anzusehen.[168] Zweifel darüber, in wessen Sphäre die Übermittlungsstörungen aufgetreten sind, gehen zu Lasten des Erklärenden (vgl auch Rn 113f zu § 73; zum Freibeweis und zur Feststellungslast Rn 55f vor § 73).[169] Das DPMA ist aber nicht verpflichtet, den Einsprechenden auf Mängel der Übermittlung hinzuweisen.[170]

78   Der Einspruch muss in **deutscher Sprache** eingereicht werden; fremdsprachige Eingaben sind innerhalb der Einspruchsfrist zu übersetzen,[171] sonst werden sie nicht berücksichtigt (§ 126).

79   **i. Einlegungsort; Adressat.** Der Einspruch wird mit dem Eingang beim DPMA (Dienststellen München, Jena und Berlin) wirksam. Dies galt wegen § 147 Abs 3 Satz 3 aF auch, soweit vom 1.1.2002 bis 30.6.2006 das BPatG für das Einspruchsverfahren zuständig war (Rn 5 zu § 61).

80   Nur die Einreichung beim DPMA wahrt die Einspruchsfrist. Die frühere Regelung, wonach ein an das DPMA gerichteter Einspruch, der als Irrläufer zunächst an das EPA und erst nach Ablauf der Einspruchsfrist an das DPMA gelangt, wegen einer diesbezüglichen **Verwaltungsvereinbarung** zwischen den Ämtern[172] zumindest unter dem Gesichtspunkt des Vertrauensschutzes als zulässig angesehen wurde,[173] ist aufgehoben (Rn 369).[174] Nach der Rspr des BPatG war diese rechtswidrig und es wurde kein Vertrauensschutz begründet.[175]

81   **j.** Die **Einspruchsfrist** betrug früher drei Monate (in Österreich beträgt sie weiterhin vier Monate, § 102 öPatG), das Gesetz zur Novellierung patentrechtlicher Vorschriften und anderer Gesetze des gewerblichen Rechtsschutzes (Rn 1) hat sie auf neun Monate verlängert. Das trägt dem Umstand Rechnung, dass ein substantiell begründeter Einspruch gegen ein komplexes Patent eine besonders gründliche Prüfung erfordert und nicht selten eine zeitintensive Abstimmung in globalen Wirtschaftsunternehmen erforderlich ist.[176] Die Frist ist nicht verlängerbar. Innerhalb der Frist muss der Einspruch eingegangen sein.[177]

82   Die Frist **beginnt** nicht mit der Ausgabe der Patentschrift, sondern mit der Veröffentlichung der Patenterteilung (Rn 37).[178] Nach einer wirksamen ersten Veröffentlichung eröffnet eine zweite Veröffentlichung keine neue Einspruchsfrist.[179] Wird einer Beschwerde des Anmelders gegen den Erteilungsbeschluss abgeholfen, beginnt die Einspruchsfrist aber erst mit der erneuten Veröffentlichung der Patenterteilung.[180]

83   Die Herausgabe oder das Ausbleiben der **Patentschrift** hat auf den Fristlauf keinen Einfluss. Ein Fehler in der veröffentlichten Patentschrift behindert den Beginn des Fristlaufs ebenso wenig[181] wie die verspätete Herausgabe der Patentschrift (Rn 23 zu § 58).[182]

---

167 BVerfGE 69, 381, 386f; BVerfGE 41, 323, 327f; BVerfGE 44, 302, 306; BVerfGE 52, 203, 212; BGHZ 101, 276, 280 = NJW 1987, 2586; BPatG 12.8.2003 14 W (pat) 316/02.
168 BGHZ 105, 40, 44f = GRUR 1988, 754 Spulenvorrichtung; zur Einspruchsbegründung; DPA Mitt 1990, 102 m Anm *Redies.*
169 BPatGE 33, 24 = GRUR 1992, 601.
170 BPatGE 33, 24 = GRUR 1992, 601.
171 RPA Mitt 1930, 136.
172 BlPMZ 1981, 278; 1989, 422.
173 BPatG BlPMZ 1992, 361.
174 Mitt PräsDPMA Nr 23/05 BlPMZ 2005, 145.
175 BPatG GRUR 2005, 525.
176 Begr A II.
177 Zur Behauptung, innerhalb der Frist ein Telefax abgesandt zu haben, BPatGE 38, 199.
178 BPatG BlPMZ 1988, 254.
179 BGH GRUR 1977, 209 Tampon; BGH GRUR 1977, 714 Fadenvlies.
180 BPatG 17.3.2005 11 W (pat) 369/04.
181 BPatG 8.11.1999 10 W (pat) 26/99; EPA T 438/87 EPOR 1989,489 Plastic screw cap.
182 BPatGE 28, 17 = GRUR 1986, 535; BPatG BlPMZ 1988, 254.

Die **Einspruchsfrist endet** mit dem Ablauf des Tags des neunten Monats, der durch seine Benennung **84** dem Veröffentlichungstag entspricht (§§ 187 Abs 1, 188 Abs 2 BGB). Sie endet mit Ablauf des nächsten Werktags, wenn das Fristende auf einen Sonnabend (Samstag), Sonntag oder gesetzlichen Feiertag fällt (§ 193 BGB; zur Fristberechnung Rn 75 f vor § 34).

Wiedereinsetzung in die Einspruchsfrist ist ausgeschlossen (§ 123 Abs 1 Satz 2); allerdings ist zu be- **85** achten, dass es einer solchen auch nicht bedarf, wenn zwar der Einspruch verfristet ist, der verspätete Eingang beim DPMA aber auch darauf beruht, dass das BPatG den an ihn fälschlicherweise adressierten Einspruch nicht unverzüglich weitergeleitet hat; der BGH hat hier eine verbleibende Frist von zwei Tagen als ausreichend gesehen, um den Einspruch an das DPMA weiterzuleiten und eine Weiterleitung innerhalb dieser Frist als zumutbar und von der prozessualen Fürsorgepflicht des BPatG als gefordert angesehen (s auch Rn 20 zu § 123). Der Einspruch hätte deshalb nicht als unzulässig verworfen werden dürfen, da die Weiterleitung auch aufgrund der örtlichen Nähe des BPatG und des DPMA sowie des zwischen ihnen für den Postverkehr eingerichteten Pendelverkehrs ohne weiteres noch innerhalb der verbleibenden Frist möglich gewesen wäre und die Ressourcen des BPatG nicht in unzumutbarer Weise belastet hätte.[183]

Zur **Fristwahrung** müssen sämtliche Zulässigkeitsvoraussetzungen des Einspruchs innerhalb der **86** Einspruchsfrist erfüllt sein. Das Nachschieben zulässigkeitsrelevanter Tatsachen macht einen bei Fristablauf unzulässigen Einspruch nicht zulässig,[184] selbst wenn der nachgebrachte Tatsachenvortrag innerhalb der Einspruchsfrist angekündigt worden war (vgl Rn 114).[185]

Offenbare Unrichtigkeiten, die das DPMA von sich aus ohne Rückfrage ausräumen kann, sind nicht **87** fristschädlich, zB uU nicht die falsche Angabe der Nummer des angegriffenen Patents, die nur ein Zuordnungskriterium von mehreren ist, so dass eine Berichtigung auch noch nach Fristablauf in Betracht kommt, wenn das angegriffene Patent auch auf andere Weise zweifelsfrei ermittelt werden kann, nicht aber bei Fehlen ausreichender anderer Angaben.[186] Unschädlich sind die Bezugnahme auf die nachveröffentlichte Patentschrift statt auf die vorveröffentlichte Offenlegungsschrift, die versehentlich falsche Bezeichnung des Einsprechenden (Rn 56)[187] oder sonst Fehler, die durch vor Fristablauf mögliche Aufklärung gem § 139 ZPO hätten ausgeräumt werden können.[188]

k. Sonstige Wirksamkeitsvoraussetzungen. Der Einspruch muss als Verfahrenshandlung die allg **88** Verfahrensvoraussetzungen (Rn 28 ff vor § 34; Rn 64 vor § 73) und als Verfahrenswillenserklärung auch die **Handlungsvoraussetzungen** erfüllen, dh **Beteiligten- und Handlungsfähigkeit** (Rn 29 ff vor § 34; Rn 61 vor § 73) müssen vorliegen.[189] Der Einspruch kann als Bewirkungshandlung (vgl Rn 68 vor § 73) nicht bedingt – auch nicht innerprozessual – erklärt werden, ebenso wie auch die zum Ausscheiden des Einsprechenden führende Rücknahme des Einspruchs nicht bedingt erklärt werden kann (vgl Rn 68 zu § 61).

Die **Verfahrensführungsbefugnis** im DPMA- und BPatG-Verfahren entspricht der Prozessführungs- **89** befugnis im Zivilprozess vor den ordentlichen Gerichten und zählt zu den Verfahrensvoraussetzungen. Sie ist gesetzlich nicht ausdrücklich geregelt und stellt das Recht dar, ein Verfahren als richtiger Beteiligter im eigenen Namen zu führen.[190] Die Verfahrensführungsbefugnis des Patentinhabers im Einspruchsverfahren und die Sachlegitimation des formell legitimierten Patentinhabers werden ausschließlich aus der Registerlegitimation nach § 30 abgeleitet (Rn 226), nicht aus der tatsächlichen Rechtsinhaberschaft, denn die Eintragung im Patentregister hat aber keinen Einfluss auf die materielle Rechtslage. Sie wirkt weder rechtsbegründend noch rechtsvernichtend. Ihre Legitimationswirkung ist auf die Befugnis zur Führung von Rechtsstreitigkeiten aus dem Patent beschränkt.[191] Entscheidend ist also die registermäßige und nicht

---

183 BGH GRUR 2015, 472 Stabilisierung der Wasserqualität, unter Hinweis auf BVerfGE 93, 99 = NJW 1995, 3173.
184 BGH GRUR 1978, 99 f Gleichstromfernspeisung; BPatGE 33, 24 = GRUR 1992, 601; BPatGE 27, 36 = GRUR 1985, 373; BPatGE 16, 211, 218 = BlPMZ 1975, 202; DPA BlPMZ 1951, 156; RPA BlPMZ 1934, 86; RPA Mitt 1941, 22; RPA Mitt 1930, 172.
185 BPatGE 27, 36 = GRUR 1985, 373.
186 BPatGE 39, 186.
187 EPA T 219/86 ABl EPA 1988, 254 Nennung des Einsprechenden.
188 BPatGE 16, 211, 218 = BlPMZ 1975, 202; BPatGE 17, 52 = BlPMZ 1975, 289; BPatGE 24, 44 = GRUR 1982, 34; RPA Mitt 1930, 58; RPA Mitt 1933, 330; RPA Mitt 1934, 177; RPA Mitt 1936, 5.
189 BPatG GRUR 1983, 501; RPA Mitt 1929, 47; BPatG 28.11.2006 14 W (pat) 314/04 und BPatG 12.12.2006 14 W (pat) 311/04, jeweils zur Angabe eines nicht handlungsfähigen Organs (Forschungsinstitut).
190 BPatG GRUR 2002, 234; *Thomas/Putzo* § 51 ZPO Rn 20.
191 BGH GRUR 2013, 713 Fräsverfahren.

sachenrechtl Berechtigung, die passive Verfahrensführungsbefugnis ist deshalb im DPMA- und BPatG-Verfahren dem materiell berechtigten Patentinhaber entzogen, sofern er nicht im Register eingetragen ist[192] (zur Einzelrechtsnachfolge und der insoweit problematischen Anwendung des § 265 Abs 2 ZPO vgl Rn 226 ff; zur Abweichung bei Insolvenz Rn 348 ff). Als allg Verfahrensvoraussetzung (Sachbescheidungsvoraussetzung) muss die Verfahrensführungsbefugnis bis zum Entscheidungszeitpunkt vorliegen (s auch Rn 233),[193] was in jeder Lage des Verfahrens vAw zu prüfen ist[194] (zur Beschwerde Rn 61 vor § 73, Rn 22 zu § 74). Sie ist von der Frage der Beschwerdeberechtigung als Zulässigkeitserfordernis der Beschwerde zu trennen (Rn 90; Rn 5 zu § 74).

90 Die Verfahrensführungsbefugnis stellt **nicht zugleich** eine **Handlungsvoraussetzung** (Rn 94; Rn 65 vor § 73) dar. Ob der Beteiligte als Patentinhaber iSv § 30 Abs 3 Satz 2 berechtigt und verpflichtet ist, das Patent zu verteidigen, ist damit ausschließlich Frage der (aktiven oder passiven)[195] Verfahrensführungsbefugnis,[196] nicht der Wirksamkeit der Verfahrenserklärung als Prozesshandlung oder der Beschwerdeberechtigung als Frage der Zulässigkeit der Beschwerde; das wird bei der Frage der Verfahrensübernahme und Beschwerdeberechtigung nicht immer hinreichend beachtet (vgl Rn 12, 23 zu § 74).

91 **Einzelheiten.** Beteiligtenfähig kann eine natürliche oder juristische Person sein, wie eine rechtsfähige Personengesellschaft iSd § 14 Abs 2 BGB. Eine Personenmehrheit bildet eine Mehrzahl von selbstständig beteiligten Einsprechenden, die grds auch gebührenrechtl jeweils eine Gebühr schulden (vgl Rn 31 f).

92 Mit Löschung im Handelsregister gilt eine Kapitalgesellschaft als aufgehoben, die gesetzlichen Vertreter verlieren ihre Vertretungsbefugnis. Die **Gesellschaft** kann regelmäßig als vollbeendigt angesehen werden, die Löschung hat aber keine rechtsgestaltende Wirkung. Deshalb verliert die Gesellschaft mit Eintragung der Löschung in das Handelsregister nicht ihre Rechts- und Parteifähigkeit,[197] falls noch Vermögen vorhanden ist, da in diesem Fall die Gesellschaft als Liquidationsgesellschaft fortbesteht.[198] Obgleich eine Zweigniederlassung als solche nicht beteiligtenfähig ist, kann ein Kaufmann unter deren Firma Einspruch einlegen, sofern der Einspruch auf den Geschäftsbetrieb der Zweigniederlassung Bezug hat.[199] Verliert der Einsprechende jedoch seine Rechtspersönlichkeit ohne Rechtsnachfolger[200] oder ist der Geschäftsführer und Liquidator verschollen oder verstorben,[201] führt dies zum Wegfall der Beteiligtenfähigkeit.[202] Der Wegfall der Einsprechenden wird dem Ausscheiden infolge Rücknahme des Einspruchs gleichgesetzt. Danach ist das Verfahren analog § 61 Abs 1 Satz 2 ohne den Einsprechenden fortzuführen (Rn 354; Rn 79 zu § 61),[203] ausgenommen im Fall der widerrechtl Entnahme, da diese nach Ausscheiden des Einsprechenden nicht weiter verfolgt werden kann (Rn 303; Rn 72 zu § 61).

93 **Berichtigung des Rubrums, Beteiligtenwechsel.** Von der fehlerhaften Beteiligtenbezeichnung zu unterscheiden ist die irrtümliche Benennung der falschen, am materiellen Rechtsverhältnis nicht beteiligten Person als Beteiligter,[204] die einer Berichtigung nicht zugänglich ist und bei der es eines Beteiligtenwechsels bedarf. Ausgehend von der Anerkennung der Gesellschaft bürgerlichen Rechts (GbR) als aktiv und passiv beteiligtenfähig (Rn 32) soll in anhängigen Verfahren, in denen die Gesellschafter einer GbR entspr der früheren Rspr als notwendige Streitgenossen eine Rechtsgemeinschaft gebildet haben, entgegen der äußeren Parteibezeichnung eine Berichtigung des Rubrums vorzunehmen und kein Beteiligtenwechsel erforderlich sein.[205] Ansonsten ist eine Änderung der Beteiligtenstellung des Einsprechenden in

---

192 BGH GRUR 1966, 107 Patentrolleneintrag, zum jetzigen § 81 Abs 1 Satz 2; vgl *Schulte* § 30 Rn 19; dagegen zum Verletzungsprozess, wo die materielle Rechtslage maßgeblich ist: BGH Fräsverfahren.

193 Vgl BGH Patentrolleneintrag; *Thomas/Putzo* Vorbem § 253 ZPO Rn 11.

194 BGH Patentrolleneintrag; vgl *Thomas/Putzo* § 51 ZPO Rn 23; Vorbem § 253 ZPO Rn 12.

195 Vgl BPatG 29.11.2005 4 Ni 53/04 (EU), zur passiven Prozessführungsbefugnis nach § 81 Abs 1 Satz 2; BPatGE 52, 54.

196 Vgl auch *Schulte* § 30 Rn 48.

197 BPatG 9.2.2010 23 W (pat) 304/08; BPatGE 41, 160, zum Markenrecht; zur Vertretung durch den früheren Geschäftsführer BPatGE 44, 113, 116.

198 BPatG 9.2.2010 23 W (pat) 304/08, zu dem bis 31.8.2009 gültigen § 141a FGG; BPatGE 41,160, zum Markenrecht; aA BPatG BlPMZ 2009, 405.

199 BPatG GRUR 1983, 501.

200 BPatG GRUR 2010, 521, unter Hinweis auf BPatGE 1, 78; BPatG 19.1.2009 12 W (pat) 366/03.

201 BPatG Mitt 2009, 325.

202 Zu § 141a FGG BPatG BlPMZ 2009, 405, str.

203 BPatG GRUR 2010, 521; BPatGE 1, 78 f; BPatG BlPMZ 2009, 405; *Schulte* Rn 247.

204 BGH GRUR 2009, 42 Multiplexsystem.

205 BGH NJW 2003, 1043.

der Rspr nicht anerkannt, insb nicht nach den Regeln des Parteiwechsels entspr §§ 263 f ZPO. Eine solche wird allerdings in der Lit befürwortet (Rn 243).

l. Vertretung, Vollmacht und Inlandsvertreter. Ein Vertreter muss im Einspruchsverfahren eine **94** Vollmacht vorlegen (Rn 36 ff vor § 34), wobei im Einspruchsverfahren vor dem BPatG eine für das DPMA eine hinterlegte Vollmacht (§ 15 DPMAV) den Anforderungen des § 97 nicht genügt, da diese regelmäßig keine Vertretungshandlungen vor dem BPatG umfasst.[206] Obwohl die Vollmacht Handlungsvoraussetzung (Rn 90) für eine wirksame Einlegung des Einspruchs ist (Rn 65 vor § 73),[207] kann sie auch nach Ablauf der Einspruchsfrist nachgebracht werden, da Heilung infolge Genehmigung möglich ist.[208]

Bei vollmachtloser Vertretung kann der ohne Vollmacht auftretende Vertreter wirksam fristgebunde- **95** ne Anträge oder Rechtsmittel einreichen und hierfür einstweilen als Vertreter zugelassen werden (entspr § 89 Abs 1 ZPO). Die Verfahrenshandlungen können durch den Berechtigten nachträglich genehmigt werden, wobei der Verfahrensmangel durch die Genehmigung als von Anfang an geheilt gilt (entspr § 89 Abs 2 ZPO) und wegen der Rückwirkung die Genehmigung nicht innerhalb der Frist erklärt zu werden braucht, die für die genehmigte Verfahrenshandlung gilt.[209] Andernfalls sind die Verfahrenshandlungen unwirksam, so etwa bei einem nicht Handlungsfähigen die erforderliche Genehmigung des gesetzlichen Vertreters.[210] Wird jedoch die erforderliche Vollmacht bis zum Ablauf der zur Beibringung gesetzten Frist (entspr § 89 Abs 1 Satz 2 ZPO) oder bis zu der die Instanz beendenden Entscheidung beim DPMA[211] nicht beigebracht,[212] ggf durch eine lückenlose Kette wirksamer Bevollmächtigungen, ist der Einspruch unzulässig[213] (kr Rn 41 f vor § 34).

Handlungsbevollmächtigte brauchen, da die Einspruchseinlegung keine der Prozessführung iSd **96** § 54 Abs 2 HGB gleichzusetzende Handlung ist, zum Nachweis ihrer Vertretungsbefugnis keine Vollmachtsurkunde vorzulegen. Zweifel können auch nach Ablauf der Einspruchsfrist durch Vorlage der Bestallungsurkunde ausgeräumt werden (vgl Rn 38 vor § 34).[214]

Eines **Inlandsvertreters** (§ 25) bedarf der Auswärtige im Einspruchsverfahren, um Verfahren teil- **97** nehmen zu können. Allerdings führt sein Fehlen nicht zur Unwirksamkeit der Verfahrenserklärung, da es sich nicht um eine Handlungsvoraussetzung handelt (Rn 65 vor § 73). Es führt auch nicht ohne weiteres zur Unzulässigkeit des Einspruchs oder zum Widerruf des Patents, sondern steht als bis zum Entscheidungszeitpunkt behebbares Verfahrenshindernis (Rn 64 vor § 73) zunächst nur der Berücksichtigung der Teilnahme am Verfahren entgegen (Rn 49 ff zu § 25).

Hat der Einsprechende gem § 25 Abs 1 einen **Patentanwalt als Inlandsvertreter** bestellt[215] und des- **98** sen Bestellung nachgewiesen, kann er am Einspruchsverfahren teilnehmen. Hierzu bedarf es gem § 97 Abs 2 im Verfahren vor dem BPatG einer schriftlichen Vollmacht, wenn in der mündlichen Verhandlung kein Rechts- oder Patentanwalt als Bevollmächtigter auftritt. Der Mangel der Vollmacht (auch ihr fehlender Nachweis) ist grds vAw zu berücksichtigen (§ 97 Abs 3 Satz 2). Soweit darüber hinaus bei Inlandsvertretung auch für den Personenkreis der Patent- und Rechtsanwälte die Vorlage eine Vollmachtsurkunde verlangt wird, da § 97 Abs 6 Satz 2 auf die als Verfahrensvoraussetzung ausgestaltete und damit jederzeit vAw zu prüfende Bestellung des Inlandsvertreters nicht anwendbar sei,[216] ist dies umstr, findet aber seine

---

206 BPatG 22.12.2010 20 W (pat) 357/05.

207 BGHZ 128, 280 = GRUR 1995, 333 Aluminium-Trihydroxid.

208 *Thomas/Putzo* Einl III ZPO Rn 18 und Vorbem § 253 ZPO Rn 34.

209 BGHZ 128, 280 = GRUR 1995, 333 Aluminium-Trihydroxid mit Hinweis ua auf GmS OGB BGHZ 91, 111, 114 = NJW 1984, 2149.

210 RPA Mitt 1929, 47.

211 BGH Aluminium-Trihydroxid; BPatGE 30, 20 = GRUR 1989, 4, 6; BPatG Mitt 1989, 240; BPatG BlPMZ 1992, 473; BPatG GRUR 1992, 309 f; BPatGE 30, 182 = GRUR 1989, 66; *Niedlich* GRUR 1989, 158; aA BPatG Mitt 1987, 14; BPatGE 29, 198 = GRUR 1989, 685; BPatG GRUR 1991, 126; BPatG GRUR 1991, 201; *Stortnik* GRUR 1989, 868.

212 *Schulte* Rn 40 und Einl Rn 454.

213 BPatG 10.9.2009 8 W (pat) 338/06; BPatG 12.11.2008 7 W (pat) 305/05; BPatG 9.2.2009 9 W (pat) 361/05; BPatG 8.7.2008 9 W (pat) 345/05.

214 BPatGE 30, 182, 183 ff = GRUR 1989, 664; aA BPatGE 30, 20 = GRUR 1989, 46.

215 Zur Erforderlichkeit BGH GRUR 2009, 701 Niederlegung der Inlandsvertretung, verneint bei Löschung einer Vertreterangabe im Patentregister.

216 BPatG 27.10.2011 21 W (pat) 6/07; BPatG 11.1.2011 21 W (pat) 1/07; BPatG 16.11.2010 21 W (pat) 10/08; BPatG 27.4.2010 21 W (pat) 319/05, zur Unbeachtlichkeit eingereichter neuer Patentansprüche; ebenso BPatG 29.7.2010 21 W (pat) 322/05; BPatG Mitt 2015, 574; aA BPatGE 54, 276.

Rechtfertigung darin, dass sich § 25 zugleich als negative Verfahrensvoraussetzung darstellt, die in jeder Lage des Verfahrens vAw zu prüfen ist.

99   Da die Vollmacht nach § 25 keine Zulässigkeitsvoraussetzung für den Einspruch ist (vgl Rn 97), kann sie auch nach Ablauf der Einspruchsfrist bis zum Entscheidungszeitpunkt **nachgereicht** werden (Rn 37, 49 zu § 25; Rn 58 vor § 73). Selbst wenn dies gewissen Bedenken im Hinblick auf die Schwebesituation und die Möglichkeit der Herbeiführung eines unzulässigen Einspruchs begegnet, sind ohne Vertreterbestellung vorgenommene Handlungen nicht unwirksam, sondern nur mit einem (behebbaren) Mangel behaftet.[217]

3. Einspruchsbegründung

100   **a. Grundsatz.** Der Einspruch ist zu begründen (Abs 1 Satz 2). Fehlt eine Begründung, ist er als unzulässig zu verwerfen. Unvollständige Übermittlung des Einspruchsschriftsatzes kann der Zulässigkeit entgegenstehen.[218] Zwischen der Zulässigkeit des Einspruchs, der Schlüssigkeit des Einspruchsvortrags und der Begründetheit des Einspruchs ist – wie in jedem anderen Rechtsverfahren – sorgfältig zu trennen.[219]

101   Die **rechtliche Würdigung** ist Sache des DPMA.[220] Fehlinterpretation des Patents betrifft nicht die Substantiierung, sondern die Begründetheit des Einspruchs (Rn 140, 147 ff).[221] Unschädlich ist, wenn der Vortrag zur Neuheit und erfinderischen Tätigkeit vertauscht wird.[222]

102   **b. Behauptung eines Widerrufsgrunds.** Die Begründung muss einen Widerrufsgrund benennen (Rn 141 ff) und die den **Einspruch rechtfertigenden Tatsachen** angeben (Rn 99 ff). Ein Einspruch, mit dem der Widerruf eines mehrere Nebenansprüche umfassenden Patents begehrt wird, ist bereits dann zulässig, wenn die Patentfähigkeit nur eines Nebenanspruchs angegriffen wird.[223] Ein Eingehen auf Unteransprüche ist grds nicht erforderlich.[224] Hiervon zu unterscheiden ist die Frage, ob das DPMA an Anträge des Einsprechenden gebunden ist und ob der Einsprechende deshalb einen Teileinspruch einlegen kann (Rn 291).

103   Nach Abs 1 Satz 4 gehört das Erfordernis, die den Einspruch rechtfertigenden Tatsachen im einzelnen anzugeben, zu den **förmlichen Voraussetzungen** des Einspruchs. Dieser kann nur auf die Behauptung gestützt werden, dass einer der Widerrufsgründe des § 21 vorliegt (Abs 1 Satz 3). Aus der Vorschrift folgt einerseits, dass der Katalog der Widerrufsgründe abschließend ist („nur"), andererseits ergibt sich aus ihr, dass der Einspruch, um zulässig zu sein, innerhalb der Einspruchsfrist auf einen der Gründe des § 21 gestützt werden muss. Innerhalb der Einspruchsfrist muss sich somit aus der Gesamtheit der Tatsachen, die den Einspruch rechtfertigen sollen, erkennbar ergeben oder zumindest durch Auslegung ermittelt werden können,[225] welchen der in § 21 genannten Widerrufsgründe der Einsprechende geltend machen will.[226]

104   Der Einspruch ist unzulässig, wenn er auf einen gesetzlich nicht vorgesehenen Einspruchsgrund gestützt wird, andererseits genügt eine Einspruchsbegründung auch der formalen gesetzlichen Anforderung, wenn sie die für die Beurteilung der behaupteten Widerrufsgründe maßgeblichen Umstände im einzelnen so darlegt, dass der Patentinhaber und insb das DPMA (das BPatG) daraus abschließende Folgerungen für das Vorliegen oder Nichtvorliegen eines Widerrufsgrunds ziehen können.[227] Dass sich der Einspruch dabei einer patentrechtl unzutreffenden Terminologie bedient, schadet nicht, weil es für die Zulässigkeit nur auf die **tatsächlichen Behauptungen** ankommt, die rechtl Würdigung jedoch dem DPMA/BPatG obliegt.[228]

---

217   BPatG 17.1.2008 21 W (pat) 339/04.
218   BPatG 22.11.2006 7 W (pat) 341/
219   BGHZ 93, 171 = GRUR 1985, 371 Sicherheitsvorrichtung.
220   RPA BlPMZ 1936, 5 f mwN; vgl DPA GRUR 1954, 398.
221   BPatG 7.11.2006 7 W (pat) 330/03.
222   BPatG 19.11.2008 19 W (pat) 345/05.
223   BGH GRUR 2003, 695 automatisches Fahrzeuggetriebe; BPatG 15.11.2006 9 W (pat) 408/03; so bereits BPatGE 30, 143 = BlPMZ 1989, 283; aA BPatGE 45, 9.
224   BPatG 27.1.2003 11 W (pat) 701/02.
225   BPatGE 28, 103 = GRUR 1986, 881; BPatGE 28, 112 = GRUR 1986, 882; BPatGE 29, 28 = BlPMZ 1987, 358.
226   BGHZ 102, 53 = GRUR 1988, 113 Alkyldiarylphosphin.
227   BGH GRUR 2003, 695 automatisches Fahrzeuggetriebe unter Hinweis auf BGHZ 122, 144 = GRUR 1993, 651, 653 tetraploide Kamille.
228   BGH automatisches Fahrzeuggetriebe; BPatG GRUR 1982, 550.

Der Einspruch kann auf mehrere Widerrufsgründe gestützt werden. Jedoch begründet nur ein **fristge- 105 recht vorgebrachter Widerrufsgrund** die Zulässigkeit des Einspruchs. Ein Wechsel des Widerrufsgrunds nach Ablauf der Einspruchsfrist hat diese Wirkung nicht.[229]

Da eine **Bindung** an den fristgerecht geltend gemachten Widerrufsgrund jedenfalls für das DPMA 106 nicht besteht (Rn 26 zu § 21), sondern das DPMA vAw alle – auch nachträglich vorgebrachte – Widerrufs- gründe in die Prüfung einbeziehen kann, sollten sich Einsprechende auf den Vortrag eines zulässigkeits- begründenden Widerrufsgrunds konzentrieren und diesen unter Beachtung aller nachstehend erläuterten Erfordernisse sorgfältig aufbereiten, statt mit einer Vielzahl unzureichend spezifizierter Betrachtungen aufzuwarten, die unnötigerweise häufig zur Verwerfung des Einspruchs führen.

c. Angabe der Einspruchstatsachen. Grundsatz; Fristbindung. Der in § 59 Abs 1 Satz 4 verwendete 107 Begriff der „Tatsachen" und deren Substantiierung entspricht nicht dem Verständnis des § 138 ZPO, wo- nach unter Tatsachen die der äußeren Wahrnehmung zugänglichen Geschehnisse oder Zustände zu ver- stehen sind, aus denen das objektive Recht Rechtswirkungen herleitet.[230] Der im PatG zugrunde zu legen- de Tatsachenbegriff umfasst – bei § 59 Abs 1 Satz 4 bezogen auf den geltend gemachten Einspruchsgrund – außer der tatsächlichen Information, wie die Nennung der Entgegenhaltung im StdT, auch dessen tech- nische und rechtl Bewertung (s auch Rn 89 zu § 79 zur Beschwerde),[231] so insb die Darstellung des tech- nischen Zusammenhangs zwischen einer Entgegenhaltung und dem Gegenstand des angegriffenen Patents.[232]

Abzulehnen ist deshalb die vereinzelt gebliebene Auffassung, dass es für die Zulässigkeit des Ein- 108 spruchs ausreichend sei, wenn die tatsächlichen Grundlagen angegeben werden, die dem Patentinhaber bzw dem DPMA die rechtl Beurteilung des geltend gemachten Widerrufsgrunds ermöglichten, während die Ermittlung dessen, was aus der Sicht des Fachmanns aus den Merkmalen ergebe, dh die Auslegung und Auseinandersetzung mit dem StdT, für die allein im Rahmen der Zulässigkeit geforderte Tatsachenfeststel- lung nicht gefordert werden könne,[233] denn der Sinn des „Tatsachenvortrags" besteht darin, als **Ergebnis einer wertenden und vergleichenden Betrachtung** aufzuzeigen, weshalb der angegriffene Gegenstand des Patents nicht bestandsfähig ist. Dem ist der BGH auch im Nichtigkeitsverfahren gefolgt und vertritt auch dort einen modifizierten zivilrechtlichen Tatsachenbegriff (abw Rn 13 zu § 112),[234] dessen tatsächliche Dimension, zB zum StdT durch die wertende Beurteilung der technischen Information überlagert wird (zur Feststellungslast Rn 305).[235]

Die Tatsachen, die den Einspruch rechtfertigen sollen, müssen **innerhalb der Einspruchsfrist** 109 schriftlich angegeben werden; ein danach unzulässiger Einspruch wird durch Nachschieben (Rn 114) wei- teren Vortrags nicht zulässig.[236] Zum Nachschieben eines anderen Vorbenutzungstatbestands Rn 137.

Allgemeine Anforderungen. Die Einspruchsbegründung muss sich mit der Erfindung, wie sie paten- 110 tiert ist, befassen,[237] ihrer Argumentation die gesamte patentierte Lehre zugrunde legen.[238]

Auch ein Einspruch, der sich nicht mit dem Patentanspruch in seiner erteilten, sondern in einer frü- 111 heren Fassung auseinandersetzt, kann zulässig sein.[239] Die **Begründung ist unzureichend**, wenn sie sich nicht an der patentierten Lehre orientiert oder nur mit Teilaspekten oder Teillehren befasst, die so – iso- liert für sich – nicht unter Schutz gestellt sind.[240] Der Einspruch braucht sich andererseits nicht mit den

---

229 RPA Mitt 1934, 176; RPA Mitt 1935, 422.
230 So aber BPatG GRUR 2013, 171; BPatG 16.10.2013 19 W (pat) 3/11.
231 Zu Art 99 EPÜ und Regel 76 AOEPÜ *Singer/Stauder* EPÜ Art 99 Rn 120 f, 125, Art 101 Rn 88.
232 BPatGE 35, 263; BPatGE 49, 202; BPatG 17.10.2013 11 W (pat) 28/09.
233 BPatG GRUR 2013, 171; BPatG 16.10.2013 19 W (pat) 3/11.
234 BGH GRUR 2013, 1272 Tretkurbeleinheit.
235 *Gröning* GRUR 2012, 996.
236 BPatGE 10, 218, 222; BPatGE 27, 36; BPatGE 28, 103 f = GRUR 1986, 881; BPatGE 31, 176, 178 = GRUR 1991, 123; BPatGE 31, 180, 183 = GRUR 1991, 124; BPatG BlPMZ 1990, 35 f.
237 BGHZ 102, 53, 57 = GRUR 1988, 113 Alkyldiarylphosphin; BGH GRUR 2003, 695 automatisches Fahrzeuggetriebe.
238 BGH GRUR 1988, 364 Expoxidation; vgl BPatG 22.2.2005 23 W (pat) 318/03: Ausführungen zum Bekanntsein von elastischen Elementen sollen nicht genügen, wenn der Hauptanspruch ein gummielastisches Element nennt.
239 BPatG 22.3.2006 7 W (pat) 357/04 Mitt 2007, 18 Ls.
240 BGH GRUR 1988, 364 Expoxidation; BPatGE 30, 246, 249 = GRUR 1989, 906; BPatGE 32, 29, 31 = GRUR 1991, 826; vgl BPatG 22.5.2003 14 W (pat) 324/02.

Teilen des Patents zu befassen, bei denen nach Meinung des Einsprechenden oder tatsächlich keine einspruchsbegründenden Tatsachen vorliegen, soweit sie nicht für die angegriffenen Teile von Bedeutung sind (vgl Rn 102).[241]

112   Da der Einspruch nur auf die Behauptung gestützt werden kann, einer der in § 21 genannten Widerrufsgründe liege vor, muss die überprüfbare Tatsachenangabe sich außerdem auf den **geltend gemachten Widerrufsgrund** beziehen.[242] Bei der Beurteilung, welche Anforderungen im Einzelfall an eine hinreichende Substantiierung zu stellen sind, ist zu berücksichtigen, ob der technische Zusammenhang zwischen dem Patentgegenstand und den Tatsachen, wie zB dem Inhalt der genannten Entgegenhaltungen, deutlich wird und es nicht dem Patentinhaber und DPMA/BPatG überlassen bleibt, diesen Zusammenhang festzustellen und Folgerungen für die Beurteilung der Patentfähigkeit des Anmeldungsgegenstands zu ziehen.[243]

113   **Beweisantritte** (zB Angebot von Zeugen- und Sachverständigenbeweis, Vorlage von Urkunden) gehören nicht zu den tatsächlichen Angaben, die nach Abs 1 Satz 4, 5 innerhalb der Einspruchsfrist beigebracht werden müssen (EinsprRl),[244] sie können – insb wenn sie erst nach Ablauf der Einspruchsfrist erfolgen – die tatsächlichen Angaben und erforderliche Substantiierung aber auch nicht ersetzen.[245] Sie können anders als im eur Einspruchsverfahren (Rn 374) nach Ablauf der Einspruchsfrist nachgeholt werden. Die Nennung von Entgegenhaltungen ist keine auch nach Ablauf der Einspruchsfrist noch zulässige Beibringung von Beweismitteln.[246]

114   **Nachschieben.** Grds müssen die Einspruchstatsachen innerhalb der Einspruchsfrist angegeben werden. Jedoch ist der Einsprechende, der einen ausreichend begründeten Einspruch – zB wegen offenkundiger Vorbenutzung – erhoben hat, nicht gehindert, einen anderen als den zur Begründung herangezogenen Vorbenutzungstatbestand nachzuschieben, wenn sich der in der Begründung geltend gemachte Vorbenutzungssachverhalt nicht beweisen lässt. Die Gegenmeinung[247] vermengt die Zulässigkeit des Einspruchs mit seiner Begründetheit.

115   Nachträglicher **Wegfall einspruchsbegründender Tatsachen** berührt die Zulässigkeit eines Einspruchs nicht.[248] Derartige Fallgestaltungen können auftreten, soweit man etwa bei der Ausführbarkeit oder der Beurteilung der Sittenwidrigkeit Änderungen nach dem Anmeldetag als relevant ansehen will.

116   **d. Substantiierung der Einspruchsbegründung.** Zulässigkeitserfordernis ist eine substantiierte Einspruchsbegründung.[249] Abs 1 Satz 4 verschärft die allg Substantiierungspflicht, die für jede Verfahrenshandlung gilt. Der Einsprechende muss ernsthaft gemeinte, auf ihre Richtigkeit nachprüfbare tatsächliche Angaben machen,[250] die einen sachlichen Bezug zum Gegenstand des erteilten Patents haben[251] und derart spezifiziert und vollständig sind, dass der Patentinhaber und insb das DPMA daraus abschließende Folgerungen für das Vorliegen oder Nichtvorliegen eines Widerrufsgrunds ziehen können[252] und – falls sie

241   BGH GRUR 2003, 695 automatisches Fahrzeuggetriebe.

242   BGH GRUR 2009, 1098 Leistungshalbleiterbauelement unter Hinweis auf BGHZ 100, 242, 246 = GRUR 1987, 513 f Streichgarn; BGH GRUR 1997, 740 Tabakdose, zur behaupteten offenkundigen Vorbenutzung.

243   BGH GRUR 1972, 592 Sortiergerät.

244   DPA BlPMZ 1953, 340; RPA Mitt 1934, 143; RPA Mitt 1936, 334 f.

245   BPatG 16.10.2013 9 W (pat) 316/06; RPA BlPMZ 1931, 216; BPatGE 47, 277 = GRUR 2005, 81 Kabelverbindungsmodul.

246   BPatGE 16, 211 = BlPMZ 1975, 202; vgl zur Rechtslage in Österreich, wo nur solche Beweismittel eingebracht werden können, die zur Stützung eines ausreichend substantiierten Vorbringens dienen, ÖPA öPBl 2010, 50.

247   BPatGE 25, 108; vgl auch BPatG 16.3.2005 9 W (pat) 349/02.

248   BPatG BlPMZ 1985, 304 Einspruchsbegründung, zur Versagung des Patents auf die als älteres Recht herangezogene Anmeldung nach früherer Rechtslage; aA BPatG 11.8.1983 21 W (pat) 93/82 = BlPMZ 1984, 204 Ls.

249   BGHZ 93, 171 = GRUR 1985, 371 Sicherheitsvorrichtung; BGH GRUR 2003, 695 automatisches Fahrzeuggetriebe; BPatGE 28, 112 = GRUR 1986, 882; DPA Mitt 1956, 39; DPA BlPMZ 1951, 156.

250   RPA Mitt 1930, 137; RPA GRUR 1931, 519.

251   BGHZ 102, 53, 57 = GRUR 1988, 113 Alkyldiarylphosphin; BGH BlPMZ 1988, 289 f Meßdatenregistrierung.

252   BGH GRUR 2009, 1098 Leistungshalbleiterbauelement; BGHZ 122, 144 = GRUR 1993, 651, 653 tetraploide Kamille; BGH GRUR 1972, 592 Sortiergerät; BGHZ 100, 242, 246 = GRUR 1987, 513 f Streichgarn; BGH Alkyldiarylphosphin; BGH Meßdatenregistrierung; BGH GRUR 1997, 740 Tabakdose, zur behaupteten offenkundigen Vorbenutzung; BPatGE 17, 233, 237; BPatG GRUR 1982, 550; BPatGE 27, 79 = BlPMZ 1985, 291 mwN; BPatGE 28,12; BPatGE 29, 28 f = BlPMZ 1987, 358; BPatG GRUR 1983, 501; BPatG BlPMZ 1997, 405 f; BPatG 19.11.1997 9 W (pat) 81/96; BPatGE 45, 9; EPA T 2/89 ABl EPA 1991, 51 = GRUR Int 1991, 294 Einspruchsbegründung; EPA T 222/85 ABl EPA 1988, 128 = GRUR Int 1988, 774 Unzulässigkeit.

sich bestätigen – den völligen oder teilweisen Widerruf des Patents ermöglichen,[253] wobei Teilaspekte grds nicht ausreichen.[254] Dabei kann ein Tatsachenvortrag in knappster Form genügen, sofern er nur einen bestimmten Sachverhalt erkennen lässt und seine Richtigkeit nachprüfbar ist.[255] Bezugnahme auf allg Fachwissen oder allg Bekanntheit kann ausreichen.[256]

Zweck dieses Erfordernisses ist es, Patentinhaber und DPMA in der Lage zu versetzen, ohne eigene **117** Ermittlungen das Vorliegen des behaupteten Widerrufsgrunds zu prüfen. Allerdings darf im Hinblick auf diese Anforderungen im Einzelfall auch nicht aus dem Auge verloren werden, dass es sich um eine Zulässigkeitsvoraussetzung in einem dem öffentlichen Interesse dienenden Verfahren handelt und deshalb die **Anforderungen an die** von Abs 1 Satz 4 geforderte **Substantiierungspflicht nicht überspannt** werden dürfen. In der Praxis werden die Anforderungen unterschiedlich gesehen.[257] Soweit vereinzelt die Auffassung vertreten worden ist,[258] dass mit der Substantiierung von Tatsachen nach Abs 1 Sätze 4 und 5 keine bewertende Darlegung des StdT verbunden sei, ist diese Auffassung abzulehnen, da sie den im Einspruchsverfahren maßgeblichen Tatsachenbegriff verkennt (Rn 107).

Die Einspruchsbegründung hat sich auch **hinsichtlich des Oberbegriffs** mit dem Inhalt einer Vor- **118** veröffentlichung auseinanderzusetzen und die Textstellen, aus denen sich die Entsprechungen mit den Merkmalen des Patentanspruchs ergeben sollen, anzugeben,[259] sofern nicht ausnahmsweise – zB bei kurzem Oberbegriff eines nicht weiter diskussionswürdigen „herkömmlichen" StdT – hierauf verzichtet werden kann und die wesentlichen Merkmale im kennzeichnenden Teil des Anspruchs zu finden sind.[260] Knapper Vortrag kann ausreichen, insb wenn fehlende Neuheit geltend gemacht wird[261] oder der Einsprechende bei knappem Vortrag zur Bekanntheit der Merkmale im Oberbegriff unter zulässiger Schwerpunktbildung einen Gedankenweg darlegt, dass und warum er das kennzeichnende Merkmal als nahegelegt ansieht.[262]

Wird zu „gattungsbildenden" Merkmalen nicht näher Stellung genommen, ist der Einspruch nicht **119** ausreichend substantiiert,[263] zumindest muss dargelegt werden, warum dies nicht geschieht.[264] Die Begründung soll ausreichen, auch wenn eine Stellungnahme zu einem dem Fachmann geläufigen Merkmal fehlt[265] oder zu den Merkmalen im Oberbegriff lediglich pauschal auf eine Vorveröffentlichung verwiesen wird[266] oder wenn bei einer Merkmalsanalyse des angegriffenen Hauptanspruchs ein bestimmtes Merkmal nicht berücksichtigt, aber dargelegt wird, warum dieses Merkmal keinen Eingang in die Merkmalsanalyse gefunden hat.[267] Teilweise wird als ausreichend angesehen, dass sich die Einspruchsbegründung mit dem **Kern der patentierten Erfindung** auseinandersetzt.[268] Dann ist es unschädlich, wenn eines von vielen Merkmalen, eine von mehreren Ausführungsformen oder einzelne angegriffene Patentansprüche unerörtert bleiben.[269]

253 BPatGE 9, 185, 187; zu einem bloßen Hinweis auf eine Internet-Seite BPatG 5.4.2006 19 W (pat) 367/05.

254 BGH GRUR 1988, 364 Expoxidation; BPatG 17.10.2013 11 W (pat) 28/09; BPatG BlPMZ 2005, 315.

255 BGHZ 122, 144 = GRUR 1993, 651 tetraploide Kamille; BPatGE 9, 185, 187 mwN; vgl BPatG 15.9.1997 11 W (pat) 35/96; BPatG 1.3.1999 4 W (pat) 79/97: Tatsachenbehauptungen zur Offenkundigkeit; BPatG 21.1.2002 11 W (pat) 23/01 zum Nachweis der Offenkundigkeit.

256 Vgl BPatG 29.6.2005 7 W (pat) 323/03; unzutr BPatGE 37, 155, 178 = GRUR 1997, 445.

257 Vgl *Winterfeldt/Engels* GRUR 2008, 553, 561.

258 BPatG, GRUR 2013, 171.

259 BPatG 17.10.2013 11 W (pat) 28/09 unter Hinweis auf BGH BlPMZ 1988, 289 Meßdatenregistrierung; vgl aber auch BPatG 1.2.2007 6 W (pat) 352/03.

260 BPatGE 49, 202 = BlPMZ 2006, 415.

261 Vgl BPatG 17.6.1997 23 W (pat) 22/96.

262 BPatG 27.10.2014 8 W (pat) 26/09.

263 BPatG 22.9.2005 21 W (pat) 343/04.

264 BPatG 28.5.2001 10 W (pat) 77/00, auch zur Indizwirkung des Nichtbestreitens der Zulässigkeit des Einspruchs.

265 BPatG 21.9.2004 20 W (pat) 313/0; BPatG 18.12.1996 19 W (pat) 28/95.

266 BPatG 18.12.2008 17 W (pat) 303/05; BPatG 21.7.2009 6 W (pat) 313/09; vgl auch BPatG 21.4.2009 12 W (pat) 352/05; BPatG 28.5.2009 21 W (pat) 315/08; BPatG 29.4.2008 23 W (pat) 318/05.

267 BPatG 21.7.2005 19 W (pat) 333/03; BPatG 29.4.2008 23 W (pat) 318/05.

268 BPatG 2.4.2009 6 W (pat) 334/07; BPatG 8.5.2007 6 W (pat) 312/04; BPatG 1.2.2007 6 W (pat) 352/03; BPatG 23.6.2000 10 W (pat) 28/99; so auch *Schulte* Rn 98.

269 BPatGE 30, 143 = BlPMZ 1989, 283; BPatG Mitt 1986, 171; BPatG BlPMZ 1997, 405 f, wo auf die erfindungswesentlichen Elemente des Gegenstands des Patents abgestellt wird; BPatG 8.5.2007 6 W (pat) 312/04; BPatG

120   Es **genügt nicht** der bloße Hinweis auf eine angeblich nicht erfüllte gesetzliche Patentierungsvoraussetzung, zB auf § 3,[270] oder sonst die bloße Nennung eines entspr Rechtsbegriffs, die bloße Behauptung, dass tatsächlich bekannt sei, was in den Patentunterlagen als bekannt bezeichnet wird,[271] oder mangelnder Patentfähigkeit.[272] Die Begründung darf sich nicht in bloßen technischen Werturteilen erschöpfen,[273] oder in dem bloßen Hinweis, die Erfindung erschöpfe sich in fertigungstechnischen Selbstverständlichkeiten.[274] Derartige Hinweise enthalten den erforderlichen Tatsachenvortrag allenfalls, wenn sich in ihnen ein einfacher, von den Fachleuten übereinstimmend bewerteter technischer Sachverhalt ausdrückt.[275] Die bloße Nennung der Nummern von Patent-, Offenlegungs- oder Auslegeschriften oder von Fundstellen sonstiger Veröffentlichungen genügt zur Einspruchsbegründung idR nicht,[276] ebensowenig die Nennung nachveröffentlichter Entgegenhaltungen, vielmehr muss die spezielle Relevanz gerade des bezeichneten Dokuments für das Patent dargelegt werden.[277] Die Begründung ist im Hinblick auf ein bestimmtes Anspruchsmerkmal nur dann substantiiert, wenn dargelegt wird, welche Merkmale aus welchen Gründen gegenständlich sind oder dass das Merkmal für die Beurteilung der Patentfähigkeit keinen Beitrag leistet.[278]

121   **e. Angaben zum Stand der Technik; Veröffentlichungen.** Der StdT ist darzulegen, Bezugnahme auf Angaben in der Patentschrift genügt jedenfalls dann nicht, wenn diese objektiv unzutreffend sind.[279] Wird der Einspruch auf schriftlichen StdT gestützt, müssen die Schriften genau bezeichnet werden; im Normalfall ist die Angabe der üblichen bibliographischen Daten (Verfasser, Titel, Erscheinungsort und -jahr, ggf Seitenangabe), bei Schriften von Patentämtern sind das veröffentlichende Amt, die Art der Schrift[280] und deren Nummer anzugeben. Das angegriffene Patent rechnet nicht zum StdT.[281]

122   **Mängel** in der Bezeichnung einer Veröffentlichung sind unschädlich, wenn Unrichtigkeit der Bezeichnung und Identität der Schrift für den im Umgang mit Patentliteratur erfahrenen Fachmann aufgrund der sonstigen Angaben erkennbar sind.[282] Eine falsche Ziffernfolge ist jedenfalls dann nicht schädlich, wenn die Identifizierung über die Angabe möglich ist, dass die Veröffentlichung bereits im Prüfungsverfahren genannt wurde[283] oder wenn sonst die richtige Nummer innerhalb der Einspruchsfrist einfach ermittelt werden kann.[284] Bei Veröffentlichungen auf Datenträger kann ein Ausdruck nach Ablauf der Einspruchsfrist nachgereicht werden.[285]

123   Eine **pauschale Verweisung** auf ein Dokument ohne nähere Angabe der relevanten Stellen genügt idR nicht als Einspruchsbegründung,[286] so, wenn sein Gegenstand mit dem des Patents nur unter beson-

15.11.2006 9 W (pat) 408/03; vgl auch BPatG 1.2.2007 6 W (pat) 352/03; aA BPatG 17.4.2007 23 W (pat) 336/06; nach BPatG 29.5.2008 23 W (pat) 333/05 Mitt 2009, 285 Ls, wenn nicht der erforderliche Zusammenhang zwischen allen Merkmalen des Patentanspruchs und dem StdT hergestellt wird; nach BPatG 18.5.2004 19 W (pat) 332/02 genügt es nicht, wenn sich der Einspruch nur mit den isolierten Merkmalen der allein angegriffenen Unteransprüche befasst.

270   DPA GRUR 1951, 400.
271   BPatGE 17, 51 = BlPMZ 1975, 289; die Behauptung, ein Merkmal sei allgemein bekannt, wurde aber als ausreichend angesehen, BPatG 29.6.2005 7 W (pat) 323/03.
272   BPatG Mitt 1970, 233.
273   BPatGE 17, 233 f.
274   BPatGE 17, 51 = BlPMZ 1975, 289.
275   BPatGE 17, 233.
276   BGH GRUR 1972, 592 Sortiergerät; BPatGE 10, 21 = Mitt 1968, 212; vgl ÖPA ÖPBl 1999, 99; BPatG 5.10.2001 10 W (pat) 62/00, zu Merkmalen im Oberbegriff; BPatG 6.5.2003 17 W (pat) 701/02.
277   BPatG 5.4.2006 19 W (pat) 367/05; vgl BPatG BlPMZ 2005, 81: „individualisierte" Betriebsanleitung.
278   BPatG 22.5.2001 6 W (pat) 2/01; BPatG 27.11.2006 19 W (pat) 303/04.
279   Vgl BPatG 24.2.2000 11 W (pat) 31/99.
280   Nach BPatG 14.10.2004 11 W (pat) 318/02 unter Angabe der Schriftartenkennung.
281   BPatG 25.11.1999 11 W (pat) 31/99.
282   BPatGE 17, 51 = BlPMZ 1975, 289; BPatGE 24, 44 = GRUR 1982, 34; DPA Mitt 1957, 212; RPA Mitt 1934, 177; vgl auch RPA Mitt 1933, 330.
283   BPatG 6.10.2005 17 W (pat) 332/03.
284   BPatG 22.7.2006 23 W (pat) 319/03; verneint in BPatG 17.10.2006 23 W (pat) 316/03, weil eine Ablichtung der Veröffentlichung der Einspruchsschrift nicht beilag.
285   BPatG 26.3.2003 19 W (pat) 712/02.
286   BGH BlPMZ 1988, 289 f Meßdatenregistrierung; DPA BlPMZ 1954, 99; DPA BlPMZ 1955, 64; PA BlPMZ 1917, 87; RPA BlPMZ 1932, 39; RPA Mitt 1937, 382; EPA T 448/89 ABl EPA 1992, 361 = GRUR Int 1992, 777 Reizelektrode.

deren Erwägungen vergleichbar ist,[287] wenn nicht ohne weiteres erkennbar ist, weshalb eine umfangreiche Entgegenhaltung neuheitsschädlich sein soll,[288] erst recht nicht, wenn das Dokument willkürlich herausgegriffen ist und keine Berührung mit dem Gegenstand des angegriffenen Patents hat („Scheinbegründung").[289] Ebenso wenig genügt der bloße Hinweis auf die in der angegriffenen Patentschrift oder einer anderen Veröffentlichung genannten Veröffentlichungen,[290] die Anführung einer Vielzahl von Entgegenhaltungen ohne Angabe von Einzelheiten, auf die der Einspruch gestützt wird[291] oder der bloße Hinweis auf mehrere Seiten einer Veröffentlichung mit zahlreichen Abbildungen, Schaubildern und Tabellen.[292]

Technischer Zusammenhang. Die genaue Bezeichnung der Entgegenhaltungen und ihrer Zugänglichkeit genügt nicht ohne weiteres. Der Einsprechende muss darüber hinaus grds den nach seiner Auffassung gegebenen sachlichen Bezug, den technischen Zusammenhang der entgegengehaltenen Veröffentlichungen mit dem Gegenstand des angegriffenen Patents aufzeigen. Er darf es nicht dem DPMA und dem Patentinhaber überlassen, diesen Zusammenhang herzustellen,[293] ausgenommen wenn sich dieser für den sachkundigen Leser von selbst ergibt und er sich als Beleg für den geltend gemachten Einspruchsgrund geradezu aufdrängt und ins Auge fällt.[294] Es genügt nicht, wenn lediglich auf identische Bedienelemente hingewiesen wird, ohne auf deren für das Patent maßgebliche Bauweise einzugehen.[295] Auch Ausführungen zu einzelnen Bauelementen einer Vorrichtung ohne Darlegungen zu ihrem Zusammenwirken genügen nicht.[296] Ebenso soll nicht ausreichen, wenn nur mittels einer Bezugszeichenliste ein Vergleich der Bezugszeichen zum angegriffenen Patent und der korrespondierenden Bauteile hergestellt wird, da dies im Hinblick auf die über die reine Benennung von Einzelbauteilen hinausgehenden Funktions- und Verfahrensmerkmale des Gegenstands des angegriffenen Patents keinen Merkmalsvergleich begründe.[297] **124**

Setzt sich ein Einspruch nicht mit einem fälschlicherweise in den Oberbegriff aufgenommenen, aber erfindungswesentlichen, beim gattungsbildenden StdT fehlenden Merkmal auseinander und stellt er insoweit keinen **Zusammenhang** zum STdT her, ist der Einspruch unzulässig.[298] Ein Einspruch, der sich ausschließlich mit den kennzeichnenden Merkmalen des Hauptanspruchs auseinandersetzt, ist zumindest dann zulässig, wenn die im Einspruchsschriftsatz nicht erörterten Merkmale des Oberbegriffs dieses Patentanspruchs derart allg üblich sind, dass der Fachmann diese Merkmale als selbstverständlich in Gedanken gleich mitliest;[299] das regelmäßige Bekanntsein der Merkmale des Oberbegriffs reicht aber für sich nicht aus.[300] Es genügt, wenn ein Merkmal des Hauptanspruchs im Zusammenhang mit einem Unteranspruch abgehandelt wird.[301] **125**

Würdigung des Stands der Technik. Die Einspruchsbegründung muss ferner aufzeigen, weshalb der StdT nach Meinung des Einsprechenden den Widerruf des Patents rechtfertigt.[302] Das gilt insb, wenn sich der Einsprechende lediglich auf die im angegriffenen Patent als StdT genannten Veröffentlichungen bezieht. Hier muss er – auch wenn es sich um kurze, leicht übersehbare Schriften handelt – näher ausführen, weshalb sie der Aufrechterhaltung des Patents entgegenstehen sollen,[303] anders nur, wenn sich diese **126**

287 RPA BlPMZ 1932, 39.
288 DPA BlPMZ 1954, 99.
289 Vgl PA Mitt 1914, 7.
290 DPA BlPMZ 1957, 149; RPA BlPMZ 1931, 160.
291 BGH GRUR 1972, 592 Sortiergerät; BPatGE 10, 21 = Mitt 1968, 212; DPA BlPMZ 1954, 274; RPA Mitt 1937, 382; DPA BlPMZ 1954, 99.
292 DPA Mitt 1955, 32.
293 BGH BlPMZ 1988, 289 f Meßdatenregistrierung; BGH GRUR 1972, 592 Sortiergerät; BGHZ 100, 242, 246 = GRUR 1987, 513 f Streichgarn; BGHZ 102, 53 = GRUR 1988, 113 Alkyldiarylphosphin; BPatG Mitt 1980, 78; BPatG BlPMZ 1990, 35; BPatG BlPMZ 1997, 405 f; EPA T 448/89 ABl EPA 1992, 361 = GRUR Int 1992, 777 Reizelektrode.
294 BGH Sortiergerät; BGH Streichgarn; BPatGE 10, 21, 26 = Mitt 1968, 212; BPatGE 17, 233, 237; BPatGE 35, 79 = GRUR 1995, 731; EPA T 234/86 ABl EPA 1989, 79 = GRUR Int 1989, 684 Interferenzstromtherapie.
295 BPatGE 42, 78 = Mitt 2000, 333.
296 BPatG 2.2.2006 10 W (pat) 9/04.
297 BPatG 27.9.2012 12 W (pat) 305/09, bdkl.
298 BPatG 18.5.2004 23 W (pat) 320/02.
299 BPatG 7.4.2005 23 W (pat) 333/03 Mitt 2006, 28 Ls; strenger BPatG 27.11.2006 19 W (pat) 303/04.
300 Vgl BPatGE 35, 263.
301 BPatG 4.4.2005 19 W (pat) 343/02.
302 BPatG GRUR 1976, 90.
303 DPA BlPMZ 1955, 327; DPA Mitt 1956, 77; DPA BlPMZ 1957, 149; DPA Mitt 1959, 52.

Schlussfolgerung ohne weiteres aufdrängt.[304] Ein Einspruch, dessen Begründung sich im Ergebnis auf den Hinweis beschränkt, dass das im angegriffenen Patent als bekannt Bezeichnete tatsächlich bekannt sei, ist unzulässig.[305] Auch die bloße Benennung von Messberichten mit der pauschalen Behauptung, dass das Verfahren vorweggenommen oder nahegelegt sei, wurde als nicht ausreichend angesehen.[306]

127   **In einer Veröffentlichung aufgeführte andere Schriften** können die Zulässigkeit des Einspruchs nur begründen, wenn der Einsprechende sie ausdrücklich benennt und in Bezug auf den technischen Zusammenhang mit dem Gegenstand des angegriffenen Patents abhandelt.[307] Gleiches gilt grds für in der angegriffenen Patentschrift[308] oder einer anderen Veröffentlichung, zB einem Recherchebericht,[309] lediglich genannte Entgegenhaltungen, auch wenn die patentierte Erfindung gerade von ihnen ausgeht.[310]

128   Ergibt sich die **öffentliche Zugänglichkeit** (vgl Rn 23 ff zu § 3) – anders als durchweg bei Patentveröffentlichungen oder allg Veröffentlichungen – nicht ohne weiteres aus ihrer Natur, sind die Tatsachen anzugeben, aus denen sich die Zugänglichkeit und deren Zeitpunkt ergeben.[311] Die Behauptung, die Schrift sei in einer namentlich genannten Bibliothek zugänglich gewesen, genügt (Rn 27, 30 zu § 3).[312] Die ausdrückliche Angabe, dass eine Werbeschrift auch verteilt worden sei, kann im Einzelfall entbehrlich sein.[313] Ohne erläuternde Angaben zum Veröffentlichungsdatum soll ein aus einer langen undifferenzierten Ziffernfolge bestehender Druckvermerk in der Firmenschrift auch dann nicht genügen, wenn sich aus der Einspruchsbegründung entnehmen lässt, dass der Einsprechende die Firmenschrift zum vorveröffentlichten StdT zählt.[314] Jedoch kann ein längere Zeit vor dem Anmeldedatum liegendes Druckdatum weiteren Vortrag entbehrlich machen, sofern nicht Anhaltspunkte gegen die dem typischen Geschehensablauf entspr Vorveröffentlichung sprechen,[315] was aber noch nicht ohne weiteres der Fall ist, wenn die Veröffentlichung aus nicht gebundenen Seiten besteht und der maßgebliche Teil nicht selbst das Druckdatum trägt. Ist eine aus Glanzpapier bestehende Firmenschrift ersichtlich als Produktinformation für die interessierten Fachkreise zu einem speziellen Thema in einer firmeneigenen Schriftenreihe lange vor den Anmeldetag erschienen und auch im gleichen Jahr zu einer bekannten Fachmesse einem breiten Publikum zugänglich gemacht worden, kann nach der Lebenserfahrung aus einem typischen Geschehensablauf auf ein bestimmtes Ergebnis geschlossen werden.[316] Ein bloßer Hinweis auf einen Tagungsbericht, der zwar eine Angabe des Zeitraums der Tagung enthält, nicht aber Angaben zum Datum der Veröffentlichung, ist nicht ausreichend, da dieser nach der Lebenserfahrung oft erst erhebliche Zeit nach der Tagung gedruckt wird; die Erklärung nach Ablauf der Einspruchsfrist, der Tagungsbericht sei auf der Tagung an die Teilnehmer verteilt worden, genügt nicht.[317]

129   Für **mündliche Beschreibungen** gilt das zu Rn 126 ff Ausgeführte entspr. Auch hier genügen keine vagen Behauptungen, sondern die einspruchsrelevanten Tatsachenbehauptungen müssen sorgfältig substantiiert werden, so dass das DPMA ihre Relevanz ohne weiteres abschließend prüfen kann. Erforderlich sind hier insb detaillierte Angaben über den Zeitpunkt und den Inhalt der mündlichen Beschreibung, deren technischen Zusammenhang mit dem Gegenstand des angegriffenen Patents, Ort der Beschreibung und beteiligten Personenkreis, also die Tatsachen, aus denen sich die öffentliche Zugänglichkeit der Beschreibung ergibt. Es wurden Angaben verlangt, die gegen eine Geheimhaltungsvereinbarung für eine

---

304   BPatG GRUR 1976, 90 f.
305   BPatGE 17, 51 = BlPMZ 1975, 289.
306   BPatG 20.11.2006 14 W (pat) 334/04.
307   BPatGE 30, 201 = GRUR 1989, 746.
308   DPA BlPMZ 1957, 149; EPA T 198/88 ABl EPA 1991, 254 = GRUR Int 1991, 561 Betonsanierung; EPA T 536/88 ABl EPA 1992, 638 staubdichte Faltschachtel.
309   EPA T 291/89 EPOR 1992, 399 Anhydrous iodine compounds; EPA T 387/89 ABl EPA 1992, 583 Cardioverter.
310   AA EPA staubdichte Faltschachtel.
311   BPatGE 30, 40, 42 = GRUR 1989, 47: Firmenschrift; BPatG BlPMZ 1990, 35; BPatG BlPMZ 2005, 81; einschränkend BPatG Mitt 1993, 309 m kr Anm *Melzer*; vgl auch BPatG Mitt 1982, 151 für eine mit Geheimstellungsvermerk versehene Zeichnung.
312   BPatGE 40, 90 = Mitt 1999, 67; BPatG 23.1.2007 4 Ni 37/05 (EU).
313   DPA BlPMZ 1953, 340.
314   BPatGE 41, 144 = GRUR 2000, 142.
315   BPatGE 38, 206; vgl BPatG 22.6.1998 4 W (pat) 49/96, wonach der nachträgliche Austausch einzelner Blätter die Begründetheitsprüfung betrifft.
316   BPatG 10.3.2003 20 W (pat) 4/01; ähnlich BPatG 14.5.2003 20 W (pat) 45/01.
317   BPatG 2.11.2010 12 W (pat) 24/06.

Besprechung in einem beschränkten Kreis sprechen, auch wenn dazu konkurrierende Unternehmen gehören und zwischen diesen Papiere ausgetauscht wurden.[318]

Offenkundige Vorbenutzung (vgl Rn 35 ff, 46 zu § 3) darf ebenso wenig lediglich pauschal behaup- **130** tet werden. Die bloße Behauptung, das patentierte Verfahren „gehöre zum allgemeinen Wissensstand des Industriezweigs", sei „dort bekannt und auch von der Einsprechenden angewandt worden", genügt nicht. Es muss in der Einspruchsbegründung konkret angegeben werden, was, wo, wann und durch wen geschehen ist und wodurch es der Öffentlichkeit zugänglich geworden ist, denn den Einsprechenden trifft insoweit die Darlegungs- und Feststellungslast (vgl Rn 305). Anzugeben sind ein bestimmter Gegenstand der Benutzung, bestimmte Umstände zur öffentlichen Zugänglichkeit und nachprüfbare Angaben dazu, wann der Gegenstand in dieser Weise benutzt worden ist.[319] Der Einspruch ist nur hinreichend substantiiert, wenn der Gegenstand der Vorbenutzung sowie die Möglichkeit der Nachbenutzung durch andere Sachverständige konkret unter Angabe von Zeit und Ort geschildert werden (EinsprRl).[320] Bei Ausstellung eines die patentierte Schaltung enthaltenden Geräts auf einer bedeutenden Messe kann Vortrag ausreichen, dass Messebesucher die Möglichkeit hatten, sich über die Schaltung durch fachkundiges Personal informieren zu lassen.[321]

Der **Gegenstand der Vorbenutzung** darf idR nicht lediglich abstrakt, zB durch bloße Wiederholung **131** des Wortlauts eines Patentanspruchs, beschrieben werden.[322] Die Behauptung, alle Merkmale seien vorhanden, genügt nicht, wenn das Patent auch das Zusammenwirken der Merkmale lehrt.[323] Auch Abbildungen einer Vorrichtung genügen nicht, wenn sie über die Durchführung von Verfahrensschritten keinen Aufschluss geben.[324]

Abstrakte Beschreibung genügt ausnahmsweise, wenn der Gegenstand nur wenige einfache Merk- **132** male aufweist, deren Ausführungsart sich unmittelbar aus dem Anspruchswortlaut entnehmen lässt,[325] oder der Einspruchsvortrag dahin geht, der Patentinhaber selbst habe den Gegenstand des Patents der Öffentlichkeit zugänglich gemacht.[326]

Sonst muss der **Lebensvorgang**, der den Widerruf des Patents rechtfertigen soll,[327] zB Herstellung, **133** Lieferung oder Verwendung einer Vorrichtung mit allen ihren Merkmalen,[328] konkret so geschildert werden,[329] dass der technische Zusammenhang mit dem Gegenstand des angegriffenen Patents klar wird.[330] Bei Bezugnahme auf eine Zeichnung muss diese innerhalb der Einspruchsfrist vorliegen oder genau beschrieben werden.[331]

Der Einspruch wegen offenkundiger Vorbenutzung eines **Verfahrenspatents** ist unzureichend be- **134** gründet, wenn nur die Vorbekanntheit des Verfahrenserzeugnisses dargelegt wird, nicht aber, dass und wie der Fachmann aus den vertriebenen Gegenständen die Herstellungsweise erkennen konnte.[332]

Der **Zeitpunkt** der offenkundigen Vorbenutzung **sollte möglichst konkret** angegeben werden. Der **135** Einspruch ist aber nicht deshalb unzulässig, weil Beginn und Dauer einer Vorbenutzung nicht angegeben

---

318 BPatGE 42, 221.
319 BGH GRUR 1997, 740 Tabakdose; BPatG 13.1.1999 9 W (pat) 46/97; BPatG 12.3.2001 10 W (pat) 21/00.
320 BGHZ 100, 242, 246 = GRUR 1987, 513 f Streichgarn; BGH GRUR 1963, 311 Stapelpresse; BPatGE 10, 218, 222; BPatGE 28, 35 = GRUR 1986, 608; BPatGE 29, 69 = GRUR 1987, 805; BPatG BlPMZ 1989, 327; EPA T 328/87 ABl EPA 1992, 701 = GRUR Int 1993, 477 Zulässigkeit; EPA T 538/89 Mitt 1994, 16 Verbindungsstange; *Pfab* Mitt 1973, 1, 10 ff; vgl BPatG 9.11.1998 9 W (pat) 70/97.
321 BPatG 13.12.1999 10 W (pat) 88/99.
322 BPatGE 3, 167 f = BlPMZ 1963, 172; BPatGE 9, 192, 194; BPatGE 22, 119 = GRUR 1980, 224; BPatGE 31, 176, 178 = GRUR 1991, 123; BPatG GRUR 1976, 90; BPatG BlPMZ 1991, 308; vgl BPatGE 47, 186 = GRUR 2004, 231, zur Substantiierung bei behaupteter Entnahme.
323 BPatG 11.2.1998 4 W (pat) 53/96.
324 BPatGE 47, 186 = GRUR 2004, 231.
325 BPatGE 3, 167 = BlPMZ 1963, 172; BPatGE 9, 192; BPatGE 22, 119 f = GRUR 1980, 224; vgl BPatG 26.1.1998 4 W (pat) 16/97.
326 DPA BlPMZ 1956, 375: Ausstellung.
327 BPatGE 22, 119 f = GRUR 1980, 224.
328 BPatGE 5, 135 = GRUR 1965, 359.
329 BPatGE 31, 180, 182 = GRUR 1991, 124.
330 BPatGE 5, 135 = GRUR 1965, 359; vgl auch RPA GRUR 1931, 519.
331 DPA BlPMZ 1956, 375; aA BPatGE 5, 135 = GRUR 1965, 359.
332 BGHZ 100, 242, 246 = GRUR 1987, 513 f Streichgarn.

sind, sofern nur behauptet wird, dass die Vorbenutzung vor dem maßgeblichen Anmelde- oder Prioritätsdatum stattgefunden habe. Substantiierter Vortrag zu einer einzigen Benutzungshandlung genügt.[333] Dabei braucht kein genaues Datum genannt zu werden, zumal es sich bei länger zurückliegenden Vorgängen nicht immer zuverlässig ermitteln lassen wird. Eine Angabe wie „nicht lange vor dem Anmeldetag" kann genügen.[334] Die strengere Rspr des BPatG, die allgemeine Angaben wie „vor dem Anmeldetag",[335] „lange vor dem Anmeldetag",[336] „bereits im Jahr …"[337] oder „seit Jahren"[338] nicht ausreichen ließ, kann damit nach der Rspr des BGH nicht mehr zugrunde gelegt werden.

136 Auch für die **öffentliche Zugänglichkeit** (hierzu Rn 23 ff zu § 3) genügt eine pauschale Behauptung nicht.[339] Die konkreten Umstände, durch die der Gegenstand der Vorbenutzung öffentlich zugänglich geworden ist, müssen im einzelnen dargestellt werden.[340] So muss idR aus der Begründung detailliert hervorgehen, welche Personen auf welche Art und Weise vor dem Anmeldetag Kenntnis erlangt haben sollen,[341] jedenfalls aber, dass und weshalb die nicht zu entfernt liegende Möglichkeit der Kenntnisnahme bestand. Hierfür genügt regelmäßig nicht die bloße Behauptung, ein „unbeschränkter Kreis von Personen" habe „im Rahmen der jedermann gegebenen Besichtigungsmöglichkeit" Zugang zum Gegenstand der Vorbenutzung gehabt.[342] Ebenso wenig genügt die Behauptung einer Lieferung an „viele Firmen der Branche", vielmehr sind deren Namen und Anschriften anzugeben.[343] Bei Gebrauchsartikeln für breite Abnehmerkreise genügt die Darlegung, dass diese ohne Geheimhaltungsvorbehalt an eine Vielzahl von Kunden geliefert wurden.[344] Bei Behauptung von Inlandslieferungen müssen die Lieferanten genannt werden.[345]

137 Soll der Gegenstand auf einer **Ausstellung** öffentlich zugänglich geworden sein, sind Name, Zeit und Ort der Ausstellung anzugeben.[346] Für den Fall, dass eine im Einspruchsverfahren geltend gemachte vermeintliche offenkundige Vorbenutzung nicht der Patentfähigkeit des Patentgegenstands entgegensteht, soll zugunsten des Einsprechenden ein Auszug der Homepage eines Unternehmens, deren Geräte die Einsprechende im Rahmen der Vorbenutzung als patenthindernden StdT geltend gemacht hat, herangezogen werden können, um den Gegenstand der Vorbenutzung näher zu umreißen.[347]

138 Besonderer Darlegung bedarf die öffentliche Zugänglichkeit bei **betriebsinternem Wissen**[348] oder wenn ein Geheimhaltungsinteresse von Lieferant und Abnehmer erkennbar ist,[349] zB wenn eine in das Verfahren eingeführte Zeichnung einen Geheimhaltungsvermerk trägt,[350] der Gegenstand dadurch bekannt geworden sein soll, dass Angehörige eines ausländ Auftraggebers ihn im Inland abgenommen haben,[351] oder ein Verfahren durch den Vertrieb des danach hergestellten Gegenstands offenkundig geworden sein soll.[352] Das Fehlen eines Geheimhaltungsvermerks auf einer Firmenschrift lässt den Schluss auf ihre öffentliche Zugänglichkeit zu.[353]

---

333 BGH GRUR 1997, 740 Tabakdose gegen BPatG 3.5.1996 34 W (pat) 97/94 BlPMZ 1997, 231 Ls.
334 BPatGE 3, 167, 169 = BlPMZ 1963, 172; vgl BPatG 16.3.1998 4 W (pat) 59/95: in einem bestimmten Monat zehn Jahre vor dem Anmeldetag gebaut und anschließend auf einer bestimmten Ausstellung ausgestellt.
335 BPatGE 3, 167, 169 = BlPMZ 1963, 172.
336 BPatGE 10, 218.
337 EPA T 83/89 ABl EPA 1992, 718 Polyvinylester-Dispersion.
338 BPatGE 9, 192, 194.
339 BPatGE 31, 180, 183 = GRUR 1991, 124.
340 BGHZ 100, 242, 246 = GRUR 1987, 513 f Streichgarn; BGH GRUR 1997, 740 Tabakdose; RPA BlPMZ 1931, 216; vgl ÖPA öPBl 2001, 56.
341 BGH Streichgarn; vgl BPatGE 31, 180, 183 = GRUR 1991, 124.
342 BPatGE 31, 180, 183 = GRUR 1991, 124.
343 BPatGE 9, 192, 195; vgl BPatG 26.1.1998 4 W (pat) 16/97.
344 BPatG 13.11.2000 10 W (pat) 107/99.
345 RPA MuW 1939, 324.
346 DPA Mitt 1958, 95.
347 BPatG 20.5.2003 14 W (pat) 320/02.
348 BPatGE 31, 176, 178 = GRUR 1991, 123.
349 BPatGE 29, 206 f; BPatGE 31, 174 f = GRUR 1991, 122.
350 BPatG Mitt 1982, 151.
351 BPatG Mitt 1982, 150 f.
352 BGHZ 100, 242, 246 = GRUR 1987, 513 f Streichgarn; RPA MuW 1936, 468.
353 BPatG 21.5.2003 20 W (pat) 12/02.

Hingegen ist eine detaillierte Darlegung der Art und Weise der öffentlichen Zugänglichkeit entbehr- **139** lich, wenn sich diese aus dem **Charakter der Vorbenutzungshandlung** selbst klar ergibt, zB bei Serienproduktion,[354] oder wenn die Lebenserfahrung für die Kenntnisnahme Dritter spricht, zB weil der Gegenstand bei häufig erforderlichen Demontagen wahrnehmbar wird,[355] bei vorbehaltloser Lieferung[356] an einen gewerblichen Abnehmer, der den Gegenstand selbst bestimmungsgem benutzt oder weiterveräußert.[357] Allgemeinkundiges bedarf generell keiner besonderen Darlegung.[358]

f. Begründetheit des Einspruchsvortrags. Dass der ausreichend erkennbar geltend gemachte ge- **140** setzliche Widerrufsgrund in Wahrheit nicht besteht, berührt die Zulässigkeit des Einspruchs nicht (EinsprRl); dies ist allein Frage der Begründetheit des Einspruchs. So ist auch die Zulässigkeit des Einspruchs zu bejahen, wenn innerhalb der Einspruchsfrist die Entgegenhaltungen genannt sind, die den geltend gemachten Widerrufsgrund der mangelnden Patentfähigkeit ausfüllen sollen, ohne dass es auf die Schlüssigkeit des Vorbringens ankommt,[359] was insb im Hinblick auf die Relevanz von Nachveröffentlichungen für die Patentfähigkeit von Bedeutung ist (Rn 146 ff), aber auch für die Voraussetzungen zB der öffentlichen Zugänglichkeit insb von Benutzungen (Rn 128) zu beachten ist; ebenso bei einer unzutr Auslegung des Patents.[360]

g. Widerrufsgründe, Einzelheiten. Fehlende Patentfähigkeit (§ 21 Abs 1 Nr 1). Hier wird eine derart **141** hinreichende Substantiierung verlangt, dass das Naheliegen der Gesamtlehre für den Patentinhaber und die Patentabteilung auf der Grundlage des StdT erkennbar ist[361] und dargelegt wird, warum sich das in Rede stehende Merkmal für den Fachmann in naheliegender Weise ergibt.[362] Ist zu einer Kombination aus verschiedenen Entgegenhaltungen, die den Gesamtgegenstand nahelegen könnte, nichts vorgetragen, ist der Einspruch nicht ausreichend substantiiert. Auch eine Merkmalsanalyse des Patentanspruchs ohne konkreten Vergleich mit den in einer Veröffentlichung enthaltenen Merkmalen stellt keine ausreichende Substantiierung dar (zur Neuheit Rn 148).[363]

Richtet sich der Einspruch gegen die **erfinderische Tätigkeit**, muss der Einsprechende grds einen **142** konkreten StdT angeben, an den er bei der Würdigung anknüpft.[364] Das bloße Leugnen der erfinderischen Tätigkeit genügt nicht.[365] Unzureichend begründet ist auch ein Einspruch, der sich in der Begründung erschöpft, die kennzeichnenden Merkmale des angegriffenen Hauptanspruchs beträfen fertigungstechnische Selbstverständlichkeiten, ohne die für diese Behauptung maßgeblichen Einzeltatsachen und StdT anzugeben, von dem der Einsprechende bei der Bewertung der technischen Zusammenhänge ausgeht; ein solcher Einspruch lässt die erforderlichen tatsächlichen Angaben vermissen und erschöpft sich letztlich in einem technischen Werturteil.[366]

Ein Einspruch ist zur erfinderischen Tätigkeit bei einem **Kombinationspatent** unzureichend begrün- **143** det, wenn er sich lediglich mit den Einzelmerkmalen auseinandersetzt,[367] ohne im StdT eine Anregung für das kombinatorische Zusammenwirken aller erfindungsgem Merkmale aufzuzeigen.[368]

---

354 BPatG Mitt 1984, 115.
355 BPatGE 21, 67, 69.
356 BPatGE 5, 135 = GRUR 1965, 359.
357 BPatGE 31, 174 f = GRUR 1991, 122; BPatGE 31, 176, 178 = GRUR 1991, 123; BPatGE 31, 180, 183 = GRUR 1991, 124; BPatG 26.1.1998 4 W (pat) 16/97.
358 Vgl öOPM öPBl 2010, 141.
359 BGH GRUR 2009, 1098 Leistungshalbleiterbauelement.
360 BPatG 10.11.2014 11W (pat) 12/10.
361 BPatG 15.10.2007 20 W (pat) 44/06.
362 BPatG 29.5.2008 23 W (pat) 333/05.
363 BPatG 2.4.2008 21 W (pat) 71/04.
364 BGHZ 102, 53 = GRUR 1988, 113 Alkyldiarylphosphin.
365 RPA BlPMZ 1932, 196; RPA Mitt 1934, 378.
366 BPatGE 17, 233.
367 BPatG GRUR 1982, 550, 552 ff; BPatGE 23, 144 = BlPMZ 1981, 353.
368 BPatG GRUR 1983, 501.

144   Bezieht sich der Einsprechende, was an sich zulässig ist, auf einen StdT, der **bereits im angegriffenen Patent** zugrunde gelegt ist, muss die Einspruchsbegründung ernsthafte und beachtliche, gegen das Vorliegen erfinderischer Tätigkeit sprechende Erwägungen enthalten.[369]

145   Wird das Fehlen **nicht auf den Stand der Technik bezogener Patentierungserfordernisse** (Technizität, gewerbliche Anwendbarkeit) oder das Vorliegen eines Ausschlusstatbestands[370] geltend gemacht, wird eine besondere Substantiierung idR nicht erforderlich sein.

146   Nach früher vereinzelter Instanzrspr[371] und der Rspr des BGH[372] steht die Benennung nur von **Nachveröffentlichungen** zur Neuheit der Zulässigkeit des Einspruchs nicht entgegen, da dies eine Frage der Begründetheit des Einspruchs ist (Rn 140). Es genügt die Behauptung, der Patentgegenstand beruhe nicht auf erfinderischer Tätigkeit; ob die herangezogenen Tatsachen neuheitsschädlich sind und zum zu berücksichtigenden StdT zählen, ist Frage der Begründetheit.[373]

147   Die den Einspruch rechtfertigenden Tatsachen müssen nicht in dem Sinn **schlüssig** sein, dass der Tatsachenvortrag des Einsprechenden in rechtl Hinsicht geeignet ist, die begehrte Rechtsfolge sachlich zu tragen.[374] Damit wird ausschließlich auf ein formelles Begründungserfordernis abgestellt. Der Unterschied ist erheblich. So ist es eine Frage der Begründetheit, ob eine Veröffentlichung neuheitsschädlich ist, nicht aber, ob eine als vorveröffentlicht benannte Entgegenhaltung tatsächlich ins die Nachveröffentlichung belegendes Datum trägt und deshalb die Geltendmachung fehlender erfinderischer Tätigkeit im Hinblick auf § 3 Abs 2 rechtl unschlüssig ist.[375] Dies gilt auch für eine Fehlinterpretation der Lehre des Patents durch den Einsprechenden.[376] Bezieht sich der Einsprechende versehentlich statt auf die vorveröffentlichte Offenlegungsschrift auf die nachveröffentlichte oder im Prioritätsintervall liegende Patentschrift, steht dies der Zulässigkeit des Einspruchs jedenfalls dann nicht entgegen, wenn diese in ihren relevanten Teilen identisch sind und dies jedenfalls stillschweigend geltend gemacht wird.[377] Dies gilt jedenfalls, wenn auf der Titelseite der Patentschrift der Offenlegungstag der zugehörigen vorveröffentlichten Offenlegungsschrift angegeben ist,[378] es sei denn, die Schriften divergieren hinsichtlich des relevanten Sachverhalts.[379] Ist die Offenlegungsschrift wegen Inanspruchnahme der inneren Priorität nicht erschienen, soll der Einspruch unzulässig sein, weil eine Recherche nach der Offenlegungsschrift der Nachanmeldung und deren Überprüfung auf Übereinstimmung unzumutbaren Aufwand erforderten.[380]

---

369   DPA Mitt 1959, 57; DPA BlPMZ 1955, 327; RPA Mitt 1936, 335; aA BPatG 17.7.1998 4 W (pat) 4/96 für bereits im Prüfungsverfahren in Betracht gezogenen StdT.

370   Insoweit aA BPatG 22.5.2003 14 W (pat) 324/02.

371   BPatG 2.2.1999 17 W (pat) 12/97, BPatG 8.2.1999 4 W (pat) 53/97 und EPA T 550/88 ABl EPA 1992, 117 = GRUR Int 1992, 544 älteres nationales Recht.

372   BGH GRUR 2009, 1098 Leistungshalbleiterbauelement.

373   BGH Leistungshalbleiterbauelement: im Prioritätsintervall erfolgte Veröffentlichung; BGHZ 93, 171 = GRUR 1985, 371 Sicherheitsvorrichtung; BGH BlPMZ 1985, 304 Einspruchsbegründung; BPatG 29.6.2005 7 W (pat) 323/03; BPatGE 41, 102 = GRUR 1999, 700: auf die Richtigkeit der Angaben einer Vorveröffentlichung vertrauend; BPatGE 30, 201 = GRUR 1989, 746; BPatG 18.10.2007 34 W (pat) 387/03.

374   BGHZ 93, 171 = GRUR 1985, 371 Sicherheitsvorrichtung; BGH BlPMZ 1985, 304 Einspruchsbegründung; BPatG 29.6.2005 7 W (pat) 323/03; BPatGE 41, 102 = GRUR 1999, 700; BPatG 23.6.2000 10 W (pat) 28/99, ausdrücklich Schlüssigkeit nicht fordernd; ebenso EPA T 234/86 ABl EPA 1989, 79 = GRUR Int 1989, 684 aA BPatG 30, 201 = GRUR 1989, 746; BPatGE 35, 79 = GRUR 1995, 731; BPatGE 16, 211 = BlPMZ 1975, 202; BPatGE 23, 144 = GRUR 1981, 510 m kr Anm *Möhring* Mitt 1982, 154; *Fitzner/Lutz/Bodewig* Rn 56; vgl auch *Merz* Mitt 1982, 224.

375   AA *Fitzner/Lutz/Bodewig* Rn 56.

376   BPatG 16.10.2013 19 W (pat) 3/11, allerdings mit bdkl Einengung des Tatsachenberiffs.

377   BPatG 8.4.2014 8 W (pat) 21/10; BPatGE 27, 79 = BlPMZ 1985, 291 unter unzutr Berufung auf BGHZ 93, 171 = GRUR 1985, 371 Sicherheitsvorrichtung; BPatG 30, 3 = BlPMZ 1989, 52; BPatG Mitt 1987, 52; EPA T 234/86 ABl EPA 1989, 79 = GRUR Int 1989, 684 Interferenzstromtherapie; EPA T 185/88 ABl EPA 1990, 451 Tenside; aA BPatG Mitt 1985, 194; BPatGE 16, 211, 215 f = BlPMZ 1975, 202; RPA Mitt 1930, 172; dagegen BPatGE 35, 79 = GRUR 1995, 731, wonach auch die Berechtigung der in Anspruch genommenen Priorität innerhalb der Einspruchsfrist nachvollziehbar abzuhandeln ist.

378   BPatG 30, 3 f = BlPMZ 1989, 52; vgl auch EPA Tenside; BPatG 19.11.1997 9 W (pat) 81/96; BPatG 21.2. 1997 14 W (pat) 71/95.

379   BPatGE 30, 201 = GRUR 1989, 746; BPatGE 30, 3 f = BlPMZ 1989, 52; BPatG 21.2.1997 14 W (pat) 71/95, unter Abstellen auf den Aufwand der nötigen Ermittlungen.

380   BPatG 22.6.1998 4 W (pat) 39/96.

Die Instanzrechtsprechung war teilweise strenger als der BGH und forderte jedenfalls im Ergebnis **148** Schlüssigkeit des Vorbringens.[381] Ein auf fehlende Neuheit gestützter Einspruch wurde als unzulässig behandelt, wenn die einzige Entgegenhaltung eine ohne vorherige Veröffentlichung einer Offenlegungsschrift nachveröffentlichte Patentschrift nach § 3 Abs 2 ist, deren einspruchsrelevanter Sachverhalt in der ursprünglichen Fassung der Patentanmeldung nicht enthalten war;[382] ebenso, wenn fehlende Neuheit anhand einer auf mehrere Entgegenhaltungen bezogenen Merkmalsanalyse geltend gemacht wird.[383] Dies betrifft jedoch die Schlüssigkeit und damit die Begründetheit und führt nicht dazu, dass die Begründung formal unvollständig ist und sich nur mit einem Teilaspekt der Erfindung befasst.[384]

Mangelnde Ausführbarkeit (§ 21 Abs 1 Nr 2). Hier gelten die gleichen Begründungserfordernisse wie **149** bei den anderen Widerrufsgründen; als Begründung genügt somit nicht die bloße Behauptung, die patentierte Lehre sei unausführbar,[385] gebe keine klare technische Anweisung,[386] sei unklar, unrichtig und irreführend.[387] Vielmehr muss die Begründung die Offenbarungsmängel bezeichnen, nähere Ausführungen darüber enthalten und konkret angeben, warum ein Fachmann die Lehre wegen dieser Mängel – auch bei Zuhilfenahme seiner Fachkenntnisse – in Kenntnis der Patentschrift nicht ausführen kann.[388] Die Interpretation des Patentanspruchs, die dem Vorbringen des Einsprechenden zugrunde liegt, kann dabei durchaus falsch sein, jedenfalls solange sie nicht willkürlich ist, da der Einspruch zwar nähere Darlegungen darüber enthalten muss, warum ein Fachmann nicht imstande ist, die Lehre auszuführen; ob aber der behauptete Mangel tatsächlich vorliegt und die Argumentation der Einsprechenden stichhaltig ist, ist jedoch eine Frage der Begründetheit und nicht der Zulässigkeit.[389]

Insb genügt es nicht, auf Lücken, Unklarheiten oder Widersprüche in der Patentschrift hinzuweisen[390] oder die Behauptung, ein bestimmtes fehlendes Element zu ergänzen, übersteige das Fachkönnen.[391] Vielmehr ist auch aufgrund angeblich nicht verständlicher Begrifflichkeiten im Anspruch zumindest in knapper Form darzulegen, warum der Fachmann trotz Kenntnis aller maßgeblichen Textstellen in der Patentschrift nicht in der Lage sein soll, die Lehre auszuführen.[392] Dabei genügt es, wenn die Zweifel an der Ausführbarkeit in theoretischen Erörterungen belegt werden. Versuche können nicht gefordert werden.[393] Der Vortrag, die aufgezeigten Mängel **erschwerten** das Verständnis der Erfindung, genügt nicht. Erforderlich ist die Darlegung, dass die Mängel das Verständnis **verhinderten**.[394] Auch in diesem Zusammenhang muss die Erfindung insgesamt gewürdigt werden; die Behandlung von Teilaspekten genügt nicht, wenn diese keinen zwingenden Schluss auf die fehlende Ausführbarkeit gestatten.[395] Jedoch kann die Behauptung mangelhafter Offenbarung uU auch auf einen bloßen sinnentstellenden Druckfehler gestützt werden.[396]

Zur **widerrechtlichen Entnahme** hat sich die Begründung an den Tatbestandsmerkmalen des § 21 **151** Abs 1 Nr 3 zu orientieren. Sie muss also substantiierte Darlegungen zum Erfindungsbesitz des Einsprechenden (Rn 52 ff zu § 21), zur Wesensgleichheit (Rn 57 ff zu § 21), zur Entnahme (Rn 64 ff zu § 21) und deren Widerrechtlichkeit (Rn 69 ff zu § 21) enthalten.[397] Mehrere Erfindungsbesitzer können nur gemeinschaftlich

---

381 BPatGE 23, 144 = GRUR 1981, 510; BPatGE 30, 201 = GRUR 1989, 746; BPatGE 35, 79 = GRUR 1995, 731; BPatG 24.4.2008 23 W (pat) 334/05; BPatGE 35, 79 = GRUR 1995, 731; BPatG 2.2.1999 17 W (pat) 12/97.

382 BPatGE 32, 182 = BlPMZ 1992, 191.

383 BPatG 18.4.2011 20 W (pat) 390/05.

384 So aber *Fitzner/Lutz/Bodewig* Rn 56.

385 BPatGE 28, 35 = GRUR 1986, 608 f; BPatG 13.5.2004 14 W (pat) 317/03.

386 RPA Mitt 1939, 211.

387 BGH GRUR 1972, 592 f Sortiergerät; BPatGE 28, 35 f = GRUR 1986, 608.

388 BGHZ 122, 144 = GRUR 1993, 651, 653 tetraploide Kamille; BGH GRUR 1988, 364 Epoxidation; BPatGE 28, 35 = GRUR 1986, 608; EPA T 16/87 ABl EPA 1992, 212 Katalysator.

389 Vgl BPatGE 54, 24.

390 BPatGE 50, 10; BPatG Mitt 2011, 297.

391 DPA BlPMZ 1991, 355 f.

392 BPatG Mitt 2011, 297.

393 BGHZ 122, 144 = GRUR 1993, 651, 653 tetraploide Kamille.

394 BGH GRUR 1972, 592 Sortiergerät; BPatGE 28, 35 f = GRUR 1986, 608; vgl BPatGE 50, 15.

395 DPA BlPMZ 1991, 355.

396 BPatGE 9, 185.

397 BPatGE 47, 186 = GRUR 2004, 231; DPA BlPMZ 1952, 330; DPA BlPMZ 1986, 271 f; RPA Mitt 1937, 58; RPA Mitt 1937, 174.

einsprechen; legt nur einer von ihnen Einspruch ein, hat er innerhalb der Einspruchsfrist darzulegen, weshalb er allein zur Einspruchseinlegung berechtigt ist.[398]

152   Als Einspruchsbegründung **unzureichend** sind der bloße Hinweis auf einen früheren Schriftwechsel mit dem Anmelder,[399] einen durch die Anmeldung verletzten Vertrag,[400] eine Offenlegungsschrift, die auf eine Anmeldung des Einsprechenden zurückgeht.[401]

153   Besondere Begründungserfordernisse ergeben sich, wenn im **Verhältnis von Arbeitgeber zu Arbeitnehmer** widerrechtl Entnahme geltend gemacht wird (Rn 75 ff zu § 21). Zur Begründung des Einspruchs des ArbGb genügt die Behauptung, das Patent beruhe auf einer Diensterfindung, die er in Anspruch genommen habe oder noch in Anspruch nehmen könne.[402] Hierüber im Streitfall zu entscheiden ist Sache der Patentabteilung im Einspruchsverfahren (vgl Rn 6 zu § 7 ArbEG).[403]

154   Zur **unzulässigen Erweiterung** (§ 21 Abs 1 Nr 4) sind nähere Angaben darüber erforderlich, welche Merkmale des angegriffenen Patents in den ursprünglichen Unterlagen nicht enthalten (für den Fachmann nicht erkennbar) waren oder trotz zwischenzeitlichen Verzichts (zur Problematik insoweit Rn 98 zu § 21; Rn 152 ff zu § 34) wieder aufgenommen worden sind.

III. Wirkung des Einspruchs

155   **1. Allgemeines.** Die Wirkungen des Einspruchs treten unabhängig von seiner Zulässigkeit mit Eingang beim DPMA ein.[404] Erst damit erlangt der Einsprechende, auch der durch widerrechtl Entnahme Verletzte, die Stellung eines Verfahrensbeteiligten,[405] entsteht das Recht zum Verfahrensbeitritt für Dritte (Abs 2). Die bloße Befugnis, Einspruch zu erheben, begründet keine Anwartschaft, keine Rechtsposition, die schon vor Einlegung des Einspruchs vorhanden wäre.[406] Nur der zulässige Einspruch eröffnet jedoch – als unverzichtbare Verfahrensvoraussetzung – die aufgrund des Einspruchs vorzunehmende Prüfung des Einspruchsvorbringens.[407]

156   **2. Aufschiebende Wirkung** hat der Einspruch, anders als die Beschwerde (§ 75 Abs 1), nicht (vgl Rn 2, 16 zu § 75). Der mit der Veröffentlichung der Patenterteilung eingetretene Patentschutz (§ 58 Abs 1 Satz 3) wird durch den Einspruch nicht wieder beseitigt[408] oder gehemmt. Das Verfahren wird nicht in das Stadium vor Patenterteilung zurückversetzt.[409] Dem Einspruch kommt lediglich die eine Bestandskraft hemmende allg Wirkung von Rechtsbehelfen zu.

157   **3. Weitere Wirkungen.** Zur Wirkung des erfolgreichen Einspruchs Rn 125 ff zu § 21. Zu beachten sind die Rechtswirkungen des § 6 Abs 2 PatKostG im Hinblick auf die Fiktion der Nichteinlegung des Einspruchs bei nicht rechtzeitiger oder ausreichender Gebührenzahlung (Rn 26 ff).

D. Beitritt zum Einspruchsverfahren

I. Allgemeines

158   Mit der durch Abs 2 eröffneten Möglichkeit, einem anhängigen Einspruchsverfahren beizutreten, wird sichergestellt, dass ein angeblicher Patentverletzer zu jeder Zeit die Schutzunfähigkeit eines Patents geltend machen kann, insb wenn und solange ein nach § 81 Abs 2 die Erhebung einer Nichtigkeitsklage aus-

---

398   BPatG 16.1.2015 19 W (pat) 7/12; BPatGE 47, 28 = BlPMZ 2004, 61.
399   RPA BlPMZ 1952, 330.
400   RPA Mitt 1937, 58.
401   DPA BlPMZ 1986, 271 f; aA für den Hinweis auf ein älteres Gebrauchsmuster RPA Mitt 1937, 174.
402   BPatGE 10, 207, 214, 216.
403   DPA BlPMZ 1959, 115, 117; *Schulte* Rn 130; aA BPatGE 10, 207, 216 ff; SstA 4.3.1999 ArbErf 87/97.
404   BPatG BlPMZ 1992, 361 f.
405   BGH GRUR 1968, 613 Gelenkkupplung; BPatGE 9, 196, 198.
406   BGH Gelenkkupplung; RPA MuW 30, 458.
407   BGH GRUR 1972, 592 Sortiergerät.
408   BGH GRUR 1987, 284 Transportfahrzeug II; BGH GRUR 1963, 279, 281 Weidepumpe.
409   BGH GRUR 1999, 57 künstliche Atmosphäre.

schließendes Einspruchsverfahren anhängig ist.[410] In der Sache handelt es sich beim Beitritt, der analog dem Einspruch geregelt ist, um einen nachträglichen Einspruch,[411] der allerdings eine Reihe eigener Zulässigkeitsvoraussetzungen hat und entgegen früherer Rechtslage gebührenpflichtig ist. Hiervon zu unterscheiden ist der gebührenfreie Beitritt als Nebenintervenient (Streithelfer) nach § 67 ZPO zur Unterstützung der Hauptpartei (Rn 195 ff).

II. Beitrittsgebühr

Aufgrund des Art 6 Nr 3 des (auf die bei seinem Inkrafttreten am 1.7.2006 anhängigen Einspruchsver- **159** fahren nicht anwendbaren)[412] Gesetzes zur Änderung des patentrechtlichen Einspruchsverfahrens und Patentkostengesetzes ist nach § 3 Abs 1 Nr 3 PatKostG die Erklärung eines Beitritts zum Einspruchsverfahren gebührenpflichtig, wobei gem GebVerz Nr 313600 die Gebühr 200 EUR beträgt. Zur Rechtslage vor dem 1.7.2006 (Einspruch gebührenpflichtig, Beitritt noch nicht) vgl *6. Aufl.* § 5 Abs 1 Satz 3 PatKostG bestimmt ferner, dass im Fall eines Beitritts zum Einspruch im Beschwerdeverfahren wie auch im Fall der gerichtlichen Entscheidung nach § 61 Abs 2 vor Zahlung der Gebühr keine gerichtliche Handlung vorgenommen werden soll.

Bei der Gebühr nach § 3 Abs 1 Nr 3 PatKostG, auf die § 6 Abs 1 PatKostG Anwendung findet, handelt es **160** sich nicht um eine echte Zulässigkeitsvoraussetzung, sondern weitergehend um eine bereits die Anhängigkeit des Beitritts bedingende **Wirksamkeitsvoraussetzung**, da der Beitritt als sonstige Handlung iSv § 6 PatKostG bei nicht fristgerechter oder ausreichender Zahlung innerhalb der in Abs 2 bestimmten dreimonatigen Ausschlussfrist nach § 6 Abs 2 PatKostG der Fiktion der Nichtvornahme unterliegt,[413] mithin als nicht erklärt und nicht nur als unzulässig gilt (Rn 26 ff).

III. Zulässigkeit

1. Patent eines Dritten. Inhaber des angegriffenen Patents muss ein anderer als der Beitretende sein. **161**

2. Ablauf der Einspruchsfrist. Der Beitritt ist nach dem Gesetzeswortlaut nach Ablauf der Ein- **162** spruchsfrist möglich (sofern er innerhalb von drei Monaten nach Erhebung einer Verletzungsklage erfolgt). Es erscheint zwh, ob der Ablauf der Einspruchsfrist damit Voraussetzung eines zulässigen Beitritts ist oder mit der Formulierung nur das Fristenprivileg für den Beitretenden verdeutlicht wird. Da der Beitritt gebührenrechtl nicht mehr gegenüber dem Einspruch privilegiert ist und der Beitretende nach Abs 2 Satz 1 als Einsprechender beitritt, ohne dass hieran gegenüber dem Einspruch verfahrensrechtl unterschiedliche Rechtsfolgen geknüpft sind, ist der Beitritt vor Ablauf der Einspruchsfrist als Einspruch zu behandeln.

3. Einspruch eines anderen als des Beitretenden gegen das Patent. **163**
Ob das ein **zulässiger Einspruch** sein muss, ist str. Nach ganz überwiegender Auffassung[414] sowie **164** den EinsprRl[415] schadet die Unzulässigkeit des Einspruchs nicht, wobei der BGH offengelassen hat, ob dies auch bei einem offensichtlich unzulässigen Einspruch gilt.[416] Dieser Auffassung ist zuzustimmen (anders *6. Aufl* Rn 110), da auch ein unzulässiger, allerdings die Mindestanforderungen erfüllender Einspruch die Anhängigkeit eines Einspruchsverfahrens begründet und das eingeleitete Verfahren bis zur unanfechtbaren Feststellung der Unzulässigkeit anhängig bleibt.[417] Auch wird der mit dem Beitritt verbundenen Zielsetzung Rechnung getragen, die Rechtsbeständigkeit des Patents als Vorfrage der Patentverletzung kurz-

---

410 BGH GRUR 1993, 892 Heizkörperkonsole.
411 *Benkard* Rn 101.
412 Vgl MittPräs DPMA 8/06 BlPMZ 2006, 225.
413 Vgl BGH GRUR 2005, 184 verspätete Zahlung der Einspruchsgebühr.
414 BGHZ 123, 119 = GRUR 1993, 892 Heizkörperkonsole; *Schulte* Rn 248; *Fitzner/Lutz/Bodewig* Rn 143; *van Hees/ Braitmayer* Rn 562; *Kraßer* S 601 (§ 26 B II 5): solange Einspruchsverfahren anhängig ist; vgl hierzu auch *Hövelmann* Mitt 2003, 303. AA BPatGE 34, 95 = GRUR 1994, 606.
415 EinsprRl zu 3.7.2, auf BGH Heizkörperkonsole verweisend.
416 BGH Heizkörperkonsole.
417 BGH GRUR 1972, 592 Sortiergerät.

fristig zu klären und nicht durch ein fremdes Einspruchsverfahren an einer der Erhebung einer Nichtigkeitsklage blockiert zu sein.[418]

165   Voraussetzung ist danach nur, dass ein fristgerecht erklärter Beitritt zu einem **anhängigen** Einspruchsverfahren vorliegt, dh der Einspruch die Mindestanforderungen zur Begründung der Anhängigkeit
eines Rechtsbehelfsverfahrens erfüllt, also statthaft und nicht verfristet ist (Rn 9f zu § 75), mag auch nach
dem Zeitpunkt der Beitrittserklärung der einzige unzulässige Einspruch verworfen werden (Rn 248) und
damit zu einem späteren Zeitpunkt nur noch der – als Einspruch geltende – Beitritt anhängig sein. Die
Streitfrage ist auch von praktischer Bedeutung.

166   Gilt jedoch der Einspruch nach § 6 Abs 2 PatKostG wegen Nichtzahlung oder nicht ausreichender oder
rechtzeitiger Zahlung der Einspruchsgebühr (Rn 26) als **nicht eingelegt**,[419] ist mithin kein – und nicht nur
ein auf einen unzulässigen Einspruch gestütztes – Einspruchsverfahren anhängig geworden (Rn 27), geht
der erklärte Beitritt von Anfang an ins Leere. Die Fiktion des § 6 Abs 2 PatKostG tritt dabei nicht erst mit der
durch den vom Rechtspfleger nach § 23 Abs 1 Nr 4 RPflG durch Beschluss auszusprechenden Rechtsfolge
ein, sondern kraft Gesetzes; der Beschluss hat lediglich deklaratorische Bedeutung.[420]

167   Dagegen hindert die **Rücknahme des Einspruchs** den Beitritt nicht, weil das Verfahren ohne den
Einsprechenden fortgesetzt wird (§ 61 Abs 1 Satz 2) und Abs 2 Satz 1 nur fordert, dass ein Einspruch erhoben worden ist und das Einspruchsverfahren noch anhängig ist, nicht auch, dass der Einsprechende noch
am Verfahren beteiligt ist. Dies gilt auch bei Rücknahme eines unzulässigen Einspruchs (Rn 76 zu § 61)
und bei Rücknahme eines auf widerrechtl Entnahme gestützten Einspruchs (Rn 72 zu § 61).

168   **4. Anhängigkeit des Einspruchsverfahrens.** Der Dritte kann „dem Einspruchsverfahren" beitreten,
dieses muss bei Eingang der Beitrittserklärung noch anhängig sein, darf nicht bestandskräftig abgeschlossen sein (Rn 248). Ein Beitritt ist deshalb auch noch nach Erlass einer Entscheidung über den Einspruch
und während des Laufs der Beschwerdefrist sowie in der Beschwerdeinstanz möglich, solange keine Bestandskraft eingetreten ist (Rn 183 ff).[421] Allerdings erwirbt der Beitretende hierdurch keine Stellung als ein
am Verfahren vor dem DPMA Beteiligter iSv § 74 mehr (Rn 35 zu § 74), während hinsichtlich der Art der
Beteilung im Beschwerdeverfahren zu differenzieren ist (Rn 183).

169   **5. Beitrittsberechtigte** sind nur Dritte, die nachweisen, dass gegen sie Klage wegen Verletzung des
Patents erhoben ist (Abs 2 Satz 1), oder die nach Aufforderung, eine angebliche Patentverletzung zu unter-
lassen, gegen den Patentinhaber Klage auf Feststellung erhoben haben, dass sie das Patent nicht verletzen
(Abs 2 Satz 2), mithin negative Feststellungsklage.[422]

170   Umstr ist, ob es ausreichend ist, wenn (nur) ein Verfahren auf Erlass einer **einstweiligen Verfügung**
gegen den Beitretenden vorliegt. Hierfür spricht, dass auch hier der vermeintliche Patentverletzer wegen
Patentverletzung „in Anspruch genommen" und sogar frühzeitig und ohne Möglichkeit der Aussetzung
des Verletzungsverfahrens mit einem vollstreckbaren Titel konfrontiert wird (vgl zu Art 105 EPÜ Rn 379).[423]
Soweit dagegen angeführt wird, dass der Begriff der Klage im dt Recht klar, eindeutig und abschließend
definiert und deshalb eine erweiternde Auslegung dieses Begriffs oder eine Analogie weder verfassungsrechtl noch verfahrensrechtl zulässig seien,[424] überzeugt dies nicht, denn auch ein (vermeintlich) klarer
und eindeutiger Wortlaut muss weder einer erweiternden Auslegung noch einer analogen Anwendung der
Norm (hierzu Rn 258) entgegenstehen.[425]

---

418   BGHZ 123, 119 = GRUR 1993, 892 Heizkörperkonsole; *Fitzner/Lutz/Bodewig* Rn 143; *Schulte* Rn 248.
419   BGH GRUR 2005, 184 verspätete Zahlung der Einspruchsgebühr; BPatGE 48, 1; aA noch BPatGE 48, 5 = GRUR 2005,
85, Fiktion der Einspruchsrücknahme annehmend.
420   BGH GRUR 2010, 231 Legostein, zu § 66 MarkenG.
421   BPatGE 29, 194 = GRUR 1988, 903, 905; BPatGE 30, 109 = Mitt 1989, 148; *Benkard* Rn 102.
422   Einzelheiten bei *Fitzner/Lutz/Bodewig* Rn 135 f.
423   BPatG 12.7.2011 8 W (pat) 23/08, unter Hinweis auch auf EPA T 452/05 und die englische Fassung des Art 105 Abs 1
EPÜ „proceedings for infringement"; aA BPatG 31.3.1992 4 W (pat) 3/91; ebenso *Fitzner/Lutz/Bodewig* Rn 128.
424   BPatG Mitt 2015, 283 unter Hinweis auf BPatG 31.3.1992 4 W (pat) 3/91, Rechtsbeschwerde eingelegt.
425   Vgl BGHZ 135, 298 = GRUR 1997, 890 Drahtbiegemaschine.

War die Klage zunächst nur auf ein **paralleles Gebrauchsmuster** gestützt, entsteht die Beitrittsbe- **171** rechtigung erst mit Zustellung des auf das Patent gestützten klageerweiternden Schriftsatzes,[426] weil die Erhebung der Verletzungsklage aus dem Gebrauchsmuster den Beitritt nicht rechtfertigt.

Der in Abs 2 geforderte **Nachweis** erfolgt durch Vorlage der Klageschrift mit dem Zustellungsvermerk **172** gem § 212 ZPO, im Fall des Abs 2 Satz 2 zusätzlich des Aufforderungsschreibens des Patentinhabers. Da Abs 2 den Nachweis für diese vAw zu beachtende Zulässigkeitsvoraussetzung fordert, erscheint es zwh, ob hiervon im Fall bloßer Bestätigung durch den Patentinhaber abgesehen werden kann. Insoweit dürfte aber den allg Regeln für vAw wegen zu prüfende Verfahrensvoraussetzungen (Rn 55 vor § 73) zu folgen sein, die auch unter Geltung des Amtsermittlungsgrundsatzes nur im Zweifelsfall einen Nachweis erfordern.[427]

Im Rahmen der Zulässigkeit des Beitritts gem Abs 2 Satz 2 ist **nicht das Feststellungsinteresse** an **173** einer negativen Feststellungsklage als solches zu prüfen, sondern außer der Klageerhebung allein das formale Erfordernis des Nachweises einer Aufforderung des Patentinhabers, eine angebliche Patentverletzung zu unterlassen.[428] Eine derartige Aufforderung ist von der bloßen Berechtigungsanfrage (Schutzrechtshinweis) zu unterscheiden (Rn 268 ff zu § 139).[429] Danach ist in der Sache nichts anderes als die Verwarnung aus dem Patent gemeint, die das Feststellungsinteresse an einer negativen Feststellungsklage begründet. Diese Regelung ist zur Angleichung an Art 105 EPÜ (Beitritt des vermeintlichen Patentverletzers) in das PatG aufgenommen worden[430] und dient ebenso wie Art 105 EPÜ dem Zweck, von der Möglichkeit des Beitritts die Fälle auszuschließen, in denen der Patentinhaber ohne hinreichende Rechtfertigung mit einer negativen Feststellungsklage überzogen wird.[431]

6. Die **Beitrittserklärung** (Abs 2 Satz 3) muss als Verfahrenshandlung deren allg Voraussetzungen er- **174** füllen (Rn 88). Da der Einspruch beim DPMA einzulegen ist, ist der Eingang der Beitrittserklärung beim DPMA auch dann ausreichend, wenn das Einspruchsverfahren beim BPatG anhängig ist.[432]

7. Der **Schriftform** unterliegen die fristgerecht (Rn 190) vorzunehmende Beitrittserklärung (Abs 2 **175** Satz 3) und ihre Begründung (Rn 176), insb wenn sie in einem gesonderten Schriftsatz enthalten ist (Abs 1 Satz 5).

8. Begründung. Der Beitretende muss die den Beitritt rechtfertigenden Tatsachen, soweit sie nicht **176** amtskundig sind und nicht eine eindeutige Bezugnahme auf bereits vorhandene Schriftsätze ausreicht, insb seine Beitrittsberechtigung, so darlegen, dass sie sich auf ihre Richtigkeit nachprüfen lassen. Nach Abs 2 Satz 4 iVm Abs 1 Satz 3–5 gelten für die Begründungs- und Substantiierungspflicht die für den Einspruch maßgeblichen Voraussetzungen. Deshalb muss der Beitretende sich auf einen der Widerrufsgründe des § 21 Abs 1 stützen und die Tatsachen angeben, die seinen Einspruch rechtfertigen sollen (Abs 2 Satz 4 iVm Abs 1 Satz 4), es gelten mithin die zum Einspruch anzuwendenden Grundsätze ausreichender Substantiierung (Rn 116 ff), wobei die in Abs 1 Satz 5 geregelte zeitliche Befristung bis zum Ablauf der Einspruchsfrist, auf die Abs 2 Satz 4 verweist, entspr auf den Ablauf der Beitrittsfrist anzuwenden ist.[433]

Der Beitretende ist an die von den Einsprechenden geltend gemachten **Widerrufsgründe** nicht ge- **177** bunden;[434] dies gilt auch für den Beitritt im Beschwerdeverfahren (Rn 183 ff).

9. Frist. Der Beitritt nebst Begründung muss binnen drei Monaten nach Erhebung der Verletzungs- **178** oder negativen Feststellungsklage eingereicht sein. Die Einhaltung der Frist wird durch die Vorlage des Zustellungsnachweises belegt. Bei mehreren Klagen soll nur auf die durch die erste Klage ausgelöste Frist abzustellen sein; dies erscheint zwh.[435]

---

426   BPatG 13.6.2007 19 W (pat) 334/04.
427   *Van Hees/Braitmayer* Rn 564; zum EPÜ *Schulte* Rn 253.
428   BPatG 4.12.2008 10 W (pat) 44/05.
429   BPatG 4.12.2008 10 W (pat) 44/05.
430   Vgl Begr GPatG BlPMZ 1979, 276 ff, 287.
431   BPatG 4.12.2008 10 W (pat) 44/05.
432   BPatG 8.5.2006 15 W (pat) 351/04.
433   BPatG 4.10.1993 11 W (pat) 48/93 BlPMZ 1994, 366 Ls.
434   BGHZ 123, 119 = GRUR 1993, 892 Heizkörperkonsole.
435   So aber *Fitzner/Lutz/Bodewig* Rn 150 f unter Hinweis auf EPA T 296/93 und EPA T 144/95.

179   **Wiedereinsetzung** (§ 123) in die Beitrittsfrist ist möglich; dagegen zum Einspruch § 123 Abs 1 Satz 2.

180   **IV. Prüfung** der Zulässigkeit des Beitritts erfolgt wie beim Einspruch (Rn 33 ff) in jeder Lage des Verfahrens vAw. Erweist sich der Beitritt als unzulässig, wird er durch Beschluss nach § 61 oder durch selbstständig anfechtbare Vorabentscheidung (Zwischenbescheidung) entspr § 280 ZPO (Rn 222, 251) als unzulässig verworfen (Rn 27 f zu § 61).[436]

V. Wirkung

181   Durch den zulässigen Beitritt erlangt der Beitretende, wie aus dem Wortlaut des Abs 2 Satz 1 („als Einsprechender") hervorgeht, nicht lediglich die Stellung eines Streithelfers, sondern die eines Einsprechenden.[437] Er tritt als weiterer Verfahrensbeteiligter in das Verfahren in dem Stand ein, in dem es sich befindet, und ist an diesem zu beteiligen (Rn 217). Die Beteiligung entsteht in dem jeweiligen Verfahrensstand bei Zugang der Beitrittserklärung[438] und Zahlung der Beitrittsgebühr (zur Bedeutung faktischer Beteiligung für die Beschwerdebefugnis vgl Rn 13 zu § 74). Der Beitretende kann von da an alle Verfahrenshandlungen vornehmen, die einem Beteiligten zustehen, insb Rechtsmittel einlegen, selbst wenn die anderen Beteiligten hierauf verzichten, sofern er die erforderliche Gebühr entrichtet.[439]

182   **VI.** Die **Rücknahme** des Beitritts – auch teilweise – hat die gleichen Wirkungen wie die Rücknahme des Einspruchs, führt also nur zum Ausscheiden des Beitretenden und wegen § 61 Abs 1 Satz 2 nicht zur Verfahrensbeendigung oder zum Wegfall des geltend gemachten Widerrufsgrunds als Verfahrensgegenstand. Es gelten die Grundsätze und Ausnahmen wie beim Einspruch (Rn 68 ff zu § 61).

VII. Beitritt im Beschwerdeverfahren

183   **1. Grundsatz.** Ein Beitritt ist nach allg Auffassung auch nach Erlass einer Entscheidung über den Einspruch möglich, solange diese nicht in Bestandskraft erwachsen ist (Rn 168),[440] also zwischen den Instanzen und auch in der Beschwerdeinstanz, ohne dass damit die Einhaltung der Beschwerdefrist verbunden sein muss (zum Beitritt nach EPÜ Rn 95 vor § 73),[441] sofern eine Beschwerde der bisher Beteiligten, sei es durch einen Einsprechenden oder den Patentinhaber, eingelegt worden ist.[442] Der Beitritt kann innerhalb oder nach Ablauf der Beschwerdefrist erfolgen, solange das Beschwerdeverfahren der bisher Beteiligten noch rechtshängig und die Beschwerde nicht zurückgenommen ist (hierzu Rn 192). Selbst im Rechtsbeschwerdeverfahren soll der Beitritt noch möglich sein.[443] Der im Beschwerdeverfahren Beitretende erhält hierdurch die Stellung eines Einsprechenden (Abs 2 Satz 1) und ist am Beschwerdeverfahren beteiligt. Ebenso wie in erster Instanz ist eine Beitrittsgebühr zu zahlen (Rn 159 f), nicht jedoch eine Beschwerdegebühr,[444] sofern der Beitretende nicht die Stellung eines selbstständigen Beschwerdeführers erlangen will (Rn 187). Insoweit ist von Bedeutung, welche Rechte dem Beitretenden verfahrensmäßig und hinsichtlich der Bestimmung des Verfahrensgegenstands zukommen, obwohl er in erster Instanz nicht am Verfahren beteiligt war (hierzu Rn 185). Problematisch und umstr ist insb, ob dem Beitretenden nicht nur als selbstständigem Einsprechenden die Beteiligung an einer fremden Beschwerde der ursprünglich Beteiligten zuzubilligen ist, von deren Fortbestand er abhängig ist, sondern ob und unter welchen Voraussetzun-

---

436   BPatGE 29, 194 = GRUR 1988, 903; *van Hees/Braitmayer* Rn 586; *van Hees* GRUR 1987, 855 f.

437   BGHZ 123, 119 = GRUR 1993, 892 f Heizkörperkonsole; *Benkard* Rn 110.

438   *Benkard* Rn 110.

439   *Van Hees* GRUR 1987, 855 f.

440   BPatGE 29, 194 = GRUR 1988, 903, 905; BPatGE 34, 95 = GRUR 1994, 606; BPatGE 30, 109 = Mitt 1989, 148; *Schulte* Rn 262; *van Hees/Braitmayer* Rn 572, darauf abstellend, dass das Verfahren noch beim DPMA anhängig ist und der Beitretende Beteiligter in erster Instanz wird; *van Hees* GRUR 1987, 855 f, einen Beitritt im Rechtsbeschwerdeverfahren allerdings nicht mehr als möglich ansehend.

441   BPatGE 29, 194, 197 = GRUR 1988, 903, 905.

442   Vgl hierzu *Hövelmann* Mitt 2003, 303; *Benkard* Rn 110; *Fitzner/Lutz/Bodewig* Rn 145.

443   *Fitzner/Lutz/Bodewig* Rn 166.

444   *Schulte* Rn 264.

gen dem Beitretenden auch die gesetzlich nicht ausdrücklich geregelte Möglichkeit zu eröffnen ist, eine selbstständige Stellung als Beschwerdeführer zu erlangen, insb, ob der Beitretende an die für die bisher Beteiligten laufende Beschwerdefrist gebunden ist und ob er eine Beschwerdegebühr zu zahlen hat.

2. Beitretender als Einsprechender. Erfolgt der Beitritt innerhalb der Beschwerdeverfrist, erlangt **184** der Beitretende nicht ohne weiteres die verfahrensrechtl Stellung eines Beschwerdeführers, sondern mit Zahlung der Beitrittsgebühr zunächst nur die Stellung eines (weiteren) Einsprechenden (hierzu Rn 178 f).[445] Er ist insoweit zugleich in dieser Funktion als Einsprechender (und nicht nur als Streithelfer)[446] Beteiligter des Rechtsmittelverfahrens, ohne Rechtsmittelführer zu sein (wie bei notwendigen Streitgenossen, § 62 ZPO). Hiermit verbunden ist auch der Anspruch auf Beteiligung, insb das Recht, eigenständig Widerrufsgründe geltend zu machen (hierzu Rn 185), und das Recht auf Information,[447] während für das Verhältnis mehrerer Einsprechender zueinander eine Beteiligung und die Stellung jedenfalls als notwendige Streitgenossen nach traditioneller Auffassung nicht anerkannt werden und damit auch keine Drittbeteiligung vorliegt (vgl Rn 214; zur Beschwerde Rn 36 zu § 74; zur Anschlussbeschwerde Rn 208 zu § 73). Auf die Zulässigkeit der Beschwerde des bisher Beteiligten kommt es ebenso wie auf die Zulässigkeit des Einspruchs (Rn 164) nicht an, während es bei Nichtzahlung der Beschwerdegebühr bereits an der Anhängigkeit eines Beschwerdeverfahrens mangelt, so dass ein Beitritt als Einsprechender nicht möglich ist (Rn 21 zu § 73). Allerdings kann der Beitretende innerhalb der für den Dritten laufenden Beschwerdefrist auch selbst unter Zahlung der Beschwerdegebühr Beschwerde einlegen und erlangt so die selbstständige Stellung eines Beschwerdeführers (umstr, hierzu Rn 189).

Erweiterung des Verfahrensgegenstands. Der Beitretende kann sowohl als eigener Beschwerde- **185** führer als auch im Rahmen der Unterstützung der fremden Beschwerde eigenständige und damit auch erstmals weitere Widerrufsgründe geltend machen,[448] die nicht Gegenstand der ersten Instanz waren,[449] so dass der Beitritt in der Beschwerdeinstanz nicht nur zu einer ansonsten zwischen den Einsprechenden nicht anerkannten Beteiligung am Verfahren des anderen (Rn 214) führen kann, sondern auch zu einer Durchbrechung des nach der Rspr des BGH geltenden Grundsatzes einer auf den Verfahrensgegenstand erster Instanz begrenzten Anfallwirkung (Rn 7 f vor § 73; Rn 33 f zu § 79). Das ist mit der Auffassung des BGH zur begrenzten Prüfungskompetenz und Bindung an die Widerrufsgründe erster Instanz schwerlich in Einklang zu bringen und bestärkt zugleich die berechtigt erscheinende Kritik an dieser Rspr und die Forderung nach einer Auflockerung der „vertikalen" Antragsbindung im Rahmen der Anfallwirkung und Beurteilung der Grenzen des Verschlechterungsverbots (hierzu ausführlich Rn 118 ff zu § 73; Rn 38 f zu § 79). Im Ergebnis ist deshalb der Ansicht beizutreten, dass es dem Beitretenden nicht verwehrt ist, eigenständige Widerrufsgründe geltend zu machen.

Unabhängig hiervon kann sich der Beigetretene darauf beschränken, einen Einsprechenden bei der **186** Geltendmachung seines Widerrufgrunds zu unterstützen. Er kann aber als am Verfahren beteiligter Einsprechender im Fall der Beschwerde des Patentinhabers nicht nur dessen Beschwerde entgegentreten, sondern auch **Anschlussbeschwerde** einlegen,[450] weil auch er Gegner des Patentinhabers ist und damit das für die Anschlussbeschwerde erforderliche Gegenseitigkeitsverhältnis vorliegt (Rn 208 zu § 73).

3. Beigetretener als Beschwerdeführer. Der gebührenpflichtige (Rn 159 f) Beitritt kann im Gegen- **187** satz zur Rspr des EPA (hierzu Rn 95 vor § 73) nach nationaler Rspr gleichzeitig mit der Einlegung einer eigenständigen Beschwerde verbunden werden, wodurch der Beitretende nicht nur die Stellung als Einsprechender, sondern auch als eigenständiger Beschwerdeführer erlangt. Dies soll unabhängig davon gelten, ob einer der übrigen Beteiligten seinerseits Beschwerde erhoben hat[451] oder diese ihre Beschwerden zurücknehmen (s auch Rn 192). Dem ist im Ergebnis zuzustimmen, jedenfalls soweit die Beschwerde

---

445 BGH GRUR 1993, 892 Heizkörperkonsole.

446 BPatGE 50, 23; *Schulte* Rn 264.

447 *Zöller* § 64 ZPO Rn 1 f, § 63 ZPO Rn 1, zur Übersendung von Schriftsätzen.

448 BGHZ 123, 119 = GRUR 1993, 892 Heizkörperkonsole; BPatGE 50, 23 = BlPMZ 2007, 285; *Fitzner/Lutz/Bodewig* Rn 154.

449 BPatGE 50, 23 = BlPMZ 2007, 285.

450 *Schulte* Rn 264.

451 BPatGE 30, 109 f = Mitt 1989, 148; BPatG 34, 95; *Schulte* Rn 262; *Benkard* Rn 103, 110; *van Hees* GRUR 1987, 855, 857; *Hövelmann* Mitt 2003, 303;.

des Beitretenden wirksam innerhalb der Beschwerdefrist eingelegt worden ist (s auch Rn 190),[452] obwohl das EPA zutr darauf hinweist, dass der Beitretende weder Beteiligter des Verfahrens noch beschwert ist (Rn 95 vor § 73) und ihm deshalb die Stellung eines Beschwerdeführers verwehrt sei. Insofern erscheint aber trotz der formal zutreffenden Argumentation unzureichend berücksichtigt, dass der Beitritt die Rechtsstellung als selbstständiger Einsprechender begründet und die Rechte des Beitretenden nicht auf den Gegenstand anhängiger Einspruchsbeschwerden Dritter beschränkt sind (Rn 185; dagegen zur Rspr des EPA Rn 95 vor § 73), so dass die Zulassung einer weitergehenden, auch verfahrensmäßig verselbstständigten Beteiligung am Beschwerdeverfahren durch die Zubilligung eines eigenständigen Beschwerderechts folgerichtig erscheint (hierzu auch Rn 27 zu § 74).

188   Insoweit bietet sich allerdings eine analoge Anwendung des § 66 Abs 2 ZPO für die Beschwerde des beitretenden Nebenintervenienten für die Zuerkennung eines eigenen Beschwerderechts nicht an, da die Nebenintervention zwar die Verbindung von zwei selbstständigen Prozesshandlungen, der Beitrittserklärung und der Einlegung des Rechtsmittels, erlaubt; sie führt jedoch nicht zu einer verselbstständigten eigenen Beschwerde, sondern zu einer Beschwerde der unterstützten Hauptpartei, so dass eine gesetzliche Regelung für den Beitritt nach Abs 2 aussteht.[453] Dennoch erscheint es im Ergebnis vertretbar, dem im Beschwerdeverfahren Beitretenden die Stellung als Beschwerdeführer zuzubilligen. Damit wird dem anzuerkennenden **Bedürfnis** einer möglichst extensiven und verselbstständigten Beteiligung am Einspruchsbeschwerdeverfahren im Hinblick auf dessen Sperrwirkung für das Nichtigkeitsverfahren und an einer beschleunigten Überprüfung der Rechtsbeständigkeit des Patents Rechnung getragen.[454] Letztlich bedürfen die Rechte des Beitretenden dringend einer ausdrücklichen gesetzlichen Regelung.

189   Str ist, ob, sofern man ein Beschwerderecht des Beitretenden anerkennt (Rn 187), dieser außer der geforderten Beitrittsgebühr eine **Beschwerdegebühr** zu entrichten hat,[455] um die Stellung als Beschwerdeführer erlangen zu können, oder ob mangels ausdrücklicher gesetzlicher Regelung – GebVerz 401100, Anh § 2 Abs 1 PatKostG regelt nur die Beschwerde gegen die Entscheidung über den Einspruch und nicht wie GebVerz 313600 den Beitritt – nur die Zahlung der Beitrittsgebühr zu verlangen ist, der Beitretende als Einsprechender also bezüglich der Beschwerde privilegiert ist.[456] Die erstgenannte Auffassung ist zutr. Abs 2 regelt nur den Beitritt zum Einspruchsverfahren, wie § 3 Abs 1 Nr 3, § 5 Abs 1 Satz 3 PatKostG nur die Gebührenpflicht für die Beitrittserklärung zum Einspruchsverfahren und die Vorschusspflicht zum Beitritt im Beschwerdeverfahren erfassen. Auch § 8 Abs 1 Nr 2 PatKostG nimmt für den Kostenansatz vor dem BPatG nur hierauf Bezug. Nicht abgestellt werden kann auf einen Systemvergleich mit der (unselbstständigen) Anschlussbeschwerde,[457] da diese kein eigenständiges Rechtsmittel, sondern lediglich ein Antrag im Rahmen eines fremden Rechtsmittels ist (Rn 205 zu § 73) und bereits deshalb keine Gebührenpflicht besteht. Eine solche Pflicht ergibt sich bereits aus der Gleichstellung des Beitritts mit dem Einspruch („als Einsprechender beitreten").

190   Str ist ferner, ob für den Beitretenden als Beschwerdeführer die für die bisher Verfahrensbeteiligten maßgebliche **Beschwerdefrist** ausgelöst wird. Auch das ist mangels abw Bestimmung aus den genannten Gründen zu bejahen. Maßgebend bleibt die sich an den ursprünglich Beteiligten orientierende Beschwerdefrist,[458] auch wenn dem Beitretenden ein von den bisher Beteiligten unabhängiges Beschwerderecht eingeräumt wird. Nach Ablauf der Beschwerdefrist scheidet deshalb ein Beitritt als Beschwerdeführer aus; eine gezahlte Gebühr ist zurückzuzahlen.[459] Auch insoweit fehlt die gesetzliche Grundlage, dem Beitretenden eine „nachträgliche" selbstständige Beschwerde zu ermöglichen (s auch Rn 192).[460]

---

452   So auch *Schulte* Rn 263; vgl auch *van Hees/Braitmayer* Rn 579, 584, das Beschwerderecht nicht aus der Beteiligung ableitend, sondern aus Verfassungsrecht, Rn 572.

453   Kr auch *Benkard* § 74 Rn 24, der auf die Überlegung abstellt, dass das Einspruchsverfahren bis zum Abschluss des Beschwerdeverfahrens nicht beendet sei.

454   Dieses Bedürfnis hervorhebend auch BGHZ 123, 119 = GRUR 1993, 892 Heizkörperkonsole.

455   Bejahend *Schulte* Rn 263; *Fitzner/Lutz/Bodewig* Rn 162; *Benkard* Rn 109; unklar Rn 168; *Hövelmann* Mitt 2003, 303, 305; verneinend BPatGE 29, 194, 197 = GRUR 1988, 903 (zur früheren Rechtslage); *van Hees* GRUR 1987, 855, 857; *van Hees/Braitmayer* Rn 585.

456   So *van Hees/Braitmayer* Rn 585, ua darauf abstellend, dass dies nicht systemfremd sei.

457   So *van Hees/Braitmayer* Rn 585.

458   So *Benkard* Rn 103; *Fitzner/Lutz/Bodewig* Rn 162; *van Hees/Braitmayer* Rn 572, 584; aA *van Hees* GRUR 1987, 855, 857;

459   BPatG 12.7.2011 8 W (pat) 23/08.

460   So aber *Schulte* Rn 264.

4. Beitritt zwischen den Instanzen. Während der vor Erlass der Entscheidung über den Einspruch **191** in erster Instanz erklärte Beitritt unzwh zur Beteiligung am Verfahren erster Instanz iSv § 74 führt (Rn 15 zu § 74) und ein Beschwerderecht vermittelt, muss dies beim Beitritt zwischen den Instanzen verneint werden. Über den nach Entscheidung über den Einspruch erklärten Beitritt ist, wenn Beschwerde nicht eingelegt wird, idR nicht zu entscheiden und dieser hat keine Auswirkungen auf das Einspruchsverfahren (EinsprRl zu 3.7.3), so dass der Beitretende nicht über den Verfahrensstand unterrichtet wird und er keine Kenntnis vom drohenden Eintritt der Bestandskraft mit Ablauf der Rechtsmittelfrist erhält. Die Entscheidung im Einspruchsverfahren wird rechtsbeständig und der Beitritt ist gegenstandslos.[461] Insoweit wird deshalb in der Lit eine Verpflichtung zur Zustellung des Beschlusses auch an den Beigetretenen und die Ingangsetzung einer eigenen Beschwerdefrist gefordert.[462] Hierfür spricht, dass die Möglichkeit des Beitritts auf eine dreimonatige Frist begrenzt ist und zudem für die Streithilfe im Hinblick auf die Differenzierung zwischen unselbstständiger Streithilfe (§ 66 ZPO) und der auf eigenem und vom Willen der unterstützten Hauptpartei unabhängigem Prozessführungsrecht beruhenden selbstständigen Streithilfe (§ 69 ZPO)[463] ein Zustellungserfordernis für letztere abgeleitet wird.

5. Str ist, ob im Fall des Beitritts in der Beschwerdeinstanz ohne eigenständige Beschwerdeeinlegung **192** durch den Beitretenden die **Beschwerderücknahme** der bisher Verfahrensbeteiligten das Beschwerdeverfahren mit der Wirkung beendet, dass der Beitritt wirkungslos (gegenstandslos) wird. Insoweit wird geltend gemacht, dass es sich für den Beitretenden um ein erstinstanzliches Verfahren handele, da er nicht beschwerdeberechtigt sei, und die Verfahrensbeendigung nur mit Zustimmung des Beitretenden erlaubt sein solle.[464] Dem ist nicht zu folgen, da das Rechtsmittelrecht eine eindeutige Trennung zwischen Rechtsmittelverfahren und erstinstanzlichem Verfahren sowie eine eindeutige Zuordnung der Beteiligten fordert, die entweder Rechtsmittelführer oder sonstige hiervon abhängige Beteiligte sind. Diese können zwar eine uneingeschränkte Beteiligtenstellung im Rechtsmittelverfahren genießen (Rn 184), nicht aber hierdurch zum Rechtsmittelführer werden (zum EPÜ Rn 94 f vor § 73) und nur eine von diesem abhängige Stellung erlangen.[465] Dementspr ist auch bei einem von einem notwendigen Streitgenossen (§ 62 ZPO) und bei streitgenössischer Nebenintervention (§ 69 ZPO, hierzu Rn 204) eingelegten Rechtsmittel der Streitgenosse durch Einlegung des Rechtsmittels nur eines anderen Streitgenossen zwar Beteiligter des Rechtsmittelverfahrens, nicht aber Rechtsmittelführer, und er verliert bei Rücknahme des Rechtsmittels durch den alleinigen Rechtsmittelführer seine Beteiligtenstellung;[466] das Verfahren wird vielmehr durch Verlust des Rechtsmittels beendet.[467] Eine weitere Privilegierung des Beitretenden und Loslösung von allg Regeln des Verfahrensrechts erscheint hier nicht vertretbar. Auch fehlt insoweit die gesetzliche Grundlage, dem Beitretenden eine „nachträgliche" selbstständige Beschwerde zu ermöglichen und ihm auf diesem Weg die Fortsetzung des Verfahrens bei Rücknahme aller übrigen Beschwerden zu eröffnen (s auch Rn 190).[468]

6. Unzulässigkeit der Beschwerde. Der Beitretende teilt ohne Einlegung einer eigenen Beschwerde **193** das Schicksal der von dritter Seite eingeleiteten Beschwerde, und zwar nicht nur bei Rücknahme der Beschwerde (so auch zum EPÜ Rn 93 vor § 73), sondern auch im Hinblick auf die Zulässigkeit der von dem Dritten eingelegten Beschwerde und deren Schicksal. Die unzulässige Beschwerde des Beitretenden hindert dessen Beitritt nicht, solange die fremde Beschwerde nicht als unzulässig verworfen ist. Allerdings wird der Beitritt mit der Verwerfung der Beschwerde gegenstandslos. Dies gilt auch dann, wenn die fremde

---

461 *Fitzner/Lutz/Bodewig* Rn 162.
462 *Hövelmann* Mitt 2003, 303; im Ergebnis bejahend auch *Benkard* § 74 Rn 24.
463 BGH NJW-RR 1997, 919.
464 So *van Hees/Braitmayer* Rn 582.
465 BGH NJW-RR 1999, 286; BGH GRUR 2011, 359 Magnetowiderstandssensor.
466 BGH NJW-RR 1999, 286; *Baumbach/Lauterbach/Albers/Hartmann* § 516 ZPO Rn 14, zur Berufung; für Mitanmelder vgl BPatG 29.11.2005 21 W (pat) 70/04; vgl auch *Thomas/Putzo* § 62 ZPO Rn 24; *Zöller* § 62 ZPO Rn 32.
467 Hiervon geht auch BGHZ 123, 119 = GRUR 1993, 892 Heizkörperkonsole aus; *Fitzner/Lutz/Bodewig* Rn 165 weisen zutr darauf hin, dass mit der Rücknahme auch die Blockadewirkung des Einspruchsverfahrens endet und damit der Interessenlage des Beitretenden ausreichend genügt ist; zur Verfahrensbeendigung durch Rücknahme der Berufung auch bei streitgenössischer Nebenintervention BGH GRUR 2011, 359 Magnetowiderstandssensor unter Hinweis auf BGH NJW-RR 1999, 286.
468 So aber *Schulte* Rn 264.

Beschwerde eines Einsprechenden wegen Rücknahme des Einspruchs unzulässig geworden ist (Rn 186 zu § 73).

194   **7.** Anders als bei unzulässiger Beschwerde ist bei **Nichtzahlung der Beschwerdegebühr** wegen der Fiktion der Anhängigkeit eines Beschwerdeverfahrens nach § 6 Abs 2 PatKostG ein zulässiger Beitritt in der Beschwerdeinstanz nach Abs 2 von vornherein nicht möglich.

E. Nebenintervention (Streithilfe)

I. Allgemeines

195   Die Nebenintervention (Streithilfe) ist im PatG nicht geregelt und deshalb nur über § 99 Abs 1 iVm §§ 66 ff ZPO – für das Verfahren vor dem BPatG – (oder eine Rechtsanalogie) konstruierbar, soweit die Besonderheiten des Verfahrens dies nicht ausschließen. Im Gegensatz zum Beitritt nach Abs 2 handelt es sich bei der Nebenintervention um eine Unterstützung eines der Verfahrensbeteiligten, der beitretende Nebenintervenient erlangt nicht selbst die Stellung eines Einsprechenden.

II. Anwendbarkeit

196   Im Einspruchs(beschwerde)verfahren ist die Möglichkeit der Nebenintervention nach traditioneller Sicht abgelehnt worden,[469] anders nur im GbmLöschungsbeschwerdeverfahren, wo sie auch schon in erster Instanz möglich ist (Rn 4 zu § 16 GebrMG; *6. Aufl* Rn 20 zu § 74). Der BGH, der die Nebenintervention im Nichtigkeitsverfahren seit je her anerkennt,[470] hat sie auf Seiten des Patentinhabers für den Sonderfall des Beitritts des Einzelrechtsnachfolgers des Patentinhabers nach § 265 Abs 2 Satz 3 ZPO als einfacher Nebenintervenient zur Unterstützung des im Verfahren verbliebenen Rechtsvorgängers auch im Einspruchs(beschwerde)verfahren unter Hinweis auf die Rechtslage im markenrechtl Verfahren[471] zugelassen.[472] Ob hieraus allg auf die Zulässigkeit der Nebenintervention in nicht gesetzlich geregelten Fällen geschlossen werden kann, wie dies in der Instanzrspr zT geschehen ist, erscheint zwh.[473] Der Zulassung der Nebenintervention nach § 265 Abs 2 Satz 3 ZPO auch im Verfahren vor dem DPMA liegt, sofern nicht die Anwendbarkeit von Normen der ZPO im Verfahren vor dem DPMA wegen dessen Charakters als Verwaltungsverfahren grds abgelehnt wird (Rn 15 ff), die Erwägung zugrunde, dass der Rechtsnachfolger auf diese Weise die Möglichkeit hat, unmittelbar nach dem Rechtserwerb seine Rechte zu verteidigen, ohne auf die Umschreibung im Patentregister angewiesen zu sein (vgl Rn 233 f).[474] So kann er insb gegen den Widerruf des Patents Beschwerde im Namen der unterstützten Hauptpartei, dh seines noch beteiligten Rechtsvorgängers, einlegen (§ 66 Abs 2 ZPO). § 265 Abs 2 Satz 3 ZPO bestimmt hierbei für den Fall der Verfahrensübernahme des Einzelrechtsnachfolgers zugleich, dass der Beitritt als Nebenintervenient keine streitgenössische Nebenintervention iSv § 69 ZPO darstellt (Rn 204). Soweit der Rechtsnachfolger nach § 67 ZPO Prozesshandlungen nicht wirksam vornehmen kann, mit denen er sich in Widerspruch zur „Hauptpartei" setzen würde, muss er dies hinnehmen. In aller Regel wird ein solcher Widerspruch nicht auftre-

469   Zur Nebenintervention auf Seiten des Einsprechenden: BPatGE 1, 122 = BlPMZ 1962, 134 und BPatGE 2, 54 = GRUR 1965, 31; zur Nebenintervention auf Seiten des Patentinhabers: BPatGE 10, 155 = Mitt 1968, 214; kr auch *Schulte* Rn 147, bejahend zum Einspruchsbeschwerdeverfahren *Schulte* § 73 Rn 102; *Lindenmaier* § 36l Rn 36; *Reimer* §§ 28–29 Rn 14; § 32 Rn 24; BPatGE 44, 95 = GRUR 2002, 371.
470   Vgl bereits BGHZ 4, 5 = GRUR 1952, 260 Schreibhefte I; BGHZ 117, 144 = GRUR 1992, 430 Tauchcomputer; vgl auch BPatGE 44, 47 = GRUR 2001, 246.
471   BGH GRUR 1998, 940 f Sanopharm, zur Übertragung der Marke im Widerspruchsverfahren vor dem DPMA als einem: „echten Streitverfahren, das außer von der Amtsermittlung von der ... Dispositionsfreiheit der Verfahrensbeteiligten bestimmt wird"; zum einseitigen Anmeldeverfahren: BGH GRUR 2000, 892 MTS, obwohl nach den Gründen „dieses Verfahren kein echtes Streitverfahren darstellt".
472   BGHZ 172, 98 = GRUR 2008, 87 Patentinhaberwechsel im Einspruchsverfahren.
473   Ablehnend auch *Fitzner/Lutz/Bodewig* Rn 73.
474   Vgl BGH Schreibhefte I, zum Nichtigkeitsverfahren; BGH Patentinhaberwechsel im Einspruchsverfahren.

ten, da der Erwerber des Patents mit dem Veräußerer vereinbaren kann und regelmäßig vereinbaren wird, dass der Veräußerer ihm die Verfahrensführung überlässt.[475]

III. Erweiterte Anwendbarkeit

In der Instanzrspr zum Einspruchsverfahren ist die vom BGH ausdrücklich nur im Fall des § 265 Abs 2 **197** Satz 3 ZPO als zulässig angesehene Nebenintervention teilweise unter Hinweis auf die Verfahrensökonomie und die Vereinbarkeit mit Abs 2 grds als zulässig behandelt worden.[476] Dies wird ua damit gerechtfertigt, dass dem Nebenintervenienten, insb wenn ein selbstständiger Beitritt nicht in Betracht kommt, die Erhebung einer Nichtigkeitsklage während der Anhängigkeit des Einspruchs nicht möglich ist.[477] Dies erscheint vertretbar, könnte allerdings in Konflikt mit der von Abs 2 vorgegebenen Wertung und den dortigen besonderen Anforderungen an eine Beteiligung am Verfahren geraten[478] und würde bei Vorliegen eines rechtl Interesses jeglichem Dritten und auch auf Seiten des Einsprechenden ohne weiteres eine Beteiligung am Verfahren eröffnen.[479] Konsequenterweise wäre auch der von der Rspr des BGH extensiv bewertete Kreis streitgenössischer Nebenintervenienten iSv § 69 ZPO zu beachten, was im Hinblick auf deren weitgehende und stark verselbstständigte Verfahrensrechte (Rn 191, 204) einerseits und die für die Einsprechenden und Beitretenden nach Abs 2 andererseits zu erfüllenden hohen Anforderungen an die Zulässigkeit des Einspruchs problematisch erscheint. Wegen der abw Rechtsnatur des Einspruchsverfahrens lässt sich die Zulässigkeit jedenfalls nicht allein mit dem Hinweis auf das Nichtigkeitsverfahren begründen, zumal dort eine dem Abs 2 entsprechende Vorschrift fehlt. Will man aus der Rspr des BGH ableiten, dass § 265 ZPO auch im einseitigen Anmeldeverfahren gilt, wäre bei Einzelrechtsnachfolge die Nebenintervention auch im Anmelde(beschwerde)verfahren zuzulassen (zur Kritik Rn 14 zu § 74).

IV. Zulässigkeit

1. Allgemeine Zulässigkeitsvoraussetzungen. Nach § 66 Abs 1 ZPO kann der Nebenintervenient **198** dem Rechtsstreit (hier dem Verfahren) zur Unterstützung der Hauptpartei in jeder Lage des Rechtsstreits (Verfahrens) bis zur rechtskräftigen (bestandskräftigen) Entscheidung beitreten, wobei die Erklärung nach § 66 Abs 2 ZPO in jeder Lage des Rechtsstreits bis zur rechtskräftigen Entscheidung, auch iVm der Einlegung eines Rechtsmittels, erfolgen kann.

2. Rechtliches Interesse. Der BGH hat die Voraussetzungen der Zulässigkeit einer Nebenintervention **199** für das Nichtigkeitsverfahren in Abkehr von seiner früheren Rspr für den Fall der einfachen, insb aber auch der streitgenössischen Nebenintervention iSv § 69 ZPO extensiv gelockert.[480] Danach reicht für das nach § 66 Abs 1 ZPO erforderliche rechtl Interesse bei der einfachen[481] und auch streitgenössischen[482] Streithilfe eine mögliche Beeinträchtigung der geschäftlichen Tätigkeit des Nebenintervenienten als Wettbewerber aus. Entgegen der früheren Rspr[483] ist keine Rechtsbeziehung zu den Parteien des Verfahrens notwendig, insb keine unmittelbare Betroffenheit durch die Gestaltungswirkung des Urteils; die großzügigere Zulassung sei dem Verfahren förderlich, das hiermit verbundene Kostenrisiko stehe dem nicht entgegen.[484]

---

475 BGH Patentinhaberwechsel im Einspruchsverfahren.
476 So im Fall in ihrer geschäftlichen Tätigkeit beeinträchtigter Wettbewerber: BPatG 9.4.2008 20 W (pat) 321/05; BPatG 4.8.2008 20 W (pat) 323/05; BPatG 3.6.2008 6 W (pat) 323/07; BPatGE 51, 95 = GRUR 2009, 569.
477 BPatG 9.4.2008 20 W (pat) 321/05.
478 Hiervon gehen BPatG 4.8.2008 20 W (pat) 323/05; BPatG Mitt 2009, 76 aus; ablehnend auch *Benkard* Rn 147.
479 Bejahend BPatGE 51, 95 = GRUR 2009, 569; *Schulte* § 73 Rn 102 für das Einspruchsbeschwerdeverfahren, nicht eindeutig für das Einspruchsverfahren Rn 59.
480 Kr zur Gleichsetzung der allg Gestaltungswirkung mit der Rechtskraft BPatGE 51, 178 = GRUR 2010, 50.
481 BGHZ 166, 18 = GRUR 2006, 438 Carvedilol I.
482 BGH GRUR 2008, 60 Sammelhefter II; BGH GRUR 2014, 911 Sitzgelenk; BPatGE 51, 98 = GRUR 2010, 218; BPatGE 54, 135 = GRUR-RR 2014, 225.
483 BGHZ 4, 5 = NJW 1952, 381 Schreibhefte I.
484 BGHZ Carvedilol I.

200   **3. Erklärung.** § 70 Abs 1 Satz 1, 2 ZPO bestimmen die Anforderungen an die Beitrittserklärung nach Form und Inhalt, wonach es einer schriftlichen oder zu Protokoll erklärten und den Beteiligten zuzustellenden Beitrittserklärung bedarf, die unter Angabe der Bezeichnung der Parteien (Beteiligten) und des Rechtsstreits (Verfahrens, § 70 Abs 1 Satz 2 Nr 1 ZPO), der Angabe des Interesses (§ 70 Abs 1 Satz 2 Nr 2 ZPO) und der Erklärung des Beitritts (§ 70 Abs 1 Satz 2 Nr 3 ZPO) zu erfolgen hat; Mängel sind nach § 295 ZPO heilbar.

V. Rechtsstellung

201   Der Nebenintervenient muss nach § 67 ZPO den Rechtsstreit (das Verfahren) in der Lage annehmen, in der er sich zur Zeit seines Beitritts befindet, er ist berechtigt, alle Angriffs- und Verteidigungsmittel und alle Verfahrenshandlungen vorzunehmen, soweit sie nicht im Widerspruch zu denjenigen des unterstützten Hauptbeteiligten stehen. Ob der Beitritt wirksam war, kann durch einen Zwischenstreit und selbstständig mit der Beschwerde anfechtbare Zwischenbescheidung (Rn 222, 314 ff) geklärt werden (entspr § 71 Abs 1 ZPO), wobei bis zur bestandskräftigen Feststellung der Unzulässigkeit der Nebenintervention der Beigetretene zu dem Verfahren zugezogen bleibt (§ 71 Abs 2 ZPO).

202   **VI. Die Nebeninterventionswirkung** ergibt sich unmittelbar aus § 68 ZPO, insb im Hinblick auf den Ausschluss der Einrede mangelhafter Verfahrensführung in einem späteren Rechtsstreit gegen die unterstützte Hauptpartei. Dem Nebenintervenienten sind alle Schriftsätze, Ladungen usw zuzustellen (§ 71 Abs 3 ZPO).

VII. Nebenintervention im Beschwerdeverfahren

203   Der Nebenintervenient kann nach § 66 Abs 2 ZPO seinen Beitritt mit der Einlegung der Beschwerde für die unterstützte Hauptpartei, dh seinen noch beteiligten Rechtsvorgänger, verbinden oder erst im Verlauf des Beschwerdeverfahrens beitreten (vgl Rn 17 zu § 74; zur Umdeutung Rn 52 f vor § 73). Diese Möglichkeit kompensiert im Fall der Einzelrechtsnachfolge die aus der Trennung von Verfahrensstellung und Sach- bzw Registerlegitimation resultierenden Folgen, wonach es dem Erwerber nach derzeitiger Rechtsauffassung (zur Kritik Rn 230) wegen der von § 74 für eine zulässige Beschwerde geforderten Beteiligung am (erstinstanzlichen) Verfahren verwehrt ist, an der Schnittstelle der Instanzen eine eigene Beschwerde einzulegen, selbst wenn die Umschreibung schon erfolgt ist und damit nach § 30 Abs 2 Satz 3 Verfahrensführungsbefugnis besteht (Rn 232 ff; Rn 12 f zu § 74). Erklärt der Nebenintervenient seinen Beitritt während des Beschwerdeverfahrens, gelten gegenüber dem Beitritt während des Einspruchsverfahrens keine Besonderheiten. Die Rücknahme der Beschwerde durch die unterstützte Hauptpartei führt zum Wegfall der Nebenintervention,[485] die bloße Unzulässigkeit der Beschwerde hindert bis zur deren Verwerfung die Möglichkeit eines Beitritts nicht.

VIII. Streitgenössische Nebenintervention

204   Nach neuerer Rspr des BGH[486] ist in Abkehr von seiner früheren Rspr[487] im Patentnichtigkeitsverfahren die Nebenintervention sehr häufig streitgenössisch iSv § 69 ZPO, so beim Lizenznehmer, aber auch auf Klägerseite (vgl Rn 199). Stellt man auf die Rechtskraftwirkung ab, scheitert eine Anwendbarkeit schon daran, dass das Einspruchsverfahren eine solche für ein späteres Nichtigkeitsverfahren nicht entfaltet. Aber auch die vom BGH herangezogene Begründung einer gemeinsamen allg Gestaltungswirkung[488] kann aus denselben Gründen wie im Nichtigkeitsverfahren eine erweiterte Anwendung der restriktiv gefassten

---

485   Zur Verfahrensbeendigung durch Rücknahme der Berufung bei streitgenössischer Nebenintervention BGH GRUR 2011, 359 Magnetwiderstandssensor.
486   BGH GRUR 2008, 60 Sammelhefter II; so schon BGH GRUR 1968, 86, 91 landwirtschaftliches Ladegerät und BGH GRUR 1995, 394 Aufreißdeckel; ebenso BPatG Mitt 2009, 179; zur abw Kostenverteilung BPatG 28.10.2008 4 Ni 75/06 (EU), zu § 101 Abs 1 ZPO; BPatGE 54, 135 = GRUR-RR 2014, 225.
487   BGH GRUR 1998, 382 Schere.
488   BGH GRUR 2016, 361 Fugenband, auf die aktienrechtliche Anfechtungsklage hinweisend, hierzu bereits BPatGE 51, 178 = GRUR 2010, 50 mwN.

Vorschrift des § 69 ZPO nicht rechtfertigen,[489] zumal im Hinblick auf die sehr weitreichenden Rechts- und Kostenfolgen des § 101 Abs 2 ZPO wie zB die Möglichkeit, widersprechende prozessuale Erklärungen abzugeben oder Rechtsmittel gegen den Willen der unterstützten Hauptpartei einzulegen (vgl auch Rn 192).[490]

Folgt man jedoch der Rspr des BGH, erscheint es inkonsequent, dass die damit verbundene **Ausdeh-** **205** **nung** der Fälle notwendiger Streitgenossenschaft nach § 62 ZPO keinen Niederschlag in der Beurteilung der Stellung mehrerer Einsprechender findet, die nach bisheriger Rechtspraxis nicht als Streitgenossen gesehen werden (hierzu Rn 214).

F. Verfahren

I. Zuständigkeit

Zur Bearbeitung des Einspruchs und zur Entscheidung hierüber ist die Patentabteilung des DPMA be- **206** rufen (Näheres Rn 3 zu § 61; zur Patentabteilung Rn 14 ff zu § 27; zur Zuständigkeit des BPatG Rn 5 zu § 61, Rn 10 vor § 147).

Entscheidet anstelle der Patentabteilung eine Prüfungsstelle, ist die Entscheidung **fehlerhaft**, aber, **207** da nur die inneramtliche Zuständigkeit verletzt wurde, nicht nichtig.[491]

II. Beteiligte

1. Grundsatz. Das Einspruchsverfahren ist, auch wenn mehrere Einsprüche erhoben sind,[492] ein ein- **208** heitliches Verfahren (Rn 254). An ihm sind der Patentinhaber, die Einsprechenden und die Beigetretenen nach Abs 2 beteiligt (Rn 158 ff). Darüber hinaus sollen Nebenintervenienten mitwirken können (Rn 195 ff).

Legt ein Vertreter im Auftrag eines Dritten, jedoch ausdrücklich im eigenen Namen Einspruch ein, ist **209** er selbst, **nicht der Auftraggeber**, beteiligt (Rn 9 f zu § 74).[493]

Beteiligung in diesem Sinn ist die **formelle** Beteiligung am Verfahren durch Erhebung des Einspruchs **210** oder durch Beitritt (vgl auch Rn 9 zu § 74).[494] Die Stellung als Beteiligter ist zu trennen und unabhängig von der materiellrechtl Stellung (Sachbefugnis) und der aufgrund allein durch die Registerlegitimation nach § 30 Abs 3 Satz 2 begründeten Verfahrensführungsbefugnis (Rn 89, 226). Wer sich als Miterfinder bezeichnet, ist, wenn er nicht förmlich am Einspruchsverfahren beteiligt ist, Zeuge und nicht Beteiligter.[495]

2. Als Patentinhaber ist am Verfahren richtiger Beteiligter, wer als solcher im Patentregister einge- **211** tragen ist (§ 30 Abs 1 Satz 1, Abs 3 Satz 1, 2). Dieser bleibt nach derzeitiger Rechtsauffassung des BGH (Rn 226 ff) auch bei späterer Umschreibung und/oder Übertragung des Patents Beteiligter, sofern nicht der neue eingetragene Patentinhaber in das Verfahren nach den Regeln des § 265 Abs 2 ZPO eintritt.

Mehrere Patentinhaber, Miterfinder und gemeinsame Anmelder (Rn 43 f zu § 6) sind **notwendige** **212** **Streitgenossen.**[496] Sie bilden[497] mangels anderweitiger Vereinbarung – wie zB §§ 705 ff BGB für die Gesamthandsgemeinschaft einer BGB-Gesellschaft – iZw eine Bruchteilsgemeinschaft iSv §§ 741 ff BGB (vgl Rn 45 zu § 6 mwN),[498] der das Recht auf das oder aus dem Patent zu ideellen Bruchteilen gemeinschaftlich

---

489 So auch ausführlich BPatGE 51, 178 = GRUR 2010, 50; allerdings die Anwendbarkeit der streitgenössischen Nebenintervention auf der Beklagtenseite für den ausschließlichen Lizenznehmer auch ohne Rechtsverhältnis zum Kläger bejahend – entgegen BGH Liedl 1969/1970, 325 Ausstellvorrichtung für Drehkippfenster – BGH Bausch BGH 1994–1998, 488 Gerüst für Betonschalungen.

490 Vgl hierzu im einzelnen BPatGE 51, 178 = GRUR 2010, 50; BPatGE 51, 98 = GRUR 2010, 218; BPatGE 54, 135 = GRUR-RR 2014, 225.

491 BPatGE 12, 151; BPatGE 14, 191; BPatGE 23, 44 = GRUR 1980, 1068; aA BPatG Mitt 1972, 175.

492 DPA BlPMZ 1986, 127.

493 BPatGE 17, 223, 225 = Mitt 1976, 38.

494 BPatGE 17, 223, 225 = Mitt 1976, 38.

495 BGH GRUR 2011, 509 Schweißheizung.

496 Vgl RPA BlPMZ 1929, 251; BPatG 30.3.2011 9 W (pat) 46/10, für mehrere Anmelder; *Baumbach/Lauterbach/Albers/Hartmann* § 62 ZPO Rn 13 „Patentrecht".

497 Zum Markenrecht BGH GRUR 2000, 1028 Ballermann; BPatGE 48, 118 = GRUR 2004, 685.

498 Ebenso *Staudinger* § 741 BGB Rn 161; *Hövelmann* Mitt 1999, 129; zu Markenmitinhabern BPatGE 48, 118 = GRUR 2004, 685; BPatGE 47, 28 = MItt 2004, 61, zu Erfindungsbesitzern als Einsprechende.

als Miteigentümer iSv §§ 1008 ff BGB zusteht. In prozessrechtl Hinsicht bilden sie im Einspruchs- oder Nichtigkeitsverfahren wegen der in Bezug auf das Streitpatent einheitlichen Gestaltungswirkung des auf Widerruf oder Nichtigerklärung gerichteten Verfahrens eine notwendige Streitgenossenschaft aus materiellrechtl Gründen[499] iSv § 62 Abs 1 2. Alt ZPO; eine gemeinsame Prozessbeteiligung auf der Passivseite ist zwingend notwendig[500] (auch als „eigentliche notwendige Streitgenossenschaft" oder „notwendige Streitgenossenschaft im engeren Sinn" bezeichnet).[501] Eine Teilentscheidung in der Sache gegen nur einen notwendigen Streitgenossen ist unzulässig.[502]

213   § 62 Abs 1 ZPO bestimmt zur Ermöglichung einer einheitlichen – nicht nur gemeinsamen – Entscheidung[503] eine **Vertretungsfiktion** bei Termin- oder Fristversäumnis (Einzelheiten zur Terminversäumnis Rn 24 zu § 78). Hieraus folgt, dass Beschwerde auch durch einen notwendigen Streitgenossen eingelegt werden kann, wodurch auch der nicht mitwirkende Streitgenosse die uneingeschränkte Beteiligtenstellung im Beschwerdeverfahren erhält, ohne selbst Beschwerdeführer zu sein (Rn 33 zu § 74).

214   **3. Einsprechender.** Der Einsprechende erlangt mit der Erhebung des Einspruchs ohne Rücksicht auf dessen Zulässigkeit seine Beteiligtenstellung (zur Beendigung Rn 245).[504] Mehrere Einsprechende sind nach bisheriger Rechtsauffassung keine notwendigen Streitgenossen entspr § 62 ZPO,[505] jedenfalls sofern sie keine Rechtsgemeinschaft bilden (Rn 34 zu § 74).[506] Auch die neuere Rspr zur erweiterten Anwendung der streitgenössischen Nebenintervention § 69 ZPO (Rn 204), die zugleich eine entspr Ausdehnung des Anwendungsbereichs notwendiger Streitgenossenschaft bedeutet, hat hieran nichts geänd. Dies erscheint dogmatisch nicht geboten.[507] Sie sind nach derzeitiger Rechtspraxis trotz Einheitlichkeit des Einspruchsverfahrens mit umfassender Sachbeteiligung (Rn 254) und Anfallwirkung (Rn 36 zu § 79) nicht wechselseitig am Verfahren der anderen beteiligt, was insb auch bei der Beschwerde (Rn 36 zu § 74) und Anschlussbeschwerde des Patentinhabers (Rn 208 zu § 73) problematisch erscheint (dagegen zur Stellung eines der Beschwerde Beitretenden Rn 184), so dass zu prüfen ist, ob im Einzelfall eine Informationspflicht, die auch gegenüber unbeteiligten Dritten bestehen kann, ausgelöst wird (vgl Rn 208 zu § 73). Soweit auch eine einfache Streitgenossenschaft nach § 61 ZPO mit dem Argument verneint worden ist, diese und die Streithilfe hätten ihre Grundlage im kontradiktorischen Verfahren der ZPO, dem das Einspruchsverfahren nicht entspreche,[508] ist dies jedenfalls wegen des auch nach neuerer Rspr vorausgesetzten quasi-kontradiktorischen Charakters (Rn 13) in Frage zu stellen, zumal bei einfachen Streitgenossen Verfahren und ihre Verfahrensvorgänge trotz äußerer Verbundenheit – wie sie im übrigen auch de facto zB im Hinblick auf die wechselseitige Übersendung von Schriftstücken besteht (Rn 217) – voneinander unabhängig sind.[509]

215   Die **Einsprechendenstellung** ist entgegen früherer Auffassung[510] nicht die eines „Gehilfen" des DPMA, sondern kommt der einer Partei im Zivilprozess nahe.[511] Sie gibt dem Einsprechenden zwar kein ohne weiteres übertragbares subjektives Recht (Rn 240),[512] wohl aber ein Recht auf Äußerung, Berücksichtigung und sachliche Würdigung seines Vorbringens, Beschwerdeberechtigung, uU auch Kostenerstat-

---

499 *Zöller* § 62 ZPO Rn 1; *MünchKommZPO* § 62 ZPO Rn 1; *BGH Ballermann*.

500 Zur Nichtigkeitsklage *Stein/Jonas* § 62 ZPO Rn 16; RGZ 76, 300; BGH GRUR 1967, 655 *Altix*, für das Verfahren auf Festsetzung der angemessenen Benutzungsvergütung; *MünchKommZPO* § 62 ZPO Rn 30.

501 Vgl *Stein/Jonas* § 62 ZPO Rn 14.

502 Zu gemeinsamen Anmeldern BPatGE 49, 219; BPatG 16.7.2008 26 W (pat) 126/05 = Mitt 2009, 337; BGH NJW 2000, 292; *MünchKommZPO* § 62 ZPO Rn 30; *Baumbach/Lauterbach/Albers/Hartmann* § 62 ZPO Rn 24, zu Ausnahmen.

503 *Rosenberg/Schwab* ZPO § 49 Rn 47; BPatG GRUR 2012, 99 f.

504 BGH GRUR 1971, 246 *Hopfenextrakt*; RPA BlPMZ 1930, 58; aA RPA BlPMZ 1940, 181.

505 BPatGE 12, 153, 157 = Mitt 1972, 71; BPatGE 12, 158; BPatGE 12, 163; *Schulte* § 59 Rn 138; *Lindenmaier* § 36l Rn 35; kr *Benkard* § 74 Rn 33; aA auch *van Hees/Braitmayer* Rn 554, 557, für Anwendung von § 62 ZPO.

506 BPatGE 12, 153, 157 = Mitt 1972, 71; BPatGE 12, 158; BPatGE 12, 163; aA *Zöller* § 60 ZPO Rn 5, der hierunter das materielle Recht sieht, um das gestritten wird.

507 So auch *Benkard* § 74 Rn 33.

508 BPatGE 12, 153, 157 = Mitt 1972, 71; BPatGE 12, 158; BPatGE 12, 163.

509 *Thomas/Putzo* § 61 ZPO Rn 1, 5, 10.

510 RPA BlPMZ 1932, 243, 245.

511 BPatGE 10, 155, 157 = Mitt 1968, 214; BPatGE 12, 158, 161; DPA BlPMZ 1954, 260; *Nebesky* Mitt 1960, 239.

512 BGH GRUR 1968, 613 f *Gelenkkupplung*.

tungsrechte und -pflichten.[513] Mit Rücksicht auf seine parteiähnliche Stellung kann der Einsprechende nicht Zeuge oder Sachverständiger sein.

Die **Verfahrensbeteiligung** bezieht sich auf das gesamte (einheitliche, Rn 11) Einspruchsverfahren **216** (zur Beschwerde und Anschlussbeschwerde Rn 208 zu § 73), den gesamten Verfahrensstoff[514] und ist entgegen früherer Auffassung[515] nicht auf das rechtzeitige Vorbringen des betroffenen Einsprechenden oder sonst sachlich beschränkt. Sie erstreckt sich auch auf Wiedereinsetzungsanträge des Patentinhabers bei Versäumung der Jahresgebührenzahlung.[516]

Deshalb sind nach gängiger Praxis den Einsprechenden **sämtliche Schriftsätze**, auch die der ande- **217** ren Einsprechenden[517] und alle ergehenden Beschlüsse vollständig mitzuteilen (vgl auch Rn 310; EinsprRl 4.3.), obwohl die Einsprechenden nicht als Streitgenossen behandelt werden (Rn 214, 221). Es stellt eine Verletzung des Rechts auf Äußerung dar, wenn einem Einsprechenden Eingaben, die Verfahrensanträge, neue tatsächliche Ausführungen oder Material, seien es auch verspätet eingeführte Entgegenhaltungen,[518] enthalten, vorenthalten und zu seinen Lasten der Entscheidung zugrunde gelegt werden[519] oder wenn ihm solche Eingaben erst mit der Entscheidung zugestellt werden.[520]

4. Beitretender und Nebenintervenient. Auch der Beitretende und der Nebenintervenient sind mit **218** Wirksamwerden des Beitritts Beteiligte des Verfahrens und entspr an diesem zu beteiligen (Rn 202).

III. Wechsel von Beteiligten

1. Allgemeines. Da auf die förmliche Stellung als Beteiligter abzustellen ist und die Beteiligtenstel- **219** lung von der Sachbefugnis zu trennen ist (Rn 226), ist hinsichtlich des Wechsels von Beteiligten zu unterscheiden, ob dieser auf Seiten des Patentinhabers oder des Einsprechenden/Beitretenden erfolgt.

2. Berichtigung der Bezeichnung. Eine Änderung kann auch infolge fehlerhafter Angaben notwen- **220** dig werden. Eine derartige zulässige Berichtigung der Bezeichnung der Beteiligten (Rn 52) liegt vor, wenn keine Änderung der Identität eintritt; letztere führt aber zu einem Wechsel der Beteiligten.[521]

Unberührt bleibt die Einsprechendenstellung deshalb von bloßen Berichtigungen des Rubrums infol- **221** ge **Namensänderungen**, zB einer GmbH, selbst wenn das Handelsregister zwar Änderungen ihrer Firma verlautbart, jedoch keine Änderung der Rechtsperson der GmbH selbst eintritt und die GmbH die Patentaktivitäten trotz Abspaltung und rechtl Verselbstständigung von Geschäftsbereichen weiterhin wahrnimmt (Rn 53).[522]

3. Zwischenstreit; Vorabentscheidung. Gegenstand eines Zwischenstreits kann entspr § 280 ZPO **222** der selbstständige Streit über die Zulässigkeit des Einspruchs sein (umstr, Rn 251). Als abschließende und die Instanz bindende Entscheidung nach § 280 Abs 2 Satz 1 ZPO (Rn 102 zu § 79) ist sie in Betreff des Rechtsmittels als Endentscheidung selbstständig beschwerdefähig (Rn 252; Rn 55 zu § 73). Sie ist zudem nach § 100 rechtsbeschwerdefähig (Rn 253; Rn 5 zu § 100). Hinsichtlich der mündlichen Verhandlung s Rn 5 zu § 78. Der Erlass einer Vorabentscheidung steht im freien Ermessen. Ob der Streit über einen Beteiligtenwechsel entspr § 265 Abs 2 ZPO[523] und die Frage, wer als Beteiligter anzusehen oder ausgeschieden

---

513 BGH Gelenkkupplung; BGH GRUR 1965, 416, 418 Schweißelektrode I; BGHZ 56, 7 = GRUR 1971, 246 Hopfenextrakt.
514 BPatGE 18, 19 = GRUR 1976, 420.
515 RPA BlPMZ 1923, 146; RPA BlPMZ 1934, 239; RPA Mitt 1941, 121; RPA Mitt 1942, 83; RPA Mitt 1937, 175.
516 BGHZ 56, 7 = GRUR 1971, 246 Hopfenextrakt; BGH GRUR 1978, 99 f Gleichstromfernspeisung; vgl *Ballhaus* Mitt 1961, 222 mwN.
517 BPatGE 5, 16, 20 = BlPMZ 1964, 117; BPatGE 22, 61 f = GRUR 1980, 41; einschränkend zu Streitgenossen auf der gleichen Parteiseite *Zöller* § 63 ZPO Rn 2.
518 BPatGE 18, 19 = GRUR 1976, 420.
519 BGH GRUR 1978, 99 f Gleichstromfernspeisung.
520 BPatG BlPMZ 1985, 139.
521 *Thomas/Putzo* Vorbem § 50 ZPO Rn 6.
522 BPatGE 33, 21; BPatG 5.10.2004 24 W (pat) 71/03 (Markensache).
523 *Zöller* § 265 ZPO Rn 7.

ist, ebenfalls einem Zwischenbeschluss nach § 280 ZPO zugänglich ist, ist str.[524] Weiter in Betracht kommt der Zwischenstreit nach § 71 ZPO über die Zulässigkeit der Nebenintervention (Rn 201)[525] und des Beitritts (Rn 180). Allerdings scheitert insoweit eine Rechtsbeschwerde an § 100. Auch hat der BGH die Zulässigkeit der Rechtsbeschwerde nach § 574 Abs 3 Satz 2 ZPO verneint, obwohl sie irrtümlich zugelassen worden war.[526]

223 Hiervon zu unterscheiden sind die entspr § 303 ZPO möglichen und nicht isoliert anfechtbaren **unselbstständigen Zwischenentscheidungen,** sofern das Verfahren nicht bereits in der Hauptsache entscheidungsreif ist. Zweck und Wirkung liegen in der Selbstbindung der Instanz (Rn 102 zu § 79).[527] Diese erfolgen zwar als Beschluss und binden die Instanz (entspr § 318 ZPO), sind aber nicht im Hinblick auf die Rechtsmittel als Endentscheidungen anzusehen, zB Zwischenentscheidung über die Zulässigkeit eines Rechtsbehelfs oder Rechtsmittels,[528] nach § 46 Abs 1 Satz 5 über die Ablehnung der Anhörung, die Versagung der Wiedereinsetzung[529] (vgl Rn 95 ff zu § 123), der Streit bei einem Zeugen nach § 387 ZPO über die Zeugnisverweigerung oder entspr beim Sachverständigen nach §§ 402, 387 ZPO.[530] Sie können deshalb nicht isoliert angefochten werden (hierzu Rn 55 zu § 73).

224 Zu unterscheiden von nicht isoliert anfechtbaren unselbstständigen Zwischenentscheidungen sind die entspr § 252 ZPO immer **selbstständig anfechtbaren Entscheidungen** über die Aussetzung (Rn 297; Rn 70 zu § 73), das Ruhen iSv § 251a ZPO (Rn 297), die Unterbrechung (Rn 348 ff).

225 Letztlich zu unterscheiden von (bindenden) Vorabentscheidungen sind bloße **verfahrensleitende Anordnungen,** die in der Praxis (vgl EinsprRl) auch als „Zwischenbescheide" bezeichnet werden und die die Hauptsacheentscheidung lediglich vorbereiten (Bsp Rn 314; Rn 71 zu § 73),[531] keinen Beschlusscharakter aufweisen (Rn 55 zu § 73) und die Instanz nicht binden (zur erweiterten Anwendungspraxis echter Zwischenbescheide durch die Einspruchsabteilungen im Einspruchsverfahren vor dem EPA Rn 314). Nicht in Betracht kommen für einen Beschluss nach § 303 ZPO auch die zwar durch Beschluss angeordneten, aber grds unanfechtbaren verfahrensleitenden Maßnahmen, wie die Anordnung[532] oder Ablehnung[533] der Verbindung nach § 147 ZPO oder Trennung nach § 145 ZPO, oder die Vertagung nach § 99 iVm § 227 ZPO (Rn 70 zu § 73).[534]

4. Wechsel auf Seiten des Patentinhabers

226 **a. Trennung von Verfahrensstellung und Registerlegitimation.** Nach der auf die ältere markenrechtl Rspr[535] Bezug nehmenden Rspr des X. Zivilsenats des BGH[536] und dem folgend auch der Instanzrspr des BPatG[537] ist auch im Einspruchsverfahren (wie im Nichtigkeitsverfahren)[538] ausgehend von der auch im Verfahren vor dem DPMA und BPatG zu beachtenden Trennung der Verfahrensstellung und der durch das Patentregister nach § 30 maßgeblichen und vermittelten Legitimation zur Verfahrensführung (Verfahrensführungsbefugnis, Rn 89) § 265 Abs 2 ZPO nach § 99 Abs 1 entspr anzuwenden, so dass die Übertragung und Umschreibung des Patents die Verfahrensbeteiligung des bisherigen Patentinhabers im Ein-

---

524 Bejahend BGH NJW 1981, 989; *Thomas/Putzo* § 280 Rn 3, § 303 Rn 3; aA *Baumbach/Lauterbach/Albers/Hartmann* § 303 ZPO Rn 5.

525 AA *Baumbach/Lauterbach/Albers/Hartmann* § 303 ZPO Rn 5.

526 BGH GRUR 2013, 535 Nebenintervention, zu einem Schiedsstellenverfahren nach dem UrhWarnG, allerdings darauf abstellend, dass die Rechtsbeschwerde nur gegen Beschlüsse und nicht gegen Urteile eröffnet sei.

527 *Thomas/Putzo* § 303 Rn 5.

528 *Thomas/Putzo* § 303 Rn 2.

529 *Thomas/Putzo* § 303 Rn 2; *Baumbach/Lauterbach/Albers/Hartmann* § 303 ZPO Rn 7.

530 *Baumbach/Lauterbach/Albers/Hartmann* § 303 ZPO Rn 7 f.

531 BPatG Mitt 1967, 77; abl zum Nichterlass BPatGE 15, 134 = Mitt 1973, 234; DPA BlPMZ 1955, 216; abl BPatGE 17, 226 f = BlPMZ 1976, 20: über die Zulässigkeit einer Teilungs- oder Ausscheidungserklärung; hierzu auch BPatGE 9, 163; *Bühring* § 17 GebrMG Rn 30; *Starck* GRUR 1985, 798, 800; *Fezer* § 66 MarkenG Rn 10, auf fehlende Beschwer abstellend.

532 Zur Verbindung zweier Erteilungsverfahren BPatG GRUR 1985, 1041; *Baumbach/Lauterbach/Albers/Hartmann* § 147 ZPO Rn 16; *Starck* GRUR 1985, 798, 800.

533 *Baumbach/Lauterbach/Albers/Hartmann* § 147 ZPO Rn 18.

534 *Zöller* § 227 ZPO Rn 28, anders bei einer faktischen Rechtsverweigerung nach § 252 ZPO.

535 BGH GRUR 1998, 940 f Sanopharm; BGH GRUR 2000, 892 MTS, zum Anmeldeverfahren.

536 BGHZ 172, 98 = GRUR 2008, 87 Patentinhaberwechsel im Einspruchsverfahren.

537 ZB BPatG 3.6.2008 6 W (pat) 323/07.

538 BGHZ 117, 144, 146 f = GRUR 1992, 430 Tauchcomputer.

spruchsverfahren unberührt lässt und der Rechtsnachfolger ohne Zustimmung des bisherigen Patentinhabers nicht berechtigt ist, in die Verfahrensstellung seines Rechtsvorgängers einzutreten.

§ 265 Abs 2 Satz 1 ZPO soll dieses Auseinanderfallen von Verfahrensbeteiligung und Verfahrensführungsbefugnis für den Zivilprozess durch die Konstruktion der **gesetzlichen Verfahrensstandschaft** zusammenführen, kann aber in Verfahren nach dem PatG nicht vermeiden, dass diese die von § 30 geforderte Legitimationswirkung missachtet und insb der bereits durch Umschreibung legitimierte und tatsächliche Rechtserwerber nur durch eine Verfahrensübernahme nach § 265 Abs 2 Satz 2 ZPO mit Zustimmung der Verfahrensbeteiligten in das Verfahren eintreten kann; anders als es der früheren nationalen Praxis und derjenigen des EPA, wie auch im Markenrecht des HABM entspricht, und wie es auch in der Bedeutung der Registerlage angelegt ist.[539]   227

Der BGH hat die entspr Anwendbarkeit ua damit begründet, dass die **sachlichen Gemeinsamkeiten**   228 mit dem Nichtigkeitsverfahren stärker wögen als Unterschiede in verfahrensrechtl Einzelheiten oder die Qualifikation als kontradiktorisches oder nichtkontradiktorisches Verfahren, zumal es grds nicht wünschenswert erscheine, über die vom Gesetz vorgegebenen Unterschiede weitere Unterschiede zwischen dem Verfahrensrecht des Einspruchsverfahrens und des Nichtigkeitsverfahrens zu begründen.[540] Dies ist auf Kritik gestoßen, insb da der BGH diese Grundsätze im Markenrecht auch auf einseitige Verfahren ausgedehnt hat und die Instanzrspr zum Patentanmeldebeschwerdeverfahren dem teilweise gefolgt ist[541] und insb im Rahmen der von § 74 für das Beschwerderecht geforderten Beteiligung am Verfahren erster Instanz erhebliche Probleme entstehen (hierzu Rn 5, 20 ff zu § 74).

Damit wird nach der Rspr auch im **Verfahren vor dem Patentamt**[542] (zur Anwendbarkeit vor dem   229 DPMA Rn 15) entgegen früherem Verständnis der Weg frei für die (entspr) Anwendbarkeit des § 265 Abs 2 Satz 1 ZPO als Regelung einer gesetzlichen Verfahrensstandschaft, die zugunsten des bisher Beteiligten eine Verfahrensführungsbefugnis im eigenen Namen über das fremde Recht schafft (vgl zu § 265 Abs 2 Satz 3 Rn 14 zu § 74). Hiergegen ist eingewandt worden, dass angesichts der erheblichen verfahrensrechtl Unterschiede zwischen Einspruchs- und Nichtigkeitsverfahren die Anwendbarkeit des § 265 Abs 2 ZPO zumindest für das erstinstanzliche Einspruchsverfahren als ein allenfalls quasi-kontradiktorisches Verfahren (Rn 13) abzulehnen und die Grundsätze eines auf den gesetzlichen Richter abstellenden Verfahrens nicht auf das Einspruchsverfahren unmittelbar übertragbar seien. Da der Einspruch gegen das Patent und nicht gegen den Patentinhaber eingelegt werde, also das registrierte Recht im Vordergrund stehe, bestehe für den Einsprechenden im Fall des Patentinhaberwechsels kein Handlungsbedarf und die Rechte des neuen Patentinhabers würden in rechtsstaatlich bdkl Weise verkürzt.[543]

Kritik. In der Tat erscheint die Rspr des BGH im Hinblick auf die Vernachlässigung der im Einspruchs-   230 verfahren – wie in allen Verfahren vor dem DPMA – wesentlichen Ausrichtung am Register und das im Vordergrund stehende registrierte Recht nicht unbdkl. § 30 belegt die vom Zivilprozess abw ausschließliche Orientierung an der formellen Registerlegitimation für eine zulässige Verfahrensbeteiligung (hierzu Rn 89), die – ebenso abw vom Zivilprozess – zugleich die Berechtigung zur Verfahrensführung losgelöst von der tatsächlichen Rechtsinhaberschaft vermittelt (Rn 89, 226).[544] Bei krit Betrachtung erscheint es bereits fraglich, ob die Verweisungsnorm des § 99 Abs 1 tatsächlich zu einer entspr Anwendbarkeit von § 265 Abs 2 ZPO führen kann oder ob nicht vielmehr der darin enthaltene Vorbehalt im Hinblick auf die spezielle Regelung des § 30 Abs 3 Satz 2 einer solchen Verweisung entgegensteht, jedenfalls für die Fälle, in denen die nach § 30 maßgebliche Registerlage im Widerspruch zu einer durch die Verfahrensstandschaft nach § 265 Abs 2 Satz 1 ZPO vermittelten Verfahrensbeteiligung tritt, wie nach erfolgter Umschreibung.[545] Dies gilt insb

---

539   BPatG 23.10.2014 21 W (pat) 8/10; *Schulte* Rn 7, 9; dagegen *Schulte* § 30 Rn 49 f, aus Vollzug der Umschreibung Beteiligung nach § 74 annehmend; zur Anmelderbeschwerde BPatG 19.5.2014 19 W (pat) 62/12; zur Praxis des EPA *Singer/Stauder* Art 107 EPÜ Rn 12; zur früheren Rechtslage und Praxis dem HABM *Ströbele/Hacker* § 28 MarkenG Rn 14.

540   BGHZ 127, 98, 107 = GRUR 2008, 87 Patentinhaberwechsel im Einspruchsverfahren.

541   BGH MTS; hierauf hinweisend BGHZ 172, 98, 106 = GRUR 2008, 87 Patentinhaberwechsel im Einspruchsverfahren; vgl zur Kritik BPatG Mitt 2005, 277; *Pitz* GRUR 2009, 805 für das Einspruchsverfahren.

542   BPatG 19.7.2010 19 W (pat) 46/06; BPatG 13.1.2011 21 W (pat) 16/09 zur Anwendung im Anmeldebeschwerdeverfahren, unter Hinweis auf BGH GRUR 2000, 892 MTS, zur Anwendung von § 265 Abs 2 ZPO im markenrechtl Anmeldeverfahren.

543   So BPatG GRUR 2002, 371; *Pitz* GRUR 2009, 805, 810; *Fitzner/Lutz/Bodewig* Rn 83.

544   BGH GRUR 1966, 107 Patentrolleneintrag.

545   So noch *Ströbele/Hacker*[10] § 28 MarkenG Rn 15; abw *Ströbele/Hacker*[11] § 28 MarkenG Rn 15 und § 66 MarkenG Rn 30.

Engels

auch im Hinblick auf die hiermit einhergehende fehlende Sachlegitimation des im Verfahren verbleibenden Rechtsvorgängers, der weder materiellrechtl noch registerrechtl legitimiert ist (Rn 236 f). § 265 Abs 2 Satz 1 ZPO ist insoweit mit der Legitimationswirkung des § 30 nicht vergleichbar und wird zudem nach der Rspr des BGH auch auf Fallgestaltungen erweiternd angewandt, in denen nur noch die Umschreibung nach Rechtshängigkeit erfolgt, nicht aber die Übertragung des Patents (Rn 235). Ebenso stellen sich auf der Erwerberseite im Hinblick auf die nach § 265 Abs 2 Satz 2 ZPO nur eingeschränkt mögliche Übernahme des Verfahrens spiegelbildlich entspr Unzulänglichkeiten im Hinblick auf die hiervon abw Wertung des § 30, die auch nicht annähernd durch die vom BGH zuerkannte Möglichkeit einer Nebenintervention nach § 265 Abs 2 Satz 3 ZPO kompensiert werden (hierzu Rn 17 zu § 74).

231   Folgt man der Rspr des BGH nicht und hält § 265 Abs 2 Satz 1 ZPO jedenfalls für unanwendbar, sobald **die Umschreibung vollzogen** ist, wäre entspr ständiger früherer Rechtspraxis[546] sowie der des EPA (Rn 377, Rn 93 vor § 73) mit Umschreibung ein Beteiligtenwechsel kraft Gesetzes verbunden bzw der Erwerber gälte als Beteiligter der erstinstanzlichen Verfahrens nach § 74. Der eingetragene Patenterwerber wäre ohne weiteren Übernahmeakt am Verfahren beteiligt und nach § 74 beschwerdeberechtigt (hierzu Rn 23 zu § 74), der Registerstand bildete die Klammer für Verfahrensbeteiligung und Legitimationswirkung, wie andererseits die Fortführung des Verfahrens durch den bisherigen – ausscheidenden – Beteiligten wegen § 30 unzulässig wäre.[547] Deshalb liegt die Annahme nicht fern, dass § 265 Abs 2 Satz 1 ZPO durch die Spezialvorschrift des § 30 Abs 3 Satz 2 suspendiert ist.

232   **b. Voraussetzungen der Verfahrensübernahme.** Der neue Patentinhaber kann wegen § 30 Abs 3 Satz 2 erst nach Umschreibung und nur mit Zustimmung der bisher Beteiligten das Verfahren als Verfahrensbefugter übernehmen (zur Nebenintervention Rn 195; zur Beschwerde Rn 12 zu § 74).

233   Auch der gestellte **Umschreibungsantrag** soll entgegen früher vertretener Ansicht[548] nach Auffassung des BGH nicht die Möglichkeit einer Beteiligung und einer frühzeitigen Verfahrensübernahme durch den Rechtsnachfolger (zur möglichen Streithilfe Rn 196) eröffnen.[549] Hierbei wird auch eine analoge Anwendung des § 28 Abs 2 Satz 2 MarkenG abgelehnt, die bereits das Recht auf Verfahrensübernahme auf den Zeitpunkt des Zugangs des Umschreibungsantrags beim DPMA vorverlagert. Insofern erscheint die Auffassung des BGH nicht zwingend, dass allein die Untätigkeit des Gesetzgebers zum PatG die Annahme einer planwidrigen Gesetzeslücke verbiete und deshalb eine analoge Anwendung ausschließe (zur Gesetzesanalogie vgl Rn 16 und Rn 258). Mit § 28 Abs 2 Satz 3 MarkenG ist ferner die Möglichkeit einer einseitigen Übernahme geschaffen worden, um mit dem Zustimmungserfordernis nach § 265 Abs 2 Satz 2 ZPO verbundene rechtl Probleme, wie zB der Fiktion der Zustimmung nach § 267 ZPO bei rügeloser Einlassung zur Sache, zu vermeiden (Rn 98 zu § 30; Rn 25 zu § 74). Eine Angleichung durch den Gesetzgeber erscheint deshalb überfällig (vgl Rn 98 zu § 30; Rn 23 zu § 74).[550]

234   Die Verfahrensführungsbefugnis des Erwerbers wird wegen § 30 Abs 3 Satz 2 erst mit Umschreibung erlangt, da bis zu diesem Zeitpunkt der „frühere Anmelder, Patentinhaber ..." „berechtigt und verpflichtet" bleibt; eine Verfahrensübernahme soll deshalb zuvor mangels formeller Legitimation nicht möglich sein.[551] Ist sie dennoch erfolgt, so steht dies aber der Wirksamkeit der Übernahmeerklärung nach § 265 Abs 2 Satz 2 ZPO nicht entgegen, weil die aus der Registerlegitimation abzuleitende **Verfahrensführungsbefugnis als Sachentscheidungsvoraussetzung** erst im Entscheidungszeitpunkt über den Einspruch oder im Fall einer Zwischenentscheidung (Rn 222 ff) über die Zulässigkeit der Verfahrensübernahme vorliegen muss und nicht zugleich auch die Wirksamkeit betreffende Verfahrenshandlungsvoraussetzung ist (Rn 90; Rn 65 vor § 73).[552] Der Vollzug der Umschreibung bis zur Entscheidung über den Einspruch oder

---

546   Hierzu für das Markenrecht *Ströbele/Hacker* § 28 MarkenG Rn 14, zugleich auf das Verfahren für die Gemeinschaftsmarke vor dem HABM verweisend.

547   Dies wohl auch voraussetzend *Schulte* § 30 Rn 49 f; dagegen *Schulte* § 74 Rn 6 f.

548   Vgl BPatGE 44, 156 = GRUR 2002, 234; BPatGE 49, 39 = GRUR 2006, 524, zum Recht auf Einlegung einer Beschwerde; weitergehend vor Umschreibungsantrag BPatG 12.12.2005 9 W (pat) 33/03, BPatGE 49, 48 = BlPMZ 2006, 287; aA BPatG GRUR 2002, 371; BPatGE 25, 216; *6. Aufl* § 30 Rn 99.

549   BGHZ 172, 98 = GRUR 2008, 87 Patentinhaberwechsel im Einspruchsverfahren.

550   Ebenso *Schulte* § 30 Rn 50.

551   Hiervon geht auch BGH GRUR 2008, 87 Patentinhaberwechsel im Einspruchsverfahren aus; vgl BPatG 19.5.2014 19 W (pat) 62/12; *Schulte* Rn 6.

552   So auch *Benkard* Rn 48; insoweit nicht differenzierend *Schulte* Rn 9.

über die Zulässigkeit der Verfahrensübernahme durch Zwischenentscheidung (Rn 222ff) reicht deshalb aus, die wirksame Beteiligung herbeizuführen (zur Beschwerde Rn 13 zu § 74).[553] Unzulässig erscheint es, der für § 265 ZPO geltenden Zustimmungsfiktion nach § 267 ZPO ein Nichterscheinen eines Beteiligten in der mündlichen Verhandlung gleichzusetzen,[554] denn das Fernbleiben im Termin steht einer rügelosen Einlassung auf die Sache nicht gleich (s auch Rn 25 zu § 78, dort auch zum Sonderfall des § 62 ZPO).

c. Anwendungsbereich des § 265 Absatz 2 ZPO. § 265 Abs 2 ZPO ist nach der Rspr anwendbar bei **235** Veräußerung oder Abtretung des Patents nach Rechtshängigkeit (maßgeblich ist der letzte nach materiellem Recht maßgebliche Teilakt zum Rechtserwerb),[555] worunter jeder Einzelrechtsübergang unter Lebenden, sei es rechtsgeschäftlich, kraft Gesetzes oder Hoheitsakt, verstanden wird,[556] während für Fälle der Rechtsnachfolge aufgrund Tods oder Erlöschens des Rechtsvorgängers § 239 ZPO gilt (vgl Rn 346 zur Insolvenz),[557] wie auch eine Umschreibung im Patentregister, die aufgrund eines identitätswahrenden Rechtsformwechsels erfolgt, nicht vom Anwendungsbereich des § 265 Abs 2 ZPO erfasst ist und einer bloßen Korrektur der Parteibezeichnung bedarf.[558] Dem in § 265 Abs 2 ZPO unmittelbar geregelten Fall des Rechtsübergangs nach Rechtshängigkeit steht nach der Rspr des BGH der Fall gleich, dass dieser bereits vor Rechtshängigkeit erfolgt ist, aber die Umschreibung des Patents erst danach erfolgt.[559] Denn die insoweit maßgebliche Legitimationswirkung des Registereintrags gilt nach der Rspr uneingeschränkt auch bei einem Patentinhaberwechsel vor Eintritt der Rechtshängigkeit. Richtiger Beteiligter ist danach der im Patentregister eingetragene Patentinhaber auch dann, wenn es bereits vor Rechtshängigkeit des Verfahrens zu einer materiellrechtl wirksamen Übertragung des Patents gekommen ist und nach Rechtshängigkeit dessen Umschreibung im Patentregister erfolgt.[560] Insoweit erscheint allerdings fraglich, ob das Ergebnis mit § 265 und dem Rechtsgedanken der Erstreckung der subjektiven Wirkungen der Rechtskraft nach § 325 Abs 1 ZPO in Einklang steht (vgl auch Rn 237).[561]

d. Rechtsstellung des Rechtsvorgängers. Nicht unproblematisch ist, dass bei der entspr Anwen- **236** dung des § 265 Abs 2 Satz 1 ZPO der im Verfahren verbliebene frühere Rechtsinhaber als gesetzlicher Verfahrensstandschafter[562] des Rechtserwerbers zwar verfahrensrechtl zur Verfahrensführung im eigenen Namen als richtiger Beteiligter[563] legitimiert ist, jedoch damit nicht zugleich originär zu sachlich-rechtl Verfügungen über das durch Veräußerung nunmehr fremde Recht berechtigt ist,[564] da die durch § 265 Abs 2 Satz 1 ZPO eröffnete Verfahrensstandschaft nur eine auf Verfahrensrechte reduzierte Legitimation eröffnet und der nach § 30 bestimmten Legitimationswirkung der Registereintragung nicht gleichsteht.

e. Verfahrensführungsbefugnis und Sachlegitimation. Problematisch und umstr ist insb, welche **237** Verfahrenshandlungen noch von § 265 Abs 2 Satz 1 ZPO erfasst werden und wo die Grenze im Hinblick auf materiellrechtl Verfügungen über das Patent verläuft.[565] Insoweit ist der Zweck des § 265 Abs 2 Satz 1 ZPO

---

553 Zust auch *Benkard* § 74 Rn 48; insoweit nicht differenzierend *Schulte* Rn 9.

554 So aber BPatGE 53, 167 = GRUR-RR 2012, 449.

555 *Thomas/Putzo* § 265 Rn 7 ff.

556 *Thomas/Putzo* § 265 Rn 7 ff.

557 *Zöller* § 265 Rn 5a; weitergehend BPatG 9.12.2011 23 W (pat) 351/05, auch bei des späterem Wegfall des Veräußerers als partei- und prozessfähiger Beteiligter (str), ebenso OLG Frankfurt NJW-RR 1991, 318; aA OLG München OLGZ 1994, 87.

558 Zu § 81 Abs 1 Satz 2 BPatG 10.7.2013 4 Ni 8/11 (EP) GRUR 2014, 104 Ls.

559 BGH GRUR 1932/129, 145 Aufwärmvorrichtung, für die Geltendmachung des Übertragungsanspruchs; *Benkard* § 30 Rn 17a; vgl *von Falck* Anm zu BGH Aufwärmvorrichtung; vgl auch BPatGE 52, 54.

560 BGH GRUR 2008, 87 Patentinhaberwechsel im Einspruchsverfahren; zu § 81 Abs 1 Satz 2 BGH GRUR 2012, 149 Sensoranordnung; BPatG GRUR 2014, 1029; BPatG 10.7.2013 4 Ni 8/11 (EP) GRUR 2014, 104 Ls; BPatGE 52, 54; BPatG 12.4.2012 2 Ni 32/11 (EP).

561 Dies vernachlässigt BPatG GRUR 2014, 1029; zur Rechtskraftwirkung BGH GRUR 2012, 540 Rohrreinigungsdüse; BGH GRUR 2013, 1269 Wundverband.

562 Zur gesetzlichen und gewillkürten Prozessstandschaft *Baumbach/Lauterbach/Albers/Hartmann* Grdz § 50 ZPO Rn 26 f; *Thomas/Putzo* § 51 ZPO Rn 24 ff.

563 Statt aller RGZ 166, 218, 237; *Thomas/Putzo* § 51 ZPO Rn 21.

564 *Baumbach/Lauterbach/Albers/Hartmann* § 265 ZPO Rn 19.

565 BGH GRUR 2009, 42 Multiplexsystem.

zu berücksichtigen, der mit der fortbestehenden Verfahrensführungsbefugnis (Rn 89)[566] zu allen rein verfahrensrechtl Willenserklärungen berechtigt[567] und so die Möglichkeit eröffnet, den Prozess zu Ende zu führen,[568] während der im Verfahren verbliebene Rechtsvorgänger die Sachbefugnis vom neuen Rechtsinhaber ableiten muss. Anders als für den registrierten Schutzrechtsinhaber nach § 30 (hierzu Rn 39 zu § 30) ist es deshalb höchst zwh, ob und wieweit die aus § 265 Abs 2 Satz 1 ZPO abgeleitete Verfahrensführungsbefugnis zur Verteidigung des Patents, zur Rücknahme einer Anmeldung usw berechtigt,[569] insb zu Erklärungen, die zugleich auch eine materiellrechtl Verfügung beinhalten und mithin Doppelcharakter aufweisen. So legitimiert § 265 Abs 2 Satz 1 ZPO jedenfalls nicht zum (Teil)verzicht (§ 20 Abs 1 Nr 1), der als materiellrechtl Erklärung Sachbefugnis voraussetzt,[570] oder zum Vergleich (Rn 22 zu § 79).[571] Insoweit empfiehlt sich deshalb, frühzeitig die Vorlage einer entspr Bevollmächtigung im laufenden Verfahren zu fordern, da auch kein Anspruch darauf besteht, dass der materiell Berechtigte dem Verfahren beitritt.[572]

238 Allerdings ist nach wohl zutr Auffassung (str; abw Rn 102 zu § 82) eine **beschränkte Verteidigung des Patents** als eine auf Begrenzung des Verfahrensstoffs[573] gerichtete Verfahrenserklärung als reine Verfahrenshandlung anzusehen,[574] die von § 265 Abs. 2 Satz 1 ZPO gedeckt ist;[575] dies steht im Einklang mit der fehlenden Bindung, jederzeitigen Änderbarkeit und Rücknahme der beschränkten Verteidigung als rein verfahrensrechtl Verfügung bis zum rechtskräftigen Abschluss des Verfahrens.[576] Eine entspr Problematik ergibt sich bei der durch § 62 Abs 1 ZPO vermittelten verfahrensrechtl Vertretungslegitimation (Rn 25 zu § 78). Zur Insolvenz Rn 348 ff.

239 Auch **verfahrenshindernde Einreden** wie die **Nichtangriffsabrede** können einer abw Beurteilung bedürfen, wenn man sie im Einspruchsverfahren überhaupt anerkennen will (Rn 46 ff; Rn 64 vor § 73).[577]

5. Wechsel auf Seiten der Einsprechenden

240 **a.** Die **Beteiligtenstellung des Einsprechenden** ist keine Rechtsstellung subjektiven Rechts (vgl zur widerrechtl Entnahme Rn 25 zu § 61), allerdings eine besondere Rechtsstellung, die durch eine sachlich nicht gerechtfertigte Patenterteilung derart betroffen sein kann, dass der Einsprechende in seinen Rechten verletzt iSd § 42 Abs 2 VwGO sein kann, und die dem Kreis der rechtl geschützten Individualinteressen angehört.[578] Diese Rechtsstellung gibt dem Einsprechenden kein materielles Recht, sondern nur eine verfahrensrechtl Position, deren rechtsgeschäftliche Übertragung auf einen anderen deshalb grds, wenn auch nicht völlig, dh schon ihrem Begriff nach, ausgeschlossen ist.[579] Sie ist deshalb grds nicht frei übertragbar,

---

566 BGH NJW-RR 1987, 307; BGH NJW 1957, 1635.
567 *Baumbach/Lauterbach/Albers/Hartmann* § 265 ZPO Rn 19.
568 Vgl bereits RGZ 166, 218, 237.
569 Offengelassen in BGH GRUR 2009, 42 Multiplexsystem.
570 BGH Multiplexsystem; vgl auch zum Verzicht *Schulte* § 20 Rn 11, § 34 Rn 419; *Kraßer* S 573 (§ 26 A I 7).
571 Abw *Staudinger* § 779 BGB Rn 97.
572 BGH GRUR 2009, 42 Multiplexsystem; *Keukenschrijver* Patentnichtigkeitsverfahren[6] Rn 310, abw noch *Keukenschrijver* Patentnichtigkeitsverfahren[3] Rn 160.
573 So ausdrücklich BGH GRUR 1962, 294 Hafendrehkran; vgl zur Klagerücknahme, zum Anerkenntnis nach § 307 ZPO, zum Verzicht nach § 306 ZPO und der Erledigterklärung nach § 91a ZPO als Prozesshandlungen *Baumbach/Lauterbach/Albers/Hartmann* § 265 ZPO Rn 19a.
574 BGHZ 21, 8 = GRUR 1956, 409 Spritzgußmaschine I; BGH GRUR 1965, 480, 482 Harnstoff, „verfahrensrechtl Erklärung", zugleich auf die gebotene parallele Behandlung zum selbstständigen Beschränkungsverfahren abstellend; BGHZ 128, 149 = GRUR 1995, 210 Lüfterkappe, zum GbmLöschungsverfahren: „ebenso wie die Rücknahme des Widerspruchs ist diese Verfahrenshandlung"; *Schulte* Rn 185; *Kraßer* S 608, 616 (26 B II 9, III 8); zur Beschränkung des Erteilungsantrags *Schulte* § 34 Rn 430.
575 Zur vergleichbaren Problematik bei § 62 ZPO bejahend BPatGE 53, 6 = GRUR 2012, 99; bejahend für eine hilfsweise beschränkte Verteidigung auch BPatG 12.4.2012 2 Ni 32/11 (EP); abl *Keukenschrijver* Patentnichtigkeitsverfahren[6] Rn 310.
576 Zur fehlenden Bindung an die Beschränkungserklärung vgl auch BGH GRUR 2004, 583 Tintenstandsdetektor mwN; BGH GRUR 2007, 578 rückspülbare Filterkerze.
577 Ausführlich BPatGE 52, 54, zum Nichtigkeitsverfahren und zur Relevanz- und Irrelevanztheorie (Unbeachtlichkeitstheorie) sowie zum Meinungsstand auch *Stein/Jonas* ZPO § 265 Rn 22 und Rn 27; *Baumbach/Lauterbach/Albers/Hartmann* § 265 ZPO Rn 19a, für fortbestehende Relevanz der Einreden, ausgenommen §§ 406, 407 BGB.
578 BGH GRUR 1968, 613 f Gelenkkupplung; BGH GRUR 1965, 416, 418 Schweißelektrode I.
579 BGH Gelenkkupplung; BGH Schweißelektrode I; BPatGE 30, 24 = BlPMZ 1989, 114; BPatGE 42, 225; DPA Mitt 1960, 98.

da dies mit einem bloßen Prozessrechtsverhältnis und dem Rechtsinstitut des Einspruchs als solchem nicht vereinbar wäre.[580]

b. Übergang der Rechtsstellung kraft Gesetzes. Die Beteiligtenstellung des Einsprechenden geht **241** über auf den Rechtsnachfolger bei jeder Gesamtrechtsnachfolge, wobei § 30 Abs 3 Satz 2 nicht anwendbar ist (Rn 21 zu § 74),[581] zB im Erbfall (zur Unterbrechung nach § 239 ZPO Rn 235; Rn 7 zu § 79),[582] bei Verschmelzung nach § 20 Nr 1 Umwandlungsgesetz (UmwG)[583] oder formwechselnder Umwandlung nach § 202 Abs 1 UmwG[584] oder Eingliederung juristischer Personen,[585] ebenso in den einer Gesamtrechtsnachfolge vergleichbaren Fällen wie der Rechtsnachfolge in ein Sondervermögen, sofern der Einspruch nachweisbar in dessen Interesse eingelegt worden ist.[586]

Die Einsprechendenstellung geht auch auf den **Erwerber eines Handelsgeschäfts** über, der das Ge- **242** schäft mit allen Aktiva einschließlich aller Schutzrechte in der Absicht der Fortführung übernimmt und damit im Einvernehmen mit dem einsprechenden Veräußerer in die gesamte Interessensphäre eintritt, zu deren Verteidigung der Einspruch eingelegt worden ist.[587] Bei Ausgliederung eines Betriebsteils kann Wechsel des Einsprechenden zulässig sein.[588] UU geht die Einsprechendenstellung auch von einem beherrschenden Unternehmen auf das früher beherrschte Unternehmen über. Das setzt aber voraus, dass der Einspruch im Interesse des letzteren erhoben worden ist und das beherrschende Unternehmen seinen Einfluss auf das letztere ganz oder nahezu vollständig aufgibt (vgl auch Rn 378).[589]

c. Übergang nach den Regeln des Parteiwechsels. Anknüpfend an die neuere Rspr des BGH zur **243** Anwendbarkeit von § 265 Abs 2 ZPO bei Einzelrechtsnachfolge auf Seiten des Patentinhabers im Einspruchsverfahren ist die entspr Anwendung der Regeln des Parteiwechsels[590] (§§ 263 f ZPO) auch auf Seiten des Einsprechenden bejaht worden. Der Wechsel sei einfacher zu gestalten und die Interessen Dritter, die wegen § 81 Abs 2 an der Erhebung einer Nichtigkeitsklage vor Beendigung des Einspruchsverfahrens gehindert sind, seien effektiver zu wahren.[591] Diese Auffassung widerspricht der bisherigen Rspr und dem traditionellen Verständnis insb der Rechtsstellung des Einsprechenden, die nicht auf einem materiellen Recht beruht und der nicht der Charakter eines subjektiven Rechts zukommt (Rn 214 ff). Die Einsprechendenstellung bleibt grds, von den in der Rspr zugelassenen Ausnahmen abgesehen, auf das betr Verfahren beschränkt.

IV. Ende der Beteiligung

Die Verfahrensbeteiligung endet erst, wenn der Einsprechende selbst seine Rechtsstellung wirksam **244** aufgibt (§ 61 Abs 1 Satz 2) oder wenn er wegen Unzulässigkeit seines Einspruchs durch Entscheidung bestandskräftig von dem Verfahren ausgeschlossen wird.[592] Ein Wegfall des Einspruchsgrunds berührt ebensowenig die Verfahrensbeteiligung des Einsprechenden, wie der Wegfall des nach § 253 Abs 2 Nr 2 ZPO mit der Klage geltend gemachten Klagegrunds die Parteistellung eines Klägers berührt.[593]

---

580 BGH Gelenkkupplung.
581 BGH GRUR 1968, 613 f Gelenkkupplung; *Fitzner/Lutz/Bodewig* Rn 84.
582 BGH Gelenkkupplung; BGH GRUR 1965, 416, 418 Schweißelektrode I; PA BlPMZ 1902, 204; RPA BlPMZ 1939, 205; vgl EPA G 4/88 ABl EPA 1989, 480 = GRUR Int 1990, 318 Übertragung des Einspruchs; *Schulte* Rn 146.
583 BPatG 21.3.2005 9 W (pat) 353/02.
584 Zur Beschwerde und unveränderter Rechtspersönlichkeit eines Anmeldes BPatG 13.1.2011 21 W (pat) 16/09.
585 BGH Gelenkkupplung;
586 BGH Gelenkkupplung; für den Fall der Ausgliederung eines Geschäftsbereichs BPatGE 42, 225; PA Mitt 1960, 98; vgl EPA EPA T 799/97 und EPA T 702/97.
587 BPatGE 30, 24 = BlPMZ 1989, 114; BPatGE 42, 225; DPMA Mitt 1999, 68; RPA BlPMZ 1925, 168; RPA Mitt 1937, 336; vgl auch EPA G 4/88 ABl EPA 1989, 480 = GRUR Int 1990, 318 Übertragung des Einspruchs.
588 BPatG 11.3.1998 7 W (pat) 61/96; BPatG 20.12.1999 15 W (pat) 24/98; BPatGE 42, 225.
589 BPatGE 32, 39 = GRUR 1991, 308; EPA Übertragung des Einspruchs.
590 Vgl *Thomas/Putzo* ZPO Vorbem § 50 Rn 15.
591 *Hövelmann* Mitt 2009, 481.
592 BGH BlPMZ 1985, 304 Einspruchsbegründung.
593 BGH Einspruchsbegründung.

245   Die **Rücknahme des Einspruchs,** auch teilweise,[594] beendet (insoweit) die Beteiligung der Einsprechenden, nicht jedoch das Verfahren, wie § 61 Abs 1 Satz 2 zeigt (Rn 293; Rn 70 zu § 61).[595] Die Rücknahmeerklärung wird mit Eingang beim DPMA[596] oder, falls das Verfahren beim BPatG anhängig ist, bei diesem – wegen der kraft des Devolutiveffekts übergegangenen Empfangszuständigkeit (Rn 44 ff vor § 73) – wirksam (Einzelheiten Rn 183 ff zu § 73). Soweit für den ausschließlich auf widerrechtl Entnahme gestützten Einspruch und den (einzigen) unzulässigen Einspruch eine verfahrensbeendigende Wirkung der Rücknahmeerklärung anerkannt wird, ist dies abzulehnen (Rn 72 f zu § 61).

246   **Entscheidung über das Patent bei zulässigem Einspruch erfolgt** nach § 61 Abs 1 Satz 1 durch (teilweise) Aufrechterhaltung oder Widerruf (Rn 42 ff zu § 61).

V. Prüfung der Zulässigkeit des Einspruchs

247   **1. Grundsatz.** Eine sachliche Überprüfung des Patents im Einspruchsverfahren setzt (zumindest) einen zulässigen Einspruch voraus (Rn 33). Allerdings ist eine Unzulässigkeit der Fortführung des Einspruchsverfahrens anzunehmen, wenn es – ausnahmsweise – hierzu eines besonderen Rechtsschutzbedürfnisses des Einsprechenden bedarf und dieses nicht besteht oder vor dem Entscheidungszeitpunkt entfallen ist, wie dies zB der Fall ist bei Übergang des Patents (Rn 42), widerrechtl Entnahme (hierzu Rn 45),[597] wenn sonstige aus § 242 BGB abzuleitende Zulässigkeitshindernisse begründet sind (Rn 46 ff), oder nach Erlöschen des Patents (Rn 330, 334, 337; zur Beschwerde Rn 106, 201 zu § 73). Die Zulässigkeit des Einspruchs ist unverzichtbare Verfahrensvoraussetzung[598] und in jeder Lage des Verfahrens, auch in der Beschwerdeinstanz, unabhängig von der Einlassung der Beteiligten hierzu,[599] vAw zu prüfen (Rn 35 zu § 79)[600] und nach patent- und markenrechtl Rspr deshalb nicht dem Verbot einer Schlechterstellung unterstellt (hierzu und zur Kritik eingehend Rn 46 zu § 79). Sie ist von der Zulässigkeit der Beschwerde zu unterscheiden (Rn 54 f vor § 73).

248   **2. Kein zulässiger Einspruch.** Ergibt die Prüfung die Unzulässigkeit eines oder sämtlicher Einsprüche, sind dieser oder diese – auch durch Vorabentscheidung (Rn 251) – als unzulässig zu verwerfen (Rn 27 zu § 61).[601] Das Einspruchsverfahren und damit die Verfahrensbeteiligung der Einsprechenden enden mit Bestandskraft (Rechtskraft) der Entscheidung (zum Beitritt vgl Rn 165). Eine Sachprüfung findet nicht statt (Einzelheiten Rn 28 zu § 61). Das erteilte Patent bleibt bestehen, auch wenn das von den Einsprechenden beigebrachte Material den Widerruf rechtfertigt. Für einen zusätzlichen Ausspruch über die Aufrechterhaltung des Patents ist kein Raum. Eine Sachprüfung scheidet auch aus, wenn der (einzige) unzulässige Einspruch zurückgenommen wird (hierzu Rn 73 zu § 61). Erst recht kommt bei nicht ordnungsgemäßer Zahlung der Einspruchsgebühr eine Sachprüfung nicht in Betracht, weil nach der Fiktion des § 6 Abs 2 PatKostG der Einspruch als nicht eingelegt gilt (Rn 26 ff).[602]

249   **3. Mindestens ein zulässiger Einspruch.** Ist mindestens ein Einspruch zulässig (zur Prüfung vAw Rn 247), findet die Sachprüfung (Rn 254 ff) statt, ob das Patent aufrechtzuerhalten oder ganz oder teilweise zu widerrufen ist (§ 61 Abs 1 Satz 1). Die Verwerfung des oder der unzulässigen Einsprüche kann mit der Sachentscheidung über die zulässigen Einsprüche verbunden werden.

---

594 BPatG 26.3.2008 19 W (pat) 62/04, wo jedoch eine von vornherein beschränkende Wirkung des Teileinspruchs bejaht wird.
595 BPatGE 31, 21 = GRUR 1989, 908.
596 BPatGE 29, 92, 95 f = BlPMZ 1988, 196.
597 Hierzu BGHZ 124, 343 = GRUR 1996, 42 Lichtfleck; BPatGE 52, 61.
598 BGH GRUR 1972, 592 Sortiergerät.
599 BGH BlPMZ 1985, 304 Einspruchsbegründung.
600 BGH Sortiergerät; BGH Einspruchsbegründung; BGH GRUR 2009, 1098 Leistungshalbleiterbauelement; BPatGE 26, 143 = GRUR 1984, 799; BPatG Mitt 1985, 194.
601 BPatGE 26, 143, 147 f = GRUR 1984, 799.
602 Vgl BGH GRUR 2005, 184 verspätete Zahlung der Einspruchsgebühr, sowie auf der Grundlage der früher vertretenen Gegenmeinung BPatGE 48, 5 = GRUR 2005, 85.

Eine **einheitliche Entscheidung** über die zulässigen und unzulässigen Einsprüche ist geboten, wenn **250** sie zugleich entscheidungsreif sind, selbst wenn Vorabentscheidung beantragt wird.[603]

Hingegen kann entspr § 280 ZPO[604] (Rn 222ff) eine anfechtbare **Vorabentscheidung** (Zwischenent- **251** scheidung) **über die Zulässigkeit eines Einspruchs** ergehen, und zwar – zur abschließenden Klärung – nicht nur eine negative,[605] sondern auch eine positive,[606] wenn die Prüfung der zulässigen Einsprüche noch aussteht und ein Beteiligter eine Vorabentscheidung verlangt oder die Verfahrenslage sie sonst erfordert,[607] ebenso über die Nichterledigung des Einspruchsverfahrens durch Ablauf der Schutzdauer (Rn 202 zu § 73).[608] Ihr Erlass steht im Ermessen des DPMA oder des BPatG. Ein Anspruch auf Erlass einer Vorabentscheidung besteht nicht.[609] Ein darauf gerichteter Antrag ist nur eine Anregung.[610] Die Vorabentscheidung wird idR im Interesse des Patentinhabers an einer Klärung insb der weiteren Beteiligung einzelner Einsprechender erfolgen.[611]

Gegen die Vorabentscheidung ist entspr § 280 Abs 2 ZPO **Beschwerde** statthaft (Einzelheiten Rn 222ff; **252** Rn 55 zu § 73), nicht jedoch, soweit § 303 ZPO entspr gilt. Zuständig ist der Technische Beschwerdesenat nach § 67 Abs 1 Nr 2 (Rn 27 zu § 61); zur mündlichen Verhandlung Rn 3ff zu § 78.

Gegen eine Vorabentscheidung des BPatG über die Zulässigkeit des Einspruchs ist die **Rechtsbe- 253 schwerde** nach § 100 statthaft.[612]

VI. Prüfung der Begründetheit des Einspruchs

1. Grundsatz. Erweist sich der Einspruch als zulässig, tritt das DPMA (bzw das BPatG) in die sachli- **254** che Prüfung der durch § 21 festgelegten Widerrufsgründe ein, die in erster Instanz wegen des geltenden Amtsermittlungsgrundsatzes (Rn 294) nach Ermessen (Rn 304) auch vAw herangezogen werden können, ebenso wie im eur Verfahren (Rn 386), wenn der Einsprechende sich hierauf nicht berufen hat (zur Einschränkung bei der widerrechtl Entnahme Rn 303). Auch eine Nachrecherche ist möglich (Rn 298f). Wegen der Einheit des Einspruchsverfahrens (Rn 11, 216) bezieht sich die Verfahrensbeteiligung aller Einsprechenden auf die von sämtlichen Einsprechenden bei zulässigem Einspruch und die vAw herangezogenen Widerrufsgründe (Rn 208; zur umfassenden Anfallwirkung in der Beschwerde und Beschwerde eines Einsprechenden Rn 36 zu § 74; Rn 36 zu § 79), nach traditioneller Ansicht jedoch bei getrennter Verfahrensführung und ohne wechselseitige Verfahrensbeteiligung (Rn 214).

2. Gegenstand der Sachprüfung und der Entscheidung ist deshalb nicht der Einspruch, sondern **255** immer das Patent,[613] über dessen Aufrechterhaltung, und zwar in seiner jeweils geltenden Fassung, zu entscheiden ist, sofern es nicht nur beschränkt verteidigt wird (hierzu Rn 256ff). Dies ist regelmäßig zunächst die Fassung des Erteilungsbeschlusses, sofern nicht bereits ein Beschränkungsverfahren stattgefunden hat und der Beschränkungsbeschluss veröffentlicht ist (§ 64). Geprüft wird, ob das Patent aufrechtzuerhalten oder ganz oder teilweise zu widerrufen ist (§ 61 Abs 1 Satz 1 iVm § 21).[614]

---

603 DPA BlPMZ 1954, 260.

604 Abl BPatGE 17, 228 = GRUR 1975, 600; BGH NJW 1987, 3265, zur Zulässigkeit der Berufung; *Baumbach/Lauterbach/ Albers/Hartmann* § 303 ZPO Rn 5; bejahend BGH GRUR 1985, 519 Wärmeaustauscher I; BPatG GRUR 2002, 371; *Starck* GRUR 1985, 798, 800.

605 BGH GRUR 1985, 519 Wärmeaustauscher I; *Starck* GRUR 1985, 798, 800; abl BPatGE 17, 228 = GRUR 1975, 600.

606 BPatGE 27, 84 = GRUR 1986, 50; aA BPatGE 17, 228 = GRUR 1975, 600; *Starck* GRUR 1985, 798, 800.

607 DPA BlPMZ 1954, 260; DPA BlPMZ 1959, 324; DPA BlPMZ 1961, 57; *Benkard* Rn 164; dagegen gemeinsame Entscheidung fordernd *Fitzner/Lutz/Bodewig* Rn 97.

608 BPatGE 29, 65 = GRUR 1987, 807.

609 BPatGE 17, 228 = BlPMZ 1975, 343.

610 BPatGE 27, 84 = GRUR 1986, 50.

611 Vgl auch *Benkard* Rn 165.

612 BGH GRUR 1985, 519 Wärmeaustauscher I; *Benkard* Rn 164.

613 BGHZ 128, 280 = GRUR 1995, 333 Aluminium-Trihydroxid; BPatGE 29, 84 = GRUR 1988, 30; BPatGE 29, 65 = GRUR 1987, 807.

614 Zur Aussetzung der Entscheidung über den Einspruch gegen ein Zusatzpatent, wenn der Einspruch gegen das Hauptpatent zu dessen noch nicht bestandskräftigem Widerruf geführt hat, BPatG Mitt 1992, 28.

3. Änderungen des Patents

256   **a. Beschränkte Verteidigung; Selbstbeschränkung.** Der Patentinhaber kann das Patent ausschließlich oder hilfsweise beschränkt verteidigen (Rn 117 ff zu § 21) oder durch Selbstbeschränkung auf Null in der Sache nicht verteidigen (Rn 275), ohne auf ein isoliertes Widerrufs- oder Beschränkungsverfahren nach § 64 verwiesen zu sein. Ein Vorrang des Einspruchsverfahrens zum Verfahren nach § 64 besteht, anders als im EPÜ (Rn 361) nicht. In der Rspr ist schon früh aus Gründen der Verfahrensökonomie (vgl Rn 263, 267) trotz fehlender gesetzlicher Regelung (anders Art 101 Abs 3 EPÜ, Rn 103 zu § 61; Rn 117 vor § 73) die Möglichkeit einer beschränkten Verteidigung (der Selbstbeschränkung) im Einspruchs- wie auch im Nichtigkeitsverfahren anerkannt worden.[615] Dieser der Selbstbeschränkung zugrunde liegende Grundgedanke des § 64 wird in der Rspr im Hinblick auf die Anforderungen zulässiger Selbstbeschränkungen häufig zu wenig beachtet (Rn 266, 289). Die beschränkte Verteidigung ist allerdings von einer sonstigen Gestaltung, insb unzulässigen Neugestaltung des Patents bzw dessen geschützter Lehre zu unterscheiden. Eine solche ist im Einspruchs- oder Nichtigkeitsverfahren nicht mehr möglich und dem Anmeldeverfahren vorbehalten und zwar losgelöst von der Frage, ob die neu gestaltete Lehre ein „aliud" begründet (vgl auch Rn 263; Rn 20 ff zu § 38; Rn 270 zur Aufnahme neuer Patentansprüche).[616] Gegenstand der rechtsgestaltenden Entscheidung bleibt auch im Fall der Selbstbeschränkung das erteilte Patent und nicht die verteidigte Fassung, so dass es auch bei einer freiwilligen und nicht mehr angegriffenen Beschränkung des Patents eines Teilwiderrufs bedarf, einer Sachprüfung aber nur, soweit das Patent verteidigt wird (Rn 47 zu § 61),[617] da die Sachprüfung nur im Rahmen zulässiger Disposition des Patentinhabers erfolgt und diese vorrangig ist,[618] wobei sich Fallgestaltungen zulässiger (Rn 268 f) oder unzulässiger (Rn 273) wie auch teilweiser oder vollständiger Selbstbeschränkung (Rn 275) ergeben können.

257   Die umfassend vAw zu prüfende **Zulässigkeit der verteidigten Fassung** (zur Feststellungslast Rn 305 ff) ist Voraussetzung für die weitere Sachprüfung auf Bestehen von Widerrufsgründen des § 21 Abs 1 und von dieser zu unterscheiden.[619] Sie umfasst nicht nur deren Überprüfung und das Verbot, neue Nichtigkeitsgründe (§ 22) zu schaffen, sondern auch sonstige Zulässigkeitsvoraussetzungen für das Aufstellen von Patentansprüchen, wie sie für die Anmeldung nach § 34 – so auch als ultima ratio des aus § 34 Abs 3 Satz 3 abzuleitenden Gebots klarer Patentansprüche (str)[620] – und auch durch die PatV im Prüfungsverfahren gefordert werden (vgl Rn 262; Rn 113 zu § 82),[621] denn die beschränkten Widerrufsgründe betreffen ein erteiltes und damit geprüftes Patent,[622] der geänd Patentanspruch wird aber erstmals einer sachlichen hiervon abw Prüfung hiermit nicht identischer Zulässigkeitserfordernisse unterzogen (s auch Rn 41 f zu § 79). Dies rechtfertigt einerseits eine erweiterte Prüfung, andererseits werden dieser zugleich insb insoweit Grenzen gesetzt, als die erweiterte Prüfung nicht zu einem Rückfall in das Prüfungsverfahren führt, sondern nur eine analoge Anwendung der insoweit maßgeblichen Vorschriften erlaubt (vgl auch Rn 170 und Rn 258 ff). Denn andernfalls würden der Normzweck des Einspruchsverfahrens (Rn 12 ff) und seines auf ein erteiltes Patent abstellenden beschränkten Prüfungsumfangs sowie die Grenzen zulässiger Analogiebildung missachtet.[623]

258   So hat auch der BGH darauf verwiesen,[624] dass die **Gesetzesanalogie** auch in Bezug auf Ausnahmevorschriften nicht schlechthin unzulässig, sondern bei Vorliegen einer planwidrigen Gesetzeslücke immer dann möglich ist, wenn dem betr Rechtssatz ein Grundgedanke entnommen werden kann, der auf ähnliche Fälle anwendbar ist und im Rahmen des ermittelten Grundgedankens behoben werden kann. „Die

---

615   Hierzu BGHZ 110, 123 = GRUR 1990, 432 Spleißkammer; BPatGE 51, 51 = BPatG GRUR 2010, 137.

616   StRspr, BGH GRUR 2005, 145 elektronisches Modul; BPatGE 54, 1 = GRUR 2013, 487.

617   StRspr seit BGHZ 21, 8 = GRUR 1956, 409 Spritzgußmaschine I.

618   Zum Nichtigkeitsverfahren *Keukenschrijver* Patentnichtigkeitsverfahren Rn 314.

619   S auch *Keukenschrijver* Patentnichtigkeitsverfahren Rn 314.

620   So für das Nichtigkeitsverfahren BGH GRUR 2016, 361 Fugenband; BGH GRUR 2016, 475 Rezeptortyrosinkinase; BPatGE 54, 1 = GRUR 2013, 487.

621   StRspr, vgl BGH, GRUR 1998, 901 Polymermasse; BGH GRUR 2010, 709 Proxyserversystem, zum Nichtigkeitsverfahren; BPatG 21.4.2004 7 W (pat) 304/02; sehr weitgehend BPatGE 52, 195 = BlPMZ 2011, 380; *Keukenschrijver* GRUR 2001, 571; *Meier-Beck* GRUR 2011, 857, 864.

622   *Keukenschrijver* Patentnichtigkeitsverfahren Rn 314.

623   Zur Analogie im Verfahrensrecht *Zöller* Einl ZPO Rn 97.

624   BGHZ 135, 298 = GRUR 1997, 890 Drahtbiegemaschine, zu § 7 Abs 2.

Lücke ist durch das dem Gesetz zu entnehmende Prinzip auszufüllen, wenn der zu entscheidende Fall nur unwesentlich von dem gesetzlich geregelten abweicht und deshalb von einer Gleichheit der zu beachtenden Interessenlagen ausgegangen werden kann. Unter diesen Voraussetzungen bedeutet der Analogieschluss keine Missachtung des Gesetzgebers und des von ihm gesetzten Rechts, sondern ist berechtigt und geboten, weil angenommen werden kann, angesichts seiner durch den betr Rechtssatz zum Ausdruck gekommenen Regelungsabsicht hätte der Gesetzgeber auch den nicht geregelten Fall in die Norm mit einbeziehen müssen." Abgelehnt wird eine entspr Anwendung auf den Besichtigungsantrag, die Grenzbeschlagnahme, während auch im Fall der Einleitung eines Strafverfahrens wegen Patentverletzung der Normzweck eine entspr Anwendung rechtfertigen soll.[625] Es ist deshalb stets unter Beachtung der für eine Gesetzesanalogie zu beachtenden Vergleichbarkeit des Sachverhalts und Gleichheit der zu beachtenden Interessenlagen zu fragen, wieweit die im Prüfungsverfahren zu beachtenden Gebote, insb auch der PatV, bei Beschränkung des erteilten Patents abverlangt werden können, wonach die planwidrige Gesetzeslücke nur dann durch das dem Gesetz zu entnehmende Prinzip ausgefüllt werden darf, wenn der zu entscheidende Fall nur unwesentlich von dem gesetzlich geregelten abweicht,[626] so insb nicht, wenn mit der Patenterteilung der Ordnungszweck bereits erfüllt ist,[627] was für die §§ 9, 10 PatV differenziert zu betrachten ist.[628]

259 Hieraus erklärt sich auch, weshalb anerkanntermaßen die **Einheitlichkeit** nach § 34 Abs 5 iVm § 9 Abs 5 PatV im dt[629] wie nach Art 82 EPÜ iVm Regel 43 Abs 2 AOEPÜ im eur Einspruchsverfahren (Rn 400) keiner Prüfung bedarf, weil diese als Ordnungsvorschriften ihren Zweck mit der Erteilung des Patents erfüllt haben, während insb im Fall der Uneinheitlichkeit beim erteilten Patent die Möglichkeit der Teilung der Anmeldung entfallen ist und deshalb eine sachgerechte Verteidigung des Patents nicht mehr möglich wäre.[630] Entspr gilt für die Beachtung sonstiger formalrechtl Aspekte und der für die Abfassung von Patentansprüchen im Prüfungs- bzw Erteilungsverfahren geltenden Ordnungsvorschriften, wie Inhalt und Form der Patentansprüche nach § 9 PatV (s auch Regel 43 AOEPÜ) oder der nach § 10 PatV gebotenen Anpassung der Beschreibung.[631]

260 Bei der Grenzziehung für die Beurteilung der Zulässigkeit von beschränkenden Änderungen und deren **Abgrenzung zur Neugestaltung** sind auch Sinn und Zweck von Vorschriften, die das Anmeldeverfahren betreffen (vgl auch Rn 47 ff vor § 73), unter Berücksichtigung der allg für Verfahrensnormen geltenden Auslegungsgrundsätze, wie dem Verbot übertriebener Formstrenge und einer materiellrechtsfreundlichen Auslegung (Rn 49 vor § 73), sowie die berechtigten Interessen des Patentinhabers an einer effektiven und auf größtmöglichen Rechtserhalt gerichteten Verteidigung des Streitpatents, einzubeziehen, weshalb übertriebene Kleinlichkeit zu vermeiden ist.[632]

261 Die einschränkenden Voraussetzungen einer analogen Anwendung werden deshalb nicht hinreichend beachtet, wenn darauf abgestellt wird, ob im Prüfungsverfahren die begehrte Nebenordnung nicht bereits Gegenstand des erteilten Patents war oder im Anmeldeverfahren aus anderen Gründen abgelehnt worden wäre. Insoweit wird nicht berücksichtigt, dass sich im Gegensatz zur Situation im Prüfungsverfahren erst aus dem Angriff gegen das erteilte Patent **die erkennbare Notwendigkeit** gibt, das Streitpatent in einer bestimmten Weise zu verteidigen, ohne die eigene Rechtsposition unnötig zu schmälern.[633] Hinzu kommt, dass sich Nebenordnungen von Patentansprüchen immer zwangsläufig dann ergeben, wenn bei abhängiger Anspruchsformulierung mit nicht durchgehenden Rückbezügen oder bei „oder"-Formulierun-

---

625 *Fitzner/Lutz/Bodewig* Rn 128, 129.

626 BGHZ 135, 298 = BGH GRUR 1997, 890 Drahtbiegemaschine; siehe auch zur abweichenden Befugnis der unterschiedlichen Verfahren BGH GRUR 1988, 757 = BGH GRUR 1988, 757 Düngerstreuer.

627 BPatG 20.10.155 4 Ni 6/14.

628 Zutreffend BPatGE 52, 195 = BlPMZ 2011, 380 soweit auf Bestimmungen abstellt wird, welche für die Bestimmung des Schutzbereichs von Bedeutung sein können oder auf die formalen Aspekte der Zulässigkeit von Unteransprüchen nach § 9 Abs 6 Satz 1 PatV abgestellt wird, zu weitgehend aber hinsichtlich des Inhalts der Beschreibung nach § 10 PatV und geforderter Anpassungen, die zur Auslegung bzw. Bestimmung des Schutzbereichs nicht erforderlich ist; zutreffend insoweit BPatG 26.3.1997 7 W (pat) 64/95.

629 *Schulte* § 34 Rn 248; *Benkard* § 34 Rn 94 f, 95; aA BPatG Urt. v. 11.2.2015, 5 Ni 8/13 (EP).

630 So auch mit eingehender Begründung EPA T 263/05 ABl 2008, 329 unter 5.15 ff; T 223/97; T 181/02; *Benkard* § 34 Rn 95; *Singer/Stauder* Art 101 Rn 137–138; Augenmaß verlangt auch *Keukenschrijver* GRUR 2001, 571, 574.

631 ZU weit gehend deshalb BPatGE 52, 195 = BlPMZ 2011, 380.

632 BPatG 20.10.1915 4 Ni 6/14.

633 So auch BPatG Urt. v. 20.10.2015 4 Ni 6/14; offen gelassen in BPatGE 54, 1 = GRUR 2013, 487; BPatGE 44, 240 = GRUR 2002, 327; BPatG 28.7.2008 9 W (pat) 405/05; *Engel* GRUR 2009, 248; EPA T 263/05 ABl 2008, 329.

gen der Hauptanspruch wegfällt, ohne dass insoweit die Zulässigkeit der nunmehr nebengeordneten und verbleibenden Patentansprüche in Frage zu stellen ist und sich die Prüfung der Zulässigkeit einfacher darstellt, insb, wenn die Patentansprüche durch Aufnahme weiterer Merkmale verteidigt werden.[634]

262 Fraglich ist ferner **der Umfang der erweiterten Zulässigkeitsprüfung,** die durch Änderungen einzelner Merkmale eines Patentanspruchs ausgelöst wird. Der BGH ist nunmehr für das Nichtigkeitsverfahren und die Prüfung der Klarheit nach Art 84 EPÜ der stRspr des EPA[635] unter gleichzeitiger Anerkennung des § 34 Abs 3 Nr 3 als entspr Norm für das nationale Recht beigetreten, wonach nur die geänd Merkmale bzw die durch die Änderungen hervorgerufenen Einwendungen und Bedenken eine solche erweiterte Prüfung auslösen, so dass eine Prüfung jedenfalls insoweit nicht statthaft ist, als die mutmaßliche Unklarheit bereits in den erteilten Patentansprüchen enthalten war. Allerdings erscheint die Begründung des BGH, der Patentinhaber habe mit Erteilung des Patents eine Rechtsposition erhalten, die ihm nur in den gesetzlichen Fällen, mithin bei Vorliegen eines Einspruchs- oder Nichtigkeitsgrunds, aberkannt werden könne, zu denen die fehlende Klarheit nicht gehöre, etwas zu kurz gegriffen, denn die erweiterte Zulässigkeitsprüfung findet ihre Rechtfertigung gerade darin, dass mit dem geänd Patentanspruch erstmalig eine Rechtsposition iS eines zu erteilenden Patentanspruchs erworben werden soll. Insoweit lässt sich die Ansicht vertreten, dass sich die zu prüfenden Erteilungsvoraussetzungen immer auf den Patentanspruch (und die abhängigen Unteransprüche) als Ganzes beziehen und jedes Merkmal des Patentanspruchs in einem unauflösbaren Kontext der Gesamtlehre steht, so dass sich die Änderung auch nur eines Merkmals stets auf den Patentanspruch als Ganzen bezieht[636] (so bereits *7. Aufl*) und für diesen ursächlich ist (zum nationalen Beschwerdeverfahren Rn 41 zu § 79; zum eur Verfahren Rn 103 ff zu § 61, Rn 118 vor § 73). Die mögliche Selbstbeschränkung nach Erteilung steht danach ebenso unter dem Vorbehalt des insgesamt zulässigen Patentanspruchs wie die Erteilung selbst. Dies muss sowohl für das Gebot der Klarheit wie für die Widerrufsgründe gleichermaßen gelten. Andererseits sind von einer derartigen Änderung eines Patentanspruchs andere unabhängige Patentansprüche nicht betroffen, da für diese keine erstmalige neue Sachprüfung erforderlich wird. Dies muss mangels inhaltlicher Änderung auch für das vollständige Fallenlassen und die Zusammenziehung einzelner Patentansprüche mit sachlich unverändertem Gegenstand als zulässige Form der Beschränkung gelten (str, Rn 51 zu § 61).[637] Entspr ist auch in Bezug auf Änderungen der Beschreibung oder der Zeichnungen die Forderung nach einer Anpassung nicht von vornherein stets gerechtfertigt (Rn 56 ff zu § 61).

263 **b. Beschränkung und „aliud".** Unzulässig ist eine Änderung des Patents, die zu einer anderen als der bisher in den Patentansprüchen geschützten Lehre führt, einem „aliud" (Rn 20 zu § 38; Rn 99 ff zu § 21; Rn 61 ff zu § 61),[638] und zwar unabhängig davon, ob hiermit zugleich eine unzulässige Erweiterung des Schutzbereich verbunden ist (sofern dies überhaupt theoretisch auszuschließen ist),[639] da ein Gegenstand, der durch das erteilte Patent zwar offenbart sein mag, von ihm aber nicht geschützt ist, nicht nachträglich in das Patent einbezogen und unter Schutz gestellt werden kann. Denn die durch die Rspr eröffnete Möglichkeit einer beschränkten Verteidigung des Patents, ohne dass der dafür an sich vorgegebene Weg des isolierten Beschränkungsverfahrens begangen wird, erlaubt keine darüber hinaus gehende Gestaltung des Patents; diese ist allein dem Patenterteilungsverfahren zugewiesen.[640]

264 **c. Gegenstand der Beschränkung.** Das Patent kann nach tradioneller Auffassung im Nichtigkeitsverfahren[641] nur beschränkt werden, soweit es in dem jeweiligen Verfahren zur Überprüfung steht (vgl

---

634 Hierauf weist *Engel* GRUR 2009, 248 hin.

635 BGH GRUR 2016, 361 Fugenband; BGH GRUR 2016, 475 Rezeptortyrosinkinase; EPA 24.3.2015 G 3/14 Mitt 2015, 274 LS m Anm *Schmidtchen*, zur Klarheit nach Art 84 EPÜ.

636 S auch BGH GRUR 2002, 49 f Drehmomentübertragungseinrichtung, zum Anmeldebeschwerdeverfahren; ebenso *Benkard* Rn 170.

637 BPatG GRUR 2013, 53, zum Nichtigkeitsverfahren; *Keukenschrijver* Patentnichtigkeitsverfahren Rn 314.

638 BGH GRUR 2011, 40 Winkelmesseinrichtung; BGH GRUR 2011, 1003 Integrationselement; BGH GRUR 1991, 307 Bodenwalze; BGH GRUR 1990, 432 Spleißkammer; *Kraßer* S 608 (§ 26 B II 7).

639 Offen gelassen zum Nichtigkeitsverfahren in BGH GRUR 2005, 145 elektronisches Modul; ebenso BPatG 13.1.2009 3 Ni 77/06: im konkreten Fall bei Erweiterung des Schutzbereichs wegen Übergangs des auf eine Vorrichtung gerichteten Patentanspruchs auf ein diesen umfassendes System aber bejaht.

640 BGHZ 21, 8 = GRUR 1956, 409 Spritzgußmaschine I; BGH elektronisches Modul.

641 BGH Liedl 1959/60, 395, 410 Schwingungswalze; BGH 11.11.2003 X ZR 61/99, BPatG GRUR 1996, 3032.

auch Rn 270; zum Verfahren nach den EPÜ Rn 358). Dies ist im Einspruchsverfahren nur hinsichtlich der (umstr) Möglichkeit eines den Verfahrensgegenstand beschränkenden Teileinspruchs von Bedeutung (Rn 291).

Bejaht man die Möglichkeit eines **Teileinspruchs** (Rn 291), erscheint ein Unterschied zum Nichtig- **265** keitsverfahren nicht gerechtfertigt,[642] in dem eine Änderungsbefugnis nur im Rahmen des Umfang des Angriffs eingeräumt wird (Rn 104 zu § 82), mit der Folge, dass Änderungen oder ein Fallenlassen nicht angegriffener Patentansprüche als nicht möglich angesehen werden.[643] Denn auch das Einspruchsverfahren dient nicht der Revision des gesamten Patents, insb wenn man den Teileinspruch als bindenden beschränkten Angriff zulässt.[644] Der Verweis auf die rechtsgestaltende Wirkung (Rn 264) des bestandskräftigen Erteilungsakts („Erteilungswirkung"),[645] in die nur im Rahmen des Beschränkungsantrags, des Einspruchsbegehrens oder des Klageantrags im Nichtigkeitsverfahren eingegriffen werden kann,[646] muss nach dieser Ansicht auch hier gelten.

Zu bedenken und zu beachten ist aber, dass wegen des hinter der Zulässigkeit einer Selbstbeschrän- **266** kung im Einspruchs- und Nichtigkeitsverfahren stehenden Gedankens der **Verfahrensökonomie** (Rn 233) und der Vermeidung eines sonst erforderlichen isolierten Beschränkungsverfahrens[647] eine weitergehende Dispositionsfreiheit des Patentinhabers denkbar erscheint, die nicht auf den Gegenstand des Angriffs beschränkt ist und aus dem in das Bestandsverfahren involvierten Recht auf Selbstbeschränkung resultiert. Deshalb ist für den Fall, dass man ein Teileinspruch und eine hierdurch mögliche Begrenzung des Prüfungsgegenstands bejahen will, davon auszugehen, dass eine Selbstbeschränkung nicht angegriffener Patentansprüche jedenfalls bei anzunehmenden Rechtsschutzbedürfnis und im Rahmen zumutbaren Umfangs möglich erscheint[648] und der Patentinhaber insoweit nicht auf den Weg des § 64 zu verweisen ist. So hat der BGH[649] ausdrücklich dahinstehen lassen, ob an der bisherigen Rspr festzuhalten ist; dies wäre nicht geschehen, wenn darauf abgestellt würde, dass die Selbstbeschränkung nicht der Revision des Patents diene. Allerdings umfasst der Gedanke der Verfahrensökonomie auch die Vermeidung von Belastungen des Einspruchsverfahrens mit nicht gegenständlichen Änderungen, so dass die Forderung einer „Veranlassung" nicht unverständlich erscheint.

d. Veranlasste Änderung. Str ist, ob eine Änderung des Patents im Einspruchsverfahren nur zuläs- **267** sig ist, wenn sie einen Sachbezug zu den Einspruchsgründen des § 21 (nicht nur zum konkreten Einspruch) aufweist, der Ausräumung eines (nicht nur des verfahrensgegenständlichen) Widerrufsgrunds dienen soll,[650] also insoweit iSv Regel 80 AOEPÜ „veranlasst" ist (vgl Rn 385; Rn 103 zu § 61; Rn 117 f vor § 73), oder ob eine sonstige Veranlassung im weiteren Sinn ausreicht, wie eine bessere Durchsetzungsmöglichkeit des Patents,[651] oder überhaupt keine Veranlassung gefordert werden kann.[652] Insoweit ist fraglich, ob bei bloß beschränkenden Änderungen auf eine solche durch die Einspruchsgründe veranlasste Beschränkung, wie Regel 80 AOEPÜ sie fordert und wie sie Ausdruck eines besonderen Rechtsschutzbedürfnisses ist,[653] die im nationalen Recht aber nicht geregelt ist, verzichtet werden kann.[654] Denn die Zulässigkeit einer Beschrän-

---

642 So aber *Schulte* Rn 173, Änderungen eines nicht angegriffenen Anspruchs im Einspruchsverfahren zulassend; anders im Nichtigkeitsverfahren *Schulte* § 81 Rn 123; zur Änderung der Rückbeziehung von Unteransprüchen *Schulte* § 81 Rn 141.

643 Zum Nichtigkeitsverfahren *Keukenschrijve*r Patentnichtigkeitsverfahren Rn 312.

644 Vgl aber *Schulte* § 81 Rn 12, auf den Unterschied zum Einspruchsverfahren hinweisend.

645 BPatGE 36, 35, zur Änderung von Rückbezügen im Nichtigkeitsverfahren; *Keukenschrijver* GRUR 2001, 572 f; kr *Schulte* § 81 Rn 123.

646 *Keukenschrijve*r GRUR 2001, 572 ff; *Keukenschrijver* Patentnichtigkeitsverfahren Rn 312.

647 So bereits BGH GRUR 1956, 409 Spritzgußmaschine; vgl zum Teileinspruch auch *Schulte* GRUR 2001, 999.

648 Im Ergebnis ebenso *Schulte* Rn 173 unter Hinweis auf EPA T 711/04 ABl EPA 2006 Sonderausgabe A 103.

649 BGH 26.8.2014 X ZR 18/11 (Nr 23).

650 So *Schulte* § 81 Rn 122.

651 *Engel* GRUR 2009, 248.

652 Verneinend *Benkard* Rn 133; zum Nichtigkeitsverfahren bejahend BPatG 11.2.2015 5 Ni 8/13 (EP); offengelassen zum Nichtigkeitsverfahren in BPatGE 54, 1 = GRUR 2013, 487; BPatG 20.10.2015 4 Ni 6/14.

653 BPatGE 54, 1 = BPatG GRUR 2013, 487.

654 So bereits BPatGE 44, 240 = GRUR 2002, 327; ebenso *Benkard* Rn 133; *Schulte* Rn 173 und Einl Rn 233; *Schulte* GRUR 2001, 999, 1002, zur Kritik an Regel 80 (früher 57a) AOEPÜ, wonach Änderungen durch die Einspruchsgründe veranlasst

kung rechtfertigt sich aus dem Gedanken der Prozessökonomie und der Vermeidung eines isolierten Beschränkungsverfahrens nach § 64,[655] das eine derart „veranlasste" Beschränkung nicht kennt, zumal auch schon vor der Neufassung des § 64 durch die Übernahme der EPÜ-Revision in das nationale Recht nach hM im Einspruchs- und Nichtigkeitsverfahren dem Patentinhaber zugebilligt wurde, angegriffene Patentansprüche ganz fallenzulassen[656] und nicht nur zu beschränken. Anderseits erscheint es gerechtfertigt, im Hinblick auf die Belastung des Einspruchsverfahrens mit derartigen Änderungen jedenfalls ein sonstiges allg Rechtsschutzbedürfnis zu fordern, das aber regelmäßig keiner besonderen Darlegung bedarf und bereits in dem Bestreben begründet ist, das Patent möglichst umfassend zu verteidigen, aber auch in außerhalb des Verfahrens liegenden Aspekten gesehen werden kann und sich in besonderem Maß bei der Aufstellung neuer Patentansprüche stellt (s auch Rn 270).

268 **e. Zulässige Selbstbeschränkung.** Beschränkt sich der Patentinhaber in zulässiger Weise, reduziert sich die Sachprüfung der Widerrufsgründe auf die verteidigte Fassung. Hat sie Bestand, ist das Patent teilweise zu widerrufen und im übrigen antragsgem unter Anpassung von Beschreibung und Zeichnung (§ 61 Abs 3) aufrechtzuerhalten. Erweist sich auch die verteidigte Fassung als nicht bestandsfähig, ist das Patent insgesamt zu widerrufen.[657]

269 Ebenso wie im Nichtigkeitsverfahren muss es auch im Einspruchsverfahren aufgrund der Dispositionsbefugnis des Einsprechenden als möglich angesehen werden, einer zulässigen und vom Einsprechenden als **ausreichend angesehenen Selbstbeschränkung** dadurch Rechnung zu tragen, dass der überschießende Antrag auf Widerruf zurückgenommen wird und das Patent deshalb ohne weitere Sachprüfung im Umfang der nicht angegriffenen Selbstbeschränkung Bestand hat.[658]

270 **f. Aufnahme zusätzlicher Patentansprüche.** Str ist, ob eine Änderung auch darin bestehen kann, zusätzliche abhängige Patentansprüche (Unteransprüche) aufzunehmen oder erstmals neue oder weitere nebengeordnete Ansprüche zu bilden, wenn das Patent durch Neufassung des Hauptanspruchs beschränkt verteidigt wird.[659] Hierin kann auch eine Beschränkung liegen und die größere Anzahl der Ansprüche schließt eine solche nicht von vornherein aus; vielmehr entscheidet der geschützte Patentgegenstand über die Frage, wo die Grenze zu einer unzulässigen Neugestaltung des Patents (Rn 256) zu ziehen ist und ob insoweit auch formale Aspekte, wie die erstmalige Schaffung nebengeordneter oder weiterer abhängiger Patentansprüche einzubeziehen sind. In der Aufstellung neuer Patentansprüche kann deshalb bei inhaltlich außer Frage stehender Zulässigkeit nicht allein darin ein unzulässige Neugestaltung gesehen werden, dass erstmals nebengeordnete Patentansprüche aufgestellt werden.[660] Das müsste konsequenterweise auch für die Aufstellung weiterer Unteransprüche gelten, jedenfalls soweit die Änderung in nebengeordnete Ansprüche auch die Verteidigung unterschiedlicher Ausgestaltungen einer Erfindung in nebengeordneten Ansprüche anspricht, die im erteilten Patent noch als Unteransprüche formuliert waren oder erstmals formuliert werden. Im Hinblick auf eine effektive und umfassende Verteidigung des Patents muss es als zulässig angesehen werden, dass auch derartige neue Patentansprüche formuliert werden, wenn hieraus tatsächlich eine Beschränkung und keine bloße Klarstellung erfolgt, die als unzulässig anzusehen wäre (hierzu Rn 123 zu § 21).[661] Rspr und Lehre sind hier kontrovers. Während nach einer Auffassung nur erteilte Patentansprüche abgeändert und nicht beliebig zusätzliche Unteransprüche formuliert

---

sein müssen: „kann es nicht Sinn eines Einspruchsverfahrens sein, dem Patentinhaber eine Fassung seines Patents aufzuzwingen, die er selbst nicht will".

655   Hierzu BGH GRUR 2005, 145 elektronisches Modul; BGH GRUR 1956, 409 Spritzgussmaschine; BPatGE 54, 1 = GRUR 2013, 487; BPatG GRUR 2010, 137.

656   BPatGE 51, 51 = GRUR 2010, 137; kr auch *Schulte* GRUR 2001, 999.

657   AA für das österr Einspruchsverfahren ÖPA öPBl 2003, 60, 66; vgl zur hilfsweisen Selbstbeschränkung BPatGE 51, 45 = GRUR 2009, 46.

658   Zum Nichtigkeitsverfahren *Keukenschrijver* Patentnichtigkeitsverfahren Rn 317.

659   Abl *Schulte* Einl Rn 237; bejahend BPatGE 44, 240 = GRUR 2002, 327.

660   So auch *Engel* GRUR 2009, 248, 50 für nebengeordnete Patentansprüche.

661   Zum Einspruchsverfahren BGH GRUR 1989, 103 Verschlussvorrichtung für Gießpfannen; BGHZ 103, 262 = GRUR 1988, 757 Düngerstreuer; *Benkard* § 61 Rn 7.

werden können, da dies eine unzulässige Gestaltung des Patents sei[662] und auch die Aufstellung nebengeordneter Ansprüche als unzuässige Neugestaltung des Patents gesehen wird,[663] wollen andere hier differenzieren[664] oder haben jeweils in Einzelfällen eine der beiden Fallgruppen anerkannt.[665]

So ist die Aufspaltung eines Patentanspruchs in zwei nebengeordnete eine zulässige Änderung des **271** erteilten Patents, wenn sie eine Beschränkung des Gegenstands herbeiführt (zB auf zwei konkrete Ausführungsbeispiele) und der **Ausräumung eines geltend gemachten Widerrufsgrunds** Rechnung trägt.[666] Hier sind auch Fallgestaltungen denkbar, in denen nicht der Hauptanspruch, sondern erst die abhängigen Unteransprüche „und/oder" Kombinationen aufweisen, so dass Einschränkungen abhängiger Patentansprüche zugleich erstmals mit Nebenordnungen, zB von zwei Ausführungsformen, verbunden werden, um eine möglichst geringfügige Einschränkung zu realisieren.[667] In derartigen Fällen ist die Aufstellung neuer Patentansprüche grds keine unzulässige Neugestaltung.[668]

Andererseits kann das Rechtsschutzbedürfnis an der Änderung bei **fehlender Veranlassung** zwh **272** sein, was nicht nur der Rspr einzelner Senate des BPatG entspricht,[669] sondern auch der Praxis der Beschwerdekammern des EPA. Danach ist anerkannt (s auch Rn 399; Rn 105 zu § 61; Rn 109 zu § 21), dass auch neue unabhängige und abhängige Patentansprüche hinzugefügt werden können, sofern diese nach § 80 AOEPÜ veranlasst sind,[670] insb wenn beim erforderlichen Austausch eines Merkmals ansonsten die Aufgabe eines potentiell rechtsgültigen Patentanspruchs unvermeidbar wäre,[671] während die Hinzufügung abhängiger oder unabhängiger Ansprüche idR als nicht veranlasst angesehen werden.[672] Hierbei soll nach anderer Ansicht auch für die Einfügung weiterer Unteransprüche bei geänd Hauptanspruch oder der Bildung nebengeordneter Patentansprüche ein allg Rechtsschutzbedürfnis ausreichend sein, um ein zukünftiges Streitverfahren zu vermeiden, leichter durchführen zu können oder bessere Durchsetzungsmöglichkeiten für das Patent zu schaffen (hierzu auch Rn 110 zu § 82),[673] obwohl das Einspruchs- und auch das Nichigkeitsverfahren nicht der Verbesserung dieser Möglichkeiten dienen.[674] Zwar dürfte das Rechtsschutzbedürfnis weit zu fassen sein und es kann vielfältige Aspekte umfassen;[675] andererseits ist die Forderung nach einer durch den Angriff „veranlassten" Beschränkung und damit nach einer verfahrensbezogenen Veranlassung nicht unberechtigt und letztlich Ausdruck der Forderung nach einem qualifizierten Rechtsschutzbedürfnis.[676] Im Ergebnis spricht deshalb viel dafür, eine angriffsbedingte Veranlassung zu fordern.

---

662 BPatGE 43, 230 = BlPMZ 2001, 223; BPatG 28.7.2008 9 W (pat) 405/05 unter Hinweis auf BPatGE 49, 84 = BlPMZ 2006, 212.

663 BPatG 11.2.2015 5 Ni 8/13 (EP); zum Nichtigkeitsverfahren BPatGE 49, 84 = BlPMZ 2006, 212, verneinend für bloße nebengeordnete Ausführungsformen, aber Ausnahmen aus Zweckmäßigkeitsgründen nicht ausschließend; aA BPatG 28.7.2008 9 W (pat) 405/05 zum Einspruchsverfahren.

664 *Keukenschrijver* Patentnichtigkeitsverfahren Rn 313 und Rn 346 unterscheidet zwischen der abzulehnenden Aufstellung neuer Patentansprüche und anzuerkennenden Aufspaltung in mehrere eingeschränkte nebengeordnete Patentansprüche; so im Ergebnis auch BPatGE 49, 84 = BlPMZ 2006, 212; BPatG 28.7.2008 9 W (pat) 405/05; EPA 2.2.2006 T 263/05.

665 Bejahend zur Aufstellung neuer abhängiger Patentansprüche BPatGE 44, 240 = GRUR 2002, 327; aA BPatGE 43, 230 = BlPMZ 2001, 223; zu nebengeordneten Ansprüchen bejahend *Engel* GRUR 2009, 248; BPatGE 54, 1 = GRUR 2013, 487; BPatG 20.10.2015 4 Ni 6/14; *Singer/Stauder* EPÜ Art 101 Rn 120.

666 So zum Nichtigkeitsverfahren BPatGE 54, 1 = GRUR 2013, 487; vgl auch *Keukenschrijver* Patentnichtigkeitsverfahren Rn 322.

667 BPatG 20.10.2015 4 Ni 6/14; als unzulässige Umgestaltung wertend BPatG 11.2.2015 5 Ni 8/13 (EP); BPatGE 49, 84 = BlPMZ 2006, 212.

668 Zutr BGH GRUR 2005, 145 elektronisches Modul, unter Hinweis auf BGHZ 103, 262 = NJW 1988, 3208 Düngerstreuer.

669 BPatG 28.7.2008 9 W (pat) 405/05; offen gelassen zum Nichtigkeitsverfahren in BPatGE 54, 1 = GRUR 2013, 487; BPatG 20.10.2015 4 Ni 6/14; aA BPatGE 43, 230 = BlPMZ 2001, 223.

670 *Singer/Stauder* EPÜ Art 101 Rn 120 mwN.

671 Ausführlich EPA T 263/05 ABl EPA 2008, 329.

672 *Singer/Stauder* EPÜ Art 101 Rn 120.

673 BPatGE 44, 240 = GRUR 2002, 327; BPatGE 54, 1 = GRUR 2013, 487; *Engel* GRUR 2009, 248; abl BPatGE 49, 84 = BlPMZ 2006, 212; BPatGE 43, 230 = BlPMZ 2001, 223.

674 Bedenken äußernd deshalb auch BPatGE 54, 1 = GRUR 2013, 48; abl auch BPatGE 49, 84 = BlPMZ 2006, 212; bejahend *Engel* GRUR 2009, 248.

675 BPatG 20.10.2015 4 Ni 6/14; so insb auch *Engel* GRUR 2009, 248.

676 BPatG 11.2.2015 5 Ni 8/13 (EP), Veranlassung verneinend; offengelassen in BPatG 20.10.2015 4 Ni 6/14.

273   **g. Unzulässige Selbstbeschränkung.** Bei ausschließlich unzulässig beschränkter Verteidigung des Patents ist die erteilte Fassung des Patents zu prüfen, wenn der Patentinhaber dies hilfsweise beantragt oder dies seinem – mangels Antragspflicht (Rn 281) nicht zwingend ausdrücklich formulierten – Willen entspricht. Insoweit gelten die allg Auslegungsgrundsätze (Rn 287; Rn 46 vor § 73), wobei in Zweifelsfällen entspr § 139 ZPO auf eine Klärung hinzuwirken ist (Rn 290).[677] Die unzulässig beschränkte Fassung ist unbeachtlich (Rn 256), ihre weitere Sachprüfung findet nicht statt.

274   **h. Antragsbindung bei unzulässigen Änderungen.** Str ist, ob die Bindung an den Willen des Patentinhabers und an dessen Anträge auch Vorrang genießen, soweit diese ausschließlich auf Verteidigung einer unzulässig geänd Fassung des Patents gerichtet sind (vgl zum Einspruchs- und Nichtigkeitsverfahren Rn 14 zu § 38),[678] oder ob in diesem Fall die Sachprüfung zwingend und selbst gegen den Willen des Patentinhabers auf die erteilte Fassung zu erstrecken ist[679] und ein Widerruf der erteilten Fassung deshalb nur im Fall fehlender Bestandsfähigkeit möglich ist.[680] Dies hängt davon ab, ob dem Patentinhaber insoweit eine Verfügungsbefugnis einzuräumen ist, die nicht nur eine zulässige Beschränkung des Patents zulässt, sondern darüber hinaus auch den abschließenden Widerrufsgründen des § 21 übergeordnet ist und einem Anerkenntnis nahekommt. Dies ist zu bejahen, da diese auch mit den Grundsätzen eines wegen des öffentl Interesses im Weg der Amtsermittlung geführten Verfahrens vereinbar ist[681] und es deshalb allein Sache des Patentinhabers ist, diese Entscheidung zu treffen. Das Einspruchsverfahren kennt wie § 64 eine freiwillige Beschränkung des Patents (Rn 256), sei diese mit dem teilweisen oder vollständigen Verlust des Patents verbunden. Dies umfasst auch eine uneingeschränkte Nichtverteidigung, dh Selbstbeschränkung auf Null (Rn 275). Eine sachliche Überprüfung des Patents und ein nach § 21 Abs 1 Nr 3 gebotener Teilerhalt des Patents haben danach nur im Rahmen der gewünschten Verteidigung zu erfolgen; sonst ist das Patent ohne weiteres und ohne Sachprüfung zu widerrufen, soweit es nicht verteidigt werden soll. Dies entspricht auch der Praxis der Beschwerdekammern des EPA (Rn 99 zu § 61; zum Beschwerdeverfahren Rn 117 vor § 73) und bei einer zulässigen Selbstbeschränkung der nationalen stRspr[682] sowie der umfassenden Dispositionsbefugnis im isolierten Beschränkungsverfahren (Rn 244). Dass der Patentinhaber das Patent verteidigen will, dies aber in ungeeigneter Weise tut, steht hierzu nicht im Widerspruch (abw Rn 104 zu § 21; Rn 88 zu § 82), da die Nichtverteidigung der erteilten Fassung einer hilfsweise erklärten Selbstbeschränkung auf Null gleichkommt, deren Zulässigkeit nicht angezweifelt wird (Rn 275). Nach dem gebotenen ausdrücklichen und eindeutigen Hinweis im Rahmen der materiellen Verfahrensleitungspflicht (Rn 290) ist deshalb der Wille des Patentinhabers zu respektieren, so dass das Patent auch in der erteilten Fassung nicht mehr zur Überprüfung steht und ohne Sachprüfung zu widerrufen ist. Hieraus folgt ferner, dass – wie auch bei einer sonstigen, nicht ausschließlich beschränkten Verteidigung des Patents üblich und zulässig – die Frage der Unzulässigkeit der Selbstbeschränkung offen bleiben darf, wenn sich die so verteidigte Lehre des Patents als nicht patent- bzw bestandsfähig erweist, da es eines Rückgriffs auf die erteilte Fassung in keinem Fall bedarf.[683]

---

677   Vgl BGHZ 173, 47 = GRUR 2007, 862 Informationsübermittlungsverfahren II.
678   So BPatG 12.2.2009 12 W (pat) 329/05; BPatGE 49, 119 = GRUR 2006, 46; BPatG 8.2.2007 34 W (pat) 311/04; für das Nichtigkeitsverfahren BPatGE 50, 72 = GRUR 2009, 145, allerdings aus anderen Gründen im Berufungsverfahren abgeändert, BGH GRUR 2011, 129 Fentanyl-TTS; ebenso im Ergebnis ohne nähere Begründung auch BPatG 2.8.2007 15 W (pat) 11/04; BPatG 6.8.2007 20 W (pat) 70/03; BPatG GRUR 1997, 48; *Hövelmann* GRUR 1997, 109 ff, der hier einen ungeschriebenen Widerrufsgrund, nicht Einspruchsgrund, annimmt; *Hövelmann* Mitt 2000, 352; *Hövelmann* Mitt 2002, 49, 53 f unter Berufung auf BGH GRUR 2000, 1015 Verglasungsdichtung; *Haugg* S 243 ff; vgl BGH GRUR 1997, 120, 122 elektrisches Speicherheizgerät; *Schulte* Rn 177; abw zum Nichtigkeitsverfahren *Schulte* § 81 Rn 130; *Kraßer* S 609 (§ 26 B II 9), eindeutiges Verhalten fordernd.
679   So jedenfalls für eur Patente *Keukenschrijver* Patentnichtigkeitsverfahren Rn 316; *Keukenschrijver* GRUR 2014, 127.
680   So BPatGE 20, 133, 138; BPatGE 29, 223, 226, für das GbmLöschungsverfahren; offen gelassen in BGH GRUR 2002, 49, 50 Drehmomentübertragungseinrichtung; *Keukenschrijver* GRUR 2001, 571, 576.
681   Vgl *Redeker/von Oertzen* § 86 VwGO Rn 5: Verzicht und Anerkenntnis trotz des Amtsermittlungsgrundsatzes als Ausfluss des auch im Verwaltungsprozess bestehenden Dispositionsrechts.
682   StRspr zur Selbstbeschränkung, zB BGHZ 21, 8 = GRUR 1956, 409 Spritzgußmaschine I; BGH GRUR 2007, 404 f Carvedilol II; BPatG 28.10.2008 3 Ni 21/073 (EU); *Schulte* Rn 177; § 81 Rn 127.
683   Zum Nichtigkeitsverfahren BPatG 6.5.2014 4 Ni 22/12 (EP) GRURPrax 2015, 59 KT.

i. Selbstbeschränkung auf Null. Nach zutr und unbestr Ansicht[684] ist auch eine uneingeschränkte **275** Nichtverteidigung des angegriffenen Patents möglich, dh eine „Selbstbeschränkung auf Null" (ebenso im Nichtigkeitsverfahren Rn 105 zu § 82; zum Verfahren vor dem EPA Rn 99 zu § 61; Rn 106 vor § 73), jedenfalls wenn dieses uneingeschränkt angegriffen wird und zur Überprüfung steht (hierzu Rn 264 ff). Sie kann ebenso wie jede andere Selbstbeschränkung[685] auch hilfsweise erfolgen. Der Patentinhaber kann sein Begehren ebenso wie im Verfahren nach § 64 und im eur Beschränkungsverfahren nach Art 105a Abs 1 EPÜ auch auf ein vollständiges Fallenlassen des Patents oder den Widerruf ex tunc richten.[686] Entgegen der früher herrschenden Auffassung,[687] die trotz der als unbefriedigend empfundenen Rechtslage[688] ein solches Recht nicht anerkannt hat, trägt nur die Anerkennung einer „Selbstbeschränkung auf Null" dem Recht des Patentinhabers auf volle Ausschöpfung seiner Verfügungsbefugnis über das Patent hinreichend Rechnung. Dies kommt faktisch einem Anerkenntnis iSv § 307 ZPO gleich und ist für das Fallenlassen einzelner Patentansprüche im Einspruchsverfahren nie als unzulässig angezweifelt worden (Rn 274). Der Patentinhaber muss deshalb ebenso wie in dem korrespondierenden isolierten Widerrufs- und Beschränkungsverfahren nach § 64 oder Art 105a–105c EPÜ verfahrensökonomisch und ohne auf diese Verfahren oder den Verzicht nach § 20 Abs 1 Nr 1 ausweichen zu müssen, von einer Verteidigung des im Einspruchsverfahren angegriffenen Patents absehen können. Das Patent ist dann ohne Sachprüfung zu widerrufen.[689]

4. Bescheidungspflicht und Prüfungsmaßstab

a. Allgemeines. Das Verfahren führt im Rahmen der Widerrufsgründe des § 21 zur Klärung und in- **276** haltlichen Festlegung der unter Schutz gestellten Lehre, es dient nicht der Festlegung der Wirkungen des dt Patents im Kollisionsfall nach Art II § 8 IntPatÜG.[690]

b. Eine **Bescheidungspflicht** einzelner geltend gemachter Widerrufsgründe in einer bestimmten Rei- **277** henfolge besteht nicht. Jeder der abschließend im Gesetz aufgeführten und geltend gemachten Widerrufsgründe hat den Charakter eines selbstständigen Angriffsmittels. Aus prozesswirtschaftlichen Gründen braucht auf ein selbstständiges Angriffs- oder Verteidigungsmittel jedoch nicht gesondert eingegangen zu werden, wenn es auch bei seiner Berücksichtigung zu keiner anderen Entscheidung führen würde.[691] Dies trifft auf das einheitliche Einspruchsverfahren zu (Rn 208, 254), in dem Entscheidungsgegenstand das Patent und nicht der Einspruch ist (Rn 255) und in dem kein subjektiv-öffentl Recht auf Bescheidung eines Widerrufsgrunds oder Bescheidung in einer bestimmten Reihenfolge besteht und in dem lediglich die Begründungslinie ohne unterschiedliche Rechtsfolge für das Patent betroffen ist.[692] Folgerichtig kann die Nichtbescheidung grds auch keine Beschwer auslösen (vgl auch Rn 278).

Widerrechtliche Entnahme. Der BGH hat die bisher ungeklärte Frage offengelassen,[693] ob der Wi- **278** derrufsgrund der widerrechtl Entnahme (§ 21 Abs 1 Nr 3) im Hinblick auf das Nachanmelderecht des Verletzten nach § 7 Abs 2 ausnahmsweise eine Bescheidungspflicht begründet,[694] dieser also ein subjektives Recht auf Bescheidung auslöst (vgl auch Rn 25 zu § 61; Rn 102 zu § 73). Dies hat an praktischer Relevanz gewonnen, weil die widerrechtl Entnahme eine patentfähige Erfindung nicht voraussetzt[695] und Nichtbe-

---

684 Zum Nichtigkeitsverfahren BPatG 6.5.2014 4 Ni 22/12 (EP) GRURPrax 2015, 59 KT; BPatGE 51, 51 = GRUR 2010, 137; BPatG 19.10.2011 4 Ni 73/09; *Keukenschrijver* Patentnichtigkeitsverfahren Rn 312.
685 BPatGE 51, 45 = GRUR 2009, 46.
686 Vgl BGH GRUR 1956, 409 Spritzgußmaschine.
687 BGH GRUR 1995, 577 Drahtelektrode; BPatG GRUR 2003, 726; aA *Schmieder* GRUR 1980, 74, 77.
688 Vgl *Benkard*[10] § 64 Rn 2.
689 Vgl zum Nichtigkeitsverfahren BPatG GRUR 2010, 137; BPatG 19.10.2011 4 Ni 73/09, bei Teilangriff.
690 BGH GRUR 1994, 439 Sulfonsäurechlorid.
691 BGH GRUR 2001, 46 Abdeckrostverriegelung.
692 BGH Abdeckrostverriegelung unter Hinweis auf BGH NJW 1999, 3564.
693 Offen gelassen, ob subjektives Recht auf Bescheidung oder bloßer Rechtsreflex in BGH GRUR 2007, 996 Angussvorrichtung für Spritzgießwerkzeuge I.
694 So *Fitzner/Lutz/Bodewig* Rn 116.
695 BGH GRUR 2011, 509 Schweißheizung; BGH Angussvorrichtung für Spritzgießwerkzeuge I; BPatG GRUR 2009, 587; BPatG GRUR 2010, 521; vgl auch BGH GRUR 2001, 46 Abdeckrostverriegelung; kr *Niedlich* VPP-Rdbr 2001, 122, 126 f; *Benkard* § 21 Rn 23; *Kraßer* S 374 (§ 20 II 5); *Schulte* § 21 Rn 46.

scheidung eine Beschwer begründet (Rn 102 zu § 73). Der BGH hat allerdings angedeutet,[696] dass für eine solche Verpflichtung das zeitrangbegünstigte Nachanmelderecht des § 7 Abs 2 sprechen könnte und dem Verletzten damit möglicherweise eine subjektive Rechtsposition zustehe. Ein effektiver Rechtsschutz spricht für diese Rechtsansicht, wenn der Verletzte geltend macht, ein Nachanmelderecht beanspruchen zu wollen (offengelassen Rn 8 zu § 7).[697] Hiermit korrespondiert die vom BGH bestätigte Auffassung, dass allein die Nichtbescheidung in erster Instanz Beschwer auslöst, denn in beiden Fällen ist das geforderte besondere Interesse des Einsprechenden deckungsgleich. Auch erscheint es wenig konsequent, dem Einsprechenden, der die Nichtbescheidung geltend macht, zwar die Beschwerde zu ermöglichen, eine anschließende Bescheidung in zweiter Instanz aber mangels Anerkennens einer Bescheidungspflicht nicht zu gewährleisten.[698] Der in der Unvollständigkeit der Begründung liegende Begründungsmangel nach § 100 Abs 3 Nr 6 ist bei Annahme einer Bescheidungspflicht von der Frage rechtsfehlerhafter Verneinung der Entscheidungserheblichkeit[699] zu unterscheiden.

279   **c. Prüfungsmaßstab.** Die Prüfung auf Patentfähigkeit muss sich wie im Nichtigkeitsverfahren auf die im Patentanspruch geschützte technische Lehre in ihrer Gesamtheit beziehen und darf sich nicht etwa auf den kennzeichnenden Teil beschränken; dazu ist zunächst der Gegenstand des Patentanspruchs in der erteilten Fassung wegen seines Rechtsnormcharakters durch Auslegung zu ermitteln.[700] Das gilt auch für eine geltend gemachte unzulässige Erweiterung.[701]

5. Antragsbindung

280   **a. Allgemeines.** Da der Grundsatz der Antragsbindung auch im Einspruchs- und Einspruchsbeschwerdeverfahren auf Seiten des Patentinhabers gilt,[702] sind Änderungen des Patents ohne Einwilligung des Patentinhabers nicht statthaft[703] und das DPMA und BPatG an den Antrag des Patentinhabers (im Nichtigkeitsverfahren str, Rn 77 ff zu § 82) gebunden, soweit jedenfalls dessen Dispositionsbefugnis reicht (zur Beschwerde Rn 76 ff vor § 73; Rn 7 zu § 73; Rn 33 zu § 79).

281   **b. Gestaltungsrecht des Patentinhabers.** Das Recht zur Gestaltung des Patents liegt nach allg Auffassung ausschließlich beim Patentinhaber, wobei diesen nach der Rspr des BGH[704] allerdings weder eine Antragspflicht noch eine diesbezügliche Mitwirkungspflicht trifft (vgl aber auch Rn 300), so dass bei fehlendem Antrag auf den geäußerten oder durch Auslegung zu ermittelnden Willen des Patentinhabers abzustellen, ggf sein gesamtes Verhalten im Verfahren auszulegen ist. Hierzu zählen auch die Einbeziehung gestellter Anträge und vorgelegter Anspruchsätze oder Änderungen der Beschreibung (Rn 56 ff zu § 61) sowie der Prüfungsreihenfolge (Rn 282; Rn 32 zu § 61). DPMA und BPatG dürfen daher weder erforderliche Änderungen des Patents vAw vornehmen (vgl Rn 43 zu § 61) noch sich hinsichtlich eines bestandsfähigen „minus" und Teilerhalts des Patents in Widerspruch zum Willen des Patentinhabers setzen.[705] Nichtäußerung und Nichtstellen eines Antrags sind mangels Antragspflicht sanktionslos (s aber Rn 289).[706]

282   **c. Bindung an den Antrag des Patentinhabers.** Der Umfang der Sachprüfung wird deshalb durch die gestellten Anträge der Beteiligten oder – da keine Antragspflicht im engeren Sinn besteht – durch des-

---

696   So BGH Angussvorrichtung für Spritzgießwerkzeuge I.
697   So auch *Schulte* § 100 Rn 66; aA BPatG 22.4.1999 11 W (pat) 42/97.
698   BGH Angussvorrichtung für Spritzgießwerkzeuge I; BGH Abdeckrostverriegelung.
699   Hierzu BGH Abdeckrostverriegelung.
700   BGHZ 172, 108 = GRUR 2007, 859 Informationsübermittlungsverfahren I; BPatG 21.7.2015 4 Ni 5/14 (EP); BPatG 23.6.2015 4 Ni 35/13 (EP).
701   BGH GRUR 2015, 878 Polymerschaum II; BPatG 26.1.2005 20 W (pat) 319/02.
702   BGHZ 173, 47 = GRUR 2007, 862 Informationsübermittlungsverfahren II; *Schulte* Einl Rn 7.
703   BGHZ 105, 381 = GRUR 1989, 32 Verschlussvorrichtung für Gießpfannen; *Benkard* vor § 34 Rn 11, § 61 Rn 10.
704   BGHZ 173, 47 = GRUR 2007, 862 Informationsübermittlungsverfahren II; bestätigt in BGH GRUR 2009, 184 Ventilsteuerung; *Meier-Beck* GRUR 2008, 1033.
705   BGH Informationsübermittlungsverfahren II.
706   BGHZ Informationsübermittlungsverfahren II; BPatGE 49, 119 = GRUR 2006, 46; BPatGE 42, 147 = GRUR 2000, 897, Markensache; aA BPatG 7.4.2005 23 W (pat) 333/03.

sen erkennbar und ggf durch Auslegung zu ermittelnden Willen bestimmt. Es darf also – § 308 ZPO folgend – nicht mehr zugesprochen werden, als beantragt ist („ne ultra petita"). DPMA und BPatG können andererseits auch nicht ohne Einverständnis des Patentinhabers hiervon abweichen und das Patent in einer anderen, eigenmächtig geänd oder klargestellten beschränkten Fassung aufrechterhalten.[707] Der Antrag (Wille) des Patentinhabers wird regelmäßig auf (vollständige) Aufrechterhaltung des Patents gerichtet sein. Dann unterliegt die Prüfung insoweit keinen Einschränkungen. Der Patentinhaber kann seine Anträge jederzeit ändern, insb von einer beschränkten Verteidigung zur Verteidigung der erteilten Fassung zurückkehren,[708] solange seine Eingaben noch berücksichtigt werden müssen (Rn 38 zu § 78). Soweit in der Rspr eine Bindung an die vom Patentinhaber durch die Nummerierung der Anträge vorgegebene Prüfungsreihenfolge der Anspruchsfassungen des verteidigten Streitpatents abgelehnt wird, ist dem insoweit zu folgen, als dies dem ggf auszulegenden Willen des Patentinhabers entsprechen muss (Rn 32f zu § 61; Rn 85 zu § 82).

d. Bindung an den Willen des Patentinhabers. Nach früherer stRspr wurde das Patent widerrufen, **283** wenn der Patentinhaber nicht wenigstens einen Hilfsantrag auf eine bestandsfähige Fassung gerichtet hatte,[709] so wenn trotz nur teilweise rechtsbeständiger Patentansprüche lediglich die volle Aufrechterhaltung des Patents beantragt war[710] oder ein abw Wille mangels Teilnahme an der mündlichen Verhandlung[711] nicht erkennbar war, ausgehend von fehlender Bindung an den Antrag des Einsprechenden auch dann, wenn der Einspruch sich nur gegen einzelne Patentansprüche richtete.[712] Diese „**Faule-Apfel-Doktrin**" (Rn 46 zu § 61) beruhte letztlich auf einer Verwechslung der Verpflichtung des Anmelders, erteilungsreife Unterlagen im Prüfungsverfahren einzureichen, mit der nicht bestehenden Verpflichtung, das Patent mit insgesamt schutzfähigen Unterlagen zu verteidigen.[713] Wegen des in § 21 Abs 2 Satz 1 bestimmten Teilwiderrufs, des Gebots einer beschränkenden teilweisen Aufrechterhaltung und der fehlenden Verpflichtung des Patentinhabers, uneingeschränkt bestandsfähige Anspruchssätze vorzulegen und Anträge zu formulieren, stellt sich der vollständige Widerruf eines nur hinsichtlich einzelner Patentansprüche nicht rechtsbeständigen Patents (anders als nach Art 101 Abs 2 EPÜ iVm Regel 82 Abs 2 AOEPÜ, dazu Rn 103f zu § 61) als Verstoß gegen das Übermaßverbot dar, sofern der Patentinhaber das Patent beschränkt verteidigen will.[714] Allein der Wille des Patentinhabers, den vollständigen Widerruf hinzunehmen, kann einen solchen rechtfertigen, dann dieser ist sogar gegenüber § 21 Abs 2 Satz 1 PatG vorrangig (Rn 274).

Eine **beschränkte Aufrechterhaltung** des Patents kommt danach nicht vAw (Rn 43 zu § 61), sondern **284** nur in Betracht, wenn dies dem Willen des Patentinhabers entspricht (zur unzulässigen Selbstbeschränkung Rn 273 und zur Selbstbeschränkung auf Null Rn 275), was zu klären und erforderlichenfalls durch Auslegung zu ermitteln ist, weiter, wenn die verteidigte Fassung sämtlichen Zulässigkeitserfordernissen entspricht. Ob es deshalb gerechtfertigt ist, das Patent mit bestandsfähigen einzelnen nebengeordneten oder unselbstständigen Patentansprüchen vollständig zu widerrufen, ist demnach – mangels einer Mitwirkungspflicht (zur Kritik Rn 289) – vom Willen des Patentinhabers abhängig (vgl Art 112 Abs 2 EPÜ,

---

707 Vgl auch *Benkard* Rn 5 und Rn 11 vor § 34; *Schulte* Rn 180; zum Nichtigkeitsverfahren *Schulte* § 81 Rn 131; anders die Praxis in Österreich, ÖPA öPBl 2003, 60, 66.
708 BPatGE 30, 64 = GRUR 1989, 191; BGH GRUR 1965, 480, 482 Harnstoff; EPA T 123/85 ABl EPA 1989, 336 Inkrustierungsinhibitoren; aA unter dem Gesichtspunkt eines Teilverzichts zu Unrecht BPatG 12.1.2000 9 W (pat) 42/99.
709 BGHZ 105, 381 = GRUR 1989, 103 Verschlussvorrichtung für Gießpfannen; BGH GRUR 1997, 120, 122 elektrisches Speicherheizgerät; BGH GRUR 2000, 597 Kupfer-Nickel-Legierung; BGH 30.9.1997 X ZB 23/96; BGH GRUR 2000, 1015 Verglasungsdichtung, für den Fall unzulässiger Erweiterung; BGHZ 173, 47 = GRUR 2007, 862 Informationsübermittlungsverfahren II; BPatGE 43, 230 = BlPMZ 2001, 223, für den Fall der Aufstellung zusätzlicher Unteransprüche; aA BPatGE 27, 7 = GRUR 1985, 216; BPatG GRUR 1986, 605; kr *Keukenschrijver* GRUR 2001, 571, zur Frage, ob dies auch für abgrenzbare Teile des Patents gilt.
710 BPatG 4.6.2008 7 W (pat) 318/04; BPatG 16.10. 2008 6 W (pat) 339/05; BPatG 29.4.2008 34 W (pat) 701/07; BPatG 8.9.2008 9 W (pat) 338/05; BPatG 5.11.2007 20 W (pat) 303/04; BPatG 28.2.2008 15 W (pat) 22/04, mangels weiterer Anhaltspunkte für ein stillschweigendes Begehren; BPatG 30.11.2009 15 W (pat) 334/06, bei in der mündlichen Verhandlung nicht erschienenem Patentinhaber und nebengeordneten Patentansprüchen.
711 BPatG 27.7.2009 15 W (pat) 18/05; BPatG 15.1.2009 15 W (pat) 353/05; zur „Vertretungsfiktion" (§ 62 ZPO) in einem solchen Fall BPatG GRUR 2012, 99.
712 BPatGE 50, 69 = GRUR 2008, 626; BPatG 28.8.2008 23 W (pat) 52/05.
713 BGH GRUR-RR 2008, 456 Installiereinrichtung I.
714 BGH Informationsübermittlungsverfahren II; BGH GRUR 2010, 87 Schwingungsdämpfer.

Engels

Rn 99 zu § 61).[715] Hier trifft das durch Art 101 Abs 2 EPÜ iVm Regel 82 Abs 2 AOEPÜ (Rn 103 zu § 61) vorgegebene Verfahren, das anders als das nationale Verfahren eine Antrags- und Mitwirkungspflicht für die beschränkende Änderung des Patents ausdrücklich normiert, eine abw Regelung (zur Anpassung der Beschreibung oder Zeichnungen Rn 262; Rn 56 zu § 61).

285   Andererseits besteht **keine Verpflichtung** des DPMA oder des BPatG, vAw in eine nähere Prüfung darüber einzutreten, ob in einem insgesamt nicht schutzfähigen Patentanspruch ein Gegenstand enthalten ist oder dieser zu einem Gegenstand ergänzt werden könnte, mit der das Patent weiterhin Bestand haben könnte.[716] Dies wird auch dann zu gelten haben, wenn die Antragslage keine eindeutige Zuordnung unterschiedlich gefasster Patentansprüche einzelner Fassungen zu einem bestimmten Anspruchssatz ermöglicht und die Auswahl nicht vom Patentinhaber getroffen wird. Wenn auch insoweit Eindeutigkeit der Antragslage bestehen muss, und DPMA oder BPatG weder durch Auswahl noch Anpassungen an der Gestaltung mitzuwirken haben, begründet weder allein die Komplexität noch die Quantität als solche eine derartige Unbestimmtheit oder unzulässige Mitgestaltung.

286   Hiervon zu unterscheiden ist, ob sich im Hinblick auf die Antragsfassung oder das Vorbringen des Patentinhabers überhaupt **Zweifel an der Eindeutigkeit** seines Begehrens und der Zuordnung bestimmter Ansprüche zu einem Anspruchssatz und seiner Rangfolge ergeben, die eine Zurückweisung als unzulässig rechtfertigen. Eine solche ist deshalb abzulehnen, wenn sie jenseits der Frage zulässiger Neugestaltungen allein damit begründet wird, dass der Patentinhaber hilfsweise die Kombination einzelner nebengeordneter Patentansprüche aus verschiedenen Hilfsanträgen begehrt,[717] jedenfalls, wenn es keiner weiteren Anpassungen der einzelnen Nebenansprüche sowie der abhängigen Schutzansprüche bedarf und das Gericht nicht selbst gestaltend tätig werden muss und wenn die vorrangige Anspruchskombination oder eine bestimmte Rangfolge aus der Verteidigung eindeutig bestimmt ist. Zwar ist es grds Aufgabe des Patentinhabers, Anträge und seinen Verteidigungswillen so zu formulieren, dass eine eindeutige Bestimmung der Selbstbeschränkung oder der Prüfungsreihenfolge möglich ist, insb bei isolierter Verteidigung einzelner oder mehrerer nebengeordneter Schutzansprüche und unterschiedlicher Rückbezüge, in denen eine Eindeutigkeit der Antragslage herzustellen ist. Jedoch hat die zur Entscheidung berufene Stelle auf eine Klärung hinzuwirken (Rn 290), in welchem Umfang der Patentinhaber das Patent (hilfsweise) verteidigen will.[718] Hier ist der Einzelfall zu betrachten und bei einer Zurückweisung ist im Hinblick auf das Gebot der Wahrung berechtigter Interessen des Patentinhabers an einer effektiven und auf größtmöglichen Rechtserhalt gerichteten Verteidigung des Streitpatents Zurückhaltung angebracht.[719]

287   **e. Auslegung der Anträge/des Willens.** Anträge und/oder Wille des Patentinhabers sind nach allg Grundsätzen entspr § 133 BGB auszulegen (zur Beschwerde Rn 46 vor § 73). Zunächst sind ausdrücklich gestellte Anträge (Haupt- und Hilfsanträge) und Antragssätze des Patentinhabers maßgeblich. Es rechtfertigt grds den Widerruf des Patents, wenn sich auch nur der Gegenstand eines Patentanspruchs aus dem vom Patentinhaber verteidigten Anspruchssatz als nicht patentfähig erweist.[720] Allerdings darf nicht ausschließlich am Wortlaut der gestellten Anträge gehaftet werden,[721] diese und das Gesamtverhalten des Patentinhabers sind zu würdigen und bei sich aufdrängenden Zweifeln ist auf eine Klarstellung hinzuwirken (Rn 290). So kann trotz der Vorlage mehrerer Anspruchssätze ein (stillschweigendes) Begehren auf eine weitergehende beschränkte Verteidigung gewollt sein, wenn sich aus dem gesamten Prozesshalten hierfür Anhaltspunkte ergeben.[722] Es ist also Frage des Einzelfalls, ob trotz konkreter Antragstellung der Wille des Patentinhabers ausnahmsweise weitergehend auf die Verteidigung eines darin enthaltenen Restbestands des Patents abzielt, wenn das Patent in der verteidigten Fassung zumindest einen nicht

---

715   Das wird nicht hinreichend beachtet in BPatG 14.3.2011 9 W (pat) 307/06.

716   BGH GRUR 2007, 309 Schussfädentransport in Fortführung von BGH GRUR 1997, 272 Schwenkhebelverschluss.

717   Insoweit restriktiv, aus der Kombination unterschiedlicher nebengeordneter Ansprüche bereits ein Mitgestaltung durch den Senat folgernd BPatG 30.4.2015 2 Ni 41/13 (EP).

718   BGH Informationsübermittlungsverfahren II.

719   Hierzu BPatG 20.10.2015 4 Ni 6/14.

720   BGHZ 173, 47 = GRUR 2007, 862 Informationsübermittlungsverfahren II unter Hinweis auf BGH GRUR 1997, 120, 122 – elektrisches Speicherheizgerät; BGH GRUR 2010, 87 Schwingungsdämpfer; BPatG 14.3.2011 9 W (pat) 307/06; BPatG 21.3.2011 20 W (pat) 45/07; *Fitzner/Lutz/Bodewig* Rn 117.

721   BGH Schwingungsdämpfer.

722   BGH Informationsübermittlungsverfahren II; BGH Schwingungsdämpfer.

rechtsbeständigen Patentanspruch enthält. Diese ergänzende Fragestellung wird häufig vernachlässigt.[723] Insoweit ist idR davon auszugehen, dass eine Verteidigung mit Anspruchssätzen gemäß Haupt- und Hilfsanträgen den Willen zum Ausdruck bringt, in welcher Reihenfolge und in welcher Form der Patentinhaber das Streitpatent beschränkt verteidigen will, und kein Anlass für die Annahme besteht, dass der Patentinhaber darüber hinaus auch einzelne Patentansprüche aus dem Anspruchssatz gem Hauptantrag vorrangig vor dem Hilfsantrag verteidigen will.[724] Dass insoweit im Rahmen eines Anspruchssatzes zwischen einem ggf isoliert verteidigten selbstständigen Patentanspruch[725] und rückbezogenen Patentansprüchen zu differenzieren sein soll,[726] erscheint allerdings wenig überzeugend. Dies gilt auch für die Begründung, rückbezogene unselbstständige Patentansprüche rechtfertigten eine solche Überlegung nicht.[727] Bei diesen soll grds der Widerruf des Patents gerechtfertigt sein, wenn sich auch nur der Gegenstand eines Patentanspruchs aus dem verteidigten Anspruchssatz als nicht patentfähig erweist.[728] Denn eine sich am wohlverstandenen Interesse orientierende Auslegung (Rn 46 vor § 73) rechtfertigt insoweit nur eingeschränkt eine Differenzierung, da auch bei unselbstständigen Ansprüchen eine vergleichbare Interessenlage an einem weitergehenden beschränkten Erhalt einzelner Patentansprüche eines Anspruchssatzes nicht von vornhinein pauschal verneint werden kann.[729] Es verbleibt deshalb beim Regel-Ausnahme-Verhältnis, dass der ausdrücklich auf bestimmte Anspruchsfassungen artikulierte Wille regelmäßig auf eine abschließende Verteidigung gerichtet ist, wobei bei sich aufdrängenden Zweifeln am prozessualen Begehren auf sachdienliche Anträge hinzuwirken ist (Rn 290).

288 Auch die Rspr des BGH zum Nichtigkeitsverfahren, die seit der Entscheidung „Sensoranordnung"[730] eine Begründungslinie eröffnet hat, die auf eine **argumentative Verbindung von Verteidigungsumfang und Verteidigungserfolg** abzielt, in dem sie hinsichtlich der Unteransprüche zugleich auf die Beurteilung der Patentfähigkeit abstellt, erscheint eher als pragmatische Lösung, da es der Sachprüfung eines Unteranspruchs nur bedarf – was vorrangig zu klären ist und wofür in der Rspr Auslegungsregeln entwickelt worden sind – wenn der Wille des Patentinhabers auf dessen (isolierte) Verteidigung gerichtet ist (s aber Rn 79 zu § 82).[731]

289 **Kritik.** Eine in der Praxis besser zu handhabende und auch dem Antragsgrundsatz und Übermaßverbot gerecht werdende Lösung könnte darin bestehen, dem Patentinhaber eine **stärkere Mitwirkungspflicht**, insb nicht nur bei der Ermittlung des Sachverhalts im Rahmen der Amtsermittlung (vgl Rn 300), sondern auch im Rahmen der Sachanträge aufzuerlegen, ähnlich wie sie im EPÜ bereits durch den Gesetzgeber ausgestaltet ist (Rn 284; Rn 103 ff zu § 61), um so die gebotene Eindeutigkeit des Gewollten ohne die Notwendigkeit einer Auslegung oder um die notwendige Anpassung der Beschreibung (Rn 56 zu § 61) sicherzustellen. Danach trüge der Patentinhaber das Risiko, im Fall des Unterlassens gebotener Mitwirkung den vollständigen Widerruf eines nur hinsichtlich einzelner Patentansprüche nicht rechtsbeständigen Patents zu riskieren, andererseits bestünde die gebotene Eindeutigkeit der Entscheidungslage. Hier wäre eine klärende gesetzliche Regelung oder Neuorientierung der Rspr wünschenswert, auch wenn die Forderung nach einer Mitwirkungs- und Antragspflicht des Patentinhabers mit der aktuellen Gesetzeslage vereinbar erscheint. Denn dass das PatG insoweit keine ausdrückliche Regelung – ausgenommen § 90 Abs 3 zur mündlichen Verhandlung – enthält,[732] steht mangels abw Besonderheiten des Verfahrens nach dem PatG wegen der Verweisung des § 99 Abs 1 auf die Vorschriften der ZPO nicht zwingend entgegen, zumal auch der BGH die Bindung an den Antrag oder Willen des Patentinhabers fordert (Rn 282f) und trotz der Betonung, den Patentinhaber treffe im Einspruchsverfahren keine Antragspflicht, zugleich über den Weg

---

723 So auch *Fitzner/Lutz/Bodewig* Rn 118.

724 BPatG GRUR 2009, 46 Ionenaustauschverfahren, zum Nichtigkeitsverfahren.

725 So BGH Informationsübermittlungsverfahren II; hierauf ebenfalls abstellend *Fitzner/Lutz/Bodewig* Rn 117.

726 So *Fitzner/Lutz/Bodewig* Rn 117, 120.

727 So BGH GRUR-RR 2008, 456 Installiereinrichtung I.

728 So BGH Installiereinrichtung I; einschränkend im Nichtigkeitsverfahren BGH GRUR 2012, 149 Sensoreinrichtung, wonach die Grundlage nicht ohne weiteres entzogen ist.

729 Eine Differenzierung ist auch nicht mehr angesprochen in BGH Schwingungsdämpfer; aA *Fitzner/Lutz/Bodewig* Rn 120, eine gesonderte Prüfung und Begründungspflicht ablehnend, sofern kein ausdrücklicher Hilfsantrag auf den isolierten Schutz gestellt ist.

730 GRUR 2012, 149.

731 BPatG 15.1.2013 4 Ni 13/11.

732 Dies betonend BGHZ 173, 47 = GRUR 2007, 862 Informationsübermittlungsverfahren II.

der Auslegung im Ergebnis eine gewisse Mitwirkungspflicht anerkannt hat, denn auch der BGH trifft zugleich die Aussage, dass bei gestelltem Antrag des Patentinhabers auf Aufrechterhaltung des Patents im Umfang eines Anspruchsatzes, von Zweifelsfällen abgesehen, der Widerruf des gesamten Patents gerechtfertigt sei, wenn sich auch nur der Gegenstand eines Patentanspruchs aus dem vom Patentinhaber verteidigten Anspruchssatz als nicht patentfähig erweise.[733] Nicht vergessen werden sollte auch, dass der Patentinhaber im Rahmen des Beschränkungsverfahrens nach § 64 einen schriftlichen Antrag stellen muss, der die gewünschte neue Fassung der Patentansprüche sowie der geänd Beschreibung beinhalten muss. Berücksichtigt man, dass die Rspr die gesetzlich nicht geregelte Möglichkeit der Selbstbeschränkung in Bestandsverfahren (anders Art 101 Abs 3 EPÜ) aus der Verfahrensökonomie abgeleitet hat und deshalb § 64 die Rechtfertigung einer Selbstbeschränkung in Bestandsverfahren begründet (hierzu Rn 256, 266), muss es folgerichtig auch zulässig sein, die Anforderungen an eine zulässige Selbstbeschränkung im Einspruchs- bzw Nichtigkeitsverfahren entspr heranzuziehen, so dass es einer Herleitung dieser Grundsätze aus der ZPO nicht einmal bedürfte.

290   **f. Hinweise; Hinwirken auf sachdienliche Anträge.** Bestehen Zweifel am wahren Begehren des Patentinhabers, ist auf eine Klärung und die Stellung sachdienlicher Anträge[734] und sachgerechte Formulierungsvorschläge[735] oder erforderliche Anpassungen der Beschreibung (Rn 56 zu § 61) durch verfahrensleitende Verfügung (Rn 314) hinzuwirken, was idR auch der materiellen Verfahrensleitungspflicht nach Abs 3 Satz 2 und § 87 Abs 2 iVm § 273 Abs 2, 3 Satz 1 und Abs 4 Satz 1 ZPO entspricht und insb nach § 139 ZPO geboten sein kann,[736] wenn sonst eine Überraschungsentscheidung droht, der Patentinhaber aufgrund eines erkennbaren Missverständnisses oder Rechtsirrtums wesentliche Aspekte übersehen oder für unerheblich gehalten haben könnte (vgl § 139 Abs 2 ZPO) und deshalb Aufklärung und ein Hinweis zur Vermeidung einer Verletzung des Rechts auf Äußerung geboten sein können (vgl auch Rn 222ff; zur einseitigen mündlichen Verhandlung Rn 21ff zu § 78; zum Anspruch auf rechtl Gehör im Beschwerdeverfahren Rn 46 zu § 78).[737]

291   **g. Bindung an den Antrag des Einsprechenden und Teileinspruch.** Der Einsprechende wird idR den vollen Widerruf des Patents begehren. Eines förmlichen Antrags bedarf es hierfür nicht (Rn 71). Bisher nicht abschließend geklärt ist, ob ein Einspruch mit bindender Wirkung gegenständlich als "Teileinspruch" beschränkt sein kann. Dies ist nicht zu verwechseln mit der nur einzelne Patentansprüche, -anspruchsgruppen oder einzelne Alternativen betr Einspruchsbegründung.[738] Während im eur Einspruchsverfahren mit Regel 76 Abs 2 Buchst c AOEPÜ der Teileinspruch ausdrücklich vorgesehen ist (Rn 357),[739] sind die Auffassungen zum dt Verfahren[740] in Rspr und Lit geteilt.[741] Insoweit ist auch zu beachten, dass sich § 61 Abs 1 Satz 2 hinsichtlich der Rechtsfolgen einer (teilweisen, Rn 293) Rücknahme des Einspruchs von der Regelung im EPÜ unterscheidet (Rn 70 zu § 61 auch zum nicht Gesetz gewordenen RefE vom 2.7.2005).

292   Es spricht einiges dafür, im dt Einspruchsverfahren **keine Bindung** an den Antrag des Einsprechenden anzunehmen, wenn auch die Begründung nicht allein in der Geltung des Amtsermittlungsgrundsatzes (§ 46 Abs 1, § 87 Abs 1) gesucht werden kann, denn dieser ist, wie auch das Verwaltungsprozessrecht belegt, mit dem Grundsatz der Antragbindung als Ausdruck des auch in diesem Verfahren geltenden Dispositionsgrundsatzes vereinbar, wenn auch beide Grundsätze in Wechselbeziehung zueinander stehen

---

733   So ausdrücklich in BGH Informationsübermittlungsverfahren II (Nr 21).

734   So BGHZ 173, 47 = GRUR 2007, 862 Informationsübermittlungsverfahren II.

735   Dazu kr *Gramm* GRUR 1981, 465, 468 f, für die Einspruchsbeschwerde.

736   Vgl auch BGH Informationsübermittlungsverfahren II; BGH GRUR 2009, 1192 Polyolefinfolie; BGHZ 184, 49 = GRUR 2010, 314 Kettenradanordnung II, zum Verletzungsverfahren.

737   BGH GRUR 2010, 87 Schwingungsdämpfer; BGH NJW 2001, 2548; insoweit bdkl BPatG 1.3.2011 8 W (pat) 331/06.

738   Hierzu BGH GRUR 2003, 695 automatisches Fahrzeuggetriebe.

739   Hierzu EPA T 9/87 ABl EPA 1989, 438 = GRUR Int 1990, 227 Zeolithe/ICI.

740   Str ist die Interpretation von BGH GRUR 2003, 695 automatisches Fahrzeuggetriebe, hierzu *Harlfinger* GRUR 2009, 466, 468.

741   Zum Meinungsstreit *Winterfeldt/Engels* GRUR 2008, 553, 563; vgl DPA BlPMZ 1997, 364; EPA G 9/91 ABl EPA 1993, 408 = GRUR Int 1993, 957 Prüfungsbefugnis; *Günzel* Mitt 1992, 203, 204; Bindungswirkung bejahend *Schulte* Rn 80, 180; verneinend BPatG BlPMZ 2011, 384; BPatGE 44, 64 = GRUR 2002, 55; BPatG 15.11.2006 9 W (pat) 408/03; BPatG 10.5.2007 20 W (pat) 76/03; BPatG 14.7.2009 17 W (pat) 318/05; BPatGE 49, 220 = BlPMZ 2006, 418; DPMA BlPMZ 1997, 364; *Pitz* GRUR 2009, 805, 810; Bindungswirkung bejahen BPatGE 42, 84 = GRUR 2002, 55; BPatG 19.3.2008 19 W (pat) 312/05; BPatG GRUR 2008, 634; BPatG 20.6.2007 7 W (pat) 303/04; *Schulte* Rn 89 und Rn 189; *Harlfinger* GRUR 2009, 466, 470.

(Rn 296). Andererseits ist auch die allein auf den Antragsgrundsatz abstellende Argumentation zu vereinfachend,[742] da sie nicht berücksichtigt, dass dieser Grundsatz nur in dem Rahmen der den Beteiligten zuzuerkennenden Dispositionsfreiheit gelten kann, diese aber im Einspruchsverfahren deutlich eingeschränkt ist (Rn 296). Maßgebliche Bedeutung dürfte dem im öffentlichen Interesse stehenden Bedürfnis nach einer uneingeschränkten Sachprüfung der Widerrufsgründe zukommen, das als Popularverfahren in erster Instanz Beschränkungen hinsichtlich der Widerrufsgründe nicht zulässt[743] und eine nachträgliche Disposition eines Einsprechenden nach § 61 Abs 1 Satz 2 ausschließt. Insoweit kann diese Vorschrift als deutlicher Fingerzeig gewertet werden.[744] Die Fortführung des Verfahrens im öffentlichen Interesse soll der Existenz von „Scheinrechten", dh von zu Unrecht erteilten, aber gleichwohl wirksamen Patenten entgegenwirken[745] und Vorrang vor den Individualinteressen der Beteiligten haben. Das stimmt damit überein, dass der Einsprechende (ausgenommen bei der widerrechtl Entnahme) keine eigenen oder fremden subjektiven Rechte geltend macht.[746] Insoweit erscheint es wenig konsequent,[747] einerseits eine Bindung an die vom Einsprechenden geltend gemachten Widerrufsgründe abzulehnen, andererseits bei der gegenständlichen Überprüfung des mit dem Einspruch angestrebten Ziels eine Bindung anzunehmen und die Wertung des § 61 Abs 1 Satz 2 für den Fall nachträglicher Disposition eines Einsprechenden nicht zu berücksichtigen. Danach hat der Teileinspruch nur den Charakter einer Anregung[748] und stellt keinen Sachantrag mit Bindungswirkung dar, der die Überprüfung und Verteidigung des Patents gegenständlich beschränkt (vgl Rn 264 f).[749]

h. Eine **nachträgliche Einschränkung**, soweit man diese als möglich ansieht (Rn 291), oder voll- **293** ständige Rücknahme des Einspruchs schränkt den Prüfungsumfang nicht ein und führt nach § 61 Abs 1 Satz 2 nur zum Ausscheiden des Einsprechenden aus dem Verfahren (Rn 245; Rn 70 zu § 61; zur widerrechtl Ennahme Rn 303).

6. Untersuchungsgrundsatz (Amtsermittlungsgrundsatz)

a. Allgemeines. Die zur Entscheidung berufenen Stellen sind frei, das Patent im Einspruchsverfahren **294** umfassend auf seine Rechtsbeständigkeit zu überprüfen. Hier gilt der Amtsermittlungsgrundsatz (§ 46 Abs 1, § 87 Abs 1). Auch die innerhalb der Einspruchsfrist geltend gemachten Widerrufsgründe beschränken den Prüfungsumfang grds nicht. Die Prüfung vAw kann danach auf andere Widerrufsgründe erstreckt werden (Rn 254; Rn 22 zu § 21; zur Problematik im Einspruchsbeschwerdeverfahren auch Rn 74 zu § 73 und Rn 37 zu § 79). Insoweit besteht ein pflichtgemäßes Ermessen (Rn 304), das in der Beschwerdeinstanz nachprüfbar ist (Rn 52 zu § 79).[750] Für eine restriktive Ermessenshandhabung wie im Verfahren vor dem EPA, in dem weitere Widerrufsgründe nur ausnahmsweise geprüft werden, wenn Tatsachen bekannt geworden sind, die prima facie der Aufrechterhaltung des Patents ganz oder teilweise entgegenstehen (Rn 358; Rn 98 zu § 61), besteht keine Veranlassung.

Der Amtsermittlungsgrundsatz ist auch im Rahmen der vAw zu prüfenden **Verfahrensvorausset-** **295** **zungen** anwendbar (Rn 58 vor § 73). Die Annahme, für den Widerrufsgrund der widerrechtl Entnahme gelte stattdessen der Verhandlungsgrundsatz (Beibringungsgrundsatz), ist abzulehnen (Rn 303).

b. Einschränkungen des Dispositionsgrundsatzes. Der Amtsermittlungsgrundsatz wird durch das **296** hierin repräsentierte besondere öffentliche Interesse bestimmt und schließt die Anwendung des Dispositions- und Antragsgrundsatzes (Rn 280 ff) grds nicht aus, steht aber hierzu in Wechselwirkung und beeinflusst diesen einschränkend. Insoweit ist zu beachten, dass einerseits mit zunehmendem öffentlichem Interesse die Bedeutung und Zumutbarkeitsgrenzen der Amtsermittlungspflicht ansteigen, während ande-

---

742 So *Schulte* Rn 180.
743 BGHZ 128, 280 = GRUR 1995, 333 Aluminium-Trihydroxid; BPatG BlPMZ 2011, 384.
744 AA *Schulte* Rn 180.
745 So auch BPatG 14.7.2009 17 W (pat) 318/05.
746 So auch BPatG BlPMZ 2011, 384.
747 AA *Harlfinger* GRUR 2009, 466, 468.
748 So auch *Benkard* Rn 168, auf den Zweck des Einspruchs zur Verwaltungskontrolle hinweisend.
749 Ebenso *Fitzner/Lutz/Bodewig* Rn 43 und § 61 Rn 22.
750 BPatG GRUR 2010, 521.

rerseits die Dispositionsbefugnisse und Mitwirkungspflichten (Rn 300) der sich quasi-kontradiktorisch (Rn 13) gegenüber stehenden[751] Beteiligten entspr reduzieren oder entfallen können. Dies zeigt beispielhaft die in § 61 Abs 1 Satz 2 zum Ausdruck kommende Wertung des Entzugs eines Dispositionsrechts des Einsprechenden (vgl auch Rn 292 zum Teileinspruch), während andererseits im Bereich der widerrechtl Entnahme ein erweitertes Dispositionsrecht anzuerkennen ist (Rn 303).

297   **c. Aussetzung; kein Ruhen des Verfahrens.** Aus den Einschränkungen des Dispositionsgrundsatzes folgt auch, dass die Regeln der Aussetzung des Verfahrens entspr §§ 239 f ZPO über eine entpr Awendung von § 99 Abs 1 im Einspruchs(beschwerde)verfahren (hierzu Rn 15) nur eingeschränkt anwendbar sind (dagegen zur Unterbrechung Rn 346 f), insb kann es den Beteiligten nicht – oder nur in besonderen Ausnahmefällen[752] – ermöglicht werden, übereinstimmend das Ruhen des Verfahrens (§ 251a ZPO) zu betreiben, da diesen – anders als im Nichtigkeitsverfahren – die Verfügungsbefugnis einer einvernehmlichen Verfahrensbeendigung wegen § 61 Abs 1 Satz 2 im Interesse der Allgemeinheit entzogen ist und nicht die Interessen der Beteiligten im Vordergrund stehen.[753] Es wird zutr darauf hingewiesen, dass eine Aussetzung des Einspruchsverfahrens, auch wenn der Widerrufsgrund nach § 21 Abs 1 Nr 3 geltend gemacht wird, wegen des unterschiedlichen Untersuchungsgegenstands und der Rechtsfolgen einer auf Übertragung des Patents gerichteten Klage nach § 8 bis zur Entscheidung der Übertragungsklage nicht in Betracht kommt.[754] § 252 ZPO ist auf Zwischenbescheide (Rn 222 ff), die die Aussetzung anordnen und die Unterbrechung feststellen oder verneinen, entspr anwendbar (Rn 70 zu § 73).

298   **d. Zu berücksichtigende Tatsachen.** Anders als nach früherer Praxis[755] können im Rahmen der zulässigerweise geltend gemachten Widerrufsgründe alle entscheidungserheblichen Umstände berücksichtigt werden, gleich wie sie bekannt geworden sind.[756] Berücksichtigt werden können nicht nur die von den zulässigerweise Einsprechenden zur Einspruchsbegründung angegebenen Tatsachen, sondern ebenso **eigene Ermittlungsergebnisse** wie eine Nachrecherche (Rn 299; vgl auch Rn 15 zu § 87; zum Beschwerdeverfahren Rn 40 zu § 79),[757] ein Rechercheberichte[758] oder von am Verfahren unbeteiligten Dritten nach Abs 5 iVm § 43 Abs 3 Satz 2 benanntes Material, auch Tatsachen (Entgegenhaltungen), die unzulässig oder zulässig Einsprechende nach Ablauf der Einspruchsfrist beigebracht haben[759] oder die mit einem zurückgenommenen oder erledigten Einspruch vorgetragen worden sind.[760]

299   Die uneingeschränkte Prüfungs- und Bescheidungspflicht beschränkt sich auf das im Rahmen zulässiger Einsprüche fristgerecht beigebrachte Tatsachenmaterial,[761] während im übrigen das DPMA wie auch das BPatG keine uneingeschränkte Pflicht zur Ermittlung haben (vgl aber Rn 33 u § 46), insb zu eigener **Nachrecherche.** Insoweit besteht keine Pflicht,[762] sondern eine (in der Beschwerdeinstanz beschränkt nachprüfbares (Rn 40, 52 zu § 79) pflichtgemäßes Ermessen (Rn 304). Insb liegt darin kein Verstoß gegen die Neutralitätspflicht (Rn 13 zu § 87). Dies schließt das Recht ein, zur Beurteilung einer im Tatsächlichen schwierigen neuen Materie einen Sachverständigen zu Rat zu ziehen. Dies kann sich ua empfehlen, wenn es für die Beurteilung der Offenbarung der Erfindung auf die Einschätzung der Vorstellungen und Kenntnisse des Fachmanns ankommt.[763]

---

751 BGH GRUR 1966, 583 Abtastverfahren; zur Relativierung der Amtsermittlungsplicht durch Mitwirkungss- und Förderungspflichten der Beteiligten *Benkard* § 87 Rn 2d.

752 *Schulte* Einl Rn 314.

753 *Schulte* Einl Rn 314; zur Aussetzung *Schulte* Rn 132; ebenso zum Markenrecht *Ströbele/Hacker* § 43 MarkenG Rn 111.

754 *Cepl/Voß* §148 ZPO Rn 164.

755 BPatGE 2, 195 f = GRUR 1965, 32; BPatGE 16, 211, 218 = BlPMZ 1975, 202; RPA BlPMZ 1939, 62; RPA GRUR 1941, 97.

756 BGH GRUR 1978, 99 f Gleichstromeinspeisung; BGH GRUR 1969, 562 f Appreturmittel; BGHZ 124, 343 = GRUR 1996, 42 Lichtfleck; BPatGE 17, 80, 83 = BlPMZ 1975, 197.

757 BGH BlPMZ 1992, 496 Entsorgungsverfahren, zum Beschwerdeverfahren.

758 EPA T 387/89 ABl EPA 1992, 583 Cardioverter.

759 BPatGE 18, 19 f = GRUR 1976, 420; vgl BPatGE 40, 140; strenger ÖPA öPBl 1999, 169: nur ausnahmsweise, wenn dadurch die Erteilung eines offensichtlich nichtigen Patents vermieden wird; ÖPA öPBl 2002, 68, 71 unter Hinweis auf ÖPA öPBl 1932, 166: kein Zeugenbeweis zu Tatsachen, die nicht im Einspruch vorgebracht worden sind.

760 BGH Appreturmittel; BGH Lichtfleck.

761 Vgl BPatG 10.2.2003 9 W (pat) 15/01; vgl auch ÖPA öPBl 2000, 180, 185.

762 BGH GRUR 2011, 848 Mautberechnung, zum Nichtigkeitsverfahren.

763 BGHZ 122, 144 = GRUR 1993, 651, 653 tetraploide Kamille.

e. Für die Beteiligten besteht eine **Wahrheits-** (§ 124) **und Mitwirkungspflicht** (Rn 85 vor § 34).[764] Die **300** Amtsermittlungspflicht findet ihre Grenze in der Zumutbarkeit weiterer Ermittlungen, die durch den Aufwand und die Erfolgsaussichten der zu treffenden Ermittlungen einerseits, aber auch die Erforderlichkeit und Möglichkeit der Mitwirkung der Beteiligten – der Verfahrensförderungspflicht – anderseits (vgl aber Rn 289) bestimmt wird (vgl Rn 34 zu § 46).[765] Die Amtsermittlungspflicht kann im Einzelfall enden, wo eine die Darlegungslast tragende Partei ihrer Mitwirkungspflicht nicht genügt, obwohl es ihr ohne weiteres möglich ist[766] oder indem sie den Sachverhalt nicht detailliert vorträgt und sich allein auf das DPMA oder BPatG verlässt[767] und der Sachverhalt deshalb nur mit unverhältnismäßigem Aufwand oder nur unzureichend ermittelt werden könnte[768] oder nur geringe Aussicht auf umfassende Sachaufklärung besteht.[769] DPMA und BPatG sind nicht gehalten, allen denkbaren Möglichkeiten nachzugehen, wenn ein Beteiligter die ihm zumutbare Mitwirkung unterlässt.[770]

Auch einer behaupteten **offenkundigen Vorbenutzung** ist in den genannten Zumutbarkeitsgrenzen **301** grds nachzugehen, selbst wenn sich der Einsprechende der weiteren Mitwirkung an deren Aufklärung durch Einspruchsrücknahme entzieht und eine Beweisaufnahme erforderlich ist,[771] sofern nicht mangels konkreter Angabe von Beweismitteln nur ein Beweisermittlungsantrag vorliegt und die Beweismittel vAw aufgefunden werden müssten.[772] Allein der Umstand, dass sich der Einsprechende durch Einspruchsrücknahme seiner Mitwirkung entzieht, genügt aber nicht.[773] Insb steht ein Wegfall des Interesses oder entspr Willens des Beweisführers oder ein Fallenlassen der Beweisanträge auch in diesem Fall wegen des Amtsermittlungsgrundsatzes nicht in rechtl Hinsicht einer Beweisaufnahme entgegen.[774] Dies ist allerdings für den auf eine widerrechtl Entnahme gestützten Einspruch str und zu bejahen (Rn 303).

f. Keine Anwendung von Präklusionsvorschriften. Aus der Anwendbarkeit des nach § 87 gelten- **302** den Amtsermittlungsgrundsatzes (zur widerrechtl Entnahme Rn 303) wird gefolgert (Rn 8 zu § 87; Rn 13 zu § 99), dass die für das Beibringungsverfahren in §§ 296, 282 ZPO bestimmte erstinstanzliche Präklusion mit dem Einspruchsverfahren (zur Beschwerde Rn 81 vor § 73) unvereinbar sei[775] und es wegen § 99 Abs 1 einer ausdrücklichen Regelung bedürfe, wie sie eingeschränkt im Nichtigkeitsverfahren in § 83 geschaffen worden ist (Rn 8 zu § 87; Rn 17 ff zu § 83).[776] Eine solche Regelung hat auch das PatRVereinfModG nicht für das Einspruchs- und Beschwerdeverfahren geschaffen (anders als Art 114 Abs 2 EPÜ, Rn 357; Rn 108 vor § 73). Die Annahme der Unvereinbarkeit ist zu relativieren, denn Präklusionsregeln stehen zwar in einem gewissen Spannungsverhältnis zum Amtsermittlungsgrundsatz, widersprechen diesem aber nicht,[777] wie auch § 87b VwGO zeigt. Eine andere Frage ist, ob sie einer ausdrücklichen Regelung bedürfen. Sie würden auch dem nationalen Einspruchs-, insb aber dem Einspruchsbeschwerdeverfahren wegen der hierdurch verstärkten Verfahrenskonzentration (Rn 21 zu § 87) eher förderlich sein.

---

764   *Benkard* § 87 Rn 7; so auch § 86 Abs 1 Satz 1 2. Halbs VwGO: „die Beteiligten sind dabei heranzuziehen"; vgl auch *Redeker/von Oertzen* § 86 VwGO Rn 13.
765   BPatG GRUR 1978, 358; BPatGE 14, 47; BPatGE 24, 1 = GRUR 1981, 651; BPatG 27.11.2008 6 W (pat) 330/06; *Schulte* Einl Rn 33; *Schulte* Rn 206; *Kopp/Schenke* § 86 VwGO Rn 1 zur Geltung trotz des Untersuchungsgrundsatzes, Rn 12; *Benkard* § 87 Rn 9.
766   *Kopp/Schenke* § 86 VwGO Rn 12.
767   BPatG 27.11.2008 6 W (pat) 330/06; vgl *Schulte* Rn 208.
768   BPatG 28.4.2009 17 W (pat) 34/03.
769   BPatG 25.6.2009 15 W (pat) 322/05; vgl *Redeker/von Oertzen* § 86 VwGO Rn 13.
770   So auch *Kopp/Schenke* § 86 VwGO Rn 12.
771   AA BPatG 25.6.2009 15 W (pat) 322/05; BPatG GRUR 1978, 358.
772   BPatG 27.11.2008 6 W (pat) 330/06 für fehlende Angabe der Zeugen; BPatG 28.4.2009 17 W (pat) 34/03 für Nichtvorlage des Augenscheinobjekts.
773   In diese Richtung aber BPatG 23.3.2004 8 W (pat) 305/02, zur öffentlichen Zugänglichkeit einer „thesis" in einer Hochschulbibliothek.
774   AA BPatG 25.6.2009 15 W (pat) 322/05.
775   BPatG 17.7.2007 6 W (pat) 5/04, zum Beschwerdeverfahren; BPatG 22.3.2007 6 W (pat) 363/03; *Mes* § 87 Rn 6; *Schulte* Einl Rn 186.
776   Vgl hierzu Begr BTDrs 16/11339 S 32 = BlPMZ 2009, 307, 313 ff; aA, Anwendbarkeit bejahend BPatG 23, 1 für das Nichtigkeitsverfahren und *Osenberg* GRUR 1999, 839, für das GbmLöschungsverfahren.
777   So ausdrücklich Begr BTDrs 16/11339 S 32 = BlPMZ 2009, 307, 313 ff.

303   **g. Keine Ausnahme bei widerrechtlicher Entnahme.** Eine Ausnahme von der nach § 46 Abs 1, § 87 Abs 1 uneingeschränkten Geltung des Amtsermittlungsgrundsatzes soll für den Widerrufsgrund der widerrechtl Entnahme gelten.[778] Der Grundsatz, dass auch vAw weitere Widerrufsgründe eingeführt werden können (Rn 304) und das Verfahren nach Ausscheiden des betroffenen Einsprechenden auf Basis der widerrechtl Entnahme und/oder sonstiger Widerrufsgründe fortgeführt und auf deren Grundlage das Patent widerrufen werden kann, soll hier zu weitgehend sein.[779] Einschränkend zur Rspr des BGH[780] wird deshalb gefolgert, dass eine derartige Prüfungskompetenz entfalle (hierzu auch Rn 70, 72 zu § 61).[781] Dem ist zuzustimmen. Denn sie widerspricht dem Zweck dieses vom Individualinteresse getragenen Widerrufsgrunds[782] und der hieran nach § 59 Abs 1 Satz 1 2. Alt geknüpften Einspruchsberechtigung. Dessen Rücknahme führt zwar nicht zur Verfahrensbeendigung, aber zu dessen Erledigung (str, hierzu Rn 72 zu § 61). Weitergehend ist angenommen worden, es gelte deshalb auch der Beibringungsgrundsatz.[783] Es ist zwar einzuräumen, dass die Einleitung des Verfahrens wegen Abs 1 Satz 1 2. Alt der alleinigen Dispositionsbefugnis des Verletzten unterliegt und auch die Prüfungskompetenz an die Beteiligung des Einsprechenden gebunden sein sollte. Dies nötigt aber nicht zu der Annahme, dass abw von der eindeutigen Bestimmung nach § 46 Abs 1, § 87 Abs 1 der Beibringungsgrundsatz zu gelten hat, da auch der Amtsermittlungsgrundsatz mit einer erweiterten Dispositionsbefugnis und entspr Wirkungen in Einklang zu bringen ist (Rn 296).

304   **h. Ermessen.** Die Ermittlung anderen als des mit einem zulässigen Einspruch geltend gemachten Materials, insb bei eigener Nachrecherche (Rn 298 f), steht – ebenso wie Heranziehung weiterer Gründe (Rn 294) – im pflichtgemäßen Ermessen des DPMA/BPatG,[784] das aufgrund des Amtsermittlungsgrundsatzes von der Verpflichtung geleitet ist, sich unter Benutzung aller ihm zur Verfügung stehenden Möglichkeiten selbst oder unter Inanspruchnahme verwaltungsbehördlicher Amtshilfe oder Rechtshilfe von allen für die Entscheidung wesentlichen Umständen Kenntnis zu verschaffen.[785] Einen Anspruch auf Ermittlung und Bescheidung[786] haben die Beteiligten dagegen insoweit nicht (Rn 299). Einer Begründung im einzelnen bedarf es daher nicht.[787] Andererseits gebietet der Amtsermittlungsgrundsatz, tatsächlich bereits ermittelte Tatsachen und Erkenntnisse, wie sie aufgrund eigener Recherche oder durch Dritte gerichts- bzw aktenkundig geworden[788] sind, in das Verfahren einzuführen und bei der Prüfung zu berücksichtigen.[789] Ein Ermessen bei der Verwertung von Ermittlungsergebnissen besteht deshalb nicht. Soll solches Material zur Entscheidungsgrundlage gemacht werden, erstreckt sich jedoch das Recht der Beteiligten auf Äußerung auch darauf (zur Überprüfung des Ermessens im Beschwerdeverfahren Rn 40, 52 zu § 79).[790]

305   **i. Feststellungslast, Tatsachen.** Vermag das DPMA Feststellungen, die einen Widerruf des Patents tragen könnten, nicht mit hinreichender Sicherheit zu treffen, bleibt das Patent aufrechterhalten, denn dem Patentinhaber kann die durch die Patenterteilung verliehene Rechtsstellung grds nur genommen werden, wenn mit hinreichender Gewissheit feststeht, dass er sie zu Unrecht erlangt hat (vgl Rn 19 zu

---

778   BPatGE 52, 19 = GRUR 2010, 521.

779   *Benkard* Rn 173; so schon BPatG BlPMZ 1991, 72, 74, noch offengelassen in BGHZ 122, 144 = GRUR 1993, 651 f tetraploide Kamille.

780   BGHZ 128, 380 = GRUR 1995, 333 Aluminium-Trihydroxid.

781   BPatGE 52, 19 = GRUR 2010, 521; BPatG GRUR-RR 2012, 128; dazu *Winterfeldt* VPP-Rdbr 1996, 37, 41 ff; *Kraßer* S 604 (§ 26 B II 7); *Benkard* Rn 173.

782   *Kraßer* S 604 (§ 26 B II 7); *Benkard* Rn 169.

783   Mit eingehender Begründung BPatGE 52, 19 = GRUR 2010, 521.

784   So BGHZ 128, 380 = GRUR 1995, 333 Aluminium-Trihydroxid.

785   So BGH Aluminium-Trihydroxid; BGH GRUR 2011, 848 Mautberechnung, zum Nichtigkeitsverfahren.

786   BGH GRUR 1978, 99 f Gleichstromfernspeisung; BGH GRUR 1985, 519 Wärmeaustauscher I; BPatGE 18, 19 f = GRUR 1976, 420; vgl BPatG 2.4.2003 20 W (pat) 58/01 und BPatG 28.5.2003 7 W (pat) 321/02, wonach bei einem naheliegenden Gegenstand unerörtert bleiben kann, ob er ausführbar offenbart ist; ebenso BPatG 21.1. 2003 21 W (pat) 53/00 zum Verhältnis Erweiterung/Ausführbarkeit; vgl auch EPA T 122/84 ABl EPA 1987, 177. 184 f = GRUR Int 1987, 593 Metallic-Lackierung.

787   BPatGE 18, 19 f = GRUR 1976, 420.

788   Zur Offenkundigkeit nach § 291 ZPO *Thomas/Putzo* § 291 ZPO Rn 2.

789   So auch BGH GRUR 2011, 848 Mautberechnung, zum Nichtigkeitsverfahren.

790   BGH Gleichstromfernspeisung; BPatGE 18, 19 f = GRUR 1976, 420; BPatGE 21, 102 = GRUR 1979, 228; aA RPA BlPMZ 1939, 158.

§ 87).[791] Bei nicht mit hinreichender Sicherheit festgestellten Tatsachen kann es darauf ankommen, wen die „Beweislast" trifft; diese wird im Hinblick auf das von der ZPO abw Amtsermittlungsverfahren, das auch zwischen den Parteien „unstreitiges" Vorbringen nicht von einer weiteren Klärung durch Beweisaufnahme ausschließt, „Feststellungslast" genannt.[792]

Da nach allg Beweisgrundsätzen jeden Verfahrensbeteiligten die Darlegungs- und Beweislast dafür **306** trifft, dass der **Tatbestand der ihm günstigen Norm** erfüllt ist, sofern keine speziellere Beweisregel vorgeht,[793] muss er die Tatsachen darlegen und beweisen, aus denen er die für ihn günstige Rechtsfolge ableiten will. Deshalb liegt die Feststellungslast für fehlende Neuheit grds bei dem, der öffentliche Zugänglichkeit der Information vor dem maßgeblichen Datum geltend macht (Rn 191 ff zu § 3).[794] Eine offenkundige Vorbenutzung hat der Einsprechende lückenlos nachzuweisen, wenn praktisch alle Beweismittel dafür seiner Verfügungsmacht und seinem Wissen unterliegen.[795] Diesem Ergebnis ist beizupflichten, es leitet sich von der aus Treu und Glauben (§ 242 BGB) resultierenden sekundären Darlegungslast der Gegenseite ab, sofern diese nicht wie der Beweisführer außerhalb des Geschehensablaufs steht und deshalb die Informationen hat oder leicht zu beschaffen vermag und sich deshalb nicht auf ein bloßen Bestreiten zurückziehen darf.[796] Die glaubhafte Versicherung des Patentinhabers, dass bekannte Umstände einen Fachmann von einer bestimmten Vorgehensweise abgehalten hätten, soll die Beweislast auf den Einsprechenden verlagern.[797] Dies ist abzulehnen, da eine Beweislastumkehr oder Beweiserleichterungen nur nach allg Grundsätzen zu gewähren ist.[798]

Zum patentrechtl Tatsachenbegriff, der auch die technischen und patentrechtl Bewertungen umfasst, **307** Rn 107. Umfasst sind auch sog **negative Tatsachen** (Negativbeweis), die allerdings auf der Seite des Beweisgegners eine erhöhte Substantiierungspflicht hinsichtlich der tatsächlichen Umstände auslösen können, die zu widerlegen sind.[799] Auch der fehlende Nachweis von Tatsachen, die gegen erfinderische Tätigkeit sprechen, geht zu Lasten des Einsprechenden.[800]

Es erscheint zutr, die Feststellungslast für die **Zulässigkeit geänderter Patentansprüche** entspr der **308** Situation im Erteilungsverfahren zu verteilen und deshalb dem Patentinhaber und nicht dem Einsprechenden aufzuerlegen, so dass diesen zB iZw der Nachweis der Ausführbarkeit obliegt.[801] Dies wird bisher in der Praxis nicht hinreichend berücksichtigt.[802] Zur Feststellungslast für das Rechtsschutzbedürfnis Rn 345.

7. Recht auf Äußerung

a. Grundsatz. Auch im Einspruchsverfahren dürfen entspr einem aus § 48 Satz 2 iVm 42 Abs 3 Satz 2 **309** und § 93 Abs 2 herleitbaren allg Rechtsgedanken bei der Entscheidung nur solche Umstände berücksichtigt werden, zu denen sich die Beteiligten äußern konnten,[803] gleich auf welchem Weg sie in das Verfahren

791 BGH GRUR 1984, 339 f Überlappungsnaht; RPA Mitt 1935, 74; DPA GRUR 1951, 400; PA BlPMZ 1917, 6; EPA T 219/83 ABl EPA 1986, 211 = GRUR Int 1986, 548 Zeolithe; EPA T 197/86 ABl EPA 1989, 371 = GRUR Int 1990, 142; EPA T 968/91; EPA T 34/94; EPA T 782/92; EPA T 382/93; ÖPA öPBl 1996, 191, 195.

792 Zum markenrechtl Löschungsverfahren BGH GRUR 2015, 1012 Nivea-Blau.

793 *Thomas/Putzo* Vorbem § 284 ZPO Rn 23.

794 ZB EPA T 193/84; EPA T 73/86; EPA T 162/87; EPA T 293/87; EPA T 381/87 ABl EPA 1990, 213 = GRUR Int 1990, 853 Veröffentlichung; EPA T 245/88 EPOR 1991, 373 Vaporizer; EPA T 82/90; EPA T 326/93; EPA T 207/93; EPA T 954/93, bdkl; EPA T 160/92 ABl EPA 1995, 35 Druckplatte; EPA T 200/94.

795 EPA T 472/92 ABl EPA 1998, 161, 166 f = GRUR Int 1998, 602 Joint-venture.

796 *Thomas/Putzo* Vorbem § 284 ZPO Rn 18.

797 EPA T 749/89.

798 *Thomas/Putzo* Vorbem § 284 ZPO Rn 24 f.

799 BGH NJW 1985, 1774; *Thomas/Putzo* Vorbem § 284 ZPO Rn 18.

800 BPatG 26.5.1997 11 W (pat) 46/96.

801 So auch *Keukenschrijver* Patentnichtigkeitsverfahren Rn 314.

802 Hierzu auch BGH GRUR 2013, 1210 Dipeptidyl-Peptidase-Inhibitoren.

803 BGH GRUR 1966, 583, 585 Abtastverfahren; BGH GRUR 1978, 99 f Gleichstromfernspeisung; BPatGE 30, 40 = GRUR 1989, 47; BPatGE 18, 19, 21 = GRUR 1976, 420; BPatGE 21, 202 = GRUR 1979, 228; BPatGE 31, 176 = GRUR 1991, 123; BPatG GRUR 1992, 309 f.

eingeführt worden sind (Rn 298). Als Umstände, zu denen anzuhören ist, kommen nur Verhältnisse tatsächlicher Art, nicht Rechtssätze oder rechtl Erwägungen in Betracht.[804]

310   **b.** Grds sind alle **Schriftsätze** aller Beteiligten (und Dritten) den übrigen Beteiligten unverzüglich bekannt zu machen (vgl EinsprRl; Rn 217).[805] Deshalb ist eingereichten Schriftsätzen die hierfür erforderliche Zahl von Abschriften beizufügen (§ 17 Abs 2 DPMAV; zur Mitteilung an die übrigen Beteiligten Rn 22 zu § 127). Diese rein geschäftsstellenmäßige Sachbehandlung sollte als amtliche Routine eine Selbstverständlichkeit sein.[806]

311   Die Übersendung der Schriftsätze muss **so rechtzeitig** vor der Entscheidung erfolgen, dass die Empfänger sich noch äußern können. Eine Äußerungsfrist muss nicht gesetzt werden.[807] Ohne Fristsetzung kann regelmäßig nach Ablauf eines Monats nach Übersendung entschieden werden (vgl EinsprRl). Eine Verzögerung der Schriftsatzübersendung, etwa ihre Übersendung erst mit der Entscheidung in der Sache, ist grds unzulässig.[808] Eine Verletzung des Rechts auf Äußerung liegt immer vor, wenn der Einspruch als verfahrenseinleitender Schriftsatz,[809] die Einspruchserwiderung[810] oder sonstige Schriftsätze, mit denen der Patentinhaber dem Einspruch mit neuen Verfahrensanträgen und tatsächlichen Ausführungen entgegentritt,[811] nicht unverzüglich übersandt werden; ebenso, wenn die Einspruchserwiderung dem Einsprechenden erst mit der den Einspruch als unzulässig verwerfenden Entscheidung übersandt wird,[812] der Einsprechende vor einer Aufrechterhaltung mit geänd Unterlagen keine Gelegenheit erhält, zu diesen Stellung zu nehmen. Zustellung des Zwischenbescheids, mit dem das DPMA diese Änderung angeregt hat, an die Einsprechende und Anheimgabe einer Stellungnahme hierzu genügen hier nicht (abw EinsprRl).[813]

312   Das Recht auf Äußerung ist auch verletzt, wenn dem Einsprechenden der **Grund der Unzulässigkeit seines Einspruchs** vor dessen Verwerfung nicht bekannt ist oder bekanntgemacht wird und ihm keine Gelegenheit gegeben wird, gegen eine Verwerfung sprechende Gesichtspunkte geltend zu machen,[814] oder wenn der Einsprechende von der Erörterung von Entgegenhaltungen ausgeschlossen wird, die er nach Ablauf der Einspruchsfrist in das Verfahren eingeführt hat.[815]

313   **Keine Verletzung des Rechts auf Äußerung** liegt in der verspäteten oder unterlassenen Mitteilung von Schriftsätzen, wenn die Sache ohnehin zugunsten des Empfangsberechtigten zu entscheiden oder der Inhalt der Schriftsätze für die Entscheidung unerheblich ist,[816] wenn sie keine neuen Tatsachen oder Beweisergebnisse enthalten,[817] sondern bloße Wiederholungen abw Auffassungen[818] und Rechtsausführungen.[819]

314   **c. Zwischenbescheide** als verfahrensleitende Anordnungen (Rn 208) müssen im Einspruchsverfahren nicht notwendigerweise erlassen werden (Rn 25 zu § 87; vgl EinsprRl), sie sind aber als Instrument des Konzentrationsgrundsatzes (Rn 25 zu § 87) nach § 87 Abs 2 und der materiellen Verfahrensleitungsbefugnis nach Abs 3 Satz 2 für die Anhörung möglich und, wie auch § 87 Abs 1 Satz 1 zu entnehmen ist (Rn 290), sinnvoll und geboten, auch wenn sie weder im Einspruchs- noch im Beschwerdeverfahren ausdrücklich vorgeschrieben sind. Dies hat die Erfahrung mit dem im Nichtigkeitsverfahren nach § 83 Abs 1 (Rn 2 zu

---

804   BGH Abtastverfahren; BPatGE 3, 40, 45 = BlPMZ 1963, 38; BPatG 16.3.1998 19 W (pat) 29/96.

805   BGH GRUR 1978, 99 f Gleichstromfernspeisung; BPatGE 5, 21, 23 = GRUR 1965, 145; BPatG 24, 144, 148 f = GRUR 1982, 259; BPatG Mitt 1970, 176; BPatG 22.9.1967 15 W (pat) 83/67; aA BPatGE 11, 216; BPatG 6.5.1976 20 W (pat) 46/73; BPatG 24.10.1973 7 W (pat) 32/72.

806   Dazu *Jung* GRUR 1986, 210, 216; *Röhl* Mitt 1971, 19.

807   BPatGE 21, 102 = GRUR 1979, 228.

808   BPatGE 24, 144, 148 f = GRUR 1982, 259; BPatG Mitt 1970, 176.

809   BPatGE 22, 61 = GRUR 1980, 41 f.

810   BPatG Mitt 1970, 176.

811   BGH GRUR 1978, 99 f Gleichstromfernspeisung.

812   BPatG BlPMZ 1985, 139.

813   BPatG BlPMZ 1984, 240 f; BlPMZ 1986, 181.

814   BPatGE 30, 40 f = GRUR 1989, 47; BPatGE 31, 176 = GRUR 1991, 123; BPatG GRUR 1992, 309 f.

815   BGH GRUR 1978, 99 f Gleichstromfernspeisung; BPatGE 18, 19, 21 = GRUR 1976, 420.

816   *Röhl* Mitt 1971, 21.

817   BPatGE 11, 216, 218.

818   BPatGE 5, 21, 23 = GRUR 1965, 145; BPatGE 11, 216, 218.

819   BGH GRUR 1978, 99 f Gleichstromfernspeisung.

§ 83) zwingend vorgeschriebenen „qualifizierten Hinweis" (in der Praxis auch „Zwischenbescheid" genannt) bestätigt. Die entspr Vorschriften für das Prüfungsverfahren (§ 42 Abs 2, § 45 Abs 2) sind nicht heranzuziehen.[820] Eines Zwischenbescheids bedarf es nach dem allg Rechtsgedanken der §§ 48, 93 nur, wenn er erforderlich ist, um zu gewährleisten, dass sich die Beteiligten zu allen entscheidungserheblichen Umständen äußern können (Bsp auch bei Rn 71 zu § 73).[821] Zu unterscheiden von den verfahrensleitenden Anordnungen sind die anlässlich eines Zwischenstreits nach freiem Ermessen in einer Vorabentscheidung entspr §§ 280, 307 ZPO ergangenen Entscheidungen (Rn 222), die abschließend und auch selbstständig anfechtbar sind (Rn 55, 70 zu § 73).

Der Erlass eines Zwischenbescheids ist **erforderlich**, wenn gegen die Zulässigkeit des Einspruchs **315** oder die Wirksamkeit des Beitritts Bedenken bestehen, zu denen sich der Einsprechende noch nicht äußern konnte (Rn 82 zu § 79; Rn 100 zu § 80),[822] der technische Sachverhalt einer entscheidungserheblichen Entgegenhaltung nicht eindeutig geklärt ist,[823] eine nachträglich genannte Entgegenhaltung verwertet werden soll, uU auch, wenn das DPMA den Offenbarungsgehalt einer Entgegenhaltung anders werten will als der Prüfer. Als zwingend erforderlich wird nach den EinsprRl ein Bescheid auch dann angesehen, wenn die Patentabteilung neue Umstände in das Verfahren einführen will oder Änderungen der Patentschrift für erforderlich hält, die nicht nur redaktioneller Art sind (Rn 56 zu § 61; zum Beschwerdeverfahren Rn 55 zu § 73). Nach stPraxis der Einspruchsabteilungen des EPA werden hiervon abw die Entscheidungen als bindende und selbstständig anfechtbare Zwischenentscheidungen angesehen (Rn 105 zu § 61).[824]

Dagegen besteht **keine Pflicht**, den Beteiligten eine ihnen ungünstige Entscheidung in jedem Fall **316** vorher anzukündigen,[825] die endgültige Rechtsauffassung des DPMA vor der Entscheidung offenzulegen[826] oder durch Zwischenbescheid besonders darauf hinzuweisen, dass eine nachgebrachte Entgegenhaltung vAw berücksichtigt werden kann.[827] Dennoch kann vielfach ein verfügender Zwischenbescheid sinnvoll oder sogar geboten sein, so bei allen sonstigen, die Verfahrensökonomie fördernden Anordnungen, wie die Ergänzung oder Erläuterungen des schriftsätzlichen Vorbringens, aufklärenden Hinweisen in den Grenzen des § 139 ZPO (Rn 290), die Vorlage bestimmter Dokumente usw (vgl auch Rn 56 zu § 61). Ein Zwischenbescheid ist nicht schon erforderlich, weil das DPMA eine Entgegenhaltung unter anderen Gesichtspunkten würdigen will als bisher, denn idR werden die Entgegenhaltungen dabei nur unter Anwendung allg Denkgesetze und des eigenen Fachwissens ausgewertet, ohne dass Umstände oder Tatsachen eingeführt werden, die erst nach Gewährung einer Äußerungsfrist hätten berücksichtigt werden dürfen.[828] Wenn der Patentinhaber Gelegenheit zur Äußerung zum Einspruchsvorbringen hatte und ausreichende Sachaufklärung vorliegt, ist Widerruf ohne Erlass eines Zwischenbescheids auch dann unbdkl, wenn das DPMA aufgrund des Einspruchsvorbringens zu einer vom Erteilungsbeschluss abw Beurteilung des Patents kommt.[829] Von einer durch Hinweis geäußerten Rechtsauffassung darf in der Endentscheidung allerdings nur abgewichen werden, wenn für die Verfahrensbeteiligten – sei es durch den Verlauf der Anhörung oder durch einen ausdrücklichen weiteren Hinweis – erkennbar wird, dass sich entweder die Grundlage verändert hat, auf der der ursprüngliche Hinweis erteilt wurde, oder dass bei unveränderter Entscheidungsgrundlage nunmehr eine andere rechtl Beurteilung in Erwägung gezogen wird als den Beteiligten angekündigt.[830]

820 BGH GRUR 1966, 583, 585 Abtastverfahren; BPatGE 3, 40 = BlPMZ 1963, 38; BPatGE 21, 102, 104 f = GRUR 1979, 228; vgl BPatG 11.10.2007 8 W (pat) 17/07.
821 BGH Abtastverfahren.
822 BPatGE 30, 40 = GRUR 1989, 47.
823 BPatGE 16, 220 = BlPMZ 1975, 147.
824 BPatGE 16, 220 = BlPMZ 1975, 147.
825 BPatGE 22, 61 f = GRUR 1980, 41 ff.
826 BGH GRUR 1966, 583, 585 Abtastverfahren; BPatGE 3, 40 = BlPMZ 1963, 38; BPatGE 21, 102 = GRUR 1979, 228.
827 BPatGE 21, 102 = GRUR 1979, 228.
828 Vgl EinsprRl unter Berufung auf BGH Abtastverfahren.
829 BPatGE 3, 40 = BlPMZ 1963, 38.
830 BGH GRUR 2011, 851 Werkstück, zum Beschwerdeverfahren.

8. Entsprechend anwendbare Vorschriften des Patenterteilungsverfahrens

317   **a. Angabe von Material zum Stand der Technik.** Abs 5 iVm § 43 Abs 3 Satz 3 stellt klar, dass auch im Einspruchsverfahren Dritte, die nicht Einsprechende sind, Hinweise zum StdT geben können, deren Berücksichtigung allerdings im Ermessen der Patentabteilung liegt. Der Dritte erlangt dadurch nicht die Stellung eines Verfahrensbeteiligten, erwirbt also kein Recht auf Bescheidung.

318   **b. Ermittlungen.** Abs 5 iVm § 46 Abs 1 Satz 1 ermöglicht im Einspruchsverfahren Ermittlungen im gleichen Umfang wie im Erteilungsverfahren.

319   **c.** Eine **Anhörung** muss nach Abs 3 Satz 1 stattfinden, wenn ein Beteiligter sie beantragt oder das DPMA sie für sachdienlich erachtet.[831] Damit soll einer oft beklagten Scheu vor der Durchführung von Anhörungen entgegengewirkt werden.[832]

320   Abs 5 iVm § 46 regelt die **Voraussetzungen** einer solchen Anhörung (vgl EinsprRl). Das BPatG hatte zuvor, anders als im Erteilungsverfahren (Rn 6 ff zu § 46; Rn 104 ff zu § 80), eine beantragte Anhörung nicht als idR sachdienlich und die Patentabteilung daher nicht als verpflichtet angesehen, einem routinemäßig gestellten Antrag auf Anhörung stattzugeben (6. *Aufl* Rn 178).[833] Das DPMA hatte insoweit einen Beurteilungsspielraum (Rn 104 zu § 80; Rn 6. *Aufl* Rn 13 zu § 46), während nach jetziger Rechtslage auch die Anhörung nach § 46 obligatorisch ist (Rn 1 zu § 46).

321   Nach Abs 3 Satz 3, 4 ist die Anhörung nunmehr einschließlich der Verkündung der Entscheidung **öffentlich** (Rn 15 zu § 61). § 169 Satz 2 GVG sowie die §§ 171b–175 GVG sind entspr anzuwenden mit der Maßgabe, dass die Öffentlichkeit von der Anhörung (nicht von der Verkündung, vgl auch § 69 Abs 1 Satz 2 Nr 1) auf Antrag eines Beteiligten auch dann ausgeschlossen werden kann, wenn sie eine Gefährdung schutzwürdiger Interessen des Antragstellers besorgen lässt. Nach der Begr sollten das Einspruchsverfahren hierdurch an Transparenz gewinnen und die Akzeptanz der Entscheidungen des DPMA erhöht werden. Nach dem neuen Abs 4 sorgt der Vorsitzende der Patentabteilung für die Aufrechterhaltung der Ordnung in der Anhörung und übt insoweit das Hausrecht aus (zu den weiteren Ausnahmen in § 69 Abs 1 Satz 2 Nr 1 vgl Rn 15 zu § 61).

322   Im **erstinstanzlichen Einspruchsverfahren** vor dem BPatG nach § 147 Abs 3 aF und in den Fällen des § 61 Abs 2 Satz 1 (Rn 22) ist § 78 und nicht Abs 3 iVm § 46 entspr anwendbar (vgl Rn 15 zu § 61; Rn 3 zu § 78).[834] § 79 Abs 2 Satz 2, wonach das BPatG im Fall der Unzulässigkeit der Beschwerde auch im schriftlichen Verfahren entscheiden kann, ist nicht anwendbar, da Abs 5 auf § 43 Abs 3 Satz 2 verweist (vgl Rn 16 zu § 61; Rn 3, 16 zu § 78).[835]

323   Abs 5 iVm § 46 Abs 2 regelt die **Protokollführung** bei einer Anhörung. §§ 160a, 161–163 ZPO sind entspr anzuwenden (Rn 4 zu § 78).[836]

324   **d. Beschluss.** Abs 5 iVm § 47 regelt für Beschlüsse nach § 61 Abs 1 Satz 1 die Einzelheiten der Beschlussfassung,[837] der Verlautbarung (Verkündung oder Zustellung, für das Verfahren vor dem BPatG (Rn 60 zu § 47; Rn 38 zu § 78, Rn 55 zu § 79), und der Begründung, die grds schriftlich zu erfolgen hat. Ob eine Unterzeichnung durch alle an der Entscheidung beteiligten Beamten erforderlich ist, ist zwh. Jedenfalls kann bei Verhinderung eines von ihnen, auch des Vorsitzenden, die Unterschrift entspr § 315 Abs 1 Satz 2 ZPO ersetzt werden.[838] Der Beschluss muss eine Rechtsmittelbelehrung enthalten, was aufgrund der durch Art 12 des Gesetzes zur Änderung des Designgesetzes und weiterer Vorschriften des gewerblichen Rechtsschutzes vom 4.4.2016 mWv 1.10.2016 nunmehr durch die Neufassung von § 46 Abs 2 Satz 1 ausdrücklich bestimmt ist.

---

831   Vgl BPatGE 50, 69 = GRUR 2008, 626.

832   *Goebel/Möslinger* GRUR 1986, 633, 639.

833   BPatGE 39, 204.

834   AA, auf die Anhörung nach § 47 abstellend, wohl BGH GRUR 2011, 509 Schweißheizung; aA auch *Benkard* § 78 Rn 8, abw *Benkard*[10].

835   BGH GRUR 2010, 361 Dichtungsanordnung; BGH Mitt 2010, 192 Dichtungsanordnung 01, BGH 17.12.2009 Xa ZB 40/08 gegen BPatG 5.8.2008 9 W (pat) 339/05, 9 W (pat) 347/05, 9 W (pat) 349/05 und 9 W (pat) 361/05.

836   BGH GRUR 2011, 509 Schweißheizung.

837   Dazu auch BGH GRUR 1994, 724 Spinnmaschine.

838   BGH Spinnmaschine.

VII. Beendigung des Einspruchsverfahrens

1. Allgemeines. Beendigung tritt ein mit **Bestandskraft** der Einspruchsentscheidung des DPMA oder 325
des BPatG nach § 61 Abs 1 Satz 1,[839] wenn kein Rechtsmittel eingelegt oder ein eingelegtes Rechtsmittel
zurückgenommen wird. Von der Beendigung ist die Erledigung des Einspruchsverfahrens zu unterscheiden.

2. Entscheidung. Die durch Beschluss zu treffende Entscheidung lautet bei Unzulässigkeit des Ein- 326
spruchs auf dessen Verwerfung, im übrigen nach § 61 Abs 1 Satz 1 auf die Aufrechterhaltung des Patents,
dessen beschränkte Aufrechterhaltung in der verteidigten Fassung oder dessen Widerruf (Rn 32 ff zu § 61).

3. Rücknahme des Einspruchs. Das Einspruchsverfahren endet nicht durch Rücknahme des Ein- 327
spruchs (§ 61 Abs 1 Satz 2). Die Rücknahme führt nur zur Beendigung der Verfahrensbeteiligung des Einsprechenden am Einspruchsverfahren (zur Rücknahme des einzigen unzulässigen Einspruchs und bei
widerrechtl Entnahme Rn 245). Das Verfahren wird vAw nach § 61 Abs 1 Satz 2 – auch allein mit dem Patentinhaber – fortgesetzt. Ist ein Einspruch unzulässig, aber das Verfahren nach § 61 Abs 1 Satz 2 wegen
eines weiteren zulässigen, aber zurückgenommenen Einspruchs weiterzuführen, bleibt der unzulässig
Einsprechende solange beteiligt, bis der Einspruch verworfen oder die Unzulässigkeit seines Einspruchs
bestandskräftig festgestellt ist.[840] Vorabentscheidung bietet sich an (Rn 222, 251; Rn 30 zu § 61).

Die Einspruchsrücknahme hindert nicht die **wirksame Einlegung einer Beschwerde** durch den Pa- 328
tentinhaber und die Sachprüfung und Entscheidung des Beschwerdegerichts hierüber.[841] Sie führt – auch
in der Beschwerdeinstanz – lediglich zur Beendigung der Verfahrensbeteiligung des Einsprechenden,[842]
bei Beschwerde des Einsprechenden allerdings wegen des damit einhergehenden Verlusts der Beteiligung
am Einspruchsverfahren nach § 61 Abs 1 Satz 2 zum Wegfall des Beschwerderechts nach § 74 und damit zur
Unzulässigkeit der Beschwerde (Rn 177 zu § 73).[843]

Die im Einspruchsverfahren erklärte **Rücknahme der Anmeldung** ist ohne Wirkung, da nach Pa- 329
tenterteilung kein Anmeldeverfahren mehr anhängig ist. Nach Wirksamwerden des Erteilungsbeschlusses
kann der Patentinhaber das Patent nur nach Maßgabe des § 20 Abs 1 mit Wirkung für die Zukunft aufgeben.[844]

4. Erledigung der Hauptsache

a. Allgemeines. Fallgruppen der Erledigung der Hauptsache (Rn 82 zu § 61) sind von solchen der 330
sonstigen Verfahrensbeendigung zu unterscheiden, die durch verfahrensabschließende Erklärungen (wie
die Rücknahme der Anmeldung, ebenso die Rücknahme des Widerspruchs oder des Löschungsantrags im
Markenverfahren)[845] ausgelöst werden und die – da sie nicht § 296a ZPO unterliegen (s Rn 203 zu § 73) –
jederzeit möglich sind, auch noch nach Schluss der mündlichen Verhandlung bis zum Eintritt der Rechtskraft. Diese führen unmittelbar dazu, dass die Wirkungen der Rechtshängigkeit rückwirkend entfallen (§ 269
Abs 3 Satz 1 ZPO analog), so dass eine nach Wirksamwerden der Rücknahme getroffene Entscheidung nichtig ist,[846] während bei Erledigung der Hauptsache im Einspruchsverfahren erst deren Feststellung das Verfahren beendet (Rn 333) und entspr Wirkungen auslöst (zur Bedeutung im Beschwerdeverfahren und zur
Erledigung des Rechtsmittels Rn 188, 191 zu § 73). Erledigung der Hauptsache im Einspruchsverfahren ist
aufgrund verschiedener Umstände denkbar. Einen typischen Fall bildet das Erlöschen des Patents (Einzelheiten Rn 335 f), bei dem sich nur das auf Widerruf des Patents gerichtete Rechtsschutzbegehren erledigt,

---

839 BPatGE 29, 65 = GRUR 1987, 807 f.

840 BPatG 12.7.2007 21 W (pat) 315/03.

841 BPatGE 12, 149.

842 BPatGE 31, 21, 23 = GRUR 1989, 908; BPatGE 29, 92 = BlPMZ 1988, 186; BPatGE 29, 234, 236.

843 BGHZ 100, 242, 246 = GRUR 1987, 513 f Streichgarn; BPatGE 31, 21 = GRUR 1989, 908; BPatG 22.1.2008 8 W (pat)
9/07, zum Beschwerdeverfahren.

844 BGH GRUR 1999, 571 künstliche Atmosphäre; BPatGE 38, 195; *Schulte* Rn 243; *Fitzner/Lutz/Bodewig* Rn 87, 186.

845 Vgl BGH GRUR 1998, 818 Puma.

846 Vgl *Thomas/Putzo* § 269 ZPO Rn 13 und Vorbem § 300 ZPO Rn 19; *Ströbele/Hacker* § 42 MarkenG Rn 53:
„wirkungslos".

während das Verfahren fortbesteht. Bei der gebotenen Anpassung des Antrags ist die Anwendung des Rechtsinstituts der Erledigung der Hauptsache (des Verfahrens) sachgerecht; sie ermöglicht einen förmlichen Abschluss des Einspruchsverfahrens, ohne dass es der systemwidrigen Verwerfung des Einspruchs bedarf (Rn 337). Erfolgt eine derartige Anpassung nicht und wird das ursprüngliche Antragsziel auf Widerruf des Patents ohne besonderes Rechtsschutzbedürfnis weiterverfolgt (Rn 337), wird dieses unzulässig und rechtfertigt auch keinen Ausspruch der Erledigung, sondern führt zur Verwerfung des Einspruchs als unzulässig (Rn 247, 334; zum Beschwerdeverfahren Rn 201 zu § 73).[847]

331   **b. Weiter Erledigungsbegriff.** Hierbei ist ein auf das Verfahren vor dem DPMA abgestimmter Erledigungsbegriff anzuwenden. Naheliegend ist ein insoweit von der ZPO abw Verständnis der Erledigung der Hauptsache, als dieses ausschließlich an den Eintritt des erledigenden Ereignisses, also das Erlöschen des Patents (Rn 335 f) als solches anknüpft (weiter Erledigungsbegriff).[848] Nach aA ist dagegen auf die mit dem konkreten Rechtsschutzbegehren verbundene Rechtsfolge der rückwirkenden Wirkung des Widerrufs nach § 21 Abs 3 abzustellen.[849] Dieses Verständnis knüpft eher an das Verwaltungsrecht und § 161 Abs 2 VwGO und die Rspr des BVerwG an, wonach Erledigungstatbestände auch bei Anfechtungsklagen nicht nur durch Aufhebung oder Wegfall des Verwaltungsakts, sondern auch durch Zeitablauf oder auf andere Weise bei Wegfall der mit dem Verwaltungsakt verbundenen Beschwer vorliegen können,[850] wenn nicht der Beteiligte über ein berechtigtes Feststellungsinteresse an der Feststellung der Rechtswidrigkeit des Verwaltungsakts entspr § 113 Abs 1 Satz 4 VwGO verfügt.[851] Anders als im Zivilprozess steht insoweit auch nicht das Kosteninteresse im Vordergrund.[852] Auch der Erledigungstatbestand im PatG kann an dieses Verständnis anknüpfen, muss aber auf die Besonderheiten des Verfahrens vor dem DPMA wie auch des Beschwerdeverfahrens (Rn 190 zu § 73) Rücksicht zu nehmen. Dass auch hier nicht die Kostenfrage im Vordergrund steht, macht das Rechtsinstitut der Erledigung als besondere Art der Verfahrensbeendigung nicht an sich unnötig,[853] es bedarf im Regelfall keiner Sachprüfung der Erfolgsaussichten wie in § 91a ZPO, sondern ausschließlich der Konzentration auf das erledigende Ereignis.[854] Nur ausnahmsweise bei Vorliegen eines besonderen Feststellungsinteresses (zB Kostenentscheidung nach §§ 62, 80, wie auch im Nichtigkeitsverfahren wegen § 84 Abs 2 Satz 1 PatG), bedarf es – vergleichbar dem Feststellungsinteresse nach § 113 Abs 1 Satz 4 VwGO – eines sachlichen Eingehens auf die Rechtslage, dh der Erfolgsaussichten im Zeitpunkt des erledigenden Ereignisses. Auch bedarf es keiner ausdrücklichen Erklärungen der Beteiligten, um eine vollständige Erledigung der Hauptsache annehmen zu können (Rn 334).[855]

332   In Abkehr vom Verwaltungsprozess ist aber inhaltlich für das erledigende Ereignis und den Eintritt einer Erledigung nicht auf das Rechtsschutzziel einer Beseitigung der Patenterteilung als begünstigender Verwaltungsakt abzustellen mit der Folge, dass die ex-nunc-Erlöschenstatbestände nicht zur Annahme einer Teilerledigung führen, sondern eine vollständige Erledigung der Hauptsache bedeuten. Der Grund ist darin zu sehen, dass das Verständnis als **Teilerledigung**[856] zu sehr dem Erledigungsbegriff der ZPO verhaftet ist. Für die Annahme einer vollständigen Erledigung bedarf es deshalb auch nicht der Abgabe einer Freistellungserklärung des Patentinhabers für alle Ansprüche aus dem Streitpatent für die Vergangenheit gegenüber der Allgemeinheit oder eines Beschränkungsverfahrens nach § 64 mit dem Ziel des Widerrufs des Streitpatents.[857] Auch eine Umkehrung der Darlegungs- und Feststellungslast ist nicht zu

---

847   Dies wird nicht hinreichend beachtet in BPatG 11.5.2013 20 W (pat) 20/11.

848   Ablehnend *Benkard* Rn 120.

849   *Benkard* Rn 120.

850   *Kopp/Schenke* § 113 VwGO Rn 102; *BeckOK VwGO/Zimmermann-Kreher* § 42 VwGO Rn 86 und § 161 VwGO Rn 4.

851   *BeckOK VwGO/Zimmermann-Kreher* § 42 VwGO Rn 86 und § 161 VwGO Rn 4.

852   *Kopp/Schenke* § 161 VwGO Rn 23, zum Verzicht auf die Prüfung von Zulässigkeit und Begründetheit der Klage für die nach billigem Ermessen zu treffende Kostenentscheidung.

853   AA *Hövelmann* GRUR 2007, 283.

854   Zum Meinungsstreit zum Prüfungsumfang im Verwaltungsprozess *Kopp/Schenke* § 161 VwGO Rn 23.

855   BPatG 2.2.2013 15 W (pat) 22/12, zutr darauf hinweisend, dass auch BGH GRUR 2012, 1071 Sondensystem dies gerade nicht fordert; aA BPatG GRUR 2011, 657; BPatG 9.12.2010 7 W (pat) 334/05; BPatG 28.1.2011 7 W (pat) 332/09; BPatG 30.1.2013 7 W (pat) 39/09.

856   So aber BPatG GRUR 2011, 657; BPatG 9.12.2010 7 W (pat) 334/05; BPatG 28.1.2011 7 W (pat) 332/09; BPatG 30.1.2013 7 W (pat) 39/09; *Benkard* Rn 120.

857   BPatGE 51, 128 = GRUR 2010, 363; BPatGE 53, 12 = BlPMZ 2011, 384; BPatG 2.2.2013 15 W (pat) 22/12; BPatG 24.2.2014 8 W (pat) 8/12; BPatG 11.3.2014 10 W (pat) 9/14; BPatG 25.3.2014 20 W (pat) 9/11; BPatG Mitt 2014, 282; BPatG 4.6.2014 9 W

---

fordern (hierzu Rn 305, 345). Richtigerweise ist darauf abzustellen, dass das Interesse der Allgemeinheit am Widerruf zu Unrecht erteilter Schutzrechte nicht mehr berührt wird (Rn 340), wenn das Patent[858] und damit das Allgemeininteresse erloschen ist,[859] auch wenn die Rechtsfolge des § 21 Abs 3 noch nicht eingetreten ist, das Patent aber für die Gegenwart und Zukunft keine Wirkung mehr entfaltet (vgl auch Rn 340).

c. Erledigterklärung; Begründung und Wirkung des Beschlusses. Hat sich das Einspruchsverfah- **333** ren (zum Anmelde- und Einspruchsbeschwerdeverfahren Rn 191 f zu § 73) erledigt, ist das Verfahren hierdurch nicht beendigt. Es bedarf noch eines förmlichen Beschlusses[860] (Rn 82 zu § 61), denn den Beteiligten fehlt, anders als im Zivil- oder Nichtigkeitsverfahren, eine von tatsächlicher Erledigung losgelöste verfahrensrechtliche Verfügungsbefugnis zur Beendigung des Verfahrens, deren Ausdruck entspr Erklärungen sein könnten, wie sie § 91a ZPO vorsieht (Rn 337).[861] Auch eine tatsächlich erklärte übereinstimmende Erledigungserklärung iSv § 91a Abs. 1 ZPO kann deshalb, anders als im Zivilprozess, ohne Ausspruch der Erledigung die Rechtswirkungen analog § 269 ZPO nicht auslösen.[862] Erst der feststellende Beschluss führt deshalb zum Wegfall der Anhängigkeit (vgl auch Rn 72, 76 zu § 61) des Einspruchsverfahrens und zur Wirkungslosigkeit der vorangegangenen Entscheidungen entspr § 269 Abs 3 Satz 1 ZPO (zur Differenzierung im Beschwerdeverfahren Rn 198 zu § 73)[863] und dokumentiert den Zeitpunkt der Verfahrensbeendigung zB im Hinblick auf § 81 Abs 2. Aus diesem Grund ist auch das Argument unzutr, die Anwendung der Grundsätze über die Erledigung der Hauptsache könne zur Umgehung von § 61 Abs 1 Satz 2 genutzt werden.[864] Ein bloßer Hinweis, wie er in der Praxis nach Patentverzicht in der Vergangenheit üblich war („Das Verfahren wird als erledigt angesehen, sofern nicht innerhalb von 2 Wochen ein Rechtsschutzbedürfnis an einer Entscheidung geltend gemacht wird") ersetzt den der formellen Bestandskraft fähigen[865] und die Verfahrensbeendigung dokumentierenden Beschluss nicht.[866]

d. Ein **ausdrücklicher Antrag** ist nicht erforderlich, vielmehr kann der Beschluss auch vAw erge- **334** hen,[867] sofern er nicht dem Willen des Einsprechenden widerspricht und dieser die Fortführung des auf Widerruf des Patents gerichteten Verfahrens begehrt (hierzu Rn 330, 337; Rn 198 zu § 73).[868] Die Forderung nach einer ausdrücklichen Antragstellung stände auch im Wertungswiderspruch zu ihrer fehlenden Bedeutung, da maßgeblich für den Eintritt der Wirkungen der Erledigung allein der feststellende Beschluss ist.

(pat) 365/06; BPatG 4.11.2014 8 W (pat) 8/11; BPatG Mitt 2015, 146; zur Freistellungserklärung auch ausdrücklich BPatGE 54, 34 = Mitt 2013, 412; BPatGE 53, 12 = BlPMZ 2011, 384; BPatG Mitt 2013, 347; aA BPatG 26.7.2007 34 W (pat) 305/02; BPatG GRUR 2011, 657; BPatG 11.1.2012 7 W (pat) 307/11; *Benkard* Rn 124.
858 BGH GRUR 2008, 279 Kornfeinung; BGH GRUR 2007, 309 Schussfädentransport; BGH GRUR 2005, 749 Aufzeichnungsträger; BGH GRUR 2011, 1052 Telefonsystem; BPatG 1.7.2008 8 W (pat) 315/07; BPatG 17.8.2011 7 W (pat) 130/11; BPatGE 53, 12 = BlPMZ 2011, 384.
859 BGH GRUR 2012, 1071 Sondensystem, ausdrücklich die Gegenmeinung BPatG GRUR 2011, 240 ablehnend; ebenso, bereits das Verständnis des des Begriffs „Allgemeininteresse" ablehnend *Benkard* Rn 121.
860 BPatGE 51, 128 = GRUR 2010, 363; BPatGE 53, 12 = BlPMZ 2011, 384; BPatG 2.2.2013 15 W (pat) 22/12; BPatG 24.2.2014 8 W (pat) 8/12; BPatG 11.3.2014 10 W (pat) 9/14; BPatG 25.3.2014 20 W (pat) 9/11; BPatG 4.6.2014 9 W (pat) 365/06; BPatG 17.10.2014 8 W (pat) 34/12; BPatG 4.11.2014 8 W (pat) 8/11; BPatG Mitt 2015, 146.
861 *Schulte* § 73 Rn 207; vgl auch BPatGE 51, 128 = GRUR 2010, 363.
862 BPatGE 51, 128 = GRUR 2010, 363; *Schulte* § 73 Rn 207; *Fitzner/Lutz/Bodewig* Rn 107.
863 BGH GRUR 2011, 1052 Telefonsystem; BPatG 17.8.2011 7 W (pat) 130/11; *Thomas/Putzo* § 91a ZPO Rn 17; *Kopp/Schenke* § 161 VwGO Rn 30, Aufhebung verlangend; ebenso BVerwG NVwZ 1993, 979; weitergehend Erledigungseintritt kraft Gesetzes annehmend BPatGE 53, 12 = BlPMZ 2011, 384.
864 So aber *Hövelmann* GRUR 2007, 283 f.
865 BPatGE 51, 128 = GRUR 2010, 363.
866 So auch *van Hees/Braitmayer* Rn 544 f; *Hövelmann* GRUR 2007, 283 f, beide zu Recht kr zum Verfahren der Geschäftsstelle des BPatG im Beschwerdeverfahren.
867 BPatGE 54, 34 = Mitt 2013, 412; BPatGE 53, 12 = BlPMZ 2011, 384.
868 Diese aus der Antragsbindung folgende Einschränkung nicht hinreichend beachtend BPatG 11.5.2013 20 W (pat) 20/11.

5. Erlöschen des Patents als Erledigungstatbestand

335   **a. Allgemeines.** Erlöschen des Patents – so durch Ablauf der Schutzdauer,[869] Nichtzahlung der Jahresgebühren,[870] Verzicht[871] – erledigt regelmäßig das Verfahren wegen Wegfalls des Allgemeininteresses (zum Beschwerdeverfahren Rn 193 f zu § 73; abw Regel 75 und Regel 84 AOEPÜ, hierzu Rn 389).[872] Dies gilt auch, wenn das Patent innerhalb der Einspruchsfrist erloschen ist,[873] es sei denn, es besteht ein eigenständiges Rechtsschutzbedürfnis des Einsprechenden an der Entscheidung über Widerruf oder Aufrechterhaltung (Rn 340). Ein solches wird allerdings idR dadurch beseitigt, dass mit dem Verzicht die Erklärung verbunden wird, aus dem Patent keine Ansprüche für die Vergangenheit gegen den Einsprechenden geltend machen,[874] oder dieser von Ansprüchen aus dem Patent freigestellt und damit in jedem Fall eine Erledigung der Hauptsache herbeigeführt wird.[875] Es sind also zwei Fallgruppen zu unterscheiden: die Fortführung des Verfahrens im Fall eines besonderen Rechtsschutzbedürfnisses des Einsprechenden und die Erledigung des Verfahrens, wenn dieses fehlt oder eine Fortführung nicht gewollt ist.

336   **b. Erledigung der Hauptsache oder Unzulässigkeit des Einspruchs.** Str war, ob das Erlöschen des Patents zur Erledigung,[876] zur teilweisen bzw fehlenden Erledigung[877] oder zur Unzulässigkeit des Einspruchs führt.[878] So wurde bereits ein Bedürfnis für die Behandlung der Erlöschenstatbestände als Erledigung der Hauptsache geleugnet.[879] Auch wurde vertreten, dass eine Erledigung mangels Vorliegens eines echten kontradiktorischen Verfahrens (Rn 13) ausscheide.[880] Vielmehr sei der Einspruch unzulässig geworden.[881] Auch könne im Einspruchsverfahren einer bereits ergangenen Entscheidung nicht die Wirkung genommen werden, ohne sie förmlich aufzuheben.[882] Dies überzeugt nicht und wird in jüngster Rspr auch nicht mehr vertreten.

---

869   BGH GRUR 2007, 309 Schussfädentransport; BGH GRUR 2006, 316 Koksofentür; BGH GRUR 2005, 749 Aufzeichnungsträger; BGH GRUR 1981, 515 Anzeigegerät, zum Feststellungsantrag im GbmLöschungsverfahren; BPatGE 29, 65 = GRUR 1987, 807; BPatG 2.4.2009 12 W (pat) 27/06, zum Erlöschen eines Zusatzpatents; BPatG 3.3.2009 12 W (pat) 323/03; *Schulte* Rn 244.

870   BGH GRUR 1997, 615 Vornapf; BPatGE 54, 34 = Mitt 2013, 412; BPatG 13.11.2014 9 W (pat) 25/13; BPatG 20.8.2008 9 W (pat) 337/06; BPatG 26.4.2006 7 W (pat) 308/03; BPatG 6.7.2011 12 W (pat) 27/09; BPatG BlPMZ 2005, 241; BPatG 28.4.2005 15 W (pat) 326/03; *Schulte* Rn 244.

871   BPatGE 29, 84 = GRUR 1988, 30; DPA BlPMZ 1986, 127; DPA BlPMZ 1986, 127; BPatG 10.3.2007 9 W (pat) 415/05; BPatG 19.2.2009 12 W (pat) 355/04; BPatG 12.4.2006 20 W (pat) 305/05, zur Klärung, ob ein Verzicht tatsächlich erfolgt ist; *Schulte* Rn 244; zum Markenrecht *Ströbele/Hacker* § 48 MarkenG Rn 70.

872   BGH Vornapf.

873   BPatG BlPMZ 1993, 62 f.

874   BGH Vornapf; BGH GRUR 2012, 1071 Sondensystem; PatG 26.10.2004 34 W (pat) 12/04.

875   BGH GRUR 1999, 571 künstliche Atmosphäre.

876   BGH GRUR 1999, 571 künstliche Atmosphäre; BGH GRUR 2008, 279 Kornfeinung; BPatG BlPMZ 2011, 384; BPatGE 51, 128 = GRUR 2010, 363; BPatG 7.4.2009 6 W (pat) 312/06, zum Verzicht; BPatG 1.10.2009 6 W (pat) 332/07, zum Erlöschen bei Nichtzahlung der Jahresgebühr; BPatG 22.9.2009 8 W (pat) 357/05, zum Verzicht auf das Patent; BPatG 26.11.2008 14 W (pat) 340/04; BPatG 28.4.2008 9 W (pat) 314/05; BPatG 28.4.2005 15 W (pat) 326/03; BPatG 26.10.2004 34 W (pat) 12/04; BPatG 3.7.2003 6 W (pat) 32/00; BPatG BlPMZ 1993, 62, kein eigenes Interesse des Einsprechenden am rückwirkenden Widerruf fordernd; BPatGE 29, 84; vgl auch BPatG Mitt 2000, 361 f Markensache; *Jestaedt* WRP 1994, 680, 684; *Schulte* Rn 244.

877   BPatG GRUR 2011, 657; BPatG 9.12.2010 7 W (pat) 334/05; BPatG 28.1.2011 7 W (pat) 332/09; *Benkard* Rn 120, 124, für grds Fortführung.

878   So BPatG 19.2.2009 12 W (pat) 355/04; BPatG 2.4.2009 12 W (pat) 27/06; BPatG 3.3.2009 12 W (pat) 323/03; BPatG 19.1.2009 12 W (pat) 366/03; BPatG 9.3.2009 9 W (pat) 405/04, für den Fall der Nichtzahlung der Jahresgebühr und unter Hinweis auf BGH Kornfeinung; BGH GRUR 1997, 615 Vornapf; BPatG 9.3.2009 9 W (pat) 354/05 im Fall des Verzichts und BPatG 15.4.2009 9 W (pat) 350/05 im Fall der Nichtzahlung der Jahresgebühr; BPatGE 51, 127 = GRUR 2009, 612 (20. Senat); BPatG 5.7.2006 7 W (pat) 378/03; BPatG 1.9.2005 34 W (pat) 337/04; *Hövelmann* GRUR 2007, 283; *van Hees/Braitmayer* Rn 547; *Kraßer* S 603 (§ 26).

879   *Hövelmann* GRUR 2007, 283.

880   *Van Hees/Braitmayer* Rn 546.

881   So *van Hees/Braitmayer* Rn 547.

882   *Hövelmann* GRUR 2007, 283.

Das Bestehen oder der Fortbestand des Patents bei oder nach Einspruchseinlegung berührt die Zuläs- **337** sigkeit des Einspruchs nicht (Rn 35) und die Forderung nach einem Rechtsschutzbedürfnis betrifft nicht den Fall eines aus Sicht des Einsprechenden erledigten Einspruchbegehrens, das dieser nicht weiterverfolgen will, sondern nur die **nicht zulässige Weiterverfolgung** des Einspruchs und Widerrufsbegehrens iSv § 21. Es ist allg anerkannt, dass die Zulässigkeit eines Rechtsbehelfs nicht dadurch nachträglich in Frage gestellt wird, dass sich die Hauptsache erledigt. Unzulässig kann nur dessen Weiterverfolgung im Fall eines hierfür fehlenden Rechtsschutzbedürfnisses sein (Rn 330). Der Einsprechende muss die Möglichkeit haben, sein tatsächlich erledigtes Begehren verfahrensmäßig durch eine dieser Situation angepasste Verfahrenserklärung zum Abschluss zu bringen. Es liegt deshalb ein typischer Erledigungstatbestand vor (zum Beschwerdeverfahren Rn 188 f zu § 73).

Das gilt auch für den **Erwerb des Patents durch den Einsprechenden** bei widerrechtl Entnahme **338** (Rn 43 f) und die Rücknahme des hierauf gestützten Einspruchs (Rn 72 zu § 61).[883] Hier ist Erledigung auch zu Recht anerkannt worden.[884] Auch § 99 Abs 1 steht einer Anwendbarkeit dieses Rechtsinstituts vor dem BPatG und dem DPMA nicht entgegen.[885] Das Argument einer Unanwendbarkeit in dem allenfalls quasikontradiktorischen Verfahren (Rn 13) bzw in Verfahren vor dem DPMA (Rn 15 f) berücksichtigt nicht, dass die Erledigterklärung nur Fälle tatsächlicher Erledigung betrifft und damit keine mit diesem Verfahren unvereinbaren Dispositionen der Beteiligten zulässt (Rn 334; zu § 265 ZPO: Rn 235; Rn 21 zu § 79). Auch eine Teilerledigung ist abzulehnen (Rn 332).

c. Widerruf des Patents für die Vergangenheit. Bei zulässiger Fortführung des Verfahrens wird das **339** Patent bei Vorliegen eines Widerrufsgrunds mit Wirkung für die Vergangenheit widerrufen,[886] nach aA soll die Feststellung erfolgen, dass das Patent von Anfang an unwirksam war.[887] Dies ist abzulehnen, da es auf die rückwirkende Gestaltungswirkung des Beschlusses ankommt und nicht auf die bloße Feststellungswirkung, unabhängig davon, ob diese nicht nur zwischen den Beteiligten wirkte, auch wenn einschränkend nur auf das persönliche Rechtsschutzbedürfnis des Einsprechenden zur Verfahrensfortführung abgestellt wird (hierzu Rn 343). Denn die Patenterteilung ist aufgrund eines Hoheitsakts erfolgt, dessen Rechtswirkungen durch das Erlöschen des Patents nur für die Zukunft, nicht aber für die Vergangenheit entfallen, so dass es des Widerrufs bedarf,[888] auch wenn Gegenstand der Überprüfung und des Widerrufs nicht der Erteilungsbeschluss ist (Rn 7), sondern das formell wirksam erteilte Patent (§ 61 Abs 1 Satz 1).[889] Das Verfahren behält Popularcharakter.

d. Besonderes Rechtsschutzbedürfnis an der Verfahrensfortführung. Die Rspr stellt darauf ab, **340** dass mit dem Erlöschen des Patents bereits die Rechtsfolge eingetreten ist, in deren Herbeiführung sich die Bedeutung eines rechtsgestaltenden Beschlusses, der zum Widerruf des Patents führt, für die Allgemeinheit erschöpft.[890] Das Interesse der Allgemeinheit am Widerruf zu Unrecht erteilter Schutzrechte wird danach nicht mehr berührt, wenn das Patent erloschen ist (zum Nichtigkeitsverfahren Rn 68 zu § 81),[891] da allenfalls noch Rechte einzelner betroffen sein können (Rn 190 zu § 73), was die Annahme einer Erledigung rechtfertigt (Rn 331). Dieses Allgemeininteresse am Widerruf zu Unrecht erteilter Patente ist nicht mit der Forderung nach einem Rechtschutzbedürfnis (Rn 63) gleichzusetzen, insb ist die weitergehende An-

---

883 BPatG GRUR-RR 2012, 128.

884 BPatGE 51, 128 = GRUR 2010, 363: da der Einsprechende nicht mehr beteiligt sei, BGHZ 124, 343, 347 = GRUR 1996, 42 Lichtfleck, unter Hinweis auf BGHZ 83, 13 = NJW 1982, 1598; BGH NJW 1986, 589; BGH NJW 1991, 1116.

885 Hierzu BPatGE 51, 128 = GRUR 2010, 363, unter Hinweis, dass das BPatG sein Verfahren unter Berücksichtigung allgemeingültiger verfahrensrechtl Grundsätze frei gestalten könne.

886 Zum Nichtigkeitsverfahren BGH GRUR 2005, 749 Aufzeichnungsträger; BGH 4.11. 2008 X ZR 154/05; BGH GRUR 2008, 90 Verpackungsmaschine; *van Hees/Braitmayer* Rn 494; *Hövelmann* GRUR 2007, 283 f.

887 So BPatG 10.3.2007 9 W (pat) 415/05; BPatG 3.7. 2003 6 W (pat) 32/00; BPatGE 29, 84 = GRUR 1988, 30; BPatG BlPMZ 1993, 62 f; BGH GRUR 1981, 515 Anzeigegerät, Feststellungsantrag im GbmLöschungsverfahren; BGH GRUR 2001, 337 EASYPRESS, Markenrecht: Feststellung der Nichtigkeit der Marke mit Wirkung ex tunc.

888 BGH GRUR 1974, 146 Schraubennahtrohr.

889 BGH GRUR 1997, 615 f Vornapf; BPatGE 46, 134; BPatG BlPMZ 2011, 384.

890 BGH GRUR 2012, 1071 Sondensystem; BGH GRUR 1965, 231 Zierfalten; BGH GRUR 1974, 146 Schraubennahtrohr.

891 BGH GRUR 2008, 279 Kornfeinung; BGH GRUR 2007, 309 Schussfädentransport; BGH GRUR 2005, 749 Aufzeichnungsträger; BPatG 1.7.2008 8 W (pat) 315/07; aA *Benkard* Rn 121.

nahme nicht gerechtfertigt, dass ein derartiges Allgemeininteresse nicht entfallen sei,[892] sondern nur die Fiktion zugunsten des Einsprechenden.[893] Es bedarf deshalb nur für die Fortführung des ursprünglich vom Allgemeininteresse gedeckten[894] Verfahrens nach Erlöschen des Patents der Darlegung eines eigenen besonderen Rechtsschutzbedürfnisses,[895] und zwar auch dann, wenn einer der Erlöschungsgründe erst während des anhängigen Einspruchs- oder Nichtigkeitsverfahrens eintritt, da das Rechtsschutzbedürfnis als besondere Verfahrensvoraussetzung noch bei Verfahrensabschluss gegeben sein muss (vgl dagegen zum Verfahren nach dem EPÜ Rn 389).[896] Ansonsten wird der Einspruch, dh dessen Aufrechterhaltung, unzulässig (Rn 247, 330, 337; zur Darlegungslast Rn 345; zur Beschwerde Rn 188 f zu § 73).

341   Die **Anforderungen** an das Rechtsschutzbedürfnis sind großzügig und nicht nach engherzigen Maßstäben zu bemessen und nur bei offensichtlich nicht schutzwürdiger Rechtsverfolgung zu verneinen.[897] Hinreichender Anlass, den von staatlichen Einrichtungen gewährten Schutz in Anspruch zu nehmen, besteht schon dann, wenn Grund zur Besorgnis besteht, Ansprüchen ausgesetzt zu werden.[898] Insoweit reicht auch die vom Einsprechenden belegte Besorgnis aus, dass er oder einer seiner Abnehmer für die Zeit vor der Verzichtserklärung vom Patentinhaber in Anspruch genommen werde.[899] Nur einer offensichtlich nicht schutzwürdigen Rechtsverfolgung, wie zB dem Scheinprozess, dem zur Erlangung einer theoretischen Rechtsauskunft angestrengten Verfahren oder dem schikanösen und rechtsmissbräuchlichen Vorgehen, ist das Rechtsschutzbedürfnis abzusprechen, nicht schon einer mutwilligen oder aussichtslosen Rechtsverfolgung.[900] Auf die Schlüssigkeit oder Erfolgsaussicht einer zur Begründung des Rechtsschutzbedürfnisses herangezogenen Verletzungsklage kommt es nicht an.[901]

342   Dient die Rechtsverfolgung der **vorbeugenden Abwehr** von Ansprüchen, kann daher nicht entscheidend sein, ob diese bereits geltend gemacht oder nur angekündigt sind; ebenso wenn der Patentinhaber lediglich im Hinblick auf eine vom Einsprechenden geäußerte Besorgnis erklärt, dass er sich derzeit nicht in der Lage sehe, auf alle Ansprüche aus dem Streitpatent für die Vergangenheit zu verzichten.[902] Als nicht ausreichend wird im Hinblick auf die Darlegungs- und Feststellungslast (Rn 345) angesehen, dass der Patentinhaber keine Erklärung abgibt, für die Vergangenheit keine Rechte aus dem Patent geltend zu machen.[903] Auch die Behauptungen, der Patentinhaber wolle eine Begründung des Widerrufs verhindern[904] oder es bestehe eine mögliche Indizwirkung für den Bestand eines inhaltsgleichen eur Patents, reichen nicht aus.[905]

343   Grds kann das Rechtsschutzbedürfnis nur auf die **Person des Einsprechenden** bezogen sein; es kann trotz des Popularcharakters des Einspruchs nicht von dritter Seite abgeleitet werden, so von dem

---

892   BGH Sondensystem, die Gegenmeinung BPatG GRUR 2011, 240 ablehnend; so aber *van Hees/Braitmayer* Rn 543, 546.

893   *Van Hees/Braitmayer* Rn 543, 547; bereits ein Allgemeininteresse ablehnend und als inhaltsleeren Begriff bezeichnend *Benkard* Rn 20, 121.

894   BPatGE 46, 134; BPatG BlPMZ 2011, 384; ablehnend *Benkard* Rn 121.

895   StRspr, BGH Sondensystem; BGH Kornfeinung; BGH GRUR 1995, 342 tafelförmige Elemente und BGH Schraubennahtrohr, beide zum Nichtigkeitsverfahren; BGH GRUR 1997, 615 Vornapf, bei Nichtzahlung der Jahresgebühr; BGH Aufzeichnungsträger; BGH Schussfädentransport; BPatGE 51, 128 = GRUR 2010, 363; BPatGE 53, 12 = BlPMZ 2011, 384; zum Einspruchsbeschwerdeverfahren BPatG Mitt 2014, 282, ferner BPatG Mitt 2015, 146; *Fitzner/Lutz/Bodewig* Rn 87, 183; aA *Benkard* Rn 121 ff, die Forderung nach einem Rechtsschutzbedürfnis bei bloßem ex-nunc-Erlöschen ablehnend.

896   BGH Zierfalten.

897   BGH GRUR 1995, 342 tafelförmige Elemente: nicht bereits bei mutwilliger oder aussichtsloser Rechtsverfolgung; aA *Benkard* Rn 121, die Forderung nach einem Rechtsschutzbedürfnis bereits aufgrund des Rechtscharakters als Popularrechtsbehelf grds ablehnend und im übrigen als grds vorliegend ansehend, sofern man ein solches fordert.

898   BGH tafelförmige Elemente; BGH GRUR 1974, 146 Schraubennahtrohr; BGH GRUR 1982, 355 Bauwerksentfeuchtung; BGH GRUR 1981, 515 Anzeigegerät (zum Feststellungsantrag im GbmLöschungsverfahren); BGH GRUR 1965, 231 Zierfalten; BPatGE 36, 110 = GRUR 1996, 873.

899   BPatG 2.2.2013 15 W (pat) 22/12.

900   BGH Schraubennahtrohr.

901   BGH Schraubennahtrohr.

902   BPatG 10.3.2007 9 W (pat) 415/05.

903   BPatG 20.8.2008 9 W (pat) 337/06.

904   BPatG 28.4.2005 15 W (pat) 326/03.

905   BPatG 26.4.2006 7 W (pat) 308/03; BPatG 5.7.2006 7 W (pat) 378/03; BPatG 2.8.2001 15 W (pat) 23/00; BPatG 26.10.2004 34 W (pat) 12/04.

nach Abs 2 Beigetretenen oder sonstigen Dritten, zB Lizenznehmern. Diese Fälle lassen sich praktisch durch die gebotene großzügige Zubilligung des Rechtsschutzbedürfnisses lösen (Rn 341). Dies erscheint im Hinblick auf das Einspruchsverfahren als Popularverfahren und die umfassende Gestaltungswirkung des Widerrufs allerdings nicht selbstverständlich (vgl Rn 339).

Ob ein Rechtsschutzbedürfnis am rückwirkenden Widerruf besteht, kann durch selbstständig an- **344** fechtbare **Zwischenentscheidung** (vgl Rn 222, 251) vorab geklärt werden.[906]

e. Die Darlegungs- und Feststellungslast (vgl Rn 305 f) für das Vorliegen eines eigenen Rechts- **345** schutzbedürfnisses trifft den Einsprechenden, der dieses nach Ablauf der Schutzdauer belegen muss,[907] wobei eine sachliche Prüfung etwaiger Erfolgsaussichten einer drohenden oder bereits erfolgten Inanspruchnahme nicht zu erfolgen hat,[908] es sei denn, der Widerruf ist ersichtlich ohne Einfluss auf das erklärte Rechtsschutzziel.[909] Ein passives Verhalten des Patentinhabers reicht hierzu nicht aus.[910] Auch die Auffassung, dass eine Fortsetzung des Verfahrens vAw mit dem Fortbestand eines Rechtsschutzbedürfnisses begründet und solange in Umkehr des bisher von der hL angenommenen Regel-Ausnahme-Verhältnisses vermutet werden könne),[911] wie der Patentinhaber den Einsprechenden nicht von Ansprüchen aus dem Patent für die Vergangenheit freistellt, ist mit der zutr Annahme, dass der Wegfall des Allgemeininteresses zur Erledigung des Einspruchsverfahrens führe, nicht in Einklang zu bringen (vgl zur Forderung einer allg Freistellungserklärung Rn 331), wenn auch nicht zu verkennen ist, dass nur eine großzügige Bejahung des eigenen Rechtsschutzbedürfnisses sachgerechte Ergebnisse erlaubt, will man nicht von einer Umkehr der Darlegungs- und Feststellungslast ausgehen.[912]

6. Insolvenz

a. Entsprechende Anwendbarkeit von § 240 ZPO. Zu den in §§ 239 f ZPO geregelten Unterbre- **346** chungstatbeständen des justizförmig ausgestalteten Einspruchsverfahrens (zum Beschwerdeverfahren Rn 4 f vor § 73; Rn 7 zu § 79; zur Insolvenz des Nichtigkeitsklägers Rn 65 zu § 81) zählt auch die Insolvenz im Einspruchsverfahren,[913] ebenso für das Kostenfestsetzungsverfahren,[914] wobei für das Einspruchsverfahren zu differenzieren ist zwischen dem Patentinhaber[915] und dem Einsprechenden (dagegen zum Wegfall Rn 354). Danach tritt mit dem Tag der Eröffnung des Insolvenzverfahrens entspr § 240 ZPO Verfahrensunterbrechung, dh Stillstand des Verfahrens kraft Gesetzes, ein, da die Verfügungsbefugnis des Schuldners nach § 80 Abs 2 InsO und damit die Verfahrensführungsbefugnis (Rn 89) erlischt. Der weitergehenden, und weder nach Art des Verfahrens noch der Beteiltenstellung differenzierenden Auffassung, § 240 ZPO sei „generell für Schutzrechtsverfahren vor dem DPMA" nicht anzuwenden,[916] ist, ebenso wie der Agumentation, es bestehe wegen des verwaltungsrechtl Charakters des DPMA-Verfahrens keine vergleichbare Interessenlage,[917] im Hinblick auf die Ausgestaltung des Einspruchsverfahren (Rn 15) zu widersprechen.[918] Zur Löschung wegen Vermögenslosigkeit Rn 92.

---

906   BPatGE 29, 65 = GRUR 1987, 807.
907   BGH GRUR 1995, 342 tafelförmige Elemente.
908   BGH GRUR 1974, 146 Schraubennahtrohr.
909   BGH GRUR 1982, 355 Bauwerksentfeuchtung: verneinend bei Nichtigkeitsklage eines Lizenznehmer mangels Auswirkungen auf gezahlte Lizenzgebühren.
910   BGH GRUR 1981, 515 Anzeigegerät.
911   So *Schulte* Rn 244.
912   Abl auch BPatGE 51, 128 = GRUR 2010, 363.
913   Bejahend *Schulte* Einl Rn 192; *Ströbele/Hacker* § 42 Rn 70; *van Hees/Braitmayer* Rn 1581, sowohl bzgl des Patentinhabers als auch des Einsprechenden; aA BPatG GRUR 2008, 364, für das markenrechtl Widerspruchsverfahren; abl für Zahlungsfristen für Patentjahresgebühren BGH GRUR 2008, 551 Sägeblatt entgegen BPatG ZInsO 2007, 329; ablehnend *Benkard* Rn 155.
914   BGH Rpfleger 2012, 587; BGH GRUR 1965, 621 Patentanwaltkosten.
915   BPatG 13.8.2004 20 W (pat) 4/04; BPatGE 53, 153, bestätigt von BGH GRUR 2013, 862 Aufnahme des Patentnichtigkeitsverfahrens.
916   MittPräsDPMA Nr 20/08 vom 14.11.2008 (zwischenzeitlich aufgehoben) unter Hinweis auf BGH Sägeblatt, zur Ablehnung einer Unterbrechung bei Zahlung einer fälligen Jahresgebühr.
917   *Benkard* Rn 155.
918   Zum markenrechtl Widerspruchs- und Löschungsverfahren *Ströbele/Hacker* § 42 MarkenG Rn 71.

347   Umstr ist, ob auch die **Einsprechendenstellung als insolvenzbefangen** angesehen werden kann.[919] Insoweit ist eine Anwendbarkeit im Einspruchsverfahren allerdings zwh. Unabhängig davon, ob der Einspruch überhaupt als Vermögenswert insolvenzbefangen sein kann,[920] sprechen gegen eine Anwendbarkeit das öffentliche Interesse an der Klärung der Rechtmäßigkeit einer gegenüber allen wirkenden Patenterteilung,[921] wie auch die Verfahrensstellung des Einsprechenden, der wegen § 61 Abs 1 Satz 2 nicht einmal im Entscheidungszeitpunkt beteiligt sein muss[922] und der wegen § 81 Abs 2 die Erhebung einer Nichtigkeitsklage blockiert, solange das Einspruchsverfahren andauert. Es wir deshalb angenommen, dass die Insolvenz nur dann zur Unterbrechung führt, wenn Anhaltspunkte vorhanden sind, dass eine vermögensrechtl bedeutsame Beziehung den Hintergrund des Verfahrens bildet.[923] Bei Insolvenz des Einsprechenden sollte die Einsprechendenstellung auf den Erwerber der zur Insolvenzmasse gehörenden Betriebsanlagen, Schutzrechte und Warenvorräte übergehen.[924] Dies soll der Fall sein, wenn der Einsprechende wegen Verletzung des Streitpatents in Anspruch genommen wird.[925]

348   **b. Rechtsfolgen für die Beteiligten.** Die vom materiellen Recht vorgegebene Vermögenslage, insb der Bestand des Patents sowie die hierzu erforderlichen materiellrechtl Voraussetzungen wie die Zahlung der Jahresgebühren bleibt von der Eröffnung des Insolvenzverfahrens unberührt, weil lediglich das Verwaltungs- und Verfügungsrecht auf den Insolvenzverwalter übergeht (§ 80 Abs 1 InsO).[926] Die Vertretungsvollmacht der Verfahrensbevollmächtigten erlischt gem § 117 Abs 1 InsO und geht mit der Verwaltungs- und Verfügungsbefugnis auf den Insolvenzverwalter über (§ 80 InsO); Verfahrenserklärungen der insolventen Beteiligten selbst sind gem § 81 InsO unwirksam.

349   Da der Patentinhaber weiterhin als Inhaber des Patents eingetragen bleibt, trifft ihn die nach § 30 PatG maßgebliche Registerlegitimation. Er bleibt deshalb richtiger Beteiligter[927] im Verfahren und der Insolvenzverwalter wird nicht wie im Zivilprozess **Partei kraft Amts**; da letzerer aber wegen § 80 InsO allein verfügungs- und vertretungsbefugt ist, kann nur er für den insolventen Beteiligten handeln oder zB eine Inlandsvollmacht nach § 25 ausstellen.[928] Folgerichtig verbleibt auch die Verfahrensführungsbefugnis, für die normalerweise auf § 30 abzustellen ist (Rn 89), nicht beim insolventen Beteiligten, sondern geht auf den Insolvenzverwalter über.[929] In rechtsanaloger Anwendung könnte allenfalls eine Ausnahme anzuerkennen sein, sofern gem § 30 Abs 2 DPMAV der Antrag auf Eröffnung des Insolvenz in das Register eingetragen und damit eine Registerlegitimation des Insolvenzverwalters hergestellt ist. Zuvor ist er nur neben dem insolventen Patentinhaber im Rubrum aufzuführen.[930]

350   Trotz Unterbrechungswirkung sind **ergangene Entscheidungen** zwar wirksam, aber anfechtbar,[931] Ist die Unterbrechungswirkung zwischen den Beteiligten str, ist durch nach § 252 ZPO (Rn 70 zu § 73) anfechtbare feststellende Zwischenentscheidung (Rn 222; Rn 55 zu § 73) auszusprechen, dass der Rechtsstreit unterbrochen[932] oder aufgenommen ist.[933] Das kann im gerichtlichen Verfahren mit Zustimmung der Parteien im schriftlichen Verfahren geschehen (§ 128 Abs 2 Satz 1 ZPO).[934]

---

919   Bejahend V*an Hees/Braitmayer* Rn 1581; *Reimer* § 32 Rn 29; aA auch (außer bei widerrechtl Entnahme) *Lindenmaier* § 32 Rn 6; *Kisch* Hdb des dt Patentrechts (1923), 363; *Wohlgemuth* GRUR 1925, 176 f.

920   Bejahend *van Hees/Braitmayer* Rn 1581.

921   BPatG 22.11.2011 23 W (pat) 352/05.

922   So auch BPatG 22.11.2011 23 W (pat) 352/05; aA *van Hees/Braitmayer* Rn 1581.

923   BPatG 22.11.2011 23 W (pat) 352/05; BPatGE 40, 227; BPatG 5.12.1995 23 W (pat) 54/93; *Fitzner/Lutz/Bodewig* § 59 Rn 176.

924   BPatGE 38, 44 = GRUR 1998, 40; ebenso DPMA Mitt 1999, 68.

925   BPatG 22.11.2011 23 W (pat) 352/05; BPatGE 54, 172 = BlPMZ 2014, 142.

926   BGH GRUR 2008, 218 Sägeblatt.

927   Abw *7. Aufl* unter Hinweis auf BPatGE 26, 23 = BlPMZ 1983, 198; BGH 30.6.2015 X ZR 97/13.

928   BPatG 10.7.2013 4 Ni 8/11 (EP) GRUR 2014, 104 Ls, bestätigt von BGH Urt 30.6.2015 X ZR 97/13.

929   Missverständlich zur vergleichbaren Problematik bei § 81 Abs 1 Satz 2 BPatG 10.7.2013 4 Ni 8/11 (EP) GRUR 2014, 104 Ls.

930   BGH GRUR 1967, 56 Gasheizplatte, zur Nichtigkeitsklage bei Testamentsvollstreckung, zugleich zum Konkursverwalter.

931   *Thomas/Putzo* § 249 ZPO Rn 9; *Schulte* Einl Rn 382.

932   AA BGH GRUR Int 2010, 436 Schnellverschlusskappe unter Hinweis zum Zwischenurteil auf BGHZ 82, 209, 218 = NJW 1982, 883.

933   Zum Nichtigkeitsverfahren BGH GRUR 2013, 862 Aufnahme des Patentnichtigkeitsverfahrens.

934   BGH Schnellverschlusskappe.

c. Ende der Unterbrechung. Die Unterbrechung endet durch Aufhebung des Insolvenzverfahrens **351** nach §§ 200, 258 InsO oder Aufhebung des Eröffnungsbeschlusses nach § 34 Abs 3 InsO, Einstellung des Insolvenzverfahrens nach §§ 207, 211 – 213 InsO oder Aufnahme des Verfahrens durch den Insolvenzverwalter oder nach der zutr Rspr des BGH durch den Gegner im Fall der Ablehnung entspr § 86 Abs 1 Nr 1 InsO, der an sich das Aussonderungsrecht betrifft. Danach kann das Verfahren nicht nur vom Insolvenzverwalter, sondern auch vom Gegner aufgenommen werden,[935] jedenfalls wenn der Gegner als Patentverletzer vom Patentinhaber aus dem Streitpatent in Anspruch genommen worden ist.[936] Der BGH hat die Rspr des BPatG[937] bestätigt, die auch ohne die Einschränkung auf eine parallele Inanspruchnahme des Gegners im Verletzungsverfahren § 86 InsO im Einspruchsverfahren entspr angewandt wird.[938]

d. Auslandsinsolvenz. Ein ausländ Insolvenzverfahren erfasst nach Art 102 EGInsO auch das im In- **352** land befindliche Vermögen des Schuldners und unterbricht ein inländ Verfahren, wenn nach dortigem Recht eine entspr Unterbrechung vorgesehen ist[939] und nach ausländ Recht die ausschließliche Verfahrensführungsbefugnis dem Verwalter auch mit Bezug auf Schuldnervermögen in fremden Staaten obliegt.[940] Nach § 352 Abs 1 Satz 1 InsO wird durch die Eröffnung des ausländ Insolvenzverfahrens[941] ein im Inland anhängiger Rechtsstreit unterbrochen, der zur Zeit der Eröffnung anhängig ist und die Insolvenzmasse betrifft.[942] Die Anerkennung der Eröffnung des ausländ Insolvenzverfahrens ist nach § 343 Abs 1 Satz 2 Nr 1, 2 InsO zu versagen, wenn die Gerichte des Staats der Verfahrenseröffnung nach dt Recht nicht zuständig sind oder die Anerkennung gegen den dt ordre public verstößt.[943] Für das ital Insolvenzrecht soll das vor der Insolvenzeröffnung liegende freiwillige Vergleichsverfahren (concordato preventivo) über das Vermögen des Patentinhabers als Insolvenzverfahren iSv Art 1 Abs 1 EuInsVO gelten, und zur Unterbrechung des Verfahrens führen. Für die Beurteilung, ob der im freiwilligen Vergleichsverfahren bestellte Verwalter (liquidatore giudiziale) die Verwaltungs- und Verfügungsbefugnis über das Vermögen des Gemeinschuldners erlangt hat, soll im dt Verfahren ital Recht anwendbar sein.[944]

7. Sequestration. Hat das Prozessgericht die Sequestration eines Patents angeordnet, das sich im **353** Einspruchsverfahren befindet, folgt die Vertretungsmacht, die den Sequester zum Handeln für den Rechtsinhaber berechtigt, mangels gegenteiliger Anordnung des Prozessgerichts aus der privatrechtsgestaltenden Wirkung der Sequestrationsanordnung; der Sequester ist deshalb befugt, in Vertretung des Patentinhabers Einspruch/Beschwerde einzulegen.[945] Da weder das nationale Recht noch das EPÜ den Sequester als Beteiligten des Erteilungs- oder Einspruchsverfahrens kennen, wäre ohne eine solche (materiellrechtl) Vertretungsbefugnis insb die wirksame Sequestration einer eur Patentanmeldung nicht möglich. Eine Vertretungsmacht des Sequesters ist überdies dem Gesetz nicht fremd (§ 848 Abs 2 ZPO).

---

935 BGH GRUR 2013, 862 Aufnahme des Patentnichtigkeitsverfahrens.

936 So für das Nichtigkeitsverfahren BGH Aufnahme des Patentnichtigkeitsverfahrens; ebenso *Schoenen* NZI 2013, 691; weitergehend BPatGE 53, 153 = ZInsO 2012, 1090.

937 BPatGE 53, 153.

938 Ebenso zum markenrechtl Widerspruchsverfahren *Ströbele/Hacker* § 42 MarkenG Rn 75.

939 *Van Hees/Braitmayer* Rn 1582; zum Nichtigkeitsberufungsverfahren BGH GRUR Int 2010, 436 Schnellverschlusskappe; BPatGE 25, 33; *Schulte* Einl Rn 195; vgl RGZ 141, 427 = BlPMZ 1934, 2 biegsame Schwachstromleitung; BGHZ 152, 84 = GRUR 2003, 169 Fährhafen Puttgarden, für den Beigeladenen im kartellrechtl Beschwerdeverfahren; im Markenrecht soll eine Aussetzung bei Auslandsinsolvenz im Widerspruchsverfahren nur in Betracht kommen, wenn die Voraussetzungen ohne umfangreiche Beweiserhebungen feststellbar sind, vgl *Ströbele/Hacker* § 42 Rn 72.

940 Abschließend geklärt durch Vorlagebeschluss BGH WM 1998, 43; das Verfahren vor dem GmS-OGB wurde eingestellt, nachdem der BFH sich dieser Auffassung angeschlossen hat; offengelassen in BPatG Mitt 1997, 161, Markensache; vgl auch BGHZ 43, 352 = GRUR 1965, 621 Patentanwaltskosten; BPatGE 16, 161 = BlPMZ 1974, 320 zu den Auswirkungen auf die Vertretervollmacht. *Baumbach/Lauterbach/Albers/Hartmann* § 240 ZPO Rn 4 „Ausländischer Konkurs".

941 Zu den Voraussetzungen und dem Verfahrens nach Kap 11 des US-amerikanischen Bankruptcy Code BGH Schnellverschlusskappe.

942 BPatG 10.7.2013 4 Ni 8/11 (EP) GRUR 2014, 104 Ls.

943 BGH Schnellverschlusskappe.

944 BPatG 10.7.2013 4 Ni 8/11 (EP) GRUR 2014, 104 Ls.

945 BGHZ 172, 98 = GRUR 2008, 87 Patentinhaberwechsel im Einspruchsverfahren.

354   **8.** Der **Wegfall des Einsprechenden,** zB durch Liquidation und Löschung der Firma, durch Fusion (s Rn 92) führt nicht zur Beendigung des Einspruchsverfahrens.[946] Der Einsprechende scheidet aus dem Einspruchsverfahren aus, das entspr § 61 Abs 1 Satz 2 ohne ihn vAw fortzusetzen ist.[947] Es macht keinen Unterschied, ob der Einsprechende seine Stellung im Einspruchsverfahren bewusst aufgibt (Rn 293) oder deshalb verliert, weil er als Rechtsperson untergegangen ist.[948]

355   **VIII.** Zur **Rückzahlung der Einspruchsgebühr** Rn 31 f zu § 62.

G. Europäisches Einspruchsverfahren

Schrifttum: *Armijo* Central Limitation, Re-Examination, Invalidation, epi-Information 1997 Sonderheft 3, 32; *Chandler/Meinders* C-Book: How to write a successful opposition and pass paper C of the European Qualifying Examination, 2005; *Depelsenaire/Mousseron* Consideration of Material Not Produced – or Submitted Late – in EPO Opposition Proceedings, IIC 1999, 135; *Féaux de Lacroix* Zum gegenseitigen Verhältnis von Beschränkungs-, Einspruchs- und Nichtigkeitsverfahren, Mitt 2008, 6; *Günzel* Die Anforderungen an die Begründung eines zulässigen Einspruchs beim Europäischen Patentamt, Mitt 1992, 203; *Hüttermann/Storz* Die Auswirkungen der Entscheidungen G 2/04 und G 3/04 der Großen Beschwerdekammer auf die Praxis des Einspruchs, Mitt 2006, 410; *Kockläuner* Zur Frage des verspäteten Einspruchsvorbringens vor dem Europäischen Patentamt, GRUR Int 1988, 831; *Kockläuner* Neue Patentansprüche und mündliche Verhandlung beim Europäischen Patentamt, Mitt 1989, 30; *Liesegang* Späte Anträge im Europäischen Erteilungs-, Einspruchs- und Beschwerdeverfahren, Mitt 1997, 290 = epi-Information 1998, 26; *Luginbühl* Limitation and revocation in the European Patent Convention – outlines of the new procedure, IIC 2001, 607; *Luginbühl/Kohler* Das neue Beschränkungs- und Widerrufsverfahren im Europäischen Patentübereinkommen, sic! 2001, 681; *Molineaux* Amendment of a U.K. Patent under Opposition before the European Patent Office, EIPR 1998, 225; *Naumann* EPÜ 2000: Das Einspruchsverfahren, Mitt 2009, 52; *Persson/Paterson* Late-Filed Fresh Grounds in EPO Oppositions, EIPR 2001, 501; *Pitz* Verfahrensrechtliche Unwirksamkeit der Nichtangriffsabrede im europäischen und im deutschen Patentverfahren, Mitt 1994, 239; *Schulte* Die Behandlung verspäteten Vorbringens im Verfahren vor dem Europäischen Patentamt, GRUR 1993, 300; *Teschemacher* Die Chancen des Patentanmelders und seiner Wettbewerber vor dem Europäischen Patentamt, GRUR Int 1989, 190; *Waage* L'application de principes généraux de procédure en droit européen des brevets, 2000, zugl Diss Strasbourg 1998; *Weidmann* Entscheidungen vor der Einspruchsabteilung des Europäischen Patentamts, VPP-Rdbr 1997, 76; *Wichmann/*Naumann EPÜ 2000 – Das neue Beschränkungs- und Widerrufsverfahren, MItt 2008, 1; *Willoughby* Without Prejudice Decisions, Patent Threats and the Right to Intervene in Oppositions Proceedings, EIPR 2000, 373.

I. Allgemeines

356   **1. Grundlagen; Rechtsnatur des europäischen Einspruchsverfahrens.** Das Einspruchsverfahren vor dem EPA ist im Fünften Teil des EPÜ (Art 99–105 EPÜ) geregelt, weiter im Fünften Teil der AOEPÜ in den Regeln 75–89 AOEPÜ. Die am 13.12.2007 in Kraft getretene Revision hat einige EPÜ-Vorschriften über den Einspruch in die Ausführungsordnung verschoben, aber das Einspruchsverfahren nur geringfügig sachlich geänd. Das durch Art 105a–105c EPÜ geschaffene Widerrufs- und Beschränkungsverfahren ist einem anhängigen Einspruchsverfahren – anders als im nationalen Recht – nachrangig (§ 105a Abs 2 EPÜ; Rn 361). Das nationale Einspruchsverfahren ist seit 1981 dem des EPÜ nachgebildet (Einspruch nach Patenterteilung), weist aber weiterhin einige signifikante Unterschiede auf, allerdings nicht mehr die Dauer der Einspruchsfrist (Rn 368), jedoch weiterhin den Umfang der Einspruchsgründe (Art 100 EPÜ), da das EPÜ die widerrechtl Entnahme als Widerrufsgrund nicht vorsieht.

357   Das EPÜ-Einspruchsverfahren **ist ein selbstständiges, dem Erteilungsverfahren nachgeschaltetes Verfahren** (inter-partes-Verfahren, Rn 19) nicht eine Erweiterung des Prüfungsverfahrens.[949] Ziel ist die

---

946 BPatG BlPMZ 2009, 405; aA für eine nach dem 1.ÜberlG zu behandelnde Anmeldung BPatGE 1, 78 = GRUR 1965, 145.
947 BPatG BlPMZ 2009, 405; BPatG GRUR 2010, 521; *Bumiller/Winkler* FGG § 141a Rn 16; *Keidel/Kuntze/Winkler* FGG § 141a Rn 14; *Schulte* Rn 241; aA BPatG 9.2.2010 23 W (pat) 304/09.
948 BPatG BlPMZ 2009, 405.
949 EPA G 1/84 ABl EPA 1985, 299 = GRUR Int 1986, 123 Einspruch des Patentinhabers; EPA T 198/88 ABl EPA 1991, 254 = GRUR Int 1991, 561 Betonsanierung; EPA T 373/87; EPA T 182/89 ABl EPA 1991, 391 = GRUR Int 1991, 812 Umfang des Einspruchs; EPA T 387/89 ABl EPA 1992, 583 Cardioverter; EPA T 279/88; dagegen sieht CA England/Wales IIC 1999, 312 = RPC 1998, 608 Buehler v. Chronos Richardson das Einspruchsverfahren als Teil des Erteilungsverfahrens an; vgl auch BGHZ 128, 280 = GRUR 1995, 333 Aluminium-Trihydroxid; *Schulte* Rn 26, 29.

Entscheidung über Aufrechterhaltung oder Widerruf des Patents, nicht über Erteilung oder Zurückweisung der Anmeldung. Das Verfahren weist tendenziell größere Dispositionsrechte der Beteiligten auf, wie zB den Teileinspruch nach Regel 76 Abs 1c AOEPÜ, es kennt auch trotz geltenden Amtsermittlungsgrundsatzes (Art 114 Abs 1 EPÜ) eine Präklusion wegen verspäteten Vorbringens (Art 114 Abs 2; Rn 302; Rn 107f vor § 73) und weist insgesamt eine größere Nähe zum nationalen Nichtigkeitsverfahren auf. Wie dieses ist es in der Art eines streitigen Verfahrens ausgebildet.[950] Die bestandskräftige Entscheidung wirkt auf den Zeitpunkt der Patenterteilung zurück.[951]

2. Umfang der Überprüfung. Es gelten der Antragsgrundsatz und – eingeschränkt – der Amtsermitt- **358** lungsgrundsatz (Art 114 Abs 1 EPÜ).[952] Soweit das Patent mit dem Einspruch nicht angegriffen ist, besteht keine Prüfungsbefugnis (Rn 264; Rn 98 zu § 61; zum Beschwerdeverfahren Rn 74f vor § 73; Rn 35ff zu § 79), anders bei abhängigen Ansprüchen, deren Gültigkeit durch das vorliegende Material prima facie in Frage gestellt ist.[953]

Nicht geltend gemachte Einspruchsgründe können, sollen aber nur ausnahmsweise geprüft werden, **359** wenn **prima facie** triftige Gründe für ihre Relevanz sprechen[954] (Einzelheiten Rn 98 zu § 61; dagegen zum nationalen Recht Rn 294); zum Begriff des Einspruchsgrunds Rn 25 zu § 21). Ob auch verspätet vorgebrachte relevante Einspruchsgründe zu berücksichtigen sind, ist str (s aber Rn 98 zu § 61).[955] Fallengelassene Einspruchsgründe können, müssen aber nicht berücksichtigt werden.[956] Zum Umfang der Überprüfung im Einspruchsbeschwerdeverfahren vor dem EPA Rn 106 vor § 73.

3. Wirkung des Einspruchs. Der Einspruch erfasst – anders als das nationale Nichtigkeitsverfahren **360** gegen eur Patente – das Patent für alle Vertragsstaaten, in denen es Wirkung hat (Art 99 Abs 2 EPÜ). Ein auf einzelne Vertragsstaaten beschränkter Einspruch ist nicht möglich, anders als Beschränkungen im Beschränkungsverfahren nach Art 105a EPÜ. Allerdings kann ein Patent, das in den benannten Staaten aufgrund unterschiedlicher Patentansprüche unterschiedliche Wirkungen entfaltet, von einem beschränkten Einspruch unterschiedlich, uU auch in einem Einzelstaat überhaupt nicht erfasst sein.

Beschränkungs- und Widerrufsverfahren. Mit den nach Art 105a–Art 105c EPÜ eingeführten **361** Beschränkungs- und Widerrufsverfahren ist für alle, auch vor Inkrafttreten des EPÜ 2000 erteilten eur Patente die Möglichkeit geschaffen worden, jederzeit durch Antrag und Zahlung der Beschränkungsgebühr beim EPA das eur Patent zu beschränken oder zu widerrufen, wobei nach Art 105a Abs 2 EPÜ, Regel 93 AOEPÜ kein Einspruchsverfahren anhängig sein darf. Ist dies der Fall, stellt die Prüfungsabteilung das Beschränkungsverfahren ein und ordnet die Rückzahlung der Beschränkungsgebühr an (Regel 93 Abs 2 AOEPÜ). Anders als im dt Einspruchsverfahren (Rn 256) ist hier also kraft ausdrücklicher Regelung der Vorrang des Einspruchsverfahrens bestimmt, nicht aber gegenüber dem nationalen Beschränkungsverfahren und Nichtigkeitsverfahren,[957] wobei das Beschränkungsverfahren bereits als abgeschlossen anzusehen ist, sobald die Entscheidung über die Beschränkung an die interne Poststelle des EPA zum Zweck der Zustellung abgegeben ist. Vor Einlegung des Einspruchs ist deshalb das eur Patentregister zu prüfen und Ein-

---

950 EPA G 9/91 ABl EPA 1993, 408 = GRUR Int 1993, 957 Prüfungsbefugnis; EPA G 10/91 ABl EPA 1993, 420 Prüfung von Einsprüchen/Beschwerden; EPA T 223/95.

951 CA England/Wales RPC 2000, 631, auszugsweise in ABl EPA 2001, 408 Palmaz.

952 AA insoweit offenbar EPA T 223/95.

953 EPA G 9/91 ABl EPA 1993, 408 = GRUR Int 1993, 957 Prüfungsbefugnis; EPA G 10/91 ABl EPA 1993, 420 Prüfung von Einsprüchen/Beschwerden; EPA T 9/87 ABl EPA 1989, 438 = GRUR Int 1990, 227 Zeolithe; vgl EPA T 376/90 ABl EPA 1994, 906 Polymerlösung; vgl auch EPA T 1019/92; vgl auch *Singer/Stauder* EPÜ Art 101 Rn 42.

954 *Singer/Stauder* EPÜ Art 101 Rn 45; EPA Prüfung von Einsprüchen/Beschwerden; vgl EPA T 122/84 ABl EPA 1987, 177 = GRUR Int 1987, 593 Metallic-Lackierung; zur Berücksichtigung von Vorbringen nach Ablauf der Einspruchsfrist EPA T 152/95: Relevanz und keine Verzögerung; zur Prüfung neuer Einspruchsgründe nach Ablauf der Einspruchsfrist und verspäteten Vorbringens zu einem neuen Einspruchsgrund EPA T 1002/92 ABl EPA 1995, 605 Warteschlangensystem; EPA T 986/93 ABl EPA 1996, 215 zentrale Reifenfülleinrichtung.

955 Bejahend EPA T 736/95 ABl EPA 2001, 191 = GRUR Int 2001, 560 neuer Einspruchsgrund, abl *Persson/Paterson* EIPR 2001, 501.

956 EPA T 274/95 ABl EPA 1997, 99 Wiedereinführung eines Einspruchsgrunds.

957 Vgl *Wichmann/Naumann* Mitt 2008, 1, 5.

sicht in die Akte zu nehmen.[958] Die Beschränkung kann mit unterschiedlichen Anspruchssätzen auch für verschiedene Vertragsstaaten erfolgen.[959]

II. Verfahren[960]

1. Zulässigkeit des Einspruchs

362　　**a. Allgemeines.** Die maßgeblichen Bestimmungen enthält **Art 99 Abs 1–3 EPÜ**. Die Zulässigkeit ist in jeder Phase des Einspruchs- und Beschwerdeverfahrens vAw zu prüfen.[961]

363　　**b. Gegenstand des Einspruchsverfahrens** ist das formell wirksam erteilte Patent (Rn 42 zu § 49; Rn 38 f zu § 58) für alle benannten Vertragsstaaten, in denen es Wirkung hat (Art 99 Abs. 2 EPÜ). Obwohl das Patent mit Erteilung den Patentgesetzen der Vertragsstaaten unterliegt (Art 2 EPÜ); wird das Einspruchsverfahren noch einheitlich vor dem EPA durchgeführt. Eine Beschränkung des Verfahrens mit Wirkung auf einzelne Vertragsstaaten ist nicht möglich, wie auch Verzicht und Erlöschen des Patents nach den maßgeblichen nationalen Bestimmungen (Art 2 Abs 2 EPÜ) der Vertragsstaaten keine unmittelbare Wirkung auf das Einspruchsverfahren haben (Rn 389). Mängel des Erteilungsverfahrens machen die Erteilung nicht unwirksam,[962] ebensowenig Mängel der veröffentlichten Patentschrift;[963] anders bei Beschwerde gegen den Erteilungsbeschluss[964] oder schwerwiegenden Mängeln der Bekanntmachung.[965]

364　　**c. Einspruchsberechtigte.** Der Einspruch kann wie im nationalen Recht (Rn 40) von **jedermann** eingelegt werden,[966] und zwar von natürlichen wie von juristischen Personen, nicht aber vom Patentinhaber selbst.[967]

365　　Eine **fehlerhafte Namensangabe** ist unschädlich, wenn der Einsprechende identifiziert werden kann (vgl Rn 51 f).[968] Handeln im Auftrag eines Dritten macht den Einspruch für sich nicht unzulässig; anders, wenn das Auftreten des Einsprechenden als missbräuchliche Gesetzesumgehung anzusehen ist, so, wenn der Einsprechende im Auftrag des Patentinhabers handelt oder im Rahmen einer typischerweise zugelassenen Vertretern zugeordneten Gesamttätigkeit im Auftrag eines Mandanten, ohne hierfür die nach Art 134 EPÜ erforderliche Qualifikation zu besitzen, nicht schon dagegen bei Handeln eines zugelassenen Vertreters im eigenen Namen für einen Mandanten oder wenn ein Einsprechender mit Sitz oder Wohnsitz in einem Vertragsstaat im Auftrag eines Dritten handelt, auf den diese Voraussetzung nicht zutrifft.[969] Ob eine missbräuchliche Gesetzesumgehung vorliegt, ist frei zu würdigen. Die Beweislast trägt, wer die Unzulässigkeit des Einspruchs geltend macht.[970] Ein Einspruch einer Gruppe von Personen muss von einem gemeinsamen Vertreter eingelegt werden, ein insoweit bestehender Mangel ist behebbar, die Einsprechen-

---

958　Vgl *Wichmann/Naumann* Mitt 2008, 1, 4; *Féaux de Lacroix* Mitt 2008, 6, 8 f; *Naumann* Mitt 2008, 52, 54.

959　*Singer/Stauder* EPÜ Art 105b Rn 7.

960　Eine Darstellung des eur Einspruchsverfahrens ist in ABl EPA 2001, 148 f veröffentlicht.

961　EPA T 522/94 ABl EPA 1998, 421, 425 = GRUR Int 1998, 884 angetriebenes Pfannentransportfahrzeug.

962　EPA J 22/86 ABl EPA 1987, 280 Nichteinverständnis.

963　EPA T 438/87 EPOR 1989, 489 Plastic screw cap.

964　EPA T 1/92 ABl EPA 1993, 685 approval/disapproval; EPA J 28/94 ABl EPA 1995, 742.

965　EPA J 14/87 ABl EPA 1988, 295 = GRUR Int 1988, 936 Hinweis auf Patenterteilung.

966　Vgl EPA G 9/93 ABl EPA 1994, 891 = GRUR Int 1995, 500 Einspruch der Patentinhaber; EPA T 635/88 ABl EPA 1993, 608 Identifizierbarkeit des Einsprechenden; EPA T 798/93 ABl EPA 1997, 363 = GRUR Int 1997, 831 Identifizierung des wahren Einsprechenden.

967　EPA Einspruch der Patentinhaber; vgl EPA T 788/90 ABl EPA 1994, 708 Einspruch des Patentinhabers, in Abkehr von EPA G 1/84 ABl EPA 1985, 299 = GRUR Int 1986, 123 Einspruch des Patentinhabers.

968　EPA G 3/97 ABl EPA 1999, 245 Einspruch im fremden Auftrag/INDUPACK; EPA T 870/92; EPA T 25/85 ABl EPA 1986, 81 = GRUR Int 1986, 406 Einsprechender – Identifizierbarkeit; EPA T 590/94.

969　EPA Einspruch in fremdem Auftrag/INDUPACK; EPA G 4/97 ABl EPA 1999, 270 LS Einspruch in fremdem Auftrag/GENENTECH, auf Vorlagen EPA T 301/95 ABl EPA 1997, 519 und T 649/92 ABl EPA 1998, 97; vgl auch EPA T 649/92.

970　EPA Einspruch in fremdem Auftrag/INDUPACK; EPA Einspruch in fremdem Auftrag/GENENTECH.

den müssen während des gesamten Verfahrens feststehen.[971] Mehrfacher Einspruch derselben Partei begründet nur einmal die Rechtsstellung des Einsprechenden.[972] Auswärtige bedürfen eines zugelassenen Vertreters (Art 133 Abs 2 EPÜ). Ein zugelassener Vertreter kann auch dann im eigenen Namen Einspruch einlegen, wenn er für einen Dritten handelt.[973]

Auch **nach Erlöschen des Patents** ist jedermann einspruchsberechtigt (Regel 75 AOEPÜ zu Art 99 **366** Abs 3 EPÜ); ein besonderes Rechtsschutzbedürfnis ist anders als im nationalen Einspruchsverfahren nicht erforderlich,[974] kann aber für die zu treffende Ermessensentscheidung über die Fortsetzung des Verfahrens nach Regel 84 Abs 1 AOEPÜ (Rn 389) von Bedeutung sein, wenn nicht bereits das allg Interesse an einer Feststellung durch die Einspruchsabteilung eine Fortsetzung des Verfahrens rechtfertigt.[975]

Die Wirksamkeit von **Nichtangriffsabreden** ist vom EPA verneint worden (zum nationalen Recht **367** Rn 46 ff).[976]

d. Förmlichkeiten (Artikel 99 EPÜ). Wie nunmehr auch im nationalen Recht beträgt die **Ein- 368 spruchsfrist** nach Art 99 Abs 1 Satz 1 EPÜ neun Monate. Sie beginnt mit der Bekanntmachung des Hinweises auf die Erteilung des Patents im eur PatBl (Art 99 Abs 1 Satz 1 EPÜ; Rn 30 f zu § 58). Weist der Hinweis schwerwiegende Mängel auf, beginnt die Frist nicht.[977] Die Herausgabe der eur Patentschrift ist insoweit ohne Bedeutung. Ihre Verzögerung führt nicht zur Fristverlängerung.[978] **Wiedereinsetzung** in die Einspruchsfrist ist ausgeschlossen (Art 122 Abs 1 EPÜ).[979]

Der Einspruch ist nach Regel 76 Abs 1 AOEPÜ iVm Regel 50 AÜEPÜ **schriftlich** beim EPA, also bei **369** dessen Dienststellen in München, Den Haag oder Berlin,[980] einzulegen. Eine Einlegung bei nationalen Behörden ist unzulässig, auch die Verwaltungsvereinbarung vom 29.6.1981 zwischen DPMA und EPA über den Zugang von Schriftstücken ist seit 1.3.2005 aufgehoben (Rn 80).[981] Telegrafische, fernschriftliche oder Telefax-Einlegung des Einspruchs ist möglich (Beschluss PräsEPA vom 12.2.2007).[982] Seit dem 5.3.2009 können Schriftstücke und Einsprüche auch in elektronischer Form eingereicht werden.[983] Regel 76 Abs 2 AOEPÜ betrifft den Inhalt der Einspruchsschrift. Diese muss den Namen, die Anschrift und den Staat des Wohnsitzes oder Sitzes des Einsprechenden enthalten, weiter die Nummer des angegriffenen eur Patents sowie die Bezeichnung des Inhabers und der Erfindung, eine Erklärung, in welchem Umfang Einspruch eingelegt und auf welche Gründe er gestützt wird sowie die Angabe der zur Begründung vorgebrachten Tatsachen und Beweismittel, schließlich Namen und Geschäftsanschrift eines etwaigen Vertreters.

Die **Einspruchsschrift** (ebenso beim Beitritt) kann unabhängig von der für das Patent geltenden Ver- **370** fahrenssprache der Anmeldung gem Regel 3 Abs 1 AOEPÜ in einer der nach Art 14 EPÜ vorgesehenen drei

---

971 EPA G 3/99 ABl EPA 2002, 347 = GRUR Int 2002, 927 Zulässigkeit eines gemeinsamen Einspruchs bzw einer gemeinsamen Beschwerde, auf Vorlage EPA T 272/95 ABl EPA 1999, 590 Zulässigkeit eines gemeinsamen Einspruchs bzw einer gemeinsamen Beschwerde, mit Erörterung der Rechtslage in einigen Vertragsstaaten.

972 EPA T 9/00 ABl EPA 2002, 275 = GRUR Int 2002, 756 Einspruch/HENKEL.

973 EPA T 10/82 ABl EPA 1983, 407 Einspruch, Zulässigkeit; EPA Identifizierbarkeit des Einsprechenden; vgl EPA T 590/93 ABl EPA 1995, 337 photoempfindliche Kunststoffe; zum Verfahren, falls Zweifel daran bestehen, ob der Einsprechende im eigenen Namen handelt, EPA Identifizierbarkeit des Einsprechenden; EPA T 289/91 ABl EPA 1994, 649 ACE-Inhibitoren; EPA T 548/91; EPA photoempfindliche Kunststoffe; EPA Identifizierung des wahren Einsprechenden.

974 StRspr, vgl EPA G 1/84 ABl EPA 1985, 299 = GRUR Int 1986, 123 Einspruch des Patentinhabers; EPA T 298/97 ABl EPA 2002, 83 Waschmittelzusammensetzung.

975 *Singer/Stauder* EPÜ Art 101 Rn 80; stärker auf ein Rechtsschutzbedürfnis abstellend *Benkard-EPÜ* Art 100 Rn 62.

976 EPA, Einspruchsabteilung, ABl EPA 1992, 747 = GRUR Int 1993, 486; EPA G 3/97 ABl EPA 1999, 245 Einspruch in fremdem Auftrag/INDUPACK; EPA G 4/97 ABl EPA 1999, 270 Ls Einspruch in fremdem Auftrag/GENENTECH; aA *Schulte* Rn 65 unter Hinweis auf gegenteilige Rspr EPA G 3/97 und EPA G 4/97.

977 EPA T 1/92 ABl EPA 1993, 685 approval-disapproval; EPA J 28/94 ABl EPA 1995, 742 aufschiebende Wirkung.

978 EPA T 438/87.

979 EPA T 2/87 ABl EPA 1988, 264 telegrafische Geldanweisung.

980 Vgl Beschluss PräsEPA vom 10.5.1989, ABl EPA 1989, 218; für sie gilt die Verwaltungsvereinbarung vom 3.10.1989, ABl EPA 1991, 187, über die Behandlung von beim DPMA eingehenden Schriftstücken und Zahlungsmitteln, die für das EPA bestimmt sind.

981 Vgl *Singer/Stauder* EPÜ Art 99 Rn 30.

982 ABl EPA 2007, 3.

983 BeschlPräsEPA vom 12.7.2007 ABl EPA 2009, 182.

Amtssprachen (Deutsch, Englisch, Französisch) oder in einer Sprache des Vertragsstaats mit nachgereichter Übersetzung (Art 14 Abs 4 EPÜ; Rn 101 vor § 73) abgefasst sein.[984]

371   Eine unrichtig angegebene **Patentnummer** kann bei Identifizierbarkeit des tatsächlich gemeinten Patents berichtigt werden.[985]

372   Die Identität des **Einsprechenden** muss vor Ablauf der Einspruchsfrist feststehen.[986] Die während der Einspruchsfrist unterlassene Nennung des Einsprechenden kann nicht nachgeholt werden.[987]

373   **Begründung.** Der Einspruch ist nach Regel 76 Abs 2 Buchst c AOEPÜ zu begründen, dh er muss eine Erklärung darüber enthalten, in welchem Umfang gegen das eur Patent Einspruch eingelegt und auf welche Einspruchsgründe er gestützt wird, sowie die Angabe der zur Begründung vorgebrachten Tatsachen und Beweismittel. Er kann nur auf die Gründe des Art 100 EPÜ (mangelnde Patentfähigkeit nach Art 52–57 EPÜ), mangelnde Ausführbarkeit (Art 83 EPÜ), unzulässige Erweiterung (Art 100c EPÜ), nicht auf widerrecht Entnahme (hier findet sich in Art 61 EPÜ eine Sonderregelung) gestützt werden. Ist der Einspruch substantiiert auf mangelnde Neuheit gestützt, ist eine gesonderte Begründung des Einwands mangelnder erfinderischer Tätigkeit nicht erforderlich.[988]

374   Die Begründung ist zu **substantiieren**.[989] Die Praxis des EPA stellt wesentlich auf den Einzelfall ab. Bei Geltendmachung mangelnder Patentfähigkeit muss sich der Einspruch wenigstens mit dem wesentlichen Gehalt der Gesamterfindung auseinandersetzen.[990] Ein nur auf eine ältere nationale Anmeldung gestützter Einspruch ist unzulässig.[991] Maßgeblich ist die Sachlage bei Ablauf der Einspruchsfrist.[992] Schlüssiges Vorbringen ist nicht erforderlich.[993] Offenkundige Vorbenutzung ist nach Art, Ort, Zeit, Gegenstand und Zugänglichkeit zu substantiieren.[994] Die Substantiierungspflicht betrifft jeden geltend gemachten Einspruchsgrund.[995] Der Nachweis allgemeinen Fachwissens gehört nicht zu den Substantiierungserfordernissen.[996] Das EPA lässt die Geltendmachung eines Einspruchsgrunds gegen jeweils einen einzigen Anspruch eines jeden Antrags (Haupt- und Hilfsanträge) des Patentinhabers ausreichen.[997] Beweisantritte können – anders als im nationalen Recht (Rn 113) – nicht nachgebracht werden.[998]

375   **e. Einspruchsgebühr.** Der Einspruch ist – wie auch im nationalen Recht– gebührenpflichtig, ebenso wie der Beitritt. Die Gebühr für den Einspruch und Beitritt beträgt (vorbehaltlich etwaiger Ermäßigungen nach Art 14 Abs 4 EPÜ, Regel 6 Abs 3 AOEPÜ) 785 EUR (Art 2 Nr 10 GebO). Die Zahlung der Gebühr ist Wirksamkeitsvoraussetzung. Der Einspruch gilt erst als eingelegt, der Beitritt wird erst wirksam, wenn die Ge-

---

984   *MGK/Haertel* Art 14 EPÜ Rn 75.
985   EPA T 317/86 ABl EPA 1989, 378 = GRUR Int 1990, 144 Bezeichnung der Erfindung; EPA T 344/88.
986   EPA G 3/97 ABl EPA 1999, 245 Einspruch in fremdem Auftrag/INDUPACK; EPA G 4/97 ABl EPA 1999, 270 Ls Einspruch in fremdem Auftrag/GENENTECH; EPA T 25/85 ABl EPA 1986, 81 = GRUR Int 1986, 406 Einsprechender – Identifizierbarkeit; zur Berichtigung EPA T 219/86 ABl EPA 1988, 254 Nennung des Einsprechenden; EPA J 25/86 ABl EPA 1987, 475.
987   EPA T 590/94.
988   EPA T 131/01 ABl EPA 2003, 115 = GRUR Int 2003, 767 neuer Einspruchsgrund.
989   Hierzu EPA T 222/85 ABl EPA 1988, 128 = GRUR Int 1991, 774 Unzulässigkeit; EPA T 2/89 ABl EPA 1991, 51 = GRUR Int 1991, 294 Einspruchsbegründung; EPA T 448/89 ABl EPA 1992, 361 = GRUR Int 1992, 777 Reizelektrode; EPA T 925/91 ABl EPA 1995, 469 Verbrennungsabgase; EPA T 204/91; EPA T 545/91; EPA T 621/91; EPA T 199/92; EPA T 533/94; EPA T 534/94; EPA T 152/95; EPA T 3/95; zur Diskrepanz der EPA-PrRl in den drei Amtssprachen EPA T 1069/96.
990   EPA T 134/88.
991   EPA T 550/88 ABl EPA 1992, 117 = GRUR Int 1992, 544 älteres nationales Recht; zur Zulässigkeit eines nur auf eine nachveröffentlichte Druckschrift gestützten Einspruchs EPA T 185/88 ABl EPA 1990, 451 Tenside.
992   EPA T 1019/92.
993   EPA T 234/86 ABl EPA 1989, 79 = GRUR Int 1989, 684 Interferenzstromtherapie; EPA T 2/89 ABl EPA 1991, 51 = GRUR Int 1991, 294 Einspruchsbegründung; EPA T 934/99.
994   EPA T 328/87 ABl EPA 1992, 701 = GRUR Int 1993, 477 Zulässigkeit; EPA T 93/89 ABl EPA 1992, 718 = GRUR Int 1993, 421 Polyvinylesterdispersion; EPA T 522/94 ABl EPA 1998, 421, 428 = GRUR Int 1998, 884 angetriebenes Pfannentransportfahrzeug; vgl EPA T 538/88.
995   Zur Begründung bei Geltendmachung nicht ausreichender Offenbarung EPA T 182/89 ABl EPA 1991, 391 = GRUR Int 1991, 812 Umfang des Einspruchs.
996   EPA T 534/98.
997   EPA T 926/93 ABl EPA 1997, 447 Gaslaservorrichtung; ebenso EPA T 114/95 (wegen der Möglichkeit beschränkten Angriffs nicht unbdkl).
998   EPA Zulässigkeit.

bühr gezahlt ist (Art 99 Abs 1 Satz 2 EPÜ, Art 105 Abs 2 EPÜ, Regel 89 Abs 2 Satz 2 AOEPÜ). Auch wenn die Gebühr verspätet gezahlt wird, gilt der Einspruch als nicht eingelegt bzw der Beitritt als nicht erfolgt, die Gebühr verfällt in diesem Fall also nicht und ist zurückzuzahlen.[999]

2. Beteiligte sind Patentinhaber und sämtliche Einsprechende, daneben die Beitretenden (Art 99 **376** Abs 4, 5 EPÜ). Einsprechender ist, wer bei Ablauf der Einspruchsfrist als solcher feststeht.

Patentinhaber ist der im Register als solcher Eingetragene. Sein Rechtsnachfolger tritt mit der Um- **377** schreibung des Patents im Patentregister an Stelle seines Rechtsvorgängers in das Verfahren ein (Regel 22 AOEPÜ iVm Regel 85 AOEPÜ; zur Beschwerde Rn 93 vor § 73).[1000]

Die **Einsprechendenstellung** ist nicht ohne weiteres **rechtsgeschäftlich übertragbar**, insb nicht **378** ohne den zugehörigen Geschäftsbetrieb.[1001] Soweit nach nationalem Recht ein Unternehmensbereich übertragen werden kann (Rn 241), kann die Einsprechendenstellung, die sich auf diesen Bereich bezieht, mitübertragen werden.[1002] Bei **Gesamtrechtsnachfolge** (Eingliederung oder Verschmelzung juristischer Personen; Erbfolge) geht auch die Einsprechendenstellung über (EPA-PrRl D I 4).[1003] Das kann auch noch im Einspruchsbeschwerdeverfahren geschehen. Beteiligtenstellung erlangt der neue Einsprechende aber erst, wenn er den Rechtsübergang nachweist. Bis dahin wird das Verfahren mit dem ursprünglichen Einsprechenden fortgesetzt.[1004] Die GBK hat die freie Übertragbarkeit der Einsprechendenstellung verneint.[1005]

Den **Beitritt des „vermeintlichen" Patentverletzers** regelt Art 105 EPÜ iVm Regel 89 AOEPÜ.[1006] Die **379** Regelung entspricht im wesentlichen der des nationalen Einspruchsverfahrens (vgl Rn 158 ff; zum Beitritt in der Beschwerdeinstanz Rn 183 ff), unterscheidet sich im Wortlaut aber dadurch, dass es allg „proceedings for infringement" heißt, so dass auch Eilverfahren erfasst werden (zum nationalen Recht Rn 172).[1007] Erhebung einer Verletzungsklage gegen den Beitretenden (nicht gegen einen Dritten)[1008] oder Erhebung (die Klage muss erhoben sein)[1009] einer negativen Feststellungsklage des Beitretenden auf Aufforderung des Patentinhabers, eine angebliche Patentverletzung zu unterlassen, ist sachliche Voraussetzung des Beitritts. Beschlagnahme (saisie) nach belg Recht wurde als beitrittsbegründend angesehen.[1010] Die Klage muss auf das Streitpatent gestützt sein. Eine auf die Prioritätsanmeldung des Streitpatents gestützte Klage genügt nicht.[1011]

Form. Der Beitritt ist nach Regel 89 Abs 2 Satz 1 AOEPÜ schriftlich zu erklären und zu begründen.[1012] **380**

Zeitpunkt. Beitritt ist nur während der Anhängigkeit des Einspruchs- oder Beschwerdeverfahrens **381** möglich.[1013] Er ist vom Umfang der Anhängigkeit des Beschwerdeverfahrens abhängig; deshalb kann nach Entscheidung im Beschwerdeverfahren, dass das Patent aufgrund eines bestimmten Anspruchsatzes und einer anzupassenden Beschreibung aufrechtzuerhalten ist, die vorangegangene Entscheidung vom Beitretenden auch dann nicht angefochten werden, wenn ein neuer Einspruchsgrund geltend gemacht wird.[1014]

---

999 EPA T 152/85 ABl EPA 1987, 191 Nichtentrichtung der Einspruchsgebühr.
1000 EPA T 553/90 ABl EPA 1993, 666 Umschreibung.
1001 EPA T 659/92 ABl EPA 1995, 519 Übertragung der Einsprechendenstellung; EPA T 355/86 EPOR 1987, 331 Note of opposition; vgl EPA T 298/97 ABl EPA 2002, 83 Waschmittelzusammensetzung; EPA T 711/99 ABl EPA 2004, 550 Übertragung des Einspruchs.
1002 EPA T 659/92 ABl EPA 1995, 519 Übertragung der Einsprechendenstellung; EPA T 799/97; EPA T 799/97 und EPA T 702/99; einschränkend EPA T 9/00 ABl EPA 2002, 275 = GRUR Int 2002, 756 Einspruch/HENKEL.
1003 Vgl EPA T 349/86; EPA T 475/88.
1004 EPA T 670/95; EPA T 870/92.
1005 EPA G 2/04 ABl EPA 2005, 549 = GRUR Int 2006, 149 Übertragung des Einspruchs: Weiterführung des Geschäftsbetriebs, auf den sich das angefochtene Patent bezieht, führt nicht zum Erwerb der Einsprechendenstellung, wenn die Aktien auf ein anderes Unternehmen übertragen werden.
1006 Vgl *Willoughby* EIPR 2000, 373, 375 f.
1007 EPA T 452/05.
1008 EPA T 392/97.
1009 EPA T 195/93.
1010 EPA T 188/97.
1011 EPA T 338/89 EPOR 1991, 248 Interventions; EPA T 446/95.
1012 EPA T 188/97.
1013 EPA G 1/94 ABl EPA 1994, 787 Beitritt; EPA T 27/92 ABl EPA 1994, 853 Beitritt; EPA T 989/96, entgegen EPA T 390/90 ABl EPA 1994, 808 Crystalline paper filler; stRspr.
1014 EPA T 694/01 ABl EPA 2003, 250 = GRUR Int 2003, 1023 Testgerät.

Dabei kommt es auf die Uhrzeit an, soweit sich diese feststellen lässt.[1015] Ein Beitritt nach Erlass der Einspruchsentscheidung, insb während der Beschwerdefrist, ist möglich,[1016] begründet aber kein eigenes Beschwerderecht des Beitretenden (Rn 95 vor § 73; zum nationalen Verfahren Rn 187).[1017] Er bleibt also wirkungslos, wenn nicht ein anderer Verfahrensbeteiligter wirksam Beschwerde erhebt (Rn 184).[1018]

382   Die **Beitrittsfrist** beträgt nach Regel 89 Abs 1 AOEPÜ drei Monate ab Erhebung der den Beitritt rechtfertigenden Klagen nach Art 105 EPÜ (Patentverletzungsklage, Unterlassungsklage oder Feststellungsklage), bei mehreren Klagen ab Erhebung der ersten.[1019] In dieser Frist muss auch die Gebühr entrichtet sein. Der Beitritt erfolgt in das Verfahren in der Lage, in der es sich zum Zeitpunkt des Beitritts befindet, das gilt auch hinsichtlich laufender Fristen.[1020]

383   **Beitrittsgebühr.** Der Beitritt ist gebührenpflichtig und dem Einspruch nach Art 2 Nr 10 GebO hinsichtlich der Gebühr von 785 EUR gleichgestellt. Er gilt erst als erklärt, wenn die Einspruchsgebühr entrichtet worden ist (Regel 89 Abs 2 Satz 2 AOEPÜ). Erfolgt der Beitritt nach Erlass der Entscheidung der Einspruchsabteilung, ist nur die Beitritts-, keine Beschwerdegebühr zu entrichten.[1021]

3. Prüfung des Einspruchs

384   **a. Rechtsgrundlagen.** Nach Regel 79 Abs 1 AOEPÜ teilt die Einspruchsabteilung dem Patentinhaber den Einspruch mit und gibt ihm Gelegenheit, innerhalb einer zu bestimmenden Frist eine Stellungnahme einzureichen und ggf die Beschreibung, die Patentansprüche und die Zeichnungen zu ändern. Ist der Einspruch zulässig, prüft die Einspruchsabteilung nach Maßgabe der AOEPÜ, ob wenigstens ein Einspruchsgrund nach Art 100 EPÜ der Aufrechterhaltung des eur Patents entgegensteht, andernfalls wird der Einspruch verworfen, sofern die Mängel nicht bis zum Ablauf der Einspruchsfrist beseitigt sind. Die Entscheidung, durch die ein Einspruch als unzulässig verworfen wird, wird dem Patentinhaber mit einer Abschrift des Einspruchs mitgeteilt (Regel 77 Abs 3 AOEPÜ). Nach Art 101 Abs 1 Satz 2 EPÜ fordert die Einspruchsabteilung bei dieser Prüfung die Beteiligten so oft wie erforderlich auf, eine Stellungnahme zu ihren Bescheiden oder zu den Schriftsätzen anderer Beteiligter einzureichen, ob die in Art 100 EPÜ genannten Einspruchsgründe der Aufrechterhaltung des eur Patents entgegenstehen. In den Bescheiden wird dem Patentinhaber ggf Gelegenheit gegeben, soweit erforderlich die Beschreibung, die Patentansprüche und die Zeichnungen zu ändern. Die Bescheide sind soweit erforderlich zu begründen (Regel 81 Abs 3 AOEPÜ).

385   Die Beschreibung, die Patentansprüche und die Zeichnungen können hierbei geänd werden, soweit die **Änderungen durch einen Einspruchsgrund** nach Art 100 EPÜ **veranlasst** sind (zum nationalen Verfahren Rn 267; Rn 56 zu § 61), „auch wenn dieser vom Einsprechenden nicht geltend gemacht worden ist" (Regel 80 AOEPÜ). Der Patentinhaber verstößt nicht gegen Regel 80 AOEPÜ oder Art 123 Abs 3 EPÜ, weil er im Einspruchsverfahren einen gesonderten Anspruchssatz für einen Vertragsstaat einreicht, in dem Erzeugnisansprüche aufgrund eines Vorbehalts nach Art 167 Abs 2 Buchst a EPÜ aF (gestrichen) als ungültig gelten würden.[1022] Als grds veranlasst wird auch die Hinzufügung von abhängigen oder unabhängigen Ansprüchen gesehen, die im erteilten Patent keine Entsprechung hatten (Rn 105 zu § 61).[1023]

386   Die Einspruchsabteilung **prüft die Einspruchsgründe**, die in der Erklärung des Einsprechenden nach Regel 76 Abs 2 Buchst c AOEPÜ geltend gemacht sind. Sie kann vAw auch vom Einsprechenden nicht geltend gemachte Einspruchsgründe prüfen (zum nationalen Verfahren Rn 254), wenn diese der Aufrechterhaltung des eur Patents entgegenstehen würden (Regel 81 Abs 1 Satz 2 AOEPÜ). Regel 82 AOEPÜ bestimmt den Verfahrensablauf bei erforderlichen Änderungen. Nach Regel 82 Abs 1 AOEPÜ teilt die Ein-

---

1015   Vgl EPA T 517/97 ABl EPA 2000, 515 = GRUR Int 2001, 166 Beitritt.

1016   EPA T 202/89 ABl EPA 1992, 223 = GRUR Int 1992, 659 Beschwerdeberechtigung des Beitretenden; EPA T 296/93 ABl EPA 1995, 627 Herstellung von HBV-Antigenen.

1017   EPA Beschwerdeberechtigung des Beitretenden, EPA T 338/89; EPA T 631/94 ABl EPA 1996, 67 Formmaschine.

1018   EPA G 4/91 ABl EPA 1993, 407 = GRUR Int 1993, 953 Beitritt; vgl EPA Beschwerdeberechtigung des Beitretenden; EPA Formmaschine.

1019   EPA T 296/93 ABl EPA 1995, 627 Herstellung von HBV-Antigenen.

1020   EPA T 392/97.

1021   StRspr, vgl EPA T 27/92 ABl EPA 1994, 853 Beitritt; EPA T 684/92; EPA T 467/93; EPA T 471/93; EPA T 590/94.

1022   EPA T 15/01 ABl EPA 2006, 153 seuchenhafter Spätabort der Schweine.

1023   *Singer/Stauder* EPÜ Art 101 Rn 120.

spruchsabteilung den Beteiligten mit, in welcher Fassung sie das Patent aufrechtzuerhalten beabsichtigt, und fordert sie auf, innerhalb von zwei Monaten Stellung zu nehmen, wenn sie mit dieser Fassung nicht einverstanden sind (hierzu Rn 105 zu § 61). Ist ein Beteiligter mit der von der Einspruchsabteilung mitgeteilten Fassung nicht einverstanden, kann das Einspruchsverfahren fortgesetzt werden. Andernfalls fordert die Einspruchsabteilung den Patentinhaber nach Ablauf der Frist auf, innerhalb einer Frist von drei Monaten die vorgeschriebene Gebühr zu entrichten und eine Übersetzung der geänd Patentansprüche in den Amtssprachen des EPA einzureichen, die nicht Verfahrenssprache sind. Diese Aufforderung enthält einen Hinweis auf die Website des EPA, auf der Informationen über die Übersetzungserfordernisse der Vertragsstaaten nach Art 65 Abs 1 EPÜ veröffentlicht werden. Werden die nach Regel 82 Abs 2 AOEPÜ erforderlichen Handlungen nicht rechtzeitig vorgenommen, können sie noch innerhalb von zwei Monaten nach der Mitteilung über die Fristversäumung vorgenommen werden, sofern innerhalb dieser Frist eine Zuschlagsgebühr entrichtet wird. Andernfalls wird das Patent widerrufen.

387 Ist die Einspruchsabteilung der Auffassung, dass unter Berücksichtigung der vom Patentinhaber im Einspruchsverfahren vorgenommenen Änderungen das eur Patent und die Erfindung, die es zum Gegenstand hat, den Erfordernissen des EPÜ genügen, beschließt sie die **Aufrechterhaltung des Patents in geänderter Fassung**, sofern die in der AOEPÜ genannten Voraussetzungen erfüllt sind.

388 Ist die Einspruchsabteilung der Auffassung, dass wenigstens ein Einspruchsgrund der Aufrechterhaltung des eur Patents entgegensteht, **widerruft** sie das Patent (Art 101 Abs 3 EPÜ). Andernfalls weist sie den Einspruch zurück (Art 101 Abs 2 EPÜ). Vom Patentinhaber eingereichte Stellungnahmen und Änderungen werden den übrigen Beteiligten mitgeteilt und diese werden aufgefordert, sich innerhalb einer zu bestimmenden Frist hierzu zu äußern, wenn es sachdienlich ist. Im Fall eines Beitritts nach Art 105 EPÜ kann die Einspruchsabteilung hiervon absehen (Regel 79 Abs 3, 4 AOEPÜ).

389 **Fortsetzung des Einspruchsverfahrens.** Hat der Patentinhaber in allen benannten Vertragsstaaten auf das eur Patent verzichtet (Rn 4 zu § 20) oder ist das Patent in allen diesen Staaten erloschen, kann das Einspruchsverfahren fortgesetzt werden, wenn der Einsprechende dies innerhalb von zwei Monaten nach einer Mitteilung des EPA über den Verzicht oder das Erlöschen beantragt (Regel 84 Abs 1 AOEPÜ). Eines besonderen Rechtsschutzbedürfnisses bedarf es nicht (Rn 366; dagegen zur nationalen Rechtslage Rn 340). Diese Regel findet auch im Einspruchsbeschwerdeverfahren entspr Anwendung.[1024] Stirbt ein Einsprechender oder verliert er seine Geschäftsfähigkeit, kann das Einspruchsverfahren auch ohne die Beteiligung seiner Erben oder gesetzlichen Vertreter vAw fortgesetzt werden. Das Verfahren kann auch fortgesetzt werden, wenn der Einspruch zurückgenommen wird (Regel 84 Abs 2 AOEPÜ, hierzu Rn 110 zu § 61). Ein Verzicht auf das Patent durch Erklärung gegenüber dem EPA ist nach stRspr nicht möglich (Rn 363). Ein solcher wird bei Eindeutigkeit aber als Antrag auf Widerruf des Patents auszulegen sein.[1025]

390 Regel 86 AOEPÜ betrifft die **Unterlagen im Einspruchsverfahren.** Danach finden die Vorschriften des Dritten Teils des EPÜ (Anmeldung) entspr Anwendung. Wegen der Heilungswirkung der Patenterteilung für Formmängel ist die Bestimmung mit Zurückhaltung anzuwenden.[1026]

391 **b. Zuständigkeit.** Zuständig sind nach Art 19 Abs 1 EPÜ für die Prüfung von Einsprüchen die Einspruchsabteilungen, die sich nach Art 19 Abs 2 EPÜ aus drei technisch vorgebildeten Prüfern zusammensetzen, von denen mindestens zwei nicht in dem Verfahren zur Erteilung des eur Patents mitgewirkt haben dürfen, gegen das sich der Einspruch richtet.

392 **c. Verfahrensgrundsätze. Recht auf Äußerung („rechtliches Gehör").** Art 101 Abs 1 Satz 2 EPÜ begründet die Pflicht, den Beteiligten so oft wie erforderlich Gelegenheit zur Stellungnahme zu geben. Die Pflicht ist verletzt, wenn der Patentinhaber erst aus der Entscheidung der Einspruchsabteilung erfährt, dass nach deren Auffassung das Patent gewährbare Gegenstände enthält.[1027] Eine Aufforderung nach dieser Bestimmung muss ergehen, soweit dies zur weiteren Sachaufklärung oder im Rahmen des Art 113 Abs 1

1024 *Singer/Stauder* EPÜ Art 101 Rn 81.
1025 *Singer/Stauder* EPÜ Art 101 Rn 76.
1026 *MGK/Bossung* Art 78 EPÜ Rn 246 f.
1027 EPA T 103/97.

EPÜ nötig ist,[1028] nicht auch sonst, sofern nur realistische Möglichkeit zur Stellungnahme besteht, was bei mehr als einem Monat noch der Fall ist.[1029] Dem Beteiligten muss ausreichend Zeit zur Stellungnahme bleiben, regelmäßig dürfen zwei Monate erwartet werden (vgl auch Regel 132 Abs 2 AOEPÜ).[1030] Nach Zurückverweisung gilt nichts anderes.[1031] Auch im Einspruchsverfahren muss der Patentinhaber von den wesentlichen rechtl und tatsächlichen Gesichtspunkten unterrichtet werden, die das Patent in seinem Rechtsbestand gefährden können.[1032] Zu einem im angegriffenen Patent als nächstkommender StdT angeführten Dokument muss nicht eigens Gehör gewährt werden.[1033] Wird ein weiteres Dokument erst aufgrund eines Hilfsantrags des Patentinhabers in der Verhandlung eingeführt, kann eine kürzere Unterbrechung genügen,[1034] erst recht, wenn es erst dadurch größere Relevanz erlangt.[1035] Auf vorläufige Äußerungen vor der Verhandlung kann nicht das Vertrauen gestützt werden, dass dort als nicht patenthindernd angesehenes Material in der Verhandlung keine Rolle spielen werde.[1036] Gehör muss auch vor Verwerfung des Einspruchs als unzulässig gewährt werden.[1037] Zum Gehör bei Abwesenheit eines Beteiligten in der mündlichen Verhandlung vgl Rn 21 ff zu § 78.

393   **Beschleunigungsgrundsatz.** Die Einsprüche sind grds in der Reihenfolge des Eingangs zu bearbeiten (EPA-PrRl D-VII). Hiervon kann abgewichen werden, wenn ein Einspruch vorrangig zu bearbeiten ist, so, wenn das Prüfungsverfahren weit überdurchschnittlich lange gedauert hat oder ein Beteiligter Beschleunigungsantrag gestellt hat, bei einem Gericht eines Vertragsstaats eine Verletzungsklage anhängig ist, oder wenn das EPA von einem nationalen Gericht oder einer zuständigen Behörde eines Vertragsstaats darüber informiert wird, dass Verletzungsverfahren anhängig sind.[1038] Ist bei mehreren Einsprüchen die Zulässigkeit eines Einspruchs zwh, soll das Einspruchsverfahren auch in der Sache vorangetrieben werden.[1039]

394   **d. Zulässigkeitsprüfung** Rn 89 ff zu § 61.

395   **e. Zur Sachprüfung** Rn 97 ff zu § 61.

396   **f. Änderungen des Patents.** Zum Verfahren und zu den Auswirkungen auf nationale Folgeverfahren Rn 103 ff zu § 61; zum erweiterten Prüfungsumfang hinsichtlich der Zulässigkeit der Änderungen Rn 117 f vor § 73; zum nationalen Verfahren Rn 257.

397   **Materielle Voraussetzungen.** Erweiterungen des Schutzbereichs sind unzulässig (Art 123 Abs 3 EPÜ).[1040] Regel 80 AOEPÜ lässt auch Änderungen zu, soweit sie nur durch einen Einspruchsgrund nach Artikel 100 EPÜ veranlasst sind, auch wenn dieser vom Einsprechenden nicht geltend gemacht worden ist (Rn 103 zu § 61; Rn 267). Hierdurch sind gegenüber der früheren Praxis, die nur durch die geltend gemachten Einspruchsgründe bedingte (notwendige und sachdienliche) Änderungen zuließ, die Änderungsmöglichkeiten erweitert worden.[1041]

398   Nunmehr sind infolge der Regel 87 AOEPÜ auch Änderungen zulässig, die **älteren nationalen Anmeldungen** Rechnung tragen. Stellt die Einspruchsabteilung fest, dass für einen oder mehrere der be-

---

1028   EPA T 275/89 ABl EPA 1992, 126 = GRUR Int 1992, 547 Stahlradiatoren; vgl EPA T 669/90 ABl EPA 1992, 739 Aufforderung zur Stellungnahme; EPA T 190/90; EPA T 682/89; EPA T 716/89 ABl EPA 1992, 132 rechtliches Gehör, für den anderen Patentinhaber bei Einspruch eines der Patentinhaber gegen das eigene Patent.
1029   EPA T 494/95; vgl auch EPA T 582/95; EPA T 914/98.
1030   EPA T 263/93; zur Erforderlichkeit der Aufforderung in Bezug auf abhängige Patentansprüche EPA T 293/88 ABl EPA 1992, 220 = GRUR Int 1992, 654 lichtdurchlässige Wandplatten, einerseits, EPA T 165/93 andererseits.
1031   EPA T 892/92 ABl EPA 1994, 664 Zurückverweisung, EPA T 120/96 verlangt hier ausdrückliche Anfrage, ob die Beteiligten eine Stellungnahme abgeben wollen.
1032   EPA T 433/93 ABl EPA 1997, 509 erneute Verhandlung; vgl EPA T 769/95.
1033   EPA T 347/95.
1034   EPA T 347/95.
1035   Vgl EPA T 327/92.
1036   EPA T 558/95.
1037   EPA T 1056/98.
1038   MittPräsEPA vom 17.3.2008 ABl EPA 2008, 221.
1039   EPA T 290/90 ABl EPA 1992, 368 = GRUR Int 1992, 776 Gebührenermäßigung.
1040   EPA G 10/91 ABl EPA 1993, 420 Prüfung von Einsprüchen/Beschwerden; vgl EPA T 740/94.
1041   EPA T 550/88 ABl EPA 1992, 117 = GRUR Int 1992, 544 älteres nationales Recht; vgl EPA T 829/93.

nannten Vertragsstaaten der Inhalt einer früheren eur Patentanmeldung nach Art 54 Abs 3, 4 EPÜ zum StdT gehört, oder wird das Bestehen einer älteren Anmeldung nach Art 139 Abs 2 EPÜ mitgeteilt, kann das Patent für diesen Staat oder diese Staaten unterschiedliche Patentansprüche und – sofern erforderlich – unterschiedliche Beschreibungen und Zeichnungen enthalten.

Änderungen aus anderen Gründen, insb solche, die lediglich zur Bereinigung und Verbesserung **399** der Offenbarung dienen, sind weiterhin grds unzulässig;[1042] die Beseitigung erkennbar versehentlicher Unstimmigkeiten wurde jedoch zugelassen.[1043] Eine pauschale Ablehnung jedweder weiterer Änderungen kommt nur bei Verfahrensverschleppung in Betracht.[1044] Die Hinzufügung neuer abhängiger Ansprüche, die im erteilten Patent keine Entsprechung haben, ist nur ausnahmsweise zulässig (Rn 270; Rn 105 zu § 61; Rn 109 zu § 21;[1045] das gilt grds auch für neue unabhängige Ansprüche.[1046]

Die **Erfordernisse des Art 84 EPÜ** müssen bei Änderungen im Einspruchsverfahren beachtet wer- **400** den[1047] (vgl auch Rn 113 zu § 82); die Patentansprüche müssen den Gegenstand angeben, für den Schutz begehrt wird. Sie müssen deutlich und knapp gefasst und von der Beschreibung gestützt sein. Soweit die Unklarheit nicht auf Änderungen zurückgeht, ist sie im Einspruchsverfahren irrelevant (Rn 257 ff).[1048] Einheitlichkeit ist für das Einspruchsverfahren nicht relevant (vgl auch Rn 259).[1049]

g. Form und Inhalt der Entscheidung. Die Entscheidung kann aufgrund schriftlichen Verfahrens **401** oder – nicht öffentlicher – mündlicher Verhandlung ergehen, die nach Art 116 EPÜ entweder auf Antrag eines Beteiligten oder, sofern die Patentabteilung dies für sachdienlich erachtet, vAw stattfindet. Findet eine mündliche Verhandlung statt, können die Entscheidungen verkündet werden. Zudem sind die Entscheidungen schriftlich abzufassen und den Beteiligten zuzustellen (Regel 111 Abs 1 AOEPÜ). Sie sind zu begründen und mit einem Hinweis darüber zu versehen, dass gegen sie die Beschwerde statthaft ist (Regel 111 Abs 2 AOEPÜ). Zum Inhalt der Entscheidung Rn 387 f.

h. Kostenentscheidung Rn 45 f zu § 62; **Kostenfestsetzung** Rn 54 f zu § 62. **402**

i. Vollstreckung wegen der Kosten Rn 61 zu § 62. **403**

4. Inhalt und Form der neuen europäischen Patentschrift; Veröffentlichungen. Ist das eur Pa- **404** tent nach Art 101 Abs 3a EPÜ in geänd Fassung aufrechterhalten oder nach Art 105b EPÜ beschränkt worden, veröffentlicht das EPA die geänd eur Patentschrift sobald wie möglich nach Bekanntmachung des Hinweises auf die Beschränkung im PatBl (Art 103, 105c EPÜ). Die neue eur Patentschrift enthält die Beschreibung, Patentansprüche und Zeichnungen in der geänd Fassung (Regel 87 AOEPÜ). Sobald die eur Patentschrift veröffentlicht worden ist, stellt das EPA dem Patentinhaber die Urkunde über das eur Patent aus (Regel 74 Satz 1, Regel 96 AOEPÜ). Vgl hierzu auch Rn 30 f zu § 58.

§ 60
(Teilung des Patents im Einspruchsverfahren)

[aufgehoben]

1042 EPA T 127/85 ABl EPA 1989, 271 = GRUR Int 1990, 72 Sprengstoffzusammensetzungen; vgl EPA T 406/86 ABl EPA 1989, 302 Trichlorethylen; EPA T 1055/98.
1043 EPA T 113/86 Polycarbonate.
1044 Vgl EPA T 132/92.
1045 EPA T 674/96; EPA T 24/96.
1046 EPA T 610/95; EPA T 223/97: anders, wenn Hauptansprüche auf besondere Ausführungsarten des erteilten unabhängigen Anspruchs gerichtet werden.
1047 EPA T 23/86 ABl EPA 1987, 316 rechnergesteuertes Schaltgerät; EPA T 301/87 ABl EPA 1990, 335 = GRUR Int 1991, 121 Alpha-Interferone; vgl EPA T 472/88 EPOR 1991, 486 Compensation of discolouration; EPA T 648/96.
1048 EPA Compensation of discolouration; EPA T 367/96.
1049 EPA G 1/91 ABl EPA 1992/253 Einheitlichkeit/SIEMENS; EPA T 443/97.

1   Die Möglichkeit der Teilung des Patents im Einspruchsverfahren ist mWv 1.7.2006 **weggefallen** (Rn 47 ff zu § 39). Bis zu diesem Zeitpunkt erfolgte Teilungserklärungen haben ihre Wirksamkeit nicht verloren (Rn 48 zu § 39).

§ 61
(Entscheidung im Einspruchsverfahren, Veröffentlichung)

(1) [1]Die Patentabteilung entscheidet durch Beschluß, ob und in welchem Umfang das Patent aufrechterhalten oder widerrufen wird. [2]Das Verfahren wird von Amts wegen ohne den Einsprechenden fortgesetzt, wenn der Einspruch zurückgenommen wird.

(2) [1]Abweichend von Absatz 1 entscheidet der Beschwerdesenat des Bundespatentgerichts,

1. wenn ein Beteiligter dies beantragt und kein anderer Beteiligter innerhalb von zwei Monaten nach Zustellung des Antrags widerspricht, oder

2. auf Antrag nur eines Beteiligten, wenn mindestens 15 Monate seit Ablauf der Einspruchsfrist, im Falle des Antrags eines Beigetretenen seit Erklärung des Beitritts, vergangen sind.

[2]Dies gilt nicht, wenn die Patentabteilung eine Ladung zur Anhörung oder die Entscheidung über den Einspruch innerhalb von drei Monaten nach Zugang des Antrags auf patentgerichtliche Entscheidung zugestellt hat. [3]Im Übrigen sind die §§ 59 bis 62, 69 bis 71 und 86 bis 99 entsprechend anzuwenden.

(3) Wird das Patent widerrufen oder nur beschränkt aufrechterhalten, so wird dies im Patentblatt veröffentlicht.

(4) [1]Wird das Patent beschränkt aufrechterhalten, so ist die Patentschrift entsprechend zu ändern. [2]Die Änderung der Patentschrift ist zu veröffentlichen.

Ausland: Dänemark: § 23 PatG 1996; **Österreich:** § 103 öPatG (Einspruchsverfahren), § 104 öPatG (Erteilungsbeschluss); **Schweiz:** Art. 74–81 PatV; **Serbien:** Art 90 PatG 2004

Schrifttum: *Hövelmann* Neues vom deutschen Einspruch, Mitt 2002, 49; *Hövelmann* Patentverzicht und Erledigung, GRUR 2007, 283; *Hövelmann* Der nicht beschiedene Hilfsantrag – oder: die Teilentscheidung über die Patentanmeldung in der Fassung des Hauptantrags, GRUR 2009, 718; *Keukenschrijver* Änderungen der Patentansprüche erteilter Patente im Verfahren vor dem Bundespatentgericht und vor dem Bundesgerichtshof, GRUR 2001, 571; *Lewinsky* Die Zulässigkeit der Beschwerde im Einspruchsverfahren, Mitt 1958, 24; *Naumann* EPÜ 2000: Das Einspruchsverfahren, Mitt 2009, 52.

A. Der **Geltungsbereich** der durch Art 8 Nr 35 GPatG (dort noch als § 35c) eingefügten Bestimmung **1** entspricht dem des § 59 (Rn 1 ff zu § 59). Das Gesetz zur Änderung des patentrechtlichen Einspruchsverfahrens und des Patentkostengesetzes hat die Möglichkeit der Entscheidung durch das BPatG bei übereinstimmendem Antrag der Beteiligten oder auf Antrag nur eines Beteiligten bei verzögerlicher Behandlung des DPMA in Abs 2 eingeführt (s auch Rn 2 zu § 62).

B. Übersicht über die Regelung

Abs 1 Satz 1 trifft Bestimmungen über die Zuständigkeit zur Entscheidung über das Patent, deren **2** Form und deren Inhalt; Abs 1 Satz 2 regelt die Einspruchsrücknahme, Abs 3 die Veröffentlichung der Einspruchsentscheidung und Abs 4 die Anpassung der Patentschrift an das geänd Patent und die Veröffentlichung dieser Änderung.

C. Entscheidung im Einspruchsverfahren

I. Zuständigkeit

1. Regelzuständigkeit. Zuständig für die Einspruchsentscheidung ist vorbehaltlich der Regelung in **3** Abs 2 die Patentabteilung des DPMA. Dies folgt auch aus § 27 Abs 1 Nr 2 („Angelegenheiten, die erteilte Patente betreffen") und Abs 1 Satz 1 (zur Organisation des DPMA, der Patentabteilung als Spruchorgan und ihrem Verfahren Rn 20 ff zu § 27). Die Patentabteilung hat über die Zulässigkeit des Einspruchs ebenso zu befinden wie über dessen Begründetheit und bleibt auch für eine Fortsetzung des Verfahrens nach Rücknahme der Einsprüche zuständig (Abs 1 Satz 2).

4   Die 2006 neu eingestellte Regelung in Abs 2 hat mWv 1.7.2006 die befristet geltende Bestimmung in § 147 aF abgelöst, wonach zur Entlastung des DPMA das BPatG für die Entscheidung im Einspruchsverfahren zuständig war, und die Zuständigkeit wieder grds auf das DPMA **zurückverlagert**, wobei das BPatG für die noch anhängigen Altverfahren zuständig geblieben ist (Rn 8).

5   **2. Zuständigkeit des Patentgerichts nach § 147 Abs 3 aF.** Das BPatG war für die Entscheidung über den Einspruch zuständig (vgl *6. Aufl* Rn 14 ff zu § 147; Rn 22 zu § 59), wenn die Einspruchsfrist nach dem 1.1.2002 begonnen hatte und der Einspruch vor dem 1.7.2006 eingelegt worden war (§ 147 Abs 3 Nr 1 aF) oder der Einspruch vor dem 1.1.2002 erhoben worden war, ein Beteiligter dies bis zum 30.6.2006 beantragt hatte und die Patentabteilung eine Ladung zur mündlichen Anhörung oder die Entscheidung über den Einspruch innerhalb von zwei Monaten nach Zugang des Antrags auf Entscheidung durch das BPatG noch nicht zugestellt hatte (§ 147 Abs 3 Nr 2 aF).[1]

6   Die insoweit aufgeworfenen **verfassungsrechtlichen Bedenken** gegen die Zulässigkeit einer Verlagerung des Einspruchsverfahrens auf das BPatG wurden (vgl *6. Aufl* Rn 21 f zu § 147) vom BGH ebensowenig geteilt,[2] wie Bedenken gegen eine fortdauernde Zuständigkeit des BPatG bei nicht abgeschlossenen Altverfahren. Die Senate des BPatG hatten kontrovers entschieden.[3] Der BGH[4] stellte klar, dass die Zuständigkeit des BPatG nicht verfassungswidrig und insb auch mit der Rechtsweggarantie des Art 19 Abs 4 GG vereinbar ist. Dem Gesetzgeber habe es frei gestanden, das verfassungsrechtl als Vorverfahren zu bewertende Einspruchsverfahren vor der Patentabteilung zeitweise zu suspendieren.

7   Danach besteht nach dem allg verfahrensrechtl **Grundsatz der perpetuatio fori**, der in § 261 Abs 3 Nr 2 ZPO Ausdruck gefunden hat, die gem § 147 Abs 3 Satz 1 Nr 1 begründete gerichtliche Zuständigkeit fort.[5] Die Absichten des Gesetzgebers, der die zur Entlastung des DPMA zeitweise geschaffene Zuständigkeit des BPatG für die volle Dauer des Entlastungszeitraums habe aufrechterhalten und (erst) zum 1.7.2006 durch ein Rechtsschutzsystem ersetzen wollen, bei dem zunächst wieder das DPMA zur Entscheidung berufen sei, würden ansonsten in das Gegenteil verkehrt.[6] Zur Eröffnung der Rechtsbeschwerde nach § 147 Abs 3 Satz 3 aF: Rn 85; Rn 94 zu § 79; Rn 4 zu § 100.

3. Zuständigkeit des Patentgerichts nach Absatz 2

8   **a. Allgemeines.** Der unmittelbare Zugang zum BPatG besteht nicht allg als freie Wahlmöglichkeit, sondern nur unter den Voraussetzungen des Abs 2 Satz 1 Nr 1 und Nr 2. Abs 2 Satz 2 Nr 1 dient dabei in erster Linie der Verfahrensbeschleunigung,[7] Abs 2 Satz 2 Nr 2 soll einer verzögerlichen Behandlung beim DPMA entgegenwirken. Die Vorschrift hat nur wenig praktische Relevanz.

9   **b. Voraussetzungen.** Abs 1 Nr 1 ermöglicht es den Beteiligten, einvernehmlich mit dem anderen Beteiligten oder in dessen vermutetem Einvernehmen durch jederzeitigen Antrag, der nicht an eine Frist gebunden ist und insb nicht voraussetzt, dass er schon längere Zeit beim DPMA anhängig ist,[8] eine Ent-

---

1 Vgl BPatG Mitt 2005, 123 zum Fall einer Veröffentlichung des Patents noch im Jahr 2001 bei im Jahr 2002 ablaufender Einspruchsfrist sowie BPatG 15.2.2005 8 W (pat) 315/02 Mitt 2006, 76 Ls zur Anwendbarkeit auf erstreckte DD-Patente.

2 BGHZ 172, 108 = GRUR 2007, 859 Informationsübermittlungsverfahren I; die hiergegen eingelegte Verfassungsbeschwerde ist erfolglos geblieben, BVerfG 13.12.2007 1 BvR 2532/07; BGH GRUR 2009, 184 Ventilsteuerung; BPatG Mitt 2006, 511.

3 Bejahend BPatGE 49, 173 = GRUR 2007, 499; BPatGE 49, 238 = GRUR 2007, 907; BPatG 14.6.2007 34 W (pat) 351/06 Mitt 2007, 463 Ls; BPatGE 49, 233 = BlPMZ 2007, 332; BPatG 25.10.2007 8 W (pat) 353/03; BPatG 5.11.2007 9 W (pat) 331/04; BPatG 2.4.2007 15 W (pat) 313/04; BPatG 15.5.2007 17 W (pat) 307/05; *Winterfeldt/Engels* GRUR 2008, 553, 569; aA BPatGE 49, 224 = GRUR 2007, 904.

4 BGHZ 143, 47 = GRUR 2007, 862 Informationsübermittlungsverfahren II; BGH GRUR 2009, 90 Beschichten eines Substrats; BGH GRUR 2009, 184 Ventilsteuerung.

5 BGHZ 173, 47 = GRUR 2007, 862 Informationsübermittlungsverfahren II; BGH GRUR 2009, 90 Beschichten eines Substrats; BGH GRUR 2009, 184 Ventilsteuerung.

6 BGH Ventilsteuerung.

7 Vgl Begr BTDrs 16/735 S 9 ff = BlPMZ 2006, 228, 230.

8 *Hövelmann* Mitt 2002, 49, zur Regelung in § 147.

scheidung durch das BPatG anstelle der Patentabteilung herbeizuführen. Dies setzt zunächst den Antrag eines der Beteiligten (Einsprechender oder Patentinhaber, nach erfolgtem Beitritt auch Beitretender nach § 59 Abs 2)[9] voraus. Der Antrag ist beim DPMA einzureichen. Das DPMA hat ihn den anderen Beteiligten zuzustellen. Sofern von diesen niemand innerhalb einer Frist von zwei Monaten nach Zustellung des Antrags widerspricht und das DPMA nicht nach Abs 2 Satz 2 verfährt, hat es den Einspruch dem BPatG zur Entscheidung vorzulegen.[10] Gegen die Versäumung der Widerspruchsfrist ist Wiedereinsetzung (§ 123) möglich.

Nach Abs 2 Nr 2 erfolgt die Überleitung in das Verfahren vor dem BPatG auf **Antrag eines Beteilig-** 10 **ten**, der wirksam nach 15 Monaten nach Ablauf der Einspruchsfrist gestellt werden kann, wobei die Widerspruchsmöglichkeit der anderen Beteiligten entfällt. Die Frist betrifft nur den Antrag des Patentinhabers oder des Einsprechenden; sie wurde an den Ablauf der Einspruchsfrist geknüpft, um Divergenzen bei mehreren Einsprüchen vorzubeugen.[11] Für den Antrag des Beitretenden wurde die Fristenregelung abw getroffen.

Der **Beitretende** kann den Antrag nach Abs 2 Nr 2 (nicht auch nach Abs 2 Nr 1) erst nach Ablauf von 11 15 Monaten nach Erklärung des Beitritts stellen. Damit soll verhindert werden, dass der erst spät Beitretende sogleich das BPatG mit der Sache befassen kann.[12]

c. Ausschluss des Verfahrensübergangs. Das DPMA kann die Verlagerung des Verfahrens an das 12 BPatG verhindern, wenn es entweder eine Ladung zur mündlichen Verhandlung oder die Entscheidung über den Einspruch innerhalb von drei Monaten nach Zugang des Antrags auf gerichtliche Entscheidung zugestellt hat. Hiermit soll unnötige Mehrarbeit in Fällen vermieden werden, in denen die Einspruchsbearbeitung durch das DPMA schon – ggf bis zur Absetzung eines Beschlussentwurfs – vorangeschritten ist.[13] Der Gesetzeswortlaut lässt es dabei offen, ob die Zustellung an alle Beteiligten innerhalb dieser Frist erfolgt sein muss oder ob schon die Zustellung an einen Beteiligten genügt.

4. Einspruchsverfahren vor dem Patentgericht

a. Allgemeines. Beim BPatG entscheidet der nach der Sache zuständige technische Beschwerdese- 13 nat. Das folgt schon aus der Parallelität der Regelungen in § 67 Abs 1 Nr 1 Buchst c, d, im übrigen aus dem Geschäftsverteilungsplan des BPatG, der Beschwerden und Einsprüche gleichermaßen den technischen Beschwerdesenaten zuweist.

b. Verfahrensgrundsätze. Das BPatG hat neben den Bestimmungen über den Einspruch (§§ 59, 61, 14 62) die §§ 69–71 und §§ 86–99 anzuwenden (Abs 2 Satz 3).[14] Wenn das Verfahren nach Abs 2 als erstinstanzliches gerichtliches Verfahren dem Nichtigkeitsverfahren hätte nahegerückt werden sollen,[15] das früher das einzige erstinstanzliche Verfahren vor dem BPatG war, hätte es nahe gelegen, für dieses Verfahren auch die das Nichtigkeitsverfahren betreffenden Vorschriften in Betracht zu ziehen (Rn 22 zu § 59).[16] Die gerichtliche Praxis bestätigt, dass insoweit keine Annäherung erfolgt ist und dieses – in der Praxis nicht sonderlich bedeutsame – Verfahren vielmehr als bloße Verlagerung der Zuständigkeit mit Fortbestand der schon zuvor geltenden Regeln über das Einspruchsverfahren vor dem DPMA zu sehen ist.[17] So werden insb die Regeln zum Einspruch und nicht der Beschwerde (Abs 1 Satz 2: Fortsetzung des Ein-

---

9 BPatGE 47, 148 = GRUR 2004, 356, zur Regelung in § 147.

10 Vgl Begr BTDrs 16/735 S 9 ff = BlPMZ 2006, 228, 230.

11 Vgl Begr BTDrs 16/735 S 9 ff = BlPMZ 2006, 228, 231.

12 Vgl Begr BTDrs 16/735 S 9 ff = BlPMZ 2006, 228, 231.

13 Zur Regelung in § 147 Begr KostRegBerG A II 1c und zu Art 7 Nr 37, BlPMZ 2002, 39, 55; zur geltenden Regelung Begr BTDrs 16/735 S 9 ff = BlPMZ 2006, 228, 231.

14 Zu §§ 86–99 schon BPatGE 45, 162 = BlPMZ 2003, 29 (zu § 147); aA BPatG BlPMZ 2004, 60: Begründungspflicht nach § 47 Abs 1 Satz 3, nicht nach § 94.

15 BPatGE 45, 162, 164 = BlPMZ 2003, 29.

16 *Hövelmann* Mitt 2002, 49.

17 So ausdrücklich BGH GRUR 2010, 361 Dichtungsanordnung; BGH Mitt 2010, 192 Dichtungsanordnung 01; BGH 17.12.2009 X a ZB 40/08.

spruchsverfahrens nach Rücknahme des – zulässigen – Einspruchs;[18] § 47 Abs 1 Satz 3: Begründungspflicht; § 46 Abs 1 Satz 2: notwendige Anhörung oder mündliche Verhandlung, § 78, auf Antrag bei Verwerfung des Einspruchs als unzulässig)[19] ebenso angewandt (zu § 147 Abs 3 Satz 1 Nr 1 aF),[20] wie die Dispositionsrechte der Beteiligten ohne Unterschied zum Einspruchsverfahren vor dem DPMA gesehen werden (Rn 22 zu § 59). Die Anwendung von Abs 1 Satz 1 (Entscheidung durch Beschluss der Patentabteilung) scheidet schon aus der Natur der Sache aus, was in § 147 Abs 3 Satz 2 aF für das Einspruchsverfahren vor dem BPatG ausdrücklich geregelt war (vgl 6. *Aufl* Rn 39 zu § 147).

15   **c. Anhörung, mündliche Verhandlung.** Die Bestimmung über die – nunmehr obligatorische und öffentliche (Rn 320 zu § 59) – Anhörung im Einspruchsverfahren (Rn 319 ff zu § 59) kann trotz der Verweisung in Abs 2 Satz 3 auf § 59 Abs 3 iVm § 46 – und nicht auf § 78 – nur mit Einschränkungen angewandt werden, denn sie wird den Anforderungen an ein geordnetes gerichtliches Verfahren nicht gerecht[21] und richtet sich auch nicht an ein Gericht. Die Anhörung findet vielmehr in Verfahren nach Abs 2 Satz 1 vor dem BPatG durch mündliche Verhandlung nach § 78 statt (vgl auch Rn 322 zu § 59; Rn 3 ff zu § 78).[22] Das hat ua zur Folge, dass einem Terminsantrag Folge zu leisten ist und dass dann aufgrund mündlicher Verhandlung entschieden wird.[23] Die von § 69 Abs 1 Satz 2 Nr 2 für die Verkündung erfassten zusätzlichen Ausnahmetatbestände, insb für nicht veröffentlichte Patente, können im Einspruchsverfahren nicht zum Zug kommen (Rn 3 zu § 78). In der Praxis hat diese Frage keine Bedeutung, da in den Senaten des BPatG von einer Anhörung, die nicht durch mündliche Verhandlung erfolgt, kein Gebrauch gemacht wird.

16   Bei **Verwerfung des Einspruchs als unzulässig** hat der BGH eine entspr Anwendbarkeit des § 79 Abs 2 verneint und auf die – hier wegen § 69 Abs 1 öffentliche – Anhörung durch das BPatG nach § 59 Abs 3 Satz 1 iVm § 46 als Alternative zur mündlichen Verhandlung verwiesen, so dass § 79 Abs 2 Satz 2, nach dem das BPatG bei Unzulässigkeit der Beschwerde auch im schriftlichen Verfahren entscheiden kann, nur mit der Maßgabe Anwendung findet, dass zwar eine förmliche mündliche Verhandlung entbehrlich ist, nicht aber die in § 59 Abs 3 Satz 1 vorgesehene Anhörung, die wegen des generell auf das Verfahren vor dem BPatG anzuwendenden § 69 Abs 1 öffentlich ist.[24]

17   **d. Aufgreifen weiterer Einspruchsgründe.** Weil ein erstinstanzliches Verfahren vorliegt, darf das BPatG auch (wie das DPMA) von sich aus weitere Einspruchsgründe aufgreifen. Soweit der BGH dem BPatG dies verwehrt hat (Rn 23 zu § 21; Rn 74 vor § 73 und Rn 37 zu § 79), betraf dies das Beschwerdeverfahren, so dass diese Gründe für die Verfahren nach Abs 3 nicht greifen.[25] Das BPatG hat sich vielmehr im Unterschied zur seiner Tätigkeit als Beschwerdegericht an dem in erster Instanz gebotenen Verfahren zu orientieren, insb nach pflichtgemäßem Ermessen eigenständig weitere Widerrufsgründe einzubeziehen und den gebotenen Rechercheaufwand aufzubringen (Rn 299, 304 zu § 59).

II. Entscheidung durch Beschluss

1. Allgemeines

18   **a. Entscheidung des Patentamts.** Die Entscheidung des DPMA ergeht in Beschlussform (Abs 1 Satz 1). Die Vorschrift korrespondiert insoweit mit § 59 Abs 4, der auf § 47 verweist (Rn 324 zu § 59 sowie die Kommentierung zu § 47). Der Beschluss entscheidet nicht „über den Einspruch", sondern über das

---

18   BPatGE 46, 247 = BlPMZ 2003, 302.
19   BGH Dichtungsanordnung; BGH Dichtungsanordnung 01; BGH 17.12.2009 Xa ZB 40/08.
20   BPatGE 46, 247 = BlPMZ 2003, 302.
21   BPatGE 46, 134.
22   BPatGE 45, 162, 164 = Mitt 2002, 417; offen gelassen in BGH GRUR 2010, 361 Dichtungsanordnung; BGH Mitt 2010, 192 Dichtungsanordnung 01; BGH 17.12.2009 Xa ZB 40/08; aA BGH GRUR 2011, 509 Schweißheizung, für die Protokollierungspflicht auf Anhörung nach § 46 Abs 2 abstellend; aA auch *Benkard* § 78 Rn 8.
23   BPatGE 45, 162 = BlPMZ 2003, 29; BPatGE 46, 134; vgl *Hövelmann* Mitt 2002, 49.
24   BGH GRUR 2010, 361 Dichtungsanordnung; BGH Mitt 2010, 192 Dichtungsanordnung 01; BGH 17.12.2009 Xa ZB 40/08 gegen BPatG 5.8.2008 9 W (pat) 339/05, 9 W (pat) 347/05, 9 W (pat) 349/05 und 9 W (pat) 361/05.
25   *Hövelmann* Mitt 2002, 49.

Patent. Insoweit ist die missverständliche Formulierung in § 62 Abs 1 Satz 1 aF beseitigt worden. Der Beschluss beendet mit Eintritt seiner formellen Bestandskraft das Einspruchsverfahren (Rn 11 zu § 59).

b. Erstinstanzliche Entscheidung des Patentgerichts. Auch das BPatG trifft seine erstinstanzliche **19** Entscheidung durch Beschluss, der nach § 100 Abs 1 mit der Rechtsbeschwerde anfechtbar ist. Die Tenorierung unterscheidet sich nicht von der des DPMA. Ein Patent, das sich als nicht oder nur teilweise rechtsbeständig erweist, ist auch ohne ausdrückliche Regelung zu widerrufen oder beschränkt aufrecht-zuerhalten,[26] ein bestandsfähiges Patent wird aufrechterhalten (Rn 38 f).[27] Anlass für Teilentscheidungen iSv § 301 ZPO, wie sie der BGH für das Anmeldeverfahren bei Vorabentscheidung über die Zulässigkeit einer Anspruchsfassung einer nach Hauptantrag verteidigten und noch nicht der Sachprüfung unterzogenen Anspruchsfassung als zulässig angesehen hat,[28] wird nur dann bestehen, wenn diese mit der Prozessökonomie vereinbar sind.

Ein **unzulässiger Einspruch** ist zu verwerfen, wie § 67 Abs 1 Nr 2b bestätigt. Auch die Verwerfung des **20** Einspruchs ist eine Entscheidung über die Aufrechterhaltung oder den Widerruf eines Patents nach Abs 1 Satz 1 und iSv § 100 Abs 1, die das BPatG anstelle des DPMA trifft.[29] Es ist auch kein hinreichender Grund erkennbar, weshalb hier von der herkömmlichen Tenorierung abgewichen, etwa der Einspruch (in Anlehnung an die Vorschriften des EPÜ) zurückgewiesen werden sollte,[30] auch wenn § 147 Abs 3 Satz 2 aF[31] seinem Wortlaut nach nicht eine Entscheidung über das Patent, sondern „über den Einspruch" vorsah (vgl Rn 27 ff).[32]

2. Gegenstand der Entscheidung

a. Umfassende Prüfungskompetenz für die Widerrufsgründe. Das DPMA hat ebenso wie das **21** BPatG[33] aufgrund des Amtsermittlungsgrundsatzes (§ 46 Abs 1; § 87 Abs 1) eine umfassende Prüfungskompetenz und -pflicht. Daher können bei durch zulässigen Einspruch eröffneter uneingeschränkter Sachprüfung des fristgerecht beigebrachten Tatsachenmaterials (Rn 299 zu § 59) weitere Widerrufsgründe von den Beteiligten oder vAw in das Verfahren eingeführt und alle bekannt gewordenen Tatsachen (Rn 298 f zu § 59) berücksichtigt werden (zur weitergehenden Sachprüfung bei Änderungen Rn 257 ff zu § 59). Wegen der Einheitlichkeit des Einspruchsverfahrens ist unter Berücksichtigung aller Einsprüche einheitlich über die Aufrechterhaltung des Patents zu entscheiden (Rn 254 ff zu § 59; zur Beschwerde Rn 36 zu § 74). Hierzu sind DPMA und BPatG im Rahmen des ihnen zustehenden und überprüfbaren Ermessens auch verpflichtet (Rn 304 zu § 59; zur (beschränkten) Überprüfbarkeit von Ermessensentscheidungen Rn 52 zu § 79; Rn 104 ff zu § 80).

b. Prüfungskompetenz bei Teileinspruch. Str ist, ob die Prüfungskompetenz dadurch eingeschränkt **22** wird, dass Teileinspruch eingelegt wird, der Angriff also nicht voll gegen das Streitpatent gerichtet ist (Rn 291 f zu § 59; zur Beschwerde Rn 76 ff vor § 73).

c. Auch die **Verteidigung des Patents** durch den Patentinhaber ist für den Gegenstand der Sachprü- **23** fung und der Entscheidung von Bedeutung, da dessen Wille im Rahmen zulässiger Disposition den Prüfungsrahmen vorgibt (Rn 282 ff zu § 59).

d. Keine Bescheidungspflicht für einzelne Widerrufsgründe. Eine Bescheidungspflicht oder Prü- **24** fungsrangfolge für einzelne Widerrufsgründe besteht weder gegenüber einem noch mehreren Einspre-

---

26 So BPatGE 45, 162 = BlPMZ 2003, 29.
27 Zur Tenorierung bei rechtsbeständigem Patent BPatG 1.10.2002 34 W (pat) 705/02.
28 BGH GRUR 2006, 748 Mikroprozessor; zur Abgrenzung BPatG 8.3.2011 15 W (pat) 11/07; kr *Hövelmann* GRUR 2009, 718.
29 BGH GRUR 2009, 1098 Leistungshalbleiterbauelement; *Schulte* § 100 Rn 13.
30 Offen gelassen in BPatGE 45, 162 = BlPMZ 2003, 29.
31 So schon BPatGE 2, 80, 82 = BlPMZ 1962, 309; BPatGE 18, 19, 21 = GRUR 1976, 420; BPatGE 26, 143 = GRUR 1984, 799; BPatGE 47, 252 = GRUR 2004, 357; BPatGE 47, 270 = BlPMZ 2004, 438; *Wirth* Mitt 1967, 63.
32 Vgl hierzu BPatGE 46, 134.
33 So BPatGE 47, 141 = BlPMZ 2004, 59; BPatGE 47, 148 = GRUR 2004, 356.

chenden. Daher kann die Nichtbescheidung als solche grds keine Beschwer auslösen (Rn 277 ff zu § 59). Es ist deshalb kein Begründungsmangel (§ 100 Abs 3 Nr 6), wenn zur Begründung des Widerrufs einer von mehreren Gründen eines oder mehrerer Einsprechender herausgegriffen wird.

25   **e. Besonderheiten bei widerrechtlicher Entnahme.** Auf den Widerrufsgrund der widerrechtl Entnahme (§ 21 Abs 1 Nr 3) lassen sich diese – auf dem Einspruch auf Popularrechtsbehelf abstellenden – Grundsätze nicht übertragen, da dieser Widerrufsgrund nicht dem öffentlichen Interesse dient, sondern ein dem „Verletzten" vorbehaltenes Instrument des Individualrechtsschutzes ist,[34] wie auch § 59 Abs 1 Satz 1 2. Alt zeigt. Der Widerrufsgrund der widerrechtl Entnahme bildet deshalb sowohl hinsichtlich der Stellung des Einsprechenden (Rn 43 zu § 59), der Beschwer (Rn 102 zu § 73) als auch der Bescheidungspflicht (Rn 278 zu § 59; Rn 102 zu § 73) und auch rechtssystematisch eine Ausnahme (zur Prüfungskompetenz Rn 303 zu § 59). Der vereinzelten Auffassung, dass deshalb der Verhandlungsgrundsatz (Beibringungsgrundsatz) gelte, ist allerdings abzulehnen (Rn 303 zu § 59). Auf die Rücknahme des einzigen, auf widerrechtl Entnahme gestützten Einspruchs soll Abs 1 Satz 2 nicht anzuwenden und das Einspruchsverfahren beendet sein; hier erscheint die Annahme einer Erledigung des Verfahrens besser angebracht (Rn 72).

26   **3. Inhalt der Entscheidung.** Nach Abs 1 Satz 1 ist darüber zu entscheiden, ob und in welchem Umfang das Patent aufrechterhalten oder widerrufen wird. Diese Regelung schließt die Möglichkeit der vollständigen Aufrechterhaltung und des vollständigen Widerrufs ebenso ein wie den Teilwiderruf (die Teilaufrechterhaltung). Die Bestimmung regelt damit ausdrücklich nur den Fall einer Entscheidung in der Sache, ermöglicht aber auch die Verwerfung des Einspruchs als unzulässig (Rn 27). Für einen Antrag des Patentinhabers im Einspruchsverfahren vor dem BPatG, die Sache zur Ermöglichung eines zwei Instanzen umfassenden Einspruchsverfahrens an das DPMA zurückzuverweisen, ist kein Raum.[35]

4. Entscheidung bei Unzulässigkeit des Einspruchs

27   **a. Verwerfung des Einspruchs** durch Beschluss erfolgt bei Unzulässigkeit des Einspruchs (zur nachträglichen Unzulässigkeit Rn 340 zu § 59; Rn 106 zu § 73). Bei der Zulässigkeit des Einspruchs handelt es sich um eine in jedem Verfahrensstadium vAw zu beachtende Verfahrensvoraussetzung für eine aufgrund des Einspruchs vorzunehmende Prüfung des Einspruchsvorbringens (Rn 247 zu § 59). Eine Sachprüfung der Widerrufsgründe findet deshalb nicht statt.[36] So ist ein unzulässiger Einspruch auch in den Fällen des § 59 Abs 2 zu verwerfen. Heute steht außer Streit,[37] dass auch hierfür der technische Beschwerdesenat (und nicht der juristische) zuständig ist, wie § 67 Abs 1 Nr 2b bestätigt (vgl ferner 7. *Aufl* Rn 27).[38]

28   **b. Keine Sachprüfung.** Ist der einzige Einspruch oder sind sämtliche Einsprüche (und Beitritte) unzulässig, beschränkt sich deshalb die (End-)Entscheidung auf diesen Ausspruch ohne weitere Sachprüfung (Rn 248 zu § 59). Auch der den Einspruch verwerfende Beschluss ist rechtsbeschwerdefähig (Rn 4 zu § 100).

29   Lediglich nach **Rücknahme des einzigen unzulässigen Einspruchs** soll es keiner Verwerfung mehr bedürfen oder der Einspruch nicht mehr verworfen werden können, da aufgrund der Rücknahme das Verfahren beendet sei (Rn 73). Diese Auffassung ist unter der heute geklärten Prämisse einer möglichen Entscheidung über den Einspruch durch Verwerfung eines unzulässigen Einspruchs und der Bestimmung des Abs 1 Satz 2 nicht konsequent und abzulehnen (vgl Rn 75).

---

34   BGH GRUR 2006, 748 Mikroprozessor.
35   BPatG 15.4.2008 23 W (pat) 307/08 Mitt 2009, 285 Ls.
36   BGH GRUR 1972, 592 Sortiergerät; BGH GRUR 1990, 348 Gefäßimplantat; BGH GRUR 1997, 740 Tabakdose; BGH GRUR 2009, 1098 Leistungshalbleiterbauelement.
37   Jetzt allg Praxis: vgl BPatG 27.11.2006 19 W (pat) 303/04 abw von der früheren Rechtsauffassung BPatGE 47, 261 = BlPMZ 2004, 198; BPatG BlPMZ 2006, 415; BPatG 17.7.2006 19 W (pat) 329/03 BlPMZ 2007, 83 Ls; BPatG 17.10.2005 20 W (pat) 316/03; vgl BPatGE 50, 196; BPatG 22.1.2008 8 W (pat) 9/07; zugleich erfolgte durch BeschlPräsidiumBPatG vom 26.7.2006 eine Änderung der Geschäftsverteilung.
38   BPatG 22.1.2008 8 W (pat) 9/07; *Benkard* Rn 3.

Stehen **neben unzulässigen auch zulässige Einsprüche** zur Entscheidung, ist, falls die unzulässi- **30** gen nicht durch Vorabentscheidung (Zwischenentscheidung) erledigt sind (Rn 222f, 251 zu § 59; Rn 55 zu § 73), die auf die zulässigen Einsprüche zu treffende Sachentscheidung mit der Verwerfung der unzulässigen Einsprüche oder Beitritte zu verbinden, wobei die Verwerfung als unzulässig zweckmäßigerweise an erster Stelle steht.

c. Die **Entscheidungsformel** lautet: **31**

„Der Einspruch/Die Einsprüche (ggf nähere Bezeichnung der Einsprechenden) wird/werden als unzulässig verworfen."

5. Widerruf des Patents

a. Sachentscheidung. Ergibt die Sachprüfung, dass keiner der geltend gemachten oder vAw zusätz- **32** lich nach pflichtgemäßen Ermessen heranzuziehenden Widerrufsgründe (Rn 294 zu § 59) des § 21 durchgreift, ist das Patent – in der erteilten Fassung – aufrechtzuerhalten (Abs 1 Satz 1). Insb ist es dem DPMA oder dem BPatG verwehrt, bei der Prüfung der erteilten Fassung andere Mängel als die in § 21 genannten Widerrufsgründe heranzuziehen. Die Prüfungsreihenfolge der Widerrufsgründe steht frei (Rn 24; Rn 277f zu § 59).

Soweit das Patent mit **mehreren Anspruchsfassungen** verteidigt wird, ist regelmäßig zunächst die **33** am wenigsten stark beschränkte Fassung des Patentanspruchs zu prüfen, da dies dem mutmaßlichen Willen des Patentinhabers entspricht.[39] Dies ist ggf im Rahmen der gebotenen Hinwirkens auf sachdienliche Anträge zu klären (Rn 290 zu § 59). Soweit eine fehlende Bindung an die vom Patentinhaber durch die Nummerierung der Anträge vorgegebene Prüfungsreihenfolge der Anspruchsfassungen angenommen wird,[40] ist dem wegen des Vorrangs des Willens des Patentinhabers (Rn 283 zu § 59) und der Bindung an dessen Antrag im Rahmen zulässiger Dispositionen (Rn 274, 280 zu § 59; Rn 76ff vor § 73) nur insoweit zuzustimmen, als die tatsächliche Prüfungsreihenfolge auch mit diesem – iZw im Weg der Prozessleitung zu klärenden (Rn 284 zu § 59), notfalls auszulegenden – Willen (Rn 287 zu § 59) in Einklang steht (vgl auch Rn 282 zu § 59).[41]

Verteidigt der Pateninhaber das Patent jedoch in geänd Fassung, gilt diese beschränkte Prüfungsbe- **34** fugnis für die geänd Fassung nicht (Rn 257ff zu § 59; Rn 117 zu § 21; zum EPÜ Rn 113 zu § 73), wobei der Wille des Patentinhabers und dessen Dispositionsbefugnis auch soweit zu beachten sind, als das Patent – auch hilfsweise – durch **Selbstbeschränkung auf Null** (Rn 275 zu § 59) verteidigt wird und dieses deshalb ohne Sachprüfung zu widerrufen ist.

Der Patentinhaber kann aber auch das Patent ausschließlich in einer **geänderten Fassung** verteidi- **35** gen, was unabhängig davon, ob sich diese als zulässig oder unzulässig erweist, im Fall der Unzulässigkeit den Widerruf des Patents herbeiführt, ohne dass hier die erteilte Fassung zu prüfen wäre (Rn 274 zu § 59, str).

b. Die **Entscheidungsformel** lautet: **36**

„Das Patent Nr ... wird widerrufen."

c. Zu den **Wirkungen des Widerrufs** Rn 125 zu § 21. **37**

6. Aufrechterhaltung des Patents

a. Sachentscheidung. Liegt ein zulässiger Einspruch vor (andernfalls kommt es zu keiner Sachent- **38** scheidung, Rn 28) und ergibt die Sachprüfung, dass keiner der geltend gemachten oder vAw beachtlichen

---

39 BPatGE 51, 45 = GRUR 2009, 46.
40 BPatG 26.1.2005 20 W (pat) 319/02; zum Nichtigkeitsverfahren BPatG 28.10.2010 3 Ni 50/08 (EU); BPatG 50, 265 = GRUR 2008, 892 „Memantin"; BPatGE 34, 230; BPatG 14.9.1995 2 Ni 29/94, darauf abstellend, dass die Anträge nicht bindende Anregungen darstellen.
41 Offengelassen in BPatGE 34, 230; BPatGE 50, 265 = GRUR 2008, 892 „Memantin"; wie hier *Schulte* § 81 Rn 131.

Widerrufsgründe durchgreift, ist das Patent – grds in der erteilten Fassung – aufrechtzuerhalten (Abs 1 Satz 1).

39   **b.** Die **Entscheidungsformel** lautet:

„Das Patent Nr. ... wird aufrechterhalten."

40   **c. Keine Klarstellung.** Eine Klarstellung des Patents kann mit dieser Entscheidung – entgegen früherer Auffassung – nicht verbunden werden (Rn 123 zu § 21; näher dort *7. Aufl*), denn Änderungen eines Patentanspruchs, bei denen es sich offensichtlich um eine Klarstellung ohne gleichzeitige materielle Änderungen (hierzu Rn 60) handelt, sind auch im Einspruchsverfahren unzulässig.[42]

41   **d. Wirkung der Aufrechterhaltung.** Die Entscheidung lässt das Patent in seinem Bestand unberührt und schafft keine Bestandskraft, hat jedoch wegen ihrer verfahrensbeendigenden Wirkung weitreichende Konsequenzen, da eine Nichtigkeitsklage möglich wird (§ 81 Abs 2).

7. Beschränkte Aufrechterhaltung (Teilwiderruf)

42   **a. Beschränkung und Sachentscheidung.** Im Weg des Teilwiderrufs sind nur beschränkende Änderungen möglich (Rn 109 ff zu § 21 und Rn 256 ff zu § 59). Der Teilwiderruf darf nicht zu einer Erweiterung führen (zum Inhalt der Anmeldung Rn 82 ff zu § 21). Das gilt auch für den Schutzbereich gegenüber dem der erteilten Fassung, da hierdurch ein neuer Nichtigkeitsgrund geschaffen würde, wie § 22 Abs 1 2. Alt klärt.[43] Das Patent ist nach § 21 Abs 2 Satz 1 mit entspr Beschränkung aufrechtzuerhalten. Nach Abs 1 Satz 1 kann diese Entscheidung als beschränkte Aufrechterhaltung oder als Teilwiderruf formuliert werden. Ob die eine oder die andere Formulierung gewählt wird, entscheidet sich nach praktischen Gesichtspunkten. Die jeweils einfachere und klarere Form ist vorzuziehen, in der Praxis wird durchwegs die erste Form gewählt.

43   Ist das Patent in seiner dem Verfahren zugrunde liegenden Fassung insgesamt dem Widerruf verfallen, weil es die Widerrufsgründe in seiner Gesamtheit betreffen, könnte aber eine durch **Änderungen** einzelner Patentansprüche (Umformulierung, Streichung) oder der Beschreibung beschränkte Fassung Bestand haben, darf das DPMA oder BPatG diese Änderungen nicht vAw vornehmen und das Patent so aufrechterhalten (Rn 281 zu § 59). Auch besteht kein Anlass, vAw in eine nähere Prüfung darüber einzutreten, ob in einem insgesamt nicht schutzfähigen Patentanspruch eine Lehre enthalten ist, mit der das Patent weiterhin Bestand haben könnte, und gegenüber dem Patentinhaber eine entspr Änderung anzuregen (Rn 45).[44]

44   Eine Beschränkung durch Streichungen setzt allerdings voraus, dass die Widerrufsgründe nur **abgrenzbare Teile** des Patents, zB Gegenstände einzelner Patentansprüche oder Gruppen von Patentansprüchen, betreffen (vgl zu Beschränkungen Rn 256 ff zu § 59).

45   **b. Verteidigung durch den Patentinhaber.** Eine beschränkte Aufrechterhaltung des Patents kommt nur in Betracht, wenn der Patentinhaber diese will, wobei eine Pflicht zur ausdrücklichen Antragstellung nicht besteht (Rn 281 zu § 59). Das DPMA und das BPatG haben ggf auf eine Klarstellung hinzuwirken, in welchem Umfang der Patentinhaber das Patent (hilfsweise) verteidigen will. Erforderlichenfalls ist dessen Wille durch Auslegung zu ermitteln (Rn 287 zu § 59).[45]

46   Wird das Patent im Umfang eines oder mehrerer durch Haupt- und Hilfsantrag gefasster Anspruchssätze mit nur teilweise rechtsbeständigen Patentansprüchen verteidigt und ist keine Klarstellung möglich oder erfolgt, bleibt es eine Frage des vom Willen des Patentinhabers abhängigen Einzelfalls, ob ein voll-

---

42   So BPatG 4.12.2008 6 W (pat) 311/07; vgl zum Nichtigkeitsverfahren BGH GRUR 1988, 757 Düngerstreuer; offengelassen in BGHZ 105, 381 = GRUR 1989, 103 Verschlußvorrichtung für Gießpfannen.; *Benkard* § 21 Rn 41 und § 22 Rn 84.

43   Vgl *Benkard* § 22 Rn 18 unter Hinweis darauf, dass dies nach der Begr BlPMZ 1979, 276, 281 noch anders gesehen worden war.

44   BGH GRUR 2007, 309 Schussfädentransport.

45   BGHZ 173, 47 = GRUR 2007, 862 Informationsübermittlungsverfahren II.

ständiger oder ein Teilwiderruf zu erfolgen hat, wobei nach den Grundsätzen einer wohlwollenden Auslegung (Rn 46 vor § 73) zu verfahren ist (zur **„Faule-Apfel-Doktrin"** Rn 283 zu § 59).

Da der Patentinhaber sein Patent **beschränkt verteidigen** kann, ohne vorher ein Beschränkungsverfahren nach § 64 durchzuführen, wird der Prozessstoff im Hinblick auf das gegenständliche Patent – soweit die Beschränkung zulässig ist – durch die insoweit bestehende Dispositionsbefugnis des Patentinhabers wirksam begrenzt und der nicht verteidigte Teil ist deshalb ohne Sachprüfung zu widerrufen, auch wenn die zulässige Beschränkung nichts daran ändert, dass Gegenstand der rechtsgestaltenden Entscheidung immer noch das Streitpatent geltender Fassung ist und es deshalb der auch insoweit rechtsgestaltenden Entscheidung bedarf, um das Erlöschen herbeizuführen (Rn 256 zu § 59).[46]   **47**

c. Veranlasste Änderung. Str ist, ob entspr Regel 80 AOEPÜ auch im nationalen Einspruchsverfahren eine durch die Widerrufsgründe des § 21 veranlasste Beschränkung erforderlich ist. Dies ist zu verneinen (Rn 267 zu § 59).   **48**

d. Unzulässige Änderungen. Erweisen sich die Änderungen als unzulässig, gewinnt ein Hinwirken   **49**
auf sachdienliche Anträge (Rn 290 zu § 59) Bedeutung, insb, wenn die erteilte Fassung nicht jedenfalls hilfsweise verteidigt wird. Insoweit ist auch str, ob es einer Prüfung losgelöst vom Willen des Patentinhabers bedarf. Dies ist bei eindeutig geklärtem Willen des Patentinhabers zu bejahen (str, Einzelheiten Rn 274 zu § 59).

e. Ob eine **beschränkte Verteidigung** auch der nicht angegriffenen Patentansprüche **bei Teilein-**   **50**
spruch möglich ist, hängt davon ab, ob man insoweit eine Antragsbindung gegenüber dem Einsprechenden annimmt (Rn 265, 291 zu § 59).

f. Art der Beschränkung. Die Beschränkung erfolgt regelmäßig durch Änderung der Patentansprü-   **51**
che. Sie kann in der Streichung eines oder mehrerer Unteransprüche bestehen,[47] in einer Zusammenziehung von Haupt- und Unteranspruch oder von Unteransprüchen[48] oder bisher selbstständiger, in der Patentschrift hinreichend offenbarter Elemente zu einer Kombination,[49] im Streichen eines Worts, zB „vorzugsweise" bei einem Merkmal, sofern dies zu keiner Erweiterung führt,[50] in der Beschränkung des Anwendungsgebiets,[51] dem Übergang auf eine ursprünglich offenbarte Verwendung des patentierten Erzeugnisses (Rn 108 zu § 82), einer Beschränkung auf eine bisher nur beispielhaft genannte Ausführungsform[52] oder nach der vom BGH als nicht geboten, aber auch nicht als ausgeschlossen angesehenen[53] Praxis des BPatG in der Aufnahme eines klarstellenden Disclaimers zum Ausschluss bestimmter Bereiche (vgl Rn 61).[54]

Die Änderung kann auch in der **Einfügung zusätzlicher**, in der Patentschrift offenbarter **Merkmale**   **52**
bestehen;[55] insb ist die Aufnahme weiterer Merkmale aus der Beschreibung zulässig, wenn die patentierte Lehre dadurch eingeschränkt wird und wenn das oder die weiteren Merkmale in der Beschreibung als zu der beanspruchten Erfindung gehörend zu erkennen waren.[56] Fördern mehrere Merkmale eines Ausführungsbeispiels die Lösung der Aufgabe je für sich, kann der Patentinhaber sein Patent durch Aufnahme eines oder aller Merkmale in den Patentanspruch beschränken.[57]

---

46 S auch *Keukenschrijver* Patentnichtigkeitsverfahren[6] Rn 314.
47 RG Mitt 1932, 118, 122 sturmsicherer Randstreifen.
48 RPA Mitt 1936, 119, 121; BGH GRUR 1961, 572, 574 Metallfenster.
49 RG MuW 25, 124 f Kunstseide; BGH Liedl 1956/58, 459, 463 Schwerlaststraßenfahrzeug.
50 BGH GRUR 1970, 289 Dia-Rähmchen IV.
51 RG GRUR 1931, 751, 753 Klauenkupplung; RG GRUR 1932, 584, 586 Ringschmiervorrichtung.
52 BGH Dia-Rähmchen IV; BGH Liedl 1956/58, 352, 356 Gleitschutzkette.
53 BGH GRUR 2011, 40 Winkelmesseinrichtung.
54 BPatGE 19, 14 = GRUR 1976, 697; vgl BPatGE 45, 80 = BlPMZ 2002, 288; BPatG GRUR 2006, 487 „semantischer Disclaimer".
55 RPA Mitt 1936, 119, 121.
56 BGHZ 111, 21 = GRUR 1990, 510 f Crackkatalysator I; BGH GRUR 1991, 307 f Bodenwalze, stRspr; insoweit zutr BPatG 21.11.2001 20 W (pat) 17/00.
57 BGHZ 110, 123 = GRUR 1990, 432 f Spleißkammer.

53   Unzulässig ist grds jede **Streichung von beschränkenden Merkmalen,** weil sie idR zu einer Erweiterung des Schutzbereichs führt[58] (§ 22 Abs 1), nicht dagegen von verallgemeinernden Merkmalen; unzulässig ist auch die Streichung einer Bezugnahme auf einen nicht schutzfähigen anderen Patentanspruch,
selbst wenn er keine ausreichende Lehre offenbart.[59]

54   Str ist, ob eine Änderung auch darin bestehen kann, **neue abhängige** oder **unabhängige Patentansprüche** aufzunehmen, jedenfalls bei Neufassung des beschränkten Hauptanspruchs. Dies ist grds möglich, sofern darin eine Beschränkung liegt und diese veranlasst ist (Rn 270 f zu § 59; Rn 110 zu § 82).

55   **Änderung der Beschreibung.** Das Patent kann im Einspruchsverfahren (anders als im Beschränkungsverfahren; vgl § 64 Abs 1 und im Nichtigkeitsverfahren betreffend eur Patente wegen der seit
13.12.2007 geltenden Fassung des Art II § 6 Abs 2 IntPatÜG) nach § 21 Abs 2 Satz 2 auch durch alleinige
Änderung der Beschreibung beschränkt werden. Dies wird allerdings nur ausnahmsweise in Betracht
kommen, weil sich der Schutzbereich immer in erster Linie nach den Patentansprüchen bestimmt (§ 14),
zB wenn eine Änderung der Patentansprüche nicht möglich, weil den Schutzbereich erweiternd wäre,[60]
oder wenn die Beschreibung Definitionen enthält, die zu einem weiten Verständnis einzelner Merkmale
des Patentanspruchs führen, wie die Angabe, dass als Glasplatte eine solche aus Mineralglas und aus Ple-
xiglas zu verstehen ist.[61]

56   Hiervon zu unterscheiden sind jedoch **Anpassungen der Beschreibung und Figuren** als Folge beschränkter Anspruchsfassungen. Diese können nach st Praxis des DPMA und des BPatG[62] im Einspruchsverfahren (anders als im Nichtigkeitsverfahren) im Hinblick auf Abs 4 Satz 1 verlangt werden, wenn dort
auch nur die Änderung der Patentschrift erwähnt ist. Eine solche Anpassung ist nicht zwingend, sofern sie
jedenfalls nicht der abw Auslegung der geänd Patentansprüche entgegensteht.[63] Ob eine solche Anpassung zweckmäßig ist,[64] zumal die geänd Fassung der Patentschrift zu veröffentlichen ist (Abs 4 Satz 2), ist
eine andere Frage (s auch Rn 58). Allerdings treten die gesetzlichen Wirkungen nicht durch die Veröffentlichung ein.

57   Vereinzelt ist eine solche Anpassung als formalrechtl **Zulässigkeitsvoraussetzung der Änderung**
entspr § 10 Abs 3 Satz 1 PatV für die Patentanmeldung gefordert worden und zwar unabhängig von ihrer
Bedeutung für die Auslegung der Patentansprüche.[65] Die Nichtbeachtung soll nach dieser Auffassung
sogar zum Widerruf des Patents führen, weil die beschränkte Verteidigung des Patents auf eine nicht gewährbare Fassung gerichtet sei.[66] Dies erscheint ungeachtet der im Gegensatz zum EPÜ (Rn 103 ff; Rn 386 ff
zu § 59) im PatG nicht geregelten Antrags- und Mitwirkungspflicht des Patentinhabers (hierzu Rn 289 f, 300
zu § 59) zu weitgehend, weil die Verteidigung im Einspruchsverfahren auf ein erteiltes Patent gerichtet
ist und eine deshalb allenfalls analoge Anwendung formaler Erfordernisse des Anmeldeverfahrens unter
zusätzlichen Einschränkungen steht.[67] So kann im Rahmen analoger Anwendung von Vorschriften des
Erteilungsverfahrens nicht ohne weiteres jede Ordnungsvorschrift herangezogen werden (hierzu Rn 257 ff
zu § 59); die Anpassung der Beschreibung an die Patentansprüche muss deshalb als Folge der Selbstbeschränkung erforderlich sein, dh es muss ein ursächlicher Zusammenhang der geforderten Anpassung zur
Änderung des Patentanspruchs bestehen (Rn 257 zu § 59; zum EPÜ Rn 103; Rn 117 f vor § 73). Insoweit ist
insb vor negativer Entscheidung über das geänd Patent eine sachdienliche Prozessleitung mit dem Patentinhaber durch „Zwischenbescheid" (Rn 314 zu § 59) bzw aufklärende Hinweise zu fordern[68] (Rn 290 zu

---

58   Vgl BGHZ 73, 40 = GRUR 1979, 224 Aufhänger.

59   BGH GRUR 1980, 166 Doppelachsaggregat.

60   AA *Benkard* § 22 Rn 81, wonach ein etwa notwendiger Disclaimer seinen Platz in den Patentsprüchen, nicht in der
Beschreibung habe; so auch BGHZ 73, 40 = GRUR 1979, 224 Aufhänger.

61   Vgl zu einem entspr Sachverhalt BPatG 24.7.2007 4 Ni 10/06; BGH GRUR 2010, 41 Diodenbeleuchtung.

62   Zurückhaltend allerdings BPatG 26.3.1997 7 W (pat) 64/95, wonach von einer Anpassung abgesehen werden sollte,
wenn dies zur Auslegung der neugefassten Patentansprüche nicht zwingend erforderlich ist.

63   Ebenso *Benkard* Rn 11 und § 59 Rn 132: keine Pflicht zur Anpassung an die Beschreibung; zum Beschwerdeverfahren
Benkard § 79 Rn 13; *Schulte* Rn 46.

64   So *Schulte* Rn 46; *Benkard* § 22 Rn 82: zur Vermeidung von Missverständnissen und Widersprüchen.

65   BPatGE 52, 195 = BlPMZ 2011, 380; ebenso BPatG 27.10.2010 9 W (pat) 407/05.

66   BPatGE 52, 195 = BlPMZ 2011, 380; aA BPatG 26.3.1997 7 W (pat) 64/95, im Hinblick auf die mit jeder Änderung
verbundene Gefahr einer unzulässigen Erweiterung des Schutzumfangs des Patents.

67   So auch *Benkard* Rn 11 und § 59 Rn 132; ebenso zum Beschwerdeverfahren *Benkard* § 79 Rn 13.

68   Hierzu BGH GRUR 2010, 87 Schwingungsdämpfer; anders BPatG BlPMZ 2011, 380 und BPatG 27.10.2010 9 W (pat)
407/05.

§ 59; Rn 21ff zu § 78), zumal ggf erforderliche Änderungen nicht vAw erfolgen dürfen (Rn 43; Rn 281 zu § 59).

Zu beachten bei der Diskussion um eine erzwingbare oder freiwillige Anpassung von Beschreibung **58** und Figuren ist, dass diese auch im Verletzungsverfahren im Hinblick auf die **Bestimmung des Schutzumfangs** und die dort im Rahmen der Äquivalenzfrage zu beurteilende Orientierung am Anspruch (Gleichwertigkeit) Auswirkungen haben kann. In der Rspr sind hier sog Verzichtssachverhalte in den Fokus geraten. Diese können dazu führen, dass bestimmte Ausführungsformen und Austauschmittel, insb wenn sie in der Beschreibung genannt sind, nicht aber Eingang in den Patentanspruch gefunden haben oder von Streichungen in der Beschreibung erfasst sind, vom Schutzbereich des Patentanspruchs trotz bestehender Gleichwirkung und Auffindbarkeit ausgeschlossen sind.[69] Da insoweit umstr und in der Rspr nicht abschließend geklärt ist, ob und wieweit auch ausnahmsweise auf die Patenthistorie zurückgegriffen werden kann, insb aber Vorgänge im Bestandsverfahren, wie sie durch die Änderungen der Patentschrift im Einspruchsverfahren ihren Niederschlag gefunden haben (anders als Vorgänge aus dem Erteilungsverfahren),[70] von Bedeutung sein können, ist besondere Vorsicht und eine eher restriktive Handhabung von Anpassungen geboten. Dies gilt insb für die bei der Orientierung am Patentanspruch entscheidende Frage getroffener Auswahlentscheidungen, die nicht den im Rahmen einer beschränkten Verteidigung im Bestandsverfahren zur Abgrenzung vom StdT maßgeblichen Überlegungen folgen muss und die eher mit Blick auf das Verletzungsverfahren dem „Formstein"-Einwand (Rn 85ff zu § 14) nahesteht. Deshalb ist bei der Fassung des Patentanspruchs und auch bei der Anpassung von Beschreibung und Figuren eine zweifache Orientierung im Auge zu behalten, zumal die Ausführungen der Einspruchsentscheidung lediglich unverbindliche Auslegungshilfen sind (Rn 124 zu § 21).

Eine **Änderung der Zeichnungen** allein kommt als Mittel des Teilwiderrufs in der Praxis kaum in Be- **59** tracht.[71] Auch insoweit stellen sich dieselben Überlegungen einer gebotenen Anpassung (Rn 56) und der Folgen (Rn 57). In der Praxis beschränkt sich die Änderung der Zeichnungen meist auf die Streichung von Figuren, die zu gestrichenen Patentansprüchen oder Beschreibungsteilen gehören.[72]

Klarstellungen erscheinen bei Gelegenheit solcher beschränkenden Änderungen (Umformulierun- **60** gen) unbdkl (vgl Rn 123 zu § 21), während sie ohne materielle Änderungen des Patents unzulässig sind (Rn 40; Rn 123 zu § 21; Rn 110 zu § 82).[73]

Uneigentliche Erweiterung; „Disclaimer". Enthält ein erteilter oder geltender Patentanspruch eine **61** unzulässige Änderung des Inhalts der Anmeldung durch Aufnahme eines ursprünglich nicht offenbarten beschränkenden Merkmals, eine „uneigentliche Erweiterung", (hierzu Rn 85ff zu § 21),[74] kann diese – anders als ein verallgemeinerndes ursprünglich nicht offenbartes Merkmal – wegen der damit verbundenen Erweiterung des Schutzbereichs nicht durch Streichen oder Ersetzung (zur Kumulierung und den Grenzen Rn 37 zu § 38) mit einem offenbarten weiteren Merkmal beseitigt werden, um dem Widerrufsgrund des § 21 Abs 1 Nr 4 zu entgehen.[75] Denn eine Erweiterung des Schutzbereichs des Patents würde den schon im Einspruchsverfahren zu berücksichtigenden Nichtigkeitsgrund des § 22 Abs 1 Halbs 2 schaffen und ist deshalb unzulässig.[76] Nach der Rspr der Beschwerdekammern des EPA zu Art 123 EPÜ besteht deshalb im Hinblick auf Art 123 Abs 2 und Abs 3 EPÜ eine „unentrinnbare Falle",[77] die unausweichlich zum Widerruf des Patents führt.

---

69 Zur stRspr BGHZ 189, 330 = GRUR 2011, 701 Okklusionsvorrichtung; OLG Düsseldorf GRUR-RR 2014, 185; *Meier-Beck* GRUR 2003, 905; *Kühnen* GRUR 2013, 1086.

70 Zum Streitstand OLG Karlsruhe 9.7.2014 6 U 29/11; grds verneinend zum Erteilungsverfahren OLG Düsseldorf GRUR-RR 2014, 185; *Kühnen* GRUR 2012, 664, BGH Okklusionsvorrichtung, dort allerdings offen gelassen für Einspruchs- und Beschränkungsverfahren.

71 Vgl BGH Bausch BGH 1999–2001, 157 Kreiselpumpe für Haushaltsgeräte.

72 Vgl BPatGE 32, 225 = GRUR 1992, 435.

73 BPatG 4.12.2008 6 W (pat) 311/07 Mitt 2009, 296 Ls; zum Nichtigkeitsverfahren BGHZ 103, 262 = GRUR 1988, 757 Düngerstreuer; vgl BGHZ 105, 381 = GRUR 1989, 103 Verschlußvorrichtung für Gießpfannen.

74 BGH GRUR 2013, 809 Verschlüsselungsverfahren; zur Abgrenzung BGH GRUR 2011, 40 Winkelmesseinrichtung; hierzu auch BPatG 5.7.2011 23 W (pat) 316/06.

75 BGH Winkelmesseinrichtung; BGH GRUR 2011, 1003 Integrationselement.

76 BGH GRUR 1990, 432f Spleißkammer; BGH GRUR 1998, 901, 903 Polymermasse; BGH Winkelmesseinrichtung.

77 EPA G 1/93 ABl EPA 1994, 541 = GRUR Int 1994, 842 beschränkendes Merkmal; EPA T 1180/05 GRUR Int 2008, 345 Sammelbeutel für menschliche Körperausscheidungen.

62   Demgegenüber kann nach stRspr des BPatG[78] und auch eines Teils der Lehre[79] eine derartige unzulässige Erweiterung durch einen „**Disclaimer**" beseitigt werden,[80] sei es durch erläuternde Fußnoten im Patentanspruch[81] oder in der Beschreibung[82] (grds abl Rn 102 ff zu § 21). Damit soll eine sämtlichen Interessen gerecht werdende Lösung geschaffen werden.[83] Diese „Disclaimerlösung" darf nicht mit dem Neuheitsdisclaimer verwechselt werden (hierzu Rn 30 zu § 38).[84] Zu beachten ist ferner, dass nur „uneigentliche" Erweiterungen, also solche, die sich auf ein nicht ursprünglich offenbartes einschränkendes Merkmal beziehen, betroffen sind. Zu einer unzulässigen Erweiterung führen auch solche Änderungen, durch die der Gegenstand der Anmeldung über den Inhalt der ursprünglich eingereichten Anmeldungsunterlagen hinaus zu einem Aliud abgewandelt wird (hierzu Rn 263 zu § 59). In diesem Fall scheidet eine Heilung aus.[85] Der Disclaimer „stellt klar", dass aus der Änderung keine Rechte im Verletzungsverfahren hergeleitet werden dürfen, dass andererseits die Prüfung der Patentfähigkeit ohne dieses Merkmal zu erfolgen hat. Diese „Klarstellung" dürfte richtigerweise als echte gegenständliche Beschränkung des geltenden Patentgegenstands zu sehen sein, die auch im Anspruch verkörpert wird, und die nach diesem dogmatischen Ansatz auch nicht überflüssig erscheint.[86] Es liegt vielmehr eine Änderung des Patentanspruchs zur Beseitigung des Widerrufsgrunds nach § 21 Abs 1 Nr 4 vor, die konsequenterweise auch Ausdruck in der in § 21 Abs 1 und Abs 2 genannten Rechtsfolge eines Teilwiderrufs findet und folgerichtig auch eines Antrags des Patentinhabers bedarf bzw von dessen Willen getragen sein muss und zu einem Teilunterliegen des Patentinhabers führt.

63   Nach der Rspr des BGH bedarf es dagegen eines solchen „Disclaimers" nicht. Der BGH und ein Teil der Lehre[87] stehen einem „Disclaimer" – als nicht geboten – grds abl gegenüber (Rn 102 zu § 21), sehen diesen aber auch nicht als unzulässig an. Andererseits verweist der BGH selbst auf die Gefahren für den Rechtsverkehr[88] sowie geeignete Maßnahmen zur Sicherstellung des berechtigten Interesses der Öffentlichkeit,[89] denen der „Disclaimer" im Hinblick auf die Veröffentlichung der geänd Patentschrift gerade dient. Die **ablehnende Haltung** erscheint dennoch erklärbar und konsequent, wenn sie als Ergebnis eines dogmatischen Ansatzes zu werten sein sollte, der darauf basiert, dass die „uneigentliche" Erweiterung von vornherein nicht den Tatbestand des § 21 Abs 1 Nr 4 erfüllt,[90] also keine Änderung darstellt, die zum Widerruf des Patents berechtigt. Einer schutzbeschränkenden Erklärung des Patentinhabers und der formellen Beschränkung des Patentgegenstands durch Aufnahme eines „Disclaimers" bedarf es danach zum Erhalt des Patents nicht, dieser wäre allenfalls klarstellend, aber überflüssig. Notwendig ist allein eine bloß gedankliche Eliminierung des unzulässigen Merkmals vAw, mithin bedarf es weder eines Antrags oder entspr Verteidigungswillens des Patentinhabers noch ist von einem Teilunterliegen des Patentinhabers auszugehen.

64   Disclaimerlösung und Lösung nach der Rspr des BGH dürften deshalb vom dogmatischen Ansatz und vom Ergebnis her weiter auseinander liegen als es zunächst den Anschein hat (vgl Rn 102 ff zu § 21).[91] Dies

---

78 BPatGE 19, 14 = GRUR 1976, 697; BPatG BlPMZ 1989, 53 ff; vgl BPatGE 45, 80 = Mitt 2002, 279, unter Aufgabe der früheren Rspr BPatG Mitt 1998, 221, 223 f; BPatG GRUR 2006, 487; BPatG BlPMZ 2000, 282 f; BPatGE 42, 57, 62 ff; aA EPA 1/93 ABl EPA 1994, 541 = GRUR Int 1994, 842 beschränkendes Merkmal; BPatG 23.11.2009 19 W (pat) 354/05.
79 *Benkard* § 21 Rn 39; *Schulte* § 21 Rn 67.
80 BPatGE 44, 123; aufgegeben im Anschluss an BGH GRUR 2011, 40 Winkelmesseinrichtung von BPatG 13.7.2011 19 W (pat) 5/08; ebenso BPatG 13.7.2011 19 W (pat) 4/08 und BPatG 16.12.2010 4 Ni 43/09.
81 BPatG GRUR 2006, 487, insb wenn das unzulässig erweiternde Merkmal sowohl Interpretationen oder Ausgestaltungen zulässt, die durch die ursprüngliche Offenbarung gedeckt sind, als auch solche, die dies nicht sind.
82 Vgl zB BPatGE 42, 57 = GRUR 2000, 302.
83 Befürwortend auch *Schulte* § 21 Rn 68.
84 Bejahend zur Bereichseinschränkung BGH 17. 4. 2012 X ZR 54/09.
85 BGHZ 204, 199 = GRUR 2015, 573 Wundbehandlungsvorrichtung; BGH GRUR 2013, 1135 Tintenstrahldrucker; BGH GRUR 2011, 40 Winkelmesseinrichtung.
86 In diesem Sinn bereits BPatGE 44, 123 = Mitt 2002, 279.
87 *Benkard* § 21 Rn 39.
88 BGH Integrationselement.
89 BGH Winkelmesseinrichtung.
90 So wohl auch *Benkard* § 21 Rn 39.
91 Nicht eindeutig insoweit BGH GRUR 2014, 1235 Kommunikationsrouter; s auch BPatGE 44, 123.

gilt auch bei **beschränkter Verteidigung des Patents** unter Beibehaltung der unzulässigen uneigentlichen Erweiterung, für die der BGH ausdrücklich ausgeführt hat, dass auch insoweit die Aufstellung neuer zusätzlicher beschränkter Patentansprüche zulässig ist und keinen „Disclaimer" erfordert.[92] Das erscheint nicht selbstverständlich, jedenfalls wenn man von dem dogmatischen Ansatz ausgeht, dass auch uneigentlichen Erweiterungen den Tatbestand des § 21 Abs 1 Nr 4 begründen. Durch die Gewährung eines derartigen Patentanspruchs würde der Verstoß gegen dieses Verbot unter Mithilfe des DPMA oder BPatG perpetuiert, und es spricht viel dafür, dass der geänd Patentanspruch als unzulässig zurückgewiesen werden müsste. Sieht man jedoch bereits den Tatbestand des § 21 Abs 1 Nr 4 nicht als erfüllt an, stehen der Annahme einer Zulässigkeit weniger Bedenken entgegen, wenn auch zu berücksichtigen ist, dass die bei der Gewährung von beschränkten Patentansprüchen maßgeblichen Zulässigkeitsvoraussetzungen nicht identisch mit den Widerrufsgründen sind und sich am Erteilungsverfahren orientieren (Rn 257 ff zu § 59).[93] Allerdings kommt hier § 38 Satz 2 der Rspr des BGH entgegen, der auch in der BGH-Entscheidung „Winkelmesseinrichtung" Erwähnung findet.[94] Die vom BGH[95] für das eur Patent auf das IntPatÜG fokussierte Begründung erscheint dagegen im Hinblick auf die bei Anspruchsänderung von eur Patenten zu beachtenden Verbote nach Art 123 Abs 2 und 3 EPÜ zwh; abw hierzu Rn 101 zu § 21.

g. Form des Teilwiderrufs. Bei Änderung der Beschreibung (Rn 55 ff) oder der Zeichnungen (Rn 59) **65** sind die nunmehr geltenden Unterlagen im Beschluss genau zu bezeichnen, weil die Patentschrift entspr geänd und die Änderung veröffentlicht werden muss (Abs 3; Rn 88). Die Unterlagen müssen den Erfordernissen des § 34 und der PatV genügen (Rn 33 ff zu § 38). In der Praxis geschieht dies meist in der Weise, dass (vor dem DPMA in der Anhörung) vom Patentinhaber, auch unter Mithilfe des Berichterstatters oder des Einsprechenden überarbeitete Patentansprüche, Beschreibung und Zeichnungen zum Gegenstand des Verfahrens und der Entscheidung gemacht werden.

h. Entscheidungsformel: **66**

„Das Patent Nr ... wird mit den am ... (in der Anhörung vom ...) eingereichten Patentansprüchen ... nebst Beschreibung und Zeichnungsfiguren ... aufrechterhalten." oder
   „Das Patent Nr ... wird im Umfang der Patentansprüche ... beschränkt aufrechterhalten" oder „Das Patent Nr ... wird im Umfang der Patentansprüche ...widerrufen; im Übrigen wird es aufrechterhalten".

Jedoch kommt im Einzelfall je nach Sachlage eine Fülle anderer Umschreibungen der geltenden Unterlagen in Betracht, zB:

„Das Patent Nr ... wird mit der Maßgabe beschränkt aufrechterhalten, dass Patentansprüche ... sowie Spalte/Zeilen ... der Beschreibung und Zeichnungsfiguren .... gestrichen werden." oder
   „Das Patent Nr ... wird mit folgenden Unterlagen beschränkt aufrechterhalten:
   Bezeichnung: Schaltungsanordnung zur Erzeugung einer Prüfspannung für die Prüfung elektrischer Betriebsmittel
   Patentansprüche 1 bis 4, überreicht in der mündlichen Verhandlung vom 29. November 2010
   Beschreibung, Seiten 2/11 bis 7/11, überreicht in der mündlichen Verhandlung vom 29. November 2010
   3 Blatt Zeichnungen Figur(en) 1 bis 3, gemäß Patentschrift."

i. Zur Wirkung der beschränkten Aufrechterhaltung Rn 135 ff zu § 21. **67**

---

[92] Zum eur Patent BGHZ 204, 199 = GRUR 2015, 573 Wundbehandlungsvorrichtung.
[93] Vgl auch *Keukenschrijver* Patentnichtigkeitsverfahren Rn 314.
[94] S auch BGH GRUR 2011, 40 Winkelmesseinrichtung.
[95] BGH Wundbehandlungsvorrichtung.

D. Rücknahme des Einspruchs

I. Allgemeine Vorrausetzungen

68   Die Rücknahmeerklärung unterliegt als Verfahrenshandlung den allg Verfahrenshandlungsvoraussetzungen (Rn 65 vor § 73) und ist deshalb insb weder widerruflich noch wegen Irrtums anfechtbar[96] und kann wegen des hiermit verbundenen Ausscheidens des Einsprechenden aus dem Verfahren als Bewirkungshandlung auch nicht von einer Bedingung innerhalb des Verfahrens abhängig gemacht werden (vgl Rn 68 vor § 73).

II. Wirksamwerden der Rücknahmeerklärung

69   Die Rücknahme des Einspruchs (Abs 1 Satz 2) wird wirksam mit Eingang beim DPMA[97] oder, falls das Verfahren beim BPatG anhängig ist, wegen der kraft des Devolutiveffekts übergegangenen Empfangszuständigkeit bei diesem (vgl Rn 44 vor § 73).

III. Rechtswirkungen der Rücknahme

70   Das Einspruchsverfahren endet nicht durch Rücknahme des Einspruchs (Abs 1 Satz 2). Diese führt nur zur Beendigung der Verfahrensbeteiligung des Einsprechenden, das Verfahren wird vAw fortgesetzt. Dies gilt auch für die Teilrücknahme[98] und bei Rücknahme eines unzulässigen Einspruchs (Rn 73 f), dessen förmliche Verwerfung zur Beendigung des Einspruchsverfahrens erforderlich ist (str, Einzelheiten Rn 73; zum Beschwerdeverfahren Rn 183 ff zu § 73). Anders als die Rücknahme der Anmeldung führt die Rücknahme des Einspruchs auch nicht zur Wirkungslosigkeit der im Verfahren ergangenen Entscheidungen.[99] Abs 1 Satz 2 soll verhindern, dass das auch im allg Interesse liegende Einspruchsverfahren durch Absprachen der Verfahrensbeteiligten beendet wird,[100] und gewährleistet damit, dass ihm nicht durch einseitige Erklärung der Boden entzogen wird.[101] Das Verfahren wird ohne den Einsprechenden fortgesetzt, wobei aufgrund der aus dem Amtsermittlungsgrundsatz resultierenden Ermittlungspflicht in erster Instanz (§ 46 Abs 1 iVm § 59 Abs 4) der geltend gemachte Einspruchsgrund nach pflichtgemäßem Ermessen auch weiterhin in das Verfahren einbezogen und zur Grundlage der Entscheidung gemacht werden kann (vgl aber Rn 72).[102] Abs 1 Satz 2 unterscheidet sich danach von der im eur Einspruchsverfahren geltenden Regel 84 Abs 2 Satz 2 AOEPÜ, nach der das Verfahren fortgesetzt werden „kann", allerdings ist auch dort die Beendigung der Disposition des Einsprechenden entzogen (vgl Rn 110).[103] Der dieser Regelung entspr RefE vom 2.7.2005 zum PatEinsprPatKostGÄndG, der dem DPMA ebenfalls ein Ermessen und eine Einstellung des Verfahrens eröffnen wollte, wurde nicht umgesetzt.[104] Im Fall weiterer Einsprüche bietet sich Vorabentscheidung (Zwischenentscheidung) an (Rn 30; Rn 222 ff, 251 zu § 59), da der unzulässig Einsprechende solange beteiligt bleibt, bis die Unzulässigkeit seines Einspruchs bestandskräftig festgestellt ist.[105] Zur entspr Anwendung bei Insolvenz und Erlöschen der Rechtspersönlichkeit Rn 348 ff, 354 zu § 59.

71   Durch Rücknahme des Einspruchs wird das **Beschwerdeverfahren** (Rn 183 ff zu § 73) oder das **Rechtsbeschwerdeverfahren** nicht beendet. Eine von dem die Rücknahme Erklärenden erhobene Beschwerde wird unzulässig und ist, wenn sie trotz der Rücknahme weiter verfolgt wird, als unzulässig zu verwerfen (Rn 65 ff zu § 79).

---

96   DPA BlPMZ 1955, 297.
97   BPatGE 29, 92, 95 f = BlPMZ 1988, 196.
98   BPatG 26.3.2008 19 W (pat) 62/04, andererseits eine von vornherein beschränkende Wirkung des Teileinspruchs bejahend.
99   *Schulte* Rn 30.
100   BGHZ 128, 380 = GRUR 1995, 333 Aluminium-Trihydroxid, unter Hinweis auf die Begr GPatG BlPMZ 1979, 287.
101   BGH Aluminium-Trihydroxid.
102   Vgl BGH Aluminium-Trihydroxid; BPatGE 47, 141 ff.
103   Vgl *Singer/Stauder* EPÜ Art 101 Rn 88.
104   *Benkard* Rn 20.
105   BPatG 12.7.2007 21 W (pat) 315/03.

IV. Rücknahme bei widerrechtlicher Entnahme

Anders als Abs 1 Satz 2 dies bestimmt, soll bei Rücknahme des einzigen auf widerrechtl Entnahme **72** (§ 21 Abs 1 Nr 3) gestützten Einspruchs das Einspruchsverfahren hierdurch beendet werden (zu weiteren Folgerungen Rn 303 zu § 59).[106] Dies findet keine Stütze in Abs 1 Satz 2. Zutr ist allerdings, dass infolge des Ausscheidens des Einsprechenden eine Fortführung des Verfahrens und eine diesbezügliche Sachprüfung als ausgeschlossen anzusehen sind. Das Verfahren hat sich in der Hauptsache erledigt (Rn 303 zu § 59).[107] Diese Lösung erscheint praktikabel, da sie keinen Schwebezustand aufkommen lässt und das Verfahren eindeutig zum Abschluss bringt. Auch steht sie nicht im Widerspruch zu dem sonst verbliebenen umfassenden Prüfungsrecht (Rn 294 zu § 59; Rn 22 zu § 21), da nach zutr Ansicht nach Rücknahme des einzigen auf widerrechtl Entnahme gestützten Einspruchs auch vAw keine sonstigen Widerrufsgründe mehr aufgegriffen werden dürfen, weil der Widerrufsgrund der widerrechtl Entnahme ausschließlich dem Individualinteresse dient (hierzu Rn 303 zu Rn 59).[108] Die weitergehende Annahme einer Verfahrensbeendigung steht aber im Widerspruch zum eindeutigen Wortlaut des Abs 1 Satz 2 und berücksichtigt nicht die unterschiedlichen Rechtsfolgen (Rn 76). Zu bevorzugen ist deshalb die mit dem Gesetzeswortlaut vereinbare und zu sachgerechten Ergebnissen führende Annahme einer Erledigung der Hauptsache bzw des Einspruchsverfahrens (vgl Rn 76; Rn 330 ff zu § 59; Rn 187 ff zu § 73). Das gilt insb im Fall des gleichzeitigen Rechtsübergangs des Streitpatents auf den Einsprechenden,[109] ist hierauf aber nicht beschränkt.[110] Die Erledigung der Hauptsache ist durch Beschluss festzustellen (vgl Rn 333 zu § 59). Bei Rücknahme weiterer zulässiger Einsprüche Dritter ist gleichfalls fraglich, ob der Widerrufsgrund der widerrechtl Entnahme Gegenstand des Verfahrens bleibt oder herangezogen werden kann. Auch dies ist aus den genannten Gründen zu verneinen.[111] Bdkl erscheint dagegen die weitergehende Annahme,[112] eine Prüfungskompetenz des DPMA oder des BPatG vAw sei immer zu verneinen, wenn der Widerrufsgrund der widerrechtl Entnahme nicht zulässig geltend gemacht worden sei,[113] da insoweit das Verfahren von dem in § 59 Abs 1 geforderten Interesse des beteiligten Verletzten getragen wird.

V. Rücknahme des unzulässigen Einspruchs

Auch nach Rücknahme des einzigen unzulässigen Einspruchs soll es keiner Verwerfung mehr bedürfen[114] oder der Einspruch nicht mehr als unzulässig verworfen werden können[115] oder nur die Verfahrensbeendigung festzustellen sein,[116] da das Einspruchsverfahren bereits infolge der Rücknahmeerklärung ohne weiteres beendet sei und es im Verfahren keinen Einspruch mehr gebe, über den etwa durch Zurückweisung oder Verwerfung oder in sonstiger Weise entschieden werden könnte (zur Kritik Rn 75).[117] Bei

---

106 *Fitzner/Lutz/Bodewig* Rn 17 und § 59 Rn 61, 173; *Kraßer* S 606 Fn 168 (§ 26 B II 8); BPatGE 51, 254; BPatG 11.11.2008 8 W (pat) 306/04; BPatG 10.11.2008 8 W (pat) 306/08; BPatG 24.8.2006 8 W (pat) 359/04.

107 BPatGE 36, 213; BPatGE 52, 19 = GRUR 2010, 521, unter Aufgabe von BPatGE 47, 141 = BlPMZ 2004, 59; erwogen in BGHZ 124, 343 = GRUR 1996, 42 Lichtfleck; BPatGE 51, 254; *Schulte* Rn 28.

108 So BPatG GRUR-RR 2012, 128; ebenso und zur Gleichstellung beim Erlöschen des Einsprechenden BPatGE 52, 19 = GRUR 2010, 521.

109 BPatGE 47, 141 = BlPMZ 2004, 59.

110 BPatG GRUR-RR 2012, 128; BPatGE 36, 213; BPatGE 52, 19 = GRUR 2010, 521; erwogen in BGHZ 124, 343 = GRUR 1996, 42 Lichtfleck; aA BPatGE 51, 254, Beendigung, die durch Beschluss festzustellen ist.

111 So BPatGE 52, 19 = GRUR 2010, 521; *Fitzner/Lutz/Bodewig* § 59 Rn 64, 173 zu.

112 Gegen BGHZ 128, 380 = GRUR 1995, 333 Aluminium-Trihydroxid.

113 So BPatGE 52, 19 = GRUR 2010, 521.

114 *Fitzner/Lutz/Bodewig* Rn 174 zu § 59.

115 So BGHZ 100, 242, 246 = GRUR 1987, 513 f Streichgarn: „ohne weitere Sachprüfung beendet"; BPatG 46, 247 = BlPMZ 2003, 302, wonach eine Verwerfung nicht mehr in Betracht kommt; BPatG 26.1.2006 20 W (pat) 333/04; BPatG 51, 254 = GRUR 2009, 46; BPatG 7.6.2005 6 W (pat) 305/04: beendet, aber Feststellung; BPatG 22.1.2008 8 W (pat) 9/07, zum Beschwerdeverfahren.

116 *Schulte* Rn 29 und § 59 Rn 239: Beendigung feststellend oder Einspruch verwerfend.

117 BPatGE 31, 21 = GRUR 1989, 908; BPatG 26.1.2006 20 W (pat) 333/04; BPatG 46, 247 = BlPMZ 2003, 302; BPatG 6.5.2003 17 W (pat) 701/02; BPatG 18.5.2004 23 W (pat) 320/02; BPatG 7.6.2005 6 W (pat) 305/04; BPatG 16.4.2007 23 W (pat) 336/06, alle unter gleichzeitiger Feststellung der Unzulässigkeit des Einspruchs und Beendigung des Verfahrens im Beschlusstenor; so auch; *Kraßer* S 606 Fn 168 (§ 26 B II 8); ebenso *Fitzner/Lutz/Bodewig* Rn 61, 174 zu § 59.

Klärungsbedürfnis in Bezug auf die Zulässigkeit des Einspruchs bleibe nur Raum für entspr Feststellungen durch Beschluss, der die Beendigung des Einspruchsverfahrens feststelle, oder für inzidente Feststellungen zur Unzulässigkeit des Einspruchs in den Entscheidungsgründen.[118]

74 Um das Verfahren förmlich abzuschließen und zur Klarstellung der Sach- und Rechtslage im Interesse der verbliebenen Verfahrensbeteiligten, soll die Beendigung des Einspruchsverfahrens **durch Beschluss festzustellen** sein,[119] vielfach mit weitgehend formelhafter Begründung, zB:

> „Die gemäß § 61 Abs 1 Satz 2 PatG nach der Zurücknahme des einzigen Einspruchs von Amts wegen vorzunehmende Prüfung des Einspruchsvorbringens hat ergeben, dass dieses bei der Entscheidung über die Rechtsbeständigkeit des erteilten Patents nicht erheblich ist."

75 **Kritik.** Diese Auffassung berücksichtigt nicht, dass zwar der zulässige Einspruch Verfahrensvoraussetzung für eine aufgrund des Einspruchs vorzunehmende Sachprüfung des Einspruchsvorbringens ist,[120] dass aber wegen Abs 1 Satz 2 die Aufgabe der eigenen Verfahrensbeteiligung durch den Einsprechenden nicht zur Beendigung des Verfahrens führt, und zwar unabhängig davon, ob das Verfahren aufgrund eines zulässigen oder unzulässigen Einspruchs anhängig ist. Es bedarf der Prüfung, ob der Einspruch tatsächlich unzulässig ist. Hätte bereits die Rücknahme verfahrensbeendende Wirkung, würde diese Prüfung zudem außerhalb eines anhängigen Verfahrens erfolgen; es wäre auch nicht rechtsbeständig festgestellt, ob tatsächlich das Verfahren beendet ist.[121] Die Rücknahme eines unzulässigen Einspruchs führt deshalb wegen Abs 1 Satz 2, ebenso wie die eines zulässigen Einspruchs, nur zum Ausscheiden des Einsprechenden. Die Fortsetzung des Verfahrens zur Sachprüfung[122] nach Rücknahme[123] setzt zwar einen zulässigen Einspruch voraus,[124] mangels verfahrensbeendigender Wirkung der Rücknahme ist aber auch hier eine Verwerfung des unzulässigen Einspruchs durch Beschluss erforderlich.[125]

76 Dies hat auch praktische Auswirkungen und ist kein akademischer Streit.[126] Nicht ausgeschlossen ist danach ein **Beitritt** (§ 59 Abs 2) nach Erklärung der Rücknahme, aber vor Verwerfung des einzigen unzulässigen Einspruchs, da dieser nur ein anhängiges Einspruchsverfahren im Zeitpunkt des Beitritts, nicht aber einen zulässigen Einspruch voraussetzt[127] und der Beitritt nicht infolge der nachträglichen Verwerfung des Einspruchs gegenstandslos wird (Rn 165 ff zu § 59). Ebenso ist Anschlussbeschwerde möglich (Rn 204 ff zu § 73). Entspr hat für die Rücknahme des auf widerrechtl Entnahme gestützten unzulässigen Einspruchs zu gelten, da auch hier die Rechtshängigkeit erst mit feststellender Erledigung (vgl Rn 333 zu § 59) des Verfahrens endet.

77 Hat der Einsprechende eine **Beschwerde** gegen die erstinstanzliche Entscheidung eingelegt, bleibt er solange am Einspruchsverfahren beteiligt, bis sein Einspruch bestandskräftig als unzulässig verworfen ist oder er infolge Rücknahme seines Einspruchs seine Verfahrensbeteiligung aufgegeben hat.[128] Er verliert allerdings sein Beschwerderecht (§ 74), seine Beschwerde wird deshalb unzulässig (Rn 186 zu § 73). Das Einspruchsverfahren und damit die Verfahrensbeteiligung etwaiger Beigetretener enden aber erst mit Bestandskraft der verfahrensabschließenden Entscheidung, nicht mit Eingang der Rücknahmeerklärung, mag der Einspruch auch unzulässig sein (Rn 75). Erst der Beschluss über die Verwerfung der Beschwerde führt mit Bestandskraft die verfahrensbeendende Wirkung herbei.

---

118 Vgl BGH GRUR 1997, 615 Vornapf; BPatGE 46, 247 = BlPMZ 2003, 302; *Benkard* Rn 18, dies als akademischen Streit ansehend.

119 BPatGE 51, 254 = GRUR 2009, 46 mwN; vgl auch BPatGE 46, 247; aA BPatGE 47, 178 = BlPMZ 2004, 60: wird als entbehrlich angesehen.

120 BGH GRUR 1972, 592 Sortiergerät mwN; BPatGE 38, 199; EPA T 289/91 ABl EPA 1994, 649 ACE-Inhibitoren; *Schulte* § 73 Rn 77.

121 Hierauf stellt zutr BPatGE 31, 21, 23 = GRUR 1989, 908 ab.

122 Auch BGHZ 100, 242 = GRUR 1987, 513 Streichgarn erklärt das Einspruchsverfahren „ohne weitere Sachprüfung" für beendet, wenn der unzulässige Einspruch zurückgenommen wurde; insoweit ist der Hinweis in BPatGE 46, 247 = BlPMZ 2003, 302 verfehlt.

123 So bereits BPatGE 18, 19, 21 = GRUR 1976, 420; BPatGE 31, 21 = GRUR 1989, 908.

124 BGH Streichgarn; BPatG Mitt 1985, 194 f; BPatG 12.8.2004 11 W (pat) 301/04.

125 BPatGE 31, 23 = GRUR 1989, 908; BPatG 22.12.2010 20 W (pat) 357/05.

126 A.A.*Benkard* Rn 18.

127 Vgl auch BPatGE 31, 21, 23 = GRUR 1989, 908.

128 Vgl BPatG 22.1.2008 8 W (pat) 9/07.

VI. Rücknahme bei erloschenem Patent

Nach der Rspr des BGH[129] ist die Fortsetzung des Einspruchsverfahrens vAw gem Abs 1 Satz 2 nur für **78** den Fall vorgesehen, dass das Patent noch in Kraft steht.

E. Sonstige Verfahrenssituationen

I. Allgemeines

Neben der regulären Verfahrensbeendigung durch Bescheidung, Rücknahme des Einspruchs oder **79** Rücknahme der Anmeldung sind die Rechtsfolgen der Änderung oder des Wegfalls einzelner Verfahrensvoraussetzungen, des Patents oder Wegfall der Beteiligten (Rn 92, 354 zu § 59) rechtl einzuordnen. Hierbei ist auch im Einspruchsverfahren eine entspr Anwendung der allg zivilprozessualen Rechtsinstitute entspr dem Verfahrens- und Prozessrecht anerkannt (Rn 15 zu 59), wie der Aussetzung (entspr § 148 ZPO; stRspr)[130] und Unterbrechung (entspr §§ 239 ff ZPO).[131]

II. Zum **Insolvenzverfahren** Rn 346 ff zu § 59.

80

III. Nicht möglich ist dagegen die Anordnung des **Ruhens des Verfahrens** entspr § 251a ZPO (Rn 297 **81** zu § 59).

IV. Außer der Beendigung des Einspruchsverfahren durch die nach Abs 1 Satz 1 zu treffenden Ent- **82** scheidungen über das Patent und der Verwerfung des Einspruchs kommt insb die **Erledigung des Einspruchsverfahrens** in Betracht, so bei ex-nunc-Wegfall des Patents durch Verzicht oder Erlöschen (Rn 335 ff zu § 59), Erwerb des Patents durch den Einsprechenden, insb bei widerrechtl Entnahme (vgl Rn 72), die durch feststellenden Beschluss auszusprechen ist (Rn 333 zu § 59). Das Institut der Erledigung der Hauptsache (Rn 330 zu § 59) oder des Rechtsbehelfs (zum Unterschied Rn 188 f zu § 73) ist auch im Einspruchs- und Einspruchsbeschwerdeverfahren (Rn 333 zu § 59; Rn 187 ff zu § 73) anzuerkennen und führt zu sachgerechten Ergebnissen. Hierbei ist eine entspr Anwendung geboten, die sich ausgehend von einem weiten Erledigungsbegriff (Rn 331 zu § 59) von der materiellen Rechtslage löst und mit der auch ohne Antrag der Beteiligten möglichen Feststellung der Erledigung (Rn 333 zu § 59) das Verfahren beendet.

V. Die **Rücknahme der (aller) Beschwerden** beendet anders als die Einspruchsrücknahme im Be- **83** schwerdeverfahren das Einspruchsbeschwerdeverfahren ohne weiteres (Rn 208 ff zu § 73). Eine analoge Anwendung des Abs 1 Satz 2 auf die Beschwerderücknahme kommt nicht in Betracht.[132] Die Rücknahme der Beschwerde ist deshalb von der Rücknahme des Einspruchs abzugrenzen (Rn 164 ff zu § 73).

F. Rechtsbeschwerde

I. Für die **Einspruchsbeschwerdeentscheidung des Patentgerichts** gelten keine Besonderheiten. **84**

II. Die **erstinstanzliche Entscheidung des Patentgerichts** nach Abs 2 kann nur mit der Rechtsbe- **85** schwerde anfochten werden (§ 100 Abs 1). Über den Wortlaut dieser Bestimmung hinaus gilt dies auch dann, wenn nur über die Zulässigkeit des Einspruchs entschieden wird (Rn 20; Rn 4 zu § 100). Insb für den Patentinhaber, dessen Patent widerrufen wird, bedeutet das einen kurzen Prozess. In allen anderen Fällen steht immerhin noch die Nichtigkeitsklage offen. Die Regelung eröffnet die Rechtsbeschwerde nur bei Zulassung oder nach § 100 Abs 3.[133]

---

129 BGH GRUR 1997, 615 Vornapf.
130 BPatGE 15, 32; BPatGE 23, 272; BPatGE 41, 134, zum Nichtigkeitsverfahren; vgl *Schulte* Einl Rn 132 ff; zum Markenrecht *Ströbele/Hacker* § 43 MarkenG Rn 104.
131 *Schulte* Einl Rn 171 ff; aA *Benkard* § 59 Rn 141, 155.
132 BPatGE 29, 234 f.
133 BGH 26.7.2005 X ZB 37/03; BGH 26.7.2005 X ZB 4/01, noch zu § 147 aF.

86   **Übergangsfälle.** Soweit das BPatG nach § 147 Abs 3 Nr 1 aF zur Entscheidung über den Einspruch berufen war und nach dem 1.7.2006 geblieben ist (Rn 5), fand gegen die Beschlüsse des BPatG im Einspruchsverfahren aufgrund der Fortgeltung von § 147 Abs 3 Satz 5 aF die Rechtsbeschwerde nach Maßgabe von § 100 statt.

G. Veröffentlichungen

87   **I. Veröffentlichung im Patentblatt** ist für Widerruf und beschränkte Aufrechterhaltung vorgesehen (Abs 3), um die mit der Veröffentlichung der Patenterteilung gesetzte Publizität in der gleichen Form wieder zurückzunehmen oder einzuschränken.[134] Die gesetzlichen Wirkungen des Widerrufs oder der Beschränkung sind, anders als die Wirkungen der Patenterteilung (§ 58 Abs 1 Satz 2), nicht von der Veröffentlichung abhängig, sondern treten mit der Bestandskraft der Entscheidung ein (§ 21 Abs 3; Rn 135 ff zu § 21).

II. Änderung der Patentschrift (Abs 4)

88   Wird das Patent beschränkt aufrechterhalten, ist die Patentschrift entspr zu ändern (Abs 4 Satz 1). Die Änderung ist zu veröffentlichen (Abs 4 Satz 2), deshalb ist sie in der Entscheidung so genau wie möglich zu bezeichnen. Die Veröffentlichung wird regelmäßig durch elektronische Herausgabe einer neuen Patentschrift geschehen, kann aber – da das Gesetz nur die Veröffentlichung der Änderung vorschreibt – auch durch Herausgabe eines Ergänzungsblatts erfolgen.

H. Europäisches Einspruchsverfahren

I. Einspruchsentscheidung

89   **1. Allgemeines.** Das Einspruchsverfahren endet grds mit einer Entscheidung; dies galt auch im Fall des Widerrufs durch den Formalprüfer etwa im Fall des Art 102 Abs 4 EPÜ 1973.[135] Fehlende Unterschriften können nicht nachgeholt werden, wenn ein bloßer Entwurf vorlag (vgl dagegen zum nationalen Recht Rn 48 ff zu § 73).[136] Die schriftliche Entscheidung muss von den gleichen Mitgliedern unterzeichnet sein wie die zuvor mündlich verkündete.[137]

90   Über die Zulässigkeit des Einspruchs kann eine selbstständige **Zwischenentscheidung** ergehen.[138] Die ständige Amtspraxis, beschwerdefähige Zwischenentscheidungen bei geänd Aufrechterhaltung des Patents zu erlassen, ist gebilligt worden.[139] Auch im übrigen werden materielle Zwischenentscheidungen als wünschenswert und zulässig angesehen.[140]

91   **2. Zuständigkeit.** Zuständig ist eine Einspruchsabteilung (Art 19, Art 101 Abs 1 EPÜ), die grds mit drei technischen Prüfern, ggf unter Zuziehung eines rechtskundigen Prüfers, besetzt ist, bis zum Erlass der Entscheidung aber ein Mitglied mit der Bearbeitung beauftragen kann (vgl EPA-PrRl D-II, 5; Art 19 Abs 2 Satz 3 EPÜ). Die Einspruchsabteilung ist unabhängig von der Zulässigkeit des Einspruchs und auch nach dessen Rücknahme zuständig.[141] Die Entscheidung über die Zulässigkeit des Einspruchs kann auf einen Formalsachbearbeiter übertragen werden.[142]

---

134   Begr GPatG BlPMZ 1979, 276, 279 liSp zu § 35c.
135   EPA G 1/90 ABl EPA 1991, 275 = GRUR Int 1991, 641 Widerruf des Patents; aA noch EPA T 26/88 ABl EPA 1991, 30 automatischer Widerruf.
136   EPA T 225/96.
137   EPA T 960/94.
138   EPA T 152/82 ABl EPA 1984, 301 Abbuchungsauftrag 1; EPA T 376/90 ABl EPA 1994, 906 Polymerlösung, dort auch zur Beschwerdemöglichkeit.
139   EPA T 89/90 ABl EPA 1992, 456 = GRUR Int 1993, 165 Ringkernumwandler.
140   EPA T 390/86 ABl EPA 1990, 30 Besetzungsfehler.
141   EPA T 263/00.
142   EPA G 1/02 ABl EPA 2003, 165 = GRUR Int 2003, 848 Zuständigkeit der Formalsachbearbeiter, auf Vorlage des PräsEPA ABl EPA 2002, 466 im Hinblick auf EPA T 295/01 ABl EPA 2002, 251 Aufgaben des Formalsachbearbeiters, einerseits, und EPA T 1062/99 andererseits.

3. Entscheidung über die Zulässigkeit des Einspruchs. Die sachliche Einspruchsprüfung setzt ei- 92
nen zulässigen Einspruch voraus (Art 101 Abs 1 Satz 1 EPÜ). Unzulässigkeit ist in jedem Verfahrensstadium
vAw zu berücksichtigen.[143] Der Formalsachbearbeiter fordert den Patentinhaber mit Fristsetzung zur Stellungnahme auf, sofern er den Einspruch als unzulässig sieht. Die Mitteilung nach Regel 79 Abs 1 AOEPÜ
bindet für die Zulässigkeitsprüfung nicht.[144] Unzulässigkeit des Einspruchs schließt sachliche Prüfung
aus.[145]

Fehlt ein Einspruch überhaupt, zB weil er als nicht eingelegt gilt, kommt eine Entscheidung nicht in 93
Betracht. Nichtzahlung der Einspruchsgebühr innerhalb der Einspruchsfrist (Rn 332 zu § 59; Rn 23 zu
§ 59),[146] nicht rechtzeitige Einreichung einer vorgeschriebenen Übersetzung der Einspruchsschrift,[147] Mängel der Unterschrift,[148] der Vertretung und des Nachweises der Vollmacht führen zur Behandlung des Einspruchs als nicht eingelegt. Die Einspruchsabteilung teilt dem Einsprechenden lediglich die eingetretene
Rechtsfolge mit (Regel 112 Abs 1 AOEPÜ). Hiergegen kann der Einsprechende binnen 2 Monaten nach Zustellung der Mitteilung eine Entscheidung des EPA beantragen (Regel 112 Abs 2 AOEPÜ; näher Rn 89 zu
§ 47).

Einstellung der Verfahrens kommt nach Erlöschen des Patents und nach Rücknahme des Ein- 94
spruchs in Betracht.

Genügt der Einspruch Art 99 Abs 1 EPÜ sowie den Anforderungen an die Sprache nach Regel 3 Abs 1 95
AOEPÜ und an Form und Inhalt nach Regel 76 Buchst c AOEPÜ nicht (Rn 325 f zu § 59) oder ist das angegriffene Patent nicht hinreichend bezeichnet und werden diese Mängel nicht bis zum Ablauf der Einspruchsfrist[149] beseitigt, **verwirft** die Einspruchsabteilung **den Einspruch als unzulässig** (Regel 77 Abs 1
AOEPÜ).

Leidet der Einspruch an anderen als den in Rn 89 genannten Mängeln, gibt die Einspruchsabteilung 96
dem Einsprechenden unter Fristsetzung **Gelegenheit, diese Mängel zu beseitigen** (Regel 77 Abs 2 Satz 1
AOEPÜ). Geschieht dies nicht in der gesetzten Frist, verwirft sie den Einspruch als unzulässig.

4. Sachprüfung; Sachentscheidung

a. Allgemeines. Ist der Einspruch zulässig, prüft die Patentabteilung, ob die in Art 100 EPÜ genann- 97
ten Gründe (Einspruchsgründe, vgl dazu Rn 341 ff zu § 59) der Aufrechterhaltung des eur Patents entgegenstehen (Art 101 Abs 1 EPÜ). Die Einspruchsabteilung hat die Anträge der Beteiligten festzustellen und
die Reihenfolge ihrer Behandlung festzulegen.[150]

Die Prüfung darf sich grds **nicht über den Umfang des Angriffs** hinaus erstrecken (Rn 359 zu § 59). 98
Eine Bindung an die geltend gemachten Einspruchsgründe oder an das vorgetragene Material besteht im
erstinstanzlichen Einspruchsverfahren aber nicht.[151] Regel 81 Abs 1 AOEPÜ bestimmt, dass die Einspruchsabteilung die Einspruchsgründe, die in der Erklärung des Einsprechenden nach Regel 76 Abs 2c AOEPÜ
geltend gemacht worden sind, prüfen muss, während sie vAw auch vom Einsprechenden nicht geltend
gemachte Einspruchsgründe prüfen kann, wenn diese der Aufrechterhaltung des eur Patents entgegenstehen würden (Regel 81 Abs 1 Satz 2 AOEPÜ. Das wird bejaht, wenn prima facie triftige Gründe dafür sprechen, dass diese Einspruchsgründe relevant sind.[152] Solche anderen Gründe können sich aus Tatsachen
aus dem Recherchenbericht oder dem Prüfungsverfahren, eigenen Kenntnissen des Prüfers oder Einwendungen Dritter nach Art 115 EPÜ ergeben. Sie können auch in anderen als unzulässig verworfenen oder als
nicht eingelegt geltenden Einsprüchen geltend gemacht worden sein. Es kann sich auch um von Einsprechenden verspätet vorgebrachte Gründe handeln. Bei dieser Prüfung sollte die Einspruchsabteilung je-

---

143 EPA T 289/91 ABl EPA 1994, 649 ACE-Inhibitoren; EPA T 541/92; EPA T 590/94; EPA T 152/95: im
Beschwerdeverfahren; EPA T 960/95; vgl EPA T 199/92.

144 EPA T 222/85 ABl EPA 1988, 128 = GRUR Int 1988, 774 Unzulässigkeit.

145 EPA T 925/91 ABl EPA 1995, 469 Verbrennungsabgase.

146 Vgl EPA T 152/85 ABl EPA 1987, 191 Nichtentrichtung der Einspruchsgebühr.

147 EPA T 323/87 ABl EPA 1989, 343 Amtssprache; EPA T 193/87 ABl EPA 1993, 207 verspätet eingereichte Übersetzung.

148 Zur Nachholung EPA T 665/89.

149 Vgl EPA T 925/91 ABl EPA 1995, 469 Verbrennungsabgase.

150 EPA T 740/00.

151 Vgl EPA T 270/94.

152 EPA T 2291/08; EPA T 1374/06; *Singer/Stauder* EPÜ Art 101 Rn 42; *Naumann* Mitt 2008, 52 f.

Engels

doch verfahrensökonomische Gesichtspunkte berücksichtigen.[153] Eine derartige Einschränkung besteht nach nationaler Rechtslage nicht (Rn 294 zu § 59). Bei dieser Prüfung fordert die Einspruchsabteilung die Beteiligten so oft wie erforderlich auf, eine Stellungnahme zu ihren Bescheiden oder zu den Schriftsätzen anderer Beteiligter einzureichen (Art 101 Abs 1 Satz 2 EPÜ). Diesbezügliche Bescheide und alle hierzu eingehenden Stellungnahmen werden den Beteiligten – ggf mit Frist zur Stellungnahme – übersandt (Regel 81 Abs 2, 3 AOEPÜ). In den Bescheiden nach Art 101 Abs 1 Satz 2 EPÜ wird dem Patentinhaber ggf Gelegenheit gegeben, soweit erforderlich die Beschreibung, die Patentansprüche und die Zeichnungen zu ändern. Die Bescheide sind soweit erforderlich zu begründen, wobei die Gründe zusammengefasst werden sollen, die der Aufrechterhaltung des eur Patents entgegenstehen.

99　　Bevor über den Bestand des Patents entscheiden wird, muss geklärt sein, ob der Pateninhaber eine vorgeschlagene geänd Fassung billigt und in welcher Weise er das Patent verteidigen will. Diese **strenge Antragsbindung** entspricht stRspr, wird durch § 113 Abs 2 EPÜ hervorgehoben und umfasst auch die Zustimmung zur Verteidigung der erteilten Fassung. Das Patent ist deshalb zu widerrufen, wenn der Patentinhaber keine Fassung billigt oder keine gebilligte Fassung schutzfähig ist, so wenn der Patentinhaber das Patent nicht in geänd Fassung verteidigen will und erklärt, dass er der Aufrechterhaltung der (bestandsfähigen) erteilten Fassung nicht zustimme. Einer Sachprüfung der nicht verteidigten Fassung des Patents bedarf es deshalb dann nicht (zum nationalen Verfahren Rn 279 zu § 59).[154] Die Einreichung geänd Patentansprüche stellt prima facie keinen Verzicht dar.[155] Ein zulässig Einsprechender kann sich auch auf Material aus einem unzulässigen Einspruch stützen.[156] Art 101 EPÜ regelt den Widerruf des eur Patents, dessen Aufrechterhaltung in geänd Fassung und die Zurückweisung des Einspruchs.[157]

100　　**b. Widerruf.** Widerrufsgründe sind die Einspruchsgründe (Art 101 Abs 1 EPÜ). Nichtentrichtung der Druckkostengebühr (jetzt Veröffentlichungsgebühr) und Nichteinreichung der Übersetzung führen nach Regel 82 AOEPÜ weiterhin zum Widerruf. Stehen die Einspruchsgründe der Aufrechterhaltung des eur Patents entgegen, widerruft die Einspruchsabteilung das Patent (Art 101 Abs 2 Satz 1 EPÜ).[158] Die Beweislast liegt beim Angreifer.[159]

101　　Widerruf erfolgt auch, wenn der Patentinhaber das **Einverständnis** mit einer geänd Fassung verweigert[160] oder selbst ausdrücklich den Widerruf beantragt.[161] Die letztere Möglichkeit ist nunmehr in das Beschränkungs- und Widerrufsverfahren nach Art 105a, 105b EPÜ verlagert und erweitert worden (Rn 361 zu § 59).

102　　**c. Aufrechterhaltung.** Stehen die Gründe des Art 100 EPÜ der Aufrechterhaltung des eur Patents nicht entgegen und stimmt der Patentinhaber der Aufrechterhaltung zu, weist die Einspruchsabteilung den Einspruch zurück (Art 101 Abs 2 Satz 2 EPÜ).[162]

103　　**d. Aufrechterhaltung in geändertem Umfang.** Art 101 Abs 3 Buchst a EPÜ regelt – anders als im nationalen Verfahren (Rn 256 zu § 59) – ausdrücklich die Verteidigung des Patents durch Änderung der Patentansprüche und ermöglicht eine beschränkte Aufrechterhaltung des Patents unter der Voraussetzung, dass das eur Patent und die Erfindung den Erfordernissen des EPÜ genügen, dh insb auch die Änderungen zulässig sind (vgl Rn 261 zu § 59; Rn 117 vor § 73). Eine Regelung über Änderungen im Einspruchsverfahren enthält Regel 80 AOEPÜ (Regel 57a EPÜ 1973), wonach die Beschreibung, die Patentansprüche und die Zeichnungen geänd werden können, soweit die Änderungen durch einen der Einspruchsgründe nach

---

153　EPA-PrRl Teil D Kapitel V-1

154　Vgl *Singer/Stauder* EPÜ Art 101 Rn 109; Art 113 Rn 71.

155　EPA T 168/99; vgl EPA T 373/96.

156　EPA T 154/95.

157　Rechtsauskunft Nr 11/82 ABl EPA 1982, 57; zur Begründungspflicht EPA T 652/97; zur Berichtigung von Fehlern EPA T 212/97; EPA T 965/98; EPA T 867/96.

158　Vgl hierzu Rechtsauskunft Nr 11/82 ABl EPA 1982, 57.

159　Vgl *Singer/Stauder* EPÜ Art 101 Rn 100; zur Beschwerde Art 117 Rn 24 ff; EPA T 254/98; EPA T 596/99.

160　EPA T 73/84 ABl EPA 1985, 241 = GRUR Int 1985, 676 Widerruf auf Veranlassung des Patentinhabers.

161　EPA T 186/84 ABl EPA 1986, 79 = GRUR Int 1986, 405 Widerrufsantrag des Patentinhabers; EPA T 459/88 ABl EPA 1990, 425 Zulässig; EPA T 237/86 ABl EPA 1988, 261 Verzicht auf das Patent.

162　Vgl hierzu Rechtsauskunft Nr 11/82 ABl EPA 1982, 57.

Art 100 EPÜ veranlasst sind (Rn 117 f vor § 73; zum nationalen Verfahren Rn 56 ff; Rn 267 zu § 59; Rn 41 zu § 79). Aus Regel 80 AOEPÜ folgt nicht, dass Änderungen ohne besondere Gründe noch in der mündlichen Verhandlung eingereicht werden können.[163] Änderungen können eine zusätzliche Recherche erforderlich machen.[164] Regel 82 AOEPÜ betrifft die Verfahrensweise zur Aufrechterhaltung des eur Patents in geänd Umfang (vgl Rn 386 f zu § 59).

Nach Art 113 Abs 2 EPÜ hat sich das EPA bei seiner Entscheidung an die vom Patentinhaber **gebilligte** **104** **Fassung** zu halten; ist dieser in der mündlichen Verhandlung nicht vertreten, hat er sicherzustellen, dass er alle Änderungen eingereicht hat, die er berücksichtigt haben möchte.[165] Genügen das eur Patent und die Erfindung, die es zum Gegenstand hat, bei Berücksichtigung der vom Patentinhaber im Einspruchsverfahren vorgenommenen Änderungen dem EPÜ, steht gemäß der AOEPÜ fest, dass der Patentinhaber mit der entspr Fassung des Patents einverstanden ist; hat er die erforderliche Veröffentlichungsgebühr für eine neue eur Patentschrift fristgerecht gezahlt, beschließt die Einspruchsabteilung die Aufrechterhaltung im geänd Umfang (Rn 387 zu § 59). Die Einreichung[166] geänd Ansprüche bedeutet grds keinen Verzicht.[167]

Der Patentinhaber kann einen oder mehrere Anspruchssätze als **Hilfsanträge** einreichen.[168] Die Än- **105** derungen müssen – anders als nach der Praxis im nationalen Einspruchsverfahren (str, Rn 54; Rn 267 zu § 59) – durch einen Einspruchsgrund veranlasst sein (Regel 80 AOEPÜ; vgl Rn 385 zu § 59). Kommt die Einspruchsabteilung zur Auffassung, dass das Patent nur in der Fassung nach einem Hilfsantrag aufrecht-erhalten werden kann, erlässt sie eine **Zwischenentscheidung** nach Art 106 Abs 1 EPÜ iVm Regel 82 Abs 1 AOEPÜ (Rn 386 ff zu § 59), gegen die die Beschwerde zulässig ist.[169] Es handelt sich hierbei um eine echte Sachentscheidung der Kammer mit abschließendem Charakter (zum nationalen Recht Rn 222, 314 ff zu § 59).[170] Diese soll der Straffung des Einspruchsverfahrens dienen und eine unnötige Zahlung von Druck-kosten nach Art 101 Abs 3 Buchst a EPÜ iVm Regel 82 Abs 2 AOEPÜ vermeiden.[171]

Die Einspruchsabteilung ist an diese – für ihre Instanz endgültige – **Entscheidung gebunden** und **106** nicht befugt, die Prüfung des Einspruchs im Zusammenhang mit Fragen fortzusetzen, die Gegenstand dieser Entscheidung waren,[172] insb diese abzuändern oder den Prüfungsgegenstand ergänzend zu beurtei-len. Das soll auch dann gelten, wenn der Einsprechende neuen StdT beibringt, da der materielle Bestand der in den in der Entscheidung festgelegten Unterlagen wiedergegebenen Erfindung nicht wieder in Frage gestellt werden dürfe, so dass dieser nur im Rahmen der Beschwerde gegen die Zwischenentscheidung überprüft werden könne.[173] Beschwerdeberechtigt ist auch der Patentinhaber.[174] Stimmt der Patentinhaber nicht zu und stimmt er auch der Aufrechterhaltung des Patents in erteilter Fassung nicht zu, ist das Patent zu widerrufen (zum nationalen Recht Rn 274 zu § 59).[175] Regel 80 AOEPÜ verbietet es nicht, ein erteiltes Patent mit einem einzigen unabhängigen Patentanspruch so zu ändern, dass mehrere unabhängige Pa-tentansprüche eingeführt werden (zum nationalen Recht Rn 270 ff zu § 59), wenn die Änderung eine not-wendige und zweckmäßige Reaktion auf einen Einspruchsgrund und somit durch den Einspruch „veran-lasst" ist (Rn 385 zu § 59).[176]

---

163 EPA T 382/97.

164 Vgl EPA T 503/96.

165 EPA T 986/00 ABl EPA 2003, 554 rotierende elektrische Maschinen.

166 Zur späten Einreichung geänd Unterlagen durch den Patentinhaber EPA T 463/95; EPA T 648/96; *Kockläuner* Mitt 1989, 30; *Liesegang* Mitt 1997, 290.

167 EPA T 752/93; EPA T 828/93. Zur Prüfungsbefugnis bei Änderungen EPA T 472/88 EPOR 1991, 486 Compensation of discolouration; EPA T 227/88 ABl EPA 1990, 292 Detergenszusammensetzung; EPA T 301/87 ABl EPA 1990, 335 = GRUR Int 1991, 121 Alpha-Interferone.

168 Rechtsauskunft Nr 15/05 (rev. 2) ABl EPA 2005, 357, 261 f.

169 EPA T 89/90 ABl EPA 1992, 456; EPA T 390/86 ABl EPA 1989, 30.

170 EPA T 55/90.

171 EPA T 55/90; *Singer/Stauder* EPÜ Art 101 Rn 143.

172 EPA T 390/86; EPA T 55/90.

173 EPA T 55/90; *Singer/Stauder* EPÜ Art 101 Rn 140.

174 Rechtsauskunft Nr 15/05 (rev. 2) ABl EPA 2005, 357, 262.

175 StRspr, vgl *Singer/Stauder* EPÜ Art 113 Rn 71 und Art 101 Rn 109.

176 *Singer/Stauder* EPÜ Art 101 Rn 120 mwN.

II. Veröffentlichungen

107   Wird das eur Patent geänd, gibt das EPA gleichzeitig mit der Bekanntmachung des Hinweises auf die Einspruchsentscheidung eine neue eur Patentschrift heraus, in der die Beschreibung, die Patentansprüche und ggf die Zeichnungen in der geänd Form enthalten sind (Art 103 EPÜ). Regel 87 AOEPÜ unterwirft die Form der neuen eur Patentschrift im Einspruchsverfahren den allg Bestimmungen der Regel 68 AOEPÜ für die Patentanmeldung. Die Bestimmung regelt weiter Inhalt und Form der neuen Urkunde über das eur Patent unter Verweis auf Regel 74 AOEPÜ (vgl Rn 404 zu § 59).

III. Einstellung, Fortsetzung des Einspruchsverfahrens von Amts wegen

108   **1. Patentverzicht oder Erlöschen.** Hat der Patentinhaber für alle benannten Vertragsstaaten auf das eur Patent verzichtet oder ist das Patent für alle diese Staaten erloschen, wird das Einspruchsverfahren grds eingestellt (EPA-PrRl D-VII 6.1; zum nationalen Verfahren Rn 335 ff zu § 59). Auf Antrag des Einsprechenden kann nach Regel 84 AOEPÜ das Verfahren fortgesetzt werden (Rn 389 zu § 59). Nach der Praxis des EPA wird auch bei rechtzeitigem Antrag das Verfahren eingestellt, wenn ein Verzicht des Patentinhabers auf alle Rechte aus dem Patent gegenüber jedermann von Anfang an vorliegt.[177] Ein Verzicht gegenüber dem EPA beendet das Verfahren nicht.[178] Regel 84 Abs 1 AOEPÜ kommt nicht zur Anwendung, wenn das EPA nicht von den zuständigen Behörden aller Vertragsstaaten eine Bestätigung über Verzicht oder Erlöschen erhalten hat[179] oder das Erlöschen sonst eindeutig bewiesen ist.[180] Nach stRspr der Beschwerdekammern konnte die Verzichtserklärung des Patentinhabers als Antrag auf Widerruf des Patents ausgelegt werden;[181] jedenfalls unter der gewandelten Praxis zum Einspruch des Patentinhabers ist dies bdkl. Nach Art 105a–Art 105c EPÜ besteht für den Patentinhaber die Möglichkeit, das Patent in einem isolierten Verfahren zu beschränken oder zu widerrufen.

109   **2. Tod, Verlust der Geschäftsfähigkeit, Insolvenz** führen zur Unterbrechung des Verfahrens, sofern nicht im Fall des Tods oder der Geschäftsunfähigkeit ein nach Art 134 EPÜ legitimierter Vertreter bestellt ist (Regel 142 Abs 1 Buchst a AOEPÜ. Auch ohne Beteiligung der Erben oder des gesetzlichen Vertreters ist vAw Fortsetzung möglich (Regel 142 Abs 2 AOEPÜ). Die am Tag der Unterbrechung laufenden Fristen, mit Ausnahme der Frist zur Stellung des Prüfungsantrags und der Frist für die Entrichtung der Jahresgebühren, beginnen an dem Tag von Neuem zu laufen, an dem das Verfahren wieder aufgenommen wird (Regel 142 Abs 2 AOEPÜ).

110   **3.** Nach **Rücknahme des Einspruchs** ist Fortsetzung möglich (Art 84 Abs 2 Satz 1 EPÜ). Regel 84 Abs 2 AOEPÜ und die EPA-PrRl D VII 6 sehen vor, dass das Verfahren fortgesetzt werden soll, wenn es nach Auffassung der Einspruchsabteilung ohne zusätzliche Hilfe des Einsprechenden und ohne aufwändige eigene Ermittlungen zu einer Beschränkung oder zum Widerruf des Patents führen wird.[182] Wird das Verfahren nicht fortgesetzt, wird es durch (beschwerdefähige) Entscheidung des Formalprüfers eingestellt.

---

177   Vgl EPA T 329/88; EPA T 762/89.
178   EPA G 1/90 ABl EPA 1991, 275 = GRUR Int 1991, 641 Widerruf des Patents; EPA T 73/84 ABl EPA 1985, 241 = GRUR Int 1985, 676 Widerruf auf Veranlassung des Patentinhabers; EPA T 296/87 ABl EPA 1990, 195 = GRUR Int 1990, 851 Enantiomere; EPA T 196/91.
179   EPA T 194/88.
180   EPA T 833/94.
181   Vgl EPA T 237/86 ABl EPA 1988, 261 Verzicht auf das Patent.
182   Vgl EPA T 197/88 ABl EPA 1989, 412 = GRUR Int 1990, 224 Fortsetzung des Einspruchsverfahrens; zum eingeschränkten Umfang der Amtsermittlungspflicht hinsichtlich Vorbenutzungshandlungen nach Einspruchsrücknahme EPA T 129/88 ABl EPA 1993, 598 Faser; vgl auch EPA T 558/95.

§ 62
(Kostenentscheidung, Kostenfestsetzung, Verfahren)

(1) [1] In dem Beschluß nach § 61 Abs. 1 kann die Patentabteilung nach billigem Ermessen bestimmen, inwieweit einem Beteiligten die durch eine Anhörung oder eine Beweisaufnahme verursachten Kosten zur Last fallen. [2] Die Bestimmung kann auch getroffen werden, wenn ganz oder teilweise der Einspruch zurückgenommen oder auf das Patent verzichtet wird. [3] Die Patentabteilung kann anordnen, dass die Einspruchsgebühr nach dem Patentkostengesetz ganz oder teilweise zurückgezahlt wird, wenn es der Billigkeit entspricht.

(2) [1] Zu den Kosten gehören außer den Auslagen des Patentamts auch die den Beteiligten erwachsenen Kosten, soweit sie zur zweckentsprechenden Wahrung der Ansprüche und Rechte notwendig waren. [2] Der Betrag der zu erstattenden Kosten wird auf Antrag durch das Patentamt festgesetzt. [3] Die Vorschriften der Zivilprozessordnung über das Kostenfestsetzungsverfahren (§§ 103 bis 107) und die Zwangsvollstreckung aus Kostenfestsetzungsbeschlüssen (§§ 724 bis 802) sind entsprechend anzuwenden. [4] An die Stelle der Erinnerung tritt die Beschwerde gegen den Kostenfestsetzungsbeschluß; § 73 ist mit der Maßgabe anzuwenden, daß die Beschwerde innerhalb von zwei Wochen einzulegen ist. [5] Die vollstreckbare Ausfertigung wird vom Urkundsbeamten der Geschäftsstelle des Patentgerichts erteilt.

Ausland: Österreich: § 105 öPatG

A. Der **Geltungsbereich** der durch Art 8 Nr 35 GPatG (dort noch als § 35d) eingefügten Bestimmung **1** entspricht dem des § 59 (Rn 1 ff zu § 59).

Art 2 Nr 20 **2. PatGÄndG** hat in Abs 2 Satz 1 die Worte „nach billigem Ermessen" nach den Worten **2** „soweit sie" gestrichen. Dadurch entfällt die „zweite Billigkeitsprüfung" (vgl Rn 18, 51 zu § 80) und die Regelung wird an die strengeren Grundsätze in § 109 sowie des § 91 Abs 1 Satz 2, Abs 2, 3 ZPO und an § 63 MarkenG angepasst, wonach alle Kosten notwendig sind, ohne die eine entspr Maßnahme nicht hätte getroffen werden können.[1] § 59 Abs 1 Satz 3 (Rückzahlung der Einspruchsgebühr) ist eingefügt durch Art 7 Nr 26 **KostRegBerG** (Rn 31 ff).[2] Das **PatEinsprPatKostÄndG** hat neben einer Änderung in Abs 1 in Weiterverfolgung eines Vorschlags aus dem Vorentwurf eines Gesetzes zur Änderung des Patentgesetzes und anderer Vorschriften des gewerblichen Rechtsschutzes vom 11.3.2004 mW zum 1.7.2006 Abs 2 Satz 3 unter ausdrücklicher Nennung der Bestimmungen der ZPO, auf die verwiesen wird, neu gefasst und die sprachlich ungenaue Fassung „über den Einspruch" durch die Angabe „nach § 61 Abs 1" ersetzt.

3   Die Regelung erfasst in Abs 1 Entscheidungen des DPMA nach § 61 Abs 1 und ist auch auf die **Einspruchsverfahren vor dem Patentgericht** gem § 61 Abs 2 und § 147 Abs 3 Satz 1, 2 aF (vorübergehende Zuweisung an das BPatG) anwendbar, für die die §§ 59–62 mit Ausnahme des § 61 Abs 1 Satz 1 entspr gelten.

B. Kostentragung

I. Grundsatz

4   Das Verfahren vor dem DPMA ist von dem Grundsatz geprägt, dass jeder Beteiligte die ihm durch die Verfahrensbeteiligung erwachsenden Kosten selbst trägt.[3] Anders als im EPÜ, das diesen Grundsatz ausdrücklich ausspricht (Rn 44), folgt dies im dt Recht aus dem Fehlen einer ausdrücklichen Vorschrift über eine generelle Kostentragungspflicht – etwa analog § 91 ZPO – und im Umkehrschluss aus den begrenzten Kostentragungsvorschriften der §§ 62, 80.

5   Die Auferlegung von Kosten im Einspruchsverfahren gem Abs 1 Satz 1 knüpft anders als § 91 ZPO nicht an das bloße **Unterliegen** des Beteiligten an,[4] sondern erfordert stets die Feststellung von Tatsachen, die es – abw vom Normalfall – rechtfertigen, die Kosten aus Billigkeitsgründen ganz oder teilweise ausnahmsweise einem der Beteiligten aufzuerlegen.

6   Danach können es **Obliegenheitsverletzungen** eines Beteiligten rechtfertigen, ihm Kosten aufzuerlegen, wenn er vermeidbare Kosten verursacht hat, so ein Verstoß gegen die jedem Beteiligten obliegende Sorgfaltspflicht. Dazu zählen durch schuldhafte Säumnis, Nachlässigkeit oder sonstiges Fehlverhalten verursachte Störungen des Verfahrensablaufs, wie vorwerfbare Verursachung unnötiger oder unnötig hoher Kosten oder die verspätete Einführung eigener Unterlagen über eine Vorbenutzung, die eine Vertagung notwendig machen. Die Kostenauferlegung kann insb dann angezeigt sein, wenn es unbillig erscheint, die ohne weiteres vermeidbaren Kosten andere Beteiligte tragen zu lassen. Wer vorwerfbar unnötige Kosten verursacht, muss diese deshalb billigerweise tragen.[5]

II. Gegenstand der Kostenauferlegung

7   Anders als § 80 Abs 1 Satz 1, der es für das Beschwerdeverfahren ermöglicht, einem von mehreren Beteiligten die gesamten Verfahrenskosten der anderen Beteiligten aufzuerlegen (vgl auch Art 104 EPÜ, Rn 45), sieht Abs 1 nur die Überbürdung bestimmter, nämlich der einem Beteiligten durch eine Anhörung oder eine Beweisaufnahme erwachsenen Kosten vor. Nur über sie kann – auch bei Verzicht auf das Patent oder Rücknahme des Einspruchs (Abs 1 Satz 2) – entschieden werden (Rn 26 f).[6]

III. Amtsprüfung

8   Das DPMA oder das BPatG in den ihm zugewiesenen Einspruchsverfahren (Rn 2) prüft die Kostenauferlegung nach Abs 1 vAw. Eines Antrags eines Beteiligten bedarf es nicht. Jedoch führt ein solcher Antrag zur Bescheidungspflicht.

---

1   Begr BlPMZ 1998, 393, 404 f; *Fitzner/Lutz/Bodewig* § 80 Rn 20.
2   Vgl dazu auch Begr BTDrs 14/6203 S 63 = BlPMZ 2002, 36, 54.
3   BGH GRUR 1962, 273 Beschwerdekosten I; BGH GRUR 1972, 600 Lewapur, zum Markenrecht; BPatG 31.8.2006 34 W (pat) 343/03.
4   BPatG 24.2.2005 15 W (pat) 302/04.
5   Vgl *Schulte* Rn 15; *Benkard* Rn 5; BGH GRUR 1972, 600 Lewapur, zum Markenrecht.
6   BPatGE 4, 167 = GRUR 1964, 500.

IV. Kostenentscheidung

1. Form. Das DPMA oder das BPatG trifft die Bestimmung, ob und inwieweit ein Beteiligter Kosten ei- **9** nes anderen Beteiligten zu tragen hat, grds im Beschluss über den Einspruch iSv § 61 Abs 1 Satz 1, dh im Normalfall im Beschluss über Aufrechterhaltung oder Widerruf des Patents oder über die Zulässigkeit des Einspruchs. Über die Kostentragungspflicht kann jedoch auch **isoliert durch Beschluss** entschieden werden (Abs 1 Satz 2),[7] so, wenn eine Sachentscheidung wegen Erlöschens des Patents, Rücknahme des Einspruchs oder der Beschwerde nicht mehr ergeht oder im Weg der Beschlussergänzung entspr § 321 ZPO, wenn eine erforderliche Kostenentscheidung versäumt wurde.[8]

2. Fehlen einer Kostenentscheidung. Einer ausdrücklichen Kostenentscheidung bedarf es nur, **10** wenn die Voraussetzungen für eine Kostenauferlegung als gegeben angesehen werden, also einem Beteiligten abw von dem Grundsatz der eigenen Kostentragung Kosten eines anderen Beteiligten auferlegt werden. Wird keine ausdrückliche Bestimmung getroffen, hat jeder Beteiligte kraft Gesetzes seine eigenen Kosten zu tragen.[9] Das Unterlassen einer Kostenentscheidung stellt grds eine bewusste und gewollte Entscheidung dar, von einer Kostenauferlegung abzusehen.[10]

Gleichwohl ist eine **ausdrückliche Entscheidung** zumindest dann zu fordern, wenn ein Antrag eines **11** Beteiligten zu bescheiden ist (vgl die EinsprRl).[11] Die Entscheidung sollte dann in der Entscheidungsformel getroffen werden. Eine Entscheidung in den Gründen genügt jedoch auch in diesem Fall, wenn sich daraus keine Unklarheit ergibt und eine Kostenfestsetzung aus dieser Entscheidung nicht in Betracht kommt, dh wenn die Kostenauferlegung abgelehnt wird.[12] Um Zweifeln über eine die Kostenfrage betreffende Willensbildung vorzubeugen,[13] sollte ein Ausspruch hierüber immer zumindest in die Gründe aufgenommen werden.

3. Begründung. Die **Kostenauferlegung** bedarf als Abweichung vom Grundsatz der eigenen Kosten- **12** tragung eingehender Begründung.

Werden **Kosten nicht auferlegt,** bedarf diese Entscheidung, da sie nur dem Grundsatz folgt, keiner **13** eingehenden Begründung.[14] Jedoch sollte zumindest in der Entscheidung festgehalten werden, dass die Kostenfrage geprüft und keine Veranlassung zu einer Kostenauferlegung gesehen worden ist.

Ist **Kostenantrag gestellt,** ist er zu bescheiden und die Entscheidung ist, auch wenn von einer Kos- **14** tenauferlegung abgesehen wird, unter Würdigung des Vorbringens des Antragstellers zu begründen.

4. Inhalt

a. Kostenregelung dem Grund nach. Die Kostenentscheidung klärt die Kostentragungspflicht nur **15** dem Grund, nicht auch der Höhe nach. Die Höhe zu bestimmen ist Sache des Kostenfestsetzungsverfahrens, das in Abs 2 geregelt ist (Rn 36 f).

b. Kostenregelung zwischen Verfahrensgegnern. Abs 1 Satz 1, 2 ist anders als Satz 3 (Rn 36 f) nur **16** Rechtsgrundlage für eine Kostenregelung zwischen Verfahrensbeteiligten, die einander als Verfahrensgegner (Patentinhaber und Einsprechende oder Beitretende) gegenüberstehen. Die Vorschrift ist keine Rechtsgrundlage für Kostenerstattungsforderungen, etwa wegen fehlerhafter Sachbehandlung, gegen das DPMA[15] oder das BPatG. Sie gibt auch keine Grundlage für eine Kostenregelung im Verhältnis mehrerer

---

7 EPA T 323/89 ABl EPA 1992, 169 = GRUR Int 1992, 551 photographisches Material.
8 BPatGE 28, 39 f = BlPMZ 1986, 263; RPA Mitt 1930, 136; *Fitzner/Lutz/Bodewig* Rn 4.
9 BGH GRUR 1962, 273 Beschwerdekosten I; BGH GRUR 1972, 600 Lewapur, Markensache.
10 DPA Mitt 1957, 237; DPA Mitt 1959, 179 f; vgl auch BPatGE 28, 39 f = BlPMZ 1986, 263.
11 DPA BlPMZ 1951, 353.
12 DPA BlPMZ 1951, 353.
13 Vgl hierzu BPatGE 28, 39 f = BlPMZ 1986, 263; RPA Mitt 1930, 136.
14 BGH GRUR 1962, 273 Beschwerdekosten I; BGH Lewapur.
15 BPatGE 13, 201, 204.

Patentinhaber untereinander, mehrerer Einsprechender untereinander oder im Verhältnis zwischen Anwalt und Mandant.[16]

17 **c. Notwendige Kosten.** Erstattungsfähig sind nach Abs 2 Satz 1 außer den Auslagen des DPMA nur die den Beteiligten durch eine Anhörung oder Beweisaufnahme erwachsenen Kosten, soweit sie zur zweckentspr Wahrung der Ansprüche und Rechte notwendig waren. Notwendig sind grds solche Kosten, die zur Zeit ihrer Aufwendung objektiv erforderlich und für den Zweck geeignet waren.[17] Dabei sind die besonderen Umstände des konkreten Falls zu berücksichtigen. Es gelten also die gleichen Grundsätze wie nach § 91 Abs 1 Satz 1, 2 ZPO,[18] wonach die Kostenerstattung auch die Entschädigung des Gegners für die durch notwendige Reisen oder durch die notwendige Wahrnehmung von Terminen entstandene Zeitversäumnis umfasst.

18 **Kosten einer Anhörung** sind die durch eine Anhörung nach § 59 Abs 3 iVm § 46 Abs 1 Satz 1 dem Gegner verursachten Kosten, und zwar die der Anhörung selbst, die ihrer Vorbereitung nur ausnahmsweise.[19] Das gilt auch bei einer nachträglichen, isolierten Kostenentscheidung.[20]

19 **Kosten einer Beweisaufnahme** sind nicht nur die durch eine förmliche Beweisaufnahme aufgrund Beweisbeschlusses entstandenen, sondern alle durch Ermittlungen iSv § 59 Abs 3 iVm § 46 Abs 1 Satz 1 verursachten Kosten, so auch die Kosten eines Gutachtens, dessen Beibringung die Patentabteilung den Beteiligten aufgegeben hat,[21] oder Kosten der Vorlage von Urkunden oder sonstigen Beweismitteln.

20 **5. Ermessen.**[22] Das DPMA oder das BPatG bestimmt nach billigem Ermessen, ob und inwieweit einem Beteiligten die in Rn 36 f bezeichneten Kosten zur Last fallen. Dies entscheidet sich, anders als in den §§ 91 ff ZPO, nicht nach dem Unterliegensprinzip. Einem Beteiligten werden insb solche Kosten auferlegt, die er schuldhaft verursacht hat,[23] die bei Beachtung der erforderlichen Sorgfalt vermieden worden wären.[24] Auch der Rechtsgedanke des § 93 ZPO kann in diesem Zusammenhang Berücksichtigung finden.[25]

21 **Verschulden** (im untechnischen Sinn, nämlich als Verstoß gegen die erforderliche Sorgfalt) liegt nicht in jeder erfolglosen Rechtswahrnehmung, auch wenn der Einspruch mangels jeglicher Substantiierung unzulässig ist.[26] Der Beteiligte darf seine Position grds mit allen zulässigen Mitteln verteidigen und alle rechtl Möglichkeiten vollumfänglich ausschöpfen.[27] So darf er, sofern kein ersichtlicher Verstoß gegen die Wahrheitspflicht vorliegt, eine behauptete offenkundige Vorbenutzung bis zum Beweis des Gegenteils ohne Kostenfolge mit Nichtwissen bestreiten. Die Kosten der Beweisaufnahme treffen hier auch im Erfolgsfall grds den beweisführenden Einsprechenden.[28]

22 **Nachweis des Verstoßes** und dessen **Ursächlichkeit** für die entstandenen Kosten sind Voraussetzung für die Kostenauferlegung. So rechtfertigt verspäteter Vortrag keine Kostenauferlegung, wenn dies zu keinen Mehrkosten führt.[29] Wird behauptet, der Patentinhaber habe unter Verstoß gegen die Wahrheitspflicht im Erteilungsverfahren Entgegenhaltungen nicht genannt, die in einem parallelen Erteilungsverfahren als sehr relevant eingestuft worden seien und so die Patenterteilung erreicht, so dass nur deswegen ein Einspruchsverfahren erforderlich geworden sei, muss dies festgestellt werden.[30] Für eine Auferlegung der Reisekosten des Einsprechenden besteht kein Anlass, wenn eine wegen Erkrankung des Patentinha-

---

16 BPatGE 9, 272.
17 AllgM, vgl *Thomas/Putzo* § 91 ZPO Rn 9.
18 *Schulte* Rn 28.
19 RPA BlPMZ 1934, 162; RPA Mitt 1937, 145; RPA Mitt 1939, 25.
20 BPatGE 4, 167 = GRUR 1964, 500.
21 BPatGE 1, 94, 100 = GRUR 1965, 165.
22 BPatG 22.12.2005 14 W (pat) 342/04, zur Kostenauferlegung bei Geltendmachung widerrechtl Entnahme.
23 BPatGE 1, 94 = GRUR 1965, 165; DPA BlPMZ 1955, 99; DPA Mitt 1957, 237.
24 Vgl BPatG 16.11.2004 33 W (pat) 187/03, Markensache.
25 BGH GRUR 1982, 364 Gebrauchsmusterlöschungsverfahren; *Fitzner/Lutz/Bodewig* Rn 12.
26 BPatG 2.4.2008 21 W (pat) 71/04.
27 *Fitzner/Lutz/Bodewig* Rn 14.
28 BPatGE 26, 194 f = GRUR 1984, 803; BPatG 9.6.2009 21 W (pat) 305/08.
29 EPA T 212/88 ABl EPA 1992, 28, 34, 45 = GRUR Int 1992, 283 Theta-1.
30 BPatG 9.6.2009 21 W (pat) 305/08.

bers erfolgte Terminsverlegung rechtzeitig mitgeteilt worden ist, so dass der Einsprechende die Reise nicht hätte antreten müssen.[31]

Erfolgsaussichten, Verzicht. Dass ein Beteiligter in der Anhörung keine neuen Gesichtspunkte vor- 23 trägt, rechtfertigt noch keine Kostenauferlegung,[32] ebensowenig der Antrag, die mündliche Verhandlung trotz geringer Erfolgsaussichten durchzuführen.[33] Der Verzicht auf das Patent am Tag vor dem Termin zur mündlichen Verhandlung stellt für sich genommen keinen Verstoß gegen Sorgfaltspflichten dar, der zur Kostenauferlegung führt.[34] Weder das Fehlen einer sachlichen Stellungnahme zum Einspruchsvorbringen trotz Ankündigung noch die vor der mündlichen Verhandlung erklärte Teilung des Patents nach § 60 aF rechtfertigen eine Kostenauferlegung.[35] Ist ein Patent während des Einspruchsverfahrens durch Verzicht erloschen, hat sich der Patentinhaber dadurch zwar freiwillig in die Rolle des Unterlegenen begeben, er muss aber nicht schon deshalb zwingend die Kosten des Verfahrens tragen, denn Abs 1 knüpft nicht an das bloße Unterliegen eines Beteiligten an.[36]

Hingegen kann die Billigkeit bei einem ersichtlichen **Verstoß gegen die Wahrheitspflicht** die Kos- 24 tenauferlegung gebieten (vgl Rn 23 zu § 80).[37]

Auch **spätes Vorbringen** kann die Auferlegung der dadurch verursachten Mehrkosten rechtferti- 25 gen,[38] insb wenn dadurch eine weitere Anhörung oder eine Beweisaufnahme erforderlich wird.[39] Gleiches gilt, wenn der Einsprechende erstmals in der mündlichen Verhandlung seinen Einspruch auch auf eine offenkundige Vorbenutzung stützt und hierzu nur unvollständig vorträgt, so dass **Vertagung** notwendig wird.[40] Auch ein Beteiligter, der einen auf seine Veranlassung anberaumten Termin zur Anhörung nicht wahrnimmt, ohne das DPMA oder den Gegner hiervon zeitig genug in Kenntnis zu setzen, kann mit den Terminskosten des Gegners belastet werden.[41] So kann auch die notwendige Vertagung aufgrund vorwerfbar später Vorlegung neuen Materials eine Auferlegung der Kosten des weiteren Termins rechtfertigen, nicht aber, wenn sich dies als Reaktion auf neue Anträge des Gegners nicht als Verstoß gegen die Sorgfaltspflicht darstellt (vgl auch Rn 28 zu § 80).[42]

6. Ausscheiden eines Beteiligten. Da die Kostenentscheidung bei mehreren einander als Verfah- 26 rensbeteiligte Gegenüberstehenden mindestens einen Patentinhaber und einen Einsprechenden voraussetzt, bedurfte es einer klarstellenden Regelung, dass auch nach Ausscheiden eines von ihnen aus dem Verfahren (so des Einsprechenden bei Einspruchsrücknahme; § 61 Abs 1 Satz 2) eine Kostenregelung möglich ist. Dem dient Abs 1 Satz 2. Auch hier kommt nur die Auferlegung der Kosten einer Anhörung oder Beweisaufnahme, nicht aber anderer Verfahrenskosten in Betracht.[43]

7. Scheinbeteiligte. Ist ein Scheinbeteiligter, dessen Beteiligung vom Gegner veranlasst ist (zB durch 27 fehlerhafte Bezeichnung, Rn 53 zu § 59) aus dem Streit zu entlassen, kann eine Kostenauferlegung in Betracht kommen, soweit die Kosten zur Geltendmachung der Nichtbeteiligung notwendig waren.[44]

---

31   BPatG 1.10.2003 19 W (pat) 328/02.
32   EPA T 125/89 EPOR 1992, 41 Surface effect; EPA T 79/88 EPOR 1992, 387 Impact resistant resin; aA EPA T 167/84 ABl EPA 1987, 369 = GRUR Int 1987, 870 Kraftstoffeinspritzventil.
33   BPatG. 5.12.2007 7 W (pat) 306/05.
34   BPatG. 7.4.2009 6 W (pat) 312/06 Mitt 2009, 233 Ls; RPA Mitt 1939, 25.
35   BPatG 5.12.2005 20 W (pat) 310/05.
36   BPatG 24.2.2005 15 W (pat) 302/04.
37   BPatGE 26, 194 f = GRUR 1984, 803.
38   EPA T 117/86 ABl EPA 1989, 401 Kosten; EPA T 326/87 ABl EPA 1992, 522 = GRUR Int 1993, 235 Polyamidgemische.
39   EPA T 51/90 EPOR 1992, 412 Display signs.
40   BPatG 19.6.2007 21 W (pat) 325/04.
41   DPA GRUR 1953, 252.
42   BPatG 30.5.2006 17 W (pat) 307/03.
43   BPatGE 4, 167 = GRUR 1964, 500.
44   BGH NJW-RR 2008, 524.

V. Beschwerde

28 **1. Grundsatz.** Die Kostenauferlegung durch Beschluss der Patentabteilung wird auf Beschwerde mit der angefochtenen Sachentscheidung überprüft, bei Entscheidung durch das BPatG (Rn 2) findet die Rechtsbeschwerde nach § 100 Abs 1 statt (Rn 19 zu § 61; Rn 4, 11 zu § 100). Möglich ist aber auch die isolierte Anfechtung der Kostenentscheidung (Rn 56 zu § 73; Rn 17 f zu § 80; dagegen zum Rechtsbeschwerdeverfahren Rn 11 zu 100; zum Verfahren vor dem EPA Rn 91 vor § 73) oder die Ablehnung eines entspr Antrags.[45] Im Beschwerdeverfahren ist sowohl hinsichtlich des Erlasses einer Kostenentscheidung als auch hinsichtlich des Umfangs der Kostenauferlegung nur die richtige Ausübung des Ermessens nachprüfbar (Rn 56 zu § 73; zu den Kosten des Beschwerdeverfahrens Rn 17 zu § 80).[46]

29 **2. Beschwerdegebühr.** Nach Aufhebung des § 73 Abs 3 durch Art 7 Nr 30 KostRegBerG (zur früheren Rechtslage 6. *Aufl*) sind Beschwerden – mit Ausnahme der Beschwerde gegen den Kostenansatz nach § 11 Abs 2 PatKostG – generell gebührenpflichtig.

30 **Höhe.** Nach GebVerz Nr 401100 beträgt die Beschwerdegebühr 500 EUR, wenn sich die Beschwerde gegen die Entscheidung des DPMA über den Einspruch richtet. Bei Beschwerden gegen Kostenfestsetzungsbeschlüsse (Abs 2 Satz 4) beträgt die Gebühr nach GebVerz Nr 401200 50 EUR, in allen anderen Fällen nach GebVerz Nr 401300 200 EUR. Eine Gebühr von 500 EUR ist also geschuldet, wenn eine Einspruchsentscheidung insgesamt angegriffen wird. Im Fall einer isolierten Kostenentscheidung beträgt hingegen die Gebühr 200 EUR.[47] Ob die auf den Kostenpunkt beschränkte Beschwerde der Beschwerde gegen eine isolierte Kostenentscheidung auch nach diesen Vorschriften gleichgestellt werden kann, also auch hier die Gebühr von 200 EUR genügt, erscheint fraglich.[48] Es dürfte sich empfehlen, bis zu einer Klärung durch die Rspr die höhere Gebühr zu entrichten und die Rückzahlung der Differenz zu beantragen.

C. Gebührenrückzahlung

I. Grundsatz

31 Zugleich mit der Einführung der Einspruchsgebühr von 200 EUR durch GebVerz Nr 313600 hat das KostRegBerG in seinem Art 7 Nr 26 – in Anlehnung an die Regelung des § 73 Abs 3 Satz 2 für die Beschwerdegebühr – eine Möglichkeit zur vollständigen oder teilweisen Rückzahlung der Einspruchsgebühr aus Billigkeitsgründen als Abs 1 Satz 3 eingefügt.[49]

32 **II. Billigkeit** der Rückzahlung kann sich aus der Sachbehandlung durch das DPMA oder BPatG, dem Verhalten der Beteiligten oder deren Vertreter oder sonstigen Umständen, die eine Einbehaltung der Gebühr als unbillig erscheinen lassen, ergeben, insb, wenn der Einspruch ganz oder teilweise Erfolg hat. Zur Frage, wann Billigkeitsgründe im Beschwerdeverfahren gegeben sein können, liegt umfangreiche Rechtsprechung vor, die auch auf die Rückzahlung der Einspruchsgebühr entspr anwendbar ist.[50] Eine vom Einsprechenden beantragte Rückzahlung der Einspruchsgebühr wurde abgelehnt, obwohl keine Prüfung eines nebengeordneten Patentanspruchs stattgefunden hatte, da keine rechtswidrige Patenterteilung und kein schwerer Verfahrensfehler vorliege, bei dessen Vermeidung das Patent nicht erteilt worden wäre; auch sei die Erteilung nicht ohne jegliche Sachprüfung erfolgt.[51] Zu den Billigkeitsgründen eingehend Rn 92ff zu § 80. Die Auffassung, eine Ursächlichkeit für die Kosten des Patentinhabers (Rn 31 zu § 80) sei bei einer wegen § 6 Abs 2 PatKostG nicht wirksamen Erhebung des Einspruchs zu verneinen, weil hier zur

---

45 *Fitzner/Lutz/Bodewig* Rn 17.

46 BPatGE 34, 99, Markensache; *Schulte* Rn 24; aA BPatG 16.11.2004 33 W (pat) 187/03, Markensache.

47 Ebenso *Schulte* § 2 PatKostG Rn 8; *Fitzner/Lutz/Bodewig* Rn 20.

48 Ebenso *Fitzner/Lutz/Bodewig* Rn 19, im Hinblick auf die Möglichkeit einer die Sachentscheidung betr Anschlussbeschwerde.

49 Vgl Begr BTDrs 14/6203 S 63 = BlPMZ 2002, 36, 54; vgl auch Begr zu Art 2 Nr 2 des – insoweit nicht Gesetz geworden – Entwurfs eines Gesetzes zur Änderung des PatGebG, BlPMZ 1994, 335, 339 liSp.

50 Vgl BPatG 11.10.2004 34 W (pat) 331/03 Mitt 2005, 305 Ls; Begr zum Entwurf eines Gesetzes zur Änderung des PatGebG, BlPMZ 1994, 335, 339 liSp.

51 BPatG 7.3.2006 14 W (pat) 307/04.

Wahrung der Rechte des Patentinhabers keine Kosten erforderlich seien,[52] erscheint zwh. Für eine Rückzahlung der Einspruchsgebühr aus Billigkeitsgründen nach Abs 1 ist es nicht ausreichend, wenn sich der Einsprechende zur Erhebung des Einspruchs herausgefordert sieht, weil er den Patentgegenstand nach seiner Ansicht auch für den Patentinhaber erkennbar offenkundig vorbenutzt hat.[53]

D. Kostenfestsetzung

I. Grundsatz

Die Kosten(grund)entscheidung nach Abs 1 Satz 1, 2 regelt nur die Kostentragungspflicht dem Grund **33** nach, nicht aber die Höhe des Erstattungsbetrags. Sie ist Grundlage für die Kostenfestsetzung, bei der der Betrag der zu erstattenden Kosten durch das DPMA oder das BPatG in den zugewiesenen Einspruchsverfahren bestimmt wird (Abs 2 Satz 2) und so ein vollstreckungsfähiger Titel entsteht (§ 103 ZPO). Die Kostenfestsetzung ist in Abs 2 geregelt, der in seinem Satz 3 wegen des Verfahrens auf §§ 103 ff ZPO verweist.

II. Verfahrensrechtliche Voraussetzungen sind eine Kosten(grund)entscheidung, die ein zur **34** Zwangsvollstreckung geeigneter Vollstreckungstitel (§ 103 ZPO) sein muss, wozu auch Verwaltungsakte zählen, sofern wie in Abs 2 Satz 3 auf die entspr Vorschriften der ZPO verwiesen wird[54] (Einzelheiten Rn 34 zu § 80; zur Vollstreckung Rn 42; Rn 21 zu § 75; Rn 84 zu § 80), ein Antrag des Berechtigten und die Anhörung des Kostenpflichtigen.[55] Einschränkungen ergeben sich bei eingelegter Beschwerde nach Abs 2 Satz 4 oder bei Beschwerde gegen die zugrundeliegende Kostengrundentscheidung nach § 73[56] (zur Unterscheidung und Vollstreckung Rn 84 zu § 80; zur Hemmungswirkung Rn 21 zu § 75).

III. Zuständigkeit

Zuständig sind der Beamte des gehobenen Diensts und vergleichbare Angestellte (§ 7 Abs 2 Nr 1 **35** WahrnV, Rn 55 zu § 27;[57] zum Beschwerdeverfahren Rn 35 ff zu § 80).[58]

IV. Erstattungsfähige Kosten

1. In Betracht kommen zu erstattende **Auslagen des Patentamts,** wie die Entschädigung von Zeugen **36** und Sachverständigen oder durch die Wahrnehmung eines auswärtigen Termins durch einen Bediensteten entstandene Kosten. Postauslagen werden im Einspruchsverfahren zusätzlich zur Einspruchsgebühr fällig.[59]

2. Kosten der Beteiligten. In Betracht kommen weiter den Beteiligten erwachsene Kosten wie **37** Recherchekosten,[60] Kosten einer eigenen Teilnahme an Anhörungen oder Beweisaufnahme und Kosten der Entsendung eines Vertreters,[61] Reisekosten,[62] Anwaltshonorare,[63] Abwesenheitsgelder,[64] Umsatzsteuer (str; Rn 82 zu § 80), soweit sie zur zweckentspr Wahrung der Ansprüche und Rechte notwendig waren (Abs 2 Satz 1; wegen der Einzelheiten Rn 52 ff zu § 80).

---

52 BPatG 17.8.2004 9 W (pat) 317/04.
53 BPatGE 54, 34 = Mitt 2013, 412.
54 *Thomas/Putzo* Vorbem IV § 704 ZPO Rn 15, § 103 ZPO Rn 2a.
55 BPatGE 7, 41.
56 Hierzu BPatGE 2, 114; BPatGE 21, 27 GbmSache; *Bühring* § 18 GebrMG Rn 82.
57 *Schulte* Rn 26; *Benkard* Rn 16; BPatG 29.5.2008 5 W (pat) 25/06.
58 BPatGE 1, 173 = BlPMZ 1962, 73; BPatGE 3, 59 = BlPMZ 1963, 71; BPatGE 3, 185 = GRUR 1964, 466; BPatG 1.9.1966 5 W (pat) 48/66 BlPMZ 1967, 164 Ls.
59 BPatG 26.2.2004 10 ZA (pat) 16/03.
60 BPatGE 33, 98; BPatG Mitt 1994, 54; BPatGE 8, 181 = Mitt 1966, 219; BPatGE 5, 142 = GRUR 1965, 386; BPatGE 3, 127 = GRUR 1964, 519.
61 BGHZ 43, 352 = GRUR 1965, 621 Patentanwaltskosten.
62 BGH Patentanwaltskosten.
63 BGH Patentanwaltskosten.
64 DPA Mitt 1960, 39.

V. Rechtsmittel

38 Gegen den Kostenfestsetzungsbeschluss findet anstelle der Erinnerung des § 104 Abs 3 ZPO die **Beschwerde** nach § 73 mit der Maßgabe statt, dass die Beschwerdefrist auf zwei Wochen verkürzt ist (Abs 2 Satz 4). Mit der Beschwerde können nur die Kostenansätze und deren Höhe, nicht aber die Kostenpflicht als solche angegriffen werden. Zur Beschwerde gegen den Kostenansatz als solchen § 11 PatKostG.

39 Auch die **Ablehnung der Kostenfestsetzung** ist beschwerdefähig, jedoch gilt hier die normale Beschwerdefrist des § 73 Abs 2 Satz 1 (Rn 126 zu § 73).

40 Ob im Verfahren über die Beschwerde die in § 78 getroffene Regelung über die **mündliche Verhandlung** anwendbar ist, ist str (Rn 2, 29 zu § 78).

41 Die **Rechtsbeschwerde** nach § 100 war vor Inkrafttreten der ZPO-Reform im Kostenfestsetzungsverfahren nicht eröffnet;[65] hieran ist für den Kostenfestsetzungsbeschluss nicht festzuhalten sein (ausführlich Rn 41 ff zu § 80; vgl auch Rn 11 ff zu § 100).[66]

42 **VI. Zwangsvollstreckung** aus dem Kostenfestsetzungsbeschluss findet aufgrund einer vollstreckbaren Ausfertigung (§§ 724, 795a ZPO) statt, die der Urkundsbeamte der Geschäftsstelle des BPatG nach Abs 2 Satz 5 erteilt (Rn 61; Rn 18 vor § 73; Rn 84 zu § 80); Unanfechtbarkeit der Kostengrundentscheidung ist nicht Voraussetzung (vgl Rn 21 zu § 75).

43 **VII. Vollstreckungsgegenklage** gegen einen Kostenfestsetzungsbeschluss des DPMA ist möglich. Das folgt aus Abs 2 Satz 3. Gleiches gilt für Einwendungen gegen Kostenfestsetzungsbeschlüsse, die im GbmLöschungsverfahren ergangen sind.[67] Für eine solche Klage ist das BPatG als Prozessgericht des ersten Rechtszugs ausschließlich zuständig (Rn 27 vor § 73).[68] Gegen seine Entscheidung ist kein Rechtsmittel gegeben.[69]

E. Kostenentscheidung, Kostenfestsetzung und Kostenvollstreckung im europäischen Einspruchsverfahren

I. Kostenentscheidung

44 **1. Allgemeines.** Die Regelungen entsprechen weithin denen des nationalen Rechts. Auf die Kommentierung hierzu, die teilweise auch die Rechtspraxis des EPA einbezieht, kann daher ergänzend verwiesen werden. Auch im eur Einspruchsverfahren trägt jeder Beteiligte nach Art 104 Abs 1 EPÜ die ihm erwachsenen Kosten selbst, soweit nicht die Einspruchsabteilung, wenn dies der Billigkeit entspricht, nach Maßgabe von Regel 88 AOEPÜ eine andere Verteilung der Kosten anordnet (Grundsatz der eigenen Kostentragung). Im Unterschied zum nationalen Recht (Rn 4) ist dies im eur Recht ausdrücklich ausgesprochen (Art 104 Abs 1 EPÜ). Kostenauferlegung ist auch hier die Ausnahme, die besonderer Anordnung bedarf.[70] Liegen keine Gründe für eine Kostenauferlegung vor, ist diese auch bei entsprechendem Antrag abzulehnen. Die EPA-PrRl D-XI befassen sich mit der Kostenverteilung und dem Kostenfestsetzungsverfahren.

2. Kostenauferlegung

45 **a. Auferlegbare Kosten.** Eine andere Kostenverteilung kommt (anders als nach Art 104 Abs 1 Satz 1 EPÜ 1973 und § 61 PatG) nicht nur in Bezug auf die durch eine mündliche Verhandlung oder Beweisaufnahme[71] verursachten Kosten in Betracht, sondern auch für andere Kosten, wie Vorbereitungskosten usw,

---

65 BGHZ 97, 7 = GRUR 1986, 453 Transportbehälter, unter Aufgabe von BGHZ 43, 352 = GRUR 1965, 621 Patentanwaltskosten; BGH GRUR 1977, 559 Leckanzeigegerät; vgl auch BGH GRUR 1988, 115 Wärmeaustauscher II.

66 So auch *Ströbele/Hacker* § 83 MarkenG Rn 13.

67 BPatG 23.10.2000 10 V (pat) 1/00; vgl auch BGH GRUR 2002, 52 Vollstreckungsabwehrklage.

68 BPatGE 24, 160 = GRUR 1982, 483.

69 BGH Vollstreckungsabwehrklage.

70 Vgl EPA T 193/87 ABl EPA 1993, 207 verspätet eingereichte Übersetzung.

71 Zum Begriff der Beweisaufnahme EPA T 117/86 ABl EPA 1989, 401 Kosten; EPA T 323/89 ABl EPA 1992, 169 = GRUR Int 1992, 551 photographisches Material; EPA T 101/87 EPOR 1990, 476 Costs; EPA T 416/87 ABl EPA 1990, 415 Blockcopolymer; EPA T 596/89; EPA T 719/93.

soweit diese zur zweckentspr Wahrung der Rechte notwendig waren (Regel 88 Abs 1 Satz 1 AOEPÜ). Verteilungsfähig sind auch die Vertreterkosten (Regel 88 Abs 1 Satz 2 AOEPÜ).[72] Verteilt wurden bei Zurückverweisung alle dadurch entstandenen Kosten.[73] Die Kostenauferlegung kann ohne Antrag erfolgen.[74]

b. Billigkeit und Kausalität. Voraussetzung für die Kostenauferlegung ist, dass sie der Billigkeit entspricht (Art 104 Abs 1 EPÜ). Maßgeblich ist eine Gesamtbetrachtung, für die sich Fallgruppen herausgebildet haben. Sie erfolgt bei unsorgfältigem, dh leichtfertigem oder böswilligem Verhalten,[75] nicht schon bei Fehlern bei der Auswertung einer Entgegenhaltung.[76] Notwendig ist, dass die entstandenen Kosten ursächlich auf der Sorgfaltspflichtverletzung beruhen.[77] **46**

c. Fallgruppen. Kostenauferlegung kommt insb in Betracht bei ungerechtfertigt **verspäteter Vorlage von Unterlagen und/oder Anträgen.**[78] Keine Kostenauferlegung erfolgt, wenn die Verspätung nicht nachteilig war.[79] Ist die Verspätung gerechtfertigt, kommt eine Kostenauferlegung grds nicht in Betracht.[80] **47**

Rücknahme des Antrags auf mündliche Verhandlung und **Vertagungsantrag** können im Einzelfall Kostenauferlegung rechtfertigen.[81] **48**

Nichterscheinen in der mündlichen Verhandlung kann Kostenauferlegung rechtfertigen, gleichgültig, wer die Verhandlung beantragt hat,[82] auch wenn der Gegner mündliche Verhandlung „für jeden Fall" beantragt hatte.[83] Auch bloßes Nichterscheinen des Beschwerdegegners im Einspruchsbeschwerdeverfahren rechtfertigt Auferlegung nicht,[84] anders uU bei Nichterscheinen des die Verhandlung beantragenden Beschwerdeführers,[85] so dass sich dies als nutzlos erwies (nationale Rspr Rn 25).[86] **49**

Rücknahme des Einspruchs oder der Beschwerde kann Kostenauferlegung begründen, wenn sie verspätet erfolgen und dadurch Kosten verursachen.[87] **50**

Missbrauch des Verfahrens oder der mündlichen Verhandlung kann Kostenauferlegung rechtfertigen.[88] Missbrauch liegt aber nicht schon in Verfahrensfehlern, der Einlegung der Beschwerde, dem **51**

---

72   EPA T 167/84 ABl EPA 1987, 369 = GRUR Int 1987, 870 Kraftstoffeinspritzventil; EPA T 117/86 ABl EPA 1989, 401 Kosten; EPA Blockcopolymer; zur Erstattungsfähigkeit von Angestelltenkosten EPA T 930/92 ABl EPA 1996, 191 Ionenstrahlbearbeitung.

73   EPA T 326/87 ABl EPA 1992, 522 = GRUR Int 1993, 235 Polyamidgemische.

74   *Singer/Stauder* EPÜ Art 104 Rn 9.

75   EPA T 765/89; EPA T 26/92; EPA T 432/92.

76   EPA T 717/95.

77   *Singer/Stauder* EPÜ Art 104 Rn 33.

78   Ua EPA T 10/82 ABl EPA 1983, 407 Einspruch, Zulässigkeit; EPA T 117/86 ABl EPA 1989, 401 Kosten; EPA T 326/87 ABl EPA 1992, 522 = GRUR Int 1993, 235 Polyamidgemische; EPA T 416/87 ABl EPA 1990, 415 Blockcopolymer: neues Material im Beschwerdeverfahren; EPA T 323/89 ABl EPA 1992, 169 = GRUR Int 1992, 551 photographisches Material; EPA T 611/90 ABl EPA 1993, 50 neuer Sachverhalt; EPA T 867/92 ABl EPA 1995, 126 verspätet angeführtes Dokument; EPA T 715/95; EPA T 45/98. Kostenauferlegung abgelehnt zB in EPA T 336/86 EPOR 1989, 291 Costs: verspätete Vorlage eines neuheitsschädlichen Patents des Gegners; EPA T 212/88 ABl EPA 1992, 28 = GRUR Int 1992, 283 Theta-1; EPA T 29/96: unkomplizierte Entgegenhaltung mit der Beschwerdebegründung eingereicht; EPA T 712/94 und EPA T 931/97: dem Gegner war das Material bekannt; EPA T 29/96: unklare Verzichterklärung.

79   EPA T 534/89 ABl EPA 1994, 464 unzulässiges verspätetes Vorbringen; EPA T 336/86 EPOR 1989, 291 Costs; EPA T 330/88 EPOR 1990, 467 Magazine file assembly; EPA T 525/88; EPA T 737/89; EPA T 231/90; EPA T 556/90; EPA T 876/90; EPA T 28/91; EPA T 685/91; EPA T 875/91; EPA T 882/91; EPA T 938/91; EPA T 486/94.

80   Ua EPA T 582/88; EPA T 638/89 EPOR 1991, 101 Apparatus for measuring tyre uniformity; EPA T 765/89; EPA T 472/90; EPA T 556/90; EPA T 334/91; EPA T 81/92; EPA T 1171/97; im Einzelfall abw EPA T 847/93.

81   Vgl EPA T 10/82 ABl EPA 1983, 407 Einspruch, Zulässigkeit; EPA T 275/89 ABl EPA 1992, 126 = GRUR Int 1992, 547 Stahlradiatoren; EPA T 154/90 ABl EPA 1993, 505 Kostenverteilung und EPA T 432/92.

82   EPA T 930/92 ABl EPA 1996, 191 Ionenstrahlbearbeitung; EPA T 693/95.

83   EPA T 591/88; EPA T 556/96.

84   EPA T 632/88 EPOR 1990, 130 Hairdrying apparatus; EPA T 507/89 EPOR 1992, 229 Polybutylene.

85   EPA T 338/90; EPA T 909/90 EPOR 1993, 373 Pump impeller; s aber EPA T 838/92; EPA T 849/95.

86   EPA T 909/90.

87   Im Einzelfall Auferlegung abgelehnt in EPA T 85/84 Rücknahme der Beschwerde; EPA T 614/89.

88   *Singer/Stauder* EPÜ Art 104 Rn 57 f.

Antrag auf mündliche Verhandlung, dem Beharren auf einer Beweisaufnahme[89] oder der Herbeiführung einer Erledigung.[90] Verursachung übermäßiger Kosten durch die mündliche Verhandlung soll Kostenauferlegung rechtfertigen können.[91]

52   **3.** Die **Zuständigkeit** liegt bei der Einspruchsabteilung (Art 104 Abs 1 EPÜ).

53   **4. Verfahren.** Die Kostenverteilung wird in der Entscheidung über den Einspruch angeordnet (Regel 88 Abs 1 AOEPÜ),[92] auch ohne Antrag. Die Praxis der Beschwerdekammern verlangt dagegen überwiegend einen **Antrag**.[93] Die Verteilung der Kosten des Einspruchsverfahrens kann nach Regel 97 Abs 1 AOEPÜ nicht einziger Gegenstand einer Beschwerde sein (vgl Rn 28).[94]

II. Kostenfestsetzung

54   **1. Allgemeines.** Nach Art 104 Abs 2 EPÜ iVm Regel 88 AOEPÜ setzt die Einspruchsabteilung auf Antrag den Betrag der Kosten fest, die aufgrund einer bestandskräftigen („rechtskräftigen") Entscheidung über deren Verteilung zu erstatten sind. Entscheidet die Beschwerdekammer über die Kosten, hat sie auch die Befugnis, diese festzusetzen.[95] Funktionell zuständig sind spezielle Formalprüfer.

55   **2.** Der **Kostenfestsetzungsantrag** ist erst zulässig, wenn die Entscheidung, für die die Kostenfestsetzung beantragt wird, bestandskräftig („rechtskräftig") ist (Regel 88 Abs 2 Satz 1 AOEPÜ).

56   Dem Antrag sind eine **Kostenberechnung** und die **Belege** beizufügen (Regel 88 Abs 2 Satz 1 AOEPÜ). **Glaubhaftmachung** der Kosten ist erforderlich, aber auch ausreichend (Regel 88 Abs 2 Satz 3 AOEPÜ).

3. Nachprüfung

57   **a. Allgemeines; Antrag.** Gegen die Kostenfestsetzung der Geschäftsstelle ist der Antrag auf Entscheidung durch die Einspruchsabteilung zulässig (Regel 88 Abs 3 AOEPÜ).

58   **b. Form; Frist.** Der Antrag ist innerhalb eines Monats nach Zustellung der Kostenfestsetzung schriftlich beim EPA einzureichen und zu begründen (Regel 88 Abs 3 Satz 2 AOEPÜ).

59   **c. Gebühr.** Der Antrag gilt erst als gestellt, wenn die Kostenfestsetzungsgebühr entrichtet worden ist (Regel 88 Abs 3 Satz 3 AOEPÜ).

60   **d.** Die **Entscheidung** ergeht ohne mündliche Verhandlung (Regel 88 Abs 4 AOEPÜ).

III. Vollstreckung der Kostenfestsetzung

61   Die Einspruchsabteilung setzt auf Antrag nach Art 104 Abs 1 EPÜ den Betrag der Kosten fest, die aufgrund einer rechtskräftigen Entscheidung über deren Verteilung zu erstatten sind; Regel 88 Abs 2 Satz 1

89   Vgl EPA T 170/83 ABl EPA 1984, 605 Abbuchungsauftrag III; EPA T 303/86 EPOR 1989, 95 Flavour concentrates; EPA T 305/86; EPA T 99/87 EPOR 1989, 499 Braking system; EPA T 383/87 Thermoplastic film; EPA T 7/88 EPOR 1990, 149 Flange formation process; EPA T 79/88 EPOR 1992, 387 Impact resistant resin; EPA T 461/88 ABl EPA 1993, 295 = GRUR Int 1993, 689 Mikrochip; EPA T 525/88; EPA T 125/89 EPOR 1992, 41 Surface effect; EPA T 614/89; EPA T 297/91; EPA T 905/91; EPA T 26/92; EPA T 81/92; EPA T 407/92; EPA T 918/92; aA EPA T 167/84 ABl EPA 1987, 369 = GRUR Int 1987, 870 Kraftstoffeinspritzventil, zum Antrag auf mündliche Verhandlung ohne neue Argumente.

90   BPatGE 54, 34 = Mitt 2013, 412.

91   EPA T 49/86.

92   Zur Kostenentscheidung nach Einspruchsrücknahme: EPA T 765/89.

93   So EPA G 9/91 ABl EPA 1993, 408 = GRUR Int 1993, 957 Prüfungsbefugnis, EPA G 10/91 ABl EPA 1993, 420 Prüfung von Einsprüchen/Beschwerden, EPA T 212/88 ABl EPA 1992, 28 = GRUR Int 1992, 283 Theta-1; vgl EPA T 408/91; *MGK/Moser* Art 111 EPÜ Rn 69; aA zB EPA T 10/82 ABl EPA 1983, 407 Einspruch, Zulässigkeit; *Singer/Stauder* EPÜ Art 104 Rn 9, der Kostenverteilung auch ohne Antrag zulässt. Zur Verteilung künftiger Kosten EPA T 758/99.

94   *Singer/Stauder* EPÜ Art 106 Rn 30.

95   EPA T 934/91 ABl EPA 1994, 184 photographisches Material.

AOEPÜ (zum nationalen Verfahren Rn 34). Jede unanfechtbare Kostenfestsetzung des EPA wird in jedem Vertragsstaat wie ein rechtskräftiges zivilgerichtliches Urteil vollstreckt (Art 104 Abs 3 EPÜ). Eine Überprüfung der Entscheidung darf sich lediglich auf die Echtheit beziehen (Art 104 Abs 3 Satz 2 EPÜ). Die Festsetzungsentscheidung ist also **Vollstreckungstitel** nach § 794 Abs 1 Nr 2 ZPO und auszufertigen (§§ 724, 795a ZPO). Übersetzung ist erforderlich, sofern die Entscheidung nicht in einer der Amtssprachen des Vertragsstaats abgefasst ist.[96] Eine Entscheidung über die Festsetzung des Betrags der Kosten des Einspruchsverfahrens ist nach Regel 97 Abs 2 AOEPÜ mit der Beschwerde nur anfechtbar, wenn der Betrag den der Beschwerdegebühr übersteigt.

§ 63
(Erfindernennung)

(1) [1] **Auf der Offenlegungsschrift (§ 32 Abs. 2), auf der Patentschrift (§ 32 Abs. 3) sowie in der Veröffentlichung der Erteilung des Patents (§ 58 Abs. 1) ist der Erfinder zu nennen, sofern er bereits benannt worden ist.** [2] **Die Nennung ist im Register (§ 30 Abs. 1) zu vermerken.** [3] **Sie unterbleibt, wenn der vom Anmelder angegebene Erfinder es beantragt.** [4] **Der Antrag kann jederzeit widerrufen werden; im Falle des Widerrufs wird die Nennung nachträglich vorgenommen.** [5] **Ein Verzicht des Erfinders auf Nennung ist ohne rechtliche Wirksamkeit.**

(2) [1] **Ist die Person des Erfinders unrichtig oder im Falle des Absatzes 1 Satz 3 überhaupt nicht angegeben, so sind der Patentsucher oder Patentinhaber sowie der zu Unrecht Benannte dem Erfinder verpflichtet, dem Patentamt gegenüber die Zustimmung dazu zu erklären, daß die in Absatz 1 Satz 1 und 2 vorgesehene Nennung berichtigt oder nachgeholt wird.** [2] **Die Zustimmung ist unwiderruflich.** [3] **Durch die Erhebung einer Klage auf Erklärung der Zustimmung wird das Verfahren zur Erteilung des Patents nicht aufgehalten.**

(3) **Auf amtlichen Druckschriften, die bereits veröffentlicht sind, wird die nachträgliche Nennung des Erfinders (Absatz 1 Satz 4, Absatz 2) oder die Berichtigung (Absatz 2) nicht vorgenommen.**

(4) [1] **Das Bundesministerium der Justiz und für Verbraucherschutz wird ermächtigt, durch Rechtsverordnung Bestimmungen zur Ausführung der vorstehenden Vorschriften zu erlassen.** [2] **Es kann diese Ermächtigung durch Rechtsverordnung auf das Deutsche Patent- und Markenamt übertragen.**

Ausland: Belgien: vgl Art 12 PatG 1984; **Bosnien und Herzegowina:** vgl Art 13 PatG 2010; **Frankreich:** Art L 611-9 CPI; **Italien:** Art 38 Abs 3, 39 PatG; **Niederlande:** vgl Art 14 ROW 1995; **Österreich:** § 20 Abs 3 öPatG; **Schweiz:** Art 5, 6 PatG; **Slowenien:** Art 118 GgE; **Tschech. Rep.:** § 25 Abs 2 PatG; **VK:** Sec 13 Patents Act

---

96 *Schulte* Rn 30.

Schrifttum: s bei § 37.

A. Geltungsbereich

I. Zeitlich

1   Die 10. ZuständigkeitsanpassungsVO hat nach dem Wort „Justiz" die Worte „und für Verbraucherschutz" eingefügt. Die infolge der Nachschaltung des Einspruchsverfahrens im Gesetz etwas erratisch eingestellte Bestimmung entspricht mit Ausnahme von Abs 1 Satz 1 dem § 36 PatG 1968. Art 7 Nr 27 KostRegBerG hat den Begriff „Rolle" durch den Begriff „Register" ersetzt und in Abs 4 Satz 1 und 2 die Bezeichnungen der Ermächtigungsadressaten geänd. Abs 1 Satz 1, eingefügt durch Art 8 Nr 36 GPatG (dort noch als § 36 Abs 1 Satz 1),[1] gilt nach Art 12 Abs 4 GPatG für alle Anmeldungen mit Ausnahme solcher, deren Bekanntmachung vor dem 1.1.1981 beschlossen worden ist.

II. Ergänzende Schutzzertifikate

2   Für eine Anwendung der Vorschrift auf ergänzende Schutzzertifikate ist, wie insgesamt für die Anwendung der Vorschriften über das Verfahren vor dem DPMA,[2] kein Raum. § 63 ist demgem in § 16a Abs 2 nicht als entspr anwendbar erwähnt. Die Erfindernennung wird im Zusammenhang mit dem Grundpatent behandelt und geklärt.

3   **III. Für europäische Patente** gelten Art 62 EPÜ und Regeln 19–21 AOEPÜ (Rn 27 ff zu § 37). Art 62 EPÜ regelt den materiellrechtl Anspruch des Erfinders auf Erfindernennung gegenüber dem Anmelder/Patentinhaber als Teil des Erfinderpersönlichkeitsrechts (Rn 8).[3] Regel 19 AOEPÜ betrifft die Einreichung der Erfindernennung, ob die Angaben zutreffen, wird nicht geprüft, Regel 20 AOEPÜ die Bekanntmachung der Erfindernennung, die unterbleibt, wenn der Erfinder schriftlich auf seine Nennung verzichtet. Rechtskräftige Entscheidungen, die den Anmelder oder Patentinhaber verpflichten, einen Dritten als Erfinder zu nennen, sind nach Regel 20 Abs 2 AOEPÜ vom EPA zu beachten; ob sich aus dem EPÜ auch ein Anspruch auf Zustimmung zur Berichtigung gegenüber dem zu Unrecht Genannten ergibt, ist zwh.[4] Regel 21 AOEPÜ betrifft die Berichtigung der Erfindernennung, die einen Antrag voraussetzt. Wird dieser von einem Dritten gestellt, ist die Zustimmung des Anmelders oder Patentinhabers erforderlich, weiter grds die des zu Unrecht Genannten. Die Zustimmung soll aber nicht erforderlich sein, wenn nur ein weiterer Miterfinder genannt wird.[5] Für die Berichtigung ist die Stelle zuständig, vor der das Verfahren schwebt.[6] Die Rechtsabteilung ist erst dann zuständig, wenn über die Eintragung oder deren Inhalt Streit auftritt.[7]

---

1   Begr GPatG BlPMZ 1979, 276, 287 zu Nr 36.
2   Vgl Begr PatGÄndG BlPMZ 1993, 205, 209 liSp unter i.
3   *Singer/Stauder* EPÜ Art 62 Rn 1.
4   Näher *Kraßer* S 387 (§ 20 IVb) mwN.
5   EPA J 8/82 ABl EPA 1984, 155, 161 ff; *Schulte*[8] Rn 3; *Singer/Stauder* EPÜ Art 62 Rn 7; kr *Kraßer* S 387 (§ 20 IVb).
6   EPA J 8/82 ABl EPA 1984, 155; *Singer/Stauder* EPÜ Art 62 Rn 9.
7   EPA T 553/90 ABl EPA 1993, 666 Fachkonstruktion zur Aufnahme auszustellender bzw. anzubietender Waren; *Singer/Stauder* EPÜ Art 62 Rn 10.

IV. Für das **Europäische Patent mit einheitlicher Wirkung** gelten keine besonderen Regelungen. **4**

V. Die Erfinderbenennung bei **internationalen Anmeldungen** ist in Art 4 Abs 1 Nr v PCT und in Re- **5** gel 4.1 Abs 6, 4.6 AOPCT behandelt.

B. Grundsätze

Art 4ter PVÜ gewährleistet dem Erfinder das Recht, im Patent genannt zu werden.[8] Dieses Recht setzt **6** das PatG in den §§ 37 und 63 um, wobei § 37 die Pflicht des Anmelders begründet, dem DPMA den Erfinder zu benennen und so die Voraussetzungen dafür zu schaffen, dass das DPMA seine Pflicht nach § 63, den Erfinder in seinen Veröffentlichungen zu nennen, erfüllen kann.

Bindung. Das DPMA prüft die Richtigkeit einer Erfinderbenennung nicht nach (§ 37 Abs 1 Satz 2), **7** selbst, wenn der Anmelder sie vor Veröffentlichung der Anmeldung ändert.[9] Es ist an die Benennung durch den Anmelder gebunden. Dadurch kann es zu inhaltlich falschen Veröffentlichungen kommen. Gebunden ist das DPMA auch, wenn der benannte Erfinder seine Nichtnennung beantragt (Abs 1 Satz 3). Widerruft er später seinen Antrag auf Nichtnennung (Abs 1 Satz 4), wird die Veröffentlichung über die Erfindernennung ebenfalls mangelhaft. Gleichfalls als Ausfluss des Erfinderpersönlichkeitsrechts gewährt das Gesetz in diesem Fall dem Erfinder ein Recht auf Nachholung oder Berichtigung der Nennung (Rn 23 ff) in den Veröffentlichungen des DPMA, das allerdings der Mitwirkung des Anmelders oder Patentinhabers oder des zu Unrecht Benannten bedarf, die gerichtlich durchsetzbar ist (Rn 36 ff).

Erfinderpersönlichkeitsrecht. Das Recht auf Nennung als Erfinder (oder Miterfinder) und demzu- **8** folge auch das Recht auf ihre Nachholung oder Berichtigung (§ 63 Abs 2) ist als Persönlichkeitsrecht[10] Teil des Erfinderpersönlichkeitsrechts (Rn 12 zu § 6; Rn 25 ff zu § 37). Zu Übertragbarkeit und Vererblichkeit Rn 12 zu § 6.

C. Erfindernennung

I. Veröffentlichung der Benennung durch das Patentamt

1. Art der Veröffentlichung. Das DPMA nennt nach Abs 1 Satz 1 den Erfinder in der Offenlegungs- **9** schrift (§ 32 Abs 2), der Patentschrift (§ 32 Abs 3) sowie in der Veröffentlichung über die Erteilung des Patents (§ 58 Abs 1) und vermerkt ihn nach Abs 1 Satz 2 im Register.

2. Voraussetzung der Veröffentlichung in der Offenlegungsschrift ist, dass der Erfinder benannt, **10** die Benennung also nicht gem § 37 Abs 2 über den Offenlegungszeitpunkt hinaus verlängert ist, und dass die Benennung inhaltlich den Erfordernissen der §§ 7, 8 PatV entspricht.

3. Inhalt der Veröffentlichung. Als benannte Erfinder kommen nur natürliche Personen in Betracht, **11** auch Verstorbene, nicht aber Betriebe.[11] Miterfinder werden als solche aufgeführt, haben aber kein Recht auf Angabe des Ausmaßes ihrer Beteiligung an der Erfindung.[12] Die Veröffentlichung erfolgt mit den Angaben des § 7 Abs 2 Nr 1 PatV.

II. Nichtnennung

1. Grundsatz. Die Nennung des Erfinders in den Veröffentlichungen des DPMA, nicht dagegen die **12** Pflicht des Anmelders, den Erfinder gem § 37 zu benennen, entfällt, wenn der vom Anmelder angegebene

---

8 BGH GRUR 2004, 272 rotierendes Schaftwerkzeug; *Schulte* Rn 7; zum Billigkeitscharakter der Regelung öOGH öPBl 1993, 1544 = GRUR Int 1994, 65 Holzlamellen.
9 BPatGE 13, 53 = Mitt 1972, 116.
10 BGH GRUR 1978, 583 Motorkettensäge; BGH GRUR 1961, 470, 472 Gewinderollkopf I; BGH GRUR 2004, 272 rotierendes Schaftwerkzeug; KG Mitt 1956, 218; *Benkard* GRUR 1950, 481; *Fitzner/Lutz/Bodewig* Rn 2 ff; *Mes* Rn 1.
11 RPA1938, 285; MittDPA BlPMZ 1951, 294; *Schulte* Rn 12; *Fitzner/Lutz/Bodewig* Rn 6.
12 BGH GRUR 1969, 133 Luftfilter; *Fitzner/Lutz/Bodewig* Rn 7.

Erfinder dies beantragt (Abs 1 Satz 3). Auch diese Vorschrift, die das Recht des Erfinders respektiert, auf öffentliche Ehrung zu verzichten, ist Ausfluss des allg Erfinderpersönlichkeitsrechts.[13]

13   **2. Antragsberechtigung.** Den Antrag kann nur der vom Anmelder als Erfinder Benannte stellen. Der wirkliche, zu Unrecht nicht benannte Erfinder hat nur den Berichtigungsanspruch (Abs 2 Satz 1) und im Fall der Nichtnennung auf Antrag des zu Unrecht Benannten den Anspruch auf Nachholung der Nennung gem Abs 2 Satz 1 (Rn 23 ff).

14   **3. Antragszeitpunkt.** Eine Antragsfrist gibt es nicht. Um jedoch die Nennung wirksam zu verhindern, muss der Antrag bis zum Abschluss der technischen Vorbereitungen (Rn 46 zu § 32) für die jeweilige Veröffentlichung gestellt werden. Ein Recht auf Beseitigung einer erfolgten Nennung kann aus Abs 1 Satz 3 nicht hergeleitet werden. Es wäre auch praktisch nicht realisierbar.

15   **4. Form.** Der Antrag auf Nichtnennung und der Widerruf dieses Antrags (Abs 1 Satz 3 und 4) sowie Anträge auf Berichtigung oder Nachholung der Nennung (Abs 2) sowie die erforderlichen Zustimmungserklärungen (Abs 2) bedürfen der Schriftform; sie sind vom Erfinder eigenhändig zu unterschreiben, Vertretung ist, anders als bei der Erfinderbenennung, ausgeschlossen (§ 8 Abs 1 Satz 1 PatV).[14] § 125a Abs 1 (elektronische Form) ist anwendbar. Auf Verlangen sind die Unterschriften öffentlich beglaubigen zu lassen (§ 17 PatV). Eine Begründung ist nicht erforderlich.

16   **5. Nichtnennung mangels Benennung.** Unabhängig von einem Antrag unterbleibt die Nennung des Erfinders in der Offenlegungsschrift auch dann, wenn der Anmelder ihn nach § 37 Abs 2 (noch) nicht benannt hat.

17   **6. Rechtsfolgen des Antrags auf Nichtnennung.** Die Nennung des Erfinders in den Veröffentlichungen des DPMA unterbleibt. Stattdessen wird dort ein Hinweis aufgenommen, dass „Antrag auf Nichtnennung" gestellt ist.

18   Stellen nur **einzelne** von mehreren Miterfindern den Antrag, sind die anderen zu nennen und es ist ein Hinweis, dass „im übrigen Antrag auf Nichtnennung" gestellt ist, in die Veröffentlichungen aufzunehmen.[15]

19   Die Erfinderbenennung wird von der freien **Akteneinsicht** ausgenommen (§ 31 Abs 4; Rn 60 ff zu § 31; Rn 24 zu § 37). Zum berechtigten Interesse Rn 63 zu § 31.

20   **7. Widerruf des Antrags auf Nichtnennung.** Der Erfinder ist an seinen Antrag auf Nichtnennung nicht gebunden. Er kann ihn jederzeit widerrufen (Abs 1 Satz 4 1. Halbs).[16]

21   Der Widerruf bedarf der **Schriftform** (§ 8 Abs 1 Satz 1 PatV). Auch hier ist § 125a Abs 1 anzuwenden. Einer Begründung bedarf er nicht.

22   **8.** Ein **Verzicht auf die Nennung** als Erfinder gegenüber einem Dritten ist, gleich wo und wem gegenüber er erklärt wird, ohne rechtl Wirkung (Abs 1 Satz 5). So ist auch ein Verzicht in einem Anstellungsvertrag ohne rechtl Wirksamkeit. Das Recht auf Nennung kann auch im Verhältnis eines Patentanwalts zu seinem Mandanten bestehen.[17]

III. Berichtigung und Nachholung der Erfindernennung

23   **1. Allgemeines.** Die Erfindernennung durch das DPMA kann aus unterschiedlichen Gründen unterbleiben oder unrichtig sein; Abs 2 regelt nur einen Teil dieser Fälle.

---

13   BGH GRUR 1994, 104 Akteneinsicht XIII; vgl *Schulte* Rn 14; *Fitzner/Lutz/Bodewig* Rn 9.
14   *Fitzner/Lutz/Bodewig* Rn 10.
15   *Fitzner/Lutz/Bodewig* Rn 11.
16   *Fitzner/Lutz/Bodewig* Rn 12.
17   KG Mitt 1956, 218.

2. Berichtigung

a. Richtige Benennung. Hat der Anmelder oder Patentinhaber den Erfinder nach § 37 Abs 1 richtig **24** benannt, ist das DPMA bei der Nennung aber von der Benennung abgewichen, erfolgt die Berichtigung vAw (Rn 26 zu § 37).

b. Unrichtige Benennung. Ist die Person des Erfinders unrichtig genannt, weil der Anmelder oder **25** Patentinhaber ihn nach § 37 Abs 1 falsch benannt hat, gibt Abs 2 Satz 1 dem wahren Erfinder ein Recht auf Berichtigung der Nennung. Der Berichtigungsanspruch besteht unabhängig von der Schutzfähigkeit der Erfindung.[18] Er steht wie der Anspruch auf Übertragung nach § 8 dem zu, der einen schöpferischen Beitrag zum Gegenstand der Erfindung geleistet hat; für die Prüfung ist die gesamte unter Schutz gestellte Erfindung einschließlich ihres Zustandekommens in den Blick zu nehmen (vgl Rn 9 zu § 6).[19]

Die Vorschrift **verpflichtet** einerseits das DPMA zur Berichtigung, sofern die Voraussetzungen dafür **26** nachgewiesen werden, andererseits gibt sie dem wahren Erfinder gegen den Anmelder oder Patentinhaber und gegen den zu Unrecht Benannten einen Anspruch auf Mitwirkung bei der Berichtigung (Rn 36 ff).

Voraussetzungen der Berichtigung. Eine Berichtigung kommt in Betracht, wenn die **Person des Er-** **27** **finders** unrichtig angegeben ist. Dem steht es gleich, wenn von mehreren Miterfindern einer unbenannt geblieben ist („unvollständige Nennung").[20] Ob ein Anspruch auf Nennung als (Mit-)Erfinder besteht, erfordert einen prüfenden Vergleich der zum Patent angemeldeten Lehre mit derjenigen, deren widerrechtliche Entnahme geltend gemacht wird.[21] Dazu ist in erster Linie zu untersuchen, inwieweit beide Lehren übereinstimmen. Eine Berichtigung nach dieser Vorschrift kann nicht darauf gestützt werden, dass andere Angaben als die der Person des Erfinders bzw der Miterfinder fehlerhaft sind.

Die Berichtigung setzt einen **schriftlichen Antrag** (§ 8 Abs 1 Satz 1 PatV) des wahren Erfinders oder **28** des Anmelders voraus. Zur elektronischen Form Rn 15.

Sie setzt weiter eine **schriftliche Zustimmungserklärung** (§ 8 Abs 2 PatV) des Anmelders oder Pa- **29** tentinhabers und des zu Unrecht als Erfinder Benannten voraus.[22] Das DPMA kann die öffentliche Beglaubigung der Unterschriften verlangen (§ 17 PatV). Auch wenn ein Miterfinder zu Unrecht allein benannt ist, ist dessen Zustimmung für die Nennung des weiteren Erfinders erforderlich.[23] Zur elektronischen Form Rn 15. Die Zustimmung ist unwiderruflich (Abs 2 Satz 2).

Zur **Durchsetzung** der Zustimmung für den Fall, dass sie verweigert wird, Rn 36 ff. **30**

Durch die **Erhebung einer Klage** (Rn 36 ff) auf Erklärung der Zustimmung zur Nachholung oder Be- **31** richtigung wird das Patenterteilungsverfahren nicht aufgehalten (Abs 2 Satz 3).[24] Insb kommt eine Aussetzung des Prüfungsverfahrens ihretwegen nicht in Betracht.

3. Nachholung der Nennung

a. Sie kommt in Betracht bei **nachträglicher Benennung** nach § 37 Abs 2; die Pflicht des DPMA, die **32** Nennung vAw nachzuholen, folgt hier unmittelbar aus § 37 Abs 2.

b. Bei **Widerruf des Antrags auf Nichtnennung** (Abs 1 Satz 4; Rn 21) wird die Nennung auf den blo- **33** ßen Antrag nachgeholt. Eine Zustimmungserklärung ist nicht erforderlich.[25]

c. Nachholung der Nennung des wahren Erfinders. Hatte der zu Unrecht als Erfinder Benannte ei- **34** nen Antrag auf Nichtnennung gestellt, gibt Abs 2 Satz 1 dem wahren Erfinder das Recht auf Nachholung seiner Nennung.

---

18 BGH GRUR 2011, 903 Atemgasdrucksteuerung unter Hinweis auf BGH GRUR 2004, 50 f Schleppfahrzeug.
19 BGH Atemgasdrucksteuerung.
20 BPatGE 26, 152, 155 = GRUR 1984, 646.
21 BGH GRUR 2016, 265 Kfz-Stahlbauteil.
22 OLG Karlsruhe GRUR-RR 2003, 328 = Mitt 2004, 22; *Schulte* Rn 21; *Mes* Rn 10 und § 37 Rn 18.
23 BPatGE 26, 152, 155 = GRUR 1984, 646.
24 *Mes* Rn 12.
25 *Schulte* Rn 19; kr unter dem Gesichtspunkt des informationellen Selbstbestimmungsrechts *Benkard* Rn 13.

35   Die Nachholung bedarf eines **schriftlichen Antrags** (§ 8 Abs 1 Satz 1 PatV) des wahren Erfinders bzw des Anmelders oder Patentinhabers sowie der **schriftlichen Zustimmung** (§ 8 Abs 2 PatV; zur elektronischen Form Rn 15) des Anmelders oder Patentinhabers und des zu Unrecht Benannten, die auf Verlangen des DPMA in öffentlich beglaubigter Form eingereicht werden müssen (§ 17 PatV). Zur Durchsetzung des Rechts auf Zustimmung Rn 36 ff. Die Zustimmung ist unwiderruflich (Abs 2 Satz 2). Zum Einfluss einer Zustimmungsklage auf das Patenterteilungsverfahren Rn 31.

IV. Durchsetzung der Zustimmung

36   **1. Grundsatz.** Abs 2 Satz 1 begründet nicht nur einen Anspruch des wahren Erfinders auf Berichtigung oder Nachholung seiner Nennung gegen das DPMA, sondern gibt ihm zugleich ein materielles Recht gegen den Anmelder oder Patentinhaber und den zu Unrecht als Erfinder Benannten auf Mitwirkung bei der Berichtigung oder Nachholung der Nennung durch Abgabe der hierfür erforderlichen Zustimmungserklärung.[26] Auch dieser Anspruch ist Ausfluss des Erfinderpersönlichkeitsrechts (Rn 12 zu § 6)[27] und hat mit einem Vergütungsanspruch nichts zu tun.[28] Der Berichtigungsanspruch steht dem zu, der einen schöpferischen Beitrag zum Gegenstand der unter Schutz gestellten Erfindung geleistet hat; für die dafür vorzunehmende Prüfung ist die gesamte im Patent unter Schutz gestellte Erfindung einschließlich ihres Zustandekommens in den Blick zu nehmen.[29] Dabei kommt es auf die Fassung der Patentansprüche nur insofern an, als sich aus ihnen ergeben kann, dass ein Teil der in der Beschreibung dargestellten Erfindung nicht zu dem Gegenstand gehört, für den mit der Patenterteilung Schutz gewährt worden ist.[30]

37   **2.** Der Anspruch auf Erklärung der Zustimmung ist nicht im Verfahren vor dem DPMA, sondern im **Klageweg vor den ordentlichen Gerichten** geltend zu machen.[31] Dies folgt ua aus dem Wortlaut des Abs 2 Satz 3. Das Klageverfahren ist Patentstreitsache iSv § 143 (Rn 62 zu § 143).

3. Aktiv- und Passivlegitimation

38   **a. Aktivlegitimation.** Berechtigter ist der wahre Erfinder.[32] Der Anspruch ist Ausfluss des Erfinderpersönlichkeitsrechts und kann daher nicht durch einen Dritten, auch nicht im Weg der Prozessstandschaft, geltend gemacht werden.[33]

39   **b. Passivlegitimation.** Die Klage richtet sich gegen den Anmelder oder Patentinhaber und gegen den zu Unrecht Benannten; diese sind aber keine notwendigen Streitgenossen, weil die erforderlichen Erklärungen nicht notwendig zusammen abgegeben werden müssen (str, vgl Rn 41).[34]

40   **4. Keine Klagefrist.** Die Klage unterliegt keiner zeitlichen Begrenzung, weil das Erfinderrecht unverjährbar ist.

41   Allerdings setzt das Recht auf Berichtigung oder Nachholung der Erfindernennung nach Abs 2 Satz 1 begrifflich eine Veröffentlichung des DPMA ohne oder mit unzutr Nennung des wahren Erfinders voraus, so dass Ansprüche aus dieser Vorschrift an sich frühestens mit der Offenlegung entstehen. Gleichwohl

---

26   BGH GRUR 2011, 903 Atemgasdrucksteuerung; vgl *Benkard-EPÜ* Art 62 Rn 14; *Schulte* Rn 23; LG München I 10.3.2005 7 O 23286/02.

27   BGH GRUR 1978, 583, 585 Motorkettensäge; BGH GRUR 2004, 272 rotierendes Schaftwerkzeug; vgl BGH GRUR 1969, 133 Luftfilter.

28   BGH rotierendes Schaftwerkzeug.

29   BGH Atemgasdrucksteuerung unter Hinweis auf BGHZ 73, 337 = GRUR 1979, 540 Biedermeiermanschetten; *Mes* Rn 10.

30   BGH Atemgasdrucksteuerung in Klarstellung von BGH GRUR GRUR 2004, 50 Verkranzungsverfahren; *Mes* Rn 10.

31   Vgl *Fitzner/Lutz/Bodewig* Rn 15.

32   LG München I 10.3.2005 7 O 23286/02.

33   BGH GRUR 1978, 583 Motorkettensäge; vgl *Benkard* Rn 16; *Kraßer* S 386 (§ 20 IV a 2).

34   OLG Karlsruhe GRUR 2003, 1072, Nichtzulassungsbeschwerde wegen Verfehlens des notwendigen Werts der Beschwer erfolglos geblieben; *Mes* Rn 11; *Schulte* Rn 23 Fn 17; jetzt auch *Benkard* Rn 11; aA OLG Hamburg GRUR 1958, 78; vgl auch BGH GRUR 1969, 133 f Luftfilter, wo offengelassen wird, ob auch ein Anspruch des Erfinders gegen den benannten Erfinder auf Zustimmung besteht.

braucht der nicht oder nicht richtig benannte Erfinder diese Veröffentlichung **nicht abzuwarten**. Er kann schon vorher – im Weg vorbeugender Wahrung seiner Erfinderrechte – vom Anmelder klageweise die Berichtigung der Erfinderbenennung (§ 37 Abs 1) verlangen.[35] Der zu Unrecht benannte Erfinder braucht hier nicht mitverklagt zu werden; eine notwendige Streitgenossenschaft besteht insoweit nicht.[36]

5. Rechtsschutzbedürfnis. Das Erlöschen des Patents macht die Klage nicht ohne weiteres unzulässig, weil der wahre Erfinder ein Rechtsschutzbedürfnis an der Feststellung seiner Erfindereigenschaft haben kann (zum Klageantrag in diesem Fall Rn 43). Das Rechtsschutzbedürfnis fehlt aber regelmäßig, wenn die Anmeldung zurückgewiesen worden ist.[37]   42

6. Der Klageantrag ist entspr der in Abs 2 Satz 1 umschriebenen materiellen Verpflichtung zu fassen, dh auf Erklärung der Zustimmung zur Nachholung bzw zur Berichtigung der Nennung zu richten. Im Fall des Erlöschens des Patents ist der Klageantrag auf Feststellung der Erfindereigenschaft umzustellen, denn eine Erfindernennung (und dementspr eine Zustimmung zu ihrer Nachholung oder Berichtigung) kommt nach Erlöschen des Patents nicht mehr in Betracht.   43

7. Beweisfragen. Der Kläger muss nachweisen, dass in Wahrheit er und nicht der bisher Benannte Erfinder ist (vgl Rn 36 ff zu § 8),[38] bzw dass er Alleinerfinder ist und die vom Anmelder Benannten keine Miterfinder sind.[39] Dabei spricht die Lebenserfahrung gegen die Erfinderschaft eines Patentanwalts, der ein Patent vorbehaltlos auf den Namen seines Mandanten anmeldet.[40]   44

8. Das Klageverfahren folgt im übrigen den allg zivilprozessualen Regeln (s die Kommentierung vor § 143).   45

Für den **Streitwert**, der sich nach dem Interesse des Erfinders an seiner Nennung bemisst, ist maßgeblich, dass der geltend gemachte Anspruch aus dem Erfinderpersönlichkeitsrecht fließt.[41] Das Interesse des Diensterfinders an seinem Vergütungsanspruch ist unmaßgeblich.[42]   46

9. Vollstreckung erfolgt nach § 894 ZPO.[43] Die Vorlage des rechtskräftigen Urteils auf Zustimmung zur Berichtigung oder Nachholung ersetzt die Vorlage der entspr Zustimmungserklärung beim DPMA.[44]   47

Für eine Anwendung des **§ 895 ZPO** (vorläufige Vollstreckbarkeit bei Willenserklärungen) ist kein Raum, weil das PatG die dort vorausgesetzten Registereinträge nicht kennt.[45]   48

10. Die Zustimmungsklage ist ohne **Einfluss auf das Patenterteilungsverfahren** (Abs 2 Satz 3).[46]   49

V. Publizität der nachträglichen Nennung

Jede Berichtigung oder Nachholung der Nennung wird im PatBl veröffentlicht und im Register vermerkt. Außerdem findet sie Berücksichtigung in allen Patentveröffentlichungen (hier wurde der Begriff „Druckschriften" nicht wie sonst ersetzt), bei denen die technischen Vorbereitungen für die Veröffentlichung (Rn 45 f zu § 32) im Zeitpunkt der Berichtigung oder nachträglichen Nennung noch nicht abgeschlossen sind. Auf amtlichen Druckschriften, die zu dieser Zeit bereits veröffentlicht sind, wird die nachträgliche Nennung oder die Berichtigung nicht vermerkt (Abs 3); dies soll auch nach Regel 20, 21 AOEPÜ   50

35   BGH GRUR 1969, 133 Luftfilter; vgl auch LG Mannheim GRUR 1957, 122.
36   BGH Luftfilter; *Fitzner/Lutz/Bodewig* Rn 20.
37   *Harmsen* GRUR 1978, 585 f; vgl *Schulte* Rn 25.
38   *Benkard* Rn 19.
39   LG Hamburg GRUR 1958, 77; vgl aber zur sekundären Beweislast LG München I 10.3.2005 7 O 23286/02.
40   KG Mitt 1956, 218.
41   BGH GRUR 1978, 583 Motorkettensäge; BGH GRUR 2004, 272 rotierendes Schaftwerkzeug; *Schulte* Rn 18; *Mes* Rn 12.
42   BGH rotierendes Schaftwerkzeug.
43   *Benkard* Rn 22.
44   *Schulte* Rn 25; *Fitzner/Lutz/Bodewig* Rn 15.
45   Vgl *Benkard* Rn 22.
46   *Fitzner/Lutz/Bodewig* Rn 19.

gelten.[47] Sind bereits alle Veröffentlichungen erfolgt, bleibt dem wahren Erfinder der Nachweis seiner Erfinderschaft durch die Veröffentlichung im PatBl und durch den Registerstand.[48]

VI. Ausführungsbestimmungen

51   Nach Abs 4 Satz 1 ist das BMJV ermächtigt, durch Rechtsverordnung Bestimmungen zur Ausführung der Abs 1–3 zu erlassen. Nach Abs 4 Satz 2 kann es diese Ermächtigung durch Rechtsverordnung auf das DPMA übertragen. Von der Möglichkeit der Übertragung dieser Verordnungsermächtigung ist in § 20 DPMAV idF des Art 24 Nr 2 KostRegBerG Gebrauch gemacht. Der PräsDPA hatte von der Ermächtigung (noch nach § 20 DPAV aF) zunächst in der ErfinderbenennungsVO (ErfBenV) vom 29.5.1981[49] Gebrauch gemacht. Diese ist durch §§ 7, 8 PatV ersetzt worden (Rn 9 zu § 34).

§ 64
(Widerruf; Patentbeschränkung)

(1) Das Patent kann auf Antrag des Patentinhabers widerrufen oder durch Änderung der Patentansprüche mit rückwirkender Kraft beschränkt werden.

(2) Der Antrag ist schriftlich einzureichen und zu begründen.

(3) [1]Über den Antrag entscheidet die Patentabteilung. [2]§ 44 Abs. 1 und die §§ 45 bis 48 sind entsprechend anzuwenden. [3]Wird das Patent widerrufen, so wird dies im Patentblatt veröffentlicht. [4]Wird das Patent beschränkt, ist in dem Beschluss, durch den dem Antrag stattgegeben wird, die Patentschrift der Beschränkung anzupassen; die Änderung der Patentschrift ist zu veröffentlichen.

EPA-PrRl D-X
Ausland: Dänemark: § 53e PatG 1996; **Frankreich:** Art L 613-24 CPI; **Italien:** Art 79 CDPI; **Österreich:** kein Beschränkungsverfahren, aber Beschränkung im Nichtigkeitsverfahren möglich; **Schweiz:** Art 24, 25, 127 (eur Patente) PatG, Art 96–98 (Teilverzicht) PatV; **Litauen:** Art 43 PatG; **Slowakei:** § 46 Abs 5 PatG (Widerruf auf Antrag des Patentinhabers) ; **VK:** Sec 27, 76 Abs 3 Patents Act 1977

Übersicht

---

47   BGH GRUR 2011, 903 Atemgasdrucksteuerung.
48   Begr PatG 1936 BlPMZ 1936, 112.
49   BGBl I 525 = BlPMZ 1981, 231.

Schrifttum: *Bruchhausen* Die Fassung der Sachanträge in den Patentverfahren, FS R. Nirk (1992), 103; *Engel* Zur Beschränkung des Patents und deren Grenzen, GRUR 2009, 248; *Féaux de Lacroix* Zum gegenseitigen Verhältnis von Beschränkungs-, Einspruchs- und Nichtigkeitsverfahren, Mitt 2008, 6; *Flad* Änderungen des Patents im Einspruchs-, Einspruchsbeschwerde-, Nichtigkeits- und Beschränkungsverfahren, GRUR 1995, 178; *Harraeus* Die Patentbeschränkung, GRUR 1962, 57; *Keukenschrijver* Änderungen der Patentansprüche erteilter Patente im Verfahren vor dem Bundespatentgericht und vor dem Bundesgerichtshof, GRUR 2001, 571; *Klötzer* Das Patentbeschränkungsverfahren, Mitt 1955, 135; *Luginbuehl/Kohler* Das neue Beschränkungs- und Widerrufsverfahren im Europäischen Patentübereinkommen, sic! 2001, 681; *R. Rogge* Abwandlung eines europäischen Patents in Sprache und Inhalt – Änderungen und Übersetzungen, GRUR 1993, 284; *Singer* Aufrechterhaltung, Erlöschen, Beschränkung und Nichtigkeit des Gemeinschaftspatents, GRUR Int 1976, 215; *van der Werth* Patentberichtigung, GRUR 1951, 109; *Véron/Romet* Patents: Strenghtening by Limitation, Voluntary Limitation of Granted French National Patents is Now Possible, IIC 2009, 957; *Weißig* Praktischer Vorschlag für die freiwillige Beschränkung von unter dem ersten Überleitungsgesetz erteilten Patenten, GRUR 1952, 377; *Wichmann/Naumann* EPÜ 2000: Das neue Beschränkungs- und Widerrufsverfahren, Mitt 2008, 1.

A. Geltungsbereich

I. Zeitlich

Die durch das 5.ÜberlG im Jahr 1953 als § 36a eingestellte Bestimmung, die ihre geltende Bezeichnung **1** durch die Neubek 1981 erhalten hat, ist durch Art 8 Nr 37 GPatG neu gefasst worden; Art 7 Nr 28 KostRegBerG hat Abs 2 Satz 2 wegen Übernahme der Gebührenregelungen in das PatKostG aufgehoben. Das Gesetz zur Umsetzung der EPÜ-Revisionsakte hat die Möglichkeit des Widerrufs des Patents auf Antrag des Patentinhabers neu eingeführt und Abs 3 Satz 3, 4 neu gefasst.

II. Ergänzende Schutzzertifikate

Für eine Anwendung der Bestimmung auf ergänzende Schutzzertifikate ist, wie insgesamt für die **2** Anwendung der Vorschriften über das Verfahren vor dem DPMA, kein Raum.[1] Die **Beschränkung des Grundpatents** führt jedoch zur Nichtigkeit des Schutzzertifikats, wenn das Erzeugnis, für das es erteilt worden ist, infolge der Beschränkung nicht mehr von den Patentansprüchen des Grundpatents erfasst wird (vgl Art 15 Abs 1 Buchst c AMVO und PSMVO, Rn 167 ff Anh § 16a). Zur Laufzeitberichtigung § 49a.

III. Europäische Patente

1. Nationales Widerrufs- und Beschränkungsverfahren. Widerruf und Beschränkung von mit Wir- **3** kung für die Bundesrepublik Deutschland erteilten eur Patenten nach § 64 sind auch nach Inkrafttreten der eur Regelung (Rn 5) weiterhin zulässig und fallen in die Zuständigkeit des DPMA, soweit diese Rechtsfolgen nur für die Bundesrepublik Deutschland angeordnet werden sollen.[2] Das folgt aus Art 2 Abs 2 EPÜ, der die erteilten eur Patente dem nationalen Recht unterstellt.[3] Voraussetzungen und Verfahren richten sich nach der nationalen Regelung.[4] Die nationale Beschränkung des eur Grundpatents wirkt auf das Schutzzertifikat zurück.[5] Zur Sprachenfrage vgl Rn 7 zu Art II § 6 IntPatÜG. Daneben hat die EPÜ-Revision ein zentrales Widerrufs- und Beschränkungsverfahren mit Wirkung für alle Vertragsstaaten, für die das eur Patent erteilt worden ist, geschaffen (Art 105b Abs 3 EPÜ; Rn 5).

Im **Beschränkungsbeschluss** des DPMA wird zugleich anders als bei dt Patentschriften (Rn 36) die **4** entspr Anpassung der eur Patentschrift vorgenommen; die Änderung der eur Patentschrift wird veröffentlicht.[6]

---

1 Begr PatGÄndG BTDrs 2/3630 = BlPMZ 1993, 205, 209.
2 Vgl *Schulte* Rn 6.
3 BGH BlPMZ 1995, 322 Isothiazolon; BGHZ 133, 79 = GRUR 1996, 862 Bogensegment; BGHZ 147, 137 = GRUR 2001, 730 Trigonellin; frühere MittPräsDPA Nr 8/87 BlPMZ 1987, 185; *Kraßer* S 700 (§ 30 IV 3); *Bruchhausen* FS R. Nirk (1992), 103, 109; *R. Rogge* GRUR 1993, 284, 288; *Schulte* Rn 7; noch offengelassen in BGHZ 118, 222 = GRUR 1993, 154 Linsenschleifmaschine; zur Rechtslage im VK PatentsC und CA England/Wales GRUR Int 2001, 77 mAnm *Adam*.
4 Vgl die frühere MittPräsDPA Nr 8/87 BlPMZ 1987, 185.
5 BPatGE 54, 249 = GRUR 2014, 1073 „Telmisartan".
6 *Schulte* Rn 35; überholt die MittPräsDPA Nr 8/87 BlPMZ 1987, 185, vgl *Benkard* Rn 45.

5 **2. Europäisches Widerrufs- und Beschränkungsverfahren.** Art 105a–105c EPÜ sehen Beschränkung oder Widerruf des eur Patents auf Antrag des Patentinhabers durch das EPA vor.[7] Die Beschränkung wird mit der Veröffentlichung des Hinweises auf die Entscheidung wirksam (Art 105b Abs 3 EPÜ). Regeln 90–96 AOEPÜ enthalten hierzu detaillierte Regelungen. Wie nach § 64 wird nicht geprüft, ob das beschränkte Patent den sachlichen Schutzvoraussetzungen genügt. Der (nicht fristgebundene) Antrag ist beim EPA zu stellen; er gilt erst als gestellt, wenn die Beschränkungs- oder Widerrufsgebühr entrichtet ist (Art 105a Abs 1 Satz 3 EPÜ; Art 2 Nr 10a GebO); zu den formellen Erfordernissen (Schriftform, notwendiger Inhalt, im Fall der Beschränkung vollständige Fassung der geänd Unterlagen, Angaben zum Vertreter) Regel 92 AOEPÜ. Die Beschränkungsgebühr beträgt 1.165 EUR, die Widerrufsgebühr 525 EUR (Nr 131, 141 GebO). Der Antrag kann nicht gestellt werden, solange ein eur Einspruchsverfahren anhängig ist (Art 105a Abs 2 EPÜ; Regel 93 AOEPÜ).[8] Als Antragsteller kommt nur der Patentinhaber in Betracht; ist dieser für die Vertragsstaaten nicht einheitlich, muss die Sachbefugnis nachgewiesen werden (Regel 92 Abs 2 Buchst c AOEPÜ). Über den Antrag entscheidet die Prüfungsabteilung (Regel 91 Satz 1 AOEPÜ), uU durch Bedienstete, die keine Prüfer sind.[9] Geprüft wird, ob die in der AOEPÜ festgelegten Erfordernisse für eine Beschränkung oder den Widerruf erfüllt sind (Art 105b Abs 1 EPÜ). Ist dies der Fall, wird Widerruf oder Beschränkung beschlossen (Art 105b Abs 2 EPÜ; Regel 95 AOEPÜ); andernfalls wird der Antrag zurückgewiesen (zur Verwerfung als unzulässig nach Mängelbeanstandung Regel 94 AOEPÜ). Der Widerruf erfolgt ohne weiteres, wenn der wirksam gestellte Antrag zulässig ist (vgl Regel 95 Abs 1 AOEPÜ). Die Beschränkung erfolgt, wenn die geänd Patentansprüche gegenüber den geltenden Patentansprüchen eine Beschränkung darstellen und den Art 84, 123 Abs 2, 3 EPÜ genügen; Klarstellungen sind ausgeschlossen.[10] Die beschwerdefähige Entscheidung erfasst das eur Patent mit Wirkung für alle Vertragsstaaten, für die es erteilt ist (Art 105b Abs 2 Satz 2 EPÜ), und wird mit dem Tag der Veröffentlichung des Hinweises auf die Entscheidung wirksam (Art 105b Abs 2 Satz 3 EPÜ). Im Fall der Beschränkung wird eine geänd eur Patentschrift veröffentlicht (Art 105c EPÜ; Regel 96 AOEPÜ). Das eur Widerrufs- und Beschränkungsverfahren tritt damit neben die nationalen Verfahren, die weiterhin möglich bleiben (Rn 3).[11] Soweit sich in verschiedenen Verfahren divergierende Entscheidungen ergeben, richten sich die Rechtsfolgen nach Rn 36.

IV. Europäisches Patent mit einheitlicher Wirkung

6 Art 33 Abs 10 des Übk über ein einheitliches Patentgericht regelt unmittelbar nur die Unterrichtung. Die Regelungen des EPÜ sind auch auf sie anwendbar.[12]

B. Rechtsnatur; systematische Stellung; Bedeutung

7 In § 64 sind die materiellrechtl und die prozessualen Regelungen für die Patentbeschränkung und den Widerruf zusammengefasst. Die Vorschrift gehört rechtssystematisch, soweit es um ihren materiellen Gehalt geht, zu den Endigungsgründen der §§ 20–22. Ihrer verfahrensrechtl Seite nach entsprechen ihr die Regelungen der §§ 59 ff (für das Einspruchsverfahren) und §§ 81 ff (für das Nichtigkeitsverfahren). Die Vorschrift ergänzt § 20 Abs 1 Nr 1, der nur einen Verzicht auf das Patent als Ganzes oder selbstständige Teile davon (einzelne Patentansprüche) gestattet, indem sie dem Patentinhaber die Möglichkeit zur beschränkenden Umgestaltung seines Schutzrechts durch Änderung einzelner Patentansprüche einräumt. Anlass hierfür war ursprünglich, dass nach Einführung eines vereinfachten Prüfungsverfahrens durch das 1.ÜberlG dem Patentinhaber hinsichtlich des Umfangs der Beschränkung mehr Spielraum gegeben und dadurch der Anstrengung von Nichtigkeitsklagen vorgebeugt werden sollte.[13] Beide Vorschriften zusammen ermöglichen es dem Patentinhaber, jede beschränkende Änderung des Patents, die sich nachträglich als erforderlich erweist, von sich aus und ohne Beteiligung eines Dritten in einem einfachen, kostengünstigen Verfahren vorzunehmen. Sie sind damit Ausdruck der Verfügungsbefugnis des Patentinhabers über

---

7 Vgl *Benkard* Rn 7 f; *Kraßer* S 699 (§ 30 IV 1).
8 Vgl *Singer/Stauder* EPÜ Art 105a Rn 21 ff.
9 BeschlPräsEPA vom 12.7.2007 ABl EPA 2007 Sonderausg Nr 3, 106; *Singer/Stauder* EPÜ Art 105b Rn 3.
10 *Singer/Stauder* EPÜ Art 105b Rn 6.
11 *Benkard*[10] Rn 1g sah hier gesetzgeberischen Handlungsbedarf.
12 Vgl *Benkard* Rn 7.
13 Begr BTDrs 3801 = BlPMZ 1953, 295, 297.

sein Schutzrecht.[14] Anders als der Verzicht wirken Widerruf und Beschränkung auf den Erteilungszeitpunkt zurück (Rn 11, 14).

Dabei ist die Patentbeschränkung der beschränkten Aufrechterhaltung (§ 21 Abs 2) und der Teilnich- **8**
tigerklärung (§ 22 Abs 2) wirkungsgleich (vgl Rn 108 ff zu § 21). Die Wirkung von Widerruf und Beschränkung kann auch im **Nichtigkeitsverfahren** im Weg der beschränkten Verteidigung herbeigeführt werden (Rn 105 ff zu § 82). Diese Wirkung kann dort aber nur unter Beteiligung Dritter und mit entspr höherem Kostenaufwand erzielt werden. Diesen Aufwand zu vermeiden, war Sinn und Zweck der Einführung der Vorschrift durch das 5. ÜberlG.[15]

Bedeutung. Im Jahr 2015 wurden beim DPMA 11 Beschränkungsanträge gestellt (2014 9, 2013 14, 2012 **9**
14, 2011 15, 2010 12, 2009 14, 2008 13, 2007 24, 2006 26, 2005 17, 2004 22).

C. Widerruf des Patents

I. Allgemeines

Die (vom Widerruf im Einspruchsverfahren zu unterscheidende) Möglichkeit des Widerrufs des Pa- **10**
tents auf Antrag des Patentinhabers ist gleichlaufend mit der entspr, durch das EPÜ neu eingestellten Regelung in Art 105a, Art 105b EPÜ auch in das nationale Recht eingefügt worden. Ob das Fallenlassen ganzer Patentansprüche als (Teil)Widerruf oder als Beschränkung anzusehen ist, ist bisher nicht entschieden (vgl Rn 12).[16] Die Gebührenpflicht entspricht der im Beschränkungsverfahren (Rn 21). Zum Widerruf im Nichtigkeitsverfahren Rn 105 zu § 82.

II. Wirkung

Der Widerruf wirkt anders als der Patentverzicht auf den Zeitpunkt der Patenterteilung zurück; er be- **11**
seitigt das Patent mit Wirkung von Anfang an (vgl zum ergänzenden Schutzzertifikat Rn 2). Der Widerruf wird im PatBl veröffentlicht (Abs 3 Satz 3). Unklar ist, ob der Widerruf bereits mit Eingang des wirksamen Antrags Wirkung entfaltet oder ob es hierfür einer konstitutiven Entscheidung der Patentabteilung des DPMA bedarf.[17] Nach Sinn und Zweck der Regelung sollte der Antrag auf Widerruf entgegen Abs 2 keiner Begründung und auch nicht der Darlegung eines Rechtsschutzbedürfnisses bedürfen.[18]

D. Patentbeschränkung

I. Änderung der Patentansprüche

§ 64 ermöglicht nur die Beschränkung des Patents durch Änderung von Patentansprüchen. Eine Be- **12**
schränkung durch Änderungen der Beschreibung oder der Zeichnung unabhängig von einer Änderung der Patentansprüche ist von § 64 nicht gedeckt (vgl Rn 37).[19] Es wurde angenommen, dass die Bestimmung eine Beschränkung durch Streichung ganzer Patentansprüche[20] oder eine vollständige Aufgabe des Patents („Beschränkung auf Null")[21] nicht deckt, der Patentinhaber aber die praktische Rückwirkung eines (Teil-)Verzichts dadurch herbeiführen könne, dass er auf Ansprüche gegen Dritte in entspr Umfang verzichtet.[22] Hiervon abw eröffnete allerdings die Praxis bei der Selbstbeschränkung im Nichtigkeitsverfahren

---

14   Vgl *R. Rogge* GRUR 1993, 298; *Mes* Rn 10.
15   Begr 5. ÜberlG BlPMZ 1953, 295; BGHZ 41, 13 = GRUR 1964, 308, 309 Dosier- und Mischanlage.
16   Vgl hierzu BPatGE 51, 51 = GRUR 2010, 137 „Oxaliplatin"; *Fitzner/Lutz/Bodewig* Rn 29 halten zu Unrecht die Streichung ganzer abhängiger Patentansprüche für diecht durch die Neuregelung gedeckt.
17   In letzterem Sinn *Fitzner/Lutz/Bodewig* Rn 5.
18   Näher *Fitzner/Lutz/Bodewig* Rn 9 ff.
19   Vgl *Schulte* Rn 33; *Fitzner/Lutz/Bodewig* Rn 23, 33.
20   BPatG 16.12.1997 6 W (pat) 91/96; hiergegen *Benkard* Rn 9.
21   DPA Mitt 1960, 152; aA DPA Mitt 1958, 35.
22   DPA Mitt 1960, 152; vgl *Kraßer* S 621 (§ 26 B IV 3).

Keukenschrijver

die Möglichkeit, einzelne Patentansprüche fallenzulassen.[23] Nachdem es mit Einführung des Widerrufs möglich ist, sich des Patents insgesamt mit Wirkung ex tunc zu entledigen, ist es nicht mehr gerechtfertigt, dem Patentinhaber die Aufgabe ganzer Patentansprüche nach § 64 zu verwehren;[24] das gilt seit der Neuregelung auch für die „Bescchränkung auf Null" (Widerruf nach § 64; Rn 105 zu § 82).

13   Der Begriff der Beschränkung sollte nicht nur die Fälle erfassen, in denen der Schutzbreich des Patent vermindert wird; deshalb wird auch die Aufnahme eines zusätzlichen Merkmals in einen **abhängigen Patentanspruch** von ihr erfasst.[25] In solchen Fällen wird aber idR das erforderliche Rechtsschutzbedürfnis (Rn 22) zu verneinen sein.

II. Wirkung

14   Die Beschränkung wirkt kraft ausdrücklicher gesetzlicher Vorschrift (wie Teilwiderruf und Teilnichtigerklärung und anders als der Patentverzicht) auf den Zeitpunkt der Anmeldung zurück. Das Patent gilt als von Anfang an im beschränkten Umfang erteilt.[26] Es ist ab Wirksamkeit der Entscheidung des DPMA in dieser beschränkten Form sowohl dem Verletzungsprozess[27] als auch dem Nichtigkeitsverfahren[28] zugrunde zu legen. Eine nach Schluss der mündlichen Verhandlung in der Tatsacheninstanz angeordnete Beschränkung ist in der Revisionsinstanz zu beachten (Rn 253, 255 vor § 143). Die Beschränkung kann auch eine Änderung der Lizenzgebühren rechtfertigen (Rn 92 zu § 15).

III. Beschränkungsverfahren

15   **1. Grundsatz.** Im Gegensatz zum Patentverzicht und dem Widerruf, die in ihrer schlichten Beschränkung auf den Wegfall des Patents als Ganzen oder ganzer Patentansprüche durch einfache Erklärung gegenüber dem DPMA herbeigeführt werden können, erfordert die Patentbeschränkung als differenzierterer Behelf, der die Änderung von Patentansprüchen, Beschreibung und Zeichnung (vgl Abs 3 Satz 3) einschließt, eine Prüfung durch das DPMA, insb auf etwaige in der Beschränkung liegende unzulässige Änderungen. Abs 2 und 3 geben hierfür das Verfahren vor.

2. Verfahrensvoraussetzungen

16   **a.** Das Beschränkungsverfahren wird durch einen **Antrag** eingeleitet. Der Antrag muss sich auf eine Beschränkung durch Änderung der Patentansprüche beziehen. Er muss die gewünschte neue Fassung der Patentansprüche sowie der angepassten Beschreibung enthalten. Antragsteller kann nur der im Register eingetragene Patentinhaber sein.[29] Er bestimmt Gegenstand und Umfang des Beschränkungsverfahrens.[30] Über ihn darf die Patentabteilung nicht hinausgehen. Das hindert sie aber nicht, im Rahmen ihrer Pflicht, auf eine sachgerechte Antragstellung hinzuwirken, zB wegen aufgefundenen weiteren StdT oder dessen anderer Interpretation, eine andere, verbesserte Abgrenzung anzuregen. Die Stellung von Hilfsanträgen sollte möglich sein.

17   **Zeitpunkt.** Der Antrag kann gestellt werden, sobald der Erteilungsbeschluss nach § 58 wirksam geworden ist. Das nationale Einspruchsverfahren sperrt (anders als das Einspruchsverfahren nach dem EPÜ das eur Widerrufs- und Beschränkungsverfahren) nicht.[31] Das gilt auch für eur Patente, die in die nationale Phase getreten sind. Damit kann das eur Patent zu einem früheren Zeitpunkt national beschränkt werden, als es eur beschränkt werden kann. Das Erlöschen des Patents bildet keine zeitliche Grenze, jedoch ist in diesem Fall das Rechtsschutzbedürfnis besonders zu prüfen (Rn 22).

---

23   BGH GRUR 2006, 666 Stretchfolienhaube; vgl BGH Bausch BGH 1999–2001, 109 Katalysatorreaktorträgerkörper; BPatG 22.6.2006 2 Ni 29/05 (EU).

24   Vgl BPatGE 51, 51 = GRUR 2010, 137 „Oxaliplatin"; *Schulte* Rn 31.

25   AA *Fitzner/Lutz/Bodewig* Rn 23, 25 f.

26   BPatGE 29, 8, 10 = GRUR 1987, 810, 812.

27   BGH GRUR 1962, 577 Rosenzüchtung.

28   BGH GRUR 1958, 134 Milchkanne.

29   Vgl *Fitzner/Lutz/Bodewig* Rn 3.

30   BGH GRUR 1964, 308 f Dosier- und Mischanlage.

31   Vgl *Fitzner/Lutz/Bodewig* Rn 14.

Da der Antrag, anders als die Verzichtserklärung, keine unmittelbare rechtsändernde Wirkung hat, **18** kann er jedenfalls bis zum Erlass des Beschränkungsbeschlusses **geändert oder zurückgenommen** werden.[32] Darüber hinaus besteht eine Rücknahmemöglichkeit noch bis zum Ablauf der Beschwerdefrist und nach Einlegung der Beschwerde bis zum rechtskräftigen Abschluss des Beschwerdeverfahrens; die Wirkungslosigkeit des Beschränkungsbeschlusses kann – muss aber nicht – durch deklaratorischen Beschluss festgestellt werden (zur vergleichbaren Problematik bei der Teilung Rn 6 f zu § 39, dort auch zur Rechtslage im Rechtsbeschwerdeverfahren).[33]

b. Begründung. Der Antrag auf Beschränkung bedarf der Begründung (Abs 2 Satz 1). Diese muss die **19** Zulässigkeitsvoraussetzungen, insb das Rechtsschutzbedürfnis, darlegen (Rn 22) sowie den Beschränkungsgrund angeben.[34] Dieser und der Umfang der Beschränkung sind zu erläutern. Wird die Abgrenzung gegenüber nicht berücksichtigtem StdT begehrt, muss dieser StdT genannt werden.[35] Ob eine behauptete offenkundige Vorbenutzung substantiiert dargelegt werden muss, ist str.[36]

c. Antrag und Begründung unterliegen der **Schriftform** (Abs 2 Satz 1; zu dieser Rn 62 ff vor § 34). Zur **20** elektronischen Einreichung § 125a Abs 1.

d. Mit dem Antrag ist eine **Gebühr** in Höhe von 120 EUR zu zahlen (GebVerz Nr 313700, auch für den **21** Widerruf). Die Gebühr wird mit der Antragstellung fällig (§ 3 Abs 1 PatKostG).[37] Wird sie nicht innerhalb von drei Monaten ab Fälligkeit gezahlt, gilt der Beschränkungsantrag als zurückgenommen (§ 6 Abs 2 iVm Abs 1 Satz 2 PatKostG). Zu den Kosten der Veröffentlichung Rn 41.

e. Das **Rechtsschutzbedürfnis** ist in der Vorschrift zwar nicht besonders erwähnt, es muss jedoch **22** allg für jede Inanspruchnahme einer Behörde oder eines Gerichts gegeben sein.[38] Es ist immer gegeben, wenn die Beschränkung einer drohenden Nichtigkeitsklage vorbeugen soll, zB bei anhängigem Verletzungsstreit[39] und Bekanntwerden von nicht berücksichtigtem StdT. Es fehlt bei unnützer Inanspruchnahme des DPMA, zB bei Antrag auf Beschränkung eines erloschenen Patents, wenn ein anzuerkennendes Interesse an einer Beschränkung für die Vergangenheit fehlt.[40]

3. Prüfung

a. Zuständigkeit. Über den Antrag entscheidet die Patentabteilung (Abs 3 Satz 1 iVm § 27 Abs 1 Nr 2). **23**
Der **Vorsitzende** kann zwar das Verfahren allein führen (§ 27 Abs 4), also vorbereitende Ermittlungen **24** vornehmen und Zwischenbescheide erlassen oder diese Aufgaben einem technischen Mitglied der Abteilung übertragen. Jedoch sind Anhörung der Beteiligten und Beschlussfassung über den Antrag der voll besetzten Abteilung vorbehalten (§ 27 Abs 4).

b. Verfahrensgrundsätze. Die Vorschriften des § 44 Abs 1 und der §§ 45–48 sind entspr anzuwenden **25** (Abs 3 Satz 2). Das heißt lediglich, dass die gleichen Verfahrensgrundsätze wie im Patenterteilungsverfahren anzuwenden sind. Ist der Antrag mangelhaft, ist daher ein Prüfungsbescheid (§ 45) erforderlich.[41] Die Vorschrift sagt nichts über den Gegenstand oder Inhalt der Prüfung (Rn 27 ff). Insb bedeutet die Verweisung auf § 46 Abs 1, dass der Untersuchungsgrundsatz gilt. Die Patentabteilung hat Zulässigkeit und Be-

---

32 BGH GRUR 1961, 529, 531 Strahlapparat; BGHZ 128, 149, 154 = GRUR 1995, 210 Lüfterkappe; *Schulte* Rn 20; *Fitzner/Lutz/Bodewig* Rn 4; *Mes* Rn 20, 24.
33 BPatG BlPMZ 2002, 229; vgl *Mes* Rn 24.
34 BPatG 16.12.1997 6 W (pat) 91/96; *Mes* Rn 20; vgl *Fitzner/Lutz/Bodewig* Rn 6.
35 DPA Mitt 1958, 57.
36 Bejahend DPA Mitt 1958, 57; verneinend *Reimer* § 36a Rn 4.
37 *Mes* Rn 21; vgl schon DPA BlPMZ 1958, 135.
38 BPatGE 29, 8, 10 = GRUR 1987, 810, 812; abw *Fitzner/Lutz/Bodewig* Rn 7 f.
39 BPatGE 16, 144, 146.
40 DPA Mitt 1960, 152; BPatGE 16, 144, 146; BPatGE 29, 8, 10 = GRUR 1987, 810, 812; *Benkard* Rn 27; *Schulte* Rn 18; vgl *Fitzner/Lutz/Bodewig* Rn 13.
41 Vgl *Benkard* Rn 36.

gründetheit des Antrags vAw zu erforschen und ist dabei an Vorbringen und Beweisanträge der Beteiligten nicht gebunden. Jedoch herrscht Antragsbindung.[42]

26　　Gegenstand der **Zulässigkeitsprüfung** sind die in Rn 16 ff genannten Zulässigkeitsvoraussetzungen.

27　　Der Antrag ist **begründet**, wenn er eine zulässige Beschränkung des Patents durch Änderung der Patentansprüche zum Gegenstand hat (Abs 1).

28　　Ob die Beschränkung **zulässig** ist, beurteilt sich nach den allg Grundsätzen des Einspruchs- und des Nichtigkeitsverfahrens,[43] insb darf die Beschränkung nicht zu einem aliud oder zu einer unzulässigen Erweiterung des Gegenstands und des Schutzbereichs des Patents führen.[44] Dabei ist von der erteilten Fassung des Patents auszugehen; auf ein Merkmal, das darin nicht (mehr) enthalten ist, kann nicht zurückgegriffen werden, andererseits kann eine in der erteilten Fassung enthaltene unzulässige Erweiterung nur beseitigt werden, wenn dies nicht seinerseits zu einer Erweiterung des Schutzbereichs führt.[45]

29　　Es ist **nicht zu prüfen**, ob die beantragte Beschränkung notwendig ist, weit genug geht oder **ob das beschränkte Patent patentfähig ist**; die Vorschriften des Patenterteilungsverfahrens, auf die Abs 3 Satz 2 verweist, betreffen nicht die materiellen Voraussetzungen der Patenterteilung;[46] die materiellen Voraussetzungen der Beschränkung sind allein in Abs 1 geregelt.[47] Das hindert die Patentabteilung nicht, den Patentinhaber auf weitere StdT hinzuweisen oder sonst im Rahmen ihrer Pflicht, auf die Stellung sachgerechter Anträge hinzuwirken, Anregungen für eine verbesserte Abgrenzung zu geben.[48]

30　　Die **Einheitlichkeit** der beschränkten Fassung, die insb dadurch wegfallen kann, dass ein diese erst begründender übergeordneter Patentanspruch wegfallen kann, wird nicht geprüft.[49]

31　　**Verfahrensbeteiligter** am Beschränkungsverfahren ist allein der Patentinhaber (oder die Mitinhaber). Eine Beteiligung Dritter ist nicht vorgesehen und unstatthaft.[50]

32　　**Recht auf Äußerung** ist dem Patentinhaber zu gewähren. Insb folgt aus Abs 3 iVm § 45, dass ihm vor Zurückweisung seines Antrags Gelegenheit gegeben werden muss, etwaige formelle Mängel zu beseitigen und sich zu Bedenken gegen die Begründetheit seines Antrags zu äußern. Auf Gründe, zu denen sich der Antragsteller nicht äußern konnte, darf eine negative Entscheidung nicht gestützt werden.

33　　**c. Aussetzung des Beschränkungsverfahrens** wegen eines anhängigen, dasselbe Patent betreffenden Nichtigkeitsverfahrens ist ebenso unzulässig[51] wie umgekehrt die Aussetzung eines Nichtigkeitsverfahrens wegen eines anhängigen Beschränkungsverfahrens.[52]

4. Entscheidung

34　　**a. Form; Verlautbarung.** Die Entscheidung über den Beschränkungsantrag ergeht durch Beschluss (Abs 3 Satz 3), der grds zu begründen, schriftlich auszufertigen und den Beteiligten vAw zuzustellen ist (Abs 3 Satz 3 iVm § 47 Abs 1 Satz 1). Wird dem Antrag stattgegeben, entfällt das Begründungserfordernis (Abs 3 Satz 3 iVm § 47 Abs 1 Satz 3). Am Ende einer Anhörung kann er auch verkündet werden (Abs 3 Satz 3 iVm § 47 Abs 1 Satz 2). Dem Beschluss ist eine Rechtsmittelbelehrung beizufügen (Abs 3 Satz 3 iVm 47 Abs 2).

42　*Fitzner/Lutz/Bodewig* Rn 18.
43　DPA BlPMZ 1957, 129.
44　BPatG 16.12.1997 6 W (pat) 91/96; danach ergibt die Ergänzung eines denknotwendig bereits vorhandenen Merkmals keine Beschränkung; vgl *Hövelmann* Mitt 2002, 49, 53; BPatGE 30, 64 = BlPMZ 1989, 195.
45　BPatGE 16, 144: keine Veränderung des Gegenstands.
46　BGHZ 41, 13, 15 f = GRUR 1964, 308 f Dosier- und Mischanlage; DPA BlPMZ 1966, 53; *Benkard* Rn 36; *Schulte* Rn 23; *Fitzner/Lutz/Bodewig* Rn 17, 32; vgl aber DPA Mitt 1958, 35.
47　BGH Dosier- und Mischanlage.
48　Vgl *Benkard* Rn 37.
49　*Fitzner/Lutz/Bodewig* Rn 21.
50　DPA Mitt 1960, 152.
51　DPA BlPMZ 1957, 320; *Benkard* Rn 40; *Schulte* Rn 31.
52　DPA BlPMZ 1958, 61; aA für den Fall, dass der Nichtigkeitsantrag nicht über den Beschränkungsantrag hinausgeht, DPA BlPMZ 1954, 438.

b. Inhalt. Zu entscheiden ist über den Antrag (Abs 3 Satz 1); daraus folgt, dass einheitlich zu ent- **35** scheiden ist.

Nach Abs 1 erfolgt die Beschränkung durch Änderung der **Patentansprüche**; diese müssen daher im **36** Beschluss genau bezeichnet werden. Praktischerweise werden sie in ihrer neuen Fassung in die Entscheidungsformel aufgenommen oder in dieser wird auf die als Anlage der Entscheidungsformel beigefügten neuen Patentansprüche Bezug genommen. Wird auch im Einspruchs- oder Nichtigkeitsverfahren beschränkt, ist im nationalen Verfahren jeweils eine bestandskräftige frühere Entscheidung im anderen Verfahren zu beachten, nicht aber im eur Einspruchsverfahren eine nationale Beschränkung; ergeben sich insgesamt divergierende Entscheidungen (was insb bei nationalem Beschränkungs- und eur Beschränkungs- und Einspruchsverfahren vorkommen kann), tritt für die Geltendmachung des Patents doppelte Schrankenwirkung ein.[53]

Nach Abs 3 Satz 4 ist die Patentschrift der Beschränkung anzupassen. IdR wird also auch eine neue **37** **Beschreibung** oder werden neue Beschreibungsteile Bestandteil der Entscheidungsformel sein. Im Beschränkungsverfahren erstmals berücksichtigtes Material aus dem StdT braucht nicht in die geänd Unterlagen aufgenommen zu werden. § 32 Abs 3 Satz 2 ist in Abs 3 Satz 4 nicht für anwendbar erklärt.[54]

5. Veröffentlichungen. Nach Abs 3 Satz 4 ist die Änderung der Patentschrift wie im Fall der Be- **38** schränkung des Patents im Einspruchsverfahren (Rn 87 f zu § 61) zu veröffentlichen. Das kann durch Herausgabe einer neuen Patentschrift geschehen (seit 2004 C5-Patentschrift).[55] Jedoch genügt, da das Gesetz nur die Veröffentlichung der Änderungen vorsieht, die Herausgabe eines Ergänzungsblatts, das die Änderungen der Patentansprüche und der Beschreibung genau erkennen lässt.

Die Beschränkung wird im **Patentregister** vermerkt (§ 30 Abs 1 Satz 2) und im **Patentblatt** bekannt- **39** gegeben (§ 32 Abs 5).[56] Der Widerruf des Patents wird im PatBl veröffentlicht (Abs 3 Satz 3).

Zur Veröffentlichung der nationalen Beschränkung **europäischer Patente** Rn 3. **40**

Kosten der Veröffentlichung. Nach Anl zu § 2 Abs 1 DPMAVwKostV idF des Art 25 KostRegBerG **41** (KostVerz)[57] ist für die zusätzliche Bekanntmachung im PatBl (Nr 302350) und für den Neudruck oder die Änderung der Patentschrift (Nr 302360) eine Pauschale von je 30 EUR zu entrichten.

IV. Beschwerde

Gegen einen Beschluss im Widerrufs- oder Beschränkungsverfahren ist für den Patentinhaber, sofern **42** er beschwert ist, die Beschwerde nach § 73 gegeben. Sie kommt auch in Betracht, wenn dem Hilfsantrag entsprochen, der Hauptantrag aber zurückgewiesen wurde.[58] Beschwerdeberechtigt ist als einziger Verfahrensbeteiligter ausschließlich der Patentinhaber. Dritte, die das Patent in der Fassung des Beschränkungsbeschlusses angreifen wollen, sind auf das Nichtigkeitsverfahren verwiesen. Da der Patentinhaber alleiniger Beteiligter des Beschränkungsverfahrens ist, kann der Beschwerde ggf abgeholfen werden (§ 73 Abs 4, 5).

---

53 BGHZ 147, 137 = GRUR 2001, 730 Trigonellin; vgl *Fitzner/Lutz/Bodewig* Rn 42.
54 DPA BlPMZ 1957, 120; *Benkard*[10] Rn 25 (nicht mehr in der Folgeaufl); *Fitzner/Lutz/Bodewig* Rn 37; aA DPA Mitt 1958, 35; *Schulte* Rn 33.
55 MittPräsDPMA Nr 13/03 BlPMZ 2003, 353.
56 Vgl die frühere MittPräsDPA Nr 8/87 BlPMZ 1987, 185.
57 Vgl dazu Begr BTDrs 14/6203 S 76 f = BlPMZ 2002, 36, 63.
58 BPatG BlPMZ 2002, 229.

Keukenschrijver

VIERTER ABSCHNITT
Patentgericht

Vor § 65

Der vierte Abschnitt (durch das 6. ÜberlG als §§ 36b–36k eingefügt) fasst die Vorschriften über die **Gerichtsverfassung** der Beschwerdesenate und der Nichtigkeitssenate des BPatG und über den **Status der Richter** zusammen.[1] Die heutigen Paragraphenbezeichnungen beruhen auf der Neubek 1981; es entsprechen § 65 dem § 36b PatG 1961, § 66 dem § 36c PatG 1961, § 67 dem § 36d PatG 1961, § 68 dem 1972 geänd § 36e PatG 1961, § 69 dem § 36g 1961, § 70 dem § 36h PatG 1961, § 71 dem § 36i PatG 1961, § 72 dem § 36k PatG 1961. § 36f PatG 1961 ist durch das RiBezÄndG vom 26.5.1972 aufgehoben worden. Das 2. PatGÄndG hat § 65 Abs 1 Satz 1 und § 66 Abs 1 Nr 2 neu gefasst. Das Gesetz zur Stärkung der Unabhängigkeit der Richter und Gerichte hat § 68, das KostRegBerG § 67, das Gesetz zur Änderung des patentrechtlichen Einspruchsverfahrens und des Patentkostengesetzes nochmals § 67 geänd. Das PatRVereinfModG hat in § 65 eine Verweisung auf den neu eingestellten § 85a aufgenommen; das Gesetz zur Novellierung patentrechtlicher Vorschriften und anderer Gesetze des gewerblichen Rechtsschutzes hat die Verweisung in 68 Abs 1 Satz 2 ergänzt. **1**

Der Abschnitt lehnt sich zur **Gerichtsverfassung** weitgehend an die entspr Vorschriften des GVG an,[2] auf die er teilweise ausdrücklich verweist (vgl §§ 68, 69 Abs 1, 2), die aber, auch soweit eine ausdrückliche Verweisung fehlt, gem der rechtl Stellung des Gerichts (Rn 4 ff zu § 65) zur Ausfüllung von Gesetzeslücken entspr heranzuziehen sind (vgl § 99 Abs 1). **2**

Ähnliches gilt für die Vorschriften des DRiG über den **Richterstatus** der Mitglieder des BPatG, die gleichfalls teilweise ausdrücklich in Bezug genommen sind (§ 65 Abs 2 Satz 2, § 71 Abs 1). **3**

Die Vorschriften dieses Abschnitts gelten generell, wo immer eine **Zuständigkeit des BPatG** begründet ist, ohne Rücksicht darauf, ob dies ausdrücklich angeordnet ist, wie für den Bereich der ergänzenden Schutzzertifikate (§ 16a Abs 2) und der europarechtl Zwangslizenzen (vgl § 85a), oder ob eine solche ausdrückliche Bestimmung fehlt. **4**

Die Bestimmungen der §§ 65–72 gelten unmittelbar auch in **Markensachen**, soweit nicht Spezialregelungen im MarkenG vorgehen.[3] **5**

§ 65
(Bundespatentgericht)

(1) [1]**Für die Entscheidungen über Beschwerden gegen Beschlüsse der Prüfungsstellen oder Patentabteilungen des Patentamts sowie über Klagen auf Erklärung der Nichtigkeit von Patenten und in Zwangslizenzverfahren (§§ 81, 85 wird das Patentgericht als selbständiges und unabhängiges Bundesgericht errichtet.** [2]**Es hat seinen Sitz am Sitz des Patentamts.** [3]**Es führt die Bezeichnung „Bundespatentgericht".**

(2) [1]**Das Patentgericht besteht aus einem Präsidenten, den Vorsitzenden Richtern und weiteren Richtern.** [2]**Sie müssen die Befähigung zum Richteramt nach dem Deutschen Richtergesetz besitzen (rechtskundige Mitglieder) oder in einem Zweig der Technik sachverständig sein (technische Mitglieder).** [3]**Für die technischen Mitglieder gilt § 26 Abs. 3 entsprechend mit der Maßgabe, daß sie eine staatliche oder akademische Abschlußprüfung bestanden haben müssen.**

(3) **Die Richter werden vom Bundespräsidenten auf Lebenszeit ernannt, soweit nicht in § 71 Abweichendes bestimmt ist.**

(4) **Der Präsident des Patentgerichts übt die Dienstaufsicht über die Richter, Beamten, Angestellten und Arbeiter aus.**

---

1 Vgl Begr 6. ÜberlG BTDrs 1749 vom 24.3.1960 = BlPMZ 1961, 140, 150.
2 Vgl Begr 6. ÜberlG BTDrs 1749 vom 24.3.1960 = BlPMZ 1961, 140, 150.
3 *Ströbele/Hacker* § 66 MarkenG Rn 1 unter Hinweis auf Begr MarkenRRefG BTDrs 12/6581 vom 14.1.1994 = BlPMZ Sonderheft 1994 S 97.

Ausland: Dänemark: § 7 (Patentbeschwerdekammer) PatG 1996; **Italien:** Art 143, 144 (Beschwerdekommission) CDPI; **Österreich:** § 67 öPatG (Amtskleid); **Polen:** Art 275–278 (Beschwerdekammer), 279–282 (Spruchkollegien) RgE 2000; **Schweiz:** Bundesgesetz über das Bundespatentgericht, in Kraft seit 1.3.2010/1.1.2011

Übersicht

Schrifttum: *Ann* Technische Richter in der Patentgerichtsbarkeit: ein Modell mit Perspektive? FS 50 Jahre BPatG (2011), 111; *Ballhaus* Das Bundespatentgericht, Mitt 1961, 100; *Bernhardt* Das Patentamt – eine Verwaltungsbehörde, NJW 1959, 2043; *Bettermann* Gericht oder Verwaltungsbehörde, Rechtsprechung oder Verwaltung? DÖV 1959, 761; *Brinkhof* The desirability, necessity and feasibility of cooperation between courts in the field of european patent law, FS 10 Jahre GBK (1996), 49; *Brunn* Die parlamentarische Wahl sämtlicher Richter des Bundespatentgerichts als die „von Verfassungs wegen naheliegende" Lösung, FS 50 Jahre BPatG (2011), 1059; *Engel* Die Prüfungsbefugnis der Patentabteilung und des Bundespatentgerichts im Einspruchs- und Einspruchs-Beschwerdeverfahren, FS R. Nirk (1992), 195; *Faber* Über die Zusammenarbeit von rechtskundigen und technischen Richtern beim Bundespatentgericht, DRiZ 1975, 49; *Gamerith* Der Oberste Patent- und Markensenat, eine Höchstinstanz in Konkurrenz zum OGH? ÖBl 1999, 111; *Grabrucker* Gründungschronik de Bundespatentgerichts, FS 50 Jahre BPatG (2011), 35; *Greuner* Die Folgen des Urteils des Bundesverwaltungsgerichts vom 13.6.1959 über die Rechtsstellung des Deutschen Patentamts, Mitt 1959, 133; *Haugg* Das Dienstgebäude Balanstr. 59: eine nicht problemfreie Zwischenlösung, FS 50 Jahre BPatG (2011), 73; *Herbst* Das Bundespatentgericht als Gericht der ordentlichen Gerichtsbarkeit, FS 25 Jahre BPatG (1986), 47; *Hiersemenzel* Patentanwälte als technische Richter beim Bundespatentgericht? Mitt 1981, 185; *Hilty/Lamping* Trennungsprinzip: Quo vadis, Germania, FS 50 Jahre BPatG (2011), 255; *Hofmeister* Die Fischdose der Pandora, Mitt 2010, 178; *Horn* Die Stellung des Bundespatentgerichts in der deutschen Gerichtsorganisation, Mitt 1962, 125; *Jänich* Verfahrensgrundrechte vor dem Bundespatentgericht, FS 50 Jahre BPatG (2011), 289; *Jungbluth* Das Bundespatentgericht im zehnten Jahre seines Bestehens, FS 10 Jahre BPatG (1971), 9; *Kappl* Der Rechtspfleger beim Bundespatentgericht, RpflBl 1992, 74; *Kern* Rechtsnatur und Zukunft des Bundespatentamts, NJW 1960, 1429; *Keukenschrijver* Nichtjuristen als Berufsrichter, FS 25 Jahre BPatG (1986), 47; *Krebber* Der rechtliche Spielraum eines Verbots der Altersdiskriminierung im Umgng mit Altersgrenzen bei der Beendigung der Erwerbstätigkeit, FS U. Blaurock (2013), 237; *A. Krieger* Das Bundespatentgericht als „Bundesgericht für Angelegenheiten des gewerblichen Rechtsschutzes" (Art 96 GG), GRUR 1977, 343; *A. Krieger* Die Errichtung des Bundespatentgerichts vor 25 Jahren, FS 25 Jahre BPatG (1986), 31; *Kunze* „Sachverständige" technische Richter, Mitt 1971, 150; *Landfermann* Das Bundespatentgericht in den Jahren 2001 bis 2006, FS 50 Jahre BPatG (2011), 70; *Leise* Das Selbstverständnis des Bundespatentgerichts unter besonderer Berücksichtigung des technischen Richters, GRUR 1981, 470; *Lotz* Interdisziplinär besetzte Richterbank als Qualitätsfaktor, DRiZ 2014, 20; *Lutz* 50 Jahre Bundespatentgericht: und wie geht es weiter? FS 50 Jahre BPatG (2011), 89; *Meier-Beck* Bundespatentgericht und Bundesgerichtshof als europäische Patentgerichte, Tagungsband Die nationale Patentgerichtsbarkeit in Europa (2011), 9; *Meier-Beck* Bundespatentgericht und Bundesgerichtshof: patentrechtliche Aufgaben und Lösungen, FS 50 Jahre BPatG (2011), 403; *Pakuscher* Patentamt und Patentgericht – ein organisatorisches Rechtsproblem, Mitt 1977, 8; *Pakuscher* Zukünftige Aufgaben des Bundespatentgerichts, Auswirkungen der europäischen

Patentübereinkommen und anderer internationaler Verträge, BB 1977, 1; *Pakuscher* Zum zwanzigsten Geburtstag des Bundespatentgerichts, GRUR 1981, 449; *Pakuscher* 25 Jahre Bundespatentgericht, FS 25 Jahre BPatG (1986), 1; *Pakuscher* Der U.S. Court of Appeals for the Federal Circuit – Ein Modell für Europa? GRUR Int 1991, 760; *Pakuscher* Der Jurist als technischer Richter, FS R. Nirk (1992), 829; *Pakuscher* Zur beabsichtigten Umbenennung des Deutschen Patentamts und des Bundespatentgerichts, GRUR 1993, 467; *Pakuscher* Das Bundespatentgericht: 50 Jahre und seine Zukunft? FS 50 Jahre BPatG (2011), 55; *Raible* Das Patentgericht im Lichte seiner Statistik, GRUR 1981, 695; *Rauch* Aus der Arbeit des sogenannten Juristischen Beschwerdesenats des Bundespatentgerichts, Tagungsband des 15. und 16. Freiberger Seminars zum Gewerblichen Rechtsschutz (2011), 61; *Schmidt* 50 Jahre Bundespatentgericht, VPP-Rdbr 2011, 198; *Schmieder* Justizreform und Patentgerichtsbarkeit, GRUR 1972, 682; *Schmieder* 25 Jahre Bundespatentgericht, NJW 1986, 1715; *Sedemund-Treiber* Das Bundespatentgericht in den Jahren 1992 bis 2001, FS 50 Jahre BPatG (2011), 63; *Sendler* Richter und Sachverständige, NJW 1986, 2907; *Teschemacher* Die Entstehung des Bundespatentgerichts: Ein Lehrstück für die Beschwerdekammern des Europäischen Patentamts? FS 50 Jahre BPatG (2011), 911; *van Raden* The Expert on the Bench: Technically Qualified Judges in Nullity Proceedings, Mitt 2001, 393; *Vogel* Zur Auswirkung des Vertrages über die Herstellung der Einheit Deutschlands auf die Verfahren vor dem Deutschen Patentamt und dem Bundespatentgericht, GRUR 1991, 83; *Völp* Die Reform des Rechtsweges gegen Entscheidungen des Patentamts, GRUR 1960, 205; *Völp* Das Patentamt – eine Verwaltungsbehörde? NJW 1960, 81; *Völp* Zur Entstehung des Bundespatentgerichts, GRUR 2009, 918; *Völp* Erinnerungen an die Entstehung des Bundespatentgerichts, FS 50 Jahre BPatG (2011), 33; *Weiss* Drei Jahre Bundespatentgericht, Gedanken und Erfahrungen, GRUR 1964, 637.

A. Geschichtliche Entwicklung

Seit der Errichtung des Patentamts 1877 war stets eine Nachprüfung seiner Entscheidungen in einem **1** besonders geregelten Beschwerdeverfahren innerhalb des Amts vorgesehen. Die Tätigkeit des Amts und insb der für die Behandlung der Beschwerden zuständigen Stellen wurde **als rechtsprechende Tätigkeit** angesehen, weshalb 1917 die Dienstaufsicht dem Reichsjustizamt übertragen[1] und 1933 den Mitgliedern des RPA eine Amtstracht nach dem Muster der preußischen Richterrobe verliehen wurde.[2]

Praktische Bedeutung erlangte die Frage, ob das Amt als Verwaltungsbehörde oder zumindest in sei- **2** ner Beschwerdeinstanz als Gericht anzusehen sei, mit dem **Inkrafttreten des Grundgesetzes**, das in Art 19 Abs 4 GG gegen jede Verletzung von Rechten durch die öffentl Gewalt den Rechtsweg eröffnet.[3] Den Streit, ob die Entscheidungen des DPA und insb die seiner Beschwerdesenate Gerichtsentscheidungen iSv Art 19 Abs 4 GG waren oder als administrative Akte der öffentl Gewalt (verwaltungs-)gerichtl Überprüfung unterlagen, hat das BVerwG mit Urteil vom 13.6.1959 im letzteren Sinn entschieden.[4] Da dies bedeutete, dass sich dem zweistufigen Verfahren vor dem DPA ein dreistufiges verwaltungsgerichtliches Verfahren anschloss, was in der Folge der Entscheidung des BVerwG zeitweilig auch so praktiziert wurde (1959 bis 1961 über 600 Anfechtungsklagen gegen Entscheidungen der Beschwerdesenate),[5] war der Gesetzgeber zu einer **Neuordnung** aufgerufen.[6] Sie erfolgte durch die Ausgliederung der Beschwerde- und der Nichtigkeitssenate aus der bis dahin einheitl Organisation des DPA und ihre organisatorische Verselbstständigung als Bundespatentgericht.[7] Dabei war Voraussetzung für die Errichtung des **Bundespatentgerichts** eine Änderung des GG. Sie erfolgte durch das 12. Gesetz zur Änderung des Grundgesetzes vom 6.3.1961,[8] das in einem neuen Art 96a GG (jetzt Art 96 GG) den Bund ermächtigte, für Angelegenheiten des gewerblichen Rechtsschutzes ein Bundesgericht zu errichten.[9] Von dieser Ermächtigung hat der Gesetzgeber in

---

1 Verhandlungen des Reichstages Bd 30, S 3692, 3697, 3705.

2 VO des Reichspräsidenten vom 28.6.1933, BlPMZ 1933, 176; aufgehoben durch Art 4 der Anordnung des Bundespräsidenten über die Amtstracht beim BPatG vom 5.5.1961, BlPMZ 1961, 210.

3 Zur vergleichbaren Problematik nach Art 6 EMRK – Anfechtung von Entscheidungen des nl PA – EGMR 23.10.1985 PubECHR Series A Nr 97 = NedJ 1986, 102; EGMR 27.11.1991 PubECHR Series A Nr 219 = NedJ 1992, 377; EGMR 20.11.1995 PubECHR Series A vol 331 = BIE 1996, 275; EMRK 19.5.1994 BIE 1995, 67; RB Den Haag 23.6.1999 97/2181, auszugsweise in BIE 1999, 275; RB Den Haag BIE 2001, 33.

4 BVerwGE 8, 350 = GRUR 1959, 435.

5 *Fitzner/Lutz/Bodewig* Rn 1.

6 Zum Urteil und seinen Konsequenzen Begr 6. ÜberlG BlPMZ 1961, 140 ff; *Haertel* BB 1959, 749; *Bernhardt* NJW 1959, 2043; *Bettermann* DÖV 1959, 761; *Kern* NJW 1960, 1429; *Greuner* Mitt 1959, 133; *Völp* NJW 1960, 81; *Völp* GRUR 1960, 206.

7 Zu parallelen Diskussionen in Österreich 1964/65 *Gamerith* ÖBl 1999, 111, 114.

8 BGBl I 141 = BlPMZ 1961, 122; Begr BlPMZ 1961, 122.

9 Zur Tragweite des Art 96 GG *A. Krieger* GRUR 1977, 343.

Art I Nr 29 des 6.ÜberlG vom 23.3.1961[10] dadurch Gebrauch gemacht, dass er mit Wirkung vom 1.7.1961[11] das BPatG als selbstständiges, unabhängiges Bundesgericht errichtet und dessen Organisation und Verfahren geregelt hat. Zur zeitlichen Grenze für die Anfechtung von Altentscheidungen des DPA *6. Aufl* Rn 7.

3   Die **Schweiz** besitzt seit 2011 ein gleichnamiges (Bundes-)Gericht, allerdings mit abw Kompetenzzuweisung (insb auch Verletzungsklagen).

B. Das Bundespatentgericht

I. Rechtliche Einordnung

4   Das BPatG gehört als Gericht des Bundes zum Geschäftsbereich des BMJV, der die Zahl der Senate (§ 66 Abs 2) und die Einrichtung der Geschäftsstelle (§ 72 Satz 2) bestimmt und die Dienstaufsicht über den Präsidenten ausübt.[12]

5   Das BPatG ist das einzige durch Art 96 Abs 1 GG bundesrechtl bestellte **besondere Gericht** und durch seine Nachordnung nach dem Bundesgerichtshof (Art 96 Abs 3 GG, §§ 100, 110, 122 PatG) als Gericht der **ordentlichen Gerichtsbarkeit** ausgewiesen.[13]

6   Das Gericht steht im **Gerichtsaufbau** auf der Stufe eines Oberlandesgerichts.[14] Entsprechend sind seine Richter besoldungsrechtl nach R2, seine Vorsitzenden Richter nach R3 und sein Präsident nach R8 eingestuft.[15]

7   Das BPatG ist nach Abs 1 Satz 1 als Gericht entsprechend dem Gebot des Art 20 Abs 2 GG **selbstständig.** Es ist organisatorisch und personell vom DPMA und anderen staatlichen Stellen und Gerichten getrennt und als eigenständige Behörde mit einem eigenen Präsidenten (Abs 2 Satz 1; Rn 23ff), einem Vizepräsidenten (§ 68 Nr 3; Rn 26), Senaten (§ 66) und einer Geschäftsstelle (§ 72) verfasst. Die personelle Trennung manifestiert sich darin, dass das Amt eines Richters am BPatG grds von auf Lebenszeit ernannten Mitgliedern des Gerichts ausgeübt wird und andere Richter und Beamte nur eingeschränkt eingesetzt werden können (§ 71; §§ 28, 29 DRiG).

8   Das BPatG ist als unabhängiges Organ der Rechtspflege (Abs 1 Satz 1) konstituiert; ihm und seinen Mitgliedern ist sachliche **Unabhängigkeit** (Weisungsfreiheit) garantiert (Art 97 Abs 1 GG, § 25 DRiG), zu der nach Art 97 Abs 2 GG und §§ 30 ff DRiG die persönliche Unabhängigkeit der Richter hinzutritt.

II. Zuständigkeit

9   **1. Allgemeines.** Das BPatG als Verwaltungseinheit hat auch Aufgaben der Gerichts- und der Justizverwaltung. Abs 1 betrifft jedoch nur die justiziellen Zuständigkeiten, den „Rechtsweg" (vgl Rn 42 zu § 143) zum BPatG. Dem BPatG sind nach § 85a (eingefügt durch das PatRVereinfModG iVm der Verordnung (EG) Nr 816/2006 des europäischen Parlaments und des Rates vom 17. Mai 2006 über Zwangslizenzen für Patente an der Herstellung von pharmazeutischen Erzeugnissen für die Ausfuhr in Länder mit Problemen im Bereich der öffentlichen Gesundheit auch Exekutivaufgaben zugewiesen, die es im Klageverfahren nach §§ 81 ff erfüllt (vgl zB Art 10 Abs 6 Satz 2, Abs 8 Satz 1; Art 14 Abs 2, 3, 6; Art 16 Abs 1, 4 Satz 1 VO), für die es aber weitgehend (Beschlagnahme) schlecht gerüstet ist.

10   **2. Der „Rechtsweg"** zum BPatG ist nur eröffnet, soweit hierfür eine gesetzliche Grundlage gegeben ist. Es ist für die im DPMA behandelten Rechtsmaterien sowie in geringem Umfang auch für die des BSortA zuständig; das gilt sowohl für Zuständigkeiten in Beschwerdeverfahren, als in der Sache auch für die erstinstanzlichen Zuständigkeiten. In seinem Zuständigkeitsrahmen kann das Gericht allerdings uU auch bei Untätigkeit der nachgeordneten Stellen angerufen werden.[16] Der Rechtsweg zum BPatG ist auch für den Streit über den behaupteten Anspruch gegenüber dem DPMA, die Veröffentlichung einer Patentschrift zu

---

10   BGBl I 274 = BlPMZ 1961, 124, 126 ff; Begr BlPMZ 1961, 140, 151.
11   Bek des BMJ BlPMZ 1961, 247.
12   Begr 6. ÜberlG BlPMZ 1961, 140, 143.
13   Begr 6. ÜberlG BlPMZ 1961, 140, 151; *Röhl* NJW 1960, 1793; *Ballhaus* Mitt 1961, 102.
14   Vgl *Fitzner/Lutz/Bodewig* Rn 5.
15   BGH GRUR 1986, 453 Transportbehälter; Begr 6. ÜberlG BlPMZ 1961, 140, 155 reSp.
16   *Starck* GRUR 1985, 798, 801 mwN; *Ballhaus* Mitt 1961, 104 mwN.

unterlassen, gegeben.[17] Jedoch können Akte des PräsDPMA in Verwaltungsangelegenheiten, etwa in Angelegenheiten der Patentanwälte und Erlaubnisscheininhaber, mangels gesetzlicher Grundlage nicht vor dem BPatG, sondern nur vor den Gerichten in Patentanwaltssachen (§§ 85 ff PatAnwO), den Verwaltungsgerichten oder im Verfahren nach Art 23 EGGVG (Rn 7, 18 zu § 99) angefochten werden. Str ist, wieweit die Zuständigkeit des BPatG für Beschwerden gegen Entscheidungen über die Ausstellung von Prioritätsbescheinigungen eröffnet ist (vgl Rn 20 vor § 40; Rn 9 vor § 73).[18] Umgekehrt ist die Zuständigkeit des BPatG ausschließlich. Soweit sie gesetzlich begründet ist (Rn 11 ff), ist jede andere Zuständigkeit ausgeschlossen. Eine gesetzliche **Erweiterung** der Zuständigkeiten des BPatG über den derzeitigen Zuständigkeitsbereich hinaus wäre im Rahmen der in Art 96 GG umschriebenen Grenzen des „gewerblichen Rechtsschutzes" verfassungsrechtl unbdkl. Sie wird aus sachlichen Gründen und auch zur Stabilisierung der Geschäftslage des Gerichts vielfach gefordert (vgl auch Rn 9 ff vor § 143).[19]

3. Einzelne Zuständigkeiten. Das BPatG ist nach Abs 1 Satz 1 zuständig zur Entscheidung über Beschwerden gegen Beschlüsse der Prüfungsstellen und Patentabteilungen des DPMA sowie über Klagen auf Erklärung der Nichtigkeit von Patenten und in Zwangslizenzverfahren (iSv § 24 im weitesten Sinn, also nicht nur für die Erteilung der Zwangslizenz, sondern ebenso für deren Zurücknahme, die Anpassung der durch Urteil für die Zwangslizenz festgesetzten Vergütung und das Verfahren auf Erlass einer einstweiligen Verfügung iSv § 85).[20] Diese Aufzählung ist allerdings nicht einmal annähernd erschöpfend.   11

Weitere Zuständigkeiten ergeben sich bereits aus dem **Patentgesetz** (vgl dazu Rn 19 ff vor § 73). Das BPatG ist darüber hinaus zuständig für Wiederaufnahmeklagen nach § 578 ZPO (Rn 28 vor § 73; Rn 105 zu § 79) und für Vollstreckungsgegenklagen nach § 767 ZPO (Rn 27 vor § 73). Nach dem KostRegBerG ist das BPatG als Beschwerdegericht nach Erinnerung gegen den Kostenansatz des DPMA zuständig (§ 11 Abs 2 PatKostG; § 11 Abs 2 DPMAVwKostV).   12

Weitere Aufgaben sind dem BPatG durch das **MarkenG**, das **GebrMG**, das **SortG**, das **DesignG** (früher GeschmMG), das **HlSchG** und andere Spezialgesetze des gewerblichen Rechtsschutzes sowie durch die Justizbeitreibungsordnung[21] zugewiesen. Vollstreckungsbehörde ist nach § 2 Abs 2 JBeitrO das Bundesamt für Justiz.   13

Neue Aufgaben sind dem BPatG auch durch das **EPÜ** zugewachsen. Dazu gehört insb die Entscheidung über Klagen auf Nichtigerklärung von mit Wirkung für die Bundesrepublik Deutschland erteilten Patenten (Art 138 EPÜ iVm Art II § 6 IntPatÜG), nicht dagegen der Rechtsschutz gegen Akte der Organe der EPO (vgl zu diesem Rn 5 ff Anh § 65). Eine abw Regelung ist für das künftige Patent mit einheitlicher Wirkung getroffen.   14

Die Zuständigkeit des BPatG kann auch auf einer **bindenden Verweisung** durch ein anderes Gericht beruhen.[22]   15

III. Sitz

Das BPatG hat seinen Sitz am Sitz des DPMA (Abs 1 Satz 2; Rn 6 ff zu § 26) in München.[23] Die Anbindung des BPatG an den Sitz des DPA geschah ua, um dem Gericht den Zugang zu Bibliothek und technischem Prüfstoff des DPA zu erhalten.[24]   16

Das BPatG verfügt über eine eigene **Bibliothek** mit ca 21.500 Titeln und einer Sondersammlung mit ca 5.400 Produktkatalogen uä. Die Dokumentationsstelle stellt im Internet alle verfahrensabschließenden Entscheidungen seit dem Dokumentationsjahr 2000 für nichtkommerzielle Zwecke kostenfrei zur Verfügung; daneben beliefert sie die Datenbank juris, in der darüber hinaus zahlreiche Printmedien ausgewer-   17

---

17   VG München BlPMZ 2005, 398; VGH München Mitt 2006, 127; nachgehend BGH GRUR 2010, 253 Fischdosendeckel, hierzu *Hofmeister* Mitt 2010, 178, und nach Zurückverweisung BPatGE 52, 256.

18   Bejahend BPatGE 52, 86 = GRUR 2011, 48 f; *Schulte* Rn 7; verneinend BPatG BlPMZ 1990, 360; vgl *Mes* Rn 5.

19   *Pakuscher* GRUR 1977, 371; *Pakuscher* RIW 1975, 305, 314; *Schmieder* GRUR 1972, 682; *Kuntze* Mitt 1971, 150 f; *Trüstedt* Gedanken zur Reform des Patentrechts, Mitt 1958, 122.

20   Vgl Ausschussbericht BlPMZ 1998, 416 f.

21   BPatGE 22, 48 = BlPMZ 1979, 381.

22   *Fitzner/Lutz/Bodewig* Rn 19; vgl VGH München Mitt 2006, 127.

23   Bek des BMJ BlPMZ 1961, 247.

24   Begr 6. ÜberlG BlPMZ 1961, 140, 151.

tet werden. Die hausinterne Dokumentation geht noch weiter. Der Verein der Richter am Bundespatentgericht (Rn 46) veröffentlicht die Entscheidungssammlung Entscheidungen des Bundespatentgerichts (BPatGE; bisher 54 Bände).

18 Das Gericht, das seit seiner Gründung im **Dienstgebäude** des DPA in München und seit 1991 in angemieteten Räumen untergebracht war (näher *7. Aufl*), hat seit 23.1.1999 ein eigenes Dienstgebäude in der

Cincinnatistraße 64
81549 München
Postfach 900253
81502 München
Telefon 089 69937-0, Telefax 089 69937-5100.
Internet-Adresse: www.bpatg.de
De-mail (nur in Verwaltungsangelegenheiten): bundespatentgericht@bundespatentgericht.de-mail.de

19 Seit der räumlichen Trennung verfügt das BPatG über eine eigene Annahmestelle und einen eigenen Nachtbriefkasten.[25] Die frühere gemeinsame Annahmestelle von DPA und BPatG ist aufgehoben.[26] Die **Anbindung** des BPatG an das DPMA beschränkt sich seither auf Zahlstelle, Beschaffungs-, Vorprüfungs-, Lichtbild-, Prüfstoffstelle und die Modellverwaltung sowie die Mitbenutzung der Bibliothek. Die Geldstelle des BPatG wurde zum 1.10.2014 geschlossen.

IV. Bezeichnung

20 Das Gericht führt von Gesetzes wegen (Abs 1 Satz 3) die Bezeichnung „Bundespatentgericht".[27]

C. Zusammensetzung des BPatG

I. Allgemeines

21 Das BPatG als Organ der Rechtspflege besteht aus einem Präsidenten (Rn 23 ff), dem ständigen Vertreter des Präsidenten (Vizepräsident; Rn 26), den Vorsitzenden Richtern und weiteren Richtern. Durch die Formulierung „weiteren Richtern" ist klargestellt, dass auch der Präsident, der Vizepräsident und die Vorsitzenden Richter **richterlichen Status** (Rn 41) haben, dass sie erfasst sind, wo immer das Gesetz von „Mitgliedern" des Gerichts spricht[28] und demgem die Befähigung zum Richteramt iSv Abs 2 Satz 2 haben müssen.

22 Das Gericht zählte am 31.12.2015 – einschließlich Präsident und Vizepräsident – 108 Mitglieder (davon 29 weiblich, darunter auch die Präsidentin, und 3 an andere Gerichte und Behörden abgeordnet sowie 5 zum HABM oder EPA beurlaubt; 5 Richter waren von den Landesjustizverwaltungen abgeordnet). Davon sind 28 Vorsitzende Richterinnen und Richter. Von den Richtern waren Ende 2015 62 technische Richter; der Anteil der rechtskundigen Mitglieder hat sich mit Ausweitung des Markenbereichs deutlich erhöht. Hinzu kommen 107 nichtrichterliche Bedienstete (ua Rechtspfleger).[29]

23 **II. Der Präsident des BPatG** muss die **Befähigung zum Richteramt** iSv Abs 2 Satz 2 besitzen, ist selbst richterliches, herkömmlich (aber nicht notwendig) rechtskundiges Mitglied des Gerichts. Zur Dienstaufsicht über den PräsBPatG Rn 35.

24 Der Präsident nimmt gerichtsverfassungsrechtl **Aufgaben**, insb die des Vorsitzenden des Präsidiums (§§ 21a ff GVG), wahr. Er bestimmt selbst, welche richterlichen Aufgaben er wahrnimmt (§ 21e Abs 1 Satz 3 GVG), dh welchem Senat er sich im Rahmen der richterlichen Geschäftsverteilung als Vorsitzender anschließt.

---

25 MittPräsBPatG Nr 1/91 BlPMZ 1991, 37.

26 Gemeinsame Mitteilung der Präsidenten des BPatG und des DPA Nr 1/91 BlPMZ 1991, 145.

27 Zu Überlegungen über eine Änderung vgl *Pakuscher* GRUR 1994, 467; kr auch *Fitzner/Lutz/Bodewig* Rn 24.

28 Begr 6.ÜberlG BlPMZ 1961, 140, 151.

29 BPatG-Jahresbericht 2015 S 60; zur Zuständigkeit für den Erlass von Widerspruchsbescheiden und die Vertretung des Dienstherrn bei Klagen von Beschäftigten des BPatG nach den Beihilfevorschriften Anordnung des BMJ vom 16.7.2002 BGBl I 2669.

Der Präsident ist Vorstand der Gerichtsverwaltung. Er **vertritt die Bundesrepublik Deutschland** in **25** allen gerichtlichen Verfahren, die das BPatG betreffen.[30] Er ist **Dienstvorgesetzter** der Beamten, Tarifbeschäftigten (Angestellte und Arbeiter) des Gerichts. Er übt über sie und über die Richter die **Dienstaufsicht** aus (Abs 4; Rn 36 ff).

III. Der Vizepräsident ist ständiger Vertreter des PräsBPatG (§ 68 Nr 3). Er wird vom Bundespräsiden- **26** ten ernannt. Er ist im gerichtsverfassungsrechtl Sinn Vorsitzender Richter. Als Vizepräsident des BPatG wird herkömmlich ein technischer Vorsitzender bestellt. Seine besondere rechtl Stellung ist im GVG geregelt. Er vertritt den Präsidenten bei dessen Verhinderung in allen seinen Funktionen außer in seinen richterlichen Aufgaben als Mitglied eines Senats, insb auch als Vorsitzender des Präsidiums (§ 21c Abs 1 GVG) und in den durch das GVG bestimmten Geschäften, soweit diese nicht durch das Präsidium zu verteilen sind (§ 21h GVG).

IV. Richter; Befähigung zum Richteramt

1. Grundsatz. Präsident, Vizepräsident, Vorsitzende Richter und weitere Richter müssen die Befähi- **27** gung zum Richteramt nach dem DRiG besitzen (rechtskundige Mitglieder) oder in einem Zweig der Technik sachverständig sein (technische Mitglieder; Abs 2 Satz 2); daneben müssen sie die weiteren Ernennungsvoraussetzungen der §§ 9 Nr 1 und 2, 10 ff DRiG erfüllen. Auch die Richter des BPatG sind grds befugt, Patente (oder andere Schutzrechte) anzumelden (vgl zu den Prüfern des DPMA Rn 37 zu § 26; Rn 6 zu § 34).[31]

2. Rechtskundige Mitglieder (Abs 2 Satz 2) müssen die Befähigung zum Richteramt nach §§ 5–7 **28** DRiG besitzen, also entweder ein rechtswissenschaftliches Studium und nachfolgenden Vorbereitungsdienst durchlaufen sowie die erste und die zweite juristische Staatsprüfung abgelegt haben (§ 5 DRiG) oder eine gleichwertige einstufige Ausbildung mit einer der zweiten juristischen Staatsprüfung nach § 5 DRiG vergleichbaren Abschlussprüfung beendet haben (§ 5b DRiG aF) oder ordentlicher Professor der Rechte an einer inländ Universität sein (§ 7 DRiG). Die Bewerber um das Amt eines Richters am BPatG werden – entspr dessen Einstufung als **Beförderungsamt** der Besoldungsstufe R2 – erst berufen, wenn sie sich durch eine langjährige praktische Berufserfahrung in einem anderen Zweig der Gerichtsbarkeit oder der Verwaltung, insb im DPMA, für dieses herausgehobene Amt qualifiziert haben. Etwa die Hälfte der rechtskundigen Mitglieder des BPatG wird aus dem DPMA übernommen, die andere Hälfte aus anderen Gerichten oder Behörden. Der Übernahme geht regelmäßig eine Erprobung (Abordnung oder Tätigkeit als Richter kraft Auftrags, § 71) voraus.

3. Technische Mitglieder. Die technischen Mitglieder des BPatG sind im dt Gerichtsaufbau eine ein- **29** malige Erscheinung. Richter ohne die Befähigung zum Richteramt nach §§ 5 ff DRiG sind sonst grds nur als ehrenamtliche Richter (insb Schöffen, Handelsrichter, Arbeitsrichter; vgl §§ 44 f DRiG) vorgesehen. Die technischen Mitglieder des BPatG haben hingegen den gleichen Status von auf Lebenszeit ernannten Berufsrichtern iSv § 2 DRiG wie die rechtskundigen Mitglieder. § 120 DRiG regelt ihre Befähigung zum Richteramt. Anders als ehrenamtliche Richter, deren Mitwirkung sich regelmäßig auf die mündliche Verhandlung, Beratung und Entscheidung beschränkt, haben die technischen Mitglieder des BPatG sämtliche Rechte und Pflichten eines Berufsrichters.[32]

Berufungsvoraussetzungen sind die Voraussetzungen des § 26 Abs 3 (Rn 30 ff zu § 26) mit der Be- **30** sonderheit, dass die staatliche oder akademische Abschlussprüfung, anders als nach § 26 Abs 3 bei den Mitgliedern des DPMA, mit Rücksicht auf den richterlichen Status der Mitglieder des BPatG obligatorische Ernennungsvoraussetzung ist (Abs 2 Satz 3).[33] Mit der Bestimmung, dass technische Mitglieder „in einem Zweig der Technik sachverständig" sein müssen, werden nur die Ernennungsvoraussetzungen für sie fest-

---

30 Vertretungsordnung des BMJ idF der Anordnung vom 4.2.1971, BAnz Nr 29 vom 12.2.1971 = BlPMZ 1971, 65 f.

31 Vgl *Lindenmaier* § 36b Rn 4; *Benkard* Rn 22; aA noch *Fitzner/Lutz/Bodewig* Rn 28.

32 *Leise* GRUR 1981, 470; vgl auch *Keukenschrijver* FS 10 Jahre Dt Vereinigung der Schöffinnen und Schöffen (1999), 50.

33 Vgl VGH München 27.8.2012 14 ZB 11.3041 und vorgehend VG München 15. 11. M 5 K 10.4685; vgl zur Befähigung von Fachhochschulabsolventen BGH GRUR 2014, 510 Zulassung zur Patentanwaltsausbildung (Fachhochschüler) und hierzu *Mes* Rn 10.

gelegt. Sind sie ernannt, können sie das Richteramt in Sachen aus allen technischen Gebieten ausüben, nicht etwa nur bei Sachen aus den Spezialgebieten, auf denen ihre besondere Sachkunde liegt.[34] Gleichwohl ist die besondere Sachkunde der maßgebliche Berufungsgrund[35] und der technische Richter verliert seine Berechtigung, wenn er nicht so weit wie möglich entspr seiner besonderen Sachkunde eingesetzt wird oder wenn gar die Zahl der technischen Mitglieder beim BPatG derart verringert wird, dass sie nicht mehr den Gesamtbereich der Technik sachkundig abdecken können. Tatsächlich werden zu technischen Mitgliedern des BPatG entspr der herausgehobenen Stellung dieses Amts ausschließlich langjährig erfahrene technische Mitglieder des DPMA berufen.[36]

31   Es ist grds davon auszugehen, dass der technische Beschwerdesenat auf den technischen Fachgebieten, die in seine Zuständigkeit fallen, aufgrund der **Anforderungen**, die Abs 2 Satz 3 und § 26 Abs 3 an die berufliche Qualifikation der technischen Richter stellen, und deren durch die ständige Befassung mit Erfindungen in diesen Bereichen gebildetes Erfahrungswissen über die zur Beurteilung der jeweils entscheidungserheblichen Fragen erforderliche technische Sachkunde verfügt.[37]

D. Ernennung der Richter

32   Die richterlichen Mitglieder des BPatG werden, regelmäßig unter Berufung in das Richterverhältnis auf Lebenszeit (zu den Ausnahmen § 71; zu den weiteren gesetzlichen Regelungen über das Richterverhältnis §§ 8 ff DRiG), durch Aushändigung einer Ernennungsurkunde (§ 17 Abs 1 DRiG) vom Bundespräsidenten ernannt. Dieser hat die Ernennung (und Entlassung) der Richterinnen und Richter der Besoldungsgruppen R1 und R2 der obersten Bundesbehörde, dh dem BMJV, übertragen, sich aber für besondere Fälle die Ernennung (und Entlassung) vorbehalten.[38] Das Auswahlverfahren wird, soweit es die Vorsitzenden Richter und die weiteren Richter angeht, anders als bei Präsident und Vizepräsident,[39] durch eine Ausschreibung eingeleitet. Deren Ergebnis würdigt der PräsBPatG in einem Besetzungsbericht an den BMJV, der in einen Besetzungsvorschlag des Präsidenten einmündet. Der BMJV wählt normalerweise den Vorgeschlagenen oder einen der vorgeschlagenen Bewerber aus. Bei mehreren Bewerbungen ist nach Eignung, Befähigung und fachlicher Leistung ermessens- und beurteilungsfehlerfrei zu entscheiden.[40]

33   **Beteiligung des Präsidialrats.** Vor der Ernennung eines Bewerbers zum Präsidenten, Vizepräsidenten, Vorsitzenden Richter oder Richter muss der BMJV dem Präsidialrat des BPatG (nicht dagegen dem Hauptpersonalrat beim BMJV, Rn 10 zu § 71) Gelegenheit geben, sich zur Eignung des zur Ernennung Vorgesehenen – nicht hingegen zur eventuell besseren Qualifikation von Mitbewerbern – zu äußern (§§ 55 ff DRiG). Das Unterlassen dieser Anhörung, an deren Ergebnis der BMJV ohnehin nicht gebunden ist (§ 57 Abs 3 DRiG), macht die Ernennung nicht nichtig (§ 18 DRiG). Insgesamt fehlt damit dem Präsidialrat zum Schaden der Sache jede wirkliche Möglichkeit, kraft seiner besonderen Sach- und Personalkenntnis auf die Ernennungspraxis ernsthaft Einfluss zu nehmen.[41]

34   **Konkurrentenklagen** und Anträge nach § 123 VwGO gegen vorgesehene Ernennungen sind in den letzten Jahren häufig vorgekommen. Zuständig sind hier die Verwaltungsgerichte.[42] Solche Klagen haben verschiedentlich zu Verzögerungen bei der Besetzung freier Stellen geführt.[43]

---

34 BGHZ 38, 166, 170 = GRUR 1963, 129, 131 Kunststofftablett; BGHZ 42, 248, 258 = GRUR 1965, 234, 237 Spannungsregler; BGH GRUR 1976, 719 Elektroschmelzverfahren; BGHZ 71, 86 = GRUR 1978, 492 Fahrradgepäckträger; BGH GRUR 1998, 373, 375 Fersensporn.
35 BGH Fersensporn.
36 Zum Werdegang der technischen Richter *Leise* GRUR 1981, 470.
37 BGH GRUR 2014, 1235 Kommunikationsrouter unter Hinweis auf BGHZ 53, 283, 297 = GRUR 1970, 408 Anthradipyrazol; vgl auch BPatGE 53, 194 = GRUR 2013, 165; BPatG 28.6.2012 4 Ni 2/12; BPatG 3.6.2014 3 Ni 8/13.
38 Anordnung des Bundespräsidenten BGBl 2004 I, 1286.
39 Vgl dazu OVG Schleswig NJW 2001, 3495 = DVBl 2002, 134.
40 VGH München 18.2.2005 15 CE 04.3046; vgl auch *Brunn* FS 50 Jahre BPatG (2011), 1059.
41 Vgl dazu auch *Macke* Die dritte Gewalt als Beute der Exekutive, DRiZ 1999, 481.
42 Vgl VG München 11.10.2004 M 5 E 04.3746; VG München 11.10.2004 M 5 E 04.3964.
43 Vgl hierzu *Freudenberg* DRiZ 2015, 58.

E. Dienstaufsicht

I. Zuständigkeit

1. Die **Dienstaufsicht über den Präsidenten des BPatG** übt der BMJV aus, zu dessen Geschäftsbe- **35** reich das BPatG gehört (Art 65 Satz 2 GG).[44]

2. Die **Dienstaufsicht über das übrige Personal** des BPatG, also über die Richter, Beamten, Tarifbe- **36** schäftigten (Angestellte und Arbeiter), obliegt dessen Präsidenten (Abs 4).

II. Umfang

1. Eine **Dienstaufsicht über Richter** findet nur statt, wenn und soweit nicht die richterliche Unab- **37** hängigkeit beeinträchtigt wird (§ 26 Abs 1 DRiG). Mit diesem Vorbehalt erstreckt sie sich grds auch auf die Befugnis, die ordnungswidrige Art der Ausführung eines Amtsgeschäfts vorzuhalten und zur ordnungs- gem, unverzögerten Erledigung der Amtsgeschäfte zu ermahnen (§ 26 Abs 2 DRiG).

2. Die **Dienstaufsicht über das weitere Personal**, die Beamten, Tarifbeschäftigten (Angestellte und **38** Arbeiter), kennt keine derartigen Beschränkungen. Sie kann der Präsident grds uneingeschränkt zur Erfül- lung ihrer dienstrechtl, oder arbeits-, ggf auch tarifvertraglichen Verpflichtungen anhalten und notfalls die dort vorgesehenen Disziplinarmaßnahmen ergreifen.

3. Die **Dienstaufsicht über Rechtspfleger und Urkundsbeamte** ist allerdings ebenfalls beschränkt. **39** Soweit sie als Organe der Rechtspflege tätig werden, genießen sie sachliche Unabhängigkeit und unterlie- gen insoweit keinen Weisungen des Präsidenten.

III. **Gerichtlichen Rechtsschutz** gegen Maßnahmen der Dienstaufsicht gewähren den Richtern und **40** Beamten die Verwaltungsgerichte, den Tarifbeschäftigten (Angestellte und Arbeiter) die Arbeitsgerichte. Behauptet ein Richter, durch eine Maßnahme der Dienstaufsicht in seiner richterlichen Unabhängigkeit beeinträchtigt zu sein, entscheidet hierüber auf seinen Antrag das **Dienstgericht des Bundes** (§ 26 Abs 3, §§ 61 ff DRiG).

F. Richterlicher Status

Der Rechtsstatus der Richter am BPatG wird (wie der aller Richter der Bundesrepublik Deutschland) **41** in erster Linie durch Art 97 GG (Grundsatz der richterlichen Unabhängigkeit) bestimmt. Ergänzend gelten für alle Richter gleichermaßen die Vorschriften über den richterlichen Status nach dem DRiG, von denen die nachstehend aufgeführten von besonderer Bedeutung sind:
§ 4 DRiG (Unvereinbarkeit von Richteramt und gesetzgeberischer oder exekutiver Tätigkeit)
§§ 8 ff DRiG (Richterdienstverhältnis)
§ 26 DRiG (eingeschränkte Dienstaufsicht)
§§ 30–37 DRiG (eingeschränkte Ver- und Absetzbarkeit)
§ 38 DRiG (Richtereid)
§ 39 DRiG (Wahrung der Unabhängigkeit durch entspr inner- und außerdienstliches Verhalten)
§ 40 DRiG (eingeschränkte Genehmigungsfähigkeit einer Tätigkeit als Schiedsrichter)
§ 41 DRiG (Verbot der Erstattung von außerdienstlichen Rechtsgutachten)
§ 42 DRiG (beschränkte Verpflichtung zur Übernahme von Nebentätigkeiten)
§ 43 DRiG (Beratungsgeheimnis)
§ 46 DRiG (Geltung des Beamtenrechts des Bundes für dessen Richter)
§ 47 DRiG (Mitwirkung des Bundespersonalausschusses in Angelegenheiten der Richter im Bundes- dienst)
§§ 48, 76 DRiG (Eintritt in den Ruhestand)

---

44 Begr 6. ÜberlG BlPMZ 1961, 140, 143.

§ 48a DRiG (Ermäßigung der Dienstzeit und Beurlaubung aus familiären Gründen)
§ 48b DRiG (Beurlaubung aus Arbeitsmarktgründen)
§§ 48c, 48d DRiG (Teilzeitbeschäftigung)
§§ 49–58 DRiG (Richtervertretungen – Richterrat, Präsidialrat- und ihre Mitwirkungsrechte)
§§ 61–68 DRiG (Dienstgericht des Bundes).

42   **Besoldung.** Zur Festsetzung der Dienstaltersstufe in der Besoldungsgruppe R2 bei technischen Richtern im Hinblick auf das Erfordernis fünfjähriger beruflicher Tätigkeit sind Entscheidungen der Verwaltungsgerichte ergangen.[45] Zur Verfassungsmäßigkeit der Richterbesoldung in der (bei auf Lebenszeit ernannten Richtern des BPatG nicht vorkommenden) Eingangsstufe R1 hat das BVerfG Grundsätze aufgestellt.[46]

43   Zur **Altersdiskriminierung** durch Altersstufen liegen zahlreiche Entscheidungen vor.[47] Nach Auffassung des BVerwG haben Beamte unter bestimmten Voraussetzungen einen Anspruch auf Entschädigung, weil die Höhe ihrer Bezüge entgegen den Vorgaben der Richtlinie 2000/78/EG zur Festlegung eines allg Rahmens für die Verwirklichung der Gleichbehandlung in Beschäftigung und Beruf allein von ihrem Lebensalter abhing. Nach den nunmehr geltenden gesetzlichen Bestimmungen werden neu eingestellte Beamte regelmäßig in die erste Stufe eingruppiert. Ihr Grundgehalt steigt anschließend mit ihrer Dienstzeit an; diese Anknüpfung der Besoldung an die im Dienstverhältnis verbrachte Zeit steht mit den Vorgaben des Unionsrechts in Einklang.[48]

44   **Eintritt in den Ruhestand.** Es wurde die Auffassung vertreten, dass die allg **Altersgrenze** für Richter vom Geltungsbereich der EG-Rl 78/2000 erfasst wird, weil sie die Betroffenen daran hindere, über die gesetzliche Altersgrenze hinaus im aktiven Dienst zu verbleiben; sie führe zu einer nicht gerechtfertigten Ungleichbehandlung wegen des Alters iSd Art 2 Abs 1, 2 Buchst a der Rl, da sie diesen Personen eine weniger günstige Behandlung zuteil werden lasse, als sie andere Personen, die dieses Alter noch nicht erreicht haben, genießen.[49] Dagegen wurde in der Beschwerdeentscheidung[50] das legitime Ziel der Benachteiligung (ausgewogene Altersstruktur) bestätigt. Einen von einem Vorsitzenden Richter am BPatG gestellten Antrag auf Hinausschieben der Altersgrenze nach § 123 VwGO hat das VG München abgelehnt, weil die Regelung der Altersgrenze für Richter als geeignetes und erforderliches Mittel zur Verwirklichung einer ausgewogenen Altersstruktur nicht unverhältnismäßig in Interessen der Betroffenen eingreift.[51]

45   **Statuswirkungen.** Die nach § 46 DRiG anwendbaren Vorschriften des Bundesbeamtenrechts gelten auch nach Eintritt oder Versetzung in den Ruhestand (§ 48 DRiG) fort. Das gilt insb für die Anzeigepflicht einer Erwerbstätigkeit oder sonstigen Beschäftigung außerhalb des öffentlichen Diensts, die mit der dienstlichen Tätigkeit in den letzten fünf Jahren vor Beendigung des Dienstverhältnisses in Zusammenhang steht und durch die dienstliche Interessen beeinträchtigt werden können, nach § 105 BBG, und die bei Eintritt in den Ruhestand mit Erreichen der Regelaltersgrenze drei Jahre, sonst fünf Jahre nach Beendi-

---

45   Vgl VG München 15.11.2011 M 5 K 10.4685 und nachgehend VGH München 27.8.2012 14 ZB 11.3041; die Änderung des § 38 BBesG mit der Einführung von Erfahrungsstufen hat die Problematik für die Richter im Bundesdienst weitgehend entschärft.
46   BVerfG NJW 2015, 1935.
47   Zur Diskriminierung bei tarifvertraglichen Regelungen EuGH 8.9.2011 C-297/10 und C-298/10 NZA 2011, 1100 Hennigs, bei Beamten EuGH 19.6.2014 C-501/12 Specht; zu besoldungsrechtl Regelungen vgl die Berufungszulassung OVG Bautzen 27.2.2012 2 A 126/11; Verstoß gegen Rechtsnormen verneint von VG Lüneburg 15.2.2012 1 A 106/10 IÖD 2012, 84 Ls, VG Chemnitz 3.2.2011 3 K 613/10 und VG Berlin 24.6.2010 5 K 17.09, dagegen bejaht von VG Halle 28.9.2011 5 A 349/09 RiA 2011, 88 sowie 5 A 63/10, 5 A 64/10, 5 A 65/10; VG Frankfurt/M 20.8.2012 9 K 5036/11.F; das VG Halle hat mehrere Verfahren dem BVerfG vorgelegt (ua 5 A 206/09 HAL; 5 A 207/09 HAL, ebenso das OVG Münster (1 A 1416/108; 1 A 373/08) und das VG Koblenz (6 K 445/13.KO); hierzu BVerfG NJW 2015, 1935, wonach bei Richtern und Staatsanwälten mit Hilfe von aus dem Alimentationsprinzip ableitbaren und volkswirtschaftlich nachvollziehbaren Parameter ein durch Zahlenwerte konkretisierter Orientierungsrahmen für eine grds verfassungsgemäße Ausgestaltung der Alimentationsstruktur und des Alimentationsniveaus zu ermitteln iat), das VG Berlin dem EuGH (dort entschieden am 9.9.2015 C-20/13 ZBR 2015, 414); vgl hierzu *Lobmüller/Wahle* DRiZ 2015, 60, die eine Differenzierung nach Alter oder Erfahrung ablehnen.
48   BVerwG 30.10.2014 2 C 3.13 ua.
49   VG Frankfurt 16.5.2013 9 L 1393/13.F; vgl schon VG Frankfurt 20.8.2012 9 K 4663/11.F LKRZ 2013, 82, jeweils zum hessischen Richtergesetz.
50   VGH Kassel 19.8.2013 1 B 1313/13; vgl zu Altersgrenzen im Beamtenrecht VGH Kassel NVwZ 2010, 140.
51   VG München 17.4.2014 M 5 E 14.1292.

gung des Richterverhältnisses endet. Die Erwerbstätigkeit oder sonstige Beschäftigung ist zu untersagen, soweit zu besorgen ist, dass durch sie dienstliche Interessen beeinträchtigt werden. Dies wurde bejaht, soweit die Sachen vor dem Gericht, bei dem der Richter beschäftigt war, anhängig waren, sind oder werden können.[52] Zuständig ist die letzte oberste Dienstbehörde (§ 105 Abs 3 Satz 1 BBG).

G. Richtervertretungen

I. Allgemeines

Solche sind der Richterrat und der Präsidialrat. Die Regelungen für die Richter im Bundesdienst **46** (§§ 48 ff DRiG) enthalten für das BPatG in § 50 Abs 1 Nr 1 und § 54 Abs 3 DRiG besondere Bestimmungen. Der Verein der Richterinnen und Richter beim Bundespatentgericht e.V. ist eine berufsständische Vereinigung iSd Art 9 Abs 3 GG, keine staatliche Vertretung; er gibt den Organisationsgrad mit 67% (68 aktive Richter) an.[52a]

II. Präsidialrat

1. Allgemeines. Der Präsidialrat beim BPatG ist in Abweichung von der Regel des § 54 Abs 1 DRiG ge- **47** bildet, dass (nur) bei den obersten Gerichtshöfen des Bundes ein Präsidialrat errichtet wird. Grund ist die Besetzung des Gerichts mit technischen Mitgliedern.[53]

2. Zusammensetzung. Der Präsidialrat beim BPatG besteht aus dessen Präsidenten als Vorsitzen- **48** dem, seinem ständigen Vertreter, zwei vom Präsidium aus seiner Mitte entsandten Mitgliedern und drei weiteren (gewählten) Mitgliedern (§ 54 Abs 3 Satz 1 DRiG).

3. Vom Präsidium entsandte Mitglieder. Das Präsidium des BPatG entsendet regelmäßig je ein **49** rechtskundiges und ein technisches Mitglied in den Präsidialrat, womit es dem Umstand gerecht wird, dass technische und rechtskundige Richter im BPatG in annähernd gleicher Zahl tätig sind (Rn 22).

4. Gewählte Mitglieder; Wahlberechtigung. Die drei „weiteren Mitglieder" werden von den Rich- **50** tern des Gerichts gewählt (§ 54 Abs 3 Satz 2, Abs 1 Satz 5 DRiG). Wahlberechtigt, nicht aber wählbar, sind auch die Richter mit Planstelle beim BPatG, die an andere Stellen abgeordnet oder zu diesen (zB zum EPA) beurlaubt sind.

5. Wahlordnung. Für die Wahl der zu wählenden Mitglieder des Präsidialrats beschließt die Ver- **51** sammlung der Richter eine Wahlordnung (§§ 54 Abs 3 Satz 2, Abs 1 Satz 5, 51 Abs 2 Satz 2 DRiG), die früher getrennte Stimmzettel für die technischen und die rechtskundigen Mitglieder vorsah. Gewählt sind nach der aktuellen Fassung dieser Wahlordnung die drei Mitglieder des Gerichts, die die meisten Stimmen erhalten haben.
Kritik. Die verhältnismäßig stärkere Berücksichtigung der technischen Mitglieder fand ihre Rechtfer- **52** tigung früher darin, dass deren Zahl die der rechtskundigen Mitglieder bei weitem übertraf. Die derzeitige Regelung bevorzugt keine der Richtergruppen und stellt nur auf die Anzahl der erreichten Stimmen ab. Als sachgerechtere Lösung käme etwa die Regelung, dass von jeder der Gruppen mindestens ein Mitglied als gewählt gilt, in Betracht.

6. Stellvertreter, Ersatzmitglieder, Nachrückregelung. Die Wahl von Stellvertretern ist gesetzlich **53** nicht vorgesehen. Bei Ausscheiden eines Mitglieds sieht die Wahlordnung die Wahl eines Ersatzmitglieds vor, was einen unverhältnismäßigen Aufwand bedeutet.

52 Zur parallelen landesrechtl Regelung (ehemaliger Vorsitzender der Patentstreitkammer) VGH München 20.8.2013 3 CS 13.1110; VG München M 5 K 12.6498; vgl auch VG Münster 10.11.2015 AnwBl 2016, 71, teilweise aufgehoben durch OVG Münster 2.3.2016 1 B 1375/15.
52a Protokoll der Mitgliederversammlung vom 15.3.2006.
53 *Thomas* Richterrecht S 249; *Arndt* GKÖD § 54 DRiG Rn 2; *Schmidt-Räntsch* § 54 DRiG Rn 3.

III. Richterrat

54   **1. Zusammensetzung.** Der Richterrat besteht aus fünf gewählten Richtern (§ 50 Abs 1 Nr 1 DRiG). Sie werden für die Dauer von 4 Jahren gewählt (§ 51 Abs 1 DRiG).

55   **2. Wahlordnung.** Auch für die Wahl des Richterrats beschließt die Versammlung der Richter eine Wahlordnung (§ 51 Abs 2 DRiG). Als Mitglieder gewählt sind die fünf Richter, die die meisten Stimmen erhalten haben.

56   **3. Stellvertreter.** § 51 Abs 1 DRiG und dementspr die Wahlordnung für die Wahl zum Richterrat beim BPatG sehen vor, dass bei der Wahl der Richterratsmitglieder zugleich eine gleiche Anzahl von Stellvertretern gewählt wird.

H. Amtstracht

57   Für die Richter und die Urkundsbeamten des BPatG ist durch Anordnung des Bundespräsidenten vom 5.5.1961[54] eine Amtstracht vorgeschrieben. Sie besteht aus einer schwarzen Robe mit einem Besatz aus stahlblauem Samt (Richter) oder Wollstoff (Urkundsbeamte), einem schwarzen Barett, an dem die Vorsitzenden Richter und der Vizepräsident eine Schnur in Gold, der Präsident zwei Schnüre in Gold tragen sollen, und einer breiten weißen Halsbinde (Richter) bzw einer einfachen weißen Halsbinde (Urkundsbeamte). Diese Ordnung wird weithin als nicht mehr zeitgem angesehen und bzgl der Schnüre und des Baretts sowie teilweise bzgl der breiten Halsbinde nicht mehr praktiziert.[55]

Anhang zu § 65
Die Beschwerdekammern des EPA

Übersicht

Schrifttum (zur Großen Beschwerdekammer des EPA vor Rn 15 vor § 100): *Anetsberger/Wegner/Ann/Barbari/ Hormann* Increasing Formalism in Appeal Proceedings: The EPO Boards of Appeal Headed to a Mere Reviewing Instance? epi-Information 2015, 63; *Antony* Wege der Entscheidungsfindung, FS 10 Jahre Rspr GBK EPA (1996), 107; *O. Axster* Zur Frage einer einheitlichen Rechtsbeschwerdeinstanz im europäischen Patenterteilungsverfahren, GRUR Int 1971, 493; *Bayer* Litigators at Community Patent Proceedings – Whose Representation Is It? IIC 2003, 361; *Beutil* Sind Entscheidungen des Europäischen Patentamtes durch deutsche Gerichte nachprüfbar? EPI-Information 1992 Nr 3, 38; *Bossung* Grundfragen einer europäischen Gerichtsbarkeit in Patentsachen, 1959; *Braendli* Die Dynamik des europäischen Patentsystems, GRUR Int 1990, 699 = IIC 1991, 177; *Brinkhof* Prozessieren aus europäischen Patenten, GRUR 1993, 177; *Brinkhof* The desirability, necessity and feasibility of cooperation between courts in the field of european patent law, FS 10 Jahre Rspr GBK EPA (1996), 49; *Brinkhof* Die Schlichtung von Patentstreitigkeiten in Europa, GRUR 2001, 600 = Beslechting van octrooigeschillen in Europa, BIE 2001, 436; *Broß* Überlegungen zum nationalen Rechtsschutz gegen Entscheidungen im internationalen Patentgeflecht, FS 50 Jahre BPatG (2011), 161; *Bruchhausen* Über die Anwendung des Europäischen Patentübereinkommens vor den nationalen Gerichten, epi-Information 1988 Nr 2, 148; *Cronin* The Power of the EPO Boards of Appeal to

---

54   BGBl I 596 = BlPMZ 1961, 210; vgl Ausführungsbestimmungen des BMJ vom 24.8.1961 BlPMZ 1961, 373.
55   Vgl *Fitzner/Lutz/Bodewig* Rn 29.

Revoke European Patents: Is the EPO's Practice Compatible with Provisions of the TRIPS Agreement? epi-Information 1994 Nr 3, 102; *Ford* Appeal Procedure in the European Patent Office, EIPR 1979, 233; *Gall* Die Entwicklung des Rechtsschutzsystems nach dem Europäischen Patentübereinkommen, FS A. Preu (1988), 235; *Gall* Legal Advice from the European Patent Office: Present Position in the Case Law and Practice, IIC 1987, 487; *Gori* Remarks on the legal nature of proceedings before the Boards of Appeal of the European Patent Office, FS 10 Jahre Rspr GBK EPA (1996), 57; *Haardt* Die Errichtung eines Berufungsgerichts für Gemeinschaftspatente, GRUR Int 1985, 252; *Henneberger-Sudjana* Unabhängigkeit der Grossen Beschwerdekammer des Europäischen Patentamts auf dem Prüfstand, sic! 2015, 119; *I. Koch* Ausschließliche internationale Zuständigkeit der Beschwerdekammern des Europäischen Patentamtes, epi-Information 1992 Nr 4, 42; *Leith* Judicial or Administrative Roles, the patent appellate system in the European context, IPQ 2001, 50; *Messerli* Die organisatorische Verselbständigung der Beschwerdekammern des Europäischen Patentats, FS Kolle/Stauder (2005), 441; *Moser von Filseck* Überlegungen zum europäischen Patentrecht, GRUR Int 1971, 1; *Pakuscher* Die Kompetenz-Kompetenz der Europäischen Patentorganisation, GRUR Int 1988, 877; *Pakuscher* Die Gewaltenteilung im gewerblichen Rechtsschutz, FS W. Zeidler (1987), 1611; *Raible* Zur internationalen Zuständigkeit des EPA, epi-Information 1993 Nr 1, 40; *Ryberg* Procedural Law for Patent Litigation, IIC 1997, 904 = Verfahrensrecht in Patentstreitsachen, GRUR Int 1998, 234; *Schulte* Die Zuständigkeit der juristischen Beschwerdekammer, FS 10 Jahre Rspr GBK EPA (1996), 73; *Schulte* Reformatio in peius und Anschlussbeschwerde vor dem EPA, GRUR 2001, 999; *Sendrowski* Wer entscheidet, wer entscheidet? Mitt 2016, 253; *Singer* Wie legt das Europäische Patentamt das Europäische Patentübereinkommen aus? FS A. Preu (1988), 201; *Steenbeek* Die Entscheidungen des Europäischen Patentamtes sind nicht durch nationale Gerichte nachprüfbar, EPI-Information 1992 Nr 4, 56; *Stjerna* „Einheitspatent" und Gerichtsbarkeit – Schlussanträge des Generalanwalts: Von der Realität überholt (2015), im Internet unter www.stjerna.de; *Telg gen. Kortmann* Die Neuordnung der europäischen Patentgerichtsbarkeit, Diss Münster 2004; *Teschemacher* Prozessuale Aspekte der Beschwerde, FS Kolle/Stauder (2005), 455; *A. Troller* Europäisierung des Patentrechts und Gerichtsstand, GRUR Int 1955, 529; *A. Troller* A propos d'une règlementation internationale de la compétence judiciaire en matière de propriété intellectuelle, Propr.ind. 1958, 155; *Völp* Rechtsmittel gegen Beschwerdeentscheidungen des Europäischen Patentamts? GRUR Int 1979, 396; *Wallinger* Folgt die Rechtspraxis der Beschwerdekammern des Europäischen Patentamts den Regen des fairen Verfahrens? VPP-Rdbr 2015, 5; *Weiss* Die Gesetzgebungsbefugnisse des Verwaltungsrats der EPO: Die Änderung des Übereinkommens und der Ausführungsordnung und die Genehmigung der Verfahrensordnungen der Beschwerdekammern und der Großen Beschwerdekammer, GRUR Int 2008, 726.

A. Die Beschwerdekammern des Europäischen Patentamts

I. Allgemeines

Die Regelung im EPÜ[1] ist im Zusammenhang mit der im Streitregelungsprotokoll zum GPÜ ursprünglich vorgesehenen Einrichtung eines Gemeinsamen Berufungsgerichts (COPAC) zu sehen. Die Etablierung eines „Europäischen Patentbeschwerdegerichts" als drittes Organ der EPO war erwogen worden; hierzu wurde ein Vorschlag ausgearbeitet.[2] Für das Europäische Patent mit einheitlicher Wirkung wird nunmehr durch das Übereinkommen über ein einheitliches Patentgericht ein solches Gericht geschaffen (s die Kommentierung zum einheitlichen Patentschutz in Europa). **1**

Die Beschwerdekammern gewähren Individualrechtsschutz durch **Rechtmäßigkeitskontrolle**,[3] und zwar sowohl in einseitigen („ex parte") als auch in mehrseitigen („inter partes") Verfahren. **2**

Die **Große Beschwerdekammer** (GBK) gewährleistet einheitliche Rechtsanwendung, seit der Revision des EPÜ auch in begrenztem Umfang Individualrechtsschutz. **3**

Beschwerdekammern und GBK bilden die Generaldirektion 3 **des EPA**. Das Projekt einer organisatorischen Verselbstständigung der Beschwerdekammern als drittes Organ der EPO („Europäisches Patentbeschwerdegericht") liegt als detaillierter Vorentwurf für eine Revision des EPÜ vor, wird aber nicht weiterverfolgt.[4] Am 27.11.2015 hat der PräsEPA ein Orientierungspapier vorgelegt, in dem eine Verlagerung des Beschwerdekammern nach Wien befürwortet wird.[5] **4**

---

1 Zur Entstehungsgeschichte *MGK/Gori/Löden* Vorb Art 21–24 EPÜ Rn 1 ff.

2 Dokument CA/46/04 vom 28.5.2004 mit Korrektur vom 9.6.2004; *Messerli* FS Kolle/Stauder (2005), 441; vgl *Benkard-EPÜ* Art 21 Rn 17.

3 *MGK/Gori/Löden* Vorb Art 21–24 EPÜ Rn 25.

4 Vgl *MGK/Joos* Art 112a EPÜ Rn 45.

5 Dokument CA/98/15, im Internet unter http://eplaw.org/document/epo-ca9815/; vgl hierzu die Stellungnahme der Vereinigung der Mitglieder der Beschwerdekammern unter http://amba-epo.org/page/get/amba-ca9815.

II. Rechtsstellung

5   Ob die Beschwerdekammern als Gericht oder als verwaltungsinterner Instanzenzug anzusehen sind, ist letztlich Auffassungsfrage.[6] Nach stRspr des BVerfG entspricht das Rechtsschutzsystem des EPÜ dem Standard, der bei der Übertragung von Hoheitsrechten gem Art 24 Abs 1 GG gewahrt sein muss.[7] Es liegt nahe, die Beschwerdekammern mit der Beschwerdeabteilung des DPA vor Einrichtung des BPatG zu vergleichen;[8] damit ist jedoch wenig gewonnen, weil sich die Stellung der Beschwerdekammern nicht nach dem Verfassungssystem der Bundesrepublik Deutschland bestimmen lässt. Das BVerfG hat hinsichtlich der Beschwerdekammer für Disziplinarangelegenheiten von einer organisationsinternen Beschwerdemöglichkeit gesprochen.[9]

6   Die Diskussion ist durch **Maßnahmen** des PräsEPA gegen ein Mitglied der Beschwerdekammern im Dezember 2014 virulent geworden.[10] Das anfängliche Vorgehen de Verwaltungsrats (befristete Suspendierung) in diesem Fall erscheint wegen des Fehlens eines Vorschlags der GBK mit den Vorgaben des Art 23 EPÜ schwer vereinbar und allenfalls auf Art 10 Abs 2 Buchst h EPÜ stützbar, nach dem der PräsEPA dem Verwaltungsrat Disziplinarmaßnahmen auch gegenüber den in Art 11 Abs 2, 3 genannten Bediensteten vorschlagen kann, wobei allerdings das Vehältnis zu Art 23 EPÜ nicht geregelt ist.[11]

7   Eine **Überprüfung** der Entscheidungen der Beschwerdekammern **durch nationale Instanzen** kommt grds nicht in Betracht. Nach der Rspr des BVerfG kommt eine Überprüfung nur in Betracht, wenn die Betroffen substantiiert vortragen, der unabdingbar gebotene Grundrechtsschutz sei im Rahmen der Organisation generell nicht gewährleistet.[12] Dies ist insb in Fällen als unbefriedigend empfunden worden, in denen erst im Beschwerdeverfahren ein Widerruf des Patents erfolgt ist.[13] Verschiedene Versuche, eine Überprüfung auf nationaler Ebene herbeizuführen,[14] sind gescheitert.[15] Art 24 Abs 1 GG öffnet mit der Übertragung von Hoheitsrechten nicht den Weg, die Grundstruktur der Verfassung zu ändern.[16] „Die völkerrechtliche Wirksamkeit ist keine Legitimation für innerstaatliche Verfassungsverstöße."[17] Jedoch beein-

---

6   *MGK/Gori/Löden* Vorb Art 21–24 EPÜ 29 ff sehen sie als Gericht iSv Art 6 Abs 1 EMRK an; ebenso *Benkard-EPÜ* Art 21 Rn 16; vgl zur Gerichtsqualität zwischenstaatlicher Einrichtungen BVerfGE 58, 1 = NJW 1982, 507 Eurocontrol I; BVerfGE 59, 63 = NJW 1982, 512 Eurocontrol II; BVerfGE 73, 339 = NJW 1987, 577 Solange II; BVerfGE 89, 155, 174 f = NJW 1993, 3047; BVerfG NJW 2000, 3124; EPA G 1/86 ABl EPA 1987, 447 = GRUR Int 1988, 349 Wiedereinsetzung des Einsprechenden; EPA G 5/91 ABl EPA 1992, 617 = GRUR Int 1992, 230 beschwerdefähige Entscheidung; EPA G 7 und 8/91 ABl EPA 1993, 346, 356 = GRUR Int 1993, 955 Rücknahme der Beschwerde; EPA T 390/90 ABl EPA 1994, 808 kristalliner Papierfüllstoff; EPA T 934/91 ABl EPA 1994, 184 photographisches Material; EPA T 27/92 ABl EPA 1994, 853 Beitritt; die Stellung als Gericht hebt PatentsC RPC 1997, 245 Lenzing/Courtaulds, auszugsweise in BlPMZ 1997, 210 f, hervor; auch HG Zürich sic! 1997, 208, 209 sieht die Beschwerdekammer als unabhängiges Verwaltungsgericht an; vgl auch PatentsC ABl EPA 1986, 175 und GRUR Int 1989, 419, 421; *Broß* FS 50 Jahre BPatG (2011), 161, 163; *Teschemacher* FS 50 Jahre BPatG (2011), 911; *MGK/Joos* Art 112a EPÜ Rn 45 f; aA *Beutil* EPI-Inf 1992 Nr 3, 38; TGI Paris PIBD 2008 Nr 871 III-216; TGI Paris PIBD 2010 Nr 930 III-939.
7   BVerfG GRUR 2006, 569, zu BGHZ 163, 369 = GRUR 2005, 967 Strahlungssteuerung; BVerfG BVerfGK 6, 378;
8   Auf Unterschiede weisen *MGK/Gori/Löden* Vorb Art 21–24 EPÜ Rn 35 hin.
9   BVerfG GRUR 2001, 728 europäische Eignungsprüfung; vgl BVerfG BVerfGK 6, 378.
10   Vgl nur http://www.fosspatents.com/2014/12/top-notch-patent-litigator-sees.html; Darstellung auch bei *Stjerna* „Einheitspatent" und Gerichtsbarkeit – Schlussanträge des Generalanwalts: Von der Realität überholt (2015), im Internet unter www.sterna.de.
11   Vgl zum weiteren Verlauf http://ipkitten.blogspot.de/2015/10/ignore-enlarged-board-epo-president.html.
12   BVerfG GRUR 2001, 728 europäische Eignungsprüfung, wonach die sich aus der Rspr des BVerfG ergebenden Anforderungen an den Grundrechtsschutz auf der Ebene des EPÜ derzeit generell gewahrt sind; vgl BVerfG BVerfGK 8, 325; BVerfG BlPMZ 1998, 31, wonach die Handhabung der Verfahrensregeln des EPÜ durch die Beschwerdekammer jedenfalls gegenüber einem ausländ Beschwerdeführer kein Akt der öffentlichen Gewalt iSv § 90 BVerfGG ist.
13   Vgl EPA T 590/94 Lenzing.
14   Hierfür *Beutil* epi-Information 1992 Nr 3, 38.
15   Vgl HoL RPC 1996, 76 = GRUR Int 1996, 825 Terfenadin; PatentsC RPC 1997, 245 = GRUR Int 1997, 1010 Lenzing/Courtaulds, hierzu *Cook* Judicial Review of the EPO and the Direct Effect in the European Community, EIPR 1997, 367; vgl zur Problematik auch VG München GRUR Int 2000, 77 = ABl EPA 2000, 205; EGMR NJW 1999, 1173 Waite und Kennedy/Deutschland; EKMR 9.9.1998 Beschwerde 38817/97 Lenzing/VK; EPA G 1/97 ABl EPA 2000, 322 = GRUR Int 2000, 914 Antrag auf Überprüfung und hierzu *Dybdahl* Transfer of Rights and Their Registration in The European Patent and Community Patent Registers, IIC 1998, 387, 396 f; EPA T 1037/92.
16   BVerfG GRUR 2010, 1031 Rechtsschutz gegen Entscheidung der Beschwerdekammer des EPA.
17   *Broß* FS 50 Jahre BPatG (2011), 161, 163.

trächtigt die Eröffnung eines Mehrebenensystems den individuellen Rechtsraum jedenfalls solange nicht, wie dessen Rechtsstellung auf nationaler Ebene voll aufrecht erhalten wird (vgl zum Ausschluss bestimmter Erfindungen vom GbmSchutz Rn 9 zu § 2 GebrMG).[18] Teilweise wird die Anrufung des BVerfG gegen den Widerruf eine Patents durch die Beschwerdekammer als möglich angesehen.[19] Beim BVerfG sind drei Verfassungsbeschwerden wegen Defiziten des gerichtlichen Rehtsschutzes durch die Beschwerdekammern anhängig.[20] Andererseits tritt auch hier eine weitergehende Bindung für nationale Folgeverfahren (Nichtigkeitsverfahren) nicht ein (vgl Rn 8 zu Art II § 6 IntPatÜG).

Eine **Vorlage zur Vorabentscheidung** durch den EuGH ist trotz der mittelbaren Inkorporation von **8** Unionsrecht durch das EPÜ nicht möglich, weil die Beschwerdekammern keine Gerichte eines Mitgliedstaats der Union sind (anders das zukünftige Europäische Patentgericht).[21]

III. Beschwerdekammern

1. Rechtsgrundlagen. Die Mitglieder der Beschwerdekammern und der GBK werden auf Vorschlag **9** des PräsEPA vom Verwaltungsrat ernannt (Art 11 Abs 3 Satz 1 EPÜ) und sind grds während des Ernennungszeitraums von 5 Jahren unabsetzbar. Die Mitglieder können vom Verwaltungsrat nach Anhörung des PräsEPA wieder ernannt werden (Art 11 Abs 3 Satz 2 EPÜ).

Eine Ausnahme von der Unabsetzbarkeit gilt, wenn schwerwiegende Gründe vorliegen und der Ver- **10** waltungsrat auf Vorschlag der GBK einen entspr Beschluss fasst (Art 23 Abs 1 Satz 1 EPÜ). Für den Vorschlag der GBK ist kein besonderes Verfahren vorgesehen. Es wird vertreten, dass der PräsEPA die Einleitung eines Disziplinarverfahrens vorschlagen könne; dies könnte unter dem Gesichtspunkt bdkl sein, dass auch die Disziplinargewalt durch den Verwaltungsrat ausgeübt wird und gerade beim PräsEPA die Verknüpfung der umfassenden Kompetenz (Art 10 EPÜ; vgl Rn 5 vor § 26) mit einem Tätigwerden gegenüber Angehörigen eines zumindest gerichtsähnlichen Organs als Eingriff in deren Unabhängigkeit zu bewerten sein könnte.[22] Die **Disziplinargewalt** übt der Verwaltungsrat aus (Art 11 Abs 4 EPÜ). In einem Konfliktfall hat der Verwaltungsrat 2015 beschlossen, die Sache an die GBK zu verweisen, die hierüber am 17.9.2015 befunden hat.[23] Ein Initiativrecht des PräsEPA ist im EPÜ nicht geregelt; das EPÜ weist es ausschließlich der GBK zu. Bei sonstigen Disziplinarmaßnahmen dürfte ein Vorschlagsrecht des PräsEPA gegeben sein, der ersichtlich auch die Eilzuständigkeit für vorläufige Maßnahmen (Hausverbot) für sich in Anspruch nimmt.

Art 21 EPÜ regelt **Zuständigkeit und Besetzung** der Beschwerdekammern, Regel 12 AOEPÜ enthält **11** Bestimmungen über das Präsidium der Beschwerdekammern. Die Beschwerdekammern haben keine Befugnis zu Vorabentscheidungsersuchen an den EuGH (Rn 8).

Das Verfahren vor den Beschwerdekammern regelt die **Verfahrensordnung** der Beschwerdekam- **12** mern, zuletzt geänd durch Beschluss des Verwaltungsrats vom 25.10.2007.[24] Auch für die Kammer in Disziplinarangelegenheiten und die GBK[25] besteht eine Verfahrensordnung.

2. Technische und juristische Beschwerdekammern

a. Allgemeines. Die Unterscheidung ist der der Beschwerdesenate des BPatG vergleichbar. Sie ergibt **13** sich aus der unterschiedlichen Besetzung nach Art 21 EPÜ. Beim EPA bestehen dzt 27 Technische Beschwerdekammern (TBK), eine juristische Beschwerdekammer (JBK), eine Beschwerdekammer in Disziplinarangelegenheiten sowie die Große Beschwerdekammer (GBK).

---

18 *Broß* FS 50 Jahre BPatG (2011), 161, 166.
19 *Zuck* GRUR Int 2011, 30; aA *Kunz-Hallstein* GRUR Int 2011, 1072.2.
20 BVerfG 2 BvR 421/13, 2 BvR 2480/10; AR 2435/13; vgl *MGK/Joos* Art 112a EPÜ Rn 46.
21 EPA G 2/06 ABl EPA 2009, 306 = GRUR Int 2010, 230 Verwendung von Embryonen; *Benkard-EPÜ* Art 21 Rn 18; aA *Gruber* GRUR Int 2009, 907.
22 Vgl die Kritik von *Broß* in einem Interview in JUVE vom 29.10.2015, im Internet unter http://www.juve.de/nachrichten/namenundnachrichten/2015/10/epa-disziplinarverfahren-verwaltungsrat-und-battistelli-handeln-ohne-rechtliche-grundlage.
23 EPA Mitt 2016, 95 Abberufung eines Beschwerdekammer-Mitglieds.
24 ABl EPA 2007, 536.
25 In der am 8.6.1994 geänd Fassung vom 7.7.1989 ABl EPA 1983, 3 ff, 1989, 362, 1994, 443.

Keukenschrijver

14   **b.** Die **technischen Beschwerdekammern** kennen zwei unterschiedliche Besetzungen je nach entscheidender Stelle, Besetzung und Art der Entscheidung im Ausgangsverfahren oder im Fall fakultativer Erweiterung („kleine" und „erweiterte" Kammer).[26] Ob in der TBK ein Jurist oder ein technisches Mitglied den Vorsitz führt, bestimmt der Verwaltungsrat.[27]

15   Die notwendige Mitwirkung mindestens eines **rechtskundigen Mitglieds** trägt auch den verfassungsrechtl Anforderungen in Vertragsstaaten Rechnung; die Besetzung stets mit einer ungeraden Zahl von Mitgliedern stellt einen Gewinn gegenüber der dt Regelung dar.

16   **c.** Die **juristische Beschwerdekammer** ist mit drei rechtskundigen Mitgliedern besetzt; die Besetzung entspricht damit der der rein juristisch besetzten Beschwerdesenate des BPatG.

17   **d.** Die **Zuständigkeitsabgrenzung** ergibt sich aus Art 21 Abs 2, 3 EPÜ.[28] Im Einspruchsbeschwerdeverfahren ist die JBK auch dann nicht zuständig, wenn der Formalprüfer entschieden hat.[29] Für eine Beschwerde gegen die Entscheidung einer Prüfungsabteilung, einen Antrag auf Berichtigung des Erteilungsbeschlusses zurückzuweisen, ist die TBK zuständig.[30] Für die Behandlung der Beschwerde gegen die Entscheidung der Prüfungsabteilung über die Nichtrückzahlung von Recherchengebühren (Regel 64 Abs 2 AOEPÜ), die nicht zusammen mit einer Entscheidung über eine Erteilung des eur Patents oder die Zurückweisung der Anmeldung ergangen ist, ist eine technische Beschwerdekammer zuständig.[31]

18   Die **juristische Beschwerdekammer** ist für Beschwerden gegen Entscheidungen nur zuständig, wenn sie von einer aus weniger als vier Mitgliedern bestehenden Prüfungsabteilung gefasst sind, sofern die Entscheidung nicht die Zurückweisung der eur Patentanmeldung oder die Erteilung des eur Patents betrifft; in allen anderen Fällen ist die TBK zuständig.[32] Für eine Beschwerde gegen die Ablehnung eines Antrags auf Berichtigung der Unterlagen nach Regel 88 AOEPÜ ist die JBK zuständig.[33] Sie ist auch für Beschwerden gegen Entscheidungen der Eingangsstelle und der Rechtsabteilung zuständig.

19   **e. PCT-Verfahren.** Die Zuständigkeit der Beschwerdekammer im Widerspruchsverfahren (*6. Aufl* Rn 13) besteht nur noch für Verfahren, die vor Inkrafttreten der EPÜ-Revision anhängig geworden sind.[34] Die seit 1.1.2008 geltende Vereinbarung zwischen EPO und WIPO[35] enthält keine besonderen Regelungen für das Verfahren und regelt insb die Zusammensetzung der Beschwerdekammern nicht. Die Regeln über das Beschwerdeverfahren können unter Beachtung des PCT nur eingeschränkt angewandt werden.[36]

20   **3.** Daneben besteht eine **Beschwerdekammer in Disziplinarangelegenheiten**, die vom Verwaltungsrat auf der Grundlage des jetzigen Art 134a Abs 1 Buchst c EPÜ geschaffen wurde (Art 10 der Vorschriften in Disziplinarangelegenheiten von zugelassenen Vertretern vom 21.10.1977);[37] sie gehört nicht zu den Organen im Verfahren vor dem EPA nach Art 15 EPÜ.[38] Die Beschwerdekammer entscheidet auch über Beschwerden gegen Entscheidungen der Prüfungskommission (Art 27 der Vorschriften über die europäische Eignungsprüfung).[39] Der GBK können von dieser Beschwerdekammer Rechtsfragen nicht vorgelegt werden.[40]

---

26   Vgl *MGK/Gori/Löden* Art 21 EPÜ Rn 7 f.
27   Vgl *Singer/Stauder* Art 21 EPÜ Rn 18; *MGK/Gori/Löden* Art 21 EPÜ Rn 13 ff.
28   Eingehend zur Zuständigkeit der JBK *MGK/Gori/Löden* Art 21 EPÜ Rn 62 ff, der technischen Beschwerdekammern *MGK/Gori/Löden* Art 21 EPÜ Rn 87 ff.
29   EPA G 2/90 ABl EPA 1992, 10 Zuständigkeit der Juristischen Beschwerdekammer.
30   EPA G 8/95 ABl EPA 1996, 481 Berichtigung des Erteilungsbeschlusses, auf Vorlage EPA T 850/95 ABl EPA 1996, 455 = GRUR Int 1997, 744 Berichtigung des Erteilungsbeschlusses gegen EPA J 30/94.
31   EPA G 1/11 GRUR Int 2014, 2014, 785 auf Vorlage EPA J 21/09 ABl EPA 2012, 276.
32   EPA G 2/90 ABl EPA 1992, 10 Zuständigkeit der Juristischen Beschwerdekammer.
33   EPA J 42/92.
34   *Singer/Stauder* Art 21 EPÜ Rn 16.
35   ABl EPA 2007, 617; ABl EPA 2009, 206.
36   *Singer/Stauder* Art 21 EPÜ Rn 17.
37   ABl EPA 1978, 91.
38   Vgl *MGK/Gori/Löden* Art 21 EPÜ Rn 110 ff.
39   Vgl *Singer/Stauder* Art 21 EPÜ Rn 20.
40   EPA D 5/82 ABl EPA 1985, 175; EPA D 7/82 ABl EPA 1983, 185.

IV. Große Beschwerdekammer[41]

Zuständigkeit und Besetzung regelt Art 22 EPÜ. Die GBK sichert einheitliche Rechtsanwendung und **21** klärt Rechtsfragen von grds Bedeutung in einer Art Vorabentscheidungsverfahren[42] oder durch eine Stellungnahme.[43] Anders als der BGH im nationalen Beschwerdeverfahren ist sie außer in dem durch die EPÜ-Revision eingeführten Verfahren nach Art 112a EPÜ (Antrag auf Überprüfung; Rn 24) keine im Instanzenzug übergeordnete Instanz,[44] sondern eher mit den Großen Senaten des nationalen Systems vergleichbar. Regel 13 AOEPÜ betrifft den Geschäftsverteilungsplan für die GBK und den Erlass ihrer Verfahrensordnung.

Die GBK konnte früher nur im Weg der **Vorlage** einer Beschwerdekammer[45] (TBK oder der JBK, nicht **22** auch der Beschwerdekammer in Disziplinarangelegenheiten)[46] in einem anhängigen Verfahren bei Rechtserheblichkeit der Vorlagefrage,[47] oder des PräsEPA,[48] nicht aber über ein Rechtsmittel befasst werden, dies wurde durch Art 112a EPÜ geänd. Grds ist Zulässigkeit der Beschwerde Voraussetzung; das gilt nicht, wenn die Zulässigkeit der Beschwerde Gegenstand der Vorlage ist.[49] Vorlage durch die Beschwerdekammer erfolgt im Weg der Zwischenentscheidung.[50] Auf Vorlage des Präsidenten gibt die GBK anstelle einer Entscheidung eine Stellungnahme ab. Die GBK setzt sich in diesen Fällen aus 5 rechtskundigen und 2 technisch vorgebildeten Mitgliedern zusammen (Art 22 Abs 2 Satz 1 EPÜ). Dem Präsidenten steht auch sonst ein Äußerungsrecht zu.[51]

Wird die GBK mit einer Vorlagefrage befasst, obliegt es vorrangig der vorlegenden Beschwerdekam- **23** mer darzulegen, dass und warum sie **eine Entscheidung der Großen Beschwerdekammer für im anhängigen Beschwerdeverfahren erforderlich** hält; die GBK hat zu prüfen, ob die Vorlage die Voraussetzungen des Art 112 Abs 1 Buchst a einschließlich des Erforderlichkeitskriteriums erfüllt und damit zulässig ist.[52] Beruht die Vorlage auf einer offensichtlich falschen Anwendung einer Rechtsvorschrift und hat dies zur Folge, dass bei deren richtiger Anwendung eine Beantwortung der Vorlagefrage durch die GBK nicht erforderlich ist, ist sie unzulässig.[53]

Verfahren nach Artikel 112a EPÜ. Jeder Beteiligte an einem Beschwerdeverfahren, der durch die **24** Entscheidung einer Beschwerdekammer beschwert ist, kann einen Antrag auf Überprüfung der Entscheidung durch die GBK stellen (§ 112a Abs 1 EPÜ; Rn 19 vor § 100). In den Verfahren nach § 112a EPÜ setzt sich die GBK nach Maßgabe der AOEPÜ aus 3 (bei offensichtlich unzulässigen oder unbegründeten Anträgen) oder 5 Mitgliedern zusammen (Art 22 Abs 2 Satz 2 EPÜ; Regel 109 Abs 2 AOEPÜ).

V. Mitglieder

Berufung und Rechtsstellung sind in Art 23 EPÜ (Unabhängigkeit der Mitglieder der Kammern) gere- **25** gelt.

Zur Ernennung Art 11 Abs 3 EPÜ sowie die Regelungen im Beamtenstatut, das nur Anwendung findet, **26** soweit die Unabhängigkeit dadurch nicht beeinträchtigt wird.[54]

---

41 Zur Zusammensetzung *MGK/Gori/Löden* Art 22 EPÜ Rn 18 ff; *MGK/Moser* Art 112 EPÜ Rn 14 f; zu Verfahren und Entscheidung *MGK/Moser* Art 112 EPÜ Rn 33 ff, 53 ff.

42 *MGK/Moser* Art 112 EPÜ Rn 34.

43 Zur Bindungswirkung der Entscheidungen und Stellungnahmen *MGK/Gori/Löden* Art 22 EPÜ Rn 8 ff und *MGK/Moser* Art 112 EPÜ Rn 79 ff, zur Rezeption in den Vertragsstaaten insb im Fall der zweiten medizinischen Indikation *MGK/Gori/Löden* Art 22 EPÜ Rn 12 ff.

44 Vgl *MGK/Gori/Löden* Art 22 EPÜ Rn 1 ff.

45 Hierzu *MGK/Gori/Löden* Art 22 EPÜ Rn 24 ff; *MGK/Moser* Art 112 EPÜ Rn 11 ff.

46 EPA D 5/82 ABl EPA 1983, 175; EPA D 7/82 ABl EPA 1983, 185.

47 Vgl EPA G 4/91 ABl EPA 1993, 707 = GRUR Int 1993, 953 Beitritt; EPA G 9/92 ABl EPA 1994, 875 = GRUR Int 1995, 501 nicht beschwerdeführender Beteiligter; Hinweise zur Praxis *MGK/Gori/Löden* Art 22 EPÜ Rn 38 ff, Fn 48–51.

48 Hierzu *MGK/Gori/Löden* Art 22 EPÜ Rn 41 ff; *Teschemacher* GRUR 1993, 320.

49 EPA G 3/99 ABl EPA 2002, 347 = GRUR Int 2002, 927 Zulässigkeit eines gemeinsamen Einspruchs bzw einer gemeinsamen Beschwerde.

50 *MGK/Moser* Art 111 EPÜ Rn 67.

51 Einzelheiten *MGK/Gori/Löden* Art 22 EPÜ Rn 46 ff; zu Stellungnahmen Dritter *MGK/Gori/Löden* Art 22 EPÜ Rn 50 f.

52 EPA G 1/14 GRUR Int 2016, 132 Vorlage an die Große Beschwerdekammer.

53 EPA Vorlage an die Große Beschwerdekammer.

54 Vgl *Singer/Stauder* Art 23 EPÜ Rn 9.

27   Die Bestimmung schafft eine (quasi-)**richterliche Unabhängigkeit** eigener Art.[55] Unterschiede zum Status der Richter am BPatG bestehen insb in der Berufung auf Zeit,[56] im Fehlen einer umfassenden Gewährleistung persönlicher Unabhängigkeit einerseits, andererseits aber auch darin, dass die Beschwerdekammern Mitglieder mit einem dienstrechtl schwächeren Status (wie bei abgeordneten Richtern und Richtern kraft Auftrags des BPatG, Rn 6 ff, 18 ff zu § 71) nicht kennen. Zu Ausschließung und Ablehnung (Art 24 EPÜ) Rn 28 ff zu § 86. Der Vorsitzende der GBK wurde wegen seiner Einbindung als Vizepräsident der Generaldirektion 3 und einem möglichen Interessenkonflikt mit der Rechtsprechungsfunktion mit Erfolg als befangen abgelehnt.[57]

28   Die Tätigkeit der **Mitglieder nationaler Gerichte und Behörden** in den Beschwerdekammern regelt Art 11 Abs 5 EPÜ (früher Art 160 Abs 2 EPÜ)[58] (vgl auch Rn 20 zu § 86). Solche Mitglieder wirken nur „ad hoc" mit;[59] Vorgaben des GG, die hier allerdings nicht anwendbar sind, könnte dies nicht genügen.

VI. Präsidium; Geschäftsverteilung; Verfahrensoprdnung

29   Die Regelung über das als autonomes Organ innerhalb der die Beschwerdekammern umfassenden Organisationseinheit definierte Präsidium (Regel 12 AOEPÜ) ist, was die Zusammensetzung (neben dem Vizepräsidenten, der sich, wie aus Regel 12 Abs 5 AOEPÜ ergibt, vertreten lassen kann, 6 Vositzende und 6 weitere Mitglieder) anbetrifft, noch weniger befriedigend als im nationalen Recht.

30   Zuständig für die Geschäftsverteilung und die Zuweisung der Mitglieder ist das um alle Vorsitzenden **erweiterte Präsidium** (Art 12 Abs 4 AOEPÜ), dies gilt nicht für die Beschwerdekammer in Disziplinarangelegenheiten.[60]

31   **Große Beschwerdekammer.** Der Geschäftsverteilungsplan der GBK wird nach Regel 13 AOEPÜ durch die nach Art 11 Abs 3 EPÜ ernannten Mitglieder und ihre Vertreter sowie für Verfahren nach Art 112a EPÜ durch die ständigen Mitglieder und ihre Vertreter erlassen.

32   Die **Verfahrensordnung** der Beschwerdekammern wird vom Präsidium erlassen (Regel 12 Abs 3 AOEPÜ), die der GBK von den nach Art 11 Abs 3 EPÜ ernannten Mitgliedern.

33   **B.** Zum **Gerichtssystem des Unionspatentrechts** s den Abschnitt Einheitlicher Patentschutz in Europa.

§ 66
(Senate des Bundespatentgerichts)

(1) Im Patentgericht werden gebildet
1. **Senate für die Entscheidung über Beschwerden (Beschwerdesenate);**
2. **Senate für die Entscheidung über Klagen auf Erklärung der Nichtigkeit von Patenten und in Zwangslizenzverfahren (Nichtigkeitssenate).**
(2) Die Zahl der Senate bestimmt der Bundesminister der Justiz und für Verbraucherschutz.

Ausland: Österreich: vgl §§ 60, 61, 63, 66, 67 öPatG, geänd durch die Patent- und Markenrechtsnovelle 2014

---

55   Zur Weisungsfreiheit EPA T 162/82 ABl EPA 1987, 533 Klassifizierung von Bereichen; *Gall* IIC 1987, 487 f; EPA J 16/96 ABl EPA 1998, 347 = GRUR Int 1998, 708 Zusammenschluß von Vertretern: grds keine Bindung an Beschlüsse des Verwaltungsrats.
56   Zur Frage, ob eine fünfjährige Amtszeit ausreichende Unabhängigkeit gewährleistet, vgl *MGK/Gori/Löden* Art 23 EPÜ Rn 11 und Fn 15.
57   EPA R 19/12 GRUR Int 2014, 668 Vakuumpumpe (Zwischenentscheidung); hierzu *MGK/Joos* Art 112a EPÜ Rn 47.
58   Zu dessen Entstehungsgeschichte *MGK/Dornow* Art 160 EPÜ Rn 9 ff.
59   Vgl *MGK/Gori/Löden* Art 21 EPÜ Rn 22 f.
60   *MGK/Gori/Löden* Art 21 EPÜ Rn 27.

A. Entstehungsgeschichte

Die Bestimmung wurde durch das 2.PatÄndG mWv 1.11.1998 hinsichtlich der Zwangslizenzverfahren **1** (Wegfall der Zurücknahme) geänd. Die 10. ZuständigkeitsanpassungsVO hat nach dem Wort „Justiz" die Worte „und für Verbraucherschutz" eingefügt.

B. Organisation des BPatG

I. Allgemeines

Das BPatG nimmt seine justiziellen Aufgaben durch seine Senate wahr. Dies sind **Beschwerdesenate** **2** (Abs 1 Nr 1) und **Nichtigkeitssenate** (Abs 1 Nr 2). Die Bestimmung ist auch Grundlage für die Bildung von Senaten außerhalb des Patentrechts.[1] Sie gilt deshalb unmittelbar auch im Markenrecht.[2]

II. Die **Beschwerdesenate** werden (in erster Linie) zur Entscheidung über die beim BPatG anhängi- **3** gen Beschwerden gebildet (Abs 1 Nr 1); daneben sind sie nach § 61 Abs 2 unter bestimmten Umständen auch erstinstanzlich tätig. Eine Differenzierung unter den Beschwerdesenaten nach ihrer Art, Zuständigkeit oder Besetzung (§ 67) trifft § 66 nicht.

Insb differenziert das Gesetz – soweit es den patentrechtl Bereich betrifft – nicht zwischen den **Tech- 4 nischen Beschwerdesenaten** und dem **Juristischen Beschwerdesenat.** Diese Unterscheidung hat sich in der Praxis herausgebildet, um eine organisatorische Vereinfachung der Verfahrensgestaltung zu erreichen, insb um häufig wechselnde Besetzungen desselben Senats zu vermeiden,[3] wie sie sich für den patentrechtl Bereich aus der differenzierten Besetzungsregelung des § 67 (und für das Gebrauchsmuster- und Topographierecht sowie das Sortenschutzrecht aus deren spezialgesetzlichen Zuständigkeitszuweisungen und Besetzungsregelungen) ergeben.

III. Die **Nichtigkeitssenate** sind nach Abs 1 Nr 2 für die Entscheidung über Klagen auf Erklärung der **5** Nichtigkeit von Patenten sowie Klagen und Anträge auf Erlass einer einstweiligen Verfügung in Zwangslizenzverfahren im weitesten Sinn gebildet (vgl Rn 11 zu § 65).

Ihre Bezeichnung als Nichtigkeitssenate entspricht dem **Schwerpunkt ihrer Tätigkeit,** da die Ertei- **6** lung von Zwangslizenzen eine untergeordnete Rolle spielt.

Auch die Nichtigkeitssenate erledigen ihre Aufgaben je nach deren Art in unterschiedlichen **Beset- 7 zungen** (§ 67 Abs 2); jedoch hat sich daraus, anders als bei den Beschwerdesenaten, kein Bedürfnis ergeben, die Erledigung der unterschiedlichen Aufgaben anderen, eigenständigen Spruchkörpern zuzuweisen.

B. Die **Zahl der Senate** bestimmt – ebenso wie beim BGH (§ 130 Abs 1 Satz 2 GVG) – der BMJ (jetzt **8** BMJV; entgegen der Bezeichnung im Gesetz liegt die Kompetenz nicht beim Minister persönlich, sondern beim Ministerium).[4] Er bestimmt nur ihre Gesamtzahl, nicht aber, wie viele Senate eines bestimmten Typs, zB wie viele Nichtigkeitssenate oder Technische Beschwerdesenate gebildet werden, geschweige denn wie viele Beschwerdesenate für technische oder für Markensachen gebildet werden. All dies gehört vielmehr zur Geschäftsverteilung des Gerichts und fällt in die Zuständigkeit des Präsidiums (§§ 21e ff GVG; vgl Rn 14 ff zu § 68). Die Bildung der Senate wird durch die Eingangszahlen in den einzelnen Fachbereichen beeinflusst; so ist im Januar 2009 wie im Januar 2014 je ein weiterer Nichtigkeitssenat eingerichtet worden, zum 1.1.2014 ist der 33. Senat (Marken-Beschwerdesenat) entfallen.

Senate. Das BPatG verfügte im Jahr 2016 über 29 Senate. Im einzelnen sind das: **9**
6 Nichtigkeitssenate (1.–6. Senat),
1 Juristischer Beschwerdesenat und Nichtigkeitssenat (7. Senat),
1 Gebrauchsmuster-Beschwerdesenat (35. Senat),

---

1 Vgl *Ingerl/Rohnke* § 67 MarkenG Rn 2.
2 *Ströbele/Hacker* § 66 MarkenG Rn 1.
3 BGH GRUR 1972, 440 Zuständigkeitsstreit; *Schulte* Rn 2; vgl *Fitzner/Lutz/Bodewig* Rn 2.
4 Vgl *Mes* Rn 2.

Schuster

13 Technische Beschwerdesenate (8.–12., 14., 15., 17., 19.–21. und 23. Senat),
7 Marken-Beschwerdesenate (24.–30. Senat),
1 Beschwerdesenat für Sortenschutzsachen (36. Senat).

§ 67
(Besetzung der Senate)

(1) Der Beschwerdesenat entscheidet in der Besetzung mit
1. **einem rechtskundigen Mitglied als Vorsitzendem und zwei technischen Mitgliedern in den Fällen des § 23 Abs. 4 und § 50 Abs. 1 und 2;**
2. **einem technischen Mitglied als Vorsitzendem, zwei weiteren technischen Mitgliedern sowie einem rechtskundigen Mitglied in den Fällen**
   a. **in denen die Anmeldung zurückgewiesen und**
   b. **in denen der Einspruch als unzulässig verworfen wurde,**
   c. **des § 61 Abs. 1 Satz 1 und des § 64 Abs. 1,**
   d. **des § 61 Abs. 2 sowie**
   e. **der §§ 130, 131 und 133;**
3. **einem rechtskundigen Mitglied als Vorsitzendem, einem weiteren rechtskundigen Mitglied und einem technischen Mitglied in den Fällen des § 31 Nr. 5;**
4. **drei rechtskundigen Mitgliedern in allen übrigen Fällen.**
   (2) Der Nichtigkeitssenat entscheidet in den Fällen der §§ 84 und 85 Abs. 3 in der Besetzung mit einem rechtskundigen Mitglied als Vorsitzendem, einem weiteren rechtskundigen Mitglied und drei technischen Mitgliedern, im übrigen in der Besetzung mit drei Richtern, unter denen sich ein rechtskundiges Mitglied befinden muß.

MarkenG: § 67 Abs 1
Ausland: Österreich: § 63 öPatG (Besetzung der Beschwerde- und Nichtigkeitsabteilung)

Schrifttum: *Bender* Die Überbesetzung des Gebrauchsmuster-Beschwerdesenats des Bundespatentgerichts mit technischen Richtern – im Lichte der neuen verfassungsgerichtlichen Rechtsprechung und des Fersensporn-Beschlusses des Bundesgerichtshofs, GRUR 1998, 969; *Bruchhausen* Der manipulierte Bundesrichter, FS K. Vieregge (1995), 91; *Hesse* Welches „Gericht" entscheidet über die Erinnerung gegen den Kostenfestsetzungsbeschluß der Geschäftsstelle? JVBl 1967, 265; *Hövelmann* Der unzulässige Einspruch in der Beschwerde: Ein Zuständigkeitsstreit, Mitt 2005, 193.

A. Allgemeines: Geltungsbereich

Die Bestimmung ist eine gerichtsverfassungsrechtl Besetzungsvorschrift und keine Zuständigkeitsre- **1** gelung.[1] Sie ist durch Art 8 Nr 38 GPatG, dort noch als § 36d, neu gefasst worden. Nach Art 17 Abs 3 GPatG gilt sie seit dem 1.1.1981 (vgl zum Geltungsbereich des 4. Abschnitts Rn 4 vor § 65). Abs 1 ist durch Art 7 Nr 29 KostRegBerG redaktionell geänd.[2] Das Gesetz zur Änderung des patentrechtlichen Einspruchsverfahrens und des Patentkostengesetzes hat neben einer Neuregelung für die Besetzung bei der Verwerfung des Einspruchs als unzulässig (Abs 1 Nr 2 Buchst b) und beim Beschluss über die gerichtliche Entscheidung im Einspruchsverfahren (Abs 1 Nr 2 Buchst d iVm § 61 Abs 2) eine sprachliche Neufassung vorgenommen, die mehr Klarheit bringen soll.[3]

B. Besetzung der Senate des BPatG

I. Allgemeines

Die Besetzung der Senate des BPatG zeichnet sich auf Grund der Mitwirkung von technischen Rich- **2** tern in vielen Verfahren durch eine ungewöhnliche Vielfalt aus. Es gibt insgesamt sieben verschiedene Zusammensetzungen von Spruchkörpern. Dabei orientiert sich die für eine bestimmte Gruppe von Angelegenheiten gesetzlich bestimmte Besetzung des Spruchkörpers in erster Linie daran, ob die Fallgruppe typischerweise mehr durch rechtl oder durch technische Problemstellungen gekennzeichnet ist.

So dominieren in mehr technisch geprägten **Fallgruppen** in der Spruchbesetzung die technischen **3** Mitglieder nach Zahl und meist auch Funktion (Vorsitz), während in Fallgruppen mehr juristischer Problemstellung die Besetzung mit Juristen einschließlich eines juristischen Vorsitzenden vorgesehen ist.

Dieses den gesetzlichen Besetzungsregeln zugrundeliegende **Prinzip** darf nicht dahin missverstan- **4** den werden, dass von der gesetzlichen Regelung losgelöst immer dann eine juristische Besetzung (zB die des Juristischen Beschwerdesenats) zur Entscheidung berufen sei, wenn der betr Einzelfall vorwiegend rechtl Probleme aufwirft, und umgekehrt eine technische Besetzung (zB die eines Technischen Beschwerdesenats) berufen wäre, wenn der Fall schwerpunktmäßig technische Problemstellungen hat, es also im Ermessen des Gerichts stehe, eine Sache je nach ihrem Schwerpunkt in der einen oder der anderen Besetzung zu behandeln. Maßgeblich für die Besetzung ist nicht, wo der Schwerpunkt im konkreten Fall liegt, sondern welcher abstrakten gesetzlichen Fallgruppe die Sache zuzuordnen ist. Denn der gesetzliche Richter darf nicht von einer gerichtlichen Wertung im Einzelfall, sondern muss von Merkmalen abhängig sein, die im Wortlaut des Gesetzes möglichst klar niedergelegt sind und sich im Einzelfall unschwer feststellen lassen, so dass Zweifelsfälle möglichst von vornherein ausgeschlossen sind.[4]

Für die Besetzung maßgeblich ist allein, welcher der **Fälle des § 67** vorliegt, ob zB eine Beschwerde **5** nach Abs 1 Nr 2 (etwa gegen die Zurückweisung der Anmeldung) vorliegt, so dass die Besetzung mit einem technischen Vorsitzenden, zwei weiteren technischen Mitgliedern und einem rechtskundigen Mitglied eingreift, oder ob einer der in Abs 1 Nr 1, 3 aufgezählten Fälle oder keiner von ihnen vorliegt, so dass die Auffangregelung des § 67 Abs 1 Nr 4 (Besetzung mit drei rechtskundigen Mitgliedern) eingreift.

Die **Umsetzung** dieser Vielfalt möglicher gesetzlicher Besetzungen bedingt eine außerordentlich **6** komplexe Geschäftsverteilung des BPatG. So sind patentrechtl Entscheidungen teilweise unter Vorsitz eines technischen Mitglieds mit technischen und rechtskundigen Beisitzern, teilweise in der Besetzung mit einem rechtskundigen Vorsitzenden und rechtskundigen und/oder technischen Mitgliedern, teilweise in rein juristischer Besetzung zu behandeln. Diese komplexe gesetzliche Regelung machte die Zuweisung allein der Beschwerden in Patentsachen an drei verschiedene Senatsarten, die Technischen Beschwerdesenate, den Juristischen Beschwerdesenat und den (in erster Linie für GbmSachen zuständigen) 35. Senat erforderlich. Die Mitwirkung der Richter im Einzelfall wird durch die senatsinternen Mitwirkungsgrundsätze (Rn 49 ff zu § 68) geregelt.

---

1   BGH GRUR 1967, 543 Bleiphosphit; *Schulte* Rn 3; *Fitzner/Lutz/Bodewig* Rn 1.
2   Vgl Begr BTDrs 14/6203 S 63 = BlPMZ 2002, 36, 54.
3   Begr BTDrs 16/735 S 24 = BlPMZ 2006, 228, 231.
4   BGH GRUR 1967, 543, 545 Bleiphosphit.

Schuster

II. Beschwerdesenate

7   **1. Besetzung mit einem rechtskundigen Mitglied als Vorsitzendem und zwei technischen Mitgliedern** ist vorgesehen bei Beschwerden gegen die **Festsetzung der Lizenz** im Falle der Lizenzbereitschaft (§ 23 Abs 4) und bei Beschwerden gegen die **Anordnung der Geheimhaltung** und deren Aufhebung (§ 50 Abs 1, 2).

8   Diese Aufgaben sind nach der Geschäftsverteilung des Bundespatentgerichts[5] dem **35. Senat** (Gebrauchsmuster-Beschwerdesenat) zugewiesen, der (neben den Nichtigkeitssenaten) über die hierfür erforderliche Besetzung mit einem rechtskundigen Vorsitzenden und technischen Mitgliedern verfügt.

9   Der 35. Senat wird in derselben Besetzung auch tätig bei Beschwerden gegen Entscheidungen des DPMA über **Gebrauchsmusterlöschungsanträge** (§ 18 Abs 3 Satz 2 GebrMG; zur Überbesetzung Rn 21, 51 zu § 68) und **Topographielöschungsanträge** (§ 4 Abs 4 HlSchG iVm § 18 Abs 3 Satz 2 GebrMG).

10   **2. Besetzung mit einem technischen Mitglied als Vorsitzendem, zwei weiteren technischen Mitgliedern und einem rechtskundigen Mitglied** ist vorgesehen in den Fällen, in denen den die Anmeldung zurückgewiesen (Abs 1 Nr 2 Buchst a), der Einspruch als unzulässig verworfen (Abs 1 Nr 2 Buchst b; vgl Rn 27 zu § 61), das DPMA in der Sache über Aufrechterhaltung oder Widerruf des Patents im Einspruchsverfahren entschieden hat (Abs 1 Nr 2 Buchst c 1. Alt mit erst durch Berichtigung zutr Verweisung auf § 61 Abs 1 Satz 1, im Beschränkungsverfahren (Abs 1 Nr 2 Buchst c 2. Alt iVm § 64 Abs 1), und zwar, ohne dass dies durch die Neufassung noch klar zum Ausdruck käme, insoweit aber – was die Neufassung ebenfalls nicht klar zum Ausdruck bringt – nur auf Beschwerde gegen Entscheidungen des DPMA, außerdem erstinstanzlich im Einspruchsverfahren, soweit dieses in erster Instanz nach § 61 Abs 2 beim BPatG stattfindet (Abs 1 Nr 2 Buchst d), und zwar insoweit auch, wenn nur über die Zulässigkeit des Einspruchs entschieden wird.[6] Die Zuständigkeit erfasst auch Beschwerden gegen entspr Entscheidungen über ergänzende Schutzzertifikate (§ 16a Abs 2),[7] bei denen ein Einspruchs-, Widerrufs- oder Beschränkungsverfahren nicht stattfindet (Rn 3 zu § 59; Rn 2 zu § 64).

11   Sie greift weiter ein (Abs 1 Nr 2 Buchst e) in **Verfahrenskostenhilfesachen im Erteilungsverfahren** (§ 130), **im Beschränkungsverfahren** (§ 131) und gegen **Beiordnungsentscheidungen** nach Gewährung der Verfahrenskostenhilfe (§ 133). Auch hier sind nur Beschwerdeverfahren betroffen.

12   Diese Aufgaben sind nach der Geschäftsverteilung des BPatG den entspr besetzten **Technischen Beschwerdesenaten** zugewiesen. Das gilt auch für die erstinstanzliche Zuständigkeit des BPatG (Abs 1 Nr 2 Buchst d).

13   **3. Besetzung mit einem rechtskundigen Mitglied als Vorsitzendem, einem weiteren rechtskundigen Mitglied und einem technischen Mitglied** ist vorgesehen bei Beschwerden in **Akteneinsichtssachen, die Geheimpatente und Geheimanmeldungen betreffen** (§ 31 Abs 5). Für Beschwerden betr die **Akteneinsicht** in die vor dem 1.10.1968 erwachsenen Akten von bekanntgemachten Anmeldungen und erteilten Patenten und Beschränkungsverfahren (Art 7 § 1 Abs 3 PatÄndG 1967) wird nunmehr die Besetzung nach Abs 1 Nr 4 eingreifen, teilweise abw Rn 25 zu § 18 GebrMG.[8]

14   Diese Aufgaben sind nach der Geschäftsverteilung des BPatG dem **35. Senat** (GbmBeschwerdesenat) zugewiesen, der neben der rein juristischen Besetzung auch eine Besetzung mit einem Juristen als Vorsitzenden und ein oder zwei Technikern verwirklichen kann.

15   In dieser Besetzung entscheidet der GbmBeschwerdesenat auch über Beschwerden gegen die **Zurückweisung einer Gebrauchsmusteranmeldung** (§ 18 Abs 3 Satz 2 GebrMG; vgl Rn 23, 27 ff zu § 18 GebrMG) oder einer **Topographieanmeldung** (§ 4 Abs 4 HlSchG iVm § 18 Abs 3 Satz 2 GebrMG).

16   **4. Besetzung mit einem rechtskundigen Mitglied als Vorsitzendem und zwei weiteren rechtskundigen Mitgliedern** ist vorgesehen für alle Beschwerden, für die keine andere Besetzung vorgesehen ist (Abs 1 Nr 4); hierzu gehören insb Beschwerden gegen die isolierte Kostenauferlegung oder Kostenfest-

---

5 Geschäftsverteilungsplan für das Geschäftsjahr 2016 veröffentlicht in BlPMZ 2016, 36.
6 BPatG 22.1.2008 8 W (pat) 9/07 gegen die frühere Rspr.
7 *Benkard* Rn 4.
8 Anders noch bis zum 30.6.2006; vgl BPatGE 11, 26.

setzung (§ 62 Abs 2)[9] und gegen Vorab- und Zwischenentscheidungen, zB über die Zulässigkeit von Verfahrenshandlungen, etwa von Prüfungs- oder Rechercheanträgen.

Ob für Entscheidungen über die **Zulässigkeit des Einspruchs** die „technische" oder die juristische Besetzung berufen ist, ist vor Inkrafttreten der Neuregelung str geworden.[10] Durch die Neuregelung ist nunmehr die Zuständigkeit des (technischen) Beschwerdesenats in der Viererbesetzung festgeschrieben (Rn 10). **17**

Hierzu gehören weiter Beschwerden gegen **Entscheidungen über Verfahrensanträge** wie den Antrag auf Wiedereinsetzung, Aussetzung des Erteilungsverfahrens,[11] Rückzahlung von Gebühren, zB Ablehnung der Rückzahlung der Beschwerdegebühr nach § 73 Abs 3 Satz 2, gegen die Ablehnung einer Berichtigung der Umschreibung im Register. **18**

Schließlich gehören hierzu Beschwerden gegen die **Anordnung der Offenlegung**, gegen den Inhalt der Offenlegungs- oder Patentschrift, die Feststellung des Eintritts von Rechtsfolgen kraft Gesetzes, zB des Eintritts der Fiktion des § 39 Abs 3. **19**

In gleicher Besetzung erfolgen die Entscheidung über **Ersuchen des DPMA** nach § 128 Abs 2, 3. Diese Aufgabe nimmt nach der Geschäftsverteilung des BPatG der **Juristische Beschwerdesenat** (jetzt 7. Senat, seit 2007 zugleich Nichtigkeitssenat) wahr, der als solcher wie die Marken-Beschwerdesenate ausschließlich mit rechtskundigen Richtern besetzt ist. **20**

Die **Vermittlung der Beweisaufnahme** nach § 115 Abs 2 aF im Nichtigkeitsberufungsverfahren[12] erfolgte früher ebenfalls in dieser Besetzung. Seit dem 1.1.2008 war sie den jeweiligen Nichtigkeitssenaten übertragen;[13] der Geschäftsverteilungsplan enthält seit 2012 allerdings keine Regelung mehr.[14] Nach geltender Rechtslage ist die Vermittlung der Beweisaufnahme durch das BPatG nicht mehr vorgesehen. **21**

Bejaht wurde die Zuständigkeit des Juristischen Beschwerdesenats für die Beschwerde gegen die Ablehnung, einen **Prioritätsbeleg** mit bestimmtem Inhalt auszustellen.[15] **22**

Der Juristische Beschwerdesenat nahm bis 2012 zugleich auch die Zuständigkeiten des BPatG in **Geschmacksmustersachen** wahr; diese und die Zuständigkeit in Designsachen sind seit 2013 dem 30. Senat (Marken-Beschwerdesenat) zugewiesen, der seit 1.1.2014 auch technische Richter zuziehen kann, wenn die Sache besondere technische Fragen aufwirft (§ 23 Abs 4 Satz 2 iVm Abs 2 Satz 2, 3 DesignG).[16] **23**

In der juristischen Dreierbesetzung entscheidet auch der **Gebrauchsmuster-Beschwerdesenat** in bestimmten GbmSachen (§ 18 GebrMG iVm § 67 Abs 1), so über die Beschwerde gegen die Feststellung des DPMA, dass die Rücknahmefiktion des § 40 Abs 5 für eine GbmAnmeldung eingreift[17] und dass die Wirkung des § 17 Abs 1 Satz 2 GebrMG eingetreten ist,[18] sowie in Topographiesachen (§ 18 GebrMG iVm § 67 Abs 1 und § 4 Abs 4 HlSchG), und sonst, soweit § 18 Abs 3 Satz 2 GebrMG, § 4 Abs 4 HlSchG keine andere Besetzung vorschreiben (vgl Rn 29 ff zu § 18 GebrMG).[19] **24**

In der juristischen Dreierbesetzung entscheidet der **Beschwerdesenat für Sortenschutzsachen** bei Beschwerden gegen Beschlüsse der Widerspruchsausschüsse des BSA im Fall des § 18 Abs 2 Nr 3 Nr 3 SortG (§ 34 Abs 5 Satz 2 SortG).[20] **25**

Die **Marken-Beschwerdesenate** sind immer mit drei rechtskundigen Mitgliedern besetzt (§ 67 Abs 1 MarkenG; zu Designsachen Rn 23). **26**

---

9 BPatGE 9, 220 im Anschluss an BGH GRUR 1968, 447, 451 Flaschenkasten; vgl dazu *Hesse* JVBl 1967, 265.

10 Für Zuständigkeit des juristischen Beschwerdesenats BPatGE 26, 143 = GRUR 1984, 799; Präsidium des BPatG BlPMZ 1984, 45; BPatG (jur Beschwerdesenat) BPatGE 48, 171 = BlPMZ 2005, 315; vgl auch BGH BlPMZ 1984, 247, 248 Rammbohrgerät 01; aA insgesamt BPatGE 47, 261 = BlPMZ 2004, 198 (19. Senat), BPatGE 47, 267 (34. Senat); BPatGE 47, 270 = BlPMZ 2004, 438 (11. Senat): lediglich Verwerfung des Einspruchs; BPatGE 47, 277 = GRUR 2005, 81 (23. Senat): Verwerfung; für den Einspruch nach § 147 Abs 3 aF BPatGE 47, 252 = GRUR 2004, 357, 359 (20. Senat) unter Verneinung einer Kompetenz zur isolierten Verwerfung des Einspruchs; vgl *Hövelmann* Mitt 2005, 193; Präsidium des BPatG BlPMZ 1984, 45.

11 BGH GRUR 1972, 440 Zuständigkeitsstreit; aA BPatGE 8, 205, 207.

12 Vgl BGH 4.6.2007 X ZR 131/04.

13 Vgl BlPMZ 2008, 45.

14 Nach *Schulte* Rn 14 soll weiterhin der jur Beschwerdesenat zuständig sein, zwh.

15 BPatGE 52, 86 = GRUR 2011, 48.

16 Vgl *Schulte* Rn 9 Fn 6.

17 BGHZ 105, 222 = BlPMZ 1989, 50 Wassermischarmatur.

18 BPatGE 47, 23 = BlPMZ 2004, 163.

19 BGH GRUR 1964, 310 Kondenswasserableiter; BGH GRUR 1998, 373, 374 Fersensporn.

20 Der dort auch genannte § 18 Abs 2 Nr 4 SortG ist 1997 aufgehoben worden; vgl *Keukenschrijver* § 34 SortG Rn 21 ff.

27 **5. Besetzung mit einem rechtskundigen Mitglied als Vorsitzendem, einem weiteren rechts-kundigen Mitglied und zwei technischen Mitgliedern.** Diese Besetzung ist nach § 34 Abs 5 Satz 2 SortG in allen anderen als den in Rn 25 genannten Sachen nach dem SortG vorgesehen.[21] Dem Beschwerdesenat für Sortenschutzsachen sind dementspr nach der Geschäftsverteilung des BPatG neben rechtskundigen auch die erforderliche Anzahl von technischen Mitgliedern zugewiesen.

III. Nichtigkeitssenate

28 **1. Besetzung mit einem rechtskundigen Mitglied als Vorsitzendem, einem weiteren rechtskun-digen Mitglied und drei technischen Mitgliedern** in Verfahren wegen Erklärung der Nichtigkeit des Patents oder des ergänzenden Schutzzertifikats oder wegen Erteilung oder Zurücknahme der Zwangslizenz oder wegen der Anpassung der durch Urteil festgesetzten Vergütung für eine Zwangslizenz (§ 81 idF des Art 2 Nr 23 iVm § 84) und wegen eines Antrags auf Erlass einer einstweiligen Verfügung (§ 85 Abs 3).

29 **2. Besetzung mit drei Richtern, unter denen sich ein rechtskundiges Mitglied befinden muss,** in allen übrigen Fällen, zB bei Aussetzungs-, Verfahrenkostenhilfe-, Beweisbeschlüssen, isolierter Kosten-entscheidung, Bescheidung von Rückzahlungsanträgen bei Streit, welche Anzahl von Gebühren bei meh-reren Klägern zu entrichten ist,[22] Akteneinsicht, Sicherheitsleistung wegen der Verfahrenskosten (§ 81 Abs 6), Erinnerung gegen Kostenfestsetzungsbeschlüsse, Änderung der Kostenentscheidung im Zwangsli-zenzverfahren (§ 85 Abs 4). Die Mitwirkungspläne der Nichtigkeitssenate sehen (im Rahmen dieses weiten, aber verfassungsrechtl unbdkl[23] gesetzlichen Spielraums) die Mitwirkung des (rechtskundigen) Vorsitzen-den, des weiteren rechtskundigen Mitglieds und eines technischen Mitglieds, idR des Berichterstatters, vor.

30 **3. Die Besetzung in Verfahren nach § 85a** (Verfahren nach der VO (EG) Nr 816/2006) ist im Gesetz nicht geregelt. Der Geschäftsverteilungsplan des BPatG weist diese Verfahren dem 3. Senat zu. Welche Alternative des Abs 2 heranzuziehen ist, dürfte sich, soweit es nicht um Entscheidungen über Zwangsli-zenzklagen nach § 84 und um Entscheidungen über den Erlass einer einstweiligen Verfügung (§ 85 Abs 3) geht, aus der Auffangregelung der zweiten Alternative („im übrigen") ergeben, so dass der Senat hier in der „kleinen" Besetzung zu entscheiden hat.[24]

IV. Besetzung in Neben- und Zwischenverfahren

31 Besetzungsvorschriften für die im Verfahren vor dem BPatG anfallenden Neben- und Zwischenverfah-ren gibt das Gesetz nur in Abs 2 für die Nichtigkeitssenate (Rn 29).

32 Die **Beschwerdesenate** entscheiden in Neben- und Zwischenverfahren in der Besetzung des Haupt-verfahrens, zB in Wiedereinsetzungsverfahren hinsichtlich versäumter Beschwerdefrist, Akteneinsicht in Gerichtsakten, Richterablehnung, Erinnerungen gegen Entscheidungen des Rechtspflegers (§§ 11 Abs 1, 23 Abs 1, 2 RPflG), bei Anträgen auf Wiederaufnahme des Beschwerdeverfahrens, Erinnerungen gegen den gerichtlichen Kostenansatz.[25]

V. Güterichter

33 Für die nach § 278 Abs 5 Satz 1 ZPO vorgesehenen Güterichter (vgl Rn 9 zu § 99), die in den Verfahren tätig werden, die ihnen von den Senaten zur Durchführung einer Güteverhandlung vorgelegt werden, trifft die Geschäftsverteilung des BPatG unter E. VII. detaillierte Regelungen.

---

21 *Keukenschrijver* § 34 SortG Rn 23.
22 BPatGE 53, 182 = Mitt 2013, 371 „Bitratenreduktion".
23 Vgl BVerfG (NA) 8.9.2009 1 BvR 1464/09.
24 AA *Mes* Rn 14.
25 BPatGE 2, 95 = GRUR 1965, 54; BPatGE 8, 43; BPatGE 8, 211.

C. Rechtsfolgen fehlerhafter Besetzung

Die Bestimmung ist keine bloße Zuständigkeitsregelung, sondern eine dem Gerichtsverfassungsrecht **34** zugehörige Besetzungsvorschrift. Von ihrer genauen Beachtung hängt es ab, ob der gesetzliche Richter iSv Art 101 Abs 1 Satz 2 GG entschieden hat. Ein Verstoß hiergegen ist absoluter Rechtsbeschwerdegrund (§ 100 Abs 3 Nr 1) und führt zur Aufhebung und Zurückverweisung der Sache zur anderweiten Entscheidung in vorschriftsmäßiger Besetzung, ohne dass es einer entspr Rüge während des Beschwerdeverfahrens bedürfte.[26] Entscheidung des Nichtigkeitssenats in Fünferbesetzung statt in Dreierbesetzung wird allenfalls nach § 99 Abs 1 iVm § 321a ZPO und mit der Verfassungsbeschwerde gerügt werden können.[27]

§ 68
(Präsidium, Geschäftsverteilung)

Für das Patentgericht gelten die Vorschriften des Zweiten Titels des Gerichtsverfassungsgesetzes nach folgender Maßgabe entsprechend:

1. **In den Fällen, in denen auf Grund des Wahlergebnisses ein rechtskundiger Richter dem Präsidium nicht angehören würde, gilt der rechtskundige Richter als gewählt, der von den rechtskundigen Mitgliedern die höchste Stimmenzahl erreicht hat.**

2. **Über die Wahlanfechtung (§ 21b Abs. 6 des Gerichtsverfassungsgesetzes) entscheidet ein Senat des Patentgerichts in der Besetzung mit drei rechtskundigen Richtern.**

3. **Den ständigen Vertreter des Präsidenten ernennt der Bundesminister der Justiz und für Verbraucherschutz.**

Ausland: Österreich: § 66 öPatG

Übersicht

---

26 BGH GRUR 1967, 543, 545 Bleiphosphit; BGHZ 42, 32 = GRUR 1964, 602 Akteneinsicht II.
27 Nach *Fitzner/Lutz/Bodewig* Rn 1 führt sie nicht zur Rechtswidrigkeit der Entscheidung.

Schuster

Schrifttum: *Bender* Die Überbesetzung des Gebrauchsmuster-Beschwerdesenats des Bundespatentgerichts mit technischen Richtern, GRUR 1998, 969; *Hiete* Zur Frage der Verwendung rechtskundiger Richter des Bundespatentgerichts als Mitglieder in mehr als einem technischen Beschwerdesenat, GRUR 1965, 518; *Leisner* „Gesetzlicher Richter" – vom Vorsitzenden bestimmt? NJW 1995, 285.

A. Entstehungsgeschichte

1 §§ 36e und 36f PatG 1961 sahen eine eigenständige Regelung vor, die 1972 unter Aufhebung von § 36f PatG 1961 durch die geltende ersetzt worden ist. Die Bestimmung hat ihre geltende Bezeichnung durch die Neufassung 1981 erhalten. Nach § 68 gelten die Vorschriften des Gerichtsverfassungsgesetzes (§§ 21a–21i GVG) über das Präsidium und die Geschäftsverteilung des Gerichts für das BPatG mit im einzelnen in der Vorschrift aufgeführten Maßgaben entspr. Die Bestimmung ist ebenso wie die in Bezug genommenen Regelungen im GVG durch das Gesetz zur Stärkung der Unabhängigkeit der Richter und Gerichte vom 22.12.1999[1] geänd worden. Die 10. ZuständigkeitsanpassungsVO hat nach dem Wort „Justiz" die Worte „und für Verbraucherschutz" eingefügt.

B. Das Präsidium

I. Organisation

2 **1. Präsidiumspflicht.** Beim BPatG ist wie bei jedem Gericht ein Präsidium zu bilden (§ 68 iVm § 21a Abs 1 GVG).

3 **2. Zusammensetzung.** Das Präsidium des BPatG besteht nach § 68 iVm § 21a Abs 2, 3, § 21d GVG aus dessen Präsidenten als Vorsitzendem (§ 21a Abs 2 GVG) und zehn gewählten Richtern (§ 21a Abs 2 Nr 1 GVG), unter denen ein rechtskundiger Richter sein muss (Nr 1).

4 **Kritik.** Um sicherzustellen, dass die **rechtskundigen Mitglieder**, die im BPatG früher in der Minderzahl waren, im Präsidium nicht unrepräsentiert blieben, schrieb Nr 1 aF vor, dass unter den acht gewählten Mitgliedern mindestens zwei rechtskundige Mitglieder, nämlich ein rechtskundiger Vorsitzender und ein weiteres rechtskundiges Mitglied sein mussten. Art 4 des Gesetzes zur Stärkung der Unabhängigkeit der Richter und Gerichte (Rn 1) hat mit der Aufhebung des Quorums für Vorsitzende Richter den rechtskundigen Vorsitzenden ersatzlos gestrichen, so dass trotz Vermehrung der Gesamtzahl der gewählten Präsidiumsmitglieder (10 statt früher 8) nur noch die Mitgliedschaft eines (statt früher zwei) rechtskundigen Richters sichergestellt ist. Die Kürzung dieses Quorums erklärt sich, soweit es den rechtskundigen Vorsitzenden betrifft, durch den Gesetzeszweck, den Abbau der überkommen hervorgehobenen Stellung der Vorsitzenden zugunsten der Gleichrangigkeit aller Richter.[2] Er rechtfertigt jedoch nicht die mit der Verminderung der Mindestzahl der rechtskundigen Mitglieder einhergehende denkbare Schwächung des rechtskundigen Elements im Präsidium. Die Gesetzesbegründung schweigt sich auch darüber aus, weshalb den technischen Mitgliedern die Garantie einer gleichen Mindestrepräsentation im Präsidium verweigert wird. Bei der Neuregelung ist außerdem offenbar übersehen worden, dass sich die Zahl der rechtskundigen und der technischen Mitglieder im BPatG inzwischen etwa die Waage hält (Rn 22 zu § 65), ein „Minderheitenschutz" für (nur) eine der Gruppen also unangebracht ist. Sachgerecht wäre allenfalls eine Regelung, die eine gleichwertige Berücksichtigung der beiden Fachrichtungen im Präsidium oder jedenfalls deren qualifizierte Berücksichtigung sicherstellt. Die Richter des BPatG sorgen ohnehin seit jeher durch ihr Wahlverhalten für eine entspr ausgewogene Besetzung dieses wichtigen Gremiums der gerichtlichen Selbstverwaltung. Solange die missglückte Regelung Bestand hat, dürfte sie – mangels

---

1 BGBl I 2598 = BlPMZ 2000, 43; vgl dazu BTDrs 14/597, 14/979, 14/1875.
2 Vgl Begr BTDrs 14/979 S 4 unter A.

Gründen für eine Ungleichbehandlung der beiden Fälle – entspr auf den (immerhin denkbaren) Fall anzuwenden sein, dass sonst keine technischen Mitglieder gewählt wären.

3. Wahlberechtigung. Wahlberechtigt sind nach § 21b Abs 1 Satz 1, 3 GVG alle Richter des BPatG, ein- 5 schließlich der dort tätigen Richter kraft Auftrags und der für mindestens drei Monate dorthin abgeordneten Richter. Nicht wahlberechtigt sind die Richter, die an eine Verwaltungsbehörde (zB an das BMJ oder das DPMA) oder für mindestens drei Monate an ein anderes Gericht (zB im Rahmen des laufenden Austauschprogramms an ein Gericht eines Lands oder als wissenschaftliche Mitarbeiter an den BGH oder das BVerfG) abgeordnet oder beurlaubt (insoweit früher str, vgl 5. Aufl) sind.

4. Wählbarkeit. Wählbar sind nach § 21b Abs 1 Satz 2, 3 GVG mit Ausnahme des Präsidenten, der 6 dem Präsidium kraft Amts angehört (§ 21a Abs 2 GVG), alle Richter auf Lebenszeit (und, in der Praxis beim BPatG nicht vorkommend, die Richter auf Zeit), denen beim BPatG ein Richteramt übertragen ist. Nicht wählbar sind Richter, die an eine Verwaltungsbehörde oder für mehr als drei Monate an ein anderes Gericht abgeordnet oder beurlaubt sind.

5. Präsidiumswahl. Die Einzelheiten der Wahl sind in § 21b Abs 2–4 GVG und in der gem § 21b Abs 5 7 GVG erlassenen Wahlordnung für die Präsidien der Gerichte vom 19.9.1972,[3] geänd durch Art 2, 5 des Gesetzes zur Stärkung der Unabhängigkeit der Richter und Gerichte vom 29.12.1999,[4] geregelt.

6. Amtsperiode. Die Präsidiumsmitglieder werden für vier Jahre gewählt (§ 21b Abs 4 Satz 1 GVG); je- 8 doch beginnt und endet ihr Mandat nicht gleichzeitig. Um die Kontinuität der Arbeit des Präsidiums sicherzustellen, scheidet alle zwei Jahre die Hälfte der Mitglieder aus und wird durch Neuwahl ersetzt (§ 21b Abs 4 Satz 2 GVG).

7. Wahlanfechtung. Die wahlberechtigten Richter können die Wahl, wenn dabei ein Gesetz verletzt 9 worden ist, anfechten (§ 21b Abs 6 Satz 1 GVG). Über die Wahlanfechtung entscheidet ein Senat des BPatG in der Besetzung mit drei rechtskundigen Richtern (§ 68 Nr 2). Diese Aufgabe ist nach der Geschäftsverteilung des BPatG dem 7. Senat (Juristischen Beschwerdesenat; Geschäftsaufgabe d) zugewiesen.

8. Vertretung verhinderter Präsidiumsmitglieder. Ist der Präsident verhindert, den Vorsitz im Prä- 10 sidium wahrzunehmen, tritt sein ständiger Vertreter (§ 21h GVG) an seine Stelle (§ 21c Abs 1 Satz 1 GVG). Der ständige Vertreter des Präsidenten kann (und sollte) im übrigen, wenn er dem Präsidium nicht ohnehin als gewähltes Mitglied angehört, was ohne weiteres möglich ist, an Präsidiumssitzungen auch bei Anwesenheit des Präsidenten stets mit beratender Stimme teilnehmen (§ 21c Abs 1 Satz 2 GVG).

Die **übrigen Mitglieder des Präsidiums** werden im Fall ihrer Verhinderung nicht vertreten (§ 21c 11 Abs 1 Satz 3 GVG); das Präsidium kann deshalb beschlussunfähig werden (§ 21i Abs 1 GVG).

9. Ersetzung. Ein Präsidiumsmitglied ist zu ersetzen, wenn es aus dem Gericht ausscheidet, für mehr 12 als drei Monate an ein anderes Gericht abgeordnet, beurlaubt oder an eine Verwaltungsbehörde abgeordnet wird oder wenn es zum PräsBPatG ernannt und damit zum Präsidiumsmitglied kraft Gesetzes wird (§ 21c Abs 2 GVG).

An seine Stelle tritt der durch die letzte Präsidiumswahl **Nächstberufene**. Das ist derjenige, der bei 13 der letzten Wahl (nicht bei der Wahl, durch die der Ausscheidende berufen worden ist), die nächsthöchste Stimmenzahl auf sich vereinigt hat. Bei Ausscheiden des einzigen rechtskundigen oder technischen Richters (Rn 4) ist es der nach Nr 1 nächstberufene rechtskundige oder technische Richter.

II. Aufgaben; Geschäftsverteilung

1. Allgemeines. Das Präsidium bestimmt die richterl Besetzung der Senate, regelt die (senatsüber- 14 greifende) Vertretung und verteilt die Geschäftsaufgaben unter den Senaten (§ 21e Abs 1 Satz 1 GVG; zur

---

3 BGBl I 1821.
4 BGBl I 2598.

senatsinternen Geschäftsverteilung § 21g GVG sowie Rn 49 ff). Das Präsidium hat dafür Sorge zu tragen, dass jeder Senat eine angemessene Geschäftsaufgabe und eine dieser Aufgabe entspr richterliche Besetzung (§ 67) zugewiesen erhält. Allerdings wird dies beim Beschwerdesenat für Sortenschutzsachen nach der Natur der Sache kaum möglich sein.

15   **2. Zuweisung einer Geschäftsaufgabe.** Die Geschäftsaufgabe eines Senats muss mit Blick auf dessen personelle Besetzung, insb auf die unterschiedliche (rechtskundige oder technische) fachliche Ausrichtung seiner Mitglieder, aber auch auf deren Zahl und dementspr Arbeitspotential zugeschnitten werden. Eine Geschäftsverteilung darf nicht in der Weise geänd werden, dass einzeln ausgesuchte Sachen einem anderen Spruchkörper zugewiesen werden.[5]

16   Im Bereich der Technischen Beschwerdesenate und der Nichtigkeitssenate werden die Geschäftsaufgaben in st Praxis des Präsidiums nach **technischen Fachgebieten** gem der Internationalen Patentklassifikation (IPC; Anh zu § 27) verteilt. Dabei ist die Auszeichnung durch das DPMA für das Gericht nicht bindend. Das Gericht hat vielmehr seine Zuständigkeiten in eigener Verantwortung zu regeln.[6] Eine Aufteilung danach, welchem Fachgebiet die Erfindung ihrem wesentlichen Inhalt nach zuzuordnen ist, entspricht dem verfassungsrechtl Bestimmtheitserfordernis.[7]

3. Zuweisung einer richterlichen Besetzung

17   **a. Grundsatz.** In gleicher Weise muss die richterliche Besetzung der Senate mit Blick auf die zugewiesenen Geschäftsaufgaben geregelt werden.

18   **b. Zuweisung eines Vorsitzenden.** Dazu gehört die Zuweisung eines rechtskundigen oder technischen Vorsitzenden (§ 21f Abs 1 GVG) je nachdem, welche Qualifikation die dem Senat zugewiesenen Geschäftsaufgaben gem § 67 erfordern. Zur Verhinderung des Vorsitzenden Rn 42.

19   **c. Zuweisung der weiteren Mitglieder.** Dazu gehört weiter die Zuweisung der erforderlichen Mindestzahl von weiteren Mitgliedern (Beisitzern) gem der Besetzungsvorschrift des § 67, dh der entspr Zahl von Beisitzern technischer und/oder rechtskundiger Ausrichtung.

20   Eine gewisse **Überbesetzung** der Senate ist zulässig, soweit sie zur Aufrechterhaltung einer geordneten Rspr erforderlich ist. Die Senate des BPatG sind teilweise mit mehr Richtern besetzt, als für eine Spruchbesetzung erforderlich sind (so die Technischen Beschwerdesenate mit 3–5 weiteren technischen Richtern neben dem Vorsitzenden). Dies ist in allen Zweigen der Gerichtsbarkeit üblich und empfiehlt sich, um Krankheits- oder Urlaubsfälle uä ohne besonderen Aufwand auffangen zu können. Die Grenze des Zulässigen ist allerdings überschritten, wenn die Zahl der Senatsmitglieder die Bildung mehrerer voneinander unabhängiger Sitzgruppen ermöglichen würde[8] oder wenn sie ein Ausmaß erreicht, dass die Garantie des gesetzlichen Richters iSv Art 101 Abs 1 Satz 2 GG nicht mehr erfüllt ist.

21   Einem Technischen Beschwerdesenat darf jedoch, soweit die **sachgerechte Erledigung** von fächerübergreifenden Fällen dies erfordert, ein sechstes Senatsmitglied entspr anderer technischer Fachrichtung zugewiesen werden.[9] Die Bildung von mehr als einer Spruchgruppe ist hier schon dann ausgeschlossen, wenn (wie durchwegs praktiziert) kein weiteres rechtskundiges Mitglied zugewiesen ist. Eine ganz erhebliche Überbesetzung ergibt sich bei den Nichtigkeitssenaten und dem GbmBeschwerdesenat zwangsläufig dadurch, dass sie den Gesamtbereich der Technik abzudecken haben und ihnen dementspr alle technischen Mitglieder in ihrer spezifischen Sachkunde zur Verfügung stehen müssen. Nach früherer Praxis waren deshalb jedem der Nichtigkeitssenate und dem GbmBeschwerdesenat pauschal alle technischen Mitglieder zugewiesen.[10] Während dies beim GbmBeschwerdesenat, der das Gesamtgebiet der Technik für seinen Bereich abdeckt, sachgerecht war und vom BGH gebilligt worden ist (näher Rn 51), bedeutete es,

---

5   BGH NJW 2009, 1351.
6   BGHZ 85, 116, 118 = GRUR 1983, 114 Auflaufbremse; BGH GRUR 1996, 346 f Fensterstellungserfassung; BGH 18.11.1986 X ZB 9/86.
7   BVerfG Mitt 1978, 93.
8   BVerfGE 17, 294, 301; BVerfGE 18, 65, 70; BGH NJW 1985, 2840.
9   BGH GRUR 1973, 46 f Polytetrafluoräthylen.
10   Vgl BGHZ 38, 166 = GRUR 1963, 129 Kunststofftablett; BGH GRUR 1998, 373, 375 Fersensporn.

dass den Nichtigkeitssenaten überflüssigerweise auch solche technischen Mitglieder pauschal zugewiesen waren, die kraft ihrer besonderen Sachkunde nur bei einem anderen Nichtigkeitssenat benötigt und praktisch (nach den Mitwirkungsplänen der Nichtigkeitssenate) auch nur dort eingesetzt wurden. Diese Praxis hat das Präsidium des BPatG im Interesse einer präziseren sachgerechten Definition des gesetzlichen Richters geänd. Es weist jedem Nichtigkeitssenat nur die technischen Mitglieder der Technischen Beschwerdesenate zu, deren technische Aufgabengebiete es ihm zuweist.

Zuweisung eines Richters zu mehreren Senaten ist möglich und jedenfalls hinsichtlich der techni- **22** schen Richter, die durchweg neben einem Beschwerdesenat auch einem Michtigkeitsenat zugewiesen sind, mit Ausnahme der Vorsitzenden Richter die Praxis (§ 21e Abs 1 Satz 4 GVG). Für diesen Fall muss der Geschäftsverteilungsplan das Rangverhältnis der verschiedenen Zuständigkeiten des betroffen Richters regeln.[11] Er sollte im Interesse der Klarheit zudem ausweisen, mit welchem Teil seiner Arbeitskraft der Richter dem einen oder dem anderen Senat zugewiesen ist. Gleiches gilt bei einer teilweisen Freistellung für Aufgaben der Justizverwaltung (§ 21e Abs 6 GVG; Rn 28).

d. Dazu gehört weiter die **Bestimmung des regelmäßigen Vertreters des Vorsitzenden** (§ 21f Abs 2 **23** Satz 1 GVG) aus der Zahl der zugewiesenen Beisitzer. Der Vetreter muss die (rechtskundige oder technische) Qualifikation des Vorsitzenden haben, weil er nur so seiner Aufgabe, den Vorsitzenden bei Verhinderung im Vorsitz zu vertreten (§ 21f Abs 2 Satz 1 GVG), in einer § 67 entspr Weise gerecht werden kann.[12]

e. Regelung der senatsübergreifenden Vertretung. Schließlich gehört dazu die Regelung der Ver- **24** tretung der Richter im Verhinderungsfall (§ 21e Abs 1 Satz 1 GVG). Das ist mit Ausnahme der Bestimmung des regelmäßigen Vertreters des Vorsitzenden (Rn 23) nicht die Regelung der Vertretungsverhältnisse innerhalb des Senats. Sie ist Sache des Senats (§ 21g GVG) und fällt nicht in die Kompetenz des Präsidiums.[13] § 21e Abs 1 Satz 1 GVG betrifft nur die Regelung von Vertretungsfällen, die nicht mehr im betroffenen Senat aufgefangen werden können, sondern unter Inanspruchnahme von Mitgliedern anderer Senate gelöst werden müssen.[14]

Die Zuständigkeit des Präsidiums beschränkt sich dabei auf die **generelle Festlegung**, welche Rich- **25** ter unter Beachtung der Besetzungsvorschriften des § 67 in Fällen der Verhinderung in welcher Reihenfolge für den Verhinderten einzutreten haben. Dabei hat es länger dauernden Verhinderungen vorausschauend Rechnung zu tragen.

Hingegen ist die Feststellung der **Verhinderung im Einzelfall** grds nicht Sache des Präsidiums.[15] Sie **26** ist in klaren Fällen wie Urlaub, Krankheit, vorrangiger Mitwirkung in einem anderen Senat, Sache des Verhinderten, soweit er zu dieser Feststellung in der Lage ist, sonst des Vertreters oder des Vorsitzenden. Die Feststellung der Verhinderung ist formlos möglich.[16] Wenn der Verhinderungsgrund nicht in diesem Sinn eindeutig und klar gegeben ist, zB bei Verhinderung wegen Überlastung, fällt die Feststellung in die Verantwortung des Präsidenten.[17]

f. Richterliche Aufgaben des Präsidenten. Ihre Bestimmung fällt nicht in die Zuständigkeit des Prä- **27** sidiums. Der Präsident bestimmt sie selbst, indem er gegenüber dem Präsidium erklärt, welchem Spruchkörper er sich als Vorsitzender anschließt (§ 21e Abs 1 Satz 3 GVG). Jedoch ist es Sache des Präsidiums, auch diesem Senat seine Geschäftsaufgaben zuzuweisen. Dabei muss das Präsidium auf die sonstigen Belastungen des Präsidenten Rücksicht nehmen und so sicherstellen, dass er seine gesetzmäßigen Aufgaben als Vorsitzender im gebotenen Umfang sachgerecht wahrnehmen kann (vgl Rn 43f).

g. Freistellung eines Richters für Aufgaben der Justizverwaltung. Bevor ein Richter ganz oder **28** teilweise für Aufgaben der Justizverwaltung freigestellt wird, ist das Präsidium zu hören (§ 21e Abs 6 GVG).

---

11 BGH NJW 1973, 1291.
12 Vgl BGH GRUR 2005, 572 Vertikallibelle.
13 BGH GRUR 1993, 894 f senatsinterne Mitwirkungsgrundsätze.
14 BGH senatsinterne Mitwirkungsgrundsätze.
15 BGH GRUR 1993, 894 f senatsinterne Mitwirkungsgrundsätze.
16 BGH GRUR 2000, 894 Micro-PUR; BGH DRiZ 1983, 234 f; BGHSt 21, 179 ff; *Benkard* § 100 Rn 26; auf unzweifelhafte, offensichtliche Verhinderung abstellend BGH GRUR 1993, 894 f senatsinterne Mitwirkungsgrundsätze.
17 BGH MDR 1974, 416; vgl BGH NJW 1974, 870; aA *Stanicki* DRiZ 1973, 124, 357.

29   **4. Auslegung der Geschäftsverteilung; Zuständigkeitsstreit.** Das Präsidium entscheidet auch über die Auslegung seiner Geschäftsverteilung[18] und in Kompetenzkonflikten der Senate des Gerichts.[19] Daran hat die Aufhebung der entspr ausdrücklichen Bestimmung des § 36e Abs 4 PatG 1968 nichts geänd. Eine Bestimmung des zuständigen Gerichts durch das im Rechtszug höhere Gericht gem § 36 Abs 1 Nr 6 ZPO gibt es hier nicht.[20] Ebensowenig kommt eine bindende Verweisung einer Sache von einem Senat an einen anderen Senat in Betracht.[21]

30   Entscheidungen des Präsidiums nach Rn 29 unterliegen **keiner Anfechtung**. Sie können jedoch im Rahmen einer Besetzungsrüge im Rechtsmittelzug überprüft werden (vgl Rn 37 ff zu § 100).[22]

III. Verfahren

31   **1. Gehör.** Vor der Entscheidung über die Geschäftsverteilung hat das Präsidium allen Richtern, die ihm nicht angehören, Gelegenheit zur Äußerung zu geben (§ 21e Abs 2 GVG). Die von einer Maßnahme **betroffenen Richter** sind, außer in Eilfällen, anzuhören (§ 21e Abs 5 GVG), ebenso die Vorsitzenden bei ändernden Maßnahmen im Lauf des Geschäftsjahrs (§ 21e Abs 3 Satz 2, Abs 5 GVG).

32   **2. Jährlichkeitsprinzip.** Die Geschäftsverteilung hat grds vor Beginn des Geschäftsjahrs für dessen gesamte Dauer zu erfolgen (§ 21e Abs 1 Satz 2 GVG).

33   Die Anordnungen der Geschäftsverteilung dürfen vor Beginn des Geschäftsjahrs jederzeit,[23] im Lauf des Geschäftsjahrs nur ausnahmsweise **geändert** werden, wenn dies wegen Überlastung oder ungenügender Auslastung eines Richters oder Senats oder wegen Wechsels oder dauernder Verhinderung eines Richters nötig wird (§ 21e Abs 3 GVG). Art 101 Abs 1 Satz 2 GG steht einer Änderung der Zuständigkeit auch für bereits anhängige Verfahren jedenfalls dann nicht entgegen, wenn die Neuregelung generell gilt, zB mehrere anhängige Verfahren und eine unbestimmte Vielzahl künftiger, gleichartiger Fälle erfasst, nicht aus sachwidrigen Gründen geschieht sowie weiter geeignet ist, die Effizienz des Geschäftsablaufs zu erhalten oder wiederherzustellen.[24] Die Umstände, die zu der Überlastung usw geführt haben, sollten dokumentiert und den Beteiligten zur Kenntnis gebracht werden.[25] Der Kontrollmaßstab des BVerfG geht hier über eine reine Willkürprüfung hinaus und erfasst jede Rechtswidrigkeit der Regelung im Geschäftsverteilungsplan.[26] Tatsächlich macht die Vielzahl der Personalbewegungen eines Gerichts von der Größe des BPatG eine Vielzahl von Änderungen im Jahreslauf erforderlich.

34   **3. Erhaltung von Zuständigkeiten.** Das Präsidium kann im Fall einer Änderung der Geschäftsverteilung im Lauf des Jahrs oder bei der Jahresgeschäftsverteilung anordnen, dass ein Richter oder Spruchkörper, der in einer Sache tätig geworden ist, für diese nach der Änderung der Geschäftsverteilung zuständig bleibt (§ 21e Abs 4 GVG). Von dieser Regelung macht das Präsidium sachgerechten Gebrauch, wenn es die Abgrenzung danach trifft, ob in einer Sache bereits mündlich verhandelt oder eine Entscheidung im schriftlichen Verfahren ergangen ist.[27]

35   **4. Beratung und Beschlussfassung.** Das Präsidium entscheidet grds in Sitzungen mit Beratung und Abstimmung in Anwesenheit aller nicht verhinderten Präsidiumsmitglieder. Nach § 21e Abs 8 GVG steht es im Ermessen des Präsidiums, ob Richter des Gerichts bei der Beratung und Abstimmung dauernd oder zeitweise zugelassen werden („Richteröffentlichkeit").[28]

---

18   BGH NJW 1975, 1424; BGH NJW 1975, 2304.
19   BGH DRiZ 1978, 249.
20   Vgl zur Rechtslage vor Neufassung dieser Bestimmung BGH GRUR 1972, 440 Zuständigkeitsstreit.
21   AA BPatGE 2, 41.
22   BGH GRUR 1972, 440 Zuständigkeitsstreit; BGHZ 42, 32, 36 = GRUR 1964, 602 Akteneinsicht II.
23   BGHSt 13, 53.
24   BVerfGE 24, 33, 54; BVerfG NJW 2005, 2689 mwN.
25   BVerfG NJW 2005, 2689.
26   BVerfG NJW 2005, 2689.
27   BGH GRUR 1986, 47 Geschäftsverteilung.
28   Vgl BGH NJW 1995, 2494.

Abstimmungen im Umlaufverfahren sind problematisch, ihre Zulässigkeit ist str.[29] Praktisch kann **36** man allerdings bei einem Gericht von der Größe des BPatG, bei dem im Jahreslauf eine Vielzahl von Anordnungen nötig werden, auf das Umlaufverfahren kaum verzichten. Damit die Rechte des Präsidiums nicht beschnitten werden, wird man allerdings voraussetzen müssen, dass die im Umlaufverfahren zu treffenden Anordnungen – was meist ohne weiteres möglich sein wird – bereits im Vorfeld der Entscheidung in einer Sitzung in allen ihren Aspekten erörtert worden sind, also eine sachgerechte Meinungsbildung im Präsidium bereits stattgefunden hat. Im übrigen hat es jedes Präsidiumsmitglied selbst in der Hand und ist notfalls, wenn anders die gerichtsverfassungsmäßigen Rechte und Pflichten des Präsidiums unterlaufen würden, verpflichtet, die Beschlussfassung im Umlaufverfahren durch Verweigerung der Unterschrift zu verhindern und so die Beschlussfassung in einer Sitzung zu erzwingen.[30]

5. Mehrheitsentscheid. Das Präsidium entscheidet mit Stimmenmehrheit. Bei Stimmengleichheit, **37** die mangels Vertretung verhinderter Präsidiumsmitglieder häufig vorkommen kann, gibt nach § 21e Abs 7 GVG nicht mehr die Stimme des Vorsitzenden den Ausschlag. Vielmehr tritt in diesem Fall die Anordnungsbefugnis des Präsidenten ein (§ 21e Abs 7 Satz 2 GVG iVm § 21i Abs 2 GVG; Rn 39).

6. Beschlussfähigkeit. Das Präsidium ist beschlussfähig, wenn die Hälfte seiner gewählten Mitglie- **38** der anwesend ist (§ 21i Abs 1 GVG).

7. Notanordnung des Präsidenten. Steht eine beschlussfähige Besetzung des Präsidiums nicht zur **39** Verfügung oder kommt eine Mehrheit nicht zustande (Rn 37), so dass das Präsidium die erforderlichen Anordnungen nach § 21e GVG nicht rechtzeitig treffen kann, trifft sie der Präsident (§ 21i Abs 2 Satz 1 GVG). Er hat die Gründe für die getroffene Anordnung schriftlich niederzulegen (§ 21i Abs 2 Satz 2 GVG) und die Anordnung unverzüglich dem wieder beschlussfähigen Präsidium zur Genehmigung vorzulegen (§ 21i Abs 2 Satz 3 GVG). Die Anordnung bleibt in Kraft, solange das Präsidium nicht anderweit beschließt (§ 21i Abs 2 Satz 4 GVG).

IV. Publizität der Geschäftsverteilung

Dass die Geschäftsverteilung und jede ihrer Änderungen allen Richtern des Gerichts mitzuteilen sind, **40** versteht sich von selbst. Für die Öffentlichkeit liegen sie in einer vom Präsidenten bestimmten Geschäftsstelle (im BPatG in der Verwaltungsgeschäftsstelle) zur Einsicht auf (§ 21e Abs 9 GVG). Eine Veröffentlichung der Geschäftsverteilung ist nicht vorgesehen (§ 21e Abs 9 2. Halbs GVG). Ein Auszug aus der Jahresgeschäftsverteilung – ohne die richterliche Besetzung der Senate – wird jedoch jedes Jahr in einem der ersten Hefte des BlPMZ veröffentlicht.[31] Im Internet ist der Geschäftsverteilungsplan abrufbar.

V. Gerichtlicher Rechtsschutz

Der von einer Präsidiumsentscheidung betroffene Richter kann sich hiergegen – auch mit einem An- **41** trag auf einstweilige Anordnung nach § 123 Abs 1 Satz 2 VwGO – vor den Verwaltungsgerichten wehren.[32]

C. Vorsitz in den Senaten

I. Grundsatz

Den Vorsitz führen der Präsident und die Vorsitzenden Richter (§ 21f Abs 1 GVG). Andere Richter dür- **42** fen den Vorsitz nur bei Verhinderung des Vorsitzenden und nur vorübergehend führen.[33] Das gilt aller-

---

29 Vgl *Baumbach/Lauterbach/Albers/Hartmann* § 21e GVG Rn 4A mwN; BGHZ 12, 402; *Schorn* DRiZ 1962, 187; BVerwG NJW 1992, 254.
30 Vgl BVerwG NJW 1992, 254; *Fitzner/Lutz/Bodewig* Rn 17.
31 Zuletzt BlPMZ 2016, 36, im Internet unter http://www.bundespatentgericht.de/cms/media/Das_Gericht/ Organisation/geschaeftsverteilung.pdf.
32 VG Trier DRiZ 1993, 401.
33 BGHZ 10, 130, 134.

dings nicht, wenn für eine begrenzte Zeit ein Hilfssenat gebildet wird; mit dem Vorsitz kann hier auch ein Richter betraut werden, der nicht zum Vorsitzenden Richter ernannt ist (so beim BGH mehrfach praktiziert, zuletzt in den Jahren 2009 und 2010 beim Xa-Zivilsenat). Verhinderung des Vorsitzenden iSd § 21 f Abs 2 Satz 1 GVG ist nur eine vorübergehende; unzulässig ist deshalb die dauernde oder für eine unabsehbare Zeit erfolgende Vertretung des ordentlichen Vorsitzenden. Wann aus der vorübergehenden Verhinderung eine dauernde wird, ist Frage des Einzelfalls. Jedenfalls wenn der ordentliche Vorsitzende über ein ganzes Geschäftsjahr wegen Krankheit dienstunfähig war, hat das Präsidium vor der Aufstellung des Geschäftsverteilungsplans für das nächste Geschäftsjahr die ihm zur Verfügung stehenden Möglichkeiten zu nutzen, um die Frage nach der voraussichtlichen Fortdauer der Verhinderung zu klären. Kann hiernach nicht mit einer Wiederherstellung der Dienstfähigkeit in absehbarer Zeit gerechnet werden, muss das Präsidium von einer dauernden Verhinderung ausgehen und dies bei der Aufstellung des Geschäftsverteilungsplans für das nächste Geschäftsjahr berücksichtigen.[34] Schwierigkeiten können sich auch ergeben, wenn durch Konkurrentenklagen Vorsitzende nicht ernannt werden können, wie dies sowohl beim BPatG wie beim BGH vorgekommen ist.

43   Der Vorsitzende muss durch den Umfang seiner Tätigkeit im Senat „**richtungweisenden Einfluss**" auf dessen Rechtsprechung ausüben können. Dazu muss er mindestens drei Viertel der Vorsitzendenaufgaben selbst wahrnehmen; andernfalls ist der Senat fehlerhaft besetzt.[35] Vorsitz in mehreren Senaten ist möglich und kommt insb in Betracht, wenn eine Vorsitzendenstelle sonst über längere Zeit vakant wäre,[36] außerdem beim Beschwerdesenat für Sortenschutzsachen, dem regelmäßig der Vorsitzende des Gebrauchsmuster-Beschwerdesenats vorsitzt.

44   Diese Grundsätze gelten auch für den **Präsidenten als Vorsitzenden**. Das Präsidium muss die Geschäftsaufgaben des Senats, dem er sich anschließt, so bemessen, dass der Präsident ihnen neben seinen sonstigen Aufgaben in dem nach Rn 43 gebotenen Maß gerecht werden kann.[37] Traditionell schließt sich der Präsident des BPatG dem 1. Senat (Nichtigkeitssenat) an.

II. Vertretung

45   Die Vertretung des Vorsitzenden, auch des Präsidenten als Senatsvorsitzenden, regelt § 21f Abs 2 GVG. Das Präsidium hat einen regelmäßigen Vertreter des Vorsitzenden zu bestimmen. Dieser ist an erster Stelle berufen, den Vorsitzenden im Fall einer Verhinderung zu vertreten (§ 21f Abs 2 Satz 1 GVG). Ist auch der regelmäßige Vertreter verhindert, übernimmt das nächst dienstältere (zur Bestimmung des Dienstalters Rn 38f zu § 70), bei gleichem Dienstalter das lebensälteste dieser Senatsmitglieder – Richter kraft Auftrags und abgeordnete Richter ausgenommen (§ 71 Abs 2) – den Vorsitz (§ 21f Abs 2 Satz 2 GVG).

46   Der Richter, der den Vorsitz übernimmt, muss die für den Vorsitzenden vorgeschriebene **Qualifikation** als technisches oder rechtskundiges Mitglied iSv § 67 besitzen. Insoweit geht § 67 dem § 21f Abs 2 Satz 2 GVG vor.

47   Die senatsinterne Geschäftsverteilung kann vorsehen, dass die Zuständigkeit des (senatsangehörigen) Vertreters, der in einer mündlichen Verhandlung den Vorsitz innegehabt hat, für eine **weitere mündliche Verhandlung** in der gleichen Sache fortdauert. Es handelt sich dabei um eine Regelung des Vertretungsfalls, die der senatsinternen Geschäftsverteilung unterliegt, wenn und soweit die Vertretung durch Richter des Spruchkörpers selbst erfolgt.[38]

48   Die **Verhinderung** kann der verhinderte Vorsitzende selbst[39] oder auch der gem § 21f Abs 2 GVG Berufene feststellen. Die Feststellung der Verhinderung ist formlos möglich (Rn 26).

---

34 BGHZ 164, 87 = NJW 2006, 154.
35 BGHZ 37, 210; BGH NJW 1984, 131; vgl *Fitzner/Lutz/Bodewig* Rn 5.
36 Vgl *Fitzner/Lutz/Bodewig* Rn 5.
37 BGHZ 49, 64, 67.
38 BGH GRUR 1993, 894 f senatsinterne Mitwirkungsgrundsätze.
39 BGH DRiZ 1983, 234; vgl BGH MDR 1967, 317; BGH NJW 1968, 512.

D. Geschäftsverteilung innerhalb des Senats

I. Zuständigkeit

Die senatsinterne Geschäftsverteilung (Mitwirkungsplan) ist Sache aller dem Spruchkörper angehö- **49** renden Richter (§ 21g Abs 1 GVG). Diese sind dabei keinen Weisungen unterworfen, insb auch keinen Weisungen oder Eingriffen des Präsidiums.[40] Der Vorsitzende ist nur für Eilanordnungen zuständig, falls eine Senatsentscheidung nach § 21g GVG nicht rechtzeitig ergehen kann (§ 21g Abs 5 GVG iVm § 21i Abs 2 GVG).

Der Senat entscheidet durch **Beschluss** seiner Mitglieder (§ 21g Abs 1 Satz 1 GVG). Ist ein Mitglied ver- **50** hindert, ist es durch seinen geschäftsplanmäßigen Vertreter zu ersetzen (§ 21g Abs 4 GVG). Bei Stimmengleichheit entscheidet das Präsidium (§ 21g Abs 1 Satz 2 GVG). Können die erforderlichen Anordnungen nicht rechtzeitig ergehen, kann sie der Vorsitzende treffen (Rn 49). In diesem Fall gelten die weiteren Regelungen des § 21i Abs 2 Satz 2, 3 GVG, wonach die Gründe für die getroffene Anordnung, praktischerweise in der Anordnung selbst, schriftlich niederzulegen sind, die Anordnung dem Senat unverzüglich zur Genehmigung vorzulegen ist und die getroffene Anordnung in Kraft bleibt, bis der Senat anderweitig beschließt.

Kritik. Die Regelung führt bei den Nichtigkeitssenaten und beim GbmBeschwerdesenat aufgrund de- **51** ren besonderer Zusammensetzung (Rn 21) zu Schwierigkeiten.[41] Mag es noch möglich sein, alle Senatsmitglieder, dh im GbmBeschwerdesenat neben den rechtskundigen alle technischen Mitglieder (ohne die Vorsitzenden Richter) des Gerichts, in den Nichtigkeitssenaten neben den rechtskundigen alle dem Senat zugewiesenen technischen Mitglieder, vor Beginn eines neuen Geschäftsjahrs zur Beschlussfassung über die senatsinterne Jahresgeschäftsverteilung zu versammeln, so ist dies bei den zahlreichen diese Senate betreff Änderungen der Gerichtsgeschäftsverteilung im laufenden Geschäftsjahr praktisch ausgeschlossen. Hier wird vielfach nur das Notanordnungsrecht des Vorsitzenden (Rn 49) einen Ausweg bieten, das freilich als Ausnahmefallregelung nicht zum Regelfall ausufern sollte. Das Präsidium des BPatG hat diese Situation allerdings weitgehend dadurch entschärft, dass es den Nichtigkeitssenaten und dem GbmBeschwerdesenat die technischen Mitglieder nur noch für die technischen Aufgabegebiete des Technischen Beschwerdesenats zuweist, dessen technische Fachgebiete es ihm überträgt. Da ein Senatsmitglied kaum bei der Verteilung von Geschäften mitwirken kann, für die es nicht zugewiesen ist, rechtfertigt diese begrenzte Zuweisung die Beschlussfassung über die senatsinterne Geschäftsverteilung in entspr kleineren, jeweils aus dem Vorsitzenden, dem oder den rechtskundigen Senatsmitgliedern und den technischen Mitgliedern des jeweiligen Technischen Beschwerdesenats bestehenden Beschlussgruppen für deren speziellen Aufgabenbereich. Die Beschlussfassung durch diesen begrenzten Kreis ist praktikabel und dürfte den Erfordernissen des gesetzlichen Richters gerecht werden.

II. Jährlichkeitsprinzip

Der Beschluss hat die Grundsätze, nach denen die Beisitzer zur Mitwirkung und zum Eintritt bei Ver- **52** hinderung eines zuvor berufenen Senatsmitglieds berufen sind, vor Beginn des Geschäftsjahrs für dessen Dauer festzulegen (§ 21g Abs 2 1. Halbs GVG).[42] Auch diese Anordnung kann wie die Geschäftsverteilung des Gerichts nur geänd werden, wenn dies wegen Überlastung oder ungenügender Auslastung, Wechsels oder dauernder Verhinderung einzelner Mitglieder des Senats nötig wird (§ 21g Abs 2 Satz 2. Halbs GVG). Die Regelung gilt grds auch für bereits anhängige Verfahren (vgl aber Rn 33). Eine Änderung der Besetzung mit Beginn des neuen Geschäftsjahrs ist möglich.[43]

III. Mitwirkungsgrundsätze

1. Allgemeines. Die Regelung des § 21g Abs 1 GVG erschöpft sich nicht in der Kompetenzzuweisung. **53** Sie beinhaltet zugleich den Auftrag an den Senat, bei der Regelung der Senatsgeschäfte darauf hinzuwir-

---

40 BGH NJW 1966, 1458.
41 Vgl auch *Mes* Rn 20.
42 Vgl BGH GRUR 1999, 369 f interne Mitwirkungsgrundsätze.
43 BGH interne Mitwirkungsgrundsätze.

Schuster

ken, dass die Arbeit im Spruchkörper geordnet, stetig und sinnvoll abläuft und dabei den Besonderheiten jeder Sache Rechnung getragen werden kann.[44]

54 **2. Inhaltliche Erfordernisse.** Die Mitwirkungsgrundsätze der Senatsgeschäftsverteilung müssen zwei Ziele in sich vereinigen: Sie sollen gewährleisten, dass die Zusammensetzung der Richterbank ausreichend vorherbestimmt ist, darüber hinaus aber auch die Rechtsprechungstätigkeit des Spruchkörpers reibungslos und effektiv gestalten. Die beiden Ziele sind nicht deckungsgleich und können einander widerstreiten. Jedoch werden sich die daraus erwachsenden Schwierigkeiten bei zweckentspr Gestaltung in Grenzen halten.[45]

55 Die Mitwirkungsgrundsätze müssen nicht notwendig dem Vorbild der gerichtlichen Geschäftsverteilung folgen.[46] Sie müssen jedoch die Bestimmung der im Einzelfall berufenen Richter **nach abstrakten, objektiven Merkmalen** ermöglichen[47] und ein System in der Weise ergeben, dass die Besetzung des Spruchkörpers bei der einzelnen Entscheidung aus ihnen ableitbar ist und Ermessensentscheidungen idR entbehrlich sind.[48] Die Geschäftsverteilung innerhalb des Spruchkörpers darf nicht in der Weise geregelt oder geänd werden, dass Richtern ausgesuchte Sachen zugewiesen werden.[49] Auslegungsbedürftigkeit steht der Wirksamkeit nicht entgegen.[50] Die Heranziehung der Beisitzer wurde in den Grenzen des Willkürverbots pflichtgem Ermessen überlassen.[51]

56 Die (heute so nicht mehr praktizierte, vgl Rn 21) Geschäftsverteilung des **Gebrauchsmuster-Beschwerdesenats** und der **Nichtigkeitssenate**, nach der die im Einzelfall zu bestimmenden Mitglieder desjenigen Technischen Beschwerdesenats mitwirken sollten, dem das technische Fachgebiet des angegriffenen Patents als Geschäftsbereich zugewiesen ist, wurde insoweit nicht beanstandet,[52] da der technische Sachverstand im BPatG vollständig erst durch die Gesamtheit aller technischen Beisitzer repräsentiert werde.[53] Die Heranziehung nur bestimmter technischer Mitglieder als zweiter Beisitzer wurde als zulässig angesehen, solange keine derart weitgehende Verengung eintrat, dass Anhaltspunkte für eine willkürliche Auswahl aus sachfremden Gründen erkennbar wurden.[54]

57 **3. Senatsinterne Vertretungsregelung.** Nach den gleichen Kriterien hat der Senat die senatsinterne Vertretung zu regeln. Eine Bestimmung des Vertreters im Einzelfall ist unzulässig. Das Recht zur Regelung der Vertretung schließt die Befugnis ein, zu bestimmen, dass eine Vertretungsbesetzung auch nach Wegfall des Vertretungsfalls zuständig bleibt.[55] Zur Vertretung im Vorsitz Rn 45 ff.

58 Die Regelungsbefugnis des Senats reicht soweit, wie die **Vertretung durch die Mitglieder des Spruchkörpers selbst** erfolgen kann.[56] Sie endet, wo Mitglieder anderer Senate herangezogen werden müssen. Dort greift die Regelungskompetenz des Präsidiums ein und gilt der Geschäftsverteilungsplan des Gerichts.

59 **4. Feststellung des Vertretungsfalls** ist, soweit es um die Verhinderung eines Senatsmitglieds für eine Tätigkeit im Senat geht, Sache des Vorsitzenden,[57] solange die Vertretung senatsintern regelbar ist.[58]

---

44 BGH GRUR 1994, 659, 663 senatsinterne Mitwirkungsgrundsätze.
45 BGH GRUR 1994, 659, 663 senatsinterne Mitwirkungsgrundsätze; vgl BGH GRUR 1998, 373 Fersensporn; vgl dazu auch *Leisner* NJW 1995, 285.
46 BGH GRUR 1994, 659, 663 senatsinterne Mitwirkungsgrundsätze.
47 BGH senatsinterne Mitwirkungsgrundsätze.
48 BGH senatsinterne Mitwirkungsgrundsätze; *Leisner* NJW 1995, 285.
49 BGH NJW-RR 2009, 1264.
50 BGH GRUR 1999, 369 f interne Mitwirkungsgrundsätze.
51 Dazu und zur Heranziehung aller Mitglieder („Vollständigkeitsprinzip") BGH GRUR 1998, 373, 375 Fersensporn.
52 BGHZ 38, 166 = GRUR 1963, 129, 131 Kunststofftablett; BGH GRUR 1998, 373, 375 Fersensporn, jeweils zum GbmBeschwerdesenat.
53 BGH Fersensporn; vgl *Bender* GRUR 1998, 969.
54 BGH Fersensporn.
55 BGH NJW 1987, 124.
56 BGH GRUR 1993, 894 f senatsinterne Mitwirkungsgrundsätze.
57 BGHSt 21, 147.
58 BGH DRiZ 1983, 234.

Die Verhinderung und deren Grund können formlos festgestellt werden (Rn 26), sie sollten jedoch stets in geeigneter Form aktenkundig gemacht werden. Die Verwendung eines entspr Formblatts empfiehlt sich.

5. Bestimmung des Berichterstatters. Die genannten Grundsätze, mit denen das Recht auf den ge- **60** setzlichen Richter bis in die Senatsbesetzung hinein realisiert werden soll,[59] galten jedenfalls nach früher hM nur für die Zusammensetzung der Richterbank als solcher und nicht für die Bestimmung des Berichterstatters. Welches Mitglied der berufenen Spruchbesetzung die Berichterstattung in einer Sache übernimmt, konnte der Vorsitzende frei bestimmen (näher 6. *Aufl*). Hieran wird nach der Neuregelung nicht mehr festgehalten werden können.[60] Mit der Geschäftsverteilungsbefugnis dürfte auch die Befugnis zur Bestimmung des Berichterstatters vom Vorsitzenden auf den Spruchkörper insgesamt übergegangen sein.[61] Diese Sichtweise wird dem Zweck des Gesetzes, die überkommene hervorgehobene Stellung des Vorsitzenden zugunsten der Gleichrangigkeit der Richter abzubauen, am besten gerecht, und § 21g GVG gibt keine Stütze für eine andere Interpretation. Der Senat wird also den Berichterstatter zweckmäßigerweise in der Jahresgeschäftsverteilung nach abstrakten Grundsätzen festlegen, bei deren Definition aber großzügiger verfahren werden kann.[62] Dies dürfte es erforderlich machen, die Mitwirkungsgrundsätze auch im nicht übersetzten Senat niederzulegen (anders allerdings die Praxis des BGH in den Jahren 2009 und 2010 mit den nicht übersetzten Zivilsenaten X und Xa).[63] Auch eine Änderung dieser Bestimmung im laufenden Geschäftsjahr dürfte dann in die Zuständigkeit des Gesamtsenats fallen. Das bedeutet jedoch nicht, dass die Bestimmung des Berichterstatters jetzt auch zur Bestimmung des gesetzlichen Richters gehörte. Für eine solche Rechtsänderung gibt § 21g GVG nichts her.[64] Eine Änderung der Bestimmung des Berichterstatters im Einzelfall und im laufenden Geschäftsjahr, wenn auch durch den nunmehr zuständigen Gesamtsenat, dürfte daher in gleicher Weise möglich sein wie bisher.

Beim **Bundesgerichtshof** ist in § 4 der Mitwirkungsgrundsätze für 2016 zum Berichterstatter folgende **61** Regelung getroffen:

(1) [1]*Die Berichterstattung ist vom Vorsitzenden oder seinem Vertreter innerhalb der zuständigen Spruchgruppe gleichmäßig und unter angemessener Berücksichtigung etwaiger besonderer Belastungen zu verteilen.* [2]*Dabei soll ein erkennbarer Zusammenhang (einschließlich einer gleich gelagerten Sachlage) mit einer älteren anderen Sache berücksichtigt werden.*

(2) Die Verteilung erfolgt nach Maßgabe einer beim Vorsitzenden geführten Liste, in der Revisionen und Nichtzulassungsbeschwerden nach Rechtsgebieten, Patentnichtigkeitsverfahren, Rechtsbeschwerden und Gerichtsstandsbestimmungsverfahren jeweils gesondert erfasst werden.

IV. Gehör

Vor der Beschlussfassung ist allen von ihr betroffenen Richtern Gelegenheit zur Äußerung zu geben **62** (§ 21g Abs 6 GVG). Die Regelung sichert den Richtern das Gehör, die dem Spruchkörper zur Zeit der Beschlussfassung (die vor Beginn des Geschäftsjahrs erfolgen muss, vgl § 21g Abs 2 GVG) noch nicht angehören und deshalb an ihr nicht mitwirken können.[65]

V. Form

Schriftform ergibt sich seit der Neuregelung aus der Publizität der Senatsgeschäftsverteilung (Rn 64). **63** Sie war im BPatG seit jeher selbstverständliche Übung, um der Einsichtnahme durch die Beteiligten und der Überprüfung im Rechtsmittelzug keine unnötigen Hindernisse entgegenzustellen.[66] Das Erfordernis

---

59   BGH GRUR 1980, 848 Kühlvorrichtung; aA BGH GRUR 1994, 659, 663 senatsinterne Mitwirkungsgrundsätze.
60   Vgl *Zöller* ZPO § 21g GVG Rn 4.
61   So auch *Zöller* ZPO § 21g GVG Rn 4; aA *Kissel* Rn 41.
62   *Zöller* ZPO § 21g GVG Rn 4.
63   Vgl *Zöller* ZPO § 21g GVG Rn 4.
64   Ebenso *Zöller* ZPO § 21g GVG Rn 4.
65   Vgl BTDrs 14/597 S 5.
66   BGH NJW 1967, 1622.

Schuster

vollständiger schriftlicher Niederlegung bestand auch schon nach der Rspr des BGH.[67] Bei Änderungen der Geschäftsverteilung innerhalb des Geschäftsjahrs sind auch die Gründe für die Änderung schriftlich festzuhalten.[68] Ebenso sollte im Verhinderungsfall auch der Grund der Verhinderung in den Akten festgehalten werden.[69]

VI. Publizität der Senatsgeschäftsverteilung

64   Wie die Gerichtsgeschäftsverteilung (Rn 40) müssen auch die Geschäftsverteilungen der Senate an zentraler Stelle im BPatG zur Einsichtnahme durch die Verfahrensbeteiligten aufliegen (§ 21g Abs 7 GVG iVm § 21e Abs 9 1. Halbs GVG). Einer Veröffentlichung bedarf es nicht (§ 21g Abs 7 GVG iVm § 21e Abs 9 2. Halbs GVG).

VII. Rechtsfolgen eines Verstoßes gegen § 21g Absatz 2 GVG

65   Die Besetzungsrüge nach § 100 Abs 3 Nr 1 kann nur auf einen willkürlichen oder sonst missbräuchl Verstoß gegen die Grundsätze des § 21g Abs 2 GVG gestützt werden.[70]

§ 69
(Öffentlichkeit, Sitzungspolizei)

(1) [1]Die Verhandlung vor den Beschwerdesenaten ist öffentlich, sofern ein Hinweis auf die Möglichkeit der Akteneinsicht nach § 32 Abs. 5 oder die Patentschrift nach § 58 Abs. 1 veröffentlicht worden ist. [2]Die §§ 171b bis 175 des Gerichtsverfassungsgesetzes sind entsprechend anzuwenden mit der Maßgabe, daß
1. die Öffentlichkeit für die Verhandlung auf Antrag eines Beteiligten auch dann ausgeschlossen werden kann, wenn sie eine Gefährdung schutzwürdiger Interessen des Antragstellers besorgen läßt,
2. die Öffentlichkeit für die Verkündung der Beschlüsse bis zur Veröffentlichung eines Hinweises auf die Möglichkeit der Akteneinsicht nach § 32 Abs. 5 oder bis zur Veröffentlichung der Patentschrift nach § 58 Abs. 1 ausgeschlossen ist.
(2) [1]Die Verhandlung vor den Nichtigkeitssenaten einschließlich der Verkündung der Entscheidungen ist öffentlich. [2]Absatz 1 Satz 2 Nr. 1 gilt entsprechend.
(3) [1]Die Aufrechterhaltung der Ordnung in den Sitzungen der Senate obliegt dem Vorsitzenden. [2]Die §§ 177 bis 180, 182 und 183 des Gerichtsverfassungsgesetzes über die Sitzungspolizei gelten entsprechend.

MarkenG: § 67 Abs 2, 3
Ausland: Österreich: §§ 82–84 öPatG (Ordnungs- und Mutwillensstrafen)

---

67   BGH GRUR 1994, 659 senatsinterne Mitwirkungsgrundsätze; BGH NJW 1995, 332, 334 Mitwirkungsplan III; kr *Leisner* NJW 1995, 285.
68   BGH NJW 1980, 951.
69   BGH DRiZ 1983, 234.
70   BGH GRUR 1994, 659, 661 senatsinterne Mitwirkungsgrundsätze mwN.

Schrifttum: *Eberle* Gesetzwidrige Medienöffentlichkeit beim BVerfG? NJW 1994, 1637; *Eckertz-Höfer* Fernsehöffentlichkeit im Gerichtssaal, DVBl 2012, 389; *Ernst* Informations- oder bloßes Illustrationsinteresse? Zur Fernsehöffentlichkeit von Gerichtsverfahren, FS G. *Herrmann* (2002), 73; *Hübner-Raddak* Fernsehöffentlichkeit im Gerichtssaal, Diss Bochum 2001; *Mahrenholz* Überlegungen zur Gerichtsöffentlichkeit, Betrifft Justiz 2013, 51; *Olbertz* Fernsehöffentlichkeit von Gerichtsverfahren unter verfassungsrechtlichen Gesichtspunkten, Diss Köln 2001; *Prietzel-Funk* Das gegenseitige Verständnis von Justiz und Medien, DRiZ 2013, 204; *von Coelln* Zur Medienöffentlichkeit der Dritten Gewalt, Habil-Schrift Passau (2005); *Wolf* Die Gesetzwidrigkeit von Fernsehübertragungen aus Gerichtsverhandlungen, NJW 1994, 681.

A. Geltungsbereich

Abs 1, durch Art 8 Nr 39 GPatG (dort noch als § 36g Abs 1) neu gefasst, gilt seit dem 1.1.1981 (Art 17 **1** Abs 3 GPatG). Abs 2, 3 gelten seit Errichtung des BPatG unverändert. Das Gesetz zur Novellierung patentrechtlicher Vorschriften und anderer Gesetze des gewerblichen Rechtsschutzes hat in Abs 1 Satz 2 durch Einbeziehung des § 171b GVG die Verweisung geänd.

B. Systematische Stellung

Abs. 1 regelt die Öffentlichkeit der mündlichen Verhandlung in den Beschwerdesenaten (Rn 9 ff), **2** Abs 2 die der mündlichen Verhandlung in den Nichtigkeitssenaten (Rn 13 ff), Abs 3 regelt die Aufrechterhaltung der Ordnung in der Sitzung (Sitzungspolizei; Rn 22 ff).

Die Regelung besteht im wesentlichen in einer **Verweisung auf die entsprechenden Vorschriften** **3** **des GVG,** die – soweit es die Öffentlichkeit der mündlichen Verhandlung angeht – durch einige Sondervorschriften (Abs 1 Satz 1, 2, Abs 2 Satz 2) ergänzt werden.

Wegen der Verweisung werden nur die **Grundzüge** und die Besonderheiten des Verfahrens vor dem **4** BPatG erläutert.

§ 69 regelt nur die Öffentlichkeit einer **mündlichen Verhandlung** einschließlich der Öffentlichkeit **5** einer etwaigen Entscheidungsverkündung. Die Vorschrift sagt nichts darüber aus, ob eine mündliche Verhandlung oder eine Entscheidungsverkündung stattzufinden haben. Dies ergibt sich vielmehr, was die mündliche Verhandlung angeht, aus §§ 78, 83 Abs 2 und, was die Entscheidungsverkündung angeht, aus § 94.

Ebenso wenig betrifft die Vorschrift die **Beratung und Abstimmung,** die in § 70 geregelt sind und **6** von der die Öffentlichkeit immer ausgeschlossen ist.[1]

Die Vorschrift gilt nur für die mündliche Verhandlung **vor dem beschließenden oder erkennenden** **7** **Senat,** nicht für die Verhandlung vor dem beauftragten oder ersuchten Richter, zu der nur die Beteiligten zugelassen sind (§ 88 Abs 3).

C. Öffentlichkeit

I. Begriff

Öffentlichkeit bedeutet, dass nicht nur die Verfahrenbeteiligten, sondern jedermann zur Verhandlung **8** Zutritt hat. Das gilt auch, und erst recht, für Personen, die zum Verfahren keine Verbindung haben.[2] Grds erfasst die Regelung nur die mündliche Verhandlung (zum erstinstanzlichen Einspruchsverfahren vor dem BPatG Rn 11).

---

1 Vgl *Mes* Rn 2.
22 *Fitzner/Lutz/Bodewig* Rn 2 mwN.

II. Verhandlung vor den Beschwerdesenaten

9   **1. Vor Offenlegung der Anmeldung oder Herausgabe einer Patentschrift.** Der Grundsatz der Öffentlichkeit der mündlichen Verhandlung gilt, anders als nach § 169 Satz 1 GVG, im Ansatz nur beschränkt, nämlich erst, wenn der Hinweis auf die Möglichkeit der Akteneinsicht nach § 32 Abs 5 oder die Patentschrift nach § 58 Abs 1 veröffentlicht worden ist (Abs 1 Satz 1). Die mündliche Verhandlung ist erst öffentlich, wenn die Voraussetzungen für die freie Akteneinsicht (Rn 40 ff zu § 31) erfüllt sind, die Erfindung also öffentlich zugänglich ist.

10   Bis zum Zeitpunkt der **öffentlichen Zugänglichkeit** dürfen an der mündlichen Verhandlung außer den beteiligten Richtern und dem Protokollführer sowie den Patentanwaltsbewerbern, Rechtsreferendaren und Rechtspraktikanten (§ 70 Abs 1 Satz 3) nur die Verfahrensbeteiligten selbst (auch die Vertreter des DPMA nach §§ 76, 77) und deren Vertreter sowie etwaige Beistände oder Begleitpersonen, im übrigen aber nur solche Personen teilnehmen, denen der Senat den Zutritt nach § 175 Abs 2 GVG besonders gestattet. Das gilt auch für die Entscheidungsverkündung (Abs 1 Satz 2 Nr 2).

11   **2. Nach Offenlegung der Anmeldung oder Herausgabe einer Patentschrift.** Sobald der Hinweis auf die Möglichkeit der Akteneinsicht gem § 32 Abs 5 oder die Patentschrift nach § 58 Abs 1 veröffentlicht worden ist, ist in der betr Sache grds öffentlich zu verhandeln und zu verkünden. Das gilt auch für das erstinstanzliche Einspruchsverfahren vor dem Beschwerdesenat (§ 59 Abs 3 Satz 1).[3]

12   Nach Abs 1 Satz 2 gelten dann neben der dort genannten Maßgabe die **Vorschriften des GVG** über die Öffentlichkeit der mündlichen Verhandlung entspr; insb kann die Öffentlichkeit nur noch unter den besonderen Voraussetzungen des Abs 1 Satz 2 (mit Verweis auf §§ 171b, 172–175 GVG), dh bei Vorliegen der Voraussetzungen des Abs 1 Satz 2 Nr 1 oder der §§ 171b GVG (Umstände aus dem persönlichen Lebensbereich eines Prozessbeteiligten, Zeugen oder durch eine rechtswidrige Tat Verletzten), 172 GVG (Gefährdung der Staatssicherheit, der öffentlichen Ordnung oder der Sittlichkeit, des Lebens, des Leibs oder der Freiheit eines Zeugen oder einer anderen Person, wichtiges Geschäfts-, Betriebs-, Erfindungs- oder Steuergeheimnis, durch dessen öffentliche Erörterung überwiegende schutzwürdige Interessen verletzt würden, privates Geheimnis, dessen unbefugte Offenbarung durch den Zeugen oder Sachverständigen mit Strafe bedroht ist, Vernehmung einer Person unter 16 Jahren) ausgeschlossen werden. Einzelnen Personen kann nach § 175 GVG der Zutritt versagt werden. Die Regelung in Abs 1 Satz 2 Nr 1 modifiziert die in § 172 Abs 1 Nr 2 GVG dahin, dass es nicht auf das Überwiegen der schutzwürdigen Interessen ankommt.[4]

III. Verhandlung vor den Nichtigkeitssenaten

13   Die Verhandlung vor den Nichtigkeitssenaten einschließlich der Verkündung der Entscheidung ist grds öffentlich (Abs 2 Satz 1). Die Beschränkungen des Abs 1 Satz 1, Satz 2 Nr 2, die bei den erteilten Patenten, die Gegenstand von Nichtigkeitsverfahren sind, ohnehin nicht greifen würden, gelten hier schon nach dem Wortlaut des Abs 2 Satz 1 nicht.

14   Wie im Verfahren vor den Beschwerdesenaten finden hingegen die **Vorschriften des GVG** über den Ausschluss der Öffentlichkeit (§§ 171b–175 GVG) sowie Abs 1 Satz 2 Nr 1 entspr Anwendung (Abs 2 Satz 2).

15   Anwendbar ist, anders als im Beschwerdeverfahren, auch § 173 GVG. Sofern vor dem Nichtigkeitssenat ausnahmsweise nichtöffentlich verhandelt worden ist, muss die Öffentlichkeit vor der **Verkündung der Entscheidungsformel** wieder hergestellt werden. Lediglich für die Begründung kann die Öffentlichkeit unter den Voraussetzungen des § 173 Abs 2 GVG (wieder) ausgeschlossen werden.

IV. Verstoß gegen den Grundsatz der Öffentlichkeit

16   Eine Verletzung der Vorschriften über die Öffentlichkeit der Verhandlung eröffnet im Beschwerdeverfahren die zulassungsfreie Rechtsbeschwerde (§ 100 Abs 3 Nr 5; Rn 73 zu § 100). Deshalb ist im Protokoll zu

---

3 Für vor Inkrafttreten dieser Regelung beim BPatG anhängig gewordene Verfahren BGH GRUR 2010, 361 Dichtungsanordnung; BGH Mitt 2010, 192 Dichtungsanordnung 01; BGH 17.12.2009 X ZB 40/09.
4 Vgl *Schulte* Rn 11.

vermerken, ob öffentlich oder nichtöffentlich verhandelt worden ist (§ 92 Abs 2 Satz 2 iVm § 160 Abs 1 Nr 5 ZPO).

Die **Öffentlichkeit** der Verhandlung **ist gewahrt**, wenn eine unbestimmte Vielzahl von Personen, die **17** zueinander und zum Verfahren in keiner Beziehung stehen, zu der Verhandlung Zutritt hat.[5] Erforderlich sind auch die Ankündigung der Verhandlung durch Anschlag im Gerichtsgebäude[6] und das Fehlen sonstiger tatsächlicher Zugangshindernisse.[7]

Die Öffentlichkeit wird nicht dadurch verletzt, dass bei **Überfüllung** des Sitzungssaals weiteren Per- **18** sonen der Zutritt verwehrt wird,[8] außer wenn praktisch kein Platz für Zuhörer vorgesehen ist.[9]

Eine Verletzung der Öffentlichkeit der Verhandlung kann auch in einer **unzulässigen Maßnahme 19 der Sitzungspolizei** (Rn 22 ff) liegen.[10]

Die Öffentlichkeit ist nicht verletzt, wenn einer Beschränkung des Zugangs zum Sitzungssaal keine **20 Sorgfaltsverletzung** des Gerichts zugrunde liegt.[11]

V. Berichterstattung

Während der Verhandlung sind Ton- und Fernseh-Rundfunkaufnahmen sowie Ton- und Filmauf- **21** nahmen zum Zweck der öffentlichen Vorführung oder Veröffentlichung ihres Inhalts unzulässig (§ 169 Satz 2 GVG).[12] Jedoch hat das BVerfG solche Aufnahmen vor Beginn und nach Schluss der mündlichen Verhandlung zugelassen.[13] Eine weitergehende Öffnung war Gegenstand der Beratungen auf der Konferenz der Justizministerinnen und Justizminister am 17./18.8.2005 in Stuttgart,[14] sie wird weiterhin diskutiert.

D. Sitzungspolizei

I. Grundsatz

Abs 3 Satz 1 wiederholt wortgleich § 176 GVG, wonach die Aufrechterhaltung der Ordnung in der Sit- **22** zung dem Vorsitzenden obliegt.

II. Entsprechende Anwendung des GVG

Nach Abs 3 Satz 2 sind die weiteren Vorschriften des GVG über die Sitzungspolizei, nämlich die **23** §§ 176–180, 182 und 183 GVG – ausgenommen die Vorschrift über die Rechtsbehelfe (§ 181 GVG) – entspr anwendbar.

---

5 BGH NStZ 1982, 476; RGZ 157, 341, 343; vgl BVerfG (Nichtannahmebeschluss) NJW 2002, 814; *Ströbele/Hacker* § 67 MarkenG Rn 2; zum Begriff der Öffentlichkeit, der vor dem BPatG nicht anders zu beurteilen ist als in jedem gerichtlichen Verfahren, *Benkard* Rn 1.
6 BGH DRiZ 1981, 193; BGH NStZ 1982, 476.
7 OLG Bremen MDR 1966, 864; BGH JR 1979, 261.
8 RG JW 1906, 794; BGH NJW 1966, 1570; BGH NJW 1959, 899; *Fitzner/Lutz/Bodewig* Rn 2.
9 OLG Köln NStZ 1984, 282; BayObLG NJW 1982, 395.
10 BGH NJW 1962, 1260; BGH NJW 1963, 599; BVerfG NJW 1979, 1400.
11 BGH GRUR 1970, 621 Sitzungsschild; BGH NJW 1966, 1570; BGH NJW 1969, 756; BGH NJW 1970, 1846; BGH NJW 1979, 1622; BVerwG DÖV 1984, 889; BVerwG NVwZ 1982, 43.
12 BVerfGE 103, 44 = DVBl 2001, 456; BGHSt 22, 83 = NJW 1968, 804.
13 BVerfGE 119, 309 = NJW 2008, 977; BVerfG 3.4.2009 1 BvR 654/09, einschränkend BVerfG NJW 2009, 350; BVerfG NJW 2009, 352; näher zur Funkberichterstattung *Schulte* Rn 13.
14 Vgl den Abschlussbericht der Bund-Länder-Arbeitsgruppe „Zeitgemäße Neufassung des § 169 GVG", vorgelegt auf der Justizministerkonferenz am 17./18.6.2015 in Stuttgart, mit der Empfehlung, Ton- und Fernsehaufzeichnungen sowie Ton- und Filmaufnahmen zum Zwecke der öffentlichen Vorführung oder der Veröffentlichung ihres Inhalts bei der öffentlichen Verkündung von Entscheidungen von obersten Bundesgerichten zuzulassen, im Internet unter http://www.bmjv.de/SharedDocs/Downloads/DE/PDF/Abschlussbericht_Bund_Laender_Arbeitsgruppe_169GVG.pdf?__blob=publicationFile&v=1 abrufbar.

III. Ordnungsgewalt

24 Aufrechterhaltung der Ordnung bedeutet Gewährleistung eines ungestörten Verlaufs der Sitzung. Das Ansehen der Rechtspflege darf durch den Sitzungsverlauf nicht geschädigt werden. Die Sitzungspolizei umfasst alle Befugnisse und Maßnahmen, die erforderlich sind, um letztlich im Interesse der Wahrheitsfindung den ungestörten Verlauf der Sitzung zu sichern; das Persönlichkeitsrecht ist im Rahmen einer sitzungspolizeilichen Verfügung nicht in weiterem Umfang zu schützen, als dies nach §§ 22, 23 KUG der Fall ist.[15]

25 Nur der **Vorsitzende** übt die Ordnungsgewalt aus. Sie erstreckt sich auf den Sitzungssaal und die Vorräume.[16]

26 Der Ordnungsgewalt des Vorsitzenden unterliegen alle **im Gerichtssaal anwesenden Personen**, die anwesenden Amtspersonen wie Richter, Protokollführer, Vertreter des PräsDPMA (§§ 76, 77) sowie Rechts- und Patentanwälte als Verfahrensbevollmächtigte eingeschlossen.

27 **IV.** Die **Ordnungsmittel** der §§ 177 und 178 GVG (ua Ordnungsruf, Verwarnung, Entziehung des Worts, Untersagen störender Verrichtungen,[17] weiter Entfernung aus dem Sitzungszimmer, Abführen zur Ordnungshaft, Festhalten bis zu 24 Stunden) können nur gegen Parteien, Zeugen, Sachverständige oder bei der Verhandlung nicht beteiligte Personen verhängt werden, nicht gegen Richter, Protokollführer, Vertreter des PräsDPMA (§§ 76, 77) sowie Rechts- und Patentanwälte und sonstige zugelassene Bevollmächtigte. Bei Ungehorsam oder Ungebühr dieses Personenkreises bleiben notfalls nur die Unterbrechung der Sitzung und die Anrufung der für sie zuständigen Dienst- oder Standesaufsicht.

V. Verhängungsbefugnis

28 Die Verhängung der Ordnungsmittel der §§ 177, 178 GVG ist, soweit es um Parteien, Zeugen und Sachverständige geht, Sache des Senats, soweit es um am Verfahren nicht Beteiligte geht, Sache des Vorsitzenden, ggf auch des beauftragten Richters (§ 180 GVG).

29 **VI. Vollstreckung** (§ 179 GVG) der Ordnungsmittel ist vom Vorsitzenden (mangels Rechtsmittels, Rn 30) „unmittelbar" zu veranlassen.

VII. Kein Rechtsbehelf

30 Von der entspr Anwendung sind die Vorschriften über die Anfechtung sitzungspolizeilicher Maßnahmen (§ 181 GVG) ausgenommen (Abs 3 Satz 2). Gegen Maßnahmen der Sitzungspolizei ist somit kein Rechtsbehelf gegeben. Dies ist mit Rücksicht darauf sachgerecht, dass auch Maßnahmen der Sitzungspolizei der Oberlandesgerichte, denen das BPatG gleichsteht, nach § 181 GVG keiner selbstständigen Anfechtung unterliegen (vgl aber zur Relevanz rechtswidriger Maßnahmen der Sitzungspolizei als Rechtsbeschwerdegrund Rn 19). Soweit in der Maßnahme ein Grundrechtseingriff liegt, kann das BVerfG angerufen werden, das zur Abwehr eines schweren Nachteils dem Vorsitzenden nach Art 32 Abs 1 BVerfGG im Weg der einstweiligen Anordnung Weisungen erteilen kann.[18]

VIII. Protokollierung

31 Der Beschluss, durch den ein Ordnungsmittel festgesetzt wird, und dessen Veranlassung sind in das Protokoll aufzunehmen (§ 182 GVG), damit dem BGH die Überprüfung im Rahmen des § 100 Abs 3 Nr 5 ohne weiteres ermöglicht wird.

---

15 BGHZ 190, 52 = GRUR 2011, 750.
16 Zur Abgrenzung von Sitzungspolizei und Hausrecht *Angermaier/Kujath* DRiZ 2012, 338.
17 Vgl BVerfG (Nichtannahmebeschluss) NJW 2012, 2570 (Anlegen einer Krawatte); BVerfG NJW 2013, 1293 (Platzvergabe an Medienberichterstatter) und hierzu *Prietzel-Funk* DRiZ 2013, 204.
18 Vgl BVerfG NJW 2002, 2021; BVerfG NJW 2008, 977; BVerfG NJW 2013, 1293; einschränkend BVerfG NJW 2003, 2523; vgl auch *Benkard* Rn 18.

IX. Bei **Straftaten in der Sitzung** hat das Gericht den Tatbestand festzustllen und im Protokoll fest- **32** zuhalten; das Protokoll hat es der zuständigen Behörde (idR der Staatsanwaltschaft) zu übermitteln (§ 183 Satz 1 GVG). Dies ist eine Mussvorschrift. Sie erstreckt sich nicht auf Ordnungswidrigkeiten.

In geeigneten Fällen ist die **vorläufige Festnahme** des Täters zu verfügen (vgl § 127 StPO). Erlass ei- **33** nes Haftbefehls kommt nicht in Betracht.[19]

§ 70
(Beratung und Abstimmung)

(1) [1]**Für die Beschlußfassung in den Senaten bedarf es der Beratung und Abstimmung.** [2]**Hierbei darf nur die gesetzlich bestimmte Anzahl der Mitglieder der Senate mitwirken.** [3]**Bei der Beratung und Abstimmung dürfen außer den zur Entscheidung berufenen Mitgliedern der Senate nur die beim Patentgericht zur Ausbildung beschäftigten Personen zugegen sein, soweit der Vorsitzende deren Anwesenheit gestattet.**

(2) Die Senate entscheiden mit Stimmenmehrheit; bei Stimmengleichheit gibt die Stimme des Vorsitzenden den Ausschlag.

(3) [1]**Die Mitglieder der Senate stimmen nach dem Dienstalter, bei gleichem Dienstalter nach dem Lebensalter; der Jüngere stimmt vor dem Älteren.** [2]**Wenn ein Berichterstatter ernannt ist, stimmt er zuerst.** [3]**Zuletzt stimmt der Vorsitzende.**

Ausland: Österreich: § 64 Abs 1 öPatG

Schrifttum: *Erdsiek* Urteilsbesprechungen durch Richter-Festschriften, NJW 1960, 2233; *Ernst* Abstimmen über Rechtserkenntnis, JZ 2012, 617; *Hiete* Soll es in den technischen Beschwerdesenaten des Bundespatentgerichts bei dem Stichentscheid des Vorsitzenden bleiben? GRUR 1965, 347; *Kühne* Die Rechtsstellung des Beisitzers im Kollegialgericht, DRiZ 1960, 390; *Völcker* Das Entscheidungsrisiko des gradzahlig besetzten Kollegialgerichts, insbesondere bei gleichem Stimmgewicht seiner Mitglieder, Mitt 1971, 161.

A. Geltungsbereich

Die Vorschrift entspricht § 36h PatG 1968. Im MarkenG fehlt eine ausdrückliche Regelung. § 70 ist hier **1** unmittelbar heranzuziehen (Rn 5 vor § 65).

---

19   OLG Hamm NJW 1949, 191.

B. Systematische Stellung

2   § 70 regelt die Beratung und Abstimmung in den Senaten unabhängig davon, ob ihr eine (in § 69 geregelte) mündliche Verhandlung vorausgeht und ob ihr eine (ebenfalls in § 69 geregelte) Entscheidungsverkündung nachfolgt.

3   Die Vorschrift gilt unterschiedslos für **jede Beschlussfassung** in den Senaten, gleichgültig in welcher Senatsart und Besetzung und gleichgültig, worüber Beschluss zu fassen ist.

4   Die Regelung ist inhaltlich eng, überwiegend wortgleich, an die entspr **Vorschriften des GVG** (§§ 192–197 GVG) angelehnt, die im übrigen, soweit eine Regelung im PatG fehlt, ergänzend heranzuziehen sind.

C. Beschlussfassung, Beratung und Abstimmung

5   **I. Die Beschlussfassung** (Abs 1 Satz 1) in den Senaten bedarf der Beratung und Abstimmung. Beschlussfassung ist die Entscheidungsfindung des Kollegiums im Rahmen seiner richterlichen Zuständigkeiten.

6   Beschlussfassung in diesem Sinn ist nicht, und einer Beratung und Abstimmung bedarf dementspr nicht, was **der einzelne Richter**, sei es der Vorsitzende oder ein Beisitzer, **in eigener Verantwortung** allein zu entscheiden hat, zB verfahrensleitende Anordnungen oder sitzungspolizeiliche Maßnahmen, soweit diese nicht dem Senat obliegen (§ 69 Abs 3 Satz 1, Abs 3 Satz 2 iVm §§ 177, 178 GVG). Hier kann sich der Richter mit dem Kollegium beraten. Für eine förmliche Beratung oder gar Abstimmung ist jedoch kein Raum und der Richter ist an den Rat der anderen nicht gebunden.

7   Der Beratung und Abstimmung durch das Kollegium unterliegt nicht nur die Entscheidung des Senats als solche, etwa die Entscheidungsformel. Ihr unterliegen vielmehr **alle Elemente der Entscheidung**, insb Tatbestand und Entscheidungsgründe, letztlich bis in jede Einzelheit der Formulierung.

8   Wenn hier auch aus praktischen Gründen dem Berichterstatter und dem Vorsitzenden ein gewisser Spielraum in der Formulierung im einzelnen einzuräumen ist, findet dieser doch seine Grenze in der **Verantwortung des Senats** für die ganze Entscheidung einschließlich ihrer Begründung. Im Extremfall kann daher die Mitwirkungspflicht der Richter in eine äußerst aufwendige **Fassungsberatung** einmünden (vgl Rn 37 ff zu § 27).[1]

9   **II. Beratung und Abstimmung** finden grds im Anschluss an die mündliche Verhandlung oder als „stumme Sitzung" statt. Sie dienen der Findung der Entscheidung des Kollegiums und der Feststellung der gefundenen Entscheidung sowie ihrer Begründung. „Vorberatungen" vor der Verhandlung werden dadurch aber nicht ausgeschlossen;[2] im Nichtigkeitsverfahren sind sie wegen § 83 die Regel.

10   Das Gesetz geht erkennbar davon aus, dass Beratung und Abstimmung bei **gleichzeitiger Anwesenheit** der zur Mitwirkung berufenen Richter stattfinden.[3] Hierfür ist das Aufsuchen eines Beratungszimmers nicht zwingend erforderlich, wenn auch regelmäßig zu empfehlen. Zulässig ist auch die (leise) Beratung und Abstimmung im Sitzungssaal.

11   Wenn auch das Gesetz vom Normalfall der Beratung und Abstimmung in Form eines Gedankenaustauschs mit Rede und Gegenrede bei gleichzeitiger Anwesenheit aller beteiligten Richter ausgeht, ist doch eine **schriftliche Beratung und Abstimmung**, zB die Beschlussfassung im **Umlaufverfahren**, in einfachen Fällen oder wenn ihr eine eingehende Vorberatung vorausgegangen ist, zulässig.[4] Sie entspricht gängiger Praxis nicht nur beim BPatG.

12   Allerdings setzt sie das **Einverständnis** der beteiligten Richter voraus, das durch die schriftliche Mitwirkung (Unterzeichnung einer Entscheidung, auch unter Vorbehalt der Übernahme von Änderungsvorschlägen) dokumentiert wird und durch Nichtleistung der Unterschrift jederzeit verweigert werden kann, mit der Folge, dass eine Beratung anzusetzen ist.

---

1   *Kühne* DRiZ 1960, 390, 393 f.
2   Vgl *Fitzner/Lutz/Bodewig* Rn 4 f.
3   RAG LZ 33, 459; *Kühne* DRiZ 1960, 390, 393.
4   BVerwG NJW 1992, 257; *Schulte* Rn 2.

Die **fernmündliche** Einholung der Stimmen der Richter wurde grds als unzulässig angesehen.[5] Tele- **13**
fonische Beratung und Abstimmung sind jedenfalls dann nicht zulässig, wenn die beteiligten Richter nicht
gleichzeitig miteinander kommunizieren und auf diese Weise ihre Argumente austauschen können.[6] Dagegen ist Beratung in Form einer Konferenzschaltung in geeigneten Ausnahmefällen zulässig, jedoch
muss die Erstberatung im Beisein sämtlicher Richter stattfinden.[7]

III. Mitwirkungsbefugnis

Bei der Beschlussfassung (Beratung und Abstimmung) darf nur die gesetzlich bestimmte Zahl von **14**
Richtern mitwirken (Abs 1 Satz 2, der inhaltlich § 192 Abs 1 GVG entspricht). Wieviele Richter (welcher
Fachrichtung) das sind, bestimmt § 67. Welche Richter das sind, bestimmen der Geschäftsverteilungsplan
des Gerichts (§ 68 iVm § 21e GVG) und die Senatsgeschäftsverteilung (§ 68 iVm § 21g GVG).

§ 70 bestimmt insofern lediglich, dass über die zur Mitwirkung berufenen Richter hinaus **keine wei-** **15**
teren Richter an der Beratung und Abstimmung mitwirken dürfen. Nach Abs 1 Satz 3 dürfen sie nicht
einmal anwesend sein. Dies gilt insb auch für die an einer Sache nicht beteiligten überzähligen Senatsmitglieder im Fall der Überbesetzung (Rn 20 f zu § 68).

Einen Fall zulässiger Überbesetzung regelt § 192 Abs 2 GVG mit der Gestattung der **Zuziehung von** **16**
Ergänzungsrichtern. Einer entspr Anwendung dieser Vorschrift im Verfahren vor dem BPatG dürften
Bedenken nicht entgegenstehen, jedoch hat sich ein Bedürfnis hierfür bisher nicht gezeigt.

Abs 1 Satz 2 schließt sog **Plenarberatungen**, dh vom Einzelfall losgelöste Besprechungen bedeuten- **17**
der allg Rechtsfragen im überbesetzten Gesamtsenat (und darüber hinaus unter den Richtern allg oder
bestimmten Gruppen) nicht aus. Jedoch dürfen sie der Beratung und Abstimmung der berufenen Richter
im Einzelfall nicht vorgreifen.[8]

Ein Verstoß gegen das Mitwirkungsverbot des Abs 1 Satz 2 eröffnet die **zulassungsfreie Rechtsbe-** **18**
schwerde (§ 100 Abs 3 Nr 1).

IV. Anwesenheitsbefugnis

1. Grundsatz. Bei der Beratung und Abstimmung dürfen, anders als bei der mündlichen Verhandlung **19**
und der Entscheidungsverkündung, außer den zur Entscheidung berufenen Richtern nur die beim BPatG
zu ihrer Ausbildung beschäftigten Personen zugegen sein, soweit der Vorsitzende deren Anwesenheit
gestattet (Abs 1 Satz 3). Die Vorschrift entspricht § 193 GVG. Sie dient dem Schutz des Beratungsgeheimnisses (§ 43 DRiG; Rn 40 ff).

2. Anwesenheitsverbote. Nicht anwesend sein dürfen insb auch die an der Sache nicht beteiligten **20**
Senatsmitglieder (zu Plenarberatungen Rn 17), sonstige Richter, Wachtmeister, Protokollführer, der Ge-
richtspräsident oder sonstige Gerichtsbedienstete, geschweige denn die Beteiligten oder ihre Verfahrensbevollmächtigten oder auch Beamte des DPMA.

3. Gestattung der Anwesenheit. Die Vorschrift ermöglicht dem Vorsitzenden die Zulassung der beim **21**
BPatG (nicht notwendig beim betr Senat) aufgrund förmlicher Zuweisung zu ihrer Ausbildung beschäftigten Personen. Zu ihrer Ausbildung beschäftigte Personen sind Rechtsreferendare und Patentanwaltsbewerber, nicht aber Rechtsstudenten, die beim BPatG ein für ihr Studium vorgeschriebenes oder empfohle-
nes Praktikum absolvieren,[9] ebenso wenig Beamte des DPMA, letztere insb auch dann nicht, wenn sie sich
dort als „Jungprüfer" in einer ihre Einarbeitung begleitenden Fortbildung befinden. Die fehlende Rechtsgrundlage für ihre Zulassung kann nicht dadurch ersetzt werden, dass der PräsDPMA die Beamten dem
BPatG förmlich „zur Ausbildung zuweist". Für eine solche Zuweisung fehlt ihrerseits die Rechtsgrundlage.
Die in § 193 GVG durch Gesetz vom 24.6.1994[10] eingeführten weiteren Ausnahmen, insb für ausländ Juris-

---

5   BSG NJW 1971, 2096.
6   BGH NJW-RR 2009, 286.
7   BGH NJW 2014, 243.
8   So auch *Fitzner/Lutz/Bodewig* Rn 7.
9   BGH DRiZ 1995, 314 f m Nachw zum Streitstand; str.
10   BGBl I 1374.

ten im Rahmen eines Studienaufenthalts, werden mit den dort vorgesehenen Maßgaben entspr heranzuziehen sein.

22   Die Gestattung bedeutet nicht, dass die zugelassenen Personen auch an der **Meinungsbildung** des Senats mitwirken können.[11]

23   Der Vorsitzende wird von der Möglichkeit, den zulassungsfähigen Personenkreis zuzulassen, **im Regelfall** Gebrauch machen, weil gerade die Anschauung dieses Teils der Senatsarbeit von besonderem didaktischem Wert ist. Allerdings ist mit der Teilnahme Dritter an den Beratungen stets eine Gefährdung des Beratungsgeheimnisses verbunden. Wenn der Kreis der „zur Ausbildung zugewiesenen" so groß ist wie häufig bei den Nichtigkeitssenaten und dem GbmBeschwerdesenat des BPatG, denen regelmäßig Gruppen von 20–30 Patentanwaltsbewerbern zugewiesen werden, die dort nicht einmal wirklich ausgebildet werden, sondern nur an zwei Sitzungen teilnehmen sollen, wird allerdings eine kritische Grenze erreicht, zumal dieser Kreis vielfach in nicht überprüfbarer Verbindung zu uU beteiligten Anwälten steht (vgl Rn 24). Die Behauptung, bei der Beratung und Abstimmung sei ein mit einem Beteiligten verbundener Patentanwaltskandidat zugegen gewesen, rechtfertigt die Wiedereröffnung der mündlichen Verhandlung nicht.[12]

24   **4. Versagung der Anwesenheit.** Von der Zulassung muss abgesehen werden, wenn der Betroffene in persönlichen Beziehungen zu den Beteiligten oder deren Verfahrensbevollmächtigten steht, die für einen Richter einen Ablehnungsgrund darstellen würden. Von ihr sollte abgesehen werden, wenn er, wie bei Patentanwaltsbewerbern häufig, bei einem der Verfahrensbevollmächtigten tätig ist oder gar in der anstehenden Sache tätig war. Der Betroffene hat den Vorsitzenden auf Umstände, die seiner Zulassung entgegenstehen könnten, hinzuweisen.

25   **5. Rechtsfolgen eines Verstoßes gegen Abs 1 Satz 3.** Ein Verstoß gegen Abs 1 Satz 3 führt zur fehlerhaften Besetzung des Gerichts als absolutem Rechtsbeschwerdegrund nach § 100 Abs 3 Nr 1.

V. Durchführung der Beratung und Abstimmung

26   **1. Leitungsbefugnis des Vorsitzenden.** Die Beratung, die im Regelfall als mündliche Erörterung der Sache in Anwesenheit aller beteiligten Richter zu verstehen ist, leitet der Vorsitzende (§ 194 Abs 1 GVG). Er hat dafür zu sorgen, dass die rechtserheblichen Fragen in der richtigen Abfolge formuliert, erörtert und schließlich zur Abstimmung gebracht werden.

27   **2. Befugnisse des Senats.** Ergeben sich in der Beratung über deren Gegenstand, die Fassung und die Reihenfolge der Fragen oder über das Ergebnis der Abstimmung Meinungsverschiedenheiten, obliegt ihre Klärung und Entscheidung dem Senat (§ 194 Abs 2 GVG).

28   Die Leitungsfunktion des Vorsitzenden ist eine reine **Ordnungsaufgabe**. Sie hat für das richterliche Gremium keine Bindungswirkung, steht unter dem Vorbehalt jederzeitiger Beratung und Abstimmung auch hierüber, weil in Rechtsfällen regelmäßig die richtige Fragestellung und zutr Rangordnung der Fallfragen fallentscheidende Bedeutung haben.

3. Abstimmung

29   **a. Grundsatz.** Die Mitwirkung bei der Abstimmung ist Dienstpflicht des Richters. Er darf sie nicht deshalb verweigern, weil er bei der Abstimmung über eine vorhergehende Frage überstimmt worden ist (§ 195 GVG).

30   **b. Leitungsbefugnis des Vorsitzenden.** Der Vorsitzende leitet die Abstimmung. Er sammelt die Stimmen (§ 194 Abs 1 GVG). Bei Meinungsverschiedenheiten über das Ergebnis der Abstimmung entscheidet das Gericht (194 Abs 2 GVG; vgl Rn 27 f).

---

11   BPatG 29.3.2008 3 Ni 57/05 (EU); *Schulte* Rn 4; *Fitzner/Lutz/Bodewig* Rn 6.
12   BPatG 29.3.2008 3 Ni 57/05 (EU).

c. Stimmenzählung. Es entscheidet die absolute („überhälftige") Mehrheit der Stimmen (Abs 2   **31**
1. Halbs).

Bei **Stimmengleichheit** gibt die Stimme des Vorsitzenden den Ausschlag (Abs 2 2. Halbs). Diese Re-   **32**
gelung war mit Rücksicht auf die mit vier Richtern besetzten Technischen Beschwerdesenate und die mögliche Viererbesetzung des Beschwerdesenats für Sortenschutzsachen erforderlich. Sie soll gewährleisten,
dass der Spruchkörper stets zu einer Entscheidung kommen kann. Sie ist verfassungskonform und widerspricht nicht hergebrachten Grundsätzen.[13]

d. Abstimmung über Summen. Bilden sich in Beziehung auf Summen, über die – etwa bei der Wert-   **33**
festsetzung – zu entscheiden ist, mehr als zwei Meinungen, deren keine die Mehrheit für sich hat, werden
die für die größte Summe abgegebenen Stimmen den für die zunächst geringere abgegebenen solange
hinzugerechnet, bis sich eine Mehrheit ergibt (§ 196 Abs 2 GVG).

e. Reihenfolge der Abstimmung. Ist, wie regelmäßig, ein **Berichterstatter** ernannt, stimmt er zuerst   **34**
(Abs 3 Satz 2). Das Erststimmrecht des Berichterstatters beruht auf der Erwägung, dass das Votum dessen,
der sich mit der Sache besonders befasst hat, für eine richtige Entscheidung besonderes Gewicht hat.[14]

Nach ihm stimmen die **weiteren Beisitzer** in der Reihenfolge des Dienstalters (Rn 38 f), bei gleichem   **35**
Dienstalter in der Reihenfolge des Lebensalters (Abs 3 Satz 1 1. Halbs). Dabei stimmt der Dienstjüngere vor
dem Dienstälteren und, soweit es nach dem Lebensalter geht, der Lebensjüngere vor dem Lebensälteren
(Abs 3 Satz 1 2. Halbs). Das in Abs 3 verkörperte Prinzip der aufsteigenden Stimmfolge soll die Unabhängigkeit des Votums des jeweils Jüngeren vor der Autorität des Älteren sichern.

Richter kraft Auftrags und abgeordnete Richter (§ 71) stimmen mangels allg Dienstalters (Rn 38 f)   **36**
stets vor den planmäßigen Richtern. Zur Mitwirkung mehr als eines nicht auf Lebenszeit ernannten Richters vgl *5. Aufl* Rn 35; Rn 25 zu § 71.

Der **Vorsitzende** stimmt zuletzt (Abs 3 Satz 3). Damit gibt seine Stimme bei Stimmengleichheit unter   **37**
den Beisitzern faktisch den Ausschlag.

4. Das Dienstalter bestimmt sich nach **§ 20 DRiG.**   **38**

Das allg Dienstalter hat außer für die Reihenfolge der Abstimmung auch Bedeutung für die Vertre-   **39**
tungsregelung nach der Geschäftsverteilung des BPatG und die Vertretung des Vorsitzenden (Rn 45 ff zu
§ 68). Es wird im BPatG jährlich in Form einer **Dienstaltersliste** festgestellt.

VI. Beratungsgeheimnis

Über den Hergang der Beratung und Abstimmung haben die Richter, auch nach Beendigung des   **40**
Dienstverhältnisses, zu schweigen (§ 43 DRiG). Auch die Personen, denen die Anwesenheit gestattet war
(Rn 21 ff), unterliegen der Schweigepflicht.

Das Beratungsgeheimnis erstreckt sich auf alle **richterlichen Äußerungen in der Sache**, insb auch   **41**
auf die Voten und Entscheidungsentwürfe.[15] Es besteht gegenüber jedermann, insb auch gegenüber dem
Dienstvorgesetzten.

Es verbietet eine **Entscheidungsbegründung**, die das Abstimmungsverhalten eines beteiligten Rich-   **42**
ter erkennen lässt, insb durchblicken lässt, dass er überstimmt worden ist. Ähnliches gilt für literarische
Äußerungen zu Entscheidungen, bei denen der Richter mitgewirkt hat. Kritik an einer solchen Entscheidung kann uU das Beratungsgeheimnis verletzen,[16] wird aber idR von der Wissenschaftsfreiheit gedeckt
sein.[17] Auch der überstimmte Richter ist von der Pflicht, die Entscheidungsgründe abzufassen, nicht frei.[18]

---

13   *Benkard* Rn 6; kr VG Südwürttemberg-Hohenzollern JZ 1959, 320 m Anm *Kern*; *Kühne* DRiZ 1960, 391.
14   *Wacke* JA 1981, 176.
15   AA BVerwG NVwZ 1987, 127.
16   *Erdsiek* NJW 1960, 2233.
17   Vgl *Benkard* Rn 8; *Fitzner/Lutz/Bodewig* Rn 14 untr Hinweis auf *Erdsiek* NJW 1960, 2232 f.
18   *Schulte* Rn 6 unter Hinweis auf *Ernst* JZ 2012, 637, 648.

§ 71
(Richter kraft Auftrags, abgeordnete Richter)

(1) [1] **Beim Patentgericht können Richter kraft Auftrags verwendet werden.** [2] **§ 65 Abs. 2 Satz 3 ist anzuwenden.**

(2) **Richter kraft Auftrags und abgeordnete Richter können nicht den Vorsitz führen.**

Übersicht

Schrifttum: *Hiersemenzel* Patentanwälte als technische Richter beim Bundespatentgericht? Mitt 1981, 185.

A. Geltungsbereich

1   Die Bestimmung entspricht § 36i PatG 1968. Im MarkenG fehlt eine ausdrückliche Regelung. § 71 ist hier unmittelbar heranzuziehen (Rn 5 vor § 65).

B. Systematische Stellung

2   § 71 steht in innerem Zusammenhang mit § 65. § 65 regelt die Berufungsvoraussetzungen für die Richter am BPatG und ist als Verweisungsnorm in das DRiG Grundlage für das Ernennungsverfahren (Rn 32 ff zu § 65), das ebenfalls dem DRiG folgt.

3   § 65 Abs 3 wiederholt den **Grundsatz des § 28 DRiG**, dass die Ernennung grds eine solche auf Lebenszeit zu sein hat, soweit das Gesetz nicht, wie in § 71 geschehen, anders bestimmt. § 71 lässt als Ausnahme vom Grundsatz der Ernennung von Richtern auf Lebenszeit die Verwendung von Richtern kraft Auftrags (Abs 1) und von abgeordneten Richtern (Abs 2) zu, nicht aber die Verwendung von Richtern auf Probe, für deren Verwendung im BPatG als Obergericht ohne Richterstellen des Eingangsamts (R1) kein Bedürfnis besteht. Die Vorschrift trägt dem Bedürfnis des BPatG Rechnung, die als Richter zu ernennenden Personen vor ihrer Ernennung auf Lebenszeit zu erproben. Hierfür bedarf es bei Richtern im Landesdienst, aus denen sich ein Teil der rechtskundigen Mitglieder des BPatG rekrutiert, regelmäßig der Abordnung, während bei den Beamten des DPMA (Rn 28, 30 zu § 65) nur die Ernennung zum Richter kraft Auftrags die Erprobung des Anwärters in einem Richteramt und dem Anwärter selbst das Sammeln der für die Ernennung zum Richter auf Lebenszeit nötigen richterlichen Erfahrung (§ 10 DRiG) ermöglicht. Im Weg des „Erfahrungsaustauschs" werden wiederholt auch Richter aus der Landesjustiz an das BPatG abgeordnet und umgekehrt (Rn 19).[1]

4   **Richter im Nebenamt** oder im zweiten Hauptamt können auch beim BPatG verwendet werden.

5   Für die Berufung und Verwendung der Richter kraft Auftrags und abgeordneten Richter am BPatG gelten neben der Sonderregelung des § 71 die entspr **Vorschriften des DRiG** (§§ 14–23, 28, 29, 37 DRiG).

C. Richter kraft Auftrags

I. Allgemeines

6   Die Möglichkeit, Richter kraft Auftrags zu ernennen, ist zunächst für die Verwaltungs-, Finanz- und Sozialgerichte geschaffen worden, um bei Gerichten, die, wie auch das BPatG, ihren Richternachwuchs

---

1   *Fitzner/Lutz/Bodewig* Rn 6.

zum erheblichen Teil aus dem Kreis der Beamten der ihnen zugeordneten Behörden decken, deren Erprobung und den Beamten selbst die Schaffung der Voraussetzungen des § 10 DRiG für ihre Ernennung zum Richter auf Lebenszeit zu ermöglichen.

II. Ernennungsvoraussetzungen

Dementspr können nur **Beamte** auf Lebenszeit und Beamte auf Zeit, die später als Richter auf Lebenszeit verwendet werden sollen, zu Richtern kraft Auftrags ernannt werden (§ 14 DRiG). **7**

Weitere Ernennungsvoraussetzung ist, dass sie die **Befähigung zum Richteramt** nach §§ 5 ff DRiG bzw nach § 65 Abs 2 Satz 3 PatG, § 120 DRiG besitzen (Abs 1 Satz 2, § 65 Abs 2 Satz 2, 3). **8**

III. Ernennung

Der Richter kraft Auftrags wird wie alle anderen Richter durch Aushändigung einer Urkunde ernannt (§ 17 Abs 1 DRiG), in der bei ihm die Worte „unter Berufung in das Richterverhältnis kraft Auftrags" enthalten sein müssen (§ 17 Abs 3 Satz 1 DRiG). **9**

Der **Hauptpersonalrat** beim BMJV hat bei der Ernennung von Beamten des DPMA zu Richtern kraft Auftrags nicht mitzubestimmen.[2] **10**

IV. Rechtsstellung

Der Richter kraft Auftrags ist Richter, behält jedoch sein bisheriges Amt (§ 15 Abs 1 Satz 1 DRiG), nach dem er auch besoldet und versorgt wird (§ 15 Abs 1 Satz 2 DRiG). Im übrigen ruhen seine Beamtenrechte und -pflichten für die Dauer des Richterverhältnisses im wesentlichen (§ 15 Abs 1 Satz 3 DRiG). **11**

Der Richter kraft Auftrags führt wie die Richter auf Lebenszeit die **Dienstbezeichnung** „Richter am Bundespatentgericht" (RiBPatG) (§ 19a Abs 2 DRiG). Außerdienstlich führt er die ihm als Beamten zustehende Amtsbezeichnung weiter (§ 15 Abs 1 Satz 1 DRiG). **12**

Seine besondere Rechtsstellung als Richter kraft Auftrags ist **nach außen** nur dadurch ersichtlich, dass sie im Geschäftsverteilungsplan des Gerichts kenntlich zu machen ist (§ 29 Satz 2 DRiG; Rn 26). **13**

Zu den richterlichen **Mitwirkungsrechten** des Richters kraft Auftrags Rn 22. **14**

V. Entlassung

Der Richter kraft Auftrags kann in den allg für Richter vorgesehenen Fällen (§ 21 DRiG), aber auch zum Ablauf des 6., 12., 18. (und 24.) Monats nach seiner Ernennung (§ 23 DRiG iVm § 22 Abs 1 DRiG) oder wegen disziplinärer Gründe (§ 23 DRiG iVm § 22 Abs 3 DRiG), und zwar dann ohne förmliches Disziplinarverfahren, entlassen werden. **15**

VI. Zeitliche Begrenzung

Die Erprobungszeit des Richters kraft Auftrags ist auf höchstens zwei Jahre begrenzt (§ 16 Abs 1 DRiG). Dies rechtfertigt sich, weil der Richter kraft Auftrags bereits eine dienstliche Erfahrung als Beamter erworben hat und sich lediglich in die Besonderheiten richterlichen Arbeitens hineinfinden muss. Spätestens zwei Jahre nach der Ernennung zum Richter kraft Auftrags muss er daher zum Richter auf Lebenszeit ernannt werden, wenn er nicht vorher, dh praktisch spätestens zum Ablauf des 18. Monats nach seiner Ernennung, entlassen worden ist. Mit der Ernennung des Richters kraft Auftrag zum Richter auf Lebenszeit endet sein Beamtenverhältnis. **16**

Lehnt der Richter kraft Auftrags **die Ernennung ab**, endet das Richterverhältnis kraft Auftrags (§ 16 Abs 1 Satz 2 DRiG), die Beamtenrechte und -pflichten werden wieder wirksam. **17**

---

2 BVerwG NJW 1993, 2455.

D. Abgeordnete Richter

18 Das PatG erwähnt die Möglichkeit, beim BPatG abgeordnete Richter zu verwenden, nur in Abs 2. Daraus ist zu schließen, dass auch insoweit die Regelungen des DRiG gelten.

19 Die Abordnung kommt in Betracht zur Erprobung von Richtern, die an einem anderen Gericht bereits den **Status eines Richters auf Lebenszeit** (oder, praktisch nicht vorkommend, eines Richters auf Zeit) erlangt haben (§ 37 Abs 1 DRiG). Sie kommt praktisch nur für die Werbung rechtskundiger Mitglieder im Landesdienst (hier aber nicht auf die ordentliche Gerichtsbarkeit beschränkt) sowie für den zeitlich befristeten Austausch mit in Patentverletzungsprozessen tätigen Richtern des LG und des OLG in Betracht.

20 §§ 16 Abs 2, 13 DRiG ermöglichen an sich auch eine **Abordnung von Richtern auf Probe**, deren Einsatz beim BPatG steht aber § 28 Abs 1 DRiG iVm § 71 entgegen.

21 Die Abordnung setzt die **Zustimmung** des betroffenen Richters voraus (§ 37 Abs 1 DRiG). Sie ist auf **bestimmte Zeit** auszusprechen (§ 37 Abs 2 DRiG).

E. Mitwirkung von Richtern kraft Auftrags und abgeordneten Richtern im Spruchkörper

I. Grundsatz

22 Richter kraft Auftrags und abgeordnete Richter wirken bei der Verhandlung und Entscheidung der Rechtssachen gleichberechtigt im Kollegium mit. Eine gewisse Schwäche ihrer Stellung als unabhängige Richter, die sich aus der Vorläufigkeit ihrer Stellung ergibt, sucht das Gesetz durch die Abstimmungsmodalitäten (Rn 34 ff zu § 70) auszugleichen.

II. Vorsitz

23 Mit Rücksicht auf die Einschränkung der Unabhängigkeit und wegen der Wahrung der Stetigkeit der Rechtsprechung sind Richter kraft Auftrags und abgeordnete Richter nach Abs 2 vom Vorsitz ausgeschlossen. Das gilt über § 28 Abs 2 Satz 2 DRiG[3] hinausgehend auch für Richter auf Lebenszeit, die an das BPatG abgeordnet sind, und findet seine Berechtigung darin, dass diesen Richtern die spezifische Erfahrung in den Rechtssachen des BPatG zunächst weithin fehlt. Richter kraft Auftrags und abgeordnete Richter können daher weder zu Vorsitzenden oder zum regelmäßigen Vertreter des Vorsitzenden bestellt werden noch können sie in den Vorsitz einrücken.[4]

III. Begrenzung der Zahl

24 Aus den gleichen Gründen ist die Zahl der abgeordneten Richter und der Richter kraft Auftrags, die bei einer gerichtlichen Entscheidung im Einzelfall mitwirken dürfen, begrenzt. Nach § 29 Satz 1 DRiG darf nicht mehr als ein abgeordneter Richter oder Richter kraft Auftrags bei der Entscheidung mitwirken.[5]

25 Das heißt nicht, dass einem Senat auch im Fall der **Überbesetzung** nicht mehr als ein abgeordneter Richter oder Richter kraft Auftrags zugewiesen werden dürfte, wenngleich dies wegen der damit verbundenen Schwierigkeiten für die senatsinterne Geschäftsverteilung möglichst vermieden werden sollte. Ist einem Senat mehr als ein abgeordneter Richter oder Richter kraft Auftrags zugewiesen, müssen die senatsinternen Mitwirkungsgrundsätze so gefasst werden, dass diese Richter in keiner Spruchbesetzung zusammenwirken.

IV. Kenntlichmachung

26 Richter kraft Auftrags und abgeordnete Richter müssen im Geschäftsverteilungsplan (nicht dagegen im Protokoll oder im Entscheidungseingang) als solche kenntlich gemacht werden, damit die Verfahrensbeteiligten die Einhaltung des § 29 Satz 1 DRiG überprüfen können.

---

3 Vgl BAG NJW 1971, 1631.
4 Vgl *Schulte* Rn 3.
5 Zur vorübergehend abw Regelung, nach der nicht mehr als zwei solcher Richter mitwirken durften, Art 5 und Art 15 des Gesetzes zur Entlastung der Rechtspflege vom 11.1.1993, BGBl I 50; BGH NJW 1995, 2791.

V. Verstoß gegen § 29 Satz 1 DRiG eröffnet die zulassungsfreie Rechtsbeschwerde wegen fehlerhaf- **27** ter Besetzung (§ 100 Abs 3 Nr 1).[7]

§ 72
(Geschäftsstelle)

[1]**Beim Patentgericht wird eine Geschäftsstelle eingerichtet, die mit der erforderlichen Anzahl von Urkundsbeamten besetzt wird.** [2]**Die Einrichtung der Geschäftsstelle bestimmt der Bundesminister der Justiz und für Verbraucherschutz.**

Ausland: Österreich: vgl § 68 öPatG (Geschäftsgang)

Schrifttum: *Buhrow* Neuregelung des Rechts des Urkundsbeamten der Geschäftsstelle, NJW 1981, 907; *Kappl* Der Rechtspfleger beim Bundespatentgericht, RpflBl 1992, 74.

A. Geltungsbereich

Die durch das 6.ÜberlG als § 36k eingefügte Bestimmung ist seither mit Ausnahme des Zusatzes „und **1** für Verbraucherschutz" durch die 10. ZuständigkeitsanpassungsVO unverändert geblieben. Im MarkenG fehlt eine ausdrückliche Regelung. § 72 ist hier unmittelbar heranzuziehen (Rn 5 vor § 65).

B. Systematische Stellung

Die Einfügung der Vorschrift, die § 153 GVG entspricht, wurde mit Rücksicht auf die Umgestaltung der **2** Beschwerde- und Nichtigkeitssenate des DPA in ein Gericht (vgl Rn 2 zu § 65) erforderlich.[1] Da die Beschwerde- und die Nichtigkeitssenate auch zuvor Geschäftsstellen hatten, änderte sich sachlich außer der Umbenennung der Geschäftsstellenbeamten in „Urkundsbeamte der Geschäftsstelle" wenig.

Nicht übernommen wurde die Regelung des § 153 GVG über die **Ausbildungsanforderungen** an die **3** Urkundsbeamten (§ 153 Abs 2–5 GVG; Rn 6).

C. Geschäftsstelle und Urkundsbeamte

I. Geschäftsstelle iSv Satz 1 ist nicht die dem einzelnen Senat zugeordnete Senatsgeschäftsstelle, **4** sondern eine dem Gericht insgesamt zugeordnete Einheit der Gerichtsverwaltung.[2]

Diese ist ua in **Senatsgeschäftsstellen** gegliedert, deren Bezeichnungen denen der Senate entspre- **5** chen, denen sie zugeordnet sind (vgl § 5 Abs 1 der vom BMJ erlassenen Anordnung über die Einrichtung der Geschäftsstelle bei dem Bundespatentgericht vom 10.12.1980).[3] Auch die **Kanzlei**, die **Annahmestelle**

---

7   Vgl *Benkard* Rn 10; *Schulte* Rn 3; *Mes* Rn 4.

1   Begr 6. ÜberlG BlPMZ 1961, 140, 153.
2   Vgl *Benkard* Rn 1.
3   BAnz Nr 239 vom 23.12.1980 = BlPMZ 1981, 41.

          Schuster

und die **Zentrale Eingangsstelle** des BPatG sind Untergliederungen dieser Geschäftsstelle. Näheres regelt die Anweisung des PräsBPatG über die Geschäftsverteilung der Geschäftsstelle des BPatG (Rn 11).

II. Urkundsbeamte

6   **1. Vorbildung.** Die Bestimmung enthält, anders als § 153 GVG, keine Vorschriften über die Ausbildung der Urkundsbeamten der Geschäftsstelle des BPatG. Jedoch hat der BMJ im Rahmen der ihm in Satz 2 erteilten Ermächtigung durch § 2 der Anordnung über die Einrichtung der Geschäftsstelle bei dem Bundespatentgericht (Rn 5) hierfür eine den § 153 Abs 2–5 GVG entspr Regelung getroffen.

7   Danach kann der PräsBPatG mit den Aufgaben eines Urkundsbeamten außer den in § 153 Abs 2, 3 GVG bezeichneten Beamten auch **Angestellte** mit einem gleichwertigen Wissens- und Leistungsstand betrauen.[4] Die Gleichwertigkeit des Leistungs- und Wissensstands stellt der PräsBPatG fest (§ 2 Abs 2 Satz 3 der Anordnung, Rn 5). Tatsächlich werden die Aufgaben des Urkundsbeamten im BPatG ganz überwiegend von Angestellten (Tarifbeschäftigten) wahrgenommen, deren Wissens- und Leistungsstand durch eine hauseigene Ausbildung auf das entspr Niveau gebracht wird.

8   **2. Stellung.** Der Urkundsbeamte ist Beamter der Justizverwaltung. Er handelt
- als **Urkundsperson,** als „mit öffentlichem Glauben versehene Person" (§ 415 ZPO), so, wenn er Erklärungen zu Protokoll nimmt, Ausfertigungen und Abschriften erteilt oder das Sitzungsprotokoll führt;
- als **Bürobeamter,** indem er Akten verwaltet, Register führt, Zustellungen und Ladungen erledigt;
- als **Rechtspflegeorgan,** soweit ihm Aufgaben der Rechtspflege übertragen sind, so bei der Entscheidung über den Kostenansatz nach § 8 Abs 1 Nr 2 PatKostG und bei der Festsetzung der Kosten des beigeordneten Vertreters.

9   **3. Zur Anfechtung von Entscheidungen des Urkundsbeamten** Rn 18 vor § 73.

10   **4.** Über die **Ablehnung** entscheidet der Senat, in dessen Geschäftsbereich die Sache fällt, in der die Ablehnung erfolgt (§ 86 Abs 4).

11   **III.** Die **Organisation der Geschäftsstelle** ist auf der Grundlage der Ermächtigung in Satz 2 in §§ 4–7 der Anordnung (Rn 5) geregelt. Von der Delegationsbefugnis in § 8 der Anordnung hat der PräsBPatG in der **Anweisung über die Geschäftsverteilung der Geschäftsstelle des Bundespatentgerichts** vom 30.11.2000, zuletzt geänd am 19.6.2006,[5] sowie der Dienstanweisung für die Zentrale Eingangsstelle beim Bundespatentgericht vom 5.9.2006[6] Gebrauch gemacht. Dort hat er die Senatsgeschäftsstellen in Gruppen zusammengefasst und diese einem Beamten des gehobenen Diensts als Gruppenleiter unterstellt.

IV. Geschäftsverteilung der Geschäftsstelle

12   Aufgrund der Ermächtigung des § 8 der Anordnung (Rn 5) hat der PräsBPatG durch die in Rn 11 genannte Anweisung die Geschäftsverteilung der Geschäftsstelle geregelt. Er hat dort insb klargestellt, welche Aufgaben den Geschäftsstellenverwaltern obliegen (§ 4 der Anweisung), welche Aufgaben den Gruppenleitern zukommen (§ 2 der Anweisung) und welche den Beamten des gehobenen Diensts vorbehalten sind (§ 5 der Anweisung), wann der Geschäftsstellenverwalter eine Sache gem § 7 der Anordnung (Rn 5) wegen besonderer Schwierigkeit dem Beamten des gehobenen Diensts vorzulegen hat und wie dann zu verfahren ist (§ 6 Abs 1 der Anweisung).

V. Zentrale Eingangsstelle; Annahmestelle

13   Teil der Geschäftsstelle iSv Satz 1 und eine ihrer Untergliederungen sind auch die Zentrale Eingangsstelle und die Annahmestelle des BPatG.

---

4   Vgl auch *Buhrow* NJW 1981, 107.
5   DPMA, Taschenbuch des gewerblichen Rechtsschutzes unter Nr 382.
6   DPMA, Taschenbuch des gewerblichen Rechtsschutzes unter Nr 383.

Die Aufgaben und Verfahrensweisen der **Zentralen Eingangsstelle** hat der PräsBPatG gem § 8 der 14
Anordnung (Rn 5) in der „Geschäftsanweisung für die Zentrale Eingangsstelle" (Rn 11) geregelt.

Zur **Annahmestelle** des BPatG Rn 17 zu § 65. 15

VI. Aktenführung

Über die Aktenführung hat der PräsBPatG die **Aktenordnung** vom 11.5.2010[7] erlassen, die im wesent- 16
lichen auf die Aktenordnung des Freistaats Bayern für die Geschäftsstellen der Gerichte der ordentlichen
Gerichtsbarkeit und der Staatsanwaltschaften[8] verweist (Rn 20 zu § 125a). Diese wird durch eine „Anordnung über die **Aufbewahrung** von Akten" (AufbewAOBPatG) vom 6.12.1989 ergänzt.

Die Aktenordnung lässt die Führung der **elektronischen Akte** zu; das BPatG hat die „Elektronische 17
Gerichts- und Verwaltungsakte" (EGuVA) eingeführt, mit der die elektronische Registratur, Aktenfüh-
rungs- und Vorgangsbearbeitung in allen Senaten und Verwaltungsreferaten umgesetzt wird. Die elektronische Aktenführung regelt die VO über die elektronische Aktenführung bei dem Patentamt, dem Patentgericht und dem Bundesgerichtshof (EAPatV; Rn 18 zu § 125a). Zum elektronischen Rechtsverkehr § 125a.

D. Rechtspfleger

Soweit der Beamte des gehobenen Diensts ihm als Rechtspfleger übertragene Dienstgeschäfte wahr- 18
nimmt, gilt das **Rechtspflegergesetz** (RPflG).

Die Zuständigkeit der Rechtspfleger am BPatG ist in **§ 23 RPflG** geregelt. Die Bestimmung lautet in der 19
Fassung, die sie durch das GeschmMRefG, das Gesetz zur Änderung des patentrechtlichen Einspruchsverfahrens und des Patentkostengesetzes und durch das Gesetz zur Änderung des Designgesetzes und weiterer Vorschriften des gewerblichen Rechtsschutzes erhalten hat:

> **§ 23**
>
> (1) Im Verfahren vor dem Bundespatentgericht werden dem Rechtspfleger die folgenden Geschäfte übertragen:
>
> 1. die nach den §§ 109, 715 der Zivilprozeßordnung in Verbindung mit § 99 Abs. 1 des Patentgesetzes zu treffen-
>   den Entscheidungen bei der Rückerstattung von Sicherheiten in den Fällen des § 81 Abs. 7 und des § 85 Abs. 2
>   und 6 des Patentgesetzes sowie des § 20 des Gebrauchsmustergesetzes;
> 2. bei Verfahrenskostenhilfe (§§ 129 bis 137 des Patentgesetzes, § 21 Abs. 2 des Gebrauchsmustergesetzes, § 24 des
>   Designgesetzes, § 11 des Halbleiterschutzgesetzes, § 36 des Sortenschutzgesetzes) die in § 20 Nr. 4 bezeichne-
>   ten Maßnahmen;
> 3. *(aufgehoben)*
> 4. der Ausspruch, dass eine Klage, ein Antrag auf einstweilige Verfügung, ein Antrag auf gerichtliche Entschei-
>   dung im Einspruchsverfahren sowie eine Beschwerde als nicht erhoben gilt (§ 6 Abs. 2 des Patentkostengeset-
>   zes) oder eine Klage nach § 81 Abs. 6 Satz 3 des Patentgesetzes als zurückgenommen gilt;
> 5. die Bestimmung einer Frist zur Nachreichung der schriftlichen Vollmacht (§ 97 Abs. 2 Satz 2 des Patentgeset-
>   zes, § 18 Abs. 2 des Gebrauchsmustergesetzes, § 4 Abs. 4 Satz 3 des Halbleiterschutzgesetzes, § 81 Abs. 2 Satz 3
>   des Markengesetzes, § 23 Abs. 4 Satz 4 des Designgesetzes);
> 6. die Anordnung, Urschriften, Ablichtungen oder beglaubigte Abschriften von Druckschriften, die im Patentamt
>   und im Patentgericht nicht vorhanden sind, einzureichen (§ 125 Abs. 1 des Patentgesetzes, § 18 Abs. 2 des Ge-
>   brauchsmustergesetzes, § 4 Abs. 4 Satz 3 des Halbleiterschutzgesetzes);
> 7. die Aufforderung zur Benennung eines Vertreters oder Zustellungsbevollmächtigten nach § 25 des Patentge-
>   setzes, § 28 des Gebrauchsmustergesetzes, § 11 des Halbleiterschutzgesetzes, § 96 des Markengesetzes, § 23
>   Abs 4 Satz 3 des Designgesetzes;
> 8. *(aufgehoben)*
> 9. die Erteilung der vollstreckbaren Ausfertigungen in den Fällen des § 20 Nr. 12 dieses Gesetzes in Verbindung
>   mit § 99 Abs. 1 des Patentgesetzes, § 18 Abs. 2 des Gebrauchsmustergesetzes, § 4 Abs. 4 Satz 3 des Halbleiter-
>   schutzgesetzes, § 82 Abs. 1 des Markengesetzes, § 23 Abs. 4 Satz 4 des Designgesetzes;
> 10. die Erteilung der weiteren vollstreckbaren Ausfertigungen gerichtlicher Urkunden nach § 797 Abs. 3 der Zi-
>   vilprozeßordnung in Verbindung mit § 99 Abs. 1 des Patentgesetzes, § 18 Abs. 2 des Gebrauchsmustergesetzes,
>   § 4 Abs. 4 Satz 3 des Halbleiterschutzgesetzes, § 82 Abs. 1 des Markengesetzes, § 23 Abs. 4 Satz 4 des Designge-
>   setzes;

---

7 BAnz Nr 73 vom 18.5.2010.
8 Bay JMBl 1984, 13.

11. die Entscheidung über Anträge auf Gewährung von Akteneinsicht an dritte Personen, sofern kein Beteiligter Einwendungen erhebt und es sich nicht um Akten von Patentanmeldungen, Patenten, Gebrauchsmusteranmeldungen, Gebrauchsmustern, angemeldeter oder eingetragener Topographien handelt, für die jede Bekanntmachung unterbleibt (§§ 50, 99 Abs. 3 des Patentgesetzes, §§ 9, 18 Abs. 2 des Gebrauchsmustergesetzes, § 4 Abs. 4 Satz 3 des Halbleiterschutzgesetzes, § 82 Abs. 3 des Markengesetzes, § 23 Abs. 4 Satz 4 des Designgesetzes);

12. die Festsetzung der Kosten nach §§ 103 ff der Zivilprozeßordnung in Verbindung mit § 80 Abs. 5, § 84 Abs. 2 Satz 2, § 99 Abs. 1, § 109 Abs. 3 des Patentgesetzes, § 18 Abs. 2 des Gebrauchsmustergesetzes, § 4 Abs. 4 Satz 3 des Halbleiterschutzgesetzes, § 71 Abs. 5, § 82 Abs. 1, § 90 Abs. 4 des Markengesetzes, § 23 Absatz 4 und 5 des Designgesetzes;

13. die Erteilung der vollstreckbaren Ausfertigungen in den Fällen des § 125i des Markengesetzes und § 64 des Designgesetzes.

(2) ¹Gegen die Entscheidungen des Rechtspflegers nach Absatz 1 ist die Erinnerung zulässig. ²Sie ist binnen einer Frist von zwei Wochen einzulegen. ³§ 11 Abs. 1 und 2 Satz 1 ist nicht anzuwenden.

20 Weitere Zuständigkeiten des Rechtspflegers ergeben sich auch beim BPatG aus **§ 20 RPflG.**

21 Nach der Rspr des BPatG ergibt sich aus § 23 Abs 1 Nr 4 RPflG keine Kompetenz für eine **Kostenentscheidung** des Rechtspflegers, die beim Senat verbleibt.[9] Der Ausspruch des Rechtspflegers nach dieser Bestimmung, dass die Beschwerde als nicht erhoben gilt,[10] hat nach der Rspr des BGH nur deklaratorische Bedeutung.[11]

22 Zur **Geschäftsverteilung** der Rechtspfleger des BPatG, deren Zustandekommen, Vertretungsregelung, Gehör der betroffenen Rechtspfleger und Publizität ist die Allgemeine Verfügung des BMJ vom 26.11.1980[12] ergangen.

23 Die Rechtspfleger des BPatG nehmen neben ihren Rechtspflegeraufgaben als Beamte des gehobenen oder höheren Dienst auch Aufgaben in der **Geschäftsstelle** und der **Gerichtsverwaltung** wahr.

24 Zur **Anfechtung von Entscheidungen des Rechtspflegers** Rn 13 ff vor § 73; Rn 39 ff zu § 80.

25 Zur **Ablehnung des Rechtspflegers** Rn 25 zu § 86.

---

9 BPatG 17.8.2004 9 W (pat) 317/04.
10 Vgl BPatGE 48, 1.
11 BGHZ 182, 325 = GRUR 2010, 231 Legostein.
12 BAnz Nr 231 vom 11.12.1980 = BlPMZ 1981, 77.

FÜNFTER ABSCHNITT
Verfahren vor dem Patentgericht

1. Beschwerdeverfahren

Vor § 73

Übersicht

Schrifttum: *Albrecht* Rückzahlung der Beschwerdegebühr in Markensachen bei gegenstandslosen Beschwerden von Widersprechenden, GRUR 1998, 987; *Allesch* Ist der Widerspruch nach Zustellung des Widerspruchsbescheids noch zurücknehmbar? NVwZ 2000, 1227; *Allgeier* Wiedereinsetzung in die versäumte Zahlungsfrist der Beschwerdegebühr des Einspruchsbeschwerdeführenden, Mitt 1984, 21; *Ballhaus* Das Beschwerdeverfahren vor dem Patentgericht, Mitt 1961, 121; *Bender* Ein neues Rechtsmittel: Die Anschlussbeschwerde im Gemeinschaftsmarkenverfahren, GRUR 2006, 990; *Bendler* Zur Rechtzeitigkeit der Zahlung der Beschwerdegebühr, Mitt 1962, 98; *Bettermann* Die Beschwer als Rechtsmittelvoraussetzung im deutschen Zivilprozeß, ZZP 82, 24; *Brox* Die Beschwer als Rechtsmittelvoraussetzung, ZZP 81, 379; *Cronin* The Power of the EPO Boards of Appeal to Revoke European Patents: Is the EPO's Practice Compatible with Provisions of the TRIPS Agreement? EPI-Information 1994 Nr 3, 102; *Dihm* Die Beschwerde an das Patentgericht, Mitt 1984, 29; *Engel* Zu den prozeßrechtlichen Regelungen des Markengesetzes, FS H. Piper (1996), 513; *Fitzner/Waldhoff* Das patentrechtliche Einspruchs- und Einspruchsbeschwerdeverfahren – eine Analyse aus öffentlich-rechtlicher Sicht, Mitt 2000, 446; *Goebel* Zurücknahme der Patentanmeldung und Abhilfe bei Zurückweisungsbeschluß, GRUR 1986, 494; *Hiete* Das patentamtliche Abhilfeverfahren, Mitt 1966, 81; *Hiete* Die Geschäftslage des Bundespatentgerichts, Mitt 1966, 127; *Hövelmann* Das Patent nach Hilfsantrag, GRUR 1998, 434; *Hövelmann* Die Bedingungen im Verfahrensrecht, dargestellt an Fällen aus dem Patentrecht, GRUR 2003, 203; *Hövelmann* Der gemeinsame Einspruch, Mitt. 2004, 59; *Hövelmann* Patentverzicht und Erledigung Überlegungen zur Beendigung des Einspruchsverfahrens, GRUR 2007, 283; *Jungbluth* Das Bundespatentgericht im zehnten Jahre seines Bestehens, FS 10 Jahre BPatG (1971), 9; *Kahlke* Zur Funktion von Beschwer und Rechtsschutzbedürfnis im Rechtsmittelverfahren, ZZP 94, 423; *Kirchner* Zur Verfahrensaussetzung im Widerspruchsverfahren nach § 5 Abs 4 WZG, GRUR 1968, 295; *Kirchner* Die Anschlußbeschwerde im registerrechtlichen Warenzeichenverfahren, GRUR 1968, 682; *Kirchner* Nochmals: Nicht erhobene oder unzulässige Beschwerde, Mitt 1970, 46; *Kirchner* Die Anschlußbeschwerde in der ZPO, NJW 1976, 610; *Mitscherlich* Verfahrensrechtliche Aspekte des neuen Markenrechts, FS DPA 100 Jahre Marken-Amt (1994), 199; *H. Möhring* Nicht erhobene oder unzulässige Beschwerde, Mitt 1970, 5; *Papke* Abhilfe, GRUR 1986, 864; *Papke* Aktuelle Probleme des Patenterteilungsverfahrens, GRUR 1985, 410; *Röhl* Die Einlegung der Beschwerde zum Bundespatentgericht, Mitt 1966, 83; *Röhl* Zustellung der Schriftsätze, Mitt 1971, 19; *Schlüter* Die Rückzahlung der patentgerichtlichen Beschwerdegebühr bei verspäteter Beschwerdeerklärung und/oder verspäteter Einzahlung der Beschwerdegebühr, Mitt 1964, 48; *Schulte* Die neue Verordnung über Verwaltungskosten beim Deutschen Patentamt, Mitt 1970, 140; *Sedemund-Treiber* Einspruchsbeschwerdeverfahren – quo vadis? GRUR Int 1996, 390; *Sieckmann* Die Geltendmachung von weiteren Einspruchsgründen nach Ablauf der Einspruchsfrist vor dem Deutschen und dem Europäischen Patentamt, insbesondere in der Beschwerde, GRUR Int 1997, 156; *Starck* Die Statthaftigkeit der Beschwerde zum Bundespatentgericht, GRUR 1985, 798; *Völp* Patentgerichtsverfahren, 1961; *von Pechmann* Zur Anwendung des § 73 Abs 4 PatG (Abhilfe der Beschwerde), GRUR 1985, 412; *Wegener* Schriftformerfordernis bei Beschwerden in Markenangelegenheiten, Mitt 2003, 203; *G. Winkler* Auswirkungen der Zivilprozessreform auf das Beschwerdeverfahren vor dem Bundespatentgericht, VPP-Rdbr 2002, 81; *Zahn* Schriftlichkeit bei prozessualen Willenserklärungen oder: Die kopierte Unterschrift, Mitt 1978, 23.

A. Geltungsbereich

1   Die geltende Bestimmung ist anstelle des früheren § 34 durch das 6. ÜberlG als § 36l geschaffen worden. Abs 2 Satz 3 und Abs 4 Satz 3 sind durch das PatÄndG 1967 durch Anpassung der Zustellungsregelung an diejenigen der ZPO und der DPMAV und durch Verlängerung der Vorlagefrist in Abs 4 von zwei Wochen auf drei Monate geänd worden, Abs 3 ist durch Art 8 Nr 40 GPatG neu gefasst worden. Das 2. PatGÄndG hat unter Anpassung an das Markenrecht die Vorlagefrist bei Nichtabhilfe in Abs 4 (jetzt Abs 3) Satz 3 von drei Monaten auf einen Monat verkürzt.[1] Das KostRegBerG hat Abs 3 gestrichen und im früheren Abs 4 (jetzt Abs 3) eine Änderung vorgenommen.

---

1   Vgl Begr BlPMZ 1998, 393, 405.

B. Nationale Rechtsbehelfs- und Folgeverfahren

I. Beschwerdeverfahren

1. Rechtslage vor Errichtung des Patentgerichts. Eine Beschwerdemöglichkeit gegen die Beschlüs- 2
se des Patentamts war von dessen Errichtung an gegeben (Rn 31). Die Beschwerde war in §§ 15 Abs 3, 16, 25
PatG 1877, in §§ 16, 26 PatG 1891 und in den §§ 21 („Rechtsbeschwerde") und 34 („Sachbeschwerde") PatG
1936 geregelt.

2. Beschwerde zum Patentgericht. §§ 73–80 betreffen unmittelbar nur das patentrechtl Beschwer- 3
deverfahren; zum Beschwerdeverfahren nach dem GebrMG ist ergänzend auf die Erläuterungen zu § 18
GebrMG zu verweisen; das HlSchG folgt dem GebrMG. Das markenrechtl Beschwerdeverfahren ist eigenständig, jedoch weitgehend in Übereinstimmung mit dem nach dem PatG, geregelt (§§ 66 ff MarkenG). Das
Beschwerdeverfahren nach dem DesignG folgt im wesentlichen dem nach dem PatG (§ 23 Abs 2 DesignG),
entspr gilt für das Beschwerdeverfahren nach dem SortG (§§ 34–36 SortG).

Das Beschwerdeverfahren ist ein Rechtsmittelverfahren (Rn 1 zu § 73) und dient der **Nachprüfung** 4
von bestimmten **Verwaltungsakten** des DPMA (sowie des BSA nach dem SortG). Es findet nur statt, wo es
gesetzlich ausdrücklich vorgesehen ist (Rn 38 ff zu § 73) und ist im Einspruchsverfahren beschränkt auf die
Überprüfung, ob ein Widerrufsgrund vorliegt und das Patent daher vollständig oder teilweise (§ 21 Abs 2)
aufrechtzuerhalten oder zu widerrufen ist (vgl zur grds Unzulässigkeit von Klarstellungen und Streichungen Rn 40 zu § 61); im übrigen ist vorbehaltlich sonstiger spezieller Regelungen auch gegen Verwaltungsakte des DPMA der Verwaltungsrechtsweg mit seinen spezifischen Rechtsbehelfen gegeben (Rn 6 f),[2]
so für Anträge, dem DPMA zu verbieten, die Patentschrift mit herabsetzenden Äußerungen über Konkurrenzprodukte zu veröffentlichen (hierzu auch Rn 8 zu § 74);[3] ein in einem solchen Fall angerufenes
Verwaltungsgericht hat den Verwaltungsrechtsweg verneint und die Sache an das BPatG verwiesen.[4]
Demgegenüber hat der BGH darauf hingewiesen, dass in Anbetracht der Regelungen im PatG über die
Patenterteilung und die Rechtsbehelfe, die Dritte (Rn 37 zu § 73; Rn 19 ff zu § 74) gegen ein erteiltes Patent
ergreifen können, für eine auf einen Wettbewerbsverstoß oder eine unerlaubte Handlung nach §§ 823 f BGB
gestützte Klage vor dem Zivilgericht auf Unterlassung oder Beseitigung von als herabsetzend beanstandeten Äußerungen in der Beschreibung eines Patents durch Streichungen jedenfalls dann kein Rechtsschutzbedürfnis besteht, wenn diese Angaben hinreichenden Bezug zur angemeldeten Erfindung haben
und das PatG eine abschließende Regelung enthalte, wie das Erteilungsverfahren, wonach Dritten keine
Verfahrensrechte zustehen[5] (Rn 217 f zu § 73 hinsichtlich der Untätigkeitsbeschwerde oder Untätigkeits-
klage).

3. Erinnerung gegen Entscheidungen des DPMA ist im Bereich des PatG, des GebrMG und des HlSchG 5
nicht vorgesehen; § 62 Abs 2 Satz 4 eröffnet auch gegen Kostenfestsetzungsbeschlüsse des DPMA die Beschwerde. Dagegen kennt § 64 MarkenG eine Erinnerung gegen Beschlüsse der Markenstellen und -ab-
teilungen, die von einem Beamten des gehobenen Diensts oder einem vergleichbaren Angestellten erlassen worden sind (zur alternativen Eröffnung der Beschwerde in diesen Fällen § 165 Abs 4–7 MarkenG idF
des Art 9 Nr 37 KostRegBerG; § 64 Abs 6 MarkenG, eingefügt durch das PatRVereinfModG). Zur Erinnerung
gegen Entscheidungen des Rechtspflegers des BPatG Rn 13 f. Zu **Erinnerung und Beschwerde gegen den**
Kostenansatz beim DPMA und beim BPatG nach dem PatKostG und der DPMAVwKostV s die Kommentierung zu § 11 PatKostG.

2 *Klauer/Möhring* § 36l Rn 4; aA wohl 4. *Aufl* § 36l Rn 2.
3 Vgl LG München I 6.8.2002 7 O 12622/02 und nachfolgend OLG München 16.9.2002 6 W 2090/02; VG München InstGE
2, 242; wegen der Bindungswirkung der Verweisung offen gelassen in der Folgeentscheidung VGH München InstGE 4,
81 = GRUR-RR 2003, 297.
4 Vgl BPatGE 30, 119 = GRUR 1989, 341.
5 BGHZ 183, 309 = GRUR 2010, 253 Fischdosendeckel, unter Hinweis auf BGH GRUR 1998, 587, 589 Bilanzanalyse Pro 7;
zu Ausnahmen bei erkennbar fehlendem Zusammenhang vgl BGH NJW 2008, 996.

II. Anfechtung weiterer Entscheidungen des Patentamts sowie der Schiedsstellen

6   **1. Allgemeines.** Das PatG enthält, anders als im Fall von Entscheidungen anderer Behörden (§ 13, § 55), keine Regelungen über die Anfechtung anderer Verwaltungsakte des DPMA als der Beschlüsse der Prüfungsstellen und Patentabteilungen (Rn 20 vor § 40; zum Bundessortenamt (BSA) vgl Rn 38 zu § 73).[6] Die Anfechtungsmöglichkeiten sind uneinheitlich; dies gilt insb für die gerichtliche Zuständigkeit in den die beim DPMA gebildeten Schiedsstellen betr Angelegenheiten. Rechtsweg und gerichtliche Zuständigkeit richten sich unter dem Gesichtspunkt des Sachzusammenhangs in erster Linie nach dem zur Verfügung stehenden besonderen Verfahren, sodann nach der verwaltungsgerichtlichen Generalklausel in § 40 Abs 1 VwGO („alle öffentlich-rechtlichen Streitigkeiten nichtverfassungsrechtlicher Art") iVm der differenzierten Regelung des § 75 VwGO und schließlich nach dem Auffangtatbestand des Art 19 Abs 4 Satz 2 GG. Zu den Rechtsbehelfen im Verfahren über die Bewilligung der Verfahrenskostenhilfe Rn 30 f zu § 135, im Verfahren über die Aufhebung der Bewilligung Rn 18 f zu § 137.

7   Im Weg der **einstweiligen Verfügung** oder der einstweiligen Anordnung kann das BPatG grds nicht gegen das DPMA angerufen werden.[7] Jedoch muss ausnahmsweise vorläufiger Rechtsschutz dann möglich sein, wenn ohne ihn schwere und unzumutbare, anders nicht abwendbare Nachteile entständen, zu deren nachträglicher Beseitigung die Entscheidung in der Hauptsache nicht mehr in der Lage wäre oder ein Verfahren von einem Gericht, dessen Verfahrensordnung vorläufigen Rechtsschutz vorsieht, bindend an das BPatG verwiesen wird.[8]

8   Die Beschwerde ist von der **Dienstaufsichtsbeschwerde** als formlosem Rechtsbehelf, mit der die Verletzung einer Dienstpflicht eines Amtsträgers gerügt werden kann, und für die der Präsident des DPMA als Dienstvorgesetzter zuständig ist (Rn 20 zu § 26), und anderen (formlosen) Rechtsbehelfen wie Gegenvorstellung, Anhörungsrüge nach § 321a ZPO (Rn 221 f zu § 73), § 122a oder Antrag auf Weiterbehandlung (§ 123a) zu unterscheiden.[9]

2. Einzelfälle

9   **a.** Soweit das **Patentamt als Aufsichtsbehörde** tätig wird (zB im Rahmen seiner Aufsichtsbefugnisse nach §§ 18 ff UrhWarnG – Neuregelung in § 75 Verwertungsgesellschaftengesetz (VGG) im Gesetzgebungsverfahren (vgl Rn 2 vor § 28 ArbEG) und § 57 PatAnwO), ist der Verwaltungsrechtsweg eröffnet. Gleiches gilt hinsichtlich der Ausstellung von Prioritätsbelegen (vgl Rn 19 zu § 26; Rn 20 vor § 40).

10   **b.** Im Rahmen der **Zuständigkeit des Patentamts nach § 138 UrhG** (vgl auch § 12 Abs 4 DPMAVwKostV) kann das für den Sitz des DPMA zuständige OLG München angerufen werden (§ 138 Abs 2 Satz 2 UrhG).

11   **c.** Streitigkeiten über Anträge eines im Register eingetragenen Vertreters auf **Löschung der Vertretereintragung** sind von den Verwaltungsgerichten an das BPatG verwiesen worden.[10]

12   **d.** Sonderregelungen bestehen für die gerichtliche Zuständigkeit und Anfechtung von Entscheidungen in **Schiedsstellenverfahren** (§ 34 Abs 5 Satz 2 ArbEG, wonach gegen bestimmte Entscheidungen der Schiedsstelle nach dem ArbEG die sofortige Beschwerde nach der ZPO an das Landgericht eröffnet ist; vgl Rn 17 zu § 34 ArbEG. Im übrigen sind oder waren Zuständigkeiten des Verwaltungsgerichts (§ 39 Saar-EinglG, § 8 2. DVO ArbEG; vgl Rn 4 zu § 30 ArbEG), des Amtsgerichts (§§ 9, 11, 12, § 13 Abs 9, § 14 Abs 2, § 15 Abs 2 Satz 2 UrhSchiedsVO) und des Oberlandesgerichts[11] (§§ 13 Abs 9, 14 Abs 2, 15 Abs 2 Satz 2 UrhSchiedsVO) begründet.

---

6   Vgl BPatG BlPMZ 1990, 370, zur Ausstellung von Prioritätsbescheinigungen in Geschmacksmustersachen.

7   Vgl BPatG GRUR 2001, 339; BPatGE 47, 68 = GRUR 2004, 82.

8   BPatGE 47, 68 = GRUR 2004, 82.

9   Vgl BPatG 12.12.2002 10 W (pat) 41/01; BPatG 7.8.2003 10 W (pat) 62/01.

10   VGH München 5.11.2007 5 C 07.2351 Mitt 2008, 142 Ls zu VG München 30.8.2007 M 16 K 07.2257; vgl BPatG Mitt 2008, 188.

11   Vgl OLG München Mitt 2004, 119: keine Abänderung des Einigungsvorschlags.

III. Anfechtung von Entscheidungen des Rechtspflegers und des Urkundsbeamten des BPatG

1. Gegen die **Entscheidungen des Rechtspflegers** des BPatG nach § 23 RPflG ist die befristete **Erin-** **13** **nerung** gegeben (§ 23 Abs 2 RPflG). § 11 Abs 1, Abs 2 Satz 1 RPflG ist durch § 23 Abs 2 Satz 3 RPflG ausdrücklich von der Anwendbarkeit ausgenommen.

Die **Frist** (zwei Wochen) ist in § 23 Abs 2 Satz 2 RPflG geregelt. Geht das Rechtsmittel per Fax beim **14** DPMA ein, kann nicht damit gerechnet werden, dass dieses das Fax noch am selben Tag an das BPatG weiterleitet.[12]

Es besteht generell **Abhilfemöglichkeit**, da § 11 Abs 2 Satz 2 RPflG von der Anwendbarkeit nicht mehr **15** ausgenommen ist. Über die Erinnerung entscheidet der jeweils zuständige Senat.

Zur Erinnerung gegen **Kostenfestsetzungsbeschlüsse** des BPatG vgl Rn 18, 39 zu § 80. In Betracht **16** kommt auch eine **Anschlusserinnerung**.[13]

Wieweit im Erinnerungsverfahren eine **Kostenentscheidung** zu treffen ist, ist str. Man wird sie für **17** geboten ansehen müssen, wo auch in der mit der Erinnerung angefochtenen Entscheidung über die Kosten zu entscheiden war.[14] Insb erscheint zwh, ob im Kostenfestsetzungserinnerungsverfahren eine Kostenentscheidung in Betracht kommt (Rn 16 f zu § 80).[15] Für das markenrechtl Erinnerungsverfahren wurde angenommen, dass außergerichtliche Kosten nicht nach dem Unterliegensprinzip, sondern nur nach den Billigkeitsgrundsätzen des § 71 MarkenG zu erstatten sind.[16]

2. Erinnerung gegen **Entscheidungen des Urkundsbeamten** (§ 99 Abs 1 iVm § 573 ZPO; § 153 GVG, **18** § 72) kommt nur in Betracht, soweit dieser als Rechtspflegeorgan tätig wird (Rn 8 zu § 72), so bei der Entscheidung über den Kostenansatz nach §§ 4, 5 Abs 1 GKG (vgl § 11 PatKostG) und bei der Festsetzung der Kosten des beigeordneten Vertreters (Rn 30 zu § 133) oder nach § 732 Abs 1 ZPO gegen die Erteilung der vom Urkundsbeamten der Geschäftsstelle des BPatG nach § 724 ZPO zu erteilenden vollstreckbaren Ausfertigung (Vollstreckungsklausel) für Kostenfestsetzungsbeschlüsse (zu § 62 Abs 2 Satz 5 Rn 42 zu § 62; zu § 80 Abs 5 Rn 84 zu § 80). Insoweit greift die Auffangzuständigkeit des juristischen Beschwerdesenats für sonstige Erinnerungen ein. Für Entscheidungen über den Kostenansatz beim BPatG ist § 11 Abs 3 PatKostG zu beachten, nach dem eine Beschwerde ausgeschlossen ist (Rn 15 zu § 11 PatKostG).

IV. Sonstige Zuständigkeiten des Patentgerichts in Patentsachen

1. Patentnichtigkeits- und Zwangslizenzverfahren. Patentnichtigkeits- und Zwangslizenzverfah- **19** ren sind dem BPatG erstinstanzlich zugewiesene Folgeverfahren nach Erteilung des Patents bzw Abschluss des Einspruchsverfahrens (§§ 81–85); das gilt auch für die GbmZwangslizenz (§ 20 GebrMG). Zuständig sind die Nichtigkeitssenate.

Die Zuständigkeit in Zwangslizenzverfahren nach der **EU-ZwangslizenzVO** (Anh I zu § 24) ist nach **20** dem durch das PatRVereinfModG eingefügten § 85a dem BPatG als erste Instanz zugewiesen. Die Verfahren nach Art 5 Buchst c, Art 6, Art 10 Abs 8 und Art 16 Abs 1, 4 der EU-ZwangslizenzVO werden nach § 85a durch Klage nach § 81 Abs 1 Satz 1 eingeleitet (zur Kritik Rn 7 zu § 85a).

---

12 BPatG 29.11.2005 21 W (pat) 70/04.
13 BPatG 5.11.1970 25 W (pat) 154/69 BlPMZ 1971, 189 Ls; BPatGE 15, 90 = GRUR 1974, 107; BPatG 22.8.1974 2 ZA (pat) 1/74; *Bühring* § 18 GebrMG Rn 142; vgl auch BPatG 27.11.1970 4 ZA (pat) 5/70.
14 Insoweit ist BPatG 22.10.1993 5 ZA (pat) 10/93 m Anm *Herden* Mitt 1994, 299 unter der (zwh) Prämisse zuzustimmen, dass im dortigen Ausgangsverfahren (Akteneinsicht in die Gerichtsakten eines GbmBeschwerdeverfahrens, insoweit abw von der Praxis der Nichtigkeitssenate, vgl BPatGE 27, 96 = Mitt 1985, 214; BPatG Mitt 1992, 148 m Anm *Bunke*; BPatGE 33, 101, 102 = Mitt 1993, 304) über die Kosten zu entscheiden war; s auch BPatG 3.11.1971 28 ZA (pat) 10/71.
15 Abl auch *Benkard* § 80 Rn 2; bejahend BPatGE 5, 230, 234 = GRUR 1965, 445; BPatG 7, 223, 228 = Mitt 1966, 59; BPatG Mitt 1966, 194; BPatG 21.3.1975 2 ZA (pat) 2/75 sowie die Praxis der WzSenate, BPatG 23.11.1972 25 W (pat) 169/72; BPatG Mitt 1973, 215; BPatGE 26, 88 = GRUR 1984, 442; BPatGE 26, 180 = GRUR 1984, 802; BPatG 27, 235 = Mitt 1986, 151; BPatGE 38, 166 zieht § 80 Abs 1 heran, abl BPatG Mitt 1999, 239.
16 BPatGE 40, 144.

21   **2.** Zur Zuweisung des erstinstanzlichen **Einspruchsverfahrens** an das BPatG in besonderen Fällen § 61 Abs 2. Das BPatG ist auch für die nach § 147 Abs 3 aF noch anhängigen erstinstanzlichen Einspruchsverfahren zuständig.

22   **3.** Nach § 49a Absatz 3 idF des PatRVereinfModG (vgl Rn 5) ist die Möglichkeit der **Laufzeitberichtigung** oder des **Widerrufs der Laufzeitverlängerung des ergänzenden Schutzzertifikats** durch Beschluss der Patentabteilung des DPMA geschaffen worden, die mit der Beschwerde anfechtbar sind und deshalb kein Nichtigkeitsverfahren mehr erfordern (Rn 26 ff zu § 49a; Rn 7 zu § 74). Sie stellen insb kein Einspruchsverfahren dar und werden von der nach der bisherigen Geschäftsverteilung den technischen Beschwerdesenaten des BPatG zugewiesenen Geschäftsaufgabe der Bescheidung von Beschwerden und Einsprüchen in den in § 67 Abs 1 Nr 2 a–e genannten Fällen nicht erfasst. Es gilt nach § 67 Abs 1 Nr 4 die Auffangzuständigkeit des juristischen Beschwerdesenats (7. Senat).[16a]

23   **4. Ablehnung von Richtern** (§ 86). Zuständig ist subsidiär der juristische Beschwerdesenat.

24   **5. Anfechtung der Wahl der Mitglieder des Präsidiums** des BPatG (§ 68 Nr 2). Zuständig ist der juristische Beschwerdesenat.

25   **6.** Die **Vermittlung der Beweiserhebung** in Nichtigkeitsberufungsverfahren vor dem BGH (§ 115 Abs 2 aF) ist ersatzlos weggefallen.

26   **7. Beschwerden in Kostenangelegenheiten.** Das BPatG ist für Beschwerden gegen Kostenfestsetzungsbeschlüsse und Erteilung vollstreckbarer Ausfertigungen zuständig (§ 62 Abs 2 Satz 4, 5; Rn 38 zu § 62; Rn 18, 84 zu § 80; zur Kostenfestsetzung und Zwangsvollstreckung Rn 34 f zu § 80). Auf die Beschwerde gegen Entscheidungen über die Erinnerung gegen den Kostenansatz beim DPMA sowie Maßnahmen nach § 5 Abs 2 PatKostG (Vorschüsse und Vorauszahlungen) findet § 11 Abs 2 PatKostG, § 12 Abs 2 DPMAVwKostV Anwendung (Rn 8 zu § 11 PatKostG).

27   **8.** Für **Vollstreckungsgegenklagen gegen Kostenfestsetzungsbeschlüsse** des DPMA (§ 62 Abs 2 Satz 3) ist das BPatG nach § 767, § 794 Abs 1 Nr 2, 795 ZPO als Prozessgericht des ersten Rechtszugs zuständig, da für die Erteilung der vollstreckbaren Ausfertigung (§§ 724, 795a ZPO) nach § 62 Abs 2 Satz 5 der Urkundsbeamte der Geschäftsstelle des BPatG (§ 72) zuständig ist (Rn 42 f zu § 62).[17] Entspr gilt für die Kostenfestsetzungsbeschlüsse des BPatG[18] (§§ 80 Abs 5, 84 Abs 2 Satz 2; Rn 35, 84 zu § 80). § 767 Abs 2 ZPO ist nicht anzuwenden.[19] Das GeschmMRefG hat für solche Klageverfahren Gebührentatbestände mit Gebühren wie im Patentnichtigkeitsverfahren geschaffen, jedoch ohne Mindestgebühr (GebVerz Nr 402200, 402210).[20] Zuständig ist der Senat, der über eine Beschwerde oder eine Erinnerung gegen den Kostenfestsetzungsbeschluss zu entscheiden hätte, in Verfahren, die den Nichtigkeitssenat betreffen, dieser selbst (Geschäftsverteilungsplan E I 3). Zur Anfechtbarkeit der Entscheidung des BPatG Rn 41 ff zu § 80; Rn 20 zu § 99. Zur richterlichen Anordnung der Durchsuchung einer Wohnung zum Zweck der Zwangsvollstreckung Rn 84 zu § 80.

28   **9. Nichtigkeits- und Restitutionsklagen und -anträge** (§ 99 Abs 1 iVm §§ 579, 580 ZPO; Rn 102 zu § 79). Zuständig ist der Senat, der zur Entscheidung in dem Verfahren berufen wäre, dessen Wiederaufnahme begehrt wird (Geschäftsverteilungsplan E I 2). Für die Gebühren gilt das in Rn 17 Ausgeführte.

29   **10. Entscheidungen über Verfahrenskostenhilfe** beim BPatG (§ 135 Abs 3).

30   **11.** Zu **außerordentlicher Beschwerde, Gegenvorstellung, Anhörungsrüge** Rn 220 zu § 73.

16a So auch BPatG 11.12.2015 7 W (pat) 27/15.
17 BPatGE 24, 160 = GRUR 1982, 483; BPatG 23.10.2000 10 V 1/00.
18 Vgl BPatG 7.6.1995 3 Ni 19/95, auch zur Aktivlegitimation des unterlegenen Patentinhabers als Kostenschuldner nach Umschreibung des Patents, wenn die Einwendungen nach Lizenzbereitschaftserklärung festgesetzte Lizenzansprüche aus dem Streitpatent betreffen; *Schulte* § 80 Rn 110.
19 BPatGE 33, 65 = GRUR 1992, 503.
20 Vgl Begr BlPMZ 2004, 256.

C. Das nationale Beschwerdeverfahren

I. Rechtsnatur des Beschwerdeverfahrens

1. Das Patentgericht als Beschwerdegericht. Handelte es sich früher um einen verwaltungsinternen 31
Instanzenzug, führt die Beschwerde heute eine Überprüfung durch ein außenstehendes, unabhängiges
Gericht herbei. Der Aufgabenkreis der Beschwerdesenate des DPA ist ohne zeitliche Unterbrechung auf die
Beschwerdesenate des BPatG übergegangen.[21] Dies ist in erster Linie historisch daraus zu erklären, dass
mit der Errichtung des BPatG der damalige innerbehördliche Instanzenzug unter Überleitung auf das neu
errichtete Gericht beibehalten worden ist.[22]

2. Ausgestaltung als Rechtsmittel. Das Beschwerdeverfahren ist auch dadurch ausgezeichnet, dass 32
die Anrufung des Gerichts nach Art eines Rechtsmittels ausgestaltet ist, eine Besonderheit, die sich auch in
§§ 63 ff GWB findet, und zudem den Suspensiveffekt (§ 75 Abs 1) und Devolutiveffekt auslöst (Rn 43 f). Die
Zulässigkeit ist den sonstigen allg Rechtsmittelvoraussetzungen des zivilrechtl Beschwerdeverfahrens
unterstellt (Rn 35, 38). Die Beschwerde führt das durch den angegriffenen Beschluss vor dem DPMA abgeschlossene Verfahren als gerichtliches Verfahren vor dem BPatG in zweiter Instanz fort (Rn 34; Rn 29 zu
§ 79)[23] und eröffnet damit eine zweite Tatsacheninstanz mit der Besonderheit, dass diese zugleich die erste
richterliche Überprüfung mit der Möglichkeit eigener Gestaltung des Verwaltungshandelns des DPMA
durch Erlass eigener Verwaltungsakte darstellt (Rn 29 zu § 79).

Die Beschwerde ist auch als „Rechtsbehelf nach Art der verwaltungsgerichtlichen Anfechtungsklage" 33
bezeichnet worden,[24] die Ausgestaltung im einzelnen weicht aber von der der **Anfechtungsklage** erheblich ab. Zum einen ist das Beschwerdeverfahren anders als die Anfechtungsklage ein Rechtsbehelfsverfahren,[25] zum anderen ist das Verfahren – wie das vorangegangene Amtsverfahren – jedenfalls für die Anmelderbeschwerde nicht kontradiktorisch ausgestaltet und die Behörde jedenfalls im Regelfall nicht
verfahrensbeteiligt.

3. Gegenstand des Beschwerdeverfahrens ist das vom DPMA zulässig, dh im Rahmen der Disposi- 34
tionsrechte und der Antragsbindung (Rn 76 f), zur Überprüfung gestellte Begehren des Beschwerdeführers[26] unter Berücksichtigung der Sach- und Rechtslage im Zeitpunkt der Beschwerdeentscheidung
(Schluss der mündlichen Verhandlung oder Herausgabe des Beschlusses an die Postausgangstelle, Rn 46
zu § 78), nicht der angefochtene Verwaltungsakt selbst, also insb nicht nur die Überprüfung der Gründe
des angefochtenen Beschlusses.[27] Dem BPatG als Beschwerdegericht steht damit, anders als dem Verwaltungsgericht[28] (§§ 113, 114 VwGO) und obwohl es nicht Verwaltungsbehörde ist, der gesamte Kanon der
Handlungsmöglichkeiten der Amtsstelle zur Verfügung, deren Entscheidung angefochten ist.[29] Es kann
insb, ggf unter Berücksichtigung der veränderten Sach- und Rechtslage im Entscheidungszeitpunkt, den
Verwaltungsakt selbst erlassen, dh zB das Patent selbst erteilen oder widerrufen (hierzu auch Rn 28 zu
§ 29),[30] und ist nicht darauf verwiesen, insb auch nicht aus verfassungsrechtl Aspekten, die Sache an das

---

21 BGH GRUR 1962, 384 Wiedereinsetzung III.

22 Vgl BGH GRUR 1969, 562 Appreturmittel.

23 A.A *Benkard* vor 73 Rn 6 f, dies als verfassungsrechtl – weil mit dem Gewaltenteilungsgrundsatz nach Art 20 Abs. 3
GG nicht vereinbare – kaum haltbare Fehlvorstellung des Gesetzgebers bezeichnend.

24 Begr 6. ÜberlG BlPMZ 1961, 153; abl BGH GRUR 1969, 562 Appreturmittel und BGHZ 128, 280 = GRUR 1995, 333, 337
Aluminium-Trihydroxid, wo die Beschwerde als echtes Rechtsmittel bezeichnet wird; BGH GRUR 1998, 938 f Dragon;
BPatGE 37, 114, 116 = GRUR 1997, 534 f, Markensache.

25 *Ingerl/Rohnke* § 66 MarkenG Rn 8.

26 *Bühring* GebrMG⁴ § 18 Rn 5.

27 BPatGE 11, 179, 181 = GRUR 1971, 151; BPatG 17.2.1988 5 W (pat) 20/87, *Schulte* § 73 Rn 7; *Bühring* GebrMG⁴ § 18 Rn 5.

28 Vgl hierzu BPatGE 2, 100 = GRUR 1965, 52.

29 BPatGE 11, 179, 181 = GRUR 1971, 151, SortSache; *Bühring* GebrMG⁴ § 18 Rn 2; so ausdrücklich auch Art 111 Abs 1 EPÜ
für das dem nationale Beschwerdeverfahren weitgehend nachgebildete eur Beschwerdeverfahren.

30 BGH GRUR 1969, 562 f Appreturmittel; BPatGE 1, 1, 4 = GRUR 1965, 83; BPatG 1, 78 f = GRUR 1965, 145; BPatGE 2,
172 = BlPMZ 1963, 12; BPatG Mitt 1984, 173; BPatG 28.8.1975 16 W (pat) 140/73; BPatG 11.11.1976 17 W (pat) 161/75; vgl
BPatGE 3, 113 = GRUR 1964, 445; BPatGE 11, 179; *Schulte* § 73 Rn 7, § 79 Rn 10; *Mes* § 73 Rn 2; *Bühring* GebrMG⁴ § 18 Rn 2;
Haeuseler GRUR 1962, 77; *Lindenmaier* § 36p Rn 4; *Reimer* § 36l Rn 1, *Reimer* § 36p Rn 4; *Bernhardt* NJW 1961, 996, 998 f; aA

DPMA zurückzuverweisen oder dieses zur Patenterteilung anzuweisen (zur kassatorischen Entscheidung mit der Übertragung von Anordungen vgl Rn 75 zu § 79),[31] was im übrigen auch im Umkehrschluss aus § 79 Abs 3 folgt.[32] Dies erklärt sich aus der durch die Verselbstständigung des BPatG nicht berührten Einheitlichkeit des Patenterteilungsverfahrens, das in der Beschwerdeinstanz fortgesetzt wird (vgl auch Rn 29 zu § 79),[33] wobei allerdings nach der Rspr des BGH trotz des geltenden Amtsermittlungsgrundsatzes der durch die Beschwerde angefallene Verfahrensgegenstand auf den der ersten Instanz beschränkt sein soll (Rn 37 zu § 79).[34] Art 111 Abs 1 Satz 2 EPÜ sieht diese Möglichkeit für die Beschwerdekammer des EPA ebenfalls vor (Rn 113).

35   **4.** Wenn das Beschwerdeverfahren auch „am auffälligsten die Unmöglichkeit zeigt, die Patentgerichtsbarkeit systematisch einzuordnen",[35] ist in der Praxis – wie auch schon für das erstinstanzliche Einspruchsverfahren – eine zunehmende **Orientierung am zivilrechtlichen Beschwerdeverfahren** und an dessen Verfahrensgrundsätzen erfolgt, wenn auch die Anwendbarkeit einzelner Vorschriften nicht unproblematisch erscheint, wie § 265 Abs 2 ZPO zur Einzelrechtsnachfolge (Rn 230 f zu § 59),[36] die Erweiterung des Kreises sonstiger Beteiligter durch Nebenintervention (Rn 195 f zu § 59), die Orientierung am Rechtsmittelrecht der ZPO, wie an § 567 ZPO, für die auf den Verfahrensgegenstand erster Instanz begrenzte Anfallwirkung (Rn 74; Rn 38 f zu § 79).[37]

36   **5. Rechtsweggarantie.** Der Beschwerdeweg zum BPatG verwirklicht für die nationalen Patentverfahren die Rechtsweggarantie des Art 19 Abs 4 GG; andernfalls wäre der Rechtsweg zu den Verwaltungsgerichten eröffnet, wie dies in der Übergangszeit zwischen der Entscheidung des BVerwG[38] und der Errichtung des BPatG der Fall war. Das Beschwerdeverfahren ist (seit der Neuregelung 1961) Rechtsweg iSd Art 19 Abs 4 GG (vgl Rn 6 zu § 61).[39]

37   Eine (sachlich beschränkte) Rechtsweggarantie enthält auch **Art 32 TRIPS-Übk.** Soweit die Entscheidung erstmals in der Beschwerdeinstanz erfolgt, zwingt Art 32 TRIPS-Übk nicht zur Eröffnung einer weiteren Überprüfungsmöglichkeit.[40] Weitergehende Vorgaben enthält **Art 62 Abs 5 TRIPS-Übk** in Bezug auf Verfahren betr den Erwerb oder die Aufrechterhaltung von Verfahren des geistigen Eigentums, wie Widerruf im Verwaltungsweg, Einspruch, Widerruf und Löschung.

—————

wegen der nach dem Gewaltenteilungsprinzip erforderlichen Abgrenzung der Zuständigkeiten *Schwerdtner* GRUR 1968, 9, 10 f; *van Hees/Braitmayer* Rn 662.

31   So aber *van Hees/Braitmayer* Rn 662; *Benkard* § 73 Rn 12, 13 auf die Parallele zu Beschwerdeverfahrens in Kartellverwaltungssachen nach §§ 63 ff GWB verweisend, aA *Benkard*[10]; zur parallelen Problematik und differierenden Spruchpraxis im Markenrecht *Ströbele/Hacker* § 70 MarkenG Rn 3 f.

32   So zutr *Schulte* § 73 Rn 8; aA gegenüber *Benkard*[10] nun *Benkard* vor § 73 Rn 12, § 79 Rn 36 ff, ausdrückliche gesetzliche Kompetenz des BPatG fordernd und deshalb wegen § 79 Abs 3 als Zirkelschluss ansehend; zugleich die st Praxis als verfassungsrechtl fragwürdig bezeichnend und im Ergebnis dzt als ungeklärt ansehend, ob nicht nur die bloße Aufhebung der Entscheidung, nicht aber deren Ersetzung, danach möglich ist; zugleich auf die frühere stPraxis des 29. Beschwerdesenats des BPatG verweisend..

33   Vgl *Hiete* GRUR 1966, 529; *Lindenmaier* Rn 2 Vorb § 36l; aA *Benkard* vor § 73 Rn 7, 9, eine Einheitlichkeit sowie in *Benkard* § 59 Rn 142 ff und § 79 Rn 36 die Vorstellung eines „justizähnlichen" Verfahrens vor dem DPMA als historisch bedingte, aber im Hinblick auf Art 20 Abs 3 GG rechtsfehlerhafte Auffassung ansehend, entgegen *Benkard*[10].

34   BGHZ 128, 280 = GRUR 1995, 333 Aluminium-Trihydroxid; kr hierzu *Sedemund-Treiber* GRUR Int 1996, 390 und *Fitzner/Waldhoff* Mitt 2000, 446.

35   *Lindenmaier* vor § 36l Rn 1.

36   BGHZ 172, 98 = GRUR 2008, 892 Patentinhaberwechsel zum Einspruchsverfahren, unter Hinweis auf das einseitige Anmeldeverfahren im Markenrecht BGH GRUR 2000, 892 MTS.

37   Vgl zur begrenzten Anfallwirkung: *Sedemund-Treiber* GRUR Int 1996, 390 und *Fitzner/Waldhoff* Mitt 2000, 446; ebenso *Schulte* Einl Rn 24, das Interesse der Öffentlichkeit an der Aufrechterhaltung nur rechtsbeständiger Patente unabhängig davon betonend, ob die Anmeldung oder das Patent im einseitigen oder mehrseitigen Verfahren vom Prüfer oder vom Richter geprüft wird.

38   BVerwGE 8, 350 = GRUR 1959, 435.

39   *Bernhardt/Kraßer* S 444 (§ 23); *Mes* § 73 Rn 1; zur Rechtsweggarantie EGMR 46/1994/493/575 BAT ./. Netherlands – Slim Cigarette und öst VerfGH öPBl 2006, 89.

40   EPA T 557/94; *MGK/Gori/Löden* Art 21 EPÜ Fn 2 gegen *Cronin* EPI-Information 1994 Nr 3, 102.

II. Die Beschwerde als Rechtsmittel

1. Allgemeines. Die Beschwerde muss als Rechtsmittel die allg und besonderen Zulässigkeitsvoraus- **38** setzungen, wie Beschwerderecht nach § 74 und Beschwer (Rechtszugsvoraussetzungen, Rn 54 f) erfüllen. Es gelten das Verschlechterungsverbot (reformatio in peius; Rn 80; Rn 43 f zu § 79) und hinsichtlich der Einlegung der Beschwerde als Prozesswillenserklärung die allg Regeln (Rn 65). Von den Rechtszugsvoraussetzungen und weiteren, die Zulässigkeit der Beschwerde betr Voraussetzungen sind die die Begründetheit der Beschwerde betr Zulässigkeit und Begründetheit des Rechtsschutzbegehrens (Anmeldung, Einspruch) und der angegriffenen Entscheidung zu trennen, wie Zulässigkeit des Ausgangsverfahrens (vgl Rn 58), dh des Einspruchs, Verfahrensführungsbefugnis (Rn 5 f zu § 74), die Verfahrensvoraussetzungen der Vorinstanz[41] und der Sachprüfung des Begehrens (Rn 71 ff).

2. Gegenstand des Beschwerdeverfahrens ist das zur Prüfung gestellte Begehren des Beschwerde- **39** führers (Rn 34, Rn 1 zu § 73), bei mehreren selbstständigen Beschwerden (insb bei Teilwiderruf des Patents im Einspruchsverfahren oder bei der GbmTeillöschung) findet ein einheitliches Beschwerdeverfahren statt (zur Einheit des Einspruchsverfahrens Rn 27 zu § 59), selbst wenn eine Beschwerde nur die Kostenentscheidung betrifft (Rn 31 f zu § 74; vgl aber zur Beteiligung auch Rn 35 f zu § 74).[42]

Bei **Teilung der Anmeldung** im Beschwerdeverfahren ist str, ob der Gegenstand der Teilung dem Be- **40** schwerdeverfahren anfällt und ggf gem § 79 Abs 3 zu verfahren ist,[43] oder ob insoweit die Zuständigkeit des DPMA gegeben ist[44] (Rn 79 zu § 79); zur Empfangszuständigkeit für die Teilungserklärung Rn 44 f).

3. Suspensiv- und Devolutiveffekt. Wie jedes Rechtsmittel hemmt eine wirksam eingelegte Be- **41** schwerde, sofern bestimmte Mindestvoraussetzungen erfüllt sind und die Beschwerdegebühr bezahlt ist (Rn 13 f zu § 73, Rn 8 zu § 75), den Eintritt der Bestandskraft des angefochtenen Beschlusses (**Suspensiveffekt**).

Weitergehend bestimmt § 75 Abs 1 für die Beschwerde (im Gegensatz zum Einspruch, Rn 156 zu § 59; **42** Rn 2 zu § 75) entspr der Regelung in § 80 Abs 1 VwGO im Interesse eines effektiven Rechtsschutzes und der Erhaltung des Rechtszustands vor Erlass des Beschlusses[45] grds aufschiebende Wirkung in dem Sinn, dass **die Wirksamkeit** und damit die **Vollziehung** des angegriffenen Verwaltungsakts **gehemmt** wird,[46] gleich ob dieser rechtsgestaltend oder feststellend ist oder der Beschluss nur die Kosten betrifft,[47] so zB die Rechtswirkungen eines Erteilungsbeschlusses (vgl Rn 14 zu § 75). Hieraus erklärt sich auch die Möglichkeit des Patentinhabers, im Beschwerdeverfahren als Beschwerdeführer trotz (ausschließlich) beschränkter Verteidigung des Patents in erster Instanz jederzeit zur Verteidigung der erteilten Fassung zurückzukehren (Rn 14 zu § 75; Rn 44 zu § 79).

Der Beschwerde kommt ferner als Rechtsmittel – im Gegensatz zum Rechtsbehelf – **Devolutiveffekt** **43** (Anfallwirkung)[48] zu, da Entscheidungskompetenz und Empfangszuständigkeit vom DPMA auf das BPatG verlagert werden, sofern die Beschwerde statthaft ist (Rn 37 f zu § 73).[49] Der Devolutiveffekt soll hierbei nach der Rspr insb des BGH im Einspruchsbeschwerdeverfahren trotz der Geltung des Amtsermittlungsgrundsatzes im Hinblick auf die einem Rechtsmittel eigene begrenzte Anfallwirkung durch den Ver-

---

41 *Kopp/Schenke* Vorb § 124 VwGO Rn 29.
42 BPatGE 13, 216 gegen BPatGE 10, 256.
43 BGH GRUR 1998, 458 Textdatenwiedergabe; BGH GRUR 1999, 148 Informationsträger; BPatG 18.3.2015 7 W (pat) 51/14; BPatG 7.10.2014 7 W (pat) 38/14; BPatG 14.4.2014 20 W (pat) 51/13; BPatG 3.12.2012 20 W (pat) 41/07; BPatG 9.3.2009 20 W (pat) 2/09; BPatG GRUR 2005, 496; offen gelassen in BPatG 6.5.2014 10 W (pat) 130/14.
44 BPatG GRUR 2011, 949, zugleich die Zuständigkeit des DPMA annehmend; *Anders* GRUR 2009, 200; *Fitzner/Lutz/Bodewig* Rn 25.
45 VGH München BlPMZ 1958, 195; OLG Düsseldorf BlPMZ 1959, 42; EPA J 28/94 ABl EPA 1995, 742 aufschiebende Wirkung; *Schulte* § 75 Rn 2.
46 *Benkard* § 75 Rn 1.
47 § 75 Rn 1.
48 Zum Begriff *Baumbach/Lauterbach/Albers/Hartmann* Grundz § 511 ZPO Rn 3.
49 Vgl Schreiben des Berichterstatters beim BGH Mitt 1985, 52, zur Rücknahme der Patentanmeldung im Rechtsbeschwerdeverfahren; *Bühring* § 18 GbrMG Rn 6.

Engels

fahrensgegenstand erster Instanz begrenzt sein (Rn 74), während sich Einschränkungen im Anmeldebeschwerdeverfahren nicht ergeben (Rn 72).

44 **Empfangszuständig** für Verfahrenserklärungen nach Beschwerdeeinlegung ist das BPatG, sobald das Verfahren dort vorgelegt ist (§ 73 Abs 3 Satz 3; zur Anschlussbeschwerde Rn 212 zu § 73),[50] da von diesem Zeitpunkt an die Beschwerde dort angefallen ist und dessen alleinige Zuständigkeit begründet wird (Rn 161 zu § 73),[51] auch nach Erlass der Beschwerdeentscheidung, längstens bis zum Ablauf der Rechtsbeschwerdefrist,[52] wobei hiervon die Frage zu unterscheiden ist, ob das BPatG auch noch die Entscheidungskompetenz besitzt.[53] Die frühere Möglichkeit, eine Erklärung gegenüber dem DPMA als „Briefkasten"[54] abzugeben, ist entfallen, nachdem die gemeinsame Dokumentenannahmestelle zum 1.11.2009 für das DPMA geschlossen wurde, so dass auf den ggf erst durch Weiterleitung erfolgenden Eingang beim BPatG abzustellen ist. Die Erklärung wird erst mit Eingang beim BPatG wirksam.[55]

45 Gegenüber dem BPatG als Rechtsmittelgericht zu erklären sind deshalb auch die **Rücknahme der Patentanmeldung** während des Beschwerdeverfahrens (Rn 178 zu § 73),[56] die **Teilung der Anmeldung** (Rn 14, 27 zu § 39; Rn 39; Rn 31 zu § 79), die **Rücknahme des Einspruchs** (Rn 174 zu § 73), wie auch **die Anschlussbeschwerde**, sofern das Verfahren an das BPatG abgegeben ist (Rn 212 zu § 73). Wegen des Wortlauts des § 20 Abs 1 Nr 1 soll dies für den **Verzicht** – anders als nach § 48 MarkenG – nicht gelten, da § 20 die Formulierung „an das Patentamt" enthält (Rn 16 zu § 20). Dies erscheint im Interesse der Verfahrensökonomie änderungsbedürftig, da eine während der mündlichen Verhandlung vor dem BPatG beabsichtigte (Teil)Verzichtserklärung regelmäßig eine Vertagung erforderlich macht. Ob für die Entscheidung über einen Antrag auf **Wiedereinsetzung** in die versäumte Frist zur Zahlung einer Jahresgebühr das BPatG zuständig ist, wenn der Antrag nach Anhängigwerden des Anmeldeverfahrens in der Beschwerdeinstanz gestellt wurde, ist str (Rn 91 zu § 123).

46 **4. Die Beschwerdeeinlegung als Rechtsmittelerklärung.** Im Beschwerdeverfahren gelten die allg im Prozessrecht zu beachtenden Auslegungsregeln für prozessrechtl Willenserklärungen, wonach diese nach den Grundsätzen einer am wirklichen und objektiv erkennbar erklärten Willen (vom Empfängerhorizont) orientierten **Auslegung** (§ 133 BGB) auszurichten ist. Es ist iZw gewollt, was nach den Maßstäben der Rechtsordnung vernünftig ist und der recht verstandenen Interessenlage des Erklärenden entspricht,[57] so ein als „Wiedereinsetzungsantrag" gestellter Antrag[58] oder ein „Widerspruch" als Beschwerde (zum Antrag vgl Rn 287 f zu § 59; Rn 117 zu § 73).[59] Bei der Auslegung der Parteibezeichnung (vgl Rn 52 zu § 59; Rn 116 zu § 73) sind nicht nur die im Rubrum enthaltenen Angaben, sondern auch der gesamte Inhalt einschließlich beigefügter Anlagen zu berücksichtigen, wobei die irrtümliche Benennung der falschen, am materiellen Rechtsverhältnis nicht beteiligten Person als Partei von der fehlerhaften Parteibezeichnung zu unterscheiden ist; diese wird Partei, weil es so gewollt und objektiv geäußert ist.[60]

---

50 BPatG 7.10.2014 7 W (pat) 38/14.

51 *Bühring* § 18 GebrMG Rn 81; *Schulte* § 73 Rn 126; weitergehend für die statthafte Rechtsbeschwerde auf die Einlegung abstellend BGH GRUR 2011, 1052 – Telefonsystem, hier ist aber auch keine Abhilfe entspr § 73 Abs 3 Satz 1 möglich.

52 ZB bei Rücknahme der Anmeldung oder bei Teilungserklärung, s BPatG 7.10.2014 7 W (pat) 38/14; BPatG GRUR 2005, 496.

53 Zur Differenzierung bei Teilungserklärung BPatG 7.10.2014 7 W (pat) 38/14; BPatG GRUR 2005, 496.

54 Hierzu BPatGE 50, 196, zu § 147 Abs 3 aF.

55 BPatG 17.11.2005 10 W (pat) 1/03; BPatG 15.2.2007 21 W (pat) 54/04.

56 BPatG 15.2.2007 21 W (pat) 54/04; BPatG 8, 28; BPatG 25.3.1969 11 W (pat) 325/88; *Schulte* § 34 Rn 446; vgl aber auch BPatG Mitt 1973, 18; im Hinblick auf die Funktion des DPA als Annahmestelle des BPatG BPatGE 10, 140 = GRUR 1970, 100; zur GbmAnmeldung Mitt 1988, 216; wegen der nicht möglichen Abhilfe nicht vergleichbar ist die Rechtslage zum Widerspruch gegen eine Wz-Anmeldung, BGH GRUR 1983, 342 BTR; BGH GRUR 1977, 789 Tribol/Liebol, zur Rücknahme des Widerspruchs gegen eine WzAnmeldung; *Schulte* § 73 Rn 196.

57 St Rspr, BGH NJW 2007, 769; *Thomas/Putzo* Einl III ZPO Rn 16; *Schulte* Einl Rn 122 ff, zur Auslegung von Verfahrensrecht.

58 BPatG 20.5.2009 10 W (pat) 9/08.

59 BGH NJW-RR 2000, 1446; BGH NJW 1996, 2799; BGH NJW 1994, 1537; BGH GRUR 2001, 1036, zur Auslegung des Klageantrags; BGH NJW 2007, 769, zum Parteiwechsel; BPatG 20.5.2009 10 W (pat) 9/08; BPatG 25 W (pat) 38/02; BPatG 4.8.2003 8 W (pat) 8/03.

60 BGH GRUR 2009, 42 Multiplexsystem.

Auslegungsgrundsätze. Hiermit stehen die speziellen verfahrensrechtl Auslegungsgrundsätze für **47** die Auslegung der Prozesserklärung im Kontext der jeweiligen Verfahrensnorm im Zusammenhang (vgl auch Rn 257 ff zu § 59). Die Auslegung hat entspr dem objektivierten Willen des Gesetzgebers zu erfolgen, wie er sich aus dem Wortlaut der Vorschrift und dem Sinnzusammenhang ergibt, in den sie hineingestellt ist.[61]

Es gilt das Gebot der **verfassungskonformen Auslegung.** Als einfaches Gesetzesrecht sind die ver- **48** fahrensrechtl Bestimmungen des PatG und der ZPO im Blick auf das GG, insb auf die Grundrechte auszulegen,[62] wobei die Auslegungsmöglichkeit den Vorzug verdient, die dieser Werteordnung am besten entspricht und bei der die Grundrechte am wirksamsten durchgesetzt werden können.[63] Hierzu zählt auch eine richtlinienkonforme Auslegung, wo dies nötig und möglich ist.[64]

Gebot einer materiellrechtsfreundlichen Auslegung. Das Verfahrensrecht hat die Verwirklichung **49** des materiellen Rechts zum Ziel und die insoweit geltenden Vorschriften sind nicht Selbstzweck, sondern auf eine sachliche Entscheidung des Rechtsstreits im Weg eines zweckmäßigen und schnellen Verfahrens gerichtet. Soweit vertretbar müssen Verfahrensvorschriften daher so verstanden und angewendet werden, dass sie eine Entscheidung über die materielle Rechtslage nicht verhindern, sondern ermöglichen.[65] Das Verfahrensrecht ist deshalb auch teleologisch, dem Gebot eines prozessökonomischen Verfahrens entspr auszulegen.[66]

Auch besteht das **Verbot übertriebener Formstrenge,** da prozessuale Formvorschriften kein Selbst- **50** zweck sind. Denn auch die Formvorschriften sollen dem Schutz des sachlichen Rechts, nicht aber seiner Vereitelung dienen,[67] Verfahrensregeln sind nicht um ihrer selbst willen, sondern im Interesse der Beteiligten geschaffen, für die sie nicht zu Fallstricken werden dürfen.[68]

IdR ist eine **Auslegung gegen den Wortlaut** eines Vorbringens nicht möglich.[69] Dem Charakter der **51** Rechtsmittelerklärung als empfangsbedürftiger (prozessualer) Willenserklärung entspr können neben dem in der Erklärung verkörperten Willen nur Umstände Berücksichtigung finden, die für den Erklärungsempfänger – das BPatG – innerhalb der Beschwerdefrist erkennbar waren.[70] So ist es nicht zulässig, einer Erklärung nachträglich den Sinn zu geben, der dem Interesse des Erklärenden am besten dient, wenn dem der eindeutige Wortlaut entgegensteht.[71] Nur so kann sichergestellt werden, dass der Gegenstand der Beschwerde richtig erfasst wird und die Belange der Rechtssicherheit des Verfahrens beachtet werden.[72]

Von der Auslegung zu unterscheiden ist die **Umdeutung** (§ 140 BGB), die auch bei Scheitern der Aus- **52** legung von Rechtsmittelerklärungen ausnahmsweise zulässig sein kann,[73] wenn es sich um vergleichbare Prozesshandlungen handelt, die sich in ihrer Intention und rechtl Wirkung entsprechen.[74] Wegen des Vorrangs der Auslegung kommt Umdeutung nur in Betracht, wenn die unwirksame Prozesshandlung wegen ihrer Eindeutigkeit und Klarheit einer berichtigenden Auslegung nicht zugänglich ist.[75] Nach stRspr des BGH gilt in entspr Anwendung des § 140 BGB auch im Verfahrensrecht der Grundsatz, dass eine feh-

---

61 BGHZ 149, 165 = GRUR 2002, 238 Auskunftsanspruch bei Nachbau; BGHZ 46, 74 = NJW 1967, 343 Schallplatten I; zur Zulässigkeit von Anspruchsänderungen BPatG 20.10.2015 4 Ni 6/14.

62 *Zöller* Einl ZPO Rn 98.

63 BVerfGE 75, 191, zur Präklusion bei Verspätung; BGHZ 170, 180 = NJW 2007, 1466, zur Auslegung einer Verfahrensvorschrift; vgl *Zöller* Einl ZPO Rn 98.

64 BGHZ 149, 165 = GRUR 2002, 238 Auskunftsanspruch bei Nachbau; BGHZ 179, 29 = NJW 2009, 427, jeweils zur richtlinienkonformen Rechtsfortbildung im Weg der teleologischen Reduktion; *Zöller* Einl ZPO Rn 98.

65 BGHZ 105, 201 = NJW 1989, 530.

66 BGHZ 156, 112 = GRUR 2003, 1431 Kinder, zu § 22 Abs 1 Nr 2 2. Alt, § 51 Abs 4 Nr 2 MarkenG; *Zöller* Einl ZPO Rn 95.

67 BGH NJW-RR 2007, 935; *Zöller* Einl ZPO Rn 94.

68 BGH NJW-RR 2008, 524; BGHZ 113, 231 = NJW 1991, 1834, zur Rechtsmittelfrist.

69 BGH NJW-RR 2002, 646.

70 BGH BlPMZ 1972, 210 Warmwasserbereiter; BGH GRUR 1982, 414 Einsteckschloß.

71 BPatG 20.5.2009 10 W (pat) 9/08; vgl *Zöller* vor § 128 ZPO Rn 25.

72 Vgl BGH GRUR 1990, 109 Weihnachtsbrief, zur Beschwerde gegen einen Erteilungsbeschluss nach Hilfsantrag.

73 BPatG 20.5.2009 10 W (pat) 9/08; ausführlich zum Markenrecht BPatG 8.8.2002 25 W (pat) 38/02, zur Umdeutung des Vertreters des Beschwerdeführers; vgl *Thomas/Putzo* Einl III ZPO Rn 16; *Zöller* vor § 511 Rn 37; *Stein/Jonas* vor § 128 ZPO Rn 253.

74 BGH NJW-RR 2001, 279; vgl auch *Zöller* vor § 511 ZPO Rn 37 mwBsp.

75 *Thomas/Putzo* Einl III ZPO Rn 16; *Stein/Jonas* vor § 128 ZPO Rn 253; dies berücksichtigt BGH FamRZ 2013, 1731 nicht.

Engels

lerhafte Prozesshandlung in eine prozessual zulässige, den gleichen Zwecken dienende, umzudeuten ist, wenn deren Voraussetzungen eingehalten sind, die Umdeutung dem mutmaßlichen Parteiwillen entspricht und kein schutzwürdiges Interesse des Gegners entgegensteht.[76] Mangels Zulässigkeit bzw fehlender Voraussetzungen ist deshalb die Umdeutung einer sofortigen Beschwerde gegen einen Kostenfestsetzungsbeschluss des BPatG ausgeschlossen, da eine Anfechtung im PatG nicht vorgesehen ist;[77] ebenso die Umdeutung eines als Wiedereinsetzungsantrag bezeichneten Schreibens in eine Beschwerde oder in einen Antrag auf Weiterbehandlung bei Nichtzahlung der jeweils erforderlichen Gebühr (Rn 155 zu § 73).[78] Nicht erforderlich ist, dass sich der Beteiligte auf die Umdeutung beruft, da das Gericht umzudeuten hat, wenn der Sachverhalt eine ausreichende Basis bietet.[79]

53 Dies ist insb bei der auch im Einspruchsverfahren möglichen **Nebenintervention des Einzelrechtsnachfolgers** nach § 265 Abs 2 Satz 3 ZPO (Rn 196 f zu § 59) von Bedeutung, da nach § 66 Abs 2 ZPO die Erklärung des Beitritts des Nebenintervenienten (§ 70 ZPO) mit der Einlegung eines Rechtsmittels verbunden werden kann und auch eine Rechtsmittelerklärung als vermeintliche Partei, wenn sie nicht bereits im wohlverstandenen Interesse des Erklärenden als Rechtsmittel für die unterstützte Hauptpartei ausgelegt werden kann, einer Umdeutung zugänglich sein kann.[80] So hat der BGH die Umdeutung eines als Partei eingelegten Rechtsmittels in ein als Nebenintervenient eingelegtes Rechtsmittel zugelassen und das Interesse des Rechtsmittelgegners als nicht schutzwürdig angesehen, da dieses nicht über das Interesse jeder in der ersten Instanz siegreichen Partei hinausgehe.[81]

54 **5. Zulässigkeitsvoraussetzungen (Rechtszugsvoraussetzungen).** Grds ist die **Zulässigkeit** der Beschwerde **vor** deren **Begründetheit** zu prüfen (Rn 28, 67 zu § 79).[82] Dieser Grundsatz gilt jedoch nicht ausnahmslos[83] und ist auch in der Praxis für die Beschwerde nach § 73 im Einzelfall verneint worden.[84] Hat die Zurückweisung einer Beschwerde als unbegründet keine weitergehenden Folgen als ihre Verwerfung – insb im Hinblick auf aufschiebende Wirkung, Wiederholbarkeit, Rechtsmittelfähigkeit, Rechtskraftwirkung – und stehen auch im übrigen Interessen der Parteien oder Dritter nicht entgegen, kann ausnahmsweise unabhängig von der Zulässigkeit eine Sachentscheidung ergehen[85] und die Frage der Zulässigkeit offen bleiben.[86]

55 Die Zulässigkeit ist **von Amts wegen** zu prüfen[87] und umfasst die gesetzlichen Voraussetzungen für die Durchführung des Verfahrens.[88] Insoweit gilt auch für die vAw zu beachtenden Zulässigkeitsvoraussetzungen der Amtsermittlungsgrundsatz[89] (§ 87) und nicht der Beibringungsgrundsatz.[90] Es ist deshalb nicht nur vAw zu prüfen, sondern auch zu ermitteln. Zur Feststellung der Zulässigkeits- und Rechtszugsvoraussetzungen gelten nicht die förmlichen Beweisvorschriften des Strengbeweises, sondern es gilt der

---

76 BGH NJW 1992, 438 f; *Zöller* vor § 511 ZPO Rn 37.

77 BPatG 26.3.2003 3 ZA (pat) 44/02; vgl auch BGH NJW 2001, 1217.

78 BPatG 20.5.2009 10 W (pat) 9/08.

79 Vgl *Staudinger* § 140 BGB Rn 33.

80 Vgl BGH NJW 2001, 1217 f; *Thomas/Putzo* § 70 ZPO Rn 3.

81 Vgl BGH NJW 2001, 1217 f; Umdeutung ablehnend für die Anmelderbeschwerde: BPatG 19.5.2014 19 W (pat) 62/12; BPatG 6.5.2014 10 W (pat) 130/14.

82 *Fitzner/Lutz/Bodewig* § 79 Rn 6.

83 BGH NJW-RR 2006, 1346, zur sofortigen Beschwerde.

84 BPatG 22.3.1999 6 W (pat) 128/96: kein absoluter Vorrang.

85 BGH NJW-RR 2006 ,1346; OLG Köln NJW 1974, 1515, NJW 1974, 2241; zum Kostenfestsetzungsverfahren: OLG Hamm MDR 1979, 943; KG NJW 1976, 2353; *Kopp/Schenke* Vorb § 124 VwGO Rn 30: wenn dem Rechtsmittelführer jedenfalls dadurch keine Nachteile entstehen; kr *Thomas/Putzo* Vorbem § 511 ZPO Rn 11: „praktisch aber bedenklich"; § 572 ZPO Rn 13: darf dahingestellt bleiben; *Zöller* § 522 ZPO Rn 1, Vorrang bejahend; *Baumbach/Lauterbach/Albers/Hartmann* Grundz § 567 ZPO Rn 12, eingeschränkt zulassend bei schwieriger Prüfung und sofern keine weiteren Nachteile wie zB im Hinblick auf Rechtskraft entstehen.

86 So auch BGH NJW-RR 2006, 1346; BPatG 4.11.2009 7 W (pat) 13/06.

87 BGH GRUR 1972, 593, 594 Sortiergerät, zum Einspruch; BPatG. 5.3.2008 10 W (pat) 37/06; *Schulte* § 73 Rn 20; *Thomas/Putzo* Vorbem § 253 ZPO Rn 12.

88 *Schulte* Einl Rn 18.

89 BGHZ 105, 40, 43 f = GRUR 1988, 754 Spulenvorrichtung, für den Einspruch; *Benkard* § 79 Rn 4; vgl auch *Kopp/Schenke* § 86 VwGO Rn 2.

90 AA *Schulte* § 73 Rn 20.

Freibeweis,[91] dh Verfahren und Art der Beweismittel stehen im Ermessen des Gerichts. So können auch telefonische Feststellungen und Befragungen erfolgen (vgl Rn 132 zu § 73). Der Freibeweis senkt die Anforderungen an die richterliche Überzeugungsbildung nicht, sondern stellt das Gericht im Rahmen pflichtgem Ermessens im Beweisverfahren und bei der Gewinnung der Beweismittel freier (vgl Rn 35 zu § 78). Glaubhaftmachung reicht zum Nachweis nicht aus. Erforderlich ist vielmehr voller Beweis, wozu Vorbringen und Beweisanerbieten der Parteien in vollem Umfang vAw zu prüfen sind.[92]

Kann die Zulässigkeit nicht eindeutig geklärt werden, kommt es darauf an, wer die **Feststellungslast** **56** trägt; dies hängt davon ab, ob die Unaufklärbarkeit in der Sphäre des Gerichts liegt.[93] Eine bestimmte Reihenfolge ist nicht zwingend; diese ist an der Prozessökonomie auszurichten.[94] Richtet sich das Rechtsmittel auf Überprüfung einer im angegriffenen Beschluss verneinten Prozessvoraussetzung, ist es insoweit als zulässig zu behandeln und diese Voraussetzung zu unterstellen (Rn 63).[95] Auch das Verbot der reformatio in peius gilt nicht (Rn 46 zu § 79).

Rechtszugsvoraussetzungen sind die Voraussetzungen, von denen es abhängt, ob das Rechtsmittel **57** vor der Rechtsmittelinstanz zulässig eröffnet wird.[96] Hierzu zählen Statthaftigkeit der Beschwerde, Beschwer (Rn 80 f zu § 73), Rechtsschutzbedürfnis (Rn 108 zu § 73), Form, Frist (Rn 111 f zu § 73), wie auch die Beschwerdeberechtigung nach § 74 (Rn 5 f, 8 ff zu § 74), insb des noch nicht im Register eingetragenen materiell berechtigten Rechtsnachfolgers (Rn 12 zu § 74; Rn 98 zu § 30).

Sonstige **Verfahrensvoraussetzungen** (vgl Rn 28 ff vor § 34), die für die Zulässigkeit des Ausgangs- **58** verfahrens und die Bescheidung erforderlich sind, sind auch im Beschwerdeverfahren vAw in jedem Verfahrensstadium zu prüfen (Rn 38; Rn 35 zu § 79).[97] Hierzu zählen auch solche aus erster Instanz, sofern sie **unverzichtbar** und damit auch in der zweiten Instanz beachtlich sind, wie die Zulässigkeit des Einspruchs und das hierfür erforderliche Rechtsschutzbedürfnis (Rn 33, 247 zu § 59; Rn 198 zu § 73) im Entscheidungszeitpunkt, das von dem Rechtsschutzbedürfnis für die Beschwerde zu unterscheiden ist (hierzu Rn 199 zu § 73). Diese Einschränkung ergibt sich aus dem Verlust des Rügerechts in zweiter Instanz für geheilte Verfahrensrügen nach § 295 ZPO, so nach § 534 ZPO für die Berufung.

Die Verfahrensvoraussetzungen stellen **keine Zulässigkeitsvoraussetzungen des Rechtsmittels** **59** (Rechtszugsvoraussetzungen) dar, sondern betreffen als allg Sachbescheidungsvoraussetzungen, die von der Zulässigkeit der Beschwerde streng zu trennende (Rn 54; Rn 11 zu § 73) Sachprüfung im Rahmen der Begründetheit der Beschwerde (Rn 71). Sie sind in jeder Lage des Verfahrens zu prüfen, sollen nach der Rspr zum Patent- und Markenrecht nicht dem Verschlechterungsverbot unterliegen, was nur eingeschränkt zutrifft, sich im Ergebnis aber nicht auswirkt, weil allein das aus der Prüfung der Verfahrensvoraussetzungen wie der Zulässigkeit eines Einspruchs im Beschwerdeverfahren resultierende Zurückweisung der Beschwerde noch keine Schlechterstellung bedeutet. Hierzu bedürfte es vielmehr der Aufhebung der erstinstanzlichen, zB für den Beschwerdeführer teilweise erfolgreichen Entscheidung (hierzu eingehend Rn 46 zu § 79).

Die Verfahrensvoraussetzungen müssen bis zum **Entscheidungszeitpunkt** (Schluss der mündlichen **60** Verhandlung oder Herausgabe des Beschlusses durch die Geschäftsstelle im schriftlichen Verfahren; Rn 4 zu § 78) vorliegen.[98] Behebung des Mangels ist bis zu diesem Zeitpunkt in jeder Lage des Verfahrens möglich und beachtlich.

Zu den Verfahrensvoraussetzungen zählen **Beteiligten- und Handlungsfähigkeit**. Beteiligtenfähig **61** ist, wer rechtsfähig ist (§ 50 Abs 1 ZPO). Die Handlungsfähigkeit und Berechtigung, als gesetzlicher Vertreter für nicht handlungsfähige natürliche und juristische Personen Handlungen vorzunehmen, bestimmt sich gem § 51 ZPO entspr den Vorschriften des BGB. Zu den Verfahrensvoraussetzungen zählt ferner die

---

91   BGH NJW 1997, 3319; BGH NJW-RR 1992, 1338; *Thomas/Putzo* Vorbem § 284 ZPO Rn 6.
92   BGH NJW 1997, 3319.
93   BGHZ 105, 40, 43 f = GRUR 1988, 754 Spulenvorrichtung; vgl weiter zur Risikoverteilung zwischen Gericht und Partei BGH MDR 1981, 644; BGHZ 101, 276, 280 = NJW 1987, 2586; BGH VersR 1991, 894 f; BGH NJW 1994, 1881; BPatG 6.4.2009 10 W (pat) 42/08.
94   *Thomas/Putzo* Vorbem § 253 ZPO Rn 14.
95   BGHZ 110, 294; BGH NJW 2000, 289, zur Prozessfähigkeit; BPatGE 15, 204, 206.
96   *Thomas/Putzo* Vorbem § 253 ZPO Rn 32 ff, Vorbem § 511 ZPO Rn 13.
97   BPatG 5.3.2008 10 W (pat) 37/06; *Fitzner/Lutz/Bodewig* § 79 Rn 5.
98   BGH GRUR 1966, 107 Patentrolleneintrag; *Benkard* § 79 Rn 14; *Thomas/Putzo* Vorbem § 253 ZPO Rn 11.

Verfahrensführungsbefugnis[99] kraft Registerlegitimation nach § 30 (Rn 89 f, 229 f zu § 59; Rn 20 zu § 74; zur Sachbefugnis Rn 237 zu § 59); die von § 74 streng zu trennen ist (Rn 5 zu § 74).

62   **Weitere Verfahrensvoraussetzungen** sind die Anhängigkeit der Anmeldung,[100] die Bestellung eines Inlandvertreters,[101] die Zulässigkeit des Einspruchs[102] und nach der hier vertretenen Auffassung auch der Zulässigkeit einer Änderung des Patents für die Sachprüfung der geänd Fassung im Beschwerdeverfahren (Rn 47 zu § 79).

63   **Verneinende Verfahrensvoraussetzungen**[103] sind die Verfahrenshindernisse (Rn 64; Rn 133 zu § 73) wie fehlende Inlandsvertretung nach § 25 (Rn 134 zu § 73). Einige Verfahrensvoraussetzungen, wie die Beteiligten- und Prozessfähigkeit,[104] sind zugleich Verfahrenshandlungsvoraussetzungen (Rn 65) und betreffen damit auch die Wirksamkeit der Beschwerdeeinlegung. Richtet sich die Beschwerde auf Überprüfung einer im angegriffenen Beschluss verneinten Verfahrensvoraussetzung oder Prozesshandlungsvoraussetzung, ist sie insoweit auch bei Fortbestand des Mangels als zulässig zu behandeln und die verneinte Voraussetzung zu unterstellen,[105] so, wenn der Beteiligte in der Vorinstanz als nicht beteiligtenfähig behandelt worden ist.[106] und deshalb zB der Einspruch als unzulässig verworfen wurde (Rn 35 zu § 79) oder eine Beteiligung am Verfahren geleugnet wurde (Rn 9 zu § 74). Dieser Grundsatz ist Ausdruck der allg Regel, dass **doppelt relevante Tatsachen**, die neben der Zulässigkeit auch die Begründetheit betreffen, im Rahmen der Zulässigkeitsprüfung nur schlüssiges Vorbringen erfordern und auf der Begründetheitsebene entschieden werden.[107]

64   **Verfahrenshindernisse** und **verfahrenshindernde Einreden** wie anderweitige Rechtshängigkeit (§ 261 Abs 3 Nr 1 ZPO) oder fehlende Inlandsvertretung (§ 25) stehen der Zulässigkeit der Beschwerde entgegen (Rn 48 zu § 25).[108] Str ist das im Einspruchsverfahren für die **exceptio pacti** (Nichtangriffspflicht, Rn 46 ff zu § 59). Dies hat zur Folge, dass zwar die Verfahrenshandlungen und -erklärungen wirksam, aber mangelbehaftet sind. Bei fehlender Behebung des Mangels bis zur Entscheidung (Rn 58) führt dies zur Unzulässigkeit der Beschwerde oder zum Verfahrensausschluss auf der Passivseite (Rn 29 zu § 25; Rn 133 f zu § 73). Hierzu zählen auch **außerprozessuale Prozessverträge**, wie **Vergleichsvereinbarungen**, der **Grundsatz von Treu und Glauben** nach § 242 BGB (Rn 47 zu § 59), die die Führung/Fortführung des Verfahrens unzulässig machen (sog Verfahrensführungsverbote bzw -fortsetzungsverbote, Rn 24 zu § 79). Auch die als vorheriger Rechtsmittelverzicht auszulegende und einseitig wirksame (§ 515 ZPO) Erklärung, „keine Beschwerde einzulegen", macht die Beschwerde unzulässig (zu mittelbar wirkenden Prozessvergleichen Rn 24 zu § 79).[109]

65   Von den Verfahrensvoraussetzungen zu unterscheiden sind die **Verfahrenshandlungsvoraussetzungen** wie gesetzliche Vertretungsmacht, Verfahrensvollmacht (§ 97), die vorliegen müssen, damit eine Verfahrenshandlung oder -erklärung wirksam ist.[110] Hierzu zählen auch die Beteiligten- und Handlungsfähigkeit (Partei- und Prozessfähigkeit nach § 50 Abs 1 ZPO, § 51 Abs 1 ZPO, die zugleich Bedeutung als allg Verfahrensvoraussetzungen haben können. Für die Wirksamkeit kommt es auf den Zeitpunkt der Hand-

---

99   BGH GRUR 2009, 42 Multiplexsystem; BPatG 29.11.2005 4 Ni 53/04 EU, zur passiven Prozessführungsbefugnis im Nichtigkeitsverfahren.

100   BPatGE 19, 81; BPatG BlPMZ 1993, 448; *Benkard* § 79 Rn 18; *Schulte* § 73 Rn 82.

101   *Benkard* § 79 Rn 4.

102   BGH GRUR 1972, 592 Sortiergerät mwN; BPatGE 38, 199; EPA T 289/91 ABl EPA 1994, 649 ACE-Inhibitoren. *Schulte* § 73 Rn 77.

103   *Baumbach/Lauterbach/Albers/Hartmann* Grundz § 253 ZPO Rn 19.

104   *Thomas/Putzo* § 50 ZPO Rn 10 und § 52 ZPO Rn 2.

105   BPatG 21.2.2006 6 W (pat) 13/05 Mitt 2006, 574 Ls; *Thomas/Putzo* § 50 ZPO Rn 11.

106   BPatG 21.2.2006 6 W (pat) 13/05 Mitt 2006, 574 Ls; *Thomas/Putzo* § 50 ZPO Rn 11.

107   Zur Zuständigkeit bei doppelt relevanten Tatsachen *Thomas/Putzo* § 323 ZPO Rn 14; BPatG 2.7.2009 35 W (pat) 17/06, zum Umschreibungsantrag des Beschwerdeführers in Luxemburg, der keinen inländ Zustellungsbevollmächtigten bestellt hatte.

108   BPatG 11.1.2011 21 W (pat) 1/07, für den fehlenden Nachweis der Inlandsvertretung; BPatGE 17, 11, zum Wegfall des Vertreters.

109   BPatGE 15, 153; *Bühring* § 18 GebrMG Rn 47; zur Berufung BGH NJW-RR 1991, 1213; *Thomas/Putzo* § 515 ZPO Rn 7.

110   *Thomas/Putzo* Einl III ZPO Rn 10 und Vorbem § 253 ZPO Rn 34; *Baumbach/Lauterbach/Albers/Hartmann* Grundz § 253 ZPO Rn 18.

lung – nicht der Entscheidung (Rn 58) – an,[111] wobei Heilung (§ 295 ZPO) oder Genehmigung möglich sind (Rn 94 f zu § 59).[112] Hierbei ist im Hinblick auf die Widerruflichkeit und Bedingungsfeindlichkeit zwischen Erwirkungs- und Bewirkungshandlungen zu unterscheiden (Rn 68).[113] Nicht zu den Verfahrenshandlungs-voraussetzungen zählt die Verfahrensführungsbefugnis (Rn 61; Rn 89 zu § 59) oder die Inlandsvertretung nach § 25 (Rn 97 zu § 59).

Die **Vertretung eines minderjährigen Kinds** steht in Ausübung der elterlichen Sorge den Eltern **66** gemeinschaftlich zu (§ 1629 BGB). Wird die Beschwerde nur von einem Elternteil namens des minderjähri-gen Kinds eingelegt, ist die Beschwerdeeinlegung schwebend unwirksam. Verweigert der andere Elternteil die nachträgliche Genehmigung, wird die schwebend unwirksame Beschwerdeeinlegung endgültig un-wirksam. Minderjährige können nach Eintritt der Volljährigkeit für zum Zeitpunkt der Minderjährigkeit eingelegte Beschwerden eine nachträgliche Genehmigung nicht mehr erteilen, wenn ein gesetzlicher Ver-treter seine Zustimmung oder Genehmigung bereits endgültig verweigert hat, da die Verfahrenshandlung aufgrund der ausdrücklichen Ablehnung endgültig unwirksam geworden ist.[114] Ein Prozessunfähiger kann allerdings einstweilen zur Verfahrensführung zugelassen werden (§ 56 Abs 2 Satz 1 ZPO), eine bindende Entscheidung in der Sache darf dabei nicht vor Erteilung der Genehmigung ergehen (§ 56 Abs 2 Satz 2 ZPO).[115]

Anfechtbarkeit (vgl Rn 76 f zu § 34). Rechtsmittelerklärungen können als Verfahrenserklärungen **67** nicht nach den Vorschriften des BGB, sondern nur insoweit angefochten werden, als dies die Verfahrens-ordnung zulässt.[116] Nur soweit es sich um Prozesserklärungen mit Doppelnatur handelt, sie also gleichzei-tig Verfahrenshandlung und materiellrechtl Willenserklärung sind, sind sie – wie zB der Verzicht oder der Vergleich (Rn 26 zu § 79) – anfechtbar.[117]

Bedingungsfeindlichkeit. Rechtsmittelerklärungen sind als bewirkende Prozesshandlungen (Bewir- **68** kungshandlungen)[118] bedingungsfeindlich (vgl Rn 58 vor § 34; zum Einspruch Rn 88 zu § 59).[119] Sie erlau-ben weder echte Bedingungen oder Zeitbestimmungen noch innerprozessuale Bedingungen,[120] so dass die Wirksamkeit der Verfahrenshandlung spätestens bei Abschluss des Verfahrens feststeht.[121] Eine solche innerprozessuale Bedingung liegt vor, wenn eine Prozesshandlung vom Erfolg oder Misserfolg einer eige-nen – anderen – Prozesshandlung oder einer solchen des Gegners abhängig gemacht wird.[122] Zulässig sind derartige Bedingungen nur, soweit es sich um **Erwirkungshandlungen** handelt, dh Handlungen, die das Gericht zu einer bestimmten Entscheidung veranlassen sollen und den Stoff zu deren Begründung liefern, ohne unmittelbar selbstständige Wirkung zu entfalten, wie Hilfsanträge oder Anschlussbeschwerde (Rn 69). **Bewirkungshandlungen,** dh prozessuale Erklärungen oder Handlungen, die ohne Tätigkeit des Gerichts unmittelbar auf das Verfahren wirken, wie die Einlegung[123] oder Rücknahme[124] eines Rechtsmit-tels, einer Anmeldung oder eines Einspruchs, dulden keinen – auch keinen innerprozessualen – Schwebe-zustand.[125] Eine im Zusammenhang mit einem Antrag auf Weiterbehandlung nach § 123a „hilfsweise" eingelegte Beschwerde ist deshalb unzulässig (vgl auch Rn 13 zu § 123a).[126] Str ist dies für die Teilung der

---

111 *Thomas/Putzo* Einl III ZPO Rn 18, § 51 ZPO Rn 17; *Baumbach/Lauterbach/Albers/Hartmann* Grundz § 253 ZPO Rn 18; *Hövelmann* GRUR 2003, 203; vgl BPatG 29.11.2005 4 Ni 53/04 (EU), zur passiven Prozessführungsbefugnis im Nichtigkeitsverfahren.
112 *Thomas/Putzo* Einl III ZPO Rn 18 und Vorbem § 253 ZPO Rn 34.
113 Hierzu *Hövelmann* GRUR 2003, 203.
114 BPatG 16.7.2008 26 W (pat) 126/05 Mitt 2009, 337 Ls.
115 BPatG 5.3.2008 10 W (pat) 37/06.
116 Bereits RGZ 120, 243.
117 *Schulte* Einl Rn 86.
118 *Stein/Jonas* vor § 128 ZPO Rn 267 f, 297; *Hövelmann* GRUR 2003, 203.
119 PA BlPMZ 1904, 9; PA BlPMZ 1908, 274; *Benkard* § 79 Rn 4; *Bühring* § 18 GebrMG Rn 47.
120 *Stein/Jonas* vor § 128 ZPO Rn 267 f; eingehend *Hövelmann* GRUR 2003, 203.
121 BGH NJW 1984, 1240, zur unselbstständigen Anschlussbeschwerde.
122 BGH NJW 1996, 320.
123 BGH NJW 1996, 320, zur Berufung.
124 Vgl BGH NJW-RR 1990, 67; RGZ 120, 243.
125 Eingehend *Hövelmann* GRUR 2003, 203; zum Markenrecht BGH GRUR 2000, 892 MTS.
126 BPatG 29.5.2012 12 W (pat) 14/12; *Schulte* Einl Rn 4.

Anmeldung; während zu § 39 die Zulässigkeit der hilfsweisen Erklärung überwiegend bejaht wird (Rn 13 zu § 39),[127] wird sie im Markenrecht in der Lit verneint. Ferner sind sie grds unwiderruflich (Rn 172 zu § 73).

69   Da die **Anschlussbeschwerde** kein Rechtsmittel, sondern lediglich ein Antrag im Rahmen einer fremden Beschwerde ist, kann sie auch von einer innerprozessualen Bedingung abhängig sein, insb bedingt eingelegt werden (Rn 205, 213 zu § 73).[128]

70   Bei **sich änderndem Verfahrensrecht** ist darauf abzustellen, ob der prozessuale Tatbestand im maßgeblichen Zeitpunkt der Änderung bereits abgeschlossen war, sofern keine Übergangsregelungen existieren.[129]

III. Begründetheit der Beschwerde

71   **1. Gegenstand der Sachprüfung.** Der durch die zulässige Beschwerde (Rn 11 zu § 73) zur Entscheidung angefallene Verfahrensgegenstand (Rn 34) und Prüfungsumfang wird nach allg Grundsätzen bestimmt und begrenzt durch die Beschwerde als Rechtsmittel im Rahmen der Anfallwirkung (vgl Rn 39) eines der Amtsermittlung (§ 87 Abs 1) unterliegenden Verfahrens, wie auch durch die vom Beschwerdeführer gestellten Anträge.[130] Eine Antragsbindung besteht allerdings nur im Rahmen des Dispositionsrechte der Beteiligten (Rn 76 f; Rn 33 f zu § 79). Die Sachprüfung umfasst die von den Rechtszugsvoraussetzungen zu trennenden allg Zulässigkeitsfragen (Rn 38, 58) und die materiellrechtl Prüfung im Entscheidungszeitpunkt (Rn 55 zu § 79).

72   Im **Anmeldebeschwerdeverfahren** kann das BPatG die Zurückweisung der Anmeldung auf andere Gründe stützen als das DPMA, so wenn eine Zurückweisung einer Patentanmeldung wegen fehlender Neuheit erfolgt ist und die Zurückweisung der Beschwerde wegen unzulässiger Erweiterung erfolgt.[131] Andererseits kann der Anmelder im Beschwerdeverfahren ohne Einschränkung seine Patentanmeldung in jeder durch die Anmeldung ursprungsoffenbarten Fassung weiterverfolgen.

73   Im **Einspruchsbeschwerdeverfahren** gilt für den Patentinhaber uneingeschränkt der Grundsatz der Antragsbindung, während für den Einsprechenden die Bindungswirkung eines Teileinspruchs str ist (Rn 291 f zu § 59).

74   **2. Bindung an den Verfahrensgegenstand erster Instanz.** Andererseits soll aus der Funktion des Beschwerdegerichts der auf den einheitlichen Verfahrensgegenstand des Einspruchsverfahrens (Rn 254 zu § 59) gerichtete Prüfungsumfang auf die im erstinstanzlichen Verfahren geltend gemachten oder vAw geprüften Widerrufsgründe beschränkt sein (Rn 37 zu § 79).[132] Dies ist im Hinblick auf die Grenzen zulässiger Disposition des Einsprechenden, der auch in erster Instanz den Prüfungsgegenstand und damit den Streitgegenstand nicht beschränken kann (ausgenommen bei widerrechtl Entnahme; Einzelheiten und zur Kritik Rn 38 zu § 79) nicht zwingend.

75   **3. Unverzichtbare Verfahrensvoraussetzungen.** Der Grundsatz der durch Antrag und Verfahrensgegenstand erster Instanz begrenzten Anfallwirkung erleidet eine Ausnahme, soweit es sich um die Beachtung von unverzichtbaren Verfahrensvoraussetzungen handelt, deren Vorliegen im Beschwerdeverfahren vAw zu prüfen ist (Rn 57) und die nicht dem Verbot einer Schlechterstellung unterliegen sollen (Rn 114; Rn 43 f zu § 79; zur Kritik Rn 46 zu § 79).

---

127   BPatG 18.3.2015 7 W (pat) 51/14; *Schulte* Rn 19 zu § 39; *Fitzner/Lutz/Bodewig* Rn 30 zu § 39.

128   BGH NJW 1984, 1240.

129   Vgl BGH GRUR 2010, 361 Dichtungsanordnung; BGH Mitt 2010, 192 Dichtungsanordnung 01; BGH 17.12.2009 Xa ZB 40/08; BPatG 24.1.2003 34 W (pat) 57/02, zum Ausschluss der Heilung von Zustellungsmängeln einer Zustellung vor dem 1.7.2002 nach § 127 Abs 2 nF; zum Widerspruchsfrist bei Inkrafttreten des Markengesetzes BGH GRUR 2000, 1040 FRENORM/FRENON; zum Wegfall des besonderen Feststellungsverfahrens (Art II § 8 Abs 3 IntPatÜG) ohne Übergangsregelung BPatG GRUR 1993, 737 f.

130   BGH GRUR 2002, 49 f Drehmomentübertragungseinrichtung, unter Hinweis auf BGH GRUR 1993, 655 f Rohrausformer.

131   BPatG 5.11.2002 23 W (pat) 57/01.

132   BGH GRUR 2002, 49 f Drehmomentübertragungseinrichtung, unter Hinweis auf BGH GRUR 1993, 655 f Rohrausformer.

4. Antragsbindung in den Grenzen bestehender Dispositionsrechte; Beschränkung der Be- 76
schwerde. Das BPatG ist grds nur zur Nachprüfung und Änderung von Entscheidungen des DPMA berechtigt, soweit dies durch den Beschwerdeführer beantragt ist („ne ultra petita")[133] Dies ist allerdings dahin
einzuschränken, dass die Antragsbindung auch im Beschwerdeverfahren unter dem Vorbehalt zulässiger
Disposition der Beteiligten steht, da der Antragsgrundsatz nur eine Ausprägung des Dispositionsgrundsatzes ist (Rn 82).[134] Insoweit ist beschränkte Einlegung der Beschwerde des unterlegenen Einsprechenden
möglich, die sich nur (noch) gegen die aufrechterhaltene erteilte Fassung, nicht aber gegen eine hilfsweise
verteidigte beschränkte Fassung richtet (vgl auch Rn 119 f zu § 73).[135]

Im Hinblick auf die Bindungswirkung gegenüber dem Antragsziel des Einsprechenden und der umstr 77
Möglichkeit eines bindenden Teileinspruchs (Rn 291 f, 296 zu § 59) ist das Bestehen einer Antragsbindung
abhängig von der vertretenen Auffassung, während für die Prüfung der Widerrufsgründe des § 21 unbestritten keine Dispositionsbefugnis des Einsprechenden und Bindung besteht (Rn 74) und deshalb auch
eine **Beschränkung des Beschwerdegegenstands auf einzelne Widerrufsgründe** durch den Rechtsmittelführer konsequenterweise ausscheiden muss. Geht man mit der wohl einhelligen Meinung davon aus,
dass der Einsprechende den Verfahrensgegenstand des Einspruchsverfahrens weder auf einzelne Widerrufsgründe – die widerrechtl Entnahme ausgenommen (Rn 25 zu § 61) – anfänglich oder nachträglich beschränken kann und geht man zudem auch davon aus, dass das Antragsziel nicht auf die Überprüfung
einzelner Patentansprüche reduziert werden kann, weil ein durch Teileinspruch beschränkter gegenständlicher Angriff keine Bindungswirkung entfaltet (Rn 265, 291 zu § 59), kann der Einsprechende auch nicht
als Beschwerdeführer den Gegenstand der Beschwerde anfänglich oder nachträglich durch Teilrücknahme
der Beschwerde (Rn 176 zu § 73) beschränken (zum Umfang der Hemmungswirkung Rn 8 zu § 75). Folgerichtig kann der Einsprechende mangels Dispoitionsbefugnis auch als Beschwerdeführer nicht bindend
die aus erster Instanz angefallenen Widerrufsgründe nur teilweise zur Überprüfung stellen.

Sieht man dagegen den Teileinspruch als bindend an, muss konsequenterweise auch die Anfallwir- 78
kung der Beschwerde beschränkbar sein, sei es, weil der Einsprechende nur einzelne Patentansprüche zur
Überprüfung stellen will oder sich bereits der Einspruch nur gegen Teile des Patents gerichtet hat. Folgt
man dieser Auffassung, ist die Beschwerde insofern **beschränkbar** und es bedarf für die Einbeziehung
nicht angegriffener Patentansprüche der Anschlussbeschwerde des Patentinhabers (hierzu Rn 206 zu
§ 73). In diesem Zusammenhang stellt sich ferner die Frage einer möglichen Erweiterung der anfänglich
auf einzelne Patentansprüche beschränkten Beschwerde oder der Beschwerde, die einen beschränkten
Prüfungsgegenstand nur einzelner in erster Instanz angegriffener Patentansprüche betrifft (hierzu Rn 118 f
zu § 73 und Rn 75 f zu § 79), wie umgekehrt die Frage einer möglichen anfänglichen oder nachträglichen
Beschränkbarkeit der Beschwerde auf einzelne Patentansprüche (Rn 176 zu § 73), sei es durch eine Teilrücknahme der anfänglich umfassenden Beschwerde.

Vom Dispositionsrecht der Beteiligten nicht umfasst sind **unzulässige Beschränkungen** des Patents. 79
Sie müssen deshalb unbeachtet bleiben und führen zur Überprüfung des Patents in erteilter Fassung, sofern der Patentinhaber sein Patent insoweit verteidigen will, oder zum Widerruf ohne Sachprüfung, sofern
man insoweit eine Dispositionsbefugnis des Patentinhabers anerkennt (str, vgl Rn 273 f, 283 zu § 59; Rn 35
zu § 61). Verneint man diese, ist auch gegen den Willen des Patentinhabers zwingend die erteilte Fassung
zu prüfen. Eine entgegenstehende Disposition des Patentinhabers ist dann unbeachtlich.

5. Da die Beschwerde echtes Rechtsmittel ist, gilt auch das **Verbot der Schlechterstellung** („refor- 80
matio in peius"); die angefochtene Entscheidung kann grds nicht zum Nachteil des Beschwerdeführers
geänd werden (Rn 43 ff zu § 79; zu den (vermeintlichen) Ausnahmen Rn 46 zu § 79).[136] Dieser Grundsatz

---

133   BGH GRUR 1972, 592 Sortiergerät mwN; BGH GRUR 1993, 655 Rohrausformer; BGH GRUR 1983, 575 Schneidhaspel;
BGH GRUR 1998, 901 Polymermasse; BGHZ 128, 280 = GRUR 1995, 333 Aluminium-Trihydroxid; BGH GRUR 2002, 49
Drehmomentübertragungseinrichtung; *Fitzner/Lutz/Bodewig* § 39 Rn 30; § 79 Rn 7.
134   Vgl nur *Thomas/Putzo* § 308 ZPO Rn 1.
135   So ist wohl auch *Fitzner/Lutz/Bodewig* § 73 Rn 32 zu verstehen.
136   BGH Sortiergerät; BGHZ 92, 137 = GRUR 1984, 870 Schweißpistolenstromdüse; BPatGE 9, 30 f; BPatGE 10, 155, 157 =
Mitt 1968, 214; BPatGE 11, 227, 230 = BlPMZ 1971, 24; BPatGE 29, 206, 209; BPatG 19.10.1999 24 W (pat) 169/99; BPatG
12.9.2000 24 W (pat) 214/99, je für das markenrechtl Erinnerungsverfahren; *Benkard* § 79 Rn 7 f; *Schulte* § 73 Rn 74 ff;
Lindenmaier § 36 p Rn 14; *Moser von Filseck* (Anm) Mitt 1964, 192 f; vgl auch EPA G 9/92 ABl EPA 1994, 875 = GRUR Int 1995,
501 nicht beschwerdeführender Beteiligter; EPA 14.7.1994 G 4/93 Non-appealing party.

beschränkt bereits die Anfallwirkung und findet für die Berufung (ZPO) ausdrücklich in § 528 Satz 2 ZPO seinen Niederschlag, wonach das Urteil des ersten Rechtszugs nur insoweit abgeänd werden darf, als eine Abänderung beantragt ist.

IV. Sonstige Verfahrensgrundsätze

81   **1.** Da im Beschwerdeverfahren der **Amtsermittlungsgrundsatz** (§ 87 Abs 1) gilt und das PatG insoweit keine besonderen Vorschriften enthält, gelten auch insoweit die hieraus iVm der Anfallwirkung und dem Dispositionsgrundsatz resultierenden allg Grundsätze. Hieraus folgt auch, dass abw von der ZPO **keine Präklusionsvorschriften** (§§ 296, 282f ZPO) gelten (zum Einspruchsverfahren Rn 302 zu § 59).[137]

82   **2. Dispositionsgrundsatz.** Da das Beschwerdeverfahren nach dem PatG keine speziellen Einschränkungen von Dispositionsrechten hinsichtlich der Verteidigung des Patents oder hinsichtlich des Angriffs kennt, soweit Beschränkungen nicht aus der beschränkenden Anfallwirkung des Beschwerdeverfahrens (Rn 76), insb aus dem Verbot der reformatio in peius (Rn 46ff zu § 79) resultieren, gelten dieselben Regeln wie im Einspruchsverfahren. Dies gilt auch für die Aussetzung und das Ruhen des Verfahrens (Rn 297, Rn 346f zu § 59).

83   **3. Beteiligtenwechsel; Beteiligung Dritter.** Auch im Beschwerdeverfahren gelten für die Stellung der Beteiligten, den Wechsel von Beteiligten (§ 265 Abs 2 ZPO) sowie den Beitritt des Rechtsnachfolgers als Nebenintervenient (§ 265 Abs 2 Satz 3 ZPO) die Grundsätze wie im Einspruchsverfahren (Rn 219ff zu § 59), wobei für die Verfahrensübernahme an der Schnittstelle der Instanzen § 74 zu berücksichtigen ist (Rn 19f zu § 74). Auch der Beitritt nach § 59 Abs 2 ist möglich, bedarf aber differenzierter Betrachtung (Rn 183ff zu § 59).

84   **4.** Zu **Beendigung des Beschwerdeverfahrens, Rücknahme** und **Erledigung der Beschwerde** Rn 163ff zu § 73.

85   **VI.** Zur **Anschlussbeschwerde** Rn 204ff zu § 73 und ihrer verfahrensgegenständlichen Wirkung als Ausnahme vom Verbot der Schlechterstellung Rn 205f zu § 73 und Rn 43 zu § 79.

D. Beschwerdeverfahren nach dem Europäischen Patentübereinkommen

Schrifttum: *Gori* Europäisches Beschwerdeverfahren, GRUR Int 1987, 140; *Gori* Remarks on the legal nature of proceedings before the Boards of Appeal of the European Patent Office, FS 10 Jahre Rspr GBK EPA (1996), 57; *Himmler* Zwei neue Entscheidungen der Großen Beschwerdekammer des Europäischen Patentamts, Mitt 1994, 263; *Jacob* The Enlarged Board of Appeal of the EPO: A Proposal, EIPR 1997, 224; *Mulder/Meinders/Beckedorf/Weiss* Overview of the Appeal Proceedings According to the EPC – Überblick über das Beschwerdeverfahren nach dem EPÜ – Aperçu sur la procédure de recours selon la CBE, 2013; *Paterson* Development of the procedure and jurisdiction of the Enlarged Board of Appeal, FS 10 Jahre Rspr GBK EPA (1996), 65; *Schachenmann* Die Methoden der Rechtsfindung der Großen Beschwerdekammer, GRUR Int 2008, 702; *Schulte* Die Zuständigkeit der juristischen Beschwerdekammer, FS 10 Jahre Rspr GBK EPA (1996), 73; *Schulte* Reformatio in peius und Anschlussbeschwerde vor dem EPA, GRUR 2001, 999; *Seitz* Du principe de l'effet dévolutif du recours comme création prétorienne de la Grande Chambre de recours, FS 10 Jahre Rspr GBK EPA (1996), 79; *Steinbrener* Zur Frage der Zulässigkeit einer Vorlage an die Große Beschwerdekammer nach Art. 112 EPÜ, GRUR Int 2008, 713; *Stephens-Ofner* The Board of Appeal: Policemen or Umpires? EIPR 1997, 167; *Teschemacher* Zulässigkeit der Beschwerde und notwendiger Inhalt der Beschwerdebegründung: Anmerkungen zu T 2532/11, Mitt 2014, 488; *Weiss* Die Gesetzgebungsbefugnisse des Verwaltungsrats der EPO: Die Änderung des Übereinkommens und der Ausführungsordnung und die Genehmigung der Verfahrensordnungen der Beschwerdekammern und der Großen Beschwerdekammer, GRUR Int 2008, 726; *White/Brown* EPC Appeal Procedures, EIPR 1996, 419.

I. Allgemeines

86   Das Beschwerdeverfahren nach dem EPÜ läuft weitgehend mit dem Verfahren nach dem PatG parallel. Eine Anpassung des nationalen Verfahrensrechts an das des EPÜ hat jedoch nicht stattgefunden; die

---

137 BPatG 17.7.2007 6 W (pat) 5/04, zum Beschwerdeverfahren.

beiden Verfahrensordnungen sind daher eigenständig auszulegen. Die maßgeblichen Bestimmungen sind in Art 106–111 EPÜ enthalten. Art 112 EPÜ enthält eine Regelung über die GBK. Eine Anschlussbeschwerde ist nicht vorgesehen und wird von der Praxis nicht zugelassen.[138] Über das Beschwerdeverfahren enthalten Regel 97–110 AOEPÜ weitere Bestimmungen. Für das Verfahren vor der Beschwerdekammer hat das Präsidium nach Regel 12 Abs 3 AOEPÜ eine Verfahrensordnung (VerfOBK) erlassen; ebenso hat die GBK selbst eine Verfahrensordnung (VerfOGBK) erlassen. Die EPA-PrRl E-XI befassen sich mit Aspekten des Beschwerdeverfahrens. Vor Beginn eines jeden Geschäftsjahrs verteilt nach Regel 12 Abs 4 AOEPÜ das um alle Vorsitzenden erweiterte Präsidium die Geschäfte auf die Beschwerdekammern und die GBK, deren ernannte Mitglieder nach Regel 13 Abs 1 AOEPÜ die ständigen Mitglieder und ihre Vertreter in den nach Art 22 EPÜ betroffenen Verfahren bestimmen.

Die Beschwerdekammern sind die letzte Instanz im Patenterteilungs- und Einspruchsverfahren nach **87** dem EPÜ. Jedoch ist über Art 22 Abs 1 c, Art 112a EPÜ für jeden durch die Entscheidung einer Beschwerdekammer beschwerten Beteiligten am Beschwerdeverfahren die Möglichkeit eröffnet, **einen Antrag auf Überprüfung der Entscheidung** zu stellen, der nach dem Katalog des Art 112a Abs 2 Buchst a–e nur auf schwerwiegende Verstöße und Verfahrensmängel gestützt werden kann (vgl Rn 19 vor § 100). Zu den Beschwerdekammern vgl im übrigen Anh § 65.

II. Verfahrensgang

1. Erfordernisse der Beschwerde

a. Gebühr. Jeder Beschwerdeführer hat innerhalb der Beschwerdefrist von zwei Monaten eine Be- **88** schwerdegebühr (nach Art 2 Nr 11 GebO 1.880 EUR) zu entrichten, ansonsten gilt die Beschwerde nach Art 108 Satz 2 EPÜ als nicht eingelegt, also nicht nur als unzulässig. Es besteht keine Hinweispflicht auf das Ausstehen der Beschwerdegebühr, wenn kein Anhalt vorhanden ist, dass versehentliche Versäumung der Zahlung droht.[139] Art 8 GebO lässt jedoch die Möglichkeit zu, geringe Fehlbeträge ohne Rechtsnachteil für den Einzahler unberücksichtigt lassen (dagegen zum nationalen Recht Rn 26 zu § 59). Zahlung an das DPMA ist unwirksam; die frühere Verwaltungsvereinbarung über den Zugang von Schriftstücken und Zahlungsmitteln galt hier nicht.[140] Nachträglicher Widerruf des Abbuchungsauftrags berührt die Zulässigkeit der Beschwerde nicht.[141]

b. Zulässigkeit. Nur eine zulässige Beschwerde führt zur sachlichen Prüfung.[142] Diese beginnt erst **89** nach Vorliegen der Beschwerdeerwiderung oder Ablauf der Erwiderungsfrist. Das EPA sieht eine hilfsweise unter der Bedingung, dass dem Hauptantrag nicht stattgegeben wird, eingelegte Beschwerde als unzulässig an,[143] ebenso eine Beschwerde, mit der nur ein – iSd Doktrin des EPA – neuer Einspruchsgrund geltend gemacht wird (fehlende Neuheit statt erfinderischer Tätigkeit, vgl dagegen Rn 22 zu § 21 zum nationalen Recht).[144] Zulässigkeit des Hauptantrags genügt.[145] Gemeinsame Anmelder, mehrere Patentinhaber und gemeinsam Einsprechende können nur gemeinsam Beschwerde durch den nach Regel 151 Abs 1 AOEPÜ bestimmten gemeinsamen Vertreter einlegen.[146] Mehrere Einsprechende, die unabhängig voneinander Einspruch einlegen, sind für sich am Einspruchsverfahren beteiligt und können daher für sich Beschwerde einlegen. Bei einer Beschwerde einer Gruppe von Personen muss während des gesamten

138 EPA G 1/99 ABl EPA 2001, 381 = GRUR Int 2001, 868 reformatio in peius; kr *Schulte* GRUR 2001, 999 ff; *Schulte* Anh § 73 (Art 107 EPÜ) Rn 20; vgl auch *Hövelmann* Mitt 2002, 49, 52; kr auch EPA T 239/96.
139 EPA G 2/97 ABl EPA 1999, 123 = GRUR Int. 1999, 446 Vertrauensschutz; vgl die Vorlage EPA T 742/96 ABl EPA 1997, 533.
140 EPA T 1130/98; vgl EPA T 1029/00.
141 EPA T 270/00.
142 Vgl EPA T 690/98, zur Nichtberücksichtigung von Einwendungen Dritter.
143 EPA J 16/94 ABl EPA 1997, 331; EPA T 460/95 ABl EPA 1998, 587 = GRUR Int 1999, 172 Beschwerdeschrift.
144 EPA T 1007/95 ABl EPA 1999, 733 = GRUR Int 2000, 171 unzulässige Beschwerde.
145 EPA T 382/96.
146 Vgl zu einem Mitanmelder, der nicht gemeinsamer Vertreter ist, *Singer/Stauder* EPÜ Art 107 Rn 16.

Verfahrens feststehen, wer dieser Gruppe angehört.[147] Wird eine Beschwerde mehrerer Einsprechender nicht von einem gemeinsamen Vertreter eingelegt, ist dieser aufzufordern, sie innerhalb einer bestimmten Frist zu unterzeichnen; erforderlichenfalls ist zur Bestellung eines neuen gemeinsamen Vertreters aufzufordern[148] oder das EPA bestimmt diesen (vgl Regel 151 Abs 2 Satz 3 AOEPÜ). Dass ein Vertreter Beschwerde einlegt, bevor er von der gegenteiligen Weisung des Anmelders Kenntnis erhält, rechtfertigt keine Berichtigung, die bewirkt, dass die Beschwerde nicht eingelegt wurde.[149]

90   **c. Beschwerdefähige Entscheidungen** sind nach Art 106 Abs 1 Satz 1 EPÜ solche der Eingangsstelle, der Prüfungsabteilungen, der Einspruchsabteilungen und der Rechtsabteilung. Die Zuständigkeit der Beschwerdekammern erstreckt sich im revidierten EPÜ auch auf Beschwerden gegen Entscheidungen der Prüfungsabteilungen nach Art 105a–Art 105c EPÜ, die die Beschränkung oder den Widerruf des Patents betreffen. Entscheidungen der Recherchenabteilung sind nicht beschwerdefähig.[150] Es kommt auf den Inhalt und nicht auf die Form an.[151]

91   Als **nicht anfechtbar** sind angesehen worden die Mitteilung eines Rechtsverlusts nach Regel 140 AOEPÜ,[152] Mitteilungen nach Regel 77 AOEPÜ[153] oder Regel 112 AOEPÜ,[154] da es sich lediglich um eine Information des EPA handelt.[155] Der Eintritt der Rücknahmefiktion ist nicht anfechtbar, jedoch kann Anfechtbarkeit dadurch erreicht werden, dass eine Entscheidung des EPA innerhalb von zwei Monaten nach Zustellung schriftlich beantragt wird (Regel 112 Abs 2 AOEPÜ).[156] Entscheidungen, in denen das EPA Verpflichtungen aus Erstreckungsabkommen und dem zugehörigen Recht des Erstreckungsstaats wahrnimmt, werden nicht als beschwerdefähig angesehen.[157] Nicht isoliert anfechtbar ist nach Regel 97 Abs 1 AOEPÜ die Entscheidung über die Kostenverteilung nach Billigkeit im Einspruchsverfahren nach Art 104 EPÜ iVm Regel 88 Abs 1 AOEPÜ; Anfechtung ist nur bei isolierter Kostenentscheidung möglich, so, wenn der Einspruch zurückgenommen oder auf das Patent verzichtet wurde (dagegen zum nationalen Verfahren Rn 56 zu § 73).

92   Es muss sich um eine **Endentscheidung** handeln, also eine Entscheidung, die das Verfahren abschließt.[158] Zwischenentscheidungen sind nur anfechtbar, wenn dies besonders zugelassen ist (Art 106 Abs 1 Satz 1 EPÜ; Rn 55 zu § 73).[159] Hauptanwendungsfall ist die Aufrechterhaltung des Patents in geänd Umfang durch die Einspruchsabteilung. Hier beschließt die Einspruchsabteilung nicht unmittelbar die Aufrechterhaltung des Patents in geänd Umfang, sondern stellt fest, dass die Einspruchsgründe der Aufrechterhaltung des Patents in geänd Umfang nicht entgegenstehen, um dem Patentinhaber weitere Aufwendungen zu ersparen, falls im anschließenden Beschwerdeverfahren das Patent erneut geänd werden muss.[160] Verwaltungsentscheidungen sind nicht beschwerdefähig,[161] ebenso Entscheidun-

---

147   EPA G 3/99 ABl EPA 2002, 347 = GRUR Int 2002, 927 Zulässigkeit eines gemeinsamen Einspruchs bzw einer gemeinsamen Beschwerde, auf Vorlage T 272/95 ABl EPA 1999, 590 Zulässigkeit eines gemeinsamen Einspruchs bzw einer gemeinsamen Beschwerde.
148   EPA Zulässigkeit eines gemeinsamen Einspruchs bzw einer gemeinsamen Beschwerde.
149   EPA T 309/03 ABl EPA 2004, 91 = GRUR Int 2004, 523 Berichtigung.
150   *Singer/Stauder* EPÜ Art 106 Rn 3; EPA T 87/88 ABl EPA 1993, 430 = GRUR Int 1994, 64 weitere Recherchengebühr.
151   EPA J 8/81 ABl EPA 1982, 10 = GRUR Int 1982, 252 Form der Entscheidungen; EPA T 560/90; EPA T 934/91 ABl EPA 1994, 184 photographisches Material; EPA T 263/00; EPA T 1062/99.
152   EPA G 1/90 ABl EPA 1991, 275 = GRUR Int 1991, 641 Widerruf des Patents, zur Vorgängerbestimmung.
153   EPA T 222/85 ABl EPA 1988, 128 = GRUR Int 1988, 774 Unzulässigkeit, zur Vorgängerbestimmung.
154   EPA J 4/93, zur Vorgängerbestimmung.
155   *Singer/Stauder* EPÜ Art 106 Rn 38.
156   EPA J 4/86 ABl EPA 1988, 119 Klimaanlage; EPA J 12/87 ABl EPA 1989, 366 Wiedereinsetzung/HITACHI; EPA J 22/86 ABl EPA 1987, 280 Nichteinverständnis; EPA J 13/85 ABl EPA 1987, 523 = GRUR Int 1988, 250 Teilanmeldung – Einreichung sachdienlich.
157   EPA J 14/00 ABl EPA 2002, 432, 438 Erstreckungsabkommen.
158   *Schulte* Anh § 73 (Art 106 EPÜ) Rn 21.
159   EPA T 231/99: Berichtigung einer Niederschrift; *Schulte* Anh § 73 (Art 106 EPÜ) Rn 27.
160   *Schulte* Anh § 73 (Art 106 EPÜ) Rn 28; *Singer/Stauder* EPÜ Art 106 Rn 24.
161   *MGK/Gori/Löden* Art 21 EPÜ Rn 58.

gen des PräsEPA.[162] Bei Berichtigungsanträgen muss zunächst eine ablehnende Entscheidung ergehen.[163]

2. Beteiligte

a. Beschwerdeberechtigung.[164] Beschwerdeberechtigt sind nach Art 107 Satz 1 EPÜ nur Verfahrens- 93 beteiligte des erstinstanzlichen Verfahrens, die durch die Entscheidung beschwert sind.[165] Beteiligt sind der Patentinhaber, die Einsprechenden sowie Beitretende, die vor Abschluss des Einspruchsverfahrens ihren Beitritt erklärt haben (Rn 95). Maßgeblich ist der Registerstand bei Ablauf der Beschwerdefrist.[166] Berichtigung des Namens des Beschwerdeführers ist grds zulässig, sofern die Identität mit hinreichender Wahrscheinlichkeit den Angaben in der Beschwerdeschrift erforderlichenfalls mit Hilfe aktenkundiger Informationen entnommen werden kann.[167] Am Verfahren beteiligt und damit beschwerdeberechtigt ist auch der Rechtsnachfolger, sofern die notwendigen Urkunden zum Nachweis des Rechtsübergangs, der Eintragungsantrag und die Verwaltungsgebühr nach Regel 20 AOEPÜ vor Ablauf der Beschwerdefrist nach Art 108 EPÜ eingehen (zum nationalen Recht aber Rn 9 f zu § 74).[168] Das gilt nicht für den Gesamtrechtsnachfolger (Rn 241 zu § 59) des Patentanmelders oder -inhabers, weil dieser kraft Gesetzes in die Rechtsstellung eintritt und die Beteiligtenstellung erwirbt (Rn 26 zu § 74).[169]

Die **übrigen Verfahrensbeteiligten** sind nach Art 107 Satz 2 EPÜ am Beschwerdeverfahren beteiligt,[170] auch wenn sie Beschwerde nicht eingelegt haben oder mangels Beschwer nicht einlegen konnten. Beteiligter nach Artikel 107 Satz 2 EPÜ ist also der Beschwerdegegner, dh der Patentinhaber, wenn nur der Einsprechende Beschwerde eingelegt hat, sämtliche Einsprechende, wenn nur der Patentinhaber Beschwerde eingelegt hat, aber auch (abw vom dt Verfahren; Rn 208 zu § 73; Rn 36 zu § 74) weitere Einsprechende, selbst wenn nur ein Einsprechender Beschwerde eingelegt hat. Allerdings hat nur der Beschwerdeführer Verfügungsrecht über die Beschwerde, während die weiteren Verfahrensbeteiligten (zB weitere Einsprechende) keine von der Beschwerde unabhängige Rechtsstellung erlangen, denn Art 107 Satz 2 EPÜ garantiert lediglich, dass sie an einem anhängigen Beschwerdeverfahren beteiligt sind;[171] sie können deshalb das Beschwerdeverfahren nach Rücknahme der Beschwerde durch den Beschwerdeführer nicht selbstständig fortsetzen.[172]

b. Beitritt des vermeintlichen Patentverletzers. Dritte können einem anhängigen Einspruchsver- 95 fahren nach Ablauf der Einspruchsfrist unter den Voraussetzungen des Art 105 Abs 1 EPÜ beitreten und gelten nach Art 105 Abs 2 EPÜ als Einsprechende. Demnach ist auch ein Beitritt in der Beschwerdeinstanz möglich.[173] Der Beitretende muss die Einspruchsgebühr zahlen, kann aber **nicht** durch Zahlung der Be-

---

162 *MGK/Moser* Art 106 EPÜ Rn 1, 6 zur Beschwerdefähigkeit eines vom Vizepräsidenten einer Generaldirektion unterzeichneten Schreibens; EPA J 2/93 ABl EPA 1995, 675 beschwerdefähige Entscheidung; eines Schreibens der Rechtsabteilung, das der Unterrichtung über die Vollstreckung dient, EPA J 24/94; zur Unanfechtbarkeit von Kostenentscheidungen nach Art 106 Abs 4 EPÜ EPA T 154/90 ABl EPA 1993, 505 Kostenverteilung; EPA T 753/92.
163 EPA G 5/91 ABl EPA 1992, 617 = GRUR Int 1993, 230 beschwerdefähige Entscheidung; EPA J 12/85 ABl EPA 1986, 155 unzulässige Beschwerde; EPA J 3/91 ABl EPA 1994, 365 Prioritätsanmeldung (Berichtigung); EPA J 6/91 ABl EPA 1994, 349 Prioritätserklärung (Berichtigung); EPA J 9/91; EPA J 2/92 ABl EPA 1994, 375 Prioritätserklärung (Berichtigung).
164 Zur Beschwerdeberechtigung in Disziplinarangelegenheiten EPA D 15/95 ABl EPA 1998, 297; EPA D 28/97.
165 *MGK/Gori/Löden* Art 21 EPÜ Rn 42; EPA J 28/94 ABl EPA 1997, 400 Aussetzung des Verfahrens; EPA T 1229/97 zu einem durch eine frühere, aber angefochtene Entscheidung aus dem Verfahren ausgeschlossenen Einsprechenden.
166 EPA T 656/98 ABl EPA 2003, 385 = GRUR Int 2004, 61 Nicht am Verfahren beteiligter Beschwerdeführer/ GENENCOR; vgl EPA T 478/99.
167 EPA T 97/98 ABl EPA 2002, 183 = GRUR Int 2002, 607 Spinnverfahren; vgl. EPA T 1/97.
168 EPA T 656/98 ABl EPA 2003, 385 = GRUR Int 2004, 61 Nicht am Verfahren beteiligter Beschwerdeführer/GENENCOR.
169 EPA T 15/01 ABl EPA 2006, 153 seuchenhafter Spätabort der Schweine.
170 *Singer/Stauder* EPÜ Art 107 Rn 35.
171 EPA G 2/91 ABl EPA 1992, 206 = GRUR Int 1992, 660 Beschwerdegebühren/KROHNE; vgl EPA T 643/91: weiterer Einsprecher, dessen Beschwerde unzulässig ist; anders EPA T 898/91: nach rechtskräftiger Verwerfung des Einspruchs ist Einsprechender, der nicht Beschwerde eingelegt hat, nicht mehr am Beschwerdeverfahren auf Beschwerde des Patentinhabers beteiligt. Zum Parteiwechsel EPA T 870/92; EPA T 670/95.
172 *Singer/Stauder* EPÜ Art 107 Rn 41.
173 EPA G1/94 ABl EPA 1994, 787 Beitritt, stRspr.

schwerdegebühr **die Stellung eines Beschwerdeführers erlangen** (vgl dagegen zum nationalen Recht Rn 187 ff zu § 59); auch ist der Beitritt auf den Umfang der anhängigen Einspruchsbeschwerde beschränkt.[174] In diesem Fall oder bei Beitritt nach Erlass der Entscheidung der Einspruchsabteilung besteht kein selbstständiges Beschwerderecht, da der Beitritt nicht zurückwirkt und der Beitretende nicht Beteiligter des Einspruchsverfahrens war, das zur angegriffenen Entscheidung geführt hat.[175] Ein Beitritt ohne Beteiligung am Einspruchsverfahren erst während der Beschwerdefrist ist demnach wirkungslos,[176] ebenso, wenn die Beschwerde eines ursprünglich Beteiligten während des Beschwerdeverfahrens zurückgenommen wird.[177] Hat der Berechtigte die erste Beitrittsmöglichkeit ungenutzt gelassen, muss ihm ein späterer Beitritt nicht ermöglicht werden.[178]

96   **c. Übergang der Beteiligtenstellung.** Die Beteiligtenstellung des Patentanmelders oder -inhabers geht auf den Erwerber der Anmeldung oder des Patents zu dem Zeitpunkt über, an dem er die Voraussetzungen für eine Umschreibung im Register nach Regel 85 AOEPÜ iVm Regel 22 AOEPÜ erfüllt hat (Antrag, Gebührenzahlung und Nachweis des Rechtsübergangs; dagegen zum nationalen Recht Rn 226 ff zu § 59). Die Beteiligtenstellung des Einsprechenden ist nur übertragbar bzw geht nur kraft Gesetzes über, wenn Gesamtrechtsnachfolge vorliegt oder wenn sie zusammen mit dem Geschäftsbetrieb übertragen wird, in dessen Interesse der Einspruch erhoben wurde (vgl zum nationalen Recht Rn 240 ff zu § 59; Rn 26 zu § 74). Dritte können anstelle eines ursprünglichen Beteiligten erst Beteiligte des Beschwerdeverfahrens werden, wenn das zuständige erstinstanzliche Organ den Rechtsübergang in das Register eingetragen hat oder ein eindeutiger Nachweis des Rechtsübergangs vorliegt.[179] Allerdings sind das Beschwerderecht und die Stellung als Verfahrensbeteiligter vorverlagert worden (Rn 93).

97   **3. Beschwer.** Nur soweit der Verfahrensbeteiligte in erster Instanz durch die angefochtene Entscheidung – formell oder materiell – beschwert ist, ist seine Beschwerde nach Art 107 Satz 1 EPÜ iVm Regel 101 Abs 1 AOEPÜ zulässig. Die Beschwer muss bei Einlegung der Beschwerde und bei Erlass der Entscheidung bestehen (vgl Rn 87 zu § 73).[180]

98   **4. Adressat; Frist; Form; Sprache.** Die Beschwerde ist beim EPA einzulegen (Art 108 Satz 1 EPÜ); Einreichung ist in München, Den Haag und Berlin, nicht aber in Wien möglich; bei (irrtümlichem) Zugang beim DPMA trotz richtiger Adressierung galt die Verwaltungsvereinbarung DPMA – EPÜ,[181] deren Wirksamkeit allerdings vom BPatG verneint worden ist (Rn 112 zu § 73).[182]

99   Die **Beschwerdefrist** beträgt zwei Monate ab Zustellung (Art 108 Satz 1 EPÜ); ist eine Bestätigung nachzureichen, beträgt die Frist hierfür einen Monat.[183] Für die Wiedereinsetzung ist die Beschwerdekammer zuständig.[184] Nochmalige Zustellung der Entscheidung unter einem neuen Datum begründet Vertrauensschutz.[185]

100   **Form.** Zahlung der Beschwerdegebühr allein bedeutet keine wirksame Beschwerdeeinlegung.[186] Auch die Übermittlung eines Abbuchungsauftrags für die Beschwerdegebühr ist nicht als Beschwerdeein-

---

174   *Singer/Stauder* EPÜ Art 105 Rn 28; EPA T 694/01 ABl EPA 2003, 250 = GRUR Int 2003, 1023 Testgerät.
175   EPA T 202/92 ABl EPA 1992, 223 Coated bleach agent; aA *Schulte* § 59 Rn 258, der Begriff Einspruchsverfahren sei missverstanden.
176   EPA G 4/91 ABl EPA 1994, 787 Beitritt/ALLIED COLLOIDS; G 4/91 ABl EPA 1993, 707 = GRUR Int 1993, 953 Beitritt; EPA G 1/94 ABl EPA 1994, 787 Beitritt; vgl EPA T 202/89 ABl EPA 1992, 223 = GRUR Int 1992, 659 Beschwerdeberechtigung des Beitretenden; EPA T 631/94; EPA T 144/95; kr *Schulte* § 59 Rn 265.
177   EPA G 03/04 ABl EPA 2006, 118 Beitritt/EOS; *Singer/Stauder* EPÜ Art 105 Rn 24 ; kr *Schulte* § 59 Rn 265.
178   EPA T 144/95.
179   EPA J 26/95 ABl EPA 1999, 668 = GRUR Int 2000, 165 Konkurs.
180   *Singer/Stauder* EPÜ Art 107 Rn 19.
181   ABl EPA 1991, 187.
182   BPatGE 49, 1 = GRUR 2005, 525.
183   Vgl *MGK/Moser* Art 108 EPÜ Rn 16, 23.
184   EPA T 473/91 ABl EPA 1993, 630 Zuständigkeit; *MGK/Gori/Löden* Art 21 EPÜ Rn 61.
185   EPA T 124/93.
186   EPA T 1100/97; EPA T 445/98; zu einem Schreiben, das sich ausschließlich auf die Zahlung der Beschwerdegebühr bezieht, EPA T 460/95 ABl EPA 1998, 587 = GRUR Int 1999, 172 Beschwerdeschrift.

legung anzusehen (vgl Rn 46 ff).[187] Fernschreiben, Telegramm und Telefax sind zulässig.[188] Die Einreichung über epoline soll ohne ausdrückliche Genehmigung durch den PräsEPA keine Rechtswirkung haben.[189]

Die Beschwerde kann nach Regel 3 Abs 1 AOEPÜ in jeder **Amtssprache** des EPA (Deutsch, Englisch und Französisch) eingereicht werden. Unter den Voraussetzungen des Art 14 Abs 4 EPÜ kann sie auch in einer anderen Sprache eingereicht werden, eine Übersetzung muss aber innerhalb eines Monats oder bis zum Ablauf der Beschwerdefrist nachgereicht werden, andernfalls gilt die Beschwerde als nicht eingelegt (Art 14 Abs 4 Satz 3 EPÜ). **101**

5. Die **Beschwerdebegründung** ist – vom Beschwerdeführer und nicht von einem, wenn auch wirtschaftlich verbundenen, Dritten[190] – binnen vier Monaten nach Zustellung der angefochtenen Entscheidung einzureichen (Art 108 Satz 3 EPÜ), andernfalls wird die Beschwerde als unzulässig verworfen. Der notwendige Inhalt der Beschwerdeschrift ergibt sich aus Art 108 EPÜ iVm Regel 99 AOEPÜ. Nach Regel 99 Abs 2 AOEPÜ ist darzulegen, aus welchen Gründen die angefochtene Entscheidung aufzuheben oder abzuändern ist, wobei die Tatsachen und Beweismittel anzugeben sind. Pauschale Angaben werden als nicht ausreichend angesehen, anzugeben sind die rechtl und tatsächlichen Gründe, derentwegen die Entscheidung aufgehoben werden soll.[191] Nach Art 10a Abs 2 VerfOBK[192] müssen Beschwerdebegründung und -erwiderung den vollständigen Sachvortrag eines Beteiligten enthalten. Ob den Argumenten aus der Vorinstanz etwas hinzugefügt werden muss, ist unterschiedlich beurteilt worden.[193] Die Begründung kann auch dann ausreichend sein, wenn neuer Sachverhalt vorgebracht wird, der der angefochtenen Entscheidung die Grundlage entzieht.[194] Schlüssigkeit der Begründung ist nicht Zulässigkeitsvoraussetzung.[195] Neuer Vortrag ist zwar grds zulässig,[196] die Berücksichtigung ist aber in das Ermessen der Beschwerdekammer gestellt; neue Einspruchsgründe können nicht geltend gemacht werden.[197] Ein im Einspruchsverfahren wegen Verspätung nicht berücksichtigter Einspruchsgrund kann geprüft werden, wenn die Einspruchsabteilung ihr Ermessen fehlerhaft ausgeübt hat (vgl Rn 108 ff zum verspäteten Vorbringen nach Art 13 VerfOBK).[198] **102**

III. Wirkung

Nach Art 106 Abs 1 Satz 2 EPÜ hat die Beschwerde aufschiebende Wirkung. Während der aufschiebenden Wirkung eintretende Gesetzesänderungen sind zu beachten.[199] Aufschiebende Wirkung bedeutet, dass die Folgen einer Entscheidung, gegen die Beschwerde eingelegt wurde, nicht unmittelbar nach Ergehen der Entscheidung eintreten. Die Entscheidung als solche bleibt bestehen und kann nur von der Be- **103**

---

187 EPA T 778/00 ABl EPA 2001, 554 = GRUR Int 2002, 262 Beschwerdeschrift, auch zum Nichtbestehen einer Pflicht zum Hinweis auf Regel 65 AOEPÜ in der Rechtsmittelbelehrung.

188 Vgl im Einzelnen die Beschlüsse des PräsEPA ABl EPA 1992, 299 und ABl EPA 1992, 306.

189 EPA T 514/05 ABl EPA 2006, 526 online eingereichte Beschwerde.

190 EPA T 298/97 ABl EPA 2002, 83 Waschmittelzusammensetzung.

191 EPA T 220/83 ABl EPA 1986, 249 Beschwerdebegründung; EPA T 213/85 ABl EPA 1987, 482 Beschwerdebegründung; EPA T 145/88 ABl EPA 1991, 251 = GRUR Int 1991, 562 Beschwerdebegründung; EPA T 250/89 ABl EPA 1992, 355 = GRUR Int 1992, 779 Sorgfalt; EPA T 22/88 ABl EPA 1993, 143 Beschwerdebegründung; EPA J 22/86 ABl EPA 1987, 280 Nichteinverständnis; EPA J 2/87 ABl EPA 1988, 330 Motorola; EPA T 491/89; EPA T 898/96; EPA T 875/98; eingehend *Schulte* Anh § 73 (Art 108 EPÜ) Rn 35 ff mwN; *Singer/Stauder* EPÜ Art 108 Rn 21.

192 ABl EPA 2004, 541.

193 Verneinend EPA T 644/97; anders EPA T 500/97; EPA T 349/00; vgl EPA T 165/00.

194 EPA T 252/95; vgl auch EPA T 162/97; andererseits EPA T 733/98, wonach die alleinige Geltendmachung von neuen Anträgen mit Ausführungen zu deren Zulässigkeit und Gewährbarkeit keine ausreichende Beschwerdebegründung darstelle.

195 *Schulte* Anh § 73 (Art 108 EPÜ) Rn 42; vgl EPA T 65/96.

196 Vgl EPA T 113/96; EPA T 389/95; EPA T 191/96.

197 Vgl EPA T 3/95, wo das Vorbringen, dass das Patent die Aufgabe nicht löse, als den Einspruchsgrund fehlender erfinderischer Tätigkeit ausfüllend angesehen wird; ähnlich EPA T 3/95.

198 EPA T 986/93 ABl EPA 1996, 135 = GRUR Int 1996, 817 zentrale Reifenfüllungseinrichtung.

199 EPA T 544/88 ABl EPA 1990, 428 = GRUR Int 1990, 977 Verminderung des NOx-Gehalts; EPA T 814/90 Schulte-Kartei EPÜ 106–112 Nr 231.

schwerdekammer aufgehoben oder bestätigt werden.[200] Dies setzt wirksame Einlegung der Beschwerde voraus, insb rechtzeitige und vollständige Gebührenzahlung und keine offensichtliche Unzulässigkeit (Rn 9 f zu § 75). Ist die Beschwerde gegen einen Teil der Entscheidung gerichtet, erlangt der andere Teil mit Ablauf der Rechtsmittelfrist Rechtskraft (vgl aber Rn 16 ff zu § 75).[201]

104   IV. Die Rechtslage bei **Rücknahme der Beschwerde** entspricht im wesentlichen dem nationalen Recht.[202] Rücknahme ist ohne Zustimmung möglich und beendet das Verfahren.[203] Insoweit kann zur Erledigung der Beschwerde auf die Ausführungen zum nationalen Recht verwiesen werden, auch wenn hier begrifflich das Verfahren „eingestellt" wird.[204] Die Rücknahme der Anmeldung beendet grds das einseitige Beschwerdeverfahren. Ist der Einsprechende Beschwerdegegner, führt die Rücknahme seines Einspruchs zur Fortsetzung des Verfahrens in der Hauptsache ohne ihn. Ist der Einsprechende Beschwerdeführer, ist die Rücknahme des Einspruchs gleichbedeutend mit der Beschwerderücknahme, sofern der Einsprechende der einzige Beschwerdeführer ist (dagegen zum nationalen Recht Rn 183 zu § 73).[205] Regel 84 Abs 2 AOE-PÜ, nach der das Einspruchsverfahren ohne die Beteiligung der Erben oder gesetzlichen Vertreter vAw fortgesetzt werden kann, wenn ein Einsprechender stirbt oder seine Geschäftsfähigkeit verliert, findet im Einspruchsbeschwerdeverfahren keine entspr Anwendung.[206] Ist ein Beitritt erfolgt, beendet die Beschwerderücknahme das Beschwerdeverfahren nicht.[207] Nach Rücknahme der einzigen Beschwerde kann das Verfahren nicht mit einem während des Beschwerdeverfahrens Beigetretenen fortgesetzt werden (dagen zur nationalen Rechtslage Rn 192 zu § 59).[208]

105   V. Das **Abhilfeverfahren**, das abgesehen von der drei Monate betragenden Vorlagefrist weitgehend dem nationalen Recht entspricht, ist in Art 109 EPÜ geregelt.[209] Abhilfe ist nur im einseitigen Verfahren zulässig. Beanstandungen, die mit der angefochtenen Entscheidung nichts zu tun haben, können nicht erhoben werden.[210] Nach Auffassung der Beschwerdekammern ist bei wesentlichen Verfahrensfehlern zwingend abzuhelfen.[211] Eine verfrühte Entscheidung stellt einen Verfahrensfehler dar.[212] Eine „kassatorische" Abhilfe (Rn 149 zu § 73) ist zulässig,[213] sie kann jedoch selbstständig beschwerdefähig sein.[214] Die Praxis sieht die zuständige Stelle als verpflichtet an, vor Ablauf der Frist über die Abhilfe gesondert zu entscheiden, sobald sie erkennt, dass eine erforderliche Entscheidung über weitere Fragen innerhalb der Frist nicht möglich ist.[215] Im Fall der Abhilfe wird nach Regel 103 Abs 2 AOEPÜ die Rückzahlung der Beschwerdegebühr angeordnet (Rn 125). Bei zulässiger Abhilfe stehen der ersten Instanz nach Art 109 Abs 2 EPÜ für die Abhilfe drei Monate zur Verfügung, wobei die Frist nur administrativen Charakter hat. Ist Abhilfe unzulässig, ist die Beschwerde unverzüglich an die Beschwerdekammer weiterzuleiten. Wird der Be-

---

200 EPA J 28/03 ABl EPA 2005, 597 Teilanmeldung.
201 EPA J 27/86.
202 Vgl EPA G 8/91 ABl EPA 1993, 346, 478 = GRUR Int 1993, 995 Rücknahme der Beschwerde/BELL; EPA G 2/91 ABl EPA 1992, 206 = GRUR Int 1992, 660 Beschwerdegebühren; EPA T 304/99.
203 *Singer/Stauder* EPÜ Art 108 Rn 37.
204 EPA 17.3.2005 T 708/01; *Singer/Stauder* Art 101 Rn 81.
205 *Singer/Stauder* EPÜ Art 108 Rn 44; zur Rücknahme der Beschwerde, aber nicht des Einspruchs, durch einen Beschwerdeführer, der in weitergehendem Umfang als ein anderer Einsprechender Beschwerde eingelegt hat, EPA T 233/93.
206 *Singer/Stauder* EPÜ Art 108 Rn 39.
207 EPA T 195/93.
208 EPA G 3/04 ABl EPA 2006, 118 auf Vorlage EPA T 1007/01 ABl EPA 2005, 240 Beitritt/EOS; vgl EPA T 1026/98 ABl EPA 2003, 441 Beitritt/KALLE, das Verfahren vor der GBK G 4/03 hat sich durch Rücknahme des Beitritts erledigt; zur Kritik *Schulte* § 59 Rn 265
209 Zur Einreichung geänd Unterlagen EPA T 180/95; zur Beschwerde bei fehlerhafter Abhilfe EPA T 691/91.
210 EPA T 615/95, allenfalls unter dem Gesichtspunkt gerechtfertigt, dass hier „kassatorische" Abhilfe in Betracht kommt.
211 EPA T 647/93 ABl EPA 1995, 132 Verfahrensmangel; EPA T 685/98 ABl EPA 1999, 346 Uhrensynchronisierung; vgl aber EPA T 183/95 (generell Ermessen); vgl auch EPA T 142/96.
212 EPA T 41/97.
213 EPA T 919/95.
214 Vgl EPA T 142/96.
215 EPA T 939/95 ABl EPA 1998, 481 Abhilfefrist.

schwerde abgeholfen, ist das erstinstanzliche Organ nicht dafür zuständig, einen Antrag auf Rückzahlung der Beschwerdegebühr zurückzuweisen; die Zuständigkeit liegt vielmehr bei der Beschwerdekammer, die ohne die Abhilfe zuständig gewesen wäre.[216]

VI. Prüfung der Beschwerde

1. Allgemeines. Das Beschwerdeverfahren wird als gerichtliches Verfahren angesehen.[217] Die Be- **106** schwerdekammern haben die allg Rechtsgrundsätze anzuwenden, die als Rechtsquelle vor den nationalen Gerichten der Vertragsstaaten anerkannt sind und zur Auslegung des geschriebenen Rechts beitragen können (vgl Art 125 EPÜ).[218] Art 113 Abs 1 EPÜ (rechtl Gehör) ist anwendbar.[219] Das Verfahren dient der Überprüfung der angefochtenen Entscheidung im Rahmen der Anträge der Beteiligten und eröffnet eine weitere Tatsacheninstanz. Der das Verfahren einleitende Antrag legt den Gegenstand des Beschwerdeverfahrens fest (Regel 99 Abs 1 c AOEPÜ). Das Verfahren ist grds schriftlich (vgl aber Rn 119). Insb im mehrseitigen Verfahren werden die Möglichkeiten der Beschwerdekammer, einem Beteiligten Hinweise zu geben, wie ein Einwand ausgeräumt werden kann, als sehr begrenzt angesehen.[220] Die Prüfung der Begründetheit findet nach Art 110 EPÜ und Regel 101 AOEPÜ erst statt, wenn die Zulässigkeit der Beschwerde feststeht. Da ein eur Patent nur in einer vom Anmelder gebilligten Fassung erteilt werden darf, kann auch die Prüfung nur auf Grundlage der gebilligten Fassung des Patents erfolgen. Stimmt der Patentinhaber als Beschwerdegegner dem Widerruf des Patents zu, erfolgt dieser ohne Sachprüfung (Rn 99 zu § 61; zum nationalen Verfahren Rn 275 zu § 59).[221] Antrag des beschwerdeführenden Patentinhabers auf Widerruf, der seit der Revision nach Art 105a EPÜ möglich ist, ist als Beschwerderücknahme ausgelegt worden.[222]

2. Amtsermittlungsgrundsatz; verspätetes Vorbringen. Wie im nationalen Verfahren gilt der Amt- **107** sermittlungsgrundsatz nach Art 114 Abs 1 EPÜ, der eine allg Vorschrift für das Verfahren vor dem EPA ist, auch für das Beschwerdeverfahren.[223] Mit Rücksicht auf den gerichtlichen Charakter des Beschwerdeverfahrens ist er in einem inter-partes-Verfahren stärker eingeschränkt anzuwenden als im Verfahren der ersten Instanz.[224] Vorbringen nach Verkündung der Entscheidung kann nicht berücksichtigt werden.[225]

Verspätetes Vorbringen kann anders als im nationalen Verfahren zurückgewiesen werden[226] **108** (Art 114 Abs 2 EPÜ). Erfasst sind Tatsachen und Beweismittel; bereits in der Patentschrift genanntes, aber nicht berücksichtigtes Material ist daher zu berücksichtigen.[227] Rechtsausführungen werden nicht erfasst, ebenso neue Anträge (Rn 110). Regel 116 AOEPÜ konkretisiert den Begriff der Verspätung. Mit der Ladung weist die Beschwerdekammer auf die Fragen hin, die sie für die Entscheidung als erörterungsbedürftig ansieht. Gleichzeitig wird ein Zeitpunkt bestimmt, bis zu dem Schriftsätze zur Vorbereitung der mündli-

---

216 EPA G 3/03 ABl EPA 2005, 344 Rückzahlung der Beschwerdegebühr, auf Vorlage EPA J 12/01 ABl EPA 2003, 431 Antrag auf Rückzahlung der Beschwerdegebühr; nach EPA J 32/95 ABl EPA 1999, 713 Befugnis der Prüfungsabteilung, die Rückzahlung der Beschwerdegebühr abzulehnen, lag die Zuständigkeit hierfür bei der Beschwerdekammer, der der Antrag zur Entscheidung vorzulegen war; eingehend zu dieser Entscheidung *Hövelmann* GRUR 2001, 303.
217 Vgl EPA G 7/91 ABl EPA 1993, 356 Rücknahme der Beschwerde/BASF; EPA G 8/91 ABl EPA 1993, 346, 478 = GRUR Int 1993, 955 Rücknahme der Beschwerde/BELL; *Singer/Stauder* EPÜ vor Art 21–24 Rn 1.
218 EPA G 1/86 ABl EPA 1987, 447 = GRUR Int 1988, 349 Wiedereinsetzung des Einsprechenden.
219 Vgl EPA T 283/94 zur Notwendigkeit einer Vertagung zur Ermöglichung weiterer Ermittlungen.
220 EPA T 1072/93.
221 EPA T 820/94.
222 EPA T 481/96.
223 Vgl EPA T 385/97; EPA T 855/96.
224 EPA G 9/91 ABl EPA 1993, 408 = GRUR Int 1993, 957 Prüfungsbefugnis.
225 EPA T 515/94; zur Berücksichtigung von Einwendungen Dritter (Art 115 EPÜ) EPA T 908/95; zur Beschleunigung des Verfahrens Mitt ABl EPA 1998, 362.
226 Hierzu *Schulte* GRUR 1993, 300 sowie EPA T 95/83 ABl EPA 1985, 75 Nachreichung einer Änderung: Berücksichtigung nur, wenn für die Änderung und die verspätete Einreichung ein triftiger Grund vorliegt; EPA T 153/85 ABl EPA 1988, 1 = GRUR Int 1988, 585 Alternativansprüche, bei Einreichung in fortgeschrittenem Verfahrensstadium, wenn die neuen Schutzansprüche nicht eindeutig gewährbar sind; EPA T 48/91; EPA T 833/90; EPA T 28/92; EPA T 148/92; EPA T 92/93; EPA T 234/92 einerseits; EPA T 626/90; EPA T 297/91; EPA T 459/91 andererseits; zum verspäteten Vorbringen auch EPA T 39/93 ABl EPA 1997, 134 = GRUR Int 1997, 741 Polymerpuder.
227 Vgl EPA T 541/98.

chen Verhandlung eingereicht werden können. Nach diesem Zeitpunkt vorgebrachte neue Tatsachen und Beweismittel brauchen nicht berücksichtigt zu werden, soweit sie nicht wegen einer Änderung des dem Verfahren zugrunde liegenden Sachverhalts zuzulassen sind.

109   Bei der Prüfung der Beschwerde fordert die Beschwerdekammer die Beteiligten nach Regel 100 Abs 1 AOEPÜ so oft wie erforderlich auf, innerhalb einer zu bestimmenden Frist eine **Stellungnahme** zu Mitteilungen der Beschwerdekammer oder zu den Stellungnahmen anderer Beteiligter einzureichen. Unterlässt es der Anmelder, auf eine Aufforderung rechtzeitig zu antworten, gilt die eur Patentanmeldung als zurückgenommen (Regel 100 Abs 2 AOEPÜ), es sei denn, die angefochtene Entscheidung ist von der Rechtsabteilung erlassen worden (Regel 100 Abs 3 AOEPÜ). Entspricht die Beschwerde nicht den Art 106–108 EPÜ, Regel 97 AOEPÜ oder Regel 99 Abs 1b, c oder Abs 2 AOEPÜ, wird sie als unzulässig verworfen, sofern die Mängel nicht vor Ablauf der Frist nach Art 108 EPÜ beseitigt worden sind (Regel 101 Abs 1 AOEPÜ).

110   **Neue Anträge und Patentansprüche** können im Einspruchsbeschwerdeverfahren grds nicht als verspätet zurückgewiesen werden (str),[228] allerdings ergeben sich Einschränkungen insb aus Art 12, 13 VerfOBK, die eine Berücksichtigung in das Ermessen der Kammer stellen. Verfahrensmissbrauch kann der Berücksichtigung entgegenstehen.[229] Der Einsprechende soll nicht gezwungen werden, das Verfahren mit Material zu überhäufen, das sich später als nicht notwendig erweist; von einer Vielzahl von Vorbenutzungshandlungen müssen danach nicht alle belegt werden.[230] Erhebt die Gegenseite keine Einwände, können verspätet vorgebrachte Beweismittel berücksichtigt werden.[231] Vertreterwechsel entschuldigt nicht.[232] Die Praxis stellt die Berücksichtigung grds in das Ermessen der Beschwerdekammer,[233] wobei in Art 13 Abs 1 VerfOBK einige Kriterien zur Ausübung des Ermessens je nach Verfahrenslage beispielhaft aufgezählt sind, nämlich Komplexität des neuen Vorbringens, Stand des Verfahrens und Verfahrensökonomie.

111   Hinzu kommt, dass die Beschwerdekammer die Relevanz des neuen Materials (summarisch) prüft und dieses zulässt, wenn sich mit gutem Grund eine Änderung des Verfahrensausgangs erwarten lässt.[234] Diese **Relevanzprüfung** – die Billigkeitsaspekte einfließen lässt – ist umstr. Nach aA sollen Tatsachen und Beweismittel nur in Ausnahmefällen und nur bei einer prima facie hochrelevanten Bedeutung zugelassen werden.[235] Spät eingereichte Unterlagen wurden im Einzelfall berücksichtigt,[236] teils wurde die Berücksichtigung abgelehnt.[237] Art 13 Abs 2 VerfOBK bestimmt, dass die anderen Beteiligten zur Stellungnahme zu geänd Vorbringen berechtigt sind. Art 13 Abs 3 VerfOBK verschärft die Anforderungen für Änderungen, die erst nach Anberaumung der mündlichen Verhandlung eingehen und die nicht zuzulassen sind, wenn sie Fragen aufwerfen, deren Behandlung der Kammer oder den anderen Beteiligten ohne Verlegung der mündlichen Verhandlung nicht zuzumuten sind. Auch die Praxis lässt Zurückweisung erst nach den wesentlichen Parteivorträgen während der mündlichen Verhandlung zu.[238] Ungeachtet ihrer Relevanz bleiben aber Beweismittel unberücksichtigt, die erst zu einem Zeitpunkt angeboten werden, wenn die Sache schon entscheidungsreif ist, sofern keine überzeugenden Gründe für eine Entschuldigung der Verspätung vorliegen.[239]

112   Im **einseitigen Beschwerdeverfahren** („ex-parte-Verfahren") ist die Beschwerdekammer weder auf die Überprüfung der Gründe der angefochtenen Entscheidung noch auf die dieser zugrunde liegenden

---

228   EPA T 577/97 unter Ablehnung der Auffassung, dass eine Berücksichtigung eindeutige Gewährbarkeit voraussetze; vgl auch EPA T 1148/97; aA EPA T 382/97; EPA T 1032/96; EPA T 1105/98; EPA T 11/97; *Singer/Stauder* EPÜ Art 114 Rn 52.
229   Vgl EPA T 534/89; EPA T 901/95; EPA T 70/98; EPA T 864/99.
230   EPA T 252/95.
231   EPA T 259/94.
232   EPA T 785/96; vgl EPA T 97/94 ABl EPA 1998, 467, 475 Zeitplan für das Verfahren.
233   EPA G 4/95 ABl EPA 1996, 412 = GRUR Int 1996, 1158 Vertretung/BOGASKY; EPA T 85/93 ABl EPA 1998, 183, 191 f = GRUR Int 1998, 601 Vorrichtung zur Bestimmung von Portogebühren.
234   EPA T 463/95; EPA T 512/94; EPA T 106/97.
235   EPA T 1002/92 ABl EPA 1995, 605 Warteschlangensystem; EPA T 874/03.
236   EPA T 38/89 EPOR 1991, 129 Low pressure preparation of ethylene copolymers; EPA T 152/95; EPA T 610/94; EPA T 69/94; EPA T 223/95.
237   EPA T 95/83 ABl EPA 1985, 75 Nachreichung einer Änderung; EPA T 153/85 ABl EPA 1988, 1 = GRUR Int 1988, 585 Alternativansprüche; EPA T 406/86 ABl EPA 1989, 302 Trichlorethylen; EPA T 680/94; EPA T 231/85; EPA T 583/93 ABl EPA 1996, 496 wasserlösliche Polymerdispersion (selbst bei eindeutiger Gewährbarkeit); EPA T 575/94.
238   EPA T 501/94 ABl EPA 1997, 193 elektrischer Doppelflachfederkontakt, dort auch zur Berücksichtigung von im Patent oder einer Entgegenhaltung genanntem StdT.
239   EPA T 951/91 ABl EPA 1995, 202 verspätetes Vorbringen.

Tatsachen und Beweismittel beschränkt.[240] Der Sachverhalt wird vAw geprüft; eine Zwischenentscheidung über die Gewährbarkeit einer bestimmten, nicht einmal hilfsweise geltend gemachten Anspruchsfassung ist nicht vorgesehen.[241] Das Erfordernis der Einheitlichkeit ist zu beachten.[242]

Im **Einspruchsbeschwerdeverfahren** beschränkt der Umfang des Einspruchs grds die Prüfung (vgl **113** zum nationalen Verfahren Rn 34; Rn 37 zu § 79).[243] Ein im Einspruchsverfahren geltend gemachter Einspruchsgrund ist auch dann zu prüfen, wenn der ihn geltend machende Einsprechende nicht mehr am Verfahren beteiligt ist.[244] Neue Einspruchsgründe werden nur mit Einverständnis des Patentinhabers in engen Grenzen berücksichtigt.[245] Substantiiert geltend gemachte, aber im Einspruchsverfahren nicht aufrechterhaltene Einspruchsgründe können nach Ermessen der Beschwerdekammer auch ohne Einverständnis des Patentinhabers wieder eingeführt werden,[246] nicht dagegen Einspruchsgründe, bei denen es an einer Substantiierung fehlte.[247] Die Überprüfung ist auf den Gegenstand der Beschwerde beschränkt.[248]

3. Antragsbindung; Schlechterstellung. Die Beschwerdekammer ist an die vom Beschwerdeführer **114** gestellten Anträge gebunden und kann nicht darüber hinausgehen (ne ultra petita). Durch die Entscheidung der Beschwerdekammer kann der Beschwerdeführer grds nicht schlechter als in der Entscheidung erster Instanz gestellt werden (Verbot der Schlechterstellung, reformatio in peius).[249]

Das Verbot findet jedoch nach stRspr keine Anwendung auf die vAw zu überprüfenden **unverzicht-** **115** **baren Verfahrensvoraussetzungen,** wie Zulässigkeit des Einspruchs (vgl hierzu und zur Kritik Rn 46 zu § 79), und hindert die Beschwerdekammer im Rahmen der geltend gemachten Einspruchsgründe nicht daran, sich auf einen anderen Einspruchsgrund zu stützen.[250] Hat nur der Einsprechende gegen die Aufrechterhaltung des Patents in geänd Umfang Beschwerde eingelegt, ist der Patentinhaber grds darauf beschränkt, das Patent in der geänd Fassung zu verteidigen.

Ausnahmsweise kann von dem Verbot der Schlechterstellung im Beschwerdeverfahren bei alleiniger **116** Beschwerde des Einsprechenden abgewichen werden, wenn andernfalls das in geänd Umfang aufrechterhaltene Patent als unmittelbare Folge einer von der Einspruchsabteilung nicht erkannten **unzulässigen Änderung in erster Instanz** widerrufen werden müsste (zum Lösungsvorschlag für das nationale Verfahren Rn 47 zu § 79). Dann ist dem Patentinhaber zur Mängelbeseitigung zu gestatten, Änderungen durch Aufnahme den Schutzbereich beschränkender ursprünglich offenbarter Merkmale vornehmen, falls das nicht möglich ist, ursprungsoffenbarter Merkmale, die den Schutzbereich ohne Verstoß gegen Art 123

---

240 EPA G 10/93 ABl EPA 1995, 172 = GRUR Int 1995, 555 Umfang der Prüfung bei ex-parte-Beschwerden.
241 EPA T 549/96.
242 EPA T 1051/96.
243 Zur Überprüfung abhängiger Patentansprüche: EPA G 9/91 ABl EPA 1993, 408 = GRUR Int 1993, 957 Prüfungsbefugnis; vgl EPA T 233/93; *MGK/Moser* Art 110 EPÜ Rn 16.
244 EPA T 1070/96.
245 EPA Prüfungsbefugnis; EPA G 10/91 ABl EPA 1993, 408, 420 Prüfung von Einsprüchen/Beschwerden; EPA G 9/92 ABl EPA 1994, 875 = GRUR Int 1995, 501 f nicht beschwerdeführender Beteiligter; EPA G 1/95 ABl EPA 1996, 615 = GRUR Int 1997, 162 neue Einspruchsgründe/DE LA RUE, wo für den Fall, dass bei einem auf fehlende Patentfähigkeit gestützten Einspruch eine Substantiierung nur hinsichtlich Neuheit und erfinderischer Tätigkeit erfolgt ist, ohne Zustimmung des Patentinhabers eine Überprüfung dahin, ob der Gegenstand nach Art 52 Abs 1, 2 EPÜ patentfähig ist, als nicht zulässig erklärt wird, sowie noch weitergehend EPA G 7/95 ABl EPA 1996, 626 neue Einspruchsgründe/ETHICON, wo gegenüber geltend gemachter fehlender erfinderischer Tätigkeit fehlende Neuheit als anderer Einspruchsgrund angesehen, die Mitprüfung des Vorbringens unter dem Gesichtspunkt fehlender erfinderischer Tätigkeit aber immerhin zugelassen wird; EPA T 928/93, wonach bei Rüge fehlender Neuheit mangelnde erfinderische Tätigkeit ohne Zustimmung des Patentinhabers nicht berücksichtigt werden kann, andererseits EPA T 455/94, wo bei Vorlage einer älteren nachveröffentlichten Anmeldung implizite Geltendmachung angenommen wird; EPA T 715/94; vgl *MGK/Gori/Löden* Art 21 EPÜ Rn 48 ff; EPA T 27/95 zu im Beschwerdeverfahren geänd Patentansprüchen; hierzu auch EPA T 922/94; vgl auch EPA T 443/96; EPA T 470/97.
246 EPA T 274/95 ABl EPA 1997, 99, 104 f Wiedereinführung eines Einspruchsgrunds.
247 EPA T 105/94.
248 Vgl EPA T 323/94; EPA T 481/95, zur Beseitigung von Unklarheiten; EPA T 528/93.
249 EPA G 4/92 ABl EPA 1994, 149 = GRUR Int 1994, 750 rechtliches Gehör; EPA G 9/92 ABl EPA 1994, 875 = GRUR Int 1995, 501 Nicht beschwerdeführender Beteiligter; EPA T 856/92; EPA T 169/93.
250 EPA T 327/92: Neuheit statt erfinderischer Tätigkeit.

Abs 3 EPÜ erweitern, äußerstenfalls die Streichung einer unzulässigen Änderung, sofern sie nicht gegen Art 123 Abs 3 EPÜ verstößt (Rn 58 zum Lösungsansatz als unverzichtbare Verfahrensvoraussetzung).[251]

117 Der Umfang der Prüfung wird auch von den Anträgen des Patentinhabers bestimmt, wenn dieser das Patent **beschränkt verteidigt** oder wenn er Beschwerde einlegt. Stellt der Beschwerdeführer keinen Antrag, ist dennoch die Beschwerde sachlich zu prüfen; es ist nach dem Ergebnis dieser Prüfung zu entscheiden und ggf ist die Beschwerde des Einsprechenden zurückzuweisen. Die Änderung von Patentansprüchen bedarf nach der entspr anzuwenden Regel 137 Abs 3 Satz 2 AOEPÜ der Zustimmung der Beschwerdekammer. Erklärt der Patentinhaber nicht sein Einverständnis mit einer gewährbaren Fassung, ohne einen weiteren Antrag zu stellen, wird seine Beschwerde gegen den Widerruf des Patents zurückgewiesen oder das Patent widerrufen, das die Einspruchsabteilung (beschränkt) aufrechterhalten hatte. Änderungen von Patentansprüchen sind nach Art 100 Abs 1 EPÜ iVm Regel 80 AOEPÜ zulässig (Rn 103 zu § 61),[252] wenn sie durch Einspruchsgründe veranlasst sind, auch wenn diese nicht vom Einsprechenden geltend gemacht werden (dagegen zum nationalen Verfahren Rn 267 zu § 59; Rn 56 zu § 61; Rn 41 zu § 79). Änderungen, die nicht mit den Einspruchsgründen in ursächlichem Zusammenhang stehen, müssen deshalb nicht berücksichtigt werden.[253]

118 Ursächliche Änderungen sind – ebenso wie im Einspruchsverfahren (Rn 103 zu § 61) – darauf überprüfbar, ob sie „den **Erfordernissen dieses Übereinkommens** entsprechen",[254] wie es Art 101 Abs 3 Buchst a EPÜ ausdrücklich fordert, dh auch im Hinblick auf die Erteilungsvoraussetzungen, die keine Einspruchsgründe sind, wie zB die Anforderungen an die Klarheit nach Art 84 EPÜ[255] oder die sich aus Art 123 Abs 2, 3 EPÜ ergebenden Beschränkungen.[256] Diese Prüfungsbefugnis erstreckt sich aber nicht auf das ganze Patent[257] und soll darüber hinaus auch keine Mängel erfassen, die bereits bei Erteilung bestanden[258] und mithin nicht auf der Änderung beruhen (zur Kritik Rn 262 zu § 59),[259] wie auch nicht jede Ordnungsvorschrift des Erteilungsverfahrens bei der Prüfung zu beachten ist (Rn 56 ff zu § 61).[260] Vorlage einer Vielzahl nicht ausformulierter Hilfsanträge wurde als Verfahrensmissbrauch angesehen.[261] Die Regelungen des EPÜ, die die Zurückweisung verspätet eingereichter Hilfsansprüche betreffen, entsprechen den Anforderungen des GG und der EMRK an den Grundrechtsschutz; dass die Entscheidung der Beschwerdekammer im nationalen Verfahren nicht überprüft werden kann, steht nicht im Widerspruch zur EMRK.[262] Ein Patentinhaber, der in der mündlichen Verhandlung nicht vertreten ist, hat sicherzustellen, dass er vor der Verhandlung alle Änderungen eingebracht hat, die er berücksichtigt haben möchte.[263] Die Beschwerdekammer ist nach Art 114 Abs 1 EPÜ verpflichtet, geänd Ansprüche zu prüfen; diese Prüfung ist allerdings auf offenkundige Verstöße gegen das EPÜ begrenzt.

---

251 EPA G 1/99 ABl EPA 2001, 381 = GRUR Int 2001, 868 reformatio in peius, auf Vorlage EPA T 315/97 ABl EPA 1999, 554 = GRUR Int 1999, 960 Reformatio in peius; vgl EPA G 4/92 ABl EPA 1994, 149 = GRUR Int 1994, 750 rechtliches Gehör; EPA G 9/92 ABl EPA 1994, 875 = GRUR Int 1995, 501 Nicht beschwerdeführender Beteiligter; EPA T 321/93; EPA T 923/93; EPA T 752/93, 119; EPA T 815/94; EPA T 637/96; EPA T 1002/95; EPA T 724/99; EPA T 994/97; *Singer/Stauder* EPÜ Art 107 Rn 46.

252 *Schulte* Anh § 73 (Art 110 EPÜ) Rn 15; zur Zulässigkeit EPA T 12/81 ABl EPA 1982, 296 = GRUR Int 1982, 744 Diastereomere; EPA T 406/86 ABl EPA 1989, 302 Trichlorethylen; EPA T 528/93; EPA T 900/94 zu Änderungen durch den nicht beschwerdeführenden Patentinhaber; EPA T 794/94; EPA T 570/96; EPA T 119/95 zu Änderungen in der mündlichen Verhandlung und zur Nichtberücksichtigung verspäteter Änderungen: EPA T 95/83 ABl EPA 1985, 75 Nachreichung einer Änderung; EPA T 153/85 ABl EPA 1988, 1 = GRUR Int 1988, 585 Alternativansprüche; EPA T 206/93.

253 EPA T 127/85 ABl EPA 1989, 271 = GRUR Int 1990, 72 Sprengstoffzusammensetzungen; EPA T 295/87 ABl EPA 1990, 470 Polyetherketone. Einschränkend zur Zulassung neuer Anträge unter Hervorheben des Rechtsmittelcharakters des Beschwerdeverfahrens: EPA T 840/93 ABl EPA 1996, 335 orale Zusammensetzungen II (bdkl).

254 EPA G 9/91; EPA G 10/91 ABl EPA 1993, 420 Prüfung von Einsprüchen/Beschwerden.

255 EPA T 922/03; zum dt Nichtigkeitsverfahren BGH GRUR 2010, 709 Proxyserversystem.

256 *Singer/Stauder* EPÜ Art 123 Rn 26.

257 EPA T 301/87; EPA T 583/89; *Singer/Stauder* EPÜ Art 101 Rn 136.

258 EPA T 689/94.

259 Zu Art 84 EPÜ EPA G 3/14 Mitt 2015, 274.

260 *Singer/Stauder* EPÜ Art 101 Rn 137.

261 EPA T 382/96.

262 EGMR GRUR Int 2010, 840 Rambus/Deutschland.

263 EPA T 968/00 ABl EPA 2003, 554 = GRUR Int 2004, 254 rotierende elektrische Maschinen.

VII. Mündliche Verhandlung, Nichterscheinen

Mündliche Verhandlung findet auf Antrag – auch auf Hilfsantrag bei Eintritt der Bedingung[264] – **119**
statt[265] oder vAw bei Sachdienlichkeit (Art 116 Abs 1 EPÜ). Die Ladungsfrist beträgt nach Regel 115 Abs 1
AOEPÜ zwei Monate, sofern nicht die Beteiligten mit einer kürzeren Frist einverstanden sind.[266] Bei Anträgen auf Terminsverlegung ist nicht nur das Interesse des Beteiligten, sondern auch das allg Interesse an
einer zügigen Bearbeitung von Beschwerden zu berücksichtigen.[267] Auf eine weitere mündliche Verhandlung besteht bei unveränderter Sachlage kein Anspruch.[268] Ist ein zu einer mündlichen Verhandlung ordnungsgem unter Hinweis auf die Folgen seines Ausbleibens geladener Beteiligter nicht erschienen, kann
das Verfahren ohne ihn fortgesetzt werden (Regel 115 Abs 2 AOEPÜ). Damit erlischt der Anspruch auf
rechtl Gehör jedoch nicht vollständig. Eine Entscheidung zu Ungunsten des Beteiligten darf nicht erstmals
auf neue Tatsachen gestützt werden, wenn die Erörterung nicht zu erwarten war und dem Nichterschienen
die tatsächlichen Grundlagen für die Beurteilung aus dem bisherigen Verfahren nicht bekannt waren,
neue Beweismittel dürfen nur berücksichtigt werden, wenn sie zuvor angekündigt waren (vgl auch Rn 21 ff
zu § 78); erneute Gelegenheit zur Stellungnahme ist in diesen Fällen zu ermöglichen.[269] Die Änderung von
Patentansprüchen ist zulässig, wenn vernünftigerweise damit zu rechnen war.[270]

VIII. Nach Widerruf des Patents durch die Einspruchsabteilung trägt im Einspruchsbeschwerdever- **120**
fahren der Patentinhaber die **Beweislast** für die Rechtsbeständigkeit des Patents.[271] Die erstmals aufge-
worfene Frage, ob ein Dokument zum StdT gehört, stellt keinen neuen Beschwerdegrund dar;[272] neue Argumente sind dem Beschwerdeführer nicht verwehrt.[273]

IX. Entscheidung

1. Die **Form** der Entscheidung betrifft Regel 102 AOEPÜ. **121**

2. Bei **unzulässiger Beschwerde** erfolgt Verwerfung als unzulässig nach Maßgabe der Regel 101 **122**
Abs 1 AOEPÜ.

3. Bei **zulässiger Beschwerde** ergeben sich die Entscheidungsmöglichkeiten aus Art 111 EPÜ. Die Be- **123**
schwerde ist nach dem EPÜ ein mit Novenrecht ausgestaltetes reformatorisches Rechtsmittel.[274] Das Novenrecht schafft die Möglichkeit, neue Angriffs- und Verteidigungsmittel, Tatsachen, Beweismittel und
Einreden vorzubringen und bestimmt die Voraussetzungen der Änderung des Verfahrensgegenstands. Die
Beschwerdekammer ist nicht darauf beschränkt, die angefochtene Entscheidung auf ihre Rechtmäßigkeit
zu überprüfen und sie bei negativem Ergebnis aufzuheben (kassatorische Entscheidung), sie kann auch

---

264 EPA T 870/93.
265 Vgl auch Mitt ABl EPA 1989, 132.
266 Zum Verfahren (insb zur Terminsverlegung) Mitt der Vizepräsidenten der Generaldirektionen 2 und 3 ABl EPA 1997,
469 und ABl EPA 2000, 456. Zum Verfahren bei Verwendung einer anderen als der Verfahrenssprache in der mündlichen
Verhandlung Mitt ABl EPA 1995, 489. Zum Vortrag nicht als Vertreter zugelassener Personen EPA G 2/94 ABl EPA 1996,
401 Vertretung/HAUTAU II und EPA G 4/95 ABl EPA 1996, 412 = GRUR Int 1996, 1158 Vertretung/BOGASKY;
Verfahrensbeteiligte können ohne Weiteres teilnehmen, EPA T 621/98 ABl EPA 2000, 406 = GRUR Int 2000, 909
Ermäßigung der Prüfungsgebühr. Zu den Begründungserfordernissen eines Terminsverlegungsantrags: EPA T 1080/99
ABl EPA 2002, 568 Berührungssteuerung.
267 EPA T 79/99; EPA T 693/95.
268 EPA T 298/97 ABl EPA 2002, 83 Waschmittelzusammensetzung; zum Fall des Nichterscheinens EPA T 917/95.
269 *Singer/Stauder* EPÜ Art 113 Rn 39 ff; aber einschränkend Art 15 Abs 3 VerfOBK.
270 EPA G 4/92 ABl EPA 1994, 149 = GRUR Int 1994, 750 rechtliches Gehör; weitere Einzelheiten bei *Singer/Stauder* EPÜ
Art 113 Rn 39 ff.
271 EPA T 585/92 ABl EPA 1996, 129 = GRUR Int 1996, 725 desodorierendes Reinigungsmittel.
272 EPA T 86/94.
273 EPA T 432/94.
274 *MGK/Moser* Art 111 EPÜ Rn 14.

rechtsgestaltend in der Sache abschließend selbst entscheiden (reformatorische Entscheidung) oder zurückverweisen.[275] Zur Kostenentscheidung Art 108 Satz 2 EPÜ.

124   Soll auf die Beschwerde das eur Patent erteilt oder in geänd Umfang aufrechterhalten werden, kann **Zurückverweisung** zu diesem Zweck unter Festlegung der maßgeblichen Unterlagen erfolgen,[276] was, da die Entscheidung wiederum beschwerdefähig ist, zu erheblichen Verfahrensverzögerungen führen kann.[277] Zurückverweisung zur weiteren Entscheidung erfolgt, wenn eine Sachentscheidung erster Instanz fehlt, neue wesentliche Tatsachen oder Beweismittel vorgebracht werden,[278] oder bei wesentlichen Verfahrensmängeln;[279] sie kommt auch bei wesentlicher Änderung der Patentansprüche in Betracht.[280] Die Wahl zwischen eigener Sachentscheidung und Zurückverweisung steht im pflichtgem Ermessen der Beschwerdekammer,[281] wobei Umfang der Änderungen, Interesse der Öffentlichkeit und der Beteiligten an einer raschen Entscheidung (Verfahrensökonomie) zu berücksichtigen sind.

125   **4. Rückzahlung der Beschwerdegebühr** kommt nach Regel 103 AOEPÜ (geänd durch Beschluss des Verwalungsrats vom 13.12.2013)[282] im wesentlichen entspr der nationalen Regelung in Betracht[283] (zu den Abweichungen von der nationalen Praxis Rn 90 zu § 80). Zurückzuzahlen ist die für eine nicht eingelegte Beschwerde gezahlte Gebühr.[284] Als weiterer Tatbestand für eine teilweise Rückzahlung wurde die Rücknahme der Beschwerde vor mündlicher Verhandlung oder Ablauf der Schriftsatzfrist geregelt. Auch bei unzulässiger Beschwerde kann ausnahmsweise Rückzahlung in Betracht kommen.[285] Verfahrensmängel nötigen nicht zur Rückzahlung.[286] Rückzahlung wurde bei Zusammentreffen von Verfahrensmangel und anderen, nicht mit einem Verfahrensmangel behafteten Fragen verneint, wenn der Verfahrensmangel nicht so schwerwiegend war, dass deshalb zurückverwiesen werden musste.[287] Bei Mehrheit von Beschwerdeführern können die Beschwerdegebühren eines jeden zurückgezahlt werden.[288] Kostenauferlegung kommt auch im Beschwerdeverfahren nur nach Art 104 EPÜ in Betracht.

126   **X. Die Bindungswirkung** nach Art 111 Abs 2 EPÜ tritt nur innerhalb der jeweiligen Verfahrensart ein; die Beschwerdeentscheidung im Prüfungsverfahren bindet mithin nicht für das Einspruchsverfahren.[289] Sie tritt nicht ein, soweit sich der relevante Sachverhalt ändert.[290] Fehlen einer Anordnung, die Beschrei-

---

275 Zur Tenorierung der Entscheidung *Singer/Stauder* EPÜ Art 111 Rn 6, Rn 11, 15.

276 *Singer/Stauder* EPÜ Art 111 Rn 9.

277 Vgl den PatentsC 26.6.1998 Boston Scientific v. Palmaz zugrunde liegenden, in EIPR 1998 N-170 referierten Fall und hierzu *Burdon/Green* A Fog Lifts: U.K. Patent Amendment Practice Amended, EIPR 1999, 98; kr auch EPA T 977/94; EPA T 915/98; zum dt Restitutionsverfahren BGH GRUR 2012, 753 Tintenpatrone III.

278 EPA T 97/90 ABl EPA 1993, 719 Schmiermittel; EPA T 125/93: gleichgültig, von welcher Seite eingeführt; vgl auch EPA T 869/98.

279 EPA T 385/97: Zurückverweisung bei Nichtberücksichtigung relevanten Materials im Einspruchsverfahren; EPA T 914/98, EPA T 1065/99: Verletzung rechtl Gehörs.

280 Vgl EPA T 462/94; EPA T 125/94.

281 *Singer/Stauder* EPÜ Art 111 Rn 20; vgl EPA T 1060/96; EPA T 83/97; EPA T 249/93; EPA T 679/97; EPA T 1070/96; EPA T 111/98; EPA T 611/00.

282 BlPMZ 2014, 308.

283 Vgl EPA T 671/95; EPA T 405/96: Nichtdurchführung beantragter mündlicher Verhandlung; EPA T 1102/92: keine Möglichkeit zur Stellungnahme; EPA T 740/93; EPA T 740/94; EPA T 850/95 ABl EPA 1997, 152 = GRUR Int 1997, 744 Berichtigung des Erteilungsbeschlusses III: Begründungsmangel; EPA T 227/95: Nichtausführung von Anordnungen der Beschwerdekammer; EPA T 939/95 ABl EPA 1998, 481, 483 Abhilfefrist; umfangreiche Kasuistik bei *MGK/Moser* Art 111 EPÜ Rn 79 ff.

284 EPA T 445/98; EPA T 372/99; EPA T 778/00 ABl EPA 2001, 554 = GRUR Int 2002, 262 Beschwerdeschrift.

285 EPA J 38/07: Beschwerde gegen nichtige Entscheidung; anders EPA J 15/01 bei Unzulässigkeit der Beschwerde, weil dem angefochtenen Bescheid Entscheidungscharakter fehlte.

286 Vgl EPA J 18/96 ABl EPA 1998, 403 Anmeldetag; EPA T 167/96; EPA T 552/97; EPA J 21/98 ABl EPA 2000, 406 = GRUR Int 2000, 909 Ermäßigung der Prüfungsgebühr.

287 EPA T 4/98 ABl EPA 2002, 139 = GRUR Int 2002, 438 Liposomenzusammensetzung.

288 EPA T 552/97.

289 Vgl EPA T 167/93 ABl EPA 1997, 229 = GRUR Int 1997, 742 Bleichmittel.

290 Vgl EPA T 27/94; EPA T 690/91; EPA T 609/94: keine Bindung bei zulässigerweise geänd Patentansprüchen; EPA T 720/93 zur Bindung der Beschwerdekammer bei erneuter Befassung; Einzelheiten bei *MGK/Moser* Art 111 EPÜ Rn 98 ff.

bung anzupassen, steht dem Verlangen nach Anpassung nach Zurückverweisung nicht entgegen.[291] Wechsel in der Besetzung der Beschwerdekammer beseitigt die Bindungswirkung nicht.[292]

E. Bedeutung des Beschwerdeverfahrens. Nationales Beschwerdeverfahren

Die Beschwerdesenate des BPatG erledigen bei weitem den größten Teil der Hauptsacheverfahren **127** dieses Gerichts. Insb im Bereich der Chemie und Pharmazie zeigt sich allerdings eine zunehmende Bedeutung der in der Anzahl allg deutlich ansteigenden Nichtigkeitsverfahren, da hier überwiegend eur Patente betroffen sind. Es sind eingegangen (mit Übernahmen von anderen Senaten) **beim juristischen Beschwerdesenat,** der auch für Designsachen zuständig ist, 2001 82, 2002 63, 2003 84, 2004 65, 2005 64, 2006 62, 2007 48, 2008 47, 2009 61, 2010 58, 2011 19, 2012 45, 2013 51, 2014 49; 2015 36 Verfahren, bei den **technischen Beschwerdesenaten** 2001 824 Beschwerden; 2002 798/584 Beschwerden/Einsprüche, 2003 827/909 Beschwerden/Einsprüche, 2004 869/810 Beschwerden/Einsprüche, 2005 920/822 Beschwerden/Einsprüche, 2006 708/680 Beschwerden/Einsprüche, 2007 588/6 Beschwerden/Einsprüche, 2008 750/1 Beschwerden/Einsprüche, 2009 683/9 Beschwerden/Einsprüche, 2010 598/8 Beschwerden/Einsprüche, 2011 287/0 Beschwerden/Einsprüche, 2012 536/2 Beschwerden/Einsprüche, 2013 481/2 Beschwerden/Einsprüche, 2014 294/6 Beschwerden/Einsprüche; 2015 428/0 Beschwerden/Einsprüche; **beim Gbm-Beschwerdesenat,** der auch für Beschwerden bei Geheimanmeldungen und wegen der Festsetzung der Lizenzvergütung zuständig ist, 2001 83, 2002 67, 2003 88, 2004 73, 2005 79, 2006 80, 2007 87, 2008 113, 2009 141, 2010 55, 2011 31, 2012 57, 2013 75, 2014 27, 2015 40 Verfahren; **beim Beschwerdesenat für Sort-Sachen** sind in den gesamten Jahren 3 Verfahren eingegangen (Zahlen bis zum Jahr 2000 *6. Aufl).*
Europäisches Beschwerdeverfahren. Beim EPA sind eingegangen 2001 1.315, 2002 1.235, 2003 1.326, **128** 2004 1.491, 2205 1.684, 2006 2.003, 2007 2.049, 2008 2.362, 2009 2.475, 2010 2.545, 2011 2.657, 2012 2.602, 2013 2.515, 2014 2.353, 2015 2.387 Beschwerden, von 1978 bis 2006 insgesamt (nur technische Beschwerden) 25.838 Beschwerdeverfahren.

§ 73
(Beschwerde)

(1) **Gegen die Beschlüsse der Prüfungsstellen und Patentabteilungen findet die Beschwerde statt.**

(2) [1]**Die Beschwerde ist innerhalb eines Monats nach Zustellung schriftlich beim Patentamt einzulegen.** [2]**Der Beschwerde und allen Schriftsätzen sollen Abschriften für die übrigen Beteiligten beigefügt werden.** [3]**Die Beschwerde und alle Schriftsätze, die Sachanträge oder die Erklärung der Zurücknahme der Beschwerde oder eines Antrags enthalten, sind den übrigen Beteiligten von Amts wegen zuzustellen; andere Schriftsätze sind ihnen formlos mitzuteilen, sofern nicht die Zustellung angeordnet wird.**

(3) [1]**Erachtet die Stelle, deren Beschluß angefochten wird, die Beschwerde für begründet, so hat sie ihr abzuhelfen.** [2]**Sie kann anordnen, daß die Beschwerdegebühr nach dem Patentkostengesetz zurückgezahlt wird.** [3]**Wird der Beschwerde nicht abgeholfen, so ist sie vor Ablauf von einem Monat ohne sachliche Stellungnahme dem Patentgericht vorzulegen.**

(4) **Steht dem Beschwerdeführer ein anderer an dem Verfahren Beteiligter gegenüber, so gilt die Vorschrift des Absatzes 3 Satz 1 nicht.**

DPMA-PrRl 3.5.
MarkenG: § 66 (in Einzelheiten – Erinnerungsverfahren – abw)
Ausland: Dänemark: §§ 24, 25, 67 (Frist) PatG 1996; **Finnland:** § 27 (Beschwerde im Anmelde- und Einspruchsverfahren); **Italien:** Art 35, 57, 73 (Beschwerdegebühr) PatG; **Luxemburg:** Art 91 PatG 1992/1998; **Österreich:** Die Regelungen über die Beschwerde sind durch die Patent- und Markenrechtsnovelle 2014 entfallen und ersetzt durch §§ 138, 139 (Rekurs an das OLG Wien); § 145 Abs 2 öPatG (Vertretung in Rechtsmittelverfahren), eingefügt durch die Patent- und Marken-

---

291 EPA T 636/97.
292 EPA T 436/95.

rechtsnovelle 2014; **Polen:** Art 244–249, 254 RgE 2000; **Schweden:** §§ 26, 27, 75 PatG; **Schweiz:** Art 59cPatG; die früher auf bestimmten Gebieten der Technik durchgeführte Vorprüfung mit Bekanntmachung, Einspruch und Beschwerde (Art 87–106a PatG, Art 82–88 PatV) ist ausgelaufen; **Slowakei:** § 55 PatG; **Slowenien:** Art 71 GgE (Klage an das Verwaltungsgericht); **Spanien:** Art 47, 48 PatG; **Tschech. Rep.:** § 68 PatG, geänd 2000; **VK:** Sec 97, 99 Patents Act

Übersicht

Schrifttum: s vor § 73.

A. Die Beschwerde

I. Rechtsnatur und Gegenstand des Beschwerdeverfahrens

1. Die Beschwerde als Rechtsmittel. Die Beschwerde ist ein Rechtsmittel, das eine zweite Tatsa- **1** cheninstanz mit der Besonderheit auslöst, dass diese zugleich die erste richterliche Überprüfung darstellt und eine Gestaltung des Verwaltungshandelns des DPMA mit Erlass eigener Verwaltungsakte ermöglicht. Gegenstand der Sachprüfung der Beschwerdesenate des BPatG sind nicht die durch die Prüfungsstellen und Patentabteilungen des DPMA erlassenen Verwaltungsakte, sondern das zugrunde liegende Begehren des Beschwerdeführers im zulässig beantragten Prüfungsumfang (Rn 34, 71 vor § 73). Zuständig sind nach dem Geschäftsverteilungsplan des BPatG die technischen Beschwerdesenate für die genannten IPC-Klassen in den Fällen des § 67 Abs 1 Nr 2 a–e, also auch für die Beschwerden gegen die Verwerfung des Einspruchs nach § 67 Abs 1 Nr 2 (Rn 27 zu § 61) oder nach § 49a Abs 3 (Rn 22 vor § 73). Ferner besteht eine Auffangzuständigkeit des juristischen Beschwerdesenats.

Die Beschwerde muss den allg und besonderen und vAw zu prüfenden **Zulässigkeitsvoraussetzun-** **2** **gen** (Rechtszugsvoraussetzungen) genügen (Rn 54 ff vor § 73), wie sie nur zum Teil im PatG geregelt und im übrigen nach § 99 Abs 1 durch entspr Anwendung der ZPO zu bestimmen sind. Nur wenn diese erfüllt sind und die Beschwerde zulässig ist, wird eine sachliche Überprüfung durch das BPatG als Beschwerdegericht ermöglicht. Die Beschwerde ist von der Erinnerung (Rn 13 ff vor § 73) und anderen Rechtsbehelfen abzugrenzen (Rn 220 ff).

2. Wirkung der Beschwerde. Bereits mit Einlegung einer statthaften Beschwerde tritt die mit Rechts- **3** mitteln und Rechtsbehelfen im Hinblick auf die Bestandskraft der angefochtenen Verwaltungsakts allg verbundene **Suspensivwirkung** ein (Rn 41 f vor § 73), aber auch die nach § 75 Abs 1 im Hinblick auf die Wirkungen und den Vollzug des angefochtenen Verwaltungsakts vorgesehene aufschiebende Wirkung (hierzu Rn 8 zu § 75), sofern die nach dem PatKostG zu zahlende Beschwerdegebühr gezahlt ist (Rn 13).

Verbunden mit Einlegung der Beschwerde und Vorlage beim BPatG ist ferner der dem Rechtsmittel **4** eigene **Devolutiveffekt** (die Anfallwirkung), der das Verfahren der Disposition des DPMA entzieht und im

Umfang des Begehrens des Beschwerdeführers zur Entscheidung der Rechtsmittelinstanz stellt, die für die das Verfahren betreffenden Prozesserklärungen und -handlungen empfangszuständig wird (Rn 44).

5   **3.** Die **Beschwerdeeinlegung** ist eine Rechtsmittelerklärung und muss als Bewirkungshandlung die insoweit geltenden Prozesshandlungsvoraussetzungen erfüllen, sie darf als bewirkende Prozesshandlung nicht bedingt erklärt werden (vgl Rn 68 vor § 73), auch eine innerprozessuale Bedingung ist unzulässig,[1] anders als bei der Anschlussbeschwerde, die auch hilfsweise eingelegt werden kann, weil sie kein Rechtsmittel darstellt (Rn 205). Eine „vorsorgliche" Einlegung ist jedoch unschädlich.[2] Als Prozesswillenserklärung kann sie auch nicht widerrufen und angefochten werden (zur Rücknahme Rn 164 ff).[3]

6   Als Prozesswillenserklärung unterliegt die Beschwerdeeinlegung den entspr § 133 BGB geltenden Regeln einer sich am wohlverstandenen Interesse des Erklärenden orientierenden **Auslegung** (Rn 46 vor § 73), wobei auch eine **Umdeutung** bei Scheitern einer Auslegung als Rechtsmittelerklärung nach § 140 BGB nicht ausgeschlossen ist (Rn 52 f vor § 73).

4. Begrenzte Anfallwirkung und Sachprüfung

7   **a. Grundsatz.** Dem Wesen der Beschwerde als Rechtsmittel folgend sind auch die insoweit geltenden Verfahrensgrundsätze zu beachten, wie eine am Begehren des Beschwerdeführers orientierte und hierauf begrenzte Anfallwirkung, zB einer Teilanfechtung (Rn 76 ff vor § 73), oder das Verschlechterungsverbot (reformatio in peius; Rn 205; Rn 43 ff zu § 79). Allerdings ist wegen des Amtsermittlungsgrundsatzes zu beachten, ob dem Beschwerdeführer insoweit eine Dispositionsbefugnis zusteht (Rn 76 ff vor § 73) und ob der Verfahrensgegenstand der ersten Instanz tatsächlich die Anfallwirkung hierauf reduziert (Rn 9 f). Die durch Teilanfechtung begrenzte Anfallwirkung ist von der Teilrechtskraft und dem Umfang der durch die Beschwerde ausgelösten Hemmungswirkung zu unterscheiden, nach der eine Teilanfechtung regelmäßig nicht ohne weiteres zur Bestandskraft (Rechtskraft) des nicht angefochtenen Teils führt (Rn 8 ff zu § 75; Rn 52 zu § 84).

8   **b. Anfallwirkung im Anmeldebeschwerdeverfahren.** Das BPatG ist im Beschwerdeverfahren zur Nachprüfung und Änderung von Entscheidungen nur in dem Umfang befugt, in dem eine Nachprüfung beantragt wird.[4] Bei Patenterteilung nach Hilfsantrag fällt bei Beschwerde des Anmelders, mit der die Patenterteilung nach Hauptantrag weiterverfolgt wird, die Entscheidung über den Hilfsantrag nicht als Beschwerdegegenstand an.[5] Ebenso kommt eine Ergänzung eines Kostenfestsetzungsbeschlusses des DPMA durch das BPatG hinsichtlich Kosten, über die das DPMA versehentlich nicht entschieden hat, nicht in Betracht.[6] Umstr ist, ob auch bei Teilung der Anmeldung im Beschwerdeverfahren die Teilanmeldung als Beschwerdegegenstand anfällt. Dies ist zu bejahen (hierzu Rn 27 zu § 39; Rn 40 vor § 73).

9   **c. Begrenzte Anfallwirkung im Einspruchsbeschwerdeverfahren.** Aus der Funktion des Beschwerdegerichts im Rechtszug und seiner Bindung an den Verfahrensgegenstand erster Instanz ergibt sich nach der Rspr des BGH eine auf die Widerrufsgründe erster Instanz reduzierte Anfallwirkung und Sachprüfung, die allenfalls mit Zustimmung des Patentinhabers entspr § 263 Abs 1 1. Alt ZPO erweitert werden kann (vgl Rn 37 f zu § 79; zur Kritik Rn 38 zu § 79).

10   Ob eine Begrenzung auch zu beachten ist, wenn der Entscheidung erster Instanz ein **Teileinspruch** zugrunde liegt, hängt davon ab, ob man dem Einsprechenden eine die Anfallwirkung und die Sachprü-

---

1 BGH NJW-RR 2008, 85; *Hövelmann* GRUR 2003, 203.
2 *Bühring* § 18 GebrMG Rn 47: Auslegungsfrage.
3 BGH NJW-RR 2008, 85.
4 BGH GRUR 2002, 49 f Drehmomentübertragungseinrichtung, unter Hinweis auf GRUR 1993, 655 f Rohrausformer.
5 BGH GRUR 1990, 109 Weihnachtsbrief; BGHZ 144, 15, 20 = GRUR 2000, 683 Idarubicin II; *Hövelmann* GRUR 1998, 434, der insoweit den Eintritt von Teilrechtskraft geltend machen will, aber eine Ausnahme für den Fall machen will, dass die Patenterteilung nach Hilfsantrag unter der auflösenden Bedingung einer späteren Erteilung nach Hauptantrag beantragt wird; dieser Konstruktion wird es indes schon deshalb nicht bedürfen, weil die Beschwerdeeinlegung die Wirkungen der Patenterteilung suspendiert, anders die Einschränkung der Überprüfungsmöglichkeit nicht die Folge von (Teil-)Rechtskraft, sondern des begrenzten Umfangs der Anfallwirkung ist.
6 BPatGE 27, 185 = BlPMZ 1986, 228.

fung beschränkende Dispositionsbefugnis zubilligt, was wegen der in § 61 Abs 1 Satz 2 zum Ausdruck kommenden Wertung zu verneinen sein sollte (vgl Rn 118; Rn 291 f zu § 59; Rn 77 vor § 73; Rn 37 zu § 79).

5. Trennung von Voraussetzungen für Rechtszug und Verfahren. Die die Zulässigkeit der Be- **11** schwerde betr besonderen Rechtszugsvoraussetzungen (Rn 57 vor § 73) und Verfahrenshandlungsvoraussetzungen (Rn 65 vor § 73) und die die Begründetheit der Beschwerde betr, ebenfalls vAw zu beachtenden sonstigen Verfahrensvoraussetzungen, die für die Zulässigkeit der Beschwerde irrelevant sind (Rn 58 vor § 73), sind streng zu trennen. Erst die zulässige Beschwerde ist auf ihre Begründetheit durch die eigentliche und eigenständige Sachprüfung des Begehrens des Beschwerdeführers zu untersuchen (Rn 71 ff vor § 73, Rn 27 f zu § 79).

6. Zu **sonstigen Verfahrensgrundsätzen** Rn 81 ff vor § 73. **12**

II. Beschwerdegebühr

1. Allgemeines. Die Neuregelung des Kostenrechts hat die Regelung in das PatKostG überführt und **13** wesentlich umgestaltet (s im einzelnen die Kommentierung zum PatKostG). Die Beschwerde nach § 73 ist danach grds gebührenpflichtig.[7] Die Höhe der Gebühr wird durch die Anlage zu § 2 Abs 1 PatKostG geregelt (Einzelheiten Rn 27).

Ob Beschwerden gegen die **Versagung der Verfahrenskostenhilfe** gebührenpflichtig waren, war **14** str:[8] Das GeschmMRefG[9] hat mWv vom 1.6.2004 die Regelung zu Nr 401300 in das GebVerz eingestellt, nach der Beschwerden in Verfahrenskostenhilfesachen ebenso wie Beschwerden nach § 11 Abs 2 PatKostG und § 11 Abs 2 DPMAVerwKostV gebührenfrei sind (zur Entstehung 6. Aufl) und damit den Streit beendet.

Entsprechendes muss für Beschwerden betr die Stundung von **Jahresgebühren** gelten, wozu auch **15** die Beschwerde gegen die Nichtgewährung einer Wiedereinsetzung in die Frist zur Stellung eines Stundungsantrags gehört.[10]

Die Gebührenpflicht gilt auch für die **Beschwerde gegen Kostenfestsetzungsbeschlüsse** des **16** DPMA[11] (anders zuvor im Markenrecht, vgl 6. Aufl); zur Gebührenhöhe GebVerz Nr 401200.

Nicht gebührenpflichtig ist dagegen die **unselbstständige Anschlussbeschwerde**, da es sich nicht **17** um ein eigenständiges Rechtsmittel, sondern um einen Antrag im Rahmen einer fremden Beschwerde handelt (Rn 205).[12]

2. Regelungsgehalt des Patentkostengesetzes. Die nach § 3 Abs 1 Satz 2 Nr 3 PatKostG innerhalb **18** der Beschwerdefrist zu zahlende Beschwerdegebühr ist nicht schon mit Beginn der Beschwerdefrist, sondern erst ab Einlegung der Beschwerde fällig (§ 3 Abs 1 PatKostG).[13] Auf sie findet § 6 Abs 1 PatKostG Anwendung, da die Einlegung der Beschwerde sonstige Handlung iSv § 6 Abs 1 PatKostG ist.[14]

---

7 Vgl Begr BTDrs 14/6203 S 57 f, 63 = BlPMZ 2002, 36, 49 f, 54.
8 Str, so BPatG BlPMZ 2003, 213; BPatG 7.10.2003 19 W (pat) 41/03; BPatG 20.10.2003 19 W (pat) 13/03; BPatGE 47, 120; BPatG 3.7.2003 20 W (pat) 21/03; BPatG 6.8.2003 19 W (pat) 22/02; BPatG BlPMZ 2003, 213; BPatG 12.1.2004 11 W (pat) 53/03; BPatG. 26.4.2004 11 W (pat) 10/04; BPatG 12.1.2004 11 W (pat) 53/03; BPatG 27.9.2004 20 W (pat) 29/04; aA BPatGE 46, 38 = GRUR 2003, 87; BPatG 29.10.2002 9 W (pat) 39/02; BPatG 28.5.2003 9 W (pat) 19/03; BPatGE 47, 151; BPatG 29.4.2003 21 W (pat) 6/03; BPatG 11.11.2003 21 W (pat) 24/02; BPatG 5.5.2004 9 W (pat) 37/04; nach der Begr GeschmMRefG soll die Beschwerde „wieder gebührenfrei sein", BlPMZ 2004, 256; BPatG BlPMZ 2005, 206.
9 Begr BlPMZ 2004, 207 ff; 220, 256.
10 BPatG BlPMZ 2005, 206.
11 Vgl Begr BlPMZ 2004, 256; aA für die Zeit vor Inkrafttreten des GeschmMRefG BPatG 5.12.2002 10 W (pat) 32/02; BPatGE 46, 163 = BlPMZ 2003, 242.
12 BPatG BlPMZ 2006, 287; zum früheren Recht BPatGE 3, 48 = GRUR 1964, 554; *Benkard* Rn 87; *Hövelmann* Mitt 2002, 49, 52.
13 Zur früheren Rechtslage BPatGE 11, 57.
14 *Bühring* § 18 GebrMG Rn 59.

19   Die Gebühr ist öffentlich-rechtl Abgabe, nicht Entgelt für eine Gegenleistung.[15] Die Gebührenpflicht verstößt nicht gegen die **verfassungsrechtliche Gewährleistung** des Zugangs zu Gericht, soweit sie den Zugang nicht in unzumutbarer, aus Sachgründen nicht mehr zu rechtfertigender Weise erschwert.[16]

20   **3.** Die **Zahlungsfrist** entspricht der Beschwerdefrist (§ 6 Abs 1 Satz 1 PatKostG). Die Ausschlussfrist von einem Jahr (Rn 51 zu § 47) gilt hier nicht.

21   **4. Rechtsfolgen der Nichtzahlung.** Wird die Gebühr nicht gezahlt, gilt die Beschwerde als nicht erhoben (nicht eingelegt) und nicht als zurückgenommen, wie der geänd § 3 Abs 1 Satz 2 PatKostG im Hinblick auf die von § 6 Abs 2 PatKostG vorausgesetzte „Handlung" klarstellt (ebenso § 23 Abs 1 Nr 4 RPflG,[17] vgl Rn 9 zu § 6 PatKostG; noch abw und zum Streitstand *6. Aufl*). Damit löst die Nichtzahlung der Beschwerdegebühr kraft Gesetzes und ohne weiteres[18] eine gegenüber der Unzulässigkeit der Beschwerde weitergehende Fiktion aus (zum Einspruch Rn 26 zu § 59, zum Beitritt Rn 159 zu § 59; zum EPÜ Rn 88 vor § 73), da es bereits an der Anhängigkeit eines Beschwerdeverfahrens mangelt, ohne dass es darauf ankommt, ob die Wirkung des § 6 Abs 2 PatKostG bereits festgestellt worden ist (Rn 23).[19] Damit entfallen auch – anders als bei einer unzulässigen Beschwerde – mangels Anhängigkeit eines Beschwerdeverfahrens die aufschiebende Wirkung (Rn 8 zu § 75) und die Möglichkeit, ohne Einlegung einer eigenen zulässigen Beschwerde einen zulässigen Beitritt in der Beschwerdeinstanz (§ 59 Abs 2) zu einer fremden Beschwerde erklären (Rn 28, 183 ff zu § 59). Wird die Gebühr rechtzeitig entrichtet, aber die Beschwerde verspätet eingelegt, ist diese als unzulässig zu verwerfen.

22   **5. Prüfungszuständigkeit.** Dem DPMA kommt nur im Rahmen des Abhilfeverfahrens eine inzidente Prüfungskompetenz zu, nicht aber der Ausspruch der Rechtsfolge nach § 6 Abs 2 PatKostG; geht es davon aus, dass die Beschwerde als nicht erhoben gilt (Rn 21), hat es die Sache dem BPatG vorzulegen.

23   Die Prüfung ist beim BPatG weiterhin dem **Rechtspfleger** übertragen (§ 23 Abs 1 Nr 4 RPflG). Sie umfasst nicht die funktionale Zuständigkeit für die Kostenentscheidung. Die Entscheidung des Rechtspflegers, dass die Beschwerde als nicht erhoben gilt, hat nur deklaratorische Wirkung.[20] Der zuständige Senat des BPatG ist nicht gehindert, die Frage selbst zu prüfen, wenn der Rechtspfleger hierüber keine Entscheidung getroffen hat (vgl § 8 Abs 1 RPflG); in diesem Fall ist die Rechtsbeschwerde eröffnet.[21]

6. Zahl der Gebühren

24   **a.** Ob bei einer **Mehrheit von Beschwerdeführern**, die keine Rechtsgemeinschaft (oder innerhalb der Beschwerdefrist nicht erkennbar) bilden, von jedem Beschwerdeführer (das Gesetz spricht ungenau von „Antragsteller")[22] eine Beschwerdegebühr zu entrichten ist, auch wenn sie die Beschwerde mit einem gemeinsamen Schriftsatz und ggf durch einen gemeinsamen Bevollmächtigten einlegen, war str (vgl *6. Aufl*).[23] Seit 1.7.2006 hat jeder Beschwerdeführer die Gebühr zu entrichten.[24] Die Regelung in der

---

15   BPatGE 5, 24 = GRUR 1965, 165; *Klauer/Möhring* § 36l Rn 16.

16   BVerfG, Nichtannahmebeschluss vom 16.3.1989 1 BVR 1452/88, zur entspr Gebühr nach WZG, unter Bezugnahme auf BVerfGE 10, 264, 267, dort unter Hinweis auf den damaligen § 24; Verfassungsmäßigkeit auch bejaht in BGHZ 83, 271 = GRUR 1982, 414 Einsteckschloß, BPatGE 21, 106, 110 = GRUR 1978, 710, „Rosenmontagsfall", und BPatGE 25, 111, Übergangsfall 1981.

17   Vgl Begr BTDrs 14/6203, 47 = BlPMZ 2002, 36, 42; so auch schon vor der gesetzlichen Regelung BPatG 3.4.2003 20 W (pat) 5/03; BPatG 26.5.2003 10 W (pat) 4/03; BPatG 4.8.2003 8 W (pat) 8/03; BPatG 6.8.2003 19 W (pat) 40/03; BPatG 25.5.2004 27 W (pat) 83/04.

18   So bereits BGH GRUR 2005, 184 verspätete Zahlung der Einspruchsgebühr.

19   BGH GRUR 2010, 231 Legostein, zu § 66 MarkenG.

20   So auch BGH GRUR 2010, 231 Legostein, zu § 66 MarkenG.

21   BGHZ 57, 160 = GRUR 1972, 196 Dosiervorrichtung; BGH GRUR 1979, 696 Kunststoffrad; BGH 29.11.1979 X ZB 10/79; BGH 5.11.1991 X ZB 2/91; *Benkard* Rn 76, jeweils zur früheren Rechtslage.

22   *Bühring* § 18 GebrMG Rn 47.

23   BPatG 5.4.2005 17 W (pat) 49/02 Mitt 2006, 76 Ls; BPatGE 46, 260 = BlPMZ 2003, 430.

24   Vorbem Teil B Abs 1 Anl zu § 2 Abs 1 PatKostG; vgl Begr BTDrs 16/735 = BlPMZ 2006, 235; *Bühring* § 16 GebrMG Rn 12 und § 18 GebrMG Rn 47.

Vorbemerkung vor Abschn I Teil B Anl zu § 2 PatKostG (GebVerz) legt fest, dass die Beschwerdegebühr mehrfach zu zahlen ist, ohne dass danach differenziert wird, ob es sich bei den Beschwerdeführern um die Schutzrechtsinhaber oder die Personen handelt, die mit dem Rechtsbehelf gegen das Schutzrecht vorgehen; damit scheidet eine gebührenrechtl Privilegierung von Patentinhabern aus, die sich mit einer gemeinsamen Beschwerde gegen den Widerruf ihres Patents wenden.[25] Umstr war, wie der Fall zu behandeln ist, wenn zu wenig Gebühren gezahlt werden und diese nicht einzelnen Antragstellern eindeutig zugeordnet werden können, so, ob eine einverständliche Benennung des Einsprechenden, für den die Zahlung erfolgen soll, nach Ablauf der Beschwerdefrist gestattet werden kann.[26] Der BGH hat bestätigt, dass es nur für Mitgesellschafter einer Gesellschaft des bürgerlichen Rechts (GbR), nicht jedoch für die Gemeinschafter einer Bruchteilsgemeinschaft (§ 741 BGB) der Zahlung einer einfachen Gebühr bedarf; er hat allerdings zur Vermeidung unzumutbarer Härten anerkannt, dass die geleistete einfache Gebühr einem der Beschwerdeführer zuzuordnen ist, um zumindest diesem den Zugang zu einer sachlichen Prüfung seines Anliegens zu eröffnen.[27] (ebenso zum Einspruch Rn 31 zu § 59).

b. Mehrheit von Entscheidungen. Wird mit einer Beschwerde eine Mehrheit von Entscheidungen (zB Teil- und Schlussentscheidung) angegriffen, sind mehrere Beschwerdegebühren zu entrichten.[28]   **25**

7. Zur **Bewirkung der Zahlung** und **Wiedereinsetzung** s die Kommentierung zum PatKostG.   **26**

8. Höhe der Gebühr. Das GeschmMRefG hat mWv 1.6.2004 die Gebührentatbestände neugefasst und **27** vereinfacht; danach betragen gem GebVerz Nr 401100 die Gebühr für Einspruchsbeschwerdeverfahren (Nr 1), GbmLöschungsbeschwerdeverfahren (Nr 2), Markenlöschungsverfahren (Nr 3), gegen Entscheidungen der Topographieabteilung (Nr 4) und in Beschwerdeverfahren gegen Entscheidungen des Widerspruchsausschusses in den Fällen des § 18 Abs 2 Nr 1, 2, 5 und 6 SortG (Nr 5) je 500 EUR,[29] in Beschwerdeverfahren gegen einen Kostenfestsetzungsbeschluss (GebVerz Nr 401300) 50 EUR und in anderen Beschwerdeverfahren 200 EUR (GebVerz Nr 401300); die Beschwerdeverfahren in Verfahrenskostenhilfesachen, nach § 11 Abs 2 PatKostG und § 11 Abs 2 DPMAVwKostV sind gebührenfrei (GebVerz Nr 401300).

Die Beschwerdegebühr von 200 EUR kommt auch bei Beschwerden gegen die Entscheidung der Patentabteilung über die Erteilung,[30] der Berichtigung der Laufzeit oder des Widerrufs der Verlängerung **28** (§ 49a Abs 4) eines **ergänzenden Schutzzertifikats** (§ 49a) zur Anwendung (hierzu Rn 22 vor § 73).

Zum **Übergangsrecht** bei Inkrafttreten des PatKostG § 14 PatKostG. Das GeschmMRefG trifft keine **29** Übergangsregelung.

9. Rückzahlung der Beschwerdegebühr. Die Beschwerdegebühr verfällt nach der Neuregelung immer, wenn Beschwerde eingelegt wird, auch wenn die Beschwerde unzulässig ist, da die Gebühr auch in **30** diesem Fall nicht ohne Rechtsgrund gezahlt ist. Demgegenüber führt die Rücknahmefiktion in § 6 Abs 2 PatKostG bei nicht ausreichender Gebührenzahlung nach der Änderung der Regelung durch das GeschmMRefG zur Rückzahlung geleisteter Teilbeträge (§ 10 Abs 2 PatKostG; vgl Rn 9 zu § 6 PatKostG).[31] Auf die Zulässigkeit der eingelegten Beschwerde kommt es nicht an (vgl auch Rn 22 ff zu § 10 PatKostG).[32]

---

25 BPatGE 54, 108 = Mitt 2014, 169, bestätigt von BGH GRUR 2015, 1255 Mauersteinsatz.
26 *Benkard* Rn 62; *Hövelmann* Mitt 2004, 59; *Lindenmaier* § 36l Rn 40; abl BPatGE 46, 260 = BlPMZ 2003, 430, wonach auch die Nummernfolge der Beteiligten keine eindeutige Zuordnung darstellt und eine bedingte Zahlung der Gebühr ausgeschlossen ist; *Bühring* § 18 GebrMG Rn 62 will unter Hinweis auf BPatGE 12, 163 davon ausgehen, dass alle Beschwerden als nicht erhoben gelten, soweit nicht vor Ablauf der Beschwerdefrist erkennbar ist, für welche Beschwerde die Gebühr bestimmt ist; *Fitzner/Lutz/Bodewig* Rn 42; zum Einspruch *Schulte* § 6 PatKostG Rn 24.
27 BGH Mauersteinsatz unter Hinweis auf BPatG GRUR 2006, 169 und BPatG GRUR 2008, 1031; BPatG 26.8.2009 20 W (pat) 356/04.
28 BPatGE 28, 94 = BlPMZ 1986, 259; *Benkard* Rn 46.
29 Zur Beschwerde in SortSachen *Keukenschrijver* § 34 SortG Rn 9.
30 BPatG GRUR 2006, 1046.
31 *Schulte* Rn 130; *Schulte* § 6 PatKostG Rn 12 ff.
32 BPatGE 1, 102 = GRUR 1965, 83; BPatGE 1, 107; BPatGE 1, 132, 137 = Mitt 1962, 37; BPatGE 3, 223 = GRUR 1964, 523, WzSache; BPatGE 6, 55 = GRUR 1965, 621; BPatG 22.12.1972 6 W (pat) 110/71; BPatG 28.11.1973 27 W (pat) 226/72, WzSache; BPatGE 23, 61 f = GRUR 1981, 123; RPA Mitt 1938, 149; RPA GRUR 1941, 36; DPA BlPMZ 1957, 203; *Schulte* Rn 120; *Lindenmaier* § 36l Rn 52; *Klauer/Möhring* § 36l Rn 19; *Kirchner* Mitt 1970, 46; *Schlüter* Mitt 1964, 48 f; vgl BPatG 20.2.1970 34

        Engels

Eine verspätet oder nicht in ausreichender Höhe gezahlte Gebühr ist nicht verfallen, sondern nach § 10 Abs 2 PatKostG wegen der nach § 6 Abs 2 PatKostG eingetretenen Fiktion der Nichteinlegung der Beschwerde zurückzuzahlen,[33] da eine Gebührenpflicht nicht entstanden ist, mithin die Gebühr ohne Rechtsgrund gezahlt ist. Demgegenüber betreffen die nach § 73 Abs 3 Satz 2 und § 80 Abs 3 iVm § 10 Abs 1 PatKostG vorgesehenen Möglichkeiten der Rückzahlung der Beschwerdegebühr Fälle, in denen die Gebühr verfallen ist (Rn 85 zu § 80).[34]

31 Wenn die **Beschwerde nicht eingelegt** oder die Beschwerdeerklärung spätestens gleichzeitig mit dem Eingang der Gebühr widerrufen wird, aber gleichwohl die Gebühr gezahlt wurde, fehlt es an der Erfüllung des Gebührentatbestands; die gezahlte Beschwerdegebühr ist dann zurückzuzahlen (vgl § 10 PatKostG).[35]

III. Zulässigkeit der Beschwerde

32 **1. Allgemeines.** Ist unklar, ob Beschwerde eingelegt ist oder wogegen sie sich richtet, bedarf es der Auslegung nach allg Grundsätzen (Rn 46 ff vor § 73). Die Zulässigkeit der Beschwerde (Rechtszugsvoraussetzungen) ist **von Amts wegen zu** prüfen und grds gegenüber der Begründetheit vorrangig (Rn 54 vor § 73); eine bestimmte Prüfungsreihenfolge ist nicht zwingend (Rn 56 vor § 73).

33 **Anwaltszwang** besteht – anders als für die Rechtsbeschwerde und das Berufungsverfahren in Nichtigkeitssachen – nicht.[36]

34 Als Verfahrenshandlung ist die Beschwerdeeinlegung entspr den für Prozesshandlungen geltenden Grundsätzen bewirkender Prozesswillenserklärungen **bedingungsfeindlich** (vgl Rn 68 vor § 73).[37]

35 Beschwerde zum BPatG ist nur gegen **bestimmte Entscheidungen** des DPMA (und des BSA) eröffnet. Darauf, ob die Entscheidung nach Sachlage hätte ergehen dürfen, kommt es nicht an (vgl Rn 43 ff).[38] Soweit das BPatG im Einspruchsverfahren anstelle des DPMA entscheidet, ist nur die Möglichkeit der Rechtsbeschwerde zum BGH eröffnet (Rn 85 zu § 61; Rn 94 zu § 79; Rn 4 zu § 100).

36 Einige **Sonderfälle** weisen Abweichungen von den allg Regeln auf, so die Beschwerde nach § 62 Abs 2 Satz 4, nach § 45 Abs 4 ErstrG sowie nach § 11 Abs 2 PatKostG und nach § 11 Abs 2 DPMAVwKostV (zu den letztgenannten Rn 1 f zu § 11 PatKostG).

2. Statthaftigkeit

37 **a. Allgemeines.** Die Statthaftigkeit eines Rechtsmittels oder Rechtsbehelfs ist Zulässigkeitsvoraussetzung und setzt voraus, dass das eingelegte Rechtsmittel gegen Entscheidungen der angefochtenen Art (hier Beschlüsse iSv Abs 1) generell möglich ist. Folgt man der allg zivilrechtl Rechtsmittellehre, zählt hierzu auch, dass die Beschwerde vom Berechtigten, dh regelmäßig dem am bisherigen Verfahren Beteiligten, eingelegt wird.[39] Dies ist in § 74 in einer speziellen Norm geregelt (anders § 66 Abs 1 Satz 2 MarkenG). Die Beschwerdeberechtigung wird allerdings herkömmlich im DPMA-Verfahren nicht als Teil der Statthaftigkeit behandelt.[40] Dritten, also nicht formal am Verfahren erster Instanz Beteiligten (Rn 93; Rn 4 vor § 73; Rn 9 ff zu § 74), steht damit grds kein Beschwerderecht zu, was im Hinblick auf die Folgen einer Einzelrechtsnachfolge des Patentinhabers nicht unproblematisch ist (vgl Rn 19 zu § 74). Dies ist vAw zu prüfen (Rn 55 vor § 73).

W (pat) 426/68, alles zur früheren Rechtslage; aA BPatGE 4, 16 = BlPMZ 1963, 237; BPatGE 12, 23 unter Bezugnahme auf PA BlPMZ 1901, 165; RPA GRUR 1941, 36; RPA BlPMZ 1941, 114; *H. Möhring* Mitt 1970, 5.

33 Vgl aber Begr BTDrs 14/6203, 47 = BlPMZ 2002, 36, 42; *Benkard* § 80 Rn 20.

34 *Benkard* § 80 Rn 19.

35 *Benkard* § 80 Rn 20.

36 *Benkard* § 74 Rn 11.

37 *Benkard* § 73 Rn 27.

38 Vgl BPatG 3.4.2003 20 W (pat) 5/03: Entscheidung betr ein wegen Nichtzahlung der Jahresgebühr erloschenes Patent.

39 Zur Statthaftigkeit eines Rechtsbehelfs (Einspruch) BGH GRUR 1994, 439 Sulfonsäurechlorid, unter Hinweis auf BGH MDR 1978, 307; *Zöller* vor § 511 ZPO Rn 6; auch den richtigen Gegner einbeziehend *Thomas/Putzo* Vorbem § 511 ZPO Rn 15.

40 Vgl *Schulte* Rn 18; *Ströbele/Hacker* § 66 MarkenG Rn 5; *Starck* GRUR 1985, 798.

b. Beschwerdefähige Entscheidungen. Die Beschwerde findet nach § 73 Abs 1 gegen Beschlüsse der 38
Prüfungsstellen und Patentabteilungen des DPMA (vgl auch Rn 6 vor § 73) sowie nach § 34 SortG gegen die
Beschlüsse der Widerspruchsausschüsse des BSA (Rn 74) statt, auf die die Vorschriften der §§ 73 ff anwendbar sind. Das DPMA entscheidet (wie das BSA) nur in den gesetzlich vorgesehenen Fällen durch Beschluss. Sonstige Verwaltungsakte des DPMA und des BSA oder Maßnahmen des Präsidenten werden von
der Regelung in § 73 nicht erfasst;[41] für sie verbleibt es vorbehaltlich besonderer Bestimmungen grds bei
der Regelung in § 40 Abs 1 VwGO (Rn 6 vor § 73).[42] Dies gilt insb für Entscheidungen außerhalb der im
PatG, im IntPatÜG, im GebrMG, im HlSchG, im MarkenG und im DesignG geregelten Verfahren, aber auch
zB für die Ablehnung von Schadensersatzansprüchen,[43] die Gewährung von Amts- oder Rechtshilfe[44] und
für Entscheidungen des PräsDPMA, wie Geschäftsverteilung[45] und Regelung des Dienstbetriebs. Problematisch ist die (allerdings wohl nur deklaratorisch zu verstehende) Zuweisung an das BPatG im Verordnungsweg (hierzu Rn 2 zu § 11 PatKostG). Zum Rechtsschutz bei Untätigkeit Rn 217 ff.

Ausdrücklich für anfechtbar erklärt ist der Kostenfestsetzungsbeschluss im Einspruchsverfahren 39
(§ 62 Abs 2 Satz 4). Die Anfechtbarkeit der Verweigerung der Verfahrenskostenhilfe und der Beiordnung
eines Vertreters ergibt sich aus § 135 Abs 3 Satz 1. Aus § 67 Abs 1 folgt mittelbar die Anfechtbarkeit der dort
genannten Entscheidungen.

Ausdrücklich für anfechtbar erklärt sind entspr § 252 ZPO (Rn 70) auch Zwischenbescheidungen 40
(Rn 55), die die **Aussetzung** nach §§ 148 f ZPO oder das **Ruhen** isv § 251a ZPO (Rn 297 zu § 59) betreffen,
und die **Unterbrechung** (Rn 222 zu § 59).

Keine Beschwerde findet statt, wo die Anfechtbarkeit ausgeschlossen ist, so bei der Bewilligung der 41
Wiedereinsetzung (§ 123 Abs 4) und der Verfahrenskostenhilfe (§ 135 Abs 3). Der Anfechtungsausschluss
beruht hier darauf, dass der Begünstigte nicht beschwert ist und Dritte nicht in ihrem Rechtskreis betroffen
sind. Hier kommt selbst bei Verletzung des Rechts auf Äußerung oder des rechtl Gehörs eine „außerordentliche" Beschwerde, Anhörungsrüge nach § 321a ZPO oder Gegenvorstellung (Rn 221 f) nicht in Betracht.[46] Auch
bei Untätigkeit ist grds eine Beschwerde nicht statthaft (Rn 217 f), wie auch die Ablehnung einer Entscheidung nur selbstständig beschwerdefähig ist, wenn sie eine abschließende Regelung darstellt (vgl zur Vorabentscheidung Rn 55). Zur Weiterbehandlung nach § 123a und parallelen Beschwerde Rn 13 zu § 123a.

Neben Beschlüssen, die über im Gesetz vorgesehene **Anträge** entscheiden,[47] sind auch Beschlüsse, 42
durch die über gesetzlich nicht vorgesehene Anträge oder solche von nicht verfahrensbeteiligten Dritten (Rn 37) entschieden wird, beschwerdefähig.[48] Die Zurückweisung des Recherche- und Prüfungsantrags
wird man als jedenfalls durch den Anmelder anfechtbar ansehen müssen.

Ein Beschluss iSd Bestimmung ist eine Entscheidung, durch die eine **abschließende Regelung** 43
mit Außenwirkung erfolgt, die also die Rechte eines Beteiligten berühren kann.[49] Keine abschließenden
Regelungen sind nur vorbereitende Bescheide, verfahrensleitende Verfügungen, auch wenn sie „Zwischenbescheid" genannt werden (Rn 222 zu § 59; Rn 55, 70), Aufforderungen, vorläufige Mitteilungen oder
Meinungen, Benachrichtigungen oder organisatorische Maßnahmen[50] ohne verfahrensbeendenden Charakter.[51] Auf die rechtl Verbindlichkeit kommt es nicht an; auch eine wirkungslose Anordnung kann ange-

41 Vgl BPatG 12.12.2002 10 W (pat) 41/01; *Benkard* Rn 4; *Fitzner/Lutz/Bodewig* Rn 15.
42 Vgl auch EPA J 2/93 ABl EPA 1995, 675 beschwerdefähige Entscheidung.
43 BPatGE 30, 14 = BlPMZ 1989, 142; *Schulte* Rn 23; *Bühring* § 18 GebrMG Rn 12.
44 *Benkard* Rn 6.
45 *Fitzner/Lutz/Bodewig* Rn 15; *Benkard* Rn 6.
46 BPatG Mitt 1991, 63; *Benkard* Rn 11.
47 *Benkard* Rn 10; PA BlPMZ 1905, 99.
48 BPatGE 17, 14 = BlPMZ 1975, 145; *Schulte* Rn 33.
49 Vgl BPatGE 2, 56 = BlPMZ 1962, 235; BPatGE 10, 35, 39 = Mitt 1968, 136; BPatGE 10, 43, 46 = Mitt 1968, 139; BPatGE 13,
163 f = Mitt 1972, 177; BPatGE 15, 134, 136 = GRUR 1974, 80; BPatGE 17, 226 f = BlPMZ 1976, 20; BPatG GRUR 1980, 786;
BPatGE 24, 149 f = GRUR 1982, 367; BPatGE 25, 208 = GRUR 1983, 645; BPatGE 26, 152 f = GRUR 1984, 646; BPatGE 29, 65, 67
= GRUR 1987, 807; BPatG Mitt 1993, 144; BPatGE 36, 110 = GRUR 1996, 873 f; BPatGE 54, 153 = BlPMZ 2002, 385; BPatG
5.8.2008 24 W (pat) 97/07, Markensache; *Schulte* Rn 25; *Fitzner/Lutz/Bodewig* Rn 4; *Bühring* § 18 GebrMG Rn 11; *Klauer/*
Möhring § 36l Rn 5; enger früher DPA BlPMZ 1951, 220; DPA BlPMZ 1953, 178; DPA BlPMZ 1955, 216.
50 *Fitzner/Lutz/Bodewig* Rn 13; *Bühring* § 18 GebrMG Rn 18; *Ströbele/Hacker* § 66 MarkenG Rn 9.
51 BPatGE 47, 10 = BlPMZ 2003, 244; PatG GRUR 2009, 27, Markensache, zusätzlich Handlungswillen fordernd, der
final auf eine bestimmte, endgültige und vom Gesetz diesem Willen zuerkannte Rechtsfolge gerichtet ist; vgl auch BPatG
23.7.2003 25 W (pat) 53/03, Markensache.

fochten werden.[52] Bei Feststellungen über den Eintritt oder Nichteintritt bestimmter Rechtsfolgen kommt es darauf an, ob die Rechtsfolge unmittelbar und ohne weiteres Zutun des DPMA eintritt oder ob hierfür eine zielgerichtete behördliche Handlung erforderlich ist, so dass auch eine Löschungsverfügung (zur Eintragungsverfügung Rn 53) mit der Beschwerde anfechtbar sein kann.[53]

44 Hierbei kommt es auf den **materiellen Gehalt** der Entscheidung an, nicht auf die Bezeichnung oder äußere Form;[54] der Beschluss muss nicht als solcher bezeichnet sein.[55] Insoweit ist der Begriff „Beschlüsse" materiell zu verstehen.[56] Unerheblich ist auch, ob die Entscheidung von der zuständigen Stelle getroffen wird und ob sie eine Frage betrifft, die einer abschließenden Regelung zugänglich ist.[57]

45 **Fehlt es** bereits **an einer Entscheidung**, kommt eine Anfechtung grds nicht in Betracht (aber Rn 49 ff).[58] Beschlüsse der Prüfungsstelle sind gem § 47 Abs 1 Satz 1 zu begründen, schriftlich auszufertigen und den Beteiligten vAw zuzustellen. Die schriftliche Ausfertigung setzt implizit eine Urschrift voraus, die von den Entscheidungsträgern gem § 126 Abs 1 BGB eigenhändig durch Namensunterschrift unterzeichnet sein muss (Rn 46).

46 Zum **Unterschriftserfordernis** Rn 32 ff zu § 47 und Rn 116 zu § 80. Zur Signatur in der elektronischen Akte Rn 22 zu § 125a.

47 Hat das DPMA versehentlich nicht über alle geltend gemachten Kosten entschieden, kann eine **Ergänzung** des Kostenfestsetzungsbeschlusses nicht im Weg der Beschwerde herbeigeführt werden.[59]

48 **c. Scheinentscheidungen, nichtige Entscheidungen.** Bei Mängeln ist zu unterscheiden zwischen Scheinentscheidungen, denen jede Wirkung fehlt, die weder formell noch materiell in Rechtskraft erwachsen können, die Instanz nicht beenden[60] und keine fristauslösende Wirkung besitzen,[61] und nichtigen Entscheidungen, die formell bestandskräftig werden können, die Instanz beenden und nur aus tatsächlichen Gründen keine Wirkung entfalten, weil zB der Beteiligte nicht existiert oder die Rechtshängigkeit des Verfahrens fehlt oder entfallen ist (vgl Rn 81 f zu § 47; Rn 180 zur Rücknahme der Anmeldung).[62]

49 Wegen des entstandenen Rechtsscheins ist es geboten, den Beteiligten auch **bei Scheinbeschlüssen und nichtigen Beschlüssen** Gelegenheit zu geben, den gesetzten Rechtsschein durch eine deklaratorische Entscheidung (feststellender Beschluss) zu beseitigen[63] (vgl Rn 81 f zu § 47; Rn 59 zu § 79; zur Be-

---

52 BPatGE 13, 163 f = Mitt 1972, 177.

53 BPatG GRUR 2009, 27; BPatGE 48, 33 = BlPMZ 2004, 168, Markensache; *Ströbele/Hacker* § 54 MarkenG Rn 18.

54 BPatGE 8, 205; BPatGE 10, 35, 39 = Mitt 1968, 136; BPatGE 10, 43, 46 = Mitt 1968, 139; BPatGE 17, 228 = GRUR 1975, 600; BPatG GRUR 2009, 27, Markensache; BPatG 23.7.2003 25 W (pat) 53/03, Markensache; *Schulte* Rn 27; *Fitzner/Lutz/Bodewig* Rn 5.

55 BGH GRUR 1972, 535 Geheimhaltungsanordnung ; vgl BPatGE 54, 89 = BlPMZ 2014, 140: in Papierform erstellte Mitteilung, auch im Rahmen der elektronischen Aktenführung, wenn elektronische Signatur erfolgt ist.

56 BPatGE 17, 226 f = BlPMZ 1976, 20; BPatGE 36, 110 = GRUR 1996, 873 f; *Schulte* Rn 27; *Benkard* Rn 8; *Bühring* § 18 GebrMG Rn 11; BPatG 12.5.2004 26 W (pat) 62/02, Markensache; vgl zu Verfügungen in Markensachen (Schutzentziehung bei IR-Marken bzw Löschung) BPatGE 48, 33 = BlPMZ 2004, 168; BPatG 7.7.2004 28 W (pat) 227/03; BPatG 15.12.2004 28 W (pat) 266/04.

57 *Schulte* Rn 30.

58 Vgl BPatG BlPMZ 1990, 34: nicht unterschriebener Zurückweisungsbeschluss; BPatGE 38, 16; *Fitzner/Lutz/Bodewig* Rn 12.

59 BPatGE 27, 125 = Mitt 1986, 36.

60 BVerfG NJW 1985, 788; BGH VersR 1984, 1192, zu einem nicht ordnungsgem verkündeten Urteil, das nur einen Urteilsentwurf bildet und keine Berufungsfrist auslöst.

61 BGHZ 137, 49 = NJW 1998, 609 (auch zu den weitergehenden Wirkungen als nur anfechtbarer Hoheitsakt und nicht nur als Entwurf, die durch Verkündung eines nicht unterschriebenen Beschlusses oder Urteils entstehen, mwN; vgl aber BPatG. 8.5.2008 10 W (pat) 11/07 Mitt 2009, 285 Ls, zu einem wirksamen, nur einen schweren Mangel aufweisenden Beschlusses.

62 BPatG BlPMZ 2014, 140; *Thomas/Putzo* Vorbem § 300 ZPO Rn 11 ff; *Bühring* § 18 GebrMG Rn 13; BVerfG NJW 1985, 788; BGH GRUR 1994, 724 Spinnmaschine mwN; zum Fall der Verkündung einer Entscheidung, die hierdurch nicht nur Scheinentscheidung ist und das Stadium des Entwurfs verlassen hat, s BPatG GRUR 2014, 913 und BGHZ 137, 49 = NJW 1998, 609; BPatGE 41, 44; BPatG 17.11.2004 29 W (pat) 178/02, Markensache: Entscheidung des DPMA trotz Verfahrensunterbrechung durch Insolvenz; BPatG 29.11.2010 9 W (pat) 48/09.

63 BPatG 29.11.2010 9 W (pat) 48/09, darauf abstellend, dass nur so der Ausspruch nach § 80 Abs 3 eröffnet sei; BPatG BlPMZ 2006, 415; dagegen „Aufhebung" BPatG 17.12.2002 23 W (pat) 48/01. *Ströbele/Hacker* § 66 MarkenG Rn 8.

schwer Rn 86). Die hiergegen gerichtete Beschwerde ist deshalb statthaft (vgl. auch Rn 113 zu § 80)[64] und auch im Hinblick auf die deklaratorische Feststellung der Unwirksamkeit des angefochtenen „Beschlusses" („Der Beschluss vom ... ist unwirksam" oder „Es wird festgestellt, dass ...")[65] nicht gegenstandslos.[66]

Typischer Fall eines Scheinbeschlusses ist der **nicht unterzeichnete Beschluss** (zur Papierform **50** 7. Aufl Rn 33 zu § 47),[67] der, sofern er im schriftlichen Verfahren ergangen und nicht zB anlässlich einer Anhörung durch Verlesen der schriftlich abgefassten Beschlussformel entspr §§ 310, 329 Abs 1 ZPO verkündet worden ist,[68] entspr §§ 329 Abs 1, 317 Abs 2 Satz 2 ZPO einer Unterschrift – bzw nach § 27 Abs 3 der Unterschriften der Mitglieder der Patentabteilung[69] – bedarf[70] und der ansonsten lediglich einen unverbindlichen Entwurf bildet.[71] Denn während nach § 47 Abs 1 Satz 2 verkündete Beschlüsse bereits im Zeitpunkt der Verkündung der schriftlichen Beschlussformel und nicht erst mit Unterschrift des abgefassten Beschlusses existent und zugleich wirksam sind[72] und damit nach § 73 Abs 1 anfechtbar werden,[73] wird bei Entscheidungen nach § 47 Abs 1 Satz 1 im schriftlichen Verfahren der Beschluss erst mit Unterzeichung existent, während zuvor nur ein unverbindlicher Entwurf vorliegt (Rn 32ff zu § 47). Bindend wird ein solcher Beschluss erst, sobald er die Akten endgültig verlassen hat, wirksam sogar erst mit seiner Zustellung (hierzu Rn 60 zu § 47; Rn 46 zu § 78; zur Beschwerde Rn 55 zu § 79). Die Unterschrift ist hier also bereits notwendige Voraussetzung für die Existenz eines beschwerdefähigen Beschlusses.[74] Sie kann deshalb auch nicht im Rahmen einer Berichtigung gem § 319 ZPO, die auch im Lauf des Beschwerdeverfahrens möglich wäre, nachgeholt werden, da nur existente Entscheidungen einem Berichtigungsverfahren zugänglich sein können.[75] Es ist die erneute Zustellung des Beschlusses erforderlich und eine (neue) Beschwerdefrist (Rn 130) wird in Lauf setzt.[76] Dieses Unterschriftserfordernis gilt ebenso für den elektronisch erstellten „Beschluss", der sich deshalb bei fehlender wirksamer elektronischer Signatur nach § 5 Abs 2 EAPatV (aF) als bloße Mitteilung bzw als Entwurf erweist und dem die Qualität eines Beschlusses nicht zuerkannt werden kann.[77]

Bei verkündeten Beschlüssen liegt zwar ein existenter Beschluss und kein Scheinbeschluss vor, man- **51** gelt es aber hinsichtlich der zuzustellenden schriftlichen Ausfertigung an der wirksamen Unterzeichnung oder der wirksamen elektronischen Signatur, fehlt es an einem Beschlussurdokument[78] und es liegt ein **Begründungsmangel** des verkündeten Beschlusses vor.[79] Insoweit soll die Nachholung der Unterschrift unter das begründete Beschlussurdokument allerdings nur entspr §§ 517, 548 ZPO innerhalb der Frist von fünf Monaten nach der Verkündung der Entscheidung erfolgen können (zur Rückzahlung der Beschwer-

---

64 BPatG BlPMZ 2006, 415; BPatG 21.2.2013 10 W (pat) 19/12; aA, wonach die Beschwerde unstatthaft sein soll, BPatG 7.6.2013 10 W (pat) 25/12; BPatG 29.8.2013 10 W (pat) 29/12; BPatG 16.9.2013 10 W (pat) 32/12.

65 BPatG 21.2.2013 10 W (pat) 19/12.

66 So aber BPatGE 41, 44, Markensache; BPatG 10.3.2008 11 W (pat) 4/08; BPatG 27.7.2009 20 W (pat) 65/04.

67 Zum elektronischen Beschluss Rn 33 zu § 47.

68 Hierzu BGHZ 137, 49 = BGH NJW 1998, 609; BPatGE 52, 184 = GRUR-RR 2011, 434, Markensache.

69 Str. ob aller Mitglieder. *Schulte* § 47 Rn 7; *Mes* § 47 Rn 7; *Ströbele/Hacker* § 61 MarkenG Rn 4, Unterschriften aller Prüfer fordernd; BPatG BlPMZ 2006, 41, offengelassen in BPatG BlPMZ 1995, 68 und BGH BlPMZ 1995, 68, letzterer jedenfalls den Verhinderungsvermerk nach § 315 Abs 1 Satz 2 ZPO anerkennend..

70 BPatG GRUR 2014, 913; BPatG BlPMZ 2006, 41; BPatG 20.1.2011 28 W (pat) 114/10, Markensache, BPatGE 41, 44, Markensache.

71 BGHZ 137, 49 = BGH NJW 1998, 609; BGH GRUR 1994, 724 = BlPMZ 1995, 68 Spinnmaschine; BPatG 21.2.2013 10 W (pat) 19/12; BPatG BlPMZ 2006, 41; BPatGE 52, 184 = GRUR-RR 2011, 434, Markensache; BPatGE 38, 16, für Beschlüsse der Markenstellen; *Benkard* § 47 Rn 5.

72 BPatGE 52, 184 = GRUR-RR 2011, 434 Markensache; BPatG 21.3.2013 10 W (pat) 19/12.

73 BPatGE 54, 189 = GRUR 2014, 913.

74 BPatG 21.3.2013 10 W (pat) 19/12 ; BPatG BlPMZ 2006, 41; BPatGE 52, 184 = GRUR-RR 2011, 434, Markensache.

75 BPatGE 52, 184 = GRUR-RR 2011, 434, Markensache.

76 BPatG 10.6.2013 20 W (pat) 24/12; BPatG BlPMZ 2006, 41; BPatGE 41, 44, Markensache; BPatGE 52, 184 = GRUR-RR 2011, 434, Markensache.

77 BPatGE 54, 189 = GRUR 2014, 913; BPatGE 54, 89 = BlPMZ 2014, 140; BPatG 28.3.2013 12 W (pat) 36/12; zur dennoch anzunehmenden Gültigkeit bei Vorliegen besonderer Umstände BPatG BlPMZ 2014, 355; ebenso Wirksamkeit bei nur „qualifizierter Container-Signatur" statt singulärer Signatur annehmend BPatG 29.8.2013 10 W (pat) 14/13; BPatG 28.8.2013 10 W (pat) 20/12; BPatG BlPMZ 2014, 144; BPatGE 54, 72 = Mitt 2013, 447; BPatG 10.9.2013 10 W (pat) 13/13.

78 *Fitzner/Lutz/Bodewig* § 47 Rn. 9; *Schulte* § 47 Rn 13.

79 BGH NJW 2006, 1881; BPatGE 54, 189 = GRUR 2014, 913; BPatG 28.10.2015 9 W (pat) 43/09.

degebühr Rn 97 zu § 80).[80] Die Vorschriften der ZPO über die Einhaltung der maximalen Begründungsfrist sollen wegen des Rechtscharakters des Einspruchsverfahrens als gerichtsähnliche Verwaltungsverfahren mit kontradiktorischen Elementen (s auch Rn 13 zu § 59; Rn 97 zu § 80) entspr anwendbar sein.[81]

52 **d.** Der **Meistbegünstigungsgrundsatz** gebietet es, Entscheidungen, die materiell keinen Beschluss-charakter haben, aber in Gestalt eines Beschlusses ergehen, dh ihrer Bezeichnung nach inkorrekt oder zwh sind, der Anfechtbarkeit zu unterwerfen; Fehler des DPMA dürfen in diesem Fall nicht zu Lasten des Betroffenen gehen.[82] Danach ist entweder das Rechtsmittel möglich, das gegen die tatsächlich erlassene Entscheidung statthaft ist, oder wahlweise das Rechtsmittel, das gegen die Entscheidung bei richtiger Bezeichnung statthaft wäre.[83] Der Grundsatz findet keine Anwendung, sofern bei Wahl der richtigen Ent-scheidungsform gegen die angefochtene Entscheidung ein Rechtsmittel nicht statthaft wäre, da der Grundsatz nicht zu einer Erweiterung des Rechtsmittelzugs oder sonstigen prozessualen Vorteilen führen soll.[84]

53 **e. Beschlüsse in Hauptsache- und Nebenverfahren.** Abs 1 nennt die Beschlüsse der Prüfungsstel-len und Patentabteilungen. Dies ist in erster Linie historisch zu erklären, weil die Entscheidungen der Beschwerdeabteilung auch vor Ausgliederung des BPatG nicht beschwerdefähig waren.[85] Bei ihnen handelt es sich um Beschlüsse des DPMA. Zu nennen sind zunächst die das Erteilungs- und Einspruchsverfahren abschließenden Entscheidungen (Versagung und Erteilung des Patents, ebenso die entspr Entscheidungen in Bezug auf ergänzende Schutzzertifikate, Aufrechterhaltung und Widerruf), bei Gebrauchsmustern die das Eintragungsverfahren abschließenden Entscheidungen (auch die Eintragungsverfügung,[86] zur Lö-schungsverfügung Rn 43), daneben die Entscheidung im Widerrufs- und Beschränkungsverfahren.

54 Auch die **Nebenverfahren** abschließenden Beschlüsse sind beschwerdefähig. Hierunter fallen auch die nach der WahrnV vorgesehenen Beschlüsse des Beamten des gehobenen oder mittleren Diensts, etwa in den Fällen des Nichtwidersprechens oder beim Kostenfestsetzungsbeschluss nach § 62 Abs 2 Satz 4.[87] Gegen den Kostenansatz des DPMA sehen § 11 PatKostG, § 11 DPMAVwKostV die Erinnerung vor; die Ent-scheidung über sie ist nach § 11 Abs 2 PatKostG, § 11 Abs 2 DPMAVwKostV beschwerdefähig (Rn 8 zu § 11 PatKostG).

55 Auch **Zwischen- und Teilbeschlüsse** entspr § 280 ZPO, die eine Anordnung abgesonderter Verhand-lung voraussetzen, sind nicht nur für die Instanz bindend (zum Anwendungsbereich Rn 222 ff, 251 zu § 59; Rn 102 zu § 79),[88] sondern auch selbstständig anfechtbar,[89] da sie nach Abs 2 Satz 1 in betreff der Rechts-mittel als Endentscheidungen anzusehen sind, insb auch wenn sie unzulässig waren,[90] wie selbstständige Entscheidungen über den Anmeldetag nach § 35 (Rn 22 f zu § 35; zu Art 108 EPÜ Rn 92 vor § 73).[91] Dies gilt auch für alle von § 252 ZPO erfassten Zwischenbescheide (Rn 70). Nicht isoliert anfechtbar sind jedoch die

---

80 BPatGE 54, 189 = GRUR 2014, 913 unter Hinweis auf BGH NJW 2006, 1881; BPatG 28.10.2015 9 W (pat) 43/09, unter Hinweis darauf, dass es sich um ein gerichtsähnliches Verwaltungsvefahren mit kontradiktorischen Elementen handelt.

81 BPatG 28.10.2015 9 W (pat) 43/09.

82 BPatGE 13, 163 = Mitt 1972, 177; vgl auch BPatGE 17, 14 f = BlPMZ 1975, 145 zu dem lediglich als Anregung zu verstehenden „Antrag“ eines Dritten, ein Patent im Register zu löschen.

83 *Thomas/Putzo* Vorbem § 511 ZPO Rn 8 f.

84 BGH NJW-RR 2006, 1184; BGH NJW 1977, 1448; *Thomas/Putzo* Vorbem § 511 ZPO Rn 10.

85 Vgl *Klauer/Möhring* § 36l Rn 4.

86 BPatGE 24, 149 f = GRUR 1982, 367: Eintragungsverfügung nach Hilfsantrag; *Bühring* § 18 GebrMG Rn 15; ebenso zur Löschungsverfügung im Markenrecht als Entscheidung im materiellen Sinn *Ströbele/Hacker* § 54 MarkenG Rn 1, § 53 MarkenG Rn 6.

87 BPatG 4.11.2004 10 W (pat) 40/02, zu den Kosten der Beschwerde nach § 62 Abs 2 Satz 3 im GbmLöschungsverfahren; BPatG 28.4.2005 10 ZA (pat) 6/04.

88 *Starck* GRUR 1985, 798, 800.

89 BPatGE 28, 94 = BlPMZ 1986, 259; BPatGE 29, 65 = GRUR 1987, 807: Nichterledigung des Einspruchsverfahrens nach Erlöschen des Patents; *Benkard* Rn 18; *Fitzner/Lutz/Bodewig* Rn 9, auf die drohende endgültige Beeinträchtigung der Rechtsposition abstellend.

90 BGHZ 172, 98 = GRUR 2008, 87 Patentinhaberwechsel im Einspruchsverfahren; BPatG GRUR 2002, 371; BGH NJW 1981, 989; vgl *Benkard* Rn 7.

91 *Bühring* § 18 GebrMG Rn 13; § 4a Rn 41.

Zwischenentscheidungen entspr dem auch im Verfahren vor dem BPatG entspr anwendbaren[92] § 303 ZPO. Sie setzen fehlende Entscheidungsreife in der Hauptsache voraus[93] und binden nur die Instanz (entspr § 318 ZPO; Bsp Rn 223 zu § 59). Die Abgrenzung von § 280 ZPO zu § 303 ZPO ist str (Rn 222 zu § 59).[94] Hiervon zu unterscheiden und nicht isoliert anfechtbar sind insb auch die eine Hauptsacheentscheidung lediglich vorbereitenden und einen verfahrensrechtl Aspekt betr verfahrensleitenden Anordnungen, die **„Zwischenbescheide" mit Verfügungscharakter** (Rn 71; Rn 225, 314 zu § 59), seien sie auch in Beschlussform gekleidet (zur Meistbegünstigung Rn 52).[95] Hingegen ist die Ablehnung einer Vorabentscheidung nicht selbstständig beschwerdefähig, weil sie keine abschließende Regelung darstellt.[96]

Isoliert anfechtbar ist abw von § 99 ZPO (und Regel 97 Abs 1 AOEPÜ, vgl Rn 91 vor § 73) die zugleich **56** mit der Hauptsacheentscheidung getroffene **Kostenentscheidung** nach § 62 Abs 1 Satz 1, da dem DPMA insoweit ein Ermessen eingeräumt ist.[97] Die Anfechtungsmöglichkeit ist hier schon durch Art 19 Abs 4 GG eröffnet;[98] das gilt ebenso für die Ablehnung der Rückzahlung[99] und die Anordnung der Wiedereinzahlung von Gebühren.[100] Die Kostenentscheidung ist nur eingeschränkt darauf überprüfbar, ob die Voraussetzungen des Ermessens und seiner Grenzen eingehalten sind und von diesem Ermessen in einer dem Zweck der Ermächtigung entspr Weise Gebrauch gemacht wurde (Rn 28 zu § 62; Rn 52 zu § 79; zu den Kosten auch Rn 17 zu § 80).

f. Einzelfälle. Anfechtbar sind Entscheidungen, mit denen die **Offenlegungsunterlagen** abw von **57** den Anträgen des Anmelders festgelegt werden.[101]

Anfechtbar ist die Ablehnung des Antrags, eine **beanspruchte Priorität** in eine Veröffentlichung **58** aufzunehmen.[102]

Anfechtbar ist die Erklärung eines **Ablehnungsgesuchs** nach § 27 Abs 6 als unbegründet.[103] Ob trotz **59** der fehlenden Verweisung auf § 46 Abs 2 ZPO in § 27 Abs 6 Satz 1 die Anfechtbarkeit der erfolgreichen Ablehnung des Prüfers oder Mitglieds der Patentabteilung ausgeschlossen ist, ist str (vgl Rn 78 zu § 27).

Anfechtbar sind Anordnung und Ablehnung der **Umschreibung** nach § 30 Abs 3.[104] Auch bei einem **60** Schreiben des DPMA mit der Aussage, die Umschreibung könne nicht rückgängig gemacht werden, handelt es sich um einen anfechtbaren Beschluss.[105]

Anfechtbar sind Anordnung und Ablehnung der Änderung der **Erfinderbenennung**,[106] Ablehnung **61** des Antrags auf Nichtnennung als Erfinder nach § 63 Abs 1 Satz 3.[107]

Anfechtbar ist die Entscheidung über die Eintragung eines **Lizenzvermerks**. Anfechtbar sind die **62** Festsetzung der angemessenen Vergütung im Fall der **Lizenzbereitschaft** nach § 23 Abs 4 und die Entscheidung über einen Änderungsantrag nach § 23 Abs 5.[108]

---

92 BPatG GRUR 1978, 454; *Baumbach/Lauterbach/Albers/Hartmann* § 303 ZPO Rn 3.
93 *Baumbach/Lauterbach/Albers/Hartmann* § 303 ZPO Rn 1.
94 Hierzu *Zöller* § 303 ZPO Rn 6.
95 *Starck* GRUR 1985, 798, 801.
96 BPatGE 15, 134 = Mitt 1973, 234.
97 BPatGE 7, 134; BPatG 11.3.1969 26 W (pat) 423/68; BPatGE 10, 311 = GRUR 1970, 432, WzSache; BPatG Mitt 1970, 34, WzSache, betr Akteneinsicht; BPatG GRUR 1971, 220, WzSache; BPatGE 12, 193, 195 = Mitt 1972, 75; zwd *Lindenmaier* § 36l Rn 6 mwN.
98 *Bühring* § 17 GebrMG Rn 61.
99 RPA BlPMZ 1937, 58: Umschreibungsgebühr; RPA BlPMZ 1937, 179; DPA BlPMZ 1954, 17; *Benkard* Rn 11, § 62 Rn 12.
100 *Schulte* Rn 39; insoweit nicht ganz unzwh.
101 BPatGE 10, 160, 162 = Mitt 1969, 35; BPatGE 10, 183, 185 = Mitt 1969, 38; BPatGE 10, 188, 190 = Mitt 1969, 32, jeweils Übergangsfälle des PatÄndG 1967 betr; *Benkard* Rn 11.
102 PA BlPMZ 1908, 204; PA BlPMZ 1915, 29; PA BlPMZ 1917, 127; RPA Mitt 1922, 29; RPA Mitt 1933, 300; RPA BlPMZ 1935, 137; *Benkard* Rn 11.
103 BPatGE 2, 85 = BlPMZ 1962, 305; BPatGE 9, 3; BPatG. 8.11.2007 10 W (pat) 57/06; vgl auch BPatG 7.8.2003 10 W (pat) 57/01.
104 RPA Mitt 1937, 139; *Benkard* Rn 10; *Lindenmaier* § 36l Rn 3; vgl BGH GRUR 1969, 43 Marpin (WzSache); BPatGE 41, 150 = GRUR 1999, 982; BPatGE 49, 136.
105 BPatG 10.12.2007 10 W (pat) 34/06, zugleich zur Beschwerdeberechtigung.
106 BPatGE 13, 53 = Mitt 1972, 116; *Benkard* Rn 8.
107 *Benkard* Rn 10.
108 *Benkard* Rn 10; BPatG 2.12.1965 5 W (pat) 79/64 BlPMZ 1966, 287 Ls.

63   Auch gegen Entscheidungen über **Auszeichnung** und **Umklassifizierung** dürfte entgegen früherer Ansicht[109] die Beschwerde gegeben sein, da diese nunmehr den Prüfern der Patentabteilung 1.11 übertragen sind.[110]

64   Anfechtbar ist die Entscheidung über einen **Akteneinsichtsantrag** nach § 31 Abs 1 Satz 1.

65   Anfechtbar sind die Entscheidung über die **Geheimhaltungsanordnung**, deren Ablehnung (§ 74 Abs 2) und Aufhebung.[111]

66   Anfechtbar ist auch die Ablehnung des Antrags des Einsprechenden, ihm die **Schriftsätze der übrigen Einsprechenden** mitzuteilen.[112]

67   Anfechtbar sind insb auch die **Feststellung des Eintritts oder Nichteintritts bestimmter Rechtsfolgen**,[113] so bei Nichtzahlung einer Gebühr,[114] zur Wirksamkeit der Teilung,[115] zur Inanspruchnahme[116] der Zulässigkeit oder Unzulässigkeit eines Einspruchs und sonstige Vorab- oder Zwischenentscheidungen im Zusammenhang mit dem Einspruchsverfahren[117] und der Verwirkung einer Priorität,[118] nicht aber die bloße Mitteilung über der Folgen der Inanspruchnahme einer inneren Priorität,[119] den Zeitraum des Erlasses der Entscheidung[120] oder die Unterrichtung des Gegners nach § 17 Abs 1 Satz 2 GebrMG über die Rechtsfolgen des Nichtwiderspruchs im GbmLöschungsverfahren.[121]

68   Anfechtbar ist die **Ablehnung des Antrags auf Wiedereinsetzung** in den vorigen Stand[122] (nicht auch die Bewilligung der Wiedereinsetzung; Rn 41), die allerdings regelmäßig mit der Sachentscheidung verbunden sein wird, und auf Verfahrenskostenhilfe (nicht auch die Bewilligung).

69   Die **Ablehnung eines Berichtigungsantrags** ist beschwerdefähig (Rn 71 ff zu § 47),[123] dagegen nicht eine Verhandlungsniederschrift als solche.[124] Gegen einen offensichtlich fehlerhaften Beschluss kann auch mit der Beschwerde vorgegangen werden, wenn ein Berichtigungsantrag möglich ist.[125] Die Berichtigung setzt jedoch keine neue Beschwerdefrist gegen den berichtigten Beschluss in Lauf,[126] sofern nicht im Berichtigungsbeschluss die Beschwer begründet liegt.[127]

70   Die Anfechtbarkeit der (nach Aufhebung des Doppelschutzverbots wenig bedeutsamen) Anordnung[128] oder Ablehnung[129] der durch Zwischenbescheid angeordneten **Aussetzung** nach §§ 148 f ZPO, dh des Stillstands des Verfahrens kraft richterlicher Anordnung durch Beschluss (zur Zulässigkeit Rn 297 zu § 59), oder der Fortführung eines ausgesetzten Verfahrens[130] sind im Hinblick auf den nach § 99 Abs 1

---

109   Vgl DPA BlPMZ 1959, 11.

110   Vgl auch *Lindenmaier* § 36l Rn 3 zu den Beschlüssen der früheren Patentverwaltungsabteilung.

111   BGH GRUR 1972, 535 Geheimhaltungsanordnung; BPatGE 22, 136 f; *Benkard* Rn 10.

112   BPatGE 5, 16.

113   *Schulte* Rn 41; BPatG BlPMZ 2004, 168, Markensache; BPatG 15.12.2004 28 W (pat) 266/04, Markensache.

114   BPatGE 11, 80 = BlPMZ 1970, 127, 129; BPatGE 12, 32 = Mitt 1971, 94; BPatGE 13, 195 = Mitt 1972, 117.

115   BPatGE 29, 128 f = BlPMZ 1988, 215.

116   BGHZ 92, 188 = GRUR 1985, 34 f Ausstellungspriorität; BPatGE 6, 39 = GRUR 1965, 597; BPatGE 9, 211.

117   BGH GRUR 1985, 519 Wärmeaustauscher I; BPatGE 17, 228 = GRUR 1975, 600; BPatGE 26, 143 = GRUR 1984, 799; BPatG BlPMZ 1993, 62 f; Präsidium des BPatG BlPMZ 1984, 45; DPA BlPMZ 1954, 260; *Benkard* Rn 10; *Lindenmaier* § 36l Rn 3; BPatGE 36, 110 = GRUR 1996, 873 f: Entscheidung, das Einspruchsverfahren nach Verzicht auf das Patent fortzuführen; aA DPA BlPMZ 1955, 188 bei Bejahung der Zulässigkeit des Einspruchs.

118   BPatG Mitt 1971, 35; BPatGE 11, 34 = Mitt 1970, 114; BPatGE 11, 204 f = Mitt 1970, 135; BPatG Mitt 1971, 34; BPatGE 12, 133 = GRUR 1971, 569; BPatGE 14, 130; BPatGE 14, 135; BPatG Mitt 1973, 51; BPatGE 31, 43, 46 = GRUR 1990, 435; BPatG GRUR 1992, 380.

119   *Schulte* § 40 Rn 34; zum Eintritt der Rücknahmefiktion vgl BPatG BlPMZ 1983, 307; BPatGE 47, 10 = BlPMZ 2003, 244.

120   BPatG 12.12.2002 10 W (pat) 41/01.

121   BPatGE 47, 23 = BlPMZ 2004, 163.

122   RPA Mitt 1935, 113; RPA Mitt 1938, 253; DPA BlPMZ 1950, 351.

123   BPatGE 9, 202; BPatG Mitt 1971, 157; BPatGE 13, 77; BPatG GRUR 1972, 90; BPatG 18.12.2012 10 W (pat) 5/11; *Schulte* § 47 Rn 21; *Fitzner/Lutz/Bodewig* § 47 Rn 44; *Benkard* Rn 11, aA *Benkard*[10]; RPA BlPMZ 1938, 214.

124   EPA T 838/92.

125   BPatGE 35, 102 = BlPMZ 1996, 126.

126   BPatGE 9, 128.

127   BGH NJW 1977, 297.

128   *Baumbach/Lauterbach/Albers/Hartmann* § 252 ZPO Rn 3, 8.

129   Hierzu BPatGE 12, 141 = Mitt 1971, 139; *Kirchner* GRUR 1968, 295, 298.

130   *Thomas/Putzo* § 252 ZPO Rn 4.

entspr anwendbaren § 252 ZPO (Rn 55) zu bejahen,[131] unabhängig davon, ob diese Entscheidungen durch Beschluss oder Verfügung erfolgen.[132] Eine entspr Anwendung nach § 252 ZPO kommt auch bei Entscheidung über das **Ruhen** iSv § 251a ZPO – einem regelmäßig allerdings im Einspruchs(beschwerde)verfahren nicht anwendbaren (Rn 297 zu § 59) Sonderfall der Aussetzung[133] – oder der durch Zwischenbescheid entspr § 252 ZPO – und nicht § 303 ZPO[134] – zu treffenden feststellenden Entscheidung über die **Unterbrechung** iSv §§ 239 ff ZPO, dh des Verfahrensstillstands kraft Gesetzes (zur Vertagung Rn 225 zu § 59) in Betracht.[135]

Unanfechtbarkeit. Nicht anfechtbar sind neben den unter Rn 41 genannten Fällen, in denen die **71** Nichtanfechtbarkeit gesetzlich geregelt ist, und den Entscheidungen anderer Stellen als der Prüfungsstellen und Patentabteilungen insb Beweisbeschlüsse,[136] verfahrensleitende Verfügungen (zum Begriff Rn 225 zu § 59) wie die Ablehnung von Fristgesuchen und Beschleunigungsanträgen,[137] die Anordnung eines Aufschubs der Bearbeitung,[138] bloße Hinweise,[139] Zwischenbescheide mit Verfügungscharakter (Rn 55; Rn 225 zu § 59), gesetzlich vorgeschriebene Mitteilungen und Benachrichtigungen[140] sowie die Ablehnung verfahrensleitender Maßnahmen, auf die kein Anspruch besteht, wie der Verbindung mehrerer Verfahren (Rn 225 zu § 59),[141] der Zuziehung eines rechtskundigen Mitglieds nach § 27 Abs 3 Satz 3, der Anordnung einer Anhörung nach § 46 (Rn 16 zu § 46), der Bibliographiemitteilung,[142] des Aufschubs des Drucks der Patentschrift,[143] der Berichtigung einer Patentschrift,[144] der Unterlassung der Anführung von Vorveröffentlichungen in der Patentschrift,[145] einer beantragten Mitteilung über die Wirksamkeit eines Prüfungsantrags.[146]

Erst recht nicht anfechtbar sind bloße **Meinungsäußerungen**, durch die nichts geregelt werden **72** soll.[147] Als nicht beschwerdefähig sind angesehen worden Äußerungen über den Umfang einer Generalvollmacht[148] und über den Altersrang.[149]

Weitere beschwerdefähige Beschlüsse des Patentamts. Aufgrund spezialgesetzlicher Regelung **73** oder Verweisung sind mit der Beschwerde an das BPatG anfechtbar die Beschlüsse der GbmStelle und der GbmAbteilungen (§ 18 Abs 1 GebrMG), der Topographiestelle und der Topographieabteilung (§ 4 Abs 4 Satz 3 HlSchG iVm § 18 GebrMG), der Markenstellen und der Markenabteilungen (§ 66 Abs 1 Satz 1 MarkenG) des DPMA sowie die Beschlüsse des DPMA in Verfahren nach dem DesignG (§ 23 Abs 4 DesignG). Zuständig ist in Gbm- und Topographiesachen der 35. Senat und in Designsachen der 30. Senat.

Auch die **Beschlüsse der Widerspruchsausschüsse des Bundessortenamts** können mit der Be- **74** schwerde zum BPatG angefochten werden[150] (§ 34 SortG). Zuständig ist der (selten angerufene) 36. Senat.

---

131   BPatGE 6, 53 = GRUR 1965, 597; BPatGE 8, 205; *Benkard* Rn 11; *Schulte* Rn 41 unter Hinweis auf § 252 ZPO; BPatGE 10, 131, 135 = GRUR 1970, 100, WzSache.
132   *Baumbach/Lauterbach/Albers/Hartmann* § 252 ZPO Rn 3.
133   BGH NJW 2009, 2539, für alle Arten der Aussetzung; *Baumbach/Lauterbach/Albers/Hartmann* § 252 ZPO Rn 3, 8.
134   So aber BGH GRUR Int 2010, 436 Schnellverschlusskappe; *Baumbach/Lauterbach/Albers/Hartmann* § 303 ZPO Rn 8.
135   *Thomas/Putzo* § 252 ZPO Rn 2; *Baumbach/Lauterbach/Albers/Hartmann* § 252 ZPO Rn 3.
136   PA BlPMZ 1903, 187; RPA BlPMZ 1937, 196.
137   BPatGE 10, 35, 40 = Mitt 1968, 136; *Benkard* Rn 16; vgl auch *Bühring* § 18 GebrMG Rn 18 mwN.
138   RPA MuW 37, 313.
139   BPatGE 1, 10 = BlPMZ 1962, 72: Zahlungsbelehrung; BPatG BlPMZ 1983, 184; BPatG BlPMZ 1983, 307; BPatG BlPMZ 2003, 242.
140   BPatGE 3, 8 = GRUR 1964, 445; BPatGE 10, 43 = Mitt 1968, 139: „Aufruf" nach § 1 Abs 2 Nr 1 PatÄndG 1967; BPatGE 24, 218 = BlPMZ 1982, 356.
141   BPatGE 27, 82 = BlPMZ 1985, 270; vgl *Lindenmaier* § 36l Rn 5; aA *Benkard* Rn 19.
142   BPatG Mitt 1984, 32.
143   RPA BlPMZ 1922, 60; RPA BlPMZ 1934, 214.
144   RPA BlPMZ 1938, 214, zwh.
145   DPA BlPMZ 1955, 186.
146   BPatGE 15, 134 = Mitt 1973, 234.
147   BPatG Mitt 1993, 144.
148   BPatGE 3, 13 f = GRUR 1964, 445.
149   PA BlPMZ 1910, 252; PA BlPMZ 1917, 127; RPA Mitt 1934, 30; DPA BlPMZ 1955, 216; aA EPA J 25/86 ABl EPA 1987, 475, 478 = GRUR Int 1988, 253 Identität des Anmelders.
150   Näher *Keukenschrijver* SortG Kommentierung zu § 34 SortG.

75   **Verfahren nach dem Patentzusammenarbeitsvertrag (PCT).** Das DPMA kann hier als Anmeldeamt (Art 10 PCT, Art III § 1 IntPatÜG) oder als Bestimmungsamt (Art III § 4 IntPatÜG) tätig werden.

76   Auf die Tätigkeit als **Anmeldeamt** sind die Vorschriften über das Verfahren vor dem DPMA nur ergänzend anzuwenden (Art III § 1 Abs 4 IntPatÜG). Unstr besteht infolge der Verweisung auf die Vorschriften des PatG in Art III § 2 Abs 1 Satz 2 IntPatÜG hier eine Beschwerdemöglichkeit, soweit das DPMA die Geheimhaltungsbedürftigkeit der Anmeldung zu prüfen hat. Das BPatG hat aus dem Gesichtspunkt der Rechtsweggarantie des Art 19 Abs 4 GG aber auch im übrigen in entspr Anwendung der Regelung über die Beschwerde die Eröffnung des Beschwerdewegs zum BPatG bejaht.[151]

77   Soweit das DPMA als **Bestimmungsamt** tätig wird, ist der Beschwerdeweg in vollem Umfang eröffnet (Art III § 5 Abs 1 Satz 3 IntPatÜG).

78   **3. Beschwerdeberechtigung.** Als weitere Voraussetzung der Statthaftigkeit der Beschwerde ist in § 74 die ausschließlich an die formelle Beteiligung am Verfahren vor dem DPMA geknüpfte Beschwerdeberechtigung geregelt (Rn 8 zu § 74). Es ist deshalb unerheblich, ob die Beteiligung wirksam oder zulässig war, wie im Fall der Beschwerde eines Einsprechenden oder eines nach § 59 Abs 2 Beigetretenen, deren Einspruch/Beitritt unzulässig war (Rn 10 zu § 74).

4. Beschwer; Rechtsschutzbedürfnis

79   **a. Grundsatz.** Die Beschwerde ist – wie auch sonstige Rechtsmittel – grds nur zulässig, wenn der Beschwerdeführer durch die angefochtene Entscheidung beschwert ist[152] und wenn mit der Beschwerde die Beseitigung dieser Beschwer angestrebt wird (zum Zeitpunkt Rn 87),[153] dh sein Begehren ganz oder teilweise weiterverfolgt,[154] die Patentansprüche können also durchaus neu gefasst sein. Die Beschwer begründet das besondere Rechtsschutzbedürfnis für die Anrufung der höheren Instanz[155] und ist vom allg Rechtsschutzbedürfnis als Zulässigkeitsvoraussetzung der Beschwerde sowie vom Rechtsschutzbedürfnis für die Führung des zugrundeliegenden Anmelde- oder Einspruchsverfahrens als solchem (vgl zur Terminologie Rn 43 vor § 34) zu unterscheiden (Rn 106, 108, 198). Hierbei muss auch die Beseitigung der Beschwer noch im Entscheidungszeitpunkt angestrebt werden (Einzelheiten Rn 87). Eine Beschwerde ist deshalb unzulässig, wenn der Anmelder im Hinblick auf seine nachträgliche Zustimmung zu einer Änderung mit seiner Beschwerde gerade nicht die Beseitigung der vermeintlichen Beschwer anstrebt;[156] sie wird auch bei späterem Wegfall der Beschwer unzulässig (Rn 87, 90). Dies ist zwar weder in den Bestimmungen des PatG noch in jenen der ZPO über die Beschwerde ausdrücklich bestimmt, entspricht aber gefestigter Rspr und einhelliger Auffassung in der Lit.[157]

80   **b. Beschwer.** Beschwer erfordert als besondere Rechtsmittelvoraussetzung ein formelles Abweichen der Entscheidung von Sachanträgen oder eine materiell nachteilige Sachentscheidung zu Lasten des Beklagten.[158] Grds richtet sich die Beurteilung der Beschwer nach dem Tenor der angefochtenen Entscheidung;[159] die Beschwer kann sich aber auch aus der gegebenen Begründung hinsichtlich eines Teils des geltend gemachten Interesses ergeben, weil dem Begehren nicht entsprochen wurde (zur widerrechtl Ent-

151 BPatGE 23, 146 = BlPMZ 1981, 242; BPatG BlPMZ 1989, 138; vgl auch BPatGE 25, 8 = BlPMZ 1982, 350; BPatG BlPMZ 1990, 34; ebenso *Benkard* Rn 12; kr mit Rücksicht auf die Überprüfungsmöglichkeit durch die Bestimmungsämter nach Art 25 PCT *Schulte* Rn 43 ff.

152 BGH GRUR 1967, 94 ff Stute; BGH GRUR 1972, 535 f Geheimhaltungsanordnung; BPatGE 11, 227 f = BlPMZ 1971, 24; BPatGE 22, 248 = BlPMZ 1980, 313: Anfechtung des nur hins der Angabe des Anmeldetags; PA BlPMZ 1917, 126; BPatG 23.6.2005 10 W (pat) 12/04 (unter dem Gesichtspunkt des Rechtsschutzbedürfnisses); RPA BlPMZ 1928, 231; RPA BlPMZ 1933, 30; RPA BlPMZ 1934, 214; DPA BlPMZ 1952, 193; *Benkard* Rn 20; *Mes* Rn 13; *Fezer* § 66 MarkenG Rn 10.

153 BPatG 30.3.2006 10 W (pat) 42/05; BPatG 19.10.1995 4 W (pat) 52/95; *Zöller* vor § 511 ZPO Rn 10.

154 *Benkard* Rn 20; *Schulte* Rn 47.

155 *Mes* Rn 13.

156 BPatG 30.3.2006 10 W (pat) 42/05.

157 Vgl *Brox* ZZP 81, 379; *Bettermann* ZZP 82, 24; *Kahlke* ZZP 94, 423.

158 BGH NJW 1955, 545.

159 BGHZ 50, 261, 263.

nahme Rn 99).[160] Ob das tatsächlich der Fall ist, braucht bei der Prüfung der Zulässigkeit nicht erörtert zu werden; es genügt vielmehr, dass die Beschwer schlüssig behauptet wird.[161] Beschwer fehlt regelmäßig, wenn antragsgemäß entschieden wurde[162] (vgl aber Rn 96 ff) oder die Abweichungen vom Antrag rein redaktioneller Art sind.[163] Unter Zugrundelegung einer fehlenden Antragsbindung gegenüber dem Einsprechenden (Rn 292 zu § 59) kann allein aus einem dem Antrag entspr Teilwiderruf nicht auf fehlende Beschwer geschlossen werden, da dem Antrag nur der Charakter einer Anregung zukommt und der Einspruch eine Überprüfung des gesamten Patents auslöst.[164]

Die Beschwer muss konkret den **Beschwerdeführer** betreffen; die Möglichkeit zukünftiger unrichtiger Beurteilung einer Rechtsfrage begründet für sich keine Beschwer.[165] Eine ausdrückliche Regelung enthält Art 107 Satz 1 EPÜ (Rn 97 vor § 73). Jedoch setzt die Beschwerde der in § 74 Abs 2 genannten obersten Bundesbehörden eine Beschwer nicht voraus.[166] **81**

c. Formelle Beschwer. Die Beschwer kann formeller Art sein, derart, dass von den vom Beschwerde- **82** führer in der Vorinstanz gestellten Anträgen in ihm nachteiliger Weise abgewichen wird,[167] so auch bei Antrag eines Nebenbeteiligten auf Löschung der Vertreterangabe im Patentregister.[168] Anträge, die erst nach Übergabe der Entscheidung an die Postabfertigungsstelle zur Zustellung eingegangen sind, bleiben dabei unberücksichtigt (Rn 46 zu § 78).[169] Auch die Fälle unterbliebener Entscheidung über behauptete widerrechtl Entnahme bei Versagung oder Widerruf wegen mangelnder Schutzfähigkeit[170] lassen sich über den Gesichtspunkt der formellen Beschwer lösen.[171]

Insoweit ist anerkannt, dass mit dem Widerrufsgrund der **widerrechtlichen Entnahme** ein besonde- **83** res Interesse geltend gemacht wird, das bei den anderen Widerrufsgründen nicht gegeben ist, und deshalb die Nichtbescheidung eine Beschwer des einsprechenden Verletzten begründet, wenn ihm das Rechtsschutzziel, ein Nachanmelderecht nach § 7 Abs 2 geltend machen zu wollen (nicht nur theoretisch zu können), dadurch genommen wird, dass der Widerruf des Patents nicht auf die widerrechtl Entnahme gestützt wird.[172] Nimmt man insoweit folgerichtig auch eine Bescheidungspflicht an (Rn 102; Rn 278 zu § 59), liegt formelle Beschwer vor.[173]

d. Materielle Beschwer. Die Beschwer kann auch materieller Art sein; hierfür genügt jeglicher **84** nachteiliger rechtskraftfähiger Inhalt der Entscheidung;[174] nicht ausreichend ist aber, dass der Anmelder nur die antragsgem der Erteilung zugrunde liegenden Patentansprüche ändern oder den Erfindungsgegenstand klarer fassen möchte (vgl Rn 90, 97).[175] Abzustellen ist grds auf den bestandskraftfähigen Inhalt

---

160   BGH GRUR 2001, 46 Abdeckrostverriegelung, unter Hinweis auf BGH NJW 1999, 3564.
161   BGH GRUR 1967, 194 Hohlwalze; BPatGE 11, 227 = BlPMZ 1971, 24; BPatG GRUR 1987, 113; *Schulte* Rn 51.
162   Vgl EPA T 613/97; EPA T 542/96; EPA T 54/00.
163   BPatG 30.3.2006 10 W (pat) 42/05.
164   Vgl hierzu auch BPatGE 44, 64 = GRUR 2002, 55.
165   BPatG 2.7.2003 5 W (pat) 409/02.
166   *Benkard* § 74 Rn 26.
167   BGH GRUR 2000, 907 Filialleiterfehler; BGH GRUR 2002, 47 Idarubicin III mwN; BPatG GRUR 2006, 1046; BPatG 9.8.2006 19 W (pat) 31/04: bei Widersprüchlichkeit des Beschlusstenors.
168   BGH GRUR 2009, 701 Niederlegung der Inlandsvertretung.
169   BGH GRUR 1967, 435 Isoharnstoffäther; *Lindenmaier* § 36m Rn 8; vgl auch RPA BlPMZ 1940, 66; DPA BlPMZ 1952, 193.
170   RPA BlPMZ 1942, 40 und BGH GRUR 2001, 46 Abdeckrostverriegelung.
171   Auf materielle Beschwer abstellend *Schulte* Rn 49.
172   BGH GRUR 2007, 996 Angussvorrichtung für Spritzgießwerkzeuge I; BGH GRUR 2001, 46 Abdeckrostverriegelung; BPatGE 9, 196, 199; RPA BlPMZ 1942, 40; *Benkard* Rn 24; *Lindenmaier* § 36m Rn 11; *Klauer/Möhring* § 36l Rn 9; *Reimer* § 36l Rn 3; zum Markenrecht BGH GRUR 2006, 701 Porsche 911 unter Hinweis auf BGH GRUR 1979, 94 Stute, wonach Beschwer selbst bei Zurückweisung des eigenen Widerspruchs verneint wurde, wenn die Löschung der angegriffenen Marke im Widerspruchsverfahren angeordnet wird.
173   So *Fitzner/Lutz/Bodewig* § 61 Rn 26 und § 59 Rn 116.
174   BPatG 24.7.2003 10 W (pat) 16/03; vgl BPatG BlPMZ 1985, 164 und EPA T 425/97: Abweichung der zugestellten Entscheidung von der verkündeten.
175   BPatG 24.7.2003 10 W (pat) 16/03; BPatG 13.3.2003 10 W (pat) 30/01, für die Irrtumsanfechtung eines irrelevanten Irrtums.

der Entscheidung, zu dessen Feststellung auch die Entscheidungsgründe heranzuziehen sein können; eine Beschwer kann sich aber grds nicht aus der Begründung der Entscheidung allein ergeben, weil diese der Bestandskraft nicht fähig ist;[176] für einen Sonderweg besteht hier keine Notwendigkeit. Andererseits kann eine materielle Beschwer – unabhängig von der Frage einer insoweit bestehenden Begründungspflicht (Rn 80) – auch dann vorliegen, wenn zwar der Widerruf des Patents im Einspruchsverfahren erfolgt, aber der auch geltend gemachte Widerrufsgrund der widerrechtl Entnahme (Rn 83) unbeschieden bleibt, oder wenn zwar den Anträgen des Anmelders in vollem Umfang entsprochen worden ist, der Erteilungsbeschluss aber nicht klar und eindeutig erkennen lässt, welche Unterlagen der Erteilung und der Publikation des Patents zugrunde gelegt worden sind, und daher inhaltliche Mängel aufweist. Ob dies tatsächlich der Fall ist, ist dagegen eine Frage der Begründetheit der Beschwerde.[177]

85   Eine **Beschwer im Kostenpunkt** kann in Hinblick auf den Charakter der Kostenentscheidungen in den Verfahren vor dem DPMA ausreichen (Rn 56).[178]

86   **e.** Die Beschwer kann auch darin bestehen, dass bei einem mangels Unterzeichnung in Wahrheit nur vorliegenden Entwurf, einem **Scheinbeschluss**, durch Zustellung der Ausfertigung an die Beteiligten der äußere Anschein eines dem DPMA zurechenbaren Akts entstanden ist,[179] ein Rechtsschein gesetzt wurde. Dieser begründet formelle Beschwer, die durch ausdrückliche Aufhebung zu beseitigen ist,[180] und macht die Beschwerde deshalb nicht unzulässig oder gegenstandslos (ausführlich Rn 48).[181]

87   **f. Zeitpunkt der Beschwer, Beschwerdewert.** Beschwer muss grds noch zum Zeitpunkt der Entscheidung über die Beschwerde gegeben sein; fällt sie oder die mit der Beschwerde angestrebte Beseitigung der Beschwer (Rn 79) nach Beschwerdeeinlegung bis zum Schluss der mündlichen Verhandlung (§ 296a ZPO) weg, wird die Fortführung der Beschwerde unzulässig.[182] Die Gegenmeinung stellt darauf ab, dass sich die formelle Beschwer im Lauf des Rechtsmittelverfahrens nicht mehr ändern kann. Demnach soll maßgeblicher Zeitpunkt für das Vorliegen der Beschwer die Einlegung des Rechtsmittels sein; wird der Rechtmittelführer während des Beschwerdeverfahrens klaglos gestellt, berührt das nach dieser Ansicht die Begründetheit und nicht die Zulässigkeit des Rechtsmittels (s auch Rn 90).[183] Insb die Abhilfe beseitigt die Beschwer; anders in echten zweiseitigen Verfahren, wo sich der nachträgliche Wegfall der Beschwer (zB Erfüllung der im Kostenfestsetzungsverfahren geltend gemachten Erstattungsforderung durch den Gegner) uU nur auf die Begründetheit auswirkt. Da auch hier ein bestimmter Beschwerdewert nicht gefordert wird, sind die im Zivilprozessrecht entwickelten Grundsätze weitgehend unanwendbar.

88   **Beschwerdewert.** Vorschriften, die einen bestimmten Beschwerdewert vorausgesetzt haben, wie § 11 Abs 2 PatKostG und § 11 Abs 2 DPMAVwKostV, sind im Hinblick auf Art 19 Abs 4 GG geänd worden (Rn 11 zu § 11 PatKostG).[184]

89   **g. Erteilungsverfahren.** Der Anmelder ist beschwert, wenn die Entscheidung über die Patenterteilung von seinem Erteilungsantrag abweicht, also insb bei Versagung des Patents oder Erteilung mit einem

---

176 BPatG 18.12.2002 5 W (pat) 432/01; BPatG 2.7.2003 5 W (pat) 409/02; *Fezer* § 66 MarkenG Rn 10; aA unter der Prämisse der Möglichkeit bindender Beschränkungen in den Gründen des Patenterteilungsbeschlusses BPatGE 11, 227, 229 = BlPMZ 1971, 24 unter Bezugnahme auf RGZ 165, 209, 218 = GRUR 1941, 91 Filterkuchen; BPatGE 28, 188 = GRUR 1987, 113, zum Einspruchsverfahren früheren Rechts; *Benkard* Rn 24, ausnahmsweise bei Berührung der Rechte durch Gründe; *Schulte* Rn 50, im Fall von § 7 Abs 2, wenn Gründe zur Auslegung heranzuziehen sind; *Klauer/Möhring* § 36l Rn 9; vgl auch DPA BlPMZ 1952, 63; zurückhaltend *Lindenmaier* § 36m Rn 10 mNachw aus der älteren Praxis.
177 BPatG 30.9.2013 10 W (pat) 10/12, die Art der Beschwer offenlassend.
178 AA BPatGE 2, 209 f = GRUR 1965, 52; *Lindenmaier* § 36m Rn 6.
179 BPatG BlPMZ 2009, 130; BPatG 27.11.2008 21 W (pat) 22/06.
180 BPatG 27.11.2008 21 W (pat) 22/06; OLG Karlsruhe NJW-RR 2004, 1507 ff.
181 BPatG 27.11.2008 21 W (pat) 22/06; abw, bei zulässiger Beschwerde Gegenstandslosigkeit annehmend BPatG BlPMZ 2009, 130.
182 BGH NJW-RR 2004, 1365; BPatG 24.1.2008 11 W (pat) 24/04; *Bühring* § 18 GebrMG Rn 18; *Schulte* Rn 52; *Thomas/Putzo* Vorbem § 511 ZPO Rn 16, 32; *Baumbach/Lauterbach/Albers/Hartmann* Grundz § 511 ZPO Rn 14; aA BPatG 9, 263; *Hövelmann* GRUR 2007, 283, 288; *Lindenmaier* § 36m Rn 6; *Ströbele/Hacker* § 66 MarkenG Rn 33.
183 *Hövelmann* GRUR 2007, 283, 288.
184 Vgl *Benkard* Rn 1; zur früheren Rechtslage BPatGE 9, 200; BPatG Mitt 1970, 34, WzSache; *Lindenmaier* § 36l Rn 3.

vom Erteilungsantrag abw Inhalt[185] oder nach Hilfsantrag[186] unter Zurückweisung des Hauptantrags,[187] und zwar nicht nur hinsichtlich der Patentansprüche, sondern auch bei sonst ohne seine Zustimmung geänd Unterlagen, jedenfalls wenn diese zu einer einschränkenden Auslegung der Patentansprüche führen können,[188] und solange er die Anmeldung weiter verfolgen will, auch mit geänd Patentansprüchen. Beschwer wurde bejaht, wenn sich der Anmelder mit der vorgenommenen Änderung der Beschreibung in einer telefonischen Rücksprache einverstanden erklärt, dies aber nicht schriftlich bestätigt hatte,[189] oder, wenn ohne Einverständnis des Anmelders Änderungen im Wortlaut als „redaktionelle Änderungen" vorgenommen wurden,[190] wenn der Erteilungsbeschluss nicht klar und eindeutig erkennen ließ, welche Unterlagen der Erteilung und der Publikation des Patents zugrunde gelegt worden sind.[191] Der Anmelder ist auch durch Erteilung eines Zusatzpatents trotz Erlöschens des Hauptpatents beschwert.[192] Zur Weiterbehandlung nach § 123a und parallelen Beschwerde Rn 13 zu § 123a.

Dagegen ist die Beschwerde **mangels Beschwer** unzulässig, wenn der Beschluss in vollem Umfang **90** dem Antrag des Anmelders entspricht[193] und nicht hinter seinem Begehren zurückbleibt; dies ist zB der Fall, wenn er trotz antragsgem und mit den eingereichten Unterlagen erteilten Patents Patentansprüche ändern oder den Erfindungsgegenstand klarer fassen will.[194] Beschwer folgt dann auch nicht daraus, dass die Patenterteilung entspr dem Erteilungsantrag mit nach Ansicht des Anmelders zu eng gefassten Patentansprüchen erfolgt ist; die Fassung der Patentansprüche ist dessen Sache.[195] Keine Beschwer ist gegeben, weil das DPMA als Erteilungsunterlagen („Druckvorlage für die Patentschrift") die Offenlegungsschrift und nicht die wörtlich übereinstimmenden vom Anmelder eingereichten Unterlagen verwendet.[196] Lediglich redaktionelle Abweichungen begründen keine Beschwer.[197] Auch die Beschwerde des Anmelders gegen den Erteilungsbeschluss, der den Anträgen des gerichtlich gestellten Sequesters entspricht, ist mangels Beschwer unzulässig.[198] Die Beschwer soll bei einer Anmelderbeschwerde nach Ablauf der Patentdauer mangels Rechtsschutzbedürfnisses an einer Patenterteilung entfallen und die Beschwerde deshalb nicht erledigt, sondern nachträglich unzulässig werden,[199] da Beschwer als allg Zulässigkeitsvoraussetzung für jedes Rechtsmittel noch zum Zeitpunkt der Entscheidung über das Rechtsmittel bestehen muss.[200] Dies erscheint ebenso wie im Rahmen der Einspruchsbeschwerde im Hinblick auf eine Erledigung der Beschwerde fraglich (Rn 87, 106).

Nichterlass eines Prüfungsbescheids begründet bei antragsgem Patenterteilung keine Beschwer.[201] **91**

Der Erlass einer **Geheimhaltungsanordnung** beschwert den Anmelder,[202] nicht dagegen ihre Aufhe- **92** bung.[203]

---

185 BGH GRUR 1982, 291 Polyesterimide: abgeänd Beschreibung.

186 *Klauer/Möhring* § 36l Rn 9; in diesem Fall aber nur im Umfang der Nichtstattgabe des Hauptantrags; BGH GRUR 1990, 109 Weihnachtsbrief.

187 BPatG GRUR 1983, 366.

188 BGH GRUR 1982, 291f Polyesterimide; BPatG GRUR 1983, 366f; RPA Mitt 1932, 185; BPatG so auch für das eur Beschwerdeverfahren EPA J 12/83 ABl EPA 1985, 6 = GRUR Int 1985, 201 unzulässige Beschwerde/CHUGAI SEIYAKU; EPA J 12/85 ABl EPA 1986, 155 unzulässige Beschwerde/KUREHA; EPA T 244/85 ABl EPA 1988, 216 = GRUR Int 1988, 775 Aluminiumhydroxid.

189 BPatGE 25, 141 = GRUR 1983, 505.

190 BPatG 26.2.2013 10 W (pat) 4/12; BPatG 25.3.2013 10 W (pat) 34/12.

191 BPatG 30.9.2013 10 W (pat) 10/12.

192 BPatGE 4, 164 = BlPMZ 1964, 120.

193 BGH GRUR 1967, 435 Isoharnstofféther; BPatGE 25, 7 = BlPMZ 1983, 19; vgl BGHZ 90, 318 = GRUR 1984, 797 Zinkenkreisel.

194 BPatG 24.7.2003 10 W (pat) 16/03; BPatG 13.3.2003 10 W (pat) 30/01, zur Irrtumsanfechtung eines irrelevanten Irrtums.

195 BPatG GRUR 1983, 369.

196 BPatG 18.10.1995 4 W (pat) 52/95.

197 BPatG GRUR 1983, 366; offengelassen in BPatG 30.3.2006 10 W (pat) 42/05.

198 BPatG BlPMZ 1995, 323.

199 BPatGE 50, 256 = GRUR 2008, 96.

200 BGH NJW-RR 2004, 1365.

201 BGH GRUR 1983, 367.

202 BGH 3.2.1977 X ZB 4/76.

203 BGH GRUR 1972, 535 Geheimhaltungsanordnung.

93   **Dritte** sind durch § 74 von der Beschwerdemöglichkeit grds ausgeschlossen (Rn 2, 19 ff zu § 74); sie haben die Möglichkeit, ihre Interessen im Weg des Einspruchs, des Beitritts (Rn 183 ff zu § 59), der Nebenintervention (str, Rn 195 ff zu § 59) und der Nichtigkeitsklage zu verfolgen. Ihr Ausschluss von der Beschwerde ist daher auch unter dem Gesichtspunkt der Rechtsweggarantie des Art 19 Abs 4 GG grds unbdkl, allerdings ist das Fehlen jeglichen Rechtsbehelfs da problematisch, wo bestimmte, ihren Rechtskreis berührende Fragen im Einspruchs- und Nichtigkeitsverfahren nicht berücksichtigt werden können (Rn 59 Einl; Rn 4 vor § 73; Rn 19 zu § 74). So ist in der Rspr bei auf der Hand liegend falschen oder sich als eine unzulässige Schmähung darstellenden Angaben ein Beschwerderecht Dritter anerkannt worden (Rn 4 vor § 73, auch zum Verwaltungsrechtsweg).[204] In diesem Zusammenhang sind auch die Grenzen der Zulässigkeit von Beitritt und Beschwerde und Nebenintervention im Einspruchsverfahren zu diskutieren (Rn 27 f zu § 74).

94   **h. Einspruchsverfahren.** Im Einspruchsbeschwerdeverfahren ist eine differenzierte Betrachtung erforderlich und für die Beschwer nach dem Patentinhaber und dem Einsprechenden zu unterscheiden.

95   Der **Patentinhaber** wird durch Widerruf oder beschränkte Aufrechterhaltung (Teilwiderruf) des Patents beschwert, sofern jedenfalls diese nicht seiner Verteidigung entspricht (vgl Rn 96 ff).

96   **Beschwer bei erstinstanzlichen Änderungen.** Für die Beschwerde des Patentinhabers bei einer auf Selbstbeschränkung in erster Instanz beruhenden beschränkten Aufrechterhaltung des Patents ist Beschwer auch dann zu diskutieren, wenn der Patentinhaber in erster Instanz die beschränkte Fassung nicht nur hilfsweise, sondern mit Hauptantrag verteidigt hat. Hiervon zu unterscheiden sind Änderungen in zweiter Instanz (Rn 41 zu § 79). Bejaht man hier Beschwer, kann der Patentinhaber wieder die erteilte Fassung verteidigen und Korrekturen in der Beschwerdeinstanz vornehmen, wobei das Verbot der reformatio in peius nicht entgegensteht (Rn 43 ff zu § 79). Insoweit ist zu unterscheiden, ob die beschränkte Aufrechterhaltung des Patents auf einer zulässigen oder unzulässigen Änderung beruht.

97   Dass bei **zulässiger beschränkter Verteidigung** des Patents mit Hauptantrag und erstinstanzlicher beschränkter Aufrechterhaltung Beschwer mit dem Argument zu bejahen ist, der Patentinhaber sei im Beschwerdeverfahren hieran nicht gebunden und könne wieder zur erteilten Fassung zurückkehren (so bis zur 6. Aufl Rn 69 und Rn 34 zu § 61), ist wegen der Freiwilligkeit der Selbstbeschränkung zu verneinen,[205] denn die Beschwer ist nicht mit einem allg Rechtsschutzbedürfnis gleichzusetzen, wie es zB für die Anschlussbeschwerde (Rn 205, 211) ausreicht und auch in dem Begehren liegen kann, zu einer anderen Fassung des Patents zurückzukehren, zB weil die – auch freiwillige – Beschränkung als unnötig oder zu weit gehend erkannt wird oder eine andere Fassung des Patents zur Vermeidung einer Nichtigkeitsklage sinnvoll erscheint. Das Risiko einer im Nachhinein als nicht wünschenswert erscheinenden freiwilligen Beschränkung hat deshalb der Patentinhaber zu tragen, dem zudem bei nicht ausreichender Beschränkung die Möglichkeit der Korrektur durch ein isoliertes Beschränkungsverfahren (§ 64) verbleibt. Auch nach Auffassung des EPA steht antragsgem Entscheidung der Zulässigkeit der Beschwerde entgegen.[206]

98   Bei **unzulässiger Änderung** in erster Instanz (Rn 47 zu § 79) fehlt die materielle Beschwer dagegen nicht, auch wenn das Patent ausschließlich mit Hauptantrag verteidigt worden ist, denn das Patent ist unter Verletzung unabdingbarer Verfahrensvoraussetzungen aufrechterhalten worden (Rn 42 zu § 79). Dem Patentinhaber ist deshalb wegen der Gefahr des endgültigen Rechtsverlusts die erforderliche Korrektur zu ermöglichen, so wenn auch der Einsprechende keine Beschwerde einlegt und stattdessen Nichtigkeitsklage erhebt und dem Patentinhaber eine Rückkehr zur erteilten Fassung wegen der mit dem rechtsbeständigen Abschluss des Einspruchsverfahrens verbundenen Zäsurwirkung verwehrt sein kann,[207] während er im Einspruchsbeschwerdeverfahren wegen der Hemmungswirkung des § 75 als Beschwerdeführer oder mittels Anschlussbeschwerde ohne weiteres zur ursprünglichen Anspruchsfassung zurückkehren und Beschränkungen rückgängig machen kann (zur reformatio in peius Rn 80 vor § 73; Rn 47 zu § 79).

---

204 BPatGE 52, 256; zur gesonderten Ehrschutzklage BGH GRUR 2010, 253 Fischdosendeckel, unter Hinweis auf BGH NJW 2008, 996.

205 Abl, allerdings unscharf hins der Trennung der Beschwer vom allg Rechtsschutzbedürfnis BPatG 23.6.2005 10 W (pat) 12/04; ebenso *Fitzner/Lutz/Bodewig* § 61 Rn 28; *Schulte* § 61 Rn 40, wenn so, wie verteidigt, aufrechterhalten wird.

206 EPA T 613/97; *Singer/Stauder* Art 107 EPÜ Rn 20.

207 BPatG 13.1.2009 3 Ni 77/06.

Eine bestimmte **Auslegung des Patents** bei dessen voller Aufrechterhaltung kann den Patentinhaber **99** nicht beschweren. Die Feststellung der Zulässigkeit des (einzigen) Einspruchs beschwert ihn.[208] Der Patentinhaber ist, sofern er in der Sache vollen Erfolg hat, dagegen nicht dadurch beschwert, dass der Einspruch nicht als unzulässig verworfen wird.[209]

Der **Einsprechende** ist durch jede die **Aufrechterhaltung** (auch nur teilweise) des Patents aussprechende Entscheidung beschwert.[210] Hält man – entgegen der hier vertretenen Auffassung – den Teileinspruch für bindend (Rn 292 zu § 59), ist der Prüfungsumfang durch den Antrag begrenzt (Rn 78 vor § 73), Beschwer bei antragsgemäßer Bescheidung mithin zu verneinen.[211] Lehnt man dies ab, erscheint eine am Antrag auf Teilwiderruf orientierte Beschwer wegen der Unverbindlichkeit des Antrags nicht konsequent.[212] **100**

Durch den **Widerruf** des Patents ist der Einsprechende grds nicht beschwert. Das gilt auch, wenn in **101** die Widerrufsentscheidung als obiter dicta Feststellungen aufgenommen werden, die dem Patentinhaber vorteilhaft sind.[213]

Anderes gilt nur, wenn der Einspruch auf **widerrechtliche Entnahme** gestützt war, über diesen Widerrufsgrund nicht entschieden wurde und der Einsprechende ein dann nicht mehr realisierbares Nachanmelderecht nach § 7 Abs 2 geltend macht. Die Nichtbescheidung begründet deshalb eine materielle und auch formelle Beschwer des einsprechenden Verletzten (Rn 83).[214] Dies gilt insb, wenn man weitergehend und zutr (offengelassen Rn 8 zu § 7) eine Bescheidungspflicht annimmt (Rn 278 zu § 59),[215] und deshalb die Auswahl des zum Widerruf herangezogenen Grunds nicht bloß eine freigestellte Begründungslinie darstellt.[216] Jede Nichtbescheidung dieses Widerrufsgrunds führt dann zu einem Begründungsmangel nach § 100 Abs 3 Nr 6 und zur Beschwer. **102**

Isolierte **Verwerfung des Einspruchs als unzulässig** beschwert den Einsprechenden, gleichgültig **103** ob sie durch End-, Zwischen- oder Vorabentscheidung erfolgt (Rn 222 ff zu § 59). Beschwerdeberechtigt ist auch der weitere Einsprechende, dessen Einspruch im Widerrufsbeschluss als unzulässig verworfen worden ist,[217] weil er nur mit der Beschwerde seine Beteiligung am weiteren Verfahren erreichen kann.[218] Hier bietet sich an, allerdings mit dem Risiko des § 567 Abs 3 ZPO (Rn 216), von der Anschlussbeschwerde Gebrauch zu machen, wenn der Patentinhaber seinerseits Beschwerde gegen den Widerruf des Patents einlegt,[219] denn andernfalls muss der Einsprechende, wenn der Patentinhaber den Widerrufsbeschluss nicht angreift, seine „vorsorgliche" Beschwerde später für erledigt erklären oder zurücknehmen, wobei nicht einmal eine Rückzahlung der Beschwerdegebühr aus Billigkeitsgründen in Betracht kommt (Rn 138 zu § 80; vgl aber auch Rn 92 zu § 80).

Beschwerde gegen die Aufrechterhaltung des Patents steht allen zu, die im Zeitpunkt der Entscheidung als Einsprechende oder Beigetretene (Rn 187 ff zu § 59) am Einspruchsverfahren beteiligt waren, auch dem Einsprechenden, dessen Einspruch in der Entscheidung als unzulässig verworfen worden ist,[220] nicht dagegen dem, der erst nach Erlass der Einspruchsentscheidung Einspruch eingelegt hat (vgl Rn 191 zu § 59),[221] und (mangels Beschwer) nicht dem Patentinhaber. **104**

208 *Lindenmaier* § 36m Rn 12 gegen DPA BlPMZ 1955, 188.
209 BGH 17.12.1981 X ZB 4/81.
210 BPatG GRUR 2002, 55 f; *Benkard* Rn 22.
211 So *Schulte* § 61 Rn 40.
212 So aber wohl *Benkard* § 59 Rn 168.
213 EPA T 473/98 ABl EPA 2001, 231 = GRUR Int 2001, 765 Magnetfeldabschirmung.
214 BGH GRUR 2007, 996 Angussvorrichtung für Spritzgießwerkzeuge I; BGH GRUR 2001, 46 Abdeckrostverriegelung; *Benkard* Rn 24; zum Markenrecht BGH GRUR 2006, 701 Porsche 911 unter Hinweis auf BGH GRUR 1979, 94 Stute, wo Beschwer selbst bei Zurückweisung des eigenen Widerspruchs verneint wurde, wenn die Löschung der angegriffenen Marke im Widerspruchsverfahren angeordnet wird.
215 So *Fitzner/Lutz/Bodewig* § 59 Rn 116.
216 Offengelassen in BGH GRUR 2011, 509 Schweißheizung.
217 BPatGE 19, 29, 31 = Mitt 1979, 233; BPatGE 22, 51 f = GRUR 1980, 40; *Benkard* Rn 22.
218 BPatGE 4, 162 f = GRUR 1964, 500; BPatGE 12, 173 f; BPatGE 22, 51 f = GRUR 1980, 40; BPatGE 24, 25 f; aA BPatGE 19, 29, 31 f = Mitt 1979, 233.
219 BPatGE 4, 162 = GRUR 1964, 500; BPatGE 22, 51 f = GRUR 1980, 40; vgl auch *Lindenmaier* § 36m Rn 14 f.
220 BGH GRUR 1972, 592 f Sortiergerät; BPatGE 2, 80 = BlPMZ 1962, 309; BPatGE 9, 192 ff.
221 BPatGE 21, 54.

105   Beschwerde gegen die **beschränkte Aufrechterhaltung** (Teilwiderruf) des Patents steht grds allen Verfahrensbeteiligten zu, den Einsprechenden mit den Einschränkungen nach Rn 100,[222] dem Patentinhaber jedenfalls, wenn er diese nicht ausschließlich so verteidigt hat und die Beschränkung zulässig ist (Rn 97).

106   **Erlöschen des Patents.** Es ist die Auffassung vertreten worden, dass beim (ex nunc wirkenden) Patentverzicht die Einspruchsbeschwerde infolge Wegfalls der Beschwer nachträglich unzulässig wird, wenn der Einsprechende kein Rechtsschutzbedürfnis für einen rückwirkenden Widerruf des Patents geltend mache,[223] weil die Beschwer noch zum Zeitpunkt der Entscheidung über das Rechtsmittel gegeben sein müsse (Rn 87). Dies ist abzulehnen, da die formelle Beschwer des angefochtenen, nach wie vor existenten zurückweisenden Beschlusses erster Instanz nicht wegfällt[224] und das Erlöschen des Patents – jedenfalls, sofern der Einsprechende Beschwerdeführer ist (vgl zur Problematik bei der Beschwerde des Patentinhabers Rn 188, 198) – nur ein die Hauptsache oder das Beschwerdeverfahren erledigender Umstand ist (zum Unterschied Rn 188, 195 ff; Rn 337 zu § 59). Ob der Einspruch unzulässig geworden und das Einspruchsverfahren deshalb für erledigt zu erklären ist, ist keine Frage der Beschwer oder des Rechtsschutzbedürfnisses für die Beschwerde (Rn 108), sondern der Zulässigkeit der Fortführung des auf Widerruf gerichteten Einspruchs und damit der Begründetheit des Rechtsbehelfs.[225] Erklärt der einsprechende Beschwerdeführer nicht die Erledigung und verfolgt er stattdessen ohne fortbestehendes Rechtsschutzbedürfnis den Widerruf des Patents (für die Vergangenheit) weiter, ist deshalb seine Beschwerde ebenfalls nicht wegen Wegfalls der Beschwer unzulässig,[226] denn die formelle Beschwer (Rn 82) besteht insoweit fort; die Beschwerde ist vielmehr unbegründet, da sich die Fortführung des Einspruchsverfahrens als unzulässig erweist und der Beschwerdeführer der Situation durch eine Erledigung des Einspruchsverfahrens hätte Rechnung tragen müssen (Rn 330 ff zu § 59). Als unzulässig erweist sich nur die Aufrechterhaltung des Einspruchs mangels Rechtsschutzbedürfnisses,[227] was die Beschwerde unbegründet macht (vgl Rn 108, 198, 201).

107   **i. Im Widerrufs- und Beschränkungsverfahren** (§ 64) beschwert den Patentinhaber jede von seinem Antrag abw Entscheidung.[228] Wird der Beschränkungsantrag während des laufenden Beschwerdeverfahrens wirksam zurückgenommen, wird damit der angefochtene Beschluss insgesamt wirkungslos (entspr § 269 Abs 3 Satz 1 ZPO), ohne dass es eines entspr Ausspruchs bedarf, und es tritt Erledigung des Beschwerdeverfahrens ein. Die Wirkungslosigkeit des angefochtenen Beschlusses kann deklaratorisch festgestellt werden (entspr § 269 Abs 4 ZPO), auch zur Klarstellung vAw.[229]

108   **j.** Das allg **Rechtsschutzbedürfnis für die Beschwerde** wird in Rspr und Lit zT als eigenständige Zulässigkeitsvoraussetzung behandelt[230] und ist von der Beschwer (Rn 79 ff) zu unterscheiden.[231] Es kann insb bei Rechtsmissbrauch entfallen und ist bei Erlöschen des Patents zu diskutieren[232] (hierzu Rn 198).

109   Ist dagegen **das Rechtsschutzbedürfnis für die beantragte Ausgangsentscheidung** betroffen, so für den Widerruf des Patents, handelt es sich nicht um eine Zulässigkeitsvoraussetzung der Beschwerde (oder Rechtsbeschwerde), sondern um eine Verfahrensvoraussetzung für das Ausgangsverfahren, also die

---

222   BGHZ 128, 280 = GRUR 1995, 333 Aluminium-Trihydroxid; verneinend *Schulte* Rn 40 für den Fall, dass dem beschränkten Antrag des Einsprechenden voll entsprochen wurde.

223   So BPatG 5.3.2009 12 W (pat) 21/04, aA BPatG 24.1.2008 11 W (pat) 24/04: nur bei ex tunc wirkender Erklärung Wegfall der Beschwer annehmend; aA *Hövelmann* GRUR 2007, 283 f, 287 f, der annimmt, dass der Einspruch unzulässig wird und die Beschwerde als unbegründet zurückzuweisen ist, weil maßgeblicher Zeitpunkt für die Beschwer die Einlegung des Rechtsmittels sei; hierauf verweisend, im Ergebnis aber offen *van Hees/Braitmayer* Rn 689.

224   Ebenso BGH GRUR 2012, 1071 Sondensystem; *Hövelmann* GRUR 2007, 283; vgl auch *Thomas/Putzo* § 91a ZPO Rn 28 unter Hinweis auf BGH NJW 1967, 564.

225   BGH Sondensystem.

226   *Hövelmann* GRUR 2007, 283, 288; für die Rechtsbeschwerde BGH GRUR 2012, 1071 Sondensystem; abw aber BPatG 24.1.2008 11 W (pat) 24/04.

227   *Fitzner/Lutz/Bodewig* Rn 25.

228   *Schulte* § 64 Rn 39.

229   BPatG BlPMZ 2002, 229.

230   BPatGE 29, 76, 79 mwN; *Schulte* Rn 83; *Fitzner/Lutz/Bodewig* Rn 25; *Lindenmaier* § 36l Rn 8; *Bühring* § 18 GebrMG Rn 32.

231   Insoweit nicht ausreichend unterscheidend BPatG 23.6.2005 10 W (pat) 12/04.

232   Kr und im Ergebnis offengelassen in EPA 17.3.2005 T 708/01.

Zulässigkeit des Einspruchs oder dessen Weiterverfolgung (Rn 58 vor § 73), die die Begründetheit der Beschwerde betrifft und auch noch eine im Entscheidungszeitpunkt zu fordernde Verfahrensvoraussetzung des Ausgangsverfahrens darstellt, so dass der Einspruch – besser der Aufrechterhaltung des damit verbundenen Begehrens auf Widerruf des Patents – mangels ihres Vorliegens nachträglich unzulässig werden kann (Rn 247 zu § 59; Rn 58 vor § 73). Die Beschwerde ist dann als unbegründet zurückzuweisen (Rn 201),[233] während sie unzulässig ist, wenn ihr selbst als Rechtsmittel bereits das Rechtsschutzbedürfnis fehlt (s auch Rn 198 f); hier wird nicht immer ausreichend unterschieden, so, wenn als Fall eines möglichen Wegfalls des Rechtsschutzbedürfnisses für die Beschwerde das Erlöschen des Patents genannt wird, da insoweit nur der Wegfall des Rechtsschutzbedürfnisses für das Einspruchsverfahren und damit die Begründetheit der Beschwerde betroffen sein kann (Rn 106, 198; Rn 58 vor § 73).

Einzelfälle. Das Rechtsschutzbedürfnis des Anmelders entfällt nicht durch Ablauf der Höchstschutz- **110** dauer,[234] dies ist allerdings bei richtiger Betrachtung von vornherein eine Frage des Rechtsschutzbedürfnisses für das Anmeldeverfahren und nicht für das Beschwerde- oder Rechtsbeschwerdeverfahren (Rn 109). Dies gilt ebenso für die nachfolgenden Fallbeispiele, in denen tatsächlich das Rechtsschutzbedürfnis an der Verfahrensfortführung und nicht an der Einlegung des Rechtsmittels angesprochen ist; so die Feststellung, dass das Rechtsschutzbedürfnis des Patentinhabers im Einspruchsverfahren über ein Zusatzpatent nicht durch die Nichtigerklärung des Stammpatents entfalle,[235] wie auch das Rechtsschutzbedürfnis des Einsprechenden an der Weiterverfolgung der gegen den Erteilungsbeschluss erhobenen Beschwerde nicht durch den Ablauf der Patentdauer berührt werde (Rn 106)[236] oder das Erlöschen eines Schutzrechts aufgrund eines Verzichts mit Wirkung von einem bestimmten Tag festgestellt worden ist.[237] Ebenso fehlt nicht das Rechtschutzbedürfnis für die Einlegung einer Beschwerde gegen die Zurückweisung eines Wiedereinsetzungsantrags in die Zahlung der Jahresgebühr, wenn wegen Ablaufs der siebenjährigen Prüfungsantragsfrist nach § 58 Abs 3 die Anmeldung unwiederbringlich als zurückgenommen gilt und damit Wiedereinsetzungs- und Beschwerdeverfahren sinnlos geworden sind, sondern das Rechtschutzbedürfnis an der Fortführung des Einspruchsverfahrens.[238] Ein Einsprechender muss kein besonderes Interesse an der Fortsetzung des Erteilungsverfahrens darlegen, wenn er gegen einen Aussetzungsbeschluss des DPMA Beschwerde einlegt.[239] Zum Rechtsschutzbedürfnis bei der Beschwerde der obersten Bundesbehörde gegen eine Anordnung nach § 50 Abs 1 Rn 30 zu § 74.

5. Form

a. Allgemeines. Formvorschriften für die Beschwerde sind in Abs 2 Satz 1 enthalten. Die Bestimmung **111** regelt neben der Beschwerdefrist Schriftform und Adressaten. Die Formvorschriften im Zusammenhang mit der Einlegung von Rechtsmitteln sind aus Gründen der Rechtssicherheit eng auszulegen;[240] sie gelten gleichermaßen für alle Beteiligten, gleichgültig ob Inländer oder Ausländer.[241] Abs 2 Satz 2 enthält hinsichtlich der Beifügung von Abschriften eine Sollvorschrift, deren Verletzung ohne Einfluss auf die Zulässigkeit der Beschwerde ist; fehlende Abschriften können jedoch nachgefordert oder auf Kosten des Beschwerdeführers (§ 1 Abs 1 Satz 1 PatKostG) gefertigt werden (vgl auch Rn 70 vor § 34).[242]

b. Adressat. Die Beschwerde ist (mit Rücksicht auf die Abhilfemöglichkeit im einseitigen Verfahren, **112** Rn 135 f) beim DPMA einzulegen; maßgeblich für die Wahrung der Beschwerdefrist ist der Eingang beim DPMA. Einreichung bei der Dienststelle Jena oder der Annahmestelle Berlin des DPMA ist ausreichend.

---

233 *Hövelmann* GRUR 2007, 283, 288.
234 BGH GRUR 1990, 346 Aufzeichnungsmaterial; BPatGE 12, 119, 122; BPatGE 42, 256 = GRUR 2000, 1017, im Hinblick auf mögliche Entschädigungsansprüche nach § 33 Abs 1; BPatG 24.2.1981 12 W (pat) 198/78 BB 1982, 1380 Ls; aA (Wegfall der Beschwer bei entfallenem Rechtsschutzbedürfnis an der Erteilung) BPatG GRUR 2008, 96.
235 BGHZ 135, 369 = GRUR 1997, 612 f Polyäthylenfilamente, zur Rechtsbeschwerde.
236 BPatGE 26, 15.
237 BPatGE 29, 76, 79 f.
238 AA BPatG 9.5.2011 10 W (pat) 16/08.
239 BPatG Mitt 1981, 45.
240 BPatG 5.3.1998 3 Ni 23/96.
241 BGH GRUR 1960, 280 Stromrichter.
242 *Benkard* Rn 44; *Lindenmaier* § 36l Rn 34; *Fezer* § 66 MarkenG Rn 19.

Fehlerhafte Adressierung, insb an das BPatG, schadet nicht, wenn die Beschwerde rechtzeitig an das DPMA weitergeleitet wird.[243] Die Übermittlung einer Telekopie an einen privaten Zwischenempfänger, der diese an das DPMA weiterleitet, genügt nicht.[244] Zu der aufgrund ihrer Rechtswidrigkeit aufgekündigten Verwaltungsvereinbarung zwischen dem DPMA und dem EPA über den Zugang von Schriftstücken und Zahlungsmitteln Rn 72 vor § 34. Zur Empfangszuständigkeit für Verfahrenserklärungen nach Beschwerdeeinlegung Rn 161; Rn 44 vor § 73.

113 **c. Schriftform.** Die Beschwerde ist schriftlich in deutscher Sprache (§ 126)[245] einzulegen; dies schloss zunächst sowohl mündliche Beschwerden als auch Aufzeichnungen auf Datenträgern oder Datenfernübertragung aus.[246] Im übrigen bestehen hinsichtlich der Art der Herstellung, des verwendeten Schriftträgers und der Schrifttypen grds keine Einschränkungen. Schriftform ist auch bei telegraphischer, Telex- oder Telefax-Übermittlung gewahrt.[247] Zu den schriftlichen, nicht zu den elektronischen Dokumenten zählt das Gesetz auch die mittels Telekopie (per Telefax) übermittelten. Maßgeblich für die Wirksamkeit eines auf diesem Weg übermittelten Schriftsatzes ist allein die auf Veranlassung des Absenders am Empfangsort (Gericht) erstellte körperliche Urkunde. Auch die schriftliche Erklärung auf dem Postabschnitt der Gebührenzahlung genügt grds,[248] wird aber erst mit Eingang des Gutschriftträgers beim DPMA wirksam.[249] Zu Übermittlungsstörungen Rn 77 zu § 59; zum Freibeweis und der Feststellungslast Rn 55 f vor § 73.

114 **Unterschrift.** Die Beschwerdeerklärung selbst, nicht nur eine beigefügte Erklärung, dass die Unterzeichnung der Beschwerde nachgeholt werden soll,[250] muss handschriftlich unterzeichnet sein (Rn 66 f vor § 34).[251] Eine Ausnahme vom Erfordernis der Eigenhändigkeit, nicht der Unterschrift an sich, gilt nur bei Einlegung mittels Telefax, Telegramms oder Fernschreibens (Rn 67 vor § 34). Eine eingescannte Unterschrift des Prozessbevollmächtigten in einem bestimmten Schriftsatz genügt nicht den Formerfordernissen des § 130 Nr 6 ZPO, wenn der Schriftsatz mit Hilfe eines normalen Faxgeräts und nicht unmittelbar aus dem Computer versandt wurde. Innerhalb der Beschwerdefrist ist Nachholung möglich.[252] Textform (§ 126b BGB) genügt in den Verfahren nach dem PatG nicht (Rn 64 vor § 34).

115 **d.** § 125a ermöglicht die **elektronische Verfahrensführung** sowohl im Verfahren vor dem DPMA als auch in den Prozessakten des BPatG und BGH anstelle der Schriftform (s die Kommentierung zu § 125a).

116 **e. Identität des Beschwerdeführers.** Die Beschwerde muss aus Gründen der Rechtssicherheit für die Gegenpartei und das BPatG die Person des Beschwerdeführers eindeutig und zweifelsfrei innerhalb der Beschwerdefrist erkennen lassen (zum Einspruch: Rn 51 ff zu § 59);[253] sie ist unzulässig, wenn auch bei verständiger Würdigung der Beschwerdeschrift und der übrigen innerhalb der Beschwerdefrist vorgelegten Unterlagen Zweifel an der Person des Beschwerdeführers bestehen bleiben.[254] Heranzuziehen sind bei

---

243 BPatG Mitt 1965, 211, WzSache.
244 BGHZ 79, 314, 317 f = GRUR 1981, 410 Telekopie; BPatGE 23, 132.
245 Vgl BPatG 3.4.2003 20 W (pat) 5/03.
246 Zum Schriftformerfordernis im Markenrecht *Fezer* § 66 MarkenG Rn 16.
247 BGH GRUR 1966, 280 Stromrichter; BGHZ 87, 63 = Mitt 1984, 16.
248 BPatGE 4, 16, 21 = BlPMZ 1963, 237; RPA Mitt 1929, 181; vgl aber EPA T 1100/97.
249 BPatGE 2, 61, 67 = BlPMZ 1962, 236; *Schulte* Rn 67.
250 BPatGE 10, 27.
251 BGH GRUR 1966, 50 Hinterachse; BGH GRUR 1966, 280 f Stromrichter; BPatGE 4, 16 = BlPMZ 1963, 237; BPatG 3.4.2003 11 W (pat) 48/02; BPatG 4.6.2003 7 W (pat) 17/03; BPatG 26.8.2011 8 W (pat) 24/11: eine Kopie der Unterschrift reicht nicht aus.
252 BGH NJW 2006, 3784.
253 BGH NJW-RR 2008, 524; BGHZ 123, 119 = GRUR 1993, 892 f Heizkörperkonsole; BGH GRUR 1990, 108 Meßkopf; BGH GRUR 1984, 36 Transportfahrzeug I; BGHZ 83, 271 = GRUR 1982, 414 Einsteckschloß; BGH GRUR 1977, 508 f Abfangeinrichtung; BGH BlPMZ 1974, 210 Warmwasserbereiter; BPatGE 10, 27; BPatGE 11, 60; BPatGE 12, 67 = Mitt 1971, 93; BPatG Mitt 1983, 112 f; BPatG GRUR 1985, 123; BPatGE 33, 260 = GRUR 1993, 549; BPatG 22.5.2000 30 W (pat) 222/99; *Schulte* Rn 64; *Benkard* Rn 32; BGH GRUR 1966, 107 Patentrolleneintrag.
254 BGH Heizkörperkonsole; BGH Abfangeinrichtung; BGH Einsteckschloß; BGH Meßkopf; BGH NJW 1985, 2650 mwN; BPatGE 12, 67 = Mitt 1971, 93, WzSache; BPatG 5.7.1974 6 W (pat) 7/74; BPatG 18.7.1979 13 W (pat) 88/78; BPatG GRUR 1985, 123; BPatGE 33, 260 = GRUR 1993, 549; BPatGE 34, 73, 75 = GRUR 1994, 294, WzSache; vgl auch EPA T 613/91; EPA

der gebotenen wohlwollenden Auslegung die verfahrensrechtl Auslegungsgrundsätze, wie insb das Gebot einer materiellrechtsfreundlichen Auslegung und das Verbot übertriebener Formstrenge (vgl Rn 47 ff vor § 73). Die Beschwerdeberechtigung soll zur Auslegung nicht herangezogen werden können,[255] jedoch können durch einen unzutr Briefkopf verursachte Zweifel durch Nennung des richtigen Beschwerdeführers bei der Unterschrift ausgeräumt werden.[256] Auf die DPMA-Akten kann zur Auslegung zurückgegriffen werden,[257] so wenn auch ohne Nennung des Beschwerdeführers anhand des zutreffenden Az im Betreff die Beschwerde ohne weiteres dem richtigen Verfahren zugeordnet werden kann.[258] Ebenso ist der gesamte Inhalt der Beschwerdeschrift einschließlich Anlagen zu berücksichtigen; dies gilt auch für den Verfahrensbeteiligten, der sich selbst fehlerhaft bezeichnet hat.[259] Wird daraus unzwh deutlich, welche Partei wirklich gemeint ist, steht der entspr Auslegung auch nicht entgegen, dass irrtümlich die Bezeichnung einer tatsächlich existierenden, am materiellen Rechtsverhältnis nicht beteiligten Person gewählt worden ist.[260] Nach der Rspr des BGH ist allerdings die Angabe der ladungsfähigen Anschrift des Beschwerdeführers selbst dann erforderlich, wenn seine Identität für alle Verfahrensbeteiligten zweifelsfrei feststeht; dadurch soll eine Verfahrensführung aus dem Verborgenen verhindert werden; im Einspruchsbeschwerdeverfahren kommt hinzu, dass Einwendungen, die in der Person des Einsprechenden oder seines Hintermanns begründet sein können, nicht abgeschnitten werden sollen; dabei ist es weder Aufgabe des DPMA noch des Patentinhabers, Nachforschungen über die Identität des Einsprechenden anzustellen.[261] Die Beschwerde einer Rechtsgemeinschaft ist nur wirksam eingelegt, wenn bei verständiger Würdigung der Beschwerdeschrift und der erkennbaren Umstände jeder Zweifel an der Person dessen ausgeschlossen ist, der mit seinem Rechtsbehelf den Verfahrensabschnitt einleitet.[262]

f. Notwendiger Inhalt. Ein bestimmter **sachlicher Inhalt** ist nicht erforderlich (abw Regel 99 Abs 2 **117** AOEPÜ), insb nicht die ausdrückliche Bezeichnung als „Beschwerde"[263] jedoch muss in irgendeiner Form zum Ausdruck kommen, dass eine (bestimmte und identifizierbar bezeichnete)[264] Entscheidung angefochten werden soll.[265] Die bloße Angabe des Verwendungszwecks auf dem Gutschriftträger für die Überweisung der Beschwerdegebühr ist keine ausreichende Beschwerdeerklärung,[266] ebenso wenig war es die bloße Übersendung von Gebührenmarken nach früherem Recht unter Angabe des Az und des Verwendungszwecks,[267] noch weniger die bloße Gebührenzahlung,[268] auch verbunden mit der Erklärung, es solle Beschwerde eingelegt werden, weil daraus folge, dass der Wille des anwaltlichen Vertreters gerade nicht dahin ging, die entsprechende Prozesshandlung sogleich vorzunehmen.[269]

Beschwerdegegenstand, Beschränkung, Erweiterung. Die Beschwerde kann in den Grenzen be- **118** stehender Dispositionsrechte **beschränkt** sein, so zB nur (noch) gegen die aufrechterhaltene erteilte Fas-

---

T 867/91; zum Fehlen der Erklärung, dass die Beschwerde namens und im Auftrag des Mandanten eingelegt werde, im Anwaltsschriftsatz BPatG 18.7.1979 13 W (pat) 88/78.

255 BGH Abfangeinrichtung.

256 BPatG 22.5.2000 30 W (pat) 222/99.

257 BGH Warmwasserbereiter; BGH Einsteckschloß; BPatG 18.7.1979 13 W (pat) 88/78.

258 BPatG 18.5.2011 20 W (pat) 117/05.

259 BGH GRUR 1990, 348 Gefäßimplantat; BGH Einsteckschloß; BPatGE 51, 24 = GRUR 2008, 1127.

260 BGH NJW-RR 2008, 524; BGH GRUR 2009, 42 Multiplexsystem.

261 BGH Meßkopf.

262 BGH Transportfahrzeug I.

263 BPatG GRUR 1965, 695; BPatG 3.4.2003 11 W (pat) 48/02; BPatG 4.8.2003 8 W (pat) 8/03; *Schulte* Rn 65; *Lindenmaier* § 36l Rn 16; zur Falschbezeichnung des Rechtsbehelfs BPatG 8.6.2005 28 W (pat) 27/05, Markensache.

264 Vgl *Klauer/Möhring* § 36l Rn 12; *Reimer* § 36l Rn 9.

265 *Benkard* Rn 407; zur Auslegung eines Wiedereinsetzungsantrags als Beschwerde BPatG 28.4.1998 6 W (pat) 45/97; BPatG 9.3.2005 34 W (pat) 28/03; BPatG 22.12.2004 9 W (pat) 35/03; BPatG BlPMZ 2007, 293, verneinend bei Bitte um Gewährung einer Nachfrist unter Beifügung eines Verrechnungsschecks ohne Bestimmungsangabe.

266 BGH GRUR 1966, 50 Hinterachse; BPatGE 4, 16, 21 = BlPMZ 1963, 237; BPatGE 4, 70, 73 = BlPMZ 1963, 340, WzSache; vgl BGHZ 107, 129 = GRUR 1989, 506, 508 Widerspruchsunterzeichnung.

267 BGH GRUR 1966, 280 Stromrichter.

268 BPatGE 6, 58 = GRUR 1965, 695; DPA Mitt 1960, 38; eingehend hierzu *Lindenmaier* § 36l Rn 17 f; BPatG 19.4.2005 23 W (pat) 65/04: auch nicht bei gleichzeitigem Antrag auf Verlängerung der Beschwerdefrist; vgl auch EPA T 371/92 ABl EPA 1995, 324 nicht eingelegte Beschwerde.

269 BPatG 19.4.2005 23 W (pat) 65/04.

sung, nicht aber gegen eine hilfsweise verteidigte beschränkte Fassung gerichtet sein (hierzu Rn 73 vor § 73). Sie erfordert keinen bestimmten Antrag[270] (anders Regel 99 Abs 1 Buchst c AOEPÜ); ist ein solcher nicht gestellt, ist der Umfang der Anfechtung durch Auslegung zu ermitteln.[271] IZw ist die Entscheidung angefochten, soweit sie den Beschwerdeführer beschwert.[272] Die Einreichung genau gefasster Beschwerdeanträge ist – schon zur Vermeidung nachteiliger Kostenfolgen – ratsam.

119   **Erweiterung der Beschwerde** ist grds möglich (beachte aber Rn 172),[273] der Umfang der Hemmungswirkung steht nicht entgegen, weil der nicht angefochtene Teil nicht ohne weiteres bestandskräftig wird (hierzu Rn 76 ff vor § 73; Rn 16 zu § 75); die Erweiterung der Beschwerde ist von der Erweiterung des Prüfungsgegenstands erster Instanz zu unterscheiden, sie kann hiermit aber zusammenfallen (Rn 120 ff). Sie kann mit der ursprünglichen Beschwerdeeinlegung oder auch mit einer nachträglich abgegebenen Erklärung erfolgen. Auch soweit angenommen wird, dass wegen der Fristgebundenheit der Beschwerde bei teilbarem Verfahrensgegenstand eine Erweiterung der Beschwerde auf den Zeitraum der Beschwerdefrist einzuschränken sei und die Erweiterung gegenüber dem DPMA vorzunehmen sein soll,[274] ist dem zu widersprechen.[275]

120   Von der bloßen Erweiterung des mit Einlegung der Beschwerde verfolgten Angriffs unter Beibehaltung des Verfahrensgegenstands erster Instanz zu unterscheiden ist die hiermit verbundene **Erweiterung des Prüfungsgegenstands erster Instanz**, die nach der Rspr wegen der Bindung an die erstinstanzlich verfahrensgegenständlichen Widerrufsgründe nicht zulässig und anders als im zivilprozessualen Verfahren auch nicht über die Regeln der Klageänderung entspr § 263 ZPO möglich sein soll (Rn 37 zu § 79, zur Kritik Rn 38 f zu § 79). Anders als im Klageverfahren oder in nicht fristgebundenen Rechtsbehelfsverfahren wie dem markenrechtl Löschungsverfahren nach §§ 50 ff MarkenG, in dem sie zugelassen wurden,[276] steht eine derartige Erweiterung des Verfahrensgegenstands erster Instanz zwar bei fristgebundenen Rechtsbehelfen wie dem Einspruch grds im Konflikt mit der durch die Rechtsbehelfsfrist ausgelösten Ausschlussfrist und der inhaltlichen horizontalen und vertikalen Beschränkungswirkung des Verfahrensgegenstands und Prüfungsumfangs.[277] Insoweit lässt sich eher eine Parallele zum markenrechtl Widerspruchsverfahren ziehen, bei dem eine Antragserweiterung als unzulässig angesehen worden ist.[278]

121   Allerdings kann nicht unberücksichtigt bleiben, dass im Einspruchsverfahren weitere Widerrufsgründe vAw in erster Instanz (Rn 21 zu § 61) aufgegriffen werden können und sich hieraus eine Besonderheit – auch gegenüber den markenrechtl Löschungs-, aber auch Widerspruchsverfahren[279] – ergibt, die auch eine echte **Erweiterung der gegenständlchen Einspruchsgründe** vertretbar erscheinen lässt, sei es durch eine Einbeziehung vAw oder durch den Einsprechenden iS einer Antragsänderung entspr § 263 ZPO (hierzu Rn 37 zu § 79). Hiermit geht einher, dass auch der ansonsten bestehende Wertungswiderspruch zur Zulassung eigenständiger Widerrufsgründe durch den in der Beschwerdeinstanz Beitretenden vermieden wird (hierzu Rn 185 zu § 59; Rn 39 zu § 79).

122   Soweit sich die Frage einer Erweiterung von Beschwerde und/oder Prüfungsgegenstand erster Instanz auch **in horizontaler Richtung** stellt, also hinsichtlich der angegriffenen Patentansprüche, hat sie nur dann Relevanz, wenn man der umstr Auffassung folgt, auch im nationalen Einspruchsverfahren bestehe

---

270   *Lindenmaier* § 36l Rn 20; *Schulte* Rn 69; *Benkard* Rn 41: sie muss aber das Ziel der Beschwerde erkennen lassen.

271   Zu einem Antrag auf „Bekanntmachung oder Zurückverweisung" BPatG 10.3.1972 23 W (pat) 120/71.

272   Ebenso *Benkard* Rn 41; aA *Schulte* Rn 69: in vollem Umfang.

273   BPatGE 10, 10 f; *Lindenmaier* § 36l Rn 20; *Benkard* Rn 43; vgl auch *Zöller* § 571 ZPO Rn 3; aA BPatG BlPMZ 2014, 63, zum markenrechtl Widerspruchsverfahren: nur innerhalb der Beschwerdefrist und nur durch Erklärung ggü dem DPMA.

274   BPatG GRUR 2008, 362, zu § 66 Abs 2 MarkenG (Teillöschung einzelner Waren); ebenso BPatG BlPMZ 2014, 63, zum markenrechtl Widerspruchsverfahren: nur innerhalb der Beschwerdefrist und nur durch Erklärung ggü dem DPMA; bdkl im Hinblick auf Umfang des Suspensiveffekts BGH NJW 1994, 659; BGH NJW 1992, 2296.

275   Ebenso *Benkard* Rn 43.

276   BPatGE 42, 250, 253, bestätigt in BGH GRUR 2003, 342 Winnetou, die Regeln der Klageänderung nach §§ 263, 267 ZPO anwendend; ferner BPatGE 48, 118 = GRUR 2004, 685, bestätigt in BGH GRUR 2006, 760 LOTTO.

277   Insoweit sehr weitgehend *Benkard* Rn 43, nur Beschränkung hinsichtlich des Zeitraums, nicht des Umfangs annehmend.

278   Zur Unzulässigkeit einer nach Ablauf der Widerspruchsfrist erfolgten Erweiterung des Angriffs auf weitere Waren/Dienstleistungen BPatG BlPMZ 2014, 63; BGH GRUR 1998, 938 RACOON/DRAGON.

279   Zur Bindung BPatGE 41, 50 = GRUR 1999, 746 f, unter Hinweis auf BGHZ 128, 280 = GRUR 1995, 333 Aluminium-Trihydroxid.

ein Dispositionsrecht des Einsprechenden auf eine beschränkte Sachprüfung durch Teileinspruch (Rn 291 f zu § 59), weil ansonsten von vornherein das gesamte Patent auch in der Beschwerde der Sachprüfung unterfällt und eine anfängliche Beschränkung der Beschwerde auf die Überprüfung einzelner Patentansprüche ebensowenig den Prüfungsgegenstand beschränken kann wie ein Teileinspruch. Entsprechendes gilt für eine nachträgliche Beschränkung der Beschwerde auf einzelne Patentansprüche (hierzu Rn 77 vor § 73).

Eine **Beschwerdebegründung** ist, anders als nach Art 108 Satz 3 EPÜ (Rn 102 f vor § 73), nach § 66 **123** Abs 3 Satz 1 GWB und im Gemeinschaftsmarkenrecht, nicht vorgeschrieben,[280] aber gleichwohl dringend zu empfehlen, da regelmäßig nur so eine sachgerechte Prüfung in der Beschwerdeinstanz erfolgen kann. Fehlt die Begründung, besteht grds kein Anlass, auf ihre Abgabe hinzuwirken.[281] Das Fehlen der Beschwerdebegründung kann sich auch auf die Kostentragung auswirken.[282] Ein Novenverbot besteht für das Beschwerdeverfahren (anders als nach § 71 Abs 4 öPatG[283] und der Praxis in der Schweiz hinsichtlich der technischen Unterlagen)[284] nicht.[285]

6. Frist

a. Grundsatz; Dauer; Wiedereinsetzung. Entgegen der Rechtslage bis 1961 ist eine unbefristete Be- **124** schwerde im PatG (anders nach § 11 Abs 2 PatKostG, § 11 Abs 2 DPMAVwKostV) nicht mehr vorgesehen (zur Frist im Fall der Untätigkeit Rn 218). Die gesetzliche Frist ist nicht verlängerbar. Wird eine Beschwerde als zurückgenommen behandelt oder als unzulässig verworfen, kann innerhalb offener Frist erneut Beschwerde eingelegt werden.[286]

Eine **vor Fristbeginn**, aber nach Erlass der angefochtenen Entscheidung eingelegte Beschwerde ist **125** zulässig, da die Frist nur den spätest möglichen Zeitpunkt der Beschwerdeeinlegung festlegt und nur die Existenz (der Erlass, der vom Wirksamwerden zu unterscheiden ist) der angefochtenen Entscheidung erforderlich ist.[287] Vor Erlass der Entscheidung kann deshalb eine Beschwerde nicht eingelegt werden.[288] Heilung nach Erlass und Entstehung und Ausnahmen bei großer Eilbedürftigkeit werden bejaht.[289]

Die Frist beträgt regelmäßig **einen Monat** (Abs 2 Satz 1). Eine Frist von **zwei Wochen** ist für die Be- **126** schwerde nach § 62 Abs 2 Satz 4 vorgesehen; wird die Kostenfestsetzung (Rn 33 f zu § 62) aus formellen Gründen abgelehnt, gilt die Monatsfrist.[290] Die Beschwerdeschrift muss vor Fristablauf in die Verfügungsgewalt des DPMA gelangt, nicht auch vom zuständigen Bediensteten in Empfang genommen sein.[291]

Die Beschwerdefrist ist für den Einsprechenden (anders für die Beitrittsfrist, Rn 179 zu § 59) im Fall **127** der Aufrechterhaltung des Patents nicht wiedereinsetzungsfähig[292] (§ 123 Abs 1 Satz 2); dies ist sachlich durch die verbleibende Möglichkeit der Nichtigkeitsklage gerechtfertigt. Im übrigen richtet sich die **Wiedereinsetzung** nach den allg Regeln (§ 123).

---

280 RPA Mitt 1934, 376; RPA BlPMZ 1937, 184; *Benkard* Rn 77, zugleich darauf hinweisend, dass sich hieran durch § 571 Abs 1 ZPO nichts geänd hat; *Lindenmaier* § 36l Rn 21; *Klauer/Möhring* § 36l Rn 20; *Reimer* § 36l Rn 23; *Fezer* § 66 MarkenG Rn 18.
281 BPatG 22.12.2004 9 W (pat) 35/03 mwN.
282 BPatGE 9, 204.
283 ÖPA öPBl 1998, 182, 184; ÖPA öPBl 2002, 27 f.
284 Schweiz ERGE sic! 2002, 181 f.
285 *Lindenmaier* § 36l Rn 22 unter Hinweis auf die frühere abw Amtspraxis.
286 *Benkard* Rn 53.
287 BPatG Mitt 1969, 153; BPatG Mitt 1970, 197; BPatG Mitt 1972, 175; BPatGE 20, 27 f; BPatG 9.9.2010 10 W (pat) 19/09 BlPMZ 2011, 231 Ls; RPA MuW 18, 43; RPA BlPMZ 1932, 258; DPA Mitt 1958, 155; *Schulte* Rn 63; *Baumbach/Lauterbach/Albers/Hartmann* § 567 ZPO Rn 12, § 329 ZPO Rn 26.
288 PA BlPMZ 1904, 9; RPA BlPMZ 1932, 258.
289 *Baumbach/Lauterbach/Albers/Hartmann* § 567 ZPO Rn 12, str.
290 BPatGE 3, 59 = BlPMZ 1963, 71; BPatGE 5, 139 = GRUR 1985, 386; *Lindenmaier* § 36l Rn 9.
291 *Benkard* Rn 51; vgl BVerfGE 52, 203 = NJW 1980, 580; BPatGE 18, 68 = Mitt 1976, 122 zum Eingang bei der früheren gemeinsamen Annahmestelle bei Fehladressierung an das BPatG.
292 BGHZ 89, 245 = GRUR 1984, 337 Schlitzwand; BPatGE 1, 137 = BlPMZ 1962, 49; BPatG 20.2.1970 34 W (pat) 426/68.

128 **b. Fristbeginn.** Die Frist wird nur in Lauf gesetzt, wenn die angefochtene Entscheidung ordnungs-gem[293] zugestellt ist (s die Kommentierung zu § 127). Die Zustellung ist auch bei nach § 47 Abs 1 Satz 2, § 59 Abs 3, § 64 Abs 3 Satz 2 verkündeten Entscheidungen der Prüfungsstelle und der Patentabteilung im Ertei-lungs-, Einspruchs-, Widerrufs- und Beschränkungsverfahren Voraussetzung für den Fristbeginn.[294] Ver-wirkung des Beschwerderechts wird im Fall unwirksamer Zustellung nur unter besonderen Umständen angenommen werden können, nicht schon nach dem Rechtsgedanken des § 47 Abs 2 Satz 3 nach einem Jahr, da die Mängel in ihrem Gewicht nicht vergleichbar sind. Unterzeichnet der Rechtsanwalt, an den die Entscheidung zugestellt werden soll, das Empfangsbekenntnis und weist er sein Büro an, dieses noch nicht zurückzusenden, weil er den Lauf der Rechtsmittelfrist berechnen und notieren will, wird aber durch ein Büroversehen das Empfangsbekenntnis zu den Akten gereicht, ist die Rechtsmittelfrist mit dem Zeit-punkt der Unterzeichnung des Empfangsbekenntnisses in Lauf gesetzt.[295]

129 Ist an **mehrere Beteiligte** zuzustellen, beginnt die Frist für jeden Beteiligten erst mit der Bewirkung der letzten Zustellung (sehr str; vgl Rn 60 f zu § 47, dort auch Nachw; Rn 10 zu § 94; Rn 7 zu § 102).

130 **Mängel der zugestellten Entscheidung** hindern den Fristbeginn, so die Nichtwiedergabe der Unter-schrift des Vorsitzenden der beschließenden Abteilung.[296] Widersprechen sich Entscheidungsformel und Gründe hinsichtlich der Beschwer, wird die Frist erst mit der Zustellung des Berichtigungsbeschlusses in Lauf gesetzt.[297] Grds setzt aber die Berichtigung der Entscheidung keine neue Frist in Lauf.[298] Liegt nicht nur ein Scheinbeschluss, sondern ein existenter Beschluss vor (Rn 48), ist die Nachholung der fehlenden Beschlussunterschrift zwar entspr § 319 ZPO möglich (Rn 50), jedoch lediglich mit Wirkung für die Zukunft und nur innerhalb der Frist von fünf Monaten nach Verkündung der Entscheidung,[299] wobei der Beschluss erneut zugestellt werden muss und eine (neue) Beschwerdefrist in Lauf setzt.[300]

131 Neben der Zustellung ist bei Entscheidungen der Prüfungsstelle und der Patentabteilung im Ertei-lungs-, Einspruchs-, Beschränkungs- und Widerrufsverfahren für den Fristbeginn die Erteilung einer ord-nungsgem **Beschwerdebelehrung** (Rechtsmittelbelehrung) erforderlich (§ 47 Abs 2 Satz 2, § 59 Abs 3, § 64 Abs 3 Satz 2; Rn 37 f zu § 47). Fehlende oder unrichtige Belehrung setzt eine Ausschlussfrist von einem Jahr in Lauf (Rn 51 zu § 47), allerdings nicht, wenn die Belehrung dahin erfolgt, dass eine Beschwerde nicht gegeben sei (§ 47 Abs 2 Satz 3; Rn 52 zu § 47). Zur Beschwerde nach § 45 Abs 4 ErstrG 6. *Aufl* Rn 95.

132 **c.** Für die **Fristberechnung** gelten die allg Regeln (§§ 187 f BGB, Rn 81 ff vor § 34). Der Eingangszeit-punkt wird im Regelfall durch die Eingangsperforierung nachgewiesen; der im Weg des Freibeweises (Rn 55 vor § 73) zu führende Gegenbeweis ist aber zulässig (§ 418 Abs 2 ZPO); er erfordert die volle Über-zeugung des Gerichts vom rechtzeitigen Eingang, wobei die Anforderungen wegen der Beweisnot des Rechtsmittelführers hinsichtlich behörden- oder gerichtsinterner Vorgänge nicht überspannt werden dür-fen.[301]

7. Verfahrenshindernisse, prozesshindernde Einreden

133 **a. Allgemeines.** Verfahrenshindernisse (wie anderweitige Rechtshängigkeit, fehlende Inlandsvertre-tung, Rn 134) sind „verneinende" Prozessvoraussetzungen.[302] Hierzu zählen auch Verfahrenshindernisse, die sich aus dem Rechtsverhältnis der Beteiligten ergeben, und prozesshindernde Einreden (im Zivilpro-zess insb Prozesskostensicherheit, § 113 ZPO; keine erneute Klage ohne Kostenerstattung, § 269 Abs 6 ZPO; Schiedsvertragseinrede, 1032 ZPO). Sie stehen der Zulässigkeit der Beschwerde, des Verfahrens oder einer Beteiligung entgegen. Beachtliche prozesshindernde Einreden in der Person des Einredenden (zur Prob-

---

293 Vgl DPA Mitt 1958, 155.
294 *Schulte* Rn 60.
295 BGH GRUR 2007, 261 Empfangsbekenntnis, Markensache.
296 BPatGE 24, 125; *Benkard* Rn 47.
297 Vgl BPatGE 24, 229, 232, WzSache; PA Mitt 1903, 35; RPA BlPMZ 1933, 273; *Benkard* Rn 50.
298 BPatGE 9, 128, 130; BPatG 25.5.2004 27 W (pat) 83/04: sofern nicht erst aufgrund des Berichtigungsbeschlusses die Zulässigkeit des Rechtsmittels erkennbar wird; *Schulte* Rn 62; *Benkard* Rn 50, je mwN.
299 BPatG 5.3.2013 20 W (pat) 28/12 unter Hinweis auf BGH NJW 2006, 1881.
300 BPatG 10.6.2013 20 W (pat) 24/12; BPatGE 41, 44, Markensache.
301 Ua BGH FamRZ 1993, 313 f; BGH NJW-RR 2005, 75; BGH NJW 2005, 3501, st Rspr.
302 *Baumbach/Lauterbach/Albers/Hartmann* Grundz § 253 ZPO Rn 19.

lematik bei Rechtsinhaberwechsel und zu § 265 Abs 2 Satz 1 ZPO Rn 237 zu § 59) führen eine entspr Rechtsfolge herbei (zum Zeitpunkt Rn 60 vor § 73). Grds kommen prozesshindernde Einreden, die nur auf Rüge zu beachten und über den Rechtsgedanken des § 242 BGB anwendbar sind, angesichts des allenfalls quasi-kontradiktorischen Charakters (Rn 208; Rn 13 zu § 59) des Einspruchs- und Beschwerdeverfahrens selbst dann nicht in Betracht, wenn mehrere Beteiligte vorhanden sind. Beachtlich können auch außerprozessuale Vereinbarungen sein, die als verpflichtend wirkende Prozessverträge eine Fortführung des Verfahrens nach § 242 BGB (Prozessfortsetzungsverbote, Rn 137; Rn 24 zu § 79) oder die Einleitung des Verfahrens (zur Nichtangriffsverpflichtung Rn 136) unzulässig machen.

b. Zu den behebbaren Verfahrenshindernissen zählt auch die fehlende, von § 25 geforderte **Inlands-** **134** **vertretung** (Einzelheiten Rn 48 ff zu § 25; zur Vertretung im übrigen § 97). Trotz fehlender Inlandsvertretung bleiben die erfolgten Verfahrenshandlungen und -erklärungen wirksam, weil die Inlandsvertretung keine Verfahrenshandlungsvoraussetzung ist (Rn 65 vor § 73), die Verfahrenshandlungen und -erklärungen sind aber mangelbehaftet; das führt, sofern der Mangel nicht behoben wird, zur Unzulässigkeit von Einspruch oder Beschwerde[303] oder zum Ausschluss der Verfahrensbeteiligung und Nichtbeachtung der Prozesserklärung.[304] So bleiben neu eingereichte Patentansprüche im Einspruchsbeschwerdeverfahren unberücksichtigt und es sind die erteilten Patentansprüche der Prüfung zugrunde zu legen, wenn die Bevollmächtigung nicht vorliegt.[305]

c. Anderweitige **Rechtskraft** und **Rechtshängigkeit** stehen dem Verfahren entgegen (§ 261 ZPO), **135** werden aber in der Praxis nur selten in Betracht kommen.[306] Innerhalb der Beschwerdefrist kann die Beschwerde auch dann erneut eingelegt werden, wenn zuvor eine früher eingelegte Beschwerde als unzulässig verworfen worden ist; das gilt auch, wenn im Beschwerdeverfahren entschieden wurde, dass die Beschwerde als nicht erhoben gilt (Rn 21);[307] von Bedeutung ist dies insb, wenn die Beschwerdefrist nicht in Lauf gesetzt wurde.

d. Die aus dem Grundsatz von Treu und Glauben abgeleitete **Nichtangriffsabrede** (exceptio pacti) ist **136** eine auf die Person des am Verfahren Beteiligten abstellende prozesshindernde Einrede. Str ist, ob sie im Einspruchs- und Einspruchsbeschwerdeverfahren beachtlich ist (Rn 64 vor § 73; Einzelheiten Rn 46 ff zu § 59). Auch die Relevanz bei Übertragung des Patents während des Verfahrens ist problematisch (Rn 67, 237 zu § 59).

e. Rechtsmittelverzicht; Prozessvereinbarungen. Verzicht auf das Beschwerderecht mit der Folge **137** der Unzulässigkeit der Beschwerde ist in entspr Anwendung des § 514 ZPO möglich;[308] die Erklärung, keine Beschwerde einzulegen, ist als Verzicht gewertet worden.[309] Auch außerprozessuale Prozessvereinbarungen durch Prozessverträge, wie zB durch gerichtliche (Gesamt)Vergleiche in anderen Verfahren (Rn 133; Rn 24 zu § 79), sind möglich; so kann eine Verpflichtung zum Verzicht, zur Rücknahme der Anmeldung oder eines Einspruchs übernommen werden, die zwar keine unmittelbare Wirkung entfalten, aber über § 242 BGB die Fortführung des Verfahrens unzulässig machen (Verfahrensfortsetzungsverbote, Rn 64 vor § 73; Rn 24 zu § 79).

III. Zur **Begründetheit der Beschwerde** Rn 71 ff vor § 73. **138**

---

303 BPatG Mitt 2015, 574; BPatG 27.10.2011 21 W (pat) 6/07; BPatG 16.11.2010 21 W (pat) 10/08 aA BPatGE 54, 276.
304 *Schulte* § 25 Rn 42.
305 BPatG 27.4.2010 21 W (pat) 319/05.
306 BPatGE 21, 234 = GRUR 1979, 434; *Schulte* Rn 82.
307 BGHZ 57, 160, 162 = GRUR 1972, 196 Dosiervorrichtung mwN.
308 *Fitzner/Lutz/Bodewig* Rn 60.
309 BPatGE 15, 153.

Engels

B. Verfahren vor dem Patentamt

I. Zustellung der Beschwerde

139   Nach der Regelung in Abs 2 Satz 3 sind die Beschwerdeschrift, Sachanträge und die Rücknahme der Beschwerde oder eines Antrags enthaltende Schriftsätze den übrigen Beteiligten (§ 74) zuzustellen; die Zustellung richtet sich nach § 127. In der Praxis wird die Zustellung des Beschwerdeschriftsatzes von der Geschäftsstelle (§ 72) des BPatG veranlasst (Einzelheiten Rn 6 ff zu § 78).

140   **Andere Schriftsätze** können grds formlos mitgeteilt werden. In Betracht kommt auch eine Übermittlung elektronischer Dokumente (s die Kommentierung zu § 125a).

141   **Zeitpunkt.** Die Zustellung oder Mitteilung hat grds unverzüglich zu erfolgen.[310]

142   Von der unverzüglichen Mitteilung eines Schriftsatzes kann **abgesehen** werden, wenn die Sache entscheidungsreif ist und der Schriftsatz – jedenfalls zu Lasten des Empfängers – kein erhebliches neues Vorbringen enthält;[311] in diesem Fall kann die Mitteilung längstens bis zur Zustellung der Entscheidung aufgeschoben werden.[312]

II. Abhilfe

143   **1. Allgemeines.** Das Abhilfeverfahren ermöglicht ein erneutes Aufgreifen der Sache durch das DPMA und eine Abänderung seiner Entscheidung auf die Beschwerde hin; es kann damit das BPatG von der Bearbeitung begründeter Beschwerden entlasten.[313] Insb gilt dies bei Beseitigung der Mängel der Anmeldung mit der Beschwerde.[314] Ist die Beschwerde zulässig und begründet, hat das DPMA abzuhelfen; es kann davon nicht aus Opportunitätsgründen absehen, auch nicht, um eine Grundsatzentscheidung herbeizuführen.[315]

144   **2. Anwendungsbereich.** Eine Abhilfemöglichkeit besteht nur im einseitigen („ex parte") Verfahren, wenn dem Beschwerdeführer nicht ein anderer Beteiligter gegenübersteht (Abs 4). Gleichgerichtete Verfahrensbeteiligte (mehrere Mitanmelder) stehen sich in diesem Sinn nicht gegenüber,[316] wohl aber Patentinhaber und Einsprechender.

145   Die Abhilfemöglichkeit ist im **mehrseitigen Verfahren** ausgeschlossen, weil sie zu einer Beschwer des anderen Beteiligten führen müsste.[317]

146   Um ein einseitiges Verfahren handelt es sich auch, wenn die Gegenseite aus dem Verfahren **ausgeschieden** ist, so bei Rücknahme oder rechtsbeständiger Verwerfung des Einspruchs als unzulässig.[318]

3. Voraussetzungen

147   **a.** Eine Abhilfeentscheidung kann wegen der Selbstbindung (Innenbindung) des DPMA (hierzu Rn 102 f zu § 79) durch seine Entscheidung (Rn 62 ff zu § 47) grds nur auf eine wirksam erhobene und **zulässige Beschwerde** hin erfolgen (Rn 66 zu § 47; vgl aber auch Rn 102 zu § 79), soweit diese Bindung reicht.[319] So-

310   BPatGE 5, 21, 23 = GRUR 1965, 145; BPatG 22.9.1967 15 W (pat) 83/67; BPatG Mitt 1970, 176; BPatG Mitt 1977, 196; BPatGE 22, 61 = GRUR 1980, 41; *Röhl* Mitt 1971, 19; *Benkard* Rn 89; *Klauer/Möhring* § 36l Rn 24.

311   BPatGE 11, 216, 218; BPatG 24.10.1973 7 W (pat) 32/72; BPatG 6.5.1976 20 W (pat) 46/73; *Benkard* Rn 89, dies nur im einseitigen Verfahren für anwendbar haltend; aA BPatG Mitt 1970, 176; *Klauer/Möhring* § 36l Rn 24.

312   BGH GRUR 1967, 292 Zwillingspackung, WzSache.

313   BGH GRUR 1985, 919 f Caprolactam: es „hat den Sinn, Beschwerden gegen Beschlüsse vom BPatG fernzuhalten, deren Korrekturbedürftigkeit vom DPMA aufgrund des Beschwerdevorbringens erkannt wird"; BPatGE 27, 157 = BlPMZ 1985, 360; BPatGE 29, 112, 116 = BlPMZ 1988, 192.

314   BGH Caprolactam; *Benkard* Rn 92; *Klauer/Möhring* § 36l Rn 21.

315   *Lindenmaier* § 36l Rn 54 unter Hinweis auf BPatGE 8, 154 = Mitt 1967, 139; *Klauer/Möhring* § 36l Rn 23.

316   *Lindenmaier* § 36l Rn 62; *Benkard* Rn 92.

317   BGH GRUR 1969, 44 Marpin; BPatG 2.12.2003 33 W (pat) 50/03, Markensache.

318   BPatGE 12, 169; *Benkard* Rn 92; *Schulte* Rn 110; *Lindenmaier* § 36l Rn 62; vgl auch BPatG 20.11.1998 33 W (pat) 232/98, Markensache: keine Feststellung der Wirkungslosigkeit der Verwerfung eines bereits zurückgenommenen Widerspruchs jedenfalls bei anhängiger Beschwerde.

319   BPatGE 14, 191, 193; BPatGE 15, 142, 148; *Benkard* Rn 53; *Bühring* § 18 GebrMG Rn 75.

weit das DPMA seine Entscheidung auch auf formlose Gegenvorstellungen (Rn 221) ändern kann, kommt es auf die Zulässigkeit der Beschwerde nicht an.[320] Wiedereinsetzung in die versäumte Beschwerde- oder Zahlungsfrist kann das DPMA in diesem Zusammenhang selbst bewilligen, nicht aber versagen, vorausgesetzt der Beschwerde soll abgeholfen werden (Rn 92 zu § 123).[321] Wird der Beschwerde nicht abgeholfen, ist sie ohne sachliche Stellungnahme dem BPatG vorzulegen (Abs 3 Satz 3). Ein Antrag auf Abhilfe ist nicht erforderlich, Verzicht auf Abhilfe kommt nicht in Betracht.[322]

b. Abhilfe kann nur erfolgen, wenn es sich um eine **begründete Beschwerde** handelt, dh, wenn die **148** Beschwerderügen durchgreifen oder die Beschwerde aus anderen Gründen Erfolg haben müsste.[323] Dabei ist auf die Sachlage zur Zeit der Abhilfeentscheidung abzustellen, dh darauf, ob sich die angefochtene Entscheidung (wenigstens) aus der Sicht zu diesem Zeitpunkt als unrichtig erweist. Dies ist insb dann der Fall, wenn ein Mangel zwischenzeitlich behoben wurde, aber auch, wenn sich die angefochtene Entscheidung bei nochmaliger Überprüfung – auch aus Rechtsgründen – als unrichtig erweist. Keine Abhilfe rechtfertigt es, wenn eine ausstehende Erwiderung auf einen Bescheid nachgereicht wird, sich hierdurch an der Beurteilung aber nichts ändert.[324]

4. Kassatorische Abhilfe. Die isolierte Aufhebung des Beschlusses (kassatorische Abhilfe) ist zuläs- **149** sig (Rn 99 vor § 73, zum EPÜ).[325] Sie führt zur Fortsetzung des Verfahrens, wenn die Überprüfung ergibt, dass für die angefochtene Entscheidung die Entscheidungsreife fehlt. Dies gilt auch, wenn die weitere Sachprüfung nicht schon innerhalb der Vorlagefrist des Abs 3 Satz 3 abgeschlossen werden kann.[326] Zu weitgehend ist allerdings die Auffassung,[327] dass nach vorausgegangenem Verfahrensfehler stets abzuhelfen sei. Hebt die Prüfungsstelle auf eine Beschwerde wegen nicht antragsgem Erteilung ihren (ersten) Erteilungsbeschluss lediglich auf und behält sie die Patenterteilung ausdrücklich einem besonderen Beschluss vor, stellt dies keine Abänderung des Erteilungsbeschlusses mit der Wirkung einer Abhilfe dar. Zum Abschluss der Abhilfe ist vielmehr ein neuer (antragsgem) Erteilungsbeschluss zu erlassen.[328] Erst die dann folgende Veröffentlichung der Erteilung ist für die Einspruchsfrist maßgeblich (vgl Rn 37 zu § 59).

Ob kassatorische Abhilfe schon in Betracht kommt, wenn sich der Beschwerdeführer mit einer **Fort-** **150** **setzung des Ausgangsverfahrens einverstanden** erklärt,[329] erscheint nicht nur aus systematischen Gründen, sondern auch wegen der hierin liegenden Verschleppungsgefahr bdkl.[330]

---

320 *Lindenmaier* § 36l Rn 57.

321 BGH GRUR 2009, 521 Gehäusestruktur; BPatG GRUR 2008, 935.

322 Zutr *Lindenmaier* § 36l Rn 56 unter Hinweis auf *Hiete* Mitt 1966, 127, 129.

323 BPatGE 27, 157 = BlPMZ 1985, 360; *Bühring* § 18 GebrMG Rn 76.

324 Vgl DPA Mitt 1960, 15.

325 BPatGE 27, 103 = GRUR 1986, 51; BPatGE 27, 111 = BlPMZ 1985, 332; BPatG BlPMZ 1986, 41; die entgegenstehende frühere Rspr des juristischen Beschwerdesenats des BPatG in BPatGE 26, 156 f = GRUR 1984, 647; BPatGE 27, 21 f = GRUR 1985, 218; BPatGE 27, 25 = GRUR 1985, 433; BPatG BlPMZ 1985, 16; BPatG BlPMZ 1985, 113, die auf unzulässigen Instanzvorgriff abstelle, ist seit BPatGE 30, 32 = BlPMZ 1989, 115 aufgegeben; zust *Schulte* Rn 118 f; *Benkard* Rn 97; *Fitzner/Lutz/Bodewig* Rn 53, jedenfalls für den Fall dohender Zurückverweisung oder bei bloßen Formmängeln oder zwischenzeitlicher Mängelbeseitigung; differenzierend BPatGE 27, 157 = BlPMZ 1985, 360: nicht, wenn sich keine Anhaltspunkte dafür ergeben, dass der Beschwerdeführer für den Fall fehlender Entscheidungsreife mit dem Wiedereintritt in das Prüfungsverfahren zufriedengestellt ist; abl für das Markenrecht *Ströbele/Hacker* § 66 MarkenG Rn 71.

326 *Schulte* Rn 118; dagegen schlägt *Hövelmann* GRUR 2001, 303 f vor, erst am Ende des Prüfungsverfahrens über die Abhilfe wie über die Rückzahlung der Beschwerdegebühr zu entscheiden.

327 BPatGE 27, 111 = BlPMZ 1985, 332; BPatGE 27, 157 = BlPMZ 1985, 360; zur Problematik *Hövelmann* GRUR 2001, 303.

328 BPatG 17.3.2005 11 W (pat) 369/04.

329 Keine Bedenken bei *Schulte* Rn 118; BPatG 18.8.2006 15 W (pat) 11/06 mit Regelvermutung für Einverständnis, soweit kein Rechtsnachteil eintritt.

330 BPatG 21.7.2003 17 W (pat) 27/01 sieht schon die Fortsetzung der Sachprüfung in der im Abhilfeverfahren durchgeführten Anhörung als unzulässige Stellungnahme zur Beschwerde an.

5. Entscheidung

151   **a. Grundsatz.** Die Abhilfe erfolgt in Beschlussform mit dem durch die Beschwerdeanträge festgelegten Entscheidungsinhalt.[331] Zuständig ist grds die Stelle, die die angefochtene Entscheidung erlassen hat, jedoch ist die Entscheidung dem Prüfer vorbehalten, wenn der Beamte des gehobenen Diensts aus sachlichen Gründen entschieden hat[332] (so schon § 1 Abs 3 Nr 16 WahrnV 1970; entspr in GbmSachen § 2 Abs 3 Nr 4, § 5 Abs 3 Nr 3 WahrnV 1970). Eine Begründung der Abhilfeentscheidung ist grds nicht erforderlich,[333] Ausnahme Rn 153 (Entscheidung über Rückzahlung der Beschwerdegebühr).

152   **b. Teilweise Abhilfe** ist möglich, soweit es sich um einen teilbaren Beschwerdegegenstand handelt, etwa bei Haupt- und Hilfsantrag oder Teilung der Anmeldung;[334] bei Unteilbarkeit des Beschwerdegegenstands scheidet sie aus.[335]

153   **c. Rückzahlung der Beschwerdegebühr.** Im Fall der Abhilfe oder einer anderweitigen Erledigung der Beschwerde vor Vorlage an das BPatG (vgl Rn 154) kann das DPMA (nicht der Beamte des gehobenen Diensts)[336] über die Rückzahlung der Beschwerdegebühr entscheiden (Abs 3 Satz 2, vgl zur Abgrenzung Rn 89 zu § 80); für die Entscheidung gelten dieselben Grundsätze wie für die gleichartige Entscheidung des Beschwerdesenats[337] (Rn 92ff zu § 80). Die Rückzahlung kann auch im mehrseitigen Verfahren vom DPMA angeordnet werden, da Abs 4 nur die Anwendung von Abs 3 Satz 1, nicht auch von Satz 2 ausschließt.[338] Widerspricht die Nichtabhilfe sachgerechter Verfahrensführung, weil die angeführten Mängel beseitigt sind, ist die Rückzahlung anzuordnen.[339] Dies gilt auch, wenn für die Prüfungsstelle im Zeitpunkt der Beschlussfassung die Notwendigkeit der alsbaldigen Wiederaufhebung des Zurückweisungsbeschlusses klar vorhersehbar war und die Beseitigung des Zurückweisungsgrunds durch eine zweckmäßigere und weniger einschneidende Verfahrensmaßnahme hätte erreicht werden können.[340]

154   Bei Rücknahme der Beschwerde vor Vorlage an das BPatG (Rn 157ff) hat über den Antrag auf Rückzahlung der Beschwerdegebühr das DPMA zu **entscheiden**.[341]

155   Ein **Ausspruch** über die Rückzahlung ist nur erforderlich, wenn diese angeordnet oder ein entspr Antrag zurückgewiesen wird;[342] in letzterem Fall muss die Entscheidung begründet werden.[343] Eine Zuständigkeit des Beamten des gehobenen Diensts besteht nicht.[344] Ein nach Erlass des Abhilfebeschlusses gestellter Rückzahlungsantrag kann in eine Beschwerde gegen den Beschluss umgedeutet werden (Rn 52 vor § 73);[345] der den Rückzahlungsantrag zurückweisende Abhilfebeschluss ist beschwerdefähig.[346]

156   **6. Wirkung der Entscheidung.** Durch die Abhilfe wird in deren Umfang die Beschwerde erledigt. Darüber hinausgehende materielle Wirkungen treten nicht ein; auch nach Abhilfe können bisher übersehene Mängel noch berücksichtigt werden.[347] Die Abhilfeentscheidung kann selbstständig Beschwer be-

---

331 BPatGE 27, 157 = BlPMZ 1985, 360.

332 Vgl auch *Bühring* § 18 GebrMG Rn 77 unter Hinweis auf BPatGE 13, 26 = BlPMZ 1972, 27.

333 *Lindenmaier* § 36l Rn 58; *Schulte* Rn 114.

334 BPatGE 32, 139, 149 = GRUR 1991, 828; *Benkard* Rn 94; *Schulte* Rn 121; generell abl BPatGE 27, 157 = BlPMZ 1985, 360; einschränkend BPatGE 46, 44 = Mitt 2003, 81, Markensache.

335 Vgl BPatGE 27, 157, 162 = BlPMZ 1985, 360.

336 BPatGE 13, 26 = BlPMZ 1972, 27.

337 *Klauer/Möhring* § 36l Rn 22.

338 So auch für den Fall der Rücknahme der Beschwerde *Lindenmaier* § 36l Rn 62 gegen BPatG Mitt 1969, 157, WzSache.

339 BPatG 8.1.2008 17 W (pat) 40/05.

340 BPatG 25.6.2008 10 W (pat) 25/06, auch zur Rückzahlung der Beschwerdegebühr für hierdurch provozierte Beschwerde.

341 *Benkard* Rn 98; *Röhl* Mitt 1971, 136; aA BPatGE 12, 28, 31 = Mitt 1971, 135.

342 BPatGE 17, 60 = BlPMZ 1975, 344; *Benkard* Rn 98.

343 BPatGE 14, 209 f = BlPMZ 1973, 166.

344 BPatGE 13, 26 = BlPMZ 1972, 27.

345 BPatGE 17, 60 = BlPMZ 1975, 344; *Benkard* Rn 98.

346 DPA BlPMZ 1954, 17; BPatGE 1, 90 = GRUR 1965, 118; BPatGE 4, 12 = GRUR 1964, 256; BPatG Mitt 1968, 95; BPatGE 13, 26 = BlPMZ 1972, 27; *Lindenmaier* § 36l Rn 3.

347 BGH GRUR 1985, 919 Caprolactam.

gründen, wenn der Antrag auf Rückzahlung der Beschwerdegebühr in ihr zurückgewiesen wird.[348] Es begründet keine Beschwer, wenn eine rein kassatorische Entscheidung erfolgt.

III. Vorlage der Beschwerde

1. Vorlagepflicht. Die Beschwerde ist dem BPatG vorzulegen, wenn das DPMA ihr im einseitigen Verfahren nicht abhelfen kann. Auch wenn die Beschwerde nicht statthaft oder aus einem anderen Grund unzulässig ist, ist allein das Beschwerdegericht zur Entscheidung befugt.[349] **157**

Vorlage hat auch zu erfolgen, wenn das DPMA einem **Wiedereinsetzungsantrag** nicht stattgeben will, da für andere Entscheidungen als die Abhilfe das BPatG zuständig ist.[350] Das BPatG ist nicht an eine Entscheidung des DPMA über die Wiedereinsetzung gebunden.[351] Ist das DPMA wieder in die Prüfung eingetreten, kann es diese abschließen.[352] Weitere Nachfragen werden als unzulässig angesehen, wenn offensichtlich innerhalb der Vorlagefrist mit Abschluss nicht mehr zu rechnen ist.[353] **158**

2. Vorlagefrist. Die Beschwerde ist bei Nichtabhilfe vor Ablauf eines Monats dem BPatG vorzulegen (Abs 3 Satz 3). Es handelt sich um eine sanktionslose „uneigentliche" Frist,[354] durch die Verfahrensverschleppung verhindert werden soll; sie läuft ab Einlegung der Beschwerde, nicht erst ab Eingang der Beschwerdebegründung.[355] Zuwarten bis gegen Fristende ist zweckmäßig, soweit mit einer Beschwerdebegründung noch gerechnet werden kann.[356] „Vorzeitige" Vorlage ist nur unter besonderen Umständen ein Verfahrensfehler (str).[357] **159**

3. Eine **sachliche Stellungnahme** darf das DPMA nicht abgeben; eine gleichwohl abgegebene Stellungnahme ist als solche unbeachtlich, die Beschwerdeentscheidung hat sich mit ihr nicht auseinanderzusetzen. Soweit in ihr erhebliche neue sachliche Gesichtspunkte enthalten sind, unterliegen diese (nicht die Stellungnahme) der Würdigung nach § 87 Abs 1. **160**

4. Devolutiveffekt (Anfallwirkung). Mit der Vorlage fällt die Beschwerde beim BPatG an; sie ist damit bei ihm als Rechtsmittelgericht anhängig[358] und gleichzeitig der Disposition durch das DPMA endgültig (zur Selbstbindung Rn 102 zu § 79), jedenfalls bis zu einer Zurückverweisung der Sache nach § 79 Abs 3, entzogen.[359] Rückgabe an das DPMA zur Prüfung der Abhilfe ist nach Vorlage unzulässig.[360] Gleichzeitig geht die Empfangszuständigkeit für Prozesserklärungen und -handlungen mit Vorlage (Abs 3 Satz 3) auf das BPatG über (Rn 212; Rn 44 vor § 73). **161**

C. Zum **Verfahren vor dem Patentgericht** bis zur mündlichen Verhandlung Rn 6 ff zu § 78, zur mündlichen Verhandlung Rn 14 ff zu § 78; zur Entscheidung über die Beschwerde § 79, zu den Kosten § 80. **162**

---

348 *Lindenmaier* § 36l Rn 59.

349 BGH GRUR 2009, 521 Gehäusestruktur; *Stein/Jonas* § 571 ZPO Rn 5; BPatG 23.7.2003 25 W (pat) 53/03, Markensache.

350 BGH GRUR 2009, 521 Gehäusestruktur entgegen Vorinstanz BPatG GRUR 2008, 935; BPatGE 25, 119; BPatGE 29, 112, 115 f = BlPMZ 1988, 192; *Benkard* Rn 95; *Schulte* Rn 112.

351 BGH Gehäusestruktur.

352 BPatGE 19, 21, 23 = BlPMZ 1977, 143; *Benkard* Rn 95.

353 BPatG 12.12.1975 5 W (pat) 19/75 undok.

354 BPatGE 9, 25; BPatGE 27, 23 f = GRUR 1985, 373; BPatGE 27, 25, 32 = GRUR 1985, 433; *Benkard* Rn 101; *Schulte* Rn 127.

355 *Benkard* Rn 101; aA BPatGE 9, 25, 30.

356 *Benkard* Rn 101; *Lindenmaier* § 36l Rn 60; strenger, Zuwarten erforderlich BPatGE 19, 21 f = BlPMZ 1977, 143.

357 BPatGE 16, 222 = BlPMZ 1975, 119; BPatGE 17, 241, 243 = GRUR 1975, 657 einerseits; BPatGE 19, 21 = BlPMZ 1977, 143 andererseits; *Benkard* Rn 103.

358 BPatG GRUR 2011, 949: Teilung einer Patentanmeldung im Beschwerdeverfahren; *Thomas/Putzo* § 572 ZPO Rn 11.

359 BPatGE 20, 19 = BlPMZ 1977, 301; *Benkard* Rn 103; *Schulte* Rn 126; *Bühring* § 18 GebrMG Rn 81; *Lindenmaier* § 36l Rn 61 mNachw der Gegenmeinung; vgl EPA T 63/86 ABl EPA 1988, 224 = GRUR Int 1988, 779 Zustimmung zu Änderung; EPA T 473/91 ABl EPA 1993, 630 Zuständigkeit.

360 *Schulte* Rn 126.

D. Ende des Beschwerdeverfahrens

I. Beendigung durch Entscheidung

163   Das Verfahren endet regulär mit Eintritt der Rechtskraft des Beschlusses, dh mit Ablauf der Rechtsmittelfrist oder Bescheidung in der Rechtsbeschwerde durch den BGH, sofern dieser nicht auf Zurückverweisung an das BPatG entscheidet.

II. Rücknahme der Beschwerde

1. Allgemeines

164   **a. Abgrenzung.** Die Rücknahme oder Teilrücknahme der Beschwerde ist nach allg Kriterien der Auslegung von Prozesswillenserklärungen (Rn 47 ff vor § 73) abzugrenzen, insb von der – unterschiedliche Rechtswirkungen auslösenden – Rücknahme des Begehrens (Anmeldung im Anmeldebeschwerdeverfahren, Einspruch bei Beschwerde des Einsprechenden), aber auch vom Verzicht auf das Patent (§ 20). Die Rücknahme der Beschwerde ist nach bisher hM nur bis zur Entscheidung des Gerichts über die Beschwerde möglich, was für das Einspruchsbeschwerdeverfahren abzulehnen ist (Einzelheiten und zur Anmelderbeschwerde Rn 173). Eine erst danach erklärte Rücknahme der Beschwerde soll – anders als die Rücknahme der Anmeldung entspr § 269 ZPO – die bereits ergangene Entscheidung des Beschwerdegerichts nicht wirkungslos machen.[361]

165   **b. Auslegung.** Als Prozesshandlung ist die Rücknahme frei zu würdigen und unter Heranziehung aller für das Beschwerdegericht erkennbaren Umstände und unter Beachtung der durch die gewählten Bezeichnungen bestehenden Auslegungsgrenzen nach ihrem objektiven Sinngehalt auszulegen.[362] Die Erklärung eines Einsprechenden, dass er an der weiteren Bekämpfung der Anmeldung nicht mehr interessiert sei, ist als Rücknahme seiner Beschwerde anzusehen.[363]

166   **c.** Die Rücknahme der Beschwerde im **Anmeldeverfahren** führt nur zur Beendigung des Rechtsmittelverfahrens, nicht zum rückwirkenden Wegfall des Anmeldeverfahrens, und lässt damit den Bestand der angegriffenen Entscheidung im Gegensatz zu der Rücknahme der Anmeldung unberührt (Einzelheiten Rn 180).[364]

167   **d.** Die das Einspruchsbeschwerdeverfahren unmittelbar beendende **Rücknahme der Beschwerde des Einsprechenden** ist von der seines Einspruchs zu unterscheiden, die nur die Rechtswirkungen des § 61 Abs 1 Satz 2 auslöst und deshalb zur Unzulässigkeit der Beschwerde führt, nicht jedoch das Verfahren beendet (Rn 186; Rn 71 zu § 61, Rn 40 zu § 74). Die Rücknahme der Beschwerde führt zum Wegfall der aufschiebenden Wirkung (Rn 22 zu § 75) und unmittelbar zur Bestandskraft des angefochtenen Beschlusses (Rn 177). Auch Beteiligungshandlungen wie der Beitritt nach § 59 Abs 2 oder die Anschlussbeschwerde des Beschwerdegegners laufen ins Leere und erzeugen – anders als bei der unzulässigen, aber noch nicht verworfenen Beschwerde (vgl Rn 77 zu § 61 zur Einspruchsrücknahme) – keine Rechtswirkungen mehr.

168   **e. Rücknahme und Verzicht.** Zu unterscheiden ist die Rücknahme der Beschwerde vom Verzicht auf das Patent (§ 20), der nicht nur auf Beseitigung des Rechtsmittels, sondern des eingetragenen Rechts gerichtet ist, also auf eine andere Rechtsfolge, und der allenfalls eine verfahrenserledigende Wirkung herbeiführen kann (Rn 195 ff), sofern nicht aufgrund eines bestehenden Rechtsschutzbedürfnisses für einen Widerruf auch für die Vergangenheit das Verfahren fortzuführen ist (Rn 340 zu § 59).

---

361   BGH GRUR 1969, 562 Appreturmittel; aA BPatG 2.6.2010 35 W (pat) 454/08 Mitt 2011, 458 Ls, zum GbmLöschungsbeschwerdeverfahren.

362   BGH NJW-RR 2008, 85, zur Rücknahme der Beschwerde; BGH NJW-RR 2006, 862, zur Berufungsrücknahme.

363   BPatGE 1, 89 = GRUR 1965, 144.

364   *Ströbele/Hacker* § 66 MarkenG Rn 77.

2. Schriftform. Als rechtsgestaltende Prozesshandlung ist die Beschwerderücknahme schriftlich zu **169** erklären, eigenhändige Unterschrift ist erforderlich (vgl Abs 2 Satz 3). Dem Schriftformerfordernis genügt die erfolgreiche Übermittlung eines unterzeichneten Schriftsatzes per Telefax oder die Übermittlung des Schriftsatzes durch elektronische Übertragung einer Textdatei mit eingescannter Unterschrift.[365] Zur elektronischen Form § 125a. Die bloße Einlegung mittels E-Mail genügt grds nicht,[366] aber die in der elektronischen Akte befindliche E-Mail des Beschwerdeführers soll ausreichen, wenn im Weg des Freibeweises davon auszugehen ist, dass das nicht vorhandene Original eine Unterschrift trug.[367] Für die Wirksamkeit ist die Nachreichung des Schriftsatzes im Original nicht erforderlich. Eine von einer autorisierten Person unterzeichnete Beschwerderücknahme ist auch dann wirksam, wenn sie ohne Willen des Verfahrensbeteiligten – etwa versehentlich durch das Büropersonal – abgesendet und vom Gericht empfangen wird. Den insoweit zurechenbaren Rechtsschein muss der Beteiligte gegen sich gelten lassen.

3. Bedingungsfeindlichkeit. Nach allg Grundsätzen für Prozesswillenserklärungen können Erklä- **170** rungen und Handlungen, die Bewirkungshandlungen (Rn 68 vor § 73) darstellen, nicht mit einer sonst zulässigen innerprozessualen Bedingung versehen werden. Darunter fallen auch Verfahrenserklärungen, die das Verfahren in Gang setzen oder beenden,[368] wie Einlegung (Rn 5) oder Rücknahme der Beschwerde oder der Anmeldung oder eines Einspruchs (Rn 88 zu § 59), nicht jedoch die Einlegung der Anschlussbeschwerde (Rn 201; Rn 69 vor § 73).

4. Anfechtung. Die Rücknahmeerklärung kann als Prozesswillenserklärung nicht wegen Irrtums **171** oder eines sonstigen Willensmangels angefochten werden (Rn 67 vor § 73).[369]

5. Widerruf. Die Beschwerderücknahme ist als Bewirkungshandlung grds unwiderruflich. Das gilt **172** selbst, wenn die Rücknahme auf einer unzutreffenden Auskunft (zB, die Beschwerdegebühr sei nicht fristgerecht gezahlt) beruht.[370] Eine Ausnahme besteht nach der Rspr des BGH[371] nur unter Restitutionsgesichtspunkten, so, wenn die Rücknahme durch eine strafbare Handlung herbeigeführt ist (§ 580 Nr 4 ZPO) und mit der Wiederaufnahmeklage beseitigt werden könnte. Dabei müssen zusätzlich die Voraussetzungen des § 581 Abs 1 ZPO erfüllt sein. Die einmonatige Notfrist des § 586 ZPO für den Wiederaufnahmeantrag ist zu beachten.[372]

6. Str ist, bis zu welchem **Zeitpunkt** die Beschwerde zurückgenommen werden kann. Die Rücknahme **173** ist nach bisher hM nur solange möglich, bis der Beschluss über die Beschwerde ergangen (erlassen), also verkündet oder ist oder – wie im schriftlichen Verfahren oder bei an Verkündungs Statt nach § 79 Abs 1 Satz 4 zuzustellenden Beschlüssen – den Geschäftsbetrieb endgültig verlassen hat[373] (zum Unterschied zwischen Erlass und Wirksamwerden Rn 60 zu § 47; Rn 46 zu § 78) oder solange ein laufendes Rechtsmittelverfahren nicht beendet ist.[374] Die hM stellt auf die auch im Zivilprozess[375] und in der freiwilligen Gerichtsbarkeit anerkannten Grundsätze ab, nach denen eine Rücknahme nur solange zulässig ist, wie die Entscheidung über die Beschwerde noch nicht „ergangen" ist, da das Verfahren vor den Beschwerdesena-

---

365 Vgl GmS-OGB BGHZ 144, 160 = NJW 2000, 2340.

366 BGH NJW-RR 2009, 357, zur Schriftform für bestimmte Schriftsätze.

367 BPatG 16.6.2014 35 W (pat) 17/12; s dagegen auch BGHZ 184, 75 = NJW 2010, 2134 zu den zwingenden Anforderungen nach § 130a Abs 1 Satz 2 ZPO zur elektronisch signierten Schriftsätzen.

368 Hierzu ausführlich *Hövelmann* GRUR 2003, 203; BGH GRUR 2000, 892 MTS, Markensache.

369 BPatGE 6, 183, 185 = GRUR 1966, 282; *van Hees/Braitmayer* Rn 684; *Hövelmann* GRUR 2003, 203; *Thomas/Putzo* Einl III ZPO Rn 23; *Stein/Jonas* vor § 128 ZPO Rn 288 ff.

370 BPatGE 38, 71, Markensache; *Schulte* Rn 192; *Thomas/Putzo* Einl III ZPO Rn 22.

371 BGHZ 12, 284; *Zöller* vor § 128 ZPO Rn 24.

372 BPatGE 38, 71; BGHZ 187, 1 = GRUR 2010, 996 Bordako, zur Restitutionsklage im Verletzungsprozess.

373 BGH GRUR 1969, 562 Appreturmittel; BGH GRUR 1979, 313 Reduzierschrägwalzwerk, beide zur früheren Rechtslage; BGH GRUR 1988, 364 Epoxidation, zur Beschwerde gegen die Verwerfung des Einspruchs als unzulässig; BPatGE 29, 275 (Ls) = NJW-RR 1988, 1203 (10. Senat); differenzierend, für einseitige Beschwerdeverfahren bejahend *Schulte* Rn 192; *Bühring* § 18 GebrMG Rn 83; *Ingerl/Rohnke* § 66 MarkenG Rn 60; *Ströbele/Hacker* § 66 MarkenG Rn 76;.

374 *Baumbach/Lauterbach/Albers/Hartmann* § 572 ZPO Rn 21; *Schulte* Rn 192.

375 *Thomas/Putzo* § 569 ZPO Rn 22; § 329 ZPO Rn 5; *Zöller* § 572 ZPO Rn 32.

ten ein echtes Rechtsmittelverfahren sei, an dem die den Verwaltungsakt erlassende Behörde selbst nicht mehr beteiligt ist.[376]

174   Nach zutr Ansicht ist die Rücknahme auch nach Erlass und Wirksamwerden der Beschwerdeentscheidung bis zum **Eintritt der formellen Rechtskraft**[377] möglich. Der BGH hat dies für das kartellrechtl Beschwerdeverfahren, in dem die Kartellbehörde, deren Verfügung angefochten wird, selbst Partei ist, ebenso gesehen und die in § 92 VwGO, § 102 SGG, § 72 FGO und § 269 ZPO zum Ausdruck kommenden Rechtsgrundsätze angewendet, nach denen die Klage bis zur Rechtskraft der Entscheidung zurückgenommen werden kann, zugleich allerdings auf die Unterschiede zum Patenterteilungsverfahren und die fehlende Beteiligung des DPMA im Beschwerdeverfahren hingewiesen.[378] Der Einsprechende als Beschwerdeführer ist nach der hM gezwungen, gegen seinen Willen weiter als Anwalt öffentlicher Belange aufzutreten;[379] er wird ohne Not in ein uU aussichtsloses Rechtsbeschwerdeverfahren gedrängt, um die Rücknahmemöglichkeit zu wahren, da die Rücknahme des Einspruchs wegen § 61 Abs 1 Satz 2 keine verfahrensbeendende Wirkung hat (Rn 183).[380] Demgegenüber ist der Anmelder im Anmeldebeschwerdeverfahren auf die Rücknahme der Beschwerde wegen der Möglichkeit der Rücknahme der Anmeldung und ihrer unmittelbar verfahrensbeendenden Wirkung auch nach Beschlusserlass bis zur Rechtskraft der Entscheidung nicht angewiesen (Rn 180). Ebenso ist die Teilung auch nach Beschlusserlass bis zum Ablauf der Rechtsmittelfrist möglich (Rn 6 ff zu § 39). Es spricht deshalb viel dafür, wegen dieser Besonderheiten des Verfahrens jedenfalls für den Einsprechenden die Rücknahme der Beschwerde im Einspruchsbeschwerdeverfahren bis zum Eintritt der Rechtskraft der Beschwerdeentscheidung zu ermöglichen.[381]

175   **7. Zustimmung** der weiteren Verfahrensbeteiligten ist nicht erforderlich.[382]

176   **8. Teilrücknahme.** Schränkt der Beschwerdeführer seinen ursprünglich umfassenderen Beschwerdeantrag während des Beschwerdeverfahrens zulässig ein (zur fraglichen Dispositionsbefugnis Rn 118; Rn 76 ff vor § 73; zur Hemmungswirkung Rn 14 f zu § 75),[383] ist ihm die spätere Erweiterung des Rechtsmittels auf seinen ursprünglichen Umfang verwehrt (zur Antragserweiterung Rn 119). Die Beschränkung stellt in einem solchen Fall eine teilweise Rücknahme des Rechtsmittels dar, die im Umfang der Teilrücknahme den Verlust des Rechtsmittels zur Folge hat.[384]

177   **9. Rechtswirkungen.** Die Rücknahme der Beschwerde führt mit Zugang zur Beendigung des Beschwerdeverfahrens und führt in ihrem Umfang damit zugleich die Bestandskraft der angefochtenen Entscheidung herbei, sofern die Rechtsmittelfrist abgelaufen ist (vgl auch Rn 16 zu § 75). Damit entfällt auch die Hemmungswirkung nach § 75 (Rn 22 zu § 75). Die Rücknahme der Beschwerde macht die bereits ergangene Entscheidung des Beschwerdegerichts entspr § 269 Abs 3 Satz 1 ZPO wirkungslos (zur entspr Rechtsfolgen bei Erledigung der Beschwerde Rn 188). Nicht wirkungslos werden jedoch – wie bei der Rücknahme der Anmeldung (zur Erledigung der Hauptsache Rn 191) – sämtliche sonstigen Entscheidungen, insb die der ersten Instanz (Rn 180). Der Rücknahme der Beschwerde des Patentinhabers im Ein-

---

376   BGH GRUR 1969, 562 Appreturmittel, unter Hinweis darauf, dass die Beschwerde nicht ein erstinstanzliches Verfahren in Gang setzt, sondern eine zweite (gerichtliche) Tatsacheninstanz als Rechtsmittelverfahren eröffnet, in der das BPatG anders als ein Verwaltungsgericht, das lediglich über die Rechtmäßigkeit des angegriffenen Verwaltungsakts befindet, in der Sache jede denkbare Entscheidung treffen kann.

377   BPatG 2.6.2010 35 W (pat) 454/08 Mitt 2011, 458 Ls, zum GbmLöschungsbeschwerdeverfahren.

378   BGHZ 84, 320 f = GRUR 1982, 691 f Anzeigenraum, unter Hinweis auf BGH GRUR 1962, 562 Appreturmittel; vgl auch *Allesch* NVwZ 2000, 1227.

379   Vgl zur Rücknahme der Nichtigkeitsklage BGH GRUR 1993, 895 Hartschaumplatten.

380   Ebenso *Benkard* Rn 104, auf den von der zivilprozessualen Beschwerde eher abw Rechtscharakter der Beschwerde verweisend; *van Hees/Braitmayer* Rn 685.

381   BPatG 2.6.2010 35 W (pat) 455/08 Mitt 2011, 458 Ls, zum GbmBeschwerdeverfahren; ebenso allg für die Beschwerde bejahend *van Hees/Braitmayer* Rn 685.

382   BPatGE 17, 90, 92; *Schulte* Rn 186; BGH GRUR 1998, 818 Puma, zum markenrechtl Widerspruchsverfahren; BGH GRUR 1983, 342 BTR; BGH GRUR 1974, 465 Lomapect; BGH GRUR 1973, 605 Anginetten; BGH GRUR 1973, 606 Gyromat; so bereits VGH München GRUR 1962, 359.

383   *Fitzner/Lutz/Bodewig* Rn 61.

384   BPatGE 17, 90, zum Einspruchsverfahren.

spruchsverfahren kommt darüber hinaus rechtsgestaltende Wirkung für das erteilte Patent nicht zu.[385] Sie hat den Verlust des Rechtsmittels zur Folge.[386] Fortsetzung des Beschwerdeverfahrens vAw ist – anders als nach der Rechtslage bis 1961 – ausgeschlossen,[387] ebenso Fortsetzung durch den Nebenintervenienten (Rn 33 zu § 74). Eine isolierte Entscheidung über die Kosten und die Rückzahlung der Beschwerdegebühr bleibt auch nach Rücknahme der Beschwerde möglich[388] (§ 80 Abs 4). Die Rücknahme beendet nicht nur das Beschwerde-, sondern auch das zugrundeliegende Verfahren.

III. Rücknahme der Anmeldung

1. Grundsatz. Die von der Rücknahme der Beschwerde (Rn 164) zu unterscheidende Rücknahme der **178** Anmeldung, die wie die Rücknahme der Beschwerde als Bewirkungshandlung bedingungsfeindlich (Rn 170; Rn 68 vor § 73) und als Prozesswillenserklärung unanfechtbar und unwiderruflich ist (Rn 68 zu § 73), ist aufgrund der mit dem Devolutiveffekt verbundenen Empfangszuständigkeit gegenüber der Instanz zurückzunehmen, bei der das Verfahren anhängig ist,[389] dh nach Abgabe der Beschwerde ggü dem BPatG[390] (Rn 44 vor § 73).

2. Zeitlicher Rahmen. Die Rücknahme der Anmeldung oder deren Fiktion (§ 6 Abs 2 PatKostG) ist – **179** anders als die Rücknahme der Anmelderbeschwerde (str, Rn 173 f) – als verfahrensbeendende Erklärung bis zur Rechtskraft des Erteilungsbeschlusses möglich, auch vor dem BGH (Einzelheiten Rn 142 ff zu § 34).

3. Rechtswirkungen. Die wirksame Rücknahme der Anmeldung führt mit Zugang ohne weiteres zur **180** Beendigung des Beschwerdeverfahrens[391] und zum rückwirkendem Wegfall der Rechtshängigkeit des in der Rechtsmittelinstanz anhängigen Prüfungsverfahrens entspr § 269 Abs 3 Satz 1 ZPO.[392] Die Grundlage des Verfahrens ist entfallen, ohne dass es der Aufhebung bereits ergangener Entscheidungen bedarf, die wirkungslos werden.[393] Denn anders als die Rücknahme der Beschwerde (Rn 164) führt die Rücknahme der Anmeldung nicht nur zur Beendigung des Beschwerdeverfahrens durch Rücknahme des Rechtsmittelersuchens, sondern weitergehend entspr § 269 Abs 3 Satz 1 ZPO infolge des rückwirkenden Wegfalls der Rechtshängigkeit zur Wirkungslosigkeit (Gegenstandslosigkeit) aller im Verfahren ergangenen, noch nicht rechtsbeständigen Entscheidungen (zur Erledigung der Hauptsache/Beschwerde Rn 188).[394] Auch die Hemmungswirkung nach § 75 (Rn 14, 22 zu § 75) entfällt. Für die entspr Anwendbarkeit spricht insb auch die Orientierung am zivilrechtl Beschwerdeverfahren (Rn 35 vor § 73). Dies gilt auch für eine bereits vom Beschwerdegericht erlassene Entscheidung, sofern sie noch nicht rechtskräftig geworden ist.[395] Diese wird gegenstandslos, ohne dass es einer ausdrücklichen (konstitutiven) Aufhebung[396] oder einer Erledigungs-

385 BGH GRUR 2002, 511 Kunststoffrohrteil, zu Art 108 EPÜ.
386 BPatGE 17, 90.
387 BPatGE 1, 83 = BlPMZ 1962, 137; BPatGE 1, 87 = BlPMZ 1962, 157; BPatGE 1, 88 = BlPMZ 1962, 50, jeweils Übergangsfälle des 6.ÜberlG betr; BPatGE 2, 80 = BlPMZ 1962, 309; *Horn* Mitt 1962, 96; *Bendler* Mitt 1962, 214; vgl BPatGE 38, 71; aA *Ruso* GRUR 1962, 493.
388 BPatGE 12, 238 = GRUR 1972, 669.
389 BGH GRUR 2011 1052 Telefonsystem.
390 *Schulte* Rn 196; BPatGE 8, 28; 10, 140; nach BPatG Mitt 73, 18 auch gegenüber dem DPMA.
391 *Benkard* § 34 Rn 150; *Ströbele/Hacker* § 66 MarkenG Rn 85; aA *Schulte* Rn 196 und § 34 Rn 458, Erledigung in der Hauptsache annehmend; BPatG 6.3.2015 18 W (pat) 78/14 aA auch *van Hees/Braitmayer* Rn 687, wo nachträgliche Unzulässigkeit des fortbestehenden Beschwerdeverfahrens angenommen wird.
392 *Schulte* Rn 196.
393 BGH GRUR 1998, 818 Puma; BGH GRUR 1973, 605 Anginetten; BGH GRUR 1974, 465 f Lomapect.
394 *Benkard* Rn 60, § 34 Rn 150, § 79 Rn 39.
395 BPatGE 43, 96, zum Markenrecht; *Ströbele/Hacker* § 42 MarkenG Rn 49.
396 BPatGE 38, 195; *Schulte* § 34 Rn 458; *Benkard* § 34 Rn 150; so auch zur WzAnmeldung BGH GRUR 1985, 1052 Leco, BGH GRUR 1983, 342 BTR (Rechtsbeschwerde); BGH Puma, zu § 42 MarkenG bei Rücknahme des Widerspruchs, entgegen der früheren Rspr zum WZG: BGH Lomapect; BGH Anginetten, verneinend zur Rücknahme des Widerspruchs unter Hinweis auf VGH München GRUR 1962, 359, wo die entspr Anwendung von § 271 Abs 3 ZPO aF (jetzt § 263 Abs 3 ZPO) abgelehnt wurde, weil die Entscheidungen als Verwaltungsakte ausdrücklicher Aufhebung bedürften und nicht ohne weiteres wirkungslos werden; so auch *Hövelmann* GRUR 2007, 283, die förmliche Aufhebung bereits ergangener Entscheidung als notwendig ansehend; aA *Ströbele/Hacker* § 42 MarkenG Rn 50.

erklärung[397] oder eines feststellenden Ausspruchs bedarf. Nach § 269 Abs 4 ZPO kann auch vAw die deklaratorische Feststellung getroffen werden.[398] Dennoch ergehende Entscheidungen sind nichtig (vgl Rn 48 ff). Auch hinsichtlich des Zeitrahmens ist die Rücknahme des Rechtsmittels von der des verfahrenseinleitenden Antrags zu unterscheiden (Rn 173 f). Darüber hinaus bestimmt § 58 Abs 2, dass bei Rücknahme der Anmeldung nach Veröffentlichung des Hinweises auf die Möglichkeit der Akteneinsicht die Wirkung des Entschädigungsanspruchs nach § 33 Abs 1 als nicht eingetreten gilt.[399] Die Rücknahme der Anmeldung steht einer nach § 80 Abs 3 iVm Abs 4 möglichen Rückzahlung der Beschwerdegebühr nicht entgegen (Rn 6 zu § 80).

181 **4. Keine Verfahrenserledigung.** Da die Rechtshängigkeit des Prüfungsverfahrens in der Hauptsache insgesamt rückwirkend entfällt und dieses unmittelbar durch Zugang der Rücknahmeerklärung rechtskräftig beendet ist,[400] liegt nicht nur eine Erledigung der Hauptsache (Rn 330, 334 zu § 59)[401] oder Erledigung des Rechtsmittels[402] vor (zum Unterschied Rn 188, 191). Letztere würde nämlich den Bestand der angefochtenen erstinstanzlichen Entscheidung nicht berühren und diese nicht wirkungslos (gegenstandslos) machen (Rn 188).[403]

182 **5.** Im **Einspruchsbeschwerdeverfahren** kommt eine Rücknahme der Anmeldung ebenso wenig in Betracht wie im Einspruchsverfahren (Rn 329 zu § 59); jedoch kann die Erklärung als Rücknahme der Beschwerde auszulegen sein (zur Auslegung Rn 46 ff vor § 73).

IV. Rücknahme des Einspruchs

183 **1. Abgrenzung.** Die Rücknahme des Einspruchs (Rn 327 zu § 59), die aufgrund des Devolutiveffekts gegenüber dem BPatG zu erklären ist (Rn 4), ist von der Rücknahme der Beschwerde des Einsprechenden zu unterscheiden (Rn 186). Allerdings wird die Rücknahme des Einspruchs Anlass zur Rückfrage geben, ob auch die Beschwerde zurückgenommen wird.[404] In der Praxis des EPA wird die Rücknahme des Einspruchs regelmäßig als Beschwerderücknahme ausgelegt (Rn 104 vor § 73).[405] Die Rücknahme des Einspruchs führt nur zum Wegfall der Verfahrensbeteiligung des Einsprechenden (§ 61 Abs 1 Satz 2). Sie beendet oder erledigt das Beschwerdeverfahren oder das Rechtsbeschwerdeverfahren[406] nicht (zur Rücknahme des einzigen auf widerrechtl Entnahme gestützten Einspruchs Rn 72 zu § 61). Hierzu bedarf es der Bescheidung durch Beschluss (Rn 186, 191; Rn 40 zu § 74).

184 **2. Wirkung.** Hinsichtlich der Auswirkungen der Rücknahme des Einspruchs im Beschwerdeverfahren ist zwischen der Beschwerde des Patentinhabers (Rn 185, 198) und der Beschwerde des Einsprechenden (Rn 186) zu unterscheiden.

---

397 So aber OLG Frankfurt NJW-RR 1995, 956, für Klagerücknahme im Beschwerdeverfahren.
398 BPatGE 10, 140 = GRUR 1970, 100, zum WZG; *Schulte* § 34 Rn 457; auch vAw ohne Antrag aus Gründen der Rechtssicherheit, so zum Markenrecht *Ströbele/Hacker* § 42 MarkenG Rn 50.
399 Vgl auch BPatGE 50, 256 = GRUR 2008, 96.
400 So auch *Benkard* § 34 Rn 149, Rn 150 unter Hinweis, dass eine dennoch verkündete Beschwerdeentscheidung nichtig ist, selbst wenn die Rücknahmeerklärung bei Beschlusserlass noch nicht zu den Akten gelangt war; ebenso BPatGE 10, 140 = GRUR 1970, 100, WzSache.
401 So aber BPatG 15.2.2007 21 W (pat) 54/04; BPatG 6.3.2015 18 W (pat) 78/14; *Schulte* Rn 196; unklar, welche Art der Erledigung annehmend BGH GRUR 2011, 1052 Telefonsystem.
402 So aber für die Rücknahme der Anmeldung im Rechtsbeschwerdeverfahren BGH GRUR 2011, 1052 Telefonsystem; BPatG Mitt 1973, 18, zur Erledigung im Beschwerdeverfahren; *Schulte* Rn 196.
403 Dennoch Wirkungslosigkeit entspr § 269 Abs 3 Satz 1 ZPO annehmend BGH GRUR 2011 1052 Telefonsystem, entspr § 269 Abs 3 Satz 1 ZPO; Schreiben des Berichterstatters beim BGH Mitt 1988, 216, zum GbmBeschwerdeverfahren; BPatG 6.3.2015 18 W (pat) 78/14; *Schulte* Rn 196.
404 *Schulte* § 61 Rn 34.
405 Vgl EPA G 8/93 ABl EPA 1994, 887 Rücknahme des Einspruchs; EPA T 117/86 ABl EPA 1989, 401 Kosten; EPA T 129/88 ABl EPA 1993, 598 Faser; EPA T 323/89 ABl EPA 1992, 169 = GRUR Int 1992, 551 photographisches Material; EPA T 381/89; EPA T 678/90; *MGK/Moser* Art 110 EPÜ Rn 95; ebenso *Fitzner/Lutz/Bodewig* § 59 Rn 175.
406 *Schulte* § 102 Rn 9; dagegen *Hövelmann* GRUR 2007, 283, 287 Fn 51.

Bei **Beschwerde des Patentinhabers** hat die nicht verfahrensbeendende Rücknahme des Einspruchs keinen Einfluss auf die Anhängigkeit des Beschwerdeverfahrens,[407] auch, wenn sie vor Beschwerdeeinlegung erfolgt.[408] Sie führt nur zum Ausscheiden des Einsprechenden und damit zu einem einseitigen Beschwerdeverfahren mit ausschließlicher Beteiligung des Patentinhabers (Rn 13 zu § 79). Es findet also eine Sachprüfung statt. Erweist sich der Einspruch als unzulässig, ist die Beschwerde ohne weiteres begründet und führt ohne Sachprüfung zur Verwerfung des Einspruchs.[409]   **185**

Bei **Beschwerde des Einsprechenden** führt die Rücknahme des Einspruchs zur Verwerfung der Beschwerde als unzulässig,[410] weil der Einsprechende infolge der Rücknahme nicht mehr am Einspruchsverfahren beteiligt ist, (Rn 327 ff zu § 59) und deshalb zugleich die Beschwerdeberechtigung entfallen ist (Rn 77 zu § 61; Rn 40 zu § 74). Der Ansicht, dass in der Rücknahme des Einspruchs auch eine Rücknahme der Beschwerde liege,[411] ist nicht zu folgen; dies kann, muss aber nicht so sein und ist Ergebnis der vorzunehmenden Auslegung.[412] Dies hat auch zu gelten, wenn der (einzige) Einspruch unzulässig ist (Rn 73 zu § 61; zur widerrechtl Entnahme Rn 72 zu § 61). Bis zum Rechtsbestand des Beschlusses bleiben eine Beteiligung nach § 59 Abs 2 oder eine Anschlussbeschwerde möglich (Rn 208; Rn 76 zu § 61). Geht man allerdings – mit der hier nicht geteilten Auffassung (dazu Rn 75 zu § 61) – davon aus, dass der Rücknahme des Einspruchs im Fall der widerrechtl Entnahme und des unzulässigen Einspruchs entgegen § 61 Abs 1 Satz 2 unmittelbar verfahrensbeendigende Wirkung zukommt (hierzu Rn 72 zu § 61) und die Rücknahme des Einspruchs zur Unzulässigkeit der Beschwerde des Einsprechenden führt, tritt ohne weiteres Beendigung des Verfahrens ein, vergleichbar mit der Rücknahme der Anmeldung im Anmeldebeschwerdeverfahren (Rn 180) oder des Widerspruchs im markenrechtl Beschwerdeverfahren.[413] Auch die Entscheidung der Patentabteilung des DPMA oder eine bereits erfolgte Beschlussfassung des Beschwerdesenats des BPatG über das Patent werden nicht wirkungslos.[414] Zur Rückzahlung der Beschwerdegebühr nach § 80 Abs 3 iVm Abs 4 vgl Rn 6 und Rn 85 zu § 80.   **186**

V. Erledigung der Hauptsache/Beschwerde

1. Allgemeines. Fallgruppen der Erledigung (zur Abgrenzung von der sonstigen Verfahrensbeendigung Rn 330 zu § 59) können im Anmeldebeschwerdeverfahren (Rn 193) und im Einspruchsbeschwerdeverfahren (Rn 194) insb im Zusammenhang mit dem Erlöschen des Patents durch Verzicht, Zeitablauf usw auftreten. Das Institut der Erledigung ermöglicht auch hier, wie im Einspruchsverfahren (Rn 337 zu § 59), sachgerechte Ergebnisse und führt bei Erledigung der Hauptsache mit Ausspruch (Rn 191) zu den entspr Rechtswirkungen des § 269 Abs 3 Satz 1 ZPO (Rn 333 zu § 59). Von der Erledigung der Hauptsache und des Rechtsmittels (der Beschwerde) zu unterscheiden sind auch die unmittelbar das Verfahren oder die Instanz beendenden Erklärungen, wie die Rücknahme der Anmeldung (Rn 180) oder der Beschwerde (Rn 166). Diese führen unmittelbar zur Verfahrensbeendigung und zur zur Gegenstandslosigkeit (Wirkungslosigkeit) sämtlicher Entscheidungen entspr § 269 Abs 3 Satz 1 ZPO (Rn 188). Letzteres entspricht zwar auch im Ergebnis den Rechtswirkungen der Erledigung der Hauptsache (Rn 191).[415] Allerdings besteht ein wesentlicher Unterschied, als diese Rechtswirkungen bei verfahrensbeendenden Erklärungen ohne weiteres bereits mit Zugang der Erklärung beim Rechtsmittelgericht kraft Gesetzes eintreten, eine   **187**

---

407   BPatG 22.1.2008 8 W (pat) 9/07; *Benkard* § 74 Rn 22; vgl EPA G 8/93 ABl EPA 1994, 887 Rücknahme des Einspruchs; EPA T 629/90 ABl EPA 1992, 654 = GRUR Int 1993, 478 Haltevorrichtung; EPA T 135/86; EPA T 272/86; EPA T 362/86; EPA T 377/88; EPA T 148/89; EPA T 789/89; EPA T 358/90; EPA T 247/91.
408   BPatGE 12, 149.
409   BGH GRUR 1972, 592 f Sortiergerät; BPatGE 2, 80, 82 = BlPMZ 1962, 309; BPatGE 9, 192, 195 f; BPatGE 16, 211 = BlPMZ 1975, 202.
410   BGH GRUR 1969, 562, 564 Appreturmittel; BPatGE 29, 92, 94 = BlPMZ 1988, 196; BPatGE 29, 234 f; BPatG 17.5.2000 8 W (pat) 48/98; BPatG 22.1.2008 8 W (pat) 9/07; *Benkard* § 74 Rn 22; *Schulte* § 73 Rn 205: Beendigung des Beschwerde- und Einspruchsverfahrens.
411   So *Schulte* § 59 Rn 249, § 61 Rn 34; einschränkend § 59 Rn 204.
412   So auch *Benkard* § 74 Rn 22.
413   Vgl BPatGE 43, 96; *Ströbele/Hacker* § 42 MarkenG Rn 50.
414   BPatGE 29, 234 f; zur Rücknahme nach Beschlussfassung des Senats BGH GRUR 1969, 562, 564 Appreturmittel.
415   So BPatG 6.3.2015 18 W (pat) 78/14; *Schulte* Rn 196; unklar, welche Art von Erledigung annehmend, BGH GRUR 2011 1052 Telefonsystem.

Beschlussfasssung entspr § 269 Abs 3 Satz 1 also nur deklaratorisch ist (Rn 180), während bei Annahme einer Erledigung der Hauptsache die Rechtshängigkeit weder durch Eintritt des erledigenden Ereignisses noch nach zutr Ansicht durch entspr Erklärungen entfällt, sondern Verfahrensbeendigung und Wirkungslosigkeit erst mit Beschlussfassung erfolgen (Rn 191, 200).

188   **2. Erledigung der Hauptsache oder der Beschwerde.** Es ist zwischen der Erledigung der Hauptsache, also des Streitgegenstands, und der ganz überwiegend anerkannten Erledigung der Beschwerde,[416] also des Rechtsmittels, zu unterscheiden, die eine allein auf das Beschwerdeverfahren reduzierte Entscheidung ermöglicht,[417] so insb, wenn die angefochtene Entscheidung richtig oder prozessual überholt oder dem Beschwerdeführer die Disposition über den Streitgegenstand verwehrt ist und ein Anerkenntnis ausscheidet[418] oder wenn das ursprünglich zulässige und begründete Rechtsmittel nachträglich unzulässig geworden ist.[419] Hierfür besteht wegen der idR kostenfreien Möglichkeit der Beschwerderücknahme freilich ein nur eingeschränktes Bedürfnis, insb, da zB bei Erlöschen des Patents und fehlendem Rechtsschutzbedürfnis zutr nicht von einer hierdurch herbeigeführten nachträglichen Unzulässigkeit der Beschwerde auszugehen ist, sondern nur von Unzulässigkeit der Weiterverfolgung und Aufrechterhaltung des Einspruchs (Rn 109; Rn 330 zu § 59), die nur die Begründetheit der Beschwerde betrifft (Rn 109, 198). Die Unterscheidung hat auch Wirkungen auf bereits ergangene Entscheidungen, so zB nach einem Teilerfolg des Einsprechenden in erster Instanz, der zur beschränkten Aufrechterhaltung des Patents führt.[420]

189   Während die Erledigung der Beschwerde den Bestand der angefochtenen erstinstanzlichen Entscheidung unberührt lässt,[421] führt der Ausspruch (Rn 333 zu § 59) der Erledigung der Hauptsache im Beschwerdeverfahren zur Wirkungslosigkeit (Gegenstandslosigkeit) sämtlicher Entscheidungen – auch derjenigen der ersten Instanz – entspr § 269 Abs 3 Satz 1 ZPO,[422] und stellt daher im Beispiel einer erstinstanzlichen Teilwiderrufs wieder die erteilte Fassung des Streitpatents her. Folgt man der hM und sieht, einem „weiten" Erledigungsbegriff (Rn 331 zu § 59) folgend, im Erlöschen des Patents einen Erledigungstatbestand in der Hauptsache (Rn 337 zu § 59), wird mit einer derartigen Differenzierung erreicht, dass deshalb nicht zwangsläufig die Hauptsache für erledigt zu erklären ist und die beschriebenen Rechtsfolgen eintreten. Soll die erstinstanzliche Entscheidung weiterhin Bestand haben oder fehlt dem Beschwerdeführer die Dispositionsbefugnis über den Beschwerdegegenstand, kommt Erledigterklärung des Rechtsmittels, also der Beschwerde, und nicht nur der Hauptsache, also des Einspruchs, in Betracht. Dies ist erscheint insb bei Beschwerde des Patentinhabers relevant und ist weitgehend ungeklärt (Einzelheiten Rn 198).

190   **3. Weiter Erledigungsbegriff.** Es ist ein auf das Verfahren vor dem DPMA abgestimmter Erledigungsbegriff anzuwenden, der ausschließlich an den Eintritt des erledigenden Ereignisses als solches anknüpft, für das die frühere Zulässigkeit und Begründetheit des Einspruchs irrelevant sind.[423] Der Erledigungsbegriff hat somit auf die Besonderheiten des Verfahrens vor dem DPMA wie des Beschwerdeverfahrens Rücksicht zu nehmen. Deshalb ist auch die teilweise vertretene Auffassung einer Teilerledigung[424] abzulehnen (Einzelheiten Rn 331 zu § 59).

191   **4. Erledigterklärung; Begründung und Wirkung des Beschlusses.** Hat sich das Einspruchsbeschwerdeverfahren in der Hauptsache erledigt, erfolgt – auch ohne Antrag (Rn 200) – Ausspruch durch

---

416   Vgl auch BPatG 5.12.1973 7 W (pat) 108/73; BGH NJW 1998, 2453 mwN; BeckOK VwGO/*Zimmermann-Kreher* § 161 VwGO Rn 6; *Kopp/Schenke* § 161 VwGO Rn 33; bei prozessualer Überholung ausnahmsweise anerkennend *Thomas/Putzo* § 91a ZPO Rn 8, 42.

417   Zum GbmBeschwerdeverfahren BPatGE 45, 21; BGH NJW 1998, 2453; BGH NJW-RR 2001, 1007; BGH NJW 2009, 234.

418   *Kopp/Schenke* § 161 VwGO Rn 33.

419   *Thomas/Putzo* § 91a ZPO Rn 8, 42; *Zöller* § 91a ZPO Rn 19; *Kopp/Schenke* § 161 VwGO Rn 33.

420   Das berücksichtigt *Hövelmann* GRUR 2007, 283 bei seinem Plädoyer für die Unzulässigkeit des Einspruchs und die Nachteile einer Erledigung bei Patentverzicht nicht.

421   Hierzu *Zöller* § 91a ZPO Rn 19.

422   Unklar, ob Erledigung der Hauptsache oder des Rechtsmittels annehmend, BGH GRUR 2011 1052 Telefonsystem.

423   Vgl zur VwGO *Kopp/Schenke* § 161 Rn 23.

424   BPatG GRUR 2011, 657.

Beschluss,[425] der erst das Verfahren beendet und erst die Rechtswirkungen entspr § 296 Abs 3 Satz 1 ZPO herbeiführt (hierzu Rn 180, 188; Rn 333 zu § 59).[426] Mit der berechtigten Forderung nach einem förmlichen Abschluss des Verfahrens durch feststellenden Beschluss (Rn 333 zu § 59) und wegen der fehlenden Disponibilität des Einspruchsverfahrens besteht auch bei übereinstimmender Erledigterklärung durch die Beteiligten die Notwendigkeit, dass der Beschluss die Feststellung der Erledigung ausspricht und begründet; § 91a ZPO ist insoweit nicht anwendbar, übereinstimmende Erledigterklärungen führen weder zur Verfahrensbeendigung noch machen sie eine Feststellung und Begründung der Erledigung entbehrlich (hierzu Rn 333 zu § 59). Einer Sachprüfung der Erfolgsaussichten bedarf es allerdings wegen der grds nicht zu treffenden Kostenentscheidung allenfalls, wenn eine solche aus Billigkeitserwägungen nach § 80 erforderlich ist. Nach § 269 Abs 3 Satz 1 ZPO sind vorangegangene Entscheidungen – anders als bei Erledigung der Beschwerde (Rn 188) – wirkungslos (vgl zur Beschwerderücknahme Rn 177, zur Rücknahme der Anmelderbeschwerde Rn 180), was entspr § 269 Abs 4 auf Antrag deklaratorisch festgestellt werden kann.[427]

5. Ein **Antrag** ist nicht erforderlich, zumal auch einer übereinstimmenden Erledigungserklärung als solcher abw von § 91a ZPO keine unmittelbaren Rechtswirkungen zukommen (Einzelheiten Rn 334 zu § 59). **192**

6. Erledigung im Anmeldebeschwerdeverfahren. Der Ablauf der Schutzdauer erledigt das Beschwerdeverfahren,[428] allerdings nicht ohne weiteres, sondern das Verfahren ist bei Vorliegen eines entspr Rechtsschutzbedürfnisses fortzuführen und führt zur Erteilung des Patents.[429] Jedoch kann das Rechtsschutzbedürfnis für den Erteilungsantrag entfallen.[430] In diesem Fall ist die dennoch fortgeführte Beschwerde nicht unzulässig, da es nicht an der Beschwer mangelt (Rn 109), sondern die Beschwerde nur unbegründet ist (Rn 111, 198).[431] Die Rücknahme der Anmeldung führt dagegen unmittelbar zur Beendigung des Beschwerdeverfahrens mit Zugang der Rücknahmeerklärung, nicht erst durch einen feststellenden Beschluss, wie bei der Erledigung der Hauptsache (Rn 180, 202; Rn 333f zu § 59). Anders verhält es sich, wenn sich eine Anmelderbeschwerde dadurch erledigt, dass die Anmeldung wegen späterer Nichtzahlung der Jahresgebühr als zurückgenommen gilt und der Beschwerdeführer nur noch den Antrag auf Rückerstattung der Beschwerdegebühr weiterverfolgt.[432] Für den Anmelder besteht unter dem Gesichtspunkt des „Prioritätsschutzes" ein Rechtsschutzbedürfnis an der Fortsetzung des Beschwerdeverfahrens. Daneben kann sich ein Rechtsschutzbedürfnis auch daraus ergeben, dass der Anmelder noch nicht verjährte Ansprüche wegen Patentverletzung geltend machen will,[433] oder weil der Ablauf der Patentdauer den Entschädigungsanspruch nach § 33 anders als bei Rücknahme der Anmeldung oder Eintritt der Rücknahmefiktion wegen Nichtzahlung der Jahresgebühr (Rn 21) unberührt lässt und in einer abschließenden Entscheidung zu klären ist, ob dem Anmelder das Patent zusteht.[434] **193**

7. Erledigung im Einspruchsbeschwerdeverfahren. Eine Erledigung ist ua denkbar, wenn der Einsprechende das Patent bei widerrechtl Entnahme erwirbt (Rn 45, 337 zu § 59; dagegen zum Erwerb in sonstigen Fällen Rn 44 zu § 59) oder bei Rücknahme des hierauf gestützten (Rn 72 zu § 61) nicht aber des unzulässigen (Rn 73 zu § 61) Einspruchs, bei sämtlichen ex nunc wirkenden Erlöschenstatbeständen, wie **194**

---

425 BPatG 1.7.2008 8 W (pat) 315/07; BPatG 1.7.2008 8 W (pat) 319/07; BPatG 24.8.2006 8 W (pat) 359/04; BPatG 4.11.2014 8 W (pat) 8/11; aA DPA BlPMZ 1986, 127: nur, wenn der Einsprechende den Widerrufsantrag aufrechterhält, sonst sei das Verfahrens „einzustellen".
426 Ebenso *Schulte* Rn 207.
427 BGH GRUR 2011, 1052 Telefonsystem; BPatG 17.8.2011 7 W (pat) 130/11; BPatG 3.7.2003 6 W (pat) 32/00; *Kopp/Schenke* § 161 VwGO Rn 15, 30, unter Hinweis auf § 269 Abs 3 Satz 1 ZPO, dennoch Aufhebung oder Erklärung der Unwirksamkeit verlangend; ebenso BVerwG NVwZ 1993, 979.
428 BPatGE 12, 119; BPatG 5.12.1973 7 W (pat) 108/73.
429 BPatGE 42, 256 = GRUR 2000, 1017.
430 BPatGE 12, 119.
431 BGH GRUR 1990, 346 Aufzeichnungsmaterial; BPatG Mitt 2015, 146; BPatGE 12, 119, 122; BPatGE 42, 256 = GRUR 2000, 1017, wegen möglicher Entschädigungsansprüche nach § 33 Abs 1; BPatG 24.2.1981 12 W (pat) 198/78 BB 1982, 1380 Ls; aA BPatGE 50, 256 = GRUR 2008, 96: Wegfall der Beschwer bei entfallenem Rechtsschutzbedürfnis an der Erteilung; BPatG 5.3.2009 12 W (pat) 21/04.
432 BPatG 19.3.2014 18 W (pat) 38/14; BPatG 19.3.2014 8 W (pat) 18/10; BPatG 8.5.2014 12 W (pat) 24/11.
433 BPatGE 12, 119; BPatGE 50, 256 = GRUR 2008, 96.
434 BPatGE 42, 256 = GRUR 2000, 1017; BPatGE 50, 256 = GRUR 2008, 96.

Verzicht auf das Patent oder dessen Erlöschen (Rn 172, 335 ff zu § 59), auch bei dauerhaften Verfahrenshindernissen oder einer im isolierten Beschränkungsverfahren (§ 64) erfolgten Beschränkung des Patents. Insoweit bedarf es nicht der Annahme einer verfahrensbeendenden Wirkung der Einspruchsrücknahme (Rn 183, 186; Rn 71 f zu § 61). Das Institut der Erledigung ermöglicht hier sachgerechte Ergebnisse (Rn 337 zu § 59).

195   Das **Erlöschen des Patents** wegen Ablaufs der Schutzdauer, Verzichts (§ 20), Nichtzahlung der Jahresgebühren führt trotz der bloßen ex-nunc-Wirkung zum Wegfall des Angriffsobjekts und unter Zugrundelegung des weiten Erledigungsbegriffs (Rn 331 zu § 59) zur Erledigung des Einspruchsbeschwerdeverfahrens in der Hauptsache[435] oder der Beschwerde (vgl Rn 188 f; zur Erledigung des Einspruchsverfahrens Rn 335 f zu § 59),[436] wobei die Begründetheit der Beschwerde betroffen ist (Rn 109, 198).

196   Das Erlöschen wirkt nur **verfahrenserledigend.** Dies ist von Bedeutung, da nur verfahrensbeendende Erklärungen nicht der Präklusionswirkung des § 296a ZPO (Rn 203) unterstehen, das Erlöschen deshalb als solches keinen Einfluss auf den Fortbestand des Verfahren hat. Diesen hat erst die Feststellung der Erledigung (Rn 200; Rn 22 zu § 75).[437] Es können sich unterschiedliche Konstellationen ergeben, weil das Erlöschen des Patents – anders als der Widerruf – nur ex-nunc-Wirkung besitzt. Das Erlöschen kann deshalb zu einer Erledigung der Hauptsache bzw des Beschwerdeverfahrens (zum Unterschied Rn 181, 188, 198) führen – und zwar unabhängig davon, wer Beschwerdeführer ist[438] – oder bei entspr Rechtsschutzbedürfnis eine Verfahrensfortführung mit Sachentscheidung rechtfertigen (Rn 201). Dies ist vom Patentinhaber gesondert geltend zu machen.[439]

197   Das Erlöschen des Patents führt **nicht** zur **Unzulässigkeit des Einspruchs,** sondern allenfalls zu einer unzulässigen Aufrechterhaltung des Einspruchs bei fehlendem Rechtsschutzbedürfnis (Rn 188; Rn 330, 337 zu § 59). Die Kritik etwaiger Nachteile der Lösung über eine Erledigung[440] kommt bei der gebotenen Differenzierung zwischen der Erledigung der Hauptsache und der Erledigung der Beschwerde nicht zum Tragen (Rn 188).

198   **Rechtsfolgen des Erlöschens für das Beschwerdeverfahren.** Das Erlöschen des Patents und eine hieraus folgende Unzulässigkeit der Fortführung des Einspruchsverfahrens (Rn 337 zu § 59) führt auf Seiten des Einsprechenden nicht zur Unzulässigkeit der Beschwerde,[441] da die formelle Beschwer nicht entfallen, sondern nur die Begründetheit der Beschwerde betroffen ist (Einzelheiten Rn 106). Denn als unzulässig erweist sich nur die Aufrechterhaltung des Einspruchs mangels Rechtsschutzbedürfnisses, was die Beschwerde unbegründet und nicht unzulässig macht (Rn 109, 201). Umstr ist, ob sich auch die Beschwerdeverfahren (und nicht nur die Hauptsache) durch Erlöschen des Patents erledigen kann (s Rn 188). Da dem beschwerdeführenden Einsprechenden die Befugnis zur Erledigterklärung der Hauptsache, also des Einspruchs/Beschwerdeverfahrens, zuzusprechen ist, stellt sich die Problematik der Erledigterklärung des Beschwerdeverfahrens im Besonderen, wenn der Patentinhaber der Beschwerdeführer ist (vgl bereits Rn 188). Insoweit wird teilweise bei der Diskussion einer möglichen Erledigung der Beschwerde auf das Rechtsschutzbedürfnis abgestellt und ein solches mit der Begründung bejaht, dass der Patentinhaber auch bei dem erloschenen Patent ein anzuerkennendes Interesse habe, sein Patent für die Vergangenheit ungeschmälert geltend machen zu können.[442] Dem wird entgegengehalten, dass ebenso wie im Anmeldebeschwerdeverfahren hinsichtlich eines erforderlichen Rechtsschutzbedürfnisses an der rückwirkenden Patenterteilung eines im Entscheidungszeitpunkt abgelaufenen Patents[443] (vgl hierzu Rn 193) eine Erledigung des Beschwerdeverfahrens anzunehmen sei, wenn der beschwerdeführende Patentinhaber kein Rechtsschutzbedürfnis am Erhalt des Patents für die Vergangenheit geltend machen könne.[444]

---

435   BPatG Mitt 2015, 146.
436   BPatG 28.4.2005 15 W (pat) 326/03; auf die Hauptsache abstellend *Schulte* Rn 201.
437   *Schulte* Rn 207.
438   BPatG Mitt 2014, 282.
439   BPatG Mitt 2014, 282 gegen *Schulte* Rn 200.
440   *Hövelmann* GRUR 2007, 283.
441   *Hövelmann* GRUR 2007, 283, 288; für die Rechtsbeschwerde BGH GRUR 2012, 1071 Sondersystem; abw aber BPatG 24.1.2008 11 W (pat) 24/04.
442   *Schulte* Rn 200 unter Hinweis auf BPatGE 12, 119.
443   BPatGE 42, 256 = GRUR 2000, 1017; BGH Sondersystem.
444   BPatG Mitt 2014, 282.

Auch insoweit wird zu beachten sein, dass im Rahmen dieser Diskussion zunächst zwischen dem **199** **Rechtsschutzbedürfnis für die Fortführung des Einspruchsverfahrens** und dem **für die Beschwerde** zu unterscheiden ist (hierzu bereits Rn 108 f). Insoweit stellt sich in der Tat für den beschwerdeführenden Patentinhaber eine andere Situation als für den beschwerdeführenden Einsprechenden, dem sich bei Erlöschen des Patents und fehlendem Rechtsschutzbedürfnis für die Fortführung des Einspruchsbeschwerdeverfahrens die Möglichkeit der Erledigterklärung in der Hauptsache eröffnet, während dies auf Seiten des beschwerdeführenden Patentinhabers nicht der Fall ist, da die Hauptsache des Einspruchsbeschwerdeverfahrens auch bei einer Beschwerde des Patentinhabers durch das mit dem Einspruch verbundene Rechtsschutzbegehren auf Widerruf des Patents und nicht durch die Wiederherstellung des Streitpatents bestimmt wird. Deshalb kommt hier konsequenterweise – will der Patentinhaber seine Beschwerde nicht einfach zurücknehmen – allenfalls eine Erledigterklärung des Rechtsmittels in Betracht, wobei zutr auf den Wegfall des Rechtsschutzbedürfnisses für die Beschwerde abzustellen ist. Zu beachten bleibt insoweit allerdings, dass ebenso wie bei der Rücknahme der Beschwerde der Bestand der erstinstanzlichen Entscheidung unberührt bleibt (Rn 188), so dass zunächst ein Fortbestand der formellen Beschwer anzuerkennen ist (Rn 106) und der Patentinhaber durch die Erledigterklärung insoweit keinen Vorteil gegenüber der Beschwerderücknahme erzielt.[445] Fordert man aber zutreffenderweise auch für die Beschwerde ein darüberhinaus notwendiges Rechtsschutzbedürfnis (Rn 110)[446] als eigenständige Zulässigkeitsvoraussetzung (Rn 108; Rn 58 vor § 73),[447] löst sich die Problematik auf, da ein solches fehlendes Rechtsschutzbedürfnis eine dennoch weitergeführte Beschwerde unzulässig machen würde[448] und nur durch die Anerkennung einer möglichen Erledigterklärung der Beschwerde seitens des Patentinhabers angemessen gelöst werden kann, will man diesen nicht zwingend auf die Beschwerderücknahme verweisen.

In dem **Beschluss über die Beschwerde** ist in der Sache die Erledigung des Einspruchs- und **200** Beschwerdeverfahrens in der Hauptsache[449] bzw der Beschwerde festzustellen, wobei es anders als nach § 91a ZPO keines diesbezüglichen Antrags bedarf, sofern jedenfalls eine Erledigung von dem Einsprechenden gewollt ist (Einzelheiten Rn 334 zu § 59). Die angegriffene Entscheidung wird hierdurch entspr § 269 Abs 3 Satz 1 ZPO wirkungslos (Rn 191).

Verfahrensfortführung. Will der Einsprechende das Verfahren fortführen, obwohl das hierfür erfor- **201** derliche Rechtsschutzbedürfnis an der Entscheidung über den Einspruch fehlt (Einzelheiten Rn 247, 330, 334, 337 zu § 59), ist der fortgeführte Einspruch mit dem auf Widerruf des Patents beibehaltenen Antragsziel unzulässig geworden (Rn 106, 108; Rn 330 zu § 59) und deshalb die Beschwerde des Patentinhabers erfolgreich bzw eine eigene Beschwerde des Einsprechenden als unbegründet zurückzuweisen.[450] Eine Erledigung der Beschwerde bzw der Hauptsache (Rn 188 f) ist dann nicht eingetreten, die Beschwerde ist vielmehr begründet. Der angefochtene Beschluss ist aufzuheben und der Einspruch ist als unzulässig zu verwerfen. Eine Beschwerde des Einsprechenden ist bei unzulässig gewordenem Einspruch deshalb ebenfalls als unbegründet und nicht als unzulässig zurückzuweisen (Rn 108; Rn 35 zu § 79).

Ob sich das Verfahren in der Hauptsache erledigt hat oder fortzuführen ist, kann durch einen für die **202** Instanz bindenden **Zwischenbeschluss** entschieden werden (Rn 55; Rn 222, 251 zu § 59), da es sich um einen Zwischenstreit handelt. Dieser Beschluss hat für die Instanz bindende Wirkung,[451] denn von der

---

445 BGH GRUR 2012, 1071 Sondensystem.

446 BPatG 9.5.2011 10 W (pat) 16/08 verneint in einem vergleichbaren Fall das Rechtsschutzbedürfnis; kr und im Ergebnis offengelassen in EPA 17.3.2005 T 708/01.

447 BPatG Mitt 2014, 282 diskutiert genau dieses, ordnet das Rechtsschutzbedürfnis für die Beschwerde aber im Ergebnis durch Feststellung der Erledigung in der Hauptsache unzutr derjenigen für das Rechtsschutzbedürfnis für den Einspruch und der hiermit verbundenen Erledigungsproblematik zu.

448 AA BPatG Mitt 2014, 282, nicht berücksichtigend, dass die dort vertretene Rechtsmeinung zur Zurückweisung der weiter verfolgten Beschwerde als unzulässig, nicht aber zur Feststellung einer Erledigung hätte führen müssen; hier gilt nichts anderes als bei der Beschwerde des Einsprechenden; EPA 17.3.2005 T 708/01, die Frage einer eventuell notwendigen Differenzierung zwischen bloßer Aufhebung der erstinstanzlichen Entscheidung und beschränkter Verteidigung des Patents ansprechend.

449 So auch BPatG Mitt 2014, 282.

450 BPatGE 12, 119; weitergehend *van Hees/Braitmayer* Rn 547, wonach fehlendes Rechtsschutzbedürfnis an der Verfahrensfortführung zwangsläufig zur Unzulässigkeit des Einspruchs führt; *Hövelmann* GRUR 2007, 283 f, 288.

451 BGHZ 47, 132 = GRUR 1967, 477 UHF-Empfänger II, zum GbmBeschwerdeverfahren.

Beantwortung der Frage, ob sich ein Anspruch in der Hauptsache erledigt hat, hängt es ab, ob, in welcher Richtung und mit welchen Anträgen das Verfahren seinen Fortgang nehmen kann.[452]

203   **Erledigung nach Erlass der Entscheidung.** Str ist die Behandlung des Erlöschens des Patents nach Widerruf, aber vor Eintritt der Rechtskraft der Entscheidung des BPatG. Soweit in diesen Fällen von einer Erledigung ausgegangen wird, sofern dem Einsprechenden kein Rechtsschutzbedürfnis zur Verfahrensfortführung (Rn 108; Rn 247, 340 zu § 59) zur Seite steht, wird nicht hinreichend beachtet, dass das Erlöschen des Patents eine Tatsache mit verfahrenserledigender und nicht mit verfahrensbeendender Wirkung ist (Rn 194), die wegen § 296a ZPO (Rn 37 zu § 78) bei Eintritt nach Schluss der mündlichen Verhandlung unbeachtlich ist, sofern sie nicht nachträglich in das Verfahren wirksam einbezogen werden kann. Das ist allenfalls bei zuzustellenden Entscheidungen an Verkündungs statt (§ 94 Abs 1 Satz 5) über die Wiedereröffnung der mündlichen Verhandlung nach § 91 Abs 3 Satz 2 iVm § 157 ZPO oder einvernehmliche Fortführung im schriftlichen Verfahren (Rn 38 zu § 78) möglich, um so dem auch in § 93 Abs 2 bestimmten Gebot des rechtl Gehörs zu genügen, nach dem die Entscheidung nur auf Tatsachen und Beweisergebnisse gestützt werden darf, zu denen sich die Beteiligten äußern konnten.[453] Ist der Beschluss verkündet und damit wirksam geworden (Rn 46 zu § 78), kommt eine nachträgliche Einbeziehung durch Wiederaufnahme der mündlichen Verhandlung oder einvernehmliche Fortführung im schriftlichen Verfahren nicht in Betracht und das erledigende Ereignis kann den Gegenstand und Bestand des Beschlusses nicht mehr berühren.[454] Auch die Annahme, der bereits wirksam gewordene Beschluss könne keine Rechtskraft erlangen, weil Erledigung des Einspruchs(beschwerde)verfahrens eingetreten sei und nur diese auszusprechen sei,[455] ist unzutr, denn auch hier tritt mit Fristablaut Rechtskraft der Beschwerdeentscheidung ein, wenn die bis zum Schluss der mündlichen Verhandlung nach § 296a ZPO maßgebliche Sachlage unverändert geblieben ist.[456]

E. Anschlussbeschwerde

I. Begriff

204   Die Anschlussbeschwerde ist eine „Beschwerde" im Anschluss an eine solche des Gegners. Dabei wurde traditionell zwischen **selbstständiger** und **unselbstständiger** Anschlussbeschwerde unterschieden.[457] Die selbstständige Anschlussbeschwerde erfüllt selbst alle Beschwerdeerfordernisse, erforderlichenfalls unter Einschluss der Zahlung der Beschwerdegebühr; für sie gelten daher keine Besonderheiten. Sie ist eine „echte" eigenständige Beschwerde und damit Rechtsmittel. § 567 Abs 3 Satz 1 ZPO versteht unter Anschlussbeschwerde ausschließlich die nach früherem Sprachgebrauch sogenannte unselbstständige Anschlussbeschwerde,[458] unabhängig davon, ob sie innerhalb der Beschwerdefrist eingelegt worden ist, wie § 567 Abs 3 Satz 1 ZPO ausdrücklich erwähnt.[459]

II. Charakter

205   Die unselbstständige Anschlussbeschwerde ist – ebenso wie die Anschlussberufung nach § 524 ZPO[460] – **kein Rechtsmittel** im eigentlichen Sinn, sondern ein Antrag innerhalb des vom fremden Rechtsmittelführer eingelegten Rechtsmittels.[461] Die Anschlussbeschwerde ist folgerichtig von den weiteren Rechtszugsvor-

---

452 BGH UHF-Empfänger II.

453 So zum übereinstimmenden § 73 Abs 2 MarkenG und zum Verzicht auf die Marke BGH GRUR 2001, 337 EASYPRESS; zum Teilverzicht sehr weitgehend BPatG GRUR 2003, 530.

454 AA BPatG 28.4.2005 15 W (pat) 326/03, keine Beschlussbegründung mehr und die Erledigung feststellender Beschluss.

455 So BPatG 3.7.2003 6 W (pat) 32/00 einerseits; *Hövelmann* GRUR 2007, 283, 289.

456 So auch *Hövelmann* GRUR 2007, 283, 289.

457 So auch noch *Fitzner/Lutz/Bodewig* Rn 17 f.

458 Vgl *Ströbele/Hacker* § 66 MarkenG Rn 51.

459 Vgl zum Markenrecht BPatG GRUR 1997, 54, 57.

460 *Zöller* § 524 ZPO Rn 4 und Rn 18.

461 BGH (GSZ) BGHZ 80, 146 = NJW 1981, 1790, zur Anschlussrevision; BGH NJW 1982, 1708, BGH NJW 1984, 1240, zur Anschlussberufung; *Thomas/Putzo* § 567 ZPO Rn 18.

aussetzungen der Beschwerde und den hierfür gelten Formvorschriften suspendiert. Deshalb ist nach den insoweit geltenden Grundsätzen für die Zulässigkeit bedingter Prozesshandlungen im Gegensatz zur Einlegung von Rechtsmitteln auch eine von innerprozessualen Bedingungen abhängige bedingte Einlegung und Antragsstellung, also die hilfsweise Einlegung sowie eine formlose Erhebung in der mündlichen Verhandlung zulässig (Rn 69 vor § 73).[462]

Die **Wirkung der Anschlussbeschwerde** besteht darin, dass sie den durch die Beschwerde angefal-   **206** lenen beschränkten Verfahrensgegenstand (vgl Rn 76 ff vor § 73) erweitern kann, ohne dass das Verschlechterungsverbot (Rn 80 vor § 73; Rn 43 zu § 79) entgegensteht; so kann der Patentinhaber den durch die Beschwerde des Einsprechenden angefallenen Beschwerdegegenstand – wie auch umgekehrt – erweitern, zB wenn der Patentinhaber in der Beschwerdeinstanz zur Verteidigung der erteilten Fassung des Patents zurückkehrt, obwohl sich die Beschwerde des Einsprechenden nur gegen die in erster Instanz erfolgte beschränkte Aufrechterhaltung richtet (vgl auch Rn 45 zu § 79). Das gilt auch, wenn der Patentinhaber ausschließlich diese beschränkte Fassung des Patents mittels Hauptantrag verteidigt hat, da ein Rechtsschutzbedürfnis nicht zu verneinen ist (Rn 97) und eine hindernde Zäsurwirkung nicht eintritt (Rn 98). Bejaht man eine Beschränkbarkeit des Einspruchs iS eines Teileinspruchs (vgl Rn 292 zu § 59) und damit auch die Möglichkeit beschränkender Dispositionen des Einsprechenden als Beschwerdeführer, so eine auf einzelne Ansprüche beschränkte Beschwerde, ergeben sich weitere Fallgestaltungen für eine Anschlussbeschwerde des Patentinhabers (Rn 76 ff vor § 73), zB im Hinblick auf weitere verfahrensgegenständliche Patentansprüche. Nach aA ist bereits der angefallene Beschwerdegegenstand umfassend und – ebenso wie der Einspruch – nicht auf einzelne Patentansprüche beschränkbar (Rn 78 vor § 73).[463] Hinzuweisen ist auch auf die bereits im Zusammenhang mit der Beschwerde diskutierten Fragen der Erweiterung des Prüfungsgegenstands erster Instanz (Rn 118 ff), da insb eine Anschlussbeschwerde auch dem Ziel dienen kann, den zunächst beschränkten Verfahrensgegenstand erster Instanz zu erweitern (Rn 210).

III. Keine Gebührenpflicht

Anders als die Beschwerde löst die Anschlussbeschwerde keine Gebühr aus, da sie kein eigenständi-   **207** ges Rechtsmittel ist und das PatKostG keine Gebührenregelung trifft.

IV. Statthaftigkeit, Zulässigkeit

Die Anschlussbeschwerde ist nach st Praxis des BGH und des BPatG anerkannt, da § 99 Abs 1 der An-   **208** wendbarkeit des § 567 Abs 3 ZPO nicht entgegensteht. Sie kann nur durch den Gegner des Beschwerdeführers eingelegt werden,[464] muss also im Gegenseitigkeitsverhältnis erhoben werden. Gegner in diesem Sinn sind, obwohl die Beschwerdeverfahren vor dem BPatG allenfalls quasi-kontradiktorisch (Rn 133; Rn 13, 214 zu § 59) ausgebildet sind, der Patentinhaber einerseits und der/die Einsprechende(n) sowie der/die Beitretende(n) andererseits (Rn 186 zu § 59).[465] Da die Anschlussbeschwerde – anders als eine Beschwerde – ein Antrag im Rahmen des fremden Rechtsmittels des Beschwerdeführers ist, führt allerdings eine Anschlussbeschwerde des Patentinhabers nicht ohne weiteres zur Beteiligung weiterer nicht beschwerdeführender Einsprechender/Beitretender (Rn 184 zu § 59; Rn 36 f zu § 74), die nach traditioneller Auffassung auch nicht kraft ihrer Stellung als weitere Einsprechende als notwendige Streitgenossen anerkannt werden (Rn 214 zu § 59) und deshalb nicht im Gegenseitigkeitsverhältnis stehen. Eine Beiladung wie nach § 65 VwGO im Verwaltungsprozess sieht das PatG ebensowenig wie eine im eur Beschwerdeverfahren nach Art 107 EPÜ angeordnete Beteiligung vor (Rn 38 zu § 74; Rn 94 vor § 73). Wegen der möglichen nachteiligen Wirkungen dürfte im Hinblick auf die Gewährung rechtl Gehörs eine Beteiligung oder Informationspflicht gegenüber den unbeteiligten Dritten seitens des BPatG vAw zu fordern sein, zumal sich die ursprüngliche Verfahrensbeteiligung und die Anfallwirkung auf das gesamte einheitliche Einspruchsverfahren mit um-

---

462 BGH NJW 1984, 1240; *Thomas/Putzo* § 567 ZPO Rn 18, 21; § 524 PO Rn 12; zur Anschlussberufung *Zöller* § 524 ZPO Rn 17.

463 Vgl auch *van Hees/Braitmayer* Rn 960 f, mit weiteren Bsp.

464 So schon BPatGE 12, 249 f = GRUR 1972, 670; *Thomas/Putzo* Vorbem § 567 ZPO Rn 18; *Fitzner/Lutz/Bodewig* Rn 19.

465 BPatGE 22, 51 = GRUR 1980, 40; BPatGE 24, 25, 27.

fassender gegenständlicher Beteiligung beziehen (Rn 214; Rn 37 zu § 74).[466] Der Beitritt des PräsDPMA nach § 77 begründet kein Recht zur Anschließung.

209   Die **Beschwerde** muss wegen § 567 Abs 3 Satz 2 ZPO **rechtswirksam** – nicht notwendig zulässig – erhoben sein.[467]

210   Anders als für die Beschwerde bedarf es keiner formellen oder materiellen **Beschwer**, sondern nur eines allg Rechtsschutzbedürfnisses (hM),[468] so dass eine Anschließung auch mit dem alleinigen Zweck erfolgen kann, eine Erweiterung des erstinstanzlichen Antrags zu erreichen (vgl Rn 205 f).[469]

211   Das **allgemeine Rechtsschutzbedürfnis** (Rn 108) kann auch vorliegen, wenn in erster Instanz dem Hauptantrag des Patentinhabers gemäß das Patent zulässig beschränkt aufrechterhalten wurde. Folgt man insoweit der zutr Auffassung, dass der Patentinhaber in diesem Fall nicht beschwert ist (Rn 97), kann er jedenfalls bei Beschwerde des Einsprechenden das Patent mittels Anschlussbeschwerde nicht nur in der geltenden, sondern auch in einer nicht oder nur geringer beschränkten Fassung verteidigen; das Rechtsschutzbedürfnis dürfte ihm hierfür regelmäßig nicht fehlen.

V. Einlegung; Empfänger; Form

212   Die Einlegung der Anschlussbeschwerde hat nach Anhängigkeit der Beschwerde beim BPatG wegen der kraft des Devolutiveffekts übergegangenen Empfangszuständigkeit (vgl Rn 161; Rn 44 vor § 73) bei diesem zu erfolgen; sie ist erst mit Vorlage an das BPatG wirksam erfolgt[470] und kann, wie andere Sachanträge (§ 297 Abs 1 Satz 2 ZPO), auch zu Protokoll in der mündlichen Verhandlung erklärt werden, wobei die Protokollierung nicht Wirksamkeitsvoraussetzung ist.[471] Soweit auf die durch § 569 Abs 3 ZPO geschaffene Privilegierung der Formerfordernisse für die Beschwerde abgestellt wird,[472] wird nicht hinreichend berücksichtigt, dass die Anschlussbeschwerde nur ein Sachantrag im Rahmen einer fremden Beschwerde und kein eigenständiges Rechtsmittel ist und es bereits deshalb keiner Privilegierung bedarf. Nach § 297 Abs 1 Satz 2 ZPO kann deshalb der Vorsitzende gestatten, dass die Anträge zu Protokoll gestellt werden.

213   Da die Anschlussbeschwerde kein Rechtsmittel ist, kann sie als Erwirkungshandlung (Rn 170; Rn 69 vor § 73) **bedingt eingelegt** werden,[473] so für den Fall, dass sich entgegen der Ansicht des Patentinhabers die Beschwerde oder der Einspruch als zulässig oder die beschränkt verteidigte und in erster Instanz aufrechterhaltene Fassung des Patents als unzulässig erweist (Rn 98; Rn 47 zu § 79).

VI. Zeitpunkt

214   Anschlussbeschwerde kann trotz Verzichts auf das Beschwerderecht (§ 567 Abs 3 Satz 1 ZPO), Rücknahme der eigenen früheren Beschwerde[474] oder (wichtiger) nach Fristablauf für die eigene Beschwerde (§ 567 Abs 3 Satz 1 ZPO), auch noch in der mündlichen Verhandlung[475] erhoben werden. Für ihre Zulässigkeit ist auf den Zeitpunkt der Erhebung abzustellen.

---

466   Zur Informationspflicht ggü Dritten *Zöller* Vorb §§ 64–77 ZPO Rn 2.

467   Zum maßgeblichen Zeitpunkt *Thomas/Putzo* § 567 ZPO Rn 15; beachte dagegen § 524 Abs 2 ZPO für die Anschlussberufung.

468   BPatGE 2, 116 = Mitt 1962, 201; BPatGE 15, 142, 146; vgl BGH MDR 1984, 569; BGH FamRZ 1980, 233; KG NJW-RR 1987, 134; *Benkard* Rn 86; *Ströbele/Hacker* § 66 MarkenG Rn 51; *Thomas/Putzo* § 567 ZPO Rn 22; wohl auch *Lindenmaier* § 36m Rn 16; aA BGHZ 88, 191 = GRUR 1981, 725 Ziegelsteinformling I; 4. Aufl § 36l Rn 11; *Klauer/Möhring* § 36l Rn 10; BPatGE 3, 48, 50 = GRUR 1964, 554 und BPatGE 15, 142, 146 haben ein ausreichendes Rechtsschutzbedürfnis für die Anschließung verlangt.

469   *Thomas/Putzo* § 524 ZPO Rn 17; zur Anschlussberufung *Zöller* § 524 ZPO Rn 33.

470   OLG Köln FamRZ 2000, 1027; *Baumbach/Lauterbach/Albers/Hartmann* § 567 ZPO Rn 22; *Schulte* § 73 Rn 126.

471   *Thomas/Putzo* § 159 ZPO Rn 4; aA *Ströbele/Hacker* § 66 MarkenG Rn 53, Formerfordernisse der Beschwerde fordernd.

472   *Benkard* Rn 84; *Ströbele/Hacker* § 66 MarkenG Rn 53; *Zöller* § 567 ZPO Rn 59; aA *Baumbach/Lauterbach/Albers/Hartmann* § 567 ZPO Rn 22, auf § 136 Abs 4 ZPO und § 296a ZPO verweisend; BPatGE 2, 116 für das GbmLöschungsverfahren.

473   BGH NJW 1984, 1240; aA *Schulte* Rn 168.

474   BPatGE 15, 90, 96 = GRUR 1974, 107; *Ströbele/Hacker* § 66 MarkenG Rn 52.

475   BPatGE 37, 1 = GRUR 1997, 54, 57, Markensache; *Schulte* § 73 Rn 186; *Thomas/Putzo* § 567 ZPO Rn 21.

VII. Auslegung

Ob eine Beschwerde oder „Anschlussbeschwerde" eingelegt ist, ist nach den für die Auslegung von 215
Prozesserklärungen maßgeblichen Grundsätzen (§ 133 BGB) zu ermitteln.[476] Insb bedarf es nicht der Be-
zeichnung als „Anschlussbeschwerde"[477] Auch hier gelten, wie für sonstige Prozesserklärungen, die allg
Auslegungsgrundsätze einschließlich der Möglichkeit einer Umdeutung (§ 140 BGB; Rn 46 ff, 52 vor § 73).

VIII. Wirkungslosigkeit

Die Anschlussbeschwerde teilt das Schicksal der Beschwerde in der Weise, dass sie ihre Wirkung ver- 216
liert, wenn jene zurückgenommen oder als unzulässig verworfen wird (§ 567 Abs 3 ZPO).[478]

F. Eine **Untätigkeitsbeschwerde** oder ein sonstiges Rechtsmittel bzw ein sonstiger Rechtsbehelf we- 217
gen Untätigkeit der Ausgangsinstanz ist (anders als nach § 63 Abs 3, § 66 Abs 2 GWB) grds unstatthaft, da
sie im PatG und in der ZPO nicht vorgesehen ist, so dass auch § 99 Abs 1 nicht weiterhilft.[479] Die Verweisung auf die Dienstaufsichtsbeschwerde ist allerdings auch nicht sachgerecht und effektiv und im Hinblick auf das Gebot der Rechtsstaatlichkeit unzureichend.[480]

Ausnahmen sind deshalb denkbar, wenn ein Beschwerdeführer in seinem Recht auf wirkungsvollen 218
Rechtsschutz verletzt ist, was sich aus dem Rechtsstaatsprinzip (Art 3 Abs 1 GG iVm Art 20 Abs 3 GG) ableiten lässt,[481] weil zB die Frage der Beiordnung[482] oder der Patentfähigkeit[483] nicht in angemessener Zeit
geklärt ist. Gegen zu langsame Bearbeitung gibt es von Ausnahmefällen abgesehen kein Rechtsmittel,
sondern nur die Dienstaufsichtsbeschwerde.[484] Der Nichterlass eines beschwerdefähigen Beschlusses
steht dessen Erlass grds nicht gleich. Allerdings kann in ihm (konkludent) eine abl Entscheidung liegen,
insb in der Weigerung, einen Antrag zu bescheiden,[485] ebenso in einer ungebührlichen Hinauszögerung
der Entscheidung über die beantragte Verfahrenskostenhilfe[486] (Rn 33 ff zu § 135). Generell lässt sich aus
Art 19 Abs 4 GG und dem Gebot der Rechtsstaatlichkeit[487] das Recht des Betroffenen ableiten, gegen Untätigkeit der angegangenen Behörde gerichtlich vorzugehen.[488] Es erscheint sachgerecht, die Regelungslücke im PatG durch analoge Anwendung der einschlägigen Bestimmungen des GWB zu schließen. Am
3.12.2011 ist das **„Gesetz über den Rechtsschutz bei überlangen Gerichtsverfahren und strafrechtlichen Ermittlungsverfahren"**[489] in Kraft getreten, das nach seinen Art 13 bis 18 auch für die Verfahren vor
dem BPatG (§ 128b PatG, § 21 Abs 1 GebrMG, § 96a MarkenG, § 11 Abs 1 HalblG, § 23 DesignG) und nach
Art 23 auch für bereits anhängige Verfahren gilt (s die Kommentierung zu § 128b).

Senatszuständigkeit. Obgleich für die Entscheidung über einen Rechtsbehelf wegen Untätigkeit re- 219
gelmäßig keine spezifischen patentrechtl Kenntnisse und erst recht keine technische Vorbildung erforderlich sein werden, wird der Senat des BPatG als zuständig anzusehen sein, der im Fall des Tätigwerdens des
DPMA mit der Sache zu befassen wäre.

---

476 *Thomas/Putzo* ZPO Einl III Rn 16; BGH NJW 2001, 3789 mwN.
477 *Schulte* Einl Rn 120 ff, zur Auslegung von Verfahrensrecht.
478 BPatG 31.3.2010 7 W (pat) 24/08; BPatG 18.11.1969 27 W (pat) 208/68, WzSache.
479 BPatG 21.4.2005 10 W (pat) 47/04; BPatG 9.9.2010 10 W (pat) 19/09 BlPMZ 2011, 231 Ls; BPatG.12.12.2002 10 W (pat)
41/01.
480 *Zöller* § 567 ZPO Rn 21.
481 BVerfG NJW 1997, 2811.
482 BPatG 16.10.2003 10 W (pat) 42/03.
483 BPatG 12.12.2002 10 W (pat) 41/01.
484 BPatG GRUR 1983, 367 f; vgl BPatG 12.12.2002 10 W (pat) 41/01.
485 *Starck* GRUR 1985, 798; *Fitzner/Lutz/Bodewig* Rn 20.
486 BPatGE 30, 119 f = GRUR 1989, 341; die Entscheidung ist hier nach bindender Verweisung durch ein
Verwaltungsgericht an das BPatG ergangen.
487 *Zöller* § 567 ZPO Rn 21.
488 *Fitzner/Lutz/Bodewig* Rn 21, auch auf Art. 6 Abs 1, Art 13 MRK verweisend, aber den Anwendungsbereich auf rein
subsidiäre Anwendung einschränkend; *Zöller* § 567 ZPO Rn 21; *Ströbele/Hacker* § 66 MarkenG Rn 12; vgl auch BPatG
21.4.2005 10 W (pat) 47/04; *Fezer* § 66 MarkenG Rn 6.
489 BGBl I 2302.

G. Außerordentliche Beschwerde

220   Die zur Schließung der Lücken von der Rspr früher teilweise außerhalb des geschriebenen Rechts für den Fall greifbarer Gesetzwidrigkeit geschaffenen außerordentlichen Rechtsbehelfe genügen den verfassungsrechtl Anforderungen an die Rechtsmittelklarheit nicht.[490] Da der deshalb geschaffene § 321a ZPO eine Selbstkorrektur bei Verletzung des rechtl Gehörs ermöglicht und zudem die gesetzlich nicht geregelte Gegenvorstellung möglich ist, ist der außerordentlichen Beschwerde die Grundlage entzogen.[491] Eine unzulässige außerordentliche Beschwerde wird regelmäßig als Gegenvorstellung (Rn 221) auszulegen sein (zur Dienstaufsichtsbeschwerde Rn 8 vor § 73).[492]

221   **H.** Die **Gegenvorstellung** ist ein gesetzlich nicht geregelter (außerordentlicher) Rechtsbehelf, der zeitlich befristet eine Selbstkorrektur sonst nicht anfechtbarer und damit formell rechtsbeständiger Beschlüsse oder von Verfügungen durch dieselbe Instanz bzw denselben Spruchkörper zulässt, dessen Anwendungsbereich durch § 321a ZPO überlagert und insoweit verdrängt wird (str; Rn 22 zu § 99; § 122a).[493] Nach aA ist alleiniger Zweck des § 321a ZPO die Umsetzung des Plenarbeschlusses des BVerfG vom 30.4.2003, eine Möglichkeit zur Selbstkorrektur von Entscheidungen zu schaffen, die ein Gericht unter Verletzung des rechtl Gehörs einer Partei getroffen hat, und dadurch das BVerfG von Verfassungsbeschwerden zu entlasten, die auf Gehörsverletzungen gestützt werden. Unter „Anspruch auf rechtl Gehör" iSv § 321a Abs 1 Satz 2 ZPO ist daher ausschließlich das nach Art 103 Abs 1 GG gewährleistete rechtl Gehör zu verstehen.[494] Die Gegenvorstellung ist nur statthaft bei nicht anfechtbaren Beschlüssen und muss innerhalb der Notfrist des § 321a Abs 2 Satz 2 ZPO eingelegt werden.[495] Sie wird in der Rspr in den nicht von § 321a ZPO erfassten Fällen eines Verfahrensverstoßes angewandt[496] oder in Fällen, in denen keine weiteren Rechtsmittel statthaft sind, wie zB bei Festsetzung des Gegenstandswerts (Rn 43 zu § 80); soweit mit ihr die Verletzung rechtl Gehörs gerügt wird, ist sie wegen des Vorrangs von § 321a ZPO unzulässig.[497] Die Entscheidung über die Gegenvorstellung ist unanfechtbar.[498]

222   **I.** Die **Anhörungsrüge** nach § 321a Abs 1 Satz 2 ZPO regelt im einzelnen die Selbstkorrektur bei Rüge der Verletzung des rechtl Gehörs (Art 103 Abs 1 GG) bei unanfechtbaren Endentscheidungen (Rn 4 zu § 122a).[499] Sie findet nach § 99 Abs 1 Anwendung, auch soweit dies nicht wie in § 122a, § 89a MarkenG für Verfahren vor dem BGH speziell geregelt ist[500] und damit unmittelbar in Verfahren vor dem BPatG (zB zu § 123, vgl Rn 100 zu § 123; Rn 4 zu § 122a).[501] Zur Frist Rn 10 zu § 122a. § 321a Abs 1 Satz 2 ZPO findet bei verfassungskonformer Auslegung auch auf solche Zwischenentscheidungen Anwendung, die im Hinblick auf Gehörsverletzungen im weiteren fachgerichtlichen Verfahren nicht mehr überprüft und korrigiert werden können, ohne dass es zur Erlangung des verfassungsrechtl gebotenen fachgerichtlichen Rechtsschutzes der Erhebung einer Anhörungsrüge bedürfte, so, wenn die gewährte Wiedereinsetzung unanfechtbar ist.[502] § 321a ZPO ist entspr anwendbar, wenn die Entscheidung ein Verfahrensgrundrecht ver-

---

490   BVerfGE 107, 395 = NJW 2003, 1924.

491   BGHZ 150, 133 = NJW 2002, 1577; BGH NJW-RR 2006, 1184; BGH 15.7.2009 IV ZB 17/09 Gewerbemiete und Teileigentum 2009, 216.

492   BGH 23.6.2009 VI ZR 284/08; BGH 27.5.2008 X ZR 125/06, zur Streitwertfestsetzung.

493   *Zöller* § 567 ZPO Rn 23; *Ströbele/Hacker* § 83 MarkenG Rn 4.

494   So BGH GRUR 2008, 932 Gehörsrügebegründung.

495   BGH NJW 2002, 1577; *Thomas/Putzo* § 567 ZPO Rn 14.

496   Bejahend bei Verletzung eines Verfahrensgrundrechts BGH GRUR 2005, 614 Gegenvorstellung im Nichtigkeitsberufungsverfahren; BGH 29.4.2010 III ZR 18/10, zur Erinnerung gegen Kostenansatz; BGH 15.4.2010 V ZR 180/09; BSG NJW 2006, 860; zur Anwendung von § 321a ZPO auf Gegenvorstellung *Zöller* § 567 ZPO Rn 25.

497   BGH NJW 2007, 3786.

498   Vgl zB BGH 18.3.2010 III ZB 88/09.

499   BGH GRUR 2008, 932 Gehörsrügebegründung; BSG NJW 2005, 2798; BPatG GRUR 2007, 156, Markensache; vgl auch BFH NJW 2006, 861.

500   BGH GRUR 2008, 932; BGH NJW-RR 2009, 642; vgl *Ströbele/Hacker* § 83 MarkenG Rn 4.

501   *Fitzner/Lutz/Bodewig* § 79 Rn 41 will dagegen § 122a auch vor dem BPatG anwenden.

502   BGH NJW-RR 2009, 642, zur möglichen Gehörsrüge bei gewährter Wiedereinsetzung in die Berufungsbegründungsfrist.

letzt[503] (str) oder ein Verstoß vorliegt, der der Verletzung des Gebots des rechtl Gehörs gleichkommt.[504] Damit wird dem DPMA oder BPatG bei Gehörsverletzungen eine Selbstkorrektur in den Fällen ermöglicht, in denen keine normalen Rechtsmittel oder Rechtsbehelfe geltend gemacht werden können.[505] Zur **Weiterbehandlung nach § 123a** s die Kommentierung zu § 123a.

Nach Anh zu § 2 Abs 1 PatKostG GebVerz 403100 des beträgt die **Gebühr** bei Verwerfung oder Zu-   **223**
rückweisung der Anhörungsrüge 50 EUR (vgl zur Anhörungsrüge beim BGH Rn 18 zu § 122a).

§ 74
(Beschwerderecht)

(1) Die Beschwerde steht den am Verfahren vor dem Patentamt Beteiligten zu.
(2) In den Fällen des § 31 Abs. 5 und des § 50 Abs. 1 und 2 steht die Beschwerde auch der zuständigen obersten Bundesbehörde zu.

MarkenG: § 66 Abs 1 Satz 2

Übersicht

Schrifttum: *Hövelmann* Streitgenossen vor dem Patentamt und dem Bundespatentgericht, Mitt 1999, 129; *Weinmiller* Further Parties as of Right to an EPO Appeal – The Meaning of Art 107, Second Sent, EPC, IIC 2001, 281; *Rauch* Legitimiert

---

503 Abl BGH GRUR 2008, 932 Gehörsrügenbegründung; BGHZ 150, 133 = NJW 2002, 1577, bejahend für Verfahrensgrundrechte; BGH NJW 2004, 2529, bei Verstoß gegen das Verfassungsgebot des ges Richters als Verfahrensgrundrecht; BGH GRUR 2006, 346 Jeans II, zur Verletzung der Pflicht zur Vorlage an den EuGH; BVerwG NJW 2002, 2657, offen gelassen, ob Verstöße gegen das Gebot des gesetzlichen Richters, Fehlen jeglicher gesetzlicher Grundlage einzubeziehen sind; *Thomas/Putzo* § 321a ZPO Rn 18.
504 So *Zöller* § 567 ZPO Rn 25.
505 *Schulte* Einl Rn 295ff.

nach zweierlei Maß, GRUR 2001, 588; *Zeunert* Besetzung, Belastung und Stellung des Bundespatentgerichts und allgemeine Verfahrenshandhabung, insbesondere vor den technischen Beschwerdesenaten, GRUR 1963, 389.

A. Entstehungsgeschichte

1   Die Bestimmung ist durch das 6. ÜberlG als § 36m geschaffen worden. Eine entspr Regelung für das eur Patent enthält Art 107 EPÜ.

B. Beschwerderecht

I. Allgemeines

2   **1. Grundsatz.** Die Bestimmung regelt die Beschwerdeberechtigung im Anschluss an – allerdings die Beschwerde gegen gerichtliche Entscheidungen betr – § 146 VwGO im Grundsatz dahin, dass diese nur den am Verfahren vor dem DPMA Beteiligten zusteht (Abs 1). Abs 2 enthält eine Ausnahme für bestimmte die Geheimhaltungsanordnung betreffende Verfahren zu Gunsten der obersten Bundesbehörde. Die Öffentlichkeit ist für ihre Beteiligung auf das Einspruchs- und Nichtigkeitsverfahren verwiesen,[1] dies ist wegen des Enumerativcharakters der Widerrufs- und Nichtigkeitsgründe unter dem Gesichtspunkt der Rechtsweggarantie des Art 19 Abs 4 GG nicht ganz unproblematisch (Rn 93 zu § 73; Rn 59 Einl).

3   **2. Systematische Einordnung.** Die Bestimmung betrifft nur die formelle Legitimation und ist eine eigenständige Zulässigkeitsvoraussetzung des Rechtsmittels, die neben dem Vorliegen einer beschwerdefähigen Entscheidung als Teil der Statthaftigkeit des Rechtsmittels gesehen werden kann (Rn 37 zu § 73) und vAw zu prüfen ist (Rn 55 vor § 73).

4   **3. Berechtigung kraft Beteiligung.** Für die Berechtigung iSv Abs 1 ist grds auf die formelle Beteiligung am Verfahren vor dem DPMA abzustellen. Hiervon zu unterscheiden ist, wer infolge der Beschwerde am Verfahren vor dem BPatG beteiligt ist (Rn 31 f) und ob § 74 über die in Abs 2 geregelten Sonderfälle hinaus eine Beschwerdeeinlegung durch Dritte ermöglicht (Rn 19 ff).

5   **4. Trennung von Beteiligung und Registerlegitimation.** Die Zulässigkeitsvoraussetzungen des Rechtsmittels, wie sie § 74 formuliert, sind von den sonstigen Verfahrensvoraussetzungen zu unterscheiden, die im Rahmen der Begründetheit der Beschwerde die Zulässigkeit der Verfahrensführung betreffen (Rn 58 vor § 73).[2] Wer nach § 74 Beschwerdeberechtigter ist, ist deshalb von der erst im Rahmen der Begründetheit der Beschwerde maßgeblichen Frage zu unterscheiden, ob der so Beteiligte verfahrensführungsbefugt ist. Zu trennen von der für § 74 erforderlichen Verfahrensbeteiligung ist deshalb die Frage der formellen Registerlegitimation nach § 30 Abs 3 Satz 2 und der hieraus abzuleitenden Verfahrensführungsbefugnis, die im Rahmen der Begründetheit der Beschwerde zu klären ist, da die Verfahrensbeteiligung nach neuerer Rspr nicht zwangsläufig der Registerlegitimation folgt. Diese Entkopplung von Beteiligtenstellung und Registerlegitimation und eine Lückenschließung über eine entspr Anwendung des § 265 Abs 2 Satz 1 ZPO (Einzelheiten Rn 226 ff zu § 59) werfen insb im Fall des Rechtsübergangs an der Schnittstelle der Instanzen erhebliche Probleme auf (Rn 12).

6   Hieraus folgt, dass für ein Beschwerderecht nach § 74 bei konsequenter Anwendung dieser Rspr eine **tatsächliche Verfahrensbeteiligung in erster Instanz** unverzichtbar ist und auch die durch Umschreibung hergestellte Registerlegitimation nach § 30 Abs 2 Satz 2 als solche keine derartige Beteiligung verschaffen kann (Rn 235 zu § 59; zur Kritik Rn 23; Rn 230 f zu § 59) und kein Beschwerderecht begründet.[3] Die von § 74 vorausgesetzte und erst zu erwerbende Beteiligtenstellung kann deshalb nicht ausschließlich aus einer erfolgten Umschreibung des Patentregisters hergeleitet werden, solange an der Trennung von Registerlegitimation und Verfahrensbeteiligung festgehalten wird.[4] Dass bei unterstellter Anwendbarkeit des

---

1   Vgl *Klauer/Möhring* § 36m Rn 2.
2   Vgl BPatGE 49, 37 = GRUR 2006, 524; *Thomas/Putzo* Vorbem § 511 ZPO Rn 12.
3   So aber *Schulte* Rn 4 und Rn 49 zu § 30; *Ströbele/Hacker* § 66 MarkenG Rn 23, auf § 28 Abs 2, 3 MarkenG abstellend.
4   Insoweit könnte BGH GRUR 2008, 87 Patentinhaberwechsel im Einspruchsverfahren (Nr 32) im Hinblick auf den Umkehrschluss missverstanden werden.

§ 265 Abs 1 Satz 1 ZPO die hierdurch vermittelte Befugnis, im eigenen Namen als gesetzlicher Verfahrensstandschafter zu handeln, die ansonsten nach § 30 Abs 2 Satz 2 hierfür erforderliche Legitimation ersetzen kann (zu den Grenzen Rn 237 zu § 59),[5] ist für die Beurteilung der von § 74 geforderten Verfahrensbeteiligung am Verfahren erster Instanz irrelevant.[6]

5. Ergänzende Schutzzertifikate. Soweit die AMVO, die KinderAM-VO und die PSMVO (Anh zu § 16) **7** Rechtsmittel eröffnen, kommt abw von der früheren Rechtslage (vgl 6. *Aufl*) nunmehr (vgl Rn 22 vor § 73) nicht nur eine Nichtigkeitsklage, sondern vorrangig eine beschwerdefähige Bescheidung durch das DPMA in Betracht, wenn Berichtigung oder Widerruf der Verlängerung der Laufzeit geltend gemacht wird. Dritte können nach § 49a Abs 4 nF einen Antrag auf Berichtigung der Laufzeit stellen, wenn der in der Zertifikatsanmeldung enthaltene Zeitpunkt der ersten Genehmigung für das Inverkehrbringen unrichtig ist, oder einen Antrag auf Widerruf der Verlängerung der Laufzeit stellen, wobei nach § 81 Abs 2 Satz 2 nF die Nichtigkeitsklage auf Erklärung der Nichtigkeit eines ergänzenden Schutzzertifikats erst erhoben werden kann, wenn die Anträge nach § 49a Abs 4 nF gestellt wurden und nicht mehr anhängig sind (Rn 26 ff zu § 49a).

II. Beschwerdeberechtigte

1. Grundsatz. Das Beschwerderecht steht nach Abs 1 den am Verfahren des DPMA Beteiligten oder in **8** den Fällen des § 31 Abs 5 und des § 50 Abs 1, 2 der zuständigen obersten Bundesbehörde zu (zum Beschwerderecht als Teil der Statthaftigkeit der Beschwerde Rn 36 f zu § 73). Ausnahmen sind in der Rspr bei auf der Hand liegend falschen oder sich als eine unzulässige Schmähung darstellenden Angaben in besonders gelagerten Fällen anerkannt worden (Rn 4 vor § 73).[7]

2. Beteiligte am Verfahren vor dem Patentamt

a. Allgemeines. Die Verfahrensbeteiligung ist formell, nicht wirtschaftlich zu beurteilen.[8] Die Beteil- **9** ligtenstellung für das Rechtsmittelverfahren wird durch den Inhalt der angefochtenen Entscheidung, die zum Vorteil oder Nachteil eines bestimmten Beteiligten ergeht, begründet. Das Abstellen auf eine förmliche Beteiligung entspricht der im Rechtsmittelrecht für die Beurteilung der Zulässigkeit gebotenen klaren Abgrenzung. Ist die Wirksamkeit der Beteiligung umstritten, ist sie als doppelrelevante Tatsache zu unterstellen (Rn 63 vor § 73).

b. Faktische formelle Beteiligung. Verfahrensbeteiligte iSv Abs 1 sind die förmlich am im DPMA **10** vorangegangenen Verfahren Beteiligten;[9] maßgeblich ist die tatsächliche Verfahrensbeteiligung,[10] auch wenn diese zu Unrecht erfolgt ist.[11] Zur Einlegung der Beschwerde ist darum der berechtigt, gegen den sich der Beschluss richtet,[12] auch wenn er infolge einer Verwechslung oder unrichtigen Bezeichnung im Rubrum

---

5   BPatGE 49, 39 = GRUR 2006, 524; BPatGE 44, 156 = GRUR 2002, 234 Rechtsnachfolge; allg zur Verfahrensführungsbefugnis *Thomas-Putzo* § 51 ZPO Rn 20 f, Vorbem § 253 ZPO Rn 39.
6   AA BPatGE 49, 48 = BlPMZ 2006, 287; BPatGE 44, 95 = GRUR 2002, 371; BPatGE 25, 216 = GRUR 1984, 40, von der Verfahrensführungsbefugnis auf die Beschwerdeberechtigung schließend, gleichzeitig § 265 Abs 2 ZPO ablehnend.
7   BPatG 20.1.2011 10 W (pat) 21/06; zur gesonderten Ehrschutzklage BGH GRUR 2010, 253 Fischdosendeckel, unter Hinweis auf BGH NJW 2008, 996.
8   BPatG 10.12.2007 10 W (pat) 34/06; zur fehlenden formellen Beteiligung am Umschreibungsverfahren BGBl I 2521; BPatGE 8, 5, 8 = BlPMZ 1966, 259, sachlich wohl überholt; BGH GRUR 1972, 441 Akteneinsicht IX; BPatGE 9, 196, 199: der durch widerrechtl Entnahme Verletzte ist nicht ohne weiteres Beteiligter am Erteilungsverfahren; BPatGE 17, 223 = Mitt 1976, 38, für den Fall „unechter" Stellvertretung, dh im eigenen Namen, aber im fremden Interesse; BPatGE 20, 130 = Mitt 1978, 170, zur Beschwerde eines neuen GbmInhabers gegen den gegen den früheren GbmInhaber ergangenen Kostenfestsetzungsbeschluss; *Benkard* Rn 14; *Schulte* Rn 3; *Lindenmaier* § 36m Rn 1; *Ströbele/Hacker* § 66 MarkenG Rn 20.
9   BPatGE 10, 31, 34; *Benkard* Rn 14; zur Falschbezeichnung vgl EPA T 340/92.
10   BPatGE 22, 108 = GRUR 1980, 225; *Fitzner/Lutz/Bodewig* Rn 3; *Bühring* § 18 GebrMG Rn 21; vgl BGH GRUR 1967, 543, 547 Bleiphosphit; *Klauer/Möhring* § 36m Rn 2; zum Markenrecht *Ströbele/Hacker* § 66 MarkenG Rn 20.
11   *Bühring* § 18 GebrMG Rn 21.
12   BGH NJW-RR 2005, 118, zur Berufung.

der angegriffenen Entscheidung als Beteiligter genannt ist (Scheinbeteiligter)[13] oder erkennbar durch die Bezeichnung betroffen werden soll.[14] Falsche Bezeichnung kann daher unschädlich sein,[15] ebenso ist ein Namenswechsel oder eine Firmenänderung[16] ohne Änderung der Rechtspersönlichkeit unschädlich (Rn 51 ff, 210 zu § 59). Der Einsprechende und der Beigetretene sind deshalb als Verfahrensbeteiligte beschwerdeberechtigt, unabhängig davon, ob der Einspruch oder Beitritt ordnungsgem, insb zulässig erfolgt ist, sofern sie nur bis zum Beschlusserlass tatsächlich am Verfahren vor dem DPMA beteiligt waren. Auf eine wirksame und zulässige Beteiligung kommt es nicht an (Rn 19; Rn 164, 181 zu § 59). Allerdings eröffnen nur der wirksame und zulässige Einspruch und Beitritt eine sachliche Überprüfung, so dass eine Beschwerde bei unzulässigem Einspruch/Beitritt zwar zulässig, aber ohne Sachprüfung als unbegründet abzuweisen ist.[17] Das gilt auch dann, wenn wegen der Einheitlichkeit des Einspruchsverfahrens eine eröffnete Sachprüfung im Beschwerdeverfahren auch weitere zulässige Einsprüche und die insoweit geltend gemachten Widerrufsgründe umfasste (Rn 36 zu § 79).

11   Dementspr ist **mangels Beteiligung am Verfahren** vor dem DPMA die ausschließlich vom Miterfinder eingelegte Beschwerde, der nicht zugleich Mitanmelder ist, unzulässig,[18] eine Erinnerung gegen einen Kostenfestsetzungsbeschluss, die nicht von der das Festsetzungsverfahren betreibenden, aufgelösten Handelsgesellschaft, sondern von einer nicht im Weg der Umwandlung aus ihr hervorgegangenen, wirtschaftlich verbundenen Kapitalgesellschaft eingelegt wurde, als unzulässig behandelt worden,[19] ebenso die des neuen GbmInhabers gegen einen gegen den früheren Inhaber ergangenen Kostenfestsetzungsbeschluss (Rn 29 zu § 30).[20] Das Pfändungspfandrecht verschafft dem Pfandgläubiger nicht die Beteiligtenstellung.[21] Bei Sequestration ist der Sequester auch ohne entspr ausdrückliche Anordnung des Prozessgerichts beschwerdeberechtigt, der – solange nicht Umschreibung auf ihn erfolgt ist – nicht in eigenem Namen auftreten muss.[22] Der Vertreter eines Beteiligten ist nicht selbst beteiligt und deshalb auch dann nicht beschwerdeberechtigt, wenn die Entscheidung sein Verhältnis zum Beteiligten beeinträchtigen kann.[23] Er ist aber beteiligt, wenn er seine Löschung im Register beantragt (Rn 18).

12   **c. Beteiligung durch Verfahrensübernahme.** Da die förmliche Verfahrensstellung und die durch die Registerlegitimation nach § 30 Abs 3 Satz 2 vermittelte Verfahrensführungsbefugnis nach stRspr des BGH zu trennen sind (Rn 5), führt weder der Erwerb des Patents noch die Umschreibung während des Verfahrens ohne weiteres zur Verfahrensbeteiligung. Es bedarf vielmehr zwingend des Eintritts in das Verfahren oder der Verfahrensübernahme, auch an der Schnittstelle der Instanzen, wobei es – anders als nach § 28 Abs 2 Satz 3 MarkenG – nach dem PatG für eine wirksame Übernahme bei Einzelrechtsnachfolge (§ 265 Abs 2 Satz 2 ZPO) der Zustimmung sämtlicher bisher Beteiligten bedarf (hierzu und zur Reformbedürftigkeit Rn 22 f). § 267 ZPO ist zu beachten (Rn 233 zu § 59).

13   Die mit § 30 Abs 3 Satz 2 (wie auch bei § 81 Abs 1 Satz 3 und § 28 Abs 2 MarkenG) für die Begründetheit der Beschwerde maßgebliche Verfahrensführungsbefugnis (Rn 90 zu § 59) muss dagegen als allg Sachentscheidungsvoraussetzung erst im Zeitpunkt der Entscheidung und nicht innerhalb der Rechtsmittelfrist hergestellt sein, so dass dem **wirksamen Eintritt** in das Verfahren nicht entgegensteht, wenn die Erklä-

---

13 BGH WM 1978, 69 = MDR 1978, 307.
14 BGHZ 4, 328.
15 Vgl BPatG 3.2.2004 14 W (pat) 15/03 zur unrichtigen Angabe des Beschwerdeführers; BPatG GRUR 2008, 1127: falscher Briefkopf.
16 BPatG 5.10.2004 24 W (pat) 71/03, Markensache.
17 BGH GRUR 1972, 592 Sortiergerät; BPatGE 29, 206; *Benkard* § 61 Rn 3, § 79 Rn 4, 20.
18 BPatG 19.3.2003 7 W (pat) 19/02.
19 BPatG 21.12.1993 3 ZA (pat) 32/92.
20 BPatGE 20, 130 = Mitt 1978, 170; dagegen lässt BPatG 15.12.1997 30 W (pat) 63/97 im markenrechtl Widerspruchsverfahren Beschwerdeeinlegung durch den Lizenznehmer in gewillkürter Prozessstandschaft zu; vgl BPatG GRUR 2000, 815 zur Erinnerung durch den Lizenznehmer im markenrechtl Widerspruchsverfahren.
21 BPatGE 44, 95 = GRUR 2002, 371.
22 BGHZ 172, 98 = GRUR 2008, 87 Patentinhaberwechsel im Einspruchsverfahren; BPatGE 44, 95 = GRUR 2002, 371 unter Hinweis auf RPA BlPMZ 1931, 22, DPA BlPMZ 1961, 82; OLG Karlsruhe GRUR 1954, 259.
23 BPatG BlPMZ 1995, 256, zur Beschwerde des Anwalts gegen Zurückweisung eines Wiedereinsetzungsantrags wegen Anwaltsverschuldens; BGH GRUR 2009, 701 Niederlegung der Inlandsvertretung; *Benkard* Rn 15.

rung verfrüht erfolgt (hierzu Rn 234 zu § 59).[24] Die Wirksamkeit ist ggf durch Zwischenbeschluss (Rn 222 zu § 59) zu klären.

d. Beteiligte im einseitigen Verfahren. In einseitigen Verfahren (Erteilungsverfahren; Beschrän- **14** kungsverfahren) ist der Anmelder oder Patentinhaber beteiligt. Erkennt man im einseitigen Verfahren die Möglichkeit der Nebenintervention an, insb bei Einzelrechtsnachfolge (§ 265 Abs 2 Satz 3 ZPO), kommt auch der **Nebenintervenient** (§ 66 ZPO) als Beteiligter in Betracht, der – wie § 66 Abs 2 ZPO zeigt – auch Beschwerde für die unterstützte Hauptpartei einlegen kann. Der Anmelder oder Patentinhaber ist auch Beteiligter im Verfahren über die Anordnung der Aufhebung der Geheimhaltung.[25] Besonders zwh erscheint, ob auch insoweit die strikte Trennung von Beteiligung und Registerlegitimation und damit die Anwendung von § 265 Abs 2 ZPO im Hinblick auf § 99 Abs 1, aber auch wegen des von § 265 ZPO vorausgesetzten zweiseitigen Verfahrens, im einseitigen Verfahren sachgerecht ist (vgl Rn 226 ff zu § 59). Der I. Zivilsenat des BGH hat die Anwendbarkeit zum markenrechtl Anmeldeverfahren bejaht[26] und der X. Zivilsenat hat auf diese Rspr verwiesen (vgl Rn 25).[27] Dem ist auch die Instanzrspr zum Patentanmeldebeschwerdeverfahren mit dem Argument gefolgt, dass auch im einseitigen Verfahren Verfahrensökonomie und die Interessenlage eine entspr Anwendung des § 265 Abs 2 ZPO rechtfertigen.[28] Nach der Gegenmeinung findet § 265 Abs 2 ZPO keine Anwendung und wegen der spezialgesetzlichen Regelung ist auf die Registerlage abzustellen.[29] Dem dürfte im Hinblick auf § 30 und angesichts der schon aus weiteren Gründen (Rn 230 f zu § 59) insoweit sehr kritischen Entwertung der Registerlegitimation für Registerverfahren jedenfalls für das einseitige Verfahren zu folgen sein. Antragstellung durch Dritte führt nicht zur Verfahrensbeteiligung (Rn 19 f).

e. Beteiligte im Einspruchsverfahren. Am Einspruchsverfahren sind neben dem Patentinhaber **15** auch die Einsprechenden und nach § 59 Abs 2 Beigetretenen beteiligt, auch wenn der rechtzeitig eingelegte Einspruch verspätet zur Akte gelangt ist[30] oder der Einspruch oder Beitritt unzulässig waren (Rn 10). Eine ein Beschwerderecht vermittelnde „Beteiligung" am Verfahren setzt allerdings neben einer wirksamen Erklärung voraus, dass das Verfahren zur Zeit des Eingangs der Erklärung noch nicht durch eine Endentscheidung abgeschlossen war, so dass nach der früheren Rspr ein erst nach Erteilung des Patents eingelegte Einspruch keine Verfahrensbeteiligung am (damals) vorgeschalteten Einspruchsverfahren und kein Beschwerderecht (hier nach § 36m) vermittelte.[31] Dies gilt selbst, wenn die Möglichkeit einer Verfahrensbeteiligung aus nicht zu vertretenden Gründen verwehrt war, wobei allerdings unter Beachtung der gebotenen Auslegung von Prozesserklärungen zu würdigen ist, ob tatsächlich keine Beteiligung als Einsprechender gewollt und erfolgt ist.[32]

Der bereits im Einspruchsverfahren vor Erlass der Entscheidung nach § 59 Abs 2 **Beigetretene** ist mit **16** Zugang seiner wirksamen Erklärung und Zahlung der Gebühr (Rn 160 zu § 59) oder aufgrund seiner faktischen Verfahrensbeteiligung als Einsprechender (Rn 10) deshalb auch ohne weiteres beschwerdeberechtigt nach Abs 1. Dies gilt nicht für einen Beitritt, der „zwischen den Instanzen" erklärt wird (hierzu Rn 191 zu § 59, zum Beitritt im Beschwerdeverfahren Rn 183 ff zu § 59). Ob sein Beitritt zulässig ist, ist hierfür nicht

---

24 BPatGE 49, 39 = GRUR 2006, 524; BPatG 21.7.2003 34 W (pat) 64/00: zur Beschwerdeeinlegung durch einen notwendigen Streitgenossen soll auch die Umschreibung nicht Voraussetzung für die Sachentscheidung sein; so auch *Benkard* Rn 48.

25 BGH GRUR 1972, 535 Geheimhaltungsanordnung; *Benkard* Rn 16.

26 BGH GRUR 2000, 892 MTS, zum Anmeldebeschwerdeverfahren im Markenrecht.

27 So BGH GRUR 2008, 87 Patentinhaberwechsel im Einspruchsverfahren; BPatG Mitt 2005, 277, zur Kritik an der Anwendbarkeit.

28 BPatG 19.7.2010 19 W (pat) 46/06; BPatG 13.1.2011 21 W (pat) 16/09, zur Anwendung im Anmeldebeschwerdeverfahren.

29 Hiervon ausgehend BPatG 19.5.2014 19 W (pat) 62/12, dagegen noch BPatG 19.7.2010 19 W (pat) 46/06; vgl auch *Ströbele/Hacker* § 28 MarkenG Rn 14 zur früheren Rechtspraxis im Markenrecht.

30 BPatGE 12, 151; BPatGE 14, 191; *Schulte* Rn 16.

31 Krit insofern BPatGE 21, 54 im Hinblick auf die Frage tatsächlicher Beteiligung; allerdings zu weitgehende Kritik in *Benkard* Rn 14.

32 BGH GRUR 1967, 543.

maßgeblich und hindert wie der unzulässige Einspruch des beteiligten Einsprechenden nur die sachliche Überprüfung der nach Abs 1 zulässigen Beschwerde (Rn 10).

17   Entgegen früherer Rechtsauffassung hat der BGH auch eine **Nebenintervention** bei Einzelrechtsnachfolge nach § 265 Abs 2 Satz 3 ZPO im Einspruchsverfahren anerkannt; dem sind einzelne Senate des BPatG gefolgt und haben sie auch in sonstigen Fällen und auf Seiten des Einsprechenden anerkannt (Rn 195 ff zu § 59). Beteiligt ist deshalb auch der zur Unterstützung beigetretene Nebenintervenient, der für die unterstützte Hauptpartei Beschwerde einlegen kann, sofern er sich – bei einfacher Nebenintervention, wie nach § 265 Abs 2 Satz 3 ZPO – damit nicht in Widerspruch zur unterstützten Hauptpartei begibt (§ 66 ZPO) oder – sofern eine Anwendbarkeit im Einspruchsverfahren anerkannt wird (hierzu Rn 203 zu § 59) – streitgenössische Nebenintervention (§ 69 ZPO) vorliegt (Rn 204 zu § 59), auch gegen den Willen der unterstützten Hauptpartei (zur Beschwerdeeinlegung Rn 28).

18   **f. Beteiligte in Nebenverfahren.** Die Beteiligung an Nebenverfahren, zB an Akteneinsichtsverfahren, ist selbstständig zu beurteilen[33] und setzt nicht voraus, dass der Beschwerdeführer Verfahrensbeteiligter in einem Hauptverfahren iSd Abs 1 ist, eröffnet aber auch kein Beschwerderecht im Hauptverfahren.[34] Eine zur Beschwerde hinreichende Beteiligung eines Dritten kann aber auch vorliegen, wenn sich in einem Wiedereinsetzungsverfahren des Patentinhabers, das die Validierung eines eur Patents betrifft, der vom Patentinhaber in Anspruch genommene Patentverletzer an das DPMA wendet, die Beteiligung aber in einem als Beschluss zu wertenden Schreiben des DPMA als unzulässig zurückgewiesen wird; eine rein förmliche Beteiligung reicht nämlich aus und es kommt nicht darauf an, ob tatsächlich ein Recht auf Beteiligung besteht (hierzu Rn 63 zu § 123).[35] Auch Erfinder und Lizenznehmer können hier beteiligt sein.[36] Begehrt der bisherige Inlandsvertreter seine Löschung im Register, ist er für das nachfolgende Beschwerdeverfahren Beteiligter.[37] Denn an dem Nebenverfahren über die Vertreterlöschung, das er selbst in Lauf gesetzt hat, ist er förmlich beteiligt.[38] Bei der Wiedereinsetzung kommt es darauf an, auf welches Verfahren sie sich bezieht.

3. Beschwerderecht Dritter

19   **a. Allgemeines.** Nicht verfahrensbeteiligte Dritte sind, auch wenn sie Anträge (zB Recherche- oder Prüfungsantrag, § 43 Abs 2 aF, § 44 Abs 2) gestellt haben, als nicht Beteiligte des erstinstanzlichen Verfahrens nicht beschwerdeberechtigt (vgl Rn 4 vor § 73; Rn 37 zu § 73),[39] anders in Nebenverfahren, an denen sie beteiligt sind. Es ist allerdings vorrangig zu prüfen, ob tatsächlich keine Beteiligung vorliegt (vgl Rn 12 ff). Ein Beschwerderecht kann sich auch aus anderen Bestimmungen ergeben, so für Zeugen im Fall der Aussageverweigerung nach § 387 Abs 3 ZPO, für Sachverständige und den Vertreter der Bundeskasse nach § 4 Abs 3 JVEG und für den beigeordneten Vertreter.[40] Der BGH hat offen gelassen, ob es aus Gründen der Prozessökonomie ausnahmsweise zulässig sein kann, dass anstelle des in erster Instanz abgewiesenen Klägers ein Dritter im Weg des Parteiwechsels in den Prozess eintritt, bevor die Zulässigkeitsvoraussetzungen des Rechtsmittels des ursprünglichen Klägers erfüllt sind (s auch Rn 22 ff, 34).[41]

---

33 Vgl *Schulte* Rn 11; *Ströbele/Hacker* § 66 MarkenG Rn 20.

34 BGH GRUR 2009, 701 Niederlegung der Inlandsvertretung.

35 BPatGE 54, 176 = Mitt 2014, 295.

36 *Lindenmaier* § 36m Rn 2.

37 BGH Niederlegung der Inlandsvertretung, unter Hinweis auf BPatGE 17, 14 f = BlPMZ 1975, 145; BPatG BlPMZ 1995, 256; *Benkard* Rn 3.

38 BGH Niederlegung der Inlandsvertretung.

39 BPatGE 10, 31, 34; *Schulte* Rn 3; *Fitzner/Lutz/Bodewig* Rn 5, allerdings in besonderen Ausnahmefällend bejahend und auf BGH GRUR 2010, 253 Fischdosendeckel verweisend, wo eine Beteiligung Dritter aber gerade als ausgeschlossen angesehen worden ist; auch BPatGE 52, 256 macht hiervon keine Ausnahme, da das BPatG aufgrund einer Verweisung gebunden war und die Klageberechtigung deshalb als Beschwerdeberechtigung abgehandelt hat; vgl auch BGH GRUR 1967, 543, 547 Bleiphosphit.

40 Näher *Schulte* Rn 17.

41 BGH NJW 1994, 3358, 3359, zum Klägerwechsel in der zweiten Instanz.

b. Einzelrechtsnachfolge. Ein eigenständiges Beschwerderecht des Einzelrechtsnachfolgers losge- 20 löst von einer förmlichen Beteiligung am Verfahren vor dem DPMA besteht nicht, auch wenn sich der Wechsel der Rechtsinhaberschaft an der Schnittstelle der Instanzen ereignet hat; dies gilt nach st Rspr des BGH unabhängig von der Registerlage (Rn 5 f; zur Kritik Rn 230 f zu § 59). Der Rechtsnachfolger muss erst seine formelle Beteiligtenstellung durch Eintritt in das Verfahren erwerben.[42] Für die Beschwerdeberechtigung ist deshalb nicht die Eintragung im Patentregister maßgeblich, sondern die formale Beteiligung am erstinstanzlichen Verfahren,[43] während andererseits aus der Registerlegitimation die (aktive und passive) Verfahrensführungsbefugnis („berechtigt und verpflichtet") resultiert[44] (siehe auch Rn 22) und § 30 Abs 3 Satz 2 dabei den im Register Eingetragenen auch als Verfahrensstandschafter legitimiert, unabhängig davon, ob er tatsächlich Patentinhaber oder Inhaber des Anmeldegegenstands ist (Rn 229 zu § 59).[45]

Der **nicht mehr im Register eingetragene**, in erster Instanz beteiligte **Patentinhaber** oder Anmel- 21 der (hierzu Rn 14 und Rn 226 ff zu § 59) bleibt deshalb nach § 74 losgelöst von der Rechtsinhaberschaft Beteiligter und beschwerdeberechtigt, ist jedoch mit Umschreibung nicht mehr nach § 30 Abs 3 Satz 2 verfahrensführungsbefugt,[46] das Patent oder die Anmeldung noch zu verteidigen (Rn 61 vor § 73 und Rn 89, 237 f zu § 59), während andererseits der Rechtserwerber nach § 30 Abs 2 Satz 2 erst mit vollzogener Umschreibung sein Verfahrensführungsrecht erwirbt (zur verfrühten Verfahrensübernahme Rn 234 zu § 59), ohne aber zugleich Beteiligter des Verfahrens zu werden. Insoweit besteht für eine akzeptable Lösung dieses Vakuums das Dilemma, dass aus dem dogmatischen Ansatz einer Trennung von Verfahrensbeteiligung und Registerlegitimation entweder die Lösung in einer Verschiebung der von § 74 Abs 1 vorausgesetzten Verfahrensbeteiligung in erster Instanz zu suchen ist oder aber zu vernachlässigen, dass § 30 an sich der Zuerkennung einer Verfahrensführungsbefugnis nach § 265 Abs 2 Satz 1 ZPO entgegensteht (ausführlich zur Kritik Rn 226 ff zu § 59).

Der **Vorverlagerung der Beschwerdebefugnis** durch extensive Auslegung des Begriffs des bisher 22 am Verfahren vor dem DPMA Beteiligten iSv Abs 1 auf den Zeitpunkt der Stellung eines ordnungsgem Umschreibungsantrags[47] ist der BGH kr begegnet (vgl aber zu Art 107 EPÜ Rn 93 f vor § 73); er hat diese als mit Abs 1 schwerlich vereinbar angesehen.[48] Die extensive Auslegung beruht ausgehend von der dogmatischen Position des BGH bereits ihrem Ansatz nach auf einer unzulässigen Verknüpfung der von Registerlegitimation nach § 30 Abs 2 Satz 2 zu trennenden Verfahrensstellung als Beteiligter nach Abs 1.[49]

Sieht man allerdings gegen den dogmatischen Ausgangspunkt des BGH und entspr ständiger früherer 23 Rechtspraxis wegen § 30 keine Entkopplung von Verfahrensstellung und Registerlegitimation, sondern mit der Umschreibung einen Beteiligtenwechsel kraft Gesetzes verbunden (hierzu Rn 231 zu § 59), ist der eingetragene Patenterwerber ohne weiteren Übernahmeakt am Verfahren beteiligt und damit auch iS einer Beteiligung nach § 74 am Verfahren erster Instanz; der Registerstand bildet die Klammer für Verfahrensbeteiligung und Legitimationswirkung. Behält man dagegen den aktuellen dogmatischen Ansatz der Rspr bei, so könnte nur eine dringend zu fordernde **Gesetzesänderung** und eine Angleichung mit § 28 Abs 2 Satz 2 MarkenG – notfalls auch eine analoge Anwendung (hierzu Rn 233 f zu § 59) – und § 28 Abs 2 Satz 3 MarkenG (Rn 25) das Problem entschärfen, da dann der Patenterwerber bereits mit Eingang des Umschrei-

---

42   BGH GRUR 2008, 87 Patentinhaberwechsel im Einspruchsverfahren.

43   AA BPatG 19.5.2014 19 W (pat) 62/12.

44   AA BPatG GRUR 2002, 371; BPatGE 25, 216 = GRUR 1984, 40, beide abl zur Anwendbarkeit von § 265 Abs 2 ZPO; BPatGE 49, 48 = BlPMZ 2006, 287, BPatGE 44, 156 = GRUR 2002, 234, unklar, da § 30 Abs 3 als Spezialnorm zu § 74 erwähnend.

45   BPatGE 44, 156 = GRUR 2002, 234.

46   *Schulte* § 30 Rn 45, 48; BPatG 29.11.2005 4 Ni 53/04 EU, zur passiven Prozessführungsbefugnis nach § 81 Abs 1 Satz 2.

47   So aber BPatGE 44, 156 = GRUR 2002, 234 unter Hinweis auf BPatGE 43, 108, zu § 28 Abs 2 MarkenG; BPatGE 49, 39 = GRUR 2006, 524 unter Hinweis auf die Rspr zu Art 107 EPÜ; EPA T 656/98 ABl EPA 2003, 385 = GRUR Int 2004, 61 Nicht am Verfahren beteiligter Beschwerdeführer/GENENCOR; ebenso im Ergebnis, allerdings auf verwaltungsrechtl Grundsätze abstellend *Benkard* Rn 3, ferner Rn 48.

48   BGHZ 172, 98 = BGH GRUR 2008, 87 Patentinhaberwechsel im Einspruchsverfahren; so bereits die frühere Rspr in BPatGE 25, 216 = GRUR 1984, 40; BPatG GRUR 2002, 371 und BPatGE 25, 216 = GRUR 1984, 40, allerdings die Anwendbarkeit von § 265 Abs 2 ZPO abl.

49   So aber BPatGE 44, 156 = GRUR 2002, 234; BPatGE 49, 39 = GRUR 2006, 524.

bungsantrags durch einseitige Erklärung das Verfahren übernehmen und damit zugleich als Berechtiger nach § 74 Beschwerde einlegen könnte.[50]

24   Hiervon losgelöst hat der BGH in seiner Rspr zum Rechtsmittelrecht im Einzelfall auch die Möglichkeit gesehen, die Erklärung der Prozessübernahme – ebenso wie die Beitrittserklärung nach §§ 66 Abs 2, 70 Abs 1 Satz 1 ZPO – **mit der Einlegung des Rechtsmittels zu verbinden,** und nicht gefordert, dass die Zustimmung bereits in diesem Zeitpunkt vorliegt, so dass diese nachgebracht werden kann (s aber auch Rn 29); ungeklärt blieb, ob dies innerhalb der Rechtsmittelfrist geschehen muss.[51] Überwindet der Einzelrechtsnachfolger diese Hürden und ist er als Beschwerdeberechtigter anzusehen, reicht es aus, wenn die wegen § 30 Abs 3 Satz 2 erforderliche Umschreibung nach Ablauf der Beschwerdefrist erfolgt (Rn 20 f).

25   Auch **im Markenrecht** beruht die Möglichkeit einer frühzeitigen Beteiligung und Beschwerde durch den Rechtsnachfolger nicht auf einem durch § 28 Abs 2 Satz 3 MarkenG begründeten eigenen Beschwerderecht,[52] sondern allein darauf, dass der Gesetzgeber mit dem – für das Patentrecht als nicht analogiefähig ansehenen (Rn 233 zu § 59)[53] – § 28 Abs 2 Satz 3 MarkenG eine Spezialvorschrift zu § 265 Abs 2 Satz 2 ZPO geschaffen hat, die es ermöglicht, das Verfahren ohne Zustimmung der bisher Beteiligten und frühzeitig zu übernehmen. Die Rechtsmittelerklärung kann deshalb uno acto mit der unmittelbar wirksamen Erklärung der Verfahrensübernahme verbunden werden, wobei zusätzlich die Verfahrensführungsbefugnis[54] nach § 28 Abs 2 Satz 2 MarkenG auf den Zeitpunkt des Zugangs des Umschreibungsantrags beim DPMA vorverlagert wird. Die Vorverlagerung der Beteiligungsrechte beruht deshalb nicht darauf, dass das von § 66 Abs 1 Satz 2 MarkenG geforderte und § 74 Abs 1 entspr Kriterium einer notwendigen Beteiligung am erstinstanzlichen Verfahren anders zu beurteilen wäre, sondern auf einer erleichterten Möglichkeit der Verfahrensübernahme durch einseitige Erklärung (vgl Rn 229 ff zu § 59).[55] Aufgrund der mit § 265 Abs 2 Satz 3 ZPO, § 66 Abs 2 ZPO eröffneten Möglichkeit eines Beitritts als (einfacher) Nebenintervenient iVm der Einlegung einer Beschwerde (Rn 17; Rn 203 zu § 59) sind idR für den Einzelrechtsnachfolger auch ohne eigenes Beschwerderecht ausreichende Mitwirkungsrechte gesichert, wenn diese Rechte wegen des Ausschlusses der streitgenössischen Nebenintervention nach § 69 ZPO (Rn 196 zu § 59) auch nicht gegen den Willen der unterstützten Hauptpartei durchgesetzt werden können.

26   **c. Gesamtrechtsnachfolge.** Erbe,[56] gesellschaftrechtl Gesamtrechtsnachfolger[57] und Insolvenzverwalter bei Insolvenz[58] oder Sequester[59] treten kraft Gesetzes in die Stellung des Beteiligten (des Anmelders, Patentinhabers, Einsprechenden) ein oder sind als Partei kraft Amts befugt, das zunächst nach §§ 239 ff unterbrochene Verfahren in eigenem Namen weiterzuführen,[60] ohne dass es einer Übernahme der Verfahrensstellung nach § 265 Abs 2 ZPO oder den Regeln des Parteiwechsels und einer Umschreibung des Patentregisters jedenfalls bis zur Entscheidung (Rn 20) bedarf, da § 30 Abs 3 Satz 2 nicht anwendbar ist.[61] Stattdessen gelten (anders als in Nebenverfahren wie Akteneinsicht, Kostenfestsetzung oder Wiedereinsetzung)[62] die §§ 239 ff ZPO, wonach das Verfahren unterbrochen wird, ausgenommen in den in § 246 ZPO

---

50   *Schulte* § 30 Rn 50; *Ströbele/Hacker* § 28 MarkenG Rn 16; § 66 MarkenG Rn 23, verkürzend auf ein eigenes Beschwerderecht abstellend.

51   BGH NJW 1996, 2799.

52   So aber *Ströbele/Hacker* § 66 MarkenG Rn 23.

53   BGHZ 172, 98 = BGH GRUR 2008, 87 Patentinhaberwechsel im Einspruchsverfahren; *Schulte* § 30 Rn 50; BPatGE 44, 156 = GRUR 2002, 234 unter Hinweis auf BPatGE 43, 108 (zu § 28 Abs 2 MarkenG); vgl auch *Rauch* GRUR 2001, 588.

54   Vgl hierzu BPatGE 49, 39 = GRUR 2006, 524.

55   So aber BPatGE 44, 156 = GRUR 2002, 234.

56   BPatGE 32, 153, zum GbmLöschungsverfahren.

57   BGH GRUR 2008, 551 Sägeblatt; BPatGE 32, 153.

58   Zum Konkurs BPatGE 38, 131; BPatGE 40, 227.

59   BGH GRUR 2008, 87 Patentinhaberwechsel im Einspruchsverfahren.

60   BGH Patentinhaberwechsel im Einspruchsverfahren; differenzierend für die Sequestration.

61   BPatG 23.10.2014 21 W (pat) 8/10; BPatG 23.6.2009 3 Ni 39/07; BPatGE 29, 244; BPatGE 32, 153, zum GbmLöschungsverfahren; *Schulte* § 30 Rn 50; zur Verfahrensführungsbefugnis des Sequesters: BGH Patentinhaberwechsel im Einspruchsverfahren.

62   BGH Sägeblatt, zur Wiedereinsetzung in die Frist zur Zahlung der siebten Jahresgebühr entgegen der Vorinstanz BPatG BlPMZ 2007, 350.

genannten Fällen bei Vertretung durch einen Verfahrensbevollmächtigten.[63] So tritt Unterbrechung ein zB nach § 239 ZPO bei Tod,[64] nach § 240 ZPO bei Insolvenzeröffnung (Einzelheiten Rn 346 ff zu § 59), wobei die in § 249 ZPO bestimmte Verfahrensunterbrechung erst durch Aufnahme nach § 250 ZPO, § 86 InsO oder sonstige Umstände beendet wird.[65]

d. Beitretender. Beitritt ist unter den Voraussetzungen des § 59 Abs 2 nach allg Auffassung auch im **27** anhängigen Beschwerdeverfahren möglich (vgl Rn 183 ff zu § 59) und soll gleichzeitig mit der Einlegung einer eigenständigen Beschwerde verbunden werden können, unabhängig davon, ob einer der übrigen Beteiligten Beschwerde erhoben hat.[66] Hierdurch soll der Beitretende die Stellung als Beschwerdeführer erlangen, obwohl er nicht Beteiligter des Verfahrens vor dem DPMA iSv § 74 war.[67] Str sind die einzelnen Anforderungen und Auswirkungen, insb, ob der Beitretende neben seiner Beitrittsgebühr auch eine Beschwerdegebühr zu entrichten (ausführlich hierzu Rn 189 zu § 59) und die für die ursprünglich Beteiligten maßgebliche Beschwerdefrist einzuhalten hat oder ob der Beitretende mangels ausdrücklicher gesetzlicher Regelung insoweit privilegiert ist (hierzu Rn 190 zu § 59). GebVerz 401100 (Anh zu § 2 Abs 1 PatKostG) regelt nur die Beschwerde gegen die Entscheidung über den Einspruch, nicht wie GebVerz 313600 den Beitritt (Einzelheiten Rn 187 f zu § 59).[68] Damit wird im Hinblick auf Abs 1 eine gesetzlich nicht geregelte Ausnahme geschaffen (anders in § 66 Abs 2 ZPO für die Beschwerde des gleichzeitig beitretenden Nebenintervenienten), die nicht nur Fragen zu den weiteren Anforderungen aufwirft (eingehend Rn 185 f zu § 59), sondern auch dazu, ob die Zuerkennung eines eigenen Beschwerderechts nicht einer ausdrücklichen gesetzlichen Regelung bedarf.

e. Nebenintervenient. Von dem nicht bestehenden eigenständigen Beschwerderecht Dritter (Rn 20), **28** in eigenem Namen eine Beschwerde einzulegen, ist die mögliche Einlegung der (fremden) Beschwerde als Nebenintervenient für die unterstützte Hauptpartei nach § 66 Abs 2, § 70 ZPO iVm der Beitrittserklärung zu unterscheiden (zur Umdeutung Rn 52 f vor § 73). Legt der Nebenintervenient eine Beschwerde für die unterstützte Hauptpartei ein, gleich, ob er bereits in erster Instanz dem Verfahren beigetreten war (Rn 203 zu § 59) oder diese nach § 66 Abs 2, § 70 ZPO mit dem Beitritt als Nebenintervenient verbindet, handelt es sich um eine Beschwerde des unterstützten Beteiligten und nicht um eine Beschwerde im eigenen Namen. Der unterstützte Beteiligte und nicht der Nebenintervenient wird Beschwerdeführer, so dass darin keine Ausnahme von Abs 1 liegt. Ist eine im Namen des Rechtsnachfolgers eingelegte Beschwerde danach unzulässig, bleibt die Frage einer möglichen Umdeutung, die nicht von vornherein ausscheidet (hierzu Rn 203 zu § 59; Rn 52 f vor § 73).[69]

f. Gewillkürter Verfahrensstandschafter. Teilweise wird angenommen, die Beschwerde könne bei **29** eigenem schutzwürdigen Interesse an der Durchsetzung des fremden Rechts im Weg der gewillkürten Verfahrensstandschaft im eigenen Namen eingelegt werden, sofern das Verfahrensführungsrecht übertragen ist,[70] eine entspr Ermächtigung des Rechtsinhabers vorliegt und gleichzeitige Verfahrensübernahme erklärt wird,[71] wobei grds zu verlangen sein soll, dass die Tatsachen, aus denen sich die Verfahrensführungsbefugnis ergibt, spätestens im Zeitpunkt der letzten Verhandlung vorliegen.[72] Dies ist abzulehnen, da es mit dem von Abs 1 geforderten formellen Erfordernis einer erstinstanzlichen Verfahrensbeteiligung

---

63 BGHZ 121, 263 = NJW 1993, 1654; BPatG 23.6.2009 3 Ni 39/07.

64 BPatGE 38, 44; BPatGE 40, 227.

65 *Schulte* Einl Rn 192 ff.

66 BPatGE 30, 109, 110 = Mitt 1989, 148; vgl auch *van Hees* GRUR 1987, 855, 857; *Hövelmann* Mitt 2003, 303; zum EPÜ EPA G 1/94 ABl EPA 1994, 787 = GRUR Int 1995, 150 Beitritt.

67 Vgl auch *van Hees/Braitmayer* Rn 572, 584.

68 So *van Hees/Braitmayer* Rn 585, ua auf effektiven Rechtsschutz abstellend und dem Beitretenden die Stellung als Beschwerdeführer ohne Zahlung einer Gebühr zuerkennend.

69 So aber BPatG 19.5.2014 19 W (pat) 62/12.

70 *Ströbele/Hacker* § 66 MarkenG Rn 20.

71 BPatGE 44, 156 = GRUR 2002, 234, offen gelassen zum Markenrecht.

72 Vgl BGH NJW 1988, 1585; BGHZ 96, 151 ff = NJW 1986, 850, zum schutzwürdigen Interesse.

Engels

nicht in Einklang steht.[73] Zudem darf nicht übersehen werden, dass anders als nach § 265 Abs 2 Satz 2 ZPO eine Verfahrensübernahme nur im Weg eines gewillkürten Beteiligtenwechsels entspr §§ 263, 267 ZPO möglich ist[74] (Rn 243 zu § 59). Da ein Rechtsmittel in eigenem Namen nur von einem Verfahrensbeteiligten eingelegt werden kann[75] und die Möglichkeit eines Parteiwechsels ohne vorheriges zulässiges Rechtsmittel des bisher Beteiligten grds zu verneinen ist (s aber Rn 19, 22),[76] ist der Dritte losgelöst von der sich wegen § 30 Abs 3 Satz 2 stellenden weiteren Frage, ob in der Sache eine solche Eigenprozessführung des nicht durch den Registereintrag legitimierten Dritten überhaupt denkbar ist, auf eine Beteiligung als Nebenintervenient verwiesen (Rn 28).

30   **4. Beschwerderecht der obersten Bundesbehörde.** Vom Erfordernis der Verfahrensbeteiligung macht Abs 2 bei Geheimanmeldungen für bestimmte Fälle eine Ausnahme; eine formelle Verfahrensbeteiligung der obersten Bundesbehörde (BMVtg, § 56) ist hier nicht erforderlich.[77] Soweit sich die Behörde durch Antragstellung am Verfahren beteiligt und der Antrag abgelehnt wird, ist sie bereits als Verfahrensbeteiligte beschwerdeberechtigt.[78] Beschwer ist grds nicht erforderlich,[79] jedoch wird für die Beschwerde der obersten Bundesbehörde gegen den Erlass einer Anordnung nach § 50 Abs 1 regelmäßig das Rechtsschutzbedürfnis fehlen (Rn 9 zu § 50). Str ist, ob die oberste Bundesbehörde auch gegen die Ablehnung der Akteneinsicht nach § 51 Beschwerde einlegen kann (Rn 7 zu § 51).

C. Beteiligte des Beschwerdeverfahrens

I. Allgemeines[80]

31   Die Beteiligung am einheitlichen (Rn 39 vor § 73) Beschwerdeverfahren muss nicht der am Ausgangsverfahren entsprechen, zu unterscheiden ist insb im Einspruchsbeschwerdeverfahren, ob die Beschwerde von Seiten des Patentinhabers oder eines oder mehrerer Einsprechenden eingelegt wird (Rn 35 ff). Am Beschwerdeverfahren sind Beschwerdeführer und Beschwerdegegner beteiligt, bei Beschwerde eines einzelnen Streitgenossen bei notwendiger Streitgenossenschaft auch die weiteren Streitgenossen.

32   Bei der Beschwerde im einseitigen Verfahren kommt eine **Beteiligung Dritter** nur nach Abs 2 und § 77 in Betracht. Bei Inhaberwechsel tritt der neue Inhaber auch mit Eintrag in das Register nicht ohne weiteres in das Verfahren ein, vielmehr gilt hier § 265 Abs 2 ZPO.[81]

II. Beteiligte bei Beschwerde eines notwendigen Streitgenossen

33   Mehrere Anmelder oder Patentinhaber sind notwendige Streitgenossen nach § 62 ZPO (vgl auch Rn 212 f zu § 59);[82] die Einlegung der Beschwerde durch einen von ihnen wirkt daher kraft der Vertretungs-

---

73   AA BPatG 15.12.1997 30 W (pat) 63/97, zum markenrechtl Widerspruchsverfahren und Beschwerdeeinlegung durch Lizenznehmer; BPatG GRUR 2000, 815, zur Erinnerung durch Lizenznehmer im markenrechtl Widerspruchsverfahren.

74   BPatG GRUR 2000, 815, Anwendbarkeit bejahend für Markenverfahren und Erinnerung.

75   BGH NJW 1994, 3358 f.

76   BGH NJW 1994, 3358 f, für den Klägerwechsel in der Berufungsinstanz; ferner BGH NJW 1998, 1496 f.

77   *Schulte* Rn 19; *Benkard* Rn 26; *Lindenmaier* § 36m Rn 17.

78   *Benkard* Rn 5.

79   *Benkard* Rn 26; *Schulte* Rn 26.

80   BGH GRUR 1967, 681 D-Tracetten, zur Beteiligung mehrerer selbstständig beschwerdeführender Widersprechender im zeichenrechtl Widerspruchsverfahren; BPatG GRUR 2000, 815, zum gewillkürten Parteiwechsel im markenrechtl Widerspruchsverfahren.

81   BGHZ 172, 98 = GRUR 2008, 87 Patentinhaberwechsel im Einspruchsverfahren gegen BPatGE 44, 95 = GRUR 2002, 371.

82   BGH GRUR 1967, 655 Altix, für das Verfahren auf Festsetzung der angemessenen Benutzungsvergütung; BPatG 4.5.1971 34 W (pat) 510/68, wo allerdings für die sachliche Prüfung ein gemeinsamer Zustellungsbevollmächtigter gefordert wird, hiergegen *Hövelmann* Mitt 1999, 129, 133; BPatG 24.1.1969 34 W (pat) 93/68, wonach widersprechende Anträge zur Beschwerde mehrerer Anmelder die Zurückweisung der Beschwerde zur Folge haben; BPatG GRUR 1979, 696; BPatG 4.11.1998 9 W (pat) 33/97; BPatG GRUR 1999, 702; BPatG 30.3.2011 9 W (pat) 46/10, mehrere Anmelder; BPatG 8.3.2000 29 W (pat) 6/99; PA MuW 14, 406; PA MuW 18, 18; RPA BlPMZ 1929, 251; *Benkard* Rn 32; *Schulte* Rn 15 und § 73 Rn 103; *Klauer/Möhring* § 36m Rn 5; *Reimer* § 36l Rn 7; *Ströbele/Hacker* § 66 MarkenG Rn 22; *Baumbach/Lauterbach/Albers/Hartmann* § 62 ZPO Rn 13 „Patentrecht", zum Patentanmelder.

fiktion des § 62 Abs 1 ZPO für alle,[83] wie auch die im Termin säumigen Streitgenossen durch den Anwesenden vertreten werden (Rn 213 zu § 59; Rn 24 zu § 78),[84] auch wenn mangels einer von § 61 ZPO abw Regelung in § 62 ZPO aufgrund der gesondert zu bewirkenden und nur Einzelwirkung erzeugenden Zustellungen die Fristen gesondert laufen. Dies muss auch für sonstige Anträge gelten, die den Umfang des Rechtsmittels bestimmen.[85] Die weiteren Streitgenossen werden Verfahrensbeteiligte im Beschwerdeverfahren, **ohne Rechtsmittelführer zu sein**, sie sind am Verfahren zu beteiligen (§ 62 Abs 2 ZPO)[86] und zu laden (zur Unterrichtungspflicht Rn 19 zu § 78). Eine Teilentscheidung über die Anmeldung ist unzulässig.[87] Ihnen kommt allerdings nur eine abhängige Stellung zu. Sie können als Beteiligte (Partei) zwar grds alle Verfahrenshandlungen vornehmen[88] und dürfen Sachanträge stellen (diese Befugnis, zB die beschränkte Verteidigung des Patents (hierzu Rn 25 zu § 78), ist[89] nicht mit derjenigen gleichzusetzen, Rechtsmittelanträge zu stellen, wie zB die (Teil)Rücknahme der Beschwerde oder ihre nur gegenständlich beschränkte Einlegung), die Rücknahme der Beschwerde durch den Rechtsmittelführer beendet aber das Beschwerdeverfahren,[90] wie auch nur der Rechtsmittelführer zu einer derartigen das Rechtsmittel betreffenden Erklärung berechtigt ist. Solange die weiteren Streitgenossen ihre Verfahrensstellung aus einer zulässigen Beschwerde ableiten können, bedarf es keiner Entscheidung über eine eigene unzulässige Beschwerde,[91] so dass eine Umschreibung nicht Voraussetzung für eine abschließende Entscheidung in der Sache ist.[92]

Gemeinschaftlich auftretende **Einsprechende** sind dagegen nach bisheriger Rechtsauffassung nicht **34** ohne weiteres notwendige Streitgenossen – sofern sie jedenfalls keine Rechtsgemeinschaft bilden (hierzu und zur Kritik Rn 214 zu § 59),[93] wie eine BGB-Gesellschaft,[94] Erfindungsbesitzer,[95] die Beschwerde des einen wirkt daher grds nicht für die anderen (zur wechselseitigen Beteiligung Rn 214 zu § 59); das gilt auch im Verhältnis Einsprechender – Beitretender.

III. Beteiligte im Einspruchsbeschwerdeverfahren

1. Beschwerde des Patentinhabers. Auf die Beschwerde des Patentinhabers sind auch die Einsprechenden beteiligt, ohne dass es auf die Relevanz ihres Vorbringens ankäme,[96] solange sie nicht durch unanfechtbare Entscheidung aus dem Verfahren ausgeschieden sind (Rn 39)[97] oder ihr Einspruch zurückgenommen worden ist (Rn 70 zu § 61). **35**

---

83 BGHZ 92, 351 = NJW 1985, 385; BPatG 1.4.2014 23 W (pat) 2/11 und BPatG 30.3.2011 9 W (pat) 46/10, jeweils für mehrere Anmelder; *Fitzner/Lutz/Bodewig* Rn 10; *Schulte* Rn 103 zu § 73; *Thomas/Putzo* § 62 ZPO Rn 24; *Zöller* § 62 ZPO Rn 32; zum Einspruch BPatG 29.11.2005 21 W (pat) 70/04.

84 RGZ 69, 268 f; BPatG 29.11.2005 21 W (pat) 70/04, zum Einspruch; BPatGE 53, 6 = GRUR 2012, 99; *Thomas/Putzo* § 62 ZPO Rn 20; *Zöller* § 62 ZPO Rn 28; *Hövelmann* Mitt 1999, 129, 133 f, auch verneinend zur str Frage, ob der säumige Streitgenosse Sachanträge stellen kann; BPatG 16.7.2008 26 W (pat) 126/05, zur unzulässigen Beschwerde eines notwendigen Streitgenossen im Markenrecht und § 1629 BGB; SuprC Japan 35 IIC (2004), 686, zur Rechtslage in Japan.

85 *Rosenberg/Schwab* § 49 Rn 50; *Hövelmann* Mitt 1999, 129, 133.

86 BGHZ 92, 351 = NJW 1985, 385; BPatG 4.5.1971 34 W (pat) 510/68; BPatG 21.7.2003 34 W (pat) 64/00; BPatG 29.11.2005 21 W (pat) 70/04; BPatG 13.9.2010 35 W (pat) 42/09; *Thomas/Putzo* § 62 ZPO Rn 24; *Zöller* § 62 ZPO Rn 32; BPatG 29.11.2005 21 W (pat) 70/04, zum Einspruch.

87 BPatG 30.3.2011 9 W (pat) 46/10; *Schulte* § 73 Rn 103.

88 *Zöller* § 62 ZPO Rn 32; *MünchKommZPO* § 62 ZPO Rn 49; *Stein/Jonas* § 62 ZPO Rn 42.

89 Entgegen *Hövelmann* Mitt 1999, 129, 133.

90 *Stein/Jonas* § 62 ZPO Rn 42.

91 *Stein/Jonas* § 62 ZPO Rn 42; *Zöller* § 62 ZPO Rn 32.

92 BPatG 21.7.2003 34 W (pat) 64/00.

93 Vgl BPatG 12, 158; BPatG Mitt 2004, 70; *Zeunert* GRUR 1963, 389, 393; *Hövelmann* Mitt 1999, 129, 133; *Schulte* § 59 Rn 138; aA *Benkard* Rn 33.

94 Vgl BGH GRUR 1984, 36 Transportfahrzeug.

95 BPatGE 47, 28 = MItt 2004, 61, materiellrechtl notwendige Streitgenossenschaft iSv § 62 Abs 1 2. Alt ZPO annehmend.

96 BGH 19.12.1967 I a ZB 20/66.

97 BPatGE 19, 29 = Mitt 1979, 233; anders BPatGE 22, 51 = GRUR 1980, 40 und BPatGE 24, 25: der Einsprechende, dessen Einspruch im Versagungsbeschluss alten Rechts als unzulässig verworfen wurde, nur, wenn er selbst Beschwerde oder Anschlussbeschwerde eingelegt hat; vgl *Schulte* § 73 Rn 97.

2. Beschwerde eines Einsprechenden

36   **a. Grundsatz.** Auf die Beschwerde eines Einsprechenden oder des gleichgestellten Beigetretenen (§ 59 Abs 2) sind nach traditioneller Auffassung dieser und der Patentinhaber beteiligt, nicht auch andere Einsprechende, die nicht selbst Beschwerde eingelegt haben,[98] da sie nicht als notwendige Streitgenossen gelten (näher Rn 214 zu § 59; Rn 208 zu § 73). Auch eine Beiladung ist, anders als nach § 65 VwGO, nicht vorgesehen.[99] Dies hindert wegen der Einheitlichkeit des Einspruchsverfahrens und Einheit des Beschwerdeverfahrens (Rn 39 vor § 73) jedoch nicht die umfassende Berücksichtigung des gesamten, auch die weiteren Einsprechenden betr Streitstoffs, insb die Einbeziehung ihrer Widerrufsgründe bei zulässigem Einspruch (Rn 254 zu § 59; Rn 36 zu § 79). An der Beschwerde des Einsprechenden beteiligt ist dagegen ein im Beschwerdeverfahren Beigetretener, dem eine Verfahrensbeteiligung an der fremden Beschwerde vergleichbar § 62 ZPO zuerkannt wird (Rn 184 zu § 59), wenn er nicht selbst Beschwerde einlegt (Rn 187 f zu § 59). Auch im eur Beschwerdeverfahren findet sich nach Art 107 EPÜ ein Beteiligungsrecht (Rn 33; Rn 94 vor § 73).

37   **b. Keine Beteiligung anderer Einsprechender.** Mit der fehlenden Beteiligung und Information der weiteren Einsprechenden am Beschwerdeverfahren (vgl Rn 214 zu § 59; zur Informationspflicht bei Anschlussbeschwerde Rn 208 zu § 73) geht die Gefahr einher, dass deren Interessen nur unzureichend gewahrt werden, zB wenn diese wegen eines in erster Instanz errungenen Teilerfolgs bei beschränkter Aufrechterhaltung des Patents von der Einlegung einer eigenen Beschwerde abgesehen hatten und eine Verschlechterung gegenüber der erstinstanzlichen Entscheidung in Betracht kommt, ohne dass sie hiervon Kenntnis erhalten oder hierauf Einfluss nehmen können, insb infolge einer anderen Bewertung der Widerrufsgründe und erfolgreicher Anschlussbeschwerde des Patentinhabers.

38   Insoweit ist zu erwägen, ob nicht insoweit **Handlungsbedarf des Gesetzgebers** besteht und eine Regelung, wie sie Art 107 Satz 2 EPÜ mit der Beteiligung der übrigen Verfahrensbeteiligten vorsieht,[100] notwendig, jedenfalls aber angemessener wäre, auch wenn den nicht beteiligten Einsprechenden letztlich noch die Nichtigkeitsklage bleibt, um das Ergebnis des Beschwerdeverfahrens zu korrigieren, und ihr Verzicht auf eine eigene Beschwerde risikobehaftet ist.

39   **c. Unzulässigkeit des Einspruchs** beendet die Verfahrensbeteiligung des Einsprechenden erst mit deren bestands- oder rechtskräftiger Feststellung (Rn 248 zu § 59; Rn 35 zu § 79).[101] Der Annahme der hM, mit der Rücknahme des (einzigen) unzulässigen Einspruchs trete Verfahrensbeendigung ein und es bedürfe keiner Verwerfung des Einspruchs (Rn 73 zu § 61), ist deshalb zu widersprechen (Rn 75 zu § 61).

40   **d.** Die **Rücknahme des Einspruchs** führt nur zum Wegfall der Verfahrensbeteiligung des Einsprechenden (§ 61 Abs 1 Satz 2) unabhängig davon, ob der (einzige) Einspruch unzulässig war (Rn 73 f zu § 61). Dies gilt auch, wenn der Einsprechende Beschwerdeführer ist, so dass infolge seiner weggefallenen Verfahrensbeteiligung seine Beschwerde unzulässig wird (Rn 186 zu § 73), nicht aber das Beschwerdeverfahren endet. Beendigung tritt erst mit rechtsbeständiger Verwerfung der Beschwerde ein (Rn 186 zu § 73; Rn 70 zu § 61); zu den Auswirkungen bei Anschlussbeschwerde Rn 204 zu § 73).

41   **e. Beteiligung nach Aufhebung und Zurückverweisung.** Nach Aufhebung der Entscheidung und Zurückverweisung der Sache an das DPMA (Rn 73 f zu § 79) sind am weiteren Verfahren auch die Einsprechenden, die keine Beschwerde erhoben hatten, wieder beteiligt.[102]

IV. Sonstige Beteiligung im Beschwerdeverfahren

42   **1. Beteiligung durch Beitritt.** Auch der Beitritt nach § 59 Abs 2 kann erst im Beschwerdeverfahren erklärt werden und führt bei Beschwerde des Einsprechenden nicht ohne weiteres zur Stellung als Be-

---

98   BPatGE 12, 153, 157 = Mitt 1972, 71; BPatGE 12, 158; BPatGE 12, 163; *Schulte* § 73 Rn 100; *Lindenmaier* § 36l Rn 35.
99   BPatGE 2, 93 = GRUR 1965, 52.
100   Hierzu *Weinmiller* IIC 2001, 281; *Singer/Stauder* EPÜ Art 107 Rn 35.
101   BGH GRUR 1972, 592 Sortiergerät.
102   RPA Mitt 1932, 186; *Schulte* § 73 Rn 100.

schwerdeführer (Rn 27, 36; Rn 183ff zu § 59; str). Str ist auch, ob durch den Beitritt in der Beschwerdeinstanz ohne eigenständige Beschwerdeeinlegung durch den Beitretenden die Beschwerderücknahme der bisher Verfahrensbeteiligten das Beschwerdeverfahren unterlaufen werden kann (vgl Rn 192 zu § 59).

2. Beteiligung durch Nebenintervention. Für die Zulässigkeit der Nebenintervention im Beschwer- **43** deverfahren gelten gegenüber dem Einspruchsverfahren keine Besonderheiten; auch insoweit gilt hinsichtlich § 265 Abs 2 Satz 3 ZPO für den Einzelrechtsnachfolger und der Bedenken gegen eine generelle Zulassung[103] nichts anders als im Einspruchsverfahren (Rn 28; Rn 195ff zu § 59).

3. Beteiligung des Präsidenten des Patentamts. Der Präsident des DPMA erlangt durch seinen Bei- **44** tritt (§ 77 Satz 2) – anders, als wenn er von seinem Äußerungsrecht (§ 76) Gebrauch macht – die Stellung eines Beteiligten mit Eingang der Beitrittserklärung (Rn 8 zu § 77). Seine Beteiligung hängt vom Fortbestand des Beschwerdeverfahrens ab, den er nicht beeinflussen kann.

§ 75
(Aufschiebende Wirkung)

(1) Die Beschwerde hat aufschiebende Wirkung.

(2) Die Beschwerde hat jedoch keine aufschiebende Wirkung, wenn sie sich gegen einen Beschluß der Prüfungsstelle richtet, durch den eine Anordnung nach § 50 Abs. 1 erlassen worden ist.

MarkenG: § 66 Abs 1 Satz 3
Ausland: Italien: vgl Art 36 Abs 2 PatG

Übersicht

Schrifttum: *De Clerck* Aufschiebende Wirkung der Anfechtung von Verwaltungsakten, NJW 1961, 2233; *Erichsen/ Klenke* Rechtsfragen der „aufschiebenden Wirkung" des § 80 VwGO, DÖV 1976, 833; *Kopp* Rechtliche Bedeutung und Tragweite der aufschiebenden Wirkung der Anfechtungsklage, BayVBl 1972, 649; *Löwer* Haben unzulässige Rechtsbehelfe aufschiebende Wirkung? DVBl 1963, 343; *Lüke* Vorläufiger Rechtsschutz bei Verwaltungsakten mit Drittwirkung, NJW 1978, 81; *Rotter* Wieweit reicht die aufschiebende Wirkung des Widerspruchs? DÖV 1970, 660; *Schoch* Suspensiveffekt unzulässiger Rechtsbehelfe nach § 80 Abs 1 VwGO? BayVBl 1983, 358; *Scholz* Die aufschiebende Wirkung von Widerspruch und Anfechtungsklage nach § 80 VwGO, Diss Kiel 1964; *Scholz* Die aufschiebende Wirkung von Widerspruch und Anfechtungsklage gem. § 80 VwGO, FS Menger (1985), 641; *Schwerdtner* Die aufschiebende Wirkung, NVwZ 1987, 473; *von Mutius* Zum Suspensiveffekt unzulässiger Rechtsbehelfe, Verwaltungsarchiv 1975, 405.

A. Entstehungsgeschichte

Die Bestimmung ist durch das 6. ÜberlG als § 36n geschaffen worden. Eine entspr Regelung enthält **1** Art 106 Abs 1 Satz 2 EPÜ (Rn 16).

---

[103] BPatGE 1, 122 = BlPMZ 1962, 134; BPatGE 2, 54 = GRUR 1965, 31; BPatGE 10, 155 = Mitt 1968, 214; BPatGE 12, 153, 157 = Mitt 1972, 71; *Schulte* § 74 Rn 13; *Benkard* Rn 23; *Lindenmaier* § 36l Rn 36; *Reimer* § 36l Rn 7.

B. Aufschiebende Wirkung

I. Allgemeines

2 Entspr der Regelung in § 80 Abs 1 VwGO, aber abw vom zivilprozessualen Regelfall legt Abs 1 im Interesse eines effektiven Rechtsschutzes[1] grds die aufschiebende Wirkung (Hemmungswirkung; Suspensiveffekt, dieser Begriff wird allerdings auch zur Bezeichnung des Aufschiebens der Rechtskraft bei Rechtsbehelfen und Rechtsmitteln verwendet, vgl Rn 156 zu § 59; Rn 41f vor § 73) der Beschwerde in dem Sinn fest, dass die Wirksamkeit der Vollziehung des angefochtenen Beschlusses (hierzu Rn 14) gehemmt wird. Sie stellt damit das Gegenstück zu der allg verwaltungsrechtl Regel dar, dass ein (belastender) Verwaltungsakt mit seinem Erlass wirksam wird[2] (Rn 60 zu § 47), die allerdings für die Wirkungen der Patenterteilung durch § 58 Abs 1 Satz 3 modifiziert ist.[3]

II. Anwendungsbereich

3 **1. Grundsatz.** Die Bestimmung gilt, soweit nicht die Ausnahme in Abs 2 greift, für alle beschwerdefähigen Entscheidungen unabhängig von ihrem Inhalt.[4] Auch rechtsgestaltende[5] (zB Erteilungsbeschluss; in § 80 Abs 1 Satz 2 VwGO ausdrücklich geregelt) und feststellende[6] (zB Feststellung, dass ein Antrag als zurückgenommen gilt; Feststellung der Rücknahme der Anmeldung) Entscheidungen werden erfasst.[7]

4 **Kein Raum** für aufschiebende Wirkung ist, wo lediglich ein Antrag abgelehnt wird, ohne dass an die Ablehnung weitere Rechtsfolgen geknüpft wären.[8] Zum Widerruf des Patents Rn 19. Eine Anordnung der sofortigen Vollziehung ist anders als in der VwGO, im GWB und im SortG nicht vorgesehen.

5 **2. Ausnahmen.** Die in § 80 Abs 2 VwGO vorgesehenen Ausnahmen sind nicht übernommen worden; lediglich Abs 2 enthält eine Ausnahmeregelung (Rn 3). Daher hat auch die Beschwerde gegen Kostenentscheidungen aufschiebende Wirkung;[9] dies kommt nicht zum Tragen, soweit sich die Kostenpflicht unmittelbar aus dem Gesetz ergibt.[10]

6 **Geheimhaltungsanordnung.** Abw von der Regel in Abs 1 tritt nach Abs 2 gegenüber der Anordnung, dass jede Veröffentlichung der Anmeldung unterbleibt, weil die Erfindung ein Staatsgeheimnis ist, die aufschiebende Wirkung nicht ein. Die Bestimmung ist an sich überflüssig, da die nicht zu veröffentlichende Anordnung keiner Vollziehung bedarf.[11]

III. Voraussetzungen

7 **1. Gebührenzahlung.** Wegen der in § 6 Abs 2 PatKostG iVm § 73 Abs 1 Satz 2 Nr 1 geregelten Fiktion der Nichteinlegung der Beschwerde setzt die aufschiebende Wirkung die vollständige und rechtzeitige Entrichtung der geschuldeten Gebühr voraus.[12] Hierbei kommt es nicht darauf an, ob und wann die Wirkung des § 6 Abs 2 PatKostG durch Beschluss (§ 23 Abs 1 Nr 4 RPflG) festgestellt ist, da dieser dem Rechts-

---

1 Vgl VGH München BlPMZ 1958, 195; OLG Düsseldorf BlPMZ 1959, 42; EPA J 28/94 ABl EPA 1995, 742 aufschiebende Wirkung; *Benkard* Rn 1.

2 BPatGE 1, 15 = BlPMZ 1962, 152; BPatGE 2, 172 = BlPMZ 1963, 12; BPatGE 11, 200 = BlPMZ 1970, 223; BPatG 23.2.1970 4 W (pat) 31/70; *Klauer/Möhring* § 36n Rn 1; *Reimer* § 36n Rn 1.

3 Vgl BGH GRUR 1997, 615 Vornapf.

4 *Benkard* Rn 2; *Schulte* Rn 2.

5 *Reimer* § 36n Rn 3; *Benkard* Rn 2.

6 Vgl BGH NJW 1977, 128; *Fezer* § 66 MarkenG Rn 9.

7 *Benkard* Rn 2.

8 *Kopp/Schenke* § 80 VwGO Rn 40.

9 *Benkard* Rn 2, 5.

10 *Schulte* Rn 4: Jahresgebühren; *Benkard* Rn 5.

11 *Lindenmaier* § 36n Rn 7; vgl *Reimer* § 36n Rn 6.

12 *Benkard* Rn 3; *Schulte* Rn 5; *Fitzner/Lutz/Bodewig* Rn 4; vgl *Bühring* § 18 GebrMG Rn 58; BPatGE 6, 186, 188 = GRUR 1966, 207, zur früheren Rechtslage; kr bereits *Lindenmaier* § 36n Rn 3, die Abschaffung dieses Rechtsinstituts fordernd, da es unbefriedigend sei, eine zunächst eingetretene aufschiebende Wirkung wieder entfallen zu lassen.

pfleger übertragene Beschluss nur deklaratorische Bedeutung hat und die Fiktion der Nichteinlegung der Beschwerde auf einer kraft Gesetzes eintretenden Rechtswirkung beruht.[13]

2. Rechtzeitige Einlegung. Aufschiebende Wirkung kann nur eintreten, wenn die Beschwerde recht- **8** zeitig eingelegt ist,[14] denn ein wegen Ablaufs der Beschwerdefrist unanfechtbarer Beschluss ist bestandskräftig und kann in seiner Wirksamkeit nicht mehr gehemmt werden.[15] Dies gilt ebenso für die nicht rechtzeitige oder ausreichende Zahlung der Beschwerdegebühr (Rn 7).

3. Offensichtlich unzulässige oder unstatthafte Beschwerde. Eine an sich unstatthafte Beschwer- **9** de kann keine aufschiebende Wirkung haben (vgl zum EPÜ auch Rn 103 vor § 73).[16] Dies soll auch für eine ansonsten offensichtlich unzulässige Beschwerde gelten.[17] Insoweit ist allerdings zu beachten, dass entgegen der zivilrechtl Dogmatik die Beschwerdeberechtigung (§ 74) überwiegend nicht zur Statthaftigkeit gezählt wird (vgl aber Rn 37 f zu § 73) und deshalb der Begriff der Statthaftigkeit zu interpretieren ist, wie auch grds die Beurteilung derartiger Fragen im Einzelfall schwierig sein kann und deshalb erst mit Erlass der Entscheidung feststeht.[18]

Im übrigen kommt es aber **nicht auf die Zulässigkeit**[19] und erst recht nicht auf die Begründetheit der **10** Beschwerde an. Eine Unzulässigkeit zB wegen nicht eingehaltener Form oder Fehlens des Rechtsschutzbedürfnisses bei einer im Einzelfall unzulässigen Beschwerde hindert die Hemmungswirkung (wie auch die weiteren Wirkungen eines anhängigen Verfahrens und den allg Suspensiveffekt, Rn 41 vor § 73) bis zur Verwerfung nicht.[20] Auch die Frage, ob ein nach § 73 beschwerdefähiger Beschluss vorliegt, berührt die Statthaftigkeit nicht und ist im Einzelfall zu klären, ohne dass sie zur offensichtlichen Unzulässigkeit führen muss.

IV. Die aufschiebende Wirkung tritt mit **wirksamer Einlegung der Beschwerde**, nicht schon vorher, **11** ein;[21] zuvor ist die Entscheidung grds wirksam (zur Rückwirkung Rn 14),[22] soweit es für den Eintritt der Wirkungen nicht noch weiterer Akte (Veröffentlichung im PatBl) bedarf oder die Wirksamkeit ausnahmsweise erst an die bestandskräftige Entscheidung geknüpft ist. Für die Rechtswirksamkeit ist außer der Rechtzeitigkeit der Beschwerdeeinlegung auch zu beachten, ob die erforderlichen Verfahrenshandlungsvoraussetzungen (Rn 65 vor § 73) erfüllt sind. Ferner liegt eine rechtswirksame Erhebung wegen der Fiktion des § 6 Abs 2 PatKostG nur bei rechtzeitiger und ausreichender Gebührenzahlung vor (Rn 21 zu § 73).

Aus dem Gesichtspunkt effektiven Rechtsschutzes ist das DPMA gehindert, vor Ablauf der Beschwer- **12** defrist oder vor Verzicht auf die Beschwerde **vollendete Tatsachen** zu schaffen.[23]

Bei **verspäteter Beschwerde** kommt aufschiebende Wirkung nicht erst ab Bewilligung der Wieder- **13** einsetzung in Betracht (so *7. Aufl*), sondern rückwirkend, da auch die Beschwerde als rückwirkend wirk-

13 BGH GRUR 2010, 231 Legostein, zur Beschwerde nach § 66 MarkenG; *Ströbele/Hacker* § 66 MarkenG Rn 48.

14 *Schulte* Rn 5; *Fitzner/Lutz/Bodewig* Rn 4; *Lindenmaier* § 36n Rn 2; *Benkard* Rn 3.

15 BGH NJW 1984, 1027; *Baumbach/Lauterbach/Albers/Hartmann* Grundz vor § 511 ZPO Rn 2; sehr str, vgl zum Streitstand *Kopp/Schenke* VwGO § 80 Rn 50.

16 *Schulte* Rn 5; *Fitzner/Lutz/Bodewig* Rn 4; zwd *Benkard* Rn 3; *Bühring* § 18 GebrMG Rn 82; *Kopp/Schenke* VwGO § 80 Rn 50; *Baumbach/Lauterbach/Albers/Hartmann* Grundz vor § 511 ZPO Rn 2; *Kopp/Schenke* VwGO § 80 Rn 50; aA mit beachtlichen Argumenten *Lindenmaier* § 36n Rn 2, da jede Beschwerde das Abhilfe- oder Vorlageverfahren auslöst; vgl BGH GRUR 1983, 342 f BTR; BGH GRUR 1974, 466 Lomapect, jeweils zur Bedeutung der Statthaftigkeit für die Frage eines anhängigen Rechtsbeschwerdeverfahrens.

17 BPatGE 3, 119, 121 = BlPMZ 1963, 170; *Schulte* Rn 5; *Ströbele/Hacker* § 68 MarkenG Rn 4; *Fitzner/Lutz/Bodewig* Rn 5, kr gegenüber der insoweit vertretenen Evidenztheorie im Hinblick auf die insoweit nicht maßgebliche objektive Rechtslage, sondern subjektive Bewertung; *Bühring* § 18 GebrMG Rn 66; zwd *Benkard* Rn 3.

18 Zwd deshalb *Benkard* Rn 3.

19 Vgl PA BlPMZ 1909, 31; zwd *Benkard* Rn 3; *Schulte* Rn 6; *Fitzner/Lutz/Bodewig* Rn 5; aA *Klauer/Möhring* § 36n Rn 2; *Reimer* § 36n Rn 4; in der verwaltungsrechtl Lit str.

20 *Baumbach/Lauterbach/Albers/Hartmann* Grundz vor § 511 ZPO Rn 2, § 705 ZPO Rn 9.

21 *Benkard* Rn 3.

22 So auch *Lindenmaier* § 36n Rn 4; *Klauer/Möhring* § 36n Rn 2; *Reimer* § 36n Rn 4; vgl BPatG 5.12.1973 7 W (pat) 108/73.

23 BPatGE 18, 7, 12 = GRUR 1976, 418: Rolleneintrag; BPatG 21.10.1992 9 W (pat) 6/91: Veröffentlichung der Patenterteilung; *Benkard* Rn 1; *Schulte* Rn 3; vgl EPA J 28/94 ABl EPA 1995, 742, 744 aufschiebende Wirkung, wonach bereits getroffene Maßnahmen uU durch Berichtigung rückgängig zu machen sind; ebenso EPA J 33/95.

sam bzw rechtzeitig eingelegt gilt (Rn 127 zu § 73; Rn 104 zu § 123),[24] sofern diese nicht wegen § 123 Abs 2 Nr 2 (keine Wiedereinsetzung für den Einsprechenden als Beschwerdeführer wegen Versäumung der Beschwerdefrist und der Frist zur Zahlung der Gebühren) von vornherein ausgeschlossen ist.

V. Wirkung

14   Im Gegensatz zum Einspruch (Rn 156 zu § 59) und über den allg Suspensiveffekt von Rechtsmitteln hinaus (Rn 41 zu § 73) ist die aufschiebende Wirkung entspr § 80 Abs 1 VwGO im Interesse eines effektiven Rechtsschutzes und zur Erhaltung des vor Erlass des Beschlusses maßgeblichen Rechtszustands[25] grds dahin bestimmt, dass die Wirksamkeit und die Vollziehung des angegriffenen Verwaltungsakts gehemmt werden, gleich ob dieser rechtsgestaltend oder feststellend ist oder nur die Kosten betrifft.[26] Die Hemmungswirkung schließt es aus, aus der angefochtenen Entscheidung Rechtsfolgen herzuleiten;[27] dies betrifft im Anmeldebeschwerdeverfahren insb den Registereintrag, das Weiterbestehen der Schutzwirkungen nach § 33 und die Gewährung von Akteneinsicht, soweit diese nicht schon frei ist.[28] Im Einspruchsbeschwerdeverfahren betrifft dies die Möglichkeit umfassender Verteidigung des Patents (Rn 42 zu § 73; Rn 44 zu § 79). Dies gilt aber grds erst von ihrem Eintritt an, die Hemmung wirkt von diesem Zeitpunkt an zurück.[29]

15   So treten bei Anfechtung des **Erteilungsbeschlusses** die Rechtswirkungen der Patenterteilung nicht ein und es bleibt bei denen nach § 33;[30] da die Wirkungen des Patents an die Veröffentlichung der Erteilung im PatBl geknüpft sind (§ 58 Abs 1 Satz 3), kommt Wirksamkeit des Erteilungsbeschlusses bis zur Einlegung der Beschwerde nicht in Betracht. Bereits vollzogene Maßnahmen, wie die Eintragung in das Register, sind rückgängig zu machen, soweit dies möglich ist.[31]

VI. Umfang der Hemmungswirkung

16   Nach stRspr ist die aufschiebende Wirkung eines wirksam eingelegten Rechtsmittels auch bei nur teilweiser Anfechtung und mehreren prozessualen Ansprüchen umfassend und erfasst grds die gesamte angegriffene Entscheidung, insb auch die Teile, die ausweislich der Anträge nicht angefochten werden (vgl Rn 52 zu § 84).[32] Der Umfang der durch die Beschwerde ausgelösten Hemmungswirkung und die Teilrechtskraft sind von der begrenzten Anfallwirkung einer Teilanfechtung zu unterscheiden (Rn 7 zu § 73). Der Grundsatz, dass auch die Teilanfechtung den Eintritt der Bestandskraft für den gesamten Beschluss hemmt, beruht auf der Erwägung, dass sich der ursprüngliche Umfang des Rechtsmittelangriffs im Lauf des Rechtsmittelverfahrens dadurch erweitern kann (Rn 120 ff zu § 73), dass einerseits der Rechtsmittelführer das anfangs auf einen Teil der Entscheidung beschränkte Rechtsmittel auf den bisher nicht angefochtenen Teil ausdehnt oder dass sich sein Gegner dem Rechtsmittel anschließt und hierdurch Teile der Vorentscheidung in das Rechtsmittelverfahren einbezogen werden, die der Rechtsmittelführer nicht angefochten hat und mangels Beschwer auch nicht anfechten konnte.[33] Der nicht angefochtene Teil wird deshalb erst bestandskräftig, wenn die Anfechtung nicht mehr erweitert werden kann oder wenn die Rechtsmittelschrift insoweit eine Beschränkung iS eines teilweisen Rechtsmittelverzichts enthält und der Gegner

---

24   *Benkard* Rn 3, anders *Benkard*[10] Rn 3.

25   Vgl VGH München BlPMZ 1958, 195; OLG Düsseldorf BlPMZ 1959, 42; EPA J 28/94 ABl EPA 1995, 742 aufschiebende Wirkung; *Benkard* Rn 1; *Schulte* Rn 2.

26   *Benkard* Rn 2.

27   BPatGE 18, 7, 12 = GRUR 1976, 418; *Benkard* Rn 4; *Klauer/Möhring* § 36n Rn 4; *Reimer* § 36n Rn 5; vgl EPA J 28/94 ABl EPA 1995, 742, 744 aufschiebende Wirkung; EPA J 29/94 ABl EPA 1998, 147, 153 = GRUR Int 1998, 605 Rücknahmefiktion.

28   Vgl *van Hees/Braitmayer* Rn 370.

29   *Schulte* Rn 2; *Reimer* § 36n Rn 4; *Kopp/Schenke* § 80 VwGO Rn 54.

30   VGH München BlPMZ 1958, 194; OLG Düsseldorf BlPMZ 1959, 42; *Lindenmaier* § 36n Rn 5; *Reimer* § 36m Rn 2.

31   *Fitzner/Lutz/Bodewig* Rn 7, zB BPatGE 18, 7 = GRUR 1976, 420.

32   BGH NJW 1992, 2296; BGH NJW 1994, 659; *Baumbach/Lauterbach/Albers/Hartmann* Grundz vor § 511 ZPO Rn 2, § 705 ZPO Rn 9.

33   BGH NJW 1994, 659; bdkl deshalb BPatG GRUR 2008, 362, zu § 66 Abs 2 MarkenG, wonach die Erweiterung der beschränkt eingelegten Beschwerde nur innerhalb der Beschwerdefrist und nur gegenüber dem DPMA erklärt werden könne.

sich nicht mehr anschließen kann und damit insoweit jede Möglichkeit einer Änderung im Rechtsmittelzug ausgeschlossen ist (vgl Rn 52 zu § 84; Rn 103 vor § 73, zu Art 106 EPÜ; Rn 176 zu § 73).[34]

Soweit, wie bei der Teilung, **Gestaltungsmöglichkeiten** erst mit Bestandskraft der anfechtbaren Entscheidung **wegfallen**, kommt es auf die Hemmungswirkung nicht an.[35] Wird gegen den Erteilungsbeschluss nach fruchtlosem Ablauf der Zahlungsfrist für die Jahresgebühr Beschwerde eingelegt, bezog sich die Rücknahmefiktion des § 17 Abs 3 aF daher auf die Rücknahme der Anmeldung, nicht auf das Erlöschen des Patents.[36] **17**

Der Streit zwischen **Wirksamkeitstheorie** und **Vollziehbarkeitstheorie**[37] spielt im PatG idR keine Rolle. Bei Anfechtung der Zurückweisung der Anmeldung bleiben die Wirkungen der Anmeldung erhalten.[38] **18**

Der **Widerruf des Patents** im Einspruchsverfahren wird (wie die GbmLöschung mit Bestandskraft des Löschungsbeschlusses und die Nichtigerklärung mit Rechtskraft des Urteils) erst mit Bestandskraft des Widerrufsbeschlusses wirksam, so dass es hier bis zum Ablauf der Beschwerdefrist an sich des Rückgriffs auf den Suspensiveffekt nicht bedarf.[39] **19**

Die Anfechtung einer Entscheidung, die die wirksame **Inanspruchnahme einer Priorität** verneint, hindert die Erteilung oder Eintragung des Schutzrechts.[40] **20**

Kostenfestsetzung kann grds **nicht erst** nach **Unanfechtbarkeit** der Kostengrundentscheidung erfolgen (Rn 34 zu § 80; abw zum Verfahren vor dem EPÜ Rn 61 zu § 62). Insoweit ist zu differenzieren zwischen dem Rechtsbehelf gegen die dem Kostenfestsetzungsbeschluss zugrundeliegende Kostengrundentscheidung (Beschluss, Urteil) und dem Rechtsbehelf gegen den Kostenfestsetzungsbeschluss, dh der Beschwerde nach § 62 Abs 2 Satz 4 gegen den beim DPMA erlassenen Kostenfestsetzungsbeschluss und der Erinnerung nach § 80 Abs 5 iVm § 103 Abs 1 ZPO, § 23 Abs 1 Nr 12 RPflG gegen den Kostenfestsetzungsbeschluss des Rechtspflegers beim BPatG. Während letztere unmittelbar die Hemmungswirkung des § 75 betreffen, kann dies bei der Anfechtung und Hemmung der Wirkungen der dem Kostenfestsetzungsbeschluss nach § 103 ZPO zugrundeliegenden Grundentscheidung nur mittelbar gelten. Insoweit ist anerkannt, dass eine Hemmung durchgreift (hierzu Rn 34 zu § 80).[41] Dies gilt nicht nur für den Kostenfestsetzungsbeschluss des Rechtspflegers beim BPatG, sondern auch für die auf einem Verwaltungsakt beruhende Kostenfestsetzung vor dem DPMA (Rn 34 zu § 80) nach § 62 (zur funktionellen Zuständigkeit Rn 35 zu § 62), da auch § 62 Abs 2 Satz 3 auf die Vorschriften über das Kostenfestsetzungsverfahren (§§ 103–107 ZPO) und die Zwangsvollstreckung (§§ 724–802 ZPO) verweist. **21**

VII. Dauer

Die aufschiebende Wirkung dauert grds bis zum Eintritt der Unanfechtbarkeit des angefochtenen Beschlusses oder zur Feststellung der Erledigung der Hauptsache (Rn 196 zu § 73) an,[42] der unanfechtbare Erfolg der Beschwerde ist entspr zu behandeln (die differenzierte Regelung in §§ 80, 80a, 80b VwGO kann nicht herangezogen werden). Mit wirksamer Rücknahme der Beschwerde (Rn 167 zu § 73) oder der Anmeldung im Anmeldebeschwerdeverfahren (Rn 180 zu § 73), die keiner Zustimmung bedürfen, entfällt die aufschiebende Wirkung. **22**

34 BGH NJW 1992, 2296; BGH NJW 1994, 659; *Fitzner/Lutz/Bodewig* Rn 4; vgl auch *Thomas/Putzo* § 705 ZPO Rn 10; *Baumbach/Lauterbach/Albers/Hartmann* Grundz vor § 511 ZPO Rn 2, § 705 ZPO Rn 9.
35 Vgl BGH GRUR 2000, 688 Graustufenbild.
36 BPatG 5.12.1973 7 W (pat) 108/73.
37 Hierzu *Kopp/Schenke* § 80 VwGO Rn 22.
38 *MGK/Moser* Art 106 EPÜ Rn 41.
39 Anders wohl *Schulte* Rn 4, was aber zur Folge hätte, dass für die Zeit zwischen Zustellung des Widerrufsbeschlusses und Eintritt der aufschiebenden Wirkung durch die Beschwerdeeinlegung die Wirkungen des Patents entfielen.
40 BPatGE 9, 211; BPatGE 21, 27 GbmSache; *Bühring* § 18 GebrMG Rn 82.
41 BPatGE 2, 114, 116 = GRUR 1965, 33, zur Hemmungswirkung der Hauptsachebeschwerde; BPatGE 21, 27, GbmSache, zur fehlenden Wirksamkeit des zugrundeliegenden Löschungsbeschlusses mangels Zustellung; *Bühring* § 18 GebrMG Rn 82; zur Einstellung der Zwangsvollstreckung aus dem zugrundeliegenden Kostentitel *Thomas Putzo* § 103 ZPO Rn 6, § 104 ZPO Rn 23, *Baumbach/Lauterbach/Albers/Hartmann* § 104 ZPO Rn 35.
42 Vgl EPA G 8/91 ABl EPA 1993, 346 = GRUR Int 1993, 955 Rücknahme der Beschwerde; EPA J 28/94 ABl EPA 1995, 742 aufschiebende Wirkung.

23   Zu beachten ist, dass auch die **Rechtsbeschwerde** nach § 103 aufschiebende Wirkung entfaltet.

24   **C. EPÜ** vgl Rn 103 vor § 73.

§ 76
(Äußerungsrecht des Präsidenten des Patentamts)

[1] Der Präsident des Patentamts kann, wenn er dies zur Wahrung des öffentlichen Interesses als angemessen erachtet, im Beschwerdeverfahren dem Patentgericht gegenüber schriftliche Erklärungen abgeben, den Terminen beiwohnen und in ihnen Ausführungen machen. [2] Schriftliche Erklärungen des Präsidenten des Patentamts sind den Beteiligten von dem Patentgericht mitzuteilen.

MarkenG: § 68 Abs 1

Schrifttum: *Goebel* Die Beteiligung des Präsidenten des Deutschen Patentamts an Beschwerdeverfahren, GRUR 1985, 641; *Häußer* Die institutionelle Bedeutung des Deutschen Patentamts und seines Präsidenten für Verfahren, die Patente betreffen, FS 25 Jahre BPatG (1986), 63; *Kraßer* Die Zulassung der Rechtsbeschwerde durch das Bundespatentgericht, GRUR 1980, 420; *Pakuscher* 25 Jahre Bundespatentgericht, FS 25 Jahre BPatG (1986), 1; *Schäfers* Aspekte des neuen Patentrechts, Mitt 1981, 6; *Schmieder* Deutsches Patentrecht in Erwartung des europäischen Gemeinschaftspatents, NJW 1980, 1190.

A. Entstehungsgeschichte; Regelungszweck

1   Die Bestimmung ist durch Art 8 Nr 42, Art 17 Abs 3 GPatG (zunächst als § 36o) eingefügt worden. Sie ist § 90 Abs 2 GWB aF nachgebildet, für den wiederum § 52 Abs 2 PatG 1936 (Rn 6 vor § 143; „technischer Staatsanwalt" im Verletzungsprozess) Vorbild war.[1] Der Gesetzgeber hat die Erwartung geäußert, dass der PräsDPA von seinem Beteiligungsrecht nur sehr zurückhaltend Gebrauch mache,[2] dies hat sich bisher erfüllt.

2   **Regelungszweck.** Die Bestimmung dient dazu, dem DPMA, das grds keine eigenen Interessen verfolgt, Wege zur Geltendmachung öffentl Interessen zu eröffnen, insb Rechtsunsicherheit zu vermeiden.[3] § 76 begründet hierzu ein Äußerungsrecht, § 77 weitergehend ein Beitrittsrecht, aus dem die Möglichkeit fließt, Rechtsbeschwerde einzulegen und dadurch unabhängig von den weiteren Beteiligten eine höchstrichterliche Klärung offener Fragen herbeizuführen.[4]

---

1 Vgl *Schulte* Rn 5; Begr BlPMZ 1979, 276, 288.
2 Bericht des Rechtsausschusses BlPMZ 1979, 292, 294.
3 Vgl *Benkard* Rn 2.
4 Vgl *Benkard* Rn 2, kr zur Einfügung der §§ 76,77 durch den Gesetzgeber als Fehleinschätzung im Hinblick auf die geforderte Anlehnung an das Klagesystem des Verwaltungsrechts und die daraus folgende Beteiligung des DPMA als Verwaltungsbehörde bewertend, aA *Benkard*[10], hierzu ausführlich Rn 34 vor § 73; Begr GPatG BlPMZ 1979, 276, 288; Bericht BlPMZ 1979, 292, 294.

B. Äußerungsrecht des Präsidenten des DPMA

I. Anwendungsbereich

Die Bestimmung ist nur auf das Beschwerdeverfahren vor dem BPatG nach dem PatG anzuwenden **3** (auch über die Verweisungen in § 18 Abs 3 GebrMG, § 4 Abs 4 HlSchG und § 23 Abs 4 DesignG; zum markenrechtl Beschwerdeverfahren parallele Regelung in § 68 Abs 1 MarkenG).

Ausnahmen. Die Regelung gilt nicht für Beschwerden in SortSachen[5] und früher nach § 45 ErstrG; **4** dies hat seinen Grund darin, dass dort das DPMA nicht Ausgangsbehörde ist. In SortSachen besteht jedoch nach § 34 Abs 4 SortG ein uneingeschränktes Beitrittsrecht des Präsidenten des BSA.[6]

II. Die Beteiligungsmöglichkeit ist zur **Wahrung des öffentlichen Interesses** eröffnet. Hierzu rech- **5** net neben Belangen der Allgemeinheit auch der reibungslose Geschäftsablauf beim DPMA.[7] In Betracht kommen insb die in § 100 Abs 2 genannten Belange. Individualinteressen einzelner Beteiligter reichen nicht aus, wie auch das Interesse des DPMA hiermit nicht gleichzusetzen sein muss.[8]

Der PräsDPMA entscheidet selbst, in welchen Fällen er eine Äußerung für „**angemessen erachtet**". **6** Er braucht das Interesse nicht darzulegen;[9] das BPatG ist zur Nachprüfung nicht berechtigt.[10] Allerdings unterliegt der PräsDPMA insoweit den Weisungen des BMJV.[11]

III. Berechtigter

Das Äußerungsrecht ist dem **Präsidenten des DPMA** (zu dessen Stellung Rn 16 ff zu § 26) eingeräumt, **7** nicht dem einzelnen Sachbearbeiter oder Prüfer,[12] deren Äußerung durch § 73 Abs 4 Satz 3 gerade ausgeschlossen wird.

Der Präsident braucht die ihm eingeräumten Rechte nicht persönlich wahrzunehmen, er kann sich **8** (ohne in der Auswahl wie nach § 90 Abs 2 Satz 1 GWB beschränkt zu sein) eines **Vertreters** bedienen. Als solcher ist auch der Sachbearbeiter oder Prüfer nicht grds ausgeschlossen,[13] seine Bestellung wird aber regelmäßig nicht zweckmäßig sein; idR erfolgt die Äußerung durch den zuständigen Hauptabteilungsleiter. Es kann auch ein externer Bevollmächtigter bestellt werden.[14]

IV. Äußerungsrecht

1. Allgemeines. Die Ausübung des Äußerungsrechts nach Satz 1 begründet für den PräsDPMA **nicht** **9** die Rechtsstellung eines Beteiligten; diese wird erst durch den Beitritt nach § 77 erworben.[15] Die Bestimmung räumt nur die enumerativ aufgezählten Rechte ein, aus denen weitere Rechte nur abzuleiten sind, soweit sie der Wahrung des Äußerungsrechts dienen.[16] Insb wird weder ein umfassender Anspruch auf rechtl Gehör noch auf Berücksichtigung und Verbescheidung begründet.[17] Die Äußerungen des PräsDPMA sind im Rahmen des Amtsermittlungsgrundsatzes zu berücksichtigen.[18] Zur Information des PräsDPMA über das Verfahren ist das BPatG berechtigt und auch iS eines nobile officium verpflichtet. Der PräsDPMA kann nach eigenem Ermessen Ausführungen in tatsächlicher und rechtl Hinsicht machen,[19] Sachanträge

---

5   *Schulte* Rn 6.
6   *Keukenschrijver* SortG § 34 Rn 17.
7   *Fezer* § 68 MarkenG Rn 2.
8   *Schulte* Rn 8.
9   *Schulte* Rn 7; *Benkard* Rn 7.
10 *Benkard* Rn 7; *Fezer* § 68 MarkenG Rn 2.
11 *Schulte* Rn 7; *Ströbele/Hacker* § 68 MarkenG Rn 8.
12 Vgl Bericht BlPMZ 1979, 292, 294.
13 *Ströbele/Hacker* § 68 MarkenG Rn 3; *Schulte* Rn 10; *Benkard* Rn 8; anders Bericht BlPMZ 1979, 292, 294.
14 *Mes* Rn 5.
15 *Benkard* Rn 10.
16 *Benkard* Rn 8.
17 *Benkard* Rn 10; *Fezer* § 68 MarkenG Rn 3.
18 *Schulte* Rn 11.
19 *Schulte* Rn 8.

Engels

kann er nicht stellen,[20] Verfahrensanträge nur, soweit dies zur Durchsetzung seines Äußerungsrechts erforderlich ist.[21] Er ist nicht befugt, Rechtsmittel einzulegen, mit denen er die Nichtberücksichtigung seiner Erklärungen rügt.[22]

2. Rechte im einzelnen

10 **a.** Der PräsDPMA kann im Verfahren gegenüber dem BPatG **schriftliche Erklärungen** abgeben. Eine besondere Form muss nicht gewahrt werden.[23]

11 **b.** Der PräsDPMA kann allen **Terminen vor dem BPatG**, auch den nicht öffentlichen,[24] beiwohnen und sich in ihnen äußern. Auf Verlangen ist ihm daher im Termin das Wort zu erteilen. Ein Fragerecht gegenüber Zeugen, Sachverständigen oder Beteiligten begründet die Bestimmung nicht, jedoch können seine Fragen vom Gericht zugelassen werden.[25] Terminsnachricht ist nicht vorgeschrieben, aber zweckmäßig und nach Äußerung zur ausreichenden Rechtswahrung geboten.[26]

12 **V.** Die in Satz 2 durch die schriftliche Äußerung des PräsDPMA begründete **Mitteilungspflicht** gegenüber den Beteiligten folgt schon aus dem Anspruch der Beteiligten auf rechtl Gehör. Weitergehend schließt es die Regelung aus, nicht entscheidungserhebliche Äußerungen erst mit der abschließenden Entscheidung mitzuteilen. Förmliche Zustellung ist nicht erforderlich.[27]

13 **C. Kosten** können dem PräsDPMA aufgrund seiner Äußerung mangels Rechtsstellung als Verfahrensbeteiligter nicht auferlegt werden, vgl § 77 Satz 2, § 80 Abs 2 und § 109 Abs 2 (vgl Rn 10 zu § 77).[28]

§ 77
(Beitritt des Präsidenten des Patentamts)

[1]Das Patentgericht kann, wenn es dies wegen einer Rechtsfrage von grundsätzlicher Bedeutung als angemessen erachtet, dem Präsidenten des Patentamts anheimgeben, dem Beschwerdeverfahren beizutreten. [2]Mit dem Eingang der Beitrittserklärung erlangt der Präsident des Patentamts die Stellung eines Beteiligten.

MarkenG: § 68 Abs 2

Schrifttum: s die Hinweise zu § 76.

---

20 *Benkard* Rn 10; *Schulte* Rn 14; *Fezer* § 68 MarkenG Rn 3; *Ströbele/Hacker* § 68 MarkenG Rn 4.
21 *Benkard* Rn 10; *Fezer* § 68 MarkenG Rn 3.
22 *Ströbele/Hacker* § 68 MarkenG Rn 4.
23 AA *Schulte* Rn 8.
24 *Schulte* Rn 9.
25 *Schulte* Rn 9.
26 *Schulte* Rn 13; *Ströbele/Hacker* § 68 MarkenG Rn 4, dies aus der Amtsermittlungspflicht ableitend.
27 *Schulte* Rn 15.
28 Vgl auch *Schulte* Rn 15; *Ströbele/Hacker* § 68 MarkenG Rn 4.

A. Entstehungsgeschichte

Die Bestimmung ist durch Art 8 Nr 42, Art 17 Abs 3 GPatG (zunächst als § 36p) eingefügt worden (vgl **1** Rn 1 f zu § 76).

B. Beteiligung des Präsidenten des Patentamts

I. Zum **Anwendungsbereich** Rn 3 zu § 76.

2

II. Beteiligungsrecht

1. Umfang.[1] Die Bestimmung gibt (anders als die entspr Regelung in § 34 Abs 4 SortG) dem PräsDPMA **3** kein umfassendes Beteiligungsrecht, für das auch kein sachliches Bedürfnis besteht.[2]

2. Voraussetzungen

a. Einladung. Die Beteiligung setzt zunächst die Anheimgabe des Beitritts ("Einladung") durch das **4** BPatG voraus; zuständig ist der befasste Beschwerdesenat in seiner Spruchbesetzung, nicht der Vorsitzende oder der Berichterstatter.[3] Die Einladung erfolgt vAw[4] in Beschlussform,[5] Anfechtung findet nicht statt (allgM).[6] Ob die Einladung bei Veränderung der Sachlage widerruflich ist, ist str,[7] aber rein akademisch.

Die Einladung setzt voraus, dass das BPatG den Beitritt **wegen einer Rechtsfrage von grundsätzli- 5 cher Bedeutung als angemessen** erachtet. Die grds Bedeutung der Rechtsfrage ist wie in § 100 Abs 2 zu beurteilen[8] (Rn 26 zu § 100). Die Rechtsfrage muss aus der Sicht des BPatG entscheidungserheblich sein.[9]

Angemessen ist der Beitritt, wenn es das öffentliche Interesse erfordert, dass der PräsDPMA die Mög- **6** lichkeit erhält, die öffentlichen Belange als Verfahrensbeteiligter geltend zu machen,[10] insb wenn es angebracht erscheint, ihm die Rechtsbeschwerdemöglichkeit zu eröffnen[11] oder sich die Rechtsfrage auf eine

---

1 Zur praktischen Bedeutung *Benkard* Rn 1; *Goebel* GRUR 1985, 641; *Ingerl/Rohnke* § 68 MarkenG Rn 4 (dort auch Fälle im Wz- und Markenrecht nachgewiesen); Fälle der Beteiligung waren im Patentrecht die Verfahren zu den Entscheidungen BGH GRUR 1986, 877 Kraftfahrzeuggetriebe (zur Ausscheidung), BGHZ 105, 181 = GRUR 1989, 103 Verschlußvorrichtung für Gießpfannen (Antragsbindung im Einspruchsbeschwerdeverfahren); BGHZ 115, 11 = GRUR 1992, 33 Seitenpuffer (technische Lehre); BGH GRUR 1994, 439 Sulfonsäurechlorid (Zulässigkeit des Einspruchs); BGH GRUR 1999, 574 Mehrfachsteuersystem (Wiedereinsetzung in die Frist des § 39 Abs 3); BPatG BlPMZ 1992, 361 (Verwaltungsvereinbarung zwischen DPA und EPA); BPatG GRUR 2010, 48 (Prioritätsbescheinigung); BPatG GRUR 2011, 48 (Verschiebung des Anmeldetags); BPatG GRUR 2011, 360 (fehlerhafte Übersetzungen); im Gebrauchsmusterrecht BGHZ 153, 1 = GRUR 2003, 226 Läägeünnerloage (plattdeutsche GbmAnmeldung); BPatG GRUR 2009, 703 (Festsetzung des Gegenstandswerts durch das DPMA); vgl auch BPatGE 25, 16 = BlPMZ 1982, 353 (Höhe der Recherchengebühr); BPatG 11.12.1987 5 W (pat) 43/86; BPatGE 31, 88 = GRUR 1990, 512; BPatG BlPMZ 1992, 361 (fehlgeleiteter Einspruch); BPatGE 45, 153 = BlPMZ 2002, 385 (Recherchengebühr für abgetrennte Anmeldung); BPatG Mitt 2004, 451; BPatG BlPMZ 2008, 451 (Gegenstandswertfestsetzung durch das DPMA); BPatG 2.7.2009 35 W (pat) 17/06 (Unvereinbarkeit von § 28 Abs 2 Satz 2 GebrMG mit Art 49 EG); im Geschmacksmusterrecht, wo die Bestimmung über § 10a GeschmMG entspr anwendbar ist: BGH GRUR 2003, 707 DM-Tassen; BGH GRUR 2003, 705 Euro-Billy; BGH GRUR 2003, 708 Euro-Banknoten; BGH BlPMZ 2003, 291 Euro-Bauklötze; BGH GRUR 2004, 771 Ersttagssammelblätter; BPatGE 33, 33 = BlPMZ 1992, 470. BPatG 26.2.2009 10 W (pat) 40/06 BlPMZ 2009, 407 Ls (einjährige Ausschlussfrist des § 123 Abs 2 Satz 4); BPatG 16.6.2014 7 W (pat) 7/14, zu § 34 Abs 3 Nr 3 BPatG 7.10.2014 15 W (pat) 9/13; zur Anwendbarkeit von § 45 UrhG auf Nichtpatentliteratur bei der Überlassung einzelner Vervielfältigungsstücke von geschützten Werken im Rahmen der elektronischen Akteneinsicht.
2 *Benkard* Rn 1.
3 *Benkard* Rn 2; *Schulte* Rn 5; *Fezer* § 68 MarkenG Rn 5; *Ströbele/Hacker* § 68 MarkenG Rn 5.
4 *Schulte* Rn 5; *Ströbele/Hacker* § 68 MarkenG Rn 5.
5 Vgl BPatG 11.12.1987 5 W (pat) 43/86; *Benkard* Rn 2; *Schulte* Rn 5; auf die Bindungswirkung abstellend *Ströbele/Hacker* § 68 MarkenG Rn 5.
6 *Ströbele/Hacker* § 68 MarkenG Rn 5.
7 Bejahend *Schulte* Rn 5; *Fezer* § 68 MarkenG Rn 7; verneinend *Benkard* Rn 7; *Ströbele/Hacker* § 68 MarkenG Rn 5.
8 *Schulte* Rn 6; *Benkard* Rn 3; *Mes* Rn 2; *Ströbele/Hacker* § 68 MarkenG Rn 6, zu § 83 Abs 2 Satz 1 MarkenG.
9 *Schulte* Rn 7; vgl BPatG GRUR 2005, 525.
10 *Benkard* Rn 5.
11 *Benkard* Rn 5.

Vielzahl beim DPMA zu bearbeitender Einzelfälle auswirkt.[12] Liegen diese Voraussetzungen vor, hat das BPatG den Beitritt anheimzugeben, ein Ermessen steht ihm nicht zu.[13] Der PräsDPMA kann eine Einladung anregen, hat aber kein hierauf gerichtetes Antragsrecht.[14] Einer Zustimmung der Beteiligten bedarf es nicht.[15]

7   **b. Beitrittserklärung.** Der PräsDPMA kann auf die Einladung durch einseitige, nicht fristgebundene Erklärung beitreten,[16] solange das Beschwerdeverfahren (auch vor dem BGH, vgl Rn 6 zu § 101) anhängig ist; ihm ist insoweit ein nicht überprüfbares Ermessen eingeräumt.[17] Die Erklärung ist nach Zugang beim BPatG nicht mehr widerrufbar, kann aber mit Wirkung ex nunc zurückgenommen werden.[18]

III. Wirkung des Beitritts

8   **1. Beteiligtenstellung.** Mit Eingang der Beitrittserklärung erlangt der PräsDPMA die Beteiligtenstellung des § 74. Er hat damit auch umfassend Anspruch auf rechtl Gehör. Die Beteiligung dauert grds bis zur Beendigung des Verfahrens an, den er nicht beeinflussen kann. Die Beteiligung kann aber durch Rücknahme der Beitrittserklärung beendet werden (Rn 7).

9   **2. Rechtsbeschwerde.** Der Beitritt berechtigt den PräsDPMA zur Rechtsbeschwerde (§ 101 Abs 1) nach den allg Regeln; es genügt, dass er die Interessen wahrnimmt, die seine Beteiligung am Verfahren veranlasst haben.[19] Wegen der haushaltsrechtl Folgen wird idR die Zustimmung des BMJV einzuholen sein.[20] Am Verfahren über die Rechtsbeschwerde eines anderen Beteiligten ist der PräsDPMA beteiligt, auch wenn er selbst nicht Rechtsbeschwerde einlegt.[21]

10   **3. Kosten.** Dem PräsDPMA können Kosten auferlegt werden, wenn er Anträge gestellt hat (§ 80 Abs 2; vgl Rn 33 zu § 80). Zur Auferlegung der Kosten des Rechtsbeschwerdeverfahrens Rn 14 zu § 109.

§ 78
(Mündliche Verhandlung)

Eine mündliche Verhandlung findet statt, wenn
1.   **einer der Beteiligten sie beantragt,**
2.   **vor dem Patentgericht Beweis erhoben wird (§ 88 Abs. 1)**
oder
3.   **das Patentgericht sie für sachdienlich erachtet.**

MarkenG: § 69
Ausland: Österreich: § 72 (Verfahren), § 73 öPatG (mündliche Verhandlung, Beratung und Abstimmung)

---

12 *Benkard* Rn 3.
13 *Schulte* Rn 6; *Fezer* § 68 MarkenG Rn 7; *Ströbele/Hacker* § 68 MarkenG Rn 5; aA *Mes* Rn 2; *Benkard* Rn 8; aA noch *Benkard*[10] Rn 7.
14 *Benkard* Rn 2, 4; *Ströbele/Hacker* § 68 MarkenG Rn 5.
15 *Schulte* Rn 6.
16 BPatG 7.12.2009 10 W (pat) 1/07.
17 *Benkard* Rn 5; *Schulte* Rn 6; *Ströbele/Hacker* § 68 MarkenG Rn 7.
18 *Benkard* Rn 10; *Fezer* § 68 MarkenG Rn 10.
19 BGHZ 98, 196 = GRUR 1986, 877 Kraftfahrzeuggetriebe; BGHZ 105, 381 = GRUR 1989, 103 Verschlußvorrichtung für Gießpfannen.
20 *Ströbele/Hacker* § 68 MarkenG Rn 8.
21 *Schulte* Rn 10.

Schrifttum: *Ballhaus* Das Beschwerdeverfahren vor dem Patentgericht, Mitt 1961, 121; *Gori* Europäisches Beschwerdeverfahren, GRUR Int 1987, 140; *Kirchner* Obligatorische mündliche Verhandlung nach § 360 Nr 1 PatG auch hinsichtlich der Nebenpunkte des Beschwerdeverfahrens? GRUR 1974, 363; *Müller-Arends* Zulässigkeit und Rechtswirkung sogenannter bedingter Terminsanträge im Verfahren vor dem Bundespatentgericht, Mitt 1962, 9; *Schmieder* Patentrecht zwischen nationaler Tradition und europäischer Harmonisierung, NJW 1977, 1217; *Zeunert* Besetzung, Belastung und Stellung des Bundespatentgerichts und allgemeine Verfahrenshandhabung, insbesondere vor den technischen Beschwerdesenaten, GRUR 1963, 389.

A. Entstehungsgeschichte

Die Bestimmung ist durch das 6. ÜberlG als § 360 geschaffen und seither nicht geänd worden.   **1**

B. Anwendungsbereich

Die Bestimmung gilt grds für alle Beschwerdeverfahren vor dem BPatG; zur Ausnahme bei § 45 ErstrG   **2**
6. Aufl. Für eine entspr Anwendung der Vorschriften über die mündliche Verhandlung in Nichtigkeitsverfahren ist kein Raum; dies gilt auch für das Beschwerdeverfahren in GbmLöschungssachen.[1] Es muss sich um ein Beschwerdeverfahren und nicht um ein erstinstanzliches Verfahren handeln, wobei dessen Gegenstand, ob Hauptsache oder Nebenpunkt, unerheblich ist.[2] Es darf sich aber nicht nur um einen Nebenpunkt der Beschwerde handeln,[3] wie die beantragte Rückzahlung der Beschwerdegebühr,[4] sondern es muss deren Hauptsache betroffen sein, wie bei der isolierten Kostenbeschwerde.[5] Sonderbestimmungen gehen vor, wie bei Beschwerden gegen Kostenfestsetzungsbeschlüsse nach § 62 Abs 2 Satz 3, 4 (vgl Rn 29). Nicht zu verneinen ist die Anwendbarkeit allein deshalb, weil die angegriffene Entscheidung ohne mündliche Verhandlung getroffen werden konnte.[6]

§ 78 gilt grds **nicht** für **erstinstanzliche Verfahren** vor dem BPatG,[7] wie Entscheidungen des BPatG   **3**
über dort gestellte Anträge zu einem Nebenpunkt oder in dortigen Nebenverfahren, wie zur Akteneinsicht oder Wiedereinsetzung (s auch Rn 5);[8] auch nicht für das Erinnerungsverfahren gegen Beschlüsse des Rechtspflegers.[9] Nicht anwendbar ist die Bestimmung ferner im Einspruchsverfahren des DPMA,[10] für das

---

1 Vgl BGH Mitt 1996, 118 Flammenüberwachung.
2 *Schulte* Rn 20; *Ströbele/Hacker* § 69 MarkenG Rn 12.
3 *Schulte* Rn 18; *Benkard* Rn 5, aA *Benkard*[10]; *Ingerl/Rohnke* § 69 MarkenG Rn 4; *Ströbele/Hacker* § 69 MarkenG Rn 12; BPatGE 16, 188; *Bühring* § 18 GebrMG Rn 97; *Reimer* § 360 Rn 2; *Lindenmaier* § 360 Rn 3; *Kirchner* GRUR 1974, 363; aA *Fezer* § 69 MarkenG Rn 1; *Klauer/Möhring* § 360 Rn 3.
4 *Schulte* Rn 18; *Ingerl/Rohnke* § 69 MarkenG Rn 4; BPatGE 13, 69 und BPatG 4.5.2010 11 W (pat) 15/06 Mitt 2010, 399 Ls.
5 Ebenso *Benkard* Rn 5; *Ströbele/Hacker* § 69 MarkenG Rn 12; *Ingerl/Rohnke* § 69 MarkenG Rn 4.
6 *Schulte* Rn 19; ebenso *Benkard* Rn 4.
Fezer § 69 MarkenG Rn 1; *Bühring* § 18 GebrMG Rn 97; *Reimer* § 360 Rn 2; *Lindenmaier* § 360 Rn 3; *Kirchner* GRUR 1974, 363; ähnlich *Klauer/Möhring* § 360 Rn 3.
7 Vgl BPatGE 9, 272, 275; *Schulte* Rn 18; ebenso jetzt *Benkard* Rn 8, abw *Benkard*[10]; *Ströbele/Hacker* § 69 MarkenG Rn 11.
8 *Benkard* Rn 9; *Schulte* Rn 18.
9 BPatGE 9, 272, 275; *Benkard* Rn 7; *Ströbele/Hacker* § 69 MarkenG Rn 11.
10 *Benkard* Rn 11.

§ 61 Abs 2 Satz 3 auf die entspr Anwendbarkeit des § 59 Abs 3 iVm § 46 und damit die Anhörung verweist. Allerdings hat sich im Rahmen der zeitlich befristeten erstinstanzlichen Zuständigkeit des BPatG für das Einspruchsverfahren nach § 147 Abs 3 aF wie auch in den Fällen des § 61 Abs 2 nF[11] die Frage einer entspr Anwendbarkeit des § 78 gestellt (Rn 16; Rn 322 zu § 59). Die „Anhörung" findet hier in Form der öffentlichen mündlichen Verhandlung nach § 78 statt, da der berufene Senat im Einspruchsverfahren keine Verwaltungsentscheidung, sondern eine gerichtliche Entscheidung trifft, gegen die die Rechtsbeschwerde (§ 100 Abs 1; § 147 Abs 3 Satz 4 aF) eröffnet ist. § 78 ist deshalb zumindest entspr anzuwenden, insb auch im Hinblick auf die gebotene Öffentlichkeit (vgl Rn 16; Rn 15 zu § 61).[12] Das hat zur Folge, dass einem Terminsantrag zu entsprechen ist und dann aufgrund mündlicher Verhandlung entschieden wird.[13] Dies gilt auch für die dem BPatG nach § 61 Abs 2 Satz 1 zugewiesenen Verfahren, für die § 78 entspr anwendbar ist (Rn 322 zu § 59; Rn 15 zu § 61).

4   **Einschränkend** hat der BGH allerdings bei beabsichtigter Verwerfung des Einspruchs die entspr Anwendbarkeit des § 79 Abs 2 Satz 2 verneint und zugleich auf eine nach § 59 Abs 3 Satz 1 iVm § 46 mögliche „öffentliche Anhörung" als Alternative zur mündlichen Verhandlung verwiesen (Rn 16 zu § 61)[14] und auch für die Protokollierungspflicht (§ 160 ZPO) ausschließlich auf die Anhörung nach § 59 Abs 3 iVm § 46 Abs 2 und nicht auf § 78 abgestellt.[15]

5   Ein **Zwischenstreit** (etwa über die Verfahrensbeteiligung) kann durch Zwischenbeschluss ohne mündliche Verhandlung entschieden werden, jedenfalls sofern § 303 ZPO anwendbar ist (Rn 222 ff, 251, 314 zu § 59); dies gilt auch im einseitigen Verfahren;[16] sofern allerdings § 280 Abs 2 Satz 1 ZPO Anwendung findet (Rn 222 zu § 59) und der Zwischenbeschluss in Betreff des Rechtsmittels als Endentscheidung selbständig rechtsbeschwerdefähig ist,[17] dürfte dies nicht gelten, sondern § 78 anwendbar sein.[18] Über einen Wiedereinsetzungsantrag in die versäumte Frist zur Zahlung der Beschwerdegebühr oder zur Einlegung der Beschwerde muss nicht mündlich verhandelt werden.[19]

C. Verfahrensgang vor dem BPatG

6   Das Verfahren wird vor dem BPatG mit der Vorlage der Beschwerde anhängig (Rn 44 vor § 73). Nach Übermittlung der Beschwerdeschrift nebst Akte durch das DPMA und Eingang bei der Zentralen Eingangsstelle des BPatG als Teil der Geschäftsstelle iSv § 72 (Rn 13 zu § 72) nimmt diese die (elektronische) Registrierung der Beschwerde sowie Beteiligten sowie die Zuteilung eines Aktenzeichens vor und leitet anschließend die angelegte Akte an die Senatsgeschäftsstelle (Rn 13 zu § 72) des nach dem Geschäftsverteilungsplan des BPatG zuständigen Beschwerdesenats weiter.

7   Sodann prüft der **Rechtspfleger**, ob die Beschwerdegebühr ordnungsgemäß gezahlt ist; ist dies nicht der Fall, trifft er die in § 23 Abs 1 Nr 4 RPflG vorgesehene Feststellung. Gegen die Entscheidung des Rechtspflegers kann befristete Erinnerung nach § 23 Abs 2 RPflG binnen zwei Wochen eingelegt werden, über die der zuständige Beschwerdesenat entscheidet, dessen Entscheidung rechtsbeschwerdefähig ist.[20]

8   Ist die Beschwerdegebühr ordnungsgemäß bezahlt und die Akte vom Urkundsbeamten der Geschäftsstelle vollständig angelegt, wird diese dem **Vorsitzenden** vorgelegt und die nach § 73 Abs 2 Satz 3 gebotene Zustellung der Beschwerdeschrift wird veranlasst. Entspr den Vorgaben in den senatsinternen Mitwirkungsgrundsätzen (§ 21g GVG) wird der Berichterstatter bestimmt. Ein hoher Verfahrensbestand

---

11   Vgl Begr BTDrs 16/735 S 9 ff = BlPMZ 2006, 228, 230.
12   BPatGE 46, 134; *aA Benkard* Rn 8, anders noch *Benkard*[10] Rn 3.
13   BPatGE 45, 162 = BlPMZ 2003, 29; BPatGE 46, 13.
14   BGH GRUR 2010, 361 Dichtungsanordnung, BGH Mitt 2010, 192 Dichtungsanordnung 01; BGH 17.12.2009 X a ZB 40/08 gegen BPatG 5.8.2008 9 W (pat) 339/05 und 9 W (pat) 347/05, 9 W (pat) 349/05 und 9 W (pat) 361/05.
15   BGH GRUR 2011, 509 Schweißheizung.
16   BPatGE 21, 50; BPatG 18.7.1979 13 W (pat) 88/78; BPatGE 44, 95 = GRUR 2002, 371; vgl BGHZ 47, 132 = GRUR 1967, 477, 478 UHF-Empfänger II; *Benkard* § 79 Rn 26.
17   BPatGE 11, 60, 65; *Lindenmaier* § 36p Rn 11; aA BPatGE 44, 95 = GRUR 2002, 371.
18   Insoweit nicht differenzierend und verneinend *Fitzner/Lutz/Bodewig* Rn 4.
19   BPatGE 1, 132 = Mitt 1962, 37; BPatG BlPMZ 1994, 292; BPatG Mitt 1995, 174; BPatG 17.8.1973 6 W (pat) 164/70 für den unzulässigen Antrag; vgl BGH GRUR 1963, 279 Weidepumpe; BPatGE 1, 132 = Mitt 1962, 37; *Schulte* § 78 Rn 18; aA *Klauer/Möhring* § 36o Rn 3.
20   *Schulte* § 2 PatKostG Rn 23.

kann es mit sich bringen, dass Verfahren erst in Bearbeitung genommen werden können, wenn die Geschäftslage es zulässt. Dem kann seitens der Beteiligten durch einen (formlosen, nicht verbindlichen) Beschleunigungsantrag begegnet werden. Eine Verletzung rechtl Gehörs liegt in einer zeitnahen Bearbeitung grds nicht (Rn 54 zu § 100).[21]

Eine erbetene angemessene **Begründungsfrist** ist abzuwarten. Ist die Frist unangemessen, ist eine **9** kürzere, angemessene zu setzen. Geht innerhalb der Frist keine Begründung ein und wird auch keine Fristverlängerung beantragt, kann sogleich entschieden werden.[22] Der Vorsitzende oder ein zu bestimmendes Mitglied kann auch insoweit Anordnungen treffen und die Fristverlängerung gewähren oder ablehnen (§ 87 Abs 2 iVm § 273 Abs 2 Nr 1 ZPO). Diese sind nicht selbstständig anfechtbar (Rn 71 zu § 73; zur Aussetzung allerdings Rn 70 zu § 73). Wird Fristverlängerung beantragt, muss hierüber entschieden werden, die Entscheidung kann allerdings mit der Sachentscheidung verbunden werden und in deren Gründen erfolgen. Wird eine Beschwerdebegründung ohne Zeitangabe angekündigt, kann an sich ohne weiteren Hinweis nach Ablauf einer angemessenen Frist entschieden werden,[23] ein Hinweis auf die bevorstehende Entscheidung wird idR gleichwohl angebracht sein.[24]

Der Berichterstatter votiert die Sache oder bereitet eine Zwischenverfügung vor. Das **Votum** läuft mit **10** der Akte bei den beteiligten Senatsmitgliedern und beim Vorsitzenden um; eine Zwischenverfügung wird den Beteiligten mitgeteilt.

IdR erst anschließend erfolgen **Terminsbestimmung und Ladung** (§ 89) durch den Vorsitzenden **11** oder bei Entbehrlichkeit der mündlichen Verhandlung Anberaumung einer Senatsberatung („stumme Sitzung"). Grds kann bei Entbehrlichkeit der mündlichen Verhandlung auch im Umlaufverfahren entschieden werden.

Grds hat die Beschwerdeentscheidung bei **Entscheidungsreife** zu ergehen. Für ein Ruhen des Ver- **12** fahrens (§ 251a ZPO) ist jedenfalls im Erteilungs- und Einspruchsbeschwerdeverfahren kein Raum; zur Unterbrechung und Aussetzung Rn 297, 346 zu § 59. Jedoch kann bei Vorliegen der Voraussetzungen die Aussetzung der Patenterteilung nach § 49 Abs 2 auch noch in der Beschwerdeinstanz erfolgen.

Wird bei einer gebührenpflichtigen Beschwerde **Verfahrenskostenhilfe versagt**, kann mit dieser **13** Entscheidung die Sachentscheidung über die Beschwerde nicht verbunden werden, weil dem Beschwerdeführer zunächst Gelegenheit zur Zahlung der Gebühr gegeben werden muss (vgl § 134).

D. Mündliche Verhandlung

I. Allgemeines

Anders als für die weitgehend formlose Anhörung im Verfahren vor dem DPMA (§ 46) sind die Forma- **14** litäten der mündlichen Verhandlung in §§ 87 ff in Anlehnung an oder durch Verweisung auf die Bestimmungen der ZPO sowie in § 69 in Anlehnung und unter Verweisung auf Bestimmungen des GVG geregelt; zur Beratung § 70. Die mündliche Verhandlung (§ 90) dient der umfassenden und konzentrierten Erörterung der Sach- und Rechtslage (§ 91) und erforderlichenfalls der Beweisaufnahme (§ 88). Sie ist nicht ohne Grund für eine Vielzahl von Verfahren und Entscheidungsformen zwingend vorgesehen, da sie die qualitativ und praktisch intensivste Form der Gewährung rechtl Gehörs ist. Sie sollte auch dort, wo sie nur fakultativ vorgesehen oder wie in § 78 an bestimmte Voraussetzungen geknüpft ist, intensiv genutzt werden. Dies entspricht auch der Gerichtspraxis, da die mündliche Verhandlung in der Praxis die Regel und das schriftliche Verfahren entgegen der (auch für Verfahren vor dem BPatG an sich änderungsbedürftigen) gesetzlichen Regel-Ausnahme-Bestimmung tatsächlich die Ausnahme ist.

Im **Anmeldebeschwerdeverfahren** dient die mündliche Verhandlung vor allem dazu, den Anmelder **15** auf vorhandene Mängel und Unklarheiten in den geltenden Unterlagen hinzuweisen und ihm Gelegenheit zu geben, erteilungsfähige Unterlagen vorzulegen und seine Anträge dem Ergebnis der Erörterung anzu-

---

21 BGH GRUR 2000, 597 Kupfer-Nickel-Legierung.
22 *Benkard* § 73 Rn 79.
23 BPatGE 19, 225, 228.
24 *Benkard* § 73 Rn 79.

16 passen.[25] Sie muss noch nicht zu einer abschließenden Entscheidung führen, sondern kann Vertagung erfordern, auch kann Übergang in das schriftliche Verfahren erfolgen (Rn 38).

16 In **Einspruchsverfahren**, die nach § 147 Abs 3 aF als erstinstanzliche Verfahren dem BPatG zugewiesen waren, und in Verfahren nach § 61 Abs 2 Nr 1 ist die Bestimmung grds entspr anwendbar (str., Rn 3); bei beabsichtigter Verwerfung des Einspruchs als unzulässig ist allerdings eine förmliche mündliche Verhandlung entbehrlich, nicht aber die in § 59 Abs 3 Satz 1 auf Antrag vorgeschriebene Anhörung, die nach § 59 Abs 3 Satz öffentlich ist und auch hilfsweise beantragt werden kann (Rn 3; Rn 322 zu § 59; Rn 15 f zu § 61).[26]

17 Auch in **Einspruchsbeschwerdeverfahren** dient die mündliche Verhandlung der Erörterung mit den Beteiligten und Klärung des Prozessstoffs und bietet für diese die Möglichkeit, ihre Rechte geltend zu machen oder zu verteidigen.

II. Freigestellte mündliche Verhandlung

18 **1. Allgemeines.** Grds ist im Beschwerdeverfahren die mündliche Verhandlung freigestellt, wie sich aus Nr 3 ergibt; danach kann das BPatG eine mündliche Verhandlung immer dann anordnen, wenn es diese für sachdienlich erachtet[27] (Rn 36). Auch aus dem Gesichtspunkt des rechtl Gehörs ist eine mündliche Verhandlung grds nicht geboten.[28]

19 **2. Ladung mit Hinweis.** Die mündliche Verhandlung dient dem Zweck, abschließend rechtl Gehör zu gewähren. Zu beachten ist die materielle Verfahrensleitungspflicht nach § 87 Abs 2 iVm § 273 Abs 2, Abs 3 Satz 1, Abs 4 Satz 1 ZPO und insb § 139 ZPO. Der Ladung der Beteiligten wird der Hinweis beigefügt, dass bei ihrem Ausbleiben auch ohne sie verhandelt und entschieden werden kann. Verzichtet ein so zur mündlichen Verhandlung geladener Beteiligter auf das Erscheinen, muss er damit rechnen, dass auch tatsächliche oder rechtl Aspekte, die nicht Gegenstand des schriftsätzlichen Vorbringens waren, Berücksichtigung finden, auch wenn sie erst in der mündlichen Verhandlung erstmals eingeführt werden. So muss der nicht erschienene Beteiligte auch damit rechnen, dass die nach Verzicht auf das Patent erwartete Erledigungserklärung des erschienenen anderen Beteiligten nicht abgegeben wird und dieser seinen Antrag weiter verfolgt und in der Sache entschieden wird (vgl aber auch Rn 21).[29] Bei Beteiligung nur einzelner notwendiger Streitgenossen (Rn 33 zu § 74) kann zur Wahrung rechtl Gehörs eine Unterrichtungspflicht bestehen.[30]

20 Der Vorsitzende kann mündliche Verhandlung aufgrund seiner **Verfahrensleitungsbefugnis** selbst anordnen (vgl § 216 ZPO); will er sie gegen das Votum eines Beisitzers ablehnen, ist jedenfalls formlose Beratung im Senat erforderlich, bei mehrheitlicher Bejahung der Notwendigkeit ist Verhandlung anzuberaumen.[31]

21 **3. Folgen des Ausbleibens.** Nach stRspr des BPatG begibt sich der freiwillig Ausgebliebene der Möglichkeit, zusätzlich mündlich rechtl Gehör zu erhalten, so dass eine abschließende Entscheidung auch ohne erneute Möglichkeit zur Stellungnahme auf neue tatsächliche und rechtl Aspekte gestützt werden kann.[32] Eine erneute Gelegenheit zur Stellungnahme führt zu einer nicht vorgesehenen, nach Sinn und Zweck der Verfahrensvorschriften unerwünschten weiteren Verfahrensverzögerung; die mündliche Verhandlung dient dem Zweck, abschließend rechtl Gehör zu gewähren.[33] Hiervon geht grds auch die Rspr im

---

25 BPatGE 46, 86.
26 BGH GRUR 2010, 361 Dichtungsanordnung, BGH Mitt 2010, 192 Dichtungsanordnung 01; BGH 17.12.2009 Xa ZB 40/08 gegen BPatG 5.8.2008 9 W (pat) 339/05 und 9 W (pat) 347/05, 9 W (pat) 349/05 und 9 W (pat) 361/05.
27 Vgl *Benkard* Rn 24; zum Kompromisscharakter der Regelung *Reimer* § 360 Rn 1.
28 BGH GRUR 2000, 894 Micro-PUR.
29 BPatG 30.7.2009 5 Ni 84/09 (EU).
30 *Stein/Jonas* § 62 ZPO Rn 4; *Stein/Jonas* vor § 128 ZPO Rn 37.
31 *Benkard* Rn 17.
32 BPatGE 46, 86; BPatG 5.11.2002 23 W (pat) 57/01, beide zum Antrag auf Entscheidung nach Aktenlage; BPatG 28.3.2003 6 W (pat) 63/02.
33 BPatG 5.11.2002 23 W (pat) 57/01 unter Hinweis auf BPatG GRUR 1996, 204; BPatGE 40, 127 = GRUR 1999, 350; iE zureffend BPatG GRUR 2005, 58, allerdings die markenrechtl Nichtbenutzungseinrede betr, auf die der Beibringungsgrundsatz und damit bereits § 335 Abs 1 Nr 3 ZPO anzuwenden ist.

Verwaltungsprozess aus, wonach sich der Beteiligte, der der mündlichen Verhandlung fernbleibt und die Gelegenheit, sich zu äußern, nicht wahrnimmt, später insoweit nicht mehr auf die Verletzung rechtl Gehörs berufen kann und die hierdurch für ihn ggf entstehenden prozessualen Nachteile tragen muss.[34] Bei Ausbleiben eines Beteiligten besteht deshalb grds keine Pflicht, sondern ein Ermessen zur Vertagung,[35] um dem Nichterschienen eine Stellungnahme zu ermöglichen, da dieser grds damit rechnen muss, dass sich in der mündliche Verhandlung ggf auch neue Fragen tatsächlicher und rechtl Art ergeben.[36] Findet bei anwesenden Beteiligten dies seine Grenze durch eine den Anspruch auf rechtl Gehör verletzende „Überraschungsentscheidung", die dann vorliegt, wenn das Gericht einen bis dahin nicht erörterten rechtl oder tatsächlichen Gesichtspunkt zur Grundlage seiner Entscheidung macht und damit dem Rechtsstreit eine Wendung gibt, mit der alle oder einzelne Beteiligte nach dem bisherigen Verlauf des Verfahrens nicht zu rechnen brauchten;[37] so stellt sich auch die Frage einer Grenzziehung bei einseitiger Anwesenheit.

So kann auch nach der **Praxis der Beschwerdekammern** des EPA (vgl auch Rn 119 vor § 73)[38] eine **22** Entscheidung zu Ungunsten des nicht Erschienen nur ergehen, wenn die erstmals erörterte tatsächliche oder rechtl Frage zu erwarten war[39] (einschränkend Art 15 Abs 3 VerfOBK). Mit einer Berücksichtigung neuer Aspekte steht es allerdings noch in Einklang, wenn trotz der abw systematischen Einordnung (Rn 25 zu § 21) als eigenständiger Widerrufsgrund der Angriff von fehlender Neuheit auf fehlende erfinderische Tätigkeit gewechselt wird.[40] Denn wenn auch grds das erstmalige Aufgreifen eines neuen Widerrufsgrunds diese Grenzziehung erreichen dürfte, kann die abw systematische Einordnung nicht über die Nähe dieser Aspekte im Zusammenhang mit der Patentfähigkeit hinwegtäuschen, mit deren erstmaliger Erörterung die Beteiligten immer rechnen müssen.

Insoweit wird allerdings die auch in der Rspr der Verwaltungsgerichte und der Beschwerdekammern **23** des EPA zu Recht anerkannte, sich am Gebot des rechtl Gehörs und des Verbots von Überraschungsentscheidungen orientierende Grenzziehung häufig im nationalen Einspruchs- und Beschwerdeverfahren nicht hinreichend thematisiert. Bdkl erscheint im Ergebnis deshalb, dass bei Zurückweisung der Patentanmeldung wegen fehlender Neuheit im Beschwerdeverfahren auch Zurückweisung der Beschwerde wegen unzulässiger Erweiterung erfolgen können soll.[41] In diesem Zusammenhang ist auch zu berücksichtigen, dass die Teilnahme an der mündlichen Verhandlung zwar freigestellt ist, aber nach § 87 Abs 2 iVm § 273 Abs 2, Abs 3 Satz 1, Abs 4 Satz 1 ZPO eine materielle **Verfahrensleitungspflicht** dahin besteht, zur Vorbereitung des Termins auf Klarstellung, Ergänzung des Vorbringens oder sachgerechte Formulierungsvorschläge hinzuwirken, insb auf erkennbar als unwesentlich angesehene oder übersehene Aspekte hinzuweisen und so überraschende Aspekte zu vermeiden (vgl auch Rn 56 ff zu § 61). Bleibt ein Beteiligter im Termin aus, kann daher von einem uneingeschränkten Verzicht auf das rechtl Gehör nicht ausgegangen werden, insb wenn er sein Nichterscheinen ankündigt und sein schriftlicher Antrag Mängel aufweist, auf die trotz der nach § 139 ZPO bestehenden Verfahrensleitungspflicht (Rn 290 zu § 59) nicht hingewiesen wurde.[42] Darüber hinaus kann insb nicht, wie dies teilweise im Hinblick auf das eine „Säumnis" iSv §§ 330 ff ZPO ausschließende Amtsermittlungsverfahren angenommen wird,[43] das Fernbleiben im Termin einer rügelosen Einlassung zur Sache gleichgesetzt werden, gerade weil der Amtsermittlungsgrundsatz das mit der Säumnis im zivilprozessualen Sinn verbundene Zugeständnis des Nichterschienen ausschließt.

---

34 BVerwGE 61, 145 = GewArch 1981, 166 (Nr 18).

35 *Kopp/Schenke* § 103 VwGO Rn 3, § 104 VwGO Rn 2; BVerwGE 44, 307, 309 = RiA 1974, 178 (Nr 13).

36 *Kopp/Schenke* § 108 VwGO Rn 26, 27; BVerwGE 61, 145 = GewArch 1981, 166.

37 BVerwGE 61, 145 = GewArch 1981, 166 unter Hinweis auf die st Rspr; *Kopp/Schenke* § 108 VwGO Rn 26, 25, auf einen gewissenhaft und sorgfältig Prozessführenden abstellend; zur Vertagung auf Antrag BVerwGE 44, 307, 309 = RiA 1974, 178, *Kopp/Schenke* § 104 VwGO Rn 2, 10; zur Klageänderung *Kopp/Schenke* § 108 VwGO Rn 26.

38 Vgl *Singer/Stauder* Art 113 EPÜ Rn 39.

39 EPA T 341/92 ABl EPA 1995, 373 Verfahren zu Herstellung von 2-basischen Blei(II)-Fettsäuresalzen; EPA T 915/02; stärker einschränkend noch EPA G 4/92 ABl EPA 1994, 149, hierzu auch *Singer/Stauder* Art 113 EPÜ Rn 38.

40 EPA T 191/98; *Singer/Stauder* Art 113 EPÜ Rn 38.

41 BPatG 5.11.2002 23 W (pat) 57/01.

42 Bdkl deshalb im Ergebnis BPatG BlPMZ 2011, 380, für den in der mündlichen Verhandlung nicht erschienenen Patentinhaber, der schriftlich eine geänd Anspruchsfassung eingereicht hat; ebenso bei einseitiger mündlicher Verhandlung ohne vorherigen Hinweis BPatG 27.10.2010 9 W (pat) 407/05.

43 BPatGE 53, 167 = GRUR-RR 2012, 449.

24   4. Wegen der **Vertretungsfiktion** für Prozesserklärungen **bei notwendigen Streitgenossen** (gemeinsame Anmelder oder Patentmitinhaber; Rn 212 zu § 59; zum Beschwerdeverfahren Rn 33 zu § 74) gilt bei Termin- und Fristversäumnis einzelner Streitgenossen das gesamte mündliche Vorbringen des Anwesenden als für alle vorgebracht, ohne dass es auf einen tatsächlichen Vertretungswillen ankommt;[44] auch alle Verfahrenserklärungen und -handlungen (sehr str)[45] gelten zugleich als solche des Abwesenden (Gesamtwirkung), gleichgültig, ob diese ihm günstig sind.[46] Die Entscheidung erfolgt allein auf Grundlage des Sachvortrags und der Anträge des Anwesenden,[47] ohne dass es auf eine materiellrechtl Verfügungsbefugnis für die Verfahrenshandlungen ankommt,[48] selbst wenn ein abwesender Streitgenosse schriftlich zuvor abweichende Anträge, gestellt hatte,[49] mit der Folge, dass das Prozessverhalten des Anwesenden und dessen Anträge allein maßgeblich sind.[50] Im Hinblick auf die nach § 62 Abs 1 ZPO uneingeschränkt geltende Vertretungsfiktion ist der Konflikt auch nicht nach dem Günstigkeitsprinzip, dh der objektiv vorteilhafteren Verfahrenserklärung, zu lösen.[51] Allerdings kann nachträgliches Vorbringen für die Wiedereröffnung der mündlichen Verhandlung (Rn 33) beachtlich sein (vgl auch Rn 19).[52]

25   Die **beschränkte Verteidigung des Patents** ist eine von § 62 Abs 1 ZPO erfasste Verfahrenshandlung (Rn 237 zu § 59; str, abw Rn 102 zu § 82),[53] wobei auch hier entspr § 265 Abs 2 Satz 1 ZPO das Verhältnis zur formellen Registerlegitimation (§ 30 Abs 2 Satz 2) zu beurteilen ist und in Widerspruch hierzu steht (Rn 229 ff zu § 59). Für Verfahrenshandlungen mit gleichzeitig materiellrechtl Charakter, wie dem Prozessvergleich (Rn 18 zu § 79) und dem (teilweisen) Verzicht auf das Patent, kann § 62 Abs 1 ZPO – ebenso wie § 265 Abs 2 Satz 1 (Rn 229 ff zu § 59; zur Beschwerde Rn 22 zu § 79) – nicht herangezogen werden. Es bedarf für deren Wirksamkeit[54] einer entspr Vertretungs- und Verfügungsmacht,[55] die mehreren Anmeldern oder Patentmitinhabern nur gemeinschaftlich zusteht;[56] ausgenommen ist das Notverwaltungsrecht des § 744 Abs 2 BGB, das jedem Patentmitinhaber als gesetzlichem Verfahrensstandschafter eine Verfahrensführungsbefugnis (Rn 89 ff, 212 f zu § 59) und damit eine prozessuale Antrags- und Klagebefugnis vermittelt.[57] Zu den notwendigen Erhaltungsmaßnahmen zählen auch Verfügungshandlungen zur Verteidigung des Patents als Beteiligter,[58] also auch die beschränkte Verteidigung.[59] Demgegenüber verbleibt es bei Anwesenheit der notwendigen Streitgenossen bei der Einzelwirkung[60] der Verfahrenshandlungen (§ 61 ZPO), so dass widersprüchliche Verfahrenserklärungen, die nicht ausschließlich das Prozessrechtsverhältnis des

---

44   *Stein/Jonas* § 62 ZPO Rn 26; *Baumbach/Lauterbach/Albers/Hartmann* § 62 ZPO Rn 22, wegen der unwiderleglichen Vermutung, § 292 ZPO.
45   Vgl *MüKoZPO* § 62 ZPO Rn 43; aA (auf die materiellrechtl Verfügungsbefugnis abstellend) *Stein/Jonas* § 62 ZPO Rn 27, 34.
46   *Stein/Jonas* § 62 ZPO Rn 7; *Rosenberg/Schwab* § 49 Rn 47.
47   *MüKoZPO* § 62 ZPO Rn 43.
48   *MuKoZPO* § 62 ZPO Rn 43; enger im Hinblick auf §§ 91a, 306, 307, 263, 269 ZPO *Stein/Jonas* § 62 ZPO Rn 27, 34; *Baumbach/Lauterbach/Albers/Hartmann* § 62 ZPO Rn 20, 22: alle Prozesshandlungen außer Verzicht, Anerkenntnis, Klagerücknahme.
49   Zur Fortwirkung schriftlicher Anträge bei Nichterscheinen mangels Säumnisverfahrens BPatGE 21, 212 = GRUR 1979, 696.
50   Für Mitanmelder mit abw Anträgen BPatGE 21, 212 = GRUR 1979, 696, zur Teilungserklärung BPatG 11.3.2004 15 W (pat) 54/03; *Hövelmann* Mitt 1999, 129, 132.
51   So *Hövelmann* Mitt 1999, 129, 132 unter Berufung auf *Zöller* § 62 ZPO Rn 22, 28, allerdings auf Anwesenheit oder Abwesenheit aller Streitgenossen abstellend.
52   *Stein/Jonas* § 62 ZPO Rn 4; *Stein/Jonas* vor § 128 ZPO Rn 37.
53   BPatGE 53, 6 = GRUR 2012, 99; BPatG 12.4.2012 2 Ni 32/11 (EU), für Hilfsanträge; abw wohl BPatG 21, 212 = GRUR 1979, 696, auf § 744 Abs 2 BGB abstellend.
54   *MüKoZPO* § 62 ZPO Rn 49; *Stein/Jonas* § 62 ZPO Rn 34; *Baumbach/Lauterbach/Albers/Hartmann* § 62 ZPO Rn 20.
55   *MüKoZPO* § 62 ZPO Rn 43.
56   BGH GRUR 2001, 226 Rollenantriebseinheit; *Staudinger* § 744 BGB Rn 42.
57   BPatG Mitt 2011, 261, Notgeschäftsführungsrecht bejahend; vgl *Staudinger* § 744 BGB Rn 43, differenzierende Betrachtung fordernd.
58   Zum Nichtigkeitsberufungsverfahren RGZ 76, 298 f; zur Teilung BPatG 11.3.2004 15 W (pat) 54/03; *Benkard* § 6 Rn 68; vgl *Staudinger* § 744 BGB Rn 24, 43 und § 1011 BGB Rn 1, 8.
59   BPatGE 21, 212 = GRUR 1979, 696.
60   *Thomas/Putzo* § 62 ZPO Rn 16 f.

einzelnen Streitgenossen betreffen, unbeachtlich sind.[61] Danach wird bei fehlender Einigung über die Fassung des beschränkt verteidigten Patents von der erteilten Fassung und nicht von einem der zur Auswahl stehenden Anträge auszugehen sein.[62]

III. Notwendige mündliche Verhandlung

1. Allgemeines. Ausnahmsweise muss das BPatG mündliche Verhandlung anordnen, nämlich wenn **26** einer der Beteiligten sie beantragt (Nr 1) oder vor dem BPatG Beweis erhoben wird (Nr 2). Als Gegenausnahme stellt § 79 Abs 2 Satz 2 für die Verwerfung der Beschwerde als unzulässig die mündliche Verhandlung frei; die Bestimmung geht der des § 78 Nr. 1 vor (vgl zum Einspruchsverfahren vor dem BPatG Rn 3).[63] Zwischenentscheidungen können ohne mündliche Verhandlung ergehen (Rn 5).

2. Mündliche Verhandlung auf Antrag (Nr 1). Die Vorschrift gewährt jedem Beteiligten Anspruch **27** auf mündliche Verhandlung, unabhängig davon, ob das BPatG sie für zweckmäßig oder notwendig hält.[64] Der erforderliche Antrag setzt keinen bestimmten Inhalt voraus, sondern ist wie jede Verfahrenserklärung auszulegen, ggf hat der Senat verfahrensleitend aufzuklären (abw noch 7. Aufl, hinreichende Klarheit verlangend);[65] ein Antrag, vor Entscheidung Gelegenheit zur Stellungnahme zu geben, genügt jedoch nicht.[66] Er kann nur von Beteiligten am Beschwerdeverfahren,[67] jederzeit[68] und auch hilfsweise für den Fall einer nachteiligen Entscheidung gestellt werden.[69] Nichtbeachtung verletzt das rechtl Gehör, es sei denn, dem Begehren wird stattgegeben (Rn 32).[70]

Hat nur ein Beteiligter **hilfsweise** den Antrag gestellt, kann der Gegner nicht davon ausgehen, dass **28** eine ihm nachteilige Entscheidung nur aufgrund mündlicher Verhandlung ergeht.[71] Bei hilfsweisem Antrag mehrerer – nicht gleichgerichteter – Verfahrensbeteiligter ist mündliche Verhandlung in jedem Fall anzuordnen.[72] Ist der Antrag hilfsweise für den Fall einer nachteiligen Entscheidung gestellt, muss ihm auch bei Zurückverweisung an das DPMA stattgegeben werden.[73] Ein „vorsorglich" gestellter Antrag ist unbedingt.[74] Auch auf Antrag ist im einseitigen Verfahren mündliche Verhandlung nicht erforderlich, wenn den Sachanträgen des Beschwerdeführers in vollem Umfang stattgegeben wird.[75]

Im **Beschwerdeverfahren gegen Kostenfestsetzungsbeschlüsse** (§ 62 Abs 2 Satz 3, 4) wird mündli- **29** che Verhandlung zutreffenderweise im Hinblick auf die Sonderbestimmungen (§ 62 Abs 2 Satz 3, 4 iVm

---

61 *MüKoZPO* § 62 ZPO Rn 49; *Baumbach/Lauterbach/Albers/Hartmann* § 62 ZPO Rn 20; ebenso zur Anmeldung *Hövelmann* Mitt 1999, 129, 131, 133; die teilweise befürworte Lösung nach dem „Günstigkeitsprinzip", so *Zöller* § 62 ZPO Rn 22, 28, erscheint wegen der nach § 61 ZPO verbleibenden Einzelwirkung nicht vertretbar.

62 So auch *Hövelmann* Mitt 1999, 129, 133.

63 BGH GRUR 1963, 279 Weidepumpe; *Benkard* § 79 Rn 34.

64 BGH GRUR 2008, 731 alphaCAM, zu § 69 Nr 1 MarkenG.

65 So zutr *Benkard* Rn 19, abw noch *Benkard*[10].

66 DPA BlPMZ 1956, 278; *Reimer* § 360 Rn 2.

67 *Benkard* Rn 12; *Lindenmaier* § 360 Rn 2; vgl BPatGE 2, 93 = GRUR 1965, 52.

68 *Lindenmaier* § 360 Rn 4.

69 BGH GRUR 2000, 597 Kupfer-Nickel-Legierung; BGH GRUR 2010, 361 Dichtungsanordnung, BGH Mitt 2010, 192 Dichtungsanordnung 01; BGH 17.12.2009 X a ZB 40/08; BPatGE 7, 107, auch zur Auslegung in einem solchen Fall; BPatG Mitt 1972, 175; DPA BlPMZ 1956, 153; *Benkard* Rn 16; *Schulte* Rn 11; *Lindenmaier* § 360 Rn 6.

70 BGH GRUR 2000, 512 Computer Associates; BGH GRUR 2003, 1067 BachBlüten Ohrkerze, jeweils zum Markenrecht.

71 BGH Mitt 2006, 451 Rossi, Markensache; BGH GRUR 2008, 731 alphaCAM.

72 *Benkard* Rn 18.

73 *Benkard* Rn 16; *Fitzner/Lutz/Bodewig* Rn 6; im Zweifel; *Ingerl/Rohnke* § 69 MarkenG Rn 5; *Ströbele/Hacker* § 69 MarkenG Rn 3; aA BPatGE 7, 107, *Schulte* Rn 11.

74 *Lindenmaier* § 360 Rn 6.

75 BGH GRUR 2006, 152 GALLUP; BPatGE 1, 163, 165 = GRUR 1962, 190; BPatGE 13, 69: in der Hauptsache; BPatG Mitt 2004, 304 f; *Benkard* Rn 14; *Schulte* Rn 21; *Bühring* § 18 GebrMG Rn 97; *Ströbele/Hacker* § 69 MarkenG Rn 13: allen Anträgen entspricht; *Klauer/Möhring* § 360 Rn 3; *Reimer* § 360 Rn 7: auch im zweiseitigen Verfahren; vgl BPatGE 7, 107; aA *Lindenmaier* § 360 Rn 6; kr *Ingerl/Rohnke* § 69 MarkenG Rn 4: entspricht nicht dem Gesetzeswortlaut; zwd 4. Aufl § 360 Rn 2; kr auch *W. Müller* (Anm) GRUR 1962, 190.

§ 104 Abs 3 Satz 1, §§ 572 Abs 4, 128 Abs 4 ZPO) nicht als notwendig angesehen (Rn 2).[76] Dies gilt nach Regel 88 Abs 4 AOEPÜ auch für das eur Einspruchsverfahren.

30   Auch eine **unbedingte Antragstellung** kommt in der Praxis vor. Der mündlichen Verhandlung bedarf es bei einseitigem Antrag nur, wenn der Antragssteller nicht uneingeschränkt obsiegt.

31   **Verstoß.** Die Unterlassung einer nach Nr 1 obligatorischen mündlichen Verhandlung eröffnet nicht die zulassungsfreie Rechtsbeschwerde unter dem Gesichtspunkt des Vertretungsmangels (Rn 72 zu § 100), jedoch uU unter dem der Verletzung des rechtl Gehörs (Rn 53 zu § 100).[77] Dieses wird nicht verletzt, wenn ohne mündliche Verhandlung zugunsten des antragsstellenden Beteiligten entschieden wird.[78] Dies gilt auch bei unbedingter Antragstellung.

32   **Antragsrücknahme** ist jederzeit, auch konkludent, etwa durch den Antrag, nach Aktenlage zu entscheiden, möglich;[79] auch die Erklärung, nicht erscheinen zu wollen, ist als Rücknahme gewertet worden.[80] Sind weitere Verfahrensbeteiligte vorhanden, muss diesen mit Zustellung der Erklärung eine ausreichende Frist zur eigenen Antragsstellung vor Entscheidung eingeräumt werden.[81] Das gilt jedenfalls, wenn der Antrag unbedingt gestellt ist,[82] bei bedingtem Antrag muss der Gegner dagegen bereits vor der Rücknahme mit einer Entscheidung ohne mündliche Verhandlung zugunsten des Gegners rechnen.[83]

33   § 78 enthält nach Schließung der mündlichen Verhandlung auch bei Entscheidung an Verkündungs Statt (§ 94 Abs 1 Satz 3), bei Anberaumung eines Verkündungstermins (§ 94 Abs 1 Satz 1 2. Alt) keine Bestimmung über die **Wiedereröffnung der bereits geschlossenen mündlichen Verhandlung** (zum Entscheidungszeitpunkt Rn 60 zu § 47; Rn 55 zu 79). Das BPatG kann einem Antrag auf Wiedereröffnung der mündlichen Verhandlung entsprechen (§ 91 Abs 3 Satz 2 PatG, § 156 Abs 1 ZPO),[84] insb sollte, wenn sich die Verfahrenslage wesentlich geänd hat,[85] und in den Fällen des § 156 Abs 2 Nr 1 ZPO bei Verfahrensfehlern, Verletzung der Hinweis- und Aufklärungspflicht und des rechtl Gehörs die Verhandlung wieder eröffnet werden. Ablehnung bedarf keiner gesonderten Bescheidung, sondern kann in den Gründen der Hauptsacheentscheidung erfolgen.[86]

34   Eine **Wiederholung des Antrags** ist möglich, wenn nach einvernehmlichem Übergang in das schriftliche Verfahren die Zustimmung widerrufen wird (Rn 41).

35   **3. Beweiserhebung (Nr 2).** Mündliche Verhandlung ist nach dieser Bestimmung nur erforderlich, wenn die Beweiserhebung vor dem Senat nach § 88 Abs 1 stattfinden soll, nicht bei Beweisaufnahme durch den verordneten Richter (§ 88 Abs 2).[87] Auf die Art der Beweismittel kommt es nicht an, jedoch liegt eine Beweisaufnahme iSd Bestimmung nicht vor, wenn nur der Inhalt von Entgegenhaltungen zu würdigen, nicht aber deren Inhalt erst zu ermitteln ist oder deren Zurechnung zum StdT in Frage steht;[88] ebenso, wenn ein Zeuge zulässigerweise schriftlich Auskunft erteilt (§ 377 Abs 3 ZPO).[89] Die Bestimmung betrifft

76 BPatGE 32, 123 = BlPMZ 1991, 391; BPatG 20.10.2010 35 W (pat) 49/09; *Schulte* Rn 17; *Mes* Rn 5; *Fitzner/Lutz/Bodewig* Rn 4; *Bühring* § 18 GebrMG Rn 98; *Benkard* Rn 5, aA noch *Benkard*[10].

77 BGH GRUR 2003, 1067 BachBlütenOhrkerze; BGH Mitt 2006, 451 Rossi, Markensache; *Benkard* Rn 13; *Schulte* Rn 22; *Ströbele/Hacker* § 69 MarkenG Rn 6.

78 BGH GRUR 2008, 731 alphaCAM, zum Markenrecht; *Bühring* § 18 GebrMG Rn 97.

79 *Ströbele/Hacker* § 69 MarkenG Rn 5; *Lindenmaier* § 36o Rn 7; *Reimer* § 36o Rn 6.

80 BPatG 21.1.2003 14 W (pat) 4/02.

81 Vgl BGH GRUR 2000, 597 Kupfer-Nickel-Legierung; *Schulte* Rn 22; *Klauer/Möhring* § 36o Rn 3 unter Hinweis auf BGH GRUR 1965, 273 f Anodenkorb; so auch *Benkard* Rn 18;

82 So auch *Ströbele/Hacker* § 69 MarkenG Rn 6.

83 So auch *Ströbele/Hacker* § 69 MarkenG Rn 6.

84 Weitergehend *Fitzner/Lutz/Bodewig* Rn 11, bei wesentlichem Vorbringen von einer Verpflichtung ausgehend.

85 BGH GRUR 1996, 399, 401 Schutzverkleidung; BPatGE 10, 296 f = GRUR 1970, 431; BPatGE 12, 171 f; BPatG Mitt 1998, 95; *Benkard* Rn 28; *Schulte* Rn 31 *Ingerl/Rohnke* § 69 MarkenG Rn 7; aA *Lindenmaier* § 36o Rn 5; *Ekey/Bender/Fuchs-Wissemann* § 69 MarkenG Rn 2: auch ohne wesentliche Änderung; unentschieden BGH GRUR 1974, 294 f Richterwechsel II.

86 Hierzu ausführlich *Baumbach/Lauterbach/Albers/Hartmann* § 156 ZPO Rn 21, der keine Verpflichtung zur Erörterung sieht und alternativ einen Aktenvermerk für ausreichend hält.

87 *Schulte* Rn 23; aA *Benkard* Rn 21, auf die Notwendigkeit einer mündlichen Verhandlung vor dem beauftragten oder ersuchten Richter abstellend.

88 Vgl *Benkard* Rn 23; *Lindenmaier* § 36o Rn 10; *Klauer/Möhring* § 36o Rn 4; *Reimer* § 36o Rn 3; *Fezer* § 69 MarkenG Rn 3; *Zeunert* GRUR 1963, 389, 396.

89 *Lindenmaier* § 36o Rn 9.

nur die Beweiserhebung selbst, sie zwingt nicht dazu, für das Verfahren im übrigen mündliche Verhandlung durchzuführen.[90] Sie gilt nicht für den Freibeweis,[91] etwa bei der Prüfung der Zulässigkeit der Beschwerde (vgl Rn 55 vor § 73). Ein bloßer Beweisantritt, dem das BPatG nicht nachkommt, zwingt nicht zur mündlichen Verhandlung.[92]

4. Sachdienlichkeit (Nr 3) ist ein unbestimmter Rechtsbegriff, die (missverständliche) Bestimmung **36** eröffnet für das BPatG ein Ermessen für die Anordnung der mündlichen Verhandlung[93] (zur Begrifflichkeit und Überprüfbarkeit Rn 52 ff zu § 79). Sachdienlich ist die mündliche Verhandlung, wenn sie die Klärung der Sach- oder Rechtslage fördert.[94] Kleinlichkeit ist nicht angebracht, sondern großzügige Ermessensausübung,[95] weil die mündliche Verhandlung erfahrungsgem die sicherste Gewähr für eine intensive Erörterung und Gewähr des rechtl Gehörs ist. Ob eine Ladung wegen Sachdienlichkeit uU falsche Erwartungen hinsichtlich der Erfolgsaussichten wecken kann,[96] erscheint nicht von primärer Bedeutung. Sachdienlichkeit ist wegen des noch nicht abgeschlossenen Meinungsbildungsprozesses innerhalb des Gerichts bejaht worden.[97] Zu unterscheiden ist hiervon, ob die mündliche Verhandlung im Hinblick auf die Sachdienlichkeit zwingend geboten ist; das ist in der markenrechtl Rspr nur bejaht worden, wenn die tatsächlichen und rechtl Fragen des Falls nicht anders sachgerecht erörtert werden können, zB durch Aufklärungsbeschlüsse oder Rückfragen des Gerichts nicht hinreichend klärbar sind.[98] Dies trägt im Ergebnis der Differenzierung in unbestimmten Rechtsbegriff und Ermessensausübung Rechnung. Die Beurteilung der Sachdienlichkeit kann auf die nicht zugelassene Rechtsbeschwerde nicht überprüft werden. Auch die Anberaumung erneuter mündlicher Verhandlung kann sachdienlich sein.[99]

E. Weiteres Verfahren

I. Der **Schriftsatznachlass** (§ 283 ZPO), der insb iVm mit der Zustellung einer Entscheidung an Verkündungs Statt nach § 94 Abs 1 Satz 4 die Möglichkeit eröffnet, eine Vertagung nach § 227 ZPO zu vermeiden, bedeutet keinen Übergang in das schriftliche Verfahren.[100] Er stellt eine Ausnahme von § 296a ZPO dar, wonach nach Schluss der mündlichen Verhandlung, auf die die gerichtl Entscheidung ergeht, Angriffs- und Verteidigungsmittel nicht mehr vorgetragen werden können (zu Tatsachen mit verfahrenserledigender und nicht verfahrensbeendender Wirkung Rn 203 zu § 73; zur Beschwerderücknahme Rn 173 f zu § 73).[101] Denn die Entscheidung ergeht hier aufgrund und in der Besetzung der mündlichen Verhandlung, aber unter Einbeziehung etwaigen nachgelassenen Vorbringens. So kann dem Anmelder Frist zur Einreichung erteilungsreifer Unterlagen nachgelassen werden,[102] aber auch sonstiges Vorbringen, wenn die Voraussetzungen des § 283 ZPO erfüllt sind. Hierzu bedarf es eines Antrags, wobei das nach Art 103 Abs 1 GG garantierte Anhörungsrecht eine Hinweispflicht auslösen kann.[103] Auch bei beabsichtigter Entscheidung an Verkündungs Statt bedarf es keiner vorherigen Klärung vAw, ob noch weiterer Vortrag gewünscht wird, wobei über die weitere Verfahrensweise nur der Senat und nicht eines seiner Mitglieder entscheiden kann.[104] Ein im nachgelassenen Schriftsatz über eine Erwiderung hinausgehender (neuer) Sachvortrag

37

---

90 *Schulte* Rn 23.
91 AA *Benkard* Rn 21.
92 BGH Mitt 1996, 118 f Flammenüberwachung.
93 Vgl BGH GRUR 1991, 852, 855 Aquavit; *Reimer* § 36o Rn 4.
94 *Benkard* Rn 25; *Schulte* Rn 24; *Lindenmaier* § 36o Rn 11; *Klauer/Möhring* § 36o Rn 5; enger BPatGE 1, 132, 137 = Mitt 1962, 37; nach 4. Aufl § 36o Rn 4 unter Bezugnahme auf RPA BlPMZ 1937, 184 und DPA BlPMZ 1952, 93: nicht für Verfahrenshindernisse.
95 *Benkard* Rn 24; *Reimer* § 36o Rn 4.
96 *Ekey//Bender/Fuchs-Wissemann* § 69 MarkenG Rn 6.
97 BPatGE 49, 173 = GRUR 2007, 499.
98 BGH GRUR 2006, 152 f GALLUP; BGH GRUR 2000, 894 Micro-PUR; *Ingerl/Rohnke* § 69 MarkenG Rn 9.
99 BPatG Mitt 1998, 95: Einreichung neuer Sachanträge nach Rücknahme der Teilungserklärung.
100 BGH GRUR 1974, 294 Richterwechsel II; *Schulte* Rn 34.
101 BGH GRUR 2012, 89 Stahlschluessel, Markensache; BPatGE 43, 77 = GRUR 2001, 166, Markensache.
102 Vgl BPatGE 19, 131; BPatGE 22, 54: wenn über den Inhalt der nachzubringenden Beschreibung bereits eine hinreichend klare Vorstellung besteht; *Benkard* Rn 13; *Schmieder* NJW 1977, 1217; *Schulte* Rn 35.
103 BGH GRUR 2003, 901 MAZ, Markensache.
104 BGH GRUR 2012, 89 Stahlschluessel, Markensache.

darf ohne Wiedereröffnung der mündlichen Verhandlung nicht berücksichtigt werden, ebensowenig neue Anträge (zur Erledigung Rn 203 zu § 73).[105] Beiderseitiger Schriftsatznachlass käme einem Übergang in das schriftliche Verfahren gleich und scheidet deshalb aus.[106] Bei Schriftsatznachlass steht einer Verschiebung des grds innerhalb von drei Wochen (§ 94 Abs 1 Satz 2) – anzuberaumenden Verkündungstermins im Hinblick auf die in 94 Abs 1 Satz 2 als Ausnahmetatbestand angesprochenen wichtigen Gründe nichts im Weg.[107] Allerdings findet in der Praxis hieran von vornherein keine Orientierung statt.

II. Übergang in das schriftliche Verfahren

38   Im Anschluss an die mündliche Verhandlung kann in das schriftliche Verfahren übergegangen werden,[108] wenn die Verhandlung nicht zur Entscheidungsreife geführt hat und auch ein Schriftsatznachlass nicht ausreicht. Einverständnis der Beteiligten ist Voraussetzung.[109] Die mündliche Verhandlung verliert mit dem Übergang ihre verfahrensrechtl Bedeutung, § 93 Abs 3 ist nicht anwendbar.[110] Ob der Übergang ordnungsgemäß erfolgt ist, unterliegt nicht der Prüfung auf zulassungsfreie Rechtsbeschwerde.[111] Ein Richterwechsel ist beim Übergang in das schriftliche Verfahren unschädlich.[112]

39   Für die **Anwendbarkeit von § 128 Absatz 2 ZPO** spricht, dass hier das im Beschwerdeverfahren allg geltende Regel-Ausnahme-Verhältnis einer nur fakultativen mündlichen Verhandlung im Hinblick auf die bereits durchgeführte mündliche Verhandlung nicht ohne Weiteres gilt. Das – im Normalfall (vgl auch Rn 43) zutr – Argument des grds schriftlichen Verfahrens vor dem BPatG und damit das Vorliegen von Besonderheiten gegenüber dem Zivilverfahren greift insoweit dennoch zu kurz,[113] weil die Verfahrenssituation dadurch charakterisiert ist, dass die Beteiligten mit der durchgeführten mündlichen Verhandlung bereits die qualitativ höchste Form rechtl Gehörs realisiert hatten, so dass das Regel-Ausnahme-Argument einer nur fakultativen mündlichen Verhandlung nicht überzeugt. Auch der BGH hat es als verfahrensfehlerhaft angesehen, wenn die Voraussetzungen des § 128 Abs 2 Satz 2, Satz 3 ZPO (Schriftsatzfrist als Entsprechung für den Schluss der mündlichen Verhandlung, Bestimmung eines Verkündungstermins unter Einhaltung der dreimonatigen Frist zwischen der Zustimmung zum schriftlichen Verfahren und der ohne mündliche Verhandlung getroffenen Entscheidung) nicht eingehalten wurden.[114]

40   Aus dem schriftlichen Verfahren kann **erneut zur mündlichen Verhandlung** übergegangen werden, ohne dass dies einer Zustimmung bedarf.[115] Das schriftliche Verfahren endet damit.[116] In diesem Fall sind nur die in der mündlichen Verhandlung gestellten Anträge zu bescheiden.[117] Fehlender Hinweis in der Terminsladung auf den Übergang begründet keinen Vertretungsmangel, wenn der Vertreter in der Verhandlung nicht erscheint und der erschienene Beteiligte von der Vorstellung geleitet war, es werde nicht abschließend zur Sache verhandelt.[118]

41   Erneute mündliche Verhandlung ist anzuberaumen, wenn nach einvernehmlichem Übergang in das schriftliche Verfahren die **Zustimmung widerrufen** wird. Dies ist wegen der grds Unwiderruflichkeit der

---

105 *Zöller* § 283 ZPO Rn 5.
106 *Zöller* § 283 ZPO Rn 3.
107 *Schulte* Rn 35.
108 BGH GRUR 1974, 294 Richterwechsel II; BGH GRUR 1982, 406 Treibladung; BGH GRUR 1986, 47 f Geschäftsverteilung; *Benkard* Rn 30; *Schulte* Rn 29; *Fitzner/Lutz/Bodewig* Rn 14.
109 BGH GRUR 1974, 294 Richterwechsel II; BPatG 29.10.2002 8 W (pat) 51/99: kein Übergang, wenn Entscheidung nach Aktenlage beantragt wurde; *Schulte* Rn 29; einschränkend *Ströbele/Hacker* § 69 MarkenG Rn 19: sofern ein Beteiligter an der mündlichen Verhandlung nicht teilnimmt, soll dessen Einverständnis nicht erforderlich sein.
110 BGH GRUR 1974, 294 Richterwechsel II.
111 BGH 18.2.1972 I ZB 3/71.
112 BGH GRUR 1971, 532 Richterwechsel I; BGH GRUR 1974, 294 Richterwechsel II; BGH GRUR 1987, 55 Richterwechsel III; BGH 18.2.1972 I ZB 3/71; zum Markenrecht, ohne nähere Begründung; BGH GRUR 2003, 546 TURBO-TABS; BGH GRUR 2011, 654 Yoghurt-Gums.
113 So aber *Benkard* Rn 32; *Ströbele/Hacker* § 69 MarkenG Rn 1, 20.
114 BGH GRUR 2003, 546 TURBO-TABS; ebenso *Schulte* Rn 31.
115 BGH Mitt 1977, 36 Beugungseffekte; *Schulte* Rn 33.
116 BGH Mitt 1979, 120 Bildspeicher.
117 BGH Mitt 1979, 198 Schaltuhr.
118 BGH Beugungseffekte.

Zustimmung als Prozesserklärung nur möglich bei wesentlicher Änderung der Verfahrenslage,[119] wie auch § 128 Abs 2 Satz 1 ZPO zeigt, oder solange der Gegner seine Zustimmung noch nicht erteilt hat.[120] Hält man § 128 Abs 2 ZPO für entspr anwendbar (Rn 39), gilt dies auch, wenn die Dreimonatsfrist seit Zustimmung verstrichen ist (§ 128 Abs 2 Satz 3 ZPO). Die Zustimmung erstreckt sich nur auf die nächste Entscheidung und wird durch sie verbraucht, wenn sie Endentscheidung ist oder diese wesentlich vorbereitet, wie zB ein Beweisbeschluss, nicht aber eine rein prozessleitende Maßnahme.[121]

F. Schriftliches Verfahren

I. Allgemeines

Ist die Anberaumung einer mündlichen Verhandlung nicht veranlasst, kann im schriftlichen Verfah- **42** ren entschieden werden. Zu berücksichtigen ist die Sachlage zum Zeitpunkt der Entscheidung (Rn 47, 55 zu § 79), dh bei Übergabe an die Postabfertigungsstelle,[122] sofern nicht entspr § 128 Abs ZPO verfahren wird, also ein Zeitpunkt, bis zu dem Schriftsätze eingereicht werden können, und ein Termin zur Verkündung einer Entscheidung bestimmt werden (Rn 60 zu § 47).

II. Gestaltung des Verfahrens

In der Praxis wird das schriftliche Verfahren ohne Fristsetzung und Bestimmung eines Verkündungs- **43** termins gestaltet. Das erscheint auch gerechtfertigt, da § 128 Abs 2 ZPO dem im Zivilprozess bestehenden Ausnahmecharakter von der zwingenden mündlichen Verhandlung Rechnung trägt, während das Beschwerdeverfahren nur fakultativ eine mündliche Verhandlung vorsieht und diese nur in den Fällen des § 78 anzuberaumen ist.[123] Insoweit ist die Situation auch von der eines nach mündlicher Verhandlung erfolgten Übergangs in das schriftliche Verfahren zu unterscheiden (Rn 39).

Eine Entscheidung ohne mündliche Verhandlung ist nicht an einen **bestimmten Termin** gebunden; **44** die Beteiligten können deshalb nicht darauf vertrauen, dass das Gericht sie über einen Termin zur Beschlussfassung unterrichtet oder ihnen Äußerungsfristen setzt.[124] Rechtzeitig eingegangene Schriftsätze sind relevant, gleichgültig, ob sie dem Gericht zur Kenntnis gelangt sind; dies kann für die Rechtsbeschwerde Bedeutung erlangen.[125]

Eine **Fristsetzung zur Stellungnahme** ist zweckmäßig, weil sie das Verfahren strukturiert, aber **45** nicht zwingend. Dem Anspruch auf rechtl Gehör wird bereits dadurch hinreichend Rechnung getragen, dass das Gericht erst nach einer angemessenen Frist, innerhalb derer Gelegenheit zur Äußerung besteht, entscheidet.[126] Das Mindestmaß der einzuhaltenden Anhörungsfrist richtet sich nach den Fallumständen und damit insb auch nach der Anzahl und dem Umfang der mit der Beschwerdebegründung neu in das Verfahren eingeführten Entgegenhaltungen.[127] Jedenfalls wenn das BPatG vor Beginn der Bearbeitung durch besondere Mitteilung Gelegenheit zur Einreichung einer Beschwerdebegründung gibt, kann der Beschwerdeführer, der um Mitteilung gebeten hat, darauf vertrauen, dass er eine entspr Aufforderung erhält; unterbleibt diese und reicht er deshalb keine Beschwerdebegründung ein, verletzt die gleichwohl ergangene Entscheidung seinen Anspruch auf rechtl Gehör.[128] Der Anspruch auf rechtl Gehör wird nicht dadurch verletzt, dass das Gericht nach Rücknahme des Antrags auf mündliche Verhandlung kurzfristig

---

119 *Schulte* Rn 31; *Fitzner/Lutz/Bodewig* Rn 14; *Baumbach/Lauterbach/Albers/Hartmann* § 128 ZPO Rn 23; *Thomas/Putzo* § 128 ZPO Rn 27; zur wesentlichen Änderung der Prozesslage BGHZ 105, 270 = NJW 1989, 229.

120 BGH NJW 2001, 2479, auf § 128 Abs 2 Satz 1 ZPO abstellend.

121 BSGE 44, 292 = MDR 1978, 348; *Thomas/Putzo* § 128 ZPO Rn 28; *Baumbach/Lauterbach/Albers/Hartmann* § 128 ZPO Rn 22.

122 BGH GRUR 1997, 223 f Ceco, Markensache; vgl BGH GRUR 1967, 435 Isoharnstoffäther; BGH GRUR 1982, 406 Treibladung; BGH GRUR 2000, 688 Graustufenbild; vgl auch EPA T 296/93 ABl EPA 1995, 627; EPA T 798/95.

123 *Ströbele/Hacker* § 69 MarkenG Rn 20.

124 BGH GRUR 1997, 223 f Ceco, Markensache.

125 BGH GRUR 1974, 210 Aktenzeichen; *Benkard* § 79 Rn 14.

126 BGH GRUR 2000, 597 Kupfer-Nickel-Legierung.

127 BGH Kupfer-Nickel-Legierung.

128 BGH GRUR-RR 2008, 457 Tramadol.

und ohne besondere Ankündigung im schriftlichen Verfahren entscheidet, sofern die Gegenseite ausreichend Gelegenheit verbleibt, ihrerseits mündliche Verhandlung oder Einräumung einer Äußerungsfrist zu beantragen.[129]

46 **Maßgebliches Vorbringen.** Zu unterscheiden ist zwischen dem Erlass und dem die Rechtsmittelfrist auslösenden Wirksamwerden des Beschlusses durch Verkündung (§ 96) oder Zustellung (hierzu Rn 60 zu § 47; zu Bedeutung für die Rücknahme der Beschwerde Rn 173 f zu § 73).[130] Nach stRspr des BVerfG verpflichtet Art 103 Abs 1 GG das Gericht, nicht zwingend den Senat (vgl Rn 55 zu § 79), die Ausführungen der Prozessbeteiligten zur Kenntnis zu nehmen und in Erwägung zu ziehen, die bis zum Erlass der Entscheidung eingegangen sind (näher Rn 49 ff zu § 100). Ein im schriftlichen Verfahren gefasster Beschluss ist bereits erlassen (existent) und bindend, sobald er wirksam unterschrieben oder mit einer Signatur versehen ist und den inneren Geschäftsbetrieb endgültig verlassen hat, um nach außen zu dringen (Einzelheiten Rn 60 zu § 47; Rn 48 ff zu § 73),[131] also zB erst dann, wenn der Urkundsbeamte der Geschäftsstelle ihn der Poststelle übergeben hat, nicht erst mit Zustellung, die den maßgeblichen Zeitpunkt für das Wirksamwerden bildet (Rn 60 zu § 47). Demgegenüber fallen bei verkündeten Beschlüssen Erlass und Wirksamwerden zusammen. Für die Frage des Entscheidungszeitpunkts und dafür, welches Vorbringen das Gericht im schriftlichen Verfahren zu berücksichtigen hat, kommt es deshalb – anders als bei Beschlüssen, die aufgrund mündlicher Verhandlung verkündet (§ 94 Abs 1 Satz 1) oder bei Beschlüssen, die an Verkündungs Statt zugestellt werden (§ 94 Abs 1 Satz 4) werden, nicht auf den Schluss der mündlichen Verhandlung bzw den Zeitpunkt Beschlussfassung an, sondern auf den Zeitpunkt der Herausgabe durch die Geschäftsstelle (zur Beschwerde Rn 55 zu § 79).[132] Dies gilt auch für das Vorliegen der Verfahrensvoraussetzungen (Rn 58 vor § 73) und für die Selbstbindung des Gerichts (umstr, Rn 102 f zu § 79).

§ 79
(Entscheidung)

(1) Über die Beschwerde wird durch Beschluß entschieden.

(2) [1] **Ist die Beschwerde nicht statthaft oder nicht in der gesetzlichen Form und Frist eingelegt, so wird sie als unzulässig verworfen.** [2] **Der Beschluß kann ohne mündliche Verhandlung ergehen.**

(3) [1] **Das Patentgericht kann die angefochtene Entscheidung aufheben, ohne in der Sache selbst zu entscheiden, wenn**

1. **das Patentamt noch nicht in der Sache selbst entschieden hat,**
2. **das Verfahren vor dem Patentamt an einem wesentlichen Mangel leidet,**
3. **neue Tatsachen und Beweismittel bekannt werden, die für die Entscheidung wesentlich sind.**

[2] **Das Patentamt hat die rechtliche Beurteilung, die der Aufhebung zugrunde liegt, auch seiner Entscheidung zugrunde zu legen.**

MarkenG: § 68 Abs 1

---

129 BGH GRUR 2000, 597 Kupfer-Nickel-Legierung.
130 BGH GRUR 1967, 435 Isoharnstoffäther; BGH GRUR 1997, 223 Ceco; *van Hees/Braitmayer* Rn 361 ff.
131 *Thomas/Putzo* § 329 ZPO Rn 5; *van Hees/Braitmayer* Rn 361 f.
132 BGH GRUR 1997, 223 f Ceco; BGH GRUR 1982, 262 Treibladung; BGH GRUR 1967, 435 f Isoharnstoffäther.

Schrifttum: *Anders* Die Teilung der Patentanmeldung im Beschwerdeverfahren: Zuständigkeiten für die Trennanmeldung, GRUR 2009, 200; *Bendler* Vorsicht bei Zurücknahme der Beschwerde des Einsprechenden! Mitt 1962, 214; *Bernhardt* Das neue Verfahren in Patentsachen, NJW 1961, 996; *Brandi-Dohrn* Der Vergleich als Mittel zur Streitbeilegung, VPP-Rdbr 1993, 29; *Engel* Die Prüfungsbefugnis der Patentabteilung und des Bundespatentgerichts im Einspruchs- und Einspruchsbeschwerde-Verfahren, FS R. Nirk (1992), 195; *Flad* Änderungen des Patents im Einspruchs-, Einspruchsbeschwerde-, Nichtigkeits- und Beschränkungsverfahren, GRUR 1995, 178; *Haeuseler* Nochmals: Wie sollen die Beschwerdesenate des Patentgerichts entscheiden? GRUR 1962, 77; *Hövelmann* Kassation, Ermessen und Entscheidungskompetenz, GRUR 1997, 875; *Hövelmann* Patentverzicht und Erledigung, GRUR 2007, 283; *Hövelmann* Der nicht beschiedene Hilfsantrag, GRUR 2009, 718; *Hiete* Über die Einheitlichkeit des Patenterteilungsverfahrens, GRUR 1966, 529; *Horn* Fortsetzung des Beschwerdeverfahrens von Amts wegen? Mitt 1962, 96; *Keukenschrijver* Änderungen der Patentansprüche erteilter Patente im Verfahren vor dem Bundespatentgericht und vor dem Bundesgerichtshof, GRUR 2001, 571; *Nebesky* Die Bindungswirkung zwischen dem Patentamt und dem Bundespatentgericht, Mitt 1971, 101; *Röhl* Was bringt das Patentänderungsgesetz für das Bundespatentgericht? BB 1968, 18; *Ruso* Zur Fortsetzung des Beschwerdeverfahrens von Amts wegen, GRUR 1962, 493; *Schulte* Die Bindung des Patentamts an Beschlüsse des Patentgerichts, GRUR 1975, 573; *Schulte* Die Behandlung verspäteten Vorbringens im Verfahren vor dem Europäischen Patentamt, GRUR 1993, 300; *Schwerdtner* Das patentrechtliche Nichtigkeitsverfahren und seine zivilprozessualen Auswirkungen, GRUR 1968, 9; *Sedemund-Treiber* Einspruchsbeschwerdeverfahren quo vadis? GRUR Int 1996, 390; *Sieckmann* Die Geltendmachung von weiteren Einspruchsgründen nach Ablauf der Einspruchsfrist vor dem Deutschen und dem Europäischen Patentamt, insbesondere in der Beschwerde, GRUR 1997, 156; *Strehlke* Der BGH-Beschluß „Polymermasse" (Teil I): Die Prüfungskompetenz des Bundespatentgerichts im Einspruchsbeschwerdeverfahren, Mitt 1999, 416; *Thomsen* Wie sollen die Beschwerdesenate des Patentgerichts entscheiden? GRUR 1961, 560; *Völcker* Hilfsantragshäufung und Teilentscheidung im patentgerichtlichen Beschwerdeverfahren, Mitt 1972, 141.

A. Entstehungsgeschichte

1   Die Bestimmung ist durch das 6. ÜberlG als § 36p geschaffen worden. Das PatÄndG 1967 hat Abs 3 unter Übernahme der Regelung in § 130 VwGO eingefügt, um zu verhindern, dass das BPatG Arbeit leisten muss, die der einzelne Prüfer wirtschaftlicher leisten kann.[1]

B. Unterbrechung, Aussetzung, Erledigung des Beschwerdeverfahrens ohne Beschwerdeentscheidung

I. Allgemeines

2   Das Beschwerdeverfahren endet im Regelfall mit der Entscheidung über die Beschwerde nach Abs 1. Auch die Rücknahme der (bei mehreren Beschwerden: aller) Beschwerden beendigt das Verfahren (Rn 177 zu § 73). Hinsichtlich der weiteren Beendigungstatbestände ist zwischen der Beschwerde im Erteilungsverfahren und der Beschwerde im Einspruchsverfahren zu unterscheiden, die übrigen Verfahrensarten bieten keine Besonderheiten.

3   Hiervon zu unterscheiden ist das Erlöschen des Patents, zB durch Verzicht als Fall der **Erledigung der Hauptsache** bzw der Beschwerde (Rn 187 ff zu § 73),[2] soweit nicht das Verfahren fortzusetzen ist, weil ein Rechtsschutzbedürfnis des Einsprechenden am Widerruf fortbesteht.[3] Für den Beschwerdesenat ist außer der Feststellung der Erledigung (Rn 191 zu § 73) grds keine Entscheidung in der Sache veranlasst, sofern nicht der Beschwerdeführer an seinem Begehren in der Hauptsache festhält oder ausnahmsweise über Kosten oder die Rückzahlung der Beschwerdegebühr zu entscheiden ist (Rn 191 zu § 73).

4   Feststellung der Erledigung mit nachfolgender **Kostenentscheidung** kann auch grds entspr § 91a ZPO im Einspruchs(beschwerde)verfahren im Fall der Erledigung der Hauptsache (der Beschwerde) in Betracht kommen (Rn 191 zu § 73).[4]

5   Soweit wie bei **Rücknahme des (einzigen) Einspruchs** die Beschwerde unzulässig wird (Rn 186 zu § 73), ist das Beschwerdeverfahren grds durch eine Entscheidung abzuschließen; für eine rein aktenmäßige Behandlung ist hier kein Raum;[5] anders bei **Rücknahme der Anmeldung** im Beschwerdeverfahren, die das Verfahren unmittelbar beendet (Rn 181 zu § 73) und nicht nur zu dessen Erledigung oder Erledigung des Anmeldeverfahrens in der Hauptsache führt (Rn 181 zu § 73).

---

1   Vgl Begr BlPMZ 1967, 244, 262.
2   BPatGE 29, 84, 86 = GRUR 1988, 30 folgert hieraus zu weitgehend Beendigung des Beschwerdeverfahrens.
3   BPatG 21.5.2003 28 W (pat) 175/02, Markensache.
4   BPatGE 45, 21, GbmSache.
5   BPatGE 29, 92 = BlPMZ 1988, 196.

II. Unterbrechung des Beschwerdeverfahrens

1. Gesamtrechtsnachfolge; Insolenz. Erbe,[6] gesellschaftrechtl Gesamtrechtsnachfolger[7] und Insol- **6**
venzverwalter bei Insolvenz[8] sowie Sequester[9] (Rn 346 f zu § 59) treten nach Aufnahme des gem §§ 239 f
ZPO unterbrochenen Verfahrens (Rn 7) kraft Gesetzes in die Stellung des Beteiligten (Anmelders, Patentinhabers, Einsprechenden) ein (zum Einspruchsverfahren Rn 235 zu § 59),[10] oder sind als Partei kraft Amts
befugt, das Verfahren in eigenem Namen weiterzuführen,[11] ohne dass es einer Übernahme der Verfahrensstellung nach § 265 Abs 2 ZPO oder einer vorherigen Umschreibung im Patentregister bedarf (Rn 26 zu
§ 74), da § 30 Abs 3 Satz 2 nicht anwendbar ist.[12] Das gilt auch für die Auslandsinsolvenz (Rn 352 zu § 59);
ebenso für die Insolvenz des Antragstellers im Kostenfestsetzungsverfahren.[13]

Stattdessen gelten – anders als in Nebenverfahren wie Akteneinsicht, Kostenfestsetzung[14] oder Wie- **7**
dereinsetzung[15] – die §§ 239 f ZPO, wonach das Verfahren unterbrochen wird, **ausgenommen** im Fall des
§ 246 ZPO bei Vertretung durch einen Prozessbevollmächtigten.[16] So tritt **Unterbrechung** ein nach § 239
ZPO bei Tod oder nach § 240 ZPO bei Insolvenzeröffnung,[17] wobei die in § 249 ZPO bestimmte Wirkung der
Verfahrensunterbrechung erst durch Aufnahme nach § 250 ZPO beendet wird, oder § 86 InsO[18] oder sonstige die Unterbrechung nach der InsO beendenden Umstände,[19] und sodann das Verfahren ohne weiteres
vom Aufnehmenden unter Berichtigung der Parteibezeichnung weitergeführt wird (dagegen zum Wegfall
Rn 354 zu § 59). Tod des Inlandsvertreters unterbricht nicht.[20] Ob die Rechtsstellung des beschwerdeführenden Einsprechenden insolvenzbefangen sein kann, ist zwh, hier soll zu differenzieren sein (Rn 346 zu
§ 59, zu der des Nichtigkeitsklägers Rn 65 zu § 81).[21]

2. Bei **Einzelrechtsnachfolge** findet im Einspruchsverfahren auf Seiten des Patentinhabers § 265 **8**
Abs 2 ZPO Anwendung,[22] ob diese Bestimmung auch im einseitigen Anmeldebeschwerdeverfahren an-
wendbar ist, ist zwh, aber vom BGH zum Markenrecht bejaht worden (Einzelheiten Rn 229 ff zu § 59 und
Rn 25 zu § 74 zur Beschwerde).

III. Aussetzung des Verfahrens entspr § 148 ZPO kommt grds in Betracht (Rn 8 zu § 99). **9**

IV. Zur **Rücknahme der Beschwerde** Rn 164 ff zu § 73. **10**

V. Besonderheiten im Erteilungsbeschwerdeverfahren

1. Zur **Rücknahme der Anmeldung** im Beschwerdeverfahren Rn 178 zu § 73. **11**

---

6 BPatGE 32, 153, zum GbmLöschungsverfahren.
7 BGH GRUR 2008, 551 Sägeblatt; BPatGE 32, 153.
8 *Schulte* Einl Rn 185; zum Konkurs: BPatGE 38, 131; BPatGE 40, 227.
9 BGH GRUR 2008, 87 Patentinhaberwechsel im Einspruchsverfahren.
10 *Schulte* Einl Rn 190; *van Hees/Braitmayer* Rn 158.
11 Differenzierend für die Sequestration BGH GRUR 2008, 87 Patentinhaberwechsel im Einspruchsverfahren.
12 BPatG 23.6.2009 3 Ni 39/07, zur Erbengemeinschaft und Vollmacht nach § 246 ZPO; BPatGE 29, 244; BPatGE 32, 153
zum GbmLöschungsverfahren; *Schulte* § 30 Rn 49; *Schulte* § 81 Rn 19. Zur Verfahrensführungsbefugnis des Sequesters
BGH Patentinhaberwechsel im Einspruchsverfahren.
13 BGH GRUR 1965, 621 Patentanwaltskosten.
14 *Schulte* Einl Rn 192.
15 BGH GRUR 2008, 551 Sägeblatt, zur Wiedereinsetzung in die Frist zur Zahlung der siebten Jahresgebühr, entgegen
BPatG BlPMZ 2007, 350.
16 BGHZ 121, 263; BPatG 23.6.2009 3 Ni 39/07.
17 BPatG 28.10.2010 6 W (pat) 313/07, zum Tod des Patentinhabers; zur Insolvenz BPatGE 38, 44; BPatGE 40, 227.
18 Zur entspr Anwendbarkeit des § 86 Abs 1 Nr 1 InsO: BPatGE 53, 153; BGHZ 197, 177 = GRUR 2013, 862 Aufnahme des
Patentnichtigkeitsverfahrens.
19 Vgl hierzu *Schulte* Einl Rn 194.
20 BGHZ 51, 269, 273 = GRUR 1969, 437 Inlandsvertreter.
21 Bejahend BPatGE 40, 227, auch zur verzögerten Aufnahme; BPatG 5.12.1995 23 W (pat) 54/93; BPatGE 26, 23, 25 =
BlPMZ 1983, 198; für das Markenrecht BPatGE 38, 131 = GRUR 1997, 833 f; vgl BGH GRUR 1968, 613 Gelenkkupplung.
22 BGHZ 172, 98 = GRUR 2008, 87 Patentinhaberwechsel im Einspruchsverfahren.

12   2. Zum **Ablauf der Schutzdauer** Rn 195 ff zu § 73.

VI. Besonderheiten im Einspruchsbeschwerdeverfahren

1. Einspruchsrücknahme

13   **a. Grundsatz** (vgl Rn 183 ff zu § 73). Die Rücknahme des Einspruchs beendet – anders als die der Beschwerde – das Verfahren wegen § 61 Abs 1 Satz 2 nicht (Einzelheiten und Ausnahmen Rn 184 ff zu § 73). Über eine Praxis, den Einspruch nicht auf das stärkste Material zu stützen und dieses nur außerhalb des Verfahrens zu übermitteln, wurde berichtet;[23] unter dem Gesichtspunkt der Wahrheitspflicht nach § 124 ist dies bdkl. Das BPatG hat bei einverständlicher Einspruchsrücknahme gelegentlich von der Durchführung einer Beweisaufnahme über behauptete Vorbenutzungen abgesehen,[24] was aber nur insoweit mit dem Amtsermittlungsgrundsatz in Einklang zu bringen ist, als die Grenze der Zumutbarkeit einer weiteren Sachaufklärung vAw erreicht ist (Einzelheiten Rn 300 zu § 59).

14   **b.** Zur Rücknahme des Einspruchs bei **Beschwerde des Patentinhabers** Rn 185 zu § 73.

15   **c.** Zur Rücknahme des Einspruchs bei **Beschwerde des Einsprechenden** Rn 186 zu § 73.

16   **2. Erledigung bei Erlöschen des Patents.** Das Erlöschen des Patents, gleich aus welchem Rechtsgrund, erledigt die Hauptsache (str, Einzelheiten Rn 195 ff zu § 73) bzw das Beschwerdeverfahren (zum Unterschied Rn 188 f zu § 73), sofern nicht ein Rechtsschutzbedürfnis an einer Entscheidung dargetan werden kann, es beendet das Verfahren aber nicht ohne weiteres.[25] Deshalb kann das Erlöschen des Patents auch nur im Rahmen des nach § 296a ZPO beachtlichen Vorbringens bis zum Schluss der mündlichen Verhandlung oder dem entspr Zeitpunkt im schriftlichen Verfahren beachtlich sein (Rn 196, 203 zu § 73). Die Erledigung ist vAw auszusprechen (Rn 191 zu § 73), wobei die Beschwerde nicht unzulässig wird (str, vgl Rn 197 zu § 73; Rn 335 f zu § 59).[26]

17   **VII. In sonstigen Beschwerdeverfahren** gelten keine Besonderheiten. Zur Rücknahme des Löschungsantrags im GbmLöschungsbeschwerdeverfahren Rn 28 zu § 17 GebrMG, Rn 53 zu § 17 GebrMG.

VIII. Vergleich

18   **1. Allgemeines.** Vor dem BPatG abgeschlossene und protokollierte Vergleiche sind gerichtliche Vergleiche iSv § 794 Abs 1 Nr 1 ZPO und damit grds für die Zwangsvollstreckung geeignete Titel. Dies gilt auch für solche im (Gesamt-)Vergleich geregelten Gegenstände, die normalerweise nicht in die Zuständigkeit des BPatG fallen.[27] Ein Vergleich kommt im einseitigen Beschwerdeverfahren schon begrifflich nicht in Betracht. Im echten zweiseitigen Verfahren (Beschwerde gegen Kostenfestsetzungsbeschlüsse) ist er ohne weiteres möglich. Da der Prozessvergleich ein Prozessvertrag ist, der sowohl Prozesshandlung als auch materielles Rechtsgeschäft (regelmäßig Vergleich nach § 779 BGB) ist, besitzt er eine Doppelnatur und ist nur wirksam, wenn er sowohl den prozessualen Anforderungen als auch den materiellrechtl Voraussetzungen genügt.[28] Die ordnungsgem Protokollierung des Prozessvergleichs ersetzt jede vom Gesetz für ein

---

23   *Brandi-Dohrn* VPP-Rdbr 1993, 29, 31.

24   BPatG GRUR 1978, 358; BPatG GRUR 1981, 651 und hierzu *Brandi-Dohrn* VPP-Rdbr 1993, 29, 31; vgl auch EPA T 34/94; EPA T 634/91; EPA T 129/88 ABl EPA 1993, 598 Faser.

25   BPatGE 29, 84 = GRUR 1988, 30 für den Verzicht auf das Patent; *van Hees/Braitmayer* Rn 693; *Hövelmann* GRUR 2007, 283 f, BPatGE 29, 65 = GRUR 1987, 807, für den Ablauf der Schutzdauer; BGH GRUR 1997, 615 Vornapf; BPatG 15.1.1996 4 W (pat) 71/94 BlPMZ 1997, 175 Ls, für Nichtzahlung der Jahresgebühr; vgl auch BPatG 28, 80 = GRUR 1986, 808, GbmSache, sowie BPatG 5.12.1973 7 W (pat) 108/73.

26   BPatG GRUR 2010, 363.

27   BPatGE 36, 146 = GRUR 1996, 402.

28   *Thomas/Putzo* § 794 ZPO Rn 3.

Rechtsgeschäft vorgeschriebene Form (§ 127a BGB). Der Inhalt des Vergleichs kann sich über den Streitgegenstand hinaus auch auf prozessfremde Angelegenheiten erstrecken.[29]

2. Voraussetzungen. Sofern der Abschluss nicht schriftlich nach § 278 Abs 6 Satz 1 ZPO aufgrund eines gerichtlichen oder von den Beteiligten dem Gericht unterbreiteten Vorschlags mit anschließender Feststellung durch Beschluss erfolgt, muss der gerichtliche Vergleich vor einem Gericht in der mündlichen Verhandlung unter gleichzeitiger Anwesenheit der Parteien des Vergleichs geschlossen werden. Dritte können einbezogen werden, ohne Beteiligte des Verfahrens[30] oder beigeladen zu werden. Der Vergleich muss ordnungsgem zu Protokoll erklärt und nach § 162 Abs 1 ZPO, § 160 Abs 3 Nr 1 ZPO beurkundet werden. Der nach § 160 Abs 5 ZPO als Anlage zum Protokoll zu nehmende oder als Bestandteil des Protokolls aufzunehmende Vergleich muss die vollständige Parteibezeichnung und einen vollstreckbaren Inhalt (keine bloßen Bezugnahmen auf Urkunden usw, die nicht der Vergleichsurkunde angeheftet sind) enthalten, da sonst eine vollstreckbare Ausfertigung nach §§ 795, 724 ZPO nicht erteilt werden kann und eine Zwangsvollstreckung nicht möglich ist. Bei Verletzung der Protokollierungsvorschriften ist der Prozessvergleich als solcher unwirksam und schafft keinen Vollstreckungstitel.[31] Ein vor dem befassten Spruchkörper geschlossener Vergleich ist auch ein gerichtlicher Vergleich iSd § 127a BGB, wenn er zwar erst nach rechtskräftigem Abschluss des anhängigen Gerichtsverfahrens, aber noch in einem äußeren und inneren Zusammenhang damit geschlossen wird.[32] 19

Der Prozessvergleich erfordert **gegenseitiges Nachgeben**,[33] das in rechtl zulässigen Leistungen jeglicher Art bestehen kann,[34] wie Verzicht, Übernahme neuer Verpflichtungen, auch auf in Bezug auf Ansprüche außerhalb des Rechtsstreits, oder in einer Einigung der Parteien über die Prozessbeendigung unter Aufteilung oder Übernahme der Kosten, auch wenn die materielle Seite des Rechtsstreits ungeregelt gelassen wird.[35] 20

3. Grenzen. Die Bedeutung des Vergleichs als Mittel der Streitbeilegung im Einspruchsbeschwerdeverfahren ist zurückhaltend zu beurteilen.[36] Eine Streitbeilegung im Vergleichsweg ist nur möglich, soweit die Beteiligten über ihre Rechte verfügen können (so ausdrücklich im Verwaltungsprozess § 106 Satz 1 VwGO), der Verfahrensgegenstand und die Verfahrensrechte insb disponibel sind. So ist insb eine verfahrensbeendende Rücknahme des Einspruchs wegen § 61 Abs 1 Satz 2 ebenso ausgeschlossen wie das Fallenlassen einzelner Widerrufsgründe mit Ausnahme der widerrechtl Entnahme (Rn 270 zu § 59; Rn 24, 66 zu § 61), da dies nicht zur Disposition der Beteiligten steht. Ausgeschlossen sind deshalb auch alle Inhalte, die den Verfahrensgrundsätzen des Einspruchsverfahrens als nicht bzw quasi-kontradiktorischen Verfahrens zuwiderlaufen (Rn 13 zu § 59; Rn 133 zu § 73), wie Anerkenntnis oder Verzicht iSv §§ 306, 307 ZPO oder das Betreiben des Ruhens des Verfahrens (§ 251a ZPO; vgl Rn 297 zu § 59). Die Beteiligten können auch die Sachprüfung des Patents nicht suspendieren. Vereinbarungen über den Rechtsbestand oder den Inhalt des Patents sind deshalb ausgeschlossen[37] und erzeugen weder eine unmittelbar verfahrensbeendende Wirkung des Verfahrens[38] noch können sie bei Selbstbeschränkung die Gestaltungswirkung entbehrlich machen (zur Erledigung Rn 337 f zu § 59). 21

Soweit dem weder durch Registereintrag legitimierten noch ansonsten **sachbefugten ehemaligen Patentinhaber** nach Übertragung und Umschreibung die materiellrechtl Verfügungsbefugnis über das Patent fehlt, kann auch § 265 Abs 2 Satz 1 ZPO insoweit keine materiellrechtl Legitimation begründen; im übrigen ist zwh, ob und wieweit die nach der Rspr des BGH als anwendbar gesehene Regelung des § 265 Abs 2 Satz 1 ZPO als Fall gesetzlicher Verfahrensstandschaft im Hinblick auf die fehlende Registerlegitima- 22

---

29 BGHZ 14, 381; *Staudinger* § 779 BGB Rn 96.
30 *Staudinger* § 779 BGB Rn 95.
31 BGHZ 14, 381, 398.
32 OLG München NJW 1997, 2331; *Stein/Jonas* § 794 ZPO Rn 19.
33 BGHZ 16, 388 = NJW 1955, 705; *Thomas/Putzo* § 794 ZPO Rn 15.
34 *Kopp/Schenke* § 106 VwGO Rn 5.
35 *Staudinger* § 779 BGB Rn 95; *Stein/Jonas* § 794 ZPO Rn 8, 17.
36 *Lindenmaier* § 36p Rn 17.
37 BPatGE 36, 146 = GRUR 1996, 402.
38 In diesem Sinn auch BPatGE 36, 146 = GRUR 1996, 402.

tion (§ 30 Abs 3 Satz 2) anwendbar ist (vgl Rn 235 ff zu § 59), so dass auf die Vorlage einer Ermächtigung bzw Vollmacht des Rechtsinhabers nicht verzichtet werden sollte.

23   **4. Inhalt, Auslegung.** Bedingungen und Befristungen dürfen aufgenommen werden, auch ein Widerrufsvorbehalt.[39] Inhaltlich kann der Vergleich Verpflichtungen, aber auch Verfügungen jeglicher Art enthalten[40] oder die unmittelbare Abgabe von Willenserklärungen (ausgenommen solche, deren Wirksamkeitsvoraussetzungen fehlen, wie Abgabe vor oder gegenüber einer bestimmten Behörde oder einem Gericht).[41] Dies hat den Vorteil, dass es keiner Vollstreckung mehr bedarf (Rn 24); der Vergleich ersetzt die notarielle Beurkundung, § 127a BGB. Der Patentinhaber kann eine Selbstbeschränkung des Patents vornehmen, auf das Patent durch Erklärung gegenüber dem DPMA nach § 20 Abs 1 Nr 1 verzichten oder sich hierzu verpflichten. Der Einsprechende kann eine Lizenz nehmen oder sich zu Entschädigungszahlungen, zur außergerichtlichen Übernahme der Verfahrenskosten oder in anderer Weise verpflichten. Eine Vereinbarung, die zu einem bestimmten prozessualen Verhalten verpflichtet, wie zur Klagerücknahme in einem anderen Verfahren, einem Klageausschluss, ist zulässig, wenn das zugesicherte Verhalten nicht gegen höherrangiges Recht oder die guten Sitten verstößt.[42] Als materiellrechtl Vertrag ist der Vergleich nach §§ 133, 157 BGB auszulegen, hinsichtlich seiner Bedeutung als Prozesserklärung sind die Auslegungsregeln des § 133 BGB entspr anzuwenden (Rn 46 ff vor § 73).

24   **5. Wirkung, Vollstreckbarkeit.** Der Prozessvergleich ist nach § 794 Abs 1 Nr 1 ZPO Vollstreckungstitel, ermöglicht allerdings – anders als beim Urteil – keine Zwangsvollstreckung nach § 894 ZPO auf Abgabe von Willenserklärungen, wie zB der Verpflichtung zur Rücknahme einer Klage, eines Antrags oder eines Verzichts gegenüber dem DPMA; hier bleibt nur eine Vollstreckung als unvertretbare Handlung nach § 888 ZPO[43] oder eine Klage auf Abgabe der Willenserklärung infolge der Verpflichtung im Vergleich,[44] was nachteilig ist, wenn die Verpflichtung nicht freiwillig erfüllt wird. Soweit der Vergleich nicht nur die Verpflichtung, sondern unmittelbar die Verfügung oder abgegebene Willenserklärung enthält, bedarf er keiner Vollstreckung.[45] Die Erklärung sollte deshalb im Vergleich selbst abgegeben werden.[46] Soweit der Vergleich Bestimmungen enthält, die in Rechte Dritter eingreifen, bedarf es für die Wirksamkeit der Beteiligung oder Zustimmung.[47] Der Prozessvergleich kann zugleich andere zwischen den Parteien anhängige Verfahren erledigen (Gesamtvergleich) und diese Verfahren durch entspr Erklärung unmittelbar beenden, ohne dass es weiterer Prozesshandlungen der Parteien in diesen Verfahren bedarf,[48] wie durch Abgabe der im Verletzungsprozess geforderten Unterlassungsverpflichtung, Gewährung eines aus einer weiteren Klage geforderten Mitbenutzungsrechts.[49] Soweit entspr Erklärungen, wie §§ 306, 307 ZPO (Verzicht, Anerkenntnis), Rücknahme der Klage oder eines Rechtsmittels,[50] wirksam nur in dem jeweiligen anhängigen Verfahren gegenüber dem zuständigen Prozessgericht/Rechtsmittelgericht abgegeben werden können[51] und nur diese das dortige Verfahren beenden,[52] bleibt die entspr Verpflichtungserklärung möglich, die im anderen Verfahren mangels unmittelbarer Wirkung als Prozessvertrag als prozesshindernde Einrede geltend gemacht werden kann, wie auch ein außergerichtlicher Vergleich[53] (nur) schuldrechtl Wirkung er-

---

39   *Thomas/Putzo* § 794 ZPO Rn 11.
40   *Kopp/Schenke* § 106 VwGO Rn 14.
41   *Zöller* § 794 ZPO Rn 12, 14.
42   BGH NJW-RR 1989, 1048; BGHZ 20, 198.
43   BGH NJW 1986, 2704.
44   *Thomas/Putzo* § 894 ZPO Rn 3.
45   *Thomas/Putzo* § 894 ZPO Rn 3.
46   *Baumbach/Lauterbach/Albers/Hartmann* § 794 ZPO Rn 7.
47   *Kopp/Schenke* § 106 VwGO Rn 20.
48   BAGE 36, 105; BAGE 36, 112 = NJW 1982, 788; BPatGE 36, 146 = GRUR 1996, 402; *Staudinger* § 779 BGB Rn 95; *Stein/Jonas* § 794 ZPO Rn 40, auf den Eingang des Protokolls oder die Mitteilung gegenüber dem anderen Gericht abstellend; ebenso für den außergerichtlichen Vergleich *Kopp/Schenke* § 106 VwGO Rn 20.
49   BPatGE 36, 146 = GRUR 1996, 402.
50   *Stein/Jonas* vor § 128 ZPO Rn 305; BGHZ 20, 198; BGHZ 28, 45 = NJW 1958, 1397, zu Rechtsmittelverzicht und Klagerücknahme.
51   *Zöller* § 269 ZPO Rn 12a; *Baumbach/Lauterbach/Albers/Hartmann* Einf §§ 306, 307 ZPO Rn 4; § 269 ZPO Rn 27.
52   *Kopp/Schenke* § 106 VwGO Rn 20.
53   Vgl hierzu BGH NJW 2002, 1503; zur mittelbaren Wirkung von Prozessverträgen *Thomas/Putzo* Einl III Rn 8.

zeugt und nach § 242 BGB zur Einrede des Verfahrensfortsetzungsverbots[54] oder dem Ausschluss des Rechtsmittels[55] und damit zu dessen Unzulässigkeit[56] führt (vgl Rn 46 zu § 59; Rn 64 vor § 73; Rn 133 zu § 73).[57]

6. Berichtigung, Widerruf, Anfechtung. Eine analoge Anwendung von § 319 ZPO auf Prozessvergleiche wird von der hM grds abgelehnt.[58] Bei Abfassung des Vergleichs mit fristgebundenem Widerrufsvorbehalt ist, sofern nicht anders vereinbart, ein fristgerechter Widerruf formlos möglich und gegenüber dem Gericht zu erklären. Als Prozesshandlung ist der Widerruf nicht anfechtbar und nach Zugang (§ 130 Abs 1 Satz 1 BGB) nicht widerruflich. Der wirksame Widerruf führt zur Fortsetzung des Verfahrens. **25**

Der Vergleich kann wegen prozessualer Mängel (fehlende Protokollierung) unwirksam sein, er ist wegen seiner Doppelnatur (Rn 214 zu § 59; Rn 64 vor § 73) auch **anfechtbar** nach §§ 119, 123 BGB. In diesen Fällen ist das Verfahren fortzusetzen und es ist eine Klärung durch das Gericht herbeizuführen,[59] bei dem der Vergleich geschlossen wurde (bei einem Gesamtvergleich, in dem mehrere Verfahren verglichen wurden, bei dem Gericht im jeweiligen Verfahren).[60] Bei Bejahung der Wirksamkeit des Vergleichs führt dies zu einer durch Beschluss auszusprechenden Feststellung, andernfalls zur gebotenen Entscheidung in der Sache.[61] **26**

C. Entscheidung über die Beschwerde

I. Prüfungs- und Entscheidungskompetenz des Patentgerichts

1. Allgemeines. Der Prüfungsumfang des BPatG als Beschwerdegericht wird nach allg Grundsätzen bestimmt und begrenzt durch Anfallwirkung der Beschwerde als Rechtsmittel, dh durch den aus erster Instanz angefallenen Verfahrensgegenstand und die Anträge des Beschwerdeführers, soweit diese aufgrund seiner Dispositionsrechte beachtlich sind und Antragsbindung besteht (Rn 76 ff vor § 73). Fraglich ist allerdings, ob im Hinblick auf das der Amtsermittlung unterliegende Verfahren die Anfallwirkung auf die Widerrufsgründe erster Instanz begrenzt ist (Einzelheiten Rn 37 ff). **27**

2. Zulässigkeit und Begründetheit der Beschwerde. Das BPatG hat, sofern die Beschwerde wirksam erhoben ist (§ 73 Abs 3), grds zunächst die Zulässigkeit der Beschwerde zu prüfen, da die Zulässigkeit eines Rechtsmittels Vorrang vor der Begründetheit hat (vgl Rn 67; Rn 54 ff vor § 73). Hat nur der Patentinhaber eine (mangels Beschwer unzulässige) Beschwerde gegen die Aufhebung einer Geheimhaltungsanordnung eingelegt, ist über Äußerungen des BMVtg, dass ein Staatsgeheimnis vorliegt, nicht sachlich zu befinden.[62] **28**

3. Kognitionspflicht. Das Begehren des Beschwerdeführers – nicht die Gründe des angefochtenen Beschlusses (Rn 39 vor § 73) – ist bei Zulässigkeit der Beschwerde in tatsächlicher und rechtl Hinsicht auf seinen Erfolg umfassend zu überprüfen; das BPatG ist, anders als der BGH im Rechtsbeschwerdeverfahren, Tatsacheninstanz.[63] Das BPatG kann das Patent selbst erteilen, aufrechterhalten, widerrufen oder beschränken oder sonst in der Sache entscheiden,[64] ohne wie die Verwaltungsgerichte nach § 113 VwGO die Sache an das DPMA – mit einer Verpflichtung zur Neubescheidung – zurückverweisen zu müssen (Rn 69, **29**

---

54 Zum Begriff BAG NJW 1982, 788; BAG NJW 1973, 918; *Kopp/Schenke* § 106 VwGO Rn 21.
55 BGH NJW 1984, 805 zur Berufung.
56 *Kopp/Schenke* § 106 VwGO Rn 21; *Thomas/Putzo* § 269 ZPO Rn 2.
57 Vgl sehr weitgehend BGH Mitt 2003, 70 Taco Bell 05, Markensache, zur Aufrechterhaltung des Widerspruchs trotz anderweitiger Verpflichtung aufgrund eines vor dem OLG geschlossenen Vergleichs; *Thomas/Putzo* § 269 ZPO Rn 2.
58 Zum Streitstand BayVerfGH NJW 2005, 1347.
59 *Stein/Jonas* § 794 ZPO Rn 58, zugleich zu der hieraus folgenden Nichtigkeit auch der materiellrechtl Abreden.
60 *Zöller* § 794 ZPO Rn 15b.
61 *Thomas/Putzo* § 794 ZPO Rn 36; BAGE 36, 105 = MDR 1982, 526, zu einem Gesamtvergleich.
62 BGH GRUR 1999, 573 f Staatsgeheimnis.
63 *Benkard* Rn 10.
64 BPatG 14.8.2003 10 W (pat) 63/01; *Schulte* Rn 10.

73; Rn 34 vor § 73).[65] Maßgeblich ist die Sach- und Rechtslage im Entscheidungszeitpunkt (Rn 55). Der Beschwerdeführer kann deshalb Sachvortrag nachschieben, insb als Anmelder neugefasste Unterlagen einreichen und als Einsprechender Material nachbringen und sein Begehren auf eine andere tatsächliche oder rechtl Grundlage stützen;[66] allerdings nur im Rahmen des erstinstanzlichen Verfahrensgegenstands (Rn 58). Ebenso kann der Patentinhaber seine Patentansprüche im Anmeldebeschwerdeverfahren ändern oder im Rahmen der Verteidigung des Patents im Einspruchsbeschwerdeverfahren beschränken und insoweit durch diese Gestaltung seinem Begehren zum Erfolg verhelfen (vgl auch Rn 44 zur Rückkehr zur erteilten Fassung). Ist nur die Kostenentscheidung angegriffen, ist das BPatG an die Sachentscheidung gebunden.[67]

30   **4.** Die **Entscheidungskompetenz** des BPatG entspricht grds der Anfallwirkung (dem Devolutiveffekt),[68] die den Prüfungsgegenstand des Beschwerdeverfahrens bestimmt und in Einklang mit den Grundsätzen der Antragsbindung (Rn 47 ff; Rn 76 ff vor § 73) und des Verschlechterungsverbots (Rn 43 ff) stehen muss. Das BPatG hat keine Verfügungsbefugnis über den Gegenstand des Beschwerdeverfahrens; über dessen Gegenstand bestimmt der Beschwerdeführer wegen §§ 308, 528, 557 Abs 1 ZPO und entspr § 88, § 122, § 128, § 141 VwGO durch seine Anträge[69] („ne ultra petita", vgl § 528 Satz 2 ZPO) in den Grenzen seiner Verfügungsbefugnis.

31   War eine zu wahrende Frist bereits im Verfahren vor dem DPMA abgelaufen, kann die **fristgebundene Handlung** im Beschwerdeverfahren nicht nachgeholt werden.[70]

32   Erfolgt in der Beschwerdeinstanz eine **Ausscheidung oder Teilung** der Anmeldung, ist str, ob das BPatG aufgrund des Devolutiveffekts der Beschwerde auch für die insoweit abzugebenden Erklärungen empfangszuständig ist (Rn 45 vor § 73) und die Teil- bzw Ausscheidungsanmeldung dort als Teil der Beschwerde anfällt und ggf nur nach § 79 Abs 3 zur weiteren Bearbeitung an das DPMA zurückzuverweisen ist, was typischerweise der Fall ist[71] (vgl Rn 40, 44, 45 vor § 73; Rn 27 zu § 39), während nach aA die Zuständigkeit des DPMA besteht,[72] weil die Teilanmeldung im Beschwerdeverfahren als neuer Verfahrensgegenstand nicht anfällt und das Patentamt deshalb originär zuständig ist. Die Entscheidung über die Ausscheidung oder Teilung durch das BPatG ist iSd § 100 Abs 1 eine Entscheidung über die Beschwerde.[73] Für die bis 1.7.2006 mögliche Teilung des Patents im Einspruchsbeschwerdeverfahren und die entstandene Anmeldung nach § 60 aF fehlt ihm die funktionelle Kompetenz (wegen der unterschiedlichen Zuständigkeit Prüfungsstelle – Patentabteilung), insoweit war das Verfahren an das DPMA abzugeben (str; vgl *6. Aufl*).

33   **5. Antragsbindung und Grenzen.** Das BPatG ist auch im Beschwerdeverfahren grds nur soweit zur Nachprüfung und Änderung von Entscheidungen des DPMA berechtigt, als eine Nachprüfung des aus erster Instanz angefallenen Verfahrensgegenstands durch den Beschwerdeführer beantragt ist („ne ultra petita").[74] Dies ist allerdings dahin einzuschränken, dass die Antragsbindung unter dem Vorbehalt einer zulässigen Disposition der Beteiligten und der Prüfung unverzichtbarer Verfahrensvoraussetzungen

65   Dies fordernd *Benkard* Rn 36 ff; aA *Benkard*[10] Rn 21.

66   BPatGE 9, 181 für das Akteneinsichtsverfahren; *Benkard* Rn 12; anders in Österreich, ÖPA öPBl 1989, 144 und öPBl 1999, 169, 171: nur zur Klärung der Interpretation einer erstinstanzlich vorgelegten Entgegenhaltung; bereits in erster Instanz vorgelegtes, dort aber nicht berücksichtigtes Material kann auch nach österr Recht im Beschwerdeverfahren aufgegriffen werden, ÖPA öPBl 2002, 161, 165 f.

67   BPatGE 7, 134 f; BPatGE 22, 108, 111 = GRUR 1980, 225; BPatGE 22, 126 f = Mitt 1980, 99, GbmSachen.

68   BGH GRUR 1972, 472 ff Zurückverweisung; BGH GRUR 1972, 474 f Ausscheidungsanmeldung; BGH GRUR 1977, 209 Tampon; BGH GRUR 1990, 109 Weihnachtsbrief; BGH GRUR 1998, 458, 460 Textdatenwiedergabe.

69   BGH Mitt 1979, 198 Schaltuhr; BGHZ 128, 280 = GRUR 1995, 333, 337 Aluminium-Trihydroxid; BPatGE 38, 204; *Benkard* Rn 7-8; *Schulte* § 73 Rn 72; *Mes* Rn 2; *Klauer/Möhring* § 36p Rn 11.

70   BGH GRUR 2002, 1077 BWC, Markensache, BPatGE 37, 82, 84 = BlPMZ 1997, 270; BPatGE 38, 26, 29 = BlPMZ 1998, 376 gegen BPatGE 40, 50, 53.

71   ZB BPatG 14.4.2014 20 W (pat) 5/13.

72   BPatG 1.12.2014 18 W (pat) 36/14; BPatG GRUR 2011, 949; *Anders* GRUR 2009, 200; *Fitzner/Lutz/Bodewig* Rn 25.

73   BGH GRUR 1972, 472 ff Zurückverweisung.

74   BGH GRUR 1972, 592 Sortiergerät mwN; BGH GRUR 1993, 655 Rohrausformer; BGH GRUR 1983, 575 Schneidhaspel; BGH GRUR 1998, 901 Polymermasse; BGHZ 128, 280 = GRUR 1995, 333 Aluminium-Trihydroxid; BGH GRUR 2002, 49 Drehmomentübertragungseinrichtung; *Mes* Rn 6.

steht, da der Antragsgrundsatz nur eine Ausprägung des Dispositionsgrundsatzes ist (Rn 7 zu § 73). Zu unzulässigen Dispositionen Rn 79 vor § 73. Die Antragsbindung gilt nicht für die Entscheidung über Prozesskosten und entspr zu behandelnde Verfahrensgebühren.[75]

6. Prüfungsumfang im Anmeldebeschwerdeverfahren. Das BPatG kann nach Gewährung von Ge- **34** legenheit zur Äußerung die Zurückweisung der Anmeldung auf andere Gründe stützen als das DPMA.[76] Entgegen früherer Auffassung[77] kann im Beschwerdeverfahren nicht über die Anmeldung als solche ohne Rücksicht auf die Anträge des Beschwerdeführers oder dessen Willen entschieden und nicht mehr als beantragt zugesprochen werden.

7. Prüfungsumfang im Einspruchsbeschwerdeverfahren

a. Zulässigkeit des Einspruchs. Richtet sich die Beschwerde des Einsprechenden gegen die Behand- **35** lung des Einspruchs als unzulässig und dessen Verwerfung (Rn 27 zu § 61), ist zunächst nur die Zulässigkeit des Einspruchs (Rn 247 ff zu § 59; Rn 63 vor § 73) Prüfungsgegenstand.[78] Ergibt sich die Zulässigkeit des Einspruchs, ist auch dessen Begründetheit zu prüfen (zu den Auswirkungen eines Teileinspruchs Rn 291 f zu § 59; Rn 76 ff vor § 73). Die Zulässigkeit des Einspruchs ist eine in jeder Lage des Verfahrens vAw zu prüfende, unverzichtbare Verfahrensvoraussetzung,[79] die nicht die Zulässigkeit der Beschwerde, sondern deren Begründetheit betrifft (Rn 58 ff vor § 73; Rn 108 f zu § 73) und nachträglich gegeben sein kann (Rn 247 zu § 59). Da bei Unzulässigkeit des Einspruchs die Verfahrensbeteiligung des Einsprechenden erst mit der bestands- oder rechtskräftigen Verwerfung des Einspruchs (Rn 27 zu § 61) endet, ist auch dessen hiergegen gerichtete Beschwerde bis zur Bescheidung als zulässig zu behandeln (Rn 10 zu § 74; Rn 63 vor § 73). Zuständig ist ebenso wie bei einem zulässigen Einspruch stets der technische Beschwerdesenat, wie § 67 Abs 1 Nr 2b ausdrücklich bestimmt (Rn 20 zu § 61; Rn 10 zu § 67).

b. Keine Sachprüfung bei unzulässigem Einspruch. Bei unzulässigem Einspruch ist die Beschwer- **36** de des Einsprechenden unbegründet, eine weitere Sachprüfung des Patents findet nicht statt.[80] Da nur der wirksame und zulässige Einspruch und Beitritt eine sachliche Überprüfung des Beschlusses eröffnen, gilt dies trotz der Einheitlichkeit des Einspruchsverfahrens (Rn 254 zu § 59) und das aufgrund der Einleitung des Beschwerdeverfahrens (Rn 39 vor § 73) insoweit umfassenden Anfallwirkung sämtlicher in erster Instanz gegenständlicher Widerrufsgründe auch bei Beschwerde nur eines von mehreren Einsprechenden, sofern der Einspruch des Beschwerdeführers unzulässig ist (Rn 10 zu § 74). Eine Anschlussbeschwerde des Patentinhabers ist dagegen wegen der nicht tangierten Zulässigkeit der Beschwerde nicht durch § 567 Abs 3 Satz 2 ZPO ausgeschlossen (zur Rücknahme des Einspruchs Rn 183 f zu § 73; zur Problematik der Nichtbeteiligung weiterer Einsprechender; Rn 208 zu § 73; Rn 36 zu § 74). Der Erteilungsbeschluss steht im Einspruchsbeschwerdeverfahren nicht zur Überprüfung, da es sich bei ihm nicht um eine der Entscheidung im Einspruchsverfahren vorangegangene Entscheidung handelt.[81] Das BPatG kann im Einspruchsbeschwerdeverfahren das Patent selbst widerrufen; einer Zurückverweisung an das DPMA bedarf es nicht (Rn 29, 69); zur Vereinbarkeit mit Art 32 TRIPS-Übk Rn 37 vor § 73.

c. Bindung an die Widerrufsgründe erster Instanz. Der BGH hält entgegen der mehrfach vom **37** BPatG vertretenen Auffassung, wonach im Einspruchsbeschwerdeverfahren auch Widerrufsgründe (§ 21) aufgegriffen werden können, auf die sich der Einsprechende nicht gestützt hat,[82] die Anfallwirkung als auf

---

75 BGHZ 92, 137 = GRUR 1984, 870 Schweißpistolenstromdüse.

76 BPatG 5.11.2002 23 W (pat) 57/01.

77 PA BlPMZ 1904, 260; PA MuW 14, 119; PA Mitt 1914, 166; RPA Großer Senat BlPMZ 1932, 242.

78 BPatGE 2, 80 = BlPMZ 1962, 309 gegen RPA BlPMZ 1932, 243 und RPA BlPMZ 1943, 40; vgl BPatGE 9, 192, 195 f; BPatGE 16, 211 = BlPMZ 1975, 202; *Reimer* § 36p Rn 3.

79 BGH GRUR 1972, 592 Sortiergerät mwN; BPatGE 38, 199; EPA T 289/91 ABl EPA 1994, 649 ACE-Inhibitoren; *Fitzner/ Lutz/Bodewig* Rn 5.

80 BGH GRUR 1972, 592 Sortiergerät; BPatGE 29, 206; BPatG 9.2.2010 23 W (pat) 304/08; *Benkard* Rn 4, 20; § 61 Rn 3.

81 BPatGE 24, 50.

82 BPatG GRUR 1986, 605; BPatG BlPMZ 1991, 72; BPatGE 31, 148 = GRUR 1991, 40; BPatGE 34, 149 = GRUR 1994, 605: auch für den Fall, dass allein der Widerrufsgrund der widerrechtl Entnahme geltend gemacht ist, einschränkend

---

den Gegenstand erster Instanz beschränkt (Rn 9 zu § 73). Bei unverändert verteidigter Fassung der Patentansprüche ist danach die Prüfungskompetenz im Einspruchsbeschwerdeverfahren auf die erstinstanzlich von den Einsprechenden geltend gemachten oder vAw (nicht notwendigerweise auch zur Begründung des Beschlusses) herangezogenen Widerrufsgründe beschränkt.[83] Der BGH hat offen gelassen, ob ausnahmsweise ein neuer Widerrufsgrund dann eingeführt werden kann, wenn der Patentinhaber hiermit einverstanden ist und insoweit die Regeln der objektiven Klageänderung (§ 263 ZPO) entspr jedenfalls bei Zustimmung (vgl zum Verfahren vor dem EPA Rn 113 vor § 73) anzuwenden sind. Letzteres wird zu bejahen sein,[84] da kein Grund besteht, die Regeln der Klageänderung insoweit im quasikontradiktorischen Einspruchsverfahren nicht anzuwenden. Soweit sich insoweit die Frage einer zulässigen Erweiterung des Prüfungsgegenstands erster Instanz bei fristgebundenen Rechtsbehelfen wie dem Einspruch stellt, steht auch dies einer Zulässigkeit im Ergebnis nach der hier vertretenen Auffassung[85] im Ergebnis nicht entgegen (Einzelheiten Rn 38, Rn 118 ff zu § 73). Dies liegt auch im Interesse des Patentinhabers der hiermit ein drohendes Nichtigkeitsverfahren vermeiden kann. ZT wird angenommen,[86] dass zur Überprüfung des Beschlusses des DPMA im Einspruchsbeschwerdeverfahren notwendigerweise auch die Überprüfung der „Zulässigkeit" der im Einspruchsverfahren nicht geänd Patentansprüche gehört (zu geänd Patentansprüchen Rn 47), so die unzulässige Erweiterung nach § 21 Abs 1 Nr 4, weil aufgrund des für das Einspruchsverfahren geltenden Untersuchungsgrundsatzes das DPMA ein Patent nur aufrechterhalten kann, wenn zuvor dessen Patentansprüche für zulässig erachtet worden sind, obwohl sie weder vom Einsprechenden noch der Patentabteilung aufgegriffen worden waren. Diese Ansicht lässt sich schwerlich mit der Rspr des BGH vereinbaren, sie greift jedoch zu Recht das nicht befriedigende Ergebnis[87] dieser Rspr auf, die auch im Hinblick auf den Amtsermittlungsgrundsatz als inkonsequent, jedenfalls auch unter Berücksichtigung der herangezogenen Grundsätze des Rechtsmittelrechts nicht zwingend geboten erscheint (Rn 47).

38   **Kritik.** Eine Erweiterung des Prüfungsgegenstands erster Instanz im Beschwerdeverfahren erscheint unter Berücksichtigung der allg geltenden Verfahrensgrundsätze zur Erweiterung des Beschwerdegegenstands und unter Einbeziehung des Amtsermittlungsgrundsatzes durchaus vertretbar. Da auch nach Auffassung des BGH Prüfungsgegenstand im Einspruchsverfahren die Aufrechterhaltung oder der Widerruf des erteilten Patents und die Prüfung in der ersten Instanz nicht auf den geltend gemachten Widerrufsgrund beschränkt ist,[88] der Grundsatz der Antragsbindung hier also allenfalls (sofern man eine Antragsbindung durch Teileinspruch bejahen will, Rn 265 zu § 59) nur „horizontal" in Bezug auf die angegriffenen Patentansprüche, nicht aber auch „vertikal" in Bezug auf die Widerrufsgründe wirken kann, muss auch das Aufgreifen weiterer Widerrufsgründe im Beschwerdeverfahren nicht gegen den Grundsatz der durch den Verfahrensgegenstand erster Instanz beschränkten Anfallwirkung verstoßen (vgl auch Rn 74 vor § 73). Das Argument, der Beschwerdeführer bestimme durch seine Anträge im Umfang des erstinstanzlichen Streitgegenstands[89] den Beschwerdegegenstand, vernachlässigt bereits den insoweit in der Geltung des Amtsermittlungsgrundsatzes (§ 87 Abs 1) und fehlenden Dispositionsrechten begründeten Unterschied zum Zivilverfahren, der bereits in erster Instanz besteht und dort anerkannt ist. Auch wenn die Beschwerde ein Rechtsmittel ist und das BPatG ein besonderes Gericht der ordentlichen Gerichtsbarkeit iSd Art 95 Abs 1 GG, lässt sich die Annahme einer umfassenden Prüfungskompetenz des BPatG als Beschwerdegericht mit dem Recht zum eigenständigen Aufgreifen sämtlicher Widerrufsgründe des § 21 begründen.[90] Eine erstmalige

BPatGE 43, 276: jedenfalls dann nicht, wenn der Widerrufsgrund bereits vor dem DPMA hätte geltend gemacht werden können; BPatG 28.9.2015 9 W (pat) 49/10.

83   BGHZ 128, 280 = GRUR 1995, 333 Aluminium-Trihydroxid; BGH GRUR 1998, 901 Polymermasse; BGH GRUR 1993, 655 Rohrausformer.

84   Ebenso *Fitzner/Lutz/Bodewig* Rn 113 zu § 59; *Fitzner/Lutz/Bodewig* Rn 9 f, auch konludentes Einverständnis des Patentinhaber als ausreichend ansehend.

85   Im Ergebnis ebenso *Benkard* § 73 Rn 43.

86   BPatG 18.5.2004 6 W (pat) 44/02; aA BPatGE 43, 276; BPatG 2.1.2003 21 W (pat) 43/02, jeweils unter Hinweis auf BGH Aluminium-Trihydroxid.

87   Zu letzterem *Schulte* Rn 27 vor § 34.

88   BGHZ 128, 280 = GRUR 1995, 333 Aluminium-Trihydroxid.

89   So BGH Aluminium-Trihydroxid.

90   So auch BPatG 28.9.2015 9 W (pat) 49/10, auf die Geltendmachung durch den Beschwerdeführer abstellend; vgl auch *Benkard* Rn 23; hierzu eingehend *Sedemund-Treiber* GRUR Int 1996, 390; *Hövelmann* GRUR 1997, 875; *van Hees/Braitmayer* Rn 611 *Fitzner/Waldhoff* Mitt 2000, 446, 454; aA *Sieckmann* GRUR 1997, 156.

Heranziehung weiterer Widerrufsgründe in der Beschwerdeinstanz muss insoweit nicht gegen das Verschlechterungsverbot verstoßen und wird beim Beitritt anerkannt (Rn 185 zu § 59; Rn 27 zu § 74).

Aber auch unter Beachtung der Grundsätze zivilprozessrechtl Rechtsmittellehre erscheint eine Erweiterung des Beschwerdegegenstands, auch wenn sie mit **einer Erweiterung des Prüfungsgegenstands** **39** erster Instanz durch Erweiterung der gegenständlichen Einspruchsgründe verbunden ist, durchaus im Einspruchsbeschwerdeverfahren zulässig. Auch wenn eine derartige Erweiterung in Konflikt mit der Ausschlusswirkung bei fristgebundenen Rechtsbehelfen gerät (hierzu eingehend Rn 119 zu § 73), rechtfertigen die Besonderheiten der fehlenden vertikalen Bindung an die Einspruchsgründe wie auch der ganz überwiegend angenommenen fehlenden horizontalen Bindungswirkung des Einspruchs (zum Teileinspruch Rn 265 zu § 59; zur Relevanz bei der Beschwerde Rn 121 zu § 73) ein abweichendes Ergebnis und die Öffnung des Beschwerdeverfahrens, sei es, dass diese vAw erfolgt oder auf Antrag des Einsprechenden entspr § 263 ZPO (hierzu Rn 120 zu § 73). Hiermit geht einher, dass auch der ansonsten bestehende Wertungswiderspruch zur Zulassung eigenständiger Widerrufsgründe durch den in der Beschwerdeinstanz Beitretenden vermieden wird (hierzu Rn 185 zu § 59; Rn 121 zu § 73).

d. Ermessenskontrolle der ersten Instanz. Folgt man dagegen der Auffassung des BGH, bleibt als **40** Ausweg zur Vermeidung evidenter Fehlentscheidungen in der Beschwerdeinstanz nur der (sehr eingeschränkte) Weg der Ermessenskontrolle und einer Zurückverweisung des Verfahrens nach Abs 3 Nr 2 wegen eines wesentlichen Verfahrensmangels, wenn in der ersten Instanz Widerrufsgründe unbeachtet geblieben sind, die vAw hätten herangezogen werden sollen (zum Ermessen Rn 304, 304 zu § 59). Dem BPatG ist eine eigene (ersetzende) Ermessensausübung verwehrt (str, Rn 50; Rn 271 zu § 59) und eine Korrektur nur im Rahmen der Ermessenskontrolle (Rn 52) möglich. Nicht gehindert ist das BPatG, einen vor dem DPMA mit zulässigem Einspruch geltend gemachten, dort aber als nicht als entscheidungserheblich gesehenen oder zur Begründung herangezogenen Widerrufsgrund aufzugreifen[91] oder innerhalb ein und desselben Widerrufsgrunds neue Tatsachen heranzuziehen und neue rechtl Überlegungen anzustellen,[92] wie auch eine **Nachrecherche** (Rn 298 zu § 59; Rn 15 zu § 87).[93] Insoweit besteht ebenso wie in der ersten Instanz wegen des Amtsermittlungsgrundsatzes ein Ermessen, im Rahmen der verfahrensgegenständlichen Widerrufsgründe neue Tatsachen zu gewinnen. Eine Verpflichtung hierzu besteht noch weniger als im Einspruchsverfahren (Rn 299 zu § 59). Ist dies aber geschehen, ist auch eine Verwertung der damit gerichtskundig gewordenen Tatsachen wegen des Amtsermittlungsgrundsatzes geboten (vgl auch Rn 299 f zu § 59).

e. Änderungen in der Beschwerdeinstanz. Die Beschränkung der Prüfungskompetenz der zweiten **41** Instanz gilt nur, wenn der Patentgegenstand in erster und zweiter Instanz identisch ist. Wird die Fassung des Patents im Beschwerdeverfahren geänd, ist Prüfungsgegenstand nicht mehr das Patent geltender Fassung, das durch die angefochtene Entscheidung beurteilt wurde, sondern das Patent in der nunmehr verteidigten Fassung. Daher muss in der Beschwerdeinstanz – ebenso wie im Einspruchsverfahren (s Rn 234.4 zu § 59; Rn 50 f zu § 61) – die Zulässigkeit der vorgenommenen Änderungen ohne Beschränkung auf die gesetzlichen und die im Einspruchsverfahren geltend gemachten Widerrufsgründe geprüft werden.[94] Die erweiterte Prüfung ist hierbei nach der hier vertretenen Auffassung[95] abw von der Rspr des EPA[96] und der dieser folgenden Rspr des BGH zum Nichtigkeitsverfahren, die zugleich in einem obiter dictum das Klarheitsgebot § 34 Abs 3 Nr 3 entnimmt (Rn 261 zu § 59; Rn 118 vor § 73) nicht auf das Merkmal zu beschränken, das dem DPMA als unzulässig angesehen wird bzw auf die durch die Änderung bedingten Einwendungen und Bedenken. Denn die unzulässige Änderung bezieht sich stets auf den Patentanspruch als Ganzen, der auch als Ganzes und nicht nur hinsichtlich seiner Änderungen zur Prüfung ansteht.[97] Für eine Privile-

---

91 BPatG GRUR 1998, 368, 370.
92 BPatG GRUR 2001, 144; BPatG 6.11.2012 21 W (pat) 31/09: Aufgreifen des Patentierungsausschlusses nach § 2a Abs 1 Nr 2.
93 BGH BlPMZ 1992, 496 Entsorgungsverfahren.
94 BGH GRUR 1998, 901 Polymermasse; BPatG 3.7.2007 6 W (pat) 22/04; *Keukenschrijve*r GRUR 2001, 571, 573 und 576; *Fitzner/Lutz/Bodewig* Rn 9.
95 Ebenso *Benkard* § 59 Rn 170.
96 EPA G 3/14 Mitt 2015, 274 Ls Anspruchsänderung im Beschwerdeverfahren (Prüfung auf Klarheit); BGH GRUR 2016, 316 Fugenband; BGH 19.1.2016 X ZR 141/13 Vv Rezeptortyrosinkinase.
97 Vgl hierzu auch BGH GRUR 2002, 49 f Drehmomentübertragungseinrichtung.

gierung gegenüber dem Erteilungsverfahren besteht nach der hier vertretenen Ansicht auch im Beschwerdeverfahren kein Raum (zum Einspruchsverfahren Rn 261 zu § 59). Das BPatG ist deshalb nicht gehindert, den geänd Patentanspruch insgesamt hinsichtlich sämtlicher Merkmale einer uneingeschränkten Zulässigkeitsprüfung zu unterziehen (dagegen zur Rspr im Verfahren vor dem EPA Rn 117 vor § 73). Würde ein Nichtigkeitsgrund durch die im Beschwerdeverfahren verteidigte geänd Fassung des Patents erst geschaffen, insb dadurch, dass diese den Schutzbereich oder den Inhalt der Anmeldung erweiterte, aber auch durch andere allg (und nicht nur wie bei der widerrechtl Entnahme im Verhältnis zum Verletzten) zu beachtende Umstände, ist dies deshalb auch im Einspruchsbeschwerdeverfahren zu berücksichtigen;[98] dies ist indessen keine Frage der Bindung an den Widerrufsgrund, sondern der – vorrangig zu beantwortenden – Zulässigkeit der Änderung (Rn 256 zu § 59). Folgt man hinsichtlich unveränderter Patentansprüche der Auffassung des BGH, kann eine weitergehende Prüfung außerhalb der begrenzt möglichen Überprüfung des Ermessens (Rn 40) auch nicht durch Zurückverweisung nach Abs 3 eröffnet werden.[99] Der Zurückweisung eines neuen Widerrufsgrunds als verspätet steht der Amtsermittlungsgrundsatz (§ 87) entgegen.[100] Ebenso wie im Einspruchsverfahren gelten die Grundsätze über erforderliche formale Anpassungen als Zulässigkeitsvoraussetzung der Änderung, wie die Anpassung der Beschreibung, Figuren usw entspr (Rn 56 ff zu § 61).[101]

42   **f.** Die von der Rspr entwickelten Grundsätze der uneingeschränkten Prüfungskompetenz bei Änderungen in der Beschwerdeinstanz haben auch zu gelten, wenn die **Änderung des Patents in erster Instanz** vorgenommen wurde. Denn auch die Zulässigkeit der Änderungen muss als eine unabdingbare und jederzeit zu prüfende Verfahrensvoraussetzung für die beschränkte Aufrechterhaltung des Patents in der Rechtsmittelinstanz gesehen werden. Hieraus folgt, dass diese Voraussetzung ebenfalls nicht der beschränkten Anfallwirkung unterliegt und deshalb auch in zweiter Instanz geprüft werden darf, vergleichbar den sonstigen unabdingbaren Verfahrensvoraussetzungen (Rn 58 vor § 73; zum EPÜ Rn 117 f vor § 73) wie der Zulässigkeit des Einspruchs, der Wirkungen eines Teileinspruchs (Rn 291 zu § 59). Unabhängig hiervon ergibt sich eine Überprüfbarkeit auch, wenn unterstellt wird, dass jede Änderung in der ersten Instanz tatsächlich mit einer Prüfung der Zulässigkeit verbunden war und deshalb der Verfahrensgegenstand auch die Überprüfung der insoweit relevanten Voraussetzungen umfasst (vgl nicht weitergehend Rn 37), selbst wenn der angefochtene Beschluss hierzu keine Ausführungen enthält.[102] Dies erscheint aber in tatsächlicher Hinsicht zu weitgehend. Eine Lösung bietet nur die konsequente Abkehr von der beschränkten Anfallwirkung (Rn 38) oder aber die Erkenntnis, dass die Zulässigkeit der Antragsänderung in erster Instanz als unverzichtbare Verfahrensvoraussetzung zu behandeln ist. Damit ist jedenfalls der Weg für eine Korrektur der erstinstanzlichen Entscheidung und der mit unzulässigen Änderungen behafteten Fassung des Patents auch im Beschwerdeverfahren frei, da auch das Verbot der „reformatio in peius" bei unverzichtbaren Verfahrensvoraussetzungen nicht eingreifen soll (vgl Rn 46).

43   **g. Verschlechterungsverbot.** Da die Beschwerde echtes Rechtsmittel ist (Rn 38 vor § 73), kann die angefochtene Entscheidung grds nicht zum Nachteil des Beschwerdeführers abgeänd werden[103] (Verbot der „reformatio in peius"); dies gilt insb bei Beschwerde des Anmelders gegen die Patenterteilung nach Hilfsantrag, die sich nur gegen die Zurückweisung des Hauptantrags richtet,[104] wie auch im Einspruchsbe-

---

98   BGH Drehmomentübertragungseinrichtung; BPatG 3.7.2007 6 W (pat) 22/04.
99   *Hövelmann* GRUR 1997, 875 f; aA BPatGE 41, 64 = GRUR 1999, 697 für den Fall, dass sich der Patentinhaber auf den neuen Widerrufsgrund eingelassen hat.
100 BPatG 17.7.2007 6 W (pat) 5/04.
101 *Benkard* Rn 13.
102 BPatG 18.5.2004 6 W (pat) 44/02, noch weitergehend, generelle Prüfung auch nicht geänd Patentansprüche annehmend.
103 BGH GRUR 1972, 592 Sortiergerät; BGHZ 92, 137 = GRUR 1984, 870 Schweißpistolenstromdüse; BPatGE 9, 30 f; BPatGE 10, 155, 157 = Mitt 1968, 214; BPatGE 11, 227, 230 = BlPMZ 1971, 24; BPatGE 29, 206, 209; BPatG 19.10.1999 24 W (pat) 169/99; BPatG 12.9.2000 24 W (pat) 214/99, je für das markenrechtl Erinnerungsverfahren; *Benkard* Rn 8; *Schulte* § 73 Rn 73; *Lindenmaier* § 36p Rn 14; *Fezer* § 70 MarkenG Rn 2; *Moser von Filseck* (Anm) Mitt 1964, 192 f; vgl auch EPA G 9/92 ABl EPA 1994, 875 = GRUR Int 1995, 501 nicht beschwerdeführender Beteiligter; EPA 14.7.1994 G 4/93 Non-appealing party; *MGK/Moser* Art 111 EPÜ Rn 25.
104 BGH GRUR 1990, 109 f Weihnachtsbrief; BGHZ 149, 68 = GRUR 2002, 143, 146 Suche fehlerhafter Zeichenketten; *Schulte* Rn 12; *Mes* Rn 3.

schwerdeverfahren (Rn 80 vor § 73). Bindungswirkung für vom Verschlechterungsverbot nicht betroffene Teile der Entscheidung (etwa für andere Patentansprüche) folgt hieraus jedoch nicht.[105] Das Verbot hindert eine Abänderung des Beschlusses auch vAw innerhalb laufender Rechtsmittelfrist nicht (zur Selbstbindung Rn 102). Es besagt lediglich, dass das Beschwerdegericht (und auch das Erstgericht nach Aufhebung und Zurückverweisung)[106] die Entscheidung nicht zum Nachteil des Beschwerdeführers abändern darf, wenn nur dieser Beschwerde eingelegt hat. Ist keine Beschwerde eingelegt, sondern hat die erste Instanz in ansonsten zulässiger Weise ihre Entscheidung korrigiert, kommt das Verbot auch dann nicht zur Anwendung, wenn durch die Änderung die Rechtsstellung eines Verfahrensbeteiligten verschlechtert wird.[107]

Ist im Einspruchsbeschwerdeverfahren der **Patentinhaber alleiniger Beschwerdeführer**, kann **44** nicht zu seinen Ungunsten hinter die Entscheidung des DPMA zurückgegangen werden.[108] Folgt man nicht der Annahme einer auf die Widerrufsgründe der ersten Instanz begrenzten Anfallwirkung (Rn 37 f), liegt auch in der erstmaligen Heranziehung weiterer Widerrufsgründe kein Verstoß gegen das Verschlechterungsverbot. Der Patentinhaber kann andererseits mangels Zäsurwirkung des in seiner Wirksamkeit gehemmten angefochtenen Beschlusses trotz (ausschließlich) beschränkter Verteidigung des Patents in erster Instanz jederzeit zur Verteidigung der erteilten Fassung zurückzukehren (Rn 42 vor § 73; Rn 14 zu § 75).

Ist der **Einsprechende alleiniger Beschwerdeführer**, kann die Beschwerdeentscheidung keine wei- **45** tergehende Aufrechterhaltung aussprechen als die Vorinstanz.[109] Dies ermöglicht nur die Anschlussbeschwerde (vgl Rn 204 ff zu § 73). Das Verschlechterungsverbot steht einer Zurückweisung der Beschwerde mit von der Vorinstanz abw Begründung nicht entgegen,[110] die sich deshalb auch auf einen anderen Patentanspruch der verteidigten Fassung beziehen kann. Das BPatG ist nicht auf die Prüfung des die angefochtene Entscheidung tragenden Grunds beschränkt.[111] Die Gestaltungsmöglichkeiten des Patentinhabers im Einspruchsverfahren (beschränkte Verteidigung) bestehen auch im Einspruchsbeschwerdeverfahren; hierin liegt gegenüber dem Einsprechenden kein Verstoß gegen das Verschlechterungsverbot und, da dieser auf den Fortbestand eines unveränderten Sachverhalts nicht vertrauen darf, auch kein Verstoß gegen das Gebot der Rechtssicherheit.

Ausnahmen. Das Fehlen unverzichtbarer Verfahrensvoraussetzungen im Ausgangsverfahren und **46** damit (wegen des Verlusts des Rügerechts in zweiter Instanz für geheilte Verfahrensrügen nach § 295 ZPO) auch in der zweiten Instanz beachtlicher Verfahrensvoraussetzungen, die auch im Beschwerdeverfahren vAw (Rn 59 vor § 73) zu berücksichtigen sind,[112] wie die Zulässigkeit des Einspruchs bei einer Beschwerde des Einsprechenden,[113] unterliegt in der hierzu nur vereinzelt ergangenen patent- und markenrechtl Rspr nicht dem Verbot einer Schlechterstellung (vgl zum EPÜ Rn 114 ff vor § 73). Die Berücksichtigung eines derartigen Verfahrensmangels ist danach auch zu Lasten des Beschwerdeführers zuzulassen.[114] Die Anerkennung einer echten Ausnahme vom Verschlechterungsverbot wird aber im Zivilprozessrecht durchaus differenziert gesehen[115] und ist nicht unumstr und insb auch in der Rspr des BGH[116] in Zweifel gezogen

---

105   BGH Suche fehlerhafter Zeichenketten.
106   BGHZ 159, 122, 124 f = NJW-RR 2004, 1422.
107   BGH NJW-RR 2006, 1554.
108   Vgl EPA nicht beschwerdeführender Beteiligter.
109   Vgl EPA nicht beschwerdeführender Beteiligter; EPA 14.7.1994 G 4/93 Non-appealing party.
110   BGH GRUR 1966, 146 beschränkter Bekanntmachungsantrag; BPatGE 9, 30; *Lindenmaier* § 36p Rn 14.
111   BPatGE 9, 30; *Benkard* Rn 10; EPA G 10/93 ABl EPA 1995, 172 = GRUR Int 1995, 595 Umfang der Prüfung bei exparte-Beschwerden.
112   BPatGE 19, 81; *Schulte* § 73 Rn 75, § 59 Rn 152; *Fitzner/Lutz/Bodewig* Rn 8; *Hövelmann* GRUR 2007, 283, 289; ähnlich für das eur Beschwerdeverfahren EPA G 10/93 ABl EPA 1995, 172 = GRUR Int 1995, 594 f Umfang der Prüfung bei ex-parte-Beschwerden.
113   BGH GRUR 1972, 592 Sortiergerät.
114   So BGH Sortiergerät; BGH NJW 1970, 1683; *Schulte* § 73 Rn 75; *Ingerl/Rohnke* § 70 MarkenG Rn 7 mwN; dagegen Abwägung fordernd BGH NJW 1986, 1494; vgl auch BPatGE 29, 204, 209; *Thomas/Putzo* § 528 ZPO Rn 6; *Zöller* § 528 ZPO Rn 31; ebenso *Baumbach/Lauterbach/Albers/Hartmann* § 528 ZPO Rn 17, auf die Differenzierung nach § 295 Abs 1 und Abs 2 (unheilbare Verfahrensmängel) abstellend und auch für letztere Abwägung fordernd.
115   Hierzu BGH NJW 1986, 1494.
116   Ausführlich BGH NJW 1986, 1494 mwN, zur Überprüfung der als zulässig angesehenen Anschlussbeschwerde und zur Anwendung des Verbots der reformatio in peius; zwd bereits BGH NJW 1970, 1683.

worden.[117] Gegen einen unbedingten Vorrang und eine uneingeschränkte Berücksichtigung nicht heilbarer Verfahrensmängel, die der angefochtenen Entscheidung anhaften und die das Rechtsmittelgericht vAw gegenüber der Parteidisposition zu berücksichtigen habe, spreche, dass auch mängelbehaftete Entscheidungen ohne Anfechtung volle Wirksamkeit erlangten. Über einen solchen Vorrang könne deshalb nur aufgrund einer Abwägung (hierzu auch Rn 47) der einander gegenüberstehenden Rechtssätze entschieden werden. Er sei zu bejahen, wenn die verletzte Verfahrensnorm größeres Gewicht habe als das Verschlechterungsverbot, was insb bei „schwersten Mängeln" zu bejahen sei. Der BGH[118] folgerte hieraus, dass ihm wegen des Verbots der reformatio in peius die nachträgliche Annahme der Unzulässigkeit einer Anschlussbeschwerde und damit eine Entscheidung in der Sache zu Lasten des Beschwerdeführers verwehrt sei und deshalb die Entscheidung darauf zu beschränken sei, die Beschwerde zurückzuweisen, damit dem Beschwerdeführer der durch die irrige Annahme der Vorinstanz erlangte Vorteil erhalten bleibe. Hieraus wird zugleich deutlich, dass sich die auf eine Zurückweisung einer Beschwerde des Einsprechenden beschränkende Entscheidung, die bei in erster Instanz unerkannt gebliebener Unzulässigkeit des Einspruchs nicht zugleich zur Aufhebung der begünstigenden Sachentscheidung des DPMA führt, inhaltlich noch keine Schlechterstellung des Beschwerdeführers begründet und deshalb auch nicht mit dem Ausnahmetatbestand unabdingbarer Verfahrensvoraussetzungen begründet werden muss. Die in diesem Zusammenhang häufig zitierte Entscheidung des BGH,[119] in der sich der BGH auf die Zurückweisung der Beschwerde des Einsprechenden beschränkt hat, weil die Zulässigkeit des Einspruchs auch im Beschwerdeverfahren vAw zu prüfen sei, stellt deshalb bei genauer Hinsicht im Ergebnis keine Ausnahme vom Verschlechterungsverbot dar.

47 **Unzulässige Änderung in erster Instanz.** Die Rspr der Beschwerdekammern des EPA geht insoweit mit diesen Bedenken konform, als eine Ausnahme vom Verschlechterungsverbot[120] für den Fall anerkannt wird, dass bei alleiniger Beschwerde des Einsprechenden der Patentinhaber sein Patent ausnahmsweise nicht nur in der angefallenen, sondern als ultima ratio[121] auch in der erteilten Fassung verteidigen kann (hierzu Rn 117 f vor § 73), wobei insoweit auch überlegt werden könnte, ob der angefallene erstinstanzliche Verfahrensgegenstand überhaupt die unzulässig beschränkte Fassung oder nicht die erteilte Fassung ist. Dem kommt insb deshalb Bedeutung zu, weil eine Anschlussbeschwerde wie im dt Verfahren im Verfahren vor dem EPA als möglich angesehen wird (vgl Rn 204 ff zu § 73). Voraussetzung für die Anerkennung einer Ausnahme ist, dass sonst die unzulässige Änderung, die die Einspruchsabteilung des EPA in ihrer Entscheidung erster Instanz für gewährbar erachtet hatte, mangels Korrekturmöglichkeit zum Widerruf des Patents führen muss. Eines solchen abwägenden Rückgriffs bedürfte es nicht, wenn man die Zulässigkeit der Änderung des Patents als unabdingbare und deshalb auch in der Beschwerdeinstanz zu prüfende Verfahrensvoraussetzung anerkennt (vgl Rn 42; Rn 62 vor § 73), die nicht dem Verschlechterungsverbot unterliegt (Rn 43), und zu Lasten des Beschwerdeführers die Anfallwirkung entspr korrigiert, so dass die erteilte Fassung als Prüfungsgegenstand wieder auflebt. Allerdings wird diese Folgerung bisher im damit vergleichbaren Fall einer Beschwerde des Einsprechenden bei Teilerfolg in erster Instanz, aber unzulässigem Einspruch, nicht gezogen, da dies nur zur Zurückweisung der Beschwerde führen soll,[122] nicht aber zur Aufhebung des angefochtenen Beschlusses und Verwerfung des Einspruchs (Rn 46). Dann bleibt dem Patentinhaber nur die Möglichkeit der eigenen Beschwerde oder Anschlussbeschwerde (Rn 98, 213 zu § 73), um zur erteilten Fassung zurückzukehren.

48 Die vom DPMA bewilligte **Wiedereinsetzung** kann im Beschwerdeverfahren wegen § 123 Abs 4 nicht nochmals geprüft werden.[123]

49 Wird im zweiseitigen Verfahren der schon in erster Instanz vorliegende **Mangel der Vollmacht** des Beschwerdeführers erst in der Beschwerdeinstanz erkannt, ist die Beschwerde als zulässig zu behandeln und die angefochtene Entscheidung ist aufzuheben.[124]

---

117 Hierauf weist auch *Hövelmann* GRUR 2007, 283, 289 Fn 82 hin.
118 BGH NJW 1986, 1494.
119 BGH GRUR 1972, 592 Sortiergerät.
120 EPA G 1/99 ABl 2001, 381 = GRUR Int 2001, 868 reformatio in peius; vgl *Schulte* Anh § 73: Art 107 EPÜ Rn 28.
121 Zu den vorrangig auszuschöpfenden Möglichkeiten im Einzelnen *Schulte* Anh § 73: Art 107 EPÜ Rn 28.
122 BGH GRUR 1972, 592, 594 Sortiergerät; abl auch BPatGE 29, 204, 209, für die Verwerfung des Einspruchs Anschlussbeschwerde des Patentinhabers fordernd.
123 AA BPatGE 19, 39 = Mitt 1977, 113.
124 BPatGE 22, 37 = GRUR 1979, 699.

Da es bei der Entscheidung über **Verfahrenskosten** und entspr zu behandelnde Gebühren auf Anträ- **50**
ge der Beteiligten nicht ankommt, ist insoweit eine Schlechterstellung möglich.[125] Fehlt eine wirksame
Kostengrundentscheidung, ist im Kostenfestsetzungsverfahren auf Beschwerde des Kostengläubigers der
Kostenfestsetzungsbeschluss auch aufzuheben, soweit Kosten festgesetzt worden sind.[126]

8. Erteilung und Änderung des Patents. Anders als im verwaltungsgerichtlichen Verfahren, in dem **51**
idR nur eine kassatorische Entscheidung ergehen kann (§ 113 VwGO), entspricht es im Anmeldebeschwerdeverfahren ständiger, vom BGH gebilligter, aber auch kritisierter Praxis (s Rn 34 vor § 73), nicht das DPMA
anzuweisen, den Erteilungsbeschluss zu erlassen,[127] sondern, wie zuvor schon der Beschwerdesenat des
DPA,[128] das Patent selbst zu erteilen. Wenn eine benötigte Vollmacht nach § 25 Abs 1 nicht im Beschwerdeverfahren beigebracht wird, sind die Patentansprüche erteilter Fassung und nicht die neu eingereichten
beschränkten Patentansprüche der Prüfung zugrunde zu legen.[129] Auch das BPatG kann das Patent nur
entspr dem Erteilungsantrag erteilen[130] und darf die Unterlagen nicht ohne Einverständnis des Anmelders
ändern, so das Patent mit einzelnen Patentansprüchen aus einem vom Anmelder zur Entscheidung gestellten Anspruchssatz erteilen. Die Erteilung kann nur so erfolgen, wie sie beantragt ist (Rn 16 zu § 48).[131] Der
Anmelder muss erteilungsreife Unterlagen einreichen, es ist nicht Sache des BPatG, diese zu erarbeiten.[132]
Auch die gegen den Widerruf gerichtete Beschwerde muss wegen der insoweit beschränkten Entscheidungskompetenz schon dann erfolglos bleiben, wenn kein vom Patentinhaber gestellter Antrag zulässig
und begründet ist.[133] Dieser Grundsatz gilt im Einspruchs- und Einspruchsbeschwerdeverfahren nicht uneingeschränkt, da keine Antragspflicht besteht (Rn 281 zu § 59). Betreffen die Widerrufsgründe nur einen Teil
des Patents, wird es mit einer entspr Beschränkung aufrechterhalten (§ 21 Abs 2 Satz 1), wenn dies dem notfalls durch Auslegung zu ermittelnden Willen des Patentinhabers im Einzelfall entspricht (Einzelheiten
Rn 284 ff zu § 59). Das Patent, soweit es vom Patentinhaber verteidigt wird (diese Einschränkung darf nicht
übersehen werden, da sonst die Selbstbeschränkung als Ausfluss der dem Patentinhaber zustehenden Verfügungsbefugnis über sein Patent ausgeschlossen wäre) darf daher grds nur soweit widerrufen werden, wie
die Widerrufsgründe reichen.[134] Hieraus hat der BGH insoweit Konsequenzen gezogen, als er bei vollständigem Widerruf eines Patents mit nebengeordneten Patentansprüchen die Begründung der Entscheidung
auch für die Nebenansprüche verlangt, soweit nicht aufgrund der eingereichten Anspruchsätze und des
sonstigen Prozessverhaltens geschlossen werden kann, dass der Patentinhaber die Aufrechterhaltung des
Patents nur im Umfang eines uneingeschränkten Anspruchssatzes begehrt, der auch einen nicht rechtsbeständigen nebengeordneten Patentanspruch enthält[135] (zu den Einzelheiten Rn 287 zu § 59), während dies
für unselbstständige Patentansprüche nicht gelten soll.[136] Die damit verworfene „Faule-Apfel-Doktrin"
(Rn 283 zu § 59) beruhte letztlich auf einer Verwechslung der Verpflichtung des Anmelders, erteilungsreife

---

125 BGHZ 92, 137 = GRUR 1984, 870 Schweißpistolenstromdüse; *Benkard* Rn 8; *Schulte* § 73 Rn 75; vgl BPatG 8.3.1988
12 W (pat) 80/86.
126 BPatGE 21, 27; BPatGE 25, 82.
127 Ebenso, aber zugleich als fragwürdige Praxis bezeichend *Benkard* Rn 37 f, auch auf die Praxis des
29. Beschwerdesenats des BPatG verweisend.
128 BPatGE 3, 119 = BlPMZ 1963, 170.
129 BPatG 27.4.2010 21 W (pat) 319/05.
130 BGH GRUR 1964, 697 Fotoleiter; BGH Mitt 1967, 16 Nähmaschinenantrieb; BGH GRUR 1978, 39 Titelsetzgerät;
Lindenmaier § 36p Rn 13.
131 BGHZ 173, 47 = GRUR 2007, 862 Informationsübermittlungsverfahren II.
132 BPatGE 17, 204 = GRUR 1975, 548; *Benkard* Rn 13.
133 BGH GRUR 2000, 1015 ff Verglasungsdichtung.
134 BGH Informationsübermittlungsverfahren II; vgl hierzu auch BGHZ 105, 381 = GRUR 1989, 103
Verschlußvorrichtung für Gießpfannen; BGH GRUR 1989, 494 Schräglegeeinrichtung; BGH GRUR 1997, 120 elektrisches
Speicherheizgerät; BGH GRUR 2000, 597 Kupfer-Nickel-Legierung, zur Begründungspflicht hinsichtlich eines
Nebenanspruchs.
135 BGH Informationsübermittlungsverfahren II; dies übersehen zB BPatG 24.5.2006 9 W (pat) 20/04; BPatGE 50, 69 =
GRUR 2008, 626; BPatG 4.6.2008 7 W (pat) 318/04; BPatG 16.10.2008 6 W (pat) 339/05; BPatG 29.4.2008 34 W (pat) 701/07;
BPatG 8.9.2008 9 W (pat) 338/05; BPatG 5.11.2007 20 W (pat) 303/04; differenzierend BPatG 28.2.2008 15 W (pat) 22/04:
keine weiteren Anhaltspunkte für ein stillschweigendes Begehren.
136 BGH GRUR-RR 2008, 456 Installiereinrichtung I; einschränkend im Nichtigkeitsverfahren BGH GRUR 2012, 149
Sensoreinrichtung, wonach die Grundlage nicht ohne weiteres entzogen ist.

Unterlagen einzureichen, mit der nicht bestehenden Verpflichtung, das erteilte Patent mit insgesamt schutzfähigen Unterlagen zu verteidigen.[137] Liegen solche Unterlagen im Verhandlungstermin nicht vor, kommt Anberaumung eines Verkündungstermins (§ 94 Abs 1) mit Schriftsatznachlass[138] nach § 283 ZPO, Übergang ins schriftliche Verfahren (Rn 38 zu § 78) oder Zurückverweisung an das DPMA (Rn 73 ff)[139] in Betracht. Auch in den Fällen unwirksamer Beschlüsse erfolgt regelmäßig eine Zurückverweisung.

52   **9. Ermessensentscheidungen; Beurteilungsspielraum.** Soweit dem DPMA (ausnahmsweise) ein Ermessen eingeräumt ist (Rn 294, 304 zu § 59), so bei der Kostenentscheidung nach § 62 (vgl Rn 56 zu § 73, Rn 104 zu § 80),[140] oder nach früherer Rechtslage bei der an der Sachdienlichkeit auszurichtenden Entscheidung über eine Anhörung nach § 46 (Rn 1 zu § 46; Rn 104 zu § 80) oder bei der Sachprüfung der Widerrufsgründe (Rn 36; Rn 304 zu § 59; Rn 21 zu § 61), soll das BPatG zur vollen Überprüfung der Ermessensausübung berechtigt und nicht auf die Prüfung beschränkt sein, ob ein Ermessensfehler vorliegt.[141] Das ist abzulehnen. Nach zutr Ansicht sind derartige von Zweckmäßigkeitserwägungen getragene Entscheidungen entspr § 114 VwGO unter dem Aspekt des Verfahrensmangels (s Rn 80) nur auf die richtige Ausübung des Ermessens nachprüfbar (insb nicht ersetzbar), und zwar dahin, ob die Voraussetzungen für die Ausübung des Ermessens und seine Grenzen eingehalten sind und vom Ermessen in einer dem Zweck der Ermächtigung entspr Weise Gebrauch gemacht wurde,[142] dh ob Nichtgebrauch, Fehlgebrauch oder eine Überschreitung des Ermessens vorliegt, also insb nicht, ob andere Lösungen zweckmäßiger gewesen wären.[143] Das gilt im Ergebnis auch, wenn auf einen Beurteilungsspielraum abgestellt wird (Rn 53) und die Grundsätze für die Nachprüfung von Ermessensentscheidungen entspr angewendet werden, die regelmäßig die Ersetzung des Ermessens durch die Rechtsmittelinstanz verbieten[144] (Rn 104 ff zu § 80).[145] Denn beiden ist gemeinsam, dass die rechtl Beurteilung und Bewertung des Sachverhalts nur einer eingeschränkten gerichtlichen Kontrolle unterworfen sind.[146]

53   Ein nicht überprüfbarer **Beurteilungsspielraum** auf der Tatbestandsseite bei der Auslegung unbestimmter Rechtsbegriffe und der Subsumtion eines Sachverhalts unter sie[147] – im Gegensatz zum Ermessen auf der Rechtsfolgenseite[148] – ist grds (anders uU bei im Patentrecht nicht vorkommenden Planungs- und Risikobewertungsspielräumen) **nicht** anzuerkennen (str).[149]

---

137   BGH Installiereinrichtung I.
138   BPatGE 19, 131; BPatGE 22, 54: wenn über den Inhalt der nachzubringenden Beschreibung bereits eine hinreichend klare Vorstellung besteht; *Benkard* Rn 13.
139   Vgl BGHZ 51, 131 = GRUR 1969, 433 Waschmittel.
140   Hierzu auch *Schulte* § 62 Rn 25: nur eingeschränkte Überprüfbarkeit.
141   BPatGE 1, 175, 178 = BlPMZ 1962, 42; BPatGE 10, 131, 137 = GRUR 1970, 100, WzSache, zur Verfahrensaussetzung; BPatG 21.5.1969 27 W (pat) 318/68; BPatG 30.9.1971 25 W (pat) 269/70, WzSache; BPatG 16.11. 2004 33 W (pat) 187/03; *Lindenmaier* § 36p Rn 16.
142   BPatGE 34, 99 = BlPMZ 1994, 296, WzSache; BPatG 18.1.1995 29 W (pat) 67/94; *Benkard* Rn 11; abw *Benkard*[10]; *Fezer* § 70 MarkenG Rn 3; vgl BPatGE 10, 35, 41 = Mitt 1968, 136; zur Überprüfbarkeit der Ermessensentscheidung, einen weiteren Widerrufsgrund nicht in die Überprüfung einzubeziehen, *Hövelmann* GRUR 1997, 875 ff; vgl EPA T 237/96; HABM Mitt 2000, 302.
143   *Fitzner/Lutz/Bodewig* Rn 6; *Kopp/Schenke* § 114 VwGO Rn 4.
144   So BPatGE 26, 44, 49 = BlPMZ 1984, 241 zur Sachdienlichkeit einer Anhörung, wonach sich die Nachprüfung des BPatG auf die Rechtskontrolle der beanstandeten Maßnahme dahin zu beschränken habe, ob der Prüfer den Begriff der Sachdienlichkeit verkannt hat, er von einem unrichtigen Sachverhalt ausgegangen ist, allg gültige Wertmaßstäbe außer Acht gelassen oder sachfremde Erwägungen angestellt hat, und das BPatG nicht seine eigenen Zweckmäßigkeitserwägungen an die Stelle der Prüfererwägungen setzen dürfe, ebenso BPatG 22.10.1998 23 W (pat) 35/97; BPatGE 38, 227 = GRUR 1998, 42, 44 „Einschätzungsprärogative" zur Auslegung und Anwendung des Begriffs der Mutwilligkeit bei Versagung der Verfahrenskostenhilfe; BPatG 9.9.1997 13 W (pat) 25/97; vgl BGHZ 46, 380, 382 f = NJW 1967, 880; BGH GRUR 1991, 852, 856 Aquavit; offen gelassen in BPatG 19.2.1987 31 W (pat) 244/84; BVerwGE 100, 1 = NVwZ 1996, 907 lässt offen, ob hinsichtlich des Begriffs des besonderen öffentlichen Interesses ein Beurteilungsspielraum eröffnet ist.
145   Vgl BGH NJW 1985 1841 f.
146   *Kopp/Schenke* § 114 VwGO Rn 23.
147   *Kopp/Schenke* § 114 VwGO Rn 23.
148   *Kopp/Schenke* § 114 VwGO Rn 23.
149   BGHZ 49, 367, 372 = GRUR 1968, 659 Fensterglas II, Kartellsache; BGHZ 124, 327, 331 f = NJW 1994, 1874, dort zur Abgrenzung zum Spielraum bei einer Auswahlentscheidung; BVerwGE 16, 116 = NJW 1963, 2088; BVerwGE 34, 301, 304 =

II. Verfahrensgang vor dem Patentgericht

Zum Ablauf des Verfahrens Rn 6 ff zu § 78, zur mündlichen Verhandlung Rn 14 zu § 78 und zum **54** schriftlichen Verfahren sowie zum maßgeblichen Entscheidungszeitpunkt Rn 46 zu § 78.

III. Entscheidungszeitpunkt; maßgebliche Sachlage

Zu berücksichtigen ist wegen § 296a ZPO die Sachlage im Zeitpunkt der Entscheidung,[150] dh des **55** Schlusses der mündlichen Verhandlung, sofern nicht eine Wiedereröffnung der mündlichen Verhandlung nach §§ 91 Abs 3 Satz 2, 156 ZPO geboten und noch möglich ist. Anders als bei nach § 94 Abs 1 Satz 1 verkündeten Beschlüssen, die mit der Verkündung wirksam werden, wird ein mit der Beschlussfassung existenter Beschluss, der nach § 94 Abs 1 Satz 4 an Verkündungs Statt zugestellt wird, zwar erst mit Zustellung wirksam, er ermöglicht deshalb einen Schriftsatznachlass nach § 283 ZPO (Rn 37 zu § 78)[151] und auch eine Wiedereröffnung der mündlichen Verhandlung vAw oder auf Antrag vor seiner Zustellung (hierzu auch Rn 46 zu § 78). Bei einer Entscheidung im schriftlichen Verfahren ist dagegen mangels Anwendbarkeit des § 296a ZPO für den Zeitpunkt der Entscheidung nicht auf den Zeitpunkt der Abfassung und Unterzeichung des Beschlusses abzustellen, sondern auf den Zeitpunkt, in dem der Beschluss den inneren Geschäftsbetrieb endgültig verlassen hat; wirksam wird ein solcher Beschluss ebenfalls erst mit Zustellung (Einzelheiten Rn 60 zu § 47; Rn 46 zu § 78).[152] Rechtzeitig beim BPatG eingegangene Schriftsätze sind relevant, gleichgültig, ob sie dem Beschwerdesenat zur Kenntnis gelangt sind und ob die Ursache in einem unrichtigen Aktenzeichen lag; dies kann für die Rechtsbeschwerde Bedeutung erlangen.[153] Zum Gebot rechtl Gehörs (Art 103 Abs 1 GG) Rn 49 ff zu § 100. Zurückweisung verspäteten Vorbringens kommt wegen des Amtsermittlungsgrundsatzes (§ 87) grds nicht in Betracht (Rn 81 vor § 73). Zur (teilweise sehr strengen) Praxis des EPA Rn 108 vor § 73.

IV. Inhalt der Entscheidung

1. Allgemeines. Die Entscheidung ergeht immer durch Beschluss.[154] Dieser enthält Rubrum, Be- **56** schlussformel (Tenor) und Gründe; er ist von den mitwirkenden Richtern zu unterschreiben (Rn 64). Eine Rechtsmittelbelehrung ist anders als für die Ausgangsentscheidung (Rn 35 f zu § 47) nicht vorgeschrieben.[155] Der über § 99 seit 1.1.2014 anwendbare § 232 ZPO schreibt eine Rechtsmittelbelehrung vor.

2. Teilbeschlüsse werden nur dann in Betracht kommen, wenn der Beschwerdegegenstand teilbar ist **57** und nicht die Gefahr widersprechender Entscheidungen begründet ist.[156] So kann der Hauptantrag bei fehlender Entscheidungsreife des Hilfsantrags zurückgewiesen werden.[157] Eine Entscheidung durch Teilbeschluss über die Patentanmeldung idF des Hauptantrags unter Zurückstellung der Entscheidung über die Patentanmeldung in der Fassung des Hilfsantrags stößt zwar auf Bedenken hinsichtlich der Verfahrensökonomie. Diese führen aber nicht dazu, dass eine solche Entscheidung unzulässig wäre.[158] Ebenso hat der BGH zum Nichtigkeitsberufungsverfahren ein angegriffenes Patent im Urteilsausspruch für nichtig

---

MDR 1970, 702; BVerwGE 56, 71, 75 = NJW 1979, 939; BVerwGE 72, 38, 50 = NJW 1986, 313; BPatG 15.3.1999 34 W (pat) 6/99; BPatGE 43, 20 = BlPMZ 2000, 420.

150 *Benkard* Rn 14; *Fitzner/Lutz/Bodewig* Rn 11; *Klauer/Möhring* § 36p Rn 15; *Fezer* § 70 MarkenG Rn 4; vgl BGH GRUR 2000, 510 Contura, Markensache.

151 *Benkard* Rn 14.

152 BGH GRUR 1997, 223 f Ceco, Markensache; vgl BGH GRUR 1967, 435 Isoharnstoffäther; BGH GRUR 1982, 406 Treibladung; BGH GRUR 2000, 688 Graustufenbild; vgl auch EPA T 296/93 ABl EPA 1995, 627; EPA T 798/95.

153 BGH GRUR 1974, 210 Aktenzeichen; *Benkard* Rn 14.

154 *Benkard* Rn 28; *Mes* Rn 9; *Lindenmaier* § 36p Rn 1; *Klauer/Möhring* § 36p Rn 2f.

155 BGH GRUR 2011, 1055 Formkörper mit Durchtrittsöffnungen.

156 So auch *Benkard* Rn 33; kr *Schulte* Rn 7; kr auch *Hövelmann* GRUR 2009, 718, vgl BPatGE 23, 48 = GRUR 1980, 997; BPatGE 24, 149 = GRUR 1982, 367.

157 BGHZ 166, 347 = GRUR 2006, 748 Mikroprozessor; vgl BPatGE 27, 1 = BlPMZ 1985, 47 und BPatGE 47, 224 = GRUR 2004, 320.

158 BGH Mikroprozessor; kr *Hövelmann* GRUR 2009, 718; grds verneinend auch *Fitzner/Lutz/Bodewig* Rn 15.

erklärt, soweit es über eine bestimmte, nach Hilfsantrag verteidigte und im Urteilstenor angeführte Fassung der Patentansprüche hinausging und nur den insoweit die Sache zur weiteren Sachprüfung an das BPatG zurückverwiesen.[159] Eine geteilte Entscheidung nach Teilung ist keine Teilentscheidung in diesem Sinn.[160] Einstweilige Anordnungen sind im Beschwerdeverfahren entspr § 570 Abs 3 ZPO möglich.[161]

3. Bestandteile der Entscheidung

58   **a. Rubrum.** Aufzunehmen sind die Bezeichnung der Beteiligten, ihrer gesetzlichen Vertreter und der Prozessbevollmächtigten (§ 313 Abs 1 Nr 1 ZPO), die Bezeichnung des Gerichts und die Namen der Richter, die an der Entscheidung mitgewirkt haben (§ 313 Abs 1 Nr. 2 ZPO; Angabe der Amts- oder Dienstbezeichnung und der Führung des Vorsitzes sind nicht erforderlich, auch nicht die Kenntlichmachung der abgeordneten und beauftragten Richter, vgl. § 29 Satz 2 DRiG)[162] und der Tag, an dem die mündliche Verhandlung geschlossen wurde oder der dem Schluss der mündlichen Verhandlung entspricht (§ 313 Abs. 1 Nr 3 ZPO).

59   **b. Die Beschlussformel** (Tenor, § 313 Abs 1 Nr 4 ZPO) sollte aus sich selbst verständlich sein. Sie darf nur soweit auf Aktenteile verweisen, als sich dies nicht vermeiden lässt, etwa weil sich der Entscheidungsgegenstand nicht anders beschreiben lässt.[163] Allerdings sollten beim Erteilungsbeschluss die Anforderungen nicht weiter gehen als beim DPMA.[164] Bei Unwirksamkeit des angefochtenen Beschlusses ist diese festzustellen, um auf diese Weise den äußeren Anschein eines wirksamen Beschlusses zu beseitigen (vgl Rn 49 zu § 73).[165]

60   Die Formel besteht aus der **Sachentscheidung** und erforderlichenfalls den **Nebenentscheidungen** wie Zulassung der Rechtsbeschwerde, Ausspruch über Kostenauferlegung und Rückzahlung der Beschwerdegebühr (§ 80). Insoweit ist vAw zu entscheiden, ohne dass es eines Antrags bedarf;[166] Schweigen bedeutet, dass eine Entscheidung nicht erfolgt ist. Die Zurückweisung eines Antrags auf Rückzahlung der Beschwerdegebühr soll in den Gründen und nicht in der Beschlussformel auszusprechen sein;[167] ein Verstoß wäre aber auf jeden Fall sanktionslos. Es wurde auch als zulässig angesehen, über die Zulassung der Rechtsbeschwerde in den Gründen zu befinden (Rn 18 zu § 100); nachträgliche Zulassung durch Ergänzung des Beschlusses ist nicht möglich, selbst wenn diese versehentlich unterblieben ist.[168] Ein Ausspruch über die vorläufige Vollstreckbarkeit kommt, anders als im Nichtigkeitsverfahren, nicht in Betracht, da §§ 704 ff ZPO nur für Urteile den Ausspruch fordert.

61   Die **Tenorierung im Anmeldebeschwerdeverfahren** kann lauten auf:
Verwerfung oder Zurückweisung der Beschwerde:

„Die Beschwerde gegen den Beschluss der Prüfungsstelle für Klasse ... des Deutschen Patent- und Markenamts vom ... wird als unzulässig verworfen" oder „Die Beschwerde wird als unzulässig verworfen." oder „Die Beschwerde wird zurückgewiesen."

Aufhebung des angefochtenen Beschlusses und Erteilung, erforderlichenfalls unter Teilzurückweisung der Beschwerde, sofern bei überschießendem Hauptantrag nur auf Hilfsantrag erteilt werden kann (vgl auch Rn 71):

---

159   BGHZ 204, 199 = GRUR 2015, 573 Wundbehandlungsvorrichtung.
160   BPatG BlPMZ 1989, 393; BPatGE 32, 139 = GRUR 1991, 828; vgl BGH GRUR 1972, 474 Ausscheidungsanmeldung; *Benkard* Rn 33.
161   BPatG 9.4.1987 5 W (pat) 7/87.
162   AA insoweit *Klauer/Möhring* § 36p Rn 6.
163   BGH GRUR 1989, 494 Schrägliegeeinrichtung unter Bezugnahme auf BGHZ 94, 276, 291 = GRUR 1985, 1041 Inkassoprogramm; *Schulte* Rn 6.
164   Für die Bezugnahme auf ein Aktenexemplar der Unterlagen *Klauer/Möhring* § 36p Rn 7.
165   BPatG 29.11.2010 9 W (pat) 48/09; BPatG BlPMZ 2006, 415; dagegen „Aufhebung" BPatG 17.12.2002 23 W (pat) 48/01.
166   BPatG 18.3.2004 17 W (pat) 55/03.
167   BPatG 18.3.2004 17 W (pat) 55/03.
168   BPatG 9.2.2011 20 W (pat) 352/05.

„Auf die Beschwerde der Anmelderin werden der Beschluss der Prüfungsstelle für Klasse ... des Deutschen Patent- und Markenamts vom ... aufgehoben und das Patent Nr ... erteilt.
    Bezeichnung: Verfahren zur Rekonstruktion von ...
    Anmeldetag: ... Die Priorität der Anmeldung in der Schweiz vom ... ist in Anspruch genommen. (Aktenzeichen der Erstanmeldung: ...)
    Der Erteilung liegen folgende Unterlagen zugrunde: Patentansprüche 1 bis 7, überreicht in der mündlichen Verhandlung vom ...; Beschreibung, Seiten 1 bis 12, überreicht in der mündlichen Verhandlung vom ...; 4 Blatt Zeichnungen, Figuren 1 bis 6, gemäß Offenlegungsschrift."

Aufhebung des angefochtenen Beschlusses und Zurückverweisung:

„1. Auf die Beschwerde der Anmelderin wird der Beschluss der Prüfungsstelle für Klasse ... des Deutschen Patent- und Markenamts vom ... aufgehoben.
    2. Das Verfahren wird zur Durchführung des Prüfungsverfahrens an das Deutsche Patent- und Markenamt zurückverwiesen."

Die **Tenorierung im Einspruchsbeschwerdeverfahren** kann auf Verwerfung oder Zurückweisung   **62** der Beschwerde, auf Aufhebung des angefochtenen Beschlusses und Zurückverweisung (vgl Rn 61) oder wie folgt lauten:
Aufhebung des angefochtenen Beschlusses und Verwerfung des Einspruchs:

„Der Beschluss der Patentabteilung ... des Deutschen Patent- und Markenamts vom ... wird aufgehoben. Der Einspruch gegen das Patent DE... wird als unzulässig verworfen."

Aufhebung des angefochtenen Beschlusses und Aufrechterhaltung des Patents:

„Auf die Beschwerde des Patentinhabers werden der Beschluss der Patentabteilung ... des Deutschen Patent- und Markenamts vom ... aufgehoben und das Patent DE ... aufrechterhalten."

Aufhebung des angefochtenen Beschlusses und beschränkte Aufrechterhaltung des Patents; Zurückweisung der Beschwerde im übrigen, sofern nicht die Ansprüche des Patentinhabers nach Hauptantrag bereits entspr beschränkt waren:

„1. Auf die Beschwerde der Patentinhaberin wird der Beschluss der Patentabteilung ... des Deutschen Patent- und Markenamts vom ... aufgehoben (abgeändert). Das Patent DE ... wird mit folgenden Unterlagen beschränkt aufrechterhalten:
    Bezeichnung: Gurtaufroller mit ...;
    Patentansprüche 1 bis 10, überreicht in der mündlichen Verhandlung vom ...;
    Beschreibung, Seiten 5, überreicht in der mündlichen Verhandlung vom ...;
    6 Blatt Zeichnungen Figur(en) 1–7, eingegangen am..."
    2. Die weitergehende Beschwerde wird zurückgewiesen."

Aufhebung des angefochtenen Beschlusses und Widerruf:

„Auf die Beschwerde der Einsprechenden wird der Beschluss der Patentabteilung 23 des Deutschen Patent- und Markenamts vom ... aufgehoben. Das Patent DE ... wird widerrufen."

c. Gründe. Die Begründungspflicht (Rn 12 zu § 94 und Rn 74 ff zu § 100) folgt für alle Beschwerdeent-   **63** scheidungen auch aus § 94 Abs 2;[169] und zwar unabhängig davon, ob es sich um eine stattgebende Entscheidung und ein einseitiges Verfahren handelt; anders im einseitigen Einspruchsverfahren nach § 147 Abs 3 aF vor dem BPatG[170] oder für stattgebende Zwischenentscheidungen im einseitigen Verfahren[171] oder

---

169   *Benkard* Rn 51.
170   BPatGE 47, 168 = BlPMZ 2004, 60.
171   *Schulte* § 94 Rn 17.

Entscheidungen, denen ein anderer Beteiligter nicht widersprochen hat.[172] Die Verletzung ist durch den (selten erfolgreichen) Rechtsbeschwerdegrund des § 100 Abs 3 Nr 6 sanktioniert (Rn 74 ff zu § 100, zu den Anforderungen an die Begründungspflicht Rn 81 ff zu § 100; zur Rückzahlung der Beschwerdegebühr Rn 97 zu § 80).

64   **d. Unterschriften.** Das Unterschriftserfordernis ergibt sich aus §§ 329, 315 ZPO. Der Beschluss ist von allen mitwirkenden Richtern zu unterschreiben.[173] Ist ein Richter verhindert, ist dies vom Vorsitzenden und bei dessen Verhinderung vom dienstältesten mitwirkenden Richter festzustellen. Da dieser insoweit den Vorsitzenden vertritt, kann der Verhinderungsvermerk im technischen Beschwerdesenat nur von technischen Mitgliedern, in den übrigen Senaten nur von rechtskundigen Mitgliedern unterzeichnet werden, soweit jeweils ein solches mitwirkendes Mitglied zur Verfügung steht. Die Unterschriften müssen die Endfassung des Beschlusses decken. Daher sind nach Unterschriftsleistung eigenmächtige Änderungen des Vorsitzenden oder eines anderen mitwirkenden Richters nicht möglich; allenfalls können noch offensichtliche Rechtschreib- und Interpunktionsfehler ausgebessert werden. Es ist, anders als nach § 2 Abs 2 Satz 4 DPMAV im Verfahren vor der Patentabteilung (Rn 40 zu § 27), nicht angängig, die Endredaktion unbesehen dem Vorsitzenden zu überlassen (vgl auch zur Grenze bei sachlichen Meinungsverschiedenheiten und dem Umlaufverfahren § 2 Abs 2 Satz 5 DPMAV),[174] erst recht unstatthaft sind Veränderungen der Urkunde, wie das Aufkleben oder Anheften der von einer früheren Fassung abgeschnittenen Unterschriftzeile.

4. Entscheidung bei Unzulässigkeit der Beschwerde

65   **a. Grundsatz.** Die unzulässige Beschwerde führt zur Verwerfung als unzulässig.[175] Auf den Grund der Unzulässigkeit kommt es nicht an, insb ist diese nicht auf die in Abs 2 Satz 1 (ebenso § 572 Abs 2 Satz 1 ZPO) genannte Statthaftigkeit, Form oder Frist reduziert. § 70 Abs 2 MarkenG differenziert folgerichtig insoweit nicht mehr. Ob die Beschwerde in der Sache begründet wäre, darf für die Entscheidung nicht geprüft werden (s aber Rn 67), kann aber für die Rückzahlung der Beschwerdegebühr von Bedeutung sein (ausführlich Rn 92 ff zu § 80).

66   **b. Verfahren.** Die unzulässige Beschwerde kann nach Abs 2 Satz 2 immer ohne mündliche Verhandlung als unzulässig verworfen werden (Rn 16 zu § 78). In Einspruchsverfahren vor dem BPatG nach § 147 Abs 3 aF und § 61 Abs 2 Satz 1 findet Abs 2 keine entspr Anwendung, sondern § 59 Abs 3 Satz 1 (Rn 16 zu § 61), so dass auf Antrag eine mündliche Verhandlung oder eine öffentliche Anhörung erforderlich ist (Rn 16 zu § 78).

67   **c. Vorrang der Zulässigkeitsprüfung.** Grds ist die Zulässigkeit eines Rechtsmittels vor dessen Begründetheit zu prüfen (vgl Rn 28; Einzelheiten und Ausnahme Rn 54 vor § 73). Nur bei Zulässigkeit kann in die materielle Prüfung (Begründetheitsprüfung) eingetreten werden; die unzulässige, insb nicht statthafte oder nicht in gesetzlicher Form oder Frist eingelegte Beschwerde ist als unzulässig zu verwerfen (Abs 2 Satz 1), ohne dass es auf die sachliche Richtigkeit der angefochtenen Entscheidung ankäme.[176] Im Einzelfall kann die Zulässigkeit ausnahmsweise offenbleiben, wenn die Zurückweisung einer Beschwerde als unbegründet keine weitergehenden Folgen hat als ihre Verwerfung und auch im übrigen keine unvereinbaren Interessen der Beteiligten oder Dritter entgegenstehen. Dann kann unabhängig von der Zulässigkeit eine Sachentscheidung ergehen (s auch Rn 69 und Rn 54 vor § 73).

68   **d. Prüfung von Amts wegen.** Die Zulässigkeit ist vAw nach den Grundsätzen der Amtsermittlung zu prüfen; eine bestimmte Reihenfolge ist nicht zwingend und die Reihenfolge ist an der Prozessökonomie auszurichten. Es gilt der Freibeweis (Einzelheiten Rn 55 f vor § 73).

---

172 *Klauer/Möhring* § 36p Rn 8.
173 Vgl hierzu *Klauer/Möhring* § 36p Rn 8; zur sinngemäßen Anwendung der Urteilsvorschriften auf Beschlüsse *Zöller* § 329 ZPO Rn 23.
174 *Schulte* § 2 DPMAV Fn 4.
175 *Fitzner/Lutz/Bodewig* Rn 16; *Benkard* Rn 34; *Schulte* Rn 8.
176 RPA Mitt 1937, 382; *Benkard* Rn 2.

5. Eigene Sachentscheidung des Patentgerichts bei zulässiger Beschwerde

a. Grundsatz. Die Möglichkeit eigener Sachentscheidung des BPatG folgte bereits vor Existenz der **69** ausdrücklichen Regelung, wie sie jetzt mit § 79 existiert, aus § 99 Abs 1 iVm §§ 536, 540, 565 Abs 3 ZPO aF in entspr Anwendung,[177] § 538 Abs 1 ZPO nF; sie ist nach § 79 der Regelfall (vgl auch Rn 71; zur Kritik und deren Zurückweisung Rn 29 und ausführlich Rn 34 vor § 73);[178] abw die Praxis des EPA bei Einreichung wesentlich geänd Schutzansprüche, wonach zurückverwiesen wird, wenn eine weitere Sachprüfung erforderlich ist.[179] Die Entscheidung kann auch in bloßer Aufhebung der angefochtenen Entscheidung bestehen, so wenn es an einer Grundlage für eine Entscheidung des DPMA überhaupt gefehlt hatte, die Beseitigung der Entscheidung damit zugleich der gebotene Sachausspruch wäre.[180] Regelmäßig erfolgt auch ein Ausspruch in der Sache. Sind der Einspruch fälschlicherweise als unzulässig angesehen und der Einspruch verworfen worden, ist der Einspruch in der Sache aber nicht begründet, soll unter Aufhebung des angefochtenen Beschlusses das Patent aufrechterhalten werden;[181] insoweit ist fraglich, ob es hier einer Aufhebung des angefochtenen Beschlusses und einer weiteren Sachentscheidung bedarf, solange jedenfalls nicht ersichtlich ist, welche abw Rechtsfolgen aus einer Verwerfung des Einspruchs als unzulässig gegenüber dessen Zurückweisung in der Sache resultieren (s auch Rn 67).

b. Zur Entscheidungsformel bei **unbegründeter Beschwerde** Rn 61 f. **70**

c. Die **teilweise begründete Beschwerde** wird grds wie die begründete Beschwerde behandelt. Zur **71** Entscheidungsformel Rn 61 f. Bei geringfügigen Änderungen kann die Entscheidungsformel wie folgt gefasst werden:[182]

> *Die Beschwerde der Anmelderin gegen den Beschluss der Prüfungsstelle für Klasse ...des Deutschen Patent- und Markenamts vom ... wird mit der Maßgabe zurückgewiesen, dass ...*

d. Begründete Beschwerde. Die in § 79 getroffene Regelung lässt mehrere Möglichkeiten zu, näm- **72** lich eigene Sachentscheidung des BPatG und Zurückverweisung an das DPMA (Rn 73 ff).[183] Zu Formulierungsbeispielen Rn 61 f. Formulierungen wie „Der Beschwerde wird stattgegeben" sind zu vermeiden.[184]

6. Aufhebung und Zurückverweisung

a. Grundsatz. Abs 3 nennt drei Tatbestände für eine Aufhebung der angefochtenen Entscheidung, **73** ohne dass sogleich eine Entscheidung des BPatG in der Sache zu ergehen hat. Der Katalog in Abs 3 ist abschließend.[185] Bdkl war deshalb die Aufassung, bei einer Zusatzanmeldung (§ 16 Abs 1 Satz 2 PatG aF, zum Wegfall 7. Aufl Rn 14 f zu § 16)) müsse Zurückweisung nach Abs 3 Nr 1 erfolgen, weil die Einheitlichkeit mit der Hauptanmeldung, zu der noch kein Prüfungsbescheid ergangen ist, nicht beurteilt werden kann;[186] Unmöglichkeit kurzfristiger Entscheidung bildet keinen Zurückverweisungsgrund, ebensowenig der Aspekt der Gewaltenteilung und der Funktionen des BPatG als für die Rechtskontrolle zuständiges Gericht

---

177 BGHZ 51, 131 = GRUR 1969, 433 Waschmittel; *Fitzner/Lutz/Bodewig* Rn 20, darauf hinweisend, dass das BPatG anders als das Verwaltungsgericht ein echtes Rechtsmittelgericht ist.

178 Kritisch *Benkard* Rn 36–38, aA 10. Aufl. Rn 21; *Fezer* § 70 MarkenG Rn 7, das BPatG trifft im Markenrecht allerdings häufig rein kassatorische Entscheidungen.

179 EPA T 63/86 ABl EPA 1988, 224 = GRUR Int 1988, 779 Zustimmung zu Änderung; EPA T 186/93.

180 Vgl BGHZ 51, 131 = GRUR 1969, 433 Waschmittel; BGH GRUR 1990, 109 f Weihnachtsbrief, für den vergleichbaren Fall einer Entscheidung über einen Punkt, der beim BPatG nicht angefallen war; *Reimer* § 36p Rn 2.

181 BPatG 19.8.2015 9 W (pat) 28/10.

182 Vgl auch *Lindenmaier* § 36p Rn 2.

183 Weitere Bsp bei *Schulte* Rn 10 f; vgl *Lindenmaier* § 36p Rn 10.

184 *Klauer/Möhring* § 36p Rn 15.

185 Anders BPatG 24.2.1972 36 W (pat) 90/70; BPatGE 17, 64 = BlPMZ 1975, 325 und die hM, Rn 52; wie hier *Lindenmaier* § 36p Rn 5, 6; *Klauer/Möhring* § 36p Rn 17, allerdings unter Hinweis auf unnötige Beschneidung der Zurückverweisungspraxis; kr auch *Röhl* BB 1968, 18 ff.

186 So BPatG 31.3.2003 9 W (pat) 56/01.

einerseits und des DPMA als Verwaltungsbehörde andererseits (vgl Rn 29).[187] Die (als Ausnahme anzuse-hende) Möglichkeit der Zurückverweisung bestand schon, bevor das PatÄndG 1967 die Regelung in Abs 3 einführte.[188] Auch besteht unter verfassungsrechtl Aspekten der Gewaltenteilung kein Anlass, die als Re-gelfall vorausgesetzte Sachentscheidung (zum Umkehrschluss aus Abs 3 Rn 34 vor § 73) nicht als Ent-scheidung in der Sache zu begreifen, sondern dem verwaltungsrechtl Selbstverständnis folgend als kassa-torische Entscheidung mit der Übertragung von Anordnungen (Rn 75; Rn 34 vor § 73).[189]

74   **b.** Regelfall der Zurückverweisung ist die **Kassation** mit der Folge, dass die Vorinstanz die Sache er-neut oder weiter zu prüfen hat; dies gilt nicht, wenn die Sachentscheidung allein in der Aufhebung be-steht.

75   **c.** Die Praxis hat daneben **Mischformen** zwischen eigener Sachentscheidung und rein kassatorischer Zurückverweisung zugelassen, nämlich der Aufhebung mit der Übertragung von Anordnungen. Der nach hM über § 99 Abs 1 anwendbare § 572 Abs 3 ZPO sieht die Möglichkeit vor, dass das Beschwerdegericht der Ausgangsinstanz die erforderlichen Anordnungen überträgt,[190] dh über die kassatorische Entscheidung hinaus das weitere Verfahren bindend festlegt (Rn 98 ff), wie zB die Eintragung in das Patentregister, die Anpassung an die Beschreibung oder die Durchführung einer Nachrecherche.[191] In diesen Fällen ist die Vorinstanz an die rechtl Beurteilung nach Abs 3 Satz 2 und entspr § 563 Abs 2 ZPO gebunden,[192] Änderun-gen der Sach- und Rechtslage sind von ihr jedoch in eigener Verantwortung zu berücksichtigen.[193] Wegen der hier schwer zu vermeidenden Zweifel hinsichtlich des Umfangs der Bindung sollte von dieser Möglich-keit, wenn man sie als zulässig ansehen will, nur zurückhaltend Gebrauch gemacht werden.

76   **d. Notwendige Zurückverweisung; Ermessen.** Die Zurückverweisung ist erforderlich, wenn die Ent-scheidung der Vollziehung bedarf und das BPatG diese nicht selbst vornehmen kann (zu überprüfenden Ermessensentscheidungen Rn 52).[194] Zur Teilung im Einspruchsbeschwerdeverfahren aufgrund des § 60 aF 6. Aufl Rn 53 und Rn 47 zu § 39). In den übrigen Fällen steht die Zurückverweisung im pflichtgem Ermessen des BPatG[195] (vgl für das EPA-Beschwerdeverfahren Art 111 Abs 1 Satz 2 EPÜ).[196] Das BPatG kann die Sache an das DPMA zurückverweisen, hat aber grds selbst in der Sache zu entscheiden, sofern und soweit es aufgrund des ihm vorliegenden Materials hierzu in der Lage, die Sache also entscheidungsreif ist.[197]

77   Auch bei Vorliegen eines **schweren Verfahrensverstoßes** ist das BPatG nicht gehindert, abschlie-ßend in der Sache zu entscheiden.[198] Bei der Ermessensausübung ist insb die durch die Zurückverweisung

---

187   So aber *Benkard* Rn 36 f, aA *Benkard*[10].

188   BGH GRUR 1966, 583 Abtastverfahren, kr hierzu *Reimer* § 36p Rn 3; BGHZ 51, 131 = GRUR 1969, 433 Waschmittel; BGH GRUR 1969, 562 f Appreturmittel; BPatGE 5, 26; BPatGE 5, 224 = GRUR 1965, 421.

189   So aber *Benkard* Rn 36, aA *Benkard*[10].

190   BGHZ 51, 131 = GRUR 1969, 433, 435 Waschmittel; BPatG 24.2.1972 36 W (pat) 90/70; BPatGE 17, 64 = BlPMZ 1975, 325; BPatGE 31, 212 = GRUR 1991, 216; *Ströbele/Hacker* § 70 MarkenG Rn 13, wonach im Markenrecht kein Anlass besteht; *Reimer* § 36p Rn 4; kr *Klauer/Möhring* § 36p Rn 20; abl für das markenrechtl Beschwerdeverfahren („kaum mehr Bedarf") *Ingerl/Rohnke* § 70 MarkenG Rn 19.

191   *Schulte* Rn 14.

192   BPatGE 9, 47; *Benkard* Rn 52; zur Zurückverweisung im Beschwerdeverfahren vor dem EPA BGH GRUR 2012, 753 Tintenpatrone III.

193   BGH Waschmittel; BPatG 2.4.1970 11 W (pat) 132/69 BlPMZ 1971, 286 Ls.

194   ZB Registereintrag, vgl BPatGE 18, 7, 12 = GRUR 1976, 418.

195   BGH GRUR 1966, 583 Abtastverfahren; BGH GRUR 1977, 209 Tampon; BGH BlPMZ 1992, 496, 498 Entsorgungsverfahren; BGH GRUR 1993, 832 Piesporter Goldtröpfchen; BGH GRUR 1998, 394 f Active Line; BGH 19.6.1997 I ZB 8/95; BGH 19.6.1997 I ZB 9/95; BPatGE 5, 26; BPatGE 17, 64 = BlPMZ 1975, 325; BPatG BlPMZ 2001, 108, 110; Begr PatÄndG 1967, BlPMZ 1967, 244, 262; *Schulte* Rn 17.

196   EPA T 63/86 ABl EPA 1988, 224 = GRUR Int 1988, 779 Zustimmung zu Änderung; EPA T 300/89 ABl EPA 1991, 480 Änderungen/MINNESOTA; EPA T 599/92; EPA T 1032/92; EPA T 1067/92.

197   BGH Entsorgungsverfahren; BGH Active Line; BGH 19.6.1997 I ZB 8/95; BGH 19.6.1997 I ZB 9/95; BPatGE 5, 224 f = GRUR 1965, 421; BPatGE 13, 65, 68; BPatGE 25, 131 = BlPMZ 1984, 53; BPatG BlPMZ 1988, 114 f, WzSache; zum Ausnahmecharakter vgl auch *Schulte* Rn 16, 21.

198   BGH GRUR 1997, 637 f Top Selection; BGH GRUR 1998, 394 Active Line; BGH 19.6.1997 I ZB 8/95; BGH 19.6.1997 I ZB 9/95, Markensachen; BPatG BlPMZ 2001, 108, 110; BPatG 15.2.1973 15 W (pat) 127/71; BPatG 7.2.2001 29 W (pat) 222/99,

eintretende Verfahrensverzögerung, andererseits die bessere Prüfungsmöglichkeit und Sachnähe des DPMA in Erwägung zu ziehen;[199] der häufig genannte Gesichtspunkt des Instanzverlusts[200] ist von untergeordneter Bedeutung, weil kein Anspruch auf Prüfung in mehreren Instanzen besteht[201] und dieser Aspekt nicht berücksichtigt, dass nur ein Anspruch auf eine richtige (gebundene) Sachentscheidung gegeben ist und dieser nicht von vornhinein dadurch leidet, dass sich die Anzahl der Entscheidungen vermindert. Die eigene Sachentscheidung entspricht deshalb zurecht der Praxis.

Nach Zurückverweisung sind am Einspruchsverfahren auch die nicht beschwerdeführenden Einsprechenden beteiligt (Rn 41 zu § 74).   **78**

e. Fehlende Sachentscheidung des Patentamts. Zurückverweisung kommt nach Abs 3 Nr 1 in Betracht, wenn das DPMA in der Sache noch nicht selbst entschieden hat; insoweit ist die Regelung an sich überflüssig.[202] Dies ist insb der Fall, wenn das DPMA zu Unrecht davon ausgegangen ist, dass die Anmeldung oder ein anderer Antrag als zurückgenommen gilt oder unzulässig ist[203] oder über einen Antrag entschieden hat, der nicht gestellt war[204] oder wenn die Gründe, die der Sachentscheidung entgegenstanden, nachträglich ausgeräumt werden.[205] Im Fall der Teilung nach § 39 oder Ausscheidung in der Beschwerdeinstanz kann Zurückverweisung nach Nr 1 erfolgen (vgl Rn 40 vor § 73).[206] Hat die Vorinstanz aufgrund abw materieller Beurteilung entscheidungserhebliche Fragen nicht geprüft, fehlt es nicht an einer Sachentscheidung, sondern es liegt eine unrichtige Sachentscheidung vor, die eine Zurückverweisung nach Nr 1 nicht und nach Nr 3 nur ermöglicht, wenn neue relevante Tatsachen oder Beweismittel eingeführt sind.[207] Hatte das DPMA Uneinheitlichkeit angenommen, bejaht aber das BPatG die Einheitlichkeit, bedarf es keiner Zurückverweisung.[208]   **79**

f. Wesentlicher Verfahrensmangel (Abs 3 Nr 2). Wesentlich sind nur solche Mängel, die das Verfahren nicht mehr als ordnungsgem Entscheidungsgrundlage erscheinen lassen.[209] Die angefochtene Entscheidung muss auf dem Mangel beruhen oder zumindest beruhen können.[210]   **80**

Einzelfälle.[211] Wesentlicher Verfahrensmangel wurde bejaht bei fehlender Unterschrift[212] und bei Verletzung der Begründungspflicht.[213] Rechtsfehler oder Lückenhaftigkeit der Begründung können nach der   **81**

Markensache: vom DPMA nicht berücksichtigter Sachvortrag kann im Beschwerdeverfahren berücksichtigt werden; vgl BGH GRUR 1998, 813 Change; BPatG 5.3.2002 14 W (pat) 58/00 und Parallelentscheidungen 14 W (pat) 59/00, 14 W (pat) 62/00, jeweils undok; aA insoweit BPatG 9.2.1977 6 W (pat) 25/74; *Fitzner/Lutz/Bodewig* Rn 24.

199 BGH GRUR 1993, 832 Piesporter Goldtröpfchen.

200 BPatGE 5, 224 = GRUR 1965, 421: nicht bei Entscheidungsreife; BPatG 15.2.1973 15 W (pat) 127/71; *Schulte* Rn 18; *Benkard* Rn 41, allerdings ist der weitere Aspekt der Trennung der exekutiven Aufgaben des DPMA von der Rechtskontrolle durch das zuständige Gerichts abzulehnen.

201 BPatG BlPMZ 2001, 108, 110; vgl auch *Lindenmaier* § 36p Rn 4; BPatGE 6, 163, 168 = GRUR 1966, 207.

202 *Klauer/Möhring* § 36p Rn 18.

203 BPatG BlPMZ 1978, 253; *Benkard* Rn 44.

204 BPatG 28.6.2004 30 W (pat) 300/03 und 30 W (pat) 301/03, Markensachen.

205 *Schulte* Rn 21; vgl auch BPatG 16.12.1970 6 W (pat) 343/68.

206 BPatG 7.4.1970 16 W (pat) 71/69; vgl BPatGE 8, 23; *Schulte* Rn 28; aA entgegen *Benkard*[10] jetzt *Benkard* Rn 45, bereits fehlende Zuständigkeit des BPatG für Teilanmeldung annehmend.

207 AA *Schulte* Rn 22, der Nr 1 auch hier unmittelbar anwenden will; ebenso *Benkard* Rn 45; vgl auch BPatGE 46, 89 = BlPMZ 2003, 164, Markensache.

208 BPatG 5.2.1969 6 W (pat) 96/67.

209 BGH GRUR 1962, 86 f Fischereifahrzeug; BPatGE 15, 122, 130 = BlPMZ 1973, 339; *Benkard* Rn 46; *Schulte* Rn 23; kr zur Regelung *Klauer/Möhring* § 36p Rn 19.

210 *Benkard* Rn 46, wonach es nicht auszuschließen sein darf, dass die Entscheidung auf dem Mangel beruht; vgl BPatGE 30, 207, 210 = BlPMZ 1989, 360; BPatGE 47, 224 = GRUR 2004, 320, 322; BPatGE 20, 157 = Mitt 1978, 96 zur erkennbar fehlerhaften Bezugnahme auf eine nichtssagende Mitteilung statt auf den begründeten Zwischenbescheid in der Entscheidung; bdkl daher EPA J 17/92.

211 So auch *Benkard* Rn 47; *Schulte* Rn 24.

212 BPatG 29.11.2010 9 W (pat) 48/09.

213 BPatGE 6, 50 = GRUR 1965, 601; BPatGE 7, 26, 32; BPatG 29.3.2000: unvollständige und unverständliche Gründe; BPatGE 50, 260, 262 = GRUR 2009, 50; EPA T 278/00 ABl EPA 2003, 546 = GRUR Int 2004, 253 Naphthyl-Verbindungen; vgl auch BPatGE 30, 256 f = GRUR 1989, 212, Geschmacksmustersache; BPatG Mitt 1997, 371 f, Markensache.

Bestimmung nicht gerügt werden,[214] ebenso Sachentscheidung über eine gemeinsame Anmeldung nur gegenüber einzelnen Anmeldern und Zustellung nur an diese.[215]

82 Die gilt auch bei einer Verletzung des **Rechts auf Äußerung** (Rn 100 zu § 80),[216] das nicht nur Stellungnahmen zum Sachverhalt umfasst, sondern auch Rechtsausführungen sowie das Recht, Anträge zu stellen,[217] erst nach einer angemessenen Frist zu entscheiden, innerhalb der für den Verfahrensbeteiligten Gelegenheit zur Äußerung in der Sache besteht.[218] Die Verletzung kann insb im Fehlen oder in der Ablehnung einer Anhörung liegen (vgl Rn 104 zu § 80).[219] Die Zurückweisung einer Anmeldung ohne Durchführung der hilfsweise beantragten „telefonischen Anhörung" stellt keinen Verfahrensverstoß dar, da hierfür keine Rechtsgrundlage existiert.[220] Andererseits ersetzt ein bloßes Telefonat des Prüfers mit dem Anmelder keine beantragte Anhörung.[221] Eine Verpflichtung, sich ausdrücklich mit jedem Vorbringen einer Partei in den Gründen der Entscheidung zu befassen, besteht nicht;[222] ebenso besteht kein Rechtsanspruch darauf, vor der Entscheidung zu erfahren, wie der die Grundlage der zu treffenden Entscheidung bildende Sachverhalt (voraussichtlich) zu würdigen sein wird.[223] Zum Abweichen von einer geäußerten Rechtsauffassung Rn 316 zu § 59. Insoweit ist auf die Kommentierung zur Verletzung des rechtl Gehörs (Rn 49 ff zu § 100) zu verweisen, deren Grundsätze herangezogen werden können (zur Rückzahlung der Beschwerdegebühr Rn 100 zu § 80). Es kommt aber eine Heilung im Beschwerdeverfahren in Betracht.[224] Ob unzureichende Sachaufklärung grds einen wesentlichen Verfahrensmangel darstellen kann,[225] ist zwh (Rn 33 zu § 46), allerdings in Einzelfällen nicht ausgeschlossen, so bei der als Verfahrensmangel zu wertenden unzureichenden Sachprüfung der in Betracht kommenden Widerrufsgründe und einer hierauf gerichteten Ermessensüberprüfung (Rn 52).

83 Wesentlicher Verfahrensmangel wurde weiter bejaht bei Entscheidung der **unzuständigen Stelle**,[226] insb des Beamten des gehobenen Diensts, wo die Voraussetzungen hierfür nicht erfüllt waren,[227] ebenso bei Unterzeichnung des Beschlusses der Prüfungsstelle durch einen anderen als den darin namentlich angegebenen Prüfer mit Zusatz „i.V.".[228] Das EPA nimmt wesentlichen Verfahrensmangel bei unterlassener Abhilfe an.[229]

84 Wesentlicher Verfahrensmangel wurde bejaht bei Entscheidung ohne vorherige **Wiederaufnahme des ausgesetzten Prüfungsverfahrens** oder entspr Benachrichtigung.[230] Ebenso wurde er bei Nichterlass eines Fristbescheids bei Zahlung der Antragsgebühr für das GbmLöschungsverfahren nach Übermittlung

---

214 BGH GRUR 2000, 792 Spiralbohrer; BGH GRUR 2005, 572 Vertikallibelle; BGH Mitt 2003, 514 Energieketten, Markensache.
215 BPatG 30.3.2011 9 W (pat) 46/10.
216 BPatG 7, 33 f; BPatG 8, 157; BPatG 9.2.1977 6 W (pat) 25/74: Mitwirkung eines unerkennbar vertretungsunfähigen Anwalts; BPatGE 14, 191; BPatGE 18, 21, 23 = GRUR Int 1975, 437; BPatG Mitt 1977, 199; BPatG BlPMZ 1985, 139; vgl BGH GRUR 1966, 583 Abtastverfahren; BGH GRUR 1978, 99 Gleichstromfernspeisung.
217 BGH GRUR 2000, 512 COMPUTER ASSOCIATES, Markensache.
218 BGH GRUR 2000, 597 Kupfer-Nickel-Legierung.
219 BPatG 7, 26, 32; BPatGE 15, 149 = BlPMZ 1973, 337; BPatGE 18, 30 = BlPMZ 1976, 138: jedenfalls wenn sie mit Versagung des Rechts auf Äußerung einhergeht oder die Begründung der Ablehnung mit den sonstigen Entscheidungsgründen in Widerspruch steht; BPatGE 29, 217 f: auch bei ohne Antrag durchzuführender Anhörung; vgl BPatG 28.4.1999 28 W (pat) 192/98; BPatG 9.1.2012 19 W (pat) 65/09; zur verweigerten mehrfachen Anhörung BPatG 19.1.2011 17 W (pat) 104/07; zum Erfordernis der Anhörung bei einer Zusatzanmeldung BPatG 15.11.2010 20 W (pat) 20/09; zur Teilung verneinend BPatG 2.2.2011 19 W (pat) 75/09.
220 BPatG 20.12.2010 19 W (pat) 19/07.
221 BPatG 13.9.2011 17 W (pat) 15/10.
222 BGH GRUR 2009, 90 Beschichten eines Substrats.
223 BGH GRUR 2009, 91 Antennenhalter; vgl auch BGH GRUR-RR 2008, 456 Installiereinrichtung I, zu einem vorbereitenden Hinweis auf die Erörterung einer bestimmten beschränkten Verteidigung des Streitpatents; BGH GRUR 2000, 894 Micro-PUR.
224 BPatGE 31, 176 = GRUR 1991, 123; BPatG 22.3.2000 28 W (pat) 20/00; EPA T 238/94; EPA T 1004/96.
225 So BPatGE 32, 11, 15 = GRUR 1991, 309.
226 BPatGE 31, 212, 214 = GRUR 1991, 216, WzSache: Entscheidung unzuständiger Stelle durch unzuständige Person unter eklatanter Versagung des Gehörs.
227 BPatGE 13, 65; BPatGE 25, 131 = BlPMZ 1984, 53; BPatGE 30, 71, 73.
228 BPatG 13.7.1995 25 W (pat) 13/94, Markensache.
229 EPA T 898/96; EPA T 794/95.
230 BPatG 7, 33 f; BPatGE 8, 157.

der Antragsschrift bejaht.[231] Er liegt auch bei Entscheidung während Verfahrensunterbrechung durch ein inländ Insolvenzverfahren und fehlender Beteiligung des Insolvenzverwalters vor.[232]

Wesentlicher Verfahrensmangel wurde auch bejaht bei unzulässiger **Teilentscheidung** (vgl aber **85** Rn 57).[233] sowie bei Entscheidung im Verfahren der **Stammanmeldung** statt in dem der Trennanmeldung.[234]

Keinen wesentlichen Verfahrensmangel stellt der Nichterlass eines Zwischenbescheids als an- **86** fechtbare Vorabentscheidung entspr § 280 ZPO zur Klärung eines Zwischenstreits (Rn 222 zu § 59; Rn 55 zu § 73) dar,[235] ebenfalls nicht die „kassatorische" Abhilfe (vgl Rn 149 zu § 73).[236] Erst recht ist mangelhafte Vorbereitung eines Beteiligten oder seines Vertreters kein Grund für eine Zurückverweisung.[237]

Sachliche Fehler stellen für sich keinen Verfahrensmangel dar,[238] so unvollständige Ermittlung des **87** StdT,[239] fehlender Nachweis öffentlicher Zugänglichkeit von Kenntnissen,[240] Anwendung falschen Rechts, es sei denn, dass dies zu einem fehlerhaften Verfahrensablauf führt oder ein Verfahrensmangel hinzukommt.[241] Nichtbeachtung der Bindungswirkung der zurückverweisenden Entscheidung behandelt das EPA als Verfahrensmangel.[242]

g. Neue Tatsachen oder Beweismittel (Abs 3 Nr 3). Eine Möglichkeit zur Zurückverweisung besteht **88** schließlich, wenn neue Tatsachen und Beweismittel bekannt werden, die für die Entscheidung wesentlich sind. Auch bei Ermittlung eines für die Beurteilung der Patentfähigkeit der Anmeldung bedeutsamen weiteren StdT ist das BPatG nicht zur Zurückverweisung genötigt;[243] es kann die Recherche selbst vornehmen (Rn 40; zum Einspruchsverfahren Rn 298 f zu § 59) und hat bei Entscheidungsreife durchzuentscheiden. Zurückverweisung kommt insb in Betracht, wenn eine aufwendigere Nachrecherche erforderlich ist.[244]

Tatsachen iS dieser Regelung sind in erster Linie solche, die den StdT betreffen; in Betracht kommen **89** aber auch geänd Erteilungsunterlagen;[245] so, wenn hierdurch der Mangel der Einheitlichkeit beseitigt wird und Prüfung auf Schutzfähigkeit noch nicht erfolgt ist,[246] oder auch neu gefasste Patentansprüche.[247] Der Begriff der „Tatsachen" kann hier nicht enger sein als in § 59 Abs 4 Satz 1 (vgl Rn 107 f zu § 59). Er ist erst in jüngster Zeit als „patentrechtl Tatsachenbegriff" auch im Nichtigkeits- und Nichtigkeitsberufungsverfahren weiterentwickelt worden und vom Tatsachenbegriff im Zivilprozess nach § 138 ZPO zu unterscheiden (abw Rn 13 zu § 112).[248]

---

231 BPatG BlPMZ 2002, 170.
232 BPatG 18.10.2004 25 W (pat) 136/02, BPatG 17.11.2004 29 W (pat) 178/02, Markensachen.
233 BPatGE 23, 48 = GRUR 1980, 997.
234 BPatGE 29, 128, 130 = BlPMZ 1988, 215.
235 BGH GRUR 1966, 583 Abtastverfahren.
236 AA BPatGE 30, 32 = GRUR 1989, 105, durch die spätere Rspr überholt.
237 BPatG 25.5.1970 15 W (pat) 221/67 für mangelnde Kenntnis des Vertreters von den Unterlagen der Stammanmeldung im Beschwerdeverfahren über die Ausscheidungsanmeldung.
238 *Benkard* Rn 48.
239 BGH GRUR 1966, 583 Abtastverfahren; bdkl daher BPatGE 46, 238 = BlPMZ 2003, 301, wo Zurückverweisung als angezeigt angesehen wird, wenn im Beschwerdeverfahren ein Unteranspruch in den Hauptanspruch einbezogen wird, bei dem mangelnde erfinderische Tätigkeit ausschließlich auf fachmännisches Handeln ohne nachprüfbaren StdT gestützt worden war.
240 AA BPatGE 30, 250, 252 = GRUR 1990, 111 und dem folgend *Benkard* Rn 47.
241 BPatGE 25, 129; *Benkard* Rn 47; BPatG 28.4.2004 28 W (pat) 170/03, Markensache, bei vorliegendem Verfahrensfehler.
242 EPA T 227/95.
243 BGH BlPMZ 1992, 496, 498 Entsorgungsverfahren; *Reimer* § 36p Rn 3; für nur entspr Anwendung der Bestimmung hier *Lindenmaier* § 36p Rn 7, ähnlich *Klauer/Möhring* § 36p Rn 20.
244 BPatG 24.2.1972 36 W (pat) 90/70; BPatGE 17, 64 = BlPMZ 1975, 325; *Schulte* Rn 16, 27.
245 BPatGE 1, 85 = BlPMZ 1962, 76; BPatGE 2, 83 = BlPMZ 1962, 278; BPatGE 16, 193, 197 = Mitt 1975, 52 für die Zusatzanmeldung; BPatG Mitt 1977, 198 mit zu weit gehendem Orientierungssatz; *Benkard* Rn 50; einschränkend *Schulte* Rn 27, wesentliche Änderung und Notwendigkeit einer Nachrecherche fordernd; aA *Lindenmaier* § 36p Rn 7; BPatG 3.11.1970 23 W (pat) 109/69 wendet § 575 ZPO an; anders für das österr Recht ÖPA ÖPBl 2000, 47, 50; zur Zurückverweisung zur Ermittlung der Erben trotz an sich gegebener Erteilungsreife BPatGE 1, 1 = GRUR 1965, 83.
246 BPatG 11.2.2003 21 W (pat) 29/02.
247 *Benkard* Rn 50; *Schulte* Rn 27.
248 BGHZ 198, 187 = GRUR 2013, 1272 Tretkurbeleinheit; *Gröning* GRUR 2012, 996.

Engels

90   **Beweismittel** können sich nur auf Tatsachen beziehen, weil nur diese dem Beweis zugänglich sind. In Betracht kommen insb Beweismittel für Vorbenutzungshandlungen.

91   **Neu** sind die Tatsachen oder Beweismittel, wenn sie im Verfahren vor dem DPMA noch nicht eingeführt waren; wegen des Amtsermittlungsgrundsatzes kommt es darauf, ob ihr Vortrag iSd zivilprozessualen Vorschriften verspätet sein könnte, nicht an (Rn 41).

92   Die Tatsachen und Beweismittel müssen **bekanntgeworden** sein. Die bloße Vermutung, es sei weiteres Material vorhanden, genügt nicht.[249] Gleichgültig ist, wie die Tatsachen oder Beweismittel eingeführt werden.[250]

93   Die Tatsachen oder Beweismittel müssen schließlich möglicherweise entscheidungserheblich („**wesentlich**") sein.

V. Anfechtbarkeit der Entscheidung; Rechtskraft; Vollstreckbarkeit; Wiederaufnahme

94   **1. Grundsatz.** Die in § 100 Abs 1 genannten Beschwerdeentscheidungen des BPatG unterliegen, anders als die erstinstanzlichen Entscheidungen der Beschwerdesenate, der Rechtsbeschwerde. Jedoch ist auch in den dem BPatG vorübergehend übertragenen erstinstanzlichen Einspruchsverfahren nach § 147 Abs 3 Satz 3 aF (vgl Rn 35 zu § 73; Rn 86 f zu § 61; Rn 4 zu § 100) und dauerhaft nach § 61 Abs 2 (Rn 85 zu § 61) die Rechtsbeschwerde eröffnet worden. Die rechtsbeschwerdefähigen Entscheidungen werden daher erst mit Ablauf der einmonatigen Rechtsbeschwerdefrist formell rechtskräftig, auch wenn die Rechtsbeschwerde nicht zugelassen ist,[251] zuvor nur im Fall des Rechtsmittelverzichts aller Beteiligten sowie in den Fällen, in denen die Rechtsbeschwerde ausnahmsweise an sich nicht statthaft ist (Rn 8 ff zu § 100).

95   **2.** Die Beschwerdeentscheidung ist der **formellen Rechtskraft** (Unabänderlichkeit, daher kein Ändern oder Nachschieben von Gründen;[252] Unanfechtbarkeit) fähig.

96   **3.** Soweit das BPatG eine eigene Sachentscheidung trifft, ist sein Beschluss grds auch der **materiellen Rechtskraft** iS einer sachlichen Bindung an die Entscheidung fähig;[253] dies gilt nicht für die Entscheidung im Akteneinsichtsverfahren.[254] Soweit die Entscheidung sachlich gegenüber der Allgemeinheit wirkt, trifft dies auch für die Beschwerdeentscheidung zu (Patenterteilung, Aufrechterhaltung, Widerruf, Beschränkung), Im übrigen wirkt die Entscheidung nur gegenüber dem von ihr betroffenen Beteiligten (Verwerfung des Einspruchs). Die materielle Rechtskraft der Entscheidung im Einspruchs- und Einspruchsbeschwerdeverfahren hindert die Erhebung der Nichtigkeitsklage (§ 81 Abs 2) auch durch den erfolglos Einsprechenden – auch bei Rücknahme des unzulässigen Einspruchs (vgl Rn 70 f zu § 61) – und selbst ohne neues Material nicht. Anlass, den (kaum praktischen) Fall einer erneuten Anmeldung bei rechtskräftiger Versagung oder rechtskräftigem Widerruf[255] anders als den der Versagung oder des Widerrufs durch das DPMA zu behandeln, besteht nicht, weil eine Neuanmeldung mit neuem Zeitrang immer möglich ist und einen neuen Verfahrensgegenstand schafft (vgl auch Rn 67).

97   **4. Vollstreckbarkeit** kommt der Beschwerdeentscheidung nur zu, soweit sie einen vollstreckungsfähigen Inhalt hat, also insb, soweit sie über Kosten entscheidet oder Kosten auferlegt.

---

249   *Schulte* Rn 31.
250   *Reimer* § 36p Rn 3.
251   BPatGE 10, 140 f = GRUR 1970, 100; *Benkard* Rn 57; *Lindenmaier* § 36p Rn 20; *Fezer* § 70 MarkenG Rn 16; aA *Reimer* § 36p Rn 5.
252   BGH GRUR 1971, 484 Entscheidungsformel; *Benkard* Rn 57; *Schulte* § 73 Rn 191; vgl BGH GRUR 1990, 109 Weihnachtsbrief.
253   BGHZ 51, 131 = GRUR 1969, 433, 435 Waschmittel; *Benkard* Rn 59; *Fitzner/Lutz/Bodewig* Rn 39; *Lindenmaier* § 36p Rn 20.
254   *Reimer* § 36p Rn 5.
255   *Benkard* Rn 59; für materielle Rechtskraft *van Hees/Braitmayer* Rn 379.

5. Reichweite der Wirkung der Entscheidung

a. Allgemeines. Die Entscheidung wird grds wie die des DPMA bereits mit ihrem Erlass wirksam **98** (Rn 102; Rn 60 zu § 47; Rn 46 zu § 78); sie bindet (als Folge ihrer Rechtskraft) das DPMA und das BPatG selbst, soweit ihre Reichweite geht.[256]

b. Bindung des Patentamts. Die Bindungswirkung der Entscheidung für das DPMA ergibt sich zu- **99** nächst aus deren materieller Rechtskraft. Die Angaben in der Formel des Erteilungsbeschlusses binden das DPMA für den Druck der Patentschrift und den Registereintrag;[257] Wiedereintritt in das Erteilungsverfahren ist schlechthin ausgeschlossen.[258] Hebt das BPatG den Patentversagungsbeschluss des DPMA auf und verweist es die Sache an das DPMA „mit der Auflage" zurück, das Patent mit von ihm im Wortlaut festgelegten Patentansprüchen „nach Anpassung der Beschreibung an diese Ansprüche zu erteilen", kann darin der für das weitere Verfahren bindende Ausspruch liegen, dass der durch diese Patentansprüche gekennzeichnete Gegenstand materiell patentfähig ist.[259] Zur Bindungswirkung bei Erteilung von Auflagen für das weitere Verfahren Rn 82.

Im Fall der (kassatorischen) **Zurückverweisung** ergibt sich die Bindungswirkung aus Abs 3 Satz 2. **100** Bindend ist die rechtl Beurteilung durch das BPatG, das sind die Rechtsausführungen, die der Aufhebung zugrunde liegen,[260] hierzu zählen die Rechtsausführungen in ihrer Gesamtheit, soweit sie entscheidungserheblich und nicht nur obita dicta sind,[261] im übrigen ist das DPMA in seiner Entscheidung frei und grds nicht gehindert, weiteres Material zu berücksichtigen.[262] Allerdings kann die Auslegung auch ergeben, dass das Gericht nur unverbindliche Hinweise („Segelanweisungen") über die weitere Behandlung des Verfahrens geben wollte; diese binden grds das DPMA nicht.[263] Die Bindung entfällt bei Änderung der tatsächlichen Entscheidungsgrundlagen,[264] Änderung der Rechtslage[265] oder ausdrücklicher Aufgabe der bisherigen Rspr.[266]

Die Bindung beschränkt sich auf dieselbe **Verfahrensart**; deshalb bindet die Entscheidung im Ertei- **101** lungsbeschwerdeverfahren nicht für das Einspruchs- oder Beschränkungsverfahren,[267] ebenso bestand im Einspruchsverfahren keine Bindung an den Bekanntmachungsbeschluss.[268]

c. Selbstbindung des Patentgerichts. Auch das BPatG ist innerhalb derselben Verfahrensart[269] an **102** seine erlassenen selbstständigen und unselbstständigen Zwischen- (Rn 222ff zu § 59; Rn 55 zu § 73) und Endentscheidungen gebunden,[270] wobei § 318 ZPO auf Beschlüsse nicht anwendbar ist.[271] Str ist deshalb,

---

256 EPA J 27/94 ABl EPA 1995, 831 Teilanmeldung; zum Umfang der Bindungswirkung eines vom BPatG erlassenen Bekanntmachungsbeschlusses BPatGE 24, 61.
257 BPatGE 2, 178 = GRUR 1964, 619.
258 BPatG Mitt 1984, 173, 174, zum Bekanntmachungsbeschluss.
259 BGHZ 51, 131 = GRUR 1969, 433 Waschmittel; vgl auch EPA T 153/93; EPA T 843/91.
260 *Benkard* Rn 52; *Schulte* Rn 40; *Bühring* § 18 GebrMG Rn 121; *Lindenmaier* § 36p Rn 8; *Fezer* § 70 MarkenG Rn 14.
261 *Benkard* Rn 52; *Schulte* Rn 40.
262 *Lindenmaier* § 36p Rn 9; vgl auch EPA T 26/93.
263 BGH GRUR 1972, 472f Zurückverweisung, zu Hinweisen über die weitere Behandlung einer auf eine Ausscheidung im Beschwerdeverfahren zurückgehenden Ausscheidungsanmeldung; *Benkard* Rn 52.
264 BPatGE 9, 47, 53; BPatG 2.4.1970 11 W (pat) 132/69 BlPMZ 1971, 286 Ls; öOPM ÖBl 1997, 232, 234f, Markensache.
265 ÖOPM ÖBl 1997, 232.
266 GmS-OGB BGHZ 60, 392, 397 = NJW 1973, 1273; BPatG GRUR 2005, 1049 mwN, Markensache; *Schulte* Rn 43.
267 EPA T 167/93 ABl EPA 1997, 229 = GRUR Int 1997, 742 Bleichmittel; bdkl BPatG 17.3.1997 11 W (pat) 73/96, wonach sich die Patentabteilung an die Beurteilung des BPatG halten solle, wenn sie keine neuen Tatsachen und Argumente ins Feld führen könne.
268 BGH GRUR 1972, 538 Parkeinrichtung; *Schulte* Rn 45: Identität des Gegenstands; vgl BPatG GRUR 1983, 503; EPA T 26/93.
269 BPatG BlPMZ 1991, 31, 34.
270 *Benkard* Rn 37; *Schulte* Rn 45.
271 *Thomas/Putzo* § 318 ZPO Rn 2, § 329 ZPO Rn 12, mit dem Argument der Abhilfe nach § 572 Abs 1 ZPO, damit Abänderbarkeit.

ob die Selbstbindung[272] erst mit dem Wirksamwerden[273] oder bereits mit der Existenz[274] (Rn 46 zu § 78) des Beschlusses eintritt. Maßgeblich ist das Wirksamwerden (Rn 65 zu § 47), sofern nicht mit der Möglichkeit der Abhilfe eine weitere Selbstkorrektur ermöglicht wird. Der BGH hat zu den mit der sofortigen Beschwerde nach § 289 Abs 2 Satz 1 InsO angreifbaren und damit eine Abhilfe ausschließenden Beschlüssen darüber hinaus angenommen, dass diese grds vAw innerhalb laufender Beschwerdefrist geänd werden können. Da § 318 ZPO in § 329 Abs 1 Satz 2 ZPO nicht genannt sei, könne entnommen werden, dass Beschlüsse das erlassende Gericht bis zur Unanfechtbarkeit des Beschlusses iZw nicht binden, solange es noch mit dem Gegenstand des Beschlusses befasst ist[275] (zur reformatio in peius Rn 43; zur Vorlage an das Beschwerdegericht Rn 5 zu § 73; zur Abhilfe Rn 147 zu § 73).

103   Bindungswirkung besteht allerdings nur im Rahmen der **Identität des Gegenstands der Entscheidung.**[276] Im Rahmen des früheren Doppelpatentierungsverbots trat Selbstbindung des BPatG im Einspruchsbeschwerdeverfahren durch eine vor der Bekanntmachung erfolgte Beurteilung des älteren Rechts nicht ein.[277] Diese Bindung kann nicht aus der Rechtskraft erklärt werden. Die Gründe der zurückverweisenden Entscheidung können nicht in Rechtskraft erwachsen. Die innerprozessuale Selbstbindung beruht auf Zweckmäßigkeitserwägungen des Verfahrens und gilt auch nicht ausnahmslos.[278] Nach Zurückverweisung ist das BPatG in demselben Umfang wie das DPMA gebunden.[279] Die Selbstbindung des zurückverweisenden Gerichts ist Folge der Bindung der Vorinstanz im zweiten Rechtsgang.[280] Durchbrechungen der Selbstbindung sind möglich, so bei Änderung der Rspr (vgl Rn 13 zu § 94).[281] Die Beachtung höherrangigen Rechts gebietet das Zurücktreten der verfahrensrechtl Bindung.[282] Die Bindungswirkung besteht, da sie nicht auf der Rechtskraftwirkung, sondern auf Zweckmäßigkeitserwägungen beruht, nicht gegenüber dem BGH als Rechtsbeschwerdegericht.[283]

104   **6.** Die Subsidiarität der **Anhörungsrüge** nach § 321a ZPO, nach der das Verfahren auf Rüge der durch die Entscheidung beschwerten Partei fortzuführen ist, wenn ein Rechtsmittel oder ein anderer Rechtsbehelf gegen die Entscheidung nicht gegeben ist und das Gericht den Anspruch auf rechtl Gehör in entscheidungserheblicher Weise verletzt hat, macht diese unzulässig, soweit die zulassungsfreie Rechtsbeschwerde eröffnet ist, also insb bei Verletzung des rechtl Gehörs (vgl Rn 222 zu § 73).[284]

105   **7. Wiederaufnahme des Beschwerdeverfahrens** ist in entspr Anwendung der §§ 578–591 ZPO möglich[285] (zur Wiederaufnahme des Verfahrens vor dem DPMA Rn 80 vor § 34). Die Nichtzulassung der

---

272   BGH GRUR 2004, 331 Westie-Kopf, Markensache, unter Hinweis auf GmS-OGB BGHZ 60, 392, 396 = NJW 1973, 1273; BPatGE 9, 47, 53; BPatG 2.4.1970 11 W (pat) 132/69 BlPMZ 1971, 286 Ls;; *Lindenmaier* § 36p Rn 21; zur Bindung an einen im einseitigen Verfahren erlassenen Wiederaufnahmebeschluss für das Einspruchsbeschwerdeverfahren BPatGE 25, 97, 100; vgl auch BPatGE 29, 177 = BlPMZ 1988, 262.

273   *Schulte* § 47 Rn 31 f, zur Verkündung und zum Wirksamwerden sowie Diskussionsstand bei mehreren Beteiligten; vgl auch BGH GRUR 1967, 435 Isoharnstoffäther, Existenz ausdrücklich von dem Zeitpunkt des Wirksamwerdens unterscheidend; BGH GRUR 1997, 223 Ceco.

274   So *Schulte* Rn 44; *van Hees/Braitmayer* Rn 362 f, aus der Möglichkeit der Abhilfe und den Grundsätzen des Verwaltungsrechts schließend; zu Urteilen *Kopp/Schenke* § 116 VwGO Rn 3: wenn sich das Gericht der Entscheidung in einer der Verkündung vergleichbaren Weise „entäußert" hat, so bei Aufgabe zur Post, telefonischer Mitteilung der Urteilsformel zumindest an einen Beteiligten, nicht Übermittlung nur an die Geschäftsstelle.

275   BGH NJW-RR 2006, 1554, zugleich Vertrauensschutz des Gegners verneinend.

276   BGH GRUR 1972, 538 Parkeinrichtung; *Schulte* Rn 50; *Benkard* Rn 55 .

277   BGH Parkeinrichtung.

278   BGH Westie-Kopf.

279   BGH GRUR 1972, 472 f Zurückverweisung; *Benkard* Rn 56.

280   BGH Westie-Kopf.

281   BPatG GRUR 2005, 1049, zu § 89 Abs 4 MarkenG betr Entscheidungen des EuGH; bestätigt von BGHZ 169, 167 = GRUR 2007, 55 Farbmarke grün/gelb II.

282   BGHZ 169, 167 = GRUR 2007, 55 Farbmarke grün/gelb II; BGHZ 129, 178 = NJW 1995, 1609, zur fehlenden Selbstbindung bei abw Entscheidungen des BVerfG; BVerwGE 87, 154 = NVwZ 1992, 783, zur fehlenden Selbstbindung des Revisionsgerichts gegenüber Entscheidungen des EuGH.

283   BGH Westie-Kopf.

284   BPatGE 50, 16, 18 = GRUR 2007, 166; *Benkard* Rn 61.

285   BPatG 9.11.1972 10 W (pat) 110/72; BPatG Mitt 1978, 195; BPatG Mitt 1979, 76; BPatG 20.3.1974 12 W (pat) 133/73; BPatGE 22, 251 = GRUR 1980, 852, GbmSache; BPatG 14.2.1984 26 W (pat) 226/83, WzSache; BPatG 28.6.2000 7 W (pat)

Rechtsbeschwerde kann alleiniger Gegenstand des Wiederaufnahmeverfahrens sein.[286] Wiederaufnahme setzt entspr § 582 ZPO voraus, dass der Beteiligte ohne sein Verschulden außerstande war, den Wiederaufnahmegrund in dem früheren Verfahren geltend zu machen.[287]

Die Entscheidung erfolgt abw von der Regelung in der ZPO durch **Beschluss**, der der Rechtsbe- **106** schwerde unterliegt.[288]

8. Wiederaufnahme des Verletzungsprozesses entspr § 580 Nr 6 ZPO kommt im Fall des Widerrufs **107** oder Teilwiderrufs des Patents in Betracht; auch im Fall bindender Zurückverweisung mit Festlegung der Fassung von Patentansprüchen und Beschreibung beginnt die Klagefrist für die Restitutionsklage erst mit der Entscheidung des Patentamts.[289]

§ 80
(Kosten des Beschwerdeverfahrens)

(1) [1]Sind an dem Verfahren mehrere Personen beteiligt, so kann das Patentgericht bestimmen, daß die Kosten des Verfahrens einem Beteiligten ganz oder teilweise zur Last fallen, wenn dies der Billigkeit entspricht. [2]Es kann insbesondere auch bestimmen, daß die den Beteiligten erwachsenen Kosten, soweit sie zur zweckentsprechenden Wahrung der Ansprüche und Rechte notwendig waren, von einem Beteiligten ganz oder teilweise zu erstatten sind.

(2) Dem Präsidenten des Patentamts können Kosten nur auferlegt werden, wenn er nach seinem Beitritt in dem Verfahren Anträge gestellt hat.

(3) Das Patentgericht kann anordnen, daß die Beschwerdegebühr nach dem Patentkostengesetz zurückgezahlt wird.

(4) Die Absätze 1 bis 3 sind auch anzuwenden, wenn ganz oder teilweise die Beschwerde, die Anmeldung oder der Einspruch zurückgenommen oder auf das Patent verzichtet wird.

(5) Im Übrigen sind die Vorschriften der Zivilprozessordnung über das Kostenfestsetzungsverfahren (§§ 103–107) und die Zwangsvollstreckung aus Kostenfestsetzungsbeschlüssen (§§ 724 bis 802) entsprechend anzuwenden.

MarkenG: § 71

49/98; *Benkard* Rn 60; *Lindenmaier* § 36p Rn 23; *Reimer* § 36p Rn 5; vgl auch BPatGE 25, 97; BPatGE 32, 167 = BlPMZ 1992, 283; offengelassen in DPA BlPMZ 1955, 391; aA 4. *Aufl* § 36p Rn 11; anders für das österr Beschwerdeverfahren ÖPA öPBl 1999, 108.

286 BPatG Mitt 1990, 172, WzSache.
287 BPatG 28.6.2000 7 W (pat) 49/98.
288 BPatG 4.6.1973 13 W (pat) 34/73.
289 BGH GRUR 2012, 753 Tintenpatrone III, zum Beschwerdeverfahren vor dem EPA.

Schrifttum: *Barger* Gebührenordnung der deutschen Patentanwälte, Mitt 1975, 31; *Eichmann* Die Rechtsanwaltsgebühren im Warenzeichen-Eintragungsverfahren, GRUR 1971, 68; *Engels, Morawek* Aus der Rechtsprechung des BPatG im Jahre 2012 Teil II, GRUR 2013, 545; *Horn* Rückzahlung der Beschwerdegebühr aus Gründen des Arbeitnehmererfinderrechts, Mitt 1965, 24; *Hüttermann/Storz* Jüngere Änderungen auf dem Gebiet des Gebrauchsmusterrechts, GRUR 2008, 330; *Kirchner* Kostenerstattung bei Zeitversäumnis, Mitt 1967, 227; *Kirchner* Der Bürokostenaufwand der Partei im Kostenerstattungsverfahren, Mitt 1970, 188; *Kirchner* Rechtsbeschwerde gegen die nach § 36q PatG ergangene „isolierte" Kostenentscheidung? GRUR 1971, 109; *Reinländer* Gebührenordnung der deutschen Patentanwälte, Mitt 1974, 213, Mitt 1975, 156; *Schickedanz* Die Kostenentscheidung im Gebrauchsmusterlöschungsverfahren, Mitt 1972, 44; *Werner* Rückzahlung der Beschwerdegebühr nach Zurücknahme einer mit Rücksicht auf § 16 Abs. 2 ArbEG „vorsorglich" erhobenen Beschwerde, GRUR 1966, 236; *Witte* Jahresgebühren bei Diensterfindungen, Mitt 1963, 45.

A. Entstehungsgeschichte

1   Die an den früheren § 13a FGG angelehnte Bestimmung ist durch das 6. ÜberlG als § 36q geschaffen und durch Art 8 GPatG durch Einfügung des Abs 2 und Neufassung des jetzigen Abs 4 geänd worden. Das 2. PatGÄndG hat in Abs 1 Satz 2 die Worte „nach billigem Ermessen" nach den Worten „soweit sie" gestrichen; dadurch entfiel – wie im Markenrecht – die „zweite Billigkeitsprüfung" (Rn 18, 51; zu den Gründen hierfür Rn 2 zu § 62). Das KostRegBerG hat eine redaktionelle Änderung in Abs 3 gebracht. Das Gesetz zur Änderung des patentrechtlichen Einspruchsverfahrens und des Patentkostengesetzes hat eine Präzisierung (Nennung der konkreten Vorschriften der ZPO, auf die verwiesen wird) in Abs 5 vorgenommen.

B. Anwendungsbereich

2   Die Bestimmung, die anders als die bis 1961 bestehende Regelung für alle Beschwerdeverfahren gilt, regelt verschiedene Kostenfragen, nämlich die Auferlegung der Verfahrenskosten, die Erstattung der Kosten von Verfahrensbeteiligten durch andere Verfahrensbeteiligte, dh die Kosten(grund)entscheidung, weiter – im wesentlichen durch Verweisung auf die Bestimmungen der ZPO – die Kostenfestsetzung und die Zwangsvollstreckung aus Kostentiteln, und schließlich die Rückzahlung der (verfallenen) Beschwerdegebühr. Kosten des Verfahrens, die einem Verfahrensbeteiligten nach Abs 1 Satz 1 auferlegt werden können, sind die Gerichtskosten, dh bei der gebührenpflichtigen Beschwerde die Beschwerdegebühr, sowie die Auslagen des Gerichts (§ 1 Abs 1 Satz 2 PatKostG). Die Bestimmung erfasst nur die Kosten des Beschwerdeverfahrens (ggf unter Einschluss derjenigen des Rechtsbeschwerdeverfahrens), nicht jedoch Kosten des erstinstanzlichen Verfahrens vor dem DPMA oder sonstige Verfahren, in denen das BPatG in erster Instanz entscheidet (Akteneinsicht, Kostenfestsetzung, Richterablehnung; erstinstanzliches Einspruchsverfahren).[1]

C. Kostentragung

I. Grundsatz

1. Kostentragung kraft Gesetzes. § 80 regelt die Kostenentscheidung für das Beschwerdeverfahren **3** abschließend.[2] Grds trägt im Beschwerdeverfahren jeder Beteiligte die ihm entstandenen Kosten selbst.[3] Dies gilt auch, wenn im Rechtsbeschwerdeverfahren der BGH die Sache zur anderweiten Entscheidung auch über die Kosten des Rechtsbeschwerdeverfahrens an das BPatG zurückverwiesen hat, so dass es auch hier keiner Kostenentscheidung bedarf, wenn vom Grundsatz nicht abgewichen werden soll.[4] Zum GbmLöschungsverfahren Rn 48 ff zu § 17 GebrMG; zum Nichtigkeitsverfahren Rn 16 ff zu § 84. In Markensachen gelten unter dem nahezu wortgleich formulierten § 71 Abs 2 Satz 1 MarkenG im Beschwerdeverfahren dieselben Grundsätze, so dass auch hier grds jeder Verfahrensbeteiligte seine Kosten selbst trägt und es für ein Abweichen besonderer Umstände bedarf, die eine Billigkeitsabwägung erfordern. Dies galt auch schon nach dem WZG (Nachw 6. *Aufl* Rn 29 f). Eine Kostenauferlegung ist auch unterblieben, wenn die Bestandskraft des Zurückweisungsbeschlusses in einem Löschungsverfahren durch einen neuen Antrag unterlaufen werden sollte.[5]

2. Auslagen. Die im Verfahren entstandenen Auslagen[6] (§ 1 Abs 1 Satz 2 PatKostG) hat zu tragen, wer **4** nach den Bestimmungen des § 4 PatKostG und des GKG Kostenschuldner ist, also der, der das Beschwerdeverfahren in Gang gesetzt hat § 4 Abs 1 Nr 1 PatKostG), unabhängig davon, worauf das Entstehen der Auslagen zurückzuführen ist. Auch im Einspruchsbeschwerdeverfahren hat grds jeder am Verfahren Beteiligte unabhängig von der Frage des Unterliegens die ihm durch das Beschwerdeverfahren entstandenen Kosten selbst zu tragen.[7] Deshalb hat der beschwerdeführende Patentinhaber auch die Auslagen für eine Beweisaufnahme über eine von einem Einsprechenden behauptete Vorbenutzung zu tragen; dem kann nur durch eine Kostenentscheidung aus Billigkeitsgründen begegnet werden.[8] Umgekehrt treffen die Kosten der Beweisaufnahme wegen einer behaupteten offenkundigen Vorbenutzung auch im Erfolgsfall grds den beweisführenden Einsprechenden.[9]

3. Vorschuss. Nach § 4 Abs 1 Nr 1 PatKostG ist zur Zahlung der Kosten verpflichtet, wer die Amts- **5** handlung veranlasst hat oder zu wessen Gunsten sie vorgenommen wird. Nach § 1 Abs 1 Satz 2 PatKostG (beim DPMA nach § 5 Abs 1 Nr 1 DPMAVwKostV) findet für Auslagen (geldwerte Aufwendungen) – wozu festsetzbare Auslagen für Zeugen, Sachverständige, Abschriften, Postgebühren, Beförderungskosten gehören – in Verfahren vor dem BPatG das Gerichtskostengesetz (GKG) Anwendung, damit kann nach § 17 Abs 1 GKG auch Auslagenvorschuss zur Deckung der Auslagen bei Handlungen, wie Ladung von Zeugen und

---

1 Vgl BPatGE 3, 23 = BlPMZ 1963, 173; BPatGE 3, 226 = GRUR 1964, 507; *Benkard* Rn 2; aA BPatGE 1, 94 = GRUR 1965, 165, der Beschwerdesenat soll im Rahmen seiner Kostenentscheidung auch über die Kosten der Anhörung und Beweisaufnahme vor der Prüfungsstelle entscheiden können, hierbei handelt es sich jedoch um die Entscheidung in der Sache, die nur möglich ist, wenn die Kostenentscheidung des DPMA Gegenstand des Beschwerdeverfahrens ist, *Benkard* Rn 11.

2 Vgl BPatG 29.9.1969 8 W (pat) 101/67.

3 BGH GRUR 1972, 600 Lewapur; BGH GRUR 1996, 399, 401 Schutzverkleidung; BPatG 29.9.1969 8 W (pat) 101/67; BPatG Mitt 1971, 76; BPatGE 28, 39 = BlPMZ 1986, 263; *Benkard* Rn 6; zur Rechtslage im Markenrecht *Fezer* § 71 MarkenG Rn 2.

4 BPatGE 17, 172; *Fitzner/Lutz/Bodewig* Rn 5.

5 BPatG 17.12.2003 28 W (pat) 99/01.

6 Zur Nichterhebung von Auslagen in entspr Anwendung des § 8 Abs 1 GKG aF BPatGE 26, 34 = GRUR 1984, 340.

7 BPatG Mitt 1969, 155; BPatG Mitt 1970, 235.

8 BPatGE 32, 11 = GRUR 1991, 309.

9 BPatGE 26, 194 = GRUR 1984, 803.

Sachverständigen, vom Veranlasser oder dem beweispflichtigen Beteiligten erhoben werden, die vAw vorzunehmen sind (vgl auch § 7 Abs 3 Satz 2 DPMAVwKostV).

II. Ausnahmen

6   **1. Allgemeines.** Abs 1 ermöglicht es, abw von den vorstehend genannten Grundsätzen unter bestimmten Umständen die Verfahrenskosten einschließlich der Auslagen anderen Verfahrensbeteiligten aufzuerlegen und anzuordnen, dass Beteiligte anderen Beteiligten Kosten zu erstatten haben; die Bestimmung erfasst auch bereits nach ihrem Wortlaut nur mehrseitige Verfahren (Rn 11). Abs 2 sieht Einschränkungen für eine Kostenauferlegung auf den PräsDPMA vor und reduziert damit dessen Kostenrisiko.[10] Abs 3 erfasst die Möglichkeit der Rückzahlung der Beschwerdegebühr (Rn 85ff) und umfasst iVm Abs 4 damit insb auch einseitige Verfahren, wobei Abs 4 die Regelungen der Abs 1-3 auch auf bestimmte Fälle der anderweitigen Verfahrenserledigung, wie die Rücknahme der Anmeldung oder des Einspruchs (zur Unterscheidung von der Rücknahme der Beschwerde Rn 178, 183 zu § 73), für anwendbar erklärt. Soll vom allg Grundsatz abgewichen werden, dass jeder Beteiligte seine Kosten selbst trägt, bedarf es einer besonderen Entscheidung.[11] Soweit eine solche nicht erfolgt, trägt jeder Beteiligte seine Kosten selbst.[12]

2. Kostenentscheidung

7   **a. Form; Anfechtbarkeit.** Die Kostenentscheidung erfolgt durch Beschluss. Eine Kostenentscheidung, die allein über „die den Beteiligten erwachsenen Kosten" (dh die außergerichtlichen Kosten) befindet, ist auch ohne gleichzeitige Entscheidung über die „Kosten des Verfahrens" möglich.[13] Die Kosten auferlegende oder die Erstattung von Kosten anordnende Entscheidung ist zu begründen, ebenso die einen entspr Antrag abl. Das Absehen von solchen Entscheidungen bedarf im übrigen keiner Begründung, wenn kein Antrag gestellt ist.[14] Die Kostenentscheidung allein und die isolierte Kostenentscheidung sind nicht nach § 100 rechtsbeschwerdefähig (Rn 11ff zu § 100).

8   **b. Zeitpunkt.** Die Kostenentscheidung erfolgt idR in dem das Beschwerdeverfahren abschließenden Beschluss, sonst in einer in Beschlussform ergehenden isolierten Kostenentscheidung, dies insb in den Fällen des Abs 4, dh bei Rücknahme der Beschwerde oder anderweitiger Erledigung des Beschwerdeverfahrens. Antrag kann hier noch (alsbald) nach Rücknahme der Beschwerde gestellt werden;[15] Grenze ist jedenfalls Verwirkung, wenn mit einem Antrag nicht mehr zu rechnen ist. Abs 4 stellt klar, dass auch in diesen Fällen eine Kostenentscheidung ergehen kann. Die Entscheidung kann entspr § 321 ZPO nachgeholt werden, wenn sie übergangen worden ist;[16] dies setzt einen binnen zwei Wochen ab Zustellung des Beschlusses zu stellenden Antrag voraus (§ 321 Abs 2 ZPO).

9   **c. Entscheidung von Amts wegen; Antrag.** Die Kostenentscheidung bedarf keines Antrags; das BPatG hat sie vAw zu treffen, wenn die Voraussetzungen des Abs 1 vorliegen.[17] Ist ein Antrag gestellt, ist auch das Unterbleiben einer Entscheidung zu begründen (§ 94 Abs 2).

10   **3.** Mangels gesetzlicher Grundlage besteht keine Möglichkeit, in einem **einseitigen Verfahren** einem Antrag eines Anmelders auf Ersatz der ihm durch das Beschwerdeverfahren entstandenen Kosten stattzugeben.[18] Eine Belastung Dritter mit Kosten scheidet hier ohnehin aus.

---

10 *Fitzner/Lutz/Bodewig* Rn 6.
11 Vgl BGH GRUR 1962, 273 Kosten des Widerspruchsverfahrens.
12 BPatGE 8, 240 = GRUR 1968, 110; BPatGE 28, 39 = Mitt 1986, 235; *Benkard* Rn 6.
13 BPatG 9, 204; *Benkard* Rn 12.
14 BGH GRUR 1962, 273 Kosten des Widerspruchsverfahrens; BGH GRUR 1972, 600 Lewapur; *Schulte* Rn 20.
15 BPatG Mitt 1972, 15.
16 BPatGE 28, 39 = BlPMZ 1986, 263; *Mes* Rn 14; aA DPA Mitt 1957, 237.
17 *Benkard* Rn 6; *Mes* Rn 13.
18 BPatGE 13, 201; vgl BPatGE 17, 172; *Benkard* Rn 3; *Fitzner/Lutz/Bodewig* Rn 5.

4. Mehrseitiges Verfahren

a. Grundsatz. Die Regelung weicht vom Unterliegensgrundsatz des Zivilprozessrechts ab, bei dem es **11** sich nicht um ein die Verfahrensordnungen überreifendes Prinzip handelt (vgl etwa die Regelungen in § 80 VwVfG, § 78 GWB, früherer § 13a FGG). Abs 1 Satz 1 ermöglicht es dem BPatG, in Verfahren, an denen mehrere Personen beteiligt sind, die sich gegenüberstehen,[19] die Kosten des Verfahrens ganz oder teilweise einem Beteiligten aufzuerlegen; als beteiligt zu behandeln ist auch der vollmachtlose Vertreter.[20] Die Regelung erfasst nicht das Verhältnis der auf einer Seite stehenden Beteiligten untereinander, wie mehrere Anmelder,[21] und auch nicht dasjenige des Beteiligten zu seinem Vertreter;[22] Zeugen und Sachverständigen können Kosten nur nach § 99 Abs 1 iVm §§ 390, 409 ZPO auferlegt werden.

Der Versuch einer **vergleichsweisen Regelung** kann auf die Kostenentscheidung nur Einfluss ha- **12** ben, wenn die Beschwerdeeinlegung nach dem Willen der Beteiligten den Zweck haben soll, schwebenden Vergleichsverhandlungen nicht durch Rechtskraft der Entscheidung die Grundlage zu entziehen.[23]

b. Kostenerstattung, Inhalt. Entspr der zivilprozessualen Regelung können nach Abs 1 Satz 1 einem **13** Beteiligten die Kosten des Verfahrens und insb nach Satz 2 einem Beteiligten die den (anderen) Beteiligten erwachsenen Kosten auferlegt werden, soweit sie zur zweckentsprechenden Wahrung der Ansprüche und Rechte notwendig waren. Umfasst sind die Verfahrenskosten, also die beim BPatG anfallenden Gebühren und Auslagen (§ 1 Abs 1 Satz 2 PatKostG), und die außergerichtlichen Kosten der Beteiligten. Ein allg Grundsatz dahin, dass ein Verfahrensbeteiligter die einem anderen Verfahrensbeteiligten entstandenen Verfahrenskosten zu ersetzen hat, soweit er diese dem anderen verursacht hat und sie bei ordnungsgemäßen Verhalten vermeidbar gewesen wären, besteht allerdings nicht.[24]

c. Billigkeit; teilweise Auferlegung oder Erstattung. Die Kostenauferlegung nach Abs 1 Satz 1 ist **14** nur möglich, wenn dies der Billigkeit entspricht;[25] dies betrifft schon die Kostenentscheidung an sich, also das „Ob", nicht erst ihren Inhalt.[26] Maßgeblich ist die Sachlage bei Entscheidungsreife in der Hauptsache, eine Beweiserhebung zur Kostenauferlegung verbietet sich.[27] Grds kommt keine Kostenerstattung in Betracht, wenn sich der andere Beteiligte im Rahmen der ihm nach dem Gesetz zustehenden ordnungsgem Wahrnehmung seiner rechtl Belange gehalten hat.[28] Billigkeitserwägungen können im wesentlichen an solche Umstände anknüpfen, die sich aus dem Verhalten oder den Verhältnissen der Beteiligten ergeben (Rn 21 ff).[29] Es entspricht dem Wesen der Billigkeitsentscheidung, alle Umstände des Einzelfalls zu berücksichtigen.[30]

Beide Bestimmungen des § 80 Abs 1 sind isoliert und abweichend anwendbar, so dass die außerge- **15** richtlichen Kosten auch abw zur weiteren Kostenentscheidung einem einzelnen Beteiligten auferlegt werden können,[31] auch die Entscheidung auf einen **Teil der Kosten** (zB die durch die Terminswahrnehmung verursachten) beschränkt bleiben kann[32] oder die Kosten mehreren Beteiligten teilweise auferlegt werden können. Die Kostenpflicht ist mehreren Beteiligten gegenüber gesondert zu prüfen.[33] Die Summe der Teile muss nicht die vollen Kosten ergeben, darf über diese aber nicht hinausgehen. Entspr gilt für die Erstat-

---

19 *Benkard* Rn 4; *Mes* Rn 5.
20 BPatGE 22, 37, 39 = GRUR 1979, 699; *Benkard* Rn 14.
21 *Fitzner/Lutz/Bodewig* Rn 3.
22 *Benkard* Rn 14.
23 BPatG 2.5.1969 24 W (pat) 1016/66.
24 AA BPatG 26.3.1971 6 W (pat) 55/69.
25 Vgl BPatG Mitt 1970, 235; BPatG Mitt 1972, 98.
26 BGH GRUR 1972, 600 Lewapur; BGH GRUR 1962, 273 Kosten des Widerspruchverfahrens; *Schulte* Rn 9; *Mes* Rn 6; *Fitzner/Lutz/Bodewig* Rn 7.
27 BPatG 5.4.2001 34 W (pat) 51/99; *Fitzner/Lutz/Bodewig* Rn 7.
28 BPatG 21.2.1969 6 W (pat) 144/67.
29 BGH GRUR 1996, 399, 401 Schutzverkleidung; BPatGE 2, 69 = BlPMZ 1962, 239; *Benkard* Rn 7.
30 *Benkard* Rn 6.
31 *Fitzner/Lutz/Bodewig* Rn 13.
32 BPatGE 1, 94 = GRUR 1965, 195; *Benkard* Rn 13.
33 BPatG 2.12.1971 25 W (pat) 261/70, dort allerdings mit Rücksicht auf die Besonderheiten des warenzeichenrechtl Widerspruchverfahrens.

tung der Auslagen. Eine Kostenquotelung wie im Zivilprozess wird angesichts des Ausnahmecharakters der Kostenauferlegung nur ausnahmsweise in Betracht kommen.[34]

16   **5. Nebenverfahren und sonstige Verfahren.** In Nebenverfahren wie der isolierten Anfechtung von Kostenentscheidungen des DPMA (Rn 17), der Beschwerde gegen Kostenfestsetzungsbeschlüsse und der Erinnerung im Kostenfestsetzungsverfahren (Rn 18), Akteneinsichtsverfahren (Rn 19) und Umschreibungsverfahren (Rn 20) wird die Anwendung der auf Billigkeit abstellenden Kostenerstattung kontrovers diskutiert und ganz überwiegend darauf abgestellt, ob diese als echte Streitverfahren anzusehen sind,[35] mit der Folge, dass die Anwendung der Grundsätze des Unterliegensprinzips nach §§ 91 ff ZPO im Regelfall als „billig" angesehen wird oder dieser Aspekt jedenfalls stärker ausgeprägt ist.[36] Dies trifft im Ergebnis zu, lässt sich allerdings weniger mit dem Argument des echten Streitverfahrens und einer Anwendung des Unterliegensprinzips begründen, sondern eher damit, dass es auch unter Anwendung des Abs 1 der Billigkeit entspricht, den Obsiegenden von Nebenkosten freizuhalten und wirtschaftlich akzeptable Ergebnisse zu erzielen.[37]

17   Bei **isolierter Anfechtung von Kostenentscheidungen** durch Beschwerde, die nach § 73 möglich ist, da § 99 Abs 1 ZPO insoweit keine Anwendung findet (Rn 28 zu § 62),[38] gilt das Billigkeitsprinzip,[39] da die Kostenentscheidung Folge der Hauptsacheentscheidung ist (zur Frage, ob die Beschwerde auf eine eingeschränkte Ermessensüberprüfung reduziert ist, Rn 28 zu § 62; Rn 56 zu § 73; Rn 52 zu § 79).

18   Bei der Beschwerde gegen **Kostenfestsetzungsbeschlüsse** des DPMA nach § 62 Abs 2 Satz 4 (Rn 28 zu § 62) oder gegen Entscheidungen im Erinnerungsverfahren gegen Kostenfestsetzungsbeschlüsse beim BPatG nach § 11 Abs 2 Satz 4 RPflG (vgl Rn 39; Rn 13 ff vor § 73), die gebührenfrei sind (GebVerz Nr 401 300; vgl Rn 1 zu § 11 PatKostG), ist str, ob Abs 1 anwendbar ist[40] oder ob dem Unterliegensprinzip und § 97 Abs 1 ZPO[41] zu folgen ist (Rn 39; Rn 18 vor § 73). Soweit auf eine gebotene Differenzierung der Verfahren und auf die in § 11 Abs 2 Satz 4 RPflG enthaltene Verweisung auf die Beschwerde abgestellt wird,[42] ist zu beachten, dass in der Kostengrundentscheidung enthaltene Kostenpflicht nach Abs 1 keine Wertung für das Kostenfestsetzungsverfahren und die dort zu entscheidende Frage des Umfangs berechtigter Kostenerstattung präjudiziert (vgl Rn 1, 51; keine „zweite Billigkeitsprüfung"). Dies gilt auch entspr für Beschwerden gegen den Kostenansatz des DPMA nach § 11 PatKostG iVm § 8 PatKostG. Zur Rechtsbeschwerde Rn 41 ff und Rn 15 zu § 11 PatKostG.

19   Wiederholt ist auch das **Akteneinsichtsverfahren** als echtes Streitverfahren angesehen[43] und dort §§ 91 ff ZPO entspr angewendet worden, sofern dem keine Billigkeitsgründe entgegenstanden.[44] Dagegen

34   *Benkard* Rn 16, aA *Benkard*[10].
35   BGH GRUR 1994, 104 Akteneinsicht XIII; BPatG GRUR 2001, 328; zur Kostenfestsetzung im GbmLöschungsverfahren: BPatG 4.11.2004 10 W (pat) 40/02, BPatG GRUR 2001, 329 und im GeschmMBeschwerdeverfahren BPatG 28.4.2005 10 ZA (pat) 6/04; *Schulte* Rn 11; *Fitzner/Lutz/Bodewig* Rn 8; *Mes* Rn 7; *Benkard* Rn 2, grds ablehnend; dieses Argument, aber nicht das Ergebnis ablehnend und stattdessen auf wirtschaftlich akzeptable Ergebnisse abstellend *Ströbele/Hacker* § 71 MarkenG Rn 18.
36   BPatGE 3, 23 = BlPMZ 1963, 173; BPatG 6.6.1969 5 W (pat) 30/69; BPatG Mitt 1971, 55; BPatGE 13, 33, 41 = GRUR 1972, 147; BPatG 27.1.1972 25 W (pat) 297/71; BPatG 2.12.1981 28 W (pat) 134/81; BPatG GRUR 2001, 328; BPatG GRUR 2001, 329; aA *Benkard* Rn 8; einschränkend *Ingerl/Rohnke* § 71 MarkenG Rn 16.
37   *Ströbele/Hacker* § 71 MarkenG Rn 20; BPatG 16.11.2004 33 W (pat) 187/03; im Ergebnis ebenso *Schulte* Rn 11.
38   Zum GbmVerfahren *Bühring* § 18 GebrMG Rn 15.
39   BPatG Mitt 1976, 99; BPatG 16.11.2004 33 W (pat) 187/03, Markensache, mwN; *Schulte* Rn 11; *Ströbele/Hacker* § 71 MarkenG Rn 18; BPatGE 34, 99, gleichzeitig für eingeschränkte Überprüfung plädierend.
40   So BPatGE 38, 166, zur Kostenfestsetzung für das Rechtsbeschwerdeverfahren; *Schulte* Rn 107.
41   So zur Beschwerde gegen die Kostenfestsetzung nach § 62 Abs 2 Satz 4 im GbmLöschungsverfahren BPatG 4.11.2004 10 W (pat) 40/02; zum GeschmMBeschwerdeverfahren BPatG 28.4.2005 10 ZA (pat) 6/04 unter Hinweis auf Abs 5, § 84 Abs 2 Satz 2; *Schulte* Rn 107.
42   *Schulte* Rn 107.
43   BGH GRUR 1994, 104 Akteneinsicht XIII; BPatG GRUR 2001, 32; BPatG 6.6.1969 5 W (pat) 30/69; *Schulte* Rn 11; *Ströbele/Hacker* § 71 MarkenG Rn 18.
44   BGH Akteneinsicht XIII; BPatGE 3, 23 = BlPMZ 1963, 173; BPatG 23.4.1969 5 W (pat) 72/68; BPatG Mitt 1971, 55: unsachgemäßes Verhalten der obsiegenden Partei; BPatG 21.4.1971 28 W (pat) 416/71: nur, wenn die Auferlegung der Billigkeit entspricht; BPatG 27.1.1972 25 W (pat) 297/71; BPatG 28.11.1972 5 W (pat) 10/72: §§ 93, 97 Abs 2 ZPO; vgl auch BPatG Mitt 1970, 76; anders BPatGE 1, 33 = BlPMZ 1962, 16; *Fitzner/Lutz/Bodewig* Rn 8.

wurde es als billig angesehen, dass in einer beim technischen Beschwerdesenat hinsichtlich der bei ihm entstandenen Aktenteile anhängigen Akteneinsichtssache der obsiegende und der unterliegende Beteiligte jeweils ihre eigenen Kosten tragen.[45] Die Behandlung des Akteneinsichtsverfahrens als kontradiktorisches Verfahren ist in der Sache nicht gerechtfertigt[46] (so jetzt auch Rn 95 zu § 31) und auch nicht aus § 31 abzuleiten, sie wird auch in der Praxis der Nichtigkeitssenate – allerdings bereits mangels gesetzlicher Regelung[47] – abgelehnt, eine Kostenauferlegung erfolgt dort weder nach § 91 ZPO noch nach Billigkeitsgrundsätzen.[48] Dem ist zu folgen. Weitergehend die Rspr im Markenrecht, wonach regelmäßig gem § 71 Abs 1 Satz 1 MarkenG nach der Billigkeit dem Unterlegenen die Kosten auferlegt werden.[49]

Entspr gilt für das **Umschreibungsverfahren.**[50] Insoweit wird zur Begründung darauf verwiesen, **20** dass die Umschreibung nur auf Antrag vorgenommen wird. Der Antragsteller verfolgt also ein eigenes Interesse. Der von der Umschreibung Betroffene, idR der eingetragene Inhaber, wird durch den Antrag gezwungen, sein etwa gegebenes Interesse an der Beibehaltung der derzeitigen Registerlage wahrzunehmen.[51]

6. Einzelheiten

a. Keine Anwendung des Unterliegensprinzips. Weil § 80 – anders als § 91 ZPO – nicht an das Un- **21** terliegen anknüpft, ist das bloße Unterliegen eines Beteiligten für sich genommen idR kein ausreichender Grund, ihm aus Billigkeitsgründen die Kosten aufzuerlegen (Rn 16).[52] Es besteht keine Vermutung für die Kostentragung, sofern nicht weitere Kriterien hinzukommen. Auch das erneute Unterliegen des Beschwerdeführers im Beschwerdeverfahren rechtfertigt für sich allein eine Kostenauferlegung nicht.[53] Dies gilt auch für den Fall, dass sich der Beschwerdeführer (etwa durch Rücknahme der Anmeldung oder der Beschwerde) freiwillig in die Rolle des Unterliegenden begibt.[54]

Im **Einspruchsbeschwerdeverfahren** ist das Unterliegen für sich nicht ausreichend für eine Kosten- **22** auferlegung.[55]

b. Arglist; Verschweigen relevanter Tatsachen. Arglistiges Verhalten rechtfertigt Kostenauferle- **23** gung; dies gilt insb für jede Art strafrechtl relevanten Verhaltens (versuchter Betrug, Urkundenfälschung; Vorlage einer offensichtlich unzutreffenden eidesstattlichen Versicherung bei Nichtäußerung auf entsprechenden Vorhalt).[56] Die Kosten des Beschwerdeverfahrens sind einem Beteiligten aufzuerlegen, der aus

---

45 BPatG Mitt 1972, 176; ähnlich *Ekey/Bender/Fuchs-Wissemann* § 71 MarkenG Rn 6, nach Billigkeit.
46 *Ingerl/Rohnke* § 71 MarkenG Rn 6; Ekey/Bender/Fuchs-Wissemann § 71 MarkenG Rn 6; aA BPatGE 3, 23, 29; *Schulte* § 31 Rn 48.
47 BPatGE 27, 96; BPatGE 32, 270; BPatG 3 ZA (pat) 89/08 Mitt 2009, 325 Ls; BPatG 11.6.2008 2 ZA (pat) 9/08; *Ingerl/Rohnke* § 71 MarkenG Rn 6.
48 Vgl BPatG 2.12.1981 28 W (pat) 134/81; BPatG GRUR 2006, 614; BPatG 3.12.2009 25 W (pat) 203/09; anders BPatG 16.9.2009 29 W (pat) 14/09.
49 BPatG 2.12.1981 28 W (pat) 134/81; BPatG GRUR 2006, 614; BPatG 3.12.2009 25 W (pat) 203/09; *Ströbele/Hacker* § 62 MarkenG Rn 20; zur Beschwerde *Ströbele/Hacker* § 71 MarkenG Rn 18; anders BPatG 16.9.2009 29 W (pat) 14/09, keine Kostenauferlegung.
50 BPatG GRUR 2001, 328; *Fitzner/Lutz/Bodewig* Rn 8.
51 BPatG GRUR 2001, 328; der GbmBeschwerdesenat des BPatG bejaht hier zwar ein echtes Streitverfahren, verneint aber idR, auch bei Beschwerderücknahme aus sachdienlichen Gründen, eine Kostenauferlegung.
52 BGH GRUR 1972, 600 Lewapur, WzSache; BGH NZBau 2004, 285; BPatGE 1, 94 = GRUR 1965, 165; BPatG 29.9.1969 8 W (pat) 101/67; BPatG Mitt 1975, 237; BPatG 26.11.1969 27 W (pat) 317/69, für Beschwerde des Zeichenanmelders, BPatG 30.9.1971 25 W (pat) 269/70, für WzSachen; *Schulte* Rn 10; aA BPatGE 3, 23 = BlPMZ 1963, 173; BPatG 9.9.1969 4 W (pat) 78/69; *Reimer* § 36q Rn 5f; *Ströbele/Hacker* § 71 MarkenG Rn 11; *Mes* § 71 MarkenG Rn 7.
53 BPatG 49, 154; BPatG Mitt 1971, 76; BPatG 10.1.1972 32 W (pat) 14/70 unter Aufgabe der abw früheren Senatspraxis; BPatGE 12, 238 = GRUR 1972, 669, WzSache; aA BPatG Mitt 1967, 70; BPatG Mitt 1968, 134, WzSachen.
54 BPatGE 2, 69 = BlPMZ 1962, 239; BPatGE 9, 204, 206; BPatG 2.7.1969 6 W (pat) 316/67; BPatG 15.9.1969 11 W (pat) 14/64; BPatG 17.4.1970 7 W (pat) 15/69; BPatG Mitt 1970, 235; BPatG Mitt 1971, 74; BPatG Mitt 1971, 76; BPatG Mitt 1975, 237; BPatG 17.1.1995 27 W (pat) 185/92: Versäumung der Frist zur Zahlung der Beschwerdegebühr; BPatG GRUR 2002, 55f; BPatG 6.3.2003 10 W (pat) 35/01; vgl auch DPA Mitt 1956, 169; aA BPatG 7.4.1970 32 W (pat) 403/67; BPatG BlPMZ 1971, 28; vgl auch DPA Mitt 1961, 177.
55 BPatG 11.6.1970 12 W (pat) 158/66; BPatG 6.7.1970 11 W (pat) 247/67; BPatG Mitt 1971, 76.
56 BPatG 8.4.1997 27 W (pat) 36/96, Markensache.

einem zu Unrecht (irrtümlich) ergangenen Beschluss Rechte herleiten will.[57] Es entspricht der Billigkeit, einem Patentinhaber, der den Gegenstand des Patents der Öffentlichkeit bereits vor der Anmeldung durch eine im Erteilungsverfahren unerwähnt gebliebene Veröffentlichung im wesentlichen zugänglich gemacht hat, die Kosten des Einspruchsbeschwerdeverfahrens aufzuerlegen.[58]

24　　**c. Obliegenheitsverletzungen** eines Beteiligten können es rechtfertigen, ihm Kosten aufzuerlegen, wenn sie vermeidbare Kosten verursacht haben, so ein Verstoß gegen die jedem Beteiligten obliegende allg prozessuale Sorgfaltspflicht.[59] Generell wurde ein Verstoß gegen die Sorgfaltspflicht in einem Verhalten gesehen, dass aus der Sicht eines vernünftigen, rechtskundigen Beteiligten nach der Verfahrenslage nicht einer sorgfältigen und auf Verfahrensförderung bedachten Prozessführung entspricht.[60]

25　　Dazu zählt nach der Rspr des BPatG zB die **Einlegung aussichtsloser, insbesondere mutwilliger oder leichtfertiger Beschwerden**;[61] Zurückhaltung erscheint hier allerdings angebracht.[62] Dazu zählen weiter sonstiges mutwilliges Verhalten[63] oder durch **schuldhafte Säumnis, Nachlässigkeit oder sonstiges Fehlverhalten** verursachte Störungen des Verfahrensablaufs,[64] wie **vorwerfbare Verursachung unnötiger oder unnötig hoher Kosten**,[65] so uU bei Rücknahme der Beschwerde kurz vor der mündlichen Verhandlung,[66] allerdings nicht bei rechtzeitiger Unterrichtung des Gegners,[67] oder in dieser;[68] verspätete Einführung eigener Unterlagen über eine Vorbenutzung, die eine Vertagung notwendig machen,[69] und überhaupt von Beweismitteln, wenn dies unnötig Kosten verursacht.[70]

26　　Weiter berücksichtigt wurden **sinnlose Aufrechterhaltung eines Antrags auf mündliche Verhandlung**,[71] so bei unangekündigtem Nichterscheinen nach negativem Zwischenbescheid,[72] wobei hier die Tatsache als solche nicht ausreichend erscheint, da hierin noch keine Verletzung prozessualer Sorgfaltspflichten liegt und einen Erscheinen nach dem Gesetz freigestellt ist, anders bei erkennbar von vornherein beabsichtigter Rücknahme des Antrags in der mündlichen Verhandlung.[73] Im Einzelfall kann ein subjektiver, objektiv nicht von vornherein völlig unbegründeter, auch durch widersprüchliche Verfahrensführung des DPMA veranlasster und nicht innerhalb der Beschwerdefrist ausräumbarer Rechtszweifel vom Vorwurf prozessualer Nachlässigkeit befreien.[74]

27　　**d. Mündliche Verhandlung.** Überbürdung der gegnerischen Terminskosten wurde als gerechtfertigt angesehen, wenn Anmeldung, Einspruch oder Beschwerde so kurzfristig vor der mündlichen Verhandlung zurückgenommen werden, dass der andere Verfahrensbeteiligte nicht sicher von der Rücknahme Kenntnis

---

57　BPatG Mitt 1967, 117.

58　BPatGE 8.3.1988 12 W (pat) 80/86; vgl auch BPatGE 9, 204, 207 f: Rechtsmitteleinlegung aus „sachfremden Erwägungen"; vgl weiter BPatGE 46, 71, Markensache: Kenntnis des Schutzhinderisses schon vor Eintragung.

59　BGH GRUR 1996, 399, 401 Schutzverkleidung; vgl BPatGE 1, 94 = GRUR 1965, 165; BPatGE 7, 210 = Mitt 1966, 33, WzSache; BPatG 29.9.1969 8 W (pat) 101/67; BPatG Mitt 1971, 76; *Benkard* Rn 9; *Fitzner/Lutz/Bodewig* Rn 9.

60　Zur Teilung BGH GRUR 1996, 399 Schutzverkleidung, unter Hinweis auf BVerfGE 54, 117, 126.

61　BPatG Mitt 1966, 217; BPatG Mitt 1969, 155; BPatG Mitt 1969, 194; BPatG 20.2.1969 13 W (pat) 39/67; BPatG Mitt 1970, 36; BPatG 9.9.1970 23 W (pat) 161/70; BPatG 9.9.1970 28 W (pat) 420/69: Einlegung ersichtlich aussichtsloser Beschwerde gegen den Rat des Patentanwalts; BPatG Mitt 1971, 74; BPatGE 12, 238, 240 = GRUR 1972, 669, WzSache; BPatG Mitt 1972, 15; BPatG Mitt 1973, 215; BPatG Mitt 1974, 17; BPatG Mitt 1975, 237; BPatG Mitt 1977, 73, WzSache; BPatG Mitt 1978, 58; BPatG Mitt 1978, 76; BPatG GRUR 2002, 55, 56; VG München BlPMZ 1959, 327.

62　Vgl BPatG Mitt 1963, 93: verständliche Abwehrmaßnahme im Rahmen objektiv vertretbarer und zumutbarer Interessenvertretung, WzSache; vgl auch BPatG Mitt 1975, 230: ungeklärte Rechtsfrage.

63　*Mes* Rn 10.

64　BPatG Mitt 1975, 237.

65　BPatGE 7, 36; BPatG Mitt 1972, 99; BPatG Mitt 1978, 76; *Benkard* Rn 10; *Fitzner/Lutz/Bodewig* Rn 9.

66　Vgl BPatG 17.4.1969 19 W (pat) 324/67; BPatG 2.10.1996 26 W (pat) 65/95, Markensache; BPatG 15.12.1969 23 W (pat) 131/69, dort im Einzelfall aber verneint; abl auch BPatG 19.6.1997 7 W (pat) 66/95 GRUR 1999, 91 Ls.

67　BPatG 6.3.2003 10 W (pat) 35/01.

68　BPatG 18.12.1996 26 W (pat) 27/95, Markensache.

69　BPatG 24.11.1997 11 W (pat) 33/96.

70　EPA T 83/93; *Fitzner/Lutz/Bodewig* Rn 9.

71　BPatGE 7, 36; BPatG Mitt 1975, 237; *Fitzner/Lutz/Bodewig* Rn 9.

72　BPatG 14.1.1969 34 W (pat) 187/68; vgl EPA T 434/95 mwN.

73　BPatG Mitt 1978, 76; vgl DPA BlPMZ 1954, 370.

74　BPatG Mitt 1975, 237; vgl BGH GRUR 1972, 600 Lewapur.

erlangt und deshalb vergeblich zur Verhandlung erscheint.[75] Nicht gerechtfertigt ist die Kostenauferlegung, wenn der Anmelder auf eine kurzfristig zuvor genannte neuheitsschädliche Entgegenhaltung, bei der der Zeitpunkt der Veröffentlichung nicht nachweislich bekannt ist, die Veröffentlichung in der mündlichen Verhandlung bestreitet.[76] Dies gilt auch, wenn bei Rücknahme des Hilfsantrags auf mündliche Verhandlung seitens des Anmelders nicht auch die Anmeldung zurückgenommen, die Anmeldung weiter verteidigt und die mündliche Verhandlung, die zum Erfolg der Beschwerde des Einsprechenden führte, vAw durchgeführt wird.[77]

e. Notwendige Vertagung aufgrund vorwerfbar später Vorlegung neuen Materials kann Auferlegung **28** der Kosten des weiteren Termins rechtfertigen,[78] wobei zu bedenken ist, da die Beteiligten trotz fehlender Präklusionsregeln jedenfalls eine allg Pflicht zu Verfahrensförderung trifft. Bloßes, insb angekündigtes Nichterscheinen nach Antrag auf mündliche Verhandlung rechtfertigt Kostenauferlegung im Allgemeinen nicht.[79] Auch Verursachung einer Vertagung durch Einreichung von umfangreichen Hilfsanträgen erst in der mündlichen Verhandlung infolge Nachlässigkeit kann Kostenauferlegung begründen.[80] Das gilt auch bei notwendiger Vertagung, weil auf eine erstmalige Beschränkung des Patents in der mündlichen Verhandlung seitens der Einsprechenden eine neue Entgegenhaltung vorgelegt werden soll.[81]

Darlegung berechtigten Interesses an der Ausnahme von Aktenteilen von der **Akteneinsicht** erst **29** nach Abschluss der ersten Instanz rechtfertigt Auferlegung.[82]

f. Besonderheiten bei Teilung. Die bloße Tatsache der Teilung führt nicht dazu, den Patentinhaber **30** mit außergerichtlichen Kosten, die Beteiligten durch die infolge Teilung notwendige Terminsverlegung erwachsen sind, zu belasten,[83] wenn sie sorgfältiger Verfahrensführung entspricht.[84] Dies gilt auch bei angekündigtem Nichterscheinen nach Teilung im Hinblick auf die Ungewissheit, ob der Patentinhaber erscheint und geänd Patentansprüche vorlegt.[85] Anders wurde dies bei Teilung des Patents (§ 60 aF) erst in der mündlichen Verhandlung beurteilt, wenn hierdurch eine weitere mündliche Verhandlung über das Stammpatent veranlasst ist, ohne dass neue, über den Gegenstand der ersten mündlichen Verhandlung hinausgehende und die Verfahrenslage ändernde Gesichtspunkte zur Patentfähigkeit des Stammpatents vorgetragen werden;[86] ebenso bei Teilung im Einspruchsbeschwerdeverfahren ganz kurz vor dem Verhandlungstermin[87] oder bei Teilung lediglich aus prozesstaktischen Gründen.[88]

g. Ursächlichkeit der Pflichtverletzung. War die Pflichtverletzung für die Mehrkosten nicht ursäch- **31** lich, erfolgt keine Kostenauferlegung.[89] Dies wurde bei nicht wirksamer Erhebung eines Einspruchs bejaht, weil hier zur Wahrung der Rechte des Patentinhabers keine Kosten erforderlich seien[90] (zwh, vgl

---

75 BPatG 18.12.1970 24 W (pat) 193/68; abl für die Beschwerderücknahme 2 Tage vor der mündlichen Verhandlung: BPatG 19.6.1997 7 W (pat) 66/95 GRUR 1999, 91 Ls.
76 BPatG Mitt 1971, 158.
77 BPatG 13.9.1973 11 W (pat) 82/71.
78 BPatG 25.2.1975 18 W (pat) 33/69; aA BPatGE 31, 13 = Mitt 1989, 239.
79 EPA T 544/94.
80 BPatG 5.10.2006 6 W (pat) 93/01 Mitt 2007, 348 Ls, Kostenauferlegung für zweiten Verhandlungstermin; abl *Benkard* Rn 10.
81 BPatG 30.5.2006 17 W (pat) 307/03; BPatG 13.12.2010 20 W (pat) 49/06: wenn Identität des Einsprechenden im ersten Termin unklar bleibt; kr *Benkard* Rn 10.
82 BPatGE 5, 112 = GRUR 1965, 357.
83 BPatG 28.10.1993 21 W (pat) 78/90.
84 Vgl BPatGE 43, 221 = BlPMZ 2001, 108, 111.
85 BPatG 5.12.2005 20 W (pat) 310/05.
86 BGH GRUR 1996, 399, 401 Schutzverkleidung; BPatG GRUR 1996, 478; kr *Hövelmann* Teilung und Entscheidungsreife, Mitt 1996, 235 f.
87 BPatG Mitt 2001, 577 f, bdkl, da nicht ersichtlich, warum der Termin verlegt werden musste.
88 BPatG BlPMZ 1995, 257, 259, unter Bezugnahme auf BPatG 11.2.1993 31 W (pat) 82/89 undok, in diesem Umfang bdkl.
89 Vgl BPatG BlPMZ 1999, 40: Gegner musste in der Verhandlung ohnehin erscheinen, weil es seiner Mitwirkung bedurfte; *Fitzner/Lutz/Bodewig* Rn 12.
90 BPatG 17.8.2004 9 W (pat) 317/04.

auch Rn 32 zu § 62). Rücknahme der Beschwerde kurz nach ihrer Begründung rechtfertigt nicht die Auferlegung der Kosten des anderen Beteiligten für eine Stellungnahme.[91]

32   Es ist unbillig, einen Anmelder, der nichts zur Entstehung der dem Einsprechenden erwachsenen Kosten des Rechtsbeschwerdeverfahrens beigetragen hat, nur deswegen mit dessen Kosten zu belasten, weil er sich den ihm günstigen Standpunkt des BPatG zu eigen gemacht hat und damit vor dem BGH unterlegen ist.[92] Keine Kostenauferlegung, wenn der Beschwerdeführer im Hinblick auf die summarischen Ausführungen der Prüfungsstelle den Eindruck haben musste, sein Vorbringen sei nicht oder nicht vollständig gewürdigt worden, und er nach einem **Aufklärungsbescheid** die Beschwerde zurückzieht.[93] Die fehlende Begründung der Beschwerde kann allein eine Kostenentscheidung nicht rechtfertigen, weil Begründung nicht vorgeschrieben ist,[94] auch nicht fehlende Erfolgsaussicht, es sei denn, die Beschwerde ist als so aussichtslos anzusehen, dass ihre Einlegung gegen die prozessuale Sorgfaltspflicht verstößt.[95]

33   **III.** Dem **Präsidenten des DPMA** können nach Abs 2 Kosten nur auferlegt werden, wenn er dem Verfahren beigetreten ist (§ 76) und nach seinem Beitritt Anträge gestellt hat (Rn 13 zu § 76; Rn 10 zu § 77). Die Regelung ist an § 154 Abs 3 VwGO angelehnt. Anders als bei den übrigen Verfahrensbeteiligten reicht bloße Beteiligtenstellung nicht als Grundlage für die Kostenauferlegung aus. Neben der Antragsstellung ist Billigkeit Voraussetzung für sie.[96] In Betracht kommt insb der Fall der Verursachung vermeidbarer Kosten.[97]

D. Wertfestsetzung; Kostenfestsetzung; Zwangsvollstreckung

I. Allgemeines

34   **1. Rechtsgrundlagen.** Abs 5 verweist für das Kostenfestsetzungsverfahren und die Zwangsvollstreckung aus Kostenfestsetzungsbeschlüssen auf die Bestimmungen der ZPO. Die Kostenfestsetzung durch den Rechtspfleger des BPatG setzt nach § 103 Abs 1 ZPO einen zur Zwangsvollstreckung geeigneten Titel voraus, dh eine Kostengrundentscheidung (Rn 44), die nicht rechtsbeständig oder rechtskräftig sein muss, wie das im Kostenausspruch vorläufig vollstreckbar erklärte Urteil als Vollstreckungstitel nach § 704 Abs 1 ZPO,[98] aber auch Beschlüsse (§ 794 Abs 1 Nr 3 ZPO) oder Vergleiche (§ 794 Abs 1 Nr 1 ZPO) oder Verwaltungsakte bei Verweisung auf die ZPO wie bei § 62 Abs 2 Satz 3 (Rn 34 zu § 62). Eine Unanfechtbarkeit der Kostengrundentscheidung wird demnach nicht vorauszusetzen sein,[99] da für die Geeignetheit nur die Voraussetzungen nach §§ 704 f ZPO (Titel, Vollstreckungsklausel, Zustellung)[100] vorliegen müssen. Auch § 795 Satz 2 ZPO, wonach auf die Vollstreckung aus dem Kostenfestsetzungsbeschluss § 720a ZPO (Sicherheitsleistung) Anwendung findet, sofern wie bei vorläufig vollstreckbaren Urteilen eine Vollstreckung nur gegen Sicherheitsleistung zulässig ist,[101] setzt dies voraus. Auch findet die gegenteilige Ansicht in der Rspr des BPatG keine Stütze, da die insoweit zitierten Fälle die Wirksamkeit der Kostengrundentscheidung[102]

---

91   BPatG. 3.9.1998 6 W (pat) 142/96.

92   BPatG 6.10.1971 4 W (pat) 95/70.

93   BPatG 25.2.1969 26 W (pat) 185/65, WzSache.

94   BPatG Mitt 1970, 235; BPatG Mitt 1972, 98; vgl BPatGE 9, 204; BPatG 23.7.1974, wonach aus dem Fehlen einer Beschwerdebegründung allein ein unsachlicher Beweggrund für die Beschwerdeeinlegung nicht abgeleitet werden kann; zu Unrecht kr *Ingerl/Rohnke* § 71 MarkenG Rn 20; anders, wenn das Nichterscheinen in einer selbst beantragten mündlichen Verhandlung hinzutritt, BPatG Mitt 1972, 99; BPatGE 41, 18 = Mitt 1999, 198.

95   BPatG 2.4.2008 21 W (pat) 71/04.

96   BPatGE 46, 225, 231 = GRUR 2004, 160, 162; *Schulte* Rn 22.

97   Zur Auferlegung der Kosten des Rechtsbeschwerdeverfahrens BPatGE 31, 88 = GRUR 1990, 512.

98   Hierzu BPatGE 27, 41 = GRUR 1986, 48, Nichtigkeitssache.

99   *Schulte* Rn 95; aA *Benkard* Rn 55 unter Hinweis auf BPatGE 2, 114, 116 = GRUR 1965, 33; BPatGE 21, 27 GbmSache, auch formelle Rechtskraft fordernd. *Ströbele/Hacker* § 71 MarkenG Rn 39; BPatGE 2, 114, 116 = GRUR 1965, 33.

100   BPatGE 21, 27, GbmSache.

101   OLG Köln Rpfl 1996, 358; wonach es auch auf die Geeignetheit der Vollstreckung in der Hauptsache nicht ankommt; *Baumbach/Lauterbach/Albers/Hartmann* § 795 ZPO Rn 2.

102   BPatGE 2, 114, 116 = GRUR 1965, 33, die Hemmungswirkung der gegen den Löschungsbeschluss anhängigen Beschwerde betr.

oder den Angriff durch die Beschwerde[103] betrafen. Auch für die nach § 62 Abs 2 festzusetzenden Kosten in Verfahren vor dem DPMA gilt nichts anderes (hierzu Rn 33f zu § 62), sofern der nach § 103 Abs 1 ZPO vorausgesetzte Titel wirksam und nicht aufgehoben ist.[104] Allerdings ist dessen Anfechtung wegen der Hemmungswirkung des § 75 nicht ohne Einfluss auf die Zwangsvollstreckung aus dem Kostenfestsetzungsbeschluss (Rn 21 zu § 75), auch wenn dieser nicht unmittelbar von der Hemmungswirkung erfasst wird. Ein Kostenfestsetzungsverfahren kommt für den Rechtsanwalt auch gegen die eigene Partei in Betracht (§ 33 Abs 2 Satz 2 RVG); dies gilt nach neuerer Rspr auch entspr für den Patentanwalt (Rn 57ff). Für das Beschwerdeverfahren vor dem BPatG interessieren in erster Linie die §§ 103, 104 ZPO und § 106 ZPO (§§ 105, 107 ZPO spielen für das BPatG praktisch keine Rolle).[105]

2. Festsetzungsverfahren

a. Zuständigkeit. Für die Kostenfestsetzung im Beschwerdeverfahren (wie im Nichtigkeitsverfahren) **35** ist der Rechtspfleger des BPatG zuständig[106] (§ 23 Abs 1 Nr 12 RPflG), während im erstinstanzlichen Verfahren vor dem DPMA Beamte des gehobenen Dienstes und vergleichbare Angestellte (§ 7 Abs 2 Nr 1 WahrnV, Rn 50ff zu § 27) zuständig sind (vgl Rn 35 zu § 62; zur Erteilung der vollstreckbaren Ausfertigung durch die Geschäftsstelle des BPatG nach §§ 795, 725 ZPO Rn 27 vor § 73).

b. Verfahren. Auch eine Auslandsinsolvenz unterbricht das Festsetzungsverfahren[107] (Rn 352 zu § 59). **36**

c. Entscheidung. Die Kostenfestsetzung erfolgt auf zulässigen Antrag des Berechtigten unter Vorlage **37** der Kostenberechnung und Glaubhaftmachung der Kostenansätze[108] durch Beschluss. In diesem werden der zu erstattende Betrag sowie bei entspr Antrag die Zinsen festgesetzt; der Beschluss ist Vollstreckungstitel (§ 794 Abs 1 Nr 2 ZPO). Der Gegner ist zu hören.[109]

Auch bei einer Kostenverteilung nach Rechtszügen ist entspr § 106 ZPO eine **Kostenausgleichung 38** vorzunehmen.[110] Für Streitgenossen ist getrennt festzusetzen, auch wenn sie das Verfahren gemeinsam betreiben.[111] Eine Nachliquidation ist grds zulässig, aber unbegründet, soweit die Nachforderung über den vom Anwalt dem Mandanten bereits vorher in Rechnung gestellten Gebührenbetrag hinausgeht.[112]

d. Gegen die Entscheidung des Rechtspflegers im Kostenfestsetzungsverfahren nach § 23 Abs 1 Nr 12 **39** RPflG ist die (befristete) **Erinnerung** nach § 23 Abs 2 Satz 1 RPflG eröffnet (vgl Rn 18; Rn 13ff vor § 73). Einwendungen gegen die Kostenentscheidung als solche können im Kostenfestsetzungsverfahren nicht geltend gemacht werden.[113] Die Erinnerung setzt Beschwer voraus; deshalb ist Erinnerung eines am Kostenfestsetzungsverfahren nicht beteiligten Dritten unzulässig.[114] Über sie entscheidet der Beschwerdesenat, und zwar der juristische Beschwerdesenat, auch soweit die Kostengrundentscheidung dem technischen Beschwerdesenat zugewiesen ist (Geschäftsaufgabe i).[115] Die Kosten des erfolglosen Rechtsbehelfs trägt nach § 97 Abs 1 ZPO der Rechtsbehelfsführer (Rn 18).[116] Der GbmBeschwerdesenat entscheidet über die Erinnerung in der Besetzung mit drei rechtskundigen Mitgliedern (§ 67 Abs 1; § 18 GebrMG); nur für die

---

103 BPatGE 21, 27, GbmSache, und BPatGE 25, 27, die Unwirksamkeit des Löschungsbeschlusses mangels Zustellung betr.

104 Vgl auch *Thomas/Putzo* § 103 ZPO Rn 3.

105 Vgl aber zu § 107 ZPO BPatG Mitt 1977, 136.

106 Vgl BPatGE 8, 63.

107 BPatGE 25, 33 = Mitt 1983, 13 ist überholt.

108 *Schulte* Rn 97.

109 Vgl BPatGE 7, 41: jedenfalls wenn andere als die Regelgebühren festgesetzt werden sollen; diese Einschränkung ist aber nicht gerechtfertigt.

110 BPatGE 31, 256 = GRUR 1991, 205.

111 BPatGE 29, 201.

112 BPatG 22.8.1974 2 ZA (pat) 1/74; vgl auch BPatGE 16, 229 = Mitt 1975, 218; BPatGE 18, 201, 207; *Benkard* Rn 57.

113 BPatG 15.5.1970 24 ZA (pat) 4/70; BPatG 12.6.1970 24 ZA (pat) 5/70.

114 BPatG 21.12.1993 3 ZA (pat) 32/93.

115 Vgl auch BPatGE 9, 220 für die Rechtslage vor 1970.

116 *Bühring* § 18 GebrMG Rn 142.

Entscheidung in den Nichtigkeitssenaten und im Beschwerdesenat für SortSachen[117] ist die Möglichkeit der Mitwirkung auch technischer Mitglieder eröffnet bzw geboten. Mündliche Verhandlung ist nicht erforderlich (Rn 29 zu § 78).[118]

40   Nach neuerer Praxis des BPatG findet eine Überprüfung des angefochtenen Kostenfestsetzungsbeschlusses nur im Rahmen der **beanstandeten Rechnungsposten** statt[119] (anders die ältere Praxis, Nachw 5. *Aufl*). Die Erinnerung dient nicht zur Durchsetzung von Kosten, deren Geltendmachung vergessen oder übersehen wurde.[120] Auch im Erinnerungsverfahren gilt der Grundsatz, dass jede Partei mit hinreichender Deutlichkeit die Zielrichtung ihrer Angriffe zu artikulieren hat.[121] Die Erinnerung kann erweitert werden.[122]

41   **e.** Eine **Anfechtung** der auf die Erinnerung ergangenen Entscheidung des BPatG findet statt; § 104 Abs 3 Satz 1 ZPO kann im Verfahren vor dem BPatG nicht angewendet werden, da nach § 99 Abs 2 eine Anfechtung von Entscheidungen des BPatG nur stattfindet, soweit das PatG dies zulässt (Rn 38 zu § 62; Rn 16 zu § 99). Auch die isolierte **Rechtsbeschwerde** nach § 100 war nach überkommener Auffassung[123] ausgeschlossen, da es sich nicht um eine Entscheidung iSv § 100 handelt, mit der über eine Beschwerde nach § 73 (Rn 11 ff zu § 100) entschieden wird und der Grundsatz der beschränkten Anfechtbarkeit von Entscheidungen über Prozesskosten (§§ 567 Abs 3, 568 Abs 3 ZPO aF) eingriff (zur Ausnahme bei fehlender gesetzlicher Grundlage Rn 15 zu § 11 PatKostG). Der BGH hatte nach früherer Rspr insoweit ausdrücklich darauf hingewiesen, dass es eine gleichförmige Rechtsanwendung für im wesentlichen gleichgelagerte Sachverhalte erfordere, dass in allen Kostenfestsetzungsverfahren der Rechtszug beim BPatG ende, wobei Divergenzen durch geeignete Maßnahmen, zB durch eine Änderung der Geschäftsverteilung, abgeholfen werden könne.[124]

42   Allerdings eröffnet die seit 1.1.2002 geltende Fassung der §§ 567, 568 ZPO und die zugleich eingeführte Möglichkeit nach § 574 Abs 1 Nr 2 ZPO die zuvor nicht anfechtbaren Beschlüsse der Oberlandesgerichte anzufechten, auch eine **Rechtsbeschwerde gegen Beschlüsse in Kostenfestsetzungsverfahren** im Verfahren vor dem BPatG, weil die Verweisungen in §§ 62 Abs 2 Satz 3, 80 Abs 5 wie auch in § 84 Abs 2 Satz 3 auf die Vorschriften der ZPO im Kostenfestsetzungsverfahren nunmehr im Einlang mit § 574 ZPO stehen.[125] Auch eines Rückgriffs auf § 99 Abs 1 PatG bedarf es deshalb nicht.[126] Der BGH[127] betont, dass insoweit im GbmLöschungs- und im Einspruchsverfahren eine Rechtsbeschwerde im Kostenfestsetzungsverfahren nunmehr schon nach § 100 PatG zulässig ist (Rn 11 ff zu § 100),[128] während es im Nichtigkeitsverfahren, in dem das BPatG nicht als Beschwerdegericht tätig wird, des Rückgriffs auf § 574 Abs 1 Nr 2 ZPO bedarf und danach die Rechtsbeschwerde zulässig ist, sofern die Ausgangsentscheidung nach § 567 Abs 2 ZPO der Anfechtung unterliegt und die Vorinstanz diese zugelassen hat. Damit werden sämtliche Kostenerinnerungen, soweit sie überhaupt beschwerdefähig sind (Rn 13 zu § 100; Rn 15 zu § 11 PatKostG) und -beschwerden vor dem BPatG im Patentverfahren erfasst.[129] Ein Mindestbeschwerdewert wie bei § 567 Abs 2 ZPO ist nicht erforderlich,[130] da dieser nicht entspr anwendbar ist und eine analoge Anwendung den gesetzlich eingeräumten Rechtsschutz und das Recht auf Zugang zum Gericht ohne zwingenden Grund be-

---

117 Vgl *Keukenschrijver* SortG § 34 Rn 23.
118 BPatGE 9, 272, 275; BPatG 10.8.1983 ZA (pat) 4/83 undok, zitiert bei *Bühring* § 18 GebrMG Rn 142.
119 BPatGE 30, 69 = Mitt 1990, 35; *Schulte* Rn 104; *Fitzner/Lutz/Bodewig* Rn 39.
120 BPatG 5.8.1998 5 ZA (pat) 16/98.
121 BPatG 7.7.1993 3 ZA (pat) 11/93.
122 BPatGE 24, 165 = GRUR 1982, 293.
123 BGH GRUR 2001, 139 f Parkkarte; BGHZ 97, 9 = GRUR 1986, 453 Transportbehälter unter Aufgabe der früheren Rspr; BGHZ 43, 352 = GRUR 1965, 621 Patentanwaltskosten und BGH GRUR 1977, 559 Leckanzeigegerät; BGH GRUR 1993, 890 Teilungsgebühren; *Schulte* Rn 108, § 100 Rn 12; *Fitzner/Lutz/Bodewig* Rn 17.
124 BGH Transportbehälter.
125 BGHZ 196, 52 = GRUR 2013, 427 Doppelvertretung im Nichtigkeitsverfahren; BGH GRUR 2013, 430; BPatGE 53, 30; *Engels/Morawek* GRUR 2013, 545, 553; *Schulte* Rn 108; zum Markenrecht *Ströbele/Hacker* § 83 MarkenG Rn 13; BGH NJW-RR 2004, 356; BGH NJW 2008, 2040; BGHZ 150, 133 = NJW 2002, 1577; *Thomas/Putzo* § 574 ZPO Rn 3.
126 BPatGE 53, 30.
127 BGHZ 196, 52 = GRUR 2013, 427 Doppelvertretung im Nichtigkeitsverfahren; BGH GRUR 2013, 430.
128 Abw BPatGE 53, 30, generell auf § 99 Abs 1 iVm § 574 Abs 2 Nr 2 ZPO abstellend.
129 Zu § 82 Abs 1 MarkenG *Ströbele/Hacker* § 83 MarkenG Rn 13.
130 *Thomas/Putzo* § 574 ZPO Rn 3; aA auf § 67 Abs 2 ZPO analog und einen Mindestwert von 200 EUR abstellend *Ströbele/Hacker* § 83 MarkenG Rn 13.

schränkte und darum auch verfassungsrechtl bdkl wäre, zumal die Zielsetzung der Rechtsbeschwerde vom Erreichen einer Beschwerdesumme unabhängig ist.[131]

Soweit das BPatG die Rechtsbeschwerde auch unter Hinweis auf § 574 Abs 2 Nr 2 ZPO bzgl der **Gegen-** **43** **standswertfestsetzung** zugelassen hat,[132] ist dies allerdings abzulehnen, da § 2 Abs 2 Satz 4 PatKostG nur hinsichtlich der Festsetzung des Streitwerts und nicht hinsichtlich der Rechtsmittel gegen die Entscheidung auf die Geltung des GKG verweist, und damit nicht auf § 68 GKG.[133] Ferner stehen die Regelungen nach § 68 Abs 1 Satz 5 GKG iVm § 66 Abs 3 Satz 3 GKG für die Beschwerde gegen die Streitwertfestsetzung[134] sowie nach § 33 Abs 4 Satz 3 RVG betr die Wertfestsetzung für die Rechtsanwaltsgebühren entgegen, wonach eine Beschwerde an einen obersten Gerichtshof des Bundes nicht stattfindet.[135] Es bleibt die Gegenvorstellung (Rn 221 zu § 73). Auch eine Rechtsbeschwerde gegen die Entscheidungen des BPatG über den **Kostenansatz** nach § 11 Abs 3 PatKostG ist grds (zur Ausnahme Rn 15 zu § 11 PatKostG) ausgeschlossen (Rn 11 zu § 100).

II. Als **Kostengrundentscheidung** kommt nur die in der Beschwerdeentscheidung enthaltene Kosten- **44** entscheidung oder eine im Beschwerdeverfahren ergangene isolierte Kostenentscheidung in Betracht. Zu weiteren Kostenentscheidungen außerhalb des Beschwerdeverfahrens insb § 62 Abs 1 (Einspruchsverfahren vor dem DPMA oder dem BPatG), § 84 Abs 2 (Nichtigkeitsverfahren), § 85 Abs 3 Satz 2 (einstweilige Verfügung im Zwangslizenzverfahren) sowie § 17 Abs 4 GebrMG (GbmLöschungsverfahren) und § 8 Abs 5 HlSchG.

III. Wertfestsetzung

1. Erforderlichkeit. Der Gegenstandswert hat anders als im Zivilprozessrecht weder für die Zustän- **45** digkeitsabgrenzung noch für die Zulässigkeit von Rechtsmitteln oder die Bemessung von Gerichtsgebühren Bedeutung (vgl jedoch die Regelung in § 11 Abs 2 PatKostG), da die Gerichtskosten durch die Beschwerdegebühr abgegolten sind (anders im Nichtigkeitsverfahren).

Die Wertfestsetzung dient als Grundlage für die Bemessung der Rechtsanwalts-[136] und uU auch der Pa- **46** tentanwaltsgebühren nach dem **Rechtsanwaltsvergütungsgesetz** (RVG). Sie erfolgt nur auf Antrag nach § 33 RVG, wobei der Rechtsanwalt nach § 33 Abs 2 RVG ein Antragsrecht hat. Der Patentanwalt ist nach der neueren Rspr gleichgestellt und seine Gebühren entspr nach RVG zu berechnen[137] (Rn 59); er zählt deshalb zu dem nach § 33 Abs 1 RVG antragsberechtigten Personenkreis.[138] Da gem § 11 RVG auch eine Kostenfestsetzung durch den Rechtsanwalt und den Patentanwalt gegen den eigenen Mandanten erfolgen kann,[139] ist ein Antrag auf Festsetzung eines Gegenstandswerts nicht mangels Rechtsschutzbedürfnisses unzulässig, wenn jeder Beteiligte im Beschwerdeverfahren seine eigenen Kosten zu tragen hat.[140]

Dass eine **Wertfestsetzung vor dem Patentamt** möglich ist, wird für das GbmLöschungsverfahren **47** auch nach Inkrafttreten des RVG wegen fehlender gesetzlicher Grundlage abgelehnt; eine analoge Anwendung von § 33 Abs 1 RVG wird mangels planwidriger Gesetzeslücke verneint,[141] für das markenrechtl Verfahren zurecht aber bejaht.[142]

---

131 BGH NJW-RR 2005, 939.
132 BPatG 21.2.2011 29 W (pat) 39/09, Markensache; abl auch *Ströbele/Hacker* § 83 MarkenG Rn 15.
133 BGH Mitt 2012, 41; BPatGE 54, 89 = Mitt 2013, 473; *Fitzner/Lutz/Bodewig* Rn 19.
134 BGH RVGreport 2010, 37; *Zöller* § 3 ZPO Rn 9.
135 BGH NJW-RR 2011, 142, zur Festsetzung der Vergütung eines im Weg der PKH beigeordneten Rechtsanwalts vor dem OLG; *Schulte* Rn 55 , zusätzlich auf § 99 Abs 2 verweisend.
136 BPatGE 35, 195 = BlPMZ 1996, 133; vgl BPatG 3.2.1998 9 W (pat) 96/93; BPatG 6.3.2003 10 W (pat) 35/01; BPatG 22.12.2004 9 W (pat) 317/04.
137 BPatGE 49, 29, GbmBeschwerdeverfahren; BPatGE 49, 20 = GRUR 2005, 974 Markensache; BPatGE 45, 76 = GRUR 2002, 732; BPatG GRUR 1999, 65f; BPatGE 41, 6f; BPatGE 40, 182 = GRUR 1999, 65, Markensache; BPatGE 25, 222 = GRUR 1983, 648 Nichtigkeitsverfahren; BPatGE 26, 68 = BlPMZ 1984, 23; *Schulte* Rn 35; *Benkard* Rn 45; *Ströbele/Hacker* § 71 MarkenG Rn 23; zur Festsetzung vor dem DPMA nach RVG; zur früheren Rechtslage BPatG 9.8.1995 29 W (pat) 227/94, undok; weitere Nachw bei *Busse/Starck* WZG § 13 Rn 32; *Ekey/Bender/Fuchs-Wissemann* § 71 MarkenG Rn 13; aA BPatGE 9, 272; BPatGE 18, 164; BPatGE 40, 182, 184 = GRUR 1999, 65; BPatGE 41, 6, 9.
138 *Schulte* Rn 46; aA *Benkard* Rn 53.
139 *Schulte* Rn 46; *Ströbele/Hacker* § 71 MarkenG Rn 23; *Ingerl/Rohnke* § 71 MarkenG Rn 26.
140 So BPatG 29.4.2008 6 W (pat) 6/07.
141 BPatGE 51, 55 = BPatG GRUR 2009, 703; BPatG 2.9.2008 5 W (pat) 10/07; ebenso allg *Schulte* Rn 46.
142 Zum Markenverfahren BPatGE 49, 20 = GRUR 2005, 974; *Ströbele/Hacker* § 71 MarkenG Rn 23.

48 **2. Gegenstandswert.** Festsetzung erfolgt im Beschwerdeverfahren nach § 33 Abs 1 RVG auf Antrag.[143] Maßgeblich ist der gemeine Wert des Patents.[144] Die Festsetzung des Gegenstandswerts im Erteilungsbeschwerdeverfahren erfolgt nach den gleichen Grundsätzen wie im Patentnichtigkeitsverfahren oder GbmLöschungsbeschwerdeverfahren entspr den Grundsätzen, die die Rspr hier aufgestellt hat[145] (Rn 57 f zu § 84; Rn 56 f zu § 17 GebrMG).

49 Der Gegenstandswert einer **Patentanmeldung** ist gem § 23 Abs 3 Satz 2 RVG nach billigem Ermessen zu bestimmen und konnte nach Lage des Falls niedriger sein als der Regelwert nach § 8 Abs 2 BRAGebO.[146] Maßgeblich sind die tatsächlichen, ggf von den Beteiligten glaubhaft zu machenden Anhaltspunkte für den gemeinen Wert des Patents; nur wenn Rückschlüsse hierauf nicht möglich sind, kann auf den Regelgegenstandswert von 5.000 EUR nach § 23 Abs 3 Satz 2 RVG zurückgegriffen werden. In der Praxis finden sich nur vereinzelte Entscheidungen; hier wurde ein Regelstreitwert im Einspruchsverfahren von 60.000 EUR angenommen, aber auch nur der Richtwert des § 23 Abs 3 RVG von 4.000 EUR zugrunde gelegt.[147] Im Akteneinsichtsverfahren hat das BPatG einen Regelstreitwert von 7.500 DM angenommen;[148] nunmehr werden 2.500 EUR angesetzt.[149]

50 Zur Rechtsbeschwerde Rn 42; Rn 11 zu § 100; zu **Gegenvorstellungen** Rn 221 zu § 73; Rn 22 zu § 99; § 122a.

IV. Kostenfestsetzung

51 **1. Verhältnis zur Kostengrundentscheidung.** Entscheidungen über „die Kosten des Verfahrens" (vor dem DPMA) und die „Kosten der Beschwerde" (vor dem BPatG) erfassen auch „die den Beteiligten erwachsenen Kosten". Im Kostenfestsetzungsverfahren (Rn 18) ist nur noch zu prüfen und zu entscheiden, ob und wieweit die den Beteiligten erwachsenen und von ihnen in ihren Kostenberechnungen angesetzten Kosten iSd Abs 1 Satz 2 notwendig waren[150] (Abs 1 Satz 2). Dem BPatG war durch die Billigkeitsregelung bis zum Inkrafttreten der Änderung durch das 2. PatGÄndG am 1.11.1998 ein Beurteilungsspielraum eingeräumt[151] („zweite Billigkeitsprüfung"; zur Änderung Rn 2 zu § 62). Über die Erstattungsfähigkeit einzelner Posten kann bereits in der Kostengrundentscheidung befunden werden,[152] dies wird allerdings selten zweckmäßig sein.

2. Umfang der zu erstattenden Kosten

52 **a. Allgemeines.** Geltend gemachte nicht erstattungsfähige Posten können durch nicht geltend gemachte erstattungsfähige ersetzt werden; der Grundsatz, dass keiner Partei etwas zugesprochen werden darf, was nicht beantragt ist[153] (§ 308 Abs 1 ZPO), ist auf den Gesamtbetrag beschränkt,[154] dh an die Stelle

---

143 Zur Festsetzung nach früherem Recht (BRAGebO) BPatGE 26, 68 = BlPMZ 1984, 235.

144 Vgl BGH GRUR 1957, 79 Streitwert; Berechnungsbeispiel BGH GRUR 1985, 511 Stückgutverladeanlage; BPatGE 28, 193 = GRUR 1987, 286 und BPatGE 35, 56: auch bei nicht benutztem oder verwertetem Patent grds nur nach Lizenzanalogie; vgl BPatG 22.12.2004 9 W (pat) 317/04.

145 BPatGE 6, 63 f = GRUR 1966, 222.

146 BPatGE 35, 195 = BlPMZ 1996, 133; zum Gegenstandswert in Markensachen BPatG 21, 140; BPatG Mitt 1995, 323; BPatGE 40, 147 = GRUR 1999, 64: im Widerspruchs-Beschwerdeverfahren idR 20 000 EUR, BPatGE 50, 21 = GRUR 2007, 176; der Gegenstandswert in Löschungsbeschwerdesachen betr eine in Behinderungsabsicht eingetragene, unbenutzte Marke beträgt idR 25.000 EUR; BPatG 11.3.2002 26 W (pat) 36/01.

147 BPatGE 53, 142; BPatG 22.12.2004 9 W (pat) 317/04 durch das KostRModG vom 23.7.2013, BGBl I 2586, seit 1.8.2013 auf 5.000 EUR erhöht.

148 BPatG GRUR 1992, 854, WzSache; vgl *Ekey/Bender/Fuchs-Wissemann* § 71 MarkenG Rn 10 f: zumindest 5.000 EUR gerechtfertigt.

149 BPatG BlPMZ 2005, 266, Markensache; *Ströbele/Hacker* § 71 MarkenG Rn 38; abw *Ekey/Bender/Fuchs-Wissemann* § 71 MarkenG Rn 11.

150 BGHZ 43, 352 f = GRUR 1965, 621 Patentanwaltskosten; BGH 1.4.1965 I a ZB 234/63.

151 Zur Überprüfbarkeit vgl BGH GRUR 1977, 559, 560 Leckanzeigegerät.

152 BPatGE 1, 94 = GRUR 1965, 165.

153 Vgl BPatGE 26, 88 = GRUR 1984, 442.

154 BPatG Mitt 1967, 18; vgl auch BGH 15.2.2011 X ZR 7/09, für die Sachverständigenentschädigung.

eines unbegründeten Kostenpostens kann ein solcher gesetzt werden, der begründet, aber nicht geltend gemacht worden ist,[155] sofern dieser aus dem gleichen Sachverhalt entstanden ist.[156] Werden mehrere Verfahren in einem Verfahren vor dem DPMA oder dem BPatG miteinander verbunden, liegt gebührenrechtl – mindestens für die Frage der Erstattungsfähigkeit – nur noch ein Verfahren vor.[157] Dass ein Erstattungsanspruch gegenüber Dritten (zB Lizenznehmer) besteht, kann im Kostenfestsetzungsverfahren regelmäßig nicht berücksichtigt werden.[158]

b. Vertreterkosten eines Rechtsanwalts oder Patentanwalts sind entspr § 91 Abs 2 Satz 1 ZPO grds er- **53** stattungsfähig, auch in eigener Sache, während die Kosten mehrerer Vertreter nur in besonderen Fällen die insoweit vorausgesetzte Notwendigkeit zur zweckentsprechenden Rechtsverfolgung oder Rechtsverteidigung zu bejahen ist. Während nach der älteren Rspr „in der Regel" nur die Kosten eines Vertreters als erstattungsfähig anzuerkennen waren[159] und auch im Fall einer Beweisaufnahme Doppelvertretung nicht als notwendig angesehen wurde;[160] anders nur bei erheblichen rechtl Schwierigkeiten,[161] erscheint angesichts der neueren Rspr eine grds Erstattung nicht mehr ausgeschlossen (Rn 63).

Die **Kosten eines Vertreters** (Rechtsanwalt, Patentanwalt oder Erlaubnisscheininhaber) sind grds **54** erstattungsfähig,[162] und zwar auch dann, wenn er in eigener Sache tätig geworden ist (vgl § 91 Abs 2 Satz 4 ZPO).[163] Die Kosten eines Vertreters sind auch erstattungsfähig, wenn der Vertreter zwar in einem Vertragsverhältnis zu der von ihm vertretenen Partei steht (zB als Leiter ihrer Patentabteilung), jedoch glaubhaft dargetan hat (zB durch Vorlage des Vertrags), dass er die Vertretung nicht im Rahmen dieses Vertragsverhältnisses, sondern auf eigene Rechnung übernommen hat.[164]

Die **Kosten mehrerer Vertreter** sind erstattungsfähig, soweit die Voraussetzungen des § 91 Abs 2 **55** Satz 3 ZPO vorliegen. Zur Erstattungsfähigkeit von Patentanwaltskosten neben Rechtsanwaltskosten und umgekehrt Rn 63 ff.

Rechtsanwälte. Gebühren sind nur erstattungsfähig, soweit sie sich im Rahmen des Rechtsanwalts- **56** vergütungsgesetzes (RVG) halten. Insoweit enthielt § 66 BRAGebO in der zuletzt durch das GeschMRefG geänd Fassung eine Sonderregelung für das Verfahren vor dem BPatG und dem BGH (Wortlaut der Bestimmung und Kommentierung *6. Aufl*).

Auf Beschwerdeverfahren, bei denen der unbedingte Auftrag zur Erledigung seit dem 1.7.2004 erteilt **57** worden ist, findet das **Rechtsanwaltsvergütungsgesetz (RVG)** Anwendung (§§ 60, 61 RVG). Danach beträgt die Verfahrensgebühr das 1,3-fache des Satzes (VergVerz Nr 3100), die Terminsgebühr das 1,2-fache (VergVerz Nr 3104), die Nr 3200 ff VergVerz sind hier nicht anzuwenden (Vorb 3.1 Abs 2). Die von einem Rechtsanwalt mit der kostenerstattungsberechtigten Partei vereinbarte Liquidation nach der Gebührenordnung für Patentanwälte ist, soweit hierdurch höhere Gebühren und Auslagen entstehen als sie das Gesetz vorsieht, im Kostenfestsetzungsverfahren nicht zu berücksichtigen.[165]

Im **erstinstanzlichen Verfahren** (Akteneinsichtsverfahren) vor dem BPatG gelten die gleichen Sätze **58** wie im Beschwerdeverfahren. Rechtsanwälte erhielten im GbmLöschungsverfahren nach § 118 Abs 1 BRA-GebO[166] idR $8/10$ der vollen Gebühr.[167] Daneben kam die Gebühr für die Tätigkeit im Beweisaufnahmever-

---

155 *Fitzner/Lutz/Bodewig* Rn 21.

156 BPatGE 18, 189; *Bühring* § 17 GebrMG Rn 145 und § 18 GebrMG Rn 140.

157 BGH GRUR 1968, 447 Flaschenkasten.

158 BPatGE 36, 42 = Mitt 1996, 242.

159 BGHZ 43, 352, 354 = GRUR 1965, 621 Patentanwaltskosten; vgl allg zur Notwendigkeit der Zuziehung eines Anwalts BGH GRUR 1977, 559 f Leckanzeigegerät; BPatGE 15, 195 f = Mitt 1973, 197; BPatG 20.3.1972 5 W (pat) 69/71.

160 BPatG 14.10.1970 5 W (pat) 406/65; aA BPatGE 24, 215 (3. Senat); BPatG GRUR-RR 2010, 401 (3. Senat).

161 BGH Patentanwaltskosten; sehr zurückhaltend auch hier BPatGE 22, 10, 12 f = GRUR 1979, 702; vgl BPatG 26.6.2003 10 W (pat) 95/99.

162 *Benkard* Rn 39; BGHZ 43, 352, 354 = GRUR 1965, 621 Patentanwaltskosten; BGH GRUR 1977, 559 f Leckanzeigegerät; BPatGE 15, 195 f = Mitt 1973, 197.

163 BPatGE 24, 165 = GRUR 1982, 293; aA OLG München Mitt 1991, 175; *Benkard* Rn 39.

164 BPatG Mitt 1967, 18; aA BPatG Mitt 1966, 123.

165 BPatG 10.3.1971 27 ZA (pat) 2/71, zum Verhältnis zur BRAGebO; vgl DPA BlPMZ 1953, 84.

166 BPatGE 3, 183 = GRUR 1964, 567.

167 BPatGE 22, 10, 13 f = GRUR 1979, 702; BPatGE 27, 61, 63 = GRUR 1985, 524; BPatG GRUR 1989, 343 f; für volle Gebühr *Loth* Rn 71.

fahren in Betracht.[168] Der Gebührenanspruch nach § 118 BRAGebO entstand auch bei Zurückverweisung durch das BPatG nur einmal;[169] dem wird man auf der Grundlage des § 21 Abs 1 RVG nicht mehr folgen können.

59   **Patentanwälte.** Grundlage für die Gebührenforderung sind die §§ 612, 614, 675 BGB. Bei Fehlen einer Gebührenvereinbarung steht dem Patentanwalt ein Leistungsbestimmungsrecht nach §§ 315, 316 BGB zu, dessen Ausübung der nachträglichen Berechnung einer höheren Gebühr entgegensteht.[170] Die Gebührenordnung für Patentanwälte wurde in der früheren Praxis des (DPA und des) BPatG zT weiterhin als übliche Vergütung behandelt (näher *6. Aufl*; Rn 59; zur Anwendung im Verletzungsprozess Rn 320 vor § 143).[171] In neuerer Zeit werden aufgrund der zwischenzeitlich anerkannten gebührenrechtl Gleichstellung von Rechts- und Patentanwälten (Rn 46) die erstattungsfähigen Gebühren eines Patentanwalts in erstinstanzlichen Löschungsverfahren, wie auch im Beschwerdeverfahren dagegen zurecht nach der Gebührentabelle des RVG berechnet;[172] dazu ist auf Antrag der Beteiligten ein Gegenstandswert nach § 33 RVG festzusetzen oder zu bestimmen (Rn 46).[173]

60   Die **Mehrkosten**, die dadurch entstehen, dass der mit der Vertretung beauftragte Patentanwalt nicht am Ort des DPMA und des BPatG ansässig ist, sind idR erstattungsfähig.[174]

61   Die von der Patentanwaltskammer herausgegebene **Gebührenordnung für Patentanwälte** (zuletzt Ausgabe vom 1.10.1968; auszugsweise abgedruckt *6. Aufl* Rn 51), die keine Rechtsnorm und auch keine Taxe iSd § 612 Abs 2 BGB darstellte,[175] konnte in der älteren Rspr des BGH bei der Festsetzung des zu erstattenden Betrags der in einem Verfahren vor dem DPMA oder BPatG erwachsenen Kosten zugrunde gelegt werden.[176] Anders als die Nichtigkeitssenate des BPatG, die seit 1983 die Sätze der BRAGebO und jetzt des RVG zugrunde legen,[177] wendeten der juristische Beschwerdesenat und der GbmBeschwerdesenat sowie zT die Markensenate die Gebührenordnung als übliche Vergütung weiterhin an.[178] Diese Rspr ist aufgegeben. Rechtsanwälte und Patentanwälte werden jetzt gebührenrechtl gleichgestellt (Rn 46, 59). Der Wille zur gebührenrechtl Gleichstellung durch den Gesetzgeber wird auch aus § 143 Abs 3, § 27 Abs 3 GebrMG, § 140 Abs 3 MarkenG hergeleitet.[179]

62   **Erlaubnisscheininhabern (Patentingenieuren)** wurden 80% der Gebührensätze für Patentanwälte zugebilligt.[180] Nach der Rspr einzelner Oberlandesgerichte können bei Angemessenheit Gebühren bis zur Höhe der Patentanwaltsgebühren festgesetzt werden.[181] Es gelten hinsichtlich der Doppelvertretung dieselben Grundsätze wie bei gemeinsamer Vertretung durch Rechtsanwälte und Patentanwälte.[182]

---

168   Vgl DPA BlPMZ 1961, 67.
169   BPatGE 45, 206, GbmLöschungssache.
170   BPatG 5.8.1998 5 ZA (pat) 16/98.
171   *Schulte* Rn 35; *Ingerl/Rohnke* § 71 MarkenG Rn 28; für das Markenrecht jetzt generell abl *Fezer* § 71 MarkenG Rn 20 unter Hinweis auf BPatGE 41, 6; *Ströbele/Hacker* § 71 MarkenG Rn 21.
172   Zust *Hüttermann/Storz* GRUR 2008, 330, 332; *Fitzner/Lutz/Bodewig* Rn 30.
173   Für das Beschwerdeverfahren BPatGE 49, 26 = Mitt 2005, 375; für das Löschungsverfahren BPatGE 49, 29 = GRUR 2007, 87; BPatG 23.2.2006 5 W (pat) 5/06 (jeweils 5. Senat); für das Markenrecht BPatGE 41, 6; vgl *Bühring* § 18 GebrMG Rn 136 f; aA noch BPatGE 45, 166; BPatG 17.11.2005 10 W (pat) 46/04, dort für das RVG jedoch offengelassen.
174   BGH GRUR 1965, 621, 626 f Patentanwaltskosten.
175   BPatG 28.5.1969 27 ZA (pat) 11/69; BPatG 30.1.1995 30 W (pat) 172/94; vgl BGHZ 43, 352 = GRUR 1965, 621 Patentanwaltskosten; zur kartellrechtl Problematik vgl LG München I Mitt 1972, 56.
176   BGH GRUR 1968, 447 Flaschenkasten; BGH GRUR 1977, 559, 561 Leckanzeigegerät; zur Bemessung einer „erhöhten" Gebühr BGH Patentanwaltskosten; BGH Flaschenkasten; BGH 1.4.1965 I a ZB 234/63.
177   BPatGE 25, 222 = GRUR 1984, 648; BPatGE 26 = BlPMZ 1984, 235; BPatGE 28, 107 = BlPMZ 1986, 338; BPatGE 28, 193 = GRUR 1987, 286; BPatG BlPMZ 2002, 286 f; zust LG Mainz Mitt 1996, 62.
178   BPatGE 31, 152 = BlPMZ 1991, 28; BPatGE 32, 162 = BlPMZ 1992, 192; BPatG 30.1.1995 30 W (pat) 172/94; BPatGE 37, 106 = Mitt 1997, 188; BPatG 8.5.2002 28 W (pat) 226/00.
179   *Schulte* Rn 35.
180   BGH BlPMZ 1973, 27, 28 Erlaubnisscheininhaber; BPatGE 10, 194, 196; BPatG. 20.1.1971 5 W (pat) 42/70; BPatGE 12, 45, dort auch zur Angemessenheit der „Gebührenrichtlinien für Patentingenieure", die keine Taxen iSd § 612 Abs 2 BGB sind; BPatG 20.1.1971 5 W (pat) 42/70; *Schulte* Rn 37; *Benkard* Rn 48 und § 17 GebrMG Rn 44; aA BPatG 28.5.1969 27 ZA (pat) 11/69: zwei Drittel; BPat-GE 5, 228 = GRUR 1965, 445: „wird im allgemeinen etwas hinter der Vergütung eines Patentanwalts zurückbleiben".
181   OLG Frankfurt GRUR 1962, 166; OLG Düsseldorf GRUR 1967, 326.
182   *Benkard* Rn 40.

Mehrere Vertreter, Doppelvertretung. Im Beschwerdeverfahren wird eine Doppelvertretung durch 63
Rechtsanwalt und Patentanwalt (oder Erlaubnisscheininhaber) bislang idR nicht als notwendig angesehen;[183] Fraglich erscheint, ob dies ausnahmslos zu gelten hat.[184] Insoweit ist auch für das **Einspruchsbeschwerdeverfahren** bei mit dem Nichtigkeitsverfahren vergleichbarer Sachlage, insb bei Abstimmungs-
bedarf wegen eines parallellen Verletzungsverfahrens oder bei schwierigen rechtl und technischen
Fragen,[185] die Erstattungsfähigkeit durchaus als gerechtfertigt zu sehen (abw noch 7. *Aufl*), wenn man die
neuere Rspr zur Erstattungsfähigkeit von Doppelvertretungskosten und der insoweit herangezogenen
Begründung für die Anerkennung bestimmter Fallgruppen im Nichtigkeitsverfahren (Rn 93 zu § 84; zum
Berufungsverfahren Rn 24 zu § 121)[186] und neuerdings auch im GbmLöschungsverfahren[187] (Rn 66 zu § 17
GebrMG) heranzieht und bewertet.[188]Allerdings sollte die Übertragung der bisher im Nichtigkeits- und
GbmLöschungsverfahren anerkannten Fallgruppen insb im Hinblick auf die hiermit verbundene erhebli-
che Kostenbelastung mit Bedacht erfolgen.

Doppelqualifikation des Anwalts (Rechts- und Patentanwalt) begründet bei entspr Mitwirkung nach 64
Auffassung der Verletzungsgerichte[189] wie auch des I. Zivilsenats des BGH[190] die Erstattungsfähigkeit der
dem Patentanwalt zustehenden Gebühren neben den Rechtsanwaltsgebühren; einer „Mehrleistung" bedarf es dabei nicht.[191] Auch das BPatG hat dies zuerkannt, wie auch nach dessen Rspr Doppelqualifikation
des mitwirkenden weiteren Vertreters die weitere Gebühr nicht ausschließt, selbst wenn beide Vertreter in
Gemeinschaft stehen.[192] Höchstrichterliche Rspr in Patentsachen liegt hierzu noch nicht vor. Auslagen für
Teilnahme an der Verhandlung in einer Parallelsache können erstattungsfähig sein.[193]

Zu den Kosten eines **Korrespondenzanwalts** (Verkehrsanwalts) Rn 96 zu § 84. Zur Erstattungsfähig- 65
keit von Übersetzungskosten, wenn sich die Partei auch eines Verkehrsanwalts bedient, Rn 77.

c. Sonstige Kosten

Recherchekosten. Die Erstattungsfähigkeit von Kosten für Nachforschungen nach patenthindern- 66
dem Material hängt regelmäßig davon ab, ob diese in der seinerzeitigen Lage bei sorgfältiger Abwägung
aller Umstände für notwendig gehalten werden durften.[194] Es darf unter kostenrechtl Gesichtspunkten
nicht auf bloßen Verdacht hin recherchiert werden.[195] Die Notwendigkeit ist aus der Sicht im Zeitpunkt der
Einleitung der Recherchen, nicht rückblickend, zu beurteilen. Es kommt nicht darauf an, ob die ermittelten Entgegenhaltungen vom Gericht verwertet worden sind oder die Recherche Erfolg gehabt hat;[196] Verwertung kann aber Indiz für die Notwendigkeit sein.[197] Es kommt auf die Sicht einer „vernünftigen und

---

183 *Benkard* Rn 40 unter Hinweis auf RPA Mitt 1934, 84; BPatGE 24, 215; BPatGE 24, 283; BPatGE 25, 155; vgl auch
Bühring § 18 GbrMG Rn 141; *Mes* § 17 GebrMG Rn 24: für das GbmVerfahren.
184 *Benkard* Rn 40 unter Hinweis auf die abl Rspr.
185 Insoweit ebenfalls bejahend *Fitzner/Lutz/Bodewig* Rn 23; *Schulte* Rn 40; krit BPatG BlPMZ 2016, 150.
186 Ferner BPatG 2.10.2014 4 ZA (pat) 1/14 zu 4 Ni 50/07 (EP).
187 Bejahend BPatG Mitt 2014, 235; BPatG 27.11.2014 35 W (pat) 5/12, Rechtsbeschwerde zugelassen; dagegen für
Nebenverfahren im Nichtigkeitsverfahren verneinend BPatGE 54, 210.
188 Ebenso *Schulte* Rn 50; *Mes* Rn 24; aA BPatG 51, 81 = GRUR 2010, 556, zum GbmLöschungsverfahren; BPatGE 50,
85 = GRUR 2008, 735 (2. Senat).
189 BGH GRUR 2003, 639 Kosten des Patentanwalts I, Markensache; OLG München AnwBl 1972, 363; OLG München
JurBüro 1983, 1815; OLG Karlsruhe AnwBl 1989, 106; OLG Karlsruhe GRUR 2004, 888; OLG Düsseldorf GRUR-RR 2003, 30;
OLG Düsseldorf InstGE 3, 71: jedenfalls bei entspr Tätigwerden.
190 BGH GRUR 2003, 639 Kosten des Patentanwalts I.
191 BGH Kosten des Patentanwalts I.
192 BPatG 10.8.2011 2 ZA (pat) 8/10; BPatG 20.9.2001 3 ZA (pat) 37/01; BPatG 31, 256 = GRUR 1991, 205; krit BPatGE 27,
155 = Mitt 1986, 52; BPatGE 29, 201; krit zur Begründung OLG Düsseldorf GRUR-RR 2003, 30 = InstGE 2, 298.
193 BPatGE 27, 204.
194 BPatGE 8, 181 = Mitt 1966, 219; BPatGE 12, 201, 207 = Mitt 1972, 37; vgl BPatG Mitt 1994, 54; *Fitzner/Lutz/Bodewig*
Rn 36; *Benkard* Rn 51 und *Benkard* § 17 GebrMG Rn 47; *Bühring* § 17 GebrMG Rn 194; vgl BPatG Mitt 1994, 54.
195 OLG Frankfurt Mitt 1994, 52; vgl auch OLG Nürnberg Mitt 1963, 144; OLG München Mitt 1989, 93.
196 BPatGE 23, 22 = GRUR 1980, 986; vgl auch zur typisierenden Betrachtungsweise ex ante BPatGE 51, 62.
197 BPatGE 3, 127 = GRUR 1964, 519; BPatGE 5, 230 = GRUR 1965, 445; BPatGE 8, 181 = Mitt 1966, 219; *Benkard*
Rn 51.

kostenbewussten Durchschnittspartei bei sorgfältiger Abwägung aller Umstände" an,[198] das Interesse des Kostenschuldners an einer möglichst kostensparenden Verfahrensführung ist zu berücksichtigen;[199] übertriebene Kleinlichkeit ist jedoch nicht angebracht.[200] Die einem Nebenintervenienten entstandenen Recherchekosten sind nicht erstattungsfähig, wenn angesichts zahlreicher vom Hauptbeteiligten entgegengehaltener Literaturstellen kein hinreichender Anlass für die Durchführung einer eigenen Recherche zu ersehen ist.[201] Eigenrecherche des Vertreters steht der Erstattungsfähigkeit nicht entgegen,[202] selbst nicht bei vorangegangenen Fremdrecherchen, jedoch bedarf es hier der Angabe nachvollziehbarer Gründe, weshalb diese als nicht ausreichend anzusehen waren.[203]

67   Die Recherchekosten sind nur erstattungsfähig, wenn sie **durch das Verfahren ausgelöst** wurden, in dem sie geltend gemacht werden,[204] die Abgrenzung kann im Einzelfall schwierig sein.[205] Die Kosten einer zur Vorbereitung einer Beschwerde gegen einen verkündeten Beschluss des DPMA in einer GbmLöschungssache eingeholten Recherche sind Kosten des Beschwerdeverfahrens.[206] Die Festsetzung kann auch beim Verletzungsgericht erfolgen.[207] Ist die Erstattungsfähigkeit der Recherchekosten durch rechtskräftige Gerichtsentscheidung für einen Verletzungsrechtsstreit verneint worden, können diese Kosten vom DPMA oder vom BPatG nicht mehr festgesetzt werden.[208] Für den Zeitaufwand bei der Beschaffung des Materials zum StdT im Weg der Eigenrecherche kann die Höhe der Vergütung in Anlehnung an die Sätze des JVEG bestimmt werden.[209]

68   Für die **Höhe** der erstattungsfähigen Recherchekosten ist nicht ihr Verhältnis zum Gegenstandswert ausschlaggebend. Es besteht insoweit auch kein gesetzlicher Gebührenrahmen wie bei den Auslagen für Zeugen und Sachverständige. Ungewöhnlich hohe Aufwendungen für Recherchen müssen jedoch näher spezifiziert werden. Jedenfalls bei Auslandsrecherchen kann aus Vereinfachungsgründen auf eine derartige Spezifikation verzichtet werden, sofern der nachgewiesene Rechnungsbetrag jeweils eine in der Sache anfallende Patentanwaltsgebühr nicht übersteigt.[210]

69   **Privatgutachten** s Rn 99 zu § 84.

70   **Reisekosten.**[211] Zu unterscheiden ist zwischen den Reisekosten der Partei und denen des Vertreters. § 91 Abs 1 Satz 2 ZPO regelt die Reisekosten der Partei.

71   Für die **Reisekosten des Anwalts** (VergVerz 7003–7007 zum RVG) ist die Regelung in § 91 Abs 2 Satz 1 ZPO nicht anwendbar, diese sind idR zu erstatten.[212] Die Reisekosten eines an einem dritten Ort (weder Gerichtsort noch Wohn- oder Geschäftsort der Partei) ansässigen Prozessbevollmächtigten sind bis zur Höhe der fiktiven Reisekosten eines am Wohn- oder Geschäftsort der Partei ansässigen Rechtsanwalts erstattungsfähig.[213] Deshalb ist es überholt, auf die Begrenzung auf Reisekosten des Mandanten,[214] selbst bei Erkrankung,[215] abzustellen. Die erstattungsfähigen Reisekosten des nicht am Gerichtsort ansässigen Rechtsanwalts sind der Höhe nach grds auch dann nicht auf die Kosten beschränkt, die durch die Beauf-

---

198   BPatGE 34, 122.

199   BPatG 29.6.1998 5 W (pat) 34/97.

200   Vgl BPatGE 3, 127 = GRUR 1964, 519; OLG Frankfurt GRUR 1996, 967 für den Verletzungsprozess; zu ungewöhnlich hohen Aufwendungen BPatGE 23, 22 = GRUR 1980, 986.

201   BPatGE 12, 201 = Mitt 1972, 37.

202   BPatGE 5, 142 = GRUR 1965, 386; OLG Karlsruhe GRUR 1983, 507; OLG München Mitt 1989, 93.

203   BPatG 29.6.1998 5 W (pat) 34/97.

204   BPatG 22.8.1974 2 ZA (pat) 1/74.

205   Für jeweils teilweise Berücksichtigung bei Recherche zu parallelem Gebrauchsmuster und Patent BPatGE 26, 54 = Mitt 1984, 152.

206   BPatGE 33, 98.

207   OLG Karlsruhe Mitt 1974, 242.

208   BPatGE 25, 59 = Mitt 1983, 114; *Benkard* Rn 51, aA *Benkard*[10].

209   OLG Frankfurt GRUR 1996, 967; BPatGE 16, 229, jeweils zur Vorgängerregelung im ZuSEntschG.

210   BPatGE 23, 22 = GRUR 1980, 986.

211   Zu Fahrtkosten des Anwalts anlässlich einer Eigenrecherche BPatGE 25, 106.

212   BGHZ 43, 352 = GRUR 1965, 621 Patentanwaltskosten; *Benkard* Rn 48.

213   BGH NJW 2003, 898; BGH GRUR 2004, 447 auswärtiger Rechtsanwalt III.

214   BPatGE 20, 165 = Mitt 1978, 98.

215   BPatG Mitt 1971, 31.

tragung eines Terminsvertreters entstanden wären, wenn jene Kosten die Kosten der Terminsvertretung beträchtlich übersteigen.[216]

Der GbmBeschwerdesenat hat in früherer Praxis **Reisekosten der** anwaltlich vertretenen **Partei** zur **72** mündlichen Verhandlung im GbmLöschungsverfahren nur unter besonderen Umständen als erstattungsfähig angesehen.[217] In Betracht kamen im Fall der Erstattungsfähigkeit nur die Fahrtkosten für eine Person.[218] Er hat in den genannten Entscheidungen jedoch die Kosten für eine einmalige Informationsreise als erstattungsfähig behandelt, ebenso der juristische Beschwerdesenat.[219] Nunmehr erkennt auch der GbmBeschwerdesenat zutr Reisekosten der anwaltlich vertretenen Partei an.[220] Reisekosten können auch im Beschwerdeverfahren berücksichtigungsfähig sein.[221]

Dagegen hat der 2. Senat im **Nichtigkeitsverfahren** idR sowohl die Kosten einer Reise der Partei zur **73** persönlichen Information des sie vertretenden Anwalts als auch einer Reise zur mündlichen Verhandlung als erstattungsfähig anerkannt, wenn besondere Gründe der Teilnahme der Partei selbst entgegengestanden haben.[222] Reisekosten für eine sachkundige Vertrauensperson sind nur erstattungsfähig, wenn besondere Gründe einer Teilnahme der Partei selbst entgegengestanden haben.[223] Auch der 3. Senat[224] hat die Kosten der Terminsreise der Partei anerkannt.

Höhe; Verkehrsmittel.[225] Reisekosten sind nicht in Höhe der Kraftwagenkosten, sondern nur in **74** Höhe der geringeren Flugkosten erstattungsfähig, außer wenn Flugreise aus gesundheitlichen Gründen unmöglich war.[226] Kraftwagenkosten sind aber bei Mitbenutzung durch weitere Person erstattungsfähig, wenn die Kosten des öffentlichen Verkehrsmittels nicht überschritten werden.[227] Der GbmBeschwerdesenat stellt auf offensichtliche Missbräuchlichkeit der Geltendmachung der Kraftfahrzeugkosten ab.[228] Taxikosten vom Flughafen München zum Hotel in München sind nur in Höhe der S-Bahn-Kosten anerkannt worden;[229] anders bei Angabe konkreter Gründe, die im Bereich jedenfalls der Zweckmäßigkeit lagen, wie Bewältigung des Reisegepäcks.[230] Übernachtungskosten wurden bei einem Gegenstandswert von 5 Mio DM in Höhe von 300 DM je Nacht zugebilligt,[231] in einem GbmLöschungsverfahren wurde bei Abrechnung nach einem Gegenstandswert bis 200.000 DM Übernachtung in einem Luxushotel als unüblich und unangemessen angesehen.[232]

Zeitversäumnis eines teilnehmenden Angestellten kann nicht durch Ansatz eines entspr Gehaltsan- **75** teils geltend gemacht werden, wohl aber durch Darlegung bestimmter Aufwendungen.[233]

Kosten des Sachbearbeiters. Im Kostenfestsetzungsverfahren können zugunsten der kostenerstat- **76** tungsberechtigten Partei anteilige Gehaltsaufwendungen für die mit der Verfahrensbearbeitung befasst gewesenen Angestellten der Partei grds nicht berücksichtigt werden.[234]

---

216 BGH NJW-RR 2008, 1378; vgl auch BGH GRUR 2005, 1072 auswärtiger Rechtsanwalt V, Reisekosten zum Termin.
217 BPatG 12.1.1970 5 ZA (pat) 18/69; BPatG 11, 109, 112; BPatG Mitt 1971, 37; BPatGE 21, 88, 89 f; *Bühring* § 17 GebrMG Rn 200.
218 *Benkard*[10] Rn 49 unter Hinweis auf BPatGE 4, 139, 142.
219 BPatG 1.4.2004 10 W (pat) 7/01, Entfernung zum Patentanwalt 350 km.
220 Rechtspfleger BPatG 19.3.2009 5 W (pat) 447/09 bei *Bühring* § 17 GebrMG Fn 534; *Benkard* § 17 GebrMG Rn 46.
221 BPatGE 9, 137.
222 BPatGE 19, 133 = Mitt 1978, 168: auch für sachkundige Person des Vertrauens; BPatGE 33, 160.
223 BPatGE 19, 133 = Mitt 1978, 168; BPatGE 36, 42 = Mitt 1996, 242.
224 BPatGE 25, 1 = BlPMZ 1982, 18; BPatGE 36, 42, 44 = Mitt 1996, 242.
225 Zu Kilometerpauschale, Tagegeld und Abwesenheitsgeld für den Patentanwalt BPatG Mitt 1970, 217; zur Erstattungsfähigkeit der Kosten einer Flugreise des Patentanwalts BPatG 25.2.1970 5 ZA (pat) 4/70; zur Schlafwagenbenutzung BPatG 9.2.1970 28 W (pat)26/69.
226 BGH 1.4.1965 I a ZB 234/63.
227 BPatG Mitt 1967, 18.
228 BPatG 23.6.1993 5 ZA (pat) 1/93; BPatG 33, 65, 69 = GRUR 1992, 503.
229 Rechtspfleger BPatG Mitt 1996, 223.
230 BPatG 9.9.1997 5 W (pat) 14/97.
231 BPatG GRUR 1996, 303.
232 BPatG 9.9.1997 5 W (pat) 14/97: Luxushotel.
233 BPatGE 9, 137, 140; aA BPatG Mitt 1967, 19: nur Bearbeitungs- und Vorbereitungszeit nicht ansetzbar; vgl auch RPA Mitt 1972, 80; RPA GRUR 1934, 455; *Bühring* § 17 GebrMG Rn 222.
234 BPatG 12, 71; vgl BPatGE 9, 137; BPatG Urkundsbeamter Mitt 1966, 123; RPA Mitt 1927, 80; *Benkard* Rn 50.

Engels

77   Kosten der **Übersetzung** von wesentlichen, insb umfangreichen Schriftstücken und solchen, auf deren genauen Wortlaut es ankommen kann, zur Unterrichtung einer die dt Sprache nicht ausreichend beherrschenden ausländ Partei sind grds erstattungsfähig, auch wenn ein Verkehrsanwalt eingeschaltet war.[235] Gleiches gilt, wenn sie vom Prozessbevollmächtigten der ausländ Partei angefertigt wurden.[236] Ein Anspruch des Gegners auf Einreichung von Übersetzungen besteht nicht.[237] Übersetzungskosten für Unterlagen, die das Gericht angefordert hat, sind grds erstattungsfähig.[238]

78   **Höhe.** Die Partei ist nicht gehalten, für das Gericht bestimmte Übersetzungen einer fremdsprachigen Patentschrift durch einen Patentanwalt fertigen zu lassen.[239] Die Schwierigkeit einer Übersetzung ist nach objektiven Maßstäben zu bestimmen. Die Übersetzung einer englischsprachigen Patentschrift ist wegen der technischen Fachausdrücke zwar „erschwert"; jedoch braucht deswegen allein noch nicht der Höchstbetrag des Entschädigungsrahmens zuerkannt zu werden.[240]

79   **Sonstige Auslagen.**[241] Kosten der Kopien der Erteilungsakten für das Nichtigkeitsverfahren sind regelmäßig erstattungsfähig.[242] Kosten für Fotokopien sind nicht erstattungsfähig, wenn der Prozessbevollmächtigte gegenüber der von ihm vertretenen Partei Anspruch auf deren Ersatz hat.[243] Die Erstattungsfähigkeit der Kosten für Überstücke für den Senat wurde unterschiedlich beurteilt.[244] Die durch das Verfahren entstandenen Materialunkosten sind auch festzusetzen, wenn sie nur geringfügig waren.[245] Das Sichten und Prüfen der Ergebnisse durchgeführter Recherchen kann vom Patentanwalt nicht gesondert in Rechnung gestellt werden.[246] Korrespondenzkosten zwischen der erstattungsberechtigten Partei und ihrem nicht verfahrensbeteiligten ausländ Mutterunternehmen sind nicht anerkannt worden, selbst wenn sämtliche Parteiaktivitäten vom ausländ Unternehmen wahrgenommen wurden und die Partei weder über eine eigene Patentabteilung noch über entspr Sachbearbeiter verfügt.[247]

80   Aufwendungen für **Demonstrationshilfen** wie Modelle, Übersichtszeichnungen, Lichtbilder oder Filme, die zur Erläuterung, Abkürzung und Vereinfachung des Parteivortrags in der mündlichen Verhandlung sachdienlich sind, jedoch nicht im Weg förmlicher Beweiserhebung zur Feststellung streitiger Tatsachen in das Verfahren eingeführt werden, sind nicht erstattungsfähig.[248]

81   **Vollstreckungskosten** können geltend gemacht werden, soweit sie notwendig waren.[249]

82   **Umsatzsteuer.**[250] Umsatzsteuerbeträge sind bei der Kostenfestsetzung idR ohne weitere Prüfung zu berücksichtigen, wenn eine Erklärung nach § 104 Abs 2 Satz 3 ZPO vorliegt.[251] Der Patentanwalt kann grds die auf seine Gebühren entfallende Umsatzsteuer auf seinen Mandanten abwälzen.[252] Mehrwertsteuer auf

---

235   BPatGE 14, 49 = Mitt 1972, 197; BPatGE 15, 49, 51 f; ebenso 5. Senat BPatGE 25, 4, 5; 2. Senat BPatGE 33, 102 = GRUR 1992, 689, dessen frühere Praxis – BPatG Mitt 1978, 96 und BPatGE 25, 103 = GRUR 1983, 265 – ist aufgegeben; anders BPatG 20.10.1997 5 W (pat) 50/96 für Verfahrensunterlagen, wenn die Rechtfertigung eines Verkehrsanwalts mit Sprachhindernissen begründet wird.

236   BPatGE 14, 49 = Mitt 1972, 197; BPatGE 15, 49; BPatGE 25, 4; BPatGE 33, 102 = GRUR 1992, 689.

237   BPatGE 44, 47 = GRUR 2001, 774, 776.

238   So *Fitzner/Lutz/Bodewig* Rn 37.

239   BPatGE 3, 132 = GRUR 1964, 499.

240   BPatGE 27, 155 = Mitt 1986, 52.

241   Zur Erstattung von Auslagen für Schreibarbeit und für Ablichtungen von Entgegenhaltungen BPatG Urkundsbeamter Mitt 1966, 123; *Bühring* § 17 GebrMG Rn 207; zur Notwendigkeit der Glaubhaftmachung von Portoauslagen BPatGE 27, 235 = Mitt 1986, 266; generell zur Erstattungsfähigkeit von Kosten von für den Mandanten gefertigten Fotokopien BGH NJW 2003, 1127 Fotokopiekosten.

242   BPatGE 15, 49 f unter Aufgabe BPatGE 5, 230 = GRUR 1965, 445.

243   Vgl BGH NJW 2005, 2317; Rechtspfleger BPatG 11.6.2008 4 Ni 62/06 (EU).

244   Verneint Rechtspfleger BPatG 11.6.2008 4 Ni 62/06 (EU); bejaht BPatG 16.4.2012 4 ZA (pat) 35/11.

245   BPatGE 12, 71, 76; *Schulte* Rn 71.

246   BPatGE 34, 122.

247   Rechtspfleger BPatG Mitt 1996, 223.

248   BPatG BlPMZ 1986, 39; BPatG 30.7.1998 5 ZA (pat) 30/97; BPatGE 51, 233 = GRUR 2009, 1196.

249   BPatGE 27, 210 = Mitt 1986, 149.

250   Zur Umsatzsteuer bei ausländ Auftraggebern BPatGE 25, 106, BPatG 7.1.2009 5 W (pat) 432/06; zur Umsatzsteuer auf Fotokopien BPatGE 18, 201; BPatGE 23, 108.

251   BVerfG NJW 1996, 382; BGH NJW 2003, 1534.

252   BPatGE 11, 171 = Mitt 1969, 197; vgl auch BPatGE 4, 139; *Bühring* § 17 GebrMG Rn 215.

---

die Zinsen wird nicht mehr anerkannt (anders die frühere Praxis).[253] Soweit Vorsteuerabzugsberechtigung vorliegt, besteht keine Erstattungspflicht.[254] Nach der Rspr des BPatG soll einem Antrag auf Festsetzung gleichwohl nur dann nicht zu entsprechen sein, wenn die Abzugsberechtigung ausdrücklich zugestanden ist.[255] Die auf die Vergütung eines Anwalts entfallende Umsatzsteuer ist bei einer im Kostenfestsetzungsverfahren vorzunehmenden Kostenausgleichung von der Verrechnung auszunehmen und gem der Kostenquote gesondert festzusetzen, wenn und soweit der insoweit Erstattungspflichtige die Vorsteuerabzugsberechtigung einwendet und wenn die Verrechnung zu seinen Lasten zu einem geringeren Ausgleichsbetrag führen würde.[256] In den Reisekosten des Anwalts enthaltene Mehrwertsteuer ist herauszurechnen.[257]

d. Zur **Verzinsung** der festgesetzten Kosten s § 104 ZPO. Fehlt ein Vollstreckungstitel, löst der Kosten- **83** festsetzungsantrag keine Verzinsungspflicht aus.[258] Der Antrag auf Verzinsung kann noch nach Rechtskraft eines Kostenfestsetzungsbeschlusses gestellt werden.[259] Eine Änderung der Kostenberechnung der Partei ist auf den Beginn der Verzinsungspflicht jedenfalls soweit ohne Einfluss, als der zu verzinsende Betrag den zunächst begehrten Erstattungsbetrag nicht überschreitet.[260]

V. Zwangsvollstreckung

Kostenfestsetzungsbeschlüsse sind Vollstreckungstitel nach § 794 Abs 1 Nr 2 ZPO und, sofern nach **84** § 103 Abs 1 ZPO ein zur Zwangsvollstreckung geeigneter Titel vorliegt (Rn 34). Die vollstreckbare Ausfertigung ist auf Antrag zu erlassen und auszufertigen (§§ 724, 795a ZPO). Zuständig hierfür ist der Urkundsbeamte der Geschäftsstelle des BPatG (§ 72; § 725 ZPO), auch wenn der Kostenfestsetzungsbeschluss in einem erstinstanzlichen Verfahren vom DPMA nach § 62 Abs 2 Satz 5 erlassen worden ist (Rn 42 zu § 62). Die Vollstreckung darf grds (Ausnahme § 795a in Fällen des § 705 ZPO bei Urteilen) erst beginnen, wenn der Kostenfestsetzungsbeschluss mindestens eine Woche vorher zugestellt ist (§ 798 ZPO). Das BPatG ist ebenso wie bei Beschwerdeentscheidungen Prozessgericht des ersten Rechtszugs (Rn 27 vor § 73). Für die Entscheidung über den auf die richterliche Anordnung der Durchsuchung einer Wohnung zum Zweck der Zwangsvollstreckung aus einem Kostenfestsetzungsbeschluss des BPatG gerichteten Antrag ist nicht das BPatG, sondern das örtlich zuständige Amtsgericht als Vollstreckungsgericht zuständig.[261] Zur Vollstreckungsgegenklage Rn 27 vor § 73.

E. Rückzahlung der Beschwerdegebühr

I. Allgemeines

1. Gesetzliche Regelung; Grundsätze. § 80 Abs 3 ermöglicht die Rückzahlung der Beschwerdege- **85** bühr und umfasst sämtliche Beschwerdeverfahren, anders als Abs 1 auch einseitige (ex parte) Verfahren, die den typischen Anwendungsfall bilden[262] (Rn 6); eine solche Möglichkeit ist auch in § 73 Abs 3 Satz 2 iVm § 10 Abs 1 PatKostG vorgesehen; diese Regelung unterscheidet sich von der in Abs 3 nur durch die abw Zuständigkeit. Beide Bestimmungen betreffen nur die verfallene Beschwerdegebühr; ist die Beschwerdegebühr nicht verfallen und somit ohne Rechtsgrund gezahlt wie im Fall des § 6 Abs 2 PatKostG, hat die Rückzahlung stets zu erfolgen (Rn 30 zu § 73). Für das EPA-Verfahren ist Regel 103 AOEPÜ zu beachten.

---

253 BPatGE 17, 177.
254 BPatGE 11, 171 = Mitt 1969, 197; BPatGE 33, 65 = GRUR 1992, 503, anders früher BPatGE 10, 64; BPatGE 11, 109.
255 BPatGE 33, 65 = GRUR 1992, 503, zwh; aA BPatGE 11, 171 = Mitt 1969, 197.
256 BPatGE 33, 65 = GRUR 1992, 503; BPatGE 33, 188 = BlPMZ 1993, 346; BPatG 18.12.2008 5 W (pat) 21/08.
257 Rechtspfleger BPatG 11.6.2008 4 Ni 62/06 (EU).
258 BPatG 20.1.1983 3 Ni 42/79.
259 Rechtspfleger BPatG Mitt 1990, 20.
260 BPatG 1.10.1993 3 ZA (pat) 24/93.
261 BPatG 5.2.1980 5 ZA (pat) 12/80.
262 *Fitzner/Lutz/Bodewig* Rn 41.

86   Weder § 73 noch § 80 enthalten eine Bestimmung darüber, wann die Beschwerdegebühr zurückzuzahlen ist. Eine entspr Anordnung sieht das Gesetz nicht nur zugunsten des in der Sache obsiegenden Beschwerdeführers vor, sie ist vielmehr hiervon losgelöst in das Ermessen des BPatG gestellt.[263] Da die Rückzahlung der Beschwerdegebühr angeordnet werden „kann", ist ein **Entschließungsermessen** für das DPMA und das BPatG begründet, dies allerdings nicht iS eines freien,[264] sondern „billigen" Ermessens.[265]

87   Bei der Ermessensausübung sind nicht wie bei der Entscheidung über die Kostenerstattung die Interessen mehrerer Beteiligter, sondern die der Staatskasse und des Beschwerdeführers gegeneinander **abzuwägen**.[266] Aus dem Verfahren vor dem Beschwerdesenat – etwa dessen langer Dauer – kann sich grds ein Grund für die Rückzahlung der Beschwerdegebühr nicht ergeben.[267] Auch ein Verfahrensmangel in einem Verfahren, das der Beschwerde nicht vorangeht, rechtfertigt keine Rückzahlung.[268]

88   **Teilweise Rückzahlung** der Beschwerdegebühr ist nicht vorgesehen.[269]

89   **2. Zuständigkeit.** Für die Entscheidung über die Rückzahlung ist nach Vorlage der Beschwerde der angerufene Beschwerdesenat zuständig. Zuvor ist das DPMA auch in mehrseitigen Verfahren zuständig[270] (Rn 153 ff zu § 73). Der Rechtspfleger kann die Anordnung mangels funktioneller Zuständigkeit nach § 23 Abs 1 Nr 4 RPflG nicht treffen; dies gilt auch nach Erledigung des Verfahrens in der Hauptsache.

90   **3. Prüfung.** Rückzahlung ist vAw zu prüfen.[271] Wie bei der Kostenentscheidung hindert Rücknahme der Beschwerde oder der Anmeldung usw eine Entscheidung nicht, Abs 4;[272] anders grds die Praxis des EPA, die Regel 103 AOEPÜ in diesem Fall für unanwendbar hält (vgl auch Rn 125 vor § 73).[273]

91   **4. Entscheidung.** Einer förmlichen Entscheidung bedarf es jedenfalls dann nicht, wenn Rückzahlungsantrag nicht gestellt ist.[274] Enthält die das Beschwerdeverfahren abschließende Entscheidung keine Anordnung über die Rückzahlung der Beschwerdegebühr, bedeutet dies insoweit negative Entscheidung. Für einen danach gestellten Antrag, die Rückzahlung der Beschwerdegebühr anzuordnen, ist kein Raum; er ist als unzulässig zu verwerfen.[275] Rückzahlung kann auch zugunsten mehrerer Beschwerdeführer angeordnet werden.[276]

---

263 BGH GRUR 1966, 583 Abtastverfahren; aA EPA T 41/82 ABl EPA 1982, 256 Rückzahlung der Beschwerdegebühr; *MGK/Moser* Art 111 EPÜ Rn 75; die Praxis des EPA sieht Rückzahlung überwiegend nur bei vollem Erfolg der Beschwerde als möglich an, nie bei Unzulässigkeit oder Rücknahme, vgl EPA T 13/82 ABl EPA 1983, 411 Beschwerdebegründung; EPA T 89/84 ABl EPA 1984, 562 Rückzahlung der Beschwerdegebühr; EPA J 12/86 ABl EPA 1988, 83 Ls = EPA-E 11, 132 Hülsenschneider; EPA T 792/90; EPA J 9/84 ABl EPA 1985, 233 Anspruchsgebühren; vgl aber EPA J 18/82 ABl 1987, 215, 223 Patentregister, Eintragung.
264 So BPatGE 2, 61 = BlPMZ 1962, 236.
265 *Benkard* Rn 22; *Fezer* § 71 MarkenG Rn 17.
266 BPatGE 2, 69 = BlPMZ 1962, 239.
267 BPatG Mitt 1971, 117.
268 Vgl EPA T 469/92: Mangel im Erteilungsverfahren bei Beschwerde im Einspruchsverfahren.
269 BPatG 30.6.1971 28 W (pat) 299/69; BPatG 7.7.1971 28 W (pat) 510/69; BPatGE 13, 263 = GRUR 1973, 281; *Benkard* Rn 19; *Fitzner/Lutz/Bodewig* Rn 43; *Fezer* § 71 MarkenG Rn 16.
270 AA BPatG Mitt 1969, 157, WzSache.
271 BPatGE 3, 75 = BlPMZ 1963, 73; *Schulte* Rn 111.
272 Vgl BPatG 1, 105 = GRUR 1962, 190; BPatGE 16, 139, 140 = BlPMZ 1974, 321.
273 EPA J 12/86 ABl EPA 1988, 83 Ls = EPA-E 11, 132 Hülsenschneider; EPA T 41/82 ABl EPA 1982, 256 Rückzahlung der Beschwerdegebühr; ausnahmsweise anders bei Beschwerdevorlage erst nach sieben Jahren, EPA J 30/94.
274 BPatGE 3, 75 = BlPMZ 1963, 73; BPatGE 17, 60 = BlPMZ 1975, 344.
275 BPatGE 3, 75 = BlPMZ 1963, 73; BPatG 28.5.1969 27 W (pat) 324/68; BPatGE 17, 60 = BlPMZ 1975, 344 deutet in Beschwerde um.
276 EPA T 552/97.

II. Gründe für die Rückzahlung

1. Allgemeines. Die Rückzahlung der Beschwerdegebühr kommt nach § 80 Abs 3 in Betracht, wenn   92
Billigkeitsgründe vorliegen,[277] die das Einbehalten der Gebühr als ungerechtfertigt erscheinen lassen. Die
Billigkeitsgründe können auf einer fehlerhaften Sachbehandlung durch das DPMA, auf dem Verhalten der
Beteiligten oder auf sonstigen Gründen beruhen.[278] Das ist der Fall, wenn die Beschwerde bei sachgemä-
ßer Behandlung durch das DPMA vermeidbar gewesen wäre,[279] nicht aber, wenn der Beschwerdeführer
erheblich dazu beigetragen hat, dass die Beschwerde notwendig wurde.[280] Erforderlich ist also Ursächlichkeit der sachlichen Mängel oder Verfahrensfehler für die Beschwerdeeinlegung (Rn 95, 105, 107).[281] Zu
berücksichtigen sind alle Umstände des Falls, insb das Verhalten der Beteiligten[282] und die Ordnungsmäßigkeit und Angemessenheit der Sachbehandlung durch das DPMA.[283] Im Markenbeschwerdeverfahren ist
Rückzahlung auch bei korrekter Sachbehandlung anerkannt, so wenn die Beschwerde des Widersprechenden dadurch gegenstandslos wird, dass der Markeninhaber gegen die Löschungsanordnung aufgrund
einer anderen Widerspruchsmarke keine Beschwerde einlegt (zu einer vergleichbaren Situation Rn 138; vgl
Rn 103 zu § 73).[284] Verfahrensfehler können die Rückzahlung rechtfertigen, sind hierfür aber nicht Voraussetzung[285] (anders Regel 103 AOEPÜ, wo ein wesentlicher Verfahrensmangel vorausgesetzt wird);[286] unangemessene Sachbehandlung kann ausreichen, ebenso wurden sachliche Fehler als ausreichend angesehen (Rn 126 ff).

2. Der sachliche **Erfolg der Beschwerde** rechtfertigt die Rückzahlung nicht ohne weiteres,[287] Misser-   93
folg steht ihr nicht ohne weiteres entgegen.[288]

3. Verfahrensfehler

a. Grundsatz. Verfahrensfehler rechtfertigen die Rückzahlung nur, wenn sie für die Beschwerdeein-   94
legung ursächlich waren.[289] Das gilt auch für die Verletzung des Rechts auf Äußerung (Rn 107). Liegen
zwar wesentliche Mängel des Verfahrens vor dem DPMA vor, fehlt es aber an der Kausalität für die Erhebung der Beschwerde, findet Abs 3 keine Anwendung.[290]

b. Ursächlichkeit. Die Ursächlichkeit für die Beschwerdeeinlegung wird von der Ursächlichkeit für   95
die angefochtene Entscheidung unterschieden, für die die Grundsätze der Kausalitätsprüfung bei den

---

277   BPatGE 1, 90 = GRUR 1965, 118; BPatGE 2, 61 = BlPMZ 1962, 236; BPatGE 13, 19, 25; BPatGE 13, 26, 28 = BlPMZ 1972,
27; BPatGE 14, 38 = BlPMZ 1973, 56; BPatG 2.6.2005 23 W (pat) 3/03; *Benkard* Rn 22; vgl für das Beschwerdeverfahren vor
dem Gemeinschaftlichen Sortenamt GSA BK 25.1.2000 A 1/99 Enara; GSA BK 6.12.2001 A 4/00 Branglow.
278   *Schulte* Rn 112.
279   BPatGE 9, 208 = Mitt 1968, 118; BPatG 17.3.1969 4 W (pat) 20/69; BPatG Mitt 1972, 219; vgl BPatGE 1, 90 = GRUR
1965, 118; BPatGE 14, 209, 212 = BlPMZ 1973, 166; BPatGE 16, 28 = BlPMZ 1974, 255; BPatG 22.1.2004 10 W (pat) 39/03;
BPatG GRUR 2004, 934; *Schulte* § 73 Rn 132.
280   BPatGE 1, 90 = GRUR 1965, 118; BPatGE 3, 165 = GRUR 1964, 554; *Schulte* § 73 Rn 125.
281   Vgl auch *Ströbele/Hacker* § 71 MarkenG Rn 44.
282   *Benkard* Rn 22.
283   BPatGE 13, 26, 29 = BlPMZ 1972, 27; *Benkard* Rn 24; *Ströbele/Hacker* § 71 MarkenG Rn 44.
284   StRspr: BPatG 21.4.1998 24 W (pat) 14/98; BPatGE 39, 160.
285   BPatGE 2, 61 = BlPMZ 1962, 236.
286   *Singer/Stauder* Art 111 EPÜ Rn 32, Rn 43; EPA T 162/82 ABl EPA 1987, 533 Klassifizierung von Bereichen; EPA
T 42/84 ABl EPA 1988, 251 = GRUR Int 1988, 935 Aluminat-Spinell; EPA T 19/87 ABl EPA 1988, 268 mündliche
Verhandlung.
287   BPatGE 49, 154; BPatGE 2, 78 = GRUR 1965, 62; *Benkard* Rn 23; *Schulte* § 73 Rn 137; *Ströbele/Hacker* § 71 MarkenG
Rn 43; BPatG 18.3.2004 17 W (pat) 55/03: unrichtige Beurteilung des StdT.
288   BPatGE 2, 61 = BlPMZ 1962, 236; BPatGE 2, 78 = GRUR 1965, 62; vgl BPatGE 49, 154, 160 ff.
289   BPatG 30.9.2013 10 W (pat) 10/12; BPatG BlPMZ 2006, 372, 374; BPatG 18.6.2008 10 W (pat) 46/06; BPatG 18.7.2008
17 W (pat) 28/08; BPatG 31.1.2011 19 W (pat) 45/07; BPatGE 49, 154, 161; aA BPatG 25.8.2014 35 W (pat) 404/12, 408/12,
413/12 und 418/12.
290   BPatG 16.6.2009 10 W (pat) 43/07; BPatG 15.3.2010 20 W (pat) 94/05, Mitt 2010, 476 Ls; BPatG 11.4.2011 19 W (pat)
61/06; BPatG 31.8.2006 34 W (pat) 4/03.

Engels

„absoluten" Rechtsbeschwerdegründen gelten sollen; ausreichend ist demnach insoweit, dass aus der Sicht eines verständigen Beschwerdeführers wegen der nicht auszuschließenden Möglichkeit einer Fehlentscheidung Veranlassung zur Beschwerdeeinlegung bestand, nicht aber, ob sich der Fehler tatsächlich ausgewirkt hat.[291] Der Erfolg in der Sache ist keine zwingende Voraussetzung für eine Rückzahlungsanordnung.[292] Insoweit ist es ausreichend, wenn aus Sicht eines verständigen Beschwerdeführers wegen der nicht auszuschließenden Möglichkeit einer ursächlich bedingten Fehlentscheidung in der Sache Veranlassung zur Beschwerdeeinlegung bestand,[293] während andererseits selbst ein sich auf die angefochtene Entscheidung unwiderleglich auswirkender Verfahrensfehler, der die Aufhebung der angefochtenen Entscheidung rechtfertigt, für sich genommen nicht zwangsläufig die Rückzahlung der Beschwerdegebühr rechtfertigen muss, so, weil der Schutzzweck der verletzten Verfahrensvorschrift ohne Auswirkung auf die berechtigten Interessen des Beschwerdeführers geblieben ist oder die Beschwerde aus anderen Gründen erhoben ist oder auch bei verfahrensfehlerfreier Entscheidung erhoben worden wäre.[294] Die frühere Rspr hatte pauschal darauf abgestellt, ob die Gebühr auch bei ordnungsgemäßer Sachbehandlung angefallen wäre[295] und die Ursächlichkeit mit der Begründung verneint, dass im Hinblick auf das richtige Sachergebnis auch bei fehlerfreier Verfahrensführung die Einlegung der Beschwerde nebst Zahlung der Beschwerdegebühr unvermeidbar war.[296] Die Ursächlichkeit wird aber nicht dadurch beseitigt, dass sich die angegriffene Entscheidung im Ergebnis als zutr erweist.[297] Sachliche Äußerungen in einer Entscheidung, mit der der Einspruch als unzulässig verworfen wird, rechtfertigten daher nicht die Rückzahlung.[298] Es genügt, dass die Entscheidung ohne den Verfahrensmangel möglicherweise anders ausgefallen wäre.[299] Auch zu Unrecht gewährte Abhilfe kann gegenüber dem Anmelder einen wesentlichen Verfahrensmangel darstellen.[300] Nichtausübung oder fehlerhafte Ausübung eines Ermessens wurde als wesentlicher Verfahrensfehler behandelt.[301]

c. Einzelne Verfahrensfehler

96 **Nichtberücksichtigung erheblichen Vorbringens** rechtfertigt die Rückzahlung, auch wenn das Vorbringen zwar eingegangen war, der zuständigen Stelle bei Entscheidung noch nicht vorlag.[302] Die Nichtbeachtung von Äußerungen, die erst nach Absendung der Entscheidung eingehen, kann für sich

---

291 Vgl (sehr eingehend) BPatGE 49, 154, 160 ff, 163 f; allein hierauf abstellend BPatGE 47, 224, 231 = GRUR 2004, 320.

292 BPatGE 49, 154; *Benkard* Rn 23; *Schulte* § 73 Rn 137.

293 BPatG 15.2.2010 20 W (pat) 47/05; BPatG 15.11.2010 20 W (pat) 20/09.

294 BPatGE 49, 154; *Benkard* Rn 25.

295 Vgl BPatGE 2, 79 = GRUR 1965, 144; BPatGE 9, 30; BPatGE 23, 110, 112; BPatG 24.4.1969 11 W (pat) 179/66; BPatG 25.8.1969 23 W (pat) 11/68: ohne Gelegenheit zur Äußerung herangezogener Gesichtspunkt, wenn die sonstige Begründung die Entscheidung trägt; BPatG GRUR 1971, 220; BPatG 9.3.1970 26 W (pat) 380/68; BPatG 14.4.1970 23 W (pat) 124/66: Nichtaussetzung in Hinblick auf ältere Anmeldung, wenn schon der StdT der Patentierung entgegensteht; BPatG 3.11.1970 23 W (pat) 91/70; BPatGE 12, 169; BPatGE 13, 65, 68: Ursächlichkeit für die getroffene Entscheidung und Kenntnis des Betroffenen; BPatGE 16, 139 f = BlPMZ 1974, 321; BPatGE 30, 207 = BlPMZ 1989, 360; BPatGE 20, 263, 265 = GRUR 1979, 229; BPatGE 30, 207, 210 = BlPMZ 1989, 360; BPatGE 32, 139, 147 = GRUR 1991, 828; BPatG BlPMZ 2002, 229; BPatG 30.4.2002 24 W (pat) 105/00; vgl auch BPatG 12.3.1993 14 W (pat) 55/92; EPA T 601/92: Beschwerde hat mit anderem Antrag Erfolg als dem nicht beschiedenen; EPA T 41/97; EPA J 21/98 ABl EPA 2000, 406 = GRUR Int 2000, 909 Ermäßigung der Prüfungsgebühr; EPA T 712/97.

296 BPatGE 30, 207; BPatGE 47, 224, 231 = GRUR 2004, 320.

297 BPatGE 49, 154; vgl auch BGH GRUR 2004, 77, 79 PARK & BIKE; BGH GRUR 2004, 76 f turkey & corn, jeweils zu § 83 Abs 3 Nr 3 MarkenG.

298 EPA T 925/91 ABl EPA 1995, 469, 477 Verbrennungsabgase.

299 *Benkard* Rn 25 unter Hinweis auf BPatGE 14, 22, 30.

300 EPA T 252/91.

301 EPA T 755/96 ABl EPA 2000, 174 = GRUR Int 2000, 765 Camptothecin-Derivate; EPA T 1065/99 (Übernahme des int vorläufigen Prüfungsberichts ohne sachliche Auseinandersetzung).

302 BPatGE 13, 65, 69; BPatG 15.2.1973 15 W (pat) 127/71 unter Hinweis auf BGH GRUR 1967, 435 Isoharnstoffäther; BPatG Mitt 1975, 86; BPatG 12.1.1984 17 W (pat) 45/83; BPatG 13.3.2003 11 W (pat) 19/02; BPatG Mitt 1978, 164, WzSache: Fallenlassen des Nichtbenutzungseinwands; differenzierend *Benkard* Rn 30 unter Hinweis auf BPatG Mitt 1972, 73 f; nach BPatGE 16, 39 = BlPMZ 1974, 198 muss aus Gründen der Verfahrensökonomie zwischen dem Ablauf der Frist zur Erwiderung auf einen Bescheid und dem Erlass eines Zurückweisungsbeschlusses eine ausreichende und von Fall zu Fall den jeweiligen Umständen angepasste Sicherheitszeit liegen; so wohl zu weitgehend.

nicht die Rückzahlung rechtfertigen,[303] anders uU, soweit Abhilfemöglichkeit besteht. Allerdings besteht grds kein Anspruch auf vorherige Mitteilung der beabsichtigten rechtl Begründung im einzelnen oder eine Diskussion einmal geäußerter Rechtsansichten (Rn 82 zu § 79; Rn 46 zu § 78).

Fehlende Begründung – im Gegensatz zu nur unvollständiger (Rn 98) oder nur sachlich unrichtiger **97** Begründung – der Entscheidung kann die Rückzahlung rechtfertigen (vgl Rn 126 ff),[304] so, weil nicht zu erkennen ist, welche tatsächlichen Feststellungen und welche rechtl Erwägungen für die getroffene Entscheidung maßgebend waren[305] oder weil dem Wortlaut des Zurückweisungsbeschlusses nicht zu entnehmen ist, dass sich die Prüfungsstelle mit den vom Anmelder neu eingereichten Patentansprüchen auseinandergesetzt hat[306] oder weil die Anmeldung nur unter pauschaler Nennung einer Entgegenhaltung und bloßer Bezugnahme auf fehlende Neuheit und erfinderische Tätigkeit zurückgewiesen worden ist;[307] anders, wenn das DPMA unsubstantiiertes und/oder rechtl unerhebliches Vorbringen übergangen hat[308] oder wenn sich dem Gesamtzusammenhang des Prüfungsverfahrens bei vernünftiger Betrachtungsweise zweifelsfrei die eigentlichen Gründe der Entscheidung entnehmen lassen.[309] Übergehen von Sachvortrag wurde vom EPA als wesentlicher Verfahrensmangel angesehen,[310] ebenso Fehlen jeglicher Auseinandersetzung mit den Argumenten des Anmelders, in dem zugleich eine Verletzung des Rechts auf Äußerung („rechtl Gehörs") liegt.[311] Auch können ein Begründungsmangel vorliegen und eine Rückzahlungspflicht ausgelöst werden, wenn der Beschluss nicht binnen 5 Monaten nach Verkündung begründet wurde (zur entspr Anwendbarkeit Rn 48 zu § 73)[312] oder fehlende wirksame Signaturen nachgeholt worden sind.[313]

Unvollständigkeit der Begründung. Das Fehlen einer rechtl Schlussfolgerung und die darauf beru- **98** hende Unvollständigkeit der Begründung allein genügen nicht (Rn 127).[314] Es ist kein die Rückzahlung rechtfertigender Grund, wenn die Prüfungsstelle nach mitgeteilter Meinungsänderung auf Erwiderung des Anmelders vor Erlass des Zurückweisungsbeschlusses nicht nochmals einen Bescheid erlässt.[315] Unzureichende Begründung eines Bescheids rechtfertigt die Rückzahlung nicht,[316] wohl aber das ersichtliche Nichtvorliegen der gerügten Mängel.[317]

Eine offensichtliche **Abweichung von der ständigen Amtspraxis** ohne nähere Begründung rechtfer- **99** tigt die Rückzahlung.[318] Dagegen soll das Unterlassen eines Hinweises auf eine negative Entscheidung in einem gleichgelagerten Fall keine Rückzahlung begründen.[319]

Verletzung des Rechts auf Äußerung („rechtl Gehör", Rn 82 zu § 79) rechtfertigt grds die Rück- **100** zahlung,[320] so Heranziehen einer Entgegenhaltung, zu der ein Beteiligter sich nicht äußern konn-

---

303   Vgl DPA BlPMZ 1955, 359; *Benkard* Rn 30.
304   BPatGE 1, 76 = GRUR 1965, 82; BPatGE 6, 50 = GRUR 1965, 601; BPatG 8.9.1972 12 W (pat) 116/71 zu unspezifizierten, BPatG 27.11.1980 17 W (pat) 45/79 zu formelhaften, BPatG 7, 26, 32 zu unklaren und widersprüchlichen Begründungen; EPA T 142/95; EPA T 921/94; *Benkard* Rn 27; Zurückweisung höherrangiger Anträge ohne Begründung: EPA T 1255/04 ABl EPA 2005, 424 Dibenzorhodaminfarbstoffe.
305   BPatG 30.3.2009 20 W (pat) 48/04.
306   BPatG 2.11.2005 17 W (pat) 6/03.
307   BPatG 6.6.2011 20 W (pat) 28/10.
308   BPatG 17.7.1970 24 W (pat) 111/69.
309   BPatGE 20, 157 = Mitt 1978, 96.
310   EPA T 135/96; jedenfalls im Regelfall für das dt Recht zu weitgehend, jedoch stützt sich BPatG 30.10.2003 6 W (pat) 18/03 allein auf das Übergehen einer Eingabe; auch EPA T 698/94 überzieht die Begründungspflicht; einschränkend EPA T 117/98.
311   BPatG 18.9.2008 17 W (pat) 2/08.
312   BPatG 28.10.2015 9 W (pat) 43/09.
313   BPatGE 54, 189 = GRUR 2014, 913 unter Hinweis auf BGH NJW 2006, 1881.
314   BPatG 3.11.1970 23 W (pat) 91/70; aA BPatGE 17, 241, 243 = GRUR 1975, 657: Übergehen von Beweisanzeichen.
315   BPatG 9.10.1970 7 W (pat) 19/68.
316   Vgl HABM Mitt 2000, 36, 38; aA BPatG Mitt 2016, 22 für fehlende Begründung für das verneinte Rechtsschutzbedürfnis als Ausnahmefall.
317   BPatG 17.9.2009 23 W (pat) 22/06.
318   BPatG 7.4.1970 26 W (pat) 55/69.
319   BPatG 4.11.1970 28 W (pat) 528/69, WzSache.
320   Vgl BPatGE 1, 105 f = GRUR 1962, 190; BPatG BlPMZ 1984, 240, 241; BPatG BlPMZ 1986, 181; BPatGE 29, 84, 89 = GRUR 1988, 30; BPatGE 31, 212, 214 = GRUR 1991, 216, WzSache; BPatG 27.7.1999 27 W (pat) 125/99; BPatG 25.8.1999 32 W (pat) 221/99; BPatG 22.9.1999 32 W (pat) 231/99; BPatG 22.9.1999 32 W (pat) 233/99; BPatG 19.5.2004 28 W (pat) 273/03, Markensachen; BPatG GRUR 2006, 1018, 1020; BPatG 14.12.2009 15 W (pat) 48/05.

te;[321] Stützung der Zurückweisung auf mangelnde Einheitlichkeit nach Beanstandung lediglich wegen mangelnder Klarheit;[322] Fehlende Beanstandung formaler oder sachlicher Mängel vor Erlass des Zurückweisungsbeschlusses kann die Rückzahlung rechtfertigen;[323] ebenso Nichterlass eines Zwischenbescheids (Rn 314 f zu § 59) im Einspruchsverfahren bei von der im Erteilungsverfahren abw Beurteilung,[324] formelhaft formulierter[325] oder unkonkreter[326] Zwischenbescheid; erneute Zurückweisung der Anmeldung nach vorheriger Abhilfe ohne Zwischenbescheid oder Anhörung (Rn 104);[327] Verletzung des Grundsatzes der Bindung an den Erteilungsantrag und damit zugleich auch für die Beschwerde ursächliche Verletzung des Rechts auf Äußerung.[328] Zum Abweichen von einer gegenüber den Beteiligten im Verfahren geäußerten Rechtsauffassung Rn 316 zu § 59.

101   Unterbliebene **Mitteilung von Schriftsätzen** anderer Beteiligter (Rn 214 f zu § 59) kann die Rückzahlung rechtfertigen,[329] ebenso Mitteilung mit der Bemerkung, eine Stellungnahme sei nicht erforderlich, wenn der Vortrag für die Entscheidung gegen den Empfänger herangezogen wird (vgl Rn 46 zu § 78)[330] oder eine Wartefrist nicht eingehalten wird.[331] Es sollte die Rückzahlung rechtfertigen, wenn im Fall der Patenterteilung (nach früherem Recht) der die Erwiderung auf den Einspruch enthaltende Schriftsatz des Anmelders dem Einsprechenden erst zusammen mit dem Erteilungsbeschluss zugestellt wurde;[332] dies konnte indes nur zutreffen, wenn er relevantes Vorbringen enthielt.[333] Zustellung eines an die Beteiligten eines Einspruchsverfahrens gerichteten Zwischenbescheids, in dem die Patentabteilung eine Änderung der Anmeldungsunterlagen vorgeschlagen hat, kann die Zustellung des neuen Antrags des Anmelders, der sich die Anregung zu eigen gemacht hat, nicht ersetzen und rechtfertigt die Rückzahlung.[334]

102   Zu Unrecht erfolgte **Verweigerung der sachlichen Prüfung** wegen formaler Mängel kann die Rückzahlung rechtfertigen,[335] so auch bei verfahrenswidriger Verwerfung eines Feststellungsantrags als unzulässig.[336] Unzureichende Recherche ist dagegen kein Verfahrensfehler.[337]

103   Entscheidung gegen nur einen Anmelder bei **Anmeldermehrheit** und damit notwendiger Streitgenossenschaft iSv § 62 ZPO hat zur Rückzahlung geführt (Rn 24 f zu § 78),[338] bei gleichzeitiger Verletzung der Zustellerfordernisse nach § 7 Abs 2 VwZG,[339] ebenso Erlass eines Zurückweisungsbeschlusses für den Hauptantrag, ohne auch über den Hilfsantrag zu entscheiden – was im übrigen grds nur in besonderen

---

321 BPatGE 14, 22, 30; BPatG 2.10.2003 11 W (pat) 31/02.

322 BPatG 16.6.2004 20 W (pat) 28/04.

323 Vgl BPatG Mitt 1971, 137; BPatG 10.7.1970 6 W (pat) 93/68; BPatG 11.11.1970 6 W (pat) 258/68; BPatG 19.3.1971 6 W (pat) 81/68; BPatG Mitt 1972, 219; BPatG 9.7.1971 6 W (pat) 319/68; BPatG 28.10.1971 12 W (pat) 113/69; BPatG 5.11.1971 6 W (pat) 273/68; BPatG 20.3.1972 31 W (pat) 667/62; BPatGE 14, 194; BPatG 12.2.1974 18 W (pat) 45/70; BPatG Mitt 1979, 174; BPatG 3.5.1974 20 W (pat) 70/74: Zurückweisung mangels technischen Fortschritts nach Beanstandung nur wegen fehlender Neuheit; BPatGE 23, 2 = BlPMZ 1981, 245: erstmalige Rüge eines weiteren Mangels; BPatG Mitt 1974, 95: Zurückweisung wegen vermuteter Unvollständigkeit der Angaben über Auslandsentgegenhaltungen ohne Anforderung einer Erklärung über die Vollständigkeit nach § 26 Abs 4 Satz 2 PatG 1961; BPatG 3.12.2003 9 W (pat) 27/02: Zurückweisung der Anmeldung ohne vorhergehenden Hinweis, welcher konkrete StdT dem Anmeldungsgegenstand patenthindernd entgegensteht.

324 BPatGE 16, 220 = BlPMZ 1975, 147.

325 BPatG 28.2.1985 17 W (pat) 16/84.

326 BPatGE 13, 201: Begründung der Beanstandung nur mit Leitsatz einer unveröffentlichten Entscheidung; BPatGE 19, 83, 85 = BlPMZ 1977, 234: Beanstandung unrealistischen Umfangs bei einem Stoffanspruch.

327 BPatG 12.8.1970 11 W (pat) 207/67.

328 BPatG 18.6.2008 10 W (pat) 46/06.

329 BPatG 6.11.2012 21 W (pat) 31/08; BPatG 5.7.1972 22 W (pat) 12/71; BPatG 29.1.1980 23 W (pat) 137/78.

330 BPatG 7.3.1972 12 W (pat) 149/71.

331 BPatG 6.11.2012 21 W (pat) 31/08.

332 BPatG 26.6.1969 19 W (pat) 260/68.

333 Vgl *Lederer* (Anm) Mitt 1970, 176; so auch BPatGE 11, 216; vgl weiter BPatG 24.10.1973 7 W (pat) 32/72; BPatG 24.10.1974 7 W (pat) 32/72.

334 BPatG Mitt 1984, 190; BPatG BlPMZ 1986, 181.

335 BPatGE 27, 75.

336 BPatG GRUR-RR 2015, 273, zu § 6 Abs 1 Satz 2 GebrMG.

337 BPatG 11.10.2004 34 W (pat) 331/03 Mitt 2005, 305 Ls.

338 BPatG BlPMZ 2007, 46.

339 BPatG 30.3.2011 9 W (pat) 46/10.

Ausnahmefällen zulässig ist (vgl Rn 123) – obwohl Anhörung beantragt war, so dass wegen fehlender Gewissheit über das Schicksal der übrigen Anmeldung der Fehler auch ursächlich für die Beschwerde war.[340]

Nichtdurchführung einer Anhörung nach § 46. Insoweit ist von Bedeutung, dass für alle Anträge **104** auf Anhörung, die seit dem 1.4.2014 eingegangen sind, die Anhörung auf Antrag des Anmelders nach § 46 Abs 1 Satz 2 obligatorisch eingeführt und das zuvor geltende Sachdienlichkeitserfordernis entfallen ist; nur für zuvor gestellte Anträge bleibt es bei der früheren Regelung, wonach trotz Antrags eine Zurückweisung wegen fehlender Sachdienlichkeit möglich war (Rn 1 zu § 46). Die im Zusammenhang mit der Sachdienlichkeit nach früherer Rspr diskutierte Frage eines für die getroffene angefochtene Entscheidung ursächlichen Verfahrensfehlers stellt sich nach jetziger Rechtslage nicht mehr, so, ob grds in jedem Verfahren eine einmalige Anhörung sachdienlich ist[341] (7. Aufl Rn 12f zu § 46), während für die Frage, ob das auch für wiederholte Anhörung gilt und die Ablehnung des Antrags nur ausnahmsweise in Betracht kommt,[342] auf die frühere Rspr zurückzugreifen sein dürfte. Die ältere Rspr hat wiederholte Anhörung als nicht erforderlich angesehen,[343] es sei denn, dass nach einer ersten Anhörung neue Gründe vorgebracht werden oder der Anmelder auf jeden der Bescheide reagiert und die Patentansprüche anpasst.[344]

Insoweit ist allerdings nach wie vor zwischen der erforderlichen Ursächlichkeit des Verfahrensfehlers **105** für die angefochtene Entscheidung und derjenigen für die Beschwerdeeinlegung (Rn 95) zu unterscheiden. Deshalb bleibt auch nach neuer Rechtslage die Rückzahlung der Beschwerdegebühr davon abhängig, dass die versäumte oder verweigerte Anhörung für die angefochtene Entscheidung **ursächlich** war, insb auch als Verletzung des Rechts auf Äußerung („rechtlichen Gehörs"; vgl Rn 107), vergleichbar der Beurteilung der obligatorischen Anhörung im Einspruchsverfahren (Rn 320 zu § 59; Rn 82 zu § 79), wie auch der Verfahrensfehler für die Beschwerde ursächlich sein muss (Rn 95). Zurückweisung einer Anmeldung ohne Durchführung der hilfsweise beantragten telefonischen Anhörung ist kein Verfahrensverstoß (Rn 82 zu § 79).[345] Andererseits ersetzt ein bloßes Telefonat des Prüfers mit dem Anmelder die beantragte Anhörung nicht.[346] Auch fehlende Gelegenheit zur Äußerung nach Wiederaufnahme des ausgesetzten Verfahrens rechtfertigt die Rückzahlung,[347] ebenso das Übersehen eines Antrags; auch, wenn bei späterer Rücknahme der Anmeldung im Beschwerdeverfahren vor Bescheidung der Anmeldung diese nicht zurückgenommen worden war (vgl Rn 22 zu § 47).[348]

Soweit auf § 46 aF abzustellen ist, ist allerdings die Überprüfung der Sachdienlichkeit der Anhörung **106** auf eine **Rechtskontrolle** beschränkt,[349] da es sich um eine Ermessensentscheidung handelt (aA noch 7. Aufl Rn 21 zu § 46: Beurteilungsspielraum; hierzu Rn 52f zu § 79) und nur die Richtigkeit der Ausübung (Ermessenskontrolle) geprüft werden kann,[350] nicht jedoch eigene Zweckmäßigkeitsüberlegungen anzustellen sind. Insoweit reichte es grds für die Ablehnung einer Anhörung als nicht sachdienlich nicht aus, wenn eine Meinungsänderung beim Anmelder nach Ansicht des Prüfers nicht zu erwarten ist.[351] Eine Ausnahme sollte nur gelten, wenn triftige Gründe vorliegen, insb die Anhörung zu einer überflüssigen Verfahrensverzögerung führt, weil aufgrund der Umstände des Einzelfalls keine weitere Aufklärung der Sach- und Rechtslage zu erwarten ist. Dies wurde angenommen in einfach gelagerten Fällen, wenn der Prüfer

340 BPatG 18.7.2008 17 W (pat) 28/08.
341 BPatG 9.1.2012 19 W (pat) 65/09; BPatG 14.12.2011 11 W (pat) 51/05; BPatG 15.2.2011 23 W (pat) 17/09; BPatG 16.12.2010 23 W (pat) 15/09; BPatG 7.2.2011 19 W (pat) 54/07; BPatG 31.1.2011 19 W (pat) 45/07; BPatG 7.10.2010 17 (W (pat) 30/06; BPatGE 49, 111 f = Mitt 2005, 554; BPatG 47, 224, 231 = GRUR 2004, 320; BPatG 21.4.2009 21 W (pat) 47/05; BPatG 28.4.2009 21 W (pat) 41/05; BPatG 10.8.2007 14 W (pat) 16/05; BPatG 16.4.2007 34 W (pat) 6/07; BPatG 31.8.2006 34 W (pat) 4/03; BPatG 1.8.2008 20 W (pat) 31/08; BPatGE 18, 30 = BlPMZ 1976, 138; ausnahmsweise nicht: BPatG 13.10.2004 7 W (pat) 83/03; zu den Ausnahmen bei der Teilanmeldung BPatG 2.2.2011 19 W (pat) 75/09; dagegen zur Anhörungspflicht bei der Zusatzanmeldung BPatG 15.11.2010 20 W (pat) 20/09 Mitt 2011, 193 Ls.
342 So BPatGE 52, 113; BPatG 17.1.2011 17 W (pat) 104/07; BPatG 7.6.2011 17 W (pat) 73/08; aA BPatGE 5, 21 = GRUR 1965, 145.
343 BPatGE 5, 21 = GRUR 1965, 145.
344 BPatG 7.6.2011 17 W (pat) 73/08, bei fünf Prüfungsbescheiden.
345 BPatG 20.12.2010 19 W (pat) 19/07, zu § 46 aF.
346 BPatG 13.9.2011 17 W (pat) 15/10 , zu § 46 aF.
347 BPatGE 8, 157 zu § 46 aF.
348 BPatG 15.2.2007 21 W (pat) 54/04, zu § 46 aF.
349 Ebenso BPatG 13.9.2011 17 W (pat) 15/10; BPatGE 26, 44; *Benkard* § 46 Rn 9c.
350 So im Ergebnis auch BPatGE 26, 44, 49.
351 BPatG 10.11.2011 17 W (pat) 43/08; BPatG 19.1.2011 17 W (pat) 104/07, Verweigerung einer zweiten Anhörung.

Engels

den Eindruck gewinnt, dass sich der Anmelder auf entscheidungserhebliche Einwände der Prüfungsstelle nicht einlassen will und fundierten Argumenten verschließt,[352] oder wenn der Anmelder keine Bereitschaft zeigt, eine als notwendig erachtete Anpassung der Patentansprüche vorzunehmen[353] oder der Anmelder und der Prüfer ihre jeweiligen Argumente im schriftlichen Verfahren bereits wiederholt dargelegt haben und daher eine Anhörung nur einen erneuten Austausch der unterschiedlichen Auffassungen erwarten ließe,[354] oder weil nach mehreren Prüfungsbescheiden absehbar ist, dass der Anmelder auch zukünftig auf der bisher vorgelegten Merkmalskombination beharren wird.[355]

107 **Ursächlichkeit.**[356] Die Versagung einer beantragten (aF: sachdienlichen) Anhörung kann die Rückzahlung nur rechtfertigen, wenn die Beschwerde sonst nicht erforderlich geworden wäre (Rn 95).[357] Dies gilt zB bei Ablehnung der Anhörung ohne Begründung,[358] mit der Begründung, die Anmeldung sei unklar, wenn auch die Anmeldung mit dieser Begründung[359] oder mit der Begründung zurückgewiesen wird, es seien keine neuen Gesichtspunkte aufgeworfen, wenn die tragenden Beanstandungen erstmals mit der angefochtenen Entscheidung genannt werden,[360] oder bei einem bloßen Telefonat statt beantragter Anhörung.[361] Auch bei Unterlassen gebotener Anhörung unter Zurückstellung der Bescheidung des Hilfsantrags[362] bzw einer Anhörung vAw (Rn 9 zu § 46) ist es billig, die Beschwerdegebühr zurückzuzahlen.[363] Auch insoweit ist zwischen der Kausalität des Rechtsverstoßes für die angegriffene Entscheidung und für die Beschwerdeeinlegung zu unterscheiden (Rn 95), wobei die oft als Kriterium herangezogene Verletzung des Rechts auf Äußerung („rechtl Gehörs")[364] zwar ein wichtiges Indiz darstellt, aber keine unwiderlegliche Rechtsvermutung begründet, wie die entspr heranzuziehenden Grundsätze zu § 100 Abs 3 zeigen.[365]

108 Wird **Entscheidung nach Aktenlage** beantragt, rechtfertigt das Unterlassen der Anhörung die Rückzahlung nicht.[366] Das EPA sieht das Übergehen eines eindeutigen Antrags des Anmelders auf mündliche Verhandlung als wesentlichen Verfahrensmangel an, ebenso die Nichtabhilfe auf entspr Rüge.[367] Dagegen rechtfertigt das Unterlassen der Mitteilung, dass die mündliche Verhandlung nicht aufgehoben werde, die Rückzahlung nicht (vgl Rn 46 zu § 78).[368] Ebenso ist die Rückzahlung der Beschwerdegebühr wegen Versagung des Rechts auf Äußerung („rechtl Gehörs") zuerkannt worden, in dem trotz vorherigen Antrags des Patentinhabers auf Verwerfung des Einspruchs durch Vorabentscheidung und des hilfsweisen Vorbehalts weiteren Sachvortrags zur materiellrechtl Begründetheit des Einspruchs der Widerruf des Patents erfolgte.[369]

109 **Ablehnung von Fristgesuchen; Entscheidung zur Unzeit.** Zurückweisung der Anmeldung vor Offenlegung ist jedenfalls dann kein Mangel, wenn der Anmelder sein Interesse an der Offenlegung nicht

---

352 BPatG 8.4.14 23 W (pat) 22/10; BPatG 15.3.2010 20 W (pat) 94/05; BPatG 16.12.2010 23 W (pat) 15/09.
353 BPatG 10.12.2008 17 W (pat) 58/08; BPatG 7.10.2010 17 (W (pat) 30/06.
354 BPatG 31.1.2011 19 W (pat) 45/07; BPatG 10.11.2011 17 W (pat) 43/08.
355 BPatG 7.10.2010 17 (W (pat) 30/06.
356 Vgl BPatGE 38, 127, Markensache.
357 BPatG 15.3.2010 20 W (pat) 94/05 Mitt 2010, 476 Ls; BPatGE 2, 79 = GRUR 1965, 144; vgl BPatGE 1, 80 = GRUR 1965, 144; BPatG 4.6.1969 28 W (pat) 355/69; BPatGE 12, 17, 22; BPatG 11.11.1970 6 W (pat) 258/68; BPatG 19.3.1971 23 W (pat) 69/69: Ablehnung als „zur Zeit nicht sachdienlich" ohne nochmalige spätere Verbescheidung; BPatG 26.3.1971 6 W (pat) 228/68; BPatGE 13, 69, 71; BPatGE 15, 149 f = BlPMZ 1973, 337; BPatG 1.10.1974 18 W (pat) 8/72; BPatG Mitt 1978, 191; BPatGE 18, 30 = BlPMZ 1976, 138: jedenfalls wenn sie mit Versagung des Gehörs einhergeht oder mit den Gründen der Sachentscheidung im Widerspruch steht; BPatGE 26, 44 = BlPMZ 1984, 241, 244; BPatG 18.9.2008 17 W (pat) 2/08; BPatG 31.1.2011 19 W (pat) 45/07; BPatG 7.12.2011 19 W (pat) 54/07; BPatG 20.12.2010 19 W (pat) 19/07; BPatG 13.9.2010 19 W (pat) 27/07; aA für das Einspruchsverfahren BPatG 24.10.1973 7 W (pat) 32/72.
358 BPatG 1.4.2003 17 W (pat) 31/01; vgl auch BPatG 14.6.2004 6 W (pat) 45/01; BPatG 3.5.2006 20 W (pat) 30/03.
359 BPatG 11.11.1970 6 W (pat) 148/70.
360 BPatG 7.3.2006 23 W (pat) 1/04.
361 BPatG 13.9.2011 17 W (pat) 15/10.
362 BPatG 18.7.2008 17 W (pat) 28/08, zur Zulässigkeit der Zurückstellung; BGH GRUR 2006, 748 Mikroprozessor.
363 BPatGE 29, 217 = BlPMZ 1988, 259.
364 BPatG 31.1.2011 19 W (pat) 45/07; BPatG 7.2.2011 19 W (pat) 54/07; BPatG 15.11.2010 20 W (pat) 20/09 Mitt 2011, 193 Ls; BPatG 15.12.2009 15 W (pat) 48/05; 6.9.2010 17 W (pat) 128/06.
365 Hierzu BPatGE 49, 154.
366 BPatG 4.8.1970 23 W (pat) 14/69.
367 EPA T 808/94.
368 EPA T 1183/02 ABl EPA 2003, 404 Ladung zur mündlichen Verhandlung.
369 BPatG 15.9.2014 20 W (pat) 27/14.

kundgetan hat; Beschwerdeeinlegung zur Herbeiführung der Offenlegung rechtfertigt die Rückzahlung nicht.[370] „Verfrühte" Entscheidung rechtfertigt die Rückzahlung, wenn sie für die Einlegung der Beschwerde ursächlich war.[371] Das gilt insb für Zurückweisung der Anmeldung, wo zunächst ein Mängelbescheid geboten gewesen wäre.[372] Ablehnung eines begründeten Gesuchs um Fristverlängerung rechtfertigt die Rückzahlung,[373] anders, wenn sie sich im Rahmen ordnungsgemäßen Ermessensgebrauchs hält.[374] Entscheidung vor Ablauf einer gewährten Äußerungsfrist begründet grds einen die Rückzahlung rechtfertigenden Verfahrensmangel (vgl Rn 46 zu § 78);[375] so auch, wenn während der Äußerungsfrist eine Anhörung stattgefunden hat,[376] jedoch führt eine vor Fristablauf eingegangene Erwiderung des Anmelders eine vorzeitige Beendigung der durch den Bescheid gesetzten Frist herbei, wenn die Erwiderung die Erledigung des Bescheids darstellt und zu erkennen ist, dass keine weiteren Erklärungen zu erwarten sind.[377]

Nichtbewilligung einer Nachfrist wird nur dann die Rückzahlung rechtfertigen können, wenn die **110** Bewilligung aus sachlichen Gründen geboten gewesen wäre.[378] Nach der Rspr des BPatG kann schon das Nichtausüben des Ermessens hinsichtlich einer beantragten Fristverlängerung die Rückzahlung rechtfertigen.[379] Keine Rückzahlung, wenn nach Mitteilung, Vortrag solle ggf noch ergänzt werden, entschieden wird.[380]

Entscheidung trotz Aussetzung des Verfahrens rechtfertigt die Rückzahlung.[381] Auch das Nicht- **111** bestimmen einer Frist zur Genehmigung der Verfahrensführung eines vollmachtlosen anwaltlichen Vertreters kann die Rückzahlung rechtfertigen,[382] ebenso Sachentscheidung statt Entscheidung über Aussetzungsantrag.[383] Entscheidung nach Insolvenzeröffnung (zur Anwendbarkeit des § 240 ZPO vgl Rn 346 f zu § 59) ohne Verfahrensaufnahme durch den Insolvenzverwalter eröffnet die Rückzahlung.[384]

Verletzung der Aufklärungs- und Hinweispflicht (§ 139 ZPO; vgl Rn 314 f zu § 59) kann die Rück- **112** zahlung rechtfertigen.[385] Das gilt auch für Entscheidung nach Aktenlage, wenn der Anmelder nach mehre-

370 BPatG 30.3.1999 9 W (pat) 16/99; zum Aufhalten der Offenlegung wegen noch nicht bestandskräftiger Zurückweisung der Anmeldung BPatG 15.10.2002 17 W (pat) 18/01.

371 Vgl BPatGE 20, 263 = GRUR 1979, 229; EPA T 804/94.

372 BPatG 25.11.2004 20 W (pat) 66/04; vgl BPatG 25.11.2004 20 W (pat) 62/04.

373 BPatGE 22, 61, 62 = GRUR 1980, 41; BPatG BlPMZ 1983, 21.

374 Vgl BPatG 10.3.1972 23 W (pat) 120/71.

375 BPatG 20.3.1969 20 W (pat) 207/68; BPatG 20.11.1970 13 W (pat) 41/70; vgl BPatG 18.2.1971 9 W (pat) 310/68; BPatG 28.7.1997 15 W (pat) 44/97.

376 BPatG 5.2.1971 6 W (pat) 106/69.

377 BPatG BlPMZ 1973, 288.

378 Vgl. BPatGE 8, 154 = Mitt 1967, 139; BPatGE 9, 177 = Mitt 1968, 116; BPatGE 9, 208, 210 = Mitt 1968, 118; BPatG Mitt 1970, 75; BPatG Mitt 1972, 73; BPatG 12.6.1970 4 W (pat) 56/70 Mitt 1970, 199 Ls; BPatG 26.11.1970 12 W (pat) 162/70; BPatGE 14, 38 = BlPMZ 1973, 56; BPatG 21.1.1971 12 W (pat) 146/70; BPatG 12.7.1971 13 W (pat) 225/70; BPatG 29.7.1971 13 W (pat) 208/70; BPatG Mitt 1972, 97; BPatG BlPMZ 1972, 284, 285; BPatG Mitt 1977, 199 (Rückzahlung bejaht); BPatGE 14, 209, 213 = BlPMZ 1973, 166 und BPatG Mitt 1973, 174, dort als Verstoß gegen die Verfahrensökonomie angesehen; BPatGE 24, 210, 212 = Mitt 1982, 152: Nichteinhalten des bereits gefassten Beschlusses oder einer Stellungnahme als unmittelbar bevorstehend nach Fristablauf als Verstoß gegen die Verfahrensökonomie gewertet; BPatG Mitt 1997, 100; BPatGE 9, 18; BPatG 20.6.1969 34 W (pat) 53/68; BPatGE 14, 38 = BlPMZ 1973, 56; BPatG 30.11.1970 4 W (pat) 231/70; BPatG 16.11.1970 31 W (pat) 588/67; BPatG 18.1.1971 31 W (pat) 536/67; BPatG 27.4.1971 34 W (pat) 575/68; BPatG 12.7.1971 13 W (pat) 225/70; BPatG 9.7.1971 34 W (pat) 486/68; BPatG BlPMZ 1973, 285; BPatG 22.2.1974 12 W (pat) 144/72; BPatGE 16, 139 ff = BlPMZ 1974, 321; BPatGE 16, 222 f = BlPMZ 1975, 119; BPatGE 20, 25 f = BlPMZ 1978, 129; BPatG Mitt 1982, 153 (jeweils differenzierend; zur Entscheidung in Unkenntnis eines Fristgesuchs BPatG 20.1.1970 12 W (pat) 25/66: „Irrläufer"; BPatG 18.2.1971 34 W (pat) 590/68 (Rückzahlung abgelehnt) einerseits, BPatGE 33, 111 = BlPMZ 1992, 505 (Rückzahlung bejaht) andererseits.

379 BPatG Mitt 1968, 13.

380 BPatG 4.12.1979 12 W (pat) 19/79.

381 BPatG 29.4.1969 26 W (pat) 340/68, WzSache; zur Entscheidung bei schwebenden Vergleichsverhandlungen BPatG Mitt 1979, 14; BPatG Mitt 1982, 118 (WzSachen).

382 BPatGE 28, 230 = BPatG 29, 11, 14 = GRUR 1987, 812; *Benkard* Rn 29.

383 BPatG 2.6.2005 23 W (pat) 3/03: bei paralleler Anmeldung eines eur Patents, wenn es dem Anmelder ersichtlich darum geht, Doppelpatentierung zu vermeiden.

384 BPatG 26.3.1998 6 W (pat) 73/96, zum Konkurs.

385 BPatG 24, 241, 245 f, WzSache; *Benkard* Rn 29; vgl EPA T 552/97: ungenügende Aufklärung, ob der Hauptantrag zurückgenommen worden war.

ren unbeantwortet gebliebenen Anfragen zum Verfahrensstand seine sachliche Stellungnahme zurückzieht und die Prüfungsstelle daraufhin die Anmeldung aus den Gründen des letzten Prüfungsbescheids zurückweist.[386] Als nicht ausreichend wurde Unterlassen der Übersendung einer Mitteilung nach Regeln 85a Abs 1 und 85b AOEPÜ 1973 angesehen.[387] Anders als bei einer Teilanmeldung (s auch Rn 104 ff) ist es im Rahmen einer völlig eigenständigen Anmeldung, die die innere Priorität einer Voranmeldung in Anspruch nimmt, unzulässig, in Bescheiden lediglich auf in der Voranmeldung erlassenen Bescheide zu referenzieren und eine detaillierte Angabe von möglichen Gründen, die der Patentierung gemäß § 45 entgegenstehen könnten, zu unterlassen.[388]

113   **Weitere Verfahrensfehler.** Die Rückzahlung der Beschwerdegebühr entspricht bei offenbarer **Unrichtigkeit** des angefochtenen Beschlusses (s auch Rn 127) und unverzüglicher Rücknahme der Beschwerde nach (verspäteter) Zustellung des Berichtigungsbeschlusses der Billigkeit.[389] Unterlassene Prüfung, ob eine wirksame Teilungserklärung vorliegt, sofern bei Prüfung die gegen die Zurückweisung der Teilanmeldung wegen fehlender Patentfähigkeit eingelegte Beschwerde nicht erforderlich gewesen wäre, rechtfertigt die Rückzahlung.[390] Vorenthalten der Möglichkeit, eine beschwerdefähige Entscheidung über die Zurückweisung weitergehender Erteilungsanträge zu erwirken, hat das EPA als wesentlichen Verfahrensmangel angesehen.[391] Unterlassenes Verlangen, einen neuen Verfahrensvertreter zu bestellen, rechtfertigt die Rückzahlung nicht.[392] Auch eine im Hinblick auf § 5 Abs 2 EAPatV (aF) unwirksame Signatur eines elektronischen Beschlussurkuments wurde wegen der hieraus folgenden Unwirksamkeit des Beschlusses sowie der Ausfertigung als schwerwiegender Verfahrensmangel angesehen (Rn 33 zu § 47; s Einzelnachweise zu Rn 50 zu § 73), der eine Rückzahlung der Beschwerdegebühr rechtfertigt.[393]

114   **Entscheidung einer unzuständigen Stelle** rechtfertigt die Rückzahlung;[394] anders, wenn nur die Übertragung auf den Beamten des gehobenen Diensts nicht von der Ermächtigungsnorm gedeckt ist.[395] Auch fehlerhafte Besetzung des entscheidenden Spruchkörpers kann die Rückzahlung rechtfertigen.[396] Nach der Praxis des EPA rechtfertigt es die Rückzahlung, wenn dem Beteiligten ein Entwurf der Entscheidung mitgeteilt worden ist, der nicht von allen Mitgliedern der Einspruchsabteilung unterzeichnet ist.[397]

115   **Fehlerhafte Beteiligung eines Dritten** rechtfertigt allein die Rückzahlung nicht, wenn sie sich auf die Entscheidung nicht ausgewirkt hat.[398]

116   Verstoß gegen den Grundsatz der **Schriftlichkeit** des Patenterteilungsverfahrens kann die Rückzahlung rechtfertigen,[399] so wenn der Beschluss nicht unterschrieben ist,[400] sondern nur eine „Oberschrift" trägt oder nur ein Handzeichen (eine Paraphe) und deshalb mangels Unterschrift nur ein unverbindlicher Entwurf vorliegt (vgl hierzu und den Rechtsfolgen Rn 32 ff zu § 47; Rn 50 zu § 73).[401]

117   Einführung einer im DPMA vorhandenen **Entgegenhaltung** erst durch den Einsprechenden rechtfertigt die Rückzahlung nicht.[402]

---

386 BPatG BlPMZ 2002, 229.
387 EPA J 32/97.
388 EPA 23.5.2013 20 W (pat) 28/09.
389 BPatG 12.1.1970 28 W (pat) 481/67; vgl BPatG 22.1.2004 10 W (pat) 39/03 für den Fall, dass Berichtigung nicht erfolgt.
390 BPatG 28.11.1997 14 W (pat) 6/97.
391 EPA T 1181/04 ABl EPA 2005, 312 Nichteinverständnis mit der für die Erteilung vorgeschlagenen Fassung; EPA T 1255/04 ABl EPA 2005, 323 Ls Dibenzorhodaminfarbstoffe.
392 EPA J 20/96.
393 BPatGE 54, 189 = GRUR 2014, 913; BPatG 10.6.2013 20 W (pat) 24/12; BPatG 28.3.2013 12 W (pat) 36/12; BPatG 7.4.2011 30 W (pat) 98/09, Markensache; BPatG 25.8.2014 35 W (pat) 418/12, zu § 18 Abs 2 Satz 1 GebrMG iVm § 80 Abs 3.
394 BPatGE 4, 12 = GRUR 1964, 256; BPatGE 19, 39, 44 = Mitt 1977, 113; EPA J 5/01.
395 BPatG 25.1.1974 11 W (pat) 106/71.
396 Vgl EPA T 939/91.
397 EPA T 225/96.
398 BPatG 24.4.1969 11 W (pat) 179/66.
399 BPatGE 20, 144 = BlPMZ 1978, 251.
400 BPatG 29.11.2010 9 W (pat) 48/09.
401 BPatG BlPMZ 2009, 130; BPatG 10.3.2008 11 W (pat) 4/08; BPatG 17.12.2002 23 W (pat) 48/01.
402 BPatG 1.12.1964 23 W (pat) 414/61 gegen BPatG 17.10.1962 11 W (pat) 222/61.

Die Rückzahlung ist gerechtfertigt, wenn die Anmeldung wegen **Fehlens einer Erklärung** zurückge- **118** wiesen wird, zu deren Abgabe der Anmelder nicht verpflichtet ist.[403]

Unrichtige Auskünfte der Geschäftsstelle des DPMA rechtfertigen die Rückzahlung nicht,[404] eben- **119** so nicht das Unterlassen von über die Amtspflicht hinausgehenden Hilfen und Ratschlägen seitens des DPMA.[405] Auch der Verstoß gegen Verfahrensregelungen in den PrRl rechtfertigt nicht für sich die Rückzahlung.[406]

Verlust eines erheblichen **Schriftsatzes** im Bereich der öffentlichen Hand kann die Rückzahlung **120** rechtfertigen.[407]

Mitteilung des Bescheids an den **Beteiligten statt an** dessen **Vertreter** kann die Rückzahlung recht- **121** fertigen.[408]

4. Unangemessene Sachbehandlung. An sich nicht fehlerhaftes, aber unzweckmäßiges Verhal- **122** ten des DPMA kann bei Vorliegen besonderer Umstände die Rückzahlung rechtfertigen,[409] nicht aber, wenn bei mehreren Beanstandungen jedenfalls eine die Entscheidung als angemessene Sachbehandlung trägt.[410] Werden Unstimmigkeiten im Erteilungsbeschluss nicht in verfahrensökonomischer Weise im Weg einer Berichtigung analog § 95 Abs 1 korrigiert, rechtfertigt dies die Rückzahlung der Beschwedegebühr.[411]

In Betracht kommen insb Verstöße gegen die **Verfahrensökonomie**,[412] so wenn die Prüfungsstelle **123** mehr als fünf Jahre nach Stellung des Prüfungsantrags die Entscheidung über den Hilfsantrag zurückgestellt hat,[413] obwohl dies grds trotz Bedenken gegen die Prozessökonomie nicht unzulässig ist,[414] nicht aber, wenn dem Beschwerdeführer ebenfalls Versäumnisse zur Last fallen[415] oder wenn der Vorgang für die Beschwerdeerhebung nicht ursächlich war.[416] Rückzahlung wurde auch bejaht bei Zurückweisung der Anmeldung und Nichterlass eines abl Zwischenbescheids auf die Bitte des Anmelders, die Überarbeitung der Erteilungsunterlagen zurückstellen zu dürfen, bis die bekanntmachungsreife Fassung der Patentansprüche erarbeitet ist.[417] UU kann auch ein weiterer Prüfungsbescheid angemessen sein.[418]

---

403   BPatG 21.11.1973 4 W (pat) 85/73: Erklärung über Auslandsanmeldungen von Vertragspartnern, zu § 26 Abs 4 Satz 2 PatG 1961; BPatG Mitt 1974, 76: fehlende Angabe der Literaturfundstellen, wenn noch nicht die Bekanntmachung (nach früherem Recht) in Aussicht gestellt wird und eine Anpassung und Überarbeitung der Anmeldungsunterlagen ansteht.
404   BPatGE 33, 111 = BlPMZ 1992, 505.
405   BPatG 27.2.1975 16 W (pat) 68/72.
406   Vgl BPatG BlPMZ 1973, 336: mehrmalige telefonische Rückfrage des Prüfers ohne ausdrückliche Bitte um Rückruf; EPA T 51/94.
407   BPatG Mitt 1975, 214.
408   BPatG 25.11.1969 35 W (pat) 25/69.
409   BPatG 14.7.1969 11 W (pat) 81/68; BPatG 23.12.1969 6 W (pat) 108/68; BPatG Mitt 1970, 75; BPatG Mitt 1972, 73; BPatGE 14, 209, 212 = BlPMZ 1973, 166; BPatG Mitt 1979, 14; BPatGE 24, 210 f = Mitt 1982, 152; zur Entscheidung nur über Hauptantrag: BPatG 28.4.2008 17 W (pat) 73/07, BPatG 27.5.2008 17 W (pat) 27/08; *Benkard* Rn 34; *Schulte* § 73 Rn 155; vgl BPatGE 13, 26, 28 = BlPMZ 1972, 27.
410   Vgl BPatG 15.1.1976 20 W (pat) 83/72.
411   BPatG 30.9.2013 10 W (pat) 10/12.
412   BPatG 10.11.2011 17 W (pat) 43/08; BPatG Mitt 1970, 75; BPatG Mitt 1972, 73; BPatG 20.12.1972 4 W (pat) 132/71; BPatG Mitt 1974, 97; BPatGE 16, 28, 32 = BlPMZ 1974, 255; BPatG Mitt 1978, 115 und BPatGE 28, 24 = BlPMZ 1986, 262: Zurückweisungsbeschluss statt Zwischenbescheids bei behebbaren Formmängeln, vgl auch BPatG 30, 32, 34 = GRUR 1989, 105; BPatGE 18, 68 = Mitt 1976, 122, WzSache: Durchentscheiden bei mehreren gleichgelagerten Sachen trotz Antrags, nur eine zu entscheiden und die anderen auszusetzen; BPatG 18.3.1982 12 W (pat) 51/81: Zurückweisung allein wegen Uneinheitlichkeit ohne Erörterung der Patentfähigkeit auch nur eines Anmeldungsgegenstands, dort als Verfahrensmangel angesehen; *Ingerl/Rohnke* § 71 MarkenG Rn 42.
413   BPatG 27.5.2008 17 W (pat) 27/08.
414   BGH GRUR 2006, 748 Mikroprozessor.
415   BPatGE 16, 28, 32 = BlPMZ 1974, 255; BPatG 20, 96 = BlPMZ 1978, 24; vgl BPatG 12.7.1995 20 W (pat) 5/94, BPatGE 35, 119 = BlPMZ 1996, 363: Zurückweisung ohne Beanstandung bei wiederholter Einreichung mangelhafter Unterlagen bei gewährbarer Anspruchsfassung trotz Aufforderung der Prüfungsstelle.
416   BPatGE 12, 169.
417   BPatG 14.10.1970 18 W (pat) 177/67.
418   BPatG Mitt 1978, 37; vgl BPatG 3.3.1972 4 W (pat) 342/70.

Engels

124 Alsbaldige **Beschwerdevorlage** rechtfertigt die Rückzahlung nicht, wenn keine Umstände erkennbar sind, die mit der Einreichung einer Beschwerdebegründung innerhalb der Frist des § 73 Abs 4 Satz 3 rechnen lassen und Abhilfe ohnedies nicht in Frage kommt.[419]

125 **Verzögerliche Sachbehandlung.** Zurückweisung der Anmeldung nach mehr als sieben Monaten seit der letzten Eingabe des Anmelders soll die Rückzahlung der Beschwerdegebühr rechtfertigen;[420] dies ist abzulehnen.

126 **5. Materielle Fehler** stellen für sich keinen Verfahrensmangel dar,[421] können aber zu einem solchen führen.[422] Sie können allein die Rückzahlung rechtfertigen, aber nur bei **Ursächlichkeit** für die Beschwerdeeinlegung,[423] so wenn Beschwerde eingelegt wird, weil der materielle Mangel der Begründung des Zurückweisungsbeschlusses offensichtlich ist und die Argumentation der Prüfungsstelle unter gleichzeitigem Verstoß gegen das Recht auf Äußerung den Eindruck erweckt, dass der Anmeldungsgegenstand von ihr falsch verstanden worden ist.[424] Rückzahlung kann aber ausnahmsweise in Betracht kommen, wenn in der Entscheidung wesentliche Beurteilungsgrundsätze und stRspr nicht beachtet wurden und infolgedessen die Begründung und ihr Ergebnis (Beurteilung des Offenbarungsgehalts einer Entgegenhaltung) schlechterdings nicht vertretbar sind.[425] Bejaht wurde die Rückzahlung auch bei einer nach § 79 Abs 3 zur Sachprüfung zurückverwiesenen Beschwerde, die zwar auf materielle Mängel gestützt worden war, der Beschwerdeführer den Verfahrensmangel aber nicht erkennen und deshalb die Beschwerde hierauf objektiv nicht stützen konnte.[426]

127 **Unrichtige Begründung** allein rechtfertigt regelmäßig die Rückzahlung nicht,[427] ausgenommen, wenn die Begründung und ihr Ergebnis schlechterdings nicht vertretbar sind (s auch Rn 113).[428] Bloße abw Würdigung des StdT oder sonstiger erheblicher Fragen von der der Beschwerdeinstanz genügt keinesfalls.[429] Zweimalige Zurückweisung aus demselben Grund wurde als die Rückzahlung rechtfertigend angesehen.[430]

128 **Einzelheiten.** Rückzahlung der Beschwerdegebühr, wenn die Beschwerde durch einen offensichtlichen Mangel in der Beurteilung einer entgegengehaltenen Literaturstelle verursacht worden ist, so, wenn die Gründe die getroffenen Feststellungen unklar, widersprüchlich oder gar falsch wiedergeben und das Ergebnis der Beurteilung daher unverständlich ist, aber nicht schon bei falscher, aber widerspruchsfreier Beurteilung von Entgegenhaltungen.[431]

129 Rückzahlung erfolgt, wenn der Beschluss **nicht mit Gründen versehen** ist (Rn 97), weil aus ihm nicht zu erkennen ist, welche tatsächlichen Feststellungen und welche rechtl Erwägungen für die getroffene Entscheidung maßgebend waren[432] oder weil dem Wortlaut des Zurückweisungsbeschlusses nicht zu entnehmen ist, dass sich die Prüfungsstelle mit den vom Anmelder neu eingereichten Patentansprüchen

---

419 BPatGE 16, 222, 223 f = BlPMZ 1975, 119; vgl auch BPatGE 12, 169; BPatG 18.12.1970 12 W (pat) 145/70; abzulehnen ist die in BPatGE 19, 21, 23 = BlPMZ 1977, 143 vertretene, durch den Gesetzeswortlaut nicht gestützte Auffassung, dass Vorgänge, die nach Erlass der angefochtenen Entscheidung liegen, die Rückzahlung nicht rechtfertigen können.

420 BPatG Mitt 1972, 138.

421 AA BPatGE 30, 250, 252, 255 = GRUR 1990, 111.

422 BPatGE 25, 129.

423 Vgl BPatGE 8, 201; BPatG Mitt 1969, 55; BPatG 15.9.1969 11 W (pat) 87/69; vgl auch BPatG 26.4.1974 18 W (pat) 15/73; BPatG GRUR 1985, 125; weitergehend BPatGE 46, 272 = GRUR 2003, 1069, Markensache; abgrenzend hierzu BPatG 10.2.2004 33 W (pat) 286/02, Markensache.

424 BPatG 18.9.2008 17 W (pat) 2/08; vgl auch BPatG 16.3.2010 17 W (pat) 33/06.

425 BPatG 22.5.2013 19 W (pat) 14/11 unter Hinweis auf BPatGE 7, 1, 7; BPatGE 46, 272.

426 BPatG 25.8.2014 35 W (pat) 418/12, zu § 18 Abs 2 Satz 1 GebrMG iVm § 80 Abs 3.

427 BPatG 16.9.2013 – 10 W (pat) 32/12; BPatGE 13, 69; BPatG 11.10.2004 34 W (pat) 331/03 Mitt 2005, 305 Ls; vgl DPA Mitt 1957, 15; EPA T 19/87 ABl EPA 1988, 268 mündliche Verhandlung; EPA T 588/92, 140; EPA T 863/93.

428 BPatG. 22.5.2013 19 W (pat) 14/11.

429 BPatG 22.6.1970 31 W (pat) 541/67; BPatG 24.2.1975 17 W (pat) 83/73; BPatGE 19, 129; *Benkard* Rn 27; vgl EPA T 162/82 ABl EPA 1987, 533 Klassifizierung von Bereichen; EPA T 1049/92.

430 BPatG 6.11.1969 6 W (pat) 12/68.

431 BPatG 16.11.1970 31 W (pat) 445/67; BPatG 19.11.2008 19 W (pat) 13/08; vgl auch BPatG 9.12.2008 19 W (pat) 2/08; BPatG11.12.2008 19 W (pat) 3/08; BPatG 29.9.2009 23 W (pat) 13/06.

432 BPatG 30.3.2009 20 W (pat) 48/04.

auseinandergesetzt hat.[433] Rückzahlung auch bei offensichtlicher Fehldeutung einer Entgegenhaltung.[434] Auch im übrigen werden nur offensichtliche Fehler in Betracht kommen.[435]

Die Rückzahlung entspricht der Billigkeit, wenn die Patentabteilung den Versagungsbeschluss allein **130** auf **nicht zum Stand der Technik rechnendes Material** gestützt hat, deren Zeitpunkt nach der in Anspruch genommenen Priorität lag.[436] Nichtbeachtung der übergangsweise aufrechterhaltenen Neuheitsschonfrist ist als die Rückzahlung rechtfertigender Mangel angesehen worden.[437]

Rückzahlung kommt in Betracht bei **Bestehen auf Vorlage eines Gutachtens** trotz ausreichender **131** Sachkunde des Prüfers.[438]

Nichtberücksichtigung einer Ausscheidung kann die Rückzahlung rechtfertigen.[439] **132**

Erteilung eines **Zusatzpatents nach Erlöschen des Hauptpatents** rechtfertigt die Rückzahlung.[440] **133**

Eine in den Gründen des Erteilungsbeschlusses festgestellte **Einschränkung des Schutzbereichs,** **134** die der Anmelder nicht gebilligt hat, soll die Rückzahlung rechtfertigen (zwh).[441]

6. Sonstige Gründe. Konnte der Einsprechende unverschuldet bei Einlegung des Einspruchs keine **135** Kenntnis von der Nichtzahlung der Jahresgebühr und dem Erlöschen des Patents haben und war deshalb Erledigung des Einspruchsverfahrens eingetreten, wurde dies als die Rückzahlung rechtfertigend angesehen.[442] Auch bei Gesetzesänderungen ist Rückzahlung aus Billigkeitsgründen erfolgt.[443]

III. Keine Rückzahlung

1. Unzulässigkeit der Beschwerde, insb Verfristung, rechtfertigt für sich nicht die Rückzahlung.[444] **136**

2. Rücknahme der Beschwerde steht der Rückzahlung nicht entgegen, rechtfertigt diese für sich aber **137** nicht,[445] selbst wenn das Gericht in der Sache noch nicht nach außen sichtbar tätig geworden ist.[446] Auf die früher im GKG geregelten Ermäßigungstatbestände kann auch nicht analog zurückgegriffen werden.[447]

Auch bei **„vorsorglicher" Beschwerde des Einsprechenden** gegen einen Widerrufsbeschluss, in **138** dem gleichzeitig der Einspruch verworfen wurde, soll eine Rückzahlung der Beschwerdegebühr nicht veranlasst sein (aber Rn 92).[448]

---

433 BPatG 2.11.2005 17 W (pat) 6/03.
434 BPatG 15.11.1973 20 W (pat) 13/72; BPatG 12.3.1975 20 W (pat) 12/74: nicht bei ungenügender Erläuterung durch Einsprechenden.
435 Vgl BPatG 5.10.1971 26 W (pat) 82/69; BPatG 4.7.1973 28 W (pat) 42/72, WzSachen; nach EPA T 860/93 ABl EPA 1995, 47, 55 Schutzfarben rechtfertigt auch grobe Fehlbeurteilung nicht die Rückzahlung; nach BPatGE 7, 1, 7 = Mitt 1965, 96 soll das Abweichen von feststehender und anerkannter Rspr die Rückzahlung rechtfertigen; ebenso *Benkard* Rn 27.
436 BPatG 28.5.1969 7 W (pat) 89/67; BPatG 4.3.1971 12 W (pat) 200/68; BPatG 26.3.1971 6 W (pat) 228/68; vgl BPatG 7.6.1971 34 W (pat) 561/68.
437 BPatGE 27, 12, 14 = BlPMZ 1985, 46.
438 BPatG Mitt 1968, 14.
439 Vgl BPatG 31.10.1969 11 W (pat) 236/66.
440 BPatGE 4, 164 = BlPMZ 1964, 120.
441 BPatGE 28, 188 = GRUR 1987, 113.
442 BPatG Mitt 2015, 146.
443 BPatG 7.11.1969 7 W (pat) 184/68 BlPMZ 1970, 427 Ls; BPatG 28.11.1969 7 W (pat) 29/68 BlPMZ 1970, 427 Ls; BPatG BlPMZ 1970, 459; BPatG Mitt 1971, 137 (jeweils zum PatÄndG 1967).
444 BPatG 6, 55 = GRUR 1965, 621; BPatG 29.9.1969 23 W (pat) 72/69; BPatG 25.9.1970 7 W (pat) 138/70; vgl EPA J 37/97; aA BPatGE 2, 61 = BlPMZ 1962, 236; BPatGE 9, 32ff: bei Rücknahme nach Belehrung; BPatG 9.5.1969 9 W (pat) 51/69: bei Rücknahme; BPatG 3.11.1969 11 W (pat) 108/69; BPatG 11.3.1970 23 W (pat) 18/69: Rücknahme nach Belehrung wegen fehlender Unterschrift bei fernschriftlicher Einspruchseinlegung seitens des Beschwerdeführers; BPatG 21.4.1971 18 W (pat) 63/70: bei Verfristung in jedem Fall Rückzahlung, auch ohne Rücknahme der Beschwerde; vgl auch *Schlüter* Mitt 1964, 48.
445 BPatGE 5, 24 = GRUR 1965, 165; *Benkard* Rn 23; *Schulte* § 73 Rn 133.
446 BPatG 15.10.1987 31 W (pat) 102/86 gegen BPatGE 21, 20 = GRUR 1978, 557; BPatG BlPMZ 1978, 344 und BPatG 19.2.1979 17 W (pat) 83/77; vgl auch BPatG 2.5.1979 17 W (pat) 93/78; vgl EPA T 120/98; EPA T 372/99; EPA T 543/99.
447 AA BPatG 19.2.1979 17 W (pat) 83/77.
448 Vgl BPatGE 4, 162 = GRUR 1964, 500; BPatG BlPMZ 1985, 16 f; *Schulte* § 73 Rn 162; aA BPatGE 12, 173, wonach die Beschwerde des Einsprechenden in diesem Fall „überhaupt keine prozessuale Bedeutung erlangen" könne und die

139   **Arbeitnehmererfindersachen.** Hat der ArbGb als Anmelder Beschwerde gegen die Zurückweisung der Patentanmeldung nur eingelegt, um den Ablauf der Dreimonatsfrist des § 16 Abs 2 ArbEG abzuwarten (vgl Rn 19 zu § 16 ArbEG), und nimmt er nach deren Ablauf die Beschwerde zurück, ist nach stRspr des BPatG Rückzahlung der Beschwerdegebühr nicht geboten.[449] Dagegen wird in der Lit Rückzahlung bejaht, wenn der Beschwerdeführer auf den Sachverhalt hinweist und die Beschwerde alsbald zurücknimmt.[450]

140   **3. Verstoß gegen Ordnungsvorschriften** rechtfertigt die Rückzahlung nicht.[451]

141   **4.** Kein Anlass für Rückzahlung besteht bei **risikobehaftetem Verhalten des Beschwerdeführers**,[452] so, wenn der Anmelder sich erst nach Ablauf der von der Prüfungsstelle gesetzten Frist äußert und damit das Risiko der zwischenzeitlich erfolgten Zurückweisung wegen versäumter Frist auf sich genommen hat,[453] bei formelhafter und nicht sachbezogener Beantwortung von Prüfungsbescheiden oder Außerachtlassung der Anmeldebestimmungen.[454] Ebenso keine Rückzahlung bei Unterbleiben eines Hinweises auf Eröffnung des Insolvenzverfahrens (vgl Rn 111).[455]

142   Eine Rückzahlung ist nicht schon gerechtfertigt, weil die **Beschwerde irrtümlich eingelegt** wurde.[456] Beschwerdeeinlegung durch Widersprechende in Unkenntnis eines Antrags der Zeicheninhaberin auf Löschung ist als ausreichend für die Rückzahlung angesehen worden.[457]

143   **5.** Die nach Abschluss des Beschwerdeverfahrens eingetretene **Armut** des beschwerdeführenden Anmelders ist kein Grund für die Rückzahlung.[458]

144   **6. Materielle Fehler.** Fehlerhafte Begründung der Entscheidung rechtfertigt für sich keine Rückzahlung (Rn 126),[459] ebenso wenn die Entscheidung nicht mit dem erst im Beschwerdeverfahren genannten, möglicherweise näherkommenden, StdT, sondern mit einem anderen, vom DPMA als zutr erachteten begründet wurde.[460] Der pauschale Hinweis auf unzureichende Recherche rechtfertigt die Rückzahlung nicht,[461] ebenso nicht die falsche Auslegung einer Eingabe.[462]

145   **Nichtprüfen von Nebenansprüchen oder Unteransprüchen** bei Zurückweisung rechtfertigt die Rückzahlung nicht.[463] Keine Rückzahlung, wenn bei Vorliegen eines Versagungsgrunds weitere nicht geprüft wurden.[464]

Beschwerdegebühr deshalb als nicht verfallen zurückzuzahlen sei; BPatGE 19, 29 = Mitt 1979, 233, abw für das Markenrecht BPatGE 39, 160; *Ströbele/Hacker* § 71 MarkenG Rn 48.
449   BPatGE 7, 108; BPatGE 7, 113, 118; BPatGE 13, 72; BPatGE 21, 82 unter Aufgabe von BPatG 6.9.1965 13 W (pat) 136/65; ebenso *Schulte* § 73 Rn 162; *Volmer/Gaul* § 16 ArbEG Rn 190; *Horn* Mitt 1965, 24; vgl auch BPatGE 2, 69, 77 = BlPMZ 1962, 239.
450   *Fitzner/Lutz/Bodewig* Rn 53; *Witte* Mitt 1963, 45; *Werner* GRUR 1966, 236, 238.
451   BPatG 4.11.1969 23 W (pat) 135/65.
452   Vgl BPatGE 16, 28 = BlPMZ 1974, 255; BPatGE 20, 96 = BlPMZ 1978, 24.
453   BPatG 27.5.1969 9 W (pat) 111/66; vgl BPatGE 21, 75: Nichtwahrnehmung gebotener Möglichkeiten zur Verhütung der Zurückweisung.
454   BPatGE 20, 96 = BlPMZ 1978, 24.
455   BPatG 17.11.2004 29 W (pat) 178/02, Markensache.
456   BPatG 1.10.1970 25 W (pat) 56/70; vgl BPatG Mitt 1969, 157, WzSache.
457   BPatG Mitt 1974, 92, WzSache.
458   BPatG. 13.7.1972 12 W (pat) 700/61.
459   Vgl BPatG Mitt 1969, 77, 79; BPatG 21.7.2003 17 W (pat) 27/01.
460   BPatGE 23, 257 = GRUR 1981, 584.
461   EPA T 291/93.
462   EPA T 621/91.
463   BPatGE 11, 224 für die Nichtprüfung von Unteransprüchen; aA BPatG 2.3.1978 12 W (pat) 54/76 für die Nichtprüfung von Nebenansprüchen.
464   Vgl BPatGE 23, 142 = BlPMZ 1981, 382.

2. Nichtigkeits- und Zwangslizenzverfahren

Vor § 81

Übersicht

Schrifttum: *Adam* Die Harmonisierung von Patentverletzungs- und Nichtigkeitsverfahren, 2015, zugl Diss Freiburg (Br) 2014; *Aders* Die bürgerlich-rechtlichen Wirkungen der Nichtigkeitserklärung des Patents, Diss 1937; *Adocker/Koller* Nichtigkeit eines ergänzenden Schutzzertifikats und deren Geltendmachung, GRUR Int 2011, 385; *Ann* Erfolgsquoten von Patentnichtigkeitsklagen – Basis für valide Aussagen zum Patentwert? VPP-Rdbr 2016, 42; *Ann* Patentwert und Patentnichtigkeit – Wieviel Rechtssicherheit dürfen Patentinhaber beanspruchen? Mitt 2016, 245; *Arons* (Urteilsanmerkung) JW 1930, 2224; *Bacher* Vernichtung des Patents nach rechtskräftigem Abschluss des Verletzungsprozesses, GRUR 2009, 216; *Ballhaus* Der Streitwert im Patentnichtigkeitsverfahren, GRUR 1957, 64; *Ballhaus* Das Nichtigkeits-, Zurücknahme- und Zwangslizenzverfahren vor dem Patentgericht, Mitt 1961, 182; *Bartenbach/Volz* Nichtangriffspflicht des (ausgeschiedenen) Arbeitnehmererfinders gegenüber einer in Anspruch genommenen patentgeschützten Diensterfindung, GRUR 1987, 859; *Behrend* Nichtigkeitsverfahren im Immaterialgüterrecht, 2014; *Beyerlein* Zum Patentnichtigkeitsverfahren, EWiR 2004, 353; *Bezzubova* Einspruchs- oder Nichtigkeitsklage, Diplomarbeit ETH Zürich 1997; *Boehme* Akteneinsicht in das Nichtigkeitsverfahren, GRUR 1987, 668; *Brinkhof* Prozessieren aus europäischen Patenten, GRUR 1993, 177; *Brinkhof* Nichtigerklärung europäischer Patente, Vortrag 7. Symposium europäischer Patentrichter = The Revocation of European Patents, IIC 1996, 225; *Bruchhausen* Die Bestimmung des Schutzbereichs von Patenten im Erteilungs-, Verletzungs- und Nichtigkeitsverfahren, GRUR Int 1989, 468; *Bruchhausen* Die Fassung der Sachanträge in den Patentverfahren, FS R. Nirk (1992), 103; *Cepl/Rüting* Kartellrechtliche Zulässigkeit von Nichtangriffsabreden und ihre Prüfung im Patentnichtigkeitsverfahren, WRP 2013, 305; *Cremers/Gaessler/Harhoff/Helmers* Invalid but Infringed? An Analysis of Germany's Bifurcated Patent Litigation System, Arbeitspapier 2014; *Damme* Die anderweite Feststellung des Anmeldetages eines Patentes im Nichtigkeitsverfahren, GRUR 1898, 1; *Dihm* Die Klarstellung von Patentansprüchen im Nichtigkeitsverfahren, GRUR 1995, 295; *Dihm* Einspruch beim Europäischen Patentamt und Nichtigkeitsklage beim Bundespatentgericht nebeneinander? Mitt 1998, 441; *Dohr* Die Nichtigkeitsklage des Arbeitnehmers bei der Arbeitnehmererfindung, Diss Köln 1961; *Dolder* Nachwirkende Nichtangriffspflichten des Arbeitnehmererfinders im schweizerischen Recht, GRUR Int 1982, 158; *Dörries* Zur Nichtigkeit eines Europäischen Patents für die Bundesrepublik Deutschland, GRUR 1988, 649; *Drexl* „Pay for Delay" and Blocking Patents: Targeting Pharmaceutical Companies Under European Competition Law, IIC 2009, 751; *Dunkhase* Nichtigkeitsverfahren, Zwangslizenz und Zurücknahme des Patents, 1914; *Engel* Zur Beschränkung des Patentes und deren Grenzen, GRUR 2009, 248; *Falconer* Die Bestimmung des Schutzgegenstands im Erteilungs-, Verletzungs- und Nichtigkeitsverfahren, GRUR Int 1989, 471; *Féaux de Lacroix* Zum gegenseitigen Verhältnis von Beschränkungs-, Einspruchs- und Nichtigkeitsverfahren, Mitt 2008, 6; *Fischer* On Patents Legal Rubustness: An Empirical Analysis of German Patent Invalidation Proceedings, Arbeitspapier 2011, TU München; *Flad* Änderungen des Patents im Einspruchs-, Einspruchsbeschwerde-, Nichtigkeits- und Beschränkungsverfahren, GRUR 1995, 178; *Françon* La nullité du brevet, Revue internationale du droit comparé 1981, 575; *Fritze* Nichtangriffsabrede für die Zeit nach Beendigung des Schutzrechts, GRUR 1969, 218; *Gärtner/Schneider* Die objektive Schiedsfähigkeit der Nichtigkeitserklärung von Patenten nach deutschem Recht, FS T. Kigawa (2005), 79; *Gampp/Fronius* Zulässigkeit und Zweckmäßigkeit der gesonderten Nichtigkeitsklage passiver Streitgenossen, Mitt 2015, 160; *Gaul* Patentnichtigkeitsklage und Rechtskraft, GRUR 1965, 337; *Goltz* Einfluß der Vernichtung des Patents auf die Pflicht des Lizenznehmers zur Zahlung von Lizenzgebühren, Mitt 1974, 252; *Gröning* Zum Rechtsschutzbedürfnis für die Patentnichtigkeitsklage nach Erlöschen des Schutzrechts, FS J. Bornkamm (2014), 667; *Gutermuth* Hinweis, Fristsetzung und Präklusion im reformierten Patentnichtigkeitsverfahren 1. Instanz, Mitt 2015, 529; *Hagen* Ist eine Nichtigkeitsklage des Staates gegen das Patent eines Ruhestandsbeamten zulässig? GRUR 1976, 350; *Halfmeier* Popularklagen im Privatrecht, Habil-Schrift Bremen 2006; *Hallauer* Die Bedeutung und Wirkung des Nichtigkeitsverfahrens nach deutschem und schweizerischem Patentrecht, Diss 1936; *Hamm* Zur Aussetzung des Patentnichtigkeitsverfahrens, Mitt 1999, 313; *Hartgen* Die Einrede der „exceptio pacti" im Nichtigkeitsverfahren, BlPMZ 1952, 269; *Henkel/Zischka* Einflussfaktoren auf die Rechtsbeständigkeit von Patenten, TU München, 2014; *Henkel/Zischka* Why most patents are invalid: Extent, reasons, and potential remedies of patents invalidity, TU München 16.12.2015; *Hess/Müller-Stoy/Wintermeier* Sind Patente nur „Papiertiger"? Mitt 2014, 439; *Hesse* Zur Tragweite des Schriftformerfordernisses nach § 34 GWB in der Rechtsprechung des Bundesgerichtshofs, NJW 1981, 1586; *Hetmank* The Principle of Separation in German Patent Law and its Implications for Patent Litigation, EIPR 2012, 369; *Hilty/Lamping* Trennungsprinzip – Quo vadis, Germania, FS 50 Jahre BPatG (2011), 255; *Holzer* Anmerkungen zur Nichtigkeit von Patenten, ÖBl 2008, 192; *Wieland Horn* Patentverletzungsprozeß und Nichtigkeitsverfahren, GRUR 1969, 169; *Wieland Horn* Die Erledigungserklärung im Nichtigkeitsverfahren nach Erlöschen des Patents, GRUR 1971, 333; *Hövelmann* Patentverzicht und Erledigung, GRUR 2007, 283; *Hüttermann* Patente – Papiertiger oder wirkliche Tiger? Mitt 2016, 101; *Jüngst/Wolters* Das Torasemid-Urteil des Bundespatentgerichts – eine Anmerkung, Mitt 2007, 445; *Jestaedt* Patentschutz und öffentliches Interesse, FS F. Traub (1994), 141; *Jestaedt* Die Erledigung der Hauptsache im Patentnichtigkeits- und Patenteinspruchsverfahren, WRP 1994, 680; *Jestaedt* Prozeßförderungs- und Mitwirkungspflichten im Patentnichtigkeitsverfahren, FS H. Piper (1996), 695; *Jestaedt* Die Prüfungs- und Entscheidungsbefugnis im Nichtigkeitsverfahren über europäische Patente, FS 50 Jahre BPatG (2011), 305; *Jüngst/Wolters* Das Torasemid-Urteil des Bundespatentgerichts: Eine Anmerkung, Mitt 2007, 445; *Kaess* Die Schutzfähigkeit technischer Schutzrechte im Verletzungsverfahren, GRUR 2009, 276; *Keukenschrijver* Nichtigkeitsverfahren gegen deutsche, europäische und DD-Patente vor dem BPatG und dem BGH, VPP-Rdbr 1993, 49; *Keukenschrijver* Patentnichtigkeitsverfahren[6], 2016; *Keukenschrijver* Zur Rechtskraft der klageabweisenden Entscheidung im Patentnichtigkeitsverfahren, GRUR 2009, 281; *Keukenschrijver* Die Prüfung der Nichtigkeit des Patents durch das Gericht, FS 50 Jahre BPatG (2011), 317; *Keukenschrijver* Zur Bindung an die Anträge des Patentinhabers und zum Streitgegenstand im Patentnichtigkeitsverfahren, GRUR 2014, 127; *Keussen* Das „modernisierte" Patentnichtigkeitsverfahren: Hinweise für die Praxis, Mitt 2010, 167; *Keussen* Der Amtsermittlungsgrundsatz im Patentnichtigkeitsverfahren: zeitgemäß oder ein Relikt? FS 50 Jahre BPatG (2011), 331; *Kiani/Springorum/Schmitz* Aktuelles aus dem Bereich der „Patent Litigation", Mitt 2009, 273; *Kimijima* Das Patentnichtigkeitsverfahren in Japan, GRUR Int 1996, 986; *Kirchhartz* Nichtangriffsklauseln in Patentlizenzverträgen, eine vergleichende Betrachtung der Rechtslage in den USA und der EG, Diss Univ. München 1982; *Körner* Die Auswirkungen des Patentnichtigkeitsurteils auf Schadensersatzansprüche des Patentinhabers, GRUR 1974, 441; *Kraßer* Berührungspunkte zwischen Anspruchsauslegung und Prüfung der Schutzwürdigkeit im Patentrecht, GRUR Int 2015, 670; *Kroher* Überlegungen zur Verfahrenspraxis bei der Anspruchsänderung in Patentstreitverfahren vor dem Bundespatentgericht, FS Kolle/Stauder (2005), 355; *Kuhbier* Nichtigkeitsverfahren – Popularklage oder Parteiprozeß? – Zur Einrede der „exceptio pacti", GRUR 1954, 187; *Kulhavy* Die Erfindung im Nichtigkeitsstreit, Mitt 1981, 193; *Kurbel* Nichtigkeitsverfahren gegen deutsche und europäische Patente, VPP-Rdbr 1991, 17; *Landfermann* Nonobviousness in German Patent Nullity Proceedings, in: Liber Amicorum Joseph Straus (2009), 31; *Lejeune* Schiedsgerichtsklauseln in nationalen und internationalen Verträgen, ITRB 2008, 116; *Lenz* Anmerkungen zum „Olanzapin"-Urteil des OLG Düsseldorf, GRUR 2008, 1042; *Le Tallec* Die Bestimmung des Schutzgegenstandes im Erteilungsverfahren, Verletzungs- und Nichtigkeitsprozeß, GRUR Int 1989, 475; *Leimgruber* Risikoverteilung im Lizenzvertrag – Wer trägt die Folgen der Patentnichtigkeit? sic! 2014, 421; *Lieberknecht* Patente, Lizenzverträge und Verbot von Wettbewerbsbeschränkungen, 1953; *Liedel* Das deutsche Patentnichtigkeitsverfahren, 1979 (Schriftenreihe zum gewerblichen Rechtsschutz Bd 46); *Lindenmaier* Echte und unechte Unteransprüche sowie Nebenansprüche und deren Nichtigerklärung, Mitt 1955, 107; *Liwehr* Die Anfechtbarkeit von Erfindungen. 1931; *Lunze* Die Nichtigerklärung von Patenten, DAJV-Newsletter 2008, 26; *Lunze/Hessel* Überblick über die wichtigsten Änderungen durch das Gesetz zur Vereinfachung und Modernisierung des Patentrechts, Mitt 2009, 433; *Marterer* Die Änderung des Patents nach Erteilung, insbesondere im Hinblick auf das Erweiterungsverbot im Einspruchs- und Nichtigkeitsverfahren (Art 123 (3), 138 EPÜ), GRUR Int 1989, 455; *Meier-Beck* Der gerichtliche Sachverständige im Patentprozeß, FS 50 Jahre VPP (2005), 356; *Meier-Beck* Auswirkungen des Patentrechtsmodernisierungsgesetzes auf das Patentnichtigkeitsverfahren, VPP-Rdbr 2009, 158; *Meier-Beck* Zwölf Weisheiten zum Patentnichtigkeitsverfahren (Foliensammlung), VPP-Rdbr 2013, 99; *Melullis* Zur Notwendigkeit einer Aussetzung des Verletzungsprozesses bei Anpassungen der Schutzansprüche an Bedenken gegen deren Schutzfähigkeit, FS J. Bornkamm (2014), 713; *Mes* Reflections on the German Patent Litigation System, in: Liber Amicorum Joseph Straus (2009), 401; *Micsunescu* Der Amtsermittlungsgrundsatz im Patentprozessrecht, Diss Tübingen 2010; *Müller-Stroy/Bublak/Coehn* [Anmerkung zu OLG Düsseldorf Mitt 2008, 327 „Olanzapin"] Mitt 2008, 335; *Münster-Horstkotte* Das Trennungsprinzip im deutschen Patentsystem: Probleme und Lösungsmöglichkeiten, Mitt 2012, 1; *Münzberg* Die Nichtigkeitsquoten des Bundespatentgerichts oder „Sind Patente nur Papiertiger?", BPatG, Jahresbericht 2014, 62; *Neervoort* Die Änderung des Patents nach Erteilung, insbesondere im Hinblick auf das Erweiterungsverbot im Einspruchs- und Nichtigkeitsverfahren, GRUR Int 1989, 457; *Nieder* Zwangslizenzklage – neues Verteidigungsmittel im Patentverletzungsprozeß? Mitt 2001, 400; *Nieder* Neuer Stand der Technik im Nichtigkeitsverfahren nach Zurückverweisung durch den BGH: Überlegungen im Anschluß an BGH Polymerschaum, Mitt 2014, 201; *Nölle* Sicherheitsleistung im Nichtigkeitsverfahren, Mitt 1965, 129; *Pagenberg/Stauder* „Show me your best piece of prior art ..." ... oder wie kann das deutsche Nichtigkeitsverfahren kuriert werden? GRUR Int 2008, 689; *Pakuscher* Nichtigkeits- und Verletzungsprozeß im deutschen und europäischen Patentrecht, RIW 1975, 305; *Pakuscher* Zur Reform des Nichtigkeitsverfahrens, GRUR 1977, 371; *Pakuscher* Probleme eines europäischen Berufungsgerichts für Verletzungs- und Nichtigkeitsverfahren aus Gemeinschaftspatenten, FS W. Oppenhoff (1985) 233; *Pakuscher* Zur Zuständigkeit des Bundesgerichtshofs und des Bundespatentgerichts in Patentnichtigkeitssachen, GRUR 1995, 705; *Pape* BGH – Unterbrechung des Patentnichtigkeitsverfahrens bei Eröffnung des Konkursverfahrens über das Vermögen des Klägers, Wirtschaftsrechtliche Beratung 1995, 344; *Peritz* „Reverse Payments" from Branded to Generic Drug Makers in the U.S.: Why They Are Legal, Why They Should not Be, and What Is to Be Done, IIC 2009, 499; *Pitz* Das Verhältnis von Einspruchs- und Nichtigkeitsverfahren nach deutschem und europäischem Patentrecht, Diss 1994; *Pitz* Die Entwicklung der Nichtigkeitsklage vom patentamtlichen Verwaltungsverfahren zum zivilprozessualen Folgeverfahren gegen europäische Patente, GRUR 1995, 231; *Pitz* Passivlegitimation im Patentstreitverfahren, GRUR 2009, 805; *Pitz/Rauh* Erstattungsfähigkeit der Kosten des Zweitanwalts bei Doppelvertretung im erstinstanzlichen Patentnichtigkeitsverfahren, Mitt 2010, 470; *Preu* Der Einfluß der Nichtigkeit oder Nichterteilung von Patenten auf Lizenzverträge, GRUR 1974, 623; *Preu* Probleme der Nichtigkerklärung europäischer Patente, GRUR Int 1981, 63; *Preu* Nichtangriffsabreden in Patent- und Gebrauchsmuster-Lizenzverträgen, FS W. *Wendel* (1969), 115; *Prinz zu Waldeck und Pyrmont* Bundestag verabschiedet Gesetz zur Beschleunigung des Patentverfahrens, GRUR Int 2009, 785; *Rathenau* Über die Zulässigkeit der Nebenintervention im Patentnichtigkeits- und Zurücknahmeverfahren, GRUR 1903, 347; *Rau* Power-Point-Präsentationen in der mündlichen Verhandlung, FS T. Schilling (2007), 341; *Rektorschek* (Entscheidungsanm) Mitt 2014, 293; *Reuling* Absolute und relative Nichtigkeit von Patenten, GRUR 1896, 33; *R. Rogge* Die Nichtigerklärung europäischer Patente in Deutschland, GRUR Int 1996, 1111 = The Revocation of European Patents in Germany, IIC 1996, 217; *Röpke* Die Zulässigkeit der Nichtigkeitsklage bei Arbeitnehmererfindungen, GRUR 1962, 173; *Sack* Zur Vereinbarkeit von vertraglichen und gesetzlichen Nichtangriffspflichten im gewerblichen Rechtsschutz mit Art. 85 und Art. 30, 36 EG-Vertrag, FS W. Fikentscher (1998), 740; *Scharen* Die Aussetzung des Patentverletzungsstreits wegen anhängiger, jedoch erstinstanzlich noch nicht beschiedener Nichtigkeitsklage, FS 50 Jahre VPP (2005), 396; *Scheffler* Der Streitgegenstand, seine Änderung und ihre prozessualen Rechtsfolgen im Patentnichtigkeitsverfahren, VPP-Rdbr 2005, 60; *Schickedanz* Die Erstattungsfähigkeit von Doppelvertretungskosten im Nichtigkeitsverfahren: eine Gegenüberstellung, Mitt 2012, 60; *Schippel* Die Berechtigung zur Erhebung der Nichtigkeitsklage im Patentrecht und ihre Beschränkung durch Lizenzverträge, GRUR 1955, 322; *Schmieder* Justizreform und Patentgerichtsbarkeit, GRUR 1972, 682; *Schmieder* Zur Kompetenzverteilung zwischen Nichtigkeits- und Verletzungsverfahren nach neuem Patentrecht, GRUR 1978, 561; *Schmieder* Der Patentverzicht im Nichtigkeitsverfahren, GRUR 1980, 74; *Schmieder* Die „feststellende Vernichtung" bei unzulässig erweitertem Streitpatent, GRUR 1980, 895; *Schmieder* Zur Höhe der Ausländersicherheit im Patentnichtigkeitsverfahren, GRUR 1982, 12; *Schmieder* Parteiherrschaft und Amtsermittlung im Patentnichtigkeitsverfahren, GRUR 1982, 348; *Schülke* Das reformierte Patentnichtigkeitsverfahren in 1. Instanz, FS 50 Jahre BPatG (2011), 435; *Schwerdtner* Das patentrechtliche Nichtigkeitsverfahren und seine zivilprozessualen und zivilrechtlichen Auswirkungen, GRUR 1968, 9; *Schweyer* Patentnichtigkeit und Patentverletzung und deren Beurteilung durch internationale private Schiedsgerichte nach dem Recht der Schweiz, Deutschlands, Italiens, Frankreichs, 1980; *Schweyer* Zuständigkeit internationaler Schiedsgerichte zur Entscheidung über Fragen der Nichtigkeit und Verletzung von Patenten, GRUR Int 1983, 149; *Sedemund-Treiber* Einspruchsbeschwerdeverfahren – quo vadis? GRUR Int 1996, 390; *Sernatinger* Das Problem des Veräußerungs- und Lizenzvertrages bei nachträglicher Vernichtung oder Beeinträchtigung des gewerblichen Schutzrechts, Diss Freiburg 1966; *Sredl* Das ergänzende Schutzzertifikat im deutschen Patentnichtigkeitsverfahren, GRUR 2001, 596; *Stauder/Luginbühl* Patent Invalidity proceedings and Patent Jurisdiction in Germany: Of Myths and other „half-truth" and how to deal with them. in: *Drexl/Hilty/Boy/Godt/Remiche* (Hrsg) Technology and Competition/Technologie et concurrence, Contributions in honour of Hanns Ullrich, 2009; *Ströbele* Die Bindung der ordentlichen Gerichte an Entscheidungen der Patentbehörden, 1975 (Schriftenreihe zum gewerblichen Rechtsschutz Bd 33); *Struif* Streitwert und Kostenrisiko im Patentnichtigkeitsverfahren, GRUR 1985, 248; *H. Tetzner* Kartellrechtliche Fragen bei Lizenzverträgen, Mitt 1964, 204; *Tilmann* Harmonisation of Invalidity and Scope-of-Protection Practice of National Courts of EPC Member States, EIPR 2006, 169 = IIC 2006, 62; *Ullrich* Lizenzkartellrecht auf dem Weg zur Mitte, GRUR Int 1996, 555; *Ullrich* Lizenzverträge im europäischen Wettbewerbsrecht: Einordnung und Einzelfragen, Mitt 1998, 50; *van Venroy* Rechtskraftwirkung des klageabweisenden Urteils im Pat-entnichtigkeitsverfahren, GRUR 1991, 92; *Vogt* Nichtigkeitserklärung und Nichtigkeitseinrede im deutschen, österreichischen und schweizerischen Patentrecht, Diss 1933; *Völp* Gewerbliche Schutzrechte und GWB, WRP 1957, 313; *von Albert* Probleme des Nichtigkeitsverfahrens im Hinblick auf das neue europäische Patentsystem, GRUR 1981, 451; *K. von Falck* Die Rechtsbehelfe gegen das rechtskräftige Verletzungsurteil nach rückwirkendem Wegfall des Klageschutzrechts, GRUR 1977, 308; *A. von Falck/Rinnert* Vereinbarkeit der Prozesskostensicherheitsverpflichtung mit dem TRIPS-Übereinkommen, GRUR 2005, 225; *von Maltzahn* Die Aussetzung im Patentverletzungsprozeß nach § 148 ZPO bei erhobener Patentnichtigkeitsklage, GRUR 1985, 163; *von Maltzahn* Zur rechtlichen Beurteilung von Nichtangriffsabreden über technische Schutzrechte, FS O.-F. v. Gamm (1990), 597; *Walter* Die objektive Rechtskraft des Urteils im Patentnichtigkeitsprozess, GRUR 2001, 1032; *Weichert* Die Nichtigkeitserklärung eines Patents und ihre rechtliche Bedeutung mit besonderer Berücksichtigung des Lizenzvertrages, Diss 1913; *Wilson/Moir* Court of Appeal Warns Patent Holders Defending Revocation Proceedings „Put Up in Time, or Shut Up" if they Wish to Propose Amendments to their Patent Claims: Nokia v IPCom [2011] EWCA Civ 6, EIPR 2011, 326; *Gabriele Winkler* Das Nichtigkeitsverfahren im Wandel? VPP-Rundbrief 2007, 149; *Gabriele Winkler* Miszellen: Probleme im Patentnichtigkeitsverfahren, Tagungsband Heymanns Patentforum München [25./26.6.2009], 207; *Winterfeldt* „Quo vadis, Einspruch?" Exitus oder Renaissance, Popularrechtsbehelf oder Streitverfahren und: Gibt es eine exceptio pacti? FS 50 Jahre VPP (2005), 210; *Wolff-Rojczyk* Angriffsmöglichkeiten des Lizenznehmers auf den Lizenzgegenstand. Marken und Patente, 1998; *Zeller* Restitutionsklage im Nichtigkeitsverfahren, GRUR 1962, 552; *Zürcher* Der Streitwert im Immaterialgüter- und Wettbewerbsprozess, sic! 2002, 493.

Zu Nichtigkeitsverfahren gegen europäische Patente: *Armijo* Central Limitation, Re-Examination, Invalidation, epi-Information 1997 Sonderheft 3, 32; *Brinkhof* Prozessieren aus europäischen Patenten, GRUR 1993, 177; *Brinkhof* Nichtigerklärung europäischer Patente, GRUR Int. 1996, 1115 = Revocation of European Patents, 27 IIC (1996), 225; *Brinkhof/Schutjens* Revocation of European Patents – A Study of the Statutory Provisions and Legal Practice in the Netherlands and Germany, 27 IIC (1996), 1; *Dagg* „To stay … or not to stay" – Ein europäischer Blick auf die Aussetzungspraxis in Patentrechtsstreitigkeiten während anhängiger EPA-Einspruchsverfahren, Mitt. 2003, 1; *Dihm* Einspruch beim Europäischen Patentamt und Nichtigkeitsklage beim Bundespatentgericht nebeneinander? Mitt 1998, 441; *Dörries* Zur Nichtigkeit eines

Europäischen Patents für die Bundesrepublik Deutschland, GRUR 1988, 649; *Gall* Staatenbenennung und älteres europäisches Recht – die Lage nach dem 1. Juli 1997, Mitt 1998, 161; *Jacob* Decisions relating to patents granted by the EPO in Great Britain and Germany, VPP-Rdbr 1999, 13; *Jestaedt* Die Prüfungs- und Entscheidungsbefugnis im Nichtigkeitsverfahren über europäische Patente, FS 50 Jahre BPatG (2011), 305; *Karet/Jones* Estoppel stopped, EIPR 1999, 36; *Keukenschrijver* Aktuelle BGH-Rechtsprechung zu europäischen Patenten, VPP-Rdbr 2000, 96; Keukenschrijver Europäische Patente im Nichtigkeitsverfahren vor dem Bundesgerichtshof, Freiberger Symposium zum Gewerblichen Rechtsschutz (2003), 61; *Keukenschrijver* Europäische Patente mit Wirkung für Deutschland – dargestellt anhand jüngerer Entscheidungen des BGH, GRUR 2003, 177 = European Patents with Effect for Germany in the Light of Recent Federal Supreme Court Decisions, 34 IIC (2003), 711; *Kolle/Stauder* Erstes Symposium europäischer Patentrichter (Bericht), GRUR Int 1983, 245; *Mangini* Die rechtliche Regelung des Verletzungs- und Nichtigkeitsverfahrens in Patentsachen in den Vertragsstaaten des Münchener Patentübereinkommens, GRUR Int 1983, 226; *Pagenberg* Different Level of Inventive Step for German and European Patents? The Present Practice of Nullity Proceedings in Germany, 22 IIC (1991), 763; *Pagenberg* Die Zukunft nationaler Patentgerichte im System einer künftigen europäischen Gerichtsbarkeit, GRUR 2009, 314; *Pagenberg* Neue Überlegungen zur europäischen Patentgerichtsbarkeit, GRUR Int 2010, 195; *Pakuscher* Probleme eines europäischen Berufungsgerichts für Verletzungs- und Nichtigkeitsverfahren aus Gemeinschaftspatenten, FS W. Oppenhoff (1985), 233; *Preu* Probleme der Nichtigerklärung europäischer Patente, GRUR Int 1981, 63; *Raible* Der Einfluß des EuGVÜ auf europäische Einspruchsverfahren und auf nationale Nichtigkeitsverfahren bei europäischen Patenten, epi-Information 1993, 117; *Raible* Einspruchsverfahren beim Europäischen Patentamt und Nichtigkeitsklage beim Bundespatentgericht nebeneinander? Nein, weder nebeneinander noch nacheinander! Mitt 1999, 141; R. Rogge Abwandlungen eines europäischen Patents in Sprache und Inhalt – Änderungen und Übersetzungen, GRUR 1993, 284; *R. Rogge* Die Nichtigerklärung europäischer Patente in Deutschland, GRUR Int. 1996, 1111 = The Revocation of European Patents in Germany, 27 IIC (1996), 217; *Schulte* Die Änderung des europäischen Patents nach seiner Erteilung und das Verbot der Erweiterung des Schutzbereichs, GRUR Int 1989, 460; *Sedemund-Treiber* Report on Recent Jurisprudence in Germany, 28 IIC (1997), 884, 885 f; *Stauder* Die tatsächliche Bedeutung von Verletzungs- und Nichtigkeitsverfahren in der Bundesrepublik Deutschland, Frankreich, Großbritannien und Italien; GRUR Int 1983, 234; *Stauder* Grenzüberschreitende Verletzungsverbote im gewerblichen Rechtsschutz und das EuGVÜ; IPRax 1998, 317; *Straus* Patent Litigation in Europe – A Glimmer of Hope? 2 Washington University Journal of Law and Policy (2000), 403; *Tilmann* Harmonisation of Invalidity and Scope-of-Protection Practice of National Courts of EPC Member States, EIPR 2006, 169 = IIC 2006, 62; *von Albert* Probleme des Nichtigkeitsverfahrens im Hinblick auf das neue europäische Patentsystem, GRUR 1981, 451.

A. Allgemeines

1   Die §§ 81–84 enthalten Verfahrensvorschriften für das erstinstanzliche Nichtigkeits- und Zwangslizenzverfahren vor dem BPatG. Sie betreffen derzeit noch alle Nichtigkeitsverfahren gegen Patente, die mit Wirkung für die Bundesrepublik Deutschland erteilt sind, also vom DPMA erteilte Patente, vom EPA mit Wirkung für die Bundesrepublik Deutschland erteilte Patente (für die das EPÜ außer einem allg gehaltenen Hinweis auf die teilweise Nichtigerklärung in Art 138 Abs 2 EPÜ keine Regelung enthält, sondern in Art 2 Abs 2 EPÜ auf das nationale Recht verweist)[1] und erstreckte DD-Patente (bei denen es, nachdem inzwischen sämtliche durch Zeitablauf erloschen sind und auch ergänzende Schutzzertifikate nicht mehr in Kraft stehen können, nurmehr ausnahmsweise zu Neuzugängen kommen kann). Sie erfassen weiter das Nichtigkeitsverfahren gegen ergänzende Schutzzertifikate, deren Erteilung mit Wirkung für die Bundesrepublik Deutschland nach geltendem Recht nur durch das DPMA möglich ist (Rn 11). Die Bestimmungen sind weiter auf die Verfahren anzuwenden, die die (patentrechtl) Zwangslizenz, und zwar deren Erteilung oder die Anpassung der durch Urteil festgesetzten Vergütung betreffen. Die besonders ausgestaltete einstweilige Verfügung in Zwangslizenzsachen betrifft § 85 Abs 1–5, während § 85 Abs 6 eine besondere Regelung über die vorläufige Vollstreckbarkeit des die Zwangslizenz zusprechenden Urteils enthält. § 85a betrifft Zwangslizenzen für Patente an der Herstellung pharmazeutischer Erzeugnisse zur Ausfuhr nach der VO (EG) 816/2006 des Parlaments und des Rates. Zu beachten ist, dass die Bestimmungen mit Ausnahme des § 85a (Rn 3 zu § 20 GebrMG) infolge der Verweisung in § 20 GebrMG auch auf die Gebrauchsmusterzwangslizenz Anwendung finden. Im Designrecht ist die Geltendmachung der Nichtigkeit abw geregelt (§§ 33 ff, 52a ff DesignG: Erhebung der Widerklage oder Antrag auf Feststellung der Nichtigkeit).

---

1   Vgl *Benkard-EPÜ* Art 138 Rn 32.

B. Nichtigkeitsverfahren

I. Rechtsnatur

Das Patentnichtigkeitsverfahren ist ein selbstständiges, vom Erteilungs- und Einspruchsverfahren **2** losgelöstes, vom Verletzungsstreit getrenntes, seit 1961 gerichtliches (zuvor vor dem Patentamt stattfindendes), grds von jedermann einleitbares (Popularverfahren), nicht fristgebundenes streitiges Verfahren zur Beseitigung eines wirksam erteilten und nicht mehr mit dem Einspruch angreifbaren Patents (oder ergänzenden Schutzzertifikats) bei Vorliegen eines gesetzlich vorgesehenen Nichtigkeitsgrunds durch rechtsgestaltende Entscheidung mit Wirkung von Anfang an und gegen alle.[2] Es ist somit ein besonders ausgestaltetes Verfahren zur Beseitigung eines Rechts als Folge eines bestandskräftigen und auch nicht mehr der Überprüfung in einem nachgeschalteten Verwaltungsverfahren unterliegenden Verwaltungsakts. Mit dem Nichtigkeitsverfahren kann aber nicht die Beseitigung formaler Mängel des Erteilungsverfahrens erreicht werden.[3] Die Schiedsfähigkeit der Nichtigkeitsklage ist – jedenfalls mit Wirkung erga omnes – zu verneinen, weil die Parteien über den Verfahrensgegenstand nur eingeschränkt verfügungsbefugt sind (abw Rn 21 vor § 143).[4]

Das Verfahren ist einem **Verwaltungsstreitverfahren** insofern **angenähert**, als es auf die Beseiti- **3** gung des Hoheitsakts der Patenterteilung gerichtet ist;[5] in seiner konkreten Ausgestaltung als Verfahren zwischen gleichgestellten Parteien und ohne Beteiligung der Erteilungsbehörde sowie unter weitgehender Anlehnung an die Verfahrensvorschriften der ZPO stellt es sich jedoch eher als Zivilprozess dar.[6] Zur Akteneinsicht Rn 35 ff zu § 99. Zu Vollstreckungsgegenklagen Rn 27 vor § 73.

II. Abgrenzung Nichtigkeitsverfahren – Verletzungsprozess

Die Zweispurigkeit des Verfahrens ist eine – in jüngerer Zeit diskutierte[7] – Besonderheit des dt (und **4** öst)[8] Rechts; auch die DDR war von ihr nicht abgegangen. Das Verletzungsgericht (§ 143 PatG) ist grds an den Bestand des Patents gebunden (Rn 214 zu § 139), nur gegenüber dem Vorwurf der Verletzung im Äquivalenzbereich ist grds die Einrede des „freien Stands der Technik" statthaft (Rn 84 ff zu § 14; Rn 215 zu § 139). Widerrechtl Entnahme kann im Verletzungsprozess einredeweise geltend gemacht werden (Rn 29 zu § 8). Das Verletzungsgericht kann und muss uU allerdings den Verletzungsprozess aussetzen (§ 148 ZPO; Rn 7 ff zu § 140). Umgekehrt ist es nicht als Sache des BPatG angesehen worden, sich zum Schutzumfang des Patents zu äußern,[9] dies ist aber zu pauschal und öffnet der Bahn für interessengeleitetes Handeln. In der Praxis wird die Zweispurigkeit allerdings dadurch abgemildert, dass jeweils das andere Verfahren bei einer Erledigung im Vergleichsweg berücksichtigt werden kann; hiervon wird insb im erstinstanzlichen Nichtigkeitsverfahren nicht selten Gebrauch gemacht. Ein bei Patentinhabern beliebtes prozesstaktisches Spiel war es lange, das Patent im Verletzungsprozess breit und im Nichtigkeitsverfahren ganz schmal zu machen. Es kann aber in beiden Verfahrensarten nur eine richtige Auslegung des Patents geben.[10] Im Nichtigkeitsverfahren muss immer in Erwägung gezogen werden, ob nicht die breite Auslegung des Verletzungsstreits auch hier zugrunde zu legen und das Patent dann erforderlichenfalls teilweise für nichtig zu erklären ist; die Erwartung, das Verletzungsgericht werde sich einer engen Auslegung des

---

2 Ebenso *Fitzner/Lutz/Bodewig* § 81 Rn 4.

3 Vgl BGH GRUR 2010, 701 Nabenschaltung I; BPatG 22.7.2010 3 Ni 57/08 (EU): Übersetzungsfehler; *Fitzner/Lutz/ Bodewig* § 81 PatG Rn 63.

4 *Gärtner/Schneider* FS T. Kigawa (2005), 79, 88.

5 BVerwGE 8, 350 = GRUR 1959, 435; BGHZ 18, 81, 92 = GRUR 1955, 393 Zwischenstecker II.

6 Vgl *Kraßer* S 611 (§ 26 B III 3).

7 Vgl *Tilmann* Der neue „Kraßer", GRUR 2004, 1008, 1011 f; *Tilmann* Neue Überlegungen im Patentrecht, GRUR 2005, 904, 907; vgl auch – im Rahmen der Diskussion über das Gemeinschaftspatent – Arbeitsgruppe des Bundesministeriums der Justiz GRUR 2000, 221, *Schade* GRUR 2000, 101 f mwN.

8 Anders im Provisionalverfahren: ÖOGH 29.11.2005 4 Ob 229/05p Sales Manager Austria I, Ls in ÖBl 2006, 67; ÖOGH 14.3.2006 4 Ob 9/06m Sales Manager Austria II; Ls in ÖBl 2006, 166.

9 BGH GRUR 1963, 518 Trockenschleuder; BGH GRUR 1988, 757 Düngerstreuer; RGZ 130, 158, 160 = BlPMZ 1931, 7 Wäschekastenmangeln; BPatG 23.3.1982 2 Ni 28/81.

10 Vgl *Melullis* FS E. Ullmann (2006), 503, 505; BGHZ 156, 179 = GRUR 2004, 47 blasenfreie Gummibahn I.

Nichtigkeitssenats anschließen, erweist sich immer wieder als unbegründet. Zwar bedarf es im Patentnichtigkeitsverfahren der Feststellung des Gegenstands eines angegriffenen Patentanspruchs nur insoweit, wie dies zur Prüfung der Bestandsfähigkeit des Patents gegenüber dem geltend gemachten Nichtigkeitsgrund erforderlich ist, insoweit gelten aber die gleichen Grundsätze wie bei der Auslegung des Patents im Verletzungsstreit. Es ist deshalb demgegenüber nicht statthaft, der Prüfung im Nichtigkeitsverfahren deshalb eine einengende Auslegung des angegriffenen Schutzanspruchs zugrunde zu legen, weil mit dieser Auslegung die Schutzfähigkeit eher bejaht werden könnte.[11] Dabei darf nicht außer acht gelassen werden, dass die Rechtssicherheit eine möglichst große Klarheit des Schutzrechts erfordert.[12] Die besondere Ausgestaltung des Rechtsschutzes in Patentsachen verstößt nicht gegen Art 14 EMRK.[13]

5   Übersicht über die **Verteidigungsmöglichkeiten des Verletzungsbeklagten** im Verletzungsprozess (V; vgl Rn 210 ff zu § 139) und im Nichtigkeitsverfahren (Ni):
- Fehlen, Nichtigkeit des Erteilungsakts V ja, Ni ja (als Vorfrage)
- fehlende Veröffentlichung der Patenterteilung V ja, Ni ja (als Vorfrage)
- Erlöschen des Patents V ja (Rn 255 f vor § 143), Ni nein (im Rahmen der Prüfung des Rechtsschutzbedürfnisses zu beachten)
- andere Verfahrensmängel im Erteilungsverfahren V, Ni nein
- Doppelpatentierung:
- Wirkungslosigkeit des nationalen Patents nach Art II § 8 IntPatÜG V ja, Ni nein[14] (bis 1.6.1992 gem Abs 3 in besonderem Verfahren ja)
- Wirkungslosigkeit des Patents sonst V ja, Ni nein (es wird vertreten, dass im Nichtigkeitsverfahren die Frage, ob nationaler Schutz entstanden ist, vorgreiflich zu prüfen sei;[15] dies entspricht jedoch nicht der gerichtlichen Praxis; die Rspr hat derartige Feststellungsanträge als unzulässig behandelt)[16]
- fehlende Patentfähigkeit gegenüber dem StdT:
  - gegenüber Vorwurf identischer Benutzung V nein, Ni ja (§§ 21 Abs 1 Nr 1, 22)
  - gegenüber Vorwurf Benutzung im Äquivalenzbereich V ja (Rn 67 ff zu § 14), Ni ja (§§ 21 Abs 1 Nr 1, 22)
  - fehlende Schutzfähigkeit bei widerrechtl Entnahme bei Übertragungsklage nein (Rn 25 f zu § 8), Ni nein (Rn 79 ff zu § 21 sowie Rn 19 zu § 15 GebrMG)
  - fehlende Patentfähigkeit im übrigen (§§ 1, 1a, 2, 2a, 5) V nein, Ni ja (§§ 21 Abs 1 Nr 1, 22)
  - Offenbarungsmängel V nein, Ni ja (§§ 21 Abs 1 Nr 2, 22)
- widerrechtl Entnahme:
  - seitens des Verletzten V grds ja,[17] Ni ja (§§ 21 Abs 1 Nr 3, 22)
  - seitens Dritter V, Ni nein
- Hinausgehen über den Inhalt der Anmeldung: V nicht mehr (Rn 17 zu § 38), Ni ja (§§ 21 Abs 1 Nr 4, 22); ist ein Merkmal des Patents gegenüber der Offenbarung in der Anmeldung weiter auszulegen, ist dies – allenfalls – im Nichtigkeitsverfahren und nicht im Verletzungsprozess zu klären[18]
- Erweiterung des Schutzbereichs V nein, Ni ja (§ 22 Abs 1)
- Fehlen materieller Anspruchsvoraussetzungen (Rechtsinhaberschaft, Verletzung, Benutzungsrechte, Begehungsgefahr, Schaden) V ja, Ni nein
- Einheitlichkeit V nein, Ni nein
- Verjährung, Verwirkung V ja, Ni nein
- Verzicht, Arglist, unzulässige Rechtsausübung, Rechtsmissbrauch, Patenterschleichung V ja,[19] Ni nein[20]

---

11   BGH blasenfreie Gummibahn I.
12   Vgl BGH Bausch BGH 1994–1998, 445, 450 f Zerstäubervorrichtung.
13   Vgl EMRKomm sic! 1997, 225, 227 Slim Cigarette, zum schweiz Recht.
14   BPatG 8.10.2013 1 Ni 7/12.
15   *Voß* GRUR 2008, 654 f Fn 3 unter Hinweis auf die einen Sonderfall betr Entscheidung BGHZ 102, 118 = GRUR 1988, 290 Kehlrinne; *Fitzner/Lutz/Bodewig* § 83 PatG Rn 54.
16   Vgl BGH GRUR 2010, 701 Nabenschaltung I; BGH 22.7.2010 3 Ni 57/08.
17   *Benkard* § 8 Rn 5, *Benkard* § 22 Rn 7.
18   BGH GRUR 2010, 602 Gelenkanordnung.
19   Vgl *Benkard* § 22 Rn 7.
20   Vgl BPatG 9.5.2011 3 Ni 25/09: beabsichtigte Schädigung eines Miterfinders vAw zu berücksichtigen, aber vor den Zivilgerichten geltend zu machen.

– Umfang des Ersatz-, Unterlassungs- und Auskunftsanspruchs, Beschränkung der Auskunftspflicht (Wirtschaftsprüfervorbehalt) V ja, Ni nein
– wirksame Inanspruchnahme der Priorität V nein, Ni materiell ja,[21] formell nein
– prozessuale Einwendungen und Einreden V ja, Ni nein

Gegenseitige Unterrichtung. Zwischen den Verletzungsgerichten und dem BPatG ist neuerdings **6** eine gegenseitige Information über anhängige Verfahren in Gang gekommen, die ein und dasselbe Patent betreffen. In diesem Rahmen teilt das BPatG dem Verletzungsgericht das Az seines Verfahrens, den voraussichtlichen Verhandlungstermin oder Termin für den gerichtlichen Hinweis mit, bittet um Übersendung einer Abschrift der Entscheidung im Verletzungsprozess und übersendet eine Abschrift des Hinweises. Über die Handhabung wurde in den Senaten des BPatG aber noch keine Einigkeit erzielt; es bestehen auch noch Unklarheiten über die Beinahme solcher Unterlagen zu den Verfahrensakten (so die Beinahme in einem Sonderheft oder die Behandlung als Beiakten, vgl Rn 32 zu § 99), die Verpflichtung des Gerichts zur Information der Parteien und über die Akteneinsicht, weil bei den Verletzungsgerichten die liberalen Regelungen des § 99 Abs 3 nicht anwendbar sind, sondern hier § 299 ZPO gilt. Zur Praxis beim BGH Rn 16 zu § 114.

III. Abgrenzung Nichtigkeitsverfahren – Einspruchsverfahren

Nichtigkeits- und Einspruchsverfahren werden nur auf Antrag/Klage eingeleitet. Die Nichtigkeits- **7** gründe entsprechen im wesentlichen den Widerrufsgründen. Auch der Widerruf wirkt wie die Nichtigerklärung von Anfang an und gegen alle. Demgegenüber bestehen wesentliche Unterschiede: Der Einspruch ist fristgebunden, die Nichtigkeitsklage jederzeit (nach Ablauf der Einspruchsfrist oder unanfechtbarer Erledigung des Einspruchsverfahrens; § 59 Abs 1, § 81 Abs 2) möglich; das Einspruchsverfahren ist ein mit dem Erteilungsverfahren im Zusammenhang stehendes, der Patenterteilung nachgeschaltetes Verwaltungsverfahren, das uU schon erstinstanzlich in ein gerichtliches Verfahren überführt werden kann, mit nachfolgender gerichtlicher Überprüfung, das Nichtigkeitsverfahren kontradiktorischer Rechtsstreit, der durch Klage eingeleitet und durch Urteil abgeschlossen wird;[22] der BGH ist im Nichtigkeitsverfahren Berufungsinstanz und damit, allerdings nunmehr sehr eingeschränkt, zweite Tatsacheninstanz (§§ 110 ff), während er im Einspruchsverfahren allenfalls in einem revisionsartig ausgestalteten Verfahren (Rechtsbeschwerdeverfahren, §§ 100 ff) angerufen werden kann; der Dispositionsgrundsatz gilt im Einspruchsverfahren nur eingeschränkt, dies betrifft die Verfügungsmöglichkeit über den Einspruch wie die Bindung der Prüfung an den Einspruchsgrund (vgl § 61 Abs 1 Satz 2), im Nichtigkeitsverfahren besteht Bindung an den geltend gemachten Nichtigkeitsgrund. Die früher im Einspruchsverfahren anders als im Nichtigkeitsverfahren bestehende Möglichkeit, das Patent zu teilen (§ 60 aF), ist 2006 entfallen. Nichtangriffsabreden sind im Nichtigkeitsverfahren grds beachtlich, allerdings unter dem Vorbehalt ihrer kartellrechtl Zulässigkeit, die nach den Änderungen des nationalen Kartellrechts besondere Bedeutung erlangt hat, ob auch im Einspruchsverfahren, ist str (vgl Rn 46 ff zu § 59). Dadurch, dass der Gesetzgeber das Einspruchsverfahren vorübergehend (und jetzt noch unter bestimmten Umständen) wie das Nichtigkeitsverfahren als erstinstanzliches gerichtliches Verfahren ausgestaltete, hat er es deutlich an dieses Verfahren herangerückt.[23] In der Begr der vorübergehenden Regelung[24] wurde es „als ein besonderes, der Patenterteilung zeitlich nachgeordnetes Verfahren, das der Überprüfung dient, ob das Patent zu Recht erteilt wurde oder zu widerrufen ist", definiert.

Keine präjudizielle Wirkung vorangegangener Verfahren. Die Beurteilung im (nationalen oder **8** eur) Erteilungs-, Einspruchs- und Einspruchsbeschwerdeverfahren präjudiziert das Nichtigkeitsverfahren selbst dann nicht, wenn kein neues Material genannt wird[25] (vgl Rn 8 zu Art II § 6 IntPatÜG).

---

21 BPatG 15.2.2012 5 Ni 59/10 (EP); vgl BGH GRUR 2013, 712 Fahrzeugscheibe.
22 Das EPA weist in ABl EPA 1993, 408 allerdings auf den kontradiktorischen Charakter des eur Einspruchsverfahrens hin.
23 BPatGE 45, 162 = BlPMZ 2003, 29; BPatG 26.3.2004 14 W (pat) 327/02.
24 BlPMZ 2002, 36, 66.
25 BPatG 8.10.1992 3 Ni 50/91 (EU) Schulte-Kartei PatG 81–85 Nr 301; vgl öOGH ÖBl 1992, 100 Frontmähwerk.

IV. Bedeutung

9 „Die praktische Bedeutung der Nichtigkeitsklage ist erheblich. Zwar werden nur etwa 1% aller erteilten Patente in ein Nichtigkeitsverfahren verwickelt. Doch liegen Schätzungen des Anteils der Patente, aus denen Verletzungsklagen erhoben werden, in der gleichen Größenordnung. Auch gibt es Anzeichen dafür, dass die mit Nichtigkeitsklagen angegriffenen Patente verhältnismäßig hohen Wert haben. Deshalb darf vermutet werden, dass von den Patenten, deren Gegenstand auf dem Markt ausgewertet wird, ein relativ größerer Teil mit Nichtigkeitsklagen angegriffen wird als von der Gesamtzahl aller Patente".[26] Berichtet wird im Generika-Sektor von einer Praxis des „pay-for-delay", dh des Verzichts auf den Angriff gegen das Patent gegen Zahlung einer (hohen) Abstandssumme.[27] Zu den Gegenstandswerten Rn 68 zu § 84. 1997 sind bei den Nichtigkeitssenaten 149 Klagen eingegangen, 1998 172, 1999 146, 2000 189, 2001 166, 2002 163; 2003 181, 2004 200, 2005 225, 2006 222, 2007 234, 2008 275, 2009 228, 2010 255, 2011 297, 2012 261, 2013 226, 2014 221, 2015 217. Der Bestand an offenen Verfahren betrug beim BPatG Ende 2007 350, 2008 388, 2009 389, 2010 402, 2011 423; 2012 426, 2013 390, 2014 350, 2015 325.

V. Übersicht über die Regelung

10 **1.** Die **materiellrechtlichen Voraussetzungen** der Nichtigerklärung deutscher Patente und der Zwangslizenzerteilung sind im ersten Abschnitt des Gesetzes geregelt, und zwar in § 22 iVm § 21 (Voraussetzungen der Nichtigerklärung), § 24 (Voraussetzungen der Erteilung einer Zwangslizenz). Daneben bildet die EU-ZwangslizenzVO (Anh I zu § 24) eine weitere Grundlage für Zwangslizenzen.

11 Sie gelten für **ergänzende Schutzzertifikate** nach § 16a Abs 2 und Art II § 6a IntPatÜG entspr, jedoch gehen Art 15 AMVO (Rn 154 ff Anh § 16) und Art 15 PSMVO vor.

12 Für **DD-Patente** s *7. Aufl.*

13 Hingegen gelten für **europäische Patente** eigene, aber weitgehend übereinstimmende Nichtigkeitsgründe (Art II § 6 IntPatÜG); entspr anwendbar sind jedoch auch bei ihnen die Vorschriften des § 24 über die Zwangslizenz.

14 **2.** Die **gerichtsverfassungsrechtlichen Grundlagen** des Nichtigkeits- und Zwangslizenzverfahrens sind im Kern im 4. Abschnitt geregelt, wobei dort (§ 68) ergänzend auf die Vorschriften des GVG verwiesen wird. Diese Regelungen gelten – wie für jedes Verfahren vor dem BPatG – unterschiedslos für alle Verfahren vor den Nichtigkeitssenaten.

15 **3.** Die **spezifischen verfahrensrechtlichen Regelungen** für das erstinstanzliche Nichtigkeits- und Zwangslizenzverfahren enthalten die §§ 81–85a.

16 Ergänzt werden sie durch die **gemeinsamen Vorschriften** des 5. Abschnitts (§§ 86 ff), weiter durch die gemeinsamen Vorschriften des 7. Abschnitts (§§ 123 ff), soweit diese auch auf das Verfahren vor dem BPatG anwendbar sind (insb nicht §§ 123a, 127). Kritisch ist geworden, wieweit der Untersuchungsgrundsatz (§ 87) im erstinstanzlichen Nichtigkeitsverfahren noch anwendbar ist.

17 Für die **zweite Instanz** gelten die durch das PatRVereinfModG grundlegend geänd Vorschriften des 6. Abschnitts (§§ 110 ff).

18 Die Regelungen gelten **nicht** für zukünftige **EU-Patente** (Patente mit einheitlicher Wirkung; vgl Rn 23 ff).

C. Zwangslizenzverfahren

19 Das 2. PatGÄndG hat diesen Begriff in das Gesetz eingeführt, um klarzustellen, „dass ein Verfahren in diesem Sinn nicht nur ein Verfahren auf Erteilung der Zwangslizenz ist, sondern dieser Begriff alle Verfahrensarten umfasst, die im Zusammenhang mit einer Zwangslizenz stehen, also die Erteilung oder Zurück-

---

26 *Kraßer* S 614 (§ 26 B III 6); vgl *Stauder* GRUR Int 1983, 234, 241: „Insgesamt wird gegen die Patentverletzungsklage in der Hälfte aller Verfahren als Gegenwaffe eine Nichtigkeitsklage erhoben".
27 *Peritz* „Reverse Payments" from Branded to Generic Drug Makers in the U.S.: Why They Are Legal, Why They Should not Be, and What Is to Be Done, IIC 2009, 499; *Drexl* „Pay-for-Delay" and Blocking Patents, IIC 2009, 751.

nahme der Zwangslizenz, die Anpassung der durch Urteil festgesetzten Vergütung für eine Zwangslizenz ... und das Verfahren auf Erlass einer einstweiligen Verfügung wegen der Erteilung einer Zwangslizenz ...".[28] Das nur selten eingeleitete Verfahren zur Erteilung einer Zwangslizenz (vgl Rn 4 zu § 85) nach § 24 folgt dem Nichtigkeitsverfahren (§ 81 Abs 1).[29] Ob sich der Anspruch auf Erteilung einer Zwangslizenz gegen den Staat oder gegen den Patentinhaber richtet, ist str.[30] Auch die Erteilung der Zwangslizenz erfolgt durch Gestaltungsurteil und nicht durch Verurteilung zum Abschluss eines Vertrags; zur Geltung des Untersuchungsgrundsatzes und der Frage der Möglichkeit eines Anerkenntnisses Rn 17 zu § 87. Die Erteilung der Zwangslizenz begründet Rechte wie aus einer einfachen Lizenz (vgl Rn 70 f zu § 24). Zur Akteneinsicht im Zwangslizenzverfahren Rn 31 zu § 99.

Vom Nichtigkeitsverfahren **abweichend** gilt: Gestattung der Benutzung durch einstweilige Verfügung (§ 85 Abs 1–5), gegen das Urteil im Verfügungsverfahren Beschwerde an den BGH (§ 122). Das Urteil kann in der Hauptsache, nicht nur für die Kosten, für vorläufig vollstreckbar erklärt werden (§ 85 Abs 6). Zum Gegenstandswert Rn 73 zu § 84. **20**

EU-Zwangslizenzen. Die Vorschriften über das Zwangslizenzverfahren gelten grds auch für die Zwangslizenz für Patente an der Herstellung pharmazeutischer Erzeugnisse zur Ausfuhr nach der Verordnung (EG) Nr. 816/2006 des Europäischen Parlaments und des Rates über Zwangslizenzen für Patente an der Herstellung von pharmazeutischen Erzeugnissen für die Ausfuhr in Länder mit Problemen im Bereich der öffentlichen Gesundheit (§ 85a). **21**

D. Auch das durch das 2. PatGÄndG beseitigte, nach 1945 bedeutungslose **Zurücknahmeverfahren** (für das Patent; nicht für die Zwangslizenz, vgl *5. Aufl*) richtete sich nach den Bestimmungen über das Nichtigkeitsverfahren. **22**

E. EU-Patent

Zur **Vorgeschichte** (GPÜ, GPVO, EPLA) s den Abschnitt Einheitlicher Patentschutz in Europa. **23**

Das nationale Recht gilt nicht für das künftige **Europäische Patent mit einheitlicher Wirkung** **24** (EinhP) und im Grundsatz zukünftig nicht für alle eur Patente, die zum Zeitpunkt des Inkrafttretens des EPGÜ über ein einheitliches Patentgericht noch nicht erloschen sind oder die nach diesem Zeitpunkt erteilt werden, und für alle eur Patentanmeldungen, die zum Zeitpunkt des Inkrafttretens des EPGÜ anhängig sind oder die nach diesem Zeitpunkt eingereicht werden; insoweit gelten jedoch die Ausnahmen nach Art 83 EPGÜ. Die Rechtsgrundlagen bilden die EU-VO 1257/2012 (EPVO) und 1260/2012 (EPÜbersVO). Im Rahmen der verstärkten Zusammenarbeit, an der alle EU-Mitgliedstaaten außer Kroatien und Spanien (seit 30.9.2015 auch Italien; die Folgen des „Brexit" sind noch nicht übersehbar) teilnehmen, sieht das EPGÜ über ein einheitliches Patentgericht für eur Patente und ergänzende Schutzzertifikate die Zuständigkeit des einheitlichen Patentgerichts mit einem Gericht erster Instanz und einem Berufungsgericht vor, wobei das Gericht erster Instanz eine Zentralkammer und Lokalkammern und Regionalkammern (auch für mehrere Vertragsstaaten gemeinsam; mit der Möglichkeit der Zuziehung eines technischen Richters) umfasst (näher hierzu im Abschnitt Einheitlicher Patentschutz in Europa).

Die multinational besetzten (Art 6 EPGÜ; vgl Rn 32 Einheitlicher Patentschutz in Europa) **Kammern** **25** bestehen aus drei rechtskundigen Richtern, davon je nach Fallzahl einer oder zwei aus dem Sitzstaat bei den lokalen Gerichten; auf Antrag oder vAw kann ein technischer Richter hinzugezogen werden; die Kammern des zentralen Gerichts bestehen aus zwei rechtskundigen und einem technischen Richter.

Entscheidungen des Gerichts haben beim EinhP in allen Mitgliedstaaten **Wirkung**, in denen das Pa- **26** tent einheitliche Wirkung entfaltet, während Entscheidungen über eur Patente in den Mitgliedstaaten gelten, in denen das eur Patent in Kraft steht. Betroffene Patente sind vom EPA erteilte Einheitspatente und eur Patente, die bei Inkrafttreten der Regelung noch laufen oder danach erteilt werden.

Das Gericht ist auch für **Klagen und Widerklagen** auf Nichtigkeit der erfassten Patente zuständig. **27** Für isolierte Nichtigkeitsklagen ist grds die Zentralkammer zuständig, sofern die Parteien nicht anders übereinkommen. Die Wirkung der Entscheidung erstreckt sich auf die Vertragsmitgliedstaaten oder auf die

---

28 Ausschussbericht BlPMZ 1998, 416, 417.

29 Im Jahr 2011 soll eine Zwangslizenz vom BPatG erteilt worden sein, ein dokumentarischer Nachweis fehlt.

30 Vgl *Kraßer* S 837 f (§ 34 IV d 2).

benannten Mitgliedstaaten. Nichtigkeitsgründe sind nur die der Art 138, 139 Abs 2 EPÜ, wobei teilweise Nichtigerklärung möglich ist. Die bei den Lokal- oder Regionalkammern einzureichende Nichtigkeitswiderklage kann vor diesen verhandelt oder an die Zentralabteilung verwiesen werden.

28 Vorgesehen ist die Möglichkeit eines (lediglich die Zuständigkeit erfassenden) „opt-in" und „opt-out"[31] für bereits erteilte und zum Zeitpunkt des Inkrafttretens des EPGÜ angemeldete Patente; dies kann zu einer **Übergangsphase** von bis zu 40 Jahren führen.[32] Während einer Übergangszeit von sieben Jahren nach dem Inkrafttreten des Übereinkommens können Klagen wegen Verletzung bzw auf Nichtigerklärung eines eur Patents oder Klagen wegen Verletzung bzw auf Nichtigerklärung eines ergänzenden Schutzzertifikats, das zu einem durch ein eur Patent geschützten Erzeugnis ausgestellt worden ist, weiterhin bei nationalen Gerichten oder anderen zuständigen nationalen Behörden erhoben werden. Solange noch keine Klage vor dem einheitlichen Patentgericht erhoben worden ist, kann ein Inhaber oder Anmelder eines eur Patents, das vor Ablauf der Übergangszeit erteilt oder beantragt worden ist, sowie ein Inhaber eines ergänzenden Schutzzertifikats, das zu einem durch ein eur Patent geschützten Erzeugnis erteilt worden ist, die ausschließliche Zuständigkeit des Gerichts ausschließen. Zu diesem Zweck muss er der Kanzlei des Gerichts spätestens einen Monat vor Ablauf der Übergangszeit eine Mitteilung über die Inanspruchnahme dieser Ausnahmeregelung zukommen lassen (Art 83 EPGÜ). Die Übergangszeit kann nach Konsultation um bis zu sieben Jahre verlängert werden. Entweder sieben Jahre nach Inkrafttreten des Übk oder sobald 2000 Verletzungsverfahren vom Gericht entschieden worden sind – je nachdem, was später eintritt – und sofern erforderlich in der Folge in regelmäßigen Abständen, führt der Verwaltungsausschuss eine eingehende Konsultation der Nutzer des Patentsystems durch, die folgenden Aspekten gewidmet ist: Arbeitsweise, Effizienz und Kostenwirksamkeit des Gerichts sowie Vertrauen der Nutzer des Patentsystems in die Qualität der Entscheidungen des Gerichts. Auf Grundlage dieser Konsultation und einer Stellungnahme des Gerichts kann der Verwaltungsausschuss beschließen, das Übereinkommen zu überarbeiten, um die Arbeitsweise des Gerichts zu verbessern (Art 87 Abs 1 EPGÜ).[33]

29 Das Übk steht nur **Mitgliedstaaten der Europäischen Union** offen und enthält Bestimmungen, die den Vorrang des EU-Rechts (Art 20 ff Übk) und die Beantragung von Vorabentscheidungen des EuGH regeln. Es enthält Regelungen in Bezug auf die Zuständigkeiten der Vertragsstaaten und die Haftung bei Verstößen gegen das EU-Recht. Das Trennungsprinzip ist in Art 33 Abs 3 EPGÜ als Option vorgesehen.[34] Die bei der lokalen oder regionalen Kammer einzureichende Nichtigkeitswiderklage kann vor dieser (unter Zuweisung eines technischen Richters) verhandelt oder mit Einverständnis der Parteien an die zentrale Kammer verwiesen werden (Art 33 Abs 4 EPGÜ).

§ 81
(Klage)

(1) [1]**Das Verfahren wegen Erklärung der Nichtigkeit des Patents oder des ergänzenden Schutzzertifikats oder wegen Erteilung oder Rücknahme der Zwangslizenz oder wegen der Anpassung der durch Urteil festgesetzten Vergütung für eine Zwangslizenz wird durch Klage eingeleitet. [2]Die Klage ist gegen den im Register als Patentinhaber Eingetragenen oder gegen den Inhaber der Zwangslizenz zu richten. [3]Die Klage gegen das ergänzende Schutzzertifikat kann mit der Klage gegen das zugrundeliegende Patent verbunden werden und auch darauf gestützt werden, daß ein Nichtigkeitsgrund (§ 22) gegen das zugrundeliegende Patent vorliegt.**
(2) [1]**Klage auf Erklärung der Nichtigkeit des Patents kann nicht erhoben werden, solange ein Einspruch noch erhoben werden kann oder ein Einspruchsverfahren anhängig ist. [2]Klage auf Erklärung der Nichtigkeit des ergänzenden Schutzzertifikats kann nicht erhoben werden, soweit An-**

---

31 Vgl *Tilmann* Einheitspatent und Einheitliches Gericht: Rechtliche und praktische Fragen, VPP-Rdbr 2013, 56, 59; *Köllner* Wieder national anmelden? Eine Handreichung für Skeptiker des Einheitspatents, Mitt 2013, 253.
32 *Luginbühl* in *Calame/Hess-Blumer/Stieger* (Hrsg.) [schweiz.] Patentgerichtsgesetz, 2013, Das geplante künftige europäische Patentrecht Rn 32.
33 Vgl *Pagenberg* GRUR Int 2010, 195.
34 Vgl *Tilmann* VPP-Rdbr 2013, 56, 59; *Meier-Beck* Bifurkation und Trennung: Überlegungen zum Übereinkommen über ein Einheitliches Patentgericht und zur Zukunft des Trennungsprinzips in Deutschland, GRUR 2015, 929.

träge nach § 49a Abs. 4 gestellt werden können oder Verfahren zur Entscheidung über diese Anträge anhängig sind.

(3) Im Falle der widerrechtlichen Entnahme ist nur der Verletzte zur Erhebung der Klage berechtigt.

(4) [1] Die Klage ist beim Patentgericht schriftlich zu erheben. [2] Der Klage und allen Schriftsätzen sollen Abschriften für die Gegenpartei beigefügt werden. [3] Die Klage und alle Schriftsätze sind der Gegenpartei von Amts wegen zuzustellen.

(5) [1] Die Klage muß den Kläger, den Beklagten und den Streitgegenstand bezeichnen und soll einen bestimmten Antrag enthalten. [2] Die zur Begründung dienenden Tatsachen und Beweismittel sind anzugeben. [3] Entspricht die Klage diesen Anforderungen nicht in vollem Umfang, so hat der Vorsitzende den Kläger zu der erforderlichen Ergänzung innerhalb einer bestimmten Frist aufzufordern.

(6) [1] Kläger, die ihren gewöhnlichen Aufenthalt nicht in einem Mitgliedstaat der Europäischen Union oder einem Vertragsstaat des Abkommens über den Europäischen Wirtschaftsraum haben, leisten auf Verlangen des Beklagten wegen der Kosten des Verfahrens Sicherheit; § 110 Abs. 2 Nr. 1 bis 3 der Zivilprozeßordnung gilt entsprechend. [2] Das Patentgericht setzt die Höhe der Sicherheit nach billigem Ermessen fest und bestimmt eine Frist, innerhalb welcher sie zu leisten ist. [3] Wird die Frist versäumt, so gilt die Klage als zurückgenommen.

Ausland: Dänemark: § 52 Abs 3, 4, §§ 53a–53d (Antrag auf Überprüfung) PatG 1996; **Italien:** Art 130 (Beweislast), 131 (Klagebefugnis) CDPI; **Luxemburg:** Art 74 PatG 1992/1998; **Niederlande:** Art 75 Abs 3, 4, Art 76 ROW 1995; **Österreich:** §§ 112–114 öPatG (1996), Nebenintervention § 114a öPatG, geänd durch die Patent- und Markenrechtsnovelle 2014; **Polen:** Art 255, 256 RgE 2000; **Schweiz:** Art 26–28 PatG; **Slowakei:** § 46 Abs 4, 6–7, § 47 PatG (Widerruf); **Slowenien:** Art 111 GgE; **Spanien:** Art 113–115 PatG; **Türkei:** Art 130–132 VO 551

Übersicht

A. Entstehungsgeschichte

1   Im PatG 1877 war eine Regelung in § 27 getroffen. Im PatG 1891 § 28. Im PatG 1936 § 37. Durch § 1 der VO vom 23.10.1941[1] ist Abs 3 (Ausschlussfrist) in Wegfall gekommen. Das 1. ÜberlG hat Abs 4 Satz 3 gestrichen.

2   Die **geltende Fassung** geht im wesentlichen auf das 6. ÜberlG zurück. Das GPatG hat den jetzigen Abs 2 eingefügt sowie im jetzigen Abs 3 die Worte „des § 13 Abs 1 Nr 3" durch „der widerrechtlichen Entnahme" ersetzt. Die Regelungen über das Schutzzertifikat in Abs 1, insb dessen Satz 3, sind durch das PatGÄndG eingefügt worden. Das 2.PatGÄndG hat Abs 1 Satz 1, 2 neu gefasst. Das 3.RPflGÄndG hat den früheren Abs 7 (jetzt Abs 6) Satz 1 geänd. Das KostRegBerG hat insb den Wegfall des Abs 6 (Klagegebühr nach dem früheren patentkostenrechtl System) gebracht. Das PatRVereinfModG hat Abs 2 Satz 2 neu eingestellt.

3   **Inkrafttreten.** Die Änderungen durch das GPatG sind am 1.1.1981 in Kraft getreten (Art 17 Abs 3 GPatG), die durch das PatGÄndG am 1.4.1994 (Art 8 PatGÄndG), die durch das 2.PatGÄndG am 1.11.1998 (Art 30 Abs 2 2.PatGÄndG), die durch das 3.RPflGÄndG am 1.10.1998, die durch das KostRegBerG am 1.1.2002, die durch das PatRVereinfModG am 1.10.2009.

B. Die Nichtigkeitsklage

I. Allgemeines

4   **1.** Die Nichtigkeitsklage ist (materiellrechtl) **Gestaltungsklage**.[2] Das Nichtigkeitsverfahren ist als **kontradiktorisches Verfahren** ausgestaltet, in dem sich der Nichtigkeitskläger und der Patentinhaber (genauer: der als solcher in das Register Eingetragene) als Parteien gegenüberstehen. Es handelt sich um ein Verfahren der streitigen Gerichtsbarkeit mit festen Parteirollen.[3] Das Verfahren ist damit dem Klageverfahren nach der ZPO nachgebildet und nicht dem Verwaltungsstreitverfahren, was von der Natur der Sache näher gelegen hätte.[4]

5   **Rechtshängigkeit** trat gleichwohl nach verbreiteter Meinung nicht nach zivilprozessualen Grundsätzen, dh grds mit Zustellung der Klage, ein, sondern wie im Verwaltungsprozess nach §§ 90 Abs 1, 81 Abs 1 VwGO schon mit deren Einreichung bei Gericht (Nachw *7. Aufl*). Das trifft jedenfalls seit der Neuregelung durch das Gesetz zur Bereinigung von Kostenregelungen auf dem Gebiet des geistigen Eigentums nicht mehr zu;[5] § 261 ZPO ist nunmehr entspr anzuwenden.

6   **2. Gegenstand der Nichtigkeitsklage** ist das angegriffene Patent, aber nicht notwendig in seiner erteilten, sondern in der zum Zeitpunkt der Entscheidung geltenden Fassung, die sich aus einem Einspruchs-, Beschränkungs- oder bereits abgeschlossenen Nichtigkeitsverfahren ergeben kann.

7   **3.** Das erstinstanzliche Nichtigkeitsverfahren ist **Parteiprozess**. Anwaltszwang besteht (anders für das Berufungsverfahren) nicht, Rechts- oder Patentanwälte können, müssen aber nicht mitwirken; allerdings wird ihre Zuziehung in aller Regel ratsam sein (anders uU bei Unternehmen mit eigener qualifizierter Patentabteilung). Die Vollmacht des Vertreters ist nur auf Rüge zu prüfen (§ 97). Sie kann nachgereicht werden.[6] Standeswidriges Verhalten des Anwalts steht der Zulässigkeit der Klage nicht entgegen.[7]

---

1   RGBl II 372 = BlPMZ 1941, 139.
2   Anders auf abw Grundlage für die Schweiz schweiz BG BGE 125 III 241 = GRUR Int 2000, 276 f = sic! 1999, 410 Sammelhefter I unter Hinweis auf schweiz BG BGE 120 II 361 und 32 I 166; schweiz BG sic! 2000, 634 Sammelhefter IV; HG Aargau sic! 2000, 627: negative Feststellungsklage.
3   *Tetzner* § 37 Anm 2; vgl BPatGE 33, 1, 3 = GRUR 1993, 32.
4   Vgl *Benkard*[10] vor § 81 Rn 2.
5   Vgl *Benkard* Rn 24; *van Hees/Braitmayer* Rn 825.
6   Vgl BPatG 17.5.2011 1 Ni 1/09 (EU).

4. Jedoch müssen Auswärtige, die – unabhängig von ihrer Staatsangehörigkeit – im Inland weder ei- **8** nen Wohnsitz noch einen Sitz noch eine Niederlassung haben, einen **Inlandsvertreter** nach Maßgabe des § 25 bestellen. Das gilt gleichermaßen für alle Beteiligte, jedoch mit unterschiedlichen Rechtsfolgen. Fehlt der Inlandsvertreter auf Klägerseite nach erfolgloser Aufforderung bis zu dem für die Entscheidung maß- geblichen Zeitpunkt, führt dies zur Klageabweisung als unzulässig (Rn 48 zu § 25).[8] Auf Beklagtenseite treten dagegen lediglich die Folgen des § 82 Abs 2 ein (vgl Rn 48 f zu § 25).[9] Statt des Inlandsvertreters kann unter bestimmten Voraussetzungen auch ein Rechts- oder Patentanwalt aus einem EU- oder EWR-Staat oder aus der Schweiz auftreten.

II. Wirksamkeits- und Zulässigkeitsvoraussetzungen

1. Allgemeines. Zulässigkeitsfragen der Klage spielen in der Praxis kaum eine Rolle, weil die Klage **9** nicht fristgebunden ist und Mängel regelmäßig beseitigt werden können; das Verfahren hierzu ist in Abs 5 Satz 3 geregelt. Für die Gebührenzahlung gelten seit 1.1.2002 die Grundsätze der ZPO und des Gerichts- kostenrechts entspr. Die Zulässigkeitsvoraussetzungen der Nichtigkeitsklage entsprechen nicht denen der Zulässigkeit des Einspruchs.[10] Insb fehlt eine § 59 Abs 1 Satz 4 entspr Regelung; freilich ist eine detaillierte Begründung immer anzuraten.

Schlüssigkeit der Klage gehört wie im Klageverfahren nach der ZPO nicht zu den Zulässigkeitsvor- **10** aussetzungen,[11] kann aber im Rahmen des § 82 Bedeutung erlangen.[12] Die Lit fordert zT Substantiierung eines Nichtigkeitsgrunds, allerdings mit Ergänzungsmöglichkeit nach Abs 5 Satz 3.[13] Es steht jedoch der Zulässigkeit der Klage nicht entgegen, wenn den Substantiierungserfordernissen des Einspruchsverfah- rens nicht genügt ist.[14]

Ist die Klage nicht (wenigstens) auf **Teilnichtigerklärung** gerichtet, ist sie unzulässig.[15] **11**

2. Statthaftigkeit. Die Klage muss sich gegen ein dt, DD- oder mit Wirkung für die Bundesrepublik **12** Deutschland erteiltes eur Patent oder ein ergänzendes Schutzzertifikat (zu einem solchen Patent) richten. Ein Gebrauchsmuster kann nicht mit der Nichtigkeitsklage angegriffen werden, hier steht jedoch das GbmLöschungsverfahren vor dem DPMA mit anschließendem Beschwerdeverfahren vor dem BPatG und Rechtsbeschwerdeverfahren vor dem BGH zur Verfügung. Die Klage gegen das ergänzende Schutzzertifikat kann mit der Klage gegen das zugrundeliegende Patent verbunden und auch darauf gestützt werden, dass gegen dieses ein Nichtigkeitsgrund vorliegt (Abs 1 Satz 3). Nichtigkeit des Grundpatents kann im Nichtig- keitsverfahren gegen das Schutzzertifikat geltend gemacht werden, ohne dass das Grundpatent selbst mit der Nichtigkeitsklage angegriffen wird. Auch die Klage auf Einräumung einer Zwangslizenz muss sich auf eines der genannten Objekte beziehen; sie kommt aber auch wegen eines Gebrauchsmusters in Betracht (§ 20 GebrMG).

3. Form. Die Klage muss schriftlich erhoben werden, eigenhändige Unterschrift ist grds erforder- **13** lich,[16] Ausnahmen gelten bei Telegramm, Fernschreiben, Computerfax.[17] Mängel der Unterschrift können

---

7 BPatG 6.2.2002 4 Ni 44/00 (EU).

8 *Schulte* Rn 28; *van Hees/Braitmayer* Rn 821; vgl auch BGH 10.7.2012 X ZR 98/11.

9 *Schulte* Rn 28.

10 AA *Bezzubova* S 19; zu den Anforderungen an die Bezeichnung der Parteien BPatG 17.5.2011 1 Ni 1/09 (EU).

11 BPatG 6.2.2002 4 Ni 44/00 (EU); zu den Anforderungen an die Bezeichnung der Parteien BPatG 17.5.2011 1 Ni 1/09 (EU).

12 Abzulehnen BPatG 15.7.1976 2 Ni 27/75, wonach es zur schlüssigen Darlegung der auf druckschriftliche Veröffentlichungen gestützten mangelnden Neuheit gehören soll, dass unter Angabe der zur Begründung dienenden Tatsachen vorgetragen wird, der Gegenstand sei vollständig einer einzelnen Literaturstelle zu entnehmen.

13 *Mes* Rn 84; *Benkard* Rn 28; vgl *Schulte* Rn 32; vgl auch BPatG 24.1.2008 4 Ni 64/06 (EU).

14 Unklar *Benkard*[10] Rn 18; vgl auch BPatG 2.3.2016 2 Ni 15/14 (EP).

15 Vgl BPatG 28.11.1972 2 Ni 37/72: Einfügung von „an sich bekannt"; BPatG 29.4.1992 3 Ni 18/91 Schulte-Kartei PatG 81–85 Nr 152; zurückhaltend BGH Bausch BGH 1999–2001, 579 Befestigungselement 02 unter Hinweis auf BGHZ 103, 262 = GRUR 1988, 757, 760 Düngerstreuer.

16 *Mes* Rn 67; vgl BPatG 11.5.2005 4 Ni 34/03, auch zur „Nachbesserung" bei unklarer Identität; nach *Benkard* Rn 25 soll ein Mangel der Unterschrift durch rügelose Einlassung heilbar sein.

17 Vgl zu Ausnahmen GmS-OGB BGHZ 75, 340 = GRUR 1980, 172; GmS-OGB BGHZ 144, 160 = NJW 2000, 2340, zum „Computerfax"; großzügiger wohl BGH GRUR 2003, 1068 Computerfax (I. Zivilsenat).

jederzeit geheilt werden.[18] Klageerhebung zur Niederschrift der Geschäftsstelle ist nicht vorgesehen.[19] § 125a hat die Grundlage für die Einreichung als elektronisches Dokument geschaffen; § 1 Abs 1 Nr 2 ERvGewRV (VO über den elektronischen Rechtsverkehr im gewerblichen Rechtsschutz) bezieht das Nichtigkeitsverfahren ein; davon werden auch alle Nebenverfahren erfasst (vgl Rn 8 zu § 125a). Die 2006 geänd VO ist mWv 1.9.2007 durch die VO über den elektronischen Rechtsverkehr beim Bundesgerichtshof und Bundespatentgericht (BGH/BPatGERVV) vom 24.8.2007[20] ersetzt worden. Ab 1.1.2022 ist die Übermittlung als elektronisches Dokument für Rechtsanwälte (nicht für Patentanwälte), Behörden und juristische Personen des öffentlichen Rechts für vorbereitende Schriftsätze und deren Anlagen sowie schriftlich einzureichende Anträge und Erklärungen grds zwingend, es sei denn, dass die Nutzung aus technischen Gründen vorübergehend nicht möglich ist (§ 130d ZPO nF; Rn 5 zu § 125a).

14 Die Klage muss in dt **Sprache** abgefasst sein; dies gilt auch bei eur Patenten mit anderer Verfahrenssprache.[21] Adressat der Klage ist ausschließlich das BPatG.

15 **4. Frist.** Eine Nichtigkeitsklage vor Erteilung des Patents kommt nicht in Betracht.[22] Die Nichtigkeitsklage ist seit der 1941 erfolgten Abschaffung der fünfjährigen Ausschlussfrist nicht fristgebunden; das Erlöschen des Patents bildet keine zeitliche Schranke, in diesem Fall kommt es auf das Bestehen eines eigenen Rechtsschutzbedürfnisses an der Nichtigerklärung an (Rn 68 ff). Die auf widerrechtl Entnahme gestützte Nichtigkeitsklage ist nicht an die Frist des § 8 gebunden.[23]

16 **5. Fehlen von Prozessvoraussetzungen.** Die Klage ist unzulässig bei entgegenstehender Rechtskraft oder anderweitiger Rechtshängigkeit, jedoch nur im Rahmen des Umfangs des Angriffs in dem anderen Verfahren, weshalb der Angriff auf bisher nicht angegriffene Patentansprüche immer möglich ist,[24] und des geltend gemachten Nichtigkeitsgrunds, als vAw zu beachtenden Prozessvoraussetzungen. Die Rechtskraft des klageabweisenden Urteils wirkt aber grds nur zwischen den Prozessparteien und deren Rechtsnachfolgern.[25] Eine Kapitalgesellschaft muss sich daher die Rechtskraft eines gegen ihren Alleingesellschafter ergangenen klageabweisenden Nichtigkeitsurteils nicht entgegenhalten lassen.[26] Konzernverbundenheit schafft keine Rechtskraft.[27] Auch eine enge wirtschaftliche Verflechtung genügt nicht; der Rechtsgedanke des § 631a BGB kann nicht herangezogen werden.[28] Für die Rechtskrafterstreckung reicht es bei konzernverbundenen Unternehmen auch nicht aus, dass beide Unternehmen für den Vertrieb bestimmter Waren im Inland zuständig waren.[29]

6. Klageausschluss (Absatz 2)

17 **a.** Solange **Einspruch** noch erhoben werden kann oder ein Einspruchsverfahren anhängig ist, ist die Nichtigkeitsklage (anders als die Klage auf Erteilung einer Zwangslizenz, § 24 Abs 6 Satz 1) unstatthaft ("Subsidiarität des Nichtigkeitsverfahrens"). Die Nichtanhängigkeit des Einspruchsverfahrens hat das BPatG als Zulässigkeitsvoraussetzung behandelt, die erst zum Schluss der mündlichen Verhandlung vorliegen muss.[30] Die Bestimmung bezweckt die Vermeidung von Wertungswidersprüchen, die aus der Durchführung eines Nichtigkeitsverfahrens parallel zu einem Einspruchsverfahren entstehen können, und

---

18 BPatG 2.12.2003 3 Ni 40/02 unter Hinweis auf BPatGE 24, 132 = GRUR 1982, 364, GbmLöschungssache; BPatG 11.5.2005 4 Ni 34/03, anders beim fristgebundenen Einspruch, vgl BPatG 23.11.2004 11 W (pat) 41/03.
19 *Benkard* Rn 25.
20 BGBl I 2130 = BlPMZ 2007, 368.
21 Ebenso *Fitzner/Lutz/Bodewig* Rn 50.
22 Vgl BPatGE 3, 119 = BlPMZ 1963, 170 für Übergangsfälle nach dem 6. ÜberlG; *Fitzner/Lutz/Bodewig* Rn 61.
23 BPatG 14.11.2006 4 Ni 22/05.
24 Vgl BPatG 25.11.2003 1 Ni 4/03 (EU); BPatG 14.12.2010 4 Ni 24/09.
25 BGH 30.7.2013 X ZR 36/11.
26 BGH GRUR 2012, 540 Rohrreinigungsdüse I gegen BPatG 14.12.2010 4 Ni 24/09 GRURPrax 2011, 106 KT; missverständlich BGH GRUR 2014, 911 Sitzgelenk.
27 BPatGE 27, 55 = GRUR 1985, 126.
28 BGH 30.7.2013 X ZR 36/11.
29 BPatGE 52, 254 = Mitt 2011, 236.
30 BPatG 14.11.2006 4 Ni 22/05; BPatG 11.11.2010 2 Ni 31/09.

bewirkt den Ausschluss des Nichtigkeitsverfahrens bis zum Abschluss des Einspruchsverfahrens kraft Gesetzes,[31] sie dient weiter der Vermeidung von Doppelarbeit.[32] Ob der unmittelbar bevorstehende Abschluss des Einspruchsverfahrens ein Zuwarten, uU eine Aussetzung nach § 148 ZPO, ermöglicht, ist nicht geklärt. Die Anhängigkeit eines Einspruchsverfahrens gegen ein (ursprungsgleiches) Parallelpatent sperrt nicht.[33]

Die Regelung erfasst grds auch das **europäische Einspruchsverfahren**,[34] wenngleich das EPÜ keine **18** entspr Vorgabe enthält; sie ist hier anzuwenden, wenn die Nichtigkeitsklage nur auf Nichtigkeitsgründe gestützt wird, die zugleich Einspruchsgründe nach Art 100 EPÜ sind,[35] aber auch, wenn sie auf ältere nationale Anmeldungen gestützt wird, die im eur Einspruchsverfahren nicht zu berücksichtigen sind;[36] in diesem Fall muss der Verletzungsrichter das Verfahren schon dann aussetzen (§ 148 ZPO), wenn er damit rechnet, dass zwar das Einspruchsverfahren erfolglos bleiben wird, die im Anschluss an dieses erhobene Nichtigkeitsklage aber wegen einer Entgegenhaltung, die nur in diesem Verfahren berücksicht werden kann, hinreichende Erfolgsaussicht hat.[37] Höherrangige Rechtsgrundsätze wie Art 19 Abs 4 GG, Art 35, 36 AEUV oder Art 6 MRK stehen dem nicht entgegen,[38] auch das EPÜ enthält keine abw Vorgaben. Das Rechtsschutzsystem des EPÜ genügt dem Standard, der bei der Übertragung von Hoheitsrechten nach Art 24 Abs 1 GG zu beachten ist.[39] Die Sperre betrifft auch die Zeit nach Zurückverweisung durch die Beschwerdekammer des EPA an die Einspruchsabteilung zur Anpassung der Beschreibung.[40] Einen Ausnahmefall hat das BPatG dann gesehen, wenn die Beschwerdekammer das Streitpatent mit unveränderten Patentansprüchen aufrechterhalten und der Einsprechende auf Rechtsmittel verzichtet hat.[41] Die Sperre erfasst auch den Nichtigkeitsgrund der Schutzbereichserweiterung, obgleich dieser keinen Einspruchsgrund bildet.[42] Hierfür spricht, dass auf die im eur Einspruchsverfahren erfolgte Schutzbereichserweiterung in einem Beschränkungsverfahren immerhin noch reagiert werden kann.[43] Zur widerrechtl Entnahme Rn 67.

Der **Antrag auf Überprüfung durch die Große Beschwerdekammer** des EPA nach Art 112a EPÜ sperrt **19** das Nichtigkeitsverfahren nicht, weil ihm aufschiebende Wirkung nicht zukommt (Art 112a Abs 3 EPÜ).

b. Zur Statthaftigkeit der Nichtigkeitsklage gegen ein erstrecktes, **ungeprüftes DD-Patent** s 7. Aufl. **20**

c. Das eur **Beschränkungsverfahren** (Art 105a EPÜ) sperrt das nationale Nichtigkeitsverfahren weder nach eur noch nach nationalem Recht.[44] Jedoch kann die Einleitung des (eur wie des nationalen) Beschränkungsverfahrens jedenfalls in besonders gelagerten Fällen Anlass bieten, eine Aussetzung des Verfahrens in Betracht zu ziehen (vgl Rn 25 zu § 82). **21**

d. Gesperrt ist nach § Abs 2 Satz 2 idF des PatRVereinfModG auch die Nichtigkeitsklage gegen ein ergänzendes **Schutzzertifikat**, solange – auch durch den Zertifikatsinhaber[45] – ein Antrag auf Laufzeitbe- **22**

---

31 BGHZ 163, 369 = GRUR 2005, 967 Strahlungssteuerung; vgl BVerfG (Nichtannahmebeschluss) GRUR 2006, 569 unter Hinweis auf *Schulte*[7] Rn 39.
32 BPatGE 52, 46 = GRUR 2011, 87; *Benkard-EPÜ* Art 138 Rn 34.
33 BPatGE 37, 212.
34 Ganz hM; so BPatGE 45, 190 f = GRUR 2002, 1045; BPatG 7.3.2002 3 Ni 11/01 (EU); BPatG GRUR 2005, 498; BVerfG (NA) 5.4.2006 1 BvR 2310/05 GRUR 2006, 569; *Benkard* Rn 40; *Benkard-EPÜ* Art 138 Rn 34; *Schulte* Rn 34; *Singer/Stauder* Art 138 EPÜ Rn 12; *Kraßer* S 697 (§ 30 III a 1); *von Albert* GRUR 1981, 451, 458; *Staehelin* GRUR 1981, 496, 498; *Dihm* Mitt 1998, 441; aA *Pitz* S 95 ff und GRUR 1995, 231, 238.
35 Vgl BGHZ 163, 369 = GRUR 2005, 967 Strahlungssteuerung.
36 BPatGE 52, 46 = GRUR 2011, 87.
37 BGH GRUR 2011, 848 Mautberechnung; *Benkard-EPÜ* Art 138 Rn 34.
38 BGH Strahlungssteuerung; BPatG GRUR 2005, 498.
39 BGH Strahlungssteuerung.
40 BPatG 7.3.2002 3 Ni 11/01 (EU); BPatGE 52, 46 = GRUR 2011, 87.
41 BPatG 28.5.2013 3 Ni 2/11 (EP).
42 BPatG GRUR 2007, 261 „Torasemid", Klage im Berufungsverfahren zurückgenommen; im Ergebnis wohl auch *Benkard*[10] Rn 21; abl *Jüngst/Wolters* Mitt 2007, 445; generell offengelassen für Nichtigkeitsgründe, die keine Einspruchsgründe sind, in BGH Strahlungssteuerung.
43 Vgl BGHZ 147, 137 = GRUR 2001, 730 Trigonellin.
44 Vgl *Singer/Stauder* EPÜ Art 105a Rn 23.
45 Vgl *Fitzner/Lutz/Bodewig* Rn 73.

richtigung oder auf Widerruf der Laufzeitverlängerung (§ 49a Abs 4) noch gestellt werden kann oder ein Verfahren über einen derartigen Antrag noch anhängig ist. Da bei ergänzenden Schutzzertifikaten ein Einspruchsverfahren nicht vorgesehen ist, kann der Ausschluss, der auch nach dem Wortlaut der Bestimmung die Nichtigkeitsklage gegen das Schutzzertifikat nicht erfasst, dort im übrigen nicht greifen.

23   **7. Inhalt.** Erforderlich sind Angabe des Klägers, des Beklagten und des Streitgegenstands (Abs 4 Satz 1, Abs 5 Satz 1),[46] der zur Begründung dienenden Tatsachen und Beweismittel (Abs 5 Satz 2).

24   Der Kläger ist in identifizierbarer Weise zu bezeichnen.[47] Der Beklagte ist so genau zu bezeichnen, dass er zweifelsfrei identifiziert werden und dass die Klage zugestellt werden kann.[48] Anzugeben ist auch eine ladungsfähige Anschrift.[48a] Die Beklagtenbezeichnung ist als Teil einer Prozesshandlung grds der Auslegung zugänglich, bei der maßgebend ist, wie die Bezeichnung bei objektiver Deutung aus der Sicht der Empfänger (Gericht und Gegenpartei) zu verstehen ist. Es kommt darauf an, welcher Sinn der von der klagenden Partei in der Klageschrift gewählten Bezeichnung bei objektiver Würdigung des Erklärungsinhalts beizulegen ist. Bei objektiv unrichtiger oder mehrdeutiger Bezeichnung ist grds die Person Partei, die erkennbar durch die **Parteibezeichnung** betroffen werden soll. Bei der Auslegung der Parteibezeichnung sind nicht nur die im Rubrum der Klageschrift enthaltenen Angaben, sondern auch der gesamte Inhalt der Klageschrift einschließlich beigefügter Anlagen zu berücksichtigen. Dabei gilt der Grundsatz, dass die Klageerhebung gegen die in Wahrheit gemeinte Partei nicht an deren fehlerhafter Bezeichnung scheitern darf, wenn der Mangel in Anbetracht der jeweiligen Umstände keine vernünftigen Zweifel am wirklich Gewollten aufkommen lässt, solange aus dem Inhalt der Klageschrift und den Anlagen unzweifelhaft deutlich wird, welche Partei tatsächlich gemeint ist.[49]

25   Die **Klageanträge** bestimmen iVm den geltend gemachten Nichtigkeitsgründen den Streitgegenstand des Nichtigkeitsverfahrens. Streitgegenstand ist in diesem Verfahren das angegriffene Schutzrecht im Umfang des Angriffs und der geltend gemachte Nichtigkeitsgrund (die Nichtigkeitsgründe), nicht aber sind es vom Patentinhaber im Lauf des Verfahrens vorgenommene Beschränkungen.[50] Weitere Anforderungen bestehen nicht.[51] Mängel können innerhalb einer vom Vorsitzenden zu bestimmenden Frist beseitigt werden (Abs 5 Satz 3).[52] Aus der Klageschrift sollte jedenfalls eindeutig erkennbar sein, in welchem sachlichen Umfang (Hauptanspruch, Nebenansprüche, Unteransprüche), aufgrund welcher Nichtigkeitsgründe[53] und mit welchem Material das Patent angegriffen wird. Erforderlich ist bei Auswärtigen, die im Inland keinen Sitz oder Wohnsitz haben, die Angabe eines Inlandsvertreters (§ 25); zweckmäßig ist weiter ein Hinweis, wenn neben einem Rechtsanwalt ein Patentanwalt oder umgekehrt mitwirkt. Es empfiehlt sich, den Gegenstand des angegriffenen Hauptanspruchs des Streitpatents in Form einer Merkmalsanalyse aufzubereiten; dabei ist es allerdings wenig hilfreich, wie gleichwohl häufig praktiziert und vom BPatG vielfach unkritisch übernommen, in den Anspruchswortlaut lediglich einzelne Gliederungsnummern einzufügen. Wird die Nichtigkeitsklage – wie in den meisten Fällen – auf mangelnde Schutzfähigkeit gegenüber dem StdT (insb Neuheit, erfinderische Tätigkeit) gestützt, ist es zweckmäßig, die vorgelegten Dokumente durchzunummerieren und mit einer Kurzbezeichnung (K1, K2, ...) zu versehen. Soweit fremdsprachige Dokumente vorgelegt werden, ist die Beifügung einer Übersetzung zweckmäßig. Behauptete offenkundige Vorbenutzungen sollten so vorgetragen werden, dass der Vortrag einer Beweiserhebung zugänglich ist, und nach Möglichkeit mit Unterlagen belegt werden. Zweckmäßig sind auch Angaben darüber, von welchem Fachmann insb für die Beurteilung der erfinderischen Tätigkeit auszugehen ist. Ein näheres Einge-

---

46 Näher hierzu *Scheffler* VPP-Rdbr 2005, 60 f.
47 BPatG 20.10.2011 2 Ni 7/10 (EU).
48 BPatG 17.7.2011 1 Ni 1/09 (EU) unter Hinweis auf BGHZ 145, 358 = NJW 2001, 885; BPatG 2.3.2016 2 Ni 15/14 (EP) mwN.
48a BPatG 2.3.2016 2 Ni 15/14 (EP).
49 BGH GRUR 2009, 42 Multiplexsystem, zur Bezeichnung des Beklagten; BGH 11.6.2013 X ZR 38/12, zur Bezeichnung des Klägers; vgl auch BPatG 29.3.2011 1 Ni 12/09 (EU); öOPM öPBl 2011, 90, 92 Formkörper (Katalysator).
50 Vgl BGH NJW 2008, 2922.
51 Vgl BGH Mitt 2004, 213 Gleitvorrichtung.
52 BPatG 26.6.2008 3 Ni 58/06 (EU): fehlende Bezeichnung als Klageschrift unschädlich; BPatG 11.6.2008 4 Ni 20/07 fordert nicht die Unterschrift unter die Begründung.
53 BPatG Mitt 2014, 396.

hen auf Unteransprüche ist idR erst dann erforderlich, wenn der Patentinhaber für diese einen eigenen erfinderischen Gehalt geltend macht.[54] Zur Streitwertangabe Rn 35.

Die Stellung eines bestimmten **Antrags** ist Sollvorschrift[55] und damit nicht notwendiger Inhalt der Kla- **26** ge, aber gleichwohl dringend zu empfehlen. Unzulänglichkeiten können in der Praxis zu Schwierigkeiten bis hin zu Kostennachteilen führen; Vorsicht ist insb bei Angriff auf nur einzelne Patentansprüche hinsichtlich der Rückbeziehungen geboten. Es gelten nur die in der mündlichen Verhandlung gestellten Anträge.[56]

Der **Antrag des Klägers** lautet (auch nach Erlöschen des Patents,[57] anders im GbmLöschungsverfah- **27** ren),

das Patent ... (Streitpatent) [im Umfang seiner Patentansprüche ...; bei eur Patenten: mit Wirkung für das Hoheitsgebiet der Bundesrepublik Deutschland] für nichtig zu erklären.

Umdeutung; Auslegung. Ein Antrag auf Feststellung der Nichtigkeit ist in einen Antrag auf Nichtig- **28** erklärung umzudeuten.[58] Der Antrag kann und muss erforderlichenfalls ausgelegt werden;[59] so legt der BGH nach neuerer Praxis einen Klageantrag, der Rückbeziehungen in den Unteransprüchen nicht ausreichend beachtet, idR in der Weise aus, dass er nur die tatsächlich angreifbaren Anspruchskombinationen erfasst, und weist hinsichtlich der übrigen die Klage nicht teilweise ab;[60] teilweise strenger ist bisher die Praxis des BPatG.[61]

Der Klageantrag kann nachträglich **beschränkt** werden.[62] **29**

Sonderfälle. Eine Klage, die auf **Beseitigung einer unzulässigen Erweiterung** zielt, kann auf **30** (Voll-)Nichtigerklärung gerichtet werden. Es ist dann Sache des Beklagten, sich zu beschränken. Stimmt der Kläger der beschränkten Fassung zu, soll keine teilweise Klagerücknahme vorliegen.[63]

Ob mit einer Nichtigkeitsklage das Ziel verfolgt werden kann, eine bestimmte **Ausführungsform** **31** (Ausführungsbeispiel) vom Patentschutz auszunehmen, ist str.[64] Der BGH hat offen gelassen, ob der Kläger das Streitpatent in der Weise angreifen kann, dass er den Beklagten auf eine von dieser nicht gewollte Fassung des Patentanspruchs festlegen will.[65]

Kein Raum ist für einen Antrag festzustellen, dass eine bestimmte **Verletzungsform** nicht erfasst **32** wird,[66] ebenso wenig für einen Antrag, das dt Patent für nichtig zu erklären, soweit es in seinem Schutzumfang über das parallele eur Patent hinausgeht.[67] Im GbmLöschungsverfahren wurde es als zulässig

---

54 Vgl hierzu BGH 10.2.2004 X ZR 55/00; BPatGE 35, 127, 129 = GRUR 1996, 44, 47; BPatG 27.1.2004 3 Ni 43/02 (EU); BPatG 21.11.2006 1 Ni 15/05 (EU); BPatG 19.12.2006 1 Ni 3/06 (EU); BPatG 1.3.2007 2 Ni 1/04 (EU); abw öOPM öPBl 2006, 103, 109 Ionentransportvorrichtung, wo ein Unteranspruch für nichtig erklärt wird, weil er eine bloße Aufgabenstellung enthalte und die einzige offenbarte Lösung in einem weiteren Unteranspruch enthalten sei.
55 *Scheffler* VPP-Rdbr 2005, 60 f.
56 BPatG 30.5.2012 2 Ni 6/11 (EP).
57 BGH GRUR 1974, 146 Schraubennahtrohr; BPatG 27.10.2010 3 Ni 43/08 (EU); BPatG GRUR 2011, 905; BPatG 23.11.2010 3 Ni 11/09 (EU); BPatG 28.6.2011 1 Ni 6/09 (EU).
58 *Scheffler* VPP-Rdbr 2005, 60 f.
59 BPatGE 50, 6 = Mitt 2007, 68 „Alendronsäure" zur Frage, ob der Klageantrag gegen Schutzzertifikat und Grundpatent gerichtet ist; vgl auch BPatG 18.3.2008 3 Ni 25/06 (EU); BPatG 11.6.2008 4 Ni 20/07: Antrag auf Widerruf wurde als Antrag auf Nichtigerklärung ausgelegt.
60 Vgl BGH Bausch BGH 1994–1998, 517, 519 Hub-Kipp-Vorrichtung.
61 Vgl nur BPatG 20.6.2007 4 Ni 64/05 (EU); vgl aber die Praxis des 3. Senats des BPatG in BPatG 10.7.2006 3 Ni 3/04 (EU); BPatG 8.3.2007 3 Ni 27/04 (EU); BPatG 18.3.2008 3 Ni 25/06 (EU).
62 BGH Liedl 1965/66, 220, 224 Absetzwagen 01.
63 BPatG 24.9.1975 2 Ni 14/74, zwh.
64 Bejahend BPatG 26.8.1993 3 Ni 6/93, wonach in diesem Fall die Ausführungsform alleiniger Gegenstand der Sachprüfung ist, der Nichtigkeitskläger allerdings eine geänd Fassung der Patentansprüche nicht verbindlich vorgeben kann; dagegen, allerdings nicht abschließend entschieden, BGH GRUR 1997, 272 f Schwenkhebelverschluß; BPatGE 51, 45 = GRUR 2009, 46 „Ionenaustauschverfahren"; vgl auch BPatG 2.11.2006 3 Ni 31/05: Angriff zulässig, soweit ein Nebenanspruch hätte formuliert werden können.
65 BGH Bausch BGH 1998–2001, 579, 582 f Befestigungselement 02: dort unerheblich, weil der Patentinhaber eine ausreichende Beschränkung selbst hilfsweise vornahm; die Vorgabe einer bestimmten Anspruchsfassung durch den Kläger wird in BPatGE 52, 65 = GRUR 2009, 1195 als unzulässig angesehen, weil diese Fassung allein Sache des Beklagten sei.
66 BPatG 21.12.1993 1 Ni 4/93.
67 BPatGE 46, 118.

angesehen, dass der Antragsteller seinen Antrag auf den Überschuss der umfassenden eingetragenen gegenüber einer engeren Fassung eines Schutzanspruchs beschränkt.[68]

33 Der **Antrag des Beklagten** (zur beschränkten Verteidigung Rn 101 ff zu § 82; zu unzulässigen Antragsformulierungen Rn 77 ff zu § 82) lautet regelmäßig,

die Klage abzuweisen.

34 Über **Kosten und vorläufige Vollstreckbarkeit** wird grds vAw entschieden, ein diesbezüglicher Antrag ist deshalb überflüssig. Auch ein Antrag auf mündliche Verhandlung ist überflüssig, da grds mündlich zu verhandeln ist. Überflüssig ist auch ein Antrag, einen Zwischenbescheid zu erlassen; nach der Neuregelung durch das PatRVereinfModG ist der Erlass eines Hinweises nach § 83 Abs 1 grds vorgeschrieben.

35 **8. Klagegebühr.** Seit 1.1.2002 fällt für das Verfahren im allgemeinen eine streitwertabhängige 4,5-fache Gebühr an, wobei der Mindestbetrag einer Gebühr nach § 2 Abs 2 PatKostG (realitätsfern) 121 EUR beträgt. Nachträgliche Verbindung mehrerer Verfahren führt nicht zur Ermäßigung; erst ab Verbindung fallen weitere Gerichtsgebühren nur einfach an.[69] Die Klagegebühr ermäßigt sich in bestimmten Fällen (Zurücknahme der Klage insb vor Schluss der mündlichen Verhandlung, Anerkenntnis- oder Verzichtsurteil – die wohl allenfalls in Zwangslizenzverfahren denkbar sind –,[70] Vergleichsschluss) auf das 1,5-fache, die Erledigungserklärung steht der Rücknahme der Klage dabei nicht gleich (nach der Änderung des GebVerz durch das GeschmMRefG Nr 402100, 402110; Berechnungsbsp Rn 6 zu § 2 PatKostG). Die Gebührensätze bestimmen sich nach dem GKG. Streitwertherabsetzung nach § 144 ist möglich (§ 2 Abs 2 Satz 4 PatKostG) und kann schon im Rahmen der vorläufigen Festsetzung des Streitwerts (Rn 78 zu § 84) erfolgen. Die Gebühr entsteht mit Einreichung der Klage, soweit nicht Verfahrenskostenhilfe bewilligt ist; die Klage soll erst nach Gebührenzahlung zugestellt werden (§§ 3 Abs 1, 5 Abs 1 Satz 3 PatKostG). In der Klageschrift sollte deshalb eine (realistische) Angabe zum Streitwert (zur Höhe Rn 68 ff zu § 84) gemacht werden und es sollten möglichst zugleich die hiernach berechneten Gebühren entrichtet werden, um Verzögerungen bei der Zustellung zu vermeiden. Wird die Gebühr nicht gezahlt, gilt die Klage als nicht erhoben (§ 3 Abs 1 PatKostG iVm § 6 Abs 2 PatKostG; vgl Rn 9 zu § 6 PatKostG); dies stellt die Neufassung des § 3 Abs 1 PatKostG iVm § 6 Abs 2 PatKostG durch das Gesetz zur Änderung des patentrechtlichen Einspruchsverfahrens und des Patentkostengesetzes klar. Voraussetzung hierfür ist allerdings die Mitteilung über die vorläufige Festsetzung des Streitwerts nach § 2 Abs 2 PatKostG iVm § 63 Abs 1 Satz 1 GKG, die Grundlage für die Fälligkeit der Gebühr ist.[71] Die Angabe eines ungewöhnlich niedrigen Streitwerts sollte näher begründet werden. Zur Gebühr bei Prozessverbindung Rn 65 zu § 82.

36 Bei einer **Mehrheit von Klägern** wurde angenommen, dass die Klagegebühr für jeden von ihnen zu entrichten sei, auch wenn sie von einem gemeinsamen Anwalt vertreten werden (str).[72] Jedoch sei zu prüfen, ob die nur einmal entrichtete Gebühr zumindest einem der Beteiligten zugeordnet werden kann, wobei kein strenger Maßstab angelegt werden dürfe.[73] Auch hat das BPatG die Auffassung vertreten, dass mehrere Kläger, die gegen dasselbe Patent in gleichem Umfang Klage erheben, jeweils die Gebühr zu entrichten haben, sie sollen aber ausnahmsweise nur eine Gebühr zu zahlen haben, wenn sie durch einen gemeinsamen Anwalt vertreten werden, gemeinsam mit demselben Antrag Klage erheben und sich auf denselben Nichtigkeitsgrund stützen.[74] Das erscheint so kaum praktikabel. Es soll auch für den Beitritt eines weiteren Klägers gelten.[75] Neuerdings vertritt der 5. Senat des BPatG unter ausdrücklicher Aufgabe seiner früheren Position die Linie, dass nach Nr 402100 GebVerz bei Erhebung einer Nichtigkeitsklage wegen der Einheitlichkeit des Verfahrens nur eine Gebühr zu zahlen sei.[76] Angesichts der unklaren Rechts-

---

68 BPatGE 45, 53, GbmLöschungssache.
69 BPatG BlPMZ 2012, 289.
70 Vgl BGH GRUR 2004, 138 dynamisches Mikrofon.
71 BGH GRUR 2013, 539 Kontaktplatte; *Benkard* Rn 38; *Büscher/Dittmer/Schiwy* Rn 11.
72 BPatGE 53, 182 = Mitt 2013, 371 „Bitratenreduktion", jedoch ausdrücklich aufgegeben in BPatG 21.10.2015 5 ZA (pat) 31/15 und in BPatG 1.12.2015 5 ZA (pat) 103/14; vgl BPatG 1.2.2011 5 Ni 109/09; BPatG 29.7.2011 5 Ni 67/09; zum Einspruchsverfahren BGH GRUR 2015, 1255 Mauersteinsatz.
73 BPatGE 53, 182 = Mitt 2013, 371 „Bitratenreduktion".
74 BPatGE 28, 225 = Mitt 1987, 112; *Schulte* Rn 65 f; nicht entschieden in BGH 26.2.2015 X ZR 54/11.
75 BPatGE 32, 204 = GRUR 1992, 435; *Schulte* Rn 66.
76 BPatG 21.10.2015 5 ZA (pat) 31/15; BPatG 1.12.2015 5 ZA (pat) 103/14.

lage ist dringend zu empfehlen, bei mehreren Klägern die Gebühr mehrfach zu zahlen und einen Rückforderungsantrag zu stellen.

Das BPatG fordert auf dieser Grundlage den **Vorschuss** in Höhe des 4,5-fachen Gebührensatzes **37** ein, soweit er noch nicht entrichtet wurde (§ 2 Abs 2, § 3 Abs 1, § 5 Abs 1 Satz 3 PatKostG, der nach § 10 GKG dem § 12 GKG vorgeht; § 34 GKG. Die einfache Gebühr (mit dem Faktor 4,5 zu multiplizieren) beträgt seit 1.8.2013 zB bei einem Streitwert von

100.000 EUR	1.026 EUR	**4,5fach:**	**4.617 EUR**
200.000 EUR	1.746 EUR	**4,5fach:**	**7.857 EUR**
250.000 EUR	2.104 EUR	**4,5fach:**	**9.468 EUR**
500.000 EUR	3.536 EUR	**4,5fach:**	**15.912 EUR**
1.000.000 EUR	5.336 EUR	**4,5fach:**	**24.012 EUR**
2.000.000 EUR	8.936 EUR	**4,5fach:**	**40.212 EUR**
5.000.000 EUR	19.736 EUR	**4,5fach:**	**88.812 EUR**
10.000.000 EUR	37.736 EUR	**4,5fach:**	**169.812 EUR**
20.000.000 EUR	73.736 EUR	**4,5fach:**	**331.812 EUR**
30.000.000 EUR	109.736 EUR	**4,5fach:**	**493.812 EUR**

Je angefangene 50.000 EUR erhöht sich die einfache Gebühr ab einem Streitwert von 500.000 EUR um 180 EUR (4,5fach: 810 EUR). Die Steigerungssätze ergeben sich insoweit aus § 34 GKG.

Zahlungsweise. Es gelten die allg Bestimmungen. Zu berücksichtigen ist, dass das BPatG nicht über **38** eine eigene Zahlstelle verfügt. Zu den Rechtsfolgen der Nichtzahlung s die Kommentierung zu § 6 PatKostG.

Wiedereinsetzung in die Frist zur Zahlung der Klagegebühr ist möglich. Verschulden der Partei **39** wurde verneint, wenn das BPatG seiner prozessualen Fürsorgepflicht nicht ausreichend nachkommt.[77]

9. Sicherheitsleistung (Absatz 6)

a. Grundsatz. Nichtigkeitskläger (nicht auch Patentinhaber,[78] auch nicht als Berufungskläger)[79] und **40** auch Streithelfer auf Klägerseite[80] mit gewöhnlichem Aufenthalt[81] im Ausland mit Ausnahme solcher aus der EU[82] und dem EWR haben auf Verlangen des Beklagten (Rn 39) Ausländersicherheit zu leisten; dies gilt nicht, soweit ihnen Verfahrenskostenhilfe bewilligt ist (§ 132; § 122 Abs 1 Nr 2 ZPO).

b. Ausnahmen. Die österr Rspr hat eine Befreiung bereits aus dem Inländerbehandlungsgrundsatz **41** (dort in Art 5 RBÜ) abgeleitet;[83] wegen des Vorbehalts in Art 2 Abs 3 PVÜ wird dies auf PVÜ-Verbandsangehörige nicht zu übertragen sein.[84] Aus dem TRIPS-Übk folgt keine Befreiung.[85] Durch die Verweisung auf § 110 Abs 2 ZPO sind ua folgende Ausnahmen festgelegt (die weiteren Fälle spielen im Patentnichtigkeitsverfahren keine Rolle):[86]

- wenn aufgrund völkerrechtl Verträge keine Sicherheit verlangt werden kann (§ 110 Abs 2 Nr 1 ZPO, Rn 42);
- wenn die Entscheidung über die Erstattung der Prozesskosten an den Beklagten aufgrund völkerrechtl Verträge vollstreckt würde (§ 110 Abs 2 Nr 2 ZPO);

---

77 BPatG 9.9.2014 5 Ni 12/14 (EP): mehrfache falsche Bezifferung durch den Rechtspfleger.

78 BPatG 30.5.2006 2 Ni 10/05 (EU).

79 BGH GRUR 2005, 359 Ausländersicherheit im Patentnichtigkeitsverfahren; *Fitzner/Lutz/Bodewig* Rn 119 f; RGZ 154, 225 = GRUR 1937. 456 Antragsteller gegen RGZ 127, 194 = BlPMZ 1930, 156 Ausländersicherheit I.

80 *Schulte* Rn 187.

81 Hierzu LG München I GRUR-RR 2005, 335; *Fitzner/Lutz/Bodewig* Rn 121.

82 Vgl EuGH Slg 1997 I 1711 = NJW 1998, 2127 Hayes/Kronenberger.

83 ÖOGH GRUR Int 2000, 447 Sicherheitsanweisung für Flugzeugpassagiere.

84 So auch LG München I GRUR-RR 2005, 335.

85 BPatG GRUR 2005, 973 und zu § 110 ZPO LG Düsseldorf InstGE 1, 157 sowie *Fitzner/Lutz/Bodewig* Rn 117; *A. von Falck/ Rinnert* Vereinbarkeit der Prozesskostensicherheitsverpflichtung mit dem TRIPS-Übereinkommen, GRUR 2005, 225, und *Rinnert/A. von Falck* Zur Prozesskostensicherheitsverpflichtung gem. § 110 ZPO und dem TRIPS-Übereinkommen, GRUR-RR 2005, 297, je mit Nachw der Gegenmeinung; LG Düsseldorf InstGE 3, 215, 217; LG München I GRUR-RR 2005, 335; öOGH GRUR Int 2010, 1083 TRIPS-Prozesskostensicherheit.

86 Die in BGH GRUR 1960, 429 Deckelfugenabdichtung entwickelten Grundsätze sind durch Gesetzesänderung weitgehend überholt.

– wenn der Kläger im Inland ein zur Deckung der Prozesskosten hinreichendes Grundvermögen oder dinglich gesicherte Forderungen besitzt (§ 110 Abs 2 Nr 3 ZPO).

42   **Völkerrechtliche Verträge** in diesem Sinn sind insb Art 17 des Haager Übk über den Zivilprozess vom 1.3.1954,[87] Art 9 des Europäischen NiederlassungsAbk vom 13.12.1955[88] zweiseitige Abkommen, das juristische Personen nicht privilegiert,[89] dagegen nicht schon Verbürgung der Gegenseitigkeit; § 110 Abs 2 ZPO aF war unanwendbar.[90] Verbürgung der Gegenseitigkeit ist auch nach der ZPO seit 1.10.1998 kein Befreiungsgrund mehr.[91]

43   Anknüpfung ist der der **gewöhnliche Aufenthalt**, dh regelmäßig der Wohnsitz oder Sitz, nicht die Staatsangehörigkeit des Klägers,[92] soweit der Kläger nur Angehöriger eines Vertragsstaats ist.[93]

44   **Befreit** sind danach Kläger mit Sitz oder Wohnsitz in Ägypten, Argentinien, Armenien, Australien,[94] Belgien, Bosnien und Herzegowina, den britischen Jungferninseln,[95] Bulgarien, Dänemark, Estland; Finnland, Frankreich, Georgien (Bindungserklärung), Gibraltar, Griechenland, Irland, Island, Israel, Italien, Japan, Kasachstan (Bindungserklärung), Kirgisien (Bindungserklärung), Kroatien, Lettland, Libanon, Liechtenstein, Litauen, Luxemburg, Malta, Marokko (auch zweiseitiges Abk vom 29.10.1985),[96] Mazedonien (Bindungserklärung), Moldau, der Mongolei, Montenegro,[97] Neuseeland,[98] den Niederlanden, Norwegen, Österreich, Polen, Portugal, Rumänien, der Russischen Föderation, Schweden, Schweiz,[99] Serbien, Singapur,[100] der Slowakei, Slowenien, Spanien, Surinam, der Tschechischen Republik, Tunesien (zweiseitiges Abk vom 19.7.1966),[101] der Türkei (auch zweiseitiges Abk vom 28.5.1929),[102] der Ukraine (Bindungserklärung), Ungarn, Usbekistan (Haager Zivilprozssabk), im VK,[102a] Weißrussland, im Vatikanstaat und in Zypern (ohne Nordzypern).

45   **Nicht befreit**[103] sind ua Kläger mit Wohnsitz oder Sitz in Anguilla,[104] Brasilien, China (Volksrepublik),[105] China (Taiwan),[106] Hongkong,[107] Indien, Kanada,[108] der Republik Korea, den Philippinen,[109] Saudi-Arabien (zur früheren Rechtslage 6. Aufl Rn 28) und den USA.[110]

---

87   BGBl 1958 II 577 = BlPMZ 1960, 175; zu dessen Verhältnis zu Abs 6 BPatGE 36, 50 = GRUR 1996, 480; vgl DPA Mitt 1961, 113; zur Problematik der Anwendbarkeit im Verhältnis zu den Nachfolgestaaten Jugoslawiens und der Sowjetunion *Schütze* Zur Prozeßkostensicherheit (§ 110 ZPO) von Angehörigen der ehemaligen Ostblockstaaten, NJW 1995, 496.
88   BGBl 1959 II 998; vgl *Geimer* Internationales Zivilprozessrecht[7] Rn 2005.
89   Vgl DPA BlPMZ 1953, 381.
90   BGH GRUR 1960, 429 Deckelfugenabdichtung mAnm *Harmsen*, hinsichtlich des entschiedenen Falls – Marokko – überholt; BPatGE 21, 241 = GRUR 1979, 395.
91   Vgl BGH NJW 2001, 1219.
92   BGH GRUR 1960, 429 Deckelfugenabdichtung; RPA BlPMZ 1928, 232; *Benkard* Rn 46.
93   Vgl PA BlPMZ 1905, 240, PA BlPMZ 1906, 216; *Nölle* Mitt 1965, 129 f.
94   Deutsch-brit Abk vom 20.3.1928; *Schulte* Rn 195.
95   AA OLG Oldenburg OLGRep 2004, 594.
96   BGBl 1988 II 1055.
97   *Zöller* ZPO Anh IV.
98   Deutsch-brit Abk vom 20.3.1928; *Schulte* Rn 195.
99   BPatGE 36, 50 = GRUR 1996, 480.
100   Deutsch-brit Abk vom 20.3.1928; *Schulte* Rn 195.
101   BGBl 1969 II 889.
102   RGBl 1930 II 6.
102a   Mit dem zu erwartenden Austritt aus der EU wird die Befreiung nach § 110 Abs 1 ZPO entfallen (das Haager Übk gilt im Verhältnis zum VK nicht, jedoch ist das Europäische NiederlassungsAbk anwendbar; zur Reichweite vgl OLG Düsseldorf NJW 1993, 2447 – Kapitalgesellschaft mit Sitz im VKA – einerseits, OLG München NJW 1993, 200 andererseits).
103   S auch die Staatenaufstellung bei *Schulte* Rn 193 ff.
104   GH BGHRep 2004, 1648, zu § 110 ZPO.
105   BPatG GRUR 2005, 973; BGH 6.7.2010 X ZR 3/10 undok.
106   BPatG 4.8.2010 4 Ni 67/09 (EU).
107   BPatG 17.5.2004 4 Ni 38/03 (EU) undok.
108   Vgl BGH 19.7.2007 IX ZR 150/05.
109   BGH BGHRep 2004, 1648, zu § 110 ZPO.
110   BPatGE 21, 241 = GRUR 1979, 395: Minnesota; BPatG 2.7.1987 3 Ni 45/86 (EU): Oregon; BPatG 9.10.2000 2 Ni 43/99 (EU) undok: Kalifornien; BPatG 30.5.2006 2 Ni 10/05 (EU): Iowa; vgl BGH NJW 2002, 3259; LG Düsseldorf InstGE 1, 157; LG Düsseldorf IntsGE 3, 215; LG Düsseldorf InstGE 4, 287; LG München I GRUR-RR 2005, 335; aA OLG Frankfurt IPRax 2002, 222.

Unklar ist die Rechtslage bzgl Aserbaidschan, Guernsey, Jersey,[111] der Insel Man,[112] Tadschikistan **46** und Turkmenistan. Ob aus dem dt-iranischen Abk vom 24.2.1930 (Rn 36 Einl IntPatÜG) eine Befreiung folgt, ist ungeklärt.[113]

c. Antrag. Die Verpflichtung zur Sicherheitsleistung setzt einen Antrag des Beklagten voraus (Abs 6 **47** Satz 1). Der Antrag kann noch in zweiter Instanz gestellt werden.[114]

d. Die **Anordnung** erfolgt durch Beschluss.[115] Mündliche Verhandlung ist nicht erforderlich.[116] Der **48** Beschluss ist nicht selbstständig anfechtbar (§ 110 Abs 7 ZPO).[117]

e. Art und Höhe. Erforderlich ist Hinterlegung, die jedenfalls vorbehaltlich abw Anordnung bei ei- **49** nem Amtsgericht, nicht bei der Amtskasse des DPMA, zu erfolgen hat.[118] Der im Jahr 2002 hinsichtlich der Bankbürgschaft geänd § 108 ZPO ist entspr anwendbar.[119] Die bloße Überweisung des Betrags an die Zahlstelle steht der Hinterlegung nicht gleich.[120]

Bei der Festsetzung der **Höhe** der Sicherheit ist auf die in beiden Instanzen zu erwartenden Kosten **50** abzustellen,[121] dies umfasst auch die außergerichtlichen Kosten des Gegners.[122]

f. Zur Leistung der Sicherheit ist angemessene **Frist** zu bestimmen, die sich an den Verhältnissen **51** beim Verpflichteten zu orientieren hat.[123] Die Frist kann auf einen vor Fristablauf gestellten Antrag verlängert werden.[124] Wiedereinsetzung wird als möglich angesehen;[125] das ist unter der Prämisse zutr, dass Sicherheitsleistung nach Fristablauf – anders als nach § 113 Abs 2 ZPO, auf den die Regelung in § 81 nicht verweist – nicht beachtet werden darf. Die Prüfung der Rechtzeitigkeit unterliegt dem Freibeweis.[126]

g. Unzureichende Sicherheit. Reicht die Sicherheit nicht aus, kann die Leistung weiterer Sicherheit **52** angeordnet werden (§ 112 Abs 3 ZPO),[127] soweit die angeordnete Sicherheit die Kosten nicht mehr deckt.[128]

h. Folgen der Nichtleistung. Bei Nichtleistung gilt die Klage als zurückgenommen; der Ausspruch er- **53** folgt in erster Instanz durch den Rechtspfleger nach § 23 Abs 1 Nr 4 RPflG,[129] vor dem BGH nach der älteren Rspr durch Urteil ohne mündliche Verhandlung,[130] nach aA durch Beschluss, wofür auch eine Analogie zu

---

111   Befreiung bejahend BGHZ 151, 204 = NJW 2002, 3539; LG Heidelberg IPRspr 2004 Nr 90, 184.

112   Vgl OLG Hamburg Die Aktiengesellschaft 2007, 870.

113   Vgl OLG Düsseldorf NJW-RR 1999, 1588.

114   RGZ 127, 194 = BlPMZ 1930, 156 Ausländersicherheit I; RG MuW 30, 317 Ausländersicherheit II; RG GRUR 1934, 734 Illinois; RGZ 154, 225 = GRUR 1937, 456 Antragsteller; *Büscher/Dittmer/Schiwy* Rn 16.

115   *Benkard* Rn 51; vgl *Schulte* Rn 200.

116   BGH GRUR 2005, 359 Ausländersicherheit im Patentnichtigkeitsverfahren; *Schulte* Rn 200; aA BPatG 21.10.1975 2 Ni 43/74: bei Streit über die Sicherheitsleistung dem Grund nach.

117   *Fitzner/Lutz/Bodewig* Rn 122.

118   BPatGE 7, 35.

119   *Benkard* Rn 52; BPatG 9.10.2000 2 Ni 43/99 (EU) undok.

120   BGH NJW 2002, 3259, zu § 110 ZPO.

121   BPatG 2.7.1987 3 Ni 45/86 (EU); BPatG 11.3.1992 3 Ni 40/91 Schulte-Kartei PatG 81–85 Nr 299; BPatG 15.5.1996 3 Ni 51/95 (EU); BPatG 9.10.2000 2 Ni 43/99 (EU) undok; BPatG 17.5.2004 4 Ni 38/03 (EU) undok; vgl LG München I GRUR-RR 2005, 335; nach *Schulte* Rn 201 jedoch nur die Kosten vor dem BPatG und die Kosten einer etwaigen Berufungseinlegung.

122   RGZ 127, 194 = BlPMZ 1930, 156 Ausländersicherheit I; RG GRUR 1934, 734 Illinois; *Schulte* Rn 201.

123   *Benkard* Rn 52.

124   Vgl RG GRUR 1936, 319 Sicherheitsleistung; RPA BlPMZ 1924, 218; BPatG 15.11.2000 2 Ni 43/99 (EU) undok; *Schulte* Rn 202; *Mes* Rn 147; aA *Benkard* Rn 52, wonach Feristverlängerung nur möglich ist, wenn innerhalb offener Frist über den Verlängerungsantrag entschieden werden kann.

125   BPatGE 7, 35 f; BPatG 7.10.1996 3 Ni 51/95 (EU) undok; *Benkard* Rn 52; *Schulte* Rn 202; *Fitzner/Lutz/Bodewig* Rn 125; zur Problematik der Wiedereinsetzung bei der Versäumung richterlicher Fristen BPatGE 31, 29 = GRUR 1990, 113.

126   BPatG 2.10.1996 2 Ni 17/96.

127   *Benkard* Rn 52; *Fitzner/Lutz/Bodewig* Rn 126; vgl BGH 3.8.1967 I a ZR 29/67.

128   BGH BGHRep 2004, 1648.

129   *Fitzner/Lutz/Bodewig* Rn 127: üblicherweise.

130   BGH Liedl 1967/68, 269 ff katalytisches Feuerzeug.

§ 269 Abs 4 ZPO spricht.[131] Praktische Auswirkungen sollte die Streitfrage nicht haben, nachdem auch das Urteil keine Grundlage für einen Ausspruch über die vorläufige Vollstreckbarkeit sein kann. Erneute Klage bleibt möglich, jedoch kann dem Beklagten die Einrede mangelnder Prozesskostenerstattung entspr § 269 Abs 6 ZPO zustehen.

54 **i.** Die Entscheidung über die **Rückgabe** der Sicherheit obliegt beim BPatG dem Rechtspfleger (§ 23 Abs 1 Nr 1 RPflG).

III. Verfahrensbeteiligte

55 **1. Allgemeines.** Beteiligte sind der im Register als Inhaber des Patents (oder ergänzenden Schutzzertifikats) Eingetragene als **Beklagter** (Abs 1 Satz 2) und der die Nichtigerklärung des Patents oder Schutzzertifikats oder der die Erteilung der Zwangslizenz begehrende **Kläger**. Streitgenossenschaft und Streithilfe sind auf beiden Seiten möglich; bei mehreren eingetragenen Patentinhabern liegt notwendige Streitgenossenschaft vor,[132] nach neuerer Praxis des BGH auch bei mehreren Klägern, weil das ergehende Urteil als Gestaltungsurteil Wirkung gegenüber allen Klägern entfalte.[133] Nicht beteiligt sind die das Patent erteilenden Ämter oder ihre Präsidenten; damit haben sie anders als im Beschwerdeverfahren auch keine Möglichkeit zur Abgabe einer Stellungnahme.[134] §§ 76, 77 gelten im Nichtigkeitsverfahren nicht. Rechts- und Parteifähigkeit sind bei ausländ Beteiligten nach deren Heimatrecht zu beurteilen.[135]

2. Kläger; Rechtsschutzbedürfnis; Klageausschluss

56 **a.** Die Klage ist – ähnlich wie die markenrechtl Löschungsklage wegen Verfalls (§ 55 MarkenG)[136] – **Popularklage**,[137] mit der der Kläger das öffentliche Interesse an der Nichtigerklärung eines zu Unrecht erteilten Patents wahrnimmt, in deren Rahmen aber, da sich Kläger und Beklagter als Prozessparteien gegenüberstehen, letzterer dem Kläger Einwendungen aus einem zwischen ihnen bestehenden Rechtsverhältnis entgegenhalten kann.[138]

57 Kläger kann grds **jedermann** sein. Kläger können auch juristische Personen des Völkerrechts sein.[139] In der Praxis ist die Nichtigkeitsklage als Popularklage allerdings so gut wie bedeutungslos; idR klagt der mit einer Verletzungsklage Angegriffene oder Verwarnte, ganz ausnahmsweise ein Interessenverband.[140] Die Nichtigerklärung eines Patents, dem keine Schutzfähigkeit zukommt, liegt im öffentlichen Interesse.[141] Dieses wird vom Verhalten des Klägers in einem Verletzungsstreit nicht berührt.[142]

---

131 *Benkard* Rn 53.

132 *Schulte* Rn 15.

133 BGH GRUR 2016, 361 Fugenband, unter Hinweis auf die zur aktienrechtl Anfechtungsklage ergangene Entscheidung BGHZ 122, 211, 213 = NJW 1993, 1976; BGH 28.1.2016 X ZR 130/13; ebenso BGH 2.2.2016 X ZR 146/13 (notwendige Streitgenossenschaft, aus prozessualen Gründen), zwh.

134 *Fitzner/Lutz/Bodewig* Rn 18.

135 BGH Bausch BGH 1986–1993, 640 Konkurs des Nichtigkeitsklägers mwN.

136 Vgl dazu BGH GRUR 2005, 397 OTTO.

137 BGH GRUR 1963, 253 Bürovorsteher; BGH 30.4.2009 Xa ZR 64/08; BGH GRUR-RR 2010, 136 Behälterschließvorrichtung 01; BGH GRUR 2012, 540 Rohrreinigungsdüse; BGH 25.2.2010 Xa ZR 34/08; BGH 25.2.2015 X ZR 54/11; vgl BGH Bausch BGH 1986–1991, 640 Konkurs des Nichtigkeitsklägers; BPatG 6.2.2002 4 Ni 44/00 (EU); BPatG 9.5.2007 1 Ni 8/07; BPatGE 50, 265 = GRUR 2008, 892 „Memantin"; BPatG 16.1.2008 4 Ni 19/05 (EU); BPatG 29.1.2008 4 Ni 12/07; *Jestaedt* Patentrecht² Rn 713; kr *Alexander-Katz* GRUR 1954, 23 und GRUR 1956, 292, 294; vgl *Kuhbier* GRUR 1954, 187.

138 BGHZ 10, 22, 24 = GRUR 1953, 385 f Nichtangriffsabrede; BGH Bürovorsteher; BGH GRUR 1971, 243 Gewindeschneidvorrichtungen.

139 Vgl BPatG 27.3.2007 1 Ni 5/06 (EU) und nachgehend BGH GRUR 2010, 910 fälschungssicheres Dokument: Europäische Zentralbank.

140 Vgl BPatG 6.2.2003 4 Ni 44/00 (EU) und nachgehend BGH 7.11.2006 X ZR 69/02.

141 BGH GRUR 1990, 667 Einbettungsmasse; BGH 12.11.2002 X ZR 118/99 Schulte-Kartei PatG 81–85 Nr 310 Knochenschraubensatz.

142 BGH Mitt 2004, 213 Gleitvorrichtung; *Benkard* § 22 Rn 35.

Auch der **Lizenznehmer** ist an sich klagebefugt[143] (zu den Ausnahmen Rn 83 ff). **58**

Der **Patentinhaber** selbst kann nicht Kläger sein[144] (vgl Rn 21 zu § 15 GebrMG), mithin auch nicht ein **59** Gesellschafter einer Handelsgesellschaft, die Patentinhaberin ist,[145] selbst wenn er aus der Gesellschaft ausgeschieden ist.[146] Der Patenterwerber verliert mit Erwerb seine Klagebefugnis;[147] das wird angesichts des kontradiktorisch ausgestalteten Verfahrens generell und ohne die Einschränkung wie beim Einspruchsverfahren[148] gelten müssen.[149]

Die **Bundesrepublik Deutschland** und ihre Sondervermögen können Kläger sein.[150] Allerdings wird **60** man eine Klage der Patentämter als ausgeschlossen ansehen müssen, soweit diese lediglich eine Korrektur des Erteilungsakts erreichen wollen, weil eine Überprüfung der Patenterteilung außerhalb der dafür vorgesehenen Verfahren nicht in Betracht kommt.

Der **erfolglos Einsprechende** ist trotz der Rechtskraftwirkung der Einspruchsentscheidung nicht ge- **61** hindert, Nichtigkeitsklage zu erheben; er kann sie sogar auf dasselbe Material wie beim Einspruch stützen.[151]

b. Mehrheit von Klägern. Klagen mehrere gemeinsam, sind sie (nach neuer Rspr des BGH notwendi- **62** ge; Rn 55) Streitgenossen iSv §§ 59 ff ZPO (vgl Rn 143 ff zur Nebenintervention).[152] Gemeinsame Klage ist jedenfalls dann möglich, wenn jeweils derselbe Nichtigkeitsgrund geltend gemacht wird,[153] aber auch, wenn sich die Kläger auf verschiedene Nichtigkeitsgründe stützen.[154] Beitritt eines weiteren Klägers ist unter den Voraussetzungen der §§ 59, 60 ZPO zulässig, wenn die bisherigen Kläger zustimmen;[155] andernfalls kann eigene Klage erhoben und diese mit der früheren verbunden werden (§ 147 ZPO). Ist Kläger ein nichtrechtsfähiger Verein, sollten nach älterer Rspr als Kläger alle Mitglieder in der Klage und im Rubrum aufzuführen sein.[156] Zur Klagegebühr in diesem Fall Rn 36.

c. Wechsel des Klägers kraft Gesetzes. Zumindest wenn die Nichtigkeitsklage mit Rücksicht auf das **63** Gewerbe des Klägers erhoben ist, erwirbt dieser durch sie eine vermögensrechtl Position, die im Insolvenzverfahren in die Masse, bei seinem Tod in den Nachlass fällt. Deshalb tritt beim **Tod** des Klägers dessen Erbe kraft Gesetzes als Partei in den Rechtsstreit ein.[157]

Auch andere Fälle der **Gesamtrechtsnachfolge** lassen den Rechtsnachfolger eintreten[158] (zur Ge- **64** samtrechtsnachfolge auf Beklagtenseite Rn 124). In allen anderen Fällen kommt nur gewillkürter Parteiwechsel in Betracht (Rn 36 ff zu § 82).

Fällt der Kläger in **Insolvenz**, tritt der Insolvenzverwalter jedenfalls dann als Partei kraft Amts an **65** seine Stelle, wenn die Nichtigkeitsklage mit Rücksicht auf den Gewerbebetrieb des Klägers erhoben wurde[159] (zur Auslandsinsolvenz Rn 6 zu § 79; Rn 23 f zu § 82; zum Einspruchsverfahren Rn 346 ff zu § 59). Bei

---

143   RGZ 101, 235, 237 = GRUR 1921, 187 Hülsen; BGH GRUR 1957, 482 f Chenillefäden; BGH GRUR 1961, 572, 574 Metallfenster; BGH 11.5.1971 X ZR 43/70, GbmSache.
144   BPatGE 9, 42; RG BlPMZ 1927, 256 Schlammentleerungsvorrichtung; *Fitzner/Lutz/Bodewig* Rn 21.
145   RG BlPMZ 1902, 177 Umkehren einer oszillierenden Drehung; zu weitgehend *Fitzner/Lutz/Bodewig* § 22 Rn 6, wonach Gesellschafter der Rechtsperson, der das Patent zusteht, generell nicht zur Klage befugt sein sollen.
146   BPatGE 9, 42, 44; RG BlPMZ 1927, 256 Schlammentleerungsvorrichtung.
147   *Benkard* § 22 Rn 33.
148   BGHZ 124, 343 = GRUR 1996, 42 Lichtfleck.
149   AA *Benkard* § 22 Rn 33.
150   Vgl BPatG 27.11.1975 2 Ni 22/74, BPatG 24.11.1993 3 Ni 41/92 (EU); *Hagen* GRUR 1976, 350.
151   BGH GRUR 1996, 753 Zahnkranzfräser; *Ballhaus* Mitt 1961, 182, 184.
152   RG GRUR 1940, 198 Additionsverbot.
153   Vgl BPatGE 20, 94, GbmLöschungssache.
154   Vgl *Hövelmann* Mitt 2004, 59, 61 f; *Mes* § 16 GebrMG Rn 11.
155   BPatGE 32, 204 f = GRUR 1992, 435.
156   BGH Mitt 1961, 199 Stahlgliederband; vgl zur Rechtsstellung des nichtrechtsfähigen Vereins im Aktivprozess jetzt aber BGH NJW 2008, 69.
157   RG BlPMZ 1906, 192 Vordermesser für Doppelschnitzelkasten.
158   BPatGE 19, 53 f, GbmSache.
159   Abw BGH 26.3.2013 4 Ni 8/11; zur früheren Rechtslage (Konkurs) weitergehend RGZ 141, 427 f = BlPMZ 1934, 2 biegsame Schwachstromleitung; RG GRUR 1941, 387 Konkurs; vgl RG BlPMZ 1906, 192 Vordermesser für Doppelschnitzelkasten: vermögensrechtl Charakter der Beziehungen zwischen den Parteien; aA RG BlPMZ 1905, 184 Konkurs des Nichtigkeitsklägers.

Insolvenz des beklagten Patentinhabers ist Aufnahme durch den Nichtigkeitskläger entspr § 86 Abs 1 Nr 1 InsO möglich.[160]

66   **d. Ausschluss der Klage.** Der Klage steht entgegen, dass die Durchführung des Verfahrens gegen Treu und Glauben verstößt oder allein die Schädigung des Beklagten bezweckt.[161] Die Prüfung der Klagebefugnis ist Sache des Nichtigkeitsverfahrens; sie kann nicht zum Gegenstand einer besonderen „**Verbietungsklage**" gemacht werden.[162]

67   **e. Besonderheiten bei widerrechtlicher Entnahme.** Bei widerrechtl Entnahme ist nur der Verletzte klagebefugt[163] (Abs 3; Rn 40 ff zu § 21, Rn 22 zu § 15 GebrMG). Nichtigkeitsklage und Anspruch auf Übertragung nach § 8 PatG kommen nebeneinander in Betracht (Rn 46 zu § 8). Der Verletzte kann seine Klagebefugnis auf einen anderen übertragen.[164] Die Sperre durch das Einspruchsverfahren wird bei eur Patenten auch hier eingreifen, weil dem Verletzten hinreichende Verteidigungsmöglichkeiten zur Verfügung stehen, obwohl die widerrechtl Entnahme im eur Einspruchsverfahren nicht geltend gemacht werden kann.[165]

68   **f. Rechtsschutzbedürfnis.** Der Nachweis eines Rechtsschutzbedürfnisses ist bei einem in Kraft stehenden Patent nicht erforderlich.[166] Das Rechtsschutzbedürfnis ist nur nach Erlöschen des Patents oder Schutzzertifikats,[167] gleich aus welchem Grund, Prozessvoraussetzung und damit Zulässigkeitsvoraussetzung (Rn 69 ff). Dass das Patent möglicherweise nach Art II § 8 Abs 1 IntPatÜG seine Wirkung verloren hat, ist grds unbeachtlich;[168] das gilt jedenfalls, wenn Inanspruchnahme auch aus dem wirkungslos gewordenen Patent erfolgt oder droht.[169] Nach allg Grundsätzen fehlt das Rechtsschutzbedürfnis bei objektiv sinnlosen Klagen.

69   Nach **Erlöschen** (insb durch Ablauf der Schutzdauer, Verzicht,[170] Widerruf nach § 64, Nichtzahlung der Jahresgebühren)[171] des Patents (auch während des Verfahrens) – nicht schon bei möglicher Wirkungslosigkeit nach Art II § 8 Abs 1 IntPatÜG (Rn 68) – ist ein besonderes, eigenes Rechtsschutzbedürfnis (die Terminologie, vgl Rn 43 vor § 34 – rechtl Interesse, schutzwürdiges Interesse – ist schwankend und ungenau) des Klägers erforderlich, da die Klage dann nicht (mehr) vom Interesse der Allgemeinheit an der Beseitigung unberechtigter Schutzrechte getragen wird.[172] Das gilt auch, soweit auf einzelne Patentansprü-

---

160   BGHZ 197, 177 = GRUR 2013, 862 Aufnahme des Patentnichtigkeitsverfahrens; *Büscher/Dittmer/Schiwy* Rn 15; zum Einspruchsverfahren BPatG ZInsO 2012, 1090.
161   BGH GRUR 1957, 177 f Aluminiumflachfolien I; BGH GRUR 1987, 900 f Entwässerungsanlage; BGH 12.11.2002 X ZR 118/99 Schulte-Kartei PatG 81–85 Nr 310 Knochenschraubensatz; BGH 30.4.2009 Xa ZR 64/08; BGH GRUR-RR 2010, 136 Behälterschließvorrichtung; BPatG 5.10.2004 1 Ni 13/03 (EU); BPatG 7.2.2012 4 Ni 68/09 (EU); vgl BGH GRUR 2005, 1097 OTTO, Markensache; BPatG Mitt 2007, 467 f, GbmLöschungssache.
162   BGH GRUR 1982, 161 Einspruchsverbietungsklage; BGH BlPMZ 1982, 18 (Vorlagebeschluss); *Benkard* § 22 Rn 38.
163   Vgl BGH GRUR 1992, 157 Frachtcontainer; vgl zur Rechtslage in Österreich öOPM öPBl 1999, 12, 14: Erfindermehrheit nur gemeinsam.
164   RG GRUR 1937, 378 Verbinderhaken I; vgl PA BlPMZ 1906, 246.
165   Vgl *Benkard* Rn 40; *Benkard-EPÜ* Art 138 Rn 34; abw für den Fall, dass die Frist für die Übertragungsklage bereits abelaufen ist, BPatG 14.11.2006 4 Ni 22/05.
166   BGH GRUR 1955, 476 Spülbecken; BGH GRUR 1963, 253 Bürovorsteher; BGH GRUR 1974, 146 Schraubennahtrohr; BGH GRUR 1990, 667 Einbettungsmasse; BGH GRUR 1998, 904 f Bürstenstromabnehmer; BGH 12.11.2002 X ZR 118/99 Schulte-Kartei PatG 81–85 Nr 310 Knochenschraubensatz; BGH Mitt 2004, 213 Gleitvorrichtung; RGZ 74, 209 = MuW 10, 276 Glühkörperfäden; BPatG 23.9.2010 4 Ni 13/08; BPatG 27.2.2014 7 Ni 1/14 (EP); BPatG 11.5.2014 1 Ni 2/13 (EP).
167   Hierzu schweiz BG sic! 2008, 643 Alendronsäure II.
168   BPatGE 44, 133 = GRUR 2002, 53; BPatG 22.11.2006 4 Ni 15/05 Schulte-Kartei PatG 81–85 Nr 349, wonach es auf ein Rechtsschutzbedürfnis des Klägers nicht ankommen soll; vgl BGH Knochenschraubensatz; BGH 20.7.2010 X ZR 17/07; BPatG 20.10.2015 4 Ni 6/14; *Benkard* § 22 Rn 36; *Benkard-EPÜ* Art 139 Rn 15; *Fitzner/Lutz/Bodewig* Rn 77.
169   BGH Knochenschraubensatz; BGH 8.9.2009 X ZR 15/07; BPatG 6.11.2003 2 Ni 10/02 mwN.
170   Vgl BPatG 30.7.2009 5 Ni 84/09 (EU).
171   Zur Berücksichtigung der Möglichkeit der Wiedereinsetzung (§ 123) BPatG 1.7.2009 3 Ni 1/07 (EU) Mitt 2009, 325 Ls.
172   BGH GRUR 1965, 231 Zierfalten; BGH GRUR 1966, 141 Stahlveredlung; BGH GRUR 1967, 351 Korrosionsschutzbinde; BGH GRUR 1974, 176 Schraubennahtrohr; BGHZ 64, 155 = GRUR 1976, 30 Lampenschirm; BGH Liedl 1974/77, 337 ff Dauerhaftmagnete; BGH GRUR 1982, 355 Bauwerksentfeuchtung; BGH GRUR 1983, 725 Ziegelsteinformling I; BGH GRUR 2005, 749 Aufzeichnungsträger; BGH GRUR 2006, 316 Koksofentür; BGH GRUR 2007, 309 Schussfädentransport; BGH

che verzichtet worden ist.[173] Das Rechtsschutzbedürfnis kann grds nur anerkannt werden, wenn die nachträgliche Nichtigerklärung des erloschenen Schutzrechts dem Kläger einen rechtl Vorteil bringen könnte.[174]

Das Rechtsschutzbedürfnis ist typischerweise gegeben, wenn die nicht nur theoretische[175] Gefahr besteht, dass der Nichtigkeitskläger oder seine Abnehmer[176] für die Zeit vor Erlöschen des Schutzrechts wegen Verletzung **in Anspruch genommen** wird,[177] erst recht, wenn bereits ein Verletzungsstreit schwebt.[178] Auf die Schlüssigkeit oder Erfolgsaussicht der Klage kommt es nicht an.[179] Das Rechtsschutzbedürfnis kann auch darin begründet liegen, dass der Kläger den Schutzrechtsinhaber wegen unberechtigten Arrests gem § 945 ZPO auf Schadensersatz in Anspruch nehmen will.[180] Eine negative Feststellungsklage wurde als ausreichend angesehen.[181] **70**

Auch **Strafverfolgungsmaßnahmen** (auch gegen den Geschäftsführer des klagenden Unternehmens) reichen aus.[182] Rechtskräftige Feststellung der Schadensersatzpflicht oder Verurteilung im Strafver- **71**

GRUR 2008, 90 Verpackungsmaschine; BGH GRUR 2008, 60 Sammelhefter II; BGH GRUR 2008, 279 Kornfeinung; BGH GRUR 2009, 746 Betrieb einer Sicherheitseinrichtung; BGH Bausch BGH 1986–1993, 414 Heuwerbungsmaschine 02; BGH Bausch BGH 1994–1998, 190 f Sandwichelement; BGH Bausch BGH 1994– 1998, 35, 37 f Polymerstabilisatoren; BGH Bausch BGH 1994–1998, 266 f Offenendspinnmaschine 01; BGH Bausch BGH 1994–1998, 348, 350 Seitenspiegel 01; BGH Bausch BGH 1999–2001, 142 Kontaktfederblock 01; BGH Bausch BGH 1999–2001, 75 reflektierendes Bahnenmaterial; BGH 17.12.2002 X ZR 155/99; BGH 17.12. 2002 X ZR 155/99; BGH 22.2.2005 X ZR 148/00; BGH 22.2.2005 X ZR 183/01 Mengendosierer, Ls in Mitt 2005, 506; BGH 20.6.2006 X ZR 185/02; BGH 12.9.2006 X ZR 49/02; BGH 23.10.2007 X ZR 104/06; BGH 4.11.2008 X ZR 154/05; BGH 19.11.2009 Xa ZR 170/05; BGH 9.11.2010 X ZR 67/05; BPatGE 44, 133 = GRUR 2002, 53; BPatGE 47, 145 = BlPMZ 2004, 58; BPatG 23.3.2009 5 Ni 6/09; BPatG 27.10.2010 3 Ni 43/08 (EU); BPatG GRUR 2011, 905; BPatG 23.11.2010 3 Ni 11/09 (EU); BPatG 15.12.2010 5 Ni 63/09 (EU); BPatG 3.11.2011 2 Ni 12/09 (EU); BPatG 18.7.2012 4 Ni 55/10; BPatG 30.1.2014 4 Ni 12/11; BPatG 12.3.2013 4 Ni 13/11 Mitt 2013, 352 Ls „Dichtungsring"; BPatG 28.11.2013 2 Ni 78/11 und BPatG 5.8.2014 2 Ni 34/12 (EP) sprechen von „rechtlichem Interesse", BGH 17.6.2014 X ZR 77/12, BPatG 5.12.2013 7 Ni 3/14 (EP) und BPatG 19.4.2016 1 Ni 10/14 von „Rechtsschutzinteresse"; vgl für das Einspruchsverfahren BPatGE 54, 34: auch wenn der Einsprechende nicht von Ansprüchen für die Vergangenheit freigestellt wird; für das markenrechtl Löschungsverfahren BGH GRUR 2001, 337 Easypress gegen BPatG Mitt 2000, 361 m kr Anm *Fitzner*.
173 BPatG 6.5.2008 4 Ni 56/06.
174 BGH GRUR 1981, 516 Klappleitwerk: nach Erlöschen des Patents verliert der ArbGb das Rechtsschutzbedürfnis an seiner Nichtigerklärung auch dann, wenn Streit über die Vergütung für die Benutzung der beschränkt in Anspruch genommenen Erfindung besteht; BGH GRUR 1983, 560 Brückenlegepanzer II; BGH Bausch BGH 1999–2001, 75 reflektierendes Bahnenmaterial; BPatG 11.10.2004 34 W (pat) 331/03 verneint das Rechtsschutzbedürfnis, wenn dafür im Einspruchsverfahren nur unzureichende Recherche geltend gemacht wird; zum Interesse bei Angriffen gegen Abnehmer des Klägers BGH Stahlveredlung und BGH Dauerhaftmagnete.
175 BGH GRUR 1995, 342 f tafelförmige Elemente; *Benkard* § 22 Rn 35.
176 Vgl BGH GRUR 1966, 141 Stahlveredlung; BGH Liedl 1974/77, 337 Dauerkraftmagnete.
177 BGH Stahlveredlung; BGH GRUR 1967, 351 f Korrosionsschutzbinde; GRUR 1974, 146 Schraubennahtrohr; BGH 28.9.1993 X ZR 89/91 Bausch BGH 1989– 1993, 162 Beleuchtungseinrichtung für Zigarrenanzünder; BGH Bausch BGH 1994–1998, 242, 245 verschleißfeste Oberfläche; BGH Bausch BGH 1994–1998, 303 f Verbindungsvorrichtung; BGH Bausch BGH 1994–1998, 348, 350 Seitenspiegel 01; BGH 22.2.2005 X ZR 183/01 Mengendosierer, Ls in Mitt 2005, 506; BGH 19.4.2005 X ZR 176/01; BGH GRUR 2010, 910 fälschungssicheres Dokument; BPatG 17.1.2007 4 Ni 72/05; BPatG 31.1.2008 2 Ni 48/04: bei Verwarnung; BPatG 11.7.2012 5 Ni 34/10 (EP): bei Vorbehalt der Rechte nach Rücknahme des Antrags auf Erlass einer einstweiligen Verfügung; BPatG BlPMZ 2014, 60: weltweiter Streit um Industriestandard und Nichtabgabe einer Erklärung, dass der nicht in eine Vereinbarung mit dem anderen Kläger einbezogene Kläger eine Inanspruchnahme nicht zu befürchten habe; BPatG 23.1.2014 2 Ni 19/12; vgl RB Den Haag BIE 2001, 13, 15.
178 BGH Schraubennahtrohr; BGH Bausch BGH 1986–1993, 435 Kühlwasserschlauch; BGH Bausch BGH 1986–1993, 103 Korrosionshemmungsverfahren; BGH Bausch BGH 1999–2001, 75, 76 f reflektierendes Bahnenmaterial; BGH 22.6.2004 X ZR 136/00; BGH 24.5.2005 X ZR 207/01; BGH 23.1.2007 X ZR 235/02; BGH GRUR 2008, 60 Sammelhefter II; BGH GRUR 2008, 90 Verpackungsmaschine; BGH GRUR 2009, 746 Betrieb einer Sicherheitseinrichtung; BGH 22.9.2009 Xa ZR 72/06; BGH GRUR-RR 2010, 136 Behälterschließvorrichtung; BGH 14.1.2010 Xa ZR 66/07; BGH 13.3.2012 X ZR 12/09; BPatG 33, 207, 209 = GRUR 1993, 808; BPatG 8.11.2001 3 Ni 39/00; BPatG 27.3.2003 2 Ni 46/01; BPatG 1.10.2015 6 Ni 3/15 (EP); BPatG 14.11.2006 3 Ni 26/05 und BPatG 18.2.2014 3 Ni 28/12, st Rspr.
179 BGH Schraubennahtrohr; BGH GRUR 1965, 231, 233 Zierfalten; BGH GRUR 1967, 351 f Korrosionsschutzbinde; BGH GRUR 2010, 1084 Windenergiekonverter.
180 BPatGE 23, 7 = GRUR 1981, 124; *Schulte* Rn 41.
181 BPatG 23.3.2009 5 Ni 6/09.
182 BGH 24.6.2010 Xa ZR 76/08; BPatG 1.4.2008 4 Ni 8/06; vgl öOPM öPBl 2002, 156, Markensache.

fahren muss schon wegen der Wiederaufnahmemöglichkeit das Rechtsschutzbedürfnis nicht ausschließen;[183] dabei wird ein Nachweis, dass das Wiederaufnahmeverfahren anschließend auch beschritten wird, schon deshalb nicht verlangt werden können, weil es sich insoweit nicht um eine dem Beweis zugängliche Tatsache handelt.

72 Inanspruchnahme der Partei begründet nach deren Insolvenz grds auch ein Rechtsschutzbedürfnis für deren **Insolvenzverwalter,** jedoch nicht, wenn im Insolvenzverfahren keine Ansprüche angemeldet sind und auf etwaige Ansprüche gegen die Masse verzichtet wird.[184]

73 Als ausreichend anerkannt wurde auch das Interesse eines Lizenznehmers, von **Lizenzzahlungen** befreit zu werden, anders aber, wenn der Kläger durch die Nichtigerklärung nicht frei würde.[185]

74 Ausreichend ist weiter das Interesse eines Patentanwalts, **Regressansprüche** seines früheren Mandanten abzuwehren.[186] Das gilt auch für den Anwalt, der in einem früheren Verfahren die Berufungsbegründungsfrist versäumt hatte.[187]

75 Das Rechtsschutzbedürfnis des **Mehrheitsgesellschafters** einer GmbH kann, da dieser nicht persönlich für die Gesellschaftsverbindlichkeiten einzustehen hat, nicht allein mit Inanspruchnahme der GmbH begründet werden.[188] Es soll bei einem OHG-Gesellschafter fehlen, der lediglich nach § 128 HGB in Anspruch genommen wird, wenn die Klage der Gesellschaft rechtskräftig abgewiesen ist und der Gesellschafter seine Bedenken gegen die Schutzfähigkeit im früheren Verfahren hätte geltend machen können.[189]

76 Ein **Arbeitgeber** hat kein Rechtsschutzbedürfnis, wenn er durch die Nichtigerklärung von Vergütungsansprüchen für die Vergangenheit nicht frei würde.[190]

77 Das Rechtsschutzbedürfnis lässt sich nicht mit **Inanspruchnahme aus einem parallelen Schutzrecht** rechtfertigen, das in seiner Wirksamkeit nicht mit dem angegriffenen verknüpft ist.[191]

78 Ein Rechtsschutzbedürfnis für die Nichtigkeitsklage gegen das abgelaufene Grundpatent besteht nicht, wenn damit nur die Voraussetzung für eine Nichtigerklärung des **ergänzenden Schutzzertifikats** geschaffen werden soll, aus dem allein Inanspruchnahme erfolgt, da diese wegen Abs 1 Satz 3 eine Klage gegen das Grundpatent nicht voraussetzt (Rn 154 Anh § 16a).[192]

79 Kein **„positiviertes Rechtsschutzbedürfnis".** Inanspruchnahme des Klägers durch den Patentinhaber begründet nicht schon ein Rechtsschutzbedürfnis hinsichtlich der Nichtigerklärung des gesamten Patents, wenn sie nur aus einem einzelnen Patentanspruch erfolgt.[193] Das BPatG bejaht ein Rechtsschutzbedürfnis auch für abhängige Patentansprüche („echte Unteransprüche").[194]

---

183 BGH GRUR 2006, 316 Koksofentür mwN; BPatGE 33, 240 = GRUR 1993, 732; BPatG 15.4.1999 2 Ni 66/97 (EU) undok; BPatG 25.6.2013 3 Ni 30/11 (EP); BPatG 4.12.2013 5 Ni 13/12 (EP); *Schulte* Rn 41; *Mes* Rn 76; vgl öOPM öPBl 2002, 156, Markensache; *Meier-Beck* GRUR 2007, 11, 17.

184 BGH GRUR 2004, 849 Duschabtrennung.

185 BGH GRUR 1982, 355 Bauwerksentfeuchtung; *Schulte* Rn 42.

186 BPatGE 26, 137 = GRUR 1984, 645; *Schulte* Rn 41.

187 BPatG 16.1.2014 7 Ni 2/14 (EP).

188 BGH GRUR 1995, 342 f tafelförmige Elemente; zum Drittinteresse allg *Benkard* § 22 Rn 35; BPatGE 34, 17 = GRUR 1993, 961, GbmSache.

189 BGHZ 64, 155 = GRUR 1976, 30 Lampenschirm, GbmLöschungssache; vgl vorangehend BPatG 6.5.1974 5 W (pat) 410/73 BlPMZ 1975, 147 Ls, wo die Rechtskraftwirkung der abweisenden Entscheidung herangezogen wurde.

190 BGH GRUR 1981, 516 Klappleitwerk.

191 BPatGE 34, 93 für Inanspruchnahme aus ausländischem Teil des eur Patents; BPatGE 34, 131 für Nichtigkeitsklage gegen DD-Patent bei Inanspruchnahme aus parallelem eur Patent; BPatG 6.11.1979 2 Ni 20/79 für ausländisches Parallelpatent; vgl BPatG 18.9.1998 4 W (pat) 50/98, zum Einspruchsverfahren, wo auch eine Grundlage für einen Verzicht auf das eur Patent verneint wird, nachdem der Patentinhaber auf eine Inanspruchnahme aus dem parallelen dt Patent verzichtet hat; großzügiger BGH Bausch BGH 1986–1993, 255 Anspinnverfahren 02: bei schwebendem Streit aus parallelem franz Patent und übereinstimmender Erklärung der Parteien, ein solcher drohe auch im Inland nach Abschluss des Nichtigkeitsverfahrens.

192 BPatGE 42, 240, 242, Klage in der Berufungsinstanz zurückgenommen; BPatGE 50, 6 = Mitt 2007, 68, auch zur Auslegung des Klageantrags; *Sredl* GRUR 2001, 596; zust *Kraßer* S 613 (§ 26 B III 4); *Benkard* § 22 Rn 36; wohl aA *Brändel* GRUR 2001, 875, 877; vgl BGH 22.5.2001 X ZR 80/00.

193 BGH GRUR 2005, 749 Aufzeichnungsträger; BGH 15.3.2011 X ZR 58/08; so jetzt auch BPatG 23.2.2012 4 Ni 19/09 (EU); BPatG 18.7.2012 4 Ni 55/10: nicht bei abhängigen Patentansprüchen; BPatG 13.1.2013 3 Ni 13/11; BPatG 12.3.2013 4 Ni 13/11 Mitt 2013, 352 Ls „Dichtungsring"; BPatG 2.7.2015 7 Ni 63/14 (EP); *Meier-Beck* GRUR 2007, 11, 17 gegen die frühere Rspr des BPatG: BPatG 26.4.1976 2 Ni 27/74; BPatG 17.7.2002 4 Ni 38/00; vgl *Benkard* § 22 Rn 35; vgl auch BPatG 17.5.1978 2 Ni 44/77.

194 BPatG 25.6.2013 3 Ni 30/11 (EP); vgl BPatG 18.7.2012 4 Ni 55/10.

Das **Rechtsschutzbedürfnis entfällt**, wenn der Beklagte verbindlich auf alle Ansprüche aus dem 80
Schutzrecht, auch für die Vergangenheit, verzichtet;[195] hier hätte der Patentinhaber den einfacheren Weg,
den Verzicht anzunehmen. In diesem Fall rechtfertigt auch das Interesse des Nichtigkeitsklägers, den früheren Schutzrechtsinhaber seinerseits wegen unberechtigter Verwarnung in Anspruch zu nehmen, nicht
die Fortsetzung des Verfahrens.[196] Wird die Verletzungsklage rechtskräftig abgewiesen, entfällt das
Rechtsschutzbedürfnis.[197] Das Rechtsschutzbedürfnis wird verneint, wenn die Inanspruchnahme nur noch
theoretisch, nicht aber mehr ernstlich droht.[198] Zwh ist die Rechtslage, wenn das Klageschutzrecht zwar
geltend gemacht wird, die Verurteilung aber nur auf ein Parallelschutzrecht gestützt und die Verletzung
des Klageschutzrechts offen gelassen wird.[199] Klagerücknahme ohne Verzicht oder verbindliche Erklärung,
dass der Kläger nicht erneut in Anspruch genommen werde, genügt nicht.[200]

Prüfung. Maßgeblich ist der Zeitpunkt der letzten mündlichen Verhandlung.[201] Der Wegfall des 81
Rechtsschutzbedürfnisses nach Klageerhebung ist daher nicht anders zu behandeln als dessen Fehlen von
Anfang an.[202] Eine Prüfung der Erfolgsaussichten des Verletzungsprozesses hat zu unterbleiben.[203] Die
Darlegungs- und Beweislast soll beim Nichtigkeitskläger liegen;[204] hier gelten indes dieselben Bedenken
wie bei den prozesshindernden Einreden (Rn 83, 116) und bei der Nichtangriffspflicht (Rn 84 ff), Bei der
Prüfung darf kein zu kleinlicher Maßstab angelegt werden.[205] Es genügt, dass Grund zur Besorgnis einer
Inanspruchnahme aus dem Schutzrecht besteht. Dass sich der Inhaber des Bestehens von Ansprüchen
gegen den Kläger berühmt, sie angekündigt, geltend gemacht oder eine Verwarnung ausgesprochen hat,
ist ausreichend,[206] aber nicht unbedingt erforderlich.[207] Es genügt auch, dass der Inhaber auf die Aufforderung, auf alle Ansprüche aus dem Schutzrecht zu verzichten, geschwiegen hat.[208]

**g. Klageausschluss; prozesshindernde Einreden; Nichtangriffsabreden; entgegenstehende 82
Rechtskraft und Rechtshängigkeit.** Nach § 325 ZPO können der rechtskräftig durch Sachurteil (nicht
durch Prozessurteil nach Änderung der prozessualen Umstände)[209] abgewiesene Nichtigkeitskläger und
sein Rechtsnachfolger keine erneute Nichtigkeitsklage auf denselben Klagegrund stützen, selbst wenn
neues Material genannt wird;[210] dies gilt nach neuerer Rspr auch für den als Nebenintervenienten auf Klägerseite beigetretenen vermeintlichen Verletzer.[211] Der Klageverbrauch wird allerdings dann problematisch, wenn aufgrund der gesetzlichen Präklusionsvorschriften, wie durch das PatRVereinfModG nunmehr
geregelt (für das erstinstanzliche Verfahren § 83), die Prüfung anhand des gesamten StdT der Realität viel-

195 BGH GRUR 1965, 231, 233 Zierfalten; BGH GRUR 2004, 849 Duschabtrennung; BPatGE 18, 50; vgl BGH GRUR 2010,
1084 Windenergiekonverter; BPatG 5.2.2002 3 Ni 7/01; DPA Mitt 1957, 147; für das Einspruchsverfahren BPatG 26.10.2004
34 W (pat) 12/04; BPatG 20.9.2007 14 W (pat) 325/05.
196 BGH Zierfalten.
197 Vgl BGH Liedl 1987/88, 367 ff Mähmaschine 03.
198 BGH GRUR 1995, 342 tafelförmige Elemente; *Benkard* § 22 Rn 35.
199 Vgl den dem Verfahren BGH X ZB 1/11 zugrundeliegenden Fall.
200 BGH GRUR 2010, 1084 Windenergiekonverter; kr hierzu *Gröning* FS J. Bornkamm (2014), 667, 670 ff, unter Hinweis
auf BGH 21.3.2013 X ZR 61/10; aA für das Einspruchsverfahren BPatGE 54, 34.
201 BGH GRUR 1966, 141 Stahlveredlung; BGH GRUR 2004, 849 Duschabtrennung.
202 Vgl BGH GRUR 1965, 231, 233 Zierfalten; *Benkard* § 22 Rn 37.
203 BGH GRUR 1974, 146 Schraubennahtrohr mwN.
204 BGH GRUR 1995, 342 f tafelförmige Elemente; BGH 22.10.1985 X ZR 39/82; stRspr.
205 Vgl *Benkard* § 22 Rn 35.
206 BGH Bausch BGH 1999–2001, 75 reflektierendes Bahnenmaterial.
207 BGH GRUR 1981, 515 f Anzeigegerät; BGH GRUR 1985, 871 Ziegelsteinformling II; BGH BlPMZ 1995, 442 f tafelförmige
Elemente; vgl BGH Bausch BGH 1999–2001, 142, 145 Kontaktfederblock 01; BPatGE 20, 52 und BPatG 46, 215, GbmSachen;
zu eng insoweit BPatGE 19, 58 = Mitt 1977, 119; BPatG 20, 186 = Mitt 1978, 173; vgl *Benkard* § 22 Rn 35.
208 BGH GRUR 1985, 871 Ziegelsteinformling II; BPatGE 36, 110 = GRUR 1996, 373, zum Einspruchsverfahren.
209 BPatG 7.2.2012 4 Ni 68/09 (EU): Wegfall der Nichtangriffsvereinbarung.
210 BGH GRUR 1964, 18 Konditioniereinrichtung; BPatG 13.11.2008 10 Ni 30/07 (EU); vgl RG BlPMZ 1913, 247
Stäbchenanordnung; RG GRUR 1937, 1082 Umdruckpapier, GbmLöschungssache; kr *Keukenschrijver* GRUR 2009, 281 und
schon *Gaul* GRUR 1965, 337; weitergehend lässt schweiz BG BGE 125 III 241 = GRUR Int 2000, 276 = sic! 2000, 407
Sammelhefter II für das schweiz Recht die Rechtskraftwirkung alle gesetzlichen Nichtigkeitsgründe erfassen; eingehend
hierzu *Walter* GRUR 2001, 1032.
211 BGH GRUR 2008, 60 Sammelhefter II, BGH 16.10.2007 X ZR 182/04; anders noch BGH GRUR 1998, 382, 387
Schere.

fach nicht mehr entspricht.[212] Zulässig ist die auf einen anderen Klagegrund gestützte Klage,[213] ebenso ein Angriff, der von der Rechtskraft der früheren Entscheidung nicht erfasst wird (zB auf einen früher nicht angegriffenen Nebenanspruch, vgl Rn 50 zu § 84). Im Umfang der Rechtskraft ist eine erneute Überprüfung auch nicht vAw zulässig.[214] Jedoch setzt die Ausgestaltung der Nichtigkeitsklage als Popularklage der Möglichkeit, einem Kläger den Zutritt zum Nichtigkeitsverfahren aus in seiner Person liegenden Gründen zu versagen, von vornherein enge Grenzen; zulässig ist die Nichtigkeitsklage jedenfalls dann, wenn die Möglichkeit der Inanspruchnahme des Klägers aus dem angegriffenen Patent besteht.[215] Die Zulässigkeit der Nichtigkeitsklage kann hier nur verneint werden, wenn lediglich das theoretische Risiko einer Inanspruchnahme besteht.[216] Auch Rechtshängigkeit einer Klage steht in diesem Umfang einer weiteren Klage desselben Klägers entgegen.

83   **Prozesshindernde Einreden.** Daraus, dass sich Nichtigkeitskläger und Patentinhaber als Prozessparteien gegenüberstehen, folgt, dass der Beklagte dem Kläger Einwendungen aus vertraglichen Beziehungen der Parteien und der Person des Klägers entgegenhalten kann;[217] dies gilt auch für vertraglich übernommene oder sich aus sonstigen Gründen ergebende Verpflichtungen, das Schutzrecht nicht anzugreifen, bei denen es sich nach bisheriger Rspr um nur auf Rüge zu beachtende prozesshindernde Einreden handelt.[218] Wieweit dies indessen mit § 87 in Einklang steht, ist bisher nicht näher geprüft worden (vgl Rn 116). Die Nichtangriffspflicht kann dem Kläger auch von dem bloß registerberechtigten Beklagten entgegengehalten werden, der selbst nicht sachbefugt ist.[219] Zu beachten ist, dass sich der Inhalt vertraglicher Abreden, insb auch die Frage, ob sich aus ihnen eine Nichtangriffsverpflichtung ergibt, internationalprivatrechtl nach dem Vertragsstatut beurteilt; in der Praxis kann dies zu erheblichen Schwierigkeiten führen.[220]

84   Eine **vertraglich übernommene Nichtangriffspflicht** (Nichtangriffsabrede) wird demnach grds als beachtlich angesehen.[221] Unzulässigkeit der Klage kann sich somit aus dem Vertrag ergeben („pactum de non litigando"). Die Nichtangriffsabrede kann auch dann beachtlich sein, wenn der Kläger nach Vertragsschluss erneut als Verletzer in Anspruch genommen wurde.[222] Allerdings wird sich eine Unzulässigkeit nunmehr vielfach auf kartellrechtl Grundlage ergeben (Rn 102 ff). Bindungen über die Laufzeit des Patents hinaus sind unzulässig.[223]

85   **Vertragsverletzung des Patentinhabers.** Kommt der Patentinhaber vertraglichen Verpflichtungen nicht nach, berechtigt das, solange diese durchsetzbar sind, nicht entgegen bestehenden Verpflichtungen zum Angriff;[224] beim Lizenzvertrag wurde dies anders beurteilt;[225] dies ist jedenfalls bei außerhalb des

---

212   Vgl *Keukenschrijver* GRUR 2009, 281.
213   BGH BlPMZ 1954, 332, 334 Entwicklungsgerät.
214   BPatGE 6, 189; vgl BPatG 14.12.2010 4 Ni 24/09.
215   BGH GRUR 2010, 992 Ziehmaschinenzugeinheit II.
216   BGH Ziehmaschinenzugeinheit II.
217   AA noch RG BlPMZ 1902, 177, 180 Umkehren einer oszillierenden Drehung.
218   Vgl BGHZ 10, 22 = GRUR 1953, 385 Nichtangriffsabrede, im Anschluss an die Rspr des RG, RG BlPMZ 1914, 348 Treibräder und RG GRUR 1923, 16 Verzicht; BGH GRUR 1963, 253 Bürovorsteher; BGH GRUR 1965, 135, 137 Vanal-Patent; BPatGE 22, 20, 24; BPatG 21.5.1992 3 Ni 41/91 Schulte-Kartei PatG 81–85 Nr 298; BPatG 14.12.2004 3 Ni 48/01, auch zur Darlegungslast; BPatG 22.3.2012 2 Ni 15/09 (EU); *Schulte* Rn 46.
219   BPatGE 52, 54: jedenfalls dann, wenn die materielle Berechtigung bereits zum Zeitpunkt der Klageerhebung bestand.
220   Vgl den BPatGE 43, 125 zugrunde liegenden Fall, in dem auf das Recht des Staats Oregon abzustellen war, das vom BPatG allerdings nur kursorisch geprüft wurde; allg zum „assignor estoppel" nach US-Recht *Bodewig* GRUR Int 2004, 918.
221   RG Treibräder; RG Verzicht; BGH Nichtangriffsabrede; BGH GRUR 1955, 535, 538 Zählwerkgetriebe; BGH GRUR 1956, 264 Wendemanschette I; BGH GRUR 1958, 177 f Aluminiumflachfolien I; BGH Vanal-Patent; BGH GRUR 1971, 243 Gewindeschneidvorrichtungen; BPatG 4.3.2008 4 Ni 9/06; BPatGE 52, 54; DPA Mitt 1960, 77; DPA BlPMZ 1961, 265; aA *Schwerdtner* GRUR 1968, 9, 11 f; vgl BGH GRUR 1989, 39 Flächenentlüftung; BGH GRUR 1993, 895 Hartschaumplatten.
222   BPatG 4.9.2003 2 Ni 35/01 (EU).
223   *Von Maltzahn* FS O.-F. von Gamm (1990), 597, 603 unter Hinweis auf OLG Karlsruhe WuW/E OLG 951.
224   Vgl BPatG Bausch BPatG 1994–1998, 766, 769, 772 unter Hinweis auf BGH GRUR 1987, 900 Entwässerungsanlage und BGH GRUR 1990, 667 Einbettungsmasse.
225   BPatGE 36, 50, 52 f = GRUR 1996, 480; *Benkard* § 22 Rn 44.

vertraglichen Synallagmas liegendem Verhalten (zB Strafanzeige) zutr. Wohlverhaltensklauseln in Verträgen stehen einer Nichtigkeitsklage nicht ohne weiteres entgegen.[226]

Begründung der Nichtangriffspflicht. Die Verpflichtung kann im Vertrag **ausdrücklich** (auch noch **86** nach Erhebung der Nichtigkeitsklage)[227] eingegangen sein; ein gesetzliches Formerfordernis hierfür besteht nicht.[228] Sie kann sich auch daraus ergeben, dass ein Vertrag ein besonderes Vertrauensverhältnis begründet, das bei sachgerechter Auslegung eine Nichtigkeitsklage ausschließt.[229] Dem Angriff kann hier der Gesichtspunkt der unzulässigen Rechtsausübung entgegenstehen,[230] wenn sich aus den Beziehungen der Parteien ergibt, dass er gegen Treu und Glauben verstößt[231] oder allein die Schädigung des Beklagten bezweckt.[232] Sie kann weiter aus der Unterstellung des Vertrags unter fremdes Recht folgen.[233] Zur Anwendbarkeit im Einspruchsverfahren Rn 46 f zu § 59, im eur Einspruchsverfahren Rn 367 zu § 59.

Einzelne Vertragstypen. Bei **Kaufverträgen** und bei **Lizenzverträgen** sind Nichtangriffsverpflich- **87** tungen seit Inkrafttreten der 7. GWB-Novelle grds unzulässig und unwirksam.[234] Die frühere differenzierte Rspr (s *6. Aufl*) ist daher im wesentlichen nur noch von historischem Interesse.[235] Ein Lizenzvertrag mit einem Drittem schloss die Nichtigkeitsklage nicht ohne weiteres aus, auch wenn der Dritte dem Patentinhaber gegenüber selbst zur Unterlassung der Nichtigkeitsklage verpflichtet war.[236] Bei einem nach Art und Umfang zwischen den Parteien streitigen Lizenzvertrag wurde die Nichtigkeitsklage nicht mehr als zulässig angesehen, wenn der Nichtigkeitskläger zwar als Verletzer in Anspruch genommen worden war, die Inanspruchnahme aber fallengelassen wurde.[237]

Ein **Lizenzvertrag** wurde schon nach früherer Rechtslage als der Nichtigkeitsklage nicht entgegen- **88** stehend angesehen, wenn er keine auf Gegenseitigkeit beruhenden Leistungspflichten zum Gegenstand hatte oder sich auf die Abrede möglichst gewinnbringender Verwertung des Schutzrechts beschränkte,[238] ebenso ein zulässig gekündigter Lizenzvertrag,[239] erst recht nicht das Rechtsverhältnis aufgrund Benutzungsanzeige nach Lizenzbereitschaftserklärung.[240] Die Stützung der Klage auf Material, das dem Kläger während des beendeten Lizenzvertrags überlassen wurde, stand dem Angriff nicht entgegen.[241] Ein befristeter Lizenzvertrag begründete nach seinem Ablauf ohne Hinzutreten besonderer Umstände keine Nichtangriffspflicht.[242] Eine erneute, auf neue Entgegenhaltungen gestützte Nichtigkeitsklage war nicht deshalb

---

226 Vgl BGH 3.6.1976 X ZR 86/74: Vereinbarung, geschäftsschädigende Äußerungen zu unterlassen; BPatG 26.8.1997 13 W (pat) 97/94: Vereinbarung, im Rahmen der Zusammenarbeit gewonnene Informationen bei einem Angriff auf Schutzrechte der anderen Seite nicht zu verwenden, sofern von solchen Informationen kein Gebrauch gemacht wird.
227 Vgl BGH GRUR 2010, 322 Sektionaltor.
228 Vgl BGH Sektionaltor.
229 BGH GRUR 1957, 482 Chenillefäden; BGH GRUR 1958, 177 f Aluminiumflachfolien I; BGH GRUR 1963, 253 Bürovorsteher; BGH GRUR 1965, 135, 137 Vanal-Patent; BGH GRUR 1971, 243 Gewindeschneidvorrichtungen; BGH GRUR 1987, 900 Entwässerungsanlage; BGH GRUR 1989, 39 Flächenentlüftung; BGH GRUR 1990, 667 Einbettungsmasse; BGH GRUR-RR 2010, 136 Behälterschließvorrichtung; BPatGE 2, 102 = GRUR 1964, 619; BPatGE 9, 34, 38; BPatGE 9, 42; vgl BPatG 13.12.2012 10 Ni 6/11; BPatG 13.12.2012 10 Ni 7/11 (EP).
230 Vgl *Benkard* § 22 Rn 43.
231 BGH Einbettungsmasse mwN; BGH Behälterschließvorrichtung; BGH 10.7.2012 X ZR 98/11; BPatG 9.5.2007 1 Ni 8/07; BPatG 8.11.2007 2 Ni 59/05 (EU); BPatG 22.4.2010 10 Ni 6/09; vgl *Benkard* § 22 Rn 43 ff; zur Nachwirkung bei beendetem Lizenzvertrag BGH Flächenentlüftung, BPatG 4.3.2008 4 Ni 9/06 und BPatG 1.4.2008 4 Ni 8/06, BPatG 4.10.2012 10 Ni 36/10 (EU).
232 BGH GRUR 2005, 1097 OTTO, Markensache.
233 Vgl BPatG 23.9.1976 2 Ni 39/75.
234 Vgl *Benkard* § 22 Rn 41; BPatG 16.4.2015 2 Ni 8/13 (EP); aA offenbar BPatG 20.10.2011 2 Ni 7/10 (EU).
235 Vgl zur ausschließlichen Lizenz BPatG 14.12.2004 3 Ni 48/01; zur nichtausschließlichen BPatGE 49, 34; BPatG 19.8.2009 4 Ni 53/07; zur einfachen Lizenz OLG Düsseldorf WuW 2016, 27; zum Fall der Verpflichtung zu gemeinsamer Schutzrechtsverteidigung BPatG 29.11.2005 4 Ni 53/04 (EU); BPatGE 52, 54.
236 BPatG 11.12.1973 2 Ni 31/72; nach BPatGE 49, 34 = BlPMZ 2005, 395 Ls auch nicht die vertragliche Einräumung einer nicht ausschließlichen Lizenz.
237 BPatG 14.12.2004 3 Ni 48/01.
238 BPatGE 2, 102, 104 = GRUR 1964, 619.
239 BPatG 15.10.1998 3 Ni 36/97 (EU) undok; BPatG 19.9.2006 3 Ni 16/04 (EU); BPatG 21.1.2011 2 Ni 13/09.
240 BPatG 4.7.2000 4 Ni 31/99 undok.
241 BGH GRUR 1971, 243 Gewindeschneidvorrichtungen.
242 BGH GRUR 1956, 264 Wendemanschette I; BGH Liedl 1961/62, 264 Lacktränkeinrichtung I; BGH Gewindeschneidvorrichtungen; BGH GRUR 1965, 135 Vanal-Patent.

unzulässig, weil der Kläger eine frühere Nichtigkeitsklage zur Beilegung eines Verletzungsstreits gegen Gewährung einer einfachen Lizenz zurückgenommen hatte.[243] Art 5 Abs 1 Buchst c TechnologietransferVO (VO 772/2004) bestimmte, dass der Lizenznehmer nicht unmittelbar oder mittelbar verpflichtet werden darf, die Gültigkeit des lizenzierten Rechts nicht anzugreifen (Rn 111; zur nunmehr geltenden VO 316/2014 Rn 112).[244]

89   **Gesellschaftsverträge.** Unzulässig ist die Klage eines Gesellschafters gegen das von ihm aufgrund des Gesellschaftsvertrags eingebrachte Patent, auch die Klage des ausgeschiedenen Gesellschafters gegen das der Gesellschaft belassene Patent,[245] wenn er deswegen abgefunden ist.[246] Zur Nichtangriffspflicht im Verhältnis GmbH – Alleingesellschafter Rn 98.

90   **Kooperationsverträge.** In Betracht kommt weiter Unzulässigkeit der Klage bei Zusammenarbeit bei der Verwertung von Schutzrechten.[247]

91   **Arbeits- und Dienstverträge. Arbeitnehmer** wurden als am Angriff gehindert angesehen, soweit erfinderische Tätigkeit nach dem Arbeitsvertrag zu erwarten war[248] und soweit sie einen durchsetzbaren Vergütungsanspruch haben oder voll abgefunden sind.[249] Ihr Interesse, nach Ausscheiden aus dem Arbeitsverhältnis und Gründung eines eigenen Unternehmens ein Benutzungsrecht zu erlangen, rechtfertigt keine andere Beurteilung.[250] Die einem ArbNErfinder obliegende Nichtangriffspflicht kann der von ihm als Alleingesellschafter und Geschäftsführer betriebenen GmbH entgegengehalten werden.[251] Sie geht allerdings nicht ohne weiteres auf den neuen Arbeitgeber des Arbeitnehmers über.[252]

92   Der (frühere) **Arbeitgeber** ist – wenn nicht besondere Umstände vorliegen – nicht gehindert, ein Patent mit der Nichtigkeitsklage anzugreifen, das auf eine nicht in Anspruch genommene oder später freigegebene oder zurückübertragene Diensterfindung erteilt ist,[253] selbst wenn der Zweck verfolgt wird, Ansprüche des ArbN abzuwehren.[254] Bei Freigabe unter Vorbehalt eines nichtausschließlichen Benutzungsrechts (§ 16 Abs 3 ArbEG) soll das grds nicht gelten,[255] sofern nicht aus besonderen Umständen dem früheren ArbGb die Auferlegung einer Nichtangriffspflicht nicht zugemutet werden kann.[256] Für freie Erfindungen des ArbN (§ 4 Abs 3 ArbEG) kann nichts anderes gelten als für gebundene Erfindungen.[257] Der Dienstherr eines Beamten ist aus seiner Fürsorgepflicht nicht an einer Nichtigkeitsklage gehindert.[258]

93   **Anwaltsvertrag.** Der Anwalt ist nicht gehindert, sich mit der Nichtigkeitsklage gegen Regressansprüche eines ehemaligen Mandanten zu wehren.[259]

---

243   BPatGE 9, 34, 38 f.

244   Vgl *Kraßer* S 957 (§ 42 A IV c 2); zur Rechtslage in den USA SuprC 9.1.2007 MedImmune ./. Genentech und hierzu *Weingaertner/Carnaval* EIPR 2007, 278.

245   BGH GRUR 1989, 39 Flächenentlüftung; BGH GRUR 1955, 535 f Zählwerkgetriebe.

246   BPatGE 9, 42.

247   BGH GRUR 1989, 39 Flächenentlüftung.

248   BGH GRUR 1955, 535 Zählwerkgetriebe.

249   BGH GRUR 1988, 900 Entwässerungsanlage; vgl auch BPatGE 22, 20 = GRUR 1979, 851.

250   BGH GRUR 1990, 667 Einbettungsmasse; BGH Entwässerungsanlage; BPatGE 22, 20 = GRUR 1979, 851; vgl *Bartenbach/Volz* GRUR 1987, 859.

251   BGH Entwässerungsanlage; BPatGE 22, 20 = GRUR 1979, 851, dort auch zur Einschaltung eines „Strohmanns".

252   BPatG 22.4.2010 10 Ni 6/09.

253   BGH GRUR 1965, 135 Vanal-Patent; BGH GRUR 1990, 667 Einbettungsmasse; BPatG 27.11.1975 2 Ni 22/74; BPatG GRUR 1991, 755; BPatG 5.10.2004 1 Ni 13/03 (EU); vgl BPatG 7.7.1988 3 Ni 1/88 Rechtsprechungsdatenbank ArbEG; DPA BlPMZ 1958, 301 = GRUR 1959, 82 m Anm *Friedrich*; vgl auch *Röpke* GRUR 1962, 173 ff.

254   BGH Vanal-Patent; BPatG 7.7.1988 3 Ni 1/88; öOGH GRUR Int 1981, 247 Hauptkühlmittelpumpen; vgl BPatGE 26, 137 = GRUR 1984, 645.

255   BPatG GRUR 1991, 755; kr hierzu *Benkard* § 22 Rn 46; *Bartenbach/Volz* § 25 ArbEG Rn 48; *Reimer/Schade/Schippel* § 16 ArbEG Rn 20; zwd *Fitzner/Lutz/Bodewig* Rn 85; offen gelassen in BPatG 31.5.2012 2 Ni 1/11, weil die Vergütungspflicht nicht von der Rechtsbeständigkeit des mittlerweile erloschenen Patents abhing.

256   BPatG GRUR 1991, 755, 757; BPatG 5.10.2004 1 Ni 13/03 (EU): Infragestellen des Benutzungsrechts (Inanspruchnahme des Nichtigkeitsklägers aus dem Streitpatent).

257   *Röpke* GRUR 1962, 173, 177; *Bartenbach/Volz* ArbEG § 25 Rn 49.

258   BPatG 27.11.1975 2 Ni 22/74; vgl *Hagen* GRUR 1976, 350; *Bartenbach/Volz* ArbEG § 25 Rn 50.

259   BPatGE 26, 137 = GRUR 1984, 645; *Benkard* § 22 Rn 46; *Schulte* Rn 41.

Der – idR, aber nicht notwendig, verdeckt – als **„Strohmann"** vorgeschobene Kläger, der ohne jedes   94
eigene Interesse zwar im eigenen Namen, aber im Auftrag und Interesse eines Dritten klagt,[260] ist grds an
der Klage nicht gehindert.[261] Er muss aus dem Gesichtspunkt von Treu und Glauben aber alle Einwendungen, die gegen seinen Hintermann greifen, gegen sich gelten lassen.[262] Dies gilt, allerdings auf abw Grundlage (Rechtskraftwirkung),[263] auch für entgegenstehende Rechtskraft oder Rechtshängigkeit und für Fehlen des Rechtsschutzbedürfnisses nach Erlöschen des Patents.

Strohmann in diesem Sinn ist jedenfalls, wer wie ein Beauftragter den **Weisungen seines Hinter-**   95
manns unterworfen ist;[264] die Stellung als Berater reicht nicht aus.[265]

Ein **ins Gewicht fallendes eigenes Interesse** an der Nichtigerklärung des Patents oder Schutzzerti-   96
fikats schließt die Strohmanneigenschaft grds aus,[266] so für ein Vorstandsmitglied des früheren Klägers,[267]
bei Vertrieb von nach der Behauptung des Patentinhabers patentverletzenden Erzeugnissen oder von mit
patentgem Erzeugnissen in Konkurrenz stehenden; ebenso bei Ankündigung gerichtlichen Vorgehens.[268]
Es genügt, dass die zukünftige gewerbliche Tätigkeit des neuen Klägers berührt ist, Absprachen mit dem
früheren Kläger sind in diesem Fall unschädlich.[269] Das muss jedoch nicht auch bei einem Umgehungsgeschäft oder kollusivem Zusammenwirken gelten.[270] Nach rechtskräftiger Abweisung der Klage der Gesellschaft kann der (nicht vorgeschobene) Geschäftsführer oder Gesellschafter grds selbst Nichtigkeitsklage
erheben;[271] das gilt erst recht, wenn er als mithaftender Gesellschafter, Geschäftsführer oder Vorstandsmitglied nach rechtskräftiger Abweisung der Nichtigkeitsklage der Gesellschaft mit persönlicher Inanspruchnahme rechnen muss.[272] Auf das Verhältnis des Klägers zum früheren Kläger kommt es dabei nicht
an.[273]

Eine **Pflicht zur Nebenintervention** in einem anhängigen Verfahren besteht nicht, der Ausgang die-   97
ses Verfahrens kann abgewartet werden.[274]

---

260   BGH GRUR 1987, 900, 903 Entwässerungsanlage; BGH GRUR 2011, 409, 411 Deformationsfelder; BGH 10.7.2012 X ZR
98/11; zum Strohmannverhältnis zwischen Vater und Sohn BGH Liedl 1987/88, 664 ff Rastschloß; Strohmannverhältnis
verneint in BPatG 9.5.2007 1 Ni 8/07.
261   BGH GRUR 1963, 253 f Bürovorsteher; BGH 30.4.2009 Xa ZR 64/08; BPatG 13.11.2008 10 Ni 30/07 (EU); *Benkard* § 22
Rn 34.
262   RGZ 59, 133, 135 f = JW 1905, 58 Rechtskraft im Nichtigkeitsverfahren; RG BlPMZ 1927, 256
Schlammentleerungsvorrichtung; RG MuW 34, 109 f Ausbessern von Dachrinnen; RGZ 154, 325, 327 f = GRUR 1938, 25
Speiseeisbehälter; BGH Bürovorsteher; BGH Entwässerungsanlage; BGH GRUR 1998, 904 f Bürstenstromabnehmer; BGH
GRUR-RR 2010, 136 Behälterschließvorrichtung; BGH GRUR 2010, 992 Ziehmaschinenzugeinheit II; BGH GRUR 2012, 540
Rohrreinigungsdüse II; BGH 11.6.2013 X ZR 38/12; BPatGE 2, 102 f = GRUR 1964, 619; BPatG 22, 20 = GRUR 1979, 851;
BPatG 15.4.1999 2 Ni 66/97 (EU) undok; vgl BPatG 19.9.2006 3 Ni 16/04 (EU); BPatG 13.2.2008 4 Ni 58/06 (EU); BPatG
13.11.2008 10 Ni 30/07 (EU); BPatGE 52, 54; BPatG 17.5.2011 1 Ni 1/09 (EU); BPatG 20.10.2011 2 Ni 7/10 (EU); BPatG 16.4.2015
2 Ni 8/13 (EP); BPatG 2.3.2016 2 Ni 15/14 (EP); RPA BlPMZ 1940, 173; DPA BlPMZ 1957, 149; *van Hees/Braitmayer* Rn 820.
263   Vgl BGH Rohrreinigungsdüse II; BGH 10.7.2012 X ZR 98/11.
264   BGH 11.6.2013 X ZR 38/12 unter Hinweis auf BGH GRUR 1963, 253 Bürovorsteher; BGH GRUR 1998, 904, 905
Bürstenstromabnehmer; BGH 20.4.2009 Xa ZR 64/08; BGH 10.7.2012 X ZR 98/11.
265   BGH 10.7.2011 X ZR 98/11.
266   BGH GRUR 1956, 204 Wendemanschette I; BGH Liedl 1961/62, 684, 687 Mischer 01; BGH Liedl 1963/64, 315, 319
Trockenbestäubungsmittel; BGH Liedl 1967/68, 523, 527 Kreismesserhalter 02; BGH GRUR 1987, 900, 903
Entwässerungsanlage; BGH GRUR 1998, 904 f Bürstenstromabnehmer: Auswirkungen auf eigene gegenwärtige oder
zukünftige wirtschaftliche Betätigung; BGH GRUR-RR 2010, 136 Behälterschließvorrichtung; BGH GRUR 2010, 992
Ziehmaschinenzugeinheit II; BGH 30.7.2013 X ZR 36/11; vgl BPatGE 2, 102 f = GRUR 1964, 619; BPatG Bausch BPatG 1994–
1998, 489 f; BPatG 15.4.1999 2 Ni 66/97 (EU) undok; BPatG 30.3.2004 1 Ni 28/02 (EU); BPatGE 52, 245 = Mitt 2011, 236;
BPatG 13.12.2012 10 Ni 6/11; BPatG 13.12.2012 10 Ni 7/11 (EP); DPA Mitt 1958, 180; vgl BPatGE 27, 87 = GRUR 1986, 165.
267   BPatG 13.11.2008 10 Ni 30/07 (EU).
268   BGH 30.4.2009 Xa ZR 64/08; so auch BPatG 13.2.2008 4 Ni 58/06 (EU).
269   BGH Bürstenstromabnehmer; vgl BGH GRUR 2001, 140 f Zeittelegramm; BPatG 9.12.1993 2 Ni 46/92 undok; BPatG
20.10.2011 2 Ni 7/10 (EU).
270   Vgl BPatG 30.3.2004 1 Ni 28/02 (EU) und nachgehend BGH Behälterschließvorrichtung.
271   Vgl BGH 17.12.2002 X ZR 155/99.
272   BPatG 15.4.1999 2 Ni 66/97 (EU) undok; vgl BGHZ 64, 155 = GRUR 1976, 30 Lampenschirm, BPatG 6.5.1974 5 W (pat)
410/73 BlPMZ 1975, 147 Ls, GbmSachen.
273   BGH Bürstenstromabnehmer.
274   BPatG 27.3.2012 3 Ni 32/10 (EP).

98   **Wirtschaftliche Parteiidentität.** Gleiches wie in den Strohmannfällen gilt, wenn Kläger und Hintermann wirtschaftlich die gleiche Person sind,[275] so beim Alleingesellschafter einer Kapitalgesellschaft[276] und umgekehrt, selbst wenn die Gesellschaft wegen Eigeninteresses nicht als Strohmann anzusehen ist.[277] Die einem ArbN Erfinder obliegende Nichtangriffspflicht kann der von ihm als Alleingesellschafter und Geschäftsführer betriebenen GmbH entgegengehalten werden.[278] Bloße Kapitalbeteiligung steht der Nichtigkeitsklage aber nicht entgegen.[279] Konzernverbundenheit mit einem ausgeschlossenen Dritten hindert die Klage für sich nicht;[280] anders uU bei Vorschieben eines Konzernunternehmens.[281]

99   **Umfang.**[282] Bindungen über die Laufzeit des Patents hinaus sind unzulässig.[283] Ob eine Nichtangriffsabrede auf einzelne Elemente eines Nichtigkeitsgrunds beschränkt werden kann und dann zur Unzulässigkeit einer nur darauf gestützten Nichtigkeitsklage führt,[284] erscheint zwh.

100   **Wirksamkeit.** Die Nichtangriffsabrede muss (noch) wirksam sein,[285] sie darf nicht aufgehoben[286] oder angefochten,[287] wirksam gekündigt[288] noch darf ihr vereinbartes zeitliches Ende erreicht sein.[289] Nicht ausreichend ist eine bedingte Abrede.[290]

101   **Nichtigkeit.** Die Nichtangriffsabrede darf nicht gem § 138 BGB als rechtsmissbräuchlich getroffen nichtig sein.[291] Das ist nicht schon der Fall, wenn ein Nichtigkeitsgrund mehr oder weniger klar vorliegt, die Abrede entfaltet erst hier ihren Sinn.[292] Unwirksamkeit folgt auch nicht daraus, dass die Beteiligten das Vorliegen eines Nichtigkeitsgrunds für gegeben hielten[293] oder daraus, dass sie an der Rechtsbeständigkeit zweifelten.[294] Missbräuchlich kann sie aber sein, wenn der Schutzrechtsinhaber sie dem Vertragspartner in Kenntnis des Vorliegens eines Nichtigkeitsgrunds auferlegt hat.[295]

102   **Kartellrechtliche Beurteilung.** Die kartellrechtl Zulässigkeit der Abrede ist zu berücksichtigen[296] und nach nunmehr geltender Rechtslage insb bei Abreden in Lizenzverträgen grds zu verneinen. Eine Zuständigkeit des Kartellsenats des BGH im Berufungsverfahren ist insoweit nicht (mehr) begründet (§ 96 GWB, aufgehoben durch die 6. GWB-Novelle);[297] die Zuständigkeitszuweisung an die Landgerichte in § 87

---

275   BPatG 3.12.2009 10 Ni 8/08.

276   BGH GRUR 1956, 264 f Wendemanschette I; BGH GRUR 1957, 482, 485 Chenillefäden; BGH GRUR 1987, 900, 903 Entwässerungsanlage; BGH GRUR 2012, 540 Rohrreinigungsdüse I.

277   BGH Entwässerungsanlage.

278   BGH Entwässerungsanlage; BPatGE 22, 20 = GRUR 1979, 851.

279   BGH Liedl 1959/60, 260, 263 Absperrventil 01.

280   BPatGE 27, 55 = GRUR 1985, 126; BPatGE 52, 245 = Mitt 2011, 236; BPatG 27.3.2012 3 Ni 32/10 (EP); aA BPatG 22.8.2006 5 W (pat) 421/04, GbmLöschungssache, das sich hier grds für einen strengeren Maßstab ausspricht, die hiergegen eingelegte Rechtsbeschwerde (BGH X ZB 19/06) wurde zurückgenommen.

281   Verneinend BGH GRUR 1963, 253 Bürovorsteher; BGH 30.4.2009 Xa ZR 64/08, wonach auch der vorgeschobene Kläger an der Klage nicht grds gehindert ist; bejahend schweiz BG BGE 125 III 241 = GRUR Int 2000, 276 = sic! 2000, 407 Sammelhefter II; BPatGE 43, 125: „verlängerter Arm".

282   Zur Bedeutung von Vertraulichkeitsvereinbarungen in „discovery"-Verfahren PatentsC 30.10.1998 SmithKline/Connaught, referiert in EIPR 1999 N-28.

283   *Von Maltzahn* FS O.-F. von Gamm (1990), 597, 603 unter Hinweis auf OLG Karlsruhe WuW/E OLG 951.

284   So BPatGE 6, 191: Erfindungshöhe.

285   BPatG 28.2.2012 1 Ni 19/10 (EP).

286   BGHZ 10, 22 = GRUR 1953, 385 Nichtangriffsabrede; BGH GRUR 1971, 243 Gewindeschneidvorrichtungen.

287   BGH GRUR 1956, 264 Wendemanschette I.

288   BGH GRUR 1989, 39 Flächenentlüftung.

289   BGH GRUR 1965, 135 Vanal-Patent.

290   BPatG 4.10.2012 10 Ni 36/10 (EU).

291   BGHZ 10, 22 = GRUR 1953, 385 Nichtangriffsabrede; DPA BlPMZ 1961, 265; vgl auch RGZ 140, 184, 192 = GRUR 1933, 563 Kopfhaarbinde; RGZ 157, 1, 3 ff = GRUR 1938, 191 Untersatz.

292   BGH GRUR 1969, 409, 411 Metallrahmen.

293   Offen gelassen in BGH GRUR 1965, 160, 162 Abbauhammer.

294   BGH Metallrahmen.

295   BGH Metallrahmen.

296   BGH GRUR 1991, 558 Nichtangriffsklausel; BGH GRUR 2011, 409 f Deformationsfelder; OLG Düsseldorf WuW 2016, 27; BPatG 2.2.2016 2 Ni 15/14 (EP); vgl auch BPatG 2, 102 = GRUR 1964, 619; BPatGE 9, 34; BPatG 23.9.1976 2 Ni 39/75; BPatGE 43, 125, 127 ff.

297   Vgl zur früheren Rechtslage – Aussetzung und Einholung einer Entscheidung des Kartellgerichts nach § 96 Abs 2 GWB aF – BGH GRUR 1989, 39, 40 Flächenentlüftung.

GWB gilt wohl nicht für das Patentnichtigkeitsverfahren, auch soweit in diesem kartellrechtl Vorfragen zu beurteilen sind; dies wird auch für das Rechtsmittelverfahren gelten müssen.[298] Entspr gilt, wenn eine Abrede nicht ausdrücklich getroffen ist, sich aber aus den Umständen ergibt.[299] Die Eingriffsnormen des Kartellrechts sind im Weg der Sonderanknüpfung auch in Fällen, an denen nur ausländ Parteien beteiligt sind, anzuwenden (Art 34 EGBGB).[300] Zum Zurücktreten des nationalen Rechts Rn 110; Rn 203 zu § 15.

Beurteilung nach nationalem Recht. Die Abrede war nach früherem dt Recht grds zulässig, wenn **103** die Nichtangriffsverpflichtung vom Erwerber oder Lizenznehmer in Bezug auf das erworbene bzw lizenzierte Schutzrecht übernommen wurde[301] (§ 17 Abs 2 Nr 3 GWB, aufgehoben durch die 7. GWB-Novelle vom 7.7.2005).[302] Eine Nichtangriffsverpflichtung zwischen dem Lizenznehmer und seinem gewerblichen Abnehmer unterfällt unmittelbar dem Kartellverbot des § 1 GWB.[303] Die Beachtlichkeit einer Nichtangriffsverpflichtung des Verkäufers oder Lizenzgebers folgte nicht aus § 17 Abs 2 Nr 3 GWB aF, weil diese Bestimmung nur den Fall betraf, dass dem Schutzrechtserwerber oder dem Lizenznehmer eine Verpflichtung auferlegt war, das Patent nicht anzugreifen, sondern aus den allg Regelungen des GWB.[304] Soweit der Vertrag demnach (nur) an § 1 GWB zu messen ist, musste der Ausschluss der Angriffsmöglichkeit, der sich aus ihm ergibt, aber als eine zulässige Beschränkung angesehen werden, die sich regelmäßig auch ohne ausdrückliche Vereinbarung als Nebenpflicht aus dem an sich kartellrechtsneutralen Erwerbsgeschäft ergab und deshalb von der Verbotsregelung in § 1 GWB nicht erfasst wurde.[305] Die Neufassung der Bestimmung durch die 6. GWB-Novelle hat hieran ersichtlich nichts geänd.

Nach Inkrafttreten der Änderung des nationalen Kartellrechts durch die 7. GWB-Novelle können **104** Nichtangriffsabreden in Lizenzverträgen auch nach nationalem Recht keinen Bestand haben, weil nach § 1, § 2 Abs 2 Satz 2 GWB nunmehr derartige **Vereinbarungen verboten** und auch nicht mehr freistellbar sind, ohne dass es – anders als nach Art 101 AEUV – darauf ankäme, ob die Vereinbarung geeignet ist, den Handel zwischen den Mitgliedstaaten der EU zu beeinträchtigen.[306] Zur Frage, ob dies auch gilt, wenn die Abrede in einem Vergleich (insb zur Beendigung eines Nichtigkeitsverfahrens) getroffen ist, Rn 108. Unzulässig ist eine Nichtangriffsabrede bei einem Patent, bei dem zweifelsfrei ein Nichtigkeitsgrund vorliegt,[307] der von der Vertragspartei auch geltend gemacht werden kann, also bei widerrechtl Entnahme nur vom Verletzten.

Unionsrechtliche Beurteilung. Maßstab ist Art 101 Abs 1 AEUV (s hierzu die Kommentierung zu § 15). **105** Die Abrede ist unzulässig, wenn sie sich als Beschränkung des zwischenstaatlichen Wettbewerbs darstellt. Die Beurteilung nach dieser Bestimmung setzt eine spürbare Beeinträchtigung des Wettbewerbs und die Eignung zur Beeinträchtigung des Handels zwischen den Mitgliedstaaten voraus (zur Beweislast Rn 116).

Ältere Praxis. Die Kommission[308] und ihr folgend der EuGH[309] sind zunächst generell von der Unzu- **106** lässigkeit von Nichtangriffsabreden ausgegangen. Sie haben diese deshalb als nicht freistellungsfähig angesehen. Dem entsprach auch Art 3 Nr 1 der VO Nr 2349/84 EWG.[310]

Der EuGH hat diese Auffassung später modifiziert. Er hat eine wettbewerbsbeschränkende Wirkung **107** einer Nichtangriffsabrede, die im Zusammenhang mit einer **kostenlosen Lizenz** (Freilizenz) getroffen

---

298 Vgl *Benkard* § 22 Rn 41: „zweifelhafte kartellrechtl Vorfragen sind im Rahmen des Nichtigkeitsverfahrens zu klären".
299 Vgl BPatGE 43, 125: Nichtangriffspflicht nach Verkauf der Anmeldung ist kartellrechtl unbdkl.
300 Vgl zur früheren Rechtslage BGHZ 74, 322 = GRUR 1979, 790 organische Pigmente.
301 Vgl *Tetzner* Mitt 1964, 204; kr *Emmerich* in *Immenga/Mestmäcker* GWB § 17 Rn 127 mwN.
302 BGBl I 1954.
303 BPatG 23.5.2000 1 Ni 6/99 (EU).
304 Vgl *Schaub* in Frankfurter Kommentar zum GWB § 20 aF Rn 115; *Wolter* in Frankfurter Kommentar zum GWB § 18 aF Rn 189, *Bräutigam* in *Langen/Bunte* GWB § 17 Rn 21, 94; *Bechtold* GWB § 17 Rn 4, im Grundsatz auch *Emmerich* in *Immenga/Mestmäcker* GWB § 17 Rn 54.
305 Vgl zum Gesichtspunkt der vertragsimmanenten Nebenpflichten ua BGHZ 120, 161, 166 = GRUR 1993, 502 Taxigenossenschaft II; BGH GRUR 1991, 396 Nassauische Landeszeitung: BGH NJW 1994, 384 ausscheidender Gesellschafter; BGH GRUR 1998, 1047 Subunternehmervertrag, je mwN.
306 Vgl Begr BRDrs 441/04 S 39.
307 BGH GRUR 1969, 409 Metallrahmen.
308 GRUR Int 1979, 212 Vaessen/Moris; GRUR Int 1984, 171, 178; GRUR Int 1986, 253, 258, SortSache.
309 EuGH Slg 1986, 611 = GRUR Int 1986, 635 Windsurfing International; aA früher BPatGE 24, 171, 175 mwN, im Berufungsurteil BGH GRUR 1982, 355 Bauwerksentfeuchtung wurde die Frage nicht angesprochen.
310 BlPMZ 1984, 375; vgl dazu Stellungnahmen in GRUR 1978, 692; GRUR 1979, 837, 841; GRUR Int 1980, 156.

Keukenschrijver

war, mit der Begründung verneint, hier habe der Lizenznehmer nicht die mit einer Lizenzgebührenzahlung zusammenhängenden Wettbewerbsnachteile zu tragen.[311] Soweit die Nichtangriffsabrede im Zusammenhang mit einer kostenpflichtigen Lizenz steht, fehlt nach Auffassung des EuGH eine wettbewerbsbeschränkende Wirkung, wenn sich die Lizenz auf ein technisch überholtes Verfahren bezogen hat.[312]

108 Ein **„Vergleichsprivileg"** hat der EuGH im Gegensatz zur Auffassung der Kommission nicht anerkannt, dies aber für einen Prozessvergleich offengelassen.[313] Die Kommission hat eine Nichtangriffsabrede als zulässig angesehen, wenn sie der vergleichsweisen Beendigung eines Rechtsstreits dient, sich nur auf Schutzrechte über die streitbefangene Erfindung bezieht und diese Schutzrechte nicht offensichtlich vernichtbar sind (Stellungnahme der Kommission vom 30.5.1986). Dafür, dass nunmehr ein Vergleichsprivileg gilt, spricht Nr 209 der Leitlinien der Kommission zur Anwendung von Art 81 EG-Vertrag auf Technologietransfer-Vereinbarungen.[314] Diese Leitlinie lautet: „Nichtangriffsklauseln in Anspruchsregelungs- und -verzichtvereinbarungen fallen in der Regel nicht unter Artikel 81 Absatz 1. Es ist charakteristisch für solche Vereinbarungen, dass sich die Parteien darauf einigen, die betreffenden Rechte des geistigen Eigentums nicht im Nachhinein anzugreifen. Es ist ja gerade der Sinn dieser Vereinbarung, bestehende Konflikte zu lösen und/oder künftige zu vermeiden".

109 In der **GruppenfreistellungsVO für Technologietransfervereinbarungen** (VO (EG) Nr 240/96 der Kommission vom 31.1.1996,[315] abgelöst durch die VO (EG) Nr 772/2004, Rn 111; vgl Rn 202 zu § 15) wurde die Nichtangriffsabrede nicht mehr als „schwarze" Klausel genannt. Art 2 Abs 1 Nr 15 sah einen Vorbehalt der Lizenzgebers, die Vereinbarung zu beenden, wenn der Lizenznehmer die Gültigkeit des Patents angreift, ausdrücklich vor. Nach Art 4 Abs 1, Abs 2 Buchst b war die Nichtangriffsverpflichtung freigestellt, wenn sie bei der Kommission angemeldet wurde und diese binnen vier Monaten keinen Widerspruch gegen die Freistellung erhob.[316]

110 Nach Art 1 Abs 2 der seit 1.5.2004 verbindlichen und unmittelbar geltenden **KartellverfahrensVO** (VO (EG) 1/2003 des Rates zur Durchführung der in den Art 81 und 82 EG niedergelegten Wettbewerbsregeln)[317] sind Vereinbarungen, Beschlüsse und aufeinander abgestimmte Verhaltensweisen iS des Art 101 Abs 1 AEUV, die die Voraussetzungen von Art 101 Abs 3 AEUV erfüllen, nicht (mehr) verboten, auch wenn sie nicht durch eine ausdrückliche Freistellung vom Verbot des Art 101 Abs 1 AEUV ausgenommen sind (Prinzip der Legalausnahme). Nach dieser VO ist das GWB in Fällen mit zwischenstaatlichem Bezug nur noch anwendbar, soweit es mit dem EG-Recht kompatibel ist. Das nationale Recht tritt demnach zurück; die §§ 17, 18 GWB sind durch die 7. GWB-Novelle aufgehoben worden.[318] Art 101 AEUV gilt damit auch für nationale Sachverhalte. Eine Regelung, die Art 101 Abs 3 AEUV (vgl Rn 204 zu § 15) unterfällt, ist ohne weiteres freigestellt und unterliegt nur noch einer ex-post-Kontrolle. Die Gerichte müssen das Vorliegen der Voraussetzungen einer Freistellung selbst prüfen, die Kommission kann jedoch um ein Rechtsgutachten ersucht werden; eine Legalausnahme vom Kartellverbot ist gegeben, wenn die tatbestandlichen Voraussetzungen erfüllt sind (vgl aber zur Beweislast Rn 116). Die Voraussetzungen des Art 101 Abs 1 AEUV sind von dem zu beweisen, der sich darauf beruft. Nach Art 10 KartellverfahrensVO kann die Kommission eine feststellende Positiventscheidung treffen.

111 Nach Art 5 Abs 1 Buchst c der **Gruppenfreistellungsverordnung für Technologietransfer-Verträge** (VO (EG) Nr 772/2004, GVO-TT)[319] galt die Freistellung generell nicht für „alle unmittelbaren oder mittelbaren Verpflichtungen des Lizenznehmers, die Gültigkeit der Rechte an geistigem Eigentum, über die der Lizenzgeber im Gemeinsamen Markt verfügt, nicht anzugreifen, unbeschadet der Möglichkeit, die Beendi-

---

311 EuGH Slg 1988, 5249 = GRUR Int 1989, 56 Schaumstoffplatten, auf Vorabentscheidungsersuchen BGH WuW/E BGH 2255 Nichtangriffsklausel 01; vgl auch BGH GRUR 1991, 558 Nichtangriffsklausel; BGH Mitt. 2007, 380 Polymer-Lithium-Batterien.

312 EuGH Schaumstoffplatten.

313 EuGH Slg 1988, 5249 = GRUR Int 1989, 56 Schaumstoffplatten, (Nr 15); vgl auch EuGH Slg 1986, 611 = GRUR Int 1986, 635 Windsurfing International; EuGH Slg 1982, 2015 = GRUR Int 1982, 530 Maissaatgut; hierzu *von Maltzahn* FS O.-F. von Gamm (1990), 597, 609.

314 ABl EG Nr C 101/2 vom 27.4.2004.

315 ABl EG 1996 L 31/2.

316 Kr hierzu *Ullrich* Mitt 1998, 50, 57.

317 ABl EG L 1/1 vom 4.1.2003.

318 BGBl 2005 I 1954; Neubek des GWB BGBl 2005 I 2114.

319 ABl EG L 123 vom 27.4.2004 = BlPMZ 2004, 337.

gung der Technologietransfer-Vereinbarung für den Fall vorzusehen, dass der Lizenznehmer die Gültigkeit eines oder mehrerer der lizenzierten Schutzrechte angreift."[320] Nichtangriffsabreden wurden nicht in die Gruppenfreistellung einbezogen, da die Lizenznehmer am besten selbst beurteilen könnten, ob das Schutzrecht gültig ist oder nicht; ungültige Schutzrechte sollten aufgehoben werden; sie verhinderten eher die Innovationstätigkeit, statt sie zu fördern.[321] Die Nichtfreistellung der Klausel begründete aber keine Vermutung für einen Verstoß gegen Art 101 Abs 1 AEUV oder das Nichtvorliegen der Voraussetzungen des Art 101 Abs 3 AEUV.[322]

Nach der seit 1.5.2014 geltenden Verordnung (**VO 316/2014**; hierzu Leitlinien vom 28.3.2014),[323] die **112** die Marktschwellen unverändert gelassen hat, ist bei einem Angriff auf den Rechtsbestand die Kündigung durch den Lizenzgeber nur noch zulässig, soweit es sich um eine exklusive ausschließliche Lizenz handelt; weiter wurden erweiterte Freistellungsmöglichkeiten für Patentpools eingeführt. Nichtangriffsklauseln werden von der Gruppenfreistellung ausgenommen, um Innovationsanreize zu wahren und eine angemessene Anwendung der Rechte des geistigen Eigentums sicherzustellen; wenn solche Beschränkungen in einer Lizenzvereinbarung enthalten sind, werden aber nur diese von der Freistellung ausgeschlossen.[324] Bei einer Streitbeilegungsvereinbarung ist eine Nichtangriffsverpflichtung möglich, wenn sie keine weiteren kartellrechtswidrigen Anreizfunktionen hat (Leitlinien 242, 243).

Nach Art 6 Buchst a der **Gruppenfreistellungsverordnung für Forschungs- und Entwicklungs- 113 vereinbarungen** (VO (EU) Nr 1217/2010, GVO-F&E),[325] die die VO (EU) 2659/2000 abgelöst hat, ist die Nichtangriffsverpflichtung eine „graue Klausel" ähnlich der Regelung in der GVO-TT.

Außervertragliche Nichtangriffsverpflichtungen kommen nur ganz ausnahmsweise in Betracht.[326] **114** Insb kann sich der Beklagte nicht darauf berufen, dass sich der Kläger für ähnliche Vorschläge ein Patent habe erteilen lassen.[327] Arglistig ist die Klage auch, wenn sie auf eine offenkundige Vorbenutzung des Klägers gestützt wird, die auf einer widerrechtl Entnahme beim Patentinhaber beruht.[328] In besonders gelagerten Ausnahmefällen kann Verwirkung in Betracht kommen.[329] Grds kommt auch aus dem Gesichtspunkt von Treu und Glauben (§ 242 BGB) ein Klageausschluss in Betracht;[330] Fortführung des Nichtigkeitsverfahrens nach rechtskräftiger Verurteilung im Verletzungsprozess ist weder rechtsmissbräuchlich noch treuwidrig.[331] Die Klage ist nicht schon deshalb als rechtsmissbräuchlich anzusehen, weil sich der Kläger nicht einer früheren, von einer zusammen mit ihm wegen Patentverletzung in Anspruch genommenen Partei erhobenen Klage als Streitgenosse oder Streithelfer angeschlossen, sondern den Verfahrensausgang abgewartet hat.[332] Zeitablauf allein ohne Hinzutreten besonderer, einen Vertrauensschutz

---

320 Vgl *Benkard* § 22 Rn 42; *Kraßer* S 957 (§ 42 A IV c 2); *Schulte* Rn 51.
321 Leitlinien der Kommission zur Anwendung von Art 81 EG-Vertrag auf Technologietransfer-Vereinbarungen, ABl EG C 101/2 vom 27.4.2004, Nr 112.
322 *Mamane* Reform der EU-Wettbewerbsregeln für Technologietransfer-Verträge: Einfahrt in den sicheren Hafen? sic! 2004, 616, 624.
323 ABl EU Nr L 93/17 = BlPMZ 2014, 252 ff; Leitlinien hierzu ABl EU vom 28.3.2014 C 89/03.
324 VO (EU) Nr 316/2014 Erwägungsgrund 15; vgl schon Leitlinien der Kommission zur Anwendung von Artikel 81 EG-Vertrag auf Technologietransfer-Vereinbarungen, ABl EG C 101/2 vom 27.4.2004, Nr 112, und hierzu *Cepl/Rüting* Kartellrechtliche Zulässigkeit von Nichtangriffsabreden und ihre Prüfung im Patentnichtigkeitsverfahren, WRP 2013, 305; allg *Hirsbrunner* Rechteinhaber in der Defensive: Neue EU-Vorschriften zur kartellrechtlichen Beurteilung von Patentlizenz- und anderen Technologietransfervereinbarungen, sic! 2015, 188.
325 ABl EU L 335, 36.
326 BGH GRUR 1958, 177 f Aluminiumflachfolien I: Arglist, zB wenn die Klage dem Kläger gegenüber dem Patentinhaber nur einen rechtswidrig erlangten Besitzstand sichern soll, ohne dass berechtigte Interessen des Klägers anzuerkennen sind; BGH GRUR 1974, 146 f Schraubennahtrohr; BGH Mitt 1975, 117 Rotationseinmalentwickler; BPatG 24.6.2003 21 W (pat) 306/02: nicht bei vertraglichen Beziehungen lediglich mit früherem Vertreter der Gegenpartei; BPatG 20.10.2011 2 Ni 7/10 (EU); BPatG 28.2.2012 1 Ni 19/10 (EP); BPatG 8.5.2012 1 Ni 1/11 (EP); *Benkard* § 22 Rn 47.
327 BGH 11.11.1960 I ZR 36/57.
328 RG MuW 34, 109 f Ausbessern von Dachrinnen; RGZ 167, 339, 357 = GRUR 1942, 57 Etuiteile.
329 BGH Schraubennahtrohr; *Benkard* § 22 Rn 43.
330 BPatGE 52, 245 = Mitt 2011, 236; zwd BPatG 9.12.2014 3 Ni 29/13 (EP).
331 BPatG 26.10.1999 4 Ni 23/99.
332 BGH GRUR 2014, 758 Proteintrennung.

rechtfertigender Umstände rechtfertigt nicht die Annahme einer Verwirkung.[333] Auch eine kartellrechtl unwirksame Nichtangriffsabrede rechtfertigt nicht den Arglisteinwand gegen die Nichtigkeitsklage.[334]

115   **Zeitpunkt.** Maßgeblich für die Beurteilung ist der Zeitpunkt der letzten mündlichen Verhandlung.[335]

116   **Darlegungs- und Beweislast.** Gesichtspunkte, aus denen sich ein Ausschluss der Klageberechtigung ergeben kann, soll grds der Beklagte substantiiert vorzutragen und zu beweisen haben.[336] Dagegen soll der Kläger das Vorliegen der tatsächlichen Voraussetzungen einer Beeinträchtigung nach Rn 105 darzulegen haben (vgl Rn 110). Beides ist schon deshalb zwh, weil nach der auch für das Patentnichtigkeitsverfahren geltenden Vorgabe in § 87 der Sachverhalt vAw zu erforschen ist; das wird auch dann, wenn der Beklagte eine prozesshindernde Einrede geltend macht,[337] für die Klärung ihrer Voraussetzungen gelten müssen (vgl auch Rn 83).[338] Zur materiellen Beweislast hinsichtlich der Begründetheit Rn 96 zu § 82.

117   **Wirkung.** Auch die Abweisung der Klage als unzulässig steht in diesen Fällen einer erneuten Klage entgegen, weil der Klageausschluss dem Kläger die Klagemöglichkeit dauerhaft nimmt.[339] Die Nichtangriffsabrede schließt auch den **Beitritt** zum Nichtigkeitsverfahren auf Seiten eines anderen Nichtigkeitsklägers aus.[340]

3. Beklagter

118   **a. Grundsatz.** Beklagter ist, wer in der Klage als solcher bezeichnet ist; an ihn ist grds zuzustellen (Abs 1), auch wenn er nicht der prozessführungsbefugte „richtige" Beklagte ist (näher Rn 39 zu § 82).[341]

119   **b. Passive Prozessführungsbefugnis.** Die Klage ist gegen den im Register als Patentinhaber Eingetragenen[342] bzw bei erteilte Zwangslizenzen betr Klagen (Rücknahme der Zwangslizenz; Anpassung der Vergütung) gegen den Inhaber der Zwangslizenz zu richten (Abs 1 Satz 2), andernfalls soll sie wegen fehlender Prozessführungsbefugnis des Beklagten abzuweisen sein.[343] Klage gegen den Lizenznehmer ist als unzulässig angesehen worden.[344] Ob eine gegen einen nicht im Register eingetragenen Beklagten gerichtete Klage generell als unzulässig und nicht als unbegründet abzuweisen ist, erscheint allerdings zwh,[345] dürfte aber damit begründen sein, dass es sich um eine „doppelrelevante" Tatsache handeln kann. Die passive Prozessführungsbefugnis fehlt dem nicht eingetragenen materiell Berechtigten.[346] Die Eintragung

---

333   BGH Schraubennahtrohr.

334   BGH GRUR 1991, 558 Nichtangriffsklausel; *Benkard* § 22 Rn 44 gegen BPatGE 24, 171 = BlPMZ 1982, 209.

335   BGH GRUR 1956, 264 f Wendemanschette I; BGH GRUR 1957, 485 Chenillefädenmaschine; BGH Mitt 1975, 117 Rotationseinmalentwickler; *Hesse* NJW 1981, 1586; vgl BPatG 52, 54; BPatG 17.5.2011 1 Ni 1/09 (EU); BPatG 4.10.2012 10 Ni 36/10 (EU).

336   BGH GRUR 2011, 409, 411 Deformationsfelder; vgl BPatG 21.5.1992 3 Ni 41/91 Schulte-Kartei PatG 81–85 Nr 298, zur Strohmanneigenschaft; BPatG 19.9.2006 3 Ni 16/04 (EU); BPatG 23.9.2010 4 Ni 13/08; BPatG 20.10.2011 2 Ni 7/10 (EU); BPatG 2.3.2016 2 Ni 15/14 (EU); vgl auch BPatG 2.3.2004 33 W (pat) 70/03, Markensache; *Fitzner/Lutz/Bodewig* § 83 Rn 36, zwh, weil nach der auch für das Patentnichtigkeitsverfahren geltenden Vorgabe im Gesetz (§ 87 PatG) der Sachverhalt vAw zu erforschen ist; das könnte auch dann, wenn der Beklagte eine prozesshindernde Einrede geltend gemacht hat, für die Klärung ihrer Voraussetzungen gelten.

337   Vgl zur Verzichtbarkeit *Schmieder* GRUR 1982, 348, 351.

338   BPatG 23.9.1976 2 Ni 39/75; offen gelassen in BPatGE 52, 54.

339   Vgl BGH GRUR 2010, 992 Ziehmaschinenzugeinheit II.

340   BKartA, Tätigkeitsbericht 1966, BTDrs V/1950 S 73 bei 6.

341   Vgl BGH GRUR 2009, 42 Multiplexsystem; *Fitzner/Lutz/Bodewig* Rn 31.

342   BGHZ 117, 144, 146 = GRUR 1992, 430 Tauchcomputer; BPatG 23.2.2012 10 Ni 16/10.

343   BGH GRUR 1966, 107 Patentrolleneintrag; BPatGE 17, 14, 16; BGH GRUR 1996, 190, 195 Polyferon, Zwangslizenzsache, insoweit nicht in BGHZ; BPatG 25.6.2009 5 Ni 82/09 (EU); auf die fehlende Passivlegitimation stellt demgegenüber ÖPA ÖPBl 2010, 76 ab.

344   Vgl RGZ 67, 176 = BlPMZ 1908, 164 Überkochverhütungsapparat; BPatGE 32, 184 = Mitt 1991, 243; BGHZ 131, 247 = GRUR 1996, 190 Polyferon, für das Zwangslizenzverfahren; *Büscher/Dittmer/Schiwy* Rn 5; kr *Pietzcker* Zur rechtlichen Bedeutung der patentamtlichen Rollen für die gewerblichen Schutzrechte, GRUR 1973, 561, 565 f, 567 f.

345   So BGH GRUR 1966, 107 Patentrolleneintrag; mit kr Anm *Pietzcker; Bühring* § 17 GebrMG Rn 7; *Fitzner/Lutz/Bodewig* Rn 31; vgl *Pietzcker* GRUR 1973, 561, 565 f, 567 f; vgl auch *Benkard* Rn 7.

346   BGH Patentrolleneintrag; BPatGE 32, 184, 188 = GRUR 1994, 98; vgl öOPM öPatBl 2008, 97.

in das Register des DPMA ist auch bei eur Patenten maßgebend.[347] Auf Beklagtenseite kommt es auf das Vorhandensein eines notwendigen Inlandsvertreters für die Zulässigkeit der Klage nicht an, der Beklagte kann aber erst nach Bestellung des Inlandsvertreters am Verfahren teilnehmen.[348] Niederlegung der Inlandsvertretung steht einer Fortführung des Verfahrens nicht entgegen (Rn 149).

Die Prozessführungsbefugnis ist nach der Rspr in jeder Verfahrenslage **von Amts wegen** zu prüfen; **120** dies dürfte wegen des Amtsermittlungsgrundsatzes auch für die Sachbefugnis gelten. Ist der Beklagte nicht bis zum Schluss der letzten mündlichen Verhandlung in das Register eingetragen[349] oder die Klage auf den im Register Eingetragenen umgestellt,[350] ist sie abzuweisen. In der Praxis ergeben sich regelmäßig keine Schwierigkeiten (vgl auch Rn 36 ff zu § 82).

c. Mehrheit von Beklagten. Mehrere eingetragene Mitinhaber eines Patents sind gemeinsam zu ver- **121** klagen. Sie sind notwendige Streitgenossen iSd § 62 ZPO.[351] Ein Verzicht eines der Patentinhaber auf seinen Anteil an dem Patent lässt unabhängig von der Frage einer Anwachsung (Rn 51 zu § 6; Rn 19 zu § 20) dessen Parteistellung als Beklagter unberührt (§ 99 Abs 1 iVm § 265 Abs 2 Satz 1 ZPO).[352]

d. Änderung der Rechtsinhaberschaft. Die bloße **Namensänderung** bei Wahrung der Identität des **122** Beklagten ist auf die Beklagtenstellung ohne Einfluss; auf die Eintragung des neuen Namens im Register kommt es nicht an.[353]

Veräußerung und **Umschreibung** des Patents während des Nichtigkeitsverfahrens haben auf die Be- **123** klagtenstellung keinen Einfluss[354] (§ 265 Abs 2 ZPO); die passive Prozessführungsbefugnis geht nicht kraft Gesetzes auf den Rechtsnachfolger über. In der Praxis erfolgt aber häufig einverständlicher Parteiwechsel (hierzu Rn 36 ff zu § 82), es besteht jedoch keine Verpflichtung des Rechtsnachfolgers, den Rechtsstreit zu übernehmen.[355] Der bisherige Beklagte bleibt prozessführungsbefugt, behält aber nicht die materiellrechtl Befugnisse als Patentinhaber.[356] Der Rechtsnachfolger kann dem Streit – als einfacher Nebenintervenient (§ 265 Abs 2 Satz 3 ZPO)[357] – beitreten (§ 66 ZPO). Er muss das Urteil in der Sache gegen sich gelten lassen (§ 325 Abs 1 ZPO).

Gesamtrechtsnachfolge ist auch ohne Registereintrag beachtlich.[358] Bei Tod des Beklagten oder ge- **124** sellschaftsrechtl Umwandlung/Verschmelzung kommt es deshalb auf die tatsächliche Rechtslage, nicht

---

347 BPatGE 32, 204 = GRUR 1992, 435; BPatG 10.7.2013 4 Ni 8/11 (EP) GRUR 2014, 104 Ls; *Schulte* Rn 14; abw offenbar BPatG 7.3.7013 2 Ni 45/11 (EP).
348 Vgl RGZ 42, 92, 94 = GRUR 1899, 237 Korkschleifmaschine II; vgl *Benkard* Rn 12.
349 BGH GRUR 1966, 107 Patentrolleneintrag.
350 BGH NJW 1962, 347.
351 RGZ 76, 298, 300 = BlPMZ 1911, 248 Berufungsrücknahme des Mitinhabers; BGH GRUR 1967, 655 f Altix; vgl BGH GRUR 1998, 138 f Staubfilter; BGH GRUR 2016, 361; BGH 28.1.2016 X ZR 130/13; *Schulte* Rn 15; *Fitzner/Lutz/Bodewig* PatG Rn 33.
352 BGH 22.9.2009 Xa ZR 72/06.
353 BPatGE 22, 9 = GRUR 1979, 634; so zB praktiziert in BGH 18.10.2005 X ZR 35/01.
354 BGH GRUR 1979, 145 Aufwärmvorrichtung; BGHZ 117, 144, 146 = GRUR 1992, 430 Tauchcomputer; BGH 18.2.2003 X ZR 151/99; BGH 30.3.2004 X ZR 199/00; BGHZ 172, 98 = GRUR 2008, 87 Patentinhaberwechsel im Einspruchsverfahren; BGH 15.4.2010 Xa ZR 68/06; BGH GRUR 2010, 712 Telekommunikationseinrichtung; BPatGE 32, 204 = GRUR 1992, 435; BPatGE 33, 1 = GRUR 1993, 32; BPatGE 44, 47 = GRUR 2001, 774 f; BPatG 30.6.2004 4 Ni 8/03 (EU); BPatG 29.11.2005 4 Ni 53/04 (EU); BPatG 19.3.2009 10 Ni 4/08; BPatG 12.8.2010 10 Ni 5/09 (EU); BPatG 10.7.2013 4 Ni 8/11 (EP) GRUR 2014, 104 Ls; BPatG GRUR 2014, 1029 „Astaxanthin"; BPatG 14.1.2014 3 Ni 24/12 (EP); BPatG 16.4.2015 2 Ni 8/13 (EP); BPatG 6.5.2015 6 Ni 34/14 (EP); BPatG 3.7.2015 5 Ni 12/13 (EP), zur Umschreibung nach Schluss der mündlichen Verhandlung; vgl BGH Mitt 2004, 213 Gleitvorrichtung; anders noch RG GRUR 1938, 581 Belagstoff.
355 BPatGE 44, 47 = GRUR 2001, 774 f.
356 Vgl *MünchKomm*/ZPO § 265 Rn 69, 71 ff.
357 BGH GRUR 2012, 149 Sensoranordnung; BPatGE 44, 47 = GRUR 2001, 774, 776; nach BPatG 3.7.2015 5 Ni 12/13 (EP) soll er entspr § 65 Abs 2 VwGO zwingend beizuladen sein.
358 BPatGE 29, 244 = GRUR 1988, 906; BPatGE 32, 153 = BlPMZ 1992, 19; BPatG Bausch BPatG 1994–1998, 673 f; BPatG 29.1.2004 2 Ni 41/02, ohne Begründung; BPatG 23.6.2015 3 Ni 11/14; aA BPatGE 26, 126, GbmLöschungssache, ausdrücklich aufgegeben in BPatGE 32, 153, 156 = BlPMZ 1992, 19; *Mes* § 16 GebrMG Rn 9.

auf den Registerstand an; § 265 Abs 2 ZPO ist insoweit nicht anwendbar.[359] Verstirbt der Eingetragene, ist die Klage gegen den Erben zu richten bzw bei Tod nach Eintritt der Rechtshängigkeit die Klage umzustellen. § 30 Abs 3 Satz 2 ist unanwendbar, weil ein Toter nicht mehr Inhaber von Rechten sein kann.[360] Bei gesellschaftsrechtl Gesamtrechtsnachfolge ist der Rechtsinhaber unabhängig von der Eintragung in der neuen Rechtsform und unter der neuen Bezeichnung zu verklagen (Rn 99 f zu § 30). Löschung des Beklagten als juristische Person wegen Vermögenslosigkeit (§ 394 FamFG, früher § 141a FGG) führt, soweit dt Recht anzuwenden ist, nur zu dessen Auflösung und lässt ihn in das Liquidationsstadium eintreten; da mit dem angegriffenen Patent noch Vermögen vorhanden ist, muss notfalls ein Nachtragsliquidator bestellt werden (vgl Rn 22 zu § 82). Wird nach Löschung der Rechtsstreit übereinstimmend für erledigt erklärt, ergeht nur noch eine Kostenentscheidung nach § 91a ZPO.[361]

125   **Parteien kraft Amts.** Eine Klage gegen den Testamentsvollstrecker (ebenso bei Nachlassverwaltung und Insolvenz)[362] soll (trotz der Bestimmung in § 2213 BGB, nach der Ansprüche gegen den Nachlass auch gegen ihn gerichtlich geltend gemacht werden können) unzulässig sein.[363]

4. Nebenintervenient (Streithelfer)

126   **a. Grundsatz.** Die Vorschriften über die Streithilfe (§§ 66 ff ZPO) sind auch im Patentnichtigkeitsverfahren anwendbar[364] (§ 99 Abs 1). Ein Dritter kann dem Nichtigkeitsverfahren auf Kläger- oder Beklagtenseite beitreten, sofern er am Obsiegen der unterstützten Partei ein rechtl Interesse hat (§ 66 Abs 1 ZPO).[365] Auch Streitverkündung (§§ 72 ff ZPO) kommt grds in Betracht.[366]

127   **b. Rechtliches Interesse.** Nicht zum Beitritt berechtigt ein bloß tatsächliches oder wirtschaftliches Interesse.[367] Der Begriff des rechtl Interesses ist aber weit auszulegen.[368] Das Interesse der Allgemeinheit an der Nichtigerklärung rechtfertigte nach früherer Rspr die Nebenintervention nicht.[369] Als nicht ausreichend wurde auch die bloße Selbstbezichtigung des Nebenintervenienten angesehen, er sei Patentverletzer.[370] Die neuere Rspr lässt es unter Aufgabe des Ansatzes, dass zwischen dem Streithelfer und der unterstützten Partei eine Rechtsbeziehung bestehen muss, die durch die Entscheidung beeinflusst werden kann,[371] aber jedenfalls ausreichen, wenn der Nebenintervenient durch das Streitpatent in seiner geschäftlichen Tätigkeit (als Wettbewerber) beeinträchtigt werden kann.[372]

128   Dem Beitritt steht nicht entgegen, dass der Beitretende einen **Einspruch** gegen das Streitpatent **zurückgezogen** hat.[373]

---

359   BPatG 8.2.2011 4 Ni 38/09 (EU); BPatG 18.4.2013 2 Ni 24/11 (EP); BPatG 29.4.2015 5 Ni 3/13 (EP): auch nach US-Recht; BPatG 23.6.2015 3 Ni 11/14 (EP); BPatG 16.3.1999 24 W (pat) 59/96, Markensache, in Abgrenzung zu BGH GRUR 1998, 940 Sanopharm.

360   Vgl BPatG 23.6.2009 3 Ni 39/07; *Schulte* Rn 17; *Fitzner/Lutz/Bodewig* Rn 109; *R. Rogge* Die Legitimation des scheinbaren Patentinhabers nach § 30 Abs 3 Satz 3 PatG, GRUR 1985, 734 f.

361   Vgl BGH 29.9.2010 Xa ZR 68/07; *Benkard*[10] Rn 5 und *Fitzner/Lutz/Bodewig* Rn 106 nehmen unter Hinweis auf RPA Mitt 1938, 345 an, dass das Verfahren einzustellen ist.

362   Vgl *Benkard* Rn 7.

363   BGH GRUR 1967, 56 Gasheizplatte m kr Anm *Pietzcker*; abl auch *Zeising* Verfügungs- und Verwaltungsbefugnisse des Insolvenzverwalters über gewerbliche Schutzrechte, Mitt 2001, 411, 418 f; wie BGH *Fitzner/Lutz/Bodewig* Rn 31; zum Konkurs des Beklagten vgl BPatGE 25, 39 = GRUR 1983, 199.

364   BGH Liedl 1967/68, 368 ff Nebenintervention 02; BGH Bausch BGH 1994–1998, 190 f Sandwichelement.

365   Vgl BPatG 9.7.2015 2 Ni 43/13 (EP).

366   PA MuW 15, 246.

367   BGH 12.6.2014 X ZR 100/13 unter Hinweis auf BGH GRUR 2011, 557 Parallelverwendung; RG GRUR 1933, 135 Aluminiumschweißverfahren I; RPA Mitt 1934, 142.

368   BGHZ 166, 18 = GRUR 2006, 438 Carvedilol I; vgl BPatG 21.3.2012 5 Ni 78/09 (EU).

369   Vgl RPA MuW 39, 329, GbmLöschungssache.

370   BGHZ 4, 5, 9 = GRUR 1952, 260 Schreibhefte I.

371   So BGH Schreibhefte I; BGH BlPMZ 1962, 81 Brieftaubenreisekabine 02.

372   BGH Carvedilol I; BPatG 14.11.2011 1 Ni 3/10 (EU).

373   RG GRUR 1938, 844 Nebenintervention.

Das rechtl Interesse am **Beitritt auf Klägerseite** hat, wer selbst aus dem Streitpatent verwarnt[374] oder **129** mit einer Verletzungsklage überzogen worden ist[375] oder wer Gegenstände vertreibt, deren Hersteller wegen Verletzung des Patents verklagt worden sind,[376] erst recht der Hersteller, dessen Abnehmer wegen Verletzung des Patents verklagt worden sind.[377] Ausreichend sind auch die Geltendmachung von Rechten[378] gegen und die Berühmung mit Ansprüchen gegen den Nebenintervenienten.[379]

Als nicht ausreichend sind die Behauptung einer eigenen, vom Patentinhaber in Abrede gestellten **130** Verletzung des Streitpatents,[380] die Inhaberschaft an einem ähnlichen Patent[381] oder die Tatsache, dass der Beitretende gegen dasselbe Patent selbst Nichtigkeitsklage erhoben hat,[382] angesehen worden.

Bei einer Klage wegen **widerrechtlicher Entnahme** hat der Verletzte, der dem Kläger den Anspruch **131** aus der widerrechtl Entnahme abgetreten hat, ein rechtl Interesse am Beitritt.[383] Widerrechtl Entnahme nur gegenüber dem Nebenintervenienten rechtfertigt dessen Beitritt nicht.[384]

Ein rechtl Interesse am **Beitritt auf Beklagtenseite** hat insb dessen Lizenznehmer;[385] das gilt für **132** Nehmer einer einfachen[386] wie einer ausschließlichen Lizenz.[387]

c. Zeitpunkt des Beitritts. Der Beitritt kann in jeder Lage des Verfahrens, bis zu seiner rechtskräfti- **133** gen Entscheidung, auch in der Berufungsinstanz[388] erfolgen und auch mit der Einlegung der Berufung verbunden werden (Rn 8 zu § 110). Er ist nach Klagerücknahme[389] oder Rechtskraft der Entscheidung[390] nicht mehr möglich.

d. Form des Beitritts. Der Beitritt wird durch Einreichung eines Schriftsatzes beim BPatG bzw nach **134** Einlegung der Berufung beim BGH erklärt (§ 70 Abs 1 Satz 1 ZPO). Zur Form vgl § 70 Abs 1 Satz 2 ZPO. Der Schriftsatz ist den Parteien zuzustellen (§ 70 Abs 1 Satz 2 ZPO).

e. Rücknahme des Beitritts ist jederzeit möglich; der Streithelfer trägt in diesem Fall seine außerge- **135** richtlichen Kosten selbst und anteilig die Gerichtskosten wie bei der Klagerücknahme eines Streitgenossen.[391]

f. Zulassung der Nebenintervention. Das Gericht lässt den Streithelfer grds stillschweigend zu (§ 71 **136** Abs 3 ZPO). Eine förmliche Entscheidung über die Zulassung ergeht nur, wenn dem Beitretenden die allg persönlichen Prozessvoraussetzungen fehlen oder eine Partei die Zurückweisung der Nebenintervention beantragt (§ 70 Abs 1 Satz 1 ZPO).

---

374 BGHZ 4, 5, 9 = GRUR 1952, 260 Schreibhefte I; vgl BGH Bausch BGH 1986–1993, 162 Beleuchtungseinrichtung für Zigarrenanzünder; BGH Bausch BGH 1994–1998, 242 verschleißfeste Oberfläche; BGH Bausch BGH 1994–1998, 303 Verbindungsvorrichtung; RG GRUR 1938, 844 Nebenintervention.

375 BGHZ 4, 5, 9 = GRUR 1952, 260, 262 Schreibhefte I; BGH BlPMZ 1962, 81 Brieftaubenreisekabine 02; BPatG 18.8.2006 3 Ni 12/05 (EU); BPatG 8.11.2007 2 Ni 59/05 (EU); BPatG 8.2.2011 3 Ni 8/09 (EU); BPatG 7.2.2013 2 Ni 38/11 (EP); BPatG 25.7.2013 2 Ni 68/11 (EP); DPA Mitt 1957, 97.

376 BGH GRUR 1968, 86 landwirtschaftliches Ladegerät; vgl BGH GRUR 1966, 141 Stahlveredelung.

377 BPatG 4.12.2012 4 Ni 21/11; vgl BGH Stahlveredelung.

378 BPatG 25.3.2014 3 Ni 31/12.

379 BGH Brieftaubenreisekabine 02.

380 BGHZ 4, 5 = GRUR 1952, 260 Schreibhefte I.

381 RPA Mitt 1934, 142.

382 RG GRUR 1933, 135 Aluminiumschweißverfahren I.

383 PA BlPMZ 1906, 246.

384 RPA MuW 39, 329 f.

385 BGH GRUR 1961, 572 Metallfenster.

386 BGH Liedl 1967/68, 368 ff Nebenintervention 02.

387 Vgl BPatGE 44, 47 = GRUR 2001, 774; BPatG 51, 178 = GRUR 2010, 50 „Cetirizin"; *Fitzner/Lutz/Bodewig* Rn 41.

388 RG GRUR 1938, 844 Nebenintervention; BGH 21.6.2005 X ZR 151/01.

389 PA BlPMZ 1905, 24.

390 RPA Mitt 1939, 69; PA BlPMZ 1910, 186.

391 BGH GRUR 2010, 123 Escitalopram; BGH 14.1.2010 Xa ZR 66/07; vgl BGH GRUR 1995, 394 Aufreißdeckel; BGH NJW-RR 2007, 1577; vgl aber BGH 24.6.2008 X ZR 3/08, wonach bei Rücknahme der Klage der Streithelfer für die Kosten nach Kopfteilen mithaftet.

Keukenschrijver

137   **Form.** Die Entscheidung über die Zulässigkeit der Nebenintervention ergeht, soweit sie nicht im Endurteil erfolgt,[392] abw von § 71 ZPO durch Beschluss.[393] Das gilt auch im Berufungsverfahren,[394] jedoch sollte eine Entscheidung durch Zwischenurteil jedenfalls im Berufungsverfahren nicht ausgeschlossen sein.[395]

138   Die **Entscheidung** wird zweckmäßigerweise mit der Hauptsacheentscheidung verbunden. Sie kann auch gesondert ohne mündliche Verhandlung[396] in der Besetzung mit drei Richtern (§ 67 Abs 2 2. Alt) ergehen, da kein Fall des § 84 Abs 1 („Entscheidung über die Klage") vorliegt.

139   **Wirkung.** Der Nebenintervenient ist von der Beschlussfassung über den Ausschluss an vom weiteren Verfahren – bis zu einer etwaigen gegenteiligen Entscheidung des BGH im Berufungsverfahren – ausgeschlossen, denn § 71 Abs 3 ZPO findet keine Anwendung[397] (§ 110 Abs 7 2. Halbsatz).

140   **Anfechtbarkeit.** Der Beschluss kann nur zusammen mit dem Urteil angefochten werden (§ 110 Abs 7 1. Halbs). Zu Unrecht erfolgter Ausschluss kann Zurückverweisung rechtfertigen.

141   **Kosten,** die durch den Zulassungsstreit entstehen, trägt der Unterliegende, dh bei Nichtzulassung der Beitretende,[398] bei Zulassung der Widersprechende.[399]

142   **g.** Die **Nebeninterventionswirkung** (§ 68 ZPO) entfaltet sich nur zwischen dem Nebenintervenienten und der unterstützten Partei, nicht im Verhältnis zur Gegenpartei. Die Klageabweisung hindert den Streithelfer auf Seiten des Klägers nicht an erneuter Klage aus demselben Klagegrund, da die Gestaltungswirkung der Klage nur im Umfang der Nichtigerklärung oder der Zurückweisung der Berufung gegen die Nichtigerklärung eintritt.[400] Rechtskraftwirkung (§ 325 ZPO) tritt bei Klageabweisung auch gegenüber dem Nebenintervenienten ein.[401]

143   **h. Einfache und streitgenössische Nebenintervention.** Streitgenössischer Nebenintervenient iSd § 69 ZPO ist der Streithelfer, wenn die Entscheidung im Hauptprozess auf sein „Rechtsverhältnis zum Gegner von Wirksamkeit ist".

144   Die Inanspruchnahme als Patentverletzer begründete nach früherer Rspr auf **Klägerseite** einfache Nebenintervention;[402] es wurde für streitgenössische Nebenintervention als nicht ausreichend angesehen, dass der Nebenintervenient vom Patentinhaber wegen Patentverletzung verwarnt oder verklagt wurde.[403] Mit Rücksicht auf seine geänd Rspr zur Zulässigkeit (Rn 127) und Wirkung der Nebenintervention[404] geht die Rspr inzwischen aber wieder von streitgenössischer Nebenintervention aus, weil kein Grund mehr bestehe, die Rechtskraftwirkung eines klageabweisenden Urteils gegenüber dem Streithelfer anders zu beurteilen als gegenüber dem Nichtigkeitskläger, und auch die Kostenfolge des § 101 Abs 2 ZPO für diesen Fall sachgerechter sei.[405] Auf dieser Grundlage muss davon ausgegangen werden, dass den Nebeninterve-

---

392   Hierzu BPatG 7.2.2013 2 Ni 38/11 (EP).

393   BGH Bausch BGH 1986–1993, 643 Mischventil; BGHZ 166, 18 = GRUR 2006, 438 Carvedilol I; BPatG 21.3.2012 5 Ni 78/09 (EU); *Benkard* Rn 18.

394   BGH Liedl 1967/68, 368 ff Nebenintervention 02; BGHZ 166, 18 = GRUR 2006, 438 Carvedilol I.

395   AA BGH Bausch BGH 1986–1993, 643 Mischventil; *Benkard* Rn 18.

396   BGH GRUR 1962, 290 Brieftaubenreisekabine 01.

397   Vgl dazu Begr GPatG BlPMZ 1979, 289, 292.

398   RPA Mitt 1934, 142.

399   BGH Liedl 1967/68, 368 ff Nebenintervention 02.

400   BGHZ 166, 18, 20 = GRUR 2006, 438 Carvedilol I.

401   BGH GRUR 2008, 60 Sammelhefter II; BPatG 29.7.2011 5 Ni 67/09 (EU); abw *7. Aufl.*

402   BGH GRUR 1998, 382, 387 Schere; BPatG 17.7.2007 3 Ni 19/05 (EU); gegen BGH GRUR 1968, 86, 91 landwirtschaftliches Ladegerät und BGH GRUR 1995, 394 Aufreißdeckel.

403   BGH GRUR 1998, 382, 387 Schere; *Pietzcker* GRUR 1965, 298; gegen BGH GRUR 1968, 86, 91 landwirtschaftliches Ladegerät und BGH GRUR 1995, 394 Aufreißdeckel; BPatGE 28, 206 f = GRUR 1987, 235; *Lindenmaier* § 37 Rn 33; vgl auch BGHZ 92, 275 ff = NJW 1985, 386.

404   BGHZ 166, 18, 22 = GRUR 2006, 438 Carvedilol I, wonach auch der Nebenintervenient von der Gestaltungswirkung des Nichtigkeitsurteils betroffen ist.

405   BGH GRUR 2008, 60 Sammelhefter II; BGH 16.10.2007 X ZR 182/04; BGH GRUR 2010, 123 Escitalopram; BGH 14.1.2010 Xa ZR 66/07; BGH 24.11.2011 X ZR 49/10; BGH 20.3.2012 X ZR 58/09; BGH 5.3.2013 X ZR 117/09; BPatGE 50, 265 = GRUR 2008, 892 „Memantin"; BPatG 4.12.2012 4 Ni 21/11; BPatG 4.12.2012 4 Ni 22/11 (EP); BPatGE 51, 178 = GRUR 2010, 50 „Cetirizin", allerdings mit Bedenken gegen die extensive Anwendung des § 69 ZPO; BPatG 29.3.2008 3 Ni 57/05 (EU); BPatG Mitt 2009, 179, wonach dem Nebenintervenienten eine Klageerweiterung verwehrt ist; *Schulte* Rn 24; vgl BPatG

---

nienten auf Klägerseite die Rechtskraftwirkung des klageabweisenden Urteils ebenso trifft wie den Klä-ger.[406]

Der Nehmer einer ausschließlichen Lizenz ist auf **Beklagtenseite** als streitgenössischer Nebeninter- **145** venient angesehen worden, da ihm eigene Ansprüche zustehen.[407] Tritt der Rechtsnachfolger des bisheri-gen Patentinhabers bei, ist er nicht als streitgenössischer Nebenintervenient anzusehen (Rn 123).

i. Rechtsstellung des Streithelfers. Der Streithelfer ist nicht Partei.[408] Er muss den Rechtsstreit in **146** der Lage annehmen, in der er sich zur Zeit des Beitritts befindet (§ 67 1. Halbs ZPO). Er ist berechtigt, An-griffs- und Verteidigungsmittel geltend zu machen und alle Prozesshandlungen wirksam vorzunehmen. Er kann insb Anträge, auch Wiedereinsetzungsanträge, stellen, Rechtsmittel einlegen, Behauptungen auf-stellen, bestreiten, Beweis antreten usw. Er kann aber nicht die Klage ändern, zurücknehmen, den Klagan-spruch anerkennen (soweit dies in den in §§ 81 ff geregelten Verfahren überhaupt möglich sein sollte), Prozesshandlungen der Hauptpartei widerrufen oder die Klage nach Rücknahme durch die Hauptpartei fortführen[409] oder das Patent in weiterem Umfang verteidigen als der Beklagte.[410]

Der Streithelfer darf sich mit seinen Erklärungen und Handlungen nicht in **Widerspruch zur Haupt- 147 partei** setzen[411] (§ 67 2. Halbs ZPO). Er ist daher nicht zur Antragstellung über das Begehren des Klägers hinaus berechtigt.[412] Der Streithelfer des Klägers wird sich, nachdem er selbstständig Angriffsmittel gel-tend machen darf (§ 67 ZPO), grds auch auf vom Kläger nicht angezogene Nichtigkeitsgründe stützen kön-nen.[413] Eine Fortführung des Rechtsstreits seitens des Nebenintervenienten nach Klagerücknahme der Hauptpartei ist aber ausgeschlossen, da der Nebenintervenient nicht Partei ist.[414] Das gilt auch in der Be-rufungsinstanz.[415] Soweit der beklagte Patentinhaber – zB durch beschränkte Verteidigung – über das Patent verfügt, ist der auf seiner Seite beigetretene Nebenintervenient hieran gebunden.[416]

j. Zu den durch die Nebenintervention verursachten **Kosten** Rn 41 ff zu § 84. **148**

IV. Vertretung

Anwaltszwang besteht in den in §§ 81 ff geregelten Verfahren vor dem BPatG nicht, wohl aber in der **149** Berufungsinstanz. Die Vertretung durch andere Bevollmächtigte außer Rechtsanwälte und Patentanwälte regelt § 97 Abs 2 Satz 2. Zur Erforderlichkeit eines Inlandsvertreters s § 25. Niederlegung der Inlandsvertre-tung steht einer Fortführung des Verfahrens nicht entgegen.[417]

18.3.2008 3 Ni 25/06 (EU); BPatG 2.9.2009 5 Ni 65/09 (EU); BPatG 3.11.2010 5 Ni 55/09 (EU); BPatG 1.12.2010 5 Ni 67/09 (EU); hinsichtlich der Kostenentscheidung im Einzelfall abw BPatG 28.10.2008 4 Ni 75/06 (EU).
406 Vgl auch BGH GRUR 2016, 361 Fugenband, wonach bei einer Mehrheit von Klägern notwendige Streitgenossenschaft vorliegt; nach BGH 2.2.2016 X ZR 146/13 handelt es sich um Streitgenossenschaft aus prozessualen Gründen.
407 BGH Liedl 1969/70, 325 ff Drehkippbeschlag 01; BGH Bausch BGH 1994–1998, 488, 497 Gerüst für Betonschalungen, unter unzutr Bezugnahme auf BGH landwirtschaftliches Ladegerät; BPatG Bausch BPatG 1994–1998, 494, 499; BPatG Mitt 2009, 400; BPatG 6.10.2009 3 Ni 51/07; BPatG 21.3.2012 5 Ni 78/09 (EU); aA ohne nähere Begr BPatGE 44, 47, 51 = GRUR 2001, 774.
408 BGH GRUR 1965, 297 Nebenintervention II.
409 BGH Nebenintervention II; PA BlPMZ 1905, 24.
410 BGH GRUR 1961, 572, 574 Metallfenster.
411 Vgl BGH GRUR 1961, 572 Metallfenster.
412 BPatGE 51, 98 = GRUR 2010, 218; *Fitzner/Lutz/Bodewig* Rn 40.
413 AA BPatG 19.6.2015 4 Ni 4/14 (EP); offengelassen, ob der Streithelfer gehindert ist, den Streitgegenstand zu verändern, in BGH 29.9.2010 Xa ZR 68/07.
414 BGH GRUR 1965, 297 Nebenintervention; BGH Liedl 1963/64, 671 ff Nebenintervention 01.
415 BGH GRUR 2011, 359 Magnetowiderstandssensor.
416 BGH Metallfenster.
417 BGH GRUR 1994, 360 Schutzüberzug für Klosettbrillen.

§ 82
(Zustellung der Klage; Nichterklärung; Widerspruch; mündliche Verhandlung)

(1) Das Patentgericht stellt dem Beklagten die Klage zu und fordert ihn auf, sich darüber innerhalb eines Monats zu erklären.

(2) Erklärt sich der Beklagte nicht rechtzeitig, so kann ohne mündliche Verhandlung sofort nach der Klage entschieden und dabei jede vom Kläger behauptete Tatsache als erwiesen angenommen werden.

(3) [1] Widerspricht der Beklagte rechtzeitig, so teilt das Patentgericht den Widerspruch dem Kläger mit und bestimmt Termin zur mündlichen Verhandlung. [2] Mit Zustimmung der Parteien kann von einer mündlichen Verhandlung abgesehen werden. [3] Absatz 2 bleibt unberührt.

Ausland: Österreich: §§ 115–121 öPatG; § 157 öPatG (Behandlung präjudizieller Verfahren)

A. Entstehungsgeschichte

1   Im PatG 1877 §§ 28, 29, im PatG 1891 §§ 29, 30, im PatG 1936 §§ 38, 39. Die geltende Fassung beruht in Abs 1 und 2 auf dem 6. ÜberlG.

2   **Absatz 3.** Der durch das PatRVereinfModG vom 31.7.2009 neu eingestellte Abs 3 hat mWv 1.10.2009 sachlich die Regelung des früheren § 83 übernommen.

B. Das Verfahren in Nichtigkeitssachen

I. Maßgebliche Bestimmungen

3   Anwendbar sind neben den §§ 81–84 die §§ 86–99, über § 99 Abs 1 ergänzend auch die Bestimmungen der ZPO, wenn die Besonderheiten des Verfahrens vor dem BPatG deren Anwendung nicht ausschließen.

II. Übersicht über den Verfahrensgang in erster Instanz

Die Klage (§ 81) wird dem Beklagten – nach Eingang des Kostenvorschusses oder Bewilligung von **4** Verfahrenskostenhilfe – vAw mit einer Erklärungsfrist von einem Monat zugestellt (Abs 1). Die Erklärungsfrist ist eine nicht verlängerbare, aber an sich wiedereinsetzungsfähige Ausschlussfrist, wenngleich für Wiedereinsetzung angesichts der geringen Folgen des Nichtwiderspruchs in der Praxis kaum ein Bedürfnis bestehen wird.[1] Zugleich wird der Kläger auf etwaige formale Mängel der Klageschrift hingewiesen und aufgefordert, Kopien der Entgegenhaltungen (für die mitwirkenden Richter) einzureichen. Der Umfang der Prüfung wird durch die Sachanträge des Klägers, ggf unter Berücksichtigung einer beschränkten Verteidigung des Patentinhabers, bestimmt. Zur Hinweispflicht und zur Möglichkeit der Zurückweisung verspäteten Vorbringens Rn 99. Wieweit von fremdsprachigen Urkunden Übersetzungen einzureichen sind, richtet sich nach § 143 Abs 2 ZPO; danach steht es im Ermessen des Gerichts, ob es solche anfordert. Dabei wird auf die Sprachkenntnisse des Gerichts und nicht auf die der Parteien abgestellt, die ggf gehalten sind, sich selbst Übersetzungen zu beschaffen.[2]

Für die **Aktenführung** ist die Aktenordnung für das Bundespatentgericht (AktOBPatG) maßgeblich **5** (vgl Rn 20 zu § 125a). Die Registerzeichen für Nichtigkeits- und Zwangslizenzverfahren sind Ni und Li, für Anträge auf Erlass einstweiliger Verfügungen in Zwangslizenzsachen LiQ, für Klagen auf Rücknahme von Zwangslizenzen LiR. Betrifft das Verfahren ein eur Patent, werden dem Aktenzeichen die Buchstaben EP (früher EU) in runden Klammern angefügt.[3]

Zustellungen erfolgen nach der ZPO (§ 127 Abs 2), deshalb ist insb eine Niederlegung im Abholfach **6** nicht mehr möglich. Die Zustellung erfolgt an den in der Klageschrift als solchen angegebenen Beklagten.[4] Sie kann auch an den Vertreter erfolgen (§ 127 Abs 2 iVm § 171 ZPO); die Vorschrift des § 172 ZPO ist idR schon deshalb nicht anwendbar, weil eine Bestellung in einem anhängigen Verfahren hier noch nicht vorliegen wird.[5] Das BPatG stellt dem in § 174 ZPO aufgeführten Personenkreis (in erster Linie Anwälten, auch als Zustellungsbevollmächtigte) gegen Empfangsbekenntnis zu, anderen Personen (auch Unternehmen) durch Einschreiben gegen Rückschein oder Zustellungsauftrag. Zur Zustellung des Urteils an Verkündungs statt Rn 16. Auch im Fall der Insolvenz des Beklagten kann an dessen Inlandsvertreter zugestellt werden; § 117 Abs 2 InsO steht dem nicht entgegen.[6]

Der **Widerspruch** des Beklagten liegt in jeder Erklärung, mit der die Ablehnung des Klagebegehrens **7** zum Ausdruck gebracht wird.[7] Als bestimmender Schriftsatz bedarf er der Schriftform;[8] elektronische Übermittlung (etwa Telefax) reicht jedoch aus.[9] Er wird dem Kläger mitgeteilt; das gilt auch für den nicht rechtzeitig erhobenen Widerspruch.[10] Ein beschränkter Widerspruch hat nicht die Wirkung eines sofortigen Anerkenntnisses.[11] Dem Beklagten wird eine Frist zur Begründung des Widerspruchs (regelmäßig 2 Monate) gesetzt. Anschließend ergeht regelmäßig der Hinweis nach § 83, sodann wird Termin zur mündlichen Verhandlung bestimmt; die Parteien werden zugleich darauf hingewiesen, dass der Senat mit ihnen die Möglichkeit einer gütlichen Beilegung erörtern wird und dass deshalb zum Vergleichsabschluss bevollmächtigte Vertreter an der Verhandlung teilnehmen sollten. Die Parteien werden weiter aufgefordert, nähere Angaben zu Verletzungsverfahren zu machen. Die Akten laufen nach einem Umlaufplan bei den mitwirkenden Richtern um.

Der Berichterstatter (in vielen Fällen auch die anderen beteiligten technischen Richter) erstellt ein **8** (nicht zu den Akten genommenes und intern bleibendes) **Votum**; das rechtskundige Mitglied bereitet in erster Linie die Rechtsfragen auf. Zuletzt bereitet der Vorsitzende die Verhandlung vor. Ein Zwischenbescheid wurde früher von den Nichtigkeitssenaten nicht erteilt; nunmehr ergibt sich eine Verpflichtung zur

---

1   *Benkard*[10] §§ 82, 83 Rn 7; vgl *Benkard* Rn 2.
2   BPatGE 44, 47 = GRUR 2001, 774; BPatG 25.7.2012 5 Ni 19/11.
3   § 3 Satz 2 AktOBPatG.
4   Näher *Benkard*[10] §§ 82, 83 Rn 3; *Fitzner/Lutz/Bodewig* Rn 5.
5   *Benkard*[10] §§ 82, 83 Rn 3.
6   BPatG GRUR 2014, 1029 „Astaxanthin“.
7   Vgl *Schulte*[8] § 83 Rn 2.
8   *Fitzner/Lutz/Bodewig* Rn 8.
9   *Fitzner/Lutz/Bodewig* Rn 8.
10 *Fitzner/Lutz/Bodewig* Rn 16.
11 BPatG 15.11.2011 4 Ni 4/11 (EU).

Erteilung eines „qualifizierten Hinweises" aus § 83 PatG. Eine Vorbesprechung der beteiligten Richter ist üblich.

III. Nichterklärung des Beklagten

9   Verteidigt sich der Patentinhaber (insgesamt) nicht oder nicht innerhalb der Monatsfrist des Abs 1, können – nicht: müssen[12] – vom Kläger behauptete Tatsachen als erwiesen angenommen werden (Abs 2), dies betrifft in erster Linie, aber nicht ausschließlich, behauptete Vorbenutzungshandlungen, auch das Veröffentlichungsdatum einer Entgegenhaltung.[13] Das gilt auch, wenn der Beklagte den Widerspruch zurückgenommen hat[14] oder erklärt, nicht widersprechen zu wollen,[15] ebenso, wenn trotz Widerspruchs zum Klagevorbringen nicht sachlich Stellung genommen wird und der Patentinhaber zur mündlichen Verhandlung nicht erscheint.[16] Zu einer Nichtigerklärung führt die Säumnis – anders als zur Löschung im GbmLöschungsverfahren – nicht ohne weiteres. Die Prüfung nach Abs 2 ist aber keine echte Sachprüfung (Rn 11).

10   Ein **Säumnisverfahren** iSd ZPO findet nicht statt;[17] Jedoch wendet der BGH die Regelung der ZPO über die Belehrung über die Säumnisfolgen (§ 215 Abs 1 ZPO) – über die europarechtl Verpflichtung aus Art 17 der EG-VO 805/2004 über einen europäischen Vollstreckungstitel für unbestrittene Forderungen vom 21.4.2004[18] hinaus – auch hier an, um zu vermeiden, dass sich die Partei im unklaren über die Folgen des Ausbleibens befinden kann. Nichtwiderspruch entbindet nicht von der Sachprüfung.[19] Die Entscheidung ergeht durch streitiges Urteil,[20] allerdings mit freigestellter mündlicher Verhandlung (Abs 2);[21] die Anfechtung folgt den allg Regeln (Berufung, §§ 110 ff). Wird die mündliche Verhandlung durchgeführt, kann auch eine Beweisaufnahme erfolgen.[22] Das BPatG hat offengelassen, ob die Rücknahme des Widerspruchs gegen eine Nichtigkeitsklage, mit der das Streitpatent nur im Umfang einzelner Patentansprüche angegriffen wird, zugleich als Selbstbeschränkung des Patentinhabers angesehen werden kann.[23]

11   Die Prüfung nach Abs 2 kann zur **Nichtigerklärung entgegen der materiellen Rechtslage** führen, insb bei unterstellter Vorbenutzung. Eine Überprüfung in einem anderen Verfahren ist ausgeschlossen.[24]

12   IV. Eine **mündliche Verhandlung** ist für die Sachentscheidung grds erforderlich, dies gilt auch im Fall einseitiger Erledigungserklärung. Sie ist entbehrlich, wenn der Nichtigkeitsklage nicht rechtzeitig widersprochen wird (Abs 2), wenn der Widerspruch zurückgenommen wird,[25] bei Zustimmung der Parteien zur Entscheidung ohne mündliche Verhandlung (Abs 3 Satz 2; in der Praxis ist das die Ausnahme und kommt insb dann in Betracht, wenn das Patent nur eingeschränkt verteidigt wird und der Kläger die verteidigte Fassung nicht angreifen will)[26] und immer dann, wenn nicht über die Klage entschieden wird.[27]

---

12 *Benkard*[10] §§ 82, 83 Rn 7.

13 *Schulte* Rn 7.

14 BGH Liedl 1961/62, 549 ff Atemgerät; BPatGE 18, 50; BPatG 19.2.2004 3 Ni 1/01 (EU); BPatG 15.3.2004 3 Ni 50/98 (EU).

15 *Schulte* Rn 6.

16 BPatGE 30, 267 = BlPMZ 1990, 33; BGH GRUR 1994, 360 Schutzüberzug für Klosettbrillen; *Benkard*[10] §§ 82, 83 Rn 7.

17 BGH GRUR 1964, 18 Konditioniereinrichtung; vgl BGH GRUR 1966, 107 Patentrolleneintrag; BGH GRUR 1996, 757 Tracheotomiegerät; BGH Bausch BGH 1994–1998, 272 f Schlauchaufwickelvorrichtung; *Benkard* Rn 7; vgl aber *Mes* Rn 6, der auf den hier nur eingeschränkt heranziehbaren Begriff der Schlüssigkeit abstellt; ähnlich *Fitzner/Lutz/Bodewig* Rn 12.

18 ABl EG L 143/15.

19 BGH GRUR 1995, 577 Drahtelektrode; *Benkard* Rn 6; *Schulte* Rn 7; vgl ÖPA öPBl 1996, 207, 209 mwN.

20 Für das Berufungsverfahren BGH GRUR 1994, 360 Schutzüberzug für Klosettbrillen; BGH GRUR 1996, 757 Tracheotomiegerät; BGH Mitt 2004, 171 f Leuchter; BGH 25.2.2003 X ZR 180/99; BGH 17.10.2006 X ZR 59/04; BGH 31.7.2007 X ZR 150/03; BGH 17.9.2009 Xa ZR 128/05; BGH 22.9.2009 Xa ZR 72/06; für das erstinstanzliche Verfahren BPatG 17.1.2007 4 Ni 72/05.

21 BPatG 16.4.2015 2 Ni 8/13 (EP).

22 *Benkard*[10] §§ 82, 83 Rn 15 unter Hinweis auf BGH NJW 2002, 301 = Mitt 2002, 333 (bei Entscheidung nach Aktenlage).

23 BPatG 7.10.1992 3 Ni 15/92 Schulte-Kartei PatG 81–85 Nr 300; bejahend *Schulte* Rn 9.

24 BGH GRUR 1963, 519 Klebemax.

25 BPatGE 45, 190 = GRUR 2002, 1045.

26 Entscheidung im schriftlichen Verfahren mit Zustimmung der Parteien zB BGH GRUR Int 2010, 436 Schnellverschlusskappe; BGH 13.10.2009 X ZR 159/05; BGH 13.10.2009 X ZR 160/05; BPatG 25.11.2003 1 Ni 4/03 (EU); BPatG 31.1.2008 2 Ni 48/04; BPatGE 51, 51 = GRUR 2010, 137; BPatG 17.3.2011 2 Ni 21/09; BPatG 19.2.2013 4 Ni 25/10 (EU).

27 Vgl *Benkard*[10] §§ 82, 83 Rn 11.

Für sie sind die §§ 90, 91 maßgeblich. Die isolierte Kostenentscheidung erfordert keine mündliche Verhandlung.[28] § 128 Abs 2 Satz 2, Abs 3 ZPO ist nicht anzuwenden, weil das Absehen in Abs 3 Satz 2 abschließend geregelt ist.[29]

Die **Terminsbestimmung** obliegt dem Vorsitzenden. Die mündliche Verhandlung soll so früh wie **13** möglich stattfinden (§ 272 Abs 3 ZPO). Die Parteien werden zum Verhandlungstermin geladen; die Ladungsfrist beträgt mindestens zwei Wochen, in der Praxis wird regelmäßig wesentlich längerfristig geladen.

Erforderlichenfalls findet, uU in einem gesonderten Beweistermin, eine **Beweisaufnahme** (insb Zeu- **14** genvernehmung zu einer behaupteten Vorbenutzung; Vorsicht ist beim Augenscheinsbeweis[30] an Modellen, Fotos usw geboten, der idR nicht erforderlich sein wird. Gegenstand der Beweiserhebung durch Zeugen sind Wahrnehmungen über vergangene, ausnahmsweise auch gegenwärtige Tatsachen und Zustände.[31] Computerpräsentationen („Powerpoint"-Präsentationen) in der mündlichen Verhandlung sind ebenso wie Videovorführungen zwar zulässig,[32] jedoch wird die Gegenseite grds Anspruch auf Überlassung eines Ausdrucks oder einer Kopie und ggf Vertagung haben. Kommt eine vergleichsweise Erledigung in Betracht, wird die Verhandlung für einige Zeit unterbrochen.

Über den Inhalt der Verhandlung wird eine **Niederschrift** (Protokoll) aufgenommen (§ 92). Diese **15** muss sämtliche wesentlichen Vorgänge der Verhandlung enthalten (§ 160 ZPO), braucht aber nur den äußeren Ablauf der Verhandlung wiederzugeben.[33] Jedoch kann das Protokoll erhebliche Bedeutung für Fragen der Präklusion haben. Protokollergänzung muss bis zum Schluss der mündlichen Verhandlung beantragt werden.[34] Der Vorsitzende kann von der Zuziehung eines Protokollführers absehen (§ 92 Abs 1 Satz 2); dies ist beim BPatG die Regel. Ob der Richter, der die Niederschrift besorgt, insoweit die Stellung eines Urkundsbeamten einnimmt, ist str.[35] Das Ergebnis der Güteverhandlung ist im Protokoll festzuhalten (§ 160 Abs 3 Nr 10 ZPO).[36]

Nach Schließung der mündlichen Verhandlung schließt sich idR unmittelbar die (geheime) Beratung **16** und meist anschließend die (öffentliche) **Urteilsverkündung** an, uU wird Verkündungstermin bestimmt. Statt der Verkündung der Entscheidung kommt – in jüngerer Zeit zunehmend (vgl nur die Nachw in der *7. Aufl*) zunehmend – auch die Zustellung der Entscheidung an Verkündungs statt nach § 94 Abs 1 Satz 4 in Betracht (Rn 10 zu § 94).

V. Unterbrechung, Aussetzung, Ruhen des Verfahrens, Vertagung, Wiedereröffnung, Terminsaufhebung

1. Allgemeines. Die maßgeblichen Bestimmungen der ZPO können über § 99 Abs 1 – zumindest **17** entspr – angewendet werden.

2. Unterbrechung kommt nach §§ 239 ff ZPO in Betracht, und zwar insb bei Tod (§ 239 ZPO) und In- **18** solvenz (§ 240 ZPO) einer Partei. Die Unterbrechung durch die Insolvenz des Nichtigkeitsklägers betrifft nicht das Prozessrechtsverhältnis zum Nebenintervenienten auf seiten des Klägers, dem deshalb bei seinem Ausscheiden anteilig Verfahrenskosten auferlegt werden können[37] und der – soweit dies nicht im

---

28 *Benkard*[10] §§ 82, 83 Rn 12; vgl *Benkard* § 84 Rn 21.
29 BPatG Mitt 2015, 146 „extrudierte Platte".
30 Augenscheinsbeweis zB erhoben in BPatG 17.4.2007 1 Ni 7/06.
31 BGH GRUR 2013, 912 Walzstraße unter Hinweis auf BGH NJW 1993, 1796 f: nicht die Frage, was einer Zeichnung zu entnehmen ist.
32 BPatG 15.6.2005 4 Ni 38/03 (EU); aA BPatG 8.11.2005 4 Ni 58/04 (EU) unter Hinweis auf EPA T 1122/01; eingehend *Rau* FS T. Schilling (2007), 341, der sich für eine restriktive Zulassung ausspricht; vgl auch EPA T 1110/03; EPA T 1122/01.
33 BPatG Beschl vom 29.5.2008 4 Ni 8/06; BPatG 4.6.2008 4 Ni 9/06; BPatG Beschl vom 8.1.2009 4 Ni 48/07.
34 BPatG Beschlvom 8.1.2009 4 Ni 48/07; BPatG 19.5.2014 2 Ni 11/12 (EP).
35 Bejahend *Busse*[7] § 92 Rn 5, verneinend *Busse*[6] § 92 Rn 5; so wohl auch BPatG Beschl vom 30.5.2012 2 Ni 6/11 (EP), wo allein vom Vorsitzenden unterschrieben wurde.
36 BPatG 17.11.2005 2 Ni 36/94 (EU); BPatG 1.9.2009 5 Ni 24/09 (EU).
37 BGH GRUR 1995, 394 Aufreißdeckel.

Widerspruch zu Erklärungen und Handlungen der Hauptpartei steht – auch seine eigene Berufung zurücknehmen oder den Rechtsstreit in der Hauptsache für erledigt erklären kann.[38]

19   Die **Eröffnung des inländischen Insolvenzverfahrens** über das Vermögen einer Prozesspartei unterbricht nach § 240 ZPO alle Rechtsstreitigkeiten, die die Insolvenzmasse betreffen.[39] Diese Wirkung kann schon vorher eintreten, wenn ein vorläufiger Insolvenzverwalter bestellt wird und diesem gem § 22 Abs 1 InsO die Verwaltungs- und Verfügungsbefugnis über das Vermögen des Schuldners übertragen wird (§ 240 Satz 2 ZPO). Das Verfahren wird nach diesen Vorschriften stets unterbrochen, wenn der beklagte Patentinhaber[40] oder ein Nichtigkeitskläger, dessen Klage auf widerrechtl Entnahme gestützt ist, insolvent wird.[41] Hat der Nichtigkeitskläger seine Klage auf einen der anderen Nichtigkeitsgründe gestützt, wird das Nichtigkeitsverfahren jedenfalls dann unterbrochen, wenn der Nichtigkeitskläger Gewerbetreibender ist und die Umstände dafür sprechen, dass er die Klage im Interesse des Gewerbebetriebs erhoben hat.[42] Das ist idR dann anzunehmen, wenn aus dem Patent Ansprüche gegen den Gewerbebetrieb erhoben werden oder das Patent die wirtschaftliche Tätigkeit des Gewerbebetriebs hindert.[43]

20   **Eintritt der Unterbrechung.** Die Unterbrechung tritt mit dem Tag der Insolvenzeröffnung oder sobald die Verwaltungs- und Vertretungsbefugnis auf den vorläufigen Insolvenzverwalter übergeht (§§ 21 Abs 2 Nr 2, 22 Abs 1 Satz 1 InsO), ein.[44] Gleiches gilt bei Eröffnung des Insolvenzverfahrens mit Eigenverwaltung des Schuldners.[45]

21   **Wirkung.** Mit der Eröffnung des Insolvenzverfahrens über das Vermögen einer Partei des Patentnichtigkeitsprozesses erlöschen nach §§ 116, 115 InsO kraft Gesetzes die Mandatsverträge mit den prozessbevollmächtigten Patent- und Rechtsanwälten[46] und zugleich die Prozessvollmacht (§ 117 InsO).[47] Offene Honorarforderungen des Prozessbevollmächtigten sind Insolvenzforderungen nach §§ 38, 71 InsO, die nur nach den Vorschriften über das Insolvenzverfahren geltend gemacht werden können und innerhalb der vom Insolvenzverwalter gesetzten Frist zur Insolvenztabelle angemeldet werden müssen (§§ 28, 174 InsO). Der Prozessbevollmächtigte ist aber noch zur Erledigung unaufschiebbarer Maßnahmen verpflichtet, um Gefahren von der Masse abzuwenden, bis sich der Insolvenzverwalter um die Angelegenheit kümmern kann. Insoweit gelten der Auftrag und die Vollmacht fort; dem Prozessbevollmächtigten stehen auch Ersatz- und Vergütungsansprüche zu (§§ 115 Abs. 2, 116 Satz 2, 117 Abs. 2 InsO).[48] Soll der Prozessbevollmächtigte das Mandat für die Insolvenzmasse fortführen, muss der Insolvenzverwalter neuen Auftrag und neue Prozessvollmacht erteilen.

22   **Ende.** Die Unterbrechung endet mit der Aufnahme des Verfahrens durch den Insolvenzverwalter oder den Gegner (§§ 85, 86 InsO), Aufhebung des Insolvenzverfahrens (§§ 200, 258 InsO), Aufhebung des Eröffnungsbeschlusses (§ 34 Abs 3 InsO) oder der Einstellung des Insolvenzverfahrens (§§ 207, 211 ff InsO).[49] In den letzten drei Fällen erhält der Gemeinschuldner ohne weiteres seine Prozessführungsbefugnis zurück, sodass der Rechtsstreit fortgesetzt werden kann.[50] Ebenso endet die Unterbrechung, wenn der Insolvenzverwalter das Streitpatent freigibt und der Gemeinschuldner oder sein Gegner das Verfahren aufnimmt.[51]

---

38   BGH 29.9.2010 Xa ZR 68/07.

39   BGH GRUR 1995, 394 Aufreißdeckel; BPatG 27.2.2014 7 Ni 1/14 (EP); zur Aufnahme des Verfahrens durch den Beklagten BGH 30.11.1978 X ZR 32/76 *Liedl* 1978/80, 254, 262 Überzugsvorrichtung, nicht in GRUR; RGZ 141, 427, 428 = BlPMZ 1934, 2 biegsame Schwachstromleitung; vgl. BGH GRUR 1991, 522 Feuerschutzabschluss; RG GRUR 1941, 387 Konkurs.

40   *Van Hees/Braitmayer* Rn 1581; überholt BPatGE 25, 39 = GRUR 1983, 199.

41   *Uhlenbruck* InsO § 85 InsO Rn 25; *MüKo/InsO* vor §§ 85–87 Rn 37.

42   BGH Aufreißdeckel; BPatG 13.6.2001 5 W (pat) 447/99 Mitt 2002, 150 Ls, GbmSache; vgl BPatGE 38, 131 = GRUR 1997, 833, 834, Markensache; *van Hees/Braitmayer* Rn 1581; zur Aufnahme des Verfahrens durch den Beklagten BGH Überzugsvorrichtung; RG biegsame Schwachstromleitung und BPatG 26.6.1975 2 Ni 7/74.

43   RG biegsame Schwachstromleitung; BGH Aufreißdeckel; *MüKo/InsO* vor §§ 85–87 Rn 37.

44   *Schulte* Einl Rn 193.

45   BGH ZIP 2007, 249; BGH GRUR 2010, 861 Schnellverschlusskappe; BGH 13.10.2009 X ZR 159/05 NZG 2010, 139 KT; BGH 13.10.2009 X ZR 160/05 NZG 2010, 139 KT.

46   *MüKo/InsO* § 116 Rn 26; *HK/InsO* § 116 Rn 4; BGHZ 109, 260, 264 = NJW 1990, 510.

47   *MüKo/InsO* § § 117 Rn 8; *HK/InsO* § § 117 Rn 5; BGH NJW-RR 1989, 183.

48   Vgl *MüKo/InsO* § § 115 Rn 16, § 117 Rn 16.

49   *Schulte* Einl Rn 194; vgl zur Aufnahme BPatG 22.1.2015 2 Ni 7/12 (EP).

50   *Engel* in *Keukenschrijver* Patentnichtigkeitsverfahren[6] Rn 684 mwN.

51   *Engel* in *Keukenschrijver* Patentnichtigkeitsverfahren[6] Rn 684 mwN.

In Fällen, in denen der Schuldner die Verfügungs- und damit auch die Prozessführungsbefugnis über die Insolvenzmasse behält, ist dieser und nicht der Sachwalter zur Aufnahme befugt.[52] Dem Nichtigkeitskläger muss die Möglichkeit zur Verteidigung im Verletzungsstreit und damit zur Aufnahme des Nichtigkeitsverfahrens gegeben werden, wenn er vom Insolvenzverwalter aus dem Streitpatent in Anspruch genommen wird; die Aufnahme gegen den insolventen Patentinhaber nach § 86 InsO betrifft die Aussonderung eines Gegenstands aus der Insolvenzmasse; sie kann daher auch durch den Nichtigkeitskläger erfolgen.[53] Der Insolvenzverwalter kann auf Antrag des Gegners zur Aufnahme des Verfahrens geladen werden; bei Nichterscheinen kann die Aufnahme als zugestanden gelten.[54] Nimmt der Insolvenzverwalter nicht auf, ist das Verfahren mit der insolventen Partei fortzusetzen,[55] auch, wenn diese eine GmbH oder AG ist. Diese werden zwar mit der Insolvenzeröffnung aufgelöst (§ 60 Abs 1 Nr 4 GmbHG, § 262 Abs 1 Nr 3 AktG; vgl Rn 124 zu § 81), bestehen aber als Rechtspersönlichkeit neben der vom Insolvenzverwalter verwalteten Insolvenzmasse weiter und bleiben für Aktivprozesse selbst dann parteifähig, wenn sie nach Abschluss des Insolvenzverfahrens im Handelsregister gelöscht sind, solange sie einen verbliebenen vermögensrechtl Gegenstand behaupten. Dafür reicht die Möglichkeit aus, im Fall des Obsiegens einen Kostentitel zu erlangen.[56] Nimmt der Insolvenzverwalter auf, muss nach Ablauf des Patents das erforderliche Rechtsschutzbedürfnis bei ihm vorliegen (Rn 68 ff zu § 81).[57]

Das **ausländische Insolvenzverfahren** erfasst auch das im Inland belegene Vermögen des Schuld- **23** ners (Art 102 EGInsO). Es unterbricht das Nichtigkeitsverfahren, wenn der inländ Rechtsstreit die Insolvenzmasse betrifft[58] (§ 352 Abs 1 Satz 1 InsO, der aber nur anwendbar ist, soweit sich das Verfahren nicht nach der EUInsVO richtet, sonst gilt Inlandsrecht). Die Anerkennung des ausländ Insolvenzverfahrens ist allerdings dann zu versagen, wenn die Gerichte des Staats der Verfahrenseröffnung nach dt Recht nicht zuständig sind oder die Anerkennung gegen den dt ordre public verstößt (§ 343 Abs 1 Satz 2 InsO).[59] Die förmliche Verfahrenseröffnung durch ein Gericht ist nicht erforderlich.[60] Für den Verstoß gegen den ordre public ist auch die allg Kollisionsregel in Art 6 EGBGB heranzuziehen.[61] Ob ein ausländ Insolvenzverfahren vorliegt, beurteilt sich danach, ob mit dem Verfahren in etwa die gleichen Ziele verfolgt werden wie mit den in der InsO vorgesehenen Verfahren.[62] Führt das ausländ Verfahren zum ersatzlosen Wegfall des Klägers, soll der Antrag zum Wegfall kommen und auf Antrag des Gegners eine entspr feststellende Entscheidung zu ergehen haben.[63]

Für die **Mitgliedstaaten der Europäischen Union** gilt im Verhältnis zueinander die vorrangige Son- **24** derregelung in Art 15 der EG-VO Nr 1346/2000 über Insolvenzverfahren (EUInsVO). Danach gilt für die Wirkungen des Insolvenzverfahrens auf einen anhängigen Rechtsstreit über einen Gegenstand oder ein

---

52   BPatG 27.2.2014 7 Ni 1/14 (EP).

53   BGH (Zwischenurteil) BGHZ 197, 177 = GRUR 2013, 862 Aufnahme des Patentnichtigkeitsverfahrens; *Engel* in *Keukenschrijver* Patentnichtigkeitsverfahren[6] Rn 684; *Benkard* § 81 Rn 8; offen gelassen in BGH GRUR 2010, 861 Schnellverschlusskappe; BGH 13.10.2009 X ZR 159/05 NZG 2010, 139 KT; BGH 13.10.2009 X ZR 160/05 NZG 2010, 139 KT; vgl zur Problematik im Verletzungsprozess auch BGHZ 185,11 = GRUR 2010, 536 Modulgerüst II in Abweichung von BGH GRUR 1966, 218 Dia-Rähmchen III.

54   BPatGE 40, 227; *Schulte* Einl Rn 194.

55   BGH Mitt 2004, 171 Leuchter; BPatG 26.6.1975 2 Ni 7/74; vgl BGH Liedl 1978/80, 254, 262 Überzugsvorrichtung, nicht in GRUR; *Kuhn/Uhlenbruck* KO (1994) § 10 Rn 7 unter Hinweis auf RG GRUR 1941, 387 Konkurs.

56   BGHZ 48, 303; BGHZ 74, 212 f; BGH NJW-RR 1986, 394 mwN; für das Patentnichtigkeitsverfahren BGH GRUR 1991, 522 f Feuerschutzabschluss; BGH 28.3.2006 X ZR 59/04.

57   Vgl BGH GRUR 2004, 849 Duschabtrennung.

58   BPatG 29.9.2005 2 Ni 9/04; überholt: BPatG 25, 39 = GRUR 1983, 199.

59   BGH GRUR 2010, 861 Schnellverschlusskappe; BGH 13.10.2009 X ZR 159/05 NZG 2010, 139 KT; BGH 13.10.2009 X ZR 160/05 NZG 2010, 139 KT.

60   BGH Schnellverschlusskappe; BGH 13.10.2009 X ZR 159/05 NZG 2010, 139 KT; BGH 13.10.2009 X ZR 160/05 NZG 2010, 139 KT.

61   BGH Schnellverschlusskappe; BGH 13.10.2009 X ZR 159/05 NZG 2010, 139 KT; BGH 13.10.2009 X ZR 160/05 NZG 2010, 139 KT.

62   BGH Schnellverschlusskappe; BGH 13.10.2009 X ZR 159/05 NZG 2010, 139 KT; BGH 13.10.2009 X ZR 160/05 NZG 2010, 139 KT, dort jeweils bejaht für auf Antrag des Schuldners eingeleitetes Verfahren nach Chapter 11 des us-amerikan Bankruptcy Code; für die Aufnahme ist hier ein Antrag auf Aufhebung der Unterbrechung („relief from the stay") bei den US-Gerichten erforderlich.

63   BPatGE 48, 74 = BlPMZ 2005, 224, für das GbmLöschungsverfahren.

Recht der Masse ausschließlich das Recht des Mitgliedsstaats, in dem der Rechtsstreit anhängig ist. Das verweist unmittelbar auf § 240 ZPO.[64] In der Rspr des BPatG ist umstr, ob das nach ital Insolvenzrecht vor der Insolvenzeröffnung liegende freiwillige Vergleichsverfahren (concordato preventivo) das Verfahren unterbricht; dies wurde bejaht für das Verfahren über das Vermögen des Patentinhabers nach Art 2 Buchst a) und b) Anhang A EuInsVO, das als Insolvenzverfahren iSv Art 1 Abs 1 EuInsVO behandelt wurde und das, sofern das Streitpatent bei Anhängigkeit des Nichtigkeitsverfahrens noch die Insolvenzmasse betrifft, zur Unterbrechung des Verfahrens führen soll. Dagegen verneint der BGH die Unterbrechung, wenn das Patent bei Erhebung der Nichtigkeitsklage nicht mehr Teil des Vermögens des Beklagten war.[65] Der im freiwilligen Vergleichsverfahren bestellte Verwalter (liquidatore giudiziario) verfügt nach dem (im dt Verfahren maßgeblichen) ital Recht jedoch noch nicht über die Verwaltungs- und Verfügungsbefugnis über das Vermögen des Gemeinschuldners.[66] Dagegen hat der 7. Senat des BPatG darauf abgestellt, dass für die Wirkungen des Insolvenzverfahrens auf einen anhängigen Rechtsstreit über einen Gegenstand oder ein Recht der Masse als Sachnormverweisung auf das Recht der lex fori processus ausschließlich das Recht des Mitgliedsstaats gilt, in dem der Rechtsstreit anhängig ist, und deshalb die Wirkung ausländ Insolvenzverfahren auf anhängige Rechtsstreitigkeiten nach § 240 ZPO zu bestimmen ist, nach dem eine Verfahrensunterbrechung nur dann eintritt, wenn das Insolvenzverfahren durch einen formellen Eröffnungsbeschluss eröffnet wurde (§ 240 Satz 1 ZPO) oder (im Insolvenzeröffnungsverfahren) bereits die Verwaltungs- und Verfügungsbefugnis auf den vorläufigen Insolvenzverwalter übergegangen ist (§ 240 Satz 2 ZPO).[67]

25   **3. Aussetzung.** Aussetzung nach § 148 ZPO kommt insb bei Vorgreiflichkeit eines anderen Nichtigkeitsverfahrens in Betracht (vgl auch Rn 7 ff zu § 140).[68] Ein Beschränkungsverfahren kann eine Aussetzung des Nichtigkeitsverfahrens idR nicht begründen.[69] Das wird auch für das eur Beschränkungsverfahren gelten müssen.[70] Ein Verletzungsprozess ist erst recht kein Grund für die Aussetzung des Nichtigkeitsverfahrens.[71] Das BPatG hat eine Aussetzungsmöglichkeit für das Nichtigkeitsverfahren nach § 148 ZPO aus Gründen der Prozessökonomie schon dann bejaht, wenn ein paralleles Verfahren in der Berufungsinstanz anhängig ist, zumindest wenn erstinstanzlich Nichtigerklärung erfolgt ist;[72] zur Aussetzung in der Berufungsinstanz vgl Rn 14 zu § 115. Ein Nichtigkeitsverfahren gegen ein ergänzendes Schutzzertifikat wurde entspr § 148 ZPO ausgesetzt, weil beim EuGH ein Vorlageverfahren anhängig war, das ein anderes Schutzzertifikat, aber dieselben Rechtsfragen betraf.[73] Zur Aussetzung bei ungeprüften DD-Patenten 7. Aufl. Jedenfalls kann Aussetzung nicht erfolgen, um die Einführung eines weiteren Nichtigkeitsgrunds zu ermöglichen.[74]

26   Aussetzung im Hinblick auf eine **Übertragungsklage**, mit der der Nichtigkeitskläger die Übertragung des Patents auf sich begehrt, wurde trotz Bejahung der Vorgreiflichkeit abgelehnt, weil keine Gefahr einander widersprechender Entscheidungen bestand.[75]

27   **4. Ruhen** des Verfahrens kann nach den allg Grundsätzen der ZPO angeordnet werden (§ 251 ZPO: übereinstimmender Antrag, wenn anzunehmen ist, dass wegen Schwebens von Vergleichsverhandlungen

---

64   *Uhlenbruck* Insolvenzordnung[13] (2010) Vorb vor EuInsO Rn 3 und Art 16 EuInsVO Rn 1, 4.

65   BGH 30.6.215 X ZR 97/13.

66   BPatG 10.7.2013 4 Ni 8/11 (EP) GRUR 2014, 104 Ls, bestätigt in BGH 30.6.2015 X ZR 97/13.

67   BPatG 27.2.2014 7 Ni 1/14 (EP).

68   Vgl BGH 11.10.2005 X ZR 135/04; BPatG 25.6.2003 4 Ni 18/02 undok: Angriff auf Unteranspruch, der sich auf einen übergeordneten Patentanspruch bezieht, der im anderen Verfahren im Streit steht.

69   DPA (Beschwerdesenat) BlPMZ 1958, 61; *Benkard* § 64 Rn 40; *Féaux de Lacroix* Mitt 2008, 6, 8.

70   Vgl *Féaux de Lacroix* Mitt 2008, 6, 8.

71   BPatG 1.4.2008 4 Ni 8/06.

72   BPatGE 41, 134 = Mitt 1999, 313 m kr Anm *Hamm;* grds bestätigt in BPatG 30.1.2003 3 Ni 9/02 (EU), jedoch spreche die derzeit lange Verfahrensdauer im Berufungsverfahren gegen eine Aussetzung, gegen die auch die späte Stellung des Aussetzungsantrags angeführt wird; abl BPatG Mitt 2015, 146 „extrudierte Platte": keine Vorgreiflichkeit; *Schulte* § 81 Rn 163; aA noch DPA BlPMZ 1958, 189.

73   BPatGE 43, 225 = Mitt 2001, 206; zur Beendigung der Aussetzung in dieser Sache BPatG 15.3.2004 3 Ni 50/98 (EU); vgl weiter BPatG 19.2.2004 3 Ni 1/01 (EU).

74   BGH GRUR 1954, 317 Leitbleche I.

75   BPatG 13.3.2015 3 Ni 28/13 (EP).

oder aus sonstigen wichtigen Gründen diese Anordnung zweckmäßig ist, § 251a Abs 3 ZPO: beiderseitige Säumnis).[76] Jedoch kann bei beiderseitiger Säumnis auch in der Sache entschieden werden.[77]

5. Auf **Vertagung** der Verhandlung besteht in entspr Anwendung von § 227 Abs 1 ZPO Anspruch, **28** wenn hierfür ein erheblicher Grund, insb aus dem Anspruch auf rechtl Gehör (Art 103 Abs 1 GG; § 93 Abs 2), vorliegt; bei der Prüfung ist auch das Gebot der Beschleunigung zu berücksichtigen, bei sonst drohender Gehörsverletzung besteht allerdings kein Ermessensspielraum.[78] Dass der Patentinhaber dann Anspruch auf Vertagung habe, wenn das BPatG dem Patent eine Fassung geben will, die nicht den Anträgen des Patentinhabers entspricht, trifft jedenfalls in dieser Allgemeinheit nicht zu.[79] Selbstbeschränkung in der mündlichen Verhandlung rechtfertigt für den Kläger jedenfalls dann Vertagung, wenn sein Anspruch auf rechtl Gehör berührt ist.[80] Das gilt jedenfalls im Grundsatz auch bei Beschränkung auf ein im Patent offenbartes Ausführungsbeispiel.[81] Eine Ermittlungsobliegenheit des Klägers (Nachrecherche) bezüglich von Umständen, die entscheidende Bedeutung erst bei beschränkter Verteidigung erlangen, besteht erst, wenn eine solche Beschränkung vorgenommen wird.[82] Zur Notwendigkeit der Vertagung als Zurückweisungsgrund für neues Vorbringen Rn 21 f zu § 83.

Auf **Schriftsatznachlass** besteht nur dann Anspruch, wenn sonst das rechtl Gehör verletzt sein **29** kann.[83]

6. Wiedereröffnung der mündlichen Verhandlung kann und muss ggf nach § 99 Abs 1 iVm § 156 ZPO **30** angeordnet werden;[84] Teilnahme eines bei der gegnerischen Kanzlei tätigen Patentanwaltsbewerbers an der Beratung wurde nicht als ausreichender Grund angesehen.[85] War die verteidigte Fassung des Patents bereits Gegenstand der mündlichen Verhandlung, besteht grds kein Anlass zur Wiedereröffnung.[86]

7. Terminsaufhebung kommt (ausnahmsweise) in Betracht, wenn eine ordnungsgemäße Vorberei- **31** tung nicht mehr möglich ist (insb bei neu eingereichtem Material).[87]

VI. Klageänderung, Klageerweiterung, Parteiwechsel, Berichtigung der Parteibezeichnung

1. Klageänderung (objektive Klagehäufung; § 263 ZPO) ist jede Änderung des Streitgegenstands, so **32** die Einführung eines weiteren Nichtigkeitsgrunds,[88] ebenso der Angriff auf bisher nicht angegriffene

---

76 *Benkard* § 82 Rn 19.

77 BPatG Bausch BPatG 1994–1998, 673 f.

78 BGH GRUR 2004, 354 Crimpwerkzeug I; vgl *Fitzner/Lutz/Bodewig* § 83 Rn 40 ff; BPatG 25.7.2012 5 Ni 19/11: Vertagung im Hinblick auf anwaltliche Vertretung, mehrfache schriftsätzliche Stellungnahme und angespannte Terminslage abgelehnt.

79 AA *Fitzner/Lutz/Bodewig* § 83 Rn 49.

80 BGH Crimpwerkzeug I unter Bezugnahme auf die Rspr des BVerwG gegen BPatG 4.6.2002 2 Ni 8/01 (EU); vgl auch BPatG 12.9.2007 4 Ni 46/05 (EU) und BPatG 12.9.2007 4 Ni 46/05: nicht, wenn Unterbrechung erfolgt und dies zur Gehörswahrung ausreicht.

81 BGH Crimpwerkzeug I.

82 BGH Crimpwerkzeug I.

83 BPatGE 52, 145 = Mitt 2011, 236.

84 Vgl BPatG Mitt 2015, 324 „Brustpumpe"; BPatG 4.2.2010 3 Ni 16/07 (EU); BPatG 28.8.2013 4 Ni 52/11 (EP).

85 BPatG 29.3.2008 3 Ni 57/05 (EU).

86 Vgl BPatG 4.2.2010 3 Ni 16/07 (EU).

87 Vgl BGH 25.10.2005 X ZR 131/02 undok.

88 BGH Bausch 1994–1998, 27, 29 thermoplastische Formmassen; BGH Bausch BGH 1994–1998, 327, 334 Auspreßvorrichtung; BGH GRUR 2007, 309 Schussfädentransport; BGH GRUR 2009, 933, 935 Druckmaschinentemperierungssystem II; BGH GRUR 2010, 901 polymerisierbare Zementmischung; BGH 21.4.2009 X ZR 153/04; BGH 23.7.2009 Xa ZR 84/05; BGH GRUR 2011, 1003 Integrationselement, wonach mehrere prozessuale Ansprüche geltend gemacht werden; BPatGE 34, 264, 266 = Bausch BPatG 1994–1998, 59, 62; BPatG Bausch BPatG 1994–1998, 632, 637 f; BPatG 9.7.2002 2 Ni 40/00; BPatG 17.10.2007 1 Ni 17/07; BPatG 4.8.2010 2 Ni 36/08 (EU); BPatG Mitt 2014, 396; BPatG 29.9.2014 2 Ni 42/12 (EP); in BPatG 3.7.2015 5 Ni 12/13 (EP); BPatG 10.12.2015 2 Ni 39/13 (EP); *Benkard* § 22 Rn 71; *Scheffler* VPP-Rdbr 2005, 60, 65; in BPatG Bausch BPatG 1994–1998, 319, 321 f, BPatG 19.8.2003 1 Ni 7/02 BPatG 31.8.2005 4 Ni 23/04 (EU) als Klageerweiterung bezeichnet, aber wie Klageänderung behandelt; ebenso in BPatG 29.11.2012 10 Ni 4/11 (EP); nicht ganz klar BPatG 14.4.2011 3 Ni 28/09 (EU).

Hauptansprüche,[89] Nebenansprüche[90] und „unechte" Unteransprüche.[91] Klageänderung ist auch die Einbeziehung eines „echten" Unteranspruchs.[92] Das BPatG hat auch die Einbeziehung eines weiteren Patents (eur Patent neben dt Patent) als Klageänderung behandelt.[93] Die Einordnung kann Auswirkungen auf die Anwendbarkeit der Regelung in § 83 Abs 4 haben (vgl Rn 17 zu § 83).[94]

33 **Zulässigkeit.** Die Klageänderung ist zulässig (§ 263 ZPO) bei Einwilligung des Gegners (die auch durch rügelose Einlassung auf die geänd Klage erfolgen kann, § 99 iVm § 267 ZPO)[95] oder wenn das Gericht sie für sachdienlich hält.[96] Letzteres wurde insb bejaht, wenn das Patent nach Klageerhebung geänd wird und der geänd Fassung entgegengesetzt wird, dass sie zu einer Schutzbereichserweiterung führe.[97] Kleinlichkeit ist hier nicht immer angebracht. Das BPatG hat die zusätzliche Geltendmachung unzulässiger Erweiterung schon deshalb als regelmäßig sachdienlich angesehen, weil damit ein neuer Angriff vermieden werden könne.[98] In Betracht kommt allerdings Zurückweisung als verspätet. Sachdienlichkeit wurde verneint, wenn die Zulassung des neuen Klagegrunds Vertagung erforderlich gemacht hätte.[99]

34 Die **Zurückweisung der Klageänderung** führt dazu, dass die Klage insoweit unzulässig ist.[100] Der Kläger, der unzulässigerweise das Patent in weiterem Umfang als vor der Klageänderung angreift oder sich auf einen weiteren Nichtigkeitsgrund stützen will, ist damit nur im anhängigen Verfahren ausgeschlossen, nicht aber in einer weiteren Klage, da insoweit Klageverbrauch nicht eintritt.

35 **2.** Keine Klageänderung (§ 264 ZPO) ist nach der älteren Rspr des BGH die (in der Praxis von der Klageänderung nicht immer sauber unterschiedene) **Klageerweiterung**, zB Erweiterung des Angriffs bei einem bereits angegriffenen Patentanspruch.[101] Keine Klageänderung ist auch die Stützung der Klage auf einen anderen rechtlichen Gesichtspunkt im Rahmen desselben Klagegrunds (zB Therapieverfahren statt fehlende Schutzfähigkeit gegenüber dem StdT).[102]

---

89 BPatG 17.7.2002 4 Ni 38/00; vgl BGH Liedl 1959/60, 446 Abziehgerät; in BGH GRUR 2013, 1174 Mischerbefestigung als Klageerweiterung bezeichnet.
90 Vgl BPatGE 25, 85 = BlPMZ 1983, 152, GbmLöschungssache.
91 Nach BPatG 16.5.2013 10 Ni 19/11 (EP) soll der Angriff gegen einen weiteren Patentanspruch Klageweweiterung sein.
92 BGH GRUR 2008, 90 Verpackungsmaschine, aber offen gelassen in BGH 22.3.2011 X ZR 122/09; als Klageerweiterung bezeichnet in BGH 19.7.2011 X ZR 25/09; wohl auch *Schulte* § 81 Rn 70; aA noch BGH Liedl 1965/66, 328 ff Brutapparat; BPatGE 36, 35; BPatG 14.1.2004 4 Ni 3/03 (EU); BPatG 29.4.2008 4 Ni 38/06 (EU); BPatG 10.7.2008 2 Ni 54/06 (EU); BPatG 21.9.2011 4 Ni 2/10 (EU); Zweifel schon in BPatG 16.5.2002 2 Ni 6/01; BPatG 3.5.2007 2 Ni 11/05, BPatG 21.9.2011 4 Ni 2/10 (EU); BPatG 3.5.2007 2 Ni 11/05, zwd, ob Vollangriff nach Teilangriff Klageänderung ist; offen gelassen in BPatG 20.5.2008 2 Ni 2/06 (EU); s auch *Scheffler* VPP-Rdbr 2005, 60, 64.
93 BPatG 22.11.2006 4 Ni 15/05.
94 Vgl. BPatG 29.11.2012 2 Ni 7/11 (EP) GRURPrax 2013, 44 KT.
95 BPatG 27.3.2012 3 Ni 32/10 (EP); BPatG 23.1.2014 2 Ni 19/12; BPatG 11.11.2014 3 Ni 26/13, dort als Klageerweiterung bezeichnet; vgl öOPM öPBl 2008, 54 Werbeträger, GbmSache.
96 BGH Liedl 1959/60, 432, 436 Abziehgerät; BGH GRUR 2001, 730 Trigonellin, nicht in BGHZ; BGH Bausch BGH 1994–1998, 27, 29 thermoplastische Formmassen; BGH Bausch BGH 1994–1998, 327, 334 Auspreßvorrichtung; BPatG Bausch BPatG 1994–1998, 632, 637 f; BPatG 17.7.2002 4 Ni 38/00; BPatG 9.6.2005 2 Ni 54/03 (EU); BPatG 13.3.2006 1 Ni 10/04 (EU); BPatG 17.10.2007 1 Ni 17/07 und BPatG 2.11.2006 2 Ni 56/04, wo bei der Prüfung der Sachdienlichkeit berücksichtigt wird, dass sich der Beklagte auf die Klageänderung eingelassen hat; BPatG 9.3.2010 3 Ni 42/08 (dort als „Erweiterung der Klage" angesprochen); BPatG 4.8.2010 2 Ni 36/08 (EU); BPatG 3.11.2010 5 Ni 55/09 (EU); BPatG 8.2.2011 3 Ni 8/09 (EU); BPatG 19.6.2015 4 Ni 4/14 (EP); BPatG 3.7.2015 5 Ni 12/13 (EP); BPatG 27.7.2015 5 Ni 24/14; BPatG 21.9.2015 5 Ni 30/13 (EP); BPatG 1.3.2016 4 Ni 36/14 (EP).
97 BPatG 30.9.2010 2 Ni 12/08 (EU).
98 BPatG 29.4.2003 1 Ni 2/02 (EU); BPatG 13.5.2003 1 Ni 1/02 (EU); BPatG 9.6.2005 2 Ni 54/03 (EU); BPatG 27.2.2014 7 Ni 1/14 (EP).
99 BPatG 26.7.2011 4 Ni 56/09; wegen bejahter Verspätung offen gelassen in BPatG Mitt 2014, 396.
100 BPatG 29.11.2012 2 Ni 7/11 (EP) GRURPrax 2013, 44 KT.
101 BGHZ 17, 305 = GRUR 1955, 531 Schlafwagen; RGZ 61, 205 = BlPMZ 1905, 232 neues Material im Nichtigkeitsberufungsverfahren; vgl *Fitzner/Lutz/Bodewig* § 81 Rn 98.
102 Das übersieht BPatG 1.3.2011 3 Ni 53/08 (EU).

3. Der Parteiwechsel (subjektive Klageänderung) wird entspr der Klageänderung behandelt.[103] Wird **36** die Klage gegen den nunmehr im Register Eingetragenen gerichtet, bevor die Parteien zur Sache verhandelt haben, bedarf es nicht der Zustimmung des bisherigen Beklagten.[104]

Die Bejahung der **Sachdienlichkeit** soll wegen § 268 ZPO durch das Berufungsgericht nicht über- **37** prüfbar sein.[105] Der Parteiwechsel ist sachdienlich, wenn sich dadurch der Prozessstoff nicht ändert, die Erledigung nicht verzögert und ein weiterer Prozess vermieden wird.[106] Die Praxis ist großzügig. Auch die Vermeidung einer ohne den Parteiwechsel erforderlichen Prozesskostensicherheit kann ihn rechtfertigen.[107] Sachdienlichkeit scheidet aus, wenn die Klage der neuen Partei unzulässig wäre, weil das besondere Rechtsschutzbedürfnis nach Ablauf der Schutzdauer bei ihr fehlt.[108] Ist das Verfahren unterbrochen, ist eine auf den Parteiwechsel gerichtete Erklärung der neuen Partei, der der Gegner widerspricht, wirkungslos; wird das Verfahren nur zum Zweck seiner Beendigung aufgenommen, kann sie keine Wirksamkeit erlangen.[109] Auf Beklagtenseite kommt einvernehmlicher Parteiwechsel bei Änderung der Rechtsinhaberschaft in Betracht;[110] wird ein anderer als der im Register eingetragene Patentinhaber verklagt, unterbleibt idR schon die Zustellung, weil zunächst eine Registerabfrage durchgeführt wird; Parteiwechsel kann dadurch regelmäßig vermieden werden.[111] Zum Parteiwechsel in der Berufungsinstanz Rn 33 zu § 110.

Über die **Kosten der ausscheidenden Partei** wird üblicherweise nur auf Antrag entschieden, jedoch **38** hat der BGH auch eine Entscheidung vAw als statthaft angesehen.[112] Die ausscheidende Partei trägt nur die Mehrkosten, die durch den Parteiwechsel entstanden sind, nicht aber darüber hinaus den Kostenanteil, der ihr bei Klagerücknahme aufzuerlegen wäre.[113]

4. Berichtigung der Parteibezeichnung kommt nur in Betracht, wenn diese äußerlich unklar, aber **39** bei objektiver Würdigung erkennbar ist, welche Person getroffen werden soll; maßgebend ist, wie die Bezeichnung bei objektiver Deutung aus der Sicht der Empfänger (Gericht und Gegenpartei) zu verstehen ist.[114] Bei der Auslegung der Parteibezeichnung sind nicht nur die im Rubrum der Klageschrift enthaltenen Angaben, sondern der gesamte Inhalt der Klageschrift einschließlich etwaiger beigefügter Anlagen zu berücksichtigen; die Klageerhebung gegen die in Wahrheit gemeinte Partei darf grds nicht an deren fehlerhafter Bezeichnung scheitern, wenn der Mangel nach den Umständen keine vernünftigen Zweifel an dem wirklich Gewollten aufkommen lässt, solange aus der Klageschrift und etwaigen Anlagen unzweifelhaft deutlich wird, welche Partei tatsächlich gemeint ist.[115]

VII. Klagerücknahme ist abw von § 269 ZPO in jeder Lage des Verfahrens bis zur Rechtskraft der Ent- **40** scheidung auch ohne Einwilligung des Beklagten möglich, weil sich der Kläger nicht an einem Popularrechtsbehelf festhalten lassen muss (zur Klagerücknahme in der Berufungsinstanz Rn 31 zu § 110; zur An-

---

103 BGH GRUR 1996, 865 Augentropfen; BGH Bausch BGH 1999–2001, 601 Beitritt im Berufungsverfahren; BGH GRUR 2015, 159 Zugriffsrechte; vgl BPatGE 19, 53, 56, GbmLöschungssache; BPatG 15.4.2015 5 Ni 11/13 (EP); BPatG 19.5.2015 6 Ni 28/14 (EP); BPatG 21.9.2015 5 Ni 30/13 (EP).
104 BPatG 10.2.2015 3 Ni 3/14 mwN.
105 BGH GRUR 1987, 351 Mauerkasten II; str; aA BPatG 19.4.1998 5 W (pat) 32/97 undok, GbmSache, mwN. Zur Zulässigkeit auch BPatGE 33, 240 = GRUR 1993, 732.
106 BPatGE 33, 240 = GRUR 1993, 732; BPatG 4.8.2010 4 Ni 67/09 (EU); vgl auch BGH Bausch BGH 1994–1998, 348, 350 Seitenspiegel 01; zur Kostenfolge BPatGE 34, 113 = GRUR 1994, 607.
107 BPatG 4.8.2010 4 Ni 67/09 (EU).
108 Vgl BPatGE 19, 53, 56.
109 BGH Bausch BGH 1999–2001, 601 Beitritt im Berufungsverfahren, nicht ganz unzw.
110 Vgl zB BPatG 29.1.2008 4 Ni 12/07 ; BPatG 29.1.2016 5 Ni 44/13 (EP).
111 Vgl aber BPatG 10.5.2006 4 Ni 65/04 (EU): Klage gegen Rechtsvorgänger, obwohl Rechtsnachfolger bereits im Register eingetragen war.
112 BGH GRUR 1996, 865 Augentropfen.
113 BGH GRUR 2015, 159 Zugriffsrechte; BPatGE 34, 113 = GRUR 1994, 607 f.
114 BGH GRUR 2009, 42 Multiplexsystem; BPatG 30.6.2004 4 Ni 8/03 (EU); vgl BPatG 19.4.1998 5 W (pat) 32/97 undok, GbmSache.
115 BGH Multiplexsystem; vgl BGH NJW-RR 2008, 582.

tragsrücknahme im GbmLöschungsverfahren Rn 28 zu § 17 GebrMG).[116] Sie führt dazu, dass der Rechtsstreit als nicht anhängig geworden anzusehen ist,[117] und setzt die bereits ergangene Entscheidung auch dann außer Kraft, wenn das Patent für nichtig erklärt wurde.[118] Einer ausdrücklichen Aufhebung bedarf es nicht.[119] Auf Antrag erfolgt (deklaratorischer) Ausspruch durch das Gericht, gegenüber dem die Klagerücknahme erklärt worden ist,[120] dahin, dass das Urteil (im Umfang der Klagerücknahme) wirkungslos ist.[121] Die Klagerücknahme setzt auch die bereits ergangene Kostenentscheidung außer Kraft, die aber auf Antrag erneut zu erfolgen hat.[122] Wird die Wirksamkeit der Klagerücknahme bestritten, ist sie durch Beschluss festzustellen.[123] Die Kosten trägt – auf Antrag des Beklagten (§ 269 Abs 4 ZPO in entspr Anwendung)[124] – grds der Kläger,[125] für eine Billigkeitsentscheidung ist kein Raum (str).[126] Die Kostenfolge tritt kraft Gesetzes ein.[127]

41 Die Klagerücknahme durch die Hauptpartei bedarf auch dann nicht der Zustimmung eines auf Seiten des Klägers am Rechtsstreit beteiligten **Streithelfers**, wenn dieser als Streitgenosse anzusehen ist.[128]

42 Eine **außergerichtliche Einigung** geht vor,[129] und zwar auch im Verhältnis zum Nebenintervenienten.[130]

43 Klagerücknahme kann auch zur Vermeidung der **Rechtskraftwirkung** des klageabweisenden Urteils (Klageverbrauch im Rahmen der geltend gemachten Nichtigkeitsgründe) erwägenswert sein. Ob im Fallenlassen eines von mehreren Nichtigkeitsgründen bei unverändertem Umfang des Angriffs eine teilweise Klagerücknahme liegt, ist fraglich; jedenfalls kann es Kostenfolgen nach § 100 Abs 2 ZPO und im Rahmen der Billigkeitsklausel des § 84 Abs 2 Satz 2 auslösen.[131] Zur Rücknahme der weitergehenden Klage nach Selbstbeschränkung des Patentinhabers Rn 121.

44 **Teilklagerücknahme** führt zu einer entspr Beschränkung des Prozessstoffs[132] und löst die gesetzliche Kostenfolge des § 269 Abs 3 Satz 2 ZPO aus.[133]

116 BGH GRUR 1993, 895 Hartschaumplatten; BGH GRUR 2010, 322 Sektionaltor; BGH GRUR 2014, 911 Sitzgelenk; BGH GRUR 1964, 18 Konditioniereinrichtung; *Benkard* § 84 Rn 24 f; *Schulte* § 81 Rn 166; *Fitzner/Lutz/Bodewig* Rn 113; vgl *Scheffler* VPP-Rdbr 2005, 60, 64.
117 Vgl zB BPatG Beschl vom 26.8.2010 3 Ni 49/08 (EU), ohne Gründe.
118 BGH Konditioniereinrichtung; BPatG Beschl vom 4.6.2007 1 Ni 10/06 (EU); vgl BGH GRUR 2006, 666 Stretchfolienhaube: Klagerücknahme eines weiteren Klägers, der das Streitpatent in weiterem Umfang angegriffen hatte als der andere; BPatG 14.5.2014 5 Ni 50/12: Rücknahme einer von mehreren Klagen für den Kläger, der die Klage zurückgenommen hat; BPatGE 20, 64, GbmLöschungssache.
119 BPatG Beschl vom 4.6.2007 1 Ni 10/06 (EU).
120 BGH 5.10.2004 X ZR 77/02; BGH 8.11.2005 X ZR 186/00; BGH 16.5.2006 X ZR 7/05.
121 Vgl BGH GRUR 2014, 251 Bildanzeigegerät.
122 BGH 7.12.2004 X ZR 40/03, ohne nähere Begründung.
123 BGH Hartschaumplatten.
124 BPatGE 3, 170 = GRUR 1964, 553; *Schulte* § 81 Rn 166; der Antrag liegt nicht ohne weiteres zugleich im Kostenfestsetzungsantrag, BPatG BlPMZ 2000, 383, GbmLöschungssache.
125 Vgl BGH 22.5.2001 X ZR 80/00; BPatG Beschl vom 5.7.2012 3 Ni 6/11 (EP); BPatG BlPMZ 2000, 383, GbmLöschungssache; öOPM öPBl 2000, 175.
126 BPatGE 3, 170 = GRUR 1964, 553; BGH 24.6.2008 X ZR 3/08, wonach die Mutmaßung des Streithelfers des Klägers, die Rücknahme sei durch das Versprechen der Kostenübernahme durch den Beklagten veranlasst wurde, nichts ändert; aA für den Fall, dass entspr dem als unzulässig angesehenen Klageantrag Selbstbeschränkung erfolgt ist, mit beachtlichen Gründen unter Hinweis auf die Bindung an die vom Beklagten verteidigte Fassung BPatGE 52, 65 = GRUR 2009, 1195.
127 BPatG BlPMZ 2000, 383, GbmLöschungssache.
128 BGH GRUR 1965, 297 Nebenintervention; BGH GRUR 2014, 911 Sitzgelenk.
129 BGH GRUR 1972, 726 Vergleichskosten, stRspr: BPatG BlPMZ 2000, 383, GbmLöschungssache.
130 BGHZ 154, 351 = NJW 2003, 1948; BGH NJW 2003, 3354, BGH NJW-RR 2004, 1506, je zum Verfahren nach der ZPO.
131 BPatGE 34, 215; vgl auch BPatGE 36, 75 und nachgehend BGH 5.5.1998 X ZR 57/96 Regenbecken, nicht in GRUR; BPatGE 41, 202.
132 Vgl BPatG 20.6.2001 2 Ni 20/00 (EU): Übergang von einem Antrag auf Nichtigerklärung „zumindest im Umfang des Patentanspruchs 1" auf Antrag auf Nichtigerklärung im Umfang des Patentanspruchs 1.
133 Vgl BPatG 25.10.2006 4 Ni 44/05 (EU).

VIII. Vergleich

1. Allgemeines. § 278 ZPO sieht einen der mündlichen Verhandlung vorausgehenden obligatorischen **45** Güteversuch vor, der vor dem BPatG als solcher unterbleibt. Die Senate bemühen sich aber um eine gütliche Einigung.[134] Zur Mediation Rn 1 zu § 99. Im internat Verkehr weist bei fehlender Rechtswahl ein Vergleich, mit dem die Ansprüche einer Partei wegen Patentverletzung gegen Geldzahlung und die Nichtigkeitsklage erledigt werden sollen, iSd Art 28 Abs 2 Satz 1 EGBGB jedenfalls dann die engsten Verbindungen zu dem Sitzrecht der Partei auf, die die Ansprüche wegen Patentverletzung geltend gemacht hat, wenn mit dem Vergleich die Patentverletzung in mehreren Staaten erledigt werden soll. [135]

Vergleichsschluss erfolgt häufig unter Widerrufsvorbehalt.[136] Er kommt nach § 278 Abs 6 ZPO auch **46** durch Vorlage eines schriftlichen Vergleichsvorschlags bei Gericht durch die Parteien oder durch schriftsätzliche Annahme eines gerichtlichen Vergleichsvorschlags in Betracht.[137] Das Gericht stellt in diesen Fällen (beim BPatG in der Dreierbesetzung) das Zustandekommen und den Inhalt eines so geschlossenen Vergleichs durch Beschluss fest.[138] Jedoch kann sich aus dem Inhalt des Vergleichs auch die Notwendigkeit einer abschließenden Entscheidung durch das Gericht ergeben.[139] Der Abschluss eines solchen Vergleichs löst neben einer 1,3-Verfahrensgebühr und einer 1,0-Einigungsgebühr eine 1,2-Terminsgebühr aus.[140] Werden die Anwälte der Parteien während der Verhandlung beauftragt, den mündlich vereinbarten Vergleich schriftlich zu fixieren, ist iZw zu vermuten, dass der Vertrag nicht geschlossen werden soll, bis dies in schriftlicher Form erfolgt ist.[141]

Überwiegend wird vom BPatG folgender **Ladungszusatz** verwendet: **47**

Die Parteien sollten prüfen, ob nicht den beiderseitigen Interessen durch eine gütliche Regelung besser Rechnung getragen werden kann als durch eine Entscheidung des Senats. Dabei sollten entsprechende Überlegungen aus Gründen der Verfahrensökonomie und der Kostenersparnis unverzüglich angestellt und die Verhandlungen so rechtzeitig aufgenommen werden, dass ein Ergebnis schon vor der mündlichen Verhandlung erreicht und diese nach Möglichkeit vermieden werden kann. In jedem Falle wird der Senat die Möglichkeiten einer gütlichen Beilegung des vorliegenden sowie eines etwaigen Verletzungsrechtsstreits auch in der mündlichen Verhandlung erörtern. Hierfür wäre es zweckdienlich, wenn die Parteien oder ihre gesetzlichen Vertreter im Termin anwesend sind. Jedenfalls sollten sie ihre Prozessbevollmächtigten über alle für einen Vergleich maßgeblichen Umstände umfassend informieren und sie möglichst für einen Vergleichsabschluss umfassend bevollmächtigen, mindestens aber am Terminstag für ihre Prozessbevollmächtigten jederzeit telefonisch erreichbar sein.

2. Reichweite. Eine vergleichsweise Erledigung (gerichtlich oder außergerichtlich) ist möglich,[142] **48** soweit die Parteien über das Verfahren verfügen können.[143] Ein außergerichtlicher Vergleich kann daher die Verpflichtung zur Rücknahme, ein Prozessvergleich (selbst stillschweigend) die Erklärung der Rücknahme der Klage enthalten. Auch ein auf die Kosten (oder einen Teil davon) beschränkter Vergleich kommt in Betracht.[144] Ob ein Vergleichsabschluss angebracht ist, bedarf sorgfältiger Prüfung anhand der Prozessaussichten; zu einem ungünstigen Vergleich darf der Anwalt nicht raten, andernfalls drohen Schadensersatzansprüche.[145]

Ein Vergleich, mit dem **in Kenntnis der fehlenden Rechtsbeständigkeit** ein Patent zum Nachteil **49** Dritter aufrechterhalten wird, kann gegen § 138 BGB verstoßen.[146] Gegen Vergleiche, die Patente betreffen,

---

134 Vgl zB BPatG 22.5.2001 2 Ni 44/99 (EU) undok.

135 BGH GRUR 2010, 322 Sektionaltor.

136 Näher *Schulte* § 81 Rn 177.

137 BPatG 17.11.2005 2 Ni 36/04 (EU), Ls in Mitt 2006, 319; BGH 26.9.2006 X ZR 148/03.

138 Beispiele: BGH 28.10.2009 Xa ZR 18/06; BPatG 1.9.2009 5 Ni 24/09 (EU).

139 Vgl BPatG 19.3.2009 3 Ni 59/06 (EU).

140 Vgl (zum Verfahren nach der ZPO) BGH NJW 2006, 157; BGH Rpfleger 2006, 624; BGH FamRZ 2006, 1441.

141 BGH GRUR 2010, 322 Sektionaltor.

142 *Schulte* § 81 Rn 176; vgl BGH GRUR 1966, 523 Kunstharzschaum.

143 Vgl *Brandi-Dohrn* VPP-Rdbr 1993, 30; *van Hees/Braitmayer* Rn 1403 ff.

144 Vgl BPatG 9.6.1994 2 Ni 23/93.

145 BGH GRUR 2000, 396 Vergleichsempfehlung I.

146 BGHZ 10, 23 = GRUR 1953, 385 f Nichtangriffsabrede [Konservendose I]; *Schulte* § 81 Rn 176.

deren Rechtsbestand ernsthaft zwh ist, sind im Ergebnis unberechtigte Bedenken erhoben worden;[147] die insoweit für möglich gehaltene Einrede der unzulässigen Rechtsausübung (Rn 220 zu § 139) ist nicht von dem Vergleich abhängig. Auf mögliche Schwierigkeiten, die sich aus Unklarheiten der Vergleichsregelungen ergeben können, sollten die Parteien und ihre Vertreter vorbereitet sein.[148]

50   Nicht am Verfahren beteiligte **Dritte** können diesem zum Zweck des Vergleichsschlusses beitreten.[149]

51   Über den **Bestand des Patents** selbst kann im Vergleichsweg nicht verfügt werden.[150] Der Gegenstand des Streitpatents kann daher im Vergleich nicht festgelegt werden; dies ist nur durch rechtsgestaltendes Urteil möglich.[151]

52   Der Inhalt eines Vergleichs wird von der **Akteneinsicht** in st Praxis des BPatG ausgenommen.[152]

53   **3. Inhalt.** Ein Vergleich enthält meist folgende Regelungen:[153]

– Regelung über die **Benutzung des Streitpatents** durch den Kläger (Lizenz, Benutzungsrecht, Unterlassungsverpflichtung, Aufbrauchfrist),[154]
– Vereinbarung über die **Beendigung des Verletzungsprozesses,**
– **Rücknahme der Nichtigkeitsklage,**
– **Kostenregelung.**

Beispiele:[155]

1. Die Beklagte gewährt der Klägerin am Gegenstand des Streitpatents eine einfache, nichtausschließliche Lizenz zu folgenden Bedingungen: ...

2. Die Beklagte verpflichtet sich, die beim Landgericht Düsseldorf unter dem Aktenzeichen 4a O ... anhängige Verletzungsklage zurückzunehmen. Die Klägerin verpflichtet sich, der Klagerücknahme zuzustimmen.

3. Die Klägerin nimmt die Nichtigkeitsklage zurück.

4. Die Kosten des Verletzungsstreits und des Nichtigkeitsverfahrens werden gegeneinander aufgehoben.

oder:

1. Die Klägerin nimmt die Nichtigkeitsklage zurück.

2. Die Beklagte verzichtet gegenüber der Klägerin und sämtlichen mit der Klägerin verbundenen Unternehmen, gegenüber den beteiligten Kooperationsunternehmen (Lieferanten und Zulieferer einschließlich Lohnfertiger) und sämtlichen unmittelbaren und mittelbaren Abnehmern sowie den Organen und Mitarbeitern aller vorgenannten Unternehmen, für die Vergangenheit und die Zukunft auf sämtliche Ansprüche aus dem Europäischen Patent EP 1.234.567 B2 und sämtlichen eventuellen zu derselben Patentfamilie gehörenden weiteren Schutzrechten, wegen auf etwaigen Schutzrechtsverletzungen der Klägerin oder der mit ihr verbundenen Unternehmen beruhenden Handlungen europaweit. Für den Fall, dass der so vereinbarte Verzicht aus rechtlichen Gründen unwirksam sein sollte, verpflichtet sich die Beklagte, gegen die benannten Personen aus den genannten Patenten nicht vorzugehen.

3. Die Beklagte garantiert, dass sie zu dem in Ziffer 2 vereinbarten Verzicht befugt ist. Sie verpflichtet sich, die unter Ziffer 2 eingegangen Verpflichtungen eventuellen Rechtsnachfolgern aufzuerlegen.

4. Die Beklagte trägt sämtliche Kosten der I. Instanz des Rechtsstreits. Die Beklagte trägt die Gerichtskosten des Berufungsverfahrens. Die außergerichtlichen Kosten des Berufungsverfahrens trägt jede Partei selbst. Jede Partei trägt ihre Kosten des Vergleichs.

54   **4. Vollstreckung.** Vor dem BPatG abgeschlossene Vergleiche sind gerichtliche Vergleiche iSd § 794 Abs 1 Nr 1 ZPO und damit Vollstreckungstitel, auch soweit sie Gegenstände regeln, die an sich nicht in die Zuständigkeit des BPatG fallen; insoweit ist das BPatG für die Androhung von Ordnungsmitteln (§ 890

---

147   *G. Winkler* Miszellen – Probleme im Patentnichtigkeitsverfahren, Heymanns-Patentforum München 35./26.6.2009, S 215 ff.

148   Vgl den der Entscheidung BGH GRUR 1999, 566 Deckelfaß zugrunde liegenden Fall, in dem ein paralleles erstrecktes, jedoch wegen Ausnützung der Prioritätsfrist länger laufendes DD-Patent übersehen worden war.

149   *Schulte* § 81 Rn 176.

150   Vgl *Schulte* § 81 Rn 176; *van Hees/Braitmayer* Rn 1403.

151   Zu Vereinbarungen über den Schutzbereich mit Wirkung inter partes vgl. BGHZ 3, 193 = GRUR 1952, 141 Tauchpumpen und BGH GRUR 1979, 308 Auspuffkanal für Schaltgase.

152   BPatGE 28, 37, 39 = GRUR 1986, 806.

153   Vgl auch *van Hees/Braitmayer* Rn 1407.

154   Vgl zur Auslegung BGH GRUR 1999, 566 Deckelfaß.

155   Weitere Bsp bei *Keukenschrijver* Patentnichtigkeitsverfahren[6] Rn 266 ff und *Schulte* § 81 Rn 179.

Abs 1 ZPO) und die Vollstreckung dieser[156] das zuständige Gericht des ersten Rechtszugs; die Androhung setzt auch hier einen vollstreckungsfähigen Inhalt voraus.[157] Spätere Nichtigerklärung des Streitpatents führt jedenfalls dann nicht zur Aufhebung des Ordnungsgeldbeschlusses, wenn der Vergleich ausdrücklich für den Fall der Nichtigerklärung nur die Beendigung der Unterlassungsverpflichtung zum Gegenstand hat und nicht deren Wegfall für die Vergangenheit.[158]

IX. Erledigung der Hauptsache

Die Hauptsache kann für erledigt erklärt werden, wenn die Klage nachträglich unzulässig oder unbe- **55** gründet (dh das Klagebegehren gegenstandslos) wird.[159] In Betracht kommt in erster Linie das Erlöschen des Patents durch Zeitablauf, Nichtzahlung der Jahresgebühr oder Verzicht, sofern der Kläger kein Rechtsschutzbedürfnis an der Nichtigerklärung für die Vergangenheit hat,[160] Beschränkung im eur oder nationalen Beschränkungsverfahren[161] oder anderweitige Nichtigerklärung; bei zwischenzeitlicher Teilnichtigerklärung in einem anderen Nichtigkeitsverfahren ist insoweit Teilerledigungserklärung veranlasst. Ein Teilverzicht wird mit seinem Wirksamwerden (Rn 76; Rn 34 zu § 20) beachtlich.

Wenn eine Erledigung des Streits im Raum steht, gibt es für die Parteien **verschiedene Möglichkei-** **56** **ten**. Sie können den Rechtsstreit übereinstimmend für erledigt erklären und beantragen, die Kosten der Gegenseite aufzuerlegen oder sich im Kostenpunkt dem Standpunkt der Gegenseite unterwerfen. Die Erledigung kann aber auch streitig gestellt werden (Rn 62).

Bei der auf den Nichtigkeitsgrund der **widerrechtlichen Entnahme** gestützten Nichtigkeitsklage **57** tritt – anders als im Einspruchsverfahren – Erledigung ein, wenn das angegriffene Patent auf den Kläger übertragen wird, weil sich aus dem Nichtigkeitsverfahren ein Nachanmelderecht nicht ergeben kann.[162]

Hilfsweise Erledigungserklärung kommt auch im Patentnichtigkeitsverfahren nicht in Be- **58** tracht.[163]

Bei **übereinstimmender Erledigungserklärung** ergeht nur noch Kostenentscheidung im Beschluss- **59** weg (Rn 5 zu § 84) nach billigem Ermessen unter Berücksichtigung des bisherigen Sach- und Streitstands nach § 91a ZPO iVm § 84 Abs. 2 Satz 2 PatG nach § 91a ZPO iVm § 84 Abs 2 Satz 2[164] aufgrund der bis dahin erhobenen Beweise.[165] Es ist auf die Prognose des Verfahrensausgangs im Zeitpunkt der Abgabe der Erledigungserklärungen abzustellen.[166] Der Gedanke des § 93 ZPO ist heranzuziehen.[167] Bei einen eur Patent setzt die Annahme einer Veranlassung zur Erhebung der Nichtigkeitsklage konkrete Umstände voraus, die die Annahme rechtfertigen, dass der Patentinhaber ohne weitere Vorwarnung mit einer den dt Teil des Patents betr Nichtigkeitsklage rechnen musste.[168] Bei ungewissem Prozessausgang wurden die Kosten gegeneinander aufgehoben,[169] ebenso im Berufungsverfahren, wenn das Rechtsmittel voraussichtlich teilweise Erfolg

---

156 Vgl BPatG 25.10.2011 1 Ni 22/98 (EU).

157 BPatGE 36, 146 = GRUR 1996, 402.

158 BPatG 25.10.2011 1 Ni 22/98 (EU).

159 BGH GRUR 1983, 560 Brückenlegepanzer II; BGH GRUR 1984, 339 Überlappungsnaht; BGH Bausch BGH 1994–1998, 554 Stapeln von Druckbögen 01; BGH 28.5.2009 Xa ZR 10/05.

160 Vgl BGH GRUR 2004, 623 Stretchfolienumhüllung; BGH GRUR 2004, 849 Duschabtrennung; BGH 7.11.2006 X ZR 69/02; BGH 28.5.2009 Xa ZR 10/05; vgl auch BPatGE 51, 128 = GRUR 2010, 363, zum Einspruchsverfahren; *Gröning* FS J. Bornkamm (2014), 667, 673 ff.

161 Vgl BPatG 30.9.2010 2 Ni 12/08 (EU); BPatG 10.12.2015 2 Ni 39/13 (EP).

162 *Fitzner/Lutz/Bodewig* § 8 Rn 7.

163 *Gröning* FS J. Bornkamm (2014), 667, 674 f.

164 Vgl BGH GRUR 1960, 27 Verbindungsklemme; BGH GRUR 2004, 623 Stretchfolienumhüllung; BGH GRUR 2001, 140 Zeittelegramm; BGH 28.5.2009 Xa ZR 10/05; BPatG GRUR 2015, 104 „L-Arginin"; *Hövelmann* GRUR 2007, 283, 285; zum Umfang der Sachprüfung in diesem Fall BGH GRUR 1961, 278 Lampengehäuse; BGH 25.2.1966 I a ZR 189/63 und 17.7.1966 Ia ZR 23/66.

165 BGH 28.5.2009 Xa ZR 10/05.

166 Vgl zB BGH 6.12.1977 X ZR 28/74; BGH Liedl 1987/88, 367 ff Mähmaschine 03; BGH GRUR 2001, 140 Zeittelegramm; BPatG 23.12.2009 4 Ni 70/07 (EU).

167 BPatG BlPMZ 2012, 90; BPatG 25.5.2009 5 Ni 25/09; BPatG 18.2.2014 3 Ni 24/13 (EP).

168 BPatG BlPMZ 2012, 90.

169 BGH BlPMZ 1984, 213 Fingerbalkenmähwerk; BGH GRUR 1986, 531 Schweißgemisch; BGH GRUR 2001, 140 Zeittelegramm; BPatG 6.2.2012 3 Ni 4/08.

gehabt hätte.[170] Über die Kosten soll in diesem Fall in einem summarischen, zeit- und arbeitskraftsparenden Verfahren entschieden und dazu lediglich der mutmaßliche Ausgang des Rechtsstreits festgestellt werden. Eine weitere Aufklärung des streitigen Sachverhalts soll ebenso wenig vorgenommen werden wie die Abklärung aller rechtl Zweifelsfragen.[171] Auf die Kostenregelung in einem außergerichtlichen Vergleich kann zurückgegriffen werden.[172] Verzicht auf das Patent oder auf Ansprüche aus dem Patent kann im Einzelfall Kostenüberbürdung auf den Beklagten rechtfertigen,[173] allerdings nicht in jedem Fall und ohne weiteres[174] (anders im GbmLöschungsverfahren, Rn 54 zu § 17 GebrMG; zur Praxis des BGH Rn 14 zu § 121). Kostenauferlegung auf den Patentinhaber kommt selbst dann in Betracht, wenn auf das Patent verzichtet wird und das hierfür ausschlaggebende Material erst in der Berufungsinstanz eingeführt wurde.[175] Das gilt grds auch für die Kosten der Nebenintervention, selbst wenn diese erst in einem späten Verfahrensstadium erfolgt.

60   **Mutwillige Klage** führt zur Kostenauferlegung auf den Kläger, auch wenn die Klage Erfolg gehabt hätte; sie wurde angenommen, wenn der Kläger unter dem Einfluss eines anderen Klägers stand, in dessen Verfahren die abschließende Entscheidung des BGH bei Erhebung der zweiten Klage unmittelbar bevorstand.[176]

61   Ist der Rechtsstreit nicht erledigt, weil die Klage von Anfang an unzulässig oder unbegründet war, oder erfolgt bei späterem Eintritt der Erledigung seitens des Klägers **keine Erledigungserklärung**, wird die Klage abgewiesen und die Kosten werden dem Kläger auferlegt.[177]

62   Der Beklagte kann bei Erledigungserklärung durch den Kläger die Erledigung streitig stellen und weiterhin **Klagabweisung** beantragen. Der Streit wird dann über die Erledigung fortgeführt. Das Gericht prüft und entscheidet entspr verwaltungsprozessualen Grundsätzen,[178] ob die Hauptsache tatsächlich erledigt ist, dh ob das ursprünglich begründete Klagebegehren durch ein nachträgliches Ereignis weggefallen ist. Trifft das zu, stellt das Gericht durch Urteil die Erledigung der Hauptsache fest.[179] Die Kosten treffen hier regelmäßig den Beklagten. Im Rahmen eines Feststellungsantrags infolge einseitiger Erledigungserklärung ist eine strenge am Sach-und Streitstand ausgerichtete Prüfung der Erfolgsaussicht der ursprünglichen Nichtigkeitsklage vorzunehmen, weil es sich um eine echte Sachentscheidung handelt, bei der die mit § 91a ZPO bezweckte Verfahrensvereinfachung nicht zum Tragen kommt.[180]

63   **Späte Erledigungserklärung** kann zu Kostennachteilen (zB Auferlegung der Terminskosten eines Sachverständigen) führen.[181]

64   Im **Zwangslizenzverfahren** führt der Abschluss eines Lizenzvertrags zur Erledigung.

170   BGH 28.5.2009 Xa ZR 10/05.
171   Vgl BPatG 6.2.2012 3 Ni 4/08 sowie zum Revisionsverfahren BGH GRUR 2005, 41 Staubsaugersaugrohr.
172   BPatG 2.6.2009 5 Ni 30/09 (EU).
173   BGH GRUR 1961, 278 Lampengehäuse, auch zur Anwendung des § 93 ZPO; BGH Bausch BGH 1994–1998, 557 f Möbelscharnier („im Regelfall"); ebenso BPatG 18.6.2012 3 Ni 31/10 (EP); BPatG 27.6.2012 3 Ni 29/10 (EP); BPatG 14.11.2012 3 Ni 16/12; BPatG 18.2.2014 3 Ni 24/13 (EP); BPatG GRUR 2015, 104 „L-Arginin"; BPatG 5.5.2014 3 Ni 22/13 (EP); BPatG 1.12.2015 3 Ni 25/14 (EP); zu § 93 ZPO auch BGH GRUR 1984, 272, 276 Isolierglasscheibenrandfugenfüllvorrichtung; BPatGE 17, 86; BPatGE 19, 126 = BlPMZ 1977, 191; *Benkard* § 84 Rn 42 und § 17 GebrMG Rn 27b.
174   Vgl BGH Liedl 1967/68, 196, 200 Mischer 02, wenn jeder Anhaltspunkt dafür fehlt, dass der Beklagte die Rechtsbeständigkeit des Patents als fragwürdig angesehen hat; BGH GRUR 2004, 623 Stretchfolienumhüllung: bei Rechtsbeständigkeit des parallelen, aber weiter gefassten eur Patents im Nichtigkeitsverfahren vor dem BGH gegen dieses auch nach erstinstanzlicher Nichtigerklärung des nat Patents; BPatG 3, 53 = GRUR 1964, 499; BPatGE 3, 172 = GRUR 1964, 499; BPatGE 17, 86; BPatGE 18, 50; BPatG GRUR 1978, 40; BPatGE 19, 126 = BlPMZ 1977, 191; BPatGE 20, 132; BPatGE 22, 33 = GRUR 1979, 635; BPatGE 22, 290 = GRUR 1980, 782; BPatGE 25, 43 = BlPMZ 1983, 46; BPatGE 25, 138 = GRUR 1983, 504; BPatGE 28, 197 = GRUR 1987, 233; BPatGE 31, 191 = Mitt 1990, 214; BPatGE 31, 253 = GRUR 1991, 204; BPatG 23.1.2013 2 Ni 77/11; anders (ohne weiteres bei Erlöschen durch Nichtzahlung fälliger Jahresgebühr) BGH Bausch BGH 1986–1993, 648 Schiebeverdeck für Lastkraftwagen; vgl auch *Hövelmann* GRUR 2007, 283, 285 zum „Anlass zur Klage" (§ 93 ZPO) bei Vorgehen aus Parallelpatent BPatGE 34, 93 und BPatGE 34, 13, bei Widerspruch gegen die Klage BPatG 18.2.2014 3 Ni 24/13 (EP).
175   BGH Bausch BGH 1994–1998, 554 Stapeln von Druckbögen 01.
176   BPatGE 46, 255 = GRUR 2003, 726.
177   Vgl BGH GRUR 2004, 849 Duschabtrennung.
178   *Gröning* FS. J. Bornkamm (2014), 667, 675 f.
179   Vgl *Wieland Horn* GRUR 1971, 333; aA BPatG Mitt 1968, 120, wonach bei Erlöschen des Streitpatents wegen Nichtzahlung der Jahresgebühr die Klage wegen mangelnden Rechtsschutzinteresses kostenfällig abzuweisen sein soll.
180   BPatG 10.12.2015 2 Ni 39/13 (EP).
181   BGH 23.5.1978 X ZR 85/74.

X. Prozessverbindung; Prozesstrennung

Prozessverbindung ist nach freiem Ermessen des BPatG möglich (§ 147 ZPO); sie erfolgt regelmäßig **65** bei mehreren Klagen gegen dasselbe Patent,[182, 183] kommt aber auch bei Klagen gegen Haupt- und Zusatzpatent in Betracht.[184] Bei Klagen gegen Parallelpatente und aus einer Teilung hervorgegangene Patente wurde eine Verbindung in jüngerer Zeit kaum vorgenommen; die Rspr des BPatG lehnt sie ab.[185] Der Verbindung stand nicht entgegen, dass die Verfahren nach unterschiedlichem Recht zu behandeln waren.[186] Verbunden wird regelmäßig zur gemeinsamen Verhandlung und Entscheidung, Verbindung ist aber auch nur zur gemeinsamen Verhandlung möglich.[187] Die Verbindung führt dazu, dass nunmehr ein einheitliches Verfahren vorliegt;[188] sie begründet Streitgenossenschaft, zwh ist aber, ob sie sich gebührenrechtl nur auf die vom Verbindungsbeschluss an anfallenden Gebühren[189] oder auch auf die bereits zuvor angefallenen auswirkt.[190] Es ist daher unterschiedlich beurteilt worden, ob ein etwaiger niedrigerer Wert eines verbundenen Verfahrens weiter maßgeblich bleibt.[191] Die vor der Verbindung mehrerer Nichtigkeitsklagen mit der Einreichung der einzelnen Nichtigkeitsklagen jeweils fällig gewordenen und gezahlten Verfahrensgebühren werden nicht nachträglich aufgrund der Prozessverbindung erlassen oder ermäßigt; erst ab dem Verbindungsbeschluss fallen Gerichtsgebühren nur noch einfach an.[192] Nach Erlass eines Verbindungsbeschlusses werden bereits vorher beim BPatG eingereichte Schriftsätze und Anlagen nicht mehr automatisch wechselseitig an die neu hinzugekommenen Beteiligten zugestellt.[193]

Prozesstrennung kann nach § 145 Abs 1 ZPO erfolgen.[194] das gilt auch für Verfahren, die zunächst **66** verbunden worden sind.[195] Eine Klage gegen mehrere Patente eines Patentinhabers wurde als im Regelfall zur Prozesstrennung führend angesehen, weil eine Klagenhäufung (§ 260 ZPO) im Patentnichtigkeitsverfahren im allg nicht möglich sei.[196] In Fällen, in denen sich für unterschiedliche Patente eine unterschiedliche Richterbank ergeben würde, wird eine Trennung aber zweckmäßig sein. Trennung wurde abgelehnt, wenn sie nur eine von mehreren verbundenen Klagen betroffen war und sie insoweit zur Anordnung des Ruhens (Rn 27) führen sollte,[197] sie ist jedoch erfolgt, wenn nur eines der Verfahren von einem Insolvenzverfahren betroffen war und über die anderen Verfahren durch Teilurteil entschieden werden sollte.[198]

XI. Gegenstand der Sachprüfung ist – selbst im Fall einer vorangegangenen unzulässigen Erwei- **67**
terung[199] – in den Grenzen der gestellten Sachanträge (Rn 69) das erteilte Patent[200] in seiner jeweils geltenden Fassung, dh ggf der Fassung, die es durch ein bestandskräftig (rechtskräftig) abgeschlossenes Beschränkungs-, Einspruchs- oder früheres Nichtigkeitsverfahren erhalten hat,[201] nicht die verteidigte

182 BGH GRUR 1960, 27 Verbindungsklemme.
183 BGH GRUR 1960, 27 Verbindungsklemme.
184 BGH GRUR 1959, 102 Filterpapier, vgl. auch BPatGE 21, 120 = Mitt 1979, 37; BPatGE 52, 79: bei Klage gegen dt und paralleles eur Patent Verfahrenstrennung angeordnet; *Benkard* § 81 Rn 43.
185 BPatGE 52, 80.
186 Vgl BPatGE 52, 187, zu Verfahren, die vor und nach Inkrafttreten des PatRVereinfModG eingeleitet worden sind: jedenfalls, solange von der strengeren Verfahrensregelung des neuen Rechts kein Gebrauch gemacht wird.
187 AA *Benkard* § 16 GebrMG Rn 7.
188 BPatG 21.10.2015 5 ZA (pat) 26/15.
189 Vgl. *Hövelmann* Mitt. 2004, 59, 61 mwN.
190 So BPatG 21.10.2015 5 ZA (pat) 26/15.
191 Bejahend BPatGE 33, 79 = GRUR 1992, 690, verneinend BPatG 21.10.2015 5 ZA (pat) 26/15; vgl. auch RG GRUR 1940, 198 Additionsverbot.
192 BPatGE 53, 147 = Mitt 2012, 140.
193 https://www.bundespatentgericht.de/cms/, abgerufen am 16.2.2016.
194 Vgl BPatG 16.10.2003 2 Ni 10/02 undok; BPatG 3.5.2007 2 Ni 11/05; BPatG 9.9.2009 4 Ni 37/09 (EU).
195 BPatGE 52, 54.
196 BPatGE 52, 80, bdkl.
197 BGH GRUR 2015, 200 Ruhen des Verfahrens; BGH 25.11.2014 X ZR 54/11.
198 BGH 2.2.2016 X ZR 146/13.
199 *Benkard-EPÜ* Art 138 Rn 37.
200 BGH GRUR 1995, 333, 335 Aluminium-Trihydroxid; BPatGE 29, 84 = GRUR 1988, 30; BPatGE 29, 65 = GRUR 1987, 807; BPatGE 51, 45 = GRUR 2009, 46 „Ionenaustauschverfahren"; *Benkard-EPÜ* Art 138 Rn 36; vgl BGH GRUR 1998, 910 Scherbeneis, GbmLöschungssache.
201 Vgl *Benkard-EPÜ* Art 70 Rn 16.

Fassung des Patents[202] (Rn 101ff), die lediglich im Fall des erfolgreichen Angriffs gegen das erteilte Patent oder dessen Nichtverteidigung darauf zu prüfen ist, ob sie erfolgreich (auch in Hinblick auf nicht geltend gemachte Nichtigkeitsgründe, insb Ausführbarkeit und Erweiterung) verteidigt werden kann.[203] Eine einengende Auslegung aufgrund eines Ausführungsbeispiels oder gar eines nicht offenbarten Funktionsprinzips kann nicht zugrunde gelegt werden.[204] Ist das Patent mehrfach geänd worden (zB im Einspruchs- und in Beschränkungsverfahren), ist Gegenstand der Sachprüfung nur die engste, zugleich durch den Schutzbereich sämtlicher anderer Fassungen gedeckte Patentfassung.[205] Ergibt sich in einem späteren Nichtigkeitsverfahren, dass das Patent (nur) in dem Umfang für nichtig zu erklären wäre, in dem dies bereits erfolgt ist, führt der Angriff daher zur Klageabweisung. Erfolgt die teilweise Nichtigerklärung in dem früher entschiedenen Verfahren nach Eintritt der Rechtshängigkeit des späteren Verfahrens, tritt im Umfang der teilweisen Nichtigerklärung Erledigung der Hauptsache ein. Die Prüfung erfolgt lediglich im Rahmen der geltend gemachten Nichtigkeitsgründe (Rn 75).

C. Verfahrensgrundsätze

I. Verfügungsgrundsatz (Dispositionsmaxime)

68 **1. Antragsgrundsatz.** Jedes Nichtigkeitsverfahren setzt eine **Klage** (nicht notwendig aber einen bestimmten Klageantrag; Rn 23ff zu § 81) voraus, es findet kein Verfahren vAw statt. Die – jederzeit auch ohne Zustimmung des Beklagten mögliche (Rn 40) – Klagerücknahme beendet das Verfahren (anders die Einspruchsrücknahme im Einspruchsverfahren, § 61 Abs 1 Satz 2). Der Prüfung der Schutzfähigkeit ist im Nichtigkeitsverfahren der Gegenstand des Patents zugrunde zu legen und nicht eine Lehre, die in den Patentansprüchen nicht unter Schutz gestellt ist.[206]

69 **2. Antragsbindung.** Auch im Nichtigkeitsverfahren gilt der Grundsatz des § 308 ZPO. Prüfung und Entscheidung erfolgen grds nur im Rahmen der Sachanträge des Antragstellers (Klägers).[207] Auf sachdienliche Anträge ist erforderlichenfalls hinzuwirken.[208] Der Klageantrag kann nachträglich beschränkt werden.[209] Maßgeblich ist die Auslegung des Klageantrags.[210] Der Klageantrag unterliegt der Auslegung durch das Gericht.[211]

70 Deshalb scheidet eine Nichtigerklärung über den beschränkten Angriff des Klägers hinaus auch dann aus, wenn der Patentinhaber keine von ihm formulierte beschränkte Fassung vorlegt.[212] Wird das Patent nur im Umfang einer von mehreren **nebengeordneten Lehren** angegriffen, die Gegenstand eines einzigen Patentanspruchs sind, geht das Gericht über den Klageantrag hinaus, wenn es das Patent im Umfang des gesamten Patentanspruchs für nichtig erklärt; dies ist im Berufungsverfahren vAw zu berücksichtigen.[213]

202 AA BPatG Bausch BPatG 1994–1998, 632, 638, wo zulässige Selbstbeschränkung und Gegenstand der Sachprüfung verwechselt werden; unklar ÖPPM öPBl 2006, 60 Stockrahmenkonstruktion, GbmSache, wo bei im Rahmen eines Hilfsantrags vorgelegten neuen Schutzansprüchen aus einem parallelen Verletzungsprozess ein berechtigtes Interesse abgeleitet wird, die registrierte Fassung des Schutzrechts dem Nichtigkeitsverfahren zugrunde zu legen.

203 Vgl *Keukenschrijver* GRUR 2001, 571, 576; BPatG GRUR 2013, 609 „Unterdruckwundverband"; missverständlich daher zB BPatG 29.7.2004 2 Ni 8/01 (EU); BPatG 30.4.2015 2 Ni 41/13 (EP).

204 BGH GRUR 2008, 779 Mehrgangnabe; BPatG 22.9.2015 1 Ni 30/14 (EP); vgl BPatG 27.1.2004 3 Ni 43/02 (EU).

205 BGHZ 147, 137 = GRUR 2001, 730 Trigonellin.

206 BGH 29.4.2003 X ZR 218/98; vgl BGH 29.4.2003 X ZR 142/99.

207 BGH GRUR 2013, 363 Polymerzusammensetzung; *Schulte* § 81 Rn 98; *Fitzner/Lutz/Bodewig* § 83 Rn 9ff; *Schmieder* GRUR 1982, 348; RG GRUR 1935, 738 Selbstgreifer; RG GRUR 1938, 863ff Mehrfarbendrucke; RG Mitt 1943, 114f Mehrfachschelle; BPatG 22.9.2015 1 Ni 30/14 (EP); vgl BPatGE 26, 191, 193 = BlPMZ 1984, 384; BPatGE 28, 26 = GRUR 1986, 609; BPatGE 32, 18, 22 = GRUR 1991, 313, 315, jeweils zum GbmLöschungsverfahren.

208 BPatGE 26, 196 = BlPMZ 1984, 385, GbmLöschungssache.

209 BGH *Liedl* 1965/66, 220, 224 Absetzwagen 01.

210 BGH Bausch BGH 1994-1998, 517, 519 Hub-Kipp-Vorrichtung.

211 BPatGE 50, 6 = Mitt 2007, 68 „Alendronsäure" zur Frage, ob der Klageantrag gegen Schutzzertifikat und Grundpatent gerichtet ist; vgl auch BPatG 18.0.2008 3 Ni 25/06 (EU); BPatG 11.6.2008 4 Ni 20/07: Antrag auf Widerruf wurde als Antrag auf Nichtigerklärung ausgelegt.

212 AA Hinweis des Vorsitzenden im Verfahren BPatG 3 Ni 3/10 (EU).

213 BGH GRUR 2013, 363 Polymerzusammensetzung gegen BPatG 24.5.2011 3 Ni 3/10 (EU), insoweit ohne Gründe.

Der Antrag kann und muss erforderlichenfalls ausgelegt werden;[214] so legt der BGH einen Klageantrag, der Rückbeziehungen in den Unteransprüchen nicht ausreichend beachtet, regelmäßig in der Weise aus, dass er nur die tatsächlich angreifbaren Anspruchskombinationen erfasst, und weist hinsichtlich der übrigen die Klage nicht teilweise ab;[215] teilweise strenger war die Praxis des BPatG.[216] Der Antrag des Klägers kann auf vollständige oder teilweise Nichtigerklärung lauten (vgl Rn 27 ff zu § 81). Im Rahmen des klägerischen Antrags kann grds auch ein Weniger zugesprochen werden.[217]

Der **Antrag des Klägers** lautet – auch nach Ablauf der Schutzdauer[218] (hier nicht wie im Gebrauchs- 71 musterlöschungsverfahren Feststellungsantrag!) –, das Patent ... (Streitpatent) [im Umfang seiner Patentansprüche ... – Rückbeziehungen beachten! –] für nichtig zu erklären.

Der **Antrag des Beklagten** lautet regelmäßig, soweit das Patent nicht nur beschränkt verteidigt wer- 72 den soll, die Klage abzuweisen.

Über **Kosten und vorläufige Vollstreckbarkeit** wird grds vAw entschieden, ein diesbezüglicher An- 73 trag ist deshalb überflüssig (aber unschädlich). Erst recht überflüssig sind Anträge, einen Zwischenbescheid zu erlassen (ein Hinweis nach § 83 Abs 1 PatG ist nunmehr grds geboten) oder mündliche Verhandlung anzuberaumen (die, soweit nicht auf sie verzichtet wird, notwendig durchgeführt werden muss).

Das BPatG prüft das Patent nur im Umfang der mit dem Klageantrag **angegriffenen Patentansprü-** 74 **che,**[219] nicht hinsichtlich nicht angegriffener Patentansprüche, selbst wenn es sich um echte Unteransprüche handelt (von gelegentlichen Ausreißern abgesehen st Praxis des BPatG wie auch des BGH),[220] und die als solche auch nicht notwendig mit dem übergeordneten Patentanspruch fallen[221] (für die Nichtigerklärung unzureichend als Begründung daher Formulierungen wie: „Die auf Patentanspruch 1 rückbezogenen Patentansprüche 2 bis 7 teilen sein Schicksal").[222] Dies ist für das Erteilungsverfahren ausreichend, weil

---

214 BPatGE 50, 6 = Mitt 2007, 68 „Alendronsäure" zur Frage, ob der Klageantrag gegen Schutzzertifikat und Grundpatent gerichtet ist; vgl auch BPatG 18.3.2008 3 Ni 25/06 (EU); BPatG 11.6.2008 4 Ni 20/07: der Antrag auf Widerruf wurde als Antrag auf Nichtigerklärung ausgelegt.
215 Vgl BGH Bausch BGH 1994–1998, 517, 519 Hub-Kipp-Vorrichtung.
216 Vgl nur BPatG 20.6.2007 4 Ni 64/05 (EU); vgl aber die Praxis des 3. Senats des BPatG in BPatG 10.7.2006 3 Ni 3/04 (EU); BPatG 8.3.2007 3 Ni 27/04 (EU); BPatG 18.3.2008 3 Ni 25/06 (EU).
217 BPatG Bausch BPatG 1994-1998, 565; BPatG 28.9.2006 2 Ni 37/04 (EU); BPatG 17.10.2008 2 Ni 44/06 (EU); *Fitzner/Lutz/Bodewig* § 83 Rn 16.
218 BGH GRUR 1974, 146 Schraubennahtrohr; BPatG 27.10.2010 3 Ni 43/08 (EU); BPatG GRUR 2011, 905; BPatG 23.11.2010 3 Ni 11/09 (EU); BPatG 28.6.2011 1 Ni 6/09 (EU).
219 So im Grundsatz schon BGHZ 10, 22, 27 = GRUR 1953, 385 Nichtangriffsabrede [Konservendosen II]; kr hierzu für bestimmte Fallkonstellationen *Schulte* § 81 Rn 141.
220 BGH Bausch BGH 1994–1998, 445, 453 Zerstäubervorrichtung: „Patentanspruch 10 ist nicht angegriffen und steht deshalb nicht zur Überprüfung"; BGH Bausch BGH 1999–2001, 200 Hub- und Schwenkvorrichtung; BPatG 24.10.1972 2 Ni 3/71; BPatGE 16, 153 = GRUR 1975, 20; BPatGE 23, 103 = GRUR 1981, 349; BGH GRUR 2009, 929 Schleifkorn; BPatG 24.10.1972 2 Ni 3/71; BPatGE 16, 153 = GRUR 1975, 20; BPatGE 23, 103 = GRUR 1981, 349 (auch kein Anlass für Hinweis); BPatG 11.2.2010 4 Ni 41/07: „Die nicht angegriffenen Patentansprüche 7 bis 11 und 13 bis 22 bleiben mit ihren unmittelbaren und mittelbaren Rückbezügen auf die erteilte Fassung des Patents von diesem Urteil unberührt;" BPatG 16.10.2010 4 Ni 50/08; BPatG 9.6.2011 10 Ni 3/10 (EU); vgl BGH GRUR 1996, 857, 861 Rauchgasklappe, nicht in BGHZ; *Schulte* § 81 Rn 99 f, 140; *Fitzner/Lutz/Bodewig* § 83 Rn 12 f.
221 BGH GRUR 2012, 149 Sensoranordnung.
222 Generell zu „Hilfsanträgen" ausdrücklich BPatG 26.9.2013 2 Ni 61/11 (EP) unter Übertragung von BGH Informationsübermittlungsverfahren II auf das Nichtigkeitsver-fahren, ebenso BPatG 27.2.2014 2 Ni 29/12 (EP), vgl auch BPatG 5.12.2013 2 Ni 9/12 (EP), ebenso zum Hauptantrag BPatG 20.6.2013 2 Ni 60/11 (EP), und verbreitet die Rspr des BPatG (entspr der „Faule-Apfel-Doktrin"), so BPatG 18.6.2006 4 Ni 21/05 (EU); BPatG 4.3.2008 4 Ni 9/06; BPatG 29.4.2008 4 Ni 38/06 (EU); BPatG 18.7.2008 4 Ni 73/06 (EU); BPatG 22.4.2010 10 Ni 6/09; BPatG 29.4.2010 4 Ni 53/08 (EU); BPatG 28.11.2013 2 Ni 78/11 (EP); BPatG 4.12.2014 2 Ni 15/13 (EP); ähnlich BPatG 22.11.2012 2 Ni 16/11 (EP); BPatG 13.12.2012 2 Ni 17/11 (EP); BPatG 18.7.2013 2 Ni 81/11 (EP), BPatG 22.7.2013 2 Ni 38/11 (EP), BPatG 30.5.2014 2 Ni 14/12 (EP) und BPatG 24.9.2014 2 Ni 11/12 (EP), jeweils insoweit unter unzutr Bezugnahme auf BGH GRUR 2012, 49 Sensoranordnung: "da auf die jeweiligen abhängigen Ansprüche kein eigenständiges Patentbegehren gerichtet ist"; vgl auch BPatG 29.11.2012 2 Ni 26/11 und BPatG 21.1.2013 2 Ni 27/11; Nichtigerklärung des gesamten Patents nach ausschließlicher Prüfung des Hauptanspruchs erfolgt in BPatG 16.7.2014 5 Ni 1/12 (EP), ähnlich BPatG 4.12.2014 2 Ni 15/13 (EP). BPatG 14.11.2006 4 Ni 22/05 nimmt fälschlich an, dass auf nicht bestandsfähige übergeordnete Patentansprüche rückbezogene Unteransprüche bereits wegen der „Antragsbindung" fielen (wie es der Praxis im Einspruchsverfahren entspricht), dagegen stellt BPatG 19.7.2012 2 Ni 27/10 (EP) darauf ab, dass in den abhängigen Patentansprüchen ein schutzbegründender Inhalt nicht zu erkennen sei, während dies in BPatG 7.2.2013 2 Ni 38/11 (EP) und BPatG 21.2.2013 2 Ni

Patente nach allg Auffassung nur so wie beantragt erteilt werden können.[223] Für das Nichtigkeitsverfahren liegt darin aber keine ausreichende Begründung, denn die Nichtigerklärung darf jedenfalls grds (aus Gesichtspunkten des Verfahrensrechts können sich Abweichungen ergeben) nur erfolgen, soweit der geltend gemachte Nichtigkeitsgrund durchgreift, und das ist bei einem Unteranspruch, der dem für nichtig erklärten übergeordneten Patentanspruch etwas hinzufügen muss, jedenfalls nicht notwendig der Fall; als Begründung ist hier allerdings ausreichend, dass die zusätzlichen Merkmale des Unteranspruchs ersichtlich nicht zu einer anderen Beurteilung führen können.[224] Auch ein Unteranspruch, der dem Hauptanspruch nur Handwerkliches hinzufügt, fällt grds mit dem Hauptanspruch.[225] Zu weit gehend ist allerdings die Auffassung, der Unteranspruch falle schon dann der Nichtigerklärung anheim, wenn der Patentinhaber seinen Willen zur isolierten Verteidigung des Unteranspruchs eindeutig nicht erkennen lasse; dies gilt zumindest dann nicht, wenn der Unteranspruch nicht angegriffen ist.[226] Dass Unteransprüche nicht isoliert verteidigt werden, genügt als Begründung nicht; dies findet auch im Hereinziehen des Beschränkungsverfahrens in das Nichtigkeitsverfahren keine ausreichende Rechtfertigung.[227] Die abw frühere Praxis des BGH[228] zur Nichtigerklärung von Unteransprüchen ist überholt;[229] anders allerdings in bestimmten Grenzen die Praxis im eur Einspruchsverfahren (Rn 103 ff zu § 61) sowie offenbar die niederländ Praxis.[230] Umgekehrt ist der Hauptanspruch als rechtsbeständig hinzunehmen und lediglich die Schutzfähigkeit des Unteranspruchs zu prüfen, wenn nur dieser angegriffen[231] und nicht auf andere Weise, etwa durch Teilverzicht oder Durchführung eines Beschränkungsverfahrens, weggefallen ist.[232] Wird das Streitpatent wegen mangelnder Patentfähigkeit angegriffen, bedarf es somit der Prüfung eines jeden angegriffenen Haupt- und Nebenanspruchs; das gilt bei Nebenansprüchen im Einzelfall selbst dann, wenn sie eine „notwendige" Rückbeziehung auf einen anderen Patentanspruch aufweisen.[233] Der näheren Prüfung (nicht der Prüfung an sich) eines angegriffenen Unteranspruchs bedarf es dagegen nur unter besonderen Umständen, nämlich dann, wenn der übergeordnete Patentanspruch für nichtig erklärt wird und ein eigenständiger erfinderischer Gehalt des Unteranspruchs (uU auch aus der Kombination mit den Merkmalen der übergeordneten Patentansprüche) geltend gemacht wird oder für das Gericht sonst ersichtlich ist, da andernfalls davon auszugehen ist, dass es sich um einen „echten" Unteranspruch handelt.[234] Das gilt auch, wenn bei

---

22/11 (EP) nur als zusätzliche Begründung herangezogen wird; BPatG 10.7.2012 1 Ni 6/11 (EP), dass über einen Hilfsantrag nur als Ganzes entschieden werden könne; vgl zur Prüfung von Unteransprüchen BGH 23.1.2007 X ZR 235/02; öOPM öPBl 2006, 34, 40 Torblatt.

223   BGHZ 173, 47 = GRUR 2007, 862 Informationsübermittlungsverfahren II.

224   Vgl BPatG 10.1.2008 2 Ni 45/05 (EU) und BPatG 1.3.2007 2 Ni 1/04 (EU), wo es für die Nichtigerklärung als ausreichend angesehen wurde, dass nicht erkennbar war, was die Patentfähigkeit begründen könne; unzureichend allerdings die Hauptbegründung in BPatG 6.12.2012 2 Ni 40/11 (EP), dass der Unteranspruch schon wegen seines Rückbezugs auf den erteilten Anspruch 1 entfalle, dessen Gegenstand sich als nicht patentfähig erwiesen habe; ähnlich BPatG 15.9.2015 4 Ni 22/13 (EP).

225   BGH 11.11.2008 X ZR 51/04; BPatG 7.10.2015 5 Ni 27/13 (EP).

226   *Benkard* Rn 37 unter Hinweis auf BPatG 12.3.2013 4 Ni 13/11 „Dichtungsring" Mitt 2013, 352 Ls.

227   AA BPatG 4.11.2014 4 Ni 13/13; BPatG 27.10.2015 4 Ni 7/14 (EP); BPatG 25.2.2016 7 Ni 1/15; BPatG 1.3.2016 4 Ni 36/14 (EP).

228   BGHZ 16, 326 = GRUR 1955, 466 Kleinkraftwagen, BGH Liedl 1959/60, 32 Dungförderungsanlage 01, BGH Liedl 1959/60, 302 ff Spielzeugfahrzeug, BGH Liedl 1963/64, 172 ff Hüftgelenkprothese 01; BGH Liedl 1963/64, 551 ff Schüttgutladegerät; BGH Liedl 1969/70, 250 ff Stromversorgungsanlage, BGH Liedl 1971/73, 261 ff Hustenmützchen; vgl auch BGH Liedl 1956/58, 355 Schwerlaststraßenfahrzeug; BGH GRUR 1960, 545 Flugzeugbetankung 01; *Lindenmaier* Mitt 1955, 107, 109; vgl weiter RGZ 158, 385, 386 f = GRUR 1938, 832 Leitungswählerschaltung: „abhängige Nichtigkeit", dort aber offengelassen, ob insoweit auch ohne Antrag für nichtig zu erklären ist; *Bezzubova* (1997) S 3; kr schon *Alexander-Katz* GRUR 1956, 292, 296.

229   Vgl *Benkard* § 22 Rn 68; *Kraßer* S 618 f; *Schulte* § 81 Rn 100; *Fitzner/Lutz/Bodewig* § 83 Rn 12; *Bruchhausen* FS R. Nirk (1992), 103, 110; *Liedl* S 151 f; *Scheffler* VPP-Rdbr. 2005, 60, 62; für das GbmRecht *Bühring* § 15 GebrMG Rn 71.

230   RB Den Haag BIE 2003, 325 m abl Anm *Driessen*.

231   BGH GRUR 1955, 476 f Spülbecken; BGH Liedl 59/60, 432, 436 Abziehgerät; RG GRUR 1937, 855 f Fernmeldekabel.

232   Vgl BGH GRUR 1997, 213 Trennwand.

233   BGH GRUR 2007, 309, 313 Schussfädentransport; aA BPatG 24.8.2006 4 Ni 7/05 (EU).

234   BGH GRUR 2007, 309 Schussfädentransport; BGH GRUR 2012, 149 Sensoranordnung; BGH 9.10.2012 X ZR 2/11; BGH GRUR 2013, 1279 Seitenwandmarkierungsleuchte; BGH 4.4.2014 X ZR 137/10; BGH 24.3.2015 X ZR 49/13; BGH 17.6.2014 X ZR 77/12 (ohne entsprechenden Vortrag kein Anlass zu der Annahme, für die Beurteilung des Gegenstands der Unteransprüche könnten weitere Gesichtspunkte von Bedeutung sein); BGH 12.1.2016 X ZR 38/14: für abw Beurteilung nichts ersichtlich; BGH 14.2.2012 X ZR 121/10: eigene erfinderische Leistung weder geltend gemacht noch sonst ersichtlich;

---

bestehen bleibendem übergeordnetem Patentanspruch für den Unteranspruch eigenständig ein Nichtigkeitsgrund behauptet wird.[235]

Die Prüfung beschränkt sich auf den geltend gemachten **Nichtigkeitsgrund** iSv §§ 21, 22 PatG, Art II § 6   **75**
IntPatÜG.[236] Eine bestimmte Reihenfolge ist dabei nicht zwingend.[237] Nach Möglichkeit sollten aber alle geltend gemachten Nichtigkeitsgründe geprüft werden, weil dies im Berufungsverfahren vielfach auch dann ein Durchentscheiden ermöglichen wird, wenn der BGH den vom BPatG als durchgreifend erachteten Nichtigkeitsgrund verneint. Eine unzulässige Erweiterung des erteilten Patents kann nicht ohne besondere Rüge aufgegriffen werden (vgl Rn 81 zu § 21).[238] Eine Klage, die auf Beseitigung einer unzulässigen Erweiterung zielt, kann auf (volle) Nichtigerklärung gerichtet werden. Es ist dann Sache des Beklagten, sich zu beschränken. Stimmt der Kläger der beschränkten Fassung zu, soll keine teilweise Klagerücknahme vorliegen.[239]

3. Anträge des Patentinhabers. Der Patentinhaber kann das Patent beschränkt verteidigen (Rn 101 ff).   **76**
Er kann auch (gegenüber dem DPMA) auf das dt wie das eur Patent oder das ergänzende Schutzzertifikat als Ganzes oder auf einen selbstständigen Teil des Patents, insb auf einzelne Patentansprüche, verzichten (§ 20 Abs 1 Nr 1). Ein Verzicht oder Teilverzicht auf das Patent wird mit seinem Wirksamwerden (Eingang beim DPMA) beachtlich.[240] Sonst ist er als beschränkte Verteidigung zu behandeln.[241] Als Lizenzgeber kann der Patentinhaber aber schuldrechtl verpflichtet sein, das Patent zu verteidigen.[242]

Ob ein Antrag des Patentinhabers zulässig ist, das Patent in dem Umfang aufrechtzuerhalten, in dem   **77**
es sich als rechtsbeständig erweist, hat der BGH aus tatsächlichen Gründen offenlassen können.[243] Die Besonderheiten des Patentrechts lassen es insgesamt als problematisch erscheinen, dem Patent im Nichtigkeitsverfahren eine Fassung zu geben, die der Patentinhaber **nicht billigt**. Der BGH hat dies für das Einspruchsverfahren verneint[244] (vgl Rn 256 ff zu § 59), eine Übertragung auf das Nichtigkeitsverfahren aber zunächst abgelehnt;[245] später hat er ausgeführt, es spreche vieles dafür, dass es allein Sache des Pa-

---

die Formulierung findet sich auch häufig in Entscheidungen des BPatG wieder, so in BPatG 27.11.2012 1 Ni 15/11; BPatG 10.1.2008 2 Ni 45/05 (EU) und BPatG 1.3.2007 2 Ni 1/04 (EU), wo es für die Nichtigerklärung als ausreichend angesehen wurde, dass nicht erkennbar war, was die Patentfähigkeit begründen könnte; ebenso BPatG 12.5.2010 5 Ni 109/09 (EU); BPatG 17.10.2013 2 Ni 82/11 (EP); BPatG 10.4.2013 5 Ni 49/11 (EP); BPatG 22.10.2014 6 Ni 13/14 (EP); BPatG 21.1.2015 5 Ni 91/12 (EP); BPatG 14.4.2015 3 Ni 7/14 (EP), hier abw von der sonstigen Praxis des 3. Senats des BPatG; BPatG 22.4.2015 6 Ni 7/14; BPatG 3.7.2015 5 Ni 12/13 (EP); BPatG 30.7.2015 5 Ni 13/14 (EP); BPatG 21.9.2015 5 Ni 30/13 (EP); BPatG 22.4.2015 5 Ni 7/14; BPatG 3.7.2015 5 Ni 12/13 (EP); BPatG 1.10.2015 6 Ni 3/15 (EP); BPatG 15.10.2015 1 Ni 1/14 (EP); BPatG 29.1.2015 5 Ni 44/13 (EP); BPatG 2.3.2016 2 Ni 15/14 (EP); BPatG 10.3.2016 4 Ni 12/13 (EP) Vv „Bohrhilfe"; *Fitzner/Lutz/Bodewig* § 83 Rn 14; vgl BPatG GRUR 2015, 60; BPatG 15.2.2016 5 Ni 28/13 (EP).
235 So auch *Fitzner/Lutz/Bodewig* § 83 Rn 15.
236 Vgl BGHZ 10, 22 = GRUR 1953, 385 Nichtangriffsabrede [Konservendosen II]; BGH GRUR 1954, 317 Leitbleche I; BPatGE 34, 1 = GRUR 1995, 394; BPatGE 35, 255 = GRUR Int 1996, 822; BPatGE 41, 120 = GRUR 1999, 1076: keine Überprüfung der Patentfähigkeit, wenn lediglich mangelnde Ausführbarkeit und/oder „Erweiterung" geltend gemacht werden, auch dann, wenn der Nichtigkeitsgrund der mangelnden Patentfähigkeit erst im Lauf des Verfahrens fallengelassen wird.
237 Vgl *Fitzner/Lutz/Bodewig* § 83 Rn 19; so lässt zB BGH 18.10.1994 X ZR 59/92 die Frage der Erweiterung offen, weil Erfindungshöhe zu verneinen ist; ebenso BPatG 2.12.2003 3 Ni 40/02.
238 AA ohne überzeugende Gründe *Schulte*[8] § 81 Rn 99, in *Schulte*[9] § 81 Rn 99 stark relativiert („sollter eine unzulässige Erweiterung als vorgreifliche Frage zu prüfen sein ..."); vgl *Kurbel* VPP-Rdbr 1991, 19; BPatG 7.3.1979 3 Ni 34/78; BPatGE 22, 149 = GRUR 1980, 781; BPatG 9.7.1980 3 Ni 31/79.
239 BPatG 24.9.1975 2 Ni 14/74; zwh.
240 AllgM; vgl *Benkard* § 20 Rn 5; *Schulte* § 20 Rn 19, je mwN; BPatG 26.4.2012 2 Ni 29/10; für einen im öst Nichtigkeitsverfahren eingereichten Teilverzicht, der vom ÖPA zur Kenntnis genommen wird und mit dem sich der Antragsteller (Kläger) einverstanden erklärt, ÖPA öPBl 2004, 99; BPatGE 20, 66 = GRUR 1978, 41 hat Wirksamkeit des Verzichts schon mit Eingang beim BPatG im Nichtigkeitsverfahren angenommen; hiergegen überzeugend *Benkard* § 20 Rn 5.
241 BPatG 26.4.2012 2 Ni 29/10.
242 Vgl RGZ 54, 272, 274 = BlPMZ 1904, 11 Alleinvertrieb; RG GRUR 1935, 306, 307 Müllwagen.
243 BGH 27.6.1995 X ZR 122/92.
244 BGHZ 105, 381 = GRUR 1989, 103 Verschlußvorrichtung für Gießpfannen; BGHZ 173, 43 = GRUR 2007, 862 Informationsübermittlungsverfahren II; unklar *Tilmann* Neue Überlegungen im Patentrecht (Teil III), GRUR 2008, 312 f.
245 BGH Bausch BGH 1994–1998, 205, 207 Schraubeneindrehvorrichtung; vgl für das GbmLöschungsverfahren, wo anders als im Nichtigkeitsverfahren die Möglichkeit der Rücknahme des Widerspruchs eröffnet ist, *Bühring* § 15 GebrMG Rn 82; für das niederländ Recht RB Den Haag BIE 2000, 430, 433.

tentinhabers sei, den erteilten Patentanspruch in einer von ihm formulierten eingeschränkten Fassung zu verteidigen, wenn er dessen vollständige Nichtigerklärung vermeiden wolle.[246] Nach neuerer Rspr des BGH besteht grds kein Anlass, vAw wegen in eine nähere Prüfung darüber einzutreten, ob in einem insgesamt nicht schutzfähigen Patentanspruch eine Lehre enthalten ist, mit der das Patent weiterhin Bestand haben könnte.[247] Das BPatG hat jedenfalls eine Erklärung des Patentinhabers als beachtlich angesehen, dass er eine andere als die verteidigte Fassung nicht wolle.[248] Dabei wurde es nicht als ausreichend angesehen, dass der Patentinhaber eine Anregung des Gerichts, das Streitpatent hilfsweise mit einem eingeschränkten Gegenstand zu verteidigen, nicht aufgreift, eine derartige Erklärung muss eindeutig formuliert sein[249] und wird schon wegen der mit ihr verbundenen Kostenfolge vom Patentinhaber in aller Regel nicht abgegeben werden. Weitergehend hat der 3. Senat des BPatG die Bestandsfähigkeit des Patents mit einer (geänd) Fassung, die der Patentinhaber nicht zumindest durch einen Hilfsantrag gebilligt hat, als ausgeschlossen angesehen (s auch Rn 84).[250]

78   Mehrere Senate des BPatG vertreten nunmehr die Auffassung, dass jedenfalls dann, wenn der Patentinhaber **komplette** („geschlossene") **Anspruchssätze** einreicht und nicht zugleich hinreichend deutlich zum Ausdruck bringt, dass er diese nur als unverbindliche Anregungen möglicher Beschränkungen verstanden wissen will, er an deren Fassung und deren Reihenfolge gebunden sein wolle; es bestehe daher kein Anlass davon auszugehen, dass er das Patent auch mit einzelnen Patentansprüchen aus dem Hauptantrag vor dem Hilfsantrag verteidigen wolle.[251] Das soll auch dann gelten, wenn das Patent in seiner erteilten Fassung als geschlossener Anspruchssatz verteidigt wird;[252] dies scheint der BGH nunmehr zu Unrecht zu billigen.[253] Das kann im Extremfall dazu führen, dass das Patent entgegen der Regelung in Art 138 Abs 1 EPÜ auch für Gegenstände für nichtig erklärt wird, die an sich schutzfähig sind (Beispiel: Patentanspruch 1 nach Hauptantrag mit den Merkmalen a, b, c, Patentanspruch 2 nach Hauptantrag mit den Merkmalen a, b, c und d, wobei diese Kombination erfinderische Tätigkeit begründet; Patentanspruch 1 nach Hilfsantrag 1 mit den Merkmalen a, b, c und g, Patentanspruch 1 nach Hilfsantrag 2 mit den Merkmalen a, b, c, g und d; nach der Praxis des 3. Senats des BPatG hätte erst Patentanspruch 1 nach Hilfsantrag 2 mit den Merkmalen a, b, c, g und d Bestand, während bei sachgerechter Prüfung schon Patentanspruch 2 nach Hauptantrag mit den Merkmalen a, b, c und d Bestand haben müsste). Unberechtigte, durch das PatG nicht gedeckte Bedenken erhebt der 2. Senat des BPatG gegen die Auflösung solcher Anspruchssätze: Gegen die prozessuale Zulässigkeit einer Staffelung einzelner Hilfsanträge, bei der einzelne selbstständige Ansprüche aus den Anspruchssätzen der jeweiligen Hilfsanträge miteinander kombiniert werden sollen, bestünden Bedenken nicht zuletzt deswegen, weil die Ansprüche der einzelnen Anspruchssätze aufeinan-

246   BGH GRUR 1997, 272 f Schwenkhebelverschluß; BGH GRUR 2007, 309 Schussfädentransport; vgl *Engel* GRUR 2009, 248 f; BGH Bausch BGH 1999–2001, 579 Befestigungselement 02; BPatG 17.10.2008 2 Ni 44/06 (EU).

247   BGH Schussfädentransport; vgl BPatG 10.5.2007 2 Ni 61/04 (EU).

248   BPatGE 35, 127 = GRUR 1996, 44; vgl BPatG Bausch BPatG 1994–1998, 105, 116 f; BPatG 10.7.2006 3 Ni 3/04 (EU); vgl BPatG 28.9.2006 2 Ni 37/04 (EU).

249   BPatG Bausch BPatG 1994–1998, 565, 568.

250   BPatGE 35, 127 = GRUR 1996, 44; BPatGE 44, 177 = Bausch BPatG 1994–1998, 135, 148 f; *Benkard* § 22 Rn 65; so auch *Schulte* § 81 Rn 111; in dieser Allgemeinheit bdkl.

251   BPatGE 51, 45 = GRUR 2009, 46 „Ionenaustauschverfahren" unter Hinweis auf BPatG 28.9.2006 2 Ni 37/04; BPatGE 53, 6 = GRUR 2012, 99 „Lysimeterstation"; BPatG 22.7.2010 3 Ni 57/08; BPatG 14.4.2011 3 Ni 28/09 (EU); BPatG 28.6.2011 3 Ni 10/10 (EU); BPatG 15.11.2011 3 Ni 27/10 (EP); BPatG 6.12.2011 1 Ni 9/10 (EP); BPatG 7.2.2012 4 Ni 68/09 (EU); BPatG 12.6.2012 3 Ni 48/10 (EU); BPatG 29.1.2013 4 Ni 27/11 (EP); BPatG 11.11.2014 4 Ni 19/13; BPatG 18.8.2015 4 Ni 20/14 (EP); ähnlich BPatG 7.11.2012 3 Ni 21/11 (EP); BPatG 13.11.2012 3 Ni 43/10 (EP); BPatG 5.3.2013 3 Ni 3/12 (EP); BPatG 11.11.2014 3 Ni 26/13; BPatG 8.10.2015 2 Ni 42/13 (EP); BPatG 10.11.2015 3 Ni 19/14 (EP); BPatG 1.12.2015 3 Ni 23/14 (EP); BPatG 16.2.2016 3 Ni 7/15 (EP); BPatG 23.2.2016 3 Ni 27/14 (EP); BPatG 22.10.2015 2 Ni 32/13 (EP); BPatG 15.2.2015 5 Ni 28/13 (EP); vgl auch BPatG 27.11.2014 2 Ni 13/11 (EP), BPatG 11.6.2015 2 Ni 26/13, BPatG 23.6.2015 3 Ni 11/14 (EP) und BPatG 8.12.2015 3 Ni 30/14 mit der Alternativbegründung, eine Verteidigung des Patents im Hinblick auf einzelne abhängige Ansprüche sei nicht ersichtlich oder nicht geltend gemacht; *Benkard* § 82 Rn 42.

252   BPatG 13.5.2014 3 Ni 3/13 (EP); BPatG 1.7.2014 3 Ni 14/13 (EP); BPatG 28.10.2014 4 Ni 33/13 (EP); BPatG 11.11.2014 3 Ni 26/13; BPatG 20.1.2015 3 Ni 18/13 (EP); BPatG 23.4.2015 3 Ni 32/13 (EP); BGH 9.7.2015 2 Ni 43/13 (EP); BPatG 21.7.2015 3 Ni 17/14 (EP); BPatG 7.10.2015 5 Ni 19/13 (EP); BPatG 8.10.2015 7 Ni 69/14 (EP); BPatG 15.9.2015 3 Ni 20/14 (EP); BPatG 15.10.2015 2 Ni 49/13 (EP); BPatG 3.12.2015 2 Ni 4/14 (EP), bdkl; vgl auch BPatG 5.2.2015 2 Ni 16/13 (EP).

253   BGH GRUR 2016, 365 Telekommunikationsverbindung unter Zitat von BGHZ 173, 43 = GRUR 2007, 862 Informationsübermittlungsverfahren II.

der abgestimmt seien, und bei einer solchen Antragstellung die mögliche endgültige Fassung des Patents, die in vielen Fällen zudem wohl der Anpassung der einzelnen Nebenansprüche bedürfe, nicht absehbar sein dürfte; von den Beteiligten dürften damit die für sie eintretenden rechtl und wirtschaftlichen Folgen der möglichen – oft wohl auch in sich nicht stimmigen und interessengerechten – Patentfassungen häufig nicht erkennbar sein; dies liefe darauf hinaus, dass der Beklagte es letztlich in gewissem Umfang dem Senat überließe, das Streitpatent zu gestalten, was aber grds allein der Patentinhaberin vorbehalten sei; nach allg Rechtsauffassung habe das BPatG im Nichtigkeitsverfahren aber lediglich über konkret bestimmte alternative Fassungen des Streitpatents zu entscheiden.[254]

Der 4. Senat des BPatG vertritt nunmehr die Auffassung, dass es bei der Überprüfung erteilter Patente **79** hinsichtlich **angegriffener Unteransprüche** nur insoweit einer Sachprüfung bedarf, als der Wille des Patentinhabers auf eine (isolierte) Verteidigung des Patentanspruchs gerichtet ist; hierzu sei zwar kein förmlicher Antrag erforderlich, einer Sachprüfung bedürfe es aber dann nicht, wenn die mündliche Verhandlung keinen auf eine gesonderte Verteidigung des Unteranspruchs gerichteten Willen des Patentinhabers erkennen lasse.[255] Eine Erklärung, einzelne Patentansprüche sollten auch isoliert verteidigt werden, soll nur dann zur zulässigen Konkretisierung des Antrags führen, wenn bestimmt wird, in welcher Reihenfolge eine isolierte Prüfung einzelner Patentansprüche vorgenommen werden soll und welche nebengeordneten Patentansprüche welcher Fassung untereinander Vorrang haben und insbesondere hinsichtlich ihres Erhalts Vorrang vor den nachrangigen Fassungen eines vollständig gewährbaren Anspruchssatzes haben sollen.[256] Darüber hinaus ist der 2. Senat des BPatG der Ansicht, dass „wegen der Antragsbindung" mit den jeweiligen unabhängigen Ansprüchen auch die auf sie rückbezogenen Unteransprüche fallen (wie es der Praxis im Einspruchsverfahren entspricht);[257] habe der Beklagte eine Reihe von Hilfsanträgen gestellt, habe er abschließend zum Ausdruck gebracht, in welchen unterschiedlichen Gestaltungen er das Patent aufrechterhalten wolle; könne keinem der gestellten Anträge entsprochen werden, sei das Patent in vollem Umfang für nichtig zu erklären.[258] Der 5. Senat des BPatG hat es bei einer gegen die nebengeordneten Patentansprüche 1 und 5 gerichteten Nichtigkeitsklage für die Nichtigerklärung im angegriffenen Umfang ausreichen lassen, dass Patentanspruch 1 nicht schutzfähig war.[259] All dies findet keine Stütze im PatG.

Demgegenüber hat der 2. Senat des BPatG in früheren Jahren die – allerdings nicht konsequent **80** durchgehaltene[260] – Auffassung vertreten, dass sich eine Teilnichtigerklärung im Bereich **zwischen der erteilten Fassung und den Anträgen des Patentinhabers** bewegen kann.[261] Auch der BGH hat das Patent wiederholt in einer eingeschränkten Fassung bestehen lassen, die sich nicht genau mit der vom Patentinhaber verteidigten Fassung deckte, solange sich aus dem Verhalten des Patentinhabers nicht ergab, dass dieser mit einer solchen Fassung nicht einverstanden war.[262] Auch wenn der Patentinhaber zu erkennen gibt, dass er einen von dem geltend gemachten Nichtigkeitsgrund nicht erfassten Patentanspruch nur in Zusammenhang mit einem erfolgreich angegriffenen verteidigen will, rechtfertigt dies die Nichtigerklärung des weiteren Patentanspruchs nicht.[263]

Unproblematisch ist jedenfalls die Nichtigerklärung einzelner Patentansprüche und von An- **81** spruchsteilen (Alternativen), bei denen es sich sachlich um **Nebenansprüche** handelt.[264]

---

254 BPatG 30.4.2015 2 Ni 41/13.
255 BPatG 12.3.2013 4 Ni 13/11 „Dichtungsring" Mitt 2013, 352 Ls; vgl BPatG 15.9.2015 4 Ni 22/13 (EP); BPatG 20.10.2015 4 Ni 6/14.
256 BPatG 11.3.2014 4 Ni 4/12 (EP); vgl auch BPatG 8.7.2014 3 Ni 17/13 (EP); BPatG 2.10.2014 7 Ni 62/14 (EP).
257 BPatG 14.11.2006 4 Ni 22/05; BPatG 19.6.2008 2 Ni 2 Ni 41/06; BPatG 9.12.2010 2 Ni 11/09 (EU), wo dies sogar auf Nebenansprüche ausgedehnt wird; BPatG 10.5.2011 4 Ni 61/09 und öfter; BPatG 15.9.2011 2 Ni 37/09; BPatG 24.1.2012 1 Ni 10/10 (EP); BPatG 9.2.2012 2 Ni 18/10 (EU); BPatG 16.2.2012 2 Ni 6/11 (EP); BPatG 5.8.2014 2 Ni 34/12 (EP); BPatG 13.11.2014 2 Ni 19/13 (EP) und öfter; BPatG 22.1.2015 2 Ni 7/12 (EP); BPatG 26.2.2015 2 Ni 29/13 (EP); BPatG 22.1.2016 2 Ni 7/12 (EP).
258 BPatG 30.4.2015 2 Ni 41/13 (EP).
259 BPatG 9.12.2015 5 Ni 32/10 (EP).
260 Vgl etwa BPatG 5.3.2009 2 Ni 34/07 (EU).
261 BPatG Bausch BPatG 1994–1998, 676, 682 f; BPatG 18.12.1997 2 Ni 27/96 (EU) undok.
262 Vgl zB BGHZ 184, 300 = GRUR 2010, 414 thermoplastische Zusammensetzung.
263 AA offensichtlich BPatG 11.11.2010 2 Ni 31/09.
264 Vgl zB BPatG 8.9.1998 4 Ni 30/97 undok; BPatG 16.4.1999 4 Ni 34/97 (EU) undok; BPatG 23.2.2006 3 Ni 7/05 (EU); BPatG 8.11.2007 2 Ni 59/05 (EU) und nachgehend BGH 25.2.2010 Xa ZR 34/08; Aufspaltung jedoch verneint in BGH GRUR 2006, 666 Stretchfolienhaube.

82   Beschränkt sich der Patentinhaber selbst **in anderer Weise** als entspr dem auf teilweise Nichtigerklärung gerichteten Antrag des Klägers, zB durch Aufnahme eines anderen zusätzlichen Merkmals, wird die vom Patentinhaber vorgegebene Fassung jedenfalls zuerst zu prüfen sein. Die rechtl Einordnung derartiger „Hilfsanträge" oder „hilfsweise verteidigter Anspruchsfassungen" ist nicht abschließend geklärt; der früheren Position insb des 2. Senats des BPatG dürfte es entsprechen, diese lediglich als Anregungen an das Gericht aufzufassen.[265] Dagegen geht der 2. Senat des BPatG heute von einer Bindung an die Antragssätze aus, wobei die fehlende Schutzfähigkeit des Hauptanspruchs auf den gesamten Antragssatz durchschlagen soll.

83   Da auch weniger als beantragt zugesprochen werden kann, ist das BPatG unter dem Gesichtspunkt des **§ 308 ZPO** an sich frei, das Streitpatent auf einen Gegenstand zurückzuführen, mit dem es sich noch als patentfähig erweist.[266] Das gilt – anders als nach der (freilich problematischen) Rechtsprechung zum Einspruchsverfahren (Rn 274 zu § 59)[267] – grds unabhängig von den Anträgen und dem Verhalten des Patentinhabers.[268] Wo hier die Grenzen liegen, ist nicht abschließend geklärt.

84   Nach der die Tragweite des Antragsbindung verkennenden und schon deshalb nicht zu billigenden Auffassung des 3. Senats des BPatG soll das Patent dann, wenn es ausschließlich in einer **unzulässig geänderten Fassung** verteidigt wird, antragsgemäß für nichtig zu erklären sein, ohne dass es einer Prüfung auf das Vorliegen eines gesetzlichen Nichtigkeitsgrunds bedürfe. Begründet wurde dies mit dem Grundsatz der Antragsbindung nach § 308 Abs 1 ZPO, der nicht im Widerspruch zum Amtsermittlungsgrundsatz des § 87 PatG stehe. Die Sachprüfung habe sich nämlich im Rahmen der Dispositionsbefugnis der Beteiligten zu halten, und dem BPatG sei es verwehrt, das Patent in einer Fassung in seinem Bestand zu erhalten, mit der der Patentinhaber nicht einverstanden sei. Es sei daher nicht gerechtfertigt, das Dispositionsrecht des Patentinhabers nur im Fall der zulässigen Beschränkung des Patents anzuerkennen, deshalb sei es auch bei unzulässiger Beschränkung für die Prüfung maßgeblich; hier führe nicht die unzulässige Änderung als solche unter Verstoß gegen den numerus clausus der Nichtigkeitsgründe zur Nichtigerklärung, sondern der Wille des Patentinhabers, das Patent weder in der erteilten noch in einer gewährbaren Fassung zu verteidigen, und die hierdurch bedingte Begrenzung des Amtsermittlungsgrundsatzes. Dabei wurde indessen außer acht gelassen, dass sich aus der nach Auffassung des BPatG unzulässigen Verteidigung gerade dessen Wille ergab, das Patent doch zu verteidigen. Allerdings hat der Senat hier die (aus seiner Sicht tragfähige) Auffangbegründung angefügt, dass das Streitpatent sowohl in der nach Hauptantrag und Hilfsanträgen verteidigten Fassung als auch in der erteilten Fassung wegen mangelnder Patentfähigkeit für nichtig zu erklären sei.[269]

85   Eine durch die **Nummerierung von „Hilfsanträgen"** des Patentinhabers vorgegebene Prüfungsreihenfolge ist demnach, wie der 2. und der 3. Senat des BPatG in der Vergangenheit wiederholt entschieden haben, für das Gericht grds nicht bindend; zuerst ist regelmäßig die am wenigsten stark beschränkte Fassung des Patentanspruchs zu prüfen.[270] Das wird auch für die Erklärung gelten müssen, das Patent in erster Linie mit einem Hilfsantrag und nur nachrangig in der erteilten Fassung verteidigen zu wollen.[271] Verschiedene Senate des BPatG bejahen wohl auch eine Bindung an die vom Patentinhaber verteidigten Fassungen des Patents.[272] Dagegen hat der 2. Senat des BPatG zunächst erst § 308 ZPO als Grenze gese-

---

265   In diese Richtung *Dihm/Meinhardt*, ungedruckte Arbeitsunterlage, 27.4.2002, S 25.
266   Im Grundsatz wohl unstr, vgl *Benkard* § 22 Rn 64; *Schulte* § 81 Rn 98; BGH 2.4.2009 Xa ZR 6/08, allerdings im Weg der Auslegung des Antrags; BPatG 28.9.2006 2 Ni 37/04 (EU).
267   Vgl weiter BGHZ 173, 43 = GRUR 2007, 862 Informationsübermittlungsverfahren II und BPatGE 49, 119 = GRUR 2006, 46 (Antrag auf Aufrechterhaltung des Patents allein in einer unzulässig geänderten Fassung soll zum Widerruf führen).
268   Vgl *Schulte* § 81 Rn 107, 111; *Benkard* § 22 Rn 65, wonach bei ausdrücklich erklärtem Desinteresse des Patentinhabers an weiter beschränkter Fassung das Patent trotz eingeschränkter Schutzfähigkeit ganz für nichtig zu erklären sein soll; dies trifft nur insoweit zu, als ausnahmsweise für das Gericht Grund besteht, eine weitergehend beschränkte Fassung zu prüfen.
269   BPatGE 50, 72 = GRUR 2009, 145 „Fentanyl-Pflaster"; im Berufungsverfahren nur im Ergebnis, nicht aber in der Begründung bestätigt, BGH GRUR 2011, 129 Fentanyl-TTS; vgl auch die Entscheidung BPatG BlPMZ 2014, 376, die allerdings die hier vertretene Auffassung und *Keukenschrijver* GRUR 2014, 127 zu missverstehen scheint; BPatG 28.4.2015 4 Ni 23/13 (EP); BPatG 6.5.2015 4 Ni 30/13 (EP); *Engels* Patent-, Marken- und Urheberrecht[9] Rn 425b.
270 BPatGE 34, 230; BPatG GRUR 2008, 892; BPatG 14.9.1995 2 Ni 29/94; BPatG 28.9.2010 3 Ni 50/08 (EU); aA *Benkard* § 21 Rn 65, wonach die vom Beklagten vorgegebene Reihenfolge grds bindend ist.
271   Vgl hierzu BPatG 2.10.2012 5 Ni 40/10 Vv.
272   BPatGE 51, 45 = GRUR 2009, 46 „Ionenaustauschverfahren" unter Hinweis auf BGH GRUR 2007, 309 Schussfädentransport und die zum Einspruchsverfahren ergangene Entscheidung BGHZ 173, 47 = GRUR 2007, 862

hen.[273] Eindeutige Äußerungen des BGH zu dieser Problematik fehlen; der BGH hält sich jedoch regelmäßig an die vom Patentinhaber vorgegebene Reihenfolge.[274] Konsequenterweise und insoweit zutr sieht das BPatG seit der Änderung des § 64 auch eine „Beschränkung auf Null" durch den Patentinhaber als beachtlich mit der Folge an, dass dies zur Nichtigerklärung des Patents ohne Sachprüfung führe (Rn 105). Dem ist für die unbedingte Beschränkung beizutreten. Der 4. Senat des BPatG ist weiter der Auffassung, dass ein Verzicht auf die gesonderte Verteidigung nachgeordneter Patentansprüche bei nicht bestandskräftigem Hauptanspruch zur Nichtigerklärung des Patents in vollem Umfang führe.[275]

II. Untersuchungsgrundsatz; Amtsermittlungsgrundsatz

Der **Untersuchungsgrundsatz** (Amtsermittlungsgrundsatz; Rn 2 ff zu § 87) beherrscht nach der gesetzlichen Vorgabe das Nichtigkeitsverfahren. Der Sachverhalt wird vAw ohne Bindung an das Vorbringen der Parteien erforscht.[276] Als Sinn des (in seinen Auswirkungen vielfach überschätzten) Amtsermittlungsgrundsatzes ist es bezeichnet worden, die durch das Patent gewährten Ausschließlichkeitsrechte nur in solchen Fällen zuzulassen, in denen die Patentierungsvoraussetzungen tatsächlich erfüllt sind.[277] Die Sachaufklärung ist der Parteiherrschaft entzogen.[278] **86**

Jedoch könnte der neueren Rspr des BGH[279] eine durch die gesetzlichen Vorgaben schwerlich gedeckte **Einschränkung des Anwendungsbereichs** des Untersuchungsgrundsatzes zu entnehmen sein. Soweit der BGH die Auffassung vertreten hat, das BPatG sei weder verpflichtet noch auch nur berechtigt, von sich aus zu ermitteln, worin die relevanten Beiträge (einer nur pauschal zitierten Entgegenhaltung) zur Beurteilung von Neuheit und erfinderischer Tätigkeit liegen könnten, weil sich das BPatG sonst zum Klägerhelfer machte,[280] bezieht sich dies aber ersichtlich nur auf die Würdigung dieses lediglich pauschal genannten Materials und schließt wohl nicht auch die Verwertung gerichtsbekannten Wissens aus.[281] Sofern dem die Auffassung zugrunde liegen sollte, dass der Amtsermittlungsgrundsatz nur im Rahmen des Parteivortrags gelte, wäre dies mit § 87 Abs 1 Satz 2 schwerlich in Einklang zu bringen. **87**

Der Grundsatz der Amtsermittlung hat nicht zur Folge, dass **beliebige Gesichtspunkte** für die Auffassung einer Partei ermittelt werden müssen. Jede Partei muss mit hinreichender Deutlichkeit die Zielrichtung ihrer Angriffe artikulieren,[282] bloße Mutmaßungen reichen nicht aus.[283] Der Nichtigkeitskläger hat seinen Vortrag – iS einer prozessualen Obliegenheit – zu substantiieren.[284] Die Amtsermittlungspflicht endet, wo eine die Darlegungslast tragende Partei ihrer Mitwirkungspflicht nicht genügt, indem sie den Sachverhalt nicht detailliert vorträgt.[285] Unkommentiert vorgelegte Entgegenhaltungen müssen daher nicht auf ihre Relevanz untersucht werden.[286] Im Nichtigkeitsverfahren erster Instanz wird keine Recher- **88**

Informationsübermittlungsverfahren II; BPatGE 52, 65 = GRUR 2009, 1195; vgl auch BPatG 15.7.2008 3 Ni 49/06; BPatG 14.11.2006 4 Ni 22/05 und BPatG 16.2.2012 2 Ni 6/11 (EP) nehmen fälschlich an, dass auf nicht bestandsfähige übergeordnete Patentansprüche rückbezogene Unteransprüche bereits wegen der Antragsbindung fielen (wie es der Praxis im Einspruchsverfahren entspricht); dagegen stellt BPatG 19.7.2012 2 Ni 27/10 (EP) darauf ab, dass in den abhängigen Patentansprüchen ein schutzbegründender Inhalt nicht zu erkennen sei, während dies in BPatG 21.2.2013 2 Ni 22/11 (EP) nur als zusätzliche Begründung herangezogen wird.

273 BPatG 17.10.2008 2 Ni 44/06 (EU).
274 Vgl BGH GRUR 2008, 56 injizierbarer Mikroschaum.
275 BPatG 23.6.2015 4 Ni 5/13 (EP).
276 BGHZ 18, 81 = GRUR 1955, 393 Zwischenstecker II; kr *Pagenberg/Stauder* GRUR Int 2008, 689.
277 *Osterrieth* Patentrecht[4] (2010) Rn 614.
278 BGH Liedl 1959/60, 432, 436 Abziehgerät.
279 BGHZ 198, 187 = GRUR 2013, 1273 Tretkurbeleinheit (Nr 36).
280 BGH Tretkurbeleinheit (Nr 36); vgl *Benkard* § 87 Rn 6e.
281 Vgl BGH GRUR 2015, 365 Zwangsmischer (Nr 49); BPatG 4.3.2015 6 Ni 46/14 (EP); BPatG 4.5.2015 5 Ni 60/12 (EP) Mitt 2015, 564 Ls, Berufung eingelegt; BPatG 6.7.2015 6 Ni 46/14 (EP); BPatG 7.10.2015 6 Ni 75/14 (EP).
282 BGH 18.9.1990 X ZB 3/90; vgl auch RG GRUR 1916, 120 Teerabscheidung; BGH GRUR 1967, 585 Faltenrohre; BGH GRUR 1975, 254 Ladegerät.
283 BGH 25.1.1994 X ZR 71/91.
284 Vgl BPatG 2.4.1968 3 Ni 31/68, zur Behauptung einer offenkundigen Vorbenutzung.
285 BPatG 24.5.2012 2 Ni 32/10; BPatG 24.5.2012 2 Ni 33/10 (EU); zu den Grenzen bei behaupteten Vorbenutzungshandlungen BPatG 22.1.2016 2 Ni 7/12 (EP).
286 BPatG 16.4.2013 4 Ni 1/12 GRUR 2014, 104 Ls.

che durchgeführt;[287] im Berufungsverfahren neuen Rechts ist sie ausgeschlossen (vgl Rn 10 zu § 117). Allerdings wurde das BPatG als nicht gehindert angesehen, weiteres Material, zB aus dem Erteilungs- oder Einspruchsverfahren oder soweit es sonst bekannt wird, von sich aus aufzugreifen.[288] Dies geschieht nunmehr regelmäßig über den qualifizierten Hinweis nach § 83.[289] Ggf habe das BPatG auch den tatsächlichen Anhaltspunkten weiter nachzugehen, die sich aus dem Sachvortrag der Parteien für oder gegen eine mangelnde Patentfähigkeit ergeben.[290]

89   **Auslegung des Patents.** Die Prüfung setzt voraus, dass das Gericht das Patent auslegt. Die Auslegung des Patents richtet sich nach den Grundsätzen des § 14 bzw des Art 69 EPÜ (vgl Rn 20 ff zu § 14).[291] Sie hat selbstständig und ohne Bindung an die Auffassung der Parteien oder eines Sachverständigen zu geschehen.[292] Dabei sind der Sinngehalt des Patentanspruchs in seiner Gesamtheit und der Beitrag, den die einzelnen Merkmale zum Leistungsergebnis liefern, zu bestimmen; eine Auslegung unter dem Sinngehalt kommt nicht in Betracht.[293] dem Patentanspruch darf dabei nicht deshalb ein bestimmter Sinngehalt beigelegt werden, weil sein Gegenstand andernfalls gegenüber den Ursprungsunterlagen unzulässig erweitert[294] oder die Bestandsfähigkeit leichter zu bejahen wäre.[295] Für einen Rückgriff auf den allg Sprachgebrauch ist umso weniger Raum, je mehr der Inhalt der Patentschrift auf ein abw Verständnis hindeutet; auch der Grundsatz, dass bei Widersprüchen zwischen Patentanspruch und Beschreibung der Patentanspruch Vorrang genießt, schließt nicht aus, dass sich aus der Beschreibung und den Zeichnungen ein Verständnis des Patentanspruchs ergibt, das von dem abweicht, das der bloße Anspruchswortlaut vermittelt. Im Zweifel ist ein Verständnis der Beschreibung und des Patentanspruchs geboten, das beide nicht in Widerspruch bringt.[296] Zweckangaben in einem Sachanspruch haben im Nichtigkeitsverfahren keine andere Bedeutung als im Verletzungsprozess;[297] zur Abgrenzung vom StdT können sie aber untauglich sein, wenn sie kein unmittelbares Merkmal betreffen.[298]

90   Der **Umfang der Sachprüfung** entspricht (im Rahmen des geltend gemachten Nichtigkeitsgrunds) grds der im Erteilungsverfahren;[299] Mängel des Erteilungsverfahrens bleiben allerdings außer Betracht.[300] Die Untersuchung beschränkt sich nach der älteren Rspr, an der die im Rahmen des Art 69 EPÜ geführte Diskussion allerdings rütteln könnte,[301] auf den Gegenstand des Patents und erfasst nicht dessen Schutzumfang[302] oder die Abhängigkeit von älteren Rechten.[303] Das BPatG ist nicht gehindert, eigene Nachfor-

---

287   *Pakuscher* GRUR 1977, 371, 374 vgl *Jestaedt* FS H. Piper (1996), 695, 700; kr noch *Benkard*[10] § 22 Rn 72, nicht mehr in *Benkard*[11].

288   Vgl BGH Mitt 2004, 213 Gleitvorrichtung; BPatG 21.3.2006 1 Ni 18/04 (EU); BPatG 25.3.2010 2 Ni 17/09 (EU); *Fitzner/Lutz/Bodewig* § 83 Rn 27; vgl auch BPatG 14.7.2004 2 Ni 36/03 (EU), zur Überprüfung einer Vorveröffentlichung im Weg der Amtsermittlung.

289   Vgl zB BPatG 28.2.2012 1 Ni 19/10 (EP).

290   BGH GRUR 2015, 365 Zwangsmischer.

291   BGH GRUR 2001, 232 Brieflocher; BGHZ 156, 179 = GRUR 2004, 47 blasenfreie Gummibahn I; BGH 11.11.2003 X ZR 61/99 Schulte-Kartei PatG 4.1 Nr 98, 99 6.2 Nr 23 81–85 Nr 318–320 Mikroabschaber; BGH GRUR 2011, 610 Webseitenanzeige; BGHZ 186, 90 = GRUR 2010, 858 Crimpwerkzeug III; BGHZ 194, 107 = GRUR 2012, 1124 Polymerschaum I; BGH 13.5.2014 X ZR 133/12; BPatG 30.1.2001 3 Ni 40/99 Mitt 2002, 47 Ls; BPatG 11.11.2014 3 Ni 26/13; BPatG 24.6.2015 15 W (pat) 9/13 Mitt 2015, 460 Ls „Polyurethanschaum"; *Benkard-EPÜ* Art 138 Rn 34; vgl BGH Bausch BGH 1999–2001, 447 Kondensatableitvorrichtung; öOPM öPBl 2001, 111, 118.

292   BGH GRUR 2009, 749 Sicherheitssystem.

293   BGH GRUR 2004, 579 Imprägnieren von Tintenabsorptionsmitteln; vgl BGH GRUR 2007, 309 Schußfädentransport; BGH Polymerschaum I, ständig; vgl nur BPatG 16.9.2014 3 Ni 16/13; BPatG 14.4.2015 3 Ni 7/14 (EP); BPatG 6.7.2015 6 Ni 46/14 (EP).

294   BGH Polymerschaum I.

295   BGH blasenfreie Gummibahn I.

296   BGH GRUR 2015, 1095 Bitratenreduktion.

297   BGH GRUR 2009, 837 Bauschalungsstütze.

298   Vgl BGH 14.7.2009 X ZR 187/04.

299   BGH GRUR 1963, 279 Weidepumpe; zum Umfang der Amtsprüfung von Unteransprüchen auf selbstständige Schutzfähigkeit BPatGE 35, 127 = GRUR 1996, 44.

300   BGH GRUR 1965, 473 Dauerwellen I.

301   Vgl *Keukenschrijver* FS J. Pagenberg (2006), 33, 41.

302   BGH GRUR 1963, 518 Trockenschleuder; BGH Liedl 1963/64, 157 ff Fächerreflektor.

303   BGH Liedl 1961/62, 741 ff Leitbleche 03.

schungen anzustellen.[304] Es kann – auch vAw (§ 99 iVm § 144 ZPO)[305] – gehalten sein, Sachverständigen-beweis zu erheben; das ist dann erforderlich, wenn seine eigene Sachkunde zur Klärung einer entscheidungserheblichen Frage nicht ausreicht und kommt insb, aber keineswegs nur dann in Betracht, wenn experimentelle Untersuchungen, etwa zur Klärung einer überlegenen Wirkung, durchzuführen sind. Das BPatG hat auch bereits in den neunziger Jahren des 20. Jahrhunderts in verschiedenen Fällen, die das Urteil geendet haben, die Einholung eines Sachverständigengutachtens angeordnet.[306] In einem weiteren Verfahren[307] wurden auf Anregung der Beklagten zwei in der mündlichen Verhandlung anwesende Professoren als gerichtliche Sachverständige bestellt und gehört. Die Zuziehung eines Sachverständigen kann aber grds mit der (ausreichenden) eigenen Sachkunde der Richterbank abgelehnt werden.[308] Die Richter sind nicht verpflichtet, sich zu ihrer Sachkunde zu äußern.[309]

Parteivernehmung des Patentinhabers kommt auf dessen Antrag grds nur in Betracht, wenn bereits **91** eine gewisse Wahrscheinlichkeit für die Wahrheit der zu beweisenden Tatsache besteht.[310] Der Grundsatz der prozessualen Waffengleichheit[311] ist aber zu beachten.[312]

Ein bindendes **Anerkenntnis oder Geständnis** wurde als mit dem Untersuchungsgrundsatz nicht **92** vereinbar angesehen.[313] Demzufolge kommt ein Anerkenntnisurteil nicht in Betracht.[314] Jedoch eröffnet der im Zug der Anpassung an das EPÜ 2000 geänd § 64 die Möglichkeit, die Beschränkung auf Null auch im Nichtigkeitsverfahren vorzunehmen (Rn 105).

Der Untersuchungsgrundsatz beherrscht grds auch das **Verfahrensrecht**, so, wenn es um die Vo- **93** raussetzungen des besonderen eigenen Rechtsschutzbedürfnisses[315] oder einer geltend gemachten unverzichtbaren prozessualen Einrede[316] geht.

Der Amtsermittlungsgrundsatz gibt dem Gericht nicht die Befugnis, erhebliche **Beweisantritte** der **94** Parteien mit der Begründung zu übergehen, von der Erhebung der Beweise seien zweckdienliche Ergebnisse nicht zu erwarten.[317] Beweisangeboten muss aber nur dann nachgegangen werden, wenn sie ausreichend substantiiert sind, jedoch bleibt dem Gericht immer die Möglichkeit der Sachaufklärung vAw. „Ins Blaue" gestellten Beweisanträgen muss nicht nachgegangen werden,[318] ebenso Beweisermittlungsanträgen.[319] Der Pflicht zur Substantiierung eines Beweisangebots zu einer offenkundigen Vorbenutzung ist nur dann nicht genügt, wenn das BPatG aufgrund des tatsächlichen Vorbringens nicht in der Lage ist zu entscheiden, ob die gesetzlichen Voraussetzungen einer offenkundigen Vorbenutzung vorliegen können. Der Vortrag näherer Einzelheiten ist nur erforderlich, soweit dies für die Rechtsfolgen von Bedeutung ist. Eine in Einzelheiten aufgegliederte Sachdarstellung kann allenfalls geboten sein, wenn der Gegenvortrag dazu

---

304 Vgl BPatG 14.7.2004 2 Ni 36/03 (EU): Auskunft bei einer Bibliothek über Zugänglichkeit einer Dissertation.
305 Vgl BPatG GRUR 2013, 165.
306 Ebenso *Fitzner/Lutz/Bodewig* § 83 Rn 28.
307 BPatG 3 Ni 21/04 (EU), vgl das dortige Urteil vom 4.6.2007 NJOZ 2007, 4786 = BlPMZ 2008, 21 Ls Olanzapin.
308 BPatG GRUR 2013, 165: auch wenn nur ein Richter über sie verfügt und bei abweichender Beurteilung im Prüfungsverfahren; BPatG 15.7.2009 3 Ni 23/08 (EU); BPatG 14.12.2009 3 Ni 23/08 (EU); BPatG 28.6.2011 3 Ni 10/10 (EU); BPatG 29.11.2011 3 Ni 44/08 (EU); BPatG 7.2.2012 3 Ni 30/10 (EP); BPatG 28.6.2012 4 Ni 2/11; BPatG 28.6.2012 4 Ni 3/11 (EP); BPatG GRUR 2013, 601; *Schulte* § 81 Rn 157; vgl zur Rechtslage in der Schweiz schweiz BG sic! 2015, 49 Couronne dentée II.
309 BPatG 28.6.2012 4 Ni 2/11; BPatG 28.6.2012 4 Ni 3/11 (EP).
310 *Jestaedt* FS H. Piper (1996), 695, 705.
311 Vgl EGMR NJW 1995, 1413.
312 Hierzu *Zöller* § 448 ZPO Rn 2a.
313 RGZ 71, 440 = BlPMZ 1910, 115 Kostenberufung in Patentsachen II; RGZ 86, 440 = BlPMZ 1915, 203 Anerkenntnis im Nichtigkeitsverfahren; BGH GRUR 1961, 278 Lampengehäuse; BGH GRUR 1965, 231 Zierfalten; BGH GRUR 1995, 577 Drahtelektrode; BGH GRUR 2002, 609 Drahtinjektionseinrichtung; vgl BGH GRUR 2004, 138, 141 dynamisches Mikrofon; BPatGE 50, 95 = GRUR 2007, 507, Markensache; BPatG 25.5.2009 5 Ni 25/09; *Mes* § 81 Rn 122; aA *Schmieder* Der Patentverzicht im Nichtigkeitsverfahren, GRUR 1980, 74, 76, sowie für das Anerkenntnis *Kraßer* S 616 (§ 26 B III 8); unklar *Benkard* Rn 27 einerseits und Rn 32 andererseits; missverständlich BPatG 11.5.2004 3 Ni 37/02 (EU) und 12.10.2005 4 Ni 51/04; abw zu der seit 2009 geltenden Rechtslage wohl BPatG 13.12.2012 10 Ni 6/11.
314 BPatG 21.6.2010 2 Ni 28/08.
315 *Schmieder* GRUR 1982, 348; *Fitzner/Lutz/Bodewig* § 83 Rn 30.
316 Anders bei verzichtbaren Einreden: *Schmieder* GRUR 1982, 348; *Fitzner/Lutz/Bodewig* § 83 Rn 30.
317 BGH GRUR 1981, 185 Pökelvorrichtung; vgl auch BPatGE 32, 11, 14 = GRUR 1991, 309; *Fitzner/Lutz/Bodewig* § 83 Rn 31.
318 Vgl BPatGE 52, 245 = Mitt 2011, 236.
319 BPatG 12.5.2014 1 Ni 2/13 (EP).

Anlass bietet. Dies bedeutet jedoch nicht, dass der, der sich auf eine offenkundige Vorbenutzung beruft, allein deshalb, weil der Gegner bestreitet, gezwungen wäre, nunmehr alle Einzelheiten des behaupteten Sachverhalts darzustellen. Der Tatsachenvortrag bedarf vielmehr nur insoweit der Angabe von Einzelheiten, als er infolge der Einlassung des Gegners unklar geworden ist. Die Ablehnung einer Beweiserhebung unter dem Gesichtspunkt mangelnder Substantiierung für eine möglicherweise beweiserhebliche Tatsache ist nur zulässig, wenn die unter Beweis gestellten Tatsachen so ungenau bezeichnet sind, dass ihre Erheblichkeit nicht beurteilt werden kann, oder wenn sie zwar in das Gewand einer bestimmt aufgestellten Behauptung gekleidet, aber aufs Geratewohl gemacht, gleichsam „ins Blaue" aufgestellt, aus der Luft gegriffen sind und sich deshalb als Rechtsmissbrauch darstellen. Bei der Annahme von Willkür in diesem Sinn ist Zurückhaltung geboten; idR wird sie nur das Fehlen jeglicher tatsächlicher Anhaltspunkte rechtfertigen können.[320]

95   Ein **Beweisantrag** darf nur abgelehnt werden, wenn eine Beweiserhebung wegen Offenkundigkeit überflüssig ist, wenn die Tatsache, die bewiesen werden soll, für die Entscheidung ohne Bedeutung oder schon erwiesen ist, wenn das Beweismittel völlig ungeeignet oder wenn es unerreichbar ist, wenn der Antrag zum Zweck der Prozeßverschleppung gestellt ist oder wenn eine erhebliche Behauptung, die bewiesen werden soll, so behandelt werden kann, als wäre die behauptete Tatsache wahr (so die ausdrückliche Regelung in § 245 Abs 3 Satz 2 StPO, die hinsichtlich der Wahrunterstellung zusätzlich darauf abstellt, dass die Behauptung zur Entlastung des Angeklagten aufgestellt ist). Eine vorweggenommene Beweiswürdigung ist jedenfalls unstatthaft.[321]

96   **Materielle Beweislast.** Die Beweislast betrifft nur die tatsächlichen Grundlagen der Entscheidung, insb nicht auch die Wertung, ob erfinderische Tätigkeit zu bejahen oder zu verneinen ist, die Rechtsfrage ist.[322] Das ist Konsequenz aus der „Diabehältnis"-Entscheidung[323] des BGH. Die der Tatsachenfeststellung folgende Würdigung kann grds nicht zu einem „non liquet" führen.[324] „Non-liquet"-Entscheidungen werden damit im Bereich der Beurteilung der erfinderischen Tätigkeit nur noch im Bereich der Feststellung der tatsächlichen Entscheidungsgrundlagen möglich sein.

97   Wegen des Untersuchungsgrundsatzes besteht keine **Beweisführungspflicht**.[325] Ungeachtet dessen geht es zu Lasten des Nichtigkeitsklägers, wenn Beweiserhebung und Verhandlung zu keinem eindeutigen Ergebnis[326] iSd Klagevorbringens führen. Nachdem das Patent ordnungsgem erteilt ist, kann nach früherer

---

320   BGH 1.10.1991 X ZR 31/91 Bausch BGH 1986–1993, 611 Wärmestau; vgl BGH GRUR 1975, 254 ff Ladegerät; allerdings mit missverständlichen Formulierungen BPatG 23.2.2010 1 Ni 45/08 (EU); vgl auch die zu Werkvertragssachen ergangenen Entscheidungen des X. Zivilsenats BGH NJW 1991, 2787, NJW-RR 1991, 1269 und NJW 1992, 2427. Zum Erfordernis der Substantiierung „juristischer" Tatsachen vgl auch BPatG 3.2.1972 5 W (pat) 431/66 GRUR 1972, 353 Ls, GbmLöschungssache. Zur Nichterhebung von Beweisen, wenn die Partei einen Auslagenvorschuss nicht bezahlt, BGH GRUR 1976, 213 Brillengestelle.
321   Problematisch unter diesem Aspekt die Ablehnung einer weiteren Zeugenvernehmung mit der Begründung, durch sie seien keine weitergehenden Erkenntnisse zu erwarten, in BPatG 29.10.2014 1 Ni 9/14 (EP) und BPatG 29.10.2014 1 Ni 9/14 (EP).
322   BGHZ 166, 305 = GRUR 2006, 663 vorausbezahlte Telefongespräche (Nr 28), unter Hinweis auf BGHZ 128, 270, 275 = GRUR 1995, 330 elektrische Steckverbindung; allerdings nicht ganz konsequent mit dem Satz (Nr 31): „Kann somit nicht festgestellt werden, dass der Gegenstand des Streitpatents sich in naheliegender Weise aus dem StdT ergab, so liegt der Nichtigkeitsgrund ... nicht vor."
323   BGH GRUR 2004, 411, 413 Diabehältnis.
324   Vgl BGH NJW 1989, 1282; der BGH hat in jüngerer Zeit zB formuliert: „Die Würdigung des StdT ergibt nicht, dass der Gegenstand des Streitpatents für den Fachmann nach seinem Fachwissen und -können nahegelegen hätte"; und „Dem Gegenstand des Patentanspruchs 1 kann die Patentfähigkeit nicht abgesprochen werden", BGH 17.10.2006 X ZR 59/04; BGH 23.7.2008 X ZR 8/04; „Verhandlung und Beweisaufnahme haben keine zureichenden tatsächlichen Anhaltspunkte dafür ergeben, dass der Gegenstand dieses Patentanspruchs ... dem Fachmann nahegelegt war", BGH GRUR 2008, 60 Sammelhefter II oder: „Der Senat kann keinen Sachverhalt feststellen, der die Würdigung erlaubte, der Gegenstand des Streitpatents sei dem Fachmann durch den StdT nahegelegt und beruhe damit nicht auf erfinderischer Tätigkeit"; oder: „Die Ergebnisse der Verhandlung und Beweisaufnahme erlauben nicht die Würdigung, dass aus dem StdT dem Fachmann der Gegenstand der Erfindung nahegelegt war", BGH 16.9.2008 X ZR 49/04 CIPR 2008, 130 Ls Eisenbahnrad, ähnlich BGH 14.1.2010 Xa ZR 66/07; BGH 25.2.2010 Xa ZR 100/05.
325   *Jestaedt* FS H. Piper (1996), 695, 705.
326   Besser als „zu keiner eindeutigen Feststellung" (so aber zB BPatG 6.9.2006 4 Ni 29/05, 26.9.2006 4 Ni 17/05, 10.10.2005 4 Ni 18/05 (EU); 8.11.2006 4 Ni 10/05 (EU); 8.5.2007 4 Ni 13/06, 24.7.2007 4 Ni 10/06 (EU), 12.9.2007 4 Ni 46/05 (EU); 24.7.2007 4 Ni 10/06 (EU); 12.9.2007 4 Ni 46/05 (EU), 25.9.2007 4 Ni 58/05 (EU); BPatG 4.12.2012 4 Ni 21/11; BPatG

Rspr dem Patentinhaber die dadurch erlangte Rechtsstellung nur genommen werden, wenn zweifelsfrei feststeht, dass er sie zu Unrecht erlangt hat[327] (Rn 305 zu § 59), jetzt besser: wenn die Verhandlung zu keinem eindeutigen Ergebnis iSd Klagevorbringens führt. Dies betrifft zB Vorveröffentlichungen[328] und das zwangsläufige Eintreten eines bestimmten Ergebnisses,[329] aber auch die Eigenschaften eines vorbenutzten Gegenstands.[330] Der Kläger trägt die Darlegungs- und materielle Beweislast (Feststellungslast) für die mangelnde Patentfähigkeit gegenüber dem StdT, insb für die Fragen, was den Fachmann zur Lösung anregen konnte und ob er in der Lage war, die patentgemäße Lehre zu entwickeln,[331] für Vorbenutzungen und die durch diese erfolgte Offenbarung. Er muss dartun, dass im StdT technische Lehren bekannt waren, aus denen der Fachmann mit Hilfe seines Fachwissens den Gegenstand der Erfindung entwickeln konnte; er muss ferner diejenigen technischen und sonstigen tatsächlichen Gesichtspunkte darlegen, aus denen das BPatG die rechtl Schlussfolgerung ziehen soll, dass der Fachmann Anlass hatte, den ihm nach seinem Fachwissen und -können objektiv möglichen Weg auch zu gehen.[332] Er trägt die Darlegungslast auch für mangelnde Ausführbarkeit,[333] Brauchbarkeit,[334] eine unzulässige Erweiterung[335] und eine widerrechtl Entnahme.[336] Für mangelnden Fortschritt wird dies, nachdem es sich insoweit nicht mehr um eine Patentierungsvoraussetzung handelt, nicht ohne weiteres gelten können;[337] sieht man auch in der Fortschrittsbeurteilung eine Wertung, gelten die Beweislastregeln hier ohnehin nicht. Wer sich auf Hilfskriterien zur Stützung der erfinderischen Tätigkeit beruft, wird deren Vorliegen darzulegen und ggf nachzuweisen haben.[338] Die Beweislastverteilung betrifft allerdings nur das Patent in seiner erteilten Fassung und nicht auch eingeschränkt verteidigte Fassungen (Rn 115). In Ausnahmefällen kann Beweislastumkehr eintreten.[339] Zur Beweislast hinsichtlich der Zulässigkeit der Klage (Rechtsschutzbedürfnis, prozesshindernde Einreden, Nichtangriffspflicht) Rn 81, 83, 116 zu § 81.

4.12.2012 4 Ni 22/12 (EP); ähnlich BPatG 30.10.2007 4 Ni 37/06 (EU), 13.11.2007 4 Ni 31/06 – „wenn zweifelsfrei feststünde" –, jeweils in Anlehnung an BGH GRUR 1991, 522 Feuerschutzabschluss); vgl BPatG 22.6.2006 2 Ni 29/05 (EU) und BPatG 14.6.2007 2 Ni 32/05: „konnte den Senat nicht davon überzeugen", wegen des wertenden Charakters der Beurteilung der erfinderischen Tätigkeit; öfter auch: „Der Senat konnte nicht feststellen, dass der Gegenstand der Streitpatents gegenüber dem StdT nicht patentfähig ist".

327 BGH GRUR 1984, 339 f Überlappungsnaht; BGH BlPMZ 1991, 159, 161 Haftverband; BGH GRUR 1991, 522 Feuerschutzabschluß; BGH Bausch BGH 1986–1993, 551 Spielfahrbahn 03, nicht in Mitt; BGH Bausch BGH 1986–1993, 474 Müllfahrzeug, nicht in GRUR; BGH Bausch BGH 1994–1998, 175, 180 Füllorgan; BGH Bausch BGH 1994–1998, 338, 344 Schwimmrahmenbremse 01; BGH Mitt 1999, 362 Herzklappenprothese; BGH 15.12.1998 X ZR 33/96; BGH Bausch BGH 1999–2001, 570 Befestigungselement 01; BGH 11.11.2003 X ZR 61/99 Schulte-Kartei PatG 81–85 Nr 318–320 Mikroabschaber; BGH 15.12.1998 X ZR 33/96; so auch ausdrücklich Art 130 Nr 1 ital CDPI; vgl auch BGHZ 118, 221 = GRUR 1992, 839 Linsenschleifmaschine; BPatG Bausch BPatG 1994–1998, 355, 360; BPatG Bausch BPatG 1994–1998, 465, 473; BPatG Bausch BPatG 1994–1998, 525, 531; BPatG 8.12.2004 4 Ni 21/03 (EU); BPatG 14.2.2006 4 Ni 12/05 (EU); BPatG 10.5.2006 4 Ni 65/04 (EU); BPatG 28.7.2006 4 Ni 11/05; BPatG 19.3.2009 10 Ni 4/08; BPatG 2.9.2009 5 Ni 65/09 (EU); zumindest missverständlich zur fehlenden Neuheit BPatG 17.5.2001 3 Ni 16/00 (EU): „... konnte der Senat nicht feststellen, dass sich die ...vorrichtung nach dem Patentanspruch 1 ... von der ...vorrichtung nach der deutschen Offenlegungsschrift ... in ihrer Gesamtoffenbarung gesehen unterscheidet. Die Vorrichtung ... ist somit nicht neu".
328 BPatG 2.9.2009 5 Ni 65/09 (EU); nach der Rspr auch hinsichtlich ihres Offenbarungsgehalts, BPatG 8.7.2004 2 Ni 27/03 (EU), zwh.
329 BPatG 20.11.2007 3 Ni 41/05 (EU).
330 Vgl BPatG 3.11.2010 5 Ni 55/09 (EU).
331 BGH 18.12.2013 X ZR 66/12; zur Berücksichtigung von zum Naheliegen genanntem Material auch bei der Neuheitsprüfung BPatG Mitt 2014, 396 „Abdeckung"; BPatG 5.8.2014 2 Ni 34/12 (EP); vgl BPatG 12.5.2014 1 Ni 2/13 (EP); BPatG 16.7.2015 1 Ni 28/14 (EP); *Schulte* § 81 Rn 32.
332 BGH GRUR 2015, 365 Zwangsmischer; vgl auch BPatG 7.10.2015 6 Ni 75/14 (EP).
333 BGH BlPMZ 1991, 159, 161 Haftverband; BGH GRUR 2010, 901 polymerisierbare Zementmischung; BGH 14.1.2014 X ZR 169/12; BPatG Bausch BPatG 1994–1998, 105, 116; BPatG 26.2.2004 2 Ni 38/02 (EU) undok; BPatG 14.1.2014 3 Ni 24/12 (EP); BPatG 30.6.2015 3 Ni 16/14 (EP); vgl CA England/Wales ENPR 2003, 50 Kirin Amgen v. Transkaryotic Industries; öOPM öPBl 2006, 151, 153 Blutgerinnungsfaktor-VIII-Konzentrat; *Schulte* § 34 Rn 374.
334 BPatG 3.7.2008 3 Ni 45/06 (EU).
335 BGH Liedl 1961/62, 304, 330 Reifenpresse 01.
336 Vgl *Benkard* § 15 GebrMG Rn 25.
337 Vgl zur früheren Rechtslage BGH Mitt 1961, 199 Schienenbefestigung.
338 Vgl BPatG 13.11.2003 5 W (pat) 449/02, GbmLöschungssache.
339 Vgl *Benkard* § 22 Rn 74; *Fitzner/Lutz/Bodewig* § 83 Rn 36.

98   In seiner **Beweiswürdigung** ist das Gericht frei (Rn 2ff zu § 93); auch Parteiverhalten kann gewürdigt werden.[340] UU können dem Kläger Beweislastumkehr, der prima-facie-Beweis und Beweiserleichterungen zugute kommen; Vorsicht ist hier allerdings geboten.[341] Im Einzelfall hat der BGH zu Lasten des Patentinhabers gewürdigt, dass dieser dem naheliegenden Schluss auf eine tatsächlich erfolgte Vorveröffentlichung keinen substantiierten Vortrag entgegenzusetzen vermocht habe, was ihm aufgrund seiner prozessualen Mitwirkungspflicht oblegen hätte.[342] Bei nach Jahren unter Zeugenbeweis gestellten Vorbenutzungshandlungen soll grds eine gewisse Vorsicht angebracht sein,[343] die jedoch nicht zum Aufstellen von im Gesetz nicht vorgesehenen Beweisregeln führen darf (Rn 3 zu § 93). Wiederholt hat die Zeugenvernehmung zum Nachweis einer auch lange zurück liegenden Vorbenutzung geführt.[344]

99   **Verspätetes Vorbringen.** Grds war eine Zurückweisung verspäteten Vorbringens nicht möglich (Nachw zum Streitstand 7. Aufl). § 83 Abs 4 schränkt die Nachschubmöglichkeit nunmehr schon für das erstinstanzliche Verfahren ein (vgl Rn 17ff zu § 83). Die Parteien traf jedoch schon nach früherem Recht eine Prozessförderungsobliegenheit.[345] Sanktionierung über die Kosten ist immer möglich.[346]

100   Der Patentinhaber braucht zu den Nichtigkeitsgründen nichts vorzutragen, ihn trifft jedoch die **Wahrheitspflicht** nach § 124.[347] Sie verpflichtet ihn insb nicht, selbst StdT vorzutragen, tut er dies gleichwohl, müssen seine Angaben wahr und vollständig sein.

D. Selbstbeschränkung (beschränkte Verteidigung) im Nichtigkeitsverfahren

I. Zulässigkeit

101   Dem Patentinhaber steht es im dt[348] Nichtigkeitsverfahren grds frei, den Umfang zu bestimmen, innerhalb dessen er sein Schutzrecht verteidigen will, ohne auf das Beschränkungsverfahren nach § 64 auszuweichen zu müssen („beschränkte Verteidigung").[349] Die Selbstbeschränkung kann unbedingt oder hilfsweise erfolgen.[350] Dies ist für eur Patente nunmehr in Art II § 6 Abs 3 IntPatÜG ausdrücklich geregelt. Die Selbstbeschränkungsmöglichkeit besteht auch im Berufungsverfahren und dort unabhängig von der Beschwer.[351] Damit steht dem Patentinhaber ein wirksames Verteidigungsmittel zur Verfügung, von dem in weitem Umfang Gebrauch gemacht wird. So wurde in den im vierten Quartal 2007 vom BPatG entschiedenen 31 Fällen, die in das Internet eingestellt wurden, das Streitpatent in 19 Fällen beschränkt verteidigt, davon in 8 Fällen mit dem Hauptantrag des Beklagten. Von den im zweiten Quartal 2012 vom Bundespatentgericht durch Sachurteil entschiedenen 27 Nichtigkeitsverfahren gegen Patente, in denen das Patent verteidigt wurde, erfolgte beschränkte Verteidigung nach Hauptantrag in 6 Verfahren, nach Hilfsantrag in 13 Verfahren.

---

340 BGH GRUR 1981, 649 Polsterfüllgut.
341 Vgl BPatGE 21, 62 = GRUR 1978, 637; BPatG Mitt 1980, 94; BPatGE 32, 109 = GRUR 1991, 881.
342 BGH Bausch BGH 1994–1998, 19 Spanplattenbindemittel.
343 Differenzierend *Gleiss* Gewerblicher Rechtsschutz (2002) Rn 271.
344 Vgl. zB BGH GRUR 2004, 411 Diabehältnis; BPatG Bausch BPatG 1994–1998, 275, 282, zur Erinnerungsauffrischung.
345 BGH GRUR 2009, 92 Sachverständigenablehnung III; BPatG 29.3.2008 3 Ni 57/05 (EU).
346 Vgl BPatG 19.5.2007 21 W (pat) 325/04; *Fitzner/Lutz/Bodewig* § 83 Rn 51.
347 *Jestaedt* FS H. Piper (1996), 695, 702ff.
348 Zur entspr Rechtslage in der Schweiz schweiz BG sic! 2008, 643, 645 Alendronsäure II; deutlich enger die Praxis im VK, CA England/Wales [2011] EWCA Civ 6 Nokia v IPCom und hierzu *Wilson/Moir* EIPR 2011, 326, vgl *Tilmann* EIPR 2006, 169ff = IIC 2006, 62, ähnlich in Südafrika, vgl Court of the Commissioner of Patents 14.6.2005, referiert in EIPR 2006 N-8, anders auch die Praxis in den Niederlanden, HR NedJ 1998, 2; enger auch die Praxis im eur Einspruchsverfahren, vgl EPA T 339/89 ABl EPA 1991, 545; EPA G 1/93 ABl EPA 1994, 541.
349 BGHZ 21, 8, 10f = GRUR 1956, 409 Spritzgußmaschine I; BGHZ 110, 123, 125f = GRUR 1990, 432 Spleißkammer; BGH Bausch BGH 1994–1998, 291, 301 Sammelstation; BGH Bausch BGH 1994–1998, 378, 383 Deckengliedertor; BGH Bausch BGH 1999–2001, 470 Positionierungsverfahren; BGH Bausch BGH 1999–2001, 119 Filtereinheit, nicht in Mitt; BGH Bausch BGH 1999–2001, 579 Befestigungselement 02; BGH GRUR 2005, 145 elektronisches Modul; BPatG 11.2.2015 5 Ni 8/13 (EP); *Benkard* § 22 Rn 50 und § 82 Rn 38; *Schulte* § 81 Rn 114; *Fitzner/Lutz/Bodewig* § 83 Rn 21; vgl niederländ PA BIE 1999, 28; *Kraßer* S 616 (§ 26 B III 8) sieht dies als Folge des Verfügungsgrundsatzes an; generell ablehnend, wenn das Verhalten des Patentinhabers „covetous" oder „blameworthy" ist, CA England/Wales IIC 2001, 232 Kimberly Clark v. Procter & Gamble; generell zu Rechtslage und Praxis im VK *Cliffe* A Sorry Case of Making Amends, EIPR 2002, 277.
350 BGH elektronisches Modul; BPatG GRUR 2013, 655.
351 Vgl BGH 6.5.2010 Xa ZR 16/07.

II. Berechtigter

Über das Patent verfügen, dh unmittelbar auf seinen Bestand einwirken, kann nur der sachlich Be- **102** rechtigte. Dem weiterhin prozessführungsbefugten, aber nach Übertragung des Patents nicht mehr materiell berechtigten beklagten früheren Patentinhaber steht dieses Recht wie überhaupt dem lediglich aufgrund Registereintrags passiv Prozessführungsbefugten wegen fehlender Sachbefugnis[352] nicht zu (abw Rn 236 ff zu § 59; Rn 25 zu § 78).[353] Verschiedentlich wird angenommen, dass die Selbstbeschränkung rein prozessualen Charakter habe und deshalb auch vom nicht materiell berechtigten Streithelfer des Patentinhabers abgegeben werden kann (Rn 103).[354] So hat auch das BPatG entschieden, dass prozessuale Legitimation des Nichtigkeitsbeklagten jedenfalls für eine im Rahmen eine Hilfsantrags verfolgte eingeschränkte Verteidigung des Streitpatents ausreicht.[355] Jedoch dürfte die rein prozessuale Ableitung den materiellrechtl Wirkungen der Beschränkung nicht gerecht werden. Der Erwerber des Patents wird zudem den prozessführenden Registerberechtigten auch ohne Beitritt zum Rechtsstreit und ohne Einhaltung einer besonderen Form ermächtigen können, die Beschränkung zu erklären.[356] Damit werden sich die Schwierigkeiten, die sich aus dem Auseinanderfallen von Prozessführungsbefugnis und Sachlegitimation entstehen können, dadurch abmildern lassen, dass in der Erklärung des nur Prozessführungsbefugten zugleich die konkludente Erklärung liegen kann, mit Einwilligung des Sachbefugten zu handeln, und dass hiervon jedenfalls dann ausgegangen werden kann, wenn dem nicht widersprochen wird. Ob der Sachbefugte die Beschränkung gegen den Willen des Beklagten erklären kann, wird davon abhängen, dass er dem Verfahren beigetreten ist und ob man ihn in diesem Fall als einfachen oder als streitgenössischen Nebenintervenienten ansieht.

Nach Auffassung des 3. Senats des BPatG umfasst die für Prozesshandlungen geltende **Vertretungs-** **103** **fiktion** des § 62 ZPO auch die beschränkte Verteidigung des Streitpatents durch den weiteren erschienenen Patentinhaber als notwendigen Streitgenossen.[357] Dies ist konsequent unter der freilich nicht zutr und insb nicht aus der Rspr des BGH abzuleitenden Prämisse, dass die beschränkte Verteidigung rein prozessualen Charakter habe. Beizutreten ist dem im Ergebnis allerdings mit der weiteren Begründung, dass hier das Notgeschäftsführungsrecht aus § 744 Abs 2 BGB greife.

III. Grenzen

Die Beschränkungsmöglichkeit besteht nur, soweit das **Patent angegriffen** ist.[358] Nicht erforderlich **104** ist dagegen, dass die Änderung durch die Nichtigkeitsklage veranlasst ist (zum Einspruch eingehende Diskussion bei Rn 267 zu § 59).[359] Im Nichtigkeitsverfahren ist der Patentinhaber an Erklärungen in einem parallelen Beschränkungsverfahren nicht gebunden.[360]

Einzelne angegriffene **Patentansprüche** können demnach anders als im Beschränkungsverfah- **105** ren – auch hilfsweise[361] – ganz **fallengelassen** werden, ohne dass es insoweit einer weiteren Prüfung be-

---

352 Vgl BGHZ 197, 196 = GRUR 2013, 713 Fräsverfahren.

353 Offengelassen in BGH GRUR 2009, 42 Multiplexsystem.

354 *Benkard* Rn 41 unter Hinweis auf BPatGE 53, 6 = GRUR 2012, 99 „Lysimeterstation"; so auch für die hilfsweise Selbstbeschränkung BGH 29.9.2010 Xa ZR 68/07.

355 BPatG 12.4.2012 2 Ni 32/11 (EU).

356 BGH Multiplexsystem.

357 BPatGE 53, 6 = GRUR 2012, 99 „Lysimeterstation".

358 BGH Liedl 1959/60, 395, 410 Schwingungswalze; BGH 11.11.2003 X ZR 61/99 Schulte-Kartei PatG 81–85 Nr 318 Mikroabschaber; BGH GRUR 2009, 929 Schleifkorn; BPatG 24.9.1975 2 Ni 14/74; BPatGE 36, 35 zur Rückbeziehung nicht angegriffener Unteransprüche auf enger gefasste übergeordnete Patentansprüche; BPatG 10.6.2010 10 Ni 7/09; vgl BGH Positionierungsverfahren zu angegriffenen Unteransprüchen, die auf nicht bestehenbleibende Ansprüche rückbezogen sind; aA für nicht angegriffene Unteransprüche, die sich auf einen zu beschränkenden Hauptanspruch beziehen, *Schulte* § 81 Rn 122, wo jedoch (Rn 123) eine Ausnahme für Rückbeziehungen in nicht angegriffenen Unteransprüchen befürwortet wird; vgl BPatG 31.1.2013 10 Ni 11/11 (EP), wonach die Verteidigung nicht angegriffener Patentansprüche mit einem eingeschränkten Gegenstand dem Antragsgrundsatz zuwiderlaufe.

359 AA BPatG GRUR 2013, 487 „Fixationssystem" und dem folgend *Benkard* Rn 39; offen gelassen in BPatG 20.10.2015 4 Ni 6/14; vgl auch PatentsC 20.12.1999 Sara Lee v. Body Care, referiert in EIPR 2000 N-40.

360 BGH GRUR 1961, 529 Strahlapparat.

361 BGH GRUR 2009, 936 Heizer.

darf.[362] Nach zutr Auffassung des 2., des 3. und des 4. Senats des BPatG gilt dies (seit der Neueinführung der Art 105a, 105b EPÜ in das EPÜ und der Änderung des § 64 PatG durch das Gesetz zur Umsetzung der EPÜ-Revisionsakte) auch für die „Beschränkung auf Null" (Widerruf).[363] Auch können Anspruchsalternativen gestrichen werden.[364]

106   Aus der Freiheit des Patentinhabers, sein Patent nach Belieben einzuschränken,[365] und zwar im Rahmen der gesamten ursprünglichen Offenbarung, folgt, dass ein angegriffener Patentanspruch in den Grenzen dessen, was als zur Erfindung gehörend („gehörig") ursprünglich offenbart (dh von dem Schutzbegehren erfasst, was die Einbeziehung von Unterkombinationen ausschließt) ist, und dessen, was durch das Patent unter Schutz gestellt ist,[366] auch durch **Aufnahme einzelner Merkmale** beschränkt werden kann,[367] und zwar unabhängig davon, ob das beschränkende Merkmal in einem Patentanspruch enthalten ist,[368] und auch durch Aufnahme einzelner Merkmale aus einem Unteranspruch,[369] selbst wenn diese in einem abhängigen, nicht angegriffenen Patentanspruch enthalten sind (zum Meinungsstand im GbmLöschungsverfahren Rn 17 zu § 17 GebrMG;[370] dies kann sogar dann gelten, wenn sie zu in einem von einem anderen Patentanspruch abhängigen Unteranspruch enthalten sind. Insb muss sich der Patentinhaber dabei nicht auf eine engere Fassung eines nachgeordneten Patentanspruchs beschränken[371] oder alle

---

362 BGHZ 170, 215, 220 = GRUR 2007, 404 Carvedilol II; BGH GRUR 2006, 666 Stretchfolienhaube; BGH GRUR 2005, 145 f elektronisches Modul; BGH GRUR 2005, 233 Paneelelemente; BGH GRUR 2009, 929 Schleifkorn; BGH GRUR 2010, 410 Insassenschutzsystemsteuereinheit; vgl BGH Bausch BGH 1999–2001, 109 Katalysatorreaktorträgerkörper; BPatG BlPMZ 2012, 351, 353; BPatG 22.6.2006 2 Ni 29/05 (EU); BPatG 28.10.2008 3 Ni 27/07 (EU); BPatG 16.6.2010 5 Ni 28/09 (EU); *Benkard* § 22 Rn 50; *Hövelmann* Mitt 2000, 249, 350.

363 BPatGE 50, 72 = GRUR 2009, 145 „Fentanyl-Pflaster"; BPatGE 51, 51 = GRUR 2010, 137 „Oxaliplatin"; BPatG 19.10.2011 4 Ni 73/09; BPatG 18.6.2012 2 Ni 47/11 (EP); BPatG 18.7.2012 4 Ni 3/12; *Fitzner/Lutz/Bodewig* Rn 14.

364 Vgl *Engel* GRUR 2009, 248 f; BPatG 31.8.2005 4 Ni 23/04 (EU).

365 BGHZ 110, 123, 125 f = GRUR 1990, 432 Spleißkammer; BGH Mitt 2012, 344 Antriebseinheit für Trommelwaschmaschine; vgl schweiz BG BGE 120 II 360.

366 Vgl BGH GRUR 1988, 287 Abschlussblende; BGH GRUR 1996, 862 Bogensegment; BGH Mitt 2004, 69 elektr[on]ische Funktionseinheit; BGH GRUR 2005, 316 Fußbodenbelag, GbmSache; BPatG 29.7.2004 2 Ni 8/01 (EU); zu eng BGH Bausch BGH 1994–1998, 51, 71 f Isothiazolon, nicht in BlPMZ, wo aus der „Homogenität von Patentnichtigkeits- und Patentverletzungsverfahren" Grundsätze des Verletzungsverfahrens herangezogen werden, kr hierzu auch *Bausch* BGH 1994–1998, XI.

367 BGH GRUR 2008, 60 Sammelhefter II; BGH GRUR 2012, 149 Sensoranordnung; BGH Mitt 2012, 344 Antriebseinheit für Trommelwaschmaschine; BPatG GRUR 2013, 601; BPatG 28.10.2015 6 Ni 60/14 (EP); einschränkend zur Aufnahme von Sachmerkmalen in Verfahrensansprüche (Ausgestaltung des Behälters bei Befüllungsverfahren) BPatG 21.6.2000 4 Ni 6/99 (EU) undok, zwh; eine Einbeziehung von Merkmalen, die sich auf einen abgetrennten Teil der Erfindung beziehen, wurde dort – jedenfalls unter dem gewandelten Verständnis der Teilung zu Unrecht – abgelehnt.

368 Vgl BGHZ 66, 17 = GRUR 1976, 299 Alkylendiamine I; BGH GRUR 1977, 598 Autoskooterhalle; BGHZ 71, 152 = GRUR 1978, 417 Spannungsvergleichsschaltung; BGH GRUR 1988, 287 Abschlussblende; BGHZ 110, 123 = GRUR 1990, 432 Spleißkammer; BGH GRUR 1991, 307 Bodenwalze; BGH GRUR 1992, 157 ff Frachtcontainer; BGH GRUR 1995, 113 Datenträger; BGH GRUR 1996, 857 f Rauchgasklappe, nicht in BGHZ; BGH GRUR 1996, 862, 864 Bogensegment, nicht in BGHZ; BGH Bausch BGH 1994–1998, 291 Sammelstation; BGH Bausch BGH 1994–1998, 378 Deckengliedertor; BGH Bausch BGH 1994–1998, 445 Zerstäubervorrichtung; BGH Bausch BGH 1999–2001, 180 = Schulte-Kartei PatG 35.22 Nr 102 Ventilbetätigungsvorrichtung; BGH Bausch BGH 1999–2001, 129 Detektionseinrichtung 01; BGH GRUR 2004, 583 Tintenstandsdetektor; BPatG 10.7.2007 3 Ni 38/05 (EU); BPatG 5.5.2012 2 Ni 25/09 (EU); BPatG Mitt 2001, 361, GbmLöschungssache; anders noch BGH GRUR 1966, 192 Phosphatierung; vgl BGH GRUR 1966, 138 Wärmeschreiber; zur entspr Praxis in Österreich öOPM öPBl 2014, 54; kr *Adocker* (Anm) ÖBl 2014, 70; eingehend hierzu *Nemec/Vögele* Zur Beschränkung des Patents nach Erteilung: der „Tritonus" im österreichischen Patentrecht, ÖBl 2015, 4.

369 BGH GRUR 2008, 60 Sammelhefter II; BGH 4.11.2008 X ZR 154/05; BPatG 29.3.2011 1 Ni 12/09 (EU); vgl aber BPatG 1.6.2006 2 Ni 23/04 (EU) (Umdruck S 37), für den Fall, dass das Merkmal nur in Kombination mit einem anderen offenbart war; großzügiger BPatG 22.11.2006 19 W (pat) 18/04, wenn trotz „und"-Verknüpfung die Merkmale getrennt gesehen werden können.

370 BPatG 11.2.2015 5 Ni 8/13 (EP); vgl BPatG 23.3.1993 3 Ni 20/92; BPatG 21.6.2000 4 Ni 6/99 (EU) undok; aA BGH Liedl 1959/60, 396 Schwingungswalze und daran anschließend *Bruchhausen* FS R. Nirk (1992), 103, 111; offen gelassen in BPatG 22.10.1998 3 Ni 11/98 undok; anders offenbar in Österreich: ÖPA öPBl 2005, 135 lässt die Aufnahme ganzer Unteransprüche in den Hauptanspruch zu.

371 BGHZ 110, 123 = GRUR 1990, 432 f Spleißkammer; BGH 11.11.2003 X ZR 61/99 Schulte-Kartei PatG 81–95 Nr 318–320 Mikroabschaber; BPatG 1.10.2002 2 Ni 25/01 (EU).

Merkmale eines Ausführungsbeispiels aufnehmen.[372] Es gibt keinen Rechtssatz des Inhalts, dass ein Patentanspruch nur in der Weise beschränkt werden könne, dass sämtliche Merkmale eines Ausführungsbeispiels, die der Lösung „förderlich" sind, insgesamt aufgenommen werden müssten;[373] bei der Beschränkung können gewisse Verallgemeinerungen vorgenommen werden, sofern dies dem berechtigten Anliegen Rechnung trägt, die Erfindung in vollem Umfang zu erfassen[374] (vgl Rn 88 zu § 21; „Zwischenverallgemeinerungen"). Auch einzelne Merkmale eines Ausführungsbeispiels können deshalb aufgenommen werden, wenn sie als zur Erfindung gehörend offenbart sind.[375] Eine Festlegung etwa in dem Sinn, dass auf die Form eines geometrischen, mathematisch exakt definierbaren Körpers Bezug genommen werden müsste, erfordert Art 84 EPÜ nicht.[375a] Dass nur eine bestimmte Ausführungsform ausführbar offenbart ist, muss aber nicht bedeuten, dass ein beschränkter Patentanspruch, der nicht auf eine solche Ausführungsform beschränkt ist, über den Inhalt der Ursprungsoffenbarung hinausgeht.[376] Maßgeblich ist hier, ob der Schutz über das hinausgeht, was dem Fachmann unter Berücksichtigung der Beschreibung und der in dieser enthaltenen Ausführungsbesipiele als allgemeinste Form der technischen Lehre erscheint, durch die das der Erfindung zugrunde liegende Problem gelöst wird.[377]

Möglich sind Beschränkungen der Patentansprüche, grds nicht aber allein der Beschreibung,[377a] zB auf **107** ein Ausführungsbeispiel,[378] das aber nicht „photographisch" mit allen Merkmalen übernommen werden muss,[379] jedoch nur, soweit der Fachmann die technische Lehre den ursprünglichen Unterlagen als mögliche Ausgestaltung der Erfindung entnehmen kann.[380] Zulässig ist der Übergang von Einzelansprüchen auf eine Gesamtkombination.[381] Grds zulässig ist auch eine Beschränkung auf eine von mehreren alternativen Lösungen.[382] Als zulässig angesehen worden ist der Austausch eines Begriffs durch einen anderen, der nach der Beschreibung gleichgesetzt wird.[383] Bei beschränkt verteidigten Unteransprüchen hat die Praxis des BPatG weiterhin darauf abgestellt, dass diese nicht selbstverständlich sein dürfen;[384] dies ist insoweit ge-

---

372 BGH Spleißkammer; BGH 21.10.2003 X ZR 220/99; BGH GRUR 2005, 316 Fußbodenbelag; BGH GRUR 2006, 316, 318 Koksofentür; BGH GRUR 2008, 60 Sammelhefter II; BGH GRUR 2012, 475 Elektronenstrahltherapiesystem; BGHZ 194, 107 = GRUR 2012, 1124 Polymerschaum I; BGH GRUR 2015, 249 Schleifprodukt; BGH 15.7.2014 X ZR 119/11; BPatG 11.2.2015 5 Ni 8/13 (EP); BPatGE 53, 178 = GRUR 2013, 601 „Bearbeitungsmaschine"; BPatG 1.7.2015 6 Ni 33/14 (EP); vgl BGH 26.4.2012 X ZR 72/11.
373 BGH Spleißkammer; BGH GRUR 1991, 307 f Bodenwalze; BGH GRUR 2000, 591 f Inkrustierungsinhibitoren; BGH Koksofentür; BGH 21.10.2003 X ZR 220/99; BGH 12.7.2006 X ZR 160/02; BGH GRUR 2007, 578 rückspülbare Filterkerze; BGH 16.9.2008 X ZR 49/04 CIPR 2008, 130 Ls Eisenbahnrad; BPatG 20.7.2004 1 Ni 8/03; BPatG 12.5.2010 5 Ni 109/09 (EU); BPatGE 52, 187; BPatG 13.11.2013 1 Ni 3/13 (EP); BPatG 4.2.2014 7 Ni 12/14; BPatG 28.10.2014 4 Ni 33/13 (EP); BPatG 3.7.2015 5 Ni 12/13 (EP); BPatG 9.12.2015 5 Ni 32/10 (EP).
374 BGHZ 198, 205 = GRUR 2013, 1210 Dipeptidyl-Peptidase-Inhibitoren.
375 BGHZ 111, 21, 25 = GRUR 1990, 510 Crackkatalysator I; BGH Inkrustierungsinhibitoren; BGH GRUR 2002, 49, 51 Drehmomentübertragungseinrichtung; BGH Koksofentür; BGH 11.4.2006 X ZR 275/02; BGH 12.7.2006 X ZR 160/02; BGH GRUR 2008, 60 Sammelhefter II; BPatG 25.10.2006 4 Ni 44/05 (EU); BPatG 16.6.2010 5 Ni 28/09 (EU).
375a BGH 25.2.2016 X ZR 18/14.
376 BGH GRUR 2009, 835 Crimpwerkzeug II.
377 BGHZ 198, 205 = GRUR 2013, 1210 Dipeptidyl-Peptidase-Inhibitoren.
377a Vgl BPatG 12.1.2016 3 Ni 12/14 mwN.
378 BGHZ 21, 8 = GRUR 1956, 409 Spritzgußmaschine; BGH GRUR 1967, 241 Mehrschichtplatte; BGH GRUR 1967, 585 Faltenrohre.
379 BGHZ 110, 123, 126 = GRUR 1990, 432 Spleißkammer; BGH Bausch BGH 1999–2001, 180 Ventilbetätigungsvorrichtung; BGH GRUR 2002, 49 Drehmomentübertragungseinrichtung; BGH 21.10.2003 X ZR 220/99; BGH 11.11.2003 X ZR 61/99 Schulte-Kartei PatG 81–85 Nr. 318–320 Mikroabschaber; BGH GRUR 2006, 316, 319 Koksofentür; BGH 11.4.2006 X ZR 275/02; BGH 16.9.2008 X ZR 49/04 CIPR 2008, 130 Ls Eisenbahnrad; *Engel* GRUR 2009, 248, 250; vgl BGH 26.2.2002 X ZR 204/98; BPatG 21.11.2001 20 W (pat) 17/00; BPatG 30.3.2000 5 W (pat) 433/99, GbmSache; BPatGE 44, 240 = GRUR 2002, 327.
380 BGH Drehmomentübertragungseinrichtung; BGH Mitt 2012, 344 Antriebseinheit für Trommelwaschmaschine; ähnlich BGH GRUR 2010, 599 Formteil.
381 BGH Liedl 1956/58, 459 ff Schwerlaststraßenfahrzeug.
382 BGH Bausch BGH 1994–1998, 338, 342 Schwimmrahmenbremse 01; BGHZ 147, 137 = GRUR 2001, 730 Trigonellin; vgl RG GRUR 1932, 72 Befestigungslappen.
383 BPatG 10.12.2002 4 Ni 25/01.
384 BPatG 14.1.2004 4 Ni 3/03 (EU).

---

rechtfertigt, als „platt" selbstverständliche Unteransprüche nicht erteilt werden dürfen und bei beschränkter Verteidigung die für die Patenterteilung maßgeblichen Grundsätze angewendet werden müssen.

108   **Kategoriewechsel** ist grds nicht möglich.[385] Eine Ausnahme wird für den Übergang auf eine Verwendung statt des Sach- (Erzeugnis-)schutzes gemacht.[386] Dies gilt jedenfalls bei Verzicht auf den Schutz des Verfahrenserzeugnisses der Verwendung.[387] Dass der Verwendungsschutz das „sinnfällige Herrichten" einbezieht, steht schon deshalb nicht entgegen, weil es beim Sachschutz vom Herstellen erfasst wird. Als zulässig wurde der Übergang von einem Herstellungsverfahrensanspruch auf einen Verwendungsanspruch für die durch das Verfahren gewonnenen Erzeugnisse angesehen.[388] Das EPA hat den Übergang vom Herstellungsverfahren zum Herstellungsverwendungsanspruch zugelassen.[389] Zulässig ist auch die Einschränkung eines Stoffanspruchs durch Übergang auf einen Mittelanspruch.[390] Auch bei einem „offensichtlichen Fehlgriff" wurde ein Kategoriewechsel für zulässig erachtet.[391] Dagegen sollte die nachträgliche Aufstellung eines Anspruchs auf ein Herstellungsverfahren zusätzlich zum (oder anstelle des) erteilten Erzeugnisanspruch(s) nicht möglich sein,[392] weil hierdurch ein gegenüber dem Erzeugnisschutz bestehendes Vorbenutzungsrecht unterlaufen werden könnte, das gegenüber dem Herstellungsverfahren nicht besteht, und damit der Schutzbereich erweitert werden könnte. Nicht zulässig ist der Übergang vom Verwendungsanspruch zum Herstellungsverwendungsanspruch.[393] Bedenkenswert erscheint es, den Übergang von einem Vorrichtungsanspruch auf eine bestimmte Betriebsweise der Vorrichtung als nicht erweiternd anzusehen.

109   Der Patentinhaber darf weder den Gegenstand noch den Schutzbereich des Patents **erweitern** noch dessen Gegenstand durch einen anderen (ein „**Aliud**") ersetzen.[394] Die Selbstbeschränkung muss sich sachlich immer in dem durch das Beschränkungsverfahren vorgegebenen Rahmen halten, also zu einer

---

385   BGH GRUR 1967, 25 Spritzgußmaschine III; vgl BPatG Bausch BPatG 1994–1998, 16; BPatG Bausch BPatG 1994–1998, 506, 509; BPatG 21.9.2010 3 Ni 12/09 (EU); Kategoriewechsel verneint in BPatG 17.4.2007 3 Ni 10/05 (EU); BPatG 21.4.2008 19 W (pat) 59/04; EPA T 82/93 ABl EPA 1996, 274 = GRUR Int 1996, 945 Herzphasensteuerung: Übergang von Anspruch auf medizinisches Verfahren auf Vorrichtungsanspruch; EPA T 402/89 EPOR 1993, 81 Heat developable color photographic materials, dort offengelassen; EPA T 20/94: kein Übergang von Verfahrensanspruch auf product-by-process-Anspruch; *Benkard* Rn 39.

386   BGH GRUR 1988, 287 Abschlußblende; BGH Liedl 1987/88, 408 ff Postgutbegleitkarte; BGHZ 110, 82 = GRUR 1990, 508 Spreizdübel; BGH Bausch BGH 1994–1998, 135, 144 f Mischbehälterentleerung; BGH GRUR 1998, 1003, 1006 Leuchtstoff; BGH 12.10.2010 X ZR 91/08; BGH Mitt 2012, 119 Notablaufvorrichtung; BGH GRUR 2016, 361 Fugenband; BPatGE 32, 93 = GRUR 1991, 823; BPatG 27.11.2012 1 Ni 15/11; BPatG 5.3.2013 3 Ni 3/12 (EP); BPatG 22.4.2015 6 Ni 7/14; EPA T 912/91; EPA G 2/88 ABl EPA 1990, 93 = GRUR Int 1990, 522 reibungsverringernder Zusatz; EPA T 134/95, wo zutr zwischen den verschiedenen Arten von Verwendungsansprüchen differenziert wird; EPA T 325/95; *Benkard* Rn 39; *Bruchhausen* GRUR 1980, 364; vgl auch EPA T 20/88 EPOR 1990, 212 Polymer/polyol compositions; zum Übergang von einem Mittelanspruch auf einen Verwendungsanspruch BPatG Mitt 1982, 57; BPatG BlPMZ 1983, 308; generell abl ÖPA öPBl 2000, 156, 157.

387   Wegen dieses Schutzes abl BPatG 31.1.1983 16 W (pat) 29/81 BlPMZ 1983, 347 Ls, und dem folgend BGH GRUR 1984, 644 Schichtträger, für den Übergang von einem auf ein Zwischenprodukt gerichteten Patentanspruch auf die Verwendung als Ausgangsprodukt für die Herstellung eines Endprodukts.

388   BPatGE 2, 192 = BlPMZ 1963, 37; nach geltender Rechtslage bdkl.

389   EPA T 279/93; vgl auch EPA 134/95; EPA T 276/96.

390   BPatG 19.5.2010 3 Ni 15/08 (EU).

391   BPatG 18.7.2012 4 Ni 55/10 unter Hinweis auf BGH Abschlussblende; vgl RGZ 149, 102 = GRUR 1936, 108 Oberlederkantenmaschine.

392   AA LG Düsseldorf 18.5.2000 4 O 285/98 Entsch 2000, 51, 61, sowie die Praxis des EPA, EPA T 762/90 EPOR 1993, 296 Flächenfilter; EPA T 54/90; EPA T 191/90; EPA T 153/91; EPA T 601/92; EPA T 423/89 lässt den Übergang von einem Patentanspruch auf eine durch ein bestimmtes Herstellungsverfahren erzeugte Emulsion auf das Herstellungsverfahren als solches mit der Begründung zu, dass der Erzeugnisschutz alle Herstellungsverfahren umfasse; offen gelassen in BPatG 17.3.2009 3 Ni 6/08 (EU).

393   EPA T 1635/09 ABl EPA 2011, 542.

394   BGHZ 110, 123, 126 = GRUR 1990, 432 Spleißkammer; BGHZ 66, 17, 29 = GRUR 1976, 299 Alkylendiamine I; BGH GRUR 1998, 901 Polymermasse; BGH Bausch BGH 1994–1998, 378 Deckengliedertor; BGHGRUR 2002, 49, 51 Drehmomentübertragungseinrichtung; BGH GRUR 2005, 145 elektronisches Modul; BGH GRUR 2008, 56 injizierbarer Mikroschaum; BGH GRUR 2008, 60 Sammelhefter II; BGH 16.9.2008 X ZR 49/04 CIPR 2008, 130 Ls Eisenbahnrad; BGH GRUR 2010, 513 Hubgliedertor II; BPatG 29.7.2004 12 Ni 8/01 (EU); BPatG 26.6.2008 3 Ni 58/06 (EU): Dosisangaben bei zweiter medizinischer Verwendung; BPatG 18.9.2009 3 Ni 59/07 (EU); BPatG 27.1.2010 5 Ni 16/09 (EU); BPatG 9.6.2011 2 Ni 2/10; BPatG 1.8.2012 5 Ni 24/10 (EP); BPatG 22.10.2015 2 Ni 32/13 (EP); öOGH ÖBl 2010, 28 Nebivolol; öOPM ÖBl 2011, 90, 94 Formkörper; *Fitzner/Lutz/Bodewig* § 83 Rn 22; vgl BGH 21.10.2003 X ZR 198/99 Schulte-Kartei PatG 35.3 Nr 79 Betriebsparameteranzeige.

(zulässigen) Einschränkung des Patents führen (Rn 27 f zu § 64);[395] das kann allerdings auch dann der Fall sein, wenn durch die verteidigte Fassung vorhandene Unklarheiten über die Reichweite des Patentanspruchs beseitigt werden. Soweit das Patent nur Verfahrensansprüche zur Erstellung einer Vorrichtung enthält, deren Gegenstand sich auf die der abschließenden Fertigung der Vorrichtung vorausgehenden Verfahrensschritte beschränkt, stellt die Aufnahme von Merkmalen in einen geänd Patentanspruch, die auch die Fertigung der Vorrichtung lehren, keine Beschränkung des Patentgegenstands dar, sondern begründet eine unzulässige Erweiterung des Schutzbereichs, da der geänd Patentanspruch erstmals auch das so gefertigte Erzeugnis unter den Schutzbereich des Patents stellen würde; die Änderung wird auch nicht deshalb zulässig, weil das erteilte Patent abhängige Verfahrensansprüche aufweist, die auch die Fertigung des Gegenstands umfassen, sofern diese Ansprüche nur speziellen Ausführungsformen der im geänd Patentanspruch in allg Form beanspruchten Fertigung des Gegenstands beinhalten.[395a] Eine darüber hinausgehende Gestaltungsmöglichkeit des Patents besteht einzig im Patenterteilungsverfahren.[396] Bei einem Patent, das auf einer Teilanmeldung beruht, darf über die Stammanmeldung nicht hinausgegangen werden.[397]

Damit scheidet grds die Aufstellung **zusätzlicher Patentansprüche** aus.[398] Auch Klarstellungen sind **110** grds ausgeschlossen.[399] Sie kommen auch bei eur Patenten nicht in Betracht.[400] Die Streichung einer Überbestimmung ist im Nichtigkeitsverfahren nicht möglich.[401] Auch sonstige Änderungen, die keine Beschränkung bedeuten, wie Umstellungen von Patentansprüchen, sind grds unzulässig.[402] Zulässig ist die Auflösung eines einheitlichen Anspruchs in mehrere nebengeordnete, eingeschränkte Alternativlösungen.[403] Gegen die Zulässigkeit einer Aufspaltung in mehrere „geschachtelte" Ansprüche (nach Art von Haupt- und Unteranspruch) spricht dagegen, dass hierfür im Nichtigkeitsverfahren ein Rechtsschutzbedürfnis nicht besteht.[404] Das Rechtsschutzbedürfnis kann auch nicht aus den besseren Durchsetzungsmöglichkeiten für das Patent abgeleitet werden,[405] weil das Patentnichtigkeitsverfahren nicht der Verbesserung dieser Möglichkeiten dient. Die Beschränkung durch Aufnahme eines Merkmals, das sich in Selbstverständlichkeiten erschöpft, ist nicht möglich, vielmehr muss dem Merkmal ein den Patentanspruch kennzeichnender, unterscheidungskräftiger Sinn zukommen.[406] Die nachträgliche Begründung eines Zusatzverhältnisses kommt im Nichtigkeitsverfahren nicht in Betracht.[407]

---

395   BGHZ 111, 21, 25 = GRUR 1990, 510 Crackkatalysator I; BGH GRUR 1991, 307 f Bodenwalze; BGH GRUR 2000, 591 f Inkrustierungsinhibitoren; BGH elektronisches Modul; BGH 16.9.2008 X ZR 49/04 CIPR 2008, 130 Ls Eisenbahnrad; BPatG 23.11.2006 2 Ni 34/04 (EU); BPatGE 50, 72 = GRUR 2009, 145 „Fentanyl-Pflaster"; BPatG 21.10.2009 5 Ni 72/09; BPatG 30.9.2010 2 Ni 12/08 (EU); vgl hierzu *Benkard* § 64 Rn 34 f; *Reimer* § 13 Rn 23 mNachw aus der Rspr des RG.
395a   BPatG 10.3.2016 4 Ni 12/13 (EP) Vv „Bohrhilfe".
396   BGHZ 103, 262, 266 = GRUR 1988, 757 Düngerstreuer; BGH elektronisches Modul; BPatGE 49, 84 = BlPMZ 2006, 212; BPatG 30.10.2007, ber 30.1.2008 3 Ni 51/05 (EU); BPatG 26.6.2008 3 Ni 58/06 (EU); BPatG 11.2.2015 5 Ni 8/13 (EP).
397   BPatG GRUR 2013, 609.
398   BGH Bausch BGH 1986–1993, 629 Zerkleinern groben Materials; BGH GRUR 2005, 145 elektronisches Modul; BPatG 30.10.2007, ber 30.1.2008 3 Ni 51/05 (EU); BPatG 20.5.2010 2 Ni 47/08; BPatG 11.2.2015 5 Ni 8/13 (EP); in BGH GRUR 2003, 317 kosmetisches Sonnenschutzmittel I hat der Patentinhaber im Berufungsverfahren zusätzlich zu den 23 Patentansprüchen des im Streit stehenden eur Patents neue Patentansprüche 24–38 formuliert, die der BGH sachlich geprüft und wegen Fehlens einer erfinderischen Leistung nicht als patentfähig erachtet hat; mit der Zulässigkeit der Aufstellung dieser neuen Patentansprüche hat er sich nicht auseinandergesetzt.
399   BGHZ 103, 262 = GRUR 1988, 757 Düngerstreuer; BPatG 27.3.2008 3 Ni 53/05 (EU); BPatG 8.8.2011 3 Ni 19/08 (EU); BPatG 16.2.2012 2 Ni 6/11 (EP); BPatG 22.11.2012 2 Ni 16/11 (EP); BPatG 13.12.2012 2 Ni 17/11 (EP); vgl BPatG 24.7.2012 4 Ni 21/10 Mitt 2013, 39 Ls; s aber *Benkard* § 22 Rn 85.
400   *Benkard-EPÜ* Art 138 Rn 22; vgl BGH GRUR 2011, 607 kosmetisches Sonnenschutzmittel III; offengelassen in BPatG 26.7.2005 4 Ni 6/04 (EU).
401   BGH Liedl 1963/64, 157 Fächerreflektor; BGH GRUR 1959, 81 Gemüsehobel; dies gilt erst recht nach geltendem Recht.
402   Vgl BGH Bausch BGH 1994–1998, 498, 508 Spannvorrichtung; BPatG 27.3.2008 3 Ni 53/05 (EU).
403   BPatG GRUR 2013, 487 „Fixationssystem"; BPatG 20.10.2015 4 Ni 6/14; *Engel* GRUR 2009, 248, 251.
404   Vgl BGH GRUR 2006, 923 Luftabscheider für Milchsammelanlage; zwd im Hinblick auf § 64 wegen des Erfordernisses des Rechtsschutzbedürfnisses oder der „Veranlassung" iSd Praxis des EPA BPatG GRUR 2013, 487 „Fixationssystem"; vgl hierzu auch BPatG 11.2.2015 5 Ni 8/13 (EP); das Rechtsschutzbedürfnis bejaht *Engel* GRUR 2009, 248, 251.
405   So aber *Engel* GRUR 2009, 248, 251.
406   BGH Luftabscheider für Milchsammelanlage; BGH GRUR 2010, 41 Diodenbeleuchtung.
407   BGH GRUR 1960, 545 Flugzeugbetankung 01.

111   Eine Beschränkung ist auch nicht auf einen Gegenstand möglich, der nicht hinreichend **als zur Erfindung gehörend** offenbart ist;[408] das kann – muss aber nicht – insb bei einer Offenbarung lediglich in den Zeichnungen der Fall sein;[409] die Rspr verfolgt hier nicht durchgehend eine konsistente Linie. Anders als für die Bejahung der Ausführbarkeit genügt es für die Beschränkung auf eine bestimmte Ausführungsform nicht, wenn der Fachmann erst dann zu der Ausgestaltung kommt, wenn er sich nähere und weiterführende Gedanken über die Ausführbarkeit macht und dabei durch die Beschreibung nicht vermittelte Informationen mit seinem Fachkönnen aus seinem Fachwissen ergänzt, auch wenn dies erfinderische Überlegungen nicht erfordert.[410] Generell gilt, dass sich jegliche Beschränkung im Rahmen der ursprünglichen Offenbarung (Rn 18 f zu § 38) und des „Schutzbereichs" des bisherigen Patents halten muss. Der Patentinhaber darf bei der Selbstbeschränkung weder den Schutzbereich des Patents erweitern noch dessen Gegenstand durch einen anderen ersetzen (Rn 25 zu § 22). Wie im Einspruchsverfahren[411] kann auch im Nichtigkeitsverfahren ein Patent mit geänd Patentansprüchen nur dann Bestand haben, wenn es mit dem veränderten Inhalt patentrechtl zulässig ist;[412] bei seiner Verteidigung in veränderter Fassung muss daher die Zulässigkeit der Änderungen ohne Beschränkung auf die mit der Klage geltend gemachten Nichtigkeitsgründe geprüft werden.[413]

112   **Einbeziehung anderer Gegenstände.** Ein Gegenstand, der durch das erteilte Patent zwar offenbart, von ihm aber nicht geschützt ist, kann im Weg der Selbstbeschränkung nicht nachträglich in das Patent einbezogen und unter Schutz gestellt werden.[414] Das Streitpatent kann im Patentnichtigkeitsverfahren nicht in der Weise verteidigt werden, dass in einen übergeordneten Patentanspruch Merkmale aus nachgeordneten Patentansprüchen aufgenommen werden, die in ihrer Kombination eine Ausführungsform definieren, die in den Anmeldeunterlagen nicht als mögliche Ausgestaltung der Erfindung offenbart ist.[415]

113   Darüber hinaus sind bei der Aufstellung beschränkter Patentansprüche auch die sachlichen **Grenzen** einzuhalten, die sich **aus § 34** und der PatV bzw Art 83, 84 EPÜ, Regel 43 AOEPÜ für die Aufstellung von Patentansprüchen ergeben, soweit erst die Neuformulierung der Patentansprüche zu einem Konflikt mit diesen Bestimmungen führt[416] (vgl Rn 12 zu § 38 sowie für das eur Einspruchsverfahren Rn 396 ff zu § 59).

---

408   Vgl BGH GRUR 1992, 157 ff Frachtcontainer; BGH Bausch BGH 1998–2001, 563, 567 Flüssigkeitsentnahmevorrichtung; BGH 21.10.2003 X ZR 220/99: Merkmal, das zwar in der Beschreibung erwähnt, dessen Bedeutung für die im Patentanspruch umschriebene Erfindung aber nicht zu erkennen ist; dienen dagegen die Merkmale der näheren Ausgestaltung der unter Schutz gestellten Erfindung, die für sich, aber auch zusammen den durch die Erfindung erreichten Erfolg fördern, kann der Patentinhaber sein Patent durch Aufnahme einzelner oder sämtlicher dieser Merkmale beschränken; ebenso BGH 12.7.2006 X ZR 160/02; BGH GRUR 2007, 578, 580 rückspülbare Filterkerze; BGH 16.9.2008 X ZR 49/04 CIPR 2008, 130 Ls Eisenbahnrad und öfter; missverständlich die Formulierung in BGH Bausch BGH 1994–1998, 51, 71 f Isothiazolon, nicht in BlPMZ, wonach ein Erfindungsbereich, der nur in der Beschreibung dargestellt, nicht aber hinreichend deutlich in einen Patentanspruch einbezogen sei, nicht nachträglich durch eine beschränkte Verteidigung im Patentnichtigkeitsverfahren unter Schutz gestellt werden könne; dies gilt nur, soweit der Schutz hierdurch auf ein „Aliud" erstreckt würde, nicht aber bei einer bloßen Einschränkung; vgl auch BGH GRUR 2002, 49 Drehmomentübertragungseinrichtung: Aufnahme nur einzelner Merkmale eines Ausführungsbeispiels soll dazu führen, dass die sich ergebende Merkmalskombination dann über den Inhalt der Anmeldung hinausgeht, wenn sie in ihrer Gesamtheit eine Lehre umschreibt, die der Fachmann den ursprünglichen Unterlagen nicht als mögliche Ausgestaltung der Erfindung entnehmen kann; dies berücksichtigt nicht hinreichend, dass auch im Erteilungsverfahren abstrahiert werden darf; für das Einspruchsverfahren BPatG 22.4.2004 17 W (pat) 311/03.
409   Vgl BGH GRUR 2007, 578 rückspülbare Filterkerze; BGH GRUR 2010, 599 Formteil; BPatG 10.9.2009 2 Ni 48/07 (EU); BPatG 6.10.2011 10 Ni 40/10.
410   BGH GRUR 2004, 407 Fahrzeugleitsystem; vgl auch BGHZ 179, 168 = GRUR 2009, 382, 384 Olanzapin.
411   BGH GRUR 1998, 901 Polymermasse.
412   BGH Bausch BGH 1999-2001, 470, 488 Positionierungsverfahren; BPatGE 50, 72 = GRUR 2009, 145 „Fentanyl-Pflaster" mwN; BPatG 5.5.2011 2 Ni 25/09 (EU); BPatG 11.6.2015 2 Ni 26/13; vgl BPatG 25.9.2007 4 Ni 58/05 (EU); BPatG 14.1.2014 3 Ni 24/12 (EP); BPatG 29.4.2015 5 Ni 3/13 (EP); BPatG 17.9.2015 7 Ni 71/14; vgl BPatG 11.2.2015 5 Ni 8/13 (EP).
413   BGH Positionierungsverfahren; BPatGE 50, 72 = GRUR 2009, 145 „Fentanyl-Pflaster" mwN; BPatG 5.5.2011 2 Ni 25/09 (EU); vgl BPatG 25.9.2007 4 Ni 58/05 (EU); BPatG 29.4.2015 5 Ni 3/13 (EP).
414   BGH GRUR 2005, 145 elektronisches Modul; *Fitzner/Lutz/Bodewig* § 83 Rn 23; vgl BPatG 10.3.2005 2 Ni 15/03 (EU); *Engel* GRUR 2009, 248, 250 f.
415   BGH GRUR 2009, 936 Heizer; vgl BGH GRUR 2015, 463 Presszange; BGH 21.4.2015 X ZR 74/13; vgl schon BGH 11.4.2006 X ZR 275/02; BPatG 25.10.2006 4 Ni 44/05 (EU); vgl aber BPatG 1.10.2015 6 Ni 3/15 (EP).
416   Vgl BGH GRUR 1998, 901 Polymermasse; BGH GRUR 2010, 709 Proxyserversystem; BGH GRUR 2012, 475 Elektronenstrahltherapiesystem; BGH GRUR 2013, 363 Polymerzusammensetzung; BGH GRUR 2015, 1091

Eine Prüfung der Klarheit des beschränkten Patentanspruchs ist jedenfalls insoweit nicht statthaft, als die mutmaßliche Unklarheit bereits in den erteilten Patentansprüchen enthalten war.[417] Übertriebene Kleinlichkeit ist zu vermeiden.[418] Ein durch seine Neuformulierung mängelbehafteter Patentanspruch kann nicht in einen übergeordneten Patentanspruch aufgenommen werden.[419] Der genannte Grundsatz kann zB für die nachträgliche Aufstellung von „product-by-process"-Ansprüchen gelten.[420] Er gilt jedoch nicht für die beschränkte Verteidigung mit dem sachlich unveränderten Gegenstand eines Unteranspruchs.[421] Die Aufnahme eines Disclaimers wurde als bdkl angesehen, wenn mit diesem nur punktueller StdT ausgenommen werden soll und zusätzliche Merkmale eingefügt werden.[422]

IV. Die Beschränkung kann – nunmehr in den Grenzen des § 83 Abs 2, 4 – zu jedem **Zeitpunkt** des Verfahrens erfolgen und – in zweiter Instanz erforderlichenfalls im Weg der Anschlussberufung – geänd werden,[423] diese Möglichkeit schränkt § 117 nunmehr allerdings drastisch ein. Die Änderungsmöglichkeit besteht auch dann, wenn sich der Patentinhaber im Verletzungsstreit auf die eingeschränkte Fassung gestützt hat.[424] **114**

V. Prüfung der Beschränkung

Einheitlichkeit ist nicht mehr zu prüfen.[425] Erkennbare Fehler in den verteidigten Ansprüchen können korrigiert werden.[426] Erweist sich die hilfsweise verteidigte Fassung als nicht patentfähig, kann ihre Zulässigkeit offen gelassen werden.[427] Im Fall der Selbstbeschränkung ist in deren Umfang zunächst die Zulässigkeit der Beschränkung zu prüfen.[428] Dies ist nicht mit der Prüfung anhand eines Nichtigkeitsgrunds gleichzusetzen, weil an diesem Maßstab nur das erteilte Patent, nicht aber eine verteidigte Fassung zu beurteilen ist.[429] Allerdings kann sich im Einzelfall der Angriff sachlich gegen das erteilte Patent und nicht nur gegen die Änderung richten; in diesem Fall wird man den geltend gemachten Nichtigkeitsgrund der Prüfung zugrunde zu **115**

Verdickerpolymer I; BGH GRUR 2016, 361 Fugenband, bestätigt in BGH 25.2.2016 X ZR 18/14; BGH 13.7.2010 Xa ZR 10/07, zu Art 84 EPÜ; BGH Bausch BGH 1999–2001, 180 Ventilbetätigungsvorrichtung; BGH Bausch BGH 1999–2001, 470 Positionierungsverfahren: Zulässigkeit der Änderungen muss ohne Beschränkung auf die geltend gemachten Nichtigkeitsgründe geprüft werden; BGH Mitt 2012, 344 Antriebseinheit für Trommelwaschmaschine; BPatGE 53, 6 = GRUR 2012, 99 „Lysimeterstation"; BPatG 30.6.2011 2 Ni 33/09 (EU); BPatG BlPMZ 2012, 351, 353; BPatG 22.11.2011 3 Ni 28/10 (EP); BPatG 18.1.2012 5 Ni 52/09 (EU); BPatG GRUR 2013, 609; BPatG 16.9.2015 5 Ni 34/13 (EP); BPatG 18.6.2015 1 Ni 20/14 (EP); BPatG 15.10.2015 1 Ni 1/14 (EP); BPatG 20.10.2015 4 Ni 6/14; strenger für das Einspruchsverfahren (auch Anpassung von Beschreibung und Zeichnungen erforderlich) BPatG BlPMZ 2011, 380; vgl *Keukenschrijver* GRUR 2001, 571, 574; anders wohl *Hövelmann* Widerruf ohne Widerrufsgrund? GRUR 1997, 109, 111; *Hövelmann* GRUR 1997, 875, 876 Fn 19; relativierend *Hövelmann* Mitt 2002, 49, 53 Fn 36; weitere Hinweise zur Rspr der Beschwerdesenate des BPatG 6. *Aufl* § 21 Rn 107; aA offenbar auch BPatG 19.10.1999 8 W (pat) 113/97; eine Prüfung nach den Grundsätzen des Erteilungsverfahrens halten *Fitzner/Lutz/Bodewig* § 83 Rn 60 weitergehend grds für erforderlich.
417 BGH Fugenband unter Hinweis auf EPA 24.3.2015 G 3/14; BGH GRUR 2016, 475 Rezeptortyrosinkinase; vgl BGH 12.1.2016 X ZR 38/14.
418 Vgl BPatG GRUR 2013, 609.
419 BGH GRUR 2009, 936 Heizer.
420 Offen gelassen in BGHZ 135, 369 = GRUR 1997, 612, 615 Polyäthylenfilamente.
421 BPatG GRUR 2013, 53.
422 BPatG 4.3.2008 3 Ni 18/06 (EU), auch mit Hinweis auf EPA G 1/03.
423 Vgl BGH GRUR 2007, 578 rückspülbare Filterkerze.
424 AA *Kühnen* Hdb Rn 1885, der von einer Bindungswirkung ausgeht, für die jedoch eine Grundlage fehlt; zutr dagegen *Meier-Beck* GRUR 2011, 865.
425 BPatG 20.10.2015 4 Ni 6/14; so schon für das Einspruchsverfahren *Hövelmann* GRUR 1997, 109, 111 unter Hinweis auf Art 82 EPÜ; aA BPatG 11.2.2015 5 Ni 8/13 (EP).
426 BPatG 4.6.2010 3 Ni 39/08; vgl auch BPatG 24.7.2012 3 Ni 15/11 zur Richtigstellung erkennbarer Fehler.
427 BPatG 20.5.2010 2 Ni 47/08.
428 BGHZ 21, 8 = GRUR 1956, 409 Spritzgußmaschine I; BGH GRUR 1960, 542 Flugzeugbetankung; BGH Bausch BGH 1999–2001, 470, 488 Positionierungsverfahren; BPatGE 50, 72 = GRUR 2009, 145 „Fentanyl-Pflaster" mwN; BPatG 5.5.2011 2 Ni 25/09 (EU); aA BPatGE 4, 30: keine sachliche Prüfung; vgl BGH GRUR 1996, 862, 864 Bogensegment, nicht in BGHZ; BGH Bausch BGH 1999–2001, 109 Katalysatorreaktorträgerkörper; BGH 26.2.2002 X ZR 204/98; BGH 28.5.2002 X ZR 18/99; BPatG 12.8.2010 10 Ni 5/09 (EU); BPatG 11.6.2015 2 Ni 26/13; vgl auch EPA G 9/91 ABl EPA 1993, 408 = GRUR Int 1993, 975 Prüfungsbefugnis; EPA G10/91 ABl EPA 1993, 420 Prüfung von Einsprüchen/Beschwerden; EPA T 27/95; *Schulte* § 81 Rn 127.
429 Vgl *Keukenschrijver* GRUR 2001, 571, 573.

legen haben (zB wenn der verteidigten Fassung mangelnde Ausführbarkeit entgegengesetzt wird, die mit Gesichtspunkten unterlegt wird, die für das erteilte Patent gleichermaßen gelten). Im übrigen dürfte hinsichtlich der beschränkt verteidigten Fassung des Patents, die ja noch nicht auf Patentfähigkeit geprüft wurde, der Kläger nicht die materielle Beweislast dafür tragen, dass dieser die Patentfähigkeit fehlt (vgl Rn 97).

116   Eine **hilfsweise erklärte Beschränkung** führt nicht zu einer Bindung des Gerichts.[430]

117   **Unzulässige Beschränkung.** Verteidigt der Patentinhaber das Patent im Nichtigkeitsverfahren mit neugefassten Patentansprüchen, die der Verteidigung nicht zugrunde gelegt werden können, etwa, weil sie gegenüber den ursprünglichen Unterlagen oder dem Patent in seiner erteilten Fassung eine Erweiterung darstellen würden[431] oder weil sie dem Gebot der Knappheit widersprechen,[432] ist zunächst zu prüfen, ob der Mangel, etwa durch Wiederaufnahme eines zu Unrecht gestrichenen Merkmals, ohne weiteres beseitigt werden kann.[433] In diesem Fall ist eine entspr geänd Anspruchsfassung der Prüfung zugrunde zu legen. Ein „Aliud" kann durch einen Disclaimer nicht beseitigt werden.[434] Ist eine Beseitigung des Mangels nicht möglich, ist nach der hier vertretenen, allerdings str Auffassung (abw Rn 274 zu § 59) der weiteren Prüfung das Patent in seiner erteilten Fassung zugrunde zu legen (anders uU im Berufungsverfahren);[435] der BGH hat dies bisher offengelassen, sich aber beiläufig geäußert.[436] Eine Nichtigerklärung allein wegen der Nichtverteidigung des Patents in seiner erteilten Fassung (bei Verteidigung einer anderen Fassung, anders, wenn der Patentinhaber erklärt, er verteidige das Patent überhaupt nicht, vgl Rn 105) scheidet aufgrund der abschließenden Aufzählung der Nichtigkeitsgründe in Art 138, 139 EPÜ jedenfalls bei einem eur Patent aus.[437] Um Schwierigkeiten zu vermeiden, dürfte es sich empfehlen, das erteilte Patent unter der innerprozessualen Bedingung hilfsweise zu verteidigen, dass die in erster Linie verteidigte Fassung unzulässig ist. Beachtlich wird auch eine Erklärung des Patentinhabers dahin sein, dass er den geänd Anspruchssatz nur insgesamt verteidigen wolle. Auf eine sachdienliche Verteidigung ist erforderlichenfalls hinzuwirken.[438]

118   **Reihenfolge.** Die Nummerierung verschiedener hilfsweise eingereichter beschränkter Fassungen bindet nach Auffassung des BPatG für die Prüfungsreihenfolge grds nicht, zuerst ist regelmäßig die am wenigsten stark beschränkte Fassung des Patentanspruchs zu prüfen (Rn 85). Der BGH hält sich dagegen regelmäßig an die vorgegebene Reihenfolge. Verteidigt der Patentinhaber das Streitpatent mit Anspruchssätzen gemäß Haupt- und Hilfsanträgen, bringt er nach neuerer Auffassung insb des 3. Senats des BPatG hiermit zum Ausdruck, in welcher Reihenfolge und in welcher Form er das Streitpatent beschränkt verteidigen will und eine Prüfung wünscht; es soll deshalb kein Anlass für die Annahme bestehen, dass er nur einzelne Patentansprüche aus dem Anspruchssatz gemäß Hauptantrag vorrangig vor den Hilfsanträgen verteidigen will.[439] Un-

430   BGH Liedl 1956/58, 376 Fugenstreifen; BGH 29.9.2010 Xa ZR 68/07; vgl auch BPatG 2.10.1975 2 Ni 29/73; *Schulte* § 81 Rn 131.

431   Vgl BPatG 15.1.2013 3 Ni 34/11 (EP): Streichung eines „Disclaimers".

432   Wohl weitergehend für das Einspruchsverfahren BPatG BlPMZ 2011, 380: Prüfung wie im Erteilungsverfahren.

433   Vgl BGH GRUR 2008, 56, 58 injizierbarer Mikroschaum; BPatGE 19, 161, 163, GbmLöschungssache, vgl BPatGE 29, 223, 226 = GRUR 1988, 530, GbmLöschungssache: Wiederaufnahme eines entfallenen Merkmals.

434   BPatGE 49, 84 = BlPMZ 2006, 212 „Sektionaltorblatt"; BPatG 50, 72 = GRUR 2009, 145 „Fentanyl-Pflaster"; BPatG 21.1.2004 4 Ni 42/07.

435   BPatG 21.6.2000 4 Ni 6/99 (EU) undok; BPatG 2.10.2012 5 Ni 40/10 Vv; *Schulte* § 81 Rn 130 unter Ablehnung von BPatG Fentanyl-Pflaster, anders allerdings noch *Schulte*[6] § 81 Rn 131; BPatG 21.6.2000 4 Ni 6/99 (EU) undok; BPatGE 20, 133, 138, GbmLöschungssache; vgl aber für das Einspruchsverfahren BGH GRUR 2002, 49 Drehmomentübertragungseinrichtung.

436   BGH 16.12.2008 X ZR 47/04: „auf den ... zurückzugreifen sein könnte".

437   AA wegen der Dispositionsbefugnis des Patentinhabers die eingehend begründete, aber die Reichweite des § 308 ZPO verkennende Entscheidung BPatG 50, 72 = GRUR 2009, 145 „Fentanyl-Pflaster" unter Hinweis auf BPatGE 49, 19 = GRUR 2006, 46 „Vollmantel-Schneckenzentrifuge" und (unzutr) auf *Schulte* § 81 Rn 132, allerdings mit auch nach der hier vertretenen Auffassung tragfähiger Hilfsbegründung; im Ergebnis ebenso BPatGE 51, 45 = GRUR 2009, 46 „Ionenaustauschverfahren", allerdings auch unter Hinweis, dass die Beschränkung zulässig war; BPatG 3.6.2008 3 Ni 42/06 (EU); BPatG 10.12.2009 3 Ni 24/08 (EU); BPatG 23.12.2009 3 Ni 56/07 (EU); wohl auch BPatG 11.10.2007 2 Ni 52/05 (EU); BPatG 21.1.2009 4 Ni 42/07; BPatG 22.4.2010 3 Ni 65/08 (EU); vgl auch BPatG 2.10.2012 5 Ni 40/10 Vv; beiläufig auch BGHZ 128, 149, 153 = GRUR 1995, 210 Lüfterkappe, unter Verkennung der Unterschiede zwischen GbmLöschungsverfahren und Nichtigkeitsverfahren; *Fitzner/Lutz/Bodewig* § 83 Rn 26.

438   Vgl *Fitzner/Lutz/Bodewig* § 83 Rn 13; *Schulte* § 81 Rn 129.

439   BPatGE 51, 45 = GRUR 2009, 46 „Ionenaustauschverfahren", unter Hinweis auf BGH GRUR 2007, 309 Schussfädentransport und die zum Einspruchsverfahren ergangene Entscheidung BGHZ 173, 47 = GRUR 2007, 862 Informationsübermittlungsverfahren II; BPatGE 52, 65 = GRUR 2009, 1195; BPatG 1.2.2011 3 Ni 17/09 (EU); BPatGE 53, 6 = GRUR 2012, 99 „Lysimeterstation"; BPatG 24.1.2012 1 Ni 10/10 (EP); BPatG 11.11.2014 3 Ni 26/13.

ter Geltung des Amtsermittlungsgrundsatzes erscheint es demgegenüber wenig plausibel, von einer förmlichen Bindung an die – nicht nach § 308 ZPO zu beurteilenden – Verteidigungslinien des Patentinhabers auszugehen. Grenze wird allerdings weiterhin bleiben müssen, dass dem Patentinhaber keine von ihm abgelehnte Neufassung aufoktroyiert wird.

VI. Wirkung

Soweit das Patent nicht verteidigt wird, ist es – unter der Voraussetzung, dass die Beschränkung zu- **119** lässig ist,[440] was gelegentlich übersehen oder ignoriert wird[441] – nach stRspr ohne weitergehende Sachprüfung im Umfang der fehlenden Verteidigung ohne weiteres für nichtig zu erklären.[442]

Greift der Kläger das beschränkt verteidigte Patent weiter an, ist dieses auf Patentfähigkeit zu prü- **120** fen.[443] Die Beschränkungserklärung wird erst mit Rechtskraft des Urteils **unwiderruflich**;[444] anders, soweit in der Beschränkung Berufungsrücknahme liegt (zur Rechtslage im GbmLöschungsverfahren Rn 18 zu § 17 GebrMG). Zwh ist, ob die Geltendmachung des unbeschränkten (oder weniger weitgehend beschränkten) Patents durch den Beklagten in der Berufungsinstanz Anschlussberufung erfordert.

VII. Rücknahme der weitergehenden Klage

Nimmt der Kläger bei zulässiger Selbstbeschränkung seine weitergehende Klage zurück, erfolgt aus **121** prozessualen Gründen, die auch beim eur Patent nicht durch den numerus clausus der Nichtigkeitsgründe berührt werden, Teilnichtigerklärung (durch Urteil) entspr den (übereinstimmenden) Anträgen ohne Prüfung der Patentfähigkeit des Restpatents.[445] Antrag des Beklagten:

die Klage abzuweisen, soweit sie sich gegen das Streitpatent in seiner verteidigten Fassung richtet.

440   Vgl BGH Bausch BGH 1999–2001, 467 = Schulte-Kartei PatG 81–85 Nr 265 Druckentlastungspaneel; BGH GRUR 2005, 233 Paneelelemente; BGH 18.10.2005 X ZR 35/01; BGHZ 170, 215 = GRUR 2007, 404 f Carvedilol II; BGH 4.11.2008 X ZR 154/05; BGH 14.7.2009 X ZR 187/04; BGH 28.7.2009 X ZR 9/06; BGH GRUR 2010, 41 Diodenbeleuchtung; BGH 13.10.2009 X ZR 5/06; BGH 23.3.2010 X ZR 3/09; BGH 20.1.2015 X ZR 90/11; BPatG 1.6.2006 2 Ni 23/04 (EU); BPatG 31.8.2006 4 Ni 25/05 (EU); BPatG 15.5.2007 4 Ni 53/05 (EU); BPatG 16.10.2008 3 Ni 30/06 (EU); BPatG 7.5.2009 10 Ni 5/08; BPatG 15.11.2012 2 Ni 33/11; BPatG 30.5.2014 2 Ni 14/12 (EP); BPatG 7.12.2014 7 Ni 28/14; BPatG 9.12.2014 3 Ni 29/13 (EP) und öfter; vgl auch BPatG 11.2.2015 5 Ni 8/13 (EP).
441   So in BPatG 8.3.2005 4 Ni 15/04 (EU); BPatG 4.12.2014 7 Ni 28/14.
442   BGH Liedl 1967/68, 253, 261 Mehrkammerfilterpresse; BGH GRUR 1962, 294 Hafendrehkran; BGH GRUR 1988, 287, 290 Abschlußblende; BGH Liedl 1987/88, 326 Krankentrage; BGH BlPMZ 1991, 306 Überdruckventil; BGH Bausch BGH 1986–1993, 396 Fußbodenheizung; BGH GRUR 1996, 857 f Rauchgasklappe, nicht in BGHZ; BGH Bausch BGH 1994–1998, 378, 381 Deckengliedertor; BGH Bausch BGH 1994–1998, 488 f Gerüst für Betonschalungen; BGH Bausch BGH 1999–2001, 470 Positionierungsverfahren; BGH Bausch BGH 1999–2001, 44 Heparin; BGH Bausch BGH 1999–2001, 234 Getreidemahlverfahren 01, BGH Bausch BGH 1999–2001, 267 Getreidemahlverfahren 02; BGH Bausch BGH 1999–2001, 300 Hochmüllereiwalzenstuhl; BGH Bausch BGH 1999–2001, 563 Flüssigkeitsentnahmevorrichtung; BGH GRUR 2005, 233 Paneelelemente; BGH GRUR 2006, 666 Stretchfolienhaube; BGHZ 170, 215 = GRUR 2007, 404 f Carvedilol II; BGH 9.10.2002 X ZB 22/99; BPatG 5.3.2002 4 Ni 47/00; BGH 9.10.2002 X ZR 22/99; BPatG 5.4.2006 4 Ni 61/04 (EU); BPatG 3.5.2006 2 Ni 64/04 (EU); BPatG 19.12.2006 3 Ni 19/04 (EU); BPatG 20.10.2009 10 Ni 4/09 (EU); BPatG 6.7.2015 6 Ni 46/14 (EP); BPatG 15.9.2015 3 Ni 20/14 (EP); BPatG 22.9.2015 3 Ni 18/14 (EP); BPatG 7.10.2015 6 Ni 75/14 (EP); BPatG 29.1.2016 5 Ni 44/13 (EP); BPatG 8.12.2015 3 Ni 30/14 (EP); *Benkard* § 22 Rn 50; stRspr des BGH wie des BPatG.
443   BGHZ 21, 8 = GRUR 1956, 409 Spritzgußmaschine I; BGH GRUR 1960, 542 Flugzeugbetankung; BGH Hafendrehkran; BGH BlPMZ 1991, 306 Überdruckventil.
444   BGH GRUR 1965, 480, 482 Harnstoff; BGHZ 128, 149 = GRUR 1995, 210 Lüfterkappe, unter Hinweis auf die Rechtslage im Beschränkungsverfahren; BGH GRUR 1996, 757 Zahnkranzfräser; *Schulte* § 81 Rn 133.
445   BGH GRUR 1962, 294 Hafendrehkran; BGHZ 41, 13 = GRUR 1964, 308 Dosier- und Mischanlage; BGH Liedl 1967/68, 253 ff Mehrkammerfilterpresse; BGH Liedl 1987/88, 134 Feuer- und Explosionsmelder, wo offen gelassen wird, ob das Restpatent gleichwohl für nichtig erklärt werden kann, wenn die mangelnde Patentfähigkeit offen zutage tritt; BGH Bausch BGH 1999–2001, 467 Druckentlastungspaneel; BPatG 18.7.1974 2 Ni 47/72; BPatG Bausch BPatG 1994–1998, 25, 27; BPatG Bausch BPatG 1994–1998, 673, 675; BPatG 25.10.2006 4 Ni 44/05 (EU); BPatG 29.10.2009 2 Ni 2/08 (EU); BPatG 10.2.2011 10 Ni 8/10 (EU); BPatG 17.3.2011 2 Ni 21/09; BPatG 9.5.2011 3 Ni 25/09; BPatGE 51, 45 = GRUR 2009, 46 „Ionenaustauschverfahren", wo dies infolge der unzutr Annahme einer Bindung an die verteidigten Fassungen auch auf die hilfsweise erklärte Selbstbeschränkung angewandt wird.

122   VIII. Zur **Beschränkung fremdsprachiger Patente** Rn 7 zu Art II § 6 IntPatÜG.

123   Soweit **Erweiterungen** auftreten, sind diese nicht wegen mangelnder Kompetenz der nationalen Behörden oder Gerichte unbeachtlich.[446] Die Gegenmeinung übersieht, dass es sich hier nicht um eine spezifische Frage des Sprachenregimes handelt, denn zu erweiternden Änderungen hat keine Behörde oder Gericht die Kompetenz, was aber nicht ohne weiteres zur (verwaltungsrechtlichen) Nichtigkeit des erweiternden Akts führt.

§ 83
(Hinweispflicht; Zurückweisung)

(1) [1]In dem Verfahren wegen Erklärung der Nichtigkeit des Patents oder des ergänzenden Schutzzertifikats weist das Patentgericht die Parteien so früh wie möglich auf Gesichtspunkte hin, die für die Entscheidung voraussichtlich von besonderer Bedeutung sein werden oder der Konzentration der Verhandlung auf die für die Entscheidung wesentlichen Fragen dienlich sind. [2]Eines solchen Hinweises bedarf es nicht, wenn die zu erörternden Gesichtspunkte nach dem Vorbringen der Parteien offensichtlich erscheinen. [3]§ 139 der Zivilprozessordnung ist ergänzend anzuwenden.

(2) [1]Das Patentgericht kann den Parteien eine Frist setzen, binnen welcher sie zu dem Hinweis nach Absatz 1 durch sachdienliche Anträge oder Ergänzungen ihres Vorbringens und auch im Übrigen abschließend Stellung nehmen können. [2]Die Frist kann verlängert werden, wenn die betroffene Partei hierfür erhebliche Gründe darlegt. [3]Diese sind glaubhaft zu machen.

(3) Die Befugnisse nach den Absätzen 1 und 2 können auch von dem Vorsitzenden oder einem von ihm zu bestimmenden Mitglied des Senats wahrgenommen werden.

(4) [1]Das Patentgericht kann Angriffs- und Verteidigungsmittel einer Partei oder eine Klageänderung oder eine Verteidigung des Beklagten mit einer geänderten Fassung des Patents, die erst nach Ablauf einer hierfür nach Absatz 2 gesetzten Frist vorgebracht werden, zurückweisen und ohne weitere Ermittlungen entscheiden, wenn
1.   die Berücksichtigung des neuen Vortrags eine Vertagung des bereits anberaumten Termins zur mündlichen Verhandlung erforderlich machen würde und
2.   die betroffene Partei die Verspätung nicht genügend entschuldigt und
3.   die betroffene Partei über die Folgen einer Fristversäumung belehrt worden ist.
[2]Der Entschuldigungsgrund ist glaubhaft zu machen.

Übersicht

A. Entstehungsgeschichte

1   Die Regelung ist eines der Kernstücke des PatRVereinfModG vom 31.7.2009.[1] Sie enthält die wesentlichen Änderungen in der Gestaltung der erstinstanzlichen Nichtigkeitsverfahren vor dem BPatG.[2] Sie gilt für alle Verfahren, die seit dem 1.10.2009 beim BPatG anhängig geworden sind (vgl § 147 Abs 2; Rn 65 zu § 82).

---

446   Vgl aber *Benkard-EPÜ* Art 138 Rn 30 unter problemat Bezugnahme auf BGH GRUR 1999, 145 f Stoßwellen-Lithotripter, und Art 70 Rn 8 f; *R. Rogge* GRUR 1993, 284, 287 ff.

1   Vgl *Fitzner/Lutz/Bodewig* Rn 69.
2   Begr BTDrs 16/11339 S 30 = BlPMZ 2009, 307, 313 ff.

B. Qualifizierter Hinweis

I. Grundsatz

Die Einführung eines qualifizierten Hinweises an die Parteien ist der Kernpunkt der Neuregelung für **2** die erste Instanz. Mit dem Hinweis soll das BPatG seine vorläufige Einschätzung der Sach- und Rechtslage frühzeitig offenlegen, damit die Parteien sich darauf einstellen und ihren weiteren Vortrag danach ausrichten können. Dies soll eine Konzentration der rechtl Argumentation auf die wesentlichen Punkte erlauben und damit einen Rationalisierungseffekt bewirken. Es soll die Parteien aber auch in die Lage versetzen, Defizite ihres bisherigen Vorbringens zu erkennen und auszugleichen.[3] Der Hinweis wird in erster Linie den Kläger betreffen, aber auch dem Beklagten eine frühzeitige Einschätzung seiner Aussichten im Prozess erleichtern.[4] Es wäre wünschenswert, wenn der Hinweis spätestens 12 Monate nach Eingang der Klage erfolgen könnte; bisher differiert der Zeitpunkt in den Senaten (bei den meisten fünf Monate vor der mündlichen Verhandlung); die Verletzungsgerichte sollen standardisiert informiert werden (Rn 6 vor § 81). Der Zeitpunkt, zu dem über den Hinweis beraten wird, kann in einigen Senaten erfragt werden; eine amtliche Mitteilung erfolgt generell nicht.

Grundlage für den Hinweis ist zunächst der möglichst umfassend vorbereitete Prozessstoff. Nach **3** Maßgabe von § 99 iVm § 282 ZPO unterliegen die Parteien der allg **Verfahrensförderungspflicht**. Das Gericht seinerseits hat dafür wie bisher nach § 99 iVm §§ 139, 273 ZPO nach seinem Ermessen verfahrensleitende Maßnahmen (Hinweise, Aufforderungen zur Stellungnahme) zu treffen. Ziel ist es, dass der Nichtigkeitskläger die Voraussetzungen der von ihm geltend gemachten Nichtigkeitsgründe möglichst frühzeitig – insb vor dem Hinweis des Gerichts – vollständig und schlüssig darlegt. Der Hinweis konkretisiert insoweit die bereits nach § 139 ZPO bestehende Hinweispflicht und gestaltet diese aus. Die Hinweispflicht des BPatG geht insoweit über die allg Hinweispflicht nach § 139 ZPO hinaus, als der Hinweis bereits die – vorläufige – Beurteilung der Sach- und Rechtslage durch das Gericht offenbaren soll.[5] Für ergänzende Maßnahmen des BPatG bleiben über § 99 die allg Vorschriften der ZPO anwendbar. Dies gilt insb für § 139 ZPO, was Abs 1 Satz 3 klarstellt. Da es für den Ausgang des Nichtigkeitsverfahrens maßgeblich darauf ankommt, welchen StdT das Gericht in Bezug auf die patentierte Erfindung für relevant hält und für die Beurteilung von Neuheit und erfinderischer Tätigkeit seiner Entscheidung zugrunde legen will, ist ein dahingehender – qualifizierter – Hinweis an die Parteien rechtzeitig vor der mündlichen Verhandlung sinnvoll und geboten. Er ermöglicht es den Parteien erst, auf den Standpunkt des Gerichts angemessen zu reagieren und ggf ergänzend zusätzliche Argumente oder Tatsachen vorzutragen.[6] Weiter hat der Hinweis Bedeutung für die Zulassung neuen Vorbringens in der Berufungsinstanz; hatte der Kläger aufgrund des Hinweises keinen Anlass zu weiterem Vortrag, führt dies dazu, dass der neue Vortrag in der Berufungsinstanz zuzulassen ist, wenn der BGH abw Auffassung ist.[7]

Der Nichtigkeitskläger ist grds nicht gehalten, den Angriff gegen die Patentfähigkeit des Streitpatents **4** auf alle denkbaren Gesichtspunkte zu stützen, insb mit einer Vielzahl unterschiedlicher Argumentationslinien zu begründen, warum der Gegenstand der Erfindung durch den StdT vorweggenommen oder nahegelegt sei. Hierdurch würde eine sinnvolle Konzentration des erstinstanzlichen Verfahrens auf die Gesichtspunkte, die aus der Sicht des Nichtigkeitsklägers besonders geeignet sind, dem Klagebegehren zum Erfolg zu verhelfen, behindert. Vielmehr dient der Hinweis, den das BPatG gibt, auch dazu, die sich aus der Klagebegründung ergebende **Fokussierung der Argumentation** entweder als nach der vorläufigen Sicht des BPatG sachgerecht zu bestätigen oder aber als nicht angemessen oder jedenfalls nicht zulänglich aufzuzeigen.[8]

Kritik an der früheren Praxis. Die Begr bemängelt, dass es dem Nichtigkeitskläger möglich gewesen **5** sei, ohne weitere Erläuterungen und in jedem Verfahrensstadium eine große Anzahl von Druckschriften aus dem StdT vorzulegen und es dem BPatG zu überlassen, sich daraus diejenigen auszusuchen, die nach

---

3 Begr BTDrs 16/11339 S 30 = BlPMZ 2009, 307, 313 ff; vgl *Benkard* Rn 2; *van Hees/Braitmayer* Rn 866; Hinweise für die Praxis bei *Fitzner/Lutz/Bodewig* Rn 85 ff.
4 Vgl *Mes* Rn 7 f.
5 Vgl *Benkard* Rn 7.
6 Begr BTDrs 16/11339 S 31 = BlPMZ 2009, 307, 313 ff.
7 BGH GRUR 2013, 912Walzstraße; BGH GRUR 2014, 1026 Analog-Digital-Wandler; *Schulte* Rn 4.
8 BGHZ 194, 290 = GRUR 2012, 1236 Fahrzeugwechselstromgenerator; BPatG 16.10.2012 3 Ni 11/11 (EP).

seiner Auffassung dem Gegenstand des Patents die Neuheit nähmen oder diesen Gegenstand zumindest nahelegten. Die Verteidigung des Beklagten werde dadurch häufig erheblich erschwert.[9]

II. Notwendigkeit

6 Die Erteilung des gerichtlichen Hinweises ist für das BPatG grds verbindlich.[10] Der Hinweis ist jedoch ausnahmsweise entbehrlich, wenn die zu erörternden Gesichtspunkte nach dem Vorbringen der Parteien offensichtlich erscheinen (Abs 1 Satz 2); dies ist kritisiert worden.[11] Aus der in Anlehnung an die Verfahrensordnung der Technischen Beschwerdekammern des EPA gewählten Formulierung kann jedoch gefolgert werden, dass es eines Hinweises nicht bedarf, wenn im Einzelfall keine erwähnungsbedürftigen Gesichtspunkte hervortreten. Abs 1 Satz 2 stellt dies klar.[12] Es dürfte sich jedoch auch in Fällen, in denen es eines Hinweises danach nicht bedarf, empfehlen, einen Hinweis zu geben und ihn mit der Fristsetzung nach Abs 2 (Rn 12 ff) zu verbinden.[13] Ist der Hinweis unterblieben und hat die Partei zu Beginn der Verhandlung erklärt, dies werde nicht gerügt, steht anschließende Erörterung des Sach- und Streitstands der Beachtlichkeit des Widerrufs des Rügeverzichts entgegen.[14]

7 Zur Lage nach **Zurückverweisung** durch den BGH Rn 7 zu § 119.

III. Bindung an den Hinweis

8 Der Hinweis bindet das BPatG insoweit, als es von seiner darin geäußerten Rechtsauffassung nicht ohne Erteilung eines weiteren Hinweises abweichen darf.[15] Dadurch werden aus Sicht der Parteien überraschende Entscheidungen ausgeschlossen.[16]

9 **IV. Beispiel** für einen Hinweis im Anhang.

10 **V.** Wird die Nichtigkeitsklage nach dem gerichtlichen Hinweis geändert („erweitert", hier um Angriff auf den Hauptanspruch) und werden zur Begründung neue Entgegenhaltungen vorgelegt, ist das BPatG grds nicht gehalten, noch vor der mündlichen Verhandlung dazu einen **weiteren Hinweis** zu geben.[17]

VI. Auswirkungen auf den Verletzungsprozess

11 Die vorläufige Einschätzung des BPatG in dem Hinweis ist bei der Entscheidung über die Aussetzung des Verletzungsstreits mit zu berücksichtigen (vgl Rn 15 zu § 140).

C. Zurückweisung verspäteten Vorbringens

I. Grundsatz

12 Um zu verhindern, dass der Hinweis von einer der Parteien zum Anlass für eine Ausweitung des Prozessstoffs aus prozesstaktischen Gründen und damit für eine Verfahrensverzögerung missbraucht wird, kann das BPatG – anders als nach früherem Recht[18] – unter bestimmten (engen) Voraussetzungen nach Ablauf einer hierfür gesetzten Frist Angriffs- und Verteidigungsmittel als verspätet zurückweisen.[19] Das

---

9 Begr BTDrs 16/11339 S 31 = BlPMZ 2009, 307, 313 ff; vgl *Pagenberg/Stauder* GRUR Int 2008, 689.
10 Vgl *Benkard* Rn 5.
11 Vgl *Pagenberg* Financial Times Deutschland 2.6.2009 S 23; Stellungnahme DVGR GRUR 2008, 881; *Mes* Rn 10; *Büscher/Dittmer/Schiwy* Rn 5; *Lunze/Hessel* Mitt 2009, 433 ff.
12 Begr BTDrs 16/11339 S 31 = BlPMZ 2009, 307, 313 ff.
13 Vgl *Benkard* Rn 5.
14 BPatGE 52, 187; vgl *Benkard* Rn 6.
15 Vgl hierzu BPatG 28.2.2012 3 Ni 16/10 (EU); *Benkard* Rn 3; *Büscher/Dittmer/Schiwy* Rn 4.
16 Begr BTDrs 16/11339 S 31 = BlPMZ 2009, 307, 313 ff.
17 BGH GRUR 2013, 1174 Mischerbefestigung; vgl *Benkard* Rn 3.
18 Vgl BPatG 22.6.2010 5 Ni 91/09.
19 Begr BTDrs 16/11339 S 30 = BlPMZ 2009, 307, 313 ff.

gilt nicht für Rechtsausführungen.[20] Präklusion kommt nur im Zusammenhang mit dem Hinweis in Betracht; sie ist vor seiner Erteilung ausgeschlossen.[21]

II. Fristsetzung

Das BPatG kann den Hinweis mit der Setzung einer Frist zur Stellungnahme und für weiteres Vorbringen verbinden (Abs 2). Adressat der Fristsetzung können die Parteien wie auch die Nebenintervenienten sein. Die Fristsetzungsmöglichkeit ergibt sich zudem schon aus § 99 iVm § 273 ZPO. Die Frist sollte so bemessen werden, das grds keine Verlängerung (Rn 16) erforderlich wird.[22] **13**

Gegenstand. Die Fristsetzung betrifft die Stellungnahme auf den Hinweis, die Anträge wie die Ergänzung des Parteivorbringens (Abs 2 Satz 1). Maßgeblich für den Fristbeginn ist der Zustellungszeitpunkt des Hinweises.[23] **14**

Wird **keine Frist gesetzt**, ist Vortrag bis zum Schluss der mündlichen Verhandlung möglich.[24] **15**

Fristverlängerung. Die nach Abs 2 gesetzte Frist ist grds verbindlich. Nur bis zum Ablauf dieser Frist können die Parteien frei vortragen. Fristverlängerung kommt nur in begründeten Ausnahmefällen in Betracht, nämlich, wenn die Partei erhebliche Gründe geltend und glaubhaft macht.[25] Dies soll routinemäßigen Verlängerungsanträgen entgegenwirken.[26] **16**

III. Präklusion

1. Grundsatz. Abs 4 sieht vor, dass Vorbringen der Parteien nach Ablauf der Frist zur Stellungnahme (Abs 2) zurückgewiesen werden kann und damit bei der Entscheidung des BPatG unberücksichtigt bleibt. Damit wird auch für das erstinstanzliche Nichtigkeitsverfahren eine Präklusionsmöglichkeit eingeführt, die zuvor nur im zweitinstanzlichen Verfahren bestand (§ 117 aF), dort aber kaum wirksam war. Die Begr führt dazu unter Hinweis auf § 87b VwGO und Art 114 Abs 2 EPÜ aus, dass Präklusionsregeln zwar in einem gewissen Gegensatz zum Amtsermittlungsgrundsatz stehen, der auch im Nichtigkeitsverfahren grds gilt (vgl Rn 16 zu 87), diesem aber nicht widersprechen.[27] Nach dem Wortlaut der Regelung und der Praxis des BPatG erfasst die Zurückweisungsmöglichkeit auch die Klageänderung[28] (die auch eine Klageerweiterung erfassen soll)[29] und eine beschränkte Verteidigung des Patents[30] und erstmals eingeführte neue Gesichtspunkte.[31] **17**

Eine Zurückweisung als verspätet kommt dann nicht in Betracht, wenn das BPatG von seiner bisherigen, im Hinweis geäußerten vorläufigen **Rechtsauffassung abweicht** und die Partei, die aufgrund des Hinweises keinen Anlass zu weiterem Vorbringen hatte, auf diese Abweichung reagiert.[32] Das gilt auch, wenn eine Entgegenhaltung, die als neuheitsschädlich eingeführt worden war, was das BPatG in seinem Hinweis ebenso gesehen hatte, später als erfinderischer Tätigkeit entgegenstehend weiterverfolgt wird.[33] **18**

Die Regelung trägt der typischen **Prozesssituation in Patentnichtigkeitsverfahren** Rechnung. Die Begr führt aus, es habe sich gezeigt, dass weder die Verspätungsregelungen in § 296 ZPO noch die in § 87b **19**

---

20 BPatG 5.12.2013 7 Ni 3/14 (EP); *Benkard* Rn 14.

21 BPatG 28.5.2013 3 Ni 6/12 (EP).

22 Vgl *Benkard* Rn 10: mindestens 1 Monat.

23 Vgl BPatG 31.7.2014 6 Ni 3/14 (EP).

24 BGHZ 198, 187 = GRUR 2013, 1272 Tretkurbeleinheit; *Benkard* Rn 11.

25 Vgl *Benkard* Rn 10; *Büscher/Dittmer/Schiwy* Rn 7.

26 Begr BTDrs 16/11339 S 31 = BlPMZ 2009, 307, 313 ff.

27 Begr BTDrs 16/11339 S 32 = BlPMZ 2009, 307, 313 ff; vgl *Benkard* Rn 13; *Fitzner/Lutz/Bodewig* Rn 70.

28 BPatG 20.11.2012 2 Ni 7/11 (EP) GRURPrax 2013, 44 KT; BPatG Mitt 2014, 396; BPatG 23.1.2014 2 Ni 19/12; *Benkard* Rn 15; *Mes* Rn 17; aA *Schulte* Rn 20.

29 BPatG 20.11.2012 2 Ni 7/11 (EP) GRURPrax 2013, 44 KT; *Benkard* Rn 15; aA BPatG 16.5.2013 10 Ni 19/11 (EP).

30 Vgl BPatGE 53, 40 „Wiedergabeschutzverfahren"; BPatG 20.6.2012 5 Ni 57/10 (EP); BPatG 2.10.2012 5 Ni 40/10 Vv; BPatG 12.3.2013 4 Ni 13/11 Mitt 2013, 352 Ls „Dichtungsring"; BPatG 28.5.2013 5 Ni 6/12 (EP); BPatG 23.10.2013 5 Ni 57/11: Merkmale aus unterschiedlichen Absätzen der Beschreibung; BPatG 27.11.2013 5 Ni 21/12 (EP); BPatG 12.2.2014 5 Ni 59/10 (EP); BPatG 8.4.2014 3 Ni 11/13 (EP).

31 BPatG 21.3.2013 10 Ni 14/11 (EP).

32 BPatG 20.12.2011 1 Ni 21/09 (EU); abw wohl BPatG 16.10.2012 3 Ni 11/11 (EP) ; vgl *Benkard* Rn 4.

33 BPatG 14.2.2013 10 Ni 12/11 unter Hinweis auf BGHZ 194, 290 = GRUR 2012, 1236 Fahrzeugwechselstromgenerator.

VwGO den spezifischen Anforderungen des Patentverfahrens vollständig gerecht werden könnten, da sie sich auf verspäteten Tatsachenvortrag bezögen, eine Verzögerung des Rechtsstreits verlangten und dabei regelmäßig entweder an eine noch erforderliche Beweisaufnahme oder an erforderliche weitere Ermittlungen des Gerichts anknüpften. Nicht umfasst sei damit der im Patentverfahren typische Fall, dass umfangreiches Material zum vermeintlich relevanten StdT, dessen Inhalt unstreitig sei, verspätet eingereicht werde. Nicht vorgesehen sei auch die Möglichkeit, eine nach Fristablauf erfolgende Änderung der Antragsfassung oder die Geltendmachung weiterer Nichtigkeitsgründe zurückzuweisen. Entspr gelte für die Möglichkeit des Beklagten, das Patent durch Änderung der Patentansprüche lediglich in einer beschränkten Fassung zu verteidigen.[34]

20   **2. Voraussetzungen.** Voraussetzung für die Zurückweisung ist zunächst, dass Vorbringen, nämlich ein neues Angriffs- oder Verteidigungsmittel, unter Versäumung der nach Abs 2 gesetzten Frist erfolgt.[35] Eine Entgegenhaltung, die bereits in der Patentschrift genannt und dort als Ausgangspunkt der Erfindung gewürdigt war, wurde nicht als neues Angriffsmittel behandelt.[36]

21   Die Regelung passt den § 87b Abs 3 VwGO dem patentrechtl Verfahren in Nr 1 dadurch an, dass aufgrund des verspäteten Vortrags der bereits anberaumte **Termin vertagt** (der Begriff wird hier ersichtlich nicht iSd § 227 Abs 1 ZPO verwendet)[37] werden müsste.[38] Die Voraussetzung, dass die Berücksichtigung des neuen Vortrags eine Vertagung des Termins erforderlich machen würde, ist weiter als die der Verfahrensverzögerung iSv § 296 ZPO, schließt diese aber mit ein. Die Notwendigkeit einer Vertagung besteht nach § 227 Abs 1 Satz 1 ZPO bei Vorliegen erheblicher Gründe, insb immer dann, wenn nach dem für das Gericht ersichtlichen Sachstand durch die Ablehnung einer Vertagung der eine solche beantragenden Partei die Möglichkeit entzogen wäre, sich in der betr Instanz sachgemäß und erschöpfend über alle Tatsachen, Beweisergebnisse oder sonstige verhandelte Fragen zu erklären.[39] Wiedereröffnung der mündlichen Verhandlung ist auch wegen nachträglich vorgetragener und glaubhaft gemachter Tatsachen, die einen Wiederaufnahmegrund bilden, anzuordnen (§ 99 Abs 1 iVm §§ 296a, 156 ZPO).[40] Umfasst sind Fälle, in denen wegen der Fülle oder der Komplexität des neuen Vorbringens eine sachgerechte Terminsvorbereitung verhindert oder wesentlich erschwert wird,[41] und Fälle, in denen eine Klageänderung oder eine beschränkte Verteidigung tatsächliche oder rechtl Fragen aufwirft, die in der Verhandlung nicht oder nur mit unverhältnismäßigem Aufwand zu klären sind.[42] Als präklusionsbegründend wurde angesehen, dass die Einbeziehung der neuen Patentansprüche in die mündliche Verhandlung nicht ohne Vertagung und damit nicht ohne eine deutliche Verzögerung des Verfahrens möglich gewesen wäre.[43] Erfasst werden nach der Rspr des BPatG auch erstmals im Termin selbst gestellte Anträge und Verteidigungslinien[44] und dort erstmals eingeführte neue Gesichtspunkte.[45] Zurückweisung ist auch erfolgt, wenn ein gegenüber einer neuen verteidigten Fassung geführter Angriff (mangelnde Ausführbarkeit) zwar schon in der Klageschrift enthalten war, nähere Ausführungen hierzu aber erst in der mündlichen Verhandlung nach Ablauf der hierfür ge-

---

34   Begr BTDrs 16/11339 S 32 = BlPMZ 2009, 307, 313 ff; vgl *Benkard* Rn 12.

35   *Mes* Rn 19.

36   BPatG 15.9.2015 3 Ni 20/14 (EP).

37   Vgl BPatGE 53, 178 = GRUR 2013, 601 f „Bearbeitungsmaschine"; BPatGE 53, 40, 43 „Wiedergabeschutzverfahren"; *Benkard* Rn 17.

38   Näher Begr BTDrs 16/11339 S 32 f = BlPMZ 2009, 307, 313 ff; vgl BPatGE 53, 178 = GRUR 2013, 601 „Bearbeitungsmaschine"; BPatG 15.1.2013 4 Ni 13/11 Mitt 2013, 352 Ls „Dichtungsring"; BPatG 13.11.2014 2 Ni 19/13 (EP).

39   BPatG 28.4.2015 4 Ni 23/13 (EP).

40   Ein solcher Fall verneint in BPatG 6.3.2015 5 Ni 14/13.

41   Vgl BPatG 16.10.2012 3 Ni 11/11 (EP): umfangreiches Gutachten (im entschiedenen Fall zwh); BPatG 13.11.2014 2 Ni 19/13 (EP).

42   Begr BTDrs 16/11339 S 32 = BlPMZ 2009, 307, 313 ff; BPatG 20.11.2012 3 Ni 20/11 (EP); *Benkard* Rn 17; *Mes* Rn 22; vgl BPatG 29.11.2012 2 Ni 7/11 (EP) GRURPrax 2013, 44 KT; BPatG 12.3.2013 4 Ni 13/11 Mitt 2013, 352 Ls „Dichtungsring"; BPatG 15.10.2013 3 Ni 22/12 (EP); BPatG 13.11.2014 2 Ni 19/13 (EP); BPatG 23.6.2015 4 Ni 35/13 (EP); BPatG 10.11.2015 3 Ni 19/14 (EP); verneint in BPatG 29.11.2012 10 Ni 4/11 (EP).

43   BPatG 13.12.2012 10 Ni 6/11; BPatG 12.3.2013 4 Ni 13/11 Mitt 2013, 352 Ls „Dichtungsring"; vgl *Büscher/Dittmer/Schiwy* Rn 8, wo auf nicht unerhebliche Verzögerung abgestellt wird.

44   BPatGE 53, 40 „Wiedergabeschutzverfahren"; BPatG 20.6.2012 5 Ni 57/20 (EP) ; BPatG 12.3.2013 4 Ni 13/11 Mitt 2013, 352 Ls „Dichtungsring".

45   BPatG 21.3.2013 10 Ni 14/11 (EP); vgl BPatG 6.3.2015 5 Ni 14/13.

Keukenschrijver   **1666**

setzten Frist erfolgten.[46] Bedarf die vorgenommene Änderung in ihrer Auswirkung auf die unter Schutz gestellte Lehre einer eingehenden Prüfung, kommt Zurückweisung in Betracht.[47] Der Angriff gegen weitere Patentansprüche wird bei unverändertem Sach- und Streitstand häufig keine Vertagung erforderlich machen.[48]

Ist eine **Vertagung** in diesem Sinn **nicht erforderlich**, kommt Zurückweisung dagegen nicht in Betracht,[49] so bei ganz geringfügigen Änderungen in den verteidigten Patentansprüchen.[50] Die Nichtbeachtung der allg Prozessförderungspflicht (§ 282 ZPO) wurde als sanktionslos angesehen.[51] Kann das an sich verspätete Vorbringen ohne weiteres in die mündliche Verhandlung einbezogen werden, ohne dass es zu einer Verfahrensverzögerung kommt, liegen die Voraussetzungen für eine Zurückweisung nicht vor.[52] Das gilt gleichermaßen, wenn das verspätete Vorbringen nicht relevant ist,[53] und nach der Rspr des 2. und des 3. Senats des BPatG auch dann, wenn die geänd Anspruchsfassung nicht zur Bestandsfähigkeit des Patents führt.[54] Vertagung ist auch dann nicht erforderlich, wenn sich der Gegner auf das verspätete Vorbringen einlässt.[54a] Der Ermessensspielraum, ob zu vertagen ist, kann angesichts der verfassungsrechtl Garantie des Anspruchs auf rechtliches Gehör bis auf Null reduziert sein.[55] **22**

Änderungen, die erst durch den **Verlauf der Verhandlung** bedingt sind, so dass dem Patentinhaber eine frühere Reaktion nicht möglich war, sind nicht zurückzuweisen.[56] Dies wurde auch auf den Fall angewendet, dass die neu vorgelegten Fassungen der Patentansprüche den Verlauf der mündlichen Verhandlung wiederspiegeln;[57] dieser Fall ist eher über die Ermessensausübung (Rn 31) zu lösen. Jedoch rechtfertigt der subjektive Eindruck, das Gericht nicht von der Bestandsfähigkeit des Patents überzeugen zu können, nach Auffassung des 5. Senats des BPatG nicht die Berücksichtigung des neuen Verteidigungsvorbringens.[58] **23**

Dem **Nebenintervenienten** kommt nicht zugute, dass er erst zu einem späteren Zeitpunkt Verfahrensbeteiligter wird, denn er hat den Prozess in der Lage zu übernehmen, in der er sich zum Zeitpunkt des Beitritts befindet (§ 67 ZPO).[59] **24**

Erforderlich für die Zurückweisung verspäteten Vorbringens ist nach Nr 2 außerdem, dass die betroffene Partei die Verspätung nicht genügend **entschuldigt**. Die Entschuldigungsmöglichkeit soll den Parteien ausreichend Möglichkeiten dafür lassen, verspätete Rechercheergebnisse weiterhin einzubeziehen, wenn die Erkenntnisquellen, auf denen diese Ergebnisse beruhen, nicht so offensichtlich relevant waren, **25**

---

46 BPatG 21.3.2013 10 Ni 14/11 (EP), bdkl, weil es gegenüber der geändert verteidigten Fassung nicht um die Prüfung des Vorliegens eines Nichtigkeitsgrunds geht.

47 BPatG 18.12.2012 5 Ni 47/10 (EP); vgl BPatG 27.11.2013 5 Ni 21/12 (EP): zusätzliche Recherche.

48 Weitergehend BPatG 3.7.2015 5 Ni 12/13 (EP).

49 BPatG 25.11.2011 3 Ni 27/10 (EP); BPatG 16.4.2013 10 Ni 4/11 (EP); BPatG CR 2014, 78; BPatG 16.5.2013 10 Ni 19/11 (EP); BPatG 28.5.2013 3 Ni 6/12 (EP); BPatG 20.6.2013 2 Ni 60/11 (EP); BPatG 4.7.2013 10 Ni 21/11; BPatG 18.7.2013 2 Ni 81/11 (EP); BPatG 24.0.2013 4 Ni 20/11 (EP); BPatG 24.10.2013 2 Ni 79/11 (EP); BPatG 11.12.2013 1 Ni 6/13 (EP); BPatG 30.1.2014 4 Ni 12/11; BPatG 25.7.2013 2 Ni 68/11 (EP), BPatG 26.9.2013 2 Ni 61/11 (EP), BPatG 23.1.2014 2 Ni 19/12; BPatG 27.2.2014 2 Ni 29/12 (EP); BPatG 11.3.2014 4 Ni 4/12 (EP); BPatG 11.11.2014 2 Ni 19/13; BPatG 24.9.2015 2 Ni 48/13 (EP); BPatG 15.2.2016 5 Ni 28/13 (EP); BPatG 22.1.2016 2 Ni 7/12 (EP); vgl BPatG 21.3.2013 10 Ni 14/11 (EP).

50 Vgl BPatGE 53, 40, 44 f „Wiedergabeschutzverfahren"; Benkard Rn 18.

51 BPatG 30.10.2014 2 Ni 25/12 (EP); BPatG 29.4.2015 4 Ni 26/13 Mitt 2015, 331 Ls26/13 Mitt 2015, 331 Ls.

52 BPatG 14.7.2011 3 Ni 1/11 (EP); BPatG 15.11.2015 3 Ni 27/10 (EP); BPatG 23.1.2013 1 Ni 1/12 (EP); BPatG 21.3.2013 10 Ni 14/11 (EP); BPatG 20.3.2014 2 Ni 21/12; BPatG 15.5.2015 2 Ni 14/13 (EP); BPatG 19.6.2015 4 Ni 4/14 (EP); BPatG 21.7.2015 4 Ni 5/14 (EP); Schülke FS 50 Jahre Bundespatentgericht (2011), 435, 445; vgl BPatG 29.11.2011 4 Ni 63/09 (EU); BPatG 10.7.2012 1 Ni 6/11 (EP); BPatG 13.11.2014 2 Ni 45/12 (EP); BPatG 13.11.2014 2 Ni 19/13 (EP); BPatG 22.1.2015 2 Ni 7/12 (EP); BPatG 5.2.2015 2 Ni 16/13 (EP); BPatG 15.5.2015 2 Ni 14/13 (EP); BPatG 19.6.2015 4 Ni 4/14 (EP); BPatG 21.7.2015 4 Ni 5/14 (EP); BPatG 10.3.2016 4 Ni 12/13 (EP) Vv „Bohrhilfe"; Schülke FS 50 Jahre Bundespatentgericht (2011), 435, 445; Benkard Rn 18.

53 BPatG 16.8.2012 4 Ni 51/10; BPatG 25.9.2012 4 Ni 34/10 (EP); BPatG 30.9.2014 4 Ni 10/13 (EP).

54 BPatG 5.12.2013 2 Ni 9/12 (EP); BPatG 12.12.2013 2 Ni 80/11 (EP); BPatG 13.11.2014 2 Ni 45/12 (EP); BPatG 1.3.2016 4 Ni 36/14 (EP).

54a BPatG 17.3.2016 7 Ni 3/15 (EP); BPatG 17.6.2016 6 Ni 67/14 (EP).

55 BPatGE 53, 40 „Wiedergabeschutzverfahren"; BPatG 2.10.2012 5 Ni 40/10 Vv; BPatG 18.12.2012 5 Ni 47/10 (EP); BPatG 23.10.2013 5 Ni 57/11.

56 BPatG 13.11.2013 1 Ni 3/13 (EP); BPatG 12.5.2014 5 Ni 55/11 (EP): Reaktion auf geänd Auffassung des Gerichts aufgrund des Beklagtenvortrags nach gerichtlichem Hinweis als genügende Entschuldigung.

57 BPatG 28.10.2015 6 Ni 60/14 (EP).

58 BPatG 23.10.2013 5 Ni 57/11.

59 BPatG 25.3.2014 3 Ni 31/12 (EP).

dass sorgfältige Parteien zu einem früheren Zeitpunkt auf sie zurückgegriffen hätten. Den konkreten Sorgfaltsmaßstab soll hier die Rspr bestimmen.[60]

26 Die Rspr fordert einen objektiven **Sorgfaltsmaßstab**.[61] Der Kläger muss sich danach darauf einstellen, dass der Beklagte Merkmale aus „verfahrensgegenständlichen" Patentansprüchen, nicht aber auch aus der Beschreibung aufnimmt.[62] Das wird auch für die Aufnahme von Merkmalen aus nicht angegriffenen Patentansprüchen gelten müssen. Teilweise wird schon die Einbeziehung von Merkmalen aus anderen unabhängigen Patentansprüchen als die Zurückweisung begründend angesehen;[63] dies ist grds abzulehnen.

27 Als **ausreichende Entschuldigung** wurde angesehen, dass die geänd Hilfsanträge durch ein Ergänzungsgutachten der Gegenseite und einen darauf ergangenen ergänzenden Hinweis des Gerichts[64] oder die späte Vorlage von Entgegenhaltungen durch die Gegenseite veranlasst wurden, die eine umfangreiche Überprüfung erforderten.[65] Ebenfalls als ausreichende Entschuldigung wurde angesehen, dass der Beklagte auf eine geänd Auffassung des Senats reagierte, zu der dieser aufgrund des Vortrags des Klägers erst in der mündlichen Verhandlung gelangt war.[66] Als nicht ausreichend wurde das Vorbringen angesehen, dass die Klägerin erst vor wenigen Tagen auf das Dokument gestoßen sei.[67] Dem Kläger wurde die Entschuldigung verwehrt, er habe die Entgegenhaltung nur zufällig finden können, wenn er seinen Angriff damit begründet hatte, der Beklagte habe sie ohne weiteres auffinden können.[68]

28 Der Entschuldigungsgrund ist **glaubhaft zu machen** (Abs 4 Satz 2). Die Glaubhaftmachung erfolgt nach § 294 ZPO, insb durch Versicherung an Eides statt. In der Literatur wird vertreten, dass das Verschulden bei Versäumung der Frist vermutet werde.[69]

29 Erforderlich nach Abs 4 Nr 3 ist schließlich, dass die betroffene Partei über die Folgen der Fristversäumung **belehrt** worden ist. Die Belehrung erscheint insb für anwaltlich oder patentanwaltlich nicht vertretene Parteien geboten und sollte mit der Fristsetzung nach Abs 2 formularmäßig verbunden werden.[70]

30 Die genannten Voraussetzungen müssen **kumulativ** vorliegen;[71] dass nur einzelne von ihnen erfüllt sind, reicht für die Zurückweisung nicht aus.

31 Soweit die Voraussetzungen nach Rn 20 ff erfüllt sind, „kann" das BPatG verspäteten Vortrag zurückweisen.[72] Ihm ist durch die Vorschrift ein **Ermessen** eröffnet.[73] Dadurch können Härtefälle vermieden werden.[74] Hierbei soll ein strenger Maßstab anzulegen sein.[75] Indessen wird berücksichtigt werden müssen, dass die Zurückweisung zu einem völligen und irreparablen Rechtsverlust beim Patentinhaber führen kann. Ob beim Ermessensgebrauch auch Billigkeitsgesichtspunkte einzubeziehen sind,[76] wird zu diskutieren sein. Die Ermessensausübung kann vom BGH nur auf Ermessensfehler überprüft werden.[77]

---

60 Begr BTDrs 16/11339 S 33 = BlPMZ 2009, 307, 313 ff.
61 BPatGE 53, 178 = GRUR 2013, 601 „Bearbeitungsmaschine"; *Benkard* Rn 19.
62 BPatG 12.3.2013 4 Ni 13/11 Mitt 2013, 352 Ls „Dichtungsring"; BPatG 3.4.2014 5 Ni 32/12 (EP); BPatG 12.5.2014 5 Ni 55/11 (EP); BPatG 4.11.2014 4 Ni 13/13; *Benkard* Rn 17.
63 BPatG 3.4.2014 5 Ni 32/12 (EP).
64 BPatG 30.1.2014 4 Ni 38/11 (EP); vgl BPatG 12.5.2014 5 Ni 55/11 (EP).
65 BPatG 21.9.2015 5 Ni 30/13 (EP).
66 BPatG 29.4.2015 4 Ni 26/13 Mitt 2015, 331 Ls; vgl BPatG 26.2.2015 7 Ni 46/14 (EP): Vortrag zum Veröffentlichungszeitpunkt einer Entgegenhaltung, die im gerichtlichen Hinweis als nicht relevant angesehen wurde.
67 BPatG 13.4.2011 4 Ni 16/10 (EU).
68 BPatGE 53, 178 = GRUR 2013, 601 „Bearbeitungsmaschine".
69 *Benkard* Rn 19 unter Hinweis auf BPatGE 53, 178 = GRUR 2013, 60 „Bearbeitungsmaschine".
70 Begr BTDrs 16/11339 S 33 = BlPMZ 2009, 307, 313 ff; vgl auch *Benkard* Rn 21.
71 BPatG 2.10.2012 5 Ni 40/10 Vv; BPatG 18.12.2012 5 Ni 47/10 (EP); *Benkard* Rn 16.
72 Zur Zurückweisung BPatG 25.4.2012 5 Ni 28/10 BlPMZ 2012, 388 Ls.
73 *Benkard* Rn 22.
74 BPatGE 53, 178 = GRUR 2013, 601 „Bearbeitungsmaschine".
75 BPatGE 53, 40 „Wiedergabeschutzverfahren", im Berufungsurteil BGH 28.5.2013 X ZR 89/12 nicht entschieden; BPatG 2.10.2012 5 Ni 40/10 Vv; BPatG 18.12.2012 5 Ni 47/10 (EP); BPatG 12.3.2013 4 Ni 13/11 Mitt 2013, 352 Ls „Dichtungsring": Präklusion, wenn die Verletzung prozessualer Sorgfaltspflichten klar auf der Hand liegt; BPatG 23.10.2013 5 Ni 57/11; BPatG 12.2.2014 5 Ni 59/10 (EP); BPatG 3.4.2014 5 Ni 32/12 (EP).
76 Vgl BPatG 20.6.2012 5 Ni 57/10 (EP): irrtümliche Interpretation des Hinweises dahin, dass es sich um ein nicht zu beseitigendes aliud handle; *Benkard* Rn 20.
77 Begr BTDrs 16/11339 S 33 = BlPMZ 2009, 307, 313 ff; *Benkard* Rn 23; *Fitzner/Lutz/Bodewig* Rn 84; *van Hees/Braitmaier* Rn 868.

Ob von einer Zurückweisung abgesehen werden kann, wenn dem Erfordernis der Gewährung rechtl **32** Gehörs durch Einräumung einer nachträglichen **Schriftsatzfrist**[78] (§ 283 ZPO) Rechnung getragen wird,[79] erscheint zwh, weil der Schriftsatznachlass nur eine einseitige Stellungnahme ermöglicht.[80]

3. Wirkung. Soweit Vorbringen nicht zurückgewiesen, sondern berücksichtigt wird, bindet das für **33** das Berufungsverfahren.[81] Die Zurückweisung der Klageänderung führt dazu, dass die Klage insoweit unzulässig ist.[82] Der Kläger, der unzulässigerweise das Patent in weiterem Umfang als vor der Klageänderung angreift oder sich auf einen weiteren Nichtigkeitsgrund stützen will, ist damit nur im anhängigen Verfahren ausgeschlossen, nicht aber in einer weiteren Klage, da insoweit Klageverbrauch nicht eintritt.

D. Verfahren

Der 5. Senat des BPatG hat geänd Verteidigungslinien durch Beschluss zurückgewiesen.[83] In diesem **34** Fall wird Überprüfbarkeit im Berufungsverfahren mit dem Urteil gegeben sein.

Um dem BPatG eine möglichst weitgehende **Flexibilität in der Verfahrensgestaltung** zu ermögli- **35** chen, soll dieses nach der Begr die Möglichkeit haben, den Hinweis durch den Senat zu erlassen oder aber den (ersten) Berichterstatter hiermit zu betrauen. Nach dem Wortlaut der Regelung in Abs 3 ist allerdings eine Beschränkung auf ein bestimmtes Mitglied des Senats nicht vorgesehen, so dass der Vorsitzende zB auch das weitere rechtskundige Mitglied zur Wahrnehmung bestimmen kann;[84] dies wird insb dann in Betracht kommen, wenn Zulässigkeitsfragen im Vordergrund stehen. Das Tätigwerden des Vorsitzenden oder eines anderen Mitglieds entlastet den Senat von doppelter Befassung mit der Sache. Dieser Vorteil könnte es – solange dies nicht der Normalfall wird – rechtfertigen, den Nachteil hinzunehmen, dass das BPatG die vorläufige Beurteilung des Berichterstatters möglicherweise häufiger revidieren müsste als eine Vorbeurteilung des gesamten Senats.[85]

§ 84
(Urteil; Kostenentscheidung)

(1) [1] Über die Klage wird durch Urteil entschieden. [2] Über die Zulässigkeit der Klage kann durch Zwischenurteil vorab entschieden werden.

(2) [1] In dem Urteil ist auch über die Kosten des Verfahrens zu entscheiden. [2] Die Vorschriften der Zivilprozeßordnung über die Prozeßkosten sind entsprechend anzuwenden, soweit nicht die Billigkeit eine andere Entscheidung erfordert; die Vorschriften der Zivilprozeßordnung über das Kostenfestsetzungsverfahren und die Zwangsvollstreckung aus Kostenfestsetzungsbeschlüssen sind entsprechend anzuwenden. [3] § 99 Abs. 2 bleibt unberührt.

Ausland: Belgien: vgl Art 51 PatG 1984; **Italien:** Art 132 CDPI (Wirkung erga omnes); **Litauen:** vgl Art 46 PatG; **Österreich:** § 122 (Kosten), § 123 (Inhalt der Entscheidung), § 124 öPatG (Verkündung), § 127 (Wiederaufnahme)

---

78 Zu den Voraussetzungen für einen Schriftsatznachlass BPatG 26.2.2015 7 Ni 46/14 (EP); BPatG 12.1.2016 3 Ni 12/14; zur Einräumung einer zweiseitigen Schriftsatzfrist BPatG 28.2.2012 3 Ni 16/10 (EU).

79 BPatG 28.2.2012 3 Ni 16/10 (EU); BPatG 29.9.2014 2 Ni 42/12 (EP); grds auf besonders gelagerte Fälle beschränkt in BPatGE 53, 40 „Wiedergabeschutzverfahren"; vgl BPatG 18.12.2012 5 Ni 47/10; *Benkard* Rn 18.

80 BPatG 16.10.2012 3 Ni 11/11 (EP); BPatG 12.3.2013 4 Ni 13/11 Mitt 2013, 352 Ls „Dichtungsring"; verneinend auch BPatG 25.3.2014 3 Ni 31/12 (EP) unter Hinweis auf *Beck'scher online-Kommentar/Bacher* § 283 ZPO Rn 14; ebenso BPatG 8.4.2014 3 Ni 11/13; BPatG 10.11.2016 3 Ni 19/14 (EP).

81 *Benkard* Rn 23.

82 BPatG 29.11.2012 2 Ni 7/11 (EP) GRURPrax 2013, 44 KT.

83 BPatG 7.5.2014 5 Ni 51/11 (EP).

84 Vgl *Benkard* Rn 8.

85 Begr BTDrs 16/11339 S 31 = BlPMZ 2009, 307, 313 ff; kr *Mes* Rn 13; vgl auch *Benkard* Rn 9.

A. Entstehungsgeschichte

1   Im PatG 1877 § 31, im PatG 1891 § 32, im PatG 1936 § 40. Die geltende Fassung des Abs 1 geht auf das 6. ÜberlG zurück, die des Abs 2 auf das GPatG. Der Vorentwurf eines Gesetzes zur Änderung des Patentgesetzes und anderer Vorschriften des gewerblichen Rechtsschutzes vom 11.3.2004 sah vor, Abs 2 Satz 2 wie folgt zu fassen: „Die Vorschriften der Zivilprozessordnung über die Prozesskosten (§§ 91 bis 101) sind entsprechend anzuwenden, soweit nicht die Billigkeit eine andere Entscheidung erfordert; die Vorschriften der Zivilprozessordnung über das Kostenfestsetzungsverfahren (§§ 103–107) und die Zwangsvollstreckung aus Kostenfestsetzungsbeschlüssen (§§ 724–802) sind entsprechend anzuwenden." In den RegE und das Gesetz wurde dies nicht übernommen. Das PatRVereinfModG hat die Bestimmung nicht geänd.

B. Die Entscheidung im Nichtigkeitsverfahren in erster Instanz

I. Form

2   **1. Endurteil.** Die Entscheidung ergeht grds durch Urteil aufgrund mündlicher Verhandlung (vgl § 82 Abs 3 Satz 1, 2). Nach Schließung der Verhandlung eingereichte Schriftsätze bleiben unberücksichtigt, sofern nicht Wiedereröffnung erfolgt.[1] Die Verkündung erfolgt im Verhandlungstermin oder in einem sofort anzuberaumenden Verkündungstermin. Anstatt der Verkündung ist Zustellung an Verkündungs statt möglich (Rn 10 zu § 94); dabei können Schriftsatzfristen eingeräumt werden; auch in diesem Fall ergeht das Urteil aufgrund mündlicher Verhandlung.[2] Urteile, die nicht unmittelbar im Anschluss an die mündliche Verhandlung verkündet werden, müssen entspr § 310 Abs 2 ZPO zum Verkündungstermin in vollständig abgefasster Form vorliegen (str, Rn 8 zu § 94 mit Nachweis des Streitstands). Allerdings sind Verstöße jedenfalls solange sanktionslos, als die volle Berufungsfrist nach Zustellung des vollständigen Urteils noch innerhalb der Fünfmonatsfrist des § 110 Abs 3 Satz 2 PatG zur Verfügung steht.

3   **Mündliche Verhandlung ist entbehrlich** im Verfahren nach § 82 Abs 2, auch bei Rücknahme eines zunächst erhobenen Widerspruchs,[3] wenn der Beklagte deutlich macht, dass er nicht widersprechen will,[4]

---

1   Vgl BPatG 30.8.2010 4 Ni 23/09 (EU).
2   BPatG 13.11.2014 2 Ni 45/12 (EP).
3   BPatG 4.3.1998 2 Ni 48/97 Schulte-Kartei PatG 81–85 Nr. 294; BPatGE 45, 109 = GRUR 2002, 1045; BPatGE 46, 255 = GRUR 2003, 726.
4   BPatG 18.6.2012 2 Ni 47/11 (EU).

bei Zustimmung beider Parteien (§ 82 Abs 3 Satz 2)[5] und bei Nichterbringen der Sicherheitsleistung nach § 81 Abs 7. Auch in diesen Fällen wird durch Urteil entschieden.[6]

2. Zwischenurteil; Grundurteil; Teilurteil. Zwischenurteil kann bei abgesonderter Verhandlung über **4** die Zulässigkeit der Klage ergehen[7] (vgl Abs 1 Satz 2). Zwischenurteil ergeht auch bei Streit darüber, ob das Verfahren nach § 240 ZPO unterbrochen ist.[8] Auch über die Zulässigkeit eines Parteiwechsels kann durch Zwischenurteil entschieden werden.[9] Die abgesonderte Verhandlung wird wie in § 280 ZPO durch Gerichtsbeschluss angeordnet. Führt die Verhandlung zu dem Ergebnis, dass die Klage unzulässig ist, ergeht Endurteil.[10] Grundurteil kommt allenfalls im Zwangslizenzverfahren in Betracht.[11] Über einzelne Nichtigkeitsgründe kann durch Teilurteil (§ 99 iVm § 301 Abs 1 ZPO) entschieden werden. Das gilt auch bei Klagen, die mehrere Patente betreffen, wenn Entscheidungsreife nicht bzgl aller gegeben ist.[12] Teilurteil kann auch bei mehreren Klägern ergehen, wenn gegen einen von ihnen das Insolvenzverfahren eröffnet worden ist; einer vorhergehenden Abtrennung (Rn 66 zu § 82) bedarf es nicht.[12a] Zum Teilurteil bei Abänderung der Sicherheit Rn 47.

3. Entscheidung durch Beschluss. Beschluss über die Kostentragung ergeht nach § 91a ZPO bei **5** übereinstimmender (oder unwidersprochener)[13] Erledigungserklärung[14] und nach § 269 Abs 3 Satz 3 ZPO bei Klagerücknahme.[15] Auch die Nebenentscheidungen (zB über die Akteneinsicht, hierzu Rn 35 ff zu § 99, die Verfahrensverbindung, Rn 65 zu § 82, die Zulassung der Nebenintervention, Rn 137 f zu § 81, Bescheidung von Rückzahlungsanträgen bei Streit, welche Anzahl von Gebühren bei mehreren Klägern zu entrichten ist,)[16] erfolgen im Beschlussweg; bei Beschlüssen außerhalb der mündlichen Verhandlung richtet sich die Besetzung nach § 67 Abs 2 (Dreierbesetzung). Zur Rechtsbeschwerdefähigkeit nach § 574 ZPO von Entscheidungen über die Erstattungsfähigkeit von Kosten Rn 11 zu § 100.

II. Inhalt

1. Bestandteile des Urteils. Das Urteil enthält Rubrum, Urteilsformel (Urteilstenor), Tatbestand,[17] **6** Entscheidungsgründe, Unterschriften. Die Urteilsgründe müssen alle entscheidungserheblichen Gesichtspunkte abhandeln; in unzureichender Begründung kann Rechtsverletzung iSd § 111 liegen.[18] Bei Ausscheiden eines Richters wird dessen Verhinderung festgehalten.[19] Ist ein Richter an der Unterschriftsleistung gehindert, wird dies vermerkt.[20] Ausscheiden (nur) aus dem Spruchkörper bildet keinen Verhinderungsgrund.[20a] Der Verhinderungsvermerk ist vom Vorsitzenden und im Fall von dessen Verhinderung, da es

5 BGH GRUR Int 2010, 436 Schnellverschlusskappe; BPatG 25.11.2003 1 Ni 4/03 (EU); BPatG 31.1.2008 2 Ni 48/04; BPatGE 51, 51 „Oxaliplatin"; BPatG 4.8.2010 4 Ni 67/09 (EU); BPatG 31.5.2012 2 Ni 1/11.

6 Vgl *Fitzner/Lutz/Bodewig* Rn 4.

7 BGH GRUR 1990, 667 Einbettungsmasse; BGH GRUR 1996, 865 Augentropfen; vgl BGH GRUR 1965, 135, 137 Vanal-Patent; BGH 5.11.1991 X ZR 85/86 Bausch BGH 1989–1993, 640 Konkurs des Nichtigkeitsklägers zieht § 280 ZPO heran.

8 BGH GRUR Int 2010, 436 Schnellverschlusskappe; BGH 13.10.2009 X ZR 159/05; BGH 13.10.2009 X ZR 160/05.

9 BPatG 4.8.2010 4 Ni 67/09 (EU).

10 Vgl zB BPatG GRUR 2005, 498; BPatG 31.5.2012 2 Ni 1/11.

11 *Mes* Rn 7.

12 Vgl *Benkard* Rn 4; *Fitzner/Lutz/Bodewig* Rn 4.

12a BGH 2.2.2016 X ZR 146/13.

13 BPatG 23.3.2009 5 Ni 6/09.

14 BGH GRUR 1983, 560 Brückenlegepanzer II; BGH GRUR 2001, 140 Zeittelegramm.; BGH 24.6.2008 X ZR 3/08; BGH 23.4.2009 Xa ZR 10/05

15 BPatG GRUR 2015, 104 „L-Arginin"; vgl BGH 22.5.2001 X ZR 80/00; BGH 24.6.2008 X ZR 3/08.

16 BPatGE 53, 182 = Mitt 2013, 371 „Bitratenreduktion".

17 Zum Inhalt (Wiedergabe des Tatsachenvortrags ist nicht erforderlich) BPatG 7.9.2006 4 Ni 9/05; anders bei unrichtiger Darstellung des Parteivortrags, die Auswirkungen auf die Kostenentscheidung im Berufungsverfahren haben kann, BPatG 27.4.2006 4 Ni 59/04 (EU).

18 *Fitzner/Lutz/Bodewig* Rn 10.

19 BPatG 19.6.2015 4 Ni 4/14 (EP); BPatG 21.7.2015 4 Ni 5/14 (EP); BPatG 15.9.2015 4 Ni 22/13 (EP) und BPatG 28.12.2015 4 Ni 15/10 (EP): auch bei Ausscheiden aus dem Richterdienst, zB durch Wechsel zum DPMA.

20 Vgl BPatG 19.6.2015 4 Ni 4/14 (EP); BPatG 21.7.2015 4 Ni 5/14 (EP).

20a BGH 21.2.2016 I ZR 90/14 Vv Deltamethrin II.

sich um Vertretung des Vorsitzenden handelt, grds vom rechtskundigen Mitglied zu unterzeichnen; dies wird in der Praxis nicht immer beachtet.[21] Eine Rechtsmittelbelehrung war bis Ende 2003 nicht vorgeschrieben[22] und wurde nach der Praxis des BPatG nicht erteilt. Seit 1.1.2014 sieht das Gesetz eine obligatorische Rechtsbehelfsbelehrung vor (§ 232 ZPO – neu –, § 99 Abs 1). Sie wird entweder in das Urteil aufgenommen oder diesem beigefügt.[23]

2. Urteilsformel

7   **a. Sachausspruch** (§ 22 Abs 2 iVm § 21 Abs 2, 3; Art II § 6 IntPatÜG). Es sollte an sich selbstverständlich sein, dass die Entscheidung nur das erteilte Patent und nicht auch dessen unbedingt oder hilfsweise verteidigte Fassung zum Gegenstand hat.[24]

8   Der Sachausspruch der Urteilsformel lautet bei **Nichtigerklärung im vollen Umfang**:

Das Patent ... wird für nichtig erklärt.
      (eur Patent: *Das europäische Patent ... wird mit Wirkung für das Hoheitsgebiet der Bundesrepublik Deutschland für nichtig erklärt.*)

Auch nach Erlöschen (Zeitablauf, Verzicht, Nichtzahlung der Jahresgebühr) des Patents lautet das Urteil auf Nichtigerklärung, nicht auf Feststellung der Nichtigkeit[25] (anders im GbmLöschungsverfahren).

9   **Teilnichtigerklärung** erfolgt, wenn das Patent nur teilweise angegriffen wird oder wenn die Nichtigkeitsgründe nur einen Teil des Patents betreffen. Insoweit treten nach der in jüngerer Zeit allerdings nicht wieder aufgegriffenen Rspr des BGH wie schon zuvor des RG die Gründe des Nichtigkeitsurteils an die Stelle der Ausführungen in der Patentschrift oder neben diese (Rn 53). Deshalb müssen sie auch der Öffentlichkeit zugänglich sein. Soweit sich nur die Rückbeziehungen dadurch ändern, dass der in Bezug genommene Patentanspruch geänd wird, muss dies nicht in der Urteilsformel zum Ausdruck kommen; eine Berücksichtigung in der Formel ist aber im Interesse der Rechtsklarheit empfehlenswert und entspricht weitgehend[26] der Praxis des BPatG.[27] Teilnichtigerklärung kann durch Änderung der Patentansprüche,[28] aber bei dt Patenten[29] auch durch Änderung der Beschreibung oder der Zeichnungen erfolgen (§ 22 Abs 2, § 21 Abs 2; in Art II § 6 Abs 2 IntPatÜG mit der EPÜ-Revision, die in Art 138 Abs 2 EPÜ eine Regelung dahin eingestellt hat, dass die Beschränkung durch entsprechende Änderung der Patentansprüche zu erfolgen hat, weggefallen; in der Praxis kaum vorkommend):[30]

---

21   Vgl zB BPatG 23.6.2015 3 Ni 11/14 (EP).

22   Vgl zur verfassungsrechtl Beurteilung BVerfGE 93, 99, 109 = NJW 1995, 3173; zur Lage im Bereich der freiwilligen Gerichtsbarkeit BGHZ 150, 390 = NJW 2002, 2171, allerdings unter Abstellen auf Besonderheiten des WEG-Verfahrens; zur Rechtslage in Österreich öOPM öPBl 2002, 94.

23   Bsp bei *Keukenschrijver* Patentnichtigkeitsverfahren[6] Rn 332.

24   Vgl auch BPatG 11.7.2007 1 Ni 9/07 (EU); Bsp für weniger geglückte Tenorierung (BPatG 4.10.2007 2 Ni 69/05): „Das Streitpatent wird im Umfang der in der mündlichen Verhandlung vorgelegten verteidigten Fassung der Patentansprüche 1 bis 5 und 9, soweit dieser auf die Patentansprüche 1 bis 5 mittelbar oder unmittelbar zurückbezogen ist, für nichtig erklärt." – Gewollt war vollständige Nichtigerklärung!

25   BGH Liedl 1961/62, 549 ff Atemgerät; BGH GRUR 1974, 146 Schraubennahtrohr; BGH 28.1.1992 X ZR 33/90 Bausch BGH 1986–1993, 562 Standschirm; BPatG GRUR 2011, 905; BPatG 27.3.2003 2 Ni 46/01; *Hövelmann* GRUR 2007, 283, 286 Fn 40; in den Gründen missverständlich allerdings BGH GRUR 2010, 901 polymerisierbare Zementmischung.

26   Abw zB BPatG 6.6.2013 10 Ni 16/11; Nichtigerklärung übergeordneter Patentansprüche im Tenor zu weitgehend berücksichtigt hinsichtlich Kettenrückbeziehungen in BPatG 30.1.2014 4 Ni 12/11, jedoch in den Gründen klargestellt.

27   Vgl auch BGH 6.5.1997 X ZR 51/95 Bausch BGH 1994–1998, 464 f Schiebeschwenktür; österr VerfGH 28.2.2005 B 492/04 drehstoßmindernde Einrichtung, ÖBl 2005, 208 Ls; BPatG 17.4.2007 4 Ni 62/05.

28   Vgl zur Neuformulierung bei Wegfall von Rückbeziehungen öOPM öPBl 2001, 182, 193 mwN.

29   Bei nach dem 31.12.1977 angemeldeten Patenten, BPatG 23.3.1982 2 Ni 28/81.

30   Kr allerdings BGH GRUR 1999, 145 Stoßwellen-Lithotripter; nach BPatG 30.1.2001 3 Ni 40/99 Mitt 2002, 47 Ls muss sich die Änderung der Beschreibung in den Patentansprüchen niederschlagen; das ist ohne Stütze im Gesetz; BPatG 8.7.2008 3 Ni 66/06 hält die Bescheidung eines entsprechenden Antrags mit der (unzutr und von der strengen Position dieses Senats zur Antragsbindung auch wenig konsequenten) Begründung für entbehrlich, dass keine neue Patentschrift herausgegeben werde; BPatG 18.6.2013 3 Ni 14/12 (EP) zieht Nichtigerklärung von Beschreibungsteilen in Erwägung, wenn diese zu einer unzulässig erweiterten Auslegung der Patentansprüche führen.

Das Patent ... wird [unter Klageabweisung im übrigen] im Umfang seiner Patentansprüche ... für nichtig erklärt. (nicht: Das Patent wird widerrufen!)
  Das Patent ... wird dadurch teilweise für nichtig erklärt, dass seine Patentansprüche folgende Fassung erhalten: ...

Von einer Änderung der Beschreibung wird schon deshalb abgesehen, weil die Urteilsgründe die Anpassung der Beschreibung ersetzen.[31] Bsp bei erfolgreichem Angriff nur auf einzelne Patentansprüche:

Das Patent wird teilweise für nichtig erklärt, und zwar im Umfang seiner Patentansprüche 1 und 2 sowie weiter teilweise im Umfang seiner Patentansprüche 4, 5, 9, 11 und 14, nämlich soweit diese nicht unmittelbar oder mittelbar auf die nicht angegriffenen Patentansprüche 3, 6, 7, 8, 10, 12 und 13 rückbezogen sind.

Wird nur der übergeordnete Patentanspruch beschränkt, bleibt die **Rückbeziehung** des Unteran- **10** spruchs auf den unbeschränkten übergeordneten Patentanspruch bestehen,[32] wenn sie nicht ebenfalls geänd wird.[33] Das muss allerdings nicht notwendigerweise in der Anspruchsformulierung zum Ausdruck kommen, sondern kann auch in den Urteilsgründen festgehalten werden.[34] Besteht die Gefahr von Unklarheiten, empfiehlt es sich, einen neuen Anspruchssatz zu formulieren, jedenfalls aber, die geltenden Rückbeziehungen einzeln aufzuführen.[35]

Echte Unteransprüche werden durch Nichtigerklärung des übergeordneten Patentanspruchs allein **11** nicht berührt (Rn 74 zu § 82). Der für nichtig erklärte Patentanspruch behält seine Bedeutung für die Rückbeziehung des Unteranspruchs.[36] Wird ein Unteranspruch angegriffen, sollte es nach früherer Praxis für seine Beständigkeit genügen, dass er über eine „platte" („glatte") Selbstverständlichkeit hinausgeht oder eine zweckmäßige Ausgestaltung des übergeordneten Schutzanspruchs enthält;[37] für eine derartige Prüfung fehlt indessen eine Grundlage.[38] Der Unteranspruch wird grds schon durch seine Rückbeziehung getragen,[39]

---

31 BGH GRUR 1979, 308 Auspuffkanal für Schaltgase; BGH GRUR 1955, 573 Kabelschelle; BGHZ 172, 88 = GRUR 2007, 778 Ziehmaschinenzugeinheit I; BPatGE 32, 225 = GRUR 1992, 435; BPatG 30.1.2001 3 Ni 40/99 Mitt 2002, 47 Ls bezeichnet das als zur Wahrung der Klägerinteressen ausreichend; vgl auch BPatG 15.5.2015 2 Ni 14/13 (EP), wo aber in den Urteilstenor die Feststellung aufgenommen wird, dass aus Änderungen der Beschreibung gegenüber der Beschreibung der Stammanmeldung keine Rechte hergeleitet werden können; dies entspricht der „Disclaimerlösung" und ist wie diese überflüssig.
32 Vgl BGH 23.9.1999 X ZR 149/96 Bausch BGH 1999–2001, 200 Hub- und Schwenkvorrichtung.
33 Vgl BPatGE 28, 26 = GRUR 1986, 609, GbmLöschungssache.
34 Vgl BGH 18.2.1997 X ZR 25/95 Bausch BGH 1994–1998, 445, 453 Zerstäubervorrichtung.
35 Vgl zB die Tenorierung in BGH 16.9.1997 X ZR 105/94 Bausch BGH 1994–1998, 394 Kabelnebenstöreffekte; BGH 23.9.1999 X ZR 50/97 Bausch BGH 1999–2001, 129 Detektionseinrichtung 01; insoweit zu Unrecht kr *Bausch* in Bausch BGH 1994–1998, VIII, XV.
36 BPatGE 28, 26 = GRUR 1986, 609, GbmLöschungssache, dort auch zur uU zweckmäßigen Formulierung eines einheitlichen neuen Schutzanspruchs; BPatG 25.9.2014 2 Ni 48/12 (EP); vgl *Benkard* § 15 GebrMG Rn 28; vgl auch BGH GRUR 1997, 213 Trennwand, GbmSache, für den Verzicht auf den Hauptanspruch; ÖPA öPBl 2000, 92. Zur Abgrenzung von Neben- und Unteranspruch bei Kategoriewechsel BPatG 24.8.2006 4 Ni 7/05 (EU).
37 BGH GRUR 1954, 317, 322 Leitbleche I; BGH GRUR 1955, 476 Spülbecken; BGH Liedl 1963/64, 172 Hüftgelenkprothese 01; BGHZ 49, 227 = GRUR 1968, 305 Halteorgan, für Zusatzpatent; BGH GRUR 1967, 56, 58 Gasheizplatte; BGH *Liedl* 1967/68, 543 Strangpreßverfahren; BGH GRUR 1994, 357, 359 Muffelofen; BGH 20.10.1993 X ZR 28/92 Bausch BGH 1986– 1993, 474 Müllfahrzeug, nicht in GRUR; BGH 7.12.1993 X ZR 130/90 Bausch BGH 1986–1993, 103 Korrosionshemmungsverfahren; BGH 5.7.1994 X ZR 104/92 Bausch BGH 1994–1998, 242, 249 verschleißfeste Oberfläche; BGH 6.2.1996 X ZR 99/93 Bausch BGH 1994–1998, 102, 112 Niederdruckquecksilberdampfentladungslampe; *Lindenmaier* Mitt 1955, 107; BPatG 9.2.2006 2 Ni 50/04 (EU), anders aber in der Parallelentscheidung BPatG 9.2.2006 2 Ni 51/04 (EU); auf platte Selbstverständlichkeit stellen auch BPatG 8.7.2008 3 Ni 66/06 und BPatG 20.7.2010 4 Ni 79/08 (EU) ab.
38 BPatG 24.11.1993 3 Ni 41/92 (EU) und BPatGE 34, 215 = Bausch BPatG 1994–1998, 500, 502 unter Hinweis auf den numerus clausus der Nichtigkeitsgründe; BPatG Bausch BPatG 1994–1998, 513 f; BPatG 9.2.2006 2 Ni 51/04 (EU); aA offenbar TGI Paris PIBD 783/2003 III 188 = ProprInd Novembre 2004, 18 m kr Anm *Vigand*; vgl für das GbmLöschungsverfahren BPatGE 28, 26 = GRUR 1986, 609; *Bühring* § 15 GebrMG Rn 73.
39 So auch BGH Bausch BGH 1994–1998, 434, 444 Dilatationskatheter; BGH Mitt 2012, 218, 223 Elektronenstrahltherapiesystem, nicht in GRUR; vgl BGH Bausch BGH 1994–1998, 327, 337 Auspreßvorrichtung; BGH 8.1.2002 X ZR 225/98; BGH 24.3.2009 X ZR 67/04; BGH 21.1.2010 Xa ZR 20/06; BGH 10.9.2013 X ZR 41/12; BPatGE 34, 215 = Bausch BPatG 1994–1998, 500; BPatG 25.6.2003 4 Ni 18/02 undok; BPatG 14.2.2006 4 Ni 12/05 (EU); seither stRspr des 4. Senats des BPatG, vgl BPatG GRUR 2013, 53; BPatG GRUR 2013, 165; BPatG 27.10.2009 4 Ni 43/08 (EU); BPatG 13.3.2012 4 Ni 7/11 (EP); BPatG 21.8.2012 4 Ni 24/09; BPatG 14.5.2013 4 Ni 56/10; BPatG 24.9.2013 4 Ni 20/11 (EP); BPatG

so dass die auf mangelnde Patentfähigkeit gestützte Nichtigkeitsklage grds abzuweisen ist, soweit sie sich gegen einen (auch) auf nicht angegriffene übergeordnete Patentansprüche rückbezogenen oder sonst bestehenbleibenden Unteranspruch richtet;[40] das gilt auch bei angegriffenen, aber bestehenbleibenden übergeordneten Patentansprüchen.[41] Anders verhält es sich, wenn sich die den geltend gemachten Nichtigkeitsgrund begründenden Umstände (z.B. Gesetz- oder Sittenwidrigkeit, fehlende Ausführbarkeit, Erweiterung) gerade aus zusätzlichen Merkmalen im Unteranspruch ergeben. Hat der Patentanspruch, auf den der Unteranspruch rückbezogen ist, keinen Bestand, bleibt der angegriffene Unteranspruch bestehen, wenn er selbstständig schutzfähig ist.[42] Die Darlegungslast dafür, dass dies nicht der Fall ist, trifft den Kläger.[43]

12   Bei **Erfolglosigkeit** der Klage:

Die Klage wird abgewiesen. (nicht: Das Patent wird aufrechterhalten!)

13   **Klarstellungen.** Im Nichtigkeitsverfahren sind nur Änderungen des Patents möglich, die eine Einschränkung bedeuten.[44] Eine – früher vielfach praktizierte – bloße Klarstellung ist nach der Rspr des BGH nicht zulässig,[45] jedoch sollte eine solche nicht auch dann angenommen werden, wenn ernsthafte Zweifel über den geschützten Gegenstand beseitigt werden.[46] Klarstellungen kommen grds auch bei eur Patenten nicht in Betracht.[47] Die Verweisung von Teilmerkmalen einer Kombination vom kennzeichnenden Teil in den Oberbegriff des Patentanspruchs ist keine Teilnichtigerklärung, sondern eine Klarstellung.[48] Auch bei Klarstellungen traten die Entscheidungsgründe an die Stelle der Patentschrift.[49] Die Streichung einer Überbestimmung[50] ist im Nichtigkeitsverfahren schon früher als nicht möglich angesehen worden;[51] das gilt wegen des Erweiterungsverbots erst recht im geltenden Recht. Auch sonstige Änderungen, die keine Beschränkung bedeuten, wie Umstellungen von Patentansprüchen, sind grds unzulässig.[52] Jedoch kann es angemessen und uU geboten sein, den nach Teilnichtigerklärung verbleibenden Anspruchssatz neu zu formulieren.

14   Eine Aufstellung **zusätzlicher Patentansprüche** kommt grds nicht in Betracht (Rn 110 zu § 82). Grds zulässig ist jedoch die Aufspaltung eines einheitlichen Patentanspruchs in mehrere eingeschränkte, nebengeordnete Schutzansprüche;[53] gegen eine Aufspaltung in mehrere „geschachtelte" Patentansprüche (nach Art von Haupt- und Unteranspruch) spricht, dass hierfür im Nichtigkeitsverfahren ein Rechtsschutzbedürfnis nicht besteht.[54]

11.3.2014 4 Ni 4/12 (EP); BPatG 28.5.2014 4 Ni 60/11 (EP); BPatG 28.10.2014 4 Ni 33/13 (EP); BPatG 2.2.2016 4 Ni 29/14 (EP); *Benkard* § 22 Rn 23; abw BPatG 25.7.2006 3 Ni 30/03 (EU).

40   BPatG 6.10.1994 2 Ni 32/93 (EU) Schulte-Kartei PatG 81–85 Nr 254; BPatG 4.12.2014 7 Ni 28/14; vgl BGH Bausch BGH 1994–1998, 517, 519 Hub-Kipp-Vorrichtung; BGH Bausch BGH 1994–1998, 445, 455 Zerstäubervorrichtung: unabhängig von der Zweckmäßigkeit der zusätzlichen Merkmale; BGH Bausch BGH 1994–1998, 135, 149 Mischbehälterentleerung; unzutr daher die Tenorierung in BPatG 18.6.2015 1 Ni 20/14 (EP).

41   BPatG 9.9.1976 2 Ni 26/75.

42   Vgl BGH GRUR 2012, 149 Sensoranordnung; BGH 21.8.2012 X ZR 87/11; BPatG 29.1.2004 2 Ni 41/02: „eigenständiger erfinderischer Gehalt"; BPatG 25.8.2010 5 Ni 68/09 (EU); öOPM öPBl 2006, 34 Torblatt.

43   AA offensichtlich BPatG 25.9.2014 2 Ni 48/12 (EP).

44   *Benkard* § 22 Rn 54; BGH Liedl 1956/58, 376, 380 Fugenstreifen; BGH 30.1.1964 I a ZR 163/63; hinsichtlich Klarstellung überholt.

45   BGHZ 103, 262 = GRUR 1988, 757 Düngerstreuer; BPatG 27.3.2008 3 Ni 53/05 (EU); BPatG 9.8.2011 3 Ni 19/08 (EU); BPatG 16.2.2012 2 Ni 6/11 (EP); vgl BPatG 24.7.2012 4 Ni 21/10 Mitt 2013, 39 Ls; BPatG 22.11.2012 2 Ni 16/11 (EP); BPatG 13.12.2012 2 Ni 17/11 (EP); BPatG 21.2.2013 2 Ni 22/11 (EP); BPatGE 54, 1 = Mitt. 2013, 39 Ls; s aber *Benkard* § 22 Rn 85; aA öÖPM öPBl 2001, 182, 191; anders zuletzt BPatG 28.10.2014 2 Ni 22/13 (EP); ÖPA GRUR 1979, 308 f Auspuffkanal für Schaltgase.

46   Vgl auch *Keukenschrijver* GRUR 2001, 571, 574 f mwN.

47   Offen gelassen in BPatG 26.7.2005 4 Ni 6/04 (EU); vgl *Benkard-EPÜ* Art 138 Rn 22 unter Hinweis auf BGH GRUR 2011, 607 kosmetisches Sonnenschutzmittel III.

48   Vgl RG GRUR 1941, 149 f Befestigungsschelle; RG GRUR 1942, 63 f Rotationsvervielfältiger.

49   BGH GRUR 1955, 573 Kabelschelle.

50   Vgl RG Mitt 1940, 61 Mülleinschüttvorrichtung.

51   BGH Liedl 1963/64, 157 ff Fächerreflektor; BGH GRUR 1959, 81 Gemüsehobel.

52   Vgl BGH 21.7.1998 X ZR 15/96 Bausch BGH 1994–1998, 498, 508 Spannvorrichtung; BPatG 27.3.2008 3 Ni 53/05 (EU).

53   BPatG GRUR 2013, 487 „Fixationssystem"; BPatG 24.10.2013 2 Ni 79/11 (EP); *Engel* GRUR 2009, 248, 251.

54   Vgl BGH GRUR 2006, 923 Luftabscheider für Milchsammelanlage; zwd im Hinblick auf § 64 PatG wegen des Erfordernisses des Rechtsschutzbedürfnisses oder der „Veranlassung" im Sinn der Praxis des EPA BPatG GRUR 2013, 487 „Fixationssystem"; das Rechtsschutzbedürfnis bejaht *Engel* GRUR 2009, 248, 251.

Unbedingte Selbstbeschränkung führt, soweit sie in zulässiger Weise erfolgt, zur Nichtigerklärung in **15** ihrem Umfang (vgl Rn 115 zu § 82). Bei (unbedingter) **Selbstbeschränkung** und Klageabweisung im übrigen wird vom BPatG das Patent teilweise für nichtig erklärt. Der BGH hat früher die (beschränkte) Aufrechterhaltung des Patents ausgesprochen;[55] er hat in Einzelfällen[56] auf Klageabweisung/Zurückweisung der Berufung *mit der Maßgabe, dass ... erkannt,* erklärt aber idR ebenfalls teilweise für nichtig. Zur teilweisen Nichtigerklärung fremdsprachiger eur Patente Rn 7 zu Art II § 6 IntPatÜG.

b. Die (nicht selbstständig anfechtbare) **Kostenentscheidung** (Abs 2 Satz 2) ergeht regelmäßig zu- **16** sammen mit der Sachentscheidung vAw,[57] ausnahmsweise, insb nach (vollständiger) Erledigung der Hauptsache (bei Teilerledigung erfolgt sie mit der Kostenentscheidung in der Hauptsache),[58] bei Unterbleiben einer Sachentscheidung auch isoliert. Sie ist bei der instanzabschließenden Entscheidung notwendig zu treffen, nicht auch bei Zwischen- und Teilurteilen.[59] Unterbliebene Kostenentscheidung kann entspr § 321 ZPO nachgeholt werden.[60] Die Kostenentscheidung erfasst neben den Kosten und Auslagen des BPatG auch die Kosten und notwendigen Auslagen der Parteien. Im Fall der Zurückverweisung durch den BGH entscheidet das BPatG auch über die Kosten des Berufungsverfahrens.[61] Bleibt die Berufung nach der neuen Entscheidung im wesentlichen ohne Erfolg, treffen ihre Kosten den Berufungsführer.[62]

Bei **Klagerücknahme** findet § 269 Abs 3, 4 ZPO Anwendung.[63] Mutmaßungen des Streithelfers des **17** Klägers, die Klagerücknahme sei durch Versprechen des Beklagten zur Kostenübernahme veranlasst worden, rechtfertigen keine Abweichung.[64] Der Billigkeitsgedanke kann nach Auffassung des BPatG jedoch berücksichtigt werden, wenn die Klagerücknahme auf einem außergerichtlichen Vergleich beruht und die beschränkte Verteidigung keine unmittelbare, sofortige Reaktion auf die Klage darstellt.[65]

Inhalt. Es wurde als für die Kostentragungspflicht ohne Bedeutung angesehen, ob das Unterliegen **18** auf von der obsiegenden Partei vorgelegtes Material oder vAw eingeführtes (soweit dies nach der neueren Rspr des BGH noch möglich ist) zurückzuführen ist.[66] Die Vorschriften der ZPO über die Kosten sind nur entsprechend anzuwenden, soweit nicht die Billigkeit eine andere Entscheidung erfordert (Abs 1 Satz 1 1. Halbsatz; vgl Rn 35). Somit richtet sich die Kostenentscheidung grds nach §§ 91 ff ZPO nach dem Obsiegen und Unterliegen und führt in dessen Verhältnis idR zu einer quotenmäßigen Aufteilung, soweit nicht einer Partei die Kosten insgesamt auferlegt werden:

Die Klägerin/Beklagte trägt die Kosten des Rechtsstreits.

Bei **Teilerfolg** sind die Kosten gegeneinander aufzuheben oder verhältnismäßig zu teilen (ausnahms- **19** weise nicht bei geringfügigem Zurückbleiben der Entscheidung hinter dem Antrag,[67] § 92 ZPO, ebenso bei Beschränkung, die nur marginale Auswirkungen auf den wirtschaftlichen Wert des Streitpatents

55 BGHZ 21, 8 = GRUR 1956, 409 Spritzgußmaschine I.

56 BGH 8.6.1993 X ZR 121/90 Bausch BGH 1986–1993, 511 Schließvorrichtung; BGH 5.10.1993 X ZR 100/90 Bausch BGH 1986–1993, 524 Schneidwerkzeug 02; BGH GRUR 2012, 149 Sensoranordnung.

57 BGH GRUR 1998, 138 Staubfilter.

58 Vgl BGH GRUR 2010, 607 Fettsäurezusammensetzung; BPatG 15.6.2010 3 Ni 37/08 (EU).

59 Vgl *Mes* Rn 23.

60 *Fitzner/Lutz/Bodewig* Rn 25; *Benkard* § 7 GebrMG Rn 15a; vgl DPA BlPMZ 1956, 16.

61 *Benkard*[10] Rn 12; *Fitzner/Lutz/Bodewig* Rn 27; vgl BPatG 21.8.2012 4 Ni 24/09; *Benkard*[11] § 121 Rn 4.

62 BPatG 29.7.2004 2 Ni 8/01 (EU); BPatG 12.2.2014 5 Ni 59/10 (EP); vgl für den umgekehrten Fall BPatG 7.6.2005 3 Ni 11/01 (EU).

63 Vgl BPatGE 52, 65 = GRUR 2009, 1195.

64 BGH 24.6.2008 X ZR 3/08.

65 BPatG 9.5.2011 3 Ni 25/09.

66 Vgl DPA Mitt 1957, 150; DPA Mitt 1957, 194 f; BPatGE 1, 175 = BlPMZ 1962, 42, GbmLöschungssache; kr *Benkard* Rn 40.

67 ZB BGH 23.3.2000 X ZR 22/98 Bausch BGH 1999–2001, 157 Kreiselpumpe für Haushaltsgeräte: bei Zurückweisung des Antrags auf Streichung einer Figur der Zeichnungen; BGH 17.9.2013 X ZR 53/12, insoweit ohne Gründe; BPatG 20.7.2011 5 Ni 69/09 (EU).

hat).[68] Als maßgeblich ist der Umfang der Verringerung des Gegenstands des Schutzrechts angesehen worden:[69]

> *Von den Kosten des Rechtsstreits tragen die Klägerin [Bruchteil], die Beklagte [Bruchteil].*
> oder:
> *Die Kosten des Rechtsstreits werden gegeneinander aufgehoben.*

20 Das Risiko eines **zu weit gefassten Antrags** trägt grds der Kläger;[70] das ist insoweit auf Kritik gestoßen und iS einer „Anomalie" problematisch, als der Kläger seinen Angriff nach der Rspr nur auf abgrenzbare Teile des Patents beschränken kann.[71] Zur Berücksichtigung einer Selbstbeschränkung im Rahmen der Billigkeitsklausel Rn 35.

21 **Mutwillige Klageerhebung** kann zur Kostenauferlegung führen; sie wurde bejaht, wenn eine unter dem Einfluss des Klägers stehende Person zu einem bereits anhängigen Verfahren dasselbe Rechtsschutzziel verfolgt und bei Erhebung der weiteren Klage eine abschließende Entscheidung des BGH in dem anhängigen Verfahren, die möglicherweise zur Erledigung des zweiten Rechtsstreits führt, unmittelbar bevorstand.[72]

22 **Sofortiges Anerkenntnis.** Der Rechtsgedanke des § 93 ZPO ist anwendbar.[73] Hat der Beklagte keine Veranlassung zur Klage gegeben[74] und erkennt er sofort[75] an, treffen die Kosten entspr § 93 ZPO den Kläger,[76] für eine Kostenteilung fehlt in diesem Fall eine Grundlage; der Kläger soll seine Rechte entspr dem Sinn des § 93 ZPO zunächst ohne gerichtliche oder behördliche Hilfe geltend machen.[77] Ein Anerkenntnis im zivilprozessualen Sinn kommt allerdings nicht in Betracht (Rn 92 zu § 82); mithin muss ein Verhalten des Patentinhabers genügen, das dem Kläger hinreichende Sicherheit bietet, aus dem Patent nicht in Anspruch genommen zu werden.[78] Als ausreichend wurden Verzicht auf das Patent und auf Ansprüche aus ihm für die Vergangenheit,[79] beschränkte Verteidigung mit Verzicht auf weitergehenden Schutz für Vergangenheit und Zukunft bei Fehlen einer vorangegangenen Beschränkungsaufforderung angesehen;[80] ebenso Beschränkungsantrag unter Verzicht dessen Rücknahme[81] oder wenn der Patentinhaber innerhalb der Widerspruchsfrist des § 82 Abs 2 ausdrücklich erklärt, dass er der Klage nicht wider-

---

68 BGH 21.1.2010 Xa ZR 20/06; vgl BPatG 18.9.2013 5 Ni 72/11 (EP); BPatG 2.10.2014 7 W (pat) 62/14 (EP): Wegfall einzelner Unteransprüche.

69 Vgl BPatGE 12, 193, 200 = Mitt 1972, 75; BPatGE 22, 126, 129 = Mitt 1980, 99, GbmLöschungssachen; vgl auch BPatG 20.6.2007 4 Ni 65/05; BPatG 13.3.2014 7 Ni 4/14; zur Kostenaufhebung BPatG 4.6.2014 5 Ni 71/12 (EP).

70 BPatGE 12, 193 = Mitt 1972, 75, GbmLöschungssache; vgl auch BPatG 20.6.2007 4 Ni 65/05 (EU).

71 Vgl zur Problematik den Vortrag von *Melullis* auf der FORUM-Fachtagung Patentecht am 1.12.2004 in München („Bisher wurde nicht immer beachtet, dass [die Beschränkung der Angriffsmöglichkeit] an sich Folgen für die Kostenentscheidung bei Teilvernichtung haben müsste") sowie BPatG 13.10.1994 2 Ni 45/93 Bausch BPatG 1994–1998, 25, 27 ff.

72 BPatGE 46, 255 = GRUR 2003, 726.

73 BGH GRUR 1984, 272 Isolierglasscheibenrandfugenfüllvorrichtung; BPatG Mitt 2011, 565; BPatG 8.7.2010 35 W (pat) 48/09, GbmLöschungssache; in BGH GRUR 1961, 278 Lampengehäuse noch offengelassen; vgl zum Feststellungsantrag § 163 Abs 6 öPatG und hierzu ÖPA öPBl 1997, 237, 239.

74 Hierzu BPatG 8.3.2005 4 Ni 15/04 (EU); BPatG 14.11.2012 3 Ni 16/12; vgl BPatG 21.6.2010 2 Ni 28/08.

75 Hierzu BGH GRUR 1961, 278 Lampengehäuse; BPatG 21.6.2010 2 Ni 28/08; BPatG 26.1.2011 5 Ni 25/10: innerhalb der Widerspruchsfrist; BPatG 18.7.2012 4 Ni 3/12 (EP): bei Beschränkung auf Null; *Fitzner/Lutz/Bodewig* Rn 38.

76 BGH Isolierglasscheibenrandfugenfüllvorrichtung; BGH GRUR 1982, 364 Gebrauchsmusterlöschungsverfahren, GbmLöschungssache; BPatGE 8, 47, Gbm-Löschungssache; BPatGE 8, 171, GbmLöschungssache; BPatGE 17, 86; BPatGE 19, 126 = BlPMZ 1977, 191; BPatGE 22, 33, 34 f = GRUR 1979, 635; BPatGE 22, 290 = GRUR 1980, 782; BPatGE 25, 138 = GRUR 1983, 504; BPatG 1.9.2010 10 Ni 10/09; BPatGE 53, 59 = Mitt 2011, 565; *Benkard* § 82 Rn 27; *Bühring* GebrMG § 17 Rn 60 ff.

77 *Benkard* § 82 Rn 27; *Fitzner/Lutz/Bodewig* Rn 34.

78 BPatG 25.5.2009 5 Ni 25/09; BPatG 26.5.2010 3 Ni 18/09 (EU); BPatG 14.11.2012 3 Ni 16/12; vgl BGH GRUR 2004, 138, 141 dynamisches Mikrofon; *Mes* Rn 33.

79 BPatG 25.5.2009 5 Ni 25/09; BPatG 26.5.2010 3 Ni 18/09 (EU); BPatG 21.7.2009 3 Ni 21/08 (EU); vgl BPatG 15.11.2011 4 Ni 4/11 (EP); *Schulte* Rn 43 f.

80 BGH Isolierglasscheibenrandfugenfüllvorrichtung; BGH GRUR 2013, 1283 Druckdatenübertragungsverfahren: auch Erklärung des Patentinhabers, er erkenne das Klagebegehren an; BPatG 16.10.2007 3 Ni 44/04 (EU); BPatG 23.2.2009 5 Ni 15/09; BPatG 21.7.2009 3 Ni 21/08 (EU); BPatG 4.12.2014 7 Ni 28/14; aA BPatGE 42, 92 = Mitt 2000, 333, weil der Kläger das Patent nur über die Klage beseitigen könne, ebenso BPatG 27.3.2014 7 Ni 6/14 (EP).

81 BGH dynamisches Mikrofon; BGH Druckdatenübertragungsverfahren.

spreche (zwh),[82] nicht dagegen beschränkte Verteidigung als solche[83] oder beschränkte Erklärung des Widerspruchs.[84] Zugunsten des Klägers, der in Unkenntnis des Verzichts noch klagt, kann der Grundsatz nicht herangezogen werden.[85] Bei unvollständigem Verzicht kommt Kostenteilung in Betracht.[86]

Veranlassung zur Klage gibt ein Verhalten, das vernünftigerweise den Schluss rechtfertigt, eine **23** Nichtigkeitsklage (Löschungsverfahren) sei notwendig.[87] Erfasst sind grds schwebende Verletzungsstreitigkeiten.[88] Ob dies bei Erhebung der Verletzungsklage auch bei fehlender Verzichtsaufforderung der Fall ist, ist unterschiedlich beurteilt worden.[89]

Die **Nichtbeachtung einer** angemessen befristeten und mit Gründen versehenen vorprozessualen **24** **Verzichtsaufforderung**, die nur bei Aussichtslosigkeit und Unzumutbarkeit entbehrlich ist,[90] gibt Veranlassung zur Klage, Fehlen der Aufforderung steht ihr grds entgegen („Klageüberfall"),[91] selbst wenn Verzicht auf Ansprüche aus dem Schutzrecht oder Einräumung eines kostenlosen Mitbenutzungsrechts verlangt wurde.[92] Das ist auch dann der Fall, wenn der Patentinhaber dem potentiellen Kläger trotz Aufforderung nicht schon vor Klageerhebung eine Rechtsstellung verschafft, die mit der nach Nichtigerklärung des Patents vergleichbar ist, etwa dadurch, dass er beim Patentamt die Beschränkung des Patents beantragt und auf das Recht zur Rücknahme dieses Antrags verzichtet, nicht aber durch einen nur gegenüber einzelnen Personen erklärten Verzicht auf die Rechte aus dem Patent, weil die Wirkungen des Patents gegenüber sonstigen Personen hiervon unberührt bleiben.[93] Wird die Nichtigkeitsklage unter Angabe von Gründen angedroht, bedarf es keiner Verzichtsaufforderung;[94] hohe Anforderungen an die Begründung werden nicht gestellt.[95]

Mit Berechtigungsanfrage, **Verwarnung** und bloßer Ankündigung der Inanspruchnahme gerichtli- **25** cher Hilfe für den Fall, dass eine strafbewehrte Unterlassungserklärung nicht abgegeben wird, wird die vorprozessuale Ebene noch nicht verlassen; in einem solchen Fall bedarf es besonderer Umstände, die die Verzichtsaufforderung im Hinblick auf § 93 ZPO als entbehrlich erscheinen lassen.[96] Solche besonderen Umstände liegen noch nicht in der Ankündigung, gerichtliche Hilfe in Anspruch nehmen zu wollen.[97] Unschädlich ist eine Verzichtsaufforderung, die über den späteren Antrag hinausgeht.[98]

82 BPatG 4.3.1998 2 Ni 48/97 Schulte-Kartei PatG 81–85 Nr 294; BPatG 7.5.2009 10 Ni 5/08; BPatG 18.6.2012 2 Ni 47/11 (EP).

83 BGH dynamisches Mikrofon; BPatG 12.6.2008 10 Ni 6/07.

84 BPatG 15.11.2011 4 Ni 4/11 (EU).

85 BPatGE 24, 11 = GRUR 1981, 819, GbmLöschungssache; *Benkard*[10] § 81 Rn 39 und *Benkard*[11] § 17 GebrMG Rn 24a.

86 *Benkard*[10] § 81 Rn 37 unter Hinweis auf BPatGE 19, 126, 128 = BlPMZ 1977, 191.

87 BPatG GRUR 2015, 104 „L-Arginin"; BPatG 4.11.2014 4 Ni 10/14; BPatGE 2, 211, 213 = GRUR 1965, 33; BPatGE 13, 210, 213; BPatGE 18, 185, 187; BPatGE 21, 38 f = Mitt 1978, 177; BPatGE 22, 285, 289; BPatGE 29, 237, 239; stRspr des GbmSenats; *Bühring* GebrMG § 17 Rn 67.

88 BPatG GRUR 1987, 233; BPatG 8.2.2011 3 Ni 8/09 (EU); BPatG 14.11.2012 3 Ni 16/12.

89 Bejahend BPatGE 28, 197 = GRUR 1987, 233; *Schulte* Rn 40; grds bejahend BPatG Mitt 2011, 565, das bei einem eur Patent weiter konkrete Umstände fordert, die die Annahme rechtfertigen, dass der Patentinhaber ohne weitere Vorwarnung mit Klage rechnen musste; einschränkend bei Inanspruchnahme lediglich aus ausländ Teil eines eur Patents BPatGE 34, 93; verneinend BPatG GRUR-RR 2009, 325; BPatGE 53, 59 = Mitt 2011, 565; vgl BPatG 18.9.2014 4 Ni 10/14 (EP); *Benkard* § 82 Rn 30.

90 *Benkard* § 82 Rn 30; BPatG 26.5.2010 3 Ni 18/09 (EU); BPatG 4.11.2014 4 Ni 10/14 (EP); vgl aber OLG Frankfurt GRUR 2002, 193, Markensache: keine Aufklärungspflicht bei Popularklage, wenn der Markeninhaber keine Rechtsverletzung begangen hat.

91 BPatGE 22, 33, 35 = GRUR 1979, 635; BPatG 23.2.2005 5 Ni 15/09; BPatG 4.11.2010 10 Ni 51/10; BPatG 26.1.2011 5 Ni 25/10; BPatG 18.6.2012 2 Ni 47/11 (EP); BPatG 14.11.2012 3 Ni 16/12.

92 BPatGE 21, 38 = Mitt 1978, 177, 179; BPatGE 25, 138 = GRUR 1983, 504; vgl BPatGE 21, 38, 40 = Mitt 1978, 177, BPatG Mitt 1979, 98 und BPatGE 30, 177, 178 = GRUR 1989, 587, GbmLöschungssachen; zum Mitbenutzungsrecht BGH Gebrauchsmusterlöschungsverfahren; *Benkard* § 17 GebrMG Rn 21; aA noch BPatGE 13, 210 zum Verzicht auf Ansprüche, sowie BPatGE 25, 138 f = GRUR 1983, 504 und BPatG 18.6.1975 5 W (pat) 60/74 zur Einräumung des Mitbenutzungsrechts.

93 BGH GRUR 2013, 1283 Druckdatenübertragungsverfahren.

94 BPatG 4.11.2014 4 Ni 10/14 (EP) unter Hinweis auf BPatGE 26, 139 = GRUR 1984, 654, Gebrauchsmustersache.

95 BPatG 4.11.2014 4 Ni 10/14 (EP).

96 BPatGE 53, 59 = Mitt 2011, 565; BPatG 1.9.2010 10 Ni 10/09; BPatGE 19, 126 = BlPMZ 1977, 191; BPatGE 25, 138 = GRUR 1983, 504; vgl BPatGE 21, 17 f = Mitt 1978, 175 und BPatGE 29, 237, 239, GbmLöschungssachen; aA wohl BPatGE 22, 33, 35 = GRUR 1979, 635.

97 BPatG GRUR-RR 2009, 325; BPatG 1.9.2010 10 Ni 10/09.

98 BPatGE 30, 177 = GRUR 1989, 587, GbmLöschungssache.

26   Erfolglose **Aufforderung von dritter Seite** ist nicht ohne weiteres ausreichend.[99] Der Aufforderung bedarf es auch, wenn der Inhaber von der Neuheitsschädlichkeit einer eigenen Veröffentlichung oder Vorbenutzung Kenntnis hatte.[100]

27   Eine Verwarnung macht die Verzichtsaufforderung **nicht entbehrlich**,[101] erst recht nicht die bloße Erteilung des Patents[102] oder die Aufrechterhaltung in Kenntnis der Schutzunfähigkeit,[103] ob auch die Androhung, eine einstweilige Verfügung zu erwirken, ist zwh;[104] jedenfalls kann die Einleitung des Verfügungsverfahrens die Aufforderung unzumutbar werden lassen.[105]

28   Ein Vorgehen aus einem **Parallelpatent** genügt nicht.[106]

29   Die Aufforderung muss **ernstlich gemeint** sein.[107] Die Erklärung, sich das Vorgehen gegen das Schutzrecht vorzubehalten, steht der Ernsthaftigkeit der Aufforderung grds nicht entgegen.[108]

30   Eine besondere **Form** ist nicht erforderlich.[109]

31   Die **Frist** muss angemessen sein.[110] Regelmäßig wird Monatsfrist zu verlangen sein.[111] Bei zu kurzer Frist und Erklärung des Inhabers, sich innerhalb angemessener Frist zu äußern, ist Anlass zur Klage nicht gegeben.[112] Maßgeblich ist die Frist, die tatsächlich zur Verfügung steht, dh bis Zustellung der Klage oder des Antrags.[113]

32   Für die **Begründung der Aufforderung** genügt es, wenn der geltendgemachte Nichtigkeitsgrund (Löschungsgrund) nebst den für ihn vorgebrachten Tatsachen nicht völlig abwegig erscheint.[114]

33   Der Anlass zur Klage wird durch den (dem DPMA gegenüber zu erklärenden)[115] **Verzicht auf das Schutzrecht** ausgeräumt,[116] ob auch durch andere Handlungen, ist Frage des Einzelfalls.[117] Die nachträgli-

---

99   BPatG GRUR 1978, 40.

100   BPatGE 18, 185, 187 gegen BPatGE 1, 171 = GRUR 1965, 85, unter Billigkeitsgesichtspunkten, GbmLöschungssachen; *Benkard* § 17 GebrMG Rn 23.

101   BPatGE 53, 59 = Mitt 2011, 565; BPatGE 19, 126 = BlPMZ 1977, 191; BPatGE 25, 138 = GRUR 1983, 504; vgl BPatGE 21, 17 f = Mitt 1978, 175 und BPatGE 29, 237, 239, GbmLöschungssachen; aA wohl BPatGE 22, 33, 35 = GRUR 1979, 635.

102   AA *von Gamm* § 93 ZPO und die Abmahnung im gewerblichen Rechtsschutz, NJW 1961, 1048, 1050.

103   BPatGE 18, 185.

104   Die Rspr in GbmSachen bejaht hier die Entbehrlichkeit, BPatGE 2, 111 = GRUR 1965, 33; BPatGE 22, 285, 289; *Benkard* § 17 GebrMG Rn 23.

105   Vgl *Benkard* § 82 Rn 30.

106   BPatGE 34, 93: ausländ Teil eines eur Patents, ebenso BPatG 18.6.2012 2 Ni 47/11 (EP); BPatGE 34, 131: erstrecktes DDR-Patent und eur Patent.

107   BPatGE 8, 171, 175.

108   BPatG Mitt 1979, 98 und BPatG 14.2.1978 5 W (pat) 36/77, GbmLöschungssachen; aA *Paul* Löschungsandrohung vor Löschungsantragstellung bei Gebrauchsmustern, Mitt 1978, 155; vgl auch BPatG 10.7.1978 5 W (pat) 74/77, wo, anders als noch in BPatG 18.6.1975 5 W (pat) 60/74, die Ankündigung des anwaltlichen Vertreters, er werde im Weigerungsfall Löschungsantrag empfehlen, als ausreichend angesehen wurde.

109   BPatGE 8, 47, 52; OLG Frankfurt GRUR 1988, 32; *Benkard* § 82 Rn 29 mit Hinweis auf die sekundäre Darlegungslast; *Benkard* § 17 GebrMG Rn 22; aA DPA Mitt 1960, 202; RPA BlPMZ 1942, 16; RPA BlPMZ 1942, 87; *Bühring* § 17 GebrMG Rn 70, der auf Gründe der Rechtssicherheit abstellt und dabei außer acht lässt, dass es nur um die kostenrechtl Folgen geht.

110   *Benkard* § 82 Rn 29; *Bühring* § 17 GebrMG Rn 80.

111   4. *Aufl* § 9 GebrMG Rn 14; *Benkard* § 82 Rn 29; *Bühring* § 17 GebrMG Rn 81, wonach zwei Wochen nicht unterschritten werden dürfen.

112   Vgl RPA Mitt 1940, 141.

113   BPatGE 2, 211, 214 = GRUR 1965, 33; BPatGE 8, 47, 53; BPatG Mitt 1979, 98; *Benkard* § 82 Rn 29; *Bühring* § 17 GebrMG Rn 82.

114   BPatGE 26, 139, 141 f = GRUR 1984, 654; BPatGE 30, 177, 179 = GRUR 1989, 587, GbmLöschungssachen; vgl auch BPatG 28.2.1974 5 W (pat) 62/73: geringe Anforderungen, wenn sogar für Nichtfachmann jede Erfindungsqualität fehlt; anders noch BPatGE 8, 171; aA auch BPatGE 25, 138 = GRUR 1983, 504, wo auf Substantiierung iS einer Schlüssigkeitsprüfung abgestellt wird; es bietet sich allerdings an, eine offensichtlich unschlüssige Aufforderung im Rahmen der Billigkeitsklausel zu berücksichtigen; ähnlich *Benkard* § 17 GebrMG Rn 22; vgl *Bühring* § 17 GebrMG Rn 76; vgl auch BPatGE 20, 132, wo die außergerichtlichen Kosten gegeneinander aufgehoben wurden.

115   BPatGE 22, 290 = GRUR 1980, 782 und BPatG GRUR-RR 2009, 325 lassen Erklärung gegenüber dem BPatG ausreichen; ebenso *Fitzner/Lutz/Bodewig* Rn 35, zwh.

116   BPatGE 53, 59 = Mitt 2011, 565.

117   Vgl BPatGE 42, 92 = Mitt 2000, 333: nicht bei Verteidigung in beschränktem Umfang; zum GbmLöschungsverfahren BPatGE 8, 47, 50 f; BPatG 17.7.1975 5 W (pat) 38/74: Angebot, das Schutzrecht nicht geltend zu machen, gegenüber Verzichtsaufforderung nicht ausreichend; vgl auch *Benkard* § 17 GebrMG Rn 24.

che Geltendmachung eines weiteren Nichtigkeitsgrunds eröffnet erneut die Möglichkeit des Anerkenntnisses.[118] Bei Verzicht vor Zustellung der Klage kommt es lediglich auf die Veranlassung zu dieser an.[119] Neben dem nur für die Zukunft wirkenden Verzicht ist weiter der Verzicht auf die Ansprüche für die Vergangenheit gegenüber dem Nichtigkeitskläger erforderlich,[120] soweit solche in Betracht kommen,[121] umgekehrt ist Verzicht auf diese Ansprüche ohne Verzicht auf das Schutzrecht nicht ausreichend.[122]

Auf Klage hin kann, sofern eine Verzichtsaufforderung nicht erfolgt war, noch **innerhalb der Wider-** **34** **spruchsfrist** mit der Kostenbegünstigung entspr § 93 ZPO verzichtet werden. Dass der Verzicht gegenüber dem DPMA erst nach Ablauf der Widerspruchsfrist erklärt wird, steht einem sofortigen Anerkenntnis nicht entgegen, wenn eine vorbehaltlose und unmissverständliche Erklärung gegenüber dem BPatG innerhalb dieser Frist abgegeben wird.[123]

Jedenfalls im Rahmen der (vom BPatG großzügig angewandten) **Billigkeitsklausel** des Abs 2 Satz 2 **35** ist zB zu berücksichtigen, dass der Beklagte nicht darauf hinweist, dass er nicht der richtige Beklagte ist, wenn ein solcher Hinweis erwartet werden kann.[124] Weiter kann berücksichtigt werden, dass der Beklagte im Weg der Selbstbeschränkung oder der Durchführung eines Beschränkungsverfahrens das Patent nur eingeschränkt verteidigt und damit den Verhandlungsstoff beschränkt.[125] Der 3., 4. und 5. Senat des BPatG haben die die Verfahrenskosten, die darauf beruhen, dass sich der Beklagte (unbedingt oder hilfsweise) eingeschränkt verteidigt und sich der Kläger hiermit sogleich einverstanden erklärt, nach der Billigkeitsregelung in Abs 2 Satz 2 dem Beklagten auferlegt.[126] Infolge der Annahme einer Bindung an die verteidigten Fassungen wurde dies auch auf die hilfsweise erklärte Selbstbeschränkung angewandt.[127] Ähnlich hat der 2. Senat des BPatG berücksichtigt, dass sich ein Kläger nicht gegen eine mit Erfolg verteidigte hilfsweise Antragsfassung gewandt hat.[128] Auch das Fallenlassen eines weiteren Nichtigkeitsgrunds kann jedenfalls im Rahmen der Billigkeitsklausel berücksichtigt werden.[129] Nach Verbindung mehrerer Klagen kann berücksichtigt werden, dass die Kläger das Streitpatent in unterschiedlichem Umfang angegriffen haben.[130] Jedoch erscheint es im Ergebnis nicht unbdkl, eine nach den Regeln der ZPO teilweise mit Kosten zu belastende Partei mit einer bloßen pauschalen Bezugnahme auf die Billigkeitsregelung ganz von Kosten freizustellen.[131] Auch ein „Anerkenntnis" der Kostenlast wurde berücksichtigt.[132] Zu berücksichtigen ist grds

---

118 BPatGE 11, 235, 241 f; BPatGE 24, 36, 40 = GRUR 1981, 908 f, GbmLöschungssachen.
119 BPatGE 28, 80 = GRUR 1986, 808, GbmLöschungssache.
120 BGH GRUR 1961, 278 Lampengehäuse; BGH GRUR 2004, 138, 141 dynamisches Mikrofon; BGH GRUR 2013, 1282 Druckdatenübertragungsverfahren; BPatGE 19, 126, 128 = BlPMZ 1977, 191; BPatGE 22, 33 = GRUR 1979, 635; BPatG 14.11.2012 3 Ni 16/12; *Benkard* § 82 Rn 32 f.
121 BPatGE 22, 290 = GRUR 1980, 782.
122 BPatGE 25, 43 f = BlPMZ 1983, 46; *Benkard*[10] § 81 Rn 38.
123 BPatGE 22, 290 = GRUR 1980, 782; aA noch BPatGE 3, 172 f = GRUR 1964, 499; vgl aber für das öst Recht öOPM öPBl 2000, 113.
124 BGH GRUR 1966, 107 Patentrolleneintrag; *Fitzner/Lutz/Bodewig* Rn 29.
125 BPatG 25.10.2006 4 Ni 44/04 (EU); BPatG 10.3.2009 3 Ni 72/06 (EU); BPatG 21.6.2010 2 Ni 28/08; *Schulte* Rn 51; vgl BPatGE 34, 264; abl BPatG 6.2.2012 5 Ni 37/10 (EP); BPatG 21.3.2013 10 Ni 14/11 (EP); vgl auch BGH 23.10.2001 X ZR 210/98 Bausch BGH 1999–2001, 579 Befestigungselement 02, wo berücksichtigt wurde, dass der Kläger sein Klageziel ungeachtet der abw Formulierung in der Urteilsformel im wesentlichen erreicht hat; vgl weiter BPatG 4.7.2013 10 Ni 21/11, wo berücksichtigt wird, dass sich der Beklagte durch die beschränkte Verteidigung in die Rolle des Unterlegenen begeben hat; hierauf heben auch BPatG GRUR 2015, 104 „L-Arginin" und *Benkard* Rn 31 ab (problematisch).
126 BPatGE 51, 45 = GRUR 2009, 46 „Ionenaustauschverfahren"; BPatG 19.2.2013 4 Ni 25/10 (EU); BPatG 6.2.2012 5 Ni 3/10; vgl auch BPatGE 52, 65 = GRUR 2009, 1195; BPatG 10.3.2009 3 Ni 72/06 (EU); BPatG 9.5.2011 3 Ni 25/09: nicht, wenn keine sofortige Reaktion auf die Klage; BPatG 28.6.2012 4 Ni 3/11 (EP); BPatGE 54, 31 = GRUR 2013, 655; BPatG 19.2.2013 4 Ni 25/10; BPatG 27.8.2013 4 Ni 49/11 (EP); BPatG 18.8.2015 4 Ni 20/14 (EP); vgl BPatG 28.12.2015 4 Ni 15/10 (EP): auch bei Beschränkung durch den BGH im Berufungsverfahren; *Benkard* Rn 42; *Mes* Rn 41; aA BPatG 10.2.2011 10 Ni 8/10 (EU) unter Hinweis auf BPatG 19.12.1996 2 Ni 29/95.
127 BPatGE 51, 45, 51 = GRUR 2009, 46 „Ionenaustauschverfahren"; ebenso BPatG 12.3.2013 4 Ni 13/11 Mitt 2013, 352 Ls „Dichtungsring"; BPatG 27.8.2013 4 Ni 49/11 (EP).
128 BPatG 15.3.2010 2 Ni 17/09 (EU).
129 Vgl BPatGE 36, 75, 76, dort offengelassen, ob das einer Teilklagerücknahme gleichzuerachten ist; BGH 5.5.1998 X ZR 57/96 Regenbecken, insoweit nicht in GRUR.
130 BPatG 14.6.2007 2 Ni 32/05 (EU).
131 So aber BPatG 10.10.2006 3 Ni 52/03 (EU).
132 BPatG 19.6.2011 2 Ni 16/09.

weiter rechtsmissbräuchliches Verhalten.[133] Kostenverteilung aus Billigkeitsgründen kommt schließlich in Betracht, wenn die Klage zurückgenommen wird, nachdem der Beklagte das Streitpatent entspr dem ursprünglichen (unzulässigen) Klageantrag beschränkt hat.[134]

36   **Mehrheit von Klägern.** Mehrere Kläger haften nach Kopfteilen.[135] Bsp:

> *Die Beklagte trägt [Bruchteil] der Gerichtskosten, die außergerichtlichen Kosten der Klägerin zu 1 und [Bruchteil] der außergerichtlichen Kosten der Klägerin zu 2. Die Klägerin zu 2 trägt [Bruchteil] der Gerichtskosten und [Bruchteil] der außergerichtlichen Kosten der Beklagten.*

37   Dass mehrere Kläger **Nichtigkeitsklage** nicht gemeinsam, sondern jeweils **getrennt erheben**, rechtfertigt es nicht, unter Billigkeitsgesichtspunkten von der bei teilweisem Obsiegen grds vorgesehenen Kostenverteilung nach Unterliegensanteilen abzuweichen. Unabhängig von der Frage, ob nicht auch bei Erhebung einer Nichtigkeitsklage durch mehrere Kläger bei jedem der Kläger eine Gerichtsgebühr fällig wird oder ob dies nur in Höhe einer Gerichtsgebühr der Fall ist, kann den Klägern grds nicht vorgehalten werden, dass sie mutwillig nicht gemeinsam Klage erheben, da die Patentnichtigkeitsklage als Popularklage von jedermann erhoben werden kann, ohne dass regelmäßig unter Kostengesichtspunkten die Obliegenheit besteht, sie gemeinsam mit anderen potentiellen Klägern zu erheben oder einem anhängigen Patentnichtigkeitsverfahren als weiterer Kläger beizutreten.[136]

38   Die Kostenverteilung erfolgt bei **unterschiedlichem Erfolg** mehrerer Streitgenossen (Vollangriff und Teilangriff) nach der „Baumbach'schen Formel".[137]

39   Eine prozessuale Kostenpflicht **mehrerer Kläger untereinander** tritt nicht ein.[138]

40   **Mehrheit von Beklagten.** Ob mehrere Beklagte im Fall des Unterliegens als Gesamtschuldner oder nach Kopfteilen haften, ist str. Das BPatG hat es grds als gerechtfertigt angesehen, sie entspr dem Gedanken des § 159 Satz 2 VwGO als Gesamtschuldner haften zu lassen, der BGH fordert wegen Abweichung von § 100 Abs 1 ZPO Prüfung des Einzelfalls und lehnt gesamtschuldnerische Verurteilung jedenfalls dann ab, wenn die Rechtsverteidigung eines der Beklagten weniger Kosten verursacht hat als die des anderen;[139] in diesem Fall kann eine Anwendung von § 100 Abs 3 ZPO in Betracht kommen.[140] Entscheidungsformel zB:

> *Die Beklagten tragen die Kosten des Rechtsstreits mit Ausnahme der durch die Beweisaufnahme veranlassten Kosten, die der Beklagte zu 1 zu tragen hat.*

41   **Kosten der Nebenintervention.** Es gilt § 101 ZPO. Eine Entscheidung über die Kosten des Nichtigkeitsverfahrens erfasst auch ohne ausdrückliche Erwähnung die Kosten der streitgenössischen Nebenintervention.[141]

42   Für die durch eine zulässige **einfache Streithilfe** im Hauptverfahren verursachten Kosten gilt § 101 Abs 1 ZPO. Über sie wird gesondert entschieden, weil sie nicht zu den allg Verfahrenskosten gehören. Soweit der Gegner nach den §§ 91–98 ZPO die Kosten des Rechtsstreits zu tragen hat, treffen ihn auch die

---

133   BPatG GRUR 2015, 104 „L-Arginin".
134   BPatGE 52, 65 = GRUR 2009, 1195.
135   *Benkard* Rn 40; anders noch BGH GRUR 1953, 477 Kostenhaftung mehrerer Nichtigkeitskläger; vgl auch BGH GRUR 1959, 102 Filterpapier; wie hier auch die Praxis des BGH ohne nähere Begr, vgl BGH 29.2.2000 X ZR 166/97 Bausch BGH 1999–2001, 365 Warenregal.
136   BGH 26.2.2015 X ZR 54/11; *Benkard* Rn 42.
137   Vgl *Zöller* § 100 ZPO Rn 7 f.
138   BPatGE 26, 101 = Mitt 1985, 240, GbmLöschungssache.
139   BGH GRUR 1998, 138, 139 Staubfilter; zum Grundsatz auch BGH 5.5.1998 X ZR 57/96 Regenbecken, nicht in GRUR; vgl BGH Bausch BGH 1994–1998, 445 Zerstäubervorrichtung; BGH 7.8.2012 X ZR 7/10; BPatG 8.11.2005 4 Ni 55/04 (EU), gegen BPatG Bausch BPatG 1994–1998, 574, 580 f, BPatGE 36, 75 und BPatGE 41, 202, wonach diese entspr dem Gedanken des § 159 Satz 2 VwGO als Gesamtschuldner haften, vgl auch *Büscher/Dittmer/Schiwy* § 121 Rn 2.
140   Vgl *Mes* Rn 28.
141   BGH GRUR 2010, 712 Telekommunikationseinrichtung; BGH 5.4.2010 Xa ZR 68/06; BPatGE 28, 206 = GRUR 1987, 235.

Kosten der Nebenintervention;[142] ansonsten trägt der Nebenintervenient die durch die Nebenintervention verursachten Kosten selbst.[143]

Bei der **streitgenössischen Nebenintervention** (Streithelfer des Klägers)[144] gilt § 101 Abs 2 ZPO. Da- **43** nach sind die Kosten der Streithilfe Kosten des Verfahrens. Im Unterliegensfall hat der Nebenintervenient die Verfahrenskosten wie ein Streitgenosse mitzutragen,[145] im Fall des Obsiegens kann er seine Verfahrenskosten vom Gegner ersetzt verlangen.[146]

Eine **Kostenvereinbarung** geht jedenfalls im Verhältnis der Parteien zueinander grds jeder gesetzli- **44** chen Kostenfolge vor.[147] Wieweit dies bei vAw zu treffenden Kostenentscheidungen zu beachten ist, ist allenfalls ansatzweise geklärt. Ein Vergleich über die Kosten schließt grds eine Entscheidung über sie aus; dies gilt auch, wenn der Vergleich in einem anderen Verfahren getroffen wurde.[148] Nur eine unzweifelhafte und unstreitige Kostenregelung im Vergleich kann die gesetzliche Kostenfolge bei Klagerücknahme (§ 269 Abs 3 Satz 2 ZPO) ausschließen.[149]

c. Vorläufige Vollstreckbarkeit. Die Urteile der Nichtigkeitssenate in Nichtigkeitsverfahren werden **45** nach § 99 Abs 1 iVm §§ 708 Nr 11, 709 ZPO hinsichtlich der Kosten für vorläufig vollstreckbar erklärt.[150] Beispiel:

Das Urteil ist hinsichtlich der Kosten für die Klägerin gegen Sicherheitsleistung in Höhe von 120% des zu vollstrecken- den Betrags vorläufig vollstreckbar.

Im Fall der Kostenaufhebung:

Das Urteil ist hinsichtlich der Kosten vorläufig vollstreckbar. Die Beklagte kann die Vollstreckung durch Sicherheitsleis- tung oder Hinterlegung in Höhe von ... EUR abwenden, wenn nicht die Beklagte vor der Vollstreckung in gleicher Höhe Sicherheit leistet.

Bei der **Höhe** ist bei mehreren Klägern nach Verfahrensverbindung berücksichtigt worden, dass sich **46** der Gegenstandswert nur einmal aus dem gemeinen Wert des Patents bemisst.[151]

Abänderung der Sicherheit ist (nur) durch den BGH durch Teilurteil nach § 718 ZPO möglich, nicht **47** aber im Weg der Berichtigung oder Ergänzung des Urteils durch das BPatG.[152] Der Änderungsantrag kann noch gestellt werden, wenn konkret Vollstreckungsmaßnahmen drohen.[153] Sicherheitsleistung durch Bankbürgschaft wurde (auch ohne ausdrücklichen Ausspruch) als nach § 108 ZPO möglich angesehen (jetzt in § 108 Abs 1 Satz 2 ZPO ausdrücklich geregelt).[154]

---

142 Vgl BPatG 16.3.2007 2 Ni 63/04 (EU).

143 Vgl BPatG 6.5.2015 6 Ni 34/14 (EP): Rechtsnachfolger des Patentinhabers, unter Hinweis auf BGH GRUR 2012, 149 Sensoranordnung.

144 BGH GRUR 2008, 60 Sammelhefter II; BGH 11.8.2015 X ZR 83/13; BPatG 9.7.2015 2 Ni 43/13.

145 BGH GRUR 1968, 86, 91 landwirtschaftliches Ladegerät; BGH Liedl 1969/70, 325 ff Drehkippbeschlag 01; BGH 31.3.1998 X ZR 118/95 Bausch BGH 1994–1998, 488, 497 Gerüst für Betonschalungen; BPatGE 51, 98 = GRUR 2010, 218; BPatG 6.10.2009 3 Ni 51/07 (EU).

146 BPatGE 28, 206 = GRUR 1987, 235.

147 Vgl BGH GRUR 2015, 159 Zugriffsrechte; BPatGE 1, 119 = BlPMZ 1961, 398; zur Kostenentscheidung bei Teilkostenvergleich BPatG 9.6.1994 2 Ni 23/93.

148 Vgl BPatGE 1, 119 = BlPMZ 1961, 398; BPatG 19.3.2009 3 Ni 59/06 (EU).

149 BPatGE 35, 247 = Mitt 1996, 175.

150 BPatGE 21, 16 = Mitt 1978, 167; BPatGE 27, 41 = GRUR 1986, 48; vgl auch BPatGE 28, 199 = BlPMZ 1987, 205 gegen BPatGE 26, 189 = Mitt 1985, 34, jetzt nicht mehr umstr.

151 BPatG Bausch BGH 1994–1998, 337, 345.

152 BGH 16.6.1992 X ZR 50/91 Bausch BGH 1989–1993, 655 Spielfahrbahn 02 [Vollstreckungskostensicherheit]; BGH 19.5.1998 X ZR 95/97 Schulte-Kartei PatG 110–122 Nr 44 Erhöhung der Sicherheitsleistung 01; BGH 23.1.2002 X ZR 236/00; BPatGE 28, 199 = BlPMZ 1987, 205; *Benkard* § 94 Rn 24.

153 BGH Spielfahrbahn 02 [Vollstreckungskostensicherheit].

154 BPatG 3.5.2007 2 Ni 11/05.

48   **Einstellung der Zwangsvollstreckung** kann durch den BGH nach § 719 ZPO iVm § 707 ZPO erfolgen.[155]

III. Wirkung des Urteils

49   **1. Gestaltungswirkung.** Da die wirksame Erteilung des Patents ohne Rücksicht auf die Patentfähigkeit der geschützten Lehre unmittelbar rechtsbegründend wirkt, bedarf es zur rückwirkenden Entziehung der durch das Patent verliehenen Rechtsstellung eines rechtsgestaltenden Akts (Widerruf oder Nichtigerklärung); im Verletzungsprozess ist der Rechtsbestand des Patents grds hinzunehmen.[156] Auch eine Änderung der Fassung des Patents kann nur durch rechtsgestaltendes Urteil erfolgen.[157] Die Nichtigerklärung des Patents während des Verletzungsstreits führt zur Unbegründetheit der Verletzungsklage, nicht zur Erledigung der Hauptsache (Rn 156 vor § 143). Nach Nichtigerklärung kommen Schadensersatzansprüche nach § 945 ZPO in Betracht (Rn 56).

50   **2. Rechtskraftwirkung.** Das Urteil ist der formellen (vgl Rn 95 zu § 79; Rn 82 zu § 81) wie der materiellen (vgl Rn 96 zu § 79) Rechtskraft fähig. Die rechtskräftige frühere Sachentscheidung gegen denselben Kläger schließt nach ganz herrschender Auffassung – ebenso wie die Rechtshängigkeit einer Nichtigkeitsklage während ihrer Dauer – innerhalb desselben Nichtigkeitsgrunds[158] (Klagegrunds) und im Umfang des in dem anderen Verfahren gestellten Antrags,[159] nicht aber darüber hinaus,[160] eine erneute Klage aus, auch wenn diese auf einen anderen Sachverhalt (zB neues Material, andere Vorbenutzung) gestützt wird.[161] Damit weicht das Nichtigkeitsverfahren von den allg Regeln des Zivilprozessrechts ab. Das ist indessen nur solange sachlich gerechtfertigt, als die Fiktion, dass die Gerichte den StdT in ihrer Gesamtheit der Prüfung und Entscheidung zugrunde legen, Bestand hat, also von den Präklusionsmöglichkeiten, die im Nichtigkeitsverfahren seit Inkrafttreten des PatRVereinfModG in erweitertem Maß vorgesehen sind, nicht oder allenfalls sehr zurückhaltend Gebrauch gemacht wird;[162] dies ist nach der gegenwärtigen Praxis nicht mehr der Fall. Dabei dürfte nur ein Klagegrund zu berücksichtigen sein, der dem letztinstanzlichen Urteil zugrunde lag; wird zB in erster Instanz die Klage auf mangelnde Patentfähigkeit und auf mangelnde Ausführbarkeit gestützt und nach Klageabweisung in erster Instanz im Berufungsverfahren nur noch mangelnde Ausführbarkeit geltend gemacht, erfasst die Rechtskraft nur den Klagegrund der mangelnden Ausführbarkeit.[163] Bloße Konzernverbundenheit der Kläger steht einer erneuten Klage nicht entgegen (Rn 98 zu § 81), anders uU bei Vorschieben eines Konzernunternehmens.[164]

51   Die **Urteilsgründe** nehmen an der Rechtskraftwirkung nicht teil.[165] Die Gründe des klageabweisenden Urteils können allenfalls als Hilfsmittel bei der Auslegung der Patentansprüche zur Bestimmung des Gegenstands der Erfindung Bedeutung erlangen, jedoch rechtfertigen sie nicht die einschränkende Ausle-

---

155   Vgl BGH 5.9.2002 X ZR 124/02.

156   BGH GRUR 1959, 320, 322 Mopedkupplung mwN.

157   BGH GRUR 1962, 294 Hafendrehkran.

158   RGZ 139, 3 = GRUR 1933, 696 Nichtigkeitsklage; BGH GRUR 1964, 18 Konditioniereinrichtung; BPatGE 6, 189; BPatG 16.1.2008 4 Ni 19/05 (EU); vgl RG BlPMZ 1913, 247 Stäbchenanordnung; RG GRUR 1937, 1082 Umdruckpapier, GbmLöschungssache; *Benkard* § 22 Rn 95; *Schulte* § 21 Rn 117 und § 81 Rn 45; *Mes* Rn 19 und § 81 Rn 105; kr *Gaul* GRUR 1965, 337 und *Keukenschrijver* GRUR 2009, 281; anders in Österreich, vgl öOPM öPBl 1993, 185; anders für die Schweiz unter Aufgabe der früheren Rspr schweiz BG BGE 125 III 241 = GRUR Int 2000, 276 = sic! 1999, 440 Sammelhefter I: alle gesetzlichen Nichtigkeitsgründe erfasst; eingehend hierzu *Walter* GRUR 2001, 1032.

159   BPatG 25.6.2003 4 Ni 18/02 undok; *Benkard* § 22 Rn 95 aE.

160   BGH GRUR 1954, 317 Leitbleche I.

161   BPatGE 6, 189.

162   Vgl *Keukenschrijver* GRUR 2009, 281.

163   Dass es sich bei mangelnder Patentfähigkeit und mangelnder Ausführbarkeit um unterschiedliche Klagegründe handelt, übersieht *Bezzubova* (1997) S 31.

164   Verneinend BGH GRUR 1963, 253 Bürovorsteher; BGH 30.4.2009 Xa ZR 64/08, wonach auch der vorgeschobene Kläger an der Klage nicht grds gehindert ist; BGH 10.7.2012 X ZR 98/11; BPatG 17.5.2011 1 Ni 1/09 (EU); bejahend schweiz Bundesgericht BGE 125 III 241 = GRUR Int 2000, 276 = sic! 2000, 407 Sammelhefter II; BPatGE 43, 125: „verlängerter Arm".

165   BGH GRUR 1988, 444 ff Betonstahlmattenwender; BGHZ 135, 369 = GRUR 1997, 612 f Polyäthylenfilamente.

gung des Sinngehalts.[166] Der Patentinhaber ist durch solche Auslegungserwägungen im klagabweisenden Nichtigkeitsurteil daher nicht beschwert und kann darauf keine Berufung stützen.[167] Die Auslegung der Patentansprüche im Nichtigkeitsverfahren ist, soweit dort die Klage abgewiesen wird, für den Verletzungsstreit nicht bindend.[168]

Zwh ist, wieweit **Teilrechtskraft** eintreten kann. Entspr der Grundregel, dass die Rechtsmitteleinle- **52** gung den Eintritt der Rechtskraft insgesamt hindert, solange und soweit kein Rechtsmittelverzicht erfolgt ist[169] oder eine Möglichkeit des Angriffs aus anderen Gründen nicht mehr besteht,[170] führt eine beschränkte Anfechtung für sich noch nicht zur Teilrechtskraft. Sie kann jedoch insb dann eintreten, wenn die Berufung teilweise zurückgenommen wird (Rn 28 zu § 110) oder – soweit dies nach neuem Recht noch in Betracht kommt – wenn im Berufungsverfahren teilweise in der Sache entschieden und teilweise der Fall an das BPatG zurückverwiesen wird (vgl Rn 4 ff zu § 119). In Betracht kommt Teilrechtskraft auch bei verbundenen Nichtigkeitsklagen gegen mehrere Patente.

Nichtigerklärung. Das voll oder teilweise für nichtig erklärende Urteil wirkt als Gestaltungsurteil[171] **53** gegenüber jedermann;[172] die Wirkungen des Patents gelten im Umfang der Nichtigerklärung als von Anfang an nicht eingetreten (§ 22 Abs 2 iVm § 21 Abs 3 Satz 1; Gestaltungswirkung, Rn 49).[173] Das gilt nach der Neufassung des Art 68 EPÜ durch die EPÜ-Revisionsakte 2000 ausdrücklich auch für eur Patente, deren Nichtigerklärung im dt Nichtigkeitsverfahren freilich nur für Deutschland Rechtswirkungen entfalten kann.[174] Der Wegfall der Wirkungen tritt gegenüber jedermann und rückwirkend (Rn 125 ff zu § 21) ein. Etwaige weitere Nichtigkeitsverfahren erledigen sich durch die Rechtskraft des das Patent in vollem Umfang für nichtig erklärenden Urteils in der Hauptsache.[175] Die sich aus dem Nichtigkeitsurteil ergebende Fassung der Patentansprüche ist auch im Verletzungsprozess Grundlage für die Auslegung des Patents.[176] Mit der Nichtigerklärung des Grundpatents fällt auch das darauf erteilte, angegriffene Schutzzertifikat.[177] In Rechtskraft erwächst nur die Nichtigerklärung, nicht deren Begründung.[178] Insoweit treten nach der (älteren) Rspr des BGH wie schon zuvor des RG die Gründe des Nichtigkeitsurteils an die Stelle der Ausführungen in der Patentschrift oder neben sie.[179] Eine Wirkung, die über die von Beschreibungsteilen hinausgeht, insb eine Bindung des Verletzungsgerichts durch sie, scheidet jedoch aus.[180] Insb erstreckt sich die Rechtskraft der Entscheidung im Nichtigkeitsverfahren nicht auf sie. Wegen der ergänzenden Wirkung müssen die Gründe auch der Öffentlichkeit zugänglich sein. Teilnichtigerklärung schließt eine Ausdehnung des Restschutzrechts auf Äquivalente nicht grds aus,[181] allerdings konnte auf den früheren Schutzbereich (nach PatG 1968) auch nicht über einen allg Erfindungsgedanken zurückgegriffen werden.[182] Nach

---

166 BGH GRUR 1959, 81 f Gemüsehobel; BGH GRUR 1964, 196, 198 Mischer I; BGH GRUR 1968, 33, 37 Elektrolackieren; BGH GRUR 1988, 444 Betonstahlmattenwender; BGHZ 172, 88 = GRUR 2007, 778 Ziehmaschinenzugeinheit I; vgl BGH 29.7.2014 X ZR 5/13.

167 BGH Elektrolackieren; RGZ 154, 140, 142 = GRUR 1937, 293 Ausgußtülle; RGZ 170, 346, 358 = GRUR 1943, 123 Graviermaschine.

168 BGH GRUR 1998, 895 Regenbecken; BGH 29.7.2014 X ZR 5/13.

169 Vgl BGH NJW 1989, 170; BGH NJW 1992, 2296.

170 Vgl BGH NJW 1994, 657; BGH GRUR 1999, 49 f Bruce Springsteen and his Band; BGH 23.4.1998 I ZR 204/95.

171 *Jestaedt* Patentrecht² Rn 717; *Mes* Rn 8.

172 So auch für das schweiz Recht HG Zürich sic! 2007, 646.

173 Vgl *Benkard* § 22 Rn 87; *Benkard-EPÜ* Art 68 Rn 2; *Kraßer* S 619 (§ 26 B III 10); BGH 30.3.2004 X ZR 199/00; BGH GRUR 1963, 519 ff Klebemax; BGH GRUR 1965, 231 Zierfalten; BGH GRUR 2004, 941 Metallbett, GeschmMSache.

174 Vgl *Benkard-EPÜ* Art 138 Rn 43.

175 BGH GRUR 1960, 27, 29 Verbindungsklemme.

176 BGH GRUR 1961, 335 Doppelbett; BGHZ 172, 88 = GRUR 2007, 778 Ziehmaschinenzugeinheit I.

177 BPatG 18.3.2008 3 Ni 25/06 (EU).

178 BGHZ 135, 369 = GRUR 1997, 612 f Polyäthylenfilamente.

179 RGZ 153, 315, 318 = GRUR 1937, 615 Paßstift für Bauteile; RGZ 170, 346, 355 = GRUR 1943, 123 Graviermaschine; BGH GRUR 1964, 196, 198 Mischer I, nicht in BGHZ; BGH GRUR 1964, 669 Abtastnadel II; BGH GRUR 1979, 308 Auspuffkanal für Schaltgase; vgl BGH 3.11.1961 I ZR 36/60.

180 BGHZ 172, 88 = GRUR 2007, 778 Ziehmaschinenzugeinheit I gegen OLG Düsseldorf InstGE 5, 183 und abl zu diesem *Loth* VPP-Rdbr 2007, 1.

181 BGH Abtastnadel II; BGH GRUR 1970, 289 Dia-Rähmchen IV.

182 BGH GRUR 1961, 335 Doppelbett.

teilweiser Nichtigerklärung veröffentlicht das DPMA seit 2004 eine geänd Patentschrift (C5-Schrift).[183] Die (auch nur teilweise) Nichtigerklärung wird wie der Widerruf im Register vermerkt (§ 30 Abs 1 Satz 2).

54 **3. Auswirkungen der Nichtigerklärung auf den Verletzungsstreit.** Die vollständige Nichtigerklärung des Patents während des Verletzungsstreits lässt die Verletzungsklage unbegründet werden, sie erledigt nicht die Hauptsache.[184] Sie wirkt auf den Verletzungsstreit so, als ob das Patent niemals bestanden hätte.[185] Die Nichtigerklärung ist im Verletzungsprozess auch noch in der Revisionsinstanz zu beachten,[186] so dass uU auch nicht rechtsfehlerhafte Urteile in der Revisionsinstanz aufzuheben sein können.[187] Das gilt jedoch nicht, wenn die Änderung angesichts der Beschaffenheit des Verletzungsgegenstands nicht entscheidungserheblich ist.[188] Die Rspr lässt es zu, dass der Patentinhaber, der sich in einem noch nicht abgeschlossenen Nichtigkeitsverfahren beschränkt verteidigt, das Patent nur in entspr Umfang geltend macht.[189] Dem ist zuzustimmen, jedoch wird in solchen Fällen sowohl zu verlangen sein, dass das Patent nicht weitergehend als nach der verteidigten Fassung geltend gemacht wird, weil nur in diesem Fall ein Rechtsschutzbedürfnis besteht, als auch geprüft werden müssen, ob die verteidigte Fassung zu einer Erweiterung des Gegenstands oder des Schutzbereichs führt.[190] Gegen die Vollstreckung aus dem Verletzungsurteil kann mit der Vollstreckungsabwehrklage (§ 767 ZPO) vorgegangen werden, wenn die Nichtigerklärung nach der mündlichen Verhandlung im Verletzungsstreit rechtskräftig wird.[191] Umsatzeinbußen des Patentinhabers oder eines ausschließlichen Lizenznehmers durch Benutzungshandlungen Dritter, die infolge der vollständigen oder teilweisen Nichtigerklärung des Patents von diesem nicht mehr erfasst werden, stellen keinen von einer Ersatzpflicht erfassten, ausgleichspflichtigen Schaden dar; das gilt auch für Einbußen, die den Vertragsparteien eines Lizenzvertrags durch eine infolge der Nichtigerklärung rückwirkend vom Patentschutz nicht mehr erfasste Konkurrenztätigkeit entstehen.[192]

55 Auf ein **rechtskräftiges Urteil im Verletzungsstreit** hat die Nichtigerklärung keine unmittelbaren Auswirkungen.[193] Wurde wegen Verletzung des Patents bereits Schadensersatz geleistet, kann dieser auch bei rechtskräftiger Verurteilung nach wohl hM auf bereicherungsrechtl Grundlage oder analog § 717 Abs 3

---

183 MittPräsDPMA BlPMZ 2003, 353; dies scheint BPatG 8.7.2008 3 Ni 66/06 zu übersehen.

184 BGH GRUR 1963, 494 Rückstrahlerdreieck; vgl *Benkard* § 22 Rn 88.

185 RGZ 170, 346, 354 = GRUR 1943, 123 Graviermaschine; *Benkard* § 22 Rn 88; vgl BGH GRUR 2005, 935 Vergleichsempfehlung II (Versäumnisurteil).

186 BGH GRUR 1955, 573 Kabelschelle; *Bacher* GRUR 2009, 216 f.

187 RGZ 63, 140, 142 f = BlPMZ 1906, 271 zuckerhaltige Margarine; RGZ 65, 303 f = BlPMZ 1907, 153 Patentversagung; RG GRUR 1935, 741 f Holzbürste; RG GRUR 1935, 804 Rasierklingenabgabe; RGZ 148, 400, 402 = GRUR 1936, 167 Kostenrevision; RGZ 155, 321 = GRUR 1938, 43 Maßbecher; RG GRUR 1939, 791 Hinweismarken; RG GRUR 1940, 262 f Spann- und Schließvorrichtung; RG GRUR 1942, 556 Frisierschleier I; BGH GRUR 1951, 70 Holzverwertung; BGHZ 2, 261 = GRUR 1951, 449 Tauchpumpensatz; BGHZ 3, 365, 367 = GRUR 1952, 562 Schuhsohle; BGH GRUR 1955, 573 Kabelschelle; BGH GRUR 1962, 299, 305 Sportschuh; BGH GRUR 1962, 577 Rosenzüchtung; BGH GRUR 1963, 494 Rückstrahlerdreieck; BGH GRUR 1964, 433, 436 Christbaumbehang I; BGH GRUR 1966, 198 Plastikflaschen; BGH Mitt 1966, 217 Schalungsstein; BGH GRUR 1971, 78 Dia-Rähmchen V; BGH GRUR 1968, 33 Elektrolackieren; BGH GRUR 2004, 268 blasenfreie Gummibahn II; BGH GRUR 2005, 848 Antriebsscheibenaufzug und öfter; kr *Hesse* GRUR 1972, 675, dagegen BGH 8.3.1973 X ZR 75/69; aA *Schwerdtner* GRUR 1968, 9, 12 ff für den gutgläubigen Patentinhaber und den Fall einer „faktischen Monopolstellung", sowie *Körner* GRUR 1974, 441 ff und GRUR 1981, 341, 347, der eine Rechtsgrundlage für eine Vergütungspflicht für die Vergangenheit mit der faktischen Vorzugsstellung des Patentverletzers begründet; vgl zur Rechtslage im Ausland CA Paris Dossiers Brevets 1998 II 1; CA England/Wales 20.5.2000 Boston/Palmaz, referiert in EIPR 2000, 115.

188 BGH GRUR 2010, 272 Produktionsrückstandsentsorgung [Entsorgungsverfahren].

189 BGH GRUR 2010, 904 Maschinensatz; vgl BGH GRUR 2009, 750 Lemon Symphony, SortSache; OLG Karlsruhe 9.9.1998 6 U 263/97; OLG Düsseldorf GRUR-RR 2007, 259 = InstGE 7, 139; einschränkend OLG Düsseldorf 17.4.2008 2 U 127/06; *Benkard* § 14 Rn 78 mNachw aus der ausländ Rspr; *Melullis* FS J. Bornkamm (2014), 713; *Grunwald* Mitt 2010, 549, 553; *Stjerna* Mitt 2009, 302; *Nieder* GRUR 1999, 222 f; OLG Düsseldorf 29.6.2000 2 U 76/99 IPRspr 2000 Nr 128, 271, zur Berücksichtigung einer noch nicht erfolgten Anpassung des Patents im eur Beschwerdeverfahren vAw, letzteres bdkl.

190 Vgl BGH Maschinensatz; *Benkard* § 14 Rn 78; *Melullis* FS J. Bornkamm (2014) 713, 720.

191 Vgl *Kraßer* S 892 f (§ 36 VIII 4); *Kühnen* FS Th. Reimann (2009) S 287, 292; *Schulte* § 21 Rn 124; *W. Horn* GRUR 1969, 174; *von Falck* GRUR 1977, 306 f; vgl *Benkard* § 139 Rn 124, 154 f; näher, auch zu den Auswirkungen auf Ordnungsmittelverfahren, *Bacher* GRUR 2009, 216 f.

192 BGH GRUR 2005, 935 Vergleichsempfehlung II (Versäumnisurteil).

193 BGHZ 76, 50 = GRUR 1980, 220 Magnetbohrständer II.

Satz 3 ZPO iVm § 812 BGB zurückverlangt werden.[194] Dem ist im Grundsatz nicht zuzustimmen (vgl Rn 211, 256 zu § 139; Rn 379 vor § 143; so auch weitgehend die Praxis im Ausland),[195] weil eine Durchbrechung der Rechtskraft nur in ganz engen Grenzen zugelassen wird,[196] so, wenn der Tatbestand der vorsätzlichen sittenwidrigen Schädigung (§ 826 BGB) erfüllt ist, auf erfolgreiche Anhörungsrüge[197] oder nach erfolgreicher Restitutionsklage.[198] Ob gegen den Unterlassungstitel die Abänderungsklage nach § 323 ZPO in Betracht kommt, ist fraglich.[199]

Der nachträgliche Wegfall des Patents füllt, soweit aus diesem einstweiliger Rechtsschutz erwirkt **56** worden ist, die im Prozessrecht begründeten **Schadensersatzansprüche**, insb nach § 945 ZPO, aus.[200] Der rückwirkende Wegfall des Entschädigungsanspruchs nach § 33, Art II § 1 IntPatÜG wird auch gegenüber einer bereits rechtskräftigen Verurteilung geltend gemacht werden können, weil der Entschädigungsanspruch unter dem Vorbehalt nachträglichen Wegfalls steht.

Erfolgt die Nichtigerklärung erst nach Eintritt der Rechtskraft im Verletzungsstreit, eröffnet dies die **57** (befristete) **Restitutionsklage** entspr § 580 Nr 6 ZPO.[201] Dass die Erhebung der Klage nach Ablauf von fünf Jahren ausgeschlossen ist (§ 586 Abs 2 Satz 2 ZPO), kann mit der Dauer des Nichtigkeitsverfahrens kollidieren und sogar verfassungsrechtl geschützte Belange des Verletzers berühren;[202] diese Gefahr bestand insb wegen der Dauer des Nichtigkeitsberufungsverfahrens nach früherem Recht.

Die **teilweise Nichtigerklärung** des Patents ist wie die vollständige (Rn 54) auch noch in der Revisi- **58** onsinstanz zu beachten. Das gilt jedoch nicht, wenn die Änderung angesichts der Beschaffenheit des Verletzungsgegenstands nicht entscheidungserheblich ist.[203] So begründet eine abw Auslegung des Patents den Erfolg der Nichtzulassungsbeschwerde dann nicht, wenn die Entscheidung des Berufungsgerichts im Verletzungsstreit aus anderen Gründen getragen wird.[204] Gleiches gilt im Regressprozess gegen den anwaltlichen Berater.[205]

194 Vgl RG BlPMZ 1903, 229 f Entschädigungsanspruch nach Bekanntmachung; *Benkard* § 22 Rn 88 und zurückhaltend auch *Benkard* § 139 Rn 149 aE; *Kraßer* S 893 (§ 36 VIII 5); *Wieland Horn* GRUR 1969, 169, 175 f; *Bacher* GRUR 2009, 216, 218; *Adam* Die Harmonisierung von Patentverletzungs- und Patentnichtigkeitsverfahren (2015), 355 ff; *Schulte* § 21 Rn 115; *Fitzner/Lutz/Bodewig* § 21 Rn 81; *Lindenmaier* § 47 Rn 44; *Reimer* § 13 Rn 33; RG BlPMZ 1903, 229, 230 Entschädigungsanspruch nach Bekanntmachung; aA *Schwerdtner* GRUR 1968, 9, 24: nur bei fehlender Arglosigkeit des Schutzrechtsinhabers; *Klauer/Möhring* § 13 Rn 33 S 614 und *von Falck* GRUR 1977, 308, 311: wegen der Wirkung der Rechtskraft; offen gelassen in BGH GRUR 2005, 935 Vergleichsempfehlung II (Versäumnisurteil).

195 Vgl CCass 17.2.2012 IIC 2012, 472 Wehrkamp-Richter v. Guitay; anders allerdings SuprC 3.7.2013 GRUR Int 2014, 39 Virgin Atlantic Airways, gegen CA England/Wales [2009] EWCA Civ. 1513 Virgin Atlantic v. Premium Aircraft, CA, 27.2.2004, [2004] EWCA Civ. 213 Coflexip SA; CA 25.4.2007 [2007] EWCA Civ. 364 Unilin Beheer BV.

196 Vgl *Adam* Die Harmonisierung von Patentverletzungs- und Patentnichtigkeitsverfahren (2015), 351.

197 Vgl *Benkard* § 93 Rn 18.

198 Vgl *Benkard* Rn 13 und *Benkard* § 139 Rn 149.

199 Abl BGH NJW 2008, 1446; aA *Grosch* Rechtswandel und Rechtskraft bei Unterlassungsurteilen (2002), 363 ff; vgl *Bacher* GRUR 2009, 216, 218.

200 BGHZ 165, 305 = GRUR 2006, 219, 222 Detektionseinrichtung II unter Hinweis auf BGH GRUR 2005, 935 Vergleichsempfehlung II (Versäumnisurteil) gegen OLG Düsseldorf 25.4.2004 2 U 151/02 sowie *Zöller* ZPO § 945 Rn 8; *Stein/Jonas* ZPO § 945 Rn 19a; *Schwerdtner* GRUR 1968, 17; *Kroitzsch* GRUR 1976, 512; *Pietzcker* GRUR 1980, 442; noch offen gelassen in BGHZ 75, 116, 120 = GRUR 1979, 869 Oberarmschwimmringe; bejahend OLG Düsseldorf 25.4.2004 2 U 151/02; *Zöller* ZPO § 945 Rn 8; *Stein/Jonas* ZPO[21] § 945 Rn 19a; *Schwerdtner* GRUR 1968, 9, 17; *Kroitzsch* GRUR 1976, 512; *Pietzcker* GRUR 1980, 442; vgl auch *Benkard* § 139 Rn 154a.

201 *Benkard* § 139 Rn 149; *Kraßer* S 893 (§ 36 VIII 5); *Schulte* § 21 Rn 115, je mwN; *Kühnen* Hdb Rn 2231 ff; *Wieland Horn* GRUR 1969, 169, 175; *von Falck* GRUR 1977, 308 f; *Bacher* GRUR 2009, 216, 218; *Schramm* PVP S 478; BGH 17.4.2012 X ZR 55/09 Tintenpatrone III; vgl BGH GRUR 2010, 996 Bordako, SortSache; OLG Düsseldorf 11.5.2006 2 U 86/05; OLG München 5.6.2008 6 U 3430/08; OLG München 14.4.2011 6 U 2706/10 unter Verneinung des Rechtsschutzbedürfnisses für die auf Änderung der Schutzrechtslage gestützte nachträglich erhobene Vollstreckungsgegenklage; LG Düsseldorf GRUR 1987, 628; vgl BPatGE 22, 251 = GRUR 1980, 852, GbmSache; BPatGE 33, 240, 242 = GRUR 1993, 732; aA ein Teil der älteren Meinungen, zB *Kisch* GRUR 1936, 277; *Schwerdtner* GRUR 1968, 9, 15; *Reimer* § 13 Rn 33; sowie *Schickedanz* GRUR 2000, 570.

202 Vgl zur Problematik auch *Bacher* GRUR 2009, 216, 219.

203 BGH GRUR 2010, 272 Produktionsrückstandsentsorgung [Entsorgungsverfahren].

204 Vgl. BGH 28.4.2015 X ZR 109/12.

205 BGH GRUR 2005, 935 f Vergleichsempfehlung II.

59   **4. Auswirkung der Nichtigerklärung auf Patentkauf und Lizenzverträge.** Verträge über das Patent verlieren durch die Nichtigerklärung nicht ihre Wirkung. Die Nichtigkeit oder Vernichtbarkeit des lizensierten Schutzrechts bedeutet keine anfängliche Unmöglichkeit für den Lizenzvertrag; die Nichtigerklärung berührt den Lizenzvertrag für die Vergangenheit regelmäßig nicht, es sei denn, dass sich aus dem Vertrag etwas anderes ergäbe (Rn 92, 143 zu § 15). Dies trägt dem Umstand Rechnung, dass auch ein nichtiges Patent tatsächliche Vorteile gewähren kann. Jedoch lässt sich daraus nicht herleiten, dass dem Patentinhaber auch gegenüber einem Dritten eine geschützte Rechtsstellung erwachse.[206] Da das Patent bis zu seinem Wegfall eine tatsächliche Geltungswirkung entfaltet hat, Käufer oder Lizenznehmer also bis dahin die Vorteile der faktischen Monopolstellung genossen haben, behält der frühere Patentinhaber grds seinen Vergütungsanspruch für die Vergangenheit[207] (vgl auch die detaillierte Regelung in Art 75 Abs 6–8 niederländ ROW 1995). Nach der für das Gemeinschaftspatent seinerzeit vorgesehenen Regelung sollten darüber hinaus auch rechtskräftig gewordene und vollstreckte Entscheidungen in Verletzungsverfahren unberührt bleiben. Für die Zukunft muss allerdings der veränderten Geschäftsgrundlage Rechnung getragen werden. Der Vergütungsanspruch entfällt bzw muss bei Teilnichtigerklärung des Patents an die geänd Verhältnisse angepasst werden (Rn 130 zu § 15).

60   **5. Auswirkung der Nichtigerklärung auf die Arbeitnehmererfindervergütung.** Stellt sich die Schutzunfähigkeit durch die Nichtigerklärung endgültig heraus, erweist sich die Inanspruchnahme der Erfindung durch den ArbGb als gegenstandslos, weil das Arbeitsergebnis ihm ohnehin zusteht;[208] dies ist auf bereits entstandene Vergütungsansprüche aber ohne Auswirkung.[209] Trotz ihrer Rückwirkung lässt die Nichtigerklärung den Vergütungsanspruch grds erst ab Rechtskraft der Entscheidung entfallen.[210] Anders verhält es sich nur dann, wenn das Schutzrecht, weil offenbar oder wahrscheinlich vernichtbar, von den Konkurrenten des Patentinhabers nicht mehr beachtet wird und dadurch die aufgrund des Ausschließungsrechts gegenüber den Mitbewerbern erlangte Vorzugsstellung verloren geht.[211] In diesem Fall entfällt der Vergütungsanspruch bereits mit dem tatsächlichen Verlust der Vorzugsstellung.[212] Das über den Vergütungsanspruch des ArbN entscheidende Gericht ist nicht befugt, über die Schutzfähigkeit zu befinden.[213]

61   **6.** Auch die **Strafbarkeit** von vor der Nichtigerklärung begangenen Verletzungshandlungen (gem § 142) entfällt[214] (Rn 16 zu § 142). Der rechtskräftig Verurteilte hat die Möglichkeit der Wiederaufnahme nach § 359 Nr 5 StPO (Rn 56 zu § 142).

62   **7.** Zu den **sonstigen Wirkungen** der Nichtigerklärung Rn 133 f zu § 21.

63   **8. Klageabweisung.** Das klageabweisende Sach- (nicht Prozess-)urteil verbraucht den geltendgemachten Nichtigkeitsgrund (Klagegrund, Rn 50) für den Kläger (§§ 325 ff ZPO).[215] Das Urteil wirkt aber grds

---

206   BGH GRUR 2005, 935 Vergleichsempfehlung II.

207   BGH GRUR 1957, 595 Verwandlungstisch; BGH GRUR 1958, 175 Wendemanschette II; BGH GRUR 1958, 231 Rundstuhlwirkware; BGH GRUR 1963, 52 Spritzgußmaschine II; BGH GRUR 1963, 519 Klebemax; BGH GRUR 1969, 677 Rübenverladeeinrichtung; BGHZ 86, 330 = GRUR 1983, 237 Brückenlegepanzer I, für die „einfache" Lizenz; vgl auch BGHZ 115, 69 = GRUR 1993, 40 keltisches Horoskop; BGH GRUR 2002, 767 Abstreiferleiste; BGH GRUR 2005, 965 Vergleichsempfehlung II (Versäumnisurteil); BGH GRUR 1969, 409 Metallrahmen; näher *Bartenbach* Patentlizenz- und Know-how-Vertrag[7] Rn 1857 ff.

208   Vgl SstA BlPMZ 1977, 173; eingehend zur Problematik *Bartenbach/Volz* ArbEG § 6 nF Rn 32.

209   *Bartenbach/Volz* ArbEG § 6 Rn 34.

210   BGH GRUR 1977, 784, 786 f Blitzlichtgeräte; BGH GRUR 1987, 900 Entwässerungsanlage; BGH GRUR 1990, 667 Einbettungsmasse; BGH GRUR 2002, 609 Drahtinjektionseinrichtung; *Bartenbach/Volz* ArbEG § 9 Rn 34.

211   Vgl BGH GRUR 1988, 123 Vinylpolymerisate; BGH Blitzlichtgeräte; LG Düsseldorf 13.10.1998 4 O 192/94 Entsch 1998, 107, 112; *Bartenbach/Volz* ArbEG § 9 Rn 35.

212   BGH Einbettungsmasse; vgl SstA BlPMZ 1965, 324.

213   BGH GRUR 1964, 449 Drehstromwicklung; neuere Rspr fehlt.

214   RGSt 14, 261 Rohrdecken; RGSt 30, 187 amerikanische Maschinen.

215   Vgl RGZ 59, 133 = JW 1905, 58 Rechtskraft im Nichtigkeitsverfahren; RGZ 170, 346, 355 f = GRUR 1943, 123 Graviermaschine.

nur zwischen den Parteien (allgM;[216] vgl für das GbmLöschungsverfahren die Regelung in § 19 Satz 3 GebrMG). Jedem Dritten steht es frei, eine eigene Nichtigkeitsklage ua auch auf denselben Klagegrund zu stützen. Die Abweisung der Nichtigkeitsklage einer Handelsgesellschaft wirkt nach § 129 HGB auch im Verhältnis zum persönlich haftenden Gesellschafter, der nur aus § 128 HGB in Anspruch genommen wird.[217] Weiter wirkt die Bindung zugunsten des Rechtsnachfolgers und des ausschließlichen Lizenznehmers.[218] Die Gründe des Urteils binden den Verletzungsrichter grds nicht,[219] können aber Fingerzeige für die Auslegung liefern.[220] Das Auseinanderfallen der Zuständigkeiten kann hier dazu führen, dass „die Gerechtigkeit zwischen die Stühle" fällt,[221] wenn das Patent im Nichtigkeitsverfahren eng und im Verletzungsstreit weit interpretiert wird; letztlich hilft hiergegen nur, im Nichtigkeitsverfahren die mögliche Weite der Interpretation in Rechnung zu stellen (vgl Rn 4 vor § 81).

Auch die Feststellung einer **Überbestimmung** in den Entscheidungsgründen eines Nichtigkeitsur **64** teils bindet den Verletzungsrichter nicht, sondern ist allenfalls ein Hilfsmittel bei der Auslegung.[222] Ein Merkmal, in dem im klageabweisenden Nichtigkeitsurteil das für die positive Beurteilung Wesentliche gesehen worden ist, kann nicht als nebensächliche Überbestimmung angesehen werden.[223]

C. Zwangslizenzverfahren

Die Entscheidung ergeht durch Urteil (zum Verfügungsverfahren § 85). Dieses – und entspr ein Klage- **65** antrag – lautet zB wie folgt:[224]

> *Dem Kläger wird im Wege der Zwangslizenz gestattet, den Gegenstand nach Patentanspruch ... des Patents Nr ... des Beklagten herzustellen und zu vertreiben.*
> *Die Vergütung wird auf ...% des Verkaufspreises festgesetzt. Sie ist binnen ... Wochen nach Ende jeden Quartals, erstmals am ..., abzurechnen und zu bezahlen.*
> *Der Kläger hat eine Sicherheit von ... EUR zu hinterlegen.*
> *Die Kosten des Rechtsstreits trägt ...*
> *Das Urteil ist in der Hauptsache gegen Sicherheitsleistung von ... EUR und hinsichtlich der Kosten gegen Sicherheitsleistung in Höhe von ... EUR vorläufig vollstreckbar.*

Zur **vorläufigen Vollstreckbarkeit** in der Hauptsache Rn 22 ff zu § 85; hinsichtlich der Kosten gelten **66** gegenüber dem Nichtigkeitsverfahren keine Besonderheiten.

D. Berichtigung der Entscheidung

In Betracht kommen die Berichtigung offenbarer Unrichtigkeiten[225] wie Schreibfehler und Rechenfeh- **67** ler nach § 95[226] und die Tatbestandsberichtigung nach § 96.[227] Auslassungen und Unvollständigkeiten rechtfertigen die Tatbestandsberichtigung – anders als nach § 320 Abs 1 ZPO – grds nicht.[228] Wird die Gel-

---

216 AA ohne überzeugende Argumente nur *van Venrooy* Rechtskraftwirkung des klageabweisenden Urteils im Patentnichtigkeitsverfahren, GRUR 1991, 92; abl *Kraßer* S 620 Fn 288 (§ 26 B IV 10); grundlegend RGZ 59, 133 = JW 1905, 58 Rechtskraft im Nichtigkeitsverfahren.
217 BGHZ 64, 155 = GRUR 1976, 30 Lampenschirm, GbmSache.
218 BGH GRUR 1969, 681 Hopfenpflückvorrichtung, GbmSache.
219 BGHZ 172, 88 = GRUR 2007, 778 Ziehmaschinenzugeinheit I; vgl RG GRUR 1938, 330, 334 Befeuchtungsvorrichtung, GbmSache.
220 Vgl BGH GRUR 1964, 196 Mischer I, nicht in BGHZ; BGH GRUR 1968, 33 Elektrolackieren; BGH GRUR 1988, 444 Betonstahlmattenwender; BGHZ 172, 88 = GRUR 2007, 778 Ziehmaschinenzugeinheit I; BGH 25.11.1965 Ia ZR 222/63; BGH 25.11.1965 I a ZR 243/63; BGH 29.10.1968 X ZR 77/65; vgl auch RGZ 85, 230 = BlPMZ 1915, 122 Schallplatte.
221 *Tilmann* Patentschutzsystem in Europa, GRUR 1998, 325, 330.
222 BGH GRUR 1959, 81 Gemüsehobel; BGH Liedl 1963/64, 157, 168 Fächerreflektor.
223 BGH 7.3.1989 X ZR 93/87.
224 Vgl auch *Schulte* Rn 6; *Fitzner/Lutz/Bodewig* Rn 9.
225 Hierzu BPatG 16.12.2010 4 Ni 43/09.
226 Vgl BPatG 20.11.2012, ber 19.3.2013 1 Ni 16/11 (EP).
227 Vgl BPatG 8.1.2004 1 Ni 7/02 (EU); BPatG 12.3.2009 2 Ni 35/06; BPatG 9.10.2013 4 Ni 52/11.
228 BPatG 12.3.2009 2 Ni 35/06.

tendmachung eines weiteren Nichtigkeitsgrunds übergangen, begründet dies die Berichtigung.[229] Tatbestandsberichtigung ist schon dann erfolgt, wenn sich die unrichtige Darstellung auf die Kostenentscheidung in der zweiten Instanz auswirken konnte.[230] Erfasst sind nur Berichtigungen des Tatbestands, der nach § 99 Abs 1 iVm § 314 ZPO Beweis für das mündliche Vorbringen liefert.[231] Für eine Änderung oder Ergänzung der rechtl Würdigung des Vorbringens, von Schlussfolgerungen oder der Beweiswürdigung ist im Rahmen einer Tatbestandsberichtigung im übrigen kein Raum.[232] Vor Absetzung des schriftlichen Urteils ist ein förmlicher Berichtigungsbeschluss nicht erforderlich.[233] Mündliche Verhandlung ist jedenfalls dann nicht erforderlich, wenn ein entspr Antrag nicht gestellt wird.[234] Treffen Berichtigungsanträge nach § 95 und § 96 zusammen, kann auch über den Antrag nach § 95 in der Besetzung entschieden werden, die sich nach § 96 ergibt.[235]

E. Wert- und Kostenfragen

I. Streitwert

68   **1. Höhe.** Der Streitwert ist (als Grundlage für die Gebührenberechnung, vgl Rn 35 zu § 81) im Patentnichtigkeitsverfahren nach dem Interesse der Allgemeinheit an der Nichtigerklärung des angegriffenen Patents nach billigem Ermessen zu bestimmen.[236] Er entspricht im allg dem gemeinen Wert des Patents bei Erhebung der Klage oder – in der Berufungsinstanz – bei Einlegung der Berufung zuzüglich des Betrags der bis dahin entstandenen Schadensersatzansprüche;[237] vor 1956 wurde auf die gesamte Laufzeit des Schutzrechts abgestellt.[238] Der BGH und das BPatG haben die Rspr aus dem Jahr 1956 noch in neuerer Zeit bestätigt.[239] Nach neuer Rechtsprechung des 4. Senats des BPatG ist auf die verfahrenseinleitende Antragsstellung der jeweiligen Verfahren und das hierdurch bestimmte Drohpotenzial abzustellen, während nachträgliche Entwicklungen grds die zu Beginn des Verfahrens zu treffenden Wertungen über den Gegenstandswert unberührt lassen.[240] Offen geblieben ist bisher, ob auf die entstandenen Schadensersatzansprüche nur insoweit abzustellen ist, als sie auch geltend gemacht worden sind. Der Streitwert im Verlet-

---

229   BPatG 5.2.2013 4 Ni 21/10.

230   BPatG 8.1.2004 1 Ni 7/02 (EU).

231   Vgl BGH GRUR 1984, 530, 532 Valium Roche; BPatG 22.6.2010 4 Ni 34/07 (EU).

232   BPatG 22.6.2010 4 Ni 34/07 (EU); BPatG 5.12.2011 2 Ni 35/09; BPatG 10.1.2012 2 Ni 33/09 (EU); vgl BPatG 7.9.2006 4 Ni 9/05 (EU).

233   BPatG 27.8.2009 2 Ni 52/07 (EU).

234   BGH GRUR 2005, 614; BPatG 9.7.2002 2 Ni 40/00; BPatG 25.2.2010 3 Ni 23/08 (EU); BPatG 20.7.2010 3 Ni 15/08 (EU); BPatG 5.2.2013 4 Ni 21/10.

235   BPatGE 54, 273 = Mitt 2014, 299 Ls.

236   BPatG GRUR 2015, 104 „L-Arginin"; vgl. *Schulte* § 2 PatKostG Rn 34.

237   Grundlegend, aber so meist nicht praktiziert, BGH GRUR 1957, 79 Streitwert; *Benkard* Rn 47; *Schulte* § 2 PatKostG Rn 35; Berechnungsbeispiel BGH GRUR 1985, 511 Stückgutverladeanlage (mit Abschlag wegen unsicherer Zukunftsprognose); BGH GRUR 2007, 175 Sachverständigenentschädigung IV; BGH GRUR 2009, 1100 Druckmaschinentemperierungssystem III; BGH GRUR 2011, 757 Nichtigkeitsstreitwert I; BGH 31.7.2007 X ZR 150/03, X ZB 38/03; BGH 23.4.2013 X ZR 68/11; BGH 28.10.2014 X ZR 93/13; BGH 16.2.2016 X ZR 110/13; BPatG Beschl ohne Datum (nach 10.2.2003) 1 Ni 20/01 undok; BPatG 5.11.2004 3 Ni 42/04; BPatG 25.5.2009 5 Ni 25/09; BPatG 15.3.2010 2 Ni 32/08 (Abschlag wegen kurzer Restlaufzeit); BPatG 26.5.2010 3 Ni 18/09 (EU); BPatG 17.6.2010 2 Ni 39/08 (EU); BPatG 1.2.2011 3 Ni 17/09 (EU); BPatG 1.2.2011 5 Ni 109/09 (EU); BPatG 17.6.2011 1 Ni 12/11 (EP); BPatG Mitt 2016, 143; BPatG 1.12.2015 3 Ni 25/14 (EP): auch bei bestehendem weiterem Patent und Unterlagenschutz nach §24b AMG; vgl BPatGE 8, 176 f = Mitt 1966, 121 und BPatG Mitt 1982, 77, GbmLöschungssachen; vgl auch BPatGE 35, 56 = Mitt 1996, 61: nicht benutztes Patent, Berechnung der heranzuziehenden Schadensersatzansprüche; zur Berechnung auch *Bühring* § 17 GebrMG Rn 105 ff. Zur Streitwertbemessung bei fehlenden konkreten Angaben auch BPatG 4.3.2008 4 Ni 9/06. BGH 1.4.1992 X ZR 121/89 legt die nicht substantiiert bestrittene Umsatzangabe des Klägers zugrunde; BPatG 21.12.2012 1 Ni 9/11 (EP) die Angabe in der Klageschrift.

238   RG GRUR 1940, 555 Streitwert Nichtigkeitsklage.

239   BGH GRUR 2007, 175 Sachverständigenentschädigung IV; BGH 27.5.2008 X ZR 125/06; BGH 11.11.2009 Xa ZR 42/09; BGH 16.2.2016 X ZR 110/13; vgl aber BGH 6.5.2008 X ZR 174/04.

240   BPatG GRUR 2014, 1035 „Zwischenwirbelimplantat".

zungsstreit gibt regelmäßig keinen zuverlässigen Aufschluss,[241] kann aber – unter Berücksichtigung des Umstands, dass in ihn auch weitere Elemente einfließen können, die für das Nichtigkeitsverfahren keine Rolle spielen – einen Anhaltspunkt für den Gegenstandswert im Nichtigkeitsverfahren bilden,[242] jedenfalls für dessen untere Grenze.[243] Weitergehend ist nach der Rspr des BGH die Klagesumme der bezifferten Schadensersatzklage regelmäßig in voller Höhe zu berücksichtigen,[244] mangels abw Anhaltspunkte wird für die Eigennutzung ein Aufschlag von 25% angesetzt.[245] Bei Vorliegen entspr Anhaltspunkte kann aber ein Abweichen vom Verletzungsstreitwert veranlasst sein.[246] Den Parteien steht es frei, Umstände vorzutragen, die es im Einzelfall rechtfertigen, den Streitwert abw festzusetzen.[247] Werden der Kläger und seine Muttergesellschaft wegen derselben Ausführungsform in getrennten Verfahren in Anspruch genommen, ist deren Streitwert nur einmal anzusetzen.[248] Der Wert des Patents, für den die wirtschaftliche Ausbeute, die der Patentinhaber mit der Verwertung erzielen kann, als maßgeblich angesehen wurde, verändert sich durch unterschiedliche Verwendungsarten nicht, so auch nicht durch Verpflichtungszusagen bei standardessentiellen Patenten.[249] Maßgeblich sind die gestellten Anträge.[250] Str ist, ob die Bestimmung unabhängig vom Verletzungsprozess erfolgt, wenn die angegriffene Ausführungsform nicht in dessen Schutzbereich des Streitpatents eingreift.[251] Eine in der Praxis verbreitete Auffassung will den Streitwert in diesem Fall nach dem Interesse des Angreifers bestimmen.[252] Gewinne des Patentinhabers können nach der Rspr uU einen Anhaltspunkt bieten,[253] ebenso die erzielbaren Lizenzen.[254] Gewinne des Lizenznehmers bleiben außer Betracht.[255] Wird vom Umsatz ausgegangen, kann nur auf den Anteil abgestellt werden, der auf die erfindungsgem Verbesserung gegenüber dem StdT entfällt.[256] Dass patentgem Produkte von mehreren Schutzrechten erfasst werden, hat der BGH (nach Art einer Höchstbelastungsgrenze) im Einzelfall dahin berücksichtigt, dass für das einzelne Schutzrecht nur ein entspr Anteil angesetzt wird.[257] Der Gegenstandswert der Nebenintervention ist ebenfalls nach dem Interesse der Allgemeinheit an der Nichtigerklärung oder der Löschung zu bestimmen.[258]

Ist das Schutzrecht erloschen, richtet sich der Wert grds nach dem Interesse des Klägers an der Abwehr seiner Inanspruchnahme.[259] Liegt Inanspruchnahme nicht vor, ist entspr § 3 ZPO frei zu schätzen;[260] der Schätzbetrag wird auch im Fall der Inanspruchnahme als Mindestwert anzusetzen sein. **69**

---

241 BPatGE 26, 208, 219 = GRUR 1985, 38; BPatGE 27, 196 = GRUR 1986, 240.
242 *Benkard* § 17 GebrMG Rn 33.
243 BPatG 19.11.2012 3 Ni 20/12.
244 BGH GRUR 2009, 1100 Druckmaschinentemperierungssystem III; vgl BGH GRUR 2007, 175 Sachverständigenentschädigung IV; BGH GRUR 2011, 757 Nichtigkeitsstreitwert I.
245 BGH GRUR 2011, 757 Nichtigkeitsstreitwert; BGH 19.5.2011 X ZR 50/10; BGH 16.2.2016 X ZR 110/13; BPatG 4.12.2013 5 Ni 64/11 (EP); BPatG 16.6.2014 4 Ni 10/13 (EP); kr *Büscher/Dittmer/Schiwy* § 81 Rn 19; abw BPatG 23.1.2013 2 Ni 77/11: nur bei hinreichenden Erkenntnissen für eine Eigennutzung; ähnlich BPatG GRUR 2014, 1035 „Zwischenwirbelimplantat".
246 Vgl BPatG 2.8.2011 1 Ni 14/10 (EP).
247 BGH 16.2.2016 X ZR 110/13.
248 BGH 16.2.2016 X ZR 100/13.
249 BGH 28.10.2014 X ZR 93/13.
250 BPatG 16.6.2014 4 Ni 10/13 (EP).
251 So BPatGE 53, 126 = BlPMZ 2013, 274, aufgegeben in BPatG GRUR 2014, 1035 „Zwischenwirbelimplantat"; aA BPatG 23.1.2013 2 Ni 77/11; verneinend auch BGH 16.2.2016 X ZR 110/13; zum Ansatz eines Risikoabschlags BGH Stückgutverladeanlage; BGH BlPMZ 1991, 190 Unterteilungsfahne, GbmLöschungssache; BPatG 6.10.2008 2 Ni 1/01 (EU); BPatG 17.6.2010 2 Ni 39/08.
252 Vgl hierzu etwa BGH 6.5.2008 X ZR 174/04, ohne nähere Begründung.
253 BGH Mitt 1963, 60 Brieftaubenreisekabine 04; vgl aber die Kontroverse im ArbNErfinderrecht über die Heranziehung von Gewinnen zur Ermittlung der Analogielizenz.
254 BPatG 2.8.2011 1 Ni 14/10 (EP); BPatG 19.11.2012 3 Ni 20/12; BPatG 10.12.2012 3 Ni 34/10 (EP).
255 BPatGE 27, 61 = GRUR 1985, 524, GbmLöschungssache.
256 BPatG 28.10.1997 5 W (pat) 54/96, GbmSache.
257 BGH 11.11.2009 Xa ZR 42/09.
258 BPatGE 27, 61 = GRUR 1985, 524, GbmLöschungssache.
259 BGH BlPMZ 1991, 190 Unterteilungsfahne, GbmSache.
260 BGH 22.5.2001 X ZR 80/00; BPatG 18.6.2012 3 Ni 31/10 (EP); BPatG 27.6.2012 3 Ni 29/10 (EP); BPatG 18.2.2014 3 Ni 24/13 (EP).

70   **Einzelheiten.** Die Klage gegen mehrere Patente führt zur Addition der Streitwerte.[261] ebenso grds die Klage gegen Grundpatent und Schutzzertifikat,[262] jedoch kann nach § 33 Abs 1 RVG grds getrennte Festsetzung des Streitwerts für das Grundpatent und das Schutzzertifikat beantragt werden, wenn sich die Tätigkeit der Rechtsanwälte der Partei nur auf das ergänzende Schutzzertifikat bezog und sich nicht mit der gerichtlichen Tätigkeit deckte.[263] Für eine Aufteilung des Streitwerts auf die einzelnen Klagen und eine gesonderte Wertfestsetzung für den Wert des Gegenstands der anwaltlichen Tätigkeit des Prozessbevollmächtigten des einzelnen Klägers wurde kein Raum gesehen.[264] Nach der Rspr des BPatG gilt dies generell bei Klageverbindung und unterschiedlichem Umfang des Angriffs.[265] Auf Antrag kann aber für die Kostenerstattung nach § 33 Abs 1 RVG ein unterschiedlicher Streitwert festgesetzt werden, wenn das Streitpatent in unterschiedlichem Umfang angegriffen ist.[266] Wird ein einheitlicher Streitwert, aber für die einzelnen Beteiligten unterschiedliche Gegenstandswerte festgesetzt, ist für eine Auslegung der Streitwertfestsetzung dahin, dass die Beteiligten Gerichtsgebühren nur auf der Grundlage des für sie festgesetzten Gegenstandswerts schulden, kein Raum.[267]

71   Greifen **mehrere Kläger** das Patent in übereinstimmendem Umfang an, begründet dies einen einheitlichen Streitwert.[268] Bei Verbindung der Klagen besteht kein Anlass, den Streitwert für die Berechnung der erstattungsfähigen Anwaltsgebühren mit einem Bruchteil des Streitwerts für die Erstattung der Gerichtskosten anzusetzen; durch § 144 wird sichergestellt, dass der Nichtigkeitsbeklagte nicht unzumutbar an der Rechtsverfolgung gehindert ist.[269]

72   Der **durchschnittliche Gegenstandswert** für Nichtigkeitsverfahren erster Instanz lag um 1995 bei 1,5 Millionen DM (zwischen 100.000 DM und 50 Millionen DM).[270] Bekannt geworden sind Streitwerte von 5.000 DM[271] und 20.000 EUR[272] bis 100.000.000 DM[273] und 60 Millionen EUR.[274] Der Wert beträgt nach geltendem Recht höchstens 30 Millionen EUR (§ 39 Abs 2 GKG); das gilt allg,[275] also auch für das Patentnichtigkeitsverfahren. Die Übergangsvorschriften der §§ 71, 72 GKG sind zu beachten.

73   Im **Zwangslizenzverfahren** ist das Interesse des Klägers an der Ausnutzung der Erfindung maßgeblich.[276] Vor dem Hintergrund, dass es sich lediglich um eine einfache Lizenz handelt, durch die der Patentinhaber nicht an einer weiteren Verwertung der Erfindung gehindert wird, wurde ein hälftiger Abschlag gegenüber der vom ausschließlichen Lizenznehmer gezahlten Lizenzsatzes vorgenommen.[277]

74   **2.** Die **Wertfestsetzung** erfolgt durch **Beschluss**, nicht in der Urteilsformel.[278] Zur Anfechtbarkeit Rn 11 zu § 100. UU kann gespaltene Wertfestsetzung[279] oder gesonderte Festsetzung für die sich nicht nach

---

261   So auch *Fitzner/Lutz/Bodewig* Rn 43; vgl zur früheren Rechtslage BPatGE 28, 121 = GRUR 1986, 882.

262   BGH 17.1.2012 X ZR 68/08; vgl. BPatG Beschl. vom 14.12.2010 3 Ni 35/10.

263   BGH 17.1.2012 X ZR 68/08 (hier war allerdings die Kappungsgrenze erreicht).

264   BGH GRUR 2013, 1286 Nichtigkeitsstreitwert II, mit eingehender Begründung.

265   BPatG 14.6.2007 2 Ni 32/05 (EU).

266   BGH 30.9.2010 Xa ZR 34/08; BGH 11.2.2014 X ZR 100/10; BPatGE 33, 79 = GRUR 1992, 690.

267   BPatG Mitt 2016, 146.

268   Vgl zur früheren Rechtslage BGH GRUR 1962, 290 Brieftaubenreisekabine 01; BGH GRUR 1987, 348 Bodenbearbeitungsmaschine; BPatGE 28, 225 = Mitt 1987, 112; BPatGE 32, 204 = GRUR 1992, 435; zum geltenden Recht BPatG 20.8.2013 3 Ni 15/08; BPatG Mitt 2016, 143; zwd BPatG 29.7.2011 5 Ni 67/09 (EU).

269   BPatG BlPMZ 2014, 113 unter Hinweis auf BGH GRUR 2009, 1100 Druckmaschinentemperierungssystem III.

270   Vgl BPatGE 7, 223 = Mitt 1966, 59 für die Gegenstandswerte im Jahr 1965.

271   Verfahren BPatG 3 Ni 39/97.

272   Verfahren BPatG 4 Ni 8/06 und BPatG 4 Ni 9/06 sowie Berufungsverfahren hierzu BGH Xa ZR 76/08 und BGH Xa ZR 80/08.

273   Verfahren BPatG 3 Ni 40/99; BGH X ZR 70/01.

274   Verfahren BPatG 4 Ni 8/03 (EU), in zweiter Instanz unter die Kappungsgrenze gefallen.

275   *Hartmann* Kostengesetze § 39 GKG Rn 5.

276   *Benkard* Rn 22 mit Hinweis auf die Praxis des RPA, *Fitzner/Lutz/Bodewig* Rn 44.

277   BPatG 4.7.2012 3 Li 1/10 (EP).

278   BPatG 30.4.1975 2 Ni 1/73; abw teilweise die neuere Praxis des BPatG, vgl zB BPatGE 53, 66; BPatG 8.2.2011 3 Ni 8/09 (EU); BPatG 5.4.2011 3 Ni 15/10 (EU); BPatG 5.5.2011 2 Ni 25/09 (EU); BPatG 28.6.2011 3 Ni 10/10 (EU); BPatG 6.3.2012 3 Ni 14/10 (EU); BPatG 11.12.2014 7 Ni 32/14 (EP).

279   BGH 30.9.2010 Xa ZR 34/08; BGH 20.5.2014 X ZR 6/11 undok.

dem für die Gerichtsgebühren maßgeblichen Wert berechnenden Anwaltsgebühren[280] in Betracht kommen (vgl Rn 70). Gesonderte Wertfestsetzung für die Anwaltsgebühren mit unterschiedlichem Streitwert kommt in Betracht, wenn sich diese nicht nach dem für die Gerichtsgebühren maßgeblichen Wert berechnen (§ 33 Abs 1 RVG),[281] so, wenn das Streitpatent in unterschiedlichem Umfang angegriffen ist (Rn 70).

Erste Instanz. In der Praxis erfolgt meist einverständliche Festsetzung, auch zur Risikoeingrenzung **75** bei besonders hohen Streitwerten.[282] Das KostRegBerG hat die Festsetzung auf das GKG zurückgeführt (§ 2 Abs 2 PatKostG). Grds sind §§ 61 ff GKG anzuwenden; das BPatG kann nach § 63 Abs 1 GKG nach Eingang der Klage den Wert auch ohne Anhörung der Parteien vorläufig festsetzen;[283] dabei wird neben den Angaben in der Klageschrift auch auf sonstige gerichtsbekannte Umstände wie auf Erfahrungswerte zurückgegriffen werden können; Streitwertbegünstigung (§ 144; Rn 78) ist schon in diesem Rahmen möglich. Ein „symbolischer" Wert kann jedenfalls nicht zugrunde gelegt werden.[284] Die Angabe eines ungewöhnlich niedrigen Streitwerts sollte daher näher begründet werden. Nach gegenwärtiger Praxis wird der Vorschuss idR ohne vorläufige Festsetzung aufgrund der Angaben in der Klageschrift eingefordert. Die Festsetzung des vorläufigen Streitwerts kommt nach § 2 Abs 2 Satz 4 PatKostG iVm § 63 GKG in Betracht, sie unterbleibt aber idR bei Angabe eines auch vom BPatG als angemessen angesehenen Streitwerts in der Klageschrift, sofern auf dieser Grundlage der Vorschuss einbezahlt wird; eine vorläufige Streitwertfestsetzung ist jedoch bei Eingang der Nichtigkeitsklage zumindest dann erforderlich, wenn der Kläger nicht eine Gebühr auf der Grundlage des von ihm angenommenen Streitwerts einzahlt, sondern um Mitteilung der Höhe der Gebühren oder um Festsetzung des Streitwerts bittet, um eine entspr Zahlung leisten zu können.[285]

Die **endgültige Festsetzung** erfolgt grds mit der Entscheidung (§ 63 Abs 2 GKG).[286] Die Festsetzung **76** eines abw Streitwerts für das Berufungsverfahren rechtfertigte nach früherer Rechtslage keine Änderung durch das BPatG für die erste Instanz.[287] Nach geltendem Recht kann die Wertfestsetzung auch durch den BGH vAw[288] – auch für die Vorinstanz (dies erfolgt regelmäßig, soweit die vom BGH entwickelten Grundsätze nicht beachtet worden sind)[289] – innerhalb von sechs Monaten nach Rechtskraft seiner Entscheidung in der Hauptsache geänd werden (§ 63 Abs 3 GKG); der BGH hat hiervon auch wiederholt Gebrauch gemacht.[290] Hat das BPatG bereits über eine Änderung entschieden, ist für eine Neufestsetzung durch den BGH insoweit kein Raum mehr.[291]

Zur Wertfestsetzung in der **Berufungsinstanz** Rn 2 zu § 121. **77**

Ein **Teilstreitwert** nach § 144 kann auch im Nichtigkeitsverfahren festgesetzt werden; dies bestim- **78** men jetzt ausdrücklich § 2 Abs 2 Satz 4 PatKostG wie § 51 Abs 2 GKG.[292] Bei der Entscheidung sind die Einkommens- und Vermögensverhältnisse Dritter, in deren Interesse das Verfahren geführt wird, einzubeziehen.[293] Die erforderliche erhebliche Gefährdung der wirtschaftlichen Lage kann nicht allein durch einen Verdienstnachweis aus einem Arbeitsverhältnis glaubhaft gemacht werden.[294] Wenn der Patentinhaber beim Abschluss einer Vereinbarung über die Finanzierung von Prozesskosten eine Vertragsgestaltung wählt, die ihm und dem Finanzierer alle mit dem Rechtsstreit verbundenen Chancen sichert, das Kostenri-

---

280 BGH 22.2.2011 X ZR 28/06.
281 BGH 22.2.2011 X ZR 28/06; BGH 30.9.2010 Xa ZR 34/08; vgl zur Differenzierung zwischen Streitwert und Gegenstandswert BPatG BlPMZ 2016, 127, zu BGH 20.5.2014 X ZR 6/11 undok. und BPatGE 52, 187 „Kommunikationssystem".
282 Vgl *Hansen* (Entscheidungsanm) Mitt 1988, 211 f.
283 Zur vorläufigen Festsetzung vgl BPatG 17.6.2011 1 Ni 12/11 (EP); BPatG Beschluss vom 2.8.2011 1 Ni 14/10 (EP).
284 BPatG 5.11.2004 3 Ni 42/04.
285 Vgl BGH GRUR 2013, 539 Kontaktplatte.
286 Vgl BPatG 1.2.2011 5 Ni 109/09 (EU).
287 BPatGE 33, 4 = GRUR 1992, 690, so auch noch BPatG 6.10.2008 2 Ni 1/01 (EU).
288 BPatG 4.12.2013 5 Ni 64/11 (EP).
289 Vgl BGH 4.7.2011 X ZR 102/09.
290 BGH 11.11.2009 Xa ZR 42/09; BGH 4.7.2011 X ZR 102/09; vgl auch die Wertfestsetzung in den Verfahren Xa ZR 4/07 und Xa ZR 149/07.
291 BGH Mitt 2012, 40 Streitwertbeschwerde.
292 Zur früheren Rechtslage BPatGE 24, 169 = GRUR 1982, 363; BGH GRUR 1982, 672 Kombinationsmöbel.
293 BPatG 29.8.1994 2 Ni 40/88 (EU).
294 BPatG 2.7.2001 2 Ni 6/00 (EU).

siko des Nichtigkeitsverfahrens aber der Gegenseite auferlegt, ist es idR nicht angemessen, ihn von diesem Kostenrisiko nach § 144 noch weitergehend zu entlasten.[295]

79   Nach Verfahrenserledigung kann der **Antrag auf Streitwertbegünstigung** noch innerhalb angemessener Frist gestellt werden.[296] Nach Auffassung des BPatG ist der Antrag im Patentnichtigkeitsverfahren nach Beginn der Verhandlung noch zulässig, wenn die Partei später, auch nach Abschluss der Instanz, mehr an Kosten zu entrichten hätte, als sie vor der Antragstellung mit gutem Grund annehmen konnte.[297] Das ist insb der Fall, wenn der Streitwert nach der Verhandlung zur Hauptsache erstmalig festgesetzt wird und die Geschäftsstelle des Gerichts nicht vorher für die Erhebung von Gebühren einen entspr Streitwert angenommen hat[298] oder wenn von der Angabe des Klägers zu seinen Ungunsten abgewichen wird.[299] Die Rspr lässt nachträgliche Antragstellung uU bei einer erheblichen Veränderung der wirtschaftlichen Lage der Partei zu.[300] Anhörung des Gegners ist erforderlich (§ 144 Abs 2 Satz 4). Daneben sind auch sonstige betroffene Verfahrensbeteiligte (zB der Anwalt des Antragstellers) zu hören.[301] Ob die Einschränkungen für die Einsicht in die Erklärung und in die Belege nach § 117 Abs 2 Satz 2 ZPO[302] entspr heranzuziehen sind, ist nicht abschließend entschieden.

80   **II.** Die **Gerichtskosten** umfassen Gebühren und Auslagen; die Gebühren werden, soweit gesetzlich nichts anderes bestimmt ist, nach dem PatKostG erhoben (§ 1 Abs 1 Satz 1 PatKostG). Die Höhe der Gebühren wird aus der vom Streitwert abhängigen vollen Gebühr und dem Kostenverzeichnis festgelegten Gebührensatz – einem Multiplikator – berechnet, Die vom Streitwert abhängige volle Gebühr ergibt sich aus § 34 GKG und der dem GKG als Anlage 2 beigefügten Gebührentabelle (§ 34 GKG, § 2 Abs 2 Satz 1 PatKostG). Sie ist in Nr 402100 (4,5facher Satz), 402110 (Ermäßigung auf 1,5fachen Satz ua bei Rücknahme der Klage und gerichtlichen Vergleich; Anerkenntnisurteil kommt im Nichtigkeitsverfahren nicht in Betracht)[303] Gebührenverzeichnis zum PatKostG geregelt. Ermäßigung erfolgt nicht im Fall – auch übereinstimmender – Erledigungserklärung.[304] Zur Klagegebühr Rn 35 ff zu § 81. Wenn sich die Gebühr durch vorzeitigen Abschluss nach KostVerz Nr 402110 ermäßigt, sind überzahlte Gebühren zurückzuzahlen (§ 10 Abs 2 PatKostG).

81   Für die **Auslagen** vor dem BPatG gelten die Bestimmungen des GKG (§ 1 Abs 1 Satz 2 PatKostG). Zu diesen Gerichtskosten kommen eventuelle Auslagen für die Ladung von Zeugen und/oder Einholung von Sachverständigengutachten hinzu, wenn das zur Aufklärung behaupteter offenkundiger Vorbenutzungen oder schwieriger technischer Fragen erforderlich wird. Für solche Kosten muss in entspr Anwendung von § 17 GKG idR Regel der einen die voraussichtlichen Kosten deckenden Vorschuss zahlen, der die entsprechende Maßnahme beantragt hat.

82   **Kostenschuldner** ist neben dem Nichtigkeitskläger auch der, dem durch das Urteil des BPatG die Kosten auferlegt sind; dieser soll vorrangig in Anspruch genommen werden (§ 4 PatKostG).

83   **III.** Die **Kostenfestsetzung** setzt einen vollstreckbaren, nicht auch einen unanfechtbaren Titel voraus, sie erfolgt gem Abs 2 Satz 2, § 110 Abs 3 Satz 2 iVm §§ 103 ff ZPO, § 23 Abs 1 Nr 12 RPflG durch den

---

295   BGH GRUR 2013, 1288 Kostenbegünstigung III.
296   BGH GRUR 1965, 562 Teilstreitwert; BGH 27.4.1978 X ZR 51/74 undok; BGH 13.11.1979 X ZR 39/75, dort auch zur Angemessenheit der Frist.
297   BPatGE 24, 169 = GRUR 1982, 363.
298   RG GRUR 1940, 95 f. Streitwertfestsetzung; BGH GRUR 1953, 284 Kostenbegünstigung I; vgl KG GRUR 1938, 41; OLG Koblenz GRUR 1996, 139., zu § 142 MarkenG; BPatG 23.7.2010 4 Ni 50/07 GRURPrax 2010, 441 „Okklusionsvorrichtung – Streitwertbegünstigung".
299   BPatG 2.10.2012 5 Ni 40/10 Vv.
300   OLG Düsseldorf GRUR 1985, 219; OLG München 30.1.1991 6 W 2832/90 GRUR 1991, 561 Ls will sie auf die Fälle beschränken, in denen der Eintritt sowohl der wesentlichen Verschlechterung der Vermögensverhältnisse als auch der zusätzlichen Kostenbelastung nach dem maßgeblichen Zeitpunkt liegt; vgl zum Nichtigkeitsverfahren BPatG 23.7.2010 4 Ni 50/07 GRURPrax 2010, 441 „Okklusionsvorrichtung – Streitwertbegünstigung".
301   *Benkard* § 144 Rn 10.
302   Vgl hierzu BGHZ 89, 65.
303   BPatG 21.6.2010 2 Ni 28/08.
304   BPatG 21.6.2010 2 Ni 28/08.

Rechtspfleger des BPatG. Ein außergerichtlicher Vergleich ist kein vollstreckbarer Titel.[305] Die Kostenfestsetzung erfasst auf der Grundlage des Kostentitels die zu erstattenden Gerichtskosten sowie der erstattungsfähigen außergerichtlichen Kosten. Sie muss für die Kosten beider Instanzen beim BPatG beantragt werden (§ 104 Abs 1 Satz 1 ZPO) und erfolgt bei diesem.[306] Der Rechtspfleger ist an die gerichtliche Streitwertfestsetzung gebunden.[307] Dem Festsetzungsantrag müssen eine Kostenberechnung und die zugehörigen Belege beigefügt werden. Verzinsung der festzusetzenden Kosten mit 5%-Punkten über dem Basiszinssatz kann nach § 247 BGB beantragt werden (§ 104 Abs 1 Satz 1 ZPO). Ob ein aufgrund der erstinstanzlichen Kostenentscheidung gestellter Kostenfestsetzungsantrag und der Kostenfestsetzungsbeschluss unwirksam werden, wenn die Kostengrundentscheidung wegen Klagerücknahme wirkungslos wird oder ob der Teil der erstinstanzlichen Kosten, die eine Partei nach beiden Kostengrundentscheidungen zu tragen hat, weiterhin vom Zeitpunkt des Eingangs des ursprünglichen Kostenfestsetzungsantrags zu verzinsen ist, hat der BGH offen gelassen.[308] Die Kostenentscheidung im Kostenfestsetzungsverfahren richtet sich nach den Vorschriften der ZPO.[309]

Wenn die Prozesskosten in der Kostenentscheidung nach einer Quote verteilt sind, findet im Kosten- **84** festsetzungsverfahren eine **Kostenausgleichung** statt, bei der der zu erstattende Überschuss der Kosten errechnet wird. In diesem Fall wird die Gegenseite nach § 106 Abs 1 Satz 1 ZPO aufgefordert, innerhalb einer Woche ihre Kostenberechnung vorzulegen. Nach Fristablauf können die Kosten ohne Rücksicht auf die Kosten des Gegners festgesetzt werden (§ 106 Abs 2 Satz 1 ZPO). Im Kostenfestsetzungsverfahren dürfen geltend gemachte, aber nicht begründete Ansätze durch nicht geltend gemachte, aber an sich begründete Ansätze ausgetauscht werden.[310]

Gegen den Kostenfestsetzungsbeschluss kann binnen zwei Wochen **Erinnerung** an den Nichtigkeits- **85** senat eingelegt werden (§ 23 Abs 2 RPflG); der Rechtspfleger kann ihr abhelfen.[311] Die Frist ist nach allg Regeln wiedereinsetzungsfähig, die verfristete Erinnerung kann uU aber in eine Anschlusserinnerung umgedeutet werden.[312] Der Nichtigkeitssenat entscheidet im Beschlussweg. Ausländ Konkurs unterbricht das Verfahren nicht.[313] Auch im Kostenfestsetzungs-Erinnerungsverfahren gilt der Grundsatz, dass jede Partei mit hinreichender Deutlichkeit die Zielrichtung ihrer Angriffe zu artikulieren hat.[314] Anschlusserinnerung ist statthaft.[315] Die Kostenentscheidung im Kostenfestsetzungsverfahren richtet sich nach den Vorschriften der ZPO.[316] Der Gegenstandswert des Erinnerungsverfahrens entspricht idR dem streitigen Betrag.[317] Rücknahme der Erinnerung führt auf Antrag zur Kostenauferlegung für das Erinnerungsverfahren.[318]

Unklar war die **Anfechtbarkeit von Senatsentscheidungen im Erinnerungsverfahren**; eine **86** Rechtsbeschwerdefähigkeit nach § 100 PatG ist auch hier schon aus dem formalen Grund nicht gegeben, weil nicht über eine Beschwerde entschieden wird und auch keine Entscheidung über einen Einspruch vorliegt. Jedoch hat das BPatG die Rechtsbeschwerde nach der ZPO (§§ 574 ff ZPO iVm § 111 Abs 1 FGG-RG) gegen Beschlüsse im Kostenfestsetzungsverfahren als eröffnet angesehen.[319] Dies hat die Rspr des BGH

---

305 Vgl BPatG Mitt 2016, 143.
306 Vgl BGH BlPMZ 1961, 408 Kostenfestsetzung II; BPatG Mitt 1999, 239.
307 BPatG 14.12.2010 3 ZA (pat) 35/10.
308 BGH GRUR 2014, 911 Sitzgelenk.
309 BPatG Mitt 1999, 239 gegen BPatGE 38, 166; BPatG 28.2.2012 3 ZA (pat) 33/11 mwN.
310 BPatG Mitt 1967, 18; zur Verzinsung BPatG Mitt 1990, 20 und BPatG 1.10.1993 3 ZA (pat) 24/93; zum Erinnerungsverfahren BPatG 22.8.1974 2 ZA (pat) 1/74 einerseits, BPatGE 30, 69 = Mitt 1990, 35 (GbmSenat) andererseits.
311 BPatG 14.2.2011 3 ZA (pat) 74/10; zur Zulässigkeit einer Erinnerung, die nicht von der das Kostenfestsetzungsverfahren betreibenden Partei, sondern von einem Dritten eingelegt ist, BPatG 21.12.1993 3 ZA (pat) 32/93.
312 Vgl BPatG 28.9.2015 3 ZA (pat) 9/15.
313 BPatGE 25, 33 = Mitt 1983, 13.
314 BPatG 7.7.1993 3 ZA (pat) 11/93.
315 BPatGE 15, 90 = GRUR 1974, 107; BPatG 36, 42 = Mitt 1996, 242; BPatG BlPMZ 2016, 150.
316 BPatG Mitt 1999, 239 gegen BPatGE 38, 166; BPatG 28.2.2012 3 ZA (pat) 33/11 mwN.
317 BPatG Mitt 2016, 143.
318 BPatG 21.3.1975 2 ZA (pat) 2/75.
319 BPatGE 53, 30; BPatG GRUR-RR 2013, 83 und BPatG BlPMZ 2012, 389, 391; anders noch BPatG 26.2.2003 3 ZA (pat) 44/02; BPatGE 51, 76 = GRUR 2010, 555.

bestätigt. Die Rechtsbeschwerde ist aber nur dann statthaft, wenn sie vom BPatG zugelassen wurde.[320] Rechtsbeschwerdefähig sind auch nach § 574 ZPO, dessen Anwendbarkeit durch § 99 nicht ausgeschlossen wird, Entscheidungen über die Erstattungsfähigkeit der Kosten der Doppelvertretung im erstinstanzlichen Nichtigkeitsverfahren (Rn 93).

87   Der **Kostenansatz**, der grds im Verwaltungsweg berichtigt werden kann, erfolgt durch den Kostenbeamten des BPatG, gegen ihn ist die nicht dem Anwaltszwang unterliegende Erinnerung nach § 11 Abs 1 PatKostG (auch des Vertreters des Bundesjustizfiskus) statthaft,[321] über die der (sonst nicht vorgesehene) Einzelrichter des BPatG entscheidet.[322] Ein Rechtsmittel hiergegen findet nicht statt.[323] Jedoch hat das BPatG die Anhörungsrüge gegen die Entscheidung über die Erinnerung als statthaft behandelt.[324]

88   Das BPatG erstellt durch den Kostenbeamten eine **Kostenrechnung** an den (die) Kostenschuldner, in die Zahlungshinweise und eine Rechtsbehelfsbelehrung aufgenommen werden. Zulässiger Rechtsbehelf ist die nicht fristgebundene Erinnerung. Anwaltliche Vertretung ist nicht erforderlich.

IV. Vertreterkosten[325]

89   Das durch das 2. Kostenrechtsmodernisierungsgesetz vom 23.7.2013 in großem Umfang geänd Rechtsanwaltsvergütungsgesetz (RVG) regelt nur die Vergütung der Rechtsanwälte (§ 1 RVG). Patentanwälte können die sich danach ergebenden Honorare vereinbaren. Rechnet der Patentanwalt gegenüber seinem Mandanten nach den Gebührensätzen des RVG ab, kann er grds entspr § 11 RVG Festsetzung seiner Vergütung verlangen, jedoch nicht, wenn Einwendungen außerhalb des Gebührenrechts erhoben werden.[326] Das RVG sieht für die erstinstanzliche Vertretung vor dem BPatG eine Verfahrensgebühr in Höhe von 1,3 vollen Gebühren für die allgemeine Vertretung, einschließlich Klagerhebung (§ 2 Abs 2 Satz 1 RVG iVm mit VergVerz Nr 3100) und für die Vertretung in der mündlichen Verhandlung eine Terminsgebühr in Höhe von 1,2 vollen Gebühren (VergVerz Nr 3104) vor. Der Vertreter erhält die Terminsgebühr auch bei Vertretung mehrerer Parteien nur einmal (§ 7 Abs 1, § 15 Abs 2 RVG).[327] Die frühere Beweisgebühr ist mit dem RVG weggefallen, jedoch fällt seit der Neuregelung zum 1.8.2013 eine 0,3fache Zusatzgebühr an, wenn eine besonders umfangreiche Beweisaufnahme stattgefunden hat und mindestens drei Gerichtstermine stattgefunden haben, in denen Sachverständige oder Zeugen vernommen wurden (VergVerz Nr 1010). Hinzu kommt bei mehreren Auftraggebern jeweils zusätzlich eine 0,3fache Gebühr (VergVerz Nr 1008). Die einfache Wertgebühr beträgt zB (bei Zwischenwerten ist nach den Steigerungssätzen in § 13 RVG zu berechnen) bei einem Gegenstandswert von bis zu

110.000 EUR	1.503 EUR
200.000 EUR	2.013 EUR
260.000 EUR	2.253 EUR
500.000 EUR	3.213 EUR
1.000.000 EUR	4.713 EUR
2.000.000 EUR	7.713 EUR
5.000.000 EUR	16.713 EUR
10.000.000 EUR	31.713 EUR
20.000.000 EUR	61.713 EUR
30.000.000 EUR	91.713 EUR

---

320   BPatG Mitt 2016, 143; BPatG BlPMZ 2016, 150.
321   BPatG 1.2.2011 5 Ni 109/09 (EU); BPatG 29.7.2011 5 Ni 67/09 (EU).
322   Zur Rechtslage beim BGH BGH NJW 2015, 2194 unter Aufgabe von BGH NJW-RR 2005, 584 = Mitt 2005, 181 Ls.
323   Benkard § 99 Rn 8.
324   BPatG 16.3.2011 3 ZA (pat) 35/10.
325   Kosten des Erlaubnisscheininhabers BGH 13.5.1958 I ZR 54/56 und BGH 31.3.1961 I ZR 146/58.
326   BPatGE 45, 76 = GRUR 2002, 732, zur BRAGebO; BPatG 17.6.1997 5 W (pat) 14/96 undok, zitiert bei *Bühring*[7] § 17 GebrMG Fn 291, wendete § 19 BRAGebO(jetzt § 11 RVG) auf alle Personen, denen die Erlaubnis zur Besorgung fremder Rechtsangelegenheiten erteilt ist, sinngem an. Dagegen lehnt OLG Düsseldorf Mitt 2009, 518 die Festsetzung der Gebühren des Patentanwalts gegen den Mandanten in entspr Anwendung des § 11 RVG ab; die zugelassene Rechtsbeschwerde wurde nicht eingelegt.
327   BPatG Mitt 2016, 143.

Bei mehreren Auftraggebern wird der Höchstwert von 30 Mio EUR nurmehr (bis 100 Mio EUR) überschritten, wenn der Anwalt mehrere Auftraggeber wegen verschiedener Gegenstände vertritt (§ 22 Abs 2 RVG idF des 2. Kostenrechtsmodernisierungsgesetzes). Ob als Gegenstand in diesem Sinn der geltend gemachte Nichtigkeitsgrund anzusehen ist, erscheint zwh.[328]

Beauftragt eine Partei **mehrere Rechtsanwälte**, erhält jeder Rechtsanwalt nach § 6 RVG für seine Tätigkeit die volle Vergütung (zur Erstattungsfähigkeit Rn 93). **90**

Der Gebührenanspruch des Vertreters entsteht auch bei **Zurückverweisung** nur einmal.[329] **91**

V. Zur **Erstattungsfähigkeit** s zunächst die Kommentierung zu § 80. Voraussetzung hierfür ist, dass **92** die der Partei erwachsenen Kosten[330] zur zweckentsprechenden Rechtsverfolgung oder Rechtsverteidigung notwendig waren (§ 91 ZPO). Besonderheiten im Nichtigkeitsverfahren sind nachfolgend dargestellt.[331] Für die Prüfung der Erfolgsaussichten der Berufung durch den Prozessbevollmächtigten der ersten Instanz hat der Gegner keine gesonderte Ratsgebühr zu erstatten.[332] Kostenerstattung kommt nach Klagezustellung grds auch bei Mandatsanzeige erst nach Klagerücknahme in Betracht.[333] Kosten können im Erinnerungsverfahren nachgeschoben werden.[334] Erstattungsansprüche des Erstattungsberechtigten gegen Dritte stehen der Erstattungsfähigkeit regelmäßig nicht entgegen.[335] Kosten der Verwarnung wie der vorprozessualen Verzichtsaufforderung gehören nicht zu den im Kostenfestsetzungsverfahren zu erstattenden Prozesskosten.[336]

Zur historischen Entwicklung der höchst umstr Rspr zu den **Kosten der Doppelvertretung** durch einen **93** nen Patentanwalt und einen Rechtsanwalt eingehend 7. *Aufl.* Aufgrund der Zulassung mehrerer Rechtsbeschwerden (nach der ZPO) ist durch die Rspr des BGH nunmehr eine weitgehende Klärung erfolgt. Die Rspr des BPatG ist deshalb nur noch von historischem Interesse. Die Auffassung des BPatG, dass die Hinzuziehung eines Rechtsanwalts typischerweise jedenfalls dann notwendig ist, wenn zeitgleich ein das Streitpatent betr Verletzungsverfahren anhängig ist,[337] ist jedenfalls im Grundsatz vom BGH dahin bestätigt worden, dass es ausreicht, wenn die Partei oder ein mit ihr wirtschaftlich verbundener Dritter daran beteiligt ist[338] (nach der Rspr des BPatG allerdings nicht bei parallelem Verfügungsverfahren, das sich mit dem Nichtigkeitsverfahren zeitlich nur kurz überschneidet).[339] Dass mit einem zukünftigen Verletzungsstreit gerechnet wird, reicht nicht aus.[340] Als nicht ausreichend wurde eine Abnehmerverwarnung angesehen,[341] ebenso eine Berechtigungsanfrage.[342] Doppelvertretungskosten wurden nicht anerkannt, wenn kein Verletzungsprozess anhängig war und allein gegen das ergänzende Schutzzertifikat geklagt wurde, wobei rechtl Gesichtspunkte im Vordergrund standen, die die Beauftragung (nur) eines Rechts- oder Patentanwalts erforderlich machten.[343] Dass mit einem zukünftigen Verletzungsstreit gerechnet wird, reicht nicht aus.[344] Die Koordinierung von Rechtsstreitigkeiten in unterschiedlichen Vertragsstaaten des EPÜ kann die

---

328 Vgl zur Unterscheidung der Angelegenheit vom Gegenstand BPatG Mitt 2016, 143.

329 BPatGE 45, 206, zu § 118 BRAGebO.

330 Hierzu BPatG BlPMZ 2016, 150, zur Frage der Beauftragung in gemischten Sozietäten, zwh.

331 Zwangsvollstreckungskosten: BPatGE 27, 210 = Mitt 1986, 149; Aufwendungen für Demonstrationshilfen: BPatG BlPMZ 1986, 39; BPatGE 51, 233 = GRUR 2009, 1196.

332 BPatGE 27, 98.

333 Eingehend BPatG 24.10.2013 4 ZA (pat) 35/13.

334 BPatG 17.3.2011 5 ZA (pat) 21/10; BPatG 30.3.2011 4 ZA (pat) 58/10.

335 BPatGE 36, 42 = Mitt 1996, 242.

336 BPatG 19.3.2012 2 ZA (pat) 77/11.

337 BPatGE 53, 30; BPatG GRUR-RR 2013, 83 und BPatG BlPMZ 2012, 389, 391; anders noch BPatG 26.2.2003 3 ZA (pat) 44/02; BPatGE 51, 76 = GRUR 2010, 555.

338 BGH GRUR 2013, 430 Doppelvertretung im Nichtigkeitsverfahren 01; BGH GRUR 2013, 427 Doppelvertretung im Nichtigkeitsverfahren; BGH 21.1.2013 X ZB 12/12; vgl *Benkard* Rn 56, 66; *Schulte* Rn 67; aA noch *Fitzner/Lutz/Bodewig* Rn 41.

339 BPatGE 53, 173 = BlPMZ 2012, 358.

340 BPatG 22.5.2012 3 ZA (pat) 44/11.

341 BPatG 22.12.2010 3 ZA (pat) 72/09; allg zur außergerichtlichen Abmahnung BPatG 25.5.2011 4 Ni 55/10.

342 BPatG 28.9.2015 3 ZA (pat) 9/15.

343 BPatG 25.1.2012 3 ZA (pat) 39/09; BPatG 28.2.2012 3 ZA (pat) 33/11.

344 BPatG 22.5.2012 3 ZA (pat) 44/11.

Notwendigkeit einer Doppelvertretung nicht begründen, ebenso die Möglichkeit einer vergleichsweisen Erledigung.[345] Eine Sonderstellung des Arzneimittelsektors hinsichtlich der Notwendigkeit einer Doppelvertretung besteht nicht.[346] Sind nur die Kosten eines Anwalts erstattungsfähig, sollen dies die des zuerst mandierten sein.[347] Verneint wurde die Erstattungsfähigkeit der Kosten der Doppelvertretung für die Terminsgebühr, wenn der Verletzungsprozess vor der mündlichen Verhandlung beendet war.[348] Zum Beschwerdeverfahren Rn 63 zu § 80. Die Zugehörigkeit zur gleichen Sozietät ist unschädlich.[349] Der Anwalt im Nichtigkeitsverfahren und der im Verletzungsprozess müssen nicht identisch sein, um die Erstattungsfähigkeit der Kosten der Doppelvertretung zu begründen.[350] Nicht erstattungsfähig sind grds die Kosten der Doppelvertretung durch zwei Rechtsanwälte.[351] Im Kostenfestsetzungserinnerungsverfahren sind Doppelvertretungskosten – wie generell in Nebenverfahren – nicht erstattungsfähig.[352] Zu den Gebühren im Berufungsverfahren Rn 24 zu § 121.

94   Zur **Doppelqualifikation** Rn 64 zu § 80.

95   Kosten für die **Vertretung in eigener Sache** sind grds erstattungsfähig,[353] nicht aber Gebühren für einen fest angestellten Patentanwalt.[354] Erstattungsfähigkeit setzt voraus, dass der mitwirkende Anwalt den prozessführenden Anwalt unterstützt und mit diesem zusammenwirkt.[355]

96   Im Inland kommt die Erstattungsfähigkeit der Kosten eines **Korrespondenzanwalts** (Verkehrsanwalt) nur ausnahmsweise in Betracht.[356] Die Kosten eines ausländ Korrespondenzanwalts hat die Rspr nicht uneingeschränkt berücksichtigt,[357] anerkannt waren sie für den Fall des Tods des ausländ Patentinhabers während des laufenden Verfahrens;[358] abgestellt wurde unter Zumutbarkeitsgesichtspunkten auf die Umstände des Einzelfalls.[359] Unter Berücksichtigung der Rspr des EuGH[360] wird dies für Parteien aus der EU, dem EWR und der Schweiz nicht mehr aufrechterhalten werden können.[361] Die Mitwirkung eines ausländ Verkehrsanwalts ist aber jedenfalls nicht erforderlich, wenn der deutsche Verfahrensbevollmächtigte bereits über alle nötigen Informationen verfügt oder wenn es für die ausländ Partei möglich, zumutbar und kostengünstiger ist, den inländ Prozessbevollmächtigten unmittelbar zu informieren.[362]

97   **Dolmetscherkosten** können grds in Rechnung gestellt werden, jedoch nicht, wenn kein Vertreter oder Mitarbeiter der Partei im Termin anwesend war; Anwesenheit eines Vertreters eines konzernverbundenen Unternehmens wurde nicht als ausreichend angesehen.[363] Übersetzungskosten Rn 77 ff zu § 80. Zu Übersetzungen im Berufungsverfahren Rn 28 zu § 128a.

---

345   BPatG 18.4.2012 3 ZA (pat) 11/12; BPatG 18.4.2012 3 ZA (pat) 12/12.
346   BPatG 18.4.2012 3 ZA (pat) 11/12; BPatG 18.4.2012 3 ZA (pat) 12/12.
347   BPatG BlPMZ 2012, 389.
348   BPatG 5.4.2011 2 ZA (pat) 68/09.
349   BPatGE 29, 201.
350   Rechtspfleger BPatG 29.9.2011 1 Ni 4/09 (EU) mNachw des Streitstands.
351   BPatGE 25, 155 = BlPMZ 1984, 173; BPatGE 30, 43 = GRUR 1989, 193; BPatGE 51, 76 = GRUR 2010, 555.
352   BPatGE 54, 210 = MItt 2016, 147 Ls.
353   BPatGE 24, 165 = GRUR 1982, 293; BPatG Mitt 2009, 82.
354   BPatG Mitt 1966, 123.
355   BPatGE 34, 85 = Mitt 1994, 53.
356   Vgl BPatG 12.2.1969 27 ZA (pat) 1/69, WzSache; zur Höhe der Gebühr vgl BPatG 7, 223, 227 = Mitt 1966, 59; BPatG 1.3.1971 5 W (pat) 47/70; *Benkard* Rn 68.
357   Vgl BGH 23.9.1960 I ZR 43/57; BPatG Mitt 1978, 96 (bis zur Höhe einer Gebühr je Instanz), BPatG Mitt 2001, 474, GbmLöschungssache: nur wenn besondere Gründe vorliegen, zu denen aber Ausländereigenschaft des Beteiligten gehören kann; so bei Federführung eines ausländ Unternehmens; auf die Notwendigkeit der Zuziehung im Einzelfall abstellend BPatGE 33, 102, 105 = GRUR 1992, 689 mwN.
358   BPatG 15.2.1995 3 ZA (pat) 42/94, dort auch zum Umfang der Erstattungsfähigkeit in einem solchen Fall; vgl auch BPatG 1.9.1987 5 W (pat) 28/86, GbmSache; BPatG 20.10.1997 5 W (pat) 50/96: bejaht bei fehlenden Kenntnissen der dt Sprache und der Besonderheiten des dt GbmRechts, Erstattungsfähigkeit bis zur Höhe der einem dt Patentanwalt oder Rechtsanwalt zustehenden Gebühr.
359   BPatG 31.3.2000 2 ZA (pat) 35/98; BPatG 1.7.2008 4 ZA (pat) 10/08; vgl für das GbmLöschungsverfahren BPatG Mitt 2001, 474.
360   EuGH 11.12.2003 C-289/02 Slg 2003 I 15059 = NJW 2004, 833 AMOK Verlags GmbH ./. A & R Gastronomie GmbH.
361   Vgl zum erstinstanzlichen Markenlöschungsverfahren BPatG GRUR 2011, 463.
362   BGH GRUR 2012, 319 ausländischer Verkehrsanwalt; vgl. *Benkard* Rn 68.
363   BPatG 23.3.2011 2 ZA (pat) 43/10.

Recherchekosten s zunächst Rn 66 ff zu § 80. Führt der Kläger die Recherche selbst (eigenhändig) **98** durch, anstatt eine entgeltliche professionelle Recherche in Auftrag zu geben, handelt es sich bei dem damit verbundenen Zeit- und Müheaufwand nicht um Kosten iSd § 91 Abs 1 Satz 1 ZPO, sondern um allg Prozessaufwand iSd § 91 Abs 1 Satz 2 ZPO, der grds nicht erstattet wird; soweit ausnahmsweise eine Erstattung in Betracht kommt, sind die zu § 91 Abs 1 Satz 1 ZPO entwickelten Grundsätze über die Notwendigkeit von Kosten heranzuziehen, insb das Kostenschonungsgebot und die Schadensminderungspflicht; jedenfalls bei einer mit einem völlig überzogenen Zeitaufwand selbst durchgeführten Recherche wird der damit verbundene Zeit- und Müheaufwand nicht erstattet.[364] Durch den Verletzungsprozess ausgelöste Recherchekosten können im Nichtigkeitsverfahren nicht geltend gemacht werden.[365]

Privatgutachten. Generell gilt, dass die Kosten erstattungsfähig sind, wenn die Partei ihrer Darle- **99** gungsobliegenheit mangels eigener Sachkunde nur mittels des Privatgutachtens genügen kann oder wenn ihre eigene Sachkunde aus sonstigen Gründen nicht ausreicht.[366] Der 3. Senat des BPatG hat die Kosten nur ausnahmsweise als erstattungsfähig angesehen.[367] Der 2. Senat des BPatG war großzügiger.[368] Grds und insb bei experimentellen Untersuchungen muss sich die Partei zunächst um gerichtliche Begutachtung bemühen.[369] Aufwendungen für ein zur Widerlegung eines Gerichtsgutachtens in Auftrag gegebenes Parteigutachten sind im Nichtigkeitsberufungsverfahren ebenso wie im Verfahren erster Instanz nur in besonders gelagerten Ausnahmefällen zur zweckentsprechenden Rechtsverfolgung notwendig; für die Beurteilung der Notwendigkeit ist auf den Zeitpunkt abzustellen, in dem die die Kosten auslösende Maßnahme veranlasst wurde (ex ante-Betrachtung).[370] Zu Parteigutachten im Berufungsverfahren Rn 25 zu § 121.

Reisekosten s Rn 70 ff zu § 80. **100**

Umsatzsteuer s Rn 82 zu § 80. **101**

Anfechtung. Ob ein Rechtsmittel zum BGH eröffnet ist, war str (vgl Rn 41 f zu § 80);[371] es wurde ange- **102** nommen, dass über die unstatthafte sofortige Beschwerde das BPatG selbst entscheiden kann.[372] Die Rechtsbeschwerdefähigkeit nach § 574 ZPO ist nunmehr anerkannt (Rn 11 zu § 100).

VI. Verfahrenskostenhilfe im Nichtigkeitsverfahren richtet sich nach § 132 Abs 2; der Antragsteller **103** muss zusätzlich zu den allg Voraussetzungen ein eigenes rechtliches (und nicht bloß wirtschaftliches) Interesse glaubhaft machen (Rn 16 zu § 132). Für den Beklagten ergibt sich das Interesse grds aus dem Angriff auf das Patent; sein Interesse an dessen Fortbestand reicht grds. aus.[373] Dem Beklagten kann Verfahrenskostenhilfe uU auch noch nach Klagerücknahme bewilligt werden.[374]

VII. Materiellrechtlicher Kostenerstattungsanspruch

Wenn im erfolgreichen Patentnichtigkeitsverfahren dem Kläger die Kosten der Berufungsinstanz auf- **104** erlegt worden sind, weil die entscheidende Entgegenhaltung erst im Berufungsverfahren eingeführt wur-

---

364 BPatG 20.5.2015 3 ZA (pat) 2/15 BlPMZ 2015, 328.

365 Vgl BPatG 22.8.1974 2 ZA (pat) 1/74.

366 Vgl BPatG 20.8.2013 3 ZA (pat) 22/13; BPatG 2.10.2014 4 ZA (pat) 6/14.

367 BPatGE 30, 263 = Mitt. 1990, 19 und BPatGE 25, 155 = BlPMZ 1984, 173; BPatG 29.3.2007 3 ZA (pat) 1/07; BPatG 11.2.2008 3 ZA (pat) 103/07 zu 3 Ni 44/00; BPatG 29.3.2007 3 ZA (pat) 1/07; BPatGE 51, 114: Gegengutachten; BPatG 18.5.2010 3 ZA (pat) 1/09; BPatG 29.6.2011 3 ZA (pat) 76/10; BPatG 22.5.2012 3 ZA (pat) 44/11: auch bei Berücksichtigung im Berufungsverfahren; vgl auch BPatGE 23, 122: Aufwendungen für patentjuristisches Privatgutachten grds nicht erstattungsfähig; zu Demonstrationshilfen BPatG BlPMZ 1986, 39; BPatGE 51, 233 = GRUR 2009, 1196.

368 BPatGE 24, 30 = GRUR 1981, 816; BPatGE 25, 114 = Mitt 1983, 114 und BPatGE 24, 30 = GRUR 1981, 816; strenger noch BPatGE 18, 46 = GRUR 1976, 608; vgl auch BPatGE 17, 70.

369 BPatGE 33, 274 = GRUR 1993, 548; BPatG 29.6.2011 3 ZA (pat) 76/10.

370 BPatGE 51, 114.

371 Verneinend BPatG 26.2.2003 3 ZA (pat) 44/02, bejahend BPatG 16.4.2012 4 ZA (pat) 35/11; BPatG BlPMZ 2012, 359.

372 BPatG 23.6.2009 4 ZA (pat) 81/08.

373 Vgl *Benkard* § 132 Rn 11c.

374 BGH MDR 2010, 402, zur Prozesskostenhilfe; *Schulte* § 132 Rn 6.

de, kann deren Ersatz nicht aufgrund eines sachlich-rechtl Schadensersatzanspruchs aus unberechtigter Verwarnung verlangt werden.[375]

F. Zwangsvollstreckung

105   In entspr Anwendung der §§ 775 Nr 1, 776 ZPO ist die Aufhebung eines bereits vollzogenen Ordnungsgeldbeschlusses möglich, wenn der der Vollstreckung zugrunde liegende Titel rückwirkend weggefallen ist; dies ist ein Vollstreckung aus einem Vergleich nicht notwendig der Fall, auch wenn das Patent in einem späteren Verfahren für nichtig erklärt wird.[376]

106   Für **Vollstreckungsgegenklagen gegen Kostenfestsetzungsbeschlüsse** in Verfahren, die den Nichtigkeitssenat betreffen (§ 84 Abs 2 Satz 2; § 767 ZPO), ist nach dem Geschäftsverteilungsplan des BPatG der Nichtigkeitssenat zuständig. Der im erstinstanzlichen Nichtigkeitsverfahren unterlegene Patentinhaber als Kostenschuldner ist für eine Vollstreckungsgegenklage wegen der gegen ihn festgesetzten Kosten nach Umschreibung des Patents auf einen Dritten nicht mehr aktiv legitimiert, wenn seine Einwendungen Lizenzansprüche aus dem Streitpatent (hier: nach Lizenzbereitschaftserklärung festgesetzte Lizenzvergütungen) betreffen.[377] Urteile des BPatG, mit denen über Vollstreckungsgegenklagen entschieden wird, sind nicht anfechtbar.[378]

107   **G. Wiederaufnahme des Verfahrens** ist entspr §§ 578 ff ZPO möglich.[379] Auffinden weiterer Materials begründet aber nicht den Restitutionsgrund des § 580 Nr 7 Buchst b ZPO.[380] Zuständig ist der Nichtigkeitssenat.[381]

§ 85
(Zwangslizenz: einstweilige Verfügung; vorläufige Vollstreckbarkeit)

(1) In dem Verfahren wegen Erteilung der Zwangslizenz kann dem Kläger auf seinen Antrag die Benutzung der Erfindung durch einstweilige Verfügung gestattet werden, wenn er glaubhaft macht, daß die Voraussetzungen des § 24 Abs. 1 bis 6 vorliegen und daß die alsbaldige Erteilung der Erlaubnis im öffentlichen Interesse dringend geboten ist.

(2) Der Erlaß der einstweiligen Verfügung kann davon abhängig gemacht werden, daß der Antragsteller wegen der dem Antragsgegner drohenden Nachteile Sicherheit leistet.

(3) [1]Das Patentgericht entscheidet auf Grund mündlicher Verhandlung. [2]Die Bestimmungen des § 82 Abs. 3 Satz 2 und des § 84 gelten entsprechend.

(4) Mit der Zurücknahme oder der Zurückweisung der Klage auf Erteilung der Zwangslizenz (§§ 81 und 85a) endet die Wirkung der einstweiligen Verfügung; ihre Kostenentscheidung kann geändert werden, wenn eine Partei innerhalb eines Monats nach der Zurücknahme oder nach Eintritt der Rechtskraft der Zurückweisung die Änderung beantragt.

(5) Erweist sich die Anordnung der einstweiligen Verfügung als von Anfang an ungerechtfertigt, so ist der Antragsteller verpflichtet, dem Antragsgegner den Schaden zu ersetzen, der ihm aus der Durchführung der einstweiligen Verfügung entstanden ist.

(6) [1]Das Urteil, durch das die Zwangslizenz zugesprochen wird, kann auf Antrag gegen oder ohne Sicherheitsleistung für vorläufig vollstreckbar erklärt werden, wenn dies im öffentlichen In-

---

375   OLG München OLG-Rp 1993, 69.

376   BPatG 25.10.2011 1 Ni 22/98 (EU).

377   BPatG 7.6.1995 3 Ni 19/95.

378   BGH GRUR 2002, 52 Vollstreckungsabwehrklage; aA noch *Schulte*[6] § 80 Rn 65, nunmehr aufgegeben; vgl auch die Ausgangsentscheidung BPatG 23.10.2000 10 V (pat) 1/00, GbmSache.

379   Vgl RGZ 170, 51 = GRUR 1942, 421 Restitutionsklage; BGH GRUR 1966, 109 Aluminiumflachfolien II; BGH Liedl 1965/66, 569 ff Aluminiumflachfolien 01; BPatG Mitt 1999, 239.

380   *Benkard*[10] Rn 9 mwN.

381   Vgl zum Berufungsverfahren BGH GRUR 1999, 369 interne Mitwirkungsgrundsätze; BPatG Mitt 1999, 239.

teresse liegt. [2] Wird das Urteil aufgehoben oder geändert, so ist der Antragsteller zum Ersatz des Schadens verpflichtet, der dem Antragsgegner durch die Vollstreckung entstanden ist.

Ausland: Österreich: § 36, 37 öPatG, § 37 zuletzt geänd durch die Patent- und Markenrechtsnovelle 2014

Übersicht

A. Entstehungsgeschichte; Anwendungsbereich

Die Bestimmung, die sowohl die einstweilige Verfügung in Zwangslizenzsachen als auch die vorläu- **1** fige Vollstreckbarkeit des eine Zwangslizenz erteilenden Urteils regelt, ist in das PatG 1936 als § 41 eingestellt und durch das 1. ÜberlG und das 6. ÜberlG geänd worden. Das 2. PatGÄndG hat in Abs 1 eine Änderung der Verweisung vorgenommen, ebenso das BioTRlUmsG. Das KostRegBerG hat Abs 2 Satz 1 (Vorauszahlung der Gebühr) aufgehoben. Das PatRVereinfModG vom 31.7.2009 hat Änderungen in den Verweisungen vorgenommen.

Anwendungsbereich. Die Bestimmung gilt für Zwangslizenzen an dt und mit Wirkung für Deutsch- **2** land erteilten eur Patenten, ergänzenden Schutzzertifikaten und Gebrauchsmustern (§ 20 GebrMG). Sie erfasst auch die Erteilung von Zwangslizenzen nach § 85a (Rn 6). Für Zwangslizenzen nach der VO (EG) Nr. 816/2006 des Europäischen Parlaments und des Rates vom 17. Mai 2006 über Zwangslizenzen für Patente an der Herstellung von pharmazeutischen Erzeugnissen (Anh I zu § 24) gilt vorrangig § 85a.

Zwangslizenzen für **Europäische Patente mit einheitlicher Wirkung** unterliegen dem Recht der **3** teilnehmenden Mitgliedstaaten im Hinblick auf ihr jeweiliges Hoheitsgebiet (VO (EU) 1257/2012, Erwägungsgrund 10). Das europäische Patent mit einheitlicher Wirkung ist in Bezug auf die Vorschriften des PatG, die die Erteilung einer Zwangslizenz betreffen, wie ein im Verfahren nach dem PatG erteiltes Patent zu behandeln (RefE des Art II § 16 IntPatÜG).

Die **praktische Bedeutung** der Bestimmung in Bezug auf einstweilige Verfügungen ist gering (zwei **4** dokumentierte Entscheidungen des BPatG 1970 und 1995, drei des BGH 1952, 1963 und 1970; ein Eingang 2010, durch Klagerücknahme erledigt) und war selbst in den Jahren nach 1936 nicht groß (bis zum Beginn der Zweiten Weltkriegs 48 Anträge, 1940 5, 1941 3, 1942 2).[1]

B. Einstweilige Verfügung in Zwangslizenzsachen

I. Voraussetzungen

1. Allgemeines. Die Regelung weicht von der über die einstweilige Verfügung in der ZPO erheblich **5** ab. Gegenüber dem Hauptsacheverfahren handelt es sich um ein selbstständiges Verfahren.[2]

Der Antrag setzt **Anhängigkeit der Zwangslizenzklage** voraus, wie sich aus dem Wortlaut des Abs 1 **6** ergibt.[3] Die Klage muss auf § 24 oder auf § 20 GebrMG gestützt sein; die Geltendmachung des Anspruchs

---

1　*Mächtel* Das Patentrecht im Krieg, Diss Bayreuth (2009), 348.
2　*Benkard* Rn 3.
3　Vgl RPA MuW 38, 111; *Benkard* Rn 3; *Schulte* Rn 4; *Fitzner/Lutz/Bodewig* Rn 4; *Mes* Rn 6; vgl *Schulte* Rn 4.

auf „kartellrechtliche Zwangslizenz" (vgl Rn 100 ff zu § 24; Rn 234 ff zu § 139) reicht nicht aus. Zwangslizenzen nach der EU-Zwangslizenzverordnung (Rn 2) kommen infolge der Verweisung in § 85a als Grundlage in Betracht; dies ergibt sich auch aus der Verweisung in § 122 Abs 1 Satz 1.

7　　**2. Förmlich.** Die einstweilige Verfügung kann nur auf Antrag des Klägers der Klage auf Einräumung der Zwangslizenz erlassen werden (Abs 1); die Förmlichkeiten entsprechen denen für die Hauptsacheklage.

8　　Nach der durch das KostRegBerG eingeführten Regelung ist eine streitwertabhängige 1,5fache, bei mündlicher Verhandlung 4,5fache **Gebühr** nach den Grundsätzen des GKG bei Einreichung des Antrags fällig, die sich wie die Klagegebühr im Fall der Nichtigkeits- oder Zwangslizenzklage auf das 1,5fache ermäßigen kann (GebVerz idF des GeschmMRefG Nr 402300, 402310, 402320). Der (unrealistisch angesetzte) Mindestbetrag beträgt auch hier 121 EUR (§ 2 Abs 2 PatKostG). Streitwertherabsetzung nach § 144 ist möglich (§ 2 Abs 2 Satz 4 PatKostG).

9　　**Dringlichkeit** iSd §§ 935, 940 ZPO ist angesichts des Umstands, dass die Regelung ein eigenständiges sachlich-rechtl Dringlichkeitserfordernis aufstellt (Rn 10), nicht Zulässigkeitsvoraussetzung.[4] Ob (auch) auf eine „prozessuale" Dringlichkeit abzustellen ist, die insb bei längerem Zuwarten fehlen soll, erscheint zwh.[5]

10　　**3. Sachlich.** Der Erlass der einstweiligen Verfügung erfordert neben den in § 24 Abs 1 oder der VO (EG) Nr 816/2006 geregelten allg Voraussetzungen für die Erteilung einer Zwangslizenz, deren Vorliegen nur glaubhaft gemacht und nicht nachgewiesen sein muss, als selbstständige Voraussetzung[6] die Glaubhaftmachung, dass die alsbaldige Erteilung der Zwangslizenz im öffentlichen Interesse dringend geboten ist (Abs 1). Es handelt sich um einen unbestimmten Rechtsbegriff, nicht um die Eröffnung eines Ermessens.[7] In Betracht kommen nur Fälle, in denen ein längeres Zuwarten beim Erteilen der Benutzungserlaubnis nicht verantwortet werden kann, um wesentliche Nachteile von der Öffentlichkeit abzuwenden.[8] Zu berücksichtigen ist auch, dass die Erteilung der Zwangslizenz im Weg der einstweiligen Verfügung die Entscheidung in der Hauptsache für die Dauer des Schwebens des Zwangslizenzverfahrens praktisch vorwegnehmen würde.[9] Ein Eigeninteresse des Antragstellers an der sofortigen Benutzung muss außer Betracht bleiben.[10]

11　　**4.** Für die **Glaubhaftmachung** gilt § 294 ZPO, sie ist auf liquide Beweismittel und auf eidesstattliche Versicherungen beschränkt. Der Untersuchungsgrundsatz (§ 87) gilt insoweit nicht.[11]

II. Verfahren

12　　**1. Zuständigkeit.** Zuständig ist immer das BPatG, und zwar der Nichtigkeitssenat in der Besetzung mit fünf Richtern. Das gilt auch, wenn das Hauptsacheverfahren bereits in der Berufungsinstanz vor dem BGH anhängig ist; die Ansicht, dass in diesem Fall der BGH zuständig sei,[12] ist mit der eindeutigen Regelung in Abs 3, der auch eine Zuständigkeitsregelung enthält,[13] nicht vereinbar.[14]

4　　*Mes*[1] Rn 4; aA offenbar *Fitzner/Lutz/Bodewig* Rn 8.

5　　So aber *Mes* Rn 15.

6　　BGH GRUR 1972, 471, 472 Cafilon; BPatGE 36, 96 = GRUR 1996, 870.

7　　So auch *Fitzner/Lutz/Bodewig* Rn 8.

8　　BGH GRUR 1952, 393 Paladon; BPatGE 36, 96 = GRUR 1996, 870; vgl BPatG 24.3.1970 3 LiQ 1/70; *Fitzner/Lutz/Bodewig* Rn 9.

9　　BPatGE 36, 96 = GRUR 1996, 870; *Fitzner/Lutz/Bodewig* Rn 9; vgl BGH Paladon.

10　　BGH 12.2.1963 I a ZB 3/63.

11　　*Mes* Rn 16.

12　　*Benkard* Rn 5; *Mes* Rn 8 unter Verweis auf den angesichts der abschließenden Sonderregelung in § 85 hier nicht einschlägigen § 937 Abs 1 ZPO.

13　　AA *Benkard* Rn 5.

14　　So auch *Fitzner/Lutz/Bodewig* Rn 11.

2. Der **Verfahrensgang** entspricht dem im Hauptsacheverfahren; die Bestimmungen der ZPO über **13** das Verfahren bei einstweiligen Verfügungen sind unanwendbar. Das Beschleunigungsbedürfnis ist angemessen zu berücksichtigen.

III. Entscheidung

1. Form; Inhalt. Die Entscheidung ergeht durch Urteil aufgrund (verzichtbarer) mündlicher Verhand- **14** lung (Abs 3). Das Urteil lautet im Erfolgsfall auf Erteilung der Zwangslizenz mit Regelungen über den Umfang des Benutzungsrechts, die Vergütung usw; Letzteres kann aber dem Hauptsacheverfahren vorbehalten werden.[15] Die Erteilung der Zwangslizenz kann von einer Sicherheitsleistung abhängig gemacht werden, die so zu bemessen werden sollte, dass der prozessuale Schadensersatzanspruch (Abs 5) abgedeckt wird.[16] Ist der Antrag unzulässig oder unbegründet, wird er durch das Urteil zurückgewiesen.

2. Anfechtbarkeit. Gegen das Urteil ist die (befristete) **Beschwerde** zum BGH nach § 122 eröffnet. Der **15** Beschwerde kommt aufschiebende Wirkung nicht zu.[17] Das Hauptsacheverfahren wird durch die Entscheidung nach Abs 3 nicht präjudiziert.[18]

IV. Wirkung

1. Benutzungsrecht. Die Benutzungserlaubnis (Abs 1) begründet ein Benutzungsrecht; die Benut- **16** zung der Erfindung ist im Umfang der Erlaubnis und für deren Dauer nicht rechtswidrig.[19] Die einstweilige Verfügung führt diese Wirkung mit ihrem Erlass vorläufig herbei, ohne dass es einer Anordnung der vorläufigen Vollstreckbarkeit bedürfte[20] (Rn 22), ggf jedoch erst nach Erbringen einer angeordneten Sicherheitsleistung (Rn 14). Änderung der Anordnung ist entspr §§ 936, 927 möglich.[21]

2. Wegfall des Benutzungsrechts. Die Wirkung der einstweiligen Verfügung endet mit Rücknahme **17** oder Abweisung („Zurückweisung") der Zwangslizenzklage (Abs 4); maßgeblich ist bei der Abweisung der Eintritt der Rechtskraft.[22] Sie endet weiter mit ihrer Aufhebung im Berufungsverfahren oder auf Abänderungsantrag (§§ 936, 927 ZPO sind hier entspr anwendbar)[23] sowie bei (positiver oder negativer) Entscheidung in der Hauptsache; dies folgt schon aus ihrem „vorläufigen" Charakter. Ebenso endet sie bei Erledigung der Hauptsache und Klageverzicht.[24] Fällt das Patent weg, wird die Benutzungserlaubnis dadurch gegenstandslos.

V. Änderung der Kostenentscheidung

Abs 4 sieht für den Fall der Abweisung („Zurückweisung") oder Rücknahme der Hauptsacheklage **18** eine antragsabhängige, befristete Abänderungsmöglichkeit der Kostenentscheidung (zu Lasten des Antragstellers) vor; zuständig ist der Nichtigkeitssenat des BPatG, der im Beschlussweg und in der Beschlussbesetzung (§ 67 Abs 2 2. Alt) entscheiden kann.[25]

---

15 RGZ 171, 227, 237 = GRUR 1943, 289 Kohlenstaubmotor; *Benkard* Rn 9; *Fitzner/Lutz/Bodewig* Rn 13.
16 *Benkard* Rn 10; *Fitzner/Lutz/Bodewig* Rn 14; vgl *Schulte* Rn 7; *Mes* Rn 21.
17 *Schulte* Rn 10.
18 Ebenso *Fitzner/Lutz/Bodewig* Rn 15.
19 Vgl BGHZ 130, 259 = GRUR 1996, 109 klinische Versuche I; *Fitzner/Lutz/Bodewig* Rn 16.
20 *Benkard* Rn 13; *Fitzner/Lutz/Bodewig* Rn 16; *Mes* Rn 22.
21 *Fitzner/Lutz/Bodewig* Rn 20.
22 Vgl *Benkard* Rn 14; *Fitzner/Lutz/Bodewig* Rn 18.
23 *Benkard*[10] Rn 9.
24 *Benkard*[10] Rn 8; *Fitzner/Lutz/Bodewig* Rn 18; *Mes* Rn 22.
25 Ebenso *Fitzner/Lutz/Bodewig* Rn 19.

C. Prozessualer Schadensersatzanspruch (Absatz 5)

19   Die Regelung ist § 945 ZPO nachgebildet.[26] Sie setzt voraus, dass die Anordung von Anfang an ungerechtfertigt war; dies ist auch der Fall, wenn die Klage in der Hauptsache abgewiesen wird.[27] Wird die Hauptsacheklage zurückgenommen oder erledigt sie sich, ist das Vorliegen der Voraussetzungen des Abs 5 im Schadensersatzprozess selbstständig zu überprüfen.[28]

20   **Verschulden** ist nicht erforderlich.[29] Soweit es nicht vorliegt, kann nur die angemessene Lizenzgebühr verlangt werden;[30] hier gelten dieselben Grundsätze wie beim Bereicherungsanspruch und beim Anspruch nach § 33.

21   Der Schadensersatzprozess ist **Patentstreitsache**.[31]

D. Vorläufige Vollstreckbarkeit der Hauptsacheentscheidung

I. Allgemeines

22   Abs 6 bezieht sich auf das Hauptsacheverfahren in Zwangslizenzsachen.[32] Für die einstweilige Verfügung ergibt sich die Vollstreckbarkeit bereits aus der Natur der Regelung, ohne dass es einer entspr Anordnung bedürfte.

23   Auf die **EU-Zwangslizenz** (Anh I zu § 24) dürfte die Regelung wegen Art 17 Abs 2 der Verordnung (EG) Nr 816/2006 nicht anwendbar sein (Rn 49 Anh I zu § 24).

II. Voraussetzungen

24   Der Ausspruch setzt einen **Antrag** voraus, der auch noch nach Erlass des Urteils gestellt werden kann.[33]

25   Materiell wird gefordert, dass die Anordnung der vorläufigen Vollstreckbarkeit **im öffentlichen Interesse** liegt. Auch insoweit handelt es sich um einen unbestimmten Rechtsbegriff (vgl Rn 10).

III. Anordnung

26   Liegen die Voraussetzungen vor, ist die vorläufige Vollstreckbarkeit auszusprechen;[34] die Bestimmung eröffnet insoweit trotz ihres Wortlauts („kann") kein Ermessen.[35]

27   **Sicherheitsleistung** kann, muss aber nicht angeordnet werden.[36]

IV. Prozessualer Schadensersatzanspruch

28   Abs 6 Satz 2 gewährt einen § 717 Abs 2 ZPO nachgebildeten prozessualen Schadensersatzanspruch; Verschulden ist auch hier nicht erforderlich.

29   Auch der Schadensersatzprozess nach Abs 6 Satz 2 ist **Patentstreitsache**.[37]

---

26 Vgl RGZ 171, 227, 231, 239 f = GRUR 1943, 289 Kohlenstaubmotor.
27 *Benkard*[10] Rn 10; *Fitzner/Lutz/Bodewig* Rn 22; *Mes* Rn 26.
28 *Benkard* Rn 16; *Mes* Rn 26.
29 *Benkard* Rn 16; *Schulte* Rn 12.
30 AA *Fitzner/Lutz/Bodewig* Rn 23.
31 *Benkard*[10] Rn 10; *Fitzner/Lutz/Bodewig* Rn 24; *Mes* Rn 27.
32 BPatGE 32, 184, 199 = GRUR 1994, 98; *Benkard* Rn 17; *Schulte* Rn 11; *Mes* Rn 28; vgl *Fitzner/Lutz/Bodewig* Rn 26.
33 *Fitzner/Lutz/Bodewig* Rn 26.
34 Vgl BPatGE 32, 184, 199 f = GRUR 1994, 98.
35 So auch *Fitzner/Lutz/Bodewig* Rn 27; jetzt auch *Benkard* Rn 17; *Mes* Rn 28.
36 *Benkard* Rn 17; *Fitzner/Lutz/Bodewig* Rn 28; *Mes* Rn 29.
37 *Fitzner/Lutz/Bodewig* Rn 29; *Mes* Rn 29.

§ 85a
(Zwangslizenzen für Patente an der Herstellung pharmazeutischer Erzeugnisse zur Ausfuhr)

(1) Die Verfahren nach Artikel 5 Buchstabe c, Artikel 6, 10 Abs. 8 und Artikel 16 Abs. 1 und 4 der Verordnung (EG) Nr. 816/2006 des Europäischen Parlaments und des Rates vom 17. Mai 2006 über Zwangslizenzen für Patente an der Herstellung von pharmazeutischen Erzeugnissen für die Ausfuhr in Länder mit Problemen im Bereich der öffentlichen Gesundheit (ABl EU L 157 S. 1) werden durch Klage nach § 81 Abs. 1 Satz 1 eingeleitet.

(2) Die §§ 81 bis 85 sind entsprechend anzuwenden, soweit die Verfahren nicht durch die Verordnung (EG) Nr. 816/2006 bestimmt sind.

Übersicht

Schrifttum (s auch Schrifttum zu Anh I zu § 24): *Krauß* Aktuelles aus dem Bereich Biotechnologie. Die Zwangslizenz für Patente betreffend die Herstellung von pharmazeutischen Erzeugnissen für die Ausfuhr in Länder mit Problemen im Bereich der öffentlichen Gesundheit, Mitt 2007, 250; *Prinz zu Waldeck und Pyrmont* Bundestag verabschiedet Gesetz zur Beschleunigung des Patentverfahrens, GRUR Int 2009, 785.

A. Entstehungsgeschichte; Anwendungsbereich

Die durch das PatRVereinfModG vom 31.7.2009 neu eingestellte Bestimmung enthält ergänzende nationale Verfahrensregeln zur Ausführung der VO (EG) Nr 816/2006 (EU-ZwangslizenzVO; zu dieser Anh I zu § 24). Erfasst sind nur die in Abs 1 genannten Verfahren.[1] Nach ihrem Wortlaut erfasst sie nur Patente, nicht auch Gebrauchsmuster, an denen zwar Zwangslizenzen erteilt werden können, die aber von der EU-ZwangslizenzVO nicht erfasst werden.   **1**

B. Die Regelung im einzelnen

I. Allgemeines

Die EU-ZwangslizenzVO, die am 30.6.2006 in Kraft getreten ist, erlaubt den Mitgliedstaaten die Vergabe von Zwangslizenzen für die Herstellung und den Vertrieb patentierter Arzneimittel, die für die Ausfuhr in Drittländer bestimmt sind, die über keine oder unzureichende Fertigungskapazitäten im Arzneimittelsektor verfügen und diese Medikamente zur Bekämpfung von Problemen im Bereich der öffentlichen Gesundheit benötigen. Die EU-ZwangslizenzVO enthält einzelne unmittelbar geltende Verfahrensregelungen, die aber nicht abschließend sind. § 85a schafft daher weitere ergänzende nationale Ausführungsregelungen. Die EU-ZwangslizenzVO weist das Erteilungsverfahren den „Behörden" zu, die nach nationalem Recht für die Erteilung von Zwangslizenzen zuständig sind. In Deutschland sind Verfahren wegen Erteilung oder Rücknahme der Zwangslizenz oder wegen der Anpassung der durch Urteil festgesetzten Vergütung für eine Zwangslizenz beim BPatG angesiedelt und als Klagen ausgestaltet. Gegen Entscheidungen des BPatG ist die Berufung zum BGH statthaft.[2] Die praktische Bedeutung der Regelung dürfte für Deutschland gering bleiben[3] (vgl Rn 1 Anh I zu § 24).   **2**

---

1 *Mes* Rn 6.
2 Begr BTDrs 16/11339 S 21 = BlPMZ 2009, 307, 315.
3 Vgl auch *Mes* Rn 5.

II. Klageverfahren

3   Abs 1 stellt klar, dass die verschiedenen Arten von Verfahren nach der EU-ZwangslizenzVO als Klageverfahren ausgestaltet werden.[4]

4   Auch die Verfahren nach Art 10 Abs 8, Art 16 Abs 1 Satz 2 EU-ZwangslizenzVO, mit denen auf Antrag die **Beachtung der Lizenzbedingungen** überprüft werden kann, sind als Klageverfahren ausgestaltet, um dem Zwangslizenzinhaber zur Gewährleistung eines rechtsstaatlichen Verfahrens ein Beteiligungsrecht gewähren zu können.[5]

III. Ergänzende Verfahrensregeln

5   In Abs 2 ist die Geltung der §§ 81–85 ergänzend zu den vorrangigen Verfahrensregelungen der EU-ZwangslizenzVO geregelt.[6]

IV. Zuständigkeit des Patentgerichts

6   Zuständige „Behörde" nach Art 1–11, Art 16, 17 EU-ZwangslizenzVO ist das BPatG als die nach nationalem Recht gem § 65 Abs 1 für die Erteilung von Zwangslizenzen zuständige Eingangsinstanz.[7]

7   Dem BPatG werden dabei **Zuständigkeiten** einer Verwaltungsbehörde zugewiesen, für die es seiner Struktur nach schlecht gerüstet ist, so etwa in Art 9 Abs 6 Satz 2, Abs 8 (vgl Rn 33 Anh I zu § 24), Art 14 Abs 2, 3, 6 (vgl Rn 41 Anh I zu § 24) EU-ZwangslizenzVO.

V. Entscheidung

8   Das BPatG entscheidet durch Urteil;[8] die Richterbank setzt sich wie im Nichtigkeitsverfahren zusammen, str ist allerdings, ob auch die Dreierbesetzung oder nur die Fünferbesetzung zum Einsatz kommen kann (Rn 30 zu § 67).

VI. Rechtsmittel

9   Die Entscheidungen des BPatG sind grds mit der Berufung nach §§ 110 ff anfechtbar; die Urteile im Verfahren über den Erlass einer einstweiligen Verfügung mit der Beschwerde (§ 122).

10   **Unanfechtbar** sind die Entscheidungen über die Beschlagnahme nach Art 14 EU-ZwangslizenzVO (Rn 41 Anh I zu § 24; Rn 4 zu § 122).

11   **VII.** Zur **Verfahrenskostenhilfe** Rn 20 zu § 132.

3. Gemeinsame Verfahrensvorschriften

Vor § 86

1   Die §§ 86–99 regeln das **Verfahren vor dem BPatG** für alle Verfahrensarten (Beschwerde-, Nichtigkeits- und Zwangslizenzverfahren) weitgehend in Anlehnung an die Bestimmungen der VwGO.

---

4 Begr BTDrs 16/11339 S 33 = BlPMZ 2009, 307, 315, Einzelbegr zu Nr 9 (§ 85a, Verfahren nach der EU-ZwangslizenzVO); *Schulte* Rn 2; *Fitzner/Lutz/Bodewig* Rn 2.
5 Begr BTDrs 16/11339 S 33 f = BlPMZ 2009, 307, 315, Einzelbegr zu Nr 9 (§ 85a, Verfahren nach der EU-ZwangslizenzVO); *Schulte* Rn 4; *Fitzner/Lutz/Bodewig* Rn 2.
6 Begr BTDrs 16/11339 S 34 = BlPMZ 2009, 307, 315, Einzelbegr zu Nr 9 (§ 85a, Verfahren nach der EU-ZwangslizenzVO); vgl *Benkard* Rn 3; *Fitzner/Lutz/Bodewig* Rn 3.
7 Begr BTDrs 16/11339 S 33 = BlPMZ 2009, 307, 315, Einzelbegr zu Nr 9 (§ 85a, Verfahren nach der EU-ZwangslizenzVO).
8 *Benkard* Rn 4.

Von einer **Verweisung auf die VwGO** ist abgesehen worden, weil das Beschwerdeverfahren vor dem **2** BPatG nicht als kontradiktorisches Verfahren ausgestaltet ist.[1] Ergänzend verweist § 99 Abs 1 auf die Regelungen in der ZPO, die durch das ZPO-RG vom 27.7.2001 umfassend geänd worden ist, vgl hierzu Rn 5 zu § 99.

Die Bestimmungen sind durch das **6. ÜberlG** als §§ 41a–41o neu in das Gesetz eingestellt worden; sie **3** haben Regelungen in den früheren §§ 34, 39 entbehrlich gemacht.

Anwendungsbereich. Die Bestimmungen waren bis zum Inkrafttreten des MarkenG auch auf das **4** Verfahren in Warenzeichensachen und sind weiterhin ua in Gebrauchsmustersachen (§ 18 Abs 2 GebrMG) anwendbar. Das MarkenG hat unter im wesentlichen wörtlicher Übernahme der Bestimmungen im Interesse einer Zusammenfassung aller markenrechtl Regelungen das Verfahren vor den Markensenaten des BPatG selbstständig normiert. Dabei wurde der Charakter der Regelung als umfassender Verfahrensrechtsordnung für das BPatG verkannt.[2] Die Bestimmungen waren auf das Einspruchsverfahren vor dem BPatG gem § 147 Abs 3 aF entspr anzuwenden.

§ 86
(Ausschließung und Ablehnung)

(1) Für die Ausschließung und Ablehnung der Gerichtspersonen gelten die §§ 41 bis 44, 47 bis 49 der Zivilprozeßordnung entsprechend.

(2) Von der Ausübung des Amtes als Richter ist auch ausgeschlossen

1. im Beschwerdeverfahren, wer bei dem vorausgegangenen Verfahren vor dem Patentamt mitgewirkt hat;

2. im Verfahren über die Erklärung der Nichtigkeit des Patents, wer bei dem Verfahren vor dem Patentamt oder dem Patentgericht über die Erteilung des Patents oder den Einspruch mitgewirkt hat.

(3) [1] Über die Ablehnung eines Richters entscheidet der Senat, dem der Abgelehnte angehört. [2] Wird der Senat durch das Ausscheiden des abgelehnten Mitglieds beschlußunfähig, so entscheidet ein Beschwerdesenat des Patentgerichts in der Besetzung mit drei rechtskundigen Mitgliedern.

(4) Über die Ablehnung eines Urkundsbeamten entscheidet der Senat, in dessen Geschäftsbereich die Sache fällt.

MarkenG: § 72
Ausland: Österreich: § 76 öPatG

---

1 Begr 6. ÜberlG BlPMZ 1961, 140, 154.
2 Kr, allerdings mit anderer Zielrichtung, zur Zerstückelung des Verfahrensrechts auch *G. Winkler* VPP-Rdbr 2002, 81, 87.

Schrifttum: *Bernatz* Ausschließung und Ablehnung von Beamten des Deutschen Patentamts und von Richtern des Bundespatentgerichts, Mitt 1968, 30; *Reinländer* – „Befangenheitsablehnung", Mitt 1982, 139.

A. Entstehungsgeschichte

1 Die an § 54 VwGO angelehnte Bestimmung (vor 1981 § 41a) ist in Abs 2 durch Art 8 Nr 47 GPatG mit Wirkung vom 1.1.1981 neu gefasst worden.

B. Ausschließung und Ablehnung von Gerichtspersonen

I. Allgemeines

2 **1. Anwendungsbereich.** Abs 1 ist auf Richter, Rechtspfleger und Urkundsbeamte des BPatG anwendbar, soweit diese Rechtsprechungstätigkeiten (nicht: Verwaltungstätigkeiten) wahrnehmen, Abs 2, 3 betreffen nur Richter (Rn 10), Abs 4 erfasst nur Urkundsbeamte.[1] Die Ablehnung eines Sachverständigen richtet sich nach § 406 ZPO (vgl Rn 9 zu § 99; zur Sachverständigenablehnung im Nichtigkeitsberufungsverfahren Rn 6 ff zu § 128a).[2]

3 Abs 2 ist **nicht** entspr **auf Mitglieder des DPMA** anwendbar, die am Verfahren vor dem BPatG mitgewirkt haben.[3]

2. Verweisung auf die ZPO

4 **a. Grundsatz.** Die §§ 41–44 und 47–49 ZPO sind entspr anzuwenden. Die Bestimmung in Abs 1 entspricht der in § 27 Abs 6 Satz 1 mit der Abweichung, dass auf § 45 Abs 2 Satz 2 ZPO nicht verwiesen ist. Die dortige für Richter beim Amtsgericht vorgesehene Regelung, dass eine Entscheidung nicht notwendig ist, wenn der abgelehnte Richter das Ablehnungsgesuch für begründet hält, gilt für das BPatG demnach nicht. Auf Rn 58 ff zu § 27 ist ergänzend zu verweisen.

5 **b. Besonderheiten bei der Anwendung der Vorschriften der ZPO. Gesetzliche Ausschließungsgründe.** Bei den Ausschließungsgründen handelt es sich um Fälle, bei denen typischerweise Anlass bestehen kann, an der Unbefangenheit des Richters zu zweifeln[4] und bei denen der Gesetzgeber deshalb von vornherein und ausnahmslos die Ausschließung angeordnet hat; sie schränken das Ablehnungsrecht der Beteiligten nicht ein.[5] Als entspr § 41 Nr 5 ZPO ausgeschlossen wurde ein Richter angesehen, der in einer in das Verfahren als wesentlicher StdT einbezogenen Veröffentlichung als Erfinder benannt ist.[6]

6 **§ 41 Nr 6 ZPO** wird jedenfalls für Richter durch die Regelung in Abs 2 verdrängt.[7] Nach Aufhebung und Zurückverweisung im Rechtsbeschwerde- oder Berufungsverfahren tritt ein Ausschluss deshalb nicht ein. Im Fall der Zurückverweisung befindet sich die Sache in derselben Instanz, die zunächst von der angefochtenen Entscheidung abgeschlossen worden ist. Der Richter ist demnach nicht in einer früheren, sondern in derselben Instanz mit der Sache befasst.[8]

7 **Besorgnis der Befangenheit.** Zum Begriff Rn 63 zu § 27. Die Qualifizierung von Ausführungen eines Verfahrensbevollmächtigten in einer mündlichen Verhandlung als „Roman" durch einen Richter kann die Ablehnung begründen.[9] Weigerung des Vorsitzenden, die Art der Vernehmung und der Protokollierung der Aussage eines Zeugen betr Anträge in die Niederschrift aufzunehmen oder einen Senatsbeschluss hierüber herbeizuführen, kann Besorgnis der Befangenheit begründen; unterbleibt in einem solchen Fall ein Gerichtsbeschluss, kann dies auch bei den übrigen mitwirkenden Richtern die Besorgnis der Befan-

---

1 Vgl *Benkard* Rn 1.
2 Vgl BGH GRUR 1987, 350 Werkzeughalterung.
3 BPatGE 9, 3.
4 Vgl EPA T 190/03 ABl EPA 2006, 502 Befangenheit.
5 BGH GRUR 2001, 47 Ausweiskarte.
6 BPatG 7.11.1978 17 W (pat) 89/76, besser über Besorgnis der Befangenheit zu lösen.
7 Vgl *Benkard* Rn 6; *Lindenmaier* § 41a Rn 6.
8 *Benkard* Rn 6.
9 BPatG 4.3.1976 31 W (pat) 27/72.

genheit rechtfertigen.[10] Auch eine Häufung von Verfahrensfehlern kann Besorgnis der Befangenheit begründen, wenn sie den Anschein der Befangenheit zu Lasten des Ablehnenden erweckt.[11] In diesem Fall hat das BPatG ein darauf gestütztes Ablehnungsgesuch zurückgewiesen, dass ein in der Verhandlung gegebener Hinweis, das Streitpatent könne mit einem neu gefassten Anspruch verteidigt werden, nicht protokolliert worden ist und ein entspr Protokollberichtigungsantrag zurückgewiesen worden ist.[12] In einem anderen Fall hatten die abgelehnten technischen Richter an einer Entscheidung im Einspruchsverfahren über ein paralleles Patent mitgewirkt, die nach Auffassung des Beteiligten mit schweren verfahrensrechtl Mängeln behaftet war.[13] Auch dieses Ablehnungsgesuch wurde zurückgewiesen.

Ist ein **Senatsmitglied** im Verfahren als Erfinder benannt, rechtfertigt dies die (Selbst)Ablehnung sämtlicher Senatsmitglieder.[14] **8**

Keinen Anlass zur Besorgnis der Befangenheit stellen grds dar: Bekanntgabe einer vorläufigen Meinung in einem Zwischenbescheid (vgl aber Rn 13 zu § 10 GebrMG);[15] Hinwirken auf die Stellung sachdienlicher Anträge unter Erörterung einer Anspruchsformulierung;[16] grds nicht die Mitwirkung in einem parallelen, aber nicht vorausgegangenen Verfahren für sich[17] oder in einem parallelen Verletzungsstreit,[18] auch bei Bestimmung des Schutzbereichs mit Rücksicht auf den StdT,[19] ebenso wenig Vorbefassung mit der Sache außerhalb der gesetzlich vorgesehenen Ausschließungsgründe.[20] Bloße Mitgliedschaft in einem Verein mit großer Mitgliederzahl rechtfertigt die Ablehnung jedenfalls solange nicht, als der Richter dort nicht in einer Misstrauen gegen seine Unparteilichkeit rechtfertigenden Weise tätig geworden ist.[21] Auch Gruppenbetroffenheit rechtfertigt eine Ablehnung nicht.[22] Abwegig ist die vom EPA geäußerte Auffassung,[23] dass Zurückverweisung Auswechslung der Mitwirkenden erfordere, weil die Beteiligten möglicherweise eine vorgefasste Meinung hätten. **9**

II. Besondere Richterausschließungsgründe

1. Allgemeines. Zusätzlich zu den allg Regelungen sieht Abs 2 für Richter zwei auf die Besonderheiten des Verfahrens vor dem BPatG zugeschnittene Ausschließungsgründe vor. Die allg Ausschließungs- und Ablehnungsgründe sind auch im Anwendungsbereich des Abs 2 einschlägig, schon dies steht einer ausdehnenden Anwendung der Regelungen entgegen.[24] Die Bestimmung ist auf technische wie auf rechtskundige Richter anwendbar.[25] **10**

2. Mitwirkung im vorausgegangenen Verfahren vor dem DPMA. Abs 2 Nr 1 schließt im Beschwerdeverfahren Richter aus, die im vorausgegangenen Verfahren vor dem DPMA mitgewirkt haben. Eine extensive Auslegung der Vorschrift ist wegen ihrer verfassungsrechtl Bedeutung (Bestimmung des gesetzli- **11**

---

10 BPatG Mitt 1996, 350.

11 BPatG 29.10.2008 4 Ni 8/06.

12 BPatG 29.10.2008 4 Ni 8/06.

13 BPatGE 50, 199 = GRUR 2008, 733, GbmSache.

14 BPatGE 10, 229.

15 BPatG Mitt 1970, 155; BPatG 15.4.1996 14 W (pat) 124/94 undok; *Lindenmaier* § 41a Rn 10.

16 BPatGE 34, 97 f.

17 Vgl BPatGE 2, 86 = GRUR 1965, 30 einerseits; BGH GRUR 1993, 466 fotovoltaisches Halbleiterbauelement, andererseits; BGH GRUR 1976, 440 Textilreiniger; BPatGE 50, 199 = GRUR 2008, 733; PA BlPMZ 1902, 42; *Benkard* Rn 8b, 9.

18 Vgl BGH GRUR 1986, 731 f Mauerkasten I, zum Nichtigkeitsberufungsverfahren.

19 BGH GRUR 2003, 550 Richterablehnung.

20 BPatG 25.7.2001 30 W (pat) 102/01, Markensache.

21 BGH GRUR 2003, 365 Richterbefangenheit; BGH 17.12.2003 X ZA 6/03 Schulte-Kartei 139.4 Nr 38 GRUR-Mitgliedschaft; BGH 26.2.2004 X ZA 6/03.

22 BGH 26.1.2015 PatAnwZ 1/14.

23 EPA T 433/93 ABl EPA 1997, 509 erneute Verhandlung.

24 BGH GRUR 1993, 466 fotovoltaisches Halbleiterbauelement, zu Nr 2; vgl BPatG 28.6.2011 3 Ni 10/10 (EU), wo unter Hinweis auf *Schulte*[8] Rn 5 auf das Erfordernis einer „engen" Auslegung abgestellt wird.

25 *Fezer* § 72 MarkenG Rn 7.

chen Richters) und der immer verbleibenden Möglichkeit der Richterablehnung grds nicht zulässig.[26] Auf erstinstanzliche Akteneinsichtsverfahren ist Abs 2 nicht anwendbar.[27]

12 **Vorausgegangen** ist das Verfahren, in dem die Entscheidung ergangen ist, gegen die sich die Beschwerde richtet;[28] für die Frage, ob die Mitwirkung im vorausgegangenen Verfahren erfolgt ist, kommt es nicht darauf an, in welcher Instanz sie stattgefunden hat.[29] Der Begriff ist in förmlich-prozessualem Sinn zu verstehen.[30] In der höheren Instanz darf hier nicht mitwirken, wer in der vorangegangenen mitgewirkt hat.[31]

13 **Einzelheiten.** Vorausgegangen ist im Erteilungsbeschwerdeverfahren das Erteilungsverfahren, im Einspruchsbeschwerdeverfahren das Einspruchsverfahren[32] und im Beschwerdeverfahren über eine Beschränkung das Beschränkungsverfahren. Andere Verfahren sind in diesen Fällen nicht vorausgegangen. Auf das Einspruchsbeschwerdeverfahren ist auch Abs 2 Nr 2 nicht entspr anwendbar.[33] Im Verhältnis von Patent- und GbmVerfahren und umgekehrt handelt es sich nicht um vorausgegangene Verfahren,[34] erst recht nicht bei parallelen Verfahren vor dem EPA oder bei Verletzungsverfahren vor den ordentlichen Gerichten;[35] ebenso bei bloßer Übereinstimmung der Verfahren in der Sache.[36] Mitwirkung nach Ausscheidung oder Teilung ist für das aus der Ausscheidung oder Teilung hervorgegangene neue Verfahren keine schädliche Mitwirkung,[37] anders Mitwirkung vor Ausscheidung oder Teilung im Erteilungsverfahren.[38] Entsprechendes galt bei einer Zusatzanmeldung.[39] Bei Teilung im Einspruchsverfahren schadete Mitwirkung für das Verfahren über die aus der Teilung entstandene Anmeldung oder das daraus entstandene Patent nicht.[40]

14 Die Ausschließung wird weitergehend als in § 41 Nr 6 ZPO oder Art 24 Abs 1 EPÜ nicht nur durch die Mitwirkung beim Erlass der angefochtenen Entscheidung, sondern durch die **Mitwirkung schlechthin** begründet.[41] Es muss sich aber um ein Tätigwerden in der Sache[42] und nicht nur um eine formelle Tätigkeit gehandelt haben;[43] deshalb wurden nicht als schädlich angesehen typische Abteilungsleiter- oder Gruppenleitertätigkeiten ohne sachlichen Gehalt wie Kenntnisnahme von der Nichtabhilfe,[44] Bestimmung des Bearbeiters,[45] Abzeichnung von Verfügungen im Rahmen der Dienstaufsicht;[46] anders bei nicht bloß redaktionell, orthographisch oder sprachlich korrigierenden Verbesserungen.[47] Nicht schädlich sind auch rein verfahrensleitende Maßnahmen.[48]

---

26 BGH GRUR 1976, 440 Textilreiniger; BGH GRUR 1993, 466 fotovoltaisches Halbleiterbauelement; BGH GRUR 2001, 47 Ausweiskarte; BPatGE 30, 258; vgl BPatGE 20, 116; BPatG 25.7.2001 30 W (pat) 102/01, Markensache.
27 Vgl *Lindenmaier* § 41a Rn 20.
28 BGH GRUR 2001, 47 f Ausweiskarte; vgl *Fitzner/Lutz/Bodewig* Rn 9.
29 BGH Ausweiskarte.
30 BPatGE 20, 116.
31 BGH GRUR 1963, 593 Radgehäuse; von Bedeutung für die Übergangsfälle der Überleitung von Verfahren vom DPA auf das BPatG, vgl *Lindenmaier* § 41a Rn 24; zu diesen – 6. ÜberlG – auch BPatGE 1, 117 = BlPMZ 1962, 70; BPatGE 4, 143 = GRUR 1964, 282.
32 BGH GRUR 2001, 47 f Ausweiskarte; vgl zu Art 24 EPÜ EPA T 1028/96 ABl EPA 2000, 475, 489 f Besorgnis der Befangenheit.
33 BGH GRUR 1993, 466 fotovoltaisches Halbleiterbauelement; BPatGE 30, 25.
34 BGH GRUR 1965, 50 Schrankbett; BGH GRUR 1976, 440 Textilreiniger; BGH 31.3.1965 I a ZB 3/65.
35 Vgl *Ingerl/Rohnke* § 72 MarkenG Rn 3.
36 BGH 24.3.1966 I a ZB 10/66.
37 BGH 2.3.1962 I ZB 20/61, zur Ausscheidung; *Benkard* Rn 9a; *Schulte* Rn 12.
38 BGH GRUR 1999, 43 ausgeschlossener Richter; im Ergebnis zust *Kühnen* Teilung S 139 f.
39 *Schulte* Rn 12.
40 BGH Ausweiskarte.
41 BGH GRUR 1963, 593 Radgehäuse; vgl *Fitzner/Lutz/Bodewig* Rn 8.
42 *Benkard* Rn 8; *Schulte* Rn 16; *Fitzner/Lutz/Bodewig* Rn 10.
43 BPatG Mitt 1966, 180; *Benkard* Rn 8a; *Schulte* Rn 15; *Fitzner/Lutz/Bodewig* Rn 11; *Ströbele/Hacker* § 72 MarkenG Rn 10; *Ingerl/Rohnke* § 72 MarkenG Rn 4; *Ekey/Bender/Fuchs-Wissemann* § 72 MarkenG Rn 2; *Klauer/Möhring* § 41a Rn 7; *Reimer* Rn 5.
44 BPatG 10.11.1986 31 W (pat) 193/84.
45 BPatG 27.10.1987 31 W (pat) 59/86.
46 BPatGE 20, 159.
47 BPatGE 20, 159.
48 *Schulte* Rn 15.

Wer nur an der **Erstellung der Recherche** (§ 43) mitgewirkt hat, ist für das Erteilungsbeschwerdever- **15** fahren nicht ausgeschlossen.[49]

Mitwirkung bei der Entscheidung über die Bewilligung der **Verfahrenskostenhilfe** führt zur Aus- **16** schließung;[50] das muss schon wegen der mit ihr regelmäßig verbundenen Prüfung der Erfolgsaussicht der Rechtsverfolgung oder -verteidigung (vgl § 130 Abs 1 Satz 1) gelten, und zwar bei typisierender Betrachtung auch in Fällen, in denen eine solche Prüfung ausgeschlossen ist (§ 132 Abs 1 Satz 2).

Mitwirkung bei Entscheidungen über **Akteneinsicht** wird man nicht als schädlich ansehen können.[51] **17**

3. Ausschließung im Nichtigkeitsverfahren. Die Regelung ist grds abschließend[52] (s aber Rn 20). **18** Befassung des Richters mit dem Patent in einem anderen Nichtigkeitsverfahren führt deshalb nicht zum Ausschluss,[53] erst recht nicht Befassung in einem Verletzungsverfahren.[54] Ausgeschlossen ist nach Abs 2 Nr 2 der Richter, der bei dem Verfahren, also nicht nur an der Entscheidung, vor dem DPMA oder dem BPatG über die Erteilung des Patents oder den Einspruch mitgewirkt hat. Mit dem Ausschließungsgrund wird verständlichen Zweifeln an der Unvoreingenommenheit eines Richters Rechnung getragen, der die Rechtmäßigkeit einer eigenen früheren Entscheidung beurteilen soll;[55] Mitwirkung im Widerrufs- oder Beschränkungsverfahren steht dem schon mangels einer vergleichbaren Interessenlage nicht gleich.[56] IdR ausgeschlossen werden aber die technischen Mitglieder des Nichtigkeitssenats sein, die im Einspruchsverfahren vor dem BPatG nach § 147 Abs 3 aF mitgewirkt haben; zur Problematik dieser Regelung vgl 6. *Aufl* Rn 21ff zu § 147. Zur Ausschließung im Nichtigkeitsberufungsverfahren Rn 21 vor § 110. In § 72 MarkenG fehlt eine dem Abs 2 Nr 2 entspr Regelung; Identität des Verfahrens besteht danach nicht im Verhältnis des Eintragungsverfahrens zu einem Beschwerdeverfahren über die Löschung derselben Marke.[57]

Nicht – auch nicht entspr – anwendbar ist die Bestimmung auf die Mitwirkung in Verfahren über die **19** Erteilung des **prioritätsbegründenden deutschen Patents,** wenn sich die Nichtigkeitsklage gegen das spätere eur Patent richtet.[58]

Mit Rücksicht auf den gleichen Verfahrensgegenstand und die übereinstimmende Interessenlage ist **20** die Bestimmung bei Nichtigkeitsklagen gegen eur Patente auf die Mitwirkung im Erteilungs- oder Einspruchsverfahren **vor dem EPA** entspr anwendbar;[59] dies gilt auch – und früher praktisch allein relevant – für die Mitwirkung in Beschwerdeverfahren aufgrund des durch die EPÜ-Revision 2000 gestrichenen Art 160 Abs 2 EPÜ (jetzt nur noch für externe juristische Mitglieder der Großen Beschwerdekammer von Bedeutung, Art 11 Abs 5 EPÜ 2000); Art 101 Abs 1 Satz 2 GG steht der Analogie nicht entgegen.

Die Regelung in Abs 2 Nr 2 gilt nicht für das **Zwangslizenzverfahren.**[60] **21**

III. Verfahren

1. Allgemeines. Abs 1 verweist zunächst auf die einschlägigen Bestimmungen der ZPO (§§ 44, 47, 48 **22** ZPO). Über die Ablehnung entscheidet der Senat (Abs 3 Satz 1, Abs 4) in der jeweils vorgesehenen Besetzung. Ausschließung nach Abs 2 ist vAw zu beachten.[61] Von dem Betroffenen ist eine dienstliche Stellungnahme einzuholen (§ 44 Abs 3 ZPO); dies gilt nicht bei einem unzulässigen Ablehnungsgesuch.[62] Rechtsmissbräuchliche Ablehnung macht den Antrag unzulässig.[63]

---

49 BPatGE 20, 116, zwd *Benkard* Rn 9, insb im Hinblick auf den erweiterten Recherchenbericht.
50 *Benkard* Rn 9a.
51 Vgl *Reimer* § 41a Rn 5 aE.
52 BPatG 4.5.1999 1 Ni 21/98.
53 BPatG 4.5.1999 1 Ni 21/98; BPatG 4.12.2003 2 Ni 35/02 (EU) undok.
54 BGH GRUR 1986, 731 Mauerkasten I; BGH GRUR 2003, 550 Richterablehnung.
55 Vgl *Fitzner/Lutz/Bodewig* Rn 12.
56 BGH 28.1.1992 X ZR 33/90 Schulte-Kartei PatG 81–85 Nr 149 Standschirm; *Benkard* Rn 11a; *Schulte* Rn 16.
57 *Ströbele/Hacker* § 72 MarkenG Rn 9.
58 BPatG 28.6.2011 3 Ni 10/10 (EU).
59 BPatGE 36, 33, für das eur Einspruchsverfahren; *Fitzner/Lutz/Bodewig* Rn 14.
60 BGH GRUR 1963, 593, 596 Radgehäuse.
61 *Benkard* Rn 12; vgl *Fitzner/Lutz/Bodewig* Rn 15.
62 BGH 26.1.2015 PatAnwZ 1/14 mwN.
63 Vgl BGH 3.5.2004 X ZA 6/03; BPatG 25.7.2001 30 W (pat) 102/01, Markensache.

23   **2. Selbstablehnung** (§ 48 ZPO). Ablehnungsgründe können von dem Betroffenen („Selbstablehnung") wie von den Beteiligten geltend gemacht werden. Die Selbstablehnung bewirkt nicht für sich das Ausscheiden des Richters;[64] dies folgt schon aus der Verweisung auf § 48 ZPO. Allerdings ist der Standpunkt des Richters als wichtig, wenn auch nicht entscheidend bezeichnet worden.[65] Der Grundsatz des gesetzlichen Richters gestattet es dem Richter nicht, sich nach Belieben aus dem Verfahren zurückzuziehen.[66] Auch bei Selbstablehnung ist den Beteiligten rechtl Gehör zu gewähren.[67] Die Entscheidung über die Selbstablehnung ist den Beteiligten mitzuteilen.[68]

24   **3. Ablehnung eines Richters.** Bei Richtern entscheidet grds der Senat, dem der abgelehnte Richter angehört (Abs 3 Satz 1); an die Stelle des abgelehnten Richters tritt der geschäftsplanmäßige Vertreter. Bei einer unzulässigen Ablehnung scheidet der abgelehnte Richter nicht aus.[69] Nur bei Beschlussunfähigkeit, dh nach Ausschöpfung aller Vertretungsmöglichkeiten, entscheidet ein Beschwerdesenat in rein juristischer Besetzung (Abs 3 Satz 2); die Regelung weicht von der in § 45 ZPO[70] und von der in § 72 Abs 3 Satz 2 MarkenG ab; danach entscheidet ein anderer Marken-Beschwerdesenat.[71] Ein Senat ist zunächst durch seine geschäftsplanmäßigen, dh die im Geschäftsverteilungsplan bei den jeweiligen Senaten angegebenen regelmäßigen Vertreter zu ergänzen, ehe seine Beschlussunfähigkeit gegeben ist.[72] Darüber hinaus wird Ausschöpfung aller sich aus dem Geschäftsverteilungsplan des BPatG ergebenden Vertretungsmöglichkeiten verlangt werden müssen.

25   **4. Ablehnung eines Rechtspflegers.** Ausschluss und Ablehnung sind in § 10 RPflG geregelt; danach sind die für die Richterablehnung geltenden Vorschriften entspr anzuwenden. Grds können keine anderen Maßstäbe als bei der Richterablehnung gelten.[73] Das PatG trifft zum Verfahren keine ausdrückliche Regelung; Abs 4 ist entspr anwendbar. Über ein missbräuchlich gestelltes Ablehnungsgesuch kann der Rechtspfleger selbst entscheiden; § 47 ZPO gilt in diesem Fall nicht.[74]

26   **5. Ablehnung eines Urkundsbeamten.** Zuständig ist der Senat, in dessen Geschäftsbereich die Sache fällt (Abs 4).

IV. Anfechtung

27   Fehlerhafte Besetzung ist mit der Rechtsbeschwerde rügbar, ohne dass es der Zulassung bedürfte. Durch die Zurückweisung des auf einen Ausschließungsgrund gestützten Ablehnungsgesuchs durch das BPatG ist jedoch über das Ablehnungsgesuch endgültig entschieden; die Entscheidung des BPatG ist unanfechtbar (§ 99 Abs 2) und weder nach § 100 Abs 3 Nr 2 noch im Rahmen einer auf andere Gründe gestützten Rechtsbeschwerde nachprüfbar.[75] Im Fall der Richterablehnung kann die auf § 100 Abs 3 Nr 2 gestützte Rechtsbeschwerde daher nur Erfolg haben, wenn der Richter mitgewirkt hat, obwohl ein Ablehnungsgesuch eines Beteiligten für begründet erklärt worden war.[76]

---

64   *Schulte* Rn 10.
65   EPA G 1/05 ABl EPA 2007, 362 Zwischenentscheidung (Ausschließung und Ablehnung); vgl EPA T 241/98.
66   EPA G 1/05 ABl EPA 2007, 362 Zwischenentscheidung (Ausschließung und Ablehnung); vgl EPA J 15/04 Possible reasons for exclusion; *Schulte* Rn 10.
67   BVerfGE 89, 28 = NJW 1993, 2229; BGH NJW 1995, 403; aA *Benkard* Rn 19.
68   *Benkard* Rn 19.
69   BGH 26.1.2015 PatAnwZ 1/14; vgl *Fitzner/Lutz/Bodewig* Rn 33: ausnahmsweise.
70   Vgl *Fitzner/Lutz/Bodewig* Rn 32.
71   *Ströbele/Hacker* § 72 MarkenG Rn 6.
72   BPatG 28.10.1977 4 ZA (pat) 19/77 undok.
73   Vgl BGH NJW-RR 2003, 1220.
74   BGH NJW-RR 2005, 1226.
75   BGHZ 95, 302 = GRUR 1985, 1039 Farbfernsehsignal II; BGHZ 110, 25 = GRUR 1990, 434 Wasserventil; *Fitzner/Lutz/Bodewig* Rn 34; *Mes* Rn 18; *Ströbele/Hacker* § 72 MarkenG Rn 6.
76   BGH 2.3.1962 I ZB 20/61.

C. EPÜ

I. Ausschließung und Ablehnung der Mitglieder der Beschwerdekammern sind in **Art 24 EPÜ** **28** geregelt.

Die Regelung ist **abschließend.**[77] Sie entspricht sachlich im wesentlichen der des nationalen **29** Rechts,[78] es fehlt allerdings die Sanktion der Anfechtungsmöglichkeit im Rechtsmittelweg. Bejahung der Befangenheit setzt eine subjektive wie eine objektive Prüfung voraus.[79] Nichtzulassung von geänd Anträgen begründet im Rahmen der objektiven Prüfung keine objektiv berechtigte Besorgnis der Befangenheit, ebenso Nennung und Erläuterung der Gründe für die beanstandete Entscheidung.[80]

Besonderheiten bestehen hinsichtlich der Mitwirkung mit der Sache bereits in einer Beschwerde- **30** kammer befasster Mitglieder der GBK, die die Verfahrensordnung über ein Quorum regelt.[81]

Dass die Ablehnung nicht mit der **Staatsangehörigkeit** eines Mitglieds begründet werden kann **31** (Art 24 Abs 3 Satz 3 EPÜ), stellt an sich eine Selbstverständlichkeit dar.[82]

Anders als das für das Verfahren vor dem BPatG maßgebende nationale Recht enthält Art 24 Abs 3 **32** Satz 2 EPÜ eine **Präklusionsregelung.**[83]

II. Vorsitzender der Großen Beschwerdekammer als Vizepräsident des EPA

Der Vorsitzende der GBK wurde in einem Überprüfungsverfahren nach Art 112a EPÜ mit Erfolg abge- **33** lehnt, weil er als Vizepräsident der Generaldirektion 3 in die Verwaltung des EPA eingebunden ist.[84]

§ 87
(Erforschung des Sachverhalts; vorbereitende Anordnungen)

(1) [1]Das Patentgericht erforscht den Sachverhalt von Amts wegen. [2]Es ist an das Vorbringen und die Beweisanträge der Beteiligten nicht gebunden.

(2) [1]Der Vorsitzende oder ein von ihm zu bestimmendes Mitglied hat schon vor der mündlichen Verhandlung oder, wenn eine solche nicht stattfindet, vor der Entscheidung des Patentgerichts alle Anordnungen zu treffen, die notwendig sind, um die Sache möglichst in einer mündlichen Verhandlung oder in einer Sitzung zu erledigen. [2]Im übrigen gilt § 273 Abs. 2, 3 Satz 1 und Abs. 4 Satz 1 der Zivilprozeßordnung entsprechend.

MarkenG: § 73

Übersicht

---

77 Vgl *MGK/Gori/Löden* Art 21 EPÜ Rn 24 f.

78 Vgl EPA T 1028/96 ABl EPA 2000, 475 = GRUR Int 2001, 61 Besorgnis der Befangenheit; EPA T 241/98; EPA T 954/98; zu Einzelheiten s die Kommentierung in *MGK/Gori/Löden* Art 24 EPÜ.

79 EPA T 190/03 ABl EPA 2006, 502 Befangenheit.

80 EPA Befangenheit.

81 Vgl *MGK/Gori/Löden* Art 24 EPÜ Rn 19; vgl auch EPA G/1/05 Zwischenentscheidung (Ausschließung und Ablehnung) ABl EPA 2007, 362.

82 Vgl aber den Hinweis auf die Materialien bei *MGK/Gori/Löden* Art 24 EPÜ Fn 41.

83 Hierzu *MGK/Gori/Löden* Art 24 EPÜ Rn 40 f.

84 S die sehr ausführlich begründete Zwischenentscheidung EPA R 19/12 Mitt 2014, 273.

Schrifttum: *Fischer* Zwischenbescheide des Bundespatentgerichts, GRUR 1961, 459; *Keukenschrijver* Zur Bindung an die Anträge des Patentinhabers und zum Streitgegenstand im Patentnichtigkeitsverfahren, GRUR 2014, 127; *Kockläuner* Zur Frage des verspäteten Einspruchsvorbringens vor dem Europäischen Patentamt, GRUR Int 1988, 831; *Lang* Untersuchungs- und Verhandlungsmaxime im Verwaltungsprozeß, VerwArch. 1961, 60; *Micsunescu* Der Amtsermittlungsgrundsatz im Patentprozeßrecht, Diss Tübingen 2010; *Reinländer* Vorbereitung der mündlichen Verhandlung und rechtliches Gehör im patentgerichtlichen Verfahren, Mitt 1977, 19; *Röhl* Zwischenbescheide, NJW 1966, 630; *Schmieder* Parteiherrschaft und Amtsermittlung im Patentnichtigkeitsverfahren, GRUR 1982, 348; *Schulte* Die Behandlung verspäteten Vorbringens im Verfahren vor dem Europäischen Patentamt, GRUR Int 1993, 300; *Witte* Erforschung des Sachverhalts und rechtliches Gehör im Verfahren vor dem Bundespatentgericht, GRUR 1967, 130.

A. Entstehungsgeschichte

1   Die Bestimmung (vor 1981 § 41b) ist durch die Vereinfachungsnovelle 1976 geänd worden.

B. Untersuchungsgrundsatz

I. Allgemeines

2   Die Regelung in Abs 1 betrifft den Untersuchungsgrundsatz (Offizial- oder Inquisitionsmaxime; Amtsermittlungsgrundsatz). Das BPatG hat den Sachverhalt vAw zu erforschen (Abs 1 Satz 1), wobei es nach freier Überzeugung entscheiden kann (§ 93 Abs 1 Satz 1).[1] Die Regelung hat Parallelen etwa in § 26 FamFG, § 244 StPO und insb in § 86 Abs 1 VwGO. Der Untersuchungsgrundsatz gilt auch in den im dritten Abschnitt geregelten Verfahren vor dem DPMA[2] (Rn 52 vor § 34) sowie im Verfahren vor dem EPA (Art 114 Abs 1 EPÜ).

3   Der Grundsatz steht im Gegensatz zur **Parteimaxime** (Verhandlungs- oder Beibringungsgrundsatz) im zivilprozessualen Regelverfahren, in dessen Geltungsbereich nur Parteivorbringen berücksichtigt werden darf. Die Parteimaxime gilt vor dem BPatG nur ausnahmsweise, insb im Kostenfestsetzungs- und im Akteneinsichtsverfahren[3] (zum Zwangslizenzverfahren Rn 17). Der Amtsermittlungsgrundsatz steht der Bindung des BPatG an die Sachanträge nicht entgegen.[4]

II. Kein Offizialverfahren

4   Der Grundsatz gilt nur für die Sachverhaltsfeststellung ("Offizialmaxime"), nicht auch für die Durchführung der Verfahren als solche ("Offizialverfahren").[5] Im Verfahren vor dem BPatG gilt der Verfügungsgrundsatz, Rn 20. Zum Sachverhalt in diesem Sinn rechnen auch die unverzichtbaren Verfahrensvoraussetzungen des Amtsverfahrens, vgl Rn 9, nicht dagegen die Verfahrensvoraussetzungen des Beschwerdeverfahrens (insb Parteifähigkeit, Prozessfähigkeit, Prozessführungsbefugnis), für die zwar der Amtsprüfungsgrundsatz, aber auch der Beibringungsgrundsatz gilt.[6]

---

1 Vgl BGH 23.1.2007 X ZB 3/06: auch hinsichtlich des Fachwissens.
2 Vgl BGH GRUR 1998, 938 f Dragon, Markensache.
3 Zu letzterem vgl *Reimer* § 41b Rn 2.
4 BPatGE 26, 191 = BlPMZ 1984, 384; BPatGE 28, 26 = GRUR 1986, 609, GbmSachen.
5 Eingehend *Klauer/Möhring* § 41b Rn 2.
6 AA offenbar BPatG Mitt 1997, 160 f, Markensache, wo Ermittlungen über einen Auslandskonkurs aber unter Hinweis auf den registerrechtl Charakter des Verfahrens abgelehnt werden.

III. Keine Bindung an Vorbringen der Beteiligten

Der Grundsatz besagt zunächst, dass das BPatG nicht an das Vorbringen und die Beweisanträge der **5** Beteiligten gebunden ist.[7] Deren Vorbringen ist keine Grenze für die Berücksichtigung von Tatsachenstoff.

Das **BPatG kann** deshalb – im Rahmen der ihm eröffneten Prüfung, also nicht, wo das Gesetz eine **6** Überprüfung ausschließt oder eine unwiderlegliche Vermutung aufstellt[8] – **Tatsachen selbst ermitteln**, insb selbst StdT in das Verfahren einführen.[9] Es kann auf die technischen Kenntnisse seiner technischen Richter zurückgreifen, ohne dies vorher ankündigen zu müssen.[10] Es kann auch ohne weiteres gerichtsbekanntes Material verwerten,[11] etwa solches, das von einem unzulässig Einsprechenden oder sonst nicht Verfahrensbeteiligten stammt, und auch im Prüfstoff des DPMA recherchieren, hat hierzu aber rechtl Gehör zu gewähren;[12] es wird die Recherche aber nicht dem DPMA übertragen können.[13] Es kann auch über Beweisantritte und Beweisanregungen hinaus Beweis erheben.[14] Zur Frage, wieweit die Ermittlungspflicht des BPatG reicht, Rn 9 ff.

Auch in Verfahren mit mehreren Beteiligten und selbst in echten kontradiktorischen Verfahren (Nich- **7** tigkeitsverfahren, GbmLöschungsverfahren) reicht es zur Feststellung einer Tatsache grds nicht aus, dass diese – selbst von den Beteiligten übereinstimmend – vorgetragen wird. Aus diesem Grund kommt auch dem Nichtbestreiten und selbst dem **Geständnis** keine bindende Wirkung zu (Rn 92 zu § 82).[15] Andererseits ist das BPatG nicht gehindert, Beteiligtenverhalten frei zu würdigen[16] und auf der Grundlage glaubhaften Vorbringens eines Beteiligten zu entscheiden, insb wenn der Gegner nicht widersprochen hat.[17]

Verspätung. Der Untersuchungsgrundsatz steht grds einer Nichtberücksichtigung von „verspätet" **8** vorgelegtem Streitstoff entgegen[18] (vgl zur Praxis im eur Einspruchsbeschwerdeverfahren Rn 108 vor § 73; zum Aufgreifen von im Einspruchsverfahren nicht geltend gemachten Widerrufsgründen Rn 37 ff zu § 79). Relevantes Vorbringen ist auf jeden Fall zu berücksichtigen.[19] Der durch das PatRVereinfModG geänd § 83 Abs 4 macht allerdings eine Ausnahme für das Patentnichtigkeitsverfahren. Die Markensenate wenden – aufgrund abw Rechtslage (§ 43 MarkenG), wonach hinsichtlich der Benutzung der Widerspruchsmarke der Beibringungsgrundsatz gilt[20] – die Verspätungsvorschriften der ZPO an.[21] Im schriftlichen Verfahren ist Vorbringen zu berücksichtigen, bis die Entscheidung an die Post(abfertigungsstelle) gegeben wird.[22] Zur

---

7   BGH GRUR 1974, 661 f St.-Pauli-Nachrichten; BGH GRUR 1988, 211 f Wie hammas denn?; BGH GRUR 1999, 920, 922 Flächenschleifmaschine.

8   *Benkard* Rn 4.

9   BGH BlPMZ 1992, 496, 498 Entsorgungsverfahren: insb bei geänd Patentbegehren in der Beschwerdeinstanz; BGH Mitt 2004, 213 Gleitvorrichtung; BGH 4.10.2007 X ZB 21/06 Schulte-Kartei Pat 65–80, 86–99 Nr 357 Niveauregelung.

10   BGH 23.1.2007 X ZB 3/06; anders bei nicht mit technischen Richtern besetzten Gerichten, BGH 23.11.2006 III ZR 65/06.

11   *Lindenmaier* § 41b Rn 5 f.

12   BPatGE 1, 109 = GRUR 1965, 82; BPatG 11.4.1991 23 W (pat) 93/89 BlPMZ 1992, 196 Ls.

13   *Klauer/Möhring* § 41b Rn 4; vgl *Reimer* § 41b Rn 4.

14   *Benkard* Rn 7; *Schulte* Rn 5; vgl BGH GRUR 2011, 848 Mautberechnung; abw jetzt aber BGHZ 198, 187 = GRUR 2013, 1272 Tretkurbeleinheit und hierzu *Benkard* Rn 6e f.

15   *Benkard* Rn 8; *Fitzner/Lutz/Bodewig* Rn 15; *Fezer* § 73 PatG Rn 3.

16   Vgl BGH GRUR 1981, 649 Polsterfüllgut; *Klauer/Möhring* § 41b Rn 6.

17   BGH GRUR 2002, 609 Drahtinjektionseinrichtung; BGHZ 146, 241 = NJW 2001, 121, WEG-Sache; *Benkard* Rn 8.

18   BPatGE 24, 1 = GRUR 1981, 651; BPatG 28.4.2004 19 W (pat) 307/02; BPatG 7.6.2004 19 W (pat) 28/02; *Klauer/Möhring* § 41b Rn 5; *Fezer* § 73 MarkenG Rn 1; vgl BPatG 21.4.1970 9 W (pat) 207/68: erstmals in der Beschwerdeinstanz geltend gemachte patenthindernde Tatsachen; BPatGE 31, 13 = Mitt 1989, 239; kr *Benkard* Rn 6 ff, auch unter Hinweis auf die Praxis im Verwaltungsgerichtsverfahren; aA BPatG 27.11.1978 13 W (pat) 98/76 für die Berücksichtigung einer erst nach Ablauf der Einspruchsfrist vorgelegten Entgegenhaltung, deren Berücksichtigung im pflichtgem Ermessen stehen solle; aA auch RPA GRUR 1937, 867; DPA Mitt 1956, 195.

19   BPatG 28.4.2004 19 W (pat) 307/02.

20   Vgl BPatG 8.4.1998 28 W (pat) 31/98; BPatG 25.6.1999 33 W (pat) 13/99.

21   BGH GRUR 1998, 938 f Dragon; BGH BlPMZ 2000, 249 f Ketof/ETOP; BPatG GRUR 1996, 414; BPatG GRUR 1997, 54, 57 f; BPatGE 36, 204 = GRUR 1997, 370 f; BPatG 21.4.1999 29 W (pat) 246/98 und 29 W (pat) 272/98; einschränkend BPatGE 37, 114 = GRUR 1997, 534; BPatG 14.11.1996 25 W (pat) 252/94 BlPMZ 1997, 232 Ls; BPatG 10.3.1998 27 W (pat) 51/96; BPatGE 40, 127; BPatG 20.1.2004 24 W (pat) 121/02, jeweils zum Nichtbenutzungseinwand.

22   BGH GRUR 1997, 223 f Ceco, Markensache: an die Post; BPatG 15.2.1973 15 W (pat) 127/71; BPatG 12.1.1984 17 W (pat) 45/83; *Lindenmaier* § 41h Rn 7; vgl BGH GRUR 1967, 435 Isoharnstoffäther; BGH GRUR 1982, 406 Treibladung; BGH BlPMZ

Berücksichtigung von Vorbringen, das erst nach Schließung der mündlichen Verhandlung erfolgt, Rn 9 zu § 91.

IV. Umfang und Grenzen der Ermittlungspflicht

9   **1. Grundsatz.** Das BPatG hat den Sachverhalt umfassend zu erforschen und zu würdigen, soweit er für die Entscheidung erheblich ist. Es hat insb bei der Prüfung der Patentfähigkeit (Schutzfähigkeit) den gesamten ihm bekannten StdT zu berücksichtigen.[23] Die notwendigen Ermittlungen hat das BPatG regelmäßig selbst anzustellen;[24] es darf nicht stattdessen mit Unterstellungen arbeiten.[25] Es kann sich der Amtshilfe des DPMA (und im Nichtigkeits- und Zwangslizenzverfahren ggf des EPA) bedienen (Rn 3 zu § 128);[26] zur Zurückverweisung an das DPMA Rn 74 ff zu § 79. Im Erteilungsbeschwerdeverfahren ist auch das Vorliegen unverzichtbarer Verfahrensvoraussetzungen des Erteilungsverfahrens vAw zu prüfen.[27] Die Grundsätze des § 139 ZPO gelten auch im Verfahren vor dem BPatG.[28] Das gilt auch, wenn die Beteiligten anwaltlich vertreten sind.[29] Hinweise sind aktenkundig zu machen.[30]

10   **2.** Erhebliche **Beweisantritte und Beweisanregungen** dürfen nicht übergangen werden. Auch wenn sie nur die Bedeutung von Anregungen haben, scheiden vorweggenommene Beweiswürdigung[31] oder Nichterhebung eines Beweises, weil das Gegenteil bereits erwiesen sei, grds aus. Die Ablehnung einer beantragten Beweiserhebung kommt grds nur in Betracht, wenn die Beweiserhebung unzulässig, die zu beweisende Tatsache unerheblich, offenkundig oder erwiesen (nicht ihr Gegenteil!), das Beweismittel völlig ungeeignet ist oder der Beweisantrag nur der Prozessverschleppung dient; grds sind die Beweisangebote der Beteiligten zu erschöpfen.[32] Eine beantragte Beweiserhebung kann nicht deshalb abgelehnt werden, weil nicht gewisse Anhaltspunkte für die behauptete Tatsache erbracht sind oder weil die Möglichkeit, ein für die Sachentscheidung wesentliches Ergebnis zu erzielen, fern liege.[33] Vereinbarungen über die Nichtberücksichtigung bestimmten Materials sind ohne Wirkung.[34]

11   **3. Grenzen.** Die Pflicht zur Erforschung des Sachverhalts ist nicht unbegrenzt. Anders als im Markenrecht[35] wird sie jedoch nicht durch nur auf Einrede zu beachtende Umstände begrenzt.[36] Sie betrifft aber nur **entscheidungserhebliche Umstände.**[37] Bloßer Ermittlungsaufwand steht der Erforschung nicht entgegen,[38] Grenze soll allerdings die Zumutbarkeit sein.[39]

2000, 245 f Graustufenbild; BPatG Mitt 1967, 53; BPatG Mitt 1969, 153; BPatG Mitt 1978, 164, Wz-Sache; BPatGE 24, 210 = Mitt 1982, 152; BPatGE 34, 224 = BlPMZ 1995, 260, zur Teilung.
23 BPatG 4, 24 = GRUR 1964, 257: keine Beschränkung auf das von den Beteiligten eingeführte Material; aA insoweit BPatG 23.11.1971 34 W (pat) 14/70; vgl auch BPatG 12, 176.
24 BPatG 11.4.1991 23 W (pat) 93/89 BlPMZ 1992, 196 Ls; *Benkard* Rn 3; *Fezer* § 73 MarkenG Rn 1.
25 BGH GRUR 1999, 731, 733 Canon II.
26 *Benkard* Rn 3.
27 BPatG BlPMZ 1993, 448; vgl auch BPatG 13.1.1971 9 W (pat) 44/70: Vorliegen eines Zusatzverhältnisses.
28 *Ströbele/Hacker* § 76 MarkenG Rn 10.
29 BPatGE 48, 77 = GRUR 2004, 950, 953.
30 *Ströbele/Hacker* § 76 MarkenG Rn 10 unter Hinweis auf BGH NJW 2006, 60, 62.
31 BGH GRUR 1981, 185 Pökelvorrichtung: Übergehen eines Beweisantritts, weil zweckdienliche Ergebnisse nicht zu erwarten seien; BPatGE 24, 1 = GRUR 1981, 651; *Mes* Rn 5.
32 Vgl *Benkard* Rn 7 ff.
33 BGH GRUR 1975, 254 Ladegerät gegen BPatG 3.2.1972 5 W (pat) 431/66 GRUR 1972, 353 Ls.
34 AA BPatGE 6, 191: Nichtangriffsabrede dahin, nur neuheitsschädliches Material geltend zu machen.
35 Vgl hierzu *Ströbele/Hacker* § 76 MarkenG Rn 11.
36 Vgl *Ingerl/Rohnke* § 73 MarkenG Rn 4.
37 *Benkard* Rn 9.
38 *Benkard* Rn 9 gegen BPatG Mitt 1978, 191, 193.
39 *Fezer* § 73 MarkenG Rn 3; vgl BPatGE 43, 200 = GRUR 2001, 513, Markensache; zum Umfang der Hinweispflicht im Geltungsbereich des Beibringungsgrundsatzes BPatGE 42, 195 = GRUR 2000, 900, 902, Markensache.

Ermittlungen „ins Blaue hinein" sind niemals geboten.[40] Es bedarf gewisser **Anhaltspunkte**, die 12
Nachforschungen in eine bestimmte Richtung lenken und sinnvoll erscheinen lassen können.[41] Das BPatG
muss nicht beliebige Gesichtspunkte für die Auffassung eines Beteiligten ermitteln, dieser muss mit hinreichender Deutlichkeit die Zielrichtung seiner Angriffe artikulieren.[42] Fehlende Substantiierung einer
Behauptung kann daher Nachforschungspflicht ausschließen.[43]

Die Aufklärung darf nicht gegen die Neutralitätspflicht des BPatG verstoßen.[44] Einseitige Hilfestel- 13
lungen für einen von mehreren Beteiligten sind ausgeschlossen.[45] Die Amtsermittlung findet ihre Grenzen
weiter, wo die Ermittlungen eine nicht erzwingbare **Mitwirkung der Beteiligten** erfordern,[46] insb bei
Rücknahme des mit offenkundiger Vorbenutzung begründeten Einspruchs.[47] Eine Vervollständigung der
Sachverhaltsermittlung ist hier nur geboten, wenn die Vorbenutzung bereits einen so hohen Grad an
Wahrscheinlichkeit erlangt hat, dass ohne ihre Berücksichtigung sehenden Auges ein vermutlich für nichtig zu erklärendes Patent aufrechterhalten würde.[48] Das BPatG hat auch nicht bei jeder von der Auffassung
des Beteiligten abw Auffassung einen Hinweis zu geben; der Beteiligte hat vielmehr die vertretbaren rechtl
Gesichtspunkte von sich aus in Betracht zu ziehen.[49] Nach der Praxis des EPA sind die Beschwerdekammern nicht verpflichtet, den Sachverhalt vAw zu ermitteln, wenn der vortragende Beteiligte aus dem Verfahren ausscheidet und die Ermittlung ohne seine Mitwirkung umständlich wäre.[50]

4. Bedeutung für die einzelnen Verfahrensarten

a. Allgemeines. Der Untersuchungsgrundsatz gilt für alle im 5. Abschnitt geregelten Verfahren. Seine 14
Tragweite ist je nach Verfahrensart unterschiedlich.

b. Beschwerdeverfahren. Die Amtsermittlungspflicht richtet sich grds nach dem Ausgangsverfah- 15
ren. Im Erteilungsbeschwerdeverfahren entspricht sie der im Erteilungsverfahren, im Einspruchsbeschwerdeverfahren der im Einspruchsverfahren, nach der Rspr des BGH allerdings mit Einschränkungen
hinsichtlich nicht geltendgemachter Widerrufsgründe, Rn 9 zu § 73.[51] Das BPatG prüft im Erteilungsbeschwerdeverfahren die Patentfähigkeit im gleichen Umfang wie das DPMA[52] und kann auch selbst den
StdT recherchieren.[53]

c. Zu Umfang und Grenzen der Amtsermittlung im **Nichtigkeitsverfahren** Rn 86 ff zu § 82, zur Sub- 16
stantiierungsobliegenheit Rn 94 zu § 82. Eine weitere Einschränkung enthält § 82 Abs 2.[54] Problematisch
ist, wieweit § 87 bei prozesshindernden Einreden gilt (vgl Rn 81, 83 und 116 zu § 81).

---

40   Vgl BGH GRUR 1975, 254 Ladegerät; *Fitzner/Lutz/Bodewig* Rn 11.
41   BGH GRUR 1988, 211, 212 Wie hammas denn?; BGH GRUR 2003, 343 Buchstabe „Z"; vgl BGH GRUR 1999, 920, 922
Flächenschleifmaschine; vgl *Benkard* Rn 9.
42   BGH 18.9.1990 X ZB 3/90; BPatG 7.7.1993 3 ZA (pat) 11/93.
43   BPatG 14, 47; vgl BPatG 27.11.2008 6 W (pat) 330/06; für FGG-Verfahren BGH NJW 1988, 1839 f; BGH ZIP 1993, 1118 f;
BGHZ 146, 241 = NJW 2001, 1212, WEG-Sache.
44   BPatGE 48, 77 = GRUR 2004, 950, 953; *Ströbele/Hacker* § 76 MarkenG Rn 11.
45   BPatGE 42, 195 = GRUR 2000, 900, 902; *Ströbele/Hacker* § 76 MarkenG Rn 11.
46   Vgl BPatG Mitt 1965, 71; BPatG Mitt 1965, 110, Wz-Sachen.
47   BPatGE 24, 1 = GRUR 1981, 651; BPatG 25.7.1972 17 W (pat) 11/71; BPatG 25.6.2009 15 W (pat) 322/05.
48   Vgl BPatGE 24, 1 = GRUR 1981, 651.
49   *Ströbele/Hacker* § 76 MarkenG Rn 11; BGH GRUR 2000, 894 Micro-PUR; BGH GRUR 2006. 152 f GALLUP.
50   Vgl EPA T 129/88 ABl EPA 1993, 598 Faser; EPA T 830/90 ABl EPA 1994, 713 Geheimhaltungsvereinbarung; EPA
T 252/93; EPA T 887/90 Verfahren zum Verpacken von faserigem Gut; EPA T 634/91 Kreissäge mit verstellbaren
Sägeblättern; EPA T 34/94 Verfahren zur Reinigung von Abluft; vgl auch EPA T 505/93, zur fehlenden Mitwirkung in der
mündlichen Verhandlung nach Vorlage einer nicht widerspruchsfreien eidesstattlichen Versicherung; im Ergebnis in
ähnliche Richtung BPatG 23.3.2004 8 W (pat) 305/02.
51   Keine Zurückweisung verspäteten Vorbringens: BPatG 5.10.2006 6 W (pat) 93/01 Mitt 2007, 348 Ls.
52   Vgl *Schulte* Rn 4.
53   BGH BlPMZ 1992, 496 Entsorgungsverfahren.
54   Zum Amtsermittlungsgrundsatz im Nichtigkeitsverfahren schon BGHZ 18, 81 = GRUR 1955, 393 Zwischenstecker II;
vgl RPA BlPMZ 1938, 255.

17   **d.** Im **Zwangslizenzverfahren** findet, da es untypischerweise nicht um den Bestand des Patents als solchen geht, grds keine Amtsermittlung statt.[55] Dementspr wird hier ein Anerkenntnis für möglich angesehen;[56] dem steht entgegen, dass die Entscheidung auch hier durch Gestaltungsurteil erfolgt. Der Abschluss eines Lizenzvertrags erledigt aber das Verfahren in der Hauptsache.

V. Beweislast

18   **1. Formelle Beweislast.** Im Geltungsbereich des Untersuchungsgrundsatzes besteht keine Beweisführungslast[57] (formelle Beweislast; Rn 96 f zu § 82).

19   **2. Materielle Beweislast.** Die Unaufklärbarkeit eines Sachverhalts (materielle Beweislast; Feststellungslast) geht grds zu Lasten dessen, der aus dem Sachverhalt für ihn günstige Rechtsfolgen ableitet.[58] Sie geht im Erteilungsbeschwerdeverfahren grds zu Lasten des Anmelders, soweit sie diesen auch im Erteilungsverfahren trifft,[59] im Einspruchsbeschwerde- und im Nichtigkeitsverfahren zu Lasten des Einsprechenden und des Nichtigkeitsklägers, für der Zulässigkeit der Nichtigkeitsklage entgegenstehende Tatsachen grds zu Lasten des Patentinhabers.[60] Dies ist freilich keine Frage des § 87.[61]

C. Verfügungsgrundsatz

20   Anders als nach dem Offizialprinzip (Rn 4), das den Strafprozess beherrscht, steht wie im Zivilprozess nach dem Verfügungsgrundsatz (Dispositionsmaxime) die Verfügung über das Verfahren grds den Beteiligten zu. Die Verfahren nach dem 5. Abschnitt finden daher nur auf Beschwerde bzw Klage hin statt, die Prüfung wird durch die Anträge und den geltend gemachten Antrags- oder Klagegrund begrenzt;[62] Rücknahme der Beschwerde, der Klage, des Erteilungs- oder Beschränkungsantrags stehen einer Fortführung des Verfahrens entgegen.[63] Zur Fortführung des Einspruchsbeschwerdeverfahrens nach Rücknahme des Einspruchs Rn 183 ff zu § 73.

D. Konzentrationsgrundsatz

I. Allgemeines

21   Die Regelung in Abs 2 Satz 1, die § 87 VwGO nachgebildet ist, entspricht im wesentlichen der im Zivilprozess; auf § 273 ZPO kann weitgehend verwiesen werden (vgl die Änderungen des § 273 Abs 2 und Abs 3 Satz 1 ZPO durch das ZPO-RG).[64] Die Sache soll möglichst in einer Verhandlung oder Sitzung erledigt werden. Dies ist freilich insb dann, wenn umfangreichere Beweisaufnahmen erforderlich sind, vielfach nicht möglich. Im Nichtigkeitsverfahren geht die Praxis teilweise dahin, Beweisaufnahmen über offenkundige Vorbenutzungen einem gesonderten Termin vorzubehalten.

II. Vorbereitende Anordnungen

22   **1. Zuständigkeit.** Die Zuständigkeit liegt beim Vorsitzenden oder dem von ihm bestimmten (rechtskundigen oder technischen) Mitglied (Berichterstatter); die Anordnungen erfolgen jeweils in eigener Ver-

---

55   AA *Benkard* § 24 Rn 35.
56   *Reimer* § 37m Rn 19; *Mes*[1] § 81 Rn 50 hat dies auch für das Nichtigkeitsverfahren angenommen, in den Folgeauflagen aber aufgegeben.
57   *Benkard* Rn 10; *Fitzner/Lutz/Bodewig* Rn 16.
58   Vgl BGH GRUR 1984, 339, 340 Überlappungsnaht; BGH Mitt 1996, 204 Spielfahrbahn 03; *Fitzner/Lutz/Bodewig* Rn 17.
59   Vgl *Benkard* Rn 12 ff.
60   *Benkard* Rn 13, 14.
61   Vgl *Klauer/Möhring* § 41b Rn 8.
62   Vgl BPatGE 16, 130 = GRUR 1974, 726; *Fezer* § 73 MarkenG Rn 5.
63   Vgl *Benkard* Rn 27 ff, *Schulte* Einl Rn 14.
64   BGBl I 2001, 1881 ff, 1891.

antwortung und nach pflichtgem Ermessen. Der Vorsitzende oder das von ihm bestimmte Mitglied kann auch Maßnahmen treffen, die an sich dem Gericht als solchem zustehen.[65]

2. Anordnungen. Der Katalog des § 273 Abs 2 ZPO ist anwendbar; dabei ist allerdings zu beachten, **23** dass der Beibringungsgrundsatz nicht gilt. Es können daher auch Zeugen geladen werden, auf die sich die Beteiligten nicht bezogen haben.[66] Sachverständigengutachten müssen nicht eingeholt werden, wenn – wie insb bei den mit technischen Richtern besetzten Senaten die Regel – ausreichende Sachkunde vorhanden ist (Rn 11 zu § 88). Die Beurteilung trifft das BPatG nach pflichtgem Ermessen;[67] die Gehörsrüge kann hier nur Erfolg haben, wenn aufgezeigt wird, aufgrund welcher Umstände sich die Notwendigkeit der Einholung eines externen Gutachtens aufdrängen musste.[68] Das ZPO-RG hat den Katalog um die Nr 5 erweitert, die Anordnungen nach §§ 142, 144 ZPO – auch gegenüber Dritten – ermöglicht.

Die Verweisung auf **§ 273 Abs 3 Satz 1 ZPO**, wonach Zeugen- und Sachverständigenladungen sowie **24** Anordnungen nach § 378 ZPO, Unterlagen mitzubringen, nur dann erfolgen sollen, wenn dem Klageanspruch bereits widersprochen ist, kommt nur zum Tragen, soweit dem Widerspruch rechtl Bedeutung zukommt, also im Nichtigkeits- und GbmLöschungsverfahren.

3. Zwischenbescheid. Der billigenswerten Praxis der technischen Beschwerdesenate entspricht es **25** weitgehend, die Verhandlung durch einen schriftlichen „Zwischenbescheid" des Berichterstatters vorzubereiten,[69] dem allerdings nicht mehr als die Bedeutung eines Hinweises oder einer Erörterung zukommt.[70] Für das Nichtigkeitsverfahren ist der Zwischenbescheid durch das PatRVereinfModG in § 83 gesetzlich verankert worden. Besorgnis der Befangenheit ist hieraus grds nicht abzuleiten (Rn 9 zu § 86). Ein Anspruch der Beteiligten auf einen derartigen Hinweis besteht über den Anspruch auf rechtl Gehör hinaus nicht.[71]

4. Der Benachrichtigungspflicht (Abs 2 Satz 2 iVm § 273 Abs 4 Satz 1 ZPO) wird zweckmäßigerweise **26** durch Mitteilung der Anordnung an alle Beteiligten genügt. Werden Unterlagen eingereicht, muss zu diesen rechtl Gehör gewährt werden.

§ 88
(Beweiserhebung)

(1) [1]Das Patentgericht erhebt Beweis in der mündlichen Verhandlung. [2]Es kann insbesondere Augenschein einnehmen, Zeugen, Sachverständige und Beteiligte vernehmen und Urkunden heranziehen.

(2) Das Patentgericht kann in geeigneten Fällen schon vor der mündlichen Verhandlung durch eines seiner Mitglieder als beauftragten Richter Beweis erheben lassen oder unter Bezeichnung der einzelnen Beweisfragen ein anderes Gericht um die Beweisaufnahme ersuchen.

(3) [1]Die Beteiligten werden von allen Beweisterminen benachrichtigt und können der Beweisaufnahme beiwohnen. [2]Sie können an Zeugen und Sachverständige sachdienliche Fragen richten. [3]Wird eine Frage beanstandet, so entscheidet das Patentgericht.

MarkenG: § 74

---

65 *Benkard* Rn 16a; vgl *Fitzner/Lutz/Bodewig* Rn 21.
66 *Benkard* Rn 24; *Klauer/Möhring* § 41b Rn 17; *Fezer* § 73 MarkenG Rn 10; vgl für das Nichtigkeitsverfahren jetzt aber BGHZ 198, 187 = GRUR 2013, 1272 Tretkurbeleinheit; aA *Mes* Rn 11.
67 BPatG 28.6.2013 4 Ni 2/11 Mitt 2014, 30 Ls; BPatGE 53, 194 = GRUR 2013, 165; *Mes* § 88 Rn 9.
68 BGH GRUR 2014, 1235 Kommunikationsrouter.
69 *Schulte* Rn 8; *Lindenmaier* § 41b Rn 14 ff; vgl *Reimer* § 41h Rn 6.
70 Vgl BGH 13.10.1987 X ZB 27/86.
71 BGH GRUR 1966, 583 Abtastverfahren; BGH GRUR 2000, 792, 793 Spiralbohrer; vgl BPatGE 1, 151, 154 = BlPMZ 1962, 74; BPatGE 10, 246, 252; vgl auch BPatGE 10, 60, 63; BPatG 5.3.2002 14 W (pat) 58/00 und Parallelentscheidungen 14 W (pat) 59/00, 14 W (pat) 62/00, jeweils undok.

A. Entstehungsgeschichte

1   Die Bestimmung (vor 1981 § 41c) ist an §§ 96, 97 VwGO angelehnt.

B. Beweiserhebung

I. Allgemeines

2   Die Regelung betrifft Art und Weise der Beweiserhebung vor dem BPatG. Die Notwendigkeit einer Beweiserhebung richtet sich nach dem Untersuchungsgrundsatz (§ 87), wo dieser nicht anwendbar ist, nach dem Beibringungsgrundsatz. Beweiserhebung ist erforderlich, wenn eine entscheidungserhebliche Tatsache weder feststeht noch mit Sicherheit ausgeschlossen werden kann, dass sich aus den in Betracht kommenden Beweismitteln aber die Möglichkeit ergibt, ihr Feststehen festzustellen. Ausreichende eigene Fachkunde des Gerichts kann die Notwendigkeit einer Beweiserhebung beseitigen.[1]

II. Unmittelbarkeit der Beweisaufnahme

3   **1. Grundsatz.** Die Beweiserhebung findet grds vor dem mit der Sache befassten Gericht statt (Abs 1 Satz 1; § 99 Abs 1 iVm § 355 Abs 1 ZPO), und zwar in der mündlichen Verhandlung.[2] Vorweggenommen kann eine Beweisaufnahme in geeigneten Fällen (Rn 5) etwa zur Beweissicherung werden, wenn Verlust des Beweismittels zu befürchten ist. Ist eine Beweisaufnahme vor dem BPatG erforderlich, führt dies grds zur Notwendigkeit mündlicher Verhandlung. Nur im Fall des Abs 2 kann diese entbehrlich sein.

4   **2. Beweisergebnisse aus anderen Verfahren** können durch Bezugnahme im Weg des Urkundenbeweises eingeführt werden;[3] auch die Verwertung von Protokollen aus dem GbmLöschungsverfahren vor dem DPMA ist grds möglich. Diese Beweisergebnisse sind zum Gegenstand der mündlichen Verhandlung zu machen; dies ist beim Zeugenbeweis allerdings unzulässig, wenn eine Partei zu Zwecken des Beweises die unmittelbare Vernehmung beantragt oder die Beurteilung der Glaubwürdigkeit die unmittelbare Vernehmung erfordert.[4] Die Beweiswürdigung wird in diesem Fall aber dadurch begrenzt, dass aus der Urkunde nicht ersichtliche Umstände grds keine Zweifel an der Richtigkeit der protokollierten Aussage rechtfertigen können.[5] Das Protokoll beweist zudem nur, was der Zeuge in dem anderen Verfahren ausgesagt hat.

3. Verordneter Richter

5   **a. Allgemeines.** Ausnahmsweise kann die Beweisaufnahme einem Richter des befassten Gerichts als beauftragtem Richter oder einem anderen Gericht (ersuchter Richter) übertragen werden (Abs 2), nicht aber einer (inländ) Verwaltungsbehörde. Beweiserhebung vor dem verordneten Richter kommt nicht nur in den in der ZPO ausdrücklich vorgesehenen Fällen (§ 372 Abs 2, § 375, § 402 iVm § 375, § 406, § 434, § 451 iVm § 375 ZPO), sondern auch in anderen, aber nur in „geeigneten" Fällen[6] in Betracht, dh in solchen, in

---

1   Vgl BPatG 15.7.2009 3 Ni 23/08 (EU); BPatG 14.12.2009 3 Ni 23/08 (EU); BPatG 28.6.2011 3 Ni 10/10 (EU); *Mes* Rn 9.
2   Vgl *Fitzner/Lutz/Bodewig* Rn 2.
3   *Zöller* § 355 ZPO Rn 4.
4   BGH NJW 2004, 1324 f mwN.
5   *Zöller* § 373 ZPO Rn 9; BGH NJW-RR 1992, 1214.
6   Hierzu *Fitzner/Lutz/Bodewig* Rn 3; *Mes* Rn 14.

denen das Beweisergebnis auch ohne unmittelbaren Eindruck des befassten Gerichts in seiner Gesamtheit Beweiswert hat;[7] ob dies der Fall ist, wird uU erst im Nachhinein zu beurteilen sein. Reicht eine Beweisaufnahme durch den verordneten Richter nicht aus, kann das BPatG Ortstermin abhalten.[8]

b. Als **beauftragter Richter** kann nur ein Mitglied des befassten Spruchkörpers des Gerichts be- **6** stimmt werden; ob es sich um ein technisches oder ein rechtskundiges Mitglied handelt, ist ohne Bedeutung. Die Bestimmung eines technischen und eines rechtskundigen Mitglieds gemeinsam zum beauftragten Richter wird nicht zulässig sein,[9] jedoch wird man sich damit behelfen können, dass der eine bestimmt wird und der andere an der Beweisaufnahme teilnimmt, soweit einer Beweisaufnahme vor dem Gericht Hindernisse entgegenstehen.

c. Ersuchter Richter. Seitens des BPatG kommt nur ein Ersuchen an ein Amtsgericht in Betracht **7** (§ 157 GVG); das Ersuchen darf nicht abgelehnt werden (§ 158 Abs 1 GVG).

d. Beweisaufnahme im Ausland. Maßgebend ist § 363 ZPO. Das BPatG kann (wie jedes andere dt Ge- **8** richt) nicht selbst im Ausland tätig werden; möglich und bereits praktiziert ist jedoch eine Teilnahme seiner Mitglieder an einer ausländ Beweisaufnahme, sofern der ausländ Staat dies gestattet. Für Beweisaufnehmen in den Mitgliedstaaten der EU gelten die §§ 1072-1075 ZPO.

III. Beweismittel

Die Aufzählung in Abs 1 Satz 2 entspricht den in der ZPO ausdrücklich genannten Beweismitteln (vgl **9** Rn 40 ff zu § 46). Neben diesen Beweismitteln kommt insb die Einholung amtlicher Auskünfte in Betracht. Entgegenhaltungen, deren Zugehörigkeit zum StdT unzweifelhaft ist, können formlos verwertet werden.[10]

An die Stelle der Parteivernehmung tritt die stets vAw, aber entspr § 450 Abs 2 ZPO nur als letztes **10** Mittel zulässige **Vernehmung eines Beteiligten,**[11] die an die Voraussetzungen des § 448 ZPO gebunden ist.[12]

Sachverständigenbeweis (vgl Rn 45 zu § 46) kommt auch vor den mit technischen Richtern besetz- **11** ten Senaten in Betracht, namentlich, wenn die eigene Sachkunde nicht ausreicht oder experimentelle Untersuchungen erforderlich sind.[13] Die Praxis des BPatG tendiert gelegentlich zu übergroßer Zurückhaltung (vgl Rn 23 zu § 87).[14]

IV. Verfahren

Die Regeln der ZPO gelten entspr (§ 99 Abs 1). Nach § 284 Satz 2 ZPO können mit Einverständnis der **12** Parteien die Beweise in jeder dem Gericht geeignet erscheinenden Art aufgenommen werden (Freibeweis), so auch durch telefonische Befragung oder mittels eMail.[15]

Einem **Beweisermittlungsantrag** muss nicht nachgegangen werden; auch ein Beweisangebot „ins **13** Blaue hinein" kann abgelehnt werden.[16]

---

7 Vgl *Benkard* Rn 12.
8 *Lindenmaier* § 41c Rn 3.
9 Vgl BGHZ 32, 233, 236 = NJW 1960, 1252.
10 *Lindenmaier* § 41c Rn 12; vgl *Mes* Rn 11.
11 Vgl *Schulte* Rn 8; *Mes* Rn 12; *Fezer* § 74 MarkenG Rn 7; *Baumbach/Lauterbach/Albers/Hartmann* § 450 ZPO Rn 4 mwN.
12 Anders *5. Aufl*: Die Umstände, die eine Parteivernehmung ausschließen würden, sind (nur) bei der Beweiswürdigung zu berücksichtigen; wie hier *Benkard* Rn 7; *Fitzner/Lutz/Bodewig* Rn 18; *Mes* Rn 12; *Klauer/Möhring* § 41c Rn 8; *Lindenmaier* § 41c Rn 9, 10; wohl auch *Fezer* § 74 MarkenG Rn 7.
13 Vgl BPatG 5.3.2002 14 W (pat) 58/00 und Parallelentscheidungen 14 W (pat) 59/00, 14 W (pat) 62/00, jeweils undok, einerseits; BPatG 18.2.2010 6 W (pat) 67/07; BPatG 22.7.2010 6 W (pat) 319/07 andererseits.
14 Vgl *Reimer* § 41c Rn 8.
15 Vgl *Schulte* Rn 6.
16 BPatGE 52, 245, 255 = Mitt 2011, 236; zur Ablehnung eines Antrags auf Einholung eines Sachverständigengutachtens bei ausreichender eigener Sachkunde BPatGE 53, 194 = GRUR 2013, 165.

14   Nach Durchführung der Beweisaufnahme wird über deren Ergebnis verhandelt (§ 99 Abs 1 iVm § 285 ZPO); Anspruch auf Einräumung einer **Schriftsatzfrist** besteht nur, wenn andernfalls aufgrund der konkreten Fallumstände das rechtliche Gehör nicht ausreichend gewährt würde.[17]

15   **Zeugenentschädigung und Sachverständigenvergütung** richten sich über § 128a nach dem Justizvergütungs- und Entschädigungsgesetz (JVEG). Bei der Beweisaufnahme ist, soweit diese nicht ohnehin in öffentlicher Verhandlung stattfindet, den Beteiligten die **Anwesenheit** gestattet („Parteiöffentlichkeit").

16   **Benachrichtigung** der Beteiligten von den Beweisterminen ist zwingend vorgeschrieben (Abs 2), Unterlassung macht, sofern nicht auf die Einhaltung (auch durch rügeloses Verhandeln, § 295 Abs 1 ZPO) verzichtet wird, die Beweisaufnahme unverwertbar.[18] Die Benachrichtigung muss so rechtzeitig erfolgen, dass die Beteiligten teilnehmen können.[19] Hierauf haben sie ein Recht („Parteiöffentlichkeit").

17   Anders als nach § 397 Abs 1 ZPO hat auch die nicht anwaltlich vertretene Partei ein eigenes **Fragerecht** an Zeugen und Sachverständige, nicht auch an vernommene andere Beteiligte.[20]

§ 89
(Termin; Ladung)

(1) [1] Sobald der Termin zur mündlichen Verhandlung bestimmt ist, sind die Beteiligten mit einer Ladungsfrist von mindestens zwei Wochen zu laden. [2] In dringenden Fällen kann der Vorsitzende die Frist abkürzen.

(2) Bei der Ladung ist darauf hinzuweisen, daß beim Ausbleiben eines Beteiligten auch ohne ihn verhandelt und entschieden werden kann.

MarkenG: § 75

Übersicht

A. Entstehungsgeschichte

1   Die Bestimmung (vor 1981 § 41d) entspricht § 102 Abs 1, 2 VwGO.

2   **B. Terminsbestimmung** erfolgt durch den Vorsitzenden vAw unverzüglich nach Terminsreife (§ 99 Abs 1 iVm § 216 ZPO).

3   **Terminsort** ist grds die Gerichtsstelle, aus besonderem Anlass (§ 219 ZPO) sind Ortstermine an jedem anderen Ort im Inland möglich.

4   Für **Terminsänderungen** gilt § 227 ZPO. Aufhebung und Verlegung des Termins setzen erhebliche Gründe voraus (§ 227 Abs 1 ZPO). Die Vertagung der Verhandlung ist ebenfalls nur bei Vorliegen erheblicher Gründe möglich.[1] Dies gilt auch für Terminsänderungen, die das Gericht vAw vornimmt. Als Gründe kommen insb Erkrankung, Urlaub, wenn dessen Verschiebung unzumutbar ist, anderer Gerichtstermin, Pflegebedürftigkeit von Angehörigen ohne Möglichkeit der Vertretung, erfolgversprechende Vergleichsverhandlungen, Mängel der Ladung in Betracht.[2] Die Gründe müssen so frühzeitig geltend gemacht werden, dass sie dem BPatG noch eine Reaktion auf sie ermöglichen.[3]

---

17   BPatGE 52, 245 = Mitt 2011, 236.

18   Vgl BPatGE 24, 1, 2 = GRUR 1981, 651; *Fitzner/Lutz/Bodewig* Rn 23.

19   *Benkard* Rn 16; *Klauer/Möhring* § 41c Rn 10; vgl *Fezer* § 74 MarkenG Rn 14.

20   *Benkard* Rn 18; *Fitzner/Lutz/Bodewig* Rn 26; *Fezer* § 74 MarkenG Rn 16.

1   Vgl BGH GRUR 2004, 354 Crimpwerkzeug I; BGH 12.6.2012 X ZA 3/11 (Erkrankung).

2   Vgl *Schulte* Rn 7 mwN.

3   Vgl BGH 12.6.2012 X ZA 3/11.

C. Ladung

Ladung ist die formelle Aufforderung, zu dem festgesetzten Termin vor Gericht zu erscheinen.[4] Zu la- **5** den sind alle Beteiligten. Fehlen der Ladung kann die zulassungsfreie Rechtsbeschwerde unter dem Gesichtspunkt des Nichtvertretenseins begründen.[5] Die Ladung ist grds entbehrlich, wenn der Termin in einer verkündeten Entscheidung bestimmt worden ist (§ 218 ZPO).

Die **Ladungsfrist** beträgt abw von § 217 ZPO zwei Wochen (Abs 1 Satz 1); Zustellungs- und Terminstag **6** werden nicht eingerechnet. Abkürzung setzt anders als nach § 226 Abs 1 ZPO keinen Antrag voraus; das rechtl Gehör muss gewahrt bleiben. Anfechtung der Abkürzung findet nicht statt, jedoch kommt bei Vorliegen erheblicher Gründe Antrag auf Terminsverlegung in Betracht.[6]

Der **Hinweis auf die Folgen des Ausbleibens** nach Abs 2 ist zwingend vorgeschrieben.[7] Darauf, dass **7** vom schriftlichen in das mündliche Verfahren übergegangen werde, braucht nicht hingewiesen zu werden.[8]

Mängel der Ladung nötigen zur Vertagung, wenn auf die Einhaltung der Förmlichkeiten nicht ver- **8** zichtet wird (§ 295 Abs 1 ZPO).

D. Ausbleiben eines ordnungsgem geladenen Beteiligten steht der Terminsdurchführung nicht ent- **9** gegen[9] (zur Berücksichtigung neuen Vorbringens und Materials in diesem Fall Rn 11 zu § 93). Auf Übergang in das schriftliche Verfahren besteht kein Anspruch.[10] Eine Vertagung der mündlichen Verhandlung muss nicht erfolgen, wenn der Beklagte trotz mehrfacher Aufforderung vor dem Termin seine Vertreter nicht nachgewiesen hat, zum Termin nicht erscheint, allerdings am Terminstag per Fax eine Verzichtserklärung in Bezug auf das Streitpatent abgibt, deren Wirksamkeit der Kläger bestreitet.[11] Wenn beide Beteiligte trotz ordnungsgem Ladung ausbleiben, wird man – wenn bereits eine mündliche Verhandlung stattgefunden hat – § 251a ZPO anwenden können.

E. Rechtsmittel sind gegen die Terminsbestimmung und die Verweigerung der Terminsverlegung **10** nicht eröffnet; jedoch kann in ihnen eine Versagung des rechtl Gehörs liegen, die mit der zulassungsfreien Rechtsbeschwerde und mit der Berufung angegriffen werden kann.

§ 90
(Mündliche Verhandlung)

(1) Der Vorsitzende eröffnet und leitet die mündliche Verhandlung.

(2) Nach Aufruf der Sache trägt der Vorsitzende oder der Berichterstatter den wesentlichen Inhalt der Akten vor.

(3) Hierauf erhalten die Beteiligten das Wort, um ihre Anträge zu stellen und zu begründen.

MarkenG: § 76
Ausland: Schweiz: Art 87 PatV

Übersicht

---

4 *Fitzner/Lutz/Bodewig* Rn 2.
5 BGH GRUR 1966, 160 Terminsladung; BGH GRUR 1990, 110 rechtliches Gehör; BGH GRUR 1991, 442 pharmazeutisches Präparat; BGH 21.10.1997 X ZB 22/97.
6 *Ekey/Bender/Fuchs-Wissemann* § 75 MarkenG Rn 1.
7 *Benkard* Rn 4; *Mes* Rn 2.
8 BGH Mitt 1977, 36 f Beugungseffekte.
9 BGH GRUR 1966, 160 Terminsladung; BPatG 19.3.2008 20 W (pat) 315/05; *Fitzner/Lutz/Bodewig* Rn 7.
10 BPatG 9.9.2004 8 W (pat) 33/02; BPatG 9.5.2005 19 W (pat) 19/03.
11 BPatG 30.7.2009 5 Ni 84/09.

Schrifttum: *Kunze* Senatsentscheidungen im Lichte einer künftigen Patentrechtsreform, GRUR 1972, 685; *Röhl* Die mündliche Verhandlung vor dem Bundespatentgericht, Mitt 1962, 68.

A. Entstehungsgeschichte

1   Die Bestimmung (vor 1981 § 41e) entspricht wörtlich § 103 VwGO.

B. Mündliche Verhandlung

2   **I. Verhandlungsleitung** ist Sache des Vorsitzenden; Abs 1 entspricht § 136 Abs 1 ZPO. Die Verhandlungsleitung umfasst auch die Sitzungspolizei (§ 69 Abs 3).

3   **Vorsitzender** iSd Bestimmung ist nicht notwendig der geschäftsplanmäßige Vorsitzende, sondern im Fall seiner Verhinderung der Vertreter. Verhinderung kann ausnahmsweise auch nur für den Vorsitz bestehen; in diesem Fall kann der geschäftsplanmäßige Vorsitzende als Beisitzer mitwirken; für die Stimmenzählung nach § 70 Abs 2 gibt die Stimme des tatsächlich den Vorsitz führenden Richters den Ausschlag. Richter kraft Auftrags und abgeordnete Richter können den Vorsitz nicht führen (§ 71 Abs 2). Die vorgeschriebene Qualifikation (rechtskundiges Mitglied – technisches Mitglied, Rn 46 zu § 68) ist in den gemischt besetzten Senaten zu beachten.[1]

4   Der Vorsitzende kann mit Einverständnis des betroffenen Richters **einzelne Aufgaben** der Verhandlungsleitung (nicht auch der Sitzungspolizei) **delegieren**.[2]

5   **II. Der Gang der Verhandlung** ist teils in § 90, teils in § 91 geregelt.

6   Die Verhandlung beginnt nach Eröffnung durch den Vorsitzenden (Abs 1) mit **Aufruf der Sache** (Abs 2) und Präsenzfeststellung.

7   Der **Sachvortrag** des Vorsitzenden oder des Berichterstatters schließt sich an. Weitschweifigkeit ist nicht am Platz.[3]

8   Anschließend (in der Praxis zT erst nach Erörterung der Sache)[4] erhalten die Beteiligten Gelegenheit zur **Antragstellung und Begründung** (Abs 3; vgl ergänzend § 137 ZPO). Die in der Verhandlung gestellten Anträge sind maßgebend;[5] sind einzelne Mitanmelder nicht anwesend und vertreten, gelten die Anträge der anwesenden Mitanmelder nach den Regeln der notwendigen Streitgenossenschaft auch für sie.[6] Antragstellung zu Protokoll ist ausreichend.[7]

9   Der **Vortrag der Parteien** ist grds in freier Rede zu halten (§ 99 iVm § 137 Abs 2 ZPO). Bezugnahme auf Dokumente ist dabei zulässig, soweit keine der Parteien widerspricht und das Gericht sie für angemessen hält (§ 137 Abs 3 Satz 1 ZPO). Dies schließt grds computergenerierte Darstellungen und „Powerpoint"-Präsentationen ein (vgl Rn 14 zu § 82).[8] Problematisch kann die Zulassung solcher Darstellungen und Präsentationen sein, wenn sie neuen Vortrag enthalten, der durch die Art der Präsentation besonders überzeugend wirkt. In diesem Fall wird für die Zulassung der Darstellung oder Präsentation die Zustimmung des Gegners erforderlich sein.

10   Zum **weiteren Gang des Verfahrens** § 91.

---

1   Vgl *Benkard* § 67 Rn 14.
2   *Reimer* § 41e § 41f Rn 2; *Fezer* § 76 MarkenG Rn 2; vgl *Benkard* Rn 4.
3   Vgl *Reimer* § 41e § 41f Rn 3 einerseits, *Benkard* Rn 7 andererseits.
4   Vgl *Fitzner/Lutz/Bodewig* §§ 91, 92 Rn 5; *Ekey/Bender/Fuchs-Wissemann* § 76 MarkenG Rn 3; *Mes* Rn 1.
5   *Benkard* Rn 8; *Schulte* Rn 4; vgl BGH GRUR 2014, 1235 Kommunikationsrouter.
6   BPatGE 21, 212 = GRUR 1979, 696; BPatG GRUR 2012, 99.
7   *Lindenmaier* § 41e Rn 3.
8   Für Zulässigkeit BPatG 15.6.2005 4 Ni 38/03 Schulte-Kartei PatG 65–80, 86–99 Nr 370; aA BPatG 8.11.2005 4 Ni 58/04 Schulte-Kartei PatG 65–80, 86–99 Nr 371; EPA T 1122/01; vgl *Schulte* Rn 4.

§ 91
(Erörterung der Sache)

(1) Der Vorsitzende hat die Sache mit den Beteiligten tatsächlich und rechtlich zu erörtern.

(2) ¹Der Vorsitzende hat jedem Mitglied des Senats auf Verlangen zu gestatten, Fragen zu stellen. ²Wird eine Frage beanstandet, so entscheidet der Senat.

(3) ¹Nach Erörterung der Sache erklärt der Vorsitzende die mündliche Verhandlung für geschlossen. ²Der Senat kann die Wiedereröffnung beschließen.

MarkenG: § 76 Abs 1–4

Übersicht

A. Entstehungsgeschichte

Die Bestimmung (vor 1981 § 41 f) entspricht § 104 VwGO.   **1**

B. Erörterung der Sache

Abs 1 betrifft die sachliche Verhandlungsleitung (vgl § 139 Abs 1 ZPO). Die Erörterungspflicht soll **2** Überraschungsentscheidungen verhindern. In der Verhandlung neu eingeführtes Material zwingt nicht ohne weiteres zur Vertagung.[1] Soweit eine mündliche Verhandlung nicht stattfindet, hat die Erörterung (etwa in Form eines Zwischenbescheids) gleichwohl zu erfolgen.[2] Die Beteiligten haben Anspruch auf Gewährung rechtl Gehörs (Art 103 Abs 1 GG; vgl Rn 5 ff zu § 93; Rn 49 ff zu § 100); daraus ergibt sich jedoch keine allg Pflicht zu Hinweisen an die Beteiligten (Rn 7 zu § 93). Zu Umfang und Grenzen der Ermittlungspflicht Rn 9 ff zu § 87.

Der Vorsitzende hat insb darauf hinzuwirken, dass **sachdienliche Anträge** gestellt werden. Dies gilt **3** nicht, soweit ein Beteiligter nicht zur Sache verhandelt.[3] Amtsermittlungsgrundsatz und Erörterungspflicht nötigen nicht dazu, Gesichtspunkte erneut anzusprechen, auf die der Beteiligte trotz Hinweises im Verfahren vor dem DPMA nicht eingegangen ist und die er auch im Beschwerdeverfahren nicht einer Erörterung wert findet.[4] Hinzuwirken ist auf einen sachdienlichen, nicht auf den allein erfolgversprechenden Antrag, wenn sich hierdurch der Streitgegenstand ändern würde.[5]

C. Fragen

Abs 2 Satz 1 betrifft nur das Fragerecht der Beisitzer (vgl § 136 Abs 2 Satz 2 ZPO). Die Einflussmöglich- **4** keit des Vorsitzenden beschränkt sich auf die Bestimmung des Zeitpunkts, zu dem die Fragen gestellt werden, nicht auf das Fragerecht an sich oder den Gegenstand der Fragen.[6] Das Fragerecht ist nicht auf Fragen an Zeugen und Sachverständige beschränkt.[7]

Abs 2 Satz 2 betrifft die Beanstandung von Fragen der Beisitzer, über die der Senat entscheidet. Die **5** Bestimmung ist nach hM nicht auf Fragen des Vorsitzenden anwendbar; hier soll § 99 Abs 1 iVm § 140 ZPO gelten, nach dem bei Beanstandung durch eine an der Verhandlung beteiligten Person das Gericht ent-

---

1 Vgl BPatGE 17, 80 = BlPMZ 1975, 197.
2 *Benkard* Rn 3.
3 Vgl BPatGE 17, 80 = BlPMZ 1975, 197.
4 BGH 3.6.1970 X ZB 6/69; vgl BPatGE 42, 195 = GRUR 2000, 900, 902; BPatGE 48, 77 = GRUR 2004, 950, 953; *Ströbele/Hacker* § 76 MarkenG Rn 11.
5 BPatG 13.10.1980 13 W (pat) 80/79 BlPMZ 1982, 17 Ls.
6 *Fitzner/Lutz/Bodewig* §§ 90, 91 Rn 15 f; *Mes* Rn 9.
7 *Fezer* § 76 MarkenG Rn 7.

scheidet.[8] Ein Beanstandungsrecht des Vorsitzenden gegenüber Fragen des Beisitzers besteht nicht.[9] Die Mitwirkung technischer Richter rechtfertigt es nicht, von der Regelung in der ZPO abzuweichen.

D. Schließung und Wiedereröffnung der Verhandlung

I. Grundsatz

6 Die Schließung der Verhandlung erfolgt durch den Vorsitzenden, wenn die Sache hinreichend erörtert ist (§ 136 Abs 4 ZPO). Schlüssiges Verhalten reicht aus.[10] Der Vorsitzende hat sich (intern) mit dem Kollegium abzustimmen.[11] Auf Verlangen eines Beteiligten kann ein Hinweis darüber gegeben werden, ob mit einer für diesen negativen Entscheidung zu rechnen ist;[12] eines Hinweises auf die voraussichtliche Entscheidung bedarf es jedoch zur Wahrung des rechtl Gehörs grds nicht (Rn 7 zu § 93). Nach Schließung der Verhandlung eingereichte Schriftsätze bleiben unberücksichtigt, sofern nicht Wiedereröffnung erfolgt.[13] Zustellung der Entscheidung an Verkündungs statt verletzt den Anspruch auf rechtl Gehör auch dann nicht, wenn nicht zuvor geklärt wird, ob weiterer Vortrag beabsichtigt ist.[14]

II. Wiedereröffnung

7 **1. Allgemeines.** Zuständig ist nicht der Vorsitzende, sondern der Senat[15] in seiner Spruchbesetzung. Einer förmlichen Entscheidung bedarf es nicht. Mit Einverständnis der Beteiligten kann die Verhandlung sogleich (etwa im Anschluss an die Beratung) wieder aufgenommen werden.

8 Nach Ergehen der **instanzabschließenden Entscheidung** kommt Wiedereröffnung nicht in Betracht.[16]

9 **2. Gründe.** Vorbringen nach Schließung der Verhandlung oder sonstige neue Tatsachen brauchen nicht berücksichtigt zu werden, sofern nicht das Nachbringen entspr § 283 ZPO nachgelassen war.[17] Das BPatG hat jedoch nach pflichtgem Ermessen zu prüfen, ob die mündliche Verhandlung wieder zu eröffnen ist; ein entspr Antrag stellt rechtl bloße Anregung dar, so dass es einer förmlichen Verbescheidung nicht bedarf (Abs 3 Satz 2);[18] die Ausübung des Ermessens ist im Rechtsbeschwerdeverfahren nur eingeschränkt nachprüfbar.[19]

10 § 156 Abs 2 ZPO regelt beispielhaft Fälle, in denen das Gericht eine **Wiedereröffnung anzuordnen hat**, nämlich Verfahrensfehler, Verletzung der Hinweis- oder Aufklärungspflicht bzw des rechtl Gehörs,[20] Vortrag von Tatsachen, die einen Wiederaufnahmegrund bilden, Ausscheiden eines Richters zwischen Schluss der Verhandlung und Schluss der Beratung und Abstimmung.[21] Die genannten Fälle betreffen das Verfahren im allg und wurden zT auch vor der ZPO-Regelung durch das ZPO-RG schon als zwingende Wiedereröffnungsgründe angesehen (vgl *5. Aufl* Rn 10 f), so dass die ZPO-Regelung über § 99 im Verfahren vor dem BPatG gilt, auch wenn § 91 Abs 3 Satz 2 nicht entspr geänd worden ist.[22] Teilnahme eines bei der gegnerischen Kanzlei tätigen Patentanwaltsbewerbers wurde nicht als ausreichender Grund für eine Wie-

---

8 *Benkard* Rn 5; *Klauer/Möhring* § 41 f Rn 2; *Reimer* § 41e § 41 f Rn 3; *Fezer* § 76 MarkenG Rn 8.

9 AA noch *Benkard*[9] Rn 5, nunmehr aber aufgegeben; *Reimer* § 41e § 41 f Rn 3; hiergegen mit Recht *Klauer/Möhring* § 41 f Rn 2; *Schulte* Rn 4; *Fitzner/Lutz/Bodewig* §§ 90, 91 Rn 17; *Ströbele/Hacker* § 76 MarkenG Rn 6.

10 *Klauer/Möhring* § 41 f Rn 6.

11 Vgl *Fezer* § 76 MarkenG Rn 9.

12 Vgl *Ströbele/Hacker* § 76 MarkenG Rn 7; *Ekey/Bender/Fuchs-Wissemann* § 76 MarkenG Rn 5.

13 Vgl BPatG 30.8.2010 4 Ni 23/09 (EU).

14 BGH GRUR 2012, 89 Stahlschluessel; *Schulte* Rn 5.

15 *Fezer* § 76 MarkenG Rn 10.

16 BPatG 9.2.2011 20 W (pat) 352/05.

17 *Benkard* Rn 9; vgl BPatGE 19, 131 f; BPatGE 22, 54 f.

18 BGH GRUR 1979, 219 Schaltungschassis; vgl BGH 2004, 354 Crimpwerkzeug I; BPatG 27.4.1971 23 W (pat) 51/70; BPatG 1.12.2004 19 W (pat) 61/02; *Benkard* Rn 9.

19 BGH 3.12.1964 I a ZB 10/63.

20 Vgl BGH NJW-RR 2011, 1558: neuer entscheidungserheblicher Vortrag in nachgelassenem Schriftsatz.

21 Hierzu BGH NJW-RR 2012, 508.

22 Vgl *Mes* Rn 13.

dereröffnung der Verhandlung angesehen.[23] War die verteidigte Fassung des Patents bereits Gegenstand der mündlichen Verhandlung, besteht grds kein Anlass zur Wiedereröffnung.[24] Liegt kein Fall des § 156 Abs 2 ZPO vor, genügt es, wenn sich die Entscheidung über die Wiedereröffnung auf hinreichend sachliche Erwägungen zurückführen lässt und damit als willkürfrei erweist; Grenze sind insoweit die Gebote von Rechtsfrieden und Rechtssicherheit, die auch verlangen, dass Verfahren in angemessener Zeit ein Ende finden. Will das BPatG neuen Prozessstoff berücksichtigen, muss es entweder erneut in die Verhandlung eintreten oder im Einverständnis der Parteien in das schriftliche Verfahren übergehen.[25]

Erforderlichkeit weiterer Sachaufklärung, die sich insb aus dem Ergebnis der Beratung ergeben **11** kann, nötigt zur Wiedereröffnung.[26]

3. EPÜ. Die Beschwerdekammern des EPA folgen ähnlichen Grundsätzen.[27]　**12**

§ 92
(Niederschrift)

(1) [1]**Zur mündlichen Verhandlung und zu jeder Beweisaufnahme wird ein Urkundsbeamter der Geschäftsstelle als Schriftführer zugezogen.** [2]**Wird auf Anordnung des Vorsitzenden von der Zuziehung des Schriftführers abgesehen, dann besorgt ein Richter die Niederschrift.**

(2) [1]**Über die mündliche Verhandlung und jede Beweisaufnahme ist eine Niederschrift aufzunehmen.** [2]**Die §§ 160 bis 165 der Zivilprozeßordnung sind entsprechend anzuwenden.**

MarkenG: § 77
Ausland: Österreich: § 125 öPatG

A. Entstehungsgeschichte

Die Bestimmung (vor 1981 § 41g) lehnte sich eng an § 105 VwGO an. Abs 2 ist durch Art 8 Nr 48 GPatG **1** mit Wirkung vom 1.1.1981 geänd worden, Abs 3 gestrichen; dadurch ist die zuvor detaillierte Regelung im wesentlichen durch Verweisung auf die entspr Bestimmungen der ZPO ersetzt worden.

B. Niederschrift

I. Notwendigkeit

Eine Niederschrift ist über jede mündliche Verhandlung und über jede Beweisaufnahme aufzuneh- **2** men; dies gilt auch für Beweisaufnahmen vor dem verordneten Richter.[1]

II. Die **Schriftführung** obliegt grds dem Urkundsbeamten der Geschäftsstelle. Die Regelung unterschei- **3** det sich damit von der in § 159 ZPO nach dessen Neufassung durch das 1. Justizmodernisierungsgesetz.[2]

23　BPatG 29.3.2008 3 Ni 57/05 (EU).
24　Vgl BPatG 4.2.2010 3 Ni 16/07 (EU).
25　BGH GRUR 2001, 337 ff Easypress.
26　*Benkard* Rn 10; *Schulte* Rn 5; *Mes* Rn 13.
27　EPA G 12/91 ABl EPA 1994, 285 endgültige Entscheidung II; EPA T 595/90 ABl EPA 1994, 695 kornorientiertes Blech aus Siliciumstahl; EPA T 762/90 EPOR 1993, 296 Surface filter; EPA J 42/90 Schulte-Kartei EPÜ 116–118 Nr 45.

1　*Benkard* Rn 2.
2　BGBl 2004 I 2198.

4   Der Vorsitzende kann **von der Zuziehung eines Schriftführers absehen.** Es handelt sich um eine Maßnahme der Verfahrensleitung, die nach pflichtgem Ermessen zu treffen ist und gegen die das Gericht nicht angerufen werden kann. Der Protokollführer muss demnach nicht ständig zugezogen werden; dies entspricht gängiger Praxis in Nichtigkeitsverfahren;[3] auch im Berufungsverfahren. Macht der Vorsitzende von der Möglichkeit Gebrauch, besorgt ein Richter die Niederschrift. Der Wechsel vom Protokollführer zum Richter, der dann die Niederschrift besorgt, sollte im Protokoll festgehalten werden. In Betracht kommt jeder beteiligte Richter, gleichgültig, ob technisches oder rechtskundiges Mitglied. Die in den technischen Beschwerdesenaten verbreitete Praxis, dass das rechtskundige Mitglied die Niederschrift führt, darf nicht dahin verstanden werden, dass dieses hierzu verpflichtet wäre oder dass gar der Vorsitzende eine entspr Anordnung treffen könnte.[4] Findet sich kein Richter zur Besorgung der Niederschrift bereit, bleiben nur die Möglichkeiten, dass der Vorsitzende die Niederschrift selbst besorgt oder doch einen Urkundsbeamten zuzieht. Die Gerichtsverwaltung ist zur Stellung eines geeigneten Urkundsbeamten verpflichtet.[5]

5   Der **Richter, der die Niederschrift besorgt,** nimmt insoweit die Stellung eines Urkundsbeamten ein (aA 6. *Aufl*)[6] und muss die Niederschrift auch unterschreiben;[7] dies folgt aus der Regelung des Abs 1 Satz 2, die es in der ZPO (und auch in § 105 VwGO) nicht gibt.

6   **III. Anwendbare Bestimmungen der ZPO.** Abs 2 verweist auf die §§ 160–165 ZPO.

7   Zu **§ 160 Abs 1 ZPO:** Das Protokoll muss alle wesentlichen Vorgänge der Verhandlung enthalten, aber nicht mehr.[8] Protokollergänzung muss bis zum Schluss der mündlichen Verhandlung beantragt werden.[9] Nr 1: Die Uhrzeit des Schlusses der Verhandlung muss grds nicht angegeben werden, ebenso wenig müssen Unterbrechungen, Zwischenberatungen und Wiedereröffnungen vermerkt werden.[10] Nr 4: Die Aufnahme sonstiger Personen (Angestellte, Patentsachbearbeiter usw) entspricht nicht der Praxis.[11] Der Ort einer evtl Verhandlung im Weg der Bild- und Tonübertragung gem § 128a ZPO ist festzuhalten. Nach § 160 Abs 2 Nr 10 ZPO ist das Ergebnis einer Güteverhandlung gem § 278 Abs 2 ZPO (vgl Rn 9 zu § 99) zu vermerken.

8   Nach **§ 160a ZPO** kann der Inhalt des Protokolls in einer gebräuchlichen Kurzschrift, durch verständliche Abkürzungen oder auf einem Ton- oder Datenträger vorläufig aufgezeichnet werden; das Protokoll ist dann unverzüglich nach der Sitzung herzustellen.[12]

9   **§ 165 ZPO** auch auf die Frage anzuwenden, ob ein bestimmter Antrag gestellt wurde; die Niederschrift liefert deshalb Beweis dafür, dass ein bestimmter Sachantrag nicht gestellt wurde.[13] Das gilt aber nicht notwendig für den Inhalt des in der Verhandlung gestellten und nicht aus einem Schriftsatz verlesenen Antrags, der nicht nach § 162 ZPO vorgelesen und genehmigt wurde.[14]

10   **Protokollierungsanträge** müssen bis zum Schluss der mündlichen Verhandlung gestellt werden.[15] Anträge, die sich auf die Vernehmung von Zeugen und deren Protokollierung beziehen, sind auch aufzunehmen, wenn sie ungelegen kommen oder nach Meinung der Richter sachlich unbegründet sind.[16] Die

---

3   Vgl BPatG 29.5.2008 4 Ni 8/06.

4   Vgl *Fitzner/Lutz/Bodewig* Rn 4; *Büscher/Dittmer/Schiwy* Rn 3 sowie zur Praxis der Markensenate *Ströbele/Hacker* § 77 MarkenG Rn 2; *Ingerl/Rohnke* § 77 MarkenG Rn 1.

5   Eingehend *Baumbach/Lauterbach/Albers/Hartmann* ZPO § 159 Rn 4.

6   Vgl *Benkard* Rn 4; *Reimer* § 41g Rn 1; aA *Ströbele/Hacker* § 77 MarkenG Rn 2.

7   Vgl *Schulte* Rn 4; *Lindenmaier* § 41g Rn 5; *Büscher/Dittmer/Schiwy* Rn 9; aA *Benkard* Rn 6; *Fezer* § 77 MarkenG Rn 2; *Ströbele/Hacker* § 77 MarkenG Rn 5; *Holtgrave* DB 1975, 823; wohl auch BPatG 30.5.2012 2 Ni 6/11 (EP), wo allein vom Vorsitzenden unterschrieben wurde.

8   BPatG 29.5.2008 4 Ni 8/06; BPatG 4.6.2008 4 Ni 9/06; BPatG 8.1.2009 4 Ni 48/07; BPatG 29.1.2009 4 Ni 66/06 (EP); BPatG 9.10.2013 4 Ni 52/11 (EP).

9   BPatG 8.1.2009 4 Ni 48/07.

10   BPatG 24.3.1999 34 W (pat) 35/96.

11   BPatGE 36, 42 = Mitt 1996, 242.

12   *Benkard* Rn 5.

13   So BGH Mitt 1979, 120 Bildspeicher: Verbindung zweier Erteilungsverfahren; BGH Mitt 1979, 198 Schaltuhr: Hilfsantrag.

14   *Zöller* § 162 ZPO Rn 6.

15   BPatG 19.5.2014 2 Ni 11/12 (EP).

16   BPatG Mitt 1996, 350.

Ablehnung eines Protokollierungsantrags hat durch Gerichtsbeschluss zu erfolgen und ist zu protokollieren.[17] Durch den Verlauf der Verhandlung überholte Anträge müssen nicht protokolliert werden.[18]

IV. Erteilung von Abschriften der Niederschrift ist an sich nur auf Antrag erforderlich;[19] jedoch werden zwei Abschriften schreibauslagenfrei ohne Antrag übersandt.[20] Liegt das Protokoll in Form eines authentifizierten elektronischen Dokuments vor, kann es auf elektronischem Weg übermittelt werden, wenn der Empfänger die norwendigen Vorkehrungen getroffen hat.[21] **11**

§ 93
(Beweiswürdigung; rechtliches Gehör; Richterwechsel)

(1) [1]Das Patentgericht entscheidet nach seiner freien, aus dem Gesamtergebnis des Verfahrens gewonnenen Überzeugung. [2]In der Entscheidung sind die Gründe anzugeben, die für die richterliche Überzeugung leitend gewesen sind.

(2) Die Entscheidung darf nur auf Tatsachen und Beweisergebnisse gestützt werden, zu denen die Beteiligten sich äußern konnten.

(3) Ist eine mündliche Verhandlung vorhergegangen, so kann ein Richter, der bei der letzten mündlichen Verhandlung nicht zugegen war, bei der Beschlußfassung nur mitwirken, wenn die Beteiligten zustimmen.

MarkenG: § 78

Übersicht

Schrifttum: *Hegel* Rechtliches Gehör vor dem Bundespatentgericht, Mitt 1975, 159; *Hövelmann* Der Übergang ins schriftliche Verfahren, Mitt 2006, 546; *Kirchner* Der Richterwechsel im Verfahren vor dem Bundespatentgericht (§ 41h Abs. 3 PatG), GRUR 1971, 503; *Reinländer* Vorbereitung der mündlichen Verhandlung und rechtliches Gehör im patentgerichtlichen Verfahren, Mitt 1977, 19.

A. Entstehungsgeschichte

Die Bestimmung (vor 1981 § 41h) entspricht in Abs 1 und 2 § 108 VwGO, der wiederum § 286 ZPO nachgebildet ist. Abs 3 entspricht § 112 VwGO und § 309 ZPO. **1**

B. Beweiswürdigung

I. Grundsatz

Das BPatG entscheidet nach seiner freien Überzeugung. Es muss einen bestimmten Sachverhalt für wahr und nicht lediglich für wahrscheinlich halten, allerdings ist ein für das praktische Leben brauchba- **2**

---

17 BPatG Mitt 1996, 350.
18 BPatG 24.3.1999 34 W (pat) 35/96.
19 BPatGE 2, 95 = GRUR 1965, 64, hinsichtlich derAuslagen überholt; vgl *Ströbele/Hacker* § 77 MarkenG Rn 8; MittPräsBPatG BlPMZ 1995, 1.
20 MittPräsBPatG BlPMZ 1995, 1.
21 *Benkard* Rn 19.

rer Grad ausreichend, der Zweifeln Schweigen gebietet, ohne sie völlig auszuschließen.[1] Wie in den anderen Verfahrensordnungen gilt der Grundsatz der freien Beweiswürdigung.[2] An Beweisregeln ist das BPatG nur gebunden, soweit das Gesetz,[3] etwa beim Urkundenbeweis,[3] solche aufstellt. Sie kommen allerdings nur in Betracht, soweit die Besonderheiten des Verfahrens vor dem BPatG nicht entgegenstehen; so scheidet insb die Geständniswirkung (§§ 138 Abs 3, 288 ZPO) grds aus,[4] Nichtbestreiten oder Geständnis sind frei zu würdigen. Maßgeblich ist das Gesamtergebnis des Verfahrens; neben dem Ergebnis der Beweisaufnahme können deshalb auch andere Umstände, insb das Verhalten der Beteiligten, offenkundige und gerichtskundige Tatsachen gewürdigt werden,[5] ebenso widersprüchliches Parteivorbringen,[6] jedoch steht Wechsel des Vorbringens der Berücksichtigung des späteren Vorbringens nicht ohne weiteres entgegen.[7] Der Tatsachenstoff ist auszuschöpfen.[8] Auch im Verfahren vor dem BPatG kommt der Beweis des ersten Anscheins (prima-facie-Beweis) in Betracht.[9] Auf die Lit zu § 286 ZPO ist zu verweisen (vgl auch Rn 151 ff vor § 143). Die Bestimmung ist im Zusammenhang mit dem Amtsermittlungsgrundsatz des § 87 Abs 1 Satz 1 zu lesen.[10] Gesamtergebnis des Verfahrens iSd Bestimmung ist das, was das Gericht in Anwendung dieser Vorschrift zum Verfahrensgegenstand an Stoff zusammengetragen hat.[11] Hat eine mündliche Verhandlung stattgefunden, sind das dort Vorgetragene und Erörterte einschließlich der in Bezug genommenen Schriftsätze und das Ergebnis einer Beweisaufnahme Gegenstand des Verfahrens, im Verfahren ohne mündliche Verhandlung ist es neben dem schriftlichen Vortrag der Parteien der gesamte Akteninhalt, zu dem die Beteiligten sich äußern konnten.[12]

II. Feststellung des Stands der Technik

3   Es gelten die allg Grundsätze. Besondere Schwierigkeiten ergeben sich in der Praxis daraus, dass häufig, insb bei Vorbenutzungshandlungen, komplexe und lange zurückliegende Sachverhalte aufzuklären sind. Die Praxis stellt hier strenge Anforderungen an die Überzeugungsbildung, die jedoch nicht iSv Beweisregeln missverstanden werden dürfen.[13]

4   III. Die **Begründungspflicht** folgt aus Abs 1 Satz 2. Verstöße sind im Rechtsbeschwerdeverfahren nach § 100 Abs 3 Nr 6 sanktioniert; zum Umfang der Begründungspflicht Rn 74 ff zu § 100. Hat sich der Beschwerdeführer zu der angefochtenen Entscheidung nicht geäußert, kann sich das BPatG diese ohne weiteres zu eigen machen, wenn es sie für richtig hält.[14] Für das Nichtigkeitsverfahren gelten dieselben Grundsätze.

---

1 Vgl *Benkard* Rn 2; *Schulte* Rn 4; *Fitzner/Lutz/Bodewig* Rn 3; BGHZ 53, 245, 255 f = NJW 1970, 946 Anastasia; BGHZ 61, 165, 169 = NJW 1973, 1925 und öfter.
2 Vgl *van Hees/Braitmayer* Rn 921 ff.
3 *Reimer* § 41h Rn 4.
4 *Reimer* § 41h Rn 4.
5 *Fitzner/Lutz/Bodewig* Rn 3.
6 Hierzu BGH GRUR 1981, 649 Polsterfüllgut.
7 Vgl BGH GRUR 1995, 700 Sesamstraße-Aufnäher; BGH GRUR 1997, 360 Profilkrümmer; BGH GRUR 2000, 866 Programmfehlerbeseitigung; BGH NJW 2002, 1276 Durchstanzanker.
8 Vgl BGH GRUR 1981, 185 Pökelvorrichtung.
9 Bsp bei *van Hees/Braitmayer* Rn 1074 f.
10 Vgl *Benkard* Rn 1.
11 Vgl *Benkard* Rn 1, 3.
12 *Benkard* Rn 4; BGH GRUR 1981, 649 ff Polsterfüllgut; BGH GRUR 1974, 294 f Richterwechsel II.
13 Vgl für den Zeugenbeweis BGH Liedl 1961/62, 264, 276 Lacktränkeinrichtung I, insb für den Fall der Vorinformation; BGH 25.3.2003 X ZR 48/99; BGH 3.12.1964 I a ZB 10/63, GbmLöschungssache; RG GRUR 1937, 370 Kreiselpumpe II.
14 BGH GRUR 1993, 896 Leistungshalbleiter; BPatG 8.1.2003 11 W (pat) 4/02; BPatG 21.1.2003 14 W (pat) 4/02; BPatG 3.6.2003 6 W (pat) 26/99; BGH 22.12.2004 9 W (pat) 35/03.

C. Rechtliches Gehör

I. Grundsatz

Abs 2 konkretisiert den in Art 103 Abs 1 GG verfassungsrechtl garantierten Anspruch auf rechtl Gehör 5 vor Gericht[15] für das Verfahren vor dem BPatG,[16] kann ihn aber nicht (durch die Nennung von Tatsachen und Beweisergebnissen) einschränken.[17] Eine Regelung, nach der auf die Verletzung rechtl Gehörs die zulassungsfreie Rechtsbeschwerde gestützt werden kann, ist durch das 2.PatGÄndG eingestellt worden (hierzu Rn 49 ff zu § 100). Zur Präklusion von Vorbringen im schriftlichen Verfahren Rn 8 zu § 87, zur Berücksichtigung von Vorbringen nach Schließung der mündlichen Verhandlung Rn 9 zu § 91. Eine Verletzung des prozessualen Grundrechts aus Art 103 Abs 1 GG eröffnet nach Erschöpfung des Rechtswegs (Rechtsbeschwerde, § 100) die Verfassungsbeschwerde.

II. Umfang

II. Umfang (vgl auch § 139 Abs 2, 4, 5 ZPO). Der Beteiligte muss Gelegenheit erhalten, sich zu dem der 6 Entscheidung zugrunde liegenden Sachverhalt innerhalb einer angemessenen Frist (idR zwei Wochen; vgl § 274 Abs 3 Satz 1 ZPO; sonst 1 Woche, § 132 Abs 1 Satz 1 ZPO)[18] und vor Erlass der Entscheidung zu äußern, Anträge zu stellen und Ausführungen zu machen; der Entscheidung dürfen nur solche Tatsachen und Beweisergebnisse zugrunde gelegt werden, zu denen sich die Beteiligten äußern konnten; eine Frist zur Stellungnahme muss nicht gesetzt werden.[19] Das gilt auch in vermeintlich offensichtlich eindeutigen Fällen.[20] Nennt der Beteiligte einen Zeitpunkt, bis zu dem er sich äußern will, ist dieser abzuwarten oder vom Gericht eine abweichende Äußerungsfrist zu setzen.[21] Darauf, ob die Beteiligten die Gelegenheit wahrnehmen, kommt es nicht an.[22] Gehör kann auch mit einem Zwischenbescheid gewährt werden.[23] Ein Anspruch auf bestimmte Verfahrensmaßnahmen ist aus dem Grundsatz des rechtl Gehörs nicht abzuleiten.[24] Das gilt insb für einen Übergang ins schriftliche Verfahren, der auch bei entspr Antrag nicht geboten ist.[25] Der Grundsatz erfordert keine Offenlegung der Rechtsauffassung des Gerichts vor der Entscheidung[26] und keine wiederholten Hinweise.[27]

Das Gebot der Gewährung rechtlichen Gehörs schließt keine allg Pflicht zu **Hinweisen** an die Betei- 7 ligten iSd §§ 139, 238 ZPO ein. Ein solcher Hinweis kann danach allenfalls geboten sein, wenn wegen der Auffassung des BPatG für die Parteien nicht vorhersehbar ist, auf welche Erwägungen das BPatG seine Entscheidung stützen wird.[28]

---

15 Vgl BGH GRUR 1966, 583 Abtastverfahren.
16 Vgl auch BVerfG Mitt 1978, 93.
17 Vgl *Benkard* Rn 6a f; *Fezer* § 78 MarkenG Rn 4.
18 Vgl BGH 22.2.2005 X ZR 183/01 Mitt 2005, 506 Ls Mengendosierer, für die Anschlussberufung im Nichtigkeitsberufungsverfahren.
19 BGH BlPMZ 1963, 179 rechtliches Gehör 01; BGH GRUR 2001, 33 ff Easypress; BGH GRUR 2000, 512 f Computer Associates; BGH GRUR 1997, 223 f Ceco, Markensache; kr zu der dort als regelmäßig ausreichend angesehenen Äußerungsfrist von zwei Wochen im Hinblick auf die übliche großzügige Fristgewährung *Ingerl/Rohnke* § 78 MarkenG Rn 7; vgl auch BGH GRUR 2000, 597 Kupfer-Nickel-Legierung: bei Entscheidung über die Beschwerde ohne mündliche Verhandlung mehr als elf Wochen seit Mitteilung der Beschwerdebegründung und mehr als zwei Wochen nach Rücknahme des Antrags des Beschwerdeführers auf mündliche Verhandlung ist das rechtl Gehör eines weiteren Beteiligten nicht verletzt, weil dieser ausreichend Gelegenheit hatte, seinerseits Antrag auf mündliche Verhandlung zu stellen; die Setzung einer Äußerungsfrist ist zweckmäßig und sinnvoll, zur Wahrung des rechtl Gehörs aber nicht erforderlich.
20 BPatG 4.2.2002 10 W (pat) 60/01.
21 BGH Kupfer-Nickel-Legierung.
22 *Benkard* Rn 7.
23 BGH GRUR 1963, 279 Weidepumpe.
24 BPatG 10.10.1975 13 W (pat) 24/75: Vorabentscheidung; vgl BGH BlPMZ 1963, 179 rechtliches Gehör 01; BGH 19.4.2001 I ZA 4/00.
25 Vgl BPatG 9.5.2005 19 W (pat) 19/03.
26 BGH GRUR 1966, 583 Abtastverfahren; BGH GRUR 2010, 950 Walzenformgebungsmaschine; BGH GRUR 2009, 91 Antennenhalter; BPatG 16.3.1993 19 W (pat) 29/96.
27 Vgl BGH GRUR 1962, 398 Atomschutzvorrichtung.
28 BGH GRUR 2000, 792 Spiralbohrer.

8   Gehör ist grds auch zu verwerteten offenkundigen **Tatsachen** zu gewähren, ausnahmsweise nicht, wenn es sich um Umstände handelt, die allen Beteiligten gewärtig sind und von deren Entscheidungserheblichkeit sie wissen.[29] Bloße Mitteilung der Tatsache, insb mündliche Erörterung, reicht aus.[30]

9   Grds nicht erforderlich ist rechtl Gehör zu Tatsachen, die **nicht zum Nachteil** des Beteiligten verwertet werden.[31]

10   Späte **Mandatierung des Anwalts** geht zu Lasten des Beteiligten und begründet kein Recht auf zusätzlichen zeitlichen Spielraum.[32] Andererseits genügt es grds, dem Verfahrensbevollmächtigten Gehör zu gewähren.[33]

11   Findet eine **mündliche Verhandlung** statt, wird Gehör grds in dieser gewährt.[34] In der Verhandlung genanntes neues Material und neue Unterlagen dürfen auch bei Ausbleiben eines Beteiligten oder seines Vertreters verwertet werden,[35] auch neue rechtliche Aspekte können erörtert werden;[36] anders die Praxis des EPA unter Berücksichtigung der Präklusionsvorschrift des Art 114 Abs 2 EPÜ;[37] erweisen sich die geltenden Unterlagen als mängelbehaftet, ist die Beschwerde zurückzuweisen.[38] Auch zu neuen Anträgen, die in der Verhandlung gestellt werden, kann grds durch eine ausreichend bemessene Unterbrechung Gehör gewährt werden, insb wenn der Beteiligte sich daraufhin einlässt und keinen Antrag auf Schriftsatzfrist oder Vertagung stellt,[39] wobei auf diese Möglichkeiten bei einem anwaltlich vertretenen Beteiligten nicht hingewiesen werden muss. Eine erst in der mündlichen Verhandlung erklärte Selbstbeschränkung des Patentinhabers rechtfertigt grds keine Vertagung.[40] Aus einem die mündliche Verhandlung vorbereitenden Hinweis, eine bestimmte beschränkte Verteidigung könne in der Verhandlung erörtert werden, lässt sich nicht herleiten, ein solcher Gegenstand werde für patentfähig gehalten, so dass das BPatG zur Vermeidung des Anspruchs auf rechtl Gehör verpflichtet sei, dem Patentinhaber weitere Hinweise zu geben.[41] Änderungen des Sachstands nach der mündlichen Verhandlung haben unberücksichtigt zu bleiben, es sei denn, die Verhandlung wird wiedereröffnet oder in das schriftliche Verfahren übergegangen;[42] ob „neuer Termin" oder „Fortsetzungstermin" bestimmt wird, ist unerheblich.[43]

12   Beantragt der Anmelder, nach **Aktenlage** zu entscheiden, kann der gesamte Akteninhalt verwertet werden, auch soweit er noch nicht erörtert wurde.[44] Damit begibt er sich allerdings der Möglichkeit zu weiterem mündlichen Vortrag.[45]

13   **Nichterscheinen** in der mündlichen Verhandlung führt im einseitigen Verfahren dazu, dass ohne Übergang in das schriftliche Verfahren (Rn 15) Unklarheiten in den Anmeldeunterlagen nicht beseitigt werden können.[46]

---

29   BGH GRUR 1997, 637 f Top Selection; BGH GRUR 1998, 394 f Active Line; BGH GRUR 1998, 396 f Individual; BGH 19.6.1997 I ZB 8/95; BGH 19.6.1997 I ZB 9/95, Markensachen.

30   BGH Individual.

31   *Benkard* Rn 9; *Fezer* § 78 MarkenG Rn 4; vgl BGH GRUR 1962, 294, 296 Hafendrehkran, zur Änderung von Unterlagen.

32   BPatG 16.1.1976 6 W (pat) 146/74.

33   BPatG 34, 207 = Mitt 1995, 313; *Mes* Rn 22.

34   Vgl BPatG GRUR 1996, 204 f, nicht in BPatGE 35, 196; BPatGE 40, 127, 134 = GRUR 1999, 350; BPatGE 5.11.2002 23 W (pat) 57/01.

35   BGH BlPMZ 1992, 496, 498 Entsorgungsverfahren; BPatGE 8, 40; BPatGE 13, 76; BPatGE 17, 80, 84 = BlPMZ 1975, 197; BPatGE 34, 207 = Mitt 1995, 313; *Benkard* Rn 7; aA *Hegel* Mitt 1975, 159.

36   Vgl BPatG 19.3.2013 21 W (pat) 45/08 GRUR-RR 2013, 507 Ls.

37   EPA G 4/92 ABl EPA 1994, 149 = GRUR Int 1994, 750 rechtliches Gehör; EPA T 484/90 ABl EPA 1993, 444, 448 Seilbahn, gegen EPA T 186/83 EPOR 1986, 11 Olefinic Nitriles; EPA T 215/84 EPOR 1986, 6 Pulp Delignification; EPA T 574/89; EPA T 501/92 ABl EPA 1996, 261 alphanumerische Anzeige; die Berücksichtigung beschränkter Patentansprüche lässt aber auch die Praxis des EPA zu, EPA T 133/92; EPA T 771/92; EPA T 446/92; vgl EPA T 856/92.

38   BPatG 28.8.2003 6 W (pat) 63/02.

39   Vgl BGH GRUR 2004, 354 Crimpwerkzeug I; BPatG 1.12.2004 19 W (pat) 61/02.

40   BPatG 4.6.2002 2 Ni 8/01 (EU).

41   BGH GRUR-RR 2008, 456 Installiereinrichtung I.

42   Vgl BGH 28.9.1993 X ZB 1/93.

43   BGH 28.9.1993 X ZB 1/93.

44   BPatGE 23, 38 = BlPMZ 1981, 217.

45   Vgl BPatGE 46, 86.

46   BPatG 9.9.2004 8 W (pat) 33/02.

D. Richterwechsel

I. Allgemeines

An der Entscheidung mitzuwirken haben die nach dem Geschäftsverteilungsplan und dem Mitwir- **14** kungsplan des jeweiligen Senats zur Entscheidung berufenen Richter; im Fall einer Verhinderung tritt der Vertreter ein (s die Kommentierung zu § 68). Nach vorangegangener mündlicher Verhandlung haben grds die Richter mitzuwirken, die auch an der mündlichen Verhandlung mitgewirkt haben (Abs 3); dies gilt auch bei Änderungen der Mitwirkungsgrundsätze,[47] grds aber nicht bei Ausscheiden aus dem Spruchkörper (vgl aber Rn 5 zu § 95; Rn 6 zu § 96),[48] und nicht nur für verkündete, sondern auch für an Verkündungs Statt zugestellte Entscheidungen.[49] Die Regelung betrifft aber nur den Fall, dass überhaupt eine mündliche Verhandlung stattgefunden hat und dass die Entscheidung auf Grund dieser mündlichen Verhandlung und nicht etwa nach Übergang in das schriftliche Verfahren (Rn 15) ergeht.[50] Richterwechsel ist in diesem Fall nur mit Zustimmung aller Beteiligten möglich,[51] andernfalls muss die mündliche Verhandlung wiederholt werden[52] (vgl auch § 156 Abs 2 Nr 3 ZPO). Abs 3 gilt nicht für die Besetzung in einem Fortsetzungstermin. In verschiedenen Verhandlungsterminen darf das Gericht unterschiedlich besetzt sein.[53] Die Richter, die bei der Beschlussfassung mitwirken, müssen sonach nur bei der letzten vorausgegangenen mündlichen Verhandlung mitgewirkt haben, es sei denn, die Parteien stimmen einem (dann nochmaligen) Richterwechsel zu.

II. Übergang in das schriftliche Verfahren

Führt die mündliche Verhandlung nicht zu Entscheidungsreife und wird in das schriftliche Verfahren **15** übergegangen, ist Richterwechsel unschädlich, da die mündliche Verhandlung in diesem Fall ihre verfahrensrechtl Bedeutung verliert.[54]

§ 94
(Verkündung der Entscheidungen; Begründung)

(1) [1]**Die Endentscheidungen des Patentgerichts werden, wenn eine mündliche Verhandlung stattgefunden hat, in dem Termin, in dem die mündliche Verhandlung geschlossen wird, oder in einem sofort anzuberaumenden Termin verkündet.** [2]**Dieser soll nur dann über drei Wochen hinaus angesetzt werden, wenn wichtige Gründe, insbesondere der Umfang oder die Schwierigkeit der Sache, dies erfordern.** [3]**Die Endentscheidungen sind den Beteiligten von Amts wegen zuzustellen.** [4]**Statt der Verkündung ist die Zustellung der Endentscheidung zulässig.** [5]**Entscheidet das Patentgericht ohne mündliche Verhandlung, so wird eine Verkündung durch Zustellung an die Beteiligten ersetzt.**

(2) Die Entscheidungen des Patentgerichts, durch die ein Antrag zurückgewiesen oder über ein Rechtsmittel entschieden wird, sind zu begründen.

MarkenG: § 79

47   Vgl BGH GRUR 1991, 521 La Perla; *Ekey/Bender/Fuchs-Wissemann* § 78 MarkenG Rn 3.
48   BGH NJW-RR 2012, 508: Wiedereröffnung der Verhandlung erforderlich; *Schulte* Rn 9.
49   Vgl BPatGE 24, 190 = BlPMZ 1982, 266.
50   BGH GRUR 1974, 294 f Richterwechsel II; BGH GRUR 1987, 515 Richterwechsel III; *Benkard* Rn 24; kr zur Begründung *Ingerl/Rohnke* § 78 MarkenG Rn 9.
51   Insoweit kr *Lindenmaier* § 41h Rn 8.
52   *Lindenmaier* § 41h Rn 10.
53   *Benkard* Rn 25.
54   BGH GRUR 1971, 532 Richterwechsel I; BGH GRUR 1974, 294 Richterwechsel II; BGH GRUR 1987, 515 Richterwechsel III; BGH GRUR 2003, 546 Turbo-Tabs; BGH 18.2.1972 I ZB 3/71; BPatG 21.12.1970 23 W (pat) 87/69; klarstellend BGH GRUR 1986, 47 Geschäftsverteilung; vgl BGH GRUR 1991, 521 La Perla; BGH 28.9.1993 X ZB 1/93; *Fitzner/Lutz/Bodewig* Rn 13.

Schrifttum: *Pakuscher* Vereinfachungsnovelle und Begründungszwang patentgerichtlicher Entscheidungen, GRUR 1973, 609; *Schmieder* Patentrecht zwischen nationaler Tradition und europäischer Harmonisierung, NJW 1977, 1217; *Schmieder* Notwendige Ausführlichkeit oder Scheu vor der Kürze? Mitt 1988, 202.

A. Entstehungsgeschichte

1   Die Bestimmung (vor 1981 § 41i) ist an §§ 116, 122 Abs 2 VwGO orientiert. Sie hat ihre geltende Fassung durch die Vereinfachungsnovelle 1976 erhalten.

B. Verkündung der Entscheidungen

I. Grundsatz; Anwendungsbereich

2   Zu unterscheiden ist zwischen Entscheidungen **nach** – besser: aufgrund[1] – **mündlicher Verhandlung** und Entscheidungen **ohne mündliche Verhandlung.** Die erstgenannten regeln Abs 1 Sätze 1–4, die letztgenannten Satz 5.

3   Die Regelung in Abs 1 erfasst – anders als Abs 2 – nur **Endentscheidungen**, dh solche, durch die ein Verfahren zumindest hinsichtlich eines sachlich abgrenzbaren Teils abgeschlossen wird.[2] In Betracht kommen neben den Urteilen der Nichtigkeitssenate und den Beschlüssen der Beschwerdesenate, mit denen über eine Beschwerde entschieden wird, auch Entscheidungen des Rechtspflegers.[3]

4   Für **Zwischenentscheidungen** ist, soweit diese als Zwischenurteil ergehen, über § 99 Abs 1 § 310 ZPO anwendbar, sonst § 329 ZPO.[4] Abs 1 Satz 4 wird entspr anwendbar sein.[5]

II. Entscheidungen aufgrund mündlicher Verhandlung

5   **1. Mündliche Verhandlung** muss stattgefunden haben. Die Entscheidung ergeht auch im Fall eines Schriftsatznachlasses aufgrund mündlicher Verhandlung,[6] ebenso bei Einverständniserklärung mit Richterwechsel nach § 93 Abs 3.[7]

6   **2. Verkündung** der Entscheidung ist der Regelfall (Abs 1 Satz 1); dies bedeutet mündliche Bekanntgabe in der Form des § 311 ZPO. Das Vorlesen der Entscheidungsformel kann durch Bezugnahme auf diese ersetzt werden, wenn von den Parteien niemand erschienen ist (§ 311 Abs 2 Satz 2 ZPO). Wenn im Nichtigkeitsverfahren das Streitpatent dadurch teilweise für nichtig erklärt wird, dass die (zahlreichen) Patentansprüche eine neue Fassung erhalten, wird bei Urteilsverkündung in Anwesenheit und mit Zustimmung der Parteien eine Bezugnahme zumindest auf die Unteransprüche möglich sein. Mitteilung der Entscheidungsgründe ist auch dann nicht erforderlich, wenn die Verkündung in dem Termin erfolgt, in dem die mündliche Verhandlung geschlossen worden ist, in diesem Fall aber üblich und keinesfalls schädlich.[8] Mit

---

1 *Lindenmaier* § 41i Rn 1.
2 Vgl BPatG BlPMZ 1989, 393 f, für den Fall der Teilung.
3 AA *Klauer/Möhring* § 41i Rn 1 unter Hinweis auf die Begr BlPMZ 1961, 155; *Lindenmaier* § 41i Rn 2, wonach § 99 Abs 1 iVm § 329 ZPO anwendbar ist.
4 *Benkard* Rn 10; *Schulte* Rn 14 f; nach *Mes* Rn 1 ist auch hier § 94 unmittelbar anwendbar.
5 *Benkard* Rn 10.
6 Vgl BPatGE 19, 131; BPatGE 22, 54 f; *Benkard* Rn 2; *Fezer* § 79 MarkenG Rn 2.
7 Vgl *Reimer* § 41i Rn 6.
8 Vgl *Benkard* Rn 4; *Fezer* § 79 MarkenG Rn 3.

der Verkündung ist die Entscheidung rechtl existent und für das Gericht grds bindend; bei Patenterteilung durch das BPatG ist das Patent mit Verkündung des Beschlusses erteilt.[9] Die Verkündung kann entspr § 311 Abs 4 ZPO auch durch den Vorsitzenden allein erfolgen.[10]

Zeitpunkt. Die Verkündung erfolgt idR in dem Termin, in dem die mündliche Verhandlung geschlos- **7** sen worden ist, dh nach sich anschließender geheimer Beratung des Gerichts. Sie kann aber auch in einem besonderen Verkündungstermin erfolgen, der nicht über drei Wochen hinaus angesetzt werden soll;[11] insoweit gelten die gleichen Grundsätze wie nach § 310 ZPO.

Wird die Entscheidung nicht in dem Termin verkündet, in dem die Verhandlung geschlossen wurde, **8** muss sie bei der Verkündung **in vollständiger Form** abgefasst sein (§ 99 Abs 1 iVm 310 Abs 2 ZPO).[12] Warum dies entgegen der Verweisung in § 99 Abs 1 in Nichtigkeitsverfahren oder sogar darüber hinaus nicht gelten soll,[13] ist nicht einleuchtend, da erforderlichenfalls der Verkündungstermin in vertretbarem Rahmen hinausgeschoben werden kann. Allerdings sind Verstöße jedenfalls solange sanktionslos, als die volle Berufungsfrist nach Zustellung des vollständigen Urteils noch innerhalb der Fünfmonatsfrist des § 110 Abs 3 Satz 2 zur Verfügung steht.[14]

Verkündete Endentscheidungen werden vAw **zugestellt** (Abs 1 Satz 3). Zugestellt wird eine Ausferti- **9** gung oder eine beglaubigte Abschrift der vollständigen Entscheidung; wesentliche Fehler machen die Zustellung unwirksam, nicht auch geringfügige Auslassungen,[15] wohl aber das Fehlen ganzer Seiten.[16] Die Zustellung setzt die Rechtsbeschwerdefrist auch in Lauf, wenn im Rubrum der Verfahrensbevollmächtigte nicht aufgeführt ist.[17]

3. Zustellung an Verkündungs statt kann die Verkündung ersetzen (Abs 1 Satz 4). Dabei können **10** Schriftsatzfristen eingeräumt werden; auch in diesem Fall ergeht das Urteil aufgrund mündlicher Verhandlung.[18] Daher können grds nur die Richter mitwirken, die an der Verhandlung mitgewirkt haben (§ 93 Abs 3).[19] Nach Schluss der mündlichen Verhandlung oder nach Ablauf einer eingeräumten Schriftsatzfrist[20] eingehender weiterer Sachvortrag hat nach § 296a ZPO grds unberücksichtigt zu bleiben.[21] Wirksamkeit tritt erst mit der zeitlich letzten Zustellung ein.[22] Die Rechtsbeschwerdefrist (im Nichtigkeitsverfahren die Berufungsfrist) beginnt daher erst mit der letzten Zustellung zu laufen (Rn 60 zu § 47; Rn 129 zu § 73; Rn 7 zu § 102; sehr str). Erfolgt Zustellung an Verkündungs statt durch die Geschäftsstelle vorzeitig, soll dies die Berufungsfrist nicht in Lauf setzen.[23] Ist nur die Entscheidungsformel an Verkündungs statt zugestellt worden, können die Entscheidungsgründe nicht mehr nachgeschoben werden.[24]

III. Bei **Entscheidungen ohne mündliche Verhandlung** kommt nur Zustellung in Betracht. Es gel- **11** ten die gleichen Grundsätze wie bei der Zustellung an Verkündungs statt (Rn 10). Die Entscheidung ist in dem Zeitpunkt erlassen, in dem das Gericht sich ihrer in einer der Verkündung vergleichbaren Weise entäußert hat, also wenn sie die Geschäftsstelle mit der unmittelbaren Zweckbestimmung verlassen hat, den Parteien bekannt gegeben zu werden.[25]

---

9 BPatGE 2, 172 = BlPMZ 1963, 12.
10 *Fitzner/Lutz/Bodewig* Rn 5.
11 Vgl *Schmieder* NJW 1977, 1217 f; *Fitzner/Lutz/Bodewig* Rn 4; BPatGE 19, 131.
12 *Schulte* Rn 9; vgl *Fitzner/Lutz/Bodewig* Rn 4.
13 So BPatG BlPMZ 1986, 256, 258 und später noch gelegentlich Praxis beim BPatG; *Benkard* Rn 18.
14 Vgl *Schulte* Rn 9.
15 BGH 28.4.1992 X ZB 14/91 unter Hinweis auf BGH MDR 1967, 834.
16 BGHZ 138, 166 = NJW 1998, 1959.
17 BGH GRUR 1995, 50 Success.
18 BPatG 13.11.2014 2 Ni 45/12 (EP).
19 BPatGE 24, 190 = BlPMZ 1982, 266.
20 BPatG 13.11.2014 2 Ni 45/12 (EP).
21 BPatGE 43, 77 = GRUR 2001, 166; BPatG 4.6.2007 3 Ni 21/04 (EU).
22 BGH GRUR 1962, 384, 385 Wiedereinsetzung III; *Benkard* Rn 7; *Mes* Rn 5; *Fezer* § 79 MarkenG Rn 6; *Ingerl/Rohnke* § 79 MarkenG Rn 6; aA *Ströbele/Hacker* § 79 MarkenG Rn 15: maßgeblich die Zustellung an den jeweiligen Beteiligten.
23 BPatG 12.6.2003 3 Ni 50/01 (EU).
24 BGH GRUR 1971, 484 Entscheidungsformel.
25 BGH NJW-RR 2004, 1575; vgl EPA G 12/91 ABl EPA 1994, 285 endgültige Entscheidung.

C. Begründungspflicht

12   Abs 2 erfasst nicht nur Endentscheidungen, sondern alle Entscheidungen, durch die ein Antrag zurückgewiesen oder über ein Rechtsmittel entschieden wird, insb alle Beschwerdeentscheidungen. Die Bestimmung gilt nicht, wenn dem Antrag des allein Verfahrensbeteiligten entsprochen wird. Die Gründe enthalten einen dem Urteilstatbestand entspr und einen den Entscheidungsgründen des Urteils entspr Teil[26] (vgl § 96; § 313 ZPO). Bezugnahmen sind grds zulässig.[27] Im Aktenexemplar enthaltene, gestrichene Passagen sind unbeachtlich.[28] Dass es auch im mehrseitigen Verfahren einer Begründung nicht bedürfen soll, wenn das BPatG nicht erkennen kann, dass der angefochtene Beschluss fehlerhaft ist und sich die nach seiner Auffassung zutreffende Begründung des angefochtenen Beschlusses zu eigen macht,[29] erscheint so nicht zutr.[30] Die Begründungspflicht soll sich beim erstinstanzlichen Einspruchsverfahren vor dem BPatG nach § 47 richten; eine Begründung kann hier demnach entfallen, wenn an ihm nur noch der Patentinhaber beteiligt ist und seinem Begehren entsprochen wird.[31] § 313a ZPO und § 540 ZPO sind unanwendbar.[32] Einzelheiten zum Umfang der Begründungspflicht Rn 74 ff zu § 100.

D. Selbstbindung

13   Das BPatG ist an seine Entscheidung nach § 99 Abs 1 iVm § 318 ZPO in entspr Anwendung gebunden (Rn 102 zu § 79) und kann diese nur ausnahmsweise ergänzen (Rn 14 ff) oder abändern (§§ 95, 96).[33] Die Bindung soll durchbrochen werden können, wenn durch Entscheidungen des BVerfG oder des EuGH eine Veränderung der Verhältnisse eingetreten ist.[34]

14   **E.** Eine **Ergänzung der Entscheidung** ist unter den Voraussetzungen des § 99 Abs 1 iVm § 321 ZPO statthaft.[35] Die Antragsfrist beträgt zwei Wochen ab Zustellung.[36] Mündliche Verhandlung ist erforderlich.

15   Eine unterlassene obligatorische **Kostenentscheidung** ist ergänzbar.[37] Im Fall der fakultativen Kostenentscheidung nach § 80 ist dies grds nicht der Fall, weil das Übergehen der Entscheidung zugleich eine negative Entscheidung darstellt (allgM). Für möglich angesehen wurde hier jedoch eine nachträgliche „positive" Kostenentscheidung.[38]

16   Nachträgliche Anordnung der **Rückzahlung der Beschwerdegebühr** ist, wenn ein entspr Antrag nicht gestellt war, nicht möglich.[39]

17   Nachträgliche **Zulassung der Rechtsbeschwerde** durch Beschlussergänzung ist grds nicht möglich.[40] Jedoch kann Berichtigung in Betracht kommen, wenn die Zulassung nur versehentlich unterblieben

---

26 Vgl auch *Klauer/Möhring* § 36p Rn 8; *Reimer* § 36p Rn 1.
27 BGH GRUR 1993, 896 Leistungshalbleiter mwN; vgl BGH GRUR 1971, 86 f Eurodigina, dort auch zu dem Fall, dass die in Bezug genommene Entscheidung später zugestellt wird; BPatG 8.1.2003 11 W (pat) 4/02: Bezugnahme auf die angefochtene Entscheidung; BPatG 21.1.2003 14 W (pat) 4/02; BPatG 3.6.2003 6 W (pat) 26/99; BPatG 9.7.2003 6 W (pat) 50/02.
28 BGH GRUR 1997, 634 f Turbo II leitet daraus Folgerungen für die Nichtverwertung eines Gutachtens ab.
29 So wohl BPatG 9.3.2005 34 W (pat) 28/03.
30 BPatG 22.12.2004 9 W (pat) 35/03 zeigt überzeugend auf, wie hier mit ganz knapper Begründung gearbeitet werden kann.
31 BPatGE 47, 168 = BlPMZ 2004, 60; vgl *Schulte* Rn 19.
32 *Ströbele/Hacker* § 79 MarkenG Rn 18 mwN; vgl *Schulte* Rn 20 f mit Hinweisen zur Entstehungsgeschichte; zu dieser auch *Benkard* Rn 21.
33 *van Hees/Braitmayer* Rn 406 ff.
34 BPatG GRUR 2005, 1049 mwN.
35 BPatGE 2, 200; BPatGE 24, 50, 54; 24.3.2016 4 Ni 15/10 (EU); *Benkard* Rn 24; *Lindenmaier* § 41k Rn 10; *Fezer* § 79 MarkenG Rn 10; vgl BPatGE 11, 281 = GRUR 1971, 233.
36 *Mes* § 95 Rn 8.
37 *Reimer* § 45l Rn 4.
38 BPatGE 28, 39 f = BlPMZ 1986, 263; aA *Schulte* § 95 Rn 10; *Lindenmaier* § 41k Rn 13.
39 BPatGE 3, 75 = BlPMZ 1963, 73.
40 BGH 19.9.1989 X ZB 23/89; BPatGE 2, 200 f; BPatGE 22, 45; BPatG 8.12.1975 17 W (pat) 126/73; vgl BGHZ 44, 395, 397 = NJW 1966, 931: keine nachträgliche Revisionszulassung; ebenso für die ZPO-Rechtsbeschwerde BGH NJW 2004, 779; *Benkard* § 100 Rn 18; *Schulte* § 95 Rn 10; *Lindenmaier* § 41k Rn 12.

ist, wobei das Versehen nach außen hervorgetreten und für Dritte ohne weiteres deutlich sein muss.[41] Ausnahmsweise kann die Rechtsbeschwerde bei Verletzung von Verfahrensgrundrechten nachträglich zugelassen werden.[42]

§ 95
(Berichtigung offenbarer Unrichtigkeiten)

(1) Schreibfehler, Rechenfehler und ähnliche offenbare Unrichtigkeiten der Entscheidung sind jederzeit vom Patentgericht zu berichtigen.

(2) [1]**Über die Berichtigung kann ohne vorgängige mündliche Verhandlung entschieden werden.** [2]**Der Berichtigungsbeschluß wird auf der Entscheidung und den Ausfertigungen vermerkt.**

MarkenG: § 80 Abs 1, 3, 5

A. Entstehungsgeschichte

Die Bestimmung (vor 1981 § 41k) ist § 118 VwGO nachgebildet, der wiederum auf § 319 ZPO zurück- **1** geht.

B. Berichtigung offenbarer Unrichtigkeiten

I. Anwendungsbereich

Die Bestimmung, die wie § 319 Abs 1 ZPO Ausdruck des das Prozessrecht durchziehenden Prinzips der **2** Rücksichtnahme auf die Rechtsuchenden ist,[1] ist auf alle Entscheidungen des BPatG anwendbar (zur entspr Anwendung im Verfahren vor dem DPMA Rn 68 zu § 47, im Nichtigkeitsberufungsverfahren Rn 14 zu § 119; die gleichen Grundsätze haben im Rechtsbeschwerdeverfahren zu gelten).[2] Die Bindung des Gerichts an seine eigene Entscheidung steht der Berichtigung nicht entgegen.[3] Berichtigungsfähig ist jeder Teil der Entscheidung; für den Tatbestand gilt ergänzend § 96, der nur Anwendung findet, soweit nicht offenbare Unrichtigkeiten vorliegen.[4]

Die Berichtigung nach § 95 setzt voraus, dass die **Unrichtigkeit in der Urschrift** der Entscheidung **3** enthalten ist; ist lediglich die Ausfertigung in Abweichung von der Urschrift unrichtig, kann deren Berichtigung jederzeit vom Urkundsbeamten der Geschäftsstelle vorgenommen werden.[5]

II. Offenbare Unrichtigkeit

Abs 1 nennt Bsp hierfür. Die Bestimmung darf nicht zu eng ausgelegt werden.[6] Abzustellen ist auf ei- **4** nen offenbaren, dh für jedermann zutage tretenden Widerspruch zwischen dem erkennbar Gewollten und dem in der Entscheidung zum Ausdruck Gebrachten,[7] daher keine Berichtigung, wo dies übereinstimmt,

---

41 Vgl BPatGE 22, 45, 47; zum ZPO-Verfahren BGH NJW 2004, 779; BGH NJW 2004, 2389 und BGH NJW-RR 2005, 156; *Benkard* § 100 Rn 18; *Ingerl/Rohnke* § 83 MarkenG Rn 20; *Ströbele/Hacker* § 83 MarkenG Rn 27.
42 BGH NJW 2004, 2529; BGH NJW-RR 2013, 256 mwN.

1 BGH 11.9.2001 X ZR 121/00.
2 *Benkard* Rn 1; *Mes* Rn 2; *Schulte* Rn 6 stellt auf klare Erkennbarkeit ab, ebenso BPatG Beschl vom 14.4.2015 2 Ni 48/12 (EP); zur Berichtigung offenbarer Unrichtigkeiten im EPA-Beschwerdeverfahren EPA T 450/97 ABl EPA 1999, 67, 77 f Shampoozusammensetzung.
3 *Benkard* Rn 2; vgl *Mes* Rn 1.
4 *Benkard* Rn 3; vgl *Ströbele/Hacker* § 80 MarkenG Rn 2.
5 BGH 28.4.1992 X ZB 14/91; vgl *Lindenmaier* § 41k Rn 9; *Ströbele/Hacker* § 80 MarkenG Rn 5.
6 Vgl *Benkard* Rn 4; vgl auch BPatG 29.6.2010 4 Ni 84/08; BPatG 16.12.2010 4 Ni 43/09.
7 Vgl BGH GRUR 1977, 780 f Metalloxyd: „damit … der wahre Wille … gegenüber den Zufälligkeiten des äußeren Ausdrucks zur Geltung gebracht werden kann"; BGH 5.10.1993 X ZR 100/90 Schulte-Kartei PatG 65–80, 86–99 Nr 165 Schneidwerkzeug 02: Einfügung eines in der Entscheidungsformel versehentlich ausgelassenen Worts im

Schuster

aber die Willensbildung fehlerhaft war,[8] ebenso nicht bei Auslassungen,[9] hier kann aber uU Ergänzung in Betracht kommen (Rn 14 ff zu § 94). Die Berichtigung kann in einem solchen Fall auch die Beseitigung eines den Naturgesetzen oder gefestigten wissenschaftlichen Erkenntnissen widerstreitenden Entscheidungsinhalts betreffen.[10]

III. Verfahren

5   Die Unrichtigkeit kann, auch vAw (vgl § 319 Abs 1 ZPO), jederzeit, auch noch nach Einlegung eines Rechtsmittels[11] und selbst nach Rechtskraft,[12] beseitigt werden; rechtl Gehör ist zu gewähren, soweit nicht reine Formalien betroffen sind.[13] Die Entscheidung ist nicht anfechtbar. Zuständig ist der Spruchkörper, der die Entscheidung erlassen hat; er entscheidet in der vorgeschriebenen Besetzung, nicht in der des § 96 Abs 2. An der Beschlussfassung können auch Richter mitwirken, die an der Entscheidung nicht beteiligt waren.[14] Der Wechsel eines Richters in einen anderen Spruchkörper führt nicht zu seiner Verhinderung.[15] Mündliche Verhandlung ist abw von § 78 Nr 1, § 83 Abs 2 Satz 1 freigestellt (Abs 2 Satz 1) und wird nur ausnahmsweise veranlasst sein.

6   Der Berichtigungsbeschluss wird vom Urkundsbeamten der Geschäftsstelle auf der Entscheidung und den Ausfertigungen, die erforderlichenfalls einzufordern sind, **vermerkt**. Jedoch reicht es aus, dass die Berichtigung einer Entscheidung, deren Formel verkündet ist, in der zur Zustellung vorgesehenen vollständigen Entscheidung erfolgt;[16] ist die Entscheidungsformel bereits im Protokoll enthalten, nimmt sie an der Beweiskraft des Protokolls (§ 165 ZPO) nicht teil. Ergeben sich aus der Berichtigung Folgerungen für Patentveröffentlichungen, ist das DPMA hierfür zuständig.

IV. Wirkung

7   Die berichtigte Fassung gilt als die ursprüngliche; die Berichtigung wirkt sich auf die Rechtsmittelfristen grds nicht aus, auch nicht ihre Zustellung;[17] eine unrichtige Auskunft der Geschäftsstelle hierüber begründet bei einem anwaltlich vertretenen Beteiligten die Wiedereinsetzung nicht;[18] anders nur, wenn sich die Beschwer erst aus der Berichtigung ergibt.[19]

§ 96
(Tatbestandsberichtigung)

(1) Enthält der Tatbestand der Entscheidung andere Unrichtigkeiten oder Unklarheiten, so kann die Berichtigung innerhalb von zwei Wochen nach Zustellung der Entscheidung beantragt werden.

Patentanspruch; BPatGE 13, 77, 82; BPatG GRUR 1972, 90; BPatG 1.10.1975 4 W (pat) 89/74; *Fitzner/Lutz/Bodewig* Rn 6; vgl weiter BPatG Mitt 1971, 157.
8   BPatGE 24, 50; vgl BPatGE 28, 199 = BlPMZ 1987, 205: Höhe der Sicherheitsleistung im Nichtigkeitsverfahren.
9   AA *Schulte* Rn 6; anders, wenn die Auslassung nur isoliert die Entscheidungsformel und nicht auch die Gründe betrifft, BPatGE 11, 281 = GRUR 1971, 233; *Fezer* § 80 MarkenG Rn 3; str, vgl *Ströbele/Hacker* § 80 MarkenG Rn 4; *Ekey/Bender/Fuchs-Wissemann* § 80 MarkenG Rn 1.
10   BGH Metalloxyd; BPatGE 13, 77, 84; BPatG GRUR 1972, 90; vgl *Fitzner/Lutz/Bodewig* Rn 5.
11   *Benkard* Rn 7; *Schulte* Rn 8.
12   BPatG 6.9.2007 10 W (pat) 58/03 Schulte-Kartei PatG 63–80, 86–99 Nr 326; *Benkard* Rn 7; *Schulte* Rn 8; *Klauer/Möhring* § 41k Rn 5; *Lindenmaier* § 41k Rn 5; *Fezer* § 80 MarkenG Rn 5.
13   *Lindenmaier* § 41k Rn 6.
14   *Benkard* Rn 10; *Fitzner/Lutz/Bodewig* Rn 7.
15   BPatGE 54, 273.
16   So in BGH 2.4.2009 Xa ZR 52/05 gehandhabt; vgl BPatG 27.8.2009 2 Ni 52/07 (EU); BPatG 29.6.2010 4 Ni 84/08; BPatG 16.12.2010 4 Ni 43/09; BPatG 19.12.2010 4 Ni 43/09; BPatG 27.11.2012 1 Ni 15/11.
17   BGH GRUR 1995, 50 Success; BPatGE 1, 15, 19 = BlPMZ 1962, 152; BPatGE 9, 128, 130; vgl BPatGE 19, 125 = BlPMZ 1977, 236; *Schulte* Rn 9.
18   BGH Success.
19   *Schulte* Rn 9; vgl BPatGE 19, 125 = BlPMZ 1977, 236.

(2) ¹Das Patentgericht entscheidet ohne Beweisaufnahme durch Beschluß. ²Hierbei wirken nur die Richter mit, die bei der Entscheidung, deren Berichtigung beantragt ist, mitgewirkt haben. ³Der Berichtigungsbeschluß wird auf der Entscheidung und den Ausfertigungen vermerkt.

MarkenG: § 80 Abs 2, 4, 5.

Schrifttum: *Müller/Heydn* Der sinnlose Schlagabtausch zwischen den Instanzen auf dem Prüfstand: Für eine Abschaffung der Tatbestandsberichtigung, NJW 2005, 1750; *Naundorf* Der verfristete Tatbestandsberichtigungsantrag, MDR 2004, 1273; *Wach/Kern* Der Tatsachenstoff im Berufungsverfahren, NJW 2006, 1315.

Übersicht

A. Entstehungsgeschichte

Die Bestimmung (vor 1981 § 41) ist § 119 VwGO nachgebildet, der wiederum auf § 320 ZPO zurückgeht. **1**

B. Tatbestandsberichtigung

I. Anwendungsbereich; Zweck der Vorschrift

Die Bestimmung[1] betrifft offensichtliche Unrichtigkeiten nicht, deren Berichtigung nur nach § 95 erfolgt.[2] Sie erfasst nur Berichtigungen des Tatbestands, der nach § 99 Abs 1 iVm § 314 ZPO Beweis für das mündliche Vorbringen liefert.[3] Da der BGH als Rechtsbeschwerdegericht und nach den neuen Nichtigkeitsberufungsverfahren weitgehend auch als Berufungsgericht an die tatsächlichen Feststellungen des BPatG gebunden ist (§ 107 Abs 2; § 117 iVm § 529 ZPO) und seiner Beurteilung entspr § 561 Abs 1 Satz 1 ZPO nur das aus dem Tatbestand der angefochtenen Entscheidung und dem Sitzungsprotokoll ersichtliche Vorbringen unterliegt, gibt § 96 die Möglichkeit, Auslassungen (aber nur, soweit durch sie der Tatbestand unrichtig wird),[4] Unklarheiten, Dunkelheiten, Widersprüche und andere Fehler (Schreibfehler, Rechenfehler) des Tatbestands zu berichtigen.[5] Auslassungen und Unvollständigkeiten rechtfertigen die Tatbestandsberichtigung anders als nach § 320 Abs 1 ZPO sonst nicht.[6] Der Untersuchungsgrundsatz schränkt die Anwendung der Bestimmung nicht ein.[7] Ein Tatbestandsberichtigungsantrag darf nicht mit der Begründung abgelehnt werden, auf den fraglichen Vortrag komme es nicht an; denn die Ergänzung des Tatbestands soll gerade die Möglichkeit eröffnen, die Frage der Relevanz des bestr Vorbringens zur Überprüfung zu stellen.[8] **2**

---

1 Zur entspr Anwendung im Verfahren vor dem DPMA BPatG 15, 45 = Mitt 1973, 219, vor dem BGH BGH GRUR 1997, 119 *Schwimmrahmenbremse*; *Benkard* Rn 1; *Schulte* Rn 3.

2 *Klauer/Möhring* § 41l Rn 3; *Reimer* § 45l Rn 3, der die Bestimmung auch dann nicht anwendet, wenn die Unrichtigkeit durch das Sitzungsprotokoll entkräftet wird.

3 Vgl BGH GRUR 1984, 530, 532 *Valium Roche*; BPatG 22.6.2010 4 Ni 34/07 (EU); vgl weiter BPatG 8.12.1975 17 W (pat) 126/73, wonach der Antrag auf Berichtigung eines ohne mündliche Verhandlung ergangenen Beschwerdebeschlusses unzulässig sei, weil den in den einheitlichen Beschlussgründen getroffenen Tatsachenfeststellungen keine urkundliche Beweiskraft zukomme; BPatGE 38, 69 = BlPMZ 1997, 408, Markensache, sieht den Berichtigungsantrag hier schon mangels Rechtsschutzbedürfnisses als unzulässig an; dem folgen *Ströbele/Hacker* § 80 MarkenG Rn 6, *Ingerl/Rohnke* § 80 MarkenG Rn 3 und *Ekey/Bender/Fuchs-Wissemann* § 80 MarkenG Rn 2, bdkl, soweit nach mündlicher Verhandlung in das schriftliche Verfahren übergegangen wurde; vgl *Schulte* Rn 5.

4 BPatG 27.4.2006 4 Ni 59/04 (EU); BPatG 7.9.2006 4 Ni 27/09 (EU).

5 Vgl BGH Schwimmrahmenbremse.

6 BPatG 12.3.2009 2 Ni 35/06; BPatG 31.8.2011 2 Ni 27/09.

7 BPatGE 19, 35; BPatGE 20, 57 = GRUR 1978, 40 gegen BPatGE 12, 176f.

8 BGH GRUR 1997, 634, 635 Turbo II, Markensache; aA BPatG 9.12.2004 9 W (pat) 309/02.

II. Voraussetzungen

3   **1. Andere Unrichtigkeiten oder Unklarheiten.** Der Begriff wird an sich nur negativ dahin definiert, dass nicht die von § 95 erfassten Unrichtigkeiten relevant sind (vgl § 320 ZPO). Erfasst sind tatsächliche Feststellungen, denen die Wirkung des § 314 ZPO zukommt, nicht auch die rechtl Würdigung, Schlussfolgerungen oder die Beweiswürdigung,[9] gleichviel, wo sie in der Begründung der Entscheidung enthalten sind,[10] und die sowohl den Sachverhalt als auch den Verfahrensgang betreffen können, sowie deren Unvollständigkeit und deren Fehlen. Immer muss es sich um Feststellungen handeln, die im Berufungs- oder Rechtsbeschwerdeverfahren eine Rolle spielen können, sei es für die Frage der Zulässigkeit insb der nicht zugelassenen Rechtsbeschwerde, sei es für die Überprüfung im Rechtsbeschwerdeverfahren auf Rügen der Verletzung des sachlichen Rechts oder des Verfahrensrechts hin,[11] sei es für die uU für die Kostenentscheidung bedeutsame Frage, ob Vorbringen in der Berufungsinstanz neu ist.[12]

4   **2.** Tatbestandsberichtigung findet nur auf **Antrag** statt (str), der von jedem Beteiligten gestellt werden kann.[13] Rechtsschutzbedürfnis fehlt, wenn sich der Antrag nur auf die Kostenentscheidung bezieht, da diese vAw zu treffen ist.[14] Es fehlt auch, wenn das Verlangen unter keinem Aspekt für die Rechtsmittelinstanz bedeutsam ist; das soll, wenn die Rechtsbeschwerde nicht zugelassen wurde, die Darlegung von Gründen für die zulassungsfreie Rechtsbeschwerde erfordern (bdkl; vgl Rn 2).[16]

5   **Frist.** Der Antrag ist innerhalb der nicht verlängerbaren, aber wiedereinsetzungsfähigen[17] Frist von zwei Wochen nach Zustellung (nicht: Verkündung) der Entscheidung zu stellen. Die frühere Fristdifferenz zur ZPO ist durch deren Änderung beseitigt.

III. Verfahren

6   **1. Besetzung des Gerichts.** Es können nur die Richter mitwirken, die an der Entscheidung mitgewirkt haben, deren Berichtigung beantragt ist; dies gilt, soweit noch mindestens ein Richter verbleibt, der mitgewirkt hat.[18] Ausgeschiedene Richter werden nicht ersetzt.[19] Der Wechsel eines Richters an einen anderen Spruchkörper des BPatG führt weder tatsächlich noch rechtlich zu dessen Verhinderung.[20] Steht keiner der Richter mehr zur Verfügung, kommt eine Tatbestandsberichtigung nicht in Betracht. Ergibt sich – bei verbleibender geradzahliger Besetzung – Stimmengleichheit, entscheidet die Stimme des Vorsitzenden, bei dessen Verhinderung die des dienstältesten zu dessen Vertretung berufenen Richters[21] (vgl § 320 Abs 4 Satz 3 ZPO, § 119 Abs 2 Satz 4 VwGO, § 70 Abs 2).

---

9 BPatG 19.7.1973 35 W (pat) 17/71; BPatG 22.6.2010 4 Ni 34/07 (EU); BPatG Beschl vom 5.12.2011 2 Ni 35/09; BPatG 10.1.2012 2 Ni 33/09 (EU); *Benkard* Rn 5; vgl BPatG 1.12.2003 8 W (pat) 54/00: Nichterwähnung der Vorlage einer eidesstattlichen Versicherung; BPatG 9.12.2004 9 W (pat) 309/02; BPatG 7.9.2006 4 Ni 9/05 (EU).

10 BPatG 15.1.1976 2 Ni 7/74: Feststellungen in den Entscheidungsgründen des Nichtigkeitsurteils; BGH 9.10.2013 4 Ni 52/11 (EP); BPatG 1.8.1972 23 W (pat) 64/71: Tatbestandselemente im Beschluss.

11 Vgl BPatGE 19, 35; BPatGE 20, 57 = GRUR 1978, 40, wonach auch eine Berichtigung in Betracht kommt, die nur auf die Wiedergabe des Vortrags eines Beteiligten abzielt, gegen BPatGE 12, 176; sowie die Kritik an den vorgenannten Entscheidungen bei *Benkard* Rn 4, wo darauf hingewiesen wird, dass die Berichtigung auch gerade dem Zweck dienen kann, Widersprüche in der Entscheidung aufzuzeigen und nicht nur, sie zu beseitigen; *Mes* Rn 3.

12 *Klauer/Möhring* § 41 Rn 1; vgl BPatG 8.1.2004 1 Ni 7/02 (EU); BPatG 22.6.2010 4 Ni 34/07 (EU).

13 *Benkard* Rn 7 stellt für die Antragsberechtigung darauf ab, ob der Beteiligte durch die Unrichtigkeit betroffen ist; dies dürfte im Verfahren über den Berichtigungsantrag kaum zu klären sein und kann jedenfalls da keine Rolle spielen, wo der Beteiligte keine eigenen Interessen wahrnehmen muss.

14 BPatG 13.5.2008 11 W (pat) 24/04.

15 BPatG 20.5.2011 4 Ni 60/09 (EU).

16 BPatG Mitt 2005, 165.

17 *Benkard* Rn 8; *Fezer* § 80 MarkenG Rn 12; aA für § 320 Abs 2 ZPO *Stein/Jonas* ZPO § 233 Rn 26 unter Hinweis auf BGHZ 32, 17, 27 f und BGH NJW 1980, 785 f.

18 Vgl BPatG 27.4.2006 4 Ni 59/04 (EU).

19 Vgl BPatG 18.7.2011 4 Ni 18/09; BPatG 9.10.2013 4 Ni 52/11 (EP); BPatG 24.3.2016 4 Ni 15/10 (EU).

20 BPatGE 54, 273.

21 *Reimer* § 45I Rn 3.

2. Ob **mündliche Verhandlung** erforderlich ist, ist str. Das Gesetz enthält keine Regelung. Da eine **7** § 320 Abs 3 ZPO (neugefasst durch das 1. Justizmodernisierungsgesetz)[22] entspr Bestimmung fehlt, ist mündliche Verhandlung jedenfalls dann nicht erforderlich, wenn ein entspr Antrag nicht gestellt wird.[23] Aus dem freilich nicht unmittelbar anwendbaren § 78 und dem Unterschied zur Regelung in § 95 dürfte abzuleiten sein, dass auf Antrag mündlich verhandelt werden muss;[24] hiergegen könnte allerdings sprechen, dass nach der vorbildgebenden Regelung in der VwGO mündliche Verhandlung nach allgM nicht erforderlich ist.[25] Das BPatG hat hilfsweise beantragte mündliche Verhandlung für entbehrlich gehalten, wenn das „Rechtsschutzinteresse" für den Antrag fehlt.[26] Es hat auch die Verwerfung des Antrags als unzulässig in entspr Anwendung der Vorschriften über das Beschwerdeverfahren ohne mündliche Verhandlung gestattet.[27]

3. Eine **Beweisaufnahme** ist ausdrücklich ausgeschlossen. **8**

IV. Die **Entscheidung** ergeht durch unanfechtbaren Beschluss. Der Antrag ist zurückzuweisen, wenn **9** er keine tatsächlichen Feststellungen (Rn 3) betrifft, weiter, wenn die Feststellungen, deren Weglassung, Aufnahme oder Abänderung begehrt wird, für das Rechtsbeschwerdeverfahren unter keinem Gesichtspunkt von Bedeutung sein können, da insoweit ein Rechtsschutzbedürfnis fehlt.[28]

Der Berichtigungsbeschluss wird auf der Entscheidung und den Ausfertigungen, die erforderlichen- **10** falls einzufordern sind, **vermerkt.**

V. Die **Wirkung** der Tatbestandsberichtigung entspricht der der Berichtigung nach § 95. **11**

§ 97
(Vertretung; Vollmacht)

(1) [1]Die Beteiligten können vor dem Patentgericht den Rechtsstreit selbst führen. [2]§ 25 bleibt unberührt.

(2) [1]Die Beteiligten können sich durch einen Rechtsanwalt oder Patentanwalt als Bevollmächtigten vertreten lassen. [2]Darüber hinaus sind als Bevollmächtigte vor dem Patentgericht vertretungsbefugt nur
1. Beschäftigte des Beteiligten oder eines mit ihm verbundenen Unternehmens (§ 15 des Aktiengesetzes); Behörden und juristische Personen des öffentlichen Rechts einschließlich der von ihnen zur Erfüllung ihrer öffentlichen Aufgaben gebildeten Zusammenschlüsse können sich auch durch Beschäftigte anderer Behörden oder juristischer Personen des öffentlichen Rechts einschließlich der von ihnen zur Erfüllung ihrer öffentlichen Aufgaben gebildeten Zusammenschlüsse vertreten lassen;
2. volljährige Familienangehörige (§ 15 der Abgabenordnung, § 11 des Lebenspartnerschaftsgesetzes), Personen mit Befähigung zum Richteramt und Streitgenossen, wenn die Vertretung nicht im Zusammenhang mit einer entgeltlichen Tätigkeit steht.
[3]Bevollmächtigte, die keine natürlichen Personen sind, handeln durch ihre Organe und mit der Prozessvertretung beauftragten Vertreter.

---

22 BGBl 2004 I 2198 f.

23 BGH GRUR 2005, 614 Gegenvorstellung in Nichtigkeitsberufungsverfahren 01; BPatG 9.7.2002 2 Ni 40/00; BPatG 25.2.2010 3 Ni 23/08 (EU); BPatG 20.7.2010 3 Ni 15/08 (EU).

24 Im Ergebnis ebenso *Benkard* Rn 9; *Schulte* Rn 7; *Fitzner/Lutz/Bodewig* Rn 9; *Fezer* § 80 MarkenG Rn 13; *Ströbele/ Hacker* § 80 MarkenG Rn 8; *Ingerl/Rohnke* § 80 MarkenG Rn 3; *Ekey/Bender/Fuchs-Wissemann* § 80 MarkenG Rn 3; *Klauer/ Möhring* § 41I Rn 4.

25 Vgl auch *Mes* Rn 7.

26 BPatGE 19, 35; mit dieser Begründung bdkl, da das „Rechtsschutzinteresse" hier nicht ohne weiteres der Zulässigkeit zugerechnet werden kann.

27 BPatGE 38, 69, 71 = BlPMZ 1997, 408, Markensache, zust *Schulte* Rn 7; *Ströbele/Hacker* § 80 MarkenG Rn 8.

28 BPatGE 19, 35; vgl BPatG 1.8.1972 23 W (pat) 64/71.

(3) [1]Das Gericht weist Bevollmächtigte, die nicht nach Maßgabe des Absatzes 2 vertretungsbefugt sind, durch unanfechtbaren Beschluss zurück. [2]Prozesshandlungen eines nicht vertretungsbefugten Bevollmächtigten und Zustellungen oder Mitteilungen an diesen Bevollmächtigten sind bis zu seiner Zurückweisung wirksam. [3]Das Gericht kann den in Absatz 2 Satz 2 bezeichneten Bevollmächtigten durch unanfechtbaren Beschluss die weitere Vertretung untersagen, wenn sie nicht in der Lage sind, das sach- und Streitverhältnis sachgerecht darzustellen.

(4) Richter dürfen nicht als Bevollmächtigte vor dem Gericht auftreten, dem sie angehören.

(5) [1]Die Vollmacht ist schriftlich zu den Gerichtsakten einzureichen. [2]Sie kann nachgereicht werden; hierfür kann das Patentgericht eine Frist bestimmen.

(6) [1]Der Mangel der Vollmacht kann in jeder Lage des Verfahrens geltend gemacht werden. [2]Das Patentgericht hat den Mangel der Vollmacht von Amts wegen zu berücksichtigen, wenn nicht als Bevollmächtigter ein Rechtsanwalt oder ein Patentanwalt auftritt.

MarkenG: § 81

Schrifttum: *Müller* Pro-bono-Beratung nach dem neuen Rechtsdienstleistungsgesetz, MDR 2008, 357.

A. Entstehungsgeschichte

1 Die Bestimmung (vor 1981 § 41m) ist § 67 Abs 2, 3 VwGO nachgebildet. Abs 3 ist durch Art 8 Nr 49 GPatG mWv 1.1.1981 an eingefügt worden. An die Stelle des bisherigen Abs 1 sind durch Art 15 RBerNeuregelungsG vom 12.12.2007[1] die Abs 1–4 getreten; die bisherigen Abs 2, 3 sind zu Abs 5, 6 geworden. § 81 MarkenG ist durch Art 16 RBerNeuregelungsG entspr geänd worden.

B. Vertretung

I. Allgemeines

2 Der Regelung liegt (wie vor dem DPMA) auch nach den Änderungen durch Art 15 RBerNeuregelungsG das Prinzip des Selbstvertretungsrechts der an dem Rechtsstreit Beteiligten zugrunde; Vertretungszwang besteht vor dem BPatG – anders als vor dem BGH – grds nicht.[2] Beteiligte sind zB Kläger und Beklagter im Nichtigkeitsverfahren, Streitgenossen (Abs 2 Nr 2), Beschwerdeführer und Beschwerdegegner, Antragsteller und Antragsgegner im Akteneinsichtsverfahren.

3 **Prozessunfähige**, dh alle juristischen Personen, Handelsgesellschaften, nicht oder beschränkt Geschäftsfähige werden durch ihre gesetzlichen Vertreter vertreten (§§ 52–57 ZPO).

4 **Beistand** kann sein, wer als Bevollmächtigter zur Vertretung in der Verhandlung befugt ist, auch der, den das Gericht als Beistand zulässt (§ 90 Abs 1 Satz 2 und 3 ZPO). Beistände (zB der Erfinder, ein Privatsachverständiger, ein Sachbearbeiter, ein ausländ Anwalt)[3] sind keine Vertreter; sie können zur Unterstützung des Beteiligten auftreten; ihr Vortrag ist Parteivortrag, wenn die Partei nicht sofort widerruft oder

---

1 BGBl I 2840 = BlPMZ 2008, 33.
2 *Benkard* Rn 5 f; *Fitzner/Lutz/Bodewig* Rn 2; *Mes* Rn 3; *Ströbele/Hacker* § 81 MarkenG Rn 2.
3 Vgl auch *Schulte* Rn 14.

berichtigt (§ 90 Abs 2 ZPO). Entspr dem Rechtsgedanken des § 90 Abs 1 Satz 3 ZPO müssen auf den Beistand Abs 3 Satz 1 und 3 und Abs 4 anwendbar sein.

§ 97 betrifft nicht die **gesetzliche Vertretung**, ebensowenig die Parteien kraft Amts (zB Insolvenzver- **5** walter, Testamentsvollstrecker), sondern allein die Vertretung durch gewillkürte Vertreter (Bevollmächtigte).[4] Wechsel des gewillkürten Vertreters führt nicht zum Wegfall bereits aufgrund von Versäumnissen eingetretener verfahrensrechtl Nachteile.[5] Anwaltliche Vertreter sind verpflichtet, eine Robe zu tragen.[6]

II. Notwendige Vertretung

1. Inlandsvertreter. Wer im Inland weder Wohnsitz noch Niederlassung hat, bedarf auch im Verfah- **6** ren vor dem BPatG eines Inlandsvertreters (Abs 1 Satz 3; § 25 Satz 1). Die Bestellung des Inlandsvertreters beschränkt den Beteiligten selbst nicht in seiner Postulationsfähigkeit (Rn 36 zu § 25).[7] Die Auswahl des Vertreters bleibt dem Beteiligten überlassen; § 25 hindert den Beteiligten nicht an der Bestellung weiterer Vertreter (Rn 36 zu § 25).

2. Keine Anordnung der Vertretung. Die Anordnung der Vertretung durch Beschluss (Abs 1 Satz 2 **7** aF) ist nicht mehr möglich (zur früheren Rechtslage 6. *Aufl*). Das Recht, das Verfahren vor dem BPatG selbst zu betreiben, kann nicht mehr eingeschränkt werden. In den übrigen Verfahrensordnungen hat das RBerNeuregelungsG eine entspr Wertung vorgenommen.[8]

III. Bevollmächtigte

1. Allgemeines. Abs 2 Satz 1 enthält den Grundsatz, dass im Verfahren vor dem BPatG die Patentan- **8** wälte den Rechtsanwälten gleichgestellt sind.[9] In Abs 2 Nr 1, 2 sind die zur Vertretung befugten Personengruppen abschließend aufgezählt. Diese Regelung entspricht § 79 Abs 2 Nr 1, 2 ZPO.[10] Weitere Personengruppen brauchten hier nicht berücksichtigt zu werden. Die Vertretungsberechtigung muss der als Bevollmächtigter Auftretende darlegen und erforderlichenfalls beweisen; sie wird sich idR aus der vorgelegten Vollmacht ergeben.[11] Nach Abs 2 Satz 3 können auch juristische Personen Bevollmächtigte sein. Sie handeln durch ihre Organe oder andere Vertreter, die innerhalb des bevollmächtigten Unternehmens mit der Prozessvertretung, zB durch Prokura, Einzelvollmacht oder Satzung betraut sind. Vertretung durch Anwaltsgesellschaften (§ 59l BRAO; § 52l PatAnwO)[12] war schon nach früherem Recht möglich.

2. Vertretung durch Anwälte. Abs 2 Satz 1 stellt klar, dass die Vertretung durch einen Rechtsanwalt **9** (§ 3 Abs 1 BRAO) oder Patentanwalt (§§ 3, 4 PatAnwO) den Regelfall der Prozessvertretung darstellt. Immer zulässig ist deshalb die Vertretung durch Mitglieder einer Rechtsanwaltskammer (mit Ausnahme von beim BGH zugelassenen Rechtsanwälten, § 172 BRAO) und Patentanwälte sowie deren amtliche Vertreter (§ 46 Abs 7 PatAnwO). In einem Mitgliedstaat der EU zugelassene Anwälte können als niedergelassene eur Rechtsanwälte oder als dienstleistende eur Rechtsanwälte nach Maßgabe des Gesetzes zur Umsetzung von Richtlinien der EG auf dem Gebiet des Berufsrechts der Rechtsanwälte vom 9.3.2000 (EuRAG)[13] auftreten.[14] Das gilt auch für Anwälte aus dem EWR und aus der Schweiz (hierzu Rn 6 f zu § 113). Darüber, ob ein Europäischer Patentvertreter zur Vertretung berechtigt ist, schweigt sich das Gesetz aus.[15]

---

4 *Benkard* Rn 13.
5 Vgl EPA T 97/94 ABl EPA 1998, 467, 476 Zeitplan für das Verfahren.
6 Näher *van Hees/Braitmayer* Rn 123 f.
7 Zur Stellung des Inlandsvertreters neben dem ausländ Korrespondenzanwalt BPatGE 12, 128.
8 Begr BTDrs 16/3655 S 99; BRDrs 623/06 S 220 f.
9 Vgl *Mes* Rn 7.
10 Vgl *Thomas/Putzo* ZPO § 79 Rn 10 ff; *Benkard* Rn 15 ff.
11 Vgl *Schulte* Rn 6.
12 Vgl *Ströbele/Hacker* § 81 MarkenG Rn 5.
13 BGBl I 182.
14 Näher *Zöller* vor § 78 ZPO Rn 8, auch zu Anwälten aus WTO-Staaten; *Musielak* § 78 ZPO Rn 35 ff.
15 Vgl *Benkard* Rn 22; vgl zur Situation vor dem BGH BGH GRUR 2014, 508 IP-Attorney (Malta) und Parallerlentscheidung BGH 12.2.2014 X ZR 66/13 sowie Folgeentscheidungen BGH 24.11.2014 X ZR 42/13 und X ZR 66/13.

10 **Referendare** können in Verfahren, in denen die Parteien den Rechtsstreit selbst führen können, von dem bevollmächtigten Rechtsanwalt zur Vertretung in der Verhandlung bevollmächtigt werden. Voraussetzung ist, dass sie bei dem Rechtsanwalt im Vorbereitungsdienst beschäftigt sind (§ 99 Abs 1 iVm § 157 ZPO).

11 **Patentanwaltsbewerber** und **Patentassessoren** können auftreten, wenn sie nach § 46 Abs 4 PatAnwO allg zum Vertreter bestellt sind; sie können auch gem Abs 2 Satz 1 als Beschäftigte eines Beteiligten auftreten. Ein Patentanwaltsbewerber darf in der mündlichen Verhandlung jedoch nicht als Parteivertreter in Untervollmacht auftreten, die ihm Patentanwälte erteilt haben, für die er als freier Mitarbeiter einzelne, jeweils gesondert vergütete Aufträge ausführt.[16]

12 **3. Vertretung durch sonstige Bevollmächtigte.** Abs 2 Satz 2 zählt die übrigen vor dem BPatG zur Vertretung berechtigten Personengruppen abschließend auf. Die Regelung in Nr 1 und 2 entspricht § 79 Abs 2 Nr 1, 2 ZPO.

13 Vertretungsberechtigt sind nach Abs 2 Nr 1 **Beschäftigte des Beteiligten.** Der Begriff des Beschäftigten ist weit auszulegen und erfasst alle öffentlich-rechtl und privaten Beschäftigungsverhältnisse. Vertreten werden darf ausschließlich der Arbeitgeber oder Dienstherr selbst, nicht auch dessen Kunden oder die Mitglieder einer Vereinigung.

14 Vertretungsberechtigt sind weiter **Beschäftigte eines** mit dem Beteiligten **verbundenen Unternehmens.** § 15 AktG bestimmt hierzu:

> Verbundene Unternehmen sind rechtlich selbständige Unternehmen, die im Verhältnis zueinander in Mehrheitsbesitz stehende Unternehmen und mit Mehrheit beteiligte Unternehmen (§ 16), abhängige und herrschende Unternehmen (§ 17), Konzernunternehmen (§ 18), wechselseitig beteiligte Unternehmen (§ 19) oder Vertragsteile eines Unternehmensvertrags (§§ 291, 292) sind.

15 Das Gesetz hat auf den Begriff des verbundenen Unternehmens, der gegenüber dem Begriff des **Konzerns** weiter gefasst ist, abgestellt, insb damit sich das Prozessgericht nicht mit Fragen des Konzernrechts befassen muss, zB damit, ob die Konzernvermutung bei verbundenen Unternehmen widerlegt ist.

16 Unter diese Regelung fallen auch **Patentassessoren,** die als Bevollmächtigte ihres ArbGb vertretungsbefugt sein können. Die Vertretung anderer als des Dienstherrn durch Patentassessoren ist nicht zulässig, jedoch ist dem Patentassessor unter den Voraussetzungen des § 155 Abs 1 PatAnwO (hierzu Rn 27 zu § 25) auf Antrag des Beteiligten das Wort zu gestatten (§ 156 PatAnwO).[17] Für Erlaubnisscheininhaber gelten die §§ 177, 178 PatAnwO (vgl Rn 28 zu § 25), für Patenttechniker gilt § 182 PatAnwO. Aus den genannten Vorschriften der PatAnwO lässt sich keine über § 97 hinausgehende Vertretungsbefugnis herleiten.

17 Bei **Behörden** und juristischen Personen des öffentlichen Rechts und den von ihnen gebildeten Zusammenschlüssen sind die eigenen und die Beschäftigten anderer Behörden oder juristischer Personen des öffentlichen Rechts einschließlich der von ihnen gebildeten Zusammenschlüsse vertretungsberechtigt.

18 Abs 2 Nr 2 betrifft die **Personen, die einen Beteiligten** (nur) **unentgeltlich** im Verfahren **vertreten dürfen.** Die Regelung wurde durch die Rspr des BVerfG veranlasst.[18] Der Begriff unentgeltlich ist iSv § 6 RDG eng auszulegen;[19] er bedeutet, dass die Vertretungstätigkeit nicht in Zusammenhang mit einer entgeltlichen Tätigkeit stehen darf. Deshalb kommt es nicht darauf an, ob gerade für die Prozessvertretung ein Entgelt vereinbart ist. Die Notwendigkeit einer beitragspflichtigen Mitgliedschaft in einer Vereinigung steht der Unentgeltlichkeit entgegen.[20]

19 Vertetungsberechtigt nach Abs 2 Nr 2 sind **volljährige Familienangehörige.** Der Begriff ist weit auszulegen, wie sich aus dem Verweis auf § 15 AO und § 11 Lebenspartnerschaftsgesetz ergibt. Die Vertretung ist unabhängig davon möglich, ob sie nur einmal oder zB in allen vor dem BPatG anhängigen Verfahren des Vertretenen erfolgt.

---

16 BPatG Mitt 2006, 142; *Mes* Rn 12.
17 Zur Erteilung einer Untervollmacht an einen Patentassessor vgl BGH 29.1.1991 X ZB 8/90.
18 BVerfG 29.7.2004 1 BvR 737/00 NJW 2004, 2662; BVerfG 16.2.2006 2 BvR 951/04 NJW 2006, 1502; vgl *Müller* MDR 2008, 357.
19 Vgl *Mes* Rn 23.
20 *Ströbele/Hacker* § 81 MarkenG Rn 9; vgl *Müller* MDR 2008, 357 f.

§ 15 **Abgabenordnung** hat folgenden Wortlaut: **20**

(1) Angehörige sind:
1. der Verlobte,
2. der Ehegatte,
3. Verwandte und Verschwägerte gerader Linie,
4. Geschwister,
5. Kinder der Geschwister,
6. Ehegatten der Geschwister und Geschwister der Ehegatten,
7. Geschwister der Eltern,
8. Personen, die durch ein auf längere Dauer angelegtes Pflegeverhältnis mit häuslicher Gemeinschaft wie Eltern und Kind miteinander verbunden sind (Pflegeeltern und Pflegekinder).
(2) Angehörige sind die in Absatz 1 aufgeführten Personen auch dann, wenn
1. in den Fällen der Nummern 2, 3 und 6 die die Beziehung begründende Ehe nicht mehr besteht;
2. in den Fällen der Nummern 3 bis 7 die Verwandtschaft oder Schwägerschaft durch Annahme als Kind erloschen ist;
3. im Fall der Nummer 8 die häusliche Gemeinschaft nicht mehr besteht, sofern die Personen weiterhin wie Eltern und Kind miteinander verbunden sind.

§ 11 **Lebenspartnerschaftsgesetz** hat folgenden Wortlaut: **21**

Sonstige Wirkungen der Lebenspartnerschaft
(1) Ein Lebenspartner gilt als Familienangehöriger des anderen Lebenspartners, soweit nicht etwas anderes bestimmt ist.
(2) [1] Die Verwandten eines Lebenspartners gelten als mit dem anderen Lebenspartner verschwägert. [2] Die Linie und der Grad der Schwägerschaft bestimmen sich nach der Linie und dem Grad der sie vermittelnden Verwandtschaft. [3] Die Schwägerschaft dauert fort, auch wenn die Lebenspartnerschaft, die sie begründet hat, aufgelöst wurde.

Personen mit Befähigung zum Richteramt. Die Regelung bezweckt, dass der Bevollmächtigte **22** selbst hinreichend juristisch qualifiziert ist, insb bei Abfassung bestimmender Schriftsätze und der Vertretung im Termin. Hintergrund der Regelung ist ua, das bürgerschaftliche Engagement, das auch in ein Ehrenamt eingebracht werden kann, und die Freiwilligenarbeit zu stärken. Gleichgestellt sind unter bestimmten Voraussetzungen Diplomjuristen aus dem Beitrittsgebiet.[21] Nach Abs 4 dürfen aktive Richter des BPatG in Verfahren vor dem BPatG nicht als Bevollmächtigte auftreten. Dies erfasst auch an das BPatG abgeordnete Richter anderer Gerichte,[22] an andere Stellen abgeordnete Richter des BPatG, nicht aber Richter im Ruhestand,[23] für die aber § 105 BBG zu beachten ist (vgl Rn 45 zu § 65).

Streitgenossen. Ein Streitgenosse kann für einen anderen Streitgenossen im selben Verfahren die **23** unentgeltliche Prozessvertretung übernehmen, was in erster Linie der Prozessökonomie dient. Eine entsprechende Bevollmächtigung muss vorliegen.

4. Zurückweisung von Bevollmächtigten. Nach Abs 3 Satz 1 weist das Gericht Bevollmächtigte **24** durch Beschluss zurück, wenn keiner der Fälle zulässiger Vertretung vorliegt. Der Erlass des Zurückweisungsbeschlusses stellt eine Zäsur dar; die bis dahin von dem Bevollmächtigten oder ihm gegenüber vorgenommenen Prozesshandlungen sind wirksam (Abs 3 Satz 2). Der unanfechtbare Beschluss kann im Weg der richterlichen Selbstkontrolle aufgehoben werden.[24] Dies entspricht dem Interesse an einem prozesswirtschaftlichen Verfahren. Abs 3 Satz 3 regelt den Fall, dass ein an sich nach Abs 2 Satz 2 zur Vertretung Befugter nicht in der Lage ist, den Prozess sachgerecht zu führen. Das Gericht kann ihm durch unanfechtbaren Beschluss die weitere Vertretung untersagen. Erst die Untersagung führt zum Wegfall der Postulationsfähigkeit. Beispiele für die fehlende Fähigkeit, das Sach- und Streitverhältnis sachgerecht darzustellen, können etwa Unklarheit des Denkens, mangelhafte Ausdrucksfähigkeit, Angetrunkenheit,

---

21 *Ströbele/Hacker* § 81 MarkenG Rn 11; *Müller* MDR 2008, 357, 359.
22 *Ströbele/Hacker* § 81 MarkenG Rn 16.
23 *Ströbele/Hacker* § 81 MarkenG Rn 16.
24 *Schulte* Rn 27; *Fitzner/Lutz/Bodewig* Rn 10.

ungenügende Selbstbeherrschung sein.[25] Rechts- und Patentanwälten kann die Vertretung nicht untersagt werden, da sich die Untersagungsmöglichkeit nur auf die Bevollmächtigten nach Abs 2 Satz 2 bezieht.

C. Vollmacht

I. Allgemeines

25 Die Vollmacht ist die durch Rechtsgeschäft erteilte Vertretungsmacht (§ 166 Abs 2 BGB). Abs 5 meint die Vollmachtsurkunde, während sich Abs 6 auf die Vollmacht im vorgenannten Sinn bezieht. § 97 betrifft sowohl das Bestehen als auch den Nachweis der Vollmacht.

II. Bestehen der Vollmacht

26 Maßgeblich ist die Erteilung als (prozessuales) Rechtsgeschäft (vgl § 80 ZPO, nunmehr wortgleich mit § 97 Abs 5), nicht das zugrunde liegende Rechtsgeschäft (Geschäftsbesorgungsvertrag; Auftrag); für die Wirksamkeit gelten die für Prozesshandlungen maßgeblichen Grundsätze.

27 **Kraft Gesetzes** bevollmächtigt sind der Inlandsvertreter (§ 25) und der Prokurist (§ 49 HGB).[26] Jedenfalls im nicht kontradiktorischen Beschwerdeverfahren bedarf auch der Handlungsbevollmächtigte keiner besonderen Ermächtigung zur Prozessführung nach § 54 Abs 2 HGB.[27]

28 **Änderungen beim Vollmachtgeber.** Auflösung einer juristischen Person nach Rechtshängigkeit des Verfahrens lässt von ihr erteilte Vollmachten unberührt.[28] Eröffnung des Insolvenzverfahrens lässt die Vollmacht erlöschen[29] (§§ 115, 116 InsO). Nimmt der Insolvenzverwalter das Nichtigkeitsverfahren nicht auf und wird es zwischen den ursprünglichen Parteien fortgesetzt, wirkt die vor Eröffnung des Insolvenzverfahrens erteilte Prozessvollmacht fort.[30]

29 Im übrigen sind die §§ 86, 87 Abs 1 1. Alt, Abs 2 ZPO entspr anzuwenden,[31] nicht dagegen § 87 Abs 1 2. Alt ZPO; **Nichtbestellung eines neuen Vertreters** durch die nach § 25 verpflichtete Partei führt deshalb zur Zurückweisung der Beschwerde, auch wenn ein Anwalt bisher Inlandsvertreter war.[32]

III. Umfang der Vollmacht

30 Über § 99 Abs 1 sind die §§ 81–85 ZPO anwendbar. Die Vollmacht ist auf einzelne Verfahrenshandlungen beschränkbar (§ 83 Abs 2 ZPO), insb in der Weise, dass bestimmte Verfahrenshandlungen, zB Zustellungen, ausgenommen oder allein erfasst werden (vgl zur Zustellungsvollmacht § 15 Abs 1 DPMAV). Eine Terminsvollmacht gilt auch für nachgereichte nachgelassene Schriftsätze.[33] Ob Beschränkungen der Vollmacht vorliegen, braucht ohne besonderen Anlass nicht geprüft zu werden.[34]

---

25 Vgl hierzu *Baumbach/Lauterbach/Albers/Hartmann* ZPO § 157 aF Rn 21.

26 BPatGE 19, 156 = GRUR 1977, 277; vgl *Fitzner/Lutz/Bodewig* Rn 21.

27 BPatGE 19, 156 ff = GRUR 1977, 277 für das GbmEintragungsbeschwerdeverfahren; vgl BPatGE 30, 182 = GRUR 1989, 664 für den Einspruch, insoweit aA BPatG 3.6.1976 17 W (pat) 115/75; vgl auch BPatGE 17, 211 = BlPMZ 1975, 379 und BPatG 1976, 189, jeweils zur Erfinderbenennung.

28 BPatGE 31, 146.

29 BPatGE 16, 161 = BlPMZ 1974, 320, für die KO.

30 BPatG 26.6.1975 2 Ni 7/74, für die KO.

31 *Benkard* Rn 65.

32 BPatGE 1, 31; BPatGE 1, 32; vgl BPatGE 2, 19 = GRUR 1965, 82; BPatG Mitt 1968, 239; BPatG 6.8.1969 27 W (pat) 379/67; *Lindenmaier* § 41m Rn 5.

33 BPatGE 19, 131.

34 Vgl BGH GRUR 1987, 286 Emissionssteuerung.

IV. Nachweis der Vollmacht

Die Bevollmächtigung ist dem BPatG grds nachzuweisen.[35] Hierzu ist eine schriftliche Vollmachtsur- **31** kunde zu den Gerichtsakten einzureichen (Abs 5 Satz 1); dies gilt auch für den Inlandsvertreter.[36] Die Vollmachtsurkunde verbleibt bei den Gerichtsakten.[37] Es genügt aber, wenn sich die Vollmachtsurkunde in den beigezogenen Akten des DPMA befindet,[38] nicht ausreichend ist dagegen die Bezugnahme auf eine beim DPMA eingereichte allg Vollmacht.[39] Eine Hinterlegung allg Vollmachten beim BPatG ist nicht vorgesehen.[40]

Das BPatG hat das Bestehen der Vollmacht **von Amts wegen** zu prüfen,[41] sofern nicht ein Rechtsan- **32** walt oder Patentanwalt auftritt; in diesem Fall erfolgt Prüfung nur auf Rüge, die jederzeit erfolgen kann (Abs 6 Satz 2; dessen Anwendbarkeit auf den Inlandsvertreter umstr ist; näher Rn 30 zu § 25). Die Vollmacht des Erlaubnisscheininhabers ist vAw zu prüfen.[42] Geht der Streit gerade um die Bevollmächtigung, führt die Nichtvorlage der Vollmacht im Beschwerdeverfahren zur Unbegründetheit, nicht zur Unzulässigkeit der Beschwerde.[43] Nach Auffassung des BPatG sind dagegen die Beschwerde jedenfalls im zweiseitigen Verfahren schon dann als zulässig zu behandeln und die angefochtene Entscheidung aufzuheben, wenn der Vollmachtsmangel bereits in der Vorinstanz vorgelegen hat, dort aber nicht berücksichtigt wurde.[44]

Die Vollmacht kann **nachgereicht** werden (Abs 5 Satz 2), bis dahin kann das BPatG den Vertreter **33** einstweilen zulassen; § 89 ZPO ist entspr anwendbar.[45] Das BPatG kann für die Nachreichung eine (verlängerbare) Frist setzen (Abs 5 Satz 2); zuständig ist der Rechtspfleger (§ 23 Abs 1 Nr 5 RPflG). Mit erfolglosem Fristablauf endet die einstweilige Zulassung. Dem vollmachtlosen Vertreter sind die Kosten aufzuerlegen.[46] Wird die Vollmacht später nachgereicht, ist der Bevollmächtigte wieder zu beteiligen.[47]

In den Fällen der **Vollmacht kraft Gesetzes** (Rn 27) ist die materiellrechtl Bevollmächtigung nach- **34** zuweisen;[48] Abs 5 Satz 1 gilt insoweit nicht.

V. Genehmigung der Verfahrensführung

Die Verfahrensführung durch einen vollmachtslosen Vertreter kann nur insgesamt und nicht teil- **35** weise genehmigt werden.[49] Fehlende Genehmigung führt zur Unwirksamkeit der Verfahrenshandlung.[50] Vollmachtlose Beschwerdeeinlegung kann nach Ablauf der Beschwerdefrist genehmigt werden.[51]

---

35 BPatG 12.11.2008 7 W (pat) 305/05, BPatG 9.2.2009 9 W (pat) 361/05 und Parallelentscheidungen, BPatG 10.9.2009 8 W (pat) 338/06 und BPatG 10.9.2009 8 W (pat) 339/06, jeweils auch zum maßgeblichen ausländ Recht; BPatG 31.3.2010 7 W (pat) 24/08.

36 BPatG BlPMZ 1996, 505, zu § 81 MarkenG.

37 MittPräsBPatG BlPMZ 1970, 33.

38 BPatGE 1, 10 f = BlPMZ 1962, 72; BPatGE 1, 119 = BlPMZ 1961, 398.

39 Begr BlPMZ 1961, 140, 155; *Benkard* Rn 56; *Ströbele/Hacker* § 81 MarkenG Rn 17; *Schulte* Rn 32; vgl BPatG Mitt 1973, 18: ausreichend für die Rücknahme der im Beschwerdeverfahren anhängigen Patentanmeldung, die dem DPMA gegenüber erklärt wird, BPatG 22.12.2010 20 W (pat) 357/05.

40 Vgl *Benkard* Rn 56.

41 Vgl BPatG 17.1.2008 21 W (pat) 339/04; *Fitzner/Lutz/Bodewig* Rn 26.

42 BPatGE 29, 242 f; *Benkard* Rn 59.

43 BPatGE 15, 204; BPatG 10.2.1977 17 W (pat) 59/76.

44 BPatGE 22, 37 = GRUR 1979, 699 und kr dazu *Benkard* Rn 62.

45 BPatG 20.5.2014 23 W (pat) 4/11; vgl *Benkard* Rn 57.

46 BPatG 22.6.1977 27 W (pat) 96/76.

47 *Lindenmaier* § 41m Rn 7.

48 *Benkard* Rn 54.

49 BGHZ 92, 137 = GRUR 1984, 870 Schweißpistolenstromdüse; BPatG 3.10.1983 11 W (pat) 22/83 BlPMZ 1984, 204 Ls, jeweils zum Verfahren vor dem DPA; *Benkard* Rn 61.

50 Vgl BPatG 23.6.2003 19 W (pat) 34/01; BPatG 8.7.2008 9 W (pat) 345/05 und Parallelentscheidungen vom 5.8.2008 9 W (pat) 339/05, 9 W (pat) 347/05, 9 W (pat) 349/05.

51 BPatGE 30, 148 = GRUR 1989, 495.

Schuster

§ 98
(Auslagen)

[aufgehoben]

Die Bestimmung ist durch Art 7 Nr 34 KostRegBerG aufgehoben und ihr Inhalt in § 1 Abs 1 Satz 2 Pat-KostG übernommen worden, vgl die Kommentierung dort; im übrigen *5. Aufl.*

§ 99
(Anwendbarkeit von GVG und ZPO; Anfechtbarkeit; Akteneinsicht)

(1) Soweit dieses Gesetz keine Bestimmungen über das Verfahren vor dem Patentgericht enthält, sind das Gerichtsverfassungsgesetz und die Zivilprozeßordnung entsprechend anzuwenden, wenn die Besonderheiten des Verfahrens vor dem Patentgericht dies nicht ausschließen.
(2) Eine Anfechtung der Entscheidung des Patentgerichts findet nur statt, soweit dieses Gesetz sie zuläßt.
(3) [1] Für die Gewährung der Akteneinsicht an dritte Personen ist § 31 entsprechend anzuwenden. [2] Über den Antrag entscheidet das Patentgericht. [3] Die Einsicht in die Akten wegen Erklärung der Nichtigkeit des Patents wird nicht gewährt, wenn und soweit der Patentinhaber ein entgegenstehendes schutzwürdiges Interesse dartut.
(4) § 227 Abs. 3 Satz 1 der Zivilprozeßordnung ist nicht anzuwenden.

MarkenG: § 82
Ausland: Schweiz: Art 88 PatV (Rechtskraft der Entscheide der Beschwerdekammer)

Übersicht

Schrifttum (zur Akteneinsicht vor Rn 25): *Althammer* Gesetz zur Änderung des Patentgesetzes, des Warenzeichengesetzes und weiterer Gesetze, 2. Teil, GRUR 1967, 441; *Groß* Mediation im gewerblichen Rechtsschutz und Urheberrecht, 2009; *Hakenberg* Rechtsstellung und Tätigkeit des Europäischen Gerichtshofes, Mitt 1997, 329; *Johannes* Gelb/Schwarz – die monopolisierten kaiserlich-habsburgischen Nationalfarben, MarkenR 1999, 377; *Kosel* Die Muschi-Blix-Entscheidung und die Praxis, GRUR 1973, 69; *Lörcher/Lissner* Neues Mediationsgesetz: Aufwind für die außergerichtliche Streitbeilegung im gewerblichen Rechtsschutz? GRURPrax 2012, 318; *Löscher* Der künftige Ablauf des Patenterteilungsverfahrens und die sonstigen Änderungen im Patentrecht, BB 1967 Beilage 7 S 11; *Nistler* Die Mediation, JuS 2010, 685; *G. Winkler* Auswirkungen der ZPO-Reform auf das Beschwerdeverfahren vor dem BPatG, VPP-Rdbr 2002, 81.

A. Entstehungsgeschichte

Die Bestimmung (vor 1981 § 41o) entspricht in Abs 1 § 173 VwGO. Abs 3 ist durch Art 1 Nr 30 PatÄndG **1** 1967 mit Wirkung vom 1.10.1968 geänd (Rn 35), Abs 4 mit Wirkung vom 1.1.1997 durch Art 3 Abs 13 des Gesetzes zur Abschaffung der Gerichtsferien vom 28.10.1996.[1] Der RegE des Gesetzes zur Förderung der Mediation und anderer Verfahren der außergerichtlichen Konfliktbeilegung[2] (Gesetzesbeschluss des Bundestags vom 15.12.2011, vom Bundesrat[3] am 10.2.2012 zur Verankerung der im Gesetzgebungsverfahren vor dem Bundestag weggefallenen Möglichkeit der gerichtsinternen Mediation in den Prozessordnungen an den Vermittlungsausschuss verwiesen), sah über die Vorgaben der EU-RL 2008/52 des Parlaments und des Rates vom 21.5.2008[4] hinaus eine Regelung über die Mediation vor dem BPatG durch Anfügung von Abs 1 Satz 2 vor, der auf den neu einzustellenden, im Gesetzgebungsverfahren geänd § 278a ZPO verweisen und wie folgt lauten sollte:

> [2]*Das Patentgericht kann den Parteien entsprechend § 278a der Zivilprozessordnung eine außergerichtliche Konfliktbeilegung oder eine gerichtsinterne Mediation vorschlagen.*

Hierduch sollten die Mediation und andere Verfahren der außergerichtlichen Konfliktbeilegung auch in den dafür geeigneten Verfahren des BPatG ausdrücklich ermöglicht werden. Ob und ggf in welchem Umfang das BPatG Mediation einsetzen könne, werde von den Besonderheiten der verschiedenen Verfahrensarten bestimmt (Begr). In die Beschlussempfehlung des Rechtsausschusses und in das Gesetz zur Förderung der Mediation und anderer Verfahren der außergerichtlichen Konfliktbeilegung und das Mediationsgesetz vom 21.7.2012[5] hat dies keine Aufnahme gefunden. Die Begr führt aus, der Aufnahme einer Verweisung in die generell verweisende Norm bedürfe es nicht, da im Verfahren vor dem BPatG die Vorschriften der ZPO immer anwendbar seien, soweit die Besonderheiten des BPatG-Verfahrens dies nicht ausschlössen. Das Verfahren vor dem BPatG sei offen für Institute der gütlichen Konfliktbeilegung vor dem Güterichter oder in außergerichtlicher Weise. Auch werde für das BPatG-Verfahren in Wissenschaft und Lehre nicht in Zweifel gezogen, dass in ihm eine alternative Konfliktbewältigung möglich sei.[6] Die Mediation durch einen nicht entscheidungsbefugten Richter wurde unter der Bezeichnung gerichtlicher Mediator für Altverfahren übergangsweise noch bis zum 1.8.2013 zugelassen (§ 9 Abs 1 MediationsG). Nunmehr kommt das Tätigwerden des Güterichters in Betracht. Der Geschäftsverteilungsplan des BPatG für das Jahr 2016 enthält unter E. VII. Bestimmungen über die Güterichter. Das Ergebnis der Güteverhandlung ist im Protokoll festzuhalten (§ 160 Abs 3 Nr 10 ZPO).[7]

B. Entsprechende Anwendung von GVG und ZPO

I. Allgemeines

Nach ihrem Wortlaut betrifft die Regelung in Abs 1[8] nur das Verfahren vor dem BPatG, dh die Rege- **2** lungen im 5. Abschnitt und nicht auch die Bestimmungen über das Patentgericht im 4. Abschnitt. Aus Gründen der Gesetzesökonomie ist im PatG nur das geregelt, was „für den normalen Verlauf des Verfahrens erforderlich" ist.[9] Insoweit hat die Regelung für die Verweisung auf das GVG nur geringe Bedeutung.[10] Man wird Abs 1 aber iS einer allg Verweisung auf die genannten Gesetze verstehen und die gerichtsverfassungsrechtl Bestimmungen des 4. Abschnitts als einbezogen ansehen müssen[11] (vgl die andere systemati-

---

1 BGBl I 1546 = BlPMZ 1997, 1.
2 BTDrs 17/5335 S 25 f; BTDrs 17/5496, Beschlussempfehlung und Bericht BTDrs 17/8058.
3 BRDrs 10/12.
4 ABl EU L 136/3.
5 BGBl I 1577.
6 BTDrs 17/8058 S 23.
7 BPatG 17.11.2005 2 Ni 36/94 (EU); BPatG 1.9.2009 5 Ni 24/09 (EU).
8 Im österr PatG ohne Parallele, öOPM öPBl 2012, 192, 196.
9 Begr BlPMZ 1961, 140, 155.
10 *Benkard* Rn 5, dort auch zur Verweisung auf das GVG in § 128b.
11 Vgl auch *Benkard* Rn 2.

sche Stellung des vorbildgebenden § 173 VwGO). Die Verweisung gilt für **alle** im PatG geregelten **Verfahrensarten**, jedoch sind deren Besonderheiten zu beachten. Das BPatG kann im übrigen sein Verfahren „unter Berücksichtigung allgemeingültiger verfahrensrechtl Grundsätze frei gestalten".[12]

3   Aus den **ausdrücklichen Verweisungen** auf Regelungen der ZPO und des GVG darf nicht im Umkehrschluss entnommen werden, dass andere mit den übernommenen Bestimmungen im Zusammenhang stehende Vorschriften unanwendbar sein sollten; die Verweisung in Abs 1 dient der Möglichkeit der Lückenschließung.[13] GVG und ZPO sind entspr anzuwenden, soweit nicht die Besonderheiten des Verfahrens vor dem BPatG dies ausschließen.[14]

4   **Abweichungen** von den Regelungen der ZPO ergeben sich wie bei § 173 VwGO vor allem aus dem Fehlen eines Anwaltszwangs vor dem BPatG und, soweit dieser gilt, aus dem Untersuchungsgrundsatz (§ 87). Für das Beschwerdeverfahren nach dem PatG und in Eintragungssachen nach dem GebrMG kommt hinzu, dass das Verfahren nicht kontradiktorisch ausgestaltet ist.[15]

5   Die ZPO und das GVG haben durch das **Gesetz zur Reform des Zivilprozesses** – ZPO-RG – vom 27.7.2001[16] zahlreiche Änderungen erfahren.[17] Für das patentgerichtliche Verfahren sind insb von Bedeutung die Verankerung des Schlichtungsgedankens (§ 278 Abs 2 ZPO) sowie die stärkere Betonung richterlicher Aufklärungs- und Hinweispflichten (§ 139 ZPO: materielle Prozessleitung). Die Übergangsregelung enthält § 26 EGZPO.[18] Eine besondere Hinweispflicht für das Nichtigkeitsverfahren enthält nunmehr § 83, s dort. Zur Mediation Rn 1.

II. Einzelheiten

6   **1. GVG.** Anwendbar sind:
§ 1 (Unabhängigkeit der Gerichte)
§ 10 (Referendare)
§§ 13–17b (Rechtsweg)
§§ 18–20 (Exterritorialität)
§§ 21a–21i (Präsidium, Geschäftsverteilung; § 68 PatG)
§ 153 (Geschäftsstelle; § 72 PatG)
§§ 156–159, 161, 164 (Rechtshilfe; § 128 Abs 1; Rn 5 ff zu § 88)[19]
§§ 172–175 (Öffentlichkeit; § 69 Abs 1 Satz 2 PatG)
§§ 177–180, 182–183 (Sitzungspolizei; § 69 Abs 3 Satz 2 PatG)
§§ 184–191 (Gerichtssprache; § 126 Satz 2 PatG)
§ 191a (Zugänglichmachung von Dokumenten für blinde und sehbehinderte Personen)[20]
§§ 194–197 (Abstimmung, § 70 PatG regelt die Beratung und Abstimmung in den Senaten des BPatG)
§§ 199–201 (überlange Gerichtsverfahren; vgl § 128b PatG)

7   **2. EGGVG.** Anwendbar sind die Art 23–30.[21] Zur Zuständigkeit Rn 18.

---

12   Begr BlPMZ 1961, 140, 155; BGH GRUR1995, 577 Drahtelektrode.
13   Begr BlPMZ 1961, 140, 155.
14   Vgl BGH GRUR 1964, 18 Konditioniereinrichtung; BGH GRUR 1966, 109 f Aluminiumflachfolien II; BPatGE 44, 95 = GRUR 2002, 371.
15   Zur Heranziehung von Grundsätzen anderer Verfahrensordnungen BPatGE 21, 112 f = GRUR 1979, 230; enger (zu § 159 VwGO) BGH GRUR 1998, 138 f Staubfilter, gegen BPatGE 36, 75 ff; BPatG Bausch BPatG 1994–1998, 699.
16   BGBl I 1887.
17   Vgl *Hartmann* NJW 2001, 2577 ff.
18   Vgl auch Begr zum Entwurf des ZPO-RG BTDrs 14/4722.
19   *Benkard* Rn 5 hält allein die §§ 158, 161 und 164 GVG für anwendbar.
20   Vgl BGH NJW 2013, 1011.
21   Vgl *Schulte* Rn 5; vgl auch BPatGE 21, 112 = GRUR 1979, 230; aA *Hirte* Mitt 1993, 292, 300.

3. ZPO

a. Anwendbare Bestimmungen der ZPO:

8

1. Buch:

§ 3 (Streitwert)[22]

§ 11 (für den Zuständigkeitskonflikt BPatG – ordentliche Gerichte der Zivilgerichtsbarkeit)

§§ 41–49 nach Maßgabe des § 86, s dort

§§ 50–57 (Partei- und Prozessfähigkeit)[23]

§§ 59–63 (Streitgenossenschaft)[24]

§§ 64, 65 (Hauptintervention, in der Praxis nicht vorkommend)

§§ 66–71 (Nebenintervention; vgl Rn 195 ff zu § 59)[25]

§§ 72–74 (Streitverkündung)

§§ 79–90 (Prozessbevollmächtigte, Beistände und Prozessvollmacht), nach Maßgabe des § 97 PatG; auch § 89[26]

§ 91, § 91a[27]–§ 93, §§ 94–96, § 98 (im Nichtigkeits-, Zwangslizenz- und Rücknahmeverfahren, § 84 Abs 2 PatG;[28] daneben für das Erinnerungsverfahren § 97)[29]

§§ 100, 101 (Kosten bei Streitgenossenschaft und Streithilfe)[30]

§§ 103–107 (Kostenfestsetzung);[31] in § 104 Abs 1 Satz 2 Verzinsung der Kosten in Höhe von 5% über dem Basiszinssatz nach § 1 des Diskontsatz-Überleitungsgesetzes vom 9.6.1998[32]

§§ 108, 109, 113 (Sicherheitsleistung)[33]

§§ 114–127 (Prozesskostenhilfe, als Verfahrenskostenhilfe nach Maßgabe der §§ 129 ff, insb des § 136 PatG)

§§ 128–137[34] (mündliche Verhandlung mit frei gehaltenem Parteivortrag, aber Zulässigkeit einer Computerpräsentation;[35] die Möglichkeit der Verhandlung im Weg der Bild- und Tonübertragung regelt § 128a;[36] zu § 130a vgl Rn 2 zu § 125a)

§§ 139 (früher: § 273 Abs 1 Satz 2, § 139 Abs 1, 2, § 278 Abs 3: materielle Prozessleitung und rechtl Gehör)

§ 142 (Urkundenvorlage)[37]

---

22 BPatG 5.11.2004 3 Ni 42/04.

23 BPatG 16.12.1992 20 W (pat) 137/90; BPatG 21.2.2006 6 W (pat) 13/05; BPatG 9.2.2010 23 W (pat) 304/08; *Schulte* Rn 5.

24 BPatGE 21, 212 = GRUR 1979, 696; BPatG GRUR 2012, 99; BPatG 4.5.1971 34 W (pat) 510/68; BPatGE 49, 219 = BlPMZ 2007, 46; BPatG 30.3.2011 9 W (pat) 46/10; *Schulte* Rn 6; *Mes* Rn 3; *Lindenmaier* § 41o Rn 4.

25 Im Nichtigkeitsverfahren st Praxis; *Schulte* Rn 6; zB BGH GRUR 2006, 438 Carvedilol I; BGH GRUR 2008, 60 Sammelhefter II; BPatGE 51, 98 = GRUR 2010, 218; BPatGE 51, 178 = GRUR 2010, 55; für das erstinstanzliche Einspruchsverfahren BPatGE 51, 95 = GRUR 2009, 569; BPatG 9.4.2008 20 W (pat) 321/05; BPatG 4.8.2008 20 W (pat) 323/05; für das Einspruchsbeschwerdeverfahren BGHZ 172, 98, 107 = GRUR 2008, 87 Patentinhaberwechsel im Einspruchsverfahren; BPatG GRUR 2009, 569: Beitritt auf Seiten des Patentinhabers im Einspruchsverfahren zulässig; BPatGE 30, 109 = Mitt 1989, 148, insoweit aA *Lindenmaier* § 41o Rn 4; BPatGE 1, 122 = BlPMZ 1962, 134; BPatGE 2, 54 = GRUR 1965, 31; BPatGE 10, 155 = Mitt 1968, 214.

26 BPatG 20.5.2014 23 W (pat) 4/11.

27 BGH GRUR 2012, 378 Installiereinrichtung II; BPatG Mitt 2011, 565; BPatG 24.1.2008 11 W (pat) 24/04.

28 StRspr; für das Erinnerungsverfahren BPatG 22.10.1993 5 ZA (pat) 33/89 m Anm *Herden* Mitt 1994, 299; mit Ausnahme des GbmLöschungsverfahrens, vgl BPatGE 24, 190 = BlPMZ 1982, 266, nicht im Beschwerdeverfahren, vgl BPatG 29.9.1969 8 W (pat) 101/67.

29 BPatG 21.12.1993 3 ZA (pat) 32/93.

30 BPatGE 34, 215; zum aufgehobenen § 102 BPatGE 4, 138.

31 BPatG 7.7.1993 3 ZA (pat) 11/93; BPatG 1.10.1993 3 ZA (pat) 24/93; BPatG 15.2.1995 3 ZA (pat) 42/94.

32 BGBl I 1998, 1242.

33 Vgl *Lindenmaier* § 41o Rn 4; zum neugefassten § 139 *G. Winkler* VPP-Rdbr 2002, 81, 85.

34 *Schulte* Rn 6; BPatG 7.12.1983 9 W (pat) 91/82 BlPMZ 1984, 204 zu § 129; BPatGE 52, 112 zu § 128 Abs 3.

35 BPatG 15.6.2005 4 Ni 38/03 (EU); BPatG 8.11.2005 4 Ni 58/04 (EU).

36 BPatGE 45, 227 = GRUR 2003, 176, auch zum Übergangsrecht; aA *G. Winkler* VPP-Rdbr 2002, 81, 85.

37 Vgl *G. Winkler* VPP-Rdbr 2002, 81, 86; BPatGE 44, 47 = GRUR 2001, 774, 776; Urkundenvorlegung; BGHZ 169, 130 = GRUR 2006, 962 Restschadstoffentfernung, zum Verletzungsprozess.

§ 147;[38] zur Verfahrensverbindung und -trennung Rn 65 f zu § 82

§§ 148–150 (Aussetzung; im Nichtigkeitsverfahren Rn 25 zu § 82)[39]

§ 156 (Möglichkeit, Abs 1, und – neu – Verpflichtung, Abs 2, zur Wiedereröffnung der Verhandlung)

§ 157 (Untervertretung durch Referendar), vgl Rn 10 zu § 97

§ 158 (Entfernung eines bei der Verhandlung Beteiligten infolge Prozessleitungsanordnung)

§§ 160–165 (Protokoll, § 92 Abs 2 Satz 2 PatG)

§§ 166–190 (Zustellungen, § 127 Abs 2)

§§ 214–216, 218–222, 224–229[40] mit Ausnahme von § 227 Abs 3 Satz 1 (§ 99 Abs 4 PatG)

§ 232 (Rechtsbehelfsbelehrung)

§§ 239–243, 245–251 (Unterbrechung bzw Ruhen des Verfahrens; im Nichtigkeitsverfahren Rn 18 ff, 27 zu § 82)[41]

§ 251a (bei Säumnis beider Parteien oder Beteiligten: Entscheidung nach Lage der Akten, wenn bereits eine Verhandlung stattgefunden hat; sonst Vertagung oder Ruhen des Verfahrens; vgl auch Rn 27 zu § 82)

2. Buch:

9   § 260 (im Zwangslizenzverfahren; im Patentnichtigkeitsverfahren soll eine Klage gegen mehrere Patente eines Patentinhabers im Regelfall zur Prozesstrennung führen, weil eine Klagenhäufung im Patentnichtigkeitsverfahren im allgemeinen nicht möglich sei.)[42]

§ 261 (Rn 5 zu § 81)[43]

§§ 263–265, 267 (Klageänderung, Rechtshängigkeit; vgl auch Rn 32 ff zu § 82; Rn 123 zu § 81)[44]

---

38 Vgl BGH 15.4.2010 Xa ZR 10/09; BPatGE 16, 130 = GRUR 1974, 726; BPatGE 17, 204 = GRUR 1975, 548 Verfahrenstrennung; BPatGE 21, 30 = BlPMZ 1979, 182; *Lindenmaier* § 41o Rn 4.

39 Vgl BPatGE 8, 205; BPatGE 15, 114 = Mitt 1974, 112; BPatG 3.11.1970 34 W (pat) 163/68: für Beschwerdeverfahren bei Nichtigkeitsklage gegen älteres Recht; BPatGE 41, 134; BPatG 30.1.2003 3 Ni 9/02 (EU); s aber BPatGE 24, 54: nicht bei Abtretungsklage; BPatGE 23, 93: bei Teilung; BPatGE 22, 1: nicht bei fehlender Rechtskraft der Erteilung des Hauptpatents; BPatG 14.4.1972 18 W (pat) 218/68: nicht bei Wiedereinsetzungsantrag wegen versäumter Gebührenzahlung; vgl auch BPatGE 12, 62 = GRUR 1972, 198, BPatG BlPMZ 1972, 188 und BPatGE 20, 235 = BlPMZ 1979, 150, Wz-Sachen; BPatG 11.4.2000 24 W (pat) 89/99, 24 W (pat) 93/99, 24 W (pat) 94/99, 24 W (pat) 95/99; 24 W (pat) 154/99: nicht bei Parallelverfahren vor dem EuG 1. Inst; BPatG 45, 89 = GRUR 2002, 734: im Fall eines beim EuGH anhängigen Vorabentscheidungsverfahrens über entscheidungserhebliche Auslegungsfragen.

40 Vgl *Schulte* Rn 6, zu § 216; *Lindenmaier* § 41o Rn 4; § 227 Abs 1 ist im erstinstanzlichen Patentnichtigkeitsverfahren entspr anzuwenden, BGH GRUR 2004, 354 Crimpwerkzeug I.

41 *Lindenmaier* § 41o Rn 4; zum Tod eines Verfahrensbeteiligten vgl BPatGE 26, 126; bei Gesamtrechtsnachfolge BPatG 28.10.2010 6 W (pat) 313/07; BGH GRUR 1965, 621 Patentanwaltskosten, zum Konkurs für das Kostenfestsetzungsverfahren; BGH GRUR 1995, 394 Aufreißdeckel, für den Konkurs des Nichtigkeitsklägers; BPatGE 40, 227 und BPatG 5.12.1995 23 W (pat) 54/93 für das Einspruchsbeschwerdeverfahren, insoweit str; BGH GRUR 2008, 551 Sägeblatt: keine Unterbrechung der Frist zur Zahlung einer fälligen Jahresgebühr durch Insolvenzverfahren des Patentinhabers; BPatG 28.5.2008 28 W (pat) 215/07 Mitt 2008, 418 Ls; BPatGE 54, 172 = BlPMZ 2014, 142: Unterbrechung des Einspruchsbeschwerdeverfahrens nur bei Masserelevanz; BPatG 17.11.2004 29 W (pat) 178/02, Markensache: Unterbrechung durch Insolvenzverfahren, auch vor dem DPMA; BPatG 23.7.1992 3 ZA (pat) 10/92: im Akteneinsichtsverfahren keine Unterbrechung.

42 BPatG 9.9.2009 4 Ni 37/09 (EU), bdkl.

43 Abw noch BPatG 2.10.1969 5 W (pat) 401/69; für Anwendung des allg verfahrensrechtl Grundsatzes der perpetuatio fori BPatGE 50, 196; BPatG 24.5.2007 24 W (pat) 351/03.

44 BPatGE 33, 1 = GRUR 1993, 32; vgl BPatGE 10, 207, 210; BPatGE 19, 53; zu § 263 BPatG 22.11.2006 4 Ni 15/05; zu § 265 Abs 2 BGHZ 117, 144, 146 = GRUR 1992, 430 Tauchcomputer; BGH GRUR 2012, 149 Sensoranordnung; BPatG 29.11.2005 4 Ni 53/04 (EU); BPatG 4.11.2009 7 W (pat) 13/06; BPatG 19.7.2010 19 W (pat) 46/06; für das Einspruchs- und Einspruchsbeschwerdeverfahren BGHZ 172, 98 = GRUR 2008, 87 Patentinhaberwechsel im Einspruchsverfahren gegen BPatGE 44, 95 = GRUR 2002, 371 (im österr Recht ohne Parallele, öOPM öPBl 2012, 192, 196); BGH GRUR 1998, 940 Sanopharm, zum Widerspruchsverfahren; BGH GRUR 2000, 892 MTS, zum Verfahren der Anmelderbeschwerde, Markensachen, kr hierzu *Ströbele/Hacker*[10] § 28 MarkenG Rn 15 (hiergegen BGH Patentinhaberwechsel im Einspruchsverfahren), 6. *Aufl* und *Lutz* GRUR 1999, 847, 849; BPatGE 44, 47 = GRUR 2001, 774; vgl aber die Änderung des § 28 Abs 2 MarkenG durch Art 9 KostBerG und hierzu *G. Winkler* VPP-Rdbr 2002, 81, 84; BPatGE 44, 95 = GRUR 2002, 371 hat § 265 Abs 2 im patentrechtl Einspruchs- und Einspruchsbeschwerdeverfahren für unanwendbar gehalten, ebenso BPatGE 49, 48 = BlPMZ 2006, 287; s aber BPatG GRUR 2009, 569. Zur rügelosen Einlassung eines in der mündlichen Verhandlung im Einspruchsverfahren nicht erschienenen Beteiligten zum Beteiligtenwechsel auf der Gegenseite BPatG 30.3.3012 7 W (pat) 306/11 GRUR-RR 2012, 449.

Schuster

§ 269 (Klagerücknahme, im Nichtigkeitsverfahren);[45] Einwilligung des Beklagten nicht erforderlich, vgl Rn 40 zu § 82)

§ 273 (§ 87 Abs 2 Satz 2 PatG)

§ 278 Abs 1 Gütesuch; Abs 2 iVm § 279 Abs 1 (obligatorische Güteverhandlung) für das Nichtigkeits- und Zwangslizenzverfahren, ebenso für das GbmLöschungsverfahren anwendbar, nicht aber für das Beschwerdeverfahren;[46] das Ergebnis der Güteverhandlung ist im Protokoll festzuhalten (§ 160 Abs 3 Nr 10); Abs 6[47]

§ 278a (Rn 1)

§ 283 (Schriftsatznachlass)[48]

§ 287 (Bestimmung der angemessenen Vergütung nach §§ 23, 24 Abs 1 PatG)

§ 291 (offenkundige Tatsachen)

§ 292 (gesetzliche Vermutungen, soweit es sich nicht um Beweislastregelungen handelt)

§ 293 (fremdes Recht)

§ 294 (Glaubhaftmachung, jedoch nur, soweit gesetzlich vorgesehen, insb nach § 85 Abs 1 PatG und im Kostenfestsetzungsverfahren vor dem BPatG, dagegen nicht bei der Prüfung der Patentfähigkeit)[49]

§ 295 (verzichtbare Verfahrensrügen)

§ 296a (Vorbringen nach Schluss der mündlichen Verhandlung)[50]

§ 297 (Antragstellung)

§ 299 (Akteneinsicht, Rn 25 ff)

§ 299a (Archivierung der Akten)

§§ 300, 301 (Endurteil, Teilurteil; vgl Rn 20 f zu § 48)[51]

§ 303 (Zwischenstreit; im Beschwerdeverfahren Entscheidung durch Zwischenbeschluss)[52]

§ 307 (Anerkenntnis, allenfalls im Zwangslizenzverfahren, Rn 17 zu § 87; sonst nicht)[53]

§ 308 (Antragsbindung)[54]

§§ 310–313 (Verkündung der Entscheidung; zu § 310 Abs 2 str, Rn 8 zu § 94)

§§ 314, 315 (Tatbestand, Unterschriften der Richter).[55] Beim Verhinderungsvermerk besteht, da es sich um Vertretung des Vorsitzenden handelt, Fakultätsbindung, jedenfalls, soweit diese möglich ist (also nicht bei Vertretung des einzigen juristischen oder technischen Mitglieds oder bei Verhinderung aller juristischen oder technischen Mitglieder); dies wird in der Praxis insb der Nichtigkeitssenate nicht immer beachtet

§§ 317, 318 (Urteilszustellung; Bindungswirkung)[56]

§ 321 (Ergänzung der Entscheidung)[57]

§ 321a (Anhörungsrüge bei unanfechtbaren Entscheidungen des BPatG)[58]

---

45 Vgl BPatGE 3, 170 = GRUR 1964, 553; BPatGE 12, 193, 196 = Mitt 1972, 75; BPatG 18.7.1974 2 Ni 47/72; vgl auch BPatG 22.9.1982 10 W (pat) 77/81 BlPMZ 1983, 154 LS.

46 *G. Winkler* VPP-Rdbr 2002, 81 f; *Ströbele/Hacker* § 76 MarkenG Rn 12.

47 BPatG 17.11.2005 2 Ni 36/94 (EU); BPatG 1.9.2009 5 Ni 24/09 (EU).

48 BPatGE 19, 131; BPatGE 22, 54; BPatG 13.11.2008 6 W (pat) 302/08.

49 *Lindenmaier* § 41o Rn 4.

50 BPatGE 43, 77 = GRUR 2001, 166, Markensache.

51 Für Teilbeschluss BPatGE 24, 25; BPatGE 27, 1 = BlPMZ 1985, 47; BPatGE 32, 139 = GRUR 1991, 828; BPatG 7.9.1989 15 W (pat) 30/88 BlPMZ 1990, 439 Ls; aA BPatGE 23, 48 = GRUR 1980, 997; BPatG BlPMZ 1989, 393; BPatG BlPMZ 1999, 40, 41; für das Akteneinsichtsverfahren BPatG 27.1.1971 5 W (pat) 40/70.

52 BGHZ 47, 132 = GRUR 1967, 477 UHF-Empfänger II; BPatGE 21, 50 = GRUR 1978, 533; BPatGE 44, 95 = GRUR 2002, 371; BPatG 18.7.1979 13 W (pat) 88/78.

53 BPatGE 15, 253 = GRUR 1974, 96, Wz-Sache; BPatG GRUR 2007, 507, zum markenrechtl Löschungsverfahren.

54 BGHZ 92, 137 = GRUR 1984, 870 Schweißpistolenstromdüse; BPatGE 9, 47; BPatGE 16, 153 = GRUR 1975, 20; BPatGE 23, 103 = GRUR 1981, 349; BPatG 24.10.1972 2 Ni 3/71; BPatG 6.11.1967 15 W (pat) 51/66 BlPMZ 1968, 171 Ls; BPatG BlPMZ 2008, 221; BPatG 2.5.2007 7 W (pat) 61/04 Mitt 2007, 462 Ls; *Lindenmaier* § 41o Rn 4; vgl für das Kostenfestsetzungsverfahren BPatGE 18, 189, 195.

55 *Lindenmaier* § 41o Rn 4; vgl BPatG 8.12.1975 17 W (pat) 126/73.

56 Vgl BPatG Mitt 1970, 112, Wz-Sache; BPatG 2.4.1970 11 W (pat) 132/69 BlPMZ 1971, 286 Ls.

57 BPatGE 2, 200; BPatG 28.11.1973 27 W (pat) 226/72, Wz-Sache.

58 *Benkard* § 93 Rn 10 ff; vgl BGH GRUR 2005, 614 Gegenvorstellung im Nichtigkeitsberufungsverfahren; BPatG GRUR 2007, 156, Markensache; vgl *G. Winkler* VPP-Rdbr 2002, 81, 85 f.

§ 323 (Abänderungsklage, nur hinsichtlich der Vergütung bei Zwangslizenz)

§§ 325–327 (Wirkung gegen Rechtsnachfolger)[59]

§ 329 (Beschlüsse und Verfügungen)[60]

§§ 355, 357–363, 365–370 (Beweisaufnahme, Rn 3 zu § 88 PatG)

§§ 371, 372 (Augenschein)

§§ 373–378, 380–396, 398, 400, 401 (Zeugenbeweis)[61]

§§ 402–414 (Sachverständigenbeweis, mit Ausnahme von § 404 Abs 4, § 406 Abs 5 und § 409 Abs 2)

§§ 415–420, 429–435, 437, 438, 440–444 (Urkundenbeweis, zT nur eingeschränkt)

§§ 450–455 (Parteivernehmung, mit Ausnahme von § 452 Abs 3)

§§ 478–484 (Abnahme von Eiden)

§§ 485–494a (selbstständiges Beweisverfahren)

10 **3. Buch:**

§ 512 (formelle Rechtskraft)[62]

§§ 515, 516 (Rechtsmittelverzicht; Rücknahme, unabhängig von der Zustimmung des Beklagten bis zur Urteilsverkündung möglich)[63]

§ 524 (Anschlussrechtsmittel)[64]

§ 528 Abs 2 (reformatio in peius)[65]

§ 533 (Klageänderung)[66]

§ 538 Abs 2 (Aufhebung des Verfahrens, wie zu § 572 Abs 3)[67]

§ 567 Abs 3 (Anschlussbeschwerde)

§ 570 Abs 3 (einstweilige Anordnung im Beschwerdeverfahren)[68]

§ 571 Abs 2 (neues Vorbringen Im Beschwerdeverfahren)

§ 572 Abs 3 (Zurückverweisung, str, Rn 73 ff zu § 79 PatG)

§ 574 (Rechtsbeschwerde, vgl Rn 42 f zu § 80, Rn 12 zu § 100).

11 **4. Buch:**

§§ 578–591 (Wiederaufnahme des Verfahrens)[69]

12 **8. Buch:**

§§ 704–915 (Zwangsvollstreckung, soweit es um die Vollstreckung von Entscheidungen des BPatG geht, die regelmäßig – Ausnahme: Zwangslizenzverfahren – allenfalls hinsichtlich der Kosten vollstreckungsfähig sein können;[70] nach § 709 Satz 2 genügt es bei der Vollstreckung wegen einer Geldforderung, wenn die Höhe der Sicherheitsleistung in einem bestimmten Verhältnis zur Höhe des zu vollstreckenden Betrags angegeben wird)

---

59 BGH GRUR 1998, 940 Sanopharm, Markensache; BPatGE 33, 1 = GRUR 1993, 32.

60 *Schulte* Rn 6; *Lindenmaier* § 41o Rn 4.

61 Vgl BPatG GRUR 1978, 358.

62 BPatGE 22, 51 f = GRUR 1980, 40; vgl BPatG 15.1. 1976 5 W (pat) 420/74.

63 BPatGE 17, 90 zum Rechtsmittelverlust bei Teilrücknahme.

64 BPatGE 3, 48 = GRUR 1964, 554; BPatGE 24, 25; vgl BPatGE 12, 249 = GRUR 1972, 670, Wz-Sache; BPatGE 19, 29 = Mitt 1979, 233.

65 BGHZ 92, 137 = GRUR 1984, 870 Schweißpistolenstromdüse.

66 BGH GRUR 2010, 901 polymerisierbare Zementmischung.

67 Vgl BPatGE 7, 26; aA BPatGE 5, 26.

68 BPatG 9.4.1987 5 W (pat) 7/87.

69 BPatG 7.5.1973 Mitt 1978, 195; BPatGE 25, 97; BPatG 9.11.1972 10 W (pat) 110/72; BPatG 4.6.1973 13 W (pat) 34/73; BPatG 20.3.1974 12 W (pat) 133/73; BPatG 14.2.1984 26 W (pat) 226/83, Wz-Sache; BPatG 28.6.2000 7 W (pat) 49/98; für Anwendung des § 282 BPatG GRUR 2005, 58, Markensache; *Reimer* § 41o Rn 2; *Lindenmaier* § 41o Rn 4.

70 Vgl BPatGE 21, 16 = Mitt 1978, 167; BPatGE 28, 199 = BlPMZ 1987, 205; BPatGE 33, 79 = GRUR 1992, 690; *Lindenmaier* § 41o Rn 3; ebenso für die Vollstreckung aus vor dem BPatG abgeschlossenen Vergleichen, BPatGE 36, 146 = GRUR 1996, 402; für Vollstreckungsabwehrklagen BGH GRUR 2002, 52 Vollstreckungsabwehrklage; BPatG 7.6.1995 3 Ni 19/95.

b. Unanwendbare Bestimmungen der ZPO:[71]

1.–4. Buch: §§ 1–9,[72] §§ 12–40, § 58; §§ 75–77, §§ 78–78c; § 93a, § 93b, § 97, § 99; §§ 110–112, § 127a, **13** § 130a, eingefügt durch das Formvorschriften-Anpassungsgesetz;[73] § 138,[74] §§ 151–155, § 159, § 217, § 223, §§ 233–238,[75] § 244, § 252,[76] §§ 253–259, § 262, § 266, § 268, §§ 269–272,[77] §§ 274–277, § 281 (vgl Rn 27 zu § 39),[78] § 282 (jedoch besteht jedenfalls für den das Verfahren betreibenden Beteiligten allg eine sanktionslose Obliegenheit zur Verfahrensförderung,[79] vgl auch die Hinweise zu § 296); §§ 284–286 (§ 286 ZPO wird von § 93 verdrängt), §§ 288–290, § 296,[80] § 302, §§ 304–305a, § 306, § 308a, § 309, §§ 313a, 313b, §§ 319, 320, § 322 Abs 1,[81] jedenfalls, soweit es nicht um die Geltendmachung eines Individualanspruchs geht, und Abs 2, § 324, § 328 (Anerkennung ausländ Entscheidungen), §§ 330–347 (Versäumnisurteil), §§ 348–350 (Einzelrichter), § 356, § 364, § 372a, § 379, § 397, § 399, §§ 421–428, 436, 439 (zT str), §§ 445–449, 452 Abs 3 (Parteivernehmung), §§ 495–510b (Verfahren vor den Amtsgerichten), § 511, §§ 513, 517–523), §§ 525–537, §§ 538–541 (Berufungsverfahren),[82] §§ 542–566 (Revisionsverfahren), §§ 567–573, soweit nicht in Rn 10 genannt (Beschwerdeverfahren).[83]

5.–10. Buch: §§ 592–605a, §§ 606–644 (jedoch können die Bestimmungen über die Amtsermittlung im **14** Weg der Rechtsanalogie entspr herangezogen werden), §§ 688–703d (Mahnverfahren), §§ 916– 945 (Arrest und einstweilige Verfügung,[84] jedoch sind die §§ 936 und 927 ZPO im Verfahren nach § 85 PatG entspr anwendbar, Rn 17 zu § 85), nicht aber § 937 ZPO (str; vgl Rn 12 zu § 85), §§ 946–1024 (Aufgebotsverfahren), §§ 1025 ff (Schiedsverfahren).

Zu den früheren **Gerichtsferien** 5. Aufl. Die Regelung in § 227 Abs 3 Satz 1 ZPO, die an deren Stelle auf **15** Antrag die Verlegung eines in den Monaten Juli und August bestimmten Termins vorsieht,[85] ist nicht anzuwenden (Abs 4). Ihrem Wortlaut nach betrifft der Ausschluss anders als § 227 ZPO selbst nur die Verfahren vor dem BPatG, nicht auch die Rechtsmittelverfahren vor dem BGH.

C. Statthaftigkeit von Rechtsmitteln

I. Allgemeines

Die Anfechtung von Entscheidungen des BPatG, dh seiner Beschwerde- und Nichtigkeitssenate, ist, **16** wie Abs 2 klarstellt, im PatG (wie im MarkenG) abschließend geregelt.[86] Die Anfechtungsmöglichkeit in

---

71 Vgl insb die jeweiligen Hinweise bei *Baumbach/Lauterbach/Albers/Hartmann* ZPO zur Anwendbarkeit der Bestimmungen im Verwaltungsprozess.

72 Vgl BPatGE 22, 129 = GRUR 1980, 331, vgl zu § 5 BPatGE 33, 79 = GRUR 1992, 690, dort offengelassen.

73 *G. Winkler* VPP-Rdbr 2002, 81, 84.

74 AA zu § 138 Abs 4 BPatG 17.3.2009 4 Ni 39/07 (EU).

75 § 123 PatG ist abschließend, aA *Schulte* Rn 6 unter unzutr Hinweis auf BGH GRUR 1995, 50 Success (zur Wiedereinsetzung in die Rechtsbeschwerdefrist, die sich wegen § 106 nach der ZPO richtet) und BPatG 19, 39 = Mitt 1977, 113; vgl auch BPatG Mitt 1968, 157 und BPatG 3.11.1969 11 W (pat) 108/69 zum weggefallenen § 232.

76 BGHZ 172, 108 = GRUR 2007, 859 Informationsübermittlungsverfahren I; auch für Inlandsvertreter, BPatG 23.5.1969 13 W (pat) 224/65.

77 Zu dem weggefallenen § 271 Abs 3 BPatG 15, 253 = GRUR 1974, 96.

78 AA BPatG 28.9.1994 9 W (pat) 90/92: Verweisung an das DPA.

79 Vgl BPatGE 35, 119 = BlPMZ 1996, 362: „Prozessökonomie"; *Kopp* VwGO § 86 Rn 11 ff; vgl BPatG 5.6.2006 6 W (pat) 93/01; BPatG 19.6.2007 21 W (pat) 325/04; weitergehend BPatGE 23, 1, zutr über Verschleppungsabsicht zu lösen.

80 *G. Winkler* VPP-Rdbr 2002, 81 ff; BPatG 12.4.2007 6 W (pat) 363/03; BPatG 17.7.2007 6 W (pat) 5/04; abw im Einzelfall BPatGE 23, 1; für Anwendbarkeit auch *Osenberg* Das Gebrauchsmuster-Löschungsverfahren in der Amtspraxis, GRUR 1999, 838, 840; de lege ferenda auch *G. Winkler* VPP-Rdbr 2007, 149, 152.

81 In der Sache nicht abw BPatG 5 W (pat) 418/94 BlPMZ 1996, 465 Ls.

82 BPatG 5, 26; zu § 519b Abs 2 BGH GRUR 1979, 696 Kunststoffrad; vgl aber BPatG 5, 224 f = GRUR 1965, 421; BGH GRUR 2008, 90 Verpackungsmaschine: §§ 529 Abs 1, 533 Abs 2 im Nichtigkeitsberufungsverfahren nicht anwendbar.

83 AA BPatGE 5, 26.

84 Vgl BPatG GRUR 2001, 339: keine Umschreibung im Weg der einstweiligen Verfügung (Markensache); modifizierend BPatG 2.6.2003 10 W (pat) 21/03 Mitt 2004, 92 Ls (geografische Angabe).

85 Vgl *Benkard* Rn 26.

86 Begr BlPMZ 1961, 140, 155; vgl auch BGH 6.6.2002 I ZB 5/02: kein Verfahren zur „Aufklärung von Verkündungsmängeln".

§ 147 Abs 3 Satz 4 idF des KostRegBerG machte davon keine Ausnahme. In Betracht kommen daher grds nur die Rechtsbeschwerde nach §§ 100 ff (zur Statthaftigkeit Rn 5 ff zu § 100), die Berufung nach §§ 110 ff und die Beschwerde nach § 122.[87] Zur Anschlussrechtsbeschwerde Rn 13 zu § 102, zur Anschlussberufung § 115. Insb kommt eine sonstige Beschwerde nicht in Betracht.[88] Urteile des BPatG, mit denen über Vollstreckungsabwehrklagen entschieden wird, Rn 27 vor § 73, sind demnach nicht anfechtbar.[89] Im Verfahren über die Bewilligung der Verfahrenskostenhilfe ergibt sich aus § 135 Abs 3 Satz 2 iVm § 127 Abs 3 ZPO eine (gegenständlich beschränkte) Beschwerdemöglichkeit der Bundeskasse, Rn 36 zu § 135.

17   Zur Erinnerung gegen **Entscheidungen des Rechtspflegers und des Urkundsbeamten** Rn 13 f vor § 73; Rn 39 zu § 80.

18   **Justizverwaltungsakte** des PräsBPatG sind nach §§ 23 ff EGGVG anfechtbar. Zuständig für gerichtliche Entscheidungen in Justizverwaltungsangelegenheiten ist das OLG München (§ 25 Abs 1 Satz 1 EGGVG).[90]

II. Einzelheiten

19   Ausgeschlossen ist die Anfechtung **isolierter Kostenentscheidungen** des BPatG, insb solcher im Nichtigkeitsverfahren nach § 91a)[91] und im Beschwerdeverfahren.[92] Ausgeschlossen ist darüber hinaus die isolierte Anfechtung der Kostenentscheidung eines Nichtigkeitsurteils (vgl Rn 3 zu § 110; zur Anschlussberufung Rn 3 zu § 115).[93] Auch Entscheidungen des BPatG über den Streitwert können nicht angefochten werden.[94]

20   Im **Kostenfestsetzungsverfahren** fand nach früherer Rspr die Rechtsbeschwerde generell nicht statt; ebenso im Verfahren zur Festsetzung der Gebühren des beigeordneten Vertreters (Rn 11 ff zu § 100; vgl aber Rn 41 zu § 80). Dies ist für die Rechtsbeschwerde nach § 574 ZPO aufgegeben.[95] Auch die sofortige Beschwerde nach § 104 Abs 3 Satz 1 ZPO ist ausgeschlossen.[96]

21   Unanfechtbar sind Beschlüsse, mit denen eine **Berichtigung** nach §§ 95, 96 abgelehnt wird.[97]

22   **III. Gegenvorstellungen** kommen gegen die Festsetzung des Gegenstandswerts nach § 33 RVG in Betracht,[98] nicht auch gegen Entscheidungen, die ihrer Art nach mit der (früheren) sofortigen Beschwerde anfechtbar wären.[99] Sie sind im Fall des § 33 RVG nur innerhalb der Zweiwochenfrist nach Abs 3 Satz 3 dieser Bestimmung zulässig.[100] Erschöpfen sie sich in einer abw rechtl Beurteilung, besteht kein Anlass zu eingehender Befassung.[101]

---

87   Vgl BGH GRUR 1995, 577 Drahtelektrode.

88   Vgl BGH GRUR 1968, 447, 451 Flaschenkasten; BGH GRUR 1979, 696 Kunststoffrad; BGH 3.12.2002 X ZB 20/02 (Entscheidung im Beschlussweg im Nichtigkeitsverfahren); BGHZ 172, 108 = GRUR 2007, 859 Informationsübermittlungsverfahren I, zu § 252 (Aussetzung).

89   BGH GRUR 2002, 52 Vollstreckungsabwehrklage; *Schulte* Rn 11.

90   Abw *Schulte*[8] Rn 25, der wegen der Sachbezogenheit Zuständigkeit eines Senats des BPatG befürwortete, ebenso Vfg des PräsBPatG vom 7.9.1992 – 145 E/1 – 5 – 92, die danach vorgesehene Bestimmung des zuständigen Senats im Geschäftsverteilungsplan durch das Präsidium ist nicht erfolgt; aA auch *Hirte* Mitt 1993, 292, 300; vgl zur Unzulässigkeit des Rechtswegs nach § 23 Abs 1 EGGVG gegen Justizverwaltungsakte der Arbeitsgerichtsbarkeit BGH NJW 2003, 2989.

91   BGH GRUR 1968, 447, 451 Flaschenkasten; BGH 3.2.1976 X ZB 9/75; BPatGE 26, 65 f.

92   BGH GRUR 1967, 94 Stute; BPatGE 7, 210 = Mitt 1966, 33; BPatGE 12, 238 = GRUR 1992, 669; BPatG 21.4.1971 28 W (pat) 416/71, jeweils Wz-Sachen.

93   BGH BlPMZ 1961, 20 Randlochkarten; BGH GRUR 1995, 577 Drahtelektrode.

94   BGH Mitt 2012, 41; BPatGE 54, 88 = Mitt 2013, 473.

95   BGH GRUR 2013, 427 Doppelvertretung im Nichtigkeitsverfahren; BGH GRUR 2013, 430 Doppelvertretung im Nichtigkeitsverfahren 01; BGH 21.1.2013 X ZB 12/12; BPatGE 53, 30; BPatG GRUR-RR 2013, 83.

96   BPatG 26.2.2003 3 ZA (pat) 44/02.

97   BGH 18.1.1977 X ZB (A) 19/76.

98   Vgl auch BPatG 30.4.1975 2 Ni 1/73.

99   BPatGE 27, 201 = GRUR 1986, 54: Kostenentscheidung nach Rücknahme der Nichtigkeitsklage, dort offengelassen für schwere Verfahrensfehler wie Verweigerung rechtl Gehörs.

100   BPatGE 22, 129 = GRUR 1980, 331.

101   BPatGE 16, 157; BPatG 13.1.1971 5 W (pat) 454/69.

IV. Vorlage an das BVerfG und an den EuGH

Art 100 GG sieht unter bestimmten Voraussetzungen eine Aussetzung des Verfahrens und eine Vor- **23** lage der Sache an das BVerfG vor; in Betracht kommen Fälle, in denen das BPatG eine Rechtsnorm für verfassungswidrig hält; bloße Bedenken rechtfertigen die Vorlage nicht.[102] Derartige Vorlagen sind wegen der Offenlegung von Patentanmeldungen erfolgt, die vor Inkrafttreten des PatÄndG 1967 bewirkt worden waren.[103] Bloße Bedenken gegen die uneingeschränkte Gültigkeit eines fremdsprachigen eur Patents als Verbotsnorm wurden nicht als ausreichend angesehen, nach dieser Bestimmung zu verfahren.[104]

Das BPatG kann eine **Vorabentscheidung des EuGH** nach **Art 267 AEUV** idF des Vertrags von Lissa- **24** bon herbeiführen, wenn sich ihm die Frage der Auslegung des EUV (und der anderen Gründungsverträge, nicht aber in Fragen des nationalen Rechts)[105] oder der Gültigkeit und Auslegung der Handlungen der Organe der Gemeinschaft (auch der von sekundärem EU-Recht, zB von Verordnungen) stellt.[106] Dagegen scheidet eine Vorlage durch die Beschwerdekammern des EPA aus.[107] Eine Vorlage ist im Fall des „acte clair" nicht erforderlich, Rn 34 zu § 140. Die Entscheidung von Einzelfällen auf Grundlage der Auslegung von Vorschriften des Gemeinschaftsrechts durch den EuGH ist Aufgabe der nationalen Gerichte.[108] Ob das BPatG sonst zur Vorlage verpflichtet ist, hängt von der Verfahrensart ab. Nach hM kommt es darauf an, ob ein ordentliches Rechtsmittel gegeben ist (konkrete Theorie);[109] dies ist in Nichtigkeits- und Zwangslizenzverfahren der Fall,[110] ob auch in Beschwerdeverfahren, erscheint zwh, soweit die Rechtsbeschwerde nicht zugelassen wird, weil die nicht zugelassene Rechtsbeschwerde grds keine volle Überprüfung eröffnet.[111] Zur Vorlage berechtigt ist das BPatG nach Art 267 AEUV auf jeden Fall.[112] Will das BPatG nicht vorlegen, wird es deshalb im Beschwerdeverfahren (nicht im Nichtigkeitsverfahren, in dem immer die Berufung eröffnet ist) die Rechtsbeschwerde zuzulassen haben.[113] Die Vorlage ist nicht anfechtbar. Zu den Vorlagen des BPatG an den EuGH Rn 16 vor § 100; weitere Vorlagen zum Markenrecht.[114]

D. Akteneinsicht (Absatz 3)

Schrifttum: *Ballhaus* Die Akteneinsicht beim Deutschen Patentamt und Bundespatentgericht, Mitt 1961, 201; *Boehme* Akteneinsicht in das Nichtigkeitsverfahren, GRUR 1987, 668; *Bunke* Gerichtliche Kostenauferlegung im patentgerichtlichen Akteneinsichtsverfahren, Mitt 1992, 148; *Herden* Kosten der Erinnerung im Akteneinsichtsverfahren, Mitt 1994, 299; *Hirte* Mitteilung und Publikation von Gerichtsentscheidungen, NJW 1988, 1698; *Hirte* Interessen und Verfahren bei der Mitteilung von Entscheidungen des Bundespatentgerichts, Mitt 1993, 292; *Horn* Das entgegenstehende schutzwürdige Interesse bei der Einsicht in die Akten von Nichtigkeitsverfahren, Mitt 1970, 41; *Kockläuner* Zur Akteneinsicht, GRUR 1963, 48; *Müller-Arends* Probleme der Akteneinsicht, Mitt 1962, 48; *Nölle* Einsicht in die Akten von Nichtigkeitsverfahren nach dem Vorabgesetz, Mitt 1969, 21; *Reimann* Quod est in actis, est in mundo? FS P. Mes (2009), 293; *Schmieder* Mitteilung von Entscheidungen des Bundespatentgerichts gleich Akteneinsicht? Mitt 1991, 207; *Trüstedt* Die Einsicht in Patenterteilungsakten, Mitt 1962, 121.

---

102 BPatG BlPMZ 1986, 255.
103 BPatG Mitt 1970, 47; BPatG BlPMZ 1970, 49.
104 BPatG BlPMZ 1986, 255; Vorlage wurde weiter abgelehnt in BPatGE 26, 60, 64 = GRUR 1964, 341 (Rücknahmefiktion nach § 40 Abs 5).
105 BPatG GRUR 2014, 1073 „Telmisartan".
106 Hinweise des EuGH zur Vorlage von Vorabentscheidungsersuchen durch die nationalen Gerichte ABl EU 2005 C 143/1.
107 EPA G 2/06 ABl EPA 2009, 306, 318 ff Verwendung von Embryonen/WARF.
108 BPatG GRUR 2014, 1073 „Telmisartan" mN.
109 Vgl *Grabitz/Hilf* Kommentar zur Europäischen Union, Art 177 Rn 49; *Geiger* EG-Vertrag² Art 177 EGV Rn 14 f.
110 Vgl BPatG Bausch BPatG 1994–1998, 172.
111 So im Ergebnis auch BGH GRUR 2003, 546 Turbo-Tabs.
112 Vgl *Ströbele/Hacker* § 83 MarkenG Rn 57; zur Vorlagebefugnis nach Zurückverweisung durch den BGH *Johannes* MarkenR 1999, 377 f.
113 Vgl *Ströbele/Hacker* § 83 MarkenG Rn 59 f.
114 Vgl zur Vorlagpflicht des BPatG *Ströbele/Hacker* § 83 MarkenG Rn 59 ff.

I. Anwendungsbereich

1. Persönlich

25   **a. Allgemeines.** Die Regelung in Abs 3 betrifft nur die Akteneinsicht durch dritte Personen, nicht die durch Verfahrensbeteiligte.[115] Zur Frage, ob ein Akteneinsicht beantragender berufsmäßiger Vertreter seinen Auftraggeber nennen muss, Rn 37, 41, 48.

26   **b.** Auf die **Akteneinsicht durch Verfahrensbeteiligte** sind § 299 Abs 1, Abs 4, § 299a ZPO anzuwenden.[116]

27   Der Akteneinsicht durch Verfahrensbeteiligte unterliegen die **Gerichtsakten** mit Ausnahme der in § 299 Abs 4 ZPO genannten Unterlagen (Entwürfe zu Urteilen, Beschlüssen und Verfügungen, die zu ihrer Vorbereitung gelieferten Arbeiten sowie die Dokumente, die Abstimmungen betreffen),[117] der Angaben nach § 136 iVm § 117 Abs 2 ZPO über die persönlichen und wirtschaftlichen Verhältnisse im Verfahren über die Bewilligung der Verfahrenskostenhilfe (§ 136 iVm § 117 Abs 2 Satz 2 ZPO) und des im Verfahren vor dem BPatG gestellten Antrags auf Nichtnennung des Erfinders nach § 63.[118] Im Einzelfall kann darüber hinaus der Schutz von Grundrechten Einschränkungen erfordern (Rn 34; vgl die Regelung in § 31 Abs 3b).[119]

28   Zur Einsicht in die Akten des DPMA § 31. Für **beigezogene Akten des DPMA** (zur Zuständigkeit Rn 32) gelten die Grundsätze des § 31, soweit es sich nicht um die für die Verfahrensbeteiligten frei einsehbaren Akten des der Beschwerde vorangegangenen Amtsverfahrens handelt, auf die, was gelegentlich übersehen wird, § 31 nicht anwendbar ist.[120] Für beigezogene Akten des EPA gelten die Grundsätze des EPÜ und der AOEPÜ[121] sowie der BeschlPräsEPA vom 12.7.2007[122] (Rn 48 ff zu § 31).

29   **2. Sachlich.** Die für die Akteneinsicht durch Dritte geltende Bestimmung in Abs 3 betrifft die **Akten des BPatG**, dh die bei diesem geführten Verfahrensakten (zur Akteneinsicht in Akten von Rechtsbeschwerde- und Berufungsverfahren vor dem BGH Rn 48 ff). Dies sind nicht nur die Akten eines Nichtigkeits- (seit 1.10.1968, Rn 1, 35 ff) oder Beschwerdeverfahrens, sondern auch sonstige beim BPatG geführte Akten, zB solche in Akteneinsichts- oder Erinnerungsverfahren.[123] Der BGH wendet die Grundsätze auch auf ein isoliertes Begehren an, die Verfahrensbeteiligten mitzuteilen[124]

30   Ob die Grundsätze der Akteneinsicht auch auf die Mitteilung anonymisierter (neutralisierter, sonst Akteneinsicht nach allg Regeln)[125] **Entscheidungsabschriften** anzuwenden sind, ist str. Die Frage ist von den Markensenaten des BPatG kontrovers beurteilt worden, Rspr der übrigen Senate des BPatG fehlt. Die Anwendung der Regeln über die Akteneinsicht ist bejaht worden vom 28. Senat,[126] verneint vom 26. Senat,[127] 27. Senat.[128] Die in der Verfügung vom 7.9.1992 (145 E/1-5-92) festgehaltene Praxis des PräsBPatG macht solche Abschriften ohne Akteneinsichtsverfahren zugänglich, wenn die Entscheidung veröffentlicht oder zur Veröffentlichung freigegeben ist, sonst, wenn ein öffentliches Interesse substantiiert dargelegt ist; dem ist zuzustimmen, wobei nicht darauf abzustellen sein dürfte, wer die Veröffentlichung veranlasst hat.

---

115   Vgl *Klauer/Möhring* § 41o Rn 5 ff.
116   *Benkard* Rn 9a; *Schulte* Rn 12 ff; *Mes* Rn 30; *Fezer* § 82 MarkenG Rn 8; vgl *Reimann* FS P. Mes (2009), 293.
117   Vgl *Fitzner/Lutz/Bodewig* Rn 16.
118   *Benkard* Rn 11.
119   Vgl BPatGE 17, 18 = GRUR 1976, 104: zur Begründung eines Wiedereinsetzungsgesuchs vorgelegtes psychiatrisches Gutachten mit intim-persönlichen Angaben.
120   Vgl *Klauer/Möhring* § 41o Rn 6; *Fitzner/Lutz/Bodewig* Rn 14; jetzt auch *Schulte* Rn 14 f; aA für den Einsprechenden BPatGE 2, 182, 185 = BlPMZ 1963, 12, zu § 24 PatG 1961; vgl BPatGE 6, 14 = GRUR 1965, 598.
121   Vgl *Schulte* Rn 16 ff.
122   ABl EPA 2007 Sonderausg 3 S 125.
123   Vgl *Benkard* Rn 14.
124   BGH 26.9.2006 X ZR 115/05.
125   Vgl BPatGE 10, 145; BPatGE 14, 232 = GRUR 1973, 100; BPatGE 23, 55 = GRUR 1980, 1071; BPatG 28.1.1970 27 ZA (pat) 23/69; *Schulte* Rn 22.
126   BPatGE 32, 241 = GRUR 1992, 55; *Mes* Rn 30.
127   BPatGE 32, 172 = GRUR 1992, 54; BPatGE 32, 272 = GRUR 1992, 434.
128   BPatGE 32, 133 = GRUR 1991, 841, zust *Benkard* Rn 14b; *Schulte* Rn 22; *Ingerl/Rohnke* § 82 MarkenG Rn 12; *Schmieder* Mitt 1991, 207; *Fitzner//Lutz/Bodewig* Rn 38.

Der Internetzugang zu Entscheidungen des BPatG ist seit 2006 erheblich ausgeweitet worden. Das Einsichtsinteresse an einer in einem Bescheid des DPMA zitierten unveröffentlichten Entscheidung ist verneint worden;[129] dem wird für anonymisierte Abschriften nicht beizutreten sein. Bei Nichtigkeitsurteilen, durch die das Patent teilweise für nichtig erklärt wird, hat die Öffentlichkeit grds schon wegen ihrer Wirkung (Rn 51 zu § 84) Anspruch auf Einsicht; diese kann sowohl das BPatG als auch – nach Zuleitung der Urteilsabschrift – das DPMA gewähren (vgl Rn 22 zu § 31 mit Nachweis des Streitstands).

Ob Abs 3 auch die **Akten von Zwangslizenzverfahren** erfasst, ist str.[130] Der 3. Senat des BPatG hat **31** die sachliche Anwendbarkeit offen gelassen, aber die Zuständigkeit des Gerichts nach Abs 3 und nicht des Präsidenten nach § 299 Abs 2 ZPO bejaht.[131]

Die **Beiakten** werden von Abs 3 an sich nicht erfasst. Im Schrifttum wird gleichwohl die Anwendung **32** von Abs 3 vertreten, soweit nicht die übersendende Stelle die Einsicht ausschließt, was diese Akten unter dem Gesichtspunkt des § 93 Abs 2 unverwertbar macht.[132] Über die Einsicht Dritter in diese entscheidet grds die Stelle, bei der die Akten geführt werden. Nach der Praxis des BPatG ist allerdings Zuständigkeit des BPatG für die Entscheidung über die Einsicht in die beigezogenen Akten des DPMA (zur materiellrechtl Beurteilung s die Hinweise zur Akteneinsicht von Verfahrensbeteiligten in Rn 28) gegeben.[133] Zuständig ist die Geschäftsstelle, deren Zuständigkeit durch § 31 nur eingeschränkt wird, soweit diese Bestimmung anwendbar ist; insoweit ist wie bei der Akteneinsicht durch Dritte ein förmlicher Antrag zu stellen, über den nach § 31 zu entscheiden ist.[134]

II. Materielle Voraussetzungen

1. Grundsatz. Abs 3 Satz 1 verweist auf § 31. Danach ist die Akteneinsicht in bestimmten Fällen frei, in **33** anderen ist sie zu gewähren, wenn ein berechtigtes Interesse glaubhaft gemacht ist. Für Geheimanmeldungen und Geheimpatente ist § 31 Abs 5 zu beachten. Ein reines Fortbildungsinteresse ist nicht als ausreichend angesehen worden.[135] Die Einsicht in Akten eines GbmLöschungs- und Löschungsbeschwerdeverfahrens ist frei.[136]

Die **Einschränkungen**, die sich aus persönlichkeits- und datenschutzrechtl Gründen ergeben (vgl **34** § 31 Abs 3b), sind auch bei der Akteneinsicht gegenüber dem BPatG und dem BGH zu beachten.[137] Das Recht auf informationelle Selbstbestimmung ist zu berücksichtigen,[138] es ist jedoch darzulegen, dass es beeinträchtigt werden kann.[139]

2. Nichtigkeitsverfahren. Für **vor dem 1.10.1968 entstandene Akten und Aktenteile** hat die Rspr **35** sachlich § 299 Abs 2 ZPO und für die Zuständigkeit Abs 3 Satz 2 angewandt (Nachw *5. Aufl*). Danach ist

---

129 BPatGE 10, 145 und BPatGE 23, 55 = GRUR 1980, 1071.

130 Vgl *Benkard* Rn 14; BPatG 25.7.1974 3 ZA (pat) 5/74; verneinend für die materiellen Voraussetzungen *Löscher* BB 1967 Beilage 7 S 11, insb Fn 56.

131 BPatGE 32, 268 f = Mitt 1992, 228; *Schulte* Rn 21, 32; *Mes* Rn 36; vgl *Benkard* Rn 14; *Hirte* Mitt 1993, 292, 294.

132 *Benkard* Rn 12.

133 BPatGE 1, 36 = BlPMZ 1962, 76; BPatGE 1, 38 = BlPMZ 1962, 136; BPatGE 2, 182 = BlPMZ 1963, 12: ausschließliche Zuständigkeit des BPatG für die Dauer des Beschwerdeverfahrens; BPatGE 5, 113 = GRUR 1965, 359; BPatGE 6, 14 = GRUR 1965, 598; BPatG Mitt 1971, 112: konkurrierende Zuständigkeit; einschränkend BPatG Mitt 1962, 135; BPatGE 2, 35 = GRUR 1965, 31: jedenfalls für das vorausgegangene Verfahren, sofern sich aus den Akten kein ausdrücklicher Vorbehalt des DPMA ergibt; vgl *Benkard* Rn 23.

134 *Benkard* Rn 13.

135 BPatGE 32, 268 f = Mitt 1992, 228 für das Zwangslizenzverfahren, dort offengelassen, ob ein wissenschaftliches Interesse ausreicht, so BPatG 25.7.1974 3 ZA (pat) 5/74, ebenfalls Zwangslizenzsache; vgl auch BPatGE 2, 37 = GRUR 1964, 619; BPatGE 3, 23 = BlPMZ 1963, 173.

136 BGH GRUR 1999, 226 Akteneinsicht XIV; BGH GRUR 2001, 149 Akteneinsicht 019; BPatGE 11, 242; BPatGE 23, 63, für Beschwerde gegen einen isolierten Kostenbeschluss des DPA.

137 Vgl *Benkard* Rn 13a.

138 BGH GRUR 2007, 628 MOON, Markensache.

139 BGH GRUR 1972, 195 Akteneinsicht VIII; BPatG 29.3.1996 3 ZA (pat) 35/95, Zwangslizenzsache; ähnlich BGH GRUR 2007, 133 Akteneinsicht XVII; BGH 16.12.2010 Xa ZR 19/10 Akteneinsicht 035; BGH 7.12.2011 X ZR 84/11 Akteneinsicht 036; BPatG 29.9.2010 3 ZA (pat) 49/10; BPatG 23.2.2011 3 ZA (pat) 83/10; zur Substantiierungsobliegenheit auch BPatG 13.10.2010 3 ZA (pat) 65/10; BPatG 25.10.2010 3 ZA (pat) 45/10.

Glaubhaftmachung eines rechtl Interesses Voraussetzung für die Gewährung der Akteneinsicht. Eine Übergangsregelung ist insoweit nicht getroffen, jedoch ist Art 7 § 1 Abs 3 PatÄndG 1967 entspr anzuwenden, so dass in die vor dem 1.10.1968 entstandenen Akten und Aktenteile von Nichtigkeitsakten weiterhin nur unter den zuvor geltenden Voraussetzungen Einsicht gewährt werden kann (Nachw *5. Aufl*).

36   Für **seit dem 1.10.1968 entstandene Akten und Aktenteile** sind die materiellen Voraussetzungen in Abs 3 Satz 3 geregelt. Die erst im parlamentarischen Verfahren geschaffene Bestimmung, die keinen Sanktionscharakter hat,[140] sollte die Einsicht in Nichtigkeitsakten beschränken,[141] hat sie aber in der Auslegung, die die Bestimmung in der Rspr erhalten hat, gegenüber der früheren Rechtslage erheblich erleichtert, da die materiellen Voraussetzungen des § 299 Abs 2 ZPO (rechtl Interesse des Antragstellers) weggefallen sind und die Akteneinsicht in Nichtigkeitsakten grds frei ist.[142] Der Geltendmachung eines eigenen berechtigten Interesses durch den Antragsteller bedarf es daher nicht,[143] und zwar auch dann nicht, wenn das Patent bereits erloschen ist.[144] Zu den Akten, die für eine Einsicht in Betracht kommen, gehören auch die Teile, die sich auf die Festsetzung des Gegenstandswerts oder Streitwerts beziehen;[145] für ihre Versagung wird die substantiierte Darlegung eines schutzwürdigen Gegeninteresses verlangt.[146]

37   **Schutzwürdiges Gegeninteresse.** Akteneinsicht wird nicht gewährt, wenn und soweit der Patentinhaber ein entgegenstehendes schutzwürdiges Interesse substantiiert dartut (und nicht nur behauptet),[147] sofern das (eigene, nicht das des früheren Gegners)[148] Gegeninteresse das Interesse des Antragstellers oder der Öffentlichkeit überwiegt.[149] Das Vorliegen eines der Akteneinsicht Dritter im Nichtigkeitsverfahren vor dem BPatG entgegenstehenden schutzwürdigen Gegeninteresses muss durch den Akteninhalt begründet sein und kann nicht losgelöst hiervon durch eine bloße Geheimhaltungsvereinbarung der Parteien des früheren Nichtigkeitsverfahrens begründet werden.[149a] Die bloße Erklärung, dass der Akteneinsicht nicht zugestimmt werde, genügt keinesfalls.[150] Dies galt auch bei Fiktion der Nichterhebung der Nichtigkeitsklage gem § 81 Abs 6 aF, dem Patentinhaber war in diesem Fall die Klageschrift zumindest zur Einsicht offenzulegen,[151] und wird in den Fällen, in denen die Klage nicht zugestellt wird, weiter gelten müs-

140   BGH 4.5.2004 X ZR 189/03 Akteneinsicht 023.

141   Bericht des Rechtsausschusses BlPMZ 1967, 279, 285.

142   BGH Mitt 1974, 97 Akteneinsicht Nichtigkeitsverfahren; BGH GRUR-RR 2011, 31 Akteneinsicht 033; BGH 16.12.2010 Xa ZR 19/10 Akteneinsicht 035; BGH 13.2.2012 X ZR 114/11 Akteneinsicht 037; BPatGE 25, 34 = GRUR 1983, 264; BPatG 7.3.1994 3 ZA (pat) 6/94; BPatG 29.9.2010 3 ZA (pat) 49/10; BPatG 25.10.2010 3 ZA (pat) 45/10; BPatG 28.9.2015 3 ZA (pat) 37/15; vgl *Benkard* Rn 15a.

143   BGH GRUR 1999, 226 Akteneinsicht XIV; BGH Mitt 2001, 73 Akteneinsicht XV; BGH BGHRep 2001, 223 Akteneinsicht 020; BGH 25.3.2003 X ZR 222/01 Akteneinsicht 021; BGH 4.5.2004 X ZR 231/02 Schulte-Kartei PatG 65–80, 86–99 Nr 327 Akteneinsicht 022; BGH 22.11.2005 X ZR 61/05 Akteneinsicht 024; BGH GRUR 2007, 133 Akteneinsicht XVII; BGH GRUR 2007, 815 Akteneinsicht XVIII; BGH 12.6.2007 Akteneinsicht 028; BGH GRUR 2008, 633 Akteneinsicht XIX; BGH GRUR 2008, 733 Akteneinsicht XX; BGH 10.6.2008 X ZR 3/08 Akteneinsicht 030; BGH 27.5.2009 Xa ZR 162/07 Akteneinsicht 031; BGH 29.7.2010 Xa ZR 22/10 Akteneinsicht 032; BGH 30.8.2010 X ZR 157/04 Akteneinsicht 033; BGH 7.12.2011 X ZR 84/11 Akteneinsicht 036; BGH 13.2.2012 Akteneinsicht 037; BGH 21.1.2013 X ZR 49/12 Akteneinsicht 038; BGH 18.6.2013 X ZR 11/10 Akteneinsicht 039; BGH 24.11.2014 X ZR 28/13 Akteinicht 040; BGH 28.7.2015 X ZR 38/14 Akteneinsicht 043; BGH 15.11.2015 X ZR 96/14 Akteneinsicht 045; BPatGE 25, 34 = GRUR 1983, 264; BPatGE 29, 240 = GRUR 1988, 529; BPatG 7.3.1994 3 ZA (pat) 6/94; BPatG 29.9.2010 3 ZA (pat) 49/10; BPatG 13.10.2010 3 ZA (pat) 65/10; BPatG 20.7.2011 2 ZA (pat) 21/11; BPatG 23.4.2012 3 ZA (pat) 18/12; BPatG 15.11.2012 3 ZA (pat) 51/12; BPatG 15.11.2012 3 ZA (pat) 52/12; *Klauer/Möhring* § 41o Rn 13; *Lindenmaier* § 41o Rn 10; aA *Nölle* Mitt 1969, 21.

144   BGH 23.5.2006 X ZR 240/02 Akteneinsicht 025.

145   BGH GRUR 1972, 441 Akteneinsicht IX m abl Anm *Pietzcker*; BPatG Mitt 2005, 367.

146   BGH 18.12.2014 X ZR 38/14 CIPR 2015, 16 Ls Akteneinsicht; BGH 28.7.2015 X ZR 38/14 Akteneinsicht 043; BPatG Mitt 2005, 367 f; BPatG 28.9.2015 3 ZA (pat) 37/15; *Fitzner/Lutz/Bodewig* Rn 25.

147   BGH GRUR 1972, 441 Akteneinsicht IX; BGH 18.6.2013 X ZR 11/10 Akteneinsicht 039; BGH 28.7.2015 X ZR 38/14 Akteneinsicht 043; BGH 15.12.2015 X ZR 96/14 Akteneinsicht 045; BPatG Mitt 2005, 367, zur Notwendigkeit der Geltendmachung des Gegeninteresses; BPatG 11.2.2011 3 ZA (pat) 73/10.

148   BPatGE 22, 66, 69.

149   Vgl BGH Akteneinsicht IX; BGH 21.1.2013 X ZR 49/12 Akteneinsicht 038; BGH 18.6.2013 X ZR 11/10 Akteneinsicht 039; BGH 28.7.2015 X ZR 41/14 Akteneinsicht 044; *Schulte* Rn 27; *Benkard* Rn 18 unter Hinweis auf BGHZ 42, 19, 29 = GRUR 1964, 548, 551 Akteneinsicht I.

149a   BPatG 17.2.2016 4 ZA (pat) 1/16 GRUR 2016, 752 Ls.

150   BGH Bausch BGH 1999–2001, 617 Akteneinsicht 018; vgl BGH 18.6.2013 X ZR 11/10 Akteneinsicht 039.

151   BPatGE 26, 165.

sen.[152] Dem Patentinhaber muss Gelegenheit gegeben sein, etwa entgegenstehende Interessen zu erkennen und geltend zu machen; hieraus hat die Rspr abgeleitet, dass er wissen muss, für wen Akteneinsicht begehrt wird (näher *5. Aufl*); dies ist zu Recht aufgegeben, weil es Wortlaut und Zweck der Regelung nicht entspricht.[153] Der „Strohmann"-Einwand ist unbeachtlich.[154]

Nach nunmehr allgM schützt Satz 3 nicht nur den Patentinhaber, sondern auch den **Nichtigkeitsklä-** **38** **ger**[155] oder einen Nebenintervenienten.[156] Diese sind deshalb wie der Patentinhaber zu hören.[157] Auf das GbmLöschungsverfahren wird dies nicht übertragbar sein.[158]

Einzelheiten. Schutzwürdiges Gegeninteresse bejaht. Angaben über geheimhaltungsbedürftige **39** Betriebsinterna wie Umsätze, Betriebserfahrungen oder Betriebsergebnisse sind grds auszunehmen.[159] eine im Verletzungsprozess angegriffene und dort näher erläuterte Ausführungsform sowie damit zusammenhängende Ausführungen zum Schutzumfang[160] können auszunehmen sein, ebenso damit untrennbar verbundene Ausführungen;[161] weiter Akteneile, die sich auf eine widerrechtl Entnahme beziehen und Angaben über gegenseitige geschäftliche Beziehungen der Parteien und betriebsinterne technische Entwicklungen enthalten,[162] oder das zu den Nichtigkeitsakten gereichte Urteil im parallelen Verletzungsprozess.[163] Unterlagen über einen Vergleich, der über den Rahmen des Nichtigkeitsverfahrens hinausgeht, sind (als solche) auszunehmen.[164] Ausgenommen wurden Akteneile, die den Gegenstandswert betreffen.[165] Akteneile aus US-amerikanischem „Pre-Trial-Discovery"-Verfahren oder im Zusammenhang damit können auszunehmen sein.[166] Auszunehmen sein können Unterlagen zu Vermögenswerten eines Beteiligten.[167] Persönlichkeitsbezogene Angaben, an deren Geheimhaltung eine Partei ein überwiegend schutzwürdiges Interesse hat, können auch der Einsicht in ein öffentlich verkündetes Urteil entgegenstehen.[168]

---

152 Vgl *Keukenschrijver* Patentnichtigkeitsverfahren Rn 583.
153 BGH GRUR 2001, 143 Akteneinsicht XV: zunächst ist das Gegeninteresse darzulegen, trägt der Antragsteller sein Interesse nicht vor, hat das lediglich zur Folge, dass es bei der Abwägung nicht berücksichtigt werden kann; ebenso BGH BGHRep 2001, 223 Akteneinsicht 020; vgl BGH 24.11.2014 X ZR 28/13 Akteneinsicht 040; zust *Benkard* Rn 16.
154 BPatGE 33, 101 = Mitt 1993, 304; *Mes* Rn 31.
155 BGH GRUR 1972, 441f Akteneinsicht IX; BGH GRUR 2001, 143 Akteneinsicht XV; BGH BlPMZ 2005, 180 Akteneinsicht XVI; BGH Bausch BGH 1999–2001, 617 Akteneinsicht 018; BGH 22.11.2005 X ZR 61/05 Akteneinsicht 024; BGH 23.10.2007 X ZR 92/05 Akteneinsicht 029; BGH 10.6.2008 X ZR 3/08 Akteneinsicht 030; BGH 30.8.2010 X ZR 157/04 Akteneinsicht 033; BGH 28.9.2010 X ZR 137/09 Akteneinsicht 034; BGH 7.12.2011 X ZR 84/11 Akteneinsicht 036; BGH 18.6.2013 X ZR 11/10 Akteneinsicht 039; BPatGE 26, 66 = GRUR 1984, 342; BPatG Mitt 2005, 367; BPatG 20.11.2009 1 ZA (pat) 6/09; BPatG 18.6.2010 2 ZA (pat) 31/10; *Benkard* Rn 17; *Schulte* Rn 26; *Lindenmaier* § 41o Rn 10; vgl BPatG 13.7.1972 2 ZA (pat) 9/72; aA noch *Klauer/Möhring* § 41o Rn 15; *Reimer* § 41o Rn 10.
156 *Schulte* Rn 26; *Fitzner/Lutz/Bodewig* Rn 23.
157 BGH Akteneinsicht IX.
158 Offen gelassen in BGH BlPMZ 2005, 180 Akteneinsicht XVI.
159 BGH GRUR 1972, 441 Akteneinsicht IX; BGH 4.5.2004 X ZR 189/03 Akteneinsicht 023; BGH 28.9.2010 X ZR 137/09 Akteneinsicht 034 (versehentlich eingereichte vertrauliche Unterlagen); BGH 21.1.2013 X ZR 49/12 Akteneinsicht 038; BGH 16.6.2015 X ZR 96/14 CIPR 2015, 81 Ls Akteneinsicht 042; BGH 22.3.2016 X ZR 96/14 Akteneinsicht 046; BPatGE 22, 66ff = GRUR 1984, 342; BPatG 17.10. 2002 3 ZA (pat) 38/02.
160 BGH GRUR 2007, 815 Akteneinsicht XVIII; BGH GRUR 2008, 633 Akteneinsicht XIX; BGH 13.2.2012 X ZR 114/11 Akteneinsicht 037; BPatG 8.3.2012 3 ZA (pat) 7/12; BPatG 15.3.2012 3 ZA (pat) 9/12.
161 BPatGE 26, 53 = BlPMZ 1984, 194.
162 BPatGE 28, 37 = GRUR 1986, 806; BPatG 17.10.2002 3 ZA (pat) 38/02 zu 3 Ni 28/95.
163 BGH GRUR 2007, 133 Akteneinsicht XVII.
164 BGH GRUR 1972, 195, 196 Akteneinsicht VIII; BGH Mitt 1974, 97 Akteneinsicht Nichtigkeitsverfahren; BGH 10.6.2008 X ZR 3/08 Akteneinsicht 030; weitergehend BPatGE 28, 37 = GRUR 1986, 806: grds jeder Vergleich; BPatG 23.9.2011 3 ZA (pat) 42/11: unter Vorbehalt der Vertraulichkeit vorgelegte Vergleichsvereinbarung; unklar BGH GRUR 2008, 733 Akteneinsicht XX: vertraulicher Inhalt eines Vergleichs kann von der Akteneinsicht ausgenommen sein; BGH 10.6.2008 X ZR 3/08; auf BGH Akteneinsicht XX gestützt prüft BPatG 23.4.2009 3 ZA (pat) 89/08 Mitt 2009, 325 Ls, ob der Vergleich vertraulichen Inhalt hat.
165 BGH 19.5.1998 X ZB 10/98 Akteneinsicht 017.
166 BPatGE 34, 83.
167 BPatG 23.9.2011 3 ZA (pat) 42/11.
168 BPatGE 26, 66 = GRUR 1984, 342; vgl auch BPatGE 6, 14 = GRUR 1965, 598; BGH 4.5.2004 X ZR 189/03 Akteneinsicht 023; allg zu vertraulichen Angaben BGH GRUR 1972, 331 Akteneinsicht IX; BGH 28.9.2010 X ZR 137/09 Akteneinsicht 034 (versehentlich eingereichte vertrauliche Unterlagen).

40   **Gegeninteresse verneint.** Aktenteile, die die Zulässigkeit der Berufung betreffen, wurden nicht ausgenommen.[169] Aktenteile, die sich auf vom Nichtigkeitskläger geltend gemachte Vorbenutzungen beziehen, sind grds nicht auszunehmen.[170] Aktenteile, die lediglich ungefähre Angaben über den Zeitpunkt der Markteinführung und die vertriebenen Stückzahlen einer nach dem Streitpatent hergestellten Ware, nicht jedoch näher bezifferte Umsatz-Kostenermittlungen und Gewinnermittlungen enthalten, die bestimmte Rückschlüsse auf die innerbetriebliche Kalkulation oder auf sonstige interne Verhältnisse des beklagten Unternehmens zulassen, sind nicht auszunehmen.[171] Hinweise auf ein laufendes Verletzungsverfahren und Kopien von Aktenteilen aus diesem, die zu den Nichtigkeitsakten eingereicht worden sind, unterliegen grds der freien Akteneinsicht.[172] Eine Auflistung ausländ Parallelschutzrechte ist nicht auszunehmen.[173] Nicht ausreichend ist, dass sich die Akteneinsicht allg auf den Wettbewerb auswirken kann, oder dass die Akten öffentlich zugängliche Unterlagen enthalten, die nicht leicht aufzuspüren waren,[174] erst recht nicht, dass Antragsteller und Nichtigkeitskläger Wettbewerber sind.[175] Klagerücknahme begründet für sich kein schutzwürdiges Interesse,[176] ebensowenig Beendigung des Verfahrens durch außergerichtliche Einigung,[177] laufende Vergleichsverhandlungen[178] oder Vereinbarung zwischen den Parteien, den Bestand des Patents nicht zu gefährden.[179] Möglicher Einblick in Informationen, die keinen sachlichen Bezug zum Streitpatent aufweisen, begründet für sich allein kein schutzwürdiges Interesse an der Geheimhaltung.[180] Private Interessen am Bestand des Streitpatents begründen kein der Akteneinsicht entgegenstehendes schutzwürdiges Interesse.[181] Wird in einem Verletzungsstreit über ein veröffentlichtes Streitpatent die Öffentlichkeit wegen möglicher Gefährdung der Staatssicherheit ausgeschlossen, bildet dies keinen Grund für die Beschränkung der Akteneinsicht im Patentnichtigkeitsverfahren.[182]

III. Antrag

41   Akteneinsicht wird nur auf schriftlichen Antrag gewährt.[183] Der Antrag ist auch dann zulässig, wenn die Klage wegen unterbliebener Gebührenzahlung als nicht erhoben gilt.[184] Der Auftraggeber muss dort, wo die Akteneinsicht frei ist oder nur davon abhängt, dass ein überwiegendes Gegeninteresse nicht geltend gemacht wird, wie insb im Nichtigkeitsverfahren, nicht genannt werden[185] (vgl Rn 48). Antragsteller kann auch ein Patentanwalt im eigenen Namen sein,[186] jedoch begründet der Auftrag, ein Gutachten zu

169   BGH 19.5.1998 X ZB 10/98 Akteneinsicht 017.
170   BPatGE 28, 37 = GRUR 1986, 806.
171   BPatGE 23, 58 = GRUR 1980, 989.
172   BGH GRUR 2007, 133 Akteneinsicht XVII; BGH GRUR 2007, 815 Akteneinsicht VIII; BGH GRUR 2008, 633 Akteneinsicht XIX; BPatGE 26, 53 = BlPMZ 1984, 194; BPatG 29.9.2010 3 ZA (pat) 49/10; BPatG 6.9.2011 3 ZA (pat) 40/11; BPatG 23.9.2011 3 ZA (pat) 42/11; BPatG 8.3.2012 3 ZA (pat) 7/12.
173   BPatGE 22, 66, 68.
174   BPatG 7.3.1994 3 ZA (pat) 6/94.
175   BPatG 6.12.2002 3 ZA (pat) 47/02.
176   BPatGE 34, 9: auf Grund Vergleichs; BPatG 15.1.1973 2 ZA (pat) 15/72.
177   BPatG 27.3.2001 3 ZA (pat) 64/00; vgl BPatG 23.4.2012 3 ZA (pat) 18/12.
178   BPatG 11.2.2011 3 ZA (pat) 73/10.
179   BPatGE 22, 66.
180   BPatGE 50, 235.
181   BPatG Mitt 2005, 367.
182   *Schulte* § 31 Rn 39 unter Stützung auf BPatG 5.3.2007 4 ZA (pat) 57/06 undok.
183   *Benkard* Rn 16; *Schulte* Rn 32.
184   BPatGE 53, 64 = GRUR 2012, 755; BPatG 12.7.2011 3 ZA (pat) 29/11.
185   BGH GRUR 1999, 226 Akteneinsicht XIV; BGH GRUR 2001, 143 Akteneinsicht XV; BGH GRUR 2001, 149 Akteneinsicht 019; BGH BGHRep 2001, 223 Akteneinsicht 020; BGH GRUR 2007, 133 Akteneinsicht XVII, BGH 15.5.2007 X ZR 107/05 Akteneinsicht 027; BGH GRUR 2007, 815 Akteneinsicht XVIII; BGH GRUR 2008, 733 Akteneinsicht XX; BGH 10.6.2008 X ZR 3/08 Akteneinsicht 030; BGH 27.5.2009 Xa ZR 162/07 Akteneinsicht 031; BGH GRUR-RR 2012, 87 Akteneinsicht XXII; BGH 7.12.2011 X ZR 84/11 Akteneinsicht 036; BGH 21.1.2013 X ZR 49/12 Akteneinsicht 038; BGH 18.6.2013 X ZR 11/10 Akteneinsicht 039; BPatG 23.4.2012 3 ZA (pat) 18/12; BPatG 19.10.2012 3 ZA (pat) 48/12; BPatG 15.11.2012 3 ZA (pat) 51/12; BPatG 15.11.2012 3 ZA (pat) 52/12; BPatG 23.7.2014 6 ZA (pat) 16/14; BPatG 28.9.2015 3 ZA (pat) 37/15; anders noch BGH 4.12.1990 X ZR 47/88 Akteneinsicht 09 und BGH 15.12.1992 X ZR 72/91 Akteneinsicht 013 und 014 sowie BPatGE 26, 53 = BlPMZ 1984, 194; BPatG Mitt 2005, 367; *Benkard* Rn 16.
186   Vgl BPatGE 26, 53 = BlPMZ 1984, 194; BPatGE 32, 268 = Mitt 1992, 228.

erstellen, kein ausreichendes eigenes Interesse, soweit es auf ein solches ankommt[187] (Rn 48). Der Antrag muss eigenhändig unterzeichnet sein.[188]

IV. Verfahren

1. Zuständigkeit. Zuständig ist das BPatG; das DPMA kann nicht über die Einsichtnahme in die **42** BPatG-Beschwerdeakten befinden.[189] Funktionell zuständig ist, soweit keine Einwendungen erhoben werden und es sich nicht um Geheimverfahren handelt, der Rechtspfleger (§ 23 Abs 1 Nr 11 RPflG), sonst der Senat (Abs 3 Satz 2); dies gilt auch für Zwangslizenzverfahren, Rn 31. Befinden sich die Akten im Berufungs- oder Rechtsbeschwerdeverfahren beim BGH, kann und wird zweckmäßigerweise dieser entscheiden; er kann die Akten aber auch zur Entscheidung an das BPatG zurückgeben. Hat der BGH diese Akten dem EuGH vorgelegt, fehlt vor deren Rückleitung eine rechtl Grundlage für eine Entscheidung des BGH.[190] Soweit in Patent-, Gebrauchsmuster- und Topographiesachen der BGH mit Akteneinsichtsanträgen nicht verfahrensbeteiligter Dritter befasst ist, gelten grds auch die Zuständigkeitsregelungen des Abs 3 (iVm § 18 Abs 3 Satz 1 GebrMG, § 4 Abs 4 Satz 3 HlSchG) entspr. Eine Entscheidungszuständigkeit des Rechtspflegers ist anders als beim BPatG nicht begründet, die Zuständigkeit liegt in entspr Anwendung von Abs 3 Satz 2 beim Senat. Dies gilt jedoch nur, soweit eine sachliche Entscheidung erforderlich ist und nicht, soweit Akteneinsicht frei ist oder nur den Einschränkungen entspr Abs 3 Satz 2 unterliegt und nach Gewährung rechtl Gehörs keiner der Beteiligten Einwendungen erhebt.[191] In diesem Fall wird Akteneinsicht durch Verfügung des Berichterstatters gewährt. Der Beurteilungsmaßstab folgt hier aus der in § 23 Abs 1 Nr 11 RPflG niedergelegten Regelung. In gleicher Weise wird, soweit es sich nicht um Geheimanmeldungen und -schutzrechte handelt, hinsichtlich solcher Anmeldeakten verfahren, bei denen die Akteneinsicht nicht frei ist, wenn sich alle Verfahrensbeteiligten mit der Akteneinsicht einverstanden erklären, bei nicht offengelegten Patentanmeldungen unter der weiteren gesetzlichen Voraussetzung, dass der Erfinder benannt ist (§ 31 Abs 2 Nr 1). Wird der Akteneinsicht in bestimmtem Umfang widersprochen, wird entsprechend verfahren, wenn der Antragsteller seinen Antrag nur in dem Umfang weiterverfolgt, in dem nicht widersprochen worden ist.

2. Prüfung. Im Fall des Nichtwiderspruchs wird Akteneinsicht, sofern sie frei ist, ohne weiteres ge- **43** währt. Soweit ein berechtigtes Interesse erforderlich ist, hat der Rechtspfleger (bei Entscheidung des BGH der Senat) im Fall des Nichtwiderspruchs nach Maßgabe des § 31 zu prüfen, ob dieses glaubhaft gemacht ist; die Prüfung entfällt bei Zustimmung aller Verfahrensbeteiligten, vgl Rn 42.[192] Das Fehlen des berechtigten Interesses ist vAw zu berücksichtigen.[193] Das Gegeninteresse nach Abs 3 Satz 2 (Rn 37 ff) ist zu substantiieren.[194] Wer bestimmte Aktenteile von der Akteneinsicht ausgenommen wissen will, trägt die Obliegenheit, diese Teile im einzelnen zu bezeichnen.[195]

3. Unterbrechung. Insolvenz des Nichtigkeitsklägers unterbricht das Verfahren über die Gewährung **44** von Einsicht für Dritte in die Akten eines Nichtigkeitsverfahrens nicht.[196]

187 BPatGE 8, 199 = Mitt 1967, 65.
188 BPatG 30.3.1992 3 ZA (pat) 2/92, zur Einsicht in Nichtigkeitsakten.
189 BPatGE 6, 14 = GRUR 1965, 598.
190 BGH BGHRep 2001, 223 Akteneinsicht 020.
191 Vgl *Benkard* Rn 25.
192 *Benkard* Rn 22.
193 BPatG 5.11.1969 5 W (pat) 26/29; vgl BPatG Mitt 1979, 137.
194 *Benkard* Rn 18; vgl BPatG Mitt 1979, 137.
195 BPatG 29.3.1996 3 ZA (pat) 35/95, Zwangslizenzsache; vgl BGH GRUR 1972, 195 Akteneinsicht VIII; BGH GRUR 2007, 133 Akteneinsicht XVII; BGH 16.12.2010 Xa ZR 19/10 Akteneinsicht 035; BGH 7.12.2011 X ZR 84/11 Akteneinsicht 036; BGH 16.6.2015 X ZR 96/14 Akteneinsicht 042; BGH 22.3.2016 X ZR 96/14 Akteneinsicht 046; *Schulte* Rn 29.
196 BPatG 23.7.1992 3 ZA (pat) 10/92 Schulte-Kartei PatG 81–85 Nr 302.

V. Entscheidung

45 Soweit der Akteneinsicht widersprochen worden ist oder der Antrag abgelehnt wird, erfolgt die Entscheidung durch zu begründenden Beschluss (§ 94 Abs 2), sonst bedarf es keiner Begründung. Soweit die Akteneinsicht frei ist und nicht widersprochen wird, bedarf es keines förmlichen Beschlusses, vgl Rn 41; Mitteilung des Antrags an die Beteiligten wird aber auch hier erforderlich sein. Die Gewährung der Akteneinsicht kann sich nur auf die bis zum Zeitpunkt des Einsicht gewährenden Beschlusses entstandenen Aktenteile erstrecken.[197]

46 Die Einsicht in die Gerichtsakten (nicht auch in die Beiakten) ist gebührenfrei.[198] Im Akteneinsichtsverfahren über Nichtigkeits- und Zwangslizenzakten ist für eine **Kostenentscheidung** nach stRspr der Nichtigkeitssenate kein Raum.[199] Gleiches hat für andere erstinstanzliche Akteneinsichtsverfahren vor dem BPatG zu gelten.[200]

VI. Anfechtbarkeit

47 Die Entscheidungen des Senats im erstinstanzlichen Akteneinsichtsverfahren sind unanfechtbar.[201] Beschwerdeentscheidungen des BPatG sind mit der Rechtsbeschwerde anfechtbar. Gegen Entscheidungen des Rechtspflegers ist Erinnerung statthaft, der dieser abhelfen kann (Rn 13 ff vor § 73).

VII. Akteneinsicht in Akten von Rechtsbeschwerde- und Berufungsverfahren vor dem BGH

48 Eine gesetzliche Regelung fehlt; insb verweist § 106 für das **Rechtsbeschwerdeverfahren** nicht auf § 299 ZPO. Nach anfänglicher Anwendung dieser Bestimmung in sachlicher Hinsicht[202] entscheidet der BGH nunmehr nach Abs 3 Satz 1 iVm § 31[203] bzw § 8 Abs 5 GebrMG.[204] Die Zuständigkeit richtet sich nach Abs 3 Satz 2.[205] Entgegen früherer Rspr[206] kann von berufsmäßigen Vertretern die Nennung des Auftraggebers nicht verlangt werden, soweit die Akteneinsicht nach § 31 für jedermann frei ist; so auch die neuere Praxis des BGH.[207] Die Gewährung von Akteneinsicht in beim BPatG angelegte Beiakten ist ungeklärt.

49 Für die Einsicht in Akten von **Nichtigkeitsberufungsverfahren**, die seit dem 1.10.1968 entstanden sind, wendet der BGH Abs 3 Satz 2 und 3 entspr an.[208] Ob dies auch für Rechtsbeschwerdeakten im GbmLöschungsverfahren gilt, hat der BGH offen gelassen,[209] richtigerweise wird dies aber zu verneinen sein. Sind

---

197 BGH GRUR 1972, 441 Akteneinsicht IX.
198 *Benkard* Rn 25a; *Lindenmaier* § 41o Rn 11; *Klauer/Möhring* § 41o Rn 15; zu den Gebühren des Vertreters BPatG Mitt 1966, 123, Wz-Sache.
199 BPatGE 27, 96 = Mitt 1985, 214; BPatGE 32, 270, 272 = Mitt 1992, 229; BPatG Mitt 1992, 148 m abl Anm *Bunke* unter Abstellen auf den Charakter des Akteneinsichtsverfahrens als „echtes Streitverfahren", was bereits außer Betracht lässt, dass das Akteneinsichtsverfahren, das sich auf ein Streitverfahren wie das Nichtigkeitsverfahren bezieht, regelmäßig ein dreiseitiges Verfahren ist; BPatGE 32, 268, 270 = Mitt 1992, 228 für das Zwangslizenzverfahren; vgl zur unterschiedlichen Behandlung von erstinstanzlichen Akteneinsichtsverfahren und Beschwerdeverfahren auch BPatGE 3, 23 = BlPMZ 1963, 173; BPatG Mitt 1970, 34, Wz-Sache.
200 Vgl *Schulte* Rn 33.
201 BPatGE 32, 270 f = Mitt 1992, 229; *Lindenmaier* § 41o Rn 12.
202 BGH BlPMZ 1971, 345 Akteneinsicht 06; BGH GRUR 1973, 491 Akteneinsicht 08; BGH Mitt 1973, 174 Akteneinsicht Rechtsbeschwerde; vgl BGH 2.2.1972 X ZA 7/71.
203 BGH GRUR 1983, 365 Akteneinsicht Rechtsbeschwerdeakten, unter Aufgabe der früheren Ansicht; ebenso für das markenrechtl Rechtsbeschwerdeverfahren BGH 6.10.2005 I ZB 11/04; BGH 21.9.1993 X ZB 24/92: wenn und solange sich die Akten beim BGH befinden, ebenso BGH 6.3.2007 X ZB 20/06; insoweit anders noch BGH GRUR 1966, 639 Akteneinsicht III.
204 BGH GRUR 2005, 270 Akteneinsicht XVI.
205 So schon BGH Akteneinsicht 06; BGH Akteneinsicht 08.
206 BGH 29.1.1991 X ZB 5/90 Akteneinsicht 010 und BGH 1.12.1992 X ZB 3/92 Akteneinsicht 012.
207 BGH GRUR 1999, 226 Akteneinsicht XIV; BGH GRUR 2001, 149 Akteneinsicht 019, GbmSache; so schon BGH 25.2.1997 X ZB 11/96, ohne nähere Begründung; vgl BGH 21.9.1993 X ZB 24/92.
208 BGH BlPMZ 1971, 345 Akteneinsicht 06; BGH GRUR 1972, 195 f Akteneinsicht VIII; BGH GRUR 1972, 441 f Akteneinsicht IX; vgl BGH GRUR 1983, 365 Akteneinsicht Rechtsbeschwerdeakten; BGH 18.6.2013 X ZR 11/10 Akteneinsicht 039; BPatG 18.12.2014 X ZR 38/14 CIPR 2015, 16 Ls Akteneinsicht 041; BGH 28.7.2015 X ZR 38/14 Akteneinsicht 043.
209 BGH GRUR 2005, 270 Akteneinsicht XVI.

die Akten nach Erledigung des Berufungsverfahrens den erstinstanzlichen Akten einverleibt worden, entscheidet das BPatG.[210] Zu den Akten des Berufungsverfahrens gehört das dort erstellte gerichtliche Gutachten, auch wenn es, wie es der Praxis beim BGH entspricht, nicht einfoliiert wird.[211] Über die Einsicht in die beim BGH befindlichen Akten der Vorinstanz entscheidet dieser.

---

210 BPatGE 22, 66.
211 BPatGE 22, 66, 69.

SECHSTER ABSCHNITT
Verfahren vor dem Bundesgerichtshof

1. Rechtsbeschwerdeverfahren

Vor § 100

Schrifttum (s auch vor Rn 18): *Bender* Und nun auch im Patentrecht: Die Rüge der Versagung rechtlichen Gehörs als neuer zulassungsfreier Rechtsbeschwerdegrund? Zur beabsichtigten Änderung von § 100 Abs 3 PatG, Mitt 1998, 85; *Bühling* „Die neuere Rechtsprechung des Bundesgerichtshofes zur zulassungsfreien Rechtsbeschwerde nach § 100 Abs 3 Nr 1 bis 5 PatG" – Anmerkungen zum Aufsatz von Klaus Schülke in GRUR 1994, 468, GRUR 1994, 890; *Engel* Das Rechtsbeschwerdeverfahren, Mitt 1979, 61; *Hesse* Zur Frage der Statthaftigkeit der zulassungsfreien Rechtsbeschwerde in Patent-, Gebrauchsmuster- und Warenzeichensachen, GRUR 1974, 711; *Heydt* (Entscheidungsanmerkung) GRUR 1962, 97; *Ingerl* BPatG und BGH – Bundesgerichte im markenrechtlichen Dialog, MarkenR 2002, 368; *Jänich* Verfahrensgrundrechte vor dem Bundespatentgericht, FS 50 Jahre BPatG (2011), 289; *Jungbluth* Das Bundespatentgericht im zehnten Jahre seines Bestehens, FS 10 Jahre BPatG (1971), 1; *Kirchner* Die Anschlußbeschwerde im registerrechtlichen Warenzeichenverfahren, GRUR 1968, 682; *Kirchner* Rechtsbeschwerde gegen eine nach § 36q PatG ergangene „isolierte" Kostenentscheidung? GRUR 1971, 109; *Kockläuner* Neufassung von Bestimmungen über das Bundespatentgericht und die Rechtsbeschwerde, GRUR 1965, 178; *Kockläuner* Zum Rechtsinstitut der Rechtsbeschwerde, Mitt 1966, 131; *Kraßer* Die Zulassung der Rechtsbeschwerde durch das Bundespatentgericht, GRUR 1980, 420; *Löscher* Rechtsweg und Instanzenzug im gewerblichen Rechtsschutz, DRiZ 1962, 8; *Löscher* Vier Jahre Rechtsbeschwerde in Patent-, Muster- und Zeichensachen, GRUR 1966, 5; *Möhring* Die nicht zugelassene Rechtsbeschwerde im Patentrecht, GRUR 1972, 245; *Röhl* Die zulassungsfreie Rechtsbeschwerde, GRUR 1966, 117; *Sangmeister* Die Rüge wesentlicher Mängel des Verfahrens, DStZ 1991, 358; *Schlüter* Gedanken zur Entlastung der Warenzeichensenate des Bundespatentgerichts, MA 1965, 147; *Schülke* Die neuere Rechtsprechung des Bundesgerichtshofes zur zulassungsfreien Rechtsbeschwerde nach § 100 Abs 3 Nr 1 bis 5 PatG, GRUR 1994, 468; *Seiler* Neuere Rechtsprechung zur zulassungsfreien Rechtsbeschwerde in Patentsachen, GRUR 2011, 287; *Sikinger* Die Zurücknahme der Patent- und Warenzeichenanmeldung, Mitt 1985, 61; *Storch* (Anm) GRUR 1969, 564; *Völp* Die Reform des Rechtsweges gegen Entscheidungen des Patentamts, GRUR 1960, 205; *Völp* Patentgerichtsverfahren (1961); *von Gamm* Die Rechtsbeschwerde in Warenzeichensachen, GRUR 1977, 413; *Weisse* Erforschung des Sachverhalts und rechtliches Gehör im Verfahren vor dem Bundespatentgericht, GRUR 1967, 130; *Wey* Senatsentscheidungen im Licht einer künftigen Patentrechtsreform, GRUR 1972, 270; *U. Weiss* Drei Jahre Bundespatentgericht – Gedanken und Erfahrungen, GRUR 1964, 637; *Wiehle* Voraussetzungen für die Zulassung der Rechtsbeschwerde an den Bundesgerichtshof durch das Patentgericht, Mitt 1963, 2; *Zuck* Die verfassungsgerichtliche Kontrolle von Entscheidungen der Großen Beschwerdekammer des Europäischen Patentamts wegen Verletzung des rechtlichen Gehörs, GRUR Int 2011, 302.

A. Verfahren vor dem Bundesgerichtshof

I. Allgemeines

1   Der BGH ist im Bereich der Zuständigkeit des DPMA und des BPatG in den drei im 6. Abschnitt geregelten Verfahrensarten zur Entscheidung berufen, in Patentstreitsachen als Revisionsgericht nach den Bestimmungen der ZPO. Mit Einführung der Rechtsbeschwerde ist eine im Grundsatz umfassende letztinstanzliche Zuständigkeit des BGH im Bereich des nationalen gewerblichen Rechtsschutzes begründet worden; daraus kann aber nicht abgeleitet werden, dass alle Entscheidungen des BPatG zum BGH anfechtbar sind (Rn 16 ff zu § 99). Zuständig ist in den im 6. Abschnitt geregelten Verfahren, in Rechtsbeschwerdeverfahren nach dem GebrMG und dem HlSchG sowie teilweise nach dem SortG wie im Grundsatz auch in allen Patentstreitsachen, in denen aber andere Zuständigkeiten, etwa die des Kartellsenats, vorgehen können, der X. Zivilsenat (die Bezeichnung „Patentsenat" trifft jedenfalls seit den achtziger Jahren nicht mehr zu, da dem Senat auch verschiedene Zuständigkeiten aus anderen Rechtsgebieten zugewiesen sind); in Marken- und Designsachen sowie hinsichtlich des Rechts der Sortenbezeichnung liegt die Zuständigkeit beim I. Zivilsenat.[1] Vorübergehend (2009/2010) war ein Hilfssenat (Xa-Zivilsenat) gebildet, der ua die Hälfte der Rechtsbeschwerde- und Nichtigkeitssachen sowie die gesamte Zuständigkeit des X. Zivilsenats in SortSachen übernahm. Die Anschrift lautet:
Bundesgerichtshof
Herrenstraße 45a
Postfach
76125 Karlsruhe
Telefon 0721 1590

2   **Reform.** Das Gesetz zur Änderung des patentrechtlichen Einspruchsverfahrens und des Patentkostengesetzes hat eine Nr 4 Gemeinsame Verfahrensvorschriften mit dem neuen § 122a eingestellt (s dort). Der im Juli 2004 im BMJ gemachte Vorschlag einer Verweisung in die ZPO und das GVG, die zu Schwierigkeiten beim Nichtigkeitsberufungsverfahren (§§ 110 ff) geführt hätte, ist wieder fallengelassen und in dem nachfolgenden Gesetz für die Verfahren vor dem BGH nicht wieder aufgegriffen worden. Größere Änderungen hat das PatRVereinfModG für das Nichtigkeitsberufungsverfahren (§§ 110 ff) gebracht.

II. Verfahrenskosten

3   § 1 GKG bestimmt auszugsweise:

> **§ 1**
>
> (1) Für Verfahren vor den ordentlichen Gerichten
>
> ...
>
> 14. für Rechtsmittelverfahren vor dem Bundesgerichtshof nach dem Patentgesetz, dem Gebrauchsmustergesetz, dem Markengesetz, dem Designgesetz, dem Halbleiterschutzgesetz und dem Sortenschutzgesetz (Rechtsmittelverfahren des gewerblichen Rechtsschutzes),
>
> werden Kosten (Gebühren und Auslagen) nur nach diesem Gesetz erhoben. ...

4   Danach findet für alle gegen Entscheidungen des BPatG gerichtete Verfahren vor dem BGH eine einheitliche Kostenerhebung und Kostenberechnung nach dem GKG statt. Hierzu wurde durch das 2. PatGÄndG § 12b GKG geschaffen, der durch das GeschmMRefG geänd und durch das KostRMoG als **§ 51 GKG** eingestellt wurde (zur Niederschlagung von Kosten Rn 25 zu § 109):

> (1) In Verfahren nach dem Patentgesetz, dem Gebrauchsmustergesetz, dem Markengesetz, dem Designgesetz, dem Halbleiterschutzgesetz und dem Sortenschutzgesetz ist der Wert nach billigem Ermessen zu bestimmen.
> (2) Die Vorschriften über die Anordnung der Streitwertbegünstigung (§ 144 des Patentgesetzes, § 26 des Gebrauchsmustergesetzes, § 142 des Markengesetzes, § 54 des Designgesetzes) sind anzuwenden.

5   **Kostenschuldner.** Die Kosten schuldet, wer das Verfahren des Rechtszugs beantragt hat, im mehrseitigen Rechtsbeschwerdeverfahren also der Rechtsbeschwerdeführer, im Berufungsverfahren der Beru-

---

1   Vgl Auszug aus dem Geschäftsverteilungsplan 2016 BlPMZ 2016, 129.

fungsführer. Sie werden bei dem Schuldner über deren Vertreter eingefordert. Die Haftung bleibt bestehen, auch wenn das Gericht dem Gegner die Kosten auferlegt hat; beide haften dann als Gesamtschuldner, soweit nicht der Antragsteller nach § 31 Abs 2 GKG neben dem Entscheidungsschuldner nur als Zweitschuldner haftet. Der Zweitschuldner soll (Ordnungsvorschrift) nur in Anspruch genommen werden, wenn die Zwangsvollstreckung in das bewegliche Vermögen des Erstschuldners erfolglos geblieben ist oder aussichtslos erscheint (§ 31 Abs 2 Satz 1 GKG).

Das GKG regelt seit dem 1.7.2004 die **Gebührentatbestände** im Abschnitt 5 des KostVerz (Rechtsmit- **6** telverfahren des gewerblichen Rechtsschutzes vor dem Bundesgerichtshof; Nr 1250–1256). MWv 1.7.2006 wurde durch das Gesetz zur Änderung des patentrechtlichen Einspruchsverfahrens und des Patentkostengesetzes vom 21.6.2006 für das **Rechtsbeschwerdeverfahren** in Sachen des gewerblichen Rechtsschutzes eine feste Gebühr von 750 EUR eingeführt. Die Bestimmungen lauten:

Unterabschnitt 1. Berufungsverfahren
1250   Verfahren im Allgemeinen   6,0
   1251   Beendigung des gesamten Verfahrens durch Zurücknahme der Berufung oder der Klage, bevor die Schrift zur Begründung der Berufung bei Gericht eingegangen ist:
   Die Gebühr 1250 ermäßigt sich auf   1,0
   Erledigungserklärungen nach § 91a ZPO i.V.m. § 121 Abs. 2 Satz 2 PatG, § 20 GebrMG stehen der Zurücknahme gleich, wenn keine Entscheidung über die Kosten ergeht oder die Entscheidung einer zuvor mitgeteilten Einigung der Parteien über die Kostentragung oder der Kostenübernahmeerklärung einer Partei folgt.
   1252   Beendigung des gesamten Verfahrens, wenn nicht Nummer 1251 anzuwenden ist, durch
1.   Zurücknahme der Berufung oder der Klage vor dem Schluss der mündlichen Verhandlung,
2.   Anerkenntnis- oder Verzichtsurteil,
3.   gerichtlichen Vergleich oder
4.   Erledigungserklärungen nach § 91a ZPO i.V.m. § 121 Abs. 2 Satz 2 PatG, § 20 GebrMG, wenn keine Entscheidung über die Kosten ergeht oder die Entscheidung einer zuvor mitgeteilten Einigung der Parteien über die Kostentragung oder der Kostenübernahmeerklärung einer Partei folgt,
es sei denn, dass bereits ein anderes als eines der in Nummer 2 genannten Urteile vorausgegangen ist:
   Die Gebühr 1250 ermäßigt sich auf   3,0
   Die Gebühr ermäßigt sich auch, wenn mehrere Ermäßigungstatbestände erfüllt sind.

Unterabschnitt 2. Beschwerdeverfahren und Rechtsbeschwerdeverfahren
   1253   Verfahren über die Beschwerde nach § 122 PatG oder § 20 GebrMG i.V.m. § 122 PatG gegen ein Urteil über den Erlass einer einstweiligen Verfügung in Zwangslizenzsachen 2,0
   1254   Beendigung des gesamten Verfahrens durch Zurücknahme der Beschwerde, bevor die Schrift zur Begründung der Beschwerde bei Gericht eingegangen ist:
   Die Gebühr 1253 ermäßigt sich auf   1,0
   Erledigungserklärungen nach § 91a ZPO i.V.m. § 121 Abs. 2 Satz 2 PatG, § 20 GebrMG stehen der Zurücknahme gleich, wenn keine Entscheidung über die Kosten ergeht oder die Entscheidung einer zuvor mitgeteilten Einigung der Parteien über die Kostentragung oder der Kostenübernahmeerklärung einer Partei folgt.
   1255   Verfahren über die Rechtsbeschwerde   750,00 EUR
   1256   Beendigung des gesamten Verfahrens durch Zurücknahme der Rechtsbeschwerde, bevor die Schrift zur Begründung der Rechtsbeschwerde bei Gericht eingegangen ist:
   Die Gebühr 1255 ermäßigt sich auf   100,00 EUR
   Erledigungserklärungen in entsprechender Anwendung des § 91a ZPO i.V.m. § 121 Abs. 2 Satz 2 PatG stehen der Zurücknahme gleich, wenn keine Entscheidung über die Kosten ergeht oder die Entscheidung einer zuvor mitgeteilten Einigung der Parteien über die Kostentragung oder der Kostenübernahmeerklärung einer Partei folgt.

III. Zur **Einreichung elektronischer Dokumente,** die in den Verfahren nach §§ 100 ff, 110 ff und 122 **7** möglich ist, s die Kommentierung zu § 125a.

B. Das Rechtsbeschwerdeverfahren

I. Systematische Stellung

Das Rechtsbeschwerdeverfahren dient unterschiedlichen Zielen, je nachdem, ob es sich um die zuge- **8** lassene oder die zulassungsfreie Rechtsbeschwerde handelt. Sichert die zulassungsfreie Rechtsbeschwerde den Individualrechtsschutz, so dient die zugelassene Rechtsbeschwerde jedenfalls in erster Linie der Klärung grundsätzlicher Rechtsfragen und der Einheitlichkeit der Rspr.[2] Dies gilt auch für die mWv 1.1.2002 in die ZPO eingestellte Regelung der Rechtsbeschwerde[3] (Rn 1 zu § 100), die sich weitgehend an der Regelung im Kartellrecht orientierte. Gleichwohl ist die Nähe zum Revisionsrecht der ZPO unübersehbar.[4]

9   **Rechtszustand bis 1961.** Bis zum Inkrafttreten der Regelungen des 6. ÜberlG am 1.7.1961 kannte das Verfahren vor dem DPA nur einen inneramtlichen Instanzenzug, der von den Prüfungsstellen und Patentabteilungen zu den Beschwerdesenaten führte; daneben bestand zunächst aufgrund des Art II des Gesetzes über Änderungen im patentamtlichen Verfahren vom 1.2.1926,[5] später nach § 19 PatG 1936 ein mit dem Präsidenten oder seinem Vertreter, drei rechtskundigen und drei technischen Mitgliedern besetzter Großer Senat, der in Divergenzfällen angerufen werden musste. Wie sich insb an der Frage der Neuheitsschädlichkeit ausgelegter Unterlagen[6] zeigte, waren damit letztlich Abweichungen zwischen höchstrichterl Rspr und Praxis des DPA nicht auszuräumen[7] (eine vergleichbare Situation besteht heute wieder im Verhältnis zum EPA). Anders als die Vorlage an den Großen Senat ist die Rechtsbeschwerde echtes Rechtsmittel.[8] Der Große Senat des DPA ist mit Inkrafttreten des 6. ÜberlG entfallen, wodurch sich gewisse Lücken ergeben haben, da die Rechtsbeschwerde grds nur in Betracht kommt, soweit die Beschwerdesenate des BPatG über eine Beschwerde entscheiden (Rn 4 zu § 100), und da die Rspr des BGH die Rechtsbeschwerde nach dem PatG im Bereich der Kostenfestsetzung nicht als statthaft angesehen hat (Rn 11 zu § 100).[9]

10   Der zunächst beim BPatG gebildete, längst aufgelöste **Große Senat** war nur für Verfahren nach Art 7 AHK Nr 8 zuständig (§ 13 Abs 1 6. ÜberlG).

II. Reform

11   Das 2. PatGÄndG hat die Verletzung rechtl Gehörs als weiteren Rechtsbeschwerdegrund entspr der Regelung im MarkenG eingeführt[10] und weiter kostenrechtl Änderungen gebracht (Rn 2 ff).

III. Entsprechende Anwendung der Regelung

12   Im GbmRecht, im Halbleiterschutzrecht und im Designrecht sind die §§ 100 Abs 2, 3, 101–109 weiterhin entspr anzuwenden (§ 18 Abs 5 GebrMG; § 4 Abs 4 Satz 3 HlSchG; § 23 Abs 3 DesignG), ebenso im SortRecht (§§ 35, 36 SortG). Das MarkenG hat die im Wz-Recht entspr angewendeten Bestimmungen mit geringfügigen Abweichungen (insb Einführung des „absoluten" Rechtsbeschwerdegrunds der Verletzung rechtl Gehörs) – auch insoweit unnötigerweise (vgl Rn 4 vor § 86) – selbstständig übernommen. Zur vorübergehenden Übertragung des Einspruchsverfahrens auf das BPatG und den sich daraus ergebenden Folgen 6. *Aufl* Rn 14 ff zu § 147, zur Folgeregelung in § 61 Abs 2 Rn 5 ff, 13 ff, 19 f zu § 61.[11]

IV. Wahrung der Einheitlichkeit der Rechtsprechung

13   Soweit zwischen den zuständigen Zivilsenaten des BGH Divergenzen bestehen, erfolgt die Wahrung der Einheitlichkeit durch den **Großen Senat in Zivilsachen** (§§ 132, 138 GVG), der wegen im Rechtsbe-

---

2 Vgl *Ingerl/Rohnke* § 83 MarkenG Rn 5.

3 Vgl Begr ZPO-RG BTDrs 14/4722 S 116.

4 Vgl *Fitzner/Lutz/Bodewig* Rn 3; BGHZ 88, 191, 196 = GRUR 1983, 725, 727 Ziegelsteinformling I.

5 RGBl II 127 = BlPMZ 1926, 42.

6 Vgl BGHZ 18, 81 = GRUR 1955, 393 Zwischenstecker II einerseits; Großer Senat des DPA GRUR 1953, 440 und BlPMZ 1956, 34 andererseits.

7 Vgl *Benkard* Rn 1 vor § 100 mit Hinweisen zum Streit über den Schutz von Kabelkennfäden; *Klauer/Möhring* Rn 1 vor § 41p; *Löscher* DRiZ 1962, 8, 10; Begr 6. ÜberlG BlPMZ 1961, 140, 156.

8 *Lindenmaier* § 41p Rn 2; vgl *Fitzner/Lutz/Bodewig* Rn 2.

9 Vgl *Benkard* Rn 2 vor § 100.

10 Kr hierzu *Bender* Mitt 1998, 85.

11 Vgl auch Bericht des Rechtsausschusses BTDrs 14/7140 S 59.

schwerdeverfahren zu klärender Fragen des Gewerblichen Rechtsschutzes bisher noch nicht angerufen wurde, wohl aber mehrmals wegen Fragen, die in Patentstreitsachen von Bedeutung waren.[12]

Lediglich dort, wo der **Rechtsweg zu den Fachgerichtsbarkeiten** eröffnet ist (insb der Verwaltungs- **14** rechtsweg, Rn 39 ff zu § 143, der Rechtsweg zu den Finanzgerichten, Rn 43 zu § 143, zu den Sozialgerichten, Rn 44 zu § 143 und zu den Arbeitsgerichten, Rn 45 ff zu § 143), kann die Rechtseinheit nur über den **Gemeinsamen Senat der obersten Gerichtshöfe des Bundes** nach dem Gesetz zur Wahrung der Einheitlichkeit der Rechtsprechung der obersten Gerichtshöfe des Bundes vom 19.6. 1968[13] gewahrt werden. Von dem entspr Verfahren ist im Verhältnis zur Arbeitsgerichtsbarkeit einmal Gebrauch gemacht worden, wobei das Verfahren ohne Entscheidung durch den Gemeinsamen Senat endete, nachdem sich das BAG der Auffassung des BGH anschloss.[14]

Vorlage an das Bundesverfassungsgericht und den Gerichtshof der Europäischen Union. Nach **15** Art 100 GG muss der BGH unter bestimmten Umständen das Verfahren aussetzen und die Sache dem **BVerfG** vorlegen (vgl Rn 23 zu § 99); das BVerfG kann daneben auch im Weg der Verfassungsbeschwerde angerufen werden.[15] Verfassungsbeschwerden und Vorlagen von Gerichten, die eine Verletzung von Grundrechten des GG durch sekundäres Gemeinschaftsrecht geltend machen, sind von vornherein unzulässig, wenn ihre Begründung nicht darlegt, dass die eur Rechtsentwicklung einschließlich der Rspr des EuGH unter den erforderlichen Grundrechtsstand abgesunken sei.[16]

Soweit Fragen der Anwendung und Auslegung des Rechts der Europäischen Gemeinschaften in Frage **16** stehen, hat der BGH grds nach Art 267 AEUV eine Vorabentscheidung des **EuGH** herbeizuführen (vgl Rn 24 zu § 99); hiervon ist im Bereich der technischen Schutzrechte durch den BGH und das BPatG wiederholt Gebrauch gemacht worden.[17] Hinzu kommen mehrere sortenschutzrechtl Vorlagen des BGH, des OLG Düsseldorf, des OLG Frankfurt, des LG Düsseldorf und des LG Mannheim.[18] Jedoch hat der EuGH in einer nicht geringen Zahl von Fällen zu Fragen des freien Waren- und Dienstleistungsverkehrs patentrechtl relevante Entscheidungen gefällt. Eine Vorlagepflicht besteht nicht, wenn sich die Antwort auf die Frage so offenkundig aus den maßgeblichen Bestimmungen des Gemeinschaftsrechts ergibt, dass für vernünftige Zweifel kein Raum verbliebe („acte clair").[19] Solange die Vorlagefrage nicht geklärt ist, muss grds wiederholt

---

12 Vgl BGHZ 128, 85 = GRUR 1995, 701 Beschwer bei Auskunftsklage; BGHZ 164, 1 = GRUR 2005, 882 unberechtigte Schutzrechtsverwarnung; BGHZ 177, 212 = NJW 2008, 3434 Verjährungseinrede in der Berufungsinstanz.
13 BGBl I 661.
14 Vgl BGH GRUR 1982, 161 Einspruchsverbietungsklage; BAG NJW 1980, 608 Einspruchsverbietungsklage; BAG AP Nr 3 zu § 32 PatG.
15 Vgl BVerfGE 18, 85 = GRUR 1964, 554; BVerfG 36, 281 = GRUR 1974, 142; BVerfG Mitt 1978, 93; BVerfG GRUR 1981, 295; BVerfG 65, 116 = GRUR 1984, 102; BVerfG – Nichtannahmebeschluss – BlPMZ 1990, 247; BVerfG 15.12.1979 2 BvR 369/79; BVerfG – Nichtannahmebeschluss – 16.3.1989 1 BvR 1452/88; BVerfG – Nichtannahmebeschluss – Mitt 1999, 61; BVerfG – Nichtannahmebeschluss – 5.4.2006 1 BvR 2310/05; erfolgreiche Verfassungsbeschwerde in einem Nichtigkeitsverfahren: BVerfG 14.5.2007 1 BvR 2485/06.
16 BVerfGE 102, 147 = NJW 2000, 3124 Bananenmarktordnung; vgl BVerfGE 73, 339, 378 ff Solange II.
17 BGH 4.2.1986 KZR 18/84, Lizenzvertragssache, entschieden durch EuGH Slg 1988, 5249 = GRUR Int 1989, 56 Schaumstoffplatten; BGH GRUR 1998, 363 Idarubicin, entschieden durch EuGH Slg 1999 I 5553 = GRUR Int 2000, 69 Arzneispezialitäten; BGH GRUR 2000, 392 Omeprazol, entschieden durch EuGH Slg 11.12.2003 C-127/00 Slg 2003 I 14781 = GRUR 2004, 225; BGH GRUR 2003, 599 Cabergolin, entschieden durch EuGH 19.10.2004 C-31/03 Slg 2004 I 10001 = GRUR 2005, 139 Dostinex (Cabergolin); BGH GRUR 2004, 929 Polifeprosan (anderweitige Erledigung), BGH GRUR 2008, 65 Porfimer (anderweitige Erledigung), die fünf letztgenannten Schutzzertifikatssachen; BGH GRUR 2010, 212 neurale Verläuferzellen, entschieden durch EuGH GRUR 2011, 1104 Greenpeace/Brüstle; BPatGE 39, 177 = GRUR 1998, 563, zu Art II § 3 IntPatÜG, entschieden durch EuGH Slg 1999 I 6269 = BlPMZ 1999, 445 BASF/Präsident DPA; BPatGE 51, 238 = GRUR 2010, 132; vgl auch die Vorlage des öOGH in einer Schutzzertifikatssache OGH ÖBl 1999, 355 = GRUR Int 1999, 464 Aciclovir.
18 BGH GRUR 2005, 240 Nachbauentschädigung I und Parallelentscheidungen BGH 11.10.2004 X ZR 157/03 und X ZR 158/03, alle entschieden durch EuGH 8.6.2006 C 7-9/05 Slg 2006 I 5045 = GRUR 2006, 750 STV ./. Deppe; OLG Düsseldorf 22.3.2001 2 U 57/00, entschieden durch EuGH Slg 2004 I 2263 = GRUR 2004, 587 STV ./. Jäger; OLG Düsseldorf InstGE 13, 18, entschieden durch EuGH GRUR 2013, 60; OLG Frankfurt GRUR Int 2000, 1015, entschieden durch EuGH Slg 2003 I 3225 = GRUR 2003, 868 STV ./. Schulin; LG Düsseldorf InstGE 2, 195, entschieden durch EuGH Slg 2004 I 9801 = GRUR 2005, 236 STV ./. Brangewitz; LG Mannheim 9.5.2014 7 O 168/13 GRURPrax 2014, 330 KT, entschieden durch EuGH GRUR 2015, 878 Finita; BGH GRUR 2010, 1087 Solara, entschieden durch EuGH 5.7.2012 C 509/10 GRUR Int 2012, 745 Geistbeck.
19 EuGH Rs 283/81 Slg 1982, 3415 = NJW 1983, 1257 C.I.L.F.I.T.; BGH GRUR 1992, 845 Cliff Richard I; BGHZ 153, 82 = Mitt 2003, 139 Gewinnzusage; BGH GRUR 2006, 346 Jeans II; zur enger formulierten Vorlagepflicht nach dem EuGVÜ BGH BGHRep 2004, 322 CMR.

vorgelegt werden.[20] Anstatt der Vorlage kommt aber auch eine Aussetzung in Betracht.[21] Der EuGH ist gesetzlicher Richter iSd Art 101 Abs 1 Satz 2 GG.[22] Verletzung der Vorlagepflicht verletzt das Recht auf den gesetzlichen Richter,[23] jedoch ist im Fall der Unvollständigkeit der Rspr des EuGH ein Verstoß zu verneinen, wenn sich das Hauptsachegericht in vertretbarer Weise mit der Rechtsfrage befasst hat.[24] Die Nichtvorlage dürfte auch den Rechtsbeschwerdegrund des § 100 Abs 3 Nr 1, der sich nur auf das beschließende Gericht bezieht, nicht ausfüllen. Bei willkürlichem Unterlassen der Vorlage ist grds eine Verletzung des rechtlichen Gehörs (§ 100 Abs 3 Nr 3) anzunehmen.[25] Verletzung der Vorlagepflicht durch das BPatG kann aber nur dann relevant sein, wenn die Rechtsbeschwerde nicht zugelassen wird (vgl Rn 24 zu § 99).[26]

V. Bedeutung[27]

17   2015 sind beim X. Zivilsenat des BGH 8 Rechtsbeschwerden gegen Entscheidungen des BPatG eingegangen, offen waren am Jahresende noch 5 Verfahren (beim I. Zivilsenat – Marken- und Designrecht – 7, offen am Jahresende noch 10 Verfahren). Das BPatG hat die Rechtsbeschwerde im Jahr 2015 in 6 Verfahren vor einem technischen Beschwerdesenat, in 0 Verfahren vor dem GbmBeschwerdesenat und in 1 Verfahren vor dem juristischen Beschwerdesenat zugelassen.[28] Die nicht zugelassene Rechtsbeschwerde führt nur verhältnismäßig selten zum Erfolg;[29] dies kann für den Anwalt entspr Beratungspflichten auslösen.

C. Europäisches Patentübereinkommen

Schrifttum: *Benussi* Die Geschichte der Großen Beschwerdekammer auf Grund der „Travaux Préparatiores", FS 10 Jahre Rspr GBK EPA (1996), 111; *Boff* Rules of Practice of the Enlarged Board of Appeal, epi-Information 1994 H 2, 62; *Bossung* Gedanken zur Weiterbildung der Rechtsprechung der Großen Beschwerdekammer des EPA ausgelöst durch den Fall G 1/93 „Kollidierende Erfordernisse der Absätze 2 und 3 des Artikels 123 EPÜ", FS 10 Jahre Rspr GBK EPA (1996), 135; *Ehlich* R 0016/13: A truly positive decision! epi-Informtion 2015, 100; *Gori* Rechtsprechung der Großen Beschwerdekammer und der Beschwerdekammern des Europäischen Patentamts, GRUR Int 1991, 453; *Günzel* Das Verfahren zur Überprüfung von Entscheidungen der Beschwerdekammern des EPA durch die Große Beschwerdekammer gem Art 112a EPÜ – Ausgestaltung und erste Erfahrungen, GRUR 2009, 269; *Hüttermann/Malessa/Sommer* Art 112a EPÜ: eine erste Bestandsaufnahme, GRUR 2014, 448; *Messerli* Die Überprüfung von Entscheidungen der Beschwerdekammern des Europäischen Patentamts nach dem neuen Art 112a EPÜ, GRUR 2001, 979; *Paterson* Development of the procedure and jurisdiction of the Enlarged Board of Appeal, FS 10 Jahre Rspr GBK EPA (1996), 65; *Payraudeau* Le refus de saisine de la Grande Chambre de recours par les chambres de recours, FS 10 Jahre Rspr GBK EPA (1996), 149; *Persson* Some remarks on the activities of the Enlarged Board of Appeal in the years 1990–1995, FS 10 Jahre Rspr GBK EPA (1996), 157; *Schachenmann* Die Methoden der Rechtsfindung der Großen Beschwerdekammer, GRUR Int 2008, 702; *Seitz* Du principe de l'effet dévolutif du recours comme création prétorienne de la Grande Chambre de recours, FS 10 Jahre Rspr GBK EPA (1996), 79; *Singer* Die Rechtsfortbildung durch die Große Beschwerdekammer des Europäischen Patentamts, FS M. Pedrazzini (1990), 699; *Steenbeek* Hearing within a reasonable time, epi Information 2013, 118; *Steinbrener* Zur Frage der Zulässigkeit einer Vorlage an die Große Beschwerdekammer nach Art. 112 EPÜ, GRUR Int 2008, 713; *Teschemacher* Der Beitrag des Präsidenten

---

20   Vgl öOGH ÖBl 1997, 254, 255 T-Gewinnspiele; zur Problematik auch OLG Koblenz 5.4.2001 12 W 201/01.

21   Vgl EuGH 14.12.2000 C-344/98 Slg I 11369 = GRUR Int 2001, 333, 337 Nr 57 f Masterfoods; BGH RIW 2012, 405; BAG 6.11.2002 5 AZR 279/01; BPatGE 45, 89 = GRUR 2002, 734; noch offen gelassen in BGH 30.3.2005 X ZB 26/04.

22   Vgl BVerfGE 73, 339, 366 = NJW 1987, 577; BVerfGE 82, 159, 194 = NVwZ 1991, 53; BVerfG GRUR 2010, 999 Drucker und Plotter II.

23   BVerfGE 82, 159, 192 = NVwZ 1990, 53; BVerfG GRUR 2005, 52; BGH GRUR 2003, 546 Turbo-Tabs; ÖVerfGH ÖBl 2000, 90.

24   Vgl BVerfG (Kammerbeschluss) 6.12.2006 1 BvR 2085/03 NVwZ 2007, 197.

25   Verneinend für § 83 Abs 3 Nr 1, jedoch grds bejahend für den Verstoß gegen § 83 Abs 3 Nr 3 MarkenG BGH GRUR 2014, 1132 Schwarzwälder Schinken; BGH Turbo-Tabs lässt offen, ob Rüge nach Abs 3 Nr 1 oder Nr 3 in Betracht kommt, verneint dies aber, solange gegen eine Vorlagepflicht nicht in unhaltbarer Weise verstoßen ist; ebenso BGH GRUR 2008, 1027 Cigarettenpackung; BGH GRUR 2009, 994 Vierlinden; BGH MarkenR 2011, 177 Ivadal II; BGH GRUR 2013, 1046 variable Bildmarke, jeweils auch unter dem Gesichtspunkt des gesetzlichen Richters (Art 101 Abs 1 Satz 2 GG); vgl BVerfG (Kammerbeschluss) GRUR 2010, 999 Drucker und Plotter; *Starck* MarkenR 2012, 53; *Schulte* § 68 Rn 20; für die Anwendung von Nr 1 *Fitzner/Lutz/Bodewig* zu § 100 Rn 7; *van Hees/Braitmayer* Rn 744 (S 214).

26   Vgl auch *Ströbele/Hacker* § 83 MarkenG Rn 38.

27   Zur Bedeutung angesichts der Markenrechtsreform *Ingerl/Rohnke* § 83 MarkenG Rn 7.

28   BPatG-Jahresbericht 2015, 59.

29   Hierzu *Schülke* GRUR 1994, 468, 472; *Mes* § 100 Rn 33.

Keukenschrijver

des Europäischen Patentamts zur Rechtsprechung der Großen Beschwerdekammer – eine erste Bestandsaufnahme, GRUR 1993, 320; *Teschemacher* Der Beitrag des Präsidenten des EPA und Stellungnahmen Dritter im Verfahren vor der Großen Beschwerdekammer, FS 10 Jahre Rspr GBK EPA (1996), 85; *Teschemacher* Das neue Verfahren zur Überprüfung von Entscheidungen der Beschwerdekammern, Mitt 2008, 97; *Wegner/Hess* The right to be heard before the EPO Boards of Appeal: overruled by formal regulation? epi Information 2014, 32.

I. Entstehungsgeschichte

Das EPÜ kannte bis zum Inkrafttreten der Reform 2000 kein dem Rechtsbeschwerdeverfahren entspr **18** Verfahren. Die Stellung der GBK (Art 112 EPÜ) war mit der des Großen Senats des DPA bis 1961 vergleichbar (vgl Rn 21 ff Anh § 65). Die Neuregelung (Art 112a EPÜ), zu der die GBK in einer Entscheidung aufgefordert hatte,[30] nähert die Stellung der GBK der des BGH im Rechtsbeschwerdeverfahren an, wenngleich ohne Suspensiveffekt des Überprüfungsantrags (Art 112a Abs 3 EPÜ).[31]

II. Nach dem revidierten EPÜ ist ein **Antrag auf Überprüfung** einer Entscheidung der Beschwerde- **19** kammer durch die GBK („petition for review") möglich. Der Antrag, dessen inhaltliche Erfordernisse Art 107 AOEPÜ regelt, kann nur auf die abschließend geregelten[32] Gründe des Art 112a Abs 2 EPÜ gestützt werden. Der Mangel muss außer im Fall der Straftat grds gerügt worden sein (Regel 106 AOEPÜ). Die Ermessensausübung, neue Hilfsanträge zuzulassen, kann nicht Gegenstand der Überprüfung nach Art 112a EPÜ sein, es sei denn, dass ein schwerwiegender Verstoß nach Art 113 EPÜ oder ein schwerwiegender Verfahrensmangel nach Regel 104 AOEPÜ vorliege.[33] Prüfung des Antrags und Entscheidung richten sich nach Regel 108 AOEPÜ, das Verfahren auch nach Regel 109 Abs 1 AOEPÜ. Zur Besetzung der GBK Rn 25 ff Anh § 65 Weiterbenutzungsrecht (Rn 31). Die Anrufung des BVerfG bei Verletzung des rechtl Gehörs durch die GBK ist nicht von vornherein ausgeschlossen.[34]

III. Antragsberechtigung; Beschwer

Der Antrag kann von jedem Beteiligten des Beschwerdeverfahrens gestellt werden, der durch die Ent- **20** scheidung beschwert ist.[35]

IV. Antragsgründe

1. Mitwirkung eines ausgeschlossenen Beschwerdekammermitglieds. Der Antrag kann nach **21** Art 112a Abs 2 Buchst a darauf gestützt werden, dass ein Mitglied an der Entscheidung mitgewirkt hat, entweder unter Verstoß gegen Art 24 Abs 1 EPÜ (Mitwirkung an einer Sache, an der das Mitglied ein persönliches Interesse hat, vorher als Vertreter eines Beteiligten tätig gewesen ist, oder an der abschließenden Entscheidung in der Vorinstanz mitgewirkt hat), oder trotz einer Ausschlussentscheidung nach Art 24 Abs 4 EPÜ.

2. Mitwirkung einer nicht zum Mitglied der Beschwerdekammern ernannten Person. Nach **22** Art 112a Abs 2 Buchst b kann der Antrag weiter darauf gestützt werden, dass der Beschwerdekammer eine Person angehörte, die nicht zum Beschwerdekammermitglied ernannt war.

3. Schwerwiegender Verstoß gegen Artikel 113 EPÜ. Dieser in Art 112a Abs 2 Buchst c genannte An- **23** tragsgrund erfasst zunächst die Fälle der Gehörsverletzung.[36] Das Recht nach Art 113 Abs 1 EPÜ, gehört zu werden, ist verletzt, wenn eine Beschwerdekammer zur Begründung ihrer Entscheidung vAw im Verfahren

---

30 EPA G 1/97 ABl EPA 2000, 322 Antrag auf Überprüfung; vgl *Benkard-EPÜ* Art 112a Rn 3.
31 Vgl hierzu *Benkard-EPÜ* Rn 7; *Messerli* GRUR 2001, 979; *Günzel* GRUR 2009, 269.
32 EPA 15.7.2008 R 1/08; EPA 22.6.2010 R 10/09; EPA 19.5.2010 R 16/09; EPA 27.9.2010 R 18/09, ständig; vgl *Benkard-EPÜ* Art 112a Rn 15.
33 EPA R 10/09 GRUR Int 2011, 66 clearly unallowable; EPA R 14/10 GRUR Int 2011, 753.
34 Vgl *Zuck* GRUR Int 2011, 302.
35 *Benkard-EPÜ* Art 112a Rn 13 f.
36 Hierzu EPA R 15/10 GRUR Int 2011, 752; EPA R 10/10 GRUR Int 2011, 753 Ls.

Keukenschrijver

nicht vorgebrachte Gründe heranzieht, ohne der dadurch benachteiligten Partei Gelegenheit gegeben zu haben, zu diesen Gründen Stellung zu nehmen und, soweit der Patentinhaber betroffen ist, uU neue Anträge einzureichen, es sei denn, der Partei ist es nach dem Verfahrensablauf ersichtlich möglich gewesen, sich aus eigenem Fachwissen die Argumentation der Kammer zu erschließen.[37] Bejaht wurde ein solcher Verstoß bei der Nichtzustellung der Beschwerdebegründung[38] und bei Entscheidung aufgrund fehlender erfinderischer Tätigkeit, nachdem in der mündlichen Verhandlung nur die Neuheit angesprochen worden war.[39]

24   Erfasst ist weiter die Abweichung von den vom Anmelder oder Patentinhaber **gebilligten Fassung** (Art 113 Abs 2 EPÜ).

25   Ein **schwerwiegender Verstoß** gegen die Bestimmung liegt nur vor, wenn der Verstoß für die Entscheidung kausal geworden ist.[40]

26   **4. Sonstiger schwerer Verfahrensmangel.** Der Antragsgrund nach Art 112a Abs 2 Buchst b EPÜ setzt voraus, dass der Verfahrensmangel in der Ausführungsordnung genannt ist. In Betracht kommen die Nichtanberaumung einer beantragten mündlichen Verhandlung und die Entscheidung über die Beschwerde unter Übergehen eines relevanten Antrags, die in Regel 104 AOEPÜ als mögliche schwerwiegende Verfahrenmängel iSd Art 112a EPÜ ausdrücklich genannt sind. Anträge iSd zweiten Alternative müssen ausdrücklich gestellt werden.[41]

27   **5.** Schließlich ist Antragsgrund eine festgestellte **Straftat**, wenn diese die Entscheidung beeinflusst haben könnte (Art 112a Abs 2 Buchst e EPÜ). Für den Begriff der Straftat wird auf das am Sitz des EPA geltende Strafrecht abzustellen sein, regelmäßig also auf das dt Strafrecht. Straftaten sind alle rechtswidrig begangenen nach dem StGB und den Bestimmungen des Nebenstrafrechts mit Strafe bedrohten Handlungen (oder Unterlassungen), auf Verschulden kommt es nicht an. Erfasst sind Verbrechen und Vergehen (§ 12 StGB), nicht aber Ordnungswidrigkeiten. Die Straftat muss durch ein zuständiges Gericht oder eine zuständige Behörde rechtskräftig festgestellt sein, einer Verurteilung bedarf es aber nicht (Regel 105 AOEPÜ). In Betracht kommen insb Urkunden- und Aussagedelikte, die Bestechung von Mitgliedern der Beschwerdekammern und Rechtsbeugung durch die Beschwerdekammer.[42]

V. Begründung

28   In dem Antrag ist darzulegen, aus welchen Gründen die Beschwerdekammerentscheidung aufzuheben ist und auf welche Tatsachen und Beweismittel der Antrag gestützt wird (Regel 107 Abs 2 AOEPÜ). Es muss auch vorgebracht werden, dass der Pflicht genügt wurde, den Verfahrensmangel während des Verfahrens beanstandet und dies von der Beschwerdekammer zurückgewiesen worden ist, es sei denn, dass der Einwand im Beschwerdeverfahren nicht erhoben werden konnte (Regel 106 AOEPÜ). Die Begründung muss erkennen lassen, welcher Mangel gerügt wird.[43] Es reicht aus, wenn der Antrag erkennen lässt, dass die Aufhebung der Entscheidung der Beschwerdekammer begehrt wird, ein ausdrücklicher Antrag ist nicht erforderlich.[44]

VI. Frist

29   Der Antrag ist in den Fällen des Art 112a Abs 2 Buchst a-d EPÜ innerhalb von zwei Monaten nach Zustellung der Entscheidung der Beschwerdekammer zu stellen, Art 112a Abs 4 Satz 2 EPÜ. Im Fall des Art 112a Abs 2 Buchst e EPÜ ist er innerhalb von zwei Monaten nach Feststellung der Straftat, spätestens

---

37   EPA 8.12.2014 R 16/13, hierzu *Ehlich* epi-Information 2015, 100.
38   EPA 22.7.2009 R 7/09.
39   EPA 29.9.2011 R 3/10.
40   Näher *Benkard-EPÜ* Art 112a En 22 ff.
41   Vgl EPA 16.3.2011 R 19/10; *Benkard-EPÜ* Rn 26.
42   Vgl *Benkard-EPÜ* Art 125 Rn 27.
43   EPA 20.3.2009 R 4/08; *Benkard-EPÜ* Art 125 Rn 34; vgl EPA 3.6.2009 R 6/09.
44   EPA 5.2.2009 R 5/08; EPA 10.9.2010 R 9/10; *Benkard-EPÜ* Art 125 Rn 36.

aber fünf Jahre nach Zustellung der Beschwerdekammerentscheidung zu stellen, Art 112a Abs 4 Satz 3 EPÜ.

VII. Gebühr

Der Antrag gilt erst als gestellt, wenn die vorgeschriebene Gebühr entrichtet worden ist (Art 112a **30** Abs 4 Satz 4 EPÜ). Die Gebühr beträgt 2.910 EUR (Art 2 GebO, Nr 111).

VIII. Weiterbenutzungsrecht

Art 112a Abs 6 EPÜ gewährt dem, der in einem benannten Vertragsstaat die Erfindung gutgläubig in **31** der Zeit zwischen der Beschwerdekammerentscheidung und der Bekanntmachung des Hinweises auf die Entscheidung der GBK im eur Patentblatt in Benutzung genommen hat oder wirkliche und ernsthafte Veranstaltungen zur Benutzung getroffen hat, ein unentgeltliches Weiterbenutzungsrecht (Rn 57 zu § 12).

D. Vergleichbare Regelungen im EU-Gemeinschaftsrecht

Art 73 GSortV sieht eine Klage gegen Entscheidungen der Beschwerdekammern zum EuG 1. Instanz **32** vor.[45] Die VO (EG) Nr 40/94 des Rates über die Gemeinschaftsmarke (jetzt: Unionsmarkenverordnung) sieht in ihrem Art 63 eine entspr Regelung vor, ebenso Art 61 der VO (EG) Nr 6/2002 des Rates vom 12.12.2001 über das Gemeinschaftsgeschmacksmuster.

§ 100
(Statthaftigkeit der Rechtsbeschwerde)

(1) Gegen die Beschlüsse der Beschwerdesenate des Patentgerichts, durch die über eine Beschwerde nach § 73 oder über die Aufrechterhaltung oder den Widerruf eines Patents nach § 61 Abs 2 entschieden wird, findet die Rechtsbeschwerde an den Bundesgerichtshof statt, wenn der Beschwerdesenat die Rechtsbeschwerde in dem Beschluß zugelassen hat.

(2) Die Rechtsbeschwerde ist zuzulassen, wenn

1. eine Rechtsfrage von grundsätzlicher Bedeutung zu entscheiden ist oder

2. die Fortbildung des Rechts oder die Sicherung einer einheitlichen Rechtsprechung eine Entscheidung des Bundesgerichtshofs erfordert.

(3) Einer Zulassung zur Einlegung der Rechtsbeschwerde gegen Beschlüsse der Beschwerdesenate des Patentgerichts bedarf es nicht, wenn einer der folgenden Mängel des Verfahrens vorliegt und gerügt wird:

1. wenn das beschließende Gericht nicht vorschriftsmäßig besetzt war,

2. wenn bei dem Beschluß ein Richter mitgewirkt hat, der von der Ausübung des Richteramtes kraft Gesetzes ausgeschlossen oder wegen Besorgnis der Befangenheit mit Erfolg abgelehnt war,

3. wenn einem Beteiligten das rechtliche Gehör versagt war,

4. wenn ein Beteiligter im Verfahren nicht nach Vorschrift des Gesetzes vertreten war, sofern er nicht der Führung des Verfahrens ausdrücklich oder stillschweigend zugestimmt hat,

5. wenn der Beschluß auf Grund einer mündlichen Verhandlung ergangen ist, bei der die Vorschriften über die Öffentlichkeit des Verfahrens verletzt worden sind, oder

6. wenn der Beschluß nicht mit Gründen versehen ist.

MarkenG: § 83 Abs 1 Satz 1, Abs 2, 3

Ausland: Österreich: Die Beschwerde an den OPM, §§ 70 Abs 2, 145a öPatG, ist mit diesem durch die Patent- und Markenrechtsnovelle 2014, entfallen, stattdessen gegen Rekursentscheidungen des OLG Wien Revisionsrekurs an den öOGH, § 140 öPatG 2014; **Schweden:** § 27 Abs 2 PatG

---

45 Näher *Keukenschrijver* SortG vor § 34 Rn 12 ff.

A. Entstehungsgeschichte

1   Die Bestimmung ist durch das 6. ÜberlG als § 41p in das Gesetz eingestellt worden und hat ihre geltende Bezeichnung durch die Neubek 1981 erhalten. Das 2. PatGÄndG hat in Anlehnung an die Regelung im MarkenG die Versagung rechtl Gehörs (hierzu Rn 49 ff) als weiteren Rechtsbeschwerdegrund eingeführt. Dieser Rechtsbeschwerdegrund konnte in allen Verfahren geltend gemacht werden, in denen die Frist zur Begründung der Rechtsbeschwerde am 1.11.1998 noch nicht abgelaufen war.[1] Das ZPO-RG vom 27.7.2001[2] hat nur kleinere Anpassungen gebracht, jedoch ist bei der Auslegung der Bestimmungen nunmehr die Neuregelung der ZPO-Rechtsbeschwerde in §§ 574 ff ZPO nF sowie das geänd Revisionsrecht mit zu berücksichtigen (vgl aber Rn 11). Das Gesetz zur Änderung des patentrechtlichen Einspruchsverfahrens und des Patentkostengesetzes hat eine Änderung in Abs 1 vorgenommen (Rn 4).

---

1   BGH GRUR 1999, 919 Zugriffsinformation; BGH GRUR 2000, 140 tragbarer Informationsträger; BGH GRUR 2000, 597 Kupfer-Nickel-Legierung.
2   BGBl I 1887, auszugsweise BlPMZ 2001, 303.

B. Rechtsbeschwerdefähige Entscheidungen

I. Grundsatz

Die Rechtsbeschwerde ist nur in den Fällen statthaft, in denen sie vom BPatG zugelassen ist (Abs 1) **2** oder gerügt wird, dass ein Verfahrensmangel vorliegt, der sie auch ohne Zulassung eröffnet. Für die Statthaftigkeit der Rechtsbeschwerde kommt es nicht darauf an, ob der angefochtene Beschluss sachlich berechtigt ist.[3]

Die Regelung ist **verfassungskonform**.[4] **3**

Rechtsbeschwerdefähig nach § 100 sind grds nur **Beschlüsse der Beschwerdesenate** des BPatG, **4** durch die **über eine Beschwerde nach § 73 entschieden** wird,[5] grds nicht auch solche, die nur einen Zwischenstreit in der Beschwerdeinstanz entscheiden[6] (jedoch kann die Rechtsbeschwerde hierzu zugelassen werden, wenn die Entscheidung des Zwischenstreits mit der Entscheidung über die Beschwerde erfolgt, str; nach der Rspr des BGH auch dann, wenn die Entscheidung in einem gesonderten Zwischenbeschluss erfolgt ist).[7] Dabei kommt es nicht auf die Fassung, sondern auf den sachlichen Gehalt an.[8] Es genügt, wenn sich das BPatG aufgrund seiner Beschwerdezuständigkeit als für die Entscheidung berufen ansieht, darauf, ob dies tatsächlich der Fall ist, kommt es nicht an.[9] Vorlagebeschlüsse nach Art 100 GG oder Art 267 AEUV sind nicht rechtsbeschwerdefähig, da durch sie nicht über die Beschwerde entschieden wird.[10] Zu Entscheidungen des BPatG im Verfahren über den Antrag auf Verfahrenskostenhilfe vor diesem Gericht Rn 33 ff zu § 135. Generell nicht rechtsbeschwerdefähig sind Beschlüsse der Nichtigkeitssenate des BPatG.[11] Zur Eröffnung der Rechtsbeschwerde in dem dem BPatG vorübergehend übertragenen erstinstanzlichen Einspruchsverfahren § 147 Abs 3 Satz 3 aF. Die Rechtsbeschwerde war auch hier nur eröffnet, wenn sie das BPatG zugelassen hatte oder wenn sie auf die Rüge eines Verfahrensmangels nach Abs 3 gestützt wurde;[12] auch nach Aufhebung deser Bestimmung bleibt sie auf Altverfahren auch für die Statthaftigkeit der Rechtsbeschwerde weiter anwendbar.[13] Gleiches gilt in den Fällen, in denen das BPatG nach neuem Recht (§ 61 Abs 2) im Einspruchsverfahren erstinstanzlich entscheidet (Abs 1; vgl Rn 85 f zu § 61). Das gilt zunächst für Beschlüsse, durch die über die Aufrechterhaltung oder den Widerruf eines Patents nach § 61 Abs 2 entschieden wird.[14] Über den Wortlaut der Neuregelung hinaus sind aber auch Fälle erfasst, mit denen der Einspruch vom BPatG erstinstanzlich als unzulässig verworfen worden ist, da die zuvor in § 147 Abs 3 Satz 5 getroffene Regelung nicht geänd werden sollte, die nur auf „die Beschlüsse der Beschwerde-

---

3 BGH 25.9.1973 X ZB (A) 22/73.

4 BGH GRUR 1968, 59 Golden Toast; BVerfGE 28, 88, 95 f = DÖV 1971, 862, zum früheren Ausschluss der Rechtsbeschwerde bei Verletzung rechtl Gehörs; *Mes* Rn 5.

5 BGH GRUR 1969, 439 Bausteine (Zulassung der Nebenintervention); BGHZ 57, 160 f = GRUR 1972, 196 Dosiervorrichtung; BGH 11.1.1977 X ZB 2/76; BGH GRUR 2008, 732 Tegeler Floristik, Markensache; BGH GRUR 2009, 701 Niederlegung der Inlandsvertretung.

6 BGH Tegeler Floristik; BPatGE 17, 18, 25 = GRUR 1976, 104; BPatGE 5, 113, 115 = GRUR 1965, 359; BPatG Mitt 1963, 18; *Benkard* Rn 6; *Schulte* Rn 10, 12; vgl *Mes* Rn 8; die Praxis in Österreich lässt die Beschwerde an den OPM nicht zu, wenn die Beschwerdeabteilung die Sache an die technische Abteilung zurückverwiesen hat, öOPM öPBl 2008, 45 Ermittlung von Pilsweiten.

7 BGHZ 172, 98 = GRUR 2008, 87 Patentinhaberwechsel im Einspruchsverfahren.

8 BGH Bausteine; BGH GRUR 1972, 472 f Zurückverweisung; BGHZ 97, 9 = GRUR 1986, 453 Transportbehälter; BGH GRUR 1993, 890 Teilungsgebühren; BGH Tegeler Floristik, Markensache; *Benkard* Rn 5; vgl auch BGH WM 1990, 2134, Landwirtschaftssache; fehlerhafte Entscheidung durch Urteil anstatt durch Beschluss.

9 BGH GRUR 1999, 148 f Informationsträger: Entscheidung des Beschwerdesenats im Einspruchsverfahren über eine dort nach § 60 aF entstandene Teilanmeldung.

10 Vgl öOGH ÖBl 1997, 250, 252 f Hauszustellungssystem, Kartellsache, mit eingehenden Hinweisen auch zur dt Rechtslage; BFHE 180, 231 = BB 1996, 1974.

11 BPatG 24.10.2006 4 ZA (pat) 36/06; BPatG 7.12.2006 4 ZA (pat) 33/06; ersichtlich übersehen in BGH 31.7.2007 X ZR 150/03, X ZB 38/03.

12 BGHZ 173, 47 = GRUR 2007, 862 Informationsübermittlungsverfahren II.

13 BGH Informationsübermittlungsverfahren II; BGH GRUR 2009, 90 Beschichten eines Substrats; BGH GRUR 2009, 184 Ventilsteuerung.

14 Vgl BGH Informationsübermittlungsverfahren II.

senate" abstellte.[15] Entscheidungen des BPatG über die Erinnerung sind nicht rechtsbeschwerdefähig (Rn 15 zu § 11 PatKostG).

II. Fälle der Rechtsbeschwerdefähigkeit

5 Die auf Beschwerde des Anmelders ergangene **Zwischenentscheidung**, durch die der Einspruch für unzulässig erklärt wird, ist eine Entscheidung über eine Beschwerde, gegen die die Rechtsbeschwerde statthaft ist.[16]

6 Auch die Entscheidung, die feststellt, dass die **Rechtsfolgen der Nichtzahlung einer Gebühr** (§ 6 Abs 2 PatKostG) eingetreten sind, weil die Beschwerdegebühr nicht – rechtzeitig – gezahlt ist, ist als rechtsbeschwerdefähige Entscheidung über die Beschwerde anzusehen, weil mit ihr der Sache nach über die Beschwerde entschieden wird.[17]

7 Als Entscheidung über eine Beschwerde iSd Abs 1 wurde eine **Entscheidung über eine in der Beschwerdeinstanz vorgenommene Ausscheidung** auch dann behandelt, wenn die Ausscheidung eine erst während des Beschwerdeverfahrens erfolgte Erweiterung der Stammanmeldung betrifft.[18]

III. Keine Rechtsbeschwerdefähigkeit

8 Nicht statthaft ist die Rechtsbeschwerde gegen einen die Rückzahlung der Beschwerdegebühr abl Beschluss, weil es sich hierbei nicht um die Entscheidung über eine Beschwerde handelt.[19] Ebenfalls nicht statthaft ist die Rechtsbeschwerde gegen einen Beschluss, mit dem einem Dritten Akteneinsicht gewährt worden ist.[20]

9 Die Entscheidung des BPatG, durch die ein **Ablehnungsgesuch** zurückgewiesen wird, ist unanfechtbar und auch im Rahmen einer auf andere Gründe gestützten Rechtsbeschwerde nicht nachprüfbar (Rn 27 zu § 86).

10 Gegen eine Entscheidung des BPatG, mit der die **Wiedereinsetzung in den vorigen Stand** hinsichtlich der Versäumung der Beschwerdefrist abgelehnt wird, findet die Rechtsbeschwerde nicht statt.[21]

IV. Entscheidungen über Kostenfragen

11 Die Rechtsbeschwerde ist statthaft, wenn durch die Beschwerdeentscheidung des BPatG geklärt wird, ob überhaupt eine Grundlage für die Erhebung von Gebühren bestand.[22] Sie ist auch statthaft, wenn die Ablehnung einer Kostenentscheidung Gegenstand (Hauptsache) der angefochtenen Entscheidung ist.[23] Unanfechtbar sind die Kostenentscheidung allein und isolierte Kostenentscheidungen im Beschwerdeverfahren.[24] Nicht selbstständig anfechtbar ist die Wertfestesetzung;[25] dies dürfte jedenfalls wegen der Möglichkeit, Gegenvorstellungen zu erheben,[25a] auch für die vorläufige Wertfestsetzung im Nichtigkeitsverfahren gelten. Im Kostenfestsetzungsverfahren fand die Rechtsbeschwerde nach bisheriger Rspr nicht statt,[26] da hier der

---

15 BGH GRUR 2009, 1098 Leistungshalbleiterbauelement; vgl Begr BTDrs 16/735 S 13 = BlPMZ 2006, 228, 231; jetzt auch *Schulte* Rn 13.

16 BGH GRUR 1985, 519 Wärmeaustauscher I.

17 Vgl BGHZ 57, 160 = GRUR 1972, 196 Dosiervorrichtung; BGH GRUR 1979, 696 Kunststoffrad; BGH GRUR 1997, 636 Makol; BGH 29.11.1979 X ZB 10/79; BGH 5.11.1991 X ZB 2/91; BGH GRUR 2009, 91 Antennenhalter; BPatGE 12, 163; BPatGE 21, 106, 111; BPatG 30.7.1971 19 W (pat) 95/71 BlPMZ 1972, 30 Ls; BPatG 22.12.1972 6 W (pat) 110/71.

18 BGH GRUR 1972, 472 f Zurückverweisung.

19 BGH 20.1.1972 X ZB 32/71; BPatG 15.12.2008 20 W (pat) 80/05.

20 BGH 4.12.2003 I ZA 4/03.

21 BGH 10.7.1986 X ZB 2/86; BPatG 17.8.1973 6 W (pat) 164/70.

22 BGH GRUR 1993, 890 Teilungsgebühren.

23 BGH GRUR 2001, 139 f Parkkarte; *Ekey/Bender/Fuchs-Wissemann* § 83 MarkenG Rn 5; vgl BGH 26.2.2002 X ZB 3/01.

24 BGH GRUR 1967, 94 Stute; BGH Parkkarte; BPatGE 2, 209 = GRUR 1965, 52; BPatGE 7, 210, 214 f = Mitt 1966, 33; BPatGE 12, 238 = GRUR 1972, 669; BPatG 21.4.1971 28 W (pat) 416/71; BPatG 21.4.1971 28 W (pat) 416/71.

25 BGH Mitt 2012, 41 Streitwertbeschwerde.

25a Hierzu BGH 16.2.2016 X ZR 110/13.

26 BGHZ 97, 9 = GRUR 1986, 453 Transportbehälter, unter Aufgabe der früheren Rspr, BGHZ 43, 352 = GRUR 1965, 621 Patentanwaltskosten, und BGH GRUR 1977, 559 Leckanzeigegerät; BGH Parkkarte.

Grundsatz der beschränkten Anfechtbarkeit von Entscheidungen über Prozesskosten (§§ 567 Abs 3, 568 Abs 3 ZPO aF), etwa über die Wertfestsetzung, die Kostentragung, über deren Betrag oder Beitreibung oder über die Festsetzung von Patentanwaltskosten, deren Grundlage sich aus dem Gesetz ergibt, eingriff.[27] Auch im Verfahren zur Festsetzung der Gebühren des beigeordneten Vertreters fand deshalb die Rechtsbeschwerde nicht statt.[28] Nunmehr wird man die Rechtsbeschwerde auch gegen Entscheidungen des BPatG, mit denen über eine Beschwerde gegen eine Kostenentscheidung des DPMA entschieden wird, als eröffnet ansehen müssen; das gilt auch, wenn Ausgangsentscheidung ein Kostenfestsetzungsbeschluss des DPMA war.[29]

Zwh war die Rechtslage bei **Kostenfestsetzungsbeschlüssen** des BPatG, die über die Erinnerung **12** nach § 23 Abs 2 RPflG zu Senatsentscheidungen führen;[30] eine Rechtsbeschwerdefähigkeit nach § 100 ist schon aus dem formalen Grund nicht gegeben, dass nicht über eine Beschwerde entschieden wird und auch keine Entscheidung über einen Einspruch vorliegt. Jedoch haben der 4. Senat (Nichtigkeitssenat) und der 29. Senat (Markenbeschwerdesenat) des BPatG die Rechtsbeschwerde nach der ZPO (§§ 574 ff ZPO iVm § 111 Abs 1 FGG-RG) gegen Beschlüsse im Kostenfestsetzungsverfahren als eröffnet angesehen (Rn 41 f zu § 80).[31] Dies hat die Rspr des BGH bestätigt. Rechtsbeschwerdefähig sind nach § 574 ZPO, dessen Anwendbarkeit durch § 99 nicht ausgeschlossen wird, Entscheidungen über die Erstattungsfähigkeit der Kosten der Doppelvertretung im erstinstanzlichen Nichtigkeitsverfahren.[32] Zur Möglichkeit der Bewilligung von Verfahrenskostenhilfe in diesem Fall Rn 2 zu § 138.

Die Regelungen der ZPO stehen einer Rechtsbeschwerde gegen die Festsetzung der dem beigeordne- **13** ten Anwalt aus der Staatskasse zu zahlenden Vergütung entgegen.[33] Im Verfahren über den **Kostenansatz** vor dem BPatG folgt aus dem Ausschluss jeglicher Beschwerde in § 11 Abs 3 PatKostG, dass auch die Rechtsbeschwerde ausgeschlossen ist (so auch § 5 Abs 2 Satz 3 GKG aF, auf den § 25 Abs 3 Satz 1 GKG aF für die Beschwerde gegen die Wertfestsetzung verwies).[34] Dies gilt jedoch nicht, wenn zur Entscheidung steht, ob eine Grundlage für die Erhebung der in Rede stehenden Gebühr besteht,[35] ebenso, wenn der Streit darüber geht, ob eine Grundlage für die Erstattung einer Gebühr gegeben ist.[36] Im Verfahren über die Bewilligung der Verfahrenskostenhilfe ist die Rechtsbeschwerde ausgeschlossen (§ 135 Abs 3 Satz 1 2. Halbs; Rn 29 ff zu § 135);[37] anfechtbar ist hier erst die instanzabschließende Entscheidung.[38] In Fällen der Unanfechtbarkeit macht auch die Zulassung der Rechtsbeschwerde durch das BPatG diese nicht statthaft.[39]

Gegenvorstellungen gegen die **Streitwertfestsetzung** sind möglich und führen zur erneuten sachli- **14** chen Überprüfung.[40] Gegenvorstellungen des Beklagten gegen die vorläufige Festsetzung werden vom BPatG allerdings wohl nicht zugelassen.[41] Eine selbstständige Anfechtung der Streitwertfestsetzung durch

---

27   Vgl BGH Teilungsgebühren.
28   BGH GRUR 1988, 115 Wärmeaustauscher II; BGH Parkkarte.
29   *Ströbele/Hacker* § 83 MarkenG Rn 12f.
30   *Ströbele/Hacker* § 83 MarkenG Rn 14 tendieren wohl zur Rechtsbeschwerdefähigkeit; auch *Büscher/Dittmer/Schiwy* § 83 MarkenG Rn 9 bejaht sie (als ZPO-Rechtsbeschwerde); verneinend *Ingerl/Rohnke* § 83 MarkenG Rn 12.
31   BPatGE 53, 30.
32   BGH GRUR 22013, 427 Doppelvertretung im Nichtigkeitsverfahren; BGH GRUR 2013, 430 Doppelvertretung im Nichtigkeitsverfahren 01; BGH 21.1.2013 X ZB 12/02, zu BPatG 16.4.2012 4 ZA (pat) 35/11, BPatG GRUR-RR 2013, 83 und BPatG BlPMZ 2012, 389, 391; vgl jetzt *Benkard* Rn 9; aA noch *Fitzner/Lutz/Bodewig* § 84 Rn 41; vgl zu Entscheidungen des Beschwerdegerichts im Kostenfestsetzungsverfahren BGH NJW-RR 2004, 356.
33   Für den beigeordneten Rechtsanwalt BGH NJW-RR 2011, 142; BGH NJW-RR 2004, 356 sieht Entscheidungen des Beschwerdegerichts im Kostenfestsetzungsverfahren nunmehr als mit der ZPO-Rechtsbeschwerde anfechtbar an, wenn das Beschwerdegericht diese zugelassen hat.
34   Vgl hierzu BGH 29.1.2004 I ZB 33/03-37/03, I ZA 6/03.
35   BGH GRUR 2011, 1053 Ethylengerüst.
36   BGH GRUR 2014, 710 Prüfungsgebühr.
37   BGH GRUR 2008, 732 Tegeler Floristik.
38   BGH Tegeler Floristik unter Hinweis auf BGH GRUR 1997, 636 Makol.
39   BGH Transportbehälter; BGH Teilungsgebühren; BGH GRUR 2009, 1098 Leistungshalbleiterbauelement; BGH GRUR 2011, 1053 Ethylengerüst; vgl für die ZPO-Rechtsbeschwerde nach der ZPO-Reform BGHZ 154, 102 = GRUR 2003, 548 Rechtsbeschwerde im Verfügungsverfahren; BGH 8.5.2003 I ZB 41/02.
40   Vgl BGH 6.6.2006 X ZR 73/03; BGH 10.5.2011 X ZR 50/10; BPatG ohne Datum (nach 10.2.2003) 1 Ni 20/01 undok; BPatG Beschl vom 13.12.2010 3 Ni 30/08 (EU): abw Festsetzung durch den BGH allein für die zweite Instanz für sich kein ausreichender Grund, ebenso BPatG 28.9.2011 2 Ni 15/03 (EU).
41   Freundl Mitteilung von VRiBPatG *Gutermuth*.

das BPatG im Nichtigkeitsverfahren wird entspr der Regelung in § 63 Abs 1 Satz 2 GKG ausgeschlossen sein, auch weil der BGH die Wertfestsetzung für die erste Instanz vAw ändern kann und die Rechtsmittel gegen Entscheidungen des BPatG im PatG abschließend geregelt sind.[42] Jedoch wird in einem Rechtsmittel die Anregung zu einer Abänderung zu sehen sein; dieses bleibt aber erfolglos, wenn das BPatG eine Abänderung abgelehnt hat.[43]

C. Zugelassene Rechtsbeschwerde

I. Zulassung

15 **1. Grundsatz.** Die Zulassung der Rechtsbeschwerde darf nur aus den in Abs 2 genannten Gründen erfolgen. Liegt einer dieser Gründe vor, hat die Zulassung zu erfolgen; ein Ermessen ist dem BPatG insoweit nicht eingeräumt.[44] Es bedarf auch keines Antrags;[45] ein solcher ist lediglich Anregung, begründet aber eine (sanktionslose) Pflicht des BPatG, ihn zu bescheiden.[46] Die Zulassung erstreckt sich nicht auf die nach der auf die Rechtsbeschwerde erfolgten Zurückverweisung ergangene Entscheidung.[47]

16 **2. Entscheidung.** Die Rechtsbeschwerde kann nur durch das BPatG selbst in seiner Beschwerdeentscheidung zugelassen werden. Unterlassene Zulassung kann grds weder nachgeholt (Rn 17 zu § 94) noch durch den BGH überprüft und ersetzt werden.[48] Ausgeschlossen ist daher nachträgliche Zulassung durch Beschlussergänzung;[49] schweigt der Beschluss, ist über die Zulassung negativ entschieden. Mit der zulassungsfreien Rechtsbeschwerde kann nicht geltend gemacht werden, dass die Zulassung willkürlich unterblieben sei.[50] Jedoch ist erwogen worden, gegen die willkürliche Nichtzulassung eine ergänzende Zulassung analog § 321a ZPO zu eröffnen.[51] Zur Berichtigung der Entscheidung Rn 17 zu § 94.

17 Von der Möglichkeit einer **Nichtzulassungsbeschwerde**, wie sie andere Verfahrensordnungen kennen, ist bewusst abgesehen worden.[52] Die Nichtzulassung ist unanfechtbar und unüberprüfbar, sie kann auch nicht mit der Rüge fehlender Begründung angegriffen werden;[53] dies gilt auch unter dem Gesichtspunkt des Art 19 Abs 4 GG.[54]

18 Eine besondere Form erfordert die Zulassung nicht. Sie braucht insb **nicht in der Beschlussformel** enthalten zu sein, sondern kann auch in den Beschlussgründen mitgeteilt werden;[55] muss jedoch auch in diesem Fall bereits bei der Verkündung der Entscheidung über die Beschwerde beschlossen sein.[56] Üblicherweise, jedoch grds ohne Bindung für die Prüfung im Rechtsbeschwerdeverfahren (anders, wenn die Auslegung ergibt, dass nur eine beschränkte Zulassung, Rn 19 ff, gewollt war), formuliert das BPatG die

---

42 Vgl BGH Mitt 2012, 41 Streitwertbeschwerde; BGH 27.5.2008 X ZR 125/06; BPatG 26.5.2010 3 Ni 18/09 (EU); BPatGE 54, 88 = Mitt 2013, 473.

43 BGH Mitt 2012, 41 Streitwertbeschwerde.

44 *Kraßer* S 453 (§ 23 III a 2); *Büscher/Dittmer/Schiwy* Rn 9 meinen dagegen, dass dem BPatG ein weiter Beurteilungsspielraum eingeräumt sei.

45 BPatGE 2, 200 f; *Benkard* Rn 19; *Büscher/Dittmer/Schiwy* Rn 7.

46 BGHZ 41, 360, 363 = GRUR 1964, 519, 521 Damenschuhabsatz; vgl *Benkard* Rn 19.

47 BGH GRUR 1967, 548 Schweißelektrode II.

48 BGH 19.9.1989 X ZB 23/89; BGH GRUR 2010, 950 Walzenformgebungsmaschine.

49 BPatGE 2, 200 f; BPatGE 22, 45, 47; BPatGE 50, 16 f; BPatG 9.2.2011 20 W (pat) 352/05.

50 BGH GRUR 2014, 1232 S-Bahn.

51 *Ekey/Bender/Fuchs-Wissemann* § 83 MarkenG Rn 7 unter Hinweis auf BGH NJW 2004, 2529 und BGH NJW-RR 2013, 421.

52 Begr 6.ÜberlG BlPMZ 1961, 140, 156 f; Bericht des Rechtsausschusses BlPMZ 1961, 169 f; *Ekey/Bender/Fuchs-Wissemann* § 83 MarkenG Rn 11; für ihre Einführung *Kockläuner* GRUR 1965, 178; *Kraßer* GRUR 1980, 420, abl *Benkard* Rn 5 f vor § 100; vgl auch Begr ZPO-RG BTDrs 14/4722 S 116.

53 BGHZ 41, 360, 362 f = GRUR 1964, 519, 521 Damenschuhabsatz; BGH GRUR 1965, 273 Anodenkorb; BGH GRUR 1965, 502 f Gaselan; BGH GRUR 1968, 59 Golden Toast; BGH GRUR 1977, 214 f Aluminiumdraht; BGH 21.4.1964 I a ZB 215/63; BGH 21.4.1964 I a ZB 223/63; BGH 19.9.1989 X ZB 23/89; BGH 29.1.1991 X ZB 14/90; *Benkard* Rn 19, 22; vgl zur Rüge der Gehörsverletzung aber BGH S-Bahn.

54 BGH Golden Toast.

55 Vgl BGHZ 20, 188 f = NJW 1956, 830 für die Revisionszulassung.

56 BPatGE 22, 45.

Rechtsfrage, die Anlass für die Zulassung ist; der Leitsatz wird vom DPMA in BlPMZ veröffentlicht[57] und im BPatG dokumentiert.

3. Beschränkte Zulassung

a. Allgemeines. Die Zulassung der Rechtsbeschwerde ist nur beschränkt, wenn die Beschränkung **19** ausdrücklich und unzweideutig ausgesprochen ist.[58] Sie braucht aber nicht im Beschlusstenor ausgesprochen zu werden, sondern kann sich auch aus der Begründung erheben; sie ist regelmäßig anzunehmen, wenn sich die Frage, die Anlass zur Zulassung gegeben hat, nur für einen eindeutig abgrenzbaren selbstständigen Teil des Streitstoffs stellt.[59] Hat das BPatG die Zulassung der Rechtsbeschwerde im Beschlusstenor einschränkungslos ausgesprochen, ist eine (zulässige) Beschränkung der Zulassung, die sich lediglich aus den Beschlussgründen ergibt, gleichwohl zu beachten.[60]

b. Die Beschränkung der Zulassung der Rechtsbeschwerde durch das BPatG auf einen **abtrennbaren** **20** (tatsächlich und rechtlich selbstständigen) **Teil des Verfahrensgegenstands** ist statthaft,[61] so zu der Frage, ob das BPatG zur Entscheidung berufen ist,[62] auf einen einzelnen Widerrufs- oder Löschungsgrund.[63] Dies gilt grds nicht bei einem einzelnen aus einer Vielzahl von Beurteilungsgesichtspunkten[64] und nicht für die einen von mehreren Beurteilungsgesichtspunkten für die Sachentscheidung bildende Frage, ob eine Sachentscheidung ergehen durfte.[65]

c. Auf bestimmte **Rechtsfragen** kann die Zulassung nicht wirksam beschränkt werden.[66] **21**

d. Zulassung für einzelne Beteiligte. Die Beschränkung der Zulassung der Rechtsbeschwerde auf **22** den Beteiligten, der allein durch die Entscheidung über die den Zulassungsgrund bildende Rechtsfrage beschwert ist, ist zulässig;[67] jedoch muss, weil grds von der unbeschränkten Wirkung einer Rechtsmittelzulassung auszugehen ist, eine solche Beschränkung ausdrücklich und unzweideutig entweder in der Zulassung selbst oder in ihrer Begründung ausgesprochen werden.[68]

---

57 MittPräsDPA BlPMZ 1966, 209.
58 BGHZ 88, 191, 193 = GRUR 1983, 725 Ziegelsteinformling I; BGH GRUR 1993, 969 f Indorektal II, nicht in BGHZ; BGH GRUR 1994, 730 Value; BGH Mitt 2002, 176 Gegensprechanlage.
59 BGH GRUR 2012, 1243 Feuchtigkeitsabsorptionsbehälter; BGH GRUR 2013, 1135 Tintenstrahldrucker.
60 BGH GRUR 1978, 420 Fehlerortung; BGH Feuchtigkeitsabsorptionsbehälter.
61 BGH BlPMZ 1974, 210 Warmwasserbereiter; BGH GRUR 1978, 420 Fehlerortung: einer von mehreren Nebenansprüchen; BGHZ 88, 191, 193 = GRUR 1983, 725 Ziegelsteinformling I; BGH GRUR 1994, 730 Value; BGH GRUR 1993, 969 f Indorektal II, nicht in BGHZ; BGH GRUR 1997, 360 f Profilkrümmer; BGH GRUR 2000, 603 f Ketof/ETOP; BGH GRUR 2000, 890 Immunine/Imukin; BGH GRUR 2000, 895 Ewing; BGH Mitt 2002, 176 Gegensprechanlage; BGH GRUR 2003, 781 Basisstation; BGH GRUR 2004, 331 Westie-Kopf; BGH GRUR 2005, 143 Rentabilitätsermittlung; BGHZ 172, 108 = GRUR 2007, 859 Informationsübermittlungsverfahren I; BGH GRUR 2008, 279 Kornfeinung; BGH 29.7.2008 X ZB 23/07 CIPR 2008, 130 Ls Telekommunikationsanordnung; BGH GRUR 2012, 1243 Feuchtigkeitsabsorptionsbehälter: auf einen von mehreren Widerrufs- oder Löschungsgründen; BGH GRUR 2013, 1135 Tintenstrahldrucker; *Benkard* Rn 21; *Büscher/ Dittmer/Schiwy* Rn 8.
62 BGH GRUR 2009, 90 Beschichten eines Substrats.
63 BGH Feuchtigkeitsabsorptionsbehälter; BGH Tintenstrahldrucker.
64 BGH Value.
65 BGH Ewing.
66 BGH GRUR 1964, 276 f Zinnlot; BGH GRUR 1964, 548, 551 Akteneinsicht I; BGH GRUR 1965, 416, 418 Schweißelektrode I; BGHZ 90, 318, 320 = GRUR 1984, 797 Zinkenkreisel; BGHZ 130, 187, 191 = GRUR 1995, 732 Füllkörper; BGH GRUR 1991, 307 Bodenwalze; BGH GRUR 1993, 744 Micro Channel; BGH GRUR 1997, 360 f Profilkrümmer; BGH GRUR 1998, 394 Active Line; BGH GRUR 1997, 527 f Autofelge; BGH GRUR 1998, 940 Sanopharm; BGH GRUR 2000, 890 Immunine/Imukin; BGH GRUR 2003, 781 Basisstation; BGH GRUR 2004, 331 Westie-Kopf; BGH GRUR 2005, 143 Rentabilitätsermittlung; BGH 25.11.1965 I a ZB 13/64 Flächentransistor, insoweit unveröffentlicht; *Ingerl/Rohnke* § 83 MarkenG Rn 21.
67 BGH GRUR 1993, 969 Indorektal II, nicht in BGHZ; *Schulte* Rn 21; aA *Lindenmaier* § 41p Rn 1.
68 BGHZ 88, 191, 193 = GRUR 1983, 725 Ziegelsteinformling I; BGH Indorektal II; BGH GRUR 2000, 603 f Ketof/ETOP; vgl BGH GRUR 1989, 494 Schrägliegeeinrichtung.

II. Zulassungsgründe

23   **1. Allgemeines.** Abs 2 zählt die Zulassungsgründe abschließend auf;[69] diese finden sich übereinstimmend (§ 74 Abs 2 GWB) oder ähnlich auch in anderen Verfahrensordnungen. Aus anderen Gründen darf die Rechtsbeschwerde nicht zugelassen werden. Eine gleichwohl ausgesprochene Zulassung ist grds wirksam (Rn 34), begründet aber nicht selbstständig die Statthaftigkeit der Rechtsbeschwerde. Für eine Zulassung allein im Hinblick auf eine im Einzelfall zu treffende Gebühren- oder Kostenentscheidung besteht im allg kein Bedürfnis.[70]

24   **2.** Die Rechtsbeschwerde ist zunächst zuzulassen, wenn eine **Rechtsfrage von grundsätzlicher Bedeutung** zu entscheiden ist (Abs 2 Nr 1). Die Bestimmung stellt anders als etwa § 543 Abs 2 Nr 1 ZPO, § 132 VwGO, § 24 LwVG nicht auf die Bedeutung der Rechtssache, dh des Falls, sondern der einzelnen Rechtsfrage ab.[71]

25   Der Begriff der **Rechtsfrage** ist – in Abgrenzung zu Tatfragen – umfassend zu verstehen.[72] Die Abgrenzung entspricht der im Revisionsrecht[73] (Rn 244 ff vor § 143). Die Rechtsbeschwerde kann – gegen eine an sich rechtsbeschwerdefähige Entscheidung – auch in Bezug auf Rechtsfragen zugelassen werden, die sich erstmals im Beschwerdeverfahren stellen.[74]

26   **Grundsätzliche Bedeutung** kommt der Entscheidung der Rechtsfrage zu, wenn für die Zukunft ein Interesse der Allgemeinheit an der Klärung besteht, dh die Rechtsfrage klärungsbedürftig und klärungsfähig ist, insb bei noch nicht höchstrichterlich geklärten Fragen, wenn sie für eine größere Zahl gleichgelagerter Fälle erheblich sind oder die Auslegung einer höchstrichterlichen Entscheidung im Streit ist.[75] Grundsätzliche Bedeutung wurde zur Auslegung des Begriffs „Leibesfrucht" im Strafrecht bejaht.[76] Bloße Bedenken gegen die Verfassungsmäßigkeit einer entscheidungserheblichen Rechtsnorm rechtfertigen zwar nicht die Aussetzung des Verfahrens und die Einholung einer Entscheidung des BVerfG, wohl aber die Zulassung der Rechtsbeschwerde.[77] Diese braucht nicht zugelassen zu werden, wenn ein Senat des BPatG von einem anderen Senat in der Beurteilung einer verfahrensrechtl Frage von geringer Bedeutung und ohne Auswirkung auf das praktische Ergebnis abweicht.[78] Es ist keine Rechtsfrage von grundsätzlicher Bedeutung, ob eine jedenfalls erfolglose Beschwerde als unzulässig zu verwerfen oder als unbegründet zurückzuweisen ist.[79] Stellt sich die Frage richtlinienkonformer Auslegung in Bezug auf Gemeinschaftsrecht, ist grds rechtsgrundsätzliche Bedeutung zu bejahen.[80] Abweichung von der Rechtspraxis der Beschwerdekammern, insb der Großen Beschwerdekammer des EPA, wird bei gleicher oder vergleichbarer Rechtslage für grundsätzliche Bedeutung sprechen.[81] Das gilt jedoch nicht schon bei abweichender Würdigung des StdT im Einzelfall.[82]

---

69   *Benkard* Rn 11; *Büscher/Dittmer/Schiwy* Rn 3.

70   BPatGE 38, 127.

71   Vgl BPatGE 5, 192, 198; *Büscher/Dittmer/Schiwy* Rn 4; *Ekey/Bender/Fuchs-Wissemann* § 83 MarkenG Rn 12f.

72   *Schulte* Rn 15; BPatG 3.3.2009 17 W (pat) 24/05.

73   Vgl BPatG Mitt 1989, 115: erfinderische Tätigkeit.

74   *Benkard* Rn 20; aA BPatGE 29, 194 = GRUR 1988, 903, 905, zu durch einen Beitritt im Beschwerdeverfahren aufgeworfenen Fragen; vgl *van Hees/Braitmayer* S 148.

75   Vgl BVerfG (Nichtannahmebeschluss) GRUR-RR 2009, 222, BGH BlPMZ 1962, 186 Nichtzulassungsbeschwerde 01; BGH GRUR 1970, 506, 508 Dilactame; BPatGE 3, 173, 178 = GRUR 1964, 570; BPatGE 4, 85, 90 = Mitt 1964, 23; BPatGE 5, 192, 198 = GRUR 1965, 253, WzSache; BPatG 3.11.2004 9 W (pat) 701/04; *Jänich* FS 50 Jahre BPatG (2011), 289, 297; vgl zur Zulassung bei Abweichung von langjähriger Praxis des DPA BPatG Mitt 1962, 72, WzSache; BPatGE 47, 215, 223 = GRUR 2004, 852, 854, GbmSache, verneint im Ergebnis unzutr grundsätzliche Bedeutung wegen des Rechtsbegriffs des erfinderischen Schritts im Hinblick auf stRspr des BPatG und überwiegende Mehrheit in der Lit.

76   BPatG 11.5.1971 23 W (pat) 92/70 BlPMZ 1972, 30 Ls.

77   BPatGE 21, 106, 111 = GRUR 1978, 710.

78   BPatG 22.12.1972 6 W (pat) 110/71.

79   BPatGE 17, 11 = BlPMZ 1975, 146.

80   *Ingerl/Rohnke* § 83 MarkenG Rn 16.

81   Weitergehend *Schulte* Rn 18.

82   BPatG Mitt 1989, 115, allerdings mit nicht tragfähiger rechtl Begründung, vgl BGHZ 168, 142 = GRUR 2006, 842 Demonstrationsschrank.

Entscheidungserheblichkeit ist weitere Voraussetzung der Zulassung.[83] Nimmt der Beschwerdesenat des BPatG zu einer Rechtsfrage von grundsätzlicher Bedeutung mit einem für den Betroffenen ungünstigen Ergebnis Stellung, ist die Rechtsbeschwerde nicht zuzulassen, wenn sich das Ergebnis der Sachentscheidung aus anderen sachlichen Gründen auch bei einer dem Betroffenen günstigen Beantwortung der Rechtsfrage nicht ändern würde.[84] **27**

3. Fortbildung des Rechts; Sicherung einer einheitlichen Rechtsprechung. Die zweite Alternative **28** erfasst zwei Fallgruppen, in denen eine Entscheidung des BGH erforderlich sein kann, nämlich die Fortbildung des Rechts und die Sicherung einer einheitlichen Rechtsprechung.

Die **Fortbildung des Rechts** ist zunächst Aufgabe des BPatG selbst.[85] Erforderlich ist eine Entschei- **29** dung des BGH hier insb, wenn Fragen anstehen, die über den Zuständigkeitsbereich des BPatG hinausgreifen, also insb für vor den ordentlichen Gerichten zu entscheidende Patentstreitsachen oder über den gewerblichen Rechtsschutz hinaus Bedeutung haben.[86] Geht es um grundsätzliche Fragen der Patentierbarkeit, ist, solange Divergenz nicht vorliegt, eine Zulassung nach Abs 2 Nr 2 nicht geboten, uU aber nach Abs 2 Nr 1.[87]

Sicherung einheitlicher Rechtsprechung erfordert die Zulassung bei Divergenz mit anderen zu- **30** ständigen Senaten des BPatG,[88] sofern diese nicht auf Anfrage erklären, an ihrer bisherigen Auffassung nicht festhalten zu wollen,[89] oder anderen zuständigen Gerichten jedenfalls höherer Instanz, auch mit dem BGH,[90] soweit das BPatG nicht im Einzelfall durch dessen Entscheidung gebunden ist.[91] Zulassung in verschiedenen Verfahren, in denen sich gleichgelagerte Rechtsfragen stellen, ist grds geboten, bis eine höchstrichterliche Entscheidung vorliegt.[92] Zulassung nach dieser Alternative ist auch dann geboten, wenn die Voraussetzungen für eine Vorlage an den EuGH nach Art 267 AEUV vorliegen, das BPatG aber nicht selbst vorlegen will (Rn 24 zu § 99).

Die Rechtsbeschwerde ist **nicht zuzulassen**, wenn sich eine früher divergierende Rechtsprechung **31** des BPatG inzwischen iSd getroffenen Entscheidung vereinheitlicht hat.[93]

Divergenz mit dem EPA (und erst recht mit ausländ Gerichten) begründet die Zulassung nach Abs 2 **32** Nr 2 schon deshalb nicht, weil der BGH nicht für das EPA bindend entscheiden kann; sie kann aber nachdrücklich für grundsätzliche Bedeutung sprechen (Rn 26).

III. Wirkung der Zulassung und der Nichtzulassung

1. Zulassung eröffnet, soweit sie erfolgt und die Rechtsbeschwerde statthaft ist, diese ohne weiteres. **33** Soweit die Rechtsbeschwerde unstatthaft ist (Rn 8 ff, 11), ist die Zulassung wirkungslos. Ist die Rechtsbeschwerde zugelassen und statthaft, ist grds die volle revisionsmäßige Nachprüfung eröffnet (Rn 14 zu § 107). Das gilt nicht, soweit zulässigerweise nur beschränkte Zulassung erfolgt ist; in diesem Fall beschränkt sich die Überprüfung auf die Zulassungsfrage und im übrigen auf die Rechtsbeschwerdegründe des Abs 3 im gerügten Umfang.[94]

Zu Unrecht erfolgte Zulassung bei Fehlen der Zulassungsgründe ist gleichwohl wirksam.[95] Dies gilt **34** freilich nicht für Verkennen oder abw Beurteilung des rechtsbeschwerdefähigen Charakters der Entschei-

---

83 *Büscher/Dittmer/Schiwy* Rn 5.
84 BPatGE 13, 216; *Mes* Rn 17; *Schulte* Rn 16; hierauf hätte sich BPatGE 47, 215, 223 = GRUR 2004, 852, 854, GbmSache, stützen lassen, soweit dort der Löschungsantrag Erfolg hatte.
85 *Benkard* Rn 15.
86 Vgl *Benkard* Rn 15.
87 Vgl *Benkard* Rn 15.
88 BPatG 11.5.1971 23 W (pat) 92/70 BlPMZ 1972, 30 LS.
89 *Benkard* Rn 16; *Schulte* Rn 19; *Ingerl/Rohnke* § 83 MarkenG Rn 19.
90 Vgl *Mes* Rn 18.
91 BVerfG (Nichtannahmebeschluss) GRUR-RR 2009, 222.
92 Vgl *Benkard* Rn 16.
93 BPatGE 17, 11 = BlPMZ 1975, 146; *Benkard* Rn 16; *Schulte* Rn 19.
94 Vgl BGH GRUR 2009, 90 Beschichten eines Substrats.
95 BGH GRUR 1964, 26 Milburn, WzSache: Entscheidung hängt nicht von rechtl Erwägungen, sondern von der Würdigung tatsächlicher Verhältnisse ab; BGH NJW 1997, 1073, nicht in BGHZ 134, 166; vgl *Schulte* Rn 27.

dung.[96] Die Zulassung ist für den BGH nicht nur dann bindend, wenn die angefochtene Entscheidung auf der für die Zulassung der Rechtsbeschwerde maßgebend gewesenen Rechtsfrage beruht, sondern auch dann, wenn die Zulassungsfrage für den Fall entscheidungserheblich werden kann, dass der BGH in einer von den Rechtsbeschwerde aufgeworfenen weiteren Rechtsfrage einen anderen Rechtsstandpunkt einnimmt als die Vorinstanz,[97] denn die Rechtsbeschwerde kann auch dann Erfolg haben, wenn eine ganz andere Rechtsverletzung gerügt wird und vorliegt. Dass einer der Zulassungsgründe des Abs 2 tatsächlich nicht vorliegt, steht der Rechtsbeschwerde selbst in offensichtlichen Fällen nicht entgegen; dem BGH ist insoweit keine Prüfungskompetenz eingeräumt.[98] An eine verfahrensrechtl nicht ordnungsgem erfolgte Zulassung ist der BGH nicht gebunden.[99]

35 **2. Nichtzulassung** eröffnet die Rechtsbeschwerde nur unter den Voraussetzungen des Abs 3.

D. Zulassungsfreie Rechtsbeschwerde

I. Allgemeines

36 Der erst im parlamentarischen Verfahren eingefügte[100] Abs 3 sah ursprünglich fünf „absolute" Rechtsbeschwerdegründe vor, auf die die nicht zugelassene Rechtsbeschwerde gestützt werden kann.[101] Diese entsprechen in etwa § 547 ZPO („absolute" Revisionsgründe), § 111 Abs 3 („absolute" Berufungsgründe) sowie § 73 Abs 4 GWB (zur Verletzung rechtl Gehörs Rn 49 ff). Die Rechtsbeschwerdegründe sind in Abs 3 abschließend aufgeführt; andere als die genannten Gründe eröffnen die zulassungsfreie Rechtsbeschwerde nicht (stRspr; vgl im einzelnen Rn 113 ff). Die nicht zugelassene Rechtsbeschwerde ist nur zulässig, wenn wenigstens eine Rüge ausgeführt ist;[102] es genügt nicht, den Mangel lediglich zu bezeichnen.[103] Schlüssige Darlegung des Vorliegens eines Rechtsbeschwerdegrunds ist aber nicht Zulässigkeitsvoraussetzung,[104] erst recht nicht, dass dieser durchgreift.[105] Ist die Rechtsbeschwerde demnach statthaft, ist sie es insgesamt.[106] Ob der Mangel vorliegt, ist trotz der missverständlichen, im MarkenG bereinigten Gesetzesfassung[107] Frage der Begründetheit, nicht der Zulässigkeit der Rechtsbeschwerde.[108] Die Prüfung erfasst, wie sich aus dem Wortlaut der Bestimmung ergibt, nur gerügte Mängel.[109] Soweit einzelne Rügen nicht ausgeführt sind, kommt eine Überprüfung nicht in Betracht.[110] Die nicht zugelassene Rechtsbeschwerde führt relativ selten zum Erfolg, in diesen Fällen erfordert sie aber immer wieder eine Änderung der Verfahrenspraxis des BPatG.

---

96 Vgl für die ZPO-Rechtsbeschwerde BGH NJW 2005, 73 mwN.

97 Entgegen BGH GRUR 1972, 538 Parkeinrichtung.

98 AA *Benkard* Rn 20 unter Hinweis ua auf BGH Parkeinrichtung; *Schulte* Rn 27 unter Hinweis auf BGH 26.3.1953 VI ZR 101/52 LM Nr 11 zu § 546 ZPO, zur Revisionszulassung; *Büscher/Dittmer/Schiwy* Rn 10 unter Hinweis auf BGH NJW 1956, 830.

99 *Mes* Rn 23.

100 Vgl Stellungnahme des Rechtsausschusses des Bundestags BlPMZ 1961, 169 f.

101 Vgl BGH GRUR 2003, 53 SLICK 50; BGH 21.4.2005 I ZB 10/04, Markensache.

102 Vgl BGH 30.11.1993 X ZB 5/93; BGH GRUR 2000, 512 f Computer Associates mwN; BGH GRUR 2000, 894 Micro-PUR; BGH GRUR 2001, 139 Parkkarte; BGH Mitt 2002, 186 f steuertip; BGH GRUR 2003, 546 Turbo-Tabs; BGH GRUR 2003, 1067 BachBlüten Ohrkerze; BGH GRUR 2004, 76 turkey & corn; BGH GRUR 2004, 77 f Park & Bike; BGH Mitt 2006, 451 Rossi; BGH GRUR 2007, 628 MOON; BGH GRUR 2008, 1126 Weisse Flotte; BGH 2.12.2004 I ZB 14/04; BGH 18.1.2005 X ZB 6/04; BGH 17.11.2005 I ZR 48/05; BGH 28.3.2006 X ZB 1/05.

103 BGH GRUR 1983, 640 Streckenausbau.

104 *Benkard* Rn 23; aA *Mes* Rn 33, 73 unter Hinweis auf BGH GRUR 1981, 507 f Elektrode.

105 BGH GRUR 2005, 971 Schutzfristüberwachung, Markensache; BGH GRUR 2007, 628 MOON; BGH GRUR 2008, 731 alphaCAM; BGH GRUR 2010, 1034 LIMES LOGISTIK; BGH GRUR 2012, 429 Simca; BGH GRUR 2014, 1132 S-Bahn; BGH 25.1.2016 I ZB 15/15; vgl BGHZ 39, 333 f = GRUR 1963, 645 f Warmpressen.

106 BGH 19.10.1967 I a ZB 7/66; *Benkard* Rn 23.

107 Vgl *Ingerl/Rohnke* § 83 MarkenG Rn 23.

108 BGH Warmpressen; BGH Streckenausbau; BGH GRUR 1994, 215 Boy; BGH GRUR 1997, 637 f Top Selection; BGH GRUR 1998, 396 Individual; BGH Computer Associates; BGH Micro-PUR; *Benkard* Rn 23; vgl *Lindenmaier* § 41p Rn 24; aA *Hesse* GRUR 1974, 711.

109 BGH GRUR 1964, 697 Fotoleiter; BGH Boy; BGH Parkkarte; *Büscher/Dittmer/Schiwy* Rn 12.

110 Unklar BGH 19.10.1967 I a ZB 7/66; vgl *Klauer/Möhring* § 41p Rn 8.

II. „Absolute" Rechtsbeschwerdegründe

1. Nicht vorschriftsmäßige Besetzung

a. Grundsatz. Die Regelung entspricht der in § 547 Nr 1 ZPO. Maßgeblich für die Besetzung ist zu- **37** nächst § 67; von dieser Bestimmung abw Regelungen in der gerichtlichen Geschäftsverteilung, einer Entscheidung des Präsidiums oder im senatsinternen Mitwirkungsplan sind demgegenüber nicht maßgeblich[111] (zur Überprüfbarkeit von Entscheidungen des Präsidiums Rn 30 zu § 68). Ein Recht auf einen bestimmten Berichterstatter besteht nicht,[112] daran ist auch nach der Neuregelung des Rechts der Geschäftsverteilung (§ 68) festzuhalten (vgl Rn 60 zu § 68).

b. Fehler der Geschäftsverteilung. Im Rahmen des durch § 67 abgesteckten Rahmens richtet sich **38** die Besetzung nach dem Geschäftsverteilungsplan (§ 68). Die Zuständigkeitsabgrenzung der technischen Beschwerdesenate des BPatG erfolgt herkömmlich nach technischen Fachgebieten und knüpft an die Patentklassifikation an. Die Auszeichnung einer Patentanmeldung mit einer Patentklasse durch das DPMA bestimmt nicht bindend die Zuständigkeit der Spruchkörper des BPatG; die Rüge der unvorschriftsmäßigen Besetzung des Gerichts kann daher nicht allein darauf gestützt werden, dass ein Senat entschieden hat, der für die vom DPMA angegebene Klasse nicht zuständig sei.[113] Hat ein nach dem Geschäftsverteilungsplan des BPatG nicht zuständiger Senat entschieden, ist der gesetzliche Richter dadurch nur verletzt, wenn sich die Annahme der Zuständigkeit so weit von der durch den wesentlichen technischen Inhalt des Patentbegehrens bestimmten Zuständigkeitsregelung entfernt, dass sie als offensichtlich unhaltbar erscheint.[114]

Nur ein **willkürlicher**, nicht ein irrtümlicher **Verstoß** gegen den Geschäftsverteilungsplan rechtfer- **39** tigt die Rüge der nicht vorschriftsmäßigen Besetzung; die Mitwirkung technischer Richter rechtfertigt keine andere Beurteilung.[115] Für die Frage, ob ein Spruchkörper seine Zuständigkeit nach der Geschäftsverteilung willkürlich angenommen hat, kommt es nicht auf die von dem Spruchkörper zur Rechtfertigung seiner Zuständigkeit angegebene Begründung an, sondern darauf, ob sich die Annahme seiner Zuständigkeit bei objektiver Betrachtung als unverständlich und offensichtlich unhaltbar erweist.[116]

Überbesetzung mit technischen Mitgliedern begründet für sich noch keinen Fehler.[117] Auch die **40** Überbesetzung des GbmBeschwerdesenats, die die Heranziehung aller technischen Beisitzer der technischen Beschwerdesenate vorsieht, begegnet keinen durchgreifenden Bedenken[118] (Rn 56 zu § 68; Rn 37 zu § 18 GebrMG).

Senatsinterne Mitwirkungsgrundsätze. Maßgeblich ist die nach § 21g GVG getroffene Regelung[119] **41** (Rn 53 ff zu § 68). Die Rüge greift nur, wenn die Abweichung auf Willkür beruht.[120] Grds ist davon auszugehen, dass die Grundsätze sachgerecht gehandhabt werden.[121]

Bei **Änderungen** im Lauf des Jahres ist Anlass für eine nähere Überprüfung nur gegeben, wenn aus- **42** drücklich gerügt ist, dass die Änderung des Mitwirkungsplans auf Willkür oder Missbrauch beruht.[122]

---

111 Vgl BGHZ 42, 32, 36 = GRUR 1964, 602 Akteneinsicht II; BGH GRUR 1967, 543, 545 Bleiphosphit; *Benkard* Rn 26.

112 BGH GRUR 1980, 848 Kühlvorrichtung; *Ströbele/Hacker* § 83 MarkenG Rn 34.

113 BGHZ 85, 116, 118 = GRUR 1983, 114 Auflaufbremse; BGH GRUR 1996, 346 f Fensterstellungserfassung: vertretbare Zuordnung.

114 BGH BlPMZ 1985, 303 Endotoxin; vgl BGH 18.11.1986 X ZB 8/86.

115 BGH GRUR 1976, 719 f Elektroschmelzverfahren; BGH GRUR 1980, 848 Kühlvorrichtung; BGH 2.6.1977 X ZB 13/76.

116 BGHZ 85, 116 = GRUR 1983, 114 Auflaufbremse.

117 Vgl BGH GRUR 1973, 46 Polytetrafluoräthylen: sechs technische Mitglieder im technischen Beschwerdesenat.

118 BGH GRUR 1998, 373 f Fersensporn.

119 Zur Regelung im GbmBeschwerdesenat des BPatG BGH GRUR 1998, 373, 375 Fersensporn, insb auch zur Heranziehung nur bestimmter Mitglieder unter dem Gesichtspunkt des „Vollständigkeitsprinzips"; BGH 7.3.1989 X ZB 26/87.

120 BGHZ 85, 116, 118 = GRUR 1983, 114 Auflaufbremse; BGH GRUR 2003, 546 Turbo-Tabs.

121 BVerfG DRiZ 1970, 269.

122 BGH 9.7.1974 X ZB 16/73; vgl BGH NJW 1967, 1622 f; zu beachten sind aber die verschärften Anforderungen an die Mitwirkungsgrundsätze seit BGH (Vereinigte Große Senate) BGHZ 126, 63 = NJW 1994, 1735.

43   **c. Fehlerhafte Mitwirkung im Einzelfall.** Mitwirkung eines ausgeschlossenen oder abgelehnten Richters kann die Rüge nach Abs 3 Nr 2 begründen, die Nr 1 als Spezialvorschrift vorgeht. Eine Tonaufzeichnung der Verhandlung durch einen Richter eröffnet nicht die Besetzungsrüge.[123]

44   Mitwirkung eines Vertreters setzt die **Verhinderung** des zunächst berufenen Richters voraus (vgl Rn 24 ff, 45, 57 ff zu § 68). Es bedarf einer vorherigen Feststellung der Verhinderung und des Vertretungsfalls nicht, wenn nach außen in Erscheinung tretende, klar objektivierbare Sachverhalte wie eine Urlaubsbewilligung vorliegen;[124] auch zu Unrecht bewilligter Urlaub begründet Verhinderung.[125] Der geschäftsplanmäßige Vertreter tritt in diesen Fällen ohne weiteres ein.[126] Darüber hinaus ist selbst für die Feststellung einer nicht in dieser Weise offenkundigen Verhinderung eines Richters eine bestimmte Form wie das urkundliche Festhalten in den Akten nicht vorgeschrieben.[127]

45   Die Behauptung, der ordentliche Vorsitzende des Beschwerdesenats habe in der mündlichen Verhandlung **ohne Grund** nicht den Vorsitz geführt, ist an sich geeignet, die Rüge der nicht vorschriftsmäßigen Besetzung des Gerichts zu stützen.[128]

46   **Richterwechsel.** Nach § 93 Abs 3 haben an der Entscheidung des BPatG, die aufgrund einer vorhergegangenen mündlichen Verhandlung getroffen wird, die Richter mitzuwirken, die bei der mündlichen Verhandlung zugegen waren. Führt die mündliche Verhandlung nicht zu einer Sachentscheidung und ergeht später aufgrund eines schriftlichen Verfahrens eine Entscheidung, ist ein Richterwechsel unschädlich (Rn 13 zu § 93). Die Überprüfung der Frage, ob das BPatG ordnungsgem in das schriftliche Verfahren übergegangen ist, unterliegt auch dann nicht der zulassungsfreien Rechtsbeschwerde, wenn während des schriftlichen Verfahrens ein Richterwechsel stattgefunden hat.[129] Dass eine vorausgegangene mündliche Verhandlung nach dem Übergang ins schriftliche Verfahren ihre verfahrensrechtl Bedeutung verliere,[130] bezieht sich nicht auf die Verteilung der Geschäfte unter den Spruchkörpern des BPatG.[131] Verfahrensmängel nach Übergang in das schriftliche Verfahren füllen den Rechtsbeschwerdegrund nicht aus.[132]

47   **d. Verfahren.** Die Rüge setzt nicht voraus, dass die Unzuständigkeit des Beschwerdesenats während des Beschwerdeverfahrens gerügt worden ist,[133] da Heilung entspr § 295 ZPO nicht möglich ist.[134] Sie muss ausgeführt werden,[135] andernfalls besteht für den BGH grds keine Veranlassung zu einer näheren Überprüfung.[136] Sie erfordert die Angabe der Einzeltatsachen, aus denen sich der Fehler ergibt; bloße Vermutung genügt nicht.[137] Der Verweis auf einen abw Vermerk über die Besetzung in den Akten genügt jedenfalls dann nicht, wenn zwischen dem Vermerk und der Verhandlung ein Jahreswechsel liegt.[138] Soweit es sich um gerichtsinterne Vorgänge handelt, muss die Rechtsbeschwerde zumindest darlegen, dass eine zweckentspr Aufklärung versucht worden ist.[139] Zur Substantiierung der Rüge, der Vorsitzende habe ohne Grund nicht den Vorsitz geführt, genügt das Vorbringen, dass sich aus den Akten kein Anhaltspunkt für seine Verhinderung ergibt.[140]

---

123   BGH BlPMZ 1982, 55 Tonbandrüge.
124   BGH DRiZ 1983, 234 mwN.
125   BGH 11.7.1980 X ZB 16/79.
126   BGH DRiZ 1980, 147 f.
127   BGH GRUR 2000, 894 Micro-PUR; BGH DRiZ 1983, 234 f; BGHSt 21, 179 ff; vgl auch BGH 14.7.1987 X ZB 22/86.
128   BGH GRUR 1969, 562 Appreturmittel.
129   BGH 18.2.1972 I ZB 3/71; vgl auch BGH GRUR 1974, 294 f Richterwechsel II; BGH GRUR 1987, 515 Richterwechsel III; BGH GRUR 2003, 546 Turbo-Tabs.
130   BGH Richterwechsel II.
131   BGH GRUR 1986, 47 Geschäftsverteilung.
132   BGH Turbo-Tabs.
133   BGH GRUR 1967, 543 Bleiphosphit, zur Unzuständigkeit des Beschwerdesenats; BGH GRUR 1998, 373 f Fersensporn, zur Überbesetzung.
134   BGH Fersensporn.
135   Vgl BGH 30.11.1993 X ZB 5/93.
136   Vgl BGH 29.1.1991 X ZB 8/90.
137   BGH GRUR 2005, 572 Vertikallibelle; *Schulte* Rn 36.
138   Vgl BGH Vertikallibelle.
139   BGH Mitt 1996, 118 Flammenüberwachung; BGH Vertikallibelle.
140   BGH GRUR 1969, 562 Appreturmittel.

2. Mitwirkung eines ausgeschlossenen oder abgelehnten Richters. Der Rechtsbeschwerdegrund **48** in Abs 3 Nr 2, der der Regelung in § 547 Nr 2, 3 ZPO entspricht, betrifft die Fälle des Richterausschlusses nach § 86. Im Fall der Ablehnung kann die Rüge keinen Erfolg haben, wenn über das Ablehnungsgesuch durch das BPatG endgültig negativ entschieden ist, der Rechtsbeschwerdegrund kann daher nur geltend gemacht werden, wenn der Richter mitgewirkt hat, obwohl das BPatG entschieden hat, dass er ausgeschlossen sei[141] (Rn 26 zu § 86). Hat das BPatG über den Ablehnungsantrag nicht entschieden, kann das Vorliegen eines Ausschließungsgrunds uneingeschränkt gerügt werden,[142] die Rüge muss jedoch substantiiert werden. Die Begründung der zulassungsfreien Rechtsbeschwerde durch Anbringung eines neuen Ablehnungsgesuchs ist ausgeschlossen.[143]

3. Verletzung des rechtlichen Gehörs

a. Allgemeines. Die Gehörsverletzung als solche ist nicht als die zulassungsfreie Rechtsbeschwerde **49** eröffnend angesehen worden, da der Gesetzgeber bewusst die Entscheidung getroffen hatte, die Rechtsbeschwerdemöglichkeit nicht an diesen Fehler zu knüpfen (näher *5. Aufl*). Das 2. PatGÄndG hat dies unter Übernahme der Regelung im MarkenG geänd.[144] Nach der Rspr des BVerfG verstößt es gegen das Rechtsstaatsprinzip iVm § 103 Abs 1 GG, wenn eine Verfahrensordnung keine fachgerichtliche Abhilfemöglichkeit für den Fall vorsieht, dass ein Gericht in entscheidungserheblicher Weise den Anspruch auf rechtl Gehör verletzt.[145] Die Regelung erfasst nur die Verletzung des Anspruchs auf rechtl Gehör durch das BPatG, nicht auch die Verletzung des Rechts auf Äußerung durch das DPMA.[146]

b. Regelungszweck. Der Rechtsbeschwerdegrund trägt der Bedeutung des Anspruchs auf rechtl Ge- **50** hör als verfassungsrechtl Gebot und grundlegender Verfahrensregel Rechnung[147] und knüpft damit an die verfassungsrechtl Gewährleistung dieses Anspruchs und seine Ausprägung insb in der Rspr des BVerfG an, so dass die von diesem entwickelten Grundsätze bei der Interpretation der Vorschrift heranzuziehen sind.[148] Der Rechtsbeschwerdegrund ist dann gegeben, wenn dem Beteiligten ohne gesetzliche Grundlage der Zugang zum Beschwerdeverfahren verweigert wird.[149] Dies verlangt ua, dass alle Beteiligten Gelegenheit haben, sich zu dem zugrunde liegenden Sachverhalt und dem Vorbringen des Gegners zu äußern,[150] und dem Gericht die eigene Auffassung zu den erheblichen Rechtsfragen darzulegen; das Gericht ist verpflichtet, dieses Vorbringen zur Kenntnis zu nehmen und in Erwägung zu ziehen,[151] aber nicht mehr; insb

---

141   BGHZ 95, 302 = GRUR 1985, 1039 Farbfernsehsignal II; BGHZ 110, 25 = GRUR 1990, 434 Wasserventil; *Mes* Rn 42; vgl *Büscher/Dittmer/Schiwy* Rn 14.
142   AA offenbar *Klauer/Möhring* § 41p Rn 10; vgl auch *Fezer* § 83 MarkenG Rn 15.
143   BGH 28.6.2001 I ZA 2/00.
144   Vgl Begr BlPMZ 1998, 393, 405; Kritik bei *Bender* Mitt 1998, 85; zur Rechtslage im Markenrecht vgl Begr MarkenG BlPMZ 1994 Sonderheft S 100; *Fezer* § 83 MarkenG Rn 16.
145   Plenarbeschluss vom 30.4.2003 1 PBvU 1/02 NJW 2003, 1924.
146   Vgl BGH GRUR 2001, 139 Parkkarte; BGH 6.2. 2007 X ZB 4/06; *Benkard* Rn 28.
147   Vgl Begr BlPMZ 1998, 393, 405; *Schulte* Rn 38 ff und Einl Rn 248 ff; BGH GRUR 2011, 656 modularer Fernseher I.
148   BGH GRUR 2000, 792 Spiralbohrer; BGH GRUR 2002, 957 Zahnstruktur; BGH GRUR 2009, 1192 Polyolefinfolie; BGH 26.7.2005 X ZB 37/03; BGH 26.7.2005 X ZB 1/04; BGH 14.3.2006 X ZB 28/04.
149   BGH GRUR 2009, 521 Gehäusestruktur.
150   BGH GRUR 2000, 597 Kupfer-Nickel-Legierung; BGHZ 173, 47 = GRUR 2007, 862 Informationsübermittlungsverfahren II; BGH GRUR 2010, 87 Schwingungsdämpfer; BGH GRUR 2009, 91 Antennenhalter; BGH 4.10.2007 X ZB 21/06; BGH GRUR 2011, 461 Formkörper [Anhörungsrüge]; BGH GRUR 2011, 656 modularer Fernseher I; BGH 13.3.2012 X ZR 7/11; BGH GRUR 2013, 318 Sorbitol.
151   Vgl BVerfGE 86, 133 f = DVBl 1992, 1215; BVerfGE 96, 205, 216 = NJW 1997, 2310; BVerfG – Kammerbeschluss – NJW 1995, 2095 f; BGH Spiralbohrer; BGH GRUR 1999, 919 Zugriffsinformation; BGH GRUR 2002, 957 Zahnstruktur; BGH GRUR 2005, 572 Vertikallibelle; BGH GRUR 2006, 152 f GALLUP; BGH Informationsübermittlungsverfahren II; BGH Antennenhalter; BGH 12.12.2000 X ZB 23/99 Schulte-Kartei PatG 100–109 Nr 101 Handwerkzeugmaschine; BGH 14.3.2006 X ZB 28/04; BGH 1.6.2006 I ZB 121/05; BGH 13.6.2006 X ZB 19/05; BGH 23.1.2007 X ZB 3/06; BGH 24.4.2007 X ZB 16/06; BGH 11.2.2008 X ZA 2/07; BGH 29.7.2008 X ZB 12/07; BGH 2.12.2008 X ZB 33/07; BGH 24.3.2008 X ZB 7/08; BGH 13.1.2011 I ZB 39/10; BGH GRUR 2011, 851 Werkstück; zu weitgehend stellt BGH 20.3.2003 I ZB 21/01 auf vertretbare Würdigung des Sachvortrags ab.

gibt er kein Recht darauf, mit der eigenen Auffassung durchzudringen.[152] und zwar unabhängig davon, ob das BPatG nach mündlicher Verhandlung oder im schriftlichen Verfahren entscheidet.[153] Gehörsverletzung wurde verneint, wenn geltend gemacht wird, dass sich der Betroffene äußern konnte, sein Vorbringen sei aber nicht hinreichend berücksichtigt worden sei.[154]

51 Der Rechtsbeschwerdegrund dient allein der Einhaltung des in Rn 50 genannten Verfassungsgrundsatzes und nicht der **Überprüfung der Richtigkeit** der Beschwerdeentscheidung.[155] Das Gericht ist grds nicht verpflichtet, vor der Entscheidung auf seine Rechtsauffassung hinzuweisen; anders nur, wenn ein Beteiligter bei Anwendung der gebotenen Sorgfalt nicht erkennen kann, auf welche Tatsachen es ankommen kann.[156] Auch wenn die Rechtslage umstr oder problematisch ist, muss der Beteiligte grds alle vertretbaren rechtl Gesichtspunkte von sich aus in Betracht ziehen und seinen Vortrag darauf einstellen.[157]

52 Auf **Tatsachenbeschaffung** durch das Gericht besteht kein Anspruch; Ablehnung der Zuziehung eines gerichtlichen Sachverständigen, die im pflichtgem Ermessen des BPatG liegt, stellt auch bei Stellung eines entspr Beweisantrags idR keine Verletzung des rechtl Gehörs dar;[158] dies wird unter dem Gesichtspunkt der Revisionszulassung auch im Verletzungsprozess gelten müssen. Es ist grds davon auszugehen, dass der technische Beschwerdesenat des BPatG auf den technischen Fachgebieten, die in seine Zuständigkeit fallen, aufgrund der Anforderungen, die das PatG an die berufliche Qualifikation der technischen Richter stellt, und deren durch die ständige Befassung mit Erfindungen in diesen Bereichen gebildetes Erfahrungswissen über die zur Beurteilung der jeweils entscheidungserheblichen Fragen erforderliche technische Sachkunde verfügt; dies schließt nicht aus, dass im Einzelfall dennoch die Einholung eines Sachverständigengutachtens angezeigt oder auch geboten sein kann, weil es auf fachlich-technische Fragen auf einem Teilgebiet des Fachgebiets, für den der technische Beschwerdesenat zuständig ist, ankommt und die zur Entscheidung berufenen Richter über die zu deren erschöpfender Beurteilung erforderliche spezielle Sachkunde und ggf Erfahrung nicht verfügen.[159] Dies ist jedoch nicht schon dann der Fall, wenn sich die Hochschulausbildung oder praktische Tätigkeit der technischen Richter nicht speziell auf das (Teil-)Fachgebiet der Erfindung bezogen hat, denn der technische Richter muss ebenso wie ein gerichtlicher Sachverständiger nicht notwendigerweise den Fachmann verkörpern, auf dessen Wissen und Kenntnisse es bei der Beurteilung der patentrechtlichen Zusammenhänge ankommt. Er muss lediglich in der Lage sein, dieses Wissen und diese Kenntnisse ggf mit Hilfe externer Quellen festzustellen und inhaltlich zu bewerten. Die Rüge einer Verletzung des Anspruchs auf rechtl Gehör kann grds nur dann mit Erfolg auf die unterbliebene Einholung eines gerichtlichen Sachverständigen gestützt werden, wenn aufgezeigt wird, aufgrund welcher Umstände es sich dem technischen Beschwerdesenat aufdrängen musste, er bedürfe zur Beurteilung des Sachverhalts der Heranziehung zusätzlicher externer Sachkunde.[160] Jedoch ist die Berücksichtigung erheblicher Beweisanträge geboten; ihre Nichtberücksichtigung verletzt den Anspruch auf rechtl Gehör, wenn sie im Prozessrecht keine Stütze mehr findet.[161]

---

152 BGH Zugriffsinformation; BGH Beschichten eines Substrats; BGH GRUR 2012, 314 Medicus.log.

153 BGH Polyolefinfolie.

154 BPatG 9.12.2004 9 W (pat) 309/02.

155 BVerfG – Kammerbeschluss – NJW 1999, 1387 f; BGH GRUR 1999, 500 DILZEM; BGH GRUR 1999, 998 Verfahrenskostenhilfe; BGH GRUR 2000, 53 f Slick 50; BGH GRUR 2000, 597 Kupfer-Nickel-Legierung; BGH GRUR 2000, 894 f Micro-PUR; BGH GRUR 2002, 957 Zahnstruktur; BGHZ 173, 47 = GRUR 2007, 862 Informationsübermittlungsverfahren II; BGH GRUR 2007, 996 Angussvorrichtung für Spritzgießwerkzeuge I; BGH GRUR-RR 2008, 456 Installiereinrichtung I; BGH GRUR 2009, 90 Beschichten eines Substrats; BGH 29.4.2003 X ZB 10/02; BGH 21.4.2005 I ZB 10/04; BGH 26.7.2005 X ZB 1/04; BGH 1.6.2006 I ZB 121/05; BGH 23.1.2007 X ZB 3/06; BGH 29.7.2008 X ZB 12/07; BGH 2.12.2008 X ZB 33/07; BGH 24.3.2009 X ZB 7/08; BGH 29.9.2009 X ZB 19/08; BGH 14.4.2011 I ZA 21/10; *Benkard* Rn 24; *Büscher/Dittmer/Schiwy* Rn 15.

156 BGH GRUR 2000, 792 f Spiralbohrer; BGH GRUR 2001, 754 f Zentrum für Implantologie mwN; BGH GRUR 2009, 1192 Polyolefinfolie; BGH GRUR 2013, 318 Sorbitol; BGH GRUR 2014, 1235 Kommunikationsrouter; BPatG 5.3.2002 14 W (pat) 58/00 und Parallelentscheidungen 14 W (pat) 59/00, 14 W (pat) 62/00, jeweils undok.

157 BVerfGE 83, 24, 35 = NJW 1991, 1283; BVerfGE 86, 133, 144 = DVBl 1992, 1215; BGH 19.10.2010 X ZR 17/07.

158 BGH GRUR 2002, 957 Zahnstruktur.

159 BGH GRUR 2014, 1235 Kommunikationsrouter; vgl BGHZ 53, 283 = GRUR 1970, 408 Anthradipyrazol.

160 *BGH Kommunikationsrouter.*

161 BVerfG GRUR-RR 2009, 441.

c. Verfahrensmängel. In der Begrenzung der Redezeit muss nicht notwendig eine Verletzung des 53
rechtl Gehörs liegen.[162] Entscheidet das BPatG ohne an sich gebotene **mündliche Verhandlung**, ohne
zuvor darauf hinzuweisen, liegt darin Verletzung rechtl Gehörs, weil angenommen werden konnte, dass
noch in der Verhandlung vorgetragen werden kann.[163] Jedoch liegt nicht in jeder Entscheidung, die verfahrensfehlerhaft ohne mündliche Verhandlung ergeht, eine Gehörsverletzung.[164] Hinweise des Gerichts
müssen hinreichend klar sein.[165]

Alsbaldige Entscheidung ohne mündliche Verhandlung nach Rücknahme des vom Beschwerdeführ- 54
rer gestellten Antrags auf mündliche Verhandlung verletzt das rechtl Gehör des weiteren Beteiligten nicht,
soweit diesem ausreichend Zeit zur Überlegung bleibt, ob er selbst einen Antrag auf mündliche Verhandlung stellen soll.[166] Macht der Beteiligte von den ihm eröffneten Möglichkeiten keinen Gebrauch (zB bei
Fernbleiben von der mündlichen Verhandlung), stellt darauf beruhende Unkenntnis verwerteter Tatsachen keine Verletzung rechtl Gehörs dar.[167] Findet keine mündliche Verhandlung statt, muss zur Wahrung
der Äußerungsmöglichkeit eine angemessene Zeit abgewartet werden, bis in der Sache entschieden
wird.[168] Verweigerung von Verfahrenskostenhilfe mit der Begründung, im Beschwerdeverfahren sei Verfahrenskostenhilfe ausgeschlossen, kann Gehörsverletzung begründen;[169] das gilt auch für die zu Unrecht
erfolgte Verweigerung der Verfahrenskostenhilfe, wenn nicht auszuschließen ist, dass bei deren Bewilligung eine anwaltlich vertretene Partei den Vortrag in tatsächlicher oder rechtl Hinsicht bereits im Beschwerdeverfahren und nicht erst im Rechtsbeschwerdeverfahren gehalten und das BPatG deshalb zu
deren Gunsten entschieden hätte;[170] auch, weil der vermögenslose Beschwerdeführer ohne Bewilligung
von Verfahrenskostenhilfe vom Zugang zum Gericht ausgeschlossen ist.[171]

In der **Nichtzulassung der Rechtsbeschwerde** kann eine Verletzung des rechtl Gehörs liegen.[172] 55

Zur Frage, ob das **Unterlassen einer Vorlage** an den EuGH als Verletzung des rechtl Gehörs anzuse- 56
hen sein kann, Rn 16 vor § 100.

d. Gehörsverletzung liegt vor, wenn im Einzelfall deutlich wird, dass Vorbringen überhaupt **nicht** 57
zur Kenntnis genommen oder bei der Entscheidung nicht erwogen worden ist.[173] Das gilt auch für die
versehentliche Nichtberücksichtigung fristgerechten Vorbringens.[174] Dabei ist ohne Bedeutung, dass das
übergangene Vorbringen nicht auf einer fehlerhaften Verfahrensgestaltung, sondern auf fehlerhafter Zuordnung des Vortrags beruht.[175] Das Gericht muss sich in den Entscheidungsgründen jedoch nicht mit
jedem Vorbringen ausdrücklich befassen; Fehlen einer Auseinandersetzung erlaubt für sich nicht den
Schluss auf Nichtberücksichtigung, denn grds ist von Kenntnisnahme auszugehen; besondere Umstände,
die dagegen sprechen, sind vom Rechtsbeschwerdeführer darzulegen.[176] Erst wenn das Gericht auf den

---

162 Vgl *Ströbele/Hacker* § 83 MarkenG Rn 40.

163 BGH GRUR 2003, 1067 BachBlüten Ohrkerze; vgl BGH GRUR 2006, 152 f GALLUP; BGH Mitt 2006, 451 Rossi; BGH
GRUR-RR 2008, 260 Melander/Erlander, Markensachen.

164 BGH GRUR 2008, 731 alphaCAM, Markensache.

165 BGH GRUR 2011, 654 Yoghurt-Gums, Markensache.

166 BGH GRUR 2000, 597 Kupfer-Nickel-Legierung: bejaht bei über zwei Wochen; vgl BGH GRUR 1997, 223 f Ceco; BGH
GRUR 2006, 152 f GALLUP.

167 *Ströbele/Hacker* § 83 MarkenG Rn 40.

168 BGH 23.7.2002 X ZB 13/02 Schulte-Kartei PatG 100–109 Nr 116 Lignine 01; BGH 23.7.2002 X ZB 14/02; BGH 23.7.2002
X ZB 15/02.

169 BGH GRUR 2009, 88 ATOZ I, zur Prozesskostenhilfe im Markenrecht.

170 BGH GRUR 2010, 270 ATOZ III.

171 BGH 14.4.2011 I ZA 21/10.

172 BGH GRUR 2014, 1232 S-Bahn.

173 BVerfGE 65, 293, 295 = EuGRZ 1994, 342; BVerfGE 70, 288, 293 = NJW 1987, 485; BVerfGE 86, 133, 145 f = DVBl 1992,
1215; BGH GRUR 2007, 997 Wellnessgerät; BGH GRUR 2008, 731 alphaCAM; BGH 29.9.2009 X ZB 19/08; BGH GRUR 2010,
270 ATOZ III; BGH 14.4.2011 I ZA 21/10; BGH 17.6.2013 X ZB 4/12.

174 BGH NJW-RR 2011, 424.

175 BGH GRUR-RR 2008, 260 Melander/Erlander.

176 BGH GRUR 1999, 919 f Zugriffsinformation; BGH 12.12.2000 X ZB 23/99 Schulte-Kartei PatG 100–109 Nr 101
Handwerkzeugmaschine; vgl BGH GRUR 2000, 140 tragbarer Informationsträger; BGH GRUR 2005, 572 Vertikallibelle;
BGHZ 173, 47 = GRUR 2007, 862 Informationsübermittlungsverfahren II; BGH GRUR 2007, 996 Angussvorrichtung für
Spritzgießwerkzeuge I; BGH 29.4.2003 X ZB 10/02; BGH 13.6.2006 X ZB 19/05; BGH 24.3.2009 X ZB 7/08; BGH 29.9.2009

wesentlichen Kern des Tatsachenvortrags zu einer Frage, die für das Verfahren von besonderer Bedeutung ist, nicht eingeht, kann bei nach dem Rechtsstandpunkt des Gerichts erheblichem und substantiiertem Vortrag auf Nichtberücksichtigung geschlossen werden.[177] Das kommt aber nur dann in Betracht, wenn das Vorbringen in den Entscheidungsgründen keine ausdrückliche Erwähnung gefunden hat.[178] Referate des Parteivortrags können eine Gehörsverletzung nicht begründen.[179] Das Nichtabhandeln von „Beweisanzeichen" (Hilfskriterien) (Rn 170 ff zu § 4) in den Entscheidungsgründen erlaubt regelmäßig nicht den Schluss, dass diese nicht zur Kenntnis genommen worden seien.[180]

58   Ein Beteiligter ist auf ersichtlich **unvollständigen Vortrag** hinzuweisen, Verletzung dieser Hinweispflicht[181] kann gegen den Grundsatz der Gewährung rechtl Gehörs verstoßen.[182] Gehörsversagung liegt aber erst vor, wenn das Gericht ohne vorherigen Hinweis Anforderungen an den Sachvortrag stellt, mit denen auch ein gewissenhafter und kundiger Beteiligter nach dem bisherigen Verfahrensverlauf nicht zu rechnen brauchte.[183] Fehlender Hinweis auf die Möglichkeit, sachdienliche Anträge, insb Hilfsanträge, zu stellen, wird nur in Extremfällen eine Verletzung des rechtl Gehörs begründen können;[184] es reicht idR aus, wenn die Sach- und Rechtslage erörtert und den Beteiligten dadurch aufgezeigt wird, welche Gesichtspunkte für die Entscheidung voraussichtlich von Bedeutung sein werden.[185] Ein Hinweis kann aber erforderlich sein, wenn für die Parteien auch bei sorgfältiger Verfahrensführung nicht vorhersehbar ist, auf welche Erwägungen das Gericht seine Entscheidung stützen wird.[186] Die dt Gerichte haben Entscheidungen, die durch die Instanzen des EPA oder durch Gerichte anderer Vertragsstaaten des EPÜ ergangen sind und eine im wesentlichen gleiche Fragestellung betreffen, zu beachten und sich ggf mit den Gründen auseinanderzusetzen, die bei der vorangegangenen Entscheidung zu einem abw Ergebnis geführt haben; dies gilt auch, soweit es um Rechtsfragen geht, zB um die Frage, ob der StdT den Gegenstand eines Schutzrechts nahegelegt hat, allerdings verletzt nicht jede Verletzung dieser Pflicht den Anspruch auf rechtl Gehör.[187] Der Pflicht zur Auseinandersetzung kann im Einzelfall dadurch genügt werden, dass in der Entscheidungsbegründung auf die Erwägungen eingegangen wird, auf denen die abw Beurteilung beruht.[188]

59   Als Verletzung des Anspruchs auf rechtl Gehör ist es angesehen worden, wenn das BPatG im Rahmen der tragenden Begründung Erkenntnisse verwertet, die es erst **nach Schluss der mündlichen Verhandlung** gewonnen hat, auf die hin die Entscheidung ergangen ist, und zu denen sich die Beteiligten nicht äußern konnten.[189] Erfolgt in der mündlichen Verhandlung neuer Vortrag, muss dem Gegner Gelegenheit gegeben werden, sich hierzu zu äußern.[190] Generell muss das BPatG Material, auf das es seine Entscheidung stützt, grds in das Verfahren einführen und damit den Beteiligten Gelegenheit geben, hierzu Stellung zu nehmen, eine besondere Form ist dabei aber nicht zu beachten.[191] Das gilt auch bei Verwertung offen-

X ZB 19/08; vgl BGH 21.2.2008 I ZB 70/07 Mitt 2008, 282 Ls Melissengeist; EPA 8.12.2014 R 16/13; *Ströbele/Hacker* § 83 MarkenG Rn 39; kr *Schulte* Rn 47.

177   BVerfGE 86, 133, 146 = DVBl 1992, 1215; BGH Wellnessgerät; BGH Informationsübermittlungsverfahren II; BGH alphaCAM; BGH 28.7.2009 X ZB 41/08; BGH GRUR 2010, 950 Walzenformgebungsmaschine; BGH 14.4.2011 I ZA 21/10; vgl auch BGH 16.4.2013 X ZB 3/12.

178   BGH Angussvorrichtung für Spritzgießwerkzeuge I; *Schulte* Rn 46.

179   BGH 6.9.2005 X ZB 30/03.

180   BGH Wellnessgerät.

181   Vgl BGH NJW 2001, 2548 Hinweispflicht; BGH GRUR 2010, 87 Schwingungsdämpfer; BGH 19.10.2011 I ZB 90/10; BGH 19.10.2011 I ZB 91/10.

182   BGH GRUR 2008, 837 Münchner Weißwurst; vgl BGH 22.9.2015 X ZB 11/14; BGH GRUR 2010, 950 Walzenformgebungsmaschine, zu § 139 ZPO.

183   BGH GRUR 2010, 1034 LIMES LOGISTIK; BGH 19.10.2011 I ZB 90/10; BGH 19.10.2011 I ZB 91/10.

184   Vgl BGH 6.2.2007 X ZB 4/06.

185   BGH GRUR 2010, 950 Walzenformgebungsmaschine; BGH GRUR 2013, 318 Sorbitol; BGHZ 200, 229 = GRUR 2014, 461 Kollagenase I.

186   BGH GRUR 2009, 91 Antennenhalter; BGH Walzenformgebungsmaschine.

187   BGH Walzenformgebungsmaschine.

188   BGH GRUR 2015, 199 Sitzplatznummerierungseinrichtung.

189   BGH GRUR 1998, 817 DORMA; vgl BGH GRUR 1997, 637 Top Selection; BGH GRUR 2002, 957 Zahnstruktur.

190   BGH GRUR 2003, 903 Katzenstreu.

191   Vgl BGH GRUR 2000, 792 Spiralbohrer; BGHZ 173, 47 = GRUR 2007, 862 Informationsübermittlungsverfahren II; BGH GRUR 2010, 87 Schwingungsdämpfer; BGH GRUR 2009, 91 Antennenhalter; BGH GRUR 2004, 77 Park & Bike mwN,

kundiger, aber nicht allen Beteiligten ohne weiteres gegenwärtiger Tatsachen.[192] Insoweit ist es geboten, die Einführung entweder in der Sitzungsniederschrift oder in der Entscheidung des BPatG festzuhalten.[193] Ein ausdrücklicher Hinweis des BPatG auf die besondere Relevanz bestimmten Prozessstoffs ist grds nicht erforderlich.[194] Der Anspruch auf rechtl Gehör ist verletzt, wenn das BPatG die Patentfähigkeit im Hinblick auf eine Entgegenhaltung verneint, die der Einsprechende nur beiläufig in Zusammenhang mit einem (neben der fehlenden Patentfähigkeit) zusätzlich geltend gemachten Widerrufsgrund erwähnt hat, ohne zuvor den Patentinhaber darauf hinzuweisen, dass diese Veröffentlichung der Patentfähigkeit entgegenstehen könnte.[195] Gehörsverletzung kommt auch in Betracht, wenn ein erforderlicher Hinweis erst in der mündlichen Verhandlung gegeben wird und der Betroffene keine Möglichkeit hat, im Rahmen der Verhandlung Stellung zu nehmen; hier muss auf Antrag vertagt oder Schriftsatznachlass eingeräumt werden.[196] Ist die mündliche Verhandlung geschlossen, liegt keine Gehörsverletzung vor, wenn eine Entscheidung an Verkündungs statt zugestellt wird, ohne dass zuvor geklärt wird, ob noch weiterer Vortrag beabsichtigt ist.[197] Gesichtspunkte aus ordnungsgemäß eingeführtem Material, mit dem ein Beteiligter nicht rechnete, können ohne gesonderten Hinweis verwertet werden, denn das Gericht ist nicht verpflichtet, darauf hinzuweisen, welchen Offenbarungsgehalt es einer Veröffentlichung entnimmt und wie es den Sachverhalt würdigen will.[198]

Nichterörterung von Unteransprüchen in der mündlichen Verhandlung stellt grds für sich keine **60** Verletzung des rechtl Gehörs dar.[199]

Eine allg Frage- und Aufklärungspflicht oder Verpflichtung zur Darlegung der **Rechtsauffassung** des **61** Gerichts besteht nicht; es genügt, wenn die Beteiligten in Anwendung der von ihnen zu erwartenden Sorgfalt erkennen konnten, auf welches Vorbringen es für die Entscheidung ankommen kann und wird.[200] Das gilt auch für die Feststellung von Fachwissen.[201] Das Gericht ist grds nicht gehalten, ausdrücklich darauf hinzuweisen, dass es eine Zeichnung als schematische Darstellung und nicht als maßstabsgerechte Konstruktionszeichnung ansieht.[202] Nichterteilung erbetenen Hinweises auf bevorstehende Bearbeitung trotz entspr Bitte ist als Verletzung des rechtl Gehörs behandelt worden.[203]

Überraschendes Aufgreifen eines bisher nicht erörterten rechtl Gesichtspunkts kann einen Verstoß **62** gegen das Gebot der Gewährung rechtl Gehörs begründen.[204] Jedoch muss ein Verfahrensbeteiligter auch dann, wenn die Rechtslage umstr oder problematisch ist, grds alle vertretbaren rechtl Gesichtspunkte von sich aus in Betracht ziehen und seinen Vortrag darauf einstellen.[205] Bloßer Verstoß gegen § 91 füllt den Rechtsbeschwerdegrund dagegen nicht aus.[206] Es besteht grds keine Hinweispflicht auf eine bekannte und gefestigte Rspr.[207] Verteidigung mit geänd Patentansprüchen erfordert nicht notwendig eine ergänzende Recherche zum StdT nach § 97.[208] Jedoch muss nach Auffassung des BGH im Einspruchs-(beschwerde-

---

BGH 2004, 76 turkey & corn, Markensachen, insb zu Internetrecherchen, die ausgedruckt werden sollten; BGH GRUR 2010, 950 Walzenformgebungsmaschine.

192   Vgl BGH turkey & corn; BGH Top Selection; BGH GRUR 1998, 396f Individual; BGH GRUR 2007, 534f WEST.
193   Vgl BGH turkey & corn.
194   Vgl BGH GRUR 2000, 53, 54 Slick 50; vgl auch BGH 24.4.2007 X ZB 16/06; BGH GRUR 2010, 950 Walzenformgebungsmaschine.
195   BGH GRUR 2009, 1192 Polyolefinfolie; BGH GRUR 2011, 656 modularer Fernseher I; BGHZ 200, 229 = GRUR 2014, 461 Kollagenase I.
196   BVerfG 18.8.2010 1 BvR 3268/07 LKV 2010, 468; BPatG modularer Fernseher I.
197   BGH GRUR 2012, 89 Stahlschluessel.
198   BGH Antennenhalter; BGH GRUR 2011, 851 Werkstück; vgl BGH 2.12.2008 X ZB 33/07.
199   BGH GRUR 2007, 997 Wellnessgerät.
200   BGH GRUR 2000, 792 Spiralbohrer; BGH GRUR 2000, 894 Micro-PUR; BGH GRUR 2006, 152f GALLUP; BGH 23.7.2002 X ZB 13/02 Schulte-Kartei PatG 100–109 Nr 116 Lignine 01; BGH 23.7.2002 X ZB 14/02; BGH 23.7.2002 X ZB 15/02; BGH 23.1.2007 X ZB 3/06.
201   Vgl BGH 23.1.2007 X ZB 3/06.
202   BGH GRUR 2012, 1042 Steckverbindung.
203   BGH GRUR-RR 2008, 457 Tramadol.
204   BGH GRUR 2006, 152f GALLUP; BVerfG GRUR-RR 2009, 441.
205   BVerfG GRUR-RR 2009, 441 mwN.
206   BGH GRUR 2000, 792 Spiralbohrer; vgl auch BGH 4.10.2007 X ZB 21/06.
207   Vgl BPatGE 50, 199 = GRUR 2008, 733.
208   BGH 4.10.2007 X ZB 21/06 unter Hinweis auf BGH BlPMZ 1992, 496 Entsorgungsverfahren und BVerwG NJW 1997, 3328.

)verfahren darauf hingewiesen werden, dass ein Anspruchssatz zumindest einen nicht rechtsbeständigen Patentanspruch enthält, bevor das Patent widerrufen wird;[209] dies ist im Ansatzpunkt nicht zutr, weil das Patent nur in dem Umfang widerrufen werden darf, in dem ein Widerrufsgrund vorliegt.

63   Das Gericht muss den Verfahrensbeteiligten den **Zugang** zu den ihm vorliegenden Informationen öffnen, sofern diese für die Entscheidung verwertbar sein sollen, dies muss aber nicht notwendig durch das Gericht selbst erfolgen; das Gericht hat daher darüber zu wachen, dass das Verfahren nicht in ein dem Berechtigten ungünstiges Entscheidungsstadium tritt, bevor dieser von Verfahren und Verfahrensstand Kenntnis erlangt hat.[210] Wird Material verwertet, das der Partei erst kurz vor der Verhandlung zugänglich gemacht worden ist, ist das rechtl Gehör jedenfalls dann nicht verletzt, wenn sich die Partei darauf einlässt und Vertagung nicht beantragt wird.[211] Verletzung des rechtl Gehörs ist auch darin gesehen worden, dass das BPatG nicht aufgrund der durchgeführten mündlichen Verhandlung, sondern unter Berücksichtigung eines geänd Verfahrensstands im schriftlichen Verfahren entscheidet, einen dazu gestellten Antrag aber übergeht, anstatt erneut in die mündliche Verhandlung einzutreten.[212] Das rechtl Gehör kann verletzt sein, wenn das BPatG in der mündlichen Verhandlung die Zurückverweisung der Sache zur weiteren Aufklärung als sicher darstellt und deshalb der Beschwerdeführer davon absieht, zu einem gerichtlichen Hinweis Stellung zu nehmen,[213] das gilt auch bei Abweichen von der als vorläufig geäußerten Meinung.[214] Auch in der Ablehnung einer Vertagung kann eine Verletzung des rechtl Gehörs liegen.[215]

64   **Straftaten** im Verfahren, die sich zu Lasten des Rechtsbeschwerdeführers auswirken, wird man schon deshalb als Verletzung des rechtl Gehörs ansehen müssen, weil sich der Betroffene regelmäßig zu ihnen nicht äußern konnte (vgl den Antragsgrund in Art 112 Abs 2 Buchst e EPÜ; Rn 27 vor § 100).

65   **e. Kausalität.** Der Verstoß ist (anders als grds bei den übrigen „absoluten" Rechtsbeschwerdegründen) zu substantiieren.[216] Es ist zu prüfen, ob die Entscheidung auf dem Verstoß beruhen kann, was jedenfalls dann nicht auszuschließen ist, wenn der Verstoß eine die Entscheidung tragende Erwägung betrifft;[217] anders bei nur zusätzlicher, für die Beurteilung nicht erheblicher Begründung.[218] Wird Verletzung der Hinweispflicht gerügt, muss anders als bei Zugrundelegung von Tatsachen, die in das Verfahren nicht eingeführt waren,[219] dargelegt werden, was auf den Hinweis hin vorgetragen worden wäre.[220] Der Kausalität steht nicht entgegen, dass weitere Begründungselemente auch für sich das Ergebnis hätten tragen können.[221] Übergehen nicht entscheidungserheblichen Vorbringens füllt den Rechtsbeschwerdegrund nicht aus.[222] Jedoch braucht im Fall des Übergehens eines Antrags auf mündliche Verhandlung nicht dar-

---

209 Vgl BGHZ 173, 47, 53, 56 f = GRUR 2007, 862 Informationsübermittlungsverfahren II; BGH GRUR 2010, 87 Schwingungsdämpfer: Annahme, dass der Patentinhaber einen beschränkten Nebenanspruch nur für den Fall verteidigen wolle, dass sich auch ein weiterer, im wesentlichen inhaltsgleicher, aber ohne Beschränkung verteidigter Nebenanspruch als rechtsbeständig erweise, verletzt den Anspruch auf rechtl Gehör.
210 BGH GRUR 2000, 512, 513 Computer Associates: Entscheidung des BPatG vor Kenntnis von Nichtabhilfe und Beschwerdevorlage, wodurch die Möglichkeit beeinträchtigt war, Antrag auf mündliche Verhandlung zu stellen.
211 BGH GRUR 2003, 903 Katzenstreu; vgl BGH 4.10.2007 X ZB 21/06 unter Hinweis auf BGH GRUR 2004, 354 Crimpwerkzeug I.
212 BGH GRUR 2001, 337 Easypress.
213 BGH GRUR 2003, 901 MAZ.
214 BGH GRUR 2011, 851 Werkstück („der Senat neigt dazu").
215 Vgl BGH 12.6.2012 X ZA 3/11.
216 Schulte Rn 43; vgl BGH GRUR 2005, 971 Schutzfristüberwachung, Markensache.
217 BGH GRUR 1997, 637 Top Selection; BGH GRUR 2004, 77 Park & Bike; BGH 14.3.2006 X ZB 28/04; BGH GRUR 2009, 1192 Polyolefinfolie; BGH GRUR 2010, 1034 LIMES LOGISTIK; BGH MarkenR 2012, 160 = GRUR-RR 2012, 232 Ls grüner Apfel; BPatG 22.9.2015 X ZB 11/14; BVerfG RdL 2004, 68, 70; BVerfG NJW 2004, 1371; Schulte Rn 48; Ingerl/Rohnke § 83 MarkenG Rn 31; kr Bender Mitt 1998, 85, 87 f; vgl auch Ströbele/Hacker § 83 MarkenG Rn 41.
218 BGH 7.5.1998 I ZB 2/96.
219 BGH Top Selection.
220 BGH GRUR 2008, 1126 Weisse Flotte; BGH GRUR 2008, 909 Pantogast: wenn ihn eine Mitwirkungspflicht trifft; anders wegen des Amtsermittlungsprinzips noch BGH GRUR 2007, 534 WEST.
221 BGH GRUR 2004, 76 f turkey & corn; BGH WEST; Schulte Rn 48.
222 BGH GRUR 1997, 223 f Ceco; BGH Top Selection; BGH 5.6.2003 I ZB 43/02; BGH 5.6.2003 I ZB 44/02; BGH 14.3.2006 X ZB 28/04.

---

gelegt zu werden, was im einzelnen vor oder in dieser vorgetragen worden wäre.[223] Hätte die Entscheidung auch bei Gewährung rechtl Gehörs nicht anders ausfallen können, muss die Rechtsbeschwerde erfolglos bleiben.[224] Wird dem Verfahrensbeteiligten die Möglichkeit beschnitten, mündliche Verhandlung zu beantragen, muss nicht dargelegt werden, was in dieser vorgetragen worden wäre;[225] Entspr muss gelten, wenn der Antrag auf mündliche Verhandlung übergangen wird.[226] Jedoch ist das rechtl Gehör nicht verletzt, wenn nur der Beschwerdeführer einen Antrag auf mündliche Verhandlung für den Fall gestellt hat, dass seinem Begehren nicht schon nach Lage der Akten netsprochen werden kann, und das BPatG der Beschwerde ohne mündliche Verhandlung stattgibt.[227] Die Rüge steht nur dem durch den Verstoß betroffenen Beteiligten zu.[228]

4. Nicht vorschriftsmäßige Vertretung

a. Allgemeines. Die Regelung, die den §§ 133 Nr 3, 138 Nr 4 VwGO, §§ 547 Nr 4 ZPO nachgebildet und **66** dementspr nach den gleichen Grundsätzen auszulegen ist, bezweckt den Schutz von Beteiligten, die ihre Angelegenheiten im Verfahren nicht verantwortlich regeln konnten oder denen die Handlungen vollmachtloser Vertreter nicht zugerechnet werden dürfen; erfasst sind die Fälle, in denen für einen Beteiligten ein unberufener Dritter gehandelt hat, ein prozessunfähiger Beteiligter im Verfahren selbst aufgetreten ist oder ein nicht Parteifähiger das Verfahren betrieben hat,[229] darüber hinaus Fälle der Nichtzuziehung eines Beteiligten zum Verfahren, der Nichtladung zum Termin und der darauf beruhenden Nichtteilnahme.[230] Erfasst sind allg Fälle, in denen ein Beteiligter auch nur faktisch aus dem Verfahren ausgeschlossen wird, nicht aber Fälle der bloßen Versagung rechtl Gehörs zu einzelnen Verfahrensvorgängen[231] oder der Nichterörterung.[232] Nicht erfasst sind weiter Fälle, in denen es ein ordnungsgem vertretener Beteiligter lediglich unterlässt, die gegebenen Beteiligungsmöglichkeiten auszunutzen.[233] Ausdrückliche oder stillschweigende Zustimmung zur Verfahrensführung schließt den Rechtsbeschwerdegrund aus.[234] Die Regelung betrifft nur die nicht vorschriftsmäßige Vertretung vor dem BPatG, nicht auch vor dem DPMA.[235]

b. Fälle des Vertretungsmangels. Fehlende Partei- oder Prozessfähigkeit des Beteiligten begrün- **67** det Vertretungsmangel.[236] Der Mangel kann uU auch von anderen als dem betroffenen Beteiligten gerügt werden.[237]

Fehlen der Vertretungsmacht eines als Vertreter Handelnden begründet grds Vertretungsmangel, **68** falls der Vertretene die Erklärungen und Handlungen des Vertreters nicht gegen sich gelten lassen will.[238]

---

223 BGH Mitt 2006, 451 Rossi, Markensache, unter Hinweis auf BGH GRUR 2000, 512, 514 Computer Associates; *Schulte* Rn 48.

224 BGH 6.9.2005 X ZB 30/03; BGH GRUR 2009, 1192 Polyolefinfolie; BGH Top Selection; BGH 15.8.2002 I ZB 14/00; BGH 15.8.2002 I ZB 15/00; vgl BGH Ceco; BGH 20.3.2003 I ZA 4/02; BGH GRUR 2008, 1126 Weisse Flotte; BGH GRUR 2010, 1034 LIMES LOGISTIK; BGH GRUR 2013, 1276 MetroLinien; *Ekey/Bender/Fuchs-Wissemann* § 83 MarkenG Rn 30.

225 BGH Computer Associates.

226 Offengelassen in BGH GRUR 2003, 1067 BachBlüten Ohrkerze.

227 BGH GRUR 2008, 731 alphaCAM.

228 *Ingerl/Rohnke* § 83 MarkenG Rn 32.

229 BGH BlPMZ 1986, 251 Vertagungsantrag; BGH GRUR 1986, 667 Raumzellenfahrzeug II; BGH 10.7.1986 X ZB 2/86.

230 BGH Vertagungsantrag; BGH GRUR 1991, 442 pharmazeutisches Präparat.

231 Vgl BGH GRUR 1972, 472, 474 Zurückverweisung; BGH GRUR 1978, 39 Titelsetzgerät; BGH Raumzellenfahrzeug II; BGH pharmazeutisches Präparat; BGH GRUR 1991, 521 La Perla; BGH 20.10.1992 X ZB 12/91; BGH 14.7.1993 X ZB 6/93: Beteiligter ist in besonders krasser Weise unrechtmäßig gehindert, seine Rechte im Verfahren wahrzunehmen.

232 BGH Raumzellenfahrzeug II.

233 BGH Vertragungsantrag.

234 *Reimer* § 41p Rn 19.

235 BGH GRUR 2001, 139 f Parkkarte; *Benkard* Rn 39.

236 BGH GRUR 1966, 160 Terminsladung; BGH BlPMZ 1986, 251 Vertagungsantrag; BGH GRUR 1990, 348 Gefäßimplantat; *Klauer/Möhring* § 41p Rn 11.

237 Offen gelassen in BGH Gefäßimplantat für den Fall der fehlenden Parteifähigkeit des Einsprechenden.

238 BGH GRUR 1990, 348 Gefäßimplantat; anders für den Fall, dass für einen Beteiligten, der wirksam Beschwerde eingelegt hat, ein vollmachtloser Vertreter auftritt, BGH GRUR 1981, 507 Elektrode.

Rügeberechtigt ist nur der nicht ordnungsgem Vertretene, nicht ein anderer Beteiligter.[239] Die Rüge ist zu substantiieren.[240] Nichteinreichung der Vollmacht begründet für sich keinen Vertretungsmangel; dies gilt auch, wenn im Akteneinsichtsverfahren der antragstellende Anwalt seinen Auftraggeber nicht nennt.[241]

69   **Unterbliebene Terminsladung.** Vertretungsmangel soll auch vorliegen, wenn ein Beteiligter zu einem vom BPatG bestimmten Termin zur mündlichen Verhandlung nicht geladen wird und aus diesem Grund den Termin nicht wahrnimmt;[242] anders im Wz-Verfahren, wenn ein Widersprechender nicht geladen wurde, der selbst keinen Antrag auf mündliche Verhandlung gestellt hatte.[243] Fehlen eines Hinweises in der Terminsladung, dass vom schriftlichen in das mündliche Verfahren übergegangen werde, begründet keinen Vertretungsmangel.[244] Die fehlerhaft unterbliebene notwendige Anhörung wird dem Fall der unterbliebenen Ladung gleichzuachten sein.[245] Seit Einführung des Rechtsbeschwerdegrunds der Verletzung rechtl Gehörs im Patentrecht werden sich diese Fälle dort subsumieren lassen.[246]

70   **c. Kein Vertretungsmangel** liegt bei Tod oder Verhinderung des Inlandsvertreters vor,[247] ebenso bei Verhinderung eines technischen Beistands.[248]

71   Eine **Zustellung** von Bescheiden und Beschlüssen **an einen Beteiligten statt an dessen Vertreter** stellt keinen Mangel dar, der dem Nichtvertretensein gleichzusetzen wäre.[249] Auch eine Zustellung von Bescheiden des DPMA an einen nicht empfangsbevollmächtigten Vertreter stellt keinen Vertretungsmangel dar.[250]

72   **Unterlassung einer** nach § 78 Nr 1 **obligatorischen mündlichen Verhandlung** eröffnet nicht die zulassungsfreie Rechtsbeschwerde unter dem Gesichtspunkt des Vertretungsmangels.[251]

73   **5. Verletzung der Vorschriften über die Öffentlichkeit** nach § 69 Abs 1 begründet einen „absoluten" Rechtsbeschwerdegrund (Abs 3 Nr 5; vgl § 547 Nr 5 ZPO). Zur Öffentlichkeit der Verhandlung vor den Beschwerdesenaten Rn 9 ff zu § 69, zu den Anforderungen an die Wahrung der Öffentlichkeit Rn 16 ff zu § 69. Ein die zulassungsfreie Rechtsbeschwerde eröffnender Verfahrensmangel iSd Bestimmung liegt nicht vor, wenn unter Verletzung von Verfahrensvorschriften ohne mündliche Verhandlung entschieden worden ist.[252] Fehlerhafte Zulassung der Öffentlichkeit ist jedenfalls unschädlich, wenn feststeht, dass niemand als Zuhörer anwesend war,[253] ob auch sonst, ist str.[254] Fehlerhafte Ausfüllung eines Vordrucks erbringt nicht schon für sich den Beweis, dass die Bestimmungen über die Öffentlichkeit verletzt worden sind, vielmehr ist unter Heranziehung aller Erkenntnisquellen frei zu würdigen.[255] Der Fehler muss dem Gericht unterlaufen sein, nicht nur einem Hilfsorgan (Sitzungsdienst), sofern dem Gericht nicht selbst eine Sorgfaltspflichtverletzung anzulasten ist.[256]

---

239   BGH Gefäßimplantat; BGH GRUR 2011, 1055 Formkörper mit Durchtrittsöffnungen; *Ströbele/Hacker* § 83 MarkenG Rn 48; vgl BGH GRUR 1981, 507 f Elektrode.

240   Vgl BGH 29.1.1991 X ZB 8/90: Einschränkungen der Vollmacht.

241   BGH 22.12.1964 I a ZB 14/64.

242   BGH GRUR 1966, 160 Terminsladung; BGH GRUR 1991, 442 pharmazeutisches Präparat; BGH 21.10.1997 X ZB 22/97 Schulte-Kartei PatG 100–109 Nr 82 Terminsladung 01; kr *Lindenmaier* § 41p Rn 30.

243   BGH GRUR 1967, 681 D-Tracetten.

244   BGH Mitt 1977, 36 f Beugungseffekte.

245   *Benkard* Rn 41; *von Gamm* GRUR 1977, 414 f.

246   Vgl *Ströbele/Hacker* § 83 MarkenG Rn 48; *Ekey/Bender/Fuchs-Wissemann* § 83 MarkenG Rn 33; BGH GRUR 2000, 512 f Computer Associates.

247   BGHZ 51, 269 = GRUR 1969, 437 Inlandsvertreter; BGH GRUR 1986, 251 Vertragungsantrag.

248   BGHZ 136, 337 = GRUR 1998, 362 rechtliches Gehör II.

249   BGH 10.7.1986 X ZB 2/86.

250   BGH 29.1.1991 X ZB 8/90.

251   BGH GRUR 1964, 697 f Fotoleiter; BGH GRUR 1965, 273 Anodenkorb; BGH GRUR 1967, 681 D-Tracetten; BGH GRUR 1974, 294 f Richterwechsel II; BGH GRUR 1987, 515 Richterwechsel III; *Lindenmaier* § 36o Rn 8; vgl BGH Mitt 1996, 118 Flammenüberwachung.

252   BGH GRUR 1965, 273 f Anodenkorb; BGH GRUR 1967, 641 D-Tracetten; BGH GRUR 1974, 294, 295 Richterwechsel II.

253   *Benkard* Rn 43; *Ingerl/Rohnke* § 83 MarkenG Rn 35; *Ströbele/Hacker* § 83 MarkenG Rn 49.

254   Bejahend *Lindenmaier* § 41p Rn 31, verneinend *Klauer/Möhring* § 41p Rn 12.

255   BGH 29.7.2008 X ZB 12/07 unter Hinweis auf BGHZ 26, 340 = NJW 1958, 711.

256   BGH GRUR 1970, 621 f Sitzungsschild.

6. Fehlen von Gründen

a. Grundsätze. Der § 547 Nr 6 entspr Rechtsbeschwerdegrund in Abs 3 Nr 6 betrifft die Rüge, dass der **74** Beschluss nicht mit Gründen versehen ist. Der Zweck der Bestimmung wird in der Sicherung des Begründungszwangs, nach neuerer Formulierung des BGH des Anspruchs des Beteiligten auf Mitteilung der Gründe, warum sein Rechtsbegehren keinen Erfolg hatte,[257] gesehen und nicht in der Sicherung einer richtigen (Rn 76) oder einheitlichen Rspr.[258] Die Begründungspflicht ist in §§ 93 Abs 1 Satz 2, 94 Abs 2 geregelt.

Die **Auslegung der Bestimmung** entspricht grds der des § 547 Nr 6 ZPO,[259] dies gilt unabhängig von **75** der Tragweite der Entscheidung, insb davon, ob es sich um die Erteilung oder um die Versagung eines Patents handelt und davon, ob eine Patentversagung aus materiellen oder aus formellen Gründen erfolgt.[260] Knappe Begründung kann ausreichen.[261] Abweichung von einer früheren Entscheidung in gleicher Sache erfordert grds keine ausführlichere Begründung.[262] Die Anforderungen an die Einspruchsbegründung nach § 59 können nicht herangezogen werden.[263] Abweichung der Begründung von der in anderen vergleichbaren Fällen eröffnet die Begründungsrüge nicht.[264]

Sachliche Unrichtigkeit, Rechtsfehler, selbst grobe Fehler, oder Lückenhaftigkeit der Begründung **76** können nach der Bestimmung nicht gerügt werden,[265] das gilt grds auch bei gehäuftem Auftreten, sofern sich daraus nicht im Einzelfall völlige Unverständlichkeit ergibt.[266] Erst recht kommt eine allg Entscheidungskritik nicht in Betracht.[267] Verwendung unzutr Rechtsbegriffe betrifft die sachliche Richtigkeit,[268] ebenso Verkennen des Vorliegens einer Kombinationserfindung[269] und die Verwertung einer Entgegenhal-

---

257 BGH GRUR 2004, 79 Paroxetin; vgl BGH GRUR 2005, 572 f Vertikallibelle; BGH GRUR 2006, 929 Rohrleitungsprüfverfahren, BGHZ 173, 47 = GRUR 2007, 862 Informationsübermittlungsverfahren II; BGH GRUR 2010, 87.

258 BGHZ 39, 333, 341 = GRUR 1963, 645 Warmpressen; BGH Mitt 1975, 216 antidiabetische Sulfonamide; BGH GRUR 1979, 220 beta-Wollastonit; BGH Mitt 1986, 195 Kernblech; BGH GRUR 1993, 896 Leistungshalbleiter; BGH GRUR 1997, 636 Makol; BGH GRUR 2004, 77 Park & Bike; BGH GRUR 2007, 862 Informationsübermittlungsverfahren II; BGH 7.5.1998 I ZB 2/96, BGH 24.1.2002 I ZB 16/01; BGH 28.7.2009 X ZB 41/08 und öfter.

259 BGHZ 39, 333 = GRUR 1963, 645 Warmpressen; BGH GRUR 1964, 259 f Schreibstift; BGH GRUR 1965, 50 Schrankbett und öfter.

260 BGH 17.2.1971 X ZB 19/70.

261 Vgl BGH GRUR 1967, 543 Bleiphosphit; zum Umfang der Begründungspflicht EuGH Slg 2004 I 10107 = GRUR Int 2005, 227 Farbe Orange.

262 BGH Mitt 1986, 195 Kernblech; BGH 16.9.1971 X ZB 21/70; BGH 25.3.1982 X ZB 12/81; BGH 31.5.1994 X ZB 10/93; *Benkard* Rn 49.

263 BGH 19.9.1989 X ZB 11/88.

264 BGH 21.6.1977 X ZB 6/75.

265 BGHZ 39, 333, 338 = GRUR 1963, 645 Warmpressen; BGH GRUR 1964, 201 f Elektrohandschleifgerät; BGH GRUR 1964, 259 Schreibstift; BGH GRUR 1965, 273 f Anodenkorb; BGH BlPMZ 1967, 137 Kondenswasserabscheider; BGH GRUR 1967, 548 ff Schweißelektrode II; BGH Mitt 1970, 120 Zonenschmelzverfahren; BGH GRUR 1974, 352 Farbfernsehsignal I; BGH GRUR 1977, 214 f Aluminiumdraht; BGH GRUR 1978, 423 f Mähmaschine; BGH GRUR 1979, 220 beta-Wollastonit; BGH GRUR 1980, 846 f Lunkerverhütungsmittel; BGH GRUR 1985, 376 Werbedrucksache 02; BGH Mitt 1985, 152 Tetrafluoräthylenpolymer; BGH BlPMZ 1987, 357 Zigarettenfilter; BGH BlPMZ 1988, 111 Papiermaschinensieb; BGH GRUR 1990, 110 f rechtliches Gehör I; BGH GRUR 1991, 442 pharmazeutisches Präparat; BGH GRUR 1992, 159 Crackkatalysator II; BGH GRUR 1993, 655 f Rohrausformer; BGH GRUR 1997, 120 f elektrisches Speicherheizgerät; BGH GRUR 1998, 907 f Alkyläther; BGH GRUR 2000, 792, 794 Spiralbohrer; BGH GRUR 2004, 79 Paroxetin; BGH GRUR 2005, 572 Vertikallibelle; BGH GRUR 2006, 929 Rohrleitungsprüfverfahren: „Lücke in der gedanklichen Herleitung" füllt den Rechtsbeschwerdegrund nicht aus; BGHZ 173, 47 = GRUR 2007, 862 Informationsübermittlungsverfahren II; BGH GRUR-RR 2008, 458 Durchflusszähler; BGH GRUR 2011, 1055 Formkörper mit Durchtrittsöffnungen; BGH GRUR-RR 2008, 456 Installiereinrichtung I, BGH 8.10.1985 X ZB 1/85; BGH 18.9.1986 X ZB 1/86; BGH 13.10.1987 X ZB 25/86; BGH 13.10.1987 X ZB 27/86; BGH 20.3.1990 X ZB 15/89; BGH 29.1.1991 X ZB 8/90; BGH 11.7.1991 X ZB 10/90; BGH 10.3.1992 X ZB 11/91; BGH 2.3.1993 X ZB 3/92; BGH 29.6.1993 X ZB 18/92; BGH 31.5.1994 X ZB 10/93; BGH 7.5.1998 I ZB 2/96; BGH 26.7.2005 X ZB 37/03; BGH 26.7.2005 X ZB 1/04; BGH 6.9.2005 X ZB 30/03; BGH 13.6.2006 X ZB 19/05; BGH 23.1.2007 X ZB 3/06; BGH 28.7.2009 X ZB 41/08; BGH 29.9.2009 X ZB 19/08 und öfter.

266 BGH Mitt 1979, 198 Schaltuhr; BGH BlPMZ 1997, 401 Sicherheitspapier.

267 BGH GRUR 1996, 346, 348 Fensterstellungserfassung.

268 BGH GRUR 1990, 33 f Schüsselmühle.

269 BGH Mitt 1981, 105 f Mikroskop; BGH Mitt 1983, 112 Flüssigkristall; BGH 12.6.1990 X ZB 16/89; BGH 11.6.1991 X ZB 5/90; 25.6.1991 X ZB 9/90; BGH 11.7.1991 X ZB 10/90.

tung in der Übersetzung anstatt im Original.[270] Ob die Entscheidung alle objektiv wesentlichen Gesichtspunkte berücksichtigt, ist nicht zu prüfen.[271] Auseinandersetzung mit oder gar Berücksichtigung der höchstrichterlichen Rspr ist nicht erforderlich, um der Begründungspflicht zu genügen.[272]

77   **Fehlerhafte Auslegung eines Antrags** führt zu fehlerhafter und nicht zu fehlender Begründung.[273]

78   **Fehlen, Unverständlichkeit, Inhaltslosigkeit der Gründe.** Eine Entscheidung ist dann nicht mit Gründen versehen, wenn aus ihr nicht zu erkennen ist, welche tatsächlichen Feststellungen und welche rechtl Erwägungen für die getroffene Entscheidung maßgebend waren; dies trifft zunächst den (praktisch kaum vorkommenden) Fall, dass der Entscheidungsformel überhaupt keine Gründe beigegeben sind;[274] dem gleichzusetzen ist der Fall, dass zwar Gründe vorhanden sind, diese aber ganz unverständlich und verworren sind, so dass sie nicht erkennen lassen, welche Überlegungen für die Entscheidung maßgeblich waren, oder wenn die Gründe sachlich inhaltslos sind und sich auf leere Redensarten oder einfach auf die Wiedergabe des Gesetzestexts beschränken.[275]

79   Der Gehalt einer tragenden Erwägung muss sich mit zumutbarem Aufwand erschließen lassen.[276] Die **Verwendung mehrdeutiger Begriffe** kann einer ausreichenden Begründung entgegenstehen.[277]

80   **Widersprüche** in den Gründen führen nicht ohne weiteres dazu, dass der Beschluss iSd Bestimmung nicht mit Gründen versehen ist, sondern erst, wenn sich widersprechende Angaben nicht mehr erkennen lassen, welche Überlegungen für die Entscheidung maßgebend waren.[278] Inkonsequente oder überflüssige Erörterungen, die das Verständnis der die Entscheidung schließlich maßgeblichen Gründe und Erwägungen nicht berühren, füllen den Rechtsbeschwerdegrund nicht aus.[279] Es muss sich um einen solchen Grad von Verworrenheit oder um derart schwere Widersprüche handeln, dass die zugrunde liegenden Überlegungen nicht mehr erkannt und nachvollzogen werden können; abzustellen ist auf die Gesamtbegründung, deshalb scheiden für eine Gleichsetzung mit dem Fehlen von Gründen solche Widersprüchlichkeiten und Unklarheiten aus, die sich lediglich auf einzelne Erwägungen der angefochtenen Entscheidung beziehen, ohne dadurch der Begründung im Ganzen die Durchschaubarkeit und Klarheit in Bezug

---

270   BGH BlPMZ 1988, 111 Papiermaschinensieb.

271   BGH Crackkatalysator II; BGH 29.6.1993 X ZB 18/92; vgl BGH GRUR 1987, 286 Emissionssteuerung; BGH 8.10.1991 X ZB 17/90: Fehlen der zusammenschauenden Betrachtung mehrerer Druckschriften; BGH 28.6. 2001 I ZA 2/00.

272   BGH Alkyläther; BGH 1.7.1999 I ZB 48/97.

273   BGH GRUR 1994, 188 alkoholfreies Bier; BGH GRUR 1998, 373, 376 Fersensporn.

274   BGH GRUR 1971, 484 Entscheidungsformel; vgl BGH GRUR 2012, 380 Ramipril II.

275   BGHZ 39, 333, 337 = GRUR 1963, 645 Warmpressen; BGH GRUR 1964, 201 f Elektrohandschleifgerät; BGH GRUR 1964, 259 f Schreibstift; BGH GRUR 1967, 548, 552 Schweißelektrode II; BGH GRUR 1970, 258 f Faltbehälter; BGH Mitt 1970, 120 Zonenschmelzverfahren; BGH GRUR 1974, 352 Farbfernsehsignal I; BGH GRUR 1978, 423 Mähmaschine; BGH Mitt 1981, 105 f Mikroskop; BGH Mitt 1986, 195 Kernblech; BGH GRUR 1990, 33 f Schüsselmühle; BGH GRUR 1990, 110 rechtliches Gehör I; BGH GRUR 1991, 442 f pharmazeutisches Präparat; BGH GRUR 1992, 159 f Crackkatalysator II; BGH GRUR 1993, 655 f Rohrausformer; BGH GRUR 1993, 896 Leistungshalbleiter; BGH GRUR 1994, 215 Boy; BGHZ 136, 40 = GRUR 1997, 892 f Leiterplattennutzen; BGH GRUR 1998, 907, 909 Alkyläther; BGH GRUR 1999, 573 Staatsgeheimnis; BGH GRUR 1999, 919 f Zugriffsinformation; BGH GRUR 2000, 53 f Slick 50; BGH GRUR 2000, 140 tragbarer Informationsträger; BGH GRUR 2000, 792 Spiralbohrer; BGH GRUR 2002, 957 f Zahnstruktur; BGH GRUR 2004, 79 Paroxetin; BGH GRUR 2006, 929 Rohrleitungsprüfverfahren; BGH GRUR-RR 2008, 458 Durchflusszähler; BGH 16.9.1975 X ZB 6/73; BGH 19.5.1976 X ZB 8/75; BGH 11.3.1982 X ZB 9/81; BGH 20.3.1990 X ZB 15/89; BGH 11.7.1991 X ZB 10/90; BGH 10.3.1992 X ZB 11/91; BGH 20.10.1992 X ZB 12/91; BGH 31.5.1994 X ZB 10/93; BGH 14.5.1996 X ZB 3/96; BGH 30.9.1997 X ZB 23/97 Schulte-Kartei PatG 100–109 Nr 86 Entwicklungsmaschine; BGH 11.7.2000 X ZB 9/99 Schulte-Kartei PatG 100–109 Nr 100 Teppich-Fix; BGH 18.9.2001 X ZB 19/00; BGH 29.4.2003 X ZB 10/02; BGH 22.7.2003 X ZB 28/02; BGH 26.7.2005 X ZB 1/04; BGH 6.9.2005 X ZB 30/03; BGH 13.6.2006 X ZB 19/05; BGH 29.7.2008 X ZB 12/07; BGH GRUR 2010, 950 Walzenformgebungsmaschine und öfter, stRspr.

276   BGH 15.5.1990 X ZB 21/89, hierzu *Bühling* GRUR 1994, 890.

277   BGH Mitt 1980, 77 Biegerollen: „nicht unterscheidungskräftige technische Lehre"; vgl aber BGH 22.11.1988 X ZB 16/87 zur Bezeichnung von Darlegungen des Patentinhabers als „neben der Sache liegend"; BGH 28.10.1993 I ZB 16/92 zu Hinweis auf „ständige Rechtsprechung".

278   BGH GRUR 1978, 423 Mähmaschine; BGH GRUR 1980, 984 Tomograph; BGH GRUR 1990, 346 Aufzeichnungsmaterial; BGH 25.3.1982 X ZB 12/81; BGH 26.6.1986 X ZB 17/85; BGH 11.7.1991 X ZB 10/90; BGH 23.4.2002 X ZB 5/01; BGH 14.5.2002 X ZB 20/01.

279   BGH Mitt 1983, 112 Flüssigkristall; BGH BlPMZ 1997, 401 Sicherheitspapier; vgl BGH 13.10.1987 X ZB 27/86: Widersprüche bei nicht tragenden Erwägungen sind unerheblich.

Keukenschrijver

auf die tragenden Gesichtspunkte zu nehmen.[280] Bezeichnung eines Merkmals einerseits als „unklar" und andererseits als nicht genügend abgegrenzt ist als widersprüchlich und nicht ausreichend begründet angesehen worden.[281] Widersprüche gegenüber einem Aufklärungsschreiben des Berichterstatters sind schon deshalb unerheblich, weil hierdurch keine Bindung eintritt.[282]

b. Gegenstand der Begründungspflicht. Maßgeblicher Verfahrensstoff ist, was die Beteiligten im **81** Verfahren bis zum Zeitpunkt der Entscheidung vorgebracht haben (Rn 29, 55 zu § 79); ein nach Schluss der mündlichen Verhandlung eingegangener Schriftsatz verpflichtet nur zur Prüfung, ob die mündliche Verhandlung wieder zu eröffnen ist. Wird nicht wieder eröffnet, stellt das Fehlen einer Begründung hierzu und zum Inhalt des Schriftsatzes keinen Begründungsmangel dar.[283] Ein fristgerecht eingegangener Schriftsatz muss berücksichtigt werden.[284] Dass ein im BPatG eingegangener Schriftsatz bei Entscheidung dem beschließenden Senat nicht vorlag, ändert nichts am Mangel, selbst wenn dies darauf beruht, dass kein oder ein unrichtiges Az angegeben war,[285] anders, wenn der Schriftsatz nicht eingegangen ist.[286] Ein Begründungsmangel liegt nicht vor, wenn der Patentversagung eine Anspruchsfassung zugrundegelegt worden ist, die nach der im Tatbestandsberichtigungsverfahren nicht bestätigten Meinung des Anmelders nicht der beantragten Anspruchsfassung entspricht.[287] Verteidigt der Patentinhaber im Einspruchsbeschwerdeverfahren das Patent nur noch in eingeschränkter Form, ist eine Auseinandersetzung mit der Frage, ob das Streitpatent mit der erteilten Fassung der Patentansprüche hätte aufrechterhalten werden können, als nicht erforderlich angesehen worden.[288]

Anträge und Vorbringen vor dem DPMA, die nicht **Gegenstand des Beschwerdeverfahrens** gewor- **82** den sind, unterliegen nicht der Begründungspflicht.[289]

Nicht der Begründungspflicht unterliegen Fragen, die **für die Entscheidung ohne Bedeutung** **83** sind,[290] selbst wenn sie bedeutsam werden könnten, sofern ein Beteiligter weitere Anträge stellen würde, solange diese Anträge nicht gestellt sind.[291] Das gilt auch für zusätzliche Ausführungen, die die Entscheidung nicht tragen.[292] Abzustellen ist auf die Sicht des entscheidenden Gerichts, das in diesem Fall die maßgeblichen Feststellungen und Erwägungen anzugeben hat. Widerruf des Patents wegen fehlender Schutzfähigkeit ist daher ohne nähere Erörterung der von einem anderen Einsprechenden behaupteten widerrechtl Entnahme ohne Verstoß gegen den Begründungszwang möglich.[293] Das Übergehen eines Angriffs- oder Verteidigungsmittels ist unschädlich, wenn es ungeeignet ist, den mit ihm angestrebten Erfolg herbeizuführen,[294] so bei unsubstantiiertem Vortrag zu einer Vorbenutzung.[295]

---

280 BGH GRUR 1980, 846 f Lunkerverhütungsmittel; BGH Mitt 1981, 105 f Mikroskop; BGH Mitt 1986, 195 Kernblech; BGH Sicherheitspapier; BGH 11.3.1982 X ZB 9/81; BGH 26.11.1987 X ZB 20/86; BGH 20.3.1990 X ZB 15/89; BGH 12.6.1990 X ZB 16/89; BGH 25.6.1991 X ZB 9/90; BGH 31.5.1994 X ZB 10/93; vgl BGH GRUR 1991, 521 La Perla: fehlende Bezugnahme auf eine Rechtsnorm; BGH 22.9.1988 X ZB 28/87: Verwendung unterschiedlicher Begriffe.
281 BGH Tomograph.
282 BGH 13.10.1987 X ZB 27/86.
283 BGH GRUR 1978, 219 Schaltungschassis.
284 Vgl BGH NJW-RR 2011, 424.
285 BGH GRUR 1964, 210 f Aktenzeichen.
286 BGH 12.10.1976 X ZB 25/75.
287 BGH GRUR 1979, 313, 315 Reduzierschrägwalzwerk.
288 BGH 14.8.1990 X ZB 30/89.
289 BGH GRUR 1993, 655 f Rohrausformer.
290 Vgl BGH GRUR 1999, 573 Staatsgeheimnis; BGH 26.9.1978 X ZB 19/77.
291 Vgl BGH Mitt 1975, 38 Laufrolle; BGH 18.11.1975 X ZB 11/74; BGH 22.5.1989 X ZB 6/88 Skistockteller BPatGE 30, 275 Ls.
292 BGH GRUR 1972, 472, 474 Zurückverweisung; BGH GRUR 1980, 846 f Lunkerverhütungsmittel; BGH GRUR 1981, 507 ff Elektrode; BGH BlPMZ 1986, 336, 338 Lactobacillus Casei; BGH GRUR 1988, 425 Superplanar; BGH GRUR 1992, 159 Crackkatalysator II; BGH GRUR 1994, 215 Boy; BGH GRUR 1998, 373, 376 Fersensporn; BGH 11.6.1991 X ZB 5/90; BGH 28.10.1993 I ZB 16/92.
293 BGH GRUR 2001, 46 Abdeckrostverriegelung.
294 BGHZ 39, 333, 339 = GRUR 1963, 645 Warmpressen; BGH GRUR 1990, 348 Gefäßimplantat; BGH Elektrode; BGH GRUR 1987, 286 Emissionssteuerung; vgl BGH Mitt 1986, 195 Kernblech, wonach ein offensichtlich fehlsamer Angriff keine Begründungspflicht auslösen soll; vgl auch BGH GRUR 1977, 666 Einbauleuchten; BGH NJW 1982, 2733 Patentanwalthonorar; BGHZ 144, 68 = GRUR 2000, 734 rechtsbetreuende Verwaltungshilfe, je zu § 551 Nr 7 ZPO.
295 BGH 28.7.2009 X ZR 41/08.

84   Wieweit eine Frage der Erörterung in den Entscheidungsgründen bedarf, ist auf der Grundlage der **Rechtsauffassung des Gerichts** zu beurteilen, das die angefochtene Entscheidung getroffen hat; ob dieser der Entscheidung zugrunde liegenden Auffassung gefolgt werden kann, ist im Verfahren der nicht zugelassenen Rechtsbeschwerde nicht zu prüfen.[296]

85   **Ansprüche im verfahrensrechtlichen Sinn; Angriffs- und Verteidigungsmittel.** Dem Fehlen der Gründe steht es gleich, wenn auf einzelne Ansprüche iSv §§ 145, 322 ZPO oder auf einzelne selbstständige Angriffs- und Verteidigungsmittel iSv §§ 146, 282 Abs 1 ZPO, sofern sie rechtl erheblich sein können, überhaupt nicht eingegangen worden ist[297] oder hierzu eine Beweiswürdigung völlig fehlt;[298] dies gilt auch für den Komplex der erfinderischen Tätigkeit, der den selbstständigen Angriffs- und Verteidigungsmitteln vergleichbar ist (Rn 94).

86   Anspruch im verfahrensrechtl Sinn ist im Patenterteilungsverfahren nicht der einzelne Patentanspruch, sondern wegen der Bindung an diesen der **Patenterteilungsantrag** als solcher.[299]

87   **Mehrere Erteilungsanträge** im Eventualverhältnis sind, wenn das Patent versagt wird, sämtlich in den Gründen zu bescheiden.[300]

88   Der Gegenstand von **Unteransprüchen** muss im Erteilungsbeschwerdeverfahren nicht eigens erörtert werden.[301] Der BGH wendet diesen Grundsatz auch auf das Einspruchsverfahren an[302] (insoweit im Hinblick auf § 21 Abs 2 bdkl).

89   Wird das Patent nicht erteilt, bedarf es keiner Begründung hinsichtlich eines **Nebenanspruchs**;[303] anders bei Patenterteilung, wo der Nebenanspruch einem selbstständigen Angriffsmittel gleichzuachten ist,[304] und im GbmLöschungsverfahren.[305] Wird das Patent auf Einspruch widerrufen, bedarf es grds einer Begründung hinsichtlich eines jeden Nebenanspruchs.[306] Es soll jedoch Bindung an den vom Patentinhaber verteidigten Anspruchssatz bestehen;[307] dem kann jedenfalls nicht ohne weiteres beigetreten werden.

90   Bei Anmeldung eines **Zusatzpatents** unterlagen dessen besondere Voraussetzungen als solche der Begründungspflicht.[308]

---

296   BGH 12.7.1994 X ZB 18/92.

297   StRspr, ua BGH GRUR 1992, 159 f Crackkatalysator II; BGH GRUR 1997, 120, 122 elektrisches Speicherheizgerät; BGH GRUR 1997, 636 Makol; BGH GRUR 1998, 373, 376 Fersensporn; BGH GRUR 1998, 907 Alkyläther; BGH GRUR 1999, 998 Verfahrenskostenhilfe; BGH GRUR 2000, 792 Spiralbohrer; BGH GRUR 2000, 53 Slick 50; BGH GRUR 2003, 546 Turbo-Tabs; BGH GRUR 2004, 76 turkey & corn; BGH GRUR 2004, 77, 78 Park & Bike; BGH GRUR 2004, 949 Regiopost/Regionalpost; BGHZ 173, 47 = GRUR 2007, 862 Informationsübermittlungsverfahren II, BGH NJW 1999, 3192; BGH 5.3.1987 X ZB 7/86; BGH 10.10.2002 I ZB 7/02; BGH 2.12.2004 I ZR 14/04; BGH 21.4.2005 I ZB 10/04; BGH 17.11.2005 I ZB 48/05; BGH 15.4.2010 X a ZB 10/09.

298   BGH 26.2.2002 X ZB 3/01.

299   BGH GRUR 1979, 220 f beta-Wollastonit; BGH BlPMZ 1986, 247 Szintillationszähler; BGH 5.2.1981 X ZB 10/80; BGH 13.7.1982 X ZB 25/81; BGH 20.3.1990 X ZB 15/89; vgl zu neugefassten Patentansprüchen BGH GRUR 1974, 210, 211 Aktenzeichen, dort als selbstständiges Angriffsmittel behandelt; BGH 21.6.1977 X ZB 23/73.

300   BGH Mitt 1967, 16 f Nähmaschinenantrieb; BGH GRUR 1971, 532 Richterwechsel I; BGH Mitt 1975, 38 Laufrolle; BGH GRUR 1990, 109 Weihnachtsbrief; BGH 16.1.1975 X ZB 9/73; BGH 13.7.1982 X ZB 25/81.

301   BGH GRUR 1964, 697 f Fotoleiter; BGH BlPMZ 1966, 125 f Fleischwolf; BGH GRUR 1967, 16 f Nähmaschinenantrieb; BGH GRUR 1974, 210 Aktenzeichen; BGH Mitt 1975, 38 Laufrolle; BGH GRUR 1979, 220 f beta-Wollastonit; BGH GRUR 1979, 313, 315 Reduzierschrägwalzwerk; BGH BlPMZ 1986, 247 Szintillationszähler; BGH GRUR 1992, 36, 38 chinesische Schriftzeichen, nicht in BGHZ: auch nicht unter dem Gesichtspunkt der Technizität; BGH 23.1.1970 X ZB 5/69; BGH 13.7.1982 X ZB 25/81; BGH 20.3.1990 X ZB 15/89.

302   Zum früheren Recht BGH GRUR 1983, 171 Schneidhaspel; zum geltenden BGH GRUR 1997, 120 f elektrisches Speicherheizgerät; vgl BGH 30.9.1997 X ZB 23/96 Entwicklungsmaschine, insoweit nicht im Druck veröffentlicht; differenzierend BGH 22.10.1991 X ZB 1/91: Antrag oder Vortrag, der Gegenstand bestimmter Unteransprüche enthalte wesentliche zusätzliche Elemente, die die Annahme einer erfinderischen Leistung zumindest im Zusammenhang mit den Merkmalen des verteidigten Hauptanspruchs begründen könnten.

303   Vgl BGH 9.3.1976 X ZB 19/72; zu Unrecht auch für das Einspruchsverfahren BGHZ 173, 47 = GRUR 2007, 862 Informationsübermittlungsverfahren II.

304   BGH GRUR 1983, 63 f Streckenvortrieb.

305   Vgl BGH 29.6.1989 X ZB 17/88.

306   BGH Informationsübermittlungsverfahren II.

307   BGH Informationsübermittlungsverfahren II.

308   BGH Mitt 1975, 216 antidiabetische Sulfonamide.

Selbstständige Angriffs- und Verteidigungsmittel nennen die §§ 146 und 282 ZPO. Der in Abgren- **91** zung zu einzelnen Anspruchselementen und Rechtsausführungen entwickelte zivilprozessuale Begriff passt schlecht für die Verfahren vor dem BPatG. Er ist deshalb für das Rechtsbeschwerdeverfahren eigenständig auszufüllen. In Betracht kommen nur Tatbestände, die für sich allein rechtsbegründend, rechtsvernichtend, rechtshindernd oder rechtserhaltend wären;[309] für das Patenterteilungsverfahren bedeutet dies, dass es sich um einen Tatbestand handeln muss, der für sich allein den Anspruch auf Erteilung eines Patents begründet oder vernichtet.[310] Das Angriffs- oder Verteidigungsmittel kann auch verfahrensrechtl Natur sein;[311] es muss vorgetragen sein oder aus dem vorgebrachten Sachzusammenhang als im Einzelfall vAw zu prüfen ins Auge springen.[312]

Ein **Beweisantrag** ist in diesem Sinn kein selbstständiges Angriffs- oder Verteidigungsmittel, anders, **92** wenn das unter Beweis gestellte Vorbringen selbst ein selbstständiges Angriffs- oder Verteidigungsmittel ist.[313]

Selbstständiges Verteidigungsmittel in diesem Sinn ist die **Schutzfähigkeit** als solche.[314] Wird eine **93** einzelne Veröffentlichung oder Vorbenutzungshandlung als neuheitsschädlich entgegengehalten, muss diese grds einzeln abgehandelt werden, die Mitteilung des Gesamtergebnisses der Neuheitsprüfung genügt nicht.[315] Allerdings wird es in Bezug auf weitere Entgegenhaltungen ausreichen müssen, dass pauschal festgestellt wird, diese lägen weiter ab oder kämen nicht näher. Ein relevanter Begründungsmangel liegt nicht vor, wenn ohne nähere Erörterung der Neuheit erfinderische Tätigkeit[316] oder Schutzfähigkeit aus sonstigen Gründen verneint wird. Fehlen einer Merkmalsanalyse und eines Vergleichs Merkmal für Merkmal sind kein Begründungsmangel.[317]

Einem selbstständigen Angriffs- oder Verteidigungsmittel steht – soweit es darauf ankommt, also **94** nicht, wenn schon die Neuheit verneint wird[318] – der Komplex der **erfinderischen Tätigkeit** (Erfindungshöhe, erfinderischer Schritt) gleich,[319] nicht aber die einzelnen Beurteilungsgesichtspunkte, Indiztatsachen und Anzeichen hierfür[320] und somit – anders als bei der Neuheitsprüfung – auch nicht einer einzel-

---

309   BGH GRUR 1964, 201 f Elektrohandschleifgerät; BGH GRUR 1964, 259 f Schreibstift; BGH GRUR 1980, 846 f Lunkerverhütungsmittel; BGH GRUR 1992, 159 Crackkatalysator II; 18.9.1986 X ZB 1/86; vgl BGH GRUR 1974, 419 Oberflächenprofilierung; BGH GRUR 1990, 33 f Schüsselmühle; BGH 18.9.1986 X ZB 1/86; BGH 2.3.1993 X ZB 3/92; BGH 2.12.2004 I ZB 14/04; vgl auch BGH 28.3.2006 X ZB 1/05.

310   BGH 13.5.1986 X ZB 9/85.

311   Vgl BGH 2.12.2004 I ZB 14/04: Verlorengehen auf dem Postweg.

312   BGH GRUR 1987, 286 Emissionssteuerung mwN; vgl auch BGH 8.10.1991 X ZB 17/90.

313   BGH GRUR 1974, 119 Oberflächenprofilierung; BGH GRUR 1979, 538 Drehstromöltransformator: Übergehen offenkundiger Vorbenutzung, die für sich allein technischen Fortschritt in Frage stellt.

314   BGH GRUR 2010, 950 Walzenformgebungsmaschine.

315   BGH GRUR 1989, 494 Schrägliegeeinrichtung; vgl BGH GRUR 1979, 538 Drehstromöltransformator; vgl BGH 2.3.1993 X ZB 3/92.

316   BGH GRUR 1991, 442 pharmazeutisches Präparat.

317   BGH 10.12.1998 X ZB 32/97.

318   BGH 18.9.2001 X ZB 19/00.

319   BGH GRUR 1964, 201 f Elektrohandschleifgerät; BGH GRUR 1964, 259 f Schreibstift; BGH GRUR 1965, 50 f Schrankbett; BGH Mitt 1970, 120 Zonenschmelzverfahren; BGH GRUR 1974, 419 Oberflächenprofilierung; BGH Mitt 1975, 216 antidiabetische Sulfonamide; BGH GRUR 1977, 214 f Aluminiumdraht; BGH Mitt 1986, 195 Kernblech; BGH GRUR 1987, 286 Emissionssteuerung; BGH 22.5.1989 X ZB 6/88 BPatGE 30, 275 Ls Skistockteller; BGH 7.12.1999 X ZB 17/98 Schulte-Karte PatG 100–109 Nr 99 induktiver Näherungsschalter; BGH GRUR 1991, 442 pharmazeutisches Präparat; BGH BlPMZ 1997, 401 f Sicherheitspapier; BGH 11.7.2000 X ZB 9/99 Schulte-Kartei PatG 100–109 Nr 100 Teppich-Fix; BGH GRUR 2010, 950 Walzenformgebungsmaschine; BGH 16.9.1971 X ZB 21/70; BGH 14.12.1976 X ZB 17/75; BGH 25.3.1982 X ZB 12/81; BGH 13.5.1986 X ZB 9/85; BGH 13.10.1987 X ZB 15/86; BGH 13.10.1987 X ZB 27/86; BGH 19.9.1989 X ZB 11/88; BGH 11.7.1991 X ZB 10/90; BGH 26.2.2002 X ZB 3/01; BGH 18.1.2005 X ZB 6/04; BGH 26.7.2005 X ZB 1/04; BGH 13.6.2006 X ZB 19/05 und öfter; vgl BGHZ 39, 333, 349 = GRUR 1963, 645 Warmpressen.

320   BGH Elektrohandschleifgerät; BGH GRUR 1965, 270 f Kontaktmaterial, nicht in BGHZ; BGH GRUR 1979, 220 f beta-Wollastonit; BGH GRUR 1974, 294, 296 Richterwechsel II; BGH Oberflächenprofilierung; BGH Mitt 1974, 239 Spritzgußform; BGH Mitt 1981, 45 f Halbleitereinrichtung; BGH Mitt 1983, 112 Flüssigkristall; BGH GRUR 1992, 159 Crackkatalysator II; BGH 10.2.1967 I a ZB 7/66; BGH 3.6.1970 X ZB 6/69; BGH 18.2.1975 X ZB 1/74: im allg nicht; BGH 3.4.1979 X ZB 12/78; BGH 28.6.1979 X ZB 20/78; BGH 25.3.1982; BGH 30.11.1982 X ZB 5/82; BGH 30.11.1982 X ZB 6/82; BGH 13.5.1986 X ZB 9/85; BGH 7.3.1989 X ZB 26/87; BGH 11.6.1991 X ZB 5/90; BGH 28.4.1992 X ZB 14/91; BGH 20.10.1992 X ZB

Keukenschrijver

nen Entgegenhaltung.[321] Zum StdT sind tatsächliche Feststellungen erforderlich.[322] Zu den selbstständigen Angriffs- und Verteidigungsmitteln gehören nicht die Wertung der Aufgabe, die Frage des additiven oder kombinativen Zusammenwirkens der Merkmale und Maßnahmen, die Qualifikation des Durchschnittsfachmanns und die Sachkunde der Richter im Rahmen der Beurteilung der erfinderischen Tätigkeit,[323] einzelne Anspruchsmerkmale.[324] Unterlassen einer Gesamtschau des StdT stellt regelmäßig keinen relevanten Begründungsmangel dar,[325] ebenso Fehlen einer Auseinandersetzung mit einer Gesamtkombination;[326] anders uU in besonders gelagerten Fällen.[327]

95   Ein Angriff dahin, dass ein verteidigter Schutzanspruch zu einer **unzulässigen Erweiterung** führe, ist selbstständiges Angriffsmittel.[328]

96   Wird die Entscheidung auf **formelle Mängel der Anmeldung** gestützt, stellt dies ein die Begründungspflicht auslösendes selbstständiges Angriffs- und Verteidigungsmittel dar.[329]

97   Bei Entscheidungen im Rahmen der **Offensichtlichkeitsprüfung** ist die Offensichtlichkeit des gerügten Mangels begründungspflichtig.[330]

98   **Grenzen.** Nicht iSd Regelung der Begründungspflicht unterliegen **einzelne**, möglicherweise sachlich relevante **Tatsachenbehauptungen**,[331] ein lediglich zur Unterstützung des Vortrags eingereichtes Privatgutachten.[332] Die Auslegung des Schutzrechts ist nicht erfasst.[333]

99   Ebenfalls nicht der Begründungspflicht unterliegt die **Aufgabenstellung** der Erfindung.[334]

100   **c. Umfang der Begründungspflicht zu verfahrensrechtlichen Fragen.** Die Entscheidung über verfahrensrechtl Voraussetzungen und Verfahrenshindernisse ist, wenn insoweit ein selbstständiges Angriffs- oder Verteidigungsmittel geltend gemacht ist, mit Gründen zu versehen;[335] dies soll auch gelten, wenn die Prüfung vAw zu erfolgen hat;[336] anders, wenn die Verfahrensbeteiligten das Angriffs- oder Verteidigungsmittel nicht geltend machen und das Fehlen der Verfahrensvoraussetzung nicht als prüfungsbedürftig ins Auge springt.[337] Ob die Begründung zutrifft, ist auch hier unerheblich.[338] Zu prüfen ist grds auch das Feststellungsinteresse an der Feststellung der Unwirksamkeit eines erloschenen Gebrauchsmusters; anders, wenn wegen nicht rechtzeitigen Widerspruchs nur noch eine Kostenentscheidung zu treffen ist.[339] Einer näheren Begründung der Beschwerdeentscheidung hinsichtlich der Kosten des Ausgangsver-

---

12/91; BGH 4.5.1993 X ZB 29/92; BGH 18.1.2005 X ZB 6/04; BGH 15.4.2010 X a ZB 10/09; abw im Einzelfall wegen fehlender Gesamtabwägung BGH 26.6.1974 X ZB 24/71.

321   BGH beta-Wollastonit; BGH GRUR 1989, 494 Schrägliegeeinrichtung; BGH 13.6.2006 X ZB 19/05.

322   BGH GRUR 1965, 416, 419 Schweißelektrode I.

323   BGH 19.9.1985 X ZB 3/85.

324   BGH Skistockteller.

325   BGH Schreibstift.

326   BGH Flüssigkristall; BGH GRUR 1998, 907, 909 Alkyläther; BGH 15.3.1989 X ZB 14/88; BGH 25.6.1991 X ZB 9/90.

327   Vgl BGH GRUR 1981, 341 ff piezoelektrisches Feuerzeug: Schutzfähigkeit nur für einzelne Merkmale einer Gesamtkombination verneint.

328   BGH 8.10.1991 X ZB 3/91.

329   BGH GRUR 1990, 346 Aufzeichnungsmaterial.

330   BGH GRUR 1979, 46 Corioliskraft I.

331   BGH 25.2.1965 I a ZB 217/63; BGH 28.3.2006 X ZB 1/05: Indiztatsachen wie vorteilhafte Eigenschaften; vgl *Schulte* Rn 69.

332   BGHZ 39, 333, 350 = GRUR 1963, 645 Warmpressen; vgl BGH 7.4.1992 X ZB 15/90; offengelassen in BGH GRUR 1965, 270 Kontaktmaterial, nicht in BGHZ; BGH 2.3.1993 X ZB 3/92: Nichtheranziehung eines vom Patentinhaber benannten Sachverständigen.

333   BGH 18.9.2001 X ZB 19/00.

334   BGH GRUR 1977, 214 Aluminiumdraht; BGH GRUR 1990, 33 f Schüsselmühle; BGH 7.12.1999 X ZB 17/98 Schulte-Kartei PatG 100–109 Nr 99 induktiver Näherungsschalter; vgl BGH 8.10.1985 X ZB 1/85.

335   BGH GRUR 1981, 507 Elektrode; BGH BlPMZ 1985, 299 Werbedrucksache 01; BGH GRUR 1985, 376 Werbedrucksache 02.

336   BGH Elektrode, zwh.

337   BGH GRUR 1990, 348 Gefäßimplantat.

338   BGH GRUR 1998, 396 Individual.

339   BGH Werbedrucksache 01; BGH Werbedrucksache 02.

fahrens bedarf es nicht, wenn diese der Verfahrenssituation entsprach und die Beschwerde in der Sache ohne Erfolg bleibt.[340]

Zulässigkeit der Beschwerde. Wird die vom BPatG verneinte **Beschwerdeberechtigung** nicht unter allen denkbaren rechtl Gesichtspunkten erörtert, liegt kein Begründungsmangel vor.[341] **101**

Bei Verwerfung der Beschwerde wegen **Versäumung der Beschwerdefrist** unter Zurückweisung eines Antrags auf Wiedereinsetzung in den vorigen Stand kann Begründungsmangel vorliegen, wenn nicht auch die Zurückweisung des Wiedereinsetzungsantrags begründet ist.[342] **102**

Verfahrensleitende Maßnahmen stellen keinen Teil der Entscheidung dar und unterliegen deshalb nicht der Begründungspflicht.[343] Nichtberücksichtigung eines Terminsverlegungsantrags wegen Verhinderung eines technischen Beistands kann auch unter dem Gesichtspunkt des Begründungsmangels die nicht zugelassene Rechtsbeschwerde nicht begründen.[344] **103**

Die Erklärung der **Ausscheidung** von Teilen des Gegenstands eines Patentanspruchs ist einem die Begründungspflicht auslösenden selbstständigen Verteidigungsmittel gleichzusetzen.[345] **104**

Ist die **Nichtzulassung der Rechtsbeschwerde** nicht oder nicht ausreichend begründet, kann dies auch nicht über die Rüge fehlender Begründung angegriffen werden (Rn 16). **105**

d. Maßgebliche Unterlagen; Bezugnahmen. Maßgeblich ist die Urschrift des Beschlusses, nicht eine unrichtige Ausfertigung, dies gilt auch bei Zustellung an Verkündungs statt.[346] **106**

Ist bei Entscheidungen, die ohne mündliche Verhandlung ergangen sind, die Entscheidungsformel zugestellt, kommt eine Ergänzung durch **nachträglich abgesetzte und zugestellte Entscheidungsgründe** nicht in Betracht.[347] **107**

Ergänzende Ausführungen außerhalb der Entscheidung können nicht zur Erfüllung der Begründungspflicht herangezogen werden.[348] **108**

Bezugnahmen stehen einer ausreichenden Begründung nicht ohne weiteres entgegen.[349] Werden Unterlagen verwertet, die nicht zu den Akten gelangen oder sich nicht mehr bei diesen befinden, genügt es entweder, dass es sich um öffentliche oder öffentlich zugängliche Druckschriften handelt,[350] oder dass deren Inhalt in den Entscheidungsgründen mitgeteilt wird.[351] **109**

Ausführungen zu einem Hilfsantrag sind nicht für sich allein, sondern im Gesamtzusammenhang der Entscheidungsgründe und in Verbindung mit den Erörterungen in dem vorausgegangenen Verfahren zu betrachten;[352] es muss aber deutlich werden, welche Erwägung die Begründung letztlich trägt.[353] Sind Haupt- und Hilfsantrag sachlich identisch, erübrigt sich getrennte Prüfung.[354] **110**

340 BGH 26.2.2002 X ZB 3/01.
341 BGH GRUR 1967, 543 Bleiphosphit.
342 BGH GRUR 1968, 615 Ersatzzustellung.
343 BGH GRUR 1970, 258, 260 f Faltbehälter: Entscheidung im schriftlichen Verfahren.
344 BGHZ 136, 337 = GRUR 1998, 362 rechtliches Gehör II.
345 BGH GRUR 1981, 507 Elektrode.
346 BGH 28.4.1992 X ZB 14/91.
347 BGH GRUR 1971, 484 Entscheidungsformel.
348 BGH GRUR 1990, 109 f Weihnachtsbrief: Schreiben des Berichterstatters.
349 BGHZ 39, 333, 345 = GRUR 1963, 645 Warmpressen: Bezugnahme auf Zwischenverfügung; BGH GRUR 1993, 896 Leistungshalbleiter: auf die angefochtene Entscheidung, soweit die Beschwerdeentscheidung sich deren Gründe zu eigen macht; BGH GRUR 1971, 86 Eurodigina: auf Begründung einer anderen, gleichzeitig zwischen den gleichen Parteien (nicht auch sonst, vgl BGH GRUR 1991, 403 Parallelurteil, Wettbewerbssache) ergehenden Entscheidung, auch wenn diese erst später zugestellt wird; ebenso BGH 27.10.1988 I ZB 2/88; vgl auch BGH GRUR 1994, 370 rigide III: eigene Unterlagen des Rechtsbeschwerdeführers; zu Bezugnahmen auf andere Begründungsteile der angefochtenen Entscheidung BGH 26.7.2005 X ZB 1/04.
350 BGH 4.5.1993 X ZB 29/92.
351 BGH GRUR 1989, 425 Superplanar; BGH GRUR 1997, 634 Turbo II.
352 BGH GRUR 1978, 356 atmungsaktiver Klebestreifen; BGH 2.3.1993 X ZB 3/92.
353 BGH 15.5.1990 X ZB 21/89, hierzu *Bühling* GRUR 1994, 890.
354 BGH 14.2.1984 X ZB 11/83.

111   **e. Maßgeblicher Zeitpunkt.** Verspätete Absetzung der Entscheidung ist nicht als Begründungsmangel angesehen worden.[355] Dies ist für verkündete Entscheidungen nach der Entscheidung des GmS-OGB,[356] ergangen auf Vorlage des Großen Senats des BVerwG,[357] nach der ein Urteil nicht mit Gründen versehen ist, wenn Tatbestand und Entscheidungsgründe nicht binnen fünf Monaten nach Verkündung schriftlich niedergelegt, von den Richtern besonders unterschrieben und der Geschäftsstelle übergeben worden sind,[358] in dieser Allgemeinheit auch für das Rechtsbeschwerdeverfahren nicht mehr haltbar, nachdem diese Entscheidung ausdrücklich auch das Verfahren vor dem BPatG nennt.[359] Ob dies auch für nicht verkündete, sondern zugestellte Entscheidungen gilt, erscheint zwh.[360]

112   **f. Anforderungen an die Begründung der Rüge.** Im Fall der Begründungsrüge deckt sich die Begründung der Statthaftigkeit des Rechtsmittels mit der Begründung der auf ihre sachliche Berechtigung zu prüfenden Rüge, der Beschluss sei nicht mit Gründen versehen.[361] Die Statthaftigkeit der Rechtsbeschwerde folgt hier bereits aus der Verfahrensrüge, mit der durch substantiierten Vortrag das Vorliegen des Verfahrensmangels behauptet wird.[362]

III. Gründe, die die zulassungsfreie Rechtsbeschwerde nicht rechtfertigen

113   **1. Willkür; greifbare Gesetzwidrigkeit.** Verstoß gegen das Willkürverbot des Art 3 GG eröffnet nicht die zulassungsfreie Rechtsbeschwerde,[363] und zwar auch nicht unter dem Gesichtspunkt der Verletzung des rechtl Gehörs.[364] Auch sonstige Verstöße gegen Verfassungsrecht, die nicht von Abs 3 erfasst sind, eröffnen die zulassungsfreie Rechtsbeschwerde nicht.[365] Die zulassungsfreie Rechtsbeschwerde ist daher nur begründet, wenn mit Erfolg gerügt wird, dass einer der in Abs 3 abschließend aufgezählten Verfahrensfehler vorliegt.[366] Ob die Rechtsbeschwerde oder eine außerordentliche Beschwerde entspr den im Zivilprozessrecht entwickelten Grundsätzen auf „**greifbare Gesetzwidrigkeit**" gestützt werden kann, hat der BGH offengelassen;[367] seit Inkrafttreten des ZPO-RG kommt dies nicht mehr in Betracht.[368]

114   **2. Nichtbeachtung der Bindungswirkung der Zurückverweisung** nach § 108 Abs 2 eröffnet die zulassungsfreie Rechtsbeschwerde nicht.[369] Erst recht genügt es nicht, wenn das BPatG von der Rspr des BGH abweicht, wo es nicht gebunden ist;[370] in einem solchen Fall hätte das BPatG die Rechtsbeschwerde zulassen müssen, ohne dass die Nichtzulassung anfechtbar wäre (Rn 16).

115   **3. Sonstige Verfahrensmängel,** die in Abs 3 nicht genannt sind, eröffnen die zulassungsfreie Rechtsbeschwerde ebenfalls nicht,[371] so mangelnde Erschöpfung des Parteivorbringens nach § 93 Abs 1 oder § 286

---

355 BGH GRUR 1970, 311 Samos: über 9 Monate; BGH 9.7.1974 X ZB 16/73: vier Monate; BGH GRUR 1991, 521 La Perla: Zustellung an Verkündungs statt nach fünf Monaten.
356 BVerwGE 92, 367 = NJW 1993, 2603.
357 BVerwG Buchholz 310 § 138 Ziff. 6 VwGO Nr 25.
358 Ebenso BGH 15.7.1999 I ZR 118/99 mwN.
359 Ähnlich *Benkard* Rn 50; *Ströbele/Hacker* § 79 MarkenG Rn 19; vgl BGH GRUR-RR 2009, 191 TRAVELTAINMENT, Markensache.
360 Vgl *Ekey/Bender/Fuchs-Wissemann* § 79 MarkenG Rn 4 unter Hinweis auf BGH GRUR 1991, 521 La Perla; *Benkard* Rn 50 sieht auch hier die Überschreitung der Fünfmonatsfrist als schädlich an.
361 BGHZ 39, 333 = GRUR 1963, 645 Warmpressen; BGH GRUR 1979, 220 beta-Wollastonit.
362 BGH Warmpressen; BGH GRUR 1964, 519, 521 Damenschuhabsatz.
363 Offengelassen in BGH 14.8.1990 X ZB 30/89.
364 Vgl BGH 23.3.2003 I ZB 21/02; BGH GRUR 2007, 996 Angussvorrichtung für Spritzgießmaschinen I.
365 BGH 10.7.1986 X ZB 2/86; BGH GRUR 2008, 1027 Cigarettenpackung.
366 BGH Cigarettenpackung; BGH GRUR 2011, 1055 Formkörper mit Durchtrittsöffnungen; BGH 14.4.2011 I ZA 21/10.
367 BGH GRUR 2001, 139 Parkkarte; vgl auch BGH GRUR 2000, 151 späte Urteilsbegründung; *Schulte* § 99 Rn 9.
368 BGHZ 150, 133 = NJW 2002, 1577; BGH NJW-RR 2011, 640; BGH 9.2.2012 I ZB 4/12.
369 BGH GRUR 1967, 548, 550 Schweißelektrode II; BGH GRUR 1972, 538 Parkeinrichtung; BGH BlPMZ 1973, 259 Lenkradbezug 02; BGH 8.10.1991 X ZB 17/90; *Ströbele/Hacker* § 89 MarkenG Rn 6; *Lindenmaier* § 41x Rn 4; *Reimer* § 41x Rn 2.
370 BGH 22.12.1964 I a ZB 14/64.
371 BGH Mitt 1985, 152 Tetrafluoräthylenpolymer; BGH GRUR 1996, 346 Fensterstellungserfassung.

ZPO,[372] unvollständige Sachaufklärung nach § 87,[373] mangelnde Erfassung des Sachverhalts,[374] unterlassene Wiedereröffnung der mündlichen Verhandlung,[375] mangelnde Sachkunde der Richter,[376] Nichtübersendung des Verhandlungsprotokolls,[377] Herstellung einer Aufzeichnung der mündlichen Verhandlung auf Tonträger,[378] Verlust der Beteiligtenstellung und Nichtbeachtung einer Beschwerderücknahme,[379] ursprüngliche Entscheidungszuständigkeit des BPatG anstelle des DPMA,[380] unberechtigtes Aufgreifen eines neuen Widerrufsgrunds.[381] Zu Straftaten Rn 64.

Auch die Rüge einer Verletzung der Bestimmungen über die **Gerichtssprache** (§ 184 GVG) eröffnet **116** die zulassungsfreie Rechtsbeschwerde nicht.[382]

4. Sachliche Fehler des angefochtenen Beschlusses eröffnen die zulassungsfreie Rechtsbeschwerde **117** unabhängig von ihrem Gewicht keinesfalls (vgl auch Rn 51).[383]

§ 101
(Beschwerdeberechtigung; Beschwerdegründe)

(1) Die Rechtsbeschwerde steht den am Beschwerdeverfahren Beteiligten zu.
(2) [1]Die Rechtsbeschwerde kann nur darauf gestützt werden, dass der Beschluss auf einer Verletzung des Rechts beruht. [2]Die §§ 546 und 547 der Zivilprozessordnung gelten entsprechend.

MarkenG: § 84

Übersicht

A. Entstehungsgeschichte

Die Bestimmung ist durch das 6. ÜberlG als § 41q in das Gesetz eingestellt worden und hat ihre gel- **1** tende Bezeichnung durch die Neubek 1981 erhalten. Das ZPO-RG (Rn 1 zu § 100) hat Abs 2 geänd. Dadurch wurde die Bestimmung an die geänd Regelungen für das Revisionsverfahren angeglichen.[1] Zur Formulierungshilfe des BMJ (Streichung von Abs 2 Satz 2) s Rn 2 vor § 100.

B. Beschwerdeberechtigte sind alle am Beschwerdeverfahren Beteiligten iSd § 74 Abs 1.[2]

2

---

372 BGHZ 39, 333, 343 ff = GRUR 1963, 645 Warmpressen; BGH GRUR 1964, 201 f Elektrohandschleifgerät; BGH 9.7.1981 X ZB 23/80.
373 BGH GRUR 1964, 697 Fotoleiter; BGH BlPMZ 1966, 125 Fleischwolf; BGH GRUR 1979, 219 Schaltungschassis; BGHZ 43, 12, 15 = GRUR 1965, 270 Kontaktmaterial; BGH GRUR 1998, 907, 909 Alkyläther; BGH 10.2.1967 I a ZB 7/66.
374 BGH GRUR 1989, 425 Superplanar.
375 BGH Schaltungschassis.
376 BGH 19.9.1985 X ZB 3/85; BGH 8.10.1985 X ZB 1/85.
377 BGH GRUR 2011, 1055 Formkörper mit Durchtrittsöffnungen.
378 BGH BlPMZ 1982, 55 Tonbandrüge.
379 BGH GRUR 1989, 507 Elektrode.
380 BGH 11.12.1980 X ZB 1/80: Zuständigkeit für Wiedereinsetzung.
381 BGH Alkyläther.
382 BGH 29.6.1993 X ZB 18/92: Verwertung fremdsprachiger Unterlagen.
383 BGH Mitt 1985, 152 Tetrafluorpolyäthylenpolymer; BGH BlPMZ 1987, 357 Zigarettenfilter; vgl BGH 9.7.1981 X ZB 23/80; BGH 29.4.2003 X ZB 10/02; BGH GRUR 2004, 79 Paroxetin; BGH 14.3.2006 X ZB 28/04.

1 Vgl Begr RegE BTDrs 14/4722 S 143.
2 BGH GRUR 1967, 655 f Altix; *Benkard* Rn 1; *Schulte* Rn 2; zur Beteiligung notwendiger Streitgenossen, insb mehrerer Anmelder oder Patentinhaber, *Reimer* § 41q Rn 2.

3 Auch ein durch **Falschbezeichnung** im Rubrum des Beschlusses des BPatG beeinträchtigter Beteiligter kann Rechtsbeschwerde einlegen.[3]

4 Ein **Rechtsnachfolger** eines Beteiligten ist jedenfalls soweit beschwerdeberechtigt, als die Rechtsnachfolge im Streit steht,[4] ebenso ein Beteiligter, an dessen Existenz Zweifel bestehen.[5]

5 Soweit **Nebenintervention** in Betracht kommt, kann sie noch in der Rechtsbeschwerdeinstanz erfolgen.[6]

6 Der **Präsident des DPMA** ist beschwerdeberechtigt, selbst wenn er nur Interessen der Allgemeinheit wahrnimmt;[7] dies setzt, da er auch noch im Rechtsbeschwerdeverfahren beitreten kann, sofern nur eine Einladung durch das BPatG erfolgt war, seine Beteiligung am Beschwerdeverfahren vor dem BPatG nicht voraus.[8] Einladung durch den BGH sieht das Gesetz nicht vor. Jedoch soll das BPatG die Einladung auch noch nach Verkündung seiner Entscheidung aussprechen können, solange Rechtsbeschwerde noch nicht eingelegt ist;[9] dies ist abzulehnen, weil das BPatG mit Verkündung seiner Entscheidung die Befugnis zu Entscheidungen in der Sache grds verliert (vgl zur Problematik Rn 102 zu § 79).

7 Ebenso ist der **Bundesminister der Verteidigung** als Beteiligter bei Streit über eine Geheimhaltungsanordnung beschwerdeberechtigt.[10] Er ist auch beschwerdeberechtigt, wenn die Aufhebung der Geheimhaltungsanordnung seinem Willen entspricht.[11]

C. Beschwer; Rechtsschutzbedürfnis

I. Grundsatz

8 Neben der nach § 100 zu beurteilenden Statthaftigkeit der Rechtsbeschwerde und den in § 102 gegegelten Zulässigkeitsvoraussetzungen erfordert die Rechtsbeschwerde für ihre Zulässigkeit das Vorliegen eines Rechtsschutzbedürfnisses und grds Beschwer des Rechtsbeschwerdeführers.[12]

II. Beschwer

9 Die Rechtsbeschwerde steht grds (Ausnahmen: Rn 6, 7) nur dem am Beschwerdeverfahren Beteiligten zu, der durch die Entscheidung beschwert ist.[13] Es gelten dieselben Grundsätze wie für die Beschwerde[14] (Rn 79 ff zu § 73). Zurückverweisung durch das BPatG begründet Beschwer.[15] Der Anmelder ist beschwert, wenn das BPatG auf seine Beschwerde gegen Patenterteilung nur nach Hilfsantrag das Patent in vollem Umfang versagt.[16] Der Rechtsbeschwerdeführer ist beschwert, wenn über den geltend gemachten Widerrufsgrund der widerrechtl Entnahme nicht entschieden wird.[17] Beschwer im Kostenpunkt genügte aber für das Rechtsbeschwerdeverfahren nach bisheriger Praxis nicht;[18] ob daran festgehalten werden kann, er-

---

3 BGH 13.2.1964 I a ZB 11/63.

4 Vgl BGH 5.2.1981 X ZB 5/80.

5 BGH GRUR 1993, 892 Heizkörperkonsole, nicht in BGHZ.

6 BGH GRUR 1968, 86 ff landwirtschaftliches Ladegerät; *Klauer/Möhring* § 41q Rn 1.

7 BGHZ 98, 196, 198 = GRUR 1986, 877 Kraftfahrzeuggetriebe; BGHZ 105, 381 f = GRUR 1989, 103 Verschlußvorrichtung für Gießpfannen; *Ströbele/Hacker* § 87 MarkenG Rn 5; *Büscher/Dettmer/Schiwy* § 87 MarkenG Rn 4; unklar *Goebel* GRUR 1985, 641, 647.

8 *Schulte* § 77 Rn 7; *Ströbele/Hacker* § 87 MarkenG Rn 5; *Goebel* GRUR 1985, 641, 646 f; aA *Ekey/Bender/Fuchs-Wissemann* § 87 MarkenG Rn 4; *Benkard* Rn 1 und § 105 Rn 1: Einräumung der Beitrittsbefugnis gelte nur in der Beschwerdeinstanz und müsse in dieser ausgeübt werden; *Fezer* § 87 MarkenG Rn 2; *Fitzner/Lutz/Bodewig* Rn 2.

9 *Büscher/Dittmer/Schiwy* Rn 5.

10 Nach *Benkard* Rn 1 und *Reimer* § 41q Rn 2 selbst, wenn er sich am Beschwerdeverfahren nicht beteiligt hatte; zwh.

11 BGH GRUR 1999, 573 Staatsgeheimnis; BGH 12.1.1999 X ZB 8/98; BGH 12.1.1999 X ZB 9/98; *Benkard* Rn 2.

12 BGH GRUR 1967, 94, 96 Stute; BGH GRUR 1967, 435 Isoharnstofffäther; BGHZ 90, 318 = GRUR 1984, 797 Zinkenkreisel; BGH GRUR 2006, 701 Porsche 911.

13 *Mes* Rn 6.

14 Vgl BGHZ 90, 318 = GRUR 1984, 797 Zinkenkreisel; Begr 6.ÜberlG BlPMZ 1961, 140, 157.

15 BGH GRUR 1978, 591 KABE, WzSache.

16 BGH GRUR 1990, 109 Weihnachtsbrief.

17 BGH GRUR 2007, 996 Angussvorrichtung für Spritzgießwerkzeuge I.

18 BGH GRUR 1967, 94, 96 Stute; BPatGE 2, 209, 210 = GRUR 1965, 52; *Benkard* Rn 2.

scheint zwh. Für den PräsDPMA genügt es, dass er die Interessen wahrnimmt, die seine Beteiligung am Verfahren veranlasst haben.[19] Hat das BPatG nach Erlöschen des Patents festgestellt, dass das Einspruchsverfahren erledigt ist, liegt die für eine dagegen gerichtete Rechtsbeschwerde des Einsprechenden erforderliche Beschwer vor, wenn dieser den Einspruch trotz des Erlöschens weiterverfolgt.[20]

III. Rechtsschutzbedürfnis (Rechtsschutzinteresse) ist grds wie im Beschwerdeverfahren zu beurteilen (Rn 108 ff zu § 73). **10**

D. Rechtsmittelverzicht steht der Zulässigkeit der Rechtsbeschwerde entgegen.[21] **11**

E. Rechtsbeschwerdegründe

Die Rechtsbeschwerde kann nur auf eine Verletzung des Rechts, dh die Verletzung (Nichtanwendung **12** oder nicht richtige Anwendung) einer im Inland geltenden Rechtsnorm, durch den angefochtenen Beschluss gestützt werden (vgl § 112; 546 ZPO). Vorschriften des EU-Rechts stehen nationalem Recht gleich; ausländ Recht, dessen Anwendung ohnehin nur in besonders gelagerten Fällen in Betracht kommt, ist nicht überprüfbar. Abs 2, der § 76 Abs 2 GWB entspricht, verweist auf §§ 546, 547 ZPO (Rechtsverletzung; absolute Revisionsgründe).

Soweit die Zulassung nicht wirksam beschränkt ist (Rn 19 ff zu § 100), kann mit der zugelassenen **13** Rechtsbeschwerde **jeder revisible Rechtsverstoß** gerügt werden, ohne dass eine Bindung an die die Zulassung auslösende Rechtsfrage besteht;[22] anders noch der RegE 6.ÜberlG, der die Rüge der Verletzung von § 139 ZPO und § 286 ZPO ausschließen wollte.[23] Eine Abweichung von der früheren Rspr oder Spruchpraxis (auch von Richtlinien) des DPMA ist keine Rechtsverletzung, und zwar auch nicht unter dem Gesichtspunkt der Rechtssicherheit oder einer Verletzung des Gleichheitssatzes,[24] anders, soweit diese Rspr Gewohnheitsrecht begründet hat.[25] Erwägungen, die auf tatrichterlichem Gebiet liegen, können nicht zur Überprüfung gestellt werden;[26] dies gilt im Grundsatz insb für die tatsächlichen Umstände, die der Bewertung der erfinderischen Tätigkeit im Einzelfall zugrunde liegen.

Gerügt werden können im Rahmen der zugelassenen Rechtsbeschwerde auch die **„absoluten"** **14** **Rechtsbeschwerdegründe;**[27] dies ergibt sich auch aus der Verweisung auf die den „absoluten" Rechtsbeschwerdegründen entspr Regelungen in § 547 ZPO.

Als Verfahrensverstoß kann mit Erfolg nur ein **Mangel des Verfahrens vor dem BPatG**, nicht vor **15** dem DPMA gerügt werden.[28]

Zum **Beruhen** der Entscheidung auf der Verletzung des Gesetzes Rn 15 zu § 107. **16**

Mit der **nicht zugelassenen Rechtsbeschwerde** können nur die „absoluten" Rechtsbeschwerde- **17** gründe (Rn 14) gerügt werden. Die Überprüfung beschränkt sich hier auf die geltend gemachten Rechtsbeschwerdegründe.

---

19   BGHZ 98, 196, 198 = GRUR 1986, 877 Kraftfahrzeuggetriebe; BGHZ 105, 381 f = GRUR 1989, 103 Verschlußvorrichtung für Gießpfannen; *Ingerl/Rohnke* § 84 MarkenG Rn 2.
20   BGH GRUR 2012, 1071 Sondensystem; *Mes* Rn 6.
21   *Schulte* Rn 3.
22   BGH GRUR 1964, 276 f Zinnlot; BGH GRUR 1964, 548, 551 Akteneinsicht I; BGH GRUR 1965, 416, 418 Schweißelektrode I; BGHZ 90, 318, 320 = GRUR 1984, 797 Zinkenkreisel; BGHZ 112, 157, 160 = GRUR 1991, 37 Spektralapparat; BGH GRUR 1991, 307 Bodenwalze; BGHZ 130, 187, 191 = GRUR 1995, 744 Micro Channel; BGHZ 130, 187, 191 = GRUR 1995, 732 Füllkörper; BGH GRUR 1998, 394 Active Line; BGH 25.11.1965 I a ZB 13/64 Flächentransistor, insoweit unveröffentlicht; BGH 19.6.1997 I ZB 8/95; BGH 19.6.1997 I ZB 9/95.
23   Vgl Begr 6.ÜberlG BTDrs 1749 = BlPMZ 1961, 140, 157.
24   BGH GRUR 1963, 524 f Digesta; BGH GRUR 1964, 26, 28 Milburan; BGH GRUR 1964, 454, 456 Palmolive; BGH GRUR 1965, 33, 35 f Scholl; BGH GRUR 1966, 50, 53 Hinterachse.
25   BGH Hinterachse.
26   ZB BGH GRUR 1999, 571, 573 künstliche Atmosphäre; BGH GRUR 2000, 1015 f Verglasungsdichtung: Verständnis des Fachmanns, dies entspricht aber nicht mehr der gegenwärtigen Praxis; BGH 29.4.2003 X ZB 10/02.
27   BGHZ 110, 25, 29 = GRUR 1990, 434 Wasserventil; vgl *Büscher/Dittmer/Schiwy* Rn 8.
28   BGH GRUR 2001, 139 Parkkarte; vgl BGH GRUR 1998, 394 f Active Line; BGH 19.6.1997 I ZB 8/95; BGH 19.6.1997 I ZB 9/95.

§ 102
(Förmliche Voraussetzungen)

(1) Die Rechtsbeschwerde ist innerhalb eines Monats nach Zustellung des Beschlusses beim Bundesgerichtshof schriftlich einzulegen.

(2) In dem Rechtsbeschwerdeverfahren vor dem Bundesgerichtshof gelten die Bestimmungen des § 144 über die Streitwertfestsetzung entsprechend.

(3) [1] Die Rechtsbeschwerde ist zu begründen. [2] Die Frist für die Begründung beträgt einen Monat; sie beginnt mit der Einlegung der Rechtsbeschwerde und kann auf Antrag von dem Vorsitzenden verlängert werden.

(4) Die Begründung der Rechtsbeschwerde muß enthalten
1. die Erklärung, inwieweit der Beschluß angefochten und seine Abänderung oder Aufhebung beantragt wird;
2. die Bezeichnung der verletzten Rechtsnorm;
3. insoweit die Rechtsbeschwerde darauf gestützt wird, daß das Gesetz in bezug auf das Verfahren verletzt sei, die Bezeichnung der Tatsachen, die den Mangel ergeben.

(5) [1] Vor dem Bundesgerichtshof müssen sich die Beteiligten durch einen beim Bundesgerichtshof zugelassenen Rechtsanwalt als Bevollmächtigten vertreten lassen. [2] Auf Antrag eines Beteiligten ist seinem Patentanwalt das Wort zu gestatten. [3] § 143 Abs 3 gilt entsprechend.

MarkenG: § 85

Übersicht

A. Entstehungsgeschichte

1   Die Bestimmung ist durch das 6. ÜberlG als § 41r in das Gesetz eingestellt worden und hat ihre geltende Bezeichnung durch die Neubek 1981 erhalten. Das 2. PatGÄndG hat Abs 2 wegen der neu geregelten Anwendbarkeit des GKG auf die Gebühren im Rechtsbeschwerdeverfahren neu gefasst und damit die systemwidrige bisherige Behandlung von Kostenfragen (hierzu § 109) weitgehend beseitigt. Das GeschmM-RefG hat ein Redaktionsversehen in Abs 5 Satz 4 beseitigt. Art 15 Nr 2 RBerNeuregelungsG vom 12.12.2007 hat Abs 5 Satz 3 aufgehoben; der frühere Satz 4 ist dadurch zu Satz 3 geworden.

B. Förmlichkeiten der Rechtsbeschwerde

I. Beschwerdeeinlegung

2   **1. Adressat.** Die Beschwerde kann nur beim BGH als „judex ad quem" eingelegt werden (Abs 1 Satz 2). Einlegung beim BPatG ist als solche wirkungslos.[1]

3   **2. Form.** Die Beschwerde ist schriftlich einzulegen (Abs 1); elektronische Übermittlungsmethoden reichen grds aus (vgl § 125a Abs 2 Satz 2, Abs 3).[2] Die Rechtsbeschwerde kann daher in Patent- und Gbm-

---

1   *Schulte* Rn 2; *Büscher/Dittmer/Schiwy* Rn 7.
2   Vgl schon BGHZ 87, 63 = Mitt 1984, 16.

Sachen seit dem 1.9.2007, in Halbleitersachen seit dem 1.3.2010 in elektronischer Form eingereicht werden (Anl zu § 1 BGH/BPatGERVV Nr 6, 7, 8a).[3] Diese Möglichkeit spielt aber wegen des Vertretungszwangs (Rn 5) bisher in der Praxis kaum eine Rolle. In SortSachen besteht sie bisher nicht.

3. Inhalt. Die inhaltlichen Anforderungen entsprechen denen des § 551 ZPO.   4

4. Vertretung. Abs 5 Satz 1 verlangt wie bei der Revision Vertretung durch einen beim BGH postula-   5
tionsfähigen Anwalt. Deshalb muss die Beschwerdeschrift durch einen beim BGH zugelassenen Rechtsanwalt unterzeichnet sein, ebenso die Rechtsbeschwerdebegründung.[4] Vertretungsmangel ist nach Ablauf
der Rechtsbeschwerdefrist grds nicht mehr heilbar.[5]

Dagegen kann ein **Verfahrenskostenhilfegesuch** für die Rechtsbeschwerde auch von der Partei   6
selbst oder durch einen beim BGH nicht postulationsfähigen Anwalt eingereicht werden;[6] eine Rechtsmittelschrift eines nicht anwaltlich vertretenen Beteiligten kann trotz Bezeichnung als Rechtsbeschwerde als
Antrag auf Verfahrenskostenhilfe und Wiedereinsetzungsantrag auszulegen sein.[7] Ein Notanwalt kann
bestellt werden (§§ 78b, 78c ZPO); wird hierüber nicht rechtzeitig entschieden, kommt Wiedereinsetzung in
Betracht.[8]

5. Die **Frist** für die Einlegung der Rechtsbeschwerde beträgt einen Monat ab Zustellung des angefoch-   7
tenen Beschlusses; der Zeitpunkt der Zustellung ist auch im Fall der Verkündung des Beschlusses maßgebend. Bei Zustellung gegen Empfangsbekenntnis wird die Frist auch dann in Lauf gesetzt, wenn das
Empfangsbekenntnis gegen den Willen des Empfängers zurückgesandt wird.[9] Sind mehrere Verfahrensbevollmächtigte bestellt, setzt die zeitlich erste wirksame Zustellung die Frist in Lauf.[10] Bei Zustellung an
mehrere Beteiligte ist zu unterscheiden: Bei verkündeten Beschlüssen ist die Frist für jeden Beteiligten
besonders zu berechnen.[11] Bei an Verkündungs statt zugestellten Beschlüssen beginnt die Frist erst mit der
letzten Zustellung zu laufen[12] (vgl Rn 129 zu § 73; Rn 60 f zu § 47; Rn 10 zu § 94; sehr str). Zum Fristbeginn
bei Mängeln der zugestellten Entscheidung Rn 130 zu § 73. Ordnungsgem Zustellung setzt die Rechtsbeschwerdefrist auch in Lauf, wenn im Beschlussrubrum der Verfahrensbevollmächtigte eines Beteiligten
nicht aufgeführt ist.[13]

Wiedereinsetzung richtet grds sich nach den Regeln der ZPO (§ 106 Abs 1) und nicht nach § 123. Sie   8
ist insb von Bedeutung, wenn der Rechtsbeschwerdeführer, der sich für bedürftig halten durfte und alles
aus seiner Sicht Erforderliche getan hat, damit aufgrund der eingereichten Unterlagen über sein Gesuch
entschieden werden kann, vor Ablauf der Rechtsbeschwerdefrist Verfahrenskostenhilfe beantragt (§ 138).[14]
In diesem Fall muss er das Rechtsmittel nicht vor Entscheidung über das Gesuch einreichen und er
braucht auch keine Fristverlängerung zu beantragen.[15] Die Rechtsbeschwerde kann dann noch während
laufender Wiedereinsetzungsfrist eingelegt werden.

6. Gebühren. Anders als bei der Beschwerde ist die Zahlung einer Gebühr nicht Wirksamkeits- oder   9
Zulässigkeitsvoraussetzung.

---

3 Vgl zur Rechtslage in Markensachen *Ströbele/Hacker* § 85 MarkenG Rn 2.
4 BGH BlPMZ 1984, 367 Anwaltszwang bei Rechtsbeschwerde; BGH GRUR 1985, 1052 LECO; BGH 11.7.1989 X ZB 17/89
X ZB 18/89; BGH 10.3.1998 X ZB 5/98; BGH 6.6.2002 I ZB 5/02; BGH 19.12.2002 I ZB 30/02.
5 11.7.1989 X ZB 17/89 X ZB 18/89.
6 *Benkard* Rn 2; vgl den BGH GRUR 2011, 1055 Formkörper mit Durchtrittsöffnungen zugrunde liegenden Fall.
7 Vgl BGH 18.2.1992 X ZB 13/91.
8 BGH GRUR 1964, 310 f Kondenswasserableiter; *Lindenmaier* § 41r Rn 10.
9 BGH GRUR 2007, 261 Empfangsbekenntnis.
10 BGH 19.12.2002 I ZB 30/02 mwN; *Ströbele/Hacker* § 85 MarkenG Rn 2.
11 *Benkard* Rn 1; vgl BGH VersR 1980, 928, zur Berufungsfrist der ZPO; BGH 17.4.2002 XII ZB 186/01, zur
Beschwerdefrist im Versorgungsausgleichsverfahren; vgl auch *Klauer/Möhring* § 41r Rn 1.
12 BPatGE 31, 18 f; *Benkard* Rn 1; *Büscher/Dittmer/Schiwy* Rn 3; *Ekey/Bender/Fuchs-Wissemann* § 85 MarkenG Rn 2; BGH
NJW 1994, 3359 f mNachw des Streitstands, zu § 310 Abs 3 ZPO; aA BPatGE 36, 106 = GRUR 1996, 872; BPatGE 42, 107 =
BlPMZ 2000, 226; *Mes* § 94 Rn 6.
13 BGH GRUR 1995, 50 Success, WzSache.
14 Vgl nur BGH NJW-RR 2008, 1313, stRspr.
15 BGH NJW-RR 2005, 1586; BGH MDR 2007, 1151, jeweils zur Berufungsbegründungsfrist.

10   **II. Beschwerdebegründung** ist zwingend vorgeschrieben (Abs 3) und damit Zulässigkeitsvoraussetzung; sie kann bereits in der Beschwerdeschrift enthalten sein.[16] Die Begründung unterliegt selbstständig dem Anwaltszwang.[17]

11   Die **Frist** für die Rechtsbeschwerdebegründung beträgt einen Monat ab Einlegung der Rechtsbeschwerde (Abs 3 Satz 2). Sie beginnt mit der Einlegung der Rechtsbeschwerde, und zwar auch dann, wenn die Rechtsbeschwerde nach Bewilligung von Verfahrenskostenhilfe eingelegt und Wiedereinsetzung in die versäumte Frist zur Einlegung der Rechtsbeschwerde beantragt und gewährt werden.[18] Die Frist kann durch den Vorsitzenden verlängert werden; der Antrag muss durch einen beim BGH zugelassenen Anwalt gestellt werden.[19] Zur Wiedereinsetzung Rn 8.

12   Die **Erfordernisse an die Begründung** (Abs 4) entsprechen im wesentlichen denen des § 551 ZPO;[20] dass Nr 1 von „Abänderung oder Aufhebung" spricht, ist, da Abänderung durch den BGH nicht in Betracht kommt (§ 108), Redaktionsversehen.[21] Ein förmlicher Antrag ist nicht unbedingt erforderlich, sofern nur der Umfang der Anfechtung erkennbar ist.[22] Setzt sich die Beschwerdebegründung mit Teilen der angefochtenen Entscheidung nicht auseinander, kann daraus folgen, dass die Rechtsbeschwerde teilweise unzulässig ist.[23] Bei der zulassungsfreien Rechtsbeschwerde muss ein im Gesetz aufgeführter Verfahrensmangel gerügt werden,[24] und zwar innerhalb der Rechtsbeschwerdefrist[25] und unter Angabe der Tatsachen im einzelnen, aus denen der Mangel abgeleitet wird;[26] hinsichtlich gerichtsinterner Vorgänge muss jedenfalls dargelegt werden, dass eine Aufklärung versucht worden ist.[27] Es genügt nicht, wenn ein Verfahrensmangel des § 100 Abs 3 zwar bezeichnet ist, jedoch zu seiner Begründung offensichtlich nur die zulassungsfreie Rechtsbeschwerde nicht eröffnende Sach- und Verfahrensrügen ins Feld geführt werden.[28] Hängt der Erfolg der Rechtsbeschwerde davon ab, dass eine Verfahrensrüge innerhalb der Begründungsfrist erhoben worden ist, muss dem Rechtsbeschwerdeführer nicht Gelegenheit gegeben werden, sein Vorbringen nach Ablauf der Begründungsfrist zu ergänzen.[29]

13   **C. Anschlussrechtsbeschwerde** ist entspr §§ 554 ZPO, 574 Abs 4 ZPO statthaft,[30] jedoch nur für einen Beteiligten, der dem Rechtsbeschwerdeführer gegenübersteht,[31] dh entgegengerichtete Ziele verfolgt, ohne dass es auf die förmliche Parteistellung ankäme (vgl Rn 204 ff zu § 73). Eine Befristung auf einen Monat seit Einlegung der Rechtsbeschwerde wird man angesichts der revisionsartigen Ausgestaltung des Rechtsmittels entspr § 574 Abs 4 ZPO annehmen müssen.[32] Die Anschlussrechtsbeschwerde kann nur von einem Beteiligten des Beschwerdeverfahrens eingelegt werden; sie setzt Beschwer voraus und ist in der Anschlussschrift (§ 574 Abs 4 Satz 2 ZPO), jedenfalls aber innerhalb eines Monats nach Zustellung der Rechtsbeschwerdebegründung zu begründen.[33] Ist die Rechtsbeschwerde zugelassen, eröffnet auch die

---

16 *Benkard* Rn 3.

17 Vgl BGH 4.12.1990 X ZB 4/90.

18 BGH GRUR 2009, 427 ATOZ II; BGH 22.9.2015 X ZB 11/14; vgl *Mes* Rn 7.

19 BGH 4.11.1980 X ZR 7/80.

20 Vgl auch BGH GRUR 1989, 494 Schrägliegeeinrichtung.

21 *Benkard* Rn 3; *Mes* Rn 5.

22 BGHZ 73, 330 f = GRUR 1979, 619 Tabelliermappe; *Schulte* Rn 5.

23 BGH Mitt 2006, 449 f Fahrzeugkarosserie; BGHZ 166, 65 = GRUR 2006, 669, 672 Porsche Boxster; BGH GRUR 2006, 701 Porsche 911; *Ströbele/Hacker* § 85 MarkenG Rn 3.

24 BGH GRUR 1997, 223 Ceco; BGH GRUR 1997, 637 Top Selection; BGH GRUR 1998, 817 f DORMA; BGH GRUR 1999, 500 DILZEM, BGH GRUR 2003, 1067 BachBlüten Ohrkerze; BGH GRUR 2004, 76 turkey & corn, Markensachen.

25 BGH GRUR 1999, 919 Zugriffsinformation; BGH GRUR 2011, 852 modularer Fernseher II; vgl *Mes* Rn 7.

26 BGH GRUR 2005, 571 Vertikallibelle; Rn 3; *Büscher/Dittmer/Schiwy* Rn 10.

27 BGH Vertikallibelle.

28 BGH GRUR 1983, 460 Streckenausbau.

29 BGH modularer Fernseher II.

30 BGHZ 88, 191, 196 f = GRUR 1983, 725 Ziegelsteinformling I.

31 *Klauer/Möhring* § 41r Rn 4; *Reimer* § 41r Rn 8.

32 BGH Ziegelsteinformling I; *Benkard* Rn 4; *Schulte* Rn 6; *Mes* Rn 12; *Büscher/Dittmer/Schiwy* Rn 11; *Ingerl/Rohnke* § 83 MarkenG Rn 39; *Ströbele/Hacker* § 83 MarkenG Rn 56; *Ekey/Bender/Fuchs-Wissemann* § 83 MarkenG Rn 40.

33 BGH Ziegelsteinformling I.

Anschlussrechtsbeschwerde die volle revisionsartige Überprüfung ohne Beschränkung auf den Zulassungsgrund, andernfalls kann sie nur auf die Gründe des § 100 Abs 3 gestützt werden.[34]

D. Rücknahme der Rechtsbeschwerde wie der Anschlussrechtsbeschwerde ist vor Wirksamwerden **14** der Entscheidung jederzeit möglich und bedarf nicht der Zustimmung anderer Beteiligter.[35] Mit ihr verliert eine unselbständige Anschlussrechtsbeschwerde ihre Wirkung (vgl auch die Regelung in § 574 Abs 4 Satz 3 ZPO). Die Rücknahme unterliegt grds dem Anwaltszwang; dies gilt nicht, wenn der Rechtsbeschwerdeführer selbst, ohne durch einen postulationsfähigen Rechtsanwalt vertreten zu sein, eine deshalb unzulässige Beschwerde eingelegt hat.[36]

Wirkung. Durch die Rücknahme geht der Rechtsbeschwerdeführer des eingelegten Rechtsmittels **15** (nicht aber der Rechtsmittelbefugnis an sich)[37] verlustig; regelmäßig sind ihm im mehrseitigen Verfahren Kosten aufzuerlegen (Rn 15 zu § 109). Der Ausspruch erfolgt entspr § 516 Abs 3 ZPO vAw (vgl Rn 18).[38]

E. Erledigung der Hauptsache kommt insb bei Wegfall der Anmeldung oder des Schutzrechts in Be- **16** tracht.[39] Im einseitigen Verfahren ist das Verfahren über die Rechtsbeschwerde ohne weiteres beendet; eine (deklaratorische) Kostenentscheidung kann ergehen, erforderlich ist dies freilich nicht. Soweit das Verfahren wie ein streitiges ausgeprägt ist, erfolgt Kostenentscheidung entspr § 91a ZPO,[40] also insb im GbmLöschungsverfahren, aber auch im Akteneinsichtsverfahren, soweit dieses als streitiges Verfahren behandelt wird.[41] Rücknahme des GbmLöschungsantrags führt zur Kostenfolge des § 269 ZPO (Rn 53 zu § 17 GebrMG).[42] Einspruchsrücknahme erledigt grds nicht, anders bei ausschließlich auf widerrechtl Entnehme gestütztem Einspruch.[43]

F. Vertretung

I. Grundsatz

Abs 5 begründet einen umfassenden Vertretungszwang (von der die Vollmachtsrüge nicht ausge- **17** nommen ist)[44] durch beim BGH zugelassene Rechtsanwälte nicht nur für den Rechtsbeschwerdeführer (Rn 5), sondern auch für die übrigen Verfahrensbeteiligten,[45] auch für den PräsDPMA, soweit er sich am Verfahren beteiligt und sich nicht nur nach § 105 Abs 2 äußert. Erklärungen eines Patentanwalts sind unbeachtlich.[46] Ist ein nicht beschwerdeführender Beteiligter nicht vertreten, hat dies freilich nur zur Folge, dass er grds keine Anträge stellen und keine Erklärungen abgeben kann. Der beim BGH zugelassene Rechtsanwalt kann nur beim BGH, den anderen obersten Gerichtshöfen des Bunds, beim BVerfG und vor dem von einem dieser Gerichte ersuchten Richter auftreten; sein Recht, vor internat oder gemeinsamen zwischenstaatlichen Gerichten aufzutreten, wird hierdurch nicht berührt (§ 172 BRAO). Für den beim BGH zugelassenen Anwalt kann ein Vertreter bestellt werden, der nicht selbst beim BGH zugelassen sein, aber bestimmte Mindestanforderungen erfüllen muss (§ 173 BRAO). Eine Vertretung durch Rechtsreferendare

---

34 *Benkard* Rn 4; *Klauer/Möhring* § 41r Rn 4; *Reimer* § 41r Rn 8.
35 *Benkard* Rn 5.
36 BGH NJW-RR 1994, 759 mwN; *Benkard* Rn 7; *Schulte* Rn 7; *Fitzner/Lutz/Bodewig* Rn 5; aA offenbar *Mes* Rn 9; *Ekey/Bender/Fuchs-Wissemann* § 85 MarkenG Rn 8.
37 *Benkard* Rn 5.
38 *Benkard* Rn 5.
39 Vgl *Schulte* Rn 9; *Mes* Rn 10; *Lindenmaier* § 41r Rn 12; vgl auch Schreiben des Berichterstatters des BGH Mitt 1985, 52.
40 BGH GRUR 1994, 104 Akteneinsicht XIII; BGH GRUR 2012, 378 Installiereinrichtung II; aA *Benkard* Rn 6; *Fezer* Marken*G* § 85 Rn 14.
41 BGH Akteneinsicht XIII.
42 Ebenso *Benkard* Rn 6; offen gelassen bei *Büscher/Dittmer/Schiwy* Rn 14.
43 *Benkard* Rn 6a; *Schulte* Rn 10; *Mes* Rn 11; zum ausschließlich auf widerrechtl Entnahme gestützten Einspruch BPatG BlPMZ 2012, 96.
44 BGH 25.1.2015 I ZR 15/15, Markensache.
45 BGH GRUR 1990, 346 Aufzeichnungsmaterial; *Benkard* Rn 7.
46 BGH Aufzeichnungsmaterial.

wird entgegen § 157 ZPO nF nicht zulässig sein, da diese Bestimmung nur Verfahren betrifft, die die Parteien selbst führen können.[47]

18 **II. Ausnahmen** vom Anwaltszwang gelten außer für Verfahrenskostenhilfeanträge (Rn 6) für die **Rücknahme der** nicht von einem postulationsfähigen Anwalt eingelegten **Rechtsbeschwerde** für den Rechtsbeschwerdeführer (Rn 14). Da es für die Kostenentscheidung nach Rücknahme der Rechtsbeschwerde entspr § 516 Abs 3 ZPO keines Antrags bedarf, stellt sich die Frage der Postulationsfähigkeit hier nicht.[48]

19 Eine Ausnahme soll auch gelten, soweit es um die Rücknahme von die Grundlage des Ausgangsverfahrens bildenden **Verfahrensanträgen und -erklärungen** (so auch der Anmeldung) geht, die gegenüber dem BGH zu erklären sein soll, solange das Verfahren dort anhängig ist.[49] Vertretungszwang besteht hier gleichwohl nicht.[50] Mit der Rücknahme erledigt sich das Rechtsbeschwerdeverfahren, Instanzbeschlüsse werden wirkungslos; Kosten sind nur zu erstatten, soweit dies der Billigkeit entspricht.[51]

20 **III. Patentanwälten** ist auf Antrag eines Beteiligten das Wort zu gestatten (Abs 5 Satz 2); die Regelung ist im Hinblick auf die umfassendere in § 4 PatAnwO an sich überflüssig. Der durch Art 15 Nr 2 RBer-NeuregelungsG vom 12.12.2007 als Folgeänderung zur Änderung des § 157 ZPO und des § 4 Abs 3 PatAnwO aufgehobene Abs 5 Satz 3 verwies auf § 157 Abs 1, 2 ZPO. Die Gesetzesbegründung[52] bezieht sich darauf, dass § 157 ZPO aF dazu gedient habe, dem Patentanwalt die ungehinderte Ausübung des Rederechts zu gewähren; der Patentanwalt sei aber weder vertretungsbefugt noch Beistand, sondern leite seine Rechte originär aus Abs 5 Satz 2 ab. Da im Rechtsbeschwerdeverfahren nach dem PatG kaum je mündlich verhandelt wird, ist die praktische Bedeutung der Bestimmung gering.

21 Wegen der **Kosten des Patentanwalts** verweist Abs 5 Satz 3 auf § 143 Abs 3.[53]

§ 103
(Aufschiebende Wirkung)

[1]**Die Rechtsbeschwerde hat aufschiebende Wirkung.** [2]**§ 75 Abs. 2 gilt entsprechend.**

MarkenG: § 83 Abs 1 Satz 2

A. Entstehungsgeschichte

1 Die Bestimmung ist durch das 6. ÜberlG als § 41s in das Gesetz eingestellt worden und hat ihre geltende Bezeichnung durch die Neubek 1981 erhalten.

B. Aufschiebende Wirkung

I. Grundsatz

2 Die Bestimmung entspricht § 75 Abs 1 und verweist auf § 75 Abs 2. Die Rechtsbeschwerde hat grds wie die Beschwerde aufschiebende Wirkung; diese tritt grds unabhängig von der Zulässigkeit der Beschwerde ein (Rn 9 f zu § 75).

---

47 AA *Mes* Rn 13.
48 AA wohl *Schulte* Rn 12 f.
49 BGH GRUR 2011, 1052 Telefonsystem; BGH GRUR 1974, 465 Lomapect; BGH GRUR 1977, 789 Tribol/Liebol; BGH Mitt 1983, 159 Alevita; BGH GRUR 1985, 1052 LECO; BGH 30.11.1989 I ZB 5/89: Rücknahme des Widerspruchs; BGH GRUR 1983, 342 BTR: Rücknahme der Anmeldung; vgl BGH BlPMZ 1986, 246 BIECO; BPatGE 8, 28, 34; *Sikinger* Mitt 1985, 61; *Schulte* Rn 8; aA noch Schreiben des Berichterstatters des BGH Mitt 1985, 52; aA auch *Fitzner/Lutz/Bodewig* Rn 6; 6. *Aufl*.
50 BGH Telefonsystem.
51 BGH Telefonsystem; *Schulte* Rn 9.
52 BTDrs 16/3655 S 99 f.
53 Vgl *Mes* Rn 16.

Aufschiebende Wirkung kommt der Rechtsbeschwerde unabhängig davon zu, ob diese (rechtzeitig 3 und ausreichend) **begründet** wird.

II. Ausnahmen

Aufschiebende Wirkung kommt nicht in Betracht, wenn die Beschwerde **nicht rechtzeitig** eingelegt 4 ist (Rn 8 zu § 75, allgM).

Aufschiebende Wirkung tritt nicht ein, wenn die Rechtsbeschwerde nicht von einem **postulationsfä-** 5 **higen Anwalt** eingelegt worden ist.[1]

Satz 2 betrifft die Anordnung, dass jede Veröffentlichung der Anmeldung unterbleibt, weil die Erfin- 6 dung ein Staatsgeheimnis ist. Die Regelung ist wie die in § 75 Abs 2 an sich überflüssig (Rn 6 zu § 75). Wiederherstellung der aufschiebenden Wirkung kommt nicht in Betracht.[2]

Der Rechtsbeschwerde im **sortenschutzrechtlichen Verfahren** kommt in bestimmten Fällen keine 7 aufschiebende Wirkung zu.[3]

§ 104
(Prüfung der Zulässigkeit)

[1] Der Bundesgerichtshof hat von Amts wegen zu prüfen, ob die Rechtsbeschwerde an sich statthaft und ob sie in der gesetzlichen Form und Frist eingelegt und begründet ist. [2] Mangelt es an einem dieser Erfordernisse, so ist die Rechtsbeschwerde als unzulässig zu verwerfen.

MarkenG: § 86

Übersicht

A. Entstehungsgeschichte

Die Bestimmung ist durch das 6. ÜberlG als § 41t in das Gesetz eingestellt worden und hat ihre gelten- 1 de Bezeichnung durch die Neubek 1981 erhalten.

B. Zulässigkeitsprüfung

I. Allgemeines

Die § 79 Abs 2 sowie § 552 ZPO und § 143 VwGO entspr Vorschrift regelt die Prüfung der Zulässigkeit, 2 die vAw erfolgt (Satz 1), und die Entscheidung bei Unzulässigkeit der Rechtsbeschwerde.

Ein **Abhilfeverfahren** findet nicht statt; das folgt schon aus dem Erfordernis der Einlegung beim 3 BGH.[1]

Einer **Anhörung weiterer Beteiligter** bedarf es im Fall der Unzulässigkeit grds nicht;[2] anders bei 4 notwendigen Streitgenossen des Rechtsbeschwerdeführers.[3]

---

1 *Benkard* Rn 1; *Schulte* Rn 2; *Büscher/Dittmer/Schiwy* Rn 2; *Fezer* § 83 MarkenG Rn 22; vgl *Ströbele/Hacker* § 83 MarkenG Rn 55; aA offenbar *Lindenmaier* § 41s Anm; *Klauer/Möhring* § 41s Anm.
2 Vgl zur Problematik im GWB BGH NJW-RR 1999, 342 Tariftreueerklärung I.
3 Vgl *Keukenschrijver* § 35 SortG Rn 5.

1 Vgl zu § 575 ZPO *Zöller* § 575 Rn 5.
2 Vgl *Lindenmaier* § 41t Rn 2.
3 *Klauer/Möhring* § 41t Anm: *Büscher/Dittmer/Schiwy* Rn 3.

5   Gegenüber dem Rechtsbeschwerdeführer gilt das aus Art 102 GG und § 139 ZPO abzuleitende **Verbot von Überraschungsentscheidungen.** Dem wird in der Gerichtspraxis dadurch Rechnung getragen, dass der Rechtsbeschwerdeführer auf die fehlende Statthaftigkeit hingewiesen wird. Darüber hinaus besteht grds keine Hinweispflicht.[4]

6   Ist, wie nicht ganz selten, Rechtsbeschwerde durch einen **nicht durch einen postulationsfähigen Anwalt vertretenen Beteiligten** eingelegt, ist es regelmäßig geboten, auf die Unzulässigkeit hinzuweisen und vor Entscheidung Gelegenheit zur Rücknahme zu geben (vgl Rn 14 zu § 102).

II. Verwerfung der Rechtsbeschwerde

7   § 107 Abs 1 und 3 sind auf die Entscheidung anzuwenden.

8   Von der **Erhebung von Kosten** kann abgesehen werden, wenn der Antrag auf unverschuldeter Unkenntnis der tatsächlichen oder rechtl Verhältnisse beruhte, so bei Rechtsbeschwerdeeinlegung durch die nicht postulationsfähige Partei selbst[5] (§ 21 Abs 1 Satz 3 GKG).

III. Zwischenentscheidung

9   Über die Zulässigkeit kann (positiv) durch bindenden Zwischenbeschluss entschieden werden; dies gilt auch im einseitigen Verfahren;[6] die Bindung entfällt in diesem Fall, wenn die Zulässigkeit nachträglich wegfällt.[7]

IV. Wirkung der Verwerfung

10   Die Verwerfung als unzulässig beseitigt die aufschiebende Wirkung.[8]

11   Die Verwerfung als unzulässig lässt jedoch für sich die angefochtene Entscheidung nicht ohne weiteres **rechtskräftig** werden, weil es für den Eintritt der Rechtskraft darauf ankommt, ob die Rechtsmittelfrist abgelaufen ist.[9]

§ 105
(Mehrere Beteiligte)

(1) [1]Sind an dem Verfahren über die Rechtsbeschwerde mehrere Personen beteiligt, so sind die Beschwerdeschrift und die Beschwerdebegründung den anderen Beteiligten mit der Aufforderung zuzustellen, etwaige Erklärungen innerhalb einer bestimmten Frist nach Zustellung beim Bundesgerichtshof schriftlich einzureichen. [2]Mit der Zustellung der Beschwerdeschrift ist der Zeitpunkt mitzuteilen, in dem die Rechtsbeschwerde eingelegt ist. [3]Die erforderliche Zahl von beglaubigten Abschriften soll der Beschwerdeführer mit der Beschwerdeschrift oder der Beschwerdebegründung einreichen.

(2) Ist der Präsident des Patentamts nicht am Verfahren über die Rechtsbeschwerde beteiligt, so ist § 76 entsprechend anzuwenden.

MarkenG: § 87

---

4 *Benkard* Rn 2.
5 Vgl BGH 6.11.2000 X ZB 15/00.
6 BGHZ 47, 132, 134 = GRUR 1967, 294 UHF-Empfänger II; vgl *Ströbele/Hacker* § 86 MarkenG Rn 4.
7 *Schulte* Rn 2; *Klauer/Möhring* § 41t Anm.
8 *Benkard* Rn 2; *Büscher/Dittmer/Schiwy* Rn 4.
9 Vgl BGHZ 57, 160, 162 = GRUR 1972, 196 Dosiervorrichtung: bei Zustellungsmängeln.

A. Entstehungsgeschichte

Die durch das GPatG durch Anfügung des jetzigen Abs 2 geänd Bestimmung ist durch das 6. ÜberlG **1** als § 41u in das Gesetz eingestellt worden und hat ihre geltende Bezeichnung durch die Neubek 1981 erhalten.

B. Beteiligte

I. Grundsatz

Abs 1 entspricht § 519a ZPO aF sowie §§ 553a Abs 2, 554 Abs 5 ZPO aF; eine Anpassung an die Ände- **2** rungen des ZPO-RG ist nicht erfolgt.

Die der Vereinfachung des Verfahrens dienende Bestimmung[1] trifft nicht nur den Fall, dass sich Betei- **3** ligte gegenüberstehen, wie insb im Einspruchsverfahren und im GbmLöschungsverfahren, sondern auch den mehrerer Beteiligter in gleichen oder gleichgerichteten **Beteiligtenrollen** (mehrere Anmelder, Patentinhaber, Einsprechende, Beigetretene, Nebenintervenienten)[2] und den BMVtg sowie den PräsDPMA, soweit diese nach § 74 oder § 77 am Verfahren beteiligt sind.[3] Unanwendbar ist die Bestimmung im Verhältnis mehrerer gemeinsam handelnder Rechtsbeschwerdeführer zueinander.

Für die Anwendbarkeit der Bestimmung kommt es anders als etwa für § 102 Abs 5 nicht darauf an, **4** dass der Beteiligte **aktiv am Verfahren teilnimmt;**[4] auf die Rechte aus Abs 1 kann jedoch verzichtet werden.[5] Nicht als Beteiligter wird zu behandeln sein, wer seine Verfahrensbeteiligung (durch Einspruchs- oder Beschwerderücknahme) wirksam beendet hat.[6]

II. Zustellungen; weitere Mitteilungen

Die Erfordernisse nach Abs 1 betreffen nur die Rechtsbeschwerdeschrift und die Rechtsbeschwerde- **5** begründung. Die Zustellung erfolgt alsbald nach den Vorschriften der ZPO[7] (§ 106 Abs 1). Sie kann bei Unzulässigkeit der Rechtsbeschwerde unterbleiben. Andere Schriftsätze können formlos mitgeteilt werden.[8]

III. Rechtliches Gehör

III. Rechtliches Gehör wird durch die Aufforderung nach Abs 1 Satz 1 gesichert; für die Erklärungen **6** besteht Anwaltszwang (BGH-Anwalt) nach § 102 Abs 5. Nichterklärung ist verfahrensrechtl folgenlos.[9] Die (richterliche) Erklärungsfrist kann verlängert werden.

IV. Abschriften

IV. Abschriften „sollen" nach Abs 1 Satz 3 eingereicht werden; die Bestimmung ist, von Kostenfolgen **7** abgesehen,[10] sanktionslose Ordnungsvorschrift.

V. Äußerungsrecht des Präsidenten des Patentamts

Abs 2 räumt dem PräsDPMA ein Äußerungsrecht unabhängig davon ein, ob dieser Verfahrensbeteiligter **8** ist.[11] Von diesem Recht kann auch Gebrauch gemacht werden, wenn der Präsident dem Beschwerdeverfahren nach § 77 beigetreten war; die Äußerung nach Abs 2 unterliegt nicht dem Anwaltszwang nach § 102 Abs5.[12]

---

1 *Mes* Rn 1.
2 Vgl BPatG 22.12.1997 4 ZA (pat) 7/96; *Benkard* Rn 1, 2; *Ströbele/Hacker* § 87 MarkenG Rn 2; *Mes* Rn 2; *Klauer/Möhring* § 41u Rn 1; *Reimer* § 41u Rn 1.
3 Vgl *Klauer/Möhring* § 41u Rn 1.
4 *Benkard* Rn 1; *Ströbele/Hacker* § 87 MarkenG Rn 2; vgl BGH GRUR 1990, 346 Aufzeichnungsmaterial.
5 Vgl *Benkard* Rn 1.
6 Wohl weitergehend *Benkard* Rn 1.
7 Vgl *Klauer/Möhring* § 41u Rn 2.
8 Vgl *Benkard* Rn 2.
9 *Klauer/Möhring* § 41u Rn 3; *Reimer* § 41u Rn 2.
10 *Reimer* § 41u Rn 1.
11 Vgl Begr GPatG BlPMZ 1979, 276, 289; *Benkard* Rn 4; *Schulte* Rn 6; *Mes* Rn 3; *Büscher/Dittmer/Schiwy* Rn 3.
12 *Benkard* Rn 4; *Mes* Rn 3.

§ 106
(Anwendung weiterer Vorschriften)

(1) [1]Im Verfahren über die Rechtsbeschwerde gelten die Vorschriften der Zivilprozeßordnung über Ausschließung und Ablehnung der Gerichtspersonen, über Prozeßbevollmächtigte und Beistände, über Zustellungen von Amts wegen, über Ladungen, Termine und Fristen und über Wiedereinsetzung in den vorigen Stand entsprechend. [2]Im Falle der Wiedereinsetzung in den vorigen Stand gilt § 123 Abs. 5 bis 7 entsprechend.
(2) Für die Öffentlichkeit des Verfahrens gilt § 69 Abs 1 entsprechend.

MarkenG: § 88
Ausland: Österreich: §§ 145, 146 öPatG idF der Patent- und Markenrechtsnovelle 2014

Übersicht

Schrifttum: *Bender* Eingeschränkte Schutzansprüche und die entsprechende Anwendung von zivilprozessualen Grundsätzen im Gebrauchsmusterlöschungsverfahren, GRUR 1997, 785

A. Entstehungsgeschichte

1   Die Bestimmung ist durch das 6. ÜberlG als § 41v in das Gesetz eingestellt worden und hat ihre geltende Bezeichnung durch die Neubek 1981 erhalten.

2   Das **2. PatGÄndG** hat eine Folgeänderung wegen der Einführung eines Weiterbenutzungsrechts für gutgläubige Zwischenbenutzer sowie, was die Anwendung von § 123 Abs 6 betrifft, eine Klarstellung gebracht.[1] Der Vorentwurf eines Gesetzes zur Änderung des Patentgesetzes und anderer Gesetze des gewerblichen Rechtsschutzes vom 11.3.2004 sah vor, Abs 1 Satz 1 wie folgt zu fassen: „Im Verfahren über die Rechtsbeschwerde gelten die Vorschriften der Zivilprozessordnung über Ausschließung und Ablehnung der Gerichtspersonen (§§ 41 bis 49), über Prozessbevollmächtigte und Beistände (§§ 78 bis 90), über Zustellungen von Amts wegen (§§ 166 bis 190), über Ladungen, Termine und Fristen (§§ 214 bis 229) und über Wiedereinsetzung in den vorigen Stand (§§ 233 bis 238) entsprechend." In das Gesetz ist dies nicht übernommen worden. Zur Formulierungshilfe des BMJ s Rn 2 vor § 100.

B. Anwendung weiterer Vorschriften

I. Bestimmungen der ZPO

3   Die Regelungen des 6. Abschnitts sehen anders als § 99 Abs 1 keine generelle subsidiäre Anwendbarkeit der Bestimmungen der ZPO vor.

4   Abs 1, der an § 73 GWB angelehnt ist, nennt **enumerativ** die anwendbaren Regelungen. Es handelt sich um die §§ 41–49 ZPO (Ausschließung und Ablehnung),[2] §§ 78–90 ZPO (Prozessbevollmächtigte und Beistände), §§ 166–190 ZPO idF des ZustRefG (Rn 2 zu § 127; Zustellung vAw); §§ 214–229 ZPO (Ladungen, Termine und Fristen) sowie §§ 233–238 ZPO (Wiedereinsetzung in den vorigen Stand, durch die Angleichung der Regelungen in ZPO und PatG außer hinsichtlich der Frist ohne größere praktische Bedeutung).

5   Über die **Ablehnung** eines Richters am BGH entscheidet der BGH unter Mitwirkung des abgelehnten Richters, wenn der Ablehnungsantrag, zwar eine Begründung für die angebliche Befangenheit enthält, der Antrag aber ohne nähere Prüfung und losgelöst von den konkreten Umständen des Einzelfalls zur Begrün-

---

1 Vgl Begr BlPMZ 1998, 393, 406.
2 Vgl *Kühnen* Teilung S 141.

dung der Besorgnis einer Befangenheit gänzlich ungeeignet ist.[3] Allg, nicht näher begründete Vorwürfe genügen nicht.[4]

Die genannten Vorschriften sind nur **entsprechend anwendbar**; eine Anwendung scheidet im übri- 6
gen aus, soweit die Bestimmungen über das Rechtsbeschwerdeverfahren abw Regelungen enthalten. Dies gilt insb für die §§ 79, 90 ZPO, denen § 102 Abs 5 vorgeht,[5] weiter für § 321a ZPO, den § 122a verdrängt.[6]

II. Bestimmungen des Patentgesetzes

1. Abs 1 Satz 2 verweist für die **Wiedereinsetzung**, die sich im Rechtsbeschwerdeverfahren nicht 7
nach § 123, sondern nach den Regeln der ZPO beurteilt, ergänzend auf § 123 Abs 5–7 (kostenloses Weiterbenutzungsrecht).[7]

2. Für die **Öffentlichkeit** des Verfahrens (dh der mündlichen Verhandlung)[8] verweist Abs 2 auf die Re- 8
gelung für das Verfahren vor dem BPatG, weil das Rechtsbeschwerdeverfahren „nicht in einem weitergehenden Maße öffentlich sein kann als das Beschwerdeverfahren vor dem Patentgericht selbst".[9] Nicht öffentlich ist demnach die Verhandlung, solange ein Hinweis auf die Möglichkeit der Akteneinsicht noch nicht veröffentlicht ist, was auch im einseitigen Beschwerdeverfahren nur ausnahmsweise der Fall sein wird, in GbmSachen dagegen immer vor Eintragung des Gebrauchsmusters. Da im Rechtsbeschwerdeverfahren nur selten aufgrund mündlicher Verhandlung entschieden wird, ist die praktische Bedeutung gering.

III. Lückenausfüllung

Die wohl hM sieht § 99 Abs 1 als entspr anwendbar an.[10] Nachdem der Gesetzgeber eine dahingehen- 9
de Regelung nicht getroffen hat, liegt es näher, die jeweils am besten passenden Bestimmungen vergleichbarer Verfahrensordnungen (neben der ZPO insb der VwGO und der Bestimmungen über das Beschwerdeverfahren vor dem BPatG) heranzuziehen.[11]

Heranzuziehen sind demnach etwa § 91a ZPO,[12] die §§ 114 ff (in § 138 ausdrücklich gegegelt),[13] § 269 10
Abs 3 Satz 1 ZPO,[14] § 545 Abs 1 ZPO, 560 ZPO;[15] § 559 ZPO.[16]

Für die Zuziehung eines **Sachverständigen** nach § 144 ZPO ist im Rechtsbeschwerdeverfahren kein 11
Raum.[17]

IV. Zur **Akteneinsicht in Rechtsbeschwerdeakten** Rn 48 zu § 99.   12

---

3   BGH 25.1.2016 I ZB 15/15.
4   BGH 25.1.2016 I ZB 15/15.
5   *Benkard* Rn 1; *Ströbele/Hacker* § 88 MarkenG Rn 2; im Ergebnis ohne Begr auch BGH GRUR 2012, 378 Installiereinrichtung II, zu § 91a ZPO.
6   Vgl *Ströbele/Hacker* § 88 MarkenG Rn 5.
7   Vgl *Mes* Rn 2; *Ekey/Bender/Fuchs-Wissemann* § 88 MarkenG Rn 1; zur Wiedereinsetzung im Rechtsbeschwerdeverfahren auch BGH 22.9.2015 X ZB 11/14.
8   *Benkard* Rn 1.
9   Begr 6. ÜberlG BlPMZ 1961, 140, 158.
10   *Benkard* Rn 2; ebenso für § 82 MarkenG BGH GRUR 1999, 998 Verfahrenskostenhilfe; BGH GRUR 2000, 890 f Immunine/Imukin; BGH GRUR 2000, 892 f MTS; BGH GRUR 2009, 88 ATOZ I; *Ekey/Bender/Fuchs-Wissemann* § 88 MarkenG Rn 2; *Ingerl/Rohnke* § 88 MarkenG Rn 3; *Büscher/Dittmer/Schiwy* § 88 MarkenG Rn 4 und § 88 MarkenG Rn 1; nach *Schulte* Rn 2 zur Lückenschließung; *Fezer* § 88 Rn 3 zieht zunächst die Bestimmungen der ZPO über die Revision heran.
11   Vgl *Benkard* (jetzt differenzierter) Rn 9 vor § 100; *Klauer/Möhring* § 41v Rn 1 und Rn 2 vor § 41p, einschränkend zur Heranziehung der VwGO; ähnlich *Fitzner/Lutz/Bodewig* Rn 3; vgl auch *Bender* GRUR 1997, 785 f; für das kartellrechtl Rechtsbeschwerdeverfahren bietet sich nach der Rspr des BGH in erster Linie ein Rückgriff auf die Bestimmungen der VwGO an, BGHZ 154, 21 = NVwZ 2003, 1140 Verbundnetz II.
12   BGH GRUR 2012, 378 Installiereinrichtung II.
13   Für das Markenrecht, in dem eine Verweisung fehlt, BGH GRUR 1999, 998 Verfahrenskostenhilfe; BGH BlPMZ 2000, 113 Verfahrenskostenhilfe 01.
14   BGH 19.3.2002 X ZB 32/01.
15   BGH GRUR 1966, 50, 52 Hinterachse, zur Vorgängerbestimmung.
16   BGH NJW 1992, 627, zur Vorgängerbestimmung.
17   BGH 10.11.1964 Ia ZB 8/64.

§ 107
(Entscheidung über die Rechtsbeschwerde)

(1) Die Entscheidung über die Rechtsbeschwerde ergeht durch Beschluß; sie kann ohne mündliche Verhandlung getroffen werden.

(2) Der Bundesgerichtshof ist bei seiner Entscheidung an die in dem angefochtenen Beschluß getroffenen tatsächlichen Feststellungen gebunden, außer wenn in bezug auf diese Feststellungen zulässige und begründete Rechtsbeschwerdegründe vorgebracht sind.

(3) Die Entscheidung ist zu begründen und den Beteiligten von Amts wegen zuzustellen.

MarkenG: § 89 Abs 1–3

Übersicht

A. Entstehungsgeschichte

1   Die Bestimmung ist durch das 6. ÜberlG als § 41w in das Gesetz eingestellt worden und hat ihre geltende Bezeichnung durch die Neubek 1981 erhalten.

B. Entscheidung über die Rechtsbeschwerde

I. Form

2   Die Entscheidung erfolgt stets durch zu begründenden Beschluss.[1] Dieser enthält Rubrum, Tenor und Gründe. Das Rubrum wird nach neuerer Praxis auch in Rechtsbeschwerdeverfahren nach Einspruchsverfahren kontradiktorisch gestaltet, anders nach früherer Praxis, die hier regelmäßig das Sachrubrum verwendete, anders weiterhin im einseitigen Verfahren, an dem nur der Anmelder beteiligt ist.

3   Über die Rechtsbeschwerde entscheidet der Senat in seiner Beschlussbesetzung mit fünf Richtern; eine Entscheidung durch den **Einzelrichter** sieht das Gesetz (anders als bei der Erinnerung gegen den Kostenansatz, § 66 Abs 6 GVG)[2] nicht vor.

4   **II. Mündliche Verhandlung** ist freigestellt (Abs 1) und findet nach derzeitiger Praxis im X. Zivilsenat (anders im I.) idR nicht statt.[3] Auch ein Antrag bindet nicht.[4] Für die mündliche Verhandlung besteht Anwaltszwang[5] (§ 102 Abs 5), allerdings wegen des Fehlens von Säumnisregelungen sanktionslos;[6] ist ein Beteiligter nicht vertreten, wird ohne ihn verhandelt.[7]

5   **Öffentlichkeit** beurteilt sich nach § 106.

---

1 Vgl *Benkard* § 108 Rn 11; *Schulte* Rn 2; *Mes* Rn 1; *Lindenmaier* § 41w Rn 1.
2 BGH NJW 2015, 2194; vgl BGH 19.10.2015 X ZR 54/11 Vv Entscheidungszuständigkeit.
3 Mündlich verhandelt wurde (wegen inhaltlichen Zusammenhangs mit mehreren Verletzungsverfahren) in BGH GRUR 2002, 523 Custodiol I.
4 *Benkard* § 108 Rn 2; *Schulte* Rn 2; vgl *Löscher* GRUR 1966, 5, 19; BGH 6.9.2005 X ZB 30/03.
5 *Benkard* § 108 Rn 2.
6 *Reimer* § 41w Rn 2.
7 BGH BlPMZ 2001, 321 marktfrisch; BGH GRUR 2007, 321 f COHIBA, Markensachen.

III. Inhalt

Die (zu begründende, Abs 3; § 564 ZPO ist anwendbar)[8] Entscheidung lautet bei Erfolglosigkeit der zu- **6** lässigen Rechtsbeschwerde auf Zurückweisung der Rechtsbeschwerde, bei Erfolg wird etwa wie folgt tenoriert:

Auf die Rechtsbeschwerde der Patentinhaberin wird der Beschluss des 12. Senats (Technischen Beschwerdesenats) des Bundespatentgerichts vom ... aufgehoben.
  Die Sache wird zu anderweiter Verhandlung und Entscheidung, auch über die Kosten der Rechtsbeschwerde, an das Bundespatentgericht zurückverwiesen.
  Der Wert des Gegenstands des Rechtsbeschwerdeverfahrens wird auf ... EUR festgesetzt.

Zu entscheiden ist grds über den Gegenstand der Rechtsbeschwerde insgesamt; auch wenn ein Be- **7** schluss nur teilweise nicht mit Gründen versehen ist, verfällt er insgesamt der Aufhebung; **Teilaufhebung** kommt jedenfalls bei Rechtsbeschwerden im Erteilungs-, Einspruchs- und im Widerrufs- und Beschränkungsverfahren wegen der Einheitlichkeit des Patentbegehrens nicht in Betracht.[9] Der Tenor der angefochtenen Entscheidung kann auch im Rechtsbeschwerdeverfahren noch berichtigt werden.[10]

IV. Bekanntgabe

§ 94 Abs 1 ist entspr anwendbar; hat mündliche Verhandlung stattgefunden, ist der Beschluss grds zu **8** verkünden[11] und zuzustellen, sonst ist er zuzustellen (Abs 3).[12] Für die Zustellung gelten die § 166–190 ZPO. Mit Verkündung oder Zustellung wird der Beschluss wirksam.

V. Wirkung

Der Beschluss beendet das Rechtsbeschwerdeverfahren; damit entfällt die aufschiebende Wirkung **9** des § 103. Wird die Sache an das BPatG zurückverwiesen, kommt die aufschiebende Wirkung des § 75 wieder zum Tragen. Anders als die Verwerfung der Rechtsbeschwerde als unzulässig (Rn 11 zu § 104) lässt die die Rechtsbeschwerde zurückweisende Entscheidung den angefochtenen Beschluss, soweit die Sache in der Rechtsbeschwerdeinstanz angefallen ist, rechtskräftig werden. Insb der Entschädigungsanspruch nach § 33 kann hierdurch entfallen.

Ob **Gegenvorstellungen** in Betracht kommen, erscheint nach geltender Rechtslage zwh. Der I. Zi- **10** vilsenat des BGH ist ohne Erörterung der Problematik sachlich in eine Prüfung der Gegenvorstellungen eingetreten.[13] Jedoch kann die **Anhörungsrüge** (§ 122a) erhoben werden.[14]

C. Umfang der Sachprüfung

I. Allgemeines

Die Bindung an die tatsächlichen Feststellungen im angefochtenen Beschluss ist im Grundsatz in **11** Abs 2 geregelt; neuer Tatsachenvortrag ist unzulässig (Rn 20). Verfahrenserklärungen im Ausgangsverfahren unterliegen der unbeschränkten Nachprüfung.[15] Änderungen der Verfahrenslage sind nach Auffas-

---

8 BGH GRUR 2000, 890 f Immunine/Imukin; *Benkard* § 108 Rn 11; *Ekey/Bender/Fuchs-Wissemann* § 89 MarkenG Rn 6.
9 BGH GRUR 1983, 62 Streckenvortrieb.
10 BGH GRUR 1997, 213, 215 Trennwand; BGHZ 168, 142 = GRUR 2006, 842 Demonstrationsschrank.
11 Nach *Klauer/Möhring* § 41w Rn 1 muss verkündet werden; *Reimer* § 41w Rn 3 lässt Zustellung an Verkündungs statt zu.
12 *Benkard* § 108 Rn 11.
13 BGH 15.10.2003 I ZB 36/00.
14 Vgl BGH 10.7.2007 X ZB 4/06; BGH 17.6.2013 X ZB 4/12.
15 Vgl BGH GRUR 1966, 146 f beschränkter Bekanntmachungsantrag; BGH GRUR 1966, 312, 317 Appetitzügler I, nicht in BGHZ; BGH GRUR 1967, 413, 417 Kaskodeverstärker, jeweils zu Beschränkungen oder Verzichten.

sung des I. Zivilsenats des BGH vAw zu berücksichtigen;[16] der X. Zivilsenat ist dem nur eingeschränkt gefolgt.[17] Eine Teilung der Patentanmeldung nach Beendigung der Tatsacheninstanzen ist für das Rechtsbeschwerdeverfahren unbeachtlich.[18]

12   Eine **Kostenentscheidung** kann zum Nachteil des Rechtsbeschwerdeführers ohne Verstoß gegen das Verbot der Schlechterstellung geänd werden, weil über die Verfahrenskosten auch ohne Antrag zu entscheiden ist.[19]

II. Zugelassene Rechtsbeschwerde

13   Der Umfang der Überprüfung bestimmt sich innerhalb der Anträge des Rechtsbeschwerdeführers[20] nach revisionsrechtl Grundsätzen[21] (vgl Rn 230 ff vor § 143). Ist wirksam nur teilweise Zulassung erfolgt, begrenzt die Zulassung den Umfang, jedoch können die „absoluten" Rechtsbeschwerdegründe des § 100 Abs 3 daneben geltend gemacht werden (Rn 33 zu § 100).

14   Die Zulassung eröffnet die **volle revisionsartige Überprüfung**[22] – aber nicht mehr[23] – auf etwaige Verletzungen des sachlichen Rechts oder gerügte Verfahrensfehler (§§ 101, 102) ohne Beschränkung auf die im angefochtenen Beschluss formulierten Zulassungsgründe;[24] der Rechtsbeschwerdeführer braucht nicht zu rügen, dass die die Zulassung auslösende Rechtsfrage falsch entschieden sei.[25] Der BGH kann sich zur Begründung der Zurückweisung der Rechtsbeschwerde auch auf andere Gründe als das BPatG stützen, wenn dieses die erforderlichen Feststellungen getroffen hat und weiterer Sachvortrag nicht zu erwarten ist.[26] Die Rechtsverletzung muss in Rechtspositionen des Rechtsbeschwerdeführers eingreifen (verneint für den Einsprechenden bei Änderungen der Patentbeschreibung ohne Einverständnis des Patentinhabers).[27] Die Zurückweisung eines Ablehnungsgesuchs durch das BPatG ist im Rechtsbeschwerdeverfahren nicht überprüfbar.[28] Zur Auslegung eines Gebrauchsmusters durch das Rechtsbeschwerdegericht Rn 45 zu § 18 GebrMG.

---

16   BGH GRUR 1973, 605 Anginetten; BGH GRUR 1973, 606 Gyromat: auch im Verfahren der nicht zugelassenen Rechtsbeschwerde und bei Unbegründetheit des Vorbringens, auf das die Zulassungsfreiheit der Rechtsbeschwerde gestützt wird; BGH GRUR 1974, 464 f Lomapect; BGH GRUR 1983, 342 f BTR; BGH GRUR 1985, 1052 f LECO; BGH GRUR 1997, 634 Turbo II; BGH GRUR 2000, 890 f Immunine/Imukin; BGH 30.11.1989 I ZB 5/89, Wz- und Markensachen.

17   Vgl Schreiben des Berichterstatters Mitt 1988, 216: Rücknahme der GbmAnmeldung; BGH GRUR 1977, 652 f Benzolsulfonylharnstoff, nicht in BGHZ: Änderung der Anträge; grds abl BGH GRUR 1993, 665 f Rohrausformer; BGH 28.9.1993 X ZB 1/93; Benkard § 108 Rn 7; vgl aber zum Verzicht auf das Patent *Hövelmann* GRUR 2007, 283, 289.

18   BGH Rohrausformer; BGH 28.9.1993 X ZB 1/93; nur insoweit zutr BGH GRUR 1980, 104 Kupplungsgewinde.

19   BGHZ 92, 137, 139 = GRUR 1984, 870 Schweißpistolenstromdüse; BGH GRUR 1990, 702, 709 Sportübertragungen, Kartellverwaltungssache, nicht in BGHZ.

20   BGH GRUR 1998, 130 f Handhabungsgerät; vgl *Reimer* § 41q Rn 7.

21   BGHZ 88, 191, 193 = GRUR 1983, 725 Ziegelsteinformling I; BGHZ 90, 318, 320 = GRUR 1984, 797 Zinkenkreisel; BGH BlPMZ 1989, 133 Gurtumlenkung; BGH GRUR 1992, 38 Straßenkehrmaschine; BGH GRUR 1993, 466 fotovoltaisches Halbleiterbauelement; BGHZ 133, 18 f = GRUR 1996, 753 Informationssignal; BGH GRUR 2003, 781 Basisstation; BGHZ 172, 108 = GRUR 2007, 859 Informationsübertragungsverfahren I; BGH GRUR 2011, 409 Deformationsfelder; BGH GRUR 2012, 378 Installiereinrichtung II; BGH 29.7.2008 X ZB 23/07.

22   BGHZ 90, 318, 320 = GRUR 1984, 797 Zinkenkreisel; BGH GRUR 1989, 494 Schrägliegeeinrichtung; BGHZ 115, 11 = GRUR 1992, 33 Seitenpuffer; BGHZ 115, 23 = GRUR 1992, 36 chinesische Schriftzeichen; BGHZ 115, 234 = GRUR 1992, 38 Straßenkehrmaschine; BGH GRUR 1993, 466 fotovoltaisches Halbleiterbauelement; BGH GRUR 2002, 47 Idarubicin III; BGHZ 172, 108 = GRUR 2007, 859 Informationsübermittlungsverfahren I; BGH GRUR 2008, 279 Kornfeinung; *Ströbele/Hacker* § 89 MarkenG Rn 7; vgl auch BGH NJW 1992, 627, 628 zum Rechtsbeschwerdeverfahren nach § 19 AVAG.

23   Vgl BGH GR UR 1999, 571, 573 künstliche Atmosphäre.

24   BGH Zinkenkreisel; BGH BlPMZ 1989, 133 Gurtumlenkung; BGH BlPMZ 1992, 496 Entsorgungsverfahren; BGHZ 130, 187, 191 = GRUR 1995, 732 Füllkörper; BGH GRUR 1997, 360 f Profilkrümmer; BGH GRUR 1998, 394 Active Line; BGHZ 182, 325 = GRUR 2010, 231 Legostein; BGH GRUR 2014, 872 Gute Laune Drops; BGH 19.6.1997 I ZB 8/95; BGH 19.6.1997 I ZB 9/95.

25   BGH Zinkenkreisel; BGHZ 112, 157 = GRUR 1991, 37 Spektralapparat.

26   BGH 3.11.2005 I ZB 14/05.

27   BGH Schrägliegeeinrichtung.

28   BGHZ 95, 302 = GRUR 1985, 1039 Farbfernsehsignal II; BGHZ 110, 25 = GRUR 1990, 434 Wasserventil.

Der angefochtene Beschluss muss auf der **Verletzung des Gesetzes beruhen;**[29] dies ist nicht der **15** Fall, wenn ein Tatbestandsberichtigungsantrag übergangen wird, der sich auf nicht erhebliches Vorbringen bezieht.[30] Soweit die Verletzung „absoluter" Rechtsbeschwerdegründe gerügt ist, bedarf es grds keiner Prüfung, ob der Beschluss auf einer Verletzung des Gesetzes beruht (entspr § 547 ZPO);[31] dies gilt nicht oder nur eingeschränkt bei der Rüge fehlender Begründung, wo eine Prüfung auf Erheblichkeit des übergangenen Angriffs- oder Verteidigungsmittel stattfindet (Rn 85 zu § 100), uU auch sonst, so bei der Rüge der Verletzung der Vorschriften über die Öffentlichkeit (Rn 73 zu § 100). Auch im Bereich des Vertretungsmangels können sich Relativierungen ergeben. Bei der Rüge der Verletzung rechtl Gehörs muss dargelegt werden, dass die Entscheidung auf dem Verstoß beruht oder beruhen kann (Rn 65 zu § 100).[32]

Verfahrensrügen sind nur zu prüfen, wenn sie ausgeführt sind (§ 102 Abs 4 Nr 3).[33] Sie müssen in- **16** nerhalb der Rechtsbeschwerdefrist erhoben werden (Rn 12 zu § 102).

Sind gezielt **Rügen** erhoben, besteht nicht ohne weiteres Anlass zu weitergehender Prüfung.[34] Die fal- **17** sche Bezeichnung der von der Rechtsbeschwerde als verletzt angegebenen Rechtsnorm hindert nicht an der Prüfung, ob der angefochtene Beschluss eine andere als die bezeichnete Rechtsnorm verletzt.[35]

Dem Erfolg der Rechtsbeschwerde steht es entspr § 561 ZPO entgegen, wenn sich der angefochtene **18** Beschluss aus **anderen Gründen** im Ergebnis als richtig darstellt.[36]

Das Vorliegen **unverzichtbarer Verfahrensvoraussetzungen** ist vAw zu prüfen.[37] Das gilt aber **19** nicht, soweit deren Fehlen infolge der Tatbestandswirkung der Patenterteilung unbeachtlich ist.

Neues tatsächliches Vorbringen ist unzulässig.[38] Erwägungen tatsächlicher Art sind in der Rechts- **20** beschwerdeinstanz grds nicht angreifbar,[39] soweit nicht Verfahrensrügen nach § 102 Abs 4 Nr 3 erhoben werden, auf die überprüft werden kann, ob bei der Entscheidungsfindung wesentliche Umstände außer acht gelassen worden sind, oder ob gegen prozessuale Vorschriften, gegen die Lebenserfahrung oder gegen die Denkgesetze verstoßen worden ist.[40]

Zu **technischen Erfahrungssätzen** kann im Rechtsbeschwerdeverfahren nur Stellung genommen **21** werden, wenn sich bereits der Beschwerdesenat als Tatsacheninstanz damit auseinandergesetzt hat.[41]

III. Zulassungsfreie Rechtsbeschwerde

Die Überprüfung beschränkt sich auf das Vorliegen der geltend gemachten „absoluten" Rechtsbe- **22** schwerdegründe des § 100 Abs 3.[42] Eine Nachprüfung des angefochtenen Beschlusses auf sonstige Verstö-

---

29 BGH GRUR 1967, 543, 546 Bleiphosphit; *Klauer/Möhring* § 41q Rn 3.
30 BGH GRUR 1997, 634 f Turbo II.
31 BGHZ 39, 333, 335 = GRUR 1963, 645 Warmpressen; BGH GRUR 1964, 259 f Schreibstift; BGH GRUR 1966, 160 Terminsladung.
32 BGH GRUR 1997, 637 Top Selection; vgl BGH 28.6.2001 I ZA 2/00.
33 Vgl BGH BlPMZ 1989, 133 Gurtumlenkung.
34 BGH GRUR 1993, 466 fotovoltaisches Halbleiterbauelement; der Landwirtschaftssenat des BGH sieht die zugelassene Rechtsbeschwerde hinsichtlich nicht angegriffener teilentscheidungsfähiger Entscheidungselemente, die auf tatrichterlichen Feststellungen beruhen, als unzulässig an, BGH WM 1998, 413 mwN.
35 BGH GRUR 1973, 154 f Akteneinsicht Zusatzanmeldung.
36 *Benkard* § 108 Rn 9.
37 BGH GRUR 1972, 535 Geheimhaltungsanordnung: Zulässigkeit der Beschwerde zum BPatG; *Ströbele/Hacker* § 89 MarkenG Rn 8; *von Gamm* GRUR 1977, 413, 415.
38 BGH GRUR 1966, 28 f Darmreinigungsmittel; BGH GRUR 1966, 499 ff Merck, nicht in BGHZ; BGH GRUR 1968, 86, 90 landwirtschaftliches Ladegerät; BGH GRUR 1972, 642, 644 Lactame; BGH GRUR 1993, 466 fotovoltaisches Halbleiterbauelement; BGH GRUR 1993, 655 f Rohrausformer: keine Einführung weiterer StdT.
39 BGH GRUR 1964, 26 f Milburan; BGH Merck; BGH landwirtschaftliches Ladegerät; BGH GRUR 1972, 595 f Schienenschalter I: Auslegung einer Zeichnung; BGH BlPMZ 1992, 496 Entsorgungsverfahren; *Schulte* Rn 9.
40 BGH Schienenschalter I; BGHZ 90, 318 = GRUR 1984, 797 ff Zinkenkreisel; BGH GRUR 1987, 510, 512 Mittelohrprothese; BGH BlPMZ 1989, 133 Gurtumlenkung; BGH GRUR 1995, 113 Datenträger; BGHZ 133, 18 = GRUR 1996, 753, 756 Informationssignal; BGH GRUR 1998, 913, 915 Induktionsofen; BGH GRUR 1998, 899, 901 Alpinski; BGH GRUR 1999, 920 f Flächenschleifmaschine; vgl BGH 15.10.2015 I ZB 69/14 Vv GLÜCKSPILZ.
41 BGHZ 53, 283, 293 = GRUR 1970, 408 Anthradipyrazol.
42 BGH GRUR 1964, 697 ff Fotoleiter; BGH GRUR 1994, 215 Boy; BGH 13.6.2006 X ZB 19/05; *Benkard* § 108 Rn 8; *Schulte* Rn 6; *Mes* Rn 5; *Büscher/Dittmer/Schiwy* § 107/108 Rn 5.

ße gegen das formelle oder materielle Recht findet anders als bei der zugelassenen Rechtsbeschwerde und unabhängig davon, ob sie an sich vAw zu berücksichtigen wären, nicht statt.[43] Zur Frage, wieweit zu prüfen ist, ob der Beschluss auf einer Verletzung des Gesetzes beruht, Rn 15.

23   Die Rüge, die **Nichtzulassung der Rechtsbeschwerde** sei nicht begründet, kann auch nicht im Rahmen einer wegen anderer Rügen zulässigen Rechtsbeschwerde sachlich geprüft werden.[44]

§ 108
(Zurückverweisung)

(1) Im Falle der Aufhebung des angefochtenen Beschlusses ist die Sache zur anderweiten Verhandlung und Entscheidung an das Patentgericht zurückzuverweisen.

(2) Das Patentgericht hat die rechtliche Beurteilung, die der Aufhebung zugrunde gelegt ist, auch seiner Entscheidung zugrunde zu legen.

MarkenG: § 89 Abs 4

A. Entstehungsgeschichte

1   Die Bestimmung ist durch das 6. ÜberlG als § 41x in das Gesetz eingestellt worden und hat ihre geltende Bezeichnung durch die Neubek 1981 erhalten.

B. Zurückverweisung

I. Grundsatz

2   Die Bestimmung schränkt die Entscheidungskompetenz des BGH bei zulässigen und begründeten Rechtsbeschwerden auf eine Kassation ein. Eine Entscheidungsmöglichkeit in der Sache hat der Gesetzgeber dem BGH aus praktischen Gründen und zur Vermeidung zu hoher Arbeitsbelastung vorenthalten;[1] dies ist als zu starr kritisiert worden.[2] Der BGH ist somit nicht befugt, eine Entscheidung in der Sache selbst zu fällen; selbst bei Entscheidungsreife ist nur Aufhebung und Zurückverweisung möglich;[3] anders, wenn die angefochtene Entscheidung im Ergebnis zutr ist.[4]

3   Die Zurückverweisung eröffnet die **Beschwerdinstanz** als Tatsacheninstanz wieder.

II. Adressat

4   Die Zurückverweisung erfolgt **an das BPatG**; die Zuständigkeit bei diesem beurteilt sich nach seinem Geschäftsverteilungsplan, soweit der BGH nicht ausnahmsweise von der Möglichkeit der Zurückverweisung an einen anderen Senat (Rn 5) Gebrauch macht.

---

43   BGH Fotoleiter; BGH Boy; BGH GRUR 1997, 223 Ceco; BGH GRUR 1997, 637, 639 Top Selection; BGH GRUR 2000, 512, 514 Computer Associates; BGH GRUR 2003, 1067 BachBlüten Ohrkerze; BGH GRUR 2003, 77 Park & Bike; BGH GRUR 2003, 76 turkey & corn; BGH 6.9.2005 X ZB 30/03.
44   BGH 21.4.1964 I a ZB 215/63.

1   Begr 6. ÜberlG BlPMZ 1961, 140, 158; BGH GRUR 1990, 109 f Weihnachtsbrief; vgl BGH GRUR 1999, 148, 150 Informationsträger; BGH GRUR 2002, 47, 49 Idarubicin III; vgl *Mes* Rn 1.
2   *Löscher* GRUR 1966, 5, 18; *Klauer/Möhring* § 41x Anm; dagegen *Reimer* § 41x Rn 1.
3   BGHZ 51, 378, 381 = GRUR 1969, 265 Disiloxan; BGH GRUR 2009, 701 Niederlegung der Inlandsvertretung; anders uU im Markenrecht nach Einschränkung des Warenverzeichnisses, BGH GRUR 1997, 634 Turbo II; BGH GRUR 2002, 884 B-2 alloy; BGH 14.3.2002 I ZB 13/99; BGH 14.3.2002 I ZB 14/99; BGH 14.3.2002 I ZB 15/99; BGH 14.3.2002 I ZB 17/99; weitergehend wohl *Ekey/Bender/Fuchs-Wissemann* § 89 MarkenG Rn 9 unter unzutr Bezugnahme auf BGH GRUR 1998, 394 ff Active Line, dort für das Beschwerdeverfahren vor dem BPatG.
4   BGH Active Line; BGH 19.6.1997 I ZB 8/95; BGH 19.6.1997 I ZB 9/95, Markensachen; vgl BGH GRUR 1981, 507 Elektrode; *Büscher/Dittmer/Schiwy* §§ 107/108 Rn 8.

Zurückverweisung an einen anderen (notwendig von der Besetzung gleichartigen) **Senat des** 5 **BPatG** ist in entspr Anwendung des § 563 Abs 1 Satz 2 ZPO möglich.[5] Sie kommt in Betracht, wenn zu erwarten ist, der bisher befasste Senat werde der Sache voreingenommen begegnen, wofür es nicht genügt, wenn er eine andere Rechtsauffassung als der Rechtsbeschwerdeführer vertreten hat.[6] Vorsicht ist wegen der erforderlichen technischen Sachkunde geboten.[7]

Eine **Zurückverweisung an das DPMA** kommt nicht in Betracht.[8] Das wird selbst dann gelten müs- 6 sen, wenn die Zuständigkeit, wie im Einspruchsverfahren, auf das DPMA übergegangen ist.

III. Aufhebung ohne Zurückverweisung erfolgt, wenn der angefochtene Beschluss in einem Punkt 7 aufgehoben wird, der im Beschwerdeverfahren vor dem BPatG nicht angefallen war[9] oder für den nicht das BPatG, sondern das DPMA zuständig war.[10] Zurückverweisung erfolgt auch dann nicht, wenn sich das Verfahren durch Wegfall des Schutzrechts erledigt.[11]

C. Bindung

Die Regelung in Abs 2, nach der das BPatG die rechtl Beurteilung, die der Aufhebung zugrunde gelegt 8 ist, seiner Entscheidung zugrunde zu legen hat, entspricht § 563 Abs 2 ZPO und § 144 Abs 6 VwGO; sie sichert die Einheitlichkeit der Rspr.[12] Sie trifft auch den BGH bei erneuter Befassung[13] (vgl Rn 102 zu § 79). Die Bindung erfasst nur die zurückverwiesene Sache;[14] sie beschränkt sich auf die Punkte, deren rechtsirrtümliche Würdigung die Aufhebung der ersten Entscheidung unmittelbar herbeigeführt hat; im übrigen ist die Vorinstanz in ihrer Beurteilung frei.[15] Bindung tritt nur ein, soweit zu beurteilender Sachverhalt und Rechtslage unverändert bleiben (vgl Rn 103 zu § 79; Art 111 Abs 2 EPÜ). Die Bindungswirkung kann durch veränderte Umstände durchbrochen werden, etwa bei Änderung der tatsächlichen Verhältnisse oder der Gesetzeslage sowie aufgrund abw späterer Rspr des BVerfG oder des EuGH.[16]

Nichtbeachtung der Bindungswirkung eröffnet die zulassungsfreie Rechtsbeschwerde nicht (Rn 114 9 zu § 100).

§ 109
(Kosten des Rechtsbeschwerdeverfahrens)

(1) [1] Sind an dem Verfahren über die Rechtsbeschwerde mehrere Personen beteiligt, so kann der Bundesgerichtshof bestimmen, daß die Kosten, die zur zweckentsprechenden Erledigung der Angelegenheit notwendig waren, von einem Beteiligten ganz oder teilweise zu erstatten sind, wenn dies der Billigkeit entspricht. [2] Wird die Rechtsbeschwerde zurückgewiesen oder als unzulässig

---

5   BGHZ 42, 32, 37 = GRUR GRUR 1964, 602 Akteneinsicht II: Besetzungsmangel; BGH GRUR 1990, 346 Aufzeichnungsmaterial: Häufung von Fehlern; *Schulte* Rn 2; *Mes* Rn 3; *Büscher/Dittmer/Schiwy* §§ 107/108 Rn 9; *Lindenmaier* § 41x Rn 2; vgl BGH 5.3.1999 BLw 53/98 BGHR ZPO § 565 Abs. 2 Satz 1 Anwendung, analoge, zur entspr Anwendung im Landwirtschaftsverfahrensrecht.

6   BGH GRUR 2004, 77 Park & Bike; BGH GRUR 2009, 1192 Polyolefinfolie.

7   BGH Polyolefinfolie; vgl BGH GRUR 2011, 409 f Deformationsfelder; *Mes* Rn 3.

8   *Klauer/Möhring* § 41x Anm.

9   BGH GRUR 1989, 109 f Weihnachtsbrief; *Mes* Rn 2.

10   BGH GRUR 1999, 148, 150 Informationsträger: Entscheidung über Teilanmeldung bei Teilung nach § 60 im Einspruchsbeschwerdeverfahren; vgl *Schulte* Rn 3; großzügiger *Ströbele/Hacker* § 89 MarkenG Rn 5 unter Hinweis auf BGH 1998, 394, 396 Active Line.

11   Vgl BGH 16.7.2009 I ZB 54/07, für den Fall der rechtskräftigen Löschung in einem anderen Verfahren; *Ströbele/Hacker* § 89 MarkenG Rn 5.

12   Begr 6. ÜberlG BlPMZ 1961, 140, 158.

13   *Benkard*[10] § 108 Rn 12; *Büscher/Dittmer/Schiwy* §§ 107/108 Rn 9.

14   *Reimer* § 41x Rn 2.

15   BGH GRUR 1967, 548, 551 Schweißelektrode II; BGH GRUR 1972, 472, 474 Zurückverweisung; BGH BlPMZ 1973, 259 Lenkradbezug 02; BGH 8.10.1991 X ZB 17/90; *Schulte* Rn 4; *Mes* Rn 3.

16   Vgl BGH GRUR 2007, 55 f Farbmarke gelb/grün; BPatG 7.12.2004 27 W (pat) 94/02; BPatG GRUR 2005, 1049, Markensachen; *Ströbele/Hacker* § 89 MarkenG Rn 6.

verworfen, so sind die durch die Rechtsbeschwerde veranlaßten Kosten dem Beschwerdeführer aufzuerlegen. ³Hat ein Beteiligter durch grobes Verschulden Kosten veranlaßt, so sind ihm diese aufzuerlegen.

(2) Dem Präsidenten des Patentamts können Kosten nur auferlegt werden, wenn er die Rechtsbeschwerde eingelegt oder in dem Verfahren Anträge gestellt hat.

(3) Im übrigen gelten die Vorschriften der Zivilprozeßordnung über das Kostenfestsetzungsverfahren und die Zwangsvollstreckung aus Kostenfestsetzungsbeschlüssen entsprechend.

MarkenG: § 90 Abs 1 Satz 1, Abs 2–4

A. Entstehungsgeschichte

1   Die durch das GPatG durch Einfügung des jetzigen Abs 2 geänd Bestimmung ist durch das 6. ÜberlG als § 41y in das Gesetz eingestellt worden und hat ihre geltende Bezeichnung durch die Neubek 1981 erhalten. Die durch das 2. PatGÄndG beseitigte systemwidrige, nur Gebühren und Auslagen des BGH betr Kostenregelung in § 102 Abs 2 aF erklärte sich aus der Entstehungsgeschichte. Der RegE 6. ÜberlG sah eine Rechtsbeschwerdegebühr vor, die dem früheren patentrechtl Gebührensystem folgen sollte, der Bundestag hat sich dagegen für die Anwendung des GKG entschieden.[1] Der Vorentwurf eines Gesetzes zur Änderung des Patentgesetzes und anderer Gesetze des gewerblichen Rechtsschutzes vom 11.3.2004 sah vor, Abs 3 wie folgt zu fassen: „Im übrigen gelten die Vorschriften der Zivilprozessordnung über das Kostenfestsetzungsverfahren (§§ 103 bis 107) und die Zwangsvollstreckung aus Kostenfestsetzungsbeschlüssen (§§ 724 bis 802) entsprechend." In den Regierungsentwurf ist dies nicht übernommen worden. Zur Formulierungshilfe des BMJ (Streichung von Abs 3) s Rn 2 vor § 100.

2   **Markenrecht.** Die Regelung in § 90 Abs 1 Satz 2 MarkenG, nach der die Billigkeitsentscheidung auch zu erfolgen hat, wenn sich die Rechtsbeschwerde durch Rücknahme der Anmeldung, des Widerspruchs oder des Löschungsantrags oder durch Löschung erledigt hat, hat im PatG keine Parallele.[2]

B. Kosten

I. Gerichtskosten

3   Zur Rechtslage bis 1998 *6. Aufl.* Zu den Verfahrenskosten Rn 3 ff vor § 100. Zu den Gerichtskosten im mehrseitigen Rechtsbeschwerdeverfahren Rn 9.

---

1 Vgl Begr 6. ÜberlG BlPMZ 1961, 140, 157 f und Bericht des Rechtsausschusses BlPMZ 1961, 169 f.
2 Vgl *Ströbele/Hacker* § 90 MarkenG Rn 1.

II. Kosten der Beteiligten

Die **Rechtsanwaltskosten** richten sich nach dem Rechtsanwaltsvergütungsgesetz (RVG). Die Verfah- 4
rensgebühr ist eine 2,3fache (VergVerz Nr 3208; VergVerz Nr 3200, die nur den 1,6fachen Satz vorsieht,
iVm Vorb 3.2.1 Abs 1 Nr 6 läuft wegen Vorb 3.2.2 leer), die Termingebühr eine 1,5fache (VergVerz Nr 3210).

Die Regelung für den **mitwirkenden Patentanwalt** in § 143 Abs 3 gilt für das Rechtsbeschwerdever- 5
fahren entspr (§ 102 Abs 5 Satz 4; Rn 138 zu § 143). Entspr der Regelung für den Rechtsanwalt kommt hier
nur eine 2,3-Gebühr in Betracht.[3] Im Rechtsbeschwerdeverfahren kann die Mitwirkung des auf Seiten des
Rechtsbeschwerdegegners tätig gewordenen Patentanwalts auch dann nach § 143 Abs 3 zu vergüten sein,
wenn die Rechtsbeschwerde nach Zustellung zurückgenommen wird, bevor der Rechtsbeschwerdegegner
einen beim BGH zugelassenen Rechtsanwalt bestellt hat.[4] Auf die Beurteilung der Tätigkeit des Patentanwalts als Mitwirkung ist es ohne Einfluss, ob der Beteiligte daneben einen Rechtsanwalt bestellt hat.[5]

Für die **sonstigen Auslagen** ergeben sich abgesehen davon, dass der BGH nicht Tatsacheninstanz ist, 6
gegenüber dem Beschwerdeverfahren vor dem BPatG keine Besonderheiten.

C. Kostentragung

I. Allgemeines

Die Vorschrift enthält die Kostenbestimmungen für das Rechtsbeschwerdeverfahren. Sie lehnt sich an 7
entspr Regelungen im früheren FGG und im GWB an und sieht für das Verfahren bei Beteiligung mehrerer
Personen im Grundsatz eine Kostenerstattung nach Billigkeit vor.[6] Abs 2 entspricht der Regelung in § 80
Abs 2 für das Beschwerdeverfahren. Abs 3 verweist für das Kostenfestsetzungsverfahren und die Zwangsvollstreckung aus Kostenfestsetzungsbeschlüssen auf die ZPO.

II. Einseitiges Rechtsbeschwerdeverfahren

Die Kostentragungspflicht des erfolglosen Rechtsbeschwerdeführers folgt unmittelbar aus § 22 Abs 1 8
Satz 1 GKG (vgl Rn 10 zu § 80 zu den Kosten des Beschwerdeverfahrens);[7] eine in der Entscheidung ausgesprochene Kostenauferlegung hat daher nur deklaratorische Bedeutung.[8] Nach wiederholtem Schwanken[9]
hält der BGH nunmehr zutr eine Kostenentscheidung nicht für angezeigt.[10] Ein materiellrechtl Anspruch
des obsiegenden Rechtsbeschwerdeführers wegen fehlerhafter Sachbehandlung kommt nur nach Amts-
haftungsgrundsätzen in Betracht (str);[11] zur Niederschlagung Rn 25.

III. Mehrseitiges Rechtsbeschwerdeverfahren

1. Gerichtskosten. Der Entstehungsgeschichte der Bestimmung entspr, die im RegE noch eine feste 9
Gebühr mit der Folge der Fiktion der Nichterhebung der Rechtsbeschwerde bei Nichtzahlung vorsah, und

---

3 Zur früheren Rechtslage BGH GRUR 1965, 621 Patentanwaltskosten, nicht in BGHZ; BPatG 28.4.2005 10 ZA (pat) 6/04;
Schulte Rn 23; anders für das markenrechtl Rechtsbeschwerdeverfahren wegen § 85 Abs 5 Satz 4 MarkenG zur früheren
Rechtslage BPatG GRUR 2000, 331, 333: höchstens 10/10.

4 BPatGE 12, 188; vgl BPatG GRUR 2000, 331 f.

5 BPatG GRUR 1999, 44 f.

6 Begr 6. ÜberlG BlPMZ 1961, 140, 159.

7 Vgl BGH BPatGE 5, 249, 251 Flachdruckplatten, nicht in GRUR und BlPMZ; BGH BlPMZ 1968, 167, 171 UHF-Empfänger
III, nicht in GRUR; BGH GRUR 1970, 456 BlPMZ 1970, 450, 453 Salzlösung, nicht in GRUR; BPatGE 17, 172, WzSache;
Benkard Rn 1; *Lindenmaier* § 41y Rn 1.

8 *Fezer* § 90 MarkenG Rn 3 hält Kostenentscheidung im einseitigen Verfahren für unzulässig.

9 Vgl *Reimer* § 41y Rn 2; *Schulte* Rn 2; Kostenentscheidung noch ausdrücklich verneint in BGHZ 153, 1 = GRUR 2003, 226
Läägeünnerloage; BGHZ 158, 142 = GRUR 2004, 495 Signalfolge, abw BGH GRUR 2004, 664 elektronischer
Zahlungsverkehr, insoweit nicht in BGHZ und ohne Gründe; ebenso BGH GRUR 2006, 135 Arzneimittelgebrauchsmuster,
nicht in BGHZ; BGH GRUR 2011, 1053 Ethylengerüst.

10 BGH GRUR 2014, 461 Kollagenase I, nicht in BGHZ; BGH GRUR 2014, 464 Kollagenase II; BGH GRUR 2014, 1235
Kommunikationsrouter.

11 Vgl die Hinweise bei *Reimer* § 41y Rn 2.

die an den weiteren Gesetzgebungsverlauf insoweit nicht angepasst wurde, ist eine Regelung über die Gerichtskosten im PatG nicht getroffen. Die Lücke wurde zunächst durch entspr Anwendung der Regelung in § 80 Abs 1 Satz 1 geschlossen.[12] Nunmehr gilt für die Gerichtsbebühren § 1 Nr 14 GKG iVm KostVerz 1255, 1256 (Rn 6 vor § 100), wonach eine feste Gebühr von 750 EUR und bei Beendigung des Verfahrens durch Zurücknahme, bevor die Begründungsschrift eingegangen ist, von 100 EUR vorgesehen ist (zu den Folgen für die Wertfestsetzung Rn 17).

2. Außergerichtliche Kosten

10   **a. Grundsatz.** Die Regelung über die Kostenerstattung in Abs 1 Satz 1 entspricht der in § 80 Abs 1 Satz 1. Kostenentscheidung ist damit im zweiseitigen Verfahren grds freigestellt, soweit nicht einer der Tatbestände des Abs 1 Satz 2 oder 3 vorliegt. Das durch die Billigkeitsregelung eingeräumte Ermessen (vgl Rn 14 ff zu § 80) wird iü nur durch die Regelung in Abs 2 eingeschränkt. Es bleibt zumindest dann bei dem allg Grundsatz, dass jeder Beteiligte die bei ihm durch das Rechtsbeschwerdeverfahren angefallenen Kosten selbst trägt, wenn besondere Umstände, die unter dem Gesichtspunkt der Billigkeit (Rn 11) eine abw Kostenverteilung gebieten würden, weder dargetan noch sonst ersichtlich sind.[13]

11   **b. Billigkeit.** Die im Rechtsbeschwerdeverfahren anwendbaren Grundsätze entsprechen grds denen im Beschwerdeverfahren (Rn 13 ff zu § 80). Besonderheiten ergeben sich in erster Linie hinsichtlich der Berücksichtigung des Unterliegensprinzips (Rn 21 zu § 80). Von der Billigkeitsklausel wurde im Fall der Rücknahme der Patentanmeldung bei einer vom PräsDPMA eingelegten Rechtsbeschwerde Gebrauch gemacht.[14]

12   **c. Erfolglose Rechtsbeschwerde.** Abw von der Regelung in § 80 sieht Abs 1 Satz 2 eine Kostenauferlegung bei unzulässiger oder unbegründeter Rechtsbeschwerde zwingend vor; dies entspricht der Regelung in § 97 Abs 1 ZPO und § 154 Abs 2 VwGO. Die Bestimmung dürfte nur den Fall der insgesamt erfolglosen Rechtsbeschwerde treffen, so dass bei teilweise erfolgloser Rechtsbeschwerde die Möglichkeit der Kostenentscheidung nach Abs 1 Satz 1 eröffnet ist.[15]

13   **d. Grobes Verschulden.** Die als Kostenstrafe angesprochene,[16] in der Praxis bedeutungslose Regelung in Abs 1 Satz 3 schränkt das Ermessen des BGH ein.

14   **e.** Dem **Präsidenten des DPMA** können im Rechtsbeschwerdeverfahren wie im Beschwerdeverfahren (Rn 33 zu § 80) Kosten nur unter besonderen Voraussetzungen (Abs 2) auferlegt werden, nämlich wenn er die Rechtsbeschwerde eingelegt oder im Verfahren Anträge gestellt hat.[17] Das BPatG hat ihm die Kosten unabhängig vom Verfahrensausgang auferlegt, wenn er bei Einlegung der Rechtsbeschwerde ausschließlich öffentliche Interessen wahrnimmt;[18] eine schematische Behandlung erscheint hier unangebracht.

15   **f. Rücknahme der Rechtsbeschwerde** (Rn 14 f zu § 102) rechtfertigt regelmäßig Kostenauferlegung aus Billigkeitsgründen.[19]

---

12   BGH 26.5.1964 I a ZB 233/63 Akteneinsicht I; BGH 26.5.1964 I a ZB 18/63 Akteneinsicht II, insoweit jeweils nicht in BGHZ und GRUR; *Benkard* Rn 2.
13   BPatG 3.2.2004 8 W (pat) 46/99.
14   BGH GRUR 2011, 1052 Telefonsystem.
15   Ebenso *Ströbele/Hacker* § 90 MarkenG Rn 9.
16   *Klauer/Möhring* § 41y Rn 5.
17   Vgl BGH GRUR 2011, 1052 Telefonsystem, bei Rücknahme der Patentanmeldung im Verfahren vor dem BGH; BPatG 27.3.2006 5 W (pat) 25/01.
18   BPatGE 31, 88, 91 = GRUR 1990, 512; zust *Schulte* § 77 Rn 11; *Mes* Rn 8; vgl *Benkard* Rn 4; aA *Ströbele/Hacker* § 90 MarkenG Rn 14; *Büscher/Dettmer/Schiwy* § 90 MarkenG Rn 9.
19   BGH GRUR 1967, 553 Rechtsbeschwerdekosten.

g. Erledigung der Hauptsache (Rn 16 zu § 102) führt, soweit sie in Betracht kommt, zur Kostenent- **16**
scheidung nach §§ 106, 99 iVm § 91a ZPO.[20]

D. Gegenstandswert

Die Festsetzung hat nur noch Bedeutung für die Anwaltskosten und müsste insoweit nicht mehr vAw, **17**
sondern nur noch auf Antrag stattfinden, da für die Gerichtskosten ein fester Betrag zu zahlen ist (vgl Rn 6
vor § 100).[21] Gleichwohl erspart die Festsetzung zugleich mit der Sachentscheidung jedenfalls im mehrseitigen Rechtsbeschwerdeverfahren eine gesonderte weitere Entscheidung. Sie erfolgt nach §§ 61 ff GKG nach
§ 3 ZPO;[22] regelmäßig muss geschätzt werden. Der X. Zivilsenat des BGH nimmt meist pauschale Werte an;
als Faustregel kann gelten, dass je Beteiligten 25 000 EUR angesetzt werden,[23] jedoch werden neuerdings
bei Anmelder- oder Patentinhaberwechsel der alte und der neue Berechtigte nur einmal gezählt.[24] Auch
ein Beteiligter, der sich am Rechtsbeschwerdeverfahren nicht beteiligt hat, ist unberücksichtigt gelassen
worden.[25] Der I. Zivilsenat des BGH legt in Markensachen im Allgemeinen, auch in einseitigen Rechtsbeschwerdeverfahren, 50.000 EUR zugrunde,[26] jedoch ist er in einigen Fällen davon nach oben abgewichen.[27]
Es wird sich in Zukunft anbieten, auch im Patentrecht wie in Markensachen generell von einem festen Satz
auszugehen. Ist nur über eine Nebenfrage zu entscheiden, wurden im Einzelfall 5.000 EUR angesetzt (vgl
§ 52 Abs 2 GKG);[28] bei Geltendmachung von Gebührenerstattungsansprüchen der begehrte Betrag.[29] Anders liegen die Umstände im GbmLöschungsverfahren, wo dieselben Grundsätze wie im Nichtigkeitsverfahren gelten müssen (Rn 68 ff zu § 84). Der Wert beträgt höchstens 30 Millionen EUR (§ 39 Abs 2 GKG). Er
bestimmt sich grds nach den Anträgen des Rechtsmittelführers (§ 47 Abs 1 Satz 1 GKG).

Wertbegünstigung nach § 144 ist für alle Beteiligten möglich[30] (§ 102 Abs 2; § 51 Abs 2 GKG). **18**

E. Kostenentscheidung

I. Entscheidung von Amts wegen; Antrag

Die Kostenentscheidung ist grds nicht mehr an einen Antrag gebunden (zur Rechtslage bei vor dem **19**
1.1.2002 anhängig gewordenen Rechtsbeschwerden s 6. *Aufl*).

II. Zuständigkeit; Zeitpunkt

Die Kostenentscheidung erfolgt grds mit der Sachentscheidung. Nach Rücknahme der Rechtsbe- **20**
schwerde oder Erledigung der Hauptsache kann isolierte Kostenentscheidung ergehen, für deren Erlass es
ausreicht, dass die Entstehung erstattungsfähiger Kosten nicht ausgeschlossen ist;[31] ein besonderes
Rechtsschutzbedürfnis muss regelmäßig nicht dargelegt werden.[32]

Im Fall der **Zurückverweisung** nach § 108 Abs 1 kann der BGH gleichwohl über die Kosten entschei- **21**
den, wenn die Sache zur Entscheidung reif ist.[33] Regelmäßig überlässt er die Entscheidung über die Kosten

---

20   BGH GRUR 1994, 104 Akteneinsicht XIII; BGH GRUR 2012, 378 Installiereinrichtung II; BGH GRUR 2015, 937
Verdickerpolymer II.
21   *Ströbele/Hacker* § 90 MarkenG Rn 17 f.
22   Für das Rechtsbeschwerdeverfahren zutr BGH BlPMZ 1991, 190 Unterteilungsfahne.
23   Abw ua in BGH 14.7.1993 X ZB 9/92 Teilungsgebühren: 500 DM; nach oben zB BGH 3.12.1991 X ZB 5/91
Crackkatalysator II: 3 Millionen DM.
24   Vgl BGHZ 172, 98 = GRUR 2008, 87 Patentinhaberwechsel im Einspruchsverfahren.
25   BGHZ 172, 108 = GRUR 2007, 859 Informationsübermittlungsverfahren I.
26   BGH GRUR 2006, 704 Markenwert; vgl BGH GRUR 2003, 1068 Computerfax; kr *Ströbele/Hacker* § 90 MarkenG Rn 19 ff.
27   Nachw bei *Ströbele/Hacker* § 90 MarkenG Rn 22.
28   BGH 11.2.2009 X a ZB 24/07 Niederlegung der Inlandsvertretung, insoweit nicht im Druck veröffentlicht.
29   BGH 10.8.2011 X ZB 2/11 Ethylengerüst, insoweit nicht im Druck veröffentlicht.
30   BGH 14.10.1964 I a ZB 2/64.
31   BGH GRUR 1967, 553 Rechtsbeschwerdekosten.
32   BGH 15.6.1978 X ZB 10/77.
33   BGH BlPMZ 1963, 306, 309 Polymer/Polymer, nicht in GRUR; vgl BGH BlPMZ 1964, 316, 320 Scholl, nicht in BGHZ
und GRUR; BGH GRUR 1966, 436, 439 Vita-Malz; *Benkard* Rn 5.

des Rechtsbeschwerdeverfahrens dem BPatG, das insoweit nach § 109 und nicht nach § 80 zu entscheiden hat.[34] Dabei trägt grds jeder Beteiligte die bei ihm angefallenen Kosten selbst, wenn besondere Umstände, die eine abw Kostenverteilung gebieten, nicht ersichtlich sind.[35]

F. Kostenfestsetzung

I. Zuständigkeit

22 Zuständig ist der Rechtspfleger des BPatG als Gericht des ersten Rechtszugs[36] (§§ 103 Abs 2, 104 Abs 1 Satz 1 ZPO; vgl Rn 35 zu § 80). Gegen die Entscheidung des Rechtspflegers ist die Erinnerung statthaft; die Kostenentscheidung im Erinnerungsverfahren richtet sich nach der ZPO.[37]

II. Erstattungsfähigkeit

23 Es gelten dieselben Grundsätze wie zu § 80 mit der Abweichung, dass eine Vertretung durch einen beim BGH zugelassenen Anwalt geboten ist.[38] Zur Erstattungsfähigkeit der Kosten des mitwirkenden Patentanwalts (§ 102 Abs 5 Satz 4) Rn 5.[39]

24 **III. Der Kostenansatz** erfolgt anders als die Kostenfestsetzung (§ 19 Abs 1 Nr 2 GKG) durch den Kostenbeamten beim BGH. Gegen ihn ist Erinnerung statthaft, über die der Senat entscheidet.

25 **IV. Niederschlagung von Kosten** nach § 21 Abs 1 GKG ist auch im Rechtsbeschwerdeverfahren möglich;[40] das gilt auch für die Kosten vor dem BPatG, die bei offensichtlichem Verstoß gegen eindeutige Rechtsvorschriften, der offen zutage tritt, niederzuschlagen sind.[41]

2. Berufungsverfahren

Vor § 110

Ausland: Österreich: §§ 141 ff öPatG

Übersicht

---

34 Vgl *Reimer* § 41y Rn 3; *Ekey/Bender/Fuchs-Wissemann* § 90 MarkenG Rn 7.
35 BPatG 3.2.2004 8 W (pat) 46/99.
36 BGH GRUR 1968, 447, 449 f Flaschenkasten; *Benkard* Rn 8; *Mes* Rn 9; *Büscher/Dittmer/Schiwy* Rn 2; *Ströbele/Hacker* § 90 MarkenG Rn 15.
37 BPatG 28.4.2005 10 ZA (pat) 6/04 BlPMZ 2006, 415 Ls.
38 Vgl zur Notwendigkeit von Kosten BPatG GRUR 2000, 331 f, Markensache.
39 Korrespondenzanwalt: BPatG 12.2.1969 27 ZA (pat) 1/69.
40 BGH BlPMZ 1970, 450, 453 Salzlösung; BGH GRUR 1990, 109 f Weihnachtsbrief; BGH 21.10.1997 X ZB 22/97 Terminsladung 01, insoweit nicht im Druck veröffentlicht, jeweils zu § 8 GKG aF; BGH 18.12.2008 I ZB 62/08.
41 Vgl BPatGE 52, 164, 168; BPatG 19.8.2010 9 W (pat) 347/05 und Parallelentscheidungen 9 W (pat) 349/05 und 9 W (pat) 339/05; *Schulte* Rn 13; *Mes* Rn 2.

Schrifttum: *Asendorf* Zu den Aufgaben des gerichtlichen Sachverständigen im Patentnichtigkeitsverfahren, GRUR 2009, 209; *Bacher* Das reformierte Patentnichtigkeitsverfahren in der Berufungsinstanz – erste Erfahrungen, GRUR 2013, 902; *Bacher/Nagel* Fremdsprachige Urkunden im Patentnichtigkeitsverfahren vor dem BGH, GRUR 2001, 873; *Ballhaus* Der Streitwert im Patentnichtigkeitsverfahren, GRUR 1957, 64; *Bausch* The New German Nullity Procedural Law: A Means to Shorten the Length of the Proceedings, FS G. Rahn (2011), 253; *Broß* Das mündliche Sachverständigengutachten im Nichtigkeitsberufungsverfahren vor dem Bundesgerichtshof – verfassungskonform oder verfassungswidrig? GRUR 2012, 249; *Bühler* Der Patentanwalt als Gerichtsgutachter, sic! 2005, 715; *Deichfuß* Das reformierte Berufungsverfahren in Nichtigkeitssachen, Mitt 2015, 49; *Engel* Berufungen an den Bundesgerichtshof, FS A. Krämer (2009), 442; *Engel* Anforderungen an eine Berufungsbegründung nach dem neuen Berufungsrecht, Mitt 2013, 377; *Füchsle/Füchsle* Expediency of Amendments during Nullity Appeal Proceedings, FS G. Rahn (2011), 317; *Gauss* Zur Anwendbarkeit der ZPO im Nichtigkeitsberufungsverfahren, Mitt 2008, 18; *Gramm* Der gerichtliche Sachverständige als Helfer des Richters im Nichtigkeitsberufungsverfahren und im Patentverletzungsprozeß, FS A. Preu (1988), 141; *Gröning* Angriff und Verteidigung im reformierten Patentnichtigkeitsverfahren, GRUR 2012, 996; *Haller* Aus der Arbeit eines gerichtlichen Sachverständigen im Patentnichtigkeitsverfahren vor dem Bundesgerichtshof, GRUR 1985, 653; *Hesse* Auslagenvorschuß im Nichtigkeits-Berufungsverfahren, Mitt 1972, 47; *Hesse* Die Beschleunigung des Nichtigkeits-Berufungsverfahrens, Mitt 1977, 45; *Hesse* Die Aufgaben des gerichtlichen Sachverständigen im Patentnichtigkeitsverfahren vor dem Bundesgerichtshof, Der Sachverständige 1983, 149; *Jestaedt* Prozeßförderungs- und Mitwirkungspflichten im Patentnichtigkeitsverfahren, FS H. Piper (1996), 695; *Keukenschrijver* Patentnichtigkeitsverfahren⁶, 2016; *Keukenschrijver* Änderungen der Patentansprüche erteilter Patente im Verfahren vor dem Bundespatentgericht und vor dem Bundesgerichtshof, GRUR 2001, 571; *Keukenschrijver* Das alte neue Nichtigkeitsberufungsverfahren vor dem Bundesgerichtshof, Tagungsband 17./18. Freiberger Seminar zur Praxis des Gewerblichen Rechtsschutzes (2011), 53; *Keukenschrijver* Sachverhaltsaufklärung im Nichtigkeitsberufungsverfahren vor dem Bundesgerichtshof: die neue Praxis zum alten Recht, Mitt 2010, 162; *Kiani/Springorum* Das neue Berufungsverfahren in Patentnichtigkeitssachen – §§ 110 ff PatG nF, Düsseldorfer Patentrechtstage am 4./5.3.2010; *Kiani/Springorum/Panin* Aktuelles aus dem Bereich der „Patent Litigation": Das reformierte zweitinstanzliches Patentnichtigkeitsverfahren in der Praxis, Mitt. 2013, 301; *König* Die Berufung in Patentnichtigkeits- und Zwangslizenzsachen nach neuem Recht, Mitt 1998, 349; *Kriegl* Statistische Untersuchung über Berufungen in Patentnichtigkeitssachen in den Jahren 1978 bis 1980, GRUR 1985, 697; *Loschelder* Die Reform des Patentnichtigkeitsberufungsverfahrens, GRUR 2009, 291; *Meier-Beck* Der gerichtliche Sachverständige im Patentprozeß, FS 50 Jahre VPP (2005), 356; *Meier-Beck* Das neue Berufungsverfahren in Patentsachen, FS G. Hirsch (2008), 593; *Meier-Beck* Das künftige Berufungsverfahren in Patentnichtigkeitssachen, FS P. Mes (2009), 273; *Meier-Beck* Auswirkungen des Patentrechtsmodernisierungsgesetzes auf das Patentnichtigkeitsverfahren, VPP-Rdbr 2009, 158 (Foliensammlung); *Meier-Beck* The Interaction between Infringement and Nullity Decisions in German Patent Disputes, FS G. Rahn (2011), 201; *Elisabeth Mühlens* Zur Reform des Berufungsverfahrens in Patentnichtigkeitssachen, GRUR 2009, 308; *Pagenberg/Stauder* „Show me your best piece of prior art ..." ... oder wie kann das deutsche Nichtigkeitsverfahren kuriert werden, GRUR Int 2008, 689; *Pakuscher* Die Zuständigkeit des Bundesgerichtshofs und des Bundespatentgerichts in Patentnichtigkeitsverfahren, GRUR 1995, 705; *Prietzel-Funk* Die Ablehnung des Sachverständigen im Patentnichtigkeitsverfahren – Grundsätze und Einzelfälle, GRUR 2009, 322; *R. Rogge* Die Zuständigkeit des Bundesgerichtshofs als Berufungsinstanz in Patentnichtigkeitsverfahren – ein alter Zopf? FS W. Odersky (1996), 639; *Rogge/Mellulis/Meier-Beck* Begründung einer Initiative zur Entlastung des Bundesgerichts-hofs und Neuordnung des Patentnichtigkeitsverfahrens (PatG §§ 110 ff), unveröffentlichtes Memorandum April 2001; *Rojahn/Lunze* Die Streitwertfestsetzung im Patentrecht: Ein Mysterium? Mitt 2011, 533; *Schulte* Das Vorschaltverfahren für Berufungen in Patentnichtigkeitssachen vor dem Bundesgerichtshof, GRUR 1985, 779; *Seydel* Über die Beschwer im Patentnichtigkeitsverfahren, GRUR 1959, 512; *Stauder* Rechtszug und Rechtsmittel im Erteilungs-, Verletzungs- und Nichtigkeitsverfahren, FS 100 Jahre GRUR (1991), 503; *Struif* Streitwert und Kostenrisiko im Patentnichtigkeitsverfahren, GRUR 1985, 248; *Winkler* Die Berufungseinlegung im Patentnichtigkeitsverfahren, GRUR 1953, 190; *Gabriele Winkler* Das Nichtigkeitsverfahren im Wandel? VPP-Rdbr 2007, 149; *Jay Young-June Yang/Dae-Wong Noh/Martin Kagerbauer* Notable Differences between Korean and German Patent Infringement and Invalidation Practices, FS G. Rahn (2011), 221.

Entscheidungssammlungen: *Bausch* Nichtigkeitsrechtsprechung in Patentsachen, Bd I, 2000 (1994–1998), Bd III (1999–2001), Bd 4 (1986–1993); *Liedl* Entscheidungen des Bundesgerichtshofes in Zivilsachen – Nichtigkeitsklagen, 16 Bde (1951–1988)

A. Systematische Einordnung und Entstehungsgeschichte der Regelung des Nichtigkeitsberufungsverfahrens

I. Systematische Einordnung

1   Das Nichtigkeits- (und Zwangslizenz-)berufungsverfahren ist in das allg Rechtsschutzsystem nur schwer einzupassen. Der BGH war als Berufungsgericht bis zum Wirksamwerden der Neuregelung, die nur auf Verfahren anwendbar ist, die seit dem 1.10.2009 beim BPatG eingeleitet wurden (§ 147 Abs 2), volle zweite Tatsacheninstanz; er nahm damit „eine für seine Stellung als Revisionsgericht ungewöhnliche Funktion wahr, die auf seinen sonstigen Tätigkeitsgebieten keine Parallele hat".[1] Dies ist umso mehr bemerkenswert, als die sonstigen Zuständigkeiten des BGH in Patentsachen (Revisionszuständigkeit in Verletzungssachen, Rechtsbeschwerdezuständigkeit bei Entscheidungen der Beschwerdesenate des BPatG) in das gewöhnliche Rechtsschutzsystem eingeordnet sind. Die Sonderstellung des Nichtigkeitsberufungsverfahrens ist nur aus seiner geschichtlichen Entwicklung zu erklären.[2]

2   **Zuständigkeit.** Für die Verfahren nach §§ 110 ff ist der X. Zivilsenat des BGH zuständig; in den Jahren 2009 und 2010 war vorübergehend der Xa-Zivilsenat gebildet, der die Hälfte der Verfahren übernommen hatte. Die Besetzung richtet sich nach den senatsinternen Mitwirkungsgrundsätzen, die vom Plenum des Senats jeweils für ein Geschäftsjahr beschlossen werden.[3]

3   In **Österreich** geht die Berufung seit 2014 an das OLG Wien (zuvor an den Obersten Patent- und Markensenat), der öOGH ist seither für Revisionen und Revisionsrekurse zuständig.

II. Entstehungsgeschichte

4   Die frühere Regelung geht in ihren Grundzügen auf das PatG 1877 sowie auf das dort vorgesehene, durch kaiserliche VO unter Zustimmung des Bundesrats festzustellende Regulativ des Reichsoberhandelsgerichts zurück, dessen Zuständigkeit mit der Einrichtung des Reichsgerichts auf dieses übergegangen ist.[4] Sie ist im wesentlichen unverändert als § 33 in das PatG 1891 und eine auf dessen Grundlage erlassene neue VO übernommen worden. Durch das Gesetz zur Erhöhung der patentamtlichen Gebühren vom 27.6.1922[5] wurde eine Gebührenregelung eingeführt, nach der bei Nichtzahlung der Gebühr die Berufung als nicht angemeldet galt. Aufgrund der Ermächtigung in Art VIII des Gesetzes über die patentamtlichen Gebühren vom 9.7.1923[6] wurde in der Neubek 1923 der Gebührenbetrag durch einen Hinweis auf den Tarif ersetzt. Im PatG 1936 erfolgte die Regelung in § 42, dessen Abs 4 und Abs 5 Satz 2 durch das 3. ÜberlG vom 18.7.1953 gestrichen wurden. Die VOen vom 1.5.1878,[7] 6.12.1891[8] und 30.9.1936[9] regelten die Einzelheiten des Verfahrens.

5   Mit dem 6. ÜberlG wurden die Bestimmungen im PatG **zusammengefasst**. Die Regelungen der VO wurden als §§ 42a–42l in das PatG eingestellt. Die Berufungsfrist wurde auf einen Monat verkürzt, die Möglichkeit, zur Beratung Sachverständige zuzuziehen, beseitigt. Die Regelung über die Berufungsbegründung wurde gestrichen. Das GPatG hat § 42l (jetzt § 121) geänd.

6   Eine weitgehende **Neuregelung** (Abschaffung des Vorschaltverfahrens und teilweise Angleichung an die zivilprozessualen Regelungen der Berufung) ist im Jahr 1998 durch das 2. PatGÄndG erfolgt.[10]

---

1   *Kraßer* S 458 f (§ 23 III b 1); vgl *Fitzner/Lutz/Bodewig* vor § 110 Rn 1.
2   *Benkard* Rn 3; insgesamt kr zur Berufungszuständigkeit des BGH *R. Rogge* FS W. Odersky (1996), 639; vgl auch *Pakuscher* GRUR 1995, 705, 707.
3   Mitwirkungsgrundsätze für das Jahr 2016 auszugsweise abgedruckt bei *Keukenschrijver* Patentnichtigkeitsverfahren[6] Rn 16.
4   Vgl *Fitzner/Lutz/Bodewig* Rn 1 ff.
5   RGBl II 619 = BlPMZ 1922, 76.
6   RGBl II 297 = BlPMZ 1923, 94.
7   RGBl S 90.
8   RGBl S 389.
9   RGBl II 316.
10   Vgl Begr, Stellungnahme des Bundesrats BlPMZ 1998, 393, 405 ff, 415 und Gegenäußerung der Bundesregierung BlPMZ 1998, 393, 416; verneinend zu einer vorweggenommenen Berücksichtigung BPatG 5.3.1998 3 Ni 23/96.

III. Reform des Berufungsverfahrens

In der Folge ist vorgeschlagen worden, ein Verfahren über drei Instanzen – DPMA, Berufung zum **7** BPatG, Zulassungsrevision zum BGH – einzuführen.[11] In der jüngeren Diskussion wurden die Zulassung des Nichtigkeitseinwands im Verletzungsstreit und eine revisionsartige Ausgestaltung des Rechtsmittelverfahrens angesprochen.

Gesetz zur Vereinfachung und Modernisierung des Patentrechts. Ein Vorschlag aus der Mitte des **8** X. Zivilsenats des BGH zur Umgestaltung des PatG, der die Abschaffung der Amtsermittlung, eine Prozessförderungspflicht der Parteien und einen obligatorischen Vorbescheid beim BPatG, die Feststellung des relevanten StdT im erstinstanzlichen Urteil, eine Übernahme wesentlicher Grundsätze des Revisionsrechts mit Vereinheitlichung der Berufungsfrist mit der ZPO, die Beschränkung der Rügemöglichkeiten auf die Verletzung von Bundesrecht und die Relevanz von (ausnahmsweise) zu berücksichtigendem neuem Vorbringen, eine Einschränkung der Möglichkeit, Anschlussberufung einzulegen und Klageänderungen vorzunehmen und das Patent mit geänd Schutzansprüchen zu verteidigen, grds Bindung an die in erster Instanz festgestellten Tatsachen bei stark eingeschränkter Zulässigkeit neuen Vorbringens[12] auf Fälle fehlender Nachlässigkeit, Aufhebung und Zurückverweisung bei begründeter Berufung mit Möglichkeit des Durchentscheidens bei Entscheidungsreife vorsah, hat nach kontroverser Diskussion im Fachausschuss für Patent- und Gebrauchsmusterrecht der DVGRUR am 13.12.2004, der einhellig die Beibehaltung des BGH als zweite Tatsacheninstanz unterstützte, in einer entspr Gesetzesinitiative der Bundesregierung geführt, die insoweit unverändert Gesetz geworden ist.[13] An die Stelle einer vollständigen neuen Tatsacheninstanz, die das zuvor geltende Recht eröffnete, setzt sie einen Verweis auf das Berufungsrecht der ZPO. Damit ist das Nichtigkeitsberufungsverfahren zu einem Instrument der Fehlerkontrolle und Fehlerbeseitigung geworden. Das Berufungsgericht ist an die Tatsachenfeststellung der ersten Instanz gebunden, wenn an deren Vollständigkeit und Richtigkeit nicht aufgrund konkreter Anhaltspunkte Zweifel bestehen. Dass auf das Berufungsrecht der ZPO nicht unbedingt verwiesen, sondern seine entspr Anwendung angeordnet wird, eröffnet die Möglichkeit, Besonderheiten des Streits um die Gültigkeit von Patenten zu berücksichtigen. Das gilt etwa für die Abgrenzung der Tatsachen von den Rechtsbegriffen.[14] Die durch das Gesetz vom 31.7.2009[15] erfolgte Neuregelung liegt der Kommentierung der §§ 111–120, die zu einer grundlegenden Umgestaltung geführt hat,[16] zugrunde. Die erste neuem Recht unterliegende Berufung ist am 8.3.2011 beim BGH eingegangen.[17] Die erste Verhandlung nach neuem Recht mit anschließender Entscheidung fand am 20.12.2011 statt.[18]

B. Für **Altfälle** (Klageerhebung vor dem 1.10.2009) ist es bei der Anwendung der §§ 110 bis 122 in der **9** bis zum Inkrafttreten des PatRVereinfModG geltenden Fassung verblieben (§ 147 Abs 2). Da diese inzwischen vom BGH vollständig abgearbeitet sind, kann auf die Kommentierung vor § 110 in der *7. Aufl* verwiesen werden. Zu ergänzen ist:

Eine selbstständige **Anfechtbarkeit von Nebenentscheidungen** wurde durch § 110 Abs 6 aF grds **10** ausgeschlossen,[19] insb wurde insoweit auch die Rechtsbeschwerde als nicht statthaft angesehen (abw zu Entscheidungen über die Erstattungsfähigkeit von Vertreterkosten die neuere Rspr des BGH und des

---

11 *Rogge/Melullis/Meier-Beck* Begründung einer Initiative zur Entlastung des Bundesgerichtshofs und Neuordnung des Patentnichtigkeitsverfahrens (PatG §§ 110 ff), unveröffentlichtes Manuskript April 2001, allerdings mit dem Alternativvorschlag eines einstufigen Verfahrens vor dem Bundespatentgericht mit einer Vorprüfung durch einen gutachterlichen Bescheid.

12 Vgl *Benkard* § 117 Rn 1.

13 Vgl *Meier-Beck* FS G. Hirsch (2008), 593.

14 Begr BTDrs 16/11339 S 36 = BlPMZ 2009, 307, 316; *Mes* § 117 nF Rn 9 ff; *Meier-Beck* FS P. Mes (2009), 273, 282 f.

15 BGBl I 2521 = BlPMZ 2009, 301.

16 *Benkard* Rn 2.

17 BGH X ZR 26/11 zu BPatG 10 Ni 13/09.

18 BGH GRUR 2012, 373 Glasfasern.

19 Vgl. *Benkard* § 110 Rn 13.

BPatG, Rn 20 zu § 99).[20] Entscheidungen im Beschlussweg wurden somit als nicht selbstständig anfechtbar behandelt; erging ein Urteil nicht, kam eine Anfechtung mithin nicht in Betracht.[21]

11   **Untersuchungsgrundsatz.** Zu nicht erheblichen Behauptungen musste Beweis nicht erhoben werden.[22] Beweiserhebungen durch das BPatG mussten grds nicht wiederholt werden.[23]

C. Übergangsrecht

12   Das neue Verfahrensrecht gilt nur für Verfahren, bei denen die Klageerhebung beim BPatG nach dem 30.9.2009 erfolgt ist (§ 147 Abs 2). Bei Verbindung von Verfahren, die vor und nach dem Stichtag eingeleitet worden sind, sollte auf den Stichtag abzustellen sein, zumindest war der Meistbegünstigungsgrundsatz anzuwenden.[24]

D. Das Nichtigkeitsberufungsverfahren

I. Gesetzliche Regelung

13   **1. Berufungseinlegung und -begründung.** Die Berufung ist innerhalb der Frist des § 110 Abs 3 beim BGH als judex ad quem durch einen Anwalt (§ 113) einzulegen und nach § 112 Abs 2 innerhalb verlängerbarer Dreimonatsfrist zu begründen. Nach Eingang der Berufung fordert die Geschäftsstelle die Akten beim BPatG an. Das gilt auch für die elektronisch geführten Akten.

14   **2. Verfahren bis zur mündlichen Verhandlung.** Berufungsschrift und -begründungsschrift sind dem Gegner zuzustellen; die Zulässigkeit der Berufung ist vAw zu prüfen; bei Unzulässigkeit kann Verwerfung im Beschlussweg erfolgen (§ 114). Andernfalls ist Termin zur mündlichen Verhandlung zu bestimmen (§ 114 Abs 3).

15   **3. Mündliche Verhandlung, Entscheidung.** Mündliche Verhandlung ist grds notwendig (§ 118 Abs 1 Satz 1), Ausnahmen sehen § 114 und § 118 Abs 3 vor. Die Entscheidung ergeht – auch bei Nichterscheinen einer Partei – durch Urteil aufgrund der Verhandlung (§ 118 Abs 1 Satz 1) oder bei beidseitiger Säumnis nach Aktenlage (§ 118 Abs 4 Satz 2); bei Unzulässigkeit der Berufung kann sie auch durch Beschluss ergehen (§ 113).

II. Das Verfahren in der Praxis

16   Die normative Regelung im PatG spiegelte die Praxis des Nichtigkeitsberufungsverfahrens vor Inkrafttreten der Neuregelung durch das 2. PatGÄndG nur unzulänglich wieder. Die Verfahrenswirklichkeit hat sich seit 1877 vom Gesetz weg entwickelt. Auch die Regelung durch das 2. PatGÄndG hat dies nur zum Teil korrigiert. Die Neuregelung durch das Gesetz zur Vereinfachung und Modernisierung des Patentrechts (Rn 8) hat indessen eine weitgehende Umgestaltung des Berufungsverfahrens hin zu einem Verfahren mit deutlich reduzierter Tatsachenfeststellung gebracht, in dem eine ergänzende Sachverhaltsaufklärung und die Einschaltung eines Sachverständigen anders als nach früherem Recht grds nicht mehr stattfinden. Damit konnte auch der erhebliche Verfahrensstau, der sich in früheren Jahren aufgebaut hatte, allerdings durch andere Maßnahmen (insb Einrichtung eines Hilfssenats, des Xa-Senats, in den Jahren 2009 und 2010) schon erheblich reduziert worden war, effektiv verringert werden.

17   Auf Erlass eines **Zwischenbescheids** besteht im Berufungsverfahren kein Anspruch,[25] Zwischenbescheide werden auch regelmäßig nicht erteilt.

---

20   BPatGE 5, 106, 112 = GRUR 1965, 356.
21   BGH 3.12.2002 X ZB 20/02 Schulte-Kartei PatG 110–122 Nr 61 unzulässige Beschwerde im Nichtigkeitsverfahren; BGH 27.8.2012 X ZR 87/13, zum Beschluss über die Kosten.
22   BGH GRUR 2013, 367 Messelektronik für Coriolisdurchflussmesser.
23   Vgl BGH Messelektronik für Coriolisdurchflussmesser.
24   *Keukenschrijver* Patentnichtigkeitsverfahren[6] Rn 412; vgl BGH GRUR 2014, 251 Bildanzeigegerät, ohne nähere Ausführungen; abw *Schulte* § 147 Rn 3; *Fitzner/Lutz/Bodewig* § 147 Rn 10.
25   BGH 18.2.2003 X ZR 209/02.

Der Berichterstatter erstellt ein schriftliches **Votum**, zu dem vielfach der Vorsitzende eine Sitzungs- **18**
unterlage als Grundlage für den Sachbericht in der mündlichen Verhandlung anfertigt, die beide Gerichts-
interna bleiben und den Beteiligten und Dritten nicht zugänglich gemacht werden. Anders als in erster
Instanz laufen die Akten bei den Beisitzern nicht um.

In der **mündlichen Verhandlung** stellen die Parteivertreter die Anträge. Der Vorsitzende führt in den **19**
Sach- und Streitstand ein. Anschließend erhalten die Parteivertreter Gelegenheit zu ihren Schlussvorträ-
gen. Die Verhandlung schließt mit der Bestimmung des Verkündungstermins, der idR unmittelbar nach
Ende der nicht öffentlichen Beratung angesetzt wird, die regelmäßig noch am Teminstag stattfindet. Das
Urteil wird nach den Regeln der ZPO vAw zugestellt.

III. Anwendbarkeit der ZPO

Die Anwendbarkeit von ZPO-Bestimmungen ist auch nach der Neuregelung noch nicht durchgängig **20**
vorgesehen (vgl aber die Verweisung auf die §§ 253–494 ZPO über § 114 Abs 4, § 525 ZPO).[26] Das PatG enthält anders als etwa § 173 VwGO keine „Generalverweisung" auf die ZPO; Lücken sind danach zunächst
gesetzesimmanent unter Heranziehung der Vorschriften für das Verfahren vor dem BPatG zu schließen,
soweit die Eigenart des Berufungsverfahrens nicht entgegensteht.[27]

IV. Richterausschließung und -ablehnung

Die **Ausschließungsgründe** nach § 86 Abs 2 PatG sind entspr anwendbar,[28] so dass ein zum Richter **21**
am BGH ernannter früherer Richter des BPatG, der beim Beschwerdeverfahren vor dem BPatG über die
Erteilung des Streitpatents oder einen Einspruch gegen dieses mitgewirkt hat, ausgeschlossen ist, bei Mit-
wirkung im vorangegangenen Nichtigkeitsverfahren dagegen nur unter den Voraussetzungen des § 41 Nr 6
ZPO (Mitwirkung als erkennender Richter an der angefochtenen Entscheidung).[29] Mitwirkung in einem
Patentverletzungsprozess rechtfertigt als solche nicht die Ablehnung des Richters wegen Befangenheit.[30]
Erst recht bildet die Mitwirkung im Verletzungsstreit, selbst an der Entscheidung, keinen Ausschließungs-
grund, weil es sich nicht um die angefochtene Entscheidung in einem früheren Rechtszug handelt.[31] Um
den Parteien Gelegenheit zu geben, Ablehnungsgründe geltend zu machen, teilt der BGH in Fällen der
Mitwirkung eines Richters, der am Verletzungsstreit beteiligt war, regelmäßig die Besetzung vorab mit.

V. Die Aufnahme einer Regelung über die **Wiedereinsetzung** war 1998 vom Bundesrat vorgeschla- **22**
gen,[32] ist aber nicht Gesetz geworden.[33] Die Wiedereinsetzung in die Berufungsfrist und die Berufungsbegründungsfrist richtet sich nach der ZPO, nicht nach § 123 (Rn 18 zu § 110). Jedoch gilt für die Versäumung
der Berufungsbegründungsfrist die Monatsfrist des § 234 Abs 1 Satz 2 ZPO (Rn 9 zu § 112).

E. Bedeutung des Nichtigkeitsberufungsverfahrens

2015 sind beim BGH 59 Berufungsverfahren anhängig geworden (2014 63, 2013 78, 2012 109, 2011 78, **23**
2010 77, 2009 63, 2008 67, 2007 63, 2006 60, 2005 62, 2004 62; 2003 45; 2002 63, 2001 54, 2000 62, 1999 50,
1998 65, 1997 34, 1996 31, 1995 35, 1994 41, 1993 27, 1992 37). Ende Dezember 2004 waren 154 Verfahren
unerledigt, 2005 166, 2006 174, 2008 190, 2009 161, 2010 140, 2011 137, 2012 131, 2013 119, 2014 108, 2015 93.
Von den durch Urteil entschiedenen Nichtigkeitsberufungsverfahren der Jahre 1981 bis 1990 haben rund
45% zur Abänderung der Entscheidung des BPatG geführt, und zwar je zur Hälfte zugunsten und zu Lasten

---

26 Vgl BGH GRUR 1966, 109 Aluminiumflachfolien II sowie BGH GRUR 1997, 119 Schwimmrahmenbremse; *Fitzner/Lutz/*
Bodewig vor § 110 Rn 6; *Gauss* Mitt 2008, 18.
27 BGH Schwimmrahmenbremse; relativierend allerdings BGH GRUR 2000, 1010 f Schaltmechanismus.
28 *Lindenmaier* § 41a Rn 1; offen gelassen in BGH GRUR 2003, 550 Richterablehnung.
29 Zur Nichtigkeitsklage (§ 579 ZPO) mit der Rüge fehlerhafter Senatsbesetzung beim BGH BGH GRUR 1999, 369 interne
Mitwirkungsgrundsätze.
30 BGH GRUR 1986, 731 Mauerkasten I, hinsichtlich Aussetzung des Verletzungsstreits, allg BGH Richterablehnung.
31 BGH Richterablehnung.
32 BlPMZ 1998, 415; Gegenäußerung der Bundesregierung BlPMZ 1998, 415 f.
33 Kr *König* Mitt 1998, 349, 351.

des Patentinhabers; in der Zeit von 1991 bis 2000 sind von den Entscheidungen der Vorinstanz bei 141 untersuchten Urteilen 61 in der Sache abgeändert worden, in weiteren 5 Fällen ist Zurückverweisung erfolgt.[34] Im Jahr 2014 hatte das erstinstanzliche Urteil in 17 Verfahren unverändert Bestand, während es in 22 Urteilen zumindest zu einer teilweisen Abänderung kam.

24 **F.** Die Bestimmungen der §§ 110 ff gelten auch für das **Zwangslizenzverfahren** und das **Gebrauchsmusterzwangslizenzverfahren** (§ 20 GebrMG), jedoch enthält § 122 eine Sonderregelung für einstweilige Verfügungen in solchen Verfahren.

§ 110
(Berufung; Berufungsschrift)

(1) Gegen die Urteile der Nichtigkeitssenate des Patentgerichts (§ 84) findet die Berufung an den Bundesgerichtshof statt.

(2) Die Berufung wird durch Einreichung der Berufungsschrift beim Bundesgerichtshof eingelegt.

(3) [1]Die Berufungsfrist beträgt einen Monat. [2]Sie beginnt mit der Zustellung des in vollständiger Form abgefaßten Urteils, spätestens aber mit dem Ablauf von fünf Monaten nach der Verkündung.

(4) Die Berufungsschrift muß enthalten:
1. die Bezeichnung des Urteils, gegen das die Berufung gerichtet wird;
2. die Erklärung, daß gegen dieses Urteil Berufung eingelegt werde.

(5) Die allgemeinen Vorschriften der Zivilprozessordnung über die vorbereitenden Schriftsätze sind auch auf die Berufungsschrift anzuwenden.

(6) Mit der Berufungsschrift soll eine Ausfertigung oder beglaubigte Abschrift des angefochtenen Urteils vorgelegt werden.

(7) Beschlüsse der Nichtigkeitssenate sind nur zusammen mit ihren Urteilen (§ 84) anfechtbar; § 71 Abs. 3 der Zivilprozeßordnung ist nicht anzuwenden.

(8) Die §§ 515, 516 und § 521 Abs. 1 und 2 Satz 1 der Zivilprozeßordnung gelten entsprechend.

Ausland: Österreich: Die Berufung an den Obersten Patent- und Markensenat ist mit diesem seit 1.1.2014 entfallen; stattdessen Rekurs, Revision und Revisionsrekurs gegen die Entscheidung des OLG Wien im Berufungsverfahren an den öOGH, §§ 141–143, 145, 146 öPatG idF der Patent- und Markenrechtsnovelle 2014; **Polen:** Art 257, 258 RgE 2000

Übersicht

---

34 Weitere Angaben bei *Benkard-EPÜ* Art 56 Rn 4 und *Jestaedt* GRUR 2001, 939.

A. Entstehungsgeschichte; Regelungsgegenstand

Zur Entstehungsgeschichte Rn 4 f vor § 110. Die Regelung des 2. PatGÄndG hat eine weitgehende An- 1
gleichung an die ZPO in der vor dem 1.1.2002 geltenden Fassung gebracht.[1] Die Bestimmung über die
Streitwertfestsetzung ist nach der Neuregelung in § 121 eingestellt. Das PatRVereinfModG vom 31.7.2009
hat Abs 5 und Abs 8 eingefügt.

Die Bestimmung regelt in erster Linie die **Voraussetzungen und die Formalien der Berufungsein-** 2
legung sowie Verzicht auf die und Rücknahme der Berufung, weitgehend unter Verweisung auf Bestimmungen des Berufungsrechts der ZPO. Weiter enthält sie mit der Verweisung auf § 521 ZPO eine Verweisung auf das weitere Verfahren nach Berufungseinlegung. Jedoch fehlt anders als in § 99 eine allg
Verweisung in die ZPO (vgl Rn 20 vor § 110).

B. Zulässigkeit der Berufung

I. Statthaftigkeit

Die Berufung ist nach Abs 1 statthaft gegen Urteile des BPatG nach § 84 in Nichtigkeits- und Zwangsli- 3
zenzverfahren, zu denen auch Zwischenurteile und Prozessurteile gehören,[2] nicht aber die Entscheidung
über eine Vollstreckungsabwehrklage.[3] Eine selbstständige Anfechtung der Kostenentscheidung ist weiterhin ausgeschlossen (Abs 7 1. Halbs);[4] auch Gegenvorstellungen wurden grds als unstatthaft behandelt.[5]
Die Rspr hat aber die Überprüfung der Erstattungsfähigkeit von Kosten im Weg der Rechtsbeschwerde
nach § 574 ZPO zugelassen. Für Urteile nach §§ 85, 85a ist nicht die Berufung, sondern die Beschwerde
nach § 122 eröffnet.[6] Beschlüsse im Nichtigkeitsverfahren sind nicht selbstständig anfechtbar;[7] Abs 7 begründet nicht die Zulässigkeit einer ansonsten unzulässigen Beschwerde, sondern bestimmt, dass zulässige Beschwerden nicht isoliert erhoben werden können.[8]

Zur Anfechtbarkeit von **Nebenentscheidungen** s Rn 22. 4

Innerhalb der Rechtsmittelfrist ist **erneute Berufungseinlegung** möglich, auch wenn ein früher ein- 5
gelegtes Rechtsmittel bereits als unzulässig verworfen worden ist,[9] was insb bei fehlerhafter Zustellung,
die die Berufungsfrist nicht in Lauf setzt, in Betracht kommt.

Die **Zulassung des Parteiwechsels** als sachdienlich ist auch nicht mit der Hauptentscheidung an- 6
fechtbar.[10]

Zur **Anschlussberufung** Rn 2 ff zu § 115. 7

II. Berufungsberechtigung

Die Berufung steht nur den Parteien der ersten Instanz sowie den Nebenintervenienten zu,[11] aller- 8
dings können beitrittsberechtigte Dritte Berufung zum Zweck des Beitritts einlegen[12] (§ 66 Abs 2 ZPO). Verzicht auf die Berufung steht nach § 515 ZPO iVm Abs 8 deren Einlegung entgegen.[13] Aus einer Mehrheit von
Klägern kann jeder selbstständig Berufung einlegen, jedoch führt die vom BGH neuerdings angenommene

---

1 Vgl Begr BlPMZ 1998, 393, 405 f.

2 Vgl *Benkard* Rn 1; *Fitzner/Lutz/Bodewig* Rn 3; *Mes* Rn 18.

3 BGH GRUR 2002, 52 Vollstreckungsabwehrklage; *Benkard* Rn 1; *Fitzner/Lutz/Bodewig* Rn 3; *Mes* Rn 16; *Büscher/
Dittmer/Schiwy* Rn 11.

4 So schon BGH BlPMZ 1961, 20 Randlochkarten; BGH GRUR 1995, 577 Drahtelektrode (mit Argumentation aus Abs 3
PatG aF); *Benkard* Rn. 1.

5 BPatGE 27, 201 = GRUR 1986, 54, dort offen gelassen für schweren Verfahrensfehler.

6 Vgl *Fitzner/Lutz/Bodewig* Rn 3; *Büscher/Dittmer/Schiwy* Rn 11.

7 BGH Drahtelektrode; *Benkard* Rn 1; *Mes* Rn 19, 61; *Büscher/Dittmer/Schiwy* Rn 19.

8 BGH 3.12.2002 X ZB 20/02 Schulte-Kartei PatG 110–122 Nr 61 unzulässige Beschwerde im Nichtigkeitsverfahren; BGH
27.8.2013 X ZR 89/13; vgl *Benkard* Rn 14.

9 BGHZ 57, 160 = GRUR 1972, 196 Dosiervorrichtung.

10 BGH GRUR 1987, 351 Mauerkasten II.

11 BGH 14.7.2009 X ZR 39/05; *Fitzner/Lutz/Bodewig* Rn 5.

12 Vgl PA BlPMZ 1910, 186; *Benkard* Rn 4; *Mes* Rn 23.

13 Vgl *Schulte* Rn 26.

notwendige Streitgenossenschaft (Rn 47 zu § 81) dazu, dass der nicht selbst berufungsführende Kläger weiter am Verfahren beteiligt ist (Rn 4; vgl Rn 8 zu § 115).[14] Die Berufung eines beklagten Patentinhabers wirkt auch für Mitinhaber, weil gegenüber mehreren Patentinhabern nur einheitlich entschieden werden kann.[15]

9   Der **Nebenintervenient** kann gegen den Willen seiner Hauptpartei nicht Berufung einlegen oder durchführen, dies gilt auch im Fall der streitgenössischen Nebenintervention;[16] Nichteinlegung oder Rücknahme der Berufung seitens der Hauptpartei steht der Berufung des Nebenintervenienten allerdings für sich nicht entgegen.[17] Der durch Beschluss zurückgewiesene Nebenintervenient ist, wie Abs 7 2. Halbs klarstellt, im Berufungsverfahren anders als nach § 71 Abs 3 ZPO nicht beizuziehen (vgl Rn 139 zu § 81).[18]

10   Die **Berufung des Nebenintervenienten** ist Rechtsmittel der Hauptpartei;[19] legen Hauptpartei und Nebenintervenient Berufung ein, handelt es sich um ein einheitliches Rechtsmittel.[20]

11   Besondere Anforderungen an die **Postulationsfähigkeit** bestehen bereits für die Berufungseinlegung[21] (Abs 4). Ein Nichtigkeitskläger von mehreren, der nicht selbst Berufung einlegt, wurde bisher als an dem durch die Berufung eines anderen Klägers eingeleiteten Verfahren nicht beteiligt angesehen.[22] Dies hat die Rspr des BGH inzwischen aufgegeben; demnach hat die notwendige Streitgenossenschaft auf Klägerseite zur Folge, dass auch ein weiterer Kläger, der das Urteil des BPatG nicht mit der Berufung angefochten hat, weiter am Verfahren beteiligt ist.[23]

III. Beschwer; Rechtsschutzbedürfnis

12   Die Berufung (anders die Anschlussberufung, § 115) erfordert zumindest formelle Beschwer des Berufungsklägers, die schon bei Rechtsunsicherheit vorliegen kann;[24] einschränkende Ausführungen allein in den Urteilsgründen begründen jedoch keine Beschwer.[25] Materielle Beschwer kann sich aus dem nachteiligen Inhalt der angefochtenen Entscheidung ergeben;[26] Einverständnis mit einer Änderung des Patents in erster Instanz schließt Beschwer nicht aus.[27]

13   Erforderlich ist weiter **Rechtsschutzbedürfnis** wie in der ersten Instanz (Rn 68 ff zu § 81).

IV. Form

14   Berufungsadressat ist der BGH. Für die Berufungseinlegung, für die Anwaltszwang besteht (§ 113), als bestimmenden Schriftsatz sind dt Sprache – auch bei fremdsprachigen Patenten – (§ 126 PatG) und grds

---

14   Abw noch *Fitzner/Lutz/Bodewig* Rn 5; *Büscher/Dittmer/Schiwy* Rn 12.

15   BGH GRUR 1998, 138 Staubfilter; *Benkard* Rn 2; *Schulte* Rn 5; *Fitzner/Lutz/Bodewig* Rn 5; *Büscher/Dittmer/Schiwy* Rn 11.

16   PA BlPMZ 1905, 24: Klagerücknahme; PA BlPMZ 1910, 186: Verzicht; BGH GRUR 1965, 297 Nebenintervention; BGH GRUR 2011, 359 Magnetiowiderstandssensor; *Benkard* Rn 4; vgl *Mes* Rn 23; aA *Schulte* Rn 7 unter Hinweis auf BGH NJW-RR 1997, 865 (für das Verfahren nach der Zivilprozessordnung) und mit unzutr Hinweis auf BAGE 34, 150; *Fitzner/Lutz/ Bodewig* Rn 6; offen gelassen in BGH GRUR 1961, 572 Metallfenster.

17   RGZ 97, 215 f; vgl *Benkard* Rn 4; *Fitzner/Lutz/Bodewig* Rn 6.

18   Vgl Begr GPatG BlPMZ 1979, 276, 289; *Mes* Rn 61; vgl *Schulte* Rn 25.

19   Für die Verfahren nach der ZPO ua BGH NJW 1986, 257; BGH NJW 1990, 190.

20   BGH NJW 1993, 2944 und öfter.

21   Vgl Begr 2. PatGÄndG BlPMZ 1998, 393, 406.

22   *Benkard* Rn 2; zur Nichtausstellung einer Nichtbeteiligungsbescheinigung für einen Beklagten, gegen den Berufung nicht eingelegt wurde, BGH BlPMZ 1984, 367 Bescheinigung über Nichtbeteiligung.

23   BGH GRUR 2016, 361 Fugenband.

24   Vgl BGH 30.1.1964 I a ZR 163/63; BGH GRUR 1967, 194 Hohlwalze; BGH GRUR 1979, 222 Überzugsvorrichtung; BGH Liedl 1987/88, 573 ff Lötmittelschicht; RGZ 158, 1 = JW 1938, 2674 Klarstellung: auch bei Klarstellung; RGZ 170, 346, 349 = GRUR 1943, 123 Pantographen; *Benkard* Rn 5; *Fitzner/Lutz/Bodewig* Rn 7; *Büscher/Dittmer/Schiwy* Rn 13; *Mes* Rn 25, 27, der aber zu Unrecht auch bei Nichtbescheidung widerrechtl Entnahme formelle Beschwer bejaht, denn die Nichtigerklärung aus diesem Grund begründet das Nachanmelderecht nach § 7 Abs 2 nicht.

25   BGH GRUR 1968, 33 Elektrolackieren; RGZ 154, 140 = GRUR 1937, 293 Ausgußtülle; *Benkard* Rn 5, auch zur Klarstellung; *Fitzner/Lutz/Bodewig* Rn 7; *Mes* Rn 26; *Büscher/Dittmer/Schiwy* Rn 13.

26   *Mes* Rn 26.

27   BGH GRUR 1965, 480 Harnstoff; BGH Liedl 1987/88, 573 ff Lötmittelschicht; *Benkard* Rn 5.

Schriftform vorgeschrieben (Abs 2).[28] Jedoch verweist Abs 5 auf die allg Vorschriften der ZPO über vorbereitende Schriftsätze (§§ 129 ff ZPO). Die Streitfragen, insb zum Unterschriftserfordernis (s 7. Aufl), sollten sich damit weitestgehend erledigt haben.

Elektronische Einreichung nach § 125a kommt nach Maßgabe der näheren Regelungen in der Verordnung über den elektronischen Rechtsverkehr beim Bundesgerichtshof und Bundespatentgericht (BGH/ BPatGERVV; im Anh) in Betracht. Ein für die Bearbeitung durch das Gericht geeignetes **elektronisches Dokument** genügt somit (§ 130a ZPO);[29] die qualifizierte elektronische Signatur ist nur Ordnungsvorschrift. Nach dem Gesetz zur Förderung des elektronischen Rechtsverkehrs mit den Gerichten vom 10.10.2013[30] ist ab 1.1.2022 für Rechtsanwälte, Behörden und juristische Personen des öffentlichen Rechts für vorbereitende Schriftsätze und deren Anlagen sowie schriftlich einzureichende Anträge und Erklärungen die Übermittlung als elektronisches Dokument grds zwingend, es sei denn, dass die Nutzung aus technischen Gründen vorübergehend nicht möglich ist (§ 130d ZPO iVm Abs 5).[31] Seit dem 1.7.2010 können elektronische Dokumente beim BGH nur noch über das Elektronische Gerichts- und Verwaltungspostfach eingereicht werden (Informationen unter http://www.egvp.de/). Einreichung per e-Mail[32] wird daher auch dann nicht mehr in Betracht kommen, wenn die Geschäftsstelle einen entsprechenden Zugang zur Verfügung stellt und den eingescannten Schriftsatz ausdruckt. Das elektronische Dokument ist eingereicht, sobald die für den Empfang bestimmte Einrichtung des Gerichts es aufgezeichnet hat (vgl Rn 8 f zu § 125a). **15**

V. Die **Frist** beträgt einen Monat ab Zustellung des vollständigen Urteils an den Berufungskläger (Abs 3), sie beginnt spätestens fünf Monate ab Verkündung, so dass in diesem Fall die Berufung spätestens sechs Monate nach Verkündung eingelegt sein muss.[33] Maßgeblich ist der Eingang der Berufungsschrift beim BGH; fernschriftliche Einlegung ist fristwahrend,[34] ebenso Einlegung per Telefax (Rufnummer 0721/159 2512) und in den elektronischen Gerichtsbriefkasten. Erfolgt die Zustellung des verkündeten Urteils an verschiedene Verfahrensbeteiligte, beginnt die Frist jeweils unterschiedlich zu laufen.[35] Die Zustellung an Verkündungs statt wird dagegen erst mit der zeitlich letzten Zustellung wirksam.[36] Erfolgt Zustellung an Verkündungs statt durch die Geschäftsstelle vorzeitig, soll dies die Berufungsfrist nicht in Lauf setzen.[37] **16**

Stellt der Berufungsführer innerhalb der Berufungsfrist einen **Verfahrenskostenhilfeantrag**, muss er auch die Erklärung über die persönlichen und wirtschaftlichen Verhältnisse innerhalb der Berufungsfrist einreichen; das gilt auch für die beizufügenden Belege.[38] In diesem Fall ist nach Entscheidung über den Verfahrenskostenhilfeantrag Wiedereinsetzung in die Berufungsfrist möglich; es gelten die gleichen Regeln wie bei der Prozesskostenhilfe. **17**

Wiedereinsetzung[39] kommt nur in die Monatsfrist (Rn 16) in Betracht.[40] Für sie gilt die Zweiwochenfrist des § 234 Abs 1 Satz 1 ZPO und nicht wie im Verfahren vor dem BPatG die Zweimonatsfrist des § 123.[41] **18**

---

28   Vgl *Fitzner/Lutz/Bodewig* Rn 9, 11; *Mes* Rn 29.
29   Vgl *Benkard* Rn 8; *Mes* Rn 29 f.
30   BGBl I 3786 = BlPMZ 2013, 381 (Auszug).
31   Begr BTDrs 17/12634 S 28.
32   So zum Zivilprozess BGH GRUR 2008, 838 Berufungsbegründung per E-Mail und Parallelentscheidung BGH 15.7.2008 X ZB 9/08 CIPR 2008, 130.
33   Vgl. *Schulte* Rn 16.
34   BGH GRUR 1955, 29 Tuchbreithaltevorrichtung.
35   *Benkard* Rn 9; *Fitzner/Lutz/Bodewig* Rn 11.
36   So auch *Benkard*[10] Rn 6, unklar *Benkard*[11] Rn 9.
37   BPatG 12.6.2003 3 Ni 50/01 (EU).
38   Vgl BGH 20.1.2004 X ZA 7/03, zur Prozesskostenhilfe, stRspr; für das Nichtigkeitsberufungsverfahren BGH GRUR 1964, 281 Armutszeugnis; für die Berufung nach der Zivilprozessordnung BGH NJW 1994, 2097 f; BGH NJW-RR 2000, 879, BGH FamRZ 2003, 89; aA *Zöller* § 119 ZPO Rn 53 mwN.
39   Vgl zu den sachlichen Voraussetzungen BGH GRUR 1999, 522 Konzentrationsstörung (sehr großzügig); zum Organisationsverschulden BGH 19.7.2011 X ZR 16/11.
40   *Schulte* § 110 PatG Rn 17.
41   BGH GRUR 2000, 1010 Schaltmechanismus; BGH GRUR 2001, 271 f Kreiselpumpe; zu den Sorgfaltsanforderungen beim Patentanwalt BGH GRUR 2001, 411 Wiedereinsetzung V; BGH GRUR 2003, 724 Berufungsfrist.

Nach verbreiteter Auffassung soll die Regelung in § 123 Abs 5 (Weiterbenutzungsrecht) aber anwendbar sein.[42]

VI. Inhalt der Berufungsschrift

19   Die Bestimmung entspricht seit der Neuregelung durch das 2.PatGÄndG im wesentlichen § 519 Abs 2 ZPO.[43] Aus der Verweisung in Abs 5 auf die Vorschriften über die vorbereitenden Schriftsätze (§§ 129 ff ZPO) ergibt sich, dass ua die Parteien und deren gesetzliche Vertreter nach Namen, Stand oder Gewerbe, Wohnort und Parteistellung anzugeben und dass die Berufungsschrift zu unterzeichnen ist. Für die Auslegung der Schrift kann auf die Gerichtsakten zurückgegriffen werden.[44] Notwendig sind weiter Bezeichnung des angefochtenen Urteils und Erklärung der Berufungseinlegung (Abs 4 Nr 1, 2). Die Berufungsschrift kann weiterhin bereits die Berufungsanträge sowie die Angabe der neuen Tatsachen und Beweismittel enthalten, die der Berufungskläger geltend machen will; dies kann aber auch in der Berufungsbegründungsschrift (§ 112) erfolgen.

20   **VII. Vorlage des angefochtenen Urteils** soll in Ausfertigung oder beglaubigter Abschrift erfolgen (Abs 6). Die § 519 Abs 3 ZPO entspr Regelung ist reine Ordnungsvorschrift; Nichtbeachtung berührt die Zulässigkeit der Berufung nicht.[45]

21   **VIII.** Im Verfahren vor dem BGH werden **Gebühren und Auslagen** nach dem GKG erhoben.[46] Für die Erhebung von Kosten vor dem BGH gelten die §§ 1 Abs. 1 Nr. 14, 51 GKG.[47] Die Gebühr wird mit der Einreichung der Berufungsschrift fällig. Für das Berufungsverfahren ist eine Abgeltungsgebühr in Höhe der 6,0fachen einfachen Gebühr vorgesehen (Nr 1250 KostVerz), die sich bei Rücknahme der Berufung oder Klage vor Eingang der Begründung bei Gericht auf den 1,0fachen Satz ermäßigt (Nr 1251 KostVerz), bei Rücknahme von Berufung oder Klage bis zum Schluss der mündlichen Verhandlung auf das 3,0fache, ebenso bei einigen anderen Tatbeständen (insb gerichtlicher Vergleich, übereinstimmende Erledigungserklärung ohne streitige Kostenentscheidung, Nr 1252 KostVerz; Einzelheiten Rn 2 vor § 100).[48] Zum Kostenschuldner Rn 5 vor § 100. Wird die Berufungsgebühr auf Anforderung nicht gezahlt, kann sie beigetrieben werden, weitergehende Sanktionen sind an die Nichtzahlung seit der Neuregelung 1998 nicht mehr geknüpft.[49] Das Nichtigkeitsberufungsverfahren folgt damit nicht mehr dem (früheren) patentrechtl Gebührensystem (näher Rn 18 zu § 121).

22   **C.** Eine selbstständige **Anfechtbarkeit von Nebenentscheidungen** wird durch Abs 7 grds ausgeschlossen,[50] insb ist insoweit auch die Rechtsbeschwerde nicht statthaft.[51] Entscheidungen im Beschlussweg sind somit nicht selbstständig anfechtbar; ergeht ein Urteil nicht, kommt eine Anfechtung mithin nicht in Betracht.[52] Mit dem Urteil können Nebenentscheidungen angefochten werden, soweit dieses auf ihnen beruht,[53] nicht aber darüber hinaus (zB Entscheidungen über Prozesskostensicherheit, Verfahrenskostenhilfe oder Anträge auf Streitwertherabsetzung). Anfechtbar ist demnach zB die Entscheidung über die Zurückweisung der Nebenintervention.[54] Die Entscheidung über die Zurückweisung neuen Vorbrin-

---

42 *Benkard*[10] § 113 Rn 6; vgl *Kraßer* § 34 III 7 (S 829).

43 Vgl Begr 2. PatGÄndG BlPMZ 1998, 393, 406.

44 BGH GRUR 1966, 107 Patentrolleneintrag; BGH BlPMZ 1974, 210 Warmwasserbereiter.

45 *Fitzner/Lutz/Bodewig* Rn 16; *Büscher/Dittmer/Schiwy* Rn 14.

46 Vgl zur früheren Rechtslage BGH GRUR 1998, 909 Urteilsgebühr.

47 Vgl zur früheren Rechtslage BGH 11.10.2005 X ZR 135/04.

48 Vgl zur früheren Rechtslage BGH GRUR 1962, 489 Klagerücknahme; BGH GRUR 1967, 324 Fahrzeugaufbau; BGH GRUR 1984, 276 AHF-Konzentrat.

49 Vgl Begr 2. PatGÄndG BlPMZ 1998, 393, 405; *Benkard* Rn 7; *Fitzner/Lutz/Bodewig* Rn 17; *Mes* Rn 35, der allerdings vertritt, dass das Verfahren nicht betrieben wird, Rn 48.

50 Vgl *Benkard* Rn 14 f; *Fitzner/Lutz/Bodewig* Rn 4.

51 BPatGE 5, 106, 112 = GRUR 1965, 356.

52 BGH 3.12.2002 X ZB 20/02 Schulte-Kartei PatG 110–122 Nr 61 unzulässige Beschwerde im Nichtigkeitsverfahren.

53 Vgl *Benkard* Rn 14; Hinweise auf die ältere Kommentarlit 7. *Aufl*.

54 *Benkard* Rn 15.

gens wird auch dann anfechtbar sein, wenn sie nicht im Urteil erfolgt. Zur Rechtsbeschwerdefähigkeit von Entscheidungen nach der ZPO Rn 11 ff zu § 100.

Im Verfahren über die Bewilligung der Verfahrenskostenhilfe besteht ein eingeschränktes **Be-** 23 **schwerderecht der Bundeskasse** nach § 135 Abs 3 Satz 2 iVm dem durch das ZPO-RG geänd § 127 Abs 3 ZPO (Rn 36 zu § 135).

D. Anwendbarkeit von Verfahrensvorschriften

I. Allgemeines

Abs 5 verweist auf die allg Vorschriften der ZPO über die vorbereitenden Schriftsätze (§§ 129 ff 24 ZPO), Abs 8 in Kodifizierung der bisherigen Praxis[55] auf die §§ 515, 516 und § 521 Abs 1 und Abs 2 Satz 1 ZPO.

II. Der für das Berufungsverfahren nicht mehr im Gesetz verankerte **Untersuchungsgrundsatz** gilt, 25 wenn überhaupt, allenfalls noch im Grundsatz (Rn 18 zu § 114), er ist durch die Neuregelung aber zumindest weitestgehend ausgehöhlt (§§ 116, 117).[56] Bei Untätigkeit oder Säumnis können behauptete Tatsachen als erwiesen angenommen werden (§ 118 Abs 4).

III. § 515 ZPO regelt den **Verzicht auf die Berufung**, der nicht davon abhängig ist, dass der Geg- 26 ner die Verzichtsleistung angenommen hat. Er ist somit nicht von der Zustimmung des Gegners abhängig.[57]

IV. § 516 ZPO betrifft die **Rücknahme** (Zurücknahme) **der Berufung.** Diese ist auch nach der Rege- 27 lung in der ZPO nicht (mehr) von der Zustimmung des Gegners abhängig.[58] Der Berufungsführer kann die Berufung bis zur Verkündung der Entscheidung über die Berufung jederzeit zurücknehmen.[59] Das gilt aber nur, solange das Berufungsverfahren noch nicht beendet ist.[60] Zustimmung des Berufungsbeklagten ist nicht erforderlich. An Klarheit und Bestimmtheit der Rücknahmeerklärung werden strenge Anforderungen gestellt (Rn 30). Nach geltendem Recht kommt als Adressat der Rücknahmeerklärung nur der BGH in Betracht. Zur Frage des Anwaltszwangs Rn 3 zu § 113.

Wirkung. Die Rücknahme der Berufung hat den Verlust des Rechtsmittels und die Verpflichtung des 28 Berufungsklägers zur Folge, die durch das Rechtsmittel entstandenen Kosten zu tragen (§ 516 Abs 3 ZPO);[61] eines Antrags bedarf es insoweit nicht,[62] jedoch wird eine Vereinbarung der Parteien vorgehen müssen. Nach der Praxis des BGH erfolgt auf einen Antrag, dem Berufungsführer die Kosten aufzuerlegen, auch der Ausspruch des Rechtsverlusts.[63] Daran dürfte auch die jüngste BGH-Rspr[64] nichts geänd haben. Die Berufungsrücknahme eines Streitgenossen wirkt nicht zu Lasten der übrigen.[65] Infolge der notwendigen Streitgenossenschaft verschiedener Patentinhaber hat die Berufungsrücknahme nur eines von mehreren Patentinhabern grds keine materiellrechtl Folgen; auch auf Klägerseite führt die Bejahung notwendiger Streitgenossenschaft dazu, dass die Berufungsrücknahme nur einzelner Kläger grds keine Auswirkungen hat (zur Anschlussberufung des Gegners Rn 8 zu § 115). Fraglich ist allerdings, ob das auch dann gilt, wenn aus unterschiedlichen Nichtigkeitsgründen angegriffen wird.

---

55 *Schulte* Rn 28.
56 Vgl *Fitzner/Lutz/Bodewig* vor § 110 Rn 6.
57 *Benkard* Rn 20; *Fitzner/Lutz/Bodewig* Rn 20.
58 *Benkard* Rn 21; *Mes* Rn 46; BGH GRUR 2014, 911 Sitzgelenk.
59 *Benkard* Rn 21.
60 BGH Sitzgelenk.
61 BGH 30.4.2002 X ZR 217/98; BGH 28.1.2004 X ZR 237/98, jeweils noch zu § 515 Abs. 3 ZPO aF (mit Antragserfordernis); vgl BGH 8.11.2005 X ZR 186/00.
62 Vgl *Benkard*[10] vor §§ 110–121 Rn 8.
63 Vgl BGH 4.7.2006 X ZR 107/03, ohne Gründe.
64 BGH GRUR 2016, 361 Fugenband.
65 Vgl RGZ 76, 298 = BlPMZ 1911, 248 Berufungsrücknahme des Mitinhabers.

Keukenschrijver

29   Nimmt der Kläger seine **Berufung gegen das klageabweisende Urteil** zurück, kommt die Fortsetzung des Berufungsverfahrens durch einen Streithelfer, der selbst keine Berufung eingelegt hat, auch dann nicht in Betracht, wenn dieser als Streitgenosse der Hauptpartei gilt.[66]

30   Durch die (volle) Rücknahme der (einzigen) Berufung wird die Entscheidung des BPatG **rechtskräftig**, gleichgültig, ob sie auf Klageabweisung, Nichtigerklärung oder teilweise Nichtigerklärung lautet. Teilweise Berufungsrücknahme[67] führt in ihrem Umfang zur Teilrechtskraft und steht einer nachfolgenden Erweiterung entgegen; bei entspr Erklärungen (insb, soweit nunmehr überhaupt noch zulässig, nachträglich beschränkter Verteidigung des berufungsführenden Patentinhabers) ist daher besondere Vorsicht geboten. Jedoch muss in einer beschränkten Verteidigung des berufungsführenden Patentinhabers nicht notwendig Teilrücknahme der Berufung liegen; es kommt auf die Fallumstände an.[68] Teilrücknahme wurde noch nicht in der Erklärung gesehen, das Patent „beschränkt aufrechtzuerhalten", denn an die Klarheit und Bestimmtheit der Erklärung sind insoweit strenge Anforderungen zu stellen.[69] Wird das Verfahren nach teilweiser Berufungsrücknahme im übrigen anderweitig, insb durch außergerichtliche Einigung, erledigt, muss der Umfang der rechtskräftigen Nichtigerklärung nicht unmittelbar aus der erstinstanzlichen gerichtlichen Entscheidung zu entnehmen sein.

31   **V. Klagerücknahme** ist auch in der Berufungsinstanz jederzeit möglich.[70] Die Einwilligung des Beklagten ist nicht erforderlich (vgl Rn 40 zu § 82).[71] Klagerücknahme lässt die Wirkungen des erstinstanzlichen Urteils entspr § 269 Abs 3 Satz 1 ZPO entfallen, das erstinstanzlich für nichtig erklärte Patent bleibt also unverändert bestehen. Die teilweise Klagerücknahme lässt, soweit sie reicht, die Urteilswirkungen entfallen.[72] Wird die Wirksamkeit der Klagerücknahme bestritten, ist sie durch Beschluss festzustellen.[73] Klagerücknahme nur eines von mehreren Klägern wirkt nicht zu Lasten der übrigen; auch hier ist zu beachten, dass die jüngste Rspr des BGH von notwendiger Streitgenossenschaft ausgeht. Die Kostenentscheidung erfolgt entspr § 269 Abs 4 ZPO nur auf Antrag.[74] Zur Gebührenermäßigung bei Rücknahme der Klage oder Berufung Rn 18 zu § 121.

32   **VI. Zur Klageänderung** s Rn 9 ff zu § 116.

33   **VII.** Gewillkürter **Parteiwechsel** (Rn 36 ff zu § 82) ist auch in der Berufungsinstanz zulässig;[75] Sachdienlichkeit wurde bejaht, wenn der frühere Kläger aufgelöst und die Vermögensverhältnisse einer in Liquidation stehenden GmbH als verbleibendem Gesellschafter unbekannt waren, der neue Kläger aber werbend tätig war und als Firmenübernehmer für Ansprüche aus Patentverletzung haftete.[76] Die Entscheidung über die Zulässigkeit des Parteiwechsels kann durch Zwischenurteil erfolgen, in dem die außergerichtlichen Kosten der ausscheidenden Partei vAw auferlegt werden können.[77]

34   **VIII. Berufungserweiterung** ist, da die Anfechtung des erstinstanzlichen Urteils dessen Rechtskraft insgesamt entgegensteht (vgl Rn 52 zu § 84), noch nach Ablauf der Berufungsfrist möglich; dies gilt nicht, soweit auf die Anfechtung verzichtet worden ist, weiter nicht, soweit die Berufung als zurückgenommen

66   BGH GRUR 2011, 359 Magnetowiderstandssensor; *Mes* Rn 46a.
67   Vgl BGH GRUR 2007, 1055 Papiermaschinengewebe.
68   BGH GRUR 2004, 583 Tintenstandsdetektor: soweit noch Berufung oder (die nunmehr befristete) Anschlussberufung eingelegt werden kann; vgl BGH Beschl vom 6.5.2008 X ZR 81/06; BGH GRUR 2009, 42 Multiplexsystem; vgl *Benkard* Rn 22.
69   BGH Tintenstandsdetektor; *Benkard* Rn 21.
70   BGH GRUR 1993, 895 Hartschaumplatten; vgl RG GRUR 1943, 211 Klagerücknahme; BGH GRUR 1962, 489 Klagerücknahme; BGH GRUR 1964, 18 Konditioniereinrichtung; BGH GRUR 1967, 324 Fahrzeugaufbau; BGH GRUR 1984, 276 AHF-Konzentrat; *Mes* Rn 47.
71   BGH Hartschaumplatten.
72   BGH GRUR 2006, 666 Stretchfolienhaube: Die Klägerin zu 2 hatte allein den erstinstanzlich für nichtig erklärten Patentanspruch 5 angegriffen, aber ihre Klage in der Berufungsinstanz zurückgenommen.
73   BGH Hartschaumplatten.
74   Vgl BGH Hartschaumplatten; BGH GRUR 2014, 251 Bildanzeigegerät; BGH GRUR 2014, 911 Sitzgelenk.
75   *Benkard* vor § 110 Rn 5; *Schulte* Rn 5.
76   BGH GRUR 1996, 865 f Augentropfen; vgl *Benkard* Rn 3.
77   BGH Augentropfen.

zu behandeln ist.[78] Jedoch ist auch die Möglichkeit der Berufungserweiterung durch §§ 116, 117 stark eingeschränkt.

IX. Zum Anfall in der Berufungsinstanz Rn 3 zu § 116.   **35**

X. Selbstbeschränkung

1. Erklärung in der ersten Instanz. An eine in der ersten Instanz erklärte Selbstbeschränkung ist der   **36** Patentinhaber in der Berufungsinstanz nicht gebunden; legt er gegen das Urteil der ersten Instanz Berufung an, kann er in den Grenzen der §§ 116, 117 das Patent in seiner erteilten Fassung verteidigen.[79] Ist der Nichtigkeitskläger Berufungsführer, bedarf es zur Geltendmachung des Patents in seiner erteilten Fassung der Anschlussberufung (§ 115).[80]

2. Erklärung im Berufungsverfahren. Selbstbeschränkung ist im Rahmen der §§ 116, 117 auch im Be-   **37** rufungsverfahren möglich; erfolgt sie durch den Berufungsführer, stellt sie teilweise Berufungsrücknahme dar und steht einer späteren Wiedererweiterung grds entgegen, wenn sie mit der nötigen Klarheit erfolgt (vgl Rn 13 zu § 116).[81] Der BGH lässt die beschränkte Verteidigung durch den nicht berufungsführenden Beklagten ersichtlich auch stillschweigend ohne weiteres zu, soweit mit ihr in sachdienlicher Weise von ihm in der Berufungsverhandlung geäußerten Bedenken Rechnung getragen wird.[82]

XI. Sonstige Beendigung des Verfahrens

Wie in erster Instanz kann das Verfahren durch Vergleich oder Erledigung der Hauptsache enden;[83]   **38** gerichtliche Vergleiche im Nichtigkeitsberufungsverfahren kommen aber selten vor. Übereinstimmende Erledigungserklärung lässt das Urteil des BPatG hinfällig werden.[84]

XII. Zustellung von Berufungsschrift und Berufungsbegründungsschrift sind in § 521 Abs 1 ZPO   **39** geregelt (näher Rn 12 zu § 114).

XIII. Frist zur Berufungserwiderung/Replik

Die Regelung in Abs 8 greift § 112 Abs 2 aF durch Verweisung auf die ZPO auf. Der Vorsitzende oder   **40** der Senat (nicht der Berichterstatter) kann (nicht: muss) nach § 521 Abs 2 Satz 1 ZPO dem Gegner eine Frist zur schriftlichen Berufungserwiderung und dem Berufungsführer eine Frist zur schriftlichen Stellungnahme auf die Berufungserwiderung setzen; hiervon wird regelmäßig Gebrauch gemacht. Die Abgabe der Berufungserwiderung ist prozessuale Obliegenheit[85] des Berufungsbeklagten. Aus der Nichtabgabe entstehen keine unmittelbaren Rechtsnachteile.[86] Der Berufungsbeklagte kann sich jedenfalls darauf beschränken, zur Berufungsbegründung Stellung zu nehmen; eine Wiederholung des gesamten erstinstanz-

---

78   BGH GRUR 1956, 317 f Wasch- und Bleichmittel; *Benkard* Rn 24; vgl BGHZ 128, 149 = GRUR 1995, 210 Lüfterkappe.
79   BGH GRUR 1965, 480 Harnstoff; BGH GRUR 1996, 757 f Zahnkranzfräser; BGH 23.6.1983 X ZR 1/80 Schulte-Kartei PatG 110–121 Nr 10 Spiegelteleskop; vgl BGH GRUR 1995, 210 f Lüfterkappe.
80   *Benkard* § 22 Rn 50; vgl BGH GRUR 1953, 86 Schreibhefte II; RG GRUR 1944, 122 f Transformatorenkühler; BGH Bausch BGH 1999–2001, 470 Positionierungsverfahren; BGH GRUR 2005, 888 Anschlußberufung im Patentnichtigkeitsverfahren.
81   BGH GRUR 1956, 317 Wasch- und Bleichmittel; BGH GRUR 2004, 583 f Tintenstandsdetektor; BGH GRUR 2008, 56 injizierbarer Mikroschaum.
82   BGH 14.1.2014 X ZR 148/12.
83   Zur Erledigung der Hauptsache bei Berufung des Patentinhabers durch zwischenzeitliche rechtskräftige Nichtigerklärung BGH GRUR 1960, 27 Verbindungsklemme; zur Erledigungserklärung allein hinsichtlich des zweitinstanzlichen Verfahrens sowie zur Kostenentscheidung in diesem Fall BPatG 45, 21, GbmSache.
84   BGH GRUR 2001, 140 Zeittelegramm.
85   So auch *Benkard*[10] § 112 Rn 2; BGHZ 113, 201 = GRUR 1991, 443 Schneidwerkzeug spricht von einer Verpflichtung.
86   Vgl *Benkard*[10] § 112 Rn 2.

lichen Vortrags ist nicht erforderlich.[89] Jedoch wirkt sich die Fristsetzung auf die Frist zur Einlegung der Anschlussberufung (§ 115 Abs 2 Satz 2) aus (Rn 6 zu § 115). Anders als nach der ZPO ist eine bestimmte Mindestfrist nicht vorgeschrieben; jedoch muss das rechtl Gehör gewahrt bleiben.[90]

§ 111
(Berufungsgründe)

(1) Die Berufung kann nur darauf gestützt werden, dass die Entscheidung des Patentgerichts auf der Verletzung des Bundesrechts beruht oder nach § 117 zugrunde zu legende Tatsachen eine andere Entscheidung rechtfertigen.

(2) Das Recht ist verletzt, wenn eine Rechtsnorm nicht oder nicht richtig angewendet worden ist.

(3) Eine Entscheidung ist stets als auf einer Verletzung des Rechts beruhend anzusehen,

1. **wenn das Patentgericht nicht vorschriftsmäßig besetzt war;**
2. **wenn bei der Entscheidung ein Richter mitgewirkt hat, der von der Ausübung des Richteramts kraft Gesetzes ausgeschlossen war, sofern nicht dieses Hindernis mittels eines Ablehnungsgesuchs ohne Erfolg geltend gemacht ist;**
3. **wenn bei der Entscheidung ein Richter mitgewirkt hat, obgleich er wegen Besorgnis der Befangenheit abgelehnt und das Ablehnungsgesuch für begründet erklärt war;**
4. **wenn eine Partei in dem Verfahren nicht nach Vorschrift der Gesetze vertreten war, sofern sie nicht die Prozessführung ausdrücklich oder stillschweigend genehmigt hat;**
5. **wenn die Entscheidung auf Grund einer mündlichen Verhandlung ergangen ist, bei der die Vorschriften über die Öffentlichkeit des Verfahrens verletzt sind;**
6. **wenn die Entscheidung entgegen den Bestimmungen des Gesetzes nicht mit Gründen versehen ist.**

1   **A.** Zur **Entstehungsgeschichte** Rn 2ff vor § 110. Die durch das PatRVereinfModG vom 31.7.2009 neu gefasste Bestimmung normiert nunmehr die Berufungsgründe. Die Berufung ist damit von einer umfassenden Überprüfung des erstinstanzlichen Urteils zu einem Instrument der Fehlerprüfung geschrumpft.[1] Regeln über die Berufungsbegründung sind in § 112 enthalten.

B. Berufungsgründe

I. Grundsatz

2   Die Bezeichnung Berufung hat angesichts der Gründe, auf die das Rechtsmittel noch gestützt werden kann, weitgehend historische Berechtigung.[2] Die der Berufung zugrunde zu legenden Tatsachen werden durch den Verweis des § 117 auf die §§ 529–531 ZPO geregelt.[3]

II. Einzelheiten

3   Abs 1 ist § 513 Abs 1 ZPO nachgebildet.[4] Eine Verletzung des Landesrechts kommt im Patentnichtigkeitsverfahren praktisch schon deswegen nicht in Frage, weil der gewerbliche Rechtsschutz in die ausschließliche Gesetzgebungskompetenz des Bunds fällt (Art 73 Nr 9 GG); sie ist auch nicht als Berufungs-

---

89 *Benkard* Rn 19.
90 Vgl *Benkard* Rn 18.

1 Vgl *Fitzner/Lutz/Bodewig* Rn 2; *Büscher/Dittmer/Schiwy* Rn 3.
2 Vgl *Benkard* Rn 1.
3 Vgl Begr BTDrs 16/11339 S 34 = BlPMZ 2009, 307, 315; *Benkard* Rn 1.
4 Begr BTDrs 16/11339 S 34 = BlPMZ 2009, 307, 315.

grund ausgestaltet. Als weiterer selbstständiger Berufungsgrund ist in Abs 1 angeführt, dass die nach § 117 zugrunde zu legenden Tatsachen eine andere Entscheidung rechtfertigen.[5]

Durch Abs 2, 3 werden die **Revisionsgründe** in §§ 546, 547 ZPO als Berufungsgründe übernommen. **4** Lediglich § 547 Abs 3 Nr 6 ZPO wird in Abs 3 Nr 6 dahin modifiziert, dass für den Begründungsmangel bei der Entscheidung darauf abgestellt wird, dass die Entscheidung entgegen den Bestimmungen des Gesetzes (und nicht dieses Gesetzes, dh des Patentgesetzes) nicht mit Gründen versehen ist, weil sich der Umfang der Begründungspflicht nicht unmittelbar aus dem PatG, sondern über die Verweisung in § 114 Abs 3 aus den §§ 525, 313 ZPO ergibt.[6]

Rechtsverletzung. Die Berufung kann nach Abs 1 nur darauf gestützt werden, dass die Entscheidung **5** des BPatG auf der Verletzung des Bundesrechts beruht oder dass nach § 117 zugrunde zu legende Tatsachen eine andere Entscheidung rechtfertigen. Abs 2 entspricht wörtlich der Regelung in der revisionsrechtl Norm des § 546 ZPO. Abzugrenzen sind wie im Revisionsverfahren Tatfragen von Rechtsfragen. Das Recht ist verletzt, wenn eine Rechtsnorm (auch Gewohnheitsrecht und Völkerrecht) nicht oder nicht richtig angewendet wurde; in Betracht kommen insb Interpretationsfehler und Subsumtionsfehler.[7] Auch die Auslegung des Patents ist eine Rechtsfrage (Rn 249 vor § 143). Anders als im Revisionsverfahren besteht aber eine durch § 117 begrenzte Überprüfungsmöglichkeit auch für Tatfragen (Abs 1). Prozesshandlungen dürfen frei gewertet werden.[8]

Im Rahmen des Abs 1 (nicht auch des Abs 2, vgl Rn 65 zu § 100) ist die Rechtsverletzung nur von Bedeu- **6** tung, wenn die erstinstanzliche Entscheidung auf ihr **beruht**.[9] Das ist vom Berufungsführer darzulegen.

Absolute Berufungsgründe. Die Regelung in Abs 3 entspricht mit der in Rn 4 genannten Abwei- **7** chung den „absoluten" Revisionsgründen in § 547 ZPO und den „absoluten" Rechtsbeschwerdegründen in § 100 Abs 3 (Rn 36 ff zu § 100), bei denen allerdings die Gehörsverletzung (§ 100 Abs 3 Nr 3) hinzutritt.[10] Schlüssige Darlegung eines der absoluten Berufungsgründe ist nicht erforderlich (vgl Rn 36 zu § 100),[11] wohl aber eine Rüge,[12] soweit es sich nicht um eine unverzichtbare Verfahrensvoraussetzung handelt.[13]

Wegen der **Einzelheiten** ist auf die Kommentierung zu den entspr „absoluten" Rechtsbeschwerde- **8** gründen in § 100 zu verweisen.

§ 112
(Berufungsbegründung)

(1) Der Berufungskläger muss die Berufung begründen.

(2) [1] Die Berufungsbegründung ist, sofern sie nicht bereits in der Berufungsschrift enthalten ist, in einem Schriftsatz beim Bundesgerichtshof einzureichen. [2] Die Frist für die Berufungsbegründung beträgt drei Monate. [3] Sie beginnt mit der Zustellung des in vollständiger Form abgefassten Urteils, spätestens aber mit Ablauf von fünf Monaten nach der Verkündung. [4] Die Frist kann auf Antrag von dem Vorsitzenden verlängert werden, wenn der Gegner einwilligt. [5] Ohne Einwilligung kann die Frist um bis zu einem Monat verlängert werden, wenn nach freier Überzeugung des Vorsitzenden der Rechtsstreit durch die Verlängerung nicht verzögert wird oder wenn der Berufungskläger erhebliche Gründe darlegt. [6] Kann dem Berufungskläger innerhalb dieser Frist Einsicht in die Prozessakten nicht für einen angemessenen Zeitraum gewährt werden, kann der Vorsitzende auf Antrag die Frist um bis zu zwei Monate nach Übersendung der Prozessakten verlängern.

(3) Die Berufungsbegründung muss enthalten:

1.   die Erklärung, inwieweit das Urteil angefochten und dessen Aufhebung beantragt wird (Berufungsanträge);

---

5   Vgl *Benkard* Rn 10; *Fitzner/Lutz/Bodewig* Rn 3.
6   Begr BTDrs 16/11339 S 34 = BlPMZ 2009, 307, 315; *Benkard* Rn 9.
7   *Fitzner/Lutz/Bodewig* Rn 5; *Schulte* Rn 6; *Mes* § 111 nF Rn 7.
8   Vgl nur BGH NJW-RR 2006, 862.
9   *Benkard* Rn 3; *Fitzner/Lutz/Bodewig* Rn 7; *Büscher/Dittmer/Schiwy* Rn 4.
10 Vgl *Benkard* Rn 4; *Mes* § 111 nF Rn 33.
11 AA *Mes* § 111 nF Rn 10 unter Hinweis auf BGH GRUR 1981, 507 f Elektrode.
12 *Schulte* Rn 7.
13 *Benkard* Rn 4.

Keukenschrijver

2. **die Angabe der Berufungsgründe, und zwar:**
   a) **die Bezeichnung der Umstände, aus denen sich die Rechtsverletzung ergibt;**
   b) **soweit die Berufung darauf gestützt wird, dass das Gesetz in Bezug auf das Verfahren verletzt sei, die Bezeichnung der Tatsachen, die den Mangel ergeben;**
   c) **die Bezeichnung neuer Angriffs- und Verteidigungsmittel sowie der Tatsachen, aufgrund deren die neuen Angriffs- und Verteidigungsmittel nach § 117 zuzulassen sind.**
   (4) § 110 Abs. 5 ist auf die Berufungsbegründung entsprechend anzuwenden.

Übersicht

A. Entstehungsgeschichte; Gesetzessystematik

1   Die Bestimmungen des durch das PatRVereinfModG neu gefassten § 112 entsprechen im wesentlichen denen in § 520 ZPO über die Berufungsbegründung und waren zuvor in § 111 aF enthalten. Um der regelmäßig äußerst komplexen Materie Rechnung zu tragen und schon routinemäßig erfolgende Fristverlängerungen zu vermeiden, ist die Begründungsfrist aber generell von früher einem Monat auf drei Monate verlängert worden. Darüber hinaus wurden die Bestimmungen über den Fristbeginn in Abweichung von der früheren Regelung im PatG an die Vorschriften der ZPO angepasst. Damit wurde eine unnötige Komplikation und potenzielle Quelle für Fristversäumnisse beseitigt. Ähnliches wie für die Berufungsbegründung gilt nach § 115 auch für die Anschlussberufung.[1]

2   Zu **Rechtsentwicklung** und Rechtslage vor dem 1.11.1998 (keine Begründungspflicht) s *5. Aufl.* Die Regelung in § 111 aF durch das 2. PatGÄndG hatte die Bestimmungen des § 519 Abs 1–3 ZPO aF wörtlich übernommen. § 111 Abs 4 aF übernahm an etwas versteckter Stelle[2] die frühere Regelung in § 121, die nunmehr in § 113 eingestellt ist. Eine Anpassung an die Neuregelung des Berufungsrechts im ZPO-RG war vor Inkrafttreten des PatRVereinfModG vom 31.7.2009 nicht erfolgt.

B. Berufungsbegründung

I. Allgemeines

3   Abs 1 normiert einen Begründungszwang. Die ordnungsmäßige Berufungsbegründung ist Zulässigkeitsvoraussetzung der Berufung.[3] Die Begründung hat in einem Schriftsatz zu erfolgen, der beim BGH eingereicht werden muss (Abs 2 Satz 1), jedoch genügt auch ein elektronisches Dokument (Abs 4 iVm § 110 Abs 5 und § 130a ZPO; vgl Rn 14 zu § 110).[4] Die Berufung kann auch vom Streithelfer des Berufungsführers begründet werden.[5]

4   **II. Die Begründungsfrist** beträgt entspr § 520 ZPO, aber abw von der früheren Rechtslage drei Monate; sie beginnt mit der Zustellung des in vollständiger Form abgefassten Urteils des BPatG, spätestens aber mit Ablauf von fünf Monaten ab dessen Verkündung (Abs 2 Satz 2, 3). Sie ist keine Notfrist.[6] Für die Fristberechnung sind die §§ 187, 188 BGB maßgeblich.

5   **Fristverlängerung.** Die Frist ist auf Antrag, also nicht auch vAw, durch den Vorsitzenden (der bei Verhinderung nach der jeweiligen Vertretungsregelung vertreten wird; nicht auch durch den Berichterstat-

---

1   Begr BTDrs 16/11339 S 34 f = BlPMZ 2009, 307, 315 f.
2   Vgl die Kritik in der Stellungnahme des Bundesrats BlPMZ 1998, 415 und die Gegenäußerung der Bundesregierung BlPMZ 1998, 415 f.
3   *Fitzner/Lutz/Bodewig* Rn 3.
4   *Benkard* Rn 3.
5   *Fitzner/Lutz/Bodewig* Rn 3.
6   *Schulte* Rn 5.

ter)[7] verlängerbar (Abs 2 Satz 4); Verlängerung durch den Berichterstatter wird man aber unter dem Gesichtspunkt des Vertrauensschutzes als beachtlich anzusehen haben. Der Antrag muss vor Fristablauf gestellt sein, kann aber auch noch später beschieden werden.[8]

Die Verlängerungsmöglichkeit besteht **unbeschränkt**, sofern und soweit der Gegner in sie einwilligt **6** (Abs 2 Satz 4). Hiermit wird häufig nicht zu rechnen sein.

Ohne Einwilligung des Gegners kann der Vorsitzende die Frist um höchstens einen Monat verlän- **7** gern (Abs 2 Satz 5). Dies setzt voraus, dass der Rechtsstreit nach der freien Überzeugung des Vorsitzenden nicht verzögert wird oder der Berufungskläger erhebliche Gründe darlegt (Abs 2 Satz 5).[9] Dass durch die einmonatige Verlängerung das Verfahren verzögert wird, dürfte bei der derzeitigen Geschäftslage allerdings unwahrscheinlich sein. Die Einschränkung der Verlängerungsmöglichkeit (entspr § 520 Abs 2 Satz 3 ZPO) ist nunmehr ausdrücklich vorgesehen.[10]

Eine **weitergehende Verlängerungsmöglichkeit** um bis zu zwei Monate nach Übersendung der **8** Prozessakten besteht, wenn dem Berufungskläger innerhalb dieser Frist Einsicht in die Prozessakten nicht für einen angemessenen Zeitraum gewährt werden kann.[11] Das kommt insb in Betracht, wenn für das Berufungsverfahren ein neuer Anwalt bestellt wird, und wird bei Einschaltung eines BGH-Anwalts die Regel sein.

Für die **Wiedereinsetzung** in die versäumte Berufungsbegründungsfrist gilt die Monatsfrist des § 234 **9** Abs 1 Satz 2 ZPO nF.[12] Verzögerter Postlauf kann Wiedereinsetzung rechtfertigen.[13]

III. Inhalt der Berufungsbegründungsschrift

1. Allgemeines. Eine gesonderte Berufungsbegründung ist entbehrlich, wenn die erforderlichen An- **10** gaben bereits in der Berufungsschrift enthalten waren (Abs 2 Satz 1);[14] jedoch kann in diesem Fall innerhalb offener Berufungsbegründungsfrist eine weitere Begründung nachgeschoben werden. Die Bestimmung nennt als notwendigen Inhalt Berufungsanträge (Abs 3 Nr 1) und Berufungsgründe (Abs 3 Nr 2), nämlich die Bezeichnung der Umstände, aus denen sich eine Rechtsverletzung ergibt (Abs 3 Nr 2 Buchst a), sowie, soweit die Berufung darauf gestützt wird, dass das Gesetz in Bezug auf das Verfahren verletzt sei, die Bezeichnung der Tatsachen, aus denen sich der Mangel ergeben (Abs 3 Nr 2 Buchst b), und die Bezeichnung neuer Angriffs- und Verteidigungsmittel (vgl zum Begriff Rn 91 zu § 100, der sich aber anders als die Regelung in § 112 auf „selbstständige" Angriffs- und Verteidigungsmittel bezieht)[15] sowie der Tatsachen, aufgrund derer die neuen Angriffs- und Verteidigungsmittel nach § 117 Abs 2 zuzulassen sind (Abs 3 Nr 2 Buchst c). Nicht in der Berufungsbegründungsschrift enthalten sein müssen dagegen die Anhaltspunkte, aus denen sich Zweifel an der Richtigkeit oder Vollständigkeit der Feststellungen des BPatG ergeben sollen (Rn 9 zu § 117). Als Verteidigungsmittel (vgl §§ 146, 282 ZPO) iSd Bestimmung wird eine geänd (eingeschränkte) Verteidigung des Patents nicht anzusehen sein;[16] diese ist ausschließlich an §§ 116, 117 zu messen.[17] Die Regelung in § 112 Abs 3 PatG ist zwingend.[18]

2. Berufungsanträge. Abs 3 Nr 1 definiert die Berufungsanträge als die Erklärung, inwieweit das Ur- **11** teil angefochten und dessen Aufhebung beantragt wird. Sie bestimmen die Grenzen, in denen der Rechtsstreit neu verhandelt wird.[19] Nicht angegriffene Teile des erstinstanzlichen Urteils stehen daher im Beru-

---

7   Ebenso *Fitzner/Lutz/Bodewig* Rn 5.
8   *Benkard* Rn 5; *Schulte* Rn 6.
9   Abw *Schulte* Rn 6; vgl auch *Fitzner/Lutz/Bodewig* Rn 5.
10   Zur Nichtanwendbarkeit vor Inkrafttreten des PatRVereinfModG 6. *Aufl* § 111 Rn 4.
11   Vgl *Benkard* Rn 7; *Fitzner/Lutz/Bodewig* Rn 6.
12   BGH GRUR 2008, 280 Mykoplasmennachweis; BGH GRUR 2011, 357 geänderte Berufungsbegründungsfrist; BGH 19.7.2011 X ZR 16/11; *Engel* Mitt 2013, 377; *Benkard* Rn 8; vgl zu den Sorgfaltsanforderungen BGH 21.2.2011 X ZR 111/10.
13   Vgl BGH 28.3.2006 X ZR 9/06, ohne Gründe.
14   Vgl Begr 2. PatGÄndG BlPMZ 1998, 393, 406; *Benkard* Rn 2; *Mes* § 112 nF Rn 8.
15   Zur Abweichung von der Regelung in § 520 ZPO *Loschelder* GRUR 2009, 296, 299; *Fitzner/Lutz/Bodewig* Rn 8.
16   Vgl *Benkard* Rn 18.
17   BGH GRUR 2013, 912 Walzstraße; *Benkard* Rn 18.
18   *Büscher/Dittmer/Schiwy* Rn 3.
19   *Benkard* Rn 10; *Fitzner/Lutz/Bodewig* Rn 10.

fungsverfahren nicht zur Überprüfung.[20] Es ist unschädlich, wenn die Berufungsanträge nicht in der Berufungsbegründung, sondern in einem innerhalb der Berufungsbegründungsfrist eingegangenen weiteren Schriftsatz enthalten sind.[21] Maßgeblich sind die Anträge in der Berufungsbegründung auch dann, wenn in der Berufungsschrift zunächst weitergehende Anträge angekündigt worden waren. Dass überhaupt Anträge vorhanden sind, reicht nicht aus; erforderlich ist, dass sich aus den innerhalb der Berufungsfrist eingegangenen Schriftsätzen und den zulässigerweise in Bezug genommenen Unterlagen eindeutig ergibt, in welchem Umfang und mit welchem Ziel das Urteil angefochten werden soll.[22] Ob dem gestellten Antrag im Fall des Erfolgs der Berufung stattgegeben werden könnte, ist für die Zulässigkeit der Berufung nicht ausschlaggebend.[23] Bezugnahme auf die in erster Instanz gestellten Anträge reicht grds aus.[24]

12   Darüber, ob die Berufungsanträge angeben müssen, in welcher **Reihenfolge** die Verteidigungslinien des Patentinhabers zur Entscheidung gestellt werden, liegt noch keine Rechtsprechung des BGH vor. Es dürfte sich einstweilen empfehlen, vorsorglich Angaben hierzu zu machen. Hilfsweise Antragstellung ist möglich[25] und kommt häufig vor.

13   **3. Berufungsgründe.** Die Regelung schon durch das 2. PatGÄndG bezweckte mit ihrer Anpassung an die ZPO eine Verschärfung gegenüber der früheren Praxis.[26] Die geltende Fassung trägt der geänd Funktion des Berufungsverfahrens Rechnung: die tatsächlichen Grundlagen der Entscheidung werden grds in der ersten Instanz gelegt; im Berufungsverfahren wird überprüft, ob sie die Entscheidung tragen. Daran muss sich der Inhalt der Berufungsbegründung orientieren. Der BGH ist an die im ersten Rechtszug festgestellten Tatsachen grds gebunden. Das Patentrecht entwickelt insoweit aber keinen eigenständigen, von der ZPO losgelösten Tatsachenbegriff (vgl Rn 5 zu § 117; abw Rn 89 zu § 79).[27] Die Berufungsbegründung muss erkennen lassen, in welchen tatsächlichen oder rechtl Punkten das erstinstanzliche Urteil falsch sein soll und worauf der Berufungskläger seine Ansicht stützt, notwendig ist dazu die aus sich heraus verständliche Angabe, welche Angriffe dem angefochtenen Urteil entgegengesetzt werden.[28] Die Begründung muss auf den Streitfall zugeschnitten sein und deutlich machen, auf welche Punkte sich die Angriffe richten sollen.[29] Sie muss dabei erkennen lassen, aus welchen tatsächlichen oder rechtl Gründen der Berufungskläger die Ausführungen des BPatG zur Patentfähigkeit für unrichtig hält.[30] Sie muss sich mit der Argumentation des BPatG[31] auseinandersetzen[31] und ist insb unzureichend, wenn sie sich in formelhaften Aussagen oder allg Redewendungen erschöpft, in einer generellen Bezugnahme auf das Vorbringen in erster Instanz beschränkt oder bloß auf übergangene Beweisangebote verweist.[32] Neue Tatsachen oder Beweismittel müssen aber nicht geltend gemacht werden (Rn 5 zu § 116).

14   **Fehlende Angaben** können nach Fristablauf nicht nachgeholt werden.[33] Schlüssigkeit der Begründung ist aber nicht erforderlich.[34]

---

20   BGH 23.1.2007 X ZR 235/02; BGH 6.7.2010 X ZR 115/07.
21   Vgl Entschließung BGH vom 8.1.1991 GRUR 1991, 448; *Benkard* Rn 10.
22   BGH Bausch BGH 1994–1998, 571 Zulässigkeit der Berufung: Antrag des Beklagten, das Patent für nichtig zu erklären, wurde aus dem Gesamtzusammenhang, insb dem Kostenantrag, als Antrag auf Klageabweisung ausgelegt; BGH 13.1.2004 X ZR 124/02 Schulte-Kartei PatG 110–122 Nr 64 analytisches Testgerät 02; BGH 6.4.2004 X ZR 155/00 Mitt 2005, 22 Ls elastische Bandage 01; BGH 23.4.2009 X a ZR 10/05; BGH 20.5.2010 X a ZR 62/07; vgl *Benkard* Rn 10; *Büscher/Dittmer/Schiwy* Rn 6; öOPM öPBl 1999, 159, 161: Antrag auf mündliche Verhandlung genügt nicht.
23   BGH GRUR 1997, 272 f Schwenkhebelverschluß; *Benkard* Rn 10.
24   Vgl *Benkard* Rn 10; *Fitzner/Lutz/Bodewig* Rn 10.
25   Vgl *Büscher/Dittmer/Schiwy* Rn 6.
26   Vgl Begr 2. PatGÄndG BlPMZ 1998, 393, 396 f.
27   Vgl – trotz nicht ganz unmissverständlicher Formulierung – BGH 16.2.2013 X ZR 152/11; vgl aber BGHZ 198, 187 = GRUR 2013, 1272 Tretkurbeleinheit; *Gröning* GRUR 2012, 996.
28   Vgl BGH GRUR 2010, 660 Glasflaschenanalysesystem; BGH NJW 2003, 2531 f, BGH NJW 2006, 142 f und BGH NJW-RR 2007, 414 f; *Benkard* Rn 11; *Fitzner/Lutz/Bodewig* Rn 11; *Büscher/Dittmer/Schiwy* Rn 4.
29   *Benkard* § 111 Rn 5.
30   BGH 26.6.2012 X ZR 84/11 unter Hinweis auf BGH Glasflaschenanalysesystem; BGH GRUR 2006, 429, 432 Schlank-Kapseln.
31   BGH 15.3.2011 X ZR 58/08 IIC 43 (2012), 228 monoklines Metazachlor.
32   *Schulte* Rn 12.
33   Vgl BGH NJW 1997, 1309; *Benkard* Rn 12.
34   BGH 15.3.2011 X ZR 58/08 IIC 43 (2012), 228 monoklines Metazachlor; vgl zur ZPO BGH BauR 2010, 248.

Die Berufung ist **zulässig**, wenn wenigstens ein Berufungsangriff geführt wird, mit dem in zulässiger **15** Form eine Rechtsverletzung geltend gemacht wird, die, läge sie vor, geeignet wäre, das angefochtene Urteil ganz oder teilweise zu Fall zu bringen.[35]

Anders verhält es sich, wenn der Berufungsangriff keinen Erfolg hat und die Berufung weiter auf einen **16** in erster Instanz nicht geltend gemachten Nichtigkeitsgrund gestützt wird; insoweit ist die Berufung **unzulässig**.[36] Sie ist auch unzulässig, wenn nicht aufgezeigt wird, weshalb die vom BPatG gegebene Begründung unrichtig sein soll. Hat sich das BPatG auf mehrere Argumentationen gestützt, die seine Entscheidung selbstständig tragen, muss sich die Berufungsbegründung mit jeder von ihnen auseinandersetzen.[37]

Hat der **berufungsführende Kläger** mehrere Nichtigkeitsgründe erfolglos geltend gemacht, seine Be- **17** rufung aber nur hinsichtlich eines der Nichtigkeitsgründe begründet, ist die Berufung hinsichtlich der anderen Nichtigkeitsgründe unzulässig;[38] im Tenor muss das allerdings wegen des übereinstimmenden Klageziels nicht zum Ausdruck kommen.[39] Anders verhält es sich im Fall der Klageabweisung unter Übergehen eines in erster Instanz geltend gemachten Nichtigkeitsgrunds, der mit der Berufung nicht wieder aufgegriffen wird, jedenfalls soweit dieser Nichtigkeitsgrund in den Tatbestand des angefochtenen Urteils eingegangen ist; eine ausdrückliche Wiederholung des Vortrags ist dann entbehrlich und das erstinstanzliche Angriffsmittel wirkt im Berufungsverfahren fort.[40]

Hatte die Nichtigkeitsklage in erster Instanz schon aufgrund eines geltend gemachten Nichtigkeits- **18** grunds Erfolg, sind auf die **Berufung des Beklagten** auch die weiteren, in erster Instanz vom Kläger geltend gemachten, in den Tatbestand des angegriffenen Urteils eingegangen, vom BPatG aber nicht geprüften Nichtigkeitsgründe Verfahrensgegenstand, ohne dass es deren ausdrücklicher erneuter Geltendmachung, etwa im Weg der Anschlussberufung, bedarf[41] (ein Hinweis des Klägers, dass diese weiter verfolgt werden, ist aber jedenfalls zweckmäßig).

Verhalten des Berufungsbeklagten. Haben mehrere Kläger das Patent in unterschiedlichem Um- **19** fang angegriffen und ist dieses daraufhin in vollem Umfang für nichtig erklärt worden, kann in der Verteidigung dieser Entscheidung in vollem Umfang durch einen Kläger, der das Patent nur teilweise angegriffen hatte, stillschweigende Klageänderung liegen.

Rügen, mit denen neuer Tatsachenstoff eingeführt werden soll, sind schwierig zu führen und von **20** vornherein nicht allzu aussichtsreich; mehr Erfolg verspricht es zu rügen, dass die Begründung des erstinstanzlichen Urteils das Recht verletzt, weil sie an durchgreifenden Rechtsfehlern leidet. Die Berufung, die den festgestellten Sachverhalt angreifen will, muss eine Begründung enthalten, warum die **Bindung an die festgestellten Tatsachen** ausnahmsweise nicht bestehen soll.[42] Soll etwa etwa geltend gemacht werden, das BPatG habe den falschen Fachmann (mit anderem Horizont) zugrunde gelegt, ist darzulegen, dass in erster Instanz vorgetragen wurde, dass der Fachmann ein anderer ist als vom BPatG zugrunde gelegt, und dass die Annahme des BPatG, der Fachmann sei gleichwohl ein anderer, aufgrund (vorzutragender) konkreter Anhaltspunkte Zweifeln an ihrer Richtigkeit begegnet, die eine Neufeststellung durch den BGH erfordern (§ 117 PatG iVm § 529 Abs 2 Nr 1 ZPO). Einführung weiteren Tatsachenstoffs kommt weiter dann in Betracht, wenn Vorbringen verfahrensfehlerhaft nicht berücksichtigt worden ist, so, wenn entscheidungserheblicher Vortrag zum StdT oder zu Prioritätsfragen übergangen, das rechtl Gehör nicht gewahrt wurde[43] oder wenn die Zurückweisung verspäteten Vorbringens fehlerhaft erfolgt ist.[44] Wenn der

---

35 BGH GRUR 2013, 363 Polymerzusammensetzung.
36 BGH 15.3.2011 X ZR 58/08 IIC 43 (2012), 228 monoklines Metazachlor.
37 Vgl *Engel* Mitt 2013, 377.
38 BGH GRUR 2010, 660 Glasflaschenanalysesystem; BGH 19.4.2011 X ZR 144/07; *Benkard* Rn 14; *Engel* Mitt 2013, 377; für das Verfahren nach der ZPO BGH GRUR 2006, 429 Schlank-Kapseln; vgl BGH GRUR 2000, 872 Schiedsstellenanrufung.
39 BGH 4.2.2010 X a ZR 4/07.
40 Vgl BGH GRUR 2004, 532 Nassreinigung, in einer Patentstreitsache zum Berufungsrecht vor der ZPO-Reform.
41 *Keukenschrijver* Patentnichtigkeitsverfahren[6] Rn 491; *Benkard* Rn 14; vgl zur früheren Regelung in der ZPO vor der Reform BGH GRUR 2004, 532 Nassreinigung.
42 *Fitzner/Lutz/Bodewig* Rn 9 meint, dass dieser Vortrag nicht notwendiger Inhalt der Begründungsschrift sei.
43 Vgl zum Beschwerdeverfahren BGH GRUR 2011, 851 Werkstück.
44 Im einzelnen *Engel* Mitt 2013, 377.

Berufungsführer neue Angriffs- oder Verteidigungsmittel vorbringen will, muss er dartun, warum er diese nicht bereits in erster Instanz vorgebracht hat.[45]

IV. Anwendbarkeit von Verfahrensvorschriften der ZPO

21 Die Anwendbarkeit der Bestimmungen der ZPO über die vorbereitenden Schriftsätze (§§ 129 ff ZPO; vgl Rn 19 zu § 110) ergibt sich aus der Verweisung in Abs 4 auf § 110 Abs 5.[46]

§ 113
(Vertretung)

[1]**Vor dem Bundesgerichtshof müssen sich die Parteien durch einen Rechtsanwalt oder einen Patentanwalt als Bevollmächtigten vertreten lassen.** [2]**Dem Bevollmächtigten ist es gestattet, mit einem technischen Beistand zu erscheinen.**

Schrifttum: *Gruber* Schweizerische Rechts- und Patentanwälte im deutschen Marken- und Patentverfahren, GRUR Int 2014, 1125.

A. Entstehungsgeschichte

1 Die durch das PatRVereinfModG neu gefasste Regelung entspricht dem früheren § 111 Abs 4. Trotz der Annäherung des Nichtigkeitsberufungsverfahrens an ein Revisionsverfahren ist davon abgesehen worden, die Vertretung durch einen beim BGH zugelassenen Anwalt vorzuschreiben. Da auch weiterhin technische Fragen der Neuheit und der erfinderischen Tätigkeit im Mittelpunkt stehen werden, ist den Parteien die Entscheidung überlassen, sich durch einen Rechtsanwalt oder einen Patentanwalt oder beide vertreten zu lassen.[1] Dies entspricht auch den praktischen Gegebenheiten, denn nicht für alle Verfahren stehen in ausreichender Zahl mit dem Nichtigkeitsberufungsverfahren vertraute BGH-Anwälte zur Verfügung.

B. Vertretungszwang

I. Grundsatz

2 Vor dem BGH herrscht – anders als in erster Instanz – Anwaltszwang; die Regelung begründet diesen bereits für die Berufungseinlegung.[2] Die Bestimmung über den Inlandsvertreter (§ 25) ist im Verfahren vor dem BGH unanwendbar; die Bestimmungen über das Nichtigkeitsberufungsverfahren gehen vor.[3] Ob es zunächst der Bestellung eines Inlandsvertreters bedarf, hat der BGH offengelassen;[4] aus dem Vorhandensein eines Inlandsvertreters als in jeder Lage des Verfahrens zu berücksichtigender Sachurteilsvoraussetzung wird dies aber zu bejahen sein.[5]

---

45 Vgl *Fitzner/Lutz/Bodewig* Rn 14.
46 Vgl *Fitzner/Lutz/Bodewig* Rn 16; *Mes* § 112 nF Rn 21; zum Fehlen einer allg Verweisung auf die ZPO *Mes* § 112 nF Rn 1.

1 Begr BTDrs 16/11339 S 35 = BlPMZ 2009, 316.
2 Vgl Begr 2. PatGÄndG BlPMZ 1998, 393, 406.
3 BGH GRUR 1994, 360 Schutzüberzug für Klosettbrillen, zu § 121 aF.
4 BGH Schutzüberzug für Klosettbrillen.
5 Vgl den BGH 10.7.2013 X ZR 98/11 zugrunde liegenden Sachverhalt; aA *Benkard* Rn 9.

II. Umfang

Die Regelung ist weder auf die Klagerücknahme noch auf die Berufungsrücknahme anwendbar, so- **3** fern die Berufung von einer nicht postulationsfähigen Person eingelegt wurde (vgl Rn 14 zu § 102).[6] Klagerücknahme und Berufungsrücknahme können dann auch durch den nicht Postulationsfähigen erfolgen.

III. Vertretungsberechtigung

Vertretungsberechtigt ist jeder bei einem dt Gericht zugelassene Rechtsanwalt – nicht notwendig ein **4** beim BGH zugelassener Anwalt, ein solcher wird durch die Regelung aber nicht ausgeschlossen; BGH-Anwälte treten auch häufig auf[7] – und jeder nach der PatAnwO zugelassene Patentanwalt, nicht dagegen ein Patentassessor (§ 155 PatAnwO) oder Erlaubnisscheininhaber (§ 160 PatAnwO; § 177 PatAnwO aF).[8] Wegen der häufig nicht unerheblichen verfahrensrechtl Probleme sollte die Auswahl des oder der Vertreter(s) sorgfältig bedacht werden.

Dabei ist die **Zulassung als solche** aus Gründen der Rechtsklarheit und Rechtssicherheit maßgeb- **5** lich; dass die (unionsrechtskonformen) Zulassungsvoraussetzungen erfüllt sind, reicht nicht aus, erst recht nicht, dass die Voraussetzungen der Zulassung zur Eignungsprüfung erfüllt sind;[9] Wiedereinsetzung in die versäumte Berufungs- und Berufungsbegründungsfrist wurde in diesem Fall versagt.[10] Ein nicht mehr zugelassener Patentanwalt, dem gestattet ist, sich weiterhin Patentanwalt zu nennen, ist nicht vertretungsberechtigt.[11] Berufungseinlegung durch einen nicht Vertretungsberechtigten rechtfertigt allenfalls dann die Wiedereinsetzung, wenn das Gericht einen Vertrauenstatbestand geschaffen hat.[12]

Auch Rechtsanwälte und Patentanwälte aus der **Europäischen Union und dem Europäischen** **6** **Wirtschaftsraum** können auftreten, soweit sie berechtigt sind, ihre berufliche Tätigkeit unter einer der in der Anlage zu § 1 des Gesetzes über die Tätigkeit europäischer Rechtsanwälte in Deutschland vom 9.3.2000[13] oder zu § 1 des Gesetzes über die Eignungsprüfung für die Zulassung zur Patentanwaltschaft vom 6.7.1990[14] in der jeweils geltenden Fassung genannten Berufsbezeichnungen auszuüben, wenn sie auf Antrag in die Patentanwaltskammer aufgenommen sind (§§ 154a, 154b PatAnwO);[15] andernfalls kommt ihre Mitwirkung als Beistand (Satz 2) in Betracht.

Die Vertretungsberechtigung (jedoch nicht die Möglichkeit, als Inlandsvertreter zu fungieren) gilt **7** auch für **Schweizer Rechtsanwälte und Patentanwälte**, da diese nach dem Abk vom 21.6.1999 zwischen der EG und ihren Mitgliedstaaten einerseits und der Schweizerischen Eidgenossenschaft andererseits über die Freizügigkeit[16] im Bereich der Union Dienstleistungsfreiheit genießen.[17] Die Patentanwälte wurden durch Art 47 des 2. KostRMoG vom 23.7.2013[18] in den Anwendungsbereich des Gesetzes über die Eignungsprüfung für die Zulassung zur Patentanwaltschaft (Rn 6) ausrücklich einbezogen.

Anwälte als Partei können sich selbst vertreten.[19] **8**

IV. Bei **Kündigung oder Niederlegung des Mandats** wirkt die Vollmacht nach § 87 ZPO fort.[20] **9**

---

6 Nach *Benkard* Rn 2 und *Fitzner/Lutz/Bodewig* Rn 3 grds auch für die Berufungsrücknahme; eine Ausnahme soll aber für die Klagerücknahme gelten, solange der Nichtigkeitskläger in der Berufungsinstanz noch keinen Vertreter bestellt hat; abw wie hier *Fitzner/Lutz/Bodewig* § 110 Rn 21 Fn 92 unter Hinweis auf BGH NJW-RR 1994, 754.

7 Vgl *Benkard* Rn 3; *Fitzner/Lutz/Bodewig* Rn 4.

8 Ebenso *Fitzner/Lutz/Bodewig* Rn 4.

9 BGH GRUR 2014, 508 IP-Attorney (Malta); BGH 12.2.2014 X ZR 66/13; vgl *Benkard* Rn 4.

10 Inhaltlich übereinstimmende Beschlüsse BGH 24.11.2014 X ZR 42/13 und X ZR 66/13.

11 BGH Mitt 2001, 137 widerrufene Zulassung.

12 Vgl BGH 24.11.2014 X ZR 42/13; BGH 24.11.2014 X ZR 66/13.

13 BGBl I 182; maßgebliche Fassung durch das EurRAÄndG BGBl 2003 I 2074 = BlPMZ 2003, 407.

14 BGBl I 1349, 1351.

15 Vgl BGH GRUR 2005, 313 Aufnahme in die Patentanwaltskammer; BGH IP-Attorney (Malta); BGH 12.2.2014 X ZR 66/13.

16 BGBl 2001 II 810.

17 Vgl KG 3.6.2008 1 W 385/06; *Gruber* GRUR Int 2014, 1125.

18 BGBl 2013 I 2586, Auszug in BlPMZ 2013, 403.

19 BGH GRUR 1987, 353 Sonnendach; *Benkard* Rn 5; *Fitzner/Lutz/Bodewig* Rn 4; *Schulte* Rn 3.

20 BGH GRUR 1994, 360 Schutzüberzug für Klosettbrillen.

10 C. Im Termin können sich die Parteien **technischer Beistände** bedienen. Eine besondere Qualifikation ist nicht gefordert, liegt aber im wohlverstandenen Interesse der Partei.[21] Der Wortlaut der Bestimmung begrenzt die Zahl der Beistände nicht. Das vom Beistand Vorgetragene gilt als Parteivortrag, soweit es nicht von der Partei sofort widerrufen oder berichtigt wird (§ 90 Abs 2 ZPO).[22] Als Beistand können auch Patentassessoren und Erlaubnisscheininhaber auftreten.

§ 114
(Prüfung der Zulässigkeit; weiteres Verfahren)

(1) [1]Der Bundesgerichtshof prüft von Amts wegen, ob die Berufung an sich statthaft und ob sie in der gesetzlichen Form und Frist eingelegt und begründet ist. [2]Mangelt es an einem dieser Erfordernisse, so ist die Berufung als unzulässig zu verwerfen.

(2) Die Entscheidung kann durch Beschluss ergehen.

(3) Wird die Berufung nicht durch Beschluss als unzulässig verworfen, so ist Termin zur mündlichen Verhandlung zu bestimmen und den Parteien bekannt zu machen.

(4) [1]§ 525 der Zivilprozessordnung gilt entsprechend. [2]Die §§ 348 bis 350 der Zivilprozessordnung sind nicht anzuwenden.

A. Entstehungsgeschichte

1 Die durch das PatRVereinfModG vom 31.7.2009 neu gefasste Regelung nimmt die früheren §§ 113, 114 auf. Abs 1, 2 entsprechen § 522 Abs 1 ZPO. Die wesentlich weiter gehende Regelung in § 522 Abs 2, 3 ZPO (Zurückweisung durch einstimmigen Beschluss, geänd mWv 27.10.2011) ist nicht anwendbar.

B. Prüfung der Zulässigkeit

I. Zuständigkeit

2 Zuständig für die Zulässigkeitsprüfung ist der Senat, nicht der Vorsitzende oder der Berichterstatter;[1] diese können jedoch auf Bedenken gegen die Zulässigkeit hinweisen.

II. Amtsprüfung

3 Die Prüfung erfolgt vAw.[2] Zu prüfen sind neben Einhaltung von Form und Frist bei Berufungsschrift und Berufungsbegründungsschrift auch die übrigen Zulässigkeitserfordernisse[3] (Statthaftigkeit, formelle Beschwer, Rechtsschutzbedürfnis). Der Berufungsführer kann sich auch nach neuem Verfahrensrecht darauf beschränken, die Patentfähigkeit abw von der Beurteilung durch das BPatG zu bewerten und

---

21 Vgl *Benkard* Rn 6.
22 *Fitzner/Lutz/Bodewig* Rn 5; *Schulte* Rn 4.

1 Ebenso *Benkard* Rn 3; *Fitzner/Lutz/Bodewig* Rn 3.
2 *Mes* § 114 nF Rn 3.
3 Begr 2. PatGÄndG BlPMZ 1998, 393, 406.

zugleich aufzuzeigen, aus welchen Gründen er die Entscheidung für falsch hält; darin ist iSd § 112 Abs 3 Nr 2 die Erklärung enthalten, dass die Rechtsverletzung in einer fehlerhaften Anwendung der maßgeblichen Bestimmungen liege.[4]

III. Entscheidung

Die Berufung wird, sofern die Zulässigkeitsvoraussetzungen nicht erfüllt sind, nach Gewährung **4** rechtl Gehörs[5] als unzulässig verworfen. Die Entscheidung kann durch Urteil ergehen,[6] nach Abs 2 aber auch durch Beschluss. Die Berufung wird in diesem Fall grds auf Kosten des Berufungsführers verworfen. Mündliche Verhandlung ist freigestellt; auch Zwischenurteile können ohne mündliche Verhandlung ergehen.[7] Die Bejahung der Zulässigkeit kann auch durch Zwischenurteil erfolgen (näher Rn 16 zu § 119).

Der die Berufung als unzulässig verwerfende Beschluss ist der **Rechtskraft** fähig. Dagegen erwächst **5** ein Beschluss, der die Zulässigkeit der Berufung feststellt, nicht in Rechtskraft.[8] Das folgt schon daraus, dass Zulässigkeitsvoraussetzungen nachträglich entfallen können. Jedoch wird man, soweit die Sachlage unverändert geblieben ist, Selbstbindung des Berufungsgerichts annehmen müssen.[9]

IV. Anfechtung

Ein Rechtsmittel gegen den die Berufung als unzulässig verwerfenden Beschluss ist nicht vorgese- **6** hen.[10]

C. Terminsbestimmung

Erfolgt keine Verwerfung als unzulässig, ist **Verhandlungstermin** zu bestimmen und den Parteien **7** bekanntzumachen (Abs 3). Die Bestimmung entspricht § 523 Abs 1 Satz 2 ZPO. Im September 2015 war bis Ende April 2016 terminiert.

Terminsbestimmung erfolgt durch den **Vorsitzenden**. **8**

D. Verfahrensgrundsätze

I. Allgemeines

Abs 4 Satz 1 ordnet die entspr Anwendbarkeit von § 525 ZPO an, nach dem auf das weitere Verfahren **9** die für das erstinstanzliche Verfahren (also insb die §§ 81–84 und nicht die Bestimmungen für das Verfahren vor den Landgerichten, wie die nicht ganz geglückte Verweisung vermuten lassen könnte)[11] anzuwenden sind, soweit sich aus den Bestimmungen der §§ 110 ff nichts Abweichendes ergibt.

II. Verfahren bis zur mündlichen Verhandlung

1. Kein Vorverfahren. Ein schriftliches Vorverfahren ist nicht vorgesehen,[12] jedoch werden regelmä- **10** ßig vorbereitende Schriftsätze gewechselt. Der Termin findet – anders als nach der Neuregelung in der ZPO – immer vor dem Senat statt. Einer Güteverhandlung bedarf es nicht.[13]

---

4   BGH GRUR 2013, 1279 Seitenwandmarkierungsleuchte; BGH 26.6.2012 X ZR 84/11; *Mes* Rn 3.
5   *Benkard* Rn 4; *Fitzner/Lutz/Bodewig* Rn 4.
6   *Benkard* Rn 4; aA *Mes* Rn 4; wohl auch *Büscher/Dittmer/Schiwy* Rn 1.
7   Entscheidungen beim BGH ohne mündliche Verhandlung zB BGH GRUR 2010, 861 Schnellverschlusskappe; BGH 13.10.2009 X ZR 159/05 NZG 2010, 139 KT und BGH 13.10.2009 X ZR 160/05 NZG 2010, 139 KT (jeweils Zwischenurteile).
8   Vgl aber *Schulte* Rn 5.
9   Vgl *Benkard* Rn 5; *Fitzner/Lutz/Bodewig* Rn 4.
10 Begr 2. PatGÄndG BlPMZ 1998, 393, 406; *Schulte* Rn 6; vgl *Fitzner/Lutz/Bodewig* Rn 4.
11 Vgl *Benkard* Rn 7; *Mes* Rn 8; aA wohl *Schulte* Rn 9; unklar *Büscher/Dittmer/Schiwy* Rn 2.
12 Vgl *Benkard* Rn 9.
13 *Fitzner/Lutz/Bodewig* Rn 5.

Keukenschrijver

11   2. Eine Entscheidung durch den **Einzelrichter** kommt im Hinblick auf die geltende Spezialregelung generell nicht in Betracht (dies stellt der wegen der allg Verweisung auf die ZPO-Bestimmungen erforderliche Abs 4 Satz 2 klar).[14] Daran dürfte auch die Aufgabe der früheren Rspr zum Einzelrichter beim BGH[15] nichts geänd haben;[16] allerdings ist beim X. Zivilsenat im Mitwirkungsplan 2016 der Vorsitzende als Einzelrichter bestimmt. Dass eine Zuweisung an den vorbereitenden Einzelrichter (§ 527 ZPO) möglich sein soll, wird teilweise (zu Unrecht) bejaht.[17]

12   **3. Zustellung.** Zuzustellen sind Berufungsschrift und Berufungsbegründung, und zwar jeweils für sich und unverzüglich nach Eingang. Die Zustellung erfolgt vAw nach den Regeln der ZPO, nicht nach § 127. Die Zustellung der Berufungsschrift setzt voraus, dass die Berufung wirksam eingelegt ist, anders als nach früherem Recht ist die Gebührenzahlung aber nicht Voraussetzung. Auf die Zulässigkeit kommt es für die Zustellung nicht an.[18] Werden die für die Zustellung erforderlichen beglaubigten Abschriften nicht eingereicht, werden diese vom Gericht angefertigt und die Schreibauslagen werden dem Berufungskläger in Rechnung gestellt.[19]

13   Das **Empfangsbekenntnis** (§ 174 Abs. 4 ZPO) dient zum Nachweis der Zustellung an einen Anwalt. Widerlegung der Richtigkeit ist möglich; es gelten die Regeln des Freibeweises.[20]

14   **4. Aussetzung des Verfahrens** ist nach § 148 ZPO möglich. Sie kann in Betracht kommen, um parallele Beweisaufnahmen zu vermeiden.[21]

III. Vorbereitung der mündlichen Verhandlung

15   Der weiterhin entspr anwendbare § 273 Abs 1 ZPO ermöglicht prozessleitende Maßnahmen des Gerichts, seines Vorsitzenden oder eines anderen Mitglieds (vgl § 273 Abs 2 ZPO). Hiervon hat der BGH schon vor Inkrafttreten der Neuregelung im Weg der Fristsetzung (§ 273 Abs 2 Satz 1 ZPO) Gebrauch gemacht. Die Frist kann verlängert werden; ihre Nichteinhaltung führt, wenn sie nicht durch zumutbare Maßnahmen des Gerichts ausgeglichen werden kann, zur Zurückweisung des verspäteten Vorbringens.

16   Üblich ist nach Eingang der Berufungsschrift die im Anhang wiedergegebene **prozessleitende Verfügung**.

17   In Betracht kommen auch **Zeugen**vernehmungen, insb zur Aufklärung von Vorbenutzungen, oder die Einnahme eines Augenscheins durch das Gericht, einen beauftragten oder ersuchten (§ 157 GVG) Richter. Die Möglichkeit, zur Beweisaufnahme das BPatG einzuschalten, ist anders als nach dem nur in einem einzigen Fall angewendeten § 115 Abs 2 aF nicht mehr vorgesehen.

18   Der **Untersuchungsgrundsatz** ist für das Berufungsverfahren anders als vor Inkrafttreten des PatRVereinfModG (§ 115 Abs 1 aF) nicht mehr im Gesetz verankert. Er wird im Nichtigkeitsberufungsverfahren grds nicht mehr anzuwenden sein.[22]

19   Die Einreichung von **Übersetzungen** richtet sich nicht nach § 125 Abs 2, da diese Bestimmung nur für das Verfahren vor dem DPMA und vor dem BPatG gilt, sie kann aber nach § 142 Abs 3 ZPO in entspr Anwendung angeordnet werden.[23] Als zur Vorlage verpflichtet wird man jedenfalls die Partei ansehen müssen, die sich auf die Urkunde bezogen hat, weiter die materiell beweisbelastete[24] (vgl Rn 96 f zu § 82). Der

---

14   *Fitzner/Lutz/Bodewig* Rn 5; *Büscher/Dittmer/Schiwy* Rn 2; vgl BGH NJW-RR 2005, 584.

15   BGH NJW 2015, 2194 unter Aufgabe von BGH NJW-RR 2005, 584.

16   Zu eng daher die auf die Erinnerung gegen den Kostenansatz in vor Inkrafttreten des 2. KostRModG eingeleiteten Verfahren beschränkte Entscheidung BGH 19.10.2015 X ZR 54/11 Vv Entscheidungszuständigkeit.

17   So *Benkard*[10] § 115 Rn 2; zutr dagegen *Mes* Rn 9; *Benkard* Rn 11 hält dies nunmehr für unzweckmäßig.

18   *Benkard* § 110 Rn 17.

19   *Schulte*[8] § 112 Rn 4; vgl auch *Schulte* § 110 Rn 23.

20   Vgl zur ZPO BGH NJW-RR 2012, 509.

21   Vgl BGH Beschl vom 16.5.2000 X ZR 81/98.

22   *Benkard* Rn 8.

23   Vgl *Bacher/Nagel* GRUR 2001, 873 f; BGH 22.7.2003 X ZR 176/01, wo außerdem ohne Begründung § 184 GVG und Art II § 3 IntPatÜG aF herangezogen werden.

24   *Bacher/Nagel* GRUR 2001, 873 f stellen die Anforderung in das Ermessen des Gerichts, was uU zu abw Ergebnissen (Vorlagepflicht des Berufungsklägers) führen kann; vgl auch *Hesse* Mitt 1972, 47, 49, der grds auf die Beweislast abstellt.

BGH fordert die Übersetzungen im allg beim Berufungskläger ein. Hiervon ist wiederholt dann abgewichen worden, wenn der Patentinhaber Berufungskläger ist und das Material vom Nichtigkeitskläger vorgelegt und im bisherigen Verfahren nicht aufgegriffen worden ist.[25] Sind mehrere Parteien Berufungskläger, kann wahlweise auf alle zugegriffen werden.[26] Holt der BGH die Übersetzung selbst ein, kann Vorschuss eingefordert werden.

Für die Einholung eines das Verfahren früher beherrschenden **Sachverständigengutachtens** wird **20** infolge der Beschränkung des zweitinstanzlichen Prozessstoffs nur mehr ausnahmsweise Raum sein.[27]

§ 115
(Anschlussberufung)

(1) [1]**Der Berufungsbeklagte kann sich der Berufung anschließen.** [2]**Die Anschließung ist auch statthaft, wenn der Berufungsbeklagte auf die Berufung verzichtet hat oder die Berufungsfrist verstrichen ist.**

(2) [1]**Die Anschließung erfolgt durch Einreichung der Berufungsanschlussschrift bei dem Bundesgerichtshof und ist bis zum Ablauf von zwei Monaten nach der Zustellung der Berufungsbegründung zu erklären.** [2]**Ist dem Berufungsbeklagten eine Frist zur Berufungserwiderung gesetzt, ist die Anschließung bis zum Ablauf dieser Frist zulässig.**

(3) [1]**Die Anschlussberufung muss in der Anschlussschrift begründet werden.** [2]**§ 110 Abs 4, 5 und 8 sowie § 112 Abs 3 gelten entsprechend.**

(4) **Die Anschließung verliert ihre Wirkung, wenn die Berufung zurückgenommen oder verworfen wird.**

A. Entstehungsgeschichte; Regelungsgehalt

Das PatRVereinfModG vom 31.7.2009 hat erstmals eine eigenständige Regelung über die Anschluss- **1** berufung gebracht, die sich zuvor nach den Regelungen in der ZPO vor Inkrafttreten des ZPO-RG richtete (näher *7. Aufl*). Nunmehr ist die Anschlussberufung in Anlehnung an die §§ 524, 554 ZPO geregelt und zeitlich begrenzt.

B. Anschlussberufung

I. Grundsatz

Die Anschlussberufung[1] ist kein eigenständiges Rechtsmittel, sondern zur („Haupt")Berufung akzes- **2** sorisch.[2] Die Neuregelung kennt die frühere selbstständige Anschlussberufung nicht mehr; jedoch kann

---

25 Vgl BGH 14.5.2009 X a ZR 149/07: Anforderung beim Berufungsführer nur, soweit das BPatG die angefochtene Entscheidung auf die Entgegenhaltungen gestützt hat, im übrigen bei der Partei, die die Entgegenhaltung eingeführt hat; BGH 28.11.2012 X ZR 41/11, dort Anforderung von nicht maschinell gefertigten Übersetzungen.
26 Vgl BGH 15.7.2008 X ZR 30/07.
27 So in BGH GRUR 2013, 164 Führungsschiene; BGH 19.3.2013 X ZR 148/11.

1 Zur Anschlussberufung des Nebenintervenienten BGH GRUR 1961, 572 Metallfenster; BGH 30.11.1978 X ZR 32/76 Überzugsvorrichtung, nicht in GRUR.
2 *Fitzner/Lutz/Bodewig* Rn 2; *Büscher/Dittmer/Schiwy* Rn 2; vgl *Benkard* Rn 2.

             Keukenschrijver

der Gegner des Berufungsführers selbstständig Berufung einlegen, die dann den allg Regeln unterliegt.[3] § 115 betrifft lediglich die „unselbstständige" Anschlussberufung.[4]

3   Die Anschlussberufung setzt eine Beschwer nicht voraus.[5] Sie kann, **anders als die Berufung selbst,** auch allein wegen der Kosten eingelegt werden.[6] Mit ihr kann volle Klageabweisung auch dann verlangt werden, wenn der Patentinhaber in der ersten Instanz das Patent nur beschränkt verteidigt hatte.[7] Außerdem kann die Abweisung der Klage als unzulässig begehrt werden, wenn sie als unbegründet erfolgt ist.[8] Die Anschließung kann auch zur Stellung eines Hilfsantrags, insb einer eingeschränkten Verteidigung, erfolgen.[9] Der Kläger kann seinen Angriff gegen das Streitpatent auch dann im Weg der Anschlussberufung erweitern, wenn er nicht Berufungsführer ist,[10] jedoch sind die Grenzen zu beachten, die sich aus §§ 116, 117 ergeben.[11]

II. Statthaftigkeit

4   Die Anschlussberufung kann nur vom Berufungsbeklagten und seinem Streithelfer eingelegt werden.[12] Sie setzt voraus, dass der Gegner gegen das Urteil Berufung eingelegt hat und dass diese zum Zeitpunkt der Einlegung noch nicht als unzulässig verworfen worden oder zurückgenommen ist (vgl auch Rn 8).[13] Sie ist auch dann statthaft, wenn der Berufungsbeklagte auf die Berufung verzichtet hat[14] oder die Berufungsfrist verstrichen ist (Abs 1 Satz 2 entspr § 524 Abs 2 Satz 1 ZPO). Nach Einlegung der („Haupt"-) Berufung erklärter Verzicht auf die Anschlussberufung steht dagegen der wirksamen Einlegung entgegen.[15]

III. Form

5   Die Anschlussberufung wird durch Einreichung der Berufungsanschlussschrift beim BGH erhoben (Abs 2 Satz 1 1. Halbs entspr § 524 Abs 1 Satz 2 ZPO). Jedoch wurde stillschweigende Anschließung als zulässig angesehen.[16] Die Anschließung kann innerprozessual bedingt erfolgen.[17] Mündliche Erklärung genügt nicht.[18]

IV. Frist

6   Die Anschließung ist bis zum Ablauf von zwei Monaten nach der Zustellung der Berufungsbegründung (§ 112) schriftsätzlich zu erklären (Abs 2 Satz 1 2. Halbs); die Fristregelung weicht damit von der in § 524 Abs 2 ZPO ab.[19] Sofern dem Berufungsbeklagten wie regelmäßig eine Frist zur Berufungserwiderung gesetzt ist, kann die Anschlussberufung nur bis zum Ablauf dieser Frist eingelegt werden (Abs 2

---

3   *Fitzner/Lutz/Bodewig* Rn 2; *Mes* § 115 nF Rn 5, 13.
4   Vgl *Benkard* Rn 2; *Schulte* Rn 3; *Fitzner/Lutz/Bodewig* Rn 2; *Mes* § 115 nF Rn 5.
5   BGH GRUR 2004, 138 dynamisches Mikrofon; BGH GRUR 1965, 480 Harnstoff; *Benkard* Rn 3; *Fitzner/Lutz/Bodewig* Rn 5; *Mes* § 115 nF Rn 3; *Büscher/Dittmer/Schiwy* Rn 2.
6   BGH Liedl 1959/60, 372 Antennenantriebsvorrichtung; vgl BGH dynamisches Mikrofon; *Benkard* Rn 3; *Fitzner/Lutz/ Bodewig* Rn 5; aA offenbar *Mes* Rn 11.
7   BGH Harnstoff; BGH GRUR 1996, 757 Zahnkranzfräser; BGH 23.6.1983 X ZR 1/80 Schulte-Kartei PatG 110–121 Nr 10 Spiegelteleskop; *Benkard* Rn 3; *Mes* § 115 nF Rn 3.
8   BGH GRUR 2010, 992 Ziehmaschinenzugeinheit II; *Benkard* Rn 3.
9   Vgl *Zöller* ZPO § 524 Rn 3, 17.
10   Vgl BGH 23.1.2007 X ZR 235/02; BGH GRUR 2012, 180 Werbegeschenke, Markensache; *Fitzner/Lutz/Bodewig* Rn 5.
11   *Fitzner/Lutz/Bodewig* Rn 5.
12   *Fitzner/Lutz/Bodewig* Rn 4.
13   *Fitzner/Lutz/Bodewig* Rn 3, 9.
14   *Benkard* Rn 4; *Mes* § 115 nF Rn 5.
15   *Fitzner/Lutz/Bodewig* Rn 4.
16   Vgl *Zöller* ZPO § 524 Rn 6 mwN.
17   *Fitzner/Lutz/Bodewig* Rn 6.
18   *Zöller* ZPO § 524 Rn 8.
19   Vgl *Fitzner/Lutz/Bodewig* Rn 7.

Satz 2). Dies kann auch zu einer Fristverlängerung gegenüber der gesetzlichen Frist führen (vgl Rn 40 zu § 110).[20]

V. Begründung

Die Anschlussberufung muss in der Berufungsanschlussschrift begründet werden (Abs 3 Satz 1). Die **8** §§ 110 Abs 4, 5, 8 und 112 Abs 3 gelten entspr (Abs 3 Satz 2). Abw soll die Begründung innerhalb noch offener Berufungsbegründungsfrist erfolgen können, soweit diese bei Anschließung noch nicht abgelaufen ist.[21]

VI. Wirkungslosigkeit

Die Anschlussberufung verliert ihre Wirkung, wenn die Berufung zurückgenommen oder verworfen **8** wird (Abs 4 entspr § 524 Abs 4 ZPO). Wenn nach Teilnichtigerklärung in erster Instanz von mehreren berufungsführenden Klägern nur einzelne ihre auf weitergehende Nichtigerklärung gerichtete Berufung zurücknehmen, dürfte dies entspr jüngster Rspr des BGH,[22] wonach (auch) auf Klägerseite notwendige Streitgenossenschaft vorliege (vgl Rn 55 zu § 81; Rn 11 zu § 110), daraus ein Wirkungsverlust nicht abzuleiten sein; sofern man dieser Auffassung nicht folgt, ergäbe sich ein Wirkungsverlust, weil die Teilnichtigerklärung in dem einen verbundenen Verfahren rechtskräftig würde und damit als Änderung der Patentlage (vgl zur Beachtlichkeit im Verletzungsprozess Rn 255 vor § 143) auch im Nichtigkeitsverfahren zu beachten wäre.[23] Zurückweisung der Berufung wirkt sich dagegen auf die Anschlussberufung nicht aus.[24] Die Kosten einer wirkungslosen Anschlussberufung trägt grds der („Haupt")Berufungsführer.[25]

VII. Rücknahme der Anschlussberufung ist jederzeit möglich; sie kann auch im Nichtweiterverfolgen **9** in der mündlichen Verhandlung liegen und führt zur Kostenauferlegung entspr § 516 Abs 3 ZPO iVm § 121.[26]

VIII. Verfahren

Die Anschlussberufung ist dem Gegner zuzustellen, dem zugleich eine Frist zur Stellungnahme ge- **10** setzt werden kann (Abs 3 Satz 2 iVm § 110 Abs 8, § 521 Abs 1, 2 Satz 1 ZPO).[27] § 132 Abs 1 Satz 1 ZPO (vorbereitende Schriftsätze) und nicht § 274 Abs 3 ZPO (Einlassungsfrist) ist anzuwenden, so dass, sofern der die Anschlusserklärung enthaltende Schriftsatz nicht so rechtzeitig eingereicht wird, dass er mindestens eine Woche vor der mündlichen Verhandlung zugestellt werden kann, der Gegner Anspruch auf Vertagung oder Schriftsatznachlass hat.[28] Durch die Befristung der Anschlussberufung wird sich diese Problematik kaum mehr stellen können.

§ 116
(Prüfungsumfang; Klageänderung)

(1) Der Prüfung des Bundesgerichtshofs unterliegen nur die von den Parteien gestellten Anträge.

(2) Eine Klageänderung und in dem Verfahren wegen Erklärung der Nichtigkeit des Patents oder des ergänzenden Schutzzertifikats eine Verteidigung mit einer geänderten Fassung des Patents sind nur zulässig, wenn

---

20 AA offenbar *Fitzner/Lutz/Bodewig* Rn 7.
21 *Fitzner/Lutz/Bodewig* Rn 8.
22 BGH 27.10.2015 X ZR 11/13 Vv Fugenband.
23 Dies wird noch von *Keukenschrijver* Patentnichtigkeitsverfahren⁶ (2016) Rn 454 erwogen.
24 *Büscher/Dittmer/Schiwy* Rn 6.
25 Vgl *Fitzner/Lutz/Bodewig* Rn 10.
26 BGH Bausch BGH 1994–1998, 135, 149 Mischbehälterentleerung.
27 *Benkard* Rn 7.
28 BGH 22.2.2005 X ZR 183/01 Mengendosierer, Ls in Mitt 2005, 506.

1. der Gegner einwilligt oder der Bundesgerichtshof die Antragsänderung für sachdienlich hält und

2. die geänderten Anträge auf Tatsachen gestützt werden können, die der Bundesgerichtshof seiner Verhandlung und Entscheidung über die Berufung nach § 117 zugrunde zu legen hat.

A. Entstehungsgeschichte; Regelungsgehalt

1   Die Vorgängerbestimmung betraf die mündliche Verhandlung. Die geltende Regelung ist durch das PatRVereinfModG vom 31.7.2009 eingeführt worden. Sie enthält Vorschriften über die Prüfung des erstinstanzlichen Urteils durch den BGH. Die Bindung an die Berufungsanträge bedeutet keine sachliche Änderung gegenüber der früheren Rechtslage. Neu eingestellt ist die Regelung in Abs 2 über die Klageänderung im Berufungsverfahren.[1]

B. Prüfungsumfang

2   Die Prüfung erfolgt auch im Berufungsverfahren nur innerhalb der von den Parteien gestellten Anträge (Abs 1). Die Bindung an die Berufungsanträge entspricht den §§ 528 und 557 Abs 1 ZPO.[2] Dabei ist der Antrag des Berufungsführers notwendigerweise auf zumindest teilweise Abänderung der angefochtenen Entscheidung gerichtet. Der Berufungsgegner wird regelmäßig die zumindest teilweise Zurückweisung der Berufung begehren. Maßgeblich sind die in der mündlichen Verhandlung zuletzt gestellten Anträge.[3]

3   Neben der Bindung an die Berufungsanträge besteht wie in erster Instanz auch Bindung an die geltend gemachten Nichtigkeitsgründe (vgl Rn 75 zu § 82; Rn 16 zu § 112). Ein **Nichtigkeitsgrund**, der erst nach einem Hinweis nach § 83 Abs 1 geltend gemacht worden ist, den das BPatG aber sachlich beschieden hat, fällt auch dann im Berufungsverfahren ohne weiteres zur Entscheidung an, wenn das BPatG offengelassen hat, ob seine Zulassung sachdienlich ist.[4]

4   Angriffs- oder Verteidigungsmittel, eine Klageänderung oder eine Verteidigung mit beschränkten Patentansprüchen, die das BPatG nicht nach § 83 Abs 4 PatG zurückgewiesen hat, können auch im Berufungsverfahren **nicht zurückgewiesen** werden.[5] Eine in erster Instanz unterbliebene Zurückweisung kann in der Berufungsinstanz nicht nachgeholt werden.[6] Zur Behandlung von erstinstanzlich zurückgewiesenen Angriffs- und Verteidigungsmitteln Rn 19 zu § 117.

5   Die Rüge einer Rechtsverletzung und der Angriff gegen den festgestellten Sachverhalt können miteinander verbunden werden.[7] Da der Berufungskläger weder neue **Tatsachen** noch neue **Beweismittel** einführen muss und dies im Rahmen der Neuregelung auch nur noch sehr eingeschränkt tun kann, sondern sich weiterhin darauf beschränken kann, das erstinstanzliche Urteil auf der von diesem berücksichtigten Tatsachengrundlage zur Überprüfung zu stellen,[8] worin die Erklärung enthalten ist, dass das Recht durch die fehlerhafte Anwendung der maßgeblichen Rechtsnormen verletzt worden ist, ist die Angabe solcher Tatsachen und Beweismittel für sich nicht Zulässigkeitsvoraussetzung.[9] Hat der Berufungskläger die Verletzung des materiellen Rechts in zulässiger Weise gerügt, hat der BGH innerhalb des mit der Beru-

---

1 Begr BTDrs 16/11339 S 35 = BlPMZ 2009, 307, 316.
2 Begr BTDrs 16/11339 S 35 = BlPMZ 2009, 307, 316.
3 Vgl *Fitzner/Lutz/Bodewig* Rn 3.
4 BGH GRUR 2015, 976 Einspritzventil.
5 BGH Einspritzventil; BGH 28.1.2016 X ZR 130/13.
6 BGH Einspritzventil; vgl *Benkard* § 117 Rn 8.
7 Vgl *Schulte* § 112 Rn 10.
8 BGH GRUR 2013, 1279 Seitenwandmarkierungsleuchte; *Benkard* § 112 Rn 13; dies übersieht *Jestaedt* FS H. Piper (1996), 695, 700.
9 BGH 26.6.2012 X ZR 84/11; vgl *König* Mitt 1998, 349, 353.

fung zur Überprüfung gestellten Streitgegenstands die materiellrechtl Beurteilung durch das BPatG in vollem Umfang auf Rechtsfehler zu überprüfen (§ 529 Abs 2 Satz 2 ZPO); er ist – anders als bei Verfahrensrügen – an die geltend gemachten Berufungsgründe nicht gebunden.[10] Bdkl ist daher das Unterlassen der Prüfung der Auffassung des BPatG, die Beklagte habe ihre Haupt- und Hilfsanträge als geschlossene Anspruchssätze verstanden wissen wollen, durch den BGH.[11] Die verletzte Rechtsnorm muss nicht genannt werden.[12] Dass das BPatG weder im angefochtenen Urteil noch in seinem Hinweis nach § 83 auf die vom Kläger angezogenen Entgegenhaltungen eingegangen ist, begründet für sich gesehen noch keinen Rechtsfehler, denn es kommt (nach BGH: in Ausnahmefällen) in Betracht, dass der Gegenstand des Patents schon durch das allg Fachwissen nahegelegt ist.[13]

Der Berufungsführer ist nicht gehalten, einen **Verfahrensfehler** zu rügen; er kann sich auf die Rüge der Verletzung des materiellen Rechts beschränken.[14] Wird ein Verfahrensfehler gerügt, sind nicht nur die Einzeltatsachen zu bezeichnen, aus denen sich der geltend gemachte Verfahrensfehler ergibt, sondern es muss auch aufgezeigt werden, dass die Entscheidung auf dem Fehler beruht.[15]　**6**

Wird mit der Berufung die **Verletzung des rechtlichen Gehörs** geltend gemacht, muss in der Berufungsbegründung dargelegt werden, welcher Vortrag im Fall des unterbliebenen Hinweises gehalten worden und weshalb dieses Vorbringen entscheidungserheblich gewesen wäre.[16]　**7**

Wahrunterstellung ist anders als in § 118 Abs 1 aF (7. *Aufl* Rn 32 vor § 110) nicht mehr ausdrücklich vorgesehen, wird aber wie in erster Instanz (§ 82 Abs 2; Rn 9 zu § 82) weiterhin zu erfolgen haben, soweit der BGH eigene Feststellungen treffen kann.　**8**

C. Klageänderung; Klageerweiterung

I. Grundsatz

Die Neuregelung ermöglicht Klageänderungen[17] (zur Abgrenzung zur Klageerweiterung Rn 35 zu § 82), die grds wie in erster Instanz und auch nach Ablauf der Berufungsfrist zulässig sind,[18] nur noch in sehr eingeschränktem Umfang. Sie waren nach früherem Recht stets zuzulassen, wenn der Beklagte einwilligt oder der BGH sie für sachdienlich hält.[19] Die geltende Regelung war im Gesetzgebungsverfahren umstritten.[20] Klageerweiterung kann auch im Weg der Anschlussberufung erfolgen.[21] Weitere Voraussetzung ist nunmehr, da Klageänderung und Klageerweiterung neue Angriffsmittel sind, dass den §§ 116 Abs 2, 117 Satz 1 iVm §§ 530, 531 ZPO genügt wird. Liegen die kumulativ erforderlichen Voraussetzungen des Abs 2 Nr 1 (hierzu Rn 33 zu § 82), 2 (Rn 10 ff) nicht vor, bleibt dem Kläger nur die Möglichkeit einer erneuten Klage. Diese kann allerdings, sobald sie in die Berufungsinstanz gelangt ist, mit dem früheren Verfahren verbunden werden (§ 147 ZPO). Da der BGH weiterhin Berufungsinstanz bleibt, könnte andernfalls nicht verhindert werden, dass ohne sachliche Rechtfertigung erst in „letzter Minute" die Nichtigkeitsklage um neue Nichtigkeitsgründe erweitert wird oder der Patentinhaber die Patentansprüche in einer Weise beschränkt, die erheblichen zusätzlichen Prüfungsaufwand erfordert.[22]　**9**

10　BGH GRUR 2013, 275 Routenplanung; vgl *Benkard* Rn 17; *Mes* § 112 nF Rn 19; vgl auch BGH 19.2.2013 X ZR 152/11.

11　BGH GRUR 2015, 868 Polymerschaum II.

12　*Engel* Mitt 2013, 377.

13　BGH GRUR 2013, 1283 Druckdatenübertragungsverfahren.

14　BGH GRUR 2013, 1279 Seitenwandmarkierungsleuchte; *Benkard* § 112 Rn 15; *Mes* § 112 nF Rn 20.

15　*Benkard* § 112 Rn 15; *Engel* Mitt 2013, 377.

16　Vgl BGH GRUR 2008, 1126 Weisse Flotte, Markensache; *Benkard* § 112 Rn 16; *Fitzner/Lutz/Bodewig* § 112 Rn 13.

17　BGH Liedl 1959/60, 432, 436 Abziehgerät.

18　BGHZ 147, 137 = GRUR 2001, 730 Trigonellin; zur Sachdienlichkeit vgl BGH Bausch BGH 1994–1998, 27, 29 thermoplastische Formmassen: verneint wegen Verzögerung; bejaht in BGH 21.1.2010 X a ZR 20/06, weil umfassende Erledigung der Auseinandersetzung ermöglicht wird.

19　BGH GRUR 2008, 90 Verpackungsmaschine, zur Klagewerweiterung.

20　Vgl *Lunze/Hessel* Mitt 2009, 433, 437 f; *Büscher/Dittmer/Schiwy* Rn 3.

21　BGH Schlafwagen; BGH Liedl 1965/66, 328 ff Brutapparat.

22　Begr BTDrs 16/11339 S 35 = BlPMZ 2009, 307, 316.

II. Voraussetzungen

10   **1. Einwilligung des Gegners.** Die Klageänderung kommt zunächst in Betracht, wenn der Gegner – auch durch rügelose Einlassung auf sie[23] – in sie einwilligt (Abs 2 Nr 1 1. Alt).

11   **2. Sachdienlichkeit.** Alternativ zur Einwilligung (mit der meist nicht zu rechnen sein wird) genügt es, sofern kumulativ die weitere Voraussetzung nach Rn 12 erfüllt ist,[24] dass der BGH die Klageänderung für sachdienlich hält (Abs 2 Nr 1 2. Alt). Kleinlichkeit ist auch in der Berufungsinstanz nicht angebracht.[25] Sachdienlichkeit wurde bejaht, wenn der neue Antrag im wesentlichen einem in erster Instanz ange- kündigten Antrag entsprach und mit den Änderungen Hinweisen des BPatG zur Zulässigkeit der Pa- tentansprüche der betr Antragsfassung Rechnung getragen wurde.[26] Damit dürfte die Anwendung des unbestimmten Rechtsbegriffs der Sachdienlichkeit der bisherigen großzügigen Praxis entsprechen.[27] Sachdienlichkeit soll zu bejahen sein, wenn das Vorgehen prozesswirtschaftlich ist, so, wenn sich durch die Zulassung ein weiterer Prozess vermeiden lässt.[28]

12   **3. Stützung auf relevante Tatsachen.** Weiter ist nunmehr, da Klageänderung und Klageerweiterung neue Angriffsmittel sind,[29] kumulativ zu Einwilligung oder Sachdienlichkeit erforderlich, dass die geänd Anträge auf Tatsachen gestützt werden können, die der BGH seiner Verhandlung und Entscheidung über die Berufung nach § 117 zugrunde zu legen hat (Rn 7 ff zu § 117). Weitere Voraussetzung ist, dass der Rege- lung in Abs 2 und § 117 Satz 1 iVm §§ 530, 531 ZPO (keine Zurückweisung in der ersten Instanz, in erster Instanz erkennbar übersehener oder für unerheblich gehaltener Gesichtspunkte oder Nichtgeltendma- chung in erster Instanz infolge Verfahrensfehlers oder Nichtgeltendmachung in erster Instanz, ohne dass dies auf Nachlässigkeit beruht; hierzu Rn 11 ff zu § 117) genügt wird; dies wird ihrer Zulassung vielfach entgegenstehen.[30] Stützung auf relevante Tatsachen ist immer gegeben, wenn sich der zugrunde zu legen- de Sachverhalt nicht ändert.[31]

D. Geänderte Verteidigung des Patents

13   Die Bestimmung in Abs 2 betrifft nur die geänd (eingeschränkte) Verteidigung des Patents im Nich- tigkeitsverfahren und nicht auch das Zwangslizenzverfahren. Insoweit gelten im Nichtigkeitsverfahren die gleichen Regelungen wie zur Klageänderung und zur Geltendmachung neuer Angriffsmittel. Eine zeitliche Grenze für die geänd Verteidigung besteht grds nicht, zumal, da sich deren Erforderlichkeit erst im Verlauf der mündlichen Verhandlung ergeben mag.[32] Die Regelung, mit der verhindert werden soll, dass der Pa- tentinhaber die Patentansprüche in einer Weise beschränkt, die einen erheblichen zusätzlichen Prüfungs- aufwand erfordert,[33] ist nicht unproblematisch, weil sie im Einzelfall verhindern kann, dass sich der Pa- tentinhaber auf eine Fassung des Patents zurückzieht, mit der er dieses noch mit Erfolg verteidigen kann, und dem Patentinhaber anders als dem Nichtigkeitskläger die Möglichkeit der Klagerücknahme und er- neuten Klage nicht zur Verfügung steht.[34] Dies gilt insb dann, wenn keine neuen Tatsachen zu berücksich-

---

23   So auch *Benkard* Rn 4; *Fitzner/Lutz/Bodewig* Rn 6.

24   *Benkard* Rn 4; *Mes* § 116 nF Rn 3.

25   Vgl zur früheren Rechtslage BGH Liedl 1959/60, 432, 436 Abziehgerät; BGH GRUR 2001, 730 Trigonellin, insoweit nicht in BGHZ; BGH Bausch BGH 1994–1998, 27, 29 thermoplastische Formmassen, dort Sachdienlichkeit wegen Verzögerung verneint; BGH Bausch BGH 1994–1998, 327, 334 Auspreßvorrichtung; *Schulte* Rn 6; *Büscher/Dittmer/Schiwy* Rn 5; *Lunze/Hessel* Mitt 2009, 433, 439; vgl *Fitzner/Lutz/Bodewig* Rn 7 f.

26   BGH GRUR 2015, 463 Presszange.

27   Vgl. *Lunze/Hessel* Mitt 2009, 433, 438.

28   *Büscher/Dittmer/Schiwy* Rn 5.

29   Vgl *Schulte* Rn 8.

30   Vgl *Benkard* Rn 5; *Gröning* GRUR 2012, 996, 1001; vgl *Fitzner/Lutz/Bodewig* Rn 4.

31   Vgl *Engel* Mitt 2013, 377.

32   Vgl aber *Benkard* Rn 15; *Gröning* GRUR 3023, 996, 1002.

33   Begr BTDrs 16/11339 S 36 = BlPMZ 2009, 307, 316.

34   Vgl *Loschelder* GRUR 2009, 296, 299 unter Hinweis auf die Stellungnahmen von DVGRUR und der Patentanwaltskammer; *Fitzner/Lutz/Bodewig* Rn 9; *Lunze/Hessel* Mitt 2009, 433, 438 f; berechtigte Kritik auch bei *Schulte*

---

tigen sind, zB, wenn das BPatG die geschützte Lehre als nicht naheliegend angesehen hat, der BGH sie aber für naheliegend hält und sich die Auffangposition erst aus der Hereinnahme zusätzlicher Merkmale aus der Beschreibung ergibt; der Änderungsantrag der FDP-Fraktion im Rechtsausschuss des Bundestags[35] hätte dem weitgehend Rechnung getragen.

Ein sich schon aus verfassungsrechtl Gründen aufdrängender praktischer Ausweg liegt darin, die ge- **14** änd Verteidigung, die sich nicht auf eine geänd tatsächliche Grundlage stützt, als sachdienlich zuzulassen, wenn der Patentinhaber in erster Instanz **keinen begründeten Anlass hatte**, sie bereits dort vorzunehmen,[36] und wenn der BGH vor oder in der mündlichen Verhandlung einen entspr Hinweis gibt.[37] Die beschränkte Verteidigung sollte hier schon zur Vermeidung einer Überflutung mit einer Vielzahl von Verteidigungslinien[38] auch dann möglich sein, wenn ein Hinweis dahin erfolgt, dass die aktuelle Verteidigungslinie nicht erfolgversprechend sei.[39] Die erstmals in der Berufungsinstanz geltend gemachte Verteidigung des Patents mit einer geänd Fassung ist daher nach der Rspr idR zulässig, wenn der Beklagte mit der Änderung einer von der erstinstanzlichen Beurteilung abw Rechtsauffassung des BGH Rechnung trägt und den Gegenstand des Patents auf das einschränkt, was sich nach Auffassung des BPatG schon aus der erteilten Fassung ergab.[40] Zugelassen wurde eine geänd Verteidigung mit einem neuen Hilfsantrag, der sich von dem bisherigen dadurch unterschied, dass ausschließlich die Merkmale eines einzigen Unteranspruchs aufgenommen wurden und nicht mehr wie zuvor mehrerer Unteransprüche.[41] Neue Hilfsanträge können auch unter der (prozessualen) Bedingung gestellt werden, dass eine von der Gegenseite im Berufungsverfahren neu eingeführte Entgegenhaltung entscheidungserheblich wird; ist das nicht der Fall, ist über sie nicht zu befinden.[42]

Dagegen wird die geänd Verteidigung **zurückzuweisen** sein, wenn der Gegner nicht einwilligt und **15** der BGH sie deshalb für nicht sachdienlich hält, weil der Patentinhaber, zB wegen des Ausgangs des Verfahrens in erster Instanz, Anlass hatte, eine (weitere) geänd Verteidigung schon zu einem früheren Zeitpunkt, insb mit der Berufungsbegründung, einzureichen.[43] Das gilt auch, wenn der Beklagte dazu bereits in erster Instanz Veranlassung hatte; eine Veranlassung kann sich daraus ergeben, dass das BPatG in seinem Hinweis mitgeteilt hat, nach seiner vorläufigen Auffassung dürfte der Gegenstand des Streitpatents nicht auf erfinderischer Tätigkeit beruhen.[44] Die Zulässigkeit einer geänd Verteidigung ist insb dann kritisch, wenn die geänd Verteidigung eine plausible Reaktion auf den Verlauf der erstinstanzlichen Sachdiskussion oder das angefochtene Urteil und die in diesem angestellten Überlegungen oder auf den zweitinstanzlich erreichten Sach- und Streitstand ist. Es ist daher dringend zu empfehlen, die geänd Patentansprüche schon in erster Instanz bzw spätestens mit der Berufungsbegründung/-erwiderung vorzulegen und die Gründe vorzutragen, aus denen sich ergibt, dass die Zulassung sachdienlich ist.[45] Wenigstens kursorische Auseinandersetzung mit den Erfolgsaussichten der neuen Verteidigungslinie wird sich für den BGH aber auch in diesem Fall empfehlen.

Hinsichtlich der **zugrunde zu legenden Tatsachen** gilt auch im Rahmen der beschränkten Verteidi- **16** gung Abs 2 Nr 2. Hier werden sich selten Schwierigkeiten ergeben; anders aber uU, wenn für die be-

---

Rn 7, 9; *Büscher/Dittmer/Schiwy* Rn 5 f; *Benkard* Rn 9; zur Bedeutung des freien Nachschieberechts *Engel* Mitt 2013, 377; vgl auch *Keussen* Mitt 2010, 167, 170.

35 Vgl Beschlussempfehlung und Bericht BTDrs 16/13099 S 4 f = BlPMZ 2009, 326 f; zur Kritik auch DVGR GRUR 2008, 881; *Loschelder* GRUR 2009, 296, 299 f; *Mes* § 116 nF Rn 5 ff, auch mit Kriterienkatalog für die Sachdienlichkeit; *Meier-Beck* FS P. Mes (2009), 273, 281.

36 Vgl *Meier-Beck* FS P. Mes (2009), 273, 281; *Mes* § 116 nF Rn 8; *Fitzner/Lutz/Bodewig* Rn 9 f; *Engel* Mitt 2013, 377.

37 *Meier-Beck* FS P. Mes (2009), 273, 281; *Mes* § 116 nF Rn 10.

38 *Fitzner/Lutz/Bodewig* Rn 9.

39 Vgl *Benkard* Rn 8 unter Hinweis auf BGH GRUR 2014, 1026 Analog-Digital-Wandler.

40 BGH GRUR 2013, 912 Walzstraße; BGH Analog-Digital-Wandler; BGH GRUR 2016, 365 Telekommunikationsverbindung; *Benkard* Rn 10; vgl *Meier-Beck* FS P. Mes (2009), 273, 281; *Gröning* GRUR 2012, 996, 1002; *Bacher* GRUR 2013, 902.

41 BGH 20.3.2014 X ZR 128/12.

42 BGH 13.5.2014 X ZR 133/12.

43 Vgl *Meier-Beck* FS P. Mes (2009), 273, 281; *Gröning* GRUR 2012, 996; *Benkard* Rn 11; *Fitzner/Lutz/Bodewig* Rn 10; BGH 19.6.2012 X ZR 79/11.

44 BGH GRUR 2016, 365 Telekommunikationsverbindung.

45 *Engel* Mitt 2013, 377.

schränkte Verteidigung auf Stellen aus der Patentschrift zurückgegriffen wird, zu denen noch nicht vorgetragen wurde.[46]

17   **Prüfungsreihenfolge.** Dass die Zulässigkeit der eingeschränkten Verteidigung zuerst geprüft wird, ist nicht zwingend; so, wenn die Sachprüfung nicht zu einer abw Beurteilung führen kann.[47]

§ 117
(Verweisung auf die Zivilprozessordnung)

[1]**Auf den Prüfungsumfang des Berufungsgerichts, die verspätet vorgebrachten, die zurückgewiesenen und die neuen Angriffs- und Verteidigungsmittel sind die §§ 529, 530 und 531 der Zivilprozessordnung entsprechend anzuwenden. [2]Dabei tritt an die Stelle des § 520 der Zivilprozessordnung der § 112.**

Übersicht

A. Entstehungsgeschichte; Regelungsgehalt

1   Die Vorgängerbestimmung betraf die Berücksichtigung neuen Vorbringens im Termin und das rechtl Gehör. Die geltende Regelung, die hinsichtlich des Prüfungsumfangs, der verspäteten, zurückgewiesenen und neuen Angriffs- und Verteidigungsmittel insb auf die §§ 529–531 ZPO verweist, ist durch das PatRVereinfModG vom 31.7.2009 eingeführt worden (vgl Rn 8 vor § 110).

B. Nicht zu berücksichtigender Vortrag

I. Entsprechende Anwendbarkeit von Präklusionsvorschriften

2   **1. Allgemeines.** Die Einführung von Präklusionsrecht in das Berufungsverfahren soll die Parteien dazu veranlassen, schon ihren erstinstanzlichen Vortrag auf das angestrebte Verfahrensergebnis zu konzentrieren, weil nun nicht mehr die Möglichkeit besteht, Reserveerwägungen in der ersten Instanz zurückzuhalten, um sie nur im Fall des Misserfolgs dem Berufungsgericht vorzutragen. Das soll die Wirksamkeit der erstinstanzlichen Präklusion (neugefasster § 83) sichern, indem eine Flucht in die Berufung abgeschnitten wird. Es soll weiter umfassend die in der ersten Instanz wahrzunehmende Verantwortung sowohl der Parteien in Bezug auf die Vollständigkeit und Überzeugungskraft ihres Vortrags als auch des Gerichts stärken, das mit der Abfassung der tatsächlichen Feststellungen den Prozessstoff zweiter Instanz bestimmt.[1] Der Kläger ist aber grds nicht gehalten, den Angriff gegen die Patentfähigkeit auf alle denkbaren Gesichtspunkte zu stützen, insb mit einer Vielzahl unterschiedlicher Argumentationslinien zu begründen, warum der Gegenstand der Erfindung durch den StdT vorweggenommen oder nahegelegt sei.[2] Auch ist der Patentinhaber nicht ohne weiteres verpflichtet, allen vom Nichtigkeitskläger vorgetragenen An-

---

46   *Benkard* Rn 12; vgl *Gröning* GRUR 2010, 996, 1001 f; *Fitzner/Lutz/Bodewig* Rn 11.
47   Vgl BGH 19.6.2012 X ZR 79/11; kr *Benkard* Rn 14.

1   Begr BTDrs 16/11339 S 36 = BlPMZ 2009, 307, 316; vgl *Büscher/Dittmer/Schiwy* Rn 2.
2   BGHZ 194, 290 = GRUR 2012, 1236 Fahrzeugwechselstromgenerator; BGH GRUR 2013, 912 Walzstraße; BGH 8.12.2015 X ZR 132/13.

griffsmitteln mit einer Vielzahl von Hilfsanträgen entgegenzutreten.[3] Dass die Bestimmungen der ZPO, auf die verwiesen wird, nur entsprechend anzuwenden sind, soll die Möglichkeit eröffnen, die Besonderheiten des Patentnichtigkeitsverfahrens zu berücksichtigen.[4]

2. Anwendbare Bestimmungen. Die §§ 529, 530 und 531 ZPO lauten: 3

§ 529 ZPO Prüfungsumfang des Berufungsgerichts
(1) Das Berufungsgericht hat seiner Verhandlung und Entscheidung zugrunde zu legen:
1. die vom Gericht des ersten Rechtszuges festgestellten Tatsachen, soweit nicht konkrete Anhaltspunkte Zweifel an der Richtigkeit oder Vollständigkeit der entscheidungserheblichen Feststellungen begründen und deshalb eine erneute Feststellung gebieten;
2. neue Tatsachen, soweit deren Berücksichtigung zulässig ist.
(2) [1]Auf einen Mangel des Verfahrens, der nicht von Amts wegen zu berücksichtigen ist, wird das angefochtene Urteil nur geprüft, wenn dieser nach § 520 Abs. 3 geltend gemacht worden ist. [2]Im Übrigen ist das Berufungsgericht an die geltend gemachten Berufungsgründe nicht gebunden.

§ 530 ZPO Verspätet vorgebrachte Angriffs- und Verteidigungsmittel
Werden Angriffs- oder Verteidigungsmittel entgegen den §§ 520 und 521 Abs. 2 nicht rechtzeitig vorgebracht, so gilt § 296 Abs. 1 und 4 entsprechend.

§ 531 ZPO Zurückgewiesene und neue Angriffs- und Verteidigungsmittel
(1) Angriffs- und Verteidigungsmittel, die im ersten Rechtszuge zu Recht zurückgewiesen worden sind, bleiben ausgeschlossen.
(2) [1]Neue Angriffs- und Verteidigungsmittel sind nur zuzulassen, wenn sie
1. einen Gesichtspunkt betreffen, der vom Gericht des ersten Rechtszuges erkennbar übersehen oder für unerheblich gehalten worden ist,
2. infolge eines Verfahrensmangels im ersten Rechtszug nicht geltend gemacht wurden oder
3. im ersten Rechtszug nicht geltend gemacht worden sind, ohne dass dies auf einer Nachlässigkeit der Partei beruht.
[2]Das Berufungsgericht kann die Glaubhaftmachung der Tatsachen verlangen, aus denen sich die Zulässigkeit der neuen Angriffs- und Verteidigungsmittel ergibt.

§ 296 ZPO, auf den § 530 ZPO verweist, lautet auszugsweise: 4

§ 296 Abs 1, 4 ZPO Zurückweisung verspäteten Vorbringens
(1) Angriffs- und Verteidigungsmittel, die erst nach Ablauf einer hierfür gesetzten Frist (§ 273 Abs. 2 Nr 1 und, soweit die Fristsetzung gegenüber einer Partei ergeht, 5, § 275 Abs 1 Satz 1, Abs 3, 4, § 276 Abs 1 Satz 2, Abs 3, 277) vorgebracht werden, sind nur zuzulassen, wenn nach der freien Überzeugung des Gerichts ihre Zulassung die Erledigung des Rechtsstreits nicht verzögern würde oder wenn die Partei die Verspätung genügend entschuldigt.
(4) In den Fällen der Absätze 1 und 3 ist der Entschuldigungsgrund auf Verlangen des Gerichts glaubhaft zu machen.

Der Begriff des **Vorbringens** in § 296 ZPO wird umfassender zu verstehen sein als der Tatsachenbegriff des § 529 ZPO. So hat der BGH auch eine Neudefinition des Fachmanns durch den beklagten Patentinhaber nach dieser Bestimmung zurückgewiesen, weil dieses Verteidigungsmittel iSd § 531 ZPO neu sei und die Voraussetzungen für eine Zulassung neuen tatsächlichen Vorbringens nicht dargetan seien.[5] Indessen wird hieraus keine Neudefinition des verfahrensrechtl Tatsachenbegriffs abzuleiten sein; vielmehr dürfte es sich um einen sprachlichen Lapsus handeln (abw Rn 89 zu § 79). 5

II. Der Berufungsentscheidung zugrunde zu legende Tatsachen

1. Allgemeines. Der Berufungsentscheidung sind nach § 117 nurmehr bestimmte Tatsachen zugrunde zu legen. Unter Tatsachen sind in erster Linie technische Kenntnisse und Informationen zu verstehen. 6

---

3 BGH GRUR 2014, 1026 Analog-Digital-Wandler; *Benkard* Rn 1.
4 *Benkard* Rn 2; *Mes* Rn 9.
5 BGH 19.2.2013 X ZR 152/11.

Dazu gehören die Träger dieser Kenntnisse (Veröffentlichungen, Vorbenutzungshandlungen und die Daten und Umstände, wann und wie diese Kenntnisse der Öffentlichkeit zugänglich wurden). Zur Tatsachengrundlage gehört auch der sog technische Hintergrund, das Kenntnis- und Erfahrungsspektrum des Fachmanns und auch das allg Fachwissen sowie Kenntnisse zur branchenüblichen Vorgehensweise.[6] Soweit das BPatG zu einem entscheidungserheblichen Aspekt keine Feststellungen getroffen hat, ist vom BGH der erstinstanzliche Vortrag zu berücksichtigen.[7]

7   **2.** Der BGH hat seiner Entscheidung über die Berufung zunächst die **vom Patentgericht festgestellten Tatsachen** zugrunde zu legen. Diese sind grds für den BGH bindend.[8]

8   **3.** Das gilt nicht, soweit konkrete Anhaltspunkte Zweifel an der Richtigkeit oder Vollständigkeit der entscheidungserheblichen Feststellungen begründen[9] und deshalb eine **erneute Feststellung** gebieten (§ 117 iVm § 529 Abs 1 Nr 1 ZPO). Solche Anhaltspunkte[10] müssen dargelegt werden[11] oder sonst ersichtlich sein.[12] Als Feststellungen in diesem Sinn kommen auch solche in Betracht, die der Wertung durch den Fachmann zugrunde liegen, zB über die den mit Entwicklungen auf dem Gebiet der Erfindung betrauten Personen zuzurechnenden Kenntnisse.

9   Anders als § 520 ZPO, auf den § 529 Abs 2 ZPO verweist, verlangt der nach Satz 2 an seine Stelle tretende § 112 nicht, dass die Anhaltspunkte, aus denen sich Zweifel an der Richtigkeit oder Vollständigkeit der Feststellungen des BPatG ergeben sollen, in der Berufungsbegründung darzulegen sind. Da es sich dabei mithin nicht um notwendigen Inhalt der Berufungsbegründung handelt, können sie noch **nach Ablauf der Berufungsbegründungsfrist** geltend gemacht werden.[13]

10   **4.** Weiter hat der BGH seiner Entscheidung **neue Tatsachen** zugrunde zu legen, soweit deren Berücksichtigung zulässig ist (§ 117 iVm § 529 Abs 1 Nr 2 ZPO).[14] Das ist der Fall, wenn die Partei, ohne sich dem Nachlässigkeitsvorwurf auszusetzen, in erster Instanz keinen Anlass hatte, hierzu näher vorzutragen (vgl Rn 14). Neues Vorbringen ist zurückzuweisen, wenn nicht einmal ansatzweise vorgetragen wird, warum der Vortrag nicht schon in erster Instanz erfolgt ist.[15] Auch der Hinweis auf eine Nachrecherche kann für sich die Berücksichtigung nicht begründen (näher Rn 17). Zurückgewiesen kann nach der Rspr des BGH – anders als im Zivilprozess[16] – auch neues unstreitiges Vorbringen.[17]

11   **III.** Die Zulassung **neuer Angriffs- und Verteidigungsmittel** (zum Begriff Rn 10 zu § 112) ist durch § 117 iVm § 531 Abs 2 ZPO stark eingeschränkt. Diese sind nur dann zuzulassen, wenn sie einen Gesichtspunkt betreffen, der vom BPatG erkennbar übersehen oder für unerheblich gehalten worden ist (§ 531 Abs 2 Satz 1 Nr 1 ZPO), wenn sie infolge eines Verfahrensmangels vor dem BPatG nicht geltend gemacht worden sind (§ 531 Abs 2 Satz 1 Nr 2 ZPO) oder wenn sie vor dem BPatG nicht geltend gemacht worden sind, ohne dass dies auf einer Nachlässigkeit der Partei beruht (§ 531 Abs 2 Satz 1 Nr 3 ZPO).[18] Macht der Beklagte in der ersten Instanz keinen eigenständigen erfinderischen Gehalt der auf den Hauptanspruch rückbezo-

6   *Engel* Mitt 2013, 377; BGH 19.2.2013 X ZR 152/11, auch zur Neuheit von Vorbringen zur Qualifikation des Fachmanns.

7   BGHZ 194, 290 = GRUR 2012, 1236 GRUR 2012, 1236 Fahrzeugwechselstromgenerator; vgl BGH 11.8.2015 X ZR 80/13; *Benkard* Rn 4.

8   BGH GRUR 2015, 768 Coenzym Q_{10}.

9   BGH GRUR 2015, 768 Coenzym Q_{10}.; vgl *Fitzner/Lutz/Bodewig* Rn 7 ff.

10   Hierzu *Fitzner/Lutz/Bodewig* Rn 3.

11   BGH GRUR 2015, 1091 Verdickerpolymer I.

12   BGHZ 194, 290 = GRUR 2012, 1236 Fahrzeugwechselstromgenerator.

13   *Benkard* Rn 4.

14   Vgl BGH – GSZ – BGHZ 177, 212 = NJW 2008, 3434; fortgeführt in BGH NJW 2009, 685.

15   *Bacher* GRUR 2013, 902; vgl BGH 21.4.2016 X ZR 2/14.

16   Umfassende Nachweise bei *Zöller* ZPO § 531 Rn 9, 20.

17   BGHZ 198, 187 = GRUR 2013, 1272 Tretkurbeleinheit; *Benkard* Rn 18; so auch *Meier-Beck* FS P. Mes (2009), 273, 283; *Gröning* GRUR 2012, 996, 998 f, *Engel* Mitt 2013, 377; *Bacher* GRUR 2013, 902; nicht entschieden in BGH 19.2.2013 X ZR 152/11; zwd unter verfassungsrechtl Gesichtspunkten *Fitzner/Lutz/Bodewig* Rn 14.

18   Vgl *Benkard* Rn 9; Vorliegen der Voraussetzungen offengelassen in BGH 30.10.2012 X ZR 143/11; vgl auch BGH GRUR 2015, 1091 Verdickerpolymer I.

genen Unteransprüche des Streitpatents geltend und erklärt er nach richterlichem Hinweis in der mündlichen Verhandlung vor dem BPatG, dass es bei der Verteidigung der erteilten Fassung sein Bewenden haben soll, soll es sich nach Auffassung des BGH um ein neues Verteidigungsmittel handeln, wenn der Beklagte in der Berufungsinstanz das Streitpatent erstmals hilfsweise beschränkt durch die Kombination des Hauptanspruchs mit Unteransprüchen des Streitpatents verteidigt und sich zur Begründung auf einen eigenständigen erfinderischen Gehalt der Unteransprüche beruft.[19] Ist diese prozessuale Lösung vielleicht noch vertretbar, stehen dem Rekurs des BGH auf seine Rspr zum Einspruchsbeschwerdeverfahren[20] jedenfalls dieselben Bedenken entgegen wie für das Verfahren vor dem BPatG.

Für unerheblich gehalten ist ein Angriffs- oder Verteidigungsmittel in diesem Sinn insb, wenn der **12** BGH den Streitfall anders bewertet als das BPatG und es aus vom BPatG zu vertretenden Gründen an hinreichendem Parteivortrag zu den nach Auffassung des BGH entscheidungserheblichen Gesichtspunkten fehlt.[21]

Von einem **Verfahrensmangel** vor dem BPatG sind ins die Fälle betroffen, in denen gebotene Hin- **13** weise nach § 139 ZPO oder § 83 Abs 3 nicht oder nur unzureichend erteilt worden sind und in denen deshalb Vortrag unterblieben ist;[22] dies erfasst nicht den Fall, dass keine Frist zur Stellungnahme gesetzt wurde.[23]

Nachlässigkeit liegt nicht vor, wenn der Hinweisbeschluss des BPatG nach § 83 keinen Anlass gab, **14** weiteren StdT einzuführen, denn der Nichtigkeitskläger ist nicht gehalten, den Angriff gegen das Patent mit einer Vielzahl von unterschiedlichen Argumentationslinien zu begründen.[24] Lässt das BPatG in seinem Hinweis erkennen, dass es die Argumentation des Nichtigkeitsklägers in einem bestimmten Punkt für zutreffend erachtet, hat der Kläger idR keine Veranlassung, zu diesem Punkt in erster Instanz weitere Angriffsmittel vorzutragen.[25] Greift es in seinem Hinweis nur einzelne Angriffsmittel des Klägers auf, hat der Beklagte idR keinen Anlass, zusätzlich zu Hilfsanträgen, die dem erteilten Hinweis Rechnung tragen, vorsorglich weitere Hilfsanträge im Hinblick auf Angriffsmittel zu stellen, auf die das BPatG in seinem Hinweis nicht eingegangen ist oder die es als nicht aussichtsreich eingeschätzt hat.[26] Wenn sich das BPatG mit einem bestimmten Begriff nicht in dem vom Kläger verstandenen Sinn befasst hat, kann der Gegner im Berufungsverfahren uU noch darauf reagieren.[27] Nachlässigkeit liegt auch nicht vor, wenn erst eine geänd Prozesslage weiteren Vortrag notwendig macht, etwa die Verteidigung mit eingeschränkten Patentansprüchen, mit denen nicht gerechnet werden musste.[28] Sie ist grds zu verneinen, wenn das neue Angriffs- oder Verteidigungsmittel erst nach Schluss der erstinstanzlichen mündlichen Verhandlung entstanden ist oder im Weg der Abtretung erworben wurde.[29] Erachtet das BPatG das Streitpatent in der Fassung eines Hilfsantrags, den der Beklagte erst in der mündlichen Verhandlung nach einem Hinweis des Gerichts gestellt oder erst mit der Berufungsbegründung vorgelegt hat, für rechtsbeständig, ist ein neues Angriffsmittel (Vorlage weiterer Entgegenhaltungen), das aus erstmals im zweiten Rechtszug eingeführten technischen Informationen einer Entgegenhaltung hergeleitet werden soll, zuzulassen, wenn für den Kläger aus dem Hinweis nicht erkennbar war, dass das BPatG den Gegenstand des Hilfsantrags als (möglicherweise) patentfähig ansah;[30] das gilt auch im umgekehrten Fall.[31] Nicht als nachlässig sollte es angesehen werden, wenn erst gegenüber dem nicht fachkundig besetzten BGH technische Hintergrundinformationen ausführlicher dargestellt werden.[32]

---

19 BGH GRUR 2016, 365 Telekommunikationsverbindung.
20 BGHZ 173, 47 = GRUR 2007, 862 Informationsübermittlungsverfahren II.
21 *Benkard* Rn 11 unter Hinweis auf BGHZ 158, 295 = NJW 2004, 2152f; vgl *Fitzner/Lutz/Bodewig* Rn 15.
22 BGHZ 198, 187 = GRUR 2013, 1272 Tretkurbeleinheit; *Fitzner/Lutz/Bodewig* Rn 16; *Mes* Rn 16.
23 *Benkard* Rn 12f.
24 BGHZ 194, 290 = GRUR 2012, 1236 Fahrzeugwechselstromgenerator; BGH GRUR 2013, 912 Walzstraße; vgl *Benkard* Rn 14; BGH 11.8.2015 X ZR 80/13.
25 BGH Walzstraße; vgl BGH 2.6.2015 X ZR 56/13; *Mes* Rn 13.
26 BGH GRUR 2014, 1026 Analog-Digital-Wandler.
27 BGH GRUR 2016, 361 Fugenband.
28 *Engel* Mitt 2013, 377.
29 BGH GRUR 2012, 853 Treppenlift, Verletzungssache, zum Entnahmeeinwand.
30 BGH GRUR 2015, 365 Zwangsmischer; *Benkard* Rn 15.
31 BGH 21.4.2015 X ZR 19/13; BGH 21.4.2015 X ZR 74/13.
32 *Benkard* Rn 16.

15   Anders wurde die Sachlage beurteilt, wenn der Kläger den Hauptanspruch erst nach einem Hinweis des BPatG angriff, dass der angegriffene Patentanspruch vom Hauptanspruch getragen werde, der Kläger, der den Hauptanspruch erst nach diesem Hinweis mit bestimmten Entgegenhaltungen angriff, erst aus dem Urteil erfuhr, dass dieser Angriff nicht trug und der Kläger nunmehr im Berufungsverfahren eine weitere Entgegenhaltung vorlegte, die vom BGH zurückgewiesen wurde, weil **fehlende Nachlässigkeit nicht dargelegt** wurde.[33] Erforderlich ist in diesem Fall mithin eine Begründung, warum die Nichtvorlage in erster Instanz nicht auf Nachlässigkeit beruhte. Nachlässig ist es auch, vor Erhebung einer Patentnichtigkeitsklage eine das Patent betreffende Einspruchsentscheidung nicht auszuwerten.[34]

16   Ob ein in der Berufungsinstanz, dh nach Schluss der mündlichen Verhandlung vor dem BPatG, geltend gemachtes **Angriffsmittel neu** ist, bestimmt sich nicht danach, ob es bereits in erster Instanz erwähnt oder zu den Akten gereicht worden ist, sondern danach, ob der (technische) Sachvortrag, für den sich die Partei auf das Dokument stützen will, in hinreichend konkreter Form bereits in der ersten Instanz gehalten worden ist.[35] Die Vorlage eines Parteigutachtens in zweiter Instanz stellt nicht notwendigerweise neues Vorbringen dar. Der auf das Gutachten gestützte Parteivortrag ist nicht neu, wenn durch die Ausführungen des Gutachters Vorbringen aus der ersten Instanz zusätzlich konkretisiert, verdeutlicht oder erläutert wird.[36] Berufungsvorbringen, das auf eine bereits in erster Instanz vorgelegte Entgegenhaltung gestützt wird, ist aber neu, wenn zu der konkreten technischen Information und den Anregungen zu der erfindungsgemäßen Lehre, die der Fachmann nach dem Berufungsvortrag der Schrift entnehmen soll, vor dem BPatG nicht vorgetragen worden ist.[37] Darauf, ob Vorveröffentlchung und Inhalt außer Streit stehen, kommt es nicht an (Rn 10).

17   Angriffs- und Verteidigungsmittel, die **erst nach Ablauf der Berufungsbegründungs- oder -erwiderungsfrist vorgebracht** werden, sind nur zuzulassen, wenn nach der freien Überzeugung des BGH ihre Zulassung die Erledigung des Rechtsstreits nicht verzögern würde oder wenn die Partei die Verspätung genügend entschuldigt, wobei der Entschuldigungsgrund auf Verlangen des BGH glaubhaft zu machen ist (§ 117 iVm § 530 ZPO, § 296 Abs 1, 4 ZPO, § 112).[38] Abzustellen ist auf einen „absoluten" Verzögerungsbegriff.[39] Betroffen können vor allem Parteigutachten sei, deren Fertigstellung innerhalb der Berufungsbegründungsfrist vielfach nicht möglich sein wird; hier hat sich die Partei im Rahmen des Zumutbaren aber um Beschleunigung zu bemühen.[40] Die Entschuldigungsmöglichkeit betrifft daneben Material, das dem Kläger ohne Fahrlässigkeitsvorwurf nicht bekannt war.[41] Wer neuen Prozessstoff einführen will, hat konkret darzulegen, aufgrund welcher Tatsachen dieser neue Prozessstoff zugelassen ist und vom BGH bei seiner Entscheidung berücksichtigt werden muss (§ 112 Abs 3 Nr 2 Buchst c). Beruft sich der Kläger darauf, eine Entgegenhaltung erst durch eine nach Erlass des erstinstanzlichen Urteils durchgeführte Recherche aufgefunden zu haben, ist das hierauf gestützte Angriffsmittel nur dann zuzulassen, wenn der Kläger dartut, dass die Entgegenhaltung mit einem sachgerecht gewählten Suchprofil bei der für die Begründung der Patentnichtigkeitsklage durchgeführten Recherche nicht aufgefunden werden konnte; allein, dass die Nachrecherche breiter angelegt war, ist als Begründung nicht ausreichend.[42] Erforderlich ist mithin eine stichhaltige Begründung, warum die Nichtvorlage in erster Instanz nicht auf Nachlässigkeit beruhte. Dargelegt werden muss das Suchprofil der erstinstanzlichen Recherche, warum dieses Profil (und nicht das später erfolgreiche) gewählt wurde, und dass bei dem gewählten Suchprofil der in zweiter Instanz vorgebrachte Angriff nicht geführt werden konnte.[43]

---

33   BGH GRUR 2013, 1174 Mischerbefestigung; vgl *Mes* Rn 14.
34   BGH 8.12.2015 X ZR 132/13.
35   BGHZ 194, 290 = GRUR 2012, 1236 Fahrzeugwechselstromgenerator; BGH 28.1.2016 X ZR 130/13.
36   BGH Fahrzeugwechselstromgenerator; BPatG 20.8.2013 3 ZA (pat) 22/13; *Mes* Rn 12.
37   BGH Fahrzeugwechselstromgenerator; *Benkard* Rn 10.
38   Vgl *Fitzner/Lutz/Bodewig* Rn 20.
39   *Fitzner/Lutz/Bodewig* Rn 21 mwN.
40   Vgl *Benkard* Rn 6.
41   Vgl *Lunze/Hessel* Mitt 2009, 433, 437.
42   BGHZ 198, 187 = GRUR 2013, 1272 Tretkurbeleinheit; BGH 22.9.2015 X ZR 53/13; *Benkard* Rn 17; *Mes* Rn 15; vgl *Bacher* GRUR 2013, 902; *Deichfuß* Mitt 2015, 49, 52f; wohl großzügiger („vernünftiger Rechercheaufwand") *Lunze/Hessel* Mitt 2008, 433, 437; *Fitzner/Lutz/Bodewig* Rn 17.
43   *Deichfuß* Mitt 2015, 49, 53.

Ein **generelles Novenverbot** (Neuerungsverbot) besteht im dt Berufungsverfahren – anders als in **18** Österreich[45] – nicht.

Angriffs- und Verteidigungsmittel, die im ersten Rechtszug zu Recht **zurückgewiesen** worden sind, **19** bleiben ausgeschlossen (§ 117 iVm § 531 Abs 1 ZPO). Der BGH hat nur zu prüfen, ob die Zurückweisung zu Recht erfolgt ist; ist dies zu bejahen, darf er die Angriffs- und Verteidigungsmittel nicht berücksichtigen.[46]

IV. Die in zulässiger Weise erhobene Rüge der Verletzung des materiellen Rechts eröffnet innerhalb **20** des zur Überprüfung gestellten Streitgegenstands die Überprüfung der materiellrechtl Beurteilung durch das BPatG in vollem Umfang ohne Bindung an die geltend gemachten Berufungsgründe (Rn 5 zu § 116). Verfahrensrügen sind dagegen nur beachtlich, wenn sie innerhalb der Berufungsbegründungsfrist erhoben werden (§ 529 Abs 2 ZPO, § 112 Abs 3 Nr 2 Buchst b), sofern es sich nicht um vAw zu berücksichtigende Mängel handelt.[47]

C. Der BGH kann die **Glaubhaftmachung** der Tatsachen verlangen, aus denen sich die Zulässigkeit **21** der neuen Angriffs- und Verteidigungsmittel ergibt (§§ 531 Abs 2 Satz 2, 296 Abs 4 ZPO).[48] Hierzu kann sich der Verpflichtete aller Beweismittel einschließlich der eidesstattlichen Versicherung bedienen; eine Beweisaufnahme, die nicht sofort stattfinden kann, ist allerdings unstatthaft (§ 294 ZPO).

§ 118
(Mündliche Verhandlung; Ladungsfrist)

(1) [1]Das Urteil des Bundesgerichtshofs ergeht auf Grund mündlicher Verhandlung. [2]§ 69 Abs. 2 gilt entsprechend.

(2) Die Ladungsfrist beträgt mindestens zwei Wochen.

(3) Von der mündlichen Verhandlung kann abgesehen werden, wenn
1. die Parteien zustimmen oder
2. nur über die Kosten entschieden werden soll.

(4) [1]Erscheint eine Partei im Termin nicht, so kann ohne sie verhandelt und durch streitiges Urteil entschieden werden. [2]Erscheint in dem Termin keine der Parteien, ergeht das Urteil auf Grund der Akten.

A. Entstehungsgeschichte; Regelungsgehalt

Die geltende Regelung ist durch das PatRVereinfModG vom 31.7.2009 eingeführt worden. Die Abs 1–3 **1** entsprechen dem früheren § 116. Mündliche Verhandlung ist weiterhin obligatorisch; Ausnahmen sind in Abs 3 geregelt. § 116 Abs 3 Nr 2 wurde nicht beibehalten, weil § 110 Abs 8 nunmehr auf die ZPO verweist. Der neue Abs 4 Satz 1 entspricht der Rspr des BGH. In Abs 4 Satz 2 ist die Bestimmung des früheren Abs 2 übernommen.

B. Mündliche Verhandlung ist grds notwendig, außer bei Verwerfung der Berufung im Beschluss- **2** weg (§ 114 Abs 2), Zustimmung der Parteien (Abs 3 Nr 1) oder Entscheidung nur über einen Rechtsverlust (nunmehr über die Regelung der Anwendung der Bestimmungen der ZPO, § 116 Abs 8, § 516 ZPO, erfasst und deshalb nicht mehr ausdrücklich geregelt) oder Kosten (Abs 3 Nr 2).[1]

Öffentlichkeit. Die Verhandlung ist grds öffentlich (Abs 1 iVm § 69 Abs 2, der auf §§ 172–175 GVG ver- **3** weist).[2]

---

45 Vgl öOPM öPBl 2011, 90, 94 Formkörper (Katalysator).
46 *Benkard* Rn 7; *Schulte* Rn 5; *Fitzner/Lutz/Bodewig* Rn 12.
47 BGH GRUR 2013, 275 Routenplanung; *Fitzner/Lutz/Bodewig* Rn 22.
48 Vgl *Benkard* Rn 20; *Fitzner/Lutz/Bodewig* Rn 18.

1 Vgl *Benkard* Rn 2; *Fitzner/Lutz/Bodewig* Rn 3; *Mes* Rn 9.
2 Vgl *Fitzner/Lutz/Bodewig* Rn 3.

4   **C.** Die **Ladung** einer Partei zu Händen des früheren Vertreters ist auch nach Mandatsniederlegung wirksam, weil der frühere Vertreter nach § 87 Abs 1 ZPO bis zur Bestellung des neuen Anwalts weiter als Vertreter gilt.[3] Grds ist die Ladung auch bei Zeugen und Sachverständigen erforderlich; der BGH hat anstelle der Zeugenladung vielfach veranlasst, dass diese von den Parteien gestellt werden.[4]

5   Die **Ladungsfrist** beträgt wie schon früher mindestens zwei Wochen (Abs 2).

D. Säumnis einer Partei

6   Die Vorschriften der ZPO über das Säumnisverfahren sind unanwendbar.[5] Erscheint der Prozessbevollmächtigte nicht, kann ohne ihn verhandelt und muss streitig entschieden werden (Abs 4 Satz 1).[6] Niederlegung des Prozessmandats (wie der Inlandsvertretung, s hierzu Rn 2 zu § 113) durch den Vertreter des Berufungsführers nach Berufungseinlegung berührt die Zulässigkeit der Berufung nicht.[7]

7   **E.** Auch bei **Säumnis beider Parteien** kann verhandelt werden; in diesem Fall wird nach Aktenlage entschieden (Abs 4 Satz 2).[8] § 251a ZPO (Erfordernis früherer Verhandlung) ist nicht entspr anwendbar.[9]

F. Niederschrift

8   Die Neuregelung enthält keine eigenständigen Bestimmungen über die Niederschrift mehr. Nach Wegfall der Regelung in § 119 aF bietet es sich an, auf die Bestimmungen der ZPO zurückzugreifen. Jedenfalls ist die Praxis des BGH, bei der Vernehmung von Zeugen, der Anhörung des Sachverständigen usw grds kein Inhaltsprotokoll aufzunehmen (und keinen „Berichterstattervermerk" zu erstellen), auch durch § 161 ZPO iVm § 160 Abs 3 Nr 4, 5 ZPO gedeckt.[10] Übernimmt ein Richter die Protokollierung (beim BGH bisher nicht üblich, jedoch wird die Zuziehung des Protokollführers auf die Zeit begrenzt, in der sie notwendig ist), genügt die Unterschrift des Vorsitzenden[11] (abw Rn 5 zu § 92); dies gilt auch, soweit ohne Protokollführer verhandelt wird (so auch die Praxis beim BGH).

9   **G.** Die Verhandlung endet mit der **Verkündung des Urteils** (zur Verkündung Rn 29 zu § 119; zum Inhalt des Urteils Rn 18 ff zu § 119).

§ 119
(Aufhebung und Zurückverweisung; eigene Sachentscheidung)

(1) Ergibt die Begründung des angefochtenen Urteils zwar eine Rechtsverletzung, stellt die Entscheidung selbst aber aus anderen Gründen sich als richtig dar, so ist die Berufung zurückzuweisen.

(2) [1]Insoweit die Berufung für begründet erachtet wird, ist das angefochtene Urteil aufzuheben. [2]Wird das Urteil wegen eines Mangels des Verfahrens aufgehoben, so ist zugleich das Verfahren insoweit aufzuheben, als es durch den Mangel betroffen wird.

---

3   Vgl *Schulte* Rn 13.
4   Vgl *Benkard* Rn 5.
5   Vgl Begr BTDrs 16/11339 S 36 = BlPMZ 2009, 307, 316; zur früheren Rechtslage BGH GRUR 1964, 18 Konditioniereinrichtung; vgl BGH Mitt 2004, 171 Leuchter; *Benkard* Rn 10; *Fitzner/Lutz/Bodewig* Rn 4.
6   So schon BGH GRUR 1966, 107 Patentrolleneintrag; BGH GRUR 1994, 360 Schutzüberzug für Klosettbrillen; BGH GRUR 1996, 757 Tracheotomiegerät; BGH Bausch BGH 1994–1998, 272f Schlauchaufwickelvorrichtung; BGH Mitt 2004, 171f Leuchter; BGH 25.2.2003 X ZR 180/99; BGH 17.10.2006 X ZR 59/04; BGH 31.7.2007 X ZR 150/03.
7   BGH Schutzüberzug für Klosettbrillen.
8   Vgl schon BGH GRUR 1994, 360 Schutzüberzug für Klosettbrillen.
9   So *Benkard* Rn 9; aA noch *Mes*[2] Rn 4.
10   So auch *Benkard* § 119 Anm; vgl *Schulte*[8] § 119 Rn 2.
11   AA *Schulte*[8] § 119 Rn 3.

(3) [1]Im Falle der Aufhebung des Urteils ist die Sache zur neuen Verhandlung und Entscheidung an das Patentgericht zurückzuverweisen. [2]Die Zurückverweisung kann an einen anderen Nichtigkeitssenat erfolgen.

(4) Das Patentgericht hat die rechtliche Beurteilung, die der Aufhebung zugrunde gelegt ist, auch seiner Entscheidung zugrunde zu legen.

(5) [1]Der Bundesgerichtshof kann in der Sache selbst entscheiden, wenn dies sachdienlich ist. [2]Er hat selbst zu entscheiden, wenn die Sache zur Endentscheidung reif ist.

Übersicht

A. Entstehungsgeschichte; Gesetzessystematik

Die Vorgängerbestimmung betraf die Terminsniederschrift. Die Neufassung des § 119 durch das **1** PatRVereinfModG vom 31.7.2009 regelt die Entscheidungskompetenz im Nichtigkeitsberufungsverfahren völlig abw von der früheren Praxis, in der die eigene Sachentscheidung des BGH die Regel war. Sie entspricht im Ausgangspunkt den revisionsrechtl Bestimmungen der §§ 561–563 ZPO. Lediglich die Regelungen über die Zurückverweisung an das BPatG (Abs 5) enthalten insoweit wesentliche Abweichungen.[1]

B. Entscheidungskompetenz

I. Zurückweisung der Berufung

Abs 1 entspricht § 561 ZPO und regelt, dass ein im Ergebnis richtiges Urteil nicht deshalb aufgehoben **2** werden kann, weil die Begründung rechtsfehlerhaft ist.[2] Einer Berichtigung der Urteilsformel des angefochtenen Urteils steht dies nicht entgegen.[3]

II. Kassatorische Entscheidungen

1. Abs 2 entspricht § 562 Abs 1, 2 ZPO und sieht als Folge einer begründeten Berufung grds und als Re- **3** gelfall die **Aufhebung des erstinstanzlichen Urteils** vor. Bei Aufhebung wegen eines Verfahrensmangels ist auch das Verfahren aufzuheben, soweit es von dem Mangel betroffen ist (Abs 2 Satz 2).[4] Eine Teilaufhebung des angefochtenen Urteils ist möglich.[5]

---

1 Begr BTDrs 16/11339 S 36 = BlPMZ 2009, 307, 316 f; *Fitzner/Lutz/Bodewig* Rn 1.
2 Begr BTDrs 16/11339 S 36 = BlPMZ 2009, 307, 316 f; *Benkard* Rn 7; *Schulte* Rn 3; *Fitzner/Lutz/Bodewig* Rn 3; *Mes* § 119 nF Rn 2; *Büscher/Dittmer/Schiwy* Rn 2; BGH GRUR 2013, 1283 Druckdatenübertragungsverfahren.
3 *Schulte* Rn 4.
4 Vgl *Fitzner/Lutz/Bodewig* Rn 4; *Mes* § 119 nF Rn 3.
5 *Büscher/Dittmer/Schiwy* Rn 3.

2. Zurückverweisung

4   **a. Grundsatz.** Die Abs 3, 4 entsprechen § 563 Abs 1, 2 ZPO. Sie regeln die Zurückverweisung an das BPatG nach Aufhebung des erstinstanzlichen Urteils. Die Zurückverweisung an die Vorinstanz nach Aufhebung des Urteils stellt im Revisionsverfahren nach der ZPO den Normalfall dar, wovon nur § 563 Abs 3 ZPO eine Ausnahme enthält.[6] Die Zurückverweisung erfolgt zur neuen Verhandlung und Entscheidung. Sie erfolgt, wenn die Sache nicht zur Endentscheidung reif und die Herbeiführung der Entscheidungsreife durch den BGH nicht angezeigt ist.[7] Sie findet regelmäßig statt, wenn das BPatG eine Erstbewertung des StdT unter dem Gesichtspunkt der Patentfähigkeit noch nicht vorgenommen hat,[8] so, wenn die Klage vom BPatG fehlerhaft als unzulässig behandelt wurde, weil dann in der Sache tatsächliche Feststellungen fehlen[9] oder wenn unter fehlerhafter Verneinung der Ausführbarkeit keine Feststellungen zur Patentfähigkeit getroffen sind.[10]

5   **b.** Die **Zurückverweisung** kann **an einen anderen Nichtigkeitssenat** erfolgen (Abs 3 Satz 2). Von dieser missglückten Regelung[11] wird nur mit Zurückhaltung Gebrauch zu machen sein, weil dem anderen Senat nicht notwendig einschlägig qualifizierte technische Mitglieder zur Verfügung stehen;[12] der Geschäftsverteilungsplan des BPatG[13] versucht dies jedoch dadurch zu mildern, dass technische Mitglieder herangezogen werden, die zur Vertretung berufen sind. Eine Zurückverweisung an einen andersartigen Spruchkörper des BPatG, auch einen technischen Beschwerdesenat, ist ausgeschlossen.

6   **c. Wirkung.** Die Zurückverweisung der Sache versetzt das erstinstanzliche Verfahren in die Lage zurück, in der es sich bei Schluss der mündlichen Verhandlung vor dem BPatG befand.[14] Das BPatG hat die rechtl Beurteilung, die der Aufhebung zugrunde liegt, auch seiner Entscheidung zugrundezulegen. Dies entspricht der Regelung bei der Rechtsbeschwerde (§ 108 Abs 2 und in § 563 Abs 2 ZPO).[15] Die Bindungswirkung beschränkt sich aber auf den Fall, dass der zu beurteilende Sachverhalt gleich bleibt; sie kommt daher nur in Betracht, wenn sich der konkret zu berücksichtigende StdT nicht ändert.[16] Das gilt auch für den auf eine weitere Berufung erneut befassten BGH.[17]

7   Die Parteien können nach Zurückverweisung **neue Angriffs- und Verteidigungsmittel** in das Verfahren einführen, ohne den Einschränkungen der §§ 116, 117 und insb § 531 ZPO zu unterliegen.[18] Die Erteilung eines erneuten qualifizierten Hinweises wird nur ausnahmsweise geboten sein, weil die „Segelanweisung" des BGH diesen ersetzt.[19] Den Parteien kann eine Frist gesetzt werden, innerhalb derer sie zur Entscheidung des BGH Stellung nehmen können; nach Ablauf dieser Frist kann nach entspr Belehrung § 83 Abs 4 (Zurückweisung) angewendet werden.[20]

---

6   Begr BTDrs 16/11339 S 36 = BlPMZ 2009, 307, 316 f.
7   Vgl BGH 2013, 712 Fahrzeugscheibe.
8   BGH GRUR 2015, 1095 Bitratenreduktion; BGH 10.11.2015 X ZR 88/13.
9   Vgl *Schulte* Rn 8; die dort zitierte Entscheidung ist allerdings zum früheren Recht ergangen.
10   BGH 10.11.2015 X ZR 88/13.
11   Vgl *Schulte* Rn 9.
12   Vgl *Benkard* Rn 12.
13   BlPMZ 2015, 31, auch im Internet unter http://www.bpatg.de/cms/media/Das_Gericht/Organisation/ geschaeftsverteilung.pdf.
14   *Benkard* Rn 10; vgl zur ZPO BGH NJW 2001, 146, nicht in BGHZ 145, 256.
15   Vgl *Benkard* Rn 11; *Schulte* Rn 13; *Fitzner/Lutz/Bodewig* Rn 5; *Mes* § 119 nF Rn 6; *Büscher/Dittmer/Schiwy* Rn 5 ; BPatG 28.12.2015 4 Ni 15/10 (EP).
16   *Benkard* Rn 11; *Fitzner/Lutz/Bodewig* Rn 5; BPatG 26.2.2013 3 Ni 28/09, bestätigt durch BGH GRUR 2015, 868 Polymerschaum II.
17   Vgl BGH Polymerschaum II (Nr 41).
18   *Benkard* Rn 10; aA *Nieder* Mitt 2014, 201 ff.
19   *Benkard* Rn 10; *Nieder* Mitt 2014, 201, 203; vgl BGHZ 194, 107 = GRUR 2012, 1124 Polymerschaum I.
20   *Benkard* Rn 10.

3. Eigene Sachentscheidung

a. Grundsatz. Abw von dem in Rn 4 genannten Grundsatz ermöglicht Abs 5 dem BGH, nach seinem **8** Ermessen bei Sachdienlichkeit von einer Zurückverweisung an das BPatG abzusehen und in der Sache selbst zu entscheiden. § 563 Abs 3 ZPO sieht eine Entscheidung des Revisionsgerichts in der Sache selbst dagegen nur vor, wenn die Aufhebung des Urteils allein wegen fehlerhafter Anwendung des Gesetzes auf die tatsächlichen Feststellungen des erstinstanzlichen Gerichts erfolgt und nach eben diesen Feststellungen die Sache zur Endentscheidung reif ist. Dabei müssen sich alle zur Beurteilung nötigen Anknüpfungstatsachen aus dem Urteil des erstinstanzlichen Gerichts ergeben. Im Patentnichtigkeitsverfahren beträfe dies ausschließlich Fälle, in denen der BGH nur Tatsachen nach § 117 zugrunde zu legen hätte.[21]

b. Ermessen. Nach Abs 5 Satz 1 kann der BGH demgegenüber selbst die notwendigen Feststellungen **9** treffen und abschließend in der Sache entscheiden, wenn dies iSd Verfahrensökonomie geboten ist. Die Sachdienlichkeit einer entspr Verfahrensweise genügt.[22] Eine Zurückverweisung an das BPatG soll vermieden werden, wenn das Verfahren einfacher und schneller in der Berufungsinstanz abschließend erledigt werden kann, damit die mit einer Zurückverweisung verbundenen Zeit- und Kostennachteile für die Parteien auf das unbedingt notwendige Maß beschränkt bleiben.[23] Für die Ermessensentscheidung bleiben damit neben Fällen fehlerhafter Auslegung des Patents durch das BPatG und solchen, in denen das Vorbringen der Parteien in beiden Instanzen dem BGH eine abschließende Beurteilung aller entscheidungserheblichen Fragen ermöglicht,[24] insb solche Fälle, in denen der BGH eine noch erforderliche Beweisaufnahme oder Ermittlungen mit verhältnismäßig geringem Aufwand selbst durchführen kann.[25] Dies eröffnet auch die Möglichkeit der Einholung eines Sachverständigengutachtens durch den BGH.[26] Ergibt die mündliche Verhandlung, dass die Sache nicht zur Endentscheidung reif ist, kommt es für die Sachdienlichkeit der Zurückverweisung in erster Linie darauf an, auf welchem Weg die noch offenen Sachfragen möglichst effektiv und zügig geklärt werden können.[27]

Teilweise eigene Sachentscheidung und Zurückverweisung im übrigen ist möglich;[28] sie kommt **10** etwa in Betracht, wenn das BPatG aufgrund von ihm angenommener unzulässiger Erweiterung nicht über die Patentfähigkeit entschieden hat. Hat der BGH insoweit das Patent teilweise für nichtig erklärt und weiter die teilweise Nichtigerklärung durch das BPatG bestätigt, kann das Patent im wiedereröffneten Rechtszug vor dem BPatG nicht mehr in einer weitergehenden Fassung verteidigt werden.[29]

c. Notwendige eigene Sachentscheidung. Abs 5 Satz 2 schränkt das grds bestehende Ermessen des **11** BGH dahin ein, dass dieser selbst zu entscheiden hat, wenn die Sache zur Endentscheidung reif ist.[30] Das ist auch der Fall, wenn die fehlerhafte Beurteilung des BPatG ausschließlich auf einer unzutreffenden rechtl Beurteilung beruht.[31] Legt der BGH seiner Verhandlung ausschließlich Feststellungen des BPatG zugrunde, ist dies regelmäßig der Fall. Diese Konstellation entspricht § 563 Abs 3 ZPO im Revisionsverfahren.[32] Bei Entscheidungsreife wird das Ermessen somit auf Null reduziert.

---

21 Begr BTDrs 16/11339 S 37 = BlPMZ 2009, 307, 316 f; in BGH GRUR 2014, 54 Fettsäuren bejaht, wenn das BPatG in entscheidungserheblicher Weise unzutr Schlussfolgerungen gezogen hat, die von ihm getroffenen rehtsfehlerfreien Tatsachenfeststellungen es dem BGH aber ermöglichen, die Patentfähigkeit abschließend zu beurteilen.

22 Vgl *Benkard* Rn 14.

23 Vgl *Mes* § 119 nF Rn 7.

24 BGH GRUR 2013, 1283 Druckdatenübertragungsverfahren.

25 Begr BTDrs 16/11339 S 37 = BlPMZ 2009, 307, 316 f; vgl *Mes* § 119 nF Rn 8 f; *Büscher/Dittmer/Schiwy* Rn 6; *Meier-Beck* FS P. Mes (2009), 273, 285; *Loschelder* GRUR 2009, 296, 300 sieht hierin die einzige Möglichkeit, in der der BGH noch als Berufungsinstanz tätig sein kann.

26 Beweisbeschlüsse BGH GRUR 2013, 164 Führungsschiene; BGH 19.3.2013 X ZR 148/11.

27 BGHZ 194, 107 = GRUR 2012, 1124 Polymerschaum I; *Benkard* Rn 14; *Mes* § 119 nF Rn 8.

28 Vgl BGHZ 204, 199 = GRUR 2015, 573 Wundbehandlungsvorrichtung.

29 BPatG 28.12.2015 4 Ni 15/10 (EP).

30 *Benkard* Rn 13; *Mes* § 119 nF Rn 10; *Büscher/Dittmer/Schiwy* Rn 6; vgl BGHZ 194, 107 = GRUR 2012, 1124 Polymerschaum I; BGH GRUR 2013, 1135 Halbleiterdotierung; BGH GRUR 2014, 54 Fettsäuren.

31 BGH GRUR 2013, 275 Routenplanung.

32 Begr BTDrs 16/11339 S 37 = BlPMZ 2009, 307, 316 f; *Mes* § 119 nF Rn 10.

12   **Neue Tatsachen.** Soweit der BGH seiner Verhandlung auch bislang nicht berücksichtigten Tatsachenvortrag zugrunde legt, muss differenziert werden. Die behaupteten Tatsachen sind zunächst – nach dem Vorbild der Revision – nur zugunsten der begünstigten Partei zu unterstellen. Wenn es insoweit einer Beweisaufnahme bedürfte oder noch weitere Ermittlungen erforderlich sind, hat dies nach Abs 2, 3 grds – vorbehaltlich einer Entscheidung des BGH nach Abs 1 – die Aufhebung des erstinstanzlichen Urteils und die Zurückverweisung an das BPatG zur Folge. In den übrigen Fällen ist die Sache auch hier zur Entscheidung reif und vom BGH selbst zu entscheiden.[33]

C. Form der Entscheidung

I. Urteil

13   **1. Erforderlichkeit.** Die Entscheidung ergeht grds durch Urteil (vgl §§ 114, 118 Abs 1 und weiter § 121 Abs 2).

14   **2. Berichtigung des Urteils.** Die Tatbestandsberichtigung richtet sich wie in erster Instanz nach § 96 Abs 1, nicht nach § 320 Abs 1 ZPO.[34] Die „Auslassung" von Parteivortrag kann eine Berichtigung anders als nach der ZPO nicht rechtfertigen, sofern der Tatbestand nicht unrichtig wird, weil er etwa den Eindruck erweckt, die Partei habe einen Rechtsstandpunkt aufgegeben.[35] Für die Berichtigung sonstiger Unrichtigkeiten – auch in isolierten Kostenentscheidungen – wurden die in § 319 Abs 1 ZPO wie die in § 95 Abs 1 PatG enthaltenen Regelungen entspr herangezogen; Berichtigungsmöglichkeit wurde bejaht, wenn statt der für die Klagerücknahme vorgesehenen Rechtsfolgen die für die Berufungsrücknahme vorgesehenen ausgesprochen wurden.[36]

15   **3. Urteilsarten.** Das Urteil ist grds **Endurteil**.[37]
16   Über die Zulässigkeit der Berufung kann (positiv) durch **Zwischenurteil** entschieden werden[38] (vgl zur Zulässigkeit der Klage § 84 Abs 1 Satz 2); wird über die Zulässigkeit durch Urteil negativ entschieden, ist dieses immer Endurteil.[39] Auch insoweit konnte aber abgesonderte Verhandlung über die Zulässigkeit zweckmäßig sein, wenn bei Verneinung der Zulässigkeit die sonst durchzuführende umfangreiche und kostspielige Beweisaufnahme zur Klärung der technischen Standpunkte unterbleiben konnte;[40] dieser Gesichtspunkt wird nach neuem Berufungsrecht kaum mehr Bedeutung erlangen können. Auch über die Zulässigkeit eines gewillkürten Parteiwechsels kann durch Zwischenurteil entschieden werden.[41]
17   Über einzelne Nichtigkeitsgründe kann durch **Teilurteil** (§ 301 Abs 1 ZPO) entschieden werden, idR wird dies aber nicht in Betracht kommen. Teilurteil ergeht auch bei Abänderung der erstinstanzlich festgesetzten Sicherheitsleistung;[42] auf das Teilurteil folgt **Schlussurteil**.

4. Inhalt

18   **a. Sachausspruch.** Ist die Berufung zulässig, ist zu unterscheiden, ob sich das erstinstanzliche Urteil im Ergebnis als zutr oder als unzutr erweist, weiter der Fall mangelnder Entscheidungsreife, in dem eine

---

33   Begr BTDrs 16/11339 S 36 = BlPMZ 2009, 307, 316 f; *Mes* § 119 nF Rn 12 f.
34   BGH GRUR 1997, 119 f Schwimmrahmenbremse; *Benkard* Rn 5; *Schulte*[8] § 120 Rn 5.
35   BGH Schwimmrahmenbremse; *Benkard*[10] § 120 Rn 1.
36   BGH 11.9.2001 X ZR 121/00.
37   *Benkard* Rn 2.
38   Vgl BGH GRUR 1990, 667 Einbettungsmasse; BGHZ 113, 201 = GRUR 1991, 443 Schneidwerkzeug; BGH GRUR 1996, 865 Augentropfen; BGH Bausch BGH 1994–1998, 571 Zulässigkeit der Berufung; *Benkard* Rn 2; *Fitzner/Lutz/Bodewig* § 114 Rn 4; *Schulte* § 114 Rn 5.
39   *Benkard* Rn 2; vgl BPatG GRUR 2005, 498; unklar *Schulte* § 114 Rn 5.
40   BGH Einbettungsmasse unter Hinweis auf BGH GRUR 1965, 135, 137 Vanal-Patent; BGH GRUR 1971, 243 f Gewindeschneidvorrichtungen.
41   BGH Augentropfen.
42   ZB BGH 16.6.1992 X ZR 50/91 Bausch BGH 1986–1993, 655 Spielfahrbahn 02 [Vollstreckungskostensicherheit].

abschließende Entscheidung grds nicht ergeht (Rn 4 ff, 11). Für abgrenzbare Teile des Streitstoffs kann Entscheidungsreife teilweise vorliegen, teilweise fehlen (vgl Rn 22).

Im erstgenannten Fall wird die **Berufung zurückgewiesen**. Die Urteilsformel lautet etwa: **19**

> Die Berufung gegen das Urteil des 2. Senats (Nichtigkeitssenats) des Bundespatentgerichts vom … wird auf Kosten der Beklagten/Klägerin zurückgewiesen.

Im zweiten Fall lautet das Urteil auf **Abänderung** der Entscheidung des BPatG; bei Entscheidungsrei- **20** fe ergeht **eigene Sachentscheidung** des BGH:

> Auf die Berufung der Klägerin wird das Urteil des 3. Senats (Nichtigkeitssenats) des Bundespatentgerichts vom … aufgehoben. Das deutsche/europäische Patent … wird (mit Wirkung für das Hoheitsgebiet der Bundesrepublik Deutschland) (unter Abweisung der Klage im übrigen dadurch teilweise) für nichtig erklärt (, dass …) Die Kosten des Rechtsstreits trägt die Beklagte/Von den Kosten des Rechtsstreits tragen die Klägerin … und der Beklagte …

In Einzelfällen hat der BGH auf Klageabweisung/Zurückweisung der Berufung mit der Maßgabe, dass … erkannt.[43]

Im dritten Fall (nunmehr bei begründeter Berufung der Regelfall) erfolgen **Aufhebung** des Urteils des **21** BPatG und **Zurückverweisung**:

> Auf die Berufung der Klägerin wird das Urteil des 4. Senats (Nichtigkeitssenats) des Bundespatentgerichts vom … (nebst dem Verfahren, soweit …) aufgehoben. Die Sache wird neuer Verhandlung und Entscheidung, auch über die Kosten der Berufung, an das Bundespatentgericht (den 5. Senat des Bundespatentgerichts) zurückverwiesen.

In entspr gelagerten Fällen kommen **teilweise abschließende Entscheidung** und im übrigen Zu- **22** rückverweisung in Betracht, insb bei Selbstbeschränkung und fehlender Entscheidungsreife im Umfang der Verteidigung.

b. Zur **Kostenentscheidung** Rn 7 ff zu § 121. **23**

c. Gründe. Die grds Begründungspflicht ergibt sich aus § 114 Abs 4 iVm §§ 525, 313 ZPO.[44] § 120 statu- **24** iert hiervon eine Ausnahme (s dort). Da auf die Regelung in § 540 ZPO nicht verwiesen wird, ist eine Erset- zung des Tatbestands durch die Bezugnahme auf die tatsächlichen Feststellungen im angefochtenen Urteil mit Darstellung etwaiger Änderungen und Ergänzungen anders als im Berufungsverfahren nach der ZPO nicht vorgesehen.[45] Der Aufbau entspricht im wesentlichen dem beim Urteil erster Instanz. Jedoch referiert der BGH nunmehr anders als früher nach einem ersten Abschnitt der Entscheidungsgründe, in dem der Gegenstand des Streitpatents und dessen Auslegung behandelt werden, in einem zweiten Abschnitt die Entscheidungsgründe des erstinstanzlichen Urteils; anschließend wird dargelegt, warum dem gefolgt wird oder auch nicht.[46] Der Tatbestand dient lediglich dazu, in geraffter Form den Sach- und Streitstand mitzu- teilen, damit die Entscheidungsgründe verständlich werden; eine stichwortartige Kennzeichnung des Par- teivortrags reicht aus.[47]

5. Reichweite. Die Entscheidung reicht nur soweit wie der Berufungsangriff; nicht angegriffene Teile **25** des erstinstanzlichen Urteils stehen daher im Berufungsverfahren nicht zur Überprüfung.[48]

---

43   BGH Bausch BGH 1986–1993, 511 Schließvorrichtung/locking device; BGH Bausch BGH 1986–1993, 524 Schneidwerkzeug 02; BGH GRUR 2012, 149 Sensoranordnung; BGH 7.8.2012 X ZR 7/10 (bezügl Kostenentscheidung); BGH GRUR 2013, 363 Polymerzusammensetzung.
44   Begr BTDrs 16/11339 S 37 = BlPMZ 2009, 307, 317.
45   Vgl zur Anwendung des § 540 ZPO im Berufungsverfahren früheren Rechts BGH Bausch BGH 1986–1993, 320 farbige Teelichte.
46   *Deichfuß* Mitt 2015, 49 f.
47   BGH GRUR 1997, 119 f Schwimmrahmenbremse.
48   BGH 23.1.2007 X ZR 235/02.

II. Entscheidung durch Beschluss

26   **1. Die unzulässige Berufung** konnte schon nach früherem Recht entspr § 519b ZPO in der vor Inkrafttreten des ZPO-RG geltenden Fassung durch Beschluss verworfen werden;[49] nunmehr sieht § 114 Abs 2 (vor Inkrafttreten des PatRVereinfModG § 113 Abs 2 aF) ausdrücklich Beschlussverwerfung auch ohne mündliche Verhandlung vor. Hat mündliche Verhandlung stattgefunden, wird grds auch in diesem Fall durch Urteil entschieden.[50]

27   **2. Isolierte Kostenentscheidung** nach Rücknahme der Klage oder der Berufung und nach übereinstimmender Erledigungserklärung in der Hauptsache hat auch nach der Neuregelung durch Beschluss zu erfolgen (§ 110 Abs 8 iVm § 516 Abs 3 Satz 2 ZPO; vgl § 116 Abs 2 Nr 2, 3 aF).[51] Das gilt auch für den Ausspruch, dass der Berufungskläger seines Rechtsmittels verlustig ist. Die Entscheidungen können auch aufgrund mündlicher Verhandlung ergehen.[52]

28   **3. Nebenentscheidungen**, die das Verfahren nicht abschließen, ergehen grds im Beschlussweg[53] (Ausnahmen: Rn 16 f).

D. Verkündung; Zustellung; Rechtskraft

29   Zur Verkündung und Zustellung des Urteils enthält das PatG seit der Neuregelung keine Bestimmungen mehr (zuvor Regelung in § 120); es gelten die Vorgaben der ZPO.[54]

30   Die **Verkündung** erfolgt regelmäßig im Anschluss an die Urteilsberatung, die sich wiederum an die mündliche Verhandlung anschließt. Es kann aber auch ein gesonderter Verkündungstermin bestimmt werden. Zustellung an Verkündungs statt ist möglich, wird aber beim BGH bisher nicht praktiziert.

31   Die **Amtszustellung** des (mit Tatbestand und Entscheidungsgründen versehenen) Urteils erfolgt seit jeher nach den Regeln der ZPO, nicht nach § 127.

32   Da das Urteil keiner Anfechtung unterliegt, wird es mit Verkündung (oder Zustellung an Verkündungs statt) **rechtskräftig;**[55] die Unklarheit, die die Änderung des § 705 ZPO in der Zivilprozessreform insoweit mit sich gebracht hat, hat das Anhörungsrügengesetz vom 9.12.2004[56] wieder beseitigt.

33   **E. Wiederaufnahme** ist möglich (Rn 107 zu § 84); zuständig ist der I. Zivilsenat.[57]

§ 120
(Keine Begründung zu Rügen von Verfahrensmängeln)

[1]**Die Entscheidung braucht nicht begründet zu werden, soweit der Bundesgerichtshof Rügen von Verfahrensmängeln nicht für durchgreifend erachtet.** [2]**Dies gilt nicht für Rügen nach § 111 Abs 3.**

---

49 BGH Liedl 1984/86, 308 ff unzulässige Berufung; BGH GRUR 2005, 888 Anschlussberufung im Patentnichtigkeitsverfahren; *Benkard* § 114 Rn 4; *Mes* § 114 nF Rn 4.

50 Vgl BGH GRUR 1962, 453 Hörgerät I.

51 *Benkard* Rn 6; *Schulte*[8] § 116 Rn 9; vgl öOPM öPBl 1998, 201.

52 Vgl *Benkard* Rn 6.

53 *Schulte* § 120 Rn 4; Bsp bei *Benkard* Rn 6; vgl BGHZ 166, 18 = GRUR 2006, 438 Carvedilol I: Zulässigkeit der Nebenintervention.

54 Vgl *Mes* § 120 nF Rn 2, 4; *Schulte* § 120 Rn 3; zur Wiedereröffnung der mündlichen Verhandlung bei Verkündungstermin vgl BGH 27.6.1995 X ZR 122/92.

55 *Benkard* Rn 4.

56 BGBl I 3220.

57 Vgl BGH GRUR 1999, 369 interne Mitwirkungsgrundsätze; BPatG Mitt 1999, 239.

A. Entstehungsgeschichte; Regelungsgehalt

Die Vorgängerbestimmung betraf Verkündung und Zustellung des Urteils. Die geltende Regelung ist **1** durch das PatRVereinfModG vom 31.7.2009 neu eingestellt worden. Die Neufassung des § 120 entspricht der revisionsrechtl Bestimmung des § 564 ZPO. Die grds Begründungspflicht als Ausgangspunkt für die hier geregelte Ausnahme ergibt sich bereits aus § 114 Abs 4 iVm §§ 525, 313 ZPO.[1]

B. Ausnahme vom Begründungszwang

Die Regelung in Satz 1 bezweckt in Abweichung vom bisherigen Recht[2] wie § 564 ZPO für das Revisi- **2** onsverfahren die Entlastung des Gerichts von Schreibarbeit.[3] In ihr zeigt sich exemplarisch die Nähe des „Berufungsverfahrens" zum Revisionsverfahren.

Die Ausnahme betrifft ausschließlich Rügen von **Verfahrensmängeln**. Nicht erfasst sind nach Satz 2 **3** die Rügen, die den absoluten Revisionsgründen entsprechen (§ 111 Abs 3 entspr § 551 ZPO). Bei diesen ist eine Begründung erforderlich.[4]

§ 121
(Streitwertfestsetzung; Kosten)

(1) In dem Verfahren vor dem Bundesgerichtshof gelten die Bestimmungen des § 144 über die Streitwertfestsetzung entsprechend.

(2) [1] In dem Urteil ist auch über die Kosten des Verfahrens zu entscheiden. [2] Die Vorschriften der Zivilprozeßordnung über die Prozeßkosten (§§ 91 bis 101) sind entsprechend anzuwenden, soweit nicht die Billigkeit eine andere Entscheidung erfordert; die Vorschriften der Zivilprozeßordnung über das Kostenfestsetzungsverfahren (§§ 103 bis 107) und die Zwangsvollstreckung aus Kostenfestsetzungsbeschlüssen (§§ 724 bis 802) sind entsprechend anzuwenden.

A. Zur Entstehungsgeschichte Rn 2 ff vor § 110. Die vor Regelung durch das 2. PatGÄndG in § 121 aF **1** enthaltene Regelung über die Vertretung wurde durch dieses als § 111 Abs 4 eingestellt; sie bildet jetzt den § 113. Das 2. PatGÄndG hat in § 121 nF geringfügig modifiziert Regelungen aus § 110 Abs 2 Satz 4, Abs 3 in der bis 1998 geltenden Fassung übernommen. Die grundlegenden gebührenrechtl Änderungen kommen in der ersatzlosen Streichung des § 110 Abs 1 Satz 2, 3, Abs 2 Satz 1–3, 5 in dieser Fassung zum Ausdruck. Die veränderte Stellung im Gesetz beruht auf systematischen Erwägungen.[1] Zur Formulierungshilfe (Streichung von Abs 2 Satz 2) s Rn 2 vor § 100. Das PatRVereinfModG hat die Bestimmung unverändert gelassen. Die Kommentierung betrifft auch die Rechtslage bei Altverfahren.

---

1 Begr BTDrs 16/11339 S 37 = BlPMZ 2009, 307, 317; vgl *Fitzner/Lutz/Bodewig* Rn 3.
2 Vgl *Schulte* Rn 5.
3 Vgl *Zöller* § 564 ZPO Rn 1.
4 *Benkard* Rn 2; *Mes* Rn 3; *Büscher/Dittmer/Schiwy* Rn 2; vgl *Fitzner/Lutz/Bodewig* Rn 2.

1 Begr 2. PatGÄndG BlPMZ 1998, 393, 406; vgl *Fitzner/Lutz/Bodewig* Rn 1.

2 **B. Streitwertfestsetzung** erfolgt für die Berufungsinstanz nach § 51 GKG auf der Grundlage des § 63 GKG, dies geschieht meist einvernehmlich zu Beginn der Verhandlung. Der Wert beträgt höchstens 30 Millionen EUR (§ 39 Abs 2 GKG). Er richtet sich grds nach den Anträgen des Rechtsmittelführers (§ 47 Abs 1 Satz 1 GKG) und ist nach billigem Ermessen zu bestimmen;[2] die Vorschriften über die Anordnung der Streitwertbegünstigung sind anzuwenden (§ 51 GKG, Rn 4 ff vor § 100).[3] Sachlich sind dieselben Gesichtspunkte wie im erstinstanzlichen Verfahren vor dem BPatG (Rn 68 ff zu § 84) heranzuziehen; maßgeblich ist jedoch der Zeitpunkt der Einlegung der Berufung und nicht der der Erhebung der Klage. Dies führt zwar dazu, dass der gemeine Wert des Patents idR schon wegen der geringeren Restlaufzeit geringer ist als in der Vorinstanz, andererseits aber die Ansprüche aus Patentbenutzung oder -verletzung meist höher sind. Damit wirkt sich der veränderte Beurteilungszeitpunkt praktisch in aller Regel nicht streitwertmindernd aus.[4] Angaben in einem Verfahrensstadium, in dem die Kostentragungspflicht noch nicht feststand, wurden höher bewertet als solche in einem Stadium, in dem diese bereits mit hoher Sicherheit abzusehen war.[5] Der BGH verlangt eine Mitteilung, ob Verletzungsverfahren anhängig sind und welcher Streitwert in diesen festgesetzt worden ist, ferner darüber, welche sonstigen Auseinandersetzungen über das Streitpatent geführt werden und wie diese zu bewerten sind. Die Praxis des BGH geht dahin, einen beschränkten Angriff gegen das erstinstanzliche Urteil im Berufungsverfahren streitwertmindernd zu berücksichtigen.[6] Wird nach teilweiser Nichtigerklärung in erster Instanz Berufung mit dem Ziel weitergehender Nichtigerklärung oder weitergehender Klageabweisung geführt, geht grds nur das durch die Klageerhebung oder die Berufungsanträge umschriebene Klageziel in den Berufungsstreitwert ein.[7] Weitergehend ist nach der Rspr des BGH die Klagesumme der bezifferten Schadensersatzklage regelmäßig in voller Höhe zu berücksichtigen.[8] Nach neuerer Praxis wird der Streitwert des Verletzungsprozesses um ein Viertel erhöht, wenn dem Gericht nicht bessere Erkenntnisquellen vorliegen.[9] Das wird allerdings bei einem bei Berufungseinlegung bereits abgelaufenen Patent dann nicht ohne weiteres gelten können, wenn sich der Streitwert des Verletzungsprozesses nicht ändert (das teilweise für nichtig erklärte Patent erfasst die angegriffene Ausführungsform weiterhin), weil es hier nur auf die Höhe der Schadensersatz- bzw Entschädigungsansprüche, nicht aber auf den gemeinen Wert des Patents ankommt.[10] Bei Vorliegen entspr Anhaltspunkte kann ein Abweichen vom Verletzungsstreitwert veranlasst sein.[11] Beschränkte Verteidigung des Patents durch den berufungsführenden Patentinhaber wird bei der Festsetzung des Streitwerts nur soweit berücksichtigt werden können, als in ihr eine Teilrücknahme der Berufung liegt.[12]

3 Dass patentgemäße Produkte von **mehreren Schutzrechten** erfasst werden, hat der BGH (nach Art einer Höchstbelastungsgrenze) im Einzelfall dahin berücksichtigt, dass für das einzelne Schutzrecht nur ein entspr Anteil angesetzt wird.[13]

4 Die **Klage gegen mehrere Patente** führt zur Addition der Streitwerte,[14] ebenso grds die Klage gegen Grundpatent und Schutzzertifikat,[15] jedoch kann nach § 33 Abs 1 RVG grds getrennte Festsetzung des Streitwerts für das Grundpatent und das Schutzzertifikat beantragt werden, wenn sich die Tätigkeit der Rechtsanwälte der Partei nur auf das ergänzende Schutzzertifikat bezog und sich nicht mit der gerichtli-

---

2 *Fitzner/Lutz/Bodewig* Rn 3.
3 Zu Gegenvorstellungen vgl BGH Mitt 1966, 62 Reifenpresse; BGH GRUR 1966, 638 Spannbeton II; GRUR 1979, 433 kaschierte Platten II; *Benkard* Rn 3.
4 Vgl *Benkard* Rn 2; *Fitzner/Lutz/Bodewig* Rn 3.
5 BGH 27.5.2008 X ZR 125/06.
6 Ebenso *Fitzner/Lutz/Bodewig* Rn 3.
7 BGH GRUR 2005, 972 Streitwert im Nichtigkeitsberufungsverfahren; BGH GRUR 2011, 757 Nichtigkeitsstreitwert I; BGH 10.10.2006 X ZR 3/06, ohne Gründe; BGH 16.12.2010 X a ZR 32/08; BGH 30.5.2011 X ZR 143/07; *Benkard*[10] Rn 1; *Schulte* Rn 2.
8 BGH GRUR 2009, 1100 Druckmaschinentemperierungssystem III.
9 BGH Nichtigkeitsstreitwert I; BGH 19.5.2011 X ZR 50/10.
10 Aber Berücksichtigung der Beschränkung von einem „Radiator" auf einen „Kraftfahrzeugradiator" bei der Kostenverteilung in einem Fall, in dem das Patent erst nach Berufungseinlegung erlosch, in BGH 14.1.2010 X a ZR 66/07, insoweit ohne Gründe.
11 Vgl BPatG 2.8.2011 1 Ni 14/10 (EP).
12 Vgl BGH 6.5.2008 X ZR 81/06.
13 BGH 11.11.2009 X a ZR 42/09.
14 So auch *Fitzner/Lutz/Bodewig* § 84 Rn 43; vgl zur früheren Rechtslage BPatGE 28, 121 = GRUR 1986, 882.
15 BGH 17.1.2012 X ZR 68/08; vgl BPatG 14.12.2010 3 Ni 35/10.

chen Tätigkeit deckte.[16] Auf Antrag kann weiter für die Kostenerstattung nach § 33 Abs 1 RVG ein unterschiedlicher Streitwert festgesetzt werden, wenn das Streitpatent in unterschiedlichem Umfang angegriffen worden ist.[17] Greifen mehrere Kläger das Patent in übereinstimmendem Umfang an, begründet dies einen einheitlichen Streitwert.[18] Für eine Aufteilung des Streitwerts auf die einzelnen Klagen und eine gesonderte Wertfestsetzung für den Wert des Gegenstands der anwaltlichen Tätigkeit des Prozessbevollmächtigten des einzelnen Klägers ist kein Raum.[19]

Auch der BGH kann einen **vorläufigen Streitwert** festsetzen; dies kann insb bei Teilanfechtung des **5** erstinstanzlichen Urteils angebracht sein.

Abs 1 regelt – redundant zu § 51 GKG – ausdrücklich nur die Festsetzung eines **Teilstreitwerts** nach **6** § 144 (s hierzu auch Rn 78 zu § 84).

C. Kostenentscheidung

I. Zuständigkeit

Kostenentscheidung und Wertfestsetzung erfolgen durch den BGH. **7**

II. Form; Anfechtbarkeit

Die (zwingende, Abs 2 Satz 1)[20] Kosten(grund)entscheidung erfolgt außer bei Zurückverweisung **8** (Rn 10) als eigenständiger Ausspruch im Urteil, im Beschluss nach § 114 Abs 2 oder mangels abschließender Sachentscheidung isoliert im wesentlichen nach denselben Grundsätzen wie in erster Instanz (Abs 2 Satz 1, 2 1. Halbs; Rn 11 ff zu § 84). Eine Anfechtbarkeit der Kostenentscheidung des BGH kommt schon deshalb nicht in Betracht, weil auch die Entscheidung in der Hauptsache keinem Rechtsmittel unterliegt; möglich ist aber eine Anhörungsrüge.[20a]

III. Inhalt

1. Die **Kosten des Verfahrens erster Instanz** stehen im Berufungsverfahren uneingeschränkt zur **9** Überprüfung, weil über sie vAw zu entscheiden ist.[21] Deshalb kann die Kostenentscheidung auch hinsichtlich eines am Berufungsverfahren nicht mehr beteiligten Streitgenossen geänd werden; die nur einen Teil der Prozessparteien betr Rechtskraft der materiellen Entscheidung soll nämlich die im Ergebnis richtige Kostenverteilung zwischen allen Beteiligten nicht hindern, selbst wenn einer von ihnen bereits aus dem Prozess ausgeschieden ist.[22] Im übrigen wurde früher angenommen, dass die Kosten der ausgeschiedenen Partei im Verfahren nicht mehr zur Entscheidung stehen.[23] Dem untätigen Mitbeklagten, der gegen die Nichtigerklärung nicht selbst Berufung eingelegt hat, können Kosten des Berufungsrechtszugs nicht auferlegt werden.[24] Dies ist für die Kosten erster Instanz durch die jüngste Rspr des BGH überholt: da nicht nur mehrere Beklagte, sondern auch mehrere Kläger notwendige Streitgenossen sind, treffen sie die Kosten des Verfahrens erster Instanz auch dann, wenn sie nicht Berufung eingelegt haben.[25] Über die Kosten der beiden Instanzen kann im Einzelfall auch ein getrennter Ausspruch erfolgen.[26]

---

16 BGH 17.1.2012 X ZR 68/08 (hier war allerdings die Kappungsgrenze erreicht).
17 BGH Beschl vom 30.9.2010 X a ZR 34/08; BGH 11.2.2014 X ZR 100/10; BPatGE 33, 79 = GRUR 1992, 690.
18 Vgl zur früheren Rechtslage BGH GRUR 1962, 290 Brieftaubenreisekabine 01; BGH GRUR 1987, 348 Bodenbearbeitungsmaschine; BPatGE 28, 225 = Mitt. 1987, 112; BPatGE 32, 204 = GRUR 1992, 435; zum geltenden Recht zwd BPatG 29.7.2011 5 Ni 67/09 (EU).
19 BGH GRUR 2013, 1286 Nichtigkeitsstreitwert II, mit eingehender Begründung.
20 Vgl *Benkard* Rn 4.
20a BGH 16.2.2016 X ZR 110/13.
21 BGH GRUR 1998, 138 f Staubfilter; *Schulte* Rn 10.
22 BGH 19.11.2002 X ZR 121/99 Schulte-Kartei PatG 110–122 Nr 60 Ankerwickelmaschine, mNachw; vgl BGH MDR 1981, 928.
23 Vgl RG GRUR 1938, 581 f Belagstoff; *Klauer/Möhring* § 40 Rn 10.
24 BGH Bausch BGH 1999–2001, 165, 179 Doppelplüschgewebe.
25 BGH GRUR 2016, 361 Fugenband.
26 Vgl BGH GRUR 1998, 138 Staubfilter.

10   **2.** Die Regelung in Abs 1 Satz 2 entspricht der in § 84 Abs 2 für das erstinstanzliche Verfahren; die Kostenverteilung folgt grds dem Unterliegensprinzip.[27] Die **Kosten des Berufungsverfahrens** treffen (im Rahmen der Billigkeitsregelung des Abs 2) in erster Linie den erfolglosen Berufungsführer (§ 97 Abs 1 ZPO); so auch, wenn in erst der Berufungsinstanz das Patent in einer Fassung verteidigt wird, in der es Bestand hat und diese Fassung nicht angegriffen wird.[28]

11   Die Kosten können nach § 97 Abs 2 ZPO sowie im Rahmen der Billigkeitsklausel uU auch der **obsiegenden Partei** ganz oder teilweise auferlegt werden.[29] Die Bedeutung dieser Vorschrift dürfte nach neuem Recht allerdings gering sein.[30]

12   Der Kläger kann auch an nach teilweiser Klagerücknahme entstandenen **Sachverständigenkosten** zu beteiligen sein.[31]

13   Für die **erfolgreiche Berufung** gelten die allg Regeln. Im Fall der Zurückverweisung ergeht idR keine Kostenentscheidung; diese wird auch für das Berufungsverfahren dem BPatG übertragen.[32] Wird die Sachentscheidung geänd, wird regelmäßig auch die Kostenentscheidung erster Instanz zu ändern sein.[33]

14   **Erledigung der Hauptsache.**[34] § 91a ZPO ist auch im Berufungsverfahren entspr anwendbar.[35] Bei übereinstimmender Erledigungserklärung richtet sich die Kostenentscheidung nach § 91a ZPO; es ist auf die Prognose des Verfahrensausgangs im Zeitpunkt der Abgabe der Erledigungserklärungen abzustellen.[36] Verzicht auf das Patent kann im Einzelfall nach Erledigungserklärung Kostenauferlegung auf den Patentinhaber rechtfertigen (vgl aber Rn 59 zu § 82),[37] allerdings nicht in jedem Fall und ohne weiteres.[38] Kostenauferlegung auf den Patentinhaber kommt selbst dann in Betracht, wenn auf das Patent verzichtet wird und das hierfür ausschlaggebende Material erst in der Berufungsinstanz eingeführt wurde,[39] ebenso bei Erlöschen des Patents wegen Nichtzahlung einer fälligen Jahresgebühr.[40] Bei ungewissem Prozessausgang wurden die Kosten gegeneinander aufgehoben.[41] Die Kostenentscheidung bei Erledigung erfasst grds die Kosten des gesamten Verfahrens und nicht nur die der zweiten Instanz.[42] Beschränkt sich die Erledigungserklärung auf das Rechtsmittel, ist auch über die Kosten der Vorinstanz zu entscheiden.[43] Späte Erledigungserklärung kann zu Kostennachteilen führen.[44]

---

27   *Benkard* Rn 5.

28   BGH 21.10.2003 X ZR 220/99 Tintenversorgungstank 01.

29   BGH 26.9.1989 X ZR 14/88 Bausch BGH 1986–1993, 450 Lüftungselement; BGH GRUR 1990, 594 Computerträger, mit unzutr Orientierungssatz und kr Anm *M. Brandi-Dohrn*; vgl auch zur Klageerweiterung in der Berufung BGH Bausch BGH 1999–2001, 165 Doppelplüschgewebe; zu erst in zweiter Instanz aufgefundenem Material bei unzureichender Recherche BPatGE 44, 178, GbmSache.

30   Vgl *Benkard* Rn 5.

31   Vgl BGH GRUR 1962, 294, 297 Hafendrehkran.

32   *Benkard* Rn 4.

33   *Benkard* Rn 4.

34   Zur Auferlegung der Terminskosten des Sachverständigen bei verzögerlicher Erledigungserklärung BGH 23.5.1978 X ZR 85/74.

35   Vgl BGH Liedl 1987/88, 367 ff Mähmaschine 03: nach Wegfall des Rechtsschutzbedürfnisses; BGH GRUR 2001, 140 Zeittelegramm.

36   Vgl zB BGH 6.12.1977 X ZR 28/74; BGH Zeittelegramm; BGH 28.5.2009 X a ZR 10/05.

37   BGH GRUR 1961, 278 Lampengehäuse, auch zur Anwendung des § 93 ZPO; BGH Bausch BGH 1994–1998, 557, 558 Möbelscharnier („im Regelfall").

38   Vgl BGH Liedl 1967/68, 196, 200 Mischer 02: wenn jeder Anhaltspunkt dafür fehlt, dass der Beklagte die Rechtsbeständigkeit des Patents als fragwürdig angesehen hat; BGH GRUR 2004, 623 Stretchfolienumhüllung: bei Rechtsbeständigkeit des parallelen, aber weiter gefassten eur Patents im Nichtigkeitsverfahren vor dem BGH gegen dieses auch nach erstinstanzlicher Nichtigerklärung des nationalen Patents.

39   BGH GRUR 1961, 278 Lampengehäuse; BGH Bausch BGH 1994–1998, 554, 555 Stapeln von Druckbögen 01; *Schulte* Rn 10.

40   BGH 24.9.1991 X ZR 84/88.

41   BGH BlPMZ 1984, 213 Fingerbalkenmähwerk.

42   BGH Bausch BGH 1994–1998, 556 Stapeln von Druckbögen 02.

43   BGH GRUR 1959, 102 Filterpapier.

44   BGH 23.5.1978 X ZR 85/74: Auferlegung der Terminskosten des Sachverständigen.

3. Gebühren; Auslagen

a. Allgemeines. Es gilt das Gerichtskostengesetz (§ 1 Abs 1 Nr 14 GKG). Die Gebühr wird mit Einrei- **15** chung der Berufungsschrift fällig. Die Kosten schuldet, wer das Verfahren des Rechtszugs beantragt hat, also der Berufungsführer. Mehrere Berufungsführer haften nach Kopfteilen. Das gilt auch dann, wenn sich einer der Berufungsführer später an dem Rechtsstreit nicht mehr beteiligt.[45] Bei wechselseitigen Berufungen haften die Berufungsführer als Gesamtschuldner, soweit der Streitgegenstand derselbe ist.[46] Schließt sich der Berufungsbeklagte der Berufung an, wird er regelmäßig neben dem Berufungskläger zum weiteren Antragsschuldner iSv § 22 Abs 1 Satz 1 GKG.[47] Die Haftung bleibt bestehen, auch wenn das Gericht dem Gegner die Kosten auferlegt hat; beide haften dann als Gesamtschuldner, soweit nicht der Antragsteller nach § 31 Abs 2 GKG neben dem Entscheidungsschuldner nur als Zweitschuldner haftet. Der Zweitschuldner soll (Ordnungsvorschrift) nur in Anspruch genommen werden, wenn die Zwangsvollstreckung in das bewegliche Vermögen des Erstschuldners erfolglos geblieben ist oder aussichtslos erscheint (§ 31 Abs 2 Satz 1 GKG).

Wer durch Erklärung gegenüber dem Gericht oder im Vergleichsweg die Kosten übernommen hat **16** oder wenn bei einem Vergleich ohne Bestimmung über die Kosten diese als von beiden Teilen je zur Hälfte übernommen anzusehen sind (§ 29 Nr 2 GKG), die Partei die Kosten in dem Vergleich übernommen hat und der Vergleich einschließlich der Verteilung der Kosten von dem Gericht vorgeschlagen worden ist und das Gericht in seinem Vergleichsvorschlag ausdrücklich festgestellt hat, dass die Kostenregelung der sonst zu erwartenden Kostenentscheidung entspricht, haftet als **Zweitschuldner**; die Haftung des Erstschuldners darf in diesem Fall grds nicht geltend gemacht werden (§ 31 Abs 3, Abs 4 GKG). Diese Regelung kann verfassungskonform ausgelegt werden.[48] Voraussetzung für die Kostenhaftung ist aber immer, dass der Haftende auch Kostenschuldner (Erstschuldner oder Zweitschuldner) ist. Dabei ist die Übergangsvorschrift des § 71 Abs 1 Satz 2 GKG zu beachten, nach der § 31 Abs 4 GKG nF hier nur anzuwenden ist, wenn das Rechtsmittel nach dem Inkrafttreten dieser Bestimmung, also dem 1.8.2013, eingelegt worden ist.[49]

Dem Kostenbeamten ist bei der **Verteilung von Kosten**, die durch die Kostengrundentscheidung **17** nicht erfasst sind, durch den verwaltungsintern bindenden § 8 Abs 4 KostVfg ein pflichtgemäß auszuübendes Ermessen eingeräumt; demnach kann bei der Kostenverteilung die endgültige Verpflichtung zur Kostentragung im Verhältnis zwischen den Kostenschuldnern berücksichtigt werden.[50] Eine Überprüfung erfolgt hier nur auf äußere Ermessensfehler.

b. Zur Höhe der **Gebühren** Rn 21 zu § 110. Die Rechtsanwalts- und Patentanwaltsgebühren richten **18** sich nach dem RVG. Im Berufungsverfahren vor dem BGH entsteht nach dem RVG eine Verfahrensgebühr in Höhe von 1,6 vollen Gebühren (VergVerz Nr 3206), die sich nach Nr 3210 VergVerz auf den 1,1fachen Satz ermäßigt, und eine Terminsgebühr in Höhe von 1,5 vollen Gebühren (VergVerz Nr 3210). Die frühere Beweisgebühr ist mit dem RVG weggefallen, jedoch fällt seit der Neuregelung zum 1.8.2013 eine 0,3fache Zusatzgebühr an, wenn eine besonders umfangreiche Beweisaufnahme stattgefunden hat, mindestens drei Gerichtstermine stattgefunden haben, in denen Sachverständige oder Zeugen vernommen wurden (VergVerz Nr 1010). Die einfache Wertgebühr beträgt zB (bei Zwischenwerten ist nach den Steigerungssätzen in § 13 RVG zu berechnen) bei einem Gegenstandswert von bis zu

110.000 EUR	1.503 EUR
200.000 EUR	2.013 EUR
260.000 EUR	2.253 EUR
500.000 EUR	3.213 EUR
1.000.000 EUR	4.713 EUR
2.000.000 EUR	7.713 EUR
5.000.000 EUR	16.713 EUR
10.000.000 EUR	31.713 EUR

---

45 Vgl BGH 22.9.2009 Xa ZR 72/06.
46 *Hartmann* Kostengesetze § 22 GKG Rn 8.
47 BGH MDR 2016, 241 Entscheidungszuständigkeit.
48 BVerfG – stattgebender Kammerbeschluss – NJW 2013, 2882.
49 Vgl OLG Naumburg NJW-RR 2015, 1210.
50 BGH MDR 2016, 241 Entscheidungszuständigkeit.

Keukenschrijver

20.000.000 EUR   61.713 EUR
30.000.000 EUR   91.713 EUR

19   Bei **mehreren Auftraggebern** wird der Höchstwert von 30 Mio EUR nurmehr (bis 100 Mio EUR) überschritten, wenn der Anwalt mehrere Auftraggeber wegen verschiedener Gegenstände vertritt (§ 22 Abs 2 RVG idF des 2. KostRModG). Ob als Gegenstand in diesem Sinn der geltend gemachte Nichtigkeitsgrund anzusehen ist, erscheint zwh. Bei mehreren Auftraggebern in derselben Sache erhöht sich die Verfahrensgebühr um 0,3 Gebühren für jeden Auftraggeber (VergVerz Nr 1008). Beauftragt eine Partei mehrere Rechtsanwälte, erhält jeder Rechtsanwalt nach § 6 RVG für seine Tätigkeit die volle Vergütung. Der Gebührenanspruch des Vertreters entsteht auch bei Zurückverweisung nur einmal.[51]

20   **c.** Bei den **Auslagen** fielen vor Wirksamwerden der Neuregelung durch das PatRVereinfModG insb die für den Sachverständigen ins Gewicht (Rn 19 ff zu § 128a). Holt der BGH eine Übersetzung selbst ein, kann Vorschuss wie beim Sachverständigengutachten eingefordert werden.[52]

D. Kostenfestsetzung; Kostenansatz

I. Zuständigkeit; Verfahren; Anfechtung

21   Maßgeblich sind die Bestimmungen der §§ 103–107 ZPO (Abs 2 Satz 2 2. Halbs). Zuständig für die Kostenfestsetzung ist der Rechtspfleger des BPatG als des Gerichts des ersten Rechtszugs.[53] Der Rechtspfleger ist an die gerichtliche Streitwertfestsetzung gebunden.[54] Dem Festsetzungsantrag müssen eine Kostenberechnung und die zugehörigen Belege beigefügt werden. Die Verzinsung der festzusetzenden Kosten mit 5 %-Punkten über dem Basiszinssatz nach § 247 BGB kann beantragt werden (§ 104 Abs 1 Satz 1 ZPO).

22   Für das **Erinnerungsverfahren** gelten die Vorschriften der ZPO[55] (vgl Rn 13 ff vor § 73; Rn 39 f zu § 80).

23   Der **Kostenansatz** erfolgt durch den Kostenbeamten des BGH, gegen ihn ist die nicht dem Anwaltszwang unterliegende Erinnerung nach § 11 PatKostG (auch des Vertreters des Bundesjustizfiskus) statthaft. Zur Entscheidungskompetenz des Einzelrichters Rn 11 zu § 114. Die Vertretung mehrerer Auftraggeber begründet nach geltendem Recht keine Erhöhung (§ 7 Abs 1 RVG). Berufung und Anschlussberufung sind dieselbe Angelegenheit iSd § 16 RVG.

II. Erstattungsfähigkeit

24   Doppelvertretungskosten im Berufungsverfahren werden als typischerweise angebracht und erstattungsfähig anerkannt.[56] Das gilt erst recht, seit der BGH die Erstattungsfähigkeit von Doppelvertretungskosten für den Fall eines anhängigen Verletzungsstreits anerkannt hat (Rn 93 zu § 84) und grds auch, wenn die Berufung zurückgenommen wird[57] und wenn die Berufungsbegründung noch nicht vorliegt und die Berufung wegen Versäumung der Berufungsbegründungsfrist als unzulässig verworfen wird.[58] Unterzeichnung eines bestimmenden Schriftsatzes reicht aus.[59] Zur Vertretung mehrerer Auftraggeber Rn 19. Berufung und Anschlussberufung sind dieselbe Angelegenheit iSd § 16 RVG.[60]

---

51   BPatGE 45, 206, zu § 118 BRAGebO.
52   *Keukenschrijver* Patentnichtigkeitsverfahren[6] Rn 513.
53   BGH BlPMZ 1961, 408 Kostenfestsetzung II; BPatG Mitt 1999, 239; *Benkard* Rn 9.
54   BPatG 14.12.2010 3 ZA (pat) 35/10.
55   BPatG NJW-RR 1998, 934.
56   BPatGE 24, 215 = Mitt 1982, 174; BPatGE 51, 62 = BlPMZ 2009, 128; BPatGE 51, 81 = GRUR 2010, 556; BPatGE 52, 142 = GRUR-RR 2010, 401; BPatGE 54, 141; BPatG 30.3.2011 4 ZA (pat) 58/10; BPatG 25.7.2011 3 ZA (pat) 18/11; BPatG 28.9.2011 2 ZA (pat) 35/10; BPatG 28.9.2011 2 ZA (pat) 38/10; BPatG 28.2.2012 3 ZA (pat) 33/11; BPatG 8.5.2013 4 ZA (pat) 31/12; BPatG 18.6.2013 10 ZA (pat) 12/12; *Benkard* § 84 Rn 67; *Fitzner/Lutz/Bodewig* Rn 8.
57   BPatG 20.7.2010 2 ZA (pat) 80/08.
58   BPatGE 54, 141.
59   BPatG 8.5.2013 4 ZA (pat) 31/12.
60   BPatG 8.5.2013 4 ZA (pat) 31/12.

Altverfahren. Bei der Erstattungsfähigkeit von Kosten eines Parteigutachters im Nichtigkeitsberu- **25** fungsverfahren ist auch dann der allg strenge Maßstab anzuwenden, wenn der BGH bei einer vor dem 1.10.2009 erhobenen Klage im Berufungsverfahren von der Beauftragung eines gerichtlichen Sachverständigen abgesehen hat.[61]

III. Die **Zwangsvollstreckung** aus Kostenfestsetzungsbeschlüssen richtet sich insb nach §§ 794, 795, **26** 795a ZPO (vgl Rn 84 zu § 80).[62]

3. Beschwerdeverfahren

§ 122
(Beschwerde gegen Urteile nach §§ 85, 85a)

(1) [1]Gegen die Urteile der Nichtigkeitssenate des Patentgerichts über den Erlaß einstweiliger Verfügungen im Verfahren wegen Erteilung einer Zwangslizenz (§§ 85 und 85a) findet die Beschwerde an den Bundesgerichtshof statt. [2]§ 110 Abs. 7 gilt entsprechend.
(2) Die Beschwerde ist innerhalb eines Monats schriftlich beim Bundesgerichtshof einzulegen.
(3) Die Beschwerdefrist beginnt mit der Zustellung des in vollständiger Form abgefaßten Urteils, spätestens aber mit dem Ablauf von fünf Monaten nach der Verkündung.
(4) Für das Verfahren vor dem Bundesgerichtshof gelten § 74 Abs. 1, §§ 84, 110 bis 121 entsprechend.

Übersicht

A. Entstehungsgeschichte

Die seit 1936 in § 41 enthaltene Regelung ist durch das 6.ÜberlG verselbständigt und neu gefasst **1** worden. Die Verweisung in Abs 1 ist durch das PatRVereinfModG vom 31.7.2009 durch die Aufnahme der Verweisung auch auf § 85a und durch den Austausch von § 110 Abs 6 in § 110 Abs 7 geänd worden.

Vor der Neuregelung durch das **2.PatGÄndG** wichen Abs 2 und 3 ab, in Abs 1 und 4 wichen die Ver- **2** weisungen ab.

Die **Gebührentatbestände** wurden zunächst mit unveränderter Gebührenhöhe (auch für die Gbm- **3** Zwangslizenz) in das GKG übernommen. Art 1 Abs 1 Nr 14, 15 des Gesetzes zur Umstellung des Kostenrechts und der Steuerberatergebührenverordnung auf Euro (KostREuroUG) vom 27.4.2001[1] hat mWv 1.1.2002 auf Wertgebühren umgestellt (*6. Aufl*). Zum GKG s Rn 4 vor § 100.

B. Beschwerde

I. Anwendungsbereich

Die Bestimmung hatte in den letzten Jahren in der Praxis keine Bedeutung, auf übergangsrechtl Fra- **4** gen einzugehen erübrigt sich daher. Gegen die im Verfahren nach § 85 Abs 1–5, auch iVm § 85a, ergehenden Urteile des BPatG ist nicht die Berufung nach § 110, sondern die Beschwerde eröffnet, die keine auf-

---

61 BPatG 30.10.2012 5 ZA (pat) 46/12 Mitt 2013, 200 Ls.
62 Zur Entstehungsgeschichte der Regelung im 2.PatGÄndG vgl Stellungnahme des Bundesrats und Gegenäußerung der Bundesregierung BTDrs 13/9971 = BlPMZ 1998, 415 f.

1 BGBl I 751 = BlPMZ 2001, 225.

schiebende Wirkung hat;[2] das gilt grds auch für die in Urteilsform ergehenden Entscheidungen nach der EU-ZwangslizenzVO (Anh I zu § 24) mit Ausnahme der Entscheidungen nach Art 14 EU-ZwangslizenzVO (Rn 41 Anh I zu § 24). Auf Beschlüsse des BPatG ist die Bestimmung nicht anwendbar.[3]

II. Förmlichkeiten

5   Die Neuregelung im 2. PatGÄndG hat eine vollständige Angleichung an das Nichtigkeitsberufungsverfahren gebracht;[4] anwendbar ist nunmehr die Neuregelung durch das PatRVereinfModG. Anschlussbeschwerde ist wie Anschlussberufung statthaft,[5] nunmehr entspr § 115.

6   **III.** Das **Verfahren** entspricht dem im Berufungsverfahren (Abs 4). Der Untersuchungsgrundsatz gilt nicht.[6] Es besteht Vertretungszwang nach § 113.

7   **IV.** Die **Entscheidung** ergeht durch Urteil, das sachlich denselben Inhalt haben kann wie die Entscheidung erster Instanz. Eine an sich denkbare Zurückverweisung wird angesichts der Eilbedürftigkeit des Verfügungsverfahrens grds ausscheiden.[7]

8   Im Urteil ist auch über die **Kosten** zu entscheiden.

9   **V.** Die **Gerichtsgebühr** für das Verfahren über die Beschwerde ist in Nr 1253, 1254 KostVerz geregelt; sie beläuft sich auf das Zweifache des Betrags nach § 34 GKG (KostVerz Nr 1253); ein Gegenstandswert muss festgesetzt werden.[8] Die **Anwaltsgebühren** sind wie im Berufungsverfahren erhöht (VergVerz zum RVG Vorb 3.2.1 Abs 1 Nr 7).

10   **C.** Auf die einstweilige Verfügung bei der **Gebrauchsmusterzwangslizenz** ist § 122 über § 20 GebrMG anwendbar.[9]

4. Gemeinsame Verfahrensvorschriften

§ 122a
(Abhilfe bei Verletzung des Anspruchs auf rechtliches Gehör)

[1] **Auf die Rüge der durch die Entscheidung beschwerten Partei ist das Verfahren fortzuführen, wenn das Gericht den Anspruch dieser Partei auf rechtliches Gehör in entscheidungserheblicher Weise verletzt hat.** [2] **Gegen eine der Endentscheidung vorausgehende Entscheidung findet die Rüge nicht statt.** [3] **§ 321a Abs. 2 bis 5 der Zivilprozessordnung ist entsprechend anzuwenden.**

MarkenG: § 89a

Übersicht

---

2   *Benkard* Rn 2; *Fitzner/Lutz/Bodewig* Rn 3.
3   *Schulte* Rn 2.
4   Vgl im einzelnen Begr 2. PatGÄndG BlPMZ 1998, 393, 406 f.
5   *Benkard*[10] Rn 1.
6   Vgl *Benkard*[10] Rn 2; *Fitzner/Lutz/Bodewig* Rn 5.
7   Ebenso *Fitzner/Lutz/Bodewig* Rn 5.
8   *Benkard*[10] Rn 3; *Fitzner/Lutz/Bodewig* Rn 5.
9   *Benkard* Rn 4; *Mes* Rn 3; *Bühring* § 20 GebrMG Rn 9.

Schrifttum: *Kettinger* Die Statthaftigkeit der Anhörungsrüge (§ 321a ZPO), Jura 2007, 161; *Polep/Rensen* Die Gehörsrüge (§ 321a ZPO), 2004; *Schnabl* Die Anhörungsrüge nach § 321a ZPO, 2007; *Schneider* Die Gehörsrüge: eine legislative Missgeburt; FS W. Madert (2006), 187; *Schneider* Gehörsrüge des § 321a ZPO: Anhörungsrüge, Ausnahmeberufung, Ausnahmebeschwerde, Willkürverbot, MDR 2006, 969; *Tavolari* Das Recht auf Gehör und die Anhörungsrüge, 2008; *Voßkuhle* Bruch mit einem Dogma: Die Verfassung garantiert Rechtsschutz gegen den Richter, NJW 2003, 2193; *Zuck* Die Anhörungsrüge im Zivilprozess: Zur Kammerrechtsprechung des BVerfG, AnwBl 2008, 168; *Zuck* Die Anhörungsrüge im Zivilprozess, 2008.

A. Allgemeines

I. Entstehungsgeschichte

Die Regelung ist durch das Gesetz zur Änderung des patentrechtlichen Einspruchsverfahrens und des **1** Patentkostengesetzes vom 21.6.2006 neu eingestellt worden. Nach dem Plenarbeschluss des BVerfG vom 30.4.2003[1] erfordert das Rechtsstaatsprinzip iVm dem Grundsatz des rechtl Gehörs die Möglichkeit fachgerichtlicher Abhilfe für den Fall, dass ein Gericht in entscheidungserheblicher Weise den Anspruch auf rechtl Gehör verletzt. Dieser Grundsatz gilt auch für alle Verfahren im gewerblichen Rechtsschutz.[2] Der BGH hat es in Folge des Plenarbeschlusses schon seit 2004 aus Gründen der Rechtssicherheit als geboten angesehen, für die (nach früherem Recht offengelassene) Verpflichtung des Gerichts, seine gegen ein Verfahrensgrundrecht verstoßende Entscheidung selbst zu korrigieren und damit für die Einlegung einer Gegenvorstellung eine zeitliche Grenze vorzusehen, die er in Anlehnung an die im Berufungsverfahren geltende Wiedereinsetzungsfrist mit 2 Wochen ab Zustellung der Entscheidung bemessen hat.[3] Entspr Ergänzungen ua des PatG waren angesichts früherer Überlegungen zu weitergehenden verfahrensrechtl Änderungen nicht in das AnhörungsrügenG aufgenommen worden. Nachdem seinerzeit keine weitergehenden verfahrensrechtl Änderungen erfolgten, wurde der Rechtsbehelf ua im PatG verankert. Dabei wurden lediglich Regelungen für Verfahren vor dem BGH als erforderlich angesehen, da vor dem BPatG die Vorschriften der ZPO (und damit auch § 321a ZPO) gelten, soweit spezialgesetzlich keine Bestimmungen getroffen sind.[4]

II. Regelungsinhalt; Anwendungsbereich

Nach ihrer systematischen Stellung gilt die Regelung für die Verfahren über die Rechtsbeschwerde **2** nach §§ 100 ff, das Nichtigkeitsberufungsverfahren und das Beschwerdeverfahren nach § 122, nicht aber für Revisionsverfahren und Rechtsbeschwerdeverfahren nach der ZPO;[5] hier gilt der weitgehend übereinstimmende § 321a ZPO. Ob die Einführung auch für das Rechtsbeschwerdeverfahren erforderlich war, ist wegen § 106 zwh.[6]

Das Verfahren nach § 122a ist ein **außerordentlicher Rechtsbehelf**.[7] Es verdrängt als Spezialnorm in **3** seinem Anwendungsbereich § 321a ZPO (vgl auch § 152a VwGO).[8] Die drei Unterabschnitte der §§ 100–122 enthalten kein selbstständiges geschlossenes Verfahrensrecht, sondern regeln nur Teilbereiche, so dass Lücken geschlossen werden müssen. Die Rspr des BGH hat für Bereiche, die nicht ausdrücklich im PatG

---

1 BVerfGE 107, 395 = NJW 2003, 1924.
2 Begr BTDrs 16/735.
3 BGHZ 160, 214 = GRUR 2004, 1061 kosmetisches Sonnenschutzmittel II; BGH Mitt 2005, 43 Omeprazol 04; BGH GRUR 2005, 614 Gegenvorstellung in Nichtigkeitsberufungsverfahren; BGH 15.8.2006 X ZR 275/02.
4 Begr BTDrs 16/735 = BlPMZ 2006, 228, 232.
5 Vgl *Schulte* Rn 3; *Büscher/Dittmer/Schiwy* Rn 2.
6 Vgl BGH GRUR 1999, 998 Verfahrenskostenhilfe; BGH GRUR 2000, 892 f MTS; BGH GRUR 2009, 88 ATOZ I; *Ströbele/Hacker* § 89a MarkenG Rn 2.
7 Vgl *Benkard* § 93 Rn 18.
8 Zu dessen Hintergründen auch *Benkard* § 93 Rn 16 ff; *Ströbele/Hacker* § 89a MarkenG Rn 2.

geregelt sind, ein umfassendes eigenständiges Recht überwiegend durch Analogie von Vorschriften der ZPO entwickelt. Dieses komplexe Geflecht sollte vor allem in den Nichtigkeitsberufungsverfahren (vor Inkrafttreten der Regelungen des PatRVereinfModG) erhalten bleiben. Soweit der Gesetzgeber jedoch einen bisher nicht vorgesehenen selbstständigen Rechtsbehelf auch gegen Entscheidungen des BGH vorgesehen hat, musste dieser ausdrücklich auch für das Patentrecht geregelt werden. Durch das Anhörungsrügengengesetz vom 9.12.2004[9] ist in den gerichtlichen Verfahrensordnungen eine Regelung zur „Abhilfe bei Verletzung des Anspruchs auf rechtl Gehör" aufgenommen worden. Die Bestimmung betrifft nur Endentscheidungen des BGH in den Verfahren nach §§ 100 ff, 110 ff und 122.[10]

4   **Bundespatentgericht.** Bei unanfechtbaren Entscheidungen des BPatG gilt über § 99 Abs 1 § 321a ZPO unmittelbar.[11]

III. Gehörsverletzung

5   Auf Rn 57 ff zu § 100 ist zunächst zu verweisen. Gerügt werden können nur neue und eigenständige Verletzungen des Art 103 Abs 1 GG durch den BGH[12] in einer die Instanz beendenden Entscheidung.[13] Beschwer ist erforderlich.[14] Die Rüge kann nur Erfolg haben, wenn der Anspruch einer Partei auf rechtl Gehör in entscheidungserheblicher Weise verletzt ist.[15] Daran fehlt es, wenn ein Verfahrensmangel, der die zulassungsfreie Rechtsbeschwerde eröffnet, nicht innerhalb der Frist des § 102 Abs 2 vorgebracht wird.[16] Zur Wahrung des rechtl Gehörs kann es im Einzelfall geboten sein, eine Frist zur schriftlichen Stellungnahme zu den mündlichen Äußerungen eines Sachverständigen zu gewähren.[17] Das gilt nicht, wenn für das Gericht keine Anhaltspunkte dafür bestehen, dass die Parteien zu einer abschließenden Erklärung nicht in der Lage sind.[18] Wird Verfahrenskostenhilfe bewilligt, kann nicht darauf vertraut werden, dass das Begehren des Beteiligten nicht ohne vorherigen Hinweis zurückgewiesen wird.[19]

B. Die Regelung im einzelnen

I. Fortsetzung des fehlerhaften Verfahrens

6   In Satz 1 wurde der Grundsatz aufgenommen, dass das Verfahren vor dem BGH fortzusetzen ist, wenn der Anspruch der durch die Entscheidung beschwerten Partei auf rechtl Gehör in entscheidungserheblicher Weise verletzt ist. Die Fortsetzung findet nur nach einer instanzabschließenden Entscheidung statt.[20] Die Richtigkeit der rechtl Schlussfolgerungen aus dem zugrunde gelegten Sachverhalt steht im Rahmen der Anhörungsrüge nicht zur Überprüfung.[21] Ist die Anhörungsrüge zulässig und begründet, wird daher die Fortsetzung des Verfahrens angeordnet, in dem der Mangel zu beseitigen und neu zu entscheiden ist.[22] Wegen der weiteren Erfordernisse nimmt Satz 2 auf § 321a Abs 2–5 ZPO Bezug (Rn 9 ff).

9   BGBl I 3220.
10   Vgl *Mes* Rn 2.
11   *Schulte* § 99 Rn 9; *Bühring* § 20 GebrMG Rn 11.
12   BGH NJW 2008, 932; BGH 12.5.2010 I ZR 203/08.
13   *Schulte* Rn 6.
14   *Schulte* Rn 7.
15   BGH 23.3.2010 X ZR 115/05.
16   BGH GRUR 2011, 852 modularer Fernseher II.
17   BGH 12.11.2009 X a ZR 130/07; vgl BGH NJW 2009, 2604; BGH NJW 1982, 1335; BGH NZBau 2009, 244.
18   BGH 12.11.2009 X a ZR 130/07.
19   Vgl BGH GRUR 2012, 317 Levitationsanlage [Anhörungsrüge], zur Zurückweisung der Nichtzulassungsbeschwerde nach Bewilligung von Prozesskostenhilfe.
20   Vgl *Ströbele/Hacker* § 89a MarkenG Rn 4.
21   BGH 25.2.2014 X ZR 103/10.
22   Vgl *Benkard* Rn 9; *Benkard* § 93 Rn 15; BGH 23.10.2007 X ZR 275/02.

II. Mitwirkung

§ 320 Abs 4 Satz 2 ZPO, wonach nur die Richter mitwirken, die an der Entscheidung mitgewirkt haben, **7** gilt hier nicht.[23]

III. Antrag

1. Statthaftigkeit. Die Fortsetzung findet nur nach einer instanzabschließenden Entscheidung statt;[24] **8** erfasst sind ua auch Beschlüsse nach § 91 ZPO.[25] Antragsberechtigt ist der Beteiligte, der durch die Gehörsverletzung beschwert ist.[26]

2. Form. Die Fortsetzung des Verfahrens findet nur auf Antrag, nicht vAw, statt. Der Antrag ist **9** schriftlich zu stellen (Satz 3 iVm § 321a Abs 2 Satz 4 ZPO).[27] Für ihn besteht Anwaltszwang wie im Ausgangsverfahren, im Rechtsbeschwerdeverfahren ist daher Vertretung durch einen beim BGH zugelassenen Anwalt erforderlich, im Berufungs- und Beschwerdeverfahren gilt § 113.[28] Adressat ist der BGH (vgl § 321a Abs 2 Satz 4 ZPO). Die angegriffene Entscheidung ist zu bezeichnen. Einer Anhörungsrüge, die vor Bekanntgabe der mit Gründen versehenen Entscheidung erhoben ist, fehlt zwangsläufig der ordnungsgemäße Vortrag einer Gehörsverletzung und deren Entscheidungserheblichkeit.[29]

3. Frist. Die Fortführung des Verfahrens ist binnen zwei Wochen nach Kenntnis von der Gehörsver- **10** letzung zu beantragen (Satz 3 iVm § 321a Abs 2 Satz 1 ZPO). Der Zeitpunkt der Kenntniserlangung ist (auch durch anwaltschaftliche Versicherung) glaubhaft zu machen, wird aber regelmäßig mit der Zustellung der Entscheidung zusammenfallen.[30] Die Regelung in der ZPO für formlos mitgeteilte Entscheidungen wird im Anwendungsbereich der Bestimmung kaum zum Tragen kommen können. Nach Fristablauf ist zwar eine Ergänzung der Rügebegründung, nicht aber neues Vorbringen zur Rügebegründung möglich.[31] Die Frist ist Notfrist iSd ZPO.[32] Bei Fristversäumung kommt Wiedereinsetzung innerhalb der Frist des § 234 Abs 1 Satz 1 ZPO (zwei Wochen) in Betracht.[33] Jedoch ist die Rüge nach Ablauf der einjährigen Ausschlussfrist in § 321a Abs 2 Satz 2 ZPO ausgeschlossen;[34] Wiedereinsetzung kommt insoweit nicht in Betracht.

4. Notwendiger Inhalt. Das Vorliegen der Gehörsverletzung muss substantiiert dargelegt werden, **11** ebenso deren Entscheidungserheblichkeit (vgl § 321a Abs 4 Satz 5 ZPO).[35] Die Anhörungsrüge kann nur dann darauf gestützt werden, dass das Gericht den Sachverständigen zu einer Entgegenhaltung nicht befragt hat, wenn sie in Bezug auf diese Veröffentlichung aufgestellte tatsächliche Behauptungen aufzeigen kann, von denen das Gericht abgewichen ist, ohne über die hierzu erforderliche eigene Sachkunde zu verfügen.[36] Daraus, dass bestimmte Sachverhaltsbereiche vom Gericht bei der Befragung des gerichtlichen Sachverständigen nicht aufgegriffen worden sind, kann nicht geschlossen werden, dass das Gericht sie für unerheblich hält, sondern nur, dass es insoweit keinen weiteren Aufklärungsbedarf sieht.[37]

---

23 BGH NJW-RR 2006, 63; *Benkard* § 93 Rn 17; *Fitzner/Lutz/Bodewig* Rn 7; *Ströbele/Hacker* § 89a MarkenG Rn 11.
24 Vgl *Ströbele/Hacker* § 89a MarkenG Rn 6; *Fitzner/Lutz/Bodewig* Rn 4; *Mes* Rn 9.
25 *Fitzner/Lutz/Bodewig* Rn 4.
26 *Benkard* Rn 6; vgl *Mes* Rn 10.
27 *Benkard* Rn 4; *Mes* Rn 14.
28 Vgl *Benkard* Rn 7.
29 BGH 15.7.2010 I ZR 160/07; vgl *Fitzner/Lutz/Bodewig* Rn 5.
30 Anders zB BGH 12.11.2009 X a ZR 130/07, wo die Rügen bereits vor Zustellung der Entscheidung erhoben wurden.
31 BGH 15.7.2010 I ZR 160/07.
32 *Schulte* Rn 8; *Büscher/Dittmer/Schiwy* Rn 3.
33 *Musielak* § 321a ZPO Rn 9a; *Benkard* Rn 5; *Schulte* Rn 9; *Mes* Rn 12.
34 *Mes* Rn 13; *Büscher/Dittmer/Schiwy* Rn 3.
35 *Benkard* Rn 4; *Ströbele/Hacker* § 89a MarkenG Rn 9; BGH GRUR 2011, 852 modularer Fernseher II; BGH 16.3.2010 X ZR 169/07 Schulte-Kartei PatG 35.1 Nr 474; BGHZ 152, 182, 185 = GRUR 2003, 259 (zu § 321a ZPO); zur Verletzung des rechtl Gehörs im Verfahren über die Nichtzulassungsbeschwerde BGH 17.12.2015 I ZR 256/14 mwN.
36 BGH GRUR 2011, 461 Formkörper [Anhörungsrüge].
37 BGH Formkörper [Anhörungsrüge]; vgl BGH 25.2.2014 X ZR 103/10; *Schulte* Rn 17.

IV. Rechtliches Gehör

12   Dem Gegner ist Gelegenheit zur Stellungnahme zu geben (Satz 3 iVm § 321a Abs 3 ZPO; vgl Rn 49 ff zu § 100).[38] Dies gilt nicht im einseitigen Rechtsbeschwerdeverfahren, in dem ein Gegner nicht vorhanden ist.

V. Verfahren

13   **1. Zulässigkeitsprüfung.** Der BGH prüft, ob die Rüge statthaft (Rn 8) und ob sie in der gesetzlichen Form (Rn 9) und Frist (Rn 10) erhoben ist (Satz 3 iVm § 321a Abs 4 Satz 1 ZPO).[39] Zur Folge, wenn dies nicht der Fall ist, Rn 16.

14   **2. Verfahrenskostenhilfe** (für die Anhörungsrüge nach § 321a ZPO Prozesskostenhilfe) kann auch für das Verfahren über die Anhörungsrüge bewilligt werden.[40]

15   **3. Begründetheitsprüfung.** Ist die Rüge unbegründet, wird sie zurückgewiesen (Satz 3 iVm § 321a Abs 4 Satz 3 ZPO). Ist sie begründet (Rn 6), wird ihr dadurch abgeholfen, dass das Verfahren fortgeführt wird, soweit dies aufgrund der Rüge geboten ist (Satz 3 iVm § 321a Abs 5 Satz 1 ZPO). Hat der BGH einen selbstständigen Angriff übergangen (oder sonst das rechtl Gehör verletzt), hat er erneut in die Verhandlung einzutreten;[41] mit der Gegenvorstellung kann aber eine erneute Befassung mit einer Frage, die als nicht entscheidungserheblich erkannt worden ist, nicht erreicht werden;[42] ebensowenig eine erneute Befassung mit Fragen, für die eine Verletzung des Grundrechts auf rechtl Gehör nicht dargelegt ist.[43] Das Gericht hat den Parteien auf Antrag Gelegenheit zur weiteren Erläuterung eines Sachverständigengutachtens einzuräumen; auf welchem Weg es die gewünschte Erläuterung herbeiführt, bleibt dabei grds dem Gericht überlassen.[44] Daraus, dass bestimmte Sachverhaltsbereiche vom Gericht bei der Befragung des gerichtlichen Sachverständigen nicht aufgegriffen worden sind, kann nicht geschlossen werden, dass das Gericht sie für unerheblich hält, sondern nur, dass es insoweit keinen weiteren Aufklärungsbedarf sieht.[45] Die Anhörungsrüge kann nur dann darauf gestützt werden, dass das Gericht den Sachverständigen zu einer Entgegenhaltung nicht befragt hat, wenn sie in Bezug auf diese Veröffentlichung aufgestellte tatsächliche Behauptungen aufzeigen kann, von denen das Gericht abgewichen ist, ohne über die hierzu erforderliche eigene Sachkunde zu verfügen.[46] Dass der Partei nicht die Möglichkeit eröffnet wird, den gerichtlichen Sachverständigen mündlich zu befragen, eröffnet nach Auffassung des BGH die Gehörsrüge nicht;[47] das BVerfG hat dies allerdings unter dem Gesichtspunkt einer Verletzung des rechtl Gehörs (Art 103 Abs 1 GG) bei einem streitentscheidenden Sachverständigengutachten bei Fehlen einer unzumutbaren Verfahrensverzögerung anders gesehen, das zugrunde liegende Urteil des BGH[48] aufgehoben und die Sache an den BGH zurückverwiesen.[49] Die Anhörungsrüge hat in diesem Fall aber letztlich nicht zum Erfolg geführt.[50] Die Anhörungsrüge eröffnet auch nicht die inhaltliche Überprüfung von Äußerungen des

---

38   Vgl *Benkard* Rn 10; *Schulte* Rn 14; *Fitzner/Lutz/Bodewig* Rn 8.
39   *Benkard* Rn 9.
40   Zur Prozesskostenhilfe BGH 13.3.2012 X ZR 7/11 Schulte-Kartei PatG 35.1 Nr 472 unter Hinweis auf *Zöller* § 321 ZPO Rn 2.
41   Vgl auch *Benkard* § 93 Rn 17.
42   BGH GRUR 2005, 614 Gegenvorstellung im Nichtigkeitsberufungsverfahren; BGH 16.3.2010 X ZR 189/07.
43   BGH 21.2.2006 X ZR 171/01; für entspr Anwendung bei Verletzung anderer Verfahrensgrundrechte *Ströbele/Hacker* § 89a MarkenG Rn 16; vgl *Fitzner/Lutz/Bodewig* Rn 2 unter Hinweis auf BGH GRUR 2006, 346 Jeans II.
44   BVerfG 14.5.2007 1 BvR 2485/06 BauR 2007, 1786 Ls.
45   BGH GRUR 2011, 461 Formkörper [Anhörungsrüge]; BGH 25.2.2014 X ZR 103/10; vgl *Schulte* Rn 17; *Fitzner/Lutz/Bodewig* Rn 6.
46   BGH Formkörper [Anhörungsrüge].
47   BGH 15.8.2006 X ZR 275/02.
48   BGH 11.4.2006 X ZR 275/02.
49   BVerfG 14.5.2007 1 BvR 2485/06, im Internet unter http://www.bundesverfassungsgericht.de/entscheidungen/rk20070514_1bvr248506.html.
50   BGH 23.10.2007 X ZR 275/02.

Sachverständigen.[51] Jedoch kann fehlerhafte Nichtberücksichtigung von Vorbringen als verspätet gerügt werden.[52]

VI. Form und Wirkung der Entscheidung

1. Die Entscheidung ergeht durch **Beschluss** (Satz 3 iVm § 321a Abs 4 Satz 4 ZPO), der kurz begründet **16** werden soll (§ 321a Abs 4 Satz 5 ZPO). Bei Unzulässigkeit des Antrags wird dieser verworfen (Satz 3 iVm § 321a Abs 4 Satz 2 ZPO), bei Unbegründetheit wird er zurückgewiesen. Ist die Rüge zulässig und begründet, wird die Fortsetzung des Verfahrens angeordnet (Rn 18). Der Beschluss ist in jedem Fall unanfechtbar (§ 321a Abs 4 Satz 4 ZPO).[53]

2. Kostenentscheidung erfolgt nur im Fall der Erfolglosigkeit der Rüge. Eine gesetzliche Regelung ist **17** nicht getroffen, jedoch wird der Gedanke des § 97 ZPO sowie des § 109 entspr heranzuziehen sein.[54]

3. Wirkung. Durch die Regelung wird die Rechtskraft der ergangenen Entscheidung durchbrochen. **18** Dies gilt für alle in §§ 100–122 geregelten Verfahren (vgl Rn 10 zu § 107).[55] Das Verfahren wird in die Lage zurückversetzt, in der es sich vor dem Schluss der mündlichen Verhandlung befand (§ 321a Abs 5 Satz 2 ZPO).[56] Hat, wie in aller Regel im Rechtsbeschwerdeverfahren, eine mündliche Verhandlung nicht stattgefunden, wird das Verfahren in die Lage vor Erlass der Entscheidung zurückversetzt.[57] Die frühere Entscheidung wird entweder aufrechterhalten oder aufgehoben und durch eine neue ersetzt (§ 321a Abs 5 Satz 3 ZPO iVm § 343 ZPO).[58]

VII. Gebühren

Die Gebühr für eine erfolglose Anhörungsrüge beträgt 60 EUR (Nr 1700 KostVerz; vgl aber zu den Kos- **19** ten für die Anhörungsrüge vor dem BPatG Rn 223 zu § 73). Sie wird mit der Bekanntgabe der Entscheidung fällig (§ 3 Abs 1 Satz 3 PatKostG).

---

51 BGH 12.11.2009 Xa ZR 130/07.
52 Vgl *Fitzner/Lutz/Bodewig* Rn 6 unter Hinweis auf BVerfGE 50, 36 = NJW 1979, 413; BVerfGE 69, 144 = NJW 1986, 833; BVerfG (Kammerbeschluss) NJW 2001, 1565.
53 *Benkard* Rn 9.
54 Vgl BGH 14.7.2008 I ZR 225/08, insoweit ohne Gründe; BGH 12.11.2009 X a ZR 130/07; *Ströbele/Hacker* § 89a MarkenG Rn 12.
55 Vgl für das Rechtsbeschwerdeverfahren BGH 10.7.2007 X ZB 4/06.
56 *Benkard* Rn 11; *Fitzner/Lutz/Bodewig* Rn 8; *Büscher/Dittmer/Schiwy* Rn 4.
57 *Benkard* Rn 11.
58 *Ströbele/Hacker* § 89a MarkenG Rn 14.

SIEBENTER ABSCHNITT
Gemeinsame Vorschriften

Vor § 123

Der Abschnitt fasst verschiedene Bestimmungen zusammen, die sich (ursprünglich) auf das **Verfah-** 1
ren vor dem DPMA und dem BPatG bezogen (für § 127 gilt dies nicht mehr, für §§ 123a und 128b galt es
von vornherein nicht).

Auf das **Rechtsbeschwerdeverfahren**, das **Berufungsverfahren** und das **Beschwerdeverfahren** 2
nach § 122 **vor dem BGH** ist der Abschnitt grds nicht unmittelbar anwendbar (anders kraft ausdrücklicher
Regelung §§ 124, 125a; anders auch § 128a sowie § 128b). Einer Heranziehung im Analogieweg steht, soweit
Regelungen dort nicht getroffen sind, grds nichts entgegen; dies gilt nicht für § 127, da der BGH immer
nach den Vorschriften der ZPO zustellt, und nicht mehr für § 123, da § 106 für das Rechtsbeschwerdeverfahren insoweit im wesentlichen auf die ZPO verweist und im Berufungsverfahren durch den Wegfall gegenüber dem BPatG einzuhaltender Fristen die sachlichen Voraussetzungen für eine Anwendung dieser
Bestimmung entfallen sind (vgl Rn 22 vor § 110; Rn 6, 7 zu § 123).

Auf das **Revisionsverfahren vor dem BGH**, das sich nach den Regeln der ZPO richtet, sind die Be- 3
stimmungen mit Ausnahme des § 128b unanwendbar.

Auf die parallelen Regelungen des **EPÜ** und der **AOEPÜ** ist jeweils hingewiesen. 4

§ 123
(Wiedereinsetzung in den vorigen Stand)

(1) [1]Wer ohne Verschulden verhindert war, dem Patentamt oder dem Patentgericht gegenüber
eine Frist einzuhalten, deren Versäumung nach gesetzlicher Vorschrift einen Rechtsnachteil zur
Folge hat, ist auf Antrag wieder in den vorigen Stand einzusetzen. [2]Dies gilt nicht für die Frist
1. zur Erhebung des Einspruchs (§ 59 Abs. 1) und zur Zahlung der Einspruchsgebühr (§ 6 Abs. 1
Satz 1 des Patentkostengesetzes),
2. für den Einsprechenden zur Einlegung der Beschwerde gegen die Aufrechterhaltung des Patents (§ 73 Abs. 2) und zur Zahlung der Beschwerdegebühr (§ 6 Abs. 1 Satz 1 des Patentkostengesetzes) und
3. zur Einreichung von Anmeldungen, für die eine Priorität nach §§ 7 Abs. 2 und 40 in Anspruch
genommen werden kann.
(2) [1]Die Wiedereinsetzung muß innerhalb von zwei Monaten nach Wegfall des Hindernisses
schriftlich beantragt werden. [2]Der Antrag muß die Angabe der die Wiedereinsetzung begründenden Tatsachen enthalten; diese sind bei der Antragstellung oder im Verfahren über den Antrag
glaubhaft zu machen. [3]Innerhalb der Antragsfrist ist die versäumte Handlung nachzuholen; ist dies
geschehen, so kann Wiedereinsetzung auch ohne Antrag gewährt werden. [4]Ein Jahr nach Ablauf
der versäumten Frist kann die Wiedereinsetzung nicht mehr beantragt und die versäumte Handlung nicht mehr nachgeholt werden.
(3) Über den Antrag beschließt die Stelle, die über die nachgeholte Handlung zu beschließen
hat.
(4) Die Wiedereinsetzung ist unanfechtbar.
(5) [1]Wer im Inland in gutem Glauben den Gegenstand eines Patents, das infolge der Wiedereinsetzung wieder in Kraft tritt, in der Zeit zwischen dem Erlöschen und dem Wiederinkrafttreten
des Patents in Benutzung genommen oder in dieser Zeit die dazu erforderlichen Veranstaltungen
getroffen hat, ist befugt, den Gegenstand des Patents für die Bedürfnisse seines eigenen Betriebs in
eigenen oder fremden Werkstätten weiterzubenutzen. [2]Diese Befugnis kann nur zusammen mit
dem Betrieb vererbt oder veräußert werden.
(6) Absatz 5 ist entsprechend anzuwenden, wenn die Wirkung nach § 33 Abs. 1 infolge der Wiedereinsetzung wieder in Kraft tritt.
(7) Ein Recht nach Absatz 5 steht auch demjenigen zu, der im Inland in gutem Glauben den Gegenstand einer Anmeldung, die infolge der Wiedereinsetzung die Priorität einer früheren ausländischen Anmeldung in Anspruch nimmt (§ 41), in der Zeit zwischen dem Ablauf der Frist von 12 Mo-

Keukenschrijver

naten und dem Wiederinkrafttreten des Prioritätsrechts in Benutzung genommen oder in dieser Zeit die dazu erforderlichen Veranstaltungen getroffen hat.

MarkenG: § 91
Ausland: Belgien: Art 41 PatG 1984; **Dänemark:** §§ 72–74, 87 PatG 1996; **Frankreich:** Art L 612-16 CPI, Art L 613-22 Abs 2 CPI, Art R 613-52 CPI; **Italien:** Art 90, 90bis (Weiterbenutzungsrecht) PatG; **Luxemburg:** Art 40, 70 (Wiederherstellung), 71 (Rechte Dritter) PatG 1992/1998; **Niederlande:** Art 23 ROW 1995; **Österreich:** §§ 129–136 öPatG, §§ 129, 130 geänd durch die Patent- und Markenrechtsnovelle 2014; **Polen:** Art 225, 243 RgE 2000; **Schweden:** §§ 72–74 PatG; **Schweiz:** Art 47 (Wiedereinsetzung), 48 (Mitbenützungsrecht) PatG, Art 10–13 (Fristen), 15, 16 (Wiedereinsetzung) PatV; **Serbien:** Art 76 PatG 2004; **Slowakei:** § 52 PatG; **Slowenien:** Art 66, 67, 68 GgE; **Spanien:** Art 117 PatG; **Tschech. Rep.:** § 65 PatG; **Türkei:** Art 134 VO 551; **VK:** Sec 28, 28 A Patents Act

Übersicht

Schrifttum: *Allgeier* Wiedereinsetzung in die versäumte Zahlungsfrist der Beschwerdegebühr des Einspruchsbeschwerdeführenden, Mitt 1984, 21; *Beier/Katzenberger* Zur Wiedereinsetzung in die versäumte Prioritätsfrist des Art 4 PVÜ, GRUR Int 1990, 227; *Born* Die Rechtsprechung des BGH zur Wiedereinsetzung in den vorigen Stand, NJW 2007, 2888; NJW 2009, 2179; NJW 2011, 2022; *Ford* Wiedereinsetzung in den vorigen Stand nach dem Europäischen Patentübereinkommen, GRUR Int 1987, 458; *Giliard* Wiedereinsetzung und Sorgfaltspflicht, Mitt 1974, 43; *Hövelmann* Die isolierte Wiedereinsetzung, Mitt 1997, 237; *Kirchner* Verspätet nachgeschobene Wiedereinsetzungsgründe, Mitt 1972, 26; *Mulder* Periods and Remedies Under the EPC: Compliance of the EPC with the PLT: Part I – Extension of Periods and Further Processing, EIPR 2012, 12; *Ostler* Anwaltspflichten und Anwaltshaftpflicht im Prozeß, Mitt 1966, 161 und 181; *Persson* Die Wiedereinsetzung in den vorigen Stand nach schwedischem Recht und schwedischer Rechtspraxis, GRUR Int 1987, 463; *Pinzger* Wirkung der Wiedereinsetzung im patentamtlichen Verfahren, GRUR 1932, 827; *Radt* Verzögerungen der Postbeförderung bei Sendungen an das Deutsche Patentamt, Mitt 1979, 162; *Reinländer* Zur Sorgfaltspflicht des Anwalts, Mitt 1974, 46; *Riederer* Wiedereinsetzung in den früheren Stand im schweizerischen Patentrecht, 1977; *Roth* Wiedereinsetzung nach Fristversäumnis wegen Belegung des Telefaxempfangsgeräts des Gerichts, NJW 2008, 785; *Ruschke* Zur Frage des Weiterbenutzungsrechts, Mitt 1938, 305; *Schade* Zur Wiedereinsetzung in den vorigen Stand im patentamtlichen Verfahren, GRUR 1953, 49; *Schennen* Fristen und Wiedereinsetzung im Verfahren vor dem Harmonisierungsamt, Mitt 1999, 258; *Schlee* Euro-PCT-Anmeldungen: Fristversäumnis bei Einleitung der regionalen Phase vor dem EPA – Gibt es ein „Leben danach"? Mitt 1998, 210 = VPP-Rdbr 1998, 79; *Schmieder* Die vergessenen Gebührenmarken als Wiedereinsetzungsproblem im patentgerichtlichen Verfahren, GRUR 1977, 244; *Schubarth* Die Wiedereinsetzung in den vorigen Stand gem Artikel 47 und 48 des schweizerischen Patentgesetzes, GRUR Int 1987, 461; *Schulte* Das Antragsrecht für die Wiedereinsetzung, GRUR 1961, 525; *Starck* Das Weiterbenutzungsrecht bei der Wiedereinsetzung in den vorigen Stand (§ 43 Abs 4 PatG), GRUR 1938, 478; *Starck* Das Weiterbenutzungsrecht bei einstweiligem Patentschutz, MuW 39, 450; *Starck* Das Weiterbenutzungsrecht an Elementen und Unterkombinationen an einem Kombinationspatent, GRUR 1940, 465; *Trüstedt* Die Wiedereinsetzung im Verfahren vor dem Patentamt unter Berücksichtigung des Gesetzes Nr 8 vom 20.10.1949, GRUR 1950, 490; *von Maltzahn* (Anm) GRUR 1993, 464.

A. Entstehungsgeschichte; Anwendungsbereich

I. Entstehungsgeschichte

Eine Regelung der Wiedereinsetzung war erstmals im PatG 1936 in § 43 unter Übernahme von Regelungen in den KriegsVOen vom 10.9.1914 und 10.4.1916 sowie im Patentverlängerungsgesetz vom 27.4.1920 enthalten. **1**

Änderungen. Das 5. ÜberlG hat Abs 1 durch Streichung der Worte „für die Frist des § 37 Abs 3" – Fünfjahresfrist für die Nichtigkeitsklage – geänd, das 6. ÜberlG in Abs 1 das an die Stelle des Worts „Reichspatentamt" getretene Wort „Patentamt" durch „Patentamt oder dem Patentgericht" ersetzt sowie in Satz 2 die Worte „und für die Frist zur Nennung des Az der Voranmeldung (§ 27)" angefügt; in Satz 2 hat es die Worte „beim Patentamt" gestrichen. Das PatÄndG 1967 hat einen neuen Abs 5 angefügt, der dem geltenden Abs 6 mit folgenden Abweichungen entspricht: Verweisung auf Abs 4; statt „Wirkung nach § 33 Abs 1" „der einstweilige Schutz (§ 24 Abs 5 Satz 1, § 30 Abs 1 Satz 2)". Die Vereinfachungsnovelle vom 3.12.1976 hat in Abs 1 Satz 1 die Worte „durch unabwendbaren Zufall verhindert worden ist" durch „ohne Verschulden verhindert war" ersetzt, Abs 2 und 3 entspr der geltenden Fassung neu gefasst und den geltenden Abs 4 als Abs 3a eingefügt. Durch das GPatG sind Abs 1 Satz 2 und Abs 5 entspr der geltenden Fassung (die geltenden Paragraphenangaben in den Verweisungen erst durch die Neubek 1981) geänd worden. Das 2. PatGÄndG hat Abs 1 Satz 2 neu gefasst sowie Abs 7 angefügt.[1] Damit ist die Versäumung der Frist für die Inanspruchnahme der Priorität nach § 41 (nicht auch in anderen Fällen) wiedereinsetzungsfähig geworden (vgl die weitergehende Regelung in Art 13 PLT, die erst nach Inkrafttreten dieses Vertrags für Deutschland umgesetzt werden muss). Die Änderungen sind jeweils auf alle Fristen anwendbar, die bei Inkrafttreten der Änderung noch nicht abgelaufen waren.[2] Das Gesetz zur Änderung des patentrechtlichen Einspruchsverfahrens und des Patentkostengesetzes hat Abs 1 Satz 2 sprachlich präzisiert und bezieht dabei die Zahlungsfrist für die Einspruchsgebühr und die Einspruchsbeschwerdegebühr ausdrücklich mit ein. **2**

II. Anwendungsbereich

Wiedereinsetzung nach § 123 kommt nur bei Versäumung einer gegenüber dem DPMA oder dem BPatG einzuhaltenden Frist in Betracht; die Vorschrift gilt kraft Verweisung (§ 21 Abs 1 GebrMG; § 11 Abs 1 HlSchG) in Gbm- und Halbleiterschutzsachen. Für ergänzende Schutzzertifikate verweist § 16a Abs 2 aus- **3**

---

1   Vgl Begr BlPMZ 1998, 393, 407.
2   BGH GRUR 1979, 626 elektrostatisches Ladungsbild; BGHZ 121, 194 = GRUR 1993, 460 Wandabstreifer; BPatG 23.2.1978 10 W (pat) 16/77.

drücklich auf § 123. Die Regelung gilt auch für eur Patente nach Eintritt in die nationale Phase; Entscheidungen in anderen Vertragsstaaten kommt präjudizielle Wirkung nicht zu.[3] Sie gilt auch für PCT-Anmeldungen, mit denen das DPMA oder das BPatG befasst ist (Rn 27 zu Art III § 1 IntPatÜG).[4] Eine Frist ist ein abgegrenzter, also ein bestimmter oder jedenfalls bestimmbarer Zeitraum[5] zwischen zwei Zeitpunkten, dem Fristbeginn (vgl § 187 BGB) und dem Fristende (vgl § 188 BGB). Sofern nach Versäumung einer vom DPMA bestimmten Frist die Patentanmeldung zurückgewiesen worden ist, stellt sich die Frage, ob neben der Weiterbehandlung nach § 123a auch, sofern die Voraussetzungen des § 123 erfüllt sind, Wiedereinsetzung in Betracht kommt; dies erscheint zwh (hierzu Rn 2 zu § 123a sowie zu § 123a Abs 3 Rn 14 ff zu § 123a).

4   Für den Zivilprozess und damit auch **in Patentstreitsachen** ist die Wiedereinsetzung in §§ 223 ff ZPO geregelt.

5   Für das Verfahren vor der **Schiedsstelle nach dem ArbEG** trifft § 34 Abs 4, 5 ArbEG eine eigenständige und teilweise abw Regelung, die weiterhin auf unabwendbaren Zufall abstellt, statt der Zweimonatsfrist eine Monatsfrist vorsieht, Glaubhaftmachung mit dem Antrag fordert, die Entscheidungszuständigkeit der Schiedsstelle eröffnet und eine Beschwerdemöglichkeit nach den Vorschriften der ZPO an das für den Sitz des Antragstellers zuständige LG vorsieht.

6   Für das **Nichtigkeitsberufungsverfahren** gilt die Regelung in der ZPO (Rn 22 f vor § 110).

7   Für das **Rechtsbeschwerdeverfahren** gilt über § 106 Abs 1 Satz 1 die Regelung der ZPO, jedoch ist nach § 106 Abs 1 Satz 2 die Regelung über das Weiterbenutzungsrecht in Abs 5–7 entspr anwendbar.

III. EPÜ; EU-Patent

8   Der Regelung in § 123 entspricht im wesentlichen **Art 122 EPÜ**.[6] Die Revision des EPÜ vom 29.11.2000 hat im Erteilungsverfahren die Weiterbehandlung (Art 121 EPÜ) zum Regelrechtsbehelf gemacht, die Wiedereinsetzung – anders als im Einspruchs- und Einspruchsbeschwerdeverfahren für den Patentinhaber (Rn 10) – grds ausschließt.[7]

9   Verspäteter Zugang von Schriftstücken ist seit 1.1.1999 unter bestimmten Voraussetzungen **fristunschädlich** (Regel 133 AOEPÜ mit Konkretisierung durch Beschluss PräsEPA).[8]

10   Wiedereinsetzung kann nach dem Wortlaut des Art 122 EPÜ nur dem **Anmelder** und dem **Patentinhaber** gewährt werden.[9] Die GBK hat dennoch für den beschwerdeführenden Einsprechenden Wiedereinsetzung in die Frist zur Beschwerdebegründung zugelassen.[10] Wiedereinsetzung in die Beschwerdefrist ist für ihn dagegen ausgeschlossen,[11] erst recht Wiedereinsetzung in die Einspruchsfrist.[12] Für von Dritten einzuhaltende Fristen gibt es keine Wiedereinsetzung.[13]

11   Wiedereinsetzung wird nur auf **schriftlichen Antrag** gewährt. Die früher in Art 122 Abs 3 EPÜ geregelte Begründungspflicht für den Antrag sowie die weiteren Voraussetzungen ergeben sich nunmehr aus Regel 136 AOEPÜ. Die Begründung nach Regel 136 Abs 2 AOEPÜ hat innerhalb der Frist in Regel 136 Abs 1 Satz 1 AOEPÜ zu erfolgen.[14] Sie darf sich nicht in allg Äußerungen erschöpfen, sondern muss konkrete Fakten insb dazu enthalten, warum die Frist trotz Wahrung der in Anbetracht der Umstände angemessenen Sorgfaltspflicht nicht eingehalten werden konnte.[15]

---

3   Vgl RB Den Haag BIE 2000, 11 f.

4   BPatG 13.11.2003 10 W (pat) 33/02; BPatG 17.3.2005 10 W (pat) 61/03; BPatG 15.10.2006 10 W (pat) 4/05; BPatG 10.9.2009 10 W (pat) 5/07.

5   RGZ 130, 362.

6   Zu den Zulässigkeitsvoraussetzungen EPA J 15/10 GRUR Int 2011, 756 Ls Unsubstantiated request for re-establishment.

7   *Schulte* Rn 14.

8   ABl EPA 2007 Sonderausgabe Nr 3, 119 I 1.

9   Zur Abgrenzung der Zuständigkeit Prüfungsabteilung/Rechtsabteilung EPA J 10/93 ABl EPA 1997, 91 Rechtsübergang.

10   EPA G 1/86 ABl EPA 1987, 447 = GRUR Int 1988, 349 Wiedereinsetzung des Einsprechenden.

11   EPA T 210/89 ABl EPA 1991, 433 = GRUR Int 1991, 809 Wiedereinsetzung des Beschwerdeführers, der Einsprechender ist; vgl EPA T 323/87 ABl EPA 1989, 343 Amtssprache; EPA T 128/87 ABl EPA 1989, 406 verlorener Scheck.

12   EPA T 702/89 ABl EPA 1994, 472 Proportionierventil; vgl EPA T 748/93.

13   Vgl EPA J 3/80 ABl EPA 1980, 92, für die Frist zur Weiterleitung einer eur Patentanmeldung.

14   EPA J 8/95.

15   EPA J 15/10 GRUR Int 2011, 758 Ls; zur Möglichkeit der Wiedereinsetzung bei Verwechslung der Bezeichnung des Beschwerdeführers Mitt der GBK über die Vorlage T 445/08 EPA G 1/12 ABl EPA 2012, 126.

Der Wiedereinsetzung zugängliche Fristen. Wiedereinsetzung ist in jedem Fall nur in solche Fris- **12** ten – auch vom EPA gesetzte – möglich, deren Versäumung einen unmittelbaren Rechtsnachteil zur Folge hat, in dem Sinn, dass die eur Patentanmeldung oder ein Antrag zurückgewiesen wird, dh, dass der Rechtsnachteil nicht unmittelbar aus der EPÜ folgen muss, die Anmeldung als zurückgenommen gilt oder das eur Patent widerrufen wird oder der Verlust eines sonstigen Rechts oder eines Rechtsmittels eintritt (Art 122 Abs 1 EPÜ). Obwohl Wiedereinsetzung nach Art 122 Abs 1 EPÜ ua dem Anmelder gewährt werden kann, geht im Erteilungsverfahren die Weiterbehandlung gem Art 121 EPÜ als Regelrechtsbehelf grds der Wiedereinsetzung vor. Denn eine Wiedereinsetzung ist nach Regel 136 Abs 3 AOEPÜ bei solchen Fristen ausgeschlossen, bei denen die Weiterbehandlung möglich ist. Dies gilt zB auch für die Anspruchsgebühren nach Regel 45 Abs 2 AOEPÜ.

Ausgeschlossen von der Weiterbehandlung sind nach der seit 1.4.2010 gültigen Fassung und da- **13** mit einer Wiedereinsetzung zugänglich nach Art 121 Abs 4 die Prioritätsfrist des Art 87 Abs 1 EPÜ, die Beschwerdefrist des Art 108 EPÜ, die Frist für den Antrag auf Überprüfung einer Entscheidung durch die GBK nach Art 112a EPÜ sowie die Weiterbehandlungs- und die Wiedereinsetzungsfrist (Regel 135 Abs 2 AOEPÜ, Art 121 Abs 4 EPÜ). Von der Weiterbehandlung ausgeschlossen sind nach Regel 135 Abs 2 AOEPÜ die Fristen nach Regel 6 Abs 1, Regel 16 Abs 1a), Regel 31 Abs 2, Regel 36 Abs 2, Regel 40 Abs 3, Regel 51 Abs 2 bis 5, Regel 52 Abs 2 und 3, Regeln 55, 56, 58, 59, 62a, 63, 64, Regel 112 Abs 2 und Regel 164 Abs 1 und 2 AOEPÜ.[16] Obwohl für letztgenannte Frist die Weiterbehandlung ausgeschlossen ist, ist diese Wiedereinsetzungsfrist aufgrund der ausdrücklichen Bestimmung der Regel 136 Abs 5 AOEPÜ einer Wiedereinsetzung nicht zugänglich. Wiedereinsetzung wegen ausgeschlossener Weiterbehandlung ist möglich bei der Frist zur Einreichung der Übersetzung, der Rechtsbehelfsfrist bei Anmeldung durch Nichtberechtigte, der Frist für bestimmte Angaben bei Hinterlegung von biologischem Material, den Fristen für die Einreichung von Teilanmeldungen (die Auffassung, wonach die in Regel 25 Abs 1 AOEPÜ 1973 genannte Zeitgrenze für die Einreichung einer Teilanmeldung nicht als wiedereinsetzungsfähige Frist angesehen wurde,[17] dürfte aufgrund der Neuregelung überholt sein), der Frist für die Einreichung einer beglaubigten Abschrift einer in Bezug genommenen früheren Anmeldung, für die Fristen für die Entrichtung von Jahresgebühren, für die Abgabe der Prioritätserklärung, zur Beseitigung in der Eingangsprüfung festgestellter Mängel und zur Ergänzung fehlender Teile der Beschreibung und Zeichnung, zur Beseitigung sonstiger Mängel der Anmeldung oder bei Inanspruchnahme der Priorität, zur Beseitigung eines Verstoßes gegen die Anzahl erlaubter unabhängiger Ansprüche, zur Abgabe einer Erklärung des zu recherchierenden Gegenstands, zur Zahlung weiterer Recherchegebühren im Fall der Uneinheitlichkeit sowie für die Frist, eine Entscheidung zu beantragen, wenn das EPA einen Rechtsverlust festgestellt hat, ohne dass die Anmeldung zurückgewiesen, das Patent erteilt, widerrufen oder aufrechterhalten worden ist oder eine Entscheidung über eine Beweisaufnahme ergangen ist. Nach Art 153 Abs 2, 5 EPÜ haben Euro-PCT-Anmeldungen den Status von eur Patentanmeldungen, so dass Art 122 EPÜ insoweit unmittelbar auch für sie gilt (vgl auch Art 48 Abs 2 PCT). Sind mehrere unabhängig voneinander laufende Fristen versäumt, muss für jede ein Wiedereinsetzungsantrag gestellt werden, für jeden Antrag ist eine Gebühr zu entrichten.[18]

Ausgeschlossene Fristen. Nach Art 122 Abs 4 EPÜ ist die Wiedereinsetzungsfrist (Regel 136 Abs 1 **14** AOEPÜ) selbst von einer Wiedereinsetzung ausgeschlossen.[19] Entspr der Ermächtigung in Art 122 Abs 4 EPÜ, in der AOEPÜ weitere Fristen von der Widereinsetzung auszunehmen, ist nach Regel 136 Abs 3 AOEPÜ Wiedereinsetzung in alle Fristen nicht möglich, für die eine Weiterbehandlung beantragt werden kann. Damit ist weiterhin die Frist zur Zahlung der Prüfungsgebühr nach Art 94 Abs 2 EPÜ von der Wiedereinsetzung ausgeschlossen, unabhängig davon, ob der Anmelder den direkten oder den Euro-PCT-Weg beschritten hat. Weiter ausgeschlossen sind die Fristen für die Anmelde- und die Recherchegebühr nach Art 78 Abs 2 EPÜ iVm Regel 38 AOEPÜ; für die Benennungsgebühr nach Art 79 Abs 2 EPÜ iVm Regel 39 AOEPÜ. Nachfristen (Regel 85a AOEPÜ 1973) werden nicht mehr gesetzt, vielmehr ist bei Fristversäumnis Weiterbehandlung zu beantragen. Die Versäumung von Dritten einzuhaltender Fristen ermöglicht keine Wiedereinsetzung, so nicht die Fristversäumnis durch die nationale Zentralbehörde bei der Weiterleitung

---

16   Regel 135 Abs 2 AOEPÜ geänd durch Beschluss des Verwaltungsrats CA/D 17/13 vom 16.10.2013 (ABl EPA 2013, 503), in Kraft seit 1.11.2014.
17   EPA J 24/03 ABl EPA 2004, 544 = GRUR Int 2005, 330 Definition einer Frist; EPA J 21/96.
18   EPA J 26/95 ABl EPA 1999, 668 = GRUR Int 2000, 165 Konkurs.
19   Vgl auch EPA T 900/90.

der Anmeldung.[20] Eine nach der Rspr der Beschwerdekammern gesetzte Zeitgrenze ist keine wiedereinsetzungsfähige Frist.[21]

15   **PCT.**[22] Art 48 Abs 1 PCT enthält iVm Regel 82 AOPCT zunächst eine eigenständige Regelung für im PCT oder der AOPCT geregelte Fristen, die durch Unterbrechung des Postdiensts oder einen unvermeidbaren Verlust oder eine Verzögerung bei der Postzustellung nicht eingehalten worden sind. Nach Art 48 Abs 2 Buchst a PCT muss jeder Vertragsstaat, soweit er betroffen ist, eine Fristüberschreitung als entschuldigt ansehen, wenn Gründe vorliegen, die nach dem nat Recht eine Entschuldigung bedeuten. Nach Art 48 Abs 2 Buchst b PCT sind die Vertragsstaaten darüber hinaus berechtigt, über Buchst a hinausgehende Entschuldigungsgründe vorzusehen. Die von Art 48 Abs 2 PCT angesprochenen nat Vorschriften werden in Regel 82bis AOPCT als Vorschriften über die Wiedereinsetzung, die Weiterbehandlung sowie solche genannt, die eine Fristverlängerung (Regel 134 Abs 5 AOEPÜ)[23] gestatten. Regel 82bis AOPCT definiert auch die betroffenen Fristen. Die Frist nach Regel 40.2 Buchst c, Regel 40.3 AOPCT (verspätete Widerspruchsbegründung) ist als wiedereinsetzungsfähig behandelt worden.[24] Wiedereinsetzung wurde auch in die Frist zur Einreichung einer englischen Übersetzung der internat Anmeldung bewilligt.[25] Gem Art 153 Abs 2, 5 EPÜ haben Euro-PCT-Anmeldungen den Status von eur Patentanmeldungen, so dass Art 121, 122 EPÜ insoweit unmittelbar auch für sie gelten.

16   Für das **Gemeinschaftspatent** sieht Art 27a Vorschlag GPVO eine Regelung über die Wiedereinsetzung vor.

B. Wiedereinsetzung

I. Rechtsnatur

17   Wiedereinsetzung (restitutio in integrum) ist ein **außerordentlicher Rechtsbehelf**,[26] dessen Erfolg einer verspäteten Handlung die Wirkungen einer rechtzeitigen beilegt. Das Rechtsinstitut der Wiedereinsetzung dient in besonderer Weise dazu, die Rechtsschutzgarantie und das rechtl Gehör zu gewährleisten.[27] Aus dem Recht auf Gewährung wirkungsvollen Rechtsschutzes gem Art 2 Abs 1 GG iVm dem Rechtsstaatsprinzip folgt, dass der Zugang zu den Gerichten und den in den Verfahrensordnungen vorgesehenen Instanzen nicht in unzumutbarer, aus Sachgründen nicht mehr zu rechtfertigender Weise erschwert werden darf.[28] Zur Abgrenzung der Wiedereinsetzung von der Weiterbehandlung Rn 25.

18   Die Bestimmung entspricht weitgehend der Regelung in der **Zivilprozessordnung**; Abs 1 Satz 1 entspricht sachlich § 233 ZPO, Abs 2 Satz 1 – allerdings unter Zubilligung einer wesentlich längeren Frist – § 234 Abs 1, 2 ZPO, Abs 2 Satz 4 § 234 Abs 3 ZPO. Abs 2 Satz 2, 3 entspricht § 236 Abs 2 ZPO, Abs 3 § 237 ZPO. Abs 4 entspricht § 238 Abs 3 ZPO. Die Absätze 5–7 enthalten spezifisch patentrechtl materielle Folgeregelungen. Parallele Regelungen enthalten § 60 VwGO und § 27 SGB X sowie § 32 VwVfG, der die Wiedereinsetzung in einem behördlichen Verfahren zum Gegenstand hat.

II. Sachliche Voraussetzungen

19   **1. Allgemeines.** Wiedereinsetzung nach § 123 kann, grds auf Antrag, gewährt werden, wenn ein Verfahrensbeteiligter schuldlos verhindert war, eine gegenüber dem DPMA oder dem BPatG (nicht gegenüber dem Gericht in Patentstreitsachen, der Schiedsstelle oder dem BGH, Rn 4 ff; ebenso nicht gegenüber Dritten, zB für die Geltendmachung des Übertragungsanspruchs;[29] Rn 18 zu § 8) zu wahrende Frist einzuhalten, deren Versäumung nach gesetzlicher Vorschrift einen unmittelbaren (Rn 25), dh im Gegensatz zur

---

20   EPA J 3/80 ABl EPA 1980, 92 = GRUR Int 1980, 422 unterbliebene Weiterleitung einer europäischen Anmeldung.
21   EPA J 7/90 ABl EPA 1993, 133 Berichtigung der Benennung.
22   Zum Verhältnis PCT – EPÜ EPA T 227/97 ABl EPA 1999, 495, 498 f Rib-Protein.
23   Vgl MittPräsEPA vom 15.3.211 ABl EPA 2011, 272.
24   EPA W 4/87 ABl EPA 1988, 425 verspäteter Widerspruch; EPA W 3/93 ABl EPA 1994, 931 Wiedereinsetzung.
25   EPA J 32/90; vgl EPA J 23/87.
26   *Benkard* Rn 1.
27   GH NJW 2007, 1455.
28   BVerfG NJW 2010, 2567 f.
29   *Benkard* Rn 5.

Voraussetzung für die Weiterbehandlung nach § 123a nur wegen der Fristversäumnis eintretenden Rechtsnachteil zur Folge hat, wenn der Wiedereinsetzungsantrag innerhalb der Frist von zwei Monaten nach Wegfall des Hindernisses gestellt oder wenigstens die versäumte Handlung nachgeholt ist und wenn seit Fristablauf nicht mehr als ein Jahr vergangen ist. Das Recht, Wiedereinsetzung zu beantragen, steht daher nur dem zu, der nach gesetzlicher Vorschrift durch die Fristversäumung einen Rechtsnachteil erleidet; das ist im Fall der Versäumung der Frist zur Zahlung einer fälligen Jahresgebühr allein der im Register eingetragene Patentinhaber, auch wenn das Patent bereits rechtsgeschäftlich übertragen worden ist.[30] Im Interesse der Rechtssicherheit gewähren die Abs 5–7 im Fall eines erfolgreichen Wiedereinsetzungsantrags Dritter uU ein Weiterbenutzungsrecht.

2. Rechtsnachteil iSd Abs 1 ist jede unmittelbare Verschlechterung der Rechtslage, die ohne die **20** Fristversäumung nicht eingetreten wäre;[31] dies ist anhand der betroffenen Norm und nicht aufgrund besonderer Umstände oder Verfahrenslagen im Einzelfall zu bestimmen.[32] In Betracht kommen zB Verlust der Anmeldung oder des Patents, Nichtwirksamwerden und fingierte Rücknahme von Verfahrenshandlungen, Anfallen von Gebührenzuschlägen,[33] Verlust der Möglichkeit von Zahlungserleichterungen.[34] Nicht wiedereinsetzungsfähig sind demnach Fristen, deren Versäumung einen Rechtsnachteil nicht unmittelbar herbeiführt, wie die in § 36 Abs 1[35] und § 37 Abs 1[36] (Rn 11 zu § 36; Rn 17 zu § 37). Eine Frist ist daher nicht wiedereinsetzungsfähig, wenn die Nichteinhaltung nicht der tragende Grund für die nachteilige Entscheidung ist.[37] Der Ablauf einer Frist als solcher ist noch kein gesetzlicher Rechtsnachteil (Rn 25).[38]

3. Fristversäumung

a. Grundsatz. Ist eine Frist nicht in Gang gesetzt worden, was vorab zu überprüfen ist,[39] zB weil keine **21** die Frist auslösende (ordnungsgem) Zustellung vorliegt,[40] geht der Wiedereinsetzungsantrag ins Leere,[41] ebenso ist der Antrag gegenstandslos, wenn nur irrtümlich eine Fristversäumnis angenommen wurde oder eine Verspätung nicht nachweisbar ist.[42] Unabdingbare Voraussetzung für die Wiedereinsetzung ist weiterhin, dass überhaupt eine Frist versäumt wurde. Eine Frist ist zwar auch dann versäumt, wenn die Verfahrenshandlung zwar rechtzeitig, aber unwirksam vorgenommen wurde.[43] Die Beurteilung der Fristversäumnis ist im Einzelfall anhand der einschlägigen Vorschriften und des Rechtscharakters der Frist und der Voraussetzungen für die Frist auslösenden Ereignisse zu untersuchen,[44] so zB den Anforderungen an den Zugang eines Dokuments, der Art der Feststellung des Eingangszeitpunkts und der hieraus nach § 415 Abs 1 ZPO abzuleitenden Beweisvermutung der Richtigkeit als öffentliche Urkunde, wie einer Datumslochung oder nach § 8 Abs 1 DPAMV des Vermerks in den Akten. Dafür, ob ein Schriftstück, mit dem eine bei einem Gericht zu wahrende Frist eingehalten werden sollte, dort rechtzeitig eingegangen ist, ist entscheidend, ob das Schriftstück innerhalb der Frist tatsächlich in die Verfügungsgewalt dieses Gerichts gelangt ist. Diese Voraussetzung ist nicht schon erfüllt mit der Annahme einer Postmappe zum Zweck der Anbringung des Eingangsstempels, sondern erst, wenn die Schriftstücke nach Abstempelung nicht wieder in die Postmappe eingelegt, sondern an der für beim Gericht eingegangene Schriftstücke vorgesehenen Stelle

---

30   BGH GRUR 2008, 551 f Sägeblatt, auch zur Berechtigung eines Prozessstandschafters.
31   RPA Mitt 1930, 170; RPA BlPMZ 1933, 76; *Benkard* Rn 7a mwN; *Schulte* Rn 52.
32   BGH GRUR 1999, 574 ff Mehrfachsteuersystem.
33   BPatGE 1, 15, 20 = BlPMZ 1962, 152; BPatG Mitt 1963, 155; RPA Mitt 1930, 35; vgl auch *Benkard* Rn 8.
34   RPA JW 1934, 2186.
35   *Schulte* § 36 Rn 16.
36   *Benkard* § 36 Rn 3; aA *Schulte* § 37 Rn 17 und *Mes* Rn 24.
37   BPatGE 31, 29 = GRUR 1990, 113 für die Verwerfung der Beschwerde als unzulässig nach Versäumung der richterlichen Frist zur Bestellung eines Inlandsvertreters; RPA GRUR 1931, 1078: Frist zur Erledigung eines Bescheids.
38   *Benkard* Rn 7b.
39   BGH NJW 2007, 1457.
40   BGH NJW 2007, 303 öffentliche Zustellung.
41   BPatGE 17, 45 = BlPMZ 1975, 191; BPatG 25.2. 1972 5 W (pat) 76/71; vgl auch BGH NJW 2007, 303 ff; *Born* NJW 2009, 2179.
42   *Schulte* Rn 45.
43   *Schulte* Rn 46.
44   Vgl *Benkard* Rn 4b.

abgelegt worden sind.[45] Unerheblich ist dagegen, wann ein Schriftstück tatsächlich bei der zuständigen Geschäftsstelle eingeht.[46] Eine Dokument ist zB rechtzeitig in schriftlicher Form eingereicht, sobald dem Berufungsgericht ein Ausdruck der als Anhang einer elektronischen Nachricht übermittelten, die vollständige Berufungsbegründung enthaltenden Bilddatei samt Unterschrift des Anwalts zB als PDF-Datei vorliegt.[47] Eine behauptete Rechtzeitigkeit ist von dem zu beweisen, der sich auf sie stützt; ein Eingangsstempel erbringt den Beweis für den Zugang des Schriftstücks beim DPMA oder bei Gericht; dieser Beweis kann grds widerlegt werden. Die Anforderungen an den Gegenbeweis dürfen nicht überspannt werden.[48]

22   Eine Fristversäumnis kann auch bereits deshalb sanktionslos bleiben und keiner Wiedereinsetzung bedürfen, weil das Versäumnis auch durch den Empfänger mitverschuldet worden ist, so, wenn unter Verstoß gegen die **prozessuale Fürsorgepflicht** zB ein erkennbar bei der unzuständigen Stelle eingelegter Einspruch nicht weitergeleitet worden ist (s auch Rn 85 zu § 59). Denn in Fällen offensichtlich fehlender eigener Zuständigkeit stellt es keine übermäßige Belastung dar, in Fürsorge für die Verfahrensbeteiligten einen fehlgeleiteten Schriftsatz im Rahmen des üblichen Geschäftsgangs an die zuständige Stelle weiterzuleiten.[49] Ein Verschulden der Partei oder ihres Prozessbevollmächtigten an der Fristversäumung wirkt sich danach bei einem offensichtlichen Fehlverhalten des angerufenen Gerichts nicht mehr aus, so dass der Partei Wiedereinsetzung zu gewähren ist.[50] Wiedereinsetzung wurde auch gewährt, weil der fristwahrende Schriftsatz beim unzuständigen Gericht so rechtzeitig eingereicht wurde, dass mit einer fristgerechten Weiterleitung, zu der das unzuständige Gericht aus Fürsorgegründen verpflichtet ist, an das zuständige Gericht (noch) gerechnet werden konnte (zum Vertrauensschutz Rn 42).[51] Andererseits wird in der Rspr betont, dass keine generelle Fürsorgepflicht bestehe, durch Hinweise oder durch andere geeignete Maßnahmen eine Fristversäumung zu verhindern; eine derartige Verpflichtung enthöbe die Parteien und ihre Prozessbevollmächtigten ihrer eigenen Verantwortung für die Einhaltung von Fristen und überspanne die Anforderungen an die Grundsätze des fairen Verfahrens.[52] Die Fürsorgepflicht gebietet aber einen Hinweis jedenfalls auf leicht erkennbare Formfehler oä, um deren rechtzeitige Behebung noch zu ermöglichen.[53] Enthält eine fristgerecht eingereichte Nachanmeldung durch die Einreichung eines Leerblatts anstelle des Beschreibungstexts offensichtlich eine Lücke, liegt deshalb keine Fristversäumnis vor, wenn die Mindesterfordernisse für die Zuerkennung eines Anmeldetags erfüllt sind.[54]

23   Wiedereinsetzung kommt mangels Versäumung einer Frist dementspr nicht in Betracht bei **nicht fristgebundenen Verfahrenshandlungen**, auch wenn mit dem Zeitpunkt der Vornahme Rechtsfolgen verbunden sind (zB Zeitpunkt der Anmeldung für die Bestimmung des Altersrangs).[55] Erst recht kommt sie nicht in Betracht, wenn das Gesetz an die bloße Vornahme einer Handlung Rechtsfolgen knüpft, so bei der Rücknahmefiktion des § 40 Abs 5.[56] Ebenso kommt Wiedereinsetzung mangels Versäumung einer Frist nicht in Betracht, wenn eine Verfahrenshandlung nur in einem bestimmten Verfahrensstadium (zB Ausscheidung;[57] frühere Zusatzanmeldung, str, 7. Aufl Rn 20 zu § 16) oder zeitgleich mit einer anderen erfolgen kann und die rechtzeitige Vornahme versäumt wird (zB Abgabe der Abzweigungserklärung nach § 5 Abs 1 GebrMG, die zeitgleich mit der GbmAnmeldung erfolgen muss;[58] Anmeldung des ergänzenden Schutzzertifikats, solange das Grundpatent in Kraft steht).[59] Zur Prioritätsbeanspruchung Rn 29.

---

45 BGH NJW-RR 2014, 1343
46 *Benkard* Rn 4g.
47 BGH 15.7.2008 X ZB 9/08 CIPR 2008,130 Berufungsbegründung per E-Mail 01; zur unterschiedlichen Behandlung von Unterschriften bei Computerfax oder Telefax BVerfG NJW 2007, 3117.
48 BGH NJW 2007, 3069.
49 BGH GRUR 2015, 472 Stabilisierung der Wasserqualität unter unter Hinweis auf BVerfG NJW 2006, 1579.
50 BGH NJW 2011, 683.
51 BGH 30.1.2007 X ZB 2/06; OVG Bremen NJW 2010, 3674.
52 St Rspr, vgl BGH NJW 2011, 684 mwN.
53 BGH NJW-RR 2009, 564.
54 BPatG 21.2.2013 10 W (pat) 30/10.
55 *Schulte* Rn 49; *Benkard* Rn 3; DPA BlPMZ 1952, 194; Abgabe der Lizenzbereitschaftserklärung für die Jahresgebühren, BPatGE 4, 122 = GRUR 1967, 257.
56 Hierzu BPatG 10.6.2002 10 W (pat) 52/01.
57 BPatG 17.8.1973 6 W (pat) 164/70.
58 BPatGE 32, 124 = GRUR 1991, 833.
59 BPatGE 41, 231 = GRUR 2000, 398.

Auch die **Versäumung eines Termins**, also eines bestimmten Zeitpunkts, steht der Versäumung ei- **24** ner Frist nicht gleich[60] (abw Regelung früher in § 92 FGG aF).

b. Erfasste Fristen.[61] Wiedereinsetzbar sind alle Fristen, deren Nichteinhaltung einen unmittelbaren **25** Rechtsnachteil zur Folge hat. Der Wortlaut unterscheidet nicht zwischen gesetzlichen oder behördlichen oder richterlichen Fristen,[62] so dass der Rechtsnachteil nicht unmittelbar kraft Gesetzes eintreten muss.[63] Ausreichend ist, wenn der Rechtsnachteil erst durch eine der Fristversäumung nachfolgende Entscheidung eintritt. Jedoch wird die Nichteinhaltung behördlicher oder richterlicher Fristen im Verfahren vor dem DPMA und dem BPatG regelmäßig nicht zu unmittelbaren Rechtsnachteilen führen,[64] insb ist dies nicht der Fall, wenn die nachfolgende negative Entscheidung nicht mit der Fristversäumung selbst zu begründen ist, sondern sich daraus ergibt, dass zum Zeitpunkt der Entscheidung eine bestimmte Voraussetzung nicht vorgelegen hat, wie zB nach Ablauf einer Frist zur Stellungnahme auf einen Prüfungsbescheid, da diese lediglich die Möglichkeit zur Zurückweisung der Patentanmeldung eröffnet. Denn hier hat die Fristversäumung als solche auch nach gesetzlicher Vorschrift noch keinen Rechtsnachteil zur Folge.[65] Ob auch vereinbarte Fristen, insb die Widerrufsfrist für einen Prozessvergleich, wiedereinsetzungsfähig sind, ist str; die hM lehnt dies ab.[66] Darauf, wie umfangreich die Dauer der Fristversäumnis ist, kommt es bis zum Ablauf der Jahresfrist des Abs 2 Satz 4 (Rn 28) grds nicht an.[67] Soweit die Nichteinhaltung einer vom DPMA gesetzten Frist zur Zurückweisung der Anmeldung führt, sieht § 123a Weiterbehandlung vor. Auch wenn daneben Wiedereinsetzung in die versäumte behördliche Frist nicht ausgeschlossen ist, dürften Überschneidungen kaum praktisch werden (Rn 2, 13 zu § 123a). In jedem Fall ist nach § 123a Abs 3 Wiedereinsetzung in die Antragsfrist für die Weiterbehandlung ausgeschlossen (für das schweiz Recht offen gelassen).[68]

Abgesehen von den in Abs 1 Satz 2 grds abschließend aufgeführten Ausnahmen[69] (Rn 27 f) sind alle **26** Fristen iSd vorstehenden Erläuterungen wiedereinsetzungsfähig (zur Frist für den Tatbestandsberichtigungsantrag Rn 5 zu § 96). Dies gilt auch für die Fristen zur Stellung des Prüfungsantrags[70] (Rn 18 zu § 44), nicht aber zur Beantwortung des Prüfungsbescheids, da der Ablauf der Frist nach § 45 Abs. 1 Satz 1 hat als solcher noch keinen gesetzlichen Rechtsnachteil zur Folge hat,[71] zur Vorlage einer Abschrift der früheren Anmeldung,[72] zur Angabe von Zeit und Land der Voranmeldung,[73] zur Zahlung der (nationalen) Gebühr für die internat Anmeldung[74] (Art 48 Abs 2 Buchst a PCT). Auch die zweimonatige Wiedereinsetzungsfrist (Abs 2 Satz 1) ist – ebenso wie die entspr Fristen in § 233 ZPO und § 60 VwGO – wiedereinsetzungsfähig.[75] Wiedereinsetzungsfähig ist auch die Dreimonatsfrist des § 39 Abs 3 für die Einreichung der Unterlagen für eine Teilanmeldung, da ihre Versäumung jedenfalls den Verlust einer verfahrensrechtl Stellung zur Folge hat;[76]

---

60 BPatG 17.8.1973 6 W (pat) 164/70; RPA BlPMZ 1943, 75; *Benkard* Rn 2.
61 Wiedereinsetzungsfähige Fristen sind bei *Benkard* Rn 8, *Schulte* Rn 48 und *Mes* Rn 20 ff aufgezählt.
62 *Benkard* Rn 5.
63 BPatG 20.12.2012 10 W (pat) 28/10; *Fitzner/Lutz/Bodewig* Rn 8.
64 BPatGE 31, 29 = GRUR 1990, 113; BPatG 8.12. 1969 31 W (pat) 327/67; BPatG 20.12.2012 10 W (pat) 28/10; RPA GRUR 1931, 1078 hat Wiedereinsetzung ausgeschlossen, weil es sich nicht um Ausschlussfristen handle.
65 BPatG 20.12.2012 10 W (pat) 28/10.
66 Nachw bei *Stein/Jonas* § 233 ZPO Rn 23 ff.
67 EPA T 971/99.
68 Schweiz ERGE sic! 2005, 37 f und sic! 2007, 283.
69 BGH GRUR 1973, 139 f Prioritätsverlust.
70 BGH GRUR 1995, 45 Prüfungsantrag.
71 BPatG 20.12.2012 10 W (pat) 28/10.
72 BGH Prioritätsverlust; BPatGE 11, 204 = Mitt 1970, 135; BPatG 21.1.1971 4 W (pat) 160, 69, insoweit unveröffentlicht; BPatG 6.7.1971 4 W (pat) 37/71 BlPMZ 1972, 28 Ls; BPatG 5.8.1998 4 W (pat) 26/97.
73 BPatGE 27, 212 = GRUR 1986, 312, zur Geschmacksmustervoranmeldung, unter Aufgabe von BPatGE 25, 208 = GRUR 1983, 645.
74 BPatGE 25, 8 = BlPMZ 1982, 350; EPA J 5/80 ABl EPA 1981, 343 = GRUR Int 1981, 637 Wiedereinsetzung, Vertreter, Hilfsperson; vgl EPA T 227/97 ABl EPA 1999, 495, 499 Rib-Protein.
75 BGH GRUR 2001, 271 f Kreiselpumpe, zur ZPO; BGH NJW-RR 1999, 430; BPatGE 25, 68, 71 = BlPMZ 1983, 305; BPatG 6.12.1971 4 W (pat) 372/70, insoweit unveröffentlicht; *Benkard* Rn 53; *Schulte* Rn 59; aA BPatGE 19, 44 = BlPMZ 1976, 253.
76 BGH GRUR 1999, 574 f Mehrfachsteuersystem, wo auch vom Verlust einer materiellrechtl Position ausgegangen wurde; aA BPatGE 39, 98 = GRUR 1998, 665, wo darauf abgestellt wurde, dass dem Anmelder der Gegenstand seiner

jedoch wird man, soweit eine Teilungsmöglichkeit noch besteht, im Wiedereinsetzungsantrag eine konkludente neuerliche Teilungserklärung sehen müssen, die nicht an die strengeren Voraussetzungen der Wiedereinsetzung gebunden ist.[77] Nach im BPatG vertretener Ansicht ist der Wiedereinsetzungsantrag zur Abgabe einer Teilungserklärung in der Stammanmeldung, die nicht bis zur Bestandskraft des Zurückweisungsbeschlusses beim DPMA eingegangen ist, unzulässig; § 39 Abs 1 sieht demnach keine bestimmte Frist vor, deren Versäumnis den Rechtsnachteil fehlender Teilungsmöglichkeit (Abgabe von Teilungserklärungen) mit sich bringt, und der Zeitraum, der zur Erklärung der Teilung zur Verfügung steht, soll daher keine Frist iSd § 123 darstellen.[78]

27   **c. Ausnahmen.** Abs 1 Satz 2 nimmt bestimmte Fristen von der Wiedereinsetzungsmöglichkeit ausdrücklich aus. Es handelt sich um die Einspruchsfrist und die Beschwerdefrist für den Einsprechenden im Fall der Aufrechterhaltung des Patents (Rn 127 zu § 73), auch bei widerrechtl Entnahme.[79] Ob dies mit Rücksicht auf die verbleibende Möglichkeit einer Nichtigkeitsklage gerechtfertigt ist, erscheint im Hinblick auf den Umstand, dass die Beschwerde nicht in erster Linie der Überprüfung des Patents, sondern der Richtigkeit des Beschlusses der Patentabteilung dient,[80] vor der Rechtsweggarantie des Art 19 Abs 4 GG äußerst zwh. Die Wiedereinsetzungsausschlüsse nach Abs 1 Satz 2 erfassen auch die Frist zur **Zahlung der entsprechenden Gebühren** (vgl Rn 25 zu § 59; Rn 15 zu § 73; Rn 12 zu § 6 PatKostG; dies hat das Gesetz zur Änderung des patentrechtlichen Einspruchsverfahrens und des Patentkostengesetzes klargestellt).[81]

28   Die **Jahresfrist** des Abs 2 Satz 4 ist ebenso wie die des § 234 Abs 3 ZPO als Ausschlussfrist wegen ihres absoluten Charakter grds nicht wiedereinsetzbar (Einzelheiten unter Rn 77).[82] Ebenfalls nicht wiedereinsetzbar ist die nach dem KostRegBerG ausgeschlossene Frist des § 123a Abs 2 (Rn 14 zu § 123a).

29   **Prioritätsbeanspruchung.** Die Fristen zur Einreichung der Nachanmeldung bei Prioritätsbeanspruchung sind seit Inkrafttreten des 2. PatGÄndG am 1.11.1998 im Fall der inneren[83] und der Entnahmepriorität von der Wiedereinsetzungsmöglichkeit nach Abs 1 Nr 3 ausgenommen, während in den Fällen des § 41 Wiedereinsetzung gewährt werden kann[84] (vgl Rn 2; Rn 26 zu § 41); zu den Auswirkungen auf Anmeldetag und Patentdauer Rn 9, 23 zu § 35. Für die weiteren Fristen bei Prioritätsbeanspruchung, nämlich die Fristen zur Abgabe der Prioritätserklärung und zur Einreichung der notwendigen Angaben und Unterlagen, bestand ein Ausschluss der Wiedereinsetzung schon vor Inkrafttreten des 2. PatGÄndG nicht (mehr; Rn 18 zu § 40, Rn 46 zu § 41).

30   **4. Verhinderung.** Wiedereinsetzung kann nur gewährt werden, wenn objektiv ein Hindernis bestand, die Frist einzuhalten. Umstände, die nur subjektiv der Fristeinhaltung entgegenstanden, wie der noch nicht gefasste Entschluss, tätig zu werden, reichen nicht aus. Ein Patentanmelder, der die fristgerechte Einzahlung einer Patentjahresgebühr bewusst und gewollt unterlässt, ist an der Einhaltung der Zahlungsfrist grds nicht „verhindert".[85] Nichttätigwerden in der Hoffnung auf eine Einigung mit dem Gegner begründet keine Verhinderung.[86] Auch die insolvenzrechtl Anfechtung nach §§ 129 Abs 2, 134 InsO des Unterlassens der rechtzeitigen Zahlung der Jahresgebühr und damit des Erlöschens des Patents nach § 20

---

ursprünglichen Anmeldung erhalten bleibt und erneut geteilt werden kann, was jedenfalls dann nicht zutrifft, wenn die ursprüngliche Anmeldung inzwischen erledigt ist; vgl BPatG 14.2.1997 14 W (pat) 64/96; aA auch *Kühnen* Teilung S 95 f.

77   BPatG 22.5.2006 14 W (pat) 43/00; BPatG 6.4.2006 10 W (pat) 59/05; *Kühnen* Teilung S 95 f.

78   BPatG 22.5.2006 14 W (pat) 43/00.

79   VG München BlPMZ 1961, 13; RPA Mitt 1940, 74; *Benkard* Rn 10a, gegen die frühere Praxis, RPA BlPMZ 1932, 196; RPA Mitt 1933, 164.

80   BGH BGHZ 128, 280 = GRUR 1995, 333 Aluminium-Trihydroxid.

81   BGH GRUR 2005, 184 verspätete Zahlung der Einspruchsgebühr; BPatG BlPMZ 2004, 164; BPatG 10.11. 2003 21 W (pat) 236/03; BPatG BlPMZ 2004, 437; BPatG 18.12.2003 34 W (pat) 305/03 BlPMZ 2004, 171 Ls; BPatG 22.12.2004 20 W (pat) 343/04; BGHZ 89, 245 = GRUR 1984, 337 Schlitzwand; BPatGE 1, 137 = BlPMZ 1962, 49; BPatG 21, 106, 109 = GRUR 1978, 710; BPatG 15.10.1980 7 W (pat) 75/80 BlPMZ 1981, 219 Ls; BPatG Mitt 1984, 32, jeweils zur Zahlung der Beschwerdegebühr durch den Einsprechenden; vgl BPatG Mitt 1985, 196, WzSache, zur Widerspruchsgebühr; *Benkard* Rn 10.

82   BPatGE 34, 195 = Mitt 1995, 168; BPatG 22.12.1972 6 W (pat) 110/71; BPatG 12.5.1976 27 W (pat) 366/74, WzSache; RPA Mitt 1942, 85; *Benkard* Rn 53 und 54.

83   Vgl BPatG BlPMZ 2003, 244.

84   *Schulte* Rn 59; *Benkard* Rn 10b.

85   BPatG Mitt 1973, 176.

86   EPA T 413/91 Process for fluidizing.

Abs 1 Nr 3 ist auf das Wiedereinsetzungsverfahren des § 123 beschränkt, wobei die Antragsfrist des § 123 Abs 2 Satz 1 mit der positiven Kenntnis des Insolvenzverwalters von der fällig gewordenen Jahresgebühr und der Zahlungsfrist zu laufen beginnt.[87]

5. Fehlendes Verschulden

a. Allgemeines. Verschulden (zum Sorgfaltsmaßstab Rn 37 ff) schließt Wiedereinsetzung aus. Seit der **31** Neuregelung durch die Vereinfachungsnovelle 1976 kommt es nach § 123 insoweit nur noch auf subjektive Umstände an, nicht mehr auf die objektive Unabwendbarkeit; die Wiedereinsetzung ist damit gegenüber dem früheren Rechtszustand bewusst erleichtert worden. Die zum Vorliegen eines unabwendbaren Zufalls ergangene Rspr kann deshalb nur noch mit Vorsicht herangezogen werden, insb kann „äußerste, den Umständen nach mögliche und zumutbare Sorgfalt"[88] (s aber Rn 40) nicht mehr verlangt werden.[89] Allerdings wird das, was als unabwendbarer Zufall angesehen wurde, Verschulden ausschließen. Streik- oder Aussperrungsfolgen sind ebenso wie Katastrophenfolgen unverschuldet.[90] Arbeitsüberlastung wird für sich Verschulden regelmäßig nicht ausschließen können,[91] erforderlichenfalls wird sie aber – soweit zulässig – auf Antrag eine Fristverlängerung erfordern.[92]

Verschulden kann im Rahmen des Wiedereinsetzungsrechts (wie etwa auch bei § 254 BGB) nicht als **32** Verletzung einer Dritten gegenüber bestehenden Rechtspflicht („technisches" Verschulden), sondern nur als **Obliegenheitsverletzung** verstanden werden.[93] Wegen der umfangreichen Kasuistik ist insb auf die Kommentarlit zur ZPO sowie auf die Rechtsprechungsübersichten[94] zu verweisen.

b. Maßgebliche Personen. In Betracht kommen eigenes Verschulden des **Beteiligten**,[95] Verschulden **33** des gesetzlichen **Vertreters**[96] (entspr § 51 Abs 2 ZPO) und – entspr § 85 Abs 2 ZPO – Verschulden des **Verfahrensbevollmächtigten**,[97] auch des Inlandsvertreters und des Korrespondenzanwalts,[98] eines eingeschalteten weiteren Anwalts[99] oder ausländ Korrespondenzbüros.[100] Die Verschuldenszurechnung gilt bis zur Beendigung des Mandatsverhältnisses.[101] Wer durch seine Unterschrift bestätigt, die unterlassene Handlung vorgenommen zu haben, übernimmt die Verantwortung dafür.[102] Bevollmächtigter kann auch ein Nichtanwalt sein, wenn sich die Bevollmächtigung nur irgendwie auf die Verfahrensführung bezieht.[103] Die fehlende Vertretungsbefugnis nach § 97 Abs 2 Satz 2 steht grds nicht entgegen, da von nicht vertretungsbefugten Bevollmächtigten vorgenommene Prozesshandlungen oder an sie bewirkte Zustellungen bis zur Zurückweisung durch das Gericht wirksam bleiben (§ 97 Abs 3 Satz 2). Jedoch ist die Nich-

---

87 BPatG 1.4.2015 7 W (pat) 39/14.
88 BPatGE 3, 223 = GRUR 1964, 523; BPatG Mitt 1968, 158; BPatG 10.1.1975 24 W (pat) 174/74; BPatG 10.1.1975 24 W (pat) 175/74.
89 *Benkard* Rn 15.
90 BPatG 7.12.1970 4 W (pat) 220/70.
91 BPatG 17.12.1969 28 W (pat) 457/69.
92 BVerfG NJW 2007, 3342.
93 So auch *MünchKomm* ZPO § 233 Rn 21.
94 Insb *Walchshöfer* JurBüro 1985, 321 und 1989, 1481; *Ball* JurBüro 1992, 653; *G. Müller* NJW 1993, 681, NJW 1995, 3224, NJW 1998, 497, NJW 2000, 322; *Greger* MDR 2001, 486; *Born* NJW 2007, 2888 und NJW 2009, 2179.
95 Vgl BPatG 16.4.1971 6 W (pat) 7/71.
96 BPatG 14.10.1974 23 W (pat) 61/74: Geschäftsleitung einer GmbH oder Leiter der Patentabteilung; vgl für die Schweiz schweiz BG sic! 2007, 919 16. Jahresgebühr.
97 BGH GRUR 2000, 1010 f Schaltmechanismus; BGH GRUR 2003, 724 Berufungsfrist; BPatG 2.2.2006 10 W (pat) 36/04; nach BPatG 14.8.2003 10 W (pat) 63/01 uU auch Sachbearbeiter, dem eine wichtige Entscheidung überlassen worden ist; ähnlich BPatG 15.5.2003 10 W (pat) 706/02.
98 BPatG Mitt 1968, 157; BPatG 24.4.1974 15 W (pat) 31/74; BPatG 5.3.1998 3 Ni 23/96; vgl BPatGE 13, 204, 207; vgl schweiz ERGE sic! 2001, 216.
99 BPatG 5.3.1998 3 Ni 23/96: Sozietätsanwalt, der mit der Übermittlung der Rechtsmittelschrift und der selbstständigen Erledigung der Gebührenzahlung betraut ist.
100 BPatGE 1, 132 = Mitt 1962, 37.
101 BPatG 21.2.2006 10 W (pat) 62/05.
102 BPatGE 40, 42 = GRUR 1999, 150; BPatG 11.7.1973 11 W (pat) 62/73; BPatG 6.8.2003 19 W (pat) 40/03.
103 *Stein/Jonas* ZPO § 233 Rn 22; vgl BPatGE 13, 87 = Mitt 1972, 32.

tigkeit eines Umgehungsgeschäfts eines Erlaubnisscheininhabers zum Auftreten als Inlandsvertreter dem Anmelder nicht zugerechnet worden.[104] Im Lizenzvertrag übernommene Verpflichtung zur Gebührenzahlung macht den Lizenznehmer nicht ohne weiteres zum Bevollmächtigten iSd § 85 Abs 2 ZPO.[105]

34 Dagegen wird **Verschulden dritter Personen** grds nicht zugerechnet, insb nicht Verschulden von Büropersonal des Beteiligten und seines Verfahrensbevollmächtigten,[106] es sei denn, es liegt ein sog Organisationsverschulden vor (Rn 35 f; anders in der Schweiz).[107]

35 **c. Einstehen für Dritte; Organisationsmängel.** Die Abwicklung einer Anmeldung darf nicht vollständig Hilfskräften überlassen werden.[108] Eigenes Verschulden kann auch in Bezug auf die **Auswahl**, **Unterweisung** und **Überwachung** von Beauftragten und Vertretern, insb von angestellten Hilfspersonen vorliegen.[109] Unzureichende Auswahl, Unterweisung oder Überwachung des Personals begründet eigenes Verschulden des Beteiligten oder seines Verfahrensbevollmächtigten;[110] nicht schon Unterlassen der Prüfung jeder einzelnen Tätigkeit eines zuverlässig arbeitenden Angestellten.[111] Gesetzesänderungen können die Anforderungen steigern.[112] Dies gilt nicht nur für Anwälte.[113] Ein Vertreter darf die Überwachung einer Angelegenheit nicht vollständig Hilfspersonen überlassen, die besonders dringend ist, besondere Aufmerksamkeit erfordert oder bei denen ein Fehler zu einem irreparablen Rechtsverlust führen kann.[114]

36 Von Bedeutung ist in diesem Zusammenhang Verschulden des Beteiligten oder des Verfahrensbevollmächtigten durch mangelhafte Büroorganisation[115] (**Organisationsverschulden**). Verlassen sich verschiedene Hilfskräfte zu Unrecht aufeinander, liegt ein Organisationsmangel nahe.[116] Die Einrichtung eines funktionsfähigen Fristenüberwachungssystems entlastet grds.[117] Ein Rechts- oder Patentanwalt darf regelmäßig die Berechnung von einfachen Fristen,[118] die Führung des Fristenkalenders oder sonstiger Fristenvermerke oder -tafeln einschließlich der bei Rechtsmittelbegründungsfristen regelmäßig vorzusehen-

---

104 BPatG Mitt 1966, 152.

105 BPatG 28.4.1998 4 W (pat) 12/98.

106 BPatG Mitt 1974, 262; vgl BPatG 8.1.1970 10 W (pat) 41/69; BPatG 15.4.1971 12 W (pat) 8/71; BPatG 10.2.1998 4 W (pat) 29/97; BPatG 15.3.2001 25 W (pat) 35/00, Markensache; BPatG 4.11.1969 26 W (pat) 39/67: Volljurist als Hilfsperson; BPatG 6.8.2003 19 W (pat) 40/03: zeichnungsberechtigter Sachbearbeiter; BGH NJW-RR 2011, 1686; BGH 19.7.2011 X ZR 16/11; anders offenbar BPatG 11.7.1973 11 W (pat) 62/73.

107 Vgl schweiz BVerwG sic! 2013, 98: bereits einmaliges Verschulden einer sonst zuverlässigen Hilfsperson schließt Wiedereinsetzung aus.

108 BPatGE 37, 241 = GRUR 1997, 657, Markensache; für Patent- und GbmAnmeldungen muss dies erst recht gelten.

109 BPatGE 24, 127 = GRUR 1982, 358: sich aufdrängende Bedenken gegen die weitere Zuverlässigkeit des langfristig mit der Gebührenzahlung beauftragten Unternehmens; BPatG 2.3.2006 10 W (pat) 44/02 Mitt 2006, 574 Ls: Botentätigkeit des Ehegatten; vgl auch schweiz ERGE sic! 2007, 283.

110 BGH 17.10.2000 X ZB 29/99: versäumter Botengang durch Kanzleiboten bei fehlendem Vortrag über dessen Zuverlässigkeit und ausreichende Einweisung; BPatG Mitt 1974, 262; BPatG 19, 39 = Mitt 1977, 113; BPatG 18.7.1973 27 W (pat) 29/73; BPatG 24.4.1974 15 W (pat) 31/74: Notierung und Überwachung von Fristen; BPatG 31.1.1977 17 W (pat) 172/76; EPA T 486/93: Nichtunterweisung und -überwachung bzgl der Frist für die Beschwerdebegründung.

111 BPatG 3.3.1970 34 W (pat) 439/68; BPatG 10.10.1973 4 W (pat) 24/73.

112 BGH GRUR 2003, 724 Berufungsfrist: Änderung des Zustellungsverfahrens beim BPatG.

113 BPatGE 1, 143 = BlPMZ 1962, 133.

114 EPA T 25/96.

115 BPatG BlPMZ 1971, 27; BPatG 12.10.1970 4 W (pat) 187/70: Notierung der Prüfungsantragsfristen auf einem im Ablagefach eines Angestellten aufbewahrten Blatt Papier; BPatG 18.7.1973 27 W (pat) 29/73; BPatG 8.8.1973 4 W (pat) 44/73: Nichtvorlage als weniger wichtig gewerteter Posteingänge an den Sachbearbeiter über längere Zeit; nicht schon bloße Zuständigkeitszweifel nach der in der Anwaltskanzlei getroffenen Zuständigkeitsverteilung, BPatG 8.8.1973 4 W (pat) 122/72; BPatG 31.1.1977 17 W (pat) 172/76; vgl BPatG 5.11.1969 27 W (pat) 431/69; BPatG 30.5.1974 24 W (pat) 45/73; BPatG 29.10.1997 26 W (pat) 141/97: Notierung nur von Vorfristen nach Anweisung; BPatG 15.5.2003 10 W (pat) 706/02, GeschmMSache: fehlendes Kontroll- und Überwachungssystem; BPatG 19.10.2005 5 W (pat) 21/04; vgl zu den erforderlichen Vorkehrungen auch BPatGE 2, 130; zu unklarer Zuständigkeitsabgrenzung zwischen Vertreter und Hilfskraft EPA T 828/94; vgl auch schweiz ERGE sic! 2001, 216 und sic! 2007, 283.

116 Vgl aber BPatG 10.2.1998 4 W (pat) 29/97.

117 EPA T 635/94; vgl EPA T 686/97; zu den Anforderungen an die Fristenkontrolle, die grds dem gut ausgebildeten und sorgfältig überwachten Büropersonal überlassen werden darf, BGH GRUR 2001, 411, 412 Wiedereinsetzung V.

118 OVG Münster NJW 2011, 3465.

den Vorfrist seinem gut ausgebildeten, als zuverlässig erprobten und sorgfältig überwachten Büropersonal überlassen; er selbst hat durch geeignete organisatorische Maßnahmen sicherzustellen, dass die Fristen zuverlässig festgehalten und kontrolliert werden; werden im Büro eines Anwalts zwei Fristenkalender geführt, die für die Fristenkontrolle maßgeblich sind, darf ein Erledigungsvermerk in die Handakte erst dann aufgenommen werden, wenn die Fristen in beiden Kalendern eingetragen sind; das ist durch entspr organisatorische Anweisungen des Anwalts sicherzustellen.[119] Unverzichtbar sind stets geeignete allg, eindeutige Anweisungen, die Festlegung klarer Zuständigkeiten und die zumindest stichpunktartige Kontrolle der Angestellten.[120] Bei einer Gesetzesänderung, bei der es darauf ankommt, welches Recht für die Fristberechnung maßgeblich ist, muss der Anwalt entweder Einzelanweisungen geben oder durch geeignete Vorkehrungen sicherstellen, dass vor Fristberechnung sicher das einschlägige Recht angewendet wird.[121] Der Anwalt muss auf einen verlässlichen, Fristversäumnisse möglichst vermeidenden Geschäftsgang in seiner Praxis hinwirken.[122] Er muss durch allg Anweisungen sicherstellen, dass sein Büropersonal nicht eigenmächtig im Fristenkalender eingetragene Fristen ändert oder löscht, insb, wenn eine außergewöhnliche Verfahrensgestaltung Anlass zu Prüfung gibt, ob die bereits ingetragenen Fristen maßgeblich bleiben; dies gilt auch für die Überwachung von Validierungsfristen.[123] Die Anweisung, alle erkennbaren Probleme und Fragen mit dem verantwortlichen Anwalt zu klären, reicht hier nicht aus.[124] Bei mehreren Verfahren und mehreren Rechtsmittel- und -begründungsfristen muss der Anwalt durch organisatorische Maßnahmen Verwechslungen verhindern und dies durch geeignete Anweisungen sicherstellen.[125] Bei großen Unternehmen gelten im Grundsatz hinsichtlich der Büroorganisation die gleichen Sorgfaltsanforderungen wie bei Anwälten.[126] Zur Ausgangskontrolle Rn 43; zu Verspätungen und Verlust auf dem Übermittlungsweg Rn 53 ff.

d. Sorgfaltsmaßstab. Verschulden iSv § 276 BGB umfasst **Vorsatz** (in der Praxis selten)[127] und jeden **37** Grad von **Fahrlässigkeit**,[128] die der Verpflichtete regelmäßig zu vertreten hat.[129] Die Anforderungen dürfen aber nicht überspannt werden (vgl auch Rn 17).[130] Der Maßstab der „Beachtung aller nach den gegebenen Umständen gebotenen Sorgfalt" in Art 122 Abs 1 EPÜ führt zu keinen abw Ergebnissen.[131]

Grds ist bei Fahrlässigkeit ein **individueller Sorgfaltsmaßstab** anzuwenden,[132] wie er etwa § 276 **38** Abs 2 BGB entspricht.[133] Fahrlässig handelt der Beteiligte, der nicht die für einen gewissenhaften, seine Belange sachgerecht wahrnehmenden Verfahrensbeteiligten gebotene und ihm nach den konkreten Umständen zumutbare Sorgfalt aufbringt[134] („subjektive Theorie"; str, die Gegenmeinung stellt auf die „Sorgfalt einer ordentlichen Prozesspartei" ab).[135] Das BPatG hat wiederholt die Unerfahrenheit eines nicht an-

---

119 BGH NJW 2011, 1597.
120 BAG NJW 2010, 2684.
121 BGH GRUR 2011, 357 geänderte Berufungsbegründungsfrist; BGH GRUR 2014, 102 Bergbaumaschine.
122 EPA T 635/94; vgl EPA T 686/97; zu den Anforderungen an die Fristenkontrolle BGH GRUR 2001, 411 f Wiedereinsetzung V.
123 BGH Bergbaumaschine unter Hinweis auf BGH AnwBl 2007, 869.
124 BGH Bergbaumaschine unter Bestätigung von BPatG 17.9.2012 10 W (pat) 22/09 Mitt 2013, 98 Ls.
125 BGH NJW 2010, 3585.
126 BPatG 14.8.2003 10 W (pat) 63/01.
127 BPatG 13.7.1973 4 W (pat) 71/72: bewusstes Absehen von der Stellung eines Prüfungsantrags in der Annahme der Verfassungswidrigkeit der Regelung.
128 BPatGE 1, 107 f = BlPMZ 1964, 276; BPatG 5.3.2001 10 W (pat) 63/00: einmaliges Versehen.
129 *Fitzner/Lutz/Bodewig* Rn 11.
130 BPatGE 10, 307.
131 *Benkard* Rn 16a; differenzierend *Singer/Stauder* Art 122 EPÜ Rn 42.
132 BPatG 9.6.2011 10 W (pat) 37/08; *Fitzner/Lutz/Bodewig* Rn 11.
133 *Benkard* Rn 16.
134 BPatGE 24, 127 = GRUR 1982, 358; BPatGE 24, 140, 142 f = BlPMZ 1982, 190; vgl BPatG 9.2.2000 7 W (pat) 10/99; *Benkard* Rn 16.
135 *Zöller* ZPO § 233 Rn 12; *MünchKomm* ZPO § 233 Rn 21.

waltlich vertretenen Anmelders mitberücksichtigt;[136] ebenso das EPA.[137] Die Verfahrenssituation kann besondere Sorgfalt erfordern.[138] Die ohne weiteres zulässige Ausnutzung von Fristen erfordert erhöhte Sorgfalt, jedoch kein Einstellen auf Unvorhersehbares.[139]

39   Dagegen ist für die Frage des **Anwaltsverschuldens**, das einem Verschulden des Beteiligten gleich steht (§ 85 Abs 2 ZPO), auf die (objektiv) erforderliche Sorgfalt abzustellen, die ein ordentlicher Anwalt aufzuwenden hat; „äußerste Sorgfalt" kann aber auch hier nicht mehr verlangt werden (str).[140] Wiedereinsetzung darf einer Partei nicht aufgrund von Anforderungen an die Sorgfaltspflichten ihres Prozessbevollmächtigten versagt werden, die nach höchstrichterlichen Rechtsprechung nicht verlangt werden[141] und mit denen auch unter Berücksichtigung der Entscheidungspraxis des angerufenen Spruchkörpers nicht zu rechnen war.[142] Zusammenschluss von Rechtsanwälten und Patentanwälten wirkt sich auf den Sorgfaltsmaßstab nicht aus.[143] Mit dem gewerblichen Rechtsschutz nicht näher vertraute Rechtsanwälte unterliegen keinen geringeren Anforderungen.[144] Für Patentanwälte gelten keine anderen Maßstäbe als für Rechtsanwälte.[145] Auch Säumnisse des angestellten Anwalts gehen zu Lasten der Partei.[146] Bei einem US-Patentanwalt hat das EPA auf die vom Anmelder zu erwartende Sorgfalt abgestellt.[147] Eine Exkulpationsmöglichkeit besteht nicht.[148]

40   **e. Irrtum; Vertrauensschutz** (vgl auch Rn 51). Nach der auch im Zivilprozessrecht herrschenden Vorsatztheorie schließt sowohl ein **Irrtum** über tatsächliche Umstände als auch ein Rechtsirrtum Vorsatz aus. Vermeidbarkeit des Irrtums führt jedoch zum Fahrlässigkeitsvorwurf und steht damit der Wiedereinsetzung entgegen.[149] Rechtsirrtum des Beteiligten bei verworrener Rechtslage (Nichterlöschen des wirkungslos gewordenen nationalen Patents aufgrund des Doppelschutzverbots in Art II § 8 IntPatÜG) wurde als entschuldbar angesehen.[150] Eine auf Rechtsirrtum beruhende Fristversäumung ist aber grds nur zu entschuldigen, wenn der Vertreter die äußerste, ihm nach Lage der Dinge zumutbare Sorgfalt aufgewendet hat, um das richtige und für seinen Mandanten günstigste Vorgehen zu ermitteln und auszuführen.[151] Un-

---

136 BPatG Mitt 1980, 39; BPatG 18.4.1973 4 W (pat) 133/72: Annahme, dass die bürgerlich-rechtl Regelung hinsichtlich der Leistungszeit auch für Zahlungen an das DPA gelte; ebenso BPatG 15.5.1973 36 W (pat) 217/70; vgl BPatG 17.10.1973 4 W (pat) 55/73; BPatGE 22, 280 = Mitt 1980, 136: Ablauf der Prüfungsantragsfrist; BPatG 17.10.1973 28 W (pat) 401/73: Schriftsatz ohne eindeutige Beschwerdeerklärung; BPatG 24.10.2001 7 W (pat) 24/00: Annahme, Verfahrenskostenhilfe für das Erteilungsverfahren gelte auch für das Beschwerdeverfahren; keine Unerfahrenheit, wenn der Anmelder über mehrere weitere, bereits Jahre vorher angemeldete Gebrauchsmuster verfügt, BPatG 9.3.2006 10 W (pat) 19/05.
137 EPA J 22/92; vgl auch EPA J 21/92 und EPA J 24/92.
138 BPatG 6.2.1991 29 W (pat) 141/90.
139 BGH Mitt 1999, 76 mwN; BGH FamRZ 2004, 1481; BGH NJW 2006, 2637; BVerfG NJW 1991, 2076 und öfter; BPatGE 7, 230; BPatG 24.1.1969 7 W (pat) 214/68; BPatG 30.11.1970 23 W (pat) 228/70.
140 Anders für Vorsorgemaßnahmen gegen unerwartete Büroablaufstörungen BAG NJW 2012, 1021; vgl auch *Born* NJW 2009, 2181.
141 BVerfG NJW 2007, 3342.
142 BVerfG NJW-RR 2002, 1004.
143 BGH NJW 1999, 142 Eintragung der Berufungsbegründungsfrist, zu § 233 ZPO.
144 AA BPatGE 11, 283 = GRUR 1971, 233: Zahlung von DPA-Gebühren mit Gerichtskostenmarken eines Landes; vgl aber BPatG 5.3.1998 3 Ni 23/96, hier allerdings durch den BGH Wiedereinsetzung gewährt.
145 BGH GRUR 2001, 411 Wiedereinsetzung V; BGH GRUR 2004, 80 verspätete Berufungsbegründung; BPatG GRUR 2003, 323 f; *Fitzner/Lutz/Bodewig* Rn 13.
146 BPatG 23.5.1973 27 W (pat) 12/73.
147 EPA J 25/96.
148 *Fitzner/Lutz/Bodewig* Rn 12.
149 BPatG 25.5.1971 4 W (pat) 18/71 und BPatG 24.8.2006 10 W (pat) 60/05: mangelnde Gesetzeskenntnis; BPatGE 9, 128: Berichtigungsbeschluss nach Ablauf der Beschwerdefrist; großzügig BPatG 24.6.1997 4 W (pat) 42/96 bei Nichteinreichung einer Übersetzung eines fremdsprachigen eur Patents bzgl der Zeichnungen, die nur wenige zu übersetzende Begriffe enthielten.
150 BPatG BlPMZ 2000, 165 f.
151 BGH GRUR 1995, 45 Prüfungsantrag; BGH NJW 2011, 3306; BPatGE 13, 204, 208; vgl BPatG 10.2.1972 4 W (pat) 222/70; BPatG 2.3.2000 6 W (pat) 48/99: Irrtum des Anmelders über sein Beschwerderecht vor Vollzug der Umschreibung; BPatG 15.11.2000 28 W (pat) 46/00: Rechtsirrtum über die Wirksamkeit eines zur Rücknahme des Widerspruchs verpflichtenden gerichtlichen Vergleichs; BGH GRUR 1962, 384 Wiedereinsetzung III betraf einen auch vom Sachverhalt außergewöhnlich gelagerten Übergangsfall; vgl auch EPA T 624/96.

verschuldete Unkenntnis von der Änderung der die Erfolgsaussicht eines Rechtsmittels bestimmenden Rspr begründet die Wiedereinsetzung nicht.[152]

Vertrauensschutz. Unterlassene Anpassung von Normen kann einem Verschulden entgegenste- **41** hen.[153] Führt eine Änderung der Rspr zu einer erheblichen Fristverkürzung, ist Wiedereinsetzung zu gewähren, auch wenn der Antragsteller noch innerhalb der Frist Kenntnis von der neuen Rspr hätte erlangen können.[154] Anmelder und Vertreter dürfen sich grds auf die inhaltliche Richtigkeit von Verwaltungsakten des DPMA verlassen, sofern diese nicht ohne weiteres als unwirksam erkennbar sind; soweit darauf eine Fristversäumung beruht, ist Wiedereinsetzung gerechtfertigt.[155] Falsche Eintragung des Anmeldetags durch das DPMA rechtfertigt Wiedereinsetzung.[156] Unzutr Belehrung des DPMA über die Höhe einer Gebühr entschuldigt für den nicht gezahlten Differenzbetrag.[157] Auf die Richtigkeit und Vollständigkeit von Belehrungen durch das DPMA darf grds vertraut werden.[158] In § 47 Abs 2 Satz 1 sind alle Angaben erschöpfend aufgeführt, die eine Rechtsmittelbelehrung zu enthalten hat, um es einem Rechtsuchenden zu ermöglichen, den weiteren Rechtsweg zu beschreiten; es ist grds nicht Aufgabe einer Verwaltungsbehörde oder eines Gerichts, darüber hinaus Angaben in eine Rechtsmittelbelehrung aufzunehmen.[159] Eine (Rechtsmittel-)Belehrung, die offensichtlich ungeeignet ist, den Anschein der Richtigkeit zu erwecken, führt zu einem Verschulden hinsichtlich der Fristversäumung.[160] Von einem Anwalt ist unabhängig von der Rechtsmittelbelehrung zu verlangen, dass er jedenfalls den Gesetzestext für fristgebundene Rechtsmittel auf seinem Fachgebiet kennt; er ist verpflichtet, unabhängig von der Rechtsmittelbelehrung die Zulässigkeitsvoraussetzungen für ein Rechtsmittel eigenständig zu überprüfen.[161] Anderes kann gelten, wenn durch eine unzutr Rechtmittelbelehrung trotz eines möglicherweise vermeidbaren Irrtums ein Vertrauenstatbestand geschaffen wurde.[162] Ist das DPMA zu einem Hinweis nicht verpflichtet, begründet sein Unterbleiben keinen Vertrauensschutz (s aber Rn 22).[163] UU kann in diesem Fall aber eine fehlerhafte, weil nicht an den bestellten Vertreter erfolgte, Zustellung Wiedereinsetzung begründen.[164] Auch besteht kein Vertrauensschutz bei Hinweisen des DPMA, wenn diese durch den Zusatz „u.a." ausdrücklich auf ihre Unvollständigkeit aufmerksam machen.[165] Besteht eine Hinweispflicht des DPMA nicht, entbindet eine tatsächlich bestehende Hinweispraxis nicht von der Obliegenheit, selbst auf die Einhaltung der Frist zu achten.[166] Unrichtige Auskünfte der Geschäftsstelle begründen gegenüber einem anwaltlich vertretenen Beteiligten grds keinen Vertrauensschutz.[167] Ein Beteiligter kann sich nicht darauf verlassen, dass sachlich zusammenhängende Beschlüsse, auch wenn sie dasselbe Datum tragen, stets am gleichen Tag zugestellt werden.[168]

f. Weitere Einzelheiten aus der Rechtsprechung. Beteiligtenverschulden. Ist für den Beteiligten **42** die Bedeutung eines Bescheids des DPMA unklar, muss er sich erkundigen.[169] Dies entbindet aber nicht

---

152   BPatG Mitt 1965, 55.
153   BPatGE 31, 266 = GRUR 1991, 129: PatGebZV an die Neufassung der Postgiroordnung nach Abschaffung der „Zahlkarte".
154   BPatG Mitt 1963, 154.
155   BPatGE 13, 204, 209; BPatGE 16, 4 = BlPMZ 1974, 195.
156   BPatG Mitt 1966, 220, GbmSache.
157   BPatG 4.12.1969 10 W (pat) 92/69, zur Beschwerdegebühr.
158   BPatG GRUR 1971, 113; vgl BPatG 2.3.1970 4 W (pat) 95/69; vgl BPatG Mitt 1963, 155; BPatG 2.3.1970 4 W (pat) 95/69; BPatG 6.11.2003 23 W (pat) 20/03; zur Wiedereinsetzung bei Fehldeutung eines irreführenden Formblatts durch einen Anwalt BGH GRUR 1966, 200 Benachrichtigung.
159   BGHZ 83, 271 = GRUR 1982, 414 Einsteckschloss.
160   BAG NJW 2007, 1485; BGH NJW 2012, 2443.
161   BGH NJW 2012, 453; OLG Stuttgart NJW 2010, 1978; OLG Koblenz NJW 2010, 2595 f.
162   BGH MDR 2012, 928.
163   BPatG 21.2.2006 10 W (pat) 49/04; BPatG 16.3.2006 10 W (pat) 42/04; vgl BPatG 9.6.2011 10 W (pat) 37/08.
164   BPatG Mitt 2009, 285.
165   BPatG Mitt 1986, 115, WzSache.
166   BPatG 5.8.1998 4 W (pat) 26/97, zur Frist nach § 40 Abs 4.
167   BGH GRUR 1995, 50 Success; BGH NJW-RR 2000, 1665 einerseits, andererseits aber BGH NJW-RR 2005, 1658 (Erklärung des Urkundsbeamten, die erste Zustellung könne als wirkungslos betrachtet werden); EPA T 460/95 ABl EPA 1998, 587 = GRUR Int 1999, 172 Beschwerdeschrift; EPA T 428/99 ABl EPA 2001, 494 Wiedereinsetzung/KLIMA.
168   BPatGE 7, 230.
169   BPatG 30.7.1997 4 W (pat) 25/97.

---

von der Notwendigkeit, rechtzeitig die zur Fristeinhaltung notwendigen Maßnahmen zu ergreifen.[170] Ein Unternehmen, das von der Existenz einer von der Geschäftsleitung selbst eingereichten Anmeldung nichts mehr weiß, kann nicht geltend machen, dass infolge unverschuldeter Unkenntnis vom Verfahrensstand eine Frist nicht habe eingehalten werden können.[171] Anweisung des Beteiligten an den Vertreter, Amtsmitteilungen nicht weiterzuleiten, begründet Verschulden.[172] Nichtbeachten einer Gebührennachricht konnte Fahrlässigkeitsvorwurf begründen.[173] Unkenntnis vom zugestellten Schriftstück bei Zustellung an den Ehegatten kann Wiedereinsetzung begründen,[174] nicht dagegen Unkenntnis des Antragstellers, dass die Frist bei Wegfall des Hindernisses noch nicht abgelaufen war.[175] Unkenntnis der Gepflogenheiten im Banküberweisungsgeschäft wurde als nicht die Wiedereinsetzung rechtfertigend angesehen.[176] Zur Überwachung der Einlösung eines an das DPMA abgesandten Schecks war der Beteiligte nicht verpflichtet.[177] Jedoch soll es zu seinen Sorgfaltspflichten gehören, dass er anhand von Rückmeldebestätigungen überprüft, ob seine Weisungen an den Verfahrensbevollmächtigten angekommen sind und durchgeführt werden.[178] Verzögerte Bestellung eines neuen Inlandsvertreters kann Verschulden begründen,[179] ebenso Nichtmitteilung einer Änderung der Zustellanschrift.[180] Von dem am Einspruchsverfahren teilnehmenden Patentinhaber, der Antrag auf Entscheidung nach Aktenlage stellt, ist zu erwarten, dass er sich für seine Verfahrensbevollmächtigten erreichbar hält und, wenn ohne festen Wohnsitz, eine Kontaktperson benennt oder ein Postfach anmietet.[181] Mangelnde Vorsorge, dass wichtige Schreiben erledigt werden, bei mehrmonatiger Abwesenheit begründet Sorgfaltsverstoß.[182] Ernsthafte finanzielle Schwierigkeiten hat das EPA bei Bemühen um finanzielle Unterstützung mit der gebotenen Sorgfalt als unverschuldet angesehen, wenn der Beteiligte die maßgeblichen Umstände nicht zu vertreten hatte,[183] dagegen hat das BPatG Geldmangel allein wegen der Stundungsmöglichkeit des § 17 Abs 3 aF nicht als relevant angesehen.[184] Begründete Zweifel des Verfahrensbevollmächtigten an der Deckung eines ihm zur Begleichung von Jahresgebühren übersandten Schecks sind als der Wiedereinsetzung entgegenstehend angesehen worden;[185] s auch Rn 44a. Überweisung zwei Tage vor Ablauf der Zahlungsfrist wurde – auch im Hinblick auf die gesetzlichen Ausführungsfristen nach § 676a BGB – als gegen die Sorgfaltspflicht verstoßend angesehen,[186] Banküberweisung am letzten Tag der Zahlungsfrist dagegen nicht, wenn dem Bevollmächtigten versichert worden war, dass die Überweisung noch am selben Tag durchgeführt und der Zahlungseingang verbucht werde.[187] Nichtberücksichtigung des Abzugs von Bankspesen bei Gebührenüberweisungen steht bei klarer Anweisung an die Bank der Wiedereinsetzung nicht entgegen.[188]

43 **Organisationsverschulden des Beteiligten** wurde bejaht bei Verwendung des Briefpapiers einer anderen, am Verfahren nicht beteiligten Gesellschaft durch die Patentabteilung, wenn keine geeigneten Vorkehrungen getroffen waren, die eine getrennte Bearbeitung der Angelegenheiten beider Gesellschaften sicherstellten;[189] fehlender Überprüfung eingehender Post durch den Anwalt selbst;[190] fehlender Vorsorge,

170   BPatG 16.12.2004 10 W (pat) 52/03.
171   BPatG 19.4.1971 4 W (pat) 206/70.
172   EPA T 840/94 ABl EPA 1996, 680, 684 Widerruf.
173   BPatG 23.6.2005 10 W (pat) 41/03; zur Rechtslage nach Wegfall der Nachricht BGH GRUR 2008, 551 f Sägeblatt.
174   BPatGE 2, 202 = BlPMZ 1962, 376.
175   BPatG 31.1.2000 13 W (pat) 41/99.
176   BPatG 19.11.1973 8 W (pat) 220/73; bdkl.
177   BPatG 14.5.1975 4 W (pat) 105/74.
178   BPatG 27.5.2002 10 W (pat) 20/01, zwh.
179   BPatG BlPMZ 1994, 292: Unerreichbarkeit unter der angegebenen Auslandsanschrift.
180   BPatG 23.9.1969 7 W (pat) 52/69; vgl BPatG 5.3.2001 10 W (pat) 63/00.
181   BPatG 3.11.1997 34 W (pat) 50/97.
182   BPatG 22.11.1999 5 W (pat) 6/99.
183   EPA J 22/88 ABl EPA 1990, 244 Wiedereinsetzung; EPA T 822/93; vgl schweiz ERGE sic! 2002, 869; andererseits EPA J 11/98: andere geschäftliche Prioritäten.
184   BPatG 7.2.2000 10 W (pat) 85/99.
185   BPatG Mitt 1973, 176.
186   BPatG 6.11.2003 6 W (pat) 319/02; BPatG 1.12.2004 32 W (pat) 118/04; vgl BPatG 11.5.2006 15 W (pat) 7/04.
187   BPatG 1.12.2004 32 W (pat) 31/03, Markensache.
188   BPatGE 42, 23; offengelassen in BPatG 22.11.1999 5 W (pat) 6/99.
189   BPatGE 16, 47.
190   BPatGE 41, 130 = BlPMZ 1999, 321.

dass die an den Pförtner zugestellten Schriftstücke mit dem richtigen Eingangsdatum versehen an die zuständige Stelle des Betriebs gelangen;[191] Unterlassen geeigneter Maßnahmen, damit fremdsprachige Mitteilungen und Bescheide von Patentbehörden zentral erfasst, übersetzt und an die für die sachgerechte Bearbeitung zuständige Abteilung weitergeleitet werden, bei auffälliger Häufung von Vorfällen, in denen der Verbleib fremdsprachiger Schriftstücke, die in den Verantwortungsbereich der Beteiligten gelangt sind, unaufklärbar bleibt;[192] generell fehlende Kenntnis der Amtssprache bei dem für die Fristenkontrolle einge-setzten Personal bei nicht durch Inlandsvertreter vertretenem Beteiligten;[193] Fehlen eines ausreichenden **Fristüberwachungssystems,**[194] mangelhafter **Ausgangskontrolle,**[195] so bei Übermittlung fristwahrender Schriftsätze mittels Telefax.[196] Bei der Übertragung von Schutzrechten begründet nicht ausreichende Über-wachung der Gebührenzahlung in der Übergangsphase Verschulden.[197] Ein Organisationsmangel liegt vor, wenn keine Vorkehrungen getroffen werden, dass bei Ausfall eines Kanzleimitarbeiters der Zugriff auf dessen durch Passwort gesicherte Texte gewährleistet ist.[198]

Erkrankung (s auch Rn 80) wurde nicht ohne weiteres als unabwendbarer Zufall angesehen, sondern **44** nur bei unvorhergesehenem und plötzlichem Eintreten.[199] Unverschuldete Fehleinschätzung krankheits-bedingter Minderleistungsfähigkeit kann Wiedereinsetzung rechtfertigen.[200] Nicht vorhersehbarer körper-licher und nervlich-seelischer Zusammenbruch, der Arbeitsunfähigkeit und den Verlust der Übersicht über die lfd Obliegenheiten zur Folge hat, wurde bei einem nicht vertretenen Anmelder als unabwendbarer Zufall angesehen.[201] Zur Erkrankung des Anwalts Rn 49.

Anwaltsverschulden. Unkenntnis oder fehlerhafte Auslegung der maßgeblichen Normen begründet **45** Verschulden.[202] Der Sorgfaltspflicht des Anwalts entspricht es, Mitteilungen des DPMA dem Mandanten auch dann noch zu übermitteln, wenn dieser ihn vorher angewiesen hatte, in der Sache nichts mehr zu unternehmen.[203] Ein Anwalt darf ein Empfangsbekenntnis nur unterzeichnen und zurückgeben, wenn sichergestellt ist, dass in den Handakten eine Rechtsmittelfrist festgehalten und vermerkt ist, dass die Frist im Fristenkalender notiert ist.[204] Der Anwalt muss nach Erhalt einer ungünstigen Entscheidung regelmä-ßig die Erfolgsaussicht eines Rechtsmittels prüfen, den Beteiligten über die zur Rechtsmitteleinlegung erforderlichen Schritte unterrichten und rechtzeitige mündliche oder schriftliche Erörterung sicherstellen; die bloße Weiterleitung der Entscheidung nebst amtlicher Rechtsmittelbelehrung zur Kenntnisnahme reicht grds nicht aus.[205] Die Unterrichtung der Partei muss so rechtzeitig erfolgen, dass diese den Auftrag, ein Rechtsmittel einzulegen, unter Berücksichtigung einer angemessenen Überlegungsfrist noch innerhalb der Rechtsmittelfrist erteilen kann; eine Information eine Woche vor Ablauf dieser Frist ist auch in einfach gelagerten Fällen regelmäßig nicht ausreichend.[206] Über den Ablauf der Rechtsmittelfrist wie der Rechts-mittelbegründungsfrist muss sich der Anwalt, der die Rechtsmittel- oder Begründungsschrift fertigt, ei-

---

191   BPatG 2.3.1977 8 W (pat) 176/76.

192   BPatG Mitt 1995, 174.

193   BPatG 21.7.2004 19 W (pat) 48/02.

194   EPA T 428/98 ABl EPA 2001, 494 Wiedereinsetzung/KLIMA; EPA 18.10.1996 T 626/94 mwN; EPA T 1962/08 GRUR Int 2011, 759 Ls fordert grds unabhängige Doppelkontrolle.

195   BGH NJW 2010, 1378 zu den Anforderungen an die Postausgangskontrolle; nach BPatG 28.2.2005 19 W (pat) 38/04 Mitt 2005, 368 Ls muss die Letztkontrolle des Ausgangs fristwahrender Schriftsätze beim Vertreter liegen.

196   BGH GRUR 2000, 1010 f Schaltmechanismus; BPatG NJW-RR 1998, 112: bloße Anweisung, Rechtsmittelschriften vorab per Telefax zu übermitteln, kann Ausgangskontrolle nicht ersetzen.

197   BPatG 9.5.2005 10 W (pat) 43/02.

198   BGH NJW 2011, 2305.

199   BPatGE 21, 229 = GRUR 1979, 570: zu erwartende Krankheitszustände, wenn bereits mehrfach Fristversäumnisse eingetreten sind; vgl BPatG 31.5.1972 4 W (pat) 26/72: nicht bei seit Jahren diagnostizierter altersbedingter cerebralsklerotischer Veränderung; BPatG 10.12.1973 4 W (pat) 82/73; BPatG 20.3.1974 28 W (pat) 422/73: Erstellung eines Stundungsgesuchs, aber Nichtabsendung bei starken Depressionen; BPatG 18.5.2000 11 W (pat) 3/00: nur bei Schwere der Krankheit, die die zur Fristwahrung notwendigen Handlungen unmöglich oder unzumutbar macht.

200   BGH GRUR 1999, 522 Konzentrationsstörung: nicht ausreichende Inhaltskontrolle bei ausgehendem Schriftsatz.

201   BPatG 15.5.1972 4 W (pat) 29/72.

202   EPA T 881/98: Unkenntnis der Nichtverlängerbarkeit der Beschwerdebegründungsfrist; EPA T 733/98.

203   BPatG Mitt 1973, 115.

204   BGH NJW 2010, 1080.

205   BPatG Mitt 1998, 34.

206   BGH NJW 2007, 2331.

genverantwortlich vergewissern.[207] Eine fristwahrende Eingabe muss der Anwalt auf Vollständigkeit und Richtigkeit überprüfen.[208] Die Einhaltung der Voraussetzungen für eine wirksame Verfahrenshandlung muss der Anwalt selbst überprüfen,[209] insb hat er für den mangelfreien Zustand der aus seiner Kanzlei ausgehenden Schriftsätze einschließlich einer erforderlichen Unterschrift zu sorgen. Die Unterschrift nur auf einer Anlage begründet Verschulden.[210] Der Anwalt musste den Verbleib des Schecks für die Beschwerdegebühr überprüfen, wenn dieser dem ihm zur Durchsicht und Unterschrift vorgelegten Schriftsatz nicht beigefügt war.[211] Die Höhe der zu zahlenden Gebühr muss der Anwalt grds selbst prüfen, Überprüfung in annähernd gleichwertiger Form reicht jedoch aus.[212] Einzahlung der Gebühr durch Gerichtskostenstempler ohne Überprüfung der Zulässigkeit dieser Zahlungsart ist als Verschulden angesehen worden.[213] Bei Banküberweisung wurde Kontrolle der angegebenen Daten durch den Anwalt verlangt.[214]

46   Wesentliche Bedeutung hat die **Fristenkontrolle.** Mit der Übernahme eines Mandats wird die Wahrung der prozessualen Fristen zu einer der wesentlichen Pflichten eines Anwalts, der er seine besondere Sorgfalt widmen muss, weshalb er die Wahrung der Fristen bei Ausführung durch sein Büropersonal eigenverantwortlich zu überwachen hat. Grds zulässig ist es, dass der Anwalt die Notierung, Berechnung und Kontrolle der üblichen, in der Praxis häufig vorkommenden Fristen, deren Berechnung keine rechtl Schwierigkeiten bereitet, gut ausgebildetem und sorgfältig überwachtem Büropersonal überlassen kann.[215] Der Anwalt darf mit der Notierung und Überwachung von Fristen grds nur voll ausgebildetes[216] und sorgfältig überwachtes Personal betrauen, nicht dagegen noch auszubildende Kräfte.[217] Nach gefestigter Rspr verlangt die Sorgfaltspflicht des Anwalts in diesem Fall zuverlässige Vorkehrungen, um die ordnungsgem Eintragung und Beachung der Fristen oder den rechtzeitigen Ausgang fristwahrender Schriftsätze sicherzustellen. Dies hat durch eine entspr Organisation des Büros zu geschehen, ansonsten liegt Organisationsverschulden vor (s auch Rn 49) mit der Folge, dass der Anwalt für Fehler seines Büropersonals einstehen muss. Der Anwalt hat sein Möglichstes zu tun, um Fehlerquellen bei der Eintragung und Behandlung von Fristen auszuschließen. Die Übung einer ausländ Kanzlei, einen Vorgang aufgrund eines Vermerks als erledigt abzulegen, wurde als Organisationsmangel angesehen, wenn dieser Vermerk von einer großen Zahl von Beschäftigten angebracht werden konnte und sich der Verantwortliche nicht sicher feststellen ließ.[218] Zwar darf der Anwalt grds darauf vertrauen, dass bisher zuverlässige Büroangestellte konkrete Einzelanweisungen befolgen,[219] bei bloß mündlichen Weisungen an das Personal müssen aber organisatorische Vorkehrungen getroffen werden, dass sie nicht in Vergessenheit geraten.[220] Der Grundsatz, dass ein Anwalt darauf vertrauen darf, dass eine bislang zuverlässige Kanzleikraft eine konkrete Einzelweisung befolgen wird, gilt aber nicht, wenn der Anwalt von der ihm selbst ohne weiteres möglichen Beseitigung eines von ihm erkannten Fehlers absieht.[221]

47   Auf welche Weise der Anwalt sicherstellt, dass die Eintragung im Fristenkalender und die **Wiedervorlage der Handakten** rechtzeitig erfolgen, steht ihm grds frei. Insb muss sichergestellt sein, dass die zur wirksamen Fristenkontrolle erforderlichen Handlungen zum frühestmöglichen Zeitpunkt, dh unverzüglich nach Eingang des betreffenden Schriftstücks, und im unmittelbaren zeitlichen Zusammenhang vorgenommen werden. Beantragt der Prozessbevollmächtigte eine Fristverlängerung, muss das hypothetische Ende der beantragten Fristverlängerung bei oder alsbald nach Einreichung des Verlängerungsantrags

---

207   BGH VersR 1964, 781 Wiedereinsetzung IV; BGH NJW 2007, 1599; BGH NJW 2007, 1597; BGH NJW 2007, 2332.
208   BGH GRUR 1979, 626 elektrostatisches Ladungsbild.
209   BPatGE 18, 208: in die Rechtsmittelschrift aufgenommene Angabe über die zu zahlende Gebühr.
210   BGH NJW 2012, 856 f.
211   BPatG Mitt 1976, 219.
212   BPatGE 44, 180 = Mitt 2002, 355.
213   BPatG 5.3.1998 3 Ni 23/96; abw BGH 10.12.1998 X ZB 10/98, ohne Gründe.
214   BPatG 7.6.2000 29 W (pat) 71/00.
215   OVG Bautzen NJW 2009, 3047 mwN; vgl auch BGH GRUR 2001, 411 f Wiedereinsetzung V.
216   BGH NJW 2011, 1080: beanstandungsfreier Ablauf einer 6-monatigen Probezeit.
217   BGH NJW 2007, 3497.
218   BPatG 18.3.1975 18 W (pat) 16/75.
219   BGH NJW 2012, 614; BGH 29.4.2010 I ZR 147/09 GRUR-RR 2010, 407 Ls Ausgangskontrolle; BGH NJW 2009, 296.
220   BGH NJW 2008, 526 f; OVG Saarlouis NJW 2008, 456 f; BPatG 28, 94 = BlPMZ 1986, 259: bei Unterzeichnung einer Beschwerdeschrift, in der die Zahlung einer Beschwerdegebühr angezeigt wird, wenn der Anwalt erkennt, dass zwei Gebühren verfallen sein können.
221   BGH NJW-RR 2012, 122.

im Fristenkalender eingetragen, als vorläufig gekennzeichnet und rechtzeitig, spätestens nach Eingang der gerichtlichen Mitteilung, überprüft werden, damit das wirkliche Ende der Frist festgestellt wird.[222] Zur einer ordnungsgem Organisation des Fristenwesens in einem Anwaltsbüro gehört nicht nur die Anweisung an das zuständige Büropersonal, den für den Beginn der Rechtsmittel- und Rechtsmittelbegründungsfrist maßgeblichen Zeitpunkt der Zustellung einer Entscheidung anhand der Datumsangabe im unterzeichneten Empfangsbekenntnis oder auf dem Zustellungsumschlag zu ermitteln; dem Büropersonal muss auch aufgegeben werden, das Datum der Zustellung gesondert und deutlich abgehoben von dem nicht maßgeblichen Aufdruck des Eingangsdatums zu vermerken.[223] Nach stRspr des BGH obliegt einem Anwalt die Pflicht zur eigenverantwortlichen Prüfung, ob eine zu beachtende Frist richtig ermittelt und eingetragen worden ist, wenn ihm die Akten zur Bearbeitung vorgelegt werden. Die eigenverantwortliche Fristenkontrolle muss zwar nicht bei jeder Vorlage der Handakte, aber dann erfolgen, wenn die Akten im Zusammenhang mit einer fristgebundenen Prozesshandlung, insb zu deren Bearbeitung, vorgelegt werden. Darauf, ob die Vorlage der Handakte wegen einer bestimmten Frist erfolgt ist, kommt es nicht an; denn der Rechtsanwalt muss im Zusammenhang mit einer fristgebundenen Prozesshandlung eigenverantwortlich stets auch alle weiteren unerledigten Fristen einschließlich ihrer Notierung in den Handakten prüfen.[224] Bei Vorlage der Handakte wegen der fristgerechten Einreichung der Übersetzung muss der Anwalt prüfen, ob ein Erledigungsvermerk hinsichtlich der Frist zur Einreichung einer Abschrift der Prioritätsanmeldung vorhanden ist.[225] Die Prüfung einer notierten Frist darf nicht erst am letzten Tag der Frist, wenn der Anwalt die eigentliche Bearbeitung der Sache vornimmt, erfolgen.[226]

Der Anwalt muss nicht persönlich prüfen, ob jeder Schriftsatz auch tatsächlich zur Post gegeben worden ist,[227] er muss allerdings den fristgerechten Ausgang der Schriftsätze kontrollieren lassen.[228] Eine fristwahrende Maßnahme darf im Kalender als erledigt gekennzeichnet werden, wenn der fristwahrende Schriftsatz in ein Postausgangsfach des Rechtsanwalts eingelegt wird und das Postausgangsfach „letzte Station" auf dem Weg zum Adressaten ist; das ist nicht der Fall, wenn ein Mitarbeiter die in dem Postausgangsfach gesammelten Schriftsätze noch in Umschläge einsortieren muss.[229] Es begründet kein Anwaltsverschulden, wenn ein geschulter und **zuverlässiger Büroangestellter** aus einem der durch beschriftete Registrierkarten voneinander getrennten Fächer einer Registrierbox mit vorgefertigten Adressaufklebern für Gerichte versehentlich einen falschen Aufkleber entnimmt und einen Briefumschlag damit versieht, so dass der richtig adressierte Schriftsatz verspätet beim zuständigen Gericht eingeht.[230] Als verschuldet anzusehen ist es, wenn der Anwalt ein vom Mandanten erhaltenes Schriftstück, mit dessen Zustellung eine Frist in Lauf gesetzt wurde, einem Angestellten zur Weiterleitung an den das Fristenbuch führenden Bürovorsteher übergibt, ohne diesem gegenüber deutlich zu machen, dass es sich um eine Fristsache handelt.[231]

Grds muss ein Anwalt durch entspr Anweisungen an seine Angestellten dafür sorgen, dass Fristen **49** auch dann gewahrt werden, wenn er etwa durch eine nicht vorhersehbare Erkrankung nicht selbst dafür Sorge tragen kann.[232] Sämtliche organisatorischen Maßnahmen müssen aber so beschaffen sein, dass auch bei unerwarteten Störungen des Geschäftsablaufs, etwa durch Überlastung oder Erkrankung der zuständigen Angestellten, Verzögerungen der anwaltlichen Bearbeitung oder ähnliche Umstände, bei Anlegung eines äußersten Sorgfaltsmaßstabs die Einhaltung der anstehenden Frist gewährleistet ist.[233] Die Wiedereinsetzung in eine versäumte Frist ist grds nicht ausgeschlossen, wenn der Anwalt im Rahmen seiner Büroorganisation durch Anweisung an seine Angestellten dafür Vorsorge getroffen hat, dass bei normalem Verlauf der Dinge eine Frist trotz eines Versehens mit Sicherheit gewahrt worden wäre; die Anordnung

48

---

222 BGH NJW 2011, 151.
223 BGH NJW 2010, 3305.
224 BGH NJW-RR 2009, 642.
225 BPatG GRUR 2009, 93.
226 BGH NJW 2007, 2332.
227 BPatG 20.12.1973 8 W (pat) 244/73.
228 BGH MDR 2008, 53.
229 BGH NJW 2011, 2051.
230 BGH NJW-RR 2012, 380.
231 BPatG Mitt 1974, 158; zur Fristenüberwachung auch EuG T-146/00 GRUR Int 2001, 975 Dakota.
232 *Born* NJW 2009, 2184 mwN.
233 BPatG 27.6.2011 10 W (pat) 45/08; vgl BAG NJW 2012, 1021.

muss zur Fehlervermeidung geeignet sein; dies ist nicht der Fall, wenn seitens der Angestellten hierzu eine Inhaltskontrolle der ausgehenden Schriftstücke erfolgen müsste.[234] Ein **Organisationsverschulden** liegt deshalb vor, wenn ein Anwalt einen EDV-gestützten Fristenkalender verwendet, aber nicht anordnet, dass die Eingabe in diesen Kalender jeweils durch Ausdruck der eingegebenen Einzelvorgänge oder Ausgabe eines Fehlerprotokolls kontrolliert wird.[235] Es entspricht auch nicht einer ordnungsgem Büroorganisation, komplexe Tätigkeiten wie die Vorbereitung und Zusammenstellung von Unterlagen, den Inhalt einer Verfahrenshandlung oder eine Mitteilung hierüber an den Mandanten einem auch gut ausgebildeten Angestellten ohne weitere Kontrolle zu überlassen. Der Anwalt darf sich seiner Kontrollpflicht insb nicht dadurch begeben, dass er sich die Akten nicht vorlegen lässt.[236] Ebenso liegt ein Organisationsverschulden vor, wenn die Überwachung der Jahresgebühren getrennt von den Handakten durchgeführt wird, ohne dass durch einen Datenabgleich zwischen Hand- und Gebührenakten Fehler verhindert werden.[237] Selbst im Fall eines völlig unterbliebenen Zugangs der im Weg einer freiwilligen Serviceleistung versandten Mitteilung des DPMA über den drohenden Rechtsverlust kann sich ein Adressat nicht mit Erfolg auf die Unkenntnis noch nicht gezahlter Jahresgebühren berufen; insoweit ist der Vortrag unbeachtlich, diese Mitteilung infolge einer Verlegung des Sitzes der Kanzlei nicht erhalten zu haben.[238]

50   Ein generell mit der selbstständigen Entrichtung der **Patentjahresgebühren beauftragter Verfahrensbevollmächtiger** verletzt seine Sorgfaltspflicht, wenn er eine Gebührennachricht lediglich an den Anmelder weiterleitet, anstatt selbst für die fristgerechte Zahlung Sorge zu tragen; wenn er die Überwachung auch der Viermonatsfrist der Hilfsperson anvertraut, durch deren Verschulden die Frist zur zuschlagsfreien Zahlung der Patentjahresgebühr versäumt worden ist, trifft ihn eine erhöhte Sorgfaltspflicht.[239] Ist er nicht mit der Gebührenzahlung beauftragt, braucht er weder selbst zu zahlen noch die Zahlung durch den Gebührenpflichtigen zu überwachen; das gilt insb, wenn er ausdrücklich angewiesen ist, die Gebührenzahlung nicht zu überwachen.[240] Er genügt dann seiner Beratungspflicht, indem er den Pflichtigen über die Notwendigkeit der Gebührenzahlung, die Frist und die Rechtsfolgen einer Fristversäumung belehrt.[241] Negativer Kompetenzkonflikt mehrerer Vertreter erfordert Einigung oder zumindest Benachrichtigung der Partei.[242] Nichtweiterleitung der Benachrichtigung nach § 17 Abs 2 aF begründete Verschulden.[243]

51   Bei **zweifelhafter Rechtslage** wie bei gegensätzlichen Entscheidungen verschiedener Senate des BPatG entspricht es der von einem Anwalt vernünftigerweise zu erwartenden Sorgfalt, wenn er so handelt, wie es bei einer für seine Partei ungünstigen Entscheidung erforderlich ist.[244] Zweifel an der Richtigkeit der einem Beschluss des DPMA beigefügten Rechtsmittelbelehrung verpflichten einen Anwalt zu erhöhter Sorgfalt bei der Wahl des Rechtsbehelfs.[245] Beruft sich eine Partei darauf, ihr Prozessbevollmächtigter habe die Rechtslage verkannt und deswegen für die falsche Partei das Rechtsmittel eingelegt, schließt dies ein Verschulden nur aus, wenn der Rechtsirrtum unvermeidbar oder entschuldbar ist; hierfür müssen konkrete Umstände dargelegt werden, weil der Rechtsirrtum für einen Rechtsanwalt nur in Ausnahmefällen unverschuldet ist.[246]

52   Bei **unklaren Weisungen** des Auftraggebers oder ausländ Korrespondenzanwälte muss rückgefragt werden.[247]

53   **Dritte, insb Übermittlungsmängel.** Bei der Übermittlung eines fristgebundenen Schriftsatzes muss ein Beteiligter oder sein Verfahrensbevollmächtigter nur dafür sorgen, dass hierfür ein geeigneter und

---

234   BGH NJW 2012, 856 ff.
235   BGH NJW 2010, 1363.
236   BPatG 11.4.2011 35 W (pat) 4/08: Abschrift von Prioritätsdokumenten.
237   BPatG 22.5.2000 10 W (pat) 110/99.
238   BPatG 21.1.2013 10 W (pat) 16/12.
239   BPatGE 26, 116 = BlPMZ 1984, 292.
240   EPA T 942/12 Mitt 2016, 91.
241   BPatGE 13, 87 f = Mitt 1972, 32; zwd BPatG 27.5. 2002 10 W (pat) 20/01.
242   EPA T 338/98.
243   BPatG 5.7.1999 10 W (pat) 28/99.
244   BGH GRUR 2001, 271 f Kreiselpumpe; BPatG 6.7.1971 4 W (pat) 37/71 BlPMZ 1972, 28 Ls.
245   BPatG 16.10.1973 26 W (pat) 150/73, WzSache.
246   BGH NJW 2011, 386; BAG NZA 2011, 1445.
247   BPatG 26.8.1986 26 W (pat) 49/86.

zuverlässiger Weg gewählt und dieser rechtzeitig beschritten wird.[248] Dabei dürfen sie sich – auch vor und an Feiertagen – auf die Einhaltung der von der Post angegebenen Brieflaufzeiten verlassen.[249] Verlust auf dem Postweg ist als unabwendbarer Zufall angesehen worden,[250] ebenso abredewidrige Nichtdurchgabe des Telegramms mit der Weisung, Beschwerde einzulegen, über Telefon an den Vertreter.[251] Bei Vornahme der Handlung erst gegen Fristende muss ein entspr schneller Übermittlungsweg gewählt werden.[252] Bei einer Übermittlung des fristwahrenden Schriftsatzes per Telefax am letzten Tag der Frist ist neben der korrekten Eingabe der Empfängernummer erforderlich, dass mit der Übermittlung insb umfangreicher Schriftstücke so rechtzeitig begonnen wird, dass sie unter normalen Bedingungen vor 0 Uhr abgeschlossen ist.[253] Maßgebend ist der Zeitpunkt des Eingangs der gesendeten Signale, die noch vor Ablauf des letzten Tags der Frist vom Telefaxgerät des Gerichts vollständig empfangen (gespeichert) worden sein müssen; dieser Zeitpunkt muss mit der Einzelverbindungsübersicht des Telefaxgeräts zuverlässig zu bestimmen sein.[254] Ist das für die Ermittlung der genauen Uhrzeit allein maßgebliche Faxgerät eines Anwalts technisch nicht dafür ausgelegt, selbstständig einen stetigen Abgleich mit der gesetzlichen Zeit vorzunehmen, hat der Anwalt dafür Sorge zu tragen, dass regelmäßig eine Überprüfung der Zeiteinstellung am Faxgerät stattfindet.[255] Wird die Frist versäumt, weil der Anwalt am letzten Tag der Frist den fristwahrenden Schriftsatz infolge des Gebrauchs eines veralteten Verzeichnisses nicht an die aktuelle Telefax-Nummer des Gerichts faxt oder faxen lässt, liegt Anwaltsverschulden vor.[256] Der Anwalt muss sein Personal anweisen, die Vollständigkeit der Übermittlung anhand des Sendeprotokolls überprüfen, ebenso, ob der Empfänger richtig war.[257] Störungen des Faxgeräts auf Seiten des DPMA oder des BPatG hat der Nutzer nicht zu vertreten. Dagegen muss er sich auf die Belegung des Empfangsgeräts durch andere Teilnehmer einstellen.[258]

Ist ein Schriftsatz so rechtzeitig zur Post gegeben worden, dass nach der **normalen Postlaufzeit** (die 54 der Antragsteller konkret zu belegen hat)[259] mit seinem Zugang innerhalb der Frist zu rechnen ist, liegt Verschulden nicht vor.[260] Hierbei darf sich der, der die Frist zu wahren hat, aufgrund der Post-Universaldienstleistungsverordnung grds darauf verlassen, dass eine an einem Werktag bei der Post eingelieferte Briefsendung am folgenden Werktag bei Gericht eingeht; dies gilt auch für Einwurf-Einschreiben.[261] Der Absender darf dabei auf die angegebenen Leerungszeiten und deren Einhaltung vertrauen.[262] Auch bei **Banküberweisung** darf die übliche Überweisungsdauer zugrundegelegt werden.[263] Wiedereinsetzung ist jedoch trotz überdurchschnittlicher Dauer des Überweisungsvorgangs unter Hinweis auf die Zahlungsmöglichkeit mittels Postüberweisung und Zahlkarte versagt worden, wenn als Zahlungsart die Überweisung von einem Bankkonto auf das Postscheckkonto des DPA gewählt wurde;[264] daran wird jedenfalls nach der Neuordnung des Postwesens nicht mehr festzuhalten sein. Auftragswidrige Einbehaltung von

248 BGH NJW 2008, 667, bei privatem Kurierdienst.
249 BGH NJW 2008, 587.
250 BPatG 8.3.1971 4 W (pat) 324/70: Anweisung zur Zahlung einer Jahresgebühr, auch bei einfachem Brief; BPatG 29.6.1973 34 W (pat) 6/73: Anweisung zur Beschwerdeeinlegung.
251 BPatG 13.3.1974 8 W (pat) 283/73.
252 BPatG 21.4.2005 10 W (pat) 45/03, zur Inlandsüberweisung.
253 BVerfG NJW 1996, 2857; BVerfG NJW 2000, 574; BVerfG NJW 2006, 829; BGH NJW 2005, 678; BGH NJW 2007, 2045; EPA T 580/06 Mitt 2008, 516 Ls zum OK-Vermerk auf dem Sendebericht eines Telefax; OVG Schleswig NJW 2010, 3110: Absendung um 23.58 Uhr.
254 BGH NJW 2006, 2263.
255 BGH NJW 2011, 859.
256 OVG Saarlouis NJW 2008, 456 f.
257 BGH NJW 2008, 2508.
258 BVerfG NJW 2001, 3473 f; kr *Späth* NJW 2000. 1621.
259 EPA T 777/98 ABl EPA 2001, 508 Wiedereinsetzung/BASF; BGH NJW 2009, 2379; BGH NJW 2003, 3712 f.
260 BGH 17.9.1974 X ZB 26/74; BPatGE 21, 80 = BlPMZ 1979, 180: Zahlung per Scheck; BPatGE 23, 88 = GRUR 1981, 136, WzSache, mwN; BPatG 26.6.1970 24 W (pat) 48/70; BPatG 21.6.1972 4 W (pat) 41/72; BPatG 30.10.1984 11 W (pat) 59/84; vgl auch BGH Mitt 1960, 59 Wiedereinsetzung II: Postscheküberweisungsantrag; für das Verfahren vor dem EPA offen gelassen in EPA Wiedereinsetzung/BASF; zur Benutzung von Kurierdiensten im Verfahren vor dem EPA EPA J 13/98.
261 BGH NJW 2009, 2379; OLG Hamm NJW 2009, 2230.
262 BGH NJW 2009, 2379.
263 BPatG 6.8.1969 4 W (pat) 76/69; BPatG 8.1.1985 17 W (pat) 109/84; vgl aber BPatG 24.11.1972 7 W (pat) 140/72.
264 BPatGE 18, 154, 156; BPatG 16.2.1984 24 W (pat) 228/83, WzSachen.

Bankspesen bei der Gebührenüberweisung durch die Bank begründet kein Verschulden des Auftraggebers.[265] Es wurde als zumutbar angesehen, den Hinweisen auf der Gebührenbenachrichtigung folgend einen Zahlungsweg zu wählen, der einen rechtzeitigen Eingang gewährleistet hätte.[266] Späte Aufgabe, Überweisung oder Absendung kann Verschulden der Partei oder des Vertreters darstellen.[267]

55   Eine Person, die mit der Zahlung einer Gebühr an das DPMA beauftragt wird, ist **Bote**; nicht rechtzeitige Gebührenzahlung ist in diesem Fall nur bei ausreichender Überwachung als unabwendbarer Zufall angesehen worden.[268]

56   **6. Kausalität.** Die schuldlose Verhinderung muss für die Fristsäumung ursächlich geworden sein (vgl Rn 78).[269] Wiedereinsetzung scheidet daher schon dann aus, wenn mehrere Umstände für die Fristversäumung ursächlich geworden sind und auch nur einer von ihnen, bei dem Verschulden vorliegt, nicht hinweggedacht werden könnte, ohne dass die Fristversäumnis entfiele.[270] Verhinderung bei der Beschaffung eines amtlichen Prioritätsbelegs rechtfertigt die Wiedereinsetzung schon deshalb nicht, weil die Einreichung einer einfachen Abschrift der früheren Anmeldung genügt.[271] Mehrere Fehler des Büropersonals stehen der Wiedereinsetzung nicht ohne weiteres entgegen.[272] Ohne weiteres unbegründet sind Wiedereinsetzungsanträge, die auf nach Fristablauf eingetretene Umstände gestützt werden.

III. Verfahren

57   **1. Antragsberechtigung** (s auch Rn 61). Berechtigt ist, wer durch die Fristsäumung einen Rechtsnachteil erlitten hat. Die Antragsberechtigung ist mit dem wiederherzustellenden Recht untrennbar verbunden.[273] Regelmäßig ist der im Register eingetragene Anmelder oder Patentinhaber berechtigt,[274] so bei versäumter Zahlung der Jahresgebühr nur der im Patentregister als Anmelder oder Patentinhaber Eingetragene, auch wenn das Patent schon übertragen worden ist;[275] bei mehreren Mitberechtigten jeder von ihnen allein,[276] daneben uU aber auch ein Dritter, der seine materielle Berechtigung an dem Schutzrecht mit dem Antrag nachweist.[277]

58   Der **Erbe** oder Miterbe eines verstorbenen Patentinhabers ist auch ohne vorherige Eintragung in das Patentregister berechtigt, die Wiedereinsetzung in die vom verstorbenen Patentinhaber versäumte Frist zur Entrichtung einer Patentjahresgebühr zu beantragen; § 30 Abs 3 Satz 3 findet auf einen solchen Fall keine Anwendung.[278]

59   Soweit **Nebenintervention** in Betracht kommt, kann sich der Nebenintervenient auch am Wiedereinsetzungsverfahren beteiligen; er kann dieses auch selbst in Gang bringen, sofern er eine Frist versäumt hat.[279]

---

265 BPatG 4.4.2000 27 W (pat) 98/99.

266 BPatG 17.4.2000 10 W (pat) 44/99; vgl auch BVerfG Mitt 2000, 73: Fristversäumnis bei Kurierbeförderung.

267 BPatG 19.12.1973 28 W (pat) 420/73: Aufgabe am Sonntag bei Fristablauf am Montag; BPatG 20.2.1974 7 W (pat) 3/74; andererseits BPatGE 18, 196.

268 BPatGE 18, 196.

269 *Benkard* Rn 46; *Schulte* Rn 66; vgl BGH 2.12. 2004 I ZB 14/04: Verlust auf dem Postweg.

270 BGH GRUR 1974, 679 internes Aktenzeichen: unrichtige Angabe eines internen Az eines Patentanwalts durch das DPMA begründet nicht die Wiedereinsetzung, wenn der Anmelder oder sein Vertreter selbst eine nach den Umständen vermeidbare Ursache für eine Fristversäumung gesetzt hat; BGH 17.10.2000 X ZB 25/99 Schulte-Kartei PatG 123 Nr 179; BPatGE 19, 44 = BlPMZ 1976, 253; BPatG 20.6.1973 35 W (pat) 15/72; BPatG 6.9.1976 23 W (pat) 90/76; *Mes* Rn 51; *Stein/ Jonas* ZPO § 233 Rn 30.

271 BPatG 26.9.1973 4 W (pat) 74/73.

272 BPatG 28.11.1975 24 W (pat) 141/75.

273 BPatGE 1, 126 ff = BlPMZ 1961, 398; *Benkard* Rn 48.

274 BPatGE 1, 126 = BlPMZ 1961, 398; BPatG 3, 140 = BlPMZ 1963, 156.

275 BGH GRUR 2008, 551 Sägeblatt; *Benkard* Rn 48b.

276 PA MuW 17, 18.

277 BPatGE 1, 126 = BlPMZ 1961, 398, zur formellen Antragsberechtigung; BPatG 3.5.1974 5 W (pat) 55/73; *Schulte* GRUR 1961, 525; vgl für das schweiz Recht schweiz ERGE sic! 2006, 779; aA BPatG 8.10.1970 12 W (pat) 81/70: auch nicht bei Vorliegen einer zur Umschreibung berechtigenden Erklärung des Anmelders; PA BlPMZ 1917, 32; RPA BlPMZ 1933, 30; RPA BlPMZ 1937, 156.

278 BPatGE 29, 244 = GRUR 1988, 906; *Benkard* Rn 48a.

279 *Benkard* Rn 48b.

Der durch **widerrechtliche Entnahme** Verletzte kann erst nach Durchsetzung des Abtretungsan- **60** spruchs Wiedereinsetzung beantragen.[280]

Dritte, wie Nießbraucher, Pfandgläubiger (anders nach Überweisung),[281] Lizenznehmer, ArbN-Erfin- **61** der, können Wiedereinsetzung nicht erfolgreich beantragen, selbst wenn sie sich am Verfahren (etwa durch Gebührenzahlung oder Stellung des Prüfungsantrags) beteiligt haben.[282]

2. Verfahrensbeteiligte. Am Verfahren beteiligt ist zunächst der Antragsteller. **62**

In **mehrseitigen Verfahren** ist grds auch jeder andere Beteiligte beteiligt. Nicht beteiligt sind Dritte, **63** auch der Verletzungsbeklagte oder der Nichtigkeitskläger, sofern sie nicht tatsächlich formell beteiligt worden sind (hierzu Rn 18 zu § 74).[283] Die Rspr, dass an einem Verfahren über einen Wiedereinsetzungsantrag des Anmelders, dessen Ausgang das Einspruchsverfahren berühren kann, auch der Einsprechende beteiligt ist, ist überholt.[284]

3. Antrag. Wiedereinsetzung wird grds nur auf (auch hilfsweise möglichen)[285] Antrag gewährt. Dieser **64** ist entbehrlich (Abs 2 Satz 3), wenn die versäumte Handlung innerhalb der Wiedereinsetzungsfrist nachgeholt wird und die die Wiedereinsetzung rechtfertigenden Tatsachen sämtlich aktenkundig sind,[286] also insb bei rechtzeitig veranlassten, aber verspätet eingegangenen Anträgen oder aktenkundigen unrichtigen Belehrungen. Der Antrag kann auch hilfsweise für den Fall gestellt werden, dass der Beweis für die Fristwahrung als nicht geführt angesehen wird.[287] Ein Wiedereinsetzungsantrag muss nicht ausdrücklich gestellt werden, er kann auch stillschweigend in einem Schriftsatz enthalten sein; hierzu reicht aus, dass konkludent zum Ausdruck gebracht wird, dass das Verfahren trotz Fristversäumnis fortgesetzt werden soll.[288]

4. Nachholung der versäumten Handlung muss innerhalb der Zweimonatsfrist, jedenfalls aber in- **65** nerhalb der Jahresfrist (Rn 72),[289] aber nicht notwendig zugleich mit dem Wiedereinsetzungsantrag erfolgen. Die fristgerechte Nachholung innerhalb der Wiedereinsetzungsfrist ersetzt den Antrag und rechtfertigt bei liquider Sachlage allein schon die Wiedereinsetzung (Rn 64). Sind mehrere Handlungen (zB Beschwerdeeinlegung und Gebührenzahlung) versäumt, müssen sie sämtlich innerhalb der Zweimonatsfrist nachgeholt werden.[290] Bei Versäumung der Gebührenzahlung reichte nach früherer Rechtslage ein statthafter Stundungsantrag zur Nachholung aus;[291] nunmehr kann der Antrag als solcher auf Verfahrenskostenhilfe auszulegen sein.[292] Wurde die verspätet gezahlte Gebühr vom DPMA zurücküberwiesen, ist erneute Zahlung für die Wiedereinsetzung erforderlich.[293] Nach Auffassung des EPA stehen Mängel der nachgeholten Handlung schon der Zulässigkeit des Wiedereinsetzungsantrags entgegen.[294] Zur Nachholung bei Verfahrenskostenhilfe Rn 71.

---

280   BPatGE 9, 196, 198; *Benkard* Rn 48a.

281   Vgl öOPM öPBl 2001, 88.

282   *Schulte* Rn 18.

283   BPatGE 54, 176 = Mitt 2014, 295 m abl Anm *Schallmoser*.

284   BPatGE 54, 176 = Mitt 2014, 295; vgl BGH GRUR 1971, 246 Hopfenextrakt, nicht in BGHZ; *Benkard* Rn 59.

285   BGH NJW 2007, 603; BGH NJW 2008, 3501; *Benkard* Rn 47a.

286   BPatGE 25, 121 = BlPMZ 1983, 367; *Benkard* Rn 47; *Schulte* Rn 15 ff; vgl BGH GRUR 2001, 271 f Kreiselpumpe, zur Regelung in der ZPO; BPatG 2.11.1976 4 W (pat) 101/75, wo von einem stillschweigend hilfsweise gestellten Antrag ausgegangen wird.

287   BGH NJW-RR 2002, 1070 hilfsweise Wiedereinsetzung, UrhStreitsache, unter Hinweis auf BGH NJW 1997, 1312; BGH NJW 2000, 814 und öfter.

288   BGH NJW 2011, 1601; *Schulte* Rn 15.

289   BPatG 27.5.2002 10 W (pat) 20/01.

290   BPatG 13.11.1969 10 W (pat) 90/69.

291   RPA MuW 37, 358; *Benkard* Rn 58.

292   BPatG 26.5.2003 10 W (pat) 4/03.

293   BPatG 17.4.2000 10 W (pat) 44/99.

294   EPA T 167/97 ABl EPA 1999, 488 = IIC 1999, 794 Zulässigkeit.

66   **5. Form; Adressat.** Der Antrag ist schriftlich zu stellen (Abs 2 Satz 1); telegrafische oder fernschriftliche Übermittlung reicht aus,[295] ebenso Telefax (zur elektronischen Form § 125a). Die nachzuholende Handlung bedarf der für sie vorgesehenen Form; auch die nachgeholte Gebührenzahlung unterliegt daher den für die Gebührenzahlung geltenden Vorschriften.

67   Ein bestimmter **Wortlaut** ist für den Antrag nicht vorgeschrieben; es reicht aus, dass der Wille, die Verfahrenshandlung als rechtzeitig zu behandeln, hervortritt.[296] Ein Antrag kann ganz entbehrlich sein (Rn 58, 59). Zum notwendigen Inhalt Rn 78.

68   **Adressat.** Der Antrag ist an die Stelle zu richten, die über die nachgeholte Handlung zu entscheiden hat (Abs 3; Rn 86 ff).

69   **6. Zweimonatsfrist.** Die Frist für den Antrag und die Nachholung der versäumten Handlung beträgt zwei Monate (Abs 2 Satz 1, 3; ebenso nach Art 122 EPÜ iVm Regel 136 Abs 1 AOEPÜ) und ist damit deutlich länger als die zivilprozessuale Wiedereinsetzungsfrist von zwei Wochen in § 234 ZPO. Sie beginnt mit dem Wegfall des Hindernisses (Rn 70). Der Tag, an dem das Hindernis wegfällt, ist in die Frist nicht einzurechnen[297] (§ 187 Abs 1 BGB). Versäumung der Frist macht den Antrag unzulässig; Wiedereinsetzung unter Einhaltung der einer eigenen zweimonatigen Frist ab Behebung des Hindernisses ist möglich.[298]

70   **Wegfall des Hindernisses.** Das Hindernis fällt weg, wenn der Verfahrensbeteiligte oder sein Vertreter die Fristversäumnis erkennt oder bei Anwendung der zumutbaren Sorgfalt erkennen musste. Damit verliert das Hindernis seine die Vornahme der Handlung hindernde Wirkung auf den Säumigen oder seinen Vertreter, dh der Säumige ist also nicht mehr ohne Verschulden gehindert, die versäumte Handlung vorzunehmen.[299] Bei mehreren (kumulativen) Hindernissen ist dies mit dem Wegfall des letzten Hindernisses der Fall;[300] anders wohl bei alternativen Hindernissen, wo die Grundsätze alternativer Kausalität anzuwenden sein werden.[301] Der Wegfall ist Tatfrage[302] und muss zweifelsfrei feststehen; bei einer Amtsmitteilung reicht Zustellung durch Aufgabe zur Post für sich nicht aus,[303] wohl aber Zugang der Mitteilung über die Fristversäumung;[304] Zustellungsfiktionen sind in diesem Fall nicht anwendbar.[305] Das Hindernis kann bereits dann weggefallen sein, wenn einem Verfahrensbeteiligten oder seinem Bevollmächtigten begründete Zweifel daran kommen müssen, ob eine fristgebundene Prozesshandlung rechtzeitig erfolgt ist; das DPMA oder das Gericht müssen, wenn dort solche Zweifel aufkommen, den Beteiligten ausreichend klar darauf hinweisen, um die Frist des Abs 2 in Lauf zu setzen.[306] Bei unverschuldetem Irrtum über den Fristablauf kommt es darauf an, wann erstmals erneut Anlass zur Prüfung der Fristberechnung bestand,[307] das Hindernis kann deshalb schon vor Fristablauf entfallen und die Wiedereinsetzungsfrist damit zu laufen beginnen.[308] Die Zweimonatsfrist beginnt nicht bereits mit der Kenntnis des erkrankten Anmelders von der Fristversäumung, sondern erst, wenn der Krankheitszustand, der zu der Versäumung der Frist geführt hat, beendet ist.[309] Erreicht die rechtzeitig abgesendete[310] Nachricht des nicht für die Zahlung

---

295   BPatGE 14, 139 = Mitt 1972, 199.

296   BPatG 11.10.1972 4 W (pat) 123/69.

297   PA BlPMZ 1916, 102; *Benkard* Rn 55a.

298   *Schulte* Rn 29; *Benkard* Rn 53.

299   *Benkard* Rn 54; *Schulte* Rn 27; *Stein/Jonas* ZPO § 234 Rn 4 mNachw in Fn 9; BGH ZIP 2010, 396; BPatGE 1, 102f = GRUR 1965, 63: Wiederauffinden verlegter Unterlagen; BPatG Mitt 1973, 169; BPatG 21.11.1973 4 W (pat) 127/73, für den Fall zwh Rechtslage; BPatG 23.1.1974 4 W (pat) 94/73 und BPatG BlPMZ 2000, 165, je zum Rechtsirrtum; EPA T 191/82 ABl EPA 1985, 189 Wiedereinsetzung.

300   *Stein/Jonas* ZPO § 234 Rn 7; vgl EPA J 16/93.

301   Vgl EPA J 9/93.

302   EPA J 16/93; EPA T 428/98.

303   EPA J 22/92.

304   BGH GRUR 2000, 1010f Schaltmechanismus; EPA T 428/98 ABl EPA 2001, 494 Wiedereinsetzung/KLIMA; vgl BPatG 21.4.2005 10 W (pat) 45/03.

305   EPA Wiedereinsetzung/KLIMA; EPA T 428/98.

306   BGH NJW-RR 2010, 1000.

307   EPA J 27/90 ABl EPA 1993, 422 Wiedereinsetzung; EPA T 840/94 ABl EPA 1996, 680, 682f Widerruf: Zeitpunkt, an dem der Irrtum hätte bemerkt werden müssen.

308   *Stein/Jonas* ZPO § 234 Rn 5; BGH VersR 1987, 764f; BGH VersR 1990, 543f.

309   BPatG 15.5.1972 4 W (pat) 29/72.

310   BGH NJW 2007, 2331.

oder deren Überwachung zuständigen Verfahrensbevollmächtigten an den Anmelder über den Lauf und die Bedeutung der Zahlungsfrist den Anmelder nicht, kommt es für den Beginn der Zweimonatsfrist nicht auf die Kenntnis des Verfahrensbevollmächtigten von der Nichteinzahlung, sondern allein darauf an, wann der Anmelder Kenntnis vom Ablauf der Zahlungsfrist erlangt hat oder hätten erlangen müssen.[311]

Wird für eine gebührenpflichtige und fristgebundene Handlung **Verfahrenskostenhilfe** beantragt, **71** bewirkt dieser Antrag grds keine Hemmung der Frist für die Vornahme der Handlung; gehemmt wird lediglich die Zahlungsfrist (§ 134). Wiedereinsetzung in eine versäumte Handlungsfrist ist daher nur möglich, wenn deren Versäumnis nach allg Grundsätzen unverschuldet war.[312] Wird innerhalb der für die Vornahme der Handlung geltenden Frist Antrag auf Bewilligung von Verfahrenskostenhilfe gestellt, tritt die Fiktion des § 6 Abs 2 PatKostG nicht ein. Wurde die Zahlungsfrist unverschuldet versäumt, ist Wiedereinsetzung grds möglich.[313] Ist der Antragsteller des Wiedereinsetzungsverfahrens verfahrenskostenhilfeberechtigt, reicht als Nachholung der versäumten Zahlung der Antrag auf Verfahrenskostenhilfe allein nicht, vielmehr müssen sämtliche Unterlagen innerhalb der Wiedereinsetzungsfrist vorliegen. Die versäumte Gebührenzahlung ist erst innerhalb der Antragsfrist nachgeholt, wenn innerhalb der Wiedereinsetzungsfrist über die Gewährung der Verfahrenskostenhilfe, die die Zahlung ersetzt, jedenfalls theoretisch, entschieden werden könnte. Er rechtfertigt aber grds die Wiedereinsetzung, wenn der Antrag vor Fristablauf gestellt und die erforderlichen Unterlagen vor Fristablauf eingereicht sind, es sei denn, dass deren Beschaffung vor Fristablauf bei Aufwendung der gebotenen Sorgfalt nicht möglich war.[314] Nach (auch teilweise) negativer Entscheidung über die Verfahrenskostenhilfe steht dem Beteiligten für die Gebührenzahlung uU noch die Monatsfrist des § 134 zu[315] (Rn 10 zu § 134); für sonstige innerhalb der Frist nach Versagung vorzunehmende Handlungen beginnt die Widereinsetzungsfrist erst nach Ablauf einer Überlegungsfrist von 3–4 Werktagen.[316]

7. Jahresfrist.[317] Ein Wiedereinsetzungsantrag ist grds nur innerhalb eines Jahrs nach Ablauf der versäumten Frist zulässig;[318] die Regelung ist verfassungskonform.[319] Die Jahresfrist ist uneigentliche Frist;[320] **72** sie läuft unabhängig von Kenntnis und Verschulden.[321] Sie hat ebenso wie § 234 Abs 3 ZPO absoluten Charakter und verfolgt den Zweck, eine unangemessene Verzögerung von Prozessen zu verhindern und den Eintritt der Rechtskraft zu gewährleisten.[322] Wiedereinsetzung in die Jahresfrist ist daher ausgeschlossen.[323] Für die Einhaltung der Jahresfrist genügt es, wenn die Akte eine klar dokumentierte Absichtserklärung enthält, der ein Dritter entnehmen kann, dass sich der Anmelder um die Aufrechterhaltung der Patentanmeldung bemüht hat.[324]

Nach st Rspr insb auch des 7. Senats des BPatG (früher 10. Senat)[325] kann von der Einhaltung der Jahresfrist des § 123 Abs 2 Satz 4 in Anlehnung an die höchstrichterliche Rspr zur entspr Regelung in § 234 **73** Abs 3 ZPO in bestimmten Ausnahmefällen abgesehen werden. § 234 Abs 3 ZPO ist nämlich im Rahmen des Rechtsstaatsprinzips anzuwenden.[326] **Ausnahmen** können deshalb angezeigt sein, wenn die Ursache der Überschreitung der Jahresfrist nicht in der Sphäre der Partei liegt, sondern allein dem Gericht zuzuschrei-

---

311 BPatGE 13, 87, 92 = Mitt 1972, 32.
312 Zur Kausalität von Mittellosigkeit und Fristversäumnis BGH NJW 2011, 230 mwN.
313 BPatG 4.12.2008 6 W (pat) 45/08 undok.
314 BGH GRUR 1964, 281 Armutszeugnis.
315 *Stein/Jonas* ZPO § 234 Rn 7.
316 Einzelheiten bei *Zöller* ZPO § 234 Rn 8; vgl auch BGH NJW-RR 2009, 789.
317 Zur Unterbrechung nach Regel 90 AOEPÜ EPA J ../87 ABl EPA 1988, 323 Geschäftsunfähigkeit.
318 RPA MuW 38, 226.
319 BPatGE 34, 195, 198 f = Mitt 1995, 168.
320 BPatG 27.5.2002 10 W (pat) 20/01; *Schulte* Rn 30; *Stein/Jonas* ZPO § 234 Rn 18 f, dort auch zu Ausnahmefällen.
321 BPatG 27.5.2002 10 W (pat) 20/01; *Schulte* Rn 30.
322 BGH NJW 2013, 670, zu § 234 Abs 3 ZPO; BGH NJW-RR 2008, 878; *Benkard* Rn 53a.
323 BPatGE 34, 195, 197= Mitt 1995, 168; *Ekey/Bender/Fuchs-Wissemann* § 91 MarkenG Rn 2.
324 EPA J 6/90 ABl EPA 1993, 714 Einjahresfrist; vgl EPA J 16/86; EPA T 270/91; EPA T 493/95; *Schulte* Rn 33.
325 BPatG 25.7.2013 10 W (pat) 2/13; BPatG 26.2.2009 10 W (pat) 40/06; BPatG 10.2.2012 10 W (pat) 38/08 = Mitt 2012, 293.
326 Vgl BVerfG (Kammerbeschluss) NJW 2004, 2149.

ben ist,[327] so, wenn ohne Hinweis des Gerichts unverschuldete Unkenntnis von dem Bestehen eines Zulassungsgrunds für die Revision und versäumter Einlegung der Nichtzulassungsbeschwerde[328] bestand oder wenn das DPMA den Patentinhaber bei verspäteter Zahlung der Jahresgebühr davon weder vor Ablauf der Jahresfrist noch durch Rücküberweisung der verspätet gezahlten Gebühr in Kenntnis gesetzt hat[329] oder wenn sonstige Hinweise versäumt wurden.[330] Dies kann auch dann anzunehmen sein, wenn durch eine Rechtsänderung die Rechtslage unübersichtlich geworden ist, so dass eine irrtümliche Auslegung entschuldbar erscheint,[331] wie der Höhe der nationalen Gebühr, die der Anmelder eines Patents nach Art III § 4 Abs 2 IntPatÜG im Hinblick auf die Änderungen zur Anlage nach § 2 Abs 1 PatKostG zu entrichten hat und die sich nach der Anzahl der Patentansprüche in der ursprünglich eingereichten Fassung der internat Anmeldung richtet.[332] Entspr tritt der Schutzzweck des § 234 Abs 3 ZPO zurück, wenn der Gegner auf den Eintritt der Rechtskraft nicht vertrauen darf und von dem erst nach Fristablauf beschiedenen, rechtzeitig eingereichten Prozesskostenhilfegesuch Kenntnis hat[333] oder wenn das Rechtsmittelgericht zwar innerhalb der Jahresfrist über einen Antrag auf Bewilligung von Prozesskostenhilfe entschieden, dies dem Antragsteller aber nicht mitgeteilt hatte und der Antragsteller auch sonst keine Kenntnis von der Entscheidung erlangt hat[334] oder wenn ein unzuständiger Beamter des gehobenen Dienstes des DPMA durch seine fortwirkende unrichtige Sachbearbeitung bis hin zur Entscheidung und unrichtigen Auskunft beim Anmelder den irrigen Eindruck erweckt hatte, das Verfahren sei ordnungsgem und es sei bis zur Entscheidung über den Verfahrenskostenhilfeantrag nichts weiter zu veranlassen, und deshalb die Beschwerdefrist versäumt wurde.[335] Die Anwendung wurde verneint, wenn der Patentinhaber bestritt, eine Gebührennachricht nach § 17 Abs 3 Satz 3 aF erhalten zu haben.[336]

8. Maßgebliche Sachlage

74   **a. Tatsachen in der Person des Berechtigten.** Grds können nur solche Tatsachen berücksichtigt werden, die in der Person des Berechtigten entstanden sind;[337] insb für die Wiedereinsetzung in die Frist zur Zahlung der Jahresgebühren ist auf den Registereintrag abgestellt worden.[338]

75   Sind dem DPMA vor Ablauf der Zahlungsfrist ein **Inhaberwechsel** nachgewiesen und Umschreibung beantragt worden, kann der Wiedereinsetzungsantrag auch darauf gestützt werden, dass der neue Patentinhaber infolge eines nach diesem Zeitpunkt eingetretenen Ereignisses an der Einhaltung der Zahlungsfrist gehindert war.[339]

76   **b. Geltend gemachte Tatsachen.** Für die Entscheidung über den Antrag sind neben den aktenkundigen nur die innerhalb der Zweimonatsfrist geltend gemachten Tatsachen heranzuziehen;[340] dh auch die Umstände, aus denen sich ergibt, dass der Antrag rechtzeitig nach Behebung des Hindernisses gestellt worden ist, sofern die Einhaltung der Frist nicht offensichtlich ist.[341] Eine Amtsermittlung findet insoweit nicht statt. Nichtangabe solcher Tatsachen führt zu ihrer Nichtberücksichtigung, aber – da die aktenkun-

---

327   BPatG 30.7.2015 7 W (pat) 43/14, zur versäumten Zahlung der Gebühr für die Veröffentlichung der Übersetzung der geänd Fassung des eur Patents nach Art II § 3 Abs 1 Satz 2 und Abs 2 IntPatÜG aF; BGH NJW-RR 2008, 878; BGH NJW-RR 2004, 1651; *Zöller* § 234 ZPO Rn 12; *Benkard* Rn 53a.
328   BGH Mitt 2011, 24 Crimpwerkzeug IV.
329   BPatGE 51, 197 = BlPMZ 2009, 407.
330   BPatG Mitt 2012, 293; BPatG 10.9.2013 10 W (pat) 13/13.
331   BPatGE 31, 266 = GRUR 1991, 129, zum Tag der Gutschrift als Einzahlungstag.
332   BPatG 16.9.2013 10 W (pat) 32/12; BPatGE 54, 72 = Mitt 2013, 447; BPatG 10.9.2013 10 W (pat) 13/13.
333   BGH NJW 1973, 1373.
334   BGH NJW-RR 2008, 878.
335   BPatG 2.9.2014 21 W (pat) 20/14.
336   BPatG 5.3.2001 10 W (pat) 74/00.
337   Eingehend *Benkard* Rn 12 ff mNachw der älteren Gegenmeinung.
338   BPatGE 1, 126 = BlPMZ 1961, 398; BPatGE 24, 127, 129 = GRUR 1982, 357; BPatG 8.10.1970 12 W (pat) 81/70 für die Beschwerdefrist; BPatG 3.5.1974 5 W (pat) 55/73: nur Umstände, die in der Person des im Zeitpunkt der Fristversäumung in das Register eingetragenen GbmInhabers bestanden haben.
339   BPatGE 3, 140 = BlPMZ 1963, 156.
340   BPatG 21.1.2013 10 W (pat) 16/12.
341   BGH NJW-RR 2011, 1284; *Benkard* Rn 52.

digen Tatsachen allein die Wiedereinsetzung im Einzelfall rechtfertigen können – nicht zur Unzulässigkeit des Antrags (Rn 85; str).

Nachgeschobener Sachvortrag. Innerhalb der Zweimonatsfrist kann Vortrag nachgebracht werden. **77** Nach ihrem Ablauf hat neuer Sachvortrag unberücksichtigt zu bleiben,[342] Wiedereinsetzung kann aus Gründen der Rechtssicherheit nicht gewährt werden, wenn sich eine Partei darauf beruft, eine ihr günstige Entscheidung erst nach Fristablauf aufgefunden zu haben.[343] Dagegen dürfen erkennbar unvollständige Angaben nach stRspr des BGH noch nach Ablauf der Zweimonatsfrist erläutert, ergänzt oder klargestellt werden,[344] deren Aufklärung nach § 139 ZPO geboten gewesen wäre, andernfalls liegt ein unzulässiges Nachschieben von Gründen vor;[345] neue selbstständige Wiedereinsetzungsgründe können nicht nachgeschoben werden.[346] Ergänzung und Klarstellung kommen grds nur in Betracht, wenn und soweit überhaupt Tatsachen vorgetragen sind, die im Fall einer Ergänzung oder Klarstellung geeignet sind, das Wiedereinsetzungsbegehren zu rechtfertigen.[347] Das Verbot des Nachschiebens von Wiedereinsetzungsgründen und Glaubhaftmachungsmitteln greift nicht ein, wenn das DPMA ein zur Vervollständigung der Wiedereinsetzungsgründe von einem Verfahrensbeteiligten angefordertes Schriftstück nicht in Ablichtung übersendet.[348]

9. Darlegung; Glaubhaftmachung

a. Darlegung. Genau und umfassend darzulegen sind innerhalb der Zweimonatsfrist die zwischen **78** Beginn und Ende der versäumten Frist liegenden, nicht aktenkundigen Umstände, die für die Frage bedeutsam sind, wie und ggf durch wessen Verschulden es zur Fristversäumung gekommen ist[349] und welche Vorkehrungen und Umstände im konkreten Fall ein Verschulden ausschließen (zur Erkrankung Rn 80). Besteht in einer Anwaltskanzlei die Möglichkeit, dass ein Rechtsanwalt selbst Fristen streicht und bleibt offen, wer eine Frist zu Unrecht gestrichen hat, muss der Rechtsanwalt ein eigenes Verschulden ausräumen und ggf zu den organisatorischen Maßnahmen, die er zur Vermeidung von Fehlerquellen durch die Kompetenzüberschneidung getroffen hat, Stellung nehmen.[350] Darzulegen sind nicht nur die Umstände, die zur Versäumung der Frist, in die Wiedereinsetzung begehrt wird, geführt haben, sowie die Voraussetzungen, die den Wiedereinsetzungen rechtfertigen sollen, erforderlich ist auch die substantiierte Angabe der Tatsachen, die für die Wahrung der Zweimonatsfrist zur Stellung des Wiedereinsetzungsantrags bedeutsam sind,[351] dh auch genauer Vortrag, wann das Hindernis für die Fristwahrung weg-

---

342 BGH GRUR 2005, 971 Schutzfristüberwachung, Markensache, mwN.

343 BGH NJW 2009, 2310.

344 BGH NJW 2011, 458.

345 BGH NJW-RR 2011, 1284; BGH Schutzfristüberwachung; BGH NJW 2007, 3212 mwN; BPatGE 1, 132 = Mitt 1962, 37; BPatGE 19, 44 = BlPMZ 1976, 253; BPatG 30.11.1970 4 W (pat) 170/70; BPatG 19.4.1971 4 W (pat) 206/70; BPatG 21.6.1971 4 W (pat) 236/70: jedenfalls soweit, als das DPA Aufklärung innerhalb der Frist unterlassen hat; BPatG 26.9.1973 4 W (pat) 74/73; BPatG 23.1.1974 4 W (pat) 103/73: keine entspr Anwendung der Vorschriften über neuen Vortrag in der Berufungsinstanz; *Benkard* Rn 56; *Schulte* Rn 37; *Stein/Jonas* ZPO § 236 Rn 8 mNachw in Fn 26; vgl BPatGE 13, 30, 33 = BlPMZ 1971, 344; vgl auch BPatG 17.4.1973 5 W (pat) 11/73: Amtsübung, Ergänzungen anzuregen; aA offenbar BPatG 18.5.1972 4 W (pat) 20/72, wo eine Amtspflicht, auf Ergänzungen hinzuwirken, verneint wird, wenn die Klarstellung oder Ergänzung nicht innerhalb der Zweimonatsfrist herbeigeführt werden kann.

346 BPatG 11.9.1997 4 W (pat) 61/96.

347 BPatG 10.12.1973 4 W (pat) 80/73; BPatG 6.12.1971 4 W (pat) 372/70 BlPMZ 1972, 288 Ls, nicht in BPatGE 14, 31: keine Hinweispflicht, wenn Tatsachenvortrag fehlt; BPatG 1.6.1973 4 W (pat) 25/73: nicht bei einem offenbar unvollständigen Wiedereinsetzungsgesuch; BPatG 13.1.1987 17 W (pat) 131/86 zur Ergänzug des Vortrags zur fristgerechten Stellung des Wiedereinsetzungsantrags; BPatG GRUR 1974, 393 stellt bei einem nicht anwaltlich vertretenen Beteiligten großzügiger auf das Nichtvorliegen von Widersprüchen bei ursprünglich nicht eindeutigen Angaben ab.

348 BPatG 30.5.1974 24 W (pat) 45/73.

349 BGH NJW 2012, 2201; BPatGE 1, 132 = Mitt 1962, 37; BPatG 6.12.1971 4 W (pat) 372/70, insoweit unveröffentlicht; BPatG 15.4.1971 4 W (pat) 4/71; BPatG 13.6.1973 4 W (pat) 5/73; DPA Mitt 1955, 93; *Benkard* Rn 50; *Schulte* Rn 35; *Stein/Jonas* ZPO § 236 Rn 6; vgl EPA J 2/94 EPOR 1998, 195 Union.

350 BGH NJW 2011, 385.

351 BPatGE 19, 47, 48 = BlPMZ 1977, 117; BPatGE 25, 65 f = BlPMZ 1983, 221; BPatG 7.6.1971 4 W (pat) 367/70; BPatG 18.5.1972 4 W (pat) 20/72; BPatG 13.6.1973 4 W (pat) 5/73; BPatG 13.1.1987 17 W (pat) 131/86; *Benkard* Rn 52.

gefallen ist. Lückenlose Darlegung ist erforderlich.[352] Pauschale oder formelhafte Angaben reichen nicht aus.[353]

79   **Einzelheiten. Versäumte Gebührenzahlung** (s auch Rn 30). Im Wiedereinsetzungsantrag ist ggf auch darzulegen, dass seinerzeit die Absicht zur (rechtzeitigen) Einzahlung der Gebühr bestanden hat.[354]

80   **Erkrankung** ist grds glaubhaft zu machen.[355] Bei Erkrankung ist darzulegen und glaubhaft zu machen, wieweit sich die Krankheit in verfahrensrelevanter Weise auf Entschluss-, Urteils- und Handlungsfähigkeit ausgewirkt hat.[356] Erkrankung und daraus resultierende Arbeitsunfähigkeit können idR nur durch Vorlage eines ärztlichen Attests glaubhaft gemacht werden, denn nur ein Arzt ist dafür ausgebildet, Krankheiten zu diagnostizieren und zu beurteilen, wieweit diese zu Arbeitsunfähigkeit führen.[357] Lang andauernde Erkrankung erfordert Vortrag der Vorsorge zur Wahrung der Fristen.[358] Wird plötzliche Erkrankung des Sachbearbeiters geltend gemacht, bedarf es des Vortrags über Maßnahmen zum Ausgleich von Störungen im normalen Geschäftsablauf wie die innerbetriebliche Vertretung in plötzlichen Verhinderungsfällen.[359] Wird der sich auf die verspätete Einzahlung der Beschwerdegebühr beziehende Wiedereinsetzungsantrag damit begründet, dass der Sachbearbeiter erkrankt gewesen sei, muss angegeben werden, in welchem Zeitraum dies der Fall war und welche organisatorischen Maßnahmen getroffen wurden, um sicherzustellen, dass die Frist nicht bei einem Ausfall des Sachbearbeiters versäumt wird.[360] Wird als Hindernis für die Einhaltung der Beschwerdefrist die Krankheit eines anwaltlich vertretenen Anmelders geltend gemacht, ist glaubhaft zu machen, dass der Anmelder während der ganzen Dauer der Beschwerdefrist so schwer erkrankt war, dass ihm nicht zumutbar gewesen wäre, seinem Vertreter eine kurze Weisung über die Beschwerdeeinlegung zu geben.[361] Allg gehaltene ärztliche Atteste ersetzen Vortrag nicht.[362] Ein Attest muss konkret aufzeigen, weshalb der Antragsteller an der Fristeinhaltung gehindert war.[363] Keine Wiedereinsetzung bei Fehlen jeglicher Ausführungen, welche konkreten Auswirkungen eine Grippeepidemie auf die verspätete Zahlung der Beschwerdegebühr im Betrieb des Antragstellers hatte und welche Maßnahmen zur Vermeidung des Fristversäumnisses getroffen wurden.[364] Ein Mitanmelder darf, wenn ihm die Krankheit des anderen Mitanmelders bekannt ist, nicht auf dessen Zahlung vertrauen.[365]

81   **Organisation.** Es bedarf der Darlegung, durch welche büroorganisatorischen Maßnahmen, Anordnungen und (stichprobenartigen) Überwachungen eine rechtzeitige Gebührenzahlung allg gesichert ist und wieso es trotz solcher allg Sicherungsmaßnahmen zur Fristversäumung kommen konnte,[366] und zwar so, dass das DPMA oder das Gericht aufgrund der vorgetragenen Tatsachen in der Lage ist, selbst die Organisation auf ihre Ordnungsmäßigkeit zu prüfen.[367]

82   **b. Glaubhaftmachung.** Die darzulegenden Tatsachen sind glaubhaft zu machen (Abs 2 Satz 2 2. Halbs). Voller Beweis muss nicht erbracht werden, überwiegende Wahrscheinlichkeit genügt.[368] Nichtfeststellbarkeit in diesem Sinn geht zu Lasten des Säumigen.[369] Nichtvorlage vorhandener Beweismittel kann zu Lasten des Antragstellers gewertet werden.[370]

---

352   BPatG 19.4.2005 23 W (pat) 65/04.
353   BPatG 15.4.1971 4 W (pat) 16/71: Nichtnotierung einer Frist in üblicher Weise; vgl BPatG 18.3.2002 10 W (pat) 46/01.
354   BPatGE 25, 65 = BlPMZ 1983, 221.
355   BPatG 26.5.2003 10 W (pat) 4/03.
356   BVerfG NJW-RR 2007, 1717.
357   VGH München NJW 2011, 3177 mwN.
358   BPatG 7.6.1971 23 W (pat) 7/71.
359   BPatG 30.11.1970 23 W (pat) 228/70.
360   BPatG 18.9.1975 10 W (pat) 49/75.
361   BPatG Mitt 1969, 39; bdkl, da Fristen ausgeschöpft werden dürfen.
362   BPatG 7.6.1971 23 W (pat) 7/71.
363   BPatG 21.11.1996 4 W (pat) 8/96; BPatG 28.11. 1996 4 W (pat) 7/96; BPatG 28.4.1998 6 W (pat) 45/97.
364   BPatG 14.7.1970 26 W (pat) 62/70.
365   BPatG 21.11.1996 4 W (pat) 8/96.
366   BPatG Mitt 1976, 219; BPatG 5.11.1969 27 W (pat) 431/69; DPA Mitt 1956, 98.
367   BPatG 4.2.1970 16 W (pat) 55/69.
368   *Fitzner/Lutz/Bodewig* Rn 30; *Benkard* Rn 57; *Stein/Jonas* ZPO § 236 Rn 9 mwN; BPatG 5.8.2002 10 W (pat) 6/02.
369   BPatG 18.3.1975 18 W (pat) 16/75; vgl BPatG 3.3.1998 23 W (pat) 58/97.
370   EPA T 428/98 ABl EPA 2001, 494 Wiedereinsetzung/KLIMA.

Die **Mittel zur Glaubhaftmachung** ergeben sich aus § 294 Abs 1 ZPO; zugelassen sind danach alle – **83** vom Antragsteller beizubringenden – präsenten Beweismittel sowie – in der Praxis von besonderer Bedeutung, aber mit Bedacht zu handhaben – die eidesstattliche Versicherung. Einer besonderen Hervorhebung der Mittel für die Glaubhaftmachung bedarf es für solche Vorgänge nicht, die im eigenen Sachwissen des bevollmächtigten Patentanwalts stehen.[371] Bloße Erklärung eines (ausländ) Patentbüros genügt zur Glaubhaftmachung nicht.[372] Das anwaltliche Empfangsbekenntnis erbringt grds als öffentliche Urkunde den vollen Beweis für die Entgegennahme des darin bezeichneten Schriftstücks und für den Zeitpunkt der Zustellung.[373] Es ist aber kein Mittel zur Glaubhaftmachung, dass der Anwalt erst zu dem Zeitpunkt, für den er den Empfang bescheinigt, von dem zugestellten Schriftstück Kenntnis nehmen konnte, wenn Umstände – insb eine andernfalls anzunehmende ungewöhnlich lange Laufzeit der Postbeförderung – einen früheren Zugang des Schriftstücks vermuten lassen.[374]

Zeitpunkt. Die Glaubhaftmachung ist nicht an die Zweimonatsfrist gebunden, sie kann noch im **84** weiteren Verfahren[375] und selbst im Beschwerdeverfahren[376] erfolgen, dagegen nicht mehr im Rechtsbeschwerdeverfahren. Ein Nachbringen der Mittel zur Glaubhaftmachung in der mündlichen Verhandlung reicht aber insb dann nicht aus, wenn der unzureichend begründete Wiedereinsetzungsantrag erst kurz vor Ablauf der Zweimonatsfrist gestellt war, so dass das DPMA auf eine Ergänzung innerhalb der Frist nicht mehr hätte hinwirken können.[377]

c. Zulässigkeitsfragen; Folgen unzureichender Darlegung oder Glaubhaftmachung. Nach Abs 2 **85** muss der Wiedereinsetzungsantrag innerhalb der Zweimonatsfrist nach Wegfall des Hindernisses gestellt werden; fehlt es hieran oder lässt sich aus dem Vortrag des Antragstellers nicht feststellen, dass diese Frist eingehalten ist, ist der Antrag unzulässig.[378] Auch bei Überschreiten der Jahresfrist ist er unzulässig.[379] Ebenfalls unzulässig ist ein Antrag, der keine die Wiedereinsetzung begründenden Tatsachen enthält.[380] Auch die nicht fristgemäße Nachholung der versäumten Handlung führt zur Unzulässigkeit.[381] Darüber hinausgehende Zulässigkeitsvoraussetzungen bestehen nicht. Unzureichend dargelegter oder glaubhaft gemachter Vortrag geht gleichwohl zu Lasten des Antragstellers;[382] er bleibt unberücksichtigt, sofern er nicht zulässigerweise nachträglich ergänzt oder klargestellt wird (Rn 77). Insoweit unzureichender Sachvortrag macht den Antrag aber nicht für sich unzulässig;[383] uU kann sich bereits aus dem aktenkundigen Sachverhalt im Einzelfall die Begründetheit des Antrags ergeben.[384]

10. Zuständigkeit

a. Grundsatz. Zuständig ist die Stelle, die über die nachgeholte Handlung zu beschließen hat (Abs 3). **86**

b. Zuständigkeit beim Patentamt. Zuständig ist die jeweils befasste Stelle (Prüfungsstelle, Patent- **87** abteilung, GbmStelle, GbmAbteilung usw). Die Zuständigkeit ergibt sich aus § 27.[385]

---

371   BPatG 6.8.1969 4 W (pat) 76/69.
372   BPatGE 1, 132 = Mitt 1962, 37.
373   OVG Münster NJW 2009, 1623.
374   BPatGE 19, 47 = BlPMZ 1977, 117.
375   Für das EPA-Verfahren EPA T 324/90 ABl EPA 1993, 33 Wiedereinsetzung.
376   *Schulte* Rn 42.
377   BPatGE 1, 141 = Mitt 1962, 79.
378   BPatG 17.2.2011 10 W (pat) 15/08; BPatG 18.5.2011 10 W (pat) 28/06; BPatG 20.5.2009 10 W (pat) 9/08; BPatG 11.9.2008 10 W (pat) 24/05; BPatG 15.5.2008 10 W (pat) 41/06; BPatG 9.5.2005 10 W (pat) 43/02; BPatG 14.7.2007 20 W (pat) 5/04.
379   BPatG 29.10.2009 10 W (pat) 18/08; BPatG 29.3.2007 10 W (pat) 54/03; BPatG 30.11.2006 10 W (pat) 701/06 (Geschmacksmustersache).
380   BPatG 20.5.2009 10 W (pat) 9/08.
381   BPatG 29.3.2007 10 W (pat) 54/03.
382   Vgl öOPM öPBl 2000, 187 f.
383   So aber bei fehlender Glaubhaftmachung BPatG 24.9.2010 17 W (pat) 70/07.
384   BPatG 21.1.1971 4 W (pat) 160/69, insoweit unveröffentlicht; BPatGE 19, 47, 51 = BlPMZ 1977, 117 hält ihn für unzulässig; im Ansatz zutr differenzierend BPatG 3.8.1973 5 W (pat) 44/73, jeweils zur Glaubhaftmachung.
385   BPatG 27.10.2011 10 W (pat) 28/07.

88   **PCT.** Über einen Wiedereinsetzungsantrag, der eine internat Anmeldung betrifft, hat der Prüfer zu entscheiden.[386] Über einen Antrag auf Wiedereinsetzung in die Frist nach Art 22 Abs 1 PCT hat bei einer internat GbmAnmeldung die GbmStelle des DPMA durch ihren rechtskundigen Leiter zu entscheiden.[387]

89   Die Übertragung von Entscheidungen über Wiedereinsetzungsanträge auf **Beamte des gehobenen Diensts** durch die WahrnV war durch die Ermächtigungsgrundlage nicht gedeckt; § 7 WahrnV sieht insoweit nurmehr eine formelle Bearbeitung von Wiedereinsetzungsanträgen vor.

90   **c. Zuständigkeit beim Patentgericht.** Zuständig ist grds der Senat in seiner vorgesehenen Besetzung. Soweit die Prüfungszuständigkeit beim **Rechtspfleger** liegt, kann dieser auch über die Wiedereinsetzung entscheiden; eine Entscheidung des Senats ist gleichwohl wirksam (§ 8 Abs 1 RPflG). Legt der Rechtspfleger die Sache dem Senat vor, ist dieser zuständig.[388]

91   **d. Zuständigkeitsabgrenzung Patentamt – Patentgericht.** Das DPMA ist für die Gewährung der Wiedereinsetzung in einem bei ihm nicht oder nicht mehr anhängigen Verfahren nicht zuständig.[389] Für eine Entscheidung über die Wiedereinsetzung in die versäumte Frist nach § 39 Abs 3 ist das DPMA auch dann nicht zuständig, wenn es im Amtshilfeweg mit der Sache befasst ist.[390] Ob für die Entscheidung über einen Antrag auf Wiedereinsetzung in die versäumte **Frist zur Zahlung einer Jahresgebühr** das BPatG zuständig ist, wenn der Antrag nach Anhängigwerden des Anmeldeverfahrens in der Beschwerdeinstanz gestellt wurde, ist str (s auch Rn 45 vor § 73).[391]

92   Einen Antrag auf Wiedereinsetzung in die versäumte **Beschwerdefrist** darf das DPMA nicht zurückweisen; hält es den Wiedereinsetzungsantrag für unzulässig oder unbegründet, hat es der Beschwerde, soweit Abhilfe statthaft wäre, nicht abzuhelfen und sie dem BPatG vorzulegen. Zu einer eigenen Entscheidung über den Wiedereinsetzungsantrag ist das DPMA nur befugt, wenn es Wiedereinsetzung gewähren und ggf der Beschwerde abhelfen will,[392] nicht dagegen, wenn es der Beschwerde nicht abhilft.[393] Wieweit dies auch im Fall kassatorischer Abhilfe (Rn 149 zu § 73) gilt, ist nicht entschieden.

93   **e. Zuständigkeitsabgrenzung Patentgericht – Bundesgerichtshof.** Nach geltendem Recht kommen Abgrenzungsprobleme kaum mehr in Betracht.

94   **11. Anhörung; rechtliches Gehör; Aufklärungs- und Hinweispflichten.** Für das gesonderte Wiedereinsetzungsverfahren vor dem BPatG ist mündliche Verhandlung nicht vorgeschrieben (Rn 5 zu § 78), aber auch nicht ausgeschlossen und kann wegen Sachdienlichkeit vAw anberaumt werden; anders, wenn zugleich über die nachgeholte Handlung entschieden werden soll.[394] Im mehrseitigen Verfahren sind die weiteren Beteiligten zu hören,[395] soweit nicht ausnahmsweise höherrangige Rechtsgüter dem entgegenstehen.[396] Ist der Vortrag an sich geeignet, die Wiedereinsetzung zu rechtfertigen, aber klarstellungs- oder

---

386 BPatGE 23, 146 = BlPMZ 1981, 242.
387 BPatGE 26, 1 = GRUR 1984, 108.
388 BPatG 5.3.1998 3 Ni 23/96.
389 BGH GRUR 1999, 574, 576 Mehrfachsteuersystem; BGH GRUR 2009, 521 Gehäusestruktur; BPatG GRUR 2008, 935.
390 BGH Mehrfachsteuersystem; BPatGE 39, 98 = GRUR 1998, 665.
391 Bejahend BPatGE 2, 172 = BlPMZ 1963, 12; BPatG 14.4.1972 18 W (pat) 218/68; BPatG 13.2.1976 23 W (pat) 21/73; BPatG 8.3.1979 12 W (pat) 103/78; *Fitzner/Lutz/Bodewig* Rn 34, als Folge der durch den Devolutiveffekt übergangenen Zuständigkeit; grds die Zuständigkeit des DPMA bejahend, aber offenlassend, ob auch der technische Beschwerdesenat entscheiden kann, BPatG 26.11.1979 4 W (pat) 38/79; ohne sachliche Stellungnahme in der nachfolgenden Entscheidung BGH 11.12.1980 X ZB 1/80; für Zuständigkeit des DPMA im einseitigen wie im Einspruchsbeschwerdeverfahren grds auch *Hövelmann* Mitt 1997, 237; für DPMA *Schulte* Rn 157.
392 BPatGE 25, 119 = BlPMZ 1983, 185, zur einseitigen Beschwerde; BPatG 14.8.1974 4 W (pat) 68/73; BPatG 10.4.2003 10 W (pat) 42/02; BPatG 26.5.2003 10 W (pat) 22/02; DPA BlPMZ 1953, 83; DPA BlPMZ 1953, 83; *Benkard* Rn 61; *Schulte* Rn 159.
393 BGH GRUR 2009, 521 Gehäusestruktur; BPatG GRUR 2008, 935.
394 *Schulte* Rn 161; aA *Benkard* Rn 64, auch bei gesonderter Verhandlung über die Wiedereinsetzung; zur Anhörung nach § 46 BPatG 22.2.2007 10 W (pat) 47/05 Schulte-Kartei Pat 123, 123a Nr 254; soweit für die Sachentscheidung mündliche Verhandlung erforderlich ist; dies trifft aber nur für den Fall der Verbindung mit der Sachentscheidung zu.
395 *Benkard* Rn 63; *Schulte* Rn 160, je mwN.
396 BPatGE 17, 18 = GRUR 1976, 104 zur Einsicht in ein im Wiedereinsetzungsverfahren vorgelegtes psychiatrisches Gutachten mit intim-persönlichen Angaben.

---

ergänzungsbedürftig, besteht entspr dem Rechtsgedanken des § 139 ZPO eine Aufklärungs- und Hinweispflicht. Wiedereinsetzungsgründe müssen dem Antragsteller aber nicht nahegelegt werden.[397] Ist Wiedereinsetzung unter Verletzung rechtl Gehörs gewährt worden, besteht keine Bindung an die Entscheidung und damit die Möglichkeit der Selbstkorrektur.[398]

IV. Entscheidung

1. Zeitpunkt; Form; Begründung. Über den Antrag darf nicht vor Ablauf der Wiedereinsetzungsfrist **95** entschieden werden. Vorzeitige Entscheidung kann den das Recht des Antragstellers auf Äußerung oder seinen Anspruch auf rechtl Gehör verletzen, weil der Antragsteller innerhalb der Frist zu den Wiedereinsetzungsgründen ergänzend vortragen kann und darf.[399] Die Entscheidung ergeht idR, aber nicht notwendig, zusammen mit der Sachentscheidung; dies kommt nicht in Betracht, wo eine Entscheidungszuständigkeit nur für die Wiedereinsetzung begründet ist.

Der dem Wiedereinsetzungsantrag stattgebende Beschluss muss wegen seiner Unanfechtbarkeit **96** (Abs 4; Rn 100) nicht **begründet** werden.[400] Wird Wiedereinsetzung versagt, ist die Entscheidung zu begründen.[401]

2. Abgrenzung zur Nichtentscheidung. Ein in einem Bescheid des DPMA gegebener Hinweis, dass **97** „für eine Wiedereinsetzung kein Raum sei", stellt jedenfalls dann keine das Wiedereinsetzungsverfahren abschließende, verbindliche Entscheidung dar, wenn das DPMA in dem Bescheid davon ausgegangen ist, dass eine Frist nicht versäumt wurde.[402] Die bloße Fortsetzung des Verfahrens nach Fristversäumnis auch über einen längeren Zeitraum steht einer Wiedereinsetzung nicht gleich und bindet das DPMA nicht,[403] kann aber uU Amtshaftungsansprüche auslösen.

3. Inhalt

a. Versagung der Wiedereinsetzung. Liegen die Voraussetzungen der Wiedereinsetzung nicht vor, **98** darf diese nicht bewilligt werden. Billigkeitsgesichtspunkte dürfen nicht berücksichtigt werden.[404] Ist der Antrag nicht statthaft, von einem Nichtberechtigten gestellt, nicht form- oder fristgerecht eingereicht, wird er als unzulässig zurückgewiesen,[405] ebenso bei fehlender Nachholung der versäumten Handlung (Rn 85).[406] Rechtfertigen die zu berücksichtigenden Tatsachen die Wiedereinsetzung nicht, erfolgt Zurückweisung als unbegründet. Mangelnde Darlegung oder Glaubhaftmachung der anzugebenden Tatsachen führen nicht zur Unzulässigkeit (Rn 85). Eine gesonderte Kostenentscheidung ergeht grds nicht, da diese – wenn überhaupt – mit der Hauptsachentscheidung zu treffen ist.[407]

b. Gewährung der Wiedereinsetzung. Liegen die formellen und materiellen Voraussetzungen für **99** die Wiedereinsetzung vor, ist diese zu gewähren; der Beteiligte hat hierauf einen Rechtsanspruch. Ein Ermessen ist der entscheidenden Stelle nicht eingeräumt.[408]

---

397   DPA Mitt 1955, 93.
398   BGH NJW 1995, 2497.
399   BGH NJW 2011, 1363; BGH NJW 2012, 2201.
400   *Schulte* Rn 160; aA BPatGE 19, 39 = Mitt 1977, 113.
401   Vgl BGH GRUR 1968, 615 Ersatzzustellung.
402   BPatGE 23, 248 gegen BPatGE 22, 121, wo Bindung bejaht wird.
403   BPatG 11.10.1972 4 W (pat) 123/69.
404   BPatG 30.10.2001 34 W (pat) 42/01.
405   BPatG 6.2.1970 6 W (pat) 74/69; BPatG 17.8.1973 6 W (pat) 164/70, dort auch zur Umdeutung in einen Antrag auf Wiederaufnahme des Patenterteilungsverfahrens.
406   RPA MuW 33, 580.
407   *Zöller* § 238 ZPO Rn 11 mwN.
408   *Stein/Jonas* ZPO § 233 Rn 20.

4. Anfechtbarkeit

100   **a.** Die **Gewährung der Wiedereinsetzung** ist unanfechtbar (Abs 4); auch eine „außerordentliche" oder „außergewöhnliche" Beschwerde findet nicht statt.[409] Ein Verstoß gegen Art 19 Abs 4 GG liegt hierin nicht. Bei Verstößen kommt Gegenvorstellung (Rn 221 zu § 73; Rn 22 zu § 99) in Betracht, solange noch keine abschließende Entscheidung ergangen ist; ferner kann wegen Verletzung des rechtlichen Gehörs und Verstoß gegen Art 103 Abs 1 GG die Gehörsrüge entspr § 321a Abs 1 ZPO (Rn 222 zu § 73; § 122a) geltend gemacht werden, die zwar grds gegen Zwischenentscheidungen nicht erhoben werden kann; dies gilt aber nicht für Zwischenentscheidungen, die im fachgerichtlichen Verfahren nicht mehr überprüft und korrigiert werden können.[410]

101   Über die Unanfechtbarkeit hinaus entfaltet die Wiedereinsetzung regelmäßig **Bindungswirkung** (zur Ausnahme Rn 94) für das weitere Verfahren (Rn 103).

102   **b.** Die **Versagung der Wiedereinsetzung** durch das DPMA ist mit der Beschwerde nach § 73 anfechtbar (Rn 68 zu § 73). Gegen die Ablehnung der Wiedereinsetzung durch das BPatG kommt die Rechtsbeschwerde nicht in Betracht;[411] die Ablehnung als solche ist daher grds nicht anfechtbar (§ 99 Abs 2), jedoch kann die Wiedereinsetzung als Vorfrage bei einer Anfechtung der Sachentscheidung geprüft werden. Die Entscheidung des Rechtspflegers ist mit der Erinnerung anfechtbar.

V. Wirkung

103   Durch die Wiedereinsetzung werden durch die Fristversäumung entstandene Rechtsnachteile beseitigt; die Handlung wird als rechtzeitig fingiert, wirkt also rechtsbegründend.[412] Die Wiedereinsetzung entfaltet **Bindungswirkung** für das weitere Verfahren. Ihre Bewilligung kann in einem späteren Verfahren nicht auf das Vorliegen der Voraussetzungen überprüft werden;[413] dies gilt nicht, wo Wiedereinsetzung gesetzlich ausgeschlossen war[414] oder wo eine Zuständigkeit der entscheidenden Stelle generell nicht begründet ist[415] oder ggf bei Verletzung des Rechts auf Anhörung oder des rechtl Gehörs der Gegenseite.[416] Dass die vom DPMA bewilligte Wiedereinsetzung im nachfolgenden Beschwerdeverfahren nochmals geprüft werden kann,[417] ist mit dem geltenden Abs 4 nicht zu vereinbaren.[418] Im Nichtigkeitsverfahren kann nicht überprüft werden, ob die sachlichen Voraussetzungen vorgelegen haben; Verfahrensmängel bei der Wiedereinsetzung werden durch die Patenterteilung geheilt.[419] Die von der GbmStelle gewährte Wiedereinsetzung in die versäumte Frist zur Zahlung der Verlängerungsgebühr kann in einem GbmLöschungsverfahren nicht darauf überprüft werden, ob die sachlichen Voraussetzungen für die Wiedereinsetzung vorgelegen haben.[420]

104   **Rückwirkung.** Die Wiedereinsetzung beseitigt rückwirkend die Folgen der Säumnis.[421] Im Fall der Wiedereinsetzung treten das erloschene Patent oder die verfallene Anmeldung mit Rückwirkung wieder in Kraft, da die Wiedereinsetzung die Folgen der Säumnis in vollem Umfang beseitigt.[422] Auch die Beschwerde gilt als rückwirkend wirksam bzw rechtzeitig eingelegt (vgl auch Rn 127 zu § 73; zum rückwirkenden

409   BGH NJW 1995, 2497; BPatG Mitt 1991, 63; *Benkard* Rn 63 und Rn 67; *Schulte* Rn 164–165.
410   BGH NJW-RR 2009, 642 unter Hinweis auf BVerfGE 119, 292 = NZA 2008, 1201 zur Richterablehnung.
411   BPatG 17.8.1973 6 W (pat) 164/70.
412   BGH GRUR 1995, 333 f Aluminium-Trihydroxid.
413   BPatG 15.1.1976 5 W (pat) 420/74, GbmSache.
414   DPA BlPMZ 1955, 256; *Benkard* Rn 69.
415   BGH GRUR 1999, 574, 576 Mehrfachsteuersystem; BPatGE 39, 98 = GRUR 1998, 665 zur Wiedereinsetzung in die Frist des § 39 Abs 3 durch das nur im Amtshilfeweg mit der Teilanmeldung befasste DPMA nach Teilung vor dem BPatG, allerdings mit unzutr Begr.
416   BGH NJW 1995, 2497.
417   BPatGE 19, 39 = Mitt 1977, 113; BPatGE 19, 81.
418   BPatG Mitt 1991, 63.
419   BGH GRUR Int 1960, 506 Schiffslukenverschluß.
420   BPatG 15.1.1976 5 W (pat) 420/74.
421   *Benkard* Rn 69.
422   BGHZ 121, 194 = GRUR 1993, 460 Wandabstreifer.

Eintritt aufschiebenden Wirkung Rn 13 zu § 75). Durch die Wiedereinsetzung werden in der Zwischenzeit ergangene, auf der Fristversäumnis beruhende Entscheidungen ohne weiteres hinfällig.[423]

Das Wiederinkrafttreten des Schutzrechts lässt **Benutzungshandlungen** in der Zeit zwischen Erlö- **105** schen und Wiederinkrafttreten **nicht rechtswidrig** werden,[424] auch eine Benutzungsentschädigung kann nicht verlangt werden,[425] allerdings kann Verstoß gegen das Wettbewerbsrecht oder gegen § 826 BGB vorliegen, wenn der Benutzer weiß oder mit der Möglichkeit rechnet, dass dem Patentinhaber ein Wiedereinsetzungsgrund zur Verfügung steht und dass er die Wiedereinsetzung betreibt oder zu betreiben beabsichtigt.[426]

Die Wiedereinsetzung beseitigt nicht die **Unlauterkeit einer Werbung mit Patentschutz** für die Zeit, **106** in der das Patent erloschen war, denn ihr kommt nicht die Wirkung zu, dass die unwahre Angabe über bestehenden Patentschutz rückwirkend wahr wird.[427]

Im **Verletzungsstreit** ist der Einwand als zulässig angesehen worden, dass sich der Inhaber des in- **107** folge Wiedereinsetzung wieder in Kraft getretenen Patents die Wiedereinsetzung durch bewusst unrichtige Angaben erschlichen habe.[428]

Der Lauf der siebenjährigen Frist für den **Prüfungsantrag** (§ 44) wird bei unterbliebener Gebühren- **108** zahlung durch ein Wiedereinsetzungsverfahren nicht berührt.[429] Ist die Prüfungsantragsgebühr wegen verspäteter Antragstellung zurückzuzahlen, ändert Stellung eines später zurückgewiesenen Wiedereinsetzungsantrags hieran nichts.[430]

C. Weiterbenutzungsrecht

I. Allgemeines. Allgemeines zu Weiterbenutzungsrechten Rn 54 ff zu § 12. Abs 5, 6 sowie die auf § 123 **109** insgesamt verweisenden Regelungen in § 21 Abs 1 GebrMG und § 11 Abs 1 HlSchG schützen im Weg einer Billigkeitsregelung[431] gutgläubige Dritte, die auf das Erlöschen des Schutzrechts oder den Verfall der Anmeldung vertraut und daraufhin eigene Investitionen unternommen haben und deren redlich erworbener Besitzstand erhalten werden soll.[432] Das Gesetz stellt den Benutzer einer vorübergehend erloschenen Patentanmeldung gem Abs 6 PatG dem Benutzer eines vorübergehend erloschenen Patents gleich. Der durch das 2. PatGÄndG neu eingestellte Abs 7 dehnt den Schutz auf den Fall des Wiederinkrafttretens des Prioritätsrechts aus.

II. Voraussetzungen

1. Das Entstehen eines Weiterbenutzungsrechts setzt zunächst das (materielle) **Erlöschen des** **110** **Schutzrechts oder der Anmeldung** voraus; die bloße Löschung ohne materielles Erlöschen des Patents ist nicht ausreichend.[433]

2. Wiederinkrafttreten. Schutzrecht oder Anmeldung müssen infolge der Wiedereinsetzung wieder **111** in Kraft getreten sein. In entspr Anwendung ist auch der Fall erfasst, dass die Wiederaufnahme eines rechtskräftig abgeschlossenen Nichtigkeitsverfahrens zur Wiederherstellung des Patents führt.[434]

---

423 BGH GRUR 1956, 265 Rheinmetall-Borsig I; BGH NJW 1982, 887.
424 BGH GRUR 1956, 265, 268 Rheinmetall-Borsig I; BGH GRUR 1963, 519, 522 Klebemax; *Benkard* Rn 70.
425 BGHZ 121, 194, 209 = GRUR 1993, 460, 464 Wandabstreifer; aA *von Maltzahn* GRUR 1993, 464 ff; *Benkard* Rn 70.
426 BGH Rheinmetall-Borsig I; BGH Klebemax; *Benkard* Rn 70.
427 OLG Düsseldorf GRUR-RR 2014, 1.
428 BGHZ 6, 172 = GRUR 1952, 564 Wäschepresse; BGH GRUR 1956, 265 Rheinmetall-Borsig I.
429 BGH GRUR 1995, 45 Prüfungsantrag; BPatG 24.1.1994 4 W (pat) 47/93 BlPMZ 1994, 366 Ls.
430 BPatGE 14, 206, 208.
431 *Klauer/Möhring* § 43 Rn 24.
432 BGHZ 6, 172, 176 = GRUR 1952, 564, 566 Wäschepresse; BGHZ 121, 194 = GRUR 1993, 460 Wandabstreifer; EPA J 5/79 ABl EPA 1980, 71, 72 Beschwer, Weiterbenutzungsrechte; *Benkard* Rn 77.
433 BGHZ 6, 172, 176 = GRUR 1952, 564 Wäschepresse; BGH GRUR 1956, 265, 268 ff Rheinmetall-Borsig I; BGHZ 121, 194 = GRUR 1993, 460 Wandabstreifer; *Benkard* Rn 73; RGZ 106, 375 = GRUR 1923, 115 Etagengitter; RGZ 108, 76 = GRUR 1924, 46 Römhild; RGZ 110, 218 = GRUR 1925, 156 Ringschieber.
434 RGZ 170, 51, 53 = GRUR 1942, 421 Restitutionsklage; *Benkard* Rn 73.

112 **3. Benutzung; Veranstaltungen.** Die Voraussetzung der Benutzung entspricht der in § 12 für die Vorbenutzung (Rn 8 zu § 12). Benutzung oder Veranstaltungen müssen im Inland erfolgt sein, dies stellt auf den jeweiligen Geltungsbereich des Patents ab.[435] Die Handlungen müssen im eigenen Interesse erfolgt sein; fremdnützige Handlungen, auch als gesetzlicher Vertreter, begründen kein eigenes Benutzungsrecht des Handelnden, eine Zuordnung nach rechtsgeschäftlichen Grundsätzen scheidet aus.[436]

113 **Maßgeblicher Zeitpunkt** ist der Zeitraum zwischen Erlöschen des Schutzrechts oder der Anmeldung und seinem Wiederinkrafttreten,[437] auch dem Wiederinkrafttreten der Wirkung nach § 33 Abs 1 (Abs 6). Ist die Benutzung oder sind die Veranstaltungen bereits vor Erlöschen aufgenommen und lediglich über diesen Zeitpunkt hinaus fortgesetzt worden, entsteht kein Weiterbenutzungsrecht,[438] anders bei endgültiger Einstellung der Benutzung vor dem Erlöschen des Patents oder Wegfall der Anmeldung und neuer, von der früheren Benutzung unabhängige Benutzungsaufnahme.[439]

114 Auf **redlichen Erfindungsbesitz** kommt es anders als beim Vorbenutzungsrecht des § 12 nicht an.

115 **4. Guter Glaube.** Der gute Glaube fehlt, wenn der Benutzer mit dem Wiederaufleben der Anmeldung oder des Patents rechnete oder rechnen musste; nicht erforderlich ist, dass er auch das Erlöschen des Patents oder den Wegfall der Anmeldung mit dem Wiederaufleben kannte. Der Benutzer muss andererseits das Schutzrecht und sein Erlöschen auch nicht gekannt haben; auch der Benutzer, der sich dessen nicht bewusst ist, wird geschützt.[440] Das Fehlen der Gutgläubigkeit hat nach hM der Schutzrechtsinhaber darzutun und zu beweisen und nicht der Benutzer.[441] Für den guten Glauben kommt es nur auf das Schutzrecht an, für das das Weiterbenutzungsrecht in Anspruch genommen wird, etwaige andere Rechtsverstöße sind ohne Belang.[442]

116 **III.** Die **Wirkung** betrifft nur die Zeit ab dem Wiederinkrafttreten des Schutzrechts oder der Anmeldung. Insoweit entspricht sie der Wirkung des Vorbenutzungsrechts nach § 12[443] (Rn 41 ff zu § 12; zum Erlöschen Rn 52 zu § 12).

117 Zur **Übertragbarkeit** (Abs 5 Satz 2) s die Erläuterungen zum Vorbenutzungsrecht (Rn 49 ff zu § 12).

§ 123a
(Weiterbehandlung)

(1) Ist nach Versäumung einer vom Patentamt bestimmten Frist die Patentanmeldung zurückgewiesen worden, so wird der Beschluss wirkungslos, ohne dass es einer ausdrücklichen Aufhebung bedarf, wenn der Anmelder die Weiterbehandlung der Anmeldung beantragt und die versäumte Handlung nachholt.

(2) [1]Der Antrag ist innerhalb einer Frist von einem Monat nach Zustellung der Entscheidung über die Zurückweisung der Patentanmeldung einzureichen. [2]Die versäumte Handlung ist innerhalb dieser Frist nachzuholen.

(3) Gegen die Versäumung der Frist nach Absatz 2 und der Frist zur Zahlung der Weiterbehandlungsgebühr nach § 6 Abs. 1 Satz 1 des Patentkostengesetzes ist eine Wiedereinsetzung nicht gegeben.

MarkenG: § 91a; **DesignG:** § 17

---

435 *Benkard* Rn 75; von Bedeutung für die Zeit zwischen dem Beitritt und dem Inkrafttreten des ErstrG.

436 BGHZ 121, 194 = GRUR 1993, 460 Wandabstreifer, dort offen gelassen, ob eine Zuordnung nach Grundsätzen des Deliktsrechts in Betracht kommen könnte.

437 *Benkard* Rn 76; vgl RGZ 110, 218 = GRUR 1925, 156 Ringschieber.

438 BGH GRUR 1956, 265, 268 Rheinmetall-Borsig I; BGHZ 121, 194 = GRUR 1993, 460, 462 f Wandabstreifer; *Benkard* Rn 76; vgl RGZ 107, 390 = BlPMZ 1924, 148 Glühlichtbrenner.

439 BGH Wandabstreifer; *Benkard* Rn 76; vgl RGZ 108, 76 = GRUR 1924, 46 Römhild.

440 BGHZ 6, 172 = GRUR 1952, 564 Wäschepresse; *Benkard* Rn 77.

441 BGH Wäschepresse; *Benkard* Rn 77, zwh im Hinblick auf die allg Beweislastverteilung.

442 BGH GRUR 1955, 476 Repassiernadel III, zum Benutzungsrecht nach Art 7 AHKG Nr 8.

443 *Benkard* Rn 78.

Ausland: Frankreich: vgl Art L 612–16, 613–22 Abs 2 CPI, Art R 613–52 CPI; **Österreich:** § 128a PatG, eingefügt mWv 1.7.2005; **Schweiz:** Art 46a PatG, Art 14 PatV; **Slowakei:** § 51 PatG

Schrifttum: *Bender* Das neue Rechtsinstitut der Weiterbehandlung im Gemeinschaftsmarkensystem: ein Danaergeschenk! Mitt 2006, 63; *Braitmayer* Die Weiterbehandlung oder Schilda liegt in Deutschland, FS 50 Jahre BPatG (2011), 129; *Hövelmann* Die Weiterbehandlung (PatG § 123a) – Eine erste Entscheidung, offene Fragen und zwei Exkurse, Mitt 2009, 1; *Kunz* Die Weiterbehandlung als Rechtsmittel, sic! 2005, 453; *Mulder* Periods and Remedies Under the EPC: Compliance of the EPC with the PLT: Part I – Extension of Periods and Further Processing, EIPR 2012, 12; *Pfleghar/Schramek* Das Rechtsinstitut der Weiterbehandlung in Inter-partes-Verfahren vor dem HABM, MarkenR 2007, 288; *Schulte* Weiterbehandlung und Wiedereinsetzung, GRUR Int 2008, 710; *Wichmann/Zimmermann* EPÜ 2000: Die wichtigsten Rechtsbehelfe, Mitt 2009, 105.

A. Entstehungsgeschichte; Inkrafttreten; Anwendungsbereich

Das PatG unterschied früher nicht – wie internat weitgehend üblich – zwischen Wiedereinsetzung **1** und Weiterbehandlung (vgl die Regelungen in Art 121 EPÜ,[1] Art 82 GMV[2] (jetzt: UMV) sowie in Art 11–13 Patentrechtsvertrag – PLT). Eine Regelung der Weiterbehandlung sieht erstmals die durch Art 21 Abs 2, Art 30 Abs 3 KostRegBerG mWv 1.1.2005 eingestellte Vorschrift vor.[3] Im Geschmacksmusterrecht (jetzt: Designrecht) ist eine entspr Möglichkeit bereits zum 1.6.2004 eingeführt worden. Das Gesetz zur Änderung des patentrechtlichen Einspruchsverfahrens und des Patentkostengesetzes hat in Abs 3 die Worte „und der Frist zur Zahlung der Weiterbehandlungsgebühr nach § 6 Abs. 1 Satz 1 des Patentkostengesetzes" eingefügt. Gesetzgeberisches Ziel der Vorschrift war die Entlastung des DPMA von Wiedereinsetzungsverfahren. Die neu eingeführte Regelung soll dazu dienen, dem Säumigen nach Zustellung des Zurückweisungsbeschlusses die Wahlmöglichkeit zwischen der Einlegung einer Beschwerde (die durch die Weiterbehandlung nicht ausgeschlossen wird, Rn 13),[4] dem Antrag auf Weiterbehandlung oder – bei nicht schuldhafter Fristversäumung – dem Antrag auf Wiedereinsetzung in den vorigen Stand zu geben. Ziel der Neuregelung ist es nach der Gesetzesbegründung weiter, den Säumigen und auch dem DPMA die Durchführung des aufwendigen Wiedereinsetzungsverfahrens, in dem der Säumige oft vorgeschobene Entschuldigungsgründe vorträgt, zu ersparen. Nachdem aber die in § 123a angesprochenen Fristen im Fall ihrer Versäumung eine Wiedereinsetzung nicht ermöglichen (Rn 2),[5] kann als Ziel des Gesetzes – ungeachtet der Möglichkeit einer uU gebotenen Abhilfe[6] – nur die Vermeidung von Beschwerden gegen Beschlüsse angesehen werden, die allein deshalb ergangen sind, weil sich der Anmelder nach Aufforderung des Prüfers nicht rechtzeitig, dh vor Erlass eines Zurückweisungsbeschlusses, geäußert hat.

Die Bestimmung erfasst nach ihrem Wortlaut (anders als etwa die Regelung in der Schweiz, aber **2** weitgehend übereinstimmend mit der im EPÜ) nur die Fälle, in denen nach Versäumung einer vom DPMA bestimmten Frist die **Patentanmeldung zurückgewiesen** worden ist. Ob neben der Weiterbehandlung auch hier, sofern die Voraussetzungen des § 123 erfüllt sind, Wiedereinsetzung in Betracht kommt, erscheint zwh (vgl Rn 3 zu § 123).[7] Im Gegensatz zur Wiedereinsetzung, die ausschließlich Fälle betrifft, in

---

1   Hierzu *Schulte* Rn 3 ff.
2   Hierzu *Bender* Mitt 2006; *Pfleghar/Schramek* MarkenR 2007, 288.
3   Zum Übergangsrecht *Benkard* Rn 16.
4   *Schulte* Rn 26; aber keine hilfsweise Beschwerde neben dem Weiterbehandlungsantrag, BPatG 29.5.2012 12 W (pat) 14/12.
5   *Hövelmann* Mitt 2009, 1 ff; *Braitmayer* FS 50 Jahre BPatG (2011), 129, 136 f.
6   *Braitmayer* FS 50 Jahre BPatG (2011), 129, 144 f, 148 f.
7   Vgl BPatG GRUR 2009, 95 f; BPatG 20.5.2009 10 W (pat) 9/08; *Braitmayer* FS 50 Jahre BPatG (2011), 129, 134 f; abw schweiz ERGE sic! 2005, 297; *Benkard* Rn 2; zwd *Ströbele/Hacker* § 91a MarkenG Rn 11 unter Hinweis auf *Büscher/Dittmer/Schiwy* § 91a MarkenG Rn 9.

denen der Säumige gehindert war, eine gesetzliche Frist einzuhalten, deren Versäumung unmittelbar zu einem Rechtsnachteil führt, geht es bei der Weiterbehandlung um eine vom DPMA bestimmte Frist, die versäumt wurde. Der Rechtsnachteil tritt hier also nicht schon mit der Fristversäumung als solcher ein, sondern erst in einem zweiten Schritt, wenn die für den Anmelder nachteilige Entscheidung getroffen ist. Eine Wiedereinsetzung findet nach der ausdrücklichen Regelung in Abs 3 bei Versäumung der Frist nach Abs 2 und der Frist zur Zahlung der Weiterbehandlungsgebühr nicht statt.[8]

3   Auf **ergänzende Schutzzertifikate** wird die Bestimmung entspr anzuwenden sein (vgl aber Rn 130 Anh § 16a).[9]

4   Auf Gebrauchsmuster ist sie über die Verweisung in § 21 Abs 1 GebrMG anzuwenden, **auf Halbleiter-topographien** über die Verweisung in § 11 Abs 1 HlSchG.

B. Voraussetzungen der Weiterbehandlung

5   **I.** Weiterbehandlung soll eine schnelle und einfache Beseitigung des Verlusts einer Anmeldung auf Grund eines Fristversäumnisses ohne Rechtfertigungszwang und ohne Verschuldensprüfung ermögli-chen.[10] Die heftig kritisierte[11] Regelung setzt zunächst die **Zurückweisung der Patentanmeldung** vor-aus.[12] Nicht erfasst sind damit die Fälle, in denen die Anmeldung, etwa wegen Nichtzahlung der Anmelde-gebühr, nicht bearbeitet oder – anders im EPÜ – die Rücknahme fingiert wird.[13] Weiter nicht erfasst ist die Versäumung von Fristen, die nach der Patenterteilung laufen.[14]

6   **II.** Die Zurückweisung muss nach, was zT gleichgesetzt wird mit infolge,[15] der **Versäumung einer vom Patentamt bestimmten Frist** (also nicht einer gesetzlichen Frist wie der Prioritätsfrist, der Frist zur Stellung des Prüfungsantrags oder der gesetzlichen Zahlungsfristen) durch das DPMA erfolgt sein.[16] In Betracht kommen insb die Fristen nach § 45, aber auch Nichteinreichung der Zusammenfassung nach § 36 oder der Erfinderbenennung nach § 37[17] sowie im GbmRecht Verstöße gegen § 4 Abs 3 Nr 3, Abs 4 GebrMG. Die Zurückweisung der Anmeldung erfolgt in diesen Fällen aufgrund der nicht rechtzeitig beseitigten Mängel oder bei § 45 Abs 2 der fehlenden Äußerung, nicht allein wegen der Fristversäumung.[18] § 123a schafft weder einen neuen Zurückweisungsgrund, noch ermöglicht die Vorschrift die Zurückweisung auf Grund objektiv verspäteter, jd nach Ablauf der gesetzten Frist, aber vor Beschlussfassung, beseitigter Män-gel oder eingereichter Äußerung.[19] Die Kausalität der Zurückweisung muss sich daher zum einen auf die im Bescheid aufgegebene Handlung beziehen, und zum anderen kumulativ darauf, dass hierauf keine Reaktion erfolgt ist. Die Zurückweisung aus einem anderen Zurückweisungsgrund löst dementspr die Mög-lichkeit zur Weiterbehandlung nicht aus, vielmehr ist hier nur die Beschwerde nach § 73 gegeben.

7   **III.** Weiterbehandlung kommt nur auf (auszulegenden)[20] **Antrag** in Betracht, der aber auch konklu-dent[21] gestellt werden kann,[22] etwa durch Nachholung der versäumten Handlung innerhalb der Weiterbe-

---

8   Offengelassen für das schweiz Recht in schweiz ERGE sic! 2005, 37 und schweiz ERGE sic! 2006, 776, 779.

9   Ebenso *Mes* Rn 3, der von einem gesetzgeberischen Versehen in § 16a ausgeht; *Schulte* Rn 12.

10   Vgl *Singer/Stauder* Art 121 EPÜ Rn 1; *Schulte* Rn 18; *Mes* Rn 2.

11   *Braitmayer* FS 50 Jahre BPatG (2011), 129 ff.

12   Vgl *Benkard* Rn 4; *Schulte* Rn 14.

13   Vgl *Benkard* Rn 4; *Schulte* Rn 14; *Ströbele/Hacker* § 91a MarkenG Rn 2; *Braitmayer* FS 50 Jahre BPatG (2011), 129, 135 ff; abw *Fezer* § 91a MarkenG Rn 9.

14   *Braitmayer* FS 50 Jahre BPatG (2011), 129, 135.

15   *Ströbele/Hacker* § 91a MarkenG Rn 6; *Benkard* Rn 4; *Mes* Rn 6; *Braitmayer* FS 50 Jahre BPatG (2011), 129, 137 f; zum Meinungsstand *Hövelmann* Mitt 2009, 1.

16   Vgl *Benkard* Rn 5; *Ströbele/Hacker* § 91a MarkenG Rn 5 mit Kritik in Rn 3; kr *Braitmayer* FS 50 Jahre BPatG (2011), 129, 137 mwN.

17   *Braitmayer* FS 50 Jahre BPatG (2011), 129, 139 f.

18   So zutr *Hövelmann* Mitt 2009, 1 ff; vgl auch BPatG Mitt 2008, 375; *Fezer* § 91a MarkenG Rn 8; *Ströbele/Hacker* § 91a MarkenG Rn 6; zwd insoweit *Ingerl/Rohnke* § 91a MarkenG Rn 3.

19   So zutr *Hövelmann* Mitt 2009, 1 ff.

20   BPatG 20.5.2009 10 W (pat) 9/08.

21   AA ohne nähere Begr *Schulte* Rn 11; *Benkard* Rn 7: schriftlich.

22   Vgl *Ströbele/Hacker* § 91a MarkenG Rn 7; schweiz ERGE sic! 2005, 297; aA für das schweiz Recht *Kunz* sic! 2005, 453, 461 gegen die wohl herrschende Praxis.

handlungsfrist und Zahlung der Weiterbehandlungsgebühr (Rn 10) innerhalb der Frist.[23] Da in diesem Fall ein Antrag vorliegt, ist das Fehlen einer § 123 Abs 2 Satz 3 entspr Regelung unschädlich.[24] Antragsberechtigt sind der Anmelder und sein Rechtsnachfolger.[25]

Die **Frist** für den Weiterbehandlungsantrag beträgt (anders als im EPÜ und im schweiz Recht) einen **8** Monat, sie beginnt mit der ordnungsgem Zustellung der Entscheidung über die Zurückweisung der Anmeldung.[26] Ob eine vorzeitige Antragstellung unschädlich ist,[27] ist im Hinblick auf die dann fehlenden Tatbestandsvoraussetzungen zwh; zu fordern ist mindestens die Existenz eines Beschlusses.[28] Die Frist ist nicht wiedereinsetzungsfähig (Abs 3).

Weiterbehandlung setzt **Nachholung der versäumten Handlung** voraus. Was unter der nachzuho- **9** lenden Handlung zu verstehen ist, wird in Abs 2 nicht erläutert. Zur Auslegung kann aber auf das Wiedereinsetzungsverfahren zurückgegriffen werden, das ebenfalls diesen Rechtsbegriff verwendet. Da sich anders als bei der Wiedereinsetzung die geschuldete Handlung nicht aus dem Gesetz ergibt, ist die vom Anmelder innerhalb der vom DPMA bestimmten Frist vorzunehmende Handlung je nach Inhalt des Prüfungs- oder Zwischenbescheids des DPMA unterschiedlich. Sie kann zB bei gerügten Mängeln nach § 45 Abs 1 in der Einreichung formell korrigierter Anmeldungsunterlagen (Patentansprüche, Beschreibung oder Zeichnungen) bestehen oder bei einem Prüfungsbescheid zur Patentfähigkeit nach § 45 Abs 2 in der Einreichung inhaltlich geänd Anmeldungsunterlagen oder auch nur in der bloßen Abgabe einer Stellungnahme zum Inhalt des Prüfungsbescheids.[29] Der Auffassung, dass eine rechtliche Stellungnahme zum Prüfungsbescheid nicht ausreichen[30] und in diesem Fall der Anmelder auf den Beschwerdeweg gegen den Zurückweisungsbeschluss zu verweisen sein soll, kann daher nicht gefolgt werden. Nach der Definition des 7. Senats des BPatG ist nachzuholende Handlung jede Handlung, die sich als sachliche Stellungnahme zu den im vorangegangenen Bescheid des DPMA enthaltenen formellen oder inhaltlichen Beanstandungen darstellt, sei es durch eine Erwiderung, sei es durch Einreichung geänd Unterlagen; auf die inhaltliche Richtigkeit oder Vollständigkeit kommt es dabei nicht an, Mängelfreiheit ist erst im weiterzuführenden Prüfungsverfahren zu überprüfen.[31] Auch wenn durch eine zutr Stellungnahme der Rüge die Grundlage entzogen werden kann, weil der festgestellte Mangel objektiv nicht vorliegt, muss eine derartige Stellungnahme einer Beseitigung des Mangels gleichstehen.[32] Zu eng erscheint daher die Auffassung, dass durch eine Stellungnahme der Mangel einer objektiv bestehenden Schutzunfähigkeit nicht beseitigt werden kann.[33] Ein bloßes weiteres Fristgesuch genügt allerdings nicht.[34] Das gilt auch, wenn der Zurückweisungsbeschluss unter Versagung rechtl Gehörs zu einem Fristverlängerungsgesuch ergangen ist.[35]

IV. Gebühr

Die Weiterbehandlung ist gebührenpflichtig; die Weiterbehandlungsgebühr beträgt in Patent-, Gbm- **10** und Halbleitersachen je 100 EUR (GebVerz Nr 313000, 323000, 362000). Die Gebühr wird mit Antragstellung fällig[36] und ist innerhalb der Frist (Rn 8) zu entrichten.[37] Bei Banküberweisung ist der Tag der Gutschrift auf dem Konto des DPMA maßgeblich (§ 2 Nr 2 PatKostZV).[38] Bei nicht rechtzeitiger Zahlung gilt der

---

23 Einschränkend *Schulte* Rn 11.
24 AA *Braitmayer* FS 50 Jahre BPatG (2011), 129, 144.
25 *Schulte* Rn 13.
26 *Schulte* Rn 19; vgl zum schweiz Recht schweiz ERGE sic! 2006, 776: grds Zustellung an schweiz Vertreter, anders uU bei entschuldbarer Kommunikationsstörung.
27 Vgl *Benkard* Rn 9; *Ströbele/Hacker* § 91a MarkenG Rn 7.
28 Kr zu Recht *Braitmayer* FS 50 Jahre BPatG (2011), 129, 152.
29 So zutr BPatGE 50, 90 = GRUR 2009, 95.
30 *Ströbele/Hacker* § 91a MarkenG Rn 6.
31 BPatGE 54, 267 = BlPMZ 2015, 297.
32 Vgl auch *Braitmayer* FS 50 Jahre BPatG (2011), 129, 151 f.
33 *Ströbele/Hacker* § 91a MarkenG Rn 6.
34 BPatGE 50, 90 = GRUR 2009, 95; *Ströbele/Hacker* § 91a MarkenG Rn 7; *Schulte* Rn 21 unter Hinweis auf EPA J 16/92.
35 BPatG 16.10.2012 10 W (pat) 22/10 Mitt 2013, 48 Ls; *Schulte* Rn 21.
36 *Ströbele/Hacker* § 91a MarkenG Rn 8.
37 MittPräsDPMA Nr 2/05 BlPMZ 2005, 1; BPatG 20.5.2009 10 W (pat) 9/08; *Benkard* Rn 8.
38 BPatG 30.8.2012 10 W (pat) 23/10.

Antrag als zurückgenommen.[39] Auch hier gibt es seit 1.7.2006 keine Wiedereinsetzung mehr;[40] ob zuvor, ist zwh.[41] Ob verspätete oder nicht ausreichende Gebührenzahlung die Rückzahlung begründet, ist str.[42]

C. Zuständigkeit; Entscheidung

11   Über den Antrag auf Weiterbehandlung entscheidet die Stelle, die über die nachgeholte Handlung zu beschließen hat (so ausdrücklich § 91a Abs 4 MarkenG; § 17 Abs 4 DesignG).[43] Das ist in erster Linie die Prüfungsstelle,[44] bei ergänzenden Schutzzertifikaten die Patentabteilung.

12   Die Anordnung der Weiterbehandlung bedarf keiner förmlichen **Entscheidung**. Die Zurückweisung des Antrags ist zu begründen, mit Rechtsbehelfsbelehrung zu versehen und zuzustellen; sie ist nach § 73 beschwerdefähig. Gegenstand der Beschwerde ist dabei nur die Rechtmäßigkeit der Zurückweisung der Weiterbehandlung.[45]

D. Wirkung

13   Sind die Voraussetzungen der Weiterbehandlung erfüllt, wird ein bereits ergangener Zurückweisungsbeschluss wirkungslos; seiner Aufhebung bedarf es nicht.[46] Jedoch kann die Weiterbehandlung auch ausdrücklich angeordnet werden.[47] Ist ein Zurückweisungsbeschluss noch nicht ergangen, unterbleibt er,[48] allerdings nicht auf der Grundlage der Bestimmung,[49] weshalb hier keine Gebühr verfallen dürfte. Von der zuständigen Stelle gewährte Weiterbehandlung ist für das DPMA im weiteren Verfahren bindend, unterliegt keiner Anfechtung und keiner Überprüfung in einem späteren Verfahren. Ob bei Vorliegen der Voraussetzungen neben der Weiterbehandlung auch Wiedereinsetzung in Betracht kommt, ist zwh (Rn 2), zumindest dürfte sich der Anwendungsbereich der Regelungen kaum überschneiden;[50] der Anmelder kann gegen die Zurückweisung der Anmeldung auch mit der Beschwerde vorgehen, ohne dass es hierfür eines Weiterbehandlungsantrags bedarf.[51] Parallele Antragstellung ist aber wegen der gleichlaufenden Fristen für Weiterbehandlung und Beschwerde dringend zu empfehlen.[52] Ein Schutz gutgläubiger Dritter durch ein Weiterbenutzungsrecht ist anders als bei der Wiedereinsetzung nicht vorgesehen.[53]

E. Ausschluss der Wiedereinsetzung (Absatz 3)[54]

14   Die Regelung betrifft nur die Versäumung der Frist nach Abs 2 sowie die Frist zur Zahlung der Weiterbehandlungsgebühr, nicht auch die versäumte vom DPMA bestimmte Frist, hinsichtlich derer Wiedereinsetzung möglich bleibt (Rn 23 zu § 123).

---

39   BPatG 30.8.2012 10 W (pat) 23/10; *Mes* Rn 12.
40   BPatG 30.8.2012 10 W (pat) 23/10; aA *Mes* Rn 12.
41   Verneinend *Ströbele/Hacker* § 91a MarkenG Rn 8.
42   Verneinend *Ströbele/Hacker* § 91a MarkenG Rn 8; bejahend *Ingerl/Rohnke* § 91a MarkenG Rn 4; *Hövelmann* Mitt 2009, 1, 5.
43   Vgl MittPräsDPMA Nr 2/05 BlPMZ 2005, 1.
44   Zum Tätigwerden von Beamten des gehobenen Diensts und vergleichbaren Tarifbeschäftigten nach § 7 WahrnV *Schulte* Rn 24.
45   Vgl auch *Braitmayer* FS 50 Jahre BPatG (2011), 129, 151, 156.
46   MittPräsDPMA Nr 2/05 BlPMZ 2005, 1; *Mes* Rn 11; vgl *Benkard* Rn 14; zur schweiz Praxis *Heinrich* PatG/EPÜ[1] Art 46a Rn 16.
47   Vgl *Benkard* Rn 12.
48   *Benkard* Rn 14.
49   Vgl *Ströbele/Hacker* § 91a MarkenG Rn 6.
50   Vgl *Schulte* Rn 25; BPatG 20.5.2009 10 W (pat) 9/08.
51   Vgl *Ströbele/Hacker* § 91a MarkenG Rn 12.
52   Vgl *Ströbele/Hacker* § 91a MarkenG Rn 12; zur „hilfsweisen" Beschwerde BPatG 29.5.2012 12 W (pat) 14/12.
53   Vgl *Schulte* Rn 29; *Ströbele/Hacker* § 91a MarkenG Rn 10; kr *Braitmayer* FS 50 Jahre BPatG (2011), 129, 157 f.
54   Zur Rechtslage in dr Schweiz schweiz BVerwG sic! 2013, 98.

F. EPÜ

Die Regelung in Art 121 EPÜ erfasst eur und Euro-PCT-Anmeldungen und betrifft dem EPA gegenüber **15** einzuhaltende Fristen, unabhängig davon, ob es sich um gesetzliche oder vom EPA gesetzte Fristen handelt (Rn 17).[55] Das EPA gewährt die Weiterbehandlung auch in der internat Phase, wenn die PCT-Anmeldung nach Art 14 Abs 1 Buchst b PCT als zurückgenommen gilt.[56] Aus Gründen der Verfahrensökonomie und der Rechtssicherheit kommt der Weiterbehandlung seit der EPÜ-Revision Vorrang vor der Wiedereinsetzung zu.[57]

Bei **Teilrechtsverlusten** kommt eine Weiterbehandlung auch nach dem EPÜ 2000 nicht in Betracht, **16** soweit es um die Priorität und um die Verschiebung des Anmeldetags wegen fehlender Beschreibungsteile und Zeichnungen geht (vgl Rn 17); Teilrechtsverluste bei der Benennung von Vertragsstaaten können nicht mehr entstehen.[58]

Weiterbehandlung kommt nur bei Versäumung einer gegenüber dem EPA einzuhaltenden **Frist** in Frage **17** (Art 121 Abs 1 EPÜ). Ausgeschlossen sind nach Regel 135 Abs 2 AOEPÜ die Fristen nach Art 87 Abs 1 EPÜ (Prioritätsfrist), Art 108 EPÜ (Beschwerdefrist) und nach Art 112a Abs 4 EPÜ (Frist für den Antrag auf Überprüfung durch die GBK), weiter die Fristen für den Antrag auf Weiterbehandlung und Wiedereinsetzung (Art 121 Abs 4 EPÜ). Die AOEPÜ kann weitere Fristen von der Weiterbehandlung ausnehmen; sie hat dies in Regel 135 AOEPÜ hinsichtlich der Fristen in Regel 6 Abs 1 AOEPÜ (Einreichung der Übersetzung), Regel 16 Abs 1 Buchst a AOEPÜ (Frist für Geltendmachung von Rechten bei Anmeldung durch Nichtberechtigte), Regel 31 Abs 2 AOEPÜ (Frist zur Nachreichung von Angaben bei Hinterlegung von biologischem Material), Regel 36 Abs 2 AOEPÜ (Frist zur Nachreichung der Übersetzung bei Teilanmeldung), Regel 40 Abs 3 AOEPÜ (Frist zur Einreichung der Bezugnahme auf eine früher eingereichte Anmeldung), Regel 51 Abs 2–5 AOEPÜ (Frist für die Nachentrichtung einer Jahresgebühr), Regel 52 Abs 2, 3 AOEPÜ (Frist für die Abgabe der Prioritätserklärung), Regel 55 AOEPÜ (Frist zur Mängelbeseitigung bei der Eingangsprüfung), Regel 56 AOEPÜ (Frist zur Nachreichung fehlender Beschreibungs- und Zeichnungsteile), Regel 58 AOEPÜ (Frist zur Mängelbeseitigung), Regel 59 AOEPÜ (Frist zur Mängelbeseitigung bei Prioritätsinanspruchnahme), Regel 62a AOEPÜ (Frist zur Angabe der Patentansprüche, auf deren Grundlage die Recherche durchzuführen ist), Regel 63 AOEPÜ (Erklärung mit Angaben zu dem zu recherchierenden Gegenstand), Regel 64 AOEPÜ (Frist zur Entrichtung einer weiteren Recherchengebühr), Regel 112 Abs 2 AOEPÜ (Antragsfrist bei Entscheidung über Rechtsverlust) und Regel 164 Abs 1, 2 (Fristen bei ergänzendem eur Recherchenbericht) getan.

Der **Antrag** ist durch Entrichtung der Weiterbehandlungsgebühr zu stellen (Regel 135 AOEPÜ) und **18** bedarf keiner besonderen Form mehr.[59] Er ist innerhalb von zwei Monaten nach Zustellung der Entscheidung oder der Mitteilung über den Rechtsverlust zu stellen (Regel 135 Abs 1 Satz 1 AOEPÜ); er kann vor Fristbeginn gestellt werden.[60] Die Höhe der Weiterbehandlungsgebühr ist in Art 2 Nr 12 GebO bestimmt.

Die versäumte Handlung ist innerhalb der Antragsfrist **nachzuholen** (Regel 135 Abs 1 Satz 2 AOEPÜ). **19** Ein Fristgesuch reicht zur Nachholung der versäumten Handlung nicht aus.[61]

Über den Antrag auf Weiterbehandlung **entscheidet** das Organ, das über die versäumte Handlung zu **20** entscheiden hat (Regel 135 Abs 3 AOEPÜ). Über die Weiterbehandlung braucht positiv nicht förmlich entschieden zu werden; nach Art 121 Abs 3 EPÜ gelten die Rechtsfolgen der Fristversäumung als nicht eingetreten.

Wird dem Antrag nicht stattgegeben, ist **Beschwerde** statthaft, soweit nicht die Beschwerdekammer **21** selbst entschieden hat.

Über die **Rückzahlung der Weiterbehandlungsgebühr** ist im Rahmen der Endentscheidung zu befinden.[62] **22**

Ein **Weiterbenutzungsrecht** kommt nicht in Betracht.[63] **23**

---

55 Vgl *Singer/Stauder* Art 121 EPÜ Rn 8 f; *Schulte* Rn 3 ff.
56 *Singer/Stauder* Art 121 EPÜ Rn 10 f.
57 *Singer/Stauder* Art 121 EPÜ vor Rn 2.
58 *Singer/Stauder* Art 121 EPÜ Rn 21 ff.
59 Vgl *Singer/Stauder* Art 121 EPÜ Rn 25 aE.
60 Rechtsauskunft Nr 13/82 ABl EPA 1982, 196.
61 EPA J 16/92 Zündvorrichtung für einen Verbrennungsmotor.
62 EPA J 37/89 ABl EPA 1993, 201 Ablehnung einer Fristverlängerung.
63 *Singer/Stauder* Art 121 EPÜ Rn 39 f.

§ 124
(Wahrheitspflicht)

Im Verfahren vor dem Patentamt, dem Patentgericht und dem Bundesgerichtshof haben die Beteiligten ihre Erklärungen über tatsächliche Umstände vollständig und der Wahrheit gemäß abzugeben.

MarkenG: § 92

Übersicht

Schrifttum: *Eisenberg* Wahrheitspflicht und Prozeßbetrug (§ 263 StGB), FS H. Salger (1995), 15; *Funke* Die Mitteilungspflicht des Patentanmelders in den USA und die Einrede der „unredlichen Verfahrensführung" als Verteidigungsmittel im US-amerikanischen Verletzungsprozeß, Mitt 1992, 282; *H. Isay* Die Wahrheitspflicht im Patentverletzungsprozeß, MuW 1934, 439; *Kraßer* Verpflichtung des Patentanmelders und -inhabers zu Angaben über den Stand der Technik, FS R. Nirk (1992), 531; *Krauß/Takenaka* Neuere US-Entscheidungen betreffend „inequitable conduct" und ihre Effekte auf internationale Patent-Anmeldeverfahren, Mitt 2010, 569; *Mes* Si tacuisses – Zur Darlegungs- und Beweislast im Prozeß des gewerblichen Rechtsschutzes, GRUR 2000, 934; *Olzen* Die Wahrheitspflicht der Parteien im Zivilprozeß, ZZP 98 (1985), 403; *Prange* Materiell-rechtliche Sanktionen bei Verletzung der prozessualen Wahrheitspflicht durch Zeugen und Parteien, Mitt 1999, 91, 214, 294; *Schäfers* Der Schutz vertraulicher Informationen im Verhältnis von zugelassenem Vertreter und seinem Auftraggeber und das Attorney-Client Privilege im amerikanischen Discovery-Verfahren, FS 50 Jahre VPP (2005), 111; *Schneider* Prozessuale Folgen wahrheitswidrigen Vorbringens, DRiZ 1963, 342; *Schumann* Der Wahrheitsgrundsatz im Patentwesen, FS Akademie für Deutsches Recht (1936), 75; *Zeller* Patenterschleichung, GRUR 1951, 51.

A. Geltungsbereich

I. Zeitlich

1   Die Vorschrift gilt gegenüber früheren Gesetzesfassungen – dort noch als § 44 – inhaltlich unverändert fort.

II. Sachlich

2   Die Vorschrift – weitgehend wortgleich mit § 138 Abs 1 ZPO und § 92 MarkenG – gilt ihrem Wortlaut nach für alle vor dem DPMA, dem BPatG und dem BGH anhängigen, im PatG geregelten Verfahren (vgl Rn 5). § 124 gilt darüber hinaus kraft ausdrücklicher Verweisung für **ergänzende Schutzzertifikate** betr Verfahren (§ 16a Abs 2), außerdem für die im GebrMG (§ 21 Abs 1 GebrMG) und im HlSchG (§ 11 Abs 1 HlSchG) geregelten Verfahren vor DPMA, BPatG und BGH. Im Verletzungsprozess gilt § 138 ZPO unmittelbar.[1]

---

1   *Schulte* Rn 4.

B. Gesetzeszweck

Die Beteiligten haben – ebenso wie das Gericht – die Pflicht, alle ihre Handlungen, Unterlassungen **3** und Entscheidungen in voller Aufrichtigkeit zu tätigen, also in ihrem Verfahrensverhalten Treu und Glauben zu beachten. Diese Lauterkeitspflicht besteht gegenüber dem DPMA, dem BPatG und dem BGH ebenso wie gegenüber den anderen Verfahrensbeteiligten. Hauptausprägung dieser Pflicht ist die in § 124 gesetzte Wahrheitspflicht, die der Rechtsverwirklichung dient.

C. Wahrheitspflicht

I. Allgemeines

Die Wahrheitspflicht wird im Gesetz dahin umschrieben, dass die Beteiligten (Rn 7) im Verfahren vor **4** dem DPMA, dem BPatG und dem BGH (Rn 5f) ihre Erklärungen über tatsächliche Umstände (Rn 9) vollständig (Rn 12) und der Wahrheit gem (Rn 14), also dem tatsächlichen Sachverhalt entspr, abzugeben haben.

II. Erfasste Verfahren

Die Wahrheitspflicht gilt in allen Verfahren nach dem PatG, die vor DPMA, BPatG und BGH anhängig **5** sind, grds also auch für die beim BGH anhängigen Patentstreitsachen, für die der gleichlautende § 138 Abs 1 ZPO konkurrierend gilt, während die Regelung in der ZPO für die Patentstreitsachen der Vorinstanzen alleinige Geltung hat. Sie gilt auch für nationale Verfahren, die eur Patente betreffen.

Die Wahrheitspflicht gilt in **allen** dort anhängigen **Verfahren**, also in Haupt- ebenso wie in Neben- **6** verfahren, insb im Erteilungs- (§§ 34 ff), Einspruchs- (§§ 59 ff), Zwangslizenz- (§ 24 Abs 1), Nichtigkeits- (§§ 81 ff) und Widerrufs- und Beschränkungsverfahren (§ 64), und im Fall der Lizenzbereitschaft (§ 23) ebenso wie in Wiedereinsetzungs- (§ 123), Kostenfestsetzungs-, Akteneinsichts- (§ 31) und im Verfahrenskostenhilfeverfahren (s auch Rn 12 zu § 137). Sie gilt in jeder Instanz, also im erstinstanzlichen Verfahren ebenso wie im Erinnerungs- (Rn 5 vor § 73), Beschwerde- (§§ 73 ff) und Rechtsbeschwerde- (§§ 100 ff), Berufungs- (§§ 110 ff) und Beschwerdeverfahren vor dem BGH (§ 122).

III. Beteiligte iSd Vorschrift sind alle an den im PatG geregelten Verfahren Beteiligten, Antragsteller **7** oder Antragsgegner, Anmelder, Patentinhaber, Einsprechende, Kläger und Beklagte, Beschwerdeführer oder Beschwerdegegner, Nebenintervenienten usw.

Die Wahrheitspflicht trifft auch die **Vertreter** der in Rn 7 Genannten. Sie trifft sie einerseits als Ver- **8** pflichtung aus dem Vertretungsverhältnis im Verhältnis zum Vertretenen, dem der Verstoß des Vertreters gegen die Wahrheitspflicht zugerechnet wird, andererseits als eigene, berufsrechtl sanktionierte Verpflichtung (Rn 17, 30).

IV. Inhalt

1. Tatsächliche Umstände. Die Wahrheitspflicht wird dahin erläutert, dass die Beteiligten „ihre Er- **9** klärungen über tatsächliche Umstände" vollständig und der Wahrheit gem anzugeben haben. Sie erfasst den gesamten entscheidungserheblichen Sachverhalt und begründet daher auch eine Verpflichtung, Tatsachen, die bisher noch nicht zur Sprache gekommen sind, aber in den Rahmen des Erörterten gehören, zu offenbaren.[2]

Tatsächliche Umstände sind alle **konkreten Geschehnisse und Zustände der Außenwelt**, die das Ge- **10** setz zur Voraussetzung einer Rechtswirkung macht.[3] Dazu gehören zB der StdT, über ihn bekannte wichtige Unterlagen (§ 34 Abs 7), auch Erfahrungssätze, Versuchsergebnisse, die zutr Erfinderbenennung.[4] Als Ver-

---

2   BPatG 9.6.2009 21 W (pat) 305/08.
3   Vgl *Benkard* Rn 2 f; *Fitzner/Lutz/Bodewig* Rn 2.
4   BGHZ 167, 118 = GRUR 2006, 754 Haftetikett; vgl BGH GRUR 1969, 133 Luftfilter; *Zeller* GRUR 1951, 51.

letzung der Wahrheitpflicht ist es angesehen worden, dass der Anmelder in die Anmeldung eine Unzahl nicht untersuchter technischer Äquivalente mit hineingenommen hatte.[5]

11   **Rechtsfragen** gehören nicht zu den tatsächlichen Umständen iSv § 124, mit Rechtsausführungen kann also nicht gegen die Wahrheitpflicht verstoßen werden.[6]

12   **2. Vollständigkeit.** Die wahrheitsgem Erklärung hat vollständig zu sein. Die Wahrheitpflicht erstreckt sich also auf den gesamten entscheidungserheblichen Sachverhalt (Rn 13) und begründet daher auch eine Verpflichtung, Tatsachen, die noch nicht zur Sprache gekommen sind, aber in den Rahmen des Erörterten gehören, zu offenbaren. Ein Beteiligter darf sich nicht nur die ihm günstigen Tatsachen herausgreifen.[7] Er darf bekannte, für das Verfahren wesentliche Umstände nicht verschweigen.[8] Bei Vorgängen, die praktisch nur einer der Beteiligten näher darstellen kann, sind die Anforderungen an die Erklärungspflicht besonders hoch.[9] Die Wahrheitpflicht verbietet, aus der Unkenntnis der Erteilungsbehörde oder der anderen Verfahrensbeteiligten wider besseres eigenes Wissen Vorteile zu ziehen.[10]

13   Nur der **entscheidungserhebliche** Sachverhalt unterliegt der Wahrheitpflicht. Zwar ist nach § 59 Abs 1, § 81 Abs 3 jedermann zur Erhebung des Einspruchs, einer Nichtigkeits- oder Zwangslizenzklage berechtigt.[11] Ob daraus ohne weiteres folgt, dass der einsprechende oder klagende **Strohmann** seinen Hintermann nicht zu nennen braucht, erscheint zumindest zwh,[12] jedenfalls soweit entspr Einwendungen erhoben werden, die in der Person des Hintermanns zur Unzulässigkeit führen müssten (vgl aber auch Rn 19).

14   **3. Der Wahrheit gemäß.** Die Vorschrift soll eine redliche Verfahrensführung sichern. Sie ist Ausfluss von Treu und Glauben im Prozess. Kein Beteiligter darf danach etwas bewusst Unwahres vorbringen, mag er von seinem Recht noch so überzeugt sein und die Wahrheit seine Verfahrensstellung noch so sehr beeinträchtigen.[13] Davon kann auch die Aufstellung zu breiter, von den Testergebnissen nicht gedeckter Patentansprüche erfasst sein.[14] Verschweigen von Tatsachen ist unerheblich, wenn diese die Patenterteilung nicht gehindert hätten.[15]

15   Die Vorschrift fordert jedoch nicht mehr als die **subjektive Wahrhaftigkeit**.[16] Der Wahrheit gem ist die Erklärung über die tatsächlichen Umstände, wenn sie der subjektiven Überzeugung des Beteiligten über die Tatsachen entspricht.[17] Die objektive, auch der Überzeugung eines verständigen Dritten entspr Wahrheit ist dem Beteiligten oft unbekannt.[18]

16   Unbeachtlich sind danach jedoch **ins Blaue hinein** aufgestellte Tatsachenbehauptungen, also solche, an die der Beteiligte selbst nicht glaubt[19] (Rn 94 zu § 82). Ob dies der Fall ist, kann das Gericht erst nach Anhörung des Beteiligten über seine Anhaltspunkte für das Behauptete feststellen.[20] Kennt der Beteiligte den wahren Sachverhalt nicht, darf er einer tatsächlichen Behauptung nicht die Behauptung des Gegenteils entgegensetzen, sondern nur mit Nichtwissen bestreiten. So können auch ohne Tatsachen-

5   RPA BlPMZ 1938, 237; aA *H. Tetzner* PatG § 44 Anm 2.
6   BPatG 6.9.2006 5 W (pat) 4/05; vgl *Schulte* Rn 6; *Fitzner/Lutz/Bodewig* Rn 2; *Ströbele/Hacker* § 92 MarkenG Rn 2; *Ekey/Bender/Fuchs-Wissemann* § 92 MarkenG Rn 2; *Ingerl/Rohnke* § 92 MarkenG Rn 1.
7   BGH NJW 1961, 828.
8   BPatG 22.5.2006 14 W (pat) 43/00; *Schulte* Rn 8.
9   Vgl BGH VersR 1985, 142f.
10   RPA Mitt 1937, 117.
11   RPA Mitt 1937, 117.
12   So aber *6. Aufl* unter Berufung auf RPA Mitt 1937, 117.
13   Vgl VG München InstGE 2, 242, aufgehoben durch VGH München InstGE 4, 81 = GRUR-RR 2003, 297, zur Aufstellung diskreditierender Behauptungen über Konkurrenzprodukte ins Blaue hinein.
14   Vgl – zur US-Praxis – *Schäfers* FS 50 Jahre VPP (2005), 111, 114.
15   OLG Düsseldorf 14.6.2007 2 U 135/07 GRUR 2009, 53 Ls.
16   BGH MDR 1980, 214; *Fitzner/Lutz/Bodewig* Rn 4.
17   *Olzen* ZZP 98 (1985), 403, 415.
18   BGH VersR 1985, 543, 545.
19   BGH FamRZ 1987, 1020 mwN; OLG Koblenz JurBüro 1978, 1341.
20   BGH NJW 1968, 1233.

grundlage aufgestellte Behauptungen ein Verstoß gegen die Wahrheitspflicht sein.[21] Allerdings muss sich der Vortragende der Richtigkeit der Behauptung nicht sicher sein.[22]

Ein **Verfahrensbevollmächtigter** hat die gleiche Wahrheitspflicht wie der von ihm vertretene Betei- **17** ligte (vgl Rn 8). Auch er darf eine Behauptung nur aufstellen oder einer gegnerischen Behauptung nur eine gegenteilige Behauptung entgegensetzen, wenn er von deren Richtigkeit überzeugt ist, darf also nichts ins Blaue hinein behaupten.[23] Er darf eine gegnerische Behauptung, über die er nichts weiß, über die ihn die Partei aber im Rahmen ihrer Verfahrensförderungspflicht hätte aufklären oder über die er als Organ der Rechtspflege Erkundigungen hätte einziehen müssen, nicht bestreiten.

V. Grenzen

Die Wahrheitspflicht erstreckt sich nicht auf Rechtsfragen (iura novit curia; Rn 11). Eine weitere Gren- **18** ze ergibt sich aus der (Un-)Erheblichkeit der in Frage stehenden Umstände für das betr Verfahren (vgl Rn 13).

Ein Beteiligter braucht nicht mehr zu offenbaren als ein Zeuge.[24] Er braucht namentlich nichts zu of- **19** fenbaren, was ihm zur **Unehre** gereicht oder ihn der **Gefahr einer Strafverfolgung** aussetzt.[25] Dies berechtigt ihn allerdings nicht zur Abgabe wahrheitswidriger Erklärungen, sondern nur zum Schweigen.

Ein **Anwalt** (zu dessen Wahrheitspflicht auch Rn 8 und Rn 30) braucht eine Wahrheit nicht zu offen- **20** baren, durch die er seinen Mandanten der bewussten Unwahrheit und damit des Prozessbetrugs bezichtigen würde.[26] Er darf allerdings, wenn er nur berechtigt ist, die Berufsbezeichnung weiterzuführen, aber in der Liste der Anwälte gelöscht ist, nicht mehr den Anschein erwecken, vor Gericht vertretungsberechtigt zu sein.[27]

VI. Folgen unwahren Vorbringens

1. Allgemeines. § 124 regelt nicht, welche Rechtsfolgen an einen Verstoß gegen die Wahrheitspflicht **21** geknüpft werden können. Es kommen die nachfolgend genannten Rechtsfolgen in Betracht.[28]

2. Zurückweisung der Anmeldung. Die Verletzung der Verpflichtung zur vollständigen und **22** wahrheitsgem Angabe des StdT (§ 34 Abs 7; Rn 97 f zu § 34), der einzige im Gesetz besonders geregelte Fall eines Verstoßes gegen die Wahrheitspflicht, begründet einen Mangel der Anmeldung und stellt demgem, sofern dieser Mangel nicht behoben wird, einen Zurückweisungsgrund dar, § 42 Abs 3. Dies erfordert aber die Offensichtlichkeit der unvollständigen oder falschen Angaben (§ 42 Abs 1).[29]

3. Sonstige verfahrensrechtliche Folgen. Die als unwahr erkannte Angabe wird nicht berücksich- **23** tigt.[30] Zur Frage der Unzulässigkeit der Veröffentlichung der Patentschrift, die wahrheitswidrige Behauptungen enthält, Rn 20 zu § 58 mit Weiterverweisungen.

Aus der Feststellung der Unwahrheit kann auf die **Unglaubwürdigkeit des Vortragenden** geschlos- **24** sen werden. Bei unvollständiger Sachaufklärung kann das Vorbringen eines anderen Beteiligten als richtig

---

21 *Benkard* Rn 2b.
22 *Fitzner/Lutz/Bodewig* Rn 4; *Mes* Rn 5.
23 OLG Frankfurt NJW 1974, 1473.
24 *Blunck* Das einfache Bestreiten unter dem Gesichtspunkt der Erklärungslast (§ 138 Abs 2 ZPO), MDR 1969, 99, 101; abw *Gottwald* Zur Wahrung von Geschäftsgeheimnissen im Zivilprozeß, BB 1979, 1780, 1782; vgl auch BGH NJW-RR 2003, 69 ff.
25 RGZ 156, 265, 269; LG Koblenz MDR 1975, 766; aA OLG Celle VersR 1977, 361; *Gottwald* BB 1979, 1780, 1785.
26 BGH NJW 1952, 1148.
27 BGH Mitt 2001, 137 widerrufene Zulassung; vgl *Benkard* Rn 3.
28 Vgl zu den Folgen in den USA CAFC 20.3.1998 Nobelpharma v. Implant Innovations, referiert in EIPR 1998 N-119.
29 Zum Verhältnis der Wahrheitspflicht zur Kritik am StdT in einer Patentbeschreibung BayVerwGH GRUR-RR 2003, 297 ff.
30 BGH NJW-RR 2003, 69 f; BGH NJW 1976, 1145; *Benkard* Rn 4; *Ströbele/Hacker* § 92 MarkenG Rn 4; *Ekey/Bender/Fuchs-Wissemann* § 92 MarkenG Rn 3; vgl auch BGHZ 37, 156 = NJW 1962, 1724; *Seetzen* Die Kontrollrechte des Handelsvertreters nach § 87c HGB und ihre Durchsetzung, WM 1985, 213 f; *Vollkommer* Erste Zweifelsfragen aus dem neuen Mahnverfahren, Rpfleger 1978, 82 f; aA *Schneider* DRiZ 1963, 342.

angenommen oder die unrichtige Angabe auch ohne unmittelbaren Gegenbeweis als widerlegt angesehen werden.[31]

25 **Im Verletzungsprozess** kann uU die Einrede der Patenterschleichung als Unterfall der unzulässigen Rechtsausübung erhoben werden (Rn 226 zu § 139). Ein auf § 124 gestützter Einwand der unzulässigen Rechtsausübung ist allerdings nicht zulässig, solange in einem Nichtigkeitsverfahren geltend gemacht werden kann, das Patent sei zu Unrecht erteilt worden. Jedenfalls ist der Einwand unerheblich, der konkrete Prüfer hätte das Patent nicht erteilt, wenn ihm bestimmte Fakten nicht vorenthalten worden wären, sofern diese verschwiegenen Fakten objektiv eine Patenterteilung nicht hätten verhindern können.[32]

26 **Im Nichtigkeitsverfahren** kann die Patenterschleichung hingegen mit Rücksicht auf den numerus clausus der Nichtigkeitsgründe nicht geltend gemacht werden (Rn 18 zu § 21).

27 **4. Privatrechtliche Folgen.** Bewusste oder leichtfertige Verletzung der Wahrheitspflicht kann schadensersatzpflichtig machen. Die Schadensersatzpflicht kann auf § 826 BGB gestützt werden oder, sofern die Verletzung eines Schutzgesetzes festgestellt werden kann, auf § 823 Abs 2 BGB. Als Schutzgesetz kommt nicht § 124 in Betracht,[33] weil es sich um eine Verfahrensvorschrift handelt, wohl aber strafrechtl Vorschriften, insb Betrug (Rn 28). Zudem können wahrheitswidrige Angaben der Durchsetzung des Patents entgegenstehen (vgl Rn 221 zu § 139).

28 **5. Strafrechtliche Folgen.** Ein Verstoß gegen die Wahrheitspflicht kann einen (versuchten) Prozessbetrug darstellen (§ 263 StGB) oder als Beihilfe oder Anstiftung hierzu mit Strafe bedroht sein.[34] Für den Beteiligten, der der eidlichen Falschaussage eines Zeugen nicht entgegentritt, kann dies Beihilfe zum Meineid sein.[35] Eine eidesstattliche Versicherung ist schon dann falsch, wenn so Wesentliches verschwiegen wurde, dass die Bedeutung des Erklärten grds beeinträchtigt wurde.[36]

29 **6. Kostenfolgen.** Der Verstoß gegen die Wahrheitspflicht kann kostenrechtl Folgen für den Beteiligten haben.[37] Voraussetzung hierfür ist, dass im einzelnen vorgetragen wird, inwiefern dieser Verstoß einem weiteren Verfahrensbeteiligten kausal vermeidbare Kosten verursacht hat.[38]

30 **7. Folgen für anwaltliche Vertreter.** Anwälte als Vertreter dürfen keine wissentlich unzutr Angaben machen und einem entspr Verlangen ihres Auftraggebers nicht nachgeben. Ein Verstoß gegen diese Verpflichtung unterliegt für den Anwalt persönlich (zu den möglichen Folgen des anwaltlichen Verstoßes für den Mandanten Rn 21 ff) standesrechtl Sanktionen (§§ 39, 39a Abs 3 PatAnwO; §§ 43, 43a Abs 3 BRAO).

§ 125
(Anforderung von Unterlagen)

(1) Wird der Einspruch oder die Klage auf Erklärung der Nichtigkeit des Patents auf die Behauptung gestützt, daß der Gegenstand des Patents nach § 3 nicht patentfähig sei, so kann das Patentamt oder das Patentgericht verlangen, daß Urschriften, Ablichtungen oder beglaubigte Abschriften der im Einspruch oder in der Klage erwähnten Druckschriften, die im Patentamt und im Patentgericht nicht vorhanden sind, in je einem Stück für das Patentamt oder das Patentgericht und für die am Verfahren Beteiligten eingereicht werden.

(2) Von Druckschriften in fremder Sprache sind auf Verlangen des Patentamts oder des Patentgerichts einfache oder beglaubigte Übersetzungen beizubringen.

---

31 BGH NJW 1974, 1710; ähnlich KG JR 1978, 378 f.
32 OLG Düsseldorf 14.6.2007 2 U 135/07 GRUR 2009, 53 Ls = NJOZ 2008, 2831.
33 So auch *Benkard* Rn 5; *Schulte* Rn 11.
34 Str; vgl *Schönke/Schröder* StGB § 163 Rn 21; *Eisenberg* FS H. Salger (1995), 15.
35 Vgl aber auch BGH NJW 1962, 1306.
36 BGH LM § 156 StGB Nr 11.
37 Vgl BPatGE 1, 171 f = GRUR 1965, 85; BPatGE 26, 194 f = GRUR 1984, 803; BPatG 9.6.2009 21 W (pat) 305/08; *Schulte* Rn 12; *Fitzner/Lutz/Bodewig* Rn 7; *Mes* Rn 8.
38 BPatG 9.6.2009 21 W (pat) 305/08.

Übersicht

Schrifttum: *Bacher/Nagel* Fremdsprachige Urkunden im Patentnichtigkeitsverfahren vor dem BGH, GRUR 2001, 873.

A. Entstehungsgeschichte

Die heute weitgehend bedeutungslose Vorschrift geht auf § 13 der 2. VO über außerordentliche Maß- **1** nahmen im Patent- und Gebrauchsmusterrecht vom 12.5.1943[1] zurück, die aufgrund des § 14 der VO über außerordentliche Maßnahmen im Patent- und Gebrauchsmusterrecht von 10.1.1942[2] erlassen wurde. Danach musste der Antragsteller mit dem Antrag auf Einleitung des Verfahrens wegen Erklärung der Nichtigkeit eines Patents Urschriften oder Ablichtungen der im Antrag erwähnten Druckschriften in je einem Stück für das RPA und für jeden Verfahrensgegner einreichen. Durch das 1. ÜberlG wurde eine ähnliche Regelung für das Einspruchsverfahren eingeführt. Grund für die Regelung war der Umstand, dass das RPA im Krieg seinen Prüfstoff weitgehend eingebüßt hatte und auf diese Weise ein Wiederaufbau des Materials erreicht werden sollte.[3]

Durch das **5. ÜberlG** wurden diese Vorschriften aufgehoben und die dem jetzigen § 125 im wesentli- **2** chen entspr Regelung als § 44a eingeführt. Die Neufassung des **6. ÜberlG** wurde wegen der Neubildung des BPatG erforderlich und hat insoweit nur redaktionelle Bedeutung.[4] Die auch durch die Patentrechtsnovelle 2013 nicht geänd Verwendung des veralteten (vgl Rn 33 zu § 3) Begriffs „Druckschrift" ist historisch zu erklären.

B. Anforderung entgegengehaltener Druckschriften

I. Voraussetzungen

Abs 1 setzt ein Einspruchs- oder Nichtigkeitsverfahren voraus, in dem mangelnde Patentfähigkeit **3** nach § 3 (dh mangelnde Neuheit, nach hM nicht auch mangelnde erfinderische Tätigkeit)[5] geltend gemacht wird. Dies wird für nationale Nichtigkeitsverfahren gegen eur Patente mit der Maßgabe gelten müssen, dass dort mangelnde Neuheit nach Art 54 EPÜ geltend gemacht wird.

Die Bestimmung bezieht sich unmittelbar nur auf die im Einspruch oder der Klage selbst erwähnten **4** Druckschriften, sie ist aber aus ihrem Sinn heraus auch auf die in **weiteren** zur Begründung der mangelnden Neuheit eingereichten **Schriftsätzen** erwähnten Druckschriften anwendbar.[6]

II. Adressat; Umfang

Die Vorlagepflicht betrifft nach dem Gesamtzusammenhang der Regelung nur den Einsprechenden **5** und den Nichtigkeitskläger, ggf auch Beitretende und Nebenintervenienten auf Klägerseite, nicht auch den Patentinhaber oder dessen Streithelfer und erst recht nicht am Verfahren nicht beteiligte Dritte. In der Literatur wird über den Gesetzeswortlaut hinaus auch die Einbeziehung des GbmLöschungsverfahrens befürwortet.[7]

Anzahl. Verlangt werden kann die Einreichung je eines Stücks für das DPMA oder das BPatG und für **6** die weiteren (nicht notwendig gegnerischen) Verfahrensbeteiligten.

---

1 BlPMZ 1943, 64.
2 BlPMZ 1942, 1.
3 Vgl Begr BlPMZ 1949, 241.
4 Begr BlPMZ 1961, 160.
5 *Schulte* Rn 5; *Mes* Rn 1.
6 Ebenso *Schulte* Rn 5.
7 *Mes* § 16 GebrMG Rn 35.

Keukenschrijver

7   **Art.** Die Entscheidung, ob die Urschrift, eine Ablichtung oder eine beglaubigte Abschrift eingereicht wird, ist dem zur Vorlage Verpflichteten überlassen.

III. Anforderung

8   DPMA und BPatG können die Vorlage von im Einspruch oder in der Klageschrift erwähnten Druckschriften verlangen. Die Bestimmung eröffnet ihnen damit ein Ermessen, das aus dem Rechtsstaatsprinzip (Art 3 GG) begrenzt wird. Weitere Voraussetzung ist, dass nur solche Druckschriften angefordert werden, die im internen Datenbestand von DPMA und BPatG nicht vorhanden sind.[8] Dies wird vor allem bei unternehmensinternem Material der Fall sein. Insb im Zusammenhang mit offenkundigen Vorbenutzungen ist die Vorlage von Originalen von Bedeutung. Die Frage, ob das Material beim DPMA und beim BPatG nicht vorhanden sein darf, stellt sich in der Praxis nicht, weil das BPatG nicht über eigenen Prüfstoff verfügt.

9   **IV.** Die **Nichtvorlage** der Druckschriften trotz Anforderung wirkt sich, anders als noch nach dem 1.ÜberlG, auf die Zulässigkeit des Einspruchs oder der Nichtigkeitsklage nicht aus. Allerdings können nicht vorhandene Druckschriften grds im jeweiligen Verfahren keine Berücksichtigung finden,[9] es sei denn, ihr Inhalt wird auf andere Weise festgestellt.[10]

C. Übersetzungen

10   Abs 2 sieht vor, dass das DPMA oder das BPatG von Druckschriften in fremder Sprache entweder einfache oder beglaubigte Übersetzungen verlangen kann. Üblicherweise geschieht dies bei engl- oder frzsprachigen nicht.[11] Die Vorschrift betrifft nur die Druckschriften, die nach Abs 1 eingereicht wurden.[12] Sie verdrängt insoweit § 142 Abs 3 ZPO. Die Pflicht zur Vorlage der Übersetzung entspricht der zur Vorlage der Druckschrift (Rn 5). Wegen der übrigen fremdsprachigen Schriftstücke Rn 12 f zu § 126. Zur Anforderung von Übersetzungen durch den BGH Rn 19 zu § 114.

D. EPÜ

11   Der Anmelder kann aufgefordert werden, Auskünfte zum StdT zu erteilen, der in nationalen und regionalen Patentverfahren in Betracht gezogen worden ist (Art 124 Abs 1 EPÜ; Regel 141 AOEPÜ). Erfasst ist der StdT in seiner Gesamtheit.[13] Kommt der Anmelder dem nicht nach, gilt die Anmeldung als zurückgenommen (Art 124 Abs 2 EPÜ). Die Fiktion der Rücknahme tritt mit Ablauf der gesetzten Frist ein; der Rechtsverlust ist jedoch mitzuteilen (Regel 112 Abs 1 AOEPÜ), der Anmelder hat dann die Möglichkeit, eine beschwerdefähige Überprüfung herbeizuführen (Regel 112 Abs 2 AOEPÜ). Im Fall der Fristversäumnis kommt Weiterbehandlung in Betracht (Art 121 EPÜ).[14] Verbal ist die Rücknahmefiktion bereits an das Unterlassen einer Antwort geknüpft.[15] In der Praxis ist die Bestimmung bedeutungslos.[16]

12   Zu **Nichtigkeitsverfahren** gegen eur Patente vor dem BPatG Rn 3.

---

8 Vgl *Benkard* Rn 3; *Schulte* Rn 5; *Fitzner/Lutz/Bodewig* Rn 2.
9 *Schulte* Rn 6; *Fitzner/Lutz/Bodewig* Rn 3; vgl *Mes* Rn 3.
10 Vgl *Schulte* Rn 6; vgl auch BPatGE 44, 47 = GRUR 2001, 774; *Fitzner/Lutz/Bodewig* Rn 3 stellt zu eng auf Unstreitigsein des Inhalts ab.
11 *Fitzner/Lutz/Bodewig* Rn 4; *Lindenmaier* § 44a Rn 2.
12 BPatGE 44, 47, 51 = GRUR 2001, 774.
13 *Singer/Stauder* EPÜ Art 124 Rn 2.
14 *Singer/Stauder* EPÜ Art 124 Rn 12.
15 Vgl *Singer/Stauder* EPÜ Art 124 Rn 8 f.
16 *Singer/Stauder* EPÜ Art 124 Rn 1.

§ 125a
(Elektronische Dokumente)

(1) Soweit in Verfahren vor dem Patentamt für Anmeldungen, Anträge oder sonstige Handlungen die Schriftform vorgesehen ist, gelten die Regelungen des § 130a Abs. 1 Satz 1 und 3 sowie Abs. 3 *[Fassung ab 1.1.2018: Abs. 1, 2 Satz 1, Absatz 5 und 6]* der Zivilprozessordnung entsprechend.

(2) [1]Die Prozessakten des Patentgerichts und des Bundesgerichtshofs können elektronisch geführt werden. [2]Die Vorschriften der Zivilprozessordnung über elektronische Dokumente, die elektronische Akte und die elektronische Verfahrensführung im Übrigen gelten entsprechend, soweit sich aus diesem Gesetz nichts anderes ergibt.

(3) Das Bundesministerium der Justiz und für Verbraucherschutz bestimmt durch Rechtsverordnung ohne Zustimmung des Bundesrates

1. den Zeitpunkt, von dem an elektronische Dokumente bei dem Patentamt und den Gerichten eingereicht werden können, die für die Bearbeitung der Dokumente geeignete Form, ob eine elektronische Signatur zu verwenden ist und wie diese Signatur beschaffen ist;

2. den Zeitpunkt, von dem an die Prozessakten nach Absatz 2 elektronisch geführt werden können, sowie die hierfür geltenden organisatorisch-technischen Rahmenbedingungen für die Bildung, Führung und Aufbewahrung der elektronischen Prozessakten.

MarkenG: § 95a

VO über den elektronischen Rechtsverkehr beim Deutschen Patent- und Markenamt vom 1.11.2013, BGBl I 3906 = BlPMZ 2013, 378, zuletzt geänd durch das Gesetz zur Änderung des Designgesetzes pp. vom 4.4.2016 (BGBl I 558)

VO über den elektronischen Rechtsverkehr beim Bundesgerichtshof und Bundespatentgericht vom 24.8.2007, BGBl I 2130 = BlPMZ 2007, 368, zuletzt geänd durch die VO vom 10.2.2010 (BGBl I 83 = BlPMZ 2010, 129)

VO über die elektronische Aktenführung bei dem Patentamt, dem Patentgericht und dem Bundesgerichtshof (EAPatV) vom 10.2.2010, BGBl I 83, zuletzt geänd durch das Gesetz zur Änderung des Designgesetzes pp. vom 4.4.2016 (BGBl I 558)

Ausland: Österreich: § 1 Abs 2 PAV 2006, hierzu Kundmachung des PräsÖPA öPBl 2011, 170; **Schweiz:** Art 65a PatG; Art 16a ToG, Art 3 PatV, Art 2a ToV

Übersicht

Schrifttum: *Dästner* Neue Formvorschriften im Prozessrecht, NJW 2001, 3469; *Hähnchen* Das Gesetz zur Anpassung der Formvorschriften des Privatrechts und anderer Vorschriften an den modernen Rechtsgeschäftsverkehr, NJW 2001, 2831; *Horns* Rechtsverbindliche Telekooperation im gewerblichen Rechtsschutz: Technische und organisatorische Aspekte, Mitt 1999, 201; *Köbler* eJustice: Vom langen Weg in die digitale Zukunft der Justiz, NJW 2006, 2089; *Mayer* Elektronischer Rechtsverkehr beim Bundespatentgericht, VPP-Rdbr 2009, 162; *Mayer/Kleinschmidt* Elektronischer Rechtsverkehr beim Bundespatentgericht: Rechtliche Rahmenbedingungen, Mitt. 2013, 477; *Metternich* Rechtsfragen im Zusammenhang mit der elektronischen Anmeldung, GRUR 2001, 647; *Rossnagel* Das neue Recht elektronischer Signaturen, NJW 2001, 1817; *Rossnagel* Das elektronische Verwaltungsverfahren, NJW 2003, 469; *Splittgerber* Die elektronische Form von bestimmenden Schriftsätzen, CR 2003, 23; *Viefhues* Das Gesetz über die Verwendung elektronischer Kommunikationsformen in der Justiz, NJW 2005, 1009.

A. Entstehungsgeschichte; Regelungszweck

1   Die Bestimmung ist durch Art 4 Abs 1 Nr 2 des Transparenz- und Publizitätsgesetzes (TransPuG) vom 19.7.2002 mWv 26.7.2002 neu eingestellt worden. Sie entsprach den 2001 geschaffenen Bestimmungen der §§ 130a ZPO, 46b ArbGG, 108a SGG, 86a VwGO, 77a FGO. Nach dem Ausschussbericht[1] bietet sich gerade das Gebiet des gewerblichen Rechtsschutzes in besonders geeigneter Weise für eine Zulassung der modernen Technik an. Weitere Anpassungen der Verfahrensgesetze an den elektronischen Rechtsverkehr enthält das Justizkommunikationsgesetz (JKomG) vom 22.3.2005,[2] dieses ermöglicht im Bereich der ZPO eine vollständige elektronische Akte[3] (§ 298a ZPO) und hat einen neuen § 130a Abs 1 Satz 3 ZPO angefügt, der im Rahmen des § 125a entspr anzuwenden ist.[4] Das PatRVereinfModG vom 31.7.2009 hat eine weitgehende Anpassung an die Regelung in § 130a ZPO vorgenommen. Das Gesetz zur Novellierung patentrechtlicher Vorschriften und anderer Gesetze des gewerblichen Rechtsschutzes hat eine Änderung in Abs 3 Nr 1 (Ermächtigungsgrundlage) betr die elektronische Signatur gebracht, mit der der in Europa zu beobachtenden Entwicklung Rechnung getragen werden soll, dass die Kommunikation mit den Ämtern auf einfachem elektronischem Weg (ohne Signaturerfordernis) vermehrt möglich ist. Das Gesetz zur Förderung des elektronischen Rechtsverkehrs mit den Gerichten vom 10.10.2013 hat mWv 1.1.2018 in seinem Art 9 eine Änderung der Verweisung in Abs 1 auf § 130a ZPO vorgenommen, mit der der Regelungsgehalt der Neufassung dieser Bestimmung nachvollzogen wird, aber die beim DPMA mit großem Aufwand geschaffenen Strukturen der IT-Landschaft fortbestehen sollen.[5] Die Änderungen der Vorschriften zur elektronischen Aktenführung in der Neufassung der §§ 298, 298a ZPO wirken sich auf die Arbeit des BPatG und des BGH nicht aus, weil weiterhin die speziellen Vorschriften in § 125a Abs 2 und in den aufgrund von § 125a Abs 3 erlassenen Rechtsverordnungen Vorrang haben.[6] Die 10. ZuständigkeitsanpassungsVO hat nach dem Wort „Justiz" die Worte „und für Verbraucherschutz" eingefügt.

B. Anwendungsbereich

2   Für Handlungen gegenüber dem BPatG wird die Regelung in der ZPO über § 99 anzuwenden sein, für Handlungen im Rechtsbeschwerdeverfahren und Nichtigkeitsberufungsverfahren unmittelbar, während für die elektronische Aktenführung weiterhin die patentrechtl Regelung vorgeht (Rn 1). Damit wird für Rechtsanwälte und Behörden zukünftig (ab 1.1.2022) eine Nutzungspflicht eingeführt (§ 130d ZPO), die jedoch dadurch gemildert wird, dass, soweit die Nutzung aus technischen Gründen vorübergehend nicht möglich ist, die Übermittlung nach den allg Vorschriften zulässig bleibt. Die Regelung erfasst alle im PatG geregelten Verfahren vor dem DPMA, dem BPatG und dem BGH, weshalb die Verweisungen in § 16a Abs 2 und in § 135 Abs 1 Satz 3 an sich überflüssig sind, sowie infolge Verweisung (§ 21 Abs 1 GebrMG; § 11 HlSchG) die im GebrMG und im HlSchG geregelten Verfahren. § 95a MarkenG enthält eine entspr Regelung. Auf Verfahren nach dem IntPatÜG wird sie entspr anwendbar sein, soweit nicht Regelungen im EPÜ und im PCT vorgehen. Für die Revisionsverfahren vor dem BGH gilt § 130a ZPO (vgl Rn 226 vor § 143). Für das Beschwerde- und das Rechtsbeschwerdeverfahren in SortSachen ergibt sich die Anwendbarkeit aus § 36 SortG.[7] Was die Form der Patentanmeldung betrifft, kollidiert die Regelung mit der in § 34 insoweit, als § 34 Abs 6 eine Delegationsmöglichkeit des Verordnungsrechts auf das DPMA vorsieht, von der Gebrauch gemacht worden und aufgrund derer die PatV (Rn 9 zu § 34) erlassen worden ist.[8]

3   **Änderung der Patentverordnung.** Durch Art 1 der Verordnung zur Änderung der PatV vom 26.5.2010 wurde die PatV an die entspr Änderungen der Verfahrensabläufe beim DPMA angepasst.[9] Eine weitere Anpassung (insb § 12: Einreichung elektronischer Dokumente; § 17 Abs 2: Einreichung von Ab-

---

1 BTDrs 14/9079 S 19 = BlPMZ 2002, 298.
2 BGBl I 837.
3 Vgl *Benkard* Rn 35 ff.
4 Vgl *Benkard* Rn 17.
5 Begr RegE zu Art 9.
6 Begr RegE zu Art 9.
7 Vgl *Benkard*[10] Rn 1.
8 Vgl auch *Benkard*[10] Rn 3.
9 Vgl BlPMZ 2011, 206 sowie MittPräsDPMA Nr 9/10 BlPMZ 2010, 417; MittPräsDPMA Nr 8/11 BlPMZ 2011, 233; MittPräsDPMA Nr 10/11 BlPMZ 2011, 313.

schriften, § 22 Abs 2: Einsicht in das Original der Akten, Wegfall des Auskünfte betr § 23) ist ua durch Art 2 der VO über den elektronischen Rechtsverkehr beim DPMA und zur Änderung weiterer Verordnungen für das DPMA vom 1.11.2013[10] erfolgt.

Der Erleichterung des elektronischen Rechtsverkehr sollen auch die Neuerungen dienen, die das **Ge-** 4 **setz zur Änderung des Designgesetzes und weiterer Vorschriften des gewerblichen Rechtsschutzes** vom 4.4.2016 vorgenommen hat; die Gesetzesänderungen sind eingearbeitet.

C. Elektronische Dokumente

I. Allgemeines

Die Regelung entsprach in ihrer vor Inkrafttreten des PatRVereinfModG geltenden Fassung nahezu 5 wörtlich der in § 130a ZPO, was auch die frühere Verwendung des für das Beschwerde- und das Rechtsbeschwerdeverfahren nicht recht passenden Begriffs „vorbereitende Schriftsätze" erklärte.[11] Sie erfasst über ihren Wortlaut hinaus jedenfalls auch die verfahrenseinleitenden Schriftsätze in Beschwerde-, Nichtigkeits-, Zwangslizenz-, Rechtsbeschwerde- und Berufungsverfahren (zur Berufungsschrift § 110 Abs 5).[12]

II. Die **elektronische Form** erfasst

II. Die elektronische Form erfasst elektronische Dokumente (vgl § 690 Abs 3 ZPO), die mit Hilfe eines 6 Computers oder einer vergleichbaren Vorrichtung erstellt, in digitaler Form gespeichert sind, über Rechnernetze verbreitet werden und mit Hilfe eines Computers lesbar gemacht werden können.[13] Das elektronische Dokument besteht aus der in einer elektronischen Datei enthaltenen Datenfolge; an die Stelle der Unterschrift tritt die elektronische Signatur (Rn 7).[14] Das sog Computerfax fällt nicht unter die elektronische Form,[15] auch nicht die Übermittlung einer Datei im PDF-Format an das Gericht und deren nachfolgender Ausdruck.[16] Die elektronische Form ersetzt die gesetzliche Schriftform.[17] Ein Benutzungszwang ist mit der Einführung dieser Möglichkeit nicht verbunden.[18]

III. Elektronische Signatur

Je nach Verfahren (gem Anl zu § 1 BGH/BPatGERVV vom 24.8. 2007)[19] ist eine qualifizierte elektroni- 7 sche Signatur nach dem Signaturgesetz oder eine fortgeschrittene elektronische Signatur erforderlich (vgl Einzelheiten in § 2 BGH/BPatGERVV).[20] Die nicht in Bezug genommene Regelung in § 130a Abs 1 Satz 2 ZPO ist zwar bloße Ordnungsvorschrift,[21] im Anwendungsbereich des § 125a sehen die hier maßgeblichen Verordnungen die elektronische Signatur in Verfahren nach dem PatG und dem GebrMG zwingend vor.[22] Die qualifizierte elektronische Signatur ist in § 2 Nr 3 SignG geregelt.

10 BGBl I 3906 = BlPMZ 2013, 378.
11 Vgl *Benkard* Rn 30.
12 Weitergehend *Benkard* Rn 30; *Mes* Rn 8 und § 110 Rn 29; *Schulte* Rn 17.
13 Vgl die Definitionen in *Benkard* Rn 16; *Schulte* Rn 4; *Ströbele/Hacker* § 95a MarkenG Rn 2.
14 Vgl BGH GRUR 2008, 838 Berufungsbegründung per E-Mail.
15 *Schulte* Rn 5; *Ströbele/Hacker* § 95a MarkenG Rn 2; zurückhaltender *Benkard* Rn 17; aA *Büscher/Dittmer/Schiwy* Rn 8 unter Hineis auf § 130a Abs 3 ZPO.
16 Vgl BGH Berufungsbegründung per E-Mail; BGH 15.7.2008 X ZB 9/08 CIPR 2008, 130 Berufungsbegründung per E-Mail 01.
17 *Zöller* § 130a ZPO Rn 2.
18 Ausschussbericht BTDrs 14/9079 S 19 = BlPMZ 2002, 298.
19 BGBl I 2007, 2130 = BlPMZ 2007, 368; abrufbar auch unter http://www.bpatg.de/cms/media/Elektronischer_Rechtsverkehr/verordnung_bpatg_bgh.pdf.
20 *Büscher/Dittmer/Schiwy* Rn 9 f und § 95a MarkenG Rn 6.
21 Vgl Begr zu § 130a ZPO BTDrs 14/4987 S 24, 43 f; *Zöller* § 130a ZPO Rn 4; vgl für bestimmende Schriftsätze aber BGH NJW 2010, 2134.
22 Vgl *Ströbele/Hacker* § 95a MarkenG Rn 2; *Ingerl/Rohnke* § 95a MarkenG Rn 8; *Büscher/Dittmer/Schiwy* Rn 11 f und § 95a MarkenG Rn 5; *Ekey/Bender/Fuchs-Wissemann* § 95a MarkenG Rn 3; bisher str.

IV. Einreichung bei Bundesgerichtshof und Bundespatentgericht

8   § 1 der VO über den elektronischen Rechtsverkehr im gewerblichen Rechtsschutz (ERvGewRV; vom 5.8.2003,[23] Inkrafttreten grds am 15.10.2003, § 2 Abs 2 der VO am 4.2.2004, Bek vom 25.2.2004)[24] sah im Rahmen eines Pilotprojekts (Begr) die Zulassung der elektronischen Form zunächst für die Anmeldung von Patenten,[25] in Patentnichtigkeitsverfahren (auch in allen Nebenverfahren,[26] nicht auch in Beschwerdeverfahren und sonstigen Verfahren), in Verfahren nach dem PatG und dem MarkenG vor dem BGH sowie in bestimmten Verfahren nach dem MarkenG vor; für Revisionsverfahren (und Rechtsbeschwerdeverfahren nach der ZPO) gelten die Bestimmungen der ZPO unmittelbar.[27] § 2 ERvGewRV traf eine Regelung dahin, dass die elektronischen Dokumente in der aus der Anlage ersichtlichen Art und Weise einzureichen sind. Standards für Zeichnungen enthält die durch die ÄndVO vom 11.5.2004[28] geänd Anlage zu § 12 PatV. Die VO wurde durch VO vom 26.9.2006[29] geänd und erhielt nunmehr die Bezeichnung **Verordnung über den elektronischen Rechtsverkehr beim Bundespatentgericht und beim Bundesgerichtshof** (ERVB-PatGBGHV), wobei die Regelungen über die Einreichung elektronischer Dokumente beim DPMA (§ 1 Abs 1 und § 2 Abs 2 ERvGewRV) aufgehoben wurden. Die VO ist durch die am 1.9.2007 in Kraft getretene BGH/BPatGERVV (Rn 14) außer Kraft gesetzt worden. Zur früheren Rechtslage insgesamt 6. *Aufl*. Die Regelung eröffnet beim BPatG umfassend die Möglichkeit der Einreichung elektronischer Dokumente.[30] Das BPatG und der BGH stellen nach § 2 BGH/BPatGERVV jeweils einen elektronischen Gerichtsbriefkasten bereit (Rn 9) und bestimmen die Formate der Einreichung (Rn 11).[31]

9   Die **elektronische Kommunikation** ist beim BGH, soweit hier von Interesse, in den Verfahren nach der ZPO, dem PatG und dem GebrMG (Anl zu § 1 Nr 1, 6, 7) und beim BPatG in den Verfahren nach dem PatG und dem GebrMG (Anl zu § 1 Nr 9, 10) zugelassen. Die Übertragung hat an die elektronischen Poststellen des BGH (www.bundesgerichtshof.de/erv.html) bzw des BPatG (www.bundespatentgericht.de/bpatg/erv.html; Informationen unter http://www.bundespatentgericht.de/cms/index.php?option=com_content&view=article&id=43&Itemid=56) zu erfolgen (§ 2 Abs 1, 2 BGH/BPatGERVV). Einzelheiten des Verfahrens werden durch den BGH und das BPatG bekanntgegeben (§ 3 BGH/BPatGERVV). Seit dem 1.7.2010 können solche Dokumente beim BGH nur noch über das Elektronische Gerichts- und Verwaltungspostfach eingereicht werden (Informationen unter http://www.egvp.de/).

10   Eine qualifizierte **elektronische Signatur** und das ihr zugrunde liegende Zertifikat müssen durch das adressierte Gericht oder eine andere von diesem beauftragte Stelle prüfbar sein (§ 2 Abs 3 Satz 1 BGH/BPatGERVV), wobei die Eignungsvoraussetzungen für eine Prüfung von den Gerichten auf den Internetseiten ihrer elektronischen Poststellen bekanntgegeben werden (§ 2 Abs 3 Satz 2 BGH/BPatGERVV iVm § 3 Nr 2 BGH/BPatGERVV). Neue Bestimmungen sind beim BGH noch nicht veröffentlicht worden. Das BPatG hat im Internet die Zertifizierungsdiensteanbieter veröffentlicht.

11   Das elektronische Dokument muss eines der folgenden **Formate** in einer für das adressierte Gericht bearbeitbaren Version aufweisen (§ 2 Abs 4 BGH/BPatGERVV), wobei nähere Informationen von den Gerichten bekanntgegeben werden:

(1)   ASCII (American Standard Code for Information Interchange) als reiner Text ohne Formatierungscodes und ohne Sonderzeichen,

(2)   Unicode,

---

23   BGBl I 1558 = BlPMZ 2003, 320.

24   BGBl I 331; vgl MittPräsDPMA Nr 10/04 BlPMZ 2004, 173 über die Einreichung von Patentanmeldungen in elektronischer Form mit der epoline(r)-Software des EPA; MittPräsDPMA Nr 11/04 BlPMZ 2004, 174 über die Einreichung von eur Patentanmeldungen in elektronischer Form beim DPMA.

25   Einschränkend – nur Anmeldungsunterlagen von Erstanmeldungen, nicht nachgereichte oder geänd Unterlagen, nicht Nebenverfahren – *Benkard*[10] Rn 14.

26   *Benkard*[10] Rn 13.

27   *Benkard*[10] Rn 11.

28   BGBl I 897 = BlPMZ 2004, 312.

29   BGBl I 2161 = BlPMZ 2006, 306.

30   Vgl http://www.bundespatentgericht.de/cms/index.php?option=com_content&view=article&id=11&Itemid=5&lang=de.

31   Die einzelnen Formatstandards für das BPatG sind abrufbar unter http://www.bpatg.de/cms/index.php?option=com_content&view=article&id=42&Itemid=55&lang=de.

(3)   Microsoft RTF (Rich Text Format),

(4)   Adobe PDF (Portable Document Format),

(5)   XML (Extensible Markup Language),

(6)   TIFF (Tag Image File Format),

(7)   Microsoft Word, soweit keine aktiven Komponenten (zB Makros) verwendet werden,

(8)   ODT (Open Document Text), soweit keine aktiven Komponenten verwendet werden.

Die Dokumente können auch in **komprimierter Form** als ZIP-Datei eingereicht werden (näher § 2 **12** Abs 5 BGH/BPatGERVV). Strukturierte Daten sollen im Unicode-Zeichensatz UTF 8 codiert sein (§ 2 Abs 5 BGH/BPatGERVV).

V. Einreichung beim Patentamt

Für das DPMA als Anmeldebehörde für gewerbliche Schutzrechte gilt die im Anh abgedruckte, insb **13** auf § 34 Abs 6 und § 125a Abs 2 Satz 1 gestützte VO über den elektronischen Rechtsverkehr beim Deutschen Patent- und Markenamt (**ERVDPMAV**) vom 1.11.2013,[32] die die durch Art 2 Abs 3 der VO zur Einführung der elektronischen Aktenführung und zur Erweiterung des elektronischen Rechtsverkehrs bei dem Patentamt, dem Patentgericht und dem Bundesgerichtshof vom 10.2.2010[33] geänd VO vom 26.9.2006[34] abgelöst hat. Danach können elektronische Dokumente in Patentverfahren für Anmeldungen nach dem PatG und dem IntPatÜG, Einsprüche, Beschwerden, Rechercheanträge und Prüfungsanträge eingereicht werden, in GebrMVerfahren für Anmeldungen und Rechercheanträge sowie Anmeldungen und Beschwerden in Markenverfahren und Anmeldungen in Designverfahren (§ 1 ERVDPMAV). Für die Entgegennahme ist ausschließlich die elektronische Annahmestelle des DPMA bestimmt, an die das Dokument bei signaturgebundener Kommunikation (signaturfreie Kommunikation ist nur in Marken- und Designverfahren vorgesehen) über die vom DPMA zur Verfügung gestellte Zugangs- und Übertragungssoftware eingereicht wird. Ein elektronisches Dokument kann auch auf einem Datenträger eingereicht werden. Software, Datenträgertypen und Formatierungen werden über die Internetseite www.dpma.de zur Verfügung gestellt oder bekannt gemacht (§ 3 Abs 1, 2 ERVDPMAV). Die Patentanmeldung kann auch unter Verwendung des DE-Moduls der Software epoline nach Maßgabe der im ABl EPA bekanntgemachten technischen Bedingungen erfolgen (§ 3 Abs 4 ERVDPMAV). Es ist zu empfehlen, elektronische Anmeldungen textbasiert zu tätigen. Einzelheiten der Bearbeitungsvoraussetzungen werden auf der Internetseite www.dpma.de vom DPMA bekanntgegeben (§ 4 ERVDPMAV).

VI. Verordnungsermächtigungen

1. Zeitpunkt der Einreichung. Abs 3 Nr 1 ermächtigt das BMJV zur Bestimmung des Zeitpunkts, von **14** dem an elektronische Dokumente eingereicht werden können, der geeigneten Form, dh des elektronischen oder sonstigen (Datenträger) Übermittlungswegs und der zugelassenen Dateiformate. Für den BGH galt zunächst die aufgrund des § 130a Abs 2 Satz 1 ZPO erlassene VO über den elektronischen Rechtsverkehr beim Bundesgerichtshof (ERVVOBGH) vom 26.11.2001,[35] die durch die VO über den elektronischen Rechtsverkehr beim Bundesgerichtshof und Bundespatentgericht (BGH/BPatGERVV; im Anh) vom 24.8.2007,[36] zuletzt geänd durch die VO vom 10.2.2010,[37] abgelöst worden ist. Die Ermächtigung betrifft weiter die Dokumentenform und die elektronische Signatur, dh sowohl das „ob" als auch die Form der Signatur.

2. Ermächtigungen zur elektronischen Aktenführung s Rn 16 ff.   **15**

---

32   BGBl I 3906 = BlPMZ 2013, 378.

33   BGBl I 83 = BlPMZ 2010, 129.

34   BGBl I 2159 = BlPMZ 2006, 305.

35   BGBl I 3225.

36   BGBl I 2130 = BlPMZ 2007, 368.

37   BGBl I 83 = BlPMZ 2010, 129.

D. Elektronische Aktenführung

16   MWv 1.6.2011 hat das DPMA für die Patent- und Gebrauchsmusterverfahren die elektronische Aktenführung eingeführt. Die technische Architektur und die Funktionen der elektronischen Akten werden
durch das IT-System der elektronischen Akte DPMApatente/gebrauchsmuster (DPMApat/gbm) bestimmt.
Vom 1.6.2011 an sollen alle Verfahren beim DPMA, auch die bereits anhängigen, ausschließlich elektronisch geführt werden. Seit Ende September 2012 werden die Patent- und Gebrauchsmusterakten dem
BPatG in elektronischer Form vorgelegt. Jede PDF-Datei der elektronischen Akte wird dabei als elektronisches Dokument behandelt, dessen Generierung und Einstellung in die elektronische Akte dabei nicht
zusammenfallen müssen.[38] Zu den technischen und verfahrensrechtl Anforderungen an den abschließenden Beschluss im GbmLöschungsverfahren bei elektronischer Aktenführung sind mehrere Entscheidungen des BPatG ergangen, in denen beanstandet wird, dass sich in der vom DPMA vorgelegten elektronischen Akte weder die Urschrift für einen das Verfahren abschließenden Beschluss noch die für das
Wirksamwerden einer solchen Urschrift notwendige Zustellung einer Ausfertigung bei den Verfahrensbeteiligten in der erforderlichen Eindeutigkeit feststellen lassen.[39] Die elektronische Akte muss für alle Beteiligten grds identisch sein.[40]

17   Nach Abs 2 Satz 1 können die **Prozessakten** des BPatG und des BGH elektronisch geführt werden.
Beim BPatG besteht seit 2006 das Projekt „Elektronische Gerichts- und Verwaltungsakte (EGuVA)",[41] das
durch das Projekt „elektronischer Gerichtssaal"[42] unterstützt wird. Weitere Regelungen enthält das Justizkommunikationsgesetz. Nach Abs 2 Satz 2 sind die Vorschriften der ZPO über elektronische Dokumente,
die elektronische Akte und die elektronische Verfahrensführung im übrigen entspr anwendbar, soweit
sich aus dem PatG nichts Abweichendes ergibt. Dies betrifft insb die §§ 105, 130a, 130b, 164, 186, 253, 299,
319 und 371a ZPO.

18   Abs 3 Nr 2 enthält eine **Verordnungsermächtigung** für den Zeitpunkt, von dem an die Prozessakten
nach Abs 2 elektronisch geführt werden können, sowie die hierfür geltenden organisatorisch-technischen
Rahmenbedingungen für die Bildung, Führung und Aufbewahrung der elektronischen Prozessakten. Diese Ermächtigung ist durch die VO über die elektronische Aktenführung bei dem Patentamt, dem Patentgericht und dem Bundesgerichtshof vom 10.2.2010 (**EAPatV**, im Anh),[43] die am 1.3.2010 in Kraft getreten[44]
und zuletzt durch das Gesetz zur Änderung des Designgesetzes und weiterer Vorschriften des gewerblichen Rechtsschutzes vom 4.4.2016[45] geänd worden ist, ausgefüllt worden (vgl auch Rn 5 zu § 28). Danach
können diese Stellen (der BGH nur, soweit er für die Verhandlung und Entscheidung über Rechtsmittel
gegen Entscheidungen des BPatG zuständig ist) Verfahrensakten ganz oder teilweise auch elektronisch
führen (§ 1 EAPatV); damit wird der Schwierigkeit Rechnung getragen, dass sich nicht alle Unterlagen
gleichermaßen für die elektronische Aufbereitung eignen.[46] Die elektronische Schutzrechtsakte ist beim
DPMA seit dem 1.6.2011 eingeführt. Für das Verfahren vor dem DPMA gelten die Regelungen der ZPO über
die elektronische Aktenführung entspr (§ 2 EAPatV). § 3 EAPatV schränkt die Vernichtung von in das elektronische Dokument übertragenen Unterlagen ein. Geregelt werden weiter die Form der Ausfertigungen
und Abschriften (§ 6 EAPatV), die Vorlage von elektronischen Akten (§ 8 EAPatV) und die Aufbewahrung
(§ 9 EAPatV).[47]

---

38   Vgl BPatG 25.8.2014 35 W (pat) 404/12, 35 W (pat) 408/12, 35 W (pat) 413/12 Mitt 2015, 50 Ls und 35 W (pat) 418/12.
39   BPatG 25.8.2014 35 W (pat) 404/12, 35 W (pat) 408/12, 35 W (pat) 413/12 Mitt 2015, 50 Ls und 35 W (pat) 418/12.
40   BPatG 10.6.2013 20 W (pat) 24/12; *Benkard* § 31 Rn 7.
41   Näher im Internet unter http://www.bpatg.de/cms/index.php?option=com_content&view=article&id=11&Itemid=
5&lang=de.
42   Im Internet unter http://www.bpatg.de/cms/index.php?option=com_content&view=article&id=101&Itemid=91
&lang=de.
43   BGBl I 83 = BlPMZ 2010, 129.
44   Vgl Hinweis BlPMZ 2010, 129.
45   BGBl I 558.
46   Vgl *Mayer/Kleinschmidt* Mitt 2013, 477, 481.
47   Vgl *Büscher/Dittmer/Schiwy* Rn 13.

Seit 2014 werden auch beim **Bundesgerichtshof** diese Akten in elektronischer Form geführt. Soweit **19** die Verfahren dt Patente betreffen, übersendet das BPatG die Akten als CD-ROM; bei eur Patenten wird von den Möglichkeiten der elektronischen Akteneinsicht Gebrauch gemacht.

Die **Aktenordnung für das Bundespatentgericht** (AktOBPatG) vom 11.5.2010[48] verweist auf die zu- **20** letzt durch Bek vom 17.12.2012[49] geänd Aktenordnung des Freistaates Bayern;[50] nach ihrem § 2 werden die Register, Kalender, Karteien und andere Verzeichnisse elektronisch geführt.

In den elektronisch geführten Schutzrechtsakten des DPMA setzt die schriftliche **Ausfertigung** eines **21** Beschlusses der Patentabteilung über die Aufrechterhaltung oder den Widerruf des Patents ein elektronisches Urdokument voraus, das von allen an der Entscheidung mitwirkenden Mitgliedern der Patentabteilung zu unterzeichnen ist, indem die Namen der Unterzeichnenden eingefügt werden.[51] Der Hinweis „Dieses Dokument wurde elektronisch signiert und ist ohne Unterschrift gültig" entsprach nicht der Anforderung in § 6 Nr 3 EAPatV aF, nach der ein Hinweis aufzunehmen war, dass die Ausfertigung nicht unterschrieben wird.[52] Die Zustellung eines nicht ordnungsgemäß signierten Dokuments ist unwirksam. Ersetzen der Unterschrift ist nur bei tatsächlicher Verhinderung zulässig.[53]

Die im Rahmen der elektronischen Aktenführung erstellte Entscheidung ist mit einer **fortgeschritte-** **22** **nen oder qualifizierten elektronischen Signatur** zu versehen, die an das elektronische Dokument anzubringen war (§ 5 Abs 2 EAPatV in der bis 11.11.2013 geltenden Fassung).[54] Nunmehr besagt die Regelung nurmehr, dass das Dokument mit einer Signatur versehen wird (§ 5 Abs 2 EAPatV in der vom 12.11.2013 bis 9.1.2014 geltenden Fassung, § 5 Abs 3 EAPatV in der seit 10.1.2014 geltenden Fassung); daraus wurde abgeleitet, dass die Anbringung an das Dokument schon nach früherer Rechtslage nicht wesentlich war.[55] Die fortgeschrittene elektronische Signatur wird von einer internat Organisation des gewerblichen Rechtsschutzes herausgegeben und eignet sich für die Verarbeitung durch das Gericht; hierzu gehört die vom EPA herausgegebene Online Services Smart Card. Dass statt der fortgeschrittenen elektronischen Signatur die qualifizierte Signatur verwendet wird, hat das BPatG als unbedenklich angesehen.[56] Bei der elektronischen Akte steht der Umstand, dass sich die Signaturdatei auf mehrere Exemplare des Beschlusses bezieht, der Wirksamkeit des Beschlusses jedenfalls dann nicht entgegen, wenn ohne Zweifel festgestellt werden kann, dass alle signierten Beschlussexemplare übereinstimmen.[57] Jedoch wurde es als schädlich angesehen, wenn keine der in der elektronischen Akte befindlichen Signaturen einem bestimmten Beschlussdokument eindeutig zugeordnet werden kann.[58] Eine „qualifizierte Container-Signatur", die die gesamte elektronische Nachricht umfasst, genügt nicht.[59] Seit März 2014 wird das elektronische Beschlussdokument ohne Adressangabe erstellt, qualifiziert signiert und in der elektronischen Akte des DPMA abgelegt; für die Versendung/Zustellung wird für jeden Verfahrensbeteiligten ein Anschreiben erstellt, das ein Anlagenverzeichnis enthält, und dem eine Ausfertigung des Beschlusses und ein auf der Grundlage einer Prüfung der elektronischen Signatur automatisiert erzeugtes Signaturblatt, das Angaben zur Signatur (§ 6 EAPatV) enthält, beigefügt werden.

---

48 BAnz Nr 73 vom 18.5.2010, S 1727.
49 JMBl 2013, 2.
50 JMBl 1984, 13.
51 BPatGE 54, 189 = GRUR 2014, 913 sowie vorangehend BPatG 18.3.2013 19 W (pat) 16/12; vgl zum kontradiktorisch ausgestalteten GbmLöschungsverfahren BPatG 25.8.2014 35 W (pat) 404/12, 408/12, 413/12 Mitt 2015, 50 Ls und 35 W (pat) 418/12.
52 BPatG 25.8.2014 35 W (pat) 404/12, 408/12, 413/12 Mitt 2015, 50 Ls und 35 W (pat) 418/12.
53 BPatGE 54, 189 = GRUR 2014, 913 sowie vorangehend BPatG 18.3.2013 19 W (pat) 16/12.
54 BPatGE 54, 72 = Mitt 2013, 447, 450; BPatG Mitt 2013, 453f; BPatG 5.3.2013 20 W (pat) 28/12; BPatGE 54, 189 = GRUR 2014, 913 sowie vorangehend BPatG 18.3.2013 19 W (pat) 16/12; BPatG 10.6.2013 20 W (pat) 24/12.
55 BPatG 25.8.2014 35 W (pat) 404/12, 408/12, 413/12 Mitt 2015, 50 Ls und 35 W (pat) 418/12; vgl auch BPatGE 54, 189 = GRUR 2014, 913; BPatG BlPMZ 2014, 355 sowie vorangehend BPatG 18.3.2013 19 W (pat) 16/12 und BPatG 5.3.2013 20 W (pat) 28/12.
56 BPatG 25.8.2014 35 W (pat) 404/12, 35 W (pat) 408/12, 413/12 Mitt 2015, 50 Ls und 35 W (pat) 418/12.
57 BPatGE 54, 72 = Mitt 2013, 447, 450.
58 BPatG 25.8.2014 35 W (pat) 404/12, 35 W (pat) 408/12, 35 W (pat) 413/12 Mitt 2015, 50 Ls und 35 W (pat) 418/12.
59 BPatGE 54, 189 = GRUR 2014, 913 sowie vorangehend BPatG 18.3.2013 19 W (pat) 16/12; vgl BPatG 25.8.2014 35 W (pat) 404/12, 35 W (pat) 408/12, 413/12 Mitt 2015, 50 Ls und 35 W (pat) 418/12.

23   Die Rechtsfolgen eines **formvorschriftswidrigen elektronischen Dokuments** sind dieselben wie bei schriftlichen Dokumenten; können fehlende oder unwirksame Unterschriften nicht mehr nachgeholt werden, liegt ein Begründungsmangel vor.[60]

E. EPÜ

24   Unterlagen (auch PCT-Anmeldungen sowie Prioritätsunterlagen, soweit sie von der ausstellenden Stelle digital signiert wurden und die Signatur vom EPA anerkannt wird; für die Einreichung von Sequenzprotokollen gelten besondere Regeln) können nach Regel 2 AOEPÜ, Regel 89bis.1, 2 AOPCT in elektronischer Form (online oder auf zugelassenen elektronischen Datenträgern) eingereicht werden.[61] Das EPA stellt die Software kostenlos zur Verfügung. Als Unterschrift sind bildliche Wiedergabe als Faksimile, Zeichenkette zwischen zwei Schrägstrichen und fortgeschrittene elektronische Signatur zulässig.[62] Die Einreichung ist nur wirksam, wenn sie im Rahmen der jeweils zugelassenen Voraussetzungen erfolgt.[63] Einreichung mittels eMail ist nicht zulässig.[64] Bestätigung mittels Papierunterlagen ist nicht erforderlich.[65] Zur Einreichung beim DPMA Rn 6 zu Art II § 4 IntPatÜG. Das EP-EASY-Projekt ist zum 31.12.2003 eingestellt worden.[66]

25   Die **elektronische Aktenführung** beim EPA ist nunmehr in Regel 147 AOEPÜ geregelt.

§ 126
(Amtssprache und Gerichtssprache)

[1]**Die Sprache vor dem Patentamt und dem Patentgericht ist deutsch, sofern nichts anderes bestimmt ist.** [2]**Im übrigen finden die Vorschriften des Gerichtsverfassungsgesetzes über die Gerichtssprache Anwendung.**

EPA-PrRl A-VII
MarkenG: § 93
Ausland: Belgien: Hinweis ABl EPA 1999, 320; **Frankreich:** Gesetz Nr 94-665 vom 4.8.1994; **Italien:** Art 91 PatG; **Luxemburg:** Art 2 VO 1997 (Eingaben in frz, dt oder luxemb Sprache möglich, sonst Übersetzung erforderlich, auf die bei englischsprachigen Eingaben oder Übersetzungen verzichtet werden kann; bei Patentanmeldungen in luxemb Sprache muss frz oder dt Übersetzung innerhalb eines Monats eingereicht werden), Art 19, 20 PatG 1992/1997 (Patentansprüche), Art 35 PatG 1992/1997 (Recherchenbericht); **Niederlande:** Art 24 Abs 3 ROW 1995 sieht Anmeldungen nur in nl Sprache vor, anders nur bei Umwandlung eur Patentanmeldungen (Art 48 ROW 1995); **Österreich:** § 89 Abs 2 öPatG lässt Patentanmeldungen auch in engl und frz Sprache zu, § 91a öPatG regelt für diesen Fall die Vorlage von Übersetzungen; vgl auch § 111a Abs 3 Satz 2 öPatG (Gutachten zu Unterlagen in engl und frz Sprache); §§ 2, 3 öPatV-EG (Einreichung und Veröffentlichung eur Patentanmeldungen); § 15 öPatV-EG (PCT-Anmeldungen nur in dt Sprache); § 3 Abs 5 öPGMMV (fremdsprachige Prioritätsbelege); **Schweiz:** Amtssprachen sind Deutsch, Französisch und Italienisch (Art 4 PatV); internat Anmeldungen können in dt, franz und engl Sprache eingereicht werden (Art 120 PatV); **Spanien:** Art 21 Abs 4, 5 PatG

---

60   BPatGE 54, 189 = GRUR 2014, 913 sowie vorangehend BPatG 18.3.2013 19 W (pat) 16/12.
61   BeschlPräsEPA vom 26.2.2009 ABl EPA 2009, 182.
62   BeschlPräsEPA vom 26.2.2009 ABl EPA 2009, 182 ff.
63   EPA J 17/02; Einzelheiten *Singer/Stauder* EPÜ Art 78 Rn 19.
64   *Singer/Stauder* EPÜ Art 78 Rn 19.
65   BeschlPräsEPA vom 26.2.2009 ABl EPA 2009, 182, 186.
66   Vgl Mitt ABl EPA 2003, 507.

Schrifttum: *Barb* Praktische Problematik der deutsch-englischen Patentübersetzung und rechtliche Folgen von Übersetzungsfehlern, Mitt 1982, 108; *Bauer* Bezugnahme auf fremdsprachige Dokumente, Mitt 1999, 153; *Hübenett* Neuerungen in der PCT-Ausführungsordnung ..., GRUR Int 1998, 100; *Ingerl* Sprachrisiko im Verfahren, 1988; *Kretschmer* Patentanmeldungen in Plattdeutsch? GRUR 2002, 40; *Lässig* Deutsch als Gerichts- und Amtssprache, 1980; *R. Rogge* Abwandlungen eines europäischen Patents in Sprache und Inhalt – Änderungen und Übersetzungen, GRUR 1993, 284; *Schmidt/Blanke* „Sprachen- und Rechtssicherheit in Europa", Mitt 2004, 494; *Seeger* Wahrung der deutschen Anmeldepriorität durch Einreichung einer fremdsprachigen Beschreibung der Erfindung, GRUR 1976, 400; *Sendrowski* Undeutsche Wörter, Mitt 2009, 218; *Strehlke* Der BGH-Beschluß „Polymermasse" (Teil II): Anforderungen an die Offenbarung durch Bezugnahme, Mitt 1999, 453.

A. Entstehungsgeschichte

Die Bestimmung (vor 1981 § 45) war seit 1936 unverändert. Jedoch ist sie seit Inkrafttreten des EPÜ **1** durch verschiedene Sonderregelungen dieses Übk und im IntPatÜG überlagert. Art 2 Nr 32 Buchst a 2. PatGÄndG, in dem die Neuregelung der Sprachenfrage entspr neueren internat Entwicklungen ein Kernstück bildete, hat den früheren Satz 2, wonach Eingaben in anderer als dt Sprache nicht berücksichtigt werden, aufgehoben und Satz 1 neu gefasst.[1]

Im **Markenrecht** gilt § 93 MarkenG, der wörtlich den Sätzen 1 und 3 aF entspricht. Die Nichtüber- **2** nahme vom Satz 2 aF wurde damit begründet, dass das DPA nicht durch eine gesetzliche Vorschrift gehindert sein soll, fremdsprachige Unterlagen und Dokumente zu berücksichtigen, wofür namentlich im Zusammenhang mit internat Registrierungen[2] und bei der Prioritätsregelung ein Bedürfnis bestehen könne.[3] In welchen Fällen und unter welchen Voraussetzungen Schriftstücke in anderen Sprachen berücksichtigt werden, soll einer Regelung durch Rechtsverordnung überlassen bleiben.[4] Dies regelt § 65 Abs 1 Nrt 10 MarkenG iVm §§ 14–16 MarkenV.[5] § 112 Abs 1 MarkenG enthält eine weitere Regelung.

Für das **Gebrauchsmusterrecht** verweist § 21 Abs 1 GebrMG auf § 126. **3**

B. Amts- und Gerichtssprache in nationalen Patentverfahren

I. Grundsatz

Die Bestimmung sah früher allein Deutsch als Amts- und Gerichtssprache für nationale (nicht auch **4** PCT- und EPÜ-)Verfahren vor dem DPMA (DPA) und dem BPatG vor, dies ist nunmehr durch den Vorbehalt anderweitiger Bestimmungsmöglichkeit gemildert.[6] Diese anderweitigen Regelungen können im Gesetz selbst getroffen sein, so insb in § 35 (jetzt § 35a),[7] der seit dem 1.11.1998 die Einreichung der Patentanmeldung in jeder beliebigen Sprache zulässt, aber auch in untergesetzlichen Rechtsnormen. Die Bestimmung verweist im übrigen auf die (die mündliche Verhandlung betr) Regelungen im GVG (§§ 184–191 GVG), die ergänzende Vorschriften über die Verhandlung mit Fremdsprachigen (§ 185 GVG), Taube und Stumme (§ 186 GVG), den Vortrag Tauber und Sprachfremder (§ 187 GVG), Eidesleistungen (§ 188 GVG) und Dolmetscher (§§ 189–191 GVG) enthalten. Für die ordentlichen Gerichte einschließlich des BGH gelten die Rege-

---

1 Vgl Begr BTDrs 13/9991 = BlPMZ 1998, 393, 407.
2 Vgl hierzu schon BPatGE 19, 245.
3 Vgl *Ekey/Bender/Fuchs-Wissemann* § 93 MarkenG Rn 2.
4 Begr MarkenRRefG BlPMZ 1994 Sonderheft S 101.
5 Hierzu *Ströbele/Hacker* § 93 MarkenG Rn 2 ff; *Ekey/Bender/Fuchs-Wissemann* § 93 MarkenG Rn 3.
6 Vgl BPatG 4.12.2008 10 W (pat) 40/08; BPatG 22.7.2010 10 W 23/09; BPatG 23.9.2010 10 W (pat) 17/09.
7 Vgl *Mes* Rn 2.

lungen im GVG unmittelbar, für die Arbeitsgerichtsbarkeit gelten sie über § 9 Abs 2 ArbGG. § 126 verpflichtet DPMA und BPatG nicht, ihre Entscheidungen einem Adressaten in einer ihm verständlichen Sprache zu übermitteln.[8]

5   **II. Deutsche Sprache** ist zunächst in Abgrenzung zu anderen Sprachen zu bestimmen. Dabei ist nicht auf die Sprachverwandtschaft, sondern auf den Sprachstatus abzustellen; was als eigenständige Sprache (auch Regional- oder Minderheitsprache) anerkannt ist, ist auch dann nicht als dt Sprache anzusehen, wenn unter sprachsystematischen Gesichtspunkten etwa ein dem Deutschen zuzurechnender Kulturdialekt (Luxemburgisch) oder eine Nebensprache (Jiddisch) vorliegt; erst recht sind auch nahe verwandte Sprachen (Niederländisch; Friesisch) nicht Deutsch iSd Bestimmung.[9] Unklar ist weiterhin etwa die Stellung von Pennsylvaniadeutsch oder Elsässerdeutsch, die aber als Mundart (Rn 9) behandelt werden sollten, soweit sie nicht staatlich oder internat als Regional- oder Minderheitsprachen anerkannt sind; auf den Status in Lexika, die wie Wikipedia in verschiedenen Sprachformen vorliegen, sollte es nicht ankommen, zumal dort auch eindeutig als Mundarten zu klassifizierende Formen aufgenommen sind (etwa Bairisch oder Ripuarisch).

6   **Niederdeutsch** (Plattdeutsch) ist aufgrund seines Status als Regionalsprache in diesem Sinn[10] (nicht notwendig auch iSd GVG) nicht als Deutsch, sondern als eigenständige Sprache anzusehen.[11] Im Rahmen von § 35a sowie § 4a GebrMG ist die Einreichung niederdeutscher Unterlagen schon deshalb zugelassen, weil keine Veranlassung besteht, diese Sprachform schlechter zu stellen als etwa die friesischen Sprachformen in Norddeutschland.[12]

7   **Sorbische** (obersorbische und niedersorbische) Anmeldungen sind fremdsprachige Anmeldungen und unterliegen den für diese geltenden Regelungen; die Privilegierung im sächsischen und brandenburgischen Landesrecht sowie in § 184 Satz 2 GVG[13] wirkt sich im Patentrecht nicht aus.[14]

8   **Korrektes Deutsch** wird nicht gefordert.[15] Jedoch wird bei deutschsprachigen Eingaben im Schriftverkehr grds die Verwendung des lateinischen Alphabets und – soweit nicht strengere Anforderungen normiert sind – zumindest einer lesbaren Handschrift zu verlangen sein; Kurzschrift oder nicht allg beherrschte Schriften (Sütterlin) werden ebenso wenig ausreichen wie etwa Kryptogramme. Die Anforderungen der PatV sind in deren Anwendungsbereich zu beachten. Die Beachtung der Orthographiereform ist nicht erforderlich.[16]

9   Über die Behandlung von **Mundarten** besteht – abgesehen vom Niederdeutschen (Rn 6) – keine Einigkeit. Probleme durch Verwendung von (meist nicht einheitlich normierten) Mundarten wie Schweizerdeutsch,[17] Alemannisch, Ripuarisch, Bairisch usw werden sich idR in den Patentverfahren nicht stellen.[18] Soweit sie als Regional- oder Minderheitsprachen anerkannt sind, werden sie wie Fremdsprachen zu behandeln sein (vgl Rn 5). Jedenfalls im mündlichen Verkehr mit dem DPMA wird die Verwendung einer

---

8   BPatGE 34, 186; BPatG Mitt 1995, 174.

9   Vgl *Ekey/Bender/Fuchs-Wissemann* § 93 MarkenG Rn 1.

10   Vgl die Europäische Charta der Regional- oder Minderheitsprachen vom 5.11.1992, im Internet unter http://conventions.coe.int/Treaty/ger/Treaties/html/148.htm.

11   Vgl zu einer GbmAnmeldung auf Plattdeutsch BGHZ 153, 1 = GRUR 2003, 226 Läägeünnerloage und vorgehend BPatG 28.2.2001 5 W (pat) 12/00 BlPMZ 2002, 265 Ls sowie die Anfrage BTDrs 14/3975 S 4 = GRUR 2001, 40 (Auszüge): „En Firma harr sick en nee Ünnerlaag uutdacht, wo de Köh und Swien bi'n Buern eat koomodiger up liggen köönt ... und för diesse Ünnerlaag wull se nu en Gebruuksmuster anmellen", und die Antwort der Bundesregierung, die einen Verstoß gegen die Europäische Charta der Regional- und Minderheitssprachen verneint; *Schulte* Rn 7 Fn 2 verweist darauf, dass ihre Verwendung nur in einigen norddeutschen Bundesländern als zulässig angesehen wird.

12   BGH Läägeünnerloage (die Pressemitteilung zu dieser Entscheidung hat die Pressestelle des BGH nur auf Hochdeutsch veröffentlicht).

13   Vgl zu den Minderheitenrechten der sorbischsprachigen Bevölkerung OVG Bautzen SächsVBl 2001, 264.

14   Vgl *Fitzner/Lutz/Bodewig* Fn 3.

15   Vgl BPatG 3.5.1967 5 W (pat) 33/67; *Schulte* Rn 9; *Fitzner/Lutz/Bodewig* Rn 2; *Ströbele/Hacker* § 93 MarkenG Rn 1; tendenziell strenger *Benkard* Rn 3; aA RPA Mitt 1934, 107.

16   Nach *Schulte* Rn 9 sollen für die Herausgabe der Patentschrift sprachbereinigte Unterlagen verlangt werden können; näher liegt es wohl, sprachliche Korrekturen durch das DPMA zuzulassen.

17   Bei *Schulte* Rn 7 als Regional- und Minderheitsprache behandelt.

18   Kr zur Pflege regionalsprachlicher Traditionen im Patentwesen *Benkard* Rn 3.

deutschen Mundart grds nicht zu beanstanden sein.[19] Werden Anmeldeunterlagen in einer Mundart eingereicht, wird entspr § 35a zu verfahren sein.

Auch **Fachsprache** ist dt Sprache.[20] Fremdsprachige (insb engl) Fachbezeichnungen (chemische **10** Verbindungen; Begriffe aus dem EDV-Bereich) wurden als ausreichend angesehen, wenn sie so weitgehend mit den dt übereinstimmen, dass auch für einen nur Deutsch sprechenden Fachmann ohne weiteres Nachdenken ersichtlich war, worum es sich handelte;[21] dies gilt auch, soweit sich eine dt Fachterminologie nicht gebildet hat oder wenn dem deutsch sprechenden Fachmann ihre Bedeutung ohne weiteres klar ist.[22] Es macht wenig Sinn, die Wiedergabe eines auch in der Alltagssprache geläufigen Begriffs wie etwa „e-Mail" durch eine Lehnübersetzung wie „elektronische Postnachricht" zu verlangen.[23]

III. Zu den **Eingaben** iSd Satz 2 aF s *6. Aufl.* Verweisungen auf fremdsprachige Unterlagen hat das **11** BPatG (in einer vereinzelt gebliebenen Entscheidung) unter Offenbarungsgesichtspunkten zu Unrecht nicht als ausreichend angesehen;[24] die Sprachenregelung des § 126 selbst ist hierdurch nicht berührt[25] (vgl hierzu Rn 248 zu § 34).

Nach Maßgabe des durch das 2. PatGÄndG eingestellten § 35 (jetzt in geänd Form § 35a) und der § 14 **12** PatV, § 9 GebrMV muss bei Schriftstücken, die nicht zu den Unterlagen der Anmeldung zählen (zu den Anmeldeunterlagen § 35a) und die in engl, frz, ital oder span Sprache eingereicht wurden, die Übersetzung nur auf Anforderung des DPMA nachgereicht werden; andere Schriftstücke, die nicht zu den Unterlagen der Anmeldung gehören, sind in dt Übersetzung innerhalb eines Monats nach Eingang des Schriftstücks nachzureichen (§ 14 Abs 4 PatV; § 9 Abs 4 GebrMV). Daraus folgt zunächst, dass fremdsprachige Unterlagen generell nicht unberücksichtigt gelassen werden dürfen; DPMA und BPatG können sie grds berücksichtigen.[26] Jedoch führt die verspätete Einreichung erforderlicher Übersetzungen nach § 14 Abs 5 Satz 2 PatV dazu, dass das fremdsprachige Schriftstück erst als zum Zeitpunkt des Eingangs der Übersetzung als zugegangen gilt. Entspr Regelungszusammenhang und Ermächtigungsgrundlage können die Regelungen nur auf Schriftstücke angewendet werden, die im Rahmen des Anmeldeverfahrens eingereicht werden, soweit nicht § 35a anzuwenden ist, und nicht auch auf den Einspruch oder den Widerrufs- oder Beschränkungsantrag und auf die Beschwerde oder die Nichtigkeitsklage.[27] Für Beweisurkunden und Material zum StdT ist aber auch in diesen Verfahren Rn 13 zu beachten. Allg können und müssen im Rahmen des rechtsstaatlich Gebotenen DPMA und BPatG nunmehr auf fremdsprachige Eingaben reagieren; von zwingenden Erfordernissen des Sprachregimes kann dies allerdings nicht freistellen.

IV. Sonstige Unterlagen, insb Beweisurkunden und Material zum StdT können (und müssen uU so- **13** gar) in der Originalsprache vorgelegt werden;[28] ob und wieweit zusätzlich Übersetzungen einzureichen sind, richtet sich nach § 125 Abs 2 (Rn 10 zu § 125) und den sonstigen maßgeblichen Bestimmungen des Verfahrens- und Prozessrechts, im Nichtigkeitsverfahren nach § 99 iVm § 142 ZPO; ein Anspruch des Gegners auf Einreichung von Übersetzungen besteht danach grds nicht.[29] Zur Einreichung von Prioritätsbelegen Rn 37 ff zu § 41, von Umschreibungsunterlagen Rn 61 ff zu § 30.

---

19 Vgl *Baumbach/Lauterbach/Albers/Hartmann* ZPO § 184 GVG Rn 2.
20 BPatGE 9, 6; zur Sprachenfrage bei Sequenzprotokollen, insb zum Gebrauch eines sprachenneutralen Vokabulars, *Hübenett* GRUR Int 1998, 100, 102; WIPO-Standard ST.25, ABl EPA Nr 11/1998 Beil Nr 2 S 5 ff.
21 BPatG Mitt 1974, 263.
22 BPatG 15.10.2004 10 W (pat) 31/04; BPatG 15.12.2005 10 W (pat) 17/02; BPatG 21.9.2007 10 W (pat) 22/07; BPatG 15.11.2007 10 W (pat) 15/06 Schulte-Kartei PatG 124–128a Nr 69 und Parallelentscheidungen 10 W (pat) 16/06 und 10 W (pat) 17/06; BPatG 4.12.2008 10 W (pat) 40/08; LG Düsseldorf GRUR Int 2007, 429 = InstGE 7, 136; *Schulte* Rn 8; *Fitzner/Lutz/Bodewig* Rn 2; *Ekey/Bender/Fuchs-Wissemann* § 93 MarkenG Rn 2; vgl *Sendrowski* Mitt 2009, 218.
23 Vgl BGH GRUR 2012, 261 E-Mail via SMS.
24 BPatGE 37, 215; hiergegen zu Recht *Schulte* Rn 13 unter Hinweis auf BGH GRUR 1998, 899 Alpinski.
25 BGH GRUR 1998, 901 ff Polymermasse.
26 BPatG 21.7.2004 19 W (pat) 48/02; vgl *Schulte* Rn 11.
27 Vgl BPatG 3.4.2003 20 W (pat) 5/03 Schulte-Kartei PatG 123–128a Nr 64; *Schulte* Rn 12.
28 *Schulte* Rn 16; vgl *Mes* Rn 3.
29 BPatGE 44, 47, 51 = GRUR 2001, 774, 776; vgl BGH GRUR 1999, 571 künstliche Atmosphäre; *Mes* Rn 3.

V. Mündliche Verhandlung

14   Nach Satz 2 finden die Vorschriften des GVG Anwendung; dieses regelt die Gerichtssprache im 15. Titel (§§ 184–191a GVG).

C. Sprachenregelung in den Verfahren vor dem Europäischen Patentamt

Schrifttum (s auch Schrifttum zu Art II § 3 IntPatÜG): *Armijo ua* Comments on the proposal entitled „package-solution", epi-Information 1996, 23; *Bacher/Nagel* Fremdsprachige Urkunden im Patentnichtigkeitsverfahren vor dem BGH, GRUR 2001, 873; *Bauer* Bezugnahme auf fremdsprachige Dokumente, Mitt 1999, 153; *Bauvir* De l'importance de la traduction des brevets européens, epi-information 2000, 174; *Braendli* The Future of the European Patent System, IIC 1995, 813; *Bühling* Anmerkungen zu dem Beitrag von *Suchy*, Mitt 1997, 377, Mitt 1998, 135; *Davies* Cost Reduction in the European Patent System, epi-Information 1997, 104; *EPA* Cost of Patenting in Europe, IIC 1995, 650; *Franzosi* Save your Translation Expenses: Follow the Clear Teaching of (Unclear) Article 69 EPC, EIPR 1998, 36; *Heinonen* Translations of European Patents: Package Solution not the Answer, EIPR 1997, 220; *Jorritsma* The multi-anguage problem – a bilingual solution, epi-information 2000, 88; *Keukenschrijver* Zur Notwendigkeit der Übersetzung europäischer Patentschriften in Deutschland, FS D. Stauder (2011), 117; *Lees* Translations: The Key Solution, EIPR 1997, 594; *Martin/Vidon* Antépénultièmes Variations sur le Thème des Traductions, epi-Information 1998, 81; *P. Mühlens* Aktuelle Entwicklungen im nationalen und internationalen gewerblichen Rechtsschutz, VPP-Rdbr 1996, 77; *B. Pretnar* How to Reduce High Translation Costs of European Patents, EIPR 1996, 665; *Sendrowski* Undeutsche Wörter, Mitt 2009, 218; *Spaargaren* A Conventional Way to Reduce Costs in the European Patent System, EIPR 1998, 289; *Suchy* Ergebnisse einer Umfrage zum Umfang künftiger Übersetzungen europäischer Patente, Mitt 1997, 377; *Suchy* Survey on the Appropriate Demand for Future European Patent Translations, epi-Information 1997, 107; *van Benthem* Die Lösung der Sprachenfrage im Europa-Patentübereinkommen, Mitt 1973, 129 = IIC 1975, 1; *van Benthem* Die Erfahrungen des Europäischen Patentamts mit der Dreisprachenregelung, Mitt 1983, 21.

I. Grundsatz

15   Die Sprachenregelung ist in **Art 14 EPÜ**[30] sowie in den Regeln 3–7 AOEPÜ enthalten; eine weitere Regelung trifft Art 70 EPÜ (verbindliche Fassung der eur Patentanmeldung und des eur Patents). Die Regelung für die eur Teilanmeldung trifft Regel 36 Abs 2 AOEPÜ. Weitere Regelungen sind in Regel 49 Abs 3 AOEPÜ, Regel 49 Abs 1 AOEPÜ, Regel 61 Abs 5 AOEPÜ (Sprache des eur Recherchenberichts) und Regel 68 Abs 1 AOEPÜ (Form der Veröffentlichung der eur Anmeldung und des eur Recherchenberichts) enthalten.

16   Durch das fakultative Übk über die Anwendung des Artikels 65 des Übk über die Erteilung europäischer Patente (**Londoner Übereinkommen**) vom 17.10.2000 wird die Zahl der Übersetzungen verringert (vgl Rn 15 zu Art I IntPatÜG).

17   Eine Sprachenregelung für den **Verwaltungsrat** enthält Art 31 EPÜ; die Sprachen des Übk selbst sind in Art 177 EPÜ geregelt. Eine § 126 entspr Regelung enthält das EPÜ nicht.[31]

II. Amtssprachen, Verfahrenssprache, sonstige Sprachen

18   **Amtssprachen** des EPA sind Deutsch, Englisch und Französisch (Art 14 Abs 1 EPÜ).[32]

19   **Verfahrenssprache** ist notwendig eine der Amtssprachen; Einreichung der Patentansprüche und der Beschreibung begründet allein schon die Verfahrenssprache.[33] Es gilt der Grundsatz der Einsprachigkeit[34] (zur Bedeutung der Sprache für die Zuerkennung des Anmeldetags Rn 18 zu § 35a). Die EPA-PrRl A VIII 1.2, 2 sehen vor, dass das EPA im schriftlichen Verfahren stets die Verfahrenssprache verwendet.

20   Alle anderen Sprachen sind iSv Art 14 EPÜ **sonstige Sprachen**. Werden Patentanmeldungen in ihnen eingereicht, sind sie in eine der Amtssprachen zu übersetzen; nicht rechtzeitige Einreichung der Übersetzung führt dazu, dass die Anmeldung als zurückgenommen gilt (Art 14 Abs 2 EPÜ).

---

30 Zur Entstehungsgeschichte der Regelung *MGK/Haertel* Art 14 EPÜ Rn 6 ff.

31 EPA T 382/94 ABl EPA 1998, 24, 28 ursprünglich eingereichte Unterlagen.

32 Zur Diskriminierung durch Sprachenregelungen vgl EuG T-120/99 GRUR Int 2001, 978 Kik II; EuGH Slg 2003 I 8283 = GRUR Int 2004, 35 Kik.

33 Vgl EPA J 7/80 ABl EPA 1981, 137 = GRUR Int 1981, 459 Berichtigung von Unrichtigkeiten.

34 EPA J 18/96 ABl EPA 1998, 403, 407 Anmeldetag; *Singer/Stauder* Art 14 EPÜ Rn 5.

III. Sprachenprivileg

Art 14 Abs 4 EPÜ privilegiert Personen mit Sitz oder Wohnsitz in einem Vertragstaat,[35] in dem eine 21 andere Sprache als Deutsch, Englisch und Französisch Amtssprache ist, sowie alle im Ausland ansässigen Angehörigen solcher Vertragsstaaten[36] dahin, dass sie eur Patentanmeldungen (vgl hierzu Rn 191 f zu § 34) und fristgebundene Schriftstücke auch in einer Amtssprache dieses Staats einreichen können, die nicht Amtssprache des EPA ist; dass der Vertreter die Voraussetzungen erfüllen würde, ist nicht maßgeblich.[37] Dies betrifft folgende Staaten und Sprachen: Albanien (Albanisch), Belgien (Niederländisch), Bulgarien (Bulgarisch), Dänemark (Dänisch), Estland (Estnisch), Finnland (Finnisch, Schwedisch), Griechenland (Griechisch), Irland (Irisch), Island (Isländisch), Italien (Italienisch), Kroatien (Kroatisch), Lettland (Lettisch), Litauen (Litauisch), Luxemburg (Luxemburgisch), Makedonien (Makedonisch), Malta (Maltesisch), Niederlande (Niederländisch), Norwegen (Norwegisch in beiden Versionen), Polen (Polnisch), Portugal (Portugiesisch), Rumänien (Rumänisch), San Marino (Italienisch), Schweden (Schwedisch), Schweiz (Italienisch), Serbien (Serbisch), Slowakei (Slowakisch); Slowenien (Slowenisch), Spanien (Spanisch), Tschechische Republik (Tschechisch), Türkei (Türkisch), Ungarn (Ungarisch), Zypern (Griechisch, nicht auch Türkisch).[38] Die Privilegierung erfasst auch natürliche Personen, die Staatsangehörige von Vertragsstaaten sind, mit Wohnsitz in einem anderen Staat.[39] Mehrfache Staatsangehörigkeit ist unschädlich.[40] Privilegierung bei einem von mehreren Anmeldern ist ausreichend.[41] Maßgeblich für das Vorliegen der Voraussetzungen ist der Zeitpunkt der Vornahme der entspr Handlung.[42]

Nicht privilegiert sind dagegen **Regional-**, Minderheiten- oder Nationalsprachen wie Bretonisch, 22 Friesisch, Kurdisch, Rätoromanisch,[43] Russisch, Sardisch, Sorbisch, Walisisch. Die span VO 2484/86[44] sieht nur eine Einreichung in den Sprachen des Art 14 Abs 1, 2 EPÜ, nicht auch eine solche in den span Regionalsprachen wie Katalanisch, Aragonesisch, Aranesisch, Gallego, Baskisch, vor, die aber für nationale Anmeldungen verwendet werden können, wenn sie von einer Übersetzung in das Spanische (Kastilische) begleitet sind (Art 21 Abs 5 span PatG).[45]

Die Verwendung der privilegierten Sprachen hat eine **Fristen- und eine Gebührenprivilegierung** 23 zur Folge. Die Übersetzung nach Art 14 Abs 2 EPÜ ist innerhalb von 2 Monaten nach Einreichung der eur Patentanmeldung einzureichen (Regel 6 Abs 1 AOEPÜ nF), eine Übersetzung nach Art 14 Abs 4 EPÜ innerhalb eines Monats nach Einreichung des Schriftstücks einzureichen, dies gilt auch für Anträge nach Art 105a EPÜ. Ist das Schriftstück ein Einspruch, eine Beschwerdeschrift, eine Beschwerdebegründung oder ein Antrag auf Überprüfung, kann die Übersetzung innerhalb der jeweiligen Frist eingereicht werden, wenn diese später abläuft (Regel 6 Abs 2 AOEPÜ).

Die **Gebührenermäßigung** gilt seit 1.4.2014 nur noch für kleine und mittlere Unternehmen iSd Emp- 24 fehlung 2003/361/EG vom 6.5.2003[46] der Kommission, natürliche Personen und Organisationen ohne Gewinnerzielungsabsicht, Hochschulen oder öffentliche Forschungeinrichtungen. Die Ermäßigung beträgt 30% der Anmelde-/Prüfungsgebühr (Art 2 GebO EPÜ). Sie erfordert eine entspr Erklärung, bei begründeten Zweifeln kann das EPA Nachweise verlangen.

Die Ermäßigung setzte voraus, dass das **wesentliche Schriftstück** der ersten Verfahrenshandlung im 25 Anmelde-, Prüfungs-, Einspruchs- oder Beschwerdeverfahren in einer solchen Sprache eingereicht und die erforderliche Übersetzung frühestens zum selben Zeitpunkt geliefert wird;[47] auf spätere Schriftstücke,

---

35 Vgl zur möglichen Diskriminierung hierdurch EuGH Slg 1998 I 7637 (vgl GRUR Int 1999, 197).

36 Für eine Ausweitung der Privilegierung de lege ferenda *MGK/Haertel* Art 14 EPÜ Fn 16.

37 EPA T 149/85 ABl EPA 1986, 103 = GRUR Int 1986, 469 unzulässige Sprache des Einspruchs.

38 ABl EPA 1999, 149.

39 EPA J 15/98 ABl EPA 2001, 183 Anmeldetag; *Singer/Stauder* Art 14 EPÜ Rn 8 f; aA EPA J 9/01.

40 *Singer/Stauder* Art 14 EPÜ Rn 12; vgl *MGK/Haertel* Art 14 EPÜ Rn 12.

41 *Singer/Stauder* Art 14 EPÜ Rn 14; vgl *MGK/Haertel* Art 14 EPÜ Rn 12.

42 Vgl *MGK/Haertel* Art 14 EPÜ Rn 21, der generell auf die Einreichung der eur Patentanmeldung abstellt.

43 Vgl http://www.epo.org/law-practice/legal-texts/html/natlaw/de/ii/ch.htm.

44 BlPMZ 1987, 177.

45 AA noch *Singer*[1] Art 14 EPÜ Rn 3.

46 ABl EU 2003 L 124 S 36.

47 Vgl EPA J 4/88 ABl EPA 1989, 483 = GRUR Int 1990, 228 Sprache der Anmeldung.

auch die Beschwerdebegründung, kommt es nicht an.[48] Die Gebührenermäßigung für die Einspruchsgebühr kann nur gewährt werden, wenn der Teil der Einspruchsschrift, auf den sich Regel 76 Buchst c AOEPÜ bezieht, in einer zugelassenen Nichtamtssprache eingereicht wird.[49] Der bloße Hinweis auf die Kürzung der Gebühr in der zugelassenen Nichtamtssprache reicht nicht aus.[50]

26   **Verwendung unterschiedlicher Sprachen** innerhalb der Beschreibung ist schädlich, kann aber durch Fallenlassen des anderssprachigen Teils geheilt werden.[51]

IV. Ausnahmen von den Vorschriften über die Verfahrenssprache

27   **1. Schriftliches Verfahren.** Regel 3 AOEPÜ regelt die Verwendung der Sprache. Die Verfahrensbeteiligten können sich jeder der drei Amtssprachen bedienen. Beweismittel können in jeder Sprache eingereicht werden; das EPA kann hier die Einreichung einer Übersetzung in einer Amtssprache verlangen. Die Organe des EPA können sich nur der Verfahrenssprache nach Art 14 Abs 3 EPÜ bedienen.[52]

28   **2.** Regel 4 AOEPÜ regelt die Verwendung der Sprache im **mündlichen Verfahren** im Grundsatz dahin, dass sich jeder Beteiligte unter bestimmten Voraussetzungen jeder Amtssprache bedienen kann.

29   **3. Änderung der Verfahrenssprache.** Die früher vorgesehene Änderungsmöglichkeit[53] besteht nicht mehr (zum PCT-Verfahren vor dem EPA Rn 13 vor Art III IntPatÜG).[54]

V. Übersetzungen

30   **1. Allgemeines.** Übersetzungen müssen eingereicht werden, soweit die eur Patentanmeldung (Art 14 Abs 2 EPÜ) oder ein Schriftstück (Art 14 Abs 4 EPÜ) zulässigerweise in der Amtssprache eines Mitgliedstaats eingereicht wird, die nicht Amtssprache des EPÜ ist. Die Übersetzung der eur Patentanmeldung legt die Verfahrenssprache fest. Die für den Fall der Privilegierung (Rn 21) vorgesehene Übersetzung kann ebenfalls in jeder Amtssprache eingereicht werden. Die Fristen für die Einreichung der Übersetzung sind unterschiedlich geregelt. Die Übersetzung der eur Patentanmeldung ist innerhalb von zwei Monaten nach Einreichung der eur Patentanmeldung einzureichen (Regel 6 Abs 1 AOEPÜ). Im Fall des Art 14 Abs 4 EPÜ beträgt die Frist grds einen Monat; bei Beschwerdeschrift, Beschwerdebegründung und Antrag auf Überprüfung innerhalb der maßgeblichen Frist, falls diese später abläuft (Regel 6 Abs 2 AOEPÜ).

31   **2. Bedeutung der Übersetzung.** Das EPA geht, soweit nicht der Gegenbeweis erbracht wird, für die Bestimmung, ob der Gegenstand der eur Patentanmeldung oder des eur Patents über den Inhalt der Anmeldung in der ursprünglich eingereichten Fassung hinausgeht, davon aus, dass die nach Art 14 Abs 2 EPÜ oder Regel 40 Abs 3 AOEPÜ eingereichte Übersetzung mit dem ursprünglichen Text der Anmeldung übereinstimmt (Regel 7 AOEPÜ).

32   **3.** Das EPA kann innerhalb einer zu bestimmenden Frist die Einreichung einer **Beglaubigung** darüber verlangen, dass die Übersetzung mit dem Urtext übereinstimmt (Regel 5 AOEPÜ).

33   **4.** Das EPA stellt mit dem Übersetzungsdienst Patent Translate **Maschinenübersetzungen** in 28 Sprachen und den Nichtamtssprachen der Vertragsstaaten Russisch, Japanisch, Koreanisch und Chinesisch zur Verfügung, die von Übersetzern erstellten Übersetzungen aber nicht gleichwertig sind.

---

48   EPA G 6/91 ABl EPA 1992, 491 = GRUR Int 1993, 228 Gebührenermäßigung II; Vorlageentscheidung EPA T 367/90 ABl EPA 1992, 529 Gebührenermäßigung; ebenso EPA T 385/90; EPA T 297/92; vgl aber zum nachgereichten Prüfungsantrag EPA J 21/98 ABl EPA 2000, 406 = GRUR Int 2000, 909 Ermäßigung der Prüfungsgebühr; Hinweis ABl EPA 2000, 443 Fn 2.
49   EPA T 290/90 ABl EPA 1992, 368 = GRUR Int 1992, 776 Gebührenermäßigung, zu Regel 55 AOEPÜ aF.
50   EPA T 905/90 ABl EPA 1994, 306, ber 556 Gebührenermäßigung.
51   EPA J 22/03.
52   EPA G 4/08 ABl EPA 2010, 572 Verfahrenssprache.
53   Hierzu *Singer*[1] Art 14 EPÜ Rn 6; *MGK/Haertel* Art 14 EPÜ Rn 38 ff.
54   Vgl *Singer/Stauder* Art 14 EPÜ Rn 26.

VI. Nationale Folgeregelungen

Art II §§ 1, 2 IntPatÜG und der inzwischen aufgehobene, aber für vor dem 1.5.2008 veröffentlichte Pa- **34** tente kraft der Übergangsregelung in Art XI § 4 IntPatÜG weiterhin anwendbare § 3 IntPatÜG aF enthalten die nationalen Folgeregelungen für das dt Recht; insb sind dort die Notwendigkeit der Einreichung von Übersetzungen und die weiteren mit Übersetzungen zusammenhängenden Fragen geregelt. Zur Wirksamkeit fremdsprachiger eur Patente im Inland Rn 3 vor Art II IntPatÜG. Zu Änderungen eur Patente in anderer als dt Sprache im nationalen Nichtigkeitsverfahren Rn 7 zu Art II § 6 IntPatÜG.

Für die **anderen Mitgliedstaaten** des EPÜ ist auf die Broschüre „Nationales Recht zum EPÜ" zu ver- **35** weisen.[55]

D. Zum **Europäischen Patent mit einheitlicher Wirkung** s Rn 27, 101ff Einheitlicher Patentschutz in **36** Europa.

E. Internationale Anmeldungen nach dem Patentzusammenarbeitsvertrag s Art III §§ 4, 5, 8 Int- **37** PatÜG.

F. Erstreckte fremdsprachige Anmeldungen (Havanna-Abk,[56] das allerdings nur Urheberscheine **38** betraf)[57] s 6. Aufl.

§ 127
(Zustellungen)

(1) Für Zustellungen im Verfahren vor dem Patentamt gelten die Vorschriften des Verwaltungszustellungsgesetzes mit folgenden Maßgaben:

1. Wird die Annahme der Zustellung durch eingeschriebenen Brief ohne gesetzlichen Grund verweigert, so gilt die Zustellung gleichwohl als bewirkt.

2. [1] An Empfänger, die sich im Ausland aufhalten und die entgegen dem Erfordernis des § 25 keinen Inlandsvertreter bestellt haben, kann mit eingeschriebenem Brief durch Aufgabe zur Post zugestellt werden. [2] Gleiches gilt für Empfänger, die selbst Inlandsvertreter im Sinne des § 25 Abs. 2 sind. [3] § 184 Abs 2 Satz 1 und 4 der Zivilprozessordnung gilt entsprechend.

3. Für Zustellungen an Erlaubnisscheininhaber (§ 177 der Patentanwaltsordnung) ist § 5 Abs. 4 des Verwaltungszustellungsgesetzes entsprechend anzuwenden.

4. [1] An Empfänger, denen beim Patentamt ein Abholfach eingerichtet worden ist, kann auch dadurch zugestellt werden, daß das Schriftstück im Abholfach des Empfängers niedergelegt wird. [2] Über die Niederlegung ist eine Mitteilung zu den Akten zu geben. [3] Auf dem Schriftstück ist zu vermerken, wann es niedergelegt worden ist. [4] Die Zustellung gilt als am dritten Tag nach der Niederlegung im Abholfach bewirkt.

5. [1] Für die Zustellung von elektronischen Dokumenten ist ein Übermittlungsweg zu verwenden, bei dem die Authentizität und Integrität der Daten gewährleistet ist und der bei Nutzung allgemein zugänglicher Netze die Vertraulichkeit der zu übermittelnden Daten durch ein Verschlüsselungsverfahren sicherstellt. [2] Das Bundesministerium der Justiz und für Verbraucherschutz erlässt durch Rechtsverordnung, die nicht der Zustimmung des Bundesrates bedarf, nähere Bestimmungen über die nach Satz 1 geeigneten Übermittlungswege sowie die Form und den Nachweis der elektronischen Zustellung.

(2) Für Zustellungen im Verfahren vor dem Bundespatentgericht gelten die Vorschriften der Zivilprozessordnung.

---

55 Für Zypern ABl EPA 1999, 150 f; für Belgien vgl ABl EPA 1999, 320.

56 Hierzu *MGK/Haertel* Geschichtliche Entwicklung Rn 89.

57 Vgl *Keukenschrijver* FS D. Stauder (2011), 116 mwN.

Engels

MarkenG: § 94
Ausland: Österreich: §§ 85, 86 öPatG (1982), § 85 geänd durch die Patent- und Markenrechtsnovelle 2014, § 145 Abs 1 öPatG (Zustellung in Rechtsmittelverfahren), eingefügt durch die Patent- und Markenrechtsnovelle 2014; **Schweden:** § 71 PatG

Schrifttum: *Ahrens* Neues zur Annahmeverweigerung im europäischen Zustellungsrecht NJW 2008, 2817; *Engelhardt/App/Schlatmann* VwVG, VwZG[10], 2014; *Fraenkel* Widersprüche im Zustellungswesen, JR 1965, 10; *Gruber* Kann eine Zustellung mittels Einschreiben im Ausland eine Inlandszustellung sein? NJ 2016, 7; *Horn* Zur Zustellungsvollmacht im patentbehördlichen Verfahren, Mitt 1962, 70; *Kerner* Neuerliche Reform des Verwaltungszustellungsrechts des Bundes, NJW 2006, 332; *Kohlrust/Eimert* Das Zustellungsverfahren nach dem VwZG, 1967; *Rapp* Anwendung des BGH-Beschlusses „Zustellungswesen" durch die Hauptabteilung Patente des DPA, Mitt 1996, 15; *Sadler* VwVG, VwZG[8], 2011; *Schlee* Euro-PCT-Anmeldungen: Fristversäumnis bei Einleitung der regionalen Phase vor dem EPA – Gibt es ein „Leben danach"? Mitt 1998, 210 = VPP-Rdbr 1998, 79; *Sujecki* Die reformierte Zustellungsverordnung, NJW 2008, 1628; *Tönnies* Als was gilt das „gilt als"? GRUR 1998, 345.

A. Entstehungsgeschichte; Anwendungsbereich; EPÜ

I. Entstehungsgeschichte

1   Die durch das 6. ÜberlG als § 45a neu eingeführte Regelung hat die zuvor für das DPA geltende Regelung in § 13 DPMAV[1] unter Einfügung der Maßgaben in Abs 1 Nr 3–5 in das PatG übernommen, um ihre Anwendung auch auf das BPatG zu ermöglichen. Das 2. PatGÄndG hat Nr 5 gestrichen sowie in Abs 2 Folgeänderungen im Hinblick auf die Neuregelung des Berufungs- und Beschwerdeverfahrens vor dem BGH vorgenommen.[2] Das Gesetz zur Änderung des patentrechtlichen Einspruchsverfahrens und des Patentkostengesetzes hat die Verweisung auf § 5 Abs 2 VwZG in Abs 1 Nr 2 in eine solche auf § 5 Abs 4 VwZG geänd. Eine weitere Änderung in Abs 1 Nr 2 hat das PatRVereinfModG vom 31.7.2009 vorgenommen. Aufgrund des Gesetzes zur Änderung des Designgesetzes und weiterer Vorschriften des gewerblichen Rechtsschutzes vom 4.4.2016[3] ist in Abs 1 Nr 4 Satz 2 das Wort „schriftliche" mWv 1.10.2016 gestrichen und eine neue Nr 5 (Zustellung von elektronischen Dokumenten) angefügt worden.

2   Das **Zustellungsreformgesetz** (ZustRG) vom 25.6.2001 hat mit Wirkung zum 1.7.2002 die ZPO-Vorschriften über die Zustellung neu gefasst, das VwZG sowie die §§ 127 PatG und 94 MarkenG geänd. Das VwZG ist durch das Gesetz zur Novellierung des Verwaltungszustellungsrechts vom 12.8.2005 neu gefasst worden.[4] Im Verfahren vor dem BPatG sind ausnahmslos die Vorschriften der ZPO (§§ 166–195 ZPO) anwendbar.[5] Das gilt allerdings nicht für Sachverhalte, die vor Inkrafttreten der Neuregelung liegen.[6] Damit ist insb die Zustellung von Schriftstücken des BPatG durch Niederlegung im Abholfach nicht mehr möglich; das BPatG stellt seither an den nicht abschließend bestimmten Personenkreis des § 174 ZPO gegen

---

1 Begr BlPMZ 1953, 318.
2 Vgl Begr BlPMZ 1998, 393, 407 f.
3 BGBl I 558.
4 BGBl I 2354 = BlPMZ 2006, 4.
5 Gegenüberstellung des alten und des neuen Zustellungsrechts bei *Hartmann* NJW 2001, 2580; zu den Neuerungen im einzelnen, auch bezügl des eur Zustellungsrechts und zum elektronischen Rechtsverkehr *Heß* NJW 2002, 2417 ff mit zahlreichen weiterführenden Nachw.
6 BPatG 24.1.2003 34 W (pat) 57/02.

Empfangsbekenntnis zu; für die nach § 174 Abs 3 ZPO mögliche Zustellung eines elektronischen Dokuments (s die Kommentierung zu § 125a) sind derzeit die rechtl und tatsächlichen Voraussetzungen weitgehend geschaffen (hierzu Rn 50). An andere Personen erfolgt die Zustellung durch Einschreiben gegen Rückschein (§ 175 ZPO) oder Zustellungsauftrag (§ 176 ZPO), sofern nicht einer unter § 174 ZPO fallenden Person Zustellungsvollmacht nach § 171 ZPO erteilt ist; in diesem Fall wird dieser gegen Empfangsbekenntnis zugestellt.[7] Der frühere Abs 2 ist entfallen. Nunmehr gilt von Gesetzes wegen ein Schriftstück als zugestellt, wenn es dem Zustellungsadressaten tatsächlich zugegangen ist (§ 189 ZPO), unabhängig von den durch die Zustellung ausgelösten Folgen wie dem Ingangsetzen einer Rechtsmittelfrist. Die Verwendung von Vordrucken bei Zustellungen im gerichtlichen Verfahren regelt die ZustellungsvordruckVO – ZustVV – vom 12.2.2002.[8]

II. Anwendungsbereich

Die Bestimmung des Abs 1 gilt seit der Neufassung (Rn 2) nur noch für amtliche Zustellungen im Verfahren vor dem DPMA, dh für Zustellungen, die durch das DPMA veranlasst werden. Im VwZG wurden im Weg der Rechtsbereinigung sämtliche Vorschriften gestrichen, die Zustellungen in sonstigen gerichtlichen Verfahren betrafen. Die Regelung betrifft daher nur die Verwaltungsverfahren in Patentsachen und kraft Verweisung (§ 21 Abs 1 GebrMG; § 11 Abs 1 HlSchG) in Gbm- und Halbleiterschutzsachen. Für ergänzende Schutzzertifikate verweist § 16a Abs 2 ausdrücklich auf § 127. **3**

Für den Zivilprozess und damit auch **in Patentstreitsachen** gelten die Vorschriften der ZPO,[9] ebenso für die **Verfahren vor dem BPatG** kraft der Verweisung in Abs 2 und für das **Rechtsbeschwerdeverfahren** (§ 106), weiter für das **Nichtigkeitsberufungs- und Beschwerdeverfahren** nach § 122 vor dem BGH.[10] **4**

Im Verfahren vor der **Schiedsstelle nach dem ArbEG** ist das VwZG unmittelbar anwendbar (str; Rn 6 zu § 31 ArbEG). **5**

Markenrecht. § 94 MarkenG enthält anders als das WZG, für das § 127 auf Zustellungen unmittelbar anzuwenden war,[11] eine weitgehend übereinstimmende Regelung, jedoch ohne die Maßgaben in Abs 1 Nr 1, weil der dort geregelte Tatbestand bereits in § 13 VwZG aF geregelt sei (Begr; dies trifft indessen nicht zu, weil sich die eine Regelung auf die Zustellung gegen Empfangsbekenntnis, die andere auf die Zustellung mit eingeschriebenem Brief bezieht) und in der durch das 2. PatGÄndG aufgehobenen Nr 5 aF, da § 8 Abs 1 VwZG aF eine in sich geschlossene Regelung für die Zustellung an Vertreter, von der abzuweichen kein Anlass bestehe (Begr); die Maßgabe in Nr 2 gilt nur, „soweit für den Empfänger die Notwendigkeit zur Bestellung eines Inlandsvertreters im Zeitpunkt der zu bewirkenden Zustellung erkennbar war"; dies soll dem Schutz des sich im Ausland aufhaltenden Empfängers dienen (Begr). **6**

III. EPÜ

Art 119 EPÜ regelt die Zustellung von (auch verkündeten, Regel 111 Abs 1 Satz 2 AOEPÜ) Entscheidungen, Ladungen, Bescheiden und amtlichen Mitteilungen, durch die eine Frist in Lauf gesetzt wird oder die nach anderen Vorschriften des EPÜ oder aufgrund einer Anordnung des PräsEPA zugestellt werden müssen nach Maßgabe der AOEPÜ, die zu Regel 125 AOEPÜ zum 1.4.2015[12] geänd worden ist, wonach neben Entscheidungen und Ladungen nur die Bescheide und Mitteilungen des EPA vAw zuzustellen sind. Damit ist ausdrücklich geregelt, dass die Bescheide und Mitteilungen, die keine Frist auslösen, nicht förmlich zuzustellen sind.[13] Die Vorschrift betrifft nur die Zustellung vAw.[14] Die in Art 119 Satz 2 EPÜ (vgl dazu **7**

---

7   Vgl BGH GRUR 2003, 724 Berufungsfrist, Wiedereinsetzungssache: fehlerhafte Fristberechnung nach Gesetzesänderung.
8   BGBl I 671.
9   Vgl zur Notwendigkeit der Bestellung eines Zustellungsbevollmächtigten bei Zustellungen an Ausländer auf deren inländ Messestand BGH GRUR 2008, 1030.
10 Vgl *Benkard* Rn 1.
11 BGHZ 121, 58 = GRUR 1993, 476 Zustellungswesen.
12 Beschluss des Verwaltungsrats CA/D 6/14 vom 15.10.2014 ABl EPA 2015, A17.
13 *Singer/Stauder* Art 119 EPÜ Rn 3.
14 *Singer/Stauder* Art 119 EPÜ Rn 1.

Regel 125 Abs 3 AOEPÜ) geregelte Zustellung durch Vermittlung der Zentralbehörden für den gewerblichen Rechtsschutz betrifft die Fälle, in denen eine andere Zustellung nicht erfolgversprechend erscheint.[15]

8   Die **Ausführungsordnung** enthält in den Regeln 125–130 AOEPÜ nähere Bestimmungen. Nach **Regel 125 AOEPÜ** (allg Vorschriften) werden in Verfahren vor dem EPA entweder das Originalschriftstück, eine vom EPA beglaubigte oder mit dem Dienstsiegel versehene Abschrift dieses Schriftstücks oder ein mit dem Dienstsiegel versehener Computerausdruck zugestellt. Zustellung mittels Telefax ist nicht vorgesehen, der darin liegende Mangel ist nicht durch Zugang heilbar.[16] Zulässig ist aber die elektronische Eingangsbestätigung für elektronisch eingereichte Patentanmeldungen und Unterlagen.[17] Die in Regel 125 Abs 2b AOEPÜ iVm Regel 127 AOEPÜ vorgesehene Zustellung durch technische Einrichtungen ist noch nicht möglich.[18]

9   **Regel 125 Abs 2a AOEPÜ** iVm **Regel 126 AOEPÜ**[19] betrifft die Zustellung durch die Post, die je nach zuzustellendem Schriftstück entweder per Einschreiben mit Rückschein oder durch eingeschriebenen Brief erfolgt. Der Zugang wird (widerlegbar) als am zehnten Tag nach der Abgabe zur Post fingiert (Regel 126 Abs 2 AOEPÜ),[20] auch bei Annahmeverweigerung (Regel 126 Abs 3 AOEPÜ).[21] Einen Beteiligten, der sich auf verspäteten Zugang beruft, trifft insoweit eine Mitwirkungsobliegenheit.[22]

10   **Regel 127 AOEPÜ**[23] betrifft die Zustellung durch Einrichtungen zur elektronischen Nachrichtenübermittlung und **Regel 128 AOEPÜ** die Zustellung durch unmittelbare Übergabe.

11   **Regel 129 AOEPÜ**[24] betrifft die öffentliche Zustellung, die zulässig ist, wenn der Aufenthaltsort des Empfängers nicht festgestellt werden kann, oder nach zwei vergeblichen Zustellversuchen.

12   S zu der in Regel 129 Abs 2 AOEPÜ enthaltenen **Ermächtigung** die Regelung des PräsEPA vom 14.7.2007[25] (die der Mitteilung des PräsEPA vom 11.1.1980 über die öffentliche Zustellung inhaltlich entspricht).[26]

13   **Regel 139 AOEPÜ** betrifft die zwingende Zustellung an Vertreter.[27]

14   **Regel 125 Abs 4 AOEPÜ** regelt die Heilung von Zustellungsmängeln. Erfasst sind die Zustellungsvorschriften der Regeln 125–130 AOEPÜ.[28] Eine nicht nachweisbare Zustellung und ein nicht nachweisbarer Zugang verhindern den Lauf der betr Frist.[29]

B. Zustellung

I. Allgemeines

15   **1. Anwendung des Verwaltungszustellungsgesetzes (VwZG).** Die Zustellungen in Verfahren vor dem DPMA gem Abs 1 erfolgen einheitlich nach dem VwZG vom 12.8.2005.[30] Mit der Neuregelung sind die zum VwZG ergangenen allg Verwaltungsvorschriften (AV VwZG) gegenstandslos geworden.[31] Abs 1 hat im wesentlichen klarstellende Bedeutung, weil das VwZG für das Zustellungsverfahren von Bundesbehörden ohnehin anwendbar wäre (vgl § 1 VwZG), und enthält in Nr 1–4 Modifikationen.

---

15 *Singer/Stauder* Art 119 EPÜ Rn 4.
16 EPA J 27/97.
17 Art 10 BeschlPräsEPA vom 26.9.2009 ABl EPA 2009, 182.
18 *Singer/Stauder* Art 119 EPÜ Rn 6.
19 Regel 125 und Regel 126 geänd durch Beschluss des Verwaltungsrats CA/D 6/14 vom 15.10.2014 ABl EPA 2015, A17.
20 Zur Auslegung der Zweifelsfallregelung EPA T 247/98; zu Einzelheiten *Singer/Stauder* Art 119 EPÜ Rn 9 ff.
21 Zur zusätzlichen Empfangserklärung ABl EPA 1991, 577.
22 EPA T 247/98.
23 Geänd durch Beschluss des Verwaltungsrats CA/D 6/14 vom 15.10.2014 ABl EPA 2015, A17.
24 Geänd durch Beschluss des Verwaltungsrats CA/D 6/14 vom 15.10.2014 ABl EPA 2015, A17.
25 ABl EPA 2007 Sonderausgabe 3, 127.
26 ABl EPA 1980, 36.
27 Zu Einzelheiten *Singer/Stauder* Art 119 EPÜ Rn 30 ff.
28 EPA T 703/92 zu Regeln 77–81 AOEPÜ 1973.
29 EPA 22.5.1991 J 39/89.
30 BGBl I 2005, 2354, zuletzt geänd durch Art 2 Abs 2 BAnzDiG vom 22.12.2011, BGBl I 3044; zur Rechtsentwicklung auch *Engelhardt/App* VwZG Einf Rn 1–3.
31 *Engelhardt/App* VwZG Einf Rn 4.

Es gelten die Bestimmungen der **§§ 2–10 VwZG.** Die Zustellungsregelungen der ZPO sind nur inso- **16** weit anwendbar, als § 127 in Abs 1 Nr 2 oder das VwZG auf sie verweist, nämlich in § 3 Abs 3 VwZG, § 5 Abs 2 VwZG, § 5 Abs 3 VwZG.

2. Begriff; Bedeutung. Zustellung ist nach § 2 Abs 1 VwZG die Bekanntgabe eines schriftlichen oder **17** elektronischen Dokuments in der im VwZG bestimmten Form; entspr nach § 166 ZPO der in „diesem Titel bestimmten Form". Sie ist eine besondere Form der Bekanntgabe und hat den Zweck, bei bedeutungsvolleren Vorgängen den Nachweis von Zeit und Art der Übergabe zu sichern (so schon AV VwZG Nr I.2.). Nicht erfasst sind formlose Übermittlungen, die auch per Telefax oder einfachen Brief erfolgen können. Ein Formverstoß führt wohl nur in Fällen, in denen ein wesentlicher Mangel vorliegt, zur Unwirksamkeit der Zustellung, ansonsten hat er Auswirkungen auf die Beweisbarkeit der Zustellung.[32] Der Zustellungszeitpunkt ist darüber hinaus Anknüpfungspunkt für verschiedene Rechtsfolgen, insb den Lauf von Fristen, die Fälligkeit von Gebühren,[33] daneben ua für die Frage, ob ein Verhalten Anlass zur Stellung eines Antrags gegeben hat.[34] Zur Zustellung an Verkündungs statt § 94.

Fehlen oder Unwirksamkeit der Zustellung verhindert den Fristlauf, steht aber sonst der Wirksam- **18** keit der Maßnahme nicht entgegen, es sei denn, die Zustellung ist Wirksamkeitsvoraussetzung (Rn 60 zu § 47); aber auch ein nicht wirksam zugestellter fehlerhafter[35] Beschluss kann angefochten werden.[36] Eine Zustellung ist regelmäßig dann unwirksam, wenn sie kraft Gesetzes nicht stattgefunden hat.[37] Zur Heilung Rn 60 ff.

Wiederholte Zustellung setzt, sofern die erste wirksam war, keine neue Frist in Lauf.[38] **19**

Zur Frage, ob und wieweit bei **Zustellung an mehrere Beteiligte** die Fristen selbstständig in Lauf ge- **20** setzt werden, Rn 129 zu § 73; Rn 10 zu § 94; Rn 60 f zu § 47; Rn 7 zu § 102.

Die Zustellung an einen **Geschäftsunfähigen** (auch geschäftsunfähigen Bevollmächtigten) ist un- **21** wirksam.[39]

3. Die Erforderlichkeit der Zustellung ergibt sich nicht aus § 127 oder dem VwZG, sondern aus den **22** jeweils maßgeblichen Regelungen (zB § 35 Abs 1, 2, § 37 Abs 2 Satz 4, § 43 Abs 2 Satz 4, § 44 Abs 3, § 47 Abs 1 Satz 1, § 49a Abs 3, § 53 Abs 1, § 59 Abs 3, § 64 Abs 3; § 134 PatG; § 4a Abs 1 GebrMG, § 5 Abs 2 Satz 1 GebrMG, § 17 Abs 3 Satz 3 GebrMG; § 3 Abs 4 HlSchG; Art III § 1 Abs 3 IntPatÜG; für ergänzende Schutzzertifikate über § 16a Abs 2; vgl § 14 Abs 2 DPMAV).[40] Das KostRegBerG hat zahlreiche weitere Zustellungsfälle beseitigt. Zugestellt werden muss insb, wenn das Tätigwerden eines anderen Beteiligten oder des DPMA eine Frist in Lauf setzt,[41] also immer bei anfechtbaren Entscheidungen des DPMA,[42] nicht dagegen, wenn die Frist durch eigene Handlung oder kraft Gesetzes in Lauf tritt.[43] Eine Zurückweisung der Anmeldung nach § 42 Abs 3 setzt über die Absendung von Mängelbescheiden deren Zustellung voraus.[44] Ein die Änderung eines GbmLöschungsantrags enthaltender Schriftsatz ist zuzustellen.[45] Nach der **Hausverfügung Nr 10 des PräsDPMA** sind darüber hinaus Ladungen von Beteiligten, Zeugen, Sachverständigen usw zu Anhörungen sowie Verlegungen solcher Termine stets zuzustellen, weiter regelmäßig die Aufforderung zur Bestellung eines Inlandsvertreters, ablehnende Beschlüsse in Verfahrenskostenhilfesachen, Fristbestimmungen zur Leistung der Sicherheit; weiter ist zuzustellen, wenn bei Fristsetzungen der formlose Zu-

---

32 *Baumbach/Lauterbach/Albers/Hartmann* § 182 ZPO Rn 19; *Thomas/Putzo* § 182 ZPO Rn 2, 6.

33 BPatGE 3, 113 = GRUR 1964, 445.

34 BPatGE 8, 47, 51 und BPatG 7.5.1979 5 W (pat) 207/79, jeweils zum GbmLöschungsantrag.

35 BPatG 8.5.2008 10 W (pat) 11/07.

36 BPatG Mitt 1970, 197; BPatG 21.3.1969 7 W (pat) 10/67; BPatG 25.6.1971 34 W (pat) 481/68; *Reimer* § 45a Rn 8; vgl BPatG 12.1.1971 23 W (pat) 239/70 zur wiederholten Beschlussfassung nach fehlgeschlagener Zustellung.

37 *Sadler* § 2 VwZG Rn 31 ff mwN; *Sadler* § 7 VwZG Rn 33.

38 BPatGE 17, 45, 48 = BlPMZ 1975, 191; BPatG 24.6.1969 26 W (pat) 766/66.

39 BPatG 18.7.1973 4 W (pat) 40/73; BPatG 31.10.1973 7 W (pat) 137/71; aA BPatG 7.5.1973 34 W (pat) 21/71.

40 BPatG BlPMZ 2001, 399 f, GeschmMSache; *van Hees/Braitmayer* Rn 1144 ff.

41 BPatG BlPMZ 2001, 399 f.

42 BGHZ 121, 58 = GRUR 1993, 476 Zustellungswesen; BPatG Mitt 1979, 178: Erledigungsfrist.

43 BPatGE 25, 8 = BlPMZ 1982, 350: Zustellung einer Gebührennachricht für die Zahlung der nat Gebühr für die internat Anmeldung ist nicht erforderlich, da die Frist 25 Monate nach dem Prioritätsdatum endet.

44 BPatGE 34, 212 f = Mitt 1995, 171.

45 BPatGE 25, 85 = BlPMZ 1983, 152.

gang mangels Reaktion/Antwort nicht sicher ist oder wenn nach Fristablauf auf der Grundlage des mitgeteilten Sachverhalts eine abschließende Entscheidung ergehen soll.

23   **Recht auf Äußerung** und **rechtliches Gehör** erfordern für sich **förmliche Zustellung** nicht; eine Pflicht zur Zustellung kann sich aber aus der gesetzlichen Regelung ergeben;[46] eine an sich nicht gebotene Zustellung ist verfahrensrechtl unschädlich, allenfalls kann eine Niederschlagung überflüssiger Zustellungskosten geboten sein. Die Hausverfügung Nr 10 des PräsDPMA legt amtsintern fest, wann Schriftsätze formlos zu übermitteln sind und welche Zustellungsart bei Zustellungszwang zu wählen ist (Rn 22).

II. Verfahren

24   **1. Allgemeines.**[47] Das Zustellungsverfahren richtet sich nach den durch die Maßgaben des Abs 1 modifizierten Regelungen des VwZG, das verschiedene Zustellungsarten zur Verfügung stellt. Unter diesen Zustellungsarten hat das DPMA nach § 2 Abs 3 VwZG grds freie Auswahl, jedoch kann insoweit durch Verwaltungsvorschriften oder ständige Verwaltungspraxis wie Hausverfügungen oder der DPMAV (siehe dort § 21) Selbstbindung eintreten; dies hat die Rspr etwa für die Frage angenommen, ob an den Beteiligten oder seinen Bevollmächtigten zuzustellen ist (Rn 33).

25   Das DMPA hat die **Zustellung sorgfältig vorzubereiten**, so dass Probleme bei deren Ausführung möglichst vermieden werden können.[48] Insb ist sicherzustellen, dass die Dokumente unterschrieben und in der erforderlichen Anzahl vorhanden sind, sowie Daten und Adressen korrekt sind (Hausverfügung Nr 10). Nach § 6 Abs 4 VwZG muss der, der das Dokument zustellt, bei einer Zustellung an Vertreter die Richtigkeit der Anschrift nicht überprüfen.

26   **2. Zustellungsempfänger; Zustellungsadressat.** Die Zustellung hat grds an den vom DPMA genannten Empfänger zu erfolgen; wird dieser nicht angetroffen, kann sie nach Maßgabe der jeweiligen Bestimmungen durch Ersatzzustellung bewirkt werden (Rn 39).

27   An wen zugestellt werden muss (**Zustellungsadressat**), richtet sich nach der Verfahrenssituation; Zustellungen kommen in erster Linie an Beteiligte, aber auch an Außenstehende (insb an Zeugen) in Betracht. Bei mehreren Beteiligten, die in Rechtsgemeinschaft stehen (zB Mitinhaber des Schutzrechts), muss grds jedem einzelnen getrennt zugestellt werden.[49] Die Zustellung des Prüfungsbescheids und des Zurückweisungsbeschlusses an den Patentanmelder selbst ist dann nicht fehlerhaft, wenn sich ein Patentanwalt bei Stellung eines Prüfungsantrags nicht als Vertreter des Anmelders bestellt und weder aus dem Text des Prüfungsantrags noch aus anderen konkreten Anhaltspunkten hervorgeht, dass er nicht im Auftrag eines Dritten handelt; dann kann das DPMA annehmen, dass es sich um den Prüfungsantrag eines Dritten handelt.[50]

28   Abw hiervon kann die Zustellung in bestimmten Fällen an andere als den Zustellungsadressaten erfolgen, in bestimmten Fällen muss sie zwingend so bewirkt werden, nämlich in den Fällen der Zustellung an gesetzliche Vertreter und an Bevollmächtigte. Die **Zustellung an gesetzliche Vertreter** regelt § 6 **VwZG**, für Geschäftsunfähige und betreute Personen (§§ 1896 ff BGB) in seinem Abs 1, für Behörden, juristische Personen und nicht rechtsfähige Personenvereinigungen und Zweckvermögen (zB Anstalten oder Stiftungen) in seinem Abs 2. Bei mehreren gesetzlichen Vertretern oder Behördenleitern braucht eine Zustellung nur an einen von ihnen zu erfolgen, um wirksam zu sein (§ 6 Abs 3 VwZG).

29   Die **Zustellung an gewillkürte Bevollmächtigte** ist in § 7 VwZG geregelt (zur Bevollmächtigung Rn 37 ff vor § 34);[51] Entsprechendes gilt nach § 171 ZPO. Beim Inlandsvertreter kommt es nach Niederlegung des Mandats darauf an, ob die Änderung ins Register eingetragen ist, § 30 Abs 3 Satz 2, oder ob die Beendigung und die Bestellung eines neuen Inlandsvertreters dem DPMA angezeigt worden sind (Rn 34;

---

46 BGH NJW 2002, 827 mwN zur unwirksamen öffentlichen Zustellung, BPatG Mitt 1977, 196; BPatGE 22, 61 = GRUR 1980, 41; BPatG BlPMZ 1986, 181, zT unter nicht ausreichender Unterscheidung zwischen Bekanntgabe und Zustellung; *Thomas/Putzo* Vorbem § 166 ZPO Rn 7.

47 Zu den Auswirkungen der Postreform *Sadler* VwZG Einl Rn 6.

48 *Engelhardt/App* § 2 VwZG Rn 13 f.

49 BPatGE 45, 159.

50 BPatG 22.1.2008 6 W (pat) 35/05.

51 Zur Abgrenzung des Zustellungsbevollmächtigten gem § 8 VwZG aF vom Bevollmächtigten BGHZ 112, 157 = GRUR 1991, 37 Spektralapparat.

Rn 43f, 46 zu § 25).[52] Für eine wirksame Zustellung an einen im Inland ansässigen Patentanwalt muss der Anwalt selbst als Zustelladressat Kenntnis vom Zugang des Schriftstücks erlangen und es als zugestellt annehmen. Die Wirksamkeit der Zustellung hängt nicht davon ab, dass der Anwalt vor Leistung der Unterschrift auf dem Empfangsbekenntnis (Rn 45ff) von dem Inhalt des Schriftstücks Kenntnis genommen hat, es genügt die mit der Erlangung des Gewahrsams verbundene Möglichkeit zu inhaltlichen Prüfung. Die Ausstellung und Rücksendung des Empfangsbekenntnisses begründet die Annahme, dass der Vertreter das Schriftstück als zugestellt annehmen wollte.[53] Auch eine Mitteilung, zu der das DPMA nicht verpflichtet ist, muss an einen bestellten Vertreter zugestellt werden.[54]

Schließt die Bevollmächtigung die **Entgegennahme von Schriftstücken** aus (nicht selten bei der **30** Angestelltenvollmacht),[55] kann an den Bevollmächtigten grds nicht wirksam zugestellt werden[56] (s aber Rn 31).

Die **Bevollmächtigung** gem § 7 Abs 1 VwZG kann auch stillschweigend erfolgen,[57] dies galt ebenso **31** für den Vertreter iSd Abs 1 Nr 5 aF.[58] Erforderlich nach § 7 Abs 1 VwZG[59] wie auch § 171 ZPO ist die Vorlage der schriftlichen Vollmacht, nicht deren Aushändigung.[60] Durch die Neuregelung ist nicht mehr darauf abzustellen, ob die Vollmacht zu den Akten des Verfahrens gelangt ist;[61] die beim DPMA hinterlegte „allgemeine Vollmacht" genügt damit.[62] Teilnahme des Anwalts an einer Anhörung für einen von mehreren Anmeldern berührt vorangegangene anderweitige gemeinsame Zustellungsbevollmächtigung nicht ohne weiteres.[63] Hat ein Kommanditist die Vollmachtsurkunde unterschrieben, wirkt die Bevollmächtigung nicht für die KG.[64] Der Abwickler nach § 48 Abs 2 Satz 4 PatAnwO tritt an die Stelle des ursprünglichen Vertreters.[65] An den einstweilen zugelassenen (bestellten) Bevollmächtigten kann zugestellt werden.[66] Hat ein Mitanmelder dem DPMA gegenüber einen anderen Mitanmelder als Zustellungsbevollmächtigten benannt und will das DPMA diesem eine Gebührennachricht zugleich als Bevollmächtigtem zustellen, muss es dies jedenfalls dann deutlich zum Ausdruck bringen, wenn Zweifel bestehen, ob der Zustellungsempfänger von der Zustellungsvollmacht Kenntnis hat; idR wird allerdings genügen, so viele Abschriften zuzustellen, wie Beteiligte vorhanden sind.[67] Auf eine lediglich telefonische Aussage eines Anmelders, dass er in Abweichung einer früheren Bestimmung nunmehr Zustellungsbevollmächtigter sei, kann sich das DPMA nicht verlassen.[68]

Nach § 7 Abs 2 VwZG sind, wenn nur ein Zustellungsbevollmächtigter bestellt ist, an diesen Ausferti- **32** gungen entspr der Zahl der Beteiligten zuzustellen. Hierbei handelt es sich **nicht** nur um eine sanktionslose **Ordnungsvorschrift**.[69] Ein Verstoß gegen § 7 Abs 2 VwZG macht vielmehr nach stRspr des BPatG die Zustellung unwirksam.[70]

Nach § 7 Abs 1 Satz 1, 2 VwZG besteht für den Fall, dass ein Bevollmächtigter bestellt ist, aber **noch 33 keine schriftliche V**ollmacht vorgelegt wurde, grds ein Wahlrecht der Behörde, ob sie dem Vollmachtge-

---

52 BPatG 24.1.2003 34 W (pat) 57/02, teilweise überholt; *Schulte* § 25 Rn 46.

53 BPatG 8.3.2007 7 W (pat) 2/07; BGH NJW-RR 1992, 251.

54 BPatG Mitt 2009, 285.

55 Vgl *Horn* Mitt 1962, 70.

56 *Lindenmaier* § 45 Rn 24.

57 BGHZ 112, 157 = GRUR 1991, 37 Spektralapparat; BPatG NJW-RR 1991, 127: durch widerspruchsloses Dulden über längere Zeit.

58 BGH GRUR 1991, 814 Zustellungsadressat.

59 *Schulte* Rn 52.

60 *Zöller* § 171 ZPO Rn 3.

61 Vgl Begr 2. PatGÄndG BlPMZ 1998, 393, 407.

62 *Ingerl/Rohnke* § 94 MarkenG Rn 6; *Schulte* Rn 53.

63 BPatG 17.6.1999 6 W (pat) 25/97.

64 BPatGE 22, 145 = BlPMZ 1980, 312.

65 BGH Zustellungsadressat.

66 BPatGE 28, 230, 232f = GRUR 1987, 812.

67 BPatG 11.11.1997 4 W (pat) 65/96.

68 BPatG 12.2.2004 10 W (pat) 39/02.

69 So 6. *Aufl* unter Berufung auf BPatG 3.7.1989 31 W (pat) 118/86; aA BPatGE 54, 159; BPatG GRUR 1999, 702, wonach auch Heilung ausgeschlossen ist, nunmehr jedenfalls durch die Änderung von § 9 VwZG und den Wegfall von § 127 Abs 2 aF überholt; DPA BlPMZ 1958, 136.

70 BPatG 2.11.2010 21 W (pat) 39/08 mwN.

Engels

ber oder dem Bevollmächtigten zustellt. Nach der Hausverfügung Nr 10 des PräsDPMA sind aber auch ohne schriftliche Vollmacht Zustellungen stets nur an den Bevollmächtigten vorzunehmen.[71] Dies gilt auch dann, wenn er sich erst im Lauf des Verfahrens bestellt. Verstoß macht die Zustellung wirkungslos.[72] Jedoch tritt Heilung nach § 8 VwZG in dem Zeitpunkt ein, zu dem der Bevollmächtigte von dem zuzustellenden Schriftstück Kenntnis erlangt.[73] Für die Frage, ob ein im schriftlichen Verfahren ergangener Beschluss an den im Lauf des Verfahrens bestellten Vertreter zuzustellen ist, kommt es auf den Zeitpunkt des Wirksamwerdens des Beschlusses an.[74] Bei mehreren Bevollmächtigten besteht ein Wahlrecht des DPMA.[75]

34   Anzeige der **Niederlegung des Mandats** durch den Inlandsvertreter steht der Wirksamkeit einer danach an ihn erfolgten Zustellung jedenfalls solange nicht entgegen, als ein Antrag auf Registereintragung des neuen Inlandsvertreters noch nicht eingereicht ist (vgl Rn 43 f, 46 zu § 25).[76] Soweit die ZPO Anwendung findet, gelten anwaltliche Vertreter nach Niederlegung für Zwecke des Prozesses zunächst weiter als Vertreter (§ 87 ZPO).[77] An den Vertreter ist auch zuzustellen, wenn der Beteiligte verstorben ist.[78] Ob das DPMA berechtigt ist, nach Wegfall des Inlandsvertreters an den ausländ Beteiligten zuzustellen, solange der Registereintrag des Inlandsvertreters fortbesteht, ist str (vgl Rn 43 ff zu § 25).[79]

3. Zustellungsarten

35   **a. Allgemeines. § 2 VwZG** enthält eine Grundsatzbestimmung in Anlehnung an die Formulierung in § 166 Abs 1 ZPO (Rn 17). Grds erfolgt die Zustellung durch einen nach § 17 des De-Mail-G vom 28.4.2011[80] akkreditierten Postdienstleister nach den §§ 3, 4 VwZG oder durch die Behörde selbst nach § 5 VwZG.

36   Bekanntgabe isv § 2 VwZG und § 166 ZPO bedeutet dabei die Übermittlung des Dokuments, wobei Dokument ein Oberbegriff für Schriftstücke und elektronische Dokumente ist.[81] Zuzustellen ist das Schriftstück grds durch Übergabe der unterschriebenen oder mit Namensangabe versehenen Urschrift,[82] einer die Urschrift vertretenden Ausfertigung[83] oder beglaubigten Abschrift,[84] ausnahmsweise durch Vorlage der Urschrift. Erforderlich ist demnach zunächst die Verkörperung in einem Schriftstück; § 126 Abs 1 BGB ist unanwendbar und die Angabe des handelnden Beamten bei nicht formgebundenen Bescheiden nicht unbedingt erforderlich.[85] Die Ausfertigung oder beglaubigte Abschrift muss **mit der Urschrift übereinstimmen**.[86] Die Zustellung einer bloßen Kopie ist unwirksam.[87]

37   **b. Die einzelnen Zustellungsarten. Die Zustellung durch die Post mit Zustellungsurkunde** ist in **§ 3 VwZG** geregelt. Nach der Hausverfügung Nr 10 des PräsDPMA (Rn 22) soll trotz des Vorteils des eindeutigen Zustellungsnachweises der Weg wegen des höheren Porto- und Arbeitsaufwands nur beschritten

---

71   BGH GRUR 1991, 814 Zustellungsadressat; vgl BPatG Mitt 1966, 152; BPatG GRUR 2008, 364, Markensache; BPatG Mitt 1969, 153; aA BPatG Mitt 1968, 179; BPatG 5.2.1990 25 W (pat) 143/88 BlPMZ 1990, 440 Ls: nur willkürlicher Wechsel des Zustellungsadressaten ausgeschlossen; vgl BPatGE 34, 212, 214 = Mitt 1995, 171.

72   BGH Zustellungsadressat; BGHZ 121, 58 = GRUR 1993, 476 Zustellungswesen; BPatGE 3, 54 = GRUR 1964, 523; BPatGE 17, 8, 10 = Mitt 1975, 92; *van Hees/Braitmayer* Rn 1150 ff.

73   BPatG GRUR 2008, 364, 366, Markensache.

74   BPatG 2.8.2000 29 W (pat) 227/00.

75   *Van Hees/Braitmayer* Rn 1152.

76   BPatG BlPMZ 1996, 357 unter Hinweis auf BPatG 28, 219 = GRUR 1987, 359; BPatG BlPMZ 1988, 253; nach BPatG 26.5.2003 10 W (pat) 22/02 ist in diesem Fall die Zustellung an den Anmelder selbst unwirksam; teilweise überholt BPatG 24.1.2003 34 W (pat) 57/02; *Schulte* § 25 Rn 47.

77   BGH Bausch BGH 1994–1998, 272 ff Schlauchaufwickelvorrichtung.

78   BPatGE 22, 285.

79   Bejahend BPatGE 34, 186; BPatG BlPMZ 1994, 292 f; BPatG Mitt 1995, 174, abl BPatGE 28, 219 = GRUR 1987, 359.

80   BGBl I 666, in Kraft seit 3.5.2011.

81   *Sadler* § 2 VwZG Rn 1.

82   *Sadler* § 2 VwZG Rn 3, 8.

83   *Sadler* § 2 VwZG Rn 9 ff.

84   *Sadler* § 2 VwZG Rn 15 ff; *Zöller* § 166 ZPO Rn 5.

85   BGHZ 56, 7 = GRUR 1971, 246 Hopfenextrakt, für nicht formgebundene Gebührennachrichten; vgl *Klauer/Möhring* § 45a Rn 3.

86   BPatGE 24, 125 = BlPMZ 1982, 191.

87   *Sadler* § 2 VwZG Rn 17.

werden, wenn dies aus besonderen Gründen angezeigt ist.[88] Post iSv § 3 Abs 1 VwZG ist hierbei jeder nach § 2 Abs 2 VwZG zugelassene Postdienstleister.[89] Das DPMA übergibt der Post den Zustellungsauftrag und das zuzustellende Dokument in einem verschlossenen Umschlag sowie einen vorbereiteten Vordruck einer Zustellungsurkunde.

Die durch das ZustRG geänd Regelung des § 3 Abs 2 VwZG verweist für die Ausführung der Zustellung **38** auf **§§ 177–181 ZPO**. Das Schriftstück kann der Person, an die zugestellt werden soll, an jedem Ort übergeben werden, an dem sie angetroffen wird (§ 177 ZPO). Mit der Übergabe an den Adressaten ist die Zustellung bewirkt.[90]

Wird der Zustellungsempfänger nicht angetroffen, richtet sich die **Ersatzzustellung** nach § 178 Abs 1 **39** ZPO. An den Hauswirt oder Vermieter kann nicht mehr zugestellt werden, dagegen an einen erwachsenen ständigen Mitbewohner der Wohnung. Verbotswidrige Zustellung an den Gegner führt zur Unwirksamkeit der Zustellung (§ 178 Abs 2 ZPO). Ersatzzustellung kann auch durch Einlegen in den Briefkasten oä erfolgen (§ 180 ZPO). Als ähnliche Einrichtung kann auch ein nur einem überschaubaren Personenkreis zugänglicher Briefkastenschlitz ohne geschlossenes Behältnis ausreichen.[91] Sind sowohl der Geschäftsführer als auch Bedienstete einer juristischen Person nicht erreichbar, kann eine Ersatzzustellung auch in deren dem Publikum zugänglichen Geschäftsräumen erfolgen, in denen ihre gewerbliche Tätigkeit ausgeübt wird.[92] Ein bloßer Rechtsschein, der Adressat unterhalte eine Wohnung oder einen Geschäftsraum, genügt nicht.[93] Die Ersatzzustellung durch Niederlegung (§ 3 Abs 2 Satz 2 VwZG iVm § 181 Abs 1 ZPO) ist demgegenüber eingeschränkt worden; die Möglichkeit der Niederlegung bei der Gemeinde oder bei der Polizei ist entfallen. Diese Art der Ersatzzustellung ist gegenüber den Ersatzzustellungen nach § 178 Abs 1 Nr 3 ZPO (Gemeinschaftseinrichtungen wie Kasernen, Altenheimen oä) oder nach § 180 ZPO subsidiär und erfordert deren Unausführbarkeit.[94] Die von der Post bestimmte Stelle ist idR das zuständige Postamt oder eine Postagentur.[95] Die Zustellung gilt mit Abgabe der Mitteilung über die Niederlegung auf dem Vordruck nach der ZustVV gem § 181 Abs 1 Satz 4 ZPO als bewirkt.

Unzureichende Angaben in der Zustellungsurkunde (§ 182 ZPO) stehen der Wirksamkeit der Zustellung nicht entgegen, so nicht die fehlende Bezeichnung der zuzustellenden Schriftstücke, wenn zweifelsfrei feststeht, was zugestellt worden ist.[96] Nach dem Wortlaut des § 82 Abs 1 Satz 1 ZPO dient die Zustellungsurkunde nur noch dem Nachweis der Zustellung und ist damit für die Zustellung nicht mehr konstitutiv. Dies gilt sogar, wenn auf der Zustellungsurkunde das Datum fehlt.[97] Den Nachweis der Zustellung und ihres Zeitpunkts kann der Zustellende daher durch die Zustellungsurkunde, aber auch in anderer Weise führen.[98]

Die **Zustellung mittels Einschreibens** durch Übergabe oder mit Rückschein ist in **§ 4 VwZG** und in **41** § 175 ZPO für das Einschreiben mit Rückschein geregelt. Sie ist nach der Hausverfügung Nr 10 des Präs-DPMA für die Zustellung nach § 4 VwZG der Regelfall. Ihr wird, sofern eine Rechtsmittelfrist in Lauf gesetzt wird, eine Rechtsbehelfsbelehrung über den maßgeblichen Zustellungszeitpunkt beigefügt. Ein Einwurfeinschreiben ist für eine wirksame Zustellung nicht ausreichend.[99] Im Fall des Abs 1 Nr 2 genügt die Aufgabe eines Einschreibens zu Post (Rn 56). Wenn die Versendung eines Schriftstücks per Einschreiben nicht festgestellt werden kann, tritt die Zustellungsfiktion des § 4 Abs 2 VwZG von vornherein nicht in Kraft, so dass es dem Adressaten in diesem Fall auch nicht obliegt, die Fiktion durch substantiiertes Bestreiten der

88 *Van Hees/Braitmaier* Rn 1160.
89 *Engelhardt/App* § 3 VwZG Rn 1.
90 *Schulte* Rn 66.
91 BGH NJW 2011, 2440.
92 OVG Berlin-Brandenburg NJW 2012, 951.
93 BGH NJW 2011, 2440.
94 *Thomas/Putzo* § 178 ZPO Rn 2f.
95 OLG Karlsruhe Mitt 2011, 576; *Engelhardt/App* § 3 VwZG Rn 32 mwN.
96 OVG Berlin-Brandenburg NJW 2012, 951; BPatG Mitt 1974, 178; zur Bedeutung der Bezeichnung „Schriftstück" statt „Sendung" in der Zustellungsurkunde BPatGE 21, 27; vgl auch *Baumbach/Lauterbach/Albers/Hartmann* § 182 ZPO Rn 19; *Thomas/Putzo* § 182 ZPO Rn 2, 6; *Heß* NJW 2002, 2417 ff Fn 4.
97 *Sadler* § 3 VwZG Rn 30 mwN.
98 OLG Stuttgart NJW 2006, 1887 ff mwN.
99 BVerwGE 112, 78 = NJW 2001, 458; *van Hees/Braitmayer* Rn 1175 mwN; *Schulte* Rn 72; *Engelhardt/App* § 4 VwZG Rn 2.

Zustellung auszuräumen.[100] Die Zustellung eines Dokuments mittels eingeschriebenen Briefs ist nicht deshalb fehlerhaft, weil der Sendung daneben auch Kopien aus den Verwaltungsvorgängen beigefügt worden waren.[101] Weder das VwZG noch das PatG treffen eine Regelung dahingehend, dass bestimmte Dokumente stets isoliert zu versenden seien, noch verbieten sie ausdrücklich die Bündelung mehrerer Sendungen ein und desselben Verfahrens miteinander in einer an den Bevollmächtigten gerichteten Einschreibesendung. Vom Empfänger einer Einschreibesendung, insb von einem Anwalt, kann erwartet werden, dass er deren Inhalt einer genauen Prüfung unterzieht.[102] Bei einem Einschreiben ist die Zustellung mit Übergabe an einen Ersatzempfänger (Familienangehörigen) bewirkt (Rn 42).

42   **Zustellungszeitpunkt.** Nach § 4 Abs 2 Satz 1 VwZG ist die Zustellung an dem Tag bewirkt, der auf dem Rückschein angegeben ist. Entsprechendes gilt für § 175 ZPO. In diesem Fall gilt die Fiktion von § 4 Abs 2 Satz 2 nicht.[103] Für die Wirksamkeit der Zustellung nach § 4 Abs 2 Satz 1 VwZG ist zum einen erforderlich, dass der Rückschein vorhanden ist und dass er zum anderen nicht an wesentlichen Mängeln leidet, dh seine Beweisfunktion nicht erfüllen kann; dies ist zB bei fehlender Unterschrift des Empfängers oder fehlender Datumsangabe der Fall. Allerdings ist der Rückschein nur eine Beweiserleichterung,[104] keine öffentliche Urkunde.[105] Übergabe an einen Ersatzempfänger kommt in Betracht.[106] Kommt es bei einem Übergabeeinschreiben nicht zur Übergabe, wird die Zustellung erst mit der Abholung bewirkt; Ersatzzustellung ist bei dieser Zustellungsart nicht möglich.[107]

43   Im übrigen, also auch im Fall eines an wesentlichen Mängeln leidenden Rückscheins, der anders als die Zustellungsurkunde keine öffentliche Urkunde, sondern Privaturkunde ist,[108] die die Zustellungsurkunde ersetzt, und damit nur Beweiskraft nach § 416 ZPO und nicht nach § 418 ZPO für die Richtigkeit des Inhalts hat, **gilt** nach § 4 Abs 2 Satz 2 VwZG die Zustellung als mit dem dritten Tag seit der Aufgabe, dh im Lauf des dritten (Kalender-)Tags **als bewirkt.**[109] Diese Dreitagesfrist kann nicht zu Ungunsten des Empfängers abgekürzt werden.[110] Es handelt sich aber um eine beschränkt widerlegbare Vermutung,[111] die nicht eintritt, wenn der Zugang nicht oder erst später erfolgt, den Zustellungsempfänger aber für den Fall früheren Zugangs privilegiert. Die frühere Regelung des § 12 VwZG, die die Zustellung zur Nachtzeit sowie an Sonn- und Feiertagen von der Erlaubnis des Behördenleiters abhängig machte, ist seit 31.1.2006 außer Kraft (vgl aber § 5 Abs 3 VwZG). Str ist insoweit, ob die Zustellung auch dann als erfolgt gilt, wenn es sich bei dem dritten Tag um einen Samstag, Sonntag oder um einen gesetzlichen Feiertag handelt.[112] Verweigerung der Annahme ohne einen normalerweise nicht gegebenen[113] gesetzlichen Grund durch den Adressaten löst die Fiktion des § 127 Abs 1 Nr 1 aus, nicht auch die Verweigerung der Annahme durch Dritte.[114] Verweigert der Adressat die Annahme an einem anderen Ort als an seinem Wohn- oder Geschäftsort, muss das Dokument an den Absender zurückgesandt werden. Eine Täuschung über den wahren Wohnort hindert die Wirksamkeit der Zustellung nicht.[115] Der Tag der Aufgabe des Briefs zur Post muss dem Empfänger weder auf der übermittelten Ausfertigung noch in der Rechtsmittelbelehrung mitgeteilt werden.[116] Nach § 4 Abs 2 Satz 3 VwZG hat die Behörde im Zweifel den Zugang und dessen Zeitpunkt nachzuweisen. Das DPMA

---

100   BPatG BlPMZ 2005, 206 f.

101   Vgl *Engelhardt/App* § 4 VwZG Rn 1 unter Bezugnahme auf OVG Lüneburg NVwZ-RR 2003, 806; str, aA BPatGE 43, 46, Markensache, zwh.

102   OVG Lüneburg NVwZ-RR 2003, 806.

103   *Engelhardt/App* § 4 VwZG Rn 8.

104   *Lindenmaier* § 45a Rn 8.

105   *Engelhardt/App* § 4 VwZG Rn 3.

106   BPatGE 2, 202 = BlPMZ 1962, 376; BPatG 22.1.2009 10 W (pat) 57/05; str, *Thomas/Putzo* § 175 ZPO Rn 4; *van Hees/Braitmayer* Rn 1176.

107   *Schulte* Rn 75.

108   BSG NJW 2005, 1303; *Zöller* § 175 ZPO Rn 4; *Thomas/Putzo* § 175 ZPO Rn 6; *Benkard* Rn 10.

109   DPA GRUR 1955, 338; *Schulte* Rn 77; *Klauer/Möhring* § 45a Rn 9; *Lindenmaier* § 45 Rn 9.

110   BPatG 22.1.2009 10 W (pat) 57/05; *Engelhardt/App* § 4 VwZG Rn 8 mwN.

111   *Benkard* Rn 9; *Schulte* Rn 78; *Klauer/Möhring* § 45a Rn 9; str, nach aA Fiktion, so BPatG BlPMZ 2005, 206; *Tönnies* GRUR 1998, 345, 347.

112   OVG Greifswald NJW 2012, 953; *Engelhardt/App* § 4 VwZG Rn 6 mit Nachw zum Streitstand.

113   VGH München NJW 2012, 950; EuGH NJW 2008, 1721 fehlende Übersetzung; *Sadler* § 3 VwZG Rn 11 ff.

114   DPA BlPMZ 1957, 42; *Schulte* Rn 76.

115   VGH München NJW 2012, 950.

116   BPatGE 40, 270 = GRUR 1999, 569.

trägt die Feststellungslast für den Zugang einer mittels Einschreibens übermittelten Postsendung nur, wenn der Zustellungsempfänger in substantiierter Weise einen von der gesetzlichen Zustellungsvermutung abweichenden Geschehensablauf darlegt; die bloße Behauptung, die Sendung nicht erhalten zu haben, genügt idR nicht.[117]

Die **Zustellung gegen Empfangsbekenntnis** ist in § 5 VwZG und in § 174 ZPO geregelt. Für die Ersatzzustellung gelten nach § 5 Abs 2 VwZG die §§ 177–181 ZPO. Gehört der Adressat zu dem in § 5 Abs 4 VwZG genannten Personenkreis, ist eine vereinfachte Zustellung, regelmäßig durch Übersendung eines einfachen Briefs, möglich.[118] Die Regelung ist auch auf die Zustellung an Erlaubnisscheininhaber anzuwenden (§ 5 Abs 1 Nr 3 VwZG), dagegen nicht auf Patentassessoren (s auch Hausverfügung PräsDPMA Nr 10).[119] Eine Ermächtigung einer nicht zum Personenkreis des § 5 Abs 4 VwZG gehörenden Person zur Entgegennahme einer Zustellung gegen Empfangsbekenntnis ist nicht zulässig und macht die Zustellung idR unwirksam.[120] Erfolgt die Zustellung eines nicht verkündeten Beschlusses des DPMA im Weg der vereinfachten Zustellung durch Postübersendung an den anwaltlichen Vertreter gegen Empfangsbekenntnis gem § 5 Abs 4 (Abs 2 aF) VwZG und geht ein Empfangsbekenntnis beim DPMA nicht ein, ist der Beschluss mangels Zustellung unwirksam; lässt sich nicht feststellen, dass der Vertreter den Beschluss nachweislich erhalten hat, kann der Zustellungsmangel auch nicht gem § 9 VwZG geheilt werden.[121] Zu den Pflichten bei Datumsvermerken Rn 45 ff zu § 123. **44**

Die Wirksamkeit der Zustellung nach § 5 Abs 2, 4 VwZG setzt voraus, dass das zugestellte Schriftstück im **Empfangsbekenntnis** so ausreichend bezeichnet ist, dass seine Identität außer Zweifel steht, genauere Bezeichnung ist zumindest zu empfehlen.[122] In Betracht kommt neben dem Einzelempfangsbekenntnis auch ein Sammelempfangsbekenntnis,[123] allerdings nur bei nicht eiligen Schreiben (Hausverfügung PräsDPMA Nr 10). Das Empfangsbekenntnis kann noch nachträglich ausgestellt werden.[124] Es dient nur dem Nachweis (Rn 49), dass und wann der Empfänger das Dokument erhalten hat, ist aber kein Wirksamkeitserfordernis für die Zustellung.[125] Das Gesetz verlangt nicht, dass das Empfangsbekenntnis in zeitlichem Zusammenhang mit der Entgegennahme des Schriftstücks ausgestellt wird; entscheidend ist der Zeitpunkt des Zugangs. Ein Anwalt darf das Empfangsbekenntnis aber nur unterzeichnen und zurückgeben, wenn sichergestellt ist, dass in den Handakten die Rechtsmittelfrist festgehalten und vermerkt ist, dass die Frist im Fristenkalender vermerkt ist.[126] Für eine wirksame Zustellung an einen im Inland ansässigen Patentanwalt muss der Anwalt selbst als Zustelladressat Kenntnis vom Zugang des Schriftstücks erlangen und es als zugestellt annehmen. Die Wirksamkeit der Zustellung hängt nicht davon ab, dass der Anwalt vor Leistung der Unterschrift auf dem Empfangsbekenntnis (Rn 46) vom Inhalt des Schriftstücks Kenntnis genommen hat, es genügt die mit der Erlangung des Gewahrsams verbundene Möglichkeit zu inhaltlichen Prüfung. Die Ausstellung und Rücksendung des Empfangsbekenntnisses begründet die Annahme, dass der Vertreter das Schriftstück als zugestellt annehmen wollte.[127] **45**

Das Empfangsbekenntnis ist mit dem vollen Namen **zu unterschreiben**, eine Paraphe genügt nicht, offen gelassen wurde, ob ein Faksimilestempel ausreicht;[128] Berufung auf unzulängliche Unterschrift des eigenen Bevollmächtigten muss nicht gegen Treu und Glauben verstoßen.[129] Das Fehlen der Unterschrift macht die Zustellung nicht unwirksam (Rn 45). Durch die Rücksendung des Empfangsbekenntnisses ergibt sich, dass das Dokument zugegangen ist. Fehlende Datumsangabe berührt die Wirksamkeit der Zustellung **46**

---

117 BPatG BlPMZ 2005, 206; BPatG 5.3.2001 10 W (pat) 74/00.
118 *Van Hees/Braitmayer* Rn 1179.
119 BPatGE 39, 162 = GRUR 1998, 729; *Schulte* Rn 82; *van Hees/Braitmayer* Rn 1179.
120 OLG Stuttgart NJW 2010, 2532.
121 BPatG 11.11.2004 11 W (pat) 44/04.
122 BGHZ 57, 160 = GRUR 1972, 196 Dosiervorrichtung; *Thomas/Putzo* § 174 ZPO Rn 8.
123 Vgl hierzu BPatG 18.2.1971 9 W (pat) 310/68; *Schulte* Rn 84.
124 BPatGE 23, 248 f.
125 *Engelhardt/App* § 5 VwGO Rn 3.
126 BGH NJW 2010, 1080.
127 BPatG 8.3.2007 7 W (pat) 2/07; BGH NJW-RR 1992, 251.
128 BGHZ 57, 160 = GRUR 1972, 196 Dosiervorrichtung gegen BPatG 16.2.1971 5 W (pat) 459/70 BlPMZ 1972, 28 Ls; aA BVerwG Buchholz 340 § 5 VwZG Nr 4.
129 BGH Dosiervorrichtung.

Engels

ebenfalls nicht.[130] Die auf § 9 Abs 2 VwZG aF bezogene Rspr, dass in diesen Fällen eine Rechtsmittelfrist nicht zu laufen beginnt,[131] ist nach der Neufassung der Heilungsregelung in § 8 VwZG überholt. Eine Bestätigung über den Zugang des Empfangsbekenntnisses bei Gericht sieht das Gesetz nicht vor.

47   Bewusste **Mitwirkung des Zustellungsempfängers**, dh Bekundung des Empfangswillens, zu der auch Patentanwälte nach § 12 Abs 2 ihrer Berufsordnung[132] verpflichtet sind, ist erforderlich; Nichtabgabe des Empfangsbekenntnisses steht der Wirksamkeit der Zustellung entgegen;[133] in solchen Fällen kann auch an einen Anwalt mit Zustellungsurkunde zugestellt werden. Ein späteres schriftliches tatsächliches Zugeständnis über den Empfang eines Schriftstücks kann zumindest bei entgegenstehender ausdrücklicher Erklärung nicht als Empfangsbekenntnis iSd § 5 Abs 4 VwZG angesehen werden.[134] In diesem Fall dürfte aber Heilung nach § 8 VwZG zum tatsächlichen Zugangszeitpunkt eingetreten sein.

48   Die **Annahmeverweigerung durch Bevollmächtigte** lässt die Wirkung der Zustellung nicht eintreten, ebenso nicht die bei Ersatzzustellung.

49   **Beweiskraft.** Das Empfangsbekenntnis ist nicht wie die Zustellungsurkunde öffentliche Urkunde, sondern Privaturkunde,[135] da das Empfangsbekenntnis nicht von einer der in § 212a ZPO genannten Amtspersonen abgegeben wird, handelt es sich nicht um eine öffentliche Urkunde im Sinne des § 418 ZPO, sondern (nur) um eine Privaturkunde im Sinne des § 416 ZPO. Derartige Privaturkunden erbringen, anders als die sog Zeugnisurkunde des § 418 ZPO, die vollen Beweis der darin bezeugten Tatsachen begründet, grds Beweis nur dafür, dass die in ihnen enthaltenen Erklärungen von den Ausstellern abgegeben worden sind. Für das Empfangsbekenntnis gelten aber, der verfahrensrechtl Bedeutung dieser Urkunden für den Zivilprozess entspr, Besonderheiten. Das datierte und unterschriebene Empfangsbekenntnis erbringt Beweis für die Entgegennahme des darin bezeichneten Schriftstücks als zugestellt und für den Zeitpunkt dieser Entgegennahme. Allerdings ist der Gegenbeweis der Unrichtigkeit der im Empfangsbekenntnis enthaltenen Angaben zulässig.[136] Er ist jedoch nur erbracht, wenn die Beweiswirkung des ZPO § 212a vollständig entkräftet ist, jede Möglichkeit der Richtigkeit der Empfangsbestätigung ausgeschlossen ist. Gegenbeweis gegen die Richtigkeit des Empfangsbekenntnisses ist zulässig.[137] Der Amtsermittlungsgrundsatz gilt insoweit nicht. Späte Datierung muss das Empfangsbekenntnis nicht ohne weiteres erschüttern.[138] Stimmen handschriftliche Datierung und Datumsstempel nicht überein, spricht der Anschein jedenfalls bei räumlicher Nähe zur Unterschrift des Anwalts für das handschriftlich frühere Datum; der Anschein ist danach nicht schon dadurch widerlegt, wenn die Handschriften von Datierung und Unterschrift voneinander abweichen und für beide unterschiedliche Schreibgeräte verwendet worden sind.[139]

50   Eine **Zustellung im elektronischen Rechtsverkehr** (§ 5 Abs 4 2. Alt, 5–7 VwZG, § 5a VwZG, § 9 Abs 1 Nr 4 VwZG) ist durch das Vierte Gesetz zur Änderung verwaltungsverfahrensrechtlicher Vorschriften (4. VwVfÄndG) vom 11.12.2008[140] eingeführt und setzt eine Registrierung der Teilnehmer bei einem Diensteanbieter sowie mit einer qualifizierten elektronischen Signatur des Antragstellers versehene elektronische Dokumente voraus;[141] die Zustellung erfolgt mittels Empfangsbekenntnis (EB) und kann nach § 5 Abs 5 VwZG für elektronische Dokumente auch elektronisch erfolgen, nach § 5a VwZG auch durch Einlegen der Nachricht in ein De-Mail-Postfach des Empfängers, wobei an die Stelle eines EB eine elektronische Abholbestätigung tritt. Dzt können beim DPMA zwar Anmeldungen nach § 12 DPMAV, § 1 ERVDPMAV (im Anhang) elektronisch eingereicht werden, auch werden insoweit elektronische EB und andere Verfahrenserklärungen übersandt nach der früheren VO über den elektronischen Rechtsverkehr im gewerblichen

---

130 *Zöller* § 174 ZPO Rn 14.
131 GemS-OGB BGHZ 67, 355 = NJW 1977, 621 f.
132 Mitt 1997, 243, 245; *Zöller* § 174 ZPO Rn 6.
133 BPatGE 21, 1 = Mitt 1978, 171: Vermerk „ungültig!"; BPatG 2.12.1971 25 W (pat) 147/69; BPatG 18.1.1974 5 W (pat) 54/73; BPatG 23.12.1970 23 W (pat) 208/70.
134 BGHZ 57, 160 = GRUR 1972, 196 Dosiervorrichtung; vgl BPatG 18.1.1974 5 W (pat) 54/73.
135 *Zöller* § 174 ZPO Rn 20.
136 BGH NJW 1990, 2125; *Thomas/Putzo* § 174 ZPO Rn 8; *Zöller* § 174 ZPO Rn 20.
137 BPatGE 23, 248 f; BPatG 21.5.1969 28 W (pat) 240/68.
138 BPatG Mitt 1979, 96.
139 BPatG 24.4.1996 19 W (pat) 67/94.
140 BGBl I S 2418.
141 http://dpma.de/service/e_dienstleistungen/dpmadirekt/allgemeineinformationen/digitalesignatur/index.html sowie http://dpma.de/service/e_dienstleistungen/pmadirekt/allgemeineinformationen/unterstuetzteformate/index.html.

Rechtsschutz vom 5.8.2003 (Rn 8 zu § 125a).[142] Von elektronischen Zustellungen an ein De-Mail-Postfach und der elektronischen Abholbestätigung nach § 5a Abs 4 VwZG macht das DPMA dzt allerdings noch keinen Gebrauch. Allerdings sieht der durch das Gesetz zur Änderung des Designgesetzes und weiterer Vorschriften des gewerblichen Rechtsschutzes vom 4.4.2016[143] in die ERVDPMAV aufgenommene § 5 eine derartige Zustellung elektronischer Dokumente vor; er tritt am 1.10.2016 in Kraft.

Zustellung im Abholfach. Abs 1 Nr 4 stellt auf Wunsch der beteiligten Kreise dem DPMA eine im 51 VwZG nicht vorgesehene, praktisch bedeutsame Zustellungsart zur Verfügung. Die Regelung, nach der die Zustellung als am dritten Tag nach der Niederlegung im Abholfach bewirkt gilt, ist auf Kalendertage, nicht auf Werktage abgestellt.[144] Es handelt sich um eine unwiderlegbare Vermutung;[145] auch bei früherer Abholung gilt die Zustellung erst am dritten Tag als bewirkt.[146] Der Vermerk auf dem zugestellten Schriftstück ist wesentliche Förmlichkeit,[147] jedoch wird man eine Nachholung des Vermerks in den Akten noch als zulässig ansehen dürfen.[148]

c. Das VwZG sieht als **Sonderarten** Zustellung im Ausland und öffentliche Zustellung vor. 52

Auslandszustellung (§ 9 VwZG) kommt nicht in Betracht, wenn ein Inlandsvertreter (§ 25) bestellt 53 ist, weil dann an diesen zugestellt werden muss. Wenn entgegen § 25 ein Inlandsvertreter nicht bestellt worden ist, gilt Abs 1 Nr 2 (Rn 55 f). Eine Auslandszustellung kann zB bei Zeugenladungen in Betracht kommen. Im Verfahren vor dem DPMA wird von einer Zustellung nach dieser Bestimmung generell abgesehen (Hausverfügung Nr 10). Für die Zustellung nach § 127 Abs 2 gilt § 184 ZPO.

Die Zustellungsmöglichkeiten im Ausland richten sich nach den entspr völkerrechtl Vereinbarungen 54 mit dem Staat, in dem sich der Zustellungsadressat aufhält.[149] In Nachfolge des Europäischen Übereinkommens über die Zustellung von Schriftstücken in Verwaltungssachen im Ausland vom 24.11.1977,[150] (in Kraft im Verhältnis zu Belgien, Estland, Frankreich, Italien, Luxemburg, Österreich und Spanien)[151] und der VO (EG) 1348/2000 des Rates vom 29.5.2000 über die Zustellung gerichtlicher und außergerichtlicher Schriftstücke in Zivil- und Handelssachen in den Mitgliedstaaten[152] ist nunmehr die **VO (EG) 1393/2007** über die Zustellung gerichtlicher und außergerichtlicher Schriftstücke in Zivil- oder Handelssachen in den Mitgliedstaaten vom 13.11.2007 **(EuZuVO)** zu beachten. Zustellungen in Nicht-EU-Mitgliedsstaaten erfolgen nach § 183 ZPO nach den entsprechenden völkerrechtl Verträgen. Gem Art 14 EuZuVO ist innerhalb der EU die Direktzustellung durch die Post (ohne Inanspruchnahme der Rechtshilfekanäle des Aufenthaltsstaats des Zustellungsadressaten) zulässig.

Abs 1 Nr 2 sieht mit der **Zustellung durch Aufgabe zur Post** gegenüber § 9 VwZG eine wesentliche 55 Erleichterung vor.[153]

Die Vorschrift verweist auf § 184 Abs 2 Satz 1, 4 ZPO. Eine inhaltliche Änderung hat das ZustRG nicht 56 bewirkt.[154] Der Anwendungsbereich der Regelung ist begrenzt.[155] Die Zustellung durch Aufgabe eines eingeschriebenen Briefs zur Post nach Abs 1 Nr 2 setzt eine **Obliegenheitsverletzung** (zB Nichtbestellung eines Inlandsvertreters) voraus; besteht eine derartige Obliegenheit für den Empfänger (noch) nicht, hat

---

142 Vgl Hinweis BlPMZ 2006, 45.

143 BGBl I 558.

144 BPatG Mitt 1984, 177.

145 BPatGE 17, 3 f = Mitt 1975, 229; *Benkard* Rn 17; *Schulte* Rn 99; *van Hees/Braitmaier* Rn 1197; *Ekey/Bender/Fuchs-Wissemann* § 94 MarkenG Rn 12; *Klauer/Möhring* § 45a Rn 12 nimmt Fiktion an.

146 BPatG 31.8.1971 4 W (pat) 55/71.

147 *Klauer/Möhring* § 45a Rn 12.

148 *Lindenmaier* § 45a Rn 17; *Reimer* § 45a Rn 5; aA *Klauer/Möhring* § 45a Rn 12; *Benkard* Rn 17, auf Wiedereinsetzung bei Fehlleistungen verweisend.

149 *Engelhardt/App* § 9 VwZG Rn 2 ff, 8 ff.

150 BGBl 1981 I 535 = BlPMZ 1982, 256; Text und Kommentierung bei *Engelhardt/App* VwZG Teil V; vgl auch *Heß* NJW 2002, 2417 ff Fn 4.

151 *Engelhardt/App* VwZG Teil V Einf Rn 2.

152 ABl EG L 160/37; *Schulte* Rn 124; EuGH NJW 2008, 1721 fehlende Übersetzung.

153 Zum Verfahren *Schulte* Rn 149.

154 Begr ZustRG BTDrs 14/4554 S 29.

155 Vgl schon RPA GRUR 1926, 592; zur fehlenden Anwendbarkeit des § 184 ZPO bei Zustellungen im Bereich der EuZVO BGH EuZW 2011, 276; BGH NJW 2011, 2218.

die Zustellung verfahrenseinleitender Schriftstücke nach den allg Vorschriften zu erfolgen.[156] Auf eine Obliegenheitsverletzung iSd § 184 ZPO (früher, teils abw, § 175 Abs 1 Satz 1 ZPO) kommt es dabei nicht an.[157]

57   Ob angesichts dieser strengen Voraussetzungen an der Rspr, dass die Zustellung durch Aufgabe zur Post **unwirksam** ist, wenn wegen der gewählten Art der Postbeförderung von vornherein zu übersehen war, dass das zuzustellende Schriftstück den Empfänger erst nach Ablauf der in Lauf gesetzten Frist erreichen werde,[158] festzuhalten ist, erscheint zwh.

58   Die **öffentliche Zustellung** ist in § 10 VwZG und in § 185 ZPO geregelt.

59   Öffentliche Zustellung ist letztes Mittel; sie kommt nur bei **allgemein unbekanntem Aufenthalt** in Betracht.[159] Für die Anordnung ist grds der Prüfer zuständig; soweit Zuständigkeit der Abteilung begründet ist, wird dies auch für die Anordnung gelten müssen (nach der Hausverfügung Nr 10 des PräsDPMA ist die jeweilige Fachabteilung zuständig; deren Tätigwerden anstelle des Prüfers ist jedenfalls unschädlich). Aushang erfolgt aufgrund der elektronischen Akteneinsicht nicht mehr. Liegen die Voraussetzungen für eine öffentliche Zustellung nicht vor, werden keine Fristen in Gang gesetzt.[160]

III. Heilung von Zustellungsmängeln

60   Ist die Zustellung aufgrund von Mängeln unwirksam, muss dies vAw beachtet werden.[161] § 8 VwZG sieht eine Heilung von Zustellungsmängeln vor, wenn der Empfangsberechtigte das Schriftstück nachweisbar[162] erhalten hat, sich aber die formgerechte Zustellung eines Dokuments nicht nachweisen lässt oder das Dokument unter Verletzung zwingender Zustellungsvorschriften zugegangen ist. Für Zustellungen nach der ZPO folgt dies aus § 189 ZPO. Ein Mangel des bei Zustellung übergebenen Schriftstücks (dies gilt auch für das übermittelte Dokument) ist nicht Zustellungsmangel, er kann somit nicht nach § 189 heilen. Eine wesentliche Abweichung der beglaubigten (übergebenen) Abschrift von der Urschrift bewirkt deshalb ebenso wie die Übergabe eines nicht beglaubigten Schriftstücks die Ungültigkeit der Zustellung.[163] Im Fall der §§ 6, 7 VwZG tritt daher Heilung nach § 8 VwZG in dem Zeitpunkt ein, zu dem der Vertreter oder der Bevollmächtigte von dem zuzustellenden Schriftstück Kenntnis erlangt.[164] Nicht heilbar ist eine Zustellung, wenn schon die Versendung eines Schriftstücks per Einschreiben nicht festgestellt werden kann.[165] Die Heilung betrifft auch nicht den Fall, dass ein Zustellungswille der Behörde nicht vorhanden war, zB eine ausreichende Anzahl an Schriftstücken zuzustellen,[166] oder bei fehlender Anordnung einer förmlichen Zustellung.[167]

61   Damit dürfte sich die Streitfrage, ob Heilung bei Zustellung an den **falschen Adressaten** in Betracht kommt,[168] erledigt haben.

---

156   BGHZ 121, 58 = GRUR 1993, 476 Zustellungswesen, Wz-Sache; vgl BPatG Mitt 1991, 218; BPatG 28.11.1990 28 W (pat) 256/88 BlPMZ 1992, 111 Ls; BPatG 28.11.1995 27 W (pat) 130/95; BPatG 8.9.1999 10 W (pat) 48/99: keine Verpflichtung zur Inlandsvertreterbestellung auf bloße Aufforderung, Jahresgebühren zu zahlen.

157   BGH Zustellungswesen; vgl auch BGH NJW 2000, 3284.

158   BPatG 13.12.1972 9 W (pat) 55/70; vgl BPatG Mitt 1969, 153.

159   BGH NJW 2002, 827; BPatGE 15, 158 f = BlPMZ 1973, 336: bekannte Postfachadresse, die naheliegende Nachforschungen ermöglichte; *Schulte* Rn 33; BPatG 7.7.2004 28 W (pat) 227/03, Markensache, fordert zu weitgehend umfangreiche erfolglose Nachforschungen, die in der Akte zu dokumentieren sind.

160   BGH NJW 2007, 303 mwN.

161   *Lindenmaier* § 45a Rn 25.

162   BPatG 13.1.2005 10 W (pat) 19/03; BPatG 16.11.2006 10 W (pat) 34/03; BPatG 8.5.2008 10 W (pat) 11/07.

163   *Zöller* § 189 ZPO Rn 8.

164   BPatG GRUR 2008, 364, 366, Markensache.

165   BPatG BlPMZ 2005, 206 f.

166   BPatG 2.11.2010 21 W (pat) 39/08; BPatG 9.12.2004 10 W (pat) 40/04.

167   BPatG 4.11.2010 35 W (pat) 46/09.

168   Bejahend BPatGE 17, 8 = Mitt 1975, 92; BPatGE 28, 230, 233 = GRUR 1987, 812: GbmLöschungssache, danach soll auch ein rechtzeitiger Widerspruch, der mangels Beibringung der Genehmigung zur Verfahrensführung materiell keine Wirkungen entfaltet, heilen können; verneinend BPatGE 3, 54 = GRUR 1964, 523; BPatG 11.10.1972 27 W (pat) 91/72; *Reimer* § 45a Rn 8; *Schulte* Rn 123 und *Benkard* Rn 42: Heilung nur, wenn der richtige Adressat das Schriftstück erhält.

Fehlt die Zustellung ganz oder ist sie nicht nachweisbar,[169] kommt Heilung nicht in Betracht. Das ist **62** insb der Fall, wenn schon der Zustellungswille fehlt, zB weil nur formlos bekanntgemacht[170] oder nicht an alle Beteiligten zugestellt werden soll.[171] Der Zugang kann mit allen Beweismitteln dargetan werden; in das Ermessen ist die Wirksamkeit der Zustellung nicht gestellt. Wenn durch die Zustellung eine Frist in Lauf gesetzt wird, setzt Heilung auch Feststellung des Zeitpunkts voraus, in dem das Schriftstück (ggf spätestens) in die Hände des Adressaten gelangt ist.[172]

Inhaltliche Mängel des zugestellten Schriftstücks (zB falsche Belehrungen) sind für die Wirksamkeit **63** der Zustellung ohne Bedeutung,[173] können aber je nach Lage des Falls der fristauslösenden Wirkung entgegenstehen und sind nicht heilbar.[174]

An die Stelle des durch das ZustRG (Rn 2) aufgehobenen § 9 Abs 2 VwZG aF, der Abs 1 für Rechtsmit- **64** telfristen für unanwendbar erklärt hatte, trat vor dessen Inkrafttreten als Sonderregelung die in Abs 2 aF (vgl *5. Aufl*).[175] Heilung kommt infolge der Aufhebung des Abs 2 aF nunmehr auch in Betracht, wenn die Zustellung die **Beschwerdefrist** in Lauf setzt. Hinsichtlich der Fristen zur Einlegung der Rechtsbeschwerde, der Berufung und der Beschwerde nach § 122 ist § 127 insgesamt nicht mehr anwendbar, wie aus Abs 2 nF folgt.

§ 128
(Rechtshilfe)

(1) Die Gerichte sind verpflichtet, dem Patentamt und dem Patentgericht Rechtshilfe zu leisten.

(2) [1] Im Verfahren vor dem Patentamt setzt das Patentgericht Ordnungs- und Zwangsmittel gegen Zeugen oder Sachverständige, die nicht erscheinen oder ihre Aussage oder deren Beeidigung verweigern, auf Ersuchen des Patentamts fest. [2] Ebenso ist die Vorführung eines nicht erschienenen Zeugen anzuordnen.

(3) [1] Über das Ersuchen nach Absatz 2 entscheidet ein Beschwerdesenat des Patentgerichts in der Besetzung mit drei rechtskundigen Mitgliedern. [2] Die Entscheidung ergeht durch Beschluß.

MarkenG: § 95
Ausland: Österreich: § 126 öPatG, geänd durch die Patent- und Markenrechtsnovelle 2014

Übersicht

A. Entstehungsgeschichte; Anwendungsbereich

Vor 1981 § 46. Die Bestimmung ist durch das 6. ÜberlG neu gefasst worden; Abs 2 hat seine geltende **1** Fassung durch Art 135 EGStGB erhalten. Im GbmRecht ist die Bestimmung über § 21 Abs 1 GebrMG anwendbar.[1]

Markenrecht. § 95 MarkenG enthält eine sachlich und weitgehend wörtlich übereinstimmende Regelung, die die Rechtshilfepflicht der Gerichte gegenüber dem BPatG nicht enthält, weil sich diese bereits aus **2** Art 35 GG ergebe (Begr).[2]

---

169 BPatG 11.11.2004 11 W (pat) 44/04.
170 BGH NJW 2003, 119 ff; BPatG 4.11.2010 35 W (pat) 46/09.
171 BPatG 2.11.2010 21 W (pat) 39/08; BPatG 4.11.2010 35 W (pat) 46/09; *Thomas/Putzo* § 189 ZPO Rn 7.
172 *Zöller* § 189 ZPO Rn 13.
173 AA offenbar BPatG 4.12.1969 10 W (pat) 92/69.
174 Vgl zB BPatGE 14, 9 = Mitt 1972, 217.
175 Vgl auch BPatG 17.6.1999 6 W (pat) 25/97.

1 Vgl *Bühring* § 21 GebrMG Rn 150.
2 Kr *Ekey/Bender/Fuchs-Wissemann* § 95 MarkenG Rn 1.

B. Innerstaatliche Rechtshilfe

3   Die Verpflichtung der Gerichte und Behörden des Bundes und der Länder zur Leistung von Rechts- und Amtshilfe folgt schon aus Art 35 Abs 1 GG. Für die Gerichte untereinander ergibt sich die Pflicht zur Leistung von Rechtshilfe auch aus Art 156 Abs 1 GVG und den anderen Verfahrensgesetzen. Rechtshilfe darf grds nicht abgelehnt werden (§ 158 GVG). Hauptanwendungsfall werden, nachdem § 62 Abs 2 Satz 7 für die Erteilung der Vollstreckungsklausel die Zuständigkeit des BPatG vorsieht,[3] Zeugenvernehmungen sein;[4] die EinsprRl IV.6.b. sehen vor, dass von der Möglichkeit nur in Ausnahmefällen Gebrauch zu machen ist, zB wenn das Beweisthema keine schwierigen technischen Einzelheiten enthält und die Patentabteilung voraussichtlich keine ergänzenden Fragen an den Zeugen haben wird. Eine Amtshilfepflicht besteht auch für das DPMA gegenüber dem BPatG (vgl Rn 9 zu § 87).

4   Für die Erledigung von Rechtshilfeersuchen ist das Amtsgericht **zuständig**, in dessen Bezirk die Amtshandlung vorgenommen werden soll (§ 157 Abs 1 GVG); dies gilt auch für das Amtsgericht am Sitz des DPMA und des BPatG.[5] Jedoch eröffnete § 115 Abs 2 aF früher im Nichtigkeitsberufungsverfahren vor dem BGH eine Zuständigkeit des BPatG.

5   **Maßgebliches Verfahrensrecht.** Im Patenterteilungsverfahren sollten die Vorschriften des früheren, des mWv 1.9.2009 durch das FamFG abgelösten FGG, im Nichtigkeitsverfahren die der ZPO anzuwenden sein,[6] letzteres wird auch im GbmLöschungsverfahren und wohl auch im Einspruchsverfahren zu gelten haben. Im Streitfall entscheidet bei Ersuchen des DPMA das Oberlandesgericht, in dessen Bezirk das ersuchte Gericht liegt.[7]

C. Amtshilfe durch das Patentamt

6   Das DPMA hat auf Ersuchen einer inländ Behörde oder eines Gerichts Amtshilfe zu leisten. Die Amtshilfe umfasst auch die Aktenübersendung. Ist die Akteneinsicht nicht frei, darf die ersuchende Behörde nur Einsicht gewähren, wenn die Voraussetzungen des § 31 erfüllt sind.[8]

D. Internationale Rechtshilfe

7   Für die zwischenstaatliche Rechtshilfe sind die einschlägigen internat Übk maßgeblich, nämlich das Haager Abk über den Zivilprozess vom 17.7.1905 (nur noch im Verhältnis zu Estland und Island),[9] das Haager Übk über den Zivilprozess vom 1.3.1954[10] und das Haager Übk über die Beweisaufnahme in Zivil- und Handelssachen vom 18.3.1970,[11] weiter die zugehörigen Ausführungsgesetze und bilaterale Verträge. Als bundeseinheitliche Verwaltungsvorschrift gilt die Rechtshilfeordnung für Zivilsachen vom 19.10.1956 (ZRHO).[12] Innerhalb der EU richtet sich die Rechtshilfe für die Beweisaufnahme außer im Verhältnis zu Dänemark nach der VO (EG) Nr 1206/2001 vom 28.5.2001 über die Zusammenarbeit zwischen den Gerichten der Mitgliedstaaten auf dem Gebiet der Beweisaufnahme in Zivil- oder Handelssachen[13] und dem EG-Beweisaufnahmedurchführungsgesetz vom 4.11.2003,[14] das die §§ 1067–1075 ZPO eingefügt hat.

8   Die genannten Bestimmungen gelten nicht für den **Verkehr mit dem EuGH**.

9   Für den **Verkehr mit dem EPA** sind Art 131 EPÜ und Regeln 148–150 AOEPÜ maßgeblich.

---

3   Insoweit zur früheren Rechtslage RGZ 33, 423 = JW 1894, 509 Rechtshilfe I.

4   Vgl *Fitzner/Lutz/Bodewig* Rn 1.

5   Vgl RG BlPMZ 1906, 4 Rechtshilfe.

6   KG BlPMZ 1939, 174.

7   *Benkard* Rn 1a.

8   *Schulte* § 31 Rn 41.

9   RGBl 1909 S 409.

10   BGBl 1958 II 577.

11   BGBl 1977 II 1472.

12   Text bei *Bülow/Böckstiegel/Geimer/Schütze* Internationaler Rechtshilfeverkehr in Zivil- und Handelssachen, Näheres auch unter www.datenbanken.justiz.nrw.de/pls/jmi/ir_index_start.

13   ABl EG L 174/1.

14   BGBl I 2166 = BlPMZ 2004, 46.

E. Ordnungs- und Zwangsmittel gegen Zeugen und Sachverständige und die Vorführung eines **10** nicht erschienenen Zeugen kann das DPMA als Verwaltungsbehörde nicht selbst festsetzen;[15] anders als im Verfahren vor der Schiedsstelle nach dem ArbEG kommen solche aber grds in Betracht. Die Regelung sieht daher eine „Organleihe" durch das BPatG vor. Dasselbe gilt für die Anordnung der Vorführung. Abs 2 begründet deshalb insoweit die Zuständigkeit des BPatG.[16] Dessen Besetzung (mit drei rechtskundigen Richtern) ist in Abs 3 Satz 1 geregelt; §§ 66, 67 betreffen nur die Zuständigkeit der Nichtigkeits- und Beschwerdesenate.[17] Das BPatG entscheidet durch Beschluss (Abs 3 Satz 2). Nach dem Geschäftsverteilungsplan des BPatG ist der juristische Beschwerdesenat zuständig.

Das BPatG wird nur auf **Ersuchen** des DPMA tätig.[18] **11**

Prüfungskompetenz des BPatG. Ob das BPatG prüfen darf, ob die Aussage oder die Beeidigung **12** rechtmäßig verweigert wurde, war str;[19] entspr § 389 Abs 3 ZPO wird man von einem Novenverbot, in diesem Rahmen aber von einem Prüfungsrecht des BPatG ausgehen müssen (näher *6. Aufl*).[20]

Eine **Anfechtung** der Entscheidung des BPatG kommt (wie bei § 181 GVG) nicht in Betracht; die **13** Rechtsgrundlage hierfür ist allerdings nicht abschließend geklärt.[21] Heranzuziehen wird § 99 Abs 2 sein.[22]

F. EPÜ

Die Gerichte oder andere zuständige Behörden der Vertragsstaaten nehmen für das EPA auf dessen **14** Ersuchen um Rechtshilfe Beweisaufnahmen oder andere gerichtliche Handlungen innerhalb ihrer Zuständigkeit wahr (Art 131 Abs 2 EPÜ). Das EPA verkehrt unmittelbar mit den Patentämtern der Vertragsstaaten (Regel 148 Abs 1 AOEPÜ; zur Kostentragung Regel 148 Abs 2 AOEPÜ). Nach Regel 150 AOEPÜ bestimmt jeder Vertragsstaat eine zentrale Behörde für die Entgegennahme und Weiterleitung ausgehender Ersuchen; für Deutschland ist die Bestimmung in Art II § 11 IntPatÜG und die darauf beruhende VO getroffen worden (s dort). Das zuständige Gericht führt die Beweisaufnahme nach seinem nationalen Recht durch.[23]

Vernehmung vor dem nationalen Gericht. Ein vor das EPA geladener Beteiligter, Zeuge oder Sach- **15** verständiger kann beim EPA beantragen, dass er vor einem zuständigen Gericht in seinem Wohnsitzstaat vernommen wird (Regel 120 AOEPÜ). Das EPA kann dieses Gericht ersuchen, dass seinen Mitgliedern gestattet wird, der Vernehmung beizuwohnen und Fragen zu stellen (Regel 120 Abs 3 AOEPÜ; bei Rechtshilfeersuchen des EPA Regel 150 Abs 6 AOEPÜ).[24]

Im Amts- oder Rechtshilfeweg kann auch die **gerichtliche Zustellung** von Bescheiden und Entschei- **16** dungen vorgenommen werden (Art 119 Satz 2 EPÜ), sofern außergewöhnliche Umstände dies erfordern (vgl Regel 125 Abs 3 AOEPÜ).[25]

Die Vorschriften über die Amts- und Rechtshilfe sind auf **Akteneinsichtsanträge** Dritter nicht anzu- **17** wenden; solche Anträge müssen unmittelbar beim EPA gestellt werden.[26] Diese Akteneinsicht ist in Regel 145 AOEPÜ näher geregelt.

Dagegen betrifft Regel 149 AOEPÜ die **Akteneinsicht von Gerichten** und anderen Behörden der Ver- **18** tragsstaaten. Die Einschränkungen der Regel 145 AOEPÜ gelten in diesen Fällen nicht.

---

15   Vgl *Mes* Rn 2.
16   Vgl dazu Begr 6. ÜberlG BlPMZ 1961, 140, 160 f.
17   *Benkard* Rn 4.
18   *Mes* Rn 2.
19   Bejahend *Benkard* Rn 3a; *Schulte* Rn 11; *Klauer/Möhring* § 46 Rn 3; *Lindenmaier* § 46 Rn 3; verneinend *Reimer* § 46 Anm.
20   *Fitzner/Lutz/Bodewig* Rn 3 bejaht eine umfassende Prüfungspflicht nach §§ 380, 381, 402, 409 ZPO.
21   Vgl *Benkard* Rn 4; *Ströbele/Hacker* § 95 MarkenG Rn 3.
22   So auch *Mes* Rn 2.
23   *Schulte* Rn 7.
24   Vgl *Schulte* Rn 7; *Singer/Stauder* EPÜ Art 131 Rn 15.
25   *Singer/Stauder* EPÜ Art 119 Rn 4; Art 131 Rn 9.
26   ÖPA ABl EPA 1993, 585 Ls; *Singer/Stauder* EPÜ Art 131 Rn 3.

§ 128a
(Zeugenentschädigung; Sachverständigenvergütung)

Zeugen erhalten eine Entschädigung und Sachverständige eine Vergütung nach dem Justizvergütungs- und Entschädigungsgesetz.

MarkenG: § 93a MarkenG

Übersicht

Schrifttum: *Asendorf* Zu den Aufgaben des gerichtlichen Sachverständigen im Patentnichtigkeitsverfahren, GRUR 2009, 209; *Bacher/Nagel* Fremdsprachige Urkunden im Patentnichtigkeitsverfahren vor dem BGH, GRUR 2001, 873; *Binz/Dorndörfer/Petzold/Zimmermann* GKG/JVEG, 2007; *Gramm* Der gerichtliche Sachverständige als Helfer des Richters im Nichtigkeitsberufungsverfahren und im Patentverletzungsprozess, FS A. Preu (1988), 141; *Haller* Aus der Arbeit eines gerichtlichen Sachverständigen im Patentnichtigkeitsverfahren vor dem Bundesgerichtshof, GRUR 1985, 653; *Hesse* Auslagenvorschuss im Nichtigkeits-Berufungsverfahren, Mitt. 1972, 47; *Hesse* Die Aufgaben des gerichtlichen Sachverständigen im Patentnichtigkeitsverfahren vor dem Bundesgerichtshof, Der Sachverständige 1983, 149; *Jessnitzer/Frieling* Der gerichtliche Sachverständige[12], 2006; *Meier-Beck* Der gerichtliche Sachverständige im Patentprozeß, FS 50 Jahre VPP (2005), 356; *Melullis* Zur Auslegung von Patenten, zum Begriff des Fachmanns im Patentrecht und zur Funktion des Sachverständigen im Patentprozess, FS E. Ullmann (2006), 503; *Meyer/Höver/Bach* Die Vergütung und Entschädigung von Sachverständigen, Zeugen, Dritten und von ehrenamtlichen Richtern nach dem JVEG[25], 2010; *Schneider* Justizvergütungs- und Entschädigungsgesetz, 2007; *Ulrich* Der gerichtliche Sachverständige[12], 2007; *Zimmermann* Justizvergütungsgesetz und Justizentschädigungsgesetz, 2005.

A. Entstehungsgeschichte

1 Die Bestimmung ist durch Art 4 Abs 41 Nr 1 des Kostenrechtsmodernisierungsgesetzes (KostRMoG) vom 5.5.2004 mWv 1.7.2004 neu eingestellt worden. Sie verweist ebenso wie die Parallelbestimmung in § 93a MarkenG für die Zeugenentschädigung und die Sachverständigenvergütung generell auf das gleichzeitig in Kraft getretene Justizvergütungs- und -entschädigungsgesetz (JVEG),[1] das die Regelungen im ZSEntschG abgelöst hat.

B. Zeugen und Sachverständige im gerichtlichen Verfahren

I. Allgemeines

2 Zur Beweisaufnahme vor dem BPatG s die Kommentierung zu § 88. Vor dem BGH wir nur noch ausnahmsweise Anlass zu Beweiserhebungen bestehen, da im Nichtigkeitsberufungsverfahren die Tatsachenfeststellung grds der ersten Instanz obliegt und der BGH im Rechtsbeschwerdeverfahren keine Tatsacheninstanz ist.

---

1 BGBl 2004 I 718, 776.

II. Sachverständigengutachten

1. Allgemeines. Eines Sachverständigen können sich das BPatG wie, allerdings grds beschränkt auf **3** das Nichtigkeitsberufungsverfahren, der BGH bedienen, beim BPatG ist das wegen der technischen Sachkunde der Richter jedoch ungewöhnlich. In der Praxis von besonderer Bedeutung war in der Berufungsinstanz die Einholung eines schriftlichen Sachverständigengutachtens, die in Verfahren, auf die die Neuregelung noch nicht anwendbar war, regelmäßig (wenngleich seit 2006 zurückhaltender) erfolgte. Der Sachverständige hatte im Nichtigkeitsberufungsverfahren insb die Aufgabe, dem Gericht Kenntnisse und Fähigkeiten des Fachmanns sowie die Arbeitsweise zu vermitteln, mit der dieser technische Probleme seines Fachgebiets zu bewältigen trachtet; ob die erfindungsgem Lösung für den Fachmann nahegelegen hat, war als Akt wertender Erkenntnis nicht von ihm zu beurteilen; die Entscheidung hierüber war daher, wenn die Kenntnisse feststanden, die dem Fachmann zur Verfügung standen, grds auch dann möglich, wenn der Sachverständige im Verhandlungstermin nicht zur Verfügung stand.[2] Aufgabe des gerichtlichen Sachverständigen blieb aber, das nötige Material zusammenzutragen.[3] IdR wurde die Beiziehung eines Sachverständigen für die Beurteilung technischer Fragen als unerlässlich angesehen, wenn das Gericht nicht selbst fachkundig besetzt war; die erforderliche Sachkunde richtete sich nach den zur Beurteilung stehenden technischen Fragen; eines in einem engen Fachgebiet spezifisch ausgebildeten und tätigen Sachverständigen bedurfte es dabei nicht, wenn diese Fragen für Personen mit einer bestimmten fachtechnischen Grundausbildung allgemein verständlich waren.[4]

2. Zum **Verfahren** vor dem BGH im Nichtigkeitsberufungsverfahren alten Rechts *7. Aufl* Rn 16 vor **4** § 110.[5] Die Einholung eines weiteren Gutachtens oder eines Obergutachtens (§ 412 ZPO) kam nur ausnahmsweise in Betracht.[6] In der sachkundigen Stellungnahme des BPatG wurde im Einzelfall eine ausreichende Beurteilungsgrundlage gesehen.[7]

Ob die Einholung des Sachverständigengutachtens von der **Einzahlung des Vorschusses** abhängig **5** gemacht werden kann, ist angesichts des bisher im Prinzip geltenden Amtsermittlungsgrundsatzes, erst recht aber angesichts des Charakters des Gutachtens als Entscheidungshilfe für das Gericht, das in seiner praktischen Bedeutung über das eines Mittels zur Sachaufklärung hinausgeht, zwh.[8] Der BGH hat differenziert; danach ist zu prüfen, ob das Gutachten vAw eingeholt werden soll. Ist dies geboten, weil der technische Sachverhalt sich als so schwierig darstellt, dass er ohne Hilfe des Sachverständigen nicht erfasst und beurteilt werden kann, kann zwar ein Vorschuss angeordnet werden[9] (jetzt § 17 Abs 3 GKG), die Einholung des Gutachtens kann aber grds nicht von der Zahlung abhängig gemacht werden.[10] Die mit Erlass des Beweisbeschlusses fälligen Auslagen können aber als Gerichtskosten (§ 1 Abs 1 Nr 13 GKG) beim Berufungsführer beigetrieben werden (§ 1 Abs 1 Nr 4 JBeitrO), wenn sich der Schuldner selbst auf das Beweismittel berufen hat.[11] Für die Beitreibung ist das Bundesamt für Justiz zuständig (§ 2 Abs 2 JBeitrO). In der Nichtzahlung des Vorschusses ohne Angabe triftiger Gründe hat der BGH Anlass zu der Annahme ge-

---

2 BGH GRUR 2004, 411 Diabehältnis; vgl BGHZ 128, 270, 275 = GRUR 1995, 330 elektrische Steckverbindung; BGHZ 166, 305 = GRUR 2006, 663 vorausbezahlte Telefongespräche.

3 *Benkard*[10] § 115 Rn 3.

4 Schweiz BG sic! 2003, 600 Pulverbeschichtungsanlage IV, zur Nichtigkeitswiderklage.

5 Zu Maßnahmen gegen den säumigen Sachverständigen Rn 26.

6 Vgl BGH 8.1.1963 I a ZR 67/63; BGH 10.11.1964 I a ZR 247/63; BGH Bausch BGH 1994–1998, 3, 8 Einbettungsmasse 01; BGH Bausch BGH 1994–1998, 27, 34 thermoplastische Formmassen; BGH Bausch BGH 1994–1998, 102, 112 Niederdruckquecksilberdampfentladungslampe; BGH GRUR 2010, 410 Insassenschutzsystemsteuereinheit: nicht allein deshalb, weil das schriftliche Gutachten des angehörten Sachverständigen patentrechtl Vorgaben nicht hinreichend berücksichtigt hatte; abgelehnt in BGH 29.11.2012 X ZR 82/09, weil der gerichtliche Sachverständige über ausreichende Sachkunde verfügte.

7 BGH GRUR 1976, 213, 216 Brillengestelle.

8 So wiederholt das RG, RG MuW 26, 154 Lenkvorrichtung für Motorackergeräte; RG MuW 26, 156 Privatgutachten; RG GRUR 1933, 131 Acetaldehydherstellung; kr *Hesse* Mitt 1972, 47.

9 AA offenbar BGH NJW 2000, 743 f Distributionsvertrag; kr hierzu *Bacher/Nagel* GRUR 2001, 873, 875 Fn 28.

10 BGH GRUR 1976, 213, 215 f Brillengestelle; vgl BGH GRUR 2010, 365 Quersubventionierung von Laborgemeinschaften II.

11 BGH Brillengestelle; *Bacher/Nagel* GRUR 2001, 873, 875.

sehen, dass die zur Zahlung verpflichtete Partei selbst keinen Wert auf die Einholung des Gutachtens lege, was wiederum bei der Prüfung der Notwendigkeit zu berücksichtigen sein kann.[12]

6   **3. Sachverständigenablehnung.** Der Sachverständige wurde vom BGH vor seiner Beauftragung nach Beziehungen zu den am Rechtsstreit beteiligten Parteien befragt, dies ist als zu eng bezeichnet worden.[13] Die Ablehnung des gerichtlichen Sachverständigen ist nach § 406 Abs 1 ZPO, der auch im Nichtigkeitsberufungsverfahren anwendbar ist,[14] aus den Gründen, die auch die Ablehnung eines Richters rechtfertigen würden, möglich, dh insb bei Besorgnis der Befangenheit sowie aus den Gründen des § 41 Nr 1–4 ZPO. Für die Besorgnis der Befangenheit kommt es nicht darauf an, ob der vom Gericht beauftragte Sachverständige parteiisch ist oder ob das Gericht Zweifel an seiner Unparteilichkeit hat. Vielmehr rechtfertigt bereits der bei der ablehnenden Partei erweckte Anschein der Parteilichkeit die Ablehnung, wenn vom Standpunkt der ablehnenden Partei aus genügend Gründe vorhanden sind, die in den Augen einer verständigen Partei geeignet sind, Zweifel an der Unparteilichkeit des Sachverständigen zu erregen.[15] Werden mehrere Ablehnungsgründe geltend gemacht, ist eine Gesamtwürdigung erforderlich.[16]

7   Zu den Ablehnungsgründen lassen sich folgende Fallgruppen bilden:[17] **Eigene Interessen des Sachverständigen.** Haben sich die Partei und der Sachverständige in verschiedenen Verfahren als Gegner, insb als Patentinhaber und Einsprechender, gegenübergestanden, rechtfertigt dies die Ablehnung, selbst wenn die Verfahren beendet sind.[18]

8   **Näheverhältnis; berufliche Kontakte.** Auch nähere Beziehungen zu einer Partei oder deren Prozessvertreter begründen Besorgnis der Befangenheit,[19] so laufende Tätigkeit für die Partei,[20] einen Lizenznehmer oder einen Wettbewerber,[21] ebenso – nach Gesamtwürdigung[22] – Forschungskooperation zwischen dem Institut des Sachverständigen und der Muttergesellschaft einer Partei[23] und enge Verbindungen zum früheren Leiter der Patentabteilung eines Konzernunternehmens.[24] Wirtschaftliche Verbindungen mit einer Partei können Befangenheit begründen;[25] Nimmt der Sachverständige den Gutachtenauftrag eines Dritten an, der seinerseits in einem Beratungsverhältnis zu einer der Parteien steht, kommt dies nur unter engen Voraussetzungen in Betracht.[26] Besorgnis der Befangenheit besteht, wenn der Sachverständige den Prozessbevollmächtigten des Gegners mit der Anmeldung seiner eigenen Erfindung beauftragt hatte und

---

12   BGH Brillengestelle; jedenfalls wird auf den Einzelfall abzustellen sein, vgl *Bacher/Nagel* GRUR 2001, 873, 875; *Hesse* Mitt 1972, 47, 49.

13   *Asendorf* GRUR 2009, 209, 211 Fn 20.

14   BGH GRUR 1975, 507 Schulterpolster; BGH Liedl 1984/86, 384 Wabendecke 01; BGH Mitt 2004, 234 Unparteilichkeit eines Sachverständigen; BGH 7.4.1998 X ZR 93/95; BGH GRUR 2008, 191 Sachverständigenablehnung II; BGH GRUR-RR 2008, 365 Sachverständigenablehnung 017 [III].

15   BGH Schulterpolster; BGH Wabendecke 01; BGH GRUR 1987, 351 Werkzeughalterung; BGH GRUR 2002, 369 Sachverständigenablehnung I; BGH Bausch BGH 1994–1998, 551 f Sachverständigenablehnung 05; BGH Bausch BGH 1994–1998, 559 Sachverständigenablehnung 03; BGH 5.11.2002 X ZR 178/01 FF 2003 Sonderheft 1, 107 = Mitt 2003, 333 Ls Sachverständigenablehnung 09; BGH Unparteilichkeit eines Sachverständigen; BGH GRUR 2007, 264 Literaturrecherche; BGH 9.11.2004 X ZR 65/03 Sachverständigenablehnung 010; BGH 21.2. 2006 X ZR 103/04; BGH 24.6.2007 X ZR 1/06; BGH 18.9.2007 X ZR 81/06; BGH 4.10.2007 X ZR 156/05; BGH GRUR 2008, 191 Sachverständigenablehnung II; BGH Sachverständigenablehnung 017 [III]; BGH 3.11.2014 X ZR 148/11 Sachverständigenablehnung 022.

16   *Prietzel-Funk* GRUR 2009, 322, 325; BGH Sachverständigenablehnung 03; vgl BGH Sachverständigenablehnung II.

17   Vgl *Prietzel-Funk* GRUR 2009, 322 ff.

18   BGH Bausch BGH 1994–1998, 569 f Sachverständigenablehnung 02.

19   BGH GRUR 2002, 369 Sachverständigenablehnung I mwN; BGH Mitt 2004, 234 Unparteilichkeit eines Sachverständigen; BGH 11.6.2008 X ZR 124/06.

20   BGH 7.4.1998 X ZR 93/95; vgl BVerwG NVwZ 1999, 184 unter Hinweis auf BGH GRUR 1987, 350 Werkzeughalterung.

21   BGH 3.11.2014 X ZR 148/11 Sachverständigenablehnung 022.

22   Zu dieser BGH Bausch BGH 1994–1998, 559 Sachverständigenablehnung 03.

23   BGH Bausch BGH 1994–998, 551 Sachverständigenablehnung 05; BGH 21.2.2006 X ZR 103/04: Darstellung im Internet.

24   BGH 24.7.2007 X ZR 1/06 Sachverständigenablehnung 014.

25   BGH 24.7.2007 X ZR 1/06 Sachverständigenablehnung 014; BGH GRUR 2013, 100 Sachverständigenablehnung VI; BGH 19.2.2013 X ZR 106/10 Sachverständigenablehnung 020.

26   BGH 23.10.2012 X ZR 137/09 Vv Sachverständigenablehnung VI; BGH 23.10.2012 X ZR 90/10.

das Mandatsverhältnis noch besteht,[27] nicht aber bei länger zurückliegendem Mandatsverhältnis.[28] Als nicht ausreichend wurde angesehen, dass der Sachverständige vor 19 Jahren für einen am Verfahren nicht beteiligten Konkurrenten auf gleichem Gebiet tätig war;[29] generell reichen Beziehungen zu einem Konkurrenten nicht aus,[30] ebenso wenig, dass er Präsident einer Vereinigung ist, der auch der Beklagte angehört und die die Interessen ihrer Mitglieder zu fördern hat;[31] auch füllen übliche berufliche Kontakte die Besorgnis der Befangenheit nicht aus.[32] Generell führt es nicht ohne weiteres zur Besorgnis der Befangenheit, wenn der Sachverständige für Schutzrechte eines am Verfahren nicht beteiligten Konkurrenten des Patentinhabers als Erfinder benannt ist, selbst wenn er die Absicht hat, die Schutzrechte selbst zu übernehmen;[33] auch gewerbliche oder leitende Tätigkeit auf dem einschlägigen technischen Gebiet genügt für sich nicht.[34] Beratertätigkeit für einen nicht verfahrensbeteiligten Dritten, der seine Geschäftstätigkeit auf dem Gebiet des Streitpatents aufgegeben hat, wurde ebenfalls als die Besorgnis der Befangenheit nicht rechtfertigend angesehen.[35] Geschäftliche Kontakte der wissenschaftlichen Einrichtung, bei der der Sachverständige tätig ist, mit der auf dem entspr Gebiet tätigen Partei begründen für sich allein keinen Ablehnungsgrund.[36]

Sonstige Kontakte zu einer Partei. Ein Ablehnungsgrund ist im Nichtigkeitsberufungsverfahren **9** insb darin gesehen worden, dass sich der Sachverständige bei einer Partei Informationen beschaffte, ohne der anderen Partei Gelegenheit zu geben, seine Fragen kennenzulernen und ihrerseits zu seiner Information beizutragen.[37] Im Verletzungsstreit wurde es als die Besorgnis der Befangenheit begründend angesehen, dass der Sachverständige zusammen mit dem gesetzlichen Vertreter einer Prozesspartei Gremien angehört, die erwarten lassen, dass ein häufiges Zusammentreffen erfolgt, jedenfalls wenn der Sachverständige dies gegenüber dem Gericht – auch ohne besondere Aufforderung – verschwiegen hat.[38]

Inhalt des Gutachtens. Nicht ausreichende Sachkunde oder Mängel des Gutachtens (Lücken, Unzu- **10** länglichkeiten) begründen die Ablehnung für sich nicht.[39] Überschreitung des Begutachtungsauftrags begründet für sich nicht ohne weiteres die Ablehnung.[40] Abschätzige Äußerungen über Fachkollegen können die Ablehnung begründen.[41]

Verhalten des Sachverständigen. Der Sachverständige darf scharfe Angriffe gegen das Gutachten **11** mit einer gewissen Schärfe zurückweisen.[42]

Verfahren. Das Vorliegen der Ablehnungsgründe ist glaubhaft zu machen.[43] Die Fristen des § 406 **12** Abs 2 ZPO sind einzuhalten.[44] Im Allgemeinen trifft die Partei keine Erkundigungspflicht nach möglichen

---

27 BGH Werkzeughalterung; BGH GRUR 2008, 191 Sachverständigenablehnung II.

28 BGH 24.7.2007 X ZR 1/06; BGH Sachverständigenablehnung II; vgl auch BGH 19.2.2013 X ZR 106/10.

29 BGH 11.7.1995 X ZR 99/93 Schulte-Kartei PatG 110–122 Nr 31 Sachverständigenablehnung 01; vgl auch BGH Bausch BGH 1994–1998, 102, 112 Niederdruckquecksilberdampfentladungslampe.

30 BGH 5.11.2002 X ZR 136/99 Schulte-Kartei PatG 110–122 Nr 59 Sachverständigenablehnung 07; BGH Sachverständigenablehnung II.

31 BGH Bausch BGH 1999–2001, 599 Sachverständigenablehnung 06.

32 BGH GRUR 2007, 264 Literaturrecherche; BGH 4.10.2007 X ZR 156/05.

33 BGH Sachverständigenablehnung I.

34 BGH Mitt 2004, 234 Unparteilichkeit eines Sachverständigen; BGH 26.7.2005 X ZR 108/04; BGH 18.9.2007 X ZR 81/06.

35 BGH Sachverständigenablehnung 07 und Parallelentscheidungen X ZR 175/01 und X ZR 178/01 FF 2003 Sonderheft 1, 107 = Mitt 2003, 333 Ls Sachverständigenablehnung 09.

36 BGH 1.2.2005 X ZR 26/04; BGH 26.7.2005 X ZR 108/04.

37 BGH GRUR 1975, 507 Schulterpolster.

38 OLG Düsseldorf GRUR 2007, 83.

39 BGH 5.11.2002 X ZR 136/99 Schulte-Kartei PatG 110–122 Nr 59 Sachverständigenablehnung 07 und Parallelentscheidungen X ZR 175/01 und X ZR 178/01 FF 2003 Sonderheft 1, 107 = Mitt 2003, 333 Ls Sachverständigenablehnung 09; BGH GRUR 2012, 92 Sachverständigenablehnung IV.

40 Vgl BGH Bausch BGH 1994–1998, 559, 562 Sachverständigenablehnung 03.

41 Vgl BGH Sachverständigenablehnung 03.

42 LG München I InstGE 3, 59; OLG München InstGE 3, 61.

43 BGH 1.2.2005 X ZR 26/04.

44 Vgl BGH Bausch BGH 1994–1998, 551, 552 Sachverständigenablehnung 05; BGH 5.11.2002 X ZR 136/99 Schulte-Kartei PatG 110–122 Nr 59 Sachverständigenablehnung 07, X ZR 175/01 und X ZR 178/01 FF 2003, Sonderheft 1, 107 = Mitt 2003, 333 Ls Sachverständigenablehnung 09; BGH GRUR 2009, 92 Sachverständigenablehnung III; BGH NJW 2012, 1517 Sachverständigenablehnung V.

Ablehnungsgründen, eine solche kann aber dann in Betracht kommen, wenn die Partei weiß, dass die Gewinnung des Sachverständigen wegen der Besonderheiten des Falls außergewöhnliche Schwierigkeiten bereitet.[45] Entspr gilt, wenn die Partei die ihr vom Gericht eingeräumte Gelegenheit wahrnimmt, zu Sachverständigenvorschlägen der Gegenseite Stellung zu nehmen; das Gericht darf die Erklärung einer Partei, gegen eine als Sachverständigen vorgeschlagene Person beständen keine Einwände, dahin verstehen, dass der Vorgeschlagene nach den Erkenntnissen der Partei für eine Bestellung zum gerichtlichen Sachverständigen grds fachlich und persönlich geeignet erscheint. Verfügt die Partei über keine Informationen zur Person des Sachverständigen, darf sie eine solche Erklärung nicht abgeben, ohne zumindest einfache und ohne weiteres mögliche Erkundigungen eingezogen zu haben.[46]

C. Anwendungsbereich

I. Sachlich

13   Die Regelung ist anzuwenden, soweit das JVEG nicht ohnehin gilt, also in Verfahren nach dem PatG vor dem DPMA, dem BPatG und in den Rechtsbeschwerdeverfahren nach §§ 100 ff (dort aber praktisch ohne Bedeutung, weil der BGH lediglich zu einer revisionsmäßigen Überprüfung befugt ist), den Berufungsverfahren nach §§ 110 ff (hier lag bis zum Wirksamwerden der Neuregelung des Nichtigkeitsberufungsverfahrens durch das PatRModG die wesentliche Bedeutung) und in den Beschwerdeverfahren nach § 122; für die Verfahren vor dem BPatG und dem BGH hat die Bestimmung angesichts des Wortlauts des § 1 Abs 1 JVEG aber keine konstitutive Bedeutung.[47] Für Patentstreitsachen (§ 143) vor den staatlichen Gerichten gilt das JVEG unmittelbar.

14   Im **Gebrauchsmusterrecht** gilt die Bestimmung über die Verweisung in § 21 Abs 1 GebrMG.[48] Eine Verweisung im **Halbleiterschutzgesetz** ist unterblieben (vgl Rn 1 zu § 11 HlSchG).

II. Zeitlich

15   Die Neuregelung im JVEG ist anzuwenden, wenn die Heranziehung des Zeugen seit Inkrafttreten dieses Gesetzes (Rn 1) erfolgt bzw der Auftrag an den Sachverständigen seit diesem Zeitpunkt erteilt ist (§§ 24, 25 JVEG; Art 8 KostRMoG).

16   **D.** Die **gerichtliche Zuständigkeit** für die Festsetzung nach § 4 JVEG im Fall der Heranziehung des Zeugen oder Sachverständigen durch das DPMA ist nicht geregelt. Nach einer Auffassung liegt die Zuständigkeit beim Beamten des gehobenen Diensts des DPMA, bei förmlichem Antrag oder Einwendungen bei der Prüfungsstelle oder Patentabteilung.[49] Die Beschwerde ist in diesem Fall gebührenfrei und nicht an eine Frist gebunden (§ 4 Abs 7 Satz 1 JVEG).[50] Wollte man dagegen entspr § 128 Abs 3 einen Beschwerdesenat des BPatG als zuständig ansehen, käme eine Beschwerde an den BGH nicht in Betracht (§ 4 Abs 4 Satz 2 JVEG), dagegen eröffnet § 4a JVEG die Möglichkeit einer Anhörungsrüge. Ob § 4 Abs 7 JVEG (Entscheidung durch den Einzelrichter) nunmehr im Nichtigkeitsberufungsverfahren heranzuziehen ist, nachdem der BGH die Rspr zum Einzelrichter aufgegeben hat,[51] erscheint angesichts der Regelung in § 114 Abs 4 Satz 2 zwh.[52]

17   Die **Festsetzung** erfolgt grds durch den Urkundsbeamten, jedoch, wenn das Gericht dies für angemessen hält, und in der Praxis des BGH für die Sachverständigenvergütung bisher nahezu regelmäßig, durch das Gericht (§ 4 Abs 1 JVEG). Gegen sie kann der Sachverständige Gegenvorstellungen erheben.[53] Die Festsetzung der Terminskosten des Sachverständigen erfolgt nach Erörterung auch mit den Parteien nun-

---

45 BGH Sachverständigenablehnung III; BGH Sachverständigenablehnung V.
46 BGH Sachverständigenablehnung V.
47 Vgl *Benkard* Rn 6.
48 Vgl *Bühring* § 21 GebrMG Rn 151.
49 *Schulte* Rn 26.
50 *Schulte* Rn 26.
51 BGH NJW 2015, 2194 unter Aufgabe von BGH NJW-RR 2005, 584.
52 Vgl BGH 19.10.2015 X ZR 54/11 MDR 2016, 241 Entscheidungszuständigkeit.
53 Vgl BGH 22.6.1993 X ZR 82/91 undok.

mehr regelmäßig aufgrund eines pauschalen Vorschlags durch das Gericht im Verhandlungstermin. Ob die DPMAVwKostV auf die Heranziehung durch das DPMA anwendbar ist, ist str.[54]

E. Zeugenentschädigung

Zeugen werden nach § 19 Abs 1 JVEG entschädigt.[55] In den von § 128a erfassten Verfahren ergeben **18** sich keine Besonderheiten.

F. Vergütung des Sachverständigen

I. Grundsatz

Die Vergütung wird in Verfahren, die die Rechtsbeständigkeit eines Schutzrechts betreffen (insb bis- **19** her und auch weiterhin, allerdings in deutlich geringerem Umfang als bisher, im Nichtigkeitsberufungsverfahren), von den lediglich auf die technischen Sachverhalte und nicht auf die Schutzfähigkeitsprüfung abstellenden Honorargruppen des § 9 Abs 1 JVEG nicht angemessen erfasst, so dass eine Zuordnung zu einer Honorargruppe nach billigem Ermessen erfolgen kann (§ 9 Abs 1 Satz 3 JVEG).[56] Diese Zuordnung hängt nicht davon ab, dass der Sachverständige sie begehrt.[57] Der Stundensatz in der höchsten Honorargruppe 10 beträgt seit Inkrafttreten des § 9 JVEG idF des 2. KostRMoG vom 23.7.2013 110 EUR, zuvor 95 EUR,[58] in der Honorargruppe 13 125 EUR.[59] Er kann unter den Voraussetzungen des § 13 JVEG erhöht werden; dies setzt jedoch voraus, dass ein entsprechender Vorschuss eingezahlt ist, was für die gesetzliche Vergütung nicht gilt (vgl auch Rn 32 zu § 140c).[60] Die Parteien können sich auch nach Heranziehung eines Sachverständigen mit einer abw von der gesetzlichen Regelung zu bemessenden Vergütung wirksam einverstanden erklären, wenn ein ausreichender Betrag für die sich daraus ergebende Vergütung an die Staatskasse gezahlt ist; insoweit genügt die Erklärung nur einer Partei, soweit sie sich auf den Stundensatz nach § 9 JVEG bezieht und das Gericht zustimmt, wobei über die Zustimmung unter Berücksichtigung aller Umstände des Einzelfalls nach pflichtgemäßem Ermessen zu entscheiden ist und hierbei insb auch die Interessen der kostentragungspflichtigen Partei zu berücksichtigen sind.[61] Widerspricht eine Partei, kann das Gericht nur auf das 1,5fache des Stundensatzes nach § 9 Abs 1 Satz 3 JVEG erhöhen.[62] All dies wird entspr für den denkbaren Fall gelten müssen, dass im GbmLöschungsverfahren ein Sachverständiger zugezogen wird.

Auch dem **erfolgreich abgelehnten Sachverständigen** kann ein Vergütungsanspruch zustehen.[63]   **20**

II. Der BGH fordert bisher einen **Vorschuss** ein. Die Höhe betrug idR zwischen 10.000 EUR und **21** 20.000 EUR, lag aber in Einzelfällen auch höher. Von mehreren Berufungsführern werden idR (anders uU bei gemeinsam vertretenen Berufungsführern in gleicher Parteistellung; hier erfolgt einheitliche Anforderung) alle zu gleichen Anteilen herangezogen.[64] Stellung einer Bankbürgschaft anstelle der Vorschusszah-

---

54   Bejahend *Benkard* Rn 8; *Fitzner/Lutz/Bodewig* Rn 2; verneinend für das Verhältnis zum Erstattungsberechtigten *Schulte* Rn 25.

55   Vgl *Schulte* Rn 4 ff.

56   BGH GRUR 2007, 175 Sachverständigenentschädigung IV; BGH 12.12.2006 X ZR 56/04; BGH 15.5.2007 X ZR 75/05 DS 2007, 349 = GRUR 2008, 736 Ls Sachverständigenentschädigung V; BGH 31.7.2007 X ZR 150/03, X ZB 38/03; vgl BGH 12.12.2006 X ZR 56/04; vgl zur Problematik *Hartmann* Kostengesetze § 9 JVEG Rn 16; *Benkard*[10] § 115 Rn 5; aA wohl *Mes* Rn 2; vgl auch *Benkard* Rn 9.

57   Seit BGH 15.2.2011 X ZR 7/09 Sachverständigenentschädigung 014 stPraxis, teilweise abw die frühere Praxis.

58   Vgl zum Ansatz dieses Betrags BGH GRUR 2007, 175 Sachverständigenentschädigung IV; BGH DS 2007, 249 Sachverständigenentschädigung 03 (V) mwN; BGH 16.12.2010 X a ZR 68/07; BGH 28.2.2011 X ZR 117/07.

59   BGBl. I 2586.

60   BGH Sachverständigenentschädigung IV; vgl BGH 12.12.2006 X ZR 56/04; LG München I InstGE 13, 63: auch deutlich über den gesetzlichen Höchstsatz hinaus.

61   BGH GRUR 2013, 863 Sachverständigenentschädigung VI.

62   OLG Düsseldorf InstGE 13, 221, 225; *Mes* Rn 3.

63   BGH GRUR 1975, 606 Sachverständigenhonorar (leicht fahrlässige Verursachung der Ablehnung); BGH Bausch BGH 1994–1998, 559 (keine Prüfung der Verwirkung, soweit alle Parteien der Vergütung zugestimmt haben).

64   Vgl zB BGH 9.5.1958 I ZR 36/58; BGH 19.9.1958 I ZR 99/58.

lung wurde nicht zugelassen.[65] Der Vorschuss kann uU auch bei beiderseitiger Berufung allein von einem Berufungsführer eingefordert werden.[66] Im Einzelfall hat der BGH den Vorschuss auch schon vom Berufungsbeklagten eingefordert, der sich allein auf die Begutachtung berufen hatte.[67] Der Vorschuss ist unter Angabe des von der Geschäftsstelle mitgeteilten Kassenzeichens und des Az des Berufungsverfahrens innerhalb der vom Vorsitzenden festgesetzten (verlängerbaren) Frist an die Bundeskasse Halle/Saale, Dienstsitz Weiden/Oberpf., Konto Nr 75 001 007 bei der Deutschen Bundesbank, BLZ 750 000 00, einzuzahlen.

22   Zur Frage, ob die Einholung des Sachverständigengutachtens im Nichtigkeitsberufungsverfahren von der **Einzahlung des Vorschusses** abhängig gemacht werden kann, Rn 5.

III. Höhe der Vergütung

23   Die Sachverständigenkosten in der Berufungsinstanz beliefen sich für das schriftliche Gutachten und die Terminswahrnehmung häufig auf eine Größenordnung von 15 000 EUR, nicht selten auch wesentlich höher. Der BGH hat sich, soweit die Parteien zustimmten und der Vorschuss ausreichte,[68] mit einem pauschalen Honorarvorschlag des Sachverständigen begnügt und dann die Entschädigung festgesetzt (jetzt nach § 13 Abs 1 JVEG). Bei Zustimmung nur einer Partei kann die Vergütung nach § 13 Abs 2 JVEG festgesetzt werden; andernfalls richtet sich die Entschädigung nach den gesetzlichen Regen (§§ 8 ff JVEG). Hierauf wird der Sachverständige neuerdings vorab hingewiesen.

24   **Einzelheiten.** Angesetzt werden kann nur die erforderliche, nicht die tatsächlich aufgewendete Zeit.[69] Anlass, die Erforderlichkeit zu überprüfen, besteht allerdings nur, wenn die Abrechnung insoweit angegriffen wird.[70] Als erforderlich ist dabei grds nur der Zeitaufwand anzusetzen, den ein Sachverständiger mit durchschnittlichen Fähigkeiten und Kenntnissen braucht, um sich nach sorgfältigem Aktenstudium ein Bild von den zu beantwortenden Fragen zu machen und nach eingehenden Überlegungen seine gutachtliche Stellungnahme schriftlich niederzulegen.[71] Zwischen Sachkunde und Zeitaufwand muss eine plausible Proportionalität gewahrt sein;[72] übertriebene Kleinlichkeit ist allerdings nicht angebracht.[73] Für den erforderlichen Zeitaufwand gibt es keine feste Grenze, jedoch werden im Nichtigkeitsberufungsverfahren jedenfalls bei mehr als 150, uU schon 100 angesetzten Stunden besondere Umstände geltend gemacht werden müssen.[74] Je nach Plausibilität kann auch nur eine geringere Stundenzahl anzusetzen sein.[75] Auch die Zeit für eigene Recherchen nach weiterem Material kann der Sachverständige grds nicht in Rechnung

65   BGH 4.5.2004 X ZR 189/03.

66   BGH 16.10.2007 X ZR 124/06, ohne Gründe.

67   BGH 21.9.2009 X a ZR 26/09 undok.

68   Vgl BGH 22.6.1993 X ZR 82/91 undok.

69   Zum erforderlichen Zeitaufwand BGH NJW-RR 1987, 1470 Zeitaufwand für Sachverständigen; BGH 3.5.1988 X ZR 22/86; BGH 12.10.1989 X ZR 86/87 Bausch BGH 1986–1993, 646 Zeitaufwand und Stundensatz; BGH GRUR 2004, 446 Sachverständigenentschädigung III.

70   BGH 28.2.2011 X ZR 107/07.

71   BGH NJW-RR 1987, 1470 Zeitaufwand für Sachverständigen; BGH GRUR 2007, 264 Literaturrecherche; BGH 25.9.2007 X ZR 52/05; BGH 1.4.2008 X ZR 84/05.

72   BGH 25.9.2007 X ZR 52/05; BGH 2.12.2008 X ZR 159/05 GRUR-RR 2009, 120 Sachverständigenentschädigung 08 [Fertigstellung]; BGH GRUR-RR 2010, 272 Sachverständigenentschädigung 010 [erforderlicher Bearbeitungsaufwand]; BGH 12.7.2011 X ZR 115/06; BGH 21.11.2011 X ZR 106/08; BGH 12.12.2011 X ZR 116/08; BGH Mitt 2013, 247 Sachverständigenentschädigung 020.

73   Vgl *Mes* Rn 3 mNachw.

74   Vgl BGH GRUR 1967, 553 f Sachverständigenentschädigung I; BGH GRUR 2004, 446 Sachverständigenentschädigung III; BGH GRUR 2007, 175 Sachverständigenentschädigung IV; BGH GRUR 2007, 264 Literaturrecherche; BGH 15.5.2007 X ZR 75/05 DS 2007, 349 Sachverständigenentschädigung V; BGH 31.7.2007 X ZR 150/03, X ZB 38/03; BGH 21.8.2008 X ZR 100/05; BGH 22.9.2009 X a ZR 69/06; BGH 15.2.2011 X ZR 7/09 Sachverständigenentschädigung 014; BGH 12.7.2011 X ZR 115/06; BGH 21.11.2011 X ZR 106/08; BGH 12.12.2011 X ZR 116/08; BGH Mitt 2012, 247 Sachverständigenentschädigung 020; BGH 14.8.2012 X ZR 11/10; BGH 14.8.2012 X ZR 36/10 undok sieht auch eine geringfügig höhere Stundenzahl in Anbetracht der Komplexität und des Umfangs der Sache noch als angemessen an.

75   BGH 1.4.2008 X ZR 84/05: 100 Stunden; BGH 22.9.2009 X a ZR 69/09: 100 Stunden für das zweite von zwei weitgehend gleichgelagerten Verfahren.

stellen.[76] Die eingehende Auseinandersetzung mit dem StdT rechtfertigte nach früherem Recht eine Erhöhung des Stundensatzes um bis zu 50% über den Höchstsatz.[77] Für die Zeit, die der Sachverständige zur Prüfung aufwendet, ob er zur Gutachtenerstellung in der Lage ist, steht ihm regelmäßig kein Entschädigungsanspruch zu.[78] Auch für seine Stellungnahme im Streit um die Vergütungshöhe steht dem Sachverständigen keine Entschädigung zu.[79] Für Nebenkosten gelten die allg Regeln.[80]

IV. Auslagen

Nach Maßgabe der gesetzlichen Regelungen (§§ 5–7, 12 JVEG) kann der Sachverständige auch Auslagenersatz beanspruchen.[81]   **25**

V. Säumnis

Gegen den säumigen Sachverständigen können entspr § 409 ZPO Zwangsmittel und Ordnungsgelder   **26** (auch ein zweites Mal)[82] festgesetzt werden; auch kann der Gutachtensauftrag entzogen werden, dies kommt wegen der regelmäßig hiermit verbundenen Verzögerung aber nur ausnahmsweise in Betracht. Gegen diese Maßnahmen kommen, soweit sie vom BGH getroffen werden, nur Gegenvorstellungen in Betracht;[83] wegen der abschließenden Aufzählung der Rechtsmittel gegen Entscheidungen des BPatG gilt dies auch bei dessen Entscheidungen. Soweit die Maßnahmen Sanktionscharakter haben, ist der Gnadenweg eröffnet.[84]

G. Dolmetscher und Übersetzer

Dolmetscher und Übersetzer erhalten eine Vergütung wie der Sachverständige (§ 8 JVEG).   **27**

Bei der **Übersetzung von Entgegenhaltungen** handelt es sich idR um außergewöhnlich schwierige   **28** Texte.[85] Das Honorar beträgt 1,25 EUR je angefangene 55 Anschläge, bei erheblicher Erschwerung der Übersetzung 1,85 EUR und bei außergewöhnlich schwierigen Texten[86] 4 EUR.[87]

Dolmetscher erhalten eine Vergütung von 55 EUR je Stunde, jedoch ist eine höhere Vergütung mög-   **29** lich, wenn die Parteien einverstanden sind und ein ausreichender Voschuss bezahlt ist.[88] Regelmäßig werden Dolmetscher für die Parteien von diesen mitgebracht; sie rechnen unmittelbar mit der Partei ab, die Honorare können frei vereinbart werden.

H. Verjährung

Der Vergütungsanspruch des gerichtlichen Sachverständigen verjährt in drei Jahren, beginnend mit   **30** dem Ablauf des Kalenderjahrs, in dem er erstmals gerichtlich geltend gemacht werden kann (§ 2 Abs 3 Satz 1 JVEG; § 195 BGB).[89]

---

76   BGH GRUR 2007, 264 Literaturrecherche.
77   BGH GRUR 1967, 553 Sachverständigenentschädigung I; BGH GRUR 1984, 340 Sachverständigenentschädigung II; BGH GRUR 2004, 446 Sachverständigenentschädigung III, BGH 16.7.1997 X ZR 21/92; kr noch *Hartmann* Kostengesetze[33] § 3 ZSEG Rn 72.
78   BGH MDR 1979, 754 Tragvorrichtung; BGH GRUR 2002, 732 Massedurchfluß; BGH GRUR 2007, 175 Sachverständigenentschädigung IV.
79   BGH 14.10.2010 X a ZR 62/07 Sachverständigenentschädigung 011.
80   Vgl BGH 19.4.2011 X ZR 62/07 Sachverständigenentschädigung 016 (Zeitaufwand für Buchung; Frühstück).
81   Zur Berechnung von Schreibauslagen nach früherem Recht BGH Mitt 1968, 238 Schreibgebühren; BGH GRUR 2004, 446 Sachverständigenentschädigung III.
82   Vgl BGH 16.10.2007 X ZR 206/02, ohne Gründe, und Parallelentscheidungen.
83   Vgl. BGH 11.9.2007 X ZR 170/03.
84   Vgl BGH 21.9.2004 X ZR 213/01.
85   *Benkard* Rn 11.
86   Restriktiv hierzu (nur „erschwert") BPatGE 27, 155, 157 = Mitt 1986, 52; BPatGE 33, 102, 106 = GRUR 1992, 689.
87   Vgl *Schulte* Rn 23.
88   Vgl *Schulte* Rn 24.
89   BGH 1.8.2006 X ZR 109/01.

§ 128b (Rechtsschutz bei überlangen Gerichtsverfahren)

Die Vorschriften des Siebzehnten Titels des Gerichtsverfassungsgesetzes sind auf Verfahren vor dem Patentgericht und dem Bundesgerichtshof entsprechend anzuwenden.

MarkenG: § 96a

Übersicht

Schrifttum: *Althammer/Schäuble* Effektiver Rechtsschutz bei überlanger Verfahrensdauer: Das neue Gesetz aus zivilrechtlicher Perspektive, NJW 2012, 1; *Böcker* Neuer Rechtsschutz gegen die überlange Dauer finanzgerichtlicher Verfahren; DStR 2011, 2173; *Link/van Dorp* Rechtsschutz bei überlangen Gerichtsverfahren, 2012; *Loytved* BSG klärt Rechtsfragen zur Beurteilung von Entschädigungsklagen wegen überlanger Verfahrensdauer, JM 2015, 167; *Magnus* Das neue Gesetz über den Rechtsschutz bei überlangen Gerichtsverfahren und strafrechtlichen Ermittlungsverfahren; ZZP 125 (2012), 75; *Marx/Roderfeld* Rechtsschutz bei überlangen Gerichts- und Ermittlungsverfahren, 2012; *Matusche-Beckmann/Stumpf* Rechtsschutz bei überlangen Gerichtsverfahren – nach langem Weg ins Ziel? ZZP 124 (2011), 173; *Redeker* Kann eine Untätigkeitsbeschwerde helfen? NJW 2003, 488; *Schenke* Rechtsschutz bei überlanger Dauer verwaltungsgerichtlicher Verfahren, NVwZ 2012, 257; *Schlick* Amtshaftung und Entschädigung bei überlangen Gerichtsverfahren, FS K. Tolksdorf (2014), 549; *Stahnecker* Entschädigung bei überlangen Gerichtsverfahren, 2013; *Steinbeiß-Winkelmann/Ott* Gesetz über den Rechtsschutz bei überlangen Gerichtsverfahren, 2012; *Steinbeiß-Winkelmamm/Sporrer* Rechtsschutz bei überlangen Gerichtsverfahren, NJW 2014, 177.

A. Entstehungsgeschichte

1   Die am 3.12.2011 in Kraft getretene Bestimmung ist durch das Gesetz über den Rechtsschutz bei überlangen Gerichtsverfahren und strafrechtlichen Ermittlungsverfahren vom 24.11.2011 eingefügt worden.[1] Sie ergänzt die in §§ 198 ff GVG neu eingestellte Regelung.[2] Das GebrMG enthält eine parallele Reglung in § 21 Abs 1; § 11 Abs 1 HalblG verweist auf § 128b.

B. Hintergrund der Regelung

2   Nach Art 6 Abs 1 EMRK hat jede Person ein Recht darauf, dass über Streitigkeiten in Bezug auf ihre zivilrechtl Ansprüche und Verpflichtungen von einem unabhängigen und unparteiischen, auf Gesetz beruhenden Gericht in einem fairen Verfahren öffentlich und innerhalb angemessener Frist verhandelt wird.[3] Jede Person, die in diesem Recht verletzt ist, hat nach Art 13 EMRK Anspruch auf eine Beschwerde bei einer innerstaatlichen Instanz. Der EGMR hat seit vielen Jahren das Fehlen besonderen Rechtsschutzes bei unangemessen langen Verfahren in Deutschland beanstandet und bei überlanger Dauer gerichtlicher Verfahren das in Art 13 EMRK verbürgte Recht auf wirksame Beschwerde als verletzt angesehen.[4] Zwar ist auch Richterrecht grds geeignet, die Vorgaben des Art 13 EMRK auszufüllen. Die in Deutschland bisher mangels geschriebener Rechtsbehelfe von der Praxis entwickelten Rechtsbehelfslösungen waren aber nicht gefestigt und einheitlich genug, um dem Erfordernis eines „wirksamen" Rechtsbehelfs iSd Rspr des EGMR zu genügen. Der für eine Kompensation in Betracht kommende Amtshaftungsanspruch nach § 839 BGB iVm Art 34 GG erfasst zwar auch Fälle pflichtwidriger Verzögerung eines Rechtsstreits und gewährt insofern Schadensersatz. We-

---

1 BGBl I 2302; Bundesratsbeschluss vom 14.10.2011; RegE BTDrs 17/3802 vom 17.11.2010; Beschlussempfehlung und Bericht des Rechtsausschusses BTDrs 17/7217.
2 Kr zur Regelungssystematik *Benkard* Rn 16.
3 Vgl *Mes* Rn 2.
4 EGMR 26.10.2000 Nr 30 210/96 Kudla/Polen, NJW 2001, 2694; EGMR 8.6.2006 Nr 75529/01 NJW 2006, 2389; EGMR 30.3.2010 Nr 54188/07; EGMR 21.1.2010 Nr 42402/05, 42423/05; EGMR 2.9.2010 46344/06 NJW 2010, 3355 Rumpf/Deutschland; vgl *Benkard* Rn 3.

gen der Beschränkung auf schuldhafte Verzögerungen und der Ausklammerung von Nichtvermögensschäden wurde dieser Anspruch den Anforderungen der EMRK aber ebenfalls nicht gerecht.[5]

Jedenfalls seit Einführung der Regelung kommt eine **Untätigkeitsbeschwerde** nicht mehr in Betracht.[6] **3**

C. Anwendungsbereich

I. Sachlich

Die allg Verweisung auf das GVG in § 99 Abs 1 gilt zum einen nur für das BPatG, zum anderen geht die **4** im GVG vorgesehene Regelung über eine Verfahrensregelung hinaus. Weiter soll sie auch für die Verfahren vor dem BGH gelten. Deshalb ist die Regelung mit einem Verweis auf die Regelung zum Rechtsschutz bei überlanger Verfahrensdauer im GVG in das PatG eingestellt worden.[7] Patentstreitigkeiten vor dem BGH sind nicht ausgenommen, jedoch ergibt sich hier die Anwendbarkeit der im GVG neu einzustellenden Regelungen auch ohne die Verweisung.

Im **Gebrauchsmusterrecht** gilt die Bestimmung über die Verweisung in § 21 Abs 1 GebrMG, im **Halb-** **5** **leiterschutzrecht** über die Verweisung in § 11 HlSchG, im **DesignG** über § 23 Abs. 4.

II. Zeitlich

Nach Art 23 Satz 1 des Gesetzes über den Rechtsschutz bei überlangen Gerichtsverfahren und straf- **6** rechtlichen Ermittlungsverfahren erfasst die Regelung auch Verfahren, die bei Inkrafttreten bereits anhängig oder abgeschlossen waren,[8] abgeschlossene Verfahren aber nur, wenn sie zu einer Beschwerde vor dem EGMR geführt haben oder noch führen konnten, also der Verfahrensabschluss nicht länger als sechs Monate zurücklag.

Art 23 Satz 2–3 des Gesetzes über den Rechtsschutz bei überlangen Gerichtsverfahren und strafrecht- **7** lichen Ermittlungsverfahren passt die **Verzögerungsrüge** an die Konstellation der Altfälle an. Bei solchen Verfahren, bei denen eine rügepflichtige Situation bereits eingetreten ist, muss die Rüge grds unverzüglich nach Inkrafttreten der Regelung erhoben werden.[9] Geschieht dies, wahrt die Rüge den Anspruch aus § 198 GVG in vollem Umfang, dh so, als ob bereits zu dem in § 198 Abs 3 Satz 2 GVG festgelegten Zeitpunkt gerügt worden wäre. Eine Pflicht zur unverzüglichen Rüge wäre allerdings kontraproduktiv, wenn die Verzögerung in einer schon abgeschlossenen Instanz liegt. In derartigen Konstellationen könnte eine Rüge unmittelbar nach Inkrafttreten des Gesetzes für die befasste Instanz keine Präventivfunktion mehr entfalten, sondern würde das befasste Gericht nur unnötig belasten. Kommt es bei dieser zu einer weiteren Verzögerung, bleibt es bei der allg Regelung des § 198 Abs 3 GVG.[10]

Art 23 Satz 4 des Gesetzes über den Rechtsschutz bei überlangen Gerichtsverfahren und strafrechtli- **8** chen Ermittlungsverfahren trifft eine Sonderregelung für **abgeschlossene Verfahren**, die zu einer Beschwerde beim EGMR geführt haben. Für diese gilt eine Ausnahme vom Rügeerfordernis, weil bei bereits abgeschlossenen Verfahren die Obliegenheit einer Verzögerungsrüge im Sinne der Neuregelung nicht bekannt war.[11] Der erst im Gesetzgebungsverfahren eingestellte Art 23 Satz 5 des Gesetzes sieht vor, dass die Klage zur Durchsetzung des Anspruchs nach § 198 Abs 1 GVG bei abgeschlossenen Verfahren sofort erhoben werden kann und spätestens 6 Monate nach Abschluss des Verfahrens erhoben werden muss.[12]

---

5   Begr RegE BTDrs 17/3802 S 15.
6   BGH NJW 2013, 385; vgl *Benkard* Rn 5.
7   Vgl Begr RegE BTDrs 17/3802 S 30; *Ströbele/Hacker* § 96a PatG Rn 2.
8   Vgl BGH NJW 2013, 385.
9   Hierzu BGH NJW 2014, 1967.
10   Begr RegE BTDrs 17/3802 S 31.
11   Begr RegE BTDrs 17/3802 S 31.
12   Begr Beschlussempfehlung BTDrs 17/7217 S 30 f.

D. Regelungsgehalt

9   Das Gesetz führt für überlange Gerichtsverfahren einen verschuldensunabhängigen Anspruch auf Entschädigung für materielle und immaterielle Nachteile ein,[13] mindestens 1.200 EUR für jedes Jahr der Verzögerung.

10   Wann das Verfahren **unangemessen lang** angedauert hat, ist im Gesetz nicht definiert. Bei der Beurteilung der angemessenen Verfahrensdauer sind die Verhaltensweise des Entschädigungsklägers selbst im Ausgangsverfahren sowie Schwierigkeit, Umfang und Komplexität des Falls und die Bedeutung des Rechtsstreits zu berücksichtigen.[14] Ob die Dauer des Gerichtsverfahrens unangemessen iSd § 198 Abs 1 Satz 1 GVG ist, richtet sich nach den Umständen des Einzelfalls; sie ist es, wenn eine insb an den Merkmalen des § 198 Abs 1 Satz 2 GVG ausgerichtete und den Gestaltungsspielraum der Gerichte bei der Verfahrensführung beachtende Gewichtung und Abwägung aller bedeutsamen Umstände des Einzelfalls ergibt, dass die Verpflichtung des Staats, Gerichtsverfahren in angemessener Zeit zum Abschluss zu bringen, verletzt ist, dabei darf der Grundsatz richterlicher Unabhängigkeit nicht unbeachtet bleiben.[15]

11   Der Anspruch setzt voraus, dass der Betroffene vor dem mit der Sache befassten Gericht die **Verfahrensdauer gerügt** hat (Rn 15). Die Verzögerungsrüge kann aber erst erhoben werden, wenn Anlass zur Besorgnis besteht, dass das Verfahren nicht in einer angemessenen Zeit abgeschlossen wird (§ 198 Abs 3 Satz 2 GVG). Der zuständige Spruchkörper erhält auf diese Weise die Möglichkeit, bei berechtigter Verzögerungsrüge Abhilfe zu schaffen. Wenn sich das Verfahren trotz der Rüge weiter verzögert, kann frühestens sechs Monate nach Erhebung der Verzögerungsrüge eine Entschädigungsklage erhoben werden (§ 198 Abs 5 Satz 1 GVG). Der Entschädigungsanspruch ist verschuldensunabhängig.

12   Der Anspruch auf Entschädigung richtet sich in den von § 128b erfassten Fällen ausschließlich gegen den **Bund**.[16] Über ihn wird vom BGH entschieden (§ 200 Satz 2 GVG, § 201 Abs 1 Satz 2 GVG); die Verfahren führen das Registerzeichen ZR(Ü).

E. Die Regelung im Gerichtsverfassungsgesetz

13   Der Wortlaut der im GVG neu eingestellten §§ 198, 200 und 201 ist in der 7. *Aufl* wiedergegeben (der ebenfalls anwendbare § 199 GVG betrifft Strafverfahren). Das Gesetz über den Rechtsschutz bei überlangen Gerichtsverfahren und strafrechtlichen Ermittlungsverfahren sieht für überlange Gerichtsverfahren einen Entschädigungsanspruch[17] als staatshaftungsrechtl Anspruch sui generis[18] vor, über den grds die Oberlandesgerichte zu entscheiden haben. Danach werden bei einer Verletzung des Rechts auf angemessene Verfahrensdauer dem Betroffenen die daraus resultierenden Nachteile ersetzt. Der Ersatz umfasst die materiellen und – soweit nicht nach den Einzelfallumständen Wiedergutmachung auf andere Weise ausreichend ist – auch die immateriellen Nachteile.[19] Als Form der Wiedergutmachung auf andere Weise benennt das Gesetz insb die gerichtliche Feststellung der überlangen Verfahrensdauer, verbunden mit Kostenfreiheit für den Entschädigungsrechtsstreit.[20] Andere mögliche Ansprüche, insb aus Amtshaftung, bleiben unberührt.[21]

14   **Passiv legitimiert** ist bei Nachteilen, die aufgrund von Verzögerungen bei Gerichten eines Lands eingetreten sind, das Land (§ 200 Satz 1 GVG), bei solchen, die aufgrund von Verzögerungen bei Gerichten des Bunds eingetreten sind, der Bund (§ 200 Satz 2 GVG).

15   Zwingende Voraussetzung für die Geltendmachung von Entschädigungsansprüchen wegen Überlänge eines Gerichtsverfahrens ist, dass der Betroffene gegenüber dem Gericht die Verfahrensdauer gerügt

---

13   Vgl *Benkard* Rn 6.
14   Vgl *Mes* Rn 3.
15   BGHZ 199, 87 = NJW 2014, 220; im wesentlichen übereinstimmend BVerwGE 147, 146 = NJW 2014, 96; vgl *Benkard* Rn 7; vgl auch BVerfG (Nichtannahmebeschluss) NVwZ 2014, 62.
16   Vgl *Ströbele/Hacker* § 96a MarkenG Rn 3.
17   Kr insoweit die Stellungnahme der Bundesrechtsanwaltskammer Nr 11/2010 S 9.
18   Begr RegE BTDrs 17/3802 S 19.
19   Vgl zu letzterem *Benkard* Rn 8.
20   Begr RegE BTDrs 17/3802 S 19.
21   Begr RegE BTDrs 17/3802 S 19.

hat (**„Verzögerungsrüge")**.[22] Die Rüge ist materielle Anspruchsvoraussetzung, sie betrifft somit die Begründetheit der Entschädigungsklage.[23] Sie ist eine „haftungsbegründende Obliegenheit".[24]

Eine Klage unmittelbar auf **Feststellung der unangemessenen Dauer** des Ausgangsverfahrens ist **16** nicht möglich.[25]

F. Gerichtliche Zuständigkeit

Zuständig für Klagen auf Entschädigung gegen ein Land ist das Oberlandesgericht, in dessen Bezirk **17** das streitgegenständliche Verfahren durchgeführt wurde, für die Klage auf Entschädigung gegen den Bund ist es der BGH; diese Zuständigkeiten sind ausschließliche (§ 201 GVG). Die Zuständigkeit für die Rechtsstreitigkeiten nach § 201 GVG liegt beim III. Zivilsenat des BGH (Geschäftsverteilungsplan Nr 14).[26]

---

22 Begr RegE BTDrs 17/3802 S 20; kr wegen des „dulde und liquidiere" und für eine Untätigkeitsbeschwerde die Stellungnahme der Bundesrechtsanwaltskammer Nr 11/2010 S 4 ff.
23 BGH NJW 2014, 2588; *Benkard* Rn 9.
24 BGHZ 200, 20 = NJW 2014, 939 (Nr 27).
25 BGHZ 200, 20 = NJW 2014, 939.
26 Kr *Benkard* Rn 18.

Keukenschrijver

ACHTER ABSCHNITT
Verfahrenskostenhilfe

Vor § 129

Übersicht

Schrifttum zu §§ 129–138: *Burgard* Berücksichtigung des Vermögens beim Antrag auf Prozeßkostenhilfe, NJW 1990, 3240; *Coldewe* Patentrechtliche Änderungen aufgrund des Gemeinschaftspatentgesetzes und des Gesetzes über die Prozeßkostenhilfe, Mitt 1980, 182; *Dörndorfer* Umfang von PKH-Bewilligung und Anwaltsbeiordnung, NJW 2009, 1397; *Engels* Prozeßkostenhilfe (1990); *Fölschl* Rechtsmitteleinlegung unter der Bedingung von Prozesskostenhilfe, NJW 2009, 2796; *Groß* Beratungshilfe/Prozesskostenhilfe/Verfahrenskostenhilfe[12], 2014; *Hoffmeister* Die Beiordnung des Patentanwalts im Armenrechtsverfahren vor dem Deutschen Patentamt, Mitt 1973, 28; *Heister-Neumann* Reform der Prozesskostenhilfe: Notwendigkeit und Möglichkeiten einer Begrenzung der Aufwendungen, ZRP 2006, 241; *Herrler* Reform der Prozesskostenhilfe und Vorauszahlungspflicht in Berufungszivilsachen – Justizhaushalte unter Kostendruck, DRiZ 2010, 185; *Hübenett* Verfahrenskostenhilfe für minderjährige Patentanmelder, GRUR 1994, 13; *Kalthoener/Büttner/Wrobel-Sachs* Prozess- und Verfahrenskostenhilfe, Beratungshilfe[5], 2010; *Kelbel* Verfahrenskostenhilfe im Patenterteilungsverfahren, GRUR 1981, 5; *Kelbel* Beiordnung eines Vertreters nach dem Gesetz über die Prozeßkostenhilfe, Mitt 1981, 109; *Klötzer* Das Armenrecht vor dem Deutschen Patentamt und das Armenpatentanwaltsgebührengesetz, 1958 *Klose* Aktuelle Problem der Prozesskostenhilfe, DRiZ 2011, 244; *Neumar* Die Hemmung von Zahlungsfristen nach § 46f des Patentgesetzes, Mitt 1956, 123; *Ney* Über die Berechtigung zur Verfahrenskostenhilfe vor dem Deutschen Patentamt, Mitt 1985, 69; *Schneider* Haftungsfalle: Vergleichsabschluss bei Prozess-/Verfahrenskostenhilfe, NJW-Spezial 2010, 219; *Tönnies* Verfahrenskostenhilfe für die Patentanmeldung des mittellosen filius eines leistungsfähigen Vaters? Mitt 2014, 549; *Tombrink* Vergiftete Geschenke zu Lasten Dritter? DRiZ 2007, 183; *Wendenburg* Prozesskostenhilfe für juristische Personen: § 116 ZPO auf dem Prüfstand des EuGH, DRiZ 2011, 95; *Zuck* Verfassungsrechtliche Rahmenbedingungen der zivilprozessualen Prozesskostenhilfe, NJW 2012, 37.

Materialien: Begr 5. ÜberlG BlPMZ 1953, 295; Begr 6. ÜberlG BlPMZ 1961, 140; Begr eines Gesetzes über die Prozeßkostenhilfe, BlPMZ 1980, 249; Merkblatt des DPMA zur Verfahrenskostenhilfe im Anh.

A. Allgemeines zur Verfahrenskostenhilfe

I. Grundsatz[1]

Das GG gebietet es, die Situation von Unbemittelten bei der Verwirklichung des Rechtsschutzes an die **1** von Bemittelten anzunähern. Dies ergibt sich aus dem in Art 20 Abs 1 GG geregelten Sozialstaatsprinzip, aus dem Gleichheitssatz gem Art 3 Abs 1 GG und dem Rechtsstaatsprinzip des Art 20 Abs 3 GG.[2] Dabei ist verfassungsrechtl keine vollständige Gleichstellung geboten, sondern nur eine weitgehende Angleichung (Rechtsanwendungsgleichheit).[3] Der EGMR hat zum dt System der Prozesskostenhilfe entschieden, das es grds eine ausreichende Garantie gegen Willkür biete.[4] Die Auslegung der Vorschriften über die Verfahrenskostenhilfe obliegt dem DPMA und dem BPatG. Der insoweit bestehende Entscheidungsspielraum ist

---

1 Zur EU-weiten Harmonisierung VPP-Rdbr 1999, 22.
2 BGHZ 179, 315 = NJW 2009, 1423 f.
3 BVerfG (Nichtannahmebeschluss) NJW 1997, 2745; *Zuck* NJW 2012, 37.
4 EGMR NJW 2010, 3207 f.

aus verfassungsrechtl Sicht überschritten, wenn der angelegte Maßstab der unbemittelten Partei im Vergleich zur bemittelten die Rechtsverteidigung oder -verfolgung unverhältnismäßig erschwert.[5] Daher muss der Unbemittelte grds ebenso wirksam Rechtsschutz in Anspruch nehmen können wie ein Begüterter. Er muss aber nur einem solchen Bemittelten gleichgestellt werden, der seine Aussichten vernünftig abwägt und dabei auch sein Kostenrisiko berücksichtigt.[6] Durch die Gewährung von Verfahrenskostenhilfe wird der Beteiligte oder die Partei, die selbst nicht in ausreichendem Maß die erforderlichen finanziellen Mittel zu Verfügung hat, ganz oder teilweise von den Kosten des jeweiligen Verfahrens befreit.

2   Die Prozesskostenhilfe ist Sozialhilfe im Bereich der Rechtspflege, die dem Verfassungsgrundsatz „gleiches Recht für alle" entspringt. Die Erlangung des Rechtsschutzes soll nicht an der mangelnden finanziellen Leistungsfähigkeit des Rechtssuchenden scheitern.[7] Gegenüber der früheren Vorstellung, dass Prozesskosten den notwendigen Familienunterhalt nicht beeinträchtigen sollten, wird nunmehr darauf abgestellt, dass die **Prozesskosten nicht** zu einer **Einschränkung der angemessenen Lebensführung** führen sollen. Damit sollen auch mittlere Einkommen erfasst werden, der Begriff der „Bedürftigkeit" ist der Voraussetzung in § 114 ZPO gewichen, dass der Antragsteller „nach seinen persönlichen und wirtschaftlichen Verhältnissen die Kosten nicht, nur zum Teil oder nur in Raten aufbringen kann".

II. Verhältnis zur Prozesskostenhilfe

3   Verfahrenskostenhilfe betrifft die Verfahren vor dem DPMA, dem BPatG in Patentsachen sowie über die Verweisungen in § 21 Abs 2 GebrMG und § 11 Abs 2 HalblG in Gbm- und Halbleitersachen, nicht dagegen in Verletzungsstreitigkeiten, auf die die Bestimmungen der ZPO über die Prozesskostenhilfe unmittelbar Anwendung finden. Zur Prozesskostenhilfe im Verletzungsstreit Rn 155 ff zu § 143. Zur Rechtslage beim EU-Patent mit einheitlicher Wirkung Rn 25.

III. Entstehungsgeschichte

4   Nachdem die zur Unterstützung wirtschaftlich schwacher Erfinder im PatG enthaltenen Vorschriften, zB für die Stundung und den Erlass der Bekanntmachungsgebühr und der Jahresgebühren oder die Möglichkeit der Erstattung angemessener Auslagen für notwendige Zeichnungen, Modelle und Gutachten, nur eine Teillösung der allg Probleme des bedürftigen Erfinders darstellten, wurde durch § 1 Nr 20 des 5. ÜberlG (1953) mit den Vorschriften der §§ 46a–46i nach dem Vorbild der ZPO das **Armenrecht** in das PatG eingeführt.[8] Dieses erstreckte sich sowohl auf das Verfahren vor dem DPA als auch vor dem BGH, soweit dieser aufgrund der Vorschriften das PatG tätig wird.[9] Dadurch sollte der wirtschaftlich schwache (freie und ArbN-) Erfinder gefördert werden, indem ihm durch einstweilige Befreiung von der Zahlung der Gebühren und Kosten des Verfahrens sowie ggf durch die Beiordnung eines Patentanwalts die Erlangung eines Patents für seine Erfindung erleichtert oder sogar erst ermöglicht wird.[10] Das Armenrechtsverfahren erfasste auch Gebrauchsmustersachen.

5   Durch das **6. ÜberlG** (1961) wurden die Vorschriften über das Armenrechtsverfahren vor dem DPA, erstmals dem **BPatG** und dem BGH im Interesse der Übersichtlichkeit und der systematischen Neugliederung zusammengefasst und im wesentlichen nur redaktionell angepasst. Eingeführt wurde das Armenrecht auch für das **Rechtsbeschwerdeverfahren**, da die Klärung grundsätzlicher Rechtsfragen nicht an Kostenschwierigkeiten scheitern sollte.[11]

6   In der Begr zum Entwurf eines **Gesetzes über die Prozesskostenhilfe** wurde darauf hingewiesen, dass vom Armenrecht nur wenig Gebrauch gemacht worden sei, was unter anderem daran liege, dass die Patentsucher wirtschaftliche Nachteile bei Verhandlungen über die Verwertung ihrer Erfindung befürchteten, wenn sie durch die Bewilligung des Armenrechts als „arm" eingestuft würden. Daher sei die Beseiti-

---

5   BVerfG (Kammerbeschluss) FamRZ 2009, 191
6   BVerfG (Kammerbeschluss) FamRZ 2007, 1876.
7   Insoweit bdkl BPatGE 45, 56 = GRUR 2002, 735.
8   Vgl *Benkard* Rn 3.
9   Begr BlPMZ 1953, 298.
10   Begr BlPMZ 1953, 298.
11   Begr BlPMZ 1961, 161.

gung der diskriminierenden Begriffe „Armenrecht" und „Bedürftigkeit" für den Bereich des gewerblichen Rechtsschutzes dringend erforderlich.[12] Neben der terminologischen Anpassung an die ZPO erfolgte durch das Gesetz vom 13.6.1980 zugunsten der Erfinder die Einbeziehung aller Verfahrenskosten, insb zur Förderung der Einzelerfinder und kleinerer und mittlerer Unternehmen auch der Anmeldegebühr. Weiter wurde ausgeführt, dass mittels der einkommensabhängigen Beteiligung an den Verfahrenskosten über das vorgesehene Ratensystem einer Überflutung des DPA mit unausgereiften Ideen entgegengewirkt werden könne. Im Hinblick auf die gleiche Zielrichtung von Nichtigkeits- und der Patenterteilung nachfolgenden Einspruchsverfahren wurden auch die Voraussetzungen der Verfahrenskostenhilfe für den Einsprechenden an die Voraussetzungen für den Nichtigkeitskläger angepasst. Änderungen hat auch das KostÄndG 1986 gebracht.

Das 2. PatGÄndG hat in Art 2 Nr 34, 34a, 35 und 35a geringfügige Änderungen der Verfahrenskosten- **7** hilfevorschriften gebracht: § 129 Satz 2 wurde aufgehoben (Rn 5 zu § 129), der den Antrag auf Bewilligung betr § 135 wurde geänd (Rn 6 zu § 135), weiter wurden §§ 132 Abs 2 und 136 Abs 2 neu gefasst. Das **ZPO-RG** hat § 136, das **KostRegBerG** § 130, das **Transparenz- und Publizitätsgesetz** § 135 Abs 1 geänd.

Im Hinblick auf die nach seiner Ansicht seit 2001 erheblich gestiegenen Kosten für die Aufwendungen **8** für die Prozesskostenhilfe hat der Bundesrat im Jahr 2006 einen Gesetzentwurf für ein **Prozesskostenhilfebegrenzungsgesetz**[13] (PKHBegrenzG) vorgelegt, das in Art 13 auch eine Änderung des § 136 Satz 1 vorsah. Die Zahlen für die Kostenentwicklung beruhten allerdings nicht auf einer bundesweiten Erhebung, sondern auf einer Untersuchung des Landesrechnungshofs Baden-Württemberg aus dem Jahr 2005, die auf eine Umfrage unter den dortigen Bezirksrevisoren zurückging. Der Entwurf sah neben einer Legaldefinition des Begriffs der Mutwilligkeit eine Erhöhung der Eigenbeteiligung der bedürftigen Person an den Prozesskosten durch Absenken der Einkommensfreibeträge auf das Existenzminimum iSd Sozialhilferechts vor. Wenn die bedürftige Partei Ratenzahlungen zu leisten hat, sollte sie nach den Vorstellungen des Bundesrats für die monatlichen Raten zwei Drittel des nach den Abzügen verbleibenden einsetzbaren Einkommens aufwenden. Im Fall der Bewilligung von Prozesskostenhilfe mit Ratenzahlung sollte eine Gebühr in Höhe von 50 EUR anfallen. Die Beschränkung auf 48 Monatsraten sollte ersatzlos entfallen. Bei Überschreiten des Existenzminimums sollte Prozesskostenhilfe nur als Darlehen gewährt werden. Weiterhin sollte das durch den Prozess Erlangte in vollem Umfang zur Rückzahlung der Prozesskostenhilfe einzusetzen sein. Außerdem sollte die Erfassung der persönlichen und wirtschaftlichen Verhältnisse verbessert werden.[14] Der in der damaligen Wahlperiode nicht mehr abschließend behandelte Entwurf wurde der Bundesregierung im Februar 2010 erneut zugeleitet,[15] die insb verfassungsrechtl Bedenken geäußert hat.[16]

Mit dem am 1.1.2014 in Kraft getretenen **Gesetz zur Änderung des Prozesskostenhilfe- und Bera- 9 tungshilferechts** vom 31.8.2013[17] wird ua sichergestellt, dass die Gerichte die persönlichen und wirtschaftlichen Voraussetzungen für die Bewilligung von Prozesskostenhilfe umfassend aufklären, um so ungerechtfertigte Bewilligungen zu vermeiden und einem Missbrauch entgegenzuwirken. Darüber hinaus wird eine Neuberechnung ermöglicht. Damit soll der Empfänger von Prozesskostenhilfe stärker als bisher an der Finanzierung der Prozesskosten beteiligt werden. Das Gesetz hat in § 114 Abs 2 (neu) ZPO eine Legaldefinition des Begriffs des Mutwillens eingestellt. Es hat weiter für das Patentrecht in seinem Art 15 eine Änderung der §§ 136, 137 PatG vorgenommen. Die Neuregelungen gelten nicht für vor die dem Inkrafttreten des Gesetzes zur Änderung des Prozesskostenhilfe- und Beratungshilferechts bewilligte Verfahrenskostenhilfe.

Unabhängig davon erscheint es überlegenswert zu untersuchen, ob die vom Gesetzgeber als er- **10** wünscht angesehene **Förderung bedürftiger Erfinder** tatsächlich zu einem der Allgemeinheit zugute kommenden technologischen Mehrwert geführt hat oder ob die aus Anmeldungen, für die Verfahrenskostenhilfe gewährt wurde, entstandenen Schutzrechte zwar die Patentierungs- oder Eintragungsvoraussetzungen erfüllt haben, aber im Ergebnis wirtschaftlich sinnvoll verwertbar sind. Die Förderung wirtschaftlich und/oder technisch im Ergebnis wertloser Patente widerspräche der Prämisse, öffentliche Mittel zur

---

12 BlPMZ 1980, 249, 259 f; vgl *Fitzner/Lutz/Bodewig* § 129 Rn 1.
13 Wegen der Einzelheiten vgl BRDrs 250/06.
14 Wegen weiterer Einzelheiten s auch *Herrler* DRiZ 2010, 185.
15 BRDrs 37/10; s auch *Herrler* DRiZ 2010, 185.
16 www.bundestag.de/presse/hib/2010_103/01html.
17 BGBl 2013 I 3533.

Verfahrensführung nur in rechtl und wirtschaftlich sinnvollen Fällen zur Verfügung zu stellen. Die Verwertbarkeit lässt sich dabei nicht ohne weiteres bei der Frage klären, ob die Anmeldung mutwillig ist, da dies eng mit der Erfüllung der Patentierungs- bzw Eintragungsvoraussetzungen zusammenhängt. Die Verwertbarkeit spielt außerhalb der §§ 2 Abs 1, 5 PatG (und § 3 Abs 2 GebrMG, wobei zwh ist, ob diese Vorschrift im Eintragungsverfahren geprüft werden kann, Rn 5 zu § 8 GebrMG) bei der Prüfung keine unmittelbare Rolle; sie wird regelmäßig (erst) dann relevant, wenn für Jahresgebühren Antrag auf Verfahrenskostenhilfe gestellt wird, der zurückzuweisen ist, wenn der Antragsteller keine erfolgversprechenden Verwertungsversuche nachweisen kann.[18] Wenn die durch Inanspruchnahme von Verfahrenskostenhilfe entstandenen Schutzrechte technisch oder wirtschaftlich keine Bedeutung haben, erscheint es zulässig, die Gewährung von Verfahrenskostenhilfe auf Gerichtsverfahren zu beschränken und sie entspr der Regelung im Markenrecht für das Erteilungsverfahren nicht vorzusehen, um dessen Kosten nicht erst aufwenden zu müssen.

IV. Verhältnis zur ZPO

11   Die im Achten Abschnitt enthaltenen Bestimmungen tragen einerseits den Besonderheiten des Verfahrens in Patentsachen Rechnung. Andererseits zeigen die umfangreichen Verweisungen die Nähe zur Prozesskostenhilfe der ZPO (Rn 3), deren Vorschriften aber nicht sämtlich und nicht im dortigen Umfang gelten.

12   Die speziellen Vorschriften des PatG, die die Bewilligung der Verfahrenskostenhilfe in den einzelnen Patentverfahren betreffen, werden ergänzt durch die **Vorschriften der ZPO über die Prozesskostenhilfe.** Die Verweisung erfolgt hier zum Teil direkt in den jeweiligen Einzelvorschriften, zusätzlich erklärt § 136 eine Vielzahl von ZPO-Vorschriften für entspr anwendbar. Das Verweisungsprinzip trägt nicht gerade zur Übersichtlichkeit bei, weder für die Betroffenen noch für die mit der Entscheidung befassten Personen, zumal sich auch die ZPO weiterer Verweisungen bedient.[19] Die Bestimmungen der ZPO wurden durch Art 34 Nr 1 des Gesetzes zur Einordnung des Sozialhilferechts in das Sozialgesetzbuch vom 27.12.2003[20] zum 1.1.2005, durch das EG-PKHG vom 15.12.2004[21] zum 21.12.2004 und durch Art 1 Nr 2a, 3a, 52 des Justizkommunikationsgesetzes vom 1.1.2005[22] zum 1.4.2005 geänd. Die Freibeträge sind bereits zum 1.1.2005 geänd worden.[23]

V. Praktische Bedeutung

13   2015 sind beim DPMA in Patentsachen 752 Anträge auf Verfahrenskostenhilfe eingegangen, 530 wurden durch Bewilligung erledigt, 119 durch Rücknahme oder Zurückweisung des Antrags.[24]

B. Anwendungsbereich

I. Verfahren nach dem PatG

14   Verfahrenskostenhilfe wird nicht für sämtliche Verfahren vor dem DPMA, das hierzu die Hausverfügung Nr 33 vom 1.1.2005 herausgegeben hat, oder BPatG gewährt. Sie ist nach den **abschließenden Bestimmungen** der §§ 129–138 nur für die in Rn 2 zu § 129 genannten Verfahren vorgesehen. Für das Akteneinsichtsverfahren wird sich kaum ein Anwendungsbereich für die Verfahrenskostenhilfe ergeben, allenfalls dort, wo die Akteneinsicht gebührenpflichtig ist und im Einzelfall umfangreichere Auslagen anfallen (vgl Rn 91 zu § 31).[25]

---

18   Vgl BPatG 20.4.2009 35 W (pat) 18/07 undok.
19   Zur berechtigten Kritik vgl *Baumbach/Lauterbach/Albers/Hartmann* ZPO § 115 Rn 2.
20   BGBl I 3022.
21   BGBl I 3392.
22   BGBl I 837.
23   Bek vom 21.12.2004 BGBl I 3842 = BlPMZ 2005, 42.
24   Vgl *Fitzner/Lutz/Bodewig* § 129 Rn 3.
25   *Fitzner/Lutz/Bodewig* § 129 Rn 5.

II. Für **internationale Patentanmeldungen** kommt Verfahrenskostenhilfe nach Maßgabe der **15** §§ 129 ff grds nicht in Betracht; eine Ausnahme gilt nur bei Vorabentscheidungsverfahren vor dem EuGH.[26] Zur Rechtslage nach dem EPÜ Rn 23 f.

Obwohl nach Art III § 1 Abs 4 IntPatÜG auf das Verfahren vor dem DPMA als Anmeldeamt für **inter-** **16** **nationale Anmeldungen** nach dem Patentzusammenarbeitsvertrag (PCT) ergänzend zu den Bestimmungen des PCT die Vorschriften des PatG anzuwenden sind, ist die Bewilligung von Verfahrenskostenhilfe innerhalb dieses Verfahrens mangels Prüfungskompetenz des DPMA über die Erfolgsaussichten der Anmeldung einerseits und fehlender Gläubigereigenschaft für diese Gebühren andererseits nicht möglich (vgl Rn 30 zu Art III § 1 IntPatÜG).[27]

III. In **Gebrauchsmustersachen** sind die Bestimmungen der §§ 129 ff über die Verweisung in § 21 **17** Abs 2 GebrMG anwendbar (vgl Rn 3 ff zu § 21 GebrMG), in **Topographieschutzsachen** über die Verweisung in § 11 Abs 2 HlSchG auf § 21 Abs 2 GebrMG.

IV. In **Sortenschutzsachen** sind sie anwendbar, soweit Beschwerdeverfahren vor dem BPatG und **18** Rechtsbeschwerdeverfahren vor dem BGH betroffen sind (§ 36 SortG).[28]

V. In **Markensachen** bestand zunächst keine Regelung (zum Rechts- und Streitstand vor Einführung **19** einer Regelung 7. Aufl Rn 9). Das Gesetz zur Änderung des Prozesskostenhilfe- und Beratungshilferechts vom 31.8.2013[29] hat mWv 1.1.2014 die Verfahrenskostenhilfe vor dem BPatG in Markensachen und im Rechtsbeschwerdeverfahren bestätigt und dazu § 81a MarkenG eingefügt und in § 88 Abs 1 MarkenG einen Satz 3 angefügt.[30] Schon zuvor hatte der BGH für das Rechtsbeschwerdeverfahren nach den über § 81 anzuwendenden Bestimmungen der ZPO bejaht[31] und dies später auf das markenrechtl Beschwerdeverfahren ausgedehnt;[32] das BPatG ist dem schließlich gefolgt.[33] Jedoch hat der BGH festgehalten, dass es im Markenanmeldeverfahren keine Verfahrenskostenhilfe gibt.[34]

In Verfahren nach dem **Designgesetz** folgt die Anwendbarkeit aus § 24 DesignG; § 130 Abs 2, 3 sowie **20** die §§ 133–135, 136 Satz 1, die §§ 137 und 138 sind entspr anwendbar.

C. Allgemeine Voraussetzungen und Umfang der Verfahrenskostenhilfe

Verfahrenskostenhilfe erhält grds auf Antrag in den vorgesehenen Verfahren (Rn 14 ff), wer zu dem im **21** Gesetz genannten Personenkreis gehört, seine mangelnde wirtschaftliche Leistungsfähigkeit entspr nachweist und dessen Begehren Aussichten auf Erfolg hat und nicht mutwillig erscheint. Die Prüfung der Erfolgsaussichten ist verfassungsrechtl unbdkl.[35] Liegen sämtliche Voraussetzungen vor, besteht ein Rechtsanspruch auf Verfahrenskostenhilfe.[36] Sie bezieht sich auf sämtliche Kosten des betr Verfahrens, nicht auf einzelne Gebühren oder Auslagen, bezogen auf die jeweilige Instanz.[37] Juristischen Personen mit Sitz außerhalb der EU und des EWR darf Verfahrenskostenhilfe nicht gewährt werden,[38] solche mit Sitz innerhalb dieser Gebiete sind durch das EG-Prozesskostenhilfegesetz vom 15.12.2004[39] seit 21.12.2004 grds erfasst.

---

26 ABl EU 11.6.2005 C 143/4 Nr 28.
27 *Kelbel* GRUR 1981, 12 f; BPatG BlPMZ 1990, 34.
28 Vgl *Keukenschrijver* SortG § 36 Rn 3.
29 BGBl I 3533, 3539 = BlPMZ 2013, 332, 334.
30 Vgl Begr BTDrs 17/11472 S 77 ff.
31 BGH GRUR 1999, 998 Verfahrenskostenhilfe; BGH BlPMZ 2000, 113 Verfahrenskostenhilfe 02 (XXL); BGH GRUR 2008, 732 Tegeler Floristik; vgl BPatG GRUR 2003, 728.
32 BGH GRUR 2009, 88 ATOZ I; vgl BGH GRUR 2010, 270 ATOZ III; BGH MarkenR 2011, 267 Verfahrenskostenhilfe für das Rechtsbeschwerdeverfahren.
33 BPatG 30.3.2010 26 W (pat) 184/09; BPatG 1.12.2010 28 W (pat) 36/10; BPatG 1.6.2011 29 W (pat) 65/10 und öfter.
34 BGH 20.3.2003 I ZA 4/02; vgl *Ströbele/Hacker* § 81a MarkenG Rn 1 f mit Kritik zur Rechtslage.
35 Vgl BVerfG NJW 2007, 1060 ff.
36 Vgl BPatGE 36, 254, 256.
37 AA BPatGE 19, 92.
38 *Zöller* ZPO § 116 ZPO Rn 11, zur Prozesskostenhilfe.
39 BGBl I 3392.

D. Andere Vergünstigungen

22   Neben der Verfahrenskostenhilfe sehen seit Inkrafttreten des KostRegBerG am 1.1.2002 nur mehr folgende Vorschriften des PatG Möglichkeiten anderer Vergünstigungen vor (vgl zu weiteren Vergünstigungen Rn 32 ff Einl PatKostG):[40]
–   Herabsetzung des für die Gerichtskosten im Rechtsbeschwerdeverfahren maßgeblichen Streitwerts gem § 102 Abs 2;
–   Herabsetzung des für die Gerichtskosten im Berufungsverfahren maßgeblichen Streitwerts gem § 121 Abs 1;
–   Streitwertherabsetzung im Verletzungs- sowie im Nichtigkeitsverfahren (Rn 4 ff zu § 144) gem § 144.

E. Europäische Patente

23   Das EPÜ sieht Verfahrenskostenhilfe oder entspr Vergünsigungen nicht vor, weil die Unterstützung bedürftiger Erfinder und Anmelder Sache der Vertragsstaaten sein soll.[41] Eine gewisse Rücksichtnahme auf finanzielle Schwierigkeiten wird allenfalls durch großzügige Gewährung der Wiedereinsetzung ermöglicht.[42] In Streitigkeiten über die Inhaberschaft oder Verletzung eur Patente vor den inländ Zivilgerichten gelten die Bestimmungen der ZPO über die Prozesskostenhilfe.

24   Bei einer **europäischen Patentanmeldung** kann jedoch im Fall eines nach Art 136 EPÜ beim EPA zu stellenden Antrags auf **Umwandlung** nach Art 135 Abs 1 EPÜ iVm Art II § 9 IntPatÜG in eine nationale dt Patentanmeldung für das dann beim DPMA lfd Erteilungsverfahren Verfahrenskostenhilfe beantragt werden.

F. Europäisches Patent mit einheitlicher Wirkung

25   Für die Patenterteilung gelten dieselben Regelungen wie für das eur Patent (Rn 23); ebenso für das zentrale Einspruchsverfahren. Für das einheitliche Patentgericht trifft Art 71 des Übereinkommens über ein einheitliches Patentgericht eine Regelung dahin, dass eine natürliche Person, die außerstande ist, die Kosten des Verfahrens ganz oder teilweise zu bestreiten, jederzeit Verfahrenskostenhilfe beantragen kann. Die Bedingungen für die Gewährung von Prozesskostenhilfe werden in der Verfahrensordnung festgelegt. Über den Antrag entscheidet das Gericht. Der Verwaltungsausschuss legt auf Vorschlag des Gerichts die Höhe der Prozesskostenhilfe und die Regeln für die diesbezügliche Kostentragung fest.

26   **G. In Verfahren vor dem Europäischen Gerichtshof für Menschenrechte** gelten das EGMR-Kostenhilfegesetz vom 20.4.2013[43] sowie die EGMR-Kostenhilfe-ErstattungsbetragsVO (EGMR-KEV) vom 15.8.2013.[44]

§ 129
(Verfahrenskostenhilfe)

Im Verfahren vor dem Patentamt, dem Patentgericht und dem Bundesgerichtshof erhält ein Beteiligter Verfahrenskostenhilfe nach Maßgabe der Vorschriften der §§ 130 bis 138.

MarkenG: § 81a
Ausland: Frankreich: Art L 612-20, R 613-63–65 CPI; Österreich: § 144 öPatG idF der Patent- und Markenrechtsnovelle 2014 (Verfahrenshilfe in Rechtsmittelverfahren)

---

40   Wegen der möglichen Erstattung von Reisekosten s BGHZ 64, 139 = NJW 1975, 1124, zum Reisekostenvorschuss OLG München MDR 1997, 194; OVG Berlin-Brandenburg NJW 2009, 388; OVG Münster NJW 2009, 871 und VGH Mannheim NJW 2010, 887 jeweils zur Reisekostenentschädigung nach Ablehnung der Verfahrenskostenhilfe.
41   *Singer/Stauder* EPÜ Art 51 Rn 6; *Benkard-EPÜ* Art 51 Rn 139.
42   *Benkard-EPÜ* Art 51 Rn 139; *Schulte* § 129 Rn 2; vgl EPA J 22/88 ABl EPA 1990, 244; EPA J 11/98; offen gelassen in EPA J 11/83 Schulte-Kartei EPÜ 119-122 Nr 38.
43   BGBl I 829 = BlPMZ 2013, 403 f.
44   BGBl I 3273 = BlPMZ 2014, 3.

A. Beschränkung der Verfahrenskostenhilfe

Das PatG gewährt gem Satz 1 Verfahrenskostenhilfe im Verfahren vor dem DPMA, dem BPatG und in **1** den im PatG geregelten Verfahren vor dem BGH nur nach Maßgabe der Vorschriften der §§ 130–138. Die dort getroffene Regelung ist abschließend (Rn 14 vor § 129). In Patentstreitsachen (§ 143) gelten die Bestimmungen über die Prozesskostenhilfe in der ZPO unmittelbar, jedoch ergänzt um die Bestimmungen des Gesetzes über die Beiordnung von Patentanwälten bei Prozesskostenhilfe (Rn 155 ff zu § 143). Zur Verfahrenskostenhilfe in GbmSachen Rn 17 vor § 129 und Rn 4 ff zu § 21 GebrMG, in Verfahren nach dem HlSchG Rn 17 vor § 129 und § 11 Abs 2 HlSchG. Im Designrecht verweist § 24 Satz 3 DesignG weitestgehend auf die Regelungen im PatG. In Markensachen galt für die Gewährung von Verfahrenskostenhilfe in Verfahren vor dem BPatG mangels einer eigengesetzlichen Regelung bis Ende 2013 die ZPO (Rn 19 vor § 129), seither normiert der durch das Gesetz zur Änderung des Prozesskostenhilfe- und Beratungshilfegesetz neu eingestellte § 81a MarkenG, dass im Verfahren vor dem BPatG ein Beteiligter unter entspr Anwendung der §§ 114–116 ZPO Verfahrenskostenhilfe erhält, wobei § 130 Abs 2, 3 und die §§ 133–137 entspr anzuwenden sind; für das markenrechtl Rechtsbeschwerdeverfahren verweist der geänd § 88 Abs 1 MarkenG auf § 138.

Die Erlangung von Verfahrenskostenhilfe ist, soweit die Regelungen des PatG unmittelbar anzuwen- **2** den sind, daher **nur** möglich vor dem **Deutschen Patent- und Markenamt** im Erteilungs-, Einspruchs- (§§ 59 ff) und im Beschränkungs- und Widerrufsverfahren (§ 64) sowie für die Jahresgebühren; vor dem **Bundespatentgericht** im Beschwerdeverfahren des Anmelders im Erteilungsverfahren, im Beschwerdeverfahren (§§ 73 ff) des Patentinhabers und/oder des Einsprechenden im Einspruchsverfahren, im Beschwerdeverfahren des Patentinhabers im Beschränkungsverfahren sowie im Nichtigkeits- und Zwangslizenzverfahren (§§ 81 ff); vor dem **Bundesgerichtshof** im Rechtsbeschwerdeverfahren (§§ 100 ff) sowie in den das Nichtigkeits- oder Zwangslizenzverfahren betr Berufungsverfahren (§§ 110 ff). Verfahrenskostenhilfe kommt auch für das Verfahren über die Anhörungsrüge (§ 122a) in Betracht.[1]

Nicht möglich ist die Gewährung von Verfahrenskostenhilfe für das Verfahrenskostenhilfeverfahren, **3** da letzteres nicht vom Katalog umfasst ist,[2] sowie das Beschwerdeverfahren nach § 135 Abs 3.[3] Nicht anwendbar sind die Bestimmungen insb in Schutzzertifikatssachen (Rn 166 zu § 16a).

Die Entscheidung über die Verfahrenskostenhilfe ist ein Akt **gebundener Verwaltung**, wie sich **4** schon aus der Formulierung in Satz 1 ergibt.[4] Auch in den gerichtlichen Instanzen (BPatG; BGH) wird für die Entscheidung kein Ermessen eingeräumt.

B. Berechtigter Personenkreis

Aufgrund der Verweisungen auf § 114 ZPO in § 130 Abs 1, § 132 Abs 1 und § 138 Abs 1 sowie durch **5** Rückverweisungen in § 131 und § 132 Abs 2 Satz 1 gelten nach der Richtlinie 2003/8/EG des Rates vom 27.1.2003 zur Verbesserung des Zugangs zum Recht bei Streitsachen mit grenzüberschreitendem Bezug durch Festlegung gemeinsamer Mindestvorschriften für die Prozesskostenhilfe in derartigen Streitsachen[5] für Personen, die ihren Wohnsitz oder ihren gewöhnlichen Aufenthalt in einem **Mitgliedstaat der EU** haben, die §§ 1076–1078 ZPO, wobei § 1076 ZPO wiederum auf die §§ 114–127a ZPO zurückverweist. Beachtlich ist insoweit die in § 1078 Abs 4 Satz 1 ZPO wegen im Ausland teilweise abw Regelungen enthaltene Fiktion, dass im Fall der Bewilligung der Verfahrenskostenhilfe ein Antrag auf Bewilligung für die weiteren Rechtszüge als gestellt gilt, dh abw von § 119 Abs 1 ZPO der Berechtigte keine weiteren Anträge stellen muss (vgl Rn 14 zu § 135).

Einer **juristischen Person** oder parteifähigen Vereinigung, die im Inland, in der EU und im EWR ge- **6** gründet oder dort ansässig ist, kann Verfahrenskostenhilfe gewährt werden, wenn die Kosten des Rechtsstreits weder von ihr noch von den am Gegenstand des Rechtsstreits wirtschaftlich Beteiligten aufgebracht

---

1 Vgl BGH 13.3.2012 X ZR 7/11, für die Prozesskostenhilfe; *Schulte* Rn 44.
2 Vgl BGH 20.3.2003 I ZA 4/02; BPatG GRUR 2003, 87; vgl auch BGHZ 91, 311 = NJW 1984, 2106; BPatGE 28, 119 = BlPMZ 1987, 181 für das GbmVerfahren; vgl *Benkard* Rn 3.
3 BPatGE 43, 187; BPatGE 46, 38 = GRUR 2003, 87, allerdings mit unzutr Begr; BPatGE 47, 151; BPatG 26.4.2004 11 W (pat) 10/04; vgl BPatG 5.5.2004 9 W (pat) 37/04; vgl *Schulte* Rn 10; *Bühring* § 21 GebrMG Rn 155; vgl auch BPatG Mitt 1979, 179 für das GbmVerfahren.
4 *Fitzner/Lutz/Bodewig* Rn 4; vgl *Benkard* Rn 1b.
5 ABl EU 2003 L 8 = NJW 2003, 1101.

werden können und wenn die Unterlassung der Rechtsverfolgung oder Rechtsverteidigung allg Interessen zuwiderlaufen würde[6] (§ 136 iVm § 116 Satz 1 Nr 2 ZPO).[7] Ausreichend ist, wenn von der Durchführung des Prozesses die Existenz der klagenden juristischen Person abhängt und an deren Erhaltung wegen der großen Zahl der von ihm beschäftigten ArbN ein allg Interesse besteht; dass das angegriffene Patent die Lizenzvergabe hindert, reicht dagegen nicht aus.[8] Ausreichend ist auch, dass ein allg Interesse an einer richtigen Entscheidung besteht.[9]

7   Für **Parteien kraft Amts** wie den Insolvenzverwalter gilt § 116 Satz 1 Nr 1 ZPO.[10] Sie erhalten Verfahrenskostenhilfe, wenn die Kosten aus der verwalteten Vermögensmasse nicht aufgebracht werden können und den am Gegenstand des Rechtsstreits wirtschaftlich Beteiligten nicht zuzumuten ist, die Kosten aufzubringen. Für die Bewilligung kommt es auf die Verhältnisse in der Person der Partei kraft Amts an, nicht aber darauf, dass die Unterlassung der Rechtsverteidigung allg Interessen zuwiderlaufen würde.[11]

§ 130
(Erteilungsverfahren)

(1) [1]**Im Verfahren zur Erteilung des Patents erhält der Anmelder auf Antrag unter entsprechender Anwendung der §§ 114 bis 116 der Zivilprozeßordnung Verfahrenskostenhilfe, wenn hinreichende Aussicht auf Erteilung des Patents besteht.** [2]**Auf Antrag des Anmelders oder des Patentinhabers kann Verfahrenskostenhilfe auch für die Jahresgebühren gemäß § 17 gewährt werden.** [3]**Die Zahlungen sind an die Bundeskasse zu leisten.**

(2) [1]**Die Bewilligung der Verfahrenskostenhilfe bewirkt, daß bei den Gebühren, die Gegenstand der Verfahrenskostenhilfe sind, die für den Fall der Nichtzahlung vorgesehenen Rechtsfolgen nicht eintreten.** [2]**Im übrigen ist § 122 Abs. 1 der Zivilprozeßordnung entsprechend anzuwenden.**

(3) Beantragen mehrere gemeinsam das Patent, so erhalten sie die Verfahrenskostenhilfe nur, wenn alle Anmelder die Voraussetzungen des Absatzes 1 erfüllen.

(4) Ist der Anmelder oder Patentinhaber nicht der Erfinder oder dessen Gesamtrechtsnachfolger, so erhält er die Verfahrenskostenhilfe nur, wenn auch der Erfinder die Voraussetzungen des Absatzes 1 erfüllt.

(5) [1]**Auf Antrag können so viele Jahresgebühren in die Verfahrenskostenhilfe einbezogen werden, wie erforderlich ist, um die einer Bewilligung der Verfahrenskostenhilfe nach § 115 Abs. 3 der Zivilprozeßordnung entgegenstehende Beschränkung auszuschließen.** [2]**Die gezahlten Raten sind erst dann auf die Jahresgebühren zu verrechnen, wenn die Kosten des Patenterteilungsverfahrens einschließlich etwa entstandener Kosten für einen beigeordneten Vertreter durch die Ratenzahlungen gedeckt sind.** [3]**Soweit die Jahresgebühren durch die gezahlten Raten als entrichtet angesehen werden können, ist § 5 Abs. 2 des Patentkostengesetzes entsprechend anzuwenden.**

(6) Die Absätze 1 bis 3 sind im Fall des § 44 auf den antragstellenden Dritten entsprechend anzuwenden, wenn dieser ein eigenes schutzwürdiges Interesse glaubhaft macht.

---

6   Hierzu BGH NJW 2011, 1595.
7   Vgl *Benkard* Rn 14 ff; *Ströbele/Hacker* § 81a MarkenG Rn 6.
8   BGH 4.5.2010 X ZR 135/09.
9   BGH 28.9.2011 I ZR 13/11 GRUR-RR 2012, 48 Haus & Grund 01 unter Hinweis auf BGH NJW 1986, 2058.
10   *Benkard* Rn 17; *Schulte* § 130 Rn 31; *Fitzner/Lutz/Bodewig* § 130 Rn 16.
11   BGH MDR 2007, 851 Prozesskostenhilfe für Insolvenzverwalter.

A. Entstehungsgeschichte; Anwendungsbereich

Die Bestimmung ist als § 46b durch das 5. ÜberlG in das PatG eingestellt und durch das 6. ÜberlG so- **1** wie durch das PatÄndG 1967 (Vorabgesetz) und das Gemeinschaftspatentgesetz geänd worden. Das Prozesskostenhilfegesetz hat sie neu gefasst. Die geltende Paragraphenbezeichung geht auf die Neufassung 1981 zurück. Weitere Änderungen sind durch das KostRegBerG erfolgt. Das Gesetz zur Novellierung patentrechtlicher Vorschriften und anderer Gesetze des gewerblichen Rechtsschutzes hat Abs 1 Satz 2 redaktionell geänd; es hat zudem den Wegfall der Verweisung auf § 43 (Rechercheantrag) in Abs 6 gebracht.

Im **Designrecht** sind Abs 2, 3 entspr anwendbar (§ 24 DesignG). **2**

Abs 1 regelt die grds Voraussetzungen für Verfahrenskostenhilfe im Patenterteilungsverfahren und **3** im sich evtl anschließenden Erteilungsbeschwerdeverfahren (§ 136 Satz 1 iVm § 119 Abs 1 ZPO; wegen des Rechtsbeschwerdeverfahrens § 138) sowie die Verfahrenskostenhilfe für die nach § 17 anfallenden Jahresgebühren,[1] in Abs 2 die Folgen der bewilligten Verfahrenskostenhilfe. Die Verfahrenskostenhilfe wird unter entspr Anwendung der §§ 114–116 ZPO, die durch das Gesetz zur Änderung des Prozesskostenhilfe- und Beratungshilferechts vom 31.8.2013 (Rn 9 vor § 129) geänd worden sind, bei hinreichender Erteilungsaussicht für das Patent gewährt. Da nach der Rspr des EGMR jeder Staat seinen Bürgern zwar den Zugang zu Gericht ermöglichen muss, bei der Wahl der Mittel hierfür aber frei ist, und das Recht auf Zugang zu Gericht einschränken kann, soweit der Grundsatz der Verhältnismäßigkeit gewahrt ist, bestehen keine Bedenken, die Gewährung der Verfahrenskostenhilfe für Verfahren vor dem DPMA als Verwaltungsbehörde an bestimmte Voraussetzungen zu knüpfen, zumal das dt System der Prozesskostenhilfe, an die sich die Verfahrenskostenhilfe anlehnt, ausreichende Garantien gegen Willkür bietet.[2] Wird Verfahrenskostenhilfe nicht bewilligt, gilt § 134. Abs 3 befasst sich mit der Personenmehrheit auf Erfinderseite. Abs 4 enthält eine Abs 3 entspr Sonderbestimmung für den Fall, dass Anmelder und Erfinder auseinanderfallen. Bei entspr Antrag besteht nach Abs 5 die Möglichkeit, die nach der ZPO bestehende Untergrenze, bis zu der Prozesskostenhilfe nicht gewährt wird, zu beseitigen. Nach Abs 6 gelten die Abs 1–3 entspr für Dritte, die die Durchführung des Prüfungsverfahrens beantragen (§ 44 Abs 2).

B. Voraussetzungen der Verfahrenskostenhilfe im Erteilungsverfahren

I. Antrag

1. Grundsatz. Um Verfahrenskostenhilfe im Patenterteilungsverfahren zu erhalten, muss der Anmel- **4** der einen entspr Antrag stellen; Verfahrenskostenhilfe vAw ist ausgeschlossen.[3]

2. Antragsteller. Der Antrag kann vom Anmelder, vom Patentinhaber (Abs 1 Satz 2) oder von dem **5** Prüfungsantrag stellenden Dritten (vgl Abs 6; Rn 60) angebracht werden. Die Anmeldereigenschaft erfüllt nur derjenige, dessen Patentanmeldung die Mindestvoraussetzungen erfüllt. Zur Berechtigung ausländ juristischer Personen Rn 39.

---

1   Begr BTDrs 114/6203 = BlPMZ 2002, 36, 39.
2   EGMR NJW 2010, 3207 f.
3   *Fitzner/Lutz/Bodewig* Rn 2.

6   Bei **minderjährigen** Patentanmeldern handelt von der Ausnahme des § 112 BGB abgesehen der **gesetzliche Vertreter** (§§ 104, 106, 107, 1629 BGB, § 52 ZPO), das sind idR **die Eltern** (§ 1629 Abs 1 Satz 2 BGB), und zwar zunächst bei der Patentanmeldung und sodann beim Antrag auf Verfahrenskostenhilfe.

7   **3. Form; Inhalt; Zeitpunkt.** Der Antrag bedarf nach § 135 Abs 1 Satz 1 der Schriftform (Rn 7 zu § 135; elektronische Form kommt grds in Betracht).[4] Für eine entspr Anwendung der für Verfahren nur vor dem BGH in § 135 Abs 1 Satz 2 und § 138 Abs 2 und somit als Ausnahme geregelten Möglichkeit, den Antrag zu Protokoll der Geschäftsstelle zu erklären, ist schon mangels erkennbarer planwidriger Regelungslücke kein Raum.[5] Erklärung auf dem Anmeldeformular kann ausreichen.[6] Schon der Hinweis der Partei auf seine unzureichenden wirtschaftlichen Verhältnisse kann erkennen lassen, dass er die Gewährung von Verfahrenskostenhilfe begehrt.[7]

8   **Inhalt.** Aus dem Antrag muss sich eindeutig ergeben, für welches Verfahren und in welchem Umfang der Antragsteller Verfahrenskostenhilfe begehrt, ob die Jahresgebühren nach Abs 5 einbezogen werden sollen,[8] oder ob Verfahrenskostenhilfe „auch" für Jahresgebühren nach Abs 1 Satz 2 beantragt wird. Verfahrenskostenhilfe für Jahresgebühren erfordert stets einen gesonderten Antrag.[9]

9   Zum **Zeitpunkt** Rn 10 f zu § 135.

10   **4. Adressat.** Der Antrag ist im Patenterteilungsverfahren beim DPMA zu stellen, im Erteilungsbeschwerdeverfahren beim DPMA oder beim BPatG (vgl Rn 4 zu § 135). Auch wenn im Erteilungsverfahren bereits Verfahrenskostenhilfe gewährt worden war, ist wegen § 136 Satz 1 iVm § 119 Abs 1 ZPO für das Beschwerdeverfahren ein eigener Antrag erforderlich (Rn 13 zu § 135). Jedoch ist bei grenzüberschreitenden Ersuchen ggf § 1078 Abs 4 ZPO zu beachten (Rn 5 zu § 129; Rn 14 zu § 135). Zum Rechtsbeschwerdeverfahren § 138.

II. Nachweis der wirtschaftlichen Voraussetzungen

11   **1. Allgemeines.** Weiter muss der Antragsteller die wirtschaftlichen Voraussetzungen nach Maßgabe der §§ 114–116 ZPO erfüllen, dh er hat unter Beifügung der Belege auf einem dafür vorgesehenen Vordruck (Verwendung zwingend![10] § 136 Satz 1 iVm § 117 Abs 3, 4 ZPO; auch bei Ersuchen um grenzüberschreitende Verfahrenskostenhilfe nur in dt Sprache mit Übersetzung der Anlagen, § 1078 Abs 1 Satz 2 ZPO) nachzuweisen, dass er aufgrund seiner persönlichen und wirtschaftlichen Verhältnisse die Kosten des Verfahrens nicht, nur zum Teil oder nur in Raten aufbringen kann (mangelnde wirtschaftliche Leistungsfähigkeit).[11] Maßgeblich sind allein die Verhältnisse beim Antragsteller; ist dies eine juristische Person, kommt es auf die Verhältnisse beim Geschäftsführer nicht an.[12] Bei unzureichender Glaubhaftmachung der persönlichen und wirtschaftlichen Verhältnisse muss dem Antragsteller eine Aufforderung zur Ergänzung mit Fristsetzung zugestellt werden, bevor eine Zurückweisung erfolgen kann.[13] Die für die Frage der Belastung des Antragstellers erforderliche Feststellung der zu erwartenden Kosten umfasst die gesamten, bei vollständiger Durchführung des Erteilungs- bzw der sonstigen in § 130 erfassten Verfahren (abhängig vom jeweiligen Verfahrenstand bei Antragstellung noch) zu erwartenden Kosten einschließlich der Kosten für einen beigeordneten (§ 133) Anwalt. Ob auch die Weiterbehandlungsgebühr (§ 123a, GebVerz 313 000, Anlage zu § 2 PatKostG) darunter fällt, erscheint jedenfalls für die Berechnung der zu erwartenden Kosten zwh, da deren

4   Vgl aber *Fitzner/Lutz/Bodewig* Rn 2.
5   Vgl *Fitzner/Lutz/Bodewig* Rn 4; aA *Schulte* Rn 3.
6   Vgl BPatG Mitt 2003, 310, 311.
7   BGH 17.3.2011 I ZB 12/11 GRUR-RR 2100, 344 Ls, zur Prozesskostenhilfe; zur Ergänzung unvollständiger Anträge BGH NJW 2010, 3101.
8   BPatG 13.1.2004 17 W (pat) 54/03; vgl BPatG 10.4.2008 14 W (pat) 30/07; *Benkard* Rn 15; *Fitzner/Lutz/Bodewig* Rn 5; zu inhaltlichen Mängeln BPatG 18.11.2010 19 W (pat) 17/08.
9   So zu Recht auch Hausverfügung DPMA 33 I 1 Fn 8; *Fitzner/Lutz/Bodewig* Rn 41.
10   BPatG 11.3.2009 8 W (pat) 54/08; vgl *Schulte* Rn 9.
11   Zur Gewährung des rechtl Gehörs bei Zweifeln an den Angaben des Antragstellers BVerfG NJW 2000, 275; zu einem nicht vollständig ausgefüllten Vordruck BGH NJW-RR 2000, 1520; BGH NJW 2001, 2720.
12   BPatG 19.3.2015 24 W (pat) 64/14, Markensache.
13   OVG Hamburg NJW 2012, 551.

Entstehung auf einem Versäumnis des Anmelders beruht, das nicht von vornherein zu unterstellen ist.[14] Darauf, ob bereits bei Antragstellung Prüfungsantrag gestellt worden ist, kann es nicht ankommen, da dem Berechtigten insgesamt für „das Erteilungsverfahren" Verfahrenskostenhilfe gewährt wird.[15] Die Jahresgebühren selbst waren nach früherem Recht nicht Gegenstand der Verfahrenskostenhilfe. Die geltende Regelung sieht die Möglichkeit vor, dass dem Anmelder oder Patentinhaber bei Bedürftigkeit für die jeweils fällige Jahresgebühr Verfahrenskostenhilfe gewährt wird (Abs 1 Satz 2; vgl Rn 27).

2. Mangelnde wirtschaftliche Leistungsfähigkeit

a. Grundsatz. Wann ein Antragsteller von den Verfahrenskosten ganz befreit wird oder wann er einen teilweisen Beitrag zu leisten hat, bestimmt sich zunächst nach § 115 ZPO iVm den dort genannten Vorschriften des SGB XII und den jeweiligen Weiterverweisungen. Grundvoraussetzung für die Bewilligung ist das Fehlen der wirtschaftlichen Leistungsfähigkeit. Dabei sind Einkommen (Rn 14 ff) und Vermögen (Rn 30 ff) maßgeblich. **12**

Bei **Gewerbetreibenden** ist mangelnde Leistungsfähigkeit nur gegeben, wenn die Verfahrenskosten nicht aus dem Unternehmensvermögen und durch zumutbare Kreditaufnahme aufgebracht werden können.[16] **13**

b. Einkommen. Nach § 115 Abs 1 ZPO ist der Antragsteller verpflichtet, sein Einkommen einzusetzen. Dazu rechnen alle Einkünfte in Geld oder Geldeswert,[17] insb Einkünfte aus aktiver (selbständiger oder nichtselbständiger) Tätigkeit einschließlich Kindergeld, Arbeitslosengeld oder -hilfe, Einkünfte aus Vermietung und Verpachtung sowie aus Kapitalvermögen, Renten und BAFÖG, ebenso eine zugunsten des Antragstellers ergangene Kostenentscheidung bzw der daraus resultierende Kostenerstattungsanspruch.[18] Nicht dazu zählt die Sozialhilfe.[19] Im Ausnahmefall können dem Antragsteller auch fiktive Einkünfte zugerechnet werden, wenn er rechtsmissbräuchlich handelt. Dies ist der Fall bei vorsätzlicher Herbeiführung oder Aufrechterhaltung der Hilfebedürftigkeit oder wenn der Antragsteller es offenkundig leichtfertig unterlässt, eine tatsächlich bestehende und zumutbare Erwerbsmöglichkeit zu nutzen.[20] **14**

Es kommt – von den Fällen der Abs 2, 3 abgesehen – grds auf das Einkommen nur des **Antragstellers** selbst an;[21] abzustellen ist auf das monatliche Einkommen (vgl § 115 Abs 1 Satz 3 ZPO) im Zeitpunkt der Bewilligungsreife. Bezieht der Antragsteller kein regelmäßiges Einkommen, ist vom monatlichen Durchschnittswert für ein (Geschäfts-)Jahr auszugehen. **15**

Zu berücksichtigendes Einkommen. Vom Bruttoeinkommen haben (zwingend) bestimmte Abzüge zu erfolgen (§ 115 Abs 1 Satz 3 Nr 1 ZPO iVm § 82 Abs 2 SGB XII). Dies sind im wesentlichen die auf das Einkommen zu entrichtenden Steuern, die Pflichtbeiträge zur Sozialversicherung einschließlich der Beträge zur Arbeitsförderung, Beiträge zu öffentlichen und privaten Versicherungen oder ähnlichen Einrichtungen, soweit gesetzlich vorgeschrieben oder nach Grund und Höhe angemessen, was sich nach den persönlichen Lebensumständen des Antragstellers richtet,[22] weiterhin Beiträge zur gesetzlich geförderten Altersvorsorge, soweit diese den Mindesteigenbetrag nach dem seit 1.9.2009 gültigen § 86 EStG nicht überschreiten, sowie die mit der Erzielung des Einkommens verbundenen notwendigen Aufwendungen, dh Werbungskosten bzw Betriebsausgaben.[23] **16**

§ 115 Abs 1 Nr 2 ZPO regelt die Berechnungsweise für weitere Abzüge für **Unterhaltsleistungen.** Der dort genannte **Grundbetrag** beträgt ab 1.1.2016[24] für Parteien, die ein Einkommen aus Erwerbstätigkeit **17**

---

14 Vgl aber Hausverfügung DPMA 33 I. 3.1.

15 AA wohl *Kelbel* GRUR 1981, 5, 9.

16 BGH NJW-RR 2007, 379, zur Prozesskostenhilfe; vgl *Schulte* Rn 30.

17 Vgl *Fitzner/Lutz/Bodewig* Rn 18 ff.

18 OLG Celle NJW-RR 2009, 1077.

19 Str, vgl OLG Koblenz MDR 2007, 1446; OLG Köln FamRZ 1993, 1472 mwN; s auch BGH NJW 2009, 3658.

20 BGH NJW 2009, 3658.

21 Vgl *Tönnies* Mitt 2014, 549 f, auch zu Missbrauchsfällen; aA *Hübenett* GRUR 1994, 13 für minderjährige Antragsteller ohne eigenes Einkommen.

22 OLG Brandenburg NJW 2009, 2069.

23 Zum Kinderfreibetrag vgl OLG Nürnberg MDR 2009, 525 f; OLG Dresden FamRZ 2002, 1413.

24 Prozesskostenhilfebek des BMJV vom 8.12.2015 BGBl I 2357 = BlPMZ 2016, 79.

erzielen, 213 EUR, für die Partei und ihren Ehegatten oder ihren Lebenspartner 468 EUR, für jede weitere Person, der die Partei aufgrund gesetzlicher Unterhaltspflicht Unterhalt leistet, in Abhängigkeit von ihrem Alter für Erwachsene 374 EUR, für Jugendliche vom Beginn des 15. bis zur Vollendung des 18. Lebensjahrs 353 EUR, für Kinder vom Beginn des 7. bis zur Vollendung des 14. Lebensjahrs 309 EUR sowie für Kinder bis zur Vollendung des 6. Lebensjahrs 272 EUR. Nicht abzuziehen sind Kosten für freiwillige Zuwendungen an einen erwachsenen (35jährigen) Sohn mit eigenem Hausstand.[25]

18   Nach den Lebensverhältnissen der Partei angemessene **Kosten für Unterkunft und Heizung** und sonstige umlegbare Nebenkosten[26] sind ebenfalls abzugsfähig (§ 115 Abs 1 Nr 3 ZPO).

19   Die Regelung nach dem Gesetz zur Änderung des Prozesskostenhilfe- und Beratungskostenhilferechts (Rn 9 vor § 129) bestimmt in § 115 Abs 1 Satz 3 Nr 4 ZPO (neu), dass **Mehrbedarfe** nach § 21 SGB II und § 30 SGG XII abzuziehen sind.

20   § 115 Abs 1 Nr 5 ZPO enthält eine **Härteklausel**, wonach unter der Voraussetzung ihrer Angemessenheit besondere Belastungen, zB durch Familienereignisse wie Heirat, Geburt, Tod verursachte oder vor Verfahrensbeginn eingegangene Abzahlungsverpflichtungen sowie Aufwendungen für Aus- oder Fortbildung oder auf Grund von Körper- oder Gesundheitsschäden – für letztere gilt die Vermutung des § 1610a BGB entspr – zu berücksichtigen sind. Problematisch ist, ob ein hoher Aufwand für weitere Patenterteilungsverfahren als besondere Belastung anerkannt werden kann. Das BPatG hat bei einem freiwillig übernommenen Kostenrisiko für weitere 90 Erteilungsverfahren die Abzugsfähigkeit abgelehnt,[27] andererseits bei einem Anmelder, der in 15 Jahren ca 150 Patent- und 120 GbmAnmeldungen getätigt hatte, die Gewährbarkeit von Verfahrenskostenhilfe aber grds bejaht.[28] Die Prüfung erfolgte in beiden Entscheidungen allerdings unter dem Gesichtspunkt der Mutwilligkeit, nicht im Hinblick auf besondere Belastungen. Nach einer weiteren Entscheidung ist die Absatzmöglichkeit für die für Patentanmeldungen angefallenen Kosten zumindest dann nicht angemessen, wenn den dafür aufgebrachten Gebühren keinerlei mit Patenten erzielte Erträge gegenüberstehen und das Erfinden als Liebhaberei angesehen werden muss.[29]

21   Zur **grenzüberschreitenden Verfahrenskostenhilfe** berechtigt auch, wenn der Antragsteller nachweist, dass er wegen unterschiedlich hoher Lebenshaltungskosten im EU-Mitgliedstaat seines Wohnsitzes oder gewöhnlichen Aufenthalts einerseits und im Geltungsbereich der ZPO andererseits die Kosten der Prozessführung nicht, nur zum Teil oder nur in Raten aufbringen kann (§ 1078 Abs 3 ZPO). Dies kann nach dem Recht des Wohnsitzstaats durch eine Bedürftigkeitsbescheinigung dieses Staats nachgewiesen werden, sonst durch alle Mittel der Glaubhaftmachung.[30]

22   **Ratenzahlung.** Sofern der nach allen Abzügen verbleibende Betrag ein monatliches einzusetzendes Einkommen von mehr als 15 EUR ergibt, muss sich der Antragsteller an den Verfahrenskosten beteiligen, wobei sich die zu bezahlenden Raten bis zu der am 1.1.2014 in Kraft getretenen Neuregelung durch das Prozesskostenhilfe- und Beratungskostenhilferechts (Rn 5.3 vor § 129) nach der Tabelle in § 115 Abs 2 ZPO aF richteten.

23   Nach der Neuregelung ist die Tabelle weggefallen; **§ 115 Abs 2 ZPO** bestimmt nunmehr:

> Von dem nach den Abzügen verbleibenden Teil des monatlichen Einkommens (einzusetzendes Einkommen) sind Monatsraten in Höhe der Hälfte des einzusetzenden Einkommens festzusetzen; die Monatsraten sind auf volle Euro abzurunden. Beträgt die Höhe einer Monatsrate weniger als 10 Euro, ist von der Festsetzung von Monatsraten abzusehen. Bei einem anzusetzenden Einkommen von mehr als 600 Euro beträgt die Monatsrate 300 Euro zuzüglich des Teils des einzusetzenden Einkommens, der 600 Euro übersteigt. Unabhängig von der Zahl der Rechtszüge sind höchstens 48 Monatsraten aufzubringen.

25 BPatGE 25, 93 = BlPMZ 1983, 123; zur Nichtberücksichtigung eines Unterhaltsberechtigten mit Eigenverdienst vgl DPA BlPMZ 1983, 134; zu weiteren Einzelheiten vgl *Baumbach/Lauterbach/Albers/Hartmann* § 115 ZPO Rn 16 ff.
26 OLG Brandenburg NJW 2009, 2069.
27 BPatGE 25, 93 = BlPMZ 1983, 123.
28 BPatGE 36, 254; BPatG BlPMZ 1996, 507.
29 BPatG 13.1.2004 17 W (pat) 54/03.
30 *Musielak* ZPO § 1078 Rn 4.

Die Verweigerung von Verfahrenskostenhilfe mit der Begründung, der Anmelder habe kein Einverständnis zur Ratenzahlung gegeben, entbehrt der Rechtsgrundlage.[31] Wird Verfahrenskostenhilfe für mehrere Patenterteilungsverfahren beantragt, ist der Ratenzahlungsbetrag für jedes Verfahren gesondert zu bestimmen, eine Summierung der Verfahren verbietet sich.[32]

Die Raten sind an die **Bundeskasse** zu bezahlen (Abs 1 Satz 2); § 120 Abs 2 ZPO ist von der Verweisung in § 136 ausdrücklich ausgenommen. **24**

Verfahrenskosten sind hierbei alle Kosten, die im jeweiligen Verfahren bei dessen vollständiger **25** Durchführung entstehen können und noch nicht bezahlt sind (Rn 11). Bei der Bestimmung der zu deckenden Kosten ist auf die Kostenschuld nur des Beteiligten abzustellen, dem die Verfahrenskostenhilfe bewilligt worden ist.[33]

Die **Höchstzahl der Raten** beträgt 48, unabhängig von der Zahl der Instanzen innerhalb ein und des- **26** selben Verfahrens. Sind die Verfahrenskosten gedeckt, müssen keine weiteren Raten mehr bezahlt werden, die zuständige Stelle soll dann die vorläufige Einstellung der Zahlungen bestimmen (§ 136 iVm § 120 Abs 3 Nr 1 ZPO). Nach § 136 iVm § 124 Nr 4 ZPO kann die Bewilligung der Verfahrenskostenhilfe aufgehoben werden, wenn der Begünstigte länger als drei Monate mit der Bezahlung einer Rate im Rückstand ist.

Berücksichtigung von Jahresgebühren. Verfahrenskostenhilfe wird grds nur gewährt, wenn die **27** gesamten voraussichtlichen Verfahrenskosten (Rn 25) den Betrag von vier Raten nicht übersteigen. Dies folgt aus § 115 Abs 4 ZPO (der frühere § 115 Abs 3 ZPO wurde durch das Justizkommunikationsgesetz[34] zu Abs 4, § 130 Abs 5 ist an diese Änderung noch nicht angepasst worden),[35] der im Zivilprozess Prozesskostenhilfe bei geringen Streitwerten oder noch erträglichen wirtschaftlichen Verhältnissen des Antragstellers eindämmen will. Aufgrund der relativ geringen Gebühren im Patenterteilungsverfahren würde dies bei einer Ratenzahlungsverpflichtung des Antragstellers vielfach dazu führen, dass der Antrag auf Verfahrenskostenhilfe zurückgewiesen werden müsste. Deshalb sieht Abs 5 Satz 1 vor, dass auf gesonderten Antrag, also auch bei Unterschreiten der Grenze des § 115 Abs 4 ZPO nicht vAw,[36] so viele Jahresgebühren in die Verfahrenskostenhilfe einbezogen werden können, bis diese Grenze überschritten ist. Bereits bezahlte Gebühren bleiben aber außer Betracht. Eine Verrechnung der Raten mit den Jahresgebühren erfolgt erst nach vollständiger Abdeckung der Verfahrenskosten. Die entspr Anwendung von § 5 Abs 2 PatKostG hat zur Folge, dass überschießende Beträge, die mehr als ein Jahr vor Fälligkeit der nächsten Jahresgebühr frei werden, zurückzuerstatten sind und die weitere Aufrechterhaltung des Patents nicht sichern.[37] Außerhalb der Regelung des Abs 5 Satz 1 waren die Jahresgebühren selbst nach früherem Recht nicht Gegenstand der Verfahrenskostenhilfe. Die Praxis des DPMA gewährt mitunter in Anmeldeverfahren auf Antrag Verfahrenskostenhilfe für die, dh sämtliche, während des Erteilungsverfahrens anfallenden Jahresgebühren.[38] Dies entspricht nicht der Anweisung in der Hausverfügung 33 des DPMA und ist abzulehnen. In Fällen, in denen der Anmelder aufgrund seiner finanziellen Verhältnisse keine Raten zahlen muss, besteht schon kein Anlass, die im Lauf des Erteilungsverfahrens anfallenden Jahresgebühren in den Antrag auf Verfahrenskostenhilfe nach Abs 5 Satz 1 mit einzubeziehen.[39] Darüber hinaus erscheint es angesichts der in § 137 Abs 1 und § 136 iVm § 124 ZPO nur eingeschränkt bestehenden Möglichkeiten, nachträglich die Gewährung der Verfahrenskostenhilfe zu ändern oder aufzuheben,[40] sinnvoll, dass der Anmelder für jede Jahresgebühr einen gesonderten Antrag auf Bewilligung von Verfahrenskostenhilfe stellen muss, denn zum einen muss der Anmelder dann für die jeweilige Gebühr seinen aktuellen Vermögensstatus mitteilen, zum anderen können im Rahmen eines solchen Antrags auch die Erfolgsaussichten der Patenterteilung berücksichtigt werden, deren Beurteilung sich nach einer Prüfung gem § 44 gegenüber der nur summarischen Prüfung im Verfahrenskostenhilfeverfahren erheblich verändert haben kann (s auch Rn 29, 45);[41] das gilt auch

---

31 BPatG 13.1.2004 17 W (pat) 54/03.
32 BPatGE 25, 93 = BlPMZ 1983, 123; BPatG 13.1.2004 17 W (pat) 54/03.
33 OLG Hamburg NJW 2011, 3589.
34 JKomG vom 22.3.2005 BGBl I 837.
35 *Mes* Rn 10 spricht von redaktionellem Versehen.
36 BPatG 13.1.2004 17 W (pat) 54/03 undok.
37 *Schulte* Rn 36 f; *Schulte* § 5 PatKostG Rn 14, 16.
38 Ebenso *Schulte* Rn 65.
39 Vgl auch BPatG 10.4.2000 10 W (pat) 23/99.
40 Vgl OLG Köln NJW-RR 1999, 578.
41 Vgl auch Hausverfügung DPMA Nr 33 Fn 9, wo aber nicht ausreichend differenziert wird.

für die Prüfung der Mutwilligkeit nach § 114 ZPO. Im übrigen ist zu bedenken, dass zu dem Zeitpunkt, zu dem Verfahrenskostenhilfe für das Erteilungsverfahren gestellt wird, nicht feststeht, wie lange das Verfahren dauern wird, und damit auch die Höhe der ggf unter die Verfahrenskostenhilfe fallenden Jahresgebühren. Angesichts der in § 137 Satz 1 und § 136 iVm §§ 120a (bis 31.12.2013 galt der engere § 120 Abs 4), 124 ZPO nur eingeschränkt bestehenden Möglichkeiten, nachträglich die Gewährung der Verfahrenskostenhilfe zu ändern oder aufzuheben, würde sich das DPMA bei einer automatischen Erstreckung einer einmal gewährten Verfahrenskostenhilfe auf sämtliche während des Erteilungsverfahrens fällig werdenden Jahresgebühren der Möglichkeit begeben, die Voraussetzungen für die Gewährung von Verfahrenskostenhilfe für die Jahresgebühren zu prüfen. Somit erfordert Abs 1 Satz 2 in sinnvoller Weise einen eigenen Antrag. Dann muss der Anmelder oder Patentinhaber für die jeweilige Gebühr seinen aktuellen Vermögensstatus mitteilen.

28 Die Einbeziehung von **Gebühren für die Benutzung der Erfindung** (§ 23 Abs 4, 5) ist seit der Änderung durch das KostRegBerG nicht mehr vorgesehen.

29 Voraussetzung ist aber ein **gesonderter Antrag**, die Einbeziehung erfolgt nicht vAw.[42] Wird Verfahrenskostenhilfe bewilligt, ohne dass Raten zu leisten sind, ist die beantragte Einbeziehung von Jahresgebühren abgelehnt, auch wenn dies nicht ausdrücklich angesprochen ist.[43]

30 **c. Vermögen.** § 115 Abs 3 ZPO schreibt iVm § 90 SGB XII den Einsatz des gesamten nach dieser Vorschrift verwertbaren Vermögens vor, soweit dies zumutbar ist. Als Vermögen kann die Gesamtheit der einer Person gehörenden, in Geld schätzbaren Güter von gewissem Wert angesehen werden,[44] zB realisierbare Forderungen, Ansprüche auf einen Prozesskostenvorschuss, wobei Patentanmeldungen und Patentstreitigkeiten wohl nicht unter den Begriff der persönlichen Angelegenheit iSv § 1360a BGB fallen dürften;[45] ein bebautes Grundstück.[46]

31 Nach § 136 iVm § 124 Nr 4 ZPO kann die Bewilligung der Verfahrenskostenhilfe **aufgehoben** werden, wenn der Begünstigte länger als drei Monate mit der Bezahlung eines aus dem Vermögen aufzubringenden Betrags im Rückstand ist.

32 Für die **Verwertbarkeit** ist maßgebend der realisierbare tatsächliche Wert im Zeitpunkt der Entscheidung über den Verfahrenskostenhilfeantrag. Verwertbar ist ein Vermögensgegenstand, wenn er unter Beachtung wirtschaftlicher Aspekte zu einem vertretbaren Preis veräußert werden kann.[47]

33 **Nicht zu berücksichtigendes Vermögen.** Ausgenommen ist das Vermögen, von dem nach § 90 Abs 2 Nr 1–9 SGB XII (beachte nach § 1 Abs 1 Nr 2 der VO zu § 90 Abs 2 Nr 9 SGB XII:[48] kleinere Barbeträge 2.600 EUR zuzüglich 256 EUR für jede unterhaltsberechtigte Person) die Sozialhilfe nicht abhängig gemacht werden darf. Nicht zum verwertbaren Vermögen zählt weiterhin das Vermögen, das gem §§ 811, 812 ZPO nicht der Pfändung unterliegt, ebenso wenig das Vermögen, das nicht oder nicht angemessen verwertet werden kann,[49] wobei insgesamt bei der Frage der **Zumutbarkeit** des Vermögenseinsatzes ein großzügiger Maßstab anzulegen ist.

34 **d. Kreditaufnahme** kann bei Antragstellern ohne Vermögen grds nicht verlangt werden.[50] Bei vorhandenem (beleihbarem) Vermögen ist die Frage, ob die Beleihung zB einer Lebensversicherung oder die Belastung eines Grundstücks unzumutbar ist, also eine Härte iSv § 115 Abs 2 ZPO darstellt, jeweils anhand der Umstände des konkreten Einzelfalls zu beantworten. Eine Kreditaufnahme kann im Einzelfall auch von einem Unternehmer gefordert werden.[51]

---

42 BPatG 13.1.2004 17 W (pat) 54/03.
43 BPatG 10.4.2000 10 W (pat) 23/99.
44 *Burgard* NJW 1990, 3240 f mwN.
45 AA *Hübenett* GRUR 1994, 13 ff.
46 BGH FuR 2001, 138; BPatG 28.10.1998 9 W (pat) 97/97: bei Wert von 400.000 DM; zu weiteren Einzelheiten vgl *Baumbach/Lauterbach/Albers/Hartmann* ZPO § 115 Rn 51 ff. Zur Bewilligung bei Devisentransferschwierigkeiten BPatGE 4, 22.
47 *Burgard* NJW 1990, 3240 f.
48 BGBl 1988 I 150, geänd durch Art 15 G vom 27. 12.2003, BGBl I 3022.
49 Vgl *Fitzner/Lutz/Bodewig* Rn 27.
50 Str, vgl *Burgard* NJW 1990, 3240, 3242 mwN.
51 Vgl BGH VersR 2011, 1028 ff (Policedarlehen); BGH NJW-RR 2007, 379 ff (Unternehmer); BPatG Mitt 2016, 93, jeweils mwN.

e. Mehrheit von Anmeldern. Um insb zu verhindern, dass mittellose Personen vorgeschoben wer- **35** den,[52] bestimmt Abs 3, dass, wenn mehrere Anmelder auftreten, die persönlichen und wirtschaftlichen Verhältnisse, die die Gewährung von Verfahrenskostenhilfe rechtfertigen, bei sämtlichen Anmeldern gegeben sein müssen.[53] Bei mehreren Anmeldern ist es fehlerhaft, wenn nur über das Verfahrenskostenhilfegesuch eines Mitanmelders entschieden wird.[54]

f. Erfinder nicht Anmelder. Weiter bestimmt Abs 4, dass auch der Erfinder verfahrenskostenhilfebe- **36** rechtigt sein muss, wenn der Antragsteller nicht selbst Erfinder oder dessen Gesamtrechtsnachfolger (zB Erbe) ist (s auch Rn 52). In diesen Fällen werden an die Darstellung der persönlichen Verhältnisse erhöhte Anforderungen zu stellen sein, insb muss die Rechtsnachfolge substantiiert nachgewiesen werden.

Zu beachten ist weiterhin, dass beim **Tod des Antragstellers** oder bei sonstiger Rechtsnachfolge die **37** Verfahrenskostenhilfe nicht fortwirkt, sondern ggf das Verfahrenskostenhilfeverfahren für den Rechtsnachfolger gesondert durchzuführen ist.

g. Bei juristischen Personen oder parteifähigen Vereinigungen kommt es gem § 116 Satz 1 Nr 2 ZPO **38** nicht nur auf die mangelnde wirtschaftliche Leitungsfähigkeit der juristischen Person an, die durch testierte Bilanzen nachzuweisen ist. Vielmehr dürfen auch die wirtschaftlich am Gegenstand des Verfahrens beteiligten Personen (zB Gesellschafter, stille Teilhaber, uU Gläubiger, nicht jedoch der Insolvenzverwalter trotz seiner Position als Massegläubiger)[55] objektiv nicht in der Lage sein, die Verfahrenskosten aufzubringen.[56] Mangelnde Bereitschaft hierzu ist unerheblich. Schließlich muss es allg Interessen zuwiderlaufen, wenn die juristische Person ohne Verfahrenskostenhilfe das Verfahren nicht durchführen könnte (§ 116 Nr 2 ZPO).[57] Dieses Erfordernis ist grds mit dem eur Recht vereinbar.[58] Es ist nicht nur dann erfüllt, wenn die juristische Person ohne die Durchführung des Rechtsstreits gehindert wäre, der Allgemeinheit dienende Aufgaben zu erfüllen. Vielmehr ermöglicht es der Begriff „allg Interessen" dem Richter, alle nur denkbaren allg Interessen in die Überlegungen einzubeziehen.[59] Nach der Rspr des BGH läuft die Unterlassung der Rechtsverfolgung allg Interessen zuwider, wenn die Entscheidung größere Kreise der Bevölkerung oder des Wirtschaftslebens ansprechen und soziale Wirkungen nach sich ziehen würde.[60] Bei einer juristischen Person des Privatrechts wird eine unterbliebene beabsichtigte Rechtsverfolgung allg Interessen zuwiderlaufen, wenn von der Durchführung des Prozesses die Existenz des Unternehmens abhängt und an dessen Erhaltung wegen der großen Zahl der von ihm beschäftigten ArbN ein allg Interesse besteht.[61] Dies wird im Zusammenhang mit einem Patenterteilungsverfahren eher unwahrscheinlich sein, kann aber im Einspruchs- und mehr noch im Nichtigkeitsverfahren eine Rolle spielen, wenn die wirtschaftliche Existenz eines Betriebs an den Bestand eines Schutzrechts geknüpft ist. Die Durchführung des Verfahrens kann auch dann im allg Interesse liegen, wenn bei Erfolg des Rechtsstreits eine Vielzahl von Gläubigern befriedigt werden könnte oder eine nationale Beeinträchtigung der industriellen Produktion zu befürchten wäre. Allerdings muss diese Rspr vor dem Hintergrund der Rspr des EuGH zu der Frage beleuchtet werden, ob die Voraussetzungen der Beschränkung des Rechts auf Zugang zu Gericht einem legitimen Zweck dienen und ob die angewendeten Mittel angemessen sind.[62] Nicht ausreichend ist das allg Interesse am Widerruf oder der Nichtigerklärung eines Patents, dem mangels einer echten Bereicherung der Technik keine Schutzwürdigkeit zukommt.[63] Die Bewilligung der Verfahrenskostenhilfe an einen Insolvenzverwalter

52 Vgl OLG Saarbrücken NJW 2009, 2070.
53 Vgl BPatGE 28, 201; *Fitzner/Lutz/Bodewig* Rn 10.
54 BPatG 30.4.2009 12 W (pat) 8/09.
55 Zum Konkursverwalter BGH NJW 1998, 1229.
56 Vgl *Fitzner/Lutz/Bodewig* Rn 14.
57 BGH 6.11.1975 X ZR 13/74; BPatG Mitt 2016, 93, Markensache.
58 EuGH 22.12.2010 C-279/09 ZIP 2011, 143; KG ZIP 2011, 542.
59 OLG München NJW 1991, 703 mwN.
60 BGHZ 25, 183 = NJW 1957, 1636; BGH NJW-RR 1990, 474; BGH NJW 2011, 1595; BGH NJW-RR 2012, 48.
61 Vgl BTDrs 8/3068 S 26 f; *Stein/Jonas* ZPO § 116 Rn 27; BGH Mitt 2005, 165 Verfahrenskostenhilfe für juristische Person mwN; zum allg Interesse an der Sicherung eines vom Gesetz vorgegebenen Rechtszustands BGH NJW 2010, 2814.
62 EuGH 22.12.2010 C-279/09 ZIP 2011, 143; s auch *Wendenburg* DRiZ 2011, 95.
63 BGH Mitt 2005, 165 Verfahrenskostenhilfe für juristische Person.

über das Vermögen einer juristischen Person setzt nicht voraus, dass die Unterlassung der Rechtsverteidigung allgemeinen Interessen zuwiderlaufen würde.[64]

39 **Ausländische juristische Personen** und parteifähige Vereinigungen, die in einem Mitgliedstaat der EU oder einem EWR-Vertragsstaat gegründet und dort ansässig sind, sind, sind den inländ juristischen Personen und Vereinigungen gleichgestellt; soweit dies nicht der Fall ist, ist Verfahrenskostenhilfe ausgeschlossen (Rn 6 zu § 129).

40 **h.** Zu **Parteien kraft Amts** Rn 7 zu § 129.

41 **i.** Tritt eine wesentliche objektive **Änderung der Einkommens- oder Vermögenssituation** ein, ist nach pflichtgem Ermessen eine Anpassung der Entscheidung über die Verfahrenskostenhilfe vorzunehmen (§ 136 iVm § 120 Abs 4 ZPO).

III. Erfolgsaussicht

42 **1. Grundsatz.**[65] Neben den persönlichen wirtschaftlichen Voraussetzungen muss für die Gewährung von Verfahrenskostenhilfe in sachlicher Hinsicht entspr dem Erfordernis hinreichender Aussicht der Rechtsverfolgung oder Rechtsverteidigung in § 114 ZPO hinreichende Aussicht auf Patenterteilung vorliegen. Da es verfassungsrechtl nicht erforderlich ist, die Unbemittelten und die Bemittelten völlig gleichzustellen, ist es verfassungsrechtl auch nicht bdkl, die Gewährung von Verfahrenskostenhilfe davon abhängig zu machen, dass die beabsichtigte Rechtsverfolgung erfolgreich erscheint.[66] Die Beurteilung erfolgt in einem summarischen Verfahren; maßgebend ist, ob die Gesamtschau der vorhandenen Tatsachen eine hinreichende Wahrscheinlichkeit für einen Erfolg ergibt. Verfahrenskostenhilfe darf verweigert werden, wenn ein Erfolg in der Hauptsache zwar nicht schlechthin ausgeschlossen, die Erfolgsaussicht aber nur eine entfernte ist.[67] Allerdings ist der insoweit bestehende Entscheidungsspielraum aus verfassungsrechtl Sicht überschritten, wenn der hierbei angelegte Maßstab der unbemittelten Partei im Vergleich zur bemittelten die Rechtsverteidigung oder -verfolgung unverhältnismäßig erschwert. Die Prüfung darf nicht dazu führen, dass die Rechtsverfolgung oder -verteidigung selbst in das Verfahrenskostenhilfeverfahren verlagert und insoweit durchentschieden wird[68] oder hier schwierige, bislang ungeklärte Rechts- oder Tatfragen entschieden werden.[69] Die Verfahrenskostenhilfe soll den rechtsstaatlich gebotenen Rechtsschutz nicht selbst bieten, sondern ihn erst zugänglich machen.[70] Verfahrenskostenhilfe ist zu bewilligen, wenn nach dem Gesamtinhalt der Anmeldungsunterlagen hinreichende Wahrscheinlichkeit für die Bejahung einer erfinderischen Tätigkeit gegeben ist.[71] Dabei genügt, dass die eingereichten Unterlagen so viele technische Merkmale einer möglichen Erfindung enthalten, dass die Ermittlung eines schutzfähigen Gegenstands nicht ausgeschlossen erscheint.[72] Auf der anderen Seite kann die Schwierigkeit einer Rechtsmaterie als solche nicht dazu führen, dass keine die Verfahrenskostenhilfe ablehnende Entscheidung getroffen werden könnte.[73]

43 **2. Prüfung.** Ob hinreichende Aussicht auf Patenterteilung besteht, hängt ua davon ab, ob die eingereichte oder beabsichtigte Anmeldung eine patentfähige Erfindung zum Gegenstand hat; dies setzt notwendig Angaben zur Erfindung voraus.[74] Ausgangspunkt für die Beurteilung der Erfolgsaussicht sind die Unterlagen in der ursprünglich eingereichten Fassung; nachträgliche Änderungen, die den Gegenstand

---

64 BGH MDR 2007, 851 Prozesskostenhilfe für Insolvenzverwalter.

65 Vgl BPatG 10.12.2001 8 W (pat) 55/00; BPatG 18.3.2002 9 W (pat) 70/01; BPatG 9.8.2002 9 W (pat) 17/02.

66 BVerfG NJW 1997, 2745; vgl *Fitzner/Lutz/Bodewig* Rn 29.

67 BVerfGE 81, 347 = NJW 1991, 413; BVerfG NJW 2010, 289.

68 BVerfG NJW-RR 2007, 649; BVerfG NJW-RR 2011, 1043.

69 BVerfG NJW 2010, 1129; BVerfG NJW 2010, 1657; BVerfG NJW 2013, 1148; *Benkard* Rn 8d.

70 BVerfG NJW 2007, 1060 ff; vgl auch BVerfG NVwZ-RR 2007, 352; bdkl insoweit BGH 11.2.2008 X ZA 2/07; kr *Tombink* DRiZ 2007, 183.

71 BPatG 13.5.2014 10 W (pat) 62/14; *Benkard* Rn 8a.

72 BPatG 27.6.2014 10 W (pat) 8/14; *Benkard* Rn 8, 8c.

73 BVerfG (Nichtannahmebeschluss) 8.9.2009 1 BvR 1464/09.

74 BPatG 21.7.2015 7 W (pat) 13/15 und verbundene.

der Anmeldung offensichtlich erweitern, sind nicht zu berücksichtigen.[75] Maßgeblich ist grds der letzte Erkenntnisstand der zur Entscheidung berufenen Stelle.[76] Erscheint der Anmeldegegenstand aufgrund seines Vergleichs mit dem StdT im Rahmen der hierbei anzustellenden Prognose als jedenfalls möglicherweise patentfähig, ist Verfahrenskostenhilfe zu gewähren,[77] soweit kein absolutes Patenthindernis besteht.[78] Kursorische Neuheitsprüfung reicht nicht aus, die erfinderische Tätigkeit ist mit einzubeziehen.[79] Formelle Mängel bedeuten, soweit sie behebbar sind, keinen Hinderungsgrund für die Verfahrenskostenhilfe.[80] Mängel der Anmeldung, die der Offensichtlichkeitsprüfung nicht genügen (vgl § 42), dürften den Erfolgsaussichten nicht entgegenstehen, wenn sie ohne weiteres beseitigt werden können; sie tangieren dann nämlich die Aussicht auf Patenterteilung, also die Bewertung der Erfindung als patentfähig, nicht.[81] Die Bereitschaft zur Mängelbeseitigung wurde berücksichtigt.[82] Eine Auseinandersetzung allein mit den geltenden Patentansprüchen ist unzureichend.[83] Lassen die Anmeldeunterlagen keine für den Fachmann verständliche und vollständige technische Lehre erkennen, fehlt die Erfolgsaussicht.[84] Das gilt auch bei Verstoß gegen physikalische Grundsätze ("perpetuum mobile").[85] Zur Vermeidung von Missbrauch ist nicht allein auf vom Anmelder mitgeteilten StdT abzustellen, dieser ist vielmehr vorläufig vAw zu ermitteln.[86]

3. Soweit die Rspr im Zivilprozess bei einer ernsthaft in Betracht kommenden **Beweisaufnahme** Prozesskostenhilfe gewährt,[87] ist eine direkte Übertragung der zugrunde liegenden Überlegungen auf das **Patenterteilungsverfahren** nicht ohne weiteres möglich. Zwar ist die Recherche im StdT einer Beweisaufnahme vergleichbar. Aber anders als im Zivilverfahren, in dem die Schlüssigkeitsprüfung bereits erfolgt und die Beweisfrage als entscheidungserheblich, der Ausgang der Beweiserhebung aber nicht abschätzbar ist, ist im Patenterteilungsverfahren ohne Kenntnis des StdT eine Abschätzung der Erfolgsaussichten idR nicht möglich.[88] Das Verfahrenskostenhilfeverfahren stellt aber ein lediglich summarisches Verfahren dar. Die Prüfung der Erfolgsaussicht darf demnach nicht dazu dienen, das Erteilungsverfahren in dieses Nebenverfahren zu verlagern und dieses an seine Stelle treten zu lassen (vgl Rn 42).[89] Die fachkundige Besetzung der Patentabteilungen des DPMA und der Beschwerdesenate des BPatG erlauben die im Rahmen der Prüfung der Erfolgsaussichten eines Antrags auf Verfahrenskostenhilfe gebotene vorläufige Beurteilung der einschlägigen Tat- und Rechtsfragen,[90] zumal eine Beweisantizipation, soweit sie sich im oben dargestellten Rahmen hält, nicht zu beanstanden ist.[91] Aus verfahrensökonomischen Gründen darf die Verfahrenskostenhilfe nicht verweigert werden.[92]

44

---

75 BPatG 22.7.2014 10 W (pat) 132/14; *Benkard* Rn 8.
76 Vgl BGH 11.4.2000 X ZB 28/98 unter Hinweis auf *Zöller* § 119 ZPO Rn 44 ff; vgl auch BPatG 20.2.2002 6 W (pat) 83/01: bloße Nennung von Entgegenhaltungen genügt nicht.
77 Vgl *Fitzner/Lutz/Bodewig* Rn 31.
78 Vgl BGHZ 29, 39, 42 "Scheintotenentlarvungssystem"; *Fitzner/Lutz/Bodewig* Rn 32.
79 BPatG 13.7.2010 19 W (pat) 23/07; *Schulte* Rn 39.
80 BPatG 12, 177, 181; *Fitzner/Lutz/Bodewig* Rn 32; aA BPatG 18.4.2001 8 W (pat) 38/00: zur Veröffentlichung nicht geeignete Anmeldeunterlagen wurden als der Verfahrenskostenhilfe entgegenstehend angesehen.
81 Vgl BPatGE 42, 271 = BlPMZ 2000, 283: ungeschickte Formulierungen sind unschädlich, weil auf den technischen Inhalt der Anmeldeunterlagen abzustellen ist; aA wohl *Benkard* Rn 8.
82 BPatG 22.1.2002 14 W (pat) 73/01.
83 BPatG 28.1.2003 6 W (pat) 21/02.
84 BPatGE 39, 260; vgl auch BPatG 17.1.2011 20 W (pat) 15/10: wenn die Voraussetzungen für die Zuerkennung eines Anmeldetags nicht gegeben sind.
85 BPatG 16.7.2013 14 W (pat) 49/12 "Antikrebsdistillat"; BPatG 27.5.2014 9 W (pat) 30/13; *Benkard* Rn 8d.
86 BPatG BlPMZ 1988, 290; zur Frage der Zeit, in der das DPMA den einschlägigen Prüfstoff beschaffen kann vgl BPatGE 30, 119, 121 = GRUR 1989, 341.
87 Vgl BVerfG NJW 2007, 1060 ff; *Engels* §§ 114–115 ZPO Rn 128 mwN.
88 BPatGE 43, 185 = BlPMZ 2001, 60, 61 mwN.
89 BVerfGE 81, 347 = NJW 1991, 413.
90 BVerfG (NA) 8.9.2009 1 BvR 1464/09; vgl auch BVerfG NJW 2003, 2976.
91 BVerfG NJW 1997, 2745 mwN; BVerfG NJW 2003, 1857; BVerfG NJW 2010, 1129; BPatG BlPMZ 2001, 60 f beschränkt gegen BPatGE 42, 271 = BlPMZ 2000, 283 den Prüfungsumfang nach Art der Neuheitsprüfung und überlässt die Prüfung, ob ein erfinderischer Überschuss vorliegt, dem Erteilungsverfahren; abl hierzu BPatG 16.8.2001 17 W (pat) 63/00; vgl auch BVerfG NJW 2010, 289.
92 BPatG 26.7.2010 15 W (pat) 10/10 GRURPrax 2010, 442 KT.

45 **4.** Im **Erteilungsbeschwerdeverfahren,** für das wegen § 136 iVm § 119 ZPO ein von einer etwaigen Verfahrenskostenhilfe im Erteilungsverfahren unabhängiges weiteres Verfahrenskostenhilfeverfahren durchzuführen ist,[93] kommt es neben der Erteilungsaussicht für das Patent kumulativ auf die Erfolgsaussichten der Beschwerde an.[94] Dies stellt keinen Widerspruch zur Wortfassung des § 130 Abs 1 dar,[95] sondern folgt unmittelbar aus der Verweisung auf § 114 ZPO. Dementspr hindert eine unzulässige Beschwerde die Gewährung von Verfahrenskostenhilfe.[96] Es begegnet insb keinen verfassungsrechtl Bedenken, nicht allein auf den isolierten Erfolg (aus Verfahrensgründen) abzustellen.[97] Erklärt sich andererseits der Patentanmelder im Rahmen einer Beschwerde gegen die Versagung der Prozesskostenhilfe im Erteilungsverfahren – ggf hilfsweise – dazu bereit, ein eingeschränktes Patentbegehren weiter zu verfolgen, dem hinreichende Erfolgsaussicht zugebilligt werden kann, ist Verfahrenskostenhilfe zu gewähren.[98]

46 Wird **Verfahrenskostenhilfe für die Jahresgebühren** nach Abs 1 Satz 2 isoliert beantragt, erscheint eine Prüfung der Erfolgsaussichten überflüssig, da sich der Erfolg bezahlter Jahresgebühren in der Aufrechterhaltung der Anmeldung erschöpft, die mit der Bewilligung der Verfahrenskostenhilfe in jedem Fall erreicht würde. Zu prüfen ist hier allerdings die Mutwilligkeit (Rn 47 ff) unter Einbeziehung der Erfolgsaussichten der Patenterteilung im Licht des mittlerweile im Prüfungsverfahren möglicherweise vorliegenden Ergebnisses. Sind Frist und Nachfrist bereits abgelaufen, wenn der Verfahrenskostenhilfeantrag gestellt wird, kommt Bewilligung der Verfahreskostenhilfe für das Beschwerdeverfahren grds nicht in Betracht.[99]

IV. Fehlende Mutwilligkeit

47 Aus der Verweisung auf § 114 ZPO ergibt sich, dass Erfolgsaussicht allein nicht ausreicht, um Verfahrenskostenhilfe zu erlangen.[100] Vielmehr darf das Patentbegehren auch nicht als mutwillig erscheinen. Bei der Prüfung der Mutwilligkeit wurde allg darauf abgestellt, ob auch eine nicht bedürftige Person bei verständiger Würdigung der Sach- und Rechtslage ihr Recht im Verfahren in gleicher Weise wahrnehmen würde.[101] In der zivilprozessualen Praxis wird Mutwilligkeit einer an sich aussichtsreichen Rechtsverfolgung bejaht, wenn die spätere Durchsetzung des zuerkannten Anspruchs keine Aussicht auf Erfolg hat, dem Rechtssuchenden eine einfachere oder billigere Möglichkeit zur Verfügung steht, sein Recht zu verwirklichen oder Prozesskostenhilfe erschlichen wird.[102] Der unbestimmte Rechtsbegriff der Mutwilligkeit unterliegt der uneingeschränkten Nachprüfungskompetenz des BPatG.[103]

48 Das Gesetz zur Änderung des Prozesskostenhilfe- und Beratungshilferechts vom 31.8.2013 hat in **§ 114 Abs 2 ZPO** eine der bisherigen Rspr entspr[104] **Legaldefinition der Mutwilligkeit** eingestellt, mit der die eigenständige Bedeutung dieses Kriteriums betont und gesetzlich klargestellt wird. Diese lautet:

> Mutwillig ist die Rechtsverfolgung oder Rechtsverteidigung, wenn eine Partei, die keine Prozesskostenhilfe beansprucht, bei verständiger Würdigung aller Umstände von der Rechtsverfolgung oder Rechtsverteidigung absehen würde, obwohl eine hinreichende Aussicht auf Erfolg besteht.

---

93 Vgl BPatGE 32, 128 = BlPMZ 1991, 392; vgl BPatG 2.9.2014 21 W (pat) 20/14.
94 Vgl *Benkard* Rn 9 f.
95 So aber *Benkard* Rn 9; nach BPatGE 2, 207, 209 = GRUR 1965, 31 ist Verfahrenskostenhilfe für das Beschwerdeverfahren schon zu bewilligen, wenn die Gründe des angefochtenen Beschlusses die Zurückweisung nicht tragen, ohne dass zu prüfen sein soll, ob der Patenterteilung sachliche Gründe entgegenstehen.
96 BPatG 12.2.2015 7 W (pat) 77/14; *Benkard* Rn 9c.
97 BVerfG NJW 1997, 2745; zur Prüfungskompetenz BPatG 15.3.1999 34 W (pat) 6/99.
98 BPatG 15.4.1969 34 W (pat) 507/68.
99 Vgl BPatG 16.7.2014 7 W (pat) 29/14; *Benkard* Rn 9d.
100 Vgl BPatGE 29, 39, 42 „Scheintotenentlarvungssytem"; BPatG 9.6.2011 21 W (pat) 39/07; *Fitzner/Lutz/Bodewig* Rn 33.
101 *Engels* §§ 114–115 ZPO Rn 167 mwN; BGH 26.5.2009 X ZA 5/08: bei Niederlage in Parallelverfahren; BPatGE 38, 227 = GRUR 1998, 42.
102 Vgl BPatGE 38, 227 = GRUR 1998, 42 mwN; BPatGE 46, 249 = BlPMZ 2003, 428.
103 BPatGE 42, 180, 185 = GRUR 2000, 306; BPatGE 42, 178 f = BlPMZ 2000, 220; BPatGE 43, 20 = BlPMZ 2000, 420; BPatG 15.3.1999 34 W (pat) 6/99; BPatG 5.11.2004 5 W (pat) 20/04; aA BPatGE 38, 227 = GRUR 1998, 42.
104 Vgl *Ströbele/Hacker* § 81a MarkenG Rn 20.

Wieweit Mutwilligkeit bei Anmeldern vorliegt, die eine **Vielzahl von Anmeldungen** und Verfahrens- 49 kostenhilfeverfahren betreiben, ist angesichts des mit dem Recht auf Verfahrenskostenhilfe verfolgten Gesetzeszwecks, mittellose Erfinder zu fördern, nicht einfach zu beurteilen (s auch Rn 20).[105] So wurde die Einleitung eines Anmeldeverfahrens nicht schon deshalb als mutwillig angesehen, weil der Antragsteller von 150 früheren Patent- und 130 Gebrauchsmusteranmeldungen noch keine wirtschaftlich verwerten konnte, während andererseits die Anmeldung eines weiteren Patents bei einem Anmelder, der bisher auf den verschiedensten Technikgebieten über Jahre hinweg mehr als 150 Patent- und 120 GbmAnmeldungen getätigt hatte, ohne diese in nennenswertem Umfang wirtschaftlich nutzen zu können, als mutwillig angesehen wurde.[106] Eine wirtschaftliche Ausgewogenheit zwischen der Anzahl von Schutzrechtsanmeldungen und Verfahrenskostenbewilligungen sieht das Gesetz jedenfalls nicht vor.[107] Nach Auffassung des BPatG erweckt ein mittelloser Anmelder, der in den vergangenen 8 Jahren für 63 Patent- und 21 Gebrauchsmusteranmeldungen Verfahrenskostenhilfe erhalten und aus 18 erteilten Patenten keinen Verwertungserlös erzielt hat, den Anschein mutwilliger Rechtsverfolgung, wenn er auf dem bisher für ihn unergiebigen Fachgebiet erneut eine Anmeldung einreicht und hierfür Verfahrenskostenhilfe begehrt.[108] Dann muss er diesen Anschein durch eine positive Prognose rechtfertigende Tatsachen entkräften.[109] Dieser Ansatz erscheint jedoch bdkl,[110] es erscheint dogmatisch sauberer, diese Problematik bei der mangelnden wirtschaftlichen Leistungsfähigkeit zu prüfen. Denn eine rechtsmissbräuchlich herbeigeführte Bedürftigkeit steht einer Bewilligung von Verfahrenskostenhilfe entgegen. In diesen Fällen widerspricht die formale Inanspruchnahme der Verfahrenskostenhilfe offenkundig deren Zweck, auch den unbemittelten Erfinder zu fördern.[111] Die Prüfung im Rahmen der Mutwilligkeit der Rechtsverfolgung interpretiert die gesetzliche Formulierung in § 114 ZPO in einer vom Gesetzgeber nicht gewollten Weise. § 114 ZPO geht vielmehr davon aus, dass zunächst zu prüfen ist, ob die beabsichtigte Rechtsverfolgung hinreichende Erfolgsaussicht hat.[112] Erst wenn dies zu bejahen ist, stellt sich die Frage nach der Mutwilligkeit, die aber positiv zu beantworten ist.[113] Diese Reihenfolge zu verlassen und Verfahrenskostenhilfe sogleich zu versagen, rechtfertigt sich allenfalls in absoluten Ausnahmefällen. Angesichts der uneinheitlichen Rspr, die zT durchaus angreifbare Kriterien zur Beurteilung der Mutwilligkeit anlegt, dürfte die geforderte Entkräftung dem Antragsteller aber ebenso schwerfallen wie dem Gericht der positive Nachweis der Mutwilligkeit.[114] Dem Versuch einer Übertragung des zivilprozessualen Grundsatzes, dass Mutwilligkeit vorliegt, wenn die spätere Durchsetzung eines zuerkannten Anspruchs keine Aussicht auf Erfolg hat, auf das Gebiet des gewerblichen Rechtsschutzes dahin, dass der mutwillig handelt, bei dem die Verwertung des erstrebten Schutzrechts als nicht aussichtsreich erscheint,[115] kann jedenfalls für die Verfahrenskostenhilfe für das Erteilungsverfahren nicht gefolgt werden.[116] Was die Verfahrenskostenhilfe für Jahresgebühren (Abs 1 Satz 2;

---

105 Vgl neben den nachstehend genannten Entscheidungen BPatG BlPMZ 1996, 361; BPatG BlPMZ 1996, 507; BPatG 9.10.1996 8 W (pat) 11/96 und 8 W (pat) 12/96.
106 BPatG BlPMZ 1996, 361; vgl zur Massenanmeldung von Geschmacksmustern BPatGE 45, 49 = BlPMZ 2002, 387; zu mehr als 700 Anmeldungen BPatG 21.9.2006 20 W (pat) 23/06.
107 Vgl BPatGE 36, 254.
108 BPatGE 38, 227 = GRUR 1998, 42.
109 BPatGE 38, 227 = GRUR 1998, 42; vgl BPatG 12.12.2005 5 W (pat) 5/05, GbmSache.
110 Teilweise abw *Fitzner/Lutz/Bodewig* Rn 35.
111 Vgl hierzu BGH NJW 2009, 3658.
112 So auch BPatGE 42, 178 = BlPMZ 2000, 220; BPatG 17.1.2000 11 W (pat) 65/99; BPatG 5.11.2004 5 W (pat) 20/04.
113 BPatGE 40, 224; vgl BPatG 13.7.1999 8 W (pat) 11/99; BPatG 13.3.2000 8 W (pat) 55/99.
114 BPatGE 38, 227, 229 = GRUR 1998, 42.
115 BPatGE 38, 227 = GRUR 1998, 42; BPatG 21.6.2000 9 W (pat) 82/99 unter Abstellen auf erhebliche Nachteile und großen konstruktiven Aufwand der Erfindung; BPatG 24.5.2006 5 W (pat) 6/05, GbmSache.
116 Einschränkend BPatGE 42, 180 = GRUR 2000, 306 dahin, dass die Ablehnung der Verfahrenskostenhilfe nicht allein auf fehlenden Erfolg früherer Anmeldungen gestützt werden darf, sondern zusätzliche Gründe vorliegen müssen, die den Schluss rechtfertigen, der Anmeldung werde voraussichtlich kein wirtschaftlicher Erfolg beschieden sein, wofür nach BPatG 2.3.2000 9 W (pat) 56/99 die Nichteignung der angemeldeten Vorrichtung ausreichen soll, nennenswerte Effekte zu erzielen; vgl BPatGE 41, 45; BPatG 28.1.1999 6 W (pat) 42/98; BPatG 3.7.1999 8 W (pat) 11/99; BPatG BlPMZ 2000, 220; BPatG 20.12.1999 9 W (pat) 3/99; BPatG 10.1.2000 9 W (pat) 23/99 und 55/99; zur Prüfung BPatGE 43, 20 = BlPMZ 2000, 420; zu weit gehend BPatG 6.2.2003 11 W (pat) 21/01 hinsichtlich der fehlenden wissenschaftlichen Untermauerung.

Rn 34) betrifft, mag ein strengerer Maßstab angebracht sein.[117] Mutwillen ist aber anzunehmen, wenn dem Antragsteller mit ausreichender Sicherheit unterstellt werden kann, sich um die Verwertung seiner Schutzrechte nicht zu bemühen.[118] Der Antrag kann dann nicht unter Hinweis auf vorherige Zurückweisungen wegen Mutwilligkeit ohne weiteres erneut abgelehnt werden, wenn es sich gegenüber dem Gegenstand des früheren Verfahrens um eine deutlich unterschiedliche Gesamtanordnung handelt.[119] Eine zuverlässige Prognose aufgrund bisher ausgebliebener wirtschaftlicher Erfolge von Schutzrechten, deren Beurteilung gerade nicht ansteht, erscheint nicht möglich, zumal die Gründe hierfür mannigfach sein können und nicht ohne weiteres einen Rückschluss auf eine rechtsmissbräuchliche Einstellung des Antragstellers zulassen. Diese zeigt sich nicht in einer Vielzahl von Anmeldungen.[120] Mutwilligkeit wegen „fehlender Strategie" kann einem mittellosen Erfinder nicht schon deswegen unterstellt werden, weil er auf verschiedenen Fachgebieten tätig ist.[121]

50   Dass das Fehlen der **sozialen Nützlichkeit** der Anmeldung zur Annahme der Mutwilligkeit führen kann,[122] ist grds abzulehnen, da diese weder eine Patentierungsvoraussetzung ist noch ihr Fehlen ein Patenthindernis darstellt (vgl Rn 9, 16 zu § 1).

51   Bei schuldhafter Verletzung der **Verfahrensförderungspflicht** kann die Fortführung des Erteilungsverfahrens in der Beschwerdeinstanz mutwillig sein.[123]

52   Neben den persönlichen und wirtschaftlichen Voraussetzungen (Rn 35) müssen bei **mehreren Anmeldern** bzw im Fall, dass der die Verfahrenskostenhilfe beantragende Anmelder weder selbst Erfinder noch dessen Gesamtrechtsnachfolger ist, auch die übrigen Voraussetzungen bei sämtlichen Anmeldern (Abs 3) bzw beim Erfinder (Abs 4) erfüllt sein, wobei Unterschiede bei der Frage der persönlichen und wirtschaftlichen Verhältnisse und der Mutwilligkeit auftreten können.

IV. Erfinderbenennung

53   Ohne die Angabe, wer Erfinder ist, kann das Verfahrenskostenhilfeverfahren nicht durchgeführt werden; wird trotz Aufforderung die Erfinderbenennung (§ 37) nicht eingereicht, soll daher der Verfahrenskostenhilfeantrag zurückzuweisen sein, obwohl ein behebbarer Mangel der Anmeldung vorliegt.[124]

C. Folgen der Bewilligung

I. Grundsatz

54   **Abs 2** bestimmt, dass bei den Gebühren, die Gegenstand der Verfahrenskostenhilfe sind, die für den Fall der Nichtzahlung vorgesehenen Rechtsfolgen nicht eintreten (Rn 9 f zu § 6 PatKostG).

II. Gebührenbefreiung

55   Die Regelung setzt als selbstverständlich voraus, dass der Antragsteller bei Bewilligung der Verfahrenskostenhilfe von diesen Gebühren befreit ist. Im Erteilungsverfahren sind dies insb die Gebühren für das Anmeldeverfahren (GebVerz Nr 311000 ff), für die Recherche (GebVerz Nr 311200) und das Prüfungsverfahren (GebVerz Nr 311300, 311400). Ob auch die Weiterbehandlungsgebühr nach § 123a, GebVerz 313000 (Anl zu § 2 PatKostG) darunter fällt, ist zwh, da diese Gebühr nicht zu den normalerweise zu erwar-

---

117   Vgl BPatG 12.4.2012 21 W (pat) 17/11 sowie zu den Aufrechterhaltungsgebühren beim Gebrauchsmuster BPatG 9.9.2010 35 W (pat) 12/09; *Fitzner/Lutz/Bodewig* Rn 35.
118   BPatG 18.10.2000 7 W (pat) 36/98; BPatG 26.4.2011 35 W (pat) 45/09; vgl BPatGE 46, 249, 254 f = BlPMZ 2003, 428; *Fitzner/Lutz/Bodewig* Rn 35.
119   BPatGE 44, 110.
120   BPatGE 40, 224.
121   BPatG 5.11.2004 5 W (pat) 20/04.
122   So BPatGE 29, 39 „Scheintotenentlarvungssystem"; BPatGE 38, 227 = GRUR 1998, 42 aufgrund Rückschlusses wegen bisher unterbliebener Verwertung; vgl *Ströbele/Hacker* § 81a MarkenG Rn 21.
123   BPatGE 38, 236; vgl *Fitzner/Lutz/Bodewig* Rn 36.
124   BPatG Mitt 2015, 145.

tenden Kosten zu rechnen ist[125] und eine diesbezügliche Gebührenbefreiung die erforderliche Prüfung der Mutwilligkeit unterlaufen würde. Zu den Jahresgebühren Rn 46. Auch nach Abschluss des Erteilungsverfahrens kann Verfahrenskostenhilfe beantragt werden.[126]

Da es sich beim Beschwerdeverfahren um ein anderes Verfahren handelt, ist die **Beschwerdegebühr** 56 nicht Gegenstand der Bewilligung der Verfahrenskostenhilfe im Erteilungs- oder Einspruchsverfahren (§ 136 Satz 1 iVm § 119 ZPO).[127] Sie ist daher gesondert zu beantragen.[128]

III. Sonstige Folgen

Weiter bewirkt die Bewilligung von Verfahrenskostenhilfe, dass die sonst mit der Nichtzahlung verbundenen negativen Folgen nicht eintreten, so die Rücknahmefiktion des § 6 Abs 2 PatKostG. 57

Gerichtskosten, auch noch ausstehende, können nicht geltend gemacht werden (§ 122 Abs 1 Nr 1 58 ZPO), wobei hierzu auch sämtliche während eines Verfahrens anfallenden Gebühren und Auslagen zählen. Das gilt auch für etwaige Auslagen, die im Erteilungsverfahren vor dem DPMA anfallen.[129]

IV. Zeitpunkt der Wirkungen

Verfahrenskostenhilfe beginnt grds mit Wirksamwerden des Bewilligungsbeschlusses. Eine Rückwir- 59 kung auf den Zeitpunkt vor Antragstellung findet grds nicht statt. Allerdings kann die bewilligende Stelle im Beschluss bestimmen, dass Verfahrenskostenhilfe rückwirkend gewährt wird. Der hierbei früheste Zeitpunkt ist der, zu dem der vollständige Antrag samt allen Unterlagen vorlag.[130] Rückwirkung kann insb bei verzögerter Sachbehandlung geboten sein.[131]

V. Nach § 44 Abs 2 kann neben dem Anmelder jeder Dritte Prüfungsantrag stellen, während die Mög- 60 lichkeit für den Rechercheantrag seit 1.4.2014 entfallen ist. Abs 6 ermöglicht hierfür die Gewährung von **Verfahrenskostenhilfe Dritten gegenüber**, sofern bei sämtlichen Antragstellern die persönlichen und wirtschaftlichen Voraussetzungen vorliegen, Erfolgsaussicht besteht und zusätzlich ein eigenes schutzwürdiges Interesse an der Prüfung glaubhaft gemacht (§ 99 Abs 1 iVm § 294 ZPO) werden kann.

Um erfolgreich sein zu können, muss der Antrag lediglich **zulässig** sein. Ein schutzwürdiges Interesse 61 hat der Antragsteller, wenn sich die Patentanmeldung in relevanter Weise auf seine wirtschaftliche Betätigung auswirken kann; das allg Interesse, Klarheit über die Schutzfähigkeit zu erhalten, kann dafür nicht ausreichen.[132] Ob dann allerdings mangelnde wirtschaftliche Leistungsfähigkeit gegeben ist, kann im Einzelfall insb im Hinblick darauf zwh sein, dass hier die Grenze des § 115 Abs 3 ZPO uneingeschränkt gilt.

§ 131
(Beschränkungs- und Widerrufsverfahren)

Im Verfahren zur Beschränkung oder zum Widerruf des Patents (§ 64) sind die Bestimmungen des § 130 Abs. 1, 2 und 5 entsprechend anzuwenden.

A. Entstehungsgeschichte

Die Bestimmung ist als § 46c durch das 5.ÜberlG in das PatG eingestellt worden; sie betraf ursprüng- 1 lich nur das Beschränkungsverfahren. Das Gemeinschaftspatentgesetz hat sie geänd, ebenso das Prozeßkostenhilfegesetz. Die geltende Paragraphenbezeichnung geht auf die Neufassung 1981 zurück. Die Einbe-

---

125 Vgl aber Hausverfügung DPMA 33 I. 3.1.
126 Vgl Begr KostRegBerG BlPMZ 2002, 54.
127 BPatGE 19, 92; BPatGE 32, 128 = BlPMZ 1991, 392.
128 BPatG 18.9.2014 15 W (pat) 19/12; *Benkard* Rn 17.
129 *Fitzner/Lutz/Bodewig* Rn 43.
130 BGH NJW 1982, 446; BGH NJW 1985, 921.
131 Vgl hierzu *Engels* §§ 114–115 ZPO Rn 31 f, 170 ff.
132 Vgl *Fitzner/Lutz/Bodewig* Rn 12.

ziehung des Widerrufsverfahrens ist durch das Gesetz zur Umsetzung der Akte zur EPÜ-Revision erfolgt. Die Bestimmung besitzt kaum Praxisrelevanz.

2 **B.** Für die Bewilligung von **Verfahrenskostenhilfe im Beschränkungs- und Widerrufsverfahren** verweist das Gesetz eingeschränkt auf die für das Erteilungsverfahren geltenden Vorschriften.

3 Danach gelten für das Beschränkungs- und Widerrufsverfahren bzgl der **persönlichen und wirtschaftlichen Verhältnisse** für den Patentinhaber dieselben Kriterien wie nach § 130. Im Gegensatz zu den Vorschriften für das Erteilungsverfahren wird es dabei nur auf die Gegebenheiten beim jeweiligen Antragsteller ankommen, da § 131 nicht auf § 130 Abs 3 verweist (vgl Rn 6 zu § 132)[1] und es zwh erscheint, ob § 130 Abs 3 einen allg Rechtsgedanken enthält,[2] da es auch im zivilprozessualen Bereich bei notwendigen Streitgenossen stets nur auf die persönlichen und wirtschaftlichen Verhältnisse des die Prozesskostenhilfe beantragenden Streitgenossen ankommt.[3] Ein Missbrauch erscheint im Hinblick auf das für den Beschränkungs- und Widerrufsantrag erforderliche Rechtsschutzbedürfnis (Rn 22 zu § 64) unwahrscheinlich. Die Anwendbarkeit von § 130 Abs 4, der den Fall betrifft, dass der Anmelder nicht der Erfinder ist, wird dagegen allg verneint.[4]

4 **Mutwilligkeit** (§ 114 Abs 2 ZPO; vgl Rn 47 ff zu § 130) wird nur in extremen Ausnahmefällen in Betracht kommen.[5]

5 **Erfolgsaussicht** ist zu bejahen, wenn der Antrag als solcher zulässig und das erforderliche Rechtsschutzbedürfnis nachgewiesen ist.

6 Bei Bewilligung der Verfahrenskostenhilfe wird der Berechtigte von der sonst gem § 2 Abs 1 PatKostG iVm GebVerz Nr 313.700 zu zahlenden **Gebühr** befreit; die gem § 6 Abs 2 PatKostG an die Nichtzahlung geknüpfte Rücknahmefiktion tritt nicht ein (§ 130 Abs 2; bzgl der Auslagen s Rn 58 zu § 130).

7 Für ein **Beschwerdeverfahren**, das von der Bewilligung von Verfahrenskostenhilfe im Beschränkungs- und Widerrufsverfahren nicht erfasst wird, gilt § 119 ZPO (§ 136); bei grenzüberschreitenden Ersuchen ist aber § 1078 Abs 4 ZPO zu beachten.

§ 132
(Einspruchs- und Nichtigkeitsverfahren)

(1) [1] **Im Einspruchsverfahren (§§ 59 bis 62) erhält der Patentinhaber auf Antrag unter entsprechender Anwendung der §§ 114 bis 116 der Zivilprozeßordnung und des § 130 Abs. 1 Satz 2 und Abs. 2, 4 und 5 Verfahrenskostenhilfe.** [2] **Hierbei ist nicht zu prüfen, ob die Rechtsverteidigung hinreichende Aussicht auf Erfolg bietet.**

(2) Absatz 1 Satz 1 ist auf den Einsprechenden und den gemäß § 59 Abs. 2 beitretenden Dritten sowie auf die Beteiligten im Verfahren wegen Erklärung der Nichtigkeit des Patents oder in Zwangslizenzverfahren (§§ 81, 85 und 85a) entsprechend anzuwenden, wenn der Antragsteller ein eigenes schutzwürdiges Interesse glaubhaft macht.

---

1 Wie hier *Schulte* Rn 2.
2 So *Benkard* Rn 2; *Fitzner/Lutz/Bodewig* Rn 2.
3 Vgl *Engels* §§ 114–115 ZPO Rn 3.
4 *Fitzner/Lutz/Bodewig* Rn 2; vgl *Benkard* Rn 2.
5 AA *Benkard* Rn 3; *Fitzner/Lutz/Bodewig* Rn 2.

A. Einspruchsverfahren

I. Allgemeines

Abs 1 regelt die Voraussetzungen, unter denen der Patentinhaber im Einspruchsverfahren Verfah- **1** renskostenhilfe erhält. Die Einführung dieser Vorschrift durch das Gesetz über die Prozesskostenhilfe war durch die Nachschaltung des Einspruchsverfahren nach erfolgter Patenterteilung durch das GPatG erforderlich geworden, weil das Einspruchsverfahren seither nicht mehr Teil des Erteilungsverfahrens ist.[1] In diesem zweiseitigen Verfahren ist auch der Gegner zu hören (§ 136 Satz 2 iVm § 118 Abs 1 ZPO), allerdings nicht zu den persönlichen Angaben (s aber Rn 3).[2]

II. Voraussetzungen für den Patentinhaber

1. Antrag. Da das Einspruchsverfahren gegenüber dem Erteilungsverfahren ein selbstständiges Ver- **2** fahren (und nicht dessen Fortsetzung) ist, erfordert es auch dann, wenn im Erteilungsverfahren Verfahrenskostenhilfe gewährt worden ist, einen gesonderten Antrag.

2. Voraussetzungen. Wie sich aus der Verweisung auf die §§ 114–116 ZPO ergibt, gilt hinsichtlich des **3** das Verfahren einleitenden Antrags und der persönlichen und wirtschaftlichen Verhältnisse des Patentinhabers oder des Erfinders (§ 130 Abs 4) dasselbe wie im Erteilungsverfahren (Rn 4 ff zu § 130). Nach dem mWv 1.1.2014 neu gefassten § 118 Abs 1 ZPO (Rn 9 vor § 129) ist dem Gegner auch dazu Gelegenheit zur Stellungnahme zu geben, ob er die Voraussetzungen für die Bewilligung von Prozesskostenhilfe für gegeben hält, soweit dies aus besonderen Gründen nicht unzweckmäßig erscheint; damit hat der Gegner grds auch zu den persönlichen und wirtschaftlichen Verhältnissen des Antragstellers ein Recht auf Äußerung oder rechtliches Gehör.

3. Erfolgsaussicht. Das Gesetz gewährt dem Patentinhaber, wenn er sein Patent im Einspruchsver- **4** fahren verteidigen muss, eine dem Rechtsgedanken des § 119 Abs 1 Satz 2 ZPO entspr sachliche Erleichterung: In Abweichung von § 114 ZPO regelt Satz 2, dass die Erfolgsaussichten nicht geprüft werden dürfen.[3] Der Patentinhaber wird in diesem Fall wie ein Beklagter im Rechtsmittelverfahren behandelt, der in erster Instanz erfolgreich war.

4. In für den Patentinhaber aussichtslosen Einspruchsverfahren kann ihm aber die Verfahrenskos- **5** tenhilfe versagt werden, wenn die Grenze der **Mutwilligkeit** überschritten ist.[4] Die für die Gewährung von Verfahrenskostenhilfe erforderliche negative Voraussetzung, dass die Rechtsverteidigung nicht mutwillig sein darf, ist durch Abs 1 Satz 2 nicht beseitigt. Zur Prüfung der Erfolgsaussicht im GbmLöschungsverfahren Rn 6 zu § 21 GebrMG.

5. Mehrheit von Beteiligten. Eine Verweisung auf § 130 Abs 3 fehlt hier ebenso wie in § 131. Ob in **6** § 130 Abs 3 ein allg Rechtsgedanke enthalten ist,[5] weshalb diese Vorschrift immer und auch ohne Verweisung im Beschränkungs- oder Einspruchsverfahren anwendbar sein soll, erscheint zwh. Denn anders als im Erteilungs- und auch im Beschränkungs- und Widerrufsverfahren (vgl Rn 3 zu § 131), in denen die Pa-

---

1   Vgl *Fitzner/Lutz/Bodewig* Rn 1.
2   BVerfG NJW 1991, 2078.
3   Vgl *Fitzner/Lutz/Bodewig* Rn 2; *Mes* Rn 2.
4   Vgl *Fitzner/Lutz/Bodewig* Rn 2; vgl auch BGHZ 36, 280 = NJW 1962, 739.
5   So *Benkard* Rn 2a und *Benkard* § 131 Rn 2.

tentinhaber aktiv tätig werden und damit immer gemeinsam handeln müssen, folgt aus ihrer Stellung als notwendige Streitgenossen im Einspruchsverfahren nicht, dass sie auch hier gemeinsam tätig werden müssten. Zwar wirkt das Ergebnis des Einspruchsverfahrens für und gegen alle Patentinhaber, auch wenn einzelne untätig geblieben sind. Das Einspruchsverfahren ist seit 1.1.2002 nicht mehr gebührenfrei, die Gewährung von Verfahrenskostenhilfe hatte aber schon zuvor für die Beiordnung eines Vertreters gem § 133 erhebliche Bedeutung, ebenso für das Beschwerdeverfahren. § 130 Abs 3 einen allg Rechtsgedanken zu unterlegen, mit der Folge, dass untätige vermögende Mitinhaber eines Patents einen mittellosen Mitinhaber allein durch ihre Untätigkeit an der (sachgerechten, § 133) Verteidigung eines Patents hindern könnten, überzeugt nicht.[6]

III. Voraussetzungen für den Einsprechenden und den Beitretenden

7 **1. Wirtschaftliche Voraussetzungen.** Gem Abs 2 Satz 1 1. Alt. wird Abs 1 Satz 1 für den Einsprechenden sowie für den Verletzungsbeklagten und für den, der nach einer Abmahnung durch den Patentinhaber negative Feststellungsklage erhoben hat und einem lfd Einspruchsverfahren gem § 59 Satz 2 beitritt, für entspr anwendbar erklärt. Bzgl der persönlichen und wirtschaftlichen Verhältnisse Rn 11 ff zu § 130, zum Recht des Gegners, sich zu äußern, Rn 3.

8 **2. Erfolgsaussicht.** Das Einspruchsverfahren muss hinreichende Aussicht auf Erfolg haben (Abs 2, Abs 1 Satz 1, § 114 Satz 1 ZPO), dh der Einspruch muss gem § 59 Abs 1 zulässig sein, außerdem muss das Material, auf das der Einspruch gestützt ist, bei vorläufiger Beurteilung jedenfalls einen teilweisen Widerruf des angegriffenen Patents nicht als ausgeschlossen erscheinen lassen.

9 **3. Fehlende Mutwilligkeit.** Weiterhin darf die Rechtsverfolgung nicht mutwillig sein (vgl Rn 47 ff zu § 130).

10 **4.** Schließlich müssen zur Vermeidung des Vorschiebens mittelloser Dritter (vgl Rn 16)[7] der Einsprechende und/oder der Beitretende ein eigenes **schutzwürdiges Interesse** an der Durchführung des Einspruchsverfahrens glaubhaft machen (§ 99 Abs 1 iVm § 294 ZPO). Dieses ist zB dann gegeben, wenn der Einsprechende aus dem Patent abgemahnt oder wegen Patentverletzung in Anspruch genommen worden ist oder durch das angegriffene Patent in der Verwertung eines eigenen Schutzrechts behindert wird[8] oder behindert werden kann. Nicht ausreichend ist allerdings die bloße, nicht konkretisierte Möglichkeit, dass sich der Einsprechende auf dem betr Gebiet einmal betätigen wird.[9] Lediglich subjektive Befürchtungen oder das Bedürfnis nach Klärung von Reichweite und Schutzumfang des Patents reichen nicht aus.[10] Das schutzwürdige Interesse wurde mit einem eigenen Rechtsschutzbedürfnis gleichgesetzt.[11] Für den nach § 59 Abs 2 beitretenden Dritten fällt das eigene schutzwürdige Interesse mit den Beitrittsvoraussetzungen zusammen.

11 **5. Erforderlichkeit der Beiordnung eines Vertreters.** Verfahrenskostenhilfe kann nur gewährt werden, wenn der Antragsteller nicht in der Lage ist, die Kosten des Verfahrens aus eigenen Mitteln aufzubringen (§ 114 ZPO). Auch wenn das Einspruchsverfahren nicht mehr kostenfrei ist, wird, jedenfalls wenn der Antragsteller aufgrund seiner wirtschaftlichen Verhältnisse zur Ratenzahlung verpflichtet ist, ab einem einsetzbaren Einkommen von über 150 EUR Verfahrenskostenhilfe nur in Betracht kommen, wenn die Voraussetzungen für die Beiordnung eines Vertreters (§ 133) gegeben sind, da andernfalls die Kostengrenze des § 115 Abs 3 ZPO nicht überschritten wird (Abs 1 Satz 1 iVm § 130 Abs 5 Satz 1). Im Ein-

---

6 So aber *Fitzner/Lutz/Bodewig* Rn 3; im Ergebnis wie hier *Schulte* Rn 3 unter d.
7 *Benkard* Rn 3b; vgl *Fitzner/Lutz/Bodewig* Rn 5.
8 BPatG 19.7.2006 17 W (pat) 318/05; BPatG 19.7.2006 17 W (pat) 322/05; PatG 5.4.2006 19 W (pat) 367/05; vgl *Fitzner/Lutz/Bodewig* Rn 5.
9 BPatG 19.12.2005 17 W (pat) 314/05.
10 BPatG 6.8.2013 10 Ni 1/13; *Fitzner/Lutz/Bodewig* Rn 5.
11 BPatGE 49, 199 = BlPMZ 2006, 417, der Einsprechende wollte dort die „bewährte Patentkultur" aufrecht erhalten; *Mes* Rn 3; vgl BPatG 5.4.2006 19 W (pat) 367/05.

spruchsbeschwerdeverfahren gilt das gleiche. Die Möglichkeit der Einbeziehung nach § 130 Abs 5 besteht für den Einsprechenden bzw den Beitretenden nicht.

IV. Wirkung

Wird Verfahrenskostenhilfe bewilligt, treten die Rechtsfolgen nach § 6 PatKostG nicht ein, sofern der **12** Antrag fristgerecht gestellt wurde (§ 134). Auf die Dreimonatsfrist des § 59 Abs 1 Satz 1 hat die Beantragung von Verfahrenskostenhilfe keinen Einfluss, da sie nicht mit einer Gebührenzahlung zusammenhängt (vgl im übrigen Rn 58 zu § 130).

B. Nichtigkeits- und Zwangslizenzverfahren

I. Allgemeines

Das Verfahrenskostenhilfeverfahren ist im erstinstanzlichen Nichtigkeits- und Zwangslizenzverfahren **13** beim BPatG, im Berufungsverfahren beim BGH zu führen (vgl Rn 23 f zu § 135).[12] Abs 2 gilt auch für das Berufungsverfahren (§§ 110 ff) und das Beschwerdeverfahren nach § 122; § 138 ist hier unanwendbar. Das Gesuch ist im Berufungsverfahren und im Beschwerdeverfahren nach § 122 beim BGH einzureichen (auch zu Protokoll der Geschäftsstelle, § 135 Abs 1 Satz 2). Es kann isoliert bis zum Ende der Berufungsfrist eingereicht werden, für die Berufungseinlegung kommt Wiedereinsetzung in Betracht.

II. Voraussetzungen

1. Bzgl der **persönlichen und wirtschaftlichen Verhältnisse** gilt in diesen Verfahren grds dasselbe **14** wie im Einspruchsverfahren. Verfahrenskostenhilfe kann dem Kläger wie dem Beklagten[13] und nach dem Wortlaut der Regelung auch dem Nebenintervenienten[14] bewilligt werden, der ein rechtliches (und nicht bloß wirtschaftliches) Interesse am Obsiegen der unterstützten Partei haben muss;[15] anders als beim Einspruchsverfahren unterscheiden sich die Voraussetzungen nicht nach der Stellung im Verfahren.[16] Zum Recht des Gegners, sich zu äußern, Rn 3. Der Antragsteller muss zusätzlich zu den allg Voraussetzungen[17] ein eigenes schutzwürdiges Interesse glaubhaft machen;[18] insoweit wird auf Klägerseite im wesentlichen auf die Kriterien zurückzugreifen sein, die für die Zulässigkeit der Nichtigkeitsklage nach Erlöschen des Patents entwickelt worden sind.[19] Lediglich subjektive Befürchtungen oder das Bedürfnis nach Klärung von Reichweite und Schutzumfang des Patents reichen nicht aus.[20] Dass von mehreren Prozessbeteiligten ein anderer als der wirtschaftlich Stärkste Nichtigkeitsklage erhebt, fällt in das allg Prozessrisiko des Beklagten.[21] Insb kann im Nichtigkeitsverfahren Verfahrenskostenhilfe nur bewilligt werden, wenn auch die mangelnde wirtschaftliche Leistungsfähigkeit des (Mit-)Erfinders dargetan und glaubhaft gemacht ist, wobei es nicht darauf ankommt, ob diesem vermögensrechtl Ansprüche aus seiner Erfindung verblieben sind.[22] Str und unklar ist, wieweit auch auf Mitinhaber abzustellen ist (vgl Rn 6).[23]

---

12 Zur Bewilligung nach Klagerücknahme BPatG 25.10.1995 2 Ni 16/92.
13 *Benkard* Rn 7; *Keukenschrijver* Patentnichtigkeitsverfahren Rn 567.
14 Vgl für das ZPO-Verfahren BGH NJW 1966, 597.
15 Vgl BGH 12.6.2014 X ZR 100/13.
16 Vgl *Fitzner/Lutz/Bodewig* Rn 9; kr *Benkard* Rn 7.
17 Vgl BGH Bausch BGH 1994–1998, 565 Bungalowdach 01.
18 Vgl BPatGE 24, 169 = GRUR 1982, 363; BPatGE 26, 134 = GRUR 1984, 429; BPatGE 28, 201 = GRUR 1987, 234; BPatG 21.7.2004 2 Ni 25/04 undok; BPatG 6.8.2013 10 Ni 1/13; *Benkard* Rn 11 ff.
19 Vgl BPatG 6.8.2013 10 Ni 1/13: keine Inanspruchnahme aus dem Patent und keine Darlegung konkreter Beeinträchtigungen.
20 BPatG 6.8.2013 10 Ni 1/13; *Benkard* Rn 10.
21 BPatG 21.7.2004 2 Ni 25/04 undok.
22 BPatGE 28, 201 = GRUR 1987, 234; kr *Benkard* Rn 8a.
23 BPatGE 28, 201 = GRUR 1987, 234; *Schulte* Rn 7 einerseits, Rn 4 andererseits, *Benkard* Rn 8, 8a; *Fitzner/Lutz/Bodewig* Rn 12.

15   **2.** Weiter muss die beabsichtigte Rechtsverfolgung beim Kläger bzw die beabsichtigte Rechtsverteidigung beim Beklagten hinreichende **Erfolgsaussicht** haben. Hieran fehlt es bei offensichtlicher Unzulässigkeit der Berufung.[24] Die Prüfung erfolgt aufgrund einer vorläufigen Würdigung, die sich aber nach früherer Praxis nicht auf die genannten Entgegenhaltungen beschränkte;[25] daran ist nach der geltenden Rechtslage nicht festzuhalten. Im Gegensatz zum Einspruchsverfahren sind im Nichtigkeitsverfahren aus historischen Gründen die Erfolgsaussichten der Verteidigung des Patents durch den Patentinhaber zu prüfen. Demgemäß wurde im Verfahren vor dem BPatG Verfahrenskostenhilfe versagt, wenn bei summarischer Prüfung Patentanspruch 1 des Streitpatents neuheitsschädlich getroffen war und die übrigen Patentansprüche jedenfalls als nahegelegt erschienen.[26] Im Berufungsverfahren ist zu prüfen, ob der Angriff des Patentinhabers gegen die Nichtigerklärung durch das BPatG Aussichten auf Erfolg hat.[27] Eine Analogie zu Abs 1 Satz 2 kommt angesichts der klaren Verweisungsregelung in Abs 2 nicht in Betracht, obwohl ein sachlicher Differenzierungsgrund für die Ungleichbehandlung gegenüber dem Patentinhaber schwer zu erkennen ist,[28] zumal es nicht darauf ankommt, ob das Streitpatent bereits ein Einspruchsverfahren überstanden hat und/oder durch den Nichtigkeitskläger gegenüber dem Erteilungs- oder Einspruchsverfahren neues Material zur Begründung der mangelnden Patentfähigkeit vorgelegt wird.

16   **3.** Das **Nichtigkeitsverfahren** ist als Popularklageverfahren ausgestaltet. Um das Vorschieben mittelloser Strohmänner zu verhindern, ist für die Gewährung von Verfahrenskostenhilfe im Nichtigkeitsverfahren neben der Erfolgsaussicht (Rn 15) ein berechtigtes (schutzwürdiges) Interesse für dessen Durchführung erforderlich (hierzu Rn 10).[29] Diese Voraussetzung hat nur bzgl des Klägers Bedeutung. Das allg Interesse der Öffentlichkeit daran, dass nicht patentwürdige Patente nicht bestehen bleiben, genügt nicht.[30] Nach dem neu gefassten, über § 136 anzuwendenden § 118 Abs 1 ZPO ist dem Gegner auch dazu Gelegenheit zur Stellungnahme zu geben, ob er die Voraussetzungen für die Bewilligung von Prozesskostenhilfe für gegeben hält, soweit dies aus besonderen Gründen nicht unzweckmäßig erscheint; damit kann sich der Gegner grds auch zu den persönlichen und wirtschaftlichen Verhältnissen des Antragstellers äußern.[31] Mutwillig ist uU die Erhebung einer weiteren Klage anstelle einer kostengünstigen Klageerweiterung.[32] Bei der Bestimmung der zu deckenden Kosten ist auf die Kostenschuld nur des Beteiligten abzustellen, dem die Verfahrenskostenhilfe bewilligt worden ist, so dass Zahlungen des Nichtigkeitsbeklagten nicht auch die Gerichtskosten decken müssen.[33] Verfahrenskostenhilfe kann auch für den Teil eines gerichtlichen Vergleichs bewilligt werden, der nicht Gegenstand der ursprünglichen Rechtsverfolgung war, sondern erst in der mündlichen Verhandlung einbezogen worden ist.[34]

17   Für den **Beklagten** ergibt sich das Interesse grds aus dem Angriff auf das Patent; sein Interesse an dessen Fortbestand reicht grds aus.[35] Dem Beklagten kann Verfahrenskostenhilfe uU auch noch nach Klagerücknahme bewilligt werden.[36]

18   Die Gewährung von Verfahrenskostenhilfe für die Erhebung einer Nichtigkeitsklage an eine **juristische Person** setzt voraus, dass die Unterlassung der Klage allgemeinen Interessen zuwiderläuft; dies ist nicht schon durch den Hinweis darauf, dass die Wettbewerber und darüber hinaus die Allgemeinheit an

---

24   RGZ 154, 140 = GRUR 1937, 293 Ausgußtülle; vgl *Benkard* Rn 10e.

25   BPatG 7.6.2000 2 Ni 44/99 (EU) undok.

26   BPatG 17.2.2009 2 Ni 10/08; Verfassungsbeschwerde hiergegen nicht zur Entscheidung angenommen, BVerfG 8.9.2009 1 BvR 1464/09; kr hierzu *Benkard* vor § 129 Rn 16 f.

27   Vgl BGH 18.11.2009 Xa ZR 76/08; BGH 18.11.2009 Xa ZR 80/08, jeweils ohne Gründe.

28   BPatGE 26, 134 = GRUR 1984, 929.

29   Vgl BPatGE 24, 169 = GRUR 1982, 363; BPatGE 26, 134 = GRUR 1984, 429; BPatGE 28, 201 = GRUR 1987, 234; BPatGE 47, 155 f; Begr 5. ÜberlG BlPMZ 1953, 295, 299 f; *Benkard* Rn 11; *Schulte* Rn 4 mwN.

30   BGH Mitt 2005, 165 Verfahrenskostenhilfe für juristische Person; BPatGE 49, 199 = BlPMZ 2006, 417 für das Einspruchsverfahren.

31   BVerfG NJW 1991, 2078.

32   BAG NJW 2011, 3260.

33   OLG Hamburg NJW 2011, 3589.

34   OVG Bremen NVwZ-RR 2009, 271.

35   Vgl *Benkard* Rn 11c.

36   BGH MDR 2010, 402, zur Prozesskostenhilfe; *Schulte* Rn 6.

der Vernichtung eines zu Unrecht erteilten Patents interessiert seien, hinreichend dargetan.[37] Ausreichend ist jedoch, wenn von der Durchführung des Prozesses die Existenz der klagenden juristischen Person abhängt und an dessen Erhaltung wegen der großen Zahl der von ihm beschäftigten Arbeitnehmer ein allg Interesse besteht; dass das angegriffene Patent die Lizenzvergabe hindert, reicht dagegen nicht aus.[38] Als ausreichend ist auch angesehen worden, dass ein allg Interesse an einer richtigen Entscheidung besteht.[39] Zur Verfahrenskostenhilfe für ausländ juristische Personen Rn 21 vor § 129.

4. Im Verfahren auf Erteilung der **Zwangslizenz** (auch der GbmZwangslizenz und der Zwangslizenz **19** ist die Bewilligung von Verfahrenskostenhilfe zwar möglich, sie dürfte hier auf Seiten des Klägers kaum Bedeutung erlangen, da Voraussetzung die Absicht und damit die wirtschaftliche Fähigkeit zur gewerblichen Benutzung der Erfindung ist. Jedenfalls decken sich die Voraussetzungen für das Geltendmachen der Zwangslizenz mit denen für das berechtigte Interesse. Beim Patentinhaber folgt zwar das berechtigte Interesse grds aus der angestrebten Belastung des Patents, wobei sich aber im Einzelfall die Frage nach der Mutwilligkeit der Rechtsverteidigung im Hinblick auf die in § 24 Abs 1 erforderliche Weigerung des Patentinhabers stellen könnte.

Einbezogen sind über die Verweisung in § 85a Abs 2 auch Zwangslizenzverfahren nach der **VO (EG) 20 Nr 816/2006** nach § 85a, jedoch ist auch bei ihnen kaum vorstellbar, dass bei ihnen die persönlichen Voraussetzungen für die Bewilligung erfüllt sein werden.[40]

III. Wirkung

Die Bewilligung der Verfahrenskostenhilfe bezieht sich jeweils nur auf eine Instanz[41] (abw allerdings **21** uU bei grenzüberschreitender Verfahrenskostenhilfe nach § 1078 Abs 4 ZPO). Sie bewirkt, dass der Einspruch bei Nichtzahlung der Gebühr nicht als zurückgenommen gilt (§ 6 Abs 2 PatKostG; vgl Rn 9 ff zu § 6 PatKostG). Auch die Klage oder der Antrag nach § 85 wird unabhängig von der Zahlung des Gebührenvorschusses zugestellt, weil auch hier die Fiktion des § 6 Abs 2 PatKostG nicht eintritt;[42] für Gerichtsgebühren und Auslagen Rn 58 zu § 130.

Die Bewilligung von Verfahrenskostenhilfe bewirkt hier zusätzlich, dass ein nach § 81 Abs 6 zur **Si- 22 cherheitsleistung** verpflichteter Kläger gem § 122 Abs 1 Nr 2 ZPO hiervon befreit ist. Zudem treten weitere Wirkungen durch die Verweisung in § 136 Abs 2 ein.

Wenn der ratenfrei begünstigte Kläger, insb als Berufungsbeklagter, in die Rechtsverteidigung ge- **23** drängt wird, entfällt die **Vorschusspflicht** seines Gegners nicht.[43] Der Patentinhaber hat als Berufungskläger, wenn dem Nichtigkeitskläger Verfahrenskostenhilfe bewilligt worden ist, einen angeforderten Auslagenvorschuss für den Sachverständigen zu leisten.

C. Kosten

Endet das Verfahrenskostenhilfeverfahren ohne Einleitung oder Durchführung eines Hauptverfah- **24** rens in der Instanz, können Kosten dem Gegner nicht auferlegt werden und findet eine Kostenerstattung nicht statt.[44]

---

37 BGH Mitt 2005, 165 Verfahrenskostenhilfe für juristische Person; BPatGE 47, 145 = BlPMZ 2004, 58; vgl *Schulte* Rn 8; *Mes* Rn 5.
38 BGH 4.5.2010 X ZR 135/09.
39 BGH 28.9.2011 I ZR 13/11 GRUR-RR 2012, 48 Ls Haus & Grund 01 unter Hinweis auf BGH NJW 1986, 2058.
40 *Bankard* Rn 7a.
41 Vgl *Benkard* Rn 13; *Fitzner/Lutz/Bodewig* Rn 7; *Mes* Rn 8.
42 Vgl *Mes* Rn 7.
43 *Zöller* ZPO § 122 Rn 22; *Baumbach/Lauterbach/Albers/Hartmann* ZPO § 122 Rn 31.
44 BPatGE 6, 223 = GRUR 1966, 222 für das Verfahren in der Beschwerdeinstanz; BGH BlPMZ 1962, 310 Dungförderanlage 02, für das Berufungsverfahren, das ohne Einleitung eines Hauptverfahrens endet; vgl BGH Mitt 1960, 58 Berufungsverfahren.

Keukenschrijver

§ 133
(Beiordnung eines Vertreters)

[1]Einem Beteiligten, dem die Verfahrenskostenhilfe nach den Vorschriften der §§ 130 bis 132 bewilligt worden ist, wird auf Antrag ein zur Übernahme der Vertretung bereiter Patentanwalt oder Rechtsanwalt seiner Wahl oder auf ausdrückliches Verlangen ein Erlaubnisscheininhaber beigeordnet, wenn die Vertretung zur sachdienlichen Erledigung des Verfahrens erforderlich erscheint oder ein Beteiligter mit entgegengesetzten Interessen durch einen Patentanwalt, einen Rechtsanwalt oder einen Erlaubnisscheininhaber vertreten ist. [2]§ 121 Abs. 4 und 5 der Zivilprozessordnung ist entsprechend anzuwenden.

A. Entstehungsgeschichte; Anwendungsbereich

1   Die Bestimmung ist als § 46e durch das 5.ÜberlG in das PatG eingestellt worden, das 6.ÜberlG und das Gemeinschaftspatentgesetz haben sie geänd. Das Prozesskostenhilfegesetz hat die Bezeichnung Armenrecht durch Verfahrenskostenhilfe ersetzt. Die geltende Paragraphenbezeichnung geht auf die Neufassung 1981 zurück. Das Gesetz zur Änderung des patentrechtlichen Einspruchsverfahrens und des Patentkostengesetzes hat in Satz 2 eine redaktionelle Änderung vorgenommen.

2   Nach § 81a Abs 2 MarkenG ist die Bestimmung auch in **Markensachen** vor dem BPatG und dem BGH anzuwenden. Zur Anwendung im **Designrecht** Rn 20 vor § 129.

3   **B. Normzweck** ist es, auch einem wirtschaftlich nicht leistungsfähigen Beteiligten durch die Beiordnung eines (Rechts- oder Patent-) Anwalts oder – auf ausdrückliches Verlangen – eines Erlaubnisscheininhabers sachkundige Vertretung in den Verfahren vor dem DPMA, dem BPatG oder im Berufungsverfahren vor dem BGH (unter Beachtung der Vertretungsbeschränkungen; wegen des Rechtsbeschwerdeverfahrens s § 138) zuteil werden zu lassen.[1] Die Bestimmung geht als lex specialis der Regelung in § 121 ZPO vor.[2]

C. Beiordnung

I. Antrag

4   Die Beiordnung erfolgt nicht vAw, vielmehr bedarf es neben dem Antrag auf Gewährung von Verfahrenskostenhilfe eines gesonderten Antrags. Beide Anträge können gleichzeitig gestellt werden. In einem von einem Anwalt eingereichten Antrag auf Gewährung von Verfahrenskostenhilfe kann ein konkludenter Antrag auf Beiordnung liegen (abw *7. Aufl*).[3] Jeder an einem der in den §§ 130–132 genannten Verfahren

---

1   Vgl *Fitzner/Lutz/Bodewig* Rn 1.
2   *Fitzner/Lutz/Bodewig* Rn 2.
3   BPatG Mitt 2003, 310 f; aA BPatGE 50, 25 = BlPMZ 2007, 211, beide zum GbmRecht; vgl *Schulte* Rn 5; *Fitzner/Lutz/Bodewig* Rn 3.

Beteiligte kann ihn stellen, unabhängig von seiner Stellung im Verfahren. Aus dem Umstand, dass Verfahrenskostenhilfe für jede Instanz gesondert beantragt werden muss, folgt, dass auch der Antrag auf Vertreterbeiordnung für jede Instanz gesondert zu stellen ist (§ 136 iVm § 119 ZPO; dies gilt nicht bei grenzüberschreitender Prozesskostenhilfe nach § 1078 Abs 4 ZPO, vgl Rn 10). Da die für eine (gesamte) Instanz gewährte Verfahrenskostenhilfe bei Zurückverweisung wieder auflebt, weil dann das ursprüngliche Verfahren wieder anhängig wird und fortzusetzen ist,[4] gilt eine in im ursprünglichen Verfahren gewährte Beiordnung insoweit fort.

II. Verfahren

Bei der Beiordnung eines Vertreters handelt es sich um eine Entscheidung innerhalb des Verfah- **5** renskostenhilfeverfahrens, für die die Zuständigkeitsregelung des § 135 Abs 2 gilt (teilweise abw *7. Aufl* Rn 10). Über die Beiordnung entscheidet beim DPMA die Patentabteilung, die auch durch ihren Vorsitzenden oder ein von diesem beauftragtes technisches Mitglied handeln kann (§ 27 Abs 4; Rn 34 zu § 27). Beim BPatG und beim BGH entscheidet der Senat (§ 121 Abs 2 ZPO, § 127 Abs 1 Satz 2 ZPO). Einen Notanwalt ordnet der Senatsvorsitzende beim BPatG bei; dies gilt auch beim BGH (§ 121 Abs 5 ZPO; Rn 17).[5]

III. Die **Entscheidung** über die Beiordnung erfolgt durch Beschluss; die Beiordnung wird häufig mit **6** der Bewilligung der Verfahrenskostenhilfe verbunden.

IV. Anfechtbarkeit ist nach § 135 Abs 3 nur gegeben, wenn die Patentabteilung die Beiordnung ver- **7** weigert, die Anfechtungsmöglichkeit ist hier nach Art 19 Abs 4 GG geboten. Die Rechtsbeschwerde wird durch § 135 Abs 3 Satz 1 2. Halbs ausdrücklich ausgeschlossen. Darüber hinaus ergeben sich unmittelbar aus Art 19 Abs 4 GG weitere Anfechtungsmöglichkeiten, soweit durch das DPMA in geschützte Rechtspositionen Beteiligter oder der Vertreter eingegriffen wird;[6] insoweit wird man jedenfalls unter dem Gesichtspunkt des Sachzusammenhangs die Beschwerde nach § 73 als eröffnet ansehen müssen. Zu Anfechtungsmöglichkeiten hinsichtlich der Vertreterkosten Rn 29 ff; bei der Aufhebung der Beiordnung Rn 32.

V. Voraussetzungen

1. Voraussetzung für die Beiordnung eines Vertreters ist die **Gewährung von Verfahrenskosten-** **8** **hilfe.**[7]

2. Erforderlichkeit.[8] Die Vertretung durch einen Patent- oder Rechtsanwalt muss zur sachdienlichen **9** Erledigung des Verfahrens erforderlich erscheinen (Satz 1 1. Alt). Dies bedarf sorgfältiger Prüfung. Der bedürftige Beteiligte muss tatsächlich in der Lage sein, den Verfahrensgang und Inhalt zu beeinflussen.[9] Hierbei kommt es auf den jeweiligen Einzelfall, dessen Schwierigkeiten und Bedeutung[10] sowie auf die Person des Beteiligten an. Dabei können auch Umstände zu berücksichtigen sein, die der Einreichung der Anmeldung vorgelagert sind.[11] Zu prüfen ist die Fähigkeit des Beteiligten, sich mündlich oder schriftlich auszudrücken. Entscheidend ist, ob ein Bemittelter in der Lage des Unbemittelten vernünftigerweise einen Anwalt mit der Wahrnehmung seiner Interessen beauftragt hätte.[12] Dabei muss berücksichtigt werden, dass in den Verfahren vor dem DPMA[13] und dem BPatG kein Anwaltszwang herrscht und das DPMA und das BPatG aufgrund der Offizialmaxime und ihrer Fürsorgepflicht gehalten sind, alles zur Aufklärung Erforderliche zu tun und ggf Hilfestellung zu leisten. Zum anderen handelt es sich bei den Patentverfahren

---

4   BVerwG NJW 2008, 3157 f.
5   Teilweise abw *Schulte* Rn 15.
6   Vgl *Benkard* Rn 13; *Fitzner/Lutz/Bodewig* Rn 17.
7   BGH 19.9.1989 X ZB 23/89; BGH 18.2.1992 X ZB 13/91; BGH 14.8.1992 X ZB 10/92; *Fitzner/Lutz/Bodewig* Rn 4.
8   Zur Beiordnung im Geschmacksmustereintragungsverfahren BPatGE 54, 100 = Mitt 2014, 145.
9   OLG Nürnberg NJW 1980, 1054.
10   Vgl BGH NJW 2007, 3644 f (Feststellung der Vaterschaft); BPatGE 54, 100 = Mitt 2014 145, Geschmacksmustersache.
11   BPatGE 54, 100 = Mitt 2014, 145.
12   Vgl BVerfG NJW-RR 2007, 1713 für den Fall hochgradiger Schwerhörigkeit.
13   Vgl BPatG Mitt 1991, 170.

um eine spezielle Materie, in dessen Einzelheiten sich auch ein geschäftsgewandter Beteiligter nicht ohne weiteres zurechtfindet und eine sachgerechte Interessenvertretung eher durch einen Anwalt erfolgen kann. Allerdings erscheint es bdkl, einem Antragsteller, der ersichtlich nicht imstande ist, einwandfreie Anmeldungsunterlagen vorzulegen, bereits zur Abfassung geeigneter Unterlagen einen Vertreter beizuordnen.[14] Dem Antragsteller muss vor der Beiordnung Verfahrenskostenhilfe nach dem §§ 130–132 (sowie § 138, vgl § 138 Abs 3) bewilligt worden sein, Verfahrenskostenhilfe für das Verfahrenskostenhilfeverfahren selbst wird nicht gewährt. Beiordnung kann auch abzulehnen sein, wenn das Verfahren bereits so weit fortgeschritten ist, dass die noch erforderlichen Verfahrenshandlungen vom Anmelder selbst vorgenommen werden können.[15] Ein gleichzeitig mit der Einreichung der Anmeldung gestellter Antrag auf Beiordnung eines Patentanwalts kann aber nicht mit der Begründung zurückgewiesen werden, die Beiordnung sei im Hinblick auf das Vorliegen der (von dem Patentanwalt fachgerecht ausgearbeiteten) Anmeldeunterlagen nicht erforderlich.[16] Dass es Anmelder gibt, die anhand der vom DPMA herausgegebenen Merk- und Formblätter ohne Hilfe eines Anwalts eine Patentanmeldung ausarbeiten können, ist kein Entscheidungskriterium im Zusammenhang mit der Beiordnung eines Vertreters.[17]

10　　**3. Grenzüberschreitende Verfahrenskostenhilfe.** Regelmäßig zu bejahen ist die Erforderlichkeit der Beiordnung eines Anwalts, wenn der Antragsteller nach §§ 1076 ff ZPO iVm RL 2003/8 EG Anspruch auf Prozesskostenhilfe hat, da er ansonsten mangels eines inländ Wohnsitzes ohne Bestellung eines Inlandsvertreters am Verfahren nicht teilnehmen könnte. Die Beiordnung muss dann als Inlandsvertreter im Umfang des § 25 Abs 1 erfolgen.

11　　**4. Im Berufungsverfahren** vor dem BGH nach §§ 110 ff und im Beschwerdeverfahren nach § 122 müssen sich die Parteien durch einen Rechtsanwalt oder einen Patentanwalt vertreten lassen (§ 113). Eine Verweisung auf § 121 Abs 1 ZPO fehlt in § 133, aufgrund des in zweiter Instanz herrschenden Anwaltszwangs ist hier Vertretung immer erforderlich, so dass Beiordnung nach Satz 1 erfolgt. Es können wahlweise beim BGH zugelassene Rechtsanwälte, andere Rechtsanwälte oder Patentanwälte beigeordnet werden. Beiordnung eines Erlaubnisscheininhabers kommt hier mangels Postulationsfähigkeit vor dem BGH nicht in Betracht.

12　　**5. Anwaltlich vertretener Gegner.** Ist der Gegner bereits anwaltlich vertreten, erfolgt die Beiordnung nach dem Grundsatz der „Waffengleichheit"[18] ohne Prüfung, ob die Vertretung zur sachdienlichen Erledigung des Verfahrens erforderlich ist (Satz 1 2. Alt). Wird in diesem Fall der Antrag gestellt, ist die Beiordnung zwingend, auch wenn der Antragsteller selbst Anwalt ist.[19]

VI. Beigeordneter Vertreter

13　　**1. Allgemeines.** Als Vertreter können nach freier Wahl des Antragstellers entweder ein Patentanwalt oder ein Rechtsanwalt, auf ausdrücklichen Wunsch auch ein Erlaubnisscheininhaber beigeordnet werden.[20] Im Berufungsverfahren (§§ 110 ff) muss die Vertretung von einem Rechtsanwalt oder von einem Patentanwalt wahrgenommen werden (§ 113). Ausländ Anwälte können, jedenfalls soweit sie nicht nach dem Gesetz über die Tätigkeit europäischer Rechtsanwälte in Deutschland (EuRAG) dt Rechtsanwälten gleichgestellt sind, nicht beigeordnet werden.[21]

14　So aber BPatGE 12, 177; BPatG 8.9.1972 32 W (pat) 12/72; *Fitzner/Lutz/Bodewig* Rn 7.
15　BPatGE 22, 39 = Mitt 1979, 179, GbmSache.
16　BPatG 22, 39 = Mitt 1979, 179; BPatG Mitt 1994, 275; BPatG Mitt 2003, 310, GbmSachen.
17　BPatG Mitt 1994, 275 mwN; vgl *Fitzner/Lutz/Bodewig* Rn 7.
18　*Kelbel* Mitt 1981, 109 f; *Schulte* Rn 10; *Fitzner/Lutz/Bodewig* Rn 6.
19　BGH NJW 2006, 1881; zur Mutwilligkeit bei anwaltlich vertretenem Nebenintervenienten auf Seiten des Antragstellers vgl BGH NJW 2010, 3522 f.
20　Vgl BAG NJW 2008, 604, zur Selbstbeiordnung; zum Vergütungsanspruch bei fehlerhafter Selbstbeiordnung KG NJW 2009, 2754.
21　OVG Berlin-Brandenburg 9.1.2012 OVG 2 M 49.11.

Der vom Antragsteller ausgewählte Vertreter muss **zur Übernahme** der Vertretung **bereit** sein (s aber **14** Rn 18);[22] das ist vom Antragsteller nachzuweisen.[23] Eine Beiordnung gegen seinen Willen erfolgt nicht.[24] Eine Bevollmächtigung ist mit der Beiordnung nicht verbunden, sie begründet weder einen Vertrag noch sonst ein Rechtsverhältnis.[25] Der Beteiligte muss den beigeordneten Anwalt oder Erlaubnisscheininhaber mit seiner Vertretung beauftragen und ihm eine entspr Verfahrensvollmacht erteilen. Eine Vollmachterteilung bereits vor Einreichung der Anmeldeunterlagen und des Verfahrenskostenhilfeantrags steht einer Beiordnung nicht entgegen.[26]

Beigeordnet wird grds nur ein Vertreter.[27] Es kann auch eine **Anwaltssozietät, Anwaltsgesellschaft 15 oder Partnerschaftsgesellschaft** beigeordnet werden.[28] In Patentstreitsachen kann abw hiervon neben dem Rechtsanwalt auch ein Patentanwalt beigeordnet werden (Rn 156 f zu § 143).

Wenn es besondere Umstände erfordern, kann dem Beteiligten zur Wahrnehmung eines **Beweisauf- 16 nahmetermins** ein (weiterer) Anwalt, der zur Übernahme der Vertretung bereit ist, oder ein Korrespondenzanwalt beigeordnet werden (§ 121 Abs 4 ZPO). Besondere Umstände können zB bei einer Beweisaufnahme aufgrund der Schwierigkeit der Materie oder bei sehr großer Entfernung[29] und ansonsten anfallenden unverhältnismäßig hohen Reisekosten vorliegen; die Beiordnung eines Verkehrsanwalts kann erforderlich sein, wenn der Beteiligte wegen in seiner Person liegender Umstände nicht ausreichend in der Lage ist, seinen Verfahrensbevollmächtigten zu informieren.[30]

Grds **bestimmt der Antragsteller** seinen Vertreter. Beantragt ein Anwalt für einen Beteiligten Ver- **17** fahrenskostenhilfe, liegt darin idR einerseits die Wahl des Antragstellers[31] und andererseits die Erklärung des Anwalts, zur Übernahme der Vertretung bereit zu sein. Findet oder kennt der Antragsteller keinen zur Vertretung bereiten Anwalt, trifft der Vorsitzende (der Patentabteilung oder des Senats) die Auswahl („Notanwalt").[32]

2. § 43 Abs 1 PatAnwO oder § 48 Abs 1 BRAO verpflichten den Ausgewählten („Notanwalt") zur **Über- 18 nahme des Mandats**,[33] es sei denn, dass er Gründe für eine Ablehnung oder Entpflichtung hat (vgl § 43 Abs 2 PatAnwO; § 48 Abs 2 BRAO, Rn 32). Die gesetzliche Verpflichtung zur Übernahme der Vertretung findet ihre Grenze, wo bei Übernahme der Anwalt in Konflikt mit höherrangigen Berufspflichten geriete, zB bei der Möglichkeit des Auftretens widerstreitender Interessen innerhalb einer Sozietät.[34] Dem Ausgewählten obliegen schon vor Zustandekommen des Vertretungsverhältnisses Fürsorge-, Belehrungs- und Betreuungspflichten, deren Verletzung zu einer Schadensersatzpflicht des Anwalts führen kann.[35]

3. Vergütung[36]

a. Gläubiger. Mit dem Beiordnungsbeschluss erhält der Anwalt gegen die Staatskasse einen An- **19** spruch auf Vergütung nach §§ 4 ff RVG.[37] Den Antrag auf Festsetzung der gesetzlichen Vergütung aus der

---

22 Vgl *Fitzner/Lutz/Bodewig* Rn 10.
23 *Kelbel* Mitt 1981, 109.
24 BGHZ 60, 255, 258 = NJW 1973, 757.
25 BGHZ 60, 255, 258 = NJW 1973, 757; BGHZ 30, 226 = NJW 1959, 1732; vgl *Fitzner/Lutz/Bodewig* Rn 12.
26 BPatG Mitt 1994, 275.
27 BPatGE 14, 142.
28 BPatG 23.3.2010 19 W (pat) 18/10; *Benkard* Rn 10; vgl BGH NJW 2009, 440 f mAnm *Horn*; OLG Nürnberg NJW 2002, 3715 mwN.
29 BGHZ 159, 370 = NJW 2004, 2749 mwN; OLG Köln FamFR 2011, 398 mwN.
30 Vgl BayObLG Rpfleger 1978, 315; *Schulte* Rn 13; vgl *Fitzner/Lutz/Bodewig* Rn 8.
31 *Schulte* Rn 11; *Fitzner/Lutz/Bodewig* Rn 9.
32 Vgl *Mes* Rn 5.
33 Vgl auch BGHZ 27, 163, 166 = NJW 1958, 1186; BGHZ 30, 226 = NJW 1959, 1732; BGHZ 60, 255, 258 = NJW 1973, 757; *Fitzner/Lutz/Bodewig* Rn 11.
34 BPatGE 14, 142.
35 BGHZ 60, 255, 258 = NJW 1973, 757 mwN.
36 Vgl dazu allg *Kelbel* Mitt 1981, 109, 111 ff.
37 Vgl *Benkard* Rn 20.

Staatskasse kann selbst dann nur vom beigeordneten Anwalt gestellt werden, wenn dieser ein anderes Mitglied der Sozietät, der er angehört, mit der Wahrnehmung seiner Aufgaben beauftragt hat.[38]

20 **b. Schuldner.** Einen Anspruch auf Vergütung hat der Anwalt nicht gegen seinen Mandanten (§§ 132 und 131 verweisen jeweils auf § 130 Abs 2, der in Satz 2 auf § 122 Abs 1 ZPO verweist, s dort Nr 3 und Nr 1 Buchst b),[39] sondern gegenüber der Bundeskasse. Bei Obsiegen kann der Anwalt in zweiseitigen Verfahren seine Gebühren und Auslagen gegenüber dem Gegner beitreiben (§ 136 iVm § 126 Abs 1 ZPO).

21 **c. Höhe. Rechtsgrundlagen.** Dem beigeordneten Vertreter werden Gebühren und Auslagen nach Maßgabe des **Gesetzes über die Erstattung von Gebühren des beigeordneten Vertreters in Patent-, Gebrauchsmuster-, Design-, Topographieschutz- und Sortenschutzsachen** (Vertretergebühren-Erstattungsgesetz; VertrGebErstG) vom 18.7.1953[40] erstattet. Das Gesetz hat auszugsweise folgenden Wortlaut:

§ 1 VertrGebErstG
In Patent-, Gebrauchsmuster-, Design-, Topographieschutz- und Sortenschutzsachen werden im Falle der Bewilligung von Verfahrenskostenhilfe dem beigeordneten Vertreter die Gebühren und Auslagen nach Maßgabe dieses Gesetzes erstattet.

§ 2 VertrGebErstG
(1) In Patentsachen beträgt der Gebührensatz 360 Euro.
(2) Dieser steht dem Vertreter als Verfahrensgebühr zu:
1 für die Anmeldung eines Patents oder im Verfahren nach § 42 PatG zu $^{13}/_{10}$,
2 im Prüfungsverfahren zu $^{7}/_{10}$,
3 im Einspruchsverfahren zu $^{10}/_{10}$,
4 im Verfahren wegen Beschränkung des Patents zu $^{10}/_{10}$,
5 im Beschwerdeverfahren gegen eine Entscheidung über den Widerruf oder die Beschränkung des Patents zu $^{10}/_{10}$,
6 in anderen Beschwerdeverfahren zu $^{3}/_{10}$.

§ 3 VertrGebErstG
(1) In Gebrauchsmustersachen beträgt der Gebührensatz 360 Euro.
(2) Dieser steht dem Vertreter als Verfahrensgebühr zu:
1 im Eintragungsverfahren zu $^{10}/_{10}$,
2 im Beschwerdeverfahren gegen die Versagung der Eintragung zu $^{13}/_{10}$,
3 im Löschungsverfahren zu $^{15}/_{10}$,
4 im Beschwerdeverfahren gegen eine Entscheidung über den Löschungsantrag zu $^{20}/_{10}$,
5 in anderen Beschwerdeverfahren zu $^{3}/_{10}$.

§ 3a VertrGebErstG
(1) In Topographieschutzsachen beträgt der Gebührensatz 360 Euro.
(2) Dieser steht dem Vertreter als Verfahrensgebühr zu:
1 im Eintragungsverfahren zu $^{10}/_{10}$,
2 im Beschwerdeverfahren gegen die Versagung der Eintragung zu $^{13}/_{10}$,
3 im Löschungsverfahren zu $^{15}/_{10}$,
4 im Beschwerdeverfahren gegen eine Entscheidung über den Löschungsantrag zu $^{20}/_{10}$,
5 in anderen Beschwerdeverfahren zu $^{3}/_{10}$.

§§ 3b, 3c VertrGebErstG (betreffen Design- und SortSachen, nicht abgedruckt)

§ 4 VertrGebErstG
Wenn sich die Beiordnung erledigt, ohne daß der Vertreter eine Anmeldung oder einen die Sache betreffenden Schriftsatz eingereicht hat, erhält er die Verfahrensgebühr für den Verfahrensabschnitt, in dem die Erledigung eingetreten ist, zur Hälfte.

---

38 OLG Düsseldorf Mitt 1991, 179.
39 Vgl *Fitzner/Lutz/Bodewig* Rn 13.
40 BGBl I 654 = BlPMZ 1953, 291.

§ 5 VertrGebErstG

Der Vertreter, dessen Tätigkeit sich auf die Vertretung in einem nur zur Beweisaufnahme bestimmten Termin oder auf die Wahrnehmung eines anberaumten Termins zur Anhörung eines Beteiligten beschränkt, erhält die Verfahrensgebühr für den Verfahrensabschnitt, in dem die Wahrnehmung des Termins erfolgte, zur Hälfte.

§ 6 VertrGebErstG

Die in den §§ 2 bis 3b genannten Gebühren umfassen die gesamte Tätigkeit des Vertreters von der Beiordnung bis zur Beendigung des Rechtszuges. Jede der Gebühren kann der Vertreter in jedem Rechtszug nur einmal beanspruchen.

§ 7 VertrGebErstG

Auf die Erstattung der Gebühren und Auslagen des Vertreters sind im Übrigen die Vorschriften des Rechtsanwaltsvergütungsgesetzes, die für die Vergütung bei Prozesskostenhilfe gelten, sinngemäß mit folgenden Maßgaben anzuwenden:

1. Im Prüfungsverfahren entsteht eine Verfahrensgebühr mit einem Gebührensatz von 0,5, im Übrigen mit einem Gebührensatz von 1,0;

2. im Verfahren vor dem Deutschen Patent- und Markenamt sind an Stelle der §§ 55 und 56 des Rechtsanwaltsvergütungsgesetzes der § 62 Abs. 2 Satz 2 und 4 des Patentgesetzes sowie § 104 Abs. 2 der Zivilprozessordnung entsprechend anzuwenden.

§ 8 VertrGebErstG

Im Verfahren wegen Erklärung der Nichtigkeit oder Zurücknahme des Patents oder wegen Erteilung einer Zwangslizenz sind die Vorschriften des Rechtsanwaltsvergütungsgesetzes, die für die Vergütung bei Prozesskostenhilfe gelten, entsprechend anzuwenden. Das gleiche gilt für die Erstattung der Gebühren und Auslagen eines beigeordneten Patentanwalts oder Erlaubnisscheininhabers.

§ 9 VertrGebErstG

In Verfahren vor dem Bundesgerichtshof werden dem beigeordneten Vertreter Gebühren und Auslagen in entsprechender Anwendung der Vorschriften des Rechtsanwaltsvergütungsgesetzes, die für die Vergütung bei Prozesskostenhilfe gelten, erstattet.

Für die Geltendmachung der Kosten steht das **Formblatt** A 9505[41] zur Verfügung. **22**

Für die (notwendigen) **Auslagen** und **Reisekosten** gilt die Regelung in § 46 RVG. **23**

Für die **Gebühren vor dem BGH** gelten nicht nur in Patentsachen, sondern allg die Regelungen der **24** §§ 45 ff RVG.

Einzelheiten.[42] Für die Patentanmeldung und das Prüfungsverfahren fallen zwei Gebührentatbe- **25** stände an.[43] Ist der Vertreter für das gesamte Erteilungsverfahren beigeordnet und liegt wirksamer Prüfungsantrag vor, sind die Tätigkeitsteile „Anmeldung zum Patent" und „Beteiligung am Verfahren nach § 42" (§ 2 Abs 2 Nr 1 VertrGebErstG) keine abgeschlossene Angelegenheit iSd § 7 VertrGebErstG; die Gebühren werden daher grds erst bei Abschluss des Erteilungsverfahrens fällig.[44] Der beigeordnete Vertreter erhält eine $^{13}/_{10}$-Gebühr für die Anmeldung eines Patents oder im Verfahren nach § 42, die er vor Beginn des Prüfungsverfahrens erbracht hat; als Beginn des Prüfungsverfahrens ist der Zeitpunkt anzunehmen, zu dem der Beschluss über die Bewilligung der Verfahrenskostenhilfe wirksam wird.[45] Dem beigeordneten Patentanwalt steht die $^{13}/_{10}$-Gebühr nach § 2 Abs 2 Nr 1 VertrGebErstG nicht zu, wenn er erst tätig wird, nachdem ein Prüfungsantrag wirksam geworden ist.[46] Werden Prüfungs- und Rechercheantrag gleichzeitig gestellt, begründet dies für sich kein Tätigwerden vor Stellung des Prüfungsantrags.[47] Die Gebühr setzt nicht voraus, dass der Vertreter sowohl bei der Anmeldung als auch im Verfahren nach § 42 mitgewirkt hat.[48]

---

41 Abrufbar unter http://www.dpma.de/service/formulare_merkblaetter/formulare/index.html.

42 Zur Anwendung der Neurfassung zum 1.1.2002 des § 2 VertrGebErstG (Zeitpunkt der Auftragserteilung) BPatG 16.5.2011 10 W (pat) 8/07.

43 BPatGE 18, 168 ist durch Gesetzesänderung überholt.

44 BPatG 11.3.1988 4 W (pat) 51/87.

45 BPatG BlPMZ 2015, 299.

46 BPatG 13.3.2000 10 W (pat) 36/99; vgl BPatGE 46, 163 = BlPMZ 2003, 242.

47 BPatG 24.8.2006 10 W (pat) 13/06.

48 BPatG 24.8.2006 10 W (pat) 23/06; BPatG 24.8.2006 10 W (pat) 24/06; vgl BPatG BlPMZ 2006, 459.

26   **§ 4 VertrGebErstG** findet nur Anwendung, wenn sich die Beiordnung erledigt hat, bevor der Patentanwalt gegenüber dem DPMA tätig werden konnte.[49]

27   Der beigeordnete Anwalt hat grds Anspruch auf Ersatz der **Auslagen**, die ihm für die Anfertigung der Anmeldezeichnungen entstanden sind.[50]

28   **d.** Für die **Kostenfestsetzung** ist beim DPMA (§ 7 Nr 2 VertrGebErstG iVm § 62 Abs 2 Satz 2) der Beamte des gehobenen Dienstes (§ 7 Abs 1 Nr 2 Buchst c WahrnV), beim BPatG (das im gerichtlichen Verfahren als Gericht des ersten Rechtszugs stets zuständig ist) der Urkundsbeamte zuständig (§ 55 Abs 1 RVG).

29   Gegen die Entscheidung des DPMA ist nach (§ 7 Nr 2 VertrGebErstG iVm § 62 Abs 2 Satz 4 die **Beschwerde** zum BPatG eröffnet. Zuständig ist der jur Beschwerdesenat. Die Beschwerde ist gebührenpflichtig (GebVerz 401200; vgl Rn 3 zu § 2 PatKostG).[51]

30   Gegen die Entscheidung des Kostenbeamten des BPatG ist **Erinnerung** (§ 7 VertrGebErstG, § 56 RVG) statthaft, über die das BPatG durch Beschluss entscheidet. Zuständig ist auch hier der jur Beschwerdesenat.

31   Ein weiterer **Rechtszug zum BGH** (Rechtsbeschwerde) kann nach neuerer Rspr über § 574 ZPO eröffnet (Rn 11 ff zu § 100) sein.[52]

32   **4. Aufhebung der Beiordnung** erfolgt, wenn die Erforderlichkeit der Vertretung durch einen Anwalt entfällt.[53] Dies ist nicht schon dann der Fall, wenn die Voraussetzungen der Verfahrenskostenhilfe insgesamt entfallen,[54] jedoch beendet die Aufhebung der Verfahrenskostenhilfe nach § 137 ohne weiteres auch die Beiordnung. Die Aufhebung kann auf Antrag des beigeordneten Vertreters (Rn 34), des Vertretenen (Rn 33), oder vAw erfolgen. Die Aufhebung durch das DPMA unterliegt der (gebührenfreien) Beschwerde nach § 135.

33   Ist das Vertrauensverhältnis zwischen Anwalt und Mandant tiefgreifend und nachhaltig gestört,[55] hat der **Beteiligte** Anspruch darauf, dass der bisherige Vertreter entpflichtet wird.

34   Auch der **beigeordnete Vertreter** kann unter den Voraussetzungen von § 48 Abs 2 BRAO bzw § 43 Abs 2 PatAnwO die Aufhebung der Beiordnung beantragen. Ein wichtiger Grund für eine Entpflichtung kann auch hier die nachhaltige und tiefgreifende Störung des Vertrauensverhältnisses[56] oder zB ein Interessenkonflikt[57] sein.

35   Sofern die Störung nicht vom Beteiligten mutwillig hervorgerufen wurde, kann dieser Anspruch auf **Beiordnung eines anderen Vertreters** haben.[58] Wegen der zusätzlichen Kosten, die die Beiordnung eines neuen Vertreters verursacht, und der gebotenen Begrenzung der von der öffentlichen Hand zu tragenden Kosten sind an den Vertreterwechsel strenge Anforderungen zu stellen. Erforderlich ist, dass ein triftiger Grund vorliegt, bei dem auch ein verständiger vermögender Beteiligter die mit einem Anwaltswechsel verbundenen Mehrkosten ohne Weiteres auf sich nehmen würde.[59] Das BPatG lehnt die Beiordnung eines weiteren Vertreters ab, wenn der Anmelder bereits zwei beigeordnete Vertreter hat entbinden lassen und die gegen sie erhobenen Vorwürfe nicht stichhaltig sind.[60]

---

49   BPatG 13.3.2000 10 W (pat) 36/99.

50   BPatGE 31, 272 = GRUR 1991, 130, vgl auch DPA Mitt 1977, 200.

51   BPatG 27.3.2007 10 W (pat) 22/05; BPatG24.9.2009 10 W (pat) 38/06.

52   Abl BGH GRUR 1988, 115 Wärmeaustauscher und dem folgend *Benkard* Rn 20; ebenso *Schulte* Rn 23.

53   *Schulte* Rn 17.

54   Vgl zur Aufhebung der Verfahrenskostenhilfe und der Beiordnung BPatGE 28, 105 = BlPMZ 1986, 261.

55   Vgl DPA BlPMZ 1954, 326; DPA BlPMZ 1960, 340.

56   DPA BlPMZ 1954, 326; DPA BlPMZ 1960, 340; BGH FamRZ 2008, 982; *Benkard* Rn 23.

57   BPatGE 14, 142.

58   Vgl BGH NJW-RR 1992, 189.

59   OVG Lüneburg NJW 2012, 698; OVG Berlin-Brandenburg NJW 2010, 954.

60   BPatGE 40, 95; vgl *Benkard* Rn 11; *Fitzner/Lutz/Bodewig* Rn 15.

§ 134
(Hemmung von Fristen)

Wird das Gesuch um Bewilligung der Verfahrenskostenhilfe nach den §§ 130 bis 132 vor Ablauf einer für die Zahlung einer Gebühr vorgeschriebenen Frist eingereicht, so wird der Lauf dieser Frist bis zum Ablauf von einem Monat nach Zustellung des auf das Gesuch ergehenden Beschlusses gehemmt.

Übersicht

A. Entstehungsgeschichte; Anwendungsbereich

Die Bestimmung ist als § 46f durch das 5.ÜberlG in das PatG eingestellt worden. Das Prozesskostenhilfegesetz hat die Bezeichnung Armenrecht durch Verfahrenskostenhilfe ersetzt. Die geltende Paragraphenbezeichnung geht auf die Neufassung 1981 zurück. **1**

Nach § 81a Abs 2 MarkenG ist die Bestimmung auch in **Markensachen** vor dem BPatG und dem BGH anzuwenden. Zur Anwendung im **Designrecht** Rn 20 vor § 129. **2**

B. Normzweck

(Nur) in den Fällen, in denen das Gesetz Fristen für die Einzahlung von Gebühren vorsieht und in denen Gebühren innerhalb einer bestimmten Frist zu zahlen sind, führt die Nichtzahlung der Gebühr zu einem Rechtsnachteil (zB § 44 Abs 2, § 73 Abs 3 iVm § 6 Abs 1 Satz 1 PatKostG und GebVerz Nr 311300, 311400 bzw Nr 411100, 411200). Wird Verfahrenskostenhilfe gewährt, ist diese Folge durch § 130 Abs 2 Satz 1 beseitigt. Es erscheint zwh, ob sich § 130 Abs 2 Satz 1 auch auf die Gebühr nach § 123a, GebVerz 131000, 313000 (Anl zu § 2 PatKostG) bezieht (Rn 11 zu § 130). § 134 verhindert, dass ein während des Verfahrenskostenhilfeverfahrens eintretender Fristablauf schadet; zudem bewirkt die Bestimmung, dass auch nach Ablehnung des Verfahrenskostenhilfeantrags die negative Folge nicht unmittelbar eintritt, sondern der Beteiligte noch die Möglichkeit hat, die Gebühr aus eigenen Mitteln aufzubringen. Dass der Fristlauf bis zum Ablauf eines Monats nach Zustellung des auf den Verfahrenskostenhilfeantrag ergehenden Beschlusses gehemmt ist, bezieht sich nur auf den abl Beschlusses. Andernfalls gilt § 130 Abs 2 Satz 1. Ist für die Gebührenzahlung keine Frist bestimmt, gilt § 134 nicht. **3**

C. Fristhemmung

I. Grundsatz

Grds bedeutet der Eintritt einer Fristhemmung, dass der Hemmungszeitraum bei der Berechnung der Frist nicht berücksichtigt wird (vgl § 209 BGB für die Verjährung).[1] Während des Verfahrens über die Gewährung der Verfahrenskostenhilfe läuft die Zahlungsfrist nicht weiter. Schon der Tag, an dem der Antrag eingeht, zählt nicht mehr zur Zahlungsfrist. **4**

II. Dauer

1. Allgemeines. Für die Dauer der Hemmung kommt es auf die Entscheidung über den Verfahrenskostenhilfeantrag an. Die gesetzliche Regelung ist unglücklich formuliert: Wird Verfahrenskostenhilfe **5**

---

1 Vgl *Fitzner/Lutz/Bodewig* Rn 3.

gewährt, braucht die Gebühr endgültig nicht mehr bezahlt zu werden (§ 130 Abs 2 Satz 1), damit endet auch die Fristhemmung. Wird der Antrag zurückgewiesen, dauert die Hemmung noch bis zum Ablauf eines Monats nach Zustellung (Rn 17 ff zu § 127) des abl Beschlusses. Anschließend läuft der Rest der im Zeitpunkt der Anbringung des Verfahrenskostenhilfeantrags noch offenen Zahlungsfrist. Die Berechnung richtet sich nach §§ 187 ff BGB (§ 99 Abs 1 iVm § 222 ZPO).

6   **2.** Wird gegen einen die Verfahrenskostenhilfe abl Beschluss der Patentabteilung **Beschwerde** einge-legt, hat dies gem § 75 aufschiebende Wirkung, so dass die Monatsfrist des § 134 erst durch Zustellung der Beschwerdeentscheidung in Lauf gesetzt wird.

III. Voraussetzungen

7   **1.** Voraussetzung für die Hemmung von Gebührenfristen ist, dass der formgerechte **Antrag** auf Ver-fahrenskostenhilfe **innerhalb der Zahlungsfrist** bei der zuständigen Stelle (§ 135 Abs 1) eingeht.[2] Ein ver-späteter Antrag führt keine Hemmung herbei[3] (zur Möglichkeit einer Wiedereinsetzung bei nicht verschul-deter Fristversäumnis Rn 9).

8   **Ausreichend** ist nach allgM der Antrag auf Verfahrenskostenhilfe als solcher, das Fehlen von Anla-gen über die persönlichen und wirtschaftlichen Verhältnisse schadet (zunächst) nicht, ebenso wenig das Fehlen einer Begründung.[4] In diesem Fall ist für die Nachreichung eine angemessene Frist zu setzen, nach deren Ablauf der Verfahrenskostenhilfeantrag zurückzuweisen ist (vgl Rn 17 zu § 135).

9   **2.** Im Fall eines nach Fristversäumnis gestellten Wiedereinsetzungsantrags genügt der bloße Antrag nicht. Wurde die Zahlungsfrist unverschuldet versäumt, ist nach § 123 **Wiedereinsetzung** grds möglich.[5] Ist der Antragsteller des Wiedereinsetzungsverfahrens verfahrenskostenhilfeberechtigt, reicht als Nachho-lung der versäumten Zahlung der Antrag auf Verfahrenskostenhilfe allein nicht, vielmehr müssen sämtli-che Unterlagen innerhalb der Wiedereinsetzungsfrist vorliegen. Die versäumte Gebührenzahlung ist erst innerhalb der Antragsfrist iSv § 123 Abs 2 Satz 3 nachgeholt, wenn innerhalb der Wiedereinsetzungsfrist über die Gewährung der Verfahrenskostenhilfe, die die Zahlung ersetzt, jedenfalls theoretisch, entschie-den werden könnte (vgl Rn 71 zu § 123).[6] Die Mittellosigkeit muss für die Fristversäumung kausal gewor-den sein.[7]

10   Wird in diesem Fall die Verfahrenskostenhilfe **versagt**, dauert die Hemmung wiederum bis zum Ab-lauf eines Monats nach Zustellung des abl Beschlusses.[8] Da die ursprüngliche Zahlungsfrist versäumt wurde, steht eine restliche Laufzeit insoweit nicht mehr zur Verfügung. Scheitert die Verfahrenskostenhil-fe an mangelnden Erfolgsaussichten, kommt es darauf an, ob diese darin begründet sind, dass das Wie-dereinsetzungsverfahren deshalb keinen Erfolg hat, weil die Frist nicht unverschuldet versäumt worden ist, oder ob dies sachlich begründet ist. Im erstgenannten Fall kann über den Wiedereinsetzungsantrag zusammen mit dem Verfahrenskostenhilfeantrag entschieden werden. Wurde die Frist ohne Verschulden nicht eingehalten, muss die Überlegungsfrist, die § 134 dem Antragsteller einräumt, abgewartet werden. Bringt der Antragsteller die Gebühr fristgerecht auf, kann Wiedereinsetzung gewährt werden, andernfalls fehlt es an der Nachholung der versäumten Handlung.

11   **IV.** Während des Laufs des Verfahrenskostenhilfeverfahrens kann im Beschwerdeverfahren **keine Sachentscheidung** ergehen, da bis zur Bewilligung oder bei negativem Ausgang bis zur Zahlung der Ge-bühr nicht feststeht, ob das Verfahren wirksam eingeleitet wurde. Daher fehlt es bis dahin an einer Sach-entscheidungsvoraussetzung, denn § 134 ersetzt anders als die Gewährung der Verfahrenskostenhilfe (§ 130 Abs 2 Satz 1) die Gebührenzahlung nicht.

---

2   *Fitzner/Lutz/Bodewig* Rn 2; *Mes* Rn 2, 3.
3   BPatGE 32, 128, 130 = BlPMZ 1991, 392; *Schulte* Rn 5.
4   RG JZ 1935, 1691; *Schulte* Rn 5.
5   BPatG 4.12.2008 6 W (pat) 45/08; vgl *Mes* Rn 3.
6   BPatG 22.12.2008 21 W (pat) 38/08; *Benkard* Rn 3d.
7   BGH NJW 2008, 2855.
8   So auch *Schulte* Rn 7.

V. Infolge der Hemmung der Zahlungsfrist durch einen rechtzeitigen Verfahrenskostenhilfeantrag be- **12** steht die Möglichkeit, bei Nichtbewilligung der Verfahrenskostenhilfe innerhalb der lfd Zahlungsfrist einen **erneuten Antrag** auf Verfahrenskostenhilfe einzureichen. Obwohl die Wiederholung des Antrags auf Verfahrenskostenhilfe grds solange zulässig ist, wie das Verfahren, für das die Verfahrenskostenhilfe beantragt wird, noch andauert, soll – jedenfalls wenn der Antrag auf die formellen Voraussetzungen der persönlichen und wirtschaftlichen Verhältnisse des Antragstellers und die Erfolgsaussichten geprüft wurde – der erneute Antrag nicht zu einer weiteren Hemmung führen; dann treten die Folgen der Nichtzahlung auch ein, wenn über ein innerhalb der Nachfrist eingegangenes Verfahrenskostenhilfegesuch noch nicht entschieden worden ist.[9] Dem kann nur beigetreten werden, wenn sich die Sach- und Rechtslage nicht ändert. Es ist nicht gerechtfertigt, einem Antragsteller, dem es infolge einer Verschlechterung seiner wirtschaftlichen Verhältnisse nicht möglich ist, innerhalb der durch § 134 verlängerten Frist die Gebühr aufzubringen, eine erneute Hemmung zu verwehren.[10]

Ist das erste Gesuch wegen **formeller Mängel** gescheitert, kommt Wiedereinsetzung nur in Betracht, **13** wenn die gerügten Mängel unverschuldet nicht rechtzeitig beseitigt wurden.[11]

§ 135
(Bewilligungsverfahren)

(1) [1]Das Gesuch um Bewilligung der Verfahrenskostenhilfe ist schriftlich beim Patentamt, beim Patentgericht oder beim Bundesgerichtshof einzureichen. [2]In Verfahren nach den §§ 110 und 122 kann das Gesuch auch vor der Geschäftsstelle des Bundesgerichtshofs zu Protokoll erklärt werden. [3]§ 125a gilt entsprechend.

(2) Über das Gesuch beschließt die Stelle, die für das Verfahren zuständig ist, für welches die Verfahrenskostenhilfe nachgesucht wird.

(3) [1]Die nach den §§ 130 bis 133 ergehenden Beschlüsse sind unanfechtbar, soweit es sich nicht um einen Beschluß der Patentabteilung handelt, durch den die Patentabteilung die Verfahrenskostenhilfe oder die Beiordnung eines Vertreters nach § 133 verweigert; die Rechtsbeschwerde ist ausgeschlossen. [2]§ 127 Abs. 3 der Zivilprozeßordnung ist auf das Verfahren vor dem Patentgericht entsprechend anzuwenden.

Übersicht

---

9 BPatGE 12, 183; *Fitzner/Lutz/Bodewig* Rn 4.
10 Vgl *Schulte* Rn 8; zu einer Lösung über die Wiedereinsetzung, die § 134 gerade vermeidet, BGH NJW 1994, 2097 mwN.
11 Vgl *Benkard* Rn 3b f, der eine Ausnahme dann macht, wenn der erste Antrag wegen formaler Mängel, etwa wegen mangelnder Glaubhaftmachung der wirtschaftlichen Verhältnisse abgewiesen war und der zweite Antrag sachlich eine Ergänzung des ersten abgewiesenen Antrags ist, der aufgrund von Gegenvorstellungen wiederaufgegriffen werden konnte; vgl auch *Fitzner/Lutz/Bodewig* Rn 4, wo Prüfung auf Rechtsmissbrauch verlangt wird.

A. Entstehungsgeschichte; Anwendungsbereich

1   Die Bestimmung ist als § 46g durch das 5. ÜberlG in das PatG eingestellt worden; das 6. ÜberlG und das Gemeinschaftspatentgesetz haben Änderungen vorgenommen. Das Prozesskostenhilfegesetz hat die Bezeichnung Armenrecht durch Verfahrenskostenhilfe ersetzt. Die geltende Paragraphenbezeichnung geht auf die Neufassung 1981 zurück. Weitere Änderungen sind durch das KostÄndG und das 2. PatGÄndG erfolgt. Das Transparenz- und Publizitätsgesetz hat Abs 1 Satz 3 angefügt.

2   Nach § 81a Abs 2 MarkenG ist die Bestimmung auch in **Markensachen** vor dem BPatG und dem BGH anzuwenden. Zur Anwendung im **Designrecht** Rn 20 vor § 129.

B. Bewilligungsverfahren

I. Antrag

3   **1. Grundsatz.** Die Gewährung von Verfahrenskostenhilfe setzt einen (vom Gesetz als Gesuch bezeichneten) Antrag voraus, sie kann nicht vAw erfolgen. Der Antrag muss ausdrücklich gestellt sein,[1] sofern es sich nicht um ein grenzüberschreitendes Prozesskostenhilfeverfahren handelt (§ 1078 Abs 4 ZPO).

4   **2. Adressat.** Abs 1 spricht zunächst ohne Differenzierung davon, dass der Verfahrenskostenhilfeantrag beim DPMA oder beim BPatG einzureichen ist. Das gilt auch in Markensachen, obwohl hier keine Grundlage für die Bewilligung im Verfahren vor dem DPMA besteht; die Entscheidungskompetenz liegt hier allein beim BPatG.[2] Abw davon regelt § 117 Abs 1 ZPO, auf den in § 136 nicht verwiesen wird, dass der Antrag auf Prozesskostenhilfe beim Prozessgericht gestellt werden muss. Abs 1 enthält damit eine Sonderregelung, die insb im Hinblick auf das Beschwerdeverfahren sinnvoll ist. Auch wenn im Erteilungsverfahren bereits Verfahrenskostenhilfe gewährt worden war, ist[3] (widersprüchlich die Regelung in § 66 Abs 5 Satz 1 MarkenG einerseits und § 81 Abs 2 MarkenG iVm § 135 Abs 1 Satz 1 andererseits).[4] für das Beschwerdeverfahren grds ein eigener Antrag erforderlich (Rn 13). Da die Beschwerde gegen Entscheidungen der Prüfungsstelle und der Patentabteilung beim DPMA einzulegen ist (§ 73 Abs 2 Satz 1), kann auch eine Verbindung von Beschwerdeeinlegung und Verfahrenskostenhilfeantrag zweckmäßig sein. Auch wenn das DPMA ggf nicht über den Antrag entscheiden kann, wenn nämlich Abhilfe nicht möglich ist (§ 73 Abs 5; vgl Abs 2), kann ein zusammen mit der Beschwerde dort eingereichtes Gesuch nicht unzulässig sein, insb muss mit ihm die Wirkung des § 134 eintreten.[5]

5   Anträge auf Verfahrenskostenhilfe in Beschwerdeverfahren und im Einspruchsverfahren gem §§ 61 Abs 2, 147 Abs 3 aF sind zweckmäßigerweise **nach Vorlage der Akten** beim BPatG einzureichen.

6   Im **Nichtigkeits- und Zwangslizenzverfahren** sowie im **Rechtsbeschwerdeverfahren** und im Beschwerdeverfahren nach § 122 ist der Antrag, sofern sich die Akten noch beim BPatG befinden, mangels jeglicher Zuständigkeit des DPMA beim BPatG einzureichen.

7   **3.** Der Antrag bedarf als Verfahrenshandlung der **Schriftform**[6] (bestimmender Schriftsatz),[7] dh er ist grds eigenhändig zu unterschreiben (näher Rn 62ff vor § 34). Die Änderung durch Art 4 Abs 1 Nr 3 Transparenz- und Publizitätsgesetz (mit unrichtiger Satzzählung) verweist wegen der Einreichung elektronischer Dokumente auf § 125a.[8]

---

1 BGH NJW 1994, 2097; zum Ausnahmefall der Uminterpretation einer unwirksamen Rechtsmittelschrift vgl BGH VersR 1991, 1424, zur Umdeutung eines (nicht statthaften) Antrags auf Stundung der Beschwerdegebühr; zur Umdeutung eines Stundungsgesuchs BPatG 5.5.1970 23 W (pat) 142/70.

2 Vgl *Ströbele/Hacker* § 81a MarkenG Rn 7 f; *Ekey/Bender/Fuchs-Wissemann* § 81a MarkenG Rn 7.

3 Vgl *Ströbele/Hacker* § 81a MarkenG Rn 4.

4 Vgl *Ströbele/Hacker* § 81a MarkenG Rn 8.

5 Vgl auch *Schulte* Rn 3; *Fitzner/Lutz/Bodewig* § 130 Rn 3.

6 *Benkard* Rn 3; *Mes* Rn 2; aA *Schulte* § 130 Rn 5, der entspr der Regelung für das Rechtsbeschwerdeverfahren (§ 138) auch Antragstellung zu Protokoll der Geschäftsstelle als möglich ansieht.

7 Vgl BGH NJW 1994, 2097.

8 Vgl Begr BTDrs 14/9079 S 19 = BlPMZ 2002, 298; *Benkard* Rn 3.

Im Rechtsbeschwerdeverfahren kann der Antrag auch zu **Protokoll** der Geschäftsstelle erklärt wer- **8** den (§ 138 Abs 2 Satz 1). Abs 1 Satz 2 idF des 2. PatGÄndG sieht dies auch für das Berufungs- und das Beschwerdeverfahren zum BGH vor.

4. Bedingungsfeindlichkeit. Der Antrag ist grds bedingungsfeindlich (vgl aber Rn 10). Die Gewäh- **9** rung von Verfahrenskostenhilfe kann nicht zur Bedingung für die Einlegung eines Rechtsmittels gemacht werden, dies wäre unzulässig.[9]

5. Zeitpunkt. Verfahrenskostenhilfe kann bereits vor Einleitung des eigentlichen Verfahrens bean- **10** tragt werden,[10] wie sich aus § 114 Abs 1 ZPO ergibt, da dort von den Erfolgsaussichten der „beabsichtigten" Rechtsverfolgung oder Rechtsverteidigung die Rede ist. Dementspr kann die Einleitung des Verfahrens von der Bewilligung der Verfahrenskostenhilfe abhängig gemacht werden, eine derartige Bedingung wird als zulässig erachtet.[11]

Der Antrag ist regelmäßig **vor Abschluss der Instanz** zu stellen.[12] Ansonsten bestehen grds keine **11** Einschränkungen; Verfahrenskostenhilfe kann in jedem Stadium des Verfahrens beantragt werden. In fristgebundenen Verfahren ist der Antrag rechtzeitig, wenn er innerhalb offener Frist eingeht.[13] Die Bewilligung von Verfahrenskostenhilfe kommt regelmäßig nicht mehr in Betracht, wenn das Verfahren in der Hauptsache bereits beendet ist. Aus Billigkeitsgründen kann eine rückwirkende Bewilligung nach Abschluss des Verfahrens ausnahmsweise in Fällen geboten sein, in denen die sachlichen Voraussetzungen für die Bewilligung zu einem früheren Zeitpunkt, als die Rechtsverfolgung noch beabsichtigt war, vorgelegen haben und es lediglich in Folge eines Versäumnisses des Gerichts nicht zu einer rechtzeitigen Entscheidung über den Bewilligungsantrag gekommen ist; Gleiches gilt, wenn der Kläger vor dem Wegfall der Rechtshängigkeit alles ihm Zumutbare getan hat, um eine Entscheidung über den Verfahrenskostenhilfeantrag zu erreichen.[14] Stellt der Rechtsmittelführer innerhalb der Rechtsmittelfrist einen Verfahrenskostenhilfeantrag, muss er auch die Erklärung über die persönlichen und wirtschaftlichen Verhältnisse innerhalb der Rechtsmittelfrist einreichen; das gilt auch für die beizufügenden Belege.[15] In diesem Fall ist nach Entscheidung über den Verfahrenskostenhilfeantrag Wiedereinsetzung in die Rechtsmittelfrist möglich; es gelten die gleichen Regeln wie bei der Prozesskostenhilfe (vgl aber auch Rn 12). Durch die Eröffnung des Insolvenzverfahrens tritt keine Unterbrechung des Verfahrenskostenhilfeverfahrens ein.[16]

6. Die **Wiederholung** eines Antrags auf Verfahrenskostenhilfe ist solange zulässig, wie das Verfahren **12** dauert,[17] es sei denn, es liegt Rechtsmissbrauch vor.[18] Zur Problematik der Hemmung nach § 134 bei wiederholtem Antrag Rn 12 zu § 134. Im Fall des § 147 Abs 3 Nr 2 aF wirkte ein vor dem DPMA gestellter Antrag fort, wenn die genannten Voraussetzungen erfüllt waren und nach Ablauf der Zweimonatsfrist die Akten dem BPatG zugeleitet wurden.

7. Rechtsmittelverfahren. Auch wenn im Verfahren erster Instanz bereits Verfahrenskostenhilfe ge- **13** währt worden war, ist für das Rechtsmittelverfahren ein eigener Antrag erforderlich (§ 136 iVm § 119 Satz 1 ZPO), da das Verfahren in eine höhere Instanz gelangt.[19] Der frühere Bewilligungsbeschluss gilt insoweit nicht fort.[20] Die für eine (gesamte) Instanz gewährte Verfahrenskostenhilfe lebt aber bei Zurückverweisung

---

9 Vgl BGH NJW 1992, 556; BGH VersR 1993, 713.
10 Vgl *Fitzner/Lutz/Bodewig* § 130 Rn 5.
11 Vgl OLG Karlsruhe NJW-RR 1989, 512.
12 BGH 16.7.2009 I ZB 85/08; OVG Münster NVwZ-RR 2007, 286; BPatGE 24, 169 = GRUR 1982, 363.
13 Vgl BGH GRUR 1964, 281 Armutszeugnis, für das Nichtigkeitsberufungsverfahren.
14 OVG Magdeburg NJW 2012, 632, zur Prozesskostenhilfe.
15 Vgl BGH 20.1.2004 X ZA 7/03, zur Prozesskostenhilfe, stRspr; für das Nichtigkeitsberufungsverfahren BGH GRUR 1964, 281 Armutszeugnis; für die Berufung nach der Zivilprozessordnung BGH NJW 1994, 2097 f; BGH NJW-RR 2000, 879, BGH FamRZ 2003, 89; aA *Zöller* § 119 ZPO Rn 53 mwN.
16 BGH NJW-RR 2006, 1208.
17 BPatGE 12, 183.
18 BGH NJW 2009, 857; vgl *Schulte* § 130 Rn 6.
19 Zur Wiedereinsetzung bei Irrtum hierüber BPatG 24.10.2001 7 W (pat) 24/00.
20 Vgl *Dörndorfer* NJW 2009, 1397; zur Wiedereinsetzung bei Irrtum hierüber BPatG 24.10.2001 7 W (pat) 24/00.

wieder auf, da dann das ursprüngliche Verfahren wieder anhängig wird und fortzusetzen ist.[21] Der Antrag, die Beschwerdegebühr zu stunden, kann als Antrag auf Bewilligung von Verfahrenskostenhilfe ausgelegt werden.[22]

14   Eine Ausnahme besteht bei **grenzüberschreitender Prozesskostenhilfe** nach § 1078 Abs 4 ZPO, bei dem das Ersuchen für jeden weiteren Rechtszug als gestellt gilt, der vom Antragsteller oder seinem Gegner eingeleitet wird. Das ist für die Einhaltung von Fristen von erheblicher Bedeutung. Auch hier ist aber für die höhere Instanz ein gesonderter Bewilligungsbeschluss erforderlich.

8. Inhalt

15   **a. Allgemeines.** Hinsichtlich des Inhalts des Antrags trifft das PatG keine eigene Regelung. Aus der Verweisung in § 136 auf § 117 ZPO ergeben sich die näheren Erfordernisse.

16   **b. Darstellung des Streitverhältnisses.** Nach § 117 Abs 1 Satz 2 ZPO ist das Streitverhältnis darzustellen, dh der Antragsteller muss sein jeweiliges Begehren, ggf unter Angabe von Beweismitteln, so darstellen, dass die zur Entscheidung berufene Stelle die sachlichen Voraussetzungen für die Bewilligung der Verfahrenskostenhilfe prüfen kann, also insb die Zulässigkeit, die Erteilungsaussichten bzw die sonstigen Erfolgsaussichten.[23]

17   **c. Die Erklärung zu den persönlichen und wirtschaftlichen Verhältnissen** (§ 117 Abs 2 ZPO) hat **zwingend** (§ 117 Abs 4 ZPO) auf dem durch die ProzesskostenhilfeformularVO (PKHV) vom 6.1.2014[24] vorgesehenen **Formular** (§ 117 Abs 3 ZPO) zu erfolgen; dies gilt nicht für die Erklärung einer Partei kraft Amts, einer juristischen Person oder einer parteifähigen Vereinigung (§ 1 Abs 2 PKHV). Von dem Formular sind bestimmte Abweichungen zulässig (§ 3 PKHFV). Das Formular kann innerhalb angemessener Frist nachgereicht werden.[25] Bei unzureichender Glaubhaftmachung der persönlichen und wirtschaftlichen Verhältnisse muss dem Antragsteller eine Aufforderung zur Ergänzung mit Fristsetzung zugestellt werden, bevor eine Zurückweisung erfolgen kann.[26]

II. Entscheidung; Zuständigkeit

18   **1. Grundsatz.** Die Entscheidung über den Verfahrenskostenhilfeantrag wird – ohne mündliche Verhandlung,[27] im zweiseitigen Verfahren aber unter Anhörung des Gegners (§§ 127 Abs 1, 118 Abs 1 ZPO, § 136 PatG; s auch Rn 1 zu § 132)[28] – im Beschlussweg von der Stelle getroffen, die für das Verfahren zuständig ist, für das Verfahrenskostenhilfe gewährt werden soll (Abs 2 Satz 1). Widersprüche im Vortrag sind aufzuklären (zu Ermittlungen § 118 Abs 2, 3 ZPO).[29]

19   Die Entscheidung ist **zu begründen**, sofern sie angefochten werden kann (Rn 29 ff).[30]

20   **2. Zuständigkeit des Deutschen Patent- und Markenamts.** Das DPMA ist danach für die Verfahrenskostenhilfe im Erteilungsverfahren (§ 130) und von den Fällen der §§ 61 Abs 2, 147 Abs 3 Nr 1, 2 aF, wenn noch nicht über den Antrag auf Verfahrenskostenhilfe entschieden wurde, abgesehen, im Einspruchsverfahren (§ 132 Abs 1) betr Anträge zuständig, ebenso für das Widerrufs- und Beschränkungsverfahren (§ 131 iVm § 64). Darüber hinaus ist das DPMA in Beschwerdeverfahren, wenn die Möglichkeit der Abhilfe besteht, auch für die Entscheidung über den Antrag auf Verfahrenskostenhilfe zuständig, wenn der Beschwerde abgeholfen werden soll. Nachdem gem § 73 Abs 4 Satz 2 auch angeordnet werden kann,

---

21 BVerwG NJW 2008, 3157 f.
22 BPatG 26.5.2003 10 W (pat) 4/03.
23 Vgl *Benkard* Rn 4.
24 BGBl I 341 = BlPMZ 2014, 69.
25 BPatG 23.10.1978 12 W (pat) 158/78; aA *Benkard* Rn 6.
26 OVG Hamburg NJW 2012, 551.
27 *Fitzner/Lutz/Bodewig* Rn 4.
28 Vgl *Mes* Rn 7.
29 BPatG 29.3.2006 9 W (pat) 2/06; vgl *Mes* Rn 8.
30 Vgl *Benkard* Rn 17.

dass eine bezahlte Beschwerdegebühr zurückerstattet werden muss, kann auch im Weg der Gewährung von Verfahrenskostenhilfe die Wirkung des § 130 Abs 2 herbeigeführt werden.

Im Verfahren vor der Prüfungsstelle entscheidet die **Patentabteilung** (§ 27 Abs 1 Nr 2; Rn 20 zu § 27).[31]   **21** Entscheidung durch den Vorsitzenden oder ein beauftragtes technisches Mitglied ist möglich (§ 27 Abs 4).

Beamte des gehobenen Diensts und vergleichbare Tarifbeschäftigte sind zur Entscheidung über   **22** den Verfahrenskostenhilfeantrag für Jahresgebühren bei Patentanmeldungen und Patenten, soweit eine Prüfung auf hinreichende Aussicht auf Erteilung des Patents und auf fehlende Mutwilligkeit nach § 130 Abs 1 Satz 1 bereits stattgefunden hat (§ 1 Abs 1 Nr 14 WahrnV), zur Zurückweisung von Verfahrenskostenhilfeanträgen einschließlich der Anträge auf Beiordnung eines Vertreters, wenn aufgrund der persönlichen und wirtschaftlichen Verhältnisse des Antragstellers oder eines sonstigen Beteiligten keine Verfahrenskostenhilfe gewährt werden kann (§ 7 Abs 1 Nr 2 WahrnV),[32] sowie zur formellen Bearbeitung von Verfahrenskostenhilfeanträgen, insb zur Zurückweisung des Antrags einschließlich des Antrags auf Beiordnung eines Vertreters, wenn der Antragsteller einem Auflagenbescheid nicht nachgekommen ist, zur Bestimmung des Zeitpunkts für die Einstellung und die Wiederaufnahme der Zahlungen bei bewilligter Verfahrenskostenhilfe und zur Festsetzung der Kosten des beigeordneten Vertreters berechtigt (§ 7 Abs 1 Nr 3 WahrnV). Die Berechtigung besteht nicht, wenn der Antrag sowohl Jahresgebühren als auch Verfahrensgebühren betrifft.[33] Überschreitet der Beamte des gehobenen Diensts usw seine Kompetenz, macht dies aus Gründen des Vertrauensschutzes die Entscheidung nicht nichtig, sondern allenfalls anfechtbar.[34] Auf die Zuordnung dieser Beamten usw zur Patentabteilung oder zur Prüfungsstelle sollte es nicht entscheidend ankommen.[35]

3. Zuständigkeit des Bundespatentgerichts. Die Zuständigkeit liegt bei dem Senat, der für das   **23** Hauptsacheverfahren zuständig ist.[36] Zur Kompetenz des Rechtspflegers Rn 19 ff zu § 72.

4. Zuständigkeit des Bundesgerichtshofs. Im Berufungs- und Rechtsbeschwerdeverfahren sowie   **24** im Beschwerdeverfahren nach § 122 ist der BGH zuständig.

III. Selbstständigkeit des Verfahrens

Das Verfahren über die Verfahrenskostenhilfe ist ein vom Hauptsacheverfahren unabhängiges Verfah-   **25** ren, das nicht mit diesem vermischt werden darf (zum Einspruchsverfahren Rn 20). Allerdings wurde, wenn Entscheidungsreife erst mit der Sachentscheidung eintrat, deren Ergebnis für die Beurteilung der Erfolgsaussicht herangezogen.[37] Die Rücknahme des (Hauptsache-)Antrags oder der Klage steht einer nachträglichen Bewilligung von Verfahrenskostenhilfe nicht entgegen, wenn der Antrag auf Gewährung der Verfahrenskostenhilfe vor der Erklärung der Rücknahme entscheidungsreif war, sofern der Antragsteller deutlich zu erkennen gibt, dass er trotz der Rücknahme an seinem Antrag auf Gewährung der Verfahrenskostenhilfe festhalten möchte.[38]

So stellt es im **Erteilungsverfahren** einen unzulässigen Eingriff in die Kompetenz der Patentabtei-   **26** lung dar, wenn die Prüfungsstelle vor Abschluss des Verfahrenskostenhilfeverfahrens bereits eine (positive oder negative) Entscheidung über die Anmeldung trifft.[39]

Während des Laufs des Verfahrenskostenhilfeverfahrens kann im **Beschwerdeverfahren** keine   **27** Sachentscheidung ergehen, da bis zum positivem Abschluss des Verfahrenskostenhilfeverfahrens bzw bei negativem Ausgang bis zur Zahlung der Gebühr nicht feststeht, ob das betr Verfahren wirksam eingeleitet wurde (Rn 11 zu § 134).

---

31 *Benkard* Rn 14; *Fitzner/Lutz/Bodewig* Rn 3.
32 Vgl *Fitzner/Lutz/Bodewig* Rn 3.
33 *Schulte* § 27 Rn 26.
34 *Benkard* Rn 14a.
35 Vgl *Benkard* Rn 14c.
36 *Fitzner/Lutz/Bodewig* Rn 4.
37 BPatG 5.8.2003 4 Ni 23/02 undok; vgl aber OLG Saarbrücken NJW 2011, 1460.
38 OVG Hamburg NJW 2010, 695.
39 BPatGE 12, 177.

28   **Erledigung der Hauptsache** scheidet im Verfahren über die Verfahrenshilfe aus; der Antrag kann lediglich zurückgenommen werden.[40]

29   **C. Anfechtung** der nach den §§ 130–133 ergehenden Beschlüsse ist nur eingeschränkt statthaft (Abs 3).

30   Grds unanfechtbar ist die **Bewilligung der Verfahrenskostenhilfe**; eine Anfechtungsmöglichkeit besteht insoweit nur für die Bundeskasse, soweit das Absehen von Zahlungsanordnungen durch das BPatG betroffen ist (Rn 36). Dem Gegner steht jedoch die Gehörsrüge nach § 99 Abs 1 iVm § 321a ZPO zu (Rn 9 zu § 99).[41] Bei Übergang eines Einspruchsverfahrens auf das BPatG nach §§ 61 Abs 2, 147 Abs 3 Nr 2 aF war das BPatG daher an eine positive Entscheidung der Patentabteilung des DPMA gebunden, soweit nicht § 137 eine Aufhebung ermöglichte. Die Bewilligung nach Verfahrensbeendigung infolge Rücknahme oder Erledigung ist nicht grds ausgeschlossen.[42]

31   Die **Versagung der Verfahrenskostenhilfe** insgesamt und die Ablehnung der Beiordnung eines Vertreters nach § 133 durch die (im Rahmen der Zuständigkeit des DPMA immer zuständige, Rn 21) Patentabteilung oder ihres Vorsitzenden oder ein beauftragtes technisches Mitglied (§ 27 Abs 4) sind mit der gebührenfreien Beschwerde anfechtbar (vgl GebVerz, Anl zu § 2 Abs 1 PatKostG, Nr 401300; Rn 14 zu § 73).[43] Jedenfalls wegen der Rechtswegsgarantie des Art 19 Abs 4 GG sind trotz des engeren Wortlauts des Abs 3 auch Änderungen zu Lasten des Begünstigten und die Aufhebung der Beiordnung eines Vertreters mit der gebührenfreien Beschwerde angreifbar.[44] Begründetheit der Beschwerde wurde angenommen, wenn die Entscheidung unter Verstoß gegen wesentliche Verfahrensgrundsätze ergangen und auch die Begründung nicht zu rechtfertigen war.[45] Anfechtbar ist auch die Aufhebung der Verfahrenskostenhilfe nach § 137. Im Hinblick auf die Selbstständigkeit des Verfahrens (Rn 25) muss der für das Einspruchsverfahren zuständig gewordene Senat des BPatG vorab über eine Beschwerde nach § 135 Abs 3 Satz 1 entscheiden, da sich durch den Verfahrensübergang die negative Entscheidung der Patentabteilung des DPMA nicht erledigt. Zum Umfang der Überprüfung in Beschwerdeverfahren Rn 27 ff zu § 79.

32   Die **Rechtsbeschwerde** ist in Verfahrenskostenhilfesachen generell ausgeschlossen (Abs 3 Satz 1 2. Halbs; vgl aber Rn 31 zu § 133).[46]

33   **Entscheidungen des Bundespatentgerichts** über Anträge auf Bewilligung von Verfahrenskostenhilfe im Verfahren vor dem BPatG oder auf Beiordnung eines Vertreters in diesen Verfahren sind schon nach § 99 Abs 2 nicht anfechtbar.[47] Demnach ist die (Rechts-)Beschwerde gegen einen die Verfahrenskostenhilfe versagenden Beschluss des BPatG auch dann nicht eröffnet, wenn dieser nicht mit Gründen versehen ist; sie ist nach § 100 Abs 1 nicht statthaft, da sie sich nicht gegen eine Beschwerdeentscheidung richtet. In Betracht kommen jedoch Gegenvorstellung, auch nach Umdeutung der Beschwerde, und Anhörungsrüge (§ 321a ZPO).[48]

34   Eine Beschwerde mit dem Ziel, eine **alsbaldige Entscheidung** über ein Gesuch auf Gewährung von Verfahrenskostenhilfe zu erreichen, ist nach Auffassung des BPatG an sich statthaft, aber erst zulässig, wenn die zur Feststellung des maßgeblichen StdT erforderlichen und damit auch für die Prüfung der Erfolgsaussichten der Patentanmeldung relevanten Unterlagen dem DPMA vorliegen[49] (vgl Rn 218 zu § 73).

35   Für das Beschwerdeverfahren wird wegen dessen Gebührenfreiheit **Verfahrenskostenhilfe** nicht gewährt.[50]

---

40   BGH FamRZ 2009, 1663; *Schulte* § 130 Rn 7.

41   Vgl BGH NJW-RR 2009, 642.

42   OVG Lüneburg NJW 2012, 248, zu § 87a VwGO; OVG Hamburg NJW 2010, 695.

43   Zur umstr Rechtslage vor der ausdrücklichen Regelung im GebVerz (Nr 401 300) auch *Benkard* Rn 22 f.

44   Vgl *Fitzner/Lutz/Bodewig* Rn 16.

45   BPatG 4.11.2010 35 W (pat) 46709, GbmSache, unter Hinweis auf BPatGE 39, 260.

46   Vgl *Schulte* Rn 20; *Mes* Rn 16.

47   Vgl BGH GRUR 2008, 732 Tegeler Floristik; BGH 1.7.2010 I ZA 14/10 GRUR-RR 2010, 496 Ls Trailer-Stabilization-Program.

48   Vgl BPatG 11.12.2008 19 W (pat) 40/08; BPatG 8.6.2011 19 W (pat) 22/08; *Schulte* Rn 20; *Fitzner/Lutz/Bodewig* Rn 17.

49   BPatG 30, 119 = GRUR 1989, 341; vgl *Fitzner/Lutz/Bodewig* Rn 18.

50   BPatGE 43, 187; BPatGE 46, 38 = GRUR 2003, 87; BPatGE 47, 120; BPatGE 47, 151; *Schulte* Rn 16; *Mes* Rn 18.

Der durch Art 7 § 4 des Gesetzes zur Änderung von Kostengesetzen vom 9.12.1986[51] angefügte Abs 3 **36**
Satz 2 eröffnet iVm § 127 Abs 3 ZPO der **Bundeskasse** ein gegenständlich beschränktes Beschwerderecht
zum BGH im Fall der Bewilligung von Verfahrenskostenhilfe durch das BPatG unter Absehen von Zahlungsanordnungen. Es handelt sich nicht um eine Rechtsbeschwerde. Nach dem klaren Wortlaut der Vorschrift gilt dies für alle Verfahren vor dem BPatG. Auf Entscheidungen des DPMA ist die Regelung nicht
anwendbar.[52]

§ 136
(Anwendung von Bestimmungen der ZPO)

[1]**Die Vorschriften des § 117 Abs. 2 bis 4, des § 118 Abs. 2 und 3, der §§ 119 und 120 Absatz 1 und 3,
des § 120a Absatz 1, 2 und 4 sowie der §§ 124 und 127 Abs. 1 und 2 der Zivilprozeßordnung sind entsprechend anzuwenden, § 127 Abs. 2 der Zivilprozeßordnung mit der Maßgabe, dass die Beschwerde unabhängig von dem Verfahrenswert stattfindet. [2]Im Einspruchsverfahren sowie in den
Verfahren wegen Erklärung der Nichtigkeit des Patents oder in Zwangslizenzverfahren (§§ 81, 85
und 85a) gilt dies auch für § 117 Abs. 1 Satz 2, § 118 Abs. 1, § 122 Abs. 2 sowie die §§ 123, 125 und 126
der Zivilprozeßordnung.**

Übersicht

A. Entstehungsgeschichte; Anwendungsbereich

Die Bestimmung ist ist als § 46h durch das 5.ÜberlG in das PatG eingestellt worden. Sie hat ihre gel- **1**
tende Bezeichnung durch die Neubek 1981 erhalten. Das ZPO-RG hat in Art 42 Nr 2 die Bestimmung mWv
1.1.2001 geänd. Dies beruht auf der Änderung der bisher unbefristeten Beschwerde und der Beschränkung
der Zulässigkeit nach dem Wert des von der Entscheidung betroffenen Streitgegenstands; bei der Verfahrenskostenhilfe soll die Wertabhängigkeit nicht gelten.[1] Durch Art 7 § 4 KostÄndG sowie durch das 2. PatG-
ÄndG ist sie weiter geänd worden. Das PatRVereinfModG vom 31.7.2009 hat die Verweisung auf die
Bestimmung des § 85a eingefügt. Das Gesetz zur Änderung des Prozesskostenhilfe- und Beratungskostenhilferechts vom 31.8.2013 (Rn 9 vor § 129) hat eine Änderung in den Verweisungen zu §§ 120, 120a ZPO vorgenommen; s die Kommentierung zu den einzelnen ZPO-Vorschriften.

Nach § 81a Abs 2 MarkenG ist sie auch in **Markensachen** vor dem BPatG und dem BGH anzuwenden; **2**
zur Anwendbarkeit im **Designrecht** Rn 20 vor § 129.

B. Anwendung von Bestimmungen der Zivilprozessordnung

Die Regelung enthält ergänzende Verweisungen zu den in den §§ 130 ff enthaltenen Einzelverweisun- **3**
gen. Die in Bezug genommenen Regelungen der ZPO sind durch die 2. Zwangsvollstreckungsnovelle vom
17.12.1997[2] mit Wirkung vom 1.1.1999 und durch das Gesetz zur Änderung des Prozesskostenhilfe- und
Beratungshilferechts Gesetz (Rn 1) geänd worden. Auf einzelne Bestimmungen in der ZPO wird nicht verwiesen; hier gelten nur die Regelungen im PatG; so gilt anstelle der Regelung in § 121 Abs 1–3 ZPO allein
§ 133.[3]

---

51 BGBl I 2326 = BlPMZ 1987, 42.
52 *Benkard* Rn 24; *Fitzner/Lutz/Bodewig* Rn 15.

1 Begr BTDrs 14/4722 S 143.
2 BGBl I 3039.
3 Vgl *Fitzner/Lutz/Bodewig* Rn 1.

C. Verweisungen

4   Die Verweisung auf die **§§ 114–116 ZPO**, in denen die Voraussetzungen der Prozesskostenhilfe, die Verpflichtung zum Einsatz des Einkommens sowie des Vermögens und die Einschränkungen für die Partei kraft Amts, juristische Personen und parteifähigen Vereinigungen geregelt sind, erfolgt in den §§ 130 Abs 1, 132 Abs 1 und 138 Abs 1 unmittelbar sowie durch Rückverweisungen in den §§ 131 und 132 Abs 2 Satz 1. § 114 Abs 2, der nunmehr eine Legaldefinition der Mutwilligkeit enthält, bei Rn 48 zu § 130, § 115 Abs 2 (einzusetzendes Vermögen) bei Rn 23 zu § 130. Zu beachten ist auch die Regelung in § 1610a BGB (Deckungsvermutung bei schadensbedingten Mehraufwendungen). Zur Verfahrenskostenhilfe für juristische Personen Rn 6 zu § 129.

5   Von **§ 117 ZPO** (Antrag) gelten generell im Verfahrenskostenhilfeverfahren Abs 2–4, im Einspruchsverfahren sowie im Nichtigkeits- und Zwangslizenzverfahren auch Abs 1 Satz 2. Nicht ausreichende Angaben im ausgefüllten Vordruck können der Bewilligung entgegenstehen,[4] ebenso die Nichtverwendung der vorgeschriebenen Vordrucke.[5] Jedoch sind zum Nachweis über die wirtschaftlichen Verhältnisse grds Kontoauszüge ausreichend, zum Nachweis der Krankenversicherungsbeiträge eine Bescheinigung der Krankenkasse.[6] § 117 Abs 1 Satz 1 ZPO gilt nur im Prozesskostenhilfeverfahren, aber auch für die Beiordnung von Patentanwälten in diesem. Weitergehende Vorschläge des Bundesratsentwurfs (*7. Aufl*) sind nicht in das Gesetz eingegangen. Der Antragsteller ist über mögliche Änderungen der Bewilligung (§ 120a ZPO) zu belehren. Die Belehrung hat in dem zu verwendenden Formular zu erfolgen.

6   Von **§ 118 ZPO** (Bewilligungsverfahren) gelten generell im Verfahrenskostenhilfeverfahren Abs 2 und 3, im Einspruchsverfahren sowie im Nichtigkeits- und Zwangslizenzverfahren auch Abs 1. In § 118 Abs 2 Satz 1 ZPO wird nunmehr auch geregelt, dass das Gericht zu den schon bisher geregelten Erhebungen (Urkundenvorlage, Einholung von Auskünften, ausnahmsweise auch Vernehmung von Zeugen und Sachverständigen) die Abgabe einer Versicherung an Eides statt fordern kann. Fehlende Glaubhaftmachung der Angaben, Nichtbeantwortung oder ungenügende Beantwortung bestimmter Fragen führt wie schon bisher zur Ablehnung der Bewilligung (§ 118 Abs 2 Satz 4 ZPO).

7   Zu **§ 119 ZPO**, wonach für jede Instanz ein neuer Antrag auf Bewilligung der Verfahrenskostenhilfe erforderlich ist, gilt im Fall der grenzüberschreitenden Prozesskostenhilfe gem **§ 1078 Abs 4 ZPO** die bedeutsame Ausnahme, dass ein derartiger Antrag nach einer Bewilligung für Folgeinstanzen als gestellt gilt (Rn 14 zu § 135). Nach Zurückverweisung gilt die Bewilligung wieder.[7]

8   Von **§ 120 ZPO** (Festlegung von Monatsraten und Zahlungen) gelten im Verfahrenskostenhilfeverfahren Abs 1 und 3, anstelle des Abs 2 gilt § 130 Abs 1. Bei der Bestimmung der zu deckenden Kosten ist auf die Kostenschuld nur des Beteiligten abzustellen, dem die Verfahrenskostenhilfe bewilligt worden ist.[8] Die Ratenzahlung wird nach der seit 1.1.2014 geltenden Regelung erst eingestellt, wenn die Zahlungen der Partei die voraussichtlich entstehenden Kosten decken (§ 120 Abs 3 Nr 1 ZPO nF).

9   Die Änderung der Bewilligung ist im neuen **§ 120a Abs 1, 2 und 4 ZPO** wie folgt geregelt:

> (1) Das Gericht soll die Entscheidung über die weiteren zu leistenden Zahlungen ändern, wenn sich die für die Prozesskostenhilfe maßgeblichen persönlichen oder wirtschaftlichen Verhältnisse wesentlich verändert haben. Eine Änderung der nach § 115 Absatz 1 Satz 3 Nummer 1 Buchstabe b und Nummer 2 maßgebenden Beträge ist nur auf Antrag und nur dann zu berücksichtigen, wenn sie dazu führt, dass keine Monatsrate zu zahlen ist. Auf Verlangen des Gerichts muss die Partei jederzeit erklären, ob eine Veränderung der Verhältnisse eingetreten ist. Eine Änderung zum Nachteil der Partei ist ausgeschlossen, wenn seit der rechtskräftigen Entscheidung oder der sonstigen Beendigung des Verfahrens vier Jahre vergangen sind.
>
> (2) Verbessern sich vor dem in Absatz 1 Satz 4 genannten Zeitpunkt die wirtschaftlichen Verhältnisse der Partei wesentlich oder ändert sich ihre Anschrift, hat sie dies dem Gericht unverzüglich mitzuteilen. Bezieht die Partei ein laufendes monatliches Einkommen, ist eine Einkommensverbesserung nur wesentlich, wenn die Differenz zu dem bisher zu Grunde gelegten Bruttoeinkommen nicht nur einmalig 100 Euro übersteigt. Satz 2 gilt entsprechend, soweit abzugsfähige Belastungen entfallen. Hierüber und über die Folgen eines Verstoßes ist die Partei bei der Antragstellung in dem gemäß § 117 Absatz 3 eingeführten Formular zu belehren.

---

4   BPatG 10.6.2003 17 W (pat) 61/02.
5   BPatG 25.11.2013 35 W (pat) 416/12.
6   BPatG 27.9.2004 20 W (pat) 29/04.
7   BVerwG NJW 2008, 3157.
8   OLG Hamburg NJW 2011, 3589.

(4) Für die Erklärung über die Änderung der persönlichen oder wirtschaftlichen Verhältnisse nach Absatz 1 Satz 3 muss die Partei das gemäß § 117 Absatz 3 eingeführte Formular benutzen. Für die Überprüfung der persönlichen und wirtschaftlichen Verhältnisse gilt § 118 Absatz 2 entsprechend.

Von § 121 ZPO (Beiordnung eines Rechtsanwalts), der im übrigen durch § 133 verdrängt wird (vgl Rn 3 **10** zu § 133), gelten im Verfahrenskostenhilfeverfahren nach der Verweisung in § 133 Satz 2 Abs 3 und 4 entspr. § 121 Abs 2 ZPO betrifft den Fall, dass eine Vetretung durch Anwälte nicht vorgeschrieben ist; die Bestimmung gilt im Prozesskostenhilfeverfahren auch hinsichtlich der Beiordnung eines Patentanwalts, trifft aber nicht die Fälle des Anwaltsprozesses (vgl Rn 45f vor § 143). Die zusätzliche Beiordnung eines Patentanwalts wird hier aber durch § 1 des Gesetzes über die Beiordnung von Patentanwälten bei Prozesskostenhilfe ermöglicht (Rn 156 zu § 143). Beigeordnet kann auch eine Sozietät.[9]

§ 122 Abs 1 ZPO (Wirkung der Bewilligung) gilt im Erteilungsverfahren (§ 130 Abs 2 Satz 2), im Ein- **11** spruchsverfahren (§ 132 Abs 1 Satz 1) sowie im Nichtigkeits- und Zwangslizenzverfahren (§ 132 Abs 2 Satz 1); in den letztgenannten Verfahren gilt auch § 122 Abs 2 ZPO. Zu beachten ist, dass dann, wenn der begünstigte Kläger, insb als Berufungsbeklagter, in die Rechtsverteidigung gedrängt wird, die Vorschusspflicht seines Gegners nicht entfällt.[10] Weiterhin sind dort die Kostenerstattung betr §§ 123, 125 und 126 ZPO anwendbar. Wegen der §§ 91ff ZPO, die auch im Nichtigkeitsverfahren gelten, hat § 123 ZPO, der die Erstattungspflicht des unterliegenden Verfahrenskostenhilfebegünstigten betrifft, nur klarstellende Bedeutung. Für die im Verfahrenskostenhilfeverfahren entstandenen Kosten hat § 118 Abs 1 Satz 4 ZPO Vorrang.[11] § 125 ZPO betrifft das Verhältnis des unterlegenen Prozessgegners und der Staatskasse, § 126 ZPO das der beigeordneten Anwälte und des unterlegenen Prozessgegners.

Zu **§ 124 ZPO** (Aufhebung der Bewilligung) Rn 1 zu § 137. **12**

§ 126 ZPO (Beitreibung der Anwaltskosten) ist anwendbar auf den bei Prozesskostenhilfe – nicht bei **13** Verfahrenskostenhilfe – beigeordneten Patentanwalt.

§ 127 ZPO regelt die die Form von und die Zuständigkeit für Entscheidungen. Ablehnung der Verfah- **14** renskostenhilfe und gleichzeitige Verwerfung des Rechtsmittels, für die Verfahrenskostenhilfe beantragt ist, sind unstatthaft.[12] Da das PatG die Rechtsmittel grds abschließend regelt, eröffnet § 127 Abs 2 ZPO keine weitergehende Beschwerdemöglichkeit;[13] die Beschwerde ist aber anders als nach § 127 Abs 2 ZPO nicht wertabhängig.[14] Die Beschwerde in Verfahrenskostenhilfesachen ist gebühren- und kostenfrei (vgl Rn 14 zu § 73).[15]

§ 137
(Aufhebung)

[1]**Die Verfahrenskostenhilfe kann aufgehoben werden, wenn die angemeldete oder durch ein Patent geschützte Erfindung, hinsichtlich deren Verfahrenskostenhilfe gewährt worden ist, durch Veräußerung, Benutzung, Lizenzvergabe oder auf sonstige Weise wirtschaftlich verwertet wird und die hieraus fließenden Einkünfte die für die Bewilligung der Verfahrenskostenhilfe maßgeblichen Verhältnisse so verändern, daß dem betroffenen Beteiligten die Zahlung der Verfahrenskosten zugemutet werden kann; dies gilt auch nach Ablauf der Frist des § 124 Absatz 1 Nr. 3 der Zivilprozeßordnung. [2]Der Beteiligte, dem Verfahrenskostenhilfe gewährt worden ist, hat jede wirtschaftliche Verwertung dieser Erfindung derjenigen Stelle anzuzeigen, die über die Bewilligung entschieden hat.**

---

9   BGH NJW 2009, 440.
10   *Zöller* § 122 ZPO Rn 22; *Baumbach/Lauterbach/Albers/Hartmann* § 118 ZPO Rn 31.
11   Vgl *Baumbach/Lauterbach/Albers/Hartmann* § 118 ZPO Rn 21f, § 123 ZPO Rn 7. Wegen der Gerichtskosten BVerwG NJW 1999, 3186.
12   BGH NJW-RR 2004, 1218 (zur Prozesskostenhilfe); *Schulte* Rn 18.
13   Vgl zum Prozesskostenhilfeverfahren auch BGH 17.3.2011 I ZB 12/11 GRUR-RR 2011, 344 Ls.
14   Vgl *Mes* Rn 12.
15   *Schulte* Rn 18 unter Hinweis auf die hierzu unergiebige Entscheidung BPatG 16.3.2009 8 W (pat) 57/08.

A. Entstehungsgeschichte; Anwendungsbereich

1   Die Vorgängerbestimmung, die zunächst die Nachzahlung der Beträge, von denen einstweilige Befreiung bestand, betraf, ist als § 46i durch das 5.ÜberlG in das PatG eingestellt worden. Das 6.ÜberlG hat den früheren Abs 3 gestrichen, der die Beitreibung betraf. Das Prozesskostenhilfegesetz hat mit sämtlichen Bestimmungen über die Verfahrenskostenhilfe im Prinzip die geltende Regelung eingestellt. Die geltende Paragraphenbezeichnung geht auf die Neufassung 1981 zurück. In der Folge hat das Gesetz zur Änderung des Prozesskostenhilfe- und Beratungshilferechts (Rn 9 vor § 129) die Verweisung geänd.

2   Nach § 81a Abs 2 MarkenG ist die Bestimmung auch in **Markensachen** vor dem BPatG und dem BGH anzuwenden. Zur Anwendung im **Designrecht** Rn 20 vor § 129.

B. Aufhebung der Bewilligung der Verfahrenskostenhilfe

I. Grundsatz

3   Die Vorschrift regelt die Voraussetzungen, nach denen eine einmal gewährte Verfahrenskostenhilfe wieder aufgehoben werden kann. Daneben gelten aufgrund der Verweisung in § 136 die eine Aufhebung rechtfertigenden Gründe des § 124 ZPO entspr (Rn 12).

4   Liegt bei § 124 ZPO die Ursache für die Aufhebung im wesentlichen in einem Fehlverhalten des Antragstellers oder in einer unrichtigen Beurteilung der persönlichen und wirtschaftlichen Voraussetzungen, beruht die Möglichkeit der Aufhebung nach § 137 auf **positiven Veränderungen** der persönlichen und wirtschaftlichen Verhältnisse, die sich aus der wie auch immer gearteten Verwertung der Erfindung ergeben, auf die sich die Verfahrenskostenhilfe bezieht.[1] § 137 verdrängt die Regelungen in der ZPO nicht, sondern normiert einen zusätzlichen Sondertatbestand.[2]

5   Aufgrund **anderer** positiver oder negativer **Veränderungen** der persönlichen und wirtschaftlichen Verhältnisse ist eine Anpassung oder Aufhebung[3] im Rahmen von § 120a ZPO (Rn 9 zu § 136) möglich, wie sich aus der Verweisung in § 136 ergibt.

II. Voraussetzungen nach § 137

6   **1. Allgemeines.** Die Aufhebung erfordert eine konkrete Veränderung der für die Bewilligung der Verfahrenskostenhilfe maßgeblichen wirtschaftlichen Verhältnisse.

7   **2.** Weitere Voraussetzung ist, dass die **Verfahrenskosten** durch bisher geleistete Zahlungen **nicht gedeckt sind.**[4]

8   **3. Einkünfte aus der Verwertung der Erfindung** müssen tatsächlich fließen.

---

1 Vgl *Fitzner/Lutz/Bodewig* Rn 8.
2 *Fitzner/Lutz/Bodewig* Rn 1.
3 Str, vgl *Baumbach/Lauterbach/Albers/Hartmann* § 120 ZPO Rn 24 ff mwN.
4 *Schulte* Rn 9; *Fitzner/Lutz/Bodewig* Rn 9; *Mes* Rn 2.

Die Einkünfte müssen einen gewissen **Umfang** erreichen, so dass dem betroffenen Beteiligten die **9** Zahlung der Verfahrenskosten zugemutet werden kann, dh die Belastung mit den Kosten auch unter Berücksichtigung aller Umstände des Einzelfalls nicht unbillig erscheint.

4. Eine **zeitliche Grenze** für die Möglichkeit der Aufhebung besteht grds nicht, die Frist des § 124 **10** Abs 1 Nr 3 ZPO (vier Jahre nach rechtskräftiger Entscheidung oder sonstiger Erledigung des (Hauptsache-) Verfahrens gilt bei § 137 nicht.[5]

III. Wie nunmehr auch nach § 120a Abs 2 ZPO, aber abw von § 120 ZPO aF, nach dem sich die Partei **11** nur auf eine entspr Anfrage des Gerichts zur Änderung ihrer Verhältnisse äußern musste, erlegt Satz 2 dem Beteiligten bzgl der Verwertung der Erfindung von vornherein eine **Anzeigepflicht** gegenüber der Stelle auf, die die Verfahrenskostenhilfe bewilligt hat.[6] Es wird sich weiterhin empfehlen, im Bewilligungsbeschluss die Verpflichtung zur Anzeige jeglicher wirtschaftlicher Verwertung in die Beschlussformel aufzunehmen. Die Benutzung des Formulars für die Anzeige ist anders als nach § 120 Abs 4 ZPO nicht vorgeschrieben.

IV. Voraussetzungen nach § 124 ZPO

Durch das Gesetz zur Änderung des Prozesskostenhilfe- und Beratungshilferechts wurde die Kannre- **12** gelung in § 124 ZPO in eine Sollvorschrift geänd.[7] Die Bewilligung soll aufgehoben werden, wenn die in § 124 ZPO genannten Voraussetzungen erfüllt sind. In der neu eingeführten Nr 4 dieser Bestimmung wird die Aufhebung der Bewilligung auch für den Fall ermöglicht, dass der Empfänger der Verfahrenskostenhilfe wesentliche Verbesserungen seiner Einkommens- und Vermögensverhältnisse oder Änderungen seiner Anschrift absichtlich oder grob fahrlässig unrichtig oder nicht unverzüglich mitgeteilt hat. Weiterhin ist nach § 124 Abs 2 ZPO (neu) die Aufhebung der Verfahrenskostenhilfe möglich, wenn ein Beweisantritt aufgrund von Umständen, die im Bewilligungszeitpunkt nicht absehbar waren, keine hinreichenden Erfolgsaussichten bietet oder mutwillig erscheint. In der Begr wird hierzu ausgeführt, dass die Prozesskostenhilfe für einzelne Beweiserhebungen aufgehoben werden kann, was aber im Gesetzeswortlaut so nicht zum Ausdruck kommt. Aufhebung kommt jedenfalls in Betracht, wenn eine Tatsache falsch dargestellt oder verschwiegen worden ist, bei deren Vorliegen Verfahrenskostenhilfe schlechthin ausscheidet.[8] Das BVerfG hat eine auf § 124 Nr 3 ZPO gestützte Aufhebung der Verfahrenskostenhilfe, die auf einer nachträglichen Verbesserung der wirtschaftlichen Verhältnisse des Begünstigten beruhte, verfassungsrechtl nicht beanstandet, da eine derartige Auslegung der Vorschrift die Grenzen der richterlichen Rechtsfortbildung nicht überschreite.[9]

V. Verfahren

1. Zuständigkeit. Nach § 136 iVm § 127 Abs 1 ZPO ist die Stelle, die über die Bewilligung entschieden **13** hat und der auch die Veränderung anzuzeigen ist, zuständig, es sei denn, das Verfahren ist in einem höheren Rechtszug anhängig; dann sind im Beschwerdeverfahren das BPatG bei Entscheidungen der Patentteilung und im Rechtsbeschwerdeverfahren, im Berufungsverfahren und im Beschwerdeverfahren nach § 122 der BGH für die Aufhebung zuständig.[10] Eine Zuständigkeit des Beamten des gehobenen Diensts und vergleichbarer Tarifbeschäftigter für die Aufhebung begründet die WahrnV nicht.[11] Zur Zuständigkeit des Rechtspflegers Rn 19; Rn 19 f zu § 72.

---

5   *Schulte* Rn 12; *Fitzner/Lutz/Bodewig* Rn 12; *Mes* Rn 4.
6   Vgl *Fitzner/Lutz/Bodewig* Rn 11.
7   Vgl *Benkard* Rn 2.
8   BGH Mitt 2001, 137 widerrufene Zulassung: Rechtsmitteleinlegung durch unerkannt nicht Postulationsfähigen nach Ablauf eines Jahrs nach Ende der versäumten Frist.
9   BVerfG NJW 1985, 1767.
10   *Schulte* Rn 14.
11   Unklar *Benkard* Rn 11a.

14 **2. Anhörung.** Da die Aufhebung der Verfahrenskostenhilfe in die Rechte des Begünstigten eingreift, muss dieser, ggf auch der ebenfalls von einer Aufhebung betroffene beigeordnete Anwalt, vor der Entscheidung gehört werden.[12]

15 **3. Die Entscheidung** ergeht in Beschlussform gem § 136 iVm § 127 Abs 1 ZPO ohne mündliche Verhandlung. Sie ist vAw zu treffen.[13] Vorgaben des Datenschutzes sind zu beachten.[14] Der entscheidenden Stelle ist ein Ermessen eingeräumt.[15]

VI. Wirkung

16 Mit der Aufhebung entfallen die Wirkungen der Bewilligung der Verfahrenskostenhilfe, so dass die entstandenen Kosten und die anwaltlichen Ansprüche nunmehr ohne weiteres gegen den Beteiligten geltend gemacht werden können.[16] Die einmal eingetretene Wirkung des § 130 Abs 2 wird davon aber nicht tangiert, da im Fall der nachträglichen Verbesserung der wirtschaftlichen Situation lediglich fiskalische Interessen betroffen sind und der Betroffene auf den Nichteintritt der mit der Nichtzahlung der Gebühren verbundenen negativen Folgen vertrauen konnte.

17 Ob auch in den Fällen, in denen die Gewährung der Verfahrenskostenhilfe **erschlichen** wurde, die Wirkung des § 130 Abs 2 nach der Aufhebung erhalten bleibt, erscheint insofern zwh, als Vertrauensschutz nicht angebracht ist.[17]

C. Anfechtbarkeit

18 Die Aufhebung durch die Patentabteilung ist mit der (gebührenfreien) Beschwerde anfechtbar.[18] Die Entscheidungen des BPatG sind nicht anfechtbar (§ 99 Abs 2).

19 Gegen Entscheidungen des **Rechtspflegers** in den ihm nach § 23 Abs 1 Nr 2 RPflG iVm § 20 Nr 4 RPflG übertragbaren Verfahren vor dem BPatG (Rn 19f zu § 72) ist die Erinnerung eröffnet.[19] Der Rechtspfleger berechnet die Höhe etwaiger Monatsraten oder der einzusetzenden Beträge aus dem Vermögen.

20 Dem **beigeordneten Vertreter** steht auch gegen die Aufhebung, wie § 21 Abs 2 GebrMG klarstellt, ein eigenes Beschwerderecht zu (Rn 12 zu § 21 GebrMG).

§ 138
(Verfahrenskostenhilfe im Rechtsbeschwerdeverfahren)

(1) Im Verfahren über die Rechtsbeschwerde (§ 100) ist einem Beteiligten auf Antrag unter entsprechender Anwendung der §§ 114 bis 116 der Zivilprozeßordnung Verfahrenskostenhilfe zu bewilligen.

(2) ¹Das Gesuch um die Bewilligung von Verfahrenskostenhilfe ist schriftlich beim Bundesgerichtshof einzureichen; es kann auch vor der Geschäftsstelle zu Protokoll erklärt werden. ²Über das Gesuch beschließt der Bundesgerichtshof.

(3) Im übrigen sind die Bestimmungen des § 130 Abs. 2, 3, 5 und 6 sowie der §§ 133, 134, 136 und 137 entsprechend anzuwenden mit der Maßgabe, daß einem Beteiligten, dem Verfahrenskostenhilfe bewilligt worden ist, nur ein beim Bundesgerichtshof zugelassener Rechtsanwalt beigeordnet werden kann.

---

12 BPatGE 28, 105 = GRUR 1986, 734 mwN; *Benkard* Rn 12; *Schulte* Rn 13.
13 *Benkard* Rn 9.
14 Vgl *Schulte* Rn 15.
15 *Fitzner/Lutz/Bodewig* Rn 12.
16 Vgl Begr BlPMZ 1980, 249 ff; BPatGE 2, 89, 91 = BlPMZ 1962, 234, zu § 46i aF.
17 Vgl *Benkard* Rn 15; *Fitzner/Lutz/Bodewig* Rn 14.
18 *Benkard* Rn 14.
19 *Benkard* Rn 14; *Fitzner/Lutz/Bodewig* Rn 15.

A. Normzweck; Anwendungsbereich

Die Bestimmung wurde anders als die anderen dieses Abschnitts erst durch das 6. ÜberlG, damals **1** noch als § 46k, eingestellt. Durch das Prozeßkostenhilfegesetz ist sie zusammen mit den anderen Bestimmungen dieses Abschnitts neu gefasst worden. Ihre geltende Bezeichnung hat sie durch die Neubek 1981 erhalten. Die Einführung erfolgte, um zu verhindern, dass die Klärung grundsätzlicher Rechtsfragen an Kostenschwierigkeiten scheitert. Nach dem seit 1.1.2014 geltenden § 88 Abs 1 Satz 3 MarkenG ist die Regelung im markenrechtl Rechtsbeschwerdeverfahren entspr anzuwenden, im **Designrecht** folgt die Anwendbarkeit aus § 24 Satz 4 DesignG.

Die Bestimmung betrifft nur das **Rechtsbeschwerdeverfahren**; sie wird sinngemäß auch auf das **2** Verfahren nach § 574 ZPO anwendbar sein, soweit dieses in Verfahren vor dem BPatG in Betracht kommt (vgl Rn 12 zu § 100). Für das Nichtigkeits- und Zwangslizenzberufungsverfahren sowie für das Beschwerdeverfahren nach § 122 gilt § 132 Abs 2 (Rn 13 zu § 132);[1] § 138 ist hier unanwendbar.

B. Voraussetzungen

I. Antrag

Auch die Gewährung von Verfahrenskostenhilfe im Rechtsbeschwerdeverfahren setzt einen Antrag **3** des Beteiligten, also entweder des Beschwerdeführers oder des Beschwerdegegners, voraus. Der Antrag muss auch die notwendigen Angaben über die persönlichen und wirtschaftlichen Verhältnisse des Antragstellers enthalten.[2] Er ist nach Abs 2 schriftlich einzureichen,[3] kann aber (abw von den Verfahren vor dem DPMA und dem BPatG, ebenso wie im Berufungsverfahren und im Beschwerdeverfahren nach § 122, vgl § 135 Abs 1 Satz 2) zu Protokoll der Geschäftsstelle des BGH erklärt werden. Aus dieser letztgenannten Möglichkeit wird nach § 78 Abs 3 ZPO zu Recht abgeleitet, dass entgegen § 102 Abs 5 Satz 1 für das Verfahrenskostenhilfeverfahren kein Anwaltszwang besteht.[4] Zur Auslegung einer vom Anmelder selbst unterzeichneten Rechtsmittelschrift als Verfahrenskostenhilfegesuch Rn 6 zu § 102.

II. Sachlich

Für die sachlichen Voraussetzungen verweist die Vorschrift zum einen auf die §§ 114–116 ZPO (Rn 11 ff **4** zu § 130).

Bzgl der Erfolgsaussicht der **nicht zugelassenen Rechtsbeschwerde** ist zu prüfen, ob einer der dort **5** genannten Gründe schlüssig vorgetragen ist.[5]

Zugelassene Rechtsbeschwerde. Da es nicht Sache des Verfahrenskostenhilfeverfahrens ist, grds **6** Rechtsfragen zu klären,[6] indiziert die Zulassung wohl die hinreichende Aussicht auf Erfolg.[7] Nach der Rspr des BGH ist ein Antrag aber dann mangels hinreichender Erfolgsaussicht abzulehnen, wenn die für den Antragsteller negativ zu beantwortenden Rechtsfragen zwar höchstrichterlich noch nicht entschieden, sie aber einerseits in der übrigen Rspr und Lit nicht umstritten und andererseits leicht zu beantworten

---

1 *Benkard* Rn 1.
2 BGH BlPMZ 2000, 113 Verfahrenskostenhilfe 02.
3 Zur (nicht ausdrücklich geregelten) elektronischen Form *Benkard* Rn 6; *Fitzner/Lutz/Bodewig* Rn 6.
4 *Benkard* Rn 6; *Schulte* Rn 3; *Fitzner/Lutz/Bodewig* Rn 2; im Ergebnis ebenso mit anderer Begr *Mes* § 129 Rn 6.
5 Vgl BGH 8.6.1971 X ZB 12/71; BGH 29.1.1991 X ZB 14/90; BGH GRUR 1999, 998 Verfahrenskostenhilfe; BGH 23.7.2002 X ZB 13/02 Lignine 01, insoweit nicht im Druck veröffentlicht; BGH 23.7.2002 X ZB 14/02; BGH 23.7.2002 X ZB 15/02; *Fitzner/Lutz/Bodewig* Rn 5.
6 BVerfG NJW 1992, 889; BVerfGE 81, 347 = NJW 1991, 413.
7 Vgl *Fitzner/Lutz/Bodewig* Rn 4; *Mes* Rn 1.

sind.[8] Nachdem in Abs 3 eine Verweisung auf § 130 Abs 1 fehlt, kommt es in einem Rechtsbeschwerdeverfahren im Patenterteilungsverfahren nicht auf die Erteilungsaussicht an. Im zweiseitigen Verfahren kommt es beim Verfahrenskostenhilfeantrag des Beschwerdegegners nicht auf die Erfolgsaussicht und auf fehlende Mutwilligkeit an, da in Abs 3 auf § 136 verwiesen wird, der seinerseits auf § 119 ZPO verweist.[9] Ist die Rechtsbeschwerde nicht form- und fristgerecht eingelegt und Wiedereinsetzung nicht zu gewähren, scheidet Verfahrenskostenhilfe aus.[10]

7 Obwohl Abs 3 auf § 130 Abs 3 verweist, muss bei **mehreren Anmeldern** nicht etwa die Erteilungsaussicht geprüft werden, vielmehr müssen lediglich die Voraussetzungen des Abs 1 bei sämtlichen Anmeldern vorliegen.

8 **C.** Die **Entscheidung** trifft der zuständige Zivilsenat des BGH in Beschlussform (vgl Abs 2 Satz 2). Mündliche Verhandlung findet nicht statt.

D. Beiordnung eines Vertreters

9 Da im Rechtsbeschwerdeverfahren (nicht im diesbezüglichen Verfahrenskostenhilfeverfahren, Rn 6 zu § 102) Anwaltszwang herrscht (§ 102 Abs 5), ist bei Vorliegen der Voraussetzungen im übrigen die Vertretung zur sachdienlichen Erledigung des Verfahrens stets erforderlich. Beizuordnen ist ein beim BGH zugelassener Rechtsanwalt (Abs 3), da nur ein solcher dort postulationsfähig ist. Die Beiordnung kann auch für eine Sozietät von beim BGH zugelassenen Anwälten erfolgen.[11]

10 Zusätzlich kann auch ein **Patentanwalt** beigeordnet werden,[12] wenn und soweit dies zur sachgemäßen Rechtsverfolgung oder -verteidigung erforderlich erscheint. Dies ist im Rechtsbeschwerdeverfahren nicht zwangsläufig der Fall. Pauschales Vorbringen, die Mitwirkung sei wegen des komplizierten technischen Sachverhalts notwendig, ist nicht ausreichend.[13]

E. Hemmung von Fristen

11 Die Verweisung auf § 134 betrifft sowohl die Rechtsbeschwerdefrist (§ 102 Abs 1) als auch die Frist zur Begründung der Rechtsbeschwerde (§ 102 Abs 3 Satz 2). Insofern braucht nicht auf die Rspr zurückgegriffen zu werden, nach der der Rechtsmittelführer bis zur Entscheidung über den Antrag als unverschuldet verhindert anzusehen ist, das Rechtsmittel wirksam einzulegen.[14]

---

8 BGH NJW 1998, 1154.
9 Vgl *Mes* Rn 1.
10 BGH 6.7.2000 I ZB 12/00.
11 Vgl *Schulte* Rn 9.
12 BGH 29.6.1965 I a ZB 10/65; BGH 13.2.2007 X ZB 13/06; *Benkard* Rn 13; *Löscher* GRUR 1966, 5, 17.
13 BGH 13.2.2007 X ZB 13/06.
14 BGH NJW 1999, 2823.

NEUNTER ABSCHNITT
Rechtsverletzungen

Vor § 139

Übersicht

Schrifttum: *Amschewitz* Die Durchsetzungsrichtlinie und ihre Umsetzung im deutschen Recht, 2008; *Berlit* Auswirkungen des Gesetzes zur Verbesserung der Durchsetzung von Rechten des geistigen Eigentums im Patentrecht, WRP 2007, 732; *Bruchhausen* Können die bei der Patentverletzung entstehenden Ausgleichsansprüche harmonisiert werden? GRUR Int 1990, 707; *Burgstaller* Die Richtlinie zur Durchsetzung der Rechte des geistigen Eigentums, Medien und Recht 2004, 405; *Busche/Trimborn/Fabry* Patent Infringement Worldwide, 2010; *Cornish/Drexl/Hilty/Kur* Procedures and Remedies for Enforcing IPRs: the European Commission's Proposed Directive, EIPR 2003, 447, auch in IIC 2004, 530; *De Werra* La mise en œuvre judiciaire de la protection des droits de propriété intellectuelle: réflexions prospectives sur les conditions des actions défensives en interdiction et en cessation, FS 10 Jahre sic! (2007), 5; *Dreier* Ausgleich, Abschreckung und andere Rechtsfolgen von Urheberrechtsverletzungen: erste Gedenken zur EU-Richtlinie über die Maßnahmen und Verfahren zum Schutz der Rechte an geistigem Eigentum, GRUR Int 2004, 706; *Drexl/Hilty/Kur* Vorschlag für eine Richtlinie über die Maßnahmen und Verfahren zum Schutz der Rechte am geistigen Eigentum – eine erste Würdigung, GRUR Int 2003, 605; *Eisenkolb* Die Enforcement-Richtlinie und ihre Wirkung, GRUR 2007, 387; *Frey/Rudolph* EU-Richtlinie zur Durchsetzung der Rechte des geistigen Eigentums: Anmerkungen zur Harmonisierung des immaterialgüterrechtlichen Sanktionsrechts aus urheberrechtlicher Perspektive, ZUM 2004, 522; *Haedicke* Informationsbefugnisse des Schutzrechtsinhabers im Spiegel der EG-Richtlinie zur Durchsetzung der Rechte des geistigen Eigentums, FS G. Schricker (2005), 19; *Harris* Trends in U.K. Patent Litigation: The Age of Reason? EIPR 1999, 254; *Harte-Bavendamm* Der Richtlinienvorschlag zur Durchsetzung der Rechte des geistigen Eigentums, FS W. Tilmann (2003), 793; *Heinze* Die Durchsetzung geistigen Eigentums in Europa: zur Umsetzung der Richtlinie 2004/48/EG in Deutschland, England und Frankreich, Zs für eur Privatrecht 2009, 282; *Huniar* The Enforcement Directive: the Effects on UK Law, EIPR 2006, 92; *Jacobs* The Harmonisation of Patent Litigation, BIE 1997, 199; *Knaak* Die EG-Richtlinie zur Durchsetzung der Rechte des geistigen Eigentums und ihr Umsetzungsbedarf im deutschen Recht, GRUR Int 2004, 745; *Kühnen* Die Besichtigung im Patentrecht, GRUR 2005, 185; *Kur* The Enforcement Directive – Rough Start, Happy landing? IIC 35, 821; *Leistner* Die „Trojanischen Pferde" der Kommission: einige Überlegungen zur Entwicklung des allgemeinen Gemeinschaftsprivatrechts vor dem Hintergrund der Harmonisierung des Lauterkeitsrechts und des Rechts des Geistigen Eigentums, FS G. Schricker (2005), 87; *Locher* Zu den vermögensrechtlichen Folgen von Immaterialgüterrechtsverletzungen nach schweizerischem recht vor dem Hintergrund neuerer Gerichtsentscheide, GRUR Int 2007, 275; *Loschelder* Die Enforcement-Richtlinie und das Urheberrecht, FS P. Raue (2006), 529; *Massa/Strowel* The Scope of the Proposed IP Enforcement Directive, EIPR 2004, 244; *Mc Guire* Die neue Enforcement Directive 2004/48/EG und ihr Verhältnis zum TRIPS-Übereinkommen, ÖBl 2004, 255; *Metzger/Wurmnest* Auf dem Weg zu einem europäischen Sanktionenrecht des geistigen Eigentums? ZUM 2003, 922; *Moss/Rogers* Damages for Loss of Profits in Intellectual Property Litigation, EIPR 1997, 425; *Peukert/Kur* Stellungnahme des Max-Planck-Instituts für Geistiges Eigentum; wettbewerbs- und Steuerrecht zur Umsetzung der Richtlinie 2004/48/EG zur Durchsetzung der Rechte des geistigen Eigentums in deutsches Recht, GRUR Int 2006, 292; *Roberto* Schadenersatz, Gewinnabschöpfung und Bereicherungsanspruch bei Immaterialgüterrechtsverletzungen, FS 10 Jahre sic! (2007), 23; *Ryberg* Procedural Law for Patent Litigation, IIC 1997, 904 = Verfahrensrecht in Patentstreitsachen, GRUR Int 1998, 245; *Schrijvers* European Court Rules on the Position of eBay Regarding the Sale of Infringing Products: L'Oréal v eBay, EIPR 2011, 723; *Schwarz/Brauneck* Verbesserung des Rechtsschutzes gegen Raubkopierer auf der Grundlage der EU-Enforcement-Richtlinie und deren Umsetzung in deutsches Recht, ZUM 2006, 701; *Spindler/Weber* Die Umsetzung der Enforcement-Richtlinie nach dem Regierungsentwurf für ein Gesetz zur Verbesserung der Durchsetzung von Rechten des geistigen Eigentums, ZUM 2007, 257; *Staub/Meyer* Die Europäische Richtlinie 2004/48/EG zur Durchsetzung der Rechte des geistigen Eigentums – und wo steht die Schweiz? sic! 2005, 861; *Subramanian* eBay Ruling and US Obligation to the TRIPS Agreement, EIPR 2008, 444; *Tilmann* Das europäische Zivilrecht des gewerblichen Rechtsschutzes, Zs für europäisches Privatrecht 2004, 272; *Tilmann* Gemeinschaftszivilrecht durch Gemeinschaftspatentrecht? GRUR Int 2004, 803; *Treichel* Die Sanktionen der Patentverletzung und ihre gerichtliche Durchsetzung im deutschen und französischen Recht, Diss München 2001; *Vassilaki/Heydn/Schmid-Petersen* Durchsetzung von Rechten des geistigen Eigentums, 2009; *von Mühlendahl* Enforcement of Intellectual Property Rights – Is Injunctive Relief Mandatory? IIC 3007, 377; *von Ungern-Sternberg* Einwirkung der Durchsetzungsrichtlinie auf das deutsche Schadensersatzrecht, GRUR 2009, 460.

A. Übersicht

1   §§ 139–142a regeln die **Folgen von Patentverletzungen,** und zwar sowohl die zivilrechtl in den §§ 139, 140a, 140b, 140c, 140d und 140e, 141 und 141a (Schadensersatz-, Unterlassungs-, Beseitigungs-, Vorlage- und Besichtigungsansprüche sowie Auskunftsansprüche, Konkurrenzen) und treten damit ergänzend neben die entspr Regelungen im BGB oder ersetzen diese, als auch die strafrechtl (§ 142). § 140 hat zivilprozessualen Charakter, § 142a und § 142b haben strafprozessualen, während der materiellrechtl oder prozessuale Charakter von § 140e höchst str ist. Die Verletzungstatbestände ergeben sich aus den §§ 9 – 14, und zwar grds sowohl für nationale als auch für eur Patente. § 139 Abs 3 enthält eine Beweislastregelung, die mit § 9 Nr 3 in Zusammenhang steht. §§ 24–25a GebrMG enthalten weitgehend parallele Regelungen.

2   Zum **Beseitigungsanspruch** s Rn 49 zu § 139 sowie die Kommentierung bei § 140a, zu den **Ansprüchen auf Auskunft, Rechnungslegung und Vorlegung** bei § 140b. Ein Anspruch auf **Urteilsbekanntmachung** wird durch § 140e begründet.

3   Vorschriften zum Verfahren in Patentstreitsachen sind in den §§ 143–145 enthalten. Der **Patentverletzungsprozess** ist im Zusammenhang vor § 143 kommentiert.

B. Konkurrenzen

4   Der Sonderrechtsschutz durch die Bestimmungen des PatG verdrängt grds die Anwendung des § 1004 BGB (vgl Rn 40 zu § 139; str),[1] jedenfalls, soweit es um materiellrechtl Regelungen geht.[2] Die ältere Rspr hat dagegen die Anwendbarkeit von § 1004 BGB bejaht.[3]

C. Internationale Harmonisierung[4]

5   Regelungen über die Durchsetzung der Rechte des geistigen Eigentums enthalten auch die Art 41–61 TRIPS-Übk.[5]

D. Rom-II-Verordnung; Durchsetzungsrichtlinie

6   **I.** Die nach ihren Art 31, 32 seit 11.1.2009 auf schadensbegründende Ereignisse, die nach ihrem Inkrafttreten eintreten, anwendbare **Verordnung (EG) Nr 864/2007 des Europäischen Parlaments und des Rates vom 11.7.2007 über das auf außervertragliche Schuldverhältnisse anwendbare Recht** („Rom-II-Verordnung"),[6] die nach ihrem Art 1 Abs 4 (vgl Erwägungsgrund 40) Dänemark grds nicht erfasst, bestimmt in ihrem Kapitel II abw von der allg Kollisionsnorm in Art 4 in **Art 8** (vgl Erwägungsgrund 26):

> **Verletzung von Rechten des geistigen Eigentums**
> (1) Auf außervertragliche Schuldverhältnisse aus einer Verletzung von Rechten des geistigen Eigentums ist das Recht des Staates anzuwenden, für den der Schutz beansprucht wird.

---

1   Vgl *NK/Keukenschrijver* § 1004 BGB Rn 72; *Ingerl/Rohnke* MarkenG vor §§ 14–19d Rn 211; die Lit hielt bisher für den Beseitigungsanspruch fast durchwegs § 1004 BGB neben § 139 für anwendbar, so *Fitzner/Lutz/Bodewig* § 139 Rn 2, 40; *Mes* § 139 Rn 15; *Kühnen* Hdb Rn 1145; nach *Kraßer* § 35 I b 2 (S 845) nur ausnahmsweise; für analoge Anwendbarkeit *Schulte* § 139 Rn 173; *Ströbele/Hacker* § 14 MarkenG Rn 483; zwd jetzt *Benkard* § 139 Rn 38 ua unter Hinweis auf BGH GRUR 2012, 1263 Clinique happy, zum Beseitigungsanspruch im Markenrecht; für Auslandsfälle auch *Kühnen* Hdb⁸ Rn A 241.
2   Zum Verhältnis der Spezialnormen zu § 823 BGB und zu § 1 UWG vgl BGHZ 149, 191 = GRUR 2002, 622 shell.de mwN; BGHZ 183, 309 = GRUR 2010, 253 Fischdosendeckel.
3   BGHZ 107, 46 = GRUR 1990, 997 Ethofumesat.
4   Zur Harmonisierung auch *Bruchhausen* GRUR Int 1990, 707, unter Hinweis auf §§ 147 ff öPatG; rechtsvergleichende Hinweise bei *Rojahn* GRUR 2005, 623, 632; zur Schadensersatzpraxis im VK (Gewinnherausgabe alternativ neben angemessener Lizenzgebühr und entgangenem Gewinn) *Moss/Rogers* EIPR 1997, 425; vgl auch *Harris* EIPR 1999, 254, 258.
5   RB Den Haag BIE 1999, 293, 295 stützt den Schadensersatzanspruch unmittelbar auf Art 45 TRIPS-Übk; RB Den Haag BIE 2001, 119 entnimmt der Regelung in Art 45 Abs 1 TRIPS-Übk, dass Vorsatz nicht mehr verlangt werden kann; zum Verhältnis der Richtlinie zum TRIPS-Übk *McGuire* ÖBl 2004, 255.
6   ABl EG 2007 L 199/40; zur zeitlichen Geltung EuGH C-412/10 NJW 2012, 441 Deo Antoine Homawoo/GMF Assurances S; Anwendbarkeit auf negatorische Anprüche wird verneint in *NK-BGB/Knöfel* Art 1 Rom II Rn 6 f.

(2) Bei außervertraglichen Schuldverhältnissen aus einer Verletzung von gemeinschaftsweit einheitlichen Rechten des geistigen Eigentums ist auf Fragen, die nicht unter den einschlägigen Rechtsakt der Gemeinschaft fallen, das Recht des Staates anzuwenden, in dem die Verletzung begangen wurde.

(3) Von dem nach diesem Artikel anzuwendenden Recht kann nicht durch eine Vereinbarung nach Artikel 14 abgewichen werden.

Damit gilt für die Verletzung von Rechten des geistigen Eigentums (hier interessierend: Patente, **7** Schutzzertifikate, Gebrauchsmuster, Halbleitertopographien, Sortenschutzrechte) anders als für vertragliche Ansprüche (Rn 88 ff Einl) im Weg der Sonderanknüpfung das **Schutzlandsprinzip** (lex loci protectionis), also das Land, für das Schutz beansprucht wird;[7] zu grenzüberschreitenden Handlungen, insb im Internet, Rn 125 ff zu § 9). Eine Rechtswahl ist unbeachtlich (Art 8 Abs 3 Rom-II-VO). Besonderheiten gelten für gemeinschaftsweite Immaterialgüterrechte (vgl Rn 11). In völkerrechtl Verträgen enthaltene Kollisionsnormen gehen aber nach Art 28 Rom II-VO vor; der kollisionsrechtl Charakter des Art 64 EPÜ ist zwh, aber auch seine Anwendung führt wieder zu Art 8 Abs 1 Rom II-VO.[8]

Das **Erfinderpersönlichkeitsrecht** und das Recht auf Erfindernennung sind anhand des Schutz- **8** landsprinzips anzuknüpfen.[9]

Ergänzend bestimmt abw von der Regel in Art 2 in Kapitel III für die **ungerechtfertigte Bereiche-** **9** **rung**, die Geschäftsführung ohne Auftrag und das Verschulden bei Vertragsverhandlungen Art 13 Rom-II-VO:

Anwendbarkeit des Artikels 8
Auf außervertragliche Schuldverhältnisse aus einer Verletzung von Rechten des geistigen Eigentums ist für die Zwecke dieses Kapitels Artikel 8 anzuwenden.

II. In der am 20. Tag nach der Verkündung im ABl EG in Kraft getretenen **Richtlinie 2004/48/EG des** **10** **Parlaments und des Rates zur Durchsetzung der Rechte des geistigen Eigentums** vom 29.4.2004[10] (DurchsetzungsRl) sind die gerichtliche Anordnung der Vorlage von Beweismitteln (Art 6), Maßnahmen zur Beweissicherung (Art 7), Rechte auf Auskunft (Art 8), einstweilige Maßnahmen und Sicherungsmaßnahmen (Art 9), als Maßnahmen aufgrund einer Sachentscheidung Abhilfemaßnahmen wie Rückruf, Entfernen aus den Vertriebswegen und Vernichtung (Art 10), gerichtliche Anordnung zur Untersagung (Art 11), die Möglichkeit einer Geldabfindung bei nicht vorsätzlichem und nicht fahrlässigem Handeln (Art 12), angemessener Schadensersatz bei Wissen oder Wissenmüssen von der Verletzungshandlung entweder unter Berücksichtigung aller in Frage kommenden Aspekte einschließlich der Gewinneinbußen des Geschädigten und der zu Unrecht erzielten Gewinne des Verletzers oder eines Pauschalbetrags auf der Grundlage von Faktoren wie mindestens dem Betrag der Vergütung oder Gebühr, die der Verletzer hätte entrichten müssen, wenn er die Erlaubnis zur Nutzung eingeholt hätte (Art 13 Abs 1), mit der Möglichkeit der Herausgabe der Gewinne oder der Zahlung von Schadensersatz in den Fällen, in denen der Verletzer eine Verletzungshandlung vorgenommen hat, ohne dass er sies wusste oder hätte wissen müssen, wobei die Höhe im Voraus festgesetzt werden kann (Art 13 Abs 2), Auferlegung von Prozesskosten (Art 14), Veröffentlichung von Gerichtsentscheidungen (Art 15) vorgesehen. Die Richtlinie war innerhalb von 24 Monaten, dh bis 29.4.2006, umzusetzen (Art 20 Abs 1); Deutschland ist der Umsetzungsverpflichtung nicht rechtzeitig nachgekommen.[11] Die Umsetzung ist durch das am 1.9.2008 in Kraft getretene Gesetz zur Verbesserung der Durchsetzung von Rechten des geistigen Eigentums vom 7.7.2008 erfolgt, das die §§ 16a, 139, 140a, 140b und 142a geänd und die §§ 140c–140e sowie § 141a und 142b neu eingestellt hat.[12] Jedenfalls die materiellrechtl Bestimmungen der Neuregelung dürften auch auf bereits anhängige Verfahren

---

7 Näher *NK-BGB/Grünberger* Art 8 Rom II Rn 32 ff.
8 *NK-BGB/Grünberger* Art 8 Rom II Rn 20.
9 *NK-BGB/Grünberger* Art 8 Rom II Rn 29 mwN.
10 ABl EU L 157/45 vom 30.4.2004 = GRUR Int 2004, 615; berichtigte Fassung ABl EU L 195/16; zur Entstehungsgeschichte vgl *6. Aufl*; näher *Harte-Bavendamm* FS W. Tilmann (2003), 793; *Metzger/Wurmnest* ZUM 2003, 922; *Huniar* EIPR 2006, 92.
11 EuGH 5.6.2008 C-395/07 Slg 2008 I 88 = GRUR Int 2008, 745; die unmittelbare Anwendbarkeit der Richtlinie im wesentlichen verneinend *Eisenkolb* GRUR 2007, 387 ff.
12 Stellungnahme der DVGR zum RefE GRUR 2006, 393, zusätzliche Stellungnahme GRUR 2007, 765.

anzuwenden sein.[13] Art 11 Satz 3 DurchsetzungsRl ist dahin auszulegen, dass er von den Mitgliedstaaten verlangt, sicherzustellen, dass die für den Schutz der Rechte des geistigen Eigentums zuständigen nationalen Gerichte dem Betreiber eines Online-Marktplatzes aufgeben können, Maßnahmen zu ergreifen, die nicht nur zur Beendigung der von Benutzern dieses Marktplatzes hervorgerufenen Verletzungen, sondern auch zur Vorbeugung gegen erneute derartige Verletzungen beitragen. Diese Maßnahmen müssen wirksam, verhältnismäßig und abschreckend sein und dürfen keine Schranken für den rechtmäßigen Handel errichten.[14]

E. Europäisches Patent mit einheitlicher Wirkung

11   Die EU-VO Nr. 1257/2012 des Europäischen Parlaments und des Rates vom 17.12.2012 über die Umsetzung der Verstärkten Zusammenarbeit im Bereich der Schaffung eines einheitlichen Patentschutzes sieht in ihrem Art 7 vor, dass das Europäische Patent mit einheitlicher Wirkung als Gegenstand des Vermögens in seiner Gesamtheit und in allen teilnehmenden Mitgliedstaaten wie ein nationales Patent des teilnehmenden Mitgliedstaats zu behandeln ist, in dem der Patentinhaber zum Zeitpunkt der Einreichung der Patentanmeldung seinen Wohnsitz oder den Sitz seiner Hauptniederlassung oder eine Niederlassung hat; bei mehreren Patentinhabern gilt dies in erster Linie für den erstgenannten Mitinhaber. Hat keiner der Patentanmelder seinen Wohnsitz, den Sitz seiner Hauptniederlassung oder seine Niederlassung in einem teilnehmenden Mitgliedstaat, in dem das Patent einheitliche Wirkung hat, ist es als Gegenstand des Vermögens in seiner Gesamtheit und in allen teilnehmenden Mitgliedstaaten wie ein nationales Patent des Staats zu behandeln, in dem die EPO ihren Sitz hat (Art 7 Abs 3 VO 1257/2012), dies wird in zahlreichen Fällen zur Anwendbarkeit dt Rechts führen.[15]

F. Unionsmarke; gemeinschaftlicher Sortenschutz

12   Eine **gemeinschaftsrechtliche Regelung** enthalten auch Art 101–106 GSortV.[16] Zur Gemeinschaftsmarke (nunmehr EU-Marke) ist vorrangig auf die unionsweite Regelung abzustellen.[17]

§ 139
(Unterlassungsanspruch, Schadensersatz)

(1) Wer entgegen den §§ 9 bis 13 eine patentierte Erfindung benutzt, kann vom Verletzten bei Wiederholungsgefahr auf Unterlassung in Anspruch genommen werden. [2]Der Anspruch besteht auch dann, wenn eine Zuwiderhandlung erstmalig droht.

(2) [1]Wer die Handlung vorsätzlich oder fahrlässig vornimmt, ist dem Verletzten zum Ersatz des daraus entstandenen Schadens verpflichtet. [2]Bei der Bemessung des Schadensersatzes kann auch der Gewinn, den der Verletzer durch die Verletzung des Rechts erzielt hat, berücksichtigt werden. [3]Der Schadensersatzanspruch kann auch auf der Grundlage des Betrages berechnet werden, den der Verletzer als angemessene Vergütung hätte entrichten müssen, wenn er die Erlaubnis zur Benutzung der Erfindung eingeholt hätte.

(3) [1]Ist Gegenstand des Patents ein Verfahren zur Herstellung eines neuen Erzeugnisses, so gilt bis zum Beweis des Gegenteils das gleiche Erzeugnis, das von einem anderen hergestellt worden ist, als nach dem patentierten Verfahren hergestellt. [2]Bei der Erhebung des Beweises des Gegenteils sind die berechtigten Interessen des Beklagten an der Wahrung seiner Herstellungs- und Betriebsgeheimnisse zu berücksichtigen.

MarkenG: § 14 Abs 5–7; **DesignG:** §§ 42, 44 (Entschädigung); **UrhG:** § 97; **SortG:** § 37
TRIPS-Übk Art 34 (Beweislast bei Verfahrenspatenten)

---

13   Vgl für den wettbewerbsrechtl Unterlassungsanspruch BGHZ 141, 329 = GRUR 1999, 923, 925 Tele-Info-CD.
14   EuGH GRUR 2011, 1036 L'Oréal/eBay.
15   Näher NK-BGB/*Grünberger* Art 8 Rom II Rn 49a ff.
16   Vgl *Keukenschrijver* SortG vor § 37 Rn 7 ff.
17   Vgl hierzu NK-BGB/*Grünberger* Art 8 Rom II Rn 19.

Ausland: Belgien: Art 52, 53 PatG 1984; **Dänemark:** §§ 58, 64a (Beweislast) PatG 1996; **Estland:** § 53 PatG; **Frankreich:** Art L 615-1, 2; Art 615-5-1 CPI (Beweislast); **Italien:** Art 67 CDPI (Beweislast), Art 133, 134, 135 (Urteilsveröffentlichung) CDPI; **Kosovo:** Art 13, 115 PatG; **Litauen:** Art 41, 41³, 41⁵ (Schadensersatz) PatG; **Luxemburg:** Art 76, 77 PatG 1992/1998; **Niederlande:** vgl Art 70 ROW 1995; **Österreich:** §§ 147 (Unterlassungsanspruch), 148 (Beseitigungsanspruch), 149 (Urteilsveröffentlichung), 150 (Ansprüche in Geld, seit 2005 bei schuldhafter Patentverletzung auf das Doppelte des angemessenen Entgelts), 151 (Rechnungslegung), 152 (Unternehmerhaftung), 153 (Haftung mehrerer Verpflichteter), 155 (Beweislast bei Herstellungsverfahren für ein neues Erzeugnis), 156 (Vorfragenkompetenz) öPatG, § 12 öPatV-EG; **Polen:** Art 285 (Unterlassungsanspruch), 287, 288 RgE 2000; **Schweden:** §§ 57a, 58 PatG; **Schweiz:** Art 66–71 PatG (allg Bestimmungen), Art 72–74 PatG (zivilrechtl Schutz); **Serbien:** Art 93 PatG 2004; **Slowakei:** § 13 Abs 7 PatG (Beweislast), § 32 Abs 1, 3. PatG; **Slowenien:** Art 121, 122 GgE; **Spanien:** vgl Art 62–70 PatG, Art 124 (Legitimation des Lizenznehmers) PatG; **Tschech. Rep.:** § 75 PatG; **Türkei:** Art 136 Abs 2 (Beweislastumkehr), 137 Abs 1 (Ansprüche), 138 (Schadensersatz), 140 (entgangener Gewinn), 141 (Zuschlag), 142 (Diskreditierung), 143 (Verminderung der Entschädigung), 144 (Ausschluss der Entschädigung) VO 551; **USA:** Sec 295 USC 35 (Vermutung entspr § 139 Abs 3, aber nur bei erheblicher Wahrscheinlichkeit und angemessenen Anstrengungen zur Ermittlung des Verfahrens) **VK:** vgl Sec 62, 63, 65–68, 70 (unberechtigte Verwarnung, geänd 2004), 100 Patents Act

Übersicht

A. Entstehungsgeschichte; Anwendungsbereich

I. Entstehungsgeschichte

1   Im PatG 1877 war die Entschädigungspflicht gemeinsam mit der Strafbarkeit in § 34 Abs 1 geregelt. Daneben enthielt § 39 PatG 1877 eine Regelung dahin, dass das Gericht über den Schadenseintritt und Höhe des eingetretenen Schadens nach freier Überzeugung entscheide. Eine § 39 PatG 1877 entspr Bestimmung fehlt im PatG 1891. Dort regelte § 35 die Entschädigung.

2   **Seit 1936** war die Regelung in § 47 enthalten, dessen Abs 2 mit dem bis 2008 geltenden Abs 2 übereinstimmte. Geltende Paragraphenbezeichnung nach der Neubek 1981.

3   Abs 1, 2 sind in Umsetzung der **Durchsetzungsrichtlinie** (Richtlinie 2004/48 (EG); Rn 10 vor § 139) durch das Gesetz zur Verbesserung der Durchsetzung von Rechten des geistigen Eigentums mWv 1.9.2008 neu gefasst worden. Dabei ist die in der Praxis kaum mehr angewendete Regelung über die Entschädigung bei leichter Fahrlässigkeit entfallen.

II. Anwendungsbereich

4   **1. Zeitlich.** Die bis 2008 geltende Fassung ging auf das GPatG zurück und war nur auf ab 1.1.1981 angemeldete Patente anwendbar (zu früher angemeldeten Patenten und bekanntgemachten Patentanmeldungen *6. Aufl*). Ob die durch die Umsetzung der DurchsetzungsRl geänd oder neu begründeten Ansprüche auch für Rechtsverletzungen gelten, die vor Inkrafttreten der Neuregelung begangen worden sind, richtet sich nach den allg Vorschriften. Vertragliche und gesetzliche Schuldverhältnisse unterstehen wegen ihres Inhalts und ihrer Wirkung dem Recht, das zur Zeit der Verwirklichung des Entstehungstatbestands gegolten hat. Ob der Tag des Inkrafttretens der Neuregelung oder der Tag maßgeblich ist, bis zu dem die DurchsetzungsRl umzusetzen war (29.4.2006), wurde offen gelassen.[1]

---

1 BGH GRUR 2009, 595 Motorradreiniger (Nr 22).

2. Sachlich. § 139 ist auch auf **Patenteingriffe der öffentlichen Verwaltung** anzuwenden, selbst **5** wenn diese in Verfolgung öffentlicher Interessen zum Wohl der Allgemeinheit erfolgen, jedenfalls solange es sich um sog schlicht hoheitliches Verhalten handelt.[2] Zu Ansprüchen bei Patenteingriffen im Weg der Eingriffsverwaltung Rn 19 zu § 13. Bei Patenteingriffen Dritter aufgrund ordnungsrechtl Vorschriften hat das RG einen Entschädigungsanspruch nach § 75 Einl ALR angenommen,[3] § 139 ist hier jedoch ohne weiteres anwendbar. Der Staat ist damit in vollem Umfang Unterlassungsansprüchen ausgesetzt. Auch für Schadensersatz- und Bereicherungsansprüche bestehen in Deutschland (abw hinsichtlich der gerichtlichen Zuständigkeit in der Schweiz)[4] grds keine Besonderheiten.

B. Das geschützte Recht

Schrifttum: *Beetz* Die Beschränkung von Patenten und deren erster Anschein, ÖBl 2010, 110; *Kaess* Die Schutzfähigkeit technischer Schutzrechte im Verletzungsverfahren, GRUR 2009, 276; *Nieder* Anspruchsbeschränkung im Gebrauchsmusterverletzungsprozeß, GRUR 1999, 222; *Stjerna* Die eingeschränkte Geltendmachung technischer Schutzrechte im Verletzungsstreit, Mitt 2009, 302; *Stjerna* Zur eingeschränkten Geltendmachung eines Patentanspruchs, Mitt 2010, 428.

I. Grundlagen

1. Erfasste Schutzrechte. Erfasst sind zunächst **vom DPMA erteilte Patente** (zum ergänzenden **6** Schutzzertifikat Rn 14).

Europäische Patente werden erfasst, soweit sie mit Wirkung für die Bundesrepublik Deutschland er- **7** teilt sind (Art 2, Art 64 EPÜ). Zu vor dem 1.1.1981 angemeldeten eur Patenten s *6. Aufl.* Zum **Europäischen Patent mit einheitlicher Wirkung** Rn 11 vor § 139.

Für **erstreckte DDR-Patente** galt § 139 ohne Rücksicht auf den Anmeldetag (§§ 5, 6 ErstrG). **8**

Ein Schutz **ausländischer Patente** nach § 139 kommt nicht in Betracht. Zum maßgeblichen IPR **9** Rn 87 ff Einl; Rn 6 ff vor § 139. Zur Rechtslage vor Inkrafttreten der Rom-II-VO *6. Aufl* Rn 10. Das Recht des Schutzlands wird[5] auch auf Zulässigkeit und Rechtsfolgen der Verwarnung (Rn 272 ff) anzuwenden sein.

2. Schutzbeginn. Von § 139 erfasst sind nur Verletzungen eines **erteilten Patents.** § 139 knüpft aus- **10** drücklich an die patentierte Erfindung an, während in § 47 PatG 1936/1968 nur von der Erfindung die Rede war.[6] Die Schutzwirkungen treten mit der Veröffentlichung der Patenterteilung im PatBl ein (§ 58 Abs 1 Satz 2); der Einspruch hat keine aufschiebende Wirkung (Rn 156 zu § 59). Zu späteren Veränderungen an einer vor Beginn des Patentschutzes in den Verkehr gebrachten Sache s die Kommentierung zu § 9 und § 12.

Für den Schutz **vor Patenterteilung** ist bei dt Patenten ausschließlich § 33, bei eur Patenten Art II § 1 **11** IntPatÜG maßgeblich. Daneben kommen vor Patenterteilung Ansprüche aus dem allg Schuldrecht, Wettbewerbsrecht und Urheberrecht in Betracht. Dies gilt auch für ein im eigenen Betrieb verwendetes Geheimverfahren.[7]

3. Ende des Schutzes. Der Patentschutz endet mit Wirkung ex tunc mit dem Erlöschen des Patents **12** (§ 20), gleich aus welchem Rechtsgrund. Bereits entstandene Ansprüche wegen Patentverletzung bleiben bestehen. Dies gilt nicht, soweit das Patent mit Wirkung von Anfang an (Widerruf, Nichtigerklärung, Be-

---

2 BGH GRUR 1978, 48, 50 Straßendecke I; BGHZ 107, 46, 53 = GRUR 1990, 997 Ethofumesat; vgl auch *Stelkens* Schützen Patentgesetze und Urheberrechtsgesetz vor rechtswidrigen hoheitlichen Eingriffen in das geistige Eigentum? GRUR 2004, 25.

3 RGZ 120, 264 = GRUR 1928, 388 Grubenexplosionsbekämpfung I; RG GRUR 1938, 876, 890 Grubenexplosionsbekämpfung IV.

4 Vgl schweiz BG GRUR Int 2013, 446 Haftung bei Patentverletzung durch Bund.

5 Entgegen OGH ÖBl 2000, 36 f = GRUR Int 2000, 558 Spritzgußwerkzeuge und LG Mannheim GRUR 1980, 935, das das Recht des Tatorts, und zwar auch des Erfolgsorts, zu dem auch der Sitz des Verletzten zählt, anwenden will.

6 RB Den Haag 30.6.1999 DSM/Orffa, auszugsweise in BIE 1999, 343, nimmt für das nl Recht Klagbarkeit erst ab Patenterteilung an.

7 Vgl BGHZ 16, 172 = GRUR 1955, 388 Dücko.

schränkung) wegfällt. Der Schutz des nunmehr weggefallenen (Übergangsregelung in § 147 Abs 3) Zusatzpatents endet mit dem Hauptpatent (§ 16 Abs 1 Satz 2).

13 Wird nach § 123 **Wiedereinsetzung** gewährt, besteht für die Zeit zwischen Erlöschen und Wirksamwerden des Wiedereinsetzungsbeschlusses kein Schutz nach § 139, allerdings können Ansprüche aus Wettbewerbsrecht oder aus § 826 BGB in Betracht kommen (Rn 105 zu § 123).

14 Ist ein **ergänzendes Schutzzertifikat** erteilt, bestehen die Ansprüche aus § 139 in dem durch das Zertifikat abgesteckten Rahmen auch für dessen Laufzeit (§ 16a Abs 2).

15 **4.** Zur Beachtlichkeit von **Veränderungen der Patentlage** während des Verfahrens Rn 255 f vor § 143. Zum **territorialen Schutz** Rn 118 ff zu § 9.

II. Verletztes Recht und Verletzungsform

16 Der Inhalt des Patents wird durch den Erteilungsbeschluss festgelegt, der der Patentschrift vorgeht und für den Wortlaut des Patents maßgeblich ist (Rn 9 zu § 49). Maßgeblich ist bis zur Bestandskraft (Rechtskraft) einer das Patent beschränkenden Entscheidung (im Einspruchs-, Nichtigkeits- oder Beschränkungsverfahren) das erteilte Patent, auch wenn etwa im Rahmen eines lfd Einspruchsverfahrens der Patentinhaber eingeschränkte Patentansprüche verteidigt,[8] jedoch werden sich aus Sonderbeziehungen zwischen den Parteien bei der Geltendmachung der Rechte aus dem Patent Grenzen ergeben können (vgl Rn 59 zu § 14). Die Rspr lässt es zu, dass der Patentinhaber, der sich in einem noch nicht abgeschlossenen Einspruchs- oder Nichtigkeitsverfahren beschränkt verteidigt, das Patent nur in entspr Umfang geltend macht.[9] Dem ist zuzustimmen, jedoch wird in solchen Fällen sowohl zu verlangen sein, dass das Patent nicht weitergehend als nach der verteidigten Fassung geltend gemacht wird, weil nur in diesem Fall ein Rechtsschutzbedürfnis besteht, als auch geprüft werden müssen, ob die verteidigte Fassung zu einer Erweiterung des Gegenstands oder des Schutzbereichs führt.[10] Welche Handlungen als patentverletzend in Betracht kommen, ergibt sich aus §§ 9, 10 sowie den Ausnahmetatbeständen in §§ 11–13, zu sonstigen Weiterbenutzungsrechten Rn 54 ff zu § 12. Benutzungsrechte können sich auch aus Lizenzvertrag (§ 15), Lizenzbereitschaftserklärung (§ 23) und der Erteilung einer Zwangslizenz (§ 24) ergeben (zum „kartellrechtl Zwangslizenzeinwand" Rn 234 ff; Rn 100 ff zu § 24).

17 Sonstige **öffentlich-rechtliche Bestimmungen**, Normen usw begründen kein Benutzungsrecht (Rn 40 zu § 11).

C. Aktiv- und Passivlegitimation

Schrifttum: *Ahrens* Unterlassungsschuldnerschaft beim Wechsel des Unternehmensinhabers – Zur materiellrechtlichen und prozeßrechtlichen Kontinuität des Unterlassungsanspruchs, GRUR 1996, 518; *Ahrens* 21 Thesen zur Störerhaftung im UWG und im Recht des Geistigen Eigentums, WRP 2007, 1281; *Backhaus* Die Passivlegitimation beim urheberrechtlichen Schadensersatzanspruch, FS V. Beuthien (2009), 527; *Becker* Shareholder: gefangen zwischen Datenschutz und Störerhaftung? DuD 2013, 207; *M. Berger* Durchsetzung der Lizenz gegenüber Dritten, sic! 2005, 163, 166 ff; *Bölling* Unterlassungsantrag und Streitgegenstand im Falle der Störerhaftung, GRUR 2013, 1092; *Brandenburg* Patentverletzung durch Mitwisserschaft? Mitt 2005, 205; *Brandi-Dohrn* Schutzrechtshaftung und Schutzrechte im Konzern, FS J. Pagenberg (2006), 375; *Buxbaum* Konzernhaftung bei Patentverletzung durch die Tochtergesellschaft, GRUR 2009, 240; *Döring* Die Haftung für eine Mitwirkung an fremden Wettbewerbsverstößen, Urheberrechts-, Marken-, Patent-, Gebrauchsmuster- und Geschmacksmusterverletzungen: eine kritische Untersuchung zu der Notwendigkeit einer „Störerhaftung" im gewerblichen Rechtsschutz und Urheberrecht, Diss Frankfurt/M 2007; *Fitzner* Störer und Täter: Zwei Begriffe im Wandel der Rechtsprechung zum gewerblichen Rechtsschutz, Mitt 2011, 314 = VPP-Rdbr 2011, 110 (Foliensammlung), 157; *Fürst* Störerhaftung – Fragen der haftungsbegründenden Zumutbarkeit und Konsequenzen – Das Ende von ebay? WRP 2009, 378; *Gärtner* Zur mittelbaren Patentverletzung durch einen Transporteur, GRUR 2009, 1147; *Gassauer-Fleissner/Ritter/Schultes*

---

8 OLG München OLG-Rp 1994, 18; vgl *Stjerna* Mitt 2009, 302.

9 BGH GRUR 2010, 904 Maschinensatz; vgl BGH GRUR 2009, 750 Lemon Symphony. SortSache; OLG Karlsruhe 9.9.1998 6 U 263/97; OLG Düsseldorf GRUR-RR 2007, 259 = InstGE 7, 139; einschränkend OLG Düsseldorf 17.4.2008 2 U 127/06; *Benkard* § 14 Rn 78 mNachw aus der ausländ Rspr; OLG Düsseldorf 29.6.2000 2 U 76/99 IPRspr 2000 Nr 128, 271, zur Berücksichtigung einer noch nicht erfolgten Anpassung des Patents im eur Beschwerdeverfahren vAw, letzteres bdkl.

10 Vgl BGH Maschinensatz; öOGH GRUR Int 2010, 430 = ÖBl 2010, 134 Nebivolol; vgl *Benkard* § 14 Rn 78; *Beetz* ÖBl 2010, 110.

Patentrechtliche Verantwortlichkeit der Sozialversicherungsträger und des Hauptverbandes, ÖBl 2008, 116; *Gercke* Die Bedeutung der Störerhaftung im Kampf gegen Urheberrechtsverletzungen, ZUM 2006, 593; *Glockshuber* Die Passivlegitimation im deutschen Recht des unlauteren Wettbewerbs, 1997; *Götting* Die persönliche Haftung des GmbH-Geschäftsführers für Schutzrechtsverletzungen und Wettbewerbsverstöße, GRUR 1994, 6; *Götz* Schaden und Bereicherung in der Verletzerkette, GRUR 2001, 295; *Gruber* Vermittler, Störer, Rechtsverletzer: Zur Hybridhaftung im Internet, ZGE 2014, 302; *Haedicke* Die Haftung für mittelbare Urheber- und Wettbewerbsrechtsverletzungen, GRUR 1999, 397; *Härting* Die drei Phasen der BGH-Rechtsprechung zur Störerhaftung im Netz, ITRB 2012, 254; *Hartwig* Online Auctioning between Trade Mark and Consumer Protection, EIPR 2005, 319; *Hass* Zur persönlichen Haftung des GmbH-Geschäftsführers bei Wettbewerbsverstößen und Verletzung gewerblicher Schutzrechte, FS T. Schilling (2007), 249; *Heiss-Blumer* Teilnahmehandlungen im Immaterialgüterrecht unter zivilrechtlichen Aspekten, sic! 2003, 95; *Hiti* Zur Drittwirkung von Marken- und Patentlizenzverträgen, ÖBl 2003, 4; *Hoeren/Yankova* The Liability of Internet Intermediaries: The German Perspective, IIC 2012, 501; *Holzapfel* Zur Haftung einer Mehrheit von Verletzern, GRUR 2012, 242; *Hübner* Haftet der Geschäftsführer persönlich? Zur Außenhaftung von Organen bei Wettbewerbsverstößen und Verletzung gewerblicher Schutzrechte, GRURPrax 2013, 459; *Jandoli* The Group of Companies in Litigation of Patent Infringement, EIPR 1997, 729; *Jergolla* Das Ende der wettbewerbsrechtlichen Störerhaftung? WRP 2004, 655; *Kirchberg* Die Störerhaftung von Internetanschlussinhabern auf dem Prüfstand, ZUM 2012, 544; *Klaka* Persönliche Haftung des gesetzlichen Vertreters für die im Geschäftsbetrieb der Gesellschaft begangenen Wettbewerbsverstöße und Verletzungen von Immaterialgüterrechten, GRUR 1988, 729; *Klingelhöfer* MP3-Player-Import: Zur Mittäterschaft und Störerhaftung im Patentrecht, NJ 2010, 39; *Klopschinski* Völkerrechtliche Staatenverantwortlichkeit und Rechte des geistigen Eigentums, GRUR Int 2010, 930; *Knapowski* Landwirte als Patentverletzer, Mitt 2011, 447; *Knobloch* Abwehransprüche für den Nehmer einer einfachen Patentlizenz? Diss Jena 2004; *Köhler* Die Beteiligung an fremden Wettbewerbsverstößen, WRP 1997, 897; *Köhler* Die Auswirkungen der Unternehmensveräußerung auf gesetzliche und vertragliche Unterlassungsansprüche, WRP 2000, 921; *Köhler* Täter und Störer im Wettbewerbs- und Markenrecht, GRUR 2008, 1; *Th. Kühnen* Die Ansprüche des Patentinhabers wegen Schutzrechtsverletzung nach Vergabe einer ausschließlichen Lizenz, FS T. Schilling (2007), 311; *Legler* Die Aktivlegitimation des nicht in der Patentrolle eingetragenen Patentberechtigten unter besonderer Berücksichtigung der Widerspruchsklage nach § 771 ZPO, JW 1933, 1444; *Lehment* Neuordnung der Täter- und Störerhaftung, WRP 2012, 149; *Leistner* Störerhaftung und mittelbare Schutzrechtsverletzung, GRUR 2010 Beilage zu Heft 1, 1; *Leistner/Stang* Die Neuerung der wettbewerbsrechtlichen Verkehrspflichten – Ein Siegeszug der Prüfungspflichten? WRP 2008, 533; *Lerach* Präzisierung der Störerhaftung für Verkaufsplattformen im Internet, GRURPrax 2013, 531; *Maier* Die Haftung des GmbH-Geschäftsführers für Immaterialgüterrechtsverletzungen, GmbHR 1986, 153; *Messer* Wettbewerbsrechtliche Haftung der Organe juristischer Personen, FS E. Ullmann (2006), 769; *Mühlberger* Die Haftung des Internetanschlussinhabers bei File-sharing-Konstellationen nach den Grundsätzen der Störerhaftung, GRUR 2009, 1022; *Müller* Grenzenlose Organhaftung für Patentverletzungen? Kritische Besprechung der BGH-Entscheidung „Glasfasern II", GRUR 2016, 570; *Nolte/Wimmers* Wer stört? Gedanken zur Haftung von Intermediären im Internet, GRUR 2014, 16; *Ottofülling* Die wettbewerbsrechtliche und immaterialgüterrechtliche Störerhaftung des Geschäftsführers der GmbH, Diss Gießen 1990; *Ottofülling* Steht der Geschäftsführer der GmbH in Gefahr, persönlich auf Unterlassung zu haften? GmbHR 1991, 304; *Paal/Wilkat* Internetauktionshäuser und Störerhaftung, MarkenR 2012, 1; *Pahlow* Anspruchskonkurrenzen bei Verletzung lizenzierter Schutzrechte unter Berücksichtigung der Richtlinie 2004/48/EG, GRUR 2007, 1001; *Pitz* Passivlegitimation im Patentstreitverfahren, GRUR 2009, 805; *Pitz* Aktivlegitimation im Patentstreitverfahren, GRUR 2010, 688; *Rauch* Legitimiert nach zweierlei Maß? GRUR 2001, 588; *Reichelsdorfer* Schadensersatzhaftung für Angestellte und Beauftragte nach § 13 Abs 4 UWG? WRP 2004, 828; *Reitboeck* Das rechtliche Umfeld für (und gegen) nicht operative Patentinhaber in den USA: Ein Überblick über wichtige Entwicklungen der letzten Jahre, GRUR Int 2013, 419; *Renner/Schmidt* Unterlassung von Handlungen Dritter? Die Erfolgshaftung im gewerblichen Rechtsscutz und Urheberrecht, GRUR 2009, 908; *Rinken* Der Wegfall von Besitz und Eigentum an patentierten Erzeugnissen nach Rechtshängigkeit – kein Fall des § 265 II 1 ZPO, GRUR 2015, 745; *Samwer* Die Störerhaftung und die Haftung für fremdes Handeln im wettbewerblichen Unterlassungsrecht, WRP 1999, 67; *Karsten Schmidt* Unterlassungsanspruch, Unterlassungsklage und deliktischer Ersatzanspruch im Konkurs, ZZP 90 (1977), 38; *Schönherr* Die Unterlassungsklage gegen die Vertretungsorgane juristischer Personen bei Wettbewerbsverstößen oder Verletzungen von Immaterialgüterrechten, GRUR Int 1979, 406; *Schünemann* Die wettbewerbsrechtliche „Störer"-Haftung, WRP 1998, 120; *Schuhmann* Die Auftragnehmerhaftung für Schutzrechtsverletzungen: Halbherziges angesichts des Schutzrechts-Booms, ZGS 2010, 115; *M. Seligsohn* Die Legitimation zur Entschädigungsklage bei Patentverletzungen, MuW 11, 512; *Spindler* Präzisierung der Störerhaftung im Internet – Besprechung des BGH-Urteils „Kinderhochstühle im Internet", GRUR 2011, 101; *Spindler/Volkmann* Die zivilrechtliche Störerhaftung der Internet-Provider, WRP 2003, 1; *Steinbeck* „Windsor Estate" – Eine Anmerkung, GRUR 2008, 110; *Subramanian* Different Rules for Different Owners: Does a Non-Competing Patentee Have a Right to Exclude, IIC 2008, 419; *Verhauwen* Wer darf klagen? Noch einmal zur Aktivlegitimation im Patentverletzungsverfahren, GRUR 2011, 116; *von Gierke* Grenzen der wettbewerbsrechtlichen Störerhaftung, WRP 1997, 892; *Walter* Zivilrechtliche Störerhaftung, JA 2012, 658; *Werner* Die Haftung des GmbH-Geschäftsführers für die Verletzung gewerblicher Schutzrechte, GRUR 2009, 820; *Werner* Die Haftung des GmbH-Geschäftsführers für Wettbewerbsverstöße und Immaterialgüterrechtsverletzungen durch die Gesellschaft, GRUR 2015, 739; *Wiegand* Die Passivlegitimation bei wettbewerbsrechtlichen Abwehransprüchen, Diss Heidelberg 1996.

I. Aktivlegitimation und Prozessführungsbefugnis

18   § 139 spricht die in ihm geregelten Ansprüche dem Verletzten zu. Dies ist grds der Patentinhaber. Dass dem nichtausübenden Patentinhaber Unterlassungsansprüche zustehen, ist allerdings in Zweifel gezogen worden;[11] für eine derartige Annahme bietet das dt Recht indes keine Grundlage.[12] Bei Abhängigkeit stehen die Ansprüche sowohl dem Inhaber des älteren als auch dem des abhängigen Patents zu. Der Patentinhaber bleibt neben dem ausschließlich Nutzungsberechtigten jedenfalls legitimiert, wenn einzelne Nutzungsrechte bei ihm verblieben sind[13] oder wenn er sich eine fortdauernde Teilhabe am wirtschaftlichen Ertrag der Verwertung vorbehalten hat.[14] Dem Schutzrechtsinhaber stehen der Unterlassungsanspruch und der Schadensersatzanspruch (zu diesem Rn 133) aber auch dann zu, wenn er eine ausschließliche Lizenz vergeben hat; Schutzrechtsinhaber und Lizenznehmer sind nicht Mitgläubiger.[15] Die Erklärung des Patentinhabers gegenüber einer Standardisierungsorganisation, jedem Interessenten zu fairen, angemessenen und nicht diskriminierenden Bedingungen eine Lizenz (FRAND-Lizenz; fair, reasonable and non-discriminatory) zu erteilen, bewirkt allenfalls schuldrechtl Verpflichtungen, die nicht dem Sukzessionsschutz unterliegen.[16] Soweit eine entspr Lizenzierungserklärung abgegeben wurde, unterliegen die aus dieser folgenden Rechtswirkungen dem dt Recht, soweit in Deutschland Rechte geltend gemacht werden; dies folgt aus dem Schutzlandprinzip.[17] Danach kommt bei Patent- und Gebrauchsmusterrechten als Schutzstatut das Recht des Staats zur Anwendung, für dessen Territorium der Schutz beansprucht wird. Auch beim ergänzenden wettbewerbsrechtl Leistungsschutz ist nur der aktiv legitimiert, dessen Leistung nachgeahmt wird,[18] jedoch kann auch einem ausschließlich Vertriebsberechtigten ein eigenständiges Leistungsschutzrecht erwachsen.[19]

19   Lediglich **schuldrechtlich** eingeräumte Befugnisse wie ein ausschließliches Vertriebsrecht des Vertriebshändlers begründen die Aktivlegitimation nicht.[20]

20   Aktiv legitimiert ist auch der **Mitinhaber**, jedenfalls sofern Bruchteilsgemeinschaft besteht, er kann anders als den Unterlassungsanspruch Ansprüche auf Schadensersatz, Auskunft und Rechnungslegung aber nur zur Leistung an die Gemeinschaft geltend machen (Rn 41 ff zu § 6).[21] Steht das Patent einer Gesellschaft zu, besteht gesamthänderische Bindung; der einzelne Gesellschafter kann nur in gewillkürter Prozessstandschaft klagen.[22] Einer Mehrheit von Rechtsinhabern stehen identische Rechte zu; dies soll gebührenrechtl auch für Ansprüche gegen verschiedene Personen gelten.[23]

---

11   Vgl *Subramanian* IIC 2008, 419; US-SuprC Ebay v. MercExchange, 126 S. Ct. 1837 (2006) = L.L.C., 547 U.S. 388 (2006).
12   Vgl LG Mannheim Mitt 2010, 25; *Bacher* Limitations to injunctive relief? Workshop on patent matters for expert judges, Karlsruhe 10.9.2011.
13   BGH GRUR 1960, 251 f Mecki-Igel II; OLG Düsseldorf 7.2.2013 2 U 8/09 Mitt 2013, 462 Ls, zum Unterlassungsanspruch.
14   BGHZ 118, 394, 399 f = GRUR 1992, 697 Alf, UrhSache; BGH GRUR 1998, 379, 381 Lunette, Geschm MSache; KG GRUR 2006, 53, 55, UrhSache; vgl BGH GRUR 1998, 376 f Coverversion, UrhSache.
15   BGHZ 176, 311 = GRUR 2008, 896 Tintenpatrone I; BGHZ 189, 112 = GRUR 2011, 711 Cinch-Stecker; BGHZ 192, 245 = GRUR 2012, 430 Tintenpatrone II; vgl SuprC Tokio 17.6.2005, referiert in EIPR 2005 N-225; OLG Düsseldorf 8.10.2008 U (Kart) 43/06; OLG Düsseldorf 8.10.2008 U (Kart) 44/06; OLG München OLGRep 2004, 115, Ls auch in Mitt 2004, 305; OLG Düsseldorf InstGE 12, 88, 91 ff; BGHZ 118, 394, 399 = GRUR 1992, 697 Alf; BGH GRUR 1998, 379, 381 Lunette; aA *Kühnen* Hdb[8] Rn I 4 ff; *Pahlow* GRUR 2007, 1001: nur konkrete Schadensberechnung; aA für das Urheberrecht auch OLG München GRUR 2005, 1038.
16   LG Mannheim Mitt 2010, 25.
17   LG Düsseldorf 24.4.2012 4b O 273/10; LG Düsseldorf 11.12.2012 4a O 54/12.
18   BGH GRUR 1991, 223, 224 finnischer Schmuck; BGH GRUR 1998, 934, 938 Wunderbaum.
19   BGH GRUR 1994, 630, 634 Cartier-Armreif, nicht in BGHZ; BGH GRUR 2004, 941 Metallbett.
20   LG Düsseldorf 30.8.2012 4b O 99/12; *Kühnen* Hdb[8] Rn D 142 mwN.
21   BGH GRUR 2000, 1028, 1030 Ballermann, Markensache; LG Frankfurt/M 30.5.2007 6 O 475/06; vgl *Schulte* Rn 13; *Fitzner/Lutz/Bodewig* Rn 18; *Büscher/Dittmer/Schiwy* Rn 49; zur Rechtslage im Urheberrecht BGH GRUR 2011, 714 Der Frosch mit der Maske.
22   Vgl *Schulte* Rn 13; *Fitzner/Lutz/Bodewig* Rn 20; *Büscher/Dittmer/Schiwy* Rn 49.
23   KG KGR Berlin 2005, 883.

Maßgeblich für die **Sachbefugnis** ist die tatsächliche Rechtslage;[24] die Rechtsinhaberschaft soll nach **21** verbreiteter Ansicht durch die Eintragung im Patentregister widerlegbar[25] oder sogar unwiderlegbar[26] vermutet werden (vgl § 30). Die neuere Rspr des BGH[27] spricht ihr eine erhebliche Indizwirkung zu.

Der Registereintrag legitimiert (prozessual) insoweit auch für den Verletzungsprozess.[28] **Prozessfüh-** **22** **rungsbefugt** (vgl Rn 36 vor § 143) ist ausschließlich der im Register eingetragene Patentinhaber.[29] Der nicht im Register eingetragene materiell Berechtigte kann somit nur in Prozessstandschaft für den eingetragenen Registerberechtigten Ansprüche geltend machen.[30] Jedoch kommt es bei einem Rechtsübergang für die Sachbefugnis auf die tatsächliche Rechtslage an, so dass der prozessführungsbefugte Registerberechtigte für den Zeitraum nach dem Rechtsübergang nur Leistung an den tatsächlichen Rechtsinhaber verlangen kann;[31] auf den Unterlassungsanspruch wirkt sich dies allerdings nicht aus, weil die Unterlassung nicht gegenüber einem bestimmten Gläubiger, sondern schlechthin geschuldet wird.[32] Die Überlegung, die materielle Rechtslage habe unberücksichtigt zu bleiben,[33] hat der BGH nicht durchgreifen lassen.[34] Ist der Eintrag nicht eindeutig, kann und muss auf die Erteilungsakten zurückgegriffen werden.[35] Die ältere Rspr hat angenommen, dass der (nur) materiell Berechtigte gegen den im Register eingetragenen Verletzer ohne vorherige Umschreibung nach § 139 vorgehen kann;[36] dies dürfte nach der neueren Rspr des BGH[37] nicht mehr zutreffen; vgl auch Rn 39 zu § 30. Entspr gilt für den im Register eingetragenen, aber nicht materiell berechtigten ArbNErfinder (vgl Rn 16 zu § 6 ArbEG).

Aktiv legitimiert (sachbefugt) für Unterlassungs-, Schadensersatz- und Bereicherungsansprüche sind **23** **Nießbraucher und Pfandgläubiger**[38] (§§ 1068 Abs 2, 1065 BGB, §§ 1273 Abs 2, 1227 BGB). Der Pfändungspfandgläubiger ist jedoch nicht berechtigt, den Abnehmern des Patentinhabers die Benutzung der von diesem oder dem Inhaber einer fortbestehenden Lizenz erworbenen patentgem Gegenstände zu untersagen.[39]

Ist am Patent eine **Lizenz** erteilt, kann auch der Lizenznehmer aktiv legitimiert sein.[40] Die dogmatische **24** Begründung ist freilich zwh. Auch eine Verwertungsgesellschaft, die nicht selbst herstellt oder ver-

---

24 BGH 19.5.2005 X ZR 152/01; vgl Appellationshof Freiburg/Schweiz sic! 2000, 114 f; zur Rechtlage bei einer Mehrheit von Patentinhabern *Kühnen* Hdb[8] Rn D 106 ff.

25 RG BlPMZ 1903, 100 Brennerei; RG BlPMZ 1904, 73 Dinassteine I; RG BlPMZ 1906,166 Schloßteile; RGZ 67, 176, 180 f = BlPMZ 1908, 164 Überkochverhütungsapparat; RGZ 75, 225 = BlPMZ 1911, 218 Rohrrücklaufgeschütze; RGZ 89, 81 = BlPMZ 1916, 153 statistische Maschinen; RGZ 126, 280 = BlPMZ 1930, 102 Lampenschirm.

26 *Verhauwen* GRUR 2011, 116, 119 f; vgl *Fitzner/Lutz/Bodewig* Rn 7; *Rauch* GRUR 2001, 588.

27 BGHZ 197, 196 = GRUR 2013, 713 Fräsverfahren (Nr 58); LG Mannheim 27.11.2015 2 O 106/14.

28 *R. Rogge* GRUR 1985, 734, 736; OLG Düsseldorf Mitt 1998, 153, 155, SortSache; OLG Düsseldorf 24.6.2011 2 U 26/10; LG Mannheim 27.2.2009 7 O 94/08, NJOZ 2009, 1458, Ls in GRUR-RR 2009, 222.

29 BGHZ 197, 196 = GRUR 2013, 713 Fräsverfahren; OLG Düsseldorf 1.10.2010 2 U 41/07; LG Mannheim 27.11.2015 2 O 106/14; *Benkard* Rn 16; nach nicht zutr Auffassung in LG Düsseldorf 15.11.2012 4b O 123/12 Mitt 2013, 461 Ls und LG Düsseldorf 15.11.2012 4b O 139/12 auch aktivlegitimiert; zur fehlenden Prozessführungsbefugnis des beherrschenden Unternehmens LG Düsseldorf 28.3.2014 4a O 11/13.

30 Vgl *Fitzner/Lutz/Bodewig* Rn 7.

31 Vgl *Fitzner/Lutz/Bodewig* Rn 17.

32 BGH Fräsverfahren.

33 So OLG Düsseldorf 24.6.2011 2 U 26/10; *Kühnen* Hdb[8] Rn D 79 ff; *Verhauwen* GRUR 2011, 116, 119 f.

34 BGH Fräsverfahren; kr hierzu *Kühnen* Hdb[8] Rn D 91 ff; *Kühnen* GRUR 2014, 137.

35 OLG Düsseldorf InstGE 13, 15.

36 BGH 19.5.2005 X ZR 152/02; OLG Düsseldorf 1.10.2010 2 U 41/07; RGZ 144, 389 f = GRUR 1934, 657 Geschwindigkeitsmesser; öOGH ÖBl 1991, 153 Duschtrennwand; vgl *Fitzner/Lutz/Bodewig* Rn 10; *Büscher/Dittmer/Schiwy* Rn 48.

37 BGH GRUR 2011, 733 Initialidee.

38 Vgl *Kraßer* S 883 (§ 36 II 1); *Fitzner/Lutz/Bodewig* Rn 35; *Mes* Rn 54; *Büscher/Dittmer/Schiwy* Rn 50; zur Aktivlegitimation des Testamentsvollstreckers BGH GRUR 2016, 487 Wagenfeld-Leuchte II.

39 BGHZ 125, 334 = GRUR 1994, 602 Rotationsbürstenwerkzeug.

40 Vgl zur Klageberechtigung nach schweiz Recht schweiz BG sic! 1999, 444, 447 Erythropoietin V unter Hinweis auf schweiz BG BGE 113 II 190, 194 Le Corbusier; HG Aargau sic! 2004, 331; abw schweiz BG sic! 2004, 304 Malbuner II; näher *M. Berger* sic! 2005, 163, 166 ff; nach schweiz BG sic! 2007, 382 Aktivlegitimation der Unterlizenznehmerin ist bei fehlendem Nachweis der Voraussetzungen der vertraglich eingeräumten Prozessführungsbefugnis die Aktivlegitimation zu verneinen.

treibt, kann grds aktivlegitimiert sein.[41] Eine Vertragsklausel im Lizenzvertrag, nach der Lizenzgeber und Lizenznehmer gemeinschaftlich vorgehen werden, hat nur im Innenverhältnis Wirkung und wirkt sich auf die Aktivlegitimation nicht einschränkend aus.[42] Es ist aber zu differenzieren: Dem **Lizenznehmer** einer einfachen Lizenz stehen nach hM grds weder Unterlassungs- noch Schadensersatzansprüche zu[43] (anders nach § 30 Abs 3 MarkenG),[44] jedoch kann sich im Einzelfall aus dem Lizenzvertrag die Verpflichtung des Lizenzgebers ergeben, selbst Unterlassungsansprüche geltend zu machen, auch kommt Vorgehen nach Abtretung der Schadensersatzansprüche (Rn 28) oder im Weg der Prozessstandschaft in Betracht (Rn 64 zu § 15).

25   § 30 Abs 4 MarkenG eröffnet dem Lizenznehmer die Möglichkeit des **Beitritts** zu einer vom Rechtsinhaber erhobenen Verletzungsklage, um den Ersatz seines Schadens geltend zu machen machen; die Frage des Bestehens eigener Schadensersatzansprüche des Lizenznehmers soll weiterhin der Rspr überlassen bleiben.[45]

26   Ist bei Einräumung einer ausschließlichen Lizenz einem Dritten, dem schon früher eine Benutzungserlaubnis erteilt worden war, die Belieferung bestimmter Firmen vorbehalten worden, kann der Lizenzgeber unter dem Gesichtspunkt der **Drittschadensliquidation**[46] berechtigt sein, den Ersatz des dem Dritten durch Vertragsverletzungen des Lizenznehmers entstandenen Schadens zu verlangen.[47] Diese kann auch in Betracht kommen, sofern eine umsatzunabhängige Lizenzgebühr zu zahlen ist.[48]

27   Dem Nehmer **einer ausschließlichen Lizenz** stehen – bei unklarer dogmatischer Begründung – die Ansprüche aus § 139 unabhängig vom Patentinhaber zu[49] (vgl Art 47 EPGV), soweit sein eigenes Nutzungsrecht berührt ist;[50] dies gilt auch für eine Patentgemeinschaft als Lizenznehmer;[51] vgl aber die einschränkende Regelung in § 30 Abs 3 MarkenG. Einem Lizenznehmer können im Verhältnis zu Dritten grds keine weitergehenden Rechte zukommen als dem Lizenzgeber.[52] Dem Patentinhaber verbleibt das Klagerecht, soweit er ein eigenes schutzwürdiges Interesse an der Rechtsverfolgung hat, ebenso ihm und dem Nehmer der ausschließlichen Lizenz, wenn der Lizenznehmer eine ausschließliche Unterlizenz vergeben hat.[53] Dass der Lizenzgeber vertraglich zur Verfolgung von Rechtsverletzungen verpflichtet ist, steht dem nicht

---

41 LG Mannheim 27.2.2009 7 O 94/08 NJOZ 2009, 1458, Ls in GRUR-RR 2009, 222.

42 ÖOGH 22.3.2001 4 Ob 322/00g.

43 RGZ 83, 93, 95 = BlPMZ 1913, 324 Laufflecke; KG GRUR 1940, 32; öOGH GRUR Int 2000, 785 BOSS-Brillen I, Markensache; *Fitzner/Lutz/Bodewig* Rn 23; *Mes* Rn 50; *Büscher/Dittmer/Schiwy* Rn 53; *Kühnen* Hdb[8] Rn D 118 ff; aA *Lichtenstein* GRUR 1965, 344; *Knobloch* (2006) 333 ff, wohl auch *Ahrens* GRUR 2006, 617, 623.

44 Vgl BGHZ 138, 349, 354 = GRUR 1999, 161 MAC Dog; BGH GRUR 2001, 448, 450 Kontrollnummernbeseitigung II; OLG Hamburg GRUR-RR 2005, 181 f; zur Rechtslage in Österreich öOGH ÖBl 2003, 87 Brühl mAnm *Hiti*.

45 Begr BTDrs 12/6581 = BlPMZ 1994 Sonderheft S 80 f; vgl BGH GRUR 2007, 877 Windsor Estate und hierzu *Steinbeck* GRUR 2008, 110, 113 f; BGH GRUR 2008, 614 ACERBON.

46 Zum Fall einfacher Freilizenzen KG GRUR 1940, 32; zur Drittschadensliquidation bei Unterlizenz BAG DB 1986, 2289 Thrombozytenreagenz II.

47 BGH GRUR 1974, 335 Abstandshalterstopfen; abl *Kühnen* Hdb[8] Rn I 10.

48 Vgl *Fischer* GRUR 1980, 374, 377 einerseits; *Benkard* Rn 17 andererseits.

49 BGHZ 159, 76 = GRUR 2004, 758 Flügelradzähler; RGZ 57, 38, 40 f = BlPMZ 1904, 220 Bernados'sches Verfahren; RGZ 67, 176, 181 = BlPMZ 1908, 164 Überkochverhütungsapparat; RGZ 83, 93 f = BlPMZ 1913, 324 Laufflecke; RGZ 148, 146 ff = GRUR 1936, 42, 45 Reißverschluß II; RG GRUR 1937, 627, 629 Dichtungsvorrichtung; BGHZ 118, 394, 398 = GRUR 1992, 697 Alf, UrhSache; BGH GRUR 1998, 379, 381 Lunette, GeschmMSache; BGHZ 141, 267, 272 f = GRUR 1999, 984 f Laras Tochter, UrhSache; BGH GRUR 2004, 855 Hundefigur, UrhSache; OLG Hamburg GRUR-RR 2005, 258, Markensache; OLG München GRUR-RR 2008, 139; LG Düsseldorf 9.3.2000 4 O 346/99 Entsch 2000, 69, SortSache; HG Zürich sic! 1999, 148 f; öOGH GRUR Int 2000, 785 BOSS-Brillen, Markensache; *Hiti* ÖBl 2003, 4; vgl HG Zürich sic! 1997, 208 f; nach HG Aargau sic! 2004, 331 unter der Voraussetzung, dass ihm das Recht eingeräumt ist, seine vertraglichen Rechte gegenüber Dritten selbst zu verteidigen, m kr Anm *Berger*; *Schulte* Rn 10; *Fitzner/Lutz/Bodewig* Rn 22; *Kühnen* Hdb[8] Rn D 113 ff; *Büscher/Dittmer/Schiwy* Rn 51.

50 BGHZ 128, 220 = GRUR 1995, 338, 340 Kleiderbügel; BGHZ 130, 259 = GRUR 1996, 109 klinische Versuche I; vgl BGHZ 192, 245 = GRUR 2012, 430 Tintenpatrone II; LG Hamburg 21.6.2012 327 O 378/11.

51 RG GRUR 1940, 89, 91 Aluminiumoxydation.

52 BGH Mitt 1997, 364 Weichvorrichtung II; vgl BGHZ 127, 262, 270 = GRUR 1995, 117, 120 Neutrex, WzSache.

53 RGZ 136, 320 f = BlPMZ 1932, 214 Beregnungsanlage IV; RG GRUR 1943, 169, 172 Eierbrutapparate; BGH Laras Tochter; vgl auch BGH Alf; BGH GRUR 1994, 191 Asterix-Persiflagen, UrhSache; OLG München GRUR 1984, 524; LG Düsseldorf InstGE 1, 9: bei lizenzvertraglich vereinbarter Pflicht des Lizenzgebers, gegen Verletzer vorzugehen; OLG München 11.9.2003 6 U 2448/03 Mitt 2004, 395 Ls: bei Vergabe einer Unterlizenz ohne Zustimmung des Patentinhabers; vgl BGHZ 189, 112 = GRUR 2011, 711 Cinch-Stecker; LG Düsseldorf 14.8. 2007 4a O 235/06.

entgegen.[54] Der BGH billigt dem Patentinhaber hier folgende Möglichkeiten zu: Patentinhaber und Lizenznehmer können gemeinschaftlich vollen Schadensersatz beanspruchen, oder einer von beiden kann aus abgetretenem Recht den vollen Schaden liquidieren; schließlich können Patentinhaber und Lizenznehmer den ihnen jeweils entstandenen Schaden einklagen, wobei der Kläger darzulegen hat, welcher Anteil auf ihn entfällt.[55] Für das gemeinschaftliche Sortenschutzrecht enthält Art 104 GSortV eine ausdrückliche Regelung (vgl auch Art 22 UnionsmarkenVO).[56]

Schadensersatzansprüche können selbstständig **abgetreten** oder im Weg der Zwangsvollstreckung **28** überwiesen werden, nicht jedoch Unterlassungsansprüche. Bei ihnen kann ein Dritter zur Geltendmachung in **gewillkürter Prozessstandschaft** (vgl Rn 37 f vor § 143) ermächtigt werden, wenn er ein eigenes rechtl Interesse hieran hat. Übernimmt der Erwerber eines Patents vertraglich rückständige Gebühren, folgt hieraus nicht ohne weiteres, dass auf ihn Schadensersatzansprüche aus der Zeit vor der Übertragung des Patents stillschweigend übergehen.[57] Der Unterlassungsanspruch steht, da in die Zukunft gerichtet, dem jeweiligen Rechtsinhaber zu; er kann nicht ohne das Patent übertragen werden;[58] er kann auch im Weg der Gesamtrechtsnachfolge auf einen neuen Inhaber übergehen.[59]

II. Passivlegitimation

1. Verletzer; Täter, Teilnehmer. Die Rspr hat herkömmlich zwischen deliktsrechtl begründeten und **29** sich entspr den Bestimmungen über die Eigentumsstörung (§ 1004 BGB) ergebenden Ansprüchen, insb dem Unterlassungsanspruch, unterschieden; für letztere sollte es entspr der für „negatorische" Ansprüche aus dem Eigentum normierten Terminologie in § 1004 Abs 1 BGB nur auf die Störereigenschaft ankommen,[60] allerdings wurden hier Täter und Teilnehmer im deliktsrechtl Sinn ebenfalls erfasst,[61] für Schadensersatzansprüche dagegen auf die Eigenschaft als Täter oder Teilnehmer im deliktsrechtl Sinn.[62] Die Störerhaftung sollte somit lediglich Abwehransprüche begründen (näher *7. Aufl*).[63]

Einstandspflicht des Verletzers. Die Figur der Störerhaftung ist im Wettbewerbsrecht inzwischen **30** zugunsten einer Täterhaftung aufgegeben worden.[64] Sie hat aber ihre Anwendbarkeit bei Verletzung von absolut geschützten Immaterialgüterrechten jedenfalls außerhalb des Patent- und GbmRechts behalten.[65] Im Rahmen des § 1004 BGB ist die Störerhaftung bisher nicht grds problematisiert worden.[66] Im Patentrecht zieht der BGH entspr dem Wortlaut der Regelung in Abs 2 Satz 2 den Verletzerbegriff heran,[67] der

---

54 Vgl BGH Alf.

55 BGHZ 176, 311 = GRUR 2008, 896 Tintenpatrone I; kr insb zur letztgenannten Methode *Kühnen* Hdb[8] Rn I 3 ff.

56 ABl EG L 349/83 = BlPMZ 1994, 192.

57 BGH GRUR 1958, 288 Dia-Rähmchen I.

58 Vgl zur Rechtslage im Wettbewerbsrecht BGH GRUR 1983, 379, 381 Geldmafiosi; BGHZ 130, 182 = GRUR 1995, 817 f Legehennenhaltung; BGHZ 119, 237, 241 = GRUR 1993, 151 Universitätsemblem; im Kennzeichnungsrecht BGH GRUR 2001, 1158 Dorf Münsterland I; BGH GRUR 2004, 868 Dorf Münsterland II; *Köhler* WRP 2000, 921.

59 Vgl BGH Legehennenhaltung mwN; BGH GRUR 1999, 1100 Generika-Werbung.

60 Vgl *Kühnen/Geschke*[3] Rn 350 ff; *Keller* FS E. Ullmann (2006), 449, 458 ff; abl für das Wettbewerbsrecht insb *Köhler/Bornkamm* § 8 UWG Rn 2.3b.

61 BGHZ 159, 221, 230 f = GRUR 2004, 854 Drehzahlermittlung.

62 BGH GRUR 2001, 82, 83 Neu in Bielefeld I; BGH GRUR 2002, 618 Meißner Dekor I; BGH GRUR 2004, 704 Verabschiedungsschreiben; zur deliktsrechtl Haftung öOGH ÖBl 1980, 18, 20 Starportrait; allerdings ziehen BGH GRUR 2003, 969 f Ausschreibung von Vermessungsleistungen; BGH GRUR 2005, 171 f Ausschreibung von Ingenieurleistungen und BGHZ 155, 189 = GRUR 2003, 807 Buchpreisbindung auch für den wettbewerbsrechtl Unterlassungsanspruch die deliktsrechtl Teilnahmeregeln heran; BGHZ 158, 326 = GRUR 2004, 860 Internet-Versteigerung I beschränkte dies aber auf Fälle des Verhaltensunrechts, in denen keine Verletzung eines absoluten Rechts in Rede steht, bei der Verletzung von Immaterialgüterrechten waren demnach die Grundsätze der Störerhaftung uneingeschränkt anzuwenden.

63 BGH Meißner Dekor I mwN; BGH GRUR 2005, 670 WirtschaftsWoche.

64 BGH GRUR 2011, 152 Kinderhochstühle im Internet I; *Mes* Rn 62.

65 BGHZ 158, 326 = GRUR 2004, 860 Internet-Versteigerung I; BGHZ 156, 1, 11 ff = GRUR 2003, 958 Paperboy; BGH GRUR 2008, 702 Internet-Versteigerung III; BGHZ 180, 134 = GRUR 2009, 597 Halzband; vgl *Fitzner* Mitt 2011, 314; kr *Köhler/Bornkamm* § 8 UWG Rn 2.11 ff; *Ahrens* WRP 2007, 1281; *Köhler* GRUR 2008, 1, 6 f; *Fürst* WRP 2009, 378 ff; bei *Benkard* Rn 19 wird auf den Störerbegriff ausdrücklich nicht zurückgegriffen.

66 Vgl nur BGH NJW-RR 2010, 807; vgl auch BGHZ 185, 330 = GRUR 2010, 633 Sommer unseres Lebens; BGH GRUR 2011, 152 Kinderhochstühle im Internet I.

67 BGHZ 182, 245 = GRUR 2009, 1142 MP-3-Player-Import gegen OLG Düsseldorf 29.11.2007 2 U 51/06 Mitt 2009, 559 Ls.

einen Teil der Störerfälle, jedoch nicht die Zustandsstörung (der beeinträchtigende Zustand geht zumindest mittelbar auf den Willen des Störers zurück) auffängt. Die neue Rspr des BGH sieht iSd Spezialregelung in § 139 den Verletzer als verantwortlich an; der Verletzerbegriff entspricht im wesentlichen den Begriffen von Täter und Teilnehmer (Rn 31),[68] setzt jedoch vorsätzliches Handeln nicht voraus. Ob daneben für eine weitergehende Störerverantwortung noch Platz ist, ist zu bezweifeln.[69] Schuldner des Unterlassungs- und des Vernichtungsanspruchs ist demnach nicht nur, wer in eigener Person einen der Benutzungstatbestände des § 9 verwirklicht oder vorsätzlich die Verwirklichung eines Benutzungstatbestands durch einen Dritten ermöglicht oder fördert, sondern auch, wer die Verwirklichung des Benutzungstatbestands durch den Dritten ermöglicht oder fördert, obwohl er sich mit zumutbarem Aufwand die Kenntnis verschaffen kann, dass die von ihm unterstützte Handlung das absolute Recht des Patentinhabers verletzt.[70] Dies setzt voraus, dass zumutbare Kontrollmöglichkeiten bestehen, um die Verletzung zu unterbinden; vom Diensteanbieter kann nicht erwartet werden, dass er jedes in einem automatisierten Verfahren unmittelbar ins Internet gestellte Angebot auf die Verletzung von Schutzrechten Dritter überprüft, jedoch muss der Diensteanbieter bei Bekanntwerden einer Verletzungshandlung technisch mögliche und zumutbare Maßnahmen ergreifen, um weitere Verletzungshandlungen zu verhindern.[71] Das gilt erst recht für den, der eine Auktion veranstaltet.[72] Erfasst ist auch der Spediteur oder Frachtführer, der objektiv patentverletzende Ware befördert und weiß oder konkrete Anhaltspunkte dafür hat, dass es sich um Ware handelt, die ohne Zustimmung des Patentinhabers nicht hergestellt, angeboten, in Verkehr gebracht oder gebraucht oder zu diesen Zwecken eingeführt oder besessen werden darf.[73] Die Pressehaftung beschränkt sich auf grobe und eindeutige, unschwer erkennbare Verstöße.[74] Nicht ausreichend sind unspezifische Tätigkeiten wie Energielieferung oder Vermietung der Räumlichkeiten;[75] jedenfalls grds auch das Zurverfügungstellen eines Telefonanschlusses (Rn 31). Verpflichtet ist, wer die Erfindung unberechtigt benutzt. Dies gilt im Grundsatz für jeden Handelnden.[76] Die Eigentumslage ist nicht maßgeblich.[77] Nichtabgabe einer Unterwerfungserklärung begründet für sich keine Haftung.[78] Unterschiedlichen abgrenzbaren Tatbeiträgen ist bei der Formulierung der Verbotsfassung Rechnung zu tragen.[79]

31   In Betracht kommen deliktsrechtl nur **Täter** (auch Mittäter[80] und mittelbare Täter, im Fahrlässigkeitsbereich der Einheitstäter) **und Teilnehmer** (Anstifter und Gehilfen)[81] (§ 830 BGB; zur Nebentäterschaft Rn 118); die bloße Verletzereigenschaft reicht für deliktische Ansprüche keinesfalls aus.[82] Beim Teilnehmer (an der Vorsatztat) ist zumindest bedingter Vorsatz erforderlich.[83] Schuldhafte Ermöglichung,

68 Vgl BGH MP-3-Player-Import.
69 Vgl BGH MP-3-Player-Import vgl *Mes* Rn 63 ff; aA *Kühnen* Hdb[8] Rn D 150; *Fitzner/Lutz/Bodewig* Rn 26, allerdings die MP-3-Player-Import-Entscheidung des BGH noch nicht berücksichtigend; vgl auch BGHZ Vv = GRUR 2016, 268 Störerhaftung des Access-Providers; BGH 26.11.2015 I ZR 3/14.
70 BGH MP-3-Player-Import.
71 BGH Internet-Versteigerung I; vgl BGH GRUR 1994, 841 ff Suchwort; BGH GRUR 1997, 313, 315 f Architektenwettbewerb; BGH GRUR 1999, 418 ff Möbelklassiker; BGHZ 148, 13, 17 f = GRUR 2001, 1038 ambiente.de; zur Verantwortlichkeit bei Abgabe eigener Angebote BGH GRUR 2016, 493 Al di Meola, UrhSache.
72 OLG Frankfurt GRUR-RR 2006, 43, UrhSache; OLG Köln GRUR-RR 2006, 50, Markensache, und hierzu BGH GRUR 2008, 702 Internet-Versteigerung III.
73 BGH MP-3-Player-Import; vgl LG Düsseldorf InstGE 5, 241; OLG Hamburg InstGE 10, 257; *Kühnen* Hdb[8] Rn D 162 f; *Schulte* Rn 26.
74 BGH GRUR 1992, 618 f Pressehaftung II; BGH GRUR 2006, 429 Schlank-Kapseln, UWG-Sache.
75 BGH MP-3-Player-Import.
76 BGHZ 107, 161 = GRUR 1989, 411 Offenendspinnmaschine.
77 BGHZ 148, 13 = GRUR 2001, 1038 ambiente.de; BGH Funkuhr I.
78 BGH GRUR 1999, 977, 979 Räumschild mwN, nicht in BGHZ.
79 BGH Taeschner-Pertussin II; KG GRUR 1994, 667 f.
80 Vgl LG Düsseldorf 16.1.2003 4b O 100/02; LG Düsseldorf 16.1.2003 4b O 176/02; zur Haftung einer Mehrheit von Verletzern und den sich daraus ergebenden Vosstreckungsmöglichkeiten *Fitzner/Lutz/Bodewig* Rn 28 f.
81 Vgl RG GRUR 1937, 670, 672 Rauchfangeinrichtung; BGH GRUR 1979, 48 f Straßendecke I; BGHZ 107, 46 = GRUR 1990, 997 Ethofumesat; BGHZ 136, 380, 389 = GRUR 1999, 152 Spielbankaffaire; BGH GRUR 2000, 699, 702 Kabelweitersendung; BGHZ 158, 326 = GRUR 2004, 860 Internet-Versteigerung I; OLG Düsseldorf GRUR 1978, 588; öOGH ÖBl 1998, 33 ungarischer Zahnarzt; BG Tokio GRUR Int 2010, 249; zur Haftung des Arbeitnehmers eines Dritten öOGH ÖBl 2008, 30 Sales Manager Austria III; *Mes* Rn 69.
82 Vgl BGH GRUR 2008, 702 Internet-Versteigerung III.
83 BGH Internet-Versteigerung I.

Unterstützung oder Ausnutzung der Handlung eines eigenverantwortlich handelnden Dritten genügt, sofern der in Anspruch Genommene die rechtl Möglichkeit zur Verhinderung dieser Handlung hatte.[84] Unselbstständige Hilfspersonen haften nicht.[85] Die Verantwortlichkeit als Täter oder Teilnehmer geht der Störerhaftung grds vor.[86]

Der **Inhaber eines Internetanschlusses** haftet grds nicht auf Unterlassung, wenn volljährige Fami- **32** lienangehörige den ihnen zur Nutzung überlassenen Anschluss für Rechtsverletzungen missbrauchen. Erst wenn der Anschlussinhaber konkrete Anhaltspunkte für einen solchen Missbrauch hat, muss er die zur Verhinderung von Rechtsverletzungen erforderlichen Maßnahmen ergreifen.[87] Wird über einen Internetanschluss eine Rechtsverletzung begangen, ist eine tatsächliche Vermutung für eine Täterschaft des Anschlussinhabers nicht begründet, wenn zum Zeitpunkt der Rechtsverletzung (auch) andere Personen diesen Anschluss benutzen konnten.[88] Jedoch obliegt auch privaten Anschlussinhabern eine Prüfungspflicht dahin, ob ihr WLAN-Anschluss durch angemessene Sicherungsmaßnahmen gegen Missbrauch durch unberechtigte Dritte geschützt ist.[89] Die nunmehr vorgesehene Liberalisierung des WLAN-Betriebs dürfte dies möglicherweise obsolet machen.

Prüfungspflichten aufgrund einer durch die Schaffung einer **Internet-Plattform** begründeten Garan- **33** tenstellung (Verkehrspflicht)[90] bestehen nur, wenn der Anbieter im geschäftlichen Verkehr gehandelt hat; hierfür kommt es auf eine Gesamtschau der relevanten Umstände an, zu denen wiederholte, gleichartige Angebote, ggf auch von neuen Gegenständen, Angebote erst kurz zuvor erworbener Waren, eine ansonsten gewerbliche Tätigkeit des Anbieters, häufige sog Feedbacks und Verkaufsaktivitäten für Dritte rechnen können.[91] Eine Beanstandung des Verletzten muss so konkret gefasst sein, dass der Rechtsverstoß auf der Grundlage der Behauptungen des Verletzten unschwer bejaht werden kann.[92] Der Betreiber einer Internetplattform kommt als Täter in Betracht.[93] Die Eröffnung einer Plattform im Rahmen des Hosting reicht aber allein nicht aus, den diese Eröffnenden als Täter anzusehen, falls ein Anbieter Verletzerware zur Versteigerung stellt.[94] Hat der Betreiber einer Internetplattform Anzeigen im Internet geschaltet, die über einen elektronischen Verweis unmittelbar zu schutzrechtsverletzenden Angeboten führen, treffen ihn erhöhte Kontrollpflichten; ist der Plattformbetreiber in diesem Zusammenhang auf klare Rechtsverletzungen hingewiesen worden, muss er die über diese elektronischen Verweise in seinen Anzeigen erreichbaren Angebote auf problemlos und zweifelsfrei erkennbare Schutzrechtsverletzungen überprüfen.[95] Der Betreiber eines Informationsportals, der erkennbar fremde Nachrichten anderer Medien ins Internet stellt, ist grds nicht verpflichtet, die Beiträge vor der Veröffentlichung auf eventuelle Rechtsverletzungen zu überprüfen; er ist erst verantwortlich, sobald er Kenntnis von der Rechtsverletzung erlangt.[96] Eine Pflicht, sämtliche Angebote, die zB mittels einer Software als schutzrechtsverletzend identifiziert werden können, manuell auf das tatsächliche Vorliegen einer Verletzung zu überprüfen, besteht aber nicht. Entspr gilt für File-Hosting-

---

84   BGH GRUR 1988, 832, 834 Benzinwerbung; BGH GRUR 1988, 829 Verkaufsfahrten II; BGH GRUR 1990, 463 Firmenrufnummer; BGH Schönheitschirurgie; BGH Honoraranfrage; BGH Kosmetikstudio, UWGSachen; BGH GRUR 2002, 706, 708 vossius.de; BGH GRUR 2003, 624 Kleidersack.

85   BGH GRUR 2016, 493 Al di Meola, UrhSache.

86   BGH GRUR 2013, 1030 File-Hosting-Dienst.

87   BGHZ 200, 76 = GRUR 2014, 2360 BearShare, UrhSache; vgl OLG Düsseldorf ZUM 2014, 406.

88   BGH BearShare; *Kühnen* Hdb[8] Rn D 151; vgl BGHZ 185, 330 = GRUR 2010, 633 Sommer unseres Lebens; zu den Verhältnissen gegenüber Kindern BGH GRUR 2013, 511 Morpheus, jeweils auch zur sekundären Darlegungslast des Anschlussinhabers; OLG München WRP 2016, 385, Revision beim BGH anhängig unter Az I ZR 19/16; vgl BGH GRUR 2016, 176 Tauschbörse I; BGH GRUR 2016, 84 Tauschbörse II; BGH GRUR 2016, 191 Tauschbörse III.

89   BGHZ 185, 330 = GRUR 2010, 633 Sommer unseres Lebens, zu Musiktauschbörsen; vgl *Kühnen* Hdb[8] Rn D 161.

90   Hierzu BGHZ 173, 188 = GRUR 2007, 890 jugendgefährende Medien bei eBay; vgl *Schulte* Rn 25.

91   Vgl BGH GRUR 2009, 871 Ohrclips; *Kühnen* Hdb[8] Rn D 153.

92   BGHZ 191, 219 = GRUR 2012, 311 Blog-Eintrag, zur Persönlichkeitsrechtsverletzung; vgl OLG Stuttgart NJW-RR 2014, 423.

93   Vgl BGH GRUR 2009, 597 Halzband; BGH GRUR 2008, 1097 Namensklau im Internet; BGHZ 158, 326 = GRUR 2004, 860 Internet-Versteigerung I; BGHZ 172, 119 = GRUR 2007, 708 Internet-Versteigerung II.

94   BGH Internet-Versteigerung I.

95   BGH GRUR 2013, 1229 Kinderhochstühle im Internet II; BGHZ 194, 339 = GRUR 2013, 370 Alone in the Dark.

96   BGH GRUR 2012, 751 RSS-Feeds; BGHZ 197, 213 = GRUR 2013, 751 Autocomplete-Funktion, jeweils zum Persönlichkeitsrecht.

Dienste,[97] nicht aber für Access-Provider oder Cache-Provider.[98] Ein Telekommunikationsunternehmen, das Dritten den Zugang zum Internet bereitstellt, kann von einem Rechteinhaber als Störer darauf in Anspruch genommen werden, den Zugang zu Internetseiten zu unterbinden, auf denen urheberrechtl·geschützte Werke rechtswidrig öffentlich zugänglich gemacht werden; in die im Rahmen der Zumutbarkeitsprüfung vorzunehmende Abwägung sind die betroffenen unionsrechtl und nationalen Grundrechte des Eigentumsschutzes der Urheberrechtsinhaber, der Berufsfreiheit der Telekommunikationsunternehmen und der Informationsfreiheit und der informationellen Selbstbestimmung der Internetnutzer einzubeziehen.[99] Eine Störerhaftung des Vermittlers von Internetzugängen kommt nur in Betracht, wenn der Rechteinhaber zunächst zumutbare Anstrengungen unternommen hat, gegen die Beteiligten vorzugehen, die die Rechtsverletzung selbst begangen haben oder zur Rechtsverletzung durch die Erbringung von Dienstleistungen beigetragen haben; nur wenn die Inanspruchnahme dieser Beteiligten scheitert oder ihr jede Erfolgsaussicht fehlt und deshalb andernfalls eine Rechtsschutzlücke entstände, ist die Inanspruchnahme des Zugangsvermittlers als Störer zumutbar; bei der Ermittlung der vorrangig in Anspruch zu nehmenden Beteiligten hat der Rechteinhaber in zumutbarem Umfang Nachforschungen anzustellen.[100] Eine Sperrung ist nicht nur zumutbar, wenn ausschließlich rechtsverletzende Inhalte auf der Internetseite bereitgehalten werden, sondern bereits, wenn nach dem Gesamtverhältnis rechtmäßige gegenüber rechtswidrigen Inhalten nicht ins Gewicht fallen; dass eine Sperre nicht nur für den Rechteinhaber, sondern auch für Dritte geschützte Schutzgegenstände erfasst, zu deren Geltendmachung der Rechteinhaber nicht ermächtigt ist, steht ihrer Zumutbarkeit nicht entgegen.[101] Der für ein ausländ Unternehmen bei der DENIC als Bevollmächtigter registrierte Admin-C hat allein aus dieser Stellung noch keine Prüfungspflichten.[102]

34 Wer sich fremde Informationen zu eigen macht, auf die er mit Hilfe eines **Hyperlinks** verweist, haftet dafür wie für eigene Informationen; darüber hinaus kann, wer seinen Internetauftritt durch einen elektronischen Verweis mit wettbewerbswidrigen Inhalten auf den Internetseiten eines Dritten verknüpft, im Fall der Verletzung absoluter Rechte als Störer und im Fall der Verletzung sonstiger wettbewerbsrechtl geschützter Interessen aufgrund der Verletzung einer wettbewerbsrechtl Verkehrspflicht in Anspruch genommen werden, wenn er zumutbare Prüfungspflichten verletzt hat. Ist ein rechtsverletzender Inhalt der verlinkten Internetseite nicht deutlich erkennbar, haftet, wer den Link setzt, für solche Inhalte grds erst, wenn er von der Rechtswidrigkeit der Inhalte selbst oder durch Dritte Kenntnis erlangt, sofern er sich den Inhalt nicht zu eigen gemacht hat. Der Unternehmer, der den Hyperlink setzt, ist bei einem Hinweis auf Rechtsverletzungen auf der verlinkten Internetseite zur Prüfung verpflichtet, ohne dass es darauf ankommt, ob es sich um eine klare Rechtsverletzung handelt.[103]

35 **Haftung in besonderen Fällen.** In Betracht kommt auch eine Haftung des Sozialversicherungsträgers, der patentverletzende Arzneimittel (Nachahmerpräparate) in einen Erstattungskodex aufnimmt.[104] Den Unternehmenserwerber trifft grds keine Haftung.[105] Unterlassen genügt nur, soweit Erfolgsabwendungspflicht, zB aus Gesetz oder vorangegangenem Tun, besteht.[106] Jedoch haftet ein Auktionshaus als Täter, wenn es die Verletzerware in ihrem Katalog und im Internet einer breiten Öffentlichkeit vorstellt und anbietet.[107] Die Veröffentlichung von Werbeanzeigen allein[108] begründet (anders als im Wettbewerbsrecht bei groben, unschwer zu erkennenden Verstößen)[109] keine Verantwortlichkeit, auch bloße Benutzung des Telefonanschlusses eines Dritten macht diesen nicht zum Störer (und damit erst recht nicht zum

---

97 Vgl *Kühnen* Hdb[8] Rn D 159.

98 Vgl OLG Düsseldorf Mitt 2008, 422; *Kühnen* Hdb[8] Rn D 160; *Schulte* Rn 25.

99 BGHZ Vv = GRUR 2016, 268 Störerhaftung des Access-Providers; BGH 26.11.2015 I ZR 3/14.

100 BGH Störerhaftung des Access-Providers.

101 BGH Störerhaftung des Access-Providers; BGH 26.11.2015 I ZR 3/14.

102 BGH GRUR 2012, 304 Basler Haarkosmetik; BGH GRUR 2013, 294 dlg.de; *Kühnen* Hdb[8] Rn D 165.

103 BGHZ 206, 103 = GRUR 2016, 209 Haftung für Hyperlink.

104 Vgl zur Rechtslage in Österreich *Gassauer-Fleissner/Ritter/Schultes* ÖBl 2008, 116.

105 *Köhler* WRP 2000, 921; zur Haftung des Betriebsübernehmers *Ahrens* GRUR 1996, 518.

106 BGH GRUR 2001, 82f Neu in Bielefeld I; vgl zum österr Recht öOGH 23.11.1999 4 Ob 243/99k.

107 OLG Frankfurt GRUR-RR 2006, 43, UrhSache; zur Störerhaftung bei Zur-Verfügung-Stellen eines Internet-Account auch OLG Stuttgart GRUR-RR 2007, 336.

108 BGH GRUR 1990, 1039 Anzeigenauftrag; OLG München GRUR 1989, 623, jeweils zu § 13 Abs 4 UWG.

109 StRspr, ua BGH GRUR 1994, 841 Suchwort; BGH GRUR 2001, 529, 531 Herz-Kreislauf-Studie; BGHZ 149, 247 = GRUR 2002, 360, 366 „H.I.V. POSITIVE" II; BGH GRUR 2006, 957 Stadt Geldern; OLG Köln GRUR-RR 2002, 117.

Täter), anders bei vom Anschluss ausgehendem Rechtsverstoß.[110] Anders als im Wettbewerbsrecht[111] kann bloße Lieferantentätigkeit[112] aber relevant sein. Beim ergänzenden Leistungsschutz können sich die Ansprüche auch gegen einen Importeur oder den Händler richten.[113] Den Prüfungspflichten Dritter sind Grenzen gesetzt.[114]

Konzernverbundenheit reicht für sich nicht aus;[115] anders für die Haftung der Muttergesellschaft für **36** die Herstellung durch weisungsgebundenes Tochterunternehmen als Verrichtungsgehilfen.[116] Anbieten durch Tochterunternehmen reicht aber nach der Rspr aus, um die Verantwortung des Mutterunternehmens zu begründen.[117]

2. Einstehen für Dritte. Verpflichtet ist auch, wer für Dritte einzustehen hat. Der gesetzliche Vertreter **37** einer juristischen Person, Handelsgesellschaft oder BGB-Gesellschaft, der für eine patentverletzende Handlung die Verantwortung trägt, haftet persönlich.[118] Der gesetzliche Vertreter eines Unternehmens, das ein patentverletzendes Erzeugnis herstellt oder erstmals im Inland in den Verkehr bringt, ist dem Verletzten zum Schadensersatz verpflichtet, wenn er die ihm möglichen und zumutbaren Maßnahmen unterlässt, die Geschäftstätigkeit des Unternehmens so einzurichten und zu steuern, dass hierdurch keine technischen Schutzrechte Dritter verletzt werden.[119] Wenn Verletzungshandlungen im Unternehmen begangen wurden, haftet der gesetzliche Vertreter grds nur, wenn er davon wusste und sie abwenden konnte;[120] anders unter dem Gesichtspunkt einer deliktischen Organisationspflichtverletzung.[121] Nach neuer Rspr des BGH haftet der Geschäftsführer für unlautere Wettbewerbshandlungen der Gesellschaft aber nur dann persönlich, wenn er daran entweder durch positives Tun beteiligt war oder wenn er die Wettbewerbsverstöße aufgrund einer nach allg Grundsätzen des Deliktsrechts begründeten Garantenstellung hätte verhindern müssen; allein die Organstellung und die allg Verantwortlichkeit für den Geschäftsbetrieb begründen dagegen keine Verpflichtung des Geschäftsführers gegenüber außenstehenden Dritten, Wettbewerbsverstöße

---

110 BGHZ 142, 7, 12 f = GRUR 1999, 977, 979 Räumschild; LG Hamburg GRUR-RR 2003, 155; LG Hamburg GRUR-RR 2003, 156; AG Nidda GRUR-RR 2002, 172.
111 BGH GRUR 1990, 1018 Fernmeldeanlagen.
112 Zur Verantwortlichkeit des ausländ Lieferanten BGH GRUR 2002, 599 Funkuhr I; OLG Düsseldorf 5.5.2011 2 U 10/10; OLG Karlsruhe 7.10.2015 6 U 7/14; LG Düsseldorf InstGE 1, 154; LG Düsseldorf InstGE 3, 174; LG Düsseldorf GRUR 2016, 482; LG Mannheim InstGE 6, 9; LG Mannheim 8.3.2013 7 O 139/12.
113 BGH GRUR 2004, 941 Metallbett.
114 BGH GRUR 1994, 841 ff Suchwort; BGH GRUR 1995, 62, 64 Betonerhaltung; BGH GRUR 1997, 313, 316 Architektenwettbewerb mwN; BGH GRUR 1997, 909, 911 Branchenbuch-Nomenklatur; BGH GRUR 1999, 418 Möbelklassiker; BGHZ 148, 13 = GRUR 2001, 1038 ambiente.de; BGH GRUR 2002, 902 Vanity-Nummer; OLG Düsseldorf InstGE 6, 152: keine Prüfungspflicht eines reinen Handelsunternehmens, das seine Ware von namhaften Herstellern bezieht, vor Abmahnung; vgl BGH GRUR 2009, 1093 Focus online, zum Verpächter einer Domain; OLG Stuttgart GRUR-RR 2010, 12; *Kühnen* Hdb[8] Rn D 164 f; zur Verantwortlichkeit des nur „mittelbar" Verletzenden *Haedicke* GRUR 1999, 397; sehr weitgehend noch BGH GRUR 1977, 114 f VUS.
115 Vgl OLG Düsseldorf Mitt 2006, 428: Holdinggesellschaft auch nicht für den Bereicherungsanspruch selbst bei hundertprozentiger, gewinnabführender Tochter; LG Düsseldorf Mitt 2000, 458; RB Den Haag BIE 2003, 266; *Buxbaum* GRUR 2009, 240; zur Haftung im Konzern- und Unternehmensverbund *Jandoli* EIPR 1997, 729 unter Hinweis auf EuG 1. Instanz EuZW 1995, 583 Vibo/Kommission; abl BGH GRUR 1995, 342 f tafelförmige Elemente.
116 OLG Düsseldorf GRUR-RR 2013, 273.
117 OLG Düsseldorf InstGE 7, 139 „Thermocycler II".
118 RG GRUR 1937, 670, 672 Rauchfangeinrichtung; BGH GRUR 1975, 652 f Flammkaschierverfahren; BGH GRUR 1979, 48, 50 Straßendecke I; BGH GRUR 1986, 248, 250 Sporthosen; BGHZ 107, 46 = GRUR 1990, 997 Ethofumesat; BGH GRUR 2005, 761 f Rasenbefestigungsplatte; BGH GRUR 1957, 342, 347 Underberg, UWGSache; BGHZ 154, 88 = NJW 2003, 1445, zur BGB-Gesellschaft; BGH 22.1.1963 I a ZR 56/63; *Fitzner/Lutz/Bodewig* Rn 30; *Büscher/Dittmer/Schiwy* Rn 56; vgl *Kühnen* Hdb[8] Rn D 133 ff; zur Haftung eines ausgeschiedenen gesetzlichen Vertreters RG GRUR 1935, 913, 915 f Reißverschluß I.
119 BGHZ Vv = GRUR 2016, 257 Glasfasern II.
120 BGH GRUR 1986, 248, 251 Sporthosen, WzSache, mwN; BGH GRUR 2005, 1061 telefonische Gewinnauskunft; BGH GRUR 2011, 1043 TÜV II; BGH GRUR 2012, 392 Echtheitszertifikat; vgl KG NJW-RR 2001, 185, UrhSache; KG GRUR Int 2002, 327, Markensache.
121 OLG Hamburg GRUR-RR 2002, 240 unter Hinweis auf OLG Nürnberg WRP 1983, 580; *Fitzner/Lutz/Bodewig* Rn 30.

der Gesellschaft zu verhindern.[122] Eigenhaftung des Geschäftsführers setzt eine darüber hinaus gehende Garantenstellung voraus, aufgrund derer der gesetzliche Vertreter persönlich zum Schutz Außenstehender vor Gefährdung oder Verletzung ihrer durch § 823 Abs 1 BGB geschützten Rechte gehalten ist.[123] Regelmäßig haftet der Geschäftsführer als Täter und nicht nur als Gehilfe, so dass seine Haftung schon bei fahrlässigem Handeln eintritt.[124] § 128 HGB begründet für sich keine persönliche Haftung des persönlich haftenden Gesellschafters für Unterlassungspflichten.[125] Verneint wurde eine Verpflichtung des Geschäftsführers, soweit dessen Aufgaben einem weiteren gesetzlichen Vertreter zur verantwortlichen Wahrnehmung übertragen sind und solange der unzuständige Geschäftsführer nicht abgemahnt ist oder in sonstiger Weise positive Kenntnis von der Rechtsverletzung erhält.[126]

38   Umgekehrt haftet neben dem Vertreter die **juristische Person** oder Gesellschaft nach § 31 BGB oder § 128 HGB.[127] Das gilt auch für die BGB-Gesellschaft.[128] Nach § 831 BGB haftet, allerdings mit Exkulpationsmöglichkeit, der Geschäftsherr für den Verrichtungsgehilfen.[129] Es ist gleichgültig, ob die Patentbenutzung durch eigene Handlungen oder durch die eines Dritten bewirkt wird, der für den Verpflichteten handelt.[130] Eine ausdrückliche Regelung der Unternehmerhaftung enthält § 152 öPatG. § 278 BGB (Erfüllungsgehilfenhaftung) ist nur anwendbar, wenn ein gesetzliches oder vertragliches Schuldverhältnis besteht.[131]

39   Im **Markenrecht** sieht § 14 Abs 7, § 15 Abs 6 MarkenG für Unterlassungsansprüche eine Erfolgshaftung des Geschäftsherrn vor.[132] Danach kann, wenn die Verletzungshandlung in einem geschäftlichen Betrieb von einem Angestellten oder Beauftragten begangen wird, der Unterlassungsanspruch auch gegen den Inhaber des Betriebs geltend gemacht werden (ähnlich § 44 DesignG; § 100 UrhG; § 8 Abs 2 UWG). Auf Kenntnis und Willen des Betriebsinhabers kommt es dabei nicht an.[133] Die Verletzungshandlung muss aber in einem unmittelbaren inneren Zusammenhang mit den Aufgaben des Handelnden im Betrieb stehen.[134] Die Haftung kann hiernach auch ein beauftragtes Unternehmen treffen.[135] Die Übertragbarkeit dieser Regelungen auf das Patentrecht wird mit Recht verneint.[136]

40   Der weisungsgebundene, **ohne eigenen Handlungsspielraum** Handelnde haftet nicht selbst;[137] das gilt indessen nicht für den Unterlassungsanspruch,[138] während die Schadensersatzhaftung durch das Verschuldenserfordernis im Allgemeinen ausscheiden wird.[139] Ob dem weisungsgebundenen Beschäftigten

---

122   BGHZ 201, 344 = GRUR 2014, 883 Geschäftsführerhaftung; vgl hierzu BGHZ Vv = GRUR 2016, 257 Glasfasern II; BGH GRUR 2015, 672 Videokonsolen II; kr *Müller* GRUR 2016, 570.

123   BGH Glasfasern II; LG Düsseldorf 17.3.2015 4b O 146/13 CIPR 2015, 84 Ls stellt auf den Verantwortungsbereich ab.

124   *Kühnen* Hdb[8] Rn D 167 unter Hinweis auf BGH GRUR 2012, 1145 Pelikan und OLG Hamburg GRUR-RR 2006, 182.

125   OLG Nürnberg GRUR 1996, 206, 208; zur Frage, ob eine allg Organisationsverantwortung des gesetzlichen Vertreters, etwa unter dem Gesichtspunkt einer „Verkehrssicherungspflicht", besteht, verneinend *Götting* GRUR 1994, 6 mNachw des Streitstands; bejahend wohl BGHZ 109, 297 = NJW 1990, 976.

126   LG Düsseldorf 7.8.1997 4 O 288/96 Entsch 1997, 84.

127   Vgl BGH Flammkaschierverfahren; BGH GRUR 1986, 248, 250 f Sporthosen; BGH GRUR 2000, 613, 616 Klinik Sanssouci; BGH GRUR 2006, 493 Michel-Nummern; BGH 10.1.1961 I ZR 144/59; BGH 22.1.1963 I a ZR 56/63; BGH 11.4.1989 X ZR 30/88; *Fitzner/Lutz/Bodewig* Rn 31; *Kühnen* Hdb[8] Rn D 177 ff; vgl auch RGZ 15, 121 Drahtbügelbiegemaschine.

128   BGHZ 146, 341 = NJW 2001, 1056; BGHZ 154, 88 = NJW 2003, 1445; BGH GRUR 2006, 493 Michel-Nummern: keine notwendige Streitgenossenschaft zwischen Gesellschaft und Gesellschaftern.

129   AA noch RGZ 70, 74, 76 = BlPMZ 1910, 19 Streichholzbehälter.

130   BGH Ethofumesat; vgl BGH GRUR 1958, 179, 182 Resin; vgl auch KG Berlin GRUR-RR 2001, 159: bloße Empfehlung eines Dolmetschers.

131   BGH GRUR 1990, 381 Antwortpflicht des Abgemahnten.

132   Hierzu *Ahrens* GRUR 1996, 518 f.

133   OLG München WRP 1989, 756.

134   *Ströbele/Hacker* § 14 MarkenG Rn 340 mwN.

135   BGH GRUR 2005, 864 Meißner Dekor II.

136   *Renner/Schmidt* GRUR 2009, 908, 912; *Mes* Rn 69.

137   Vgl BGH NJW 1979, 551; OLG Nürnberg WRP 1981, 166 f; *Reimer* § 47 Rn 73; aA im Grundsatz *Benkard* Rn 23; *Klauer/Möhring* § 47 Rn 11; LG Düsseldorf GRUR Int 1986, 807 f im Anschluss an OLG Düsseldorf GRUR 1978, 588 unter Hinweis auf regelmäßig fehlendes Verschulden beim Schadensersatzanspruch und auf Einwand unzulässiger Rechtsausübung gegenüber dem Unterlassungsanspruch; differenzierend LG Memmingen GRUR-RR 2002, 110.

138   *Benkard* Rn 23; LG Düsseldorf GRUR Int 1986, 807 f.

139   *Benkard* Rn 23; OLG Düsseldorf GRUR 1978, 588 f.

über Treu und Glauben (§ 242 BGB: unzulässige Rechtsausübung) geholfen werden kann,[140] erscheint allerdings zwh. Für die kritischen Fälle (inländ Repräsentanten ausländ Unternehmen)[141] bedarf es einer generellen Ausweitung der Haftung auf Angestellte nicht. Besonderheiten bestehen beim Anspruch nach § 33.

Auf den Unternehmensübernehmer geht die Wiederholungsgefahr nicht über.[142] Setzt der **Insolvenz-** **41** **verwalter** den Betrieb des Gemeinschuldners unter Benutzung eines fremden Patents fort, haftet er persönlich unmittelbar aus § 139; § 82 KO stand dem nicht entgegen.[143] Jedoch begründen wettbewerbswidrige Handlungen des Insolvenzschuldners in der Person des Insolvenzverwalters selbst dann keine Wiederholungsgefahr, wenn dieser den Betrieb fortführt.[144]

3. Nach Art 34 GG haftet bei **Amtspflichtverletzung** in Ausübung eines öffentlichen Amts der Staat **42** oder die Körperschaft, in deren Dienst der Täter steht. Die persönliche Haftung des Amtsträgers nach § 839 Abs 1 BGB ist grds ausgeschlossen. Für eine schuldhafte Patentverletzung, die von Organen oder Bediensteten eines Lands bei der Durchführung von Aufgaben der Bundesauftragsverwaltung begangen worden ist, haftet das Land, dagegen soll die Bereicherungshaftung in einem solchen Fall den Bund treffen.[145]

4. Unbeteiligte Dritte können nach § 140b Abs 2 zur Auskunft herangezogen werden („Drittaus- **43** kunft"; Rn 4 ff zu § 140b).

D. Der Unterlassungsanspruch

Schrifttum: *Ahrens* Die Abschlußerklärung, WRP 1997, 907; *Bär-Bouyssière* Anspruchsverjährung bei Verstoß gegen wettbewerbsrechtliche Unterwerfungserklärungen, NJW 1996, 1657; *Barthelmeß* Der Schutz des Patentinhabers, Diss 1930; *Becher* Die Rechtsnatur von Aufbrauchsfristen im deutschen Recht und im europäischen Vergleich, Diss Köln 1999; *Berlit* Aufbrauchsfrist im gewerblichen Rechtsschutz und Urheberrecht, 1997; *Berlit* Zur Frage der Einräumung einer Aufbrauchsfrist im Wettbewerbsrecht, Markenrecht und Urheberrecht, WRP 1998, 250; *Bodewig* Praktische Probleme bei der Abwicklung einer Patentverletzung: Unterlassung, Beseitigung, Auskunft, GRUR 2005, 632; *Bölling* Unterlassungsantrag und Streitgegenstand im Falle der Störerhaftung, GRUR 2013, 1092; *Borck* Das Prokrustesbett „konkrete Verletzungsform", GRUR 1996, 522; *Borck* Abschied von der „Aufbrauchsfrist", WRP 1967, 7; *Borck* Das Prokrustesbett „konkrete Verletzungsform", GRUR 1996, 522; *Bornkamm* Unterlassungstitel und Wiederholungsgefahr, FS W. Tilmann (2003), 769; *Cepl* Zur Durchsetzung von product-by-process-Ansprüchen im Patentverletzungsverfahren, Mitt 2013, 62; *Doepner* Wiederholungsgefahr: Ausräumung mit Drittwirkung? FS P. Mes (2009), 71; *Döring* Die aufschiebend befristet abgegebene strafbewehrte Unterlassungserklärung nach einem Wettbewerbsverstoß, WRP 2007, 728; *Dornis/Förster* Die Unterwerfung: Rechtsnatur und Rechtsnachfolge, GRUR 2006, 195; *Dreier* Kompensation und Prävention: Rechtsfolgen unerlaubter Handlung im Bürgerlichen, Immaterialgüter- und Wettbewerbsrecht, 2002; *Ehlers* Die Aufbrauchsfrist und ihre Rechtsgrundlage, GRUR 1967, 77; *Gamerith* Der vorbeugende Unterlassungsanspruch, ÖBl 2005, 52; *Gruber* Unterwerfungsvertrag und Mehrfachverfolgungen im Wettbewerbsrecht, Diss Tübingen 1990; *Gruber* Drittwirkung (vor)gerichtlicher Unterwerfungen? GRUR 1991, 354; *Gruber* Grundsatz des Wegfalls der Wiederholungsgefahr durch Unterwerfung, WRP 1992, 71; *Haft/Nack/Lunze/Heusch/Schohe/Joachim* Unterlassungsgebote in Fällen der Verletzung von Rechten des Geistigen Eigentums (Q219), GRUR Int 2011, 827; *Hahn/Richter* Patent- und Gebrauchsmusterverletzung³, 2014; *Hartwig* Die aufschiebend bedingte Unterlassungs- und Verpflichtungserklärung, FS J. Pagenberg (2006), 301; *Heusch* Der patentrechtliche Unterlassungsanspruch, FS W. von Meibom (2010), 135; *Kaiser* Die Vertragsstrafe im Wettbewerbsrecht, Diss Augsburg 1997; *Kochendörfer* Die Verwirkung des Unterlassungsanspruchs im Markenrecht, 2000, zugl Diss Gießen; *Köhler* Der wettbewerbliche Unterlassungsvertrag: Rechtsnatur und Grenzen der Wirksamkeit, FS O.-F. von Gamm (1990), 57; *Köhler* Die wettbewerbsrechtlichen Abwehransprüche (Unterlassung, Beseitigung, Widerruf), NJW 1992, 137; *Köhler* Vertragsstrafe und Schadensersatz, GRUR 1994, 260; *Köhler* Begrenzung wettbewerbsrechtlicher Ansprüche durch den Grundsatz der Verhältnismäßigkeit, GRUR 1996, 82; *Köhler* „Abmahnverhältnis" und „Unterwerfungsverhältnis", FS H. Piper (1996), 309; *Krüger* Wiederholungsgefahr – unteilbar? GRUR 1984, 785; *Th. Kühnen* Eine neue Ära bei der Antragsformulierung? GRUR 2006, 180; *Th. Kühnen* Die Tenorierung des Warnhinweises in Fällen mittelbarer Patentverletzung, GRUR 2008, 218; *Lindacher* Gesicherte Unterlassungserklärung, Wiederholungsgefahr und Rechtsschutzbedürfnis, GRUR 1975, 413; *Lindacher* Unterlassungs- und Beseitigungsanspruch – Das Verhältnis der wettbewerblichen Abwehransprüche im Spiegel des

---

140   So *Benkard* Rn 23.
141   Vgl LG Düsseldorf GRUR Int 1986, 807 f.
142   BGHZ 172, 165 = GRUR 2007, 995 Schuldnachfolge.
143   BGH GRUR 1975, 652 Flammkaschierverfahren.
144   BGHZ 185, 11 = GRUR 2010, 536 Modulgerüst II.
145   BGH GRUR 1979, 48 f Straßendecke I.

Erkenntnis-, Vollstreckungs- und Verjährungsrechtes, GRUR 1985, 482; *Mahlmann* Schaden und Bereicherung durch die Verletzung „geistigen Eigentums", 2005; *Meckel* Die Beständigkeit einer wettbewerbsrechtlichen Unterlassungsverpflichtung bei Änderung der rechtlichen oder tatsächlichen Verhältnisse, Diss Gießen 1998; *Mels/Franzen* Rechtsnachfolge in die gesetzliche Unterlassungsschuld des Wettbewerbsrechts, GRUR 2008, 968; *Mes* Ist etwas faul im Staate D.? Gedanken zum patentrechtlichen Unterlassungsanspruch, FS M. Hoffmann-Becking (2013), 821; *Nieder* Aufbrauchsfrist via Unterwerfungserklärung? WRP 1999, 583; *Nieder* Zur Antrags- und Verbotsfassung bei mittelbarer Patentverletzung, GRUR 2000, 272; *Nieder* Die vertragsstrafebewehrte Unterwerfung im Prozessvergleich, WRP 2001, 117; *Ntouvas* Unterlassungsanspruch bei Patentverletzung: neue Erkenntnisse des US Supreme Court, GRUR Int 2006, 889; *Ohly* Patenttrolle oder: Der patentrechtliche Unterlassungsanspruch unter Verhältnismäßigkeitsvorbehalt? GRUR Int 2008, 787; *Oppermann* Unterlassungsanspruch und materielle Gerechtigkeit im Wettbewerbsprozeß. Zur Entstehung und Durchsetzung von Unterlassungsansprüchen im Wettbewerbsrecht und im gewerblichen Sonderrechtsschutz, 1993; *Pastor* Die Aufbrauchsfrist bei Unterlassungsverurteilungen, GRUR 1964, 245; *Pohlmann* Das Rechtsschutzbedürfnis bei der Durchsetzung wettbewerbsrechtlicher Unterlassungsansprüche, GRUR 1993, 361; *Rieble* „Kinderwärmekissen" und Vertragsstrafendogmatik, GRUR 2009, 824; *Scharen* Der Unterlassungsantrag bei drohender mittelbarer Patentverletzung, GRUR 2001, 995; *Scharen* Die Behandlung der (so genannten) mittelbaren Patentverletzung in der Rechtsprechung des Bundesgerichtshofs, GRUR 2008, 944; *Schiff* Anspruch und Antrag in Klagen auf Unterlassung von Patentverletzungen, MuW 5, 13; *Schulte-Franzheim* Rechtsmissbrauch durch Mehrfachverfolgung von Wettbewerbsverstößen, WRP 2001, 745; *Steinbeck* Die strafbewehrte Unterlassungserklärung – ein zweischneidiges Schwert! GRUR 1994, 90; *Stickelbrock* Mehrfachverfolgung von Wettbewerbsverstößen durch konzernmäßig verbundene Unternehmen, WRP 2001, 648; *Teplitzky* Wettbewerbsrechtliche Ansprüche und Verfahren[10], 2011; *Teplitzky* Die Rechtsfolgen der unbegründeten Ablehnung einer strafbewehrten Unterlassungserklärung, GRUR 1983, 609; *Teplitzky* Unterwerfung und „konkrete Verletzungsform", WRP 1990, 26; *Teplitzky* Unterwerfung oder Unterlassungsurteil? WRP 1996, 171; *Teplitzky* Die wettbewerbsrechtliche Unterwerfung heute, GRUR 1996, 696; *H. Tetzner* Aufbrauchsfristen bei Unterlassungsurteilen, NJW 1966, 1545; *H. Tetzner* Strafandrohungsverfahren und § 765a ZPO, WRP 1967, 109; *Uhrich* Entwaffnung der „Patenttrolle"? ZGE 2009, 59; *Ulrich* Die Aufbrauchsfrist in Verfahren der einstweiligen Verfügung, GRUR 1991, 26; *Ullmann* Erstbegehungsgefahr durch Vorbringen im Prozeß? WRP 1996, 1007; *von Petersdorff-Campen/Timmann* Der Unterlassungstenor bei der mittelbaren Patentverletzung, FS 50 Jahre BPatG (2011), 449; *Wehlau/Kalbfus* Die Schutzschrift[2], 2015; *Weisse* Überlegungen zur Formulierung des Unterlassungsantrags bei mittelbarer Patentverletzung durch auch patentfrei verwendbare „Mittel" für den Fall der Lieferung, FS Th. Reimann (2009), 583; *Wenk-Fischer* Aufbrauchsfrist: Gewährung auch bei grob fahrlässigen oder vorsätzlichen Rechtsverletzungen? FS 75 Jahre Pro Honore (2000), 155; *Widmer* Die einmalige Verletzung eines Unterlassungsanspruchs impliziert Wiederholungsgefahr und begründet die Wiederholungsvermutung, FS L. David (1996), 277; *Wilke/Jungeblut* Abmahnung, Schutzschrift und Unterlassungserklärung im gewerblichen Rechtsschutz[2], 1995.

I. Allgemeines; Begehungsgefahr

44   Der – auch in Art 44 TRIPS-Übk vorgesehene – Unterlassungsanspruch als materiellrechtl Anspruch[146] dient dem Schutz des Patentinhabers (und des ausschließlichen Lizenznehmers) vor **künftigen rechtswidrigen Eingriffen** in sein Ausschließlichkeitsrecht. Er setzt voraus, dass der durch das Verhalten eines Dritten begründete Anspruch auch auf der Grundlage der derzeitigen Rechtslage noch gegeben ist.[147] Das Bestehen einer Begehungsgefahr, also die Besorgnis von Beeinträchtigungen, ist Tatbestandsmerkmal des Unterlassungsanspruchs und damit materielle Anspruchsvoraussetzung.[148] Beim Unterlassungsanspruch geht es weniger um eine Schadensverhütung als um die Verhinderung einer drohenden Rechtsüberschreitung.[149] Der Anspruch ist auf das zukünftige Verhalten des Dritten ausgerichtet. Mit ihm kann der Verletzte auf Unterlassung klagen, wenn weitere Beeinträchtigungen zu besorgen sind.[150] Die nachfolgend zitierten Entscheidungen sind überwiegend zum Wettbewerbsrecht ergangen; hierauf wird nicht gesondert hingewiesen.

---

146   ÖOGH ÖBl 1995, 120, 122 Urlaub für Schlaue; öOGH ÖBl 1995, 128, 130 Verführerschein II.

147   BGH GRUR 2005, 166 f Puppenausstattungen; BGH GRUR 2005, 600, 602 Handtuchklemmen; BGH GRUR 2005, 603 f Kündigungshilfe; BGH GRUR 2006, 426 Direktansprache am Arbeitsplatz II.

148   BGH GRUR 1987, 640 wiederholte Unterwerfung II; BGH GRUR 1992, 318 Jubiläumsverkauf; BGH GRUR 1994, 443 Versicherungsvermittlung im öffentlichen Dienst; BGH NJW 2005, 594 Uschi-Glas-Rivalin; BGH GRUR 2006, 953 f Warnhinweis II; ÖOGH 20.3. 2007 4 Ob 6/07x Gerätebeilagen, Ls in ÖBl 2007, 158, jeweils zur Wiederholungsgefahr; vgl aber für die Schweiz schweiz BG sic! 2009, 888 Rechtsschutzinteresse.

149   *Picker* AcP 178 (1978) 499, 501.

150   BGH GRUR 1998, 504 Klartext.

Der Unterlassungsanspruch knüpft bereits an die **objektive Rechtsverletzung** an;[151] Verschulden ist **45** deshalb nicht erforderlich,[152] jedoch darf dem Anspruchsgegner ein Recht zur Benutzung nicht zustehen. Anders als beim Schadensersatzanspruch (Rn 134) haften mehrere Unterlassungsschuldner nicht gesamtschuldnerisch.

Der Unterlassungsanspruch wird durch die **Amtshaftung** nicht verdrängt, da für ihn die Amtshaf- **46** tungsgrundsätze nicht gelten.[153] Hoheitliches Handeln schließt einen Unterlassungsanspruch auch wegen des Vorrangs des Primärrechtsschutzes (Rn 7, 19 zu § 13) nicht aus, allerdings ist hier der Rechtsweg zu den ordentlichen Gerichten nicht in jedem Fall eröffnet. Zur Verwirkung des Unterlassungsanspruchs Rn 191.

Nach Abs 1 ist der Unterlassungsanspruch an die **Benutzung** der patentierten Erfindung gebunden. **47** Dies ist zu eng, da schon die mit hinreichender Wahrscheinlichkeit drohende Gefahr der Benutzung ausreicht.[154] Andererseits muss sich die drohende Handlung in tatsächlicher Hinsicht so greifbar abzeichnen, dass eine zuverlässige Beurteilung unter rechtl Gesichtspunkten möglich ist.[155]

Die Neufassung des Abs 1 stellt klar, dass der Unterlassungsanspruch **Begehungsgefahr** voraussetzt, **48** die nunmehr zu einer Anspruchsvoraussetzung konkretisiert worden ist.[156] Knüpft die Begehungsgefahr (im weiteren Sinn)[157] an eine bereits erfolgte Verletzungshandlung an, spricht man von **Wiederholungsgefahr**, sonst von **Erstbegehungsgefahr** (vgl Abs 1 Satz 2).[158] Die Bezeichnung „Rechtsschutzbedürfnis" ist missverständlich, weil es sich nicht um eine Zulässigkeitsvoraussetzung, sondern um eine materielle Anspruchsvoraussetzung handelt.[159] Ein vertraglicher Unterlassungsanspruch setzt keine Begehungsgefahr, wohl aber ein Rechtsschutzbedürfnis voraus.[160]

Neben den Unterlassungsanspruch kann ein **Beseitigungsanspruch** treten. Eine ausdrückliche Rege- **49** lung hat er in § 140a gefunden (s dort). Die spezialgesetzliche Normierung wird man nunmehr als abschließende Regelung ansehen müssen, die die Anwendung von § 1004 BGB auf die Patentverletzung grds ausschließt (vgl Rn 4 vor § 139); soweit es um schutzrechtsverletzende Gegenstände und durch ein geschütztes Verfahren unmittelbar hergestellte Erzeugnisse sowie Materialien und Geräte, die zur Herstellung dieser Erzeugnisse gedient haben, geht. Im übrigen wird sich ein Beseitigungsanspruch weiterhin neben die Naturalrestitution als Form des Schadensersatzes[161] auf Abs 1 stützen lassen; allerdings sind die früher von der Rspr entwickelten Grundsätze nicht mehr unmittelbar anwendbar (vgl. Rn 5, 13 zu § 140a). Der drohenden Entstehung eines Störungszustands kann im Immaterialgüterrecht ausnahmsweise – anstelle der regelmäßig gegebenen vorbeugenden Unterlassungsklage – auch mit einer vorbeugenden Beseitigungsklage begegnet werden, wenn mit dieser eine konkrete Handlung begehrt wird, zu deren Vornahme der Schuldner zur ordnungsgem Erfüllung seiner Unterlassungspflicht gehalten wäre, die der Gläubiger aber im Weg der nur aufgrund eines Beseitigungstitels möglichen Handlungsvollstreckung (oder Vollstre-

151 *Fitzner/Lutz/Bodewig* Rn 43.
152 RGZ 101, 135, 138 = GRUR 1921, 182 Aluminiumschweißung; vgl auch RGZ 109, 272, 276 Gerbereimaschinen; BGHZ 14, 163, 170 = GRUR 1955, 97 Constanze II; BGH GRUR 2016, 493 Al di Meola, UrhSache; öOGH ÖBl 1995, 214 f Ausverkaufszeitraum; öOGH ÖBl 1999, 39, 41 Silhouette III; öOGH ÖBl 1999, 208 Kanalreinigungsfahrzeug; öOGH 6.7.2004 4 Ob 55/04y ÖBl 2004, 210 Ls Heimat/meine Heimat; *Büscher/Dittmer/Schiwy* Rn 59.
153 BGH GRUR 1993, 37, 39 Seminarkopien, UrhSache.
154 Vgl RGZ 101, 135, 138 = GRUR 1921, 182 Aluminiumschweißung; BGHZ 2, 394 = GRUR 1952, 35 Widia/Ardia; BGHZ 11, 260, 271 = GRUR 1954, 175 Kunststoffiguren I; BGH GRUR 1970, 358, 360 Heißläuferdetektor; OLG Hamburg GRUR 1953, 123.
155 BGH Heißläuferdetektor; BGHZ 116, 122, 135 = GRUR 1992, 305, 309 Heliumeinspreisung; BGHZ 117, 264 = GRUR 1992, 612 Nicola; vgl RG GRUR 1927, 694, 696 Schweißen von Gußeisen; vgl auch BGH GRUR 1963, 218, 220 Mampe Halb und Halb II; BGHZ 93, 96 = GRUR 1985, 550, 553 Dimple; BGH GRUR 1992, 320 RSA/Cape; BGH GRUR 1990, 687 Anzeigenpreis II; BGH GRUR 1992, 404 Systemunterschiede; BGH GRUR 1992, 318 Jubiläumsverkauf; BGH GRUR 1993, 834 Haftungsbeschränkung bei Anwälten; BGH GRUR 1994, 57 Geld-zurück-Garantie; LG Düsseldorf InstGE 1, 296, 299.
156 Vgl Begr Gesetz zur Verbesserung der Durchsetzung von Rechten des geistigen Eigentums S 86.
157 Vgl GRUR 1997, 767, 769 Brillenpreise II.
158 BGHZ 117, 264 = GRUR 1992, 612 Nicola; BGHZ 173, 188 = GRUR 2007, 890 jugendgefährdende Medien bei eBay; *Fitzner/Lutz/Bodewig* Rn 44; vgl öOGH ÖBl 1995, 120, 122 Urlaub für Schlaue; öOGH ÖBl 1995, 128, 130 Verführerschein II; LG Düsseldorf 25.3.1999 4 O 198/97 Entsch 1999, 25, 31.
159 BGH GRUR 1983, 186 wiederholte Unterwerfung I; BGH GRUR 1990, 687 Anzeigenpreis II; so auch *Benkard* Rn 27.
160 BGH GRUR 1999, 522 Datenbankabgleich.
161 Vgl BGHZ 107, 46 = GRUR 1990, 997 Ethofumesat.

ckung gem § 894 ZPO) direkter und uU zweckmäßiger durchsetzen kann.[162] Schließt der Unterlassungsanspruch eine Pflicht zu einem positiven Tun ein[163] und bezieht sich diese Pflicht notwendigerweise auf eine ganz bestimmte Handlung, bestehen keine Bedenken, dem Gläubiger einen insoweit parallel gerichteten Beseitigungsanspruch zu gewähren.[164] Der Anspruch steht unter dem Gebot der Wahrung des Grundsatzes der Verhältnismäßigkeit.[165]

50 Zur **Anpassung** des Unterlassungsanspruchs **an die Verletzungsform** Rn 77 ff vor § 143. Der Unterlassungsanspruch umfasst grds nur die **konkrete Ausführungsform**.[166]

51 Der Unterlassungsanspruch ist nur für die **Benutzungsart** begründet, für die eine Verletzung erfolgt oder zu besorgen ist.[167] Vertrieb allein rechtfertigt keinen Unterlassungsanspruch hinsichtlich der Herstellung.[168] Herstellen oder Einführen begründet allerdings idR Erstbegehungsgefahr für die anderen Begehungsformen des § 9. Das gilt auch für das Anbieten.[169]

52 Auch die **mittelbare Patentverletzung** nach § 10 kann einen uneingeschränkten Unterlassungsanspruch begründen;[170] Benutzung des Mittels durch den Belieferten ist nicht erforderlich. Erfasst werden aber nur das Anbieten und das Liefern (vgl Rn 24 zu § 10), ohne dass dies in das Verbot aufgenommen werden müsste.[171]

53 Der uneingeschränkte Anspruch („Schlechthinverbot") besteht grds dann, wenn der gelieferte Gegenstand sinnvoll **nur patentverletzend verwendet** werden kann.[172] Herstellung, Einfuhr und Besitz können allenfalls einen vorbeugenden Unterlassungsanspruch gegen das Anbieten und Liefern begründen.[173]

54 Kann der Verletzungsgegenstand auch patentfrei benutzt werden und trifft erst der Abnehmer die Bestimmung für die Benutzung der Erfindung, kommt dagegen nur ein **eingeschränktes Verbot** in Betracht, das den Verkehr außerhalb des Schutzrechts unbeeinträchtigt lässt.[174] Die Bestimmung der erforderlichen und zumutbaren Maßnahmen obliegt dabei dem Tatrichter.[175] Regelmäßig wurde mindestens ein erforderlichenfalls durch vertragliche Verpflichtung oder – nach Feststellung besonderer Umstände und wenn der Warnhinweis nach den konkreten Fallumständen nicht ausreicht[176] – zusätzlich durch Vertragsstrafenverpflichtung zugunsten des Patentinhabers zu sichernder Warnhinweis an den Abnehmer als erforderlich angesehen, nach dem der Gegenstand nicht ohne Zustimmung des Patentinhabers patentgem verwendet werden darf.[177] Ein Unterlassensbegehren, nach dem Angebot oder Lieferung nur erlaubt sind, wenn

---

162 BGHZ 121, 242 = GRUR 1993, 556 Triangle.
163 Vgl BGH GRUR 1977, 614 Gebäudefassade.
164 BGH Triangle.
165 BGH GRUR 1995, 424 Abnehmerverwarnung; BGH GRUR 1998, 415 Wirtschaftsregister.
166 Vgl RG JW 1924, 1158 = MuW 23, 49 f Kunstharze; RGZ 125, 391, 394 f = GRUR 1929, 1416 Regina-Pumpe; RG GRUR 1942, 307, 313 Rohrdraht III; BGH GRUR 1997, 903 ff Garonor mwN; BGH GRUR 1958, 189, 196 Zeiss; BGHZ 141, 267, 283 f = GRUR 1999, 984, 988 Laras Tochter, UrhSache: verletzende Nutzung bleibt möglich.
167 BGH GRUR 1960, 423, 425 Kreuzbodenventilsäcke I.
168 RG GRUR 1940, 262, 265 Spann- und Schließvorrichtung.
169 LG Düsseldorf 21.8.2014 4a O 107/13.
170 Vgl Fitzner/Lutz/Bodewig Rn 66; *Rauh* Die mittelbare Patentverletzung, 2009; *Nieder* GRUR 2006, 977, 981.
171 *Nieder* GRUR 2006, 977, 981.
172 OLG Düsseldorf Mitt 2003, 264, 267; LG Düsseldorf InstGE 5, 173; *Tilmann* GRUR 2005, 904 f; *Scharen* GRUR 2001, 995 f; *Scharen* GRUR 2008, 944, 948; vgl LG München I 24.7.2008 7 O 20037/07; LG Düsseldorf 24.4.2012 4a O 275/10; *Fitzner/Lutz/Bodewig* Rn 66 und § 10 Rn 17.
173 *Kraßer* S 13 (§ 33 VI b 7); *Bodewig* GRUR 2005, 632, 634; *Benkard* § 10 Rn 24.
174 Vgl BGHZ 159, 76 = GRUR 2004, 758 Flügelradzähler; BGH GRUR 1961, 627 Metallspritzverfahren; BGH GRUR 1964, 496 Formsand II; OLG Düsseldorf InstGE 2, 115, 121; LG Düsseldorf Mitt 2000, 108; LG Düsseldorf 26.3.2015 4b O 10/14; LG Hamburg 2.4.2015 327 O 132/15, LG Hamburg 2.4.2015 327 O 140/15 und LG Hamburg 2.4.2015 327 O 143/15, zum Abschluss von Rabattverträgen mit gesetzlichen Krankenkassen; *Scharen* GRUR 2001, 995; *Bodewig* GRUR 2005, 632, 634; *Tilmann* Neue Überlegungen im Patentrecht, GRUR 2006, 824, 829; *Weisse* FS Th. Reimann (2009), 583; *Fitzner/Lutz/Bodewig* Rn 66; aA *Fitzner/Lutz/Bodewig* § 10 Rn 17: Anbieter ist nicht mittelbarer Verletzer und deshalb nicht zu Warnhinweis verpflichtet, sofern nicht für ihn Umstände erforderlich sind, die für Patentverletzung sprechen; Formulierungsvorschlag auch bei von *Petersdorff-Campen/Timmann* FS 50 Jahre BPatG (2011), 449, 468.
175 BGHZ 168, 124 = GRUR 2006, 839 Deckenheizung; *Scharen* GRUR 2008, 944, 948.
176 BGHZ 170, 338 = GRUR 2007, 679 Haubenstretchautomat.
177 BGH Deckenheizung; LG Düsseldorf Mitt 2000, 108, wonach bei Zweckbestimmung erst beim privaten Endverbraucher auch die Untauglichkeit sonst üblicher Vorkehrungen kein uneingeschränktes Verbot rechtfertigt; LG Düsseldorf 28.1.2011 4b O 318/03: sofern nicht ausnahmsweise festgestellt werden kann, dass ein Warnhinweis den

der Beklagte seinen Kunden eine Erklärung abverlangt, die patentverletzende Verwendung zu unterlassen, wird dagegen nur in engen Ausnahmefällen in Betracht kommen können.[178] Der Name des Patentinhabers muss in den Warnhinweis nicht aufgenommen werden. Jedoch kann eine Vertragsstrafenverpflichtung wirtschaftlich einem nicht gerechtfertigten uneingeschränkten Verbot gleichkommen; auch ein Wettbewerbsverhältnis kann gegen die Auferlegung einer Vertragsstrafe sprechen.[179] Nach der Instanzrspr soll verlangt werden können, einen blickfangmäßigen Hinweis auf der Verpackung anzubringen, dass die Vorrichtungen nur zu patentfreien Verwendungen geeignet sind.[180] Im Einzelfall soll schon das Herstellen untersagt werden können;[181] das ist im Hinblick auf die Verbotsformulierung in § 10 Abs 1 bdkl. Da zum Tatbestand der mittelbaren Patentverletzung Kenntnis von der Eignung und deren Bestimmung zum Einsatz bei der Benutzung der Erfindung oder deren Offensichtlichkeit gehören, schließt deren Fehlen den Unterlassungsanspruch aus.[182] Werden die Kenntnisse durch den Patentinhaber vermittelt, ergibt sich der Unterlassungsanspruch aus Erstbegehungsgefahr, nicht aus Wiederholungsgefahr.[183]

Bei **abhängigen Patenten** beseitigt das Unterlassungsurteil aus dem älteren Patent die Begehungs- **55** gefahr nicht.[184] Zur Erledigung des Unterlassungsanspruchs Rn 154 vor § 143.

II. Wiederholungsgefahr

1. Voraussetzungen. Hat eine (auch nur einmalige) Verletzungshandlung stattgefunden, ist es grds **56** Sache des Verletzers darzulegen, dass weitere Verletzungshandlungen nicht drohen.[185] Benutzungshandlungen aus der Zeit vor Patenterteilung reichen aber nicht aus.[186]

Die Verletzungshandlung begründet – auch gegenüber einer eingegangenen Unterlassungsverpflich- **57** tung – eine **tatsächliche Vermutung** für Wiederholungsgefahr;[187] dies gilt allg auch im außerwettbewerbli-

---

Abnehmer voraussichtlich nicht davon abhalten wird, die angebotenen oder gelieferten Mittel patentverletzend zu gebrauchen; OLG Düsseldorf 21.2.2013 2 U 73/12 Mitt 2013, 460 Ls: nicht, wenn der Vertrieb der Gegenstände das Patent wegen dessen Erschöpfung nicht verletzt; vgl *Mes* Die mittelbare Patentverletzung, GRUR 1998, 281, 283, unter Hinweis auf LG Düsseldorf 18.9.1997 4 O 30/94; OLG Düsseldorf GRUR-RR 2004, 345; *Scharen* GRUR 2001, 995, 997: Untersagungstitel für den Fall, dass der Beklagte bestimmte Maßnahmen nicht ergreift, den Abnehmer von der Verwendung des Mittels für die Benutzung abhalten sollen; *Nieder* GRUR 2000, 272; *Nieder* Mitt 2004, 241, 242; *Bodewig* GRUR 2005, 632, 634; vgl BGH GRUR 1964, 496 f Formsand II; BGH GRUR 1961, 627 Metallspritzverfahren; LG München I 24.7.2008 7 O 20037/07; zur erforderlichen Intensität des Warnhinweises BGH Haubenstretchautomat; kr hierzu *Kühnen* GRUR 2008, 218; *Mes* § 10 Rn 42.
178 BGHZ 170, 338 = GRUR 2007, 679 Haubenstretchautomat; *Nieder* GRUR 2006, 977, 980; *Tilmann* GRUR 2005, 904 f; *Bodewig* GRUR 2005, 632, 634; *Scharen* GRUR 2008, 944, 948; vgl *Fitzner/Lutz/Bodewig* Rn 67; kr *Kühnen* GRUR 2008, 218.
179 BGH GRUR 1964, 496 f Formsand II; vgl BGH Haubenstretchautomat; OLG Düsseldorf 20.6.2002 2 U 236/97; OLG Düsseldorf Mitt 2003, 264, 267 f; OLG Düsseldorf GRUR-RR 2006, 39, 42; *Bodewig* GRUR 2005, 632, 634.
180 OLG Düsseldorf GRUR-RR 2006, 39; vgl *Mes* § 10 Rn 46 f; in dieser Formulierung bdkl, weil dem Verletzer eine objektiv falsche Aussage angesonnen wird.
181 BGH 29.9.1970 X ZR 91/67 und diesem folgend *Benkard* § 10 Rn 24; aA *Kraßer* S 808 (§ 33 VI b 1).
182 *Bodewig* GRUR 2005, 632, 634; vgl *Tilmann* Neue Überlegungen im Patentrecht, GRUR 2006, 824, 829.
183 *Bodewig* GRUR 2005, 632, 634.
184 RGZ 126, 127, 131 = BlPMZ 1930, 98 Hochspannungstransformatoren II; vgl BGH GRUR 1960, 379 Zentrale.
185 Vgl RGZ 84, 146 f Plättmuster; RGZ 96, 242, 245 = MuW 19, 110 Marlitt; RGZ 125, 391, 393 = GRUR 1929, 1416 Regina-Pumpe; RG GRUR 1932, 1201, 1203 Reinigungsmaschine; RG GRUR 1933, 243, 245 f Funkdienst; RG GRUR 1938, 269, 272 Auskunftteien; BGH GRUR 1955, 390 Spezialpresse; BGH GRUR 1957, 348 Klasen-Möbel; BGHZ 170, 115 = GRUR 2007, 221 Simvastatin sowie LG Düsseldorf 4.9.2012 4a O 50/12, LG Düsseldorf 4.9.2012 4a O 64/12, LG Düsseldorf 19.10.2012 4b O 135/12 und LG Düsseldorf 15.11.2012 4b O 123/12 Mitt 2013, 461 Ls: Anmeldung zur Lauer-Taxe; ÖOGH 20.3.2007 4 Ob 6/07x, Ls in ÖBl 2007, 158 Gerätebeilagen.
186 LG Düsseldorf InstGE 7, 1, auch für Erstbegehungsgefahr; LG Düsseldorf 19.4.2011 4a O 236/09.
187 BGH GRUR 1976, 256, 259 Rechenscheibe; BGH GRUR 1989, 445 f Professorenbezeichnung in der Arztwerbung I; BGHZ 117, 264, 272 = GRUR 1992, 612 Nicola; BGH GRUR 1993, 53, 55 ausländischer Inserent; BGH GRUR 1993, 677, 679 bedingte Unterwerfung; BGH GRUR 1994, 394 Bilanzanalyse; BGHZ 124, 230 = GRUR 1994, 219 Warnhinweis I; BGHZ 140, 1 = NJW 1999, 356 mwN; BGH GRUR 2000, 605, 607 f comtes/ComTel; BGH GRUR 2003, 1031, 1033 Kupplung für optische Geräte; ÖOGH ÖBl 1995, 42 Gebäudereinigung; *Büscher/Dittmer/Schiwy* Rn 65; vgl BGH GRUR 1972, 435, 437 Grundstücksgesellschaft; BayObLG NJW-RR 1987, 463; vgl auch RGZ 96, 242, 244 f = MuW 19, 110 Marlitt; RGZ 125, 391, 393 = GRUR 1929, 1416 Regina-Pumpe.

chen Bereich[188] und bei Verletzung einer vertraglichen Unterlassungsverpflichtung wegen Schutzrechtsverletzung.[189] Es gilt allerdings nicht, wenn eine zwh Gesetzeslage aufgrund einer Gesetzesänderung geklärt ist.[190]

58   Die Umstände können **ausnahmsweise** gegen Wiederholungsgefahr sprechen.[191] Als Indizien für Fehlen der Wiederholungsgefahr sind Beseitigung des beanstandeten Zustands, Schadensgutmachung noch vor dem Prozess und Beschränkung der Prozessführung auf die Frage der Wiederholungsgefahr unter vorbehaltloser Anerkennung des Rechtsstandpunkts der Gegenseite angesehen worden.[192]

59   Ist die **Handlung in verjährter Zeit** erfolgt, begründet sie allein keine Wiederholungsgefahr.[193] Da die Wiederholungsgefahr an die Rechtswidrigkeit der Verletzungshandlung anknüpft, wird sie durch Handlungen vor Veröffentlichung der Patenterteilung nicht begründet. Zur Rechtsverteidigung im Prozess Rn 86. Berühmung im Prozess begründet aber auch hier Wiederholungsgefahr,[194] nicht aber die bloße Äußerung, zu dem beanstandeten Verhalten berechtigt zu sein.[195] Auch Produktionsaufnahme oder -fortführung im Ausland, in dem Patentschutz besteht, nach Verurteilung im Inland kann (erneut) Wiederholungsgefahr begründen.[196]

60   Die durch eine Verletzungshandlung begründete Wiederholungsgefahr erstreckt sich auf **alle im Kern gleichartigen Verletzungsformen**.[197] Inverkehrbringen begründet regelmäßig Gefahr des Gebrauchens und Einführens.[198]

61   Die Wiederholungsgefahr **dauert fort**, solange der Verletzer ein Recht für seine Handlung für sich in Anspruch nimmt.[199] Sie besteht auch für den Rechtnachfolger einer juristischen Person.[200] Die Wiederholungsgefahr geht aber nicht auf den Rechtsnachfolger über.[201] Von einem Wegfall der Wiederholungsgefahr kann auszugehen sein, wenn der Verstoß zu einem Zeitpunkt erfolgt ist, zu dem die Rechtslage zwh war, und die Zweifel durch eine Gesetzesänderung beseitigt worden sind, wonach die Verhaltensweise eindeutig verboten ist.[202]

2. Ausräumung

62   **a. Allgemeines.** An die Ausräumung der Wiederholungsgefahr sind strenge Anforderungen zu stellen.[203] Die Vermutung (Rn 57) greift erst dann nicht oder ist erst dann widerlegt, wenn unstreitig oder vom

---

188   BGH GRUR 1994, 394 Bilanzanalyse; BGH GRUR 1986, 683 Ostkontakte; BGH GRUR 1998, 504 Klartext: Persönlichkeitsrechtsverletzung; BGHZ 140, 1, 10 = NJW 1999, 356; kr *Bamberger-Roth* BGB § 1004 Rn 83.
189   BGH Kupplung für optische Gräte.
190   BGH GRUR 2002, 717 Vertretung der Anwalts-GmbH.
191   Vgl RG GRUR 1941, 31, 33 Rasierhobel: alsbald aufgegebene Fehlkonstruktion.
192   ÖOGH ÖBl 1995, 42 Gebäudereinigung mwN.
193   Vgl BGH GRUR 1987, 125 Berühmung; *D. Rogge* GRUR 1963, 346; *Fitzner/Lutz/Bodewig* Rn 45.
194   Vgl öOGH ÖBl 1997, 167 Astoria, zur sklavischen Nachahmung.
195   BGH GRUR 2001, 1174 Berühmungsaufgabe; *Fitzner/Lutz/Bodewig* Rn 46.
196   Vgl RB Den Haag BIE 2002, 333, 336.
197   Vgl BVerfG (Kammerentscheidung) NJW 2007, 618; BGH GRUR 1989, 445 Profesorenbezeichnung in der Arztwerbung I; BGH GRUR 1991, 672, 674 Anzeigenrubrik I; BGH GRUR 1992, 858, 860 Clementinen; BGH GRUR 1993, 579 Römer GmbH; BGH GRUR 1996, 290 Wegfall der Wiederholungsgefahr I; BGH GRUR 1996, 800 EDV-Geräte; BGH GRUR 1997, 379 f Wegfall der Wiederholungsgefahr II; BGH GRUR 1999, 1017 f Kontrollnummernbeseitigung I; BGH GRUR 2000, 337 f Preisknaller; BGH GRUR 2002, 186, 188 Lieferstörung; BGH GRUR 2000, 907 Filialleiterfehler; BGH GRUR 2003, 446 Preisempfehlung für Sondermodelle; BGH GRUR 2003, 899 Olympiasiegerin; OLG Köln WRP 1989, 334; OLG München OLG-Rp 1995, 89; *Fitzner/Lutz/Bodewig* Rn 44; *Teplitzky* Zum „Kern" des Verbots- oder Schutzumfangs eines Unterlassungstenors, WRP 1989, 335.
198   LG Düsseldorf 25.2.1997 4 O 76/96 Entsch 1997, 31.
199   Vgl BGHZ 14, 163 = GRUR 1955, 97 Constanze II; BGH GRUR 1957, 347 Underberg; BGH GRUR 1959, 367, 374 Ernst Abbé; BGH GRUR 1964, 682 Climax; BGHZ 152, 97 = GRUR 2003, 80 Konditionenanpassung; öOGH ÖBl 1998, 364, 366 Lola Blau; öOGH ÖBl 1999, 295 Ford-KG, zur Berühmung im Prozess; öOGH ÖBl 1999, 304 Konflikte.
200   ÖOGH ÖBl 2003, 288 Das 700-Millionen-Ding.
201   BGHZ 172, 165 = GRUR 2006, 879 Flüssiggastank; BGHZ 172, 165 = GRUR 2007, 995 Schuldnachfolge; *Teplitzky* Wettbewerbsrechtliche Ansprüche und Verfahren Kap 15 Rn 12; *Fezer* UWG § 8 Rn 118; vgl *Fitzner/Lutz/Bodewig* Rn 45; *Mels/Franzen* GRUR 2008, 968.
202   BGH GRUR 2002, 717, 719 Vertretung der Anwalts-GmbH; BGH GRUR 2006, 953 f Warnhinweis II.
203   BGHZ 14, 163, 167 = GRUR 1955, 97 Constanze II; BGH GRUR 1957, 342, 347 Underberg; BGH GRUR 1959, 367, 374 Ernst Abbé; BGH GRUR 1965, 198, 202 Küchenmaschine; BGH GRUR 1998, 483, 485 Der M.-Markt packt aus; BGH GRUR

Verletzer dargelegt und bewiesen ist, dass Umstände vorliegen, die die zuverlässige Prognose zulassen, jede Wahrscheinlichkeit für eine Wiederholung fehle oder sei beseitigt.[204] Bloße Einstellung der Verletzung oder des Geschäftsbetriebs, Liquidation oder Löschung im Handelsregister reichen nicht aus;[205] ebenso wenig Abberufung als Geschäftsführer.[206] Ein in einem Hauptsacheverfahren ergangenes rechtskräftiges Unterlassungsurteil beseitigt die Wiederholungsgefahr grds auch im Verhältnis zu Dritten;[207] der Schuldner muss sich diesen gegenüber allerdings hierauf berufen.[208] Gleiches gilt für die Unterwerfungserklärung, hier ist der Abgemahnte aufklärungspflichtig.[209] Auch ein Vergleichsangebot, das die Ansprüche des Berechtigten voll abdeckt, kann die Wiederholungsgefahr ausräumen.[210]

b. Unterlassungserklärung. Ist eine Verletzungshandlung einmal geschehen, kann die Wiederholungsgefahr jedenfalls idR[211] nur dadurch beseitigt werden, dass der Verletzer eine uneingeschränkte,[212] bedingungslose und durch Vertragsstrafeversprechen in objektiv angemessener Höhe gesicherte („strafbewehrte") Unterlassungserklärung abgibt.[213] Ob eine Unterlassungserklärung gegenüber einem Dritten ausreicht, ist Frage des Einzelfalls.[214] **63**

Die **einfache Erklärung**, keine Zuwiderhandlungen mehr begehen zu wollen, ist grds **nicht ausreichend**.[215] Dies gilt bei öffentlich-rechtl Körperschaften jedenfalls dann, wenn sie wie Privatunternehmen am Geschäftsverkehr teilnehmen.[216] Beseitigung der Wiederholungsgefahr kann nicht durch „eidesstattliches Versichern", dass die Verletzung nicht wiederholt werde, erfolgen.[217] **64**

1998, 591 f Monopräparate; BGH GRUR 2002, 180 Weit-Vor-Winter-Schluß-Verkauf; BGH GRUR 2004, 162 Mindestverzinsung; BGH GRUR 2008, 625 Fruchtextrakt; BGH GRUR 2010, 754 Golly Telly; BGHZ 140, 1, 10 = NJW 1999, 356.

204 BGH GRUR 2003, 1031, 1033 Kupplung für optische Geräte.

205 RGZ 104, 376, 382 = MuW 22, 73 Ballet; RG JW 1924, 1158 = MuW 23, 49 Kunstharze; BGH GRUR 1956, 265, 269 Rheinmetall-Borsig I; BGH GRUR 1961, 356, 359 Pressedienst; BGH GRUR 1992, 316, 320 Jubiläumsverkauf; BGH 17.3.1961 I ZR 140/59; BGH 13.12.1962 I ZR 42/61 Klebemax, nicht in GRUR; BGH Küchenmaschine; BGH GRUR 1972, 550 Spezialsalz II; BGH GRUR 1977, 543, 547 Der 7. Sinn, nicht in BGHZ; BGHZ 138, 55 = GRUR 1998, 824, 828 Testpreisangebot; BGH GRUR 1998, 1045 f Brennwertkessel; BGH GRUR 2000, 605 comtes/ComTel; BGH GRUR 2001, 453, 455 TCM-Zentrum; BGH Mindestverzinsung; LG Düsseldorf 5.11.2013 4a O 8/13; s auch *Teplitzky* Wettbewerbsrechtliche Ansprüche und Verfahren Kap 7 Rn 11 sowie zur abw Rechtslage in Österreich öOGH ÖBl 1995, 214 f Ausverkaufszeitraum mwN; öOGH ÖBl 2003, 288 f Das 700-Millionen-Ding.

206 BGH GRUR 2000, 605, 608 comtes/ComTel.

207 *Bornkamm* FS W. Tilmann (2003), 769.

208 BGH GRUR 2003, 450 begrenzte Preissenkung.

209 LG Düsseldorf InstGE 3, 218.

210 ÖOGH ÖBl 2004, 77 Tintenpatronen.

211 BGH GRUR 1999, 1045 f Brennwertkessel; strenger BGH GRUR 1993, 53, 55 ausländischer Inserent: ausschließlich; BGH GRUR 1990, 617, 624 Metro III: unerlässlich; BGH GRUR 2000, 605, 607 comtes/ComTel; BGH GRUR 2001, 453, 455 TCM-Zentrum; vgl HG Aargau sic! 2002, 353.

212 Als nicht ausreichend wurde Erklärung nur für den Fall schuldhafter Zuwiderhandlung angesehen, OLG Frankfurt GRUR-RR 2003, 198.

213 BGH 13.12.1962 I ZR 42/61 Klebemax, nicht in GRUR; BGH GRUR 1976, 579, 582 Tylosin; LG Düsseldorf 26.7.2012 4a O 282/10 GRURPrax 2013, 248 KT; vgl BGH GRUR 1987, 640, 642 wiederholte Unterwerfung II; BGH GRUR 1990, 369 alpi/Alba Moda; BGH GRUR 1990, 530 Unterwerfung durch Fernschreiben; BGH GRUR 1992, 329 AjS-Schriftenreihe; BGHZ 115, 105 = GRUR 1991, 917 Anwaltswerbung; BGH GRUR 1993, 677, 679 bedingte Unterwerfung; BGH GRUR 1994, 304, 306 Zigarettenwerbung in Jugendzeitschriften; BGH GRUR 1994, 443, 445 Versicherungsvermittlung im öffentlichen Dienst; BGH GRUR 1994, 516 f Auskunft über Notdienste; BGHZ 130, 288 = GRUR 1995, 678 f kurze Verjährungsfrist; BGH GRUR 1996, 290 Wegfall der Wiederholungsgefahr I; BGH Brennwertkessel; BGH GRUR 1999, 1017, 1019 Kontrollnummernbeseitigung I; BGHZ 149, 191 = GRUR 2002, 622 shell.de; BGH GRUR 2005, 848, 853 Antriebsscheibenaufzug; BGHZ 168, 124 = GRUR 2006, 839, 841 Deckenheizung; BGH GRUR 2011, 995 besonderer Mechanismus; *Fitzner/Lutz/Bodewig* Rn 47 ff; *Teplitzky* Wettbewerbsrechtliche Ansprüche und Verfahren Kap 8 Rn 33; zum Verhältnis Vertragsstrafe/Schadensersatz *Köhler* GRUR 1994, 260.

214 BGH GRUR 1983, 186 wiederholte Unterwerfung I; BGH GRUR 1987, 748, 750 getarnte Werbung II; BGH GRUR 1989, 758 f Gruppenprofil; BGHZ 133, 316, 325 = GRUR 1997, 382, 385 Altunterwerfung I; BGH GRUR 1997, 386, 390 Altunterwerfung II, nicht in BGHZ.

215 BGH GRUR 1988, 699 qm-Preisangaben II; *Büscher/Dittmer/Schiwy* Rn 68.

216 BGH GRUR 1991, 769 Honoraranfrage; BGH GRUR 1994, 516 Auskunft über Notdienste; OLG Düsseldorf NJW-RR 1986, 1230.

217 OLG München MDR 1993, 1071.

65   **Ausnahmen.** Anderes kann in Fällen gelten, in denen eine Unkenntnis oder ein Verkennen der Gesetzeslage als entschuldigt angesehen und bei denen nicht ohne weiteres davon ausgegangen werden kann, dass sich der Gesetzesverstoß wiederholt.[218] Ob die Wiederholungsgefahr durch einen vollstreckbaren Titel entfällt, ist Tatfrage.[219] Dies wird jedenfalls dann anzunehmen sein, wenn sich der Verletzer bei erneuter Inanspruchnahme ausschließlich auf den Wegfall der Wiederholungsgefahr beruft.[220]

66   Die Unterwerfungserklärung wird erst mit ihrem Zugang unwiderruflich (§ 130 Abs 1 BGB) und beseitigt daher erst mit diesem die Wiederholungsgefahr. Wer sich auf den Zugang beruft, muss diesen beweisen.[221] **Annahme** der Unterlassungserklärung ist zur Beseitigung der Wiederholungsgefahr nicht erforderlich,[222] wohl aber für das Zustandekommen einer neuen vertraglichen Beziehung (Rn 72). Die Annahme einer Teilunterwerfung lässt den weitergehenden Unterlassungsanspruch und dessen Durchsetzbarkeit unberührt.[223] Die Übersendung der Unterwerfungserklärung hat nur dann den Verzicht auf den Zugang der Annahmeerklärung zum Inhalt, wenn sie zumindest nicht in einem wesentlichen Punkt von dem Verlangen des Anspruchstellers abweicht.[224]

67   **Form.** Die Erklärung kann mittels Fernschreibens oder Telefax abgegeben werden; wird schriftliche Bestätigung verweigert, lässt dies auf mangelnde Ernstlichkeit des Unterlassungswillens schließen.[225]

68   **Inhalt.** Der Inhalt der Unterlassungserklärung muss eindeutig und hinreichend bestimmt sein und den ernstlichen Willen des Schuldners erkennen lassen, die Handlung nicht mehr zu begehen;[226] Prozessverhalten kann zur Auslegung herangezogen werden.[227] Ihr fehlt die Ernstlichkeit, weil sie „als Zeichen des guten Willens und zur Vermeidung eines rein akademischen Streits ... ohne jede Anerkennung einer Rechtspflicht" abgegeben wird.[228] Bereits geringe Zweifel an der Ernstlichkeit sind schädlich, Teilunterwerfung ist aber grds möglich.[229] Ein Verzicht auf Rechte ist idR nicht zu vermuten.[230] Die Erklärung darf sich nicht nur auf die konkrete Verletzungsform beschränken,[231] sondern muss grds den bestehenden Unterlassungsanspruch nach Inhalt und Umfang voll abdecken und sich auf alle im Kern gleichartigen Verletzungshandlungen beziehen,[232] was bei einer die konkrete Verletzungsform wiedergebenden Unterwerfungserklärung im allg der Fall ist;[233] bei Verletzung von nebengeordneten Patentansprüchen beseitigt eine für nur einen von ihnen abgegebene Unterlassungserklärung für die anderen nicht.[234] Die Erklärung muss grds uneingeschränkt, unwiderruflich, unbedingt (s aber Rn 69) und ohne Angabe eines Endtermins erfolgen.[235] IdR ist davon auszugehen, dass der Schuldner sein Angebot unbefristet abgegeben hat mit der

---

218   BGH GRUR 1994, 222, 224 Flaschenpfand I; BGH Versicherungsvermittlung im öffentlichen Dienst; vgl hierzu *Teplitzky* GRUR 1994, 765 f; *Teplitzky* GRUR 2003, 272, 274 f; nach öOGH ÖBl 1998, 33 ungarischer Zahnarzt kann bei irrtümlichem Verstoß nach außen manifestierte Sinnesänderung ausreichen; vgl auch BGH GRUR 1998, 591 ff Monopräparate und BGH GRUR 2013, 414 Flonicamid, zum Fall nachträglicher Rechtsänderung.

219   Vgl BGH GRUR 1960, 379, 381 Zentrale; BGH GRUR 1984, 155; OLG Hamburg GRUR 1984, 889.

220   Vgl BGH GRUR 2003, 450 begrenzte Preissenkung; *Teplitzky* GRUR 2003, 272, 275.

221   OLG Hamm GRUR 1991, 254; zur Unterwerfung gegenüber einem Schwesterunternehmen des Gläubigers OLG Schleswig OLG-Rp Bremen, Hamburg, Schleswig 1998, 82.

222   BGH GRUR 1988, 459 Teilzahlungsankündigung; BGH GRUR 1990, 1051 Vertragsstrafe ohne Obergrenze; *Fitzner/Lutz/Bodewig* Rn 58; vgl BGH GRUR 2006, 878 Vertragsstrafevereinbarung; öOGH ÖBl 1998, 31 Telefaxwerbung.

223   BGH GRUR 2002, 824 Teilunterwerfung.

224   BGH Teilunterwerfung.

225   BGH GRUR 1990, 530 Unterwerfung durch Fernschreiben; BGH GRUR 1991, 76 Abschlußerklärung; KG GRUR 1988, 567; KG GRUR 1988, 568; KG CR 1994, 536; OLG Düsseldorf 31.1.1994 2 W 124/93, GRUR 1994, 852 Ls; OLG München NJW 1993, 3146; kr *Lachmann* GRUR 1989, 96.

226   BGH GRUR 2002, 180 Weit-Vor-Winter-Schluß-Verkauf; BGH GRUR 2002, 824 Teilunterwerfung; OLG Frankfurt GRUR 1988, 563; KG GRUR 1990, 143; *Fitzner/Lutz/Bodewig* Rn 52.

227   BGH GRUR 1998, 483 f Der M.-Markt packt aus; zur Auslegung eines Formulierungsvorschlags für ein Unterlassungsversprechen OLG München MDR 1995, 712; zur Auslegung auch OLG Jena GRUR-RR 2007, 332.

228   LG Düsseldorf InstGE 5, 1; *Fitzner/Lutz/Bodewig* Rn 51 und § 10 Rn 23.

229   BGH GRUR 2001, 422 ZOCOR mwN; BGH Teilunterwerfung.

230   BGH Teilunterwerfung.

231   BGH GRUR 1996, 290 Wegfall der Wiederholungsgefahr I.

232   BGH GRUR 1997, 379 f Wegfall der Wiederholungsgefahr II.

233   BGH Der M.-Markt packt aus.

234   LG Düsseldorf 3.6.1997 4 O 52/97 Entsch 1997, 90 Ls.

235   BGH GRUR 1993, 677, 679 bedingte Unterwerfung; BGH GRUR 1996, 290 f Wegfall der Wiederholungsgefahr I; BGH GRUR 1997, 379 f Wegfall der Wiederholungsgefahr II; BGH GRUR 2002, 180 Weit-Vor- Winter-Schluß-Verkauf.

Folge, dass es vom Gläubiger jederzeit angenommen werden kann.[236] Eine aufschiebende Befristung ist schädlich, wenn sie geeignet ist, Zweifel an der Ernsthaftigkeit zu wecken.[237] Es entspricht in aller Regel dem objektiven Interesse der Vertragsparteien, die Beseitigung der Unterlassungserklärung nur dann zuzulassen, wenn auch der Durchsetzung eines entspr Vollstreckungstitels entgegengetreten werden kann; das setzt regelmäßig Gründe voraus, auf die sich auch eine Vollstreckungsabwehrklage stützen lässt.[238] Im kaufmännischen Bereich empfiehlt es sich, die Anwendung des § 348 HGB abzubedingen, um den Schutz des § 343 BGB wieder herzustellen.[239] Auf den Fortsetzungszusammenhang kommt es nicht an (vgl zur Entwicklung der Rspr *7. Aufl*).[240]

Die Unterlassungsverpflichtung aus der Unterwerfungserklärung kann jederzeit vertraglich aufgeho- **69** ben werden.[241] Sie kann auch unter einer auflösenden **Bedingung** abgegeben werden. Die Bedingung einer auf Gesetz oder höchstrichterlicher Rspr beruhenden, (eindeutigen) Klärung des zu unterlassenden Verhaltens als rechtmäßig hebt ihre Eignung zur Beseitigung der Wiederholungsgefahr idR nicht auf,[242] anders, wenn zur Bedingung der für den Verletzer günstige Ausgang eines von ihm gegen den Verletzten eingeleiteten Feststellungsverfahrens gemacht wird.[243] Als weitere Beendigungsgründe kommen ua Anfechtung und Kündigung aus wichtigem Grund in Betracht (Rn 75).

Vertragsstrafeversprechen. Die Verpflichtung zur Zahlung der Vertragsstrafe setzt den Abschluss **70** eines Vertrags voraus.[244] Die Auslegung der Verpflichtungserklärung richtet sich wie die des Unterlassungsvertrags selbst nach den allg für die Vertragsauslegung gültigen Regeln;[245] eine unmittelbare Heranziehung der restriktiven Grundsätze, wie sie für die Auslegung eines in gleicher Weise formulierten Unterlassungstitels im Hinblick auf dessen Vollstreckbarkeit formuliert worden sind, kommt nicht in Betracht.[246] Mehrere Zuwiderhandlungen gegen ein Vertragsstrafeversprechen können als ein einziger Verstoß zu werten sein, wenn sie gleichartig sind, unter Außerachtlassung derselben Pflichtenlage begangen worden sind, zeitlich in einem engen Zusammenhang stehen und der Handelnde sein Verhalten als rechtskonform angesehen hat.[247] Eine Zusammenfassung mehrerer Verstöße zu einer einzigen Zuwiderhandlung nach den Grundsätzen der natürlichen Handlungseinheit oder einer Handlung im Rechtssinn scheidet aus, wenn eine Vertragsstrafe für jedes verkaufte Produkt vereinbart wurde.[248] Eine eng am Wortlaut orientierte Auslegung ist umso eher geboten, je höher die vereinbarte Vertragsstrafe im Verhältnis zur Bedeutung des gesicherten Unterlassungsanspruchs ist.[249] Die Vertragsstrafe ist angemessen, wenn sie geeignet ist, künftige Verletzungshandlungen zu verhindern.[250] Ob dies der Fall ist, hängt von den Umständen des Einzelfalls ab; die Beurteilung obliegt weitgehend dem Tatrichter.[251] Art, Schwere und Ausmaß der Zuwiderhandlung, das Verschulden des Verletzers sowie die Gefährlichkeit des Verstoßes für den Gläubiger können eine Rolle

---

236 BGH GRUR 2010, 355 Testfundstelle.
237 BGH Weit-Vor-Winter-Schluß-Verkauf; OLG Karlsruhe NJWE-WettbR 1999, 116.
238 BGH GRUR 2014, 797 fishtailparka.
239 *Kühnen* Hdb⁸ Rn C 22.
240 BGHZ 146, 318 = GRUR 2001, 758 Trainingsvertrag; BGH GRUR 2009, 427 Mehrfachverstoß gegen Unterlassungstitel; vgl *Kühnen* Hdb⁸ Rn C 23.
241 Vgl *Gottschalk* GRUR 2004, 827.
242 Vgl BGH GRUR 1986, 248, 251 Sporthosen.
243 BGH GRUR 1993, 677 bedingte Unterwerfung; BGHZ 133, 331, 333 f = GRUR 1997, 386 Altunterwerfung II; BGH GRUR 1997, 125 Bob Dylan.
244 BGH GRUR 2006, 878 Vertragsstrafevereinbarung.
245 BGH GRUR 1992, 61 f Preisvergleichsliste I; BGHZ 121, 13, 16 = NJW 1993, 721 Fortsetzungszusammenhang; BGH GRUR 1996, 290 f Wegfall der Wiederholungsgefahr I; BGH GRUR 1997, 931 f Sekundenschnell; BGH GRUR 1998, 471 f Modenschau im Salvatorkeller; BGH GRUR 2001, 85 f Altunterwerfung IV; BGHZ 146, 318, 322 = GRUR 2001, 758 Trainingsvertrag; BGH GRUR 2003, 545 Hotelfoto; BGH GRUR 2003, 899 Olympiasiegerin; BGH GRUR 2006, 878 Vertragsstrafevereinbarung.
246 BGH Preisvergleichsliste I; BGH Sekundenschnell: bei Vorformulierung durch den Abmahnenden aus der Sicht des Abgemahnten; OLG Koblenz WRP 1986, 694; KG WRP 1990, 39, 41; OLG Karlsruhe WRP 1990, 51, 53.
247 BGH GRUR 2015, 1021 Kopfhörerkennzeichnung unter Hinweis auf BGH Trainingsvetrtag.
248 BGH GRUR 2009, 181 Kinderwärmekissen.
249 BGH Hotelfoto.
250 BGH GRUR 1987, 748, 750 getarnte Werbung II; *Fitzner/Lutz/Bodewig* Rn 57 mNachw der älteren Rspr.
251 BGH GRUR 1994, 516 f Auskunft über Notdienste; BGHZ 138, 55 = GRUR 1998, 824, 828 Testpreisangebot.

spielen.[252] Die Vertragsstrafevereinbarung kann auch in der Form getroffen werden, dass dem Gläubiger die Bestimmung der Vertragsstrafehöhe nach billigem Ermessen überlassen bleibt („neuer Hamburger Brauch"),[253] in diesem Fall ist ist ein für dieselbe Zuwiderhandlung bereits gerichtlich verhängtes Ordnungsgeld zu berücksichtigen.[254] Eine einseitige Unterlassungserklärung, die die Bestimmung der Vertragsstrafe dem Unterlassungsgläubiger überlässt, ist nicht deshalb ungeeignet, die Wiederholungsgefahr zu beseitigen, weil darin keine Obergrenze für die Vertragsstrafe genannt ist.[255] Das Vertragsstrafeversprechen geht auf den Übernehmer eines Handelsgeschäfts über.[256] Steht die vereinbarte Vertragsstrafe in außerordentlichem Missverhältnis zur Bedeutung der Zuwiderhandlung, kommt trotz § 348 HGB ihre Herabsetzung bis auf das Maß in Betracht, das ein Eingreifen von § 242 BGB noch nicht rechtfertigte.[257] IdR fällt bei Unterlassungserklärungen mit Vertragsstrafeversprechen durch eine Gesellschaft und ihr Organ bei einem Verstoß, der der Gesellschaft nach § 31 BGB zuzurechnen ist, nur eine Vertragsstrafe an, für die Gesellschaft und Organ als Gesamtschuldner haften.[258]

71 **Wirkung.** Mit Abgabe der geforderten Erklärung kommt ein Unterwerfungsvertrag als Dauerschuldverhältnis zustande[259] (zu den Pflichten des Verwarnten insb aus dem Unterwerfungsvertrag Rn 285 ff). Ansprüche auf Zahlung der Vertragsstrafe können grds erst ab dem Zeitpunkt des Vertragsschlusses geltend gemacht werden.[260] Das gilt aber nur bei unveränderter Unterzeichnung der geforderten Erklärung.[261] Verspricht der Abgemahnte statt der geforderten bestimmten nur eine „angemessene" Vertragsstrafe, kommt der Unterwerfungsvertrag nur zustande, wenn der Abmahnende die Unterwerfungserklärung annimmt.[262]

72 Wegfall der Wiederholungsgefahr[263] lässt den Unterlassungsanspruch untergehen.[264] Entfallene Wiederholungsgefahr lebt nicht wieder auf.[265] Die Unterlassungsverpflichtung schafft, soweit sie zum Untergang des (ursprünglichen) Unterlassungsanspruchs führt, eine **Novation** in Form eines abstrakten Schuldversprechens.[266]

73 **Unwirksamkeit.** Ein Unterwerfungsvertrag ist bei Verstoß gegen zwingende Rechtssätze unwirksam. Hat die Vereinbarung Vergleichscharakter, ist sie nach § 779 Abs 1 BGB unwirksam, wenn der nach dem Vertragsinhalt als feststehend zugrunde gelegte Sachverhalt der Wirklichkeit nicht entspricht und der Streit oder die Ungewissheit bei Kenntnis der Sachlage nicht entstanden wäre. Unwirksam kann danach eine Vereinbarung sein, die in der unzutreffenden (und zum Vertragsinhalt gewordenen) Annahme geschlossen wurde, dass das Schutzrecht verletzt werde;[267] dies setzt aber voraus, dass mit der Vereinbarung gerade nicht eine Unsicherheit über die Frage der Verletzung beseitigt wurde; Irrtumsanfechtung nach § 119 BGB kommt hier nicht in Betracht.[268] Die Unwirksamkeit eines Vertragsstrafeversprechens führt idR nicht zur Nichtigkeit des Unterlassungsvertrags.[269]

---

252 BGH GRUR 1983, 127, 129 Vertragsstrafeversprechen; BGH GRUR 1994, 146 f Vertragsstrafebemessung; BGH GRUR 2002, 180 Weit-Vor-Winter-Schluß-Verkauf.
253 BGH GRUR 1985, 155, 157 Vertragsstrafe bis zu ... I; BGH GRUR 1990, 1051 Vertragsstrafe ohne Obergrenze; BGH Vertragsstrafebemessung; *Kühnen* Hdb[8] Rn C 24; vgl BGH NVwZ 2012, 189 Stornierungsentgelt.
254 BGH GRUR 2010, 355 Testfundstelle.
255 BGH Vertragsstrafe ohne Obergrenze; zu den Anforderungen an das Vertragsstrafeversprechen auch BGH GRUR 1978, 192 Hamburger Brauch; BGH GRUR 1985, 937 Vertragsstrafe bis zu ... II; zur Unwirksamkeit wegen Verstoßes gegen § 9 AGBG OLG Hamburg 29.7.1999 3 U 171/98 GRUR 2000, 166 Ls, UrhSache.
256 BGH GRUR 1996, 995 Übergang des Vertragsstrafeversprechens.
257 BGH GRUR 2009, 181 Kinderwärmekissen.
258 BGH GRUR 2014, 797 fishtailparka.
259 BGHZ 133, 316, 320 = GRUR 1997, 382 f Altunterwerfung I; BGH GRUR 1997, 386, 388 Altunterwerfung II, nicht in BGHZ.
260 BGH GRUR 2006, 878 Vertragsstrafevereinbarung unter Hinweis auf BGH GRUR 1993, 34, 37 Bedienungsanweisung.
261 LG Düsseldorf 15.12.2009 4a O 229/08.
262 OLG Hamm 27.10.1992 4 U 121/92 GRUR 1994, 747 Ls.
263 Hierzu BGH GRUR 1996, 290 Wegfall der Wiederholungsgefahr I, BGH GRUR 1997, 379 Wegfall der Wiederholungsgefahr II; BGH GRUR 2006, 878 Vertragsstrafevereinbarung.
264 BGH GRUR 1987, 640 wiederholte Unterwerfung II; aA *Köhler* GRUR 1989, 804.
265 BGHZ 130, 288, 292 = GRUR 1995, 678 kurze Verjährungsfrist; BGH GRUR 2006, 953 f Warnhinweis II.
266 BGHZ 130, 288 = GRUR 1995, 678 f kurze Verjährungsfrist; *Köhler* FS O.-F. von Gamm (1990), 57, 65 f.
267 Vgl OLG Düsseldorf 21.12.1995 2 U 242/94.
268 Vgl *Fikentscher* Schuldrecht[7] § 99 III 2a S 677; aA OLG Düsseldorf 21.12.1995 2 U 242/94.
269 OLG München 10.9.1992 29 U 4386/92 OLG-Rp 1993, 9 Ls.

Kartellrechtliche Beurteilung. §§ 1, 17 GWB aF standen grds nicht entgegen, da Schutzrechtsinhaber **74** und Verletzer den Unterwerfungsvertrag idR nicht zu einem gemeinsamen Zweck schließen und der Verletzer weder Erwerber noch Lizenznehmer in Bezug auf das Schutzrecht ist.[270]

Beendigung. Der Unterwerfungsvertrag kann auch ohne entspr vertragliche Vereinbarung aus wichtigem **75** Grund mit Wirkung für die Zukunft gekündigt werden.[271] Auch bei Wegfall der Geschäftsgrundlage ist Kündigung erforderlich.[272]

Herabsetzung der Vertragsstrafe. § 348 HGB steht der Herabsetzung einer von einem Kaufmann im **76** Rahmen seines Handelsgewerbes versprochenen Vertragsstrafe auf der Grundlage des § 242 BGB nicht entgegen,[273] sie kommt aber nur ausnahmsweise in Betracht.[274]

Einreden. Eine zu Unrecht abgegebene Unterlassungsverpflichtung kann uU nach § 812 BGB kondi- **77** ziert werden,[275] jedoch nicht, wenn sie – was idR der Fall sein wird – zu dem Zweck abgegeben ist, eine bestehende Unsicherheit zu beseitigen; hier bildet – wie bei der Abgabe eines Schuldanerkenntnisses oder der Hingabe eines Wechsels – die entspr Abrede einen Rechtsgrund[276] (str). In Betracht kommen Verwirkung (Rn 287) und unzulässige Rechtsausübung.[277]

3. Die durch eine **erneute Verletzungshandlung** trotz strafbewehrter Unterlassungserklärung re- **78** gelmäßig begründete neuerliche Wiederholungsgefahr[278] kann grds nur durch eine weitere Unterwerfungserklärung mit gegenüber der ersten erheblich höherer Strafbewehrung ausgeräumt werden.[279]

III. Erstbegehungsgefahr

1. Voraussetzungen. Unter dem Gesichtspunkt der Erstbegehungsgefahr ist ein Unterlassungsan- **79** spruch begründet, wenn zwar noch kein Patenteingriff erfolgt ist, aber ernsthafte und greifbare Tatsachen dafür vorliegen, dass sich der Gegner in naher Zukunft rechtswidrig verhalten werde (vorbeugender Abwehranspruch).[280] Die drohende Verletzungshandlung muss in tatsächlicher Hinsicht so greifbar sein, dass eine zuverlässige rechtl Beurteilung möglich erscheint.[281] Bewerben im Internet und in Prospekten reicht grds aus.[282] Ist eine Zwangslizenz erteilt, begründet die Möglichkeit ihrer Aufhebung im Rechtsmittelverfahren allein weder Erstbegehungs- noch Wiederholungsgefahr.[283] Eine Patentanmeldung begründet für sich keine Erstbegehungsgefahr,[284] auch nicht das Betreiben des Zulassungsverfahrens für ein patentgeschütztes Arzneimittel kurz vor Ende der Schutzdauer[285] oder der Erhalt einer Zulassung vor längerer

---

270 In OLG Düsseldorf 21.12.1995 2 U 242/94 nicht abschließend entschieden.

271 BGHZ 133, 316, 320 = GRUR 1997, 382 f Altunterwerfung I; BGH GRUR 1997, 386, 388 Altunterwerfung II, nicht in BGHZ; BGH GRUR 1998, 953 Altunterwerfung III; näher *Gottschalk* GRUR 2004, 827.

272 BGH Altunterwerfung III.

273 BGH GRUR 1998, 471, 474 Modenschau im Salvatorkeller mwN.

274 LG Düsseldorf 13.11.1997 4 O 410/96 Entsch 1998, 24; vgl auch RB Den Haag BIE 2002, 295.

275 Vgl BGHZ 130, 288, 292 = GRUR 1995, 678 kurze Verjährungsfrist; BGH GRUR 1998, 953 Altunterwerfung III.

276 Vgl BGH Altunterwerfung III.

277 BGH GRUR 1998, 471, 473 f Modenschau im Salvatorkeller: Ansammeln von Zuwiderhandlungen über Jahre und nachfolgende wirtschaftlich bedrohliche Zahlungsklage, jedoch unter Hinweis darauf, dass im UWG anders als im gewerblichen Rechtsschutz nicht die Vermeidung eines schutzwürdigen Besitzstands Ziel des Versprechens ist.

278 Hierzu BGH GRUR 1980, 241 Rechtsschutzbedürfnis; BGH GRUR 1998, 1043 f GS-Zeichen; BGH GRUR 2007, 623 Befüllung fremder Gastanks.

279 BGH GRUR 1990, 534 Abrufcoupon.

280 BGHZ 2, 394 = GRUR 1952, 35 Widia/Ardia; LG Düsseldorf 5.3.2009 4b O 242/07; LG Düsseldorf 3.4.2014 4b O 114/12 CIPR 2014, 74 Ls; vgl BGH GRUR 1992, 318 f Jubiläumsverkauf; BGH GRUR 1994, 57 f Geld-zurück-Garantie; BGH GRUR 1993, 53, 55 ausländischer Inserent; BGH GRUR 1999, 1097 Preissturz ohne Ende; BGH GRUR 2001, 1174 Berühmungsaufgabe; BGH GRUR 2003, 903 Willkommenspaket; OG Luzern sic! 2003, 606; *Fitzner/Lutz/Bodewig* Rn 59; *Büscher/Dittmer/Schiwy* Rn 61.

281 Begr BTDrs 16/5048 = BlPMZ 2008, 289, 299; vgl OLG Düsseldorf 29.5.2008 2 U 86/06; LG Düsseldorf 19.4.2011 4a O 236/09.

282 Vgl BGH GRUR 2010, 602 Gelenkanordnung (Nr 47).

283 BGHZ 130, 259 = GRUR 1996, 109 klinische Versuche I.

284 OLG München OLGZ 1974, 466, 470 f; abw zur Markenanmeldung BGH GRUR 2014, 382 REAL Chips; BGH GRUR 2016, 83 Amplidect/ampliteq.

285 OLG Düsseldorf Mitt 2006, 426; *Fitzner/Lutz/Bodewig* Rn 60, 62.

Zeit, jedenfalls, wenn diese bei Nichtbenutzung während der restlichen Schutzdauer nicht verfällt.[286] Im Wettbewerbsrecht begründen wettbewerbswidrige Handlungen des Angestellten grds Erstbegehungsgefahr für den Unternehmer;[287] dies wird auf das Patentrecht nicht ohne weiteres zu übertragen sein.

80   Mit Rücksicht auf den **Territorialitätsgrundsatz** ist die Erstbegehungsgefahr grds allein anhand auf das Inland bezogener Handlungen und Erklärungen zu prüfen.[288]

81   Dass die **technischen Voraussetzungen** zur Benutzung eines geschützten Verfahrens vorhanden sind, rechtfertigt allein nicht die Schlussfolgerung, dass davon Gebrauch gemacht werde.[289] Die bloße Vermutung weiterer Verletzungen aufgrund des Unternehmensgegenstands und des Geschäftszwecks reicht nicht aus.[290] Anders als im Markenrecht[291] steht das Fehlen einer verkehrsfähigen Ware der Erstbegehungsgefahr regelmäßig nicht entgegen. Jedoch begründet die Ausstellung eines mangels CE-Zertifizierung noch nicht marktfähigen Medizinprodukts noch keine Erstbegehungsgefahr für das Inverkehrbringen eines damit identischen, marktfähigen Endprodukts.[292] Antrag auf Vertriebsgenehmigung kann Erstbegehungsgefahr begründen.[293]

82   Die bloße **Weigerung, eine Unterlassungserklärung abzugeben**, begründet keine Erstbegehungsgefahr.[294]

83   Aus einer **Verletzungshandlung**, die **in verjährter Zeit** liegt, kann allein Erstbegehungsgefahr (zur Wiederholungsgefahr Rn 59) nicht hergeleitet werden,[295] allerdings kann sich aus dem Verhalten des Verletzers im Rechtsstreit über seine Zuwiderhandlung eine neue Erstbegehungsgefahr ergeben.[296]

84   Eine Verletzungshandlung kann Erstbegehungsgefahr hinsichtlich **andersartiger Verletzungshandlungen** begründen.[297] Ausführungsformen, deren Herstellung und Vertrieb der Verletzer weder vorgenommen noch beansprucht hat, können nicht Gegenstand eines Unterlassungsanspruchs sein; es müssen Umstände vorliegen, die darauf schließen lassen, dass der Entschluss zur Verletzung bereits gefasst ist und dass es nur noch vom Verletzer abhängt, ob es zu einer Verletzung kommt.[298]

85   Erstbegehungsgefahr begründet, wer sich des Rechts **berühmt**, bestimmte Handlungen vornehmen zu dürfen.[299] Unklar ist die Rechtslage beim Testkauf.[300]

86   Auch wer sich **im Prozess** des Rechts berühmt, eine bestimmte Handlung vornehmen zu dürfen, begründet Erstbegehungsgefahr. Die Lebenserfahrung spricht dafür, dass die Verteidigung einer bestimmten Handlungsweise auch den Weg zu ihrer künftigen Fortsetzung eröffnen soll, sofern nicht eindeutig und unmissverständlich zum Ausdruck gebracht wird, dass die Berühmung ausschließlich der Rechtsverteidigung dienen soll.[301] Dies gilt selbst, wenn sich die Behauptung der Verletzung als unbegründet er-

---

286   OLG Düsseldorf GRUR-RR 2013, 241.

287   BGH GRUR 2000, 907 Filialleiterfehler.

288   OLG Düsseldorf GRUR-RR 2013, 241.

289   BGHZ 116, 122, 135 = GRUR 1992, 305, 309 Heliumeinspeisung.

290   BGHZ 117, 264 = GRUR 1992, 612 Nicola; vgl BGH GRUR 1992, 318 Jubiläumsverkauf.

291   Vgl BGH GRUR 1991, 607 Visper.

292   LG Hamburg GRUR-RR 2014, 137.

293   OLG Düsseldorf 6.8.2015 2 U 21/15 Mitt 2016, 89 Ls.

294   BGH GRUR 1970, 358, 360 Heißläuferdetektor; BGHZ 117, 264 = GRUR 1992, 612 Nicola.

295   BGH GRUR 1988, 313 Auto F. GmbH; BGH GRUR 1987, 125 Berühmung; BGH GRUR 1994, 57 Geld-zurück-Garantie, unter Hinweis auf § 21 UWG.

296   BGH Auto F. GmbH.

297   OLG Nürnberg WRP 1978, 475.

298   BGHZ 117, 264 = GRUR 1992, 612 Nicola; vgl BGHZ 148, 26, 35 = GRUR 2001, 841 Entfernung der Herstellungsnummer II; BGH GRUR 2002, 709, 711 Entfernung der Herstellungsnummer III.

299   BGHZ 117, 264 = GRUR 1992, 612 Nicola; vgl BGHZ 3, 270, 276 = GRUR 1952, 410 Constanze I; BGH GRUR 1987, 125 f Berühmung; BGHZ 111, 182 = GRUR 1990, 678 Herstellerkennzeichen auf Unfallwagen; BGH GRUR 1992, 404 Systemunterschiede; BGH GRUR 1992, 610 Pressehaftung II; BGH GRUR 1994, 638 f fehlende Planmäßigkeit; BGH GRUR 1995, 595, 598 Kinderarbeit; BGH GRUR 1999, 1097 Preissturz ohne Ende; BGH GRUR 2001, 1174 f Berühmungsaufgabe; BGHZ 149, 247 = GRUR 2002, 360, 366 „H.I.V. POSITIVE" II; BGH GRUR 2003, 428, 431 Big Bertha; LG Düsseldorf InstGE 1, 296, 301; Begr G zur Verbesserung der Durchsetzung von Rechten des geistigen Eigentums S 87.

300   Nach *Mes*³ Rn 266 (nicht mehr bei *Mes*⁴) soll ein Testkauf (zumindest) Erstbegehungsgefahr begründen; dies kann sich aber allenfalls auf die Reaktion auf die Anfrage beziehen.

301   BGHZ 117, 264 = GRUR 1992, 612 Nicola; BGH GRUR 1987, 45 Sommerpreiswerbung; BGH GRUR 1987, 125 Berühmung; BGH GRUR 1988, 313 Auto F. GmbH; BGH GRUR 1992, 404 Systemunterschiede; BGH GRUR 1992, 618

weist.[302] Diese Rspr hat der BGH dahin modifiziert, dass nur dann von einer Berühmung auszugehen ist, wenn den Erklärungen im Prozess die Bereitschaft zu entnehmen ist, sich im Sinn der zur Rechtsverteidigung vertretenen Auffassung zu verhalten.[303]

Die Äußerung der Auffassung, zum beanstandeten Verfahren **berechtigt zu sein**, stellt für sich keine **87** Berühmung dar,[304] solange sie nicht so erfolgt, dass die Inanspruchnahme des Rechts als ernstliche Gefahr der Begehung erscheint.[305] An die Begründung der Erstbegehungsgefahr durch prozessuale Erklärungen im Rahmen eines Vergleichsgesprächs sind strenge Anforderungen zu stellen.[306]

Der vorbeugende Unterlassungsanspruch **besteht solange**, wie die Gefahr der Begehung droht; er **88** entfällt mit dem Fortfall der Erstbegehungsgefahr.[307]

Da es sich nicht um einen noch nicht fälligen vorbeugenden Unterlassungsanspruch, sondern einen **89** **eigenständigen Anspruch** handelt, macht das Fehlen der Erstbegehungsgefahr eine Klage unbegründet und nicht nur zur Zeit unbegründet.[308] Maßgeblich ist der Schluss der mündlichen Verhandlung.[309]

2. An die **Ausräumung** der Erstbegehungsgefahr sind grds weniger strenge Anforderungen zu stellen **90** als bei der Wiederholungsgefahr.[310] Für ihren Fortbestand besteht keine Vermutung.[311]

Mit **Aufgabe der Berühmung**, die auch in der uneingeschränkten und eindeutigen Erklärung liegt, **91** dass die beanstandete Handlung in Zukunft nicht vorgenommen werde, entfällt Erstbegehungsgefahr.[312]

IV. Verhältnismäßigkeit; Aufbrauchsfrist

Der Unterlassungsanspruch wurde im Patentrecht grds nicht als unter einem Verhältnismäßigkeits- **92** vorbehalt stehend angesehen (anders jetzt bei den Ansprüchen nach § 140a Abs 4, vgl Rn 18 zu § 140a, § 140b Abs 4, vgl Rn 15 zu § 140b, § 140c Abs 2, vgl Rn 10 ff zu § 140c, und § 140d Abs 2, vgl Rn 12 zu § 140d). Die Diskussion ist in jüngerer Zeit mit Bezug auf „Patenttrolle" geführt worden, die nicht selbst entwickeln oder produzieren und auf Gewinnmaximierung durch Realisierung des Druckpotentials von Unterlassungsansprüchen insb aus dem Hinterhalt von „Patentdickichten" oder bei Standards vorgehen.[313] Möglicherweise entspr einzuordnende Fälle sind nicht nur aus den USA („equity"-Rspr),[314] sondern auch in Deutschland („Patenttrolle")[315] bekannt geworden.[316] Als Ansätze für eine Verhältnismäßigkeitskontrolle sind angesichts des Fehlens eines Vorbehalts im PatG und des Ausnahmecharakters der Regelungen in § 100 UrhG, § 45 DesignG (Geldentschädigung zur Abwehr der Ansprüche) neben Art 3 Abs 2 Durchset-

Pressehaftung II; BGH GRUR 1993, 53, 55 ausländischer Inserent; BGH GRUR 1994, 638 f fehlende Planmäßigkeit; BGH GRUR Int 1995, 503 Cliff Richard II; BGH GRUR 1999, 418, 420 Möbelklassiker; BGH GRUR 1999, 1097 Preissturz ohne Ende.

302 BGH GRUR 1960, 126 Sternbild.

303 BGH GRUR 2001, 1174 f Berühmungsaufgabe; hierzu *Teplitzky* GRUR 2003, 272 f; vgl BGH GRUR 2006, 879 Flüssiggastank; BGH GRUR 2006, 429 Schlank-Kapseln.

304 BGH NJW 1990, 1759 Kreishandwerkerschaft II; BGH GRUR 2001, 1174 Berühmungsaufgabe mwN; vgl BGH GRUR 1963, 218, 220 Mampe Halb und Halb II; BGH GRUR 1968, 49 f Zentralschloßanlagen.

305 BGH GRUR 1990, 687 Anzeigenpreis II; BGH GRUR 1992, 404 Systemunterschiede; BGH GRUR 1992, 627 Pajero.

306 BGH Pajero.

307 BGH GRUR 1989, 432, 434 Kachelofenbauer I.

308 BGH GRUR 1990, 687 Anzeigenpreis II.

309 BGH GRUR 1994, 57 f Geld-zurück-Garantie; BGH GRUR 2001, 1174 Berühmungsaufgabe.

310 BGH GRUR Int 1995, 503 Cliff Richard II; BGH GRUR 2001, 1174 Berühmungsaufgabe; *Fitzner/Lutz/Bodewig* Rn 63; *Büscher/Dittmer/Schiwy* Rn 64.

311 BGH GRUR 1989, 432, 434 Kachelofenbauer I; BGH GRUR 1992, 116 Topfguckerscheck; BGH GRUR 1993, 53, 55 ausländischer Inserent.

312 BGH GRUR 1970, 465, 467 Prämixe; BGH GRUR 1987, 125 Berühmung; BGH GRUR 1992, 116 Topfguckerscheck; BGH GRUR 1992, 404 Systemunterschiede; BGH GRUR 1993, 53, 55 ausländischer Inserent; BGH GRUR 1994, 454, 456 Schlankheitswerbung; BGH GRUR Int 1995, 503 Cliff Richard II; BGH GRUR 2001, 1174 Berühmungsaufgabe; vgl BGH GRUR 1995, 751 Schlußverkaufswerbung II; OLG Hamburg 11.7.2002 3 U 17/02, SortSache; vgl auch OG Luzern sic! 2003, 606; strenger *Fitzner/Lutz/Bodewig* Rn 63.

313 Vgl zum Patenthinterhalt (patent ambush) LG Mannheim 27.11.2015 2 O 106/14 (Nr 198).

314 Hierzu *Fitzner/Lutz/Bodewig* Rn 74 ff; *Heusch* FS W. von Meibom (2010), 135; *Reitboeck* GRUR Int 2013, 419.

315 Vgl *Ohly* GRUR Int 2008, 787; *Osterrieth* GRUR 2009, 540.

316 Vgl LG Mannheim InstGE 11, 9; LG Mannheim InstGE 11, 124, 127.

zungsRl, wonach die Maßnahmen zur Durchsetzung des geistigen Eigentums wirksam, verhältnismäßig und abschreckend sein müssen, und kartellrechtl Instrumenten allenfalls in engen Ausnahmefällen § 242 BGB, die Regelung in § 275 Abs 2 BGB[317] und der Behinderungstatbestand des § 4 Nr 4 UWG (früher: § 4 Nr 10 UWG) denkbar.[318] Dass ein kommerzieller Patentverwerter einen Unterlassungsanspruch durchsetzt, begründet einen solchen Ausnahmefall nicht.[319] IdR wird der Verhältnismäßigkeitsgrundsatz allenfalls zur Einräumung einer Umstellungsfrist führen können. Dies wird aber nur gelten können, soweit patentrechtl (§ 24) oder kartellrechtl (Rn 234 ff; Rn 100 ff zu § 24) Zwangslizenzen nicht in Betracht kommen.

93   Zur Milderung der Folgen wettbewerbsrechtl und zeichenrechtl Unterlassungsansprüche ist es zulässig, dem Schuldner unter bestimmten Umständen eine Aufbrauchs-, Umstellungs- oder Beseitigungsfrist einzuräumen.[320] Die Einräumung einer **Aufbrauchsfrist** ist zT materiellrechtl begründet, zT prozessual auf § 242 BGB gestützt worden; die Lit hat auch § 765a ZPO als Grundlage herangezogen;[321] damit lässt sich eine Zubilligung der Aufbrauchsfrist im Erkenntnisverfahren allerdings nicht rechtfertigen.[322] Bei Verfahrenspatenten soll eine Aufbrauchsfrist grds nicht in Betracht kommen.[323]

94   Ob in **Patentverletzungssachen** überhaupt eine Aufbrauchsfrist in Betracht kommt, ist höchstrichterlich nicht entschieden[324] Sieht man die Aufbrauchsfrist als Ausprägung von Treu und Glauben an, können grds Bedenken nicht erhoben werden.[325] Es ist vertreten worden, dass sie hier allenfalls in Ausnahmefällen bei ursprünglich gutgläubigem Verhalten in Betracht komme.[326] Das ist zu eng. Allerdings ist die Anlegung eines strengen Maßstabs geboten. Berücksichtigt werden können ungeachtet der objektiven Anknüpfung des Unterlassungsanspruchs Art und Umfang des Verschuldens des Verletzers, das Verhalten des Berechtigten, aber auch die wirtschaftlichen Auswirkungen.[327]

95   Auch im Bereich der **einstweiligen Verfügung** ist eine Aufbrauchsfrist nicht grds ausgeschlossen.[328]

96   Die Einräumung einer Aufbrauchsfrist **im Vergleichsweg** wird häufig praktiziert.[329] Sie bewirkt, dass der Unterlassungsanspruch während ihres Laufs nicht durchgesetzt werden kann.[330] Str ist, ob die Einräumung eine Pflicht zu Ausgleichszahlungen begründet.[331]

---

317   Vgl zur Anwendung im Rahmen des § 1004 BGB BGH NJW 2008, 3122 m zust Anm *Stürner* jurisPR-BGHZivilR 16/2008 Anm 1.

318   Vgl BGH GRUR 2001, 242 Classe E, Markensache; LG Mannheim InstGE 11, 9, 11; *Ohly* GRUR Int 2008, 787; *Uhrich* ZGE 2009, 59; *Fitzner/Lutz/Bodewig* Rn 206; zur Berücksichtigung bei der Aussetzung des Verletzungsstreits *Fitzner/Lutz/Bodewig* Rn 76.

319   LG Mannheim InstGE 11, 9, 11 f.

320   RG GRUR 1930, 331, 333 Loewe-Radio; RG GRUR 1933, 583, 586 Johann Maria Farina IV; RG GRUR 1942, 270 f Firmenänderung; RG GRUR 1943, 307, 310 Schloßbrauerei; BGH GRUR 1957, 488, 491 MHZ; BGH GRUR 1957, 499, 504 Wipp; BGH GRUR 1957, 561, 564 REI-Chemie; BGH GRUR 1960, 563, 567 Sektwerbung; BGH GRUR 1966, 495, 498 Uniplast; BGH GRUR 1974, 474, 476 Großhandelshaus; BGH GRUR 1974, 735, 737 Pharmamedan; OLG Frankfurt GRUR 1994, 524, 526; vgl auch BGH GRUR 1961, 283 Mon Chéri II; BGH GRUR 1982, 425, 431 Brillenselbstabgabestellen; *Fitzner/Lutz/Bodewig* Rn 80 ff.

321   *Pastor* GRUR 1964, 245, 247; *Tetzner* NJW 1967, 1545, 1547.

322   Vgl *Ulrich* GRUR 1991, 26, 28; zu Rechtsnatur und Beginn der Aufbrauchsfrist s auch OLG Karlsruhe GRUR 1991, 619.

323   *Bodewig* GRUR 2005, 632, 635.

324   BGH GRUR 1972, 259 f Heuwerbungsmaschine befasst sich nur mit den Auswirkungen einer gewährten Aufbrauchsfrist, über die infolge des Ablaufs der Schutzdauer nicht mehr in der Sache zu entscheiden war; vgl *Eichmann* (Anm) GRUR 1972, 262; *Büscher/Dittmer/Schiwy* Rn 69.

325   Vgl *Nieder* Patentverletzung Rn 95; *Bodewig* GRUR 2005, 632, 635.

326   *Benkard*[9] Rn 136 aE; *Benkard* Rn 136a will sie regelmäßig nur noch bei grober Fahrlässigkeit ausschließen.

327   Differenzierend auch *Bodewig* GRUR 2005, 632, 635.

328   AA OLG Düsseldorf GRUR 1986, 197 und OLG Frankfurt GRUR 1988, 46; eingehend *Ulrich* GRUR 1991, 26, 28 ff; differenzierend („nicht schlechthin auszuschließen") *Benkard* Rn 153e; vgl OLG Koblenz WRP 1991, 599, 601 f; OLG Koblenz GRUR 1995, 499 f; *Fitzner/Lutz/Bodewig* Rn 87.

329   *Brandi-Dohrn* VPP-Rdbr 1993, 30.

330   *Fitzner/Lutz/Bodewig* Rn 89.

331   Näher zum Streitstand *Bodewig* GRUR 2005, 632, 635; vgl auch *Benkard* Rn 136a; *Fitzner/Lutz/Bodewig* Rn 89.

E. Der Schadensersatzanspruch

Schrifttum: *AIPPI* Strafschadenersatz als strittige Frage der Rechte des Geistigen Eigentums (Q 186), Bericht der schweizerischen Landesgruppe, sic! 2005, 318; *Allekotte* Erschöpfung durch Zahlung? Mitt 2004, 1; *Frauke Asendorf* Die Aufteilung des Schadensersatzes auf mehrere Verletzer im gewerblichen Rechtsschutz und Urheberrecht, 2011, zugl Diss Köln 2010; *Assmann* Schadensersatz in mehrfacher Höhe des Schadens, BB 1985, 15; *Bartels* Haftungsgrenzen bei unerlaubtem Eingriff in fremde Immaterialgüterrechte, UFITA 2004, 357; *Barthelmeß* Der Schutz des Patentinhabers, Diss 1930; *Beckensträter* Die Festsetzung der Entschädigung bei leicht fahrlässiger Patent- und Gebrauchsmusterverletzung, GRUR 1963, 231; *Benhamou* Compensation of Damages for Infringements of IP Rights in France Under Directive 2004/48/EC, IIC 2009, 125; *A. Bergmann* Schadensersatz und das Prinzip der Erschöpfung: Herausgabe des Verletzergewinns wegen Urheberrechtsverletzung in der Absatzkette, GRUR 2010, 874; *Berlit* Auswirkungen des Gesetzes zur Verbesserung der Durchsetzung von Rechten des geistigen Eigentums im Patentrecht, WRP 2007, 732; *Beuthien/Schmölz* Persönlichkeitsschutz durch Persönlichkeitsgüterrechte. Erlösherausgabe statt nur billige Entschädigung in Geld, 1999; *Beuthien/Wassmann* Zur Herausgabe des Verletzergewinns bei Verstößen gegen das Markengesetz – zugleich Kritik an der sogenannten dreifachen Schadensberechnung, Mitt 1997, 255; *Bodewig/Wandtke* Die doppelte Lizenzgebühr als Berechnungsmethode im Lichte der Durchsetzungsrichtlinie, GRUR 2008, 220; *Brandner* Die Herausgabe von Verletzervorteilen im Patentrecht und im Recht gegen den unlauteren Wettbewerb, GRUR 1980, 359; *Bruchhausen* Gedanken zur Rechtsangleichung auf dem Gebiet des Sanktionensystems bei immateriellen Güterrechten in Europa, GRUR 1980, 515; *Bruchhausen* Können die bei der Patentverletzung entstehenden Ausgleichsansprüche harmonisiert werden? GRUR Int 1990, 707; *Cuonzo/Holden* The Evaluation of Damages in Italian Patent Litigation, EIPR 1993, 441; *Dasser* Punitive damages: Vom „fremden Fötzel" zum „Miteidgenoss"? SJZ 2000, 102; *Däubler* Ansprüche auf Lizenzgebühr und Herausgabe des Verletzergewinns – atypische Formen des Schadensersatzes, JuS 1969, 49; *Delahaye* Kernprobleme der Schadensberechnungsarten bei Schutzrechtsverletzungen, GRUR 1986, 217; *Dessemontet* Schadensersatz für die Verletzung geistigen Eigentums nach schweizerischem und französischem Recht, GRUR Int 1980, 272; *Dichlberger* Die Gewinnabschöpfung: eine unbekannte Größe? ecolex 2010, 880; *Dreier* Kompensation und Prävention: Rechtsfolgen unerlaubter Handlung im Bürgerlichen, Immaterialgüter- und Wettbewerbsrecht, 2002; *Dreier* Ausgleich, Abschreckung und andere Rechtsfolgen von Urheberrechtsverletzungen, GRUR Int 2004, 706; *Dreiss* Was sind eigentlich Gemeinkosten? FS 50 Jahre VPP (2005), 303; *Enzinger* Die Eingriffskondiktion als Rechtsbehelf im gewerblichen Rechtsschutz, GRUR Int 1997, 96; *Fähndrich* Wie teuer sind Patentverletzungen nach dem BGH-Urteil „Gemeinkostenanteil"? VPP-Rdbr 2003, 13; *Fest* Bereicherungs- und Schadensausgleich bei der Verletzung von Immaterialgüterrechten, Diss 1996; *E. Fischer* Schadensersatz für den nichtausschließlichen Lizenznehmer, GRUR 1980, 374; *Th. Fischer* Schadensberechnung im gewerblichen Rechtsschutz, Urheberrecht und lauterem Wettbewerb, 1961; *Fort* Strafelemente im deutschen, amerikanischen und österreichischen Schadensersatzrecht unter besonderer Berücksichtigung des gewerblichen Rechtsschutzes und Urheberrechts, 2001, zugl Diss Münster; *Goddar* Schadensersatzberechnung nach der Lizenzanalogie, FS 50 Jahre VPP (2005), 309; *Götz* Schaden und Bereicherung in der Verletzerkette, GRUR 2001, 295; *Grabinski* Gewinnherausgabe und Patentverletzung, GRUR 2009, 260; *Grüger* „Catwalk" – Synonym für eine höhere Schadensliquidation? GRUR 2006, 536; *Haedicke* Die Gewinnhaftung des Patentverletzers, GRUR 2005, 529; *Haedicke* Schadensersatz bei mittelbarer Patentverletzung, GRUR 2009, 273; *Haft/Lunze* Fünfeinhalb Jahre nach der „Gemeinkostenanteilentscheidung" des BGH – viel Lärm um Nichts? Mitt 2006, 193; *Haft/Reimann* Zur Berechnung des Verletzergewinns nach der „Gemeinkostenanteil"-Entscheidung des BGH vom 2. November 2000, Mitt 2003, 437; *Heermann* Schadensersatz und Bereicherungsausgleich bei Patentverletzungen, GRUR 1999, 625; *Heffan* The Willful Patent Infringement, The Federal Circuit Bar Journal 1997, 115; *Heil/Roos* Zur dreifachen Schadensberechnung bei Übernahme sonderrechtlich nicht geschützter Leistungen, GRUR 1994, 26; *Hülsewig* Der Restaschadensersatzanspruch im Patentrecht – beschränkt auf die angemessene Lizenzgebühr? GRUR 2011, 673; *Jenny* Zum Verletzerzuschlag im schweizerischen Urheberrecht, sic! 2004, 651; *Kämper* Der Schadensersatzanspruch bei der Verletzung von Immaterialgüterrechten, GRUR Int 2008, 539; *Karnell* Gedanken zur Bemessung von Schadensersatzansprüchen bei Patentverletzungen, GRUR Int 1996, 335; *Kather* Schadensersatz nach Patentverletzung: Die deutsche Praxis RU-konform? EPGÜ-konform? VPP-Rdbr 2014, 28; *Kefalas* Schadensersatz und punitive damages: Die Entwicklung in der griechischen Rechtsprechung, FS U. Eisenhardt (2007), 255; *Kelker* Gewinnherausgabe zwischen Schadensersatz- und Bereicherungsanspruch im Immaterialgüterrecht, Diss Münster 2003; *Klawitter* Zur Frage der Abschöpfung des Verletzergewinns in mehrstufigen Vertriebsketten, CR 2009, 705; *Kleinberger/Hartung* Kausalitätsabschlag und Kontrollüberlegung beim Verletzergewinn, GRUR 2013, 683; *Kochendörfer* Verletzerzuschlag auf Grund der Enforcement-Richtlinie? ZUM 2009, 389; *Köhler* Der Schadensersatz-, Bereicherungs- und Auskunftsanspruch im Wettbewerbsrecht, NJW 1992, 1477; *Köhler* Vertragsstrafe und Schadensersatz, GRUR 1994, 260; *Köhler* Begrenzung wettbewerbsrechtlicher Ansprüche durch den Grundsatz der Verhältnismäßigkeit, GRUR 1996, 82; *Köllner* Bemessung des Schadensersatzes – zugleich eine Anmerkung zu OLG Düsseldorf – Lifter, Mitt 2006, 289; *Köllner* Diverse Anmerkungen zur Bemessung des Schadensersatzes bei Patentverletzungen, Mitt 2006, 535; *Körner* Die Auswirkung des Patentnichtigkeitsurteils auf Schadensersatzansprüche des Patentinhabers, GRUR 1974, 441; *Körner* Der Bestand bzw Fortbestand von Schutzrechten und Know-how als Voraussetzung der Lizenzgebühren- bzw Schadensersatzpflicht, GRUR 1982, 341; *Körner* Die Aufwertung der Schadensberechnung nach der Lizenzanalogie bei Verletzung gewerblicher Schutzrechte durch die Rspr zum „Verletzervorteil" und zu den „aufgelaufenen Zinsen", GRUR 1983, 611; *Körner* Schadensausgleich bei Verletzung gewerblicher Schutzrechte und bei ergänzendem Leistungsschutz, FS E. Steindorff (1990) 877; *Patrick Kohler* Vermögensausgleich bei Immaterialgüterrechtsverletzungen, zugl Diss Zürich

1999; *Patrick Kohler* Gewinnherausgabe bei Patentrechtsverletzungen, sic! 2006 815; *Patrick Kohler* Berechnung des Verletzergewinns bei gut- und bösgläubigen Immaterialgüterrechtsverletzungen, sic! 2008, 564; *Koziol* Patentverletzungen und Schadenersatz, Österreichisches Recht der Wirtschaft 2007, 198; *Kraßer* Schadensersatz für Verletzungen von gewerblichen Schutzrechten und Urheberrechten nach deutschem Recht, GRUR Int 1980, 259; *Kruse* Ermittlung einer angemessenen Lizenzabgabe als Schadensersatz bei Patentverletzungen, 1953 und GRUR 1941, 202; *Th. Kühnen* Die Ansprüche des Patentinhabers wegen Schutzrechtsverletzung nach Vergabe einer ausschließlichen Lizenz, FS T. Schilling (2007), 311; *Kur* Prävention – Cui Bono? Überlegungen zur Schadensersatzberechnung im Immaterialgüterrecht, FS Kolle/Stauder (2005), 365; *Lange* Handbuch des Schuldrechts Bd I Schadensersatz², 1990, S 357–364; *Lehmann* Juristisch-ökonomische Kriterien zur Berechnung des Verletzergewinns bzw. des entgangenen Gewinns, BB 1988, 1680; *Lehmann* Präventive Schadensersatzansprüche bei Verletzungen des geistigen und gewerblichen Eigentums, GRUR Int 2004, 762; *Leisse* Schadensersatz durch befristete Unterlassung, FS F. Traub (1994), 229; *Leisse/Traub* Schadensschätzung im unlauteren Wettbewerb, GRUR 1980, 1; *Lindenmaier* Zur Höhe der Lizenzgebühr als Entschädigung für Patentverletzung, GRUR 1955, 359; *Littmann* Monopoly, Competition and Other Factors in Determining Patent Infringement Damages, 38 IDEA 1 (1997); *Loewenheim* Möglichkeiten der dreifachen Berechnung des Schadens im Recht gegen den unlauteren Wettbewerb, ZHR 135 (1971), 97; *Lutz* Die erweiterte Schadensberechnung, Diss Tübingen 1974; *Maaßen/Schöne* Folgen der „BTK"-Entscheidung des Bundesgerichtshofs für die Berechnung der fiktiven Lizenzgebühr, GRURPrax 2010, 97; *Makous* Patent Damages for the Profits of Infringer After Patent Expiration: Accelerated Re-entry Damages, The Journal of Proprietory Rights August 1996, 2; *Mahlmann* Schaden und Bereicherung durch die Verletzung geistigen Eigentums, 2005; *Maul/Maul* Produktpiraterie im Pharma-Bereich – Sanktionsbedarf und Schadensquantifizierung, GRUR 1999, 1059; *Meer* Finanzielle Wiedergutmachung bei Immaterialgüterrechtsverletzungen (Bericht), sic! 2008, 165; *Meier-Beck* Ersatzansprüche gegenüber dem mittelbaren Patentverletzer, GRUR 1993, 1; *Meier-Beck* Damages for Patent Infringement According to German Law – Basic Principles, Assessment and Enforcement, IIC 35 (2004), 113; *Meier-Beck* Herausgabe des Verletzergewinns – Strafschadensersatz nach deutschem Recht? GRUR 2005, 617; *Meier-Beck* Schadenskompensation bei der Verletzung gewerblicher Schutzrechte im Lichte der Durchsetzungsrichtlinie, FS M. Loschelder (2010), 221; *Meier-Beck* Schadenskompensation bei der Verletzung gewerblicher Schutzrechte nach dem Durchsetzungsgesetz, WRP 2012, 503; *Melullis* Zur Schadensberechnung im Wege der Lizenzanalogie bei zusammengesetzten Vorrichtungen, FS F. Traub (1994), 287; *Melullis* Zur Ermittlung und zum Ausgleich des Schadens bei Patentverletzungen, GRUR Int 2008, 679; *Menninger/Nägele* Die Bewertung von Gewerblichen Schutzrechten und Urheberrechten für Zwecke der Schadensberechnung im Verletzungsfall, WRP 2007, 912; *Möhring* Einzelfragen der Schadensliquidation im gewerblichen Rechtsschutz und Urheberrecht, GRUR 1931, 419; *Möller* Der Umfang des Schadensersatzes nach § 47 Abs 2 PG, GRUR 1938, 221; *Moody-Stuart* Quantum in Accounts of Profits: The Acid Test, EIPR 1999, 147; *Moss/Rogers* Damages for Loss of Profits in Intellectual Property Litigation, EIPR 1997, 425; *Müller-Stoy/Schachl* LG München I macht Lizenzanalogie attraktiver, GRURPrax 2011, 341; *Mutze* Bilanzmäßige Rückstellungen wegen Verletzung von Patenten, Gebrauchsmustern und Warenzeichen, Mitt 1966, 140; *Nertz* Der Anspruch auf Zahlung einer angemessenen Vergütung bei rechtswidriger Benutzung fremder Immaterialgüterrechte (sog Lizenzanalogie), Diss Basel 1992; *Neuberger* Der wettbewerbsrechtliche Gewinnabschöpfungsanspruch im europäischen Rechtsvergleich, Diss Bayreuth 2006; *Neuhaus* Sekundäre Haftung im Lauterkeits- und Immaterialgüterrecht, 2011; *Osterrieth* Geschmacksmuster-Schutz: neuere Entwicklungen der Rechtsprechung zur Frage des Schutzes für Kfz-Ersatzteile und neuere Entwicklungen bei der Schadensberechnung, VPP-Rdbr 2001, 52; *Pagenberg* Die amerikanische Schadensersatzpraxis im gewerblichen Rechtsschutz und Urheberrecht – Mehrfacher Schadensersatz für Patentverletzungen als Modell für Europa, GRUR Int 1980, 286; *Peifer* Die dreifache Schadensberechnung im Lichte zivilrechtlicher Dogmatik, WRP 2008, 48; *Pietzcker* Schadenersatz durch Lizenzberechnung, GRUR 1975, 55; *Pietzner* Auskunft, Rechnungslegung und Schadensersatz bei wettbewerbswidrigen Eingriffen in fremde Firmenrechte, GRUR 1972, 152; *Pinzger* Berechnung des Schadensersatzes wegen Patentverletzung, GRUR 1931, 667; *Pokrant* Zum Verhältnis von Gewinnabschöpfung gemäß § 10 und Schadensersatz nach § 9 UWG, FS E. Ullmann (2006), 813; *Preu* Richtlinien für die Bemessung von Schadensersatz bei Verletzung von Patenten, GRUR 1979, 753; *Pross* Verletzergewinn und Gemeinkosten, FS W. Tilmann (2003), 881; *Reper* Der akzessorische Rechnungslegungsanspruch im Recht des Geistigen Eigentums, 2008; *Rinnert/Küppers/Tilmann* Schadensberechnung ohne Einschluss der Gemeinkosten, FS H. Helm (2002), 337; *R. Rogge* Schadensersatz nach Lizenzanalogie, FS R. Nirk (1992), 929; *Rojahn* Praktische Probleme bei der Abwicklung der Rechtsfolgen einer Patentverletzung, GRUR 2005, 623; *Sack* Die Lizenzanalogie im System des Immaterialgüterrechts, FS H. Hubmann (1985), 373; *Schaub* Schadensersatz und Gewinnabschöpfung im Lauterkeits- und Immaterialgüterrecht, GRUR 2005, 918; *Schlosser* Equivalence entre le bénéfice réalisé par l'auteur de l'atteinte et le gain manqué, sic! 2008, 152; *Schmidt-Salzer* Zur Technik der topischen Rechtsbildung: Angemessene Lizenzgebühr und Verletzergewinn als Grundlagen der Schadensberechnung, JR 1969, 81; *Schönknecht* Determination of Patent Damages in Germany, IIC 2012, 301; *Schramm* Der Marktverwirrungsschaden, GRUR 1974, 617; *Schultz-Süchting* Der Einfluß des Rechtsanwalts auf das Verschulden seines Mandanten im gewerblichen Rechtsschutz, GRUR 1974, 432; *Schweizer* Zivilrechtliches Verschulden bei der Verletzung von Schutzrechte, sic! 2015, 1; *Spengler* Ist das Verschuldensprinzip nicht mehr zeitgemäß? GRUR 1958, 212; *Spitz* Überlegungen zum entgangenen Gewinn und zur Gewinnherausgabe im Bereich des gewerblichen Rechtsschutzes, sic! 2007, 795; *Steindorff* Abstrakte und konkrete Schadensberechnung, AcP 158, 431; *Stjerna* Wahl und Wechsel der Schadensberechnungsmethode im Immaterialgüterrecht, MarkenR 2006, 104; *Stjerna* Zwischen Rechtskraft und Erfüllung; zum Wechsel der Schadensberechnungsmethode in der Berufungsinstanz, GRUR-RR 2006, 353; *Stjerna* Zum Wechsel der Schadensberechnungsmethode, Mitt 2009, 489; *Stoll* Die dreifache Schadensberechnung im Wettbewerbs- und Markenrecht als Anwendungsfall des allgemeinen Schadensrechts, Diss Tübingen 2000; *Teplitzky* Grenzen des Verbots der Verquickung unterschiedlicher Schadensberechnungsmethoden, FS F. Traub (1994), 401; *V. Tetzner* Der Verletzerzuschlag bei der Lizenzanalogie, GRUR 2009, 6; *Tilmann* Gewinnherausgabe im gewerblichen Rechtsschutz und Urheberrecht: Folgerungen aus der Entscheidung „Gemeinkostenanteil", GRUR 2003, 647; *Tilmann* Neue Überlegungen im Patentrecht, GRUR 2005, 904; *Tilmann* Konstruktionsfragen zum Schadensersatz nach der Durchsetzungs-Richtlinie, FS T. Schilling (2007), 367; *Ullmann* Die Verschuldenshaftung und die Bereicherungshaftung des Verletzers im gewerblichen Rechtsschutz und Urheberrecht, GRUR 1978, 615; *van der Velde* Ausgleichsanspruch auf ungerechtfertigt gezogenen Gewinn im Erfinder- und Urheberrecht, Diss 1932; *Vollrath* Zur Berücksichtigung der Entwicklungs- und Schutzrechtskosten bei der Ermittlung der Schadensersatz-Lizenzgebühren für Patentverletzung, GRUR 1983, 52; *von Bar* Schadensberechnung im gewerblichen Rechtsschutz und Urheberrecht, UFITA 1981, 57; *von der Groeben* Werden durch die Leistung von Schadensersatz die gewerblichen Schutzrechte erschöpft? FS P. Mes (2009), 141; *von der Groeben* Schadensersatzfeststellung im Grundprozess unter Einschluss der Berechnungsfaktoren des Höheprozesses, GRUR 2012, 864; *von der Osten* Zum Anspruch auf Herausgabe des Verletzergewinnes im Patentrecht, GRUR 1998, 284; *von der Osten* Schadensersatzberechnung im Patentrecht, Mitt 2000, 95; *von der Osten/Pross* Schadensersatzansprüche bei mittelbarer Patentverletzung, FS Th. Reimann (2009), 527; *von Graffenried* Schadenersatz und Gewinnherausgabe sind als fiktive Lizenzen zu berechnen, FS L. David (1996), 255; *von Holleben* Geldersatz bei Persönlichkeitsverletzungen, 1999; *von Reincke* Über Schadenersatz für Patentverletzungen, GRUR 1897, 189; *von Ungern-Sternberg* Schadensersatz in Höhe des sog Verletzergewinns nach Umsetzung der Durchsetzungsrichtlinie, FS U. Loewenheim (2009), 351; *Voß* Abschied vom Schadensersatz bei mittelbarer Patentverletzung? GRUR 2006, 281; *Wagner* Prävention und Verhaltenssteuerung durch Privatrecht – Anmaßung oder legitime Aufgabe? AcP 206 (2006), 352; *Wandtke* Doppelte Lizenzgebühr im Urheberrecht als Modell für den Vermögensschaden bei Persönlichkeitsverletzungen im Internet? GRUR 2000, 942; *Werneburg* Zur Berechnung des Schadensersatzanspruchs des Patentberechtigten gegen den Patentverletzer (§ 47 Abs 2 PG vom 5. Mai 1936), GRUR 1936, 778; *Widmer* Vermögensrechtliche Ansprüche des Inhabers und des Lizenznehmers bei der Verletzung von Immaterialgüterrechten, Diss Basel 1985; *Zahn* Die Herausgabe des Verletzergewinns, Diss Heidelberg 2005.

I. Allgemeines

Die rechtswidrige und schuldhafte (vorsätzliche oder fahrlässige) Patentverletzung begründet (deliktische)[332] Schadensersatzansprüche (Abs 2 Satz 1; s auch Art 45 TRIPS-Übk). Abzustellen ist – auch bei zulässiger Verallgemeinerung des Unterlassungsausspruchs – auf die konkrete Verletzungsform;[333] bloße Erstbegehungsgefahr begründet keinen Schadensersatzanspruch.[334] Das Verhältnis von Schadensersatz und Vertragsstrafe beurteilt sich nach § 340 Abs 2 BGB, §§ 341, 342 BGB.[335] Durch das Verschuldenserfordernis (Rn 103 ff) als Voraussetzung für die Schadensersatzhaftung wird sichergestellt, dass der Benutzer nicht mit unübersehbaren Haftungsrisiken belastet wird.[336] Schädigungsabsicht ist nicht erforderlich.[337] Art und Umfang der Schadensersatzverpflichtung richten sich grds nach §§ 249 ff BGB. Zur Haftung mehrerer Verletzer Rn 134, dort auch zur Haftung auf Gewinnherausgabe, zum Verhältnis des unmittelbaren und des mittelbaren Verletzers Rn 101. Die vom zivilrechtl Grundsatz der Totalreparation abw Privilegierung des nur leicht fahrlässig handelnden Verletzers (Abs 2 Satz 2 aF) ist durch das Gesetz zur Verbesserung der Durchsetzung von Rechten des geistigen Eigentums als nicht richtlinienkonform aufgehoben worden.[338] **97**

Handelt der Verletzer **schuldlos**, scheiden Schadensersatzansprüche aus, der Verletzer ist aber Bereicherungsansprüchen ausgesetzt (Rn 199 ff). **98**

Voraussetzung für die Zubilligung von Schadensersatz ist Eintritt eines Schadens und deshalb die **Feststellung zumindest eines Verletzungsfalls**.[339] Ob Schadensersatzansprüche bestehen, richtet sich nach dem zur Zeit der beanstandeten Handlung geltenden Recht.[340] Auf den Einwand, Verletzungshandlungen eingestellt zu haben, kommt es für die Feststellung der Schadensersatzpflicht grds nicht an.[341] **99**

---

332 OLG Düsseldorf 8.10.2008 U (Kart) 43/06.
333 OLG München GRUR 1999, 765.
334 BGH GRUR 2000, 907 Filialleiterfehler.
335 Hierzu *Köhler* GRUR 1994, 260.
336 BGHZ 68, 90 = GRUR 1977, 250, 252 Kunststoffhohlprofil I.
337 *Schulte* Rn 75.
338 Begr G zur Verbesserung der Durchsetzung von Rechten des geistigen Eigentums S 87.
339 BGH GRUR 1964, 496 Formsand II; vgl auch BGH GRUR 1956, 265 Rheinmetall-Borsig I.
340 BGH GRUR 2005, 166 f Puppenausstattungen; BGH GRUR 2005, 600, 602 Handtuchklemmen; BGH GRUR 2005, 603 f Kündigungshilfe; BGH GRUR 2007, 339, 342 Stufenleitern.
341 BGH Rheinmetall-Borsig I; RG Mitt 1931, 72, 74 Preßhefe IV; abw RG GRUR 1940, 196 f Kurbelapparate.

100   Die Feststellung der Schadensersatzpflicht ist grds **nicht an eine zeitliche Festlegung** wie die erste Verletzungshandlung gebunden.[342]

101   Bei **mittelbarer Patentverletzung** reicht an sich deren Feststellung aus,[343] allerdings ist die Feststellung des Eintritts eines ersatzfähigen Schadens – abgesehen von Rechtsverfolgungskosten[344] und Beseitigung von Marktverwirrung[345] – ohne Hinzutreten einer unmittelbaren Patentverletzung im allg nicht möglich,[346] denn im Lizenzentgang liegt kein ausgleichspflichtiger Schaden,[347] weil dem Patentinhaber insoweit lizenzierbare Rechte nicht zustehen.[348] Der durch die unmittelbare Patentverletzung entstandene Schadensersatzanspruch kann aber insoweit auch auf Abschöpfung des Gewinns des mittelbaren Patentverletzers gerichtet sein.[349] Jedenfalls ist der mittelbare Verletzer für Lieferungen nicht schadensersatzpflichtig, bei denen es nicht zur Verwirklichung der Bestimmung zur patentgemäßen Verwendung kommt.[350] Kann der gelieferte Gegenstand sowohl patentgem als auch patentfrei verwendet werden, sind solche Angebote und Lieferungen als entschädigungspflichtig angesehen worden, die der mittelbare Benutzer ausführt, ohne den Angebotsempfänger oder Abnehmer ausdrücklich und unübersehbar darauf hinzuweisen, dass er dem Patentinhaber bei Einsatz der Gegenstände zur Ausübung der patentierten Erfindung entschädigungspflichtig ist.[351] Nach hM haften mittelbarer und unmittelbarer Patentverletzer als Gesamtschuldner.[352] Jedoch haftet – jedenfalls, solange nur eine fahrlässige Patentverletzung in Betracht kommt – der mittelbare Verletzer nur nach § 10.[353] Zur Verantwortlichkeit bei nach § 11 privilegierten Handlungen des Belieferten Rn 30 f zu § 10. Zur Schadensersatzfeststellungsklage Rn 53 ff vor § 143.

102   An einem ersatzfähigen Schaden wird es idR fehlen, wenn sich die Verletzung auf bloße **Einfuhr, Besitz** oder ein **Angebot** ohne nachfolgende Lieferung beschränkt.[354] Jedoch erfasst der Schaden für die Benutzungsform des Anbietens auch den Schaden, der dem Schutzrechtsinhaber infolge schutzrechtsverletzender Lieferungen Dritter entsteht, die durch die Angebotshandlung adäquat und zurechenbar verur-

---

342   BGHZ 117, 264 = GRUR 1992, 612 Nicola; BGH 25.2.1992 X ZR 50/90; BGHZ 169, 66 = GRUR 2004, 755, 756 f Taxameter; so jetzt auch für das Markenrecht BGH GRUR 2007, 877 Windsor Estate unter Aufgabe von BGH GRUR 1988, 307 Gaby.

343   *Holzapfel* GRUR 2002, 193, 196; *Voß* GRUR 2006, 281 f; *Nieder* GRUR 2006, 977, 981 f; aA *Kraßer* S 849 (§ 35 II 2).

344   BGHZ 170, 338 = GRUR 2007, 679 Haubenstretchautomat; *Mes* § 10 Rn 49; vgl *Scharen* GRUR 2008, 944, 948; *Tilmann* GRUR 2005, 904 f.

345   BGH Haubenstretchautomat; *Tilmann* GRUR 2005, 904 f.

346   Vgl BGH Haubenstretchautomat; BGH GRUR 2007, 773 Rohrschweißverfahren; LG Düsseldorf InstGE 13, 97; LG Düsseldorf 29.9.2015 4a O 49/14; *Benkard* Rn 40a; *Büscher/Dittmer/Schiwy* Rn 71.

347   BGH GRUR 2005, 848, 854 Antriebsscheibenaufzug mit dem im Ansatz zu engen Hinweis, dass der zu ersetzende Schaden derjenige sei, der durch die unmittelbare Patentverletzung entstehe, zu Recht kr deshalb *Tilmann* Neue Überlegungen im Patentrecht, GRUR 2006, 824, 829 f; dies klargestellt durch BGHZ 168, 124 = GRUR 2006, 839, 842 Deckenheizung: Wahrscheinlichkeit des Schadenseintritts reicht aus; OLG Düsseldorf GRUR-RR 2006, 39, 43; LG Düsseldorf InstGE 13, 97; *Meier-Beck* GRUR 1993, 1, 3; *Meier-Beck* GRUR 2007, 11, 15; *Scharen* GRUR 2008, 944, 948; *Leistner* GRUR 2010 Beil Heft 1, 1, 13; kr *Mes* § 10 Rn 48; *Voß* GRUR 2006, 281; *Busche* GRUR 2009, 240; *Tilmann* GRUR 2005, 904 f; vgl *Holzapfel* GRUR 2002, 193, 196, der hier über die Lizenzanalogie weiterhelfen will; auf der Grundlage einer „Rechtsanmaßung" hatte auch die Vorinstanz zu BGH Antriebsscheibenaufzug OLG Düsseldorf Mitt 2003, 264, 269 Schadensersatz zugebilligt; in diese Richtung auch für den Fall bloßen Anbietens OLG Düsseldorf 19.5.2005 2 U 74/04.

348   Im Ergebnis ähnlich BGH Antriebsscheibenaufzug; andererseits begründet Art 8 Vorschlag GPVO insoweit ein Verbietungsrecht; vgl *Nieder* GRUR 2006, 977, 981; *Voß* GRUR 2006, 281, 285; *Kraßer* S 850 (§ 35 II 2); *Tilmann* GRUR 2005, 904 f.

349   BGH Haubenstretchautomat; BGH Rohrschweißverfahren; LG Düsseldorf InstGE 13, 97; *Benkard* § 10 Rn 25; *Mes* § 10 Rn 48; *Meier-Beck* GRUR 1993, 1, 4.

350   *Meier-Beck* GRUR 2007, 11, 15.

351   OLG Düsseldorf InstGE 2, 115, 121, zum Anspruch aus § 33; LG Düsseldorf Mitt 2000, 108; *Scharen* GRUR 2001, 995.

352   *Benkard*[10] Rn 20 f; *Meier-Beck* GRUR 1993, 1, 3 f; *König* Mitt 2000, 10; aA *Holzapfel* GRUR 2002, 193, 197, der darauf verweist, dass unterschiedliche Schäden verursacht werden.

353   Vgl BGHZ 171, 13 = GRUR 2007, 313 Funkuhr II.

354   Zum Anbieten BGHZ 167, 374 = GRUR 2006, 927 f Kunststoffbügel; BGHZ 170, 115 = GRUR 2007, 221 Simvastatin; vgl LG Mannheim InstGE 4, 107, 114; für Einfuhr und Besitz auch *Benkard* Rn 40b; abw wohl BGH GRUR 1960, 423, 426 Kreuzbodenventilsäcke I, wonach auch durch das bloße Feilhalten ein Schaden entstehen könne; vgl auch BGHZ 113, 159, 163 = GRUR 1991, 316 Einzelangebot: bloßes urheberrechtsverletzendes Angebot ohne Lieferung; RG GRUR 1938, 971, 977 Abwärmedampfkessel.

sacht worden sind.[355] Unter dem Gesichtspunkt der Rechtsanmaßung hat die Instanzrspr Schadensersatz zugebilligt.[356]

II. Verschulden; Schuldausschluss

1. Allgemeines. Die Schadensersatzhaftung tritt grds bei jeglichem Verschulden vom direkten Vor- **103** satz bis zur leichten Fahrlässigkeit ein; dies entspricht der allg haftungsrechtl Regelung (§§ 276, 823 BGB). Nicht mehr von Bedeutung ist die Unterscheidung zwischen grober und leichter Fahrlässigkeit nach Abs 2 Satz 2 aF (hierzu *6. Aufl* Rn 119 ff).[357] Die Anerkennung der Bereicherungshaftung selbst für schuldlos-rechtswidrige Eingriffe hat auch hier der Differenzierung viel an Bedeutung genommen und bietet Gelegenheit, von überspitzten Sorgfaltsanforderungen abzurücken.[358]

Von **Gewerbetreibenden** ist zu verlangen, dass sie sich über fremde Schutzrechte **informieren**, die **104** ihren Tätigkeitsbereich betreffen können.[359] Betroffen sind auch reine Handelsunternehmen.[360] Für die Annahme, dass die schuldhafte Verletzung eines Patents durch ein Unternehmen, das ein Produkt her-stellt oder in den inländ Markt einführt, auf einem schuldhaften Fehlverhalten ihres gesetzlichen Vertre-ters beruht, bedarf es idR keines näheren Klägervortrags und keiner näheren tatrichterlichen Feststellun-gen zu den dafür maßgeblichen Handlungen des gesetzlichen Vertreters.[361]

Im gewerblichen Rechtsschutz werden an die Beachtung der erforderlichen Sorgfalt **strenge Anfor-** **105** **derungen** gestellt.[362] Das gilt insb für die Annahme fehlender Schutzfähigkeit; anders allerdings uU bei Gebrauchsmustern.[363] Besonders strenge Anforderungen treffen Hersteller und Importeure, Milderungen kommen bei Zwischenhändlern und gewerblichen Endabnehmern in Betracht.[364] Auch ein lediglich ver-treibendes Unternehmen muss sich über die Schutzrechtslage informieren, selbst dann, wenn die Prüfung wegen der technischen Komplexität des Gegenstands mit erhöhtem Aufwand verbunden ist.[365] Der Händ-ler beachtet nicht die erforderliche Sorgfalt, wenn er ein Erzeugnis in den Verkehr bringt, ohne begründe-termaßen annehmen zu dürfen, dass die notwendige Prüfung auf die Verletzung absoluter Rechte Dritter zumindest einmal durchgeführt worden ist.[366] Die Instanzrspr hat allerdings angenommen, ein Waren-hausunternehmen, das mit einer Vielzahl von Einzelartikeln handle, brauche ohne besonderen Anlass nicht zu überprüfen, ob eine von einem inländ Hersteller bezogene Ware schutzrechtsverletzend sei; es könne sich darauf verlassen, dass der Hersteller die Schutzrechtslage beachte; das dürfte zu weit gehen.[367] Größe und Organisation des Verletzers sind zu berücksichtigen. Was im Verkehr typischerweise an Sorg-

---

355 BGH Kunststoffbügel.

356 OLG Düsseldorf 19.5.2005 2 U 74/04.

357 AA *Fitzner/Lutz/Bodewig* Rn 100 unter Hinweis auf die Bedeutung für die Bemessung des Schadensersatzes; dies trifft wegen des Grundsatzes der Totalreparation nicht zu.

358 Vgl BGHZ 68, 90, 98 = GRUR 1977, 250, 255 Kunststoffhohlprofil I; *Benkard*[10] Rn 46; *Kraßer* S 851 (§ 35 II 5).

359 *Kraßer* S 852 (§ 35 II 5); vgl BGH GRUR 1958, 288, 290 Dia-Rähmchen I; BGH GRUR 1963, 640, 642 Plastikkorb; BGH GRUR 1977, 598, 601 Autoskooterhalle; BGHZ 166, 203 = GRUR 2006, 575 Melanie, SortSache; BGHZ Vv = GRUR 2016, 257 Glasfasern II; OLG Düsseldorf GRUR 1978, 588; vgl BGHZ 68, 90 = GRUR 1977, 250, 252 Kunststoffhohlprofil I; LG Düsseldorf 19.11.2013 4a O 20/10; BGHZ 121, 242 = GRUR 1993, 556 Triangle, WzSache; *Schulte* Rn 72.

360 LG Düsseldorf 19.11.2013 4a O 20/10; LG Mannheim InstGE 7, 14; *Schulte* Rn 81.

361 BGH Glasfasern II.

362 BGH GRUR 1998, 568 f Beatles-Doppel-CD; BGH GRUR 1999, 49, 51 Bruce Springsteen and his Band; BGH 23.4.1998 I ZR 204/95, UrhSachen; BGH GRUR 2002, 706, 708 vossius.de; *Fitzner/Lutz/Bodewig* Rn 102; *Mes* Rn 105.

363 Vgl BGH GRUR 1957, 213, 215 Dipolantenne I; BGHZ 68, 90, 98 = GRUR 1977, 250, 252 Kunststoffhohlprofil I einerseits; BGH GRUR 2005, 761, 763 Wandabstreifer andererseits.

364 *Kraßer* S 852 (§ 35 II 5); vgl RG GRUR 1943, 169, 172 Eierbrutapparate; OLG Düsseldorf GRUR 1978, 588; LG Mannheim 5.7.2013 7 O 195/12.

365 LG Mannheim InstGE 7, 14; LG Düsseldorf 9.2.2012 4b O 279/10.

366 BGHZ 166, 203 = GRUR 2006, 575 Melanie, SortSache; LG Mannheim InstGE 7, 14; vgl LG Düsseldorf 22.7.2014 4b O 41/13 GRURPrax 2014, 503 KT.

367 LG Düsseldorf GRUR 1989, 583; vgl zu den Pflichten von Händlern und Handelsvertretern auch OLG Düsseldorf GRUR 1951, 316; OLG Düsseldorf BB 1968, 101; LG Düsseldorf GRUR 1970, 550; zur Haftung bei Teleshopping-Programmen *Wüstenberg* GRUR 2002, 649, 651.

falt erforderlich ist, kann für einen kleinen Handwerksbetrieb nicht wie für ein Großunternehmen mit eigener Patentabteilung beurteilt werden.[368]

106   Bei der Beurteilung des Verschuldens geht **besondere Sachkunde** des Verletzers zu dessen Lasten. Darin liegt keine Abweichung von dem in § 276 BGB zugrunde gelegten objektiven Fahrlässigkeitsmaßstab; das Maß der bei Anwendung der dem einzelnen zu Gebote stehenden Erkenntnismittel zu beobachtenden Sorgfalt ist objektiv und für jeden Verletzer gleich. Der auf einem Spezialgebiet Tätige kann sich allerdings nicht darauf berufen, er besitze nicht die erforderlichen Kenntnisse und Erkenntnismittel.[369] Die Objektivierung des Sorgfaltsmaßstabs dient nur dem Schutz des Verkehrs, nicht des Verletzers.[370]

107   Bei der Feststellung von Abweichungen zwischen dem Originalprodukt und dem vertriebenen Parallelimportmittel kann sich ein **Parallelimporteur** zum Ausschluss seines Verschuldens nicht darauf berufen, dass er die Abweichungen mangels Kenntnis der Rezeptur des Originalprodukts nicht habe feststellen können und dass es sich bei den Abweichungen lediglich um Produktionsschwankungen handle; es ist dem Importeur jedenfalls zumutbar, eine Vergleichsanalyse iS eines stichprobenartigen Identitätsvergleichs mit dem Originalprodukt durchzuführen.[371]

108   Rechtswidrigkeit einer Patentbenutzung **indiziert Verschulden** des Benutzers.[372]

109   Selbst eine günstige **Stellungnahme eines Gutachters** braucht Verschulden des Patentverletzers nicht auszuschließen.[373]

110   Auch eine günstige, nicht rechtskräftige **Auffassung eines Instanzgerichts oder des Patentamts** steht Verschulden nicht ohne weiteres entgegen.[374] Es gibt keinen Rechtsgrundsatz, dass die Billigung der Handlungsweise durch zwei Kollegialgerichte für sich allein Verschulden ausschließt.[375] Dass selbst die rechtskräftige Verneinung einer Patentverletzung durch ein OLG Verschulden nicht entgegenstehe,[376] erscheint allenfalls in Ausnahmefällen gerechtfertigt. Überspitzungen sollten allerdings vermieden werden. War bei im wesentlichen gleichen tatsächlichen Feststellungen durch Nichtannahme der Revision auch die Rechtsanwendung als gebilligt anzusehen, konnte dies ein gewichtiges Anzeichen gegen Verschulden sein;[377] nach den Regeln der Zulassungsrevision wird dies nicht in gleichem Maß gelten können.

111   In Erfüllung seiner Sorgfaltspflichten hat der Benutzer **sachkundigen Rat** von erfahrenen Patentanwälten oder von auf dem Gebiet des gewerblichen Rechtsschutzes sachkundigen Rechtsanwälten einzuholen.[378] Eine Nachprüfung durch einen Patentanwalt kann entschuldigen.[379] Auf die Beratung ihres eigenen Patentanwalts darf sich die Partei jedenfalls bei überschaubaren Sachverhalten verlassen,[380] bei Stellung-

---

368   Vgl *Kraßer* S 852 (§ 35 II 5).
369   BGH GRUR 1961, 26 Grubenschaleisen.
370   Vgl BGH VersR 1958, 94; BGH VersR 1964, 831; BGH VersR 1967, 777; BGH VersR 1968, 1059; BGH VersR 1971, 667; OLG Frankfurt VersR 1975, 381.
371   LG Düsseldorf Mitt 2014, 83 unter Hinweis auf BGH GRUR 2012, 401 Delan.
372   BGH GRUR 1993, 460, 464 Wandabstreifer, nicht in BGHZ; BGH GRUR 2005, 761 f Rasenbefestigungsplatte; *Schulte* Rn 87; *Fitzner/Lutz/Bodewig* Rn 91, 96; *Mes* Rn 103.
373   BGH GRUR 1959, 478 Laux-Kupplung I; BGH 28.11.1963 I a ZR 119/63 Rolladen, insoweit nicht veröffentlicht; RG GRUR 1937, 672, 674 Lamellenkühler II; OLG Düsseldorf 28.4.2011 2 U 16/10; vgl BGHZ 1, 31 = GRUR 1951, 159 Störche; BGH GRUR 1957, 342, 347 Underberg.
374   BGH Laux-Kupplung I; BGH BB 1962, 428 Furniergitter, nicht in GRUR; BGH GRUR 1964, 606, 610 Förderband; BGH Rolladen, insoweit nicht veröffentlicht; BGH 17.11.1970 X ZR 13/69; BGHZ 121, 242 = GRUR 1993, 556 Triangle, WzSache; vgl auch BGH GRUR 1960, 423, 426 Kreuzbodenventilsäcke I; OLG Düsseldorf 28.4.2011 2 U 16/10; vgl andererseits aber BGH GRUR 1969, 487, 491 Ihagee zur Frage des Verschuldens einer in das Gebiet der Bundesrepublik verlegten Aktiengesellschaft als Verletzerin, deren Ostvermögen unter Verwaltung gestellt wird, und die die von der Verwaltung in der DDR angemeldeten Schutzrechte rechtswidrig auf sich hat umschreiben lassen; anders im Wettbewerbsrecht, BGH GRUR 2002, 269 Sportwettengenehmigung; BGH GRUR 2003, 162 Progona.
375   BGH GRUR 1973, 518, 521 Spielautomat II; vgl auch LG Düsseldorf 21.3.1996 4 O 279/95 Entsch 1996, 38, Geschmacksmustersache; LG Düsseldorf Mitt 1998, 273, 277.
376   So LG Düsseldorf 18.1.2001 4 O 553/99.
377   BGH GRUR 1983, 497 Absetzvorrichtung.
378   BGHZ 68, 90 = GRUR 1977, 250, 252 f Kunststoffhohlprofil I; BGH GRUR 1993, 556, 559 Triangle; vgl auch BGH GRUR 1998, 376, 379 Coverversion, UrhSache.
379   Vgl RGZ 125, 391, 394 = GRUR 1929, 1416 Regina-Pumpe; RG GRUR 1932, 718, 720 fahrbarer Kohlenbehälter; RG GRUR 1940, 200 f Meßbecher; RG GRUR 1940, 196 Kurbelapparate; LG Mannheim GRUR 1953, 33.
380   BGHZ 62, 29 = GRUR 1974, 290 maschenfester Strumpf.

nahme des Rechtsanwalts wurde dies im Einzelfall verneint.[381] Durch bloßen Hinweis auf die Beauftragung eines Patentanwalts ist der Vorwurf fahrlässiger Benutzung des Patents nicht auszuräumen.[382]

Klageerhebung muss Verschulden nicht in jedem Fall begründen[383] und führt für sich nicht zu einer **112** verschuldensunabhängigen Haftung auf Schadensersatz.[384] Auch Inanspruchnahme aus ausländ Parallelpatent muss Verschulden nicht begründen, insb wenn dieses weiter gefasst ist.[385]

2. Die Behandlung des **Irrtums** entspricht bei der zivilrechtl Haftung nicht der im Strafrecht (hier- **113** zu Rn 20f zu § 142). Die Praxis steht weiterhin auf dem Boden der sog Vorsatztheorie. Danach schließen sowohl Irrtum über tatsächliche Umstände als auch Rechtsirrtum den Vorsatz aus.[386] Der Fahrlässigkeitsvorwurf kann bestehenbleiben. Die Annahme, das Patent sei nicht rechtsbeständig, exkulpiert nicht.[387]

Ein **Rechtsirrtum** ist nur entschuldigt, wenn der Irrende bei Anwendung der im Verkehr erforderli- **114** chen Sorgfalt mit einer anderen Beurteilung durch die Gerichte nicht zu rechnen brauchte.[388] Bei zweifelhaften Rechtsfragen, zu denen sich noch keine einheitliche Rspr gebildet hat und die insb nicht durch höchstrichterliche Entscheidungen geklärt sind, schließt zwar die Möglichkeit einer dem Verletzer ungünstigen gerichtlichen Entscheidung eine Entlastung nicht von vornherein aus, durch strenge Anforderungen (Einholung sachkundigen Rechtsrats) an seine Sorgfalt muss jedoch verhindert werden, dass er das Risiko der zweifelhaften Rechtslage dem anderen Teil zuschiebt.[389] Bei der Beurteilung einer schwierigen Rechtsfrage, zu der sich eine herrschende Meinung noch nicht gebildet hat, begründet die Herbeiführung einer gerichtlichen Klärung kein Verschulden.[390]

An die Sorgfaltspflicht dessen, dem das Bestehen des Schutzrechts bekannt ist, der aber irrig an- **115** nimmt, die Verletzungsform falle nicht darunter, sind strenge Anforderungen zu stellen.[391] In solchen Fällen eines **Subsumtionsirrtums** bedarf grds es keiner näheren Begründung des Verschuldens[392] (anders uU bei Verletzung eines allg Erfindungsgedankens nach früherer Auffassung; näher hierzu *6. Aufl* Rn 103).

Verschulden des Inhabers eines **abhängigen Schutzrechts** gegenüber dem des älteren Schutzrechts **116** kann nur unter besonderen Umständen verneint werden.[393]

---

381 BGH GRUR 2005, 761, 763 Rasenbefestigungsplatte.

382 BGH GRUR 1993, 460, 464 Wandabstreifer, nicht in BGHZ; differenzierend BGH Rasenbefestigungsplatte unter Hinweis auf BGH GRUR 1993, 596, 599 Triangle.

383 RGZ 21, 68, 73 Wissentlichkeit I.

384 RGZ 62, 25f = BlPMZ 1906, 165 Schadensersatz nach Klageerhebung.

385 RB Den Haag BIE 1999, 475, 479.

386 RGZ 72, 4, 6; RGZ 119, 265, 267; BGH NJW 1951, 597; BGH NJW 1965, 963; BGHZ 69, 128 = NJW 1977, 1875; BGHZ 118, 208 = NJW 1992, 2040; OLG Frankfurt NJW 1971, 1614; *Larenz* Schuldrecht AT¹⁴ § 20 II S 280 m Nachw in Fn 7; *Palandt* § 276 BGB Rn 11.

387 BGHZ 68, 90 = GRUR 1977, 250, 252 Kunststoffhohlprofil I; OLG Düsseldorf 1982, 35, 37; OLG Düsseldorf 30.10.2010 2 U 82/09: selbst bei erstinstanzlicher Nichtigerklärung; OLG München GRUR-RR 2006, 285, 392; LG Düsseldorf Mitt 2009, 469; *Mes* Rn 112.

388 BGH GRUR 2002, 706, 708 vossius.de; BGH GRUR 2004, 865 Mustang; *Mes* Rn 113.

389 BGH GRUR 1987, 564f Taxirufzentrale; BGH GRUR 1990, 474 Neugeborenentransporte; BGH GRUR 1998, 568f Beatles-Doppel-CD; BGH GRUR 1999, 49, 51 Bruce Springsteen and his Band; BGHZ 141, 329, 345f = GRUR 1999, 923, 928 Tele-Info-CD; BGHZ 148, 221 = GRUR 2002, 248 Spiegel-CD-ROM; BGH 23.4.1998 I ZR 204/95; BGH 6.5.1999 I ZR 210/96; BGH 6.5.1999 I ZR 211/96; BGH 6.5.1999 I ZR 5/97; BGH GRUR 1991, 153, 155 Pizza & Pasta; BGHZ 121, 242 = GRUR 1993, 556 Triangle; BGHZ 126, 208 = GRUR 1994, 732, 736 McLaren; BGH GRUR 1995, 50, 53 Indorektal/Indohexal; BGHZ 130, 276 = GRUR 1995, 825, 829 Torres, nicht in BGHZ; BGH GRUR 1999, 492, 495 Altberliner; strenger BGH GRUR 1993, 34, 37 Bedienungsanweisung, unter Hinweis auf BGH GRUR 1982, 102, 104 Masterbänder, wonach Rechtsirrtum grds auch dann nicht entlastet, wenn vor der Rechtsverletzung eine Rechtsauskunft eingeholt wurde.

390 BGHZ 58, 262 = GRUR 1972, 614, 616 Landesversicherungsanstalt, UrhSache.

391 BGH GRUR 1964, 606, 610 Förderband; BGH GRUR 1976, 579, 583 Tylosin; BGH 1.12.1964 I a ZR 116/63; BGH 16.3.1967 I a ZR 97/64.

392 BGH GRUR 1961, 26 Grubenschaleisen.

393 BGH GRUR 1964, 606, 611 Förderband; vgl auch RG GRUR 1930, 959, 962 Hochfrequenzspule I; RG GRUR 1932, 718, 720 fahrbarer Kohlenbehälter; BGH GRUR 1961, 409, 411 Drillmaschine.

117   **3. Weitere Einzelfragen.**[394] Verschulden kann bei Irrtum über die **Merkmale der eigenen Ausführungsform** entfallen.[395] Zur Verschuldensminderung nach früherer Auffassung 6. *Aufl* Rn 105.

118   Der Benutzer, der Benutzungshandlungen, aus denen ein **Vorbenutzungsrecht** herleitbar ist, behauptet, aber nicht nachweisen kann, handelt grds schuldhaft.[396]

119   Verschulden wurde verneint, wenn die Schutzdauer in einem **anderen EG-Mitgliedstaat** abgelaufen war und der Lieferant mitteilte, dass der schutzverletzende Gegenstand in der EU frei gehandelt werden könne.[397]

120   Dass der Patentinhaber im Einspruchsverfahren vorübergehend eine **eingeschränkte Fassung** verteidigt, steht Verschulden bei Verletzung des Patents in der erteilten Fassung nicht entgegen.[398]

121   Zum Verschulden bei **fremdsprachigen Patenten** Rn 12 ff zu Art II § 1 IntPatÜG.

122   **4. Zeitpunkt.** Im Regelfall ist ein **Prüfungszeitraum** von einem Monat ab Veröffentlichung der Patenterteilung als „Überlegungsfrist" („Karenz") angemessen, wenn der Verletzer vom Bestehen des Schutzrechts erst nach Aufnahme der patentverletzenden Handlungen erfährt, ohne zuvor seine Sorgfaltspflichten verletzt zu haben.[399] Der Verschuldensausschluss während der Überlegungsfrist lässt die Bereicherungshaftung unberührt.[400]

123   Ein Verletzer handelt vom **Zugang eines Warnschreibens** an grds auf eigene Gefahr und macht sich (spätestens) von diesem Zeitpunkt an schadensersatzpflichtig.[401] Eine besondere Überlegungsfrist nach Erhalt des Warnschreibens braucht nicht zugebilligt zu werden, wenn der Schutzrechtsinhaber bereits vorher auf die Anmeldung und die daraus hergeleiteten Rechte hingewiesen hat.[402] Die Überlegungsfrist scheidet grds auch nach Löschung kollidierender Schutzrechte aus.[403]

124   Die Überlegungsfrist soll dem Verletzer auch dann nicht zustehen, wenn er sich aufgrund der **Offenlegung** auf die Entstehung des Schutzrechts einstellen konnte.[404] Dem kann nicht gefolgt werden, weil die Benutzung der offengelegten Patentanmeldung nicht rechtswidrig und der Benutzer nicht gehalten ist, Überlegungen über den Verletzungstatbestand anzustellen, solange er die Zahlung der Entschädigung nach § 33 in Kauf nimmt.

125   **5. Vorsatz.** Vorsätzlich handelt, wer die Tatsachen kennt, aus denen sich ergibt, dass die von ihm benutzte technische Lehre in den Schutzbereich eines fremden Patents fällt und die Benutzungshandlungen von §§ 9, 10 erfasst sind;[405] die Erwartung, das Patent werde nicht rechtsbeständig sein, entschul-

---

394   RG MuW 21, 127 Rechenmaschinen (gewissenhafte Prüfung); RG GRUR 1928, 213 Laufbüchse (vertretbare Auslegung in Fachkreisen); RG JW 1929, 3060 = MuW 29, 454 f Fertigungsgestell (Annahme widerrechtl Entnahme); RG GRUR 1931, 148 Füllkörper (Einschaltung eines Sachverständigen von besonderer Sachkunde); RG MuW 31, 535, 537 Membranbleche (günstiges Gutachten des gerichtlichen Sachverständigen); RG GRUR 1940, 537, 540 Seifenherstellung I (Bezeichnung eines Sachpatents als Verfahrenspatent).

395   BGH GRUR 1966, 553 Bratpfanne, GbmSache.

396   Vgl BGH GRUR 1965, 411, 415 Lacktränkeinrichtung II; vgl auch *Lüdecke* Mitt 1959, 238 sowie RG GRUR 1942, 207, 209 Seifenherstellung II.

397   RB Den Haag BIE 2001, 37 f.

398   OLG München OLG-Rp 1994, 18 f; zum Verschulden, wenn im Erteilungsverfahren Änderungen der Anspruchsfassung vorgenommen worden sind, BGH 11.7. 1963 I a ZR 68/63 Kappenverschluß, insoweit unveröffentlicht.

399   BGHZ 98, 12 = GRUR 1986, 803, 806 Formstein; BGHZ 127, 262, 273 = GRUR 1995, 117, 121 Neutrex, WzSache, nimmt einen Monat an, ebenso OLG Düsseldorf 16.12.2004 2 U 71/03, nicht in InstGE 5, 89; OLG München InstGE 6, 57; LG Düsseldorf InstGE 2, 31; LG Düsseldorf WuW/E DE-R 2120; *Schulte* Rn 84; *Fitzner/Lutz/Bodewig* Rn 96; *Mes* Rn 120; *Kühnen* Hdb[8] Rn D 327; OLG München 20.11.1997 6 U 2949/95: jedenfalls ein Monat; RB Den Haag BIE 2001, 195, 197 gewährt, wenn die Verletzung nicht ins Auge springt, eine Prüfungsfrist von 30 Tagen ab Verwarnung; vgl zur Überlegungsfrist auch BGH GRUR 1973, 375 f Miss Petite, nicht in BGHZ; BGH GRUR 1974, 735, 737 Pharmamedan.

400   BGH Neutrex; *Kühnen* Hdb[8] Rn D 365.

401   BGH 17.11.1970 X ZR 13/69; vgl RGZ 146, 225, 227 = GRUR 1935, 423 Faltschachtel; BGH BB 1962, 428 Furniergitter, nicht in GRUR; BGH GRUR 1964, 221 Rolladen; zum Hinweis der Herstellers an den Händler auf mögliche Patentverletzungen LG Düsseldorf 20.1.2012 4a O 7/09 GRUR-RR 2012, 323 Ls.

402   BGH 17.11.1970 X ZR 13/69.

403   BGH GRUR 2005, 515 Motorradreiniger (Nr 28).

404   *Benkard* Rn 47.

405   Vgl *Kraßer* S 851 (§ 35 II 4); *Mes* Rn 104; *Büscher/Dittmer/Schiwy* Rn 72.

digt nicht.[406] Vorsatzbegründend ist auch die Kenntnis von einem dem Verletzer ungünstigen Gutachten.[407]

Bedingter Vorsatz in dem Sinn, dass das Vorliegen der Voraussetzungen für möglich gehalten und **126** der Verstoß billigend in Kauf genommen wird, reicht aus.[408]

6. Fahrlässigkeit. Fahrlässig handelt nach § 276 Abs 2 BGB, wer die im Verkehr erforderliche Sorgfalt **127** außer acht lässt. Fahrlässig handelt, wer bei Anwendung der zu fordernden Sorgfalt die Benutzung des Patents hätte erkennen und vermeiden können.[409] Zu den Sorgfaltspflichten Rn 105 ff. Der objektiv patentverletzend Handelnde verhält sich demnach fahrlässig, wenn er den patentverletzenden Charakter seines Verhaltens nicht kannte, bei Anwendung der im Verkehr erforderlichen Sorgfalt aber erkannt hätte und hätte vermeiden können. Fahrlässigkeit wurde bejaht bei Bekanntmachung des Patents mehrere Monate vor Aufnahme von Herstellung und Vertrieb der Verletzungsform.[410] Der im Ausland ansässige und ausschließlich dort handelnde Zulieferer kann nur in Anspruch genommen werden, wenn er eine Prüfungs- oder Handlungspflicht verletzt; Kenntnis des inländ Bestimmungsorts allein reicht nicht aus, anders bei Verwarnung.[411]

Dass der BGH die **fahrlässige Teilnahme an der Patentverletzung** einbezogen hat,[412] ist aus der **128** Überlegung zu erklären, dass bei der (nach § 9, nicht auch nach § 10 verbotenen) fahrlässigen Patentverletzung jede sorgfaltswidrige Mitverursachung der Vollendung des Verletzungsgegenstands ausreicht und somit ein fahrlässig-beihilfeähnlicher Tatbestand in Betracht kommt, der den fahrlässigen Tatbeitrag iSd des im Fahrlässigkeitsbereich geltenden Einheitstäterbegriffs ausreichen lassen kann.[413] Dabei sollte aber nicht übersehen werden, dass der Einheitstäterbegriff aus dem Fahrlässigkeitsrecht nicht zu einer Verwässerung bei der Abgrenzung der Benutzungshandlungen von den patentrechtl nicht erfassten Vorbereitungshandlungen beitragen darf;[414] fahrlässige Begehung setzt daher notwendig eine im objektiven Tatgeschehen vollendete Patentverletzung nach § 9 voraus.

Fahrlässig handelt auch, wer sich für ihn erkennbar in einem **Grenzbereich des Zulässigen** bewegt, **129** in dem er mit einer von der eigenen abw Beurteilung seines jedenfalls bdkl Verhaltens rechnen muss.[415] Es genügt, wenn der Verletzer aufgrund eigener Prüfung eines ungeprüften Patents ernstlich die Möglichkeit seiner Rechtsbeständigkeit in Rechnung stellen musste.[416]

---

406   OLG Düsseldorf GRUR 1982, 35 f.

407   BGH GRUR 1966, 553, 557 Bratpfanne.

408   Vgl RG BlPMZ 1905, 293 Zeichentafeln; RG GRUR 1928, 386 f Lieferung; RG MuW 29, 346 f Gummiervorrichtung; RG GRUR 1942, 207, 209 Seifenherstellung II; BGH GRUR 1973, 518, 521 Spielautomat II.

409   Vgl zB LG Düsseldorf 26.3.2015 4c O 40/14.

410   BGH GRUR 1958, 288 Dia-Rähmchen I.

411   LG Mannheim GRUR-RR 2013, 449.

412   BGHZ 159, 221 = GRUR 2004, 845, 848 Drehzahlermittlung.

413   So schon *Meier-Beck* GRUR 1993, 1; vgl BGH GRUR 2002, 599 Funkuhr I.

414   Vgl BGHZ 116, 122, 129 ff = GRUR 1992, 305 Heliumeinspeisung.

415   BGH GRUR 1971, 223, 225 clix-Mann; BGH GRUR 1981, 286, 288 Goldene Karte I; BGH GRUR 1987, 564, 566 Taxigenossenschaft; BGH GRUR 1990, 474, 476 Neugeborenentransporte; BGH GRUR 1990, 1035 Urselters II; BGHZ 130, 205, 220 = GRUR 1995, 744 Rees, Eis & Dynamit; BGH GRUR 131, 308, 318 = GRUR 1996, 271 gefärbte Jeans; BGH GRUR 1998, 568 f Beatles-Doppel-CD: Vertrauen auf das Bestehen einer Schutzrechtslücke bei unmittelbar bevorstehender EuGH-Entscheidung nach Vorlage durch BGH und Instanzgericht; ebenso BGH GRUR 1999, 49, 51 f Bruce Springsteen and his Band; BGH GRUR 1999, 492, 494 f Altberliner; BGH 29.4.1999 I ZR 65/96 BGHZ 141, 267, 284 = GRUR 1999, 984, 988 Laras Tochter; BGHZ 141, 329, 345 = GRUR 1999, 923, 928 Tele-Info-CD; BGH GRUR 1999, 1011, 1014 Werbebeilage; BGH GRUR 2000, 699, 702 Kabelweitersendung; BGHZ 148, 221 = GRUR 2002, 248 Spiegel-CD-ROM; BGHZ 149, 191 = GRUR 2002, 622 shell.de; BGH GRUR 2002, 706, 708 vossius.de; BGH GRUR 2009, 595 Motorradreiniger (Nr 27, 34); BGH GRUR 2009, 685 ahd.de; BGH GRUR 2009, 845 Internet-Videorecorder; BGH GRUR 2009, 864 CAD-Software; BGH GRUR 2010, 57 Scannertarif (Nr 42); BGH GRUR 2013, 414 Flonicamid (Nr 14); BGH 23.4.1998 I ZR 204/95; BGH 4.2.1999 I ZR 74/97; BGH 6.5.1999 I ZR 210/96; BGH 6.5.1999 I ZR 211/96; BGH 6.5.1999 I ZR 5/97; *Mes* Rn 113; vgl BGH GRUR 1968, 33 Elektrolackieren: Handeln auf eigenes Risiko.

416   BGH 1.12.1964 I a ZR 116/63.

III. Schadensberechnung

130   **1. Allgemeines.**[417] Der Verletzer ist dem Verletzten zum Ersatz des aus der Verletzung entstandenen Schadens verpflichtet (Abs 2 Satz 1). Für den Schadensersatzanspruch gelten grds die Regelungen in den §§ 249 ff BGB. Der Schaden bemisst sich nach den im gewerblichen Rechtsschutz allg geltenden Regeln.[418] Werden zusammen mit dem patentverletzenden Gegenstand weitere Peripheriegeräte vertrieben, die selbst nicht schutzrechtsverletzend sind, schuldet der Verletzer auch für sie Schadensersatz, wenn sie nur deshalb abgesetzt werden konnten, weil der patentverletzende Gegenstand schutzrechtsverletzend ausgestaltet war.[419] Der Anspruch des Patentinhabers auf Ersatz eines durch seine Partizipation an der Ausübung der Lizenz durch den Lizenznehmer begründeten Schadens ist grds darauf gerichtet, dass der Lizenznehmer in seinem Vermögen so gestellt wird, wie er ohne die Schutzrechtsverletzung stehen würde.[420]

131   Soweit – wie bei Parallelimporten markenrechtl geschützter Arzneimittel – die Verletzung nur auf fehlender Vorabinformation beruht, kommt für den Schadensersatzanspruch nur eine **„Ergänzungslizenz"** in Betracht.[421] Dass Ähnliches gilt, wenn lediglich bestimmte Auskunfts- oder Anzeigepflichten verletzt werden, wie bei erklärter Lizenzbereitschaft oder im SortRecht bei der Nichteinhaltung bestimmter Pflichten durch den nachbauenden Landwirt oder den Aufbereiter, hat der EuGH für den letztgenannten Fall verneint.[422] Gegenstand einer weiteren Vorlage im SortRecht war die Frage, ob der Landwirt die Entschädigung vor der tatsächlichen Nutzung leisten muss.[422a] Der EuGH hat hierzu entschieden, dass der Landwirt, der durch Nachbau gewonnenes Vermehrungsgut genutzt hat, ohne dass er hierüber vertragliche Abmachungen mit dem SortInhaber getroffen ist, die Entschädigung innerhalb einer Frist zu zahlen hat, die mit Ablauf des Wirtschaftsjahrs endet, in dem die Nutzung stattgefunden hat, dh spätestens am auf die Wiederaussaat folgenden 30. Juni.[422b]

132   Wenn über die **Wertschöpfungskette** Gewinnanteile verteilt werden, mithin Gewinne des nicht zur Geltendmachung eigener Ansprüche befugten Vertriebsunternehmens dem Schutzrechtsinhaber zugeschrieben werden, wird auch ein verminderter Gewinn oder ein Schaden mit der Folge des Entstehens eines eigenen Schadens dem Schutzrechtsinhaber zugeschrieben.[423]

133   Die Auffassung, dass **mehrere Verletzte** (Patentinhaber und ausschließlicher Lizenznehmer) für den Schadensersatzanspruch nach Lizenzanalogie und beim Anspruch auf Herausgabe des Verletzergewinns Mitgläubiger iSd § 432 BGB seien und die angemessene Lizenzgebühr nur einmal beanspruchen könnten,[424] hat der X. Zivilsenat des BGH abgelehnt (vgl Rn 18).[425]

134   **Mehrere Verletzer** haften auch als Nebentäter[426] nach §§ 840 Abs 1, 421 BGB (auch bei unterschiedlichen Verschuldensformen)[427] im Außenverhältnis als Gesamtschuldner auf den vollen Schadensersatz,[428] aber auch nur auf diesen, soweit der Schaden aus einer einheitlichen unerlaubten Handlung entstanden ist (Rn 181 vor § 143); anders beim Unterlassungsanspruch, Rn 45). Das darf aber nicht dazu führen, den

---

417   Eingehende Ausführungen zur Schadensberechnung nach nl Recht in RB Den Haag BIE 2002, 452.
418   Vgl BGHZ 172, 374, 383 = GRUR 2008, 93 Zerkleinerungsvorrichtung; BGHZ 181, 98, 123 = GRUR 2009, 856 Tripp-Trapp-Stuhl.
419   LG Düsseldorf InstGE 6, 136, auch zum daraus resultierenden Auskunftsanspruch.
420   BGHZ 189, 112 = GRUR 2011, 711 Cinch-Stecker.
421   BGH GRUR 2010, 237 Zoladex unter Hinweis auf EuGH Slg 2007 I 3391 = GRUR 2007, 586 Boehringer/Swingward II; OLG Hamburg GRUR-RR 2004, 139, 141.
422   Hierzu EuGH-Vorlage BGH GRUR 2010, 1087 Solara; nachgehend EuGH 5.7.2012 C-509/10 GRUR Int 2012, 745 Geistbeck, wonach der nachbauende Landwirt, der seine Verpflichtungen nicht erfüllt, als Dritter anzusehen ist, der ohne Berechtigung handelt.
422a   LG Mannheim 9.5.2014 7 O 168/13 GRURPrax 2014, 330 KT = EuZW 2014, 680 Ls; hierzu Anm *Ullmann* jurisPR-WettbR 7/2014 Anm 2.
422b   EuGH C-242/14 AUR 2015, 422 f Finita.
423   LG Düsseldorf 15.11.2012 4b O 139/12.
424   LG Düsseldorf 4.11.1997 4 O 343/96 Entsch 1997, 104 f.
425   BGHZ 176, 311 = GRUR 2008, 896 Tintenpatrone I.
426   BGHZ 182, 245 = GRUR 2009, 1142 MP-3-Player-Import; *Büscher/Dittmer/Schiwy* Rn 56.
427   BGH GRUR 2002, 599 Funkuhr I; BGHZ 171, 13 = GRUR 2007, 313 Funkuhr II; OLG Hamburg 16.7.1998 3 U 192/97; LG Düsseldorf 28.10.2003 4a O 311/02; LG Düsseldorf 18.11.2003 4a O 395/02; *Tilmann* Neue Überlegungen im Patentrecht, GRUR 2005, 904 und GRUR 2008, 312, 314.
428   Vgl BGH Funkuhr I; LG Düsseldorf 18.5.2000 4 O 285/98 Entsch 2000, 51, 60.

Tatbestand der unmittelbaren Patentverletzung auf Fälle notwendiger Teilnahme zu erstrecken, die er nach seinem Sinn und Zweck nicht erfassen soll (der Abnehmer haftet nicht für das Inverkehrbringen).[429] Str ist die Rechtslage bei Zusammentreffen von unmittelbaren mit mittelbaren Verletzungshandlungen (Rn 101)[430] sowie bei Verletzungshandlungen auf unterschiedlichen Vertriebsstufen.[431] Auch hier ist gesamtschuldnerische Haftung zu bejahen, jedenfalls soweit sich die Verletzungshandlungen nach Art und Umfang decken,[432] so dass von Lieferant und Abnehmer nicht mehrfach Ersatz verlangt werden kann, und zwar auch nicht über unterschiedliche Berechnungsarten[433] oder über Bereicherungsrecht;[434] wählt der Verletzte Herausgabe des Verletzergewinns, kann er bei allen Verletzern in Höhe des jeweils erzielten Gewinns liquidieren,[435] bereits erhaltene Schadensersatzleistungen auf der Grundlage der Lizenzanalogie können aber beim jeweiligen Verletzer nicht unberücksichtigt bleiben[436] und der herauszugebende Gewinn wird durch Ersatzzahlungen gemindert, die der Lieferant seinen Abnehmern wegen deren Inanspruchnahme durch den Verletzten erbringt.[437] Im Innenverhältnis richtet sich der Ausgleich grds nach § 426 BGB, soweit sich nicht, etwa aus Vertrag – Schadensersatzanspruch des Abnehmers –, etwas anderes ergibt. Zur Schadensberechnung nach der Lizenzanalogie Rn 181. Problematisch ist die Verletzerkette bei eur Patenten in verschiedenen Schutzstaaten.[438]

Aus dem Grundsatz der **Naturalrestitution** kann unter bestimmten Umständen gegen Störungshand- **135** lungen ein (befristeter) Unterlassungsanspruch[439] und gegen Störungszustände ein Beseitigungsanspruch folgen (§ 140a). Der Verletzer kann auch zu Hinweisen auf den Patentschutz an Abnehmer oder zu einem Rückruf (vgl Rn 23 ff zu § 140a) verpflichtet sein.[440] Derartigen Verpflichtungen kann § 251 Abs 1 oder 2 BGB entgegenstehen. Der Effektivität des Rückrufs wird idR auch entgegenstehen, dass der Patentverletzer die Rückgabe nicht durchsetzen kann.[441] Schadensersatzansprüche können grds über ein Zurückbehaltungsrecht ein Recht zum Besitz auf Seiten des Verletzten begründen, so, wenn der geschützte, aber patentverletzend veränderte Gegenstand zur Reparatur eingesandt wird.[442]

2. Allein von Bedeutung ist der Anspruch auf **Geldentschädigung.** Ein tatsächlicher Mindestschaden **136** ist nicht erforderlich; bereits durch den Eingriff in das geschützte Recht entsteht ein Schaden, wie die Neu-

---

429 BGH Funkuhr II; *Tilmann* FS T. Schilling (2007), 367, 376, 383.

430 Vgl *Holzapfel* GRUR 2002, 193, 197, der aber nicht beachtet, dass auch diese Verletzungsformen dasselbe geschützte Rechtsgut betreffen können.

431 Eingehend *Götz* GRUR 2001, 295; vgl *Benkard* Rn 20.

432 Vgl *Götz* GRUR 2001, 295.

433 Hierzu *Tilmann* GRUR 2008, 312, 314 mit der Überlegung, gegenüber mehreren Verletzern nur eine Berechnungsart zuzulassen.

434 Vgl LG München I Mitt 1998, 262, wo auf Erschöpfungsüberlegungen abgestellt wird, bdkl, was zudem nicht ohne Auswirkungen auf den Unterlassungsanspruch bleiben könnte; LG Düsseldorf 25.6.1996 4 O 217/95 Entsch 1996, 69 Ls; LG Düsseldorf 5.12.1997 4 O 97/97 Entsch 1997, 123; OLG Düsseldorf Mitt 1998, 358, 362, anders danach, wenn vom Hersteller Schadensersatz nur für das Herstellen verlangt wurde; OLG Düsseldorf GRUR 1939, 365, 367; öOGH ÖBl 1998, 307, 309 Wurzelendreduzierer, wonach die Lizenzgebühr sämtliche Nutzungsarten abgilt und daher auch für jeden Eingriffsgegenstand nur einmal zu entrichten sein kann, wobei mehrere an der Patentverletzung Beteiligte solidarisch haften; RB Den Haag BIE 2001, 89, wonach nach Leistung von Schadensersatz durch den Lieferanten Erschöpfung eintrete, was im Einzelfall zutreffen mag, wenn sich die Beteiligten über die Ersatzleistungen einigen; vgl auch OLG Hamburg 16.7.1998 3 U 192/97 GRUR 1999, 97 Ls.

435 BGHZ 181, 98 = GRUR 2009, 856 Tripp-Trapp-Stuhl; LG München I 17.7.1997 7 O 1760/96; vgl KantonsG Zug sic! 2009, 43; aA noch OLG Düsseldorf InstGE 5, 17.

436 LG Düsseldorf 25.6.1996 4 O 217/95 Entsch 1996, 69 Ls.

437 BGH Tripp-Trapp-Stuhl.

438 *Schramm* PVP Kap 9 Rn 225 ff will dem (anders als noch *Schramm* PVP⁴ S 134 über Erschöpfung) über §§ 830, 840 BGB beikommen, aber mit der Maßgabe, dass die Lizenzgebühr nur einmal verlangt werden kann; zu denken ist auch daran, im Rahmen der Lizenzanalogie lediglich einen geminderten Lizenzsatz für die tatsächliche Benutzung zugrunde zu legen.

439 Hierzu *Leisse* FS F. Traub (1994), 229, 235 ff, dort auch kr zur Frage, ob „Fortwirken des tatbestandlichen Verhaltens" hierfür Voraussetzung ist; vgl auch schweiz Gerichtskreis VI Signau-Trachselwald sic! 1999, 174 mAnm *Alder* und Entgegnung *Ch. Hilti* sic! 1999, 345.

440 Vgl *Benkard* Rn 59; *Bodewig* GRUR 2005, 632, 636 mN; *Ingerl/Rohnke* MarkenG vor §§ 14–19 Rn 211.

441 Vgl *Bodewig* GRUR 2005, 632, 636.

442 Vgl BGH GRUR 1998, 696 Rolex-Uhr mit Diamanten, Markensache, und Parallelentscheidungen BGH 12.2.1995 I ZR 239/95, I ZR 240/95, I ZR 242/95.

fassung klarstellt.[443] Auch das Anbieten (vgl hierzu Rn 102) an sich kann bereits zu einem Schaden, etwa in Form eines Marktverwirrungsschadens, führen.[444]

137   Dem Verletzten, der Schadensersatz wegen schuldhaft rechtswidriger Patentbenutzung fordern kann, stehen nach stRspr[445] wahlweise drei **Berechnungsarten** offen:

–   Schadensersatz nach der Differenzlehre gem § 249 BGB, namentlich entgangener Gewinn, § 252 BGB (Rn 154 ff),

–   Lizenzgebühr in angemessener Höhe (Rn 157 ff),

–   Herausgabe des Verletzergewinns (Rn 182 ff).

138   Die beiden letztgenannten Berechnungsarten werden als „**objektive Schadensberechnung**" bezeichnet.[446]

139   Das **dreifache Wahlrecht** ist für den gewerblichen Rechtsschutz und das Urheberrecht wiederholt als gewohnheitsrechtl anerkannt bezeichnet worden.[447] Die DurchsetzungsRl und ihre Umsetzung haben die Rspr zu den drei Arten der Schadensberechnung nach Wahl des Geschädigten nicht berührt.[448]

140   In den verschiedenen Berechnungsarten sieht die Rspr verschiedene Liquidationsformen eines **einheitlichen Schadensersatzanspruchs** und nicht verschiedene Ansprüche mit unterschiedlichen Rechtsgrundlagen.[449] Ob es sich beim Anspruch auf Gewinnherausgabe nur um eine Berechnungsart des Scha-

---

443   Begr BTDrs 16/5048 = BlPMZ 2008, 289, 299; vgl BGHZ 166, 253, 366 = GRUR 2006, 421 Markenparfümverkäufe; BGHZ 173, 374 = GRUR 2008, 93 Zerkleinerungsvorrichtung; BGHZ 181, 98, 123 = GRUR 2009, 856 Tripp-Trapp-Stuhl; BGHZ 194, 194 = GRUR 2012, 1226 Flaschenträger; *Schulte* Rn 89.

444   Vgl BGHZ 167, 374 = GRUR 2006, 927 Kunststoffbügel, BGHZ 170, 115 = GRUR 2007, 221 Simvastatin; *Schulte* Rn 90.

445   ROHG 22, 338, 341 Theater: Verletzergewinn; RGZ 35, 63, 67 Ariston, UrhSache; RGZ 43, 56, 59 = BlPMZ 1899, 106 Maischenvergärung; RGZ 46, 14, 18 = GRUR 1901, 167 harzartige Körper; RGZ 50, 111, 115 = BlPMZ 1902, 133 Regenrohrsiphon, GbmSache; RGZ 70, 249 f = BlPMZ 1909, 304 Rechnungslegung; RGZ 84, 370, 376 = BlPMZ 1915, 100 Kühler; RGZ 95, 220 = BlPMZ 1919, 130 Tüllwebstühle; RG MuW 30, 24 Grubber für Zeichenschnitt; RGZ 130, 108 f = BlPMZ 1931, 4 Glühlampen II; RGZ 156, 65, 67 = GRUR 1937, 1072 f Scheidenspiegel II; BGH GRUR 1954, 80, 82 Astrologie; BGH GRUR 1962, 401 Kreuzbodenventilsäcke III; BGH GRUR 1962, 509, 511 Dia-Rähmchen II; BGH GRUR 1963, 640, 642 Plastikkorb; BGHZ 44, 372, 376 = GRUR 1966, 375 Meßmer-Tee II; BGHZ 57, 116, 119 = GRUR 1972, 189 f Wandsteckdose II; BGH GRUR 1974, 53 f Nebelscheinwerfer; BGH GRUR 1977, 539, 541 Prozessrechner; BGHZ 77, 16 = GRUR 1980, 841, 844 Tolbutamid; BGH GRUR 1980, 227, 232 Monumenta Germaniae Historica; BGHZ 82, 299, 305 = GRUR 1982, 301 Kunststoffhohlprofil II; BGH GRUR 1987, 364 f Vier-Streifen-Schuh; BGH GRUR 1992, 432 Steuereinrichtung I; BGH GRUR 1993, 55, 57 Tchibo/Rolex II; BGH GRUR 1993, 899 ff Dia-Duplikate; BGH GRUR 1995, 50, 54 Indoretal/Indohexal, BGH GRUR 2000, 226 f Planungsmappe; BGH GRUR 2000, 715, 717 Der blaue Engel, BGHZ 145, 366; 371 ff = GRUR 2001, 329 ff Gemeinkostenanteil; BGHZ 173, 374 = GRUR 2008, 93 Zerkleinerungsvorrichtung; BGHZ 194, 194 = GRUR 2012, 1226 Flaschenträger; *Benkard* Rn 61; *Schulte* Rn 91; *Fitzner/Lutz/Bodewig* Rn 109; *Mes* Rn 123; ausdrückliche Regelung in § 150 Abs 2 öPatG; vgl zur Rechtslage im VK *Moss/Rogers* EIPR 1997, 425; zur Rechtslage in den Niederlanden – keine Gewinherausgabe neben Schadensersatz nach ROW 1910 – RB Den Haag BIE 2001, 119, 121; zu den Grundsätzen der frz Rspr – Berücksichtigung der „masse contrefaisante" – *Schmidt-Szalewski* Die Entwicklung des französischen Patentrechts in den Jahren 1997 und 1998, GRUR Int 1999, 848, 852 unter Hinweis auf CCass PIBD 1998, 653 III 237 Paimpol voiles: entgangener Gewinn entspricht mindestens dem Verletzergewinn; CA Paris PIBD 1997, 625 III 78; CA Paris PIBD 1998, 651 III 189, sonst Entschädigungslizenzgebühr, vgl CCass PIBD 1994 567 III 287, TGI Paris PIBD 1985 III 18; kr zur Beschränkung auf die Entschädigungslizenz und für Berücksichtigung von Sanktions- und Abschreckungselementen *Pollaud-Dulian* Droit de la Propriété industrielle (1999) 309 mwN; vgl auch OLG Hamburg GRUR-RR 2004, 342, UrhSache.

446   Vgl ua *Leisse/Traub* GRUR 1980, 1; *Teplitzky* Wettbewerbsrechtliche Ansprüche und Verfahren Kap 34 Rn 18 ff; *Teplitzky* FS F. Traub (1994), 401, 403 ff, dort auch zur Frage, ob es sich bei der „objektiven Schadensberechnung" um eine Gesamtschadensberechnungsmethode oder um eine solche zur Berechnung des entgangenen Gewinns handelt; *Schulte* Rn 92.

447   Vgl BGHZ 20, 345, 353 = GRUR 1956, 427 Dahlke; BGH GRUR 1962, 509, 512 Dia-Rähmchen II; BGHZ 57, 116 = GRUR 1972, 189 Wandsteckdose II; BGHZ 77, 16, 25 = GRUR 1980, 841 Tolbutamid; BGH GRUR 2000, 715, 717 Der blaue Engel; *Büscher/Dittmer/Schiwy* Rn 83; kr (zur Gewinnherausgabe) *Haedicke* GRUR 2005, 529 f.

448   Begr G zur Verbesserung der Durchsetzung von Rechten des geistigen Eigentums S 87.

449   *Meier-Beck* WRP 2012, 503 f; BGHZ 173, 374, 377 = GRUR 2008, 93 Zerkleinerungsvorrichtung, noch zur Rechtslage vor Umsetzung der DurchsetzungsRl; vgl schon BGHZ 44, 372, 378 = GRUR 1966, 375 Meßmer-Tee II; BGHZ 57, 116 = GRUR 1972, 189 Wandsteckdose II; BGHZ 119, 20 = GRUR 1993, 55 Tchibo/Rolex II; RGZ 70, 249, 252 Rechnungslegung, wo die Gewinnherausgabe als durch Analogie mit der „unechten" Geschäftsführung begründete Ausbildung der patentrechtl „Entschädigung" angesprochen wird, dies ist durch die Neuregelung überholt.

---

densersatzanspruchs handelt, ist zu bezweifeln (Rn 182 ff); die hinsichtlich der Lizenzanalogie geäußerten Zweifel[450] erscheinen dagegen nicht berechtigt.[451]

Die objektive Schadensberechnung (Verletzergewinn, angemessene Lizenzgebühr) ist nicht nur bei **141** Verletzung immaterieller Schutzrechte, sondern für alle Fälle der **wettbewerbswidrigen Leistungsübernahme** zuzubilligen.[452] Sie ist bei den Tatbeständen wettbewerbswidriger Nachahmung unabhängig davon zu gewähren, ob dem Verletzten aufgrund der besonderen wettbewerblichen Eigenart seines Produkts eine Rechtsposition erwachsen ist, die ihm einen immaterialgüterrechtsähnlichen Rechtsschutz gegen Nachahmungshandlungen Dritter verleiht, oder ob vornehmlich die in dem Verhalten des Verletzers zum Ausdruck kommenden besonderen verwerflichen Umstände bei der Nachahmung des Produkts, das auch in einem solchen Fall – wenn auch geringe – wettbewerbliche Eigenart aufweisen muss, den wettbewerblichen Verbotsanspruch des Verletzten auslösen. Auch im letzteren Fall ist die objektive Schadensberechnung gerechtfertigt.

Die Erweiterung der Schadensberechnungsmöglichkeiten[453] bezweckt eine über § 287 ZPO hinausge- **142** hende **Erleichterung des Schadensnachweises**;[454] diese Bestimmung erfordert nämlich die Feststellung der tatsächlichen Grundlagen der Schätzung in nachprüfbarer Weise.[455] Die objektiven Schadensberechnungsarten sind in der Rspr[456] im Hinblick auf besondere Schutzbedürfnisse des Verletzten, insb auf die Schwierigkeiten einer konkreten Schadensberechnung, entwickelt worden; sie sollen die Rechtsverfolgung des Geschädigten – auch aus Gründen der Billigkeit – erleichtern.

Soweit **Schätzungen** gem § 287 ZPO erforderlich sind, ist das Gericht hinsichtlich der Auswahl der **143** Beweise und ihrer Würdigung freier gestellt und erhält in den Grenzen eines freien Ermessens einen weiten Spielraum.[457] An die Darlegung der Mindestvoraussetzungen für eine Schätzung[458] sind im Hinblick auf die natürlichen Beweisschwierigkeiten keine hohen Anforderungen zu stellen. Der Geschädigte muss aber dem Gericht eine Faktengrundlage unterbreiten, die wenigstens eine grobe Schätzung ermöglicht.[459] Auch im Rahmen der Schätzung nach § 287 ZPO ist eine umfassende Würdigung des Parteivorbringens erforderlich.[460] Steht fest, dass der Schaden jedenfalls zum Teil durch die Verletzung verursacht worden ist und lässt sich dieser Teil aus Gründen, die nicht im Verantwortungsbereich des Geschädigten, sondern in der Natur der Sache liegen, nicht verlässlich bestimmen, ist im Weg der Schätzung jedenfalls ein Mindestschaden zu ermitteln, sofern nicht ausnahmsweise auch für dessen Schätzung jeglicher Anhaltspunkt fehlt; ob die Quote genau der Wirklichkeit entspricht, ist nicht maßgeblich.[461]

Die zusätzlichen Berechnungsarten verhindern weitergehend, dass der Verletzte leer ausgeht oder der **144** schuldhaft-rechtswidrig handelnde Verletzer gegenüber dem gesetzestreu Handelnden besser gestellt wird.[462] Dies trägt auch der besonderen **Verletzlichkeit der Immaterialgüterrechte** Rechnung.[463]

---

450 *Larenz* Schuldrecht AT[14] § 29 III b S 515; *Lange* S 363.

451 So auch schweiz BG sic! 2006, 488, 492 Milchschäumer II.

452 BGHZ 122, 262 = GRUR 1993, 757 Kollektion „Holiday"; BGHZ 57, 116, 120 = GRUR 1972, 189 Wandsteckdose II; BGHZ 60, 168 = GRUR 1973, 478 Modeneuheit; BGH GRUR 1991, 914 Kastanienmuster.

453 BGH Kollektion „Holiday".

454 Vgl *Fitzner/Lutz/Bodewig* Rn 115 ff; BGH 21.1.2016 I ZR 90/14 Vv Deltamethrin II.

455 BGH GRUR 1962, 509, 513 Dia-Rähmchen II; BGH GRUR 1975, 85 Clarissa; BGHZ 77, 16, 22 = GRUR 1980, 841 Tolbutamid; BGH GRUR 1982, 723, 726 Dampffrisierstab I; vgl auch *Fitzner/Lutz/Bodewig* Rn 121 f.

456 Vgl BGHZ 57, 116, 119 = GRUR 1972, 189 Wandsteckdose II; BGHZ 60, 206, 209 = GRUR 1973, 375 Miss Petite; BGHZ 119, 20 = GRUR 1993, 55 Tchibo/Rolex II.

457 BGH GRUR 1966, 570 Eisrevue III; BGHZ 119, 20 = GRUR 1993, 55 Tchibo/Rolex II; BGH GRUR 2009, 660 Resellervertrag.

458 Vgl BGH GRUR 2009, 407 Whistling for a train.

459 BGH Dia-Rähmchen II; BGH Tolbutamid; BGHZ 181, 98, 113 = GRUR 2009, 856 Tripp-Trapp-Stuhl; *Fitzner/Lutz/Bodewig* Rn 119.

460 Vgl RGZ 130, 108, 112 f = BlPMZ 1931, 4 Glühlampen II.

461 BGH Tchibo/Rolex II; BGH NJW 1994, 663; vgl LG Mannheim 15.9.1995 7 O 17/94; zur Substantiierung der Schadensberechnung nach Lizenzanalogie und auf der Basis der Herausgabe des Verletzergewinns OLG Köln GRUR 1991, 60.

462 Vgl BGHZ 44, 372, 379 = GRUR 1966, 375 Meßmer-Tee II; BGHZ 57, 116, 119 = GRUR 1972, 189 Wandsteckdose II; BGHZ 60, 206, 209 = GRUR 1973, 375 Miss Petite; BGHZ 119, 20 = GRUR 1993, 55 Tchibo/Rolex II; *Teplitzky* FS F. Traub (1994), 401, 407.

463 *Kraßer* S 856 (§ 35 IV 2); kr wegen nicht ausreichender Berücksichtigung der Veränderung des Unternehmenswerts *Maul/Maul* GRUR 1999, 1059, 1064 ff.

145   Zwischen den im Immaterialgüterrecht anerkannten Möglichkeiten der Schadensberechnung besteht **kein Wahlschuldverhältnis**; der Gläubiger hat aber weiterhin ein Wahlrecht zwischen den verschiedenen Berechnungsarten,[464] Forderung der Herausgabe des Verletzergewinns schließt nach der älteren Rspr des BGH spätere Schadensberechnung nach angemessener Lizenzgebühr nicht aus;[465] ob hiervon seit der Regelung des Gewinnherausgabeanspruchs im UrhG und im GeschmMG (jetzt DesignG; Rn 182 ff) noch ausgegangen werden kann, erscheint fraglich. Durch die Erhebung einer Zahlungsklage unter Zugrundelegung einer bestimmten Berechnungsart wird das Wahlrecht nicht berührt.[466]

146   Dem Verletzten ist es nicht verwehrt, zur Berechnung seines Schadensersatzanspruchs hilfsweise verschiedene Berechnungsarten geltend zu machen und noch während des Zahlungsklageverfahrens, und grds auch in der Berufungsinstanz,[467] von der einen **auf die andere Berechnungsmethode überzugehen**.[468] Das Wahlrecht des Gläubigers erlischt erst durch Erfüllung oder rechtskräftige Zu- oder Aberkennung des Anspruchs[469] sowie dann, wenn für den Gläubiger unanfechtbar über seinen Schadensersatzanspruch nach einer Berechnungsart entschieden ist.[470] Stützt sich die Schadensersatzklage im Eventualverhältnis auf verschiedene Berechnungsarten, ist stets die günstigere anzuwenden, und zwar in vollem Umfang und ausschließlich.[471]

147   Die Berechnungsarten sind **voneinander unabhängig**, so dass nach einer der Methoden ermittelte Werte für die Berechnung nach einer anderen Methode nicht limitierend wirken.[472] Es ist aber vorgeschlagen worden, das Ergebnis einer Methode als Bewertungskriterium im Rahmen einer anderen Berechnungsmethode zuzulassen.[473]

148   Eine **Verquickung** oder Kombination unterschiedlicher objektiver Berechnungsweisen ist nicht zulässig.[474] Das gilt nicht für unterschiedliche abgrenzbare Verletzungshandlungen.[475]

149   **3. Weiterer Schaden; Begleitschäden.**[476] Bei der „Schadensliquidation nach der Lizenzanalogie" handelt es sich um den Ausgleich der durch die schuldhafte Schutzrechtsverletzung eingetretenen ungerechtfertigten Vermögensverschiebung, daher ist die Geltendmachung eines weiteren Schadens nicht ausgeschlossen.[477] Der Grundsatz, dass der Verletzte sein Wahlrecht so lange ausüben kann, bis darüber rechtskräftig entschieden ist, ist dahin einzugrenzen, dass der Verletzte dieses Wahlrecht verliert, wenn

---

464   Vgl *Fitzner/Lutz/Bodewig* Rn 110.

465   BGH GRUR 1966, 375, 379 Meßmer-Tee II, nicht in BGHZ.

466   BGHZ 119, 20 = GRUR 1993, 55, 57 Tchibo/Rolex II in Abgrenzung zu BGH GRUR 1977, 539 Prozeßrechner.

467   OLG Düsseldorf GRUR-RR 2006, 383 = Mitt 2007, 139 m zust Bespr *Stjerna* GRUR-RR 2006, 353.

468   BGHZ 122, 262 = GRUR 1993, 757 Kollektion „Holiday"; *Fitzner/Lutz/Bodewig* Rn 114.

469   BGHZ 119, 20 = GRUR 1993, 55, 57 Tchibo/Rolex II; BGH GRUR 2000, 226 f Planungsmappe; BGH Meßmer-Tee II; BGH GRUR 1974, 53 Nebelscheinwerfer; BGHZ 82, 299, 305 = GRUR 1982, 301 Kunststoffhohlprofil II; BGH GRUR 1962, 509, 512 Dia-Rähmchen II; BGHZ 60, 206, 211 = GRUR 1973, 375 Miss Petite; RG GRUR 1938, 836, 839 Rußbläser; LG Düsseldorf InstGE 5, 83, auch zur Möglichkeit der Erklärung der bisherigen Klage zur Teilklage; *Fitzner/Lutz/Bodewig* Rn 114; vgl Begr G zur Verbesserung der Durchsetzung von Rechten des geistigen Eigentums S 87; vgl auch RG GRUR 1939, 966 f Drahtflechtmaschine.

470   BGHZ 173, 374 = GRUR 2008, 93 Zerkleinerungsvorrichtung.

471   BGH Tchibo/Rolex II; vgl BGH Dia-Rähmchen II; RB Den Haag BIE 2003, 266 spricht den jeweils höheren Betrag zu.

472   *Fitzner/Lutz/Bodewig* Rn 111.

473   *Fitzner/Lutz/Bodewig* Rn 112 unter Hinweis auf BGH GRUR 2008, 933, 935 Schmiermittel, dort zur Heranziehung des Verletzerumsatzes zu Gewinneinbußen.

474   BGH GRUR 1962, 509, 512 Dia-Rähmchen II; BGH GRUR 1966, 375, 379 Meßmer-Tee II; BGH GRUR 1977, 539 Prozeßrechner; BGHZ 77, 16, 25 = GRUR 1980, 841 Tolbutamid; BGHZ 119, 20 = GRUR 1993, 55 Tchibo/Rolex II; BGHZ 122, 262 = GRUR 1993, 757 Kollektion „Holiday"; vgl RGZ 156, 65, 67 = GRUR 1937, 1072 f Scheidenspiegel II; OLG Köln GRUR 1991, 60; *Fitzner/Lutz/Bodewig* Rn 110, 112; vgl *Dreier* GRUR Int 2004, 706, 709; *Preu* GRUR 1979, 761; *Brandner* GRUR 1980, 363; *Tilmann* GRUR 2003, 647; Begr BTDrs 16/5048 = BlPMZ 2008, 289, 296, wonach die DurchsetzungsRl der bisherigen Auffassung nicht entgegensteht; kr *Leisse* FS F. Traub (1994), 229, 231; eingehend zur Tragweite des „Verquickungsverbots" *Teplitzky* FS F. Traub (1994), 401, 406 ff.

475   *Fitzner/Lutz/Bodewig* Rn 113; vgl BGH Tolbutamid; BGH Prozessrechner.

476   Zur Frage der Geltendmachung steuerlicher Nachteile (Wegfall der ErfVO) OLG Düsseldorf 12.3.1998 2 U 199/93; zur Rechtslage in Japan BG Tokio 34 IIC (2003) 965.

477   BGHZ 77, 16, 25 = GRUR 1980, 841 Tolbutamid.

über seinen Schadensersatzanspruch für ihn selbst unangreifbar nach einer Berechnungsart entschieden worden ist.[478] Nach einer rechtskräftigen Teilabweisung des Begehrens auf Zahlung einer Lizenz kann ein weitergehender Schaden nicht mit der Gewinnherausgabeklage verfolgt werden.

Die drei Berechnungsarten schließen die Geltendmachung von **Begleitschäden** nicht aus. Diese kön- **150** nen uneingeschränkt geltend gemacht werden,[479] so zB Testkauf[480] und Auskunftskosten, nicht dagegen Kosten einer Strafanzeige;[481] zu den Kosten der Verwarnung Rn 291. Die dem Patentinhaber durch die Inanspruchnahme der falschen Person entstandenen Kosten sind selbst dann keine erstattungsfähigen Schadenspositionen, wenn das Verhalten des Verletzers die Verwechslungsmöglichkeit verursacht hat.[482] Nicht als angemessene Lizenzgebühr geltend gemacht werden können die Kapitalkosten der patentverletzenden Vorrichtung.[483] Der Schadensminderung vor dem Schadensfall dienende Aufwendungen können grds nicht ersetzt verlangt werden.[484]

In Betracht kommen unter besonderen Umständen **Marktverwirrungs- und Diskreditierungsschä- 151 den.**[485] Soweit der Schaden außerhalb des Schutzzwecks des Patentrechts liegt, weil es an einer Diskreditierung fehlt, kann er uU auf wettbewerbsrechtl Grundlage geltend gemacht werden.[486]

Marktverwirrung führt nicht notwendigerweise zur Schädigung;[487] sie kann uU auch schon von der **152** Lizenzgebühr erfasst sein.[488] Aus ihr kann sich ein individueller Schaden entwickeln, zu dessen Feststellung es des Vortrags der Vermögenseinbußen bedarf, die auf die Irreführung der angesprochenen Verkehrskreise zurückzuführen sind. Das Verquickungsverbot steht nur der Vermengung von Berechnungsweisen in und desselben Schadens entgegen, nicht der Anwendung unterschiedlicher Berechnungsweisen für unterschiedliche Schadensarten.[489] Ein solcher weiterer Schaden kann in der Durchführung erforderlicher Werbemaßnahmen, bei denen aber grds ein Bezug zur Verletzungshandlung erkennbar sein muss[490] oder in der Beeinträchtigung des Ansehens und damit des Absatzes der eigenen Ware liegen;[491] so durch Vertrieb minderwertiger Ware.[492] In Betracht kommen auch Recherche- und Abmahnungskosten.[493]

Anspruch auf Ersatz des **immateriellen Schadens** (so bei Vorliegen besonderer Umstände § 150 **153** Abs 3 öPatG; Art 13 Abs 1 Satz 2 Buchst a DurchsetzungsRl, wonach die Gerichte in geeigneten Fällen auch andere als die rein wirtschaftlichen Faktoren, wie den immateriellen Schaden für den Rechtsinhaber be-

478 BGHZ 173, 374 = GRUR 2008, 93 Zerkleinerungsvorrichtung; noch offen gelassen in BGHZ 82, 299 = GRUR 1982, 301 Kunststoffhohlprofil II; vgl *Benkard* Rn 61.
479 *Benkard* Rn 76, 76a; *Kraßer* S 857 (§ 35 IV 4); *Leisse/Traub* Schadensschätzung im unlauteren Wettbewerb, GRUR 1980, 1; *Leisse* FS F. Traub (1994), 229, 231; *Heermann* GRUR 1999, 630; *Schramm* GRUR 1974, 617, 621; RG GRUR 1937, 1072, 1074 Scheidenspiegel II, nicht in RGZ; aA OLG Karlsruhe GRUR 1985, 36; vgl auch RB Den Haag BIE 2003, 266.
480 OLG München GRUR-RR 2004, 190; OLG München NJOZ 2004, 2699, Ls in GRUR-RR 2005, 40, Markensache; aA insoweit OLG Düsseldorf Mitt 1998, 153; einschränkend OLG Zweibrücken GRUR-RR 2004, 343, Markensache.
481 OLG Karlsruhe GRUR 1999, 343, 346.
482 LG Mannheim GRUR-RR 2014, 370.
483 ÖOGH ÖBl 1998, 307 Wurzelendreduzierer.
484 BGHZ 148, 26 = GRUR 2001, 841 Entfernung der Herstellungsnummer II.
485 Vgl RGZ 136, 320 = BlPMZ 1932, 214 Beregnungsanlage IV; RG GRUR 1933, 292, 296 Schleifscheibe; RG GRUR 1933, 486 Gartenschere; RG GRUR 1937, 1072, 1074 Scheidenspiegel II; BGHZ 44, 372, 382 = GRUR 1966, 375, 378 Meßmer-Tee II; BGH GRUR 1973, 375, 378 Miss Petite; BGH GRUR 1974, 735, 736 Pharmamedan; BGH GRUR 1975, 85, 87 Clarissa; BGH GRUR 1975, 434, 437 f Bouchet; BGH GRUR 1988, 776 PPC; BGHZ 148, 26 = GRUR 2001, 841 Entfernung der Herstellungsnummer II; OLG Hamm GRUR 1938, 254; OLG Frankfurt Mitt 2003, 131 ("Imageschaden" nicht nach der Methode der Lizenzanalogie liquidierbar); LG Düsseldorf GRUR 1953, 285; vgl auch BGH GRUR 1970, 296 Allzweckladmaschine, zu einem in der Vorenthaltung von Patenten begründeten "Marktverlustschaden", der neben dem Anspruch aus § 139 Abs 2 geltend gemacht werden kann.
486 Vgl BGH GRUR 2000, 226 f Planungsmappe, UrhSache.
487 Vgl HG Zürich sic! 2004, 947 f.
488 *Teplitzky* FS F. Traub (1994), 401, 409 mwN.
489 *Teplitzky* FS F. Traub (1994), 401, 407.
490 BGH GRUR 1982, 489 Korrekturflüssigkeit; kr *Leisse* FS F. Traub (1994), 229, 232 ff.
491 BGH GRUR 1987, 364 Vier-Streifen-Schuh; BGH GRUR 1991, 921 Sahnesiphon.
492 BGHZ 44, 372, 382 = GRUR 1966, 375, 378 Meßmer-Tee II; BGH GRUR 1975, 85, 87 Clarissa; LG Düsseldorf 4.11.1997 4 O 343/97 Entsch 1997, 104, 106.
493 *Teplitzky* FS F. Traub (1994), 401, 408.

rücksichtigen) dürfte nur bei gleichzeitiger schwerwiegender Verletzung des allg oder des Erfinderpersönlichkeitsrechts in Betracht kommen[494] (vgl § 97 Abs 2 Satz 2 UrhG, § 253 Abs 2, § 823 Abs 1 BGB).

154 **4. Entgangener Gewinn.**[495] Der Verletzte kann den Unterschied zwischen dem durch die Patentverletzung herbeigeführten Zustand seines Vermögens und dem Vermögenszustand zur Schadensberechnungsgrundlage machen, den sein Vermögen ohne die Patentverletzung erreicht hätte (§ 249 BGB), dies schließt insb den Ersatz entgangenen Gewinns nach § 252 BGB ein.[496] Die Vermögenseinbuße muss durch die Patentverletzung (adäquat kausal) verursacht sein.[497] Hierfür kann es ausreichen, dass der Verletzer zuvor mehrere Jahre patentgem Vorrichtungen vom Verletzten bezogen und sich dann entschlossen hat, patentverletzende Ausführungsformen zu geringerem Preis von einem Dritten zu beziehen.[498] Verluste des Verletzers werden nicht berücksichtigt.[499]

155 Macht der Verletzte den Schadensersatzanspruch unter dem Gesichtspunkt entgangenen eigenen Gewinns geltend, muss er den **Nachweis** führen, dass er selbst die patentverletzenden Aufträge ganz oder teilweise erhalten hätte.[500] Dies kann nach der konkreten Methode (Nachweis der Nichtdurchführung bestimmter Geschäfte)[501] und nach der abstrakten Methode (regelmäßig erzielte Gewinne)[502] erfolgen. Für die Anwendung des § 687 Abs 2 BGB, der den Verletzten im Ergebnis vom Nachweis der Ursächlichkeit freistellen würde, ist im Rahmen einer Schadensberechnung aus entgangenem Gewinn kein Raum.[503] Zur schlüssigen Geltendmachung ist es aber ausreichend, wenn der Berechtigte darlegt, dass ohne die Verletzung eine (entspr) Benutzung durch ihn oder berechtigte Dritte erfolgt wäre; daraus ist nach der Lebenserfahrung zu folgern, dass die Geschäfte des Verletzers zu einer Beeinträchtigung der Umsatzerwartung des Berechtigten geführt haben; es ist Sache des Verletzers darzulegen, dass die Einbuße durch andere Gründe als die Verletzung verursacht ist.[504]

156 Wer Ersatz des entgangenen Gewinns verlangt, muss die Tatsachen darlegen, die eine Beurteilung dahin ermöglichen, dass der **verlangte Betrag** ohne die patentverletzenden Handlungen tatsächlich als Gewinn erzielt worden wäre. § 252 Satz 2 BGB und § 287 ZPO entheben den Verletzten zwar der Notwendigkeit, den entgangenen Gewinn genau zu belegen, ersparen es ihm jedoch nicht, eine tatsächliche Grundlage zu unterbreiten, die eine wenigstens im groben zutr Schätzung des entgangenen Gewinns ermöglicht.[505] Die schweiz Rspr lässt die Übertragung der Gewinnmarge des Verletzten auf den erwirtschafteten Umsatz zu.[506] Nach § 252 Satz 2 BGB ist auch der Gewinn als entgangen zu ersetzen, der nach den besonderen Umständen des Falls mit Wahrscheinlichkeit erwartet werden konnte; es kann aber nicht einfach davon ausgegangen werden, dass der Umsatz des Verletzers in vollem Umfang direkt oder in Form von Lizenzgebühren mittelbar dem Berechtigten zugetegekommen wäre.[507] Unerheblich ist, welchen Gewinn der Verletzer erwirtschaftet hat, es ist der Betrag zugrunde zu legen, den der Verletzte üblicherweise erzielt.[508]

494 BGHZ 128, 1, 15 = GRUR 1995, 224 Caroline von Monaco; öOGH GRUR Int 1999, 182 Rauchfänge, UrhSache; vgl Begr BTDrs 16/5048 = BlPMZ 2008, 289, 296; *Fitzner/Lutz/Bodewig* Rn 93.

495 Zur Ermittlung des entgangenen Gewinns BGH GRUR 1962, 580 Laux-Kupplung II; LG Düsseldorf 13.10.1998 4 O 348/94 Entsch 1998, 104, 105 f; LG Düsseldorf 13.10.1998 4 O 348/94 Entsch 1999, 32, 34 ff; zur Auswirkung von Gewinnverlagerungen bei international tätigen Unternehmen vgl *Moss/Rogers* EIPR 1997, 425, 430 ff; zum Schaden des Inhabers eines abhängigen Patents RGZ 126, 127, 131 f = BlPMZ 1930, 98 Hochspannungstransformatoren II.

496 Vgl RG Hochspannungstransformatoren II; RGZ 156, 65, 67 = GRUR 1937, 1072 f Scheidenspiegel II; *Fitzner/Lutz/Bodewig* Rn 124.

497 Vgl *Benkard* Rn 62; *Schulte* Rn 106; *Fitzner/Lutz/Bodewig* Rn 125; *Mes* Rn 127.

498 LG Mannheim InstGE 9, 5.

499 LG Mannheim InstGE 9, 5, auch zu Art 13 DurchsetzungsRl; *Schulte* Rn 107.

500 RGZ 95, 220, 222 = BlPMZ 1919, 130 Tüllwebstühle; OLG Karlsruhe 13.3.2002 6 U 199/99; zu den Schwierigkeiten beim Nachweis *Reimann* Bericht Q 136 für die Deutsche [AIPPI-]Landesgruppe, Nr 43.

501 Vgl BGH GRUR 2009, 933 Schmiermittel; *Schulte* Rn 105.

502 BGH Schmiermittel; *Schulte* Rn 104.

503 BGH GRUR 1962, 580, 582 Laux-Kupplung II; *Fitzner/Lutz/Bodewig* Rn 124.

504 BGHZ 122, 262 = GRUR 1993, 757 Kollektion „Holiday".

505 BGH 77, 16, 19 = GRUR 1980, 841 Tolbutamid; BGH GRUR 1962, 509, 513 Dia-Rähmchen II; BGH GRUR 1993, 757 Kollektion „Holiday" nicht in BGHZ; BGH 21.1.2016 I ZR 90/14 Vv Deltamethrin II.

506 Schweiz BG sic! 2008, 147 SOS Serruriers, Markensache; kr *Schlosser* sic! 2008, 152.

507 BGH Kollektion „Holiday".

508 BGH Kollektion „Holiday".

5. Lizenzanalogie. In der Praxis herrschte jedenfalls bis vor einigen Jahren die Schadensbemessung **157** nach der Lizenzanalogie vor,[509] weil sie mit geringem Aufwand zu angemessenen Ergebnissen führt. Der Verletzer soll nicht besser dastehen als jemand, der sich vertraglich eine Benutzungserlaubnis erwirkt hat.[510]

Die Anerkennung der Berechnungsmethode[511] beruht auf dem Bestreben, dem Verletzten in Anbetracht **158** des häufig schwierigen Nachweises eines konkret entgangenen Gewinns oder der Höhe des Verletzergewinns über eine **erleichterte Schadensbemessung** Ausgleich dafür zu verschaffen, dass der Verletzer durch die unerlaubte Nutzung des Rechts einen geldwerten Vermögensvorteil erlangt hat, dessen Höhe daran zu messen ist, wie seine Vermögenslage wäre, wenn er das Schutzrecht erlaubtermaßen benutzt hätte. Da er in einem solchen Fall die Gestattung des Schutzrechtsinhabers hätte einholen müssen, die dieser üblicherweise[512] nur gegen Zahlung einer Lizenzgebühr erteilt hätte, ist der Verletzer so zu behandeln, als sei durch seinen rechtswidrigen Eingriff dem Rechtsinhaber diese angemessene Lizenzgebühr entgangen.[513] Dieser Grundsatz läuft nach älterer Auffassung des I. Zivilsenats des BGH, der allerdings mehrfach darauf hingewiesen hat, dass es sich um eine Form des Schadensersatzes handelt, die nicht zum Abschluss eines Lizenzvertrags führt,[514] auf eine Fiktion eines Lizenzvertrags der im Verkehr üblichen Art hinaus,[515] der X. Zivilsenat hat auf Ähnlichkeiten zum Bereicherungsausgleich hingewiesen;[516] der I. Zivilsenat weist nunmehr darauf hin, dass es sich der Sache nach um einen dem Bereicherungsanspruch entspr Anspruch handle.[517]

Die Bemessungsart war **gewohnheitsrechtlich anerkannt,**[518] lässt sich aber auch zwanglos über **159** § 287 ZPO begründen[519] und ist seit der Umsetzung der DurchsetzungsRl ausdrücklich im Gesetz geregelt. Sie kommt überall in Betracht, wo die Überlassung von Ausschließlichkeitsrechten zur Benutzung durch Dritte gegen Entgelt rechtl möglich und verkehrsüblich ist.[520]

Art 13 DurchsetzungsRl normiert die Methode der Lizenzanalogie gemeinschaftsrechtl als **Minimal-** **160** **standard.**[521] Das gilt freilich nach Art 13 Abs 1 Buchst b DurchsetzungsRl nur in geeigneten Fällen und zwar dann, wenn der Verletzer eine Gebühr hätte zahlen müssen, wenn er die Erlaubnis zur Nutzung des Rechts eingeholt hätte. Die DurchsetzungRl steht daher der – allerdings von der Begr des Umsetzungsgesetzes nicht geteilten[522] – Auffassung,[523] dass die Anwendung der Lizenzanalogie den Nachweis einer Vermögensminderung voraussetze, nicht entgegen.

---

509   Nach *Reimann* Bericht Q 136 für die Deutsche [AIPPI-]Landesgruppe, Nr 43, in ca 95% der Fälle; vgl *Büscher/ Dittmer/Schiwy* Rn 78; vgl aber *Meier-Beck* WRP 2012, 503, 506.

510   RGZ 144, 187, 190 = GRUR 1934, 438 Beregnungsanlage V; RGZ 156, 65 = GRUR 1937, 1072, 1074 Scheidenspiegel II; RG GRUR 1942, 149, 151 Grubenexplosionsbekämpfung V; BGH GRUR 1962, 509, 512f Dia-Rähmchen III; BGH GRUR 1987, 37, 39 Videolizenzvertrag; BGHZ 119, 20, 27 = GRUR 1993, 55 Tchibo/Rolex II; BGH GRUR 2000, 685 formunwirksamer Lizenzvertrag; BGH GRUR 2006, 143 Catwalk; BGHZ 166, 253 = GRUR 2006, 421 Markenparfümverkäufe; BGH GRUR 2009, 515 Motorradreiniger (Nr 29); vgl öOGH ÖBl 1998, 307 f Wurzelendreduzierer; *Kraßer* S 862 (§ 35 IV 3) wie zuvor schon *Bernhardt/Kraßer*⁴ S 634 f deutet unter Aufgabe der von *Kraßer* GRUR Int 1980, 270 geäußerten Auffassung der Lizenzgebühr als Schaden infolge des Verlusts einer Marktchance.

511   Hierzu schweiz BG sic! 2006, 488, 492 Milchschäumer II; kr zum Begriff der Berechnung *Meier-Beck* WRP 2012, 503.

512   Zum Kriterium der Üblichkeit näher BGH GRUR 2006, 143 Catwalk.

513   BGHZ 44, 372, 376 = GRUR 1966, 375 Meßmer-Tee II; BGHZ 77, 16, 25 = GRUR 1980, 841 Tolbutamid; BGH GRUR 1987, 37, 39 Video-Lizenzvertrag; BGH GRUR 1990, 353, 355 Raubkopien; BGH GRUR 1990, 1008 Lizenzanalogie; BGH GRUR 1993, 899 Dia-Duplikate; OLG Karlsruhe GRUR-RR 2014, 55; vgl BGHZ 20, 345, 353 = GRUR 1956, 427 Dahlke.

514   BGHZ 148, 221 = GRUR 2002, 248 Spiegel-CD-ROM; vgl BGH Dia-Duplikate; vgl *Fitzner/Lutz/Bodewig* Rn 142.

515   BGH GRUR 1975, 323 geflügelte Melodien; BGH Lizenzanalogie; vgl auch BGHZ 119, 20 = GRUR 1993, 55 Tchibo/Rolex II.

516   BGH Tolbutamid; vgl auch *Sack* FS H. Hubmann (1985), 373, 379, 388; *Melullis* FS F. Traub (1994), 287 f; *Enzinger* GRUR Int 1997, 96, 101; *Heermann* GRUR 1999, 625, 628, der die Anknüpfung an der Vertragslizenzgebühr in Zweifel zieht.

517   BGH GRUR 2006, 143 Catwalk.

518   Vgl RGZ 156, 65, 67 = GRUR 1937, 1072, 1074 Scheidenspiegel II; BGHZ 44, 372 = GRUR 1966, 375 Meßmer-Tee II; BGHZ 77, 16 = GRUR 1980, 841 Tolbutamid; BGH GRUR 1990, 1008 Lizenzanalogie; BGH GRUR 1992, 432 Steuereinrichtung I: BGH GRUR 1993, 599 Teleskopzylinder; BGH GRUR 1993, 897 Mogul-Anlage; BGH GRUR 1993, 899 Dia-Duplikate; BGH GRUR 2006, 143 Catwalk; OLG Düsseldorf Mitt 1998, 358, 360; OLG Düsseldorf 24.6.1999 2 U 163/97; *Schulte* Rn 108; *Fitzner/Lutz/Bodewig* Rn 141; *Mes* Rn 126; vgl *Benkard* Rn 63a.

519   Vgl BGH GRUR 1995, 578 f Steuereinrichtung II.

520   BGH Meßmer-Tee II; BGHZ 60, 206, 211 = GRUR 1973, 375 Miss Petite; vgl *Melullis* FS F. Traub (1994), 287, 290 f.

521   Schweiz BG sic! 2006, 488, 493 Milchschäumer II unter Hinweis auf *Jenny* S 368; vgl auch LG München I 25.3. 2010 7 O 17716/09 GRUR-RR 2011, 291 Ls; *Fitzner/Lutz/Bodewig* Rn 144.

522   Begr G zur Verbesserung der Durchsetzung von Rechten des geistigen Eigentums S 87.

523   Schweiz BG sic! 2006, 488, 492 Milchschäumer II.

161 Aufgabe des Schadensersatzrechts ist es dabei nicht, dem Verletzer eine Rechtsposition zu verschaffen, wie sie einem rechtmäßig handelnden Vertragspartner zukommt, sondern einen **Ausgleich des Vermögensnachteils** herbeizuführen, den der Rechtsinhaber erlitten hat; es ist daher allein auf die bei Verwertung des Schutzrechts mit Zustimmung des Rechtsinhabers zu erwartende Lizenzzahlung abzustellen, bei üblicher Pauschallizenz kommt es grds auf den tatsächlichen Umfang der Nutzung nicht an.[524] Die Verpflichtung zur Zahlung der Pauschallizenz bleibt bestehen, wenn infolge der Vernichtung der unrechtmäßig hergestellten Werkstücke deren Verwertung unmöglich wird.[525]

162 Ausgangspunkt der Bemessung der „Lizenzgebühr" ist der objektive **Wert der Benutzungsberechtigung**, der durch die auf dem Markt zu erzielende Vergütung bestimmt wird.[526] Der Schaden muss im Schutzbereich der verletzten Norm liegen, die angemessene Lizenzgebühr kann daher nur insoweit zugrunde gelegt werden, als sie gerade für den Eingriff in das Recht und nicht lediglich für die Überlassung sonstiger Positionen gewährt zu werden pflegt.[527] Es ist naheliegend, branchenübliche Vergütungssätze heranzuziehen, wenn sich im entspr Zeitraum eine solche Übung herausgebildet hat.[528] Die branchenübliche Umsatzrendite ist regelmäßig einzubeziehen.[529] Objektiv ist darauf abzustellen, was bei vertraglicher Einräumung ein vernünftiger Lizenzgeber gefordert und ein vernünftiger Lizenznehmer gewährt hätte, wenn beide die im Zeitpunkt der Entscheidung gegebene Sachlage gekannt hätten[530] (hiernach löst sich auch der[531] Urheberrechtsfall des bis dahin unbekannt gebliebenen Autors, für dessen unerlaubt abgedruckte Kurzgeschichte allenfalls eine geringe Lizenz gezahlt worden wäre, wobei Vorteilsausgleichung heranzuziehen sein mag); auf die hypothetische Beurteilung der konkret Beteiligten kommt es nicht an.[532] Als maßgeblich wird der Nettoverkaufserlös angesehen.[533]

163 Es müssen **alle wertbestimmenden Faktoren** einbezogen werden, die bei freien Lizenzverhandlungen auf die Höhe der Vergütung Einfluss genommen hätten,[534] erforderlichenfalls auch, ob gangbare und aus der Sicht eines Lizenznehmers wirtschaftlich vernünftige Alternativen vorhanden sind.[535] Ist danach lizenzmindernd zu berücksichtigen, dass der Verletzer ohne weiteres dem Schutzrecht ausweichen kann, soll es keine Rolle spielen, wenn dabei ein anderes Schutzrecht des Verletzten verletzt würde.[536] Eine konkret vereinbarte

---

524 BGH GRUR 1993, 899 Dia-Duplikate gegen *R. Rogge* FS R. Nirk (1992) 929, 946; BGH GRUR 1990, 353, 355 Raubkopien; vgl auch BGH GRUR 1990, 1008 Lizenzanalogie; BGHZ 150, 32 = GRUR 2002, 532 Unikatrahmen; zum Anspruch auf einen vorweg zu leistenden Pauschalbetrag BGH GRUR 1977, 539, 542 Prozeßrechner; aA für den Fall mittelbarer Patentverletzung aufgrund seines abw Ansatzes auch *Holzapfel* GRUR 2002, 193, 197; nach schweiz BG sic! 2006, 488, 492 Milchschäumer II setzt die Anwendung der Methode den Nachweis einer beim Verletzten eingetretenen Vermögensminderung voraus.
525 BGH Dia-Duplikate; BGH Raubkopien.
526 BGHZ 77, 16, 25 = GRUR 1980, 841 Tolbutamid; BGH GRUR 1987, 36 Liedtextwiedergabe II; BGH GRUR 1993, 897 Mogul-Anlage; BGH GRUR 1995, 578, 580 Steuereinrichtung II; BGH GRUR 2006, 136 f Pressefotos; BGH GRUR 2009, 660 Resellervertrag; BGH 6.10.2005 I ZR 267/02; vgl BG Tokio GRUR Int 1998, 619.
527 BGH GRUR 2001, 1156 Der Grüne Punkt unter Hinweis auf BGHZ 44, 372, 376 = GRUR 1966, 375 Meßmer-Tee II.
528 BGH GRUR 2006, 136 Pressefotos, UrhSache; BGH 6.10.2005 I ZR 267/02.
529 BGH GRUR 2010, 239 BTK.
530 RGZ 95, 220, 224 = BlPMZ 1919, 130 Tüllwebstühle; RG GRUR 1942, 149, 151 Grubenexplosionsbekämpfung V; RGZ 171, 227, 239 = GRUR 1943, 289 Kohlenstaubmotor; BGH GRUR 1962, 401, 404 Kreuzbodenventilsäcke III; BGH GRUR 1962, 509, 513 Dia-Rähmchen II; BGH GRUR 1975, 323 geflügelte Melodien; BGHZ 77, 16 = GRUR 1980, 841 Tolbutamid; BGH GRUR 1990, 1008 Lizenzanalogie; BGH GRUR 1991, 915, 917 Kastanienmuster; BGH GRUR 1992, 432 Steuereinrichtung I; BGH GRUR 1992, 599 Teleskopzylinder; BGH GRUR 1993, 899 Dia-Duplikate; BGH GRUR 1995, 578, 581 Steuereinrichtung II; BGH GRUR 2006, 136 f Pressefotos; BGH 6.10.2005 I ZR 267/02; OLG München OLG-Rp 1995, 162, 163.
531 Bei *Larenz* Schuldrecht AT[14] § 29 IIIb S 515.
532 BGH Kreuzbodenventilsäcke III.
533 OLG Düsseldorf GRUR-RR 2003, 209, Markensache.
534 BGHZ 30, 7, 17 = GRUR 1959, 430 Caterina Valente; BGHZ 82, 310, 321 = GRUR 1982, 286 Fersenabstützvorrichtung; BGH GRUR 2000, 685 formunwirksamer Lizenzvertrag; LG Mannheim InstGE 12, 160; näher *Fitzner/Lutz/Bodewig* Rn 145; *Mes* Rn 132 ff; zur Berücksichtigung von Gratislieferungen und preislich nicht gesondert ausgewiesenen Lieferungen sowie von Entwicklungs- und Markteinführungskosten LG Düsseldorf 22.2.2000 4 O 100/99 Entsch 2000, 63 unter Hinweis auf SstA 10.8.1993 ArbErf 14/92.
535 BGH GRUR 1993, 897 Mogul-Anlage.
536 OLG Karlsruhe 13.3.2002 6 U 199/99.

Lizenzgebühr kann als Maßstab herangezogen werden,[537] jedenfalls, wenn sie sich im Rahmen dessen hält, was vernünftige Parteien vereinbart hätten.[538] Wurde bereits eine ausreichende Zahl von Lizenzverträgen geschlossen, sollen deren Lizenzsätze ohne weitere Prüfung der Angemessenheit zugrundezulegen sein.[539] Wirtschaftliche Bedeutung des Patents, Monopolstellung des Patentinhabers und eigene Schutzrechte des Verletzers sind zu berücksichtigen.[540] Es wird angenommen, dass uU eine „merkliche" Erhöhung des Lizenzsatzes in Betracht kommt.[541] Auch eine Kombination aus Pauschallizenz und Stücklizenz kann in Betracht kommen.[542] Die Gewinnsituation kann eine Rolle spielen.[543] Allg wirtschaftliche Schwierigkeiten des Verletzers rechtfertigen aber nicht die niedrigere Festsetzung der Lizenzgebühr.[544] Bei Benutzung mehrerer Erfindungen kann die Höchstbelastbarkeit des Produkts mit Lizenzgebühren zu berücksichtigen sein.[545]

Bei **standardessentiellen Patenten** kann die Lizenzgebühr auf der Basis der in den Standardverträgen vorgesehenen Stücklizenz bemessen werden; zur Darlegung genügt es zunächst, eine Liste mit Unternehmen, die Vertragspartner des Standardvertrags sind, zu präsentieren und die Kontaktdaten der Lizenznehmer mitzuteilen.[546] Weiter kann es angemessen sein, die Vertragslizenz angemessen zu erhöhen, um die Vorteile auszugleichen, die der Verletzer im Vergleich zu einem vertraglichen Lizenznehmer innehat (vgl Rn 168).[547] **164**

Maßgeblicher Beurteilungszeitpunkt. Während die Praxis des X. Zivilsenats des BGH auf eine ex-post-Betrachtung abstellt,[548] legt der I. Zivilsenat des BGH in verschiedenen Entscheidungen[549] eine ex-ante-Betrachtung zugrunde und berücksichtigt damit nicht zum Nachteil des Verletzten, dass sich das Vertragsrisiko uU zum Vorteil des Verletzers entwickelt hat.[550] Man wird berücksichtigen müssen, dass bei den im Patentrecht weitgehend üblichen umsatzabhängigen Lizenzvergütungen anders als bei Urheber- und sonstigen Verwertungsrechten notwendig ex-post-Gesichtspunkte einfließen. **165**

Die **Lizenzgebühr** kann an Bezugsgrößen wie Verkaufsstückzahlen oder Umsatz, aber auch an andere Größen (Pauschallizenz; Einstandszahlung; „down payment") anknüpfen. Bei fehlender subjektiver Lizenzierungsbereitschaft stellt der I. Zivilsenat des BGH auf die „fiktive" Lizenz ab.[551] Die in der Branche übliche Umsatzrendite ist idR einzubeziehen.[552] **166**

---

537 BGH GRUR 2009, 660, 663 Resellervertrag: bei ausreichender Zahl von Lizenzverträgen; ebenso LG Mannheim InstGE 12, 160.

538 OLG München 1.3.2001 6 U 3684/00; vgl OLG Karlsruhe GRUR-RR 2014, 55.

539 OLG Karlsruhe GRUR-RR 2014, 55.

540 BGH GRUR 1962, 401, 404 Kreuzbodenventilsäcke III; BGH GRUR 1967, 655, 659 Altix; BGHZ 82, 299 = GRUR 1981, 301 f Kunststoffhohlprofil II; BGH GRUR 1995, 578, 581 Steuereinrichtung II; vgl OLG Düsseldorf Mitt 1998, 27; vgl auch RGZ 95, 220, 224 = BlPMZ 1919, 130 Tüllwebstühle; RG GRUR 1938, 836 f Rußbläser.

541 Vgl *Meier-Beck* FS M. Loschelder (2010), 221, 230; *Müller-Stroy/Schachl* GRURPrax 2011, 341, 343; LG München I 25.3.2010 7 O 17716/09 GRUR-RR 2011, 291 Ls.

542 BGH GRUR 2006, 143 Catwalk und hierzu *Grüger* GRUR 2006, 536; vgl schon BGH GRUR 1961, 27 Holzbauträger; BGH GRUR 1977, 539 Prozeßrechner; BGH GRUR 1990, 1008 Lizenzanalogie; BGH GRUR 1991, 914 Kastanienmuster; BGH GRUR 1993, 899 Dia-Duplikate.

543 Vgl OLG München 1.3.2001 6 U 3684/00; *Fitzner/Lutz/Bodewig* Rn 145; aA *Mes* Rn 142.

544 BGH GRUR 1962, 509, 513 Dia-Rähmchen II.

545 OLG Düsseldorf Mitt 1998, 27, 32; *Mes* Rn 141.

546 LG Mannheim InstGE 12, 160; *Schulte* Rn 111; vgl *Mes* Rn 134.

547 LG Mannheim InstGE 12, 160; *Schulte* Rn 111.

548 BGH GRUR 1992, 432 Steuereinrichtung I; BGH GRUR 1992, 599 f Teleskopzylinder; BGH GRUR 1993, 897 f Mogul-Anlage; BGH GRUR 2000, 685 formunwirksamer Lizenzvertrag mwN: angemessene Lizenz in der Höhe, wie sie von vernünftigen Vertragsparteien bei Abschluss eines Lizenzvertrags vereinbart worden wäre, wenn diese die künftige Entwicklung und namentlich den Umfang der Schutzrechtsbenutzung vorausgesehen hätten; so auch schon BGH GRUR 1962, 401, 404 Kreuzbodenventilsäcke III und RGZ 171, 227, 239 = GRUR 1943, 289 Kohlenstaubmotor; ebenso der I. Zivilsenat in BGH GRUR 1991, 915, 917 Kastanienmuster.

549 BGH GRUR 1990, 353 Raubkopien; BGH GRUR 1990, 1008 Lizenzanalogie; BGHZ 119, 20 = GRUR 1993, 55 Tchibo/Rolex II; BGH GRUR 1993, 899, 901 Dia-Duplikate; zust *Fitzner/Lutz/Bodewig* Rn 147.

550 Kr hierzu *R. Rogge* FS R. Nirk (1992), 928, 946 ; für ein Wahlrecht des Verletzten *Preu* GRUR 1979, 753, 759 f; vgl auch *Heermann* GRUR 1999, 625, 629 f.

551 BGHZ 119, 20 = GRUR 1993, 55 Tchibo/Rolex II; BGHZ 125, 91, 100 = GRUR 1994, 808, 811 Markenverunglimpfung I; zur Lizenzberechnung auch BGH GRUR 1975, 85 Clarissa, Geschmacksmustersache; vgl auch OLG Düsseldorf Mitt 1998, 358, 360.

552 BGH GRUR 2010, 239 BTK.

167 **Schranken des Kartellrechts** sind auch bei der Schadensersatzlizenz zu beachten.[553]

168 **„Verletzerzuschlag".** Der Verletzer ist grds nicht schlechter und nicht besser zu stellen als ein vertraglicher Lizenznehmer.[554] Die Umstände des Einzelfalls können es aber rechtfertigen, die Vorteile der Stellung des Verletzers gegenüber der Stellung eines Lizenznehmers lizenzerhöhend zu berücksichtigen, wenn sie sich mehr als im Regelfall auswirken;[555] dies kann fallweise bis zu einer Verdopplung reichen, aber nicht generell.[556] Allerdings sind die Unterschiede zu beachten, die im Einzelfall zwischen dem Wert der ungerechtfertigten Benutzung und dem Wert einer einfachen vertraglichen Lizenz bestehen; die Zubilligung eines von den Umständen des Einzelfalls unabhängigen allg „Verletzerzuschlags" kommt schon im Hinblick auf die ungesicherte Position des Verletzers nicht in Betracht.[557]

169 Die bei Verletzung musikalischer Aufführungsrechte,[558] der Verletzung von Urheberrechten,[559] der wettbewerbswidrigen Leistungsübernahme[560] und bei Persönlichkeitsverletzungen durch die Medien[561] für die Zulässigkeit einer Verdoppelung bzw **Verdreifachung der Lizenzgebühr** angeführten Gründe tragen auf der bestehenden gesetzlichen Grundlage ausschließlich Besonderheiten derartiger Rechtsverletzungen Rechnung und treffen Fälle von Verletzungen gewerblicher Schutzrechte nicht.[562] Eine Überkompensation des erlittenen Schadens ist im Patentrecht grds ausgeschlossen; auch die DurchsetzungsRl und deren Umsetzung in Abs 2 Satz 2 sehen sie nicht vor. Auch für die Figur der „punitive", „treble" oder „triple damages"[563] ist im dt Recht grds kein Raum,[564] gegen unverzichtbare Grundsätze des freiheitlichen Rechtsstaats verstößt sie jedoch nicht von vornherein[565] (zur Zustellung und Vollstreckung bei Klagen auf „punitive damages" im Inland Rn 5 zu § 143).

170 Die Nachahmung eines hochwertigen Erzeugnisses durch ein erkennbares Billigprodukt rechtfertigt eine **Erhöhung** der „Lizenzgebühr"; andererseits rechtfertigt das Hinnehmen von Verletzungen eine **Herabsetzung**.[566]

171 Die Verminderung des Prestigewerts des geschützten Erzeugnisses kann sich **lizenzerhöhend** auswirken.[567] Dass der Verletzer anders als ein vertraglicher Lizenznehmer keiner Preisbindung unterliegt,

---

553 Vgl *Melullis* FS F. Traub (1994), 287, 296 ff; *Fitzner/Lutz/Bodewig* Rn 149; BGHZ 155, 8 = GRUR 2003, 789 Abwasserbehandlung.

554 BGH GRUR 1962, 509, 513 Dia-Rähmchen II; BGHZ 82, 310, 321 = GRUR 1982, 286 Fersenabstützvorrichtung; BGH GRUR 1990, 1008 Lizenzanalogie; BGHZ 119, 20 = GRUR 1993, 55 Tchibo/Rolex II; BGH GRUR 2006, 143 Catwalk; OLG Köln GRUR 1994, 47, 49; OLG München GRUR-RR 2003, 194; vgl schweiz BG GRUR Int 1998, 341 f Verletzerzuschlag: „so wünschenswert er rechtspolitisch auch sein mag".

555 BGHZ 77, 16, 26 = GRUR 1980, 841 Tolbutamid; BGH Fersenabstützvorrichtung; vgl LG Düsseldorf GRUR 1987, 628; LG Düsseldorf GRUR 2000, 690, 692: kein Risiko, für schutzunfähige Erfindung Lizenzgebühren zahlen zu müssen, im letztgenannten Fall durch Erhöhung von 3% auf 3,25% berücksichtigt; ebenso LG Düsseldorf 22.2.2000 4 O 100/99 Entsch 2000, 63, 68 – Zuschlag von 0,5% –; LG München I Mitt 2013, 275, 279; LG Düsseldorf 20.5.1999 4 O 295/95 Entsch 1999, 60, 63, wo weiter die fehlende Möglichkeit der Buchprüfung lizenzerhöhend berücksichtigt wird, dies im konkreten Fall verneint in LG Düsseldorf 22.2.2000 4 O 100/99 Entsch 2000, 63 bei fiktiver Stücklizenz; vgl Begr G zur Verbesserung der Durchsetzung von Rechten des geistigen Eigentums S 88.

556 AA *Meier-Beck* WRP 2012, 503, 507.

557 BGH Tolbutamid; vgl *Fitzner/Lutz/Bodewig* Rn 151 ff; *Mes* Rn 144; aA LG München I Mitt 2013, 275, 279 f; *Meier-Beck* FS M. Loschelder (2010), 221, 230; kr *Tilmann* GRUR 2003, 647, 652; vgl auch *Wagner* AcP 206 (2006), 352.

558 BGHZ 59, 286 = GRUR 1973, 379 doppelte Tarifgebühr; vgl BGHZ 97, 37, 49 = GRUR 1986, 376 Filmmusik.

559 OLG Düsseldof NJW-RR 1999, 194; OLG Düsseldorf GRUR-RR 2006, 393 f.

560 BGHZ 122, 262, 267 = GRUR 1993, 757 Kollektion „Holiday"; vgl BGH GRUR 2002, 795, 797 Titelexklusivität.

561 Vgl BGHZ 128, 1 = GRUR 1995, 224 Caroline von Monaco.

562 BGHZ 77, 16, 26 = GRUR 1980, 841 Tolbutamid; *Fitzner/Lutz/Bodewig* Rn 153; eingehend zur Frage des Verletzerzuschlags auch nach dt Recht schweiz BG sic! 1997, 148, 150 f Wahlinserat, UrhSache; vgl weiter OLG Düsseldorf NJW-RR 1999, 194 f, zur Nichtnennung des Urhebers.

563 Vgl US-CAFC 38 USPQ 2d 1397 Jurgens/CBK, referiert in EIPR 1996 D-242.

564 Kr Tagungsbericht GRUR Int 1994, 428; vgl auch Begr BTDrs 16/5048 = BlPMZ 2008, 289, 299. Zum Strafcharakter von „punitive damages" BGHZ 118, 312, 334 = NJW 1992, 3096; BGH NJW 2003, 3620 Gewinnzusage; abl zu „punitive damages" *Honsell* Amerikanische Rechtskultur, FS R. Zäch (1999), 45; zur doppelten Lizenzgebühr *Wandtke* GRUR 2000, 942 und *Bodewig/Wandtke* GRUR 2008, 220.

565 BVerfG (Nichtannahmebeschluss) GRUR 2013, 534 Strafschadensersatz.

566 BGHZ 119, 20 = GRUR 1993, 55 Tchibo/Rolex II, UWGSache; *Schulte* Rn 119; *Fitzner/Lutz/Bodewig* Rn 154; vgl auch BGH GRUR 1984, 820, 822 Intermarkt II.

567 BGH GRUR 2006, 143 Catwalk.

kann berücksichtigt werden.[568] Auch das Fehlen einer Nichtangriffsabrede kann lizenzerhöhend berücksichtigt werden. Geringer Umfang der Eigennutzung durch den Berechtigten wirkt nicht lizenzmindernd.[569] Zwh erscheint, ob die ungesicherte Stellung des Verletzers an sich lizenzmindernd zu berücksichtigen ist.[570]

Lizenzmindernd wurde berücksichtigt, dass dem Verletzer lediglich ein kurzer Benutzungszeitraum **172** zur Verfügung stand, der eine Amortisation von Entwicklungskosten nicht ermöglichte (zwh).[571]

In Betracht zu ziehen sein kann, dass der Verletzer nicht wie ein Lizenznehmer in kurzen zeitlichen **173** Abständen (bei vertraglichen Lizenzen idR innerhalb eines Monats nach Schluss eines jeden Kalenderjahrs)[572] abrechnet und zahlt, sondern erheblich später.[573] Da vernünftige Vertragspartner bei Abschluss eines Lizenzvertrags Fälligkeitstermine mit der Folge einer über die Verzugsregelung hinausgehenden **Zinspflicht** vereinbart hätten, die als Ergänzung des vereinbarten Lizenzsatzes empfunden worden wäre, muss sich der Verletzer so behandeln lassen, als habe er einer Fälligkeitsabrede zugestimmt.[574] Die neuere Rspr hat Zinsen von 3,5–4% über dem jeweiligen Basiszinssatz der Europäischen Zentralbank zugesprochen.[575] Für alle Forderungen, die seit dem 1.5.2000 (Inkrafttreten des Gesetzes zur Beschleunigung fälliger Zahlungen) fällig geworden sind, ist die Regelung in § 288 Abs 1 Satz 2 BGB, Art 229 § 5 Satz 2 EGBGB zu beachten, nach der der gesetzliche Zinssatz bei 5 Prozentpunkten über dem Basiszinssatz (§ 247 BGB) liegt. Bei der Schadensbemessung nach der Lizenzanalogie kommt anders als bei der Berechnung nach dem Verletzergewinn der erhöhte Zinssatz des § 288 Abs 2 BGB (bis 28.7.2014 8 Prozentpunkte, seither 9 Prozentpunkte) zur Anwendung.[576] Das Zinseszinsverbot (§ 289 BGB) ist zu beachten.[577]

Zugunsten des Verletzten darf nicht berücksichtigt werden, dass er für die Verfolgung seines An- **174** spruchs **höhere Aufwendungen** gehabt hat als ein vertraglicher Lizenzgeber. Dass der Verletzer Aufwendungen zur Entwicklung der Verletzungsform durch die unmittelbare Übernahme einer konkreten Ausführungsform der geschützten Lehre ersparen konnte, kann Erhöhung gegenüber einem üblichen Lizenzsatz begründen. Ermäßigung lässt sich nicht damit rechtfertigen, dass eine gegenständliche Verletzung des Patents nicht vorliege.[578] Die Verwendung als Werbeartikel kann lizenzerhöhend berücksichtigt werden.[579] Dass es sich beim Abnehmer um einen Testkäufer gehandelt hat, hat außer Betracht zu bleiben.[580]

Zur Schadensbemessung im einzelnen kann auf die Hinweise zur Lizenzbemessung nach den **Vergü- 175 tungsrichtlinien** für ArbN im privaten Dienst (hierzu § 11 ArbEG) zurückgegriffen werden, allerdings darf nicht unbeachtet gelassen werden, dass sich die durchschnittlichen Lizenzsätze im Lauf der Jahre in den meisten Branchen gesenkt haben.[581] Der BGH hat darauf hingewiesen, dass die Rahmensätze nur mit großen Vorbehalten herangezogen werden können.[582] Es bedarf zunächst der Ermittlung einer sachgerechten Bezugsgröße, von der die im Einzelfall angemessene „Lizenzgebühr" abgeleitet werden kann.[583] Der Tat-

568 BGHZ 77, 16, 26 = GRUR 1980, 841 Tolbutamid.
569 BGH 8.5.2002 I ZR 232/01.
570 Vgl BGH Tolbutamid; BGH GRUR 1993, 899, 901 Dia-Duplikate.
571 OLG Düsseldorf 17.12.2010 2 U 20/08; *Schulte* Rn 120.
572 OLG Düsseldorf InstGE 4, 165; OLG Düsseldorf 17.12.2010 2 U 20/08.
573 BGHZ 81, 310, 321 = GRUR 1982, 286 Fersenabstützvorrichtung; OLG Düsseldorf 12.3.1998 2 U 199/93.
574 BGH Fersenabstützvorrichtung; OLG Düsseldorf GRUR 1981, 45, 52; OLG Düsseldorf 12.3.1998 2 U 199/93; LG Düsseldorf Mitt 1990, 101; *Kraßer* S 860 f (§ 35 IV 2); vgl *Benkard* Rn 71; *Schulte* Rn 121; *Mes* Rn 145.
575 LG Düsseldorf Mitt 1990, 101; LG Düsseldorf 23.1.1996 4 O 42/94 Entsch 1996, 17, 23 f; LG Düsseldorf 28.8.1997 4 O 6/92 Entsch 1997, 75, 82; LG Düsseldorf 20.5.1999 4 O 295/95 Entsch 1999, 60, 64; LG Düsseldorf GRUR 2000, 690, 692 mwN; ebenso OLG Düsseldorf Mitt 1998, 27, 33; OLG Düsseldorf Mitt 1998, 358, 362; OLG Düsseldorf InstGE 4, 165, 182 (jeweils 3,5% über Bundesbankdiskontsatz); *Mes* München 6.3.1997 6 U 6950/92 hat 4 % darüber zugesprochen; in der Schweiz Schadenszins von 5%, KG Zug sic! 2009, 39.
576 *Benkard* Rn 71; *Kühnen* Hdb[8] Rn I 104; LG Düsseldorf InstGE 9, 1; vgl LG Düsseldorf InstGE 5, 172; *Mes* Rn 143.
577 LG Düsseldorf InstGE 9, 1; *Schulte* Rn 121; *Kühnen* Hdb[8] Rn I 110; *Büscher/Dittmer/Schiwy* Rn 81; vgl *Mes* Rn 145.
578 BGH GRUR 1993, 897 Mogul-Anlage.
579 BGH Dia-Rähmchen II.
580 BGHZ 117, 264, 273 = GRUR 1992, 612, 615 Nicola.
581 Vgl *Fischer* Mitt 1987, 104; *Benkard*[10] Rn 65a; OLG Düsseldorf 12.3.1998 2 U 199/93.
582 BGH GRUR 1995, 578, 580 Steuereinrichtung II.
583 BGH GRUR 1992, 432 Steuereinrichtung I; BGH GRUR 1992, 599 Teleskopzylinder; BGH Steuereinrichtung II; vgl OLG Düsseldorf 17.7.2009 2 U 38/08; LG Düsseldorf 4.11.1997 4 O 343/97 Entsch 1997, 104 stellt auf den Nettoverkaufspreis des Verletzers und nicht auf die Abgabepreise des Berechtigten ab, berücksichtigt Differenzen aber bei der Bemessung des Lizenzsatzes.

richter hat die Lizenzgebühr gem § 287 Abs 1 ZPO aufgrund einer wertenden Entscheidung unter Würdigung aller Umstände nach freier Überzeugung zu bemessen, er darf dabei nicht willkürlich schätzen, sondern muss auf gesicherten Grundlagen aufbauen, wobei erkennbar sein muss, dass er sich keine ihm nicht zukommende Sachkunde angemaßt hat (Bsp 6. *Aufl*).[584]

176   Bei **komplexen Anlagen** (zusammengesetzten Vorrichtungen), von denen nur Teile unter Patentschutz stehen, ist zur Bemessungsgrundlage auf die Verkehrsübung – uU auch in anderen Branchen – abzustellen, Zuziehung eines Sachverständigen kann notwendig sein. Bedeutsam kann sein, ob die Gesamtanlage durch die geschützten Teile ihr kennzeichnendes Gepräge erhält, diese das Hauptstück der Gesamtanlage sind oder eine konstruktive Anpassung der anderen Teile notwendig machen, ob notwendiges Zubehör, Serien- oder Einzelanfertigung der Anlage, weitere Zusatzvorrichtungen,[585] ebenso, ob die Gesamtvorrichtung üblicherweise als Ganzes geliefert wird und ob sie durch die geschützten Teile eine Wert- oder Absatzsteigerung erfährt.[586] Auch hier sind kartellrechtl Schranken beachtlich.[587]

177   Die **Mitbenutzung anderer**, eigener oder lizenz- oder schadensersatzpflichtiger, voneinander unabhängiger **Schutzrechte** kann sich lizenzmindernd auswirken; es ist darauf abzustellen, ob und inwieweit durch deren Zusammenwirken im fertigen Produkt oder vollständigen Verfahren eine Wertsteigerung eintritt, die sich auch in einer verbesserten Wettbewerbsstellung verkörpern kann, so dass der Erfolgsanteil der benutzten Einzelerfindung gemindert erscheint; ohne Wertsteigerung wird Lizenzminderung jedenfalls regelmäßig nicht in Betracht kommen,[588] sofern sich die Parteien nicht aus anderen Gründen gleichwohl auf eine Herabsetzung des Lizenzsatzes geeinigt hätten.[589]

178   Neben der Vorrichtungserfindung bestehenden **Verfahrenserfindungen**, die zu einem verbesserten Aufbau der Vorrichtung und damit zu einer günstigeren Benutzung führen, wird iZw dadurch Rechnung getragen, dass der Lizenzsatz für die Vorrichtungserfindung maßvoll erhöht wird.[590]

179   Bei **abhängigen Schutzrechten** steht der Anspruch auf die „Lizenzgebühr" sowohl dem Inhaber des älteren Schutzrechts als auch dem des abhängigen Schutzrechts zu;[591] hinsichtlich des letzteren ist die „Lizenzgebühr" nicht auf die Benutzung des nicht vom älteren Schutzrecht betroffenen „überschießenden Teils" beschränkt, weil der gegenständliche Schutz auch bei Kombinationspatenten sämtliche Merkmale erfasst.[592] Wesentlich ist insb, wieweit ein Marktvorsprung schon durch die erste Erfindung oder nur unter gleichzeitiger Benutzung der abhängigen weiteren Erfindung erreicht werden kann.[593] Der Frage eines Vorbenutzungsrechts kommt bei der Bemessung der „Lizenzgebühr" erhebliches Gewicht zu.[594]

180   Muss der Geschädigte selbst Lizenzgebühren zahlen und setzt er deshalb für die **hypothetische Unterlizenz** einen marktüblichen Aufschlag an, kann er als Schaden nur den hypothetischen Unterlizenzaufschlag verlangen.[595]

181   Ersatzzahlungen, die der Verletzer seinen **Vertragspartnern** wegen deren Inanspruchnahme durch den Verletzten erbringt, sind bei der Bemessung nicht abzuziehen.[596]

---

584   BGH Steuereinrichtung II; vgl BGH GRUR 2006, 136 f Pressefotos; BGH 6.10.2005 I ZR 267/02; OLG München OLG-Rp 1995, 162 f; zur Schätzung bei konzerninternen Umsätzen BGH GRUR 2012, 605 antimykotischer Nagellack I; vgl *Mes* Rn 142.

585   BGH GRUR 1962, 401 Kreuzbodenventilsäcke III.

586   BGH GRUR 1992, 432 Steuereinrichtung I; BGH GRUR 1992, 599 Teleskopzylinder; BGH GRUR 1995, 578 f Steuereinrichtung II; RGZ 144, 187, 192 = GRUR 1934, 438 Beregnungsanlage V; RG GRUR 1937, 531, 533 f Beregnungsanlage VI; OLG Karlsruhe GRUR-RR 2014, 55; vgl OLG Düsseldorf InstGE 4, 165 für Maschinenteile, die sowohl separat, als auch als Bestandteil einer Gesamtanlage veräußert werden; für ein Abstellen auf die Vorteile, die das Recht dem Nutzer verschafft, *Melullis* FS F. Traub (1994), 287, 294 unter Hinweis auf BGHZ 97, 37 = GRUR 1986, 376 Filmmusik; BGH GRUR 1987, 36 Liedtextwiedergabe II.

587   *Melullis* FS F. Traub (1994), S 299 ff, 302.

588   BGHZ 82, 299 = GRUR 1982, 301 Kunststoffhohlprofil II; BGH GRUR 1995, 578, 580 Steuereinrichtung II.

589   BGH Steuereinrichtung II.

590   OLG Düsseldorf InstGE 4, 165, zur Erfindervergütung; *Schulte* Rn 116.

591   RGZ 126, 127, 132 = BlPMZ 1930, 98 Hochspannungstransformatoren II.

592   BGH GRUR 1992, 432 Steuereinrichtung I; BGH GRUR 1992, 599 Teleskopzylinder.

593   BGH Steuereinrichtung I; BGH Teleskopzylinder.

594   BGH Steuereinrichtung I; BGH Teleskopzylinder.

595   BAG DB 1986, 2289 Thrombozytenreagenz II.

596   BGH GRUR 2009, 660 Resellervertrag.

6. Gewinnherausgabe. Auch die schon auf die Rspr des ROHG[597] zurückgehende Bemessung nach **182** dem Verletzergewinn war gewohnheitsrechtl anerkannt (näher *7. Aufl*). Seit der Umsetzung der DurchsetzungsRl kann der Verletzergewinn bei der Schadensberechnung berücksichtigt werden. Der Anspruch ist als „auf den ersten Blick furchteinflößend, aber doch bei nüchterner Betrachtung ohne Biss" bezeichnet worden.[598] Die – vor der gesetzlichen Neuregelung grds auch auf das Patentrecht übertragbare[599] – jüngere Rspr des BGH zum GeschmMRecht hat ihn jedoch verschärft.[600] Der Anspruch, der auch der Sanktionierung des schädigenden Verhaltens[601] und der Prävention[602] dient, zielt nicht auf Ersatz des konkret entstandenen Schadens, sondern auf billigen Ausgleich des Vermögensnachteils, den der Rechtsinhaber erlitten hat.[603] Die Regelungen der §§ 830 (Mittäter; Beteiligte), 840 BGB (Haftung mehrerer) wurden als auf ihn nicht anwendbar angesehen;[604] das trifft nach geltendem Recht nicht mehr zu.[605] Nur bei vorsätzlichen Eingriffen kam ein Anspruch auf Herausgabe des Verletzergewinns unmittelbar aus §§ 687 Abs 2 Satz 1, 681 Satz 2, 667 BGB in Betracht.[606] Zur lauterkeitsrechtl Gewinnabschöpfung nach § 10 UWG Rn 43 zu § 142.

Die Herausgabe des Verletzergewinns war in § 42 Abs 2 Satz 2 GeschmMG 2004 und seit 1965 in § 97 **183** Abs 1 Satz 2 UrhG („anstelle des Schadensersatzes") ausdrücklich geregelt; zur **Analogiefähigkeit** *7. Aufl*. Den dogmatischen Schwierigkeiten trugen diese Regelungen dadurch Rechnung, dass sie den Anspruch „anstelle" des Schadensersatzes gewährten.[607]

In Art 45 TRIPS-Übk wird der Anspruch weitgehend **getrennt vom Schadensersatzanspruch** be- **184** handelt. Das gilt auch für Art 13 Abs 2 DurchsetzungsRl.[608] Dieser lautet:

> (2) Für Fälle, in denen der Verletzer eine Verletzungshandlung vorgenommen hat, ohne dass er dies wusste oder vernünftigerweise hätte wissen müssen, können die Mitgliedstaaten die Möglichkeit vorsehen, dass die Gerichte die Herausgabe der Gewinne oder die Zahlung von Schadensersatz anordnen, dessen Höhe im Voraus festgesetzt werden kann.

Die Begründung des Anspruchs auf Gewinnherausgabe (zur Rechtslage im Ausland *7. Aufl* Rn 165) als **185** **Schadensersatzanspruch** war vor der Neuregelung dogmatisch nicht ohne Bedenken;[609] „die Gerichte haben unter Überschreitung der Grenzen, die dem Schadensersatzanspruch der Regel nach gezogen sind, eine Rechtsfortbildung vorgenommen, die auf Billigkeitserwägungen beruht".[610] Der BGH hat auf die Fiktion eines Schadens beim Verletzer abgestellt, der den Gewinn realisiert habe.[611] Der Anspruch ist teilweise berei-

---

597 ROHGE 22, 338 Theater.
598 *Von der Osten* GRUR 1998, 284; vgl *Fähndrich* VPP-Rdbr 2003, 13, 14; *Haedicke* GRUR 2005, 529.
599 Vgl OLG Düsseldorf Mitt 2006, 553; OLG Düsseldorf InstGE 13, 199; LG Düsseldorf InstGE 1, 276; LG München I InstGE 3, 48, 50 f; LG Düsseldorf 5.3.2003 4 O 17/02, zitiert nach *Dreiss* FS 50 Jahre VPP (2005), 303, und LG Frankfurt/M InstGE 6, 141; *Fähndrich* VPP-Rdbr 1003, 13, 15; zur Anwendbarkeit im Urheberrecht OLG Köln GRUR-RR 2005, 247; im Markenrecht BGH GRUR 2006, 419 Noblesse, beim wettbewerbsrechtl Leistungsschutz BGH GRUR 2007, 431 Steckverbindergehäuse.
600 BGHZ 145, 366 = GRUR 2001, 329 Gemeinkostenanteil; zu den Konsequenzen *Rinnert/Küppers/Tilmann* FS H. Helm (2002), 337; *Tilmann* GRUR 2003, 647.
601 BGHZ 68, 90, 94 = GRUR 1977, 250 Kunststoffhohlprofil I.
602 BGH Wandsteckdose II; BGH Gemeinkostenanteil.
603 BGH GRUR 1995, 249, 252 objektive Schadensberechnung; BGH Gemeinkostenanteil.
604 *Tilmann* GRUR 2003, 647, 653, der einen Haftungsausgleich in der Verletzerkette nur auf vertragsrechtlicher Grundlage für möglich hält; *Meier-Beck* GRUR 2005, 617 f.
605 BGHZ 181, 98, 122 = GRUR 2009, 856 Tripp-Trapp-Stuhl; *Schulte* Rn 139; vgl *Mes* Rn 173.
606 *Beuthien/Wasmann* GRUR 1997, 255, 259 f; *von der Osten* GRUR 1998, 284, 286 f; *Haedicke* GRUR 2005, 529 ff, der die Gewinnhaftung auf Fälle des Vorsatzes und der groben Fahrlässigkeit beschränken will; Bedenken gegen diese Begründung bei *Meier-Beck* WRP 2012, 503, 505; anders wohl BGHZ 145, 366, 372 = GRUR 2001, 329 Gemeinkostenanteil.
607 Vgl auch OLG Düsseldorf 2.6.2005 2 U 39/03.
608 Vgl *Schaub* GRUR 2005, 918, 920.
609 Nach schweiz BG sic! 2005, 215 Textilfarben mAnm *Jenny/Caprez* sind die Ansprüche auf Schadensersatz und Gewinnherausgabe „klar auseinander zu halten", was es aber nicht ausschließe, den Verletzergewinn als Anhaltspunkt für die Berechnung des dem Patentinhaber entgangenen Gewinns heranzuziehen.
610 *Ulmer* Urheber- und Verlagsrecht³ S 557; vgl *Beuthien/Wasmann* GRUR 1997, 255, 257 mwN in Fn 37; *Haedicke* GRUR 2005, 529 f; OLG Karlsruhe Mitt 2001, 447, 448 f.
611 BGHZ 60, 168, 173 = GRUR 1973, 478, 480 Modeneuheit; *Meier-Beck* GRUR 2005, 617 f.

cherungsrechtl eingeordnet worden.[612] Man wird ihm einen gewissen Strafcharakter schwer absprechen können; gleichwohl wird – wie beim strafrechtlichen Verfall[613] – nicht auf Schuldangemessenheit abzustellen sein. Auch eine Begründung aus dem Verlust einer Marktchance kann in Erwägung gezogen werden.

186   Nunmehr sehen Abs 2 Satz 2 sowie die mit ihm wörtlich übereinstimmenden Regelungen im UrhG und in § 42 DesignG ebenso wie § 14 Abs 6 Satz 2 MarkenG in (vermeintlicher)[614] Umsetzung der DurchsetzungsRl vor, dass bei der **Bemessung des Schadensersatzes** auch der Gewinn, den der Verletzer durch die Verletzung des Rechts erzielt hat, berücksichtigt werden kann. Damit besteht weder Notwendigkeit noch Anlass, auf gewohnheitsrechtl Begründungen oder auf Geschäftsführung ohne Auftrag zurückzugreifen;[615] man wird nunmehr für das dt Recht von einem (freilich von der DurchsetzungsRl nicht erzwungenen) gesetzlich normierten Schadensbegriff ausgehen müssen.

187   Die Gewinnherausgabe hat im Gefolge der Gemeinkostenanteil-Entscheidung des BGH trotz ihrer schwierigen Handhabung große **praktische Bedeutung** erlangt.[616]

188   Der Patentverletzer haftet auf Herausgabe des von ihm erzielten Gewinns auch, wenn der Verletzte diesen nicht hätte machen können.[617] Es wird **fingiert**, dass der Rechtsinhaber ohne die Rechtsverletzung durch Verwertung seines Schutzrechts den gleichen Gewinn wie der Verletzer erzielt hätte.[618] Kausalität kann auch darauf gestützt werden, dass der Verletzer über einen längeren Zeitraum vom Patentinhaber bezogen und sich dann entschlossen hat, zu einem geringeren Preis von einem Dritten zu beziehen.[619] Der Verletzergewinn kann grds nur nach Maßgabe der konkreten Produktions- und Vertriebsverhältnisse beim Verletzer und nicht nach allg Erfahrungswerten und Vergleichszahlen von Wettbewerbern festgestellt werden.[620] Der Schaden besteht nur in dem Anteil des Gewinns, der gerade auf der Benutzung des Schutzrechts beruht.[621] Der Verletzte kann damit nur die Herausgabe des Gewinnanteils verlangen, der auf die unbefugte Nutzung der fremden Position zurückgeht.[622]

189   Der herauszugebende **Gewinn** kann nach dem Anteil, der auf die Erfindung entfällt, nach § 287 ZPO geschätzt werden.[623] Er muss in einer solchen **Beziehung zur Patentverletzung** stehen, dass er billigerweise als Entschädigung für den Eingriff in das Recht des Patentinhabers oder unter dem Gesichtspunkt der Patentbenutzung als Besorgung eines dem Patentinhaber vorbehaltenen Geschäfts diesem gebührt.[624] Das wird nicht iS einer adäquaten Kausalität, sondern wertend zu verstehen sein.[625]

190   Bei **mehreren Verletzten** kann nicht jeder den vollen Gewinn abschöpfen.[626] Vom mittelbaren Verletzer kann nur die Herausgabe des eigenen Gewinns verlangt werden.[627]

---

612   So *Tilmann* Mitt 2001, 282f unter Hinweis auf BGHZ 145, 366 = GRUR 2001, 329 Gemeinkostenanteil.

613   Vgl BGH NJW 1995, 2235; BGH NJW 2001, 693.

614   Vgl Begr BTDrs 16/5048 = BlPMZ 2008, 289, 296, 299.

615   Vgl *Fitzner/Lutz/Bodewig* Rn 131; *Meier-Beck* WRP 2012, 503f; *Grabinski* GRUR 2009, 260; *Dörre/Maaßen* GRUR-RR 2008, 217.

616   Näher *Meier-Beck* WRP 2012, 503, 506f.

617   BGH GRUR 1963, 255, 257 Kindernähmaschinen; BGHZ 60, 168, 173 = GRUR 1973, 478 Modeneuheit; BGHZ 145, 366 = GRUR 2001, 329 Gemeinkostenanteil.

618   BGHZ 150, 32 = GRUR 2002, 532 Unikatrahmen unter Hinweis auf BGH Gemeinkostenanteil; BGH GRUR 2007, 431 Steckverbindergehäuse; kr *Kühnen* Hdb[8] Rn I 123; *Kather* VPP-Rdbr 2014, 28; vgl *Mes* Rn 146.

619   LG Mannheim 19.10.2007 7 O 184/06 GRUR-RR 2008, 333.

620   OLG Karlsruhe 13.3.2002 6 U 199/99.

621   BGH GRUR 2006, 419 Noblesse; vgl schweiz BPatG sic! 2014, 560; zum herauszugebenden Schaden des markenverletzenden Parallelimports BGH GRUR 2010, 237 Zoladex.

622   BGHZ 145, 366, 375 = GRUR 2001, 329, 332 Gemeinkostenanteil; vgl *Kraßer* GRUR Int 1980, 259, 264; differenzierend *Meier-Beck* GRUR 2005, 617ff unter Hinweis ua auf LG Düsseldorf 30.6.1986 4 O 268/86.

623   BGH Unikatrahmen; BGHZ 194, 194 = GRUR 2012, 1226 Flaschenträger; *Rojahn* GRUR 2005, 623, 630; HG Bern sic! 2005, 348, 355 stellt auf den Nettogewinn ab.

624   BGH GRUR 1962, 509, 512 Dia-Rähmchen II; OLG Düsseldorf 2.6.2005 2 U 39/03; vgl schon BGHZ 34, 320 = GRUR 1961, 354f Vitasulfal.

625   OLG Düsseldorf 2.6.2005 2 U 39/03 unter Hinweis auf und OLG Frankfurt GRUR-RR 2003, 274; vgl BGH Flaschenträger; zur Kausalität *Schulte* Rn 129; *Fitzner/Lutz/Bodewig* Rn 135; *Kühnen* Hdb[8] Rn I 156ff.

626   OLG Düsseldorf 2.6.2005 2 U 39/03 unter Hinweis auf BGZ 119, 20 = GRUR 1993, 55 Tchibo-Rolex II und OLG Frankfurt GRUR-RR 2003, 274.

627   OLG Karlsruhe Mitt 2001, 447, 452, Markensache, unter Hinweis auf *Meier-Beck* GRUR 1993, 1, 3, dort grds auch gesamtschuldnerische Haftung mit dem unmittelbaren Rechtsverletzer verneint.

Es ist nicht ohne weiteres der **volle Gewinn** zu erstatten.[628] Betrifft das Patent eine Detailverbesse- **191** rung eines bekannten Erzeugnisses, ist der Anteil des herauszugebenden Gewinns in wertender Betrachtung danach zu bestimmen, in welchem Maß die Nutzung des Patents die Kaufentscheidung verursacht oder mitverursacht hat.[629] Dabei ist regelmäßig auch zu berücksichtigen, ob und inwieweit die erfindungsgem Ausgestaltung oder die damit unmittelbar oder mittelbar verbundenen technischen oder wirtschaftlichen Vorteile für die Abnehmer des Verletzers erkennbar waren oder ihnen gegenüber werblich herausgestellt wurden.[630] Der Gewinn muss aus Handlungen herrühren, durch die das Patent verletzt worden ist,[631] und die in ursächlichem Zusammenhang zur Patentverletzung stehen;[632] das ist nicht der Fall, soweit der herauszugebende Gewinn im Betrieb gewinnbringend weitergearbeitet hat,[633] auch nicht, soweit der Gewinn eines Hauptartikels auf die Werbewirkung des patentverletzenden Nebenartikels zurückzuführen ist, anders, wenn die Werbewirkung ihren Grund gerade in den mit der Patentverletzung zusammenhängenden technischen Eigenschaften des Nebenartikels hat.[634] Außer Betracht bleiben grds Gewinnanteile, die auf Werbung des Verletzers, dessen Vertriebsorganisation, Ansehen oder besondere Geschäftsbeziehungen zurückzuführen sind.[635] Den Vertriebsleistungen des Verletzers soll aber nicht Rechnung getragen werden.[636] Die Berufung auf rechtmäßiges Alternativverhalten ist jedenfalls insoweit unbeachtlich, als nicht verletzende Lösungen tatsächlich noch nicht zur Verfügung standen.[637]

Gemeinkosten, dh Kosten, die anders als die Einzelkosten einem Produkt nicht direkt zugerechnet **192** werden können, sollen entgegen der früheren Rspr[638] (als variable Kosten, nicht auch als Fixkosten)[639] nur abgezogen werden können, wenn und soweit sie ausnahmsweise den schutzrechtsverletzenden Gegenständen unmittelbar zugerechnet werden können (produktbezogene Kosten).[640] Zu den Kosten, die der Produktion des rechtsverletzenden Gegenstands unmittelbar zugerechnet werden können, gehören neben den Produktions- und Materialkosten und den Vertriebskosten die Kosten des Personals, das für Herstellung und Vertrieb des Produkts eingesetzt ist, sowie bei Investitionen in Anlagevermögen die Kosten für Maschinen und Räumlichkeiten anteilig bezogen auf die Lebensdauer, die nur für die Produktion und den

---

628   BGH GRUR 1974, 53 Nebelscheinwerfer; BGHZ 119, 20, 29 = GRUR 1993, 55, 59 Tchibo/Rolex II; OLG Köln GRUR 1991, 60, 63; OLG Düsseldorf Mitt 2006, 553; OLG Frankfurt GRUR-RR 2011, 201; vgl BezG Bülach/Schweiz sic! 2002, 108, 112: nur Nettogewinn.

629   BGHZ 194, 194 = GRUR 2012, 1226 Flaschenträger; OLG Frankfurt GRUR-RR 2011, 201.

630   BGH GRUR 2013, 1212 Kabelschloss.

631   Vgl BGH GRUR 1987, 39 f Videolizenzvertrag; BGHZ 150, 32 = GRUR 2002, 532 Unikatrahmen; vgl zur brit Praxis *Moody-Stuart* EIPR 1999, 147 f.

632   So auch OLG Düsseldorf 2.6.2005 2 U 39/03; kr LG Düsseldorf InstGE 8, 257: wertende Beurteilung iS eines Rechtswidrigkeitszusammenhangs; zu hypothetischen Kausalverläufen bei Umgehungsmöglichkeiten BGH GRUR 2010, 1090 Werbung des Nachrichtensenders; OLG Düsseldorf InstGE 13, 199; kr *Meier-Beck* WRP 2012, 503, 506.

633   RGZ 130, 108, 114 = BlPMZ 1931, 4 Glühlampen II.

634   BGH GRUR 1962, 509, 512 Dia-Rähmchen II, dort auch zur Berechnung des Gewinns in einem solchen Fall, hierzu auch BGH 20.5.1965 I a ZR 249/63.

635   LG Düsseldorf 25.6.1996 4 O 217/95 Entsch 1996, 69 Ls.

636   BGHZ 145, 366, 375 = GRUR 2001, 329, 332 Gemeinkostenanteil; kr *Meier-Beck* GRUR 2005, 617, 619.

637   BGH Flaschenträger; BGH GRUR 2010, 237 Zoladex, Markensache; LG Mannheim InstGE 6, 260.

638   BGH Dia-Rähmchen II.

639   Insoweit abl und zur Ungenauigkeit der Terminologie *Meier-Beck* GRUR 2005, 617, 619 f, 623 unter Hinweis auf *Fähndrich* VPP-Rdbr 2003, 13 ff; *Haft/Reimann* Mitt 2003, 437 ff; *Pross* FS W. Tilmann (2003), 881 ff; offengelassen in BGH GRUR 2007, 773 Rohrschweißverfahren.

640   BGHZ 145, 366 = GRUR 2001, 329 Gemeinkostenanteil mwN; OLG Karlsruhe 13.3.2002 6 U 199/99; OLG Düsseldorf 21.4.2005 2 U 93/03; OLG Düsseldorf 2.6.2005 2 U 39/03; OLG Düsseldorf Mitt 2006, 553; OLG Düsseldorf 15.2.2007 2 U 71/05; LG Düsseldorf 5.3.2002 4 O 17/02; LG Düsseldorf InstGE 1, 276; LG München I InstGE 3, 48; zur Anwendung dieser Grundsätze im Urheberrecht OLG Düsseldorf GRUR 2004, 53; LG München I 20.8.2002 7 O 13071/01; im Markenrecht OLG Frankfurt GRUR-RR 2003, 278; kr *Meier-Beck* GRUR 2005, 617, 622: als gewinnschmälernd sei auch der Gemeinkostenanteil zu berücksichtigen, „von dem anzunehmen ist, dass er ohne die Verletzungshandlungen entweder nicht oder nicht in der tatsächlichen Höhe entstanden wäre, oder für den ein anderweitiger Deckungsbeitrag erwirtschaftet worden wäre"; *Meier-Beck* WRP 2012, 503, 505; vgl *Pross* FS W. Tilmann (2003), 881; *Lehmann* BB 1988, 1680; vgl die Aufstellung der abzugsfähigen und der nicht abzugsfähigen Kosten bei *Kühnen* Hdb⁸ Rn I 131 ff; *Fitzner/ Lutz/Bodewig* Rn 134; *Mes* Rn 151 ff.

Vertrieb der verletzenden Produkte verwendet worden sind.[641] Wird das Material sowohl für schutzrechtsverletzende Erzeugnisse als auch für andere Erzeugnisse eingesetzt, findet ein entspr anteiliger Abzug statt.[642] Nicht anrechenbar sind die Kosten, die unabhängig vom Umfang der Produktion und des Vertriebs durch die Unterhaltung des Betriebs entstanden sind (Marketingkosten, Geschäftsführergehälter, Verwaltungskosten, Kosten für Anlagevermögen, das nicht konkret der Rechtsverletzung zugerechnet werden kann), ferner Anlauf- und Entwicklungskosten sowie Kosten für nicht mehr veräußerbare Produkte.[643] Die Zurechnung wird bei Personalkosten allenfalls unter besonderen Umständen möglich sein.[644] Bei der Einordnung der Kosten ist eine gewisse Typisierung unerlässlich, die einerseits den Geboten der Praktikabilität und andererseits den Wertungen des Schadensersatzrechts und dem Ziel Rechnung trägt, mit dem Schadensersatz einen billigen Ausgleich der Vermögensnachteile des Verletzten zu bewirken.[645] Rechtsverteidigungskosten können abgezogen werden, soweit sie sich auf die Umsätze beziehen, die darauf beruhen, dass sich der Verletzer gegen die Inanspruchnahme verteidigt.[646] Jedenfalls bei ausschließlicher Produktion schutzrechtsverletzender Erzeugnisse wird aber auch der Abzug der Fixkosten möglich sein müssen.[647] Besondere Vertriebsleistungen sollen nicht abgezogen werden können.[648] Schadensersatzleistungen des Verletzers an seine Abnehmer dafür, dass diese gehindert sind, die verletzenden Gegenstände weiterzuveräußern, können nicht abgezogen werden.[649] Das läuft darauf hinaus, dass der herauszugebende Anteil nach § 287 ZPO geschätzt werden kann,[650] wobei es auf die Ursächlichkeit der Verletzung für den Kaufentschluss, die Marktstellung der Parteien, die Frage, ob es sich um eine völlig neuartige Erfindung oder um eine Detailverbesserung handelt, und die Bedeutung der Erfindung innerhalb einer Gesamtanlage ankommen wird.[651] Der Verletzer ist nicht verpflichtet, über Einzelheiten seiner Kalkulation Auskunft zu erteilen, da die Schätzung auch auf der Grundlage der Umsätze und ggf grob ermittelter Gewinne erfolgen kann.[652] Der Anspruch kann unter Mitverschuldensgesichtspunkten nach § 254 BGB zu kürzen sein.[653] Zinsen sollen nach § 668 BGB (Verzinsung des verwendeten Gelds) geschuldet sein.[654] Nach der früheren Rspr galt: „In der Praxis führt das dazu, dass die Verletzer mit der Rechnungslegung Zahlenmaterial vorlegen, welches darauf hinausläuft, dass der Gewinn ... in der Regel niedriger liegt als eine angemessene Lizenz".[655] Jedoch wurde der Einwand, der Gewinnherausgabeanspruch übersteige die Lizenzvergütung beträchtlich, nicht zugelassen.[656]

193   Der 15. Zivilsenat des OLG Düsseldorf hat seine Auffassung folgendermaßen zusammengefasst:[657] Vereinbart ein Verletzer mit einem Dienstleistungsunternehmen einen stückbezogenen Preis für eine bestimmte Leistung und kalkuliert dieser Vertragspartner den Preis intern so, dass nicht nur die unmittelbaren Kosten für diese Leistung, sondern auch weitere Kosten wie insb dessen Fixkosten enthalten sind, stellen diese Kosten aus der Sicht des Verletzers gleichwohl variable Kosten dar, die unmittelbar den Verletzungsformen zuzuordnen sind und folglich von den erzielten Erlösen abgezogen werden können, weil sie durch ihren Vertrieb tatsächlich zusätzlich angefallen sind und dementspr seinen Gewinn aus der Pa-

---

641   BGH GRUR 2007, 431 Steckverbindergehäuse; vgl OLG Düsseldorf InstGE 13, 199; OLG Düsseldorf InstGE 13, 226; *Kühnen* Hdb[8] Rn I 134.

642   OLG Düsseldorf 27.6.2012 2 W 14/12; *Kühnen* Hdb[8] Rn I 132.

643   BGH Steckverbindergehäuse; zu Abschreibungen für Abnutzung LG Frankfurt/M. InstGE 6, 141; LG Mannheim InstGE 6, 260.

644   Vgl LG München I InstGE 3, 48, 52 f.

645   BGH Steckverbindergehäuse; *Meier-Beck* WRP 2012, 503, 506.

646   LG Düsseldorf InstGE 5, 161; *Mes* Rn 156.

647   Vgl LG München I InstGE 3, 48, 52; hiergegen *Tilmann* GRUR 2003, 647, 651; zust aber *Rojahn* GRUR 2005, 623, 629.

648   BGH Gemeinkostenanteil; kr *Meier-Beck* GRUR 2005, 617, 619; *Pross* FS W. Tilmann (2003) 881, 893.

649   BGHZ 150, 32 = GRUR 2002, 532 Unikatrahmen, wo insoweit auf §§ 687 Abs 2 Satz 2, 684 Satz 1 BGB und bereicherungsrechtl Grundsätze abgestellt wird.

650   BGH Noblesse.

651   OLG Düsseldorf Mitt 2006, 553.

652   BGH Noblesse.

653   *Lange* S 364.

654   OLG Düsseldorf Mitt 2006, 553 = InstGE 5, 251, 274, bdkl.

655   *Von der Osten* GRUR 1998, 284, 286; vgl auch *Lehmann* BB 1988, 1680.

656   OLG Düsseldorf GRUR 2004, 53.

657   OLG Düsseldorf 3.6.2015 15 U 34/14 CIPR 2015, 82 Ls.

tentverletzung mindern. Logistikkosten des Verletzers kann dieser grds auch dann vom erzielten Gewinn abziehen, wenn die Logistik durch ein konzernverbundenes Unternehmen erbracht wurde. Bei vom Verletzer (aus Kulanzgründen) freiwillig aufgewandten Kosten für Retouren der Verletzungsformen handelt es sich um abzugsfähige Kosten,[658] wenn sich diese Kosten im Rahmen der üblichen Geschäftspraxis bewegen und daher voraussichtlich im Betrieb des Verletzten ebenfalls entstanden wären. Grundlegendes, aber nicht einziges Kriterium für die Bestimmung des **Kausalanteils** ist der Abstand der geschützten Erfindung gegenüber dem marktrelevanten StdT. Steht fest, dass eine offenbarte technische Lösung tatsächlich nicht vermarktet worden ist, befand sie sich nicht im Wettbewerb mit dem erfindungsgemäßen Produkt und konnte infolgedessen auch seine Verkaufs- und Erlösaussichten nicht beeinträchtigen. Für die Beurteilung der Marktchancen der Erfindung ist dieser nicht realisierte/praktizierte StdT mithin unbeachtlich. Die aus dem Abstand der Erfindung zum StdT gezogene Schlussfolgerung im Hinblick auf die Kaufentscheidung der Abnehmer verfängt dann nicht mehr zur Gänze, wenn sich die tatsächlichen Verhältnisse bis zum Verletzungszeitraum aufgrund zwischenzeitlicher technischer Weiterentwicklung wesentlich geänd haben und aus diesem Grund mittlerweile patentfreie alternative technische Lösungen auf dem Markt zur Verfügung stehen, die sich nur noch in technischen Details vom erfindungsgemäßen Produkt unterscheiden. Da die unter Schutz gestellte Erfindung in diesem Fall tatsächlich mit den Alternativlösungen im Wettbewerb steht, werden ihre Marktchancen durch diese beeinflusst und der Abstand zum StdT verliert als Indiz für die Kaufentscheidung des Abnehmers infolgedessen an Überzeugungskraft. Daraus kann sich ergeben, dass ein im Prioritätszeitpunkt „revolutionäres Schutzrecht", das alternativlos neue Einsatzgebiete erschlossen hat, im Verlauf seiner Schutzdauer erheblich an Bedeutung verliert, weil für das Einsatzgebiet patentfreie Alternativen entwickelt werden. Der günstige Preis der Verletzungsform kann den Kausalanteil mindern, wenn dieser auf die kostenoptimierte Ausgestaltung des Geschäftsbetriebs des Verletzers zurückzuführen ist. Grds sind weitere Schutzrechte, die der Verletzungsgegenstand ebenfalls benutzt, allein wegen ihrer Geltung im Verletzungszeitraum zu berücksichtigen, weil deren Inhabern schon deswegen ein Anteil am Verletzergewinn zusteht, weil auch ihre Schutzrechte schuldhaft verletzt worden sind. Anders ist es hingegen bei (fremden) Schutzrechten, die der Verletzer aufgrund vertraglicher Vereinbarung berechtigterweise nutzt, etwa durch Einkauf der Verletzungsform oder durch Lizenzierung des Schutzrechts. Diese sind ebenso wie eigene Schutzrechte des Verletzers für den Kausalanteil nur von Bedeutung, wenn und soweit sie den Kaufentschluss des Abnehmers tatsächlich beeinflusst haben können, da dem Verletzer wegen Erschöpfung aus der Nutzung dieser weiteren Schutzrechte keine Inanspruchnahme mehr droht.

Fehlt es aufgrund **besonderer Umstände** gänzlich am Zusammenhang zwischen der Entwicklung **194** des Verletzergewinns und der des Schadens des Verletzten (zB, weil mit ihm ausschließlich ein Gewinnanstieg auch beim Verletzten verbunden ist), kann die Schadensberechnung nach dem Verletzergewinn ausnahmsweise, weil mit dem Ausgleichsgedanken unvereinbar, nicht in Betracht kommen.[659]

Bei **abhängigen Patenten** steht der Gewinnherausgabeanspruch den Inhabern des älteren und des **195** jüngeren Patents je zu einem entspr Teil zu.[660]

Das Verhältnis des für eine Erstattung in Betracht kommenden Gewinnanteils zum übrigen Gewinn **196** muss erforderlichenfalls im Weg der **Schätzung** ermittelt werden.[661] Die betriebswirtschaftliche Ermittlung des Verletzergewinns kann sachverständige Beratung erfordern.[662]

Ob auch eine **Verlustersparnis** herausverlangt werden kann, ist str.[663] **197**

---

658 Zu diesen auch LG Düsseldorf 3.9.2013 4a O 112/12 CIPR 2014, 13 Ls.

659 BGH GRUR 1995, 349, 351 objektive Schadensberechnung; kr *Tilmann* GRUR 2003, 647, 649; zur Kausalität auch *Kühnen* Hdb[8] Rn I 156 ff.

660 RGZ 126, 127, 132 = JW 1930, 1675 Hochspannungstransformatoren II; zu den Schwierigkeiten der Abgrenzung bei gleichzeitiger Nutzung mehrerer Schutzrechte vgl *Tilmann* GRUR 2003, 647, 651.

661 BGH GRUR 1973, 375, 378 Miss Petite, nicht in BGHZ; BGH GRUR 1974, 53 Nebelscheinwerfer; BGH GRUR 1977, 491, 494 Allstar; BGHZ 119, 20, 30 = GRUR 1993, 55, 59 Tchibo/Rolex II; BGHZ 150, 32 = GRUR 2002, 532 Unikatrahmen; BGH GRUR 2007, 431 Steckverbindergehäuse; BGHZ 181, 98, 123 = GRUR 2009, 856 Tripp-Trapp-Stuhl; BGH GRUR 2013, 1212 Kabelschloss; BGHZ 194, 194 = GRUR 2012, 1226 Flaschenträger; *Mes* Rn 171; *Kühnen* Hdb[8] Rn I 167; vgl zur Schätzung LG Düsseldorf InstGE 5, 161.

662 Vgl BGHZ 122, 262 = GRUR 1993, 757 Kollektion „Holiday".

663 Abl RGZ 130, 108, 110 = BlPMZ 1931, 4 Glühlampen II; bejahend *Reimer* § 47 Rn 40; *Pinzger* GRUR 1931, 667, 673; *Preu* GRUR 1979, 753, 757; *Heermann* GRUR 1999, 625, 627; vgl zur brit Praxis *Moody-Stuart* EIPR 1999, 147.

IV. Steuerrechtliche Fragen

198   Auf den herauszugebenden Verletzergewinn wird Umsatzsteuer nicht geschuldet.[664] Ist für Verbindlichkeiten wegen Verletzung fremder Patentrechte eine Rückstellung zu bilden,[665] kann diese idR nach dem höheren der dem Steuerpflichtigen zugänglichen Berechnungsmaßstäbe (dem „Verletzergewinn") bemessen werden.[666]

F. Der Bereicherungsanspruch

Schrifttum: *Beitzke* Zur Bereicherungsklage bei gutgläubiger Patentverletzung, GRUR 1936, 388; *Bickenbach* Bereicherungsansprüche bei Verletzung von Urheber- und Patentrechten, Diss 1930; *Bolze* Gibt es einen Anspruch auf Schadensersatz oder Herausgabe der gezogenen Nutzung wegen einer Patentverletzung, die weder wissentlich, noch grobfahrlässig begangen ist? AcP 92 (1902), 319; *Brandner* Die Herausgabe von Verletzervorteilen im Patentrecht und im Recht gegen den unlauteren Wettbewerb, GRUR 1980, 359; *Bruchhausen* Bereicherungsausgleich bei schuldloser Patentverletzung, FS G. Wilde (1970), 23; *Delahaye* Die Bereicherungshaftung bei Schutzrechtsverletzungen, GRUR 1985, 856; *Ebert* Bereicherungsausgleich im Wettbewerbs- und Immaterialgüterrecht, Diss Mainz 2001; *Falk* Zu Art und Umfang des Bereicherungsanspruchs bei Verletzung eines fremden Patents, GRUR 1983, 488; *Fest* Bereicherungs- und Schadensausgleich bei der Verletzung von Immaterialgüterrechten, Diss Gießen 1998/1999; *Fuchs* Die Ausgleichspflicht bei gutgläubiger Patentverletzung, Diss 1935; *Götz* Schaden und Bereicherung in der Verletzerkette, GRUR 2001, 295; *Haedicke* Die Gewinnhaftung des Patentverletzers, GRUR 2005, 529; *Heermann* Schadensersatz und Bereicherungsausgleich bei Patentverletzungen, GRUR 1999, 625; *Hoepffner* Haftung des Patentverletzers wegen ungerechtfertigter Bereicherung? GRUR 1972, 237; *Jenny* Die Eingriffskondiktion bei Immaterialgüterrechtsverletzungen, Diss Zürich 2005; *Jestaedt* Bereicherungsausgleich bei unwirksamen Lizenzverträgen, WRP 2000, 899; *Kaiser* Die Eingriffskondiktion bei Immaterialgüterrechten, insbesondere Warenzeichenrechten, GRUR 1988, 501; *Kobbelt* Der Schutz von Immaterialgütern durch das Bereicherungsrecht, Diss Freiburg/Br 1999; *Kreßner* Der Bereicherungsanspruch des Patentinhabers gegen den Patentverletzer und der gleiche Anspruch des Gebrauchsmusterinhabers gegen den Musterverletzer, Diss 1936; *Loewenheim* Bereicherungsansprüche im Wettbewerbsrecht, WRP 1997, 913; *Menz* Der Anspruch auf Herausgabe der ungerechtfertigten Bereicherung im Falle einer weder wissentlich noch grobfahrlässig begangenen Verletzung des Patents oder eines Gebrauchsmusters, Diss 1910; *Ohrt* Die Bereicherung im Patentrecht, 1928; *Redant* Bereicherungsansprüche und Schadensersatz bei Ausbeutung des guten Rufes, Diss Osnabrück 2000; *Sack* Die Lizenzanalogie im System des Immaterialgüterrechts, FS H. Hubmann (1985), 373; *Schacht* Der Bereicherungsanspruch bei gutgläubiger und leichtfahrlässiger Patentverletzung, Diss 1919; *Schmitz* Zu § 35 des Patentgesetzes, GRUR 1903, 76; *Ullmann* Die Verschuldenshaftung und die Bereicherungshaftung des Verletzers im gewerblichen Rechtsschutz und Urheberrecht, GRUR 1978, 615; *von Caemmerer* Bereicherung und unerlaubte Handlung, FS E. Rabel (1954), Bd 1, 333, insb 354, 356 ff.

I. Grundlagen

199   Der Privatrechtsordnung ist eine Pflicht zur Vergütung ungefragt überlassener Informationen bei Fehlen einer vertraglichen Grundlage grds fremd, soweit diese nicht durch Ausschließlichkeitsrechte geschützt sind.[667] Ein allg Bereicherungsanspruch bei Patentverletzungen ist im PatG nicht geregelt (vgl aber Art 97 Abs 1 GSortV mit Verweisung auf das nationale Recht). Lediglich für den Fall der Verjährung des Schadensersatzanspruchs verweist § 141 Satz 3 auf Bereicherungsrecht. Die frühere Rspr hat anders als bei Urh-Verletzungen[668] Bereicherungsansprüche wegen Patentverletzung verneint,[669] während die Frage in der Lit umstr war.[670] Urheberrechtl Bereicherungsansprüche sind auch für den Fall anerkannt worden, dass die unberechtigte Werknutzung (als Leistung an einen Dritten) nachträglich genehmigt wird.[671] § 141a lässt wie § 102a UrhG und § 50 DesignG Ansprüche auf anderer rechtl Grundlage unberührt; jedenfalls

---

664   BGH GRUR 2009, 660, 662 Resellervertrag (Nr 28); *Schulte* Rn 113; *Kühnen* Hdb[8] Rn I 181.

665   BFHE 96, 510.

666   BFHE 100, 20 = NJW 1971, 399.

667   BGH NJW 2000, 72 Erbensucher.

668   RGZ 90, 137, 138 f Erikamuster, zum Kunsturhebergesetz; RGZ 121, 258, 261 = GRUR 1928, 666 Frauenberufe; BGHZ 5, 116, 123 = GRUR 1952, 530 Parkstraße 13.

669   RG JW 1914, 406, 407 = MuW 13, 487 Fleischschneidemaschinen; RGZ 113, 413, 424 = GRUR 1926, 345 Der Tor und der Tod; RG Frauenberufe.

670   Nachw bei *Lindenmaier* § 47 Rn 44; zur Rechtslage im VK vgl PatentsC FSR 1998, 1.

671   BGH GRUR 2005, 670 WirtschaftsWoche.

diese Bestimmungen eröffnen nach geltendem Recht die Anwendung der §§ 812 ff BGB.[672] § 45 DesignG billigt dem Verletzten zudem einen Entschädigungsanspuch zur Abwehr des Unterlassungsanspruchs unter bestimmten Voraussetzungen (unverhältnismäßig hoher Schaden des nicht schuldhaft handelnden Verletzers und Zumutbarkeit der Abfindung in Geld für den Verletzten) zu, mit dessen Zahlung die Einwilligung des Verletzten zur Verwertung im üblichen Umfang als erteilt gilt. Im Urheberrecht kommen Bereicherungsansprüche aus § 812 BGB in Betracht.[673]

Der **Bundesgerichtshof** hat zunächst offengelassen, ob in den Fällen, in denen ein Schadensersatz- **200** anspruch aus Patentverletzung wegen fehlenden Verschuldens ausscheidet, ein Bereicherungsanspruch geltend gemacht werden kann.[674] Seit 1976 bejaht er dies in stRspr[675] (zum GbmRecht Rn 10, 8 zu § 24 GebrMG).

Im **ausländischen Recht** ist ein Anspruch bei schuldloser Patentbenutzung nur teilweise vorgese- **201** hen. § 150 Abs 1 öPatG gewährt einen Anspruch auf angemessenes Entgelt schon bei unbefugter Verwendung des Patents, ähnlich das dän (§ 58 Abs 2 dän PatG: Entschädigung und Schadensersatz, soweit angemessen), finn (§ 58 Abs 2 finn PatG), norweg (§ 58 Abs 2 norweg PatG) und schwed (§ 58 Abs 2 schwed PatG) Recht.[676] Das poln Recht sieht Bereicherungsansprüche vor (Art 287 Abs 1 RgE 2000). Das frz Recht setzt Vorsatz nur bei Angebot, Inverkehrbringen, Benutzung, Besitz voraus und lässt im übrigen die bloße Verletzungshandlung ausreichen (Art L 615-1 CPI), ähnlich die luxemb (Art 76 PatG) und die noch geltende span Regelung (Art 64 span PatG); das niederl bei wissentlichem Handeln (Art 70 ROW). In der neueren Entwicklung in der Schweiz hat die DurchsetzungsRl Spuren hinterlassen; Ansprüche auf bereicherungsrechtl Grundlage kamen im Prinzip schon immer in Betracht.[677]

Erlangt jemand ohne Rechtsgrund durch Patentverletzung einen vermögenswerten Vorteil, liegt ein **202** Fall der ungerechtfertigten Bereicherung in Form der (hier wörtlich zu verstehenden)[678] **Eingriffskondiktion** vor.[679] Ob dies auch für die mittelbare Patentverletzung gilt, ist umstr,[680] nach zutr Ansicht aber zu verneinen. Ein Ausgleichsanspruch setzt in diesem Fall nur Benutzung entgegen dem Zuweisungsgehalt des Schutzrechts voraus;[681] anders als beim Bereicherungsanspruch nach § 141 Satz 3 müssen die weiteren Voraussetzungen des Schadensersatzanspruchs nicht erfüllt sein. Bedenken könnten allerdings insoweit im Verhältnis zur Schweiz aufgrund des Art 7 Satz 2 des dt-schweiz Abkommens vom 13.4.1892 (Rn 40 Einl IntPatÜG) bestehen. Die Geltendmachung des Bereicherungsanspruchs fingiert nicht die Zustimmung des Betroffenen in den Eingriff.[682] Ein Amtshaftungsanspruch aus § 839 BGB iVm Art 34 GG schließt die Geltendmachung eines Bereicherungsanspruchs wegen Eingriffs in geschützte Rechte nicht aus.[683] Darüber

---

672 Vgl *Fitzner/Lutz/Bodewig* Rn 167.

673 Vgl BGHZ 20, 345 = GRUR 1956, 427 Dahlke; BGHZ 49, 288 = GRUR 1968, 652 Ligaspieler; BGH GRUR 1979, 732, 734 Fußballtor; BGH GRUR 1992, 557 Talkmasterfoto; BGHZ 169, 340 = GRUR 2007, 139 Rücktritt des Finanzministers; *Schricker/Loewenheim* UrhG §§ 33-50 KUG/§ 60 Rn 16 f.

674 BGH 29.9.1970 X ZR 91/67.

675 BGHZ 68, 90 = GRUR 1977, 250 Kunststoffhohlprofil I; BGH GRUR 1979, 48 Straßendecke I; BGHZ 82, 299 = GRUR 1982, 301 Kunststoffhohlprofil II; BGHZ 82, 310 = GRUR 1982, 286 Fersenabstützvorrichtung; BGHZ 107, 46 = GRUR 1990, 997 Ethofumesat; BGH GRUR 1992, 599 Teleskopzylinder; BGH 1.7.1993 I ZR 176/91; vgl auch BGHZ 99, 244, 246 = GRUR 1987, 520 Chanel Nr 5 I, WzSache; BGHZ 131, 308, 317 f = GRUR 1996, 271 gefärbte Jeans, BGH GRUR 2001, 1156 Der Grüne Punkt, Markensachen; BGH GRUR 1993, 37 Seminarkopien, UrhSache; BGH GRUR 2009, 515 Motorradreiniger (Rn 41), Markensache.

676 Vgl *Bruchhausen* GRUR Int 1990, 707, 709.

677 Vgl *Heinrich* PatG/EPÜ² Art 73 Rn 5, 7.

678 *Kraßer* S 853 (§ 35 III 1).

679 Vgl *Fitzner/Lutz/Bodewig* Rn 168; *Büscher/Dittmer/Schiwy* Rn 86.

680 Bejahend *Holzapfel* GRUR 2002, 193, 197 f, *Benkard*¹⁰ Rn 83; *Fitzner/Lutz/Bodewig* Rn 170; verneinend *Meier-Beck* GRUR 1993, 1, 4; *Mes* § 10 Rn 54; *Kühnen* Hdb⁸ Rn D 361; *Leistner* GRUR 2010 Heft 1 Beil 1, 1; *Hülsewig* GRUR 2011, 673, 677; so jetzt auch *Benkard*¹¹ Rn 83; differenzierend unter dem Ansatz, dass eine Marktchance erlangt ist, *Kraßer* S 855 (§ 35 III 3); vgl BGH GRUR 2005, 848 Antriebsscheibenaufzug; *Nieder* GRUR 2006, 977, 982.

681 BGHZ 185, 341, 345 = GRUR 2010, 817 Steuervorrichtung gegen OLG München InstGE 9, 9; vgl BGHZ 107, 117 = GRUR 1990, 221 Forschungskosten.

682 BGHZ 169, 340 = GRUR 2007, 139 Rücktritt des Finanzministers gegen die ältere Rspr, ua BGHZ 30, 7, 16 = GRUR 1959, 430 Caterina Valente.

683 BGH Seminarkopien.

hinaus kommt Bereicherungsausgleich auch in Fällen der **Leistungskondiktion**, insb bei Unwirksamkeit der vertraglichen Nutzungsrechtseinräumung, in Betracht (vgl Rn 98 zu § 15).[684]

203   Grundlage für den Bereicherungsanspruch ist die ausschließliche Zuweisung der Benutzungsbefugnis an den Patentinhaber.[685] Es bedarf daher auf dessen Seite keiner Vermögensminderung durch den Eingriff.[686] **Erlangt** ist der im Widerspruch zu dieser Zuweisung stehende Gebrauch der geschützten Lehre.[687]

204   Der BGH hat den als **passiv legitimiert** den angesehen, bei dem die Vermögensmehrung eingetreten ist.[688] Für Patentverletzer und Bereicherungsschuldner wird gesamtschuldnerische Haftung (§§ 421, 426 BGB) angenommen;[689] ob dies auch für mehrere Bereicherungsschuldner untereinander gilt, ist bestritten worden,[690] aber schon deswegen zu bejahen, weil die bereicherungsrechtl Abwicklung nicht zu einer Schlechterstellung des nicht schuldhaft handelnden Bereicherungsschuldners gegenüber dem Verletzer führen darf. Die Begrenzung auf die Herausgabe dessen, was der Schuldner jeweils erlangt hat, führt im Rahmen der Lizenzanalogie nicht notwendig weiter.

II. Umfang

205   Der Bereicherungsanspruch geht nach hM nicht über den Schadensersatzanspruch hinaus.[691] Der BGH hat seinen Umfang zunächst offen gelassen;[692] später hat er den Anspruch auf Wertersatz nach § 818 Abs 2 BGB dahin beschränkt, dass der Wert am Gegenwert für den Gebrauch des Gegenstands der geschützten Erfindung orientiert werden kann, wie er in einer angemessenen Lizenz unter Ausschluss der Herausgabe des Verletzergewinns seinen Ausdruck findet.[693] Das Bestehen einer faktischen Ausschließlichkeitsstellung kann in der Weise berücksichtigt werden, dass der Wert einer ausschließlichen Lizenz maßgebend ist.[694] Gewinnherausgabe kann auch nach hM nicht verlangt werden;[695] das gilt auch für den Ersatz des entgangenen Gewinns.[696] Dabei kann auch ein Anspruch auf Zahlung „aufgelaufener Zinsen" gerechtfertigt sein.[697] Die Berechnung erfolgt grds in gleicher Weise wie die der Schadensersatzlizenz.[698] Zum Umfang im Verhältnis zum Anspruch nach § 141 Satz 2 Rn 50 f zu § 141. Damit hat die Unterscheidung

---

684   BGH GRUR 2000, 685 formunwirksamer Lizenzvertrag; BGH GRUR 2001, 1156 Der Grüne Punkt, Markensache, nimmt bei Nichteintritt des Zwecks einer vorläufigen Gestattung § 812 Abs 1 Satz 2 2. Alt als Grundlage an.

685   Vgl LG Düsseldorf Mitt 2000, 458.

686   *Kraßer* S 853 (§ 35 III 1).

687   Vgl BGHZ 82, 299, 306 = GRUR 1982, 301 Kunststoffhohlprofil II; BGH GRUR 2000, 685 formunwirksamer Lizenzvertrag; OLG Düsseldorf GRUR 1981, 45, 52; *Benkard* Rn 83; demgegenüber will *Kraßer* S 854 f (§ 35 III 2) die dem Inhaber des Schutzrechts vorbehaltene Marktchance als erlangt ansehen.

688   BGH GRUR 1979, 48 Straßendecke I, wo als Bereicherungsschuldner nicht das die Erfindung benutzende Land, sondern der Bund als Träger der Straßenbaulast angesehen wurde; vgl auch BGH GRUR 1993, 37, 39 Seminarkopien.

689   Vgl *Benkard* Rn 83.

690   *Kraßer* S 872 (§ 35 VI 2b); *Holzapfel* GRUR 2002, 193, 198.

691   *Benkard* Rn 84; aA zu Unrecht *Heermann* GRUR 1999, 625, 634.

692   BGHZ 68, 90, 100 = GRUR 1977, 250 Kunststoffhohlprofil I.

693   BGHZ 82, 299, 308 = GRUR 1982, 301 Kunststoffhohlprofil II; BGHZ 107, 46 = GRUR 1990, 997 Ethofumesat; BGH GRUR 1992, 599 Teleskopzylinder; BGH GRUR 1997, 781, 783 sprengwirkungshemmende Bauteile; BGH GRUR 1998, 838 Lizenz- und Beratungsvertrag; BGH GRUR 2000, 685 formunwirksamer Lizenzvertrag: auch im Fall der Leistungskondiktion; LG Düsseldorf Mitt 2000, 458; vgl BGHZ 99, 244, 247 f = GRUR 1987, 520 Chanel Nr. 5 I; BGHZ 107, 117, 120 = GRUR 1990, 221 Forschungskosten; BGH GRUR 2001, 1156 Der Grüne Punkt, öOGH ÖBl 1998, 307 f Wurzelendreduzierer; öOGH 16.10.2001 4 Ob 243/01; OLG Hamburg NJW-RR 1999, 1204 f UrhSache; *Büscher/Dittmer/Schiwy* Rn 87.

694   OLG Düsseldorf 11.9.2001 20 U 69/97 – Folgeentscheidung zu BGH GRUR 2000, 685 formunwirksamer Lizenzvertrag.

695   Nachw bei *Larenz/Canaris* Schuldrecht II/2[13] § 72 III 3c S 278 f Fn 43 und zur Gegenmeinung Fn 44, 45, der aber aaO 3d S 280 aufgrund einer konkreten ex-post-Betrachtung die im Kondiktionsgegenstand angelegten Gewinnchancen berücksichtigen will; vgl *Benkard* Rn 85; *Schulte* Rn 180; *Fitzner/Lutz/Bodewig* Rn 176; zur Problematik auch *Heermann* GRUR 1999, 625, 634 f.

696   *Benkard* Rn 85.

697   BGH Kunststoffhohlprofil II; BGHZ 82, 310 = GRUR 1982, 286 Fersenabstützvorrichtung.

698   BGH Teleskopzylinder.

zwischen Schadensersatz- und Bereicherungsansprüchen in der Praxis ihre Bedeutung weitgehend verloren.

Eine **Karenzzeit** (Prüfungszeitraum) greift beim Bereicherungsanspruch nicht ein.[699]   **206**

Wegfall der Bereicherung kommt in Betracht (§ 818 Abs 3 BGB), die Voraussetzungen sind str.[700]   **207**

Möglich ist in engen Grenzen auch eine **Verwirkung** des Bereicherungsanspruchs.[701]   **208**

G. Einwendungen und Einreden

Schrifttum: *Ahn* Kartellrechtliche Zwangslizenz im Patentverletzungsprozess, VPP-Rdbr 2010, 46; *Beier/Wieczorek* Zur Verwirkung im Patentrecht, GRUR 1976, 566; *Cordes/Gelhausen* Zwischen „Orange-Book-Standard" und „Samsung": Was bringt die EuGH-Entscheidung „Huawei Technologies/ZTE u.a." (C-170/13) für Patentverletzungsprozesse, die auf standardessentielle Patente gestützt werden? Mitt 2015, 426; *Fuchs* Kartellrechtliche Schranken für patentrechtliche Unterlassungsklagen bei FRAND-Lizenzerklärungen für standardessentielle Patente, NZKart 2015, 429; *Funke* Die Mitteilungspflicht des Patentanmelders in den USA und die Einrede der „unredlichen Verfahrensführung" als Verteidigungsmittel im US-amerikanischen Verletzungsprozeß, Mitt 1992, 282; *Gärtner/Vormann* Der kartellrechtliche Zwangslizenzeinwand im Patentverletzungsstreit, Mitt 2009, 440; *Gamerith* Die Verwirkung im Urheberrecht, WRP 2001, 75; *Grosheide* Misbruik van intellectuele eigendom, BIE 2000, 235; *Haedicke/Fuchs* Geistiges Eigentum und Kartellrecht: Übungsfall: Patentkriege und der FRAND-Einwand, Jura 2014, 305; *Haft* Standardessentielle Patente nach Huawei ./. ZTE: Worüber kartellrechtskonforme Kläger und willige Lizenznehmer weiter streiten werden (Foliensammlung), VPP-Rdbr 2016, 6; *Harmsen/Block* Die Durchsetzung standardessenzieller Patente nach EuGH – Rs. C-170/13 – Huawei ./. ZTE, IPRB 2015, 260; *Hauck* Das Phänomen „Patent Privateering", WRP 2013, 1446; *Hauck* „Erzwungene" Lizenzverträge – Kartellrechtliche Grenzen der Durchsetzung standardessenzieller Patente, NJW 2015, 2767; *Heath* Wrongful Patent Infringement: Threats and Post-Infringement Validity in Comparative Perspective, IIC 2008, 307; *Herrlinger* (Anm) GRUR 2012, 740; *Herrmann/Manley* Germany: IP and Antitrust, The European Antitrust Review 2016; *Heyers* Standard Essential Patent Ambush, WRP 2014, 1253; *Hoppe-Jänisch* Der Vorlagebeschluss des LG Düsseldorf „LTE-Standard", Mitt 2013, 384; *Hoyng* Aansprakelijkheid voor het verkrijgen, in stand houden en/of handhaven van een nietig octrooi, BIE 2000, 238; *D. Jestaedt* Der Lizenzerteilungsanspruch nach der BGH-Entscheidung „Orange-Book-Standard", GRUR 2009, 801; *Kellenter* Der FRAND-Einwand im Patentverletzungsprozess, FS P. Mes (2009), 199; *Klaka* Zur Verwirkung im gewerblichen Rechtsschutz, GRUR 1970, 265; *Klaka* Zur Verwirkung im Patentrecht, GRUR 1978, 70; *Kochendörfer* Die Verwirkung des Unterlassungsanspruchs im Markenrecht, Diss Gießen 2000; *Kochendörfer* Die Verwirkung des Unterlassungsanspruchs nach § 21 Markengesetz, WRP 2001, 1040; *Körber* Machtmissbrauch durch Erhebung patentrechtlicher Unterlassungsklagen? WRP 2013, 734; *Körber* Kartellrechtlicher Zwangslizenzeinwand und standardessentielle Patente, NZKart 2013, 87; *Körber* Missbräuchliche Patentunterlassungsklagen vor dem Aus? NZKart 2013, 239; *Körber* Orange-Book-Standard Revisited, WRP 2015, 1167; *Kühnen* Der kartellrechtliche Zwangslizenzeinwand und seine Berücksichtigung im Patentverletzungsprozess, FS W. Tilmann (2003), 513; *Kühnen* Das Erlöschen des Patentschutzes während des Verletzungsprozesses, GRUR 2009, 288; *Lober* Die IMS-Health-Entscheidung der Europäischen Kommission: Copyright K.O? GRUR Int 2002, 7; *Lüdecke* Der Parteivortrag im Patentstreit, GRUR 1949, 82; *Maimann/Kühnen* Die kartellrechtliche Zwangslizenz, Vortragspräsentation 23.1.2015; *Maume* Der kartellrechtliche Zwangslizenzeinwand im Patentverletzungsprozess, 2010; *Maume* Der Zwangslizenzeinwand am Scheideweg, ZGE 2012, 186; *Maume/Tapia* Der Zwangslizenzeinwand ein Jahr nach Orange Book Standard: mehr Fragen als Antworten, GRUR Int 2010, 923; *Meier-Beck* Orange Book Standard revisited, FS K. Tolksdorf (2014), 115; *Müller/Henke* Erste Rezeption des EuGH-Urteils „HUAWEI-ZTE" durch die Instanzgerichte, Mitt 2016, 62; *Nieder* Zwangslizenzklage: neues Verteidigungsmittel im Patentverletzungsprozeß? Mitt 2001, 400; *Ohl* Der Einwand des freien Standes der Technik im Patentverletzungsstreit nach künftigem Recht, GRUR 1969, 1; *Ohly* „Patenttrolle" oder: Der patentrechtliche Unterlassungsanspruch unter Verhältnismäßigkeitsvorbehalt? GRUR Int 2008, 787; *Osterrieth* Patent-Trolls in Europa – braucht das Patentrecht neue Grenzen? GRUR 2009, 540; *Pagenberg* Trivialpatente: eine Gefahr für das Patentsystem? FS Kolle/Stauder (2005), 251; *Reimann/Hahn* Orange-Book: Ratgeber oder Buch mit sieben Siegeln? FS W. Meibom (2010), 373; *Schickedanz* Patentverletzung durch Einsatz von geschützten Bauteilen in komplexen Vorrichtungen und die Rolle der Patent-Trolle, GRUR Int 2009, 901; *Schmieder* Zur Kompetenzverteilung zwischen Nichtigkeits- und Verletzungsverfahren nach neuem Patentrecht, GRUR 1978, 561; *Schweizer* Verwirkung patentrechtlicher Ansprüche, sic!

---

699   *Fitzner/Lutz/Bodewig* Rn 171; *Mes* Rn 199; *Kühnen* Hdb[8] Rn D 365.

700   *Ullmann* GRUR 1978, 615, 620: wenn kein Gewinn erzielt wurde; *Kraßer* S 866 (§ 35 IV 3); *Heermann* GRUR 1999, 625, 635 f: wenn der Benutzer nachweisen kann, dass er bei Kenntnis der Rechtslage die Erfindung nicht benutzt und aus der Benutzung des Patents keinen Gewinn gezogen hat; *Mes* Rn 200; BGHZ 20, 345, 353 ff = GRUR 1956, 427 Dahlke, wonach sich der Schuldner an der von ihm geschaffenen Sachlage festhalten lassen muss; *Benkard* Rn 86; vgl auch BGHZ 56, 317, 322 = NJW 1971, 2023 Gasparone II, wonach bei der Ersparnisbereicherung Wegfall der Bereicherung idR nicht in Betracht kommt.

701   BGHZ 146, 217, 221 = GRUR 2001, 323 Temperaturwächter; vgl LG Düsseldorf GRUR 1990, 117, 119; *Schulte* Rn 179; *Fitzner/Lutz/Bodewig* Rn 173; *Mes* Rn 201.

2009, 325; *Skaupy* Der Erschleichungseinwand im Patentrecht, JW 1939, 321; *Steinke* Die Verwirkung im Immaterialgüterrecht, Diss Kiel 2006; *Stier* Laches und equitable Estoppel im U.S.-amerikanischen und Verwirkung im deutschen Patent- und Urheberrecht, Diss Univ. München 2005; *Ströbele* Die Bindung der ordentlichen Gerichte an Entscheidungen der Patentbehörden, 1975; *Stürner* Die erschlichene Wiedereinsetzung in den vorigen Stand, Mitt 1940, 117; *H. Tetzner* Ist der unmittelbare Gegenstand eines jüngeren, mit dem älteren, aber nicht vorveröffentlichten Patent identischen Patentes im Verhältnis zwischen beiden Rechten zu respektieren? GRUR 1978, 73; *Tremmel* Rechtsmissbrauch mit Patenten, ÖBl 2008, 202; *Ullrich* Patente, Wettbewerb und technische Normen: Rechts- und ordnungspolitische Fragestellungen, GRUR 2007, 817; *Ullrich* Patents and Standards: A Comment on the German Federal Supreme Court Decision Orange Book Standard, IIC 2010, 337; *von Merveldt* Der Ausschluss kartellrechtlicher Einwendungen im Patentverletzungsverfahren, WuW 2004, 19; *von Mühlendahl* Enforcement of Intellectual Property Rights: Is Injunctive Relief Mandatory? IIC 2007, 377; *Walz* Patentverletzungsklagen im Lichte des Kartellrechts, GRUR Int 2013, 718; *Werneburg* Das Nachprüfungsrecht des ordentlichen Gerichts bei Erteilungsverfahrensmängeln des Patents, MuW 16, 84; *Wilhelmi* Lizenzverweigerung als Missbrauch einer marktbeherrschenden Stellung in der Gemeinschaftsrechtsprechung, WRP 2009, 1431; *Würtenberger* Interlocutory Injunctions against Patent and Utility Model Infringements in Germany, EIPR 1993, 55.

I. Allgemeines

209   Der angebliche Verletzer, der seine Verantwortlichkeit bestreitet, kann sich in erster Linie damit verteidigen, dass sein Verhalten nicht in den Schutzbereich des Patents fällt und dass das Patent zu unrecht erteilt ist. Dass auf die angegriffene Ausführungsform ein Patent erteilt ist, begründet in dieser Allgemeinheit keinen beachtlichen Einwand.[702]

II. Entstehungsmängel, Wegfall des Patents

210   Der Verletzer kann sich sowohl im Verletzungsprozess als auch (als Vorfrage) im Nichtigkeitsverfahren[703] darauf berufen, dass ein Patentschutz nicht zustandegekommen ist, weil es an einem wirksamen Erteilungsakt fehlt (vgl § 156 Abs 1 öPatG). Im Verletzungsprozess kann er sich auf einen Wegfall des Patentschutzes mit Wirkung von Anfang an oder von einem bestimmten Zeitpunkt an berufen; zur Berücksichtigung von Änderungen der Patentlage Rn 255 f vor § 143.

211   Hat der als Verletzer in Anspruch Genommene bereits Schadensersatz geleistet und ist der zugrunde liegende Titel rechtskräftig geworden, kommt die **Restitutionsklage** in Betracht (Rn 376 ff vor § 143).

212   **Wirkungslosigkeit** des nationalen Patents (Art II § 8 IntPatÜG) ist im Verletzungsprozess zu berücksichtigen,[704] die Möglichkeit der Geltendmachung vor dem BPatG besteht nicht mehr.

213   **Doppelpatentierung** ist seit 1978 ist sie kein Patenthindernis mehr und kann schon deshalb nicht berücksichtigt werden.[705] Auch Offenbarungsmängel können im Verletzungsprozess nicht geltend gemacht werden.

III. Einwand mangelnder Schutzfähigkeit

214   Dass das Patent zu Unrecht erteilt ist, kann nach bisher einhelliger Meinung[706] nicht im Verletzungsprozess, sondern nur im Einspruchs- und im Patentnichtigkeitsverfahren nach § 81 geltend gemacht werden, da das Verletzungsgericht von dem begünstigenden Verwaltungsakt der Patenterteilung grds auszugehen hat, solange er in der Welt ist; der Wortlaut (besser: der Wortsinn) der Patentansprüche ist für den Verletzungsrichter der „unantastbare Rest".[707] Dies ist Folge der Tatbestandswirkung der Patenterteilung,

---

702   *Kühnen* Äquivalenzschutz und patentierte Verletzungsform, GRUR 1996, 729, 734.
703   BGHZ 102, 118 = GRUR 1988, 290 Kehlrinne.
704   LG Düsseldorf GRUR 1993, 812.
705   BGH GRUR 1991, 376 beschußhemmende Metalltür; vgl *Fitzner/Lutz/Bodewig* Rn 182 ff.
706   Zur Zulässigkeit des Nichtigkeitseinwands im niederländ Recht GH Den Haag BIE 1990, 363; GH Den Haag 15.5.1997 Epenhuysen/Diversey einerseits, einschränkend andererseits RB Den Haag BIE 1993, 207 m abl Anm *Helbach*, RB Den Haag 4.8.1999 Roentgen/Shell, auszugsweise in BIE 1999, 343.
707   Vgl BGH GRUR 1959, 320 Mopedkupplung; BGH GRUR 1964, 606, 609 Förderband; BGH GRUR 1970, 296 Allzwecklandmaschine; BGH GRUR 1979, 624 f umlegbare Schießscheibe; *Benkard* § 14 Rn 126; *Ströbele* Die Bindung der ordentlichen Gerichte an Entscheidungen der Patentbehörden, 1975; *Ohl* GRUR 1969, 1; *Tetzner* GRUR 1978, 73; *Schmieder* GRUR 1978, 561; *Jestaedt* FS K. Bartenbach (2005), 371, 375; *Nieder* FS R. König (2003), 379, 381 f.

da die wirksame Patenterteilung nach materiellem Recht als solche Voraussetzung – Tatbestand – für den Eintritt der Rechtsfolgen ist („Tatbestandswirkung im engeren Sinn";[708] vgl auch Rn 253 vor § 143), nicht der Bestandskraft des Erteilungsbeschlusses, denn diese kann in einem späteren Verfahren dem nicht entgegengesetzt werden, der in einem vorausgegangenen Verfahren nicht antragsbefugt war.[709] Eine ausdrückliche Regelung enthält für das gemeinschaftliche SortRecht Art 105 GSortV. Das Patent ist dabei grds so hinzunehmen, wie es erteilt ist.[710] Diese Auffassung ist allerdings in Zweifel gezogen worden und erscheint nicht als zwingend.[711] In Österreich kann das Vorliegen von Nichtigkeitsgründen über § 156 Abs 1 öPatG als Vorfrage geltend gemacht werden.[712] Zur Aussetzung des Rechtsstreits (§ 148 ZPO) Rn 7 ff zu § 140. Zum Einwand der Patenterschleichung Rn 226.

IV. Einwand des freien Stands der Technik

Soweit eine nicht wortlautgem Benutzung des Patents in Betracht kommt, kann sich der Verletzer mit **215** dem Einwand verteidigen, die Ausführungsform stelle mit Rücksicht auf den StdT keine patentfähige Erfindung dar[713] (näher Rn 84 ff zu § 14).

V. Eine **Erweiterung** des Schutzbereichs kann nur im Nichtigkeitsverfahren, nicht im Verletzungs- **216** prozess geltend gemacht werden (Rn 17 zu § 38); dies gilt auch bei Erweiterungen eur Patente in nationalen Beschränkungs- und Nichtigkeitsverfahren.[714] Anders kann dies in Fällen zu beurteilen sein, in denen ein Aufgreifen im Nichtigkeitsverfahren nicht in Betracht kommt, so bei der Geltendmachung eines Vorbenutzungsrechts gegenüber einer „uneigentlichen" Erweiterung, auf die im Nichtigkeitsverfahren nicht, allenfalls aber mit einer „Erklärung nach Art eines Disclaimers", reagiert werden kann (vgl Rn 41 zu § 12; Rn 100 zu § 21). Zur Frage, ob Äquivalente zu nicht ursprungsoffenbarten Merkmalen im Verletzungsprozess geltend gemacht werden könne, Rn 67 zu § 14.

VI. Der angebliche Verletzer kann sich auf das **Fehlen der materiellen Anspruchsvoraussetzungen** **217** wie fehlende Aktivlegitimation, fehlende Erstbegehungs- oder Wiederholungsgefahr[715] sowie weiter darauf berufen, dass sein Verhalten aufgrund Vertrags, einer Zwangslizenz oder erklärter Lizenzbereitschaft oder nach den §§ 11–13,[716] durch ein ihm ein Benutzungsrecht gewährendes eigenes Schutzrecht (Rn 13 ff zu § 9) oder durch allg Rechtfertigungsgründe gerechtfertigt ist. Zu vertraglichen Benutzungsrechten Rn 52 ff zu § 15.

VII. Weitere **Einwendungen** können sich **aus dem Verhalten des Patentinhabers** ergeben, so bei **218** widerrechtl Entnahme (Rn 29 zu § 8), Verzichtsvertrag,[717] Wiedereinsetzung.[718] Beachtlich sind auch schuldrechtl Vereinbarungen, Rechte aus dem Patent nur in bestimmtem Umfang geltend zu machen.[719] Generell gelten im Verhältnis der an einem Verletzungsstreit beteiligten Parteien die allg Grundsätze des Verbots treuwidrigen Verhaltens.[720] Auch ein kartellrechtl begründeter Anspruch auf Einräumung einer Lizenz kann einredeweise geltend gemacht werden (Rn 234 ff; Rn 100 ff zu § 24); § 24 schließt dies nicht

---

708   Vgl *Stelkens/Bonk/Sachs* VwVfG § 43 Rn 112 mwN.
709   *Maunz/Dürig/Schmidt-Aßmann* GG Art 19 Rn 239 unter Hinweis auf BVerfGE 51, 304, 312.
710   LG Düsseldorf GRUR 1994, 509, 511.
711   *Tilmann* Der neue „Kraßer", GRUR 2004, 1008, 1011 f; vgl auch *Tilmann* Neue Überlegungen im Patentrecht, GRUR 2005, 904, 907.
712   ÖOGH öPBl 2009, 196 Losartan.
713   BGHZ 98, 12 = GRUR 1986, 803, 806 Formstein; vgl *Fitzner/Lutz/Bodewig* Rn 188.
714   AA *R. Rogge* GRUR 1993, 284, 288 f.
715   Vgl *Fitzner/Lutz/Bodewig* Rn 191 ff.
716   Vgl RG GRUR 1942, 207 f Seifenherstellung II; RGZ 170, 51, 54 = GRUR 1942, 421 Restitutionsklage; BGH GRUR 1952, 564, 566 Wäschepresse.
717   RGZ 153, 329, 331 = GRUR 1937, 288, 290 Membranschallerzeuger.
718   BGH GRUR 1956, 265 Rheinmetall-Borsig I.
719   BGH GRUR 1979, 308 Auspuffkanal für Schaltgase.
720   BGH GRUR 2006, 923 Luftabscheider für Milchsammelanlage.

Keukenschrijver

aus; etwas anderes soll gelten, wenn der Verletzer an der einredeweise beanspruchten Benutzung aus Rechtsgründen gehindert ist.[721]

219 Das **Schikaneverbot** des § 226 BGB gilt grds auch im Patentrecht (vgl zur Mehrfachverfolgung Rn 221).[722] Erforderlich ist hier, dass der Vorsatz des Handelnden sowohl die Schädigungshandlung als auch die Schadenszufügung umfasst, Schädigungsabsicht ist aber nicht Voraussetzung.[723]

220 In Betracht kommen weiter die Einwände der **Arglist**,[724] des **Rechtsmissbrauchs**,[725] der **unzulässigen Rechtsausübung** (insb sittenwidrige Behinderung durch Ausnützen einer formalen Rechtsstellung;[726] zum Einwand unzulässiger Rechtsausübung bei Inanspruchnahme untergeordneter Angestellter Rn 40), der aber nicht geltend gemacht werden kann, solange (und soweit) in einem Patentnichtigkeitsverfahren vorgebracht werden kann, das Patent sei zu Unrecht erteilt worden,[727] oder des widersprüchlichen Verhaltens („venire contra factum proprium").[728] Hierzu rechnen auch die Fälle des § 4 Nr 4 UWG (gezielte Behinderung von Mitbewerbern), zu denen auch die Schutzrechtsverwarnung (Rn 272 ff) gehören kann. Der Einwand der unzulässigen Rechtsausübung ist partei- und sachbezogen.[729] Erklärungen im Einspruchs- oder Löschungsverfahren sind nicht nur dann relevant, wenn sie in der Entscheidung dokumentiert sind; sie können vielmehr auch durch andere Beweismittel festgestellt werden.[730] Unverhältnismäßigkeit ist für den Vernichtungsanspruch in § 140b ausdrücklich geregelt. Die Regelung in § 21 MarkenG kann nicht analog herangezogen werden. Eine eigenständige Verwirkungsregelung in Kollisionsfällen enthält auch die EG-VO über die Unionsmarke. Zur Problematik der „Patenttrolle" Rn 92.

221 **Rechtsmissbrauch** kommt durch Ausnützen einer formalen Rechtsstellung in Betracht (vgl § 83 öPatG; §§ 38–42 öPatG in der bis 1996 geltenden Fassung; Rn 27 zu § 124).[731] Dies muss sich aber auf besonders gelagerte Ausnahmefälle beschränken, denn grds ist der Patentinhaber zur Ergreifung der zur Abwehr von Beeinträchtigungen seines Schutzrechts berechtigt.[732] Missbrauch kann grds auch in der Mehrfachverfolgung liegen;[733] ungeklärt ist, ob dies bereits dann der Fall sein kann, wenn Mitglieder eines Patentpools ihre Rechte einzeln geltend machen. Auch die Geltendmachung eines in seinem Bestand zwh

---

721 BGHZ 160, 67 = GRUR 2004, 966 Standard-Spundfaß; OLG Düsseldorf InstGE 2, 168; näher und kr hierzu *Kühnen* FS W. Tilmann (2003), 513; vgl auch *von Merveldt* WuW 2004, 19.

722 *Fitzner/Lutz/Bodewig* Rn 204; vgl LG Mannheim InstGE 11, 9, 11.

723 *NK/Fuchs* § 226 BGB Rn 5.

724 RG GRUR 1931, 147 Seliger; RG GRUR 1935, 948 ff Cerotzky-Bohrer; RG MuW 40, 165, 167 Spiegelbildvervielfältigung III, nicht in GRUR; OGH BrZ 3, 63, 69 = GRUR 1950, 140 f künstliche Wursthüllen.

725 Vgl BGH GRUR 1998, 412, 414 Analgin; BGH GRUR 1998, 1034, 1036 f Makalu; BGH GRUR 2000, 1032, 1034 Equi 2000; BGH GRUR 2003, 428, 431 Big Bertha, BGH GRUR 2005, 581 The Colour of Elégance, Markensachen; PatentsC FSR 1998, 190 Petrolite v. Dyno Oil; nicht schon bei Testkauf; vgl BGHZ 43, 259, 367 = GRUR 1965, 612 Warnschild; BGHZ 117, 264, 269 f = GRUR 1992, 612; BGH GRUR 1999, 1017, 1019 Kontrollnummernbeseitigung I; BGH GRUR 2001, 242, 244 Classe E; BGH GRUR 2003, 428, 431 Big Bertha; *Fitzner/Lutz/Bodewig* Rn 201 ff; vgl zum Einwand des Missbrauchs einer marktbeherrschenden Stellung LG Düsseldorf 29.4.1999 4 O 320/97 Entsch 1999, 74 Ls.

726 Vgl CA Paris IIC 2008, 222 Atral v. Cedom; BGH GRUR 1995, 117, 120 f Neutrex; BGH Equi 2000; BGHZ 150, 82 = GRUR 2002, 967 Hotel Adlon, jeweils zum Wz- bzw Markenrecht; BGH Classe E, Markensache, mwN; nicht bei widerrechtlicher Entnahme, wenn aus dieser niemals Ansprüche nach § 8 geltend gemacht worden sind, OLG München InstGE 1, 1. Zur Frage, ob bei bestimmten sittenwidrigen Verwertungshandlungen, insb bei gentechnischen Erfindungen, hieraus ein Einwand gegen den Patentinhaber abgeleitet werden kann, vgl *R. Rogge* Patente auf genetische Informationen im Lichte der öffentlichen Ordnung und der guten Sitten, GRUR 1998, 303, 307.

727 OLG Düsseldorf 14.6.2007 2 U 135/05 GRUR-RR 2008, 333 = NJOZ 2008, 2831.

728 Vgl BGH GRUR 1962, 577 Rosenzüchtung; BGH Mitt 1997, 364 Weichvorrichtung II: nicht jeder Widerspruch zwischen Erklärungen des Anmelders im Erteilungsverfahren und Verhalten im Verletzungsstreit, anders bei Schaffung eines Vertrauenstatbestands oder treuwidrigem Verhalten; nicht schon bei Vorgehen gegen Abnehmer, OLG Düsseldorf GRUR 1939, 365, 367; vgl weiter *Fitzner/Lutz/Bodewig* Rn 205.

729 BGH Weichvorrichtung II.

730 BGH GRUR 2006, 923 Luftabscheider für Milchsammelanlage.

731 Vgl *Tremmel* ÖBl 2008, 202 ff; OLG Frankfurt NJW-RR 2012, 282, Markensache.

732 Vgl *Tremmel* ÖBl 2008, 202, 205.

733 BGHZ 144, 165 = GRUR 2000, 1089, 1091 mißbräuchliche Mehrfachverfolgung; BGH GRUR 2001, 78 f falsche Herstellerpreisempfehlung; BGHZ 149, 371 = GRUR 2002, 357, 359 mißbräuchliche Mehrfachabmahnung; BGH GRUR 2002, 715 f Scanner-Werbung; BGH GRUR 2004, 70 f Preisbrecher; BGH GRUR 2006, 243 MEGA SALE; BGH GRUR 2008, 915 40 Jahre Garantie; BGH GRUR 2013, 307 unbedenkliche Mehrfachabmahnung; zur Zulassung des Einwands im Kostenfestsetzungsverfahren ua KG 29.9.2009 1 W 186/08, abl *Ullmann* jurisPR-WettbR 12/2006.

Patents ist nicht für sich missbräuchlich.[734] Der Weg der Nichtigkeitsklage wird grds vorrangig zu beschreiten sein.

In Ausnahmefällen[735] (jedenfalls unter der Geltung der kürzeren Verjährungsfristen des SchuldRModG **222** enger als früher)[736] kommt der Einwand der **Verwirkung** in Betracht.[737] Das RG hat noch zwischen dem Einwand der Verwirkung und dem der gegenwärtigen Arglist unterschieden.[738] Ansprüche wegen Patentverletzung können verwirkt sein, wenn sich der Verletzer wegen der Duldung von Verletzungshandlungen durch den Patentinhaber über einen längeren Zeitraum bei objektiver Beurteilung darauf einrichten durfte und eingerichtet hat, dieser werde sein Recht nicht mehr geltend machen, und die verspätete Geltendmachung deshalb gegen Treu und Glauben verstößt.[739] Verwirkung setzt neben dem Zeitmoment (das mit jeder neuen Verletzungshandlung neu beginnt)[740] immer ein besonderes Umstandsmoment voraus, die in Wechselwirkung stehen und insgesamt zu betrachten sind.[741] Muss der Schuldner davon ausgehen, dass der Berechtigte keine Kenntnis von dem ihm zustehenden Anspruch hat, fehlt es an dem erforderlichen Vertrauenstatbestand.[742] Verwirkt werden können Schadensersatz- wie Unterlassungsansprüche. Verwirkung kommt grds, jedoch nur in Ausnahmefällen auch gegenüber Bereicherungsansprüchen und dem Restschadensersatzanspruch des § 141 Satz 2 in Betracht.[743] Bloße Untätigkeit des Berechtigten führt allein nicht zum Erlöschen der Ansprüche des Patentinhabers; hinzukommen muss, dass die spätere Geltendmachung des Anspruchs infolge besonderer Umstände gegen Treu und Glauben verstößt.[744] Verwirkung von Ausgleichsansprüchen des Miterfinders scheidet aus, solange die alleinige Erfinderschaft nicht rechtskräftig aberkannt ist.[745] Von einem Vertragspartner kann nach Treu und Glauben eher und schneller erwartet werden, dass er eine Verletzung seiner Schutzrechte beanstandet.[746] Erweckt ein widersprüchli-

---

734 *Tremmel* ÖBl 2008, 202, 206.
735 BGH GRUR 1953, 29, 31 Plattenspieler I; BGH GRUR 1959, 528 Autodachzelt; BGH GRUR 1963, 519, 521 Klebemax.
736 Vgl BGH GRUR 2014, 363 Peter Fechter, OLG Düsseldorf GRUR 2014, 1190.
737 RG BlPMZ 1930, 299 Gasbrenner; RG GRUR 1932, 718, 721 fahrbarer Kohlenbehälter; RG GRUR 1935, 948 ff Cerotzky-Bohrer; RG GRUR 1936, 875, 878 Zeichentisch; RG GRUR 1938, 778, 780 Kühlerlamelle; RG GRUR 1939, 674, 677 Verbundbagger; RG MuW 38, 410, 413 plastische Schutzbinde; BGH Plattenspieler I; BGH GRUR 1954, 317 Leitbleche I; LG Düsseldorf GRUR 1990, 117, 119; OLG Düsseldorf GRUR-RR 2013, 1; einschränkend RG GRUR 1935, 39, 43 Chromsohlleder; eingehend *Benkard* § 9 Rn 66 f; vgl *Wuttke* Mitt 2013, 483, 487; vgl auch RG GRUR 1941, 156, 159 f Schwungradmagnet III; vgl zum US-Recht die auf „equity" (35 USC § 283) beruhenden Einreden wie „laches", „estoppel" und „unclean hands", SuprC 15.5.2006 eBay v MercExchange, referiert in EIPR 2006 N-155, und hierzu *Weingaertner/Carnaval* US Supreme Court Rules on Permanent Injunctions in Cases of Patent Infringement, EIPR 2006, 493 sowie *Ohly* GRUR Int 2008, 787, *Schickedanz* GRUR Int 2009, 901, mit einem Test, dass der Kläger, der dauerhaft Unterlassung begehrt, aufzeigen muss, dass er einen irreparablen Schaden erlitten hat, ein Ausgleich in Geld nicht ausreichend ist, weiterer Ausgleich billig ist und das öffentliche Interesse einer dauerhaften Unterlassung nicht entgegensteht; US-CAFC GRUR Int 1994, 866 ff; US-CAFC 24.1. 2002 Symbol v. Lemelson, referiert in GRUR Int 2002, 541 sowie in EIPR 2002 N-74 und N-118; US-Court of Appeal for the Ninth Circuit GRUR Int 2002, 874; District Court of Nevada Symbol v. Lemelson, referiert in EIPR 2004 N-139; CA England/Wales GRUR Int 2001, 78 f mAnm *Adam*; zur Berücksichtigung im Wettbewerbsrecht KG GRUR 2000, 93 f mwN; vgl schweiz BG sic! 2006, 500; abl die Rspr in Österreich, vgl öOGH ÖBl 1999, 304 Konflikte mwN; zur Verwirkung des lizenzvertraglichen Rücktrittsrechts BGH GRUR 2002, 280 Rücktrittsfrist.
738 Vgl RG Cerotzky-Bohrer.
739 BGHZ 146, 217 = GRUR 2001, 323 Temperaturwächter; insb zum Unterlassungsanspruch BGH Plattenspieler I; BGHZ 125, 303 = GRUR 1994, 597 Zerlegvorrichtung für Baumstämme; OLG Karlsruhe 24.6.1998 6 U 226/96; vgl auch RG fahrbarer Kohlenbehälter; RG GRUR 1935, 99, 101 Viskoselösung; RG GRUR 1935, 733, 737 künstliche Kühlung; RG Cerotzky-Bohrer; RG GRUR 1938, 567, 572 Radio-Auto; für das Markenrecht („schutzwürdiger Besitzstand") BGH GRUR 1998, 1034, 1037 Makalu; BGH GRUR 2004, 783 NEURO-VIBOLEX/NEURO-FIBRAFLEX; zur Verwirkung von Markenrechten vor OLG Koblenz GRUR-RR 2006, 184; zum Zeitmoment auch KG St. Gallen sic! 2001, 491, 498 ff.
740 BGH GRUR 2012, 928 Honda-Graumport.
741 BGH Temperaturwächter; vgl BGHZ 5, 189 = GRUR 1952, 577 Zwilling; OLG Düsseldorf GRUR-RR 2013, 1, 4; LG Düsseldorf 26.7.2012 4a O 266/10; vgl *Fitzner/Lutz/Bodewig* Rn 207; *Kraßer* S 874 f (§ 35 VII 5).
742 BGH GRUR 2000, 144 Comic-Übersetzungen II, UrhSache; BGH GRUR 2003, 628 Klosterbrauerei, UWGSache.
743 BGH Temperaturwächter; OLG Karlsruhe 22.7. 1998 6 U 131/97; *Mes* Rn 209; dagegen will LG Düsseldorf GRUR 1990, 117 die Verwirkung des Bereicherungsanspruchs des verletzten Patentinhabers auf ganz besonders gelagerte Ausnahmefälle beschränken.
744 *Lindenmaier* § 47 Rn 50.
745 OLG Düsseldorf GRUR 2014, 1190.
746 Vgl BGH GRUR 1988, 776, 778 PPC; BGH GRUR 2000, 605, 607 comtes/ComTel; BGH BlPMZ 2001, 318 CompuNet/ComNet I; KG St. Gallen sic! 2001, 491, 501.

ches und zweideutiges Verhalten des Rechtsinhabers den Eindruck, dieser toleriere den Eingriff, und hatte der Berechtigte Gelegenheit, seine Absicht kundzutun, seine Rechte zu gebrauchen, muss die Untätigkeit nicht sehr lange dauern.[747] Dass der Verletzte erst kurz vor der ersten Beanstandung Kenntnis von der Rechtsverletzung erlangt hat, braucht der Beachtlichkeit der Verwirkung nicht entgegenzustehen, wenn die späte Kenntnis auf unzulänglicher Marktbeobachtung beruht.[748]

223   Auf Seiten des Verletzers ist grds ein **schutzwürdiger Besitzstand** erforderlich,[749] der insb in Betracht kommt, wenn die Untätigkeit bei ihm den Eindruck erwecken musste, er habe sich keinen Ansprüchen des Berechtigten ausgesetzt, und wenn er sich im Vertrauen hierauf in seinem Gewerbebetrieb so eingerichtet hat, dass ihm wesentliche Nachteile entstehen würden, wenn die verspätete Rechtsverfolgung Erfolg hätte.[750] Wird der Eindruck durch positives Tun hervorgerufen, ist bereits ein geringer Besitzstand des Verletzers ausreichend.[751] Umfang und Bedeutung des Besitzstands stehen in Wechselwirkung zur Schutzwürdigkeit des Vertrauens des Verletzers in seine Berechtigung.[752] Der Besitzstand ist nicht nach seiner absoluten Größe, sondern nach seiner objektiven Bedeutung für den Verletzer zu bestimmen.[753] In der Schweizer Rspr wurde Verwirkung nach rund zehnjährigem Zuwarten bejaht.[754] Die in der Rspr zum Wz-Recht entwickelten Grundsätze[755] greifen im Patentrecht allerdings nicht ohne weiteres.[756] Die Verwirkung des Schadensersatzanspruchs setzt einen schutzwürdigen Besitzstand nicht voraus.[757]

224   **Rechtsfolge der Verwirkung** ist im Immaterialgüterrecht allein, dass der Schutzrechtsinhaber seine Rechte im Hinblick auf bestimmte bereits begangene oder noch andauernde Rechtsverletzungen nicht mehr durchsetzen kann.[758] Die Verwirkung des Schadensersatzanspruchs schließt die Geltendmachung des Bereicherungsanspruchs nicht grds aus (zu dessen Verwirkung Rn 208).

225   Ein **Werkunternehmer**, der vom Patentinhaber im Rahmen eines Werklieferungsvertrags mit der Herstellung patentgeschützter Gegenstände beauftragt worden ist, ohne dass ihm eine über dieses Vertragsverhältnis hinausgreifende Herstellungslizenz eingeräumt worden ist, kann nach Kündigung des Werklieferungsvertrags der Geltendmachung des Schutzrechts nicht die Einrede unzulässiger Rechtsausübung oder allg Arglist entgegensetzen, selbst wenn er erhebliche Kosten für Materialbeschaffung und sonstige Vorbereitungen für die Herstellung aufgewendet hat.[759]

226   Der Einwand der **Patenterschleichung** spielt seit der Abschaffung der Präklusionsfrist für die Nichtigkeitsklage keine nennenswerte Rolle mehr. Der BGH hat ihn gleichwohl noch zugelassen.[760]

227   Bedürfnis und Rechtfertigung für den Erschleichungseinwand im Verletzungsproze**ss** können nicht anerkannt werden, soweit eine **Überprüfung im Einspruchs- oder Nichtigkeitsverfahren** möglich ist,

---

747 Schweiz BG sic! 1998, 320 ff Lançeur de drapeau II; vgl auch schweiz BG sic! 2006, 500, 502.

748 BGH GRUR 1989, 449, 452 Maritim; BGH GRUR 1993, 151, 153 Universitätsemblem, nicht in BGHZ; BGH GRUR 1993, 913 ff Kowog; BGH GRUR 1995, 54, 57 Nicoline; BGH GRUR 1998, 1034, 1037 Makalu; BGH 8.12.1994 I ZR 192/92 Garant-Möbel, nicht in GRUR.

749 BGH GRUR 1956, 558, 561 Regensburger Karmelitengeist; BGH GRUR 1976, 579, 581 Tylosin; BGH Maritim; BGH Universitätsemblem; BGH Kowog; BGH Makalu; BGH Garant-Möbel; vgl BGHZ 126, 287, 295 = GRUR 1994, 844, 846 Rotes Kreuz; RG Cerotzky-Bohrer; RG GRUR 1938, 567, 572 Radio-Auto; RG GRUR 1938, 778, 780 Kühlerlamelle; OLG Köln GRUR 1994, 737; zwd für das UrhRecht KG St. Gallen sic! 2001, 491, 497 f mwN; einschränkend auf die Verletzung von Kennzeichenrechten schweiz BG sic! 2008, 820 Radiatoren.

750 Vgl BGH Tylosin; BGHZ 26, 52, 66 f = GRUR 1958, 354 Sherlock Holmes; *Benkard* § 9 Rn 66.

751 Vgl BGH GRUR 1992, 45, 48 Cranpool, WzSache.

752 BGH Universitätsemblem.

753 BGH Maritim; BGH GRUR 1990, 1042, 1046 Datacolor; BGH Universitätsemblem.

754 Schweiz BG Radiatoren; KG Zug sic! 2009, 39: keine Verwirkung des Schadensersatzanspruchs, wenn bei komplexem Sachverhalt erst zwei Jahre nach Kenntnis der Verletzung Klage eingereicht wird und keine Anhaltspunkte dafür vorliegen, dass der Verletzte durch Zuwarten vom unternehmerischen Erfolg des Verletzers profitieren wollte.

755 Vgl zB BGH Cranpool; BGH Universitätsemblem.

756 BGHZ 125, 303 = GRUR 1994, 597 Zerlegvorrichtung für Baumstämme; schweiz BG Radiatoren.

757 BGHZ 26, 52, 64 f = GRUR 1958, 354 Sherlock Holmes; BGH GRUR 1988, 776, 778 PPC; BGH Temperaturwächter; BGH GRUR 2004, 783 NEURO-VIBOLEX/NEURO-FIBRAFLEX.

758 BGH GRUR 2012, 928 Honda-Grauimport.

759 BGH GRUR 1959, 218 Autodachzelt.

760 BGH GRUR 1965, 231, 233 Zierfalten; vgl auch BGH GRUR 1956, 265, 269 Rheinmetall-Borsig I; RGZ 140, 184 = GRUR 1933, 563 Kopfhaarbinde; RG GRUR 1938, 530 Leuchtkörper; RG GRUR 1941, 156, 158 f Schwungradmagnet III.

dh im Regelungsbereich der geltenden Widerrufs- und Nichtigkeitsgründe.[761] Eine Vereinbarung über die Nichtdurchführung des Nichtigkeitsverfahrens in Kenntnis des Durchgreifens von Nichtigkeitsgründen („Einwand der Patentruhe") gibt im Verletzungsprozess in Hinblick auf die Kompetenzabgrenzung zum Nichtigkeitsverfahren keinen Einwand.[762] Auch der Ausschluss der Nichtigkeitsklage durch rechtskräftige frühere Entscheidung rechtfertigt eine Geltendmachung der Nichtigkeit im Verletzungsprozess nicht, hier bleibt grds nur die Möglichkeit der Wiederaufnahme, sofern nicht ein Dritter, dem die Rechtskraft der früheren Entscheidung nicht entgegensteht, klagt.

Dagegen können Umstände, die im Einspruchs- und Nichtigkeitsverfahren nicht nachgeprüft werden **228** können, im Verletzungsprozess geltend gemacht werden, zB **Erschleichung der Wiedereinsetzung**.[763] Der Vorwegnahme eines eur Patents durch eine nachveröffentlichte nationale Patentanmeldung ist grds durch entspr Handhabung der Aussetzung Rechnung zu tragen (vgl Rn 18 zu § 81; Rn 5 zu Art II § 6 IntPatÜG).

Das **Nichtbetreiben der Zwangsvollstreckung** aus einem vollstreckbaren Titel **gegenüber Dritten** **229** kann vom Verletzer nicht eingewendet werden, dies gilt auch unter dem Gesichtspunkt des Art 36 AEUV, der nicht verlangt, dass der Patentinhaber seine Rechte gegenüber jedermann mit derselben Strenge durchsetzt.[764] Auf das kartellrechtl Diskriminierungsverbot kann sich der Verletzer nur gegenüber einem Schadensersatzverlangen berufen (zum „kartellrechtl Zwangslizenzeinwand" näher Rn 234 ff; Rn 100 ff zu § 24).

Hinsichtlich vor Veröffentlichung der Patenterteilung **patentfrei hergestellter Erzeugnisse** kann **230** der Unterlassungsanspruch, soweit er nicht ohnehin nach § 33 ausgeschlossen ist oder nach Erschöpfungsgrundsätzen nicht geltendgemacht werden kann, im Einzelfall nach Treu und Glauben ausgeschlossen sein (Rn 59 ff zu § 12).

VIII. Fehlendes oder gemindertes Verschulden, Mitverschulden

Gegenüber dem Schadensersatzanspruch kann sich der Verletzer mit der Behauptung fehlenden oder **231** geminderten Verschuldens sowie eines Mitverschuldens des Verletzten (§ 254 BGB) verteidigen, letzteres kann die Schadensersatzhaftung beschränken und im Extremfall ganz ausschließen.[765] Hierzu kann auch eine Verletzung der dem Verletzten obliegenden Schadensminderungspflicht gehören;[766] zu Deckungsgeschäften, die selbst einer übernommenen Unterlassungsverpflichtung unterliegen, ist der Verwarnte nicht verpflichtet.[767] Unvollständige Angaben zur Schutzrechtslage auf entsprechende Anfrage können jedenfalls dann Mitverschulden begründen, wenn sie geeignet sind, den Verletzer irrezuführen.[768] Ob eine Verpflichtungserklärung zum Haftungsgrund der Geltendmachung des Mitverschuldenseinwands entgegensteht, wird man als Frage des Einzelfalls ansehen müssen.[769] Zum Ausschluss des Verschuldens infolge Irrtums Rn 113 ff.

IX. Weitere Einwendungen. Zur (echten) Einrede der **Verjährung** s § 141. **232**
Das Erlöschen des Anspruchs durch **Erfüllung oder Aufrechnung** richtet sich nach den allg Bestim- **233** mungen des BGB.

X. Dass der Gegenstand des Patents vorgeschriebenen Normen entspricht, nimmt dem Patent nicht **234**
seine Wirkung (Rn 40 zu § 11). Jedoch kann dem als Verletzer in Anspruch Genommenen der „**kartellrechtliche Zwangslizenzeinwand**" zustehen. Die kartellrechtl Relevanz ist erreicht, wenn der Patentinhaber dem, der einen Lizenzvertrag abschließen will, den Abschluss verweigert oder zB ohne sachlichen

---

761 So auch grds *Benkard* § 9 Rn 70; vgl *Kraßer* S 876 (§ 35 VII 8); *Fitzner/Lutz/Bodewig* Rn 205; vgl weiter für den Einwand der unzulässigen Rechtsausübung BGH Mitt 1997, 364 Weichvorrichtung II.
762 So auch *Benkard* § 9 Rn 71.
763 BGHZ 6, 172 = GRUR 1952, 564 Wäschepresse; BGH Rheinmetall-Borsig I; BGH GRUR Int 1960, 506 Schiffslukenverschluß.
764 NIHR BIE 1995, 409, 418 = GRUR Int 1997, 836 f Recormon.
765 Vgl BGH GRUR 1963, 255, 259 Kindernähmaschinen, nicht in BGHZ.
766 Vgl RG GRUR 1932, 718 fahrbarer Kohlenbehälter; RG GRUR 1938, 778, 780 Kühlerlamelle.
767 BGH GRUR 1997, 741, 744 Chinaherde.
768 OLG Karlsruhe 13.3.2002 6 U 199/99.
769 Vgl OLG Karlsruhe 13.3.2002 6 U 199/99.

Grund höhere Lizenzgebühren als von anderen fordert (vgl Rn 100 ff zu § 24).[770] Verstößt der Patentinhaber gegen das kartellrechtl Diskriminierungsverbot, ist ihm die Durchsetzung des Unterlassungsanspruchs verwehrt.[771] Jedoch steht dem Betroffenen insoweit kein Selbsthilferecht aus § 229 BGB zu.[772] Es ist dabei nach Auffassung des LG Mannheim nicht erforderlich, dass bereits vor Aufnahme der Benutzung ein den von der Rspr des BGH geforderten Anwendungen genügendes Lizenzvertragsangebot abgegeben wird, der Lizenzsucher ist jedoch verpflichtet, seine Schadensersatzverpflichtung für Benutzungshandlungen in der Vergangenheit dem Grunde nach anzuerkennen.[773] Er ist aber nicht verpflichtet, die Schutzfähigkeit des Patents anzuerkennen.[774] Der Einwand steht dem Verletzer nicht zu, wenn die Patentbenutzung für die Ausübung seiner Tätigkeit entbehrlich ist.[775]

235   Dem EuGH ist die Frage vorgelegt worden, ob es ausreicht, dass der Patentverletzer seine **Bereitschaft zu Verhandlungen** zu einer FRAND-Lizenz (Rn 18) erklärt hat.[776] Der EuGH hat dazu entschieden, dass der Inhaber eines für einen von einer Standardisierungsorganisation normierten Standard essenziellen Patents, der sich gegenüber dieser Organisation unwiderruflich verpflichtet hat, jedem Dritten eine Lizenz zu FRAND-Bedingungen zu erteilen, seine marktbeherrschende Stellung nicht iS dieser Vorschrift dadurch missbraucht, dass er eine Patentverletzungsklage auf Unterlassung der Beeinträchtigung seines Patents oder auf Rückruf der Produkte, für deren Herstellung dieses Patent benutzt wurde, erhebt, wenn er zum einen den angeblichen Verletzer vor Erhebung der Klage auf die Patentverletzung, die ihm vorgeworfen wird, hingewiesen hat und dabei das betr Patent bezeichnet und angegeben hat, auf welche Weise es verletzt worden sein soll, und zum anderen, nachdem der angebliche Patentverletzer seinen Willen zum Ausdruck gebracht hat, einen Lizenzvertrag zu FRAND-Bedingungen zu schließen, dem Patentverletzer ein konkretes schriftliches Lizenzangebot zu diesen Bedingungen unterbreitet und insb die Lizenzgebühr sowie die Art und Weise ihrer Berechnung angegeben hat und dieser Patentverletzer, während er das betreffende Patent weiter benutzt, auf dieses Angebot nicht mit Sorgfalt, gem den in dem betr Bereich anerkannten geschäftlichen Gepflogenheiten und nach Treu und Glauben, reagiert, was auf der Grundlage objektiver Gesichtspunkte zu bestimmen ist und ua impliziert, dass keine Verzögerungstaktik verfolgt wird. Weiter hat er entschieden, dass Art 102 AEUV dahin auszulegen ist, dass er es einem Unternehmen in beherrschender Stellung, das Inhaber eines für einen von einer Standardisierungsorganisation normierten Standard essenziellen Patents ist und sich gegenüber der Standardisierungsorganisation verpflichtet hat, zu FRAND-Bedingungen Lizenzen für dieses Patent zu erteilen, grds nicht verbietet, gegen den angeblichen Verletzer seines Patents eine Verletzungsklage auf Rechnungslegung bezüglich der vergangenen Benutzungshandlungen in Bezug auf das Patent oder auf Schadensersatz wegen dieser Handlungen zu erheben.[777] Wird der Einwand des Missbrauchs einer marktbeherrschenden Stellung erhoben, darf nicht offen gelassen werden, ob das Angebot des Patentinhabers den FRAND-Bedingungen entspricht.[778]

236   Hinsichtlich der standardessentiellen Patente sind verschiedene Rechtsfragen noch **nicht abschließend geklärt**, so, ob die Anwendbarkeit eines Standards notwendig zur Anwendung des Kartellrechts führt (insoweit sollte es auf den Einzelfall ankommen), ob die FRAND-Erklärung bei Übertragung des Schutzrechts nur den ursprünglichen Inhaber bindet,[779] ob eine weltweite Lizenzierung vorausgesetzt

---

770   Vgl *Kühnen* Hdb[8] Rn E 181 ff.

771   BGHZ 180, 312 = GRUR 2009, 694 Orange-Book-Standard gegen OLG Karlsruhe InstGE 8, 14 = GRUR-RR 2007, 177; hierzu *Meier-Beck* FS K. Tolksdorf (2014), 115; vgl OLG Düsseldorf 22.7.2010 2 U 36/10; OLG Düsseldorf WuW/E DE-R 3215; LG Düsseldorf WuW/E DE-R 2120; OLG Düsseldorf InstGE 10, 129; LG Düsseldorf InstGE 10, 66; LG Düsseldorf 5.7.2007 4b O 289/06; LG Düsseldorf 11.9.2008 4a O 81/07 GRUR-RR 2009, 119 Ls; LG Düsseldorf 24.4.2012 4b O 274/10 WuW/E DE-R 3638; vgl OLG Karlsruhe 23.4.2015 6 U 44/15 Mitt 2015, 331 Ls; vgl BGHZ 160, 67 = GRUR 2004, 966 Standard-Spundfaß; *Benkard* § 9 Rn 73; *Walz* GRUR Int 2013, 718, 729.

772   BGH Orange-Book-Standard; zust *Kühnen* Hdb[8] Rn E 187 ff.

773   LG Mannheim Mitt 2012, 120 mAnm *Müller*; aA OLG Düsseldorf InstGE 10, 129.

774   *Meier-Beck* FS K. Tolksdorf (2014), 115, 119; aA LG Mannheim Mitt 2012, 120; ÖLG Karlsruhe Mitt 2012, 127; OLG Karlsruhe GRUR 2012, 736.

775   OLG Düsseldorf 20.1.2011 2 U 92/10 WuW/W DE-R 3215; LG Düsseldorf 11.6.2015 4a O 44/14 GRURPrax 2015, 379 KT.

776   Vorabentscheidungsersuchen des LG Düsseldorf GRUR Int 2013, 547; vgl *Walz* GRUR Int 2013, 718; *Hoppe-Jänisch* Mitt 2013, 384; *Wuttke* Mitt 2013, 483, 487 f; LG Düsseldorf 24.4.2012 4b O 273/10.

777   EuGH GRUR 2015, 764 Huawei Technologies/ZTE; vgl LG Düsseldorf 3.11.2015 4a O 93/14 „Mobilstation" und LG Düsseldorf 3.11.2015 4a O 144/14 „Kommunikationsvorrichtung"; LG Mannheim 27.11.2015 2 O 106/14.

778   OLG Düsseldorf Mitt 2016, 85, und hierzu *Müller/Henke* Mitt 2016, 62.

779   Vgl OLG Karlsruhe GRUR-RR 2015, 326; OLG Karlsruhe Mitt 2010, 30; LG Mannheim 27.11.2015 2 O 106/14.

wird,[780] wie sich das Fehlen des anfänglichen Hinweises auswirkt, wie schnell eine Antwort erfolgen muss und ob diese „nachgebessert" werden kann, ob eine Nachholung des FRAND-Angebots nach Klageerhebung dazu führen kann, dass nach Ausbleiben eines Gegenangebots des Benutzers in der Fortsetzung des Unterlassungsrechtsstreits kein Missbrauch mehr liegt,[781] welche Schutzrechte in das Portfolio des Standards fallen, in welcher Höhe Sicherheit geleistet werden muss und ob die Rechnungslegung schon vor dem Verletzungsstreit erforderlich ist.

Der Einwand kann grds keinen Erfolg haben, wenn der Lizenzsucher nicht bereit ist, in das Lizenzangebot eine Klausel aufzunehmen, nach der dem Lizenzgeber für den Fall eines Angriffs auf das Patent ein **Kündigungsrecht** eingeräumt wird.[782] Hat der Patentinhaber eine Lizenzbereitschaftserklärung abgegeben, ist der Benutzer nicht gehalten, vor Durchsetzung seiner Ansprüche aus dem Patent ein Lizenzangebot zu machen.[783]   **237**

XI. Prozessuales

Einwendungen können prozessual ausgeschlossen sein, wenn sie aus Nachlässigkeit nicht rechtzeitig geltend gemacht werden. Zur erstmaligen Geltendmachung der Verjährungseinrede in der Berufungsinstanz Rn 202 vor § 143.   **238**

H. Darlegungs- und Beweislast; Beweislastumkehr (Absatz 3)

Schrifttum: *Danziger* Der neue Stoff im Sinne des Patentgesetzes, GRUR 1925, 285; *Dietze* Betrachtungen zum Vorbenutzungsrecht, FS vom Stein (1961), 39; *Hahn* Der Schutz von Erzeugnissen patentierter Verfahren, 1968; *Hesse* Die Beweislast im Patentverletzungsprozeß, GRUR 1972, 675; *U. Krieger* Durchsetzung gewerblicher Schutzrechte in Deutschland und die TRIPS-Standards, GRUR Int 1997, 421; *Kucsko* Die Beweis-/Bescheinigungslast bei Verfahrenspatenten, ÖBl 2004, 4; *Mes* Si tacuisses – Zur Darlegungs- und Beweislast im Prozeß des gewerblichen Rechtsschutzes, GRUR 2000, 934, auch in FS P. Hertin (2000), 619; *Meyer-Dulheuer* Beweislastumkehr und Europäisches Patent, GRUR Int 1973, 533; *Müller* Art 67 Abs 2 PatG beschränkt sich auf die Festsetzung bundesrechtlicher Beweisanforderungen. Neue Mutmaßungen über gesetzliche Vermutungen, FS L. David (1996), 55; *Pietzcker* Zum Stoff- und Neuheitsbegriff des § 47 Abs 3 PatG, GRUR 1963, 601; *Reik* Die Beweisvermutung nach § 110 im österreichischen Patentgesetzes (§ 35 Abs 3 deutsches Patentgesetz), GRUR 1914, 178; *Martina Schuster* The Patent Law Willfulness Game and Damage Awards, 36 IIC (2005), 126; *Schweickhardt* Die Beweislast bei Verletzung von Schutzrechten auf Verfahren und Vorrichtungen, deren Verwendung am fertigen Erzeugnis nicht zu erkennen ist, GRUR 1961, 116; *Stauder* Überlegungen zur Schaffung eines besonderen Beweisverfahrens im europäischen Patentverletzungsrecht ..., GRUR Int 1978, 230; *Stürner* Die gewerbliche Geheimsphäre im Zivilprozeß, JZ 1985, 453; *Vidal-Quadras Trias de Bes* Process Patents on New Products and Reversal of the Burden of Proof: Factors Contributing to the Interpretation of its Scope, EIPR 2002, 237; *Wirth* Der neue Stoff nach § 35 PatG und die Begriffsjurisprudenz in der Entscheidung des Reichsgerichts vom 11.2.1925, Mitt 1925, 169.

I. Allgemeines

Die Beweislast für sämtliche **anspruchsbegründenden Tatsachen** trifft grds den Kläger.[784] Dieser genügt regelmäßig seiner Darlegungslast durch Vortrag der Verletzungshandlung; Beurteilung des Schutzbereichs und Subsumtion des als verletzend bezeichneten Verhaltens wurden vom RG als Sache des Gerichts angesehen.[785] Jedenfalls soweit die Bestimmung des Schutzbereichs von tatsächlichen Umständen abhängt, ist es aber Sache der Parteien, die ihnen günstigen Umstände vorzutragen.[786] Trägt der Beklagte substantiiert vor, dass das Erreichen der patentgem Wirkungen durch technische Mittel verhindert wird, muss der Kläger dartun, dass die angegriffene Ausführungsform diese Wirkungen erreicht.[787] Zum allg Erfindungsgedanken s *7. Aufl.* Zum Beweisrecht in Patentstreitsachen Rn 120 ff vor § 143.   **239**

---

780 Vgl LG Mannheim 27.11.2015 2 O 106/14; verneinend *Kühnen* Hdb[8] Rn E 252.
781 Vgl LG Mannheim 27.11.2015 2 O 106/14.
782 OLG Karlsruhe Mitt 2012, 127.
783 OLG Karlsruhe InstGE 12, 220.
784 Vgl öOGH ÖBl 1999, 208, 210 Kanalreinigungsfahrzeug; OLG Düsseldorf 24.8.2006 2 U 31/05; *Benkard-EPÜ* Art 64 Rn 31; *Mes* GRUR 2000, 934, 936, auch zum Verhältnis zur Wahrheitspflicht nach § 138 ZPO.
785 RG GRUR 1936, 231 f Vorderradbremssystem.
786 Vgl BGH GRUR 1974, 515, 517 Spreizdübel 01; zum Erfordernis substantiierten Bestreitens LG Frankfurt/M InstGE 6, 1.
787 LG Mannheim InstGE 7, 7.

240 Den **Ausschluss der Widerrechtlichkeit** des Eingriffs muss der Verletzer dartun;[788] für den Wegfall eines einmal begründeten Benutzungsrechts ist darlegungspflichtig, wer sich darauf beruft.[789] Zur Beweislast bei Erschöpfung Rn 147 zu § 9, bei Vorbenutzungsrechten Rn 53 zu § 12.

241 Der **Beklagte** braucht dem Kläger die Beweisführung grds nicht zu erleichtern.[790] Etwas anderes kann gelten, wenn die Tatsachen der beweisbelasteten Partei nicht oder nur mit unverhältnismäßig großen Schwierigkeiten zugänglich sind, während ihre Offenlegung für den Gegner ohne weiteres möglich und zumutbar ist („sekundäre" Beweislast).[791] Jedoch muss der mutmaßliche Verletzer kein Material offenbaren, das dem Anwaltsgeheimnis unterliegt.[792] Beweiserleichterungen kommen auch nach den Grundsätzen des Beweises des ersten Anscheins in Betracht;[793] zur Regelung in Art 43 TRIPS-Übk Rn 49 zu § 140c.

II. Unterlassungsanspruch

242 Die Darlegungs- und Beweislast für **Erstbegehungs- und Wiederholungsgefahr** trifft den Kläger, der sich bei Vorliegen einer Verletzungshandlung auf das Bestehen einer tatsächlichen Vermutung berufen kann (Rn 57). Für die Ausräumung der Erstbegehungs- und Wiederholungsgefahr ist der Beklagte darlegungs- und beweispflichtig.[794] Maßgeblich ist der Zeitpunkt der letzten mündlichen Tatsachenverhandlung.[795] Der dem Gläubiger obliegende Beweis eines Verstoßes gegen die Unterlassungspflicht kann nicht mit Hilfe des Anscheinsbeweises geführt werden.[796]

III. Schadensersatzanspruch

243 Grds bedarf es keiner besonderen Begründung dafür, dass der Patentverletzer schuldhaft gehandelt hat; dieser hat Umstände darzutun, die der Annahme seines Verschuldens entgegenstehen.[797] Der Verletzte trägt bei der Gewinnherausgabe die Beweislast für den Bruttoerlös einschließlich der wertbildenden Faktoren. Der Verletzer trägt demgegenüber die Beweislast dafür, dass bestimmte von ihm geltend gemachte Kosten den Verletzungsgegenständen unmittelbar zugeordnet werden können und damit vom erzielten Umsatzerlös abzugsfähig sind.[798]

IV. Beweislastumkehr

244 **1. Grundsatz.** Nach Abs 3 wird bei Erfindungen, die ein Verfahren zur Herstellung[799] (zur Abgrenzung Herstellungsverfahren – Arbeitsverfahren Rn 102 zu § 9) eines neuen Erzeugnisses zum Gegenstand haben, widerleglich vermutet, dass jedes Erzeugnis von gleicher Beschaffenheit nach dem patentierten Verfahren

---

788 Vgl RG GRUR 1942, 207 f Seifenherstellung II; BGH GRUR 1965, 411, 414 Lacktränkeinrichtung II; BGH GRUR 1976, 579, 581 Tylosin; OLG Düsseldorf GRUR 1978, 588; öOGH ÖBl 1999, 208, 210 Kanalreinigungsfahrzeug *Benkard-EPÜ* Art 64 Rn 31.

789 ÖOGH Kanalreinigungsfahrzeug.

790 RG GRUR 1938, 428 f Pedalachsen; BGH GRUR 1976, 579, 581 Tylosin; abw in den USA: CAFC 13.9. 2004 Case No 01-1357 Knorr-Bremse, Ls in IIC 36 (2005), 132.

791 BGH GRUR 2004, 268 blasenfreie Gummibahn II; BGH GRUR 2006, 313, 315 Stapeltrockner; BGHZ 167, 374 = GRUR 2006, 927 Kunststoffbügel; BGHZ 169, 30 = GRUR 2006, 962, 967 Restschadstoffentfernung; vgl BGHZ 120, 320, 327 = GRUR 1993, 980 Tariflohnunterschreitung; BGH GRUR 1995, 693, 697 Indizienkette; zur sekundären Darlegungslast des Markeninhabers bei behaupteten Produktfälschungen und zur Offenbarung von Betriebsgeheimnissen hierbei BGH GRUR 2008, 702 Internet-Versteigerung II; BGH GRUR 2012, 626 CONVERSE I; vgl BGH 14.1.2016 I ZR 107/15.

792 *Marshall* IIC 31 (2000), 646, 656; *Martina Schuster* II C 36 (2005), 126 f.

793 BGH Kunststoffbügel: Lebenserfahrung; RGZ 111, 350, 354 = BlPMZ 1926, 28 Schraubstöpsel; RG GRUR 1936, 100, 103 Aufbereitungsmaschine; RG GRUR 1937, 534, 537 Falzmesser; RB Den Haag BIE 2001, 90.

794 BGH NJW 2003, 3702; *Fitzner/Lutz/Bodewig* Rn 64.

795 BGH GRUR 1955, 390, 392 Schraubenmutterpresse; BGH GRUR 1973, 203 Badische Rundschau; BGH GRUR 1992, 404 Systemunterschiede; BGH GRUR 1986, 248, 251 Sporthosen; BGH GRUR 1993, 53, 55 ausländischer Inserent.

796 KG GRUR 1991, 707.

797 BGH GRUR 1959, 478, 480 Laux-Kupplung I; BGH GRUR 1976, 579, 583 Tylosin.

798 OLG Düsseldorf InstGE 7, 194, 199; OLG Düsseldorf 25.3.2010 2 U 61/08; vgl LG Düsseldorf InstGE 8, 257.

799 Vgl *Fitzner/Lutz/Bodewig* Rn 254; zur Definition des Herstellungsverfahrens vgl auch BPatGE 8, 136, 139.

hergestellt ist.[800] Die Beweislast ist damit umgekehrt.[801] Auch **Art 34 TRIPS-Übk** enthält eine entspr Regelung. Die geltende Regelung ist TRIPS-konform.[802]

Die **geltende Regelung** korrespondiert mit § 9 Satz 2 Nr 3. Sie erfasst anders als die frühere, die sich auf „Stoffe" beschränkte (vgl 6. *Aufl*), als „Erzeugnis" Endprodukte aller Art.[803] Erfasst sind nach der Instanzrspr auch Datensätze, die mittels eines patentgeschützten Simulationsverfahrens erstellt worden sind, jedenfalls sofern diese auf einem Aufzeichnungsträger materialisiert sind.[804] Nicht abschließend geklärt ist, ob auch unköperliche Erzeugnisse an sich (zB Datensätze) einzubeziehen sind; dies wird aber grds zu bejahen sein.[805] Die Bestimmung gilt im Zivilprozess einschließlich des Vollstreckungsverfahrens.[806] Auf den Entschädigungsanspruch aus § 33 ist sie entspr anwendbar.[807] Ist die Benutzung der Diensterfindung streitig, kommt eine analoge Anwendung der Beweislastumkehr jedenfalls dann nicht in Betracht, wenn das Verfahrensergebnis nicht ein Produkt, sondern eine Qualitätsaussage ist.[808]

Die in **Art 34 Abs 1 Buchst b TRIPS-Übk** vorgesehene weitere Beweisregel bei erheblicher Wahrscheinlichkeit und Misslingen der Feststellung des tatsächlich angewendeten Verfahrens, die zu übernehmen der Gesetzgeber nach Art 34 Abs 2 TRIPS-Übk nicht gezwungen ist, findet sich im dt Recht nicht; den dort genannten Umständen kann aber im Rahmen der freien Beweiswürdigung Rechnung getragen werden.[809]

2. Reichweite. Gleiche Eigenschaften des Erzeugnisses wurden als ausreichend angesehen;[810] das geht zu weit. Die Vermutung gilt für jedes Erzeugnis gleicher Beschaffenheit und auch dann, wenn ein abgewandeltes Verfahren in den Schutzbereich des Patents fällt und das Verfahrenserzeugnis dieses abgewandelten Verfahrens mit dem angegriffenen Erzeugnis identisch ist oder das abgewandelte angegriffene Erzeugnis in den Schutzbereich des Patents fällt, nicht aber, wenn das Erzeugnis nicht nach dem patentierten Verfahren hergestellt sein kann[811] oder nachgewiesen ist, dass es nicht nach ihm hergestellt worden ist.[812] Erforderlich sind mithin gleiches Ausgangsmaterial, gleiches (jedenfalls aber in den Schutzbereich fallendes)[813] Verfahren und gleiches (strukturgleiches) Erzeugnis.[814] Geringfügige Abweichungen werden als unschädlich angesehen.[815] Ob Verunreinigungen der Identität entgegenstehen, wird nur fallweise zu beantworten sein.[816]

Für Vorgänge, die sich im **Wahrnehmungsbereich des Patentinhabers** oder seines Lizenznehmers abgespielt haben, kommt die Beweisregel nicht in Betracht.[817]

---

800   Vgl *Fitzner/Lutz/Bodewig* Rn 253; *Schulte* Rn 300; *Mes* Rn 419; öOGH ÖBl 2002, 245 = GRUR Int 2003, 367 Sprayback-Problem; öOGH ÖBl 2004, 83 Amlodipin; *Kucsko* ÖBl 2004, 4.

801   Vgl *Tönnies* Als was gilt das „gilt als?" GRUR 1998, 345, 347; *Benkard* Rn 119; *Mes* Rn 418; schweiz BG sic! 1999, 655, 657 Fluoxetin; *Heinrich* PatG/EPÜ² Art 67 Rn 1 f; *Schulte* Rn 296 spricht von einer Beweiserleichterung.

802   *U. Krieger* GRUR Int 1997, 421, 424.

803   *Benkard* Rn 120; *Schulte* § 9 Rn 89; *Mes* GRUR 2009, 305; *Büscher/Dittmer/Schiwy* Rn 182; vgl BGHZ 194, 272 = GRUR 2012, 1230 MPEG-2-Videosignalcodierung; LG Düsseldorf InstGE 1, 26; aA LG München I 3.9.2008 21 O 16535/05 undok: nur körperliche Sachen; *von Meibom/von Feld* FS K. Bartenbach (2005), 385, 391; *Wolfram* Mitt 2003, 57, 61; offengelassen in OLG München 23.12.2010 6 U 4719/08 undok: nicht bei mathematischem Artefakt (zwh); *Benkard* § 9 Rn 53 stellt jetzt darauf ab, ob das Ergebnis des patentierten Verfahrens üblicherweise wahrnehmbar gemacht und auf diese Weise wie ein körperlicher Gegenstand beliebig oft bestimmungsgemäß genutzt werden kann.

804   LG Düsseldorf InstGE 7, 70; OLG Düsseldorf NJOZ 2010, 1781; zust *Mes* GRUR 2009, 305 f; *Mes* § 9 Rn 64.

805   Vgl zu § 10 LG Düsseldorf 22.2.2007 4b O 220/06; aA *Schramm* PVP Kap 10 Rn 93.

806   Vgl LG München I GRUR 1964, 679, 681; OLG Düsseldorf GRUR 1967, 135; aA zum Vollstreckungsverfahren nach § 888 ZPO OLG Frankfurt GRUR-RR 2002, 120, auch zum Umfang der Darlegungslast des Schuldners bei vertraglich übernommener Auskunftsverpflichtung.

807   *Benkard* Rn 119; *Büscher/Dittmer/Schiwy* Rn 180; aA *Ohl* GRUR 1976, 557, 565.

808   SstA 18.3.2004 ArbErf 30/02.

809   Vgl auch schweiz BG sic! 1999, 655, 657 Fluoxetin, zu der Beweiserleichterung nach Art 67 Abs 2 schweiz PatG bei Glaubhaftmachung der Verletzung eines Verfahrens zur Herstellung eines bekannten Erzeugnisses.

810   ÖOGH ÖBl 2002, 245 = GRUR Int 2003, 367 Sprayback-Problem.

811   BGHZ 67, 38, 42, 47 = GRUR 1977, 100, 103 Alkylendiamine II; öOGH ÖBl 2004, 83 Amlodipin.

812   OLG Frankfurt 3.12.1998 6 U 80/97.

813   Vgl *Wolner/Nemec* (Anm) ÖBl 2004, 87 f.

814   *Vidal-Quadras Trias de Bes* EIPR 2002, 237, 241.

815   *Fitzner/Lutz/Bodewig* Rn 256 unter Hinweis auf BGH Alkylendiamine II.

816   Vgl *Vidal-Quadras Trias de Bes* EIPR 2002, 237, 241.

817   BGH GRUR 1962, 577 Rosenzüchtung.

Keukenschrijver

245
246
247
248

249   **3. Neuheit** setzt Neuartigkeit voraus. Der Neuheitsbegriff des § 3 kann mit Rücksicht auf die Funktion der Vorschrift keine Anwendung finden.[818] Es wurde darauf abgestellt, dass sich das Erzeugnis durch eine unterscheidungskräftige Eigenschaft auszeichnet, die es von vorbekannten Erzeugnissen erkennbar abhebt.[819] Ungeklärt ist, ob nur Eigenschaften in Betracht kommen, die auch geeignet sind, Neuheit iSd § 3 zu begründen und mithin als solche von der Patentierbarkeit ausgeschlossene Merkmale außer Betracht zu bleiben haben; dies sollte aber zu verneinen sein. Herstellbarkeit wurde zur Verneinung der Neuheit als ausreichend angesehen.[820] Größere Reinheit eines bekannten Stoffs begründet keine Neuheit.[821]

250   Maßgeblich für die Beurteilung der Neuheit des Erzeugnisses ist der **Prioritätszeitpunkt** des Verfahrenspatents (abw *5. Aufl*).[822] Jedoch wird es bei Bekanntwerden weiterer Herstellungsverfahren zur Widerlegung der Beweisregel ausreichen müssen, dass der Benutzer die Herstellung von nach dem Prioritätszeitpunkt auf den Markt gebrachten Erzeugnissen ohne Benutzung des geschützten Verfahrens nachweist.[823] Die Vermutung wurde als entkräftet angesehen, wenn das patentgem Verfahrenserzeugnis und das angegriffene Erzeugnis in der chemischen Konstitution der Stoffe so voneinander abweichen, dass eine Herstellung aus denselben Ausgangsstoffen und auf demselben Verfahrensweg naturgesetzlich ausgeschlossen ist.[824]

251   **4. Wirkung.** Die Bestimmung führt dazu, dass der Verletzer den vollen Nachweis erbringen muss, nach einem anderen als dem geschützten Verfahren gearbeitet zu haben.[825] Berechtigte Zweifel reichen zur Widerlegung der Vermutung nicht aus.[826]

252   **5. Zur Wahrung von Herstellungs- und Betriebsgeheimnissen** sind bei der Erhebung des Beweises des Gegenteils die berechtigten Interessen des Beklagten an der Wahrung seiner Herstellungs- und Betriebsgeheimnisse zu berücksichtigen (Abs 3 Satz 2); dabei verdient durch Schutzrechtsverletzung erlangtes Wissen keinen Schutz.[827] In Betracht kommt zunächst Ausschluss der Öffentlichkeit nach § 172 Nr 2 GVG.[828] Der Beklagte kann nicht verlangen, dass der Vortrag zu dem seinem Produkt zugrundeliegenden Herstellungsverfahren nicht dem Kläger mitgeteilt wird.[829] Der Grundsatz des rechtl Gehörs verbietet es, Betriebsbesichtigungen ohne Hinzuziehung des Klägers durchzuführen.[830] Denkbar erscheint eine Beweisaufnahme in der Weise, dass ein Sachverständiger zwischengeschaltet und nur im erforderlichen Umfang befragt wird;[831] es ist auch daran zu denken, für den Kläger bei der Besichtigung einen Rechtsanwalt und/oder Patentanwalt teilnehmen zu lassen, wobei sich diese verpflichten, über bestimmte Wahr-

---

818 Vgl *Schulte* Rn 298; *Fitzner/Lutz/Bodewig* Rn 255; *Mes* Rn 420; *Schramm* PVP Kap 10 Rn 96; *Lindenmaier* § 47 Rn 60; *Reimer* § 47 Rn 114; aA *Benkard* Rn 121, *Benkard-EPÜ* Art 64 Rn 35; *Kraßer* S 778 (§ 33 III c dd 2), wonach § 3 zugrundezulegen sein soll; *Klauer/Möhring* § 47 Rn 87; *Heinrich* PatG/EPÜ² Art 67 Rn 2; LG Hamburg 24.1.2014 315 O 234/12; Berufungsgericht Barcelona 13.2.1998 und 6.2.1998, zitiert bei *Vidal-Quadras Trias de Bes* EIPR 2002, 237, 241 f; vgl auch *Pietzcker* GRUR 1963, 601, 604; nach BGH GRUR 1970, 237, 241 Appetitzügler II ist der Stoff auch neu, wenn er nach der Lehre einer früheren, aber nicht vorveröffentlichten Anmeldung herzustellen ist; zum „kartellrechtl Zwangslizenzeinwand" OLG Düsseldorf WuW/E DE-R 3215.
819 LG Düsseldorf InstGE 3, 91; *Büscher/Dittmer/Schiwy* Rn 183.
820 ÖOGH ÖBl 1974, 55 Tetralysal; vgl aber *Fitzner/Lutz/Bodewig* Rn 255, wonach es auf Nacharbeitbarkeit nicht ankommt; LG Düsseldorf InstGE 3, 91, 95.
821 RB Den Haag BIE 2001, 90.
822 BGH GRUR 2003, 507 Enalapril, zu § 29 Abs 2 PatG-DDR 1983; LG Hamburg 24.1.2014 315 O 234/12; *Kraßer* S 778 (§ 33 III c dd 2), *Benkard* Rn 121; *Pietzcker* GRUR 1963, 601, 606; *Lindenmaier* § 47 Rn 60; Berufungsgericht Barcelona 6.2.1998 und 20.10. 1999 bei *Vidal-Quadras Trias de Bes* EIPR 2002, 237, 242; vgl High Court Osaka IIC 2003, 433; aA *Hahn* S 104 ff.
823 Ähnlich, aber weniger weitgehend *Vidal-Quadras Trias de Bes* EIPR 2002, 237, 243 unter Hinweis auf Berufungsgericht Barcelona 3.1.2000.
824 LG Düsseldorf InstGE 3, 91.
825 *Benkard* Rn 119; vgl *Fitzner/Lutz/Bodewig* Rn 257 f; *Schulte* Rn 300.
826 ÖOGH ÖBl 2002, 245 = GRUR Int 2003, 367 Sprayback-Problem und hierzu *Schmidt* ÖBl 2002, 267.
827 *Mes* GRUR 2000, 934, 940; vgl *Rützel* Illegale Unternehmensgeheimnisse? GRUR 1995, 557.
828 *Mes* GRUR 2000, 934, 940; *Fitzner/Lutz/Bodewig* Rn 259.
829 OLG Düsseldorf InstGE 10, 122; *Fitzner/Lutz/Bodewig* Rn 259; *Schulte* Rn 301.
830 *Benkard* Rn 123; *Benkard-EPÜ* Art 64 Rn 35; vgl BGHZ 116, 47 = GRUR 1992, 191 Amtsanzeiger.
831 Vgl *Benkard* Rn 123; aA *Kucsko* ÖBl 2004, 4, 11; vgl auch *Schulte* Rn 301.

nehmungen Stillschweigen zu bewahren.[832] Schließlich wird das Gericht darauf achten müssen, die Beweisaufnahme nicht über den unbedingt notwendigen Umfang hinaus auszudehnen. Der Verletzer hat grds die Möglichkeit, sein Verfahren selbst zum Patent anzumelden.[833]

I. Rechtskraftwirkung der Entscheidung im Verletzungsprozess

Schrifttum: *Ahrens* Unterlassungsanspruch im Lichte zweier Streitgegenstände, sowie einer Streitgegenstandsverengung, JZ 2006, 1184; *Barth* Der Streitgegenstand der wettbewerbsrechtlichen Unterlassungsklage, Diss Salzburg 1996; *Büttner* Streit um den Streitgegenstand der Unterlassungsklage, FS U. Doepner (2008), 107; *Götz* Die Neuvermessung des Lebenssachverhalts – Der Streitgegenstand im Unterlassungsprozess, GRUR 2008, 401; *Grosch* Zum Streitgegenstandsbegriff im Patentverletzungsprozess unter Berücksichtigung der Rechtsprechung zum Wettbewerbs- und Markenprozess, FS T. Schilling (2007), 207; *Jestaedt* Der Streitgegenstand des wettbewerbsrechtlichen Verfügungsverfahrens, GRUR 1985, 480; *Kamlah/Ulmar* Neues zum Streitgegenstand der Unterlassungsklage und seine Auswirkungen auf Folgeprozesse, WRP 206, 967; *Lehment* Zur Bedeutung der Kerntheorie für den Streitgegenstand, WRP 2007, 237; *Teplitzky* Streitgegenstand und materielle Rechtskraft im wettbewerbsrechtlichen Unterlassungsprozeß, GRUR 1998, 320; *Teplitzky* Zum Streitgegenstand der wettbewerbsrechtlichen Unterlassungsklage, WRP 2010, 181; *Teplitzky* Der Streitgegenstand der schutz- und lauterkeitsrechtlichen Unterlassungsklage vor und nach den „TÜV"-Entscheidungen des BGH, GRUR 2011, 1091; *Ulrich* Abänderungsklage (§ 323 ZPO) oder/und Vollstreckungsabwehrklage (§ 767 ZPO) bei „unrichtig gewordenen" Unterlassungstiteln? WRP 2000, 1054; *van Venrooy* Kauf- und werkvertragliche Drittwirkung der Ergebnisse von Patentverletzungsprozessen, Mitt 1993, 313; *von Linstow/T. Büttner* Nach Markenparfümverkäufen sind Reinigungsarbeiten erforderlich, WRP 2007, 169; *von Ungern-Sternberg* Grundfragen des Streitgegenstands bei wettbewerbsrechtlichen Unterlassungsklagen, GRUR 2009, 901, 1009.

I. Persönlich

Das Urteil entfaltet Wirkung nur zwischen den Parteien des Prozesses,[834] im Fall der Nebenintervention oder Streitverkündung auch zwischen dem Nebenintervenienten und der unterstützten Partei, nicht aber zwischen dem Nebenintervenienten und dem Gegner der unterstützten Partei und erst recht nicht im Regressprozess.[835] Die Abweisung der Verletzungsklage gegen den Hersteller steht einer Klage gegen den Abnehmer nicht entgegen.[836] Umgekehrt lässt sich eine „Drittwirkung" des zwischen Patentinhaber und Abnehmer ergangenen Urteils für den Hersteller/Lieferanten auch nicht über die Rechtsverschaffungspflicht in §§ 433, 435 BGB begründen[837] (zu den Auswirkungen auf Kaufverträge Rn 19 zu § 9). Die Verurteilung der Gesellschaft schneidet den Gesellschaftern nicht ihre Einwendungen gegen einen deliktsrechtl Unterlassungsanspruch ab.[838] **253**

Hat der Patentinhaber, nachdem er Ansprüche gegen einen Patentverletzer rechtshängig gemacht hat, einem Dritten eine ausschließliche Lizenz an dem Klagepatent eingeräumt, ist der Dritte als Teilrechtsnachfolger des Patentinhabers an der Erhebung einer eigenen Klage gehindert, solange die Klage des Patentinhabers rechtshängig ist; das rechtskräftige Urteil über die Klage des Patentinhabers wirkt **für und gegen den Lizenznehmer.**[839] **254**

II. Zeitlich

1. Allgemeines. Der Unterlassungsausspruch besteht nur für die zeitliche Geltungsdauer des Patents, ohne dass dies ausdrücklich ausgesprochen werden muss.[840] Eine Klärung zumindest in den Urteilsgrün- **255**

---

832   BGHZ 183, 153 = GRUR 2010, 318 Lichtbogenschnürung, zu § 140c; *Benkard* Rn 83.
833   *Kucsko* ÖBl 2004, 4, 11.
834   Vgl BGH GRUR 2005, 965 Vergleichsempfehlung II.
835   BGH Vergleichsempfehlung II.
836   *Benkard* § 9 Rn 28; OLG Karlsruhe GRUR 1987, 892, 895; OLG Düsseldorf GRUR 1939, 365; LG Düsseldorf 18.1.2001 5 O 443/99: auch keine Erschöpfung.
837   Teilweise aA *van Venrooy* Mitt 1993, 313.
838   BGH GRUR 2006, 493 Michel-Nummern.
839   BGH GRUR 2013, 1269 Wundverband gegen OLG Düsseldorf 26.4.2012 2 U 18/12 IPRspr 2012, Nr 258, 574.
840   Vgl BGH GRUR 1958, 179 Resin; BGHZ 107, 46, 60 = GRUR 1990, 997 Ethofumesat; BGH GRUR 2010, 996 Bordako, SortSache; RGZ 48, 384, 386 = BlPMZ 1901, 172 Flaschenverschluß; RGZ 148, 400, 403 = GRUR 1936, 167, 168 Kostenrevision; *Brunner* Der Patentverletzungsprozeß, SMI 1994, 101, 127.

den ist aber geboten, wenn sich der Ausspruch auf verschiedene Schutzrechte (nicht: Zusatzpatente) stützt.[841] Ein sich anschließendes ergänzendes Schutzzertifikat ist auch ohne ausdrückliche Nennung mitumfasst, jedoch ist ein etwa abw Schutzumfang zu beachten. Wird der Titel nachträglich unrichtig, kommt nach der Rspr des BGH Vollstreckungsgegenklage (§ 767 ZPO) in Betracht;[842] ein Teil der Lit sieht daneben die Abänderungsklage nach § 323 ZPO als eröffnet an.[843]

256   **2. Durchbrechung bei Widerruf oder Nichtigerklärung?** Wurde bereits Schadensersatz geleistet, kann dieser auch bei rechtskräftiger Verurteilung nach wohl hM auf bereicherungsrechtlicher Grundlage zurückverlangt werden.[844] Dem ist im Grundsatz nicht zuzustimmen (Rn 55 zu § 84). Die Praxis im Ausland lehnt dies weitgehend ab.[845] Zur Möglichkeit, Restitutionsklage zu erheben, Rn 376 ff vor § 143; Rn 57 zu § 84.

III. Räumlich

257   Infolge des Territorialitätsprinzips bezieht sich die Unterlassungsverpflichtung nur auf den räumlichen Geltungsbereich des Patents (hierzu Rn 118 ff zu § 9). Ein ausdrücklicher Ausspruch ist grds entbehrlich. Auch die Klageanträge sind regelmäßig dahin auszulegen, dass sie sich auf den jeweiligen Geltungsbereich des Klagepatents beziehen. Zu grenzüberschreitenden Unterlassungsgeboten Rn 28 ff zu § 143. Soweit in einer dt Gerichtsentscheidung eine entspr Verpflichtung ausgesprochen wird, muss dies deutlich zum Ausdruck gebracht werden.

IV. Sachlich

258   **1. Allgemeines.** Urteile sind der Rechtskraft nur insoweit fähig, als über den durch die Klage erhobenen Anspruch entschieden ist (§ 322 ZPO). Anspruch in diesem Sinn ist des Klagebegehren des Klägers und der zur Begründung herangezogene Lebenssachverhalt.[846] Unklarheiten hinsichtlich des Umfangs der Rechtskraft können durch Auslegung anhand des Tatbestands und der Entscheidungsgründe beseitigt werden.[847] Dies scheidet allerdings bei Versäumnisurteilen regelmäßig aus; hier ist auf den Klagevortrag abzustellen.[848]

259   **2. Unterlassungsurteil.** Hier kann – jedenfalls, wenn Erstbegehungsgefahr geltend gemacht wird – die Besonderheit bestehen, dass ein Sachverhalt zu beurteilen sein mag, der sich möglicherweise erst in der Zukunft ereignen wird.[849] Rechtskraftwirkung tritt auch ein, soweit über die gestellten Anträge hinaus etwas zu- oder aberkannt wurde, aus der Verneinung eines Anspruchs in den Entscheidungsgründen darf jedoch nicht ohne weiteres gefolgert werden, dass er unabhängig von seiner Geltendmachung aberkannt wurde.[850] Durch ein rechtskräftiges Unterlassungsurteil steht zwischen den Parteien die Unterlassungsverpflichtung für die Zeit ab Erhebung der Unterlassungsklage fest.[851] Erfasst ist aber nur die einzelne Be-

---

841   Vgl RG GRUR 1942, 349, 352 Strumpfbehandlung.
842   Vgl BGH GRUR 1973, 429 Idee-Kaffee; BGH GRUR 1983, 179 Stapelautomat.
843   Nachw bei *Ulrich* WRP 2000, 1054.
844   Näher *Benkard* § 22 Rn 88; *Kraßer* S 893 (§ 36 VIII 5); *Wieland Horn* GRUR 1969, 169, 175; *Schulte* § 21 Rn 115; *Lindenmaier* § 47 Rn 44; *Reimer* § 13 Rn 33; RG BlPMZ 1903, 229 f Entschädigungsanspruch nach Bekanntmachung; aA *Schwerdtner* GRUR 1968, 9, 24: nur bei fehlender Arglosigkeit des Schutzrechtsinhabers; *Klauer-Möhring* § 13 Rn 33 und *von Falck* GRUR 1977, 308, 311: wegen der Wirkung der Rechtskraft.
845   CCass 17,2,2012 IIC 2012, 472 Wehrcamp-Richter v. Guitay; CA [2009] EWCA Civ. 1513 Virgin Atlantic v. Premium Aircraft.
846   Vgl BGHZ 117, 1 = NJW 1992, 1172; *Grosch* FS T. Schilling (2009), 207 f.
847   BGHZ 159, 66, 69 = GRUR 2004, 755 Taxameter; BGH GRUR 2002, 915 f Wettbewerbsverbot in Realteilungsvertrag; BGH GRUR 2006, 136 f Pressefotos; BGH 6.10.2005 I ZR 267/02.
848   Vgl hierzu den BGH GRUR 2012, 485 Rohrreinigungsdüse II zugrunde liegenden Sachverhalt.
849   Vgl BGHZ 146, 316, 323 = GRUR 2001, 768 Trainingsvertrag.
850   BGH GRUR 1999, 183, 185 Ha-Ra/HARIVA mwN: Nichtänderung eines ursprünglich auf Patentverletzung gestützten Antrags nach Rüge der Unzuständigkeit der Kammer für Handelssachen begründet nicht ohne Weiteres Rechtskraft der Klageabweisung hinsichtlich dieses Antrags auf wettbewerbsrechtl Grundlage; BGH GRUR 2002, 915 Wettbewerbsverbot in Realteilungsvertrag, auch zur Urteilsauslegung.
851   BGHZ 42, 340 = GRUR 1965, 327 Gliedermaßstäbe, für vertragliche Unterlassungsansprüche.

nutzungsform nach § 9,[852] und zwar grds nur die sich aus der Urteilsformel unter Heranziehung der Urteilsgründe zu ihrem Verständnis ergebende konkrete Verletzungsform.[853] Maßgeblich sind damit die Fallumstände, die die Verletzungsform im Hinblick auf das geltend gemachte Patent kennzeichnen.[854] Auf die sonstigen Fallumstände wird dagegen nicht abzustellen sein.[855] Zwh ist, ob Wiederholungsgefahr und Erstbegehungsgefahr unterschiedliche Streitgegenstände begründen.[856] Der Umfang der Rechtskraft ist auf den Streitgegenstand (näher hierzu Rn 91 vor § 143) beschränkt, über den (in der Sache) entschieden worden ist, und der nach Auffassung des I. Zivilsenats des BGH durch die konkreten Verletzungshandlungen begrenzt wird, aus der das Unterlassungsbegehren hergeleitet wird.[857] Bei einem einheitlichen Klagebegehren liegen danach verschiedene Streitgegenstände vor, wenn die materiellrechtl Regelung die zusammentreffenden Ansprüche durch eine Verselbstständigung der einzelnen Lebensvorgänge erkennbar unterschiedlich ausgestaltet ist.[858] Bei wettbewerblichen Unterlassungsklagen hat der I. Zivilsenat des BGH auf die konkrete Verletzungsform abgestellt, wenn mit der Klage ein entspr Unterlassungsanspruch verfolgt wird; der Streitgegenstand umfasst alle Rechtsverletzungen, die in der konkreten Verletzungsform verwirklicht sind, auch wenn sie unterschiedlichen Tatsachenvortrag erfordern.[859] Erfasst werden aber auch zukünftige Verletzungen und nicht nur die bereits erfolgten.[860] Der Verbotsausspruch soll demnach nicht als solcher, sondern nur in Bezug auf die festgestellten Verletzungshandlungen in Rechtskraft erwachsen.[861] Dies trifft so indessen nicht zu.[862] Klage auf Feststellung des Gegenstands der Verurteilung ist möglich.[863] Ein Urteil im Verfügungsverfahren wirkt für die Hauptsache nicht Rechtskraft.[864]

Als mit umfasst wird eine **Abänderung der Verletzungsform** angesehen, die deren „Kern" unberührt **260** lässt und sich innerhalb der durch Auslegung zu bestimmenden Grenzen des Urteils hält.[865] Das ist zu weit. Ein den Wortlaut des Patentanspruchs wiederholendes Urteil erfasst nicht alle denkbaren Ausführungsformen des Patentanspruchs, sondern nur solche, auf die der Kläger zur Klagebegründung abgestellt hat und über die das Gericht darauf erkannt hat, dass sie wortlautgem von der geschützten Lehre Gebrauch machen.[866] Jedoch wurde es in der Instanzrspr als ausreichend angesehen, dass auch eine weitere – nicht aus-

---

852 Vgl *Benkard* § 9 Rn 28; zur mittelbaren Patentverletzung BGH GRUR 2005, 407 T-Geschiebe.

853 BGHZ 166, 253 = GRUR 2006, 421 Markenparfümverkäufe; vgl RGZ 147, 27, 31 = GRUR 1935, 431 Selbstanschluß; RG GRUR 1935, 428 farbige Papierbahnen IV; RGZ 156, 321, 327 = GRUR 1938, 36 Braupfannenkocher; OLG Düsseldorf 21.9.2005 2 W 8/05; vgl zur Heranziehung der Urteilsgründe BGH GRUR 1992, 561 unbestimmter Unterlassungsantrag II; BGHZ 118, 53 = GRUR 1992, 525 Professorenbezeichnung in der Arztwerbung II; BGH GRUR 1994, 191, 201 Asterix-Persiflagen; BGH GRUR 1994, 304 Zigarettenwerbung in Jugendzeitschriften; BGH GRUR 1994, 441, 443 Kosmetikstudio; BGH GRUR 1996, 905 f GmbH-Werbung für ambulante ärztliche Leistungen, UWGSachen; zum Umfang der Rechtskraft bei einheitlichem Unterlassungsantrag KG GRUR 1999, 370.

854 Vgl *Grosch* FS T. Schilling (2007), 207, 226.

855 Vgl *Teplitzky* WRP 2010, 181, 184; *Büscher/Dittmer/Schiwy* § 14 MarkenG Rn 709; differenzierend *von Ungern-Sternberg* GRUR 2009, 1009, 1013.

856 So BGH GRUR 2006, 429 Schlank-Kapseln, kr *Ahrens* JZ 2006, 1184.

857 BGH Markenparfümverkäufe; vgl BGH GRUR 2011, 742 Leistungspakete im Preisvergleich.

858 BGH GRUR 2013, 397 Peek & Cloppenburg III mwN.

859 BGHZ 194, 314 = GRUR 2013, Biomineralwasser unter Aufgabe von BGH GRUR 2001, 181 dentalästhetika I und BGH GRUR 2007, 161 dentalästhetika II.

860 Vgl *Grosch* FS T. Schilling (2009), 207, 217 f.

861 BGH Markenparfümverkäufe.

862 Vgl BGH GRUR 2012, 485 Rohrreinigungsdüse II.

863 RGZ 147, 27, 29 = GRUR 1935, 431 Selbstanschluß; RG farbige Papierbahnen IV; OLG Düsseldorf GRUR 1967, 135.

864 Vgl hierzu Tribunale Mailand ENPR 2002, 38.

865 BGHZ 5, 189, 193 = GRUR 1952, 577, 580 Zwilling; RGZ 147, 27, 31 = GRUR 1935, 431 Selbstanschluß; RG GRUR 1935, 428 f farbige Papierbahnen IV; OLG Düsseldorf GRUR 1967, 135; OLG Frankfurt GRUR 1979, 75; OLG Karlsruhe GRUR 1984, 197; OLG München GRUR 1959, 597; OLG Düsseldorf 21.9.2005 2 W 8/05; vgl BGH GRUR 1989, 445 f Professorenbezeichnung in der Arztwerbung; BGH GRUR 1991, 772, 774 Anzeigenrubrik I; BGH GRUR 1993, 579, 581 Römer GmbH; BGH GRUR 1996, 290 f Wegfall der Wiederholungsgefahr I; BGH GRUR 2000, 337 f Preisknaller; BGH GRUR 2000, 907 Filialleiterfehler; BGHZ 154, 342, 348 f = GRUR 2003, 716 Reinigungsarbeiten; BGHZ 166, 253 = GRUR 2006, 421 Markenparfümverkäufe: Gleichartigkeit im Kern; BGH GRUR 2007, 172 Lesezirkel II; BGH GRUR 2011, 433 Verbotsantrag bei Telefonwerbung; BGH GRUR 2012, 485 Rohrreinigüngsdüse II; OLG München OLG-Rp 1995, 175; *Teplitzky* Wettbewerbsrechtliche Ansprüche und Verfahren Kap 46 Rn 2a f; zu den Ausgestaltungen der „Kerntheorie" *Borck* GRUR 1996, 522, 525 f.

866 LG Düsseldorf 7.8.1997 4 O 112/96 Entsch 1997, 85, 86.

drücklich in das Erkenntnisverfahren einbezogene – Ausführungsform unter den Verbotstenor fällt.[867] Der Auffassung des BGH entspricht dies nicht.[868] Für Äquivalenzüberlegungen ist kein Raum;[869] eine auf identische Verletzung abstellende Verurteilung erfasst äquivalente Verletzungsformen grds nicht.[870]

261   Die **Klageabweisung** wegen fehlender Erstbegehungs- oder Wiederholungsgefahr steht der Geltendmachung eines auf eine konkrete spätere Verletzung gestützten Unterlassungsanspruchs nicht entgegen.[871] Das gilt auch für die Klageabweisung wegen fehlenden Verletzungsnachweises.[872]

262   Die Rechtskraftwirkung des Unterlassungsurteils erfasst nach der Rspr des RG **andere Ansprüche** grds nicht.[873] Allerdings hat der BGH die Rechtskraftwirkung bei einem Urteil wegen vertraglicher Unterlassungsansprüche für einen späteren Prozess, in dem der Kläger Schadensersatzansprüche wegen der vom Beklagten seit Erhebung der Unterlassungsklage gegen die Unterlassungsverpflichtung begangenen Zuwiderhandlungen geltend macht, anerkannt, die Frage für außervertragliche Ansprüche aber offengelassen.[874] Für diese muss freilich dasselbe gelten.[875]

263   **3. Schadensersatz- und Feststellungsklagen.** Die rechtskräftige Abweisung der Schadensersatzklage steht der Geltendmachung des Unterlassungsanspruchs nicht entgegen; das gleiche gilt auch umgekehrt.[876] Die Zuerkennung von Schadensersatzansprüchen schließt Bereicherungsansprüche grds aus, anders als die Abweisung der Schadensersatzklage, weil der Bereicherungsanspruch an weniger strenge Voraussetzungen geknüpft ist (vgl zum Verhältnis vertraglicher zu Bereicherungsansprüchen Rn 98 zu § 15). Die Rechtskraft eines vertragliche Zahlungsansprüche abweisenden Urteils erfasst konkurrierende Ansprüche aus ungerechtfertigter Bereicherung selbst dann, wenn das Gericht diese übersehen hat; anders dann, wenn das Gericht den Anspruch bewusst und unmissverständlich nicht beschieden hat.[877] Die Rechtskraft der Abweisung der Zahlungsklage aus § 139 erfasst nicht auch Ansprüche aus § 826 BGB. Zur Wirkung der Abweisung der Feststellungsklage wegen fehlenden Feststellungsinteresses Rn 60 vor § 143.

264   Die **Feststellung der Schadensersatz- oder Ausgleichspflicht** ist für den Höheprozess bindend, und zwar auch hinsichtlich der maßgeblichen Verletzungshandlung.[878] Einwendungen zur Forderungshöhe bleiben möglich; hierzu gehört auch die Mitbenutzung eigener Schutzrechte oder solcher Dritter.[879] Ob das Feststellungsurteil auch für den Unterlassungsanspruch präjudiziell wirkt, ist zw.[880]

265   Die Feststellung der Schadensersatzpflicht des Herstellers steht der Geltendmachung des **Unterlassungsanspruchs gegen den Abnehmer** jedenfalls solange nicht entgegen, als noch keine volle Ersatzleistung auch hinsichtlich des Schadens infolge des Gebrauchs durch den Abnehmer erfolgt ist.[881] Ob danach die Klage unbegründet wird,[882] erscheint zwh, weil die Schadensersatzleistung nach § 139 die Be-

---

867   LG Düsseldorf 23.3.2005 4b O 269/02 (ZV) und nachfolgend OLG Düsseldorf 21.9.2005 2 W 8/05.

868   BGH Rohrreinigungsdüse II.

869   Für das schweiz Recht *Brunner* Der Patentverletzungsprozeß, SMI 1994, 101, 128.

870   OLG Frankfurt GRUR 1978, 532 f; vgl OLG Frankfurt NJW 1995, 892; zur Problematik *Scharen* FS W. Tilmann (2003), 599, 605.

871   BGH GRUR 1963, 378, 381 Deutsche Zeitung; BGH GRUR 1990, 687 Anzeigenpreis II.

872   *Teplitzky* Wettbewerbsrechtliche Ansprüche und Verfahren Kap 46 Rn 2c.

873   Vgl RGZ 49, 33, 36 = BlPMZ 1901, 259 Zigarettenhülsen; RG GRUR 1938, 778, 781 Kühlerlamelle; RGZ 160, 163, 165 = GRUR 1940, 165 Hag/Idee; RG GRUR 1940, 196 Kurbelapparate; für Frankreich CCass 12.6. 2007 Scherer v. Newmat IIC 2008, 354.

874   BGHZ 42, 340 = GRUR 1965, 327 Gliedermaßstäbe; ebenso BGH GRUR 1984, 820 f Intermarkt; vgl hierzu *Teplitzky* GRUR 1998, 320, 323 f mwN zum Streitstand in Fn 52.

875   *Benkard*[9] Rn 148; vgl auch *Lindenmaier* § 47 Rn 64; aA jetzt *Benkard*[11] Rn 148.

876   BGH GRUR 2002, 1046 f Faxkarte, str.

877   BGH GRUR 2002, 787 f Abstreiferleiste.

878   BGHZ 82, 299, 304 = GRUR 1982, 301 Kunststoffhohlprofil II; BGH GRUR 1992, 432 Steuereinrichtung I; BGH GRUR 1992, 599 Teleskopzylinder; BGH GRUR 1995, 578, 581 Steuereinrichtung II; BGH GRUR 2006, 136 Pressefotos; BGH 6.10.2005 I ZR 267/02; OLG Hamburg GRUR-RR 2004, 139, Markensache.

879   BGH Steuereinrichtung II.

880   Vgl *Benkard* Rn 148.

881   OLG Düsseldorf GRUR 1939, 365, 367.

882   So OLG Düsseldorf GRUR 1939, 365, 367; OLG Düsseldorf Mitt 1998, 358, 362; LG München I Mitt 1998, 262 und diesen folgend *Benkard*[10] Rn 20 unter Hinweis auf systemwidrige Überkompensation, nicht mehr in *Benkard*[11]; vgl *Kraßer* S 796 (§ 33 V b2) mwN; RB Den Haag BIE 2001, 89, wo Erschöpfung angenommen wird.

---

nutzung des Patents nicht rechtmäßig werden lässt.[883] Das rechtskräftige Feststellungsurteil, in dem die Schadensersatzpflicht des Schädigers zum Ersatz allen durch das schädigende Ereignis verursachten Schadens festgestellt worden ist, führt dazu, dass Einwendungen, die das Bestehen des festgestellten Anspruchs betreffen und sich auf Tatsachen stützen, die schon zum Zeitpunkt der letzten mündlichen Verhandlung vorgelegen haben, nicht mehr berücksichtigt werden dürfen; das schließt insb die Geltendmachung eines Mitverschuldens im Verfahren über die Schadenshöhe aus.[884]

4. Hinsichtlich der **Verletzungsform** wird die Urteilsformel als maßgeblich angesehen (Rn 77 ff vor § 143); die Rspr des RG war großzügiger.[885]   **266**

5. Zur Rechtskraftwirkung beim **Auskunfts- und Rechnungslegungsanspruch** Rn 96 f zu § 140b.   **267**

J. Außergerichtliche Geltendmachung von Ansprüchen wegen Patentverletzung, insbesondere Verwarnung

Schrifttum: *Ahrens* Die Abschlußerklärung, WRP 1997, 907; *Bastian/Knaack* Der Markenverletzungsprozeß in Ländern der Europäischen Gemeinschaft, GRUR Int 1993, 515; *Bauer* Schadensersatz bei unberechtigter Schutzrechtsverwarnung, MA 1966, 119; *Beil* Die Verwarnung wegen Schutzrechtsverletzung, CIT 1961, 63; *Beyerlein* Zu Schadensersatzansprüchen des Herstellers bei der unberechtigten Abnehmerverwarnung, EWiR 2006, 409; *Blaurock* Die Schutzrechtsverwarnung, Diss Freiburg 1970; *Borck* Andere Ansichten in Kostenfragen, WRP 2001, 20; *Brandi-Dohrn* Die Abnehmerverwarnung in Rechtsprechung und Praxis, GRUR 1981, 679; *Brack* Patent Infringement Warnings in a Common Law versus a Civil Law Jurisdiction – An Actionable Threat? Diplomarbeit ETH Zürich 2004, zugl IIC 37 (2006), 1; *Busch* Zurückweisung einer Abmahnung bei Nichtvorlage der Originalvollmacht nach § 174 Satz 1 BGB? GRUR 2006, 477; *Chudziak* Die Erstattung der Rechtsanwaltskosten des unbegründet Abgemahnten, GRUR 2012, 133; *Deutsch* Gedanken zur unberechtigten Schutzrechtsverwarnung, WRP 1999, 25; *Deutsch* Der BGH-Beschluss zur unberechtigten Schutzrechtsverwarnung und seine Folgen für die Praxis, GRUR 2006, 374; *Dierk* Der Testkauf im gewerblichen Rechtsschutz, 1989; *Dietze* Das Warnungsschreiben, Mitt 1960, 101; *Dohi* Rechtsvergleichende Überlegungen zur unberechtigten Abnehmerverwarnung, GRUR Int 1985, 641; *Dyckerhoff* Ist die unberechtigte Aufforderung zur Unterlassung einer Warenzeichen- oder Patentverletzung ein schadenersatzpflichtiger Eingriff in den Gewerbebetrieb? WuW 1957, 626; *Eichmann* Die Rechtsnatur der Abmahnung und der Verwarnung, FS H. Helm (2002), 287; *Einsiedler* Geschäftsführung ohne Auftrag bildet keine Grundlage für die Erstattung der Kosten wettbewerbsrechtlicher Abmahnschreiben und Abschlussschreiben, WRP 2003, 354; *Ernst* Abmahnungen auf Grund von Normen außerhalb des UWG, WRP 2004, 1133; *Eyck* Warnungen vor Patentverletzung als unlauterer Wettbewerb, MuW 10, 139; *Fischer* Abnehmer-Verwarnungen aus Patenten und Gebrauchsmustern, DB 1976, 85 und 133; *Gottschalk* Wie kann eine Unterlassungsvereinbarung erlöschen? GRUR 2004, 827; *Gruber* Unterwerfungsvertrag und Mehrfachverfolgungen im Wettbewerbsrecht, Diss Tübingen 1990; *Gruber* Grundsatz des Wegfalls der Wiederholungsgefahr durch Unterwerfung, WRP 1992, 71; *Haedicke* Zur Frage der Haftung wegen Eingriffs in das Recht am eingerichteten und ausgeübten Gewerbebetriebs im Fall einer unberechtigten Verwarnung aus Immaterialgüterrechten, JZ 2006, 578; *Heath* Wrongful Patent Inforcement – Threats and Post-Infringement Invalidity in Comparative Perspective, IIC 2008, 307; *Heckelmann/Wettich* Zur Frage der Angemessenheit von Vertragsstrafen oder: Nachdenken ist angesagt, WRP 2003, 184; *Heidenreich* Zum Kostenerstattungsanspruch für eine wettbewerbsrechtliche Gegenabmahnung, WRP 2004, 660; *Hesse* Die Verwarnung der Abnehmer wegen Patent- oder Gebrauchsmusterverletzung, GRUR 1967, 557; *Hesse* Ist § 14 UWG auf die Abnehmerverwarnung aus Patenten und Gebrauchsmustern anwendbar? GRUR 1979, 438; *Hopt* Schadensersatz aus unberechtigter Verfahrenseinleitung, 1968; *Horn* Die unberechtigte Verwarnung aus gewerblichen Schutzrechten, 1972; *Horn* Die Haftung des Schutzrechtsinhabers für ungerechtfertigte Verwarnungen seines Anwalts, GRUR 1969, 259; *Horn* Die höchstrichterliche Rechtsprechung zur unberechtigten Verwarnung, GRUR 1971, 442; *Horn* Das Urteil des Bundesgerichtshofs im Fall „maschenfester Strumpf", GRUR 1974, 235; *Hüsemeyer* Schadenshaftung im Zivilrechtsstreit, 1979, insbes S 34 ff; *H. Isay* Warnungen vor Patentverletzung im Lichte des Gesetzes gegen den unlauteren Wettbewerb, MuW 9, 365; *John* Die unberechtigte Schutzrechtsverwarnung im deutschen und österreichischen Recht, GRUR Int 1979, 236; *Kaiser* Die Vertragsstrafe im Wettbewerbsrecht, Diss Augsburg 1997; *Kettner* Die Verwarnung wegen Gebrauchsmusterverletzung, GRUR 1939, 878; *Köhler* Der wettbewerbliche Unterlassungsvertrag: Rechtsnatur und Grenzen der Wirksamkeit, FS O.-F. von Gamm (1990), 57; *Köhler* „Natürliche Handlungseinheit" und „Fortsetzungszusammenhang" bei Verstößen gegen Unterlassungstitel und strafbewehrte Unterlassungserklärungen, WRP 1993, 666; *Köhler* Vertragsstrafe und Schadensersatz, GRUR 1994, 260; *Köhler* „Abmahnverhältnis" und „Unterwerfungsverhältnis", FS H. Piper (1996), 309; *Köhler* Zur Erstattungsfähigkeit von

---

883   Vgl *Götz* GRUR 2001, 295, 297; *Allekotte* Mitt 2004, 1, 5 ff; BGH GRUR 1993, 899 Dia-Duplikate; BGHZ 148, 221 = GRUR 2002, 248, 252 Spiegel-CD-ROM; BGHZ 150, 32 = GRUR 2002, 532 Unikatrahmen.
884   Vgl BGH NJW 1989, 105; BGH NJW 1997, 3176; BGH NJW 2003, 2986, BGH 20.5.2008 X ZR 6/06 (Nr 15).
885   RGZ 121, 287, 290 = GRUR 1928, 652 Textdruck.

Abmahnkosten, FS W. Erdmann (2002), 845; *Kunath* Kostenerstattung bei ungerechtfertigter Verwarnung: neuer Lösungsansatz, WRP 2000, 1074; *Kunath* Zur Nachfragepflicht des Abmahnenden, WRP 2001, 238; *Th. Kühnen* Handbuch der Patentverletzung[7], 2014, bis 4. Aufl *Kühnen/Geschke* Die Durchsetzung von Patenten in der Praxis; *Th. Kühnen* Die Ansprüche des Patentinhabers wegen Schutzrechtsverletzung nach Vergabe einer ausschließlichen Lizenz, FS T. Schilling (2007), 311; *Kunze* Zum Rechtsschutz gegen unberechtigte Schutzrechtsverwarnungen, WRP 1965, 7; *Labesius* Zur Auslegung von Unterwerfungserklärungen als Anerkenntnis, CR 2013, 312; *Lindacher* Die Haftung wegen unberechtigter Schutzrechtsverwarnung oder Schutzrechtsklage, ZHR 144 (1980), 350; *Lindacher* Zur unberechtigten Schutzrechtsverwarnung, EWiR 2004, 1123; *Löwisch/Meier-Rudolph* Das Recht am eingerichteten und ausgeübten Gewerbebetrieb in der Rechtsprechung des BGH und des BAG, JuS 1982, 237; *Lührig/Lux* Die Behandlung von Mehrfachverstößen gegen strafbewehrte Unterlassungserklärungen, FS H. Helm (2002), 321; *Lux* Die inkongruente Unterwerfung, Diss Heidelberg 2001; *Meier-Beck* Die Verwarnung aus Schutzrechten – mehr als eine Meinungsäußerung! GRUR 2005, 535; *Meier-Beck* Die unberechtigte Schutzrechtsverwarnung als Eingriff in das Recht am Gewerbebetrieb, WRP 2006, 790, auch in Jur. Studiengesellschaft Karlsruhe, Jahresband 2006, 65; *Melullis* Zum Unkostenerstattungsanspruch bei der Verwarnung durch Verbände im gewerblichen Rechtsschutz, WRP 1982, 1; *Melullis* Handbuch des Wettbewerbsprozesses[3], 2000; *Moser von Filseck* (Anm), GRUR 1963, 260; *Nieder* Außergerichtliche Konfliktlösung im gewerblichen Rechtsschutz, 1998; *Nieder* Aufbrauchsfrist via Unterwerfungserklärung? WRP 1999, 583; *Nieder* Die vertragsstrafebewehrte Unterwerfung im Prozeßvergleich, WRP 2001, 117; *Nill* Sachliche Zuständigkeit bei Geltendmachung der Kosten von Abschlussschreiben, GRUR 2005, 740; *Nosch* Die Abmahnung im Zivilrecht, Diss München (LMU) 2012; *Ohl* Der Rechtsschutz gegenüber unberechtigter Geltendmachung gewerblicher Schutzrechte, GRUR 1966, 172; *Pauly* Die wettbewerbsrechtliche Abmahnung in der Praxis, DB 2002, 1428; *Peukert* Änderung der Rechtsprechung zur unbegründeten Schutzrechtsverwarnung? Mitt 2005, 73; *Pfister* Erfordernis des Vollmachtsnachweises bei Abmahnschreiben, WRP 2002, 799; *Pokrant* Zur vorprozesualen Erfüllung wettbewerbsrechtlicher Unterlassungsansprüche, FS W. Erdmann (2002), 863; *Quiring* Zur Haftung wegen unbegründeter Verwarnungen, WRP 1983, 317; *Rappert* Die vorprozesuale Antwortpflicht des Nichtstörers im wettbewerbsrechtlichen Abmahnverfahren, Diss Bonn 1998; *E. Reimer* Erstattungsfähigkeit der mit einer Verwarnung verbundenen Kosten, Mitt 1960, 107; *E. Reimer* Unterlassungsklagen des verwarnten Verletzers und des Schutzrechtsinhabers, die den gleichen Sachverhalt zum Gegenstand haben, Mitt 1960, 185; *Reuthal* Die unberechtigte wettbewerbsrechtliche Abmahnung unter besonderer Berücksichtigung der unberechtigten Schutzrechtsverwarnung, 1985; *Roberts* Threats: The Next Generation, EIPR 2005, 334; *D. Rogge* Zur rechtlichen Bewertung der unberechtigten Verwarnung, WRP 1965, 40; *Sack* Die Haftung für unbegründete Schutzrechtsverwarnungen, WRP 1976, 733; *Sack* Die Haftung für unbegründete Schutzrechtsverwarnungen, WRP 2005, 253; *Sack* Die lückenfüllende Funktion der Generalklausel des § 3 UWG, WRP 2005, 531; *Sack* Unbegründete Schutzrechtsverwarnungen, 2006; *Sack* Notwendige Differenzierungen bei unbegründeten Abnehmerverwarnungen, WRP 2007, 708; *Sack* Unbegründete Schutzrechtsverwarnungen: lückenloser Unternehmensschutz durch das UWG seit 2004, NJW 2009, 1642; *Salomon/Minogue* You and whose Army? Problems with Threats Provisions and the Patents Act 2004, EIPR 2005, 294; *M. Schmid* Geschäftsführung ohne Auftrag als Anspruchsgrundlage für Kostenerstattung von wettbewerbsrechtlichen Abmahnungen? GRUR 1999, 312; *Sessinghaus* Abschied von der unberechtigten Schutzrechtsverwarnung: Auf Wiedersehen im UWG? WRP 2005, 823; *Sosnitza* Vom Fortsetzungszusammenhang zur natürlichen und rechtlichen Handlungseinheit – Vertragsstrafe und Ordnungsgeld, FS F. Lindacher (2007), 161; *Steinbeck* Die strafbewehrte Unterlassungserklärung – ein zweischneidiges Schwert! GRUR 1994, 90; *Steinmetz* Der „kleine" Wettbewerbsprozeß. Der Anspruch auf Kostenerstattung bei außergerichtlicher Erledigung wettbewerbsrechtlicher Unterlassungsstreitigkeiten, 1993; *Teplitzky* Unterwerfung und „konkrete Verletzungsform", WRP 1990, 26; *Teplitzky* Die (Unterwerfungs-)Vertragsstrafe in der neueren BGH-Rechtsprechung, WRP 1994, 709; *Teplitzky* Zur Frage der überregionalen Drittwirkung einer Unterwerfungserklärung auf Abmahnung eines nur regional tätigen Gläubigers, WRP 1995, 359; *Teplitzky* Unterwerfung oder Unterlassungsurteil? WRP 1996, 171; *Teplitzky* Die wettbewerbsrechtliche Unterwerfung heute, GRUR 1996, 696; *Teplitzky* Zur Frage der Rechtmäßigkeit unbegründeter Schutzrechtsverwarnungen, GRUR 2005, 9; *Teplitzky* Aktuelle Probleme der Abmahnung und Unterwerfung sowie des Verfahrens der einstweiligen Verfügung im Wettbewerbs- und Markenrecht, WRP 2005, 654; *Teplitzky* Die prozessualen Folgen der Entscheidung des Großen Senats für Zivilsachen zur unberechtigten Schutzrechtsverwarnung, WRP 2005, 1433; *Ullmann* Die Verwarnung aus Schutzrechten – mehr als eine Meinungsäußerung? WRP 2001, 1027; *Ullmann* Die Berühmung mit einem Patent, FS T. Schilling (2007), 385; *Ullmann* Eine unberechtigte Abmahnung – Entgegnung, WRP 2006, 1070; *Ulrich* Der Zugang der Abmahnung, WRP 1998, 124; *Ungewitter* Zur Verjährung des Aufwendungsersatzanspruchs bei Abmahnungen, GRUR 2012, 697; *vom Stein* Der Bereicherungsanspruch wegen einer Betriebseinstellung auf Grund einer objektiv unbegründeten Patentverwarnung, GRUR 1956, 248; *von Falck/Ohl* Zur Reform der Bestimmungen über Schutzbereich und Verletzung des Patents, GRUR 1971, 541, 549; *von Metzen* Verwarnung mit Schutzrechten, FS W. vom Stein (1961), 80; *Vorwerk* Unberechtigte Schutzrechtsverwarnung auf dem Prüfstand, ZIP 2005, 1157; *Wagner* Abschied von der unberechtigten Schutzrechtsverwarnung? ZIP 2005, 49; *Wagner/Thole* Kein Abschied von der unberechtigten Schutzrechtsverwarnung, NJW 2005, 3470; *Wehlau/Kalbfus* Die Schutzschrift[2], 2015; *Wilke/Jungblut* Abmahnung, Schutzschrift und Unterlassungserklärung im gewerblichen Rechtsschutz[2], 1995; *Willi* Die Schutzrechtsverwarnung als immaterialgüterrechtliches Rechtsinstitut, AjP 1999, 1377; *Willoughby* Wihout Prejudice Decisions, Patent Threats and the Right to Intervene in Oppositions Proceedings, EIPR 2000, 373; *Winkler* Probleme der Schutzrechtsverwarnung, GRUR 1980, 526; *Wobsa* Schadensersatzpflicht des Gebrauchsmusterinhabers, GRUR 1939, 762; *Zeller* Die Folgen einer Warnung vor Verletzungen und die Auskunftspflicht bei einer Schutzrechtsverletzung, GRUR 1938, 819; *Zeller* Der Bereicherungsanspruch aus unbegründeter Patentverwarnung, Mitt 1957, 24; *Zimmermann* Die unberechtigte Schutzrechtsverwarnung, 2008.

I. Allgemeines

1. Der Verletzte ist nicht auf die gerichtliche Durchsetzung seiner Ansprüche beschränkt; er kann **268** auch außergerichtlich vorgehen, von Bedeutung sind in der Praxis **Testkauf** (Rn 271), **Berechtigungsanfrage**[886] und Verwarnung.

Die **Verwarnung** (im Wettbewerbsrecht meist als Abmahnung bezeichnet)[887] als auf Richterrecht be- **269** ruhendes Institut[888] ist ein an eine bestimmte Person (Hersteller, Importeur, Abnehmer) gerichtetes ernsthaftes und endgültiges Unterlassungsbegehren.[889] Sie enthält zum einen den Hinweis auf das Schutzrecht und zum anderen das Unterlassungsbegehren. Letzteres muss nicht ausdrücklich geäußert sein, es kann sich auch aus den Begleitumständen ergeben.[890] Eine Schutzrechtsverwarnung setzt das Verlangen, eine strafbewehrte Unterlassungserklärung abzugeben, jedenfalls dann nicht voraus, wenn dem Verwarnten nicht vorgeworfen wird, das Schutzrecht bereits verletzt zu haben; es reicht aus, dass der Schutzrechtsinhaber bestimmte Handlungen als Schutzrechtsverletzung bezeichnet und ankündigt, im Fall ihrer Begehung durch den Verwarnten gerichtlichen Rechtsschutz in Anspruch zu nehmen.[891] Bei Geltendmachung des Übertragungsanspruchs nach § 8 kann eine vorgerichtliche Abmahnung auch unter Kostengesichtspunkten entbehrlich sein.[892]

Noch keine Verwarnung stellt idR der bloße **Hinweis auf das Schutzrecht** (Berechtigungsanfrage) **270** dar;[893] das gilt auch, wenn er mit einer nachdrücklichen Aufforderung zur Stellungnahme verbunden ist.[894] Die Berechtigungsanfrage rechtfertigt jedenfalls dann keine negative Feststellungsklage, wenn der Anfragende etwaige Unklarheiten dahin klarstellt, einen Verletzungsvorwurf nicht erhoben zu haben.[895] Die Äußerung einer gegenteiligen Rechtsauffassung nimmt dem Gegner noch nicht die Möglichkeit, im Prozess den Anspruch anzuerkennen, ohne dass ihm Kosten zur Last fallen.[896] Ob eine Aufforderung zur Stellungnahme als Verwarnung zu qualifizieren ist, hängt vom Einzelfall ab.[897]

Testkäufe[898] können insb dann unzulässig sein, wenn verwerfliche Mittel eingesetzt werden, um ei- **271** nen Verdächtigen der Schutzrechtsverletzung zu überführen.[899] Bei Vorliegen besonderer Umstände sind sie als sittenwidrig anzusehen, insb wenn mit ihnen lediglich die Absicht verfolgt wird, den Mitbewerber „hereinzulegen", oder wenn verwerfliche Mittel angewandt werden, um ein unzulässiges Geschäft herbeizuführen. Hierunter fallen insb die in den Bereich der Strafbarkeit reichenden oder anderweit verwerflichen Mittel, ua auch die Anwendung besonderer Verführungskunst. Verwerfliche Mittel sind auch sonsti-

886 *Kühnen* Hdb[8] Rn C151 ff.
887 Zur Frage der Kongruenz der Bezeichnungen *Teplitzky* Wettbewerbsrechtliche Ansprüche und Verfahren Kap 41 Rn 1; zur Begriffsbildung *Eichmann* FS H. Helm (2002), 286, 290.
888 *Kühnen* Hdb[8] Rn C 6.
889 BGHZ 38, 200, 203 = GRUR 1963, 255 Kindernähmaschinen; BGH GRUR 1979, 332 ff Brombeerleuchte; BGH GRUR 1995, 424 f Abnehmerverwarnung; BGH GRUR 1997, 896 f Mecki-Igel III; OLG Karlsruhe GRUR 1980, 314; OLG Karlsruhe GRUR 1984, 143 f; OLG Düsseldorf GRUR 1973, 102; BPatGE 20, 186, 189 = Mitt 1978, 173; BPatGE 21, 17 = Mitt 1978, 175; öOGH ÖBl 2000, 35, 37 = GRUR Int 2000, 558 Spritzgußwerkzeuge; *Benkard* vor § 9 Rn 14; *Mes* Rn 224; vgl *Köhler/Bornkamm* UWG § 12 Rn 1.3.
890 BGH Brombeerleuchte; LG Mannheim GRUR 1980, 935; vgl OLG Düsseldorf InstGE 9, 122 f.
891 BGH GRUR 2011, 995 besonderer Mechanismus.
892 LG Düsseldorf InstGE 3, 224.
893 *Benkard* vor § 9 Rn 14; *Mes* Rn 263; *Bühring* GebrMG § 24 Rn 84; *Wagner* ZIP 2005, 49, 55 f; vgl LG Frankfurt/M GRUR-RR 2007, 377; LG München I InstGE 6, 117; OLG Düsseldorf 29.3.2012 2 U 1/12; vgl die 2005 modifizierte Regelung in Sec 70 Abs 5 Patents Act (nunmehr „assertion" statt „mere notification"); aA LG Düsseldorf GRUR 1968, 156; *Ohl* GRUR 1966, 172.
894 BGH GRUR 1997, 896 f Mecki-Igel III, dort selbst für den Fall vorausgegangenen Hinweises an den Lizenznehmer; BGH GRUR 2011, 995 besonderer Mechanismus.
895 OLG München Mitt 1998, 117.
896 OLG Hamburg GRUR 2006, 616, Markensache.
897 Verneinend BPatGE 20, 186 = Mitt 1978, 173; vgl auch RB Den Haag BIE 2000, 371.
898 Zur Zulässigkeit BGHZ 43, 359, 367 = GRUR 1965, 612 Warnschild; BGH GRUR 1966, 564 f Hausverbot I; BGH GRUR 1979, 859 f Hausverbot II; BGH GRUR 1981, 827 f vertragswidriger Testkauf; BGHZ 117, 264, 269 f = GRUR 1992, 612 Nicola, SortSache; BGH GRUR 1999, 1017, 1019 Kontrollnummernbeseitigung I; BGH GRUR 2004, 420 Kontrollbesuch; OLG Saarbrücken GRUR 2001, 175; zur Anwendbarkeit der zum UWG entwickelten Grundsätze im Patentrecht OLG Düsseldorf 28.1.2010 2 U 131/08 GRUR-RR 2010, 368 Ls.
899 BGH Nicola; OLG Düsseldorf 28.1.2010 2 U 131/08 IPRspr 2010 Nr 211, 535; LG Düsseldorf InstGE 10, 193; *Mes* Rn 220.

ge von der Rechtsordnung verbotene Handlungen, weil grds nicht Rechtsverletzungen hingenommen werden können, damit konkurrierende Unternehmen ihre wettbewerblichen Interessen besser verfolgen können.[900] Der bloße Aufkauf rechtswidrig in Verkehr gebrachter Ware reicht nicht zur Annahme eines unzulässigen Testkaufs aus;[901] auch das Verhalten wie ein Durchschnittskäufer begründet keine Unzulässigkeit.[902] Zur Erschöpfung Rn 149 ff zu § 9.

272   **2. Verwarnung, Rechtsgrundlage.** Eine Regelung der Verwarnung findet sich im PatG oder im GebrMG nicht, allerdings knüpft § 59 Abs 2 Satz 2 an die Tatsache der Verwarnung die Möglichkeit, dem Einspruchsverfahren beizutreten. Seit 1.9.2008 ist die Abmahnung in § 97a UrhG ausdrücklich geregelt[902a] (vgl auch § 12 Abs 1 UWG); nach der mWv 9.10.2013 in Kraft getretenen Novellierung wird der Ersatz erforderlicher Aufwendungen für die Inanspruchnahme anwaltlicher Dienstleistungen hinsichtlich der gesetzlichen Gebühren auf Gebühren nach einem Gegenstandswert für den Unterlassungs- und Beseitigungsanspruch von 1.000 EUR begrenzt, wenn der Abgemahnte eine natürliche Person ist, die die Schutzgegenstände nicht für ihre gewerbliche oder selbstständige berufliche Tätigkeit verwendet, und nicht bereits wegen eines Anspruchs des Abmahnenden durch Vertrag, aufgrund einer rechtskräftigen gerichtlichen Entscheidung oder einer einstweiligen Verfügung zur Unterlassung verpflichtet ist. Der BGH hat die Zulässigkeit der Verwarnung wegen Schutzrechtsverletzung aus der allg Handlungsfreiheit hergeleitet.[903] Es ist durchwegs als das gute Recht des Schutzrechtsinhabers bezeichnet worden, vor der Begehung von Verletzungen zu warnen.[904] Auch in Fällen bloßer Erstbegehungsgefahr kann eine Abmahnung interessengerecht sein.[905] Aus dem PatG und dem GebrMG lässt sich die Verwarnung als Minus und Vorstufe zur Geltendmachung des Unterlassungsanspruchs rechtfertigen.[906] Die Verwarnung ist regelmäßig Werturteil und keine Tatsachenbehauptung.[907] Zum anwendbaren Recht bei Auslandsbezug Rn 9.

273   **3. Verwarnung vor Patenterteilung.** Ein Hinweis auf die Schutzrechtslage kommt auch neben der Geltendmachung des Entschädigungsanspruchs aus § 33 in Betracht. Liegen die Voraussetzungen des § 33 vor, ist es dem Anmelder nicht verwehrt, den, der mutmaßlich den Gegenstand der Anmeldung benutzt, in sachlicher Form auf die Anmeldung hinzuweisen, da die Entstehung des Anspruchs davon abhängt, ob der Benutzer wusste oder wissen musste, dass die von ihm benutzte Erfindung Gegenstand der Anmeldung war.[908] Ein solcher Hinweis ist nicht als Verwarnung zu qualifizieren, weil ein Unterlassungsanspruch für die Zeit vor Patenterteilung ausgeschlossen ist, und kann deshalb insb nicht die Rechtsfolgen einer unzulässigen Verwarnung auslösen.[909] Auch vor Offenlegung kommt ein Hinweis in Betracht.[910]

274   **4. Wettbewerbsrechtliche Beurteilung.** Die Verwarnung ist wettbewerbsrechtl unbdkl, wenn Patentverletzungen zu besorgen sind und wenn sie nach den Umständen angemessen und erforderlich ist.[911]

---

900   BGH GRUR 1989, 113 f Mietwagentestfahrt; vgl auch BGH Warnschild; BGH GRUR 1965, 607, 609 Funkmietwagen; BGHZ 93, 177 = GRUR 1985, 447, 450 Provisionsweitergabe; BGH NJW-RR 1990, 173 Beförderungsauftrag; BGH GRUR 1999, 1017 Kontrollnummernbeseitigung I; OLG Düsseldorf 25.4.1996 2 U 52/95; OLG Saarbrücken GRUR 2001, 175; LG Düsseldorf InstGE 10, 193.
901   BGH Nicola.
902   BGH Warnschild.
902a   Zur Kappung bei einfach gelagerten Fällen und unerheblicher Rechtsverletzung nach der bis 8.10.2013 geltenden Fassung BGHZ 195, 257 = GRUR 2012, 1026 Alles kann besser werden; OLG München GRUR-RR 2012, 68 f; OLG München WRP 2016, 385.
903   BGHZ 38, 200 = GRUR 1963, 255 Kindernähmaschinen.
904   RGZ 94, 271, 276 = JW 1919, 453 Sprechmaschine; OLG Düsseldorf GRUR 1959, 606; vgl auch öOGH GRUR Int 1983, 749 Riffelrohraggregate; öOGH ÖBl 2000, 35 Spritzgusswerkzeuge; öOGH ÖBl 2006, 232 f Weichzellschaum.
905   OLG Köln GRUR 1993, 688.
906   Vgl *Lindenmaier* § 47 Rn 2.
907   BGH GRUR 1979, 332, 334 Brombeerleuchte: OLG München WRP 1980, 228 f; *Benkard* vor § 9 Rn 14 mwN; aA OLG Saarbrücken OLGRp 2002, 14; vgl auch BGH GRUR 1970, 254 Remington.
908   BGH GRUR 1975, 315 Metacolor.
909   OLG Karlsruhe WRP 1976, 215; *Benkard*[9] vor § 9 Rn 13; *Schramm/Henner* GRUR 1969, 667; aA *Schwanhäußer* GRUR 1970, 163; vgl auch LG Mannheim BB 1972, 230.
910   Vgl zur früheren Rechtslage BGHZ 1, 194, 198 = GRUR 1951, 314 Motorblock.
911   RG GRUR 1943, 181 f Tierkörperverwertungsanlagen; BGH GRUR 1968, 382, 385 Favorit II.

Geht sie über den gewährten Schutz hinaus, begründet sie Unterlassungsansprüche nach § 3, § 5 Abs 1, § 8 Abs 1 UWG, sofern die hinreichend konkrete Gefahr besteht, dass ein geschütztes Recht beeinträchtigt wird, und Wiederholungsgefahr besteht.[912]

II. Bedeutung

1. Erleichterung des Verletzungsnachweises. Die Verwarnung kann den Nachweis schuldhafter   275
Verletzung erleichtern. Der Vewarnte kann sich regelmäßig nicht mehr auf fehlende Kenntnis des Schutzrechts und fehlendes Verschulden berufen;[913] dies kann selbst dann gelten, wenn der falsche Adressat verwarnt wird, der Verletzer aber Kenntnis erlangt.[914] Schon ein bloßer vorbereitender Meinungsaustausch kann Ersatzansprüche auslösen.[915]

2. Einer gerichtlichen Geltendmachung sollte immer, wenn es zumutbar ist, eine Verwarnung voraus-   276
gehen. Wer eine (gerechtfertigte) Verwarnung (und nicht nur eine Berechtigungsanfrage) nicht befolgt, gibt damit – auch im Verhältnis zu anderen, demselben Konzern angehörigen Gläubigern[916] – **Anlass zur Klage** und kann sich im Prozess nicht mehr durch sofortiges Anerkenntnis nach § 93 ZPO von der Kostenauferlegung befreien;[917] das gilt auch bei Verletzungshandlungen auf Messen, bei denen die Verwarnung nicht entbehrlich ist, aber mit kurzer Fristsetzung und ggf mündlich erfolgen kann.[918] Die Verwarnung ist nicht schon dann entbehrlich, wenn sie von vornherein als zwecklos erscheint.[919] Sie ist aber idR entbehrlich, wenn sie dem Gegner die Möglichkeit des Beiseiteschaffens des schutzrechtsverletzenden Gegenstands eröffnen würde, allerdings kann der Verletzer konkrete, für den Gläubiger im vorhinein erkennbare Umstände aufzeigen, die eine Vereitelung als ausgeschlossen erscheinen lassen.[920] Den Nachweis des Zugangs hat der Verwarner zu erbringen.[921] Der Verletzer erhält durch die Verwarnung die Möglichkeit, durch eine vertragsstrafebewehrte Unterlassungserklärung die Wiederholungsgefahr zu beseitigen (Rn 63 ff). Mit der bloßen Aufforderung zur Abgabe einer strafbewehrten Unterlassungserklärung genügt der Schutzrechtsinhaber jedenfalls dann seiner Obliegenheit zur Verwarnung, wenn der Verletzer anwaltlich vertreten ist und der Schutzrechtsinhaber daher annehmen darf, dass dem Verletzer die Anforderungen an die Wiederholungsgefahr ausräumende Unterlassungserklärung bekannt sind; eine Pflicht zum Nachfassen besteht jedenfalls dann nicht, wenn die Unterlassungserklärung ohne die geforderte Strafbewehrung abgegeben wird oder die Bewehrung offensichtlich nicht geeignet ist, ihre Funktion zu erfüllen.[922] Die Verwarnung ist zur Vermeidung von Kostennachteilen nur entbehrlich, wenn ihre Erfolglosigkeit aus der Sicht des Verletzten bei objektiver Betrachtung feststeht oder die drohenden Nachteile durch die Verzögerung der Rechtsdurchsetzung nicht hinnehmbar sind.[923] Geltendmachung des Vernichtungsanspruchs befreit nur dann von der Obliegenheit, wenn Anlass zur Befürchtung besteht, das Interesse des Verletzten an der Durchsetzung des

---

912 Vgl BGH 13.6.2006 X ZR 197/03 mwN.
913 Vgl *Kraßer* S 887 (§ 36 III c).
914 Vgl RB Den Haag BIE 2000, 279.
915 Vgl *Bruchhausen* Mitt 1969, 286; OLG München GRUR 1970, 46; OLG München WRP 1980, 228; BPatGE 20, 186 = Mitt 1978, 173 einerseits, OLG Düsseldorf GRUR 1973, 102 andererseits.
916 BGHZ 149, 371 = GRUR 2002, 357 mißbräuchliche Mehrfachabmahnung.
917 *Kraßer* S 887 (§ 36 III c); *Mes* Rn 227; LG Düsseldorf 26.1.2012 4b O 28/11.
918 OLG Fankfurt GRUR 1988, 32; LG Düsseldorf InstGE 3, 221; zum Abmahnerfordernis bei „flüchtiger Ware" OLG Braunschweig GRUR-RR 2005, 103.
919 OLG Düsseldorf InstGE 6, 120.
920 LG Mannheim InstGE 6, 192.
921 OLG Düsseldorf GRUR-RR 2001, 199 unter Aufgabe der früheren Rspr; OLG Dresden NJWE-WettbR 1999, 16; aA OLG Braunschweig GRUR 2004, 887; OLG Jena GRUR-RR 2007, 97 mwN zum Streitstand; OLG Schleswig GRUR-RR 2008, 138.
922 LG Düsseldorf 3.6.1997 4 O 50/97 Entsch 1997, 73; zur Nachfasspflicht des Verwarners, wenn der Verwarnte keine strafbewehrte Verpflichtungserklärung abgibt, sich aber zur Störungsbeseitigung verpflichtet, OLG Hamburg 14.9.1989 3 W 101/89 GRUR 1990, 225 Ls.
923 OLG Hamburg WRP 1995, 1037; LG Düsseldorf 2.9.1999 4 O 209/99 Entsch 1999, 98: Unzumutbarkeit, wenn entweder die mit der Abmahnung verbundene Verzögerung unter Berücksichtigung der konkret gegebenen außergewöhnlichen Eilbedürftigkeit schlechthin nicht mehr hinnehmbar ist oder wenn sich dem Kläger bei subjektiver Sicht der Eindruck aufdrängen musste, der Beklagte wolle sich die Abmahnpflicht zunutze machen, um eine Zeitlang die Verletzungshandlungen fortsetzen zu können; vgl LG Hamburg 8.2.2000 312 O 668/99 GRUR 2000, 553 Ls.

Schutzrechts würde durch die Verwarnung spürbar über die mit dieser notwendig verbundene geringe zeitliche Verzögerung der ggf notwendigen Anrufung des Gerichts hinaus verzögert.[924]

III. Berechtigter; Adressat

277   Die Verwarnung kann vom Patentinhaber oder einem Lizenznehmer ausgesprochen werden; Belege müssen grds nicht vorgelegt werden.[925] Unzutreffende Angaben lassen sie unwirksam werden.[926]

278   Als **Adressat** der Verwarnung kommt jeder in Betracht, gegen den sich Unterlassungs- oder Schadensersatzansprüche richten können. Das betrifft neben dem Händler auch den Lieferanten, aber nicht dessen Zulieferer, selbst wenn dessen Liefertätigkeit objektiv eine mittelbare Patentverletzung sein kann, da dessen Beziehung zum Endabnehmer nicht absolut geschützt ist, jedenfalls solange sich der Verwarnende diesem gegenüber nicht auf ein Verbotsrecht nach § 10 stützt.[927] Mehrere rechtl selbstständige Verletzer können auch dann einzeln verwarnt werden, wenn es nahe liegt, dass das Marketing über eine Dachorganisation erfolgt.[928] Wegen der schwerwiegenden Folgen unberechtigter Verwarnungen ist gründliche Prüfung geboten, an wen die Verwarnung gerichtet werden soll.[929] An die Sorgfaltspflichten dessen, der Verwarnungen aussprechen will, sind strenge Anforderungen zu stellen. Das gilt in erhöhtem Maß für nicht an den Hersteller des beanstandeten Gegenstands, sondern an dessen Abnehmer gerichtete Verwarnungen.[930]

279   Die **Abnehmerverwarnung** (Rn 302) kann den Hersteller oder Lieferanten in seiner gewerblichen Tätigkeit empfindlich beeinträchtigen.[931] Das Vorliegen einer zweifelsfreien Rechtslage kann allerdings nicht verlangt werden.[932] Die Abnehmerverwarnung ist grds zulässig, wenn Verletzungshandlungen auch vom Abnehmer zu erwarten sind und ein Hinweis an ihn nach den Umständen angemessen und erforderlich ist.[933] Die von einem Lieferanten übernommene Verpflichtung, seinen wegen einer angeblichen Schutzrechtsverletzung verwarnten Abnehmer von jeglichen Ansprüchen des Abmahnenden freizustellen, schließt typischerweise auch die Pflicht zur Abwehr der von dem Dritten erhobenen Ansprüche ein.[934]

IV. Form und Inhalt der Verwarnung[935]

280   Die Verwarnung bedarf keiner besonderen Form, insb kann sie auch durch eMail, ausnahmsweise sogar mündlich oder telefonisch, erfolgen.[936] Sie muss, um als solche qualifiziert werden zu können, ein eindeutiges Unterlassungsbegehren gegen eine bestimmte Person enthalten (Rn 269).[937] Der Verwarnte muss in die Lage versetzt werden, die Verletzung zu verifizieren.[938] Der Hinweis, dass das Verbot ab Rechtskraft des Urteils eintritt, ist auch dann nicht zu beanstanden, wenn nicht über die Möglichkeit belehrt wird, Berufung einzulegen.[939] Die Abnehmerverwarnung ist nicht deswegen zu beanstanden, weil nicht darauf hingewiesen

---

924   LG Düsseldorf 29.2.2000 4 O 597/99 Entsch 2000, 49.

925   *Kühnen* Hdb[8] Rn C 8.

926   OLG Düsseldorf 21.10.2010 2 W 52/10; OLG Düsseldorf 14.11.2011 20 W 132/11.

927   BGHZ 171, 13 = GRUR 2007, 313 Funkuhr II unter Hinweis auf BGHZ 164, 1 = GRUR 2005, 882 unberechtigte Schutzrechtsverwarnung I und BGH GRUR 1977, 805, 807 Klarsichtverpackung.

928   OLG Stuttgart GRUR-RR 2002, 318, Markensache.

929   Vgl *Kühnen* Hdb[8] Rn C 9.

930   BGHZ 71, 86 = GRUR 1978, 492 Fahrradgepäckträger; BGH GRUR 1979, 332 Brombeerleuchte; *von Metzen* FS W. vom Stein (1961), 80; LG Düsseldorf GRUR 1968, 156; LG München I 28.4.2004 21 O 20320/03 InstGE 4, 243 sieht zu weitgehend die Abnehmerverwarnung ohne vorangegangene Herstellerverwarnung schon aus diesem Grund als unzulässige Rechtsausübung und deshalb als potentiell rechtswidrig an.

931   BGH GRUR 1975, 315 Metacolor; vgl *Teplitzky* GRUR 2005, 9, 12; *Meier-Beck* GRUR 2005, 535.

932   *Lindenmaier* § 47 Rn 6a gegen *Moser von Filseck* GRUR 1963, 263; *Reimer* § 6 Rn 112; vgl auch LG Stuttgart CR 1994, 475f.

933   BGH GRUR 1995, 424 Abnehmerverwarnung.

934   BGH NJW-RR 2011, 479 Türscharniere.

935   Näher zum Inhalt *Kühnen* Hdb[8] Rn C 6 ff mit Muster Rn C 30.

936   *Kühnen* Hdb[8] Rn C 32 mwN; zur wettbewerbsrechtl Problematik telefonischer Abmahnungen OLG Hamm OLG-Rp 1993, 139 einerseits; KG GRUR 1993, 778 andererseits.

937   BGH GRUR 2011, 995 besonderer Mechanismus.

938   OLG Düsseldorf 14.11.2011 20 W 132/11; *Kühnen* Hdb[8] Rn C 11.

939   LG Düsseldorf InstGE 2, 249, 252f.

wird, dass bereits der Lieferant verwarnt worden war, dieser aber den Verletzungsvorwurf zurückgewiesen hat und der Verwarner diesen nicht weiter verfolgt hat.[940] Die vorprozessuale Verwarnung muss lediglich zur Vermeidung der Kostenfolge des § 93 ZPO im Fall eines Anerkenntnisses die Androhung gerichtlicher Schritte für den Fall enthalten, dass der Verletzer der Aufforderung zur Abgabe einer Unterlassungserklärung nicht nachkommt.[941] Das Begehren darf aber nicht über das hinausgehen, was der Berechtigte gerichtlich erreichen kann.[942] Mildere Formen stehen von ihren Rechtsfolgen der Verwarnung nicht gleich. Der Sachverhalt ist im Tatsächlichen genau und mit den dem Verletzten ohne weiteres möglichen Angaben zu bezeichnen,[943] die Angabe einer falschen tatsächlichen Grundlage macht die Verwarnung grds auch dann rechtswidrig, wenn sie berechtigterweise auf eine andere Grundlage hätte gestellt werden können.[944] Belege brauchen grds nicht beigefügt zu werden. Wird jedoch die Beifügung von Belegen angekündigt, kann der Verletzer die Vervollständigung abwarten. Allerdings muss er den Verletzten unverzüglich auf die fehlenden Belege hinweisen; für den Zugang des Hinweises trägt er die Beweislast.[945]

Die **Vollmachtsurkunde** muss vorgelegt werden, da jedenfalls eine geschäftsähnliche Handlung vorliegt[946] (§ 174 BGB); dies gilt nicht, wenn die Verwarnung mit einem Angebot auf Abschluss eines Unterwerfungsvertrags verbunden ist.[947] In der Verwarnung wird zudem jedenfalls regelmäßig ein Angebot zum Abschluss eines Unterwerfungsvertrags (und nicht nur eine Aufforderung zur Angebotsabgabe) zu sehen sein.[948] **281**

Das **Zugangsrisiko** trägt der Verwarner.[949] Dieser hat im Rahmen seiner sekundären Darlegungslast die genauen Umstände der Versendung der Verwarnung vorzutragen und unter Beweis zu stellen; der Verletzer hat dann zu beweisen, dass ihm die Verwarnung nicht zugegangen ist, wobei an den Nachweis keine übertriebenen Anforderungen gestellt werden dürfen.[950] **282**

Dem Schuldner muss der **Weg gewiesen** werden, wie er sich zu verhalten hat;[951] dabei kann ihm eine vorformulierte Unterwerfungserklärung vorgelegt werden.[952] Formzwang besteht nicht.[953] **283**

Anders als im Wettbewerbsrecht muss die Verwarnung nicht in angemessener Frist erfolgen, allerdings kann auch bei Patentverletzung zu langes Zuwarten in Kenntnis der Verletzung im Einzelfall Verwirkung begründen. In der Verwarnung ist eine **angemessene Frist** zu setzen, um auf sie zu reagieren; in Patentverletzungssachen wird eine Frist von drei bis vier Wochen als angemessen angesehen.[954] In Eilfällen, insb in Messesachen, kann die Frist kürzer bemessen werden.[955] Ist die vom Verwarner gesetzte Frist zu kurz bemessen, wird eine angemessene in Lauf gesetzt.[956] Der Verwarnte ist verpflichtet, durch entspr Betriebsorganisation dafür zu sorgen, dass in Eilsachen zumindest um Fristverlängerung gebeten wird.[957] **284**

---

940 LG Düsseldorf InstGE 2, 268.

941 LG Düsseldorf 4.3.1997 4 O 310/96 Entsch 1997, 49; OLG Düsseldorf InstGE 9, 122; vgl OLG Düsseldorf GRUR-RR 2014, 315; *Kühnen* Hdb⁸ Rn C 16, C 27.

942 OLG Düsseldorf 14.11.2012 20 W 132/11; *Kühnen* Hdb⁸ RnC 17.

943 OLG München 9.11.1993 29 W 2590/93 OLG-Rp 1994, 88 Ls; vgl OLG Düsseldorf 14.11.2011 20 W 132/11.

944 Vgl LG München I Mitt 1995, 54, 55.

945 OLG Düsseldorf GRUR-RR 2001, 286; OLG Nürnberg GRUR 1999, 1039; OLG Dresden GRUR 1999, 377; OLG Hamm 7.4.1990 4 W 29/90 GRUR 1990, 716 Ls; *Köhler/Bornkamm* UWG § 12 Rn 1.25 ff; aA OLG Köln WRP 1985, 360; KG GRUR 1988, 79; OLG Hamburg WRP 1986, 106; OLG Karlsruhe NJW-RR 1990, 323; OLG München WRP 1971, 487; vgl *Busch* GRUR 2006, 477.

946 OLG Nürnberg GRUR 1991, 387; OLG Düsseldorf OLG-Rp 1996, 279; OLG Düsseldorf 19.4.1999 20 W 55/98 GRUR 1999, 1039 Ls; OLG Düsseldorf GRUR-RR 2010, 87; *Kühnen* Hdb⁸ Rn C 36; aA OLG Köln WRP 1985, 360; KG 3.3.1987 5 W 892/87 GRUR 1988, 79 Ls.

947 BGH GRUR 2010, 1120 Vollmachtsnachweis; *Kühnen* Hdb⁸ Rn C 35.

948 Vgl BGHZ 121, 13, 17 = NJW 1993, 721 Fortsetzungszusammenhang; BGH GRUR 1995, 167, 169 Kosten bei unbegründeter Abmahnung; BGH GRUR 1997, 931 Sekundenschnell; *Pokrant* FS W. Erdmann (2002), 863, 865 f.

949 BGH GRUR 2007, 629 Zugang des Abmahnschreibens; OLG Düsseldorf WRP 1995, 40; *Kühnen* Hdb⁸ Rn C 33.

950 *Kühnen* Hdb⁸ Rn C 33.

951 BGH GRUR 2009, 502 pcb; BGH GRUR 2010, 257 Schubladenverfügung; BGH GRUR 2010, 354 Kräutertee; BGH GRUR 2010, 1120 Vollmachtsnachweis.

952 Vgl *Köhler/Bornkamm* UWG § 12 Rn 1.16.

953 LG Berlin ZUM-RD 2012, 399; *Köhler/Bornkamm* UWG § 12 Rn 1.22 ff.

954 *Kühnen* Hdb⁸ Rn C 26.

955 Vgl OLG Düsseldorf InstGE 4, 159.

956 BGH GRUR 1990, 381 Antwortpflicht des Abgemahnten; OLG München Mitt 1994, 28; OLG Hamburg WRP 1995, 1043; OLG Köln WRP 1996, 1214; *Kühnen* Hdb⁸ Rn C 26; zur angemessenen Unterwerfungsfrist LG Düsseldorf Mitt 1999, 238 (Markensache).

957 OLG Hamburg GRUR 1991, 80.

V. Rechte und Pflichten des Verwarnten

285   **1.** Ein verwarnter Verletzer wird aufgrund der durch seine Schutzrechtsverletzung entstandenen und die Verwarnung konkretisierten Sonderbeziehung nach Treu und Glauben als verpflichtet angesehen, auf die Verwarnung fristgem durch Abgabe einer ausreichend strafbewehrten **Unterlassungserklärung** oder deren Ablehnung zu antworten.[958] Eine Verpflichtung, auf weitere mit der Verwarnung geltend gemachte Ansprüche zu reagieren, besteht zur Ausräumung der Wiederholungsgefahr nicht.[959] Der Verletzer muss die Unterlassungserklärung erforderlichenfalls selbst formulieren; ist die vorformulierte Erklärung des Verletzten zu allg gehalten, muss er dies tun.[960] Zur Bestimmung des Umfangs einer Unterwerfungserklärung ist maßgeblich auf den Parteiwillen abzustellen.[961] Unwirksamkeit der Vertragsstrafevereinbarung begründet Rechtsschutzbedürfnis für Unterlassungsklage.[962] Zum **Inhalt** der Unterwerfungserklärung Rn 68 ff.

286   Wird eine **Gesellschaft** (des bürgerlichen Rechts) verwarnt, ist darauf zu achten, dass auch die Gesellschafter die Unterlassungserklärung abgeben, weil sie sonst nicht persönlich haften.[963]

287   Die Verwirkung der **Vertragsstrafe**[964] hängt davon ab, ob der Verpflichtete den Verstoß gegen die Unterlassungsverpflichtung zu vertreten hat; für Verschulden des Erfüllungsgehilfen ist grds einzustehen.[965] Ob jemand Erfüllungsgehilfe ist, bestimmt sich allein danach, ob er nach den rein tatsächlichen Vorgängen des Falls mit dem Willen des Schuldners bei der Erfüllung der diesem obliegenden Verbindlichkeit als seine Hilfsperson tätig wird.[966] Verstößt eine Handlung gegen mehrere Vertragsstrafeversprechen, ist nach dem hypothetischen Parteiwillen nur die höhere Vertragsstrafe verwirkt.[967] Bei der Vertragsstrafebemessung kommt es unter Berücksichtigung von Schwere und Ausmaß der Zuwiderhandlung auf den Sanktionscharakter der Vertragsstrafe und deren Funktion an, weitere Zuwiderhandlungen zu verhüten, ferner auf die Gefährlichkeit der Zuwiderhandlung für den Gläubiger, das Verschulden des Verletzers und ggf die Funktion der Vertragsstrafe als pauschalierter Schadensersatz; im Einzelfall können für eine nach billigem Ermessen des Gläubigers vorzunehmende Bestimmung auch Erwägungen der Parteien oder einer von ihnen bei Abschluss der Unterwerfungsvereinbarung von Bedeutung sein.[968]

288   **2. Aufklärungspflicht.** Die durch die Abmahnung (Verwarnung) begründete Sonderbeziehung wird in besonderem Maß durch das Gebot gegenseitiger Rücksichtnahme bestimmt.[969] Der Nichtverletzer sowie der zu Unrecht Verwarnte sind aber grds nicht zur Aufklärung verpflichtet.[970]

289   **3. Rechtsverteidigung.** Der Verwarnte muss seine Rechtsstellung verteidigen und darf nicht voreilig nachgeben. Er ist allerdings nicht gehalten, vor einem gerichtlichen Vorgehen eine Gegenabmahnung auszusprechen; diese ist nur ausnahmsweise veranlasst.[971] Wenn er unverzüglich Nichtigkeitsklage ein-

---

958   Vgl BGH GRUR 1987, 54 f Aufklärungspflicht des Abgemahnten; BGH GRUR 1988, 716 f Aufklärungspflicht gegenüber Verbänden; BGH GRUR 1990, 381 Antwortpflicht des Abgemahnten; BGH GRUR 1990, 542 f Aufklärungspflicht des Unterwerfungsschuldners; BGH GRUR 1995, 167 f Kosten bei unbegründeter Abmahnung; andererseits zu Verhaltenspflichten des Abmahnenden BGH GRUR 1998, 471, 474 Modenschau im Salvatorkeller, UWGSachen.
959   *Kühnen* Hdb[8] Rn C 28.
960   OLG München OLG-Rp 1994, 66; aA OLG München WRP 1982, 600.
961   OLG Hamburg GRUR 1991, 633.
962   LG Düsseldorf 1.8.2000 4 O 164/99 Entsch 2000, 88.
963   BGH GRUR 2013, 1268 Markenheftchen II; *Kühnen* Hdb[8] Rn C 18.
964   OLG Frankfurt GRUR 1996, 996.
965   BGH GRUR 1998, 963 ff Verlagsverschulden II mwN.
966   BGH Verlagsverschulden II mwN.
967   OLG Frankfurt GRUR 1993, 997.
968   BGH GRUR 1994, 146 Vertragsstrafebemessung.
969   BGH GRUR 1987, 54 Aufklärungspflicht des Abgemahnten; BGH GRUR 1990, 542 f Aufklärungspflicht des Unterwerfungsschuldners; BGH GRUR 1990, 381 Antwortpflicht des Abgemahnten; BGH GRUR 1998, 471, 474 Modenschau im Salvatorkeller; BGH GRUR 2008, 360 f EURO und Schwarzgeld.
970   BGH GRUR 1995, 167, 169 Kosten bei unbegründeter Abmahnung m Nachw des Streitstands; OLG Hamm GRUR 1991, 706; OLG Hamburg CR 1995, 603, 605; aA zB OLG Köln GRUR 1991, 74, zum Streitstand *Teplitzky* Wettbewerbsrechtliche Ansprüche und Verfahren Kap 41 Rn 56 ff.
971   BGH GRUR 2004, 790 Gegenabmahnung mwN; vgl BGH GRUR 2006, 168 f unberechtigte Abmahnung I; *Kühnen* Hdb[8] Rn C 101.

reicht und die Warnung von einem Unternehmen mit Spitzenstellung auf dem betr Fachgebiet ausgeht, kann ihm nicht der Vorwurf gemacht werden, er habe voreilig der Verwarnung nachgegeben.[972] Der Verwarnte ist nicht verpflichtet, vom Verwarner zu beziehen,[973] auch wenn dies die faktische Folge insb der Abnehmerverwarnung sein kann.

4. Der Unterwerfungsvertrag wird ebenso wie die durch eine Verletzungshandlung und die darauf erfolgte Verwarnung begründete Sonderbeziehung eigener Art in besonderem Maß durch Treu und Glauben und das Gebot gegenseitiger **Rücksichtnahme** bestimmt; hieraus können sich je nach den Umständen auch Pflichten zur Aufklärung ergeben, wenn dem anderen Teil als Folge des Verhaltens des Verletzers Kostenschäden drohen, die durch die Aufklärung unschwer zu vermeiden sind.[974] **290**

5. Kostentragungspflicht. Der Verletzer hat die erforderlichen Kosten der Verwarnung zu tragen;[975] als Anspruchsgrundlage kommt nach hM neben dem Schadensersatzanspruch[976] auch Geschäftsführung ohne Auftrag in Betracht.[977] Der Anspruch auf Aufwendungsersatz besteht nur für eine Verwarnung, die vor Einleitung eines gerichtlichen Verfahrens ausgesprochen wird.[978] Die Kostenerstattungspflicht setzt voraus, dass die Verwarnung die an sie zu stellenden Mindestanforderungen erfüllt.[979] In der bloßen Abgabe einer Unterlassungserklärung liegt aber kein Anerkenntnis des Unterlassungsanspruchs, das selbständig die Kostentragungspflicht begründen könnte.[980] Maßgeblicher Zeitpunkt für die Beurteilung ist der Zugang der Verwarnung.[981] Im Kostenfestsetzungsverfahren können die Anwaltskosten, da es sich nicht um Kosten des Rechtsstreits handelt, nicht geltend gemacht werden.[982] Voraussetzung ist nur Rechtswidrigkeit seines Handelns.[983] Die Beauftragung des Rechtsanwalts muss notwendig gewesen sein; daran fehlt es für Wettbewerbsverbände, wenn der Abmahnende selbst über hinreichende Sachkunde zur zweckentsprechenden Rechtsverfolgung eines unschwer zu erkennenden Verstoßes verfügt.[984] Beauftragen mehrere Mitinhaber eines Patents einen Anwalt, handelt es sich um denselben Gegenstand der an- **291**

---

972 Vgl BGH GRUR 1963, 255 Kindernähmaschinen.

973 BGHZ 75, 116 = GRUR 1979, 869, 873 Oberarmschwimmringe.

974 BGH GRUR 1990, 542 Aufklärungspflicht des Unterwerfungsschuldners; BGH GRUR 1992, 61 Preisvergleichsliste I, UWGSachen.

975 Vgl BGH GRUR 1985, 924 Schallplattenimport II; BGHZ 128, 220 = GRUR 1995, 338, 342 Kleiderbügel; einschränkend bei Serienabmahnungen OLG Düsseldorf GRUR-RR 2002, 215.

976 BGHZ 128, 220 = GRUR 1995, 338 Kleiderbügel; OLG Düsseldorf 11.9.2008 2 U 34/07; OLG Düsseldorf InstGE 13, 199; *Benkard* Rn 76a; *Mes* Rn 274.

977 *Benkard* Rn 76a; *Schulte* Rn 198; *Mes* Rn 274; *Kühnen* Hdb[8] Rn C 40; BGHZ 52, 393, 400 = GRUR 1970, 189 f Fotowettbewerb; BGHZ 115, 210, 212 = GRUR 1992, 176 Abmahnkostenverjährung; BGH GRUR 1973, 384 f Goldene Armbänder; BGH GRUR 1980, 1073 Aufwendungsersatz; BGH GRUR 1984, 129, 131 shop-in-the-shop I; BGH GRUR 1991, 550 f Zaunlasur; BGH GRUR 1991, 679 f Fundstellenangabe; BGH GRUR 1993, 311 f Finanzkaufpreis ohne Mehrkosten; BGH GRUR 2000, 337 f Preisknaller; BGH GRUR 2000, 731 Sicherungsschein; BGH GRUR 2001, 450, 453 Franzbranntweingel; BGH GRUR 2001, 1166 Fernflugpreise, auch zu den Kosten der Anrufung einer Einigungsstelle; BGHZ 149, 371 = GRUR 2002, 357 mißbräuchliche Mehrfachabmahnung: nicht in Mißbrauchsfällen; BGH GRUR 2004, 344 Treuepunkte: nur bei auftragsloser Geschäftsführung im Interesse des Abgemahnten, deshalb nicht bei fehlender Wiederholungsgefahr; BGH GRUR 2004, 789 Selbstauftrag; BGH GRUR 2011, 754 f Kosten des Patentanwalts II; BFHE 201, 339 = GRUR 2003, 718; OLG Düsseldorf 11.9.2008 2 U 34/07; OLG München GRUR-RR 2006, 176: nicht bei nach Einleitung des Gerichtsverfahrens ausgesprochener Abmahnung; LG Düsseldorf Mitt 1990, 152; LG Düsseldorf InstGE 6, 37 f; LG Frankfurt/M NJW-RR 2003, 547, auch zur Unzulässigkeit der isolierten Geltendmachung des Kostenerstattungsanspruchs; vgl BGH 8.10.1998 I ZR 94/97: dass die Abmahnung über die konkrete Verletzungsform hinausging, ändert nichts; kr *Heermann* GRUR 1999, 625, 631 ff; für einen Anspruch sui generis *M. Schmid* GRUR 1999, 312.

978 BGH GRUR 2010, 257 Schubladenverfügung.

979 OLG Düsseldorf WRP 2012, 595; kr hierzu *Heidrich* K&R 2012, 118.

980 BGH medizinische Fußpflege; *Kühnen* Hdb[8] Rn C 28.

981 Vgl *Kühnen* Hdb[8] Rn C 42; BGHZ 187, 231 = GRUR 2011, 532 Millionen-Chance II.

982 BGH GRUR 2006, 439 Geltendmachung der Abmahnkosten; BGH GRUR 2008, 639 Kosten eines Abwehrschreibens; OLG Frankfurt GRUR 2005, 360; OLG Düsseldorf 11.9.2008 2 U 34/07.

983 *E. Reimer* Mitt 1960, 107; aA *Habscheid* NJW 1958, 1001.

984 BGH GRUR 1984, 691 f Anwaltsabmahnung; BGH GRUR 2004, 789 Selbstauftrag; BGH GRUR 2004, 448 auswärtiger Rechtsanwalt IV; vgl BGH GRUR 2007, 726 auswärtiger Rechtsanwalt VI, differenzierend BGH GRUR 2008, 928 f Abmahnkostenersatz: nur soweit originäre Aufgabe des Unternehmens.

waltlichen Tätigkeit.[985] Auch für die Kosten des Patentanwalts kommt es auf die Erforderlichkeit an; § 143 Abs 3 ist unanwendbar.[986] Zu erstatten sind die Kosten des Rechtsanwalts und des mitwirkenden Patentanwalts, sofern Klageauftrag bereits vorliegt.[987] Auch in Fällen bloßer Erstbegehungsgefahr kann eine Verwarnung Kostenerstattungsansprüche begründen.[988] Der Verwarnte haftet wegen unnötiger Kosten, wenn er die Antwort auf die Verwarnung unterlässt.[989] Die Möglichkeit, den Kostenerstattungsanspruch isoliert geltend zu machen, wurde verneint.[990] Der Absender einer auf ein Patent gestützten bloßen Berechtigungsfrage, dem objektiv keine Ansprüche wegen Patentverletzung zustehen, ist grds nicht zur Erstattung der Kosten verpflichtet, die der Empfänger der Anfrage zu ihrer Beantwortung aufwendet.[991] Rechtskräftige Entscheidung über den Unterlassungsanspruch entfaltet keine Bindungswirkung;[992] ebenso vorbehaltlose Abgabe der Unterlassungserklärung.[993] Bei Beauftragung des Anwalts durch mehrere Mitinhaber des Patents liegt kostenrechtl nur eine Angelegenheit vor.[994] Wenn im erfolgreichen Patentnichtigkeitsverfahren dem Kläger die Kosten der Berufungsinstanz auferlegt wurden, weil die entscheidende Entgegenhaltung erst im Berufungsverfahren eingeführt wurde, können anschließend nicht mittels eines sachlich-rechtl Schadensersatzanspruchs aus unberechtigter Patentverwarnung vom Beklagten die Kosten ersetzt verlangt werden.[995] Verwarnung ohne Vertretungsmacht ist nach § 180 Satz 1 BGB nichtig, nur ausnahmsweise nach § 180 Satz 2 BGB genehmigungsfähig und löst somit grds keinen Kostenerstattungsanspruch aus.[996] Zu den Kosten des Abschlussschreibens Rn 304 ff vor § 143; zur Anrechnung der Kosten der Verwarnung auf die Verfahrensgebühr Rn 324 vor § 143.

292   **Höhe.** Als erstattungsfähig ist, wenn ein Klageauftrag noch nicht erteilt war, von der Instanzrspr eine 1,8-Gebühr anerkannt worden (§ 2 Abs 2, §§ 13, 14 RVG, Nr 2400 VV RVG).[997] Nach der Rspr des VIII. Zivilsenats des BGH kann eine Erhöhung der Geschäftsgebühr über die Regelgebühr von 1,3 hinaus nur gefordert werden, wenn die Tätigkeit des Rechtsanwalts umfangreich oder schwierig war; sie ist deshalb nicht unter dem Gesichtspunkt der Toleranzrspr bis zu einer Überschreitung von 20% der gerichtlichen Überprüfung entzogen.[998] Das Vorliegen einer Patent- oder GbmStreitsache rechtfertigt für sich die Überschreitung nicht.[999]

VI. Unberechtigte Verwarnung

293   **1. Rechtswidrigkeit.** Rechtswidrig ist die Verwarnung, soweit sie über die Patentverletzung hinausgeht,[1000] dies beurteilt sich nach objektiven Kriterien.[1001] Das ist in der Rspr allerdings in Zweifel

---

985   LG Mannheim GRUR-RR 2014, 370.

986   BGH Selbstauftrag; BGH Kosten des Patentanwalts II mwN; BGH GRUR 2012, 756 Kosten des Patentanwalts III; OLG Düsseldorf InstGE 9, 35; OLG Frankfurt GRUR-RR 2010, 127; OLG Frankfurt GRUR-RR 2012, 307; *Kühnen* Hdb[8] Rn C 43 f; aA OLG Hamburg GRUR-RR 2008, 370; OLG Stuttgart GRUR-RR 2007, 399.

987   OLG Düsseldorf 11.9.2008 2 U 34/07; OLG Frankfurt GRUR 1991, 72; OLG München Mitt 1994, 24; LG Düsseldorf InstGE 6, 37, 40; einschränkend zu den Patentanwaltskosten in Markensachen bei Mitwirkung eines Rechtsanwalts BGH GRUR 2011, 754 Kosten des Patentanwalts II.

988   OLG Köln GRUR 1993, 688.

989   BGH GRUR 1990, 381 Antwortpflicht des Abgemahnten.

990   LG Frankfurt/M GRUR-RR 2003, 197.

991   OLG Düsseldorf 15.2.1990 2 U 48/89 GRUR 1990, 548 Ls.

992   BGH GRUR 2012, 949 missbräuchliche Vertragsstrafe.

993   OLG Celle GRUR-RR 2013, 177.

994   LG Mannheim 26.11.2013 2 O 315/12 Mitt 2014, 294 Ls; *Kühnen* Hdb[8] Rn C 51.

995   OLG München OLG-Rp 1993, 69.

996   LG Düsseldorf 4.8.1998 4 O 361/97 Entsch 1998, 99 f.

997   OLG Düsseldorf 11.9.2008 2 U 34/07; vgl LG Düsseldorf InstGE 6, 37, 39.

998   BGH NJW 2012, 2813 und öfter; hierzu *Bölling* Aktuelle Tendenzen in der Rechtsprechung zur Höhe der erstattungsfähigen Abmahnkosten, WRP 2012, 1214.

999   BGH GRUR 2014, 206 Einkaufskühltasche; *Kühnen* Hdb[8] Rn C 48.

1000   Vgl RG GRUR 1934, 444, 446 Herdplattenring; RGZ 156, 321, 325 = GRUR 1938, 36 Braupfannenkocher; aA für das nl Recht RB Den Haag BIE 1999, 203; zur Rechtslage bei wettbewerbsrechtl Abmahnungen OLG Hamburg Mitt 2003, 288, 290 mwN.

1001   RGZ 141, 336, 338 = BlPMZ 1933, 291 Schlichte- und Appreturmittel; RG GRUR 1942, 54 f Abtrennmesser; BGHZ 2, 387, 393 = GRUR 1951, 452 Mülltonne; BGHZ 38, 200, 206 = GRUR 1963, 255, 259 Kindernähmaschinen mwN; BGH GRUR

---

gezogen worden, weil keine anderen Grundsätze als bei Erhebung einer Klage gelten könnten und die Verwarnung nicht allein schon deshalb rechtswidrig sei, weil sie objektiv unberechtigt sei.[1002] Dem Berechtigten stehen indessen außergerichtlich wesentlich weitere Gestaltungsmöglichkeiten zur Verfügung als bei gerichtlicher Geltendmachung.[1003] Der I. Zivilsenat des BGH hat die Frage dem Großen Senat in Zivilsachen vorgelegt,[1004] der im Grundsatz an der bisherigen Rspr festgehalten hat.[1005] Rechtswidrigkeit wird bejaht, wenn die Verwarnung zu allg gehalten ist,[1006] ein patentverletzendes Verhalten des Verwarnten nicht vorlag, also dieser entweder keine Tätigkeit entfaltet hat, die in den Schutzbereich des Patents eingriff,[1007] oder zu einem in diesen eingreifenden Verhalten berechtigt war, zB aufgrund eines Vorbenutzungsrechts,[1008] bei Benutzungsanzeige nach Lizenzbereitschaftserklärung[1009] oder durch Vertrag,[1010] wenn die Aktivlegitimation des Verwarners fehlt (zB durch Inanspruchnahme der ArbN-Erfindung)[1011] oder die Verwarnung wegen fehlender Vollmachtsvorlage zurückgewiesen wird.[1012] Das wettbewerbsrechtl Missbrauchsverbot wird entspr heranzuziehen sein.[1013] Eine Verwarnung konnte demnach einen Missbrauch der Klagebefugnis darstellen, wenn mit ihr überwiegend sachfremde, für sich gesehen nicht schutzfähige Interessen verfolgt werden und diese als die eigentliche Triebfeder und das beherrschende Motiv der Verfahrenseinleitung erscheinen.[1014] Hat der Gläubiger den Schuldner bereits auf die Möglichkeit der Streitbeilegung durch Abgabe einer strafbewehrten Unterlassungserklärung hingewiesen, ist eine zweite Abmahnung wegen desselben oder eines kerngleichen Verstoßes nicht berechtigt.[1015] Rechtswidrigkeit der Verwarnung entfällt grds nicht, weil auf einer anderen Rechtsgrundlage hätte verwarnt werden dürfen;[1016] anders, wenn die Verwarnung einen einheitlichen Unterlassungsanspruch betrifft, der auf mehrere Schutzrechte gestützt wird, von denen (nur) einzelne die Verwarnung tragen.[1017]

Rechtswidrig ist die Verwarnung auch, soweit das **Patent beschränkt, widerrufen oder für nichtig** **294** **erklärt**[1018] oder das Gebrauchsmuster gelöscht wird,[1019] besser: mangels Schutzfähigkeit seines Gegenstands ein Immaterialgüterrecht nicht begründen konnte. Auch ein fehlender Hinweis auf eine anhängige Nichtigkeitsklage macht die Verwarnung rechtswidrig.[1020] Vertragliche Abreden, sich nicht auf die Wirksamkeit des Patents zu berufen, sind beachtlich.[1021] Rechtswidrig ist die Verwarnung wettbewerbsrechtl

---

1976, 715 Spritzgießmaschine; BGH GRUR 1996, 812 Unterlassungsurteil gegen Sicherheitsleistung, nicht in BGHZ; OLG Hamburg GRUR-RR 2002, 145.

1002 OLG Düsseldorf GRUR 2003, 814 ff; OLG Düsseldorf 25.3.2004 2 U 151/02, im Internet unter http://www.jura.uni-duesseldorf.de/vamp/Urteile/OLG/2%20U%20151-02.html; LG Düsseldorf InstGE 3, 86; vgl auch (zum nl Recht) RB Den Haag BIE 2003, 185, SortSache, wo auf Vorsatz oder Leichtfertigkeit abgestellt wird.

1003 Vgl auch LG München I 28.4.2004 21 O 20320/03 InstGE 4, 243.

1004 BGH GRUR 2004, 958 Verwarnung aus Kennzeichenrecht I.

1005 BGHZ 164, 1 = GRUR 2005, 882 unberechtigte Schutzrechtsverwarnung I.

1006 OLG Düsseldorf Mitt 1996, 60.

1007 Vgl RG Schlichte- und Appreturmittel; RG GRUR 1941, 102 f Warnschreiben; OLG Köln WRP 1976, 49, 52; Verwarnung der falschen Partei: LG Düsseldorf GRUR 1966, 637.

1008 RG Warnschreiben; LG Essen Mitt 1987, 32.

1009 OLG Nürnberg GRUR 1996, 48.

1010 OLG Frankfurt 10.12.1998 6 U 187/97: auch bei Bestehen einer formellen Rechtsposition; vgl LG Mannheim GRUR 1980, 935.

1011 BGH GRUR 1962, 305 Federspanneinrichtung.

1012 OLG Düsseldorf GRUR-RR 2001, 286.

1013 Vgl BGHZ 144, 165 = GRUR 2000, 1089 mißbräuchliche Mehrfachverfolgung; BGHZ 149, 371 = GRUR 2002, 357 mißbräuchliche Mehrfachabmahnung mwN; OLG München GRUR-RR 2002, 119; OLG Hamburg GRUR-RR 2003, 53.

1014 OLG Hamm NJW-RR 2005, 348, 349 mwN.

1015 BGH GRUR 2013, 307 unbedenkliche Mehrfachabmahnung.

1016 Vgl LG München I Mitt 1995, 54 f.

1017 Vgl BGHZ 62, 29, 42 = GRUR 1974, 290 maschenfester Strumpf.

1018 BGHZ 38, 200, 206 = GRUR 1963, 255, 259 Kindernähmaschinen; BGH GRUR 1976, 715 Spritzgießmaschine; LG Düsseldorf GRUR 1968, 156; OLG Frankfurt GRUR 1967, 114; RB Den Haag BIE 2003, 269, 274 unter Hinweis auf GH Den Haag IER 2001, 57.

1019 BGH GRUR 1997, 741 ff Chinaherde; RG GRUR 1941, 102 f Warnschreiben.

1020 LG Düsseldorf 18.12.2003 4a O 124/03, im Internet unter http://www.jura.uni-duesseldorf.de/vamp/Urteile/LG/4a_0_124-03.html; *Brack* IIC 37 (2006), 1, 16; vgl auch nlHR 29.9.2006 Stork Titan v. CFS Bakel.

1021 BGH GRUR 1965, 231, 233 Zierfalten.

auch, wenn sie den unrichtigen Eindruck erweckt, das Verletzungsurteil, auf das sie sich stützt, sei rechtskräftig.[1022]

295 Str ist weiterhin, ob die unberechtigte Verwarnung per se rechtswidrig ist oder ob die Rechtswidrigkeit aufgrund einer Interessenabwägung geklärt werden muss,[1023] wobei teilweise angenommen wurde, dass die Rechtswidrigkeit einer unberechtigten Verwarnung indiziert ist.[1024] Für eine **Interessenabwägung** kann regelmäßig kein Raum sein.[1025] Nur ausnahmsweise wurde sie zugelassen, so bei Hinweis eines Wettbewerbers wegen Bestehens unveröffentlichter Patentanmeldungen mit Verwarnungscharakter bei Verweigerung der Einsicht in diese unter dem Gesichtspunkt des Behinderungswettbewerbs; die Behinderung ist nicht widerrechtl, wenn sie durch eigene berechtigte Interessenwahrnehmung geboten ist oder der Verteidigung gegen unbegründete Ansprüche dient.[1026]

296 **2. Verschulden.** Die Rspr hat zunächst bei der unberechtigten Schutzrechtsklage die Verschuldensanforderungen hoch angesetzt.[1027] Der Verwarner handelt nicht schuldhaft, wenn er sich durch eine gewissenhafte Prüfung und aufgrund vernünftiger und billiger Überlegungen die Überzeugung verschafft hat, sein Schutzrecht werde rechtsbeständig sein.[1028] Der StdT muss umfassend gewürdigt werden.[1029] Die objektive Möglichkeit zu Zweifeln hinsichtlich der Rechtslage allein begründet nicht ohne weiteres Verschulden,[1030] auch denkbare abw Beurteilung durch die Gerichte ist nicht maßgeblich.[1031] Besondere Sachkenntnis kann die Anforderungen an die Sorgfaltspflicht erhöhen.[1032] Der Inhaber einer eingetragenen Marke kann allerdings grds davon ausgehen, dass dem Bestand des Rechts keine absoluten Eintragungshindernisse entgegenstehen, wie sie das DPMA vor der Eintragung zu prüfen hatte;[1033] dies soll beim Patent entsprechend gelten,[1034] wird aber auf die relativen Schutzvoraussetzungen und die Verwarnung aus einem Gebrauchsmuster nicht ohne weiteres anwendbar sein. Auf die Beratung ihres eigenen Patentanwalts darf sich die Partei jedenfalls bei überschaubaren Sachverhalten verlassen.[1035] Den eingeschalteten Rechtsanwalt trifft gegenüber dem später Verwarnten eine Garantenpflicht dahin, den Schutzrechtsinhaber nicht in einer die Rechtslage unzutr einschätzenden Weise über die Berechtigung der Schutzrechtsverwarnung zu beraten.[1035a] Die Anforderungen können grds nicht anders als bei der Patentverletzung

---

1022 BGH GRUR 1995, 424, 426 Abnehmerverwarnung.

1023 Tendenziell im ersteren Sinn BGH (X. Zivilsenat) BGHZ 165, 311, 314 f = GRUR Detektionseinrichtung II, in letzterem BGH (I. Zivilsenat) GRUR 2006, 432 f Verwarnung aus Kennzeichenrecht II und BGH GRUR 2006, 433, 435 unbegründete Abnehmerverwarnung, dem zust *Teplitzky* GRUR 2007, 177, 179.

1024 Bejahend BGH unbegründete Abnehmerverwarnung; verneinend BGH Verwarnung aus Kennzeichenrecht II, gegen BGHZ 38, 200, 206 f = GRUR 1963, 255 Kindernähmaschinen; BGH GRUR 1976, 715, 717 Spritzgießmaschine; BGH GRUR 1996, 812 f Unterlassungsurteil gegen Sicherheitsleistung, nicht in BGHZ.

1025 Bedenken hiergegen insb bei *Lindenmaier* § 47 Rn 4 mwN; zur Frage der Risikoverteilung Vorlagebeschluss BGH GRUR 2004, 958 f Verwarnung aus Kennzeichenrecht I; über die Vorlage entschieden durch BGHZ 164, 1 = GRUR 2005, 882 unberechtigte Schutzrechtsverwarnung I.

1026 BGHZ 13, 210, 217 f = GRUR 1955, 391 Prallmühle I.

1027 RG GRUR 1931, 640 Schwatten Hetdorper; kr zu zu niedrigen Anforderungen *Hopt* (1968), 255; *Horn* (1971), 124 ff; *Moser von Filseck* (Anm) GRUR 1963, 260 f; *Sack* WRP 1976, 733; *Sack* WRP 2005, 253 f; zum Verschulden bei mangelhaftem Recherchenbericht OLG München OLG-Rp 1993, 69.

1028 RGZ 94, 271, 276 = JW 1919, 453 Sprechmaschine; BGHZ 62, 29 = GRUR 1974, 290 maschenfester Strumpf; BGH GRUR 1979, 332, 336 Brombeerleuchte; BGH GRUR 1996, 812, 814 Unterlassungsurteil gegen Sicherheitsleistung, nicht in BGHZ; vgl zu den Sorgfaltsanforderungen BGH GRUR 2011, 995 besonderer Mechanismus; OLG Düsseldorf GRUR-RR 2014, 315; vgl auch BGH GRUR 1965, 231 Zierfalten; BGH GRUR 1997, 741 f Chinaherde; RGZ 94, 248, 250 f = BlPMZ 1919, 8 Socken, zur GbmVerwarnung.

1029 BGH maschenfester Strumpf.

1030 Vgl BGHZ 2, 387 = GRUR 1951, 452, 455 Mülltonne; OLG Frankfurt GRUR 1967, 114; LG Düsseldorf GRUR 1968, 156, 158.

1031 BGH maschenfester Strumpf.

1032 BGH maschenfester Strumpf.

1033 BGH GRUR 2006, 432 Verwarnung aus Kennzeichenrecht II, zu OLG Düsseldorf GRUR-RR 2002, 213; BGH 2.10.2012 I ZR 37/10 GRUR-RR 2013, 360 Ls XVIII PLUS.

1034 *Meier-Beck* GRUR 2007, 11, 16.

1035 BGH maschenfester Strumpf; strengere Maßstäbe stellt LG München I InstGE 4, 243 bei der Abnehmerverwarnung auf.

1035a BGH GRUR 2016, 630 unberechtigte Schutzrechsverwarnung II.

beurteilt werden,[1036] vgl Rn 103 ff. Auf das Ergebnis des Einspruchsverfahrens darf der Patentinhaber vertrauen, sofern ihm danach kein weitergehender StdT bekannt geworden oder vorwerfbar verborgen geblieben ist.[1037] Entsprechendes gilt für das Nichtigkeitsverfahren.[1038] Gesteigerte Sorgfaltsanforderungen gelten für Abnehmerverwarnungen;[1039] ebenso hinsichtlich der Rechtsbeständigkeit des ungeprüften Schutzrechts,[1040] Zweifel an der Rechtslage müssen aber einen konkreten Bezugspunkt haben.[1041]

Bei **teilweise rechtswidriger Verwarnung** ist für den rechtswidrigen Teil Verschulden zu bejahen, **297** wenn die Verwarnung in ihrem Kerngehalt der rechtl Grundlage entbehrt und der Warnende dies bei sorgfältiger Prüfung der Rechtslage (ggf nach Einholung gutachtlicher Äußerung) erkennen konnte.[1042]

3. Irrtum. Verkennt der Verwarner die Reichweite seines Schutzrechts, schließt das fahrlässiges Ver- **298** halten nicht aus (vgl Rn 113 ff).[1043] Die Rspr ist bisher davon ausgegangen, dass es aus der größeren Sachnähe dem Patentinhaber eher zuzumuten sei, das Risiko einer fahrlässigen Fehleinschätzung der Schutzrechtslage zu tragen.[1044] Das erscheint jedenfalls für die gegenüber dem Abnehmer ausgesprochene Verwarnung aus technischen Schutzrechten weiterhin zutr. Im übrigen bietet das System des bürgerlichen Rechts keine Handhabe, die Haftung etwa auf grobe Fahrlässigkeit oder Leichtfertigkeit zu beschränken. Geht die unberechtigte Verwarnung auf eine fahrlässig unzutr Rechtsberatung des Schutzrechtsinhabers durch einen Rechtsanwalt zurück, kann der Rechtsanwalt neben dem Schutzrechtsinhaber unter dem Gesichtspunkt eines rechtswidrigen und schuldhaften Eingriffs in den eingerichteten und ausgeübten Gewerbebetrieb zum Schadensersatz verpflichtet sein.[1044a] Hat der Rechtsanwalt den Schutzrechtsinhaber bei unklarer Rechtslage auf alle wesentlichen Gesichtspunkte hingewiesen, die für oder gegen eine Verletzung des Schutzrechts sprechen, und entscheidet sich der Schutzrechtsinhaber trotz der aufgezeigten Bedenken dazu, die Verwarnung auszusprechen, kommt eine Haftung des Rechtsanwalts wegen unberechtigter Schutzrechtsverwarnung nach § 823 Abs 1 BGB regelmäßig nicht in Betracht.[1044b]

4. Die Haftung des unberechtigt Verwarnenden kann durch **Mitverschulden** des Verwarnten gemin- **299** dert und im Extremfall ausgeschlossen sein.[1045] Voreiliges, unbesonnenes Verhalten begründet Mitverschulden,[1046] auch Erkennbarkeit bei sorgfältiger Prüfung, dass die Verwarnung unbegründet ist.[1047] Wiederholung der Prüfung kann bei veränderten Umständen erforderlich sein,[1048] zB bei Kenntnis von der Tatsache eines Beschränkungsbeschlusses.[1049] Dass nach Aussetzung des Verletzungsrechtsstreits nicht sogleich die Produktion wieder aufgenommen wird, begründet noch kein Mitverschulden,[1050] ebenso nicht ohne weiteres, wenn sich der Verwarnte auf die Ansicht des eigenen Sachverständigen verlässt.[1051] Das

---

1036 Vgl *Benkard* vor § 9 Rn 21; aA LG Düsseldorf GRUR 1968, 156.

1037 BGH GRUR 1976, 715, 717 Spritzgießmaschine.

1038 Vgl OLG Karlsruhe GRUR-RR 2003, 230.

1039 BGH GRUR 1979, 332 Brombeerleuchte; vgl auch RG GRUR 1941, 102, 104 Warnschreiben; LG Düsseldorf GRUR 1968, 156, 158; *D. Rogge* GRUR 1965, 41, 43; *Moser von Filseck* GRUR 1963, 260, 263; *Larenz/Canaris* Schuldrecht II/2¹³ § 81 III 4 S 554 f; *Lindacher* ZHR 144 (1980), 350, 361 f.

1040 BGH Chinaherde; vgl RB Den Haag 25.8.1999 Boekestein/Koppert, auszugsweise BIE 1999, 393 und referiert in EIPR 2000 N-33; GH Den Haag 20.9.2001, auszugsweise BIE 2001, 391 und referiert in EIPR 2002 N-132, letzteres unter Verneinung der von der Vorinstanz angenommenen Gefährdungshaftung.

1041 BGH maschenfester Strumpf.

1042 BGH WRP 1968, 50 Spielautomat I.

1043 Eine Verschuldensprüfung sieht auch Sec 70 Abs 2A brit Patents Act vor.

1044 *Meier-Beck* GRUR 2005, 535; ökonomische Analyse bei *Peukert* Mitt 2005, 73, 75 f.

1044a BGH GRUR 2016, 630 unberechtigte Schutzrechtsverwarnung II.

1044b BGH unberechtigte Schutzrechtsverwarnung II.

1045 RG GRUR 1942, 54, 56 f Abtrennmesser; BGH GRUR 1963, 255, 259 Kindernähmaschinen, nicht in BGHZ; BGH GRUR 1979, 332, 337 Brombeerleuchte; BGH GRUR 1997, 741 ff Chinaherde; LG München I GRUR 1969, 307.

1046 RG GRUR 1931, 640 f Schwatten Hetdorper.

1047 RG GRUR 1939, 787, 791 Backhilfsmittel; BGH Chinaherde.

1048 BGHZ 71, 86, 93 = GRUR 1978, 492 Fahrradgepäckträger; BGH Chinaherde.

1049 BGH 25.4.1968 X ZR 72/75.

1050 BGH Kindernähmaschinen.

1051 BGH Kindernähmaschinen.

Verhalten beider Seiten ist zu prüfen und zu bewerten.[1052] Zu berücksichtigen ist, ob der Verwarnte Gelegenheit zur Stellungnahme hatte; auch Größe und Stellung des Verwarners fallen ins Gewicht. Für vorprozessuale Verwarnungen, bei denen der Verwarner erkennbar macht, dass er sich erst nach Anhörung des Gegners endgültig entschließen werde, kann der Satz, „bei gleichstarken Partnern trage der Angreifer die höhere Verantwortung", keine Geltung beanspruchen.[1053]

VII. Ansprüche des Verwarnten bei unberechtigter Verwarnung

1. Anspruchsgrundlagen

300   **a.** Die unberechtigte Verwarnung aus gewerblichen Schutzrechten, mit der ein Unterlassungsverlangen ausgesprochen wird,[1054] wird von der Rspr[1055] als **Eingriff in das Recht am** eingerichteten und ausgeübten **Gewerbebetrieb** angesehen und damit § 823 Abs 1 BGB unterstellt.[1056] Die abw Auffassung[1057] ist durch die Entscheidung des Großen Senats für Zivilsachen des BGH[1058] verworfen worden. Die Anspruchsgrundlage greift bei Wettbewerbsverstößen nicht ein.[1059] Der unberechtigten Verwarnung aus einem Patent oder Gebrauchsmuster kann die unberechtigte Forderung auf Rücknahme einer angeblich täuschenden Markenanmeldung wegen der unterschiedlichen Auswirkungen auf die geschäftlichen Dispositionen des Verwarnten nicht gleichgesetzt werden.[1060] Auch in der unberechtigten Verwarnung eines Mitbewerbers wegen vermeintlicher Verletzung eines Ausstattungsschutzes wurde nicht zugleich ein zum Schadensersatz verpflichtender unmittelbarer Eingriff in den Gewerbebetrieb des Zulieferers der angegriffenen Ausstattung gesehen.[1061] Auf Verwarnungen wegen vermeintlicher, auch mittelbarer, Patentverletzungen ist dies allerdings nicht übertragbar.[1062] Eine Verletzung von § 823 Abs 1 BGB kann nach der Rspr des BGH

1052   RG Abtrennmesser.

1053   BGH Kindernähmaschinen.

1054   OLG Düsseldorf InstGE 12, 247; *Kühnen* Hdb[8] Rn C 100; vgl OLG Düsseldorf InstGE 9, 122.

1055   Seit RGZ 58, 24, 27 ff Juteartikel (unter Rückgriff auf RG 6.3.1902 IV 393/01 bei *Schubert* Sammlung sämtlicher Erkenntnisse des Reichsgerichts in Zivilsachen 1902, 471, insoweit nicht in RGZ 51, 66).

1056   RGZ 94, 248 = BlPMZ 1919, 8 Socken; RG GRUR 1931, 640 Schwatten Hetdorper; RGZ 141, 336 = GRUR 1933, 709 Appreturmittel; RG GRUR 1939, 787 f Backhilfsmittel; BGHZ 2, 387 = GRUR 1951, 452 Mülltonne; BGHZ 13, 210 = GRUR 1954, 391 Prallmühle I; BGHZ 38, 200, 203 ff = GRUR 1963, 255 Kindernähmaschinen; BGHZ 62, 29, 33 = GRUR 1974, 290 maschenfester Strumpf; BGH GRUR 1976, 715 Spritzgießmaschine; BGH GRUR 1979, 332, 334 Brombeerleuchte; BGHZ 71, 86 = GRUR 1978, 492 Fahrradgepäckträger; BGH GRUR 1996, 812 f Unterlassungsurteil gegen Sicherheitsleistung, nicht in BGHZ; BGH GRUR 1997, 741 f Chinaherde; BGH GRUR 2001, 54 Subway/Subwear; BGHZ 171, 13 = GRUR 2007, 313 Funkuhr II; OLG Braunschweig Mitt 1999, 314; OLG Frankfurt 10.12.1998 6 U 187/97; OLG Hamburg NJW-RR 1999, 1060; OLG Hamburg GRUR-RR 2003, 257, 259; OLG Nürnberg GRUR 1996, 48; LG Düsseldorf 23.2.2012 4b O 284/10; vgl BGHZ 3, 270 = GRUR 1952, 410 Constanze I; BGHZ 16, 172 = GRUR 1955, 388 Dücko; *Kühnen* Hdb[8] Rn C 100; grds abl, auch da bereits von § 1 UWG aF – Behinderungswettbewerb – erfasst, LG München I 28.4.2004 21 O 20320/03 InstGE 4, 243; ebenso *Larenz/Canaris* Schuldrecht II/2[12] § 81 III 4 S 554 f mwN in Fn 42; *Köhler/Piper* UWG[3] Einf Rn 43; *Baumbach/Hefermehl* UWG[22] Allgemeines Rn 130; *Wagner* ZIP 2005, 49 f; zur Privilegierung unter bestimmten Voraussetzungen nach Sec 70 Abs 4 brit Patents Act 1977 CA England/Wales RPC 1996, 361 = GRUR Int 1997, 845; abl auch *Deutsch* WRP 1999, 25; *Ullmann* GRUR 2001, 1027 f; vgl OLG Düsseldorf Mitt 2002, 291, Markensache; eine Abwägung der gegenläufigen Interessen verlangt OLG Frankfurt 26.5.2015 11 U 18/14.

1057   Vorlagebeschluss BGH GRUR 2004, 958 Verwarnung aus Kennzeichenrecht I; weitere Abweichungen aus neuerer Zeit LG Mannheim 16.7.2004 7 O 94/04 (Strukturierungsprogramm für eine Datenverarbeitungsanlage unter Berücksichtigung geographischer Indizierung, eur Patent 1 163 612); LG Düsseldorf InstGE 3, 86 (Hochdruckreiniger); OLG Düsseldorf GRUR 2003, 814; OLG Düsseldorf 25.3.2004 2 U 151/02 gegen LG Düsseldorf 17.9. 2002 4 O 344/01; LG München I 5.3.2003 21 O 18137/00 und nachfolgend OLG München GRUR-RR 2004, 189 sowie hierzu BGHZ 171, 13 = GRUR 2007, 313 Funkuhr II.

1058   BGHZ 164, 1 = GRUR 2005, 882 unberechtigte Schutzrechtsverwarnung I ebenso BGHZ 165, 311 = GRUR 2006, 219 Detektionseinrichtung II; BGH GRUR 2006, 432 Verwarnung aus Kennzeichenrecht II; BGH GRUR 2006, 433 unbegründete Abnehmerverwarnung; BGHZ 171, 13 = GRUR 2007, 313 Funkuhr II.

1059   BGH GRUR 2011, 152 Kinderhochstühle im Internet I; BGH 20.1.2011 I ZR 31/10; bejahend jedoch OLG Frankfurt NJW-RR 1991, 1006 bei immaterialrechtsgüterähnlichen Positionen wie ergänzendem Leistungsschutz.

1060   BGH GRUR 1969, 479 Colle de Cologne, zum Wz-Recht.

1061   BGH GRUR 1977, 805 Klarsichtverpackung.

1062   Vgl BGHZ 165, 311 = GRUR 2006, 219, 222 Detektionseinrichtung II.

auch bei zutr Behauptung eines Wettbewerbsverstoßes in einer Warnung noch darin liegen, dass deren Form und Begleitumstände über das gebotene Maß hinausgehen;[1063] besser sollte hier nur auf § 826 BGB und die Bestimmungen des UWG zurückgegriffen werden.[1064] Der Eingriff muss den Gewerbebetrieb unmittelbar treffen, bloße Beeinträchtigung als Folge von Reflexwirkungen reicht nicht aus.[1065] Jedoch genügt eine provozierte Reaktion des Verwarnten.[1066] In Rspr und Lit wurde und wird die Haftung zT aus § 1 UWG aF,[1067] § 3 UWG aF,[1068] §§ 3, 4 Nr 1, 8, 10, § 9 UWG,[1069] die allerdings anders als § 823 BGB ein Wettbewerbsverhältnis voraussetzen und auch im übrigen den Schutz zurücknehmen würden,[1070] zT aus § 826 BGB begründet.[1071] Gefährdungshaftung, etwa entspr §§ 717, 945 ZPO, kommt nicht in Betracht.[1072] Im Ausland ist ein Schadensersatzanspruch des Verwarnten nur bei Bösgläubigkeit des Verwarnenden in Österreich, dem VK und den VStA gegeben, die unberechtigte Abnehmerverwarnung begründet Ansprüche des Verwarnten in Österreich, Japan und den USA, in den Niederlanden jedenfalls dann, wenn dem Verwarnenden ein Vorwurf gemacht werden kann. In Frankreich ist es unlauter, den Abnehmer statt den Hersteller zu verwarnen. Im VK haftet der Verwarnende, der die Beweislast für die Verletzung trägt, aufgrund gesetzlicher Grundlage (Sec 70 Patents Act) verschuldensunabhängig.[1073]

In der Rspr wurde angenommen, dass die **Klageerhebung** erst recht einen solchen Eingriff darstellen kann;[1074] dies sollte auch für die Androhung der Vollstreckung aus einem vorläufig vollstreckbaren Unterlassungstitel gelten[1075] (jedenfalls, solange eine erforderliche Sicherheitsleistung nicht erbracht ist). Dem ist mit der neueren BGH-Rspr nicht zuzustimmen, weil das Betreiben eines gesetzlich eingerichteten und geregelten Verfahrens iS einer „prozessualen Privilegierung" grds nicht in ein geschütztes Rechtsgut des Prozessgegners (nicht auch eines Dritten,[1076] der die gerichtliche Geltendmachung allerdings nicht unterbinden, aber Schadensersatz verlangen kann) eingreift und der in Anspruch Genommene sich in diesem Verfahren hinreichend zur Wehr setzen kann.[1077] Daher kann aus den Gesichtspunkten, die für die Zulässigkeit der gerichtlichen Geltendmachung sprechen, auch nichts für die Zulässigkeit der Verwarnung hergeleitet werden, der Schluss a maiore ad minus ist nicht gerechtfertigt.[1078]   **301**

1063 BGH Constanze I; BGH WRP 1968, 50 Spielautomat I.

1064 Vgl zur „Constanze"-Doktrin *Larenz/Canaris* Schuldrecht II/2[13] § 81 III 2 S 548 ff; vgl auch ÖOGH 20.3.2007 4 Ob 249/06 Urheberrechtsverwarnung, Ls in ÖBl 2007, 159; ÖOGH ÖBl 2008, 30 Sales Manager Austria III, auch zur Kreditschädigung.

1065 BGH Klarsichtverpackung; BGH GRUR 1987, 468 Komposthäcksler; BGHZ 165, 311 = GRUR 2006, 219 Detektionseinrichtung II; OLG München GRUR-RR 2004, 189 verneint Unmittelbarkeit gegenüber Zulieferern bei Abnehmerverwarnung; vgl nachgehend BGHZ 171, 13 = GRUR 2007, 313 Funkuhr II.

1066 Vgl BGHZ 62, 29 = GRUR 1974, 290 maschenfester Strumpf.

1067 So auch OLG Düsseldorf Mitt 1996, 60 unter Hinweis auf BGH GRUR 1995, 424 Abnehmerverwarnung; vgl aber BGH GRUR 2001, 350 Verbandsklage gegen Vielfachabmahner mwN, wonach die Abmahnung selbst dann, wenn das beanstandete Verhalten rechtmäßig ist, nur ausnahmsweise wettbewerbswidrig ist; vgl auch BGH GRUR 2004, 958 Verwarnung aus Kennzeichenrecht I.

1068 KG 12.9.2003 5 U 6683/00 und nachgehend BGH 13.6.2006 X ZR 197/03.

1069 Vgl *Wagner* ZIP 2005, 49; *Ullmann* GRUR 2001, 1027, 1030; *Köhler/Bornkamm* § 4 UWG Rn 10.178; BGH GRUR 2006, 433 unbegründete Abnehmerverwarnung; zum „Anschwärzen" nach § 7 öUWG ÖOGH ÖBl 2000, 36 = GRUR Int 2000, 558 Spritzgußwerkzeuge.

1070 Vgl *Ullmann* GRUR 2001, 1027, 1030; *Peukert* Mitt 2005, 73 f; *Teplitzky* GRUR 2005, 9, 13 f.

1071 Vgl *Horn* S 188 ff; *ders* GRUR 1971, 451, 453; *Sack* WRP 1976, 735, nunmehr – *Sack* Unbegründete Schutzrechtsverwarnungen, 2006, S 225 ff – Haftung nach § 823 Abs 1 BGB nur subsidiär gegenüber der Haftung aus wettbewerbsrechtl Tatbeständen und aus § 826 BGB; *Lindacher* ZHR 144, 356, 363; für eine Haftung aus culpa in contrahendo *Quiring* WRP 1983, 317, 323 ff.

1072 RG GRUR 1939, 787, 789 Backhilfsmittel; BGH Kindernähmaschinen; BGH Chinaherde.

1073 Vgl *Dohi* GRUR Int 1985, 641.

1074 RG GRUR 1931, 640 Schwatten Hetdorper; RG GRUR 1939, 787 Backhilfsmittel; BGHZ 38, 200, 208 = GRUR 1963, 255 Kindernähmaschinen; LG Düsseldorf Mitt 1998, 273, 274: auch unberechtigte Einleitung eines Verfügungsverfahrens.

1075 Vgl BGHZ 131, 233 = GRUR 1996, 812, 814 Unterlassungsurteil gegen Sicherheitsleistung.

1076 BGHZ 118, 201, 205 f = NJW 1992, 2014; BGHZ 165, 311 = GRUR 2006, 219 Detektionseinrichtung II.

1077 BGHZ 164, 1, 7 = GRUR 2005, 882 unberechtigte Schutzrechtsverwarnung I; BGH GRUR 2006, 432 Verwarnung aus Kennzeichenrecht II; so schon BGH GRUR 1998, 587 Bilanzanalyse Pro 7 mwN; BGHZ 154, 269, 271 = NJW 2003, 1934 mwN; BGH NJW 2004, 446 f; vgl *Meier-Beck* WRP 2006, 790; *Meier-Beck* GRUR 2007, 11, 16; *Kühnen* Hdb[8] Rn C 97.

1078 *Teplitzky* GRUR 2005, 9, 13; *Meier-Beck* GRUR 2005, 535; vgl BGHZ 164, 1 = GRUR 2005, 882 unberechtigte Schutzrechtsverwarnung I.

302   b. Auch **Abnehmerverwarnungen** werden erfasst.[1079] Die Abnehmerverwarnung ist grds zulässig, wenn Verletzungshandlungen auch vom Abnehmer zu erwarten sind und ein Hinweis an ihn nach den Umständen angemessen und erforderlich ist.[1080] Sie muss sich auf eine aus der Sicht des Erklärungsempfängers tatsächlich patentverletzende Ausführungsform beziehen und dem Abnehmer hinreichend deutlich machen, durch welche technischen Merkmale des beanstandeten Produkts die Verletzung charakterisiert wird, andernfalls stellte sie nach früherer Rechtslage jedenfalls eine sittenwidrige Behinderung des Konkurrenten dar.[1081] Wer zu einer einschneidenden öffentlichen Warnung schreiten will, muss besonders sorgfältig die Rechtslage prüfen;[1082] das gilt insb bei der Abnehmerverwarnung.[1083] Bei einer gegenüber Dritten ausgesprochenen Verwarnung kann § 4 Nr 2 UWG (früher: § 4 Nr 8 UWG) anwendbar sein, wenn sie als Behauptung einer Tatsache zu werten ist.[1084] Wieweit eine Tatsachenbehauptung vorliegt, ist Frage des Einzelfalls.[1085] Die Verwarnung kann danach zum Schadensersatz selbst dann verpflichten, wenn sie ohne Verschulden ausgesprochen ist. Neben § 4 Nr 2 UWG ist auch hier § 823 BGB anwendbar.[1086] Die von einem Lieferanten übernommene Verpflichtung, seinen wegen einer angeblichen Schutzrechtsverletzung abgemahnten Abnehmer von jeglichen Ansprüchen des abmahnenden Dritten freizustellen, schließt typischerweise auch die Pflicht zur Abwehr der von dem Dritten erhobenen Ansprüche ein.[1087]

2. Rechtsfolgen

303   a. Schon die rechtswidrige Verwarnung löst einen **Unterlassungsanspruch** aus.[1088] Dies gilt nicht, wenn die Verwarnung aus anderem Grund berechtigt gewesen wäre.[1089] Als Störer kann bei einer Verwarnung durch den Lizenznehmer auch der Lizenzgeber in Betracht kommen, der den Lizenznehmer ermächtigt hat, Verletzer in Anspruch zu nehmen.[1090]

304   b. Bei fortwirkenden Störungszuständen aufgrund öffentlicher Warnung kommt ein **Beseitigungsanspruch** in Betracht, der auf Widerruf gerichtet ist;[1091] Zurückhaltung ist hier allerdings geboten.[1092] Entsprechendes gilt bei Behauptungen gegenüber Dritten.[1093]

305   c. Die unberechtigte Verwarnung kann bei schuldhaftem Handeln Schadensersatzansprüche nach § 823 Abs 1 BGB auslösen,[1094] daneben kommt Verstoß gegen § 826 BGB und Bestimmungen des UWG in

---

1079 Zur Anwendung des § 823 Abs 1 BGB auf unberechtigte Abnehmerverwarnungen aus Geschmacksmuster- und Urheberrechten BGH GRUR 1979, 332 Brombeerleuchte; vgl hierzu auch LG Düsseldorf Mitt 1998, 273 f.
1080 BGH GRUR 1995, 424 Abnehmerverwarnung.
1081 LG Düsseldorf 25.6.1996 4 O 386/95 Entsch 1996, 57.
1082 BGH WRP 1968, 50 Spielautomat I.
1083 LG Düsseldorf GRUR 1968, 156, 158; LG München I InstGE 4, 243.
1084 RG MuW 31, 276, 278 Ablaßvorrichtung; BGHZ 38, 200 = GRUR 1963, 255, 257 Kindernähmaschinen; BGH WRP 1968, 50 Spielautomat I; öOGH ÖBl 1977, 11 Stahlkanalverbau; öOGH ÖBl 1999, 186, 189 = GRUR Int 1999, 796 Pat and Pat pend.; öOGH ÖBl 2000, 36, 38 = GRUR Int 2000, 558 Spritzgußwerkzeuge; kr *Hesse* GRUR 1979, 438; *Winkler* GRUR 1980, 528; vgl *Kühnen* Hdb[8] Rn C 125.
1085 Vgl BGH GRUR 1970, 254 Remington; BGH GRUR 1979, 332, 334 Brombeerleuchte; öOGH Pat and Pat pend.
1086 BGH Spielautomat I; vgl *Larenz/Canaris* Schuldrecht II/2[13] § 81 I 4a S 543.
1087 BGH NJW-RR 2011, 479 Türscharniere.
1088 RG GRUR 1934, 444, 446 Herdplattenring; RG GRUR 1940, 441, 443 Spiegelbildvervielfältigung I; RG GRUR 1942, 54 f Abtrennmesser; BGHZ 38, 200, 206 = GRUR 1963, 255 Kindernähmaschinen; vgl BGH GRUR 1966, 386 Wärmeschreiber 01; *Kühnen* Hdb[8] Rn C 96.
1089 Vgl RG Herdplattenring.
1090 LG Düsseldorf 16.1.1997 4 O 410/95 Entsch 1997, 24 Ls.
1091 Vgl BGH GRUR 1959, 143 Blindenseife; BGH GRUR 1960, 500, 503 Plagiatsvorwurf I; BGH GRUR 1992, 527 Plagiatsvorwurf II; zum Anspruch auf Urteilsveröffentlichung öOGH ÖBl 2000, 36, 38 f = GRUR Int 2000, 558 Spritzgußwerkzeuge.
1092 BGH GRUR 1970, 254, 256 Remington; *Benkard* vor § 9 Rn 19.
1093 Vgl RG GRUR 1938, 891 Formsandaufbereiter.
1094 RGZ 94, 248 f = BlPMZ 1919, 8 Socken; BGHZ 62, 29, 33 = GRUR 1974, 290 maschenfester Strumpf; BGH GRUR 1975, 315 Metacolor; BGH GRUR 1976, 715 Spritzgießmaschine; BGHZ 71, 86 = GRUR 1978, 492 Fahrradgepäckträger; BGH GRUR 1969, 479 Colle de Cologne; BGH GRUR 1997, 741 f Chinaherde; OLG Nürnberg GRUR 1996, 48; *Kühnen* Hdb[8] Rn C 122.

Betracht.[1095] Zu beachten ist der subsidiäre Charakter der Haftung für Eingriffe in den Gewerbebetrieb nach § 823 Abs 1 BGB. Der **Schadensersatzanspruch** setzt Verschulden voraus.[1096] Jedoch werden die Sorgfaltspflichten des Verwarners maßgeblich dadurch bestimmt, wieweit er auf den Bestand und die Tragfähigkeit seines Schutzrechts vertrauen darf.[1097] Auch ein auf den Bestand des Schutzrechts gestütztes Verhalten kann schuldhaft sein, jedenfalls wenn der Schutzrechtsinhaber weitergehende Kenntnisse über den StdT hat als die Erteilungsbehörden, diese aber entgegen seiner Wahrheitspflicht zurückhält, oder wenn ihm entsprechendes Material nachträglich bekannt wird.[1098]

d. Bei schuldlosem Handeln kommen **Bereicherungsansprüche** in Betracht.[1099] Ein Anspruch des **306** Herstellers nach § 812 Abs 1 BGB auf Herausgabe vermehrter Lizenzeinnahmen gegen den Patentinhaber besteht nicht, wenn der Patentinhaber Abnehmer des Herstellers zu Unrecht verwarnt hat und die Abnehmer daraufhin bei Lizenznehmern des Patentinhabers bezogen haben.[1100]

3. Der **Schaden** kann in der Gewinneinbuße durch Einstellen der Herstellung oder des Vertriebs lie- **307** gen,[1101] in entgangenen Aufträgen,[1102] in Schadensersatzansprüchen des Lieferanten;[1103] auch in Kosten zur Abwehr der Verwarnung.[1104] Er ist erforderlichenfalls nach § 287 ZPO zu schätzen.[1105] Die Kosten einer Abwehr der Abnehmerverwarnung durch den nicht verwarnten Zulieferer wurden als uneingeschränkt erstattungsfähig behandelt.[1106]

4. Ist nur ein Teil des Inhalts der Warnung unberechtigt, ist **Kausalität** für den Schaden gegeben, **308** wenn auch der widerrechtl Teil für sich allein die gleiche Wirkung beim Verwarnten hervorgerufen hät- te.[1107] Der BGH billigt Schadensersatz nur zu, wenn feststeht, dass eine Verletzung des Patents nicht vor- lag, weil aus einer aus formalen Gründen unberechtigten Verwarnung kein ersatzfähiger Schaden herge- leitet werden kann, sofern der Verwarnte aus materiellen Gründen auch ohne vorhergehende Verwarnung zur Unterlassung gezwungen ist.[1108] Zur Verjährung des Schadensersatzanspruchs Rn 25 zu § 141.

K. Der **„Patentverruf"**, die abträgliche Äußerung über das Patent, kann im Einzelfall Erstbegehungs- **309** gefahr für Patentverletzungen begründen. Er bildet das Gegenstück zur unberechtigten Verwarnung,[1109]

1095 *Mes* Rn 252.
1096 BGHZ 38, 200, 203 ff = GRUR 1963, 255 Kindernähmaschinen; BGH maschenfester Strumpf; BGH Chinaherde; BGH GRUR 2006, 432 Verwarnung aus Kennzeichenrecht II; RGZ 60, 344 f = JW 1905, 430 Schaden des zu Unrecht Beklagten; RG GRUR 1939, 787, 789 Backhilfsmittel; RG GRUR 1940, 441, 443 Spiegelbildvervielfältigung I.
1097 BGH Verwarnung aus Kennzeichenrecht II, Markensache: dort grds bejaht bei vom DPMA zu prüfenden absoluten Eintragungshindernissen.
1098 BGHZ 165, 311 = GRUR 2006, 219, 222 Detektionseinrichtung II.
1099 BGHZ 38, 200, 204 = GRUR 1963, 255 Kindernähmaschinen; vgl BGH GRUR 1965, 231 Zierfalten; *vom Stein* GRUR 1956, 248, 250; *Bruchhausen* Mitt 1969, 286; *Haines* Bereicherungsansprüche bei Warenzeichenverletzungen und unlauterem Wettbewerb (1970), 104; aA *Zeller* Mitt 1957, 24; *Horn* GRUR 1971, 442, 446; vgl auch *von Falck/Ohl* GRUR 1971, 541, 549; Ansprüche aus § 678 BGB bejaht OLG München GRUR-RR 2008, 461, hiergegen *Kühnen* Hdb[8] Rn C 101.
1100 BGHZ 71, 86, 97 = GRUR 1978, 492 Fahrradgepäckträger.
1101 BGHZ 38, 200 = GRUR 1963, 255, 257 Kindernähmaschinen; BGH GRUR 1997, 741, 743 f Chinaherde; *Kühnen* Hdb[8] Rn C 123.
1102 RGZ 156, 321, 325 f = GRUR 1938, 36 Braupfannenkocher; BGHZ 71, 86 = GRUR 1978, 492 Fahrradgepäckträger; BGH Chinaherde.
1103 BGH Chinaherde.
1104 OLG Düsseldorf 31.1.2013 2 U 54/11; OLG Frankfurt GRUR 1967, 114; OLG Braunschweig Mitt 1999, 314 mNachw zum Streitstand; LG Düsseldorf GRUR 1966, 637; LG Düsseldorf Mitt 1989, 77; LG Essen Mitt 1987, 32; LG Freiburg GRUR 1980, 937; LG Mannheim GRUR 1980, 935, 937; LG München I GRUR 1969, 307; LG München I Mitt 1995, 54 f: Patentanwaltskosten neben Rechtsanwaltskosten; LG Mainz GRUR 1994, 80: *Kühnen* Hdb[8] Rn C 123; aA LG Nürnberg-Fürth WRP 1978, 325.
1105 Vgl BGH Chinaherde.
1106 OLG Düsseldorf GRUR-RR 2014, 315; *Kühnen* Hdb[8] Rn C 101.
1107 RGZ 156, 321, 325 = GRUR 1938, 36 Braupfannenkocher; BGH GRUR 1963, 255 Kindernähmaschinen; BGH WRP 1968, 50 Spielautomat I.
1108 BGH GRUR 1995, 424, 426 Abnehmerverwarnung.
1109 *Klauer/Möhring* § 47 Rn 51.

kann wie diese einen Eingriff in den Gewerbebetrieb bedeuten und damit Haftung aus § 823 Abs 1 BGB begründen,[1110] bei wettbewerbsrelevantem Handeln kommen daneben die Tatbestände des UWG und des § 824 BGB in Betracht,[1111] § 824 BGB bietet aber keinen Schutz vor abwertenden Meinungsäußerungen.[1112] Jedenfalls bei den wettbewerbsrechtl Anspruchsgrundlagen kann dabei der Satz, dass bei mehreren möglichen Deutungen des Inhalts der Äußerung der rechtlichen Beurteilung diejenige zugrunde zu legen ist, die dem in Anspruch Genommenen günstiger ist,[1113] keine Geltung beanspruchen. In der Lit[1114] wird auch § 1004 BGB herangezogen, dies trifft bei herabsetzenden Tatsachenbehauptungen zu.[1115] Prozessual rechtfertigt der Patentverruf eine negative Feststellungsklage nach § 256 ZPO.[1116] Eine Markenanmeldung kann einen nach § 826 BGB zu beurteilendem Patenteingriff darstellen.[1117]

§ 140
(Aussetzung des Rechtsstreits bei Ansprüchen aus offengelegter Anmeldung)

[1]Werden vor der Erteilung des Patents Rechte aus einer Anmeldung, in deren Akten die Einsicht jedermann freisteht (§ 31 Abs. 1 Satz 2 Halbsatz 2 und Abs. 2), gerichtlich geltend gemacht und kommt es für die Entscheidung des Rechtsstreits darauf an, daß ein Anspruch nach § 33 Abs. 1 besteht, so kann das Gericht anordnen, daß die Verhandlung bis zur Entscheidung über die Erteilung des Patents auszusetzen ist. [2]Ist ein Antrag auf Prüfung gemäß § 44 nicht gestellt worden, so hat das Gericht der Partei, die Rechte aus der Anmeldung geltend macht, auf Antrag des Gegners eine Frist zur Stellung des Antrags auf Prüfung zu setzen. [3]Wird der Antrag auf Prüfung nicht innerhalb der Frist gestellt, so können in dem Rechtsstreit Rechte aus der Anmeldung nicht geltend gemacht werden.

Ausland: Dänemark: vgl § 61 (Nichtigkeitseinwand) PatG 1996; **Luxemburg:** vgl Art 78 PatG 1992/1998; **Österreich:** vgl § 156 öPatG (Vorfragenkompetenz; Aussetzung, geänd 2005); **Schweiz:** für das Strafverfahren Art 86 PatG, für eur Patente Art 128 PatG

Übersicht

Schrifttum: (vgl auch die Lit zu § 33 und vor Rn 26 Einl PatG): *Augenstein/Roderburg* Aussetzung des Patentverletzungsverfahrens nach Änderung der Patentansprüche, GRUR 2008, 457; *Brinkhof* Aussetzung des Verletzungsverfahrens in den Niederlanden, GRUR Int 1989, 444; *Cook* Staying Alive! A further patent action is stayed pending EPO opposition

---

1110 LG Berlin GRUR 1942, 93; vgl auch Ls 1 b zu RG GRUR 1935, 722 Brauereihefe I; RG GRUR 1943, 205 f Überfangglas.
1111 RG GRUR 1936, 269, 270 Vollgummiringe; BGH GRUR 1967, 596 Kuppelmuffenverbindung; vgl auch RG BlPMZ 1896, 179 feuersichere Decken; RG BlPMZ 1904, 73, 75 Dinassteine I; BGH GRUR 1992, 527 Plagiatsvorwurf II; zur Herabsetzung fremder Schutzrechte vgl auch BGHZ 125, 91 = GRUR 1994, 808 Markenverunglimpfung I und BGH GRUR 1995, 57 Markenverunglimpfung II.
1112 BGH GRUR 2015, 289 Hochleistungsmagneten.
1113 BGH NJW 2004, 598 Klinik Monopoly.
1114 *Benkard* vor § 9 Rn 28 unter Hinweis auf RG GRUR 1943, 205 f Überfangglas.
1115 Vgl auch BGHZ 183, 309 = GRUR 2010, 253 Fischdosendeckel und hierzu *Neef* (Anm) JR 2011, 107; BGH Hochleistungsmagneten.
1116 RGZ 127, 197, 200 f = GRUR 1930, 524 Schraubenmuttern.
1117 Vgl BGH GRUR 1967, 304, 306 Siroset; vgl auch die Kommentierungen bei *Reimer* § 6 Rn 84, *Lindenmaier* § 47 Rn 11 und *Benkard* vor § 9 Rn 28.

proceedings, EIPR 2001, 304; *Dagg* „To stay … or not to stay" – Ein europäischer Blick auf die Aussetzungspraxis in Patentrechtsstreitigkeiten während anhängiger EPA-Einspruchsverfahren, Mitt 2003, 1; *Fock/Bartenbach* Zur Aussetzung nach § 148 ZPO bei Patentverletzungsverfahren, Mitt 2010, 155; *Grabinski* Angst vor dem Zitterrochen? Zur Verfahrensaussetzung nach Art 27, 28 VO (EG) Nr. 44/2001 vor deutschen Gerichten, FS W. Tilmann (2003), 461; *Kaess* Die Schutzfähigkeit technischer Schutzrechte im Verletzungsverfahren, GRUR 2009, 276; *Kirby/Pearson* Stay Applications: From Kimberly Clark v. Procter & Gamble to Rambus v. Micron, EIPR 2001, 367; *U. Krieger* Nochmals: Die Aussetzung des Patentverletzungsprozesses, GRUR 1996, 941; *Lenz* Anmerkungen zum „Olanzapin"-Urteil des OLG Düsseldorf, GRUR 2008, 1042; *Melullis* Zur Notwendigkeit einer Aussetzung des Verletzungsprozesses bei Anpassungen der Schutzansprüche an Bedenken gegen deren Schutzfähigkeit, FS J. Bornkamm (2014), 713; *Ochs* Aussetzung im Gebrauchsmusterverfahren, Mitt 2014, 534; *Ohl* Die Aussetzung des Rechtsstreits wegen Verletzung des einstweiligen Rechtsschutzes nach § 47a PatG, FS 20 Jahre VVPP (1975), 119; *Reimann/Kreye* Weiteres zur Aussetzung des Patentverletzungsverfahrens, FS W. Tilmann (2003), 587; *R. Rogge* Zur Aussetzung in Patentverletzungsprozessen, GRUR Int 1996, 386; *Scharen* Die Aussetzung des Patentverletzungsstreits wegen anhängiger, jedoch erstinstanzlich noch nicht beschiedener Nichtigkeitsklage, FS 50 Jahre VPP (2003), 396; *Schmieder* Zur Kompetenzverteilung zwischen Nichtigkeits- und Verletzungsverfahren nach neuem Patentrecht, GRUR 1978, 561; *Stjerna* Die eingeschränkte Geltendmachung technischer Schutzrechte im Verletzungsstreit, Mitt 2009, 302; *A. von Falck* Einige Gedanken zur Aussetzung des Patentverletzungsstreits nach Artt 27, 28 EuGVVO bei Torpedoklagen, FS P. Mes (2009), 111; *von Maltzahn* Die Aussetzung im Patentverletzungsprozeß nach § 148 ZPO bei erhobener Patentnichtigkeitsklage, GRUR 1985, 163; *Walter* Die Aussetzung des Verletzungs- und Nichtigkeitsprozesses wegen eines vor dritten Instanzen anhängigen Einspruchs- oder Nichtigkeitsverfahrens nach schweizerischem Recht, GRUR Int 1989, 441.

A. Entstehungsgeschichte, Anwendungsbereich

Die Bestimmung ist als § 47a durch das PatÄndG 1967 eingefügt und durch Art 8 Nr 62 GPatG neu gefasst worden. Sie schafft bei ungeprüften nationalen Patentanmeldungen, die bereits nach § 33 Entschädigungsansprüche begründen, eine (über § 148 ZPO hinausgehende, da nicht auf Vorgreiflichkeit im strengen Sinn abstellende) Aussetzungsmöglichkeit (zur entspr Anwendbarkeit bei ungeprüften eur Patentanmeldungen Rn 8 zu Art II § 1 IntPatÜG, bei PCT-Anmeldungen mit dem DPMA als Bestimmungsamt Rn 6 zu Art III § 8 IntPatÜG). Daneben besteht auch hier die Aussetzungsmöglichkeit nach § 148 ZPO. Zur Aussetzung in GbmStreitsachen § 19 GebrMG. **1**

Eine **Verfahrensaussetzung aus Zweckmäßigkeitsgründen** kommt grds nicht in Betracht.[1] Das gilt auch im Fall von „Musterprozessen"; die Bestimmung enthält keine allg Ermächtigung, die Verhandlung eines Rechtsstreits zur Abwendung einer vermeidbaren Mehrbelastung des Gerichts auszusetzen.[2] Eine Aussetzung bei „Massenverfahren" ist diskutiert worden; der BGH hat die Möglichkeit offen gelassen.[3] Jedoch haben die Gerichte in verschiedenen Fällen Verfahren mit Rücksicht auf beim BGH anhängige parallel gelagerte Fälle[4] oder dem EuGH zur Vorabentscheidung vorgelegte Verfahren[5] ausgesetzt (vgl auch Rn 30). Der BGH hat indes eine Aussetzungsmöglichkeit wegen anhängiger Parallelverfahren verneint,[6] eine solche im Hinblick auf EuGH-Vorlagen jedoch nunmehr zugelassen.[7] Eine Aussetzung nach § 8 Kapitalanleger-Musterverfahrensgesetz kommt in Patentstreitsachen nicht in Betracht. **2**

---

1 OLG Koblenz 5.4.2001 19 W 201/01 (SortSache).
2 BGH GRUR 2005, 615 Aussetzung wegen Parallelverfahren mwN.
3 BGH Aussetzung wegen Parallelverfahren.
4 Vgl OLG Koblenz 21.9.2004 1 U 224/04; OLG Koblenz 21.9.2004 1 U 225/04; OLG Koblenz 21.9.2004 1 U 674/04; OLG Koblenz 21.9.2004 1 U 683/04; OLG Koblenz 21.9.2004 1 U 697/04 (SortSachen).
5 OLG Koblenz 21.9.2004 1 U 658/04.
6 BGH Aussetzung wegen Parallelverfahren, BGH 30.3.2005 X ZB 20/04, X ZB 21/04, X ZB 22/04, X ZB 23/04, X ZB 25/04, jeweils zu den vorgenannten Aussetzungsbeschlüssen des OLG Koblenz (alles SortSachen).
7 BGH 31.5.2012 I ZB 29/10 GRUR-RR 2012, 496 Ls Le-Corbusier-Möbelmodell (UrhSache); vgl BGH Aussetzung wegen Parallelverfahren; bejahend BAG 6.11.2002 5 AZR 279/01 (A) EzA-SD 2002, Nr 24, 3; BPatGE 45, 89 = GRUR 2002, 734; vgl EuGH 14.12.2000 C-344/98 Slg I 11369 = GRUR Int 2001, 222, 337 Tz 57 f Masterfoods; abl öOGH ÖBl 1997, 254, 255 T-Gewinnspiele; wohl auch OLG München BB 2000, 1061.

B. Aussetzung bei Entschädigungsanspruch

I. Grundsätze

3   § 140 ermöglicht eine Aussetzung bei der Geltendmachung von Ansprüchen aus offengelegten Patentanmeldungen (§ 31 Abs 2 Nr 2) und von vorzeitig offengelegten Anmeldungen (§ 31 Abs 2 Nr 1). In diesen Fällen führt der Offenlegungshinweis (§ 32 Abs 5) den Entschädigungsanspruch nach § 33 Abs 1 herbei, sofern nicht der Gegenstand der Anmeldung offensichtlich nicht patentfähig ist (§ 33 Abs 2). Die frühere Aussetzungsmöglichkeit bei Anmeldungen, die aus einer Teilung im Einspruchsverfahren entstanden sind (§ 31 Abs 1 Satz 2 2. Halbs aF), ist mit Wegfall dieser Teilungsmöglichkeit entfallen. Wird der Entschädigungsanspruch gerichtlich geltend gemacht und ist sein Bestehen entscheidungserheblich, also die Klage nicht schon aus anderen Gründen (prozessuale Mängel, kein Eingriff in den Schutzbereich der Anmeldung, Benutzungsrecht) abzuweisen,[8] kann das Gericht nach seinem pflichtgem Ermessen das Verfahren bis zur Entscheidung über die Patenterteilung aussetzen. Ernsthafte Zweifel an der Patentfähigkeit rechtfertigen regelmäßig Aussetzung;[9] die Gesichtspunkte, die bei Ansprüchen aus einem Patent gegen eine großzügige Handhabung sprechen, können bei der offengelegten Anmeldung keine Geltung beanspruchen.[10] Das Verletzungsgericht ist aber nicht gehindert, von der Patentfähigkeit der Anmeldung auszugehen und durchzuentscheiden. Eine Aussetzungsmöglichkeit besteht nicht, wenn der Gegenstand der Anmeldung offensichtlich nicht patentfähig ist, da die Klage in diesem Fall abweisungsreif ist (Rn 11 zu § 33).[11]

II. Verfahren

4   **1. Entscheidung über die Aussetzung.** Die Aussetzung wird für die Zeit bis zur Entscheidung über die Erteilung des Patents angeordnet. Es steht im Ermessen des Gerichts, bis zur Entscheidung der Prüfungsstelle oder ihrer Bestandskraft auszusetzen[12] und im ersten Fall nach der Entscheidung nach § 49 erneut über die Aussetzung nach § 140 zu entscheiden. Nach bestandskräftiger Patenterteilung kommt nur noch Aussetzung nach § 148 ZPO in Betracht (Rn 7 ff).

5   **2. Erzwingung des Prüfungsantrags.** Ist ein Prüfungsantrag noch nicht gestellt, kann der in Anspruch Genommene dessen Stellung durch entspr Antrag erzwingen (Satz 2). Dies gilt auch, wenn ein unwirksamer Prüfungsantrag bereits gestellt wurde, ebenso nach Stellung eines Rechercheantrags. Das Gericht hat auf Antrag des Gegners dem, der Rechte aus der Anmeldung geltend macht, eine Frist zur Stellung des Prüfungsantrags zu setzen. Die Regelung trägt dem Umstand Rechnung, dass zwar jeder zur Stellung des Prüfungsantrags berechtigt, seine Stellung aber Obliegenheit dessen ist, der Rechte aus der Anmeldung geltend machen will, und auch dieser mit den entspr Kosten belastet werden soll. Der Antrag kann nur (ganz) zurückgewiesen werden, wenn ein wirksamer Prüfungsantrag bereits gestellt ist (auch wenn er wieder zurückgenommen worden ist) oder es auf die Patentfähigkeit der Anmeldung nicht ankommt oder diese offensichtlich zu verneinen ist.[13] Die richterliche Frist ist verlängerbar, mangels Vorliegens der Voraussetzungen des § 233 ZPO aber nicht wiedereinsetzungsfähig.[14]

6   **3. Folgen der Versäumnis.** Wird der Prüfungsantrag nicht wirksam, dh unter Zahlung der Gebühr, fristgerecht gestellt, können in dem Rechtsstreit Rechte aus der Anmeldung nicht (weiter) geltend gemacht werden (Satz 3). Stellung des Prüfungsantrags durch einen Dritten genügt. Fehlender Prüfungsantrag begründet ein Prozesshindernis,[15] wirkt sich materiell auf das Bestehen des Anspruchs aber nicht aus; die

---

8   *Schulte* Rn 7; *Mes* Rn 3.
9   *Kraßer* S 905 (§ 37 10).
10   Vgl *Fitzner/Lutz/Bodewig* R n 11.
11   OLG Karlsruhe Mitt 1973, 112; *Schulte* Rn 8; *Fitzner/Lutz/Bodewig* Rn 12; *Benkard* Rn 3; *Mes* Rn 3.
12   Ähnlich *Schulte* Rn 7; *Fitzner/Lutz/Bodewig* Rn 13; aA *Benkard* Rn 3 aE: nur bis zur Entscheidung nach § 49, danach sei die Aussetzung erneut zu prüfen.
13   *Benkard* Rn 4; *Fitzner/Lutz/Bodewig* Rn 17.
14   *Benkard* Rn 4; *Schulte* Rn 12; *Klauer/Möhring* § 47a Rn 6; *Lindenmaier* § 47a Rn 2; *Reimer* § 47a Rn 2.
15   *Fitzner/Lutz/Bodewig* Rn 18; *Mes* Rn 4.

Klage ist als unzulässig, nicht als unbegründet abzuweisen.[16] Der Nachweis der rechtzeitigen Stellung des Prüfungsantrags kann noch nach Fristablauf erbracht werden.[17]

C. Aussetzung bei Einspruch und Nichtigkeitsklage[18]

I. Grundsätze

Der Beklagte kann sich im Patentverletzungsprozess[19] (anders im GbmVerletzungsprozess,[20] § 19 **7**
GebrMG; Rn 4 zu § 24 GebrMG) nach bisher gefestigter Rspr nicht mit dem Einwand mangelnder Schutzfähigkeit des Klagepatents („Nichtigkeitseinwand") verteidigen (Rn 214 zu § 139). Nach § 148 ZPO kann aber das Gericht – auch vAw[21] – die Verhandlung aussetzen und die Erledigung eines anderen Rechtsstreits abwarten, wenn die eigene Entscheidung ganz oder zum Teil vom Bestehen oder Nichtbestehen eines Rechtsverhältnisses abhängt, das den Gegenstand dieses anderen anhängigen Rechtsstreits bildet.[22] Diese Aussetzungsmöglichkeit besteht gleichermaßen bei einer negativen Feststellungsklage.[23] Verfahrensaussetzung nach § 148 ZPO setzt mithin nach hM konkrete[24] **Vorgreiflichkeit** (anders bei Gebrauchsmustern wegen § 19 GebrMG)[25] der im anderen Verfahren zu treffenden Entscheidung voraus.[26] Eine Aussetzung aus Gründen der Prozessökonomie ist möglich, wenn die Patentverletzung bestritten und nur mittels Sachverständigengutachtens oder aufwendiger Beweisaufnahme zu klären ist.[27] Die Aussetzung wurde auch abgelehnt, wenn im anderen Verfahren keine Nichtigerklärung erfolgt ist.[28] Bei Einvernehmlichkeit erfolgt Aussetzung ohne Begründung und ohne nähere Prüfung.[29]

Aussetzung kommt in Betracht, wenn das Klagepatent mit **Einspruch** oder **Nichtigkeitsklage** ange- **8**
griffen ist (nicht aber schon vorher);[30] dies gilt allerdings nicht im Urkundenprozess.[31] Bei diesen Verfahren stellen sich – anders als beim Feststellungsantrag nach § 163 öPatG[32] – keine Probleme bzgl der Vorgreiflichkeit.[33] Ein Angriff gegen den ausländ Teil eines eur Patents begründet bei einem auf den dt Teil gestützten Verfahren keine Aussetzungsmöglichkeit.[34]

---

16 Vgl *Benkard* Rn 4; *Schulte* Rn 13; *Kraßer* S 905 (§ 37 10).

17 *Schulte* Rn 13.

18 Näher *Reimann/Kreye* FS W. Tilmann (2003), 587; zur Aussetzungspraxis im VK im Hinblick auf das eur Einspruchsverfahren bei vorgeschlagenen Änderungen des Patents CA England/Wales RPC 2000, 422 Kimberly-Clark v. Procter & Gamble; weiteres Fallmaterial bei *Cook* EIPR 2001, 304 und *Kirby/Pearson* EIPR 2001, 367; zurückhaltend PatentsC 17.2.2003 General Electric/Enercon, referiert in EIPR 2003 N-156.

19 Zur Aussetzung im Markenverletzungsstreit BGHZ 156, 112 = GRUR 2003, 1040 Kinder.

20 Vgl *Ochs* Mitt 2014, 534, 539.

21 AA wohl *Kühnen* Hdb[8] Rn E 515, E 518, der für das Berufungsverfahren auf § 531 Abs 2 ZPO abstellen will.

22 Vgl BGHZ 81, 397 = GRUR 1982, 99 Verbauvorrichtung; *Kühnen* Hdb[8] Rn E 520.

23 OLG Düsseldorf GRUR-RR 2003, 359 = InstGE 3, 233.

24 *Fitzner/Lutz/Bodewig* vor § 139 Rn 161; relativierend *Kühnen* Hdb[8] Rn E 521 und etwa wie dort (bei erforderlicher umfangreicher Beweiserhebung) OLG München InstGE 3, 62 und LG München I InstGE 3, 62 (bei erstinstanzlicher Nichtigerklärung des Klagepatents) und *Kaess* GRUR 2009, 276, 278; aA OLG München InstGE 11, 192.

25 LG Mannheim Mitt 2014, 563.

26 BGH GRUR 2005, 615 Aussetzung wegen Parallelverfahren.

27 *Benkard* § 139 Rn 107 unter Hinweis auf *von Maltzahn* GRUR 1985, 163, 166 ff; OLG München InstGE 11, 192; OLG München InstGE 3, 62 und LG München I InstGE 3, 62 (bei erstinstanzlicher Nichtigerklärung des Klagepatents); *Kaess* GRUR 2009, 276, 278; vgl *Fitzner/Lutz/Bodewig* vor § 139 Rn 161; aA LG Düsseldorf InstGE 8, 112; vgl *Mes* § 139 Rn 365.

28 BPatG 13.2.2008 4 Ni 58/06 (EU).

29 *Kühnen* Hdb[8] Rn E 522; auch bei Anregung, die Verletzung könne bei der Prüfung des hilfsweise gestellten Aussetzungsantrags bejaht werden, LG München I 12.2.2015 7 O 9443/12 Mitt 2015, 382 Ls.

30 Vgl RB Den Haag BIE 2001, 90.

31 OLG Karlsruhe GRUR 1995, 263.

32 Vgl OLG Wien ÖBl 1998, 354; öOGH 26.5.1998 4 Ob 141/98h.

33 Zu dieser BGH GRUR 2005, 615 Aussetzung wegen Parallelverfahren.

34 OLG Düsseldorf 29.6.2000 2 U 76/99.

9   Die Aussetzung stellt den Patentinhaber zeitweise schutzlos; die Aussetzungsmöglichkeit wird daher streng gehandhabt.[35] Bei der Aussetzung in den Tatsacheninstanzen ist jedenfalls solange **Zurückhaltung geboten**, als noch kein vollstreckbarer Titel vorliegt (Rn 17);[36] Aussetzung setzt nach der nicht ganz einheitlichen Rspr hinreichende Wahrscheinlichkeit des Erfolgs,[37] überwiegende Wahrscheinlichkeit,[38] hohe Wahrscheinlichkeit,[39] zumindest einige Erfolgsaussicht des Angriffs[40] voraus.[41] Andernfalls würden die Rechtsstellung, die das erteilte Patent seinem Inhaber vermittelt, weitgehend entwertet und Rechtsbehelfe gegen das erteilte Patent geradezu provoziert[42] (ähnlich § 156 Abs 3 öPatG idF der Patentrechts- und Gebührennovelle 2004, wonach das Verfahren zu unterbrechen ist, sofern das Gericht aufgrund selbstständiger Prüfung die Nichtigkeit für wahrscheinlich hält).[43] Erforderlich ist eine Prognose über den voraussichtlichen Ausgang des Verfahrens und nicht eine abschließende Festlegung über den Verfahrensausgang.[44] Die Rspr sieht weiter eine Interessenabwägung vor, die im Beschwerdeverfahren nur auf Ermessensfehler überprüft werden kann.[45] An die Voraussetzungen der Aussetzung dürfen keine zu geringen Anforderungen gestellt werden. Das Verfahren ist deshalb nicht schon auszusetzen, wenn der BGH – wie früher regelmäßig, jetzt aber nur noch in besonders gelagerten Fällen – zur Patentfähigkeit im Patentnichtigkeitsverfahren ein Sachverständigengutachten einholen würde.[46] Vorlage neuheitsschädlichen Materials ist allerdings nicht erforderlich, dieses wird aber grds die Aussetzung rechtfertigen (vgl Rn 12).[47]

10   **Unzulässiger Einspruch** rechtfertigt nicht die Aussetzung.[48] Auch pauschale Verweisung auf einen fremdsprachigen Einspruchsschriftsatz ohne Vorlage der Übersetzung rechtfertigt idR keine Aussetzung.[49]

11   Der Aussetzungsantrag kann grds auch keinen Erfolg haben, wenn die Nichtigkeitsklage bereits in erster Instanz **abgewiesen** wurde und die Berufungsbegründung den Erfolg der Berufung nicht wahrscheinlich macht;[50] Entspr muss für das Revisionsverfahren gelten, wenn die Nichtigkeitsklage in der Berufungsinstanz abgewiesen wurde. Auch mehrfache Prüfung im Erteilungs- und Einspruchsverfahren wurde gegen die Aussetzung berücksichtigt.[51]

---

35   Vgl *Augenstein/Roderburg* GRUR 2008, 457; OLG Karlsruhe 2.12.2013 6 W 69/13 Mitt 2014, 283 Ls, GbmSache; schweiz BVerwG sic! 2011, 249 Exenatide, zur Aussetzung des Erteilungsverfahrens bei Patenten und Schutzzertifikaten im Hinblick auf das eur Patent.

36   Vgl BGH GRUR 1958, 75 Tonfilmwand; BGH GRUR 1958, 179 f Resin; BGHZ 86, 330 = GRUR 1983, 237, 239 Brückenlegepanzer I; BGH GRUR 1987, 284 Transportfahrzeug II; OLG Düsseldorf GRUR 1979, 188; OLG Düsseldorf ENPR 2000, 120, 173 ff; OLG Düsseldorf 14.11.1996 2 U 28/93; OLG Düsseldorf 28.4.2011 2 U 146/09; LG Leipzig 6.8.2004 5 O 5896/02.

37   BGH GRUR 1959, 320, 324 Mopedkupplung; OLG Düsseldorf Mitt 1997, 257; OLG Düsseldorf 14.11.1996 2 U 28/93; OLG Düsseldorf 22.12.2008 2 U 65/07; LG Mannheim 27.11.2015 2 O 106/14; auf Wahrscheinlichkeit stellen OLG Düsseldorf GRUR 1979, 636 und OLG Karlsruhe 24.3.2004 6 U 168/03 ab.

38   OLG Düsseldorf 14.6.2007 2 U 135/05 GRUR-RR 2008, 333: hohe Wahrscheinlichkeit; LG Düsseldorf Mitt 1988, 91; LG Düsseldorf 29.4.1997 4 O 120/96 Entsch 1997, 51, 56 f; LG Düsseldorf 18.5.2000 4 O 285/98 Entsch 2000, 51, 61; LG Berlin 12.10.1999 16 O 235/99; LG Düsseldorf 15.3.2001 4 O 38/00; LG Düsseldorf 10.5. 2001 4 U 219/00 undok; LG Düsseldorf 22.9.2005 4a O 315/04; LG Düsseldorf 12.6.2012 4b O 298/10; LG Düsseldorf 15.11.2012 4b O 110/11; LG Düsseldorf 3.9.2013 4a O 56/12, jetzt ständig; LG München I 8.3.2006 21 O 5006/02; vgl BGHZ 202, 288 = GRUR 2014, 1237 Kurznachrichten (Nr 4).

39   *Mes* § 139 Rn 335 mwN; LG Düsseldorf BlPMZ 1995, 121, 126 ff verlangt hohe Wahrscheinlichkeit, auch wenn es sich wie bei biotechnischen Patenten um besonders komplexe und schwierige Fälle handelt, ebenso LG Düsseldorf 18.5.2000 4 O 285/98 Entsch 2000, 51, 61; vgl auch OLG Düsseldorf 11.2.1999 2 U 110/95.

40   OLG Düsseldorf Mitt 1996, 87 f; kr *U. Krieger* GRUR 1996, 941 ff; vgl *Benkard-EPÜ* Art 64 Rn 36.

41   Zur Prognoseentscheidung auch LG Düsseldorf 11.5.2010 4b O 8/09 GRUR-RR 2010, 369 Ls.

42   Vgl auch LG Düsseldorf GRUR 1994, 509, 512; OLG Düsseldorf Mitt 2014, 470.

43   Zur Praxis im Ausland auch *U. Krieger* GRUR 1996, 941.

44   Vgl *Kaess* GRUR 2009, 276 f; aA offenbar LG Düsseldorf 15.1.2009 4b O 302/07.

45   OLG Karlsruhe 2.12.2013 6 W 69/13 Mitt 2014, 283 Ls, GbmSache; OLG München InstGE 11, 192 unter Verweisung auf § 80 Abs 2 BVerfGG.

46   BGH Transportfahrzeug II; BGH 11.10.1988 X ZR 50/82.

47   Tendenziell strenger *Mes* § 139 Rn 335 f; LG München I InstGE 9, 27.

48   Vgl BGHZ 123, 119 = GRUR 1993, 892 Heizkörperkonsole.

49   LG Düsseldorf InstGE 3, 231.

50   BGH GRUR 1958, 179, 180 Resin; OLG Düsseldorf 14.11.1996 2 U 28/93; OLG Düsseldorf 11.2.1999 2 U 110/95; vgl OLG Karlsruhe GRUR 2014, 352, GbmSache.

51   LG Berlin 12.10.1999 16 O 235/99.

IdR wird eine Aussetzung des in erster Instanz anhängigen Verletzungsstreits, sofern nicht eine klar **12** erkennbare Fehlentscheidung im Erteilungsverfahren vorliegt,[52] nur in Betracht kommen, wenn StdT vorgelegt wird, der dem Klagepatent näher kommt als der bereits gewürdigte[53] und der den Bestand des Patents **ernsthaft gefährdet**.[54] Das ist insb der Fall, wenn das Patent neuheitsschädlich getroffen ist.[55] Bloße Zweifel an der erfinderischen Tätigkeit können sie grds nicht rechtfertigen; zu weitgehend ist aber die – teilweise der Düsseldorfer Praxis zugrunde liegende – Auffassung,[56] es dürfe sich ein vernünftiges Argument für das Nichtnaheliegen nicht mehr finden lassen; ebenso die, dass ein Widerrufs- oder Nichtigkeitsgrund „ins Auge springen" müsse.[57] Wird der Aussetzungsantrag auf offenkundige Vorbenutzung gestützt, muss er nach der Rspr des OLG Düsseldorf lückenlos durch liquide Beweismittel gestützt sein.[58]

Bei der Prognose über die Erfolgsaussichten kann das **Prozessverhalten** des Patentverletzers berück- **13** sichtigt werden. Verzögerliches Verhalten in den Tatsacheninstanzen kann nach den Umständen gegen eine Aussetzung sprechen.[59]

Ist das Verletzungsverfahren in einer Tatsacheninstanz anhängig, ist das Verletzungsgericht gehal- **14** ten, seiner Auslegung des Patents die Vorgaben aus dem Nichtigkeitsberufungsverfahren zugrunde zu legen.[60] Es wurde angenommen, dass Aussetzung bei einer teilweise im Äquivalenzbereich liegenden Verletzung idR geboten sei, wenn der maßgebliche **Schutzanspruch geändert** und über die Bestandsfähigkeit des Patents noch nicht endgültig entschieden ist.[61] Auch wird die Ansicht vertreten, dass jegliche nicht nur hilfsweise eingeschränkte Verteidigung des Patents die Bindung an den Erteilungsakt obsolet macht.[62] Daraus wurde die Notwendigkeit der Aussetzung abgeleitet.[63] Dem kann in dieser Allgemeinheit nicht beigetreten werden, allerdings kann dieser Umstand je nach Einschätzung des Verletzungsgerichts von der Schutzfähigkeit der eingeschränkten Fassung zu einer Absenkung der Anforderungen an eine Aussetzung führen.[64] Ist wahrscheinlich, dass die Verletzungsform in den Schutzbereich des Klagepatents auch noch nach Abschluss des Einspruchs- oder Nichtigkeitsverfahrens fallen wird, besteht kein Anlass zur Aussetzung.[65] Das gilt auch, wenn das Patent im Verletzungsverfahren in einer eingeschränkten Fassung geltend gemacht wird, mit der es voraussichtlich Bestand haben kann, sofern diese die Verurteilung trägt.[66] Die Klage kann in diesem Fall grds auf die beschränkt verteidigte Fassung gestützt werden (Rn 16 zu § 139).

Nichtigerklärung durch das BPatG rechtfertigt grds die Aussetzung,[67] auch Einschränkung soweit, **15** dass die angegriffene Ausführungsform vom Patent nicht mehr erfasst wird,[68] ebenso, wenn die Be-

---

52 Vgl *Schulte* § 139 Rn 273; *Kaess* GRUR 2009, 276, 279.

53 Vgl zB OLG Düsseldorf 27.6.2002 2 U 92/99; LG Düsseldorf 10.5.2001 4 O 219/00 undok.

54 Vgl OLG Karlsruhe Mitt 1968, 217 f; OLG München Mitt 1969, 158; LG Düsseldorf BlPMZ 1995, 121 *Fitzner/Lutz/ Bodewig* vor § 139 Rn 165; *Benkard* § 139 Rn 107.

55 Vgl BGH GRUR 1987, 284 Transportfahrzeug II.

56 LG Düsseldorf 26.5.1992 4 O 151/91; OLG Düsseldorf 30.8.2001 2 U 15/00; OLG Düsseldorf 14.6.2007 2 U 135/07 GRUR 2009, 53 Ls = NJOZ 2008, 2831; *von Maltzahn* GRUR 1985, 163, 172; vgl BGH Transportfahrzeug II.

57 Vgl auch OLG Karlsruhe Mitt 1968, 217 f; OLG München Mitt 1969, 158; LG Düsseldorf BlPMZ 1995, 121, 126.

58 OLG Düsseldorf GRUR 1979, 636 f; OLG Düsseldorf 18.6.1998 2 U 29/97, nach *Kühnen* Hdb⁸ Rn E 532 st Praxis; vgl auch *Benkard* § 139 Rn 107.

59 Vgl *R. Rogge* GRUR Int 1996, 386, 388; *Benkard* § 139 Rn 107; OLG Düsseldorf 11.2.1999 2 U 110/95; LG Düsseldorf InstGE 3, 54, 58 f: Nichtigkeitsklage erst so kurz vor dem Haupttermin, dass der Gegner nicht mehr erwidern kann; relativierend für den Fall hoher Wahrscheinlichkeit der Nichtigerklärung OLG Düsseldorf 4.1.2012 2 U 105/11; *Kühnen* Hdb⁸ Rn E 533; kr *Kaess* GRUR 2009, 276 f.

60 OLG Düsseldorf GRUR-RR 2011, 290.

61 OLG München GRUR 1990, 352 für das Einspruchsverfahren; OLG Karlsruhe 13.7.2006 6 W 52/06; vgl *Schulte* § 139 Rn 284 f, *Kaess* GRUR 2009, 276, 278; vgl auch LG Mannheim GRUR-RR 2006, 348 = InstGE 6, 194 zur einstweiligen Verfügung; kr *Augenstein/Roderburg* GRUR 2008, 457.

62 Eingehend für denkbare Alternativen *Kühnen* Hdb⁸ Rn E 538 ff, auch zur hilfsweisen Anspruchsfassung.

63 LG Mannheim GRUR-RR 2006, 348.

64 *Benkard* § 139 Rn 107.

65 BGH GRUR 2010, 904 Maschinensatz; vgl LG Düsseldorf 26.5.1992 4 O 151/91; OLG Düsseldorf 29.6.2000 2 U 76/99; OLG Düsseldorf GRUR-RR 2007, 259 = InstGE 7, 139 mAnm *Jüngst/Stjerna* Mitt 2009, 356; *Nieder* Die Patentverletzung (2004) Rn 257; *Augenstein/Roderburg* GRUR 2008, 457; *Benkard* § 139 Rn 107.

66 Vgl. *Melullis* FS J. Bornkamm (2014), 713, 725.

67 OLG München InstGE 3, 62; *von Maltzahn* GRUR 1985, 172.

68 OLG München InstGE 3, 62; OLG Düsseldorf 22.2.2012 2 U 36/05; *Benkard* § 139 Rn 107.

schwerdekammer des EPA oder das BPatG in einem Hinweis nach § 83 einen der geltend gemachten Einspruchs- oder Nichtigkeitsgründe als voraussichtlich durchgreifend ansieht.[69] Solange das Patent nur in erster Instanz, aber nicht rechtskräftig für nichtig erklärt ist, kann das Verletzungsgericht aufgrund einer eigenen Prognoseentscheidung[70] ausnahmsweise zugunsten des Patentinhabers entscheiden und ist nicht verpflichtet, das Verfahren auszusetzen; es wird in einem solchen Fall aber mit der gebotenen Zurückhaltung zu handeln haben.[71] Ist das Patent in zweiter Instanz rechtskräftig für nichtig erklärt, hiergegen aber Verfassungsbeschwerde eingelegt, soll dies die Aussetzung begründen;[72] richtigerweise ist der Kläger auf die Restitutionsklage zu verweisen.[73] Ein Fall, in dem das OLG Düsseldorf gegen die Vorinstanz trotz und in Kenntnis von der von ihm für erkennbar und evident unrichtig angesehenen Nichtigerklärung des Patents[74] eine einstweilige Verfügung erlassen hat,[75] hat einiges Aufsehen erregt. Abweichendes gilt allerdings im Fall einer eindeutigen Fehlentscheidung.[76] Aussetzung kann auch gerechtfertigt sein, wenn die Klage möglicherweise aus anderen Gründen abzuweisen ist; anders aber, wenn sie auf jeden Fall abzuweisen ist.[77] In diesem Fall kann aber eine sich abzeichnende Auslegungsdivergenz (Rn 20) die Aussetzung rechtfertigen.[78]

16   **Schwierigkeit** des Falls ist allein kein hinreichender Grund,[79] umgekehrt sind Schwierigkeiten bei der Prüfung der Erfolgsaussichten nicht für sich ausreichend, die Aussetzung abzulehnen (zur Aussetzung bei unklarer Verletzungslage Rn 7).[80]

17   Liegt bereits ein **vollstreckbarer** erstinstanzlicher **Titel** vor, kann die Aussetzung großzügiger gehandhabt werden.[81] Das gilt auch, wenn nach Ablauf des Patents nur noch Ansprüche für die Vergangenheit im Raum stehen.[82] Es erscheint generell nicht ausgeschlossen, bei der Ausübung des Ermessens auch zu berücksichtigen, wieweit der Verletzungsbeklagte, insb über § 717 Abs 2 ZPO[83] und der Patentinhaber, etwa durch vorhergehende Sicherheitsleistung, gegen durch die Entscheidung und ihre Vollstreckung bzw deren Verzögerung möglicherweise entstehende Schäden abgesichert sind.

18   Ob das Gericht gem § 148 ZPO aussetzt, steht – auch bei Vorliegen der entspr Voraussetzungen – in seinem **Ermessen,**[84] dies gilt auch für die Frage, ob es bis zum Abschluss einer Instanz oder des Verfahrens insgesamt aussetzt[85] (vgl Rn 4). Wegen des in den Bestandsverfahren herrschenden Amtsermittlungsgrundsatzes wurde der Frage, ob eine Entgegenhaltung in diesen eingeführt worden ist, keine allein ausschlaggebende Bedeutung zugemessen;[86] wieweit dies nach der neueren Rspr des BGH[87] noch zutrifft,

---

69   *Benkard* § 139 Rn 107; vgl *Büscher/Dittmer/Schiwy* § 83 Rn 10.

70   OLG Düsseldorf Mitt 2008, 327 „Olanzapin", zust *Müller-Stoy/Bublak/Coehn* Mitt 2008, 335, 336.

71   Vgl BPatG 30.9.2009 5 Ni 14/09 (EU); vgl auch *Kaess* GRUR 2009, 276 f.

72   LG Düsseldorf InstGE 5, 66.

73   *Mes* § 139 Rn 331; vgl auch *Benkard* § 139 Rn 107; OLG Düsseldorf GRUR-RR 2011, 122, zum Anschluss der Restitutionsklage nach Ablauf der Fünfjahresfrist des § 586 Abs 2 Satz 2 ZPO.

74   BPatG 4.6.2007 3 Ni 21/04 (EU), Ls in BlPMZ 2008, 21, aufgehoben durch BGHZ 179, 168 = GRUR 2009, 382 Olanzapin.

75   OLG Düsseldorf Mitt 2008, 327 „Olanzapin" gegen LG Düsseldorf 22.11.2007 4a O 247/07.

76   Vgl *Müller-Stoy/Bublak/Coehn* Mitt 2008, 335 f.

77   Vgl LG München I InstGE 3, 62 und nachfolgend OLG München InstGE 3, 62 f.

78   Vgl BGH 7.10.2008 X ZR 142/07, ohne Gründe.

79   LG Düsseldorf 26.5.1992 4 O 151/91.

80   Vgl *R. Rogge* GRUR Int 1996, 386, 388.

81   OLG Düsseldorf Mitt 1997, 257 lässt hier auch bereits gewürdigten StdT ausreichen, sofern hinreichende Erfolgsaussichten bestehen; zust *Tilmann* Patentschutzsystem in Europa, GRUR 1998, 325, 328 f; vgl OLG Düsseldorf GRUR-RR 2002, 369, 377; OLG Düsseldorf GRUR-RR 2007, 259, 262 f; OLG Düsseldorf 28.4.2011 2 U 146/09; *Mes* § 139 Rn 329.

82   Vgl OLG Karlsruhe InstGE InstGE 12, 220; *Benkard* § 139 Rn 107.

83   Vgl hierzu *R. Rogge* GRUR Int 1996, 386, 389.

84   BGHZ 121, 242 = GRUR 1993, 556 Triangle, WzSache; OLG Düsseldorf GRUR-RR 2003, 359 = InstGE 3, 233, 234; *Kühnen* Hdb[8] Rn E 523; *Fitzner/Lutz/Bodewig* vor § 139 Rn 164; *Augenstein/Roderburg* GRUR 2008, 457, 460; vgl zur Praxis im VK PatentsC 3.2.2000 Unilever v. Frisia, referiert in EIPR 2000 N-59; zur Aussetzungspflicht nach frz Recht CA Paris PIBD 1997, 631 III 227 einerseits, TGI Paris PIBD 1997, 636 III 391 andererseits; für die Schweiz HG Aargau sic! 2000, 627.

85   *Benkard* § 19 GebrMG Rn 8.

86   AA *Kühnen* Hdb[8] Rn E 524.

87   BGHZ 198, 187 = GRUR 2013, 1272 Tretkurbeleinheit.

---

ist freilich zwh. Was die Vorgreiflichkeit betrifft, besteht kein Ermessen, jedoch wird ein Eingreifen des Beschwerdegerichts wegen der Unabhängigkeit der Instanzen als unangebracht angesehen.[88] Der Verletzungsrichter muss von der Möglichkeit, das Verfahren im Hinblick auf ein anhängiges Einspruchsverfahren auszusetzen, auch dann Gebrauch machen, wenn er damit rechnet, dass der Einspruch erfolglos bleiben wird, eine im Anschluss daran erhobene Nichtigkeitsklage wegen einer Entgegenhaltung, die nur in diesem Verfahren berücksichtigt werden darf, aber hinreichende Erfolgsaussichten hat.[89]

II. Zeitpunkt

Bei der Prüfung der Aussetzung in der **Berufungsinstanz**[90] sind zum einen die erleichterte Vollstreckungsmöglichkeit und die reduzierte Ausgleichspflicht von Gewicht, zum anderen wird, soweit noch keine erstinstanzliche Entscheidung über die Nichtigkeit vorliegt, dem Beklagten uU verzögerliches Verhalten anzulasten sein.[91]   **19**

Aussetzung ist noch während des **Revisionsrechtszugs** möglich.[92] Wird das Nichtigkeitsverfahren erst nach Abschluss der Tatsacheninstanzen des Verletzungsstreits eingeleitet, kann sie nach älterer Rspr grds ohne Prüfung der Erfolgsaussichten der Nichtigkeitsklage wegen verzögerlichen Verhaltens des Nichtigkeitsklägers abgelehnt werden;[93] ein solches Verhalten muss allerdings festgestellt werden, es ergibt sich nicht ohne weiteres aus der späten Erhebung der Nichtigkeitsklage, für die sachliche Gründe bestehen können. Zur Vermeidung divergierender Entscheidungen sollte sonst schon aus Gründen der Prozesswirtschaftlichkeit über die Revision im Verletzungsverfahren möglichst nicht entschieden werden, solange nicht die Frage der Nichtigkeit abschließend geklärt ist;[94] dem entspricht die Praxis des BGH, die aussetzt, wenn nach der Patentlage die Revision keine Erfolgsaussicht bietet, die Erfolgsaussichten der Nichtigkeitsklage aber nicht übersehbar sind,[95] insb (nach der Praxis zur früheren Rechtslage) ein vom BGH in Auftrag gegebenes Sachverständigengutachten noch nicht vorliegt. Auch hier kommt es entscheidend auf die Fallumstände an. Dabei ist im Rahmen der Ermessensentscheidung, ob der Verletzungsstreit im Hinblick auf eine anhängige Patentnichtigkeitsklage ausgesetzt werden soll, nicht nur das Interesse an widerspruchsfreien Entscheidungen zu berücksichtigen, sondern auch das Interesse des Verletzungsklägers an einem zeitnahen Abschluss des Verletzungsverfahrens; dem Interesse des Verletzungsklägers kommt umso stärkeres Gewicht zu, je später die Nichtigkeitsklage erhoben wird.[96] Nach rechtskräftigem Abschluss des ersten Nichtigkeitsverfahrens durch zweitinstanzliches Urteil kommt regelmäßig eine Aussetzung des an sich entscheidungsreifen Verfahrens über die Nichtzulassungsbeschwerde nur in Betracht, wenn die Erfolgsaussicht der neuen Nichtigkeitsklage offenkundig ist.[97] Aussetzung kann auch in Betracht kommen, wenn die Klage unter Verneinung der Patentverletzung abgewiesen ist und die Nichtigkeitsklage in erster Instanz erfolgreich war, sich aber gleichwohl Auslegungsdivergenzen zwischen Nichtigkeitsverfahren und Verletzungsprozess ergeben können (zur Einstellung der Zwangsvollstreckung in derartigen Fällen vgl Rn 355 vor § 143).[98] Hiergegen kann allerdings ins Feld geführt werden, dass mit der Nichtzulassungsbeschwerde eine möglicherweise drohende Divergenz geltend gemacht werden muss. Unzutr ist die Auffassung, einer Aussetzung bei Fehlen einer erstinstanzlichen Entscheidung über die Nichtigkeit stehe   **20**

---

88   OLG Düsseldorf GRUR 1994, 507; OLG Düsseldorf GRUR-RR 2003, 359 = InstGE 3, 233, 234 f, in der Schlussfolgerung bdkl; vgl *Augenstein/Roderburg* GRUR 2008, 457, 460.
89   BGH GRUR 2011, 848 Mautberechnung; *Benkard* § 139 Rn 107; aA *Kühnen* Hdb[8] Rn 525.
90   Vgl *Fitzner/Lutz/Bodewig* vor § 139 Rn 168.
91   Vgl *R. Rogge* GRUR Int 1996, 386, 389; *Kühnen* Hdb[8] Rn E 547; vgl auch OLG Karlsruhe 24.3.2004 6 U 168/03.
92   BGH GRUR 1958, 75 Tonfilmwand; BGH GRUR 1958, 179 f Resin; BGHZ 158, 372 = GRUR 2004, 710 Druckmaschinentemperierungssystem I; vgl BGHZ 81, 397 = GRUR 1982, 99 Verbauvorrichtung.
93   BGH GRUR 1958, 75 Tonfilmwand.
94   Vgl *R. Rogge* GRUR Int 1996, 386, 390; BGHZ 158, 372 = GRUR 2004, 710 Druckmaschinentemperierungssystem I.
95   BGH 22.9.1998 X ZR 6/98; ob Aussetzung möglich ist, wenn der vorgreifliche Rechtsstreit vor demselben Spruchkörper geführt wird wie der, in dem die Aussetzung in Frage kommt, wurde dort nicht diskutiert, vom I. Zivilsenat des BGH in BGH GRUR-RR 2013, 528 Gute Laune Drops (Markensache) aber ausdrücklich bejaht.
96   BGH GRUR 2012, 93 Klimaschrank.
97   BGH GRUR 2012, 1072 Verdichtungsvorrichtung; BGH 17.7.2012 X ZR 33/11; *Benkard* § 139 Rn 107.
98   *Benkard* § 139 Rn 107; vgl BGH 7.10.2008 X ZR 142/07, ohne Gründe.

grds entgegen, dass das Revisionsgericht die für die Entscheidung über die Aussetzung erforderlichen tatsächlichen Feststellungen nicht selbst treffen kann,[99] weil es nicht um die Entscheidung über die Revision selbst geht. Aussetzung wurde abgelehnt, wenn der Beklagte erstmals in der Revisionsinstanz behauptete, das Klagepatent beruhe auf widerrechtl Entnahme, die sich daraus ergebenden Ansprüche seien ihm abgetreten und er habe deshalb Klage auf Übertragung des Klagepatents gegen den Kläger erhoben.[100] Zum Verhältnis zu § 19 GebrMG Rn 3 zu § 19 GebrMG.

21   Nach geltendem Verfahrensrecht gilt grds trotz der verfahrensrechtl Unterschiede zum früheren Recht auch dann nichts anderes, wenn die Revision nicht zugelassen worden und **Nichtzulassungsbeschwerde** eingelegt ist. Hier rechtfertigt das Interesse an der Vermeidung widerstreitender Entscheidungen bereits die Aussetzung der Entscheidung über die Nichtzulassungsbeschwerde, wie dies auch in dem Zulassungsgrund der Sicherung einer einheitlichen Rechtsprechung (§ 543 Abs 2 Nr 2 2. Alt ZPO) zum Ausdruck kommt (vgl Rn 218 vor § 143).[101] Daher ist die Revision zuzulassen, wenn das Patent ganz oder teilweise für nichtig erklärt wird und dies Auswirkungen auf die Entscheidung im Verletzungsprozess haben kann.[102] Das gilt auch, wenn dargelegt wird, dass der BGH seiner Entscheidung im Nichtigkeitsberufungsverfahren eine Auslegung des Patents zugrunde gelegt hat, die in einem für den Patentverletzungsprozess entscheidungserheblichen Punkt von der Auslegung abweicht, die das Berufungsgericht seinem mit der Nichtzulassungsbeschwerde angefochtenen Urteil zugrunde gelegt hatte; ergibt sich dieser Zulassungsgrund erst nach Ablauf der Beschwerdebegründungsfrist, muss er mittels Wiedereinsetzungsgesuchs geltend gemacht werden.[103] Auch im Verfahren über die Nichtzulassungsbeschwerde liegt die Entscheidung über die Aussetzung, sofern die Voraussetzungen des § 148 ZPO erfüllt sind, im Ermessen des Gerichts. Die Entscheidung über die Zulassung der Revision wird demnach vom BGH auf eine Nichtzulassungsbeschwerde ausgesetzt, wenn eine Nichtigkeitsklage anhängig ist.[104] Auf eine späte Erhebung der Nichtigkeitsklage ist dabei nicht ausschließlich und ohne weiteres abzustellen.[105] Dies gilt nach der Rspr des BGH selbst dann, wenn die Nichtigkeitsklage erst nach Ablauf der Frist zur Begründung der Nichtzulassungsbeschwerde erhoben oder die Klageerhebung dem Revisionsgericht erst nach diesem Zeitpunkt mitgeteilt wird.[106] Bei der Ermessensausübung ist allerdings auch hier das Interesse des Verletzungsklägers an einem zeitnahen Abschluss des Verletzungsverfahrens zu berücksichtigen.[107] Hat der Verletzungsbeklagte während der Tatsacheninstanzen des Verletzungsprozesses und während eines erheblichen Zeitraums nach deren Abschluss davon abgesehen, sich mit der Nichtigkeitsklage zu verteidigen und damit zeitnah Klarheit über den Bestand des Patents zu schaffen, kommt eine Aussetzung des an sich entscheidungsreifen Verfahrens über die Nichtzulassungsbeschwerde idR nur dann in Betracht, wenn die Erfolgsaussicht der Nichtigkeitsklage offenkundig ist.[108]

III. Verfahren[109]

22   Förmliche Beweisaufnahme über die Voraussetzungen der Aussetzung kommt nicht in Betracht, sondern nur summarische Beurteilung.[110]

---

99   *R. Rogge* GRUR Int 1996, 386, 389.
100   BGH GRUR 1964, 606, 611 Förderband.
101   Vgl *Melullis* FS E. Ullmann (2006), 503, 505.
102   BGHZ 158, 372 = GRUR 2004, 710 Druckmaschinentemperierungssystem I; eingehende Diskussion, jedoch im Ergebnis zustimmend, bei *Adam* Die Harmonisierung von Patentverletzungs- und Patentnichtigkeitsverfahren (2015), 155 ff.
103   BGHZ 186, 90 = GRUR 2010, 858 Crimpwerkzeug III; vgl *Benkard* § 139 Rn 107.
104   BGHZ 158, 372 = GRUR 2004, 710 Druckmaschinentemperierungssystem I; vgl weiter BGH 27.7.2004 X ZR 161/03; BGH 22.2.2005 X ZR 162/03; BGH 6.9. 2005 X ZR 177/03; BGH 16.5.2006 X ZR 177/04; BGH 16.5.2006 X ZR 13/05; BGH 10.10.2006 X ZR 11/06; BGH 27.6.2007 X ZR 119/06; BGH 7.10.2008 X ZR 147/06; BGH 10.9.2009 Xa ZR 148/08; BGH 12.11.2009 Xa ZR 140/08; BGH 27.1.2010 X a ZR 139/08, jeweils ohne Gründe; für das GbmLöschungsverfahren BGH 6.9.2005 X ZR 177/03.
105   Vgl *Scharen* FS 50 Jahre VPP (2005), 396, 410 f.
106   Vgl BGH 26.4.2005 X ZR 66/04, ohne Gründe.
107   BGH Druckmaschinentemperierungssystem I.
108   BGH GRUR 2012, 93 Klimaschrank.
109   Zur vergleichsweisen Regelung im Rechtsstreit anstelle einer Aussetzung *von Maltzahn* GRUR 1985, 163, 169 f; *R. Rogge* GRUR Int 1996, 396, 389.
110   LG Düsseldorf 26.5.1992 4 O 151/91; vgl OLG Düsseldorf GRUR 1979, 636.

Mündliche Verhandlung ist entspr § 248 ZPO nicht erforderlich.[111] 23

Die **Entscheidung** ergeht durch zu begründenden (Rn 25) Beschluss, der etwa folgenden Inhalt ha- 24
ben kann:

Gemäß § 148 ZPO wird der Rechtsstreit bis zur erstinstanzlichen/rechtskräftigen Entscheidung in dem das europäische/deutsche Patent ... betreffenden Nichtigkeitsverfahren 2 Ni 22/15 ausgesetzt.

Die Entscheidung über die Aussetzung durch das Gericht der ersten Instanz ist nach §§ 252, 567 ZPO 25
mit der sofortigen Beschwerde **anfechtbar**[112] und bedarf deshalb der Begründung; eine Anfechtung des
zweitinstanzlichen Beschlusses kommt anders als vor 2002 nach Maßgabe des § 574 ZPO im Weg der
Rechtsbeschwerde in Betracht. Das Beschwerdegericht darf die zur Begründung der Vorgreiflichkeit vorgenommene Würdigung der Verletzungsfrage durch das LG nicht im einzelnen überprüfen.[113] Erfolglose
Beschwerde führt zur Auferlegung der Kosten des Beschwerdeverfahrens auf den Beschwerdeführer; der
Streitwert für die Beschwerde gegen den die Aussetzung ablehnenden Beschluss wird auf 1/5 des Hauptsa-
chestreitwerts bemessen.[114]

Ablehnung der Aussetzung **im Urteil** ist im Berufungsverfahren überprüfbar. Ob dies auch für das 26
Revisionsverfahren gilt, ist bisher nicht entschieden.[115] Jedenfalls kann das Revisionsgericht selbst über
die Aussetzung entscheiden (Rn 20).

D. Aussetzung im Verhältnis Leistungsklage – Feststellungsklage

Für eine Aussetzung besteht keine Veranlassung, wenn der Streitgegenstand des negativen Feststel- 27
lungsverfahrens nicht so konkret bestimmt ist, dass beurteilt werden kann, ob der dort streitbefangene
Gegenstand in den relevanten Details mit der angegriffenen Ausführungsform des Verletzungsverfahrens
übereinstimmt; Veranlassung soll auch nicht dadurch entstehen, dass nach Eintritt der Rechtshängigkeit
im Verletzungsprozess der Streitgegenstand des ausländ Verfahrens in einer Weise konkretisiert wird, aus
der sich ergibt, dass die Parteien über denselben Anspruch streiten.[116] Wird die einen Unterlassungsanspruch leugnende Feststellungsklage in der Hauptsache für erledigt erklärt, weil inzwischen in einem
anderen Rechtsstreit der Unterlassungsanspruch rechtshängig gemacht und hierüber streitig verhandelt
ist, kann das wegen der Kostenentscheidung nach § 91a ZPO noch anhängige Feststellungsverfahren nicht
bis zur rechtskräftigen Entscheidung über den Unterlassungsanspruch ausgesetzt werden.[117] Es ist jedoch
zweckmäßig, das Verfahren in einem solchen Fall zum Ruhen zu bringen.

E. Aussetzung bei ausländischen Patenten

Aussetzung bei Klage aus ungeprüftem ausländischem Patent ist gesetzlich nicht vorgesehen, 28
wird jedoch – soweit derartige Verfahren in Deutschland noch in Betracht kommen (vgl Rn 26 ff zu § 143) –
zumindest nach den Grundsätzen, die für eine Aussetzung bei Einspruch oder Nichtigkeitsklage entwickelt
worden sind, angebracht sein.[118]

Aussetzung nach **Art 29, 30 VO 1215/2012** (früher Art 27, 30 und noch im Verhältnis zu Dänemark 29
Art 21, 22 EuGVÜ) kommt grds in Betracht,[119] wenn in verschiedenen Vertragsstaaten Klagen wegen desselben Anspruchs anhängig sind, bei gleichem Klagegrund zwingend, bei Sachzusammenhang nach Er-

---

111 *Von Maltzahn* GRUR 1985, 163, 173; *Benkard* § 139 Rn 108.
112 Vgl *Kühnen* Hdb[8] Rn E 563 ff.
113 OLG Düsseldorf GRUR 1994, 507; OLG Düsseldorf Mitt 2004, 61 (zur Aussetzung wegen einer belgischen
Nichtigkeitsklage); *Benkard* § 139 Rn 108; vgl OLG Karlsruhe GRUR 1979, 850 f; OLG Karlsruhe GRUR 2014, 352 f; OLG
München InstGE 11, 192; *Benkard* § 139 Rn 10; *Fitzner/Lutz/Bodewig* vor § 139 Rn 171.
114 OLG Düsseldorf InstGE 2, 229.
115 Vgl *Zöller* § 252 ZPO Rn 1c unter Hinweis auf BGH LM Nr 1 zu § 252 ZPO; BAG NJW 1968, 1493.
116 LG Düsseldorf InstGE 1, 296, 301 f.
117 OLG Köln WRP 1982, 236; OLG Hamm 29.6.1989 4 W 16/89, GRUR 1990, 225 Ls.
118 Vgl LG Düsseldorf InstGE 3, 21, zur Klage aus einem belgischen Patent, wo § 19 Abs 2 GebrMG entspr herangezogen
wird.
119 Näher *Grabinski* FS W. Tilmann (2003), 461, 463 ff; *A. von Falck* FS P. Mes (2009), 111.

messen (s Rn 117 vor § 143, Rn 17 zu § 143). Am ersten fehlt es, wenn in den verschiedenen Vertragsstaaten unterschiedliche nationale Teile des eur Patents geltend gemacht werden (s Rn 18 zu § 143).[120] Angriff gegen den ausländ Teil eines eur Patents begründet bei auf den dt Teil gestütztem Verfahren keine Aussetzungsmöglichkeit.[121]

30   Aussetzung im Hinblick auf ein **ausländisches Parallelverfahren** (Art 30 Abs 1 VO 1215/2012; früher Art 22 Abs 1 EuGVÜ)[122] wird idR nicht angebracht sein.[123]

F. Aussetzung in anderen Fällen

31   § 140b Abs 2 Satz 2 eröffnet eine Aussetzungsmöglichkeit bei Geltendmachung des **Anspruchs auf Drittauskunft** (Rn 17 zu § 140b).

32   Wegen eines schwebenden **Ermittlungs- oder Strafverfahrens** kann nach § 149 ZPO ausgesetzt werden; die Entscheidung steht im Ermessen des Gerichts.[124]

33   Nach **Art 100 GG** ist auszusetzen, wenn das Gericht ein (nachkonstitutionelles) Gesetz, auf dessen Gültigkeit es für die Entscheidung ankommt, für verfassungswidrig hält (vgl Rn 23 zu § 99, Rn 15 vor § 100). Nach § 148 ZPO kann hier ausgesetzt werden, wenn die Frage der Verfassungsmäßigkeit bereits beim BVerfG anhängig ist; eine Aussetzung kommt insb in Betracht, wenn Zweifel an der Verfassungsmäßigkeit der Vorschrift bestehen und die Prüfung weder einfach noch ohne großen Zeitaufwand zu erledigen ist (vgl auch Rn 2).[125] Bestehen keine Zweifel an der Verfassungsmäßigkeit der Vorschrift, hat grds das Interesse der Verfahrensbeteiligten an einer zügigen Erledigung des Verfahrens Vorrang.[126]

34   Eine Aussetzung zur Herbeiführung einer Vorabentscheidung kommt nach **Art 267 AEUV** in Betracht (vgl Rn 24 zu § 99; Rn 16 vor § 100). Hierzu ist nur ein Gericht verpflichtet, dessen Entscheidung selbst nicht mit Rechtsmitteln des innerstaatlichen Rechts angefochten werden kann, dh im Zivilprozess außerhalb des Verfahrens über den Erlass einer einstweiligen Verfügung grds nur der BGH.[127] Die Aussetzung ist grds zulässig, wenn die Entscheidung des Rechtsstreits von der Beantwortung derselben Frage abhängt, die bereits in einem anderen Rechtsstreit dem EuGH zur Vorabentscheidung nach Art 267 AEUV vorgelegt wurde; die Entscheidung hierüber steht im Ermessen des Gerichts.[128] Die Vorlagepflicht entfällt, wenn bereits einschlägige Rspr vorliegt oder die richtige Anwendung des Gemeinschaftsrechts offenkundig ist[129] („acte clair"); wird die Gültigkeit einer Handlung eines Gemeinschaftsorgans in Frage gestellt, besteht in jedem Fall Vorlagepflicht.[130] Zur Auslegung innerstaatlichen Rechts ist der EuGH nicht berufen.[131] Eine Art 108 Abs 3 AEUV entspr Regelung für das Vertragsverletzungsverfahren, durch das ein Mitgliedstaat verpflichtet wäre, ein nach Ansicht der Europäischen Kommission vertragsverletzendes Verhalten zu unterlassen, bis die Kommission abschließend über die Einleitung eines Vertragsverletzungsverfahrens entschieden hat, enthält Art 258 AEUV nicht.[132]

---

120   EuGH C-539/03 Slg 2006 I 6535 = GRUR 2007, 47 (Nr 32) Roche Nederland/Primus und Goldenberg; OLG Düsseldorf 29.6.2000 2 U 76/99.
121   OLG Düsseldorf 29.6.2000 2 U 76/99.
122   Näher *Grabinski* FS W. Tilmann (2003), 461, 469 ff.
123   OLG Düsseldorf 29.6.2000 2 U 76/99.
124   RG GRUR 1937, 378 f Verbinderhaken I.
125   Vgl BGHZ 162, 373, 376 = GRUR 2005, 615 Aussetzung wegen Parallelverfahren; BGHZ 143, 47 = GRUR 2007, 862 Informationsübermittlungsverfahren II mwN; LG Düsseldorf InstGE 5, 6; *Mes* § 139 Rn 321.
126   BGH Informationsübermittlungsverfahren II.
127   Vgl *Benkard* § 143 Rn 10.
128   BGH GRUR 2014, 1101 Gelbe Wörterbücher; BGH 27.1.2016 I ZR 67/14; BGH 27.1.2016 I ZR 68/14.
129   EuGH Slg 1982, 3415 = NJW 1983, 1257 CILFIT; EuGH Slg 2003 I 10239 = NJW 2003, 3539, 3544 Köbler; BGH GRUR 1992, 845 Cliff Richard I; BGH GRUR 1999, 1122, 1124 EG-Neuwagen I; BGHZ 149, 165 = GRUR 2002, 238 Auskunftsanspruch bei Nachbau I; BGH GRUR 2005, 1041 Altmuster; BGH GRUR 2006, 346 Jeans II; BPatG 29.3.2011 3 Ni 22/10 „Escitalopram II"; öOGH ÖBl 1998, 219, 224 MS-Präparate; öOGH ÖBl 1999, 186, 190 = GRUR Int 1999, 796 Pat and Pat pend.
130   EuGH Slg 1987, 4199 = NJW 1988, 1451 Foto-Frost.
131   BGH Auskunftsanspruch bei Nachbau I.
132   BGH 27.1.2016 I ZR 67/14; BGH 27.1.2016 I ZR 68/14.

G. Keine Aussetzung. Bei **kartellrechtlichen Vorfragen** besteht keine Aussetzungsmöglichkeit 35
mehr (vgl *6. Aufl* Rn 25).[133]

Aussetzung zur **Kategorisierung des Patents**[134] kommt nach geltender Rechtslage nicht mehr in Be- 36
tracht; Aussetzung wegen eines **Zurücknahmeverfahrens** (durch das 2. PatGÄndG abgeschafft) war ausgeschlossen.[135]

H. Europäische Patente

Zur Anwendbarkeit der Vorschrift bei eur Patenten Rn 8f zu Art II § 1 IntPatÜG. Die Aussetzungspra- 37
xis in anderen EPÜ-Staaten ist teilweise abw. So besteht im VK keine gesetzliche Grundlage, die Praxis des
CA hat jedoch seit 1999 Regeln entwickelt, nach denen Verfahren vor dem EPA grds nicht verdoppelt werden sollen und bei eur Einspruchsverfahren idR ausgesetzt werden soll; die Beschleunigung der Verfahren
in England hat jedoch 2007 jedenfalls bei langwierigen Einspruchsverfahren zu einem Umschwung geführt.[136] Rechtskräftige Entscheidung der engl Gerichte wird durch Widerruf nicht berührt.[137] In Frankreich
wird der Verletzungsprozess während des Einspruchsverfahrens ausgesetzt (vgl Art L 614-15 CDPI), bei eur
Patenten aber erst nach Prüfung der Erfolgsaussichten.[138]

§ 140a
(Vernichtungs- und Rückrufanspruch)

(1) [1]**Wer entgegen den §§ 9 bis 13 eine patentierte Erfindung benutzt, kann von dem Verletzten
auf Vernichtung der im Besitz oder Eigentum des Verletzers befindlichen Erzeugnisse, die Gegenstand des Patents sind, in Anspruch genommen werden.** [2]**Satz 1 ist auch anzuwenden, wenn es sich
um Erzeugnisse handelt, die durch ein Verfahren, das Gegenstand des Patents ist, unmittelbar hergestellt worden sind.**

**(2) Absatz 1 ist entsprechend auf die im Besitz oder Eigentum des Verletzers stehenden Materi-
alien und Geräte anzuwenden, die vorwiegend zur Herstellung dieser Erzeugnisse gedient haben.**

(3) [1]**Wer entgegen den §§ 9 bis 13 eine patentierte Erfindung benutzt, kann von dem Verletzten
auf Rückruf der Erzeugnisse, die Gegenstand des Patents sind, oder auf deren endgültiges Entfernen aus den Vertriebswegen in Anspruch genommen werden.** [2]**Satz 1 ist auch anzuwenden, wenn
es sich um Erzeugnisse handelt, die durch ein Verfahren, das Gegenstand des Patents ist, unmittelbar hergestellt worden sind.**

(4) [1]**Die Ansprüche nach den Absätzen 1 bis 3 sind ausgeschlossen, wenn die Inanspruchnahme im Einzelfall unverhältnismäßig ist.** [2]**Bei der Prüfung der Verhältnismäßigkeit sind auch die
berechtigten Interessen Dritter zu berücksichtigen.**

MarkenG: § 18; **DesignG:** § 43; **UrhG:** § 98; **SortG:** § 37a
Ausland: Dänemark: § 59 PatG 1996; **Frankreich:** Art L 615.7 CDPI (Herausgabe an den Verletzten); **Italien:** Art 124
Abs 3, 138, 139 CDPI (sequestro); **Litauen:** Art 41[4] PatG; **Niederlande:** Art 70.6 ROW; **Österreich:** § 148 öPatG; **Polen:**
Art 286 RgE 2000; **Schweden:** § 59 PatG; **Schweiz:** Art 69 PatG; **Slowakei:** § 33 Abs 3 PatG; **Tschech. Rep.:** § 75 Abs 2
PatG, eingefügt 2000; **VK:** Sec 61 Patents Act

---

133 *Benkard* § 139 Rn 112 und § 143 Rn 10.
134 BGH GRUR 1951, 397 Verfahrensaussetzung.
135 RGZ 70, 321 = JW 1909, 194 Aussetzung.
136 Vgl CA England/Wales Kimberly-Clark v. Procter and Gamble (1999) einerseits, CA England/Wales Unilin v. Berry
(2007) und CA England/Wales GRUR Int 2014, 357 IPCom v. HTC andererseits.
137 CA England/Wales Unilin v. Berry.
138 CA Paris 14.1.2000 Searle et Monsanto v. Merck Sharp & Dohme-Chibret; zur Aussetzung des Verfahrens über die
Gültigkeit des Patents TGI Paris 22.5.2006 Unisantis v. X-Ray Optical Systems.

Schrifttum (s auch Schrifttum zum Produktpirateriegesetz und zur DurchsetzungsrRl in der Einl PatG): *Arnold/ Tellmann* Kein Vernichtungsanspruch bei mittelbarer Patentverletzung? GRUR 2007, 353; *Becker* Rückruf- und Entfernungsansprüche im geistigen Eigentum de lege ferenda, ZGE Bd 4 (2012), 452; *Bodewig* Praktische Probleme bei der Abwicklung einer Patentverletzung: Unterlassung, Beseitigung, Auskunft, GRUR 2005, 632; *Chudziak* Die Anwendung des § 883 ZPO bei der Zwangsvollziehrerauung von Vernichtungsansprüchen des gewerblichen Rechtsschutzes und Urheberrechts, Deutsche Gerichtsvollzieherzeitung 2011, 177; *Diekmann* Der Vernichtungsanspruch, Diss Tübingen 1993; *Diekmann* Begrenzung wettbewerbsrechtlicher Ansprüche durch den Grundsatz der Verhältnismäßigkeit, GRUR 1996, 82; *Gommlich* Die Beseitigungsansprüche im UWG, 2001, zugl Diss Münster; *Hoppe-Jänisch* Die straflose Vermeidung des patentrechtlichen Vernichtungsanspruchs, GRUR 2014, 1163; *Igelmann* Der Vernichtungsanspruch im gewerblichen Rechtsschutz und Urheberrecht, Diss Osnabrück 2002; *Jaenich* Der Rückruf- und Entfernungsanspruch im Markenrecht nach Umsetzung der Enforcement-Richtlinie 2004/48/EG, MarkenR 2008, 413; *D. Jestaedt* Die Ansprüche auf Rückruf und Entfernen schutzrechtsverletzender Gegenstände aus den Vertriebswegen, GRUR 2009, 102; *Kisch* (Entscheidungsanmerkung) JW 1931, 1878; *Künzel* Rückruf und endgültiges Entfernen aus den Vertriebswegen: Inhalt, Durchsetzung und Antragsfassung, FS P. Mes (2009), 241; *Miosga* Die Ansprüche auf Rückruf und Entfernen im Recht des geistigen Eigentums, Diss 2010; *Nieder* Vernichtungsanspruch und Veräußerung des streitbefangenen Verletzungsgegenstands im Patentprozess, GRUR 2013, 264; *Retzer* Einige Überlegungen zum Vernichtungsanspruch bei Nachahmung von Waren oder Leistungen, FS H. Piper (1996), 421; *Rinken* Der Wegfall von Besitz und Eigentum an patentierten Erzeugnissen nach Rechtshängigkeit – kein Fall des § 265 II 1 ZPO GRUR 2015, 745; *Schönherr/Adocker* Österreichischer OGH entscheidet über Fragen des Exports und des Beseitigungsanspruchs bei Patentverletzungen, GRUR Int 2010, 8; *Teplitzky* Das Verhältnis des objektiven Beseitigungsanspruchs zum Unterlassungsanspruch im Wettbewerbsrecht, WRP 1984, 365; *Thun* Der immaterialgüterrechtliche Vernichtungsanspruch, Diss Konstanz 1998; *Trube* Zum Vernichtungsanspruch nach § 18 MarkenG bei „nicht-erschöpfter" Ware, MarkenR 2001, 225; *von der Osten/Pross* Die Vollstreckung des nach § 140a Patentgesetz ausgeurteilten Vernichtungsanspruches, FS W. Meibom (2010), 481; *Walchner* Der Beseitigungsanspruch im gewerblichen Rechtsschutz und Urheberrecht: Widerruf – Vernichtung – Urteilsveröffentlichung, Diss München 1996/98; *Wreesmann* Der Anspruch auf Rückruf patentverletzender Erzeugnisse nach § 140a III, IV PatG, Mitt 2010, 278.

A. Allgemeines

I. Entstehungsgeschichte; Anwendungsbereich

1   Die Bestimmung ist durch Art 4 Nr 1 des Produktpirateriegesetzes (PrPG) vom 7.3.1990 eingefügt worden.[1] Sie entspricht im wesentlichen den gleichzeitig eingefügten § 25a WZG (jetzt § 18 MarkenG) und § 98 UrhG, § 43 DesignG sowie § 24a GebrMG, auf den in § 9 Abs 2 HlSchG verwiesen wird, und § 37a SortG. S auch Art 46 TRIPS-Übk. Für das **Gemeinschaftspatent** sah der (sehr allgemein gehaltene) Art 43 Buchst d Vorschlag GPVO entsprechende Sanktionsmöglichkeiten vor. Die Bestimmung ist durch das Gesetz zur Verbesserung der Durchsetzung von Rechten des geistigen Eigentums vom 7.7.2008 in Umsetzung des

---

1   Einzelbegr BlPMZ 1990, 181 f.

Art 10 der RL 2004/48 des eur Parlaments und des Rates vom 29.4.2004 neu gefasst worden (zur vorherigen Fassung 6. *Aufl*).

II. Zeitliche Geltung

Die Bestimmung ist am 1.7.1990 in Kraft getreten (§ 14 PrPG). Sie fand auch auf vor diesem Zeitpunkt **2** eingereichte Anmeldungen und darauf erteilte Patente Anwendung, selbst auf solche, auf die noch § 47 PatG 1968 anwendbar war; die Bezugnahme auf § 139 war in diesem Fall auf § 47 PatG 1968 zu lesen.[2] Das wird auch für die 2008 geänd Fassung gelten müssen, soweit über die Ansprüche nicht schon entschieden ist. Diese ist zwar erst am 1.7.2008 in Kraft getreten, ist aber aufgrund der verspäteten Umsetzung der DurchsetzungsRl auf nach dem 29.4.2006 entstandene Sachverhalte anwendbar (str, vgl. Rn 1 zu § 140c).[3] Das Problem sollte sich inzwischen durch Zeitablauf erledigt haben.

III. Normzweck, Bedeutung

Die Regelung soll im Rahmen der allg Zwecke des PrPG (Rn 29 Einl) und der DurchsetzungsRl, Rn 42 **3** Einl, Rn 10 vor § 139) sicherstellen, dass schutzrechtsverletzende Waren endgültig aus dem Markt genommen werden. Nach Erwägungsgrund 24 der DurchsetzungsRl sollten je nach Sachlage und sofern es die Umstände rechtfertigen, die zu ergreifenden Maßnahmen, Verfahren und Rechtsbehelfe Verbotsmaßnahmen beinhalten, die eine erneute Verletzung von Rechten des geistigen Eigentums verhindern. Darüber hinaus sollten Abhilfemaßnahmen vorgesehen werden, deren Kosten ggf dem Verletzer angelastet werden und die beinhalten können, dass Waren, durch die ein Recht verletzt wird, und ggf auch die Materialien und Geräte, die vorwiegend zur Schaffung oder Herstellung dieser Waren gedient haben, zurückgerufen, endgültig aus den Vertriebswegen entfernt oder vernichtet werden. Diese Abhilfemaßnahmen sollten den Interessen Dritter, insb der in gutem Glauben handelnden Verbraucher und privaten Parteien, Rechnung tragen. Die Regelung hat auch Sanktions- und präventiven Charakter.[4] Sie entscheidet sich „bewusst für eine einschneidende Maßnahme, die in vielen Fällen mehr als das lediglich zur unmittelbaren Folgenbeseitigung Nötige zulässt".[5] Es handelt sich um eine zulässige Inhalts- und Schrankenbestimmung des Eigentums.[6] Die Hauptbedeutung der Bestimmung liegt zwar nach wie vor auf dem Gebiet der Zeichen- und Urh-Verletzungen (Markenpiraterie, Raubkopien), im Rahmen der Tendenz zur Inanspruchnahme auch schärferer Mittel im gewerblichen Rechtsschutz allg, aber auch bei Verfolgung von Patentverletzungen findet die Vorschrift verbreitet auch hier Anwendung. Für einen Missbrauch der Regelung liegen keine Anhaltspunkte vor.[7]

IV. Verhältnis zu ähnlichen Instituten

Vor Inkrafttreten der Regelung war ein Anspruch auf Beseitigung einer Beeinträchtigung von Rechten **4** aus dem Patent im PatG (anders als nach § 148 öPatG) nicht vorgesehen. In der Lit ist jedoch ein Beseitigungsanspruch sowohl als nichtdeliktischer in Analogie zu § 1004 BGB[8] als auch als deliktischer (dh schuldhaftes Handeln voraussetzender) unter dem Gesichtspunkt der Naturalrestitution[9] anerkannt worden.[10] Ein

---

2 LG Düsseldorf 5.11.1991 4 O 335/90.

3 Vgl für den gleichgelagerten Sachverhalt bzgl § 140c BGHZ 183, 153 = GRUR 2010, 318 f Lichtbogenschnürung in Anlehnung an die §§ 809 ff BGB; OLG Düsseldorf InstGE 13, 15; LG Düsseldorf 12.2.2008 4a O 427/06; LG Düsseldorf 25.11.2008 4a O 219/07; zu § 140b *Kühnen* Hdb[8] Rn D 380; aA *Mes* Rn 17, der annimmt, dass Art 10 DuchsetzungsRl für den Zeitraum vorher gilt; BGH GRUR 2009, 515 Motorradreiniger lässt die Frage ausdrücklich offen; vgl LG Mannheim InstGE 12, 200; *Fitzner/Lutz/Bodewig* Rn 4.

4 Kr hierzu *Hoffmann* ZGE 2014, 335, 345 f, 347.

5 Begr; LG München I CR 1993, 698, 701.

6 Begr BlPMZ 1990, 182.

7 Bericht PrPG S 8 ff.

8 *Kraßer* S 844 f (§ 35 I b); *Benkard* § 139 Rn 38; *Schulte* § 139 Rn 182 ff; *Kisch* JW 1931, 1878; *Bruchhausen* GRUR 1980, 515, 518; vgl BGHZ 121, 242, 246 f = GRUR 1993, 556 Triangle; BGH GRUR 2001, 420, 422 SPA.

9 *Kraßer* S 845 (§ 35 I b 2); *Benkard* § 139 Rn 38.

10 Vgl auch RG JW 1931, 1878 = MuW 31, 537 Schaltungsanordnung für Fernsprechsysteme; OLG Hamm GRUR 1935, 45 und GRUR 1935, 886.

wettbewerbsrechtl Vernichtungsanspruch setzt als Unterfall des Beseitigungsanspruchs voraus, dass die von den Gegenständen ausgehende Gefahr weiterer Rechtsverletzungen nicht auf mildere Weise beseitigt werden kann.[11] Diesen allg Beseitigungsanspruch ergänzt oder verdrängt (vgl Rn 6) die Neuregelung (vgl Rn 5 zu § 140e, wo von Spezialität ausgegangen wird). § 1004 BGB hat im Patentrecht seine Bedeutung zumindest weitgehend verloren.[12] Daneben bestehen die Möglichkeiten der strafrechtl Einziehung (bei § 142) sowie der Beschlagnahme nach § 142a, die allerdings vorläufigen Charakter trägt.

B. Zivilrechtlicher Beseitigungsanspruch

5   § 1004 BGB gibt dem Eigentümer gegenüber dem Störer einen Beseitigungsanspruch, wenn das Eigentum in anderer Weise als durch Entziehung oder Vorenthaltung des Besitzes beeinträchtigt wird; der Anspruch ist jedoch ausgeschlossen, wenn der Eigentümer zur Duldung verpflichtet ist.

6   Ein Beseitigungsanspruch wegen Patentverletzung entspr § 1004 BGB war seit dem **„Ethofumesat"-Urteil** des BGH anerkannt.[13] Die frühere Rspr (zu den Einzelheiten 7. *Aufl*) ist aber durch § 140a überholt.[14] Auf nicht von § 140a erfasste Fälle ist diese Rspr nicht anwendbar, insb nicht auf die Durchfuhr im Ausland patentverletzender Gegenstände.[15] Jedoch kann außerhalb des § 140a ein Beseitigungsanspruch nach § 139 Abs 1 in Betracht kommen (vgl Rn 49 zu § 139). Teilweise wird der Anspruch als vorbeugender Beseitigungsanspruch sui generis konstruiert.[16]

C. Vernichtungsanspruch aus § 140a

I. Voraussetzungen

7   **1. Anspruchsberechtigter** (aktiv legitimiert) ist der Verletzte oder sein Rechtsnachfolger[17] (Rn 18 ff zu § 139). Hiervon zu unterscheiden ist die Prozessführungsbefugnis (Rn 36 vor § 143).

8   **2. Anspruchsverpflichteter** (passiv legitimiert) ist der Verletzer, der eine patentverletzende Handlung nach §§ 9–13 vorgenommen hat oder vornimmt. Der mittelbare Verletzer nach § 10 war nicht einbezogen[18] (vgl nun aber auch Abs 2, Rn 11) und wird auch im Normalfall nicht in Besitz verletzender Gegenstände iSv Abs 1 sein, ohne unmittelbar zu verletzen. Nach der auf Art 10 Abs 1 Buchst c DurchsetzungsRl zurückgehenden Neufassung der Bestimmung wird seine grds Einbeziehung aber schwerlich zu verneinen sein;[19] hier käme nur eine teleologische Reduktion in Frage, die den Vernichtungsanspruch auf solche Gegenstände beschränkt, die nur patentgem benutzt werden können. Die Definition der Verletzung nach § 140a wird der nach § 139 vom BGH ohne Einschränkung gleichgestellt, wobei auch Teilnehmer erfasst

---

11 BGH GRUR 1957, 278 f Evidur; BGH GRUR 1963, 539, 542 echt skai; BGH GRUR 1963, 539, 542 Reparaturversicherung; BGH GRUR 2002, 709, 711 Entfernung der Herstellungsnummer III; *Retzer* FS H. Piper (1996), 421, 426.
12 So *Kraßer* S 845 (§ 35 I b 2); *Loth* GebrMG § 24a Rn 5; *Bodewig* GRUR 2005, 632, 635.
13 BGHZ 107, 46 = GRUR 1990, 997 Ethofumesat; LG Düsseldorf InstGE 1, 19; vgl auch OLG Hamm GRUR 1935, 43; vgl zum nl Recht RB Den Haag BIE 2000, 424; für die Schweiz HG St. Gallen sic! 2005, 31, 36; *Schulte* § 139 Rn 182 ff; kr *Kraßer* S 845 (§ 35 I b 2), der hier von einem Schadensersatzanspruch im Weg der Naturalrestitution ausgeht; *Bodewig* GRUR 2005, 632, 635 f.
14 *Schulte* § 139 Rn 183; *Bodewig*, GRUR 2005, 632, 635.
15 BGH GRUR 2012, 1263 f Clinique happy, Markensache; *Kühnen* Hdb[8] Rn D 549; aA LG Hamburg InstGE 11, 65, das allerdings die Anwendbarkeit von § 140a verneint.
16 *Hoffmann* ZGE 2014, 335, 355.
17 Vgl zu § 98 UrhG BGHZ 141, 267, 285 = GRUR 1999, 984, 988 Laras Tochter mwN.
18 BGH GRUR 2006, 570 extracoronales Geschiebe; *Schulte* Rn 9; *Meier-Beck* GRUR 2007, 11, 15; LG Düsseldorf 8.7.1999 4 O 185/98 Entsch 1999, 75, 78; aA *Walchner* S 46; *Nieder* GRUR 2006, 977, 983 schlägt eine Unterscheidung danach vor, ob ein uneingeschränkter Unterlassungsanspruch besteht, und will in diesem Fall auch einen Anspruch auf Vernichtung gewähren; differenzierend auch *Arnold/Tellmann* GRUR 2007, 353, 356, die auf die Verhältnismäßigkeit abstellen wollen.
19 Vgl *Fitzner/Lutz/Bodewig* Rn 20; *Kühnen* Hdb[8] Rn D 525 Fn 715 jedenfalls für Fälle eines Schlechthinverbotes; aA unter Bezugnahme auf die zur früheren Rechtslage ergangene Entscheidung BGH GRUR 2006, 570 extracoronales Geschiebe *Schulte* Rn 9.

sind und § 10 einbezogen ist.[20] Der Frachtführer wurde auch dann verpflichtet angesehen, wenn er nicht weiß und nicht einmal Anlass zur Prüfung hatte, dass die Ware schutzrechtsverletzend ist;[21] dies hat der BGH im Grundsatz bestätigt, sofern er objektiv patentverletzende Ware befördert und weiß oder sich nach den Umständen in zumutbarer Weise die Kenntnis verschaffen kann, dass es sich um Ware handelt, die ohne Zustimmung des Patentinhabers nicht hergestellt, angeboten, in Verkehr gebracht oder gebraucht oder zu diesen Zwecken eingeführt oder besessen werden darf.[22] Auch wenn sich der Anspruch nur gegen den Verletzer richtet,[23] wirkt er auch gegen den unbeteiligten Eigentümer des im Besitz des Verletzers befindlichen Gegenstands und umgekehrt.[24] In Fällen, in denen Verletzer und Eigentümer/unmittelbarer Besitzer auseinanderfallen, kann jedenfalls die Durchsetzung des Anspruchs Schwierigkeiten bereiten.[25] Abgrenzungsprobleme ergeben sich auch bei der Durchfuhr.[26]

3. Erfasste Gegenstände

a. Der Anspruch setzt voraus, dass der Verletzer Eigentümer oder Besitzer eines **patentverletzenden** **9** **Erzeugnisses** ist. Voraussetzung ist damit das Bestehen von Erzeugnisschutz; Schutz des unmittelbaren Verfahrenserzeugnisses (§ 9 Satz 2 Nr 3) ist ausreichend (Abs 1 Satz 2).[27] Mittel iSd § 10 scheiden aus.[28] Eigentum ist grds iSd BGB zu verstehen, dabei ist allerdings wirtschaftliche Betrachtung geboten (zB bei Betriebsaufspaltungen). Bloße Verfügungsgewalt reicht nicht aus.[29] Besitz ist umfassend iSd Regelung des BGB zu verstehen, so dass auch mittelbarer Besitz[30] oder Erbschaftsbesitz (§ 857 BGB) ausreicht, in letzterem Fall wird allerdings das erforderliche Zusammentreffen von Besitz und Verletzereigenschaft idR fehlen. Da der bloße Besitz patentverletzender Gegenstände grds keinen Verletzungstatbestand begründet (Rn 83 zu § 9), ist er für sich nicht geeignet, den Vernichtungsanspruch auszulösen.[31] Beschlagnahme nach § 142a ist ihrer Natur nach vorübergehend und lässt den Besitz nicht entfallen (§ 856 Abs 2 BGB). Maßgeblich ist die Lage bei Schluss der mündlichen Verhandlung;[32] dies muss dann auch schon geklärt sein.[33] § 265 Abs 2 ZPO ist nicht anwendbar.[34] Die Vernichtung schließt den Schadensersatz für die vernichteten Exemplare – dann aber nur nach Lizenzanalogie – nicht aus.[35]

b. Ob der Anspruch auch bei **Verwendungsschutz** eingreift, hängt davon ab, ob man diesen der Ver- **10** fahrenskategorie unterordnet oder als reduzierten Sachschutz ansieht (Rn 147 f zu § 1). In letzterem Fall ist § 140a ohne weiteres anwendbar. Andernfalls ist die Bestimmung auf sinnfällig hergerichtete Gegenstände, die unter den Verwendungsschutz fallen, entspr anwendbar.

---

20 BGHZ 182, 245 = GRUR 2009, 1142, 1145 (Nr 34 ff) MP3-Player; so auch *Mes* Rn 5; aA *Benkard* Rn 4; LG Düsseldorf InstGE 11, 257 ff.
21 LG Düsseldorf InstGE 6, 132; OLG Düsseldorf 29.11.2007 2 U 51/06.
22 BGH MP3-Player; vgl *Fitzner/Lutz/Bodewig* Rn 21.
23 Begr BTDrs 16/5048 S 31 f.
24 OLG München InstGE 1, 201, 207, Markensache; *Ingerl/Rohnke* MarkenG § 18 Rn 8; *Schulte* Rn 13 aE.
25 Vgl *Bodewig* GRUR 2005, 632, 637; weitergehend *Hoffmann* ZGE 2014, 335, 366.
26 Hierzu *Fitzner/Lutz/Bodewig* Rn 22; LG Hamburg InstGE 11, 65.
27 *Fitzner/Lutz/Bodewig* Rn 24; *Mes* Rn 5; *Benkard* Rn 5.
28 *Künzel* FS P. Mes (2009), 241, 246; vgl BGH GRUR 2006, 570 extracoronales Geschiebe; LG Düsseldorf 12.2. 2008 4a O 427/06; LG Düsseldorf 18.12.2008 4a O 164/08; LG Düsseldorf InstGE 11, 257; *Mes* § 11 Rn 53; aA *Arnold/Tellmann* GRUR 2007, 353; *Hoffmann* ZGE 2014, 335, 363; LG Düsseldorf InstGE 7, 122.
29 LG München I CR 1993, 698, 702.
30 OLG Karlsruhe InstGE 12, 220; *Mes* Rn 6; LG Düsseldorf InstGE 6, 132, 136: auch der Frachtführer durch Vermittlung der beschlagnahmenden Behörde, wenn diese die Ware zurückhält.
31 Vgl *Hoffmann* ZGE 2014, 335, 343.
32 *Benkard* Rn 6b; *Fitzner/Lutz/Bodewig* Rn 14; LG München I CR 1993, 698, 702; *Ströbele/Hacker* § 18 MarkenG Rn 31; vgl OLG Hamm GRUR 1989, 503.
33 *Mes* Rn 7; vgl *Benkard* Rn 6b, 6c.
34 *Rinken* GRUR 2015, 745, 748, 750; aA *Benkard* Rn 6b; *Nieder* GRUR 2013, 264.
35 BGH GRUR 1990, 353 Raubkopien, für den Fall der Beschlagnahme; KG GRUR 1992, 168 f.

11   **c.** Abs 2 schließt **Herstellungsvorrichtungen** („Materialien und Geräte") in den Vernichtungsanspruch ein. Voraussetzung ist, dass diese im Eigentum des Verletzers stehen;[36] Besitz reicht im Unterschied zu Abs 1 nicht aus.[37] Die Vorrichtung muss zumindest nahezu ausschließlich zur widerrechtl Herstellung eines patentverletzenden Erzeugnisses benutzt oder bestimmt sein; Herstellung wesentlicher, dem Endprodukt dienender Einzelteile reicht aus.[38] Änderung der Zweckbestimmung bis zur Entscheidung über den Anspruch ist bei der Verhältnismäßigkeitsprüfung beachtlich.[39] Bei neutralen Produktionsmitteln wird sie idR der Vernichtung entgegenstehen.

12   **4.** Der Verletzer muss sich objektiv **rechtswidrig** verhalten, Verschulden ist nicht erforderlich,[40] Vorliegen oder Ausmaß des Verschuldens sind allerdings bei der Verhältnismäßigkeitsprüfung (Rn 18) zu beachten.[41] Der Anspruch besteht auch bei unzulässigem Vertrieb von Originalware.[42] Es gelten die allg Regeln (Erschöpfung; Rechtfertigungstatbestände im PatG, allg Rechtfertigungsgründe).

13   **5.** Bei **Wegfall des Schutzrechts** gelten die folgenden Grundsätze, die zum Beseitigungsanspruch nach § 1004 BGB entwickelt wurden, entspr.[43] Wegfall des Störungszustands führt zum Erlöschen des Beseitigungsanspruchs.[44] Der Beseitigungsanspruch ist jedoch nicht auf Störungszustände und nachteilige Auswirkungen der Patentverletzung beschränkt, die während der Laufzeit des Schutzrechts eintreten und das Vermögen des Rechtsinhabers während dieser Zeit beeinträchtigen; fortwirkenden Störungszuständen kann mit ihm begegnet werden, sofern die Gefahr besteht, dass sie sich noch nach Ablauf des Schutzrechts schädlich auf die Vermögenslage des Schutzrechtsinhabers auswirken. Dieser braucht die ihm drohenden schädlichen Wirkungen vorausgegangener rechtswidriger Eingriffe in sein Schutzrecht nicht schutzlos hinzunehmen, sondern kann verlangen, dass den Störungszuständen ihre schädliche Wirkung im Rahmen des Möglichen genommen wird. Durch den Ablauf des Schutzrechts wird der Rechtswidrigkeitszusammenhang zwischen dem Eingriff des Verletzers und den daraus resultierenden, fortwirkenden Störungszuständen nicht unterbrochen. Mit dem Anspruch kann daher wohl verlangt werden, dass der Verletzer diese Störungszustände beseitigt, soweit dies schutzwürdige Interesse des Berechtigten erfordert.[45] Die Frage ist aber bisher nicht höchstrichterlich geklärt. Für den Wegfall mit Wirkung von Anfang an (insb Widerruf und Nichtigerklärung) wird dies aber sicher zu verneinen sein, da dann die Rechtswidrigkeit des Eingriffs rückwirkend entfällt.

II. Inhalt und Grenzen

14   **1.** Der Anspruch ist wie der aus § 1004 BGB auf Störungs- (Folgen-)beseitigung gerichtet. Er kann nicht über die konkret festgestellten Verletzungshandlungen hinaus verallgemeinert werden.[46] Verlangt werden kann die **Vernichtung** der erfassten Gegenstände, auch solcher, die durch einen erfolgreichen Rückruf wieder in den Besitz des Verletzers gelangen,[47] dies kann aber nicht dazu führen, dass ein Vernichtungsanspruch gegen einen Verletzer tenoriert werden kann, der keine Verletzungsgegenstände mehr

---

36   Kr *Ensthaler* GRUR 1992, 273, 277; *Ströbele/Hacker* § 18 MarkenG Rn 30.

37   *Bodewig* GRUR 2005, 632, 637.

38   BGHZ 128, 220 = GRUR 1995, 338, 341 Kleiderbügel; *Fitzner/Lutz/Bodewig* Rn 25.

39   Vgl *Benkard* Rn 7 *Fitzner/Lutz/Bodewig* Rn 26; *Nieder* Rn 168.

40   BGHZ 166, 233 = GRUR 2006, 504 Parfümtestkäufe; *Mes* Rn 3; *Ingerl/Rohnke* § 18 MarkenG Rn 1; *Fezer* § 18 MarkenG Rn 11; *Ströbele/Hacker* § 18 MarkenG Rn 17.

41   BGHZ 135, 183, 188 = GRUR 1997, 899 Vernichtungsanspruch; BGH Parfümtestkäufe; *Ströbele/Hacker* § 18 MarkenG Rn 37; Benkard Rn 8c; kr zum Verständnis iS einer Angemessenheit der Sanktion *Hoffmann* ZGE 2014, 335, 369.

42   Vgl für das Markenrecht öOGH ÖBl 2004, 220 Gmunder Keramik m kr Anm *Gamerith*; BGH GRUR Int 1967, 726 gefärbte Jeans; näher zum Streitstand *Ströbele/Hacker* § 18 MarkenG Rn 41 f.

43   Vgl *Benkard* Rn 9; *Mes* Rn 17; *Kühnen* Hdb⁸ Rn D 545 hält im Hinblick auf Abs 4 Einschränkungen für möglich, nicht aber generelle.

44   BGH NJW 1993, 1991 Maschinenbeseitigung, UWGSache; vgl *Kühnen* Hdb⁸ Rn D 283 f; *Rinken* GRUR 2015, 745, 748 f.

45   *Benkard* Rn 9; *Kühnen* GRUR 2009, 288, 291 f; *Kühnen* Hdb⁸ Rn D 545 ff; *Fitzner/Lutz/Bodewig* Rn 32 behandeln ausschließlich den Wegfall ex nunc; vgl LG Hamburg InstGE 11, 65; OLG Düsseldorf InstGE 12, 261.

46   BGHZ 166, 233 = GRUR 2006, 504 Parfümtestkäufe, zu § 18 MarkenG.

47   *Benkard* Rn 6c; *Fitzner/Lutz/Bodewig* Rn 24; *Kühnen* Hdb⁸ Rn D 590.

in Besitz hat (Rn 9).[48] Vernichtung bedeutet Zerstörung zumindest in dem Umfang, dass der Gegenstand seiner Zweckbestimmung endgültig nicht mehr dienen kann.[49] Vernichtung ist die Regelmaßnahme;[50] die Ausnahmetatbestände (Rn 16 f) sind eng auszulegen und müssen kumulativ vorliegen,[51] jedoch wird jedenfalls eine nachhaltige Beseitigungsmöglichkeit auf andere Weise idR zur Unverhältnismäßigkeit der Vernichtung führen, soweit sie nicht schon als Vernichtung iSd Bestimmung anzusehen ist;[52] nur in einer derart eingeschränkten Auslegung kann die Bestimmung den aus dem Rechtsstaatsprinzip abzuleitenden und auch im Zivilrecht zu beachtenden Grundsätzen der Erforderlichkeit und Verhältnismäßigkeit genügen und wird nicht gegen das Übermaßverbot verstoßen[53] (vgl auch die Regelung in § 59 Abs 1 dän PatG 1996); ob dies über den Sanktionsgedanken beiseitegeschoben werden kann, erscheint nicht unbdkl.[54]

Berechtigter. Str ist, wer die Vernichtung vornehmen darf; damit ist die Frage verbunden, ob der **15** Rechtsinhaber Herausgabe zum Zweck der Vernichtung verlangen kann,[55] jedenfalls lässt freiwillige Herausgabe den Vernichtungsanspruch erlöschen. Vorzugswürdig erscheint die Lösung, dem Verletzten einen Herausgabeanspruch an den Gerichtsvollzieher zum Zweck der Vernichtung durch diesen zuzubilligen.[56] Der Schuldner kann die Vernichtung bei Sequestration nicht selbst durchführen, solange die Gegenstände nicht an ihn freigegeben werden.[57]

2. Grenzen

a. Störungsbeseitigung auf andere Weise. Der Anspruch ist ausgeschlossen, wenn der die Rechts- **16** verletzung verursachende Zustand des Erzeugnisses auf andere Weise **beseitigt** werden kann.[58] Hierzu müssen hinreichende tatrichterliche Feststellungen getroffen werden.[59] Die Vernichtung wäre in einem solchen Fall nicht zur Störungsbeseitigung erforderlich. In Betracht kommen zB Entfernung patentverletzender Teile, Umbau, der dem Erzeugnis den patentverletzenden Charakter nimmt, Veränderung der Herstellungsvorrichtung dergestalt, dass mit ihr das geschützte Erzeugnis nicht mehr hergestellt werden kann. Nicht ausreichend ist Verbringen ins patentfreie Ausland.[60] Bei unmittelbaren Verfahrenserzeugnissen soll die anderweitige Beseitigungsmöglichkeit nie greifen.[61] Soweit Verwendungsschutz besteht, genügt eine Beseitigung der sinnfälligen Herrichtung, weitergehende Ansprüche können sich hier allenfalls entspr § 1004 BGB ergeben (vgl aber Rn 4).

Der Verpflichtete muss die Durchführung der milderen Maßnahme **dulden**. Der Antrag kann und soll- **17** te zumindest in Form eines Hilfsantrags von vornherein auf die mildere Maßnahme gerichtet werden, sofern nicht diese ohne weiteres ein Minus zur Vollvernichtung darstellt.[62]

---

48 Vgl LG Düsseldorf 12.4.2011 4b O 75/10 U: Vernichtungsanspruch mangels Besitzes verneint, Rückrufanspruch zuerkannt.
49 Vgl Begr BlPMZ 1990, 182; *Fitzner/Lutz/Bodewig* Rn 33.
50 BGHZ 135, 183 = GRUR 1997, 899 Vernichtungsanspruch, Markensache; BGH Parfümtestkäufe; *Benkard* Rn 4; *Schulte* Rn 14, 19; *Ströbele/Hacker* Rn 32.
51 BGH Vernichtungsanspruch; *Schulte* Rn 14; *Mes* Rn 30.
52 Vgl HG Zürich sic! 2006, 348; aA offenbar BGH Vernichtungsanspruch mwN.
53 Vgl BGHZ 109, 306 = NJW 1990, 911.
54 Vgl auch *Köhler* GRUR 1996, 82, 86; *Bodewig* GRUR 2005, 632, 637.
55 Herausgabeanspruch im Einzelfall bejaht in BGH Vernichtungsanspruch m Nachw des Streitstands; vgl BGHZ 141, 267, 285 = GRUR 1999, 984 Laras Tochter; BGHZ 153, 69, 77 = GRUR 2003, 228 P-Vermerk; BGH GRUR 2004, 855 Hundefigur; OLG München InstGE 1, 201, 208, Markensache; KG GRUR 1992, 168; LG Köln Markenartikel 1993, 15; LG München I CR 1993, 698; abl KG ZUM 2000, 1090, 1093; grds verneinend auch *Fitzner/Lutz/Bodewig* Rn 35.
56 *Ströbele/Hacker* § 18 MarkenG Rn 35; *Benkard* Rn 11; nach *Bodewig* GRUR 2005, 632, 637 hat die Vernichtung grds durch den Verletzer zu erfolgen.
57 OLG Düsseldorf InstGE 10, 301; vgl *Fitzner/Lutz/Bodewig* Rn 34.
58 Vgl *Benkard* Rn 8b; *Fitzner/Lutz/Bodewig* Rn 28.
59 BGHZ 166, 233 = GRUR 2006, 504 Parfümtestkäufe, Markensache; vgl zur „eingeschränkten Vernichtung" auch OLG Düsseldorf InstGE 7, 139.
60 Vgl aber LG Düsseldorf GRUR 1996, 66, das bei Originalware ein Einfuhrverbot als milderes Mittel ansieht; *Retzer* FS H. Piper (1992), 421, 423; *Köhler* GRUR 1996, 87.
61 *Bodewig* GRUR 2005, 632, 637 f.
62 *Fitzner/Lutz/Bodewig* Rn 31.

Kaess

18 **b. Unverhältnismäßigkeit.** Der Anspruch ist unter der Voraussetzung anderweitiger Beseitigungsmöglichkeit ausgeschlossen, wenn die Vernichtung im Einzelfall unverhältnismäßig ist (Abs 4).[63] Nach der Gesetzesformulierung ist Unverhältnismäßigkeit die Ausnahme.[64] Ob sich aus dem Gesetz darüber hinaus ein Unterschied zum „allgemeinen" Verhältnismäßigkeitsgrundsatz ableiten lässt, erscheint zwh.[65] Durch die in diesem Fall vorgesehene Ausnahme wird den Gerichten genügend Spielraum zur Vermeidung im Einzelfall unzulässiger Rechtsausübung oder im Hinblick auf den Schaden des Rechtsinhabers nicht geforderter Reaktionen gegenüber dem Verletzer eingeräumt. Auf die Nennung von Bsp wurde bewusst verzichtet.[66] Zu berücksichtigen sind im Einzelfall Art und Grad des Verschuldens, Intensität und Umfang des Eingriffs und die Zweck-Mittel-Relation[67] (Schaden des Verletzers im Vergleich zu den Nachteilen des Rechtsinhabers; vgl Begr). Unverhältnismäßigkeit für einen Beteiligten kann ausreichen.[68] Die Interessen Dritter sind zwingend zu berücksichtigen (Abs 4 Satz 2); in Betracht kommen etwa die des Eigentümers, wenn die Durchsetzung gegenüber dem Besitzer erfolgt.[69] IdR sind schon wegen des Sanktionscharakters Feststellungen zum Grad des Verschuldens erforderlich.[70] Eine Abwendungsbefugnis gegen Geldzahlung[71] wird jedenfalls idR nicht anzuerkennen sein.[72]

III. Durchsetzung

19 **1. Darlegungs- und Beweislast** für die anspruchsbegründenden Tatsachen liegen beim Antragsteller, für die Ausnahmetatbestände beim Verletzer.[73]

20 **2. Die gerichtliche Geltendmachung** entspricht der bei Ansprüchen aus § 139.[74] Der Klageantrag kann trotz der mit der Vollstreckung verbundenen Schwierigkeiten auf Gegenstände gerichtet werden, die im Eigentum des Beklagten stehen.[75] Vernichtung kann auch in der Form verlangt werden, dass die Gegenstände an einen zur Vernichtung bereiten Gerichtsvollzieher herauszugeben sind.[76] Der Gläubiger kann dem Schuldner die Möglichkeit der Herausgabe an einen Treuhänder zum Zweck der Vernichtung einräumen.[77]

21 Im **Verfügungsverfahren** wird regelmäßig nur Sequestration in Betracht kommen.[78] Dieser steht es nicht entgegen, dass nur mildere Maßnahmen als Vernichtung in Betracht kommen.[79]

22 **3. Zwangsvollstreckung** erfolgt, da es sich um eine vertretbare Handlung handelt, nach § 887 ZPO.[80] Eine „Privatvollstreckung" durch den Gläubiger kommt nicht in Betracht.[81] Der Schuldner hat die notwendigen Kosten der Vernichtung zu erstatten.[82]

---

63 Vgl *Fitzner/Lutz/Bodewig* Rn 28; *Kühnen* Hdb[8] Rn D 540; die Lit meint, dass die Voraussetzungen kumulativ gegeben sein müssten, so *Walchner* S 56; *Bodewig* GRUR 2005, 632, 637.

64 *Cremer* Mitt 1992, 153, 162, *Bodewig* GRUR 2005, 632, 638.

65 In diese Richtung aber offenbar *Bodewig* GRUR 2005, 632, 637 unter Hinweis auf *Schulte*[7] Rn 14.

66 Begr BlPMZ 1990, 182.

67 Zu weitgehend LG München I CR 1993, 698, 701, wonach Verschulden generell Unverhältnismäßigkeit ausschließen soll; vgl auch LG Düsseldorf 18.5.2000 4 O 285/98 Entsch 2000, 51, 60 f.

68 Vgl *Benkard* Rn 8a; zur Berücksichtigung der Interessen des bloßen Besitzers, der nicht Verletzer ist, *Nieder* Rn 172 einerseits, *Bodewig* GRUR 2005, 632, 638 andererseits.

69 *Fitzner/Lutz/Bodewig* Rn 30.

70 BGHZ 166, 233 = GRUR 2006, 504 Parfümtestkäufe, Markensache.

71 So *Fezer* § 18 MarkenG 42.

72 Vgl *Ingerl/Rohnke* § 18 MarkenG Rn 17.

73 So OLG Düsseldorf InstGE 7, 139: Beweislast; dass Beseitigung des rechtsverletzenden Zustands anders als durch Vernichtung möglich ist, beim Verletzer.

74 Muster für einen Klageantrag bei *Mes* Rn 22.

75 BGHZ 153, 69 = GRUR 2003, 228 P-Vermerk, UrhSache; vgl BGHZ 128, 220, 225 f = GRUR 1995, 338 Kleiderbügel.

76 BGH P-Vermerk, zu § 98 UrhG, mwN; str.

77 *Mes* Rn 13.

78 *Benkard* Rn 11; vgl *Fitzner/Lutz/Bodewig* Rn 38.

79 Vgl OLG Stuttgart NJW-RR 2001, 257, Markensache; *Schramm* PVP Kap 9 Rn 375.

80 *Kühnen* Hdb[8] Rn D 589; *Mes* Rn 17; OLG Frankfurt GRUR-RR 2007, 30 (zum KUG); LG Köln MA 1993, 15.

81 Zutr *Benkard* Rn 10, *Fitzner/Lutz/Bodewig* Rn 35; aA anscheinend *Cremer* Mitt 1992, 153, 163.

82 *Fitzner/Lutz/Bodewig* Rn 40 f.

D. Anspruch auf Rückruf und endgültiges Entfernen aus den Vertriebswegen

I. Allgemeines

Der Anspruch auf Rückruf und endgültiges Entfernen aus den Vertriebswegen ist bei der Umsetzung **23** der DurchsetzungsRl neu in das Gesetz eingestellt worden (Abs 3). Rückruf und Entfernen können wie die Vernichtung bereits für Verletzungsgegenstände verlangt werden, die nach dem 29.4.2006 in Verkehr gebracht wurden (Rn 2). Eine Verurteilung zum Rückruf wurde aber vor Umsetzung der DurchsetzungsRl von der dt Rspr soweit ersichtlich nicht in Betracht gezogen (vgl *6. Aufl* § 139 Rn 124).

II. Geltendmachung

Der Anspruch muss geltend gemacht werden. Der Antrag kann etwa wie folgt formuliert sein: **24**

Der Beklagte wird verurteilt, die [näher zu bezeichnenden] im Besitz nicht privat handelnder Dritter befindlichen Erzeugnisse aus den Vertriebswegen zurückzurufen und/oder endgültig zu entfernen, indem die Dritten, denen durch den Beklagten oder mit dessen Zustimmung Besitz eingeräumt wurde, ernsthaft und unter Hinweis auf die Verletzung des Klagepatents aufgefordert werden, die Erzeugnisse an den Beklagten zurückzugeben und indem den Dritten für den Fall der Rückgabe der Erzeugnisse die Rückzahlung des bereits gezahlten Kaufpreises sowie die Übernahme der Kosten der Rückgabe zugesagt werden und indem der Beklagte diese Erzeugnisse wieder an sich nimmt oder ihre Vernichtung beim jeweiligen Besitzer veranlasst.

Der Antrag muss **erforderliche Maßnahmen**, die schon in der letzten mündlichen Verhandlung be- **25** kannt sind, bezeichnen,[83] vieles wird aber erst im Vollstreckungsverfahren bekannt werden (Rn 33).

Der Anspruch kann nach hM nicht im Weg der **einstweiligen Verfügung** durchgesetzt werden;[84] ob **26** die Möglichkeit der Auskunft nach § 140b auf diesem Weg die Folgen der damit gegebenen Vereitelungsmöglichkeit durch den Schuldner voll ausgleicht,[85] darf bezweifelt werden und lässt jedenfalls die Möglichkeit des Abs 3 in Pirateriefällen leerlaufen, so dass eine Analogie zu § 140b Abs 7, wenn nicht § 140c Abs 2 erwogen werden sollte.[86]

Adressat des Anspruchs ist jeder Verletzer, der verletzende Gegenstände zu nicht privater Nutzung **27** weitergibt, sei es durch Verkaufen, Vermieten oder andere rechtl Konstruktionen. Die Regelung ist damit weiter als beim Vernichtungsanspruch.[87] Zweck der Regelung ist die Unterbindung der Verletzung nicht nur durch Weitergabe. Zweck der Regelung ist nach Erwägungsgrund 24 der DurchsetzungsRl nicht nur die Unterbindung des Weitervertriebs, sondern von Rechtsverletzungen allg. Auch der gewerblich handelnde Endverbraucher befindet sich „in den Vertriebswegen" und verletzt idR selbst, so dass sich der Anspruch auch auf ihn erstreckt,[88] da er den Gegenstand selbst gewerblich nutzt. Dies gilt insb bei Großanlagen, bei denen idR vom Hersteller an den Endnutzer geliefert wird, der selbst in großem Umfang verletzend nutzt. Der im Ausland ansässige, ins Inland liefernde Verletzer kann auch ohne inländ Besitz oder Eigentum auf Rückruf und Entfernung in Anspruch genommen werden; das Bestehen eines Vernichtungsanspruchs wird nicht vorausgesetzt.[89] Der Anspruch nach Abs 3 ist nicht akzessorisch zu Abs 1.[90] Danach könnte auch der mittelbare Patentverletzer theoretisch zum Rückruf verpflichtet sein,[91] dies allerdings

---

83 *Kühnen* Hdb[8] Rn D 585, 588.
84 *Kühnen* Hdb[8] Rn D 592; *Schramm* PVP Rn 378; vgl *Mes* Rn 35.
85 So aber *Kühnen* Hdb[8] Rn D 592.
86 *Ströbele/Hacker* § 18 Rn 61.
87 *Fitzner/Lutz/Bodewig* Rn 43.
88 So wohl auch *Schulte* Rn 32, der ausdrücklich nur den Rückruf gegenüber dem privaten Endverbraucher ausschließt; aA *Schramm* PVP Kap 9 Rn 376.
89 *Fitzner/Lutz/Bodewig* Rn 45; LG Düsseldorf 19.9.2013 4c O 14/13; LG Mannheim 10.12.2013 2 O 180/12 Mitt 2014, 235 Ls.
90 So *Benkard* Rn 13; LG Mannheim 10.12.2013 2 O 180/12 NJOZ 2014, 1173, 1144 f mit ausführlicher Begr = Mitt 2014, 235 Ls für den Fall, dass ein im Ausland handelnder und damit nicht dem Vernichtungsanspruch unterliegender Verletzer ins Inland liefert.
91 AA *Benkard* Rn 14 unter Bezugnahme auf den Gesetzestext „Gegenstand des Patents"; *Fitzner/Lutz/Bodewig* Rn 44 unter Hinweis auf LG Düsseldorf InstGE 11, 257; LG Düsseldorf InstGE 11, 257 spricht von „gebotenem Gleichlauf" zwischen Vernichtungs- und Rückrufanspruch; anders LG Düsseldorf 19.9.2013 4c O 14/13.

nicht, wenn die Möglichkeit des Weitervertriebs zur Verwendung im patentfreien Ausland in Betracht kommt.[92] Str ist, ob der Rückrufanspruch auch Organe trifft.[93]

28 **III.** Der Anspruch setzt nicht voraus, dass sich die Erzeugnisse in der rechtl **Verfügungsgewalt** des Verletzers befinden.[94] Die tatsächliche, nämlich unmittelbarer Besitz, wird typischerweise fehlen; die rechtl außer bei Leasing, Eigentumsvorbehalt oder ähnlichen Konstruktionen jedenfalls sehr oft. Die Begr führt nur aus, die Entfernung müsse dem Verletzer noch möglich sein, ohne auf die rechtl oder die tatsächliche Möglichkeit abzustellen.[95] Vom Zweck der Regelung her, eine erneute Verletzung von Rechten des geistigen Eigentums zu verhindern (Erwägungsgrund 24 zur DurchsetzungsRl), darf aber der Begriff der Möglichkeit nicht auf diese Alternativen beschränkt werden, sondern muss vernünftigerweise zumutbare Bemühungen, die erfolgversprechend sind, umfassen. Auch wenn mit einem Rückruf außerhalb rechtl Verpflichtung des Abnehmers ein Bloßstellungsfaktor verbunden ist, wird ein solcher Abnehmer auch idR Verletzer sein. Die Grenze bildet auch hier schon nach der Gesetzessystematik die Verhältnismäßigkeit.[96]

29 **IV.** Der **Umfang** der Rückrufsverpflichtung wird teilweise sehr weit gesehen: So wird die Verpflichtung zum Rückkauf angenommen und ein bloßer Appell für nicht ausreichend gehalten; auch soll Erstattung von Transportkosten erfolgen, aber keine weitergehenden Zahlungen.[97] Unproblematisch sollte ein Rückruf bei entspr rechtl Möglichkeit, etwa bei Leasing, Eigentumsvorbehalt, Kommission oder rechtl Abhängigkeit der Vertriebspartner sein; hier wird entspr der Rspr zum Auskunftsanspruch (Rn 80 zu § 140b) notfalls auch eine Klage auf Erfüllung vertraglich klar gegebener Rücklieferungs- oder Entfernungsansprüche zu verlangen sein. Nicht verlangt werden können öffentliche Aufrufe[98] oder die Ermittlung unbekannter Abnehmer.[99]

30 Der Anspruch auf **Entfernung aus den Vertriebswegen** erstreckt sich anders als der Rückrufanspruch auf einen Erfolg und ist daher mehr als der erstere durch die Möglichkeiten des Verletzers beschränkt.[100] Er hat gegenüber dem Anspruch auf Rückruf einen eigenständigen Inhalt.[101]

31 Die Ansprüche auf Entfernung und Rückruf stehen dem Verletzten **nach Wahl** zur Verfügung,[102] können aber auch nebeneinander geltend gemacht werden,[103] ebenso mit dem Anspruch auf Vernichtung;[104] dies kann allerdings bei der Zwangsvollstreckung nur im Rahmen des Verhältnismäßigkeitsgrundsatzes[105] und außerhalb rechtsmissbräuchlicher Verhaltensweisen des Gläubigers gelten.

32 **Verhältnismäßigkeit** (Abs. 4) ist auch gegeben, wenn das Schutzrecht abgelaufen ist[106] (vgl Rn 18).

33 **V.** Die **Vollstreckung** des Rückrufsanspruchs erfolgt nach § 888 ZPO (str),[107] die des Entfernungsanspruchs nach § 887 ZPO, sofern nicht höchstpersönliche Maßnahmen erforderlich sind.[108] Der genaue Umfang sämtlicher Verpflichtungen des Verletzers kann erst im Vollstreckungsverfahren festgestellt werden,

92 LG Düsseldorf InstGE 11, 257; *Kühnen* Hdb[8] Rn D 567; zwh, ob dies wirklich stets der Fall ist.
93 Bejahend *Fitzner/Lutz/Bodewig* Rn 45; *Benkard* Rn 13 gegen *Kühnen* Hdb[5] Rn 1101 (vgl *Kühnen* Hdb[8] Rn 589); OLG Düsseldorf 4.3.2013 2 W 7/13.
94 *Schulte* Rn 29; *Künzel* FS P. Mes (2009), 241, 243; aA ÖOGH 14.7.2009 17 Ob 12/09b Transdermalpflaster, Ls in ÖBl 2009, 249, und hierzu *Schönherr/Adocker* GRUR Int 2010, 8, 11.
95 BTDrs 16/5048 S 38.
96 Einschränkend *Fitzner/Lutz/Bodewig* Rn 47 unter Hinweis auf *Künzel* FS P. Mes (2009), 241 ff.
97 *Schulte* Rn 31 mwN; zur Durchführung des Rückrufs eingehend *Fitzner/Lutz/Bodewig* Rn 49 ff.
98 *Künzel* FS P. Mes (2009), 241, 243.
99 *Künzel* FS P. Mes (2009), 241, 243; *Schulte* Rn 31.
100 *Künzel* FS P. Mes (2009), 241, 248 unter Bezugnahme auf die Begr.
101 *Fitzner/Lutz/Bodewig* Rn 53.
102 *Schramm* PVP Kap 9 Rn 377.
103 LG Düsseldorf 6.9.2009 4b O 172/08, nicht in Mitt 2009, 469; *Schramm* PVP Kap 9 Rn 377.
104 LG Düsseldorf 6.9.2009 4b O 172/08, nicht in Mitt 2009, 469.
105 *Künzel* FS P. Mes (2009), 241 f.
106 OLG Düsseldorf 29.1.2015 15 U 23/14 GRUR-RR 2015, 512 Ls, beim BGH unter X ZR 22/15 anhängig.
107 AA *Fitzner/Lutz/Bodewig* Rn 59 und *Mes* Rn 29; vgl *Benkard* Rn 22.
108 *Schramm* PVP Kap 9 Rn 377.

da erst hier die entspr Kenntnisse über die Möglichkeiten und die die Verhältnismäßigkeit der Durchsetzung betreffenden Umstände vorliegen (vgl Rn 62 zu § 1406).[109]

Die **Kosten der Ersatzvornahme** beim Vernichtungsanspruch sind vom Schuldner zu tragende Kosten der Zwangsvollstreckung.[110] Bei Selbstvernichtung trägt die Kosten der Verletzer (Störer),[111] weil ihm nach dem Gesetz die Vernichtung obliegt (vgl Rn 14).[112] Auch die Kosten des Rückrufs selbst, der Rückgabe und der Entfernung trägt der Verletzer.[113] Der Gesetzgeber hielt eine ausdrückliche Umsetzung der in der DurchsetzungRl geregelten Kostentragungspflicht des Verletzers (vgl Erwägungsgrund 24) für entbehrlich.[114] **34**

§ 140b
(Auskunft über Herkunft und Vertriebsweg)

(1) Wer entgegen den §§ 9 bis 13 eine patentierte Erfindung benutzt, kann vom Verletzten auf unverzügliche Auskunft über die Herkunft und den Vertriebsweg der benutzten Erzeugnisse in Anspruch genommen werden.

(2) [1]In Fällen offensichtlicher Rechtsverletzung oder in Fällen, in denen der Verletzte gegen den Verletzer Klage erhoben hat, besteht der Anspruch unbeschadet von Absatz 1 auch gegen eine Person, die in gewerblichem Ausmaß

1. rechtsverletzende Erzeugnisse in ihrem Besitz hatte,
2. rechtsverletzende Dienstleistungen in Anspruch nahm,
3. für rechtsverletzende Tätigkeiten genutzte Dienstleistungen erbrachte oder
4. nach den Angaben einer in Nummer 1, 2 oder Nummer 3 genannten Person an der Herstellung, Erzeugung oder am Vertrieb solcher Erzeugnisse oder an der Erbringung solcher Dienstleistungen beteiligt war,

es sei denn, die Inanspruchnahme wäre nach den §§ 383 bis 385 der Zivilprozessordnung im Prozess gegen den Verletzer zur Zeugnisverweigerung berechtigt. [2]Im Fall der gerichtlichen Geltendmachung des Anspruchs nach Satz 1 kann das Gericht den gegen den Verletzer anhängigen Rechtsstreit auf Antrag bis zur Erledigung des wegen des Auskunftsanspruchs geführten Rechtsstreits aussetzen. [3]Der zur Auskunft Verpflichtete kann von dem Verletzten den Ersatz der für die Auskunftserteilung erforderlichen Aufwendungen verlangen.

(3) Der zur Auskunft Verpflichtete hat Angaben zu machen über

1. Namen und Anschrift der Hersteller, Lieferanten und anderer Vorbesitzer der Erzeugnisse oder der Nutzer der Dienstleistungen sowie der gewerblichen Abnehmer und Verkaufsstellen, für die sie bestimmt waren, und
2. die Menge der hergestellten, ausgelieferten, erhaltenen oder bestellten Erzeugnisse sowie über die Preise, die für die betreffenden Erzeugnisse oder Dienstleistungen bezahlt wurden.

(4) Die Ansprüche nach den Absätzen 1 und 2 sind ausgeschlossen, wenn die Inanspruchnahme im Einzelfall unverhältnismäßig ist.

(5) Erteilt der zur Auskunft Verpflichtete die Auskunft vorsätzlich oder grob fahrlässig falsch oder unvollständig, so ist er dem Verletzten zum Ersatz des daraus entstehenden Schadens verpflichtet.

(6) Wer eine wahre Auskunft erteilt hat, ohne dazu nach Absatz 1 oder 2 verpflichtet gewesen zu sein, haftet Dritten gegenüber nur, wenn er wusste, dass er zur Auskunftserteilung nicht verpflichtet war.

---

109 *Schramm* PVP Kap 9 Rn 377; *Künzel* FS P. Mes (2009), 241, 249.
110 BGHZ 135, 183 = GRUR 1997, 899, 902 Vernichtungsanspruch, Markensache; *Ströbele/Hacker* § 18 MarkenG Rn 46; *Schulte* Rn 23.
111 LG Düsseldorf InstGE 6, 132, 134.
112 Vgl Begr BTDrs 16/5048 S 32; *Schulte* Rn 17.
113 *Künzel* FS P. Mes (2009), 241, 245.
114 Vgl *Dreier/Schulze* UrhG § 98 Rn 16.

(7) In Fällen offensichtlicher Rechtsverletzung kann die Verpflichtung zur Erteilung der Auskunft im Wege der einstweiligen Verfügung nach den §§ 935 bis 945 der Zivilprozessordnung angeordnet werden.

(8) Die Erkenntnisse dürfen in einem Strafverfahren oder in einem Verfahren nach dem Gesetz über Ordnungswidrigkeiten wegen einer vor der Erteilung der Auskunft begangenen Tat gegen den Verpflichteten oder gegen einen in § 52 Abs. 1 der Strafprozessordnung bezeichneten Angehörigen nur mit Zustimmung des Verpflichteten verwertet werden.

(9) [1]Kann die Auskunft nur unter Verwendung von Verkehrsdaten (§ 3 Nr. 30 des Telekommunikationsgesetzes) erteilt werden, ist für ihre Erteilung eine vorherige richterliche Anordnung über die Zulässigkeit der Verwendung der Verkehrsdaten erforderlich, die von dem Verletzten zu beantragen ist. [2]Für den Erlass dieser Anordnung ist das Landgericht, in dessen Bezirk der zur Auskunft Verpflichtete seinen Wohnsitz, seinen Sitz oder eine Niederlassung hat, ohne Rücksicht auf den Streitwert ausschließlich zuständig. [3]Die Entscheidung trifft die Zivilkammer. [4]Für das Verfahren gelten die Vorschriften des Gesetzes über das Verfahren in Familiensachen und in den Angelegenheiten der freiwilligen Gerichtsbarkeit entsprechend. [5]Die Kosten der richterlichen Anordnung trägt der Verletzte. [6]Gegen die Entscheidung des Landgerichts ist die Beschwerde statthaft. [7]Die Beschwerde ist binnen einer Frist von zwei Wochen einzulegen. [8]Die Vorschriften zum Schutz personenbezogener Daten bleiben im Übrigen unberührt.

(10) Durch Absatz 2 in Verbindung mit Absatz 9 wird das Grundrecht des Fernmeldegeheimnisses (Artikel 10 des Grundgesetzes) eingeschränkt.

MarkenG: § 19; **DesignG:** § 46; **UrhG:** § 101a; **SortG:** § 37b
Ausland: Frankreich: vgl Art L 615–5 (saisie), R 615–1–5 CPI; **Italien:** Art 137, 139 CDPI (descrizione); **Litauen:** Art 41[1] PatG; **Österreich:** § 151a öPatG (Auskunft über den Ursprung und die Vertriebsweg);[1] vgl § 151 öPatG (Rechnungslegung); **Schweiz:** vgl Art 66 Buchst b PatG; **Slowakei:** § 32 Abs 2 PatG; **Tschech. Rep.:** § 75aPatG, eingefügt 2000

Übersicht

---

1 Begr BGBl 2006 I Nr 96.

Schrifttum (s auch Schrifttum zum Produktpirateriegesetz in der Einl PatG): *Abel* Der Gegenstand des Auskunftsanspruches im deutschen Gewerblichen Rechtsschutz und Urheberrecht, FS J. Pagenberg (2006), 221; *Ahrens* Gesetzgebungsvorschlag zur Beweisermittlung bei Verletzung von Rechten des geistigen Eigentums, GRUR 2005, 837; *Alexander-Katz* Das Verhältnis des Rechnungslegungsanspruchs zum Schadensersatzanspruch im Verletzungsprozeß, MuW 23, 71; *Allekotte* (Zwangs-)Vollstreckungsrechtliche Stolperfallen in Patentverletzungsstreitigkeiten GRURPrax 2014, 119; *Amschewitz* Selbständiger und akzessorischer Auskunftsanspruch nach Umsetzung der Durchsetzungsrichtlinie, WRP 2011, 301; *Ann* Auskunftsanspruch und Geheimnisschutz im Patentverletzungsprozess (Foliensammlung), VPP-Rdbr 2011, 118; *Ann/Hauck/Maute* Auskunftsanspruch und Geheimnisschutz im Verletzungsprozess, 2011; *Apel* Umfang und Grenzen von Auskunftsansprüchen unter Berücksichtigung der Spezialvorschriften des Produktpirateriegesetzes, BRAK-Mitteilungen 1996, 253; *Asendorf* Auskunfts- und Rechnungslegungsansprüche nach dem Produktpirateriegesetz und ihre analoge Anwendung auf Wettbewerbsverstöße, FS F. Traub (1994), 21; *O. Axster* TRIPS und das deutsche Verbot des Ausforschungsbeweises, FS R. Volhard (1996), 19; *Banzhaf* Der Auskunftsanspruch im gewerblichen Rechtsschutz und Urheberrecht, Diss Heidelberg 1989; *Battenstein* Instrumente zur Informationsbeschaffung im Vorfeld von Patent- und Urheberrechtsverletzungsverfahren: der Vorlegungs- und Besichtigungsanspruch nach § 809 BGB und die Richtlinie 2004/48/EG zur Durchsetzung der Rechte des Geistigen Eigentums, Diss Düsseldorf 2005; *Berlit* Auswirkungen des Gesetzes zur Verbesserung der Durchsetzung von Rechten des geistigen Eigentums im Patentrecht, WRP 2007, 732; *Bodewig* Praktische Probleme bei der Abwicklung einer Patentverletzung: Unterlassung, Beseitigung, Auskunft, GRUR 2005, 632; *Bohne* Zum Erfordernis eines gewerblichen Ausmaßes der Rechtsverletzung in § 10 Abs 2 UrhG, CR 2010, 104; *Bork* Effiziente Beweissicherung für den Urheberrechtsverletzungsprozeß – dargestellt am Beispiel raubkopierter Computerprogramme, NJW 1997, 1666; *Brändel* Die Problematik eines Anspruchs auf ergänzte Rechnungslegung bei Schutzrechtsverletzungen, GRUR 1985, 616; *Brandi-Dohrn* Die Verfolgung von Softwareverletzungen mit den Mitteln des Zivilrechts, CR 1985, 67; *Brandi-Dohrn* Probleme der Rechtsverwirklichung beim Schutz von Software, CR 1987, 835; *Brandi-Dohrn* Wer hat die eidesstattliche Versicherung auf die Richtigkeit der Auskunft zu leisten? GRUR 1999, 131; *Czychowski* Auskunftsansprüche gegnüber Internetzugangsprovidern „vor" und „nach" der Enforcement-Richtlinie der EU, MMR 2004, 514; *Dembowski* Auskunft über Patentverletzung nach Benutzung des Gegenstands der offengelegten Patentanmeldung? FS F. Traub (1994), 49; *Dilly* „Nicola" siegt über „Gaby" – zum Umfang des akzessorischen Auskunftsanspruchs nach § 242 BGB, WRP 2007, 1313; *Dittmer* (Anm), EWiR 2002, 903; *Dittrich* Ausgewählte zivilrechtliche Fragen der Software-Piraterie, ÖBl 1999, 219; *Dörre/Maaßen* Das Gesetz zur Verbesserung von Rechten des Geistigen Eigenzums (Teil 1), GRUR-RR 2008, 217; *Dreier* TRIPS und die Durchsetzung von Rechten des geistigen Eigentums, GRUR Int 1996, 205; *Eichmann* Die Durchsetzung des Anspruchs auf Drittauskunft, GRUR 1990, 575; *Ensthaler* Produktpiraterie, GRUR 1992, 273; *Fellas* Gaining an Advantage in European Patent Infringement Litigation, EIPR 2000, 546; *Fritze/Stauder* Die Beschaffung von Beweisen für die Verletzung von gewerblichen Schutzrechten, GRUR Int 1986, 342; *Geschke* Auskunft und Rechnungslegung nach mittelbaren Schutzrechtsverletzung, FS T. Schilling (2007), 125; *Gietl/Mantz* Die IP-Adresse als Beweismittel im Zivilprozess, CR 2008, 810; *Götting* Die Entwicklung neuer Methoden der Beweisbeschaffung von Schutzrechtsverletzungen – Die Anton-Piller-Order – ein Modell für das deutsche Recht? GRUR Int 1988, 729; *Gottwald* Zur Wahrung von Geschäftsgeheimnissen im Zivilprozeß, BB 1979, 1780; *Grosch/Schilling* Rechnungslegung und Schadensersatzfeststellung für die Zeit nach Schluss der mündlichen Verhandlung? FS G. Eisenführ (2003), 131; *Haag* Umfang und Vollstreckung des Auskunftsanspruchs nach dem Vertrieb schutzrechtsverletzender und nicht-schutzrechtsverletzender Produkte, FS 10 Jahre Studiengang „International Studies in Intellectual Property Law" (2009), 221, auch in Mitt 2011, 159; *Haedicke* Informationsbefugnisse des Schutzrechtsinhabers im Spiegel der EG-Richtlinie zur Durchsetzung der Rechte des geistigen Eigentums, FS G. Schricker (2005), 19; *Hoffmann* Das Auskunftsverfahren nach § 101 Abs 9 UrhG nF, MMR 2009, 655; *Hoppen* Software-Besichtigungsansprüche und ihre Durchsetzung, CR 2009, 407; *Ibbeken* Das TRIPS-Übereinkommen und die vorgerichtliche Beweishilfe im gewerblichen Rechtsschutz, Diss Heidelberg 2003; *Jestaedt* Auskunfts- und Rechnungslegungsanspruch bei Sortenschutzverletzung, GRUR 1993, 219; *Jestaedt* Die Ansprüche auf Auskunft und Rechnungslegung, VPP-Rdbr 1998, 67; *Karg* Interferenz der ZPO und TRIPS Auswirkungen auf den einstweiligen Rechtsschutz im Urheberrechtsprozess, ZUM 2000, 934; *Kitz* Rechtsdurchsetzung im geistigen Eigentum: neue Regeln, NJW 2008, 2374; *Knaak* Die EG-Richtlinie zur Durchsetzung der Rechte und Umsetzungsbedarf im deutschen Recht, GRUR Int 2004, 745; *Knieper* Mit Belegen gegen Produktpiraten, WRP 1999, 1116; *Köhler* Der Schadensersatz-, Bereicherungs- und Auskunftsanspruch im Wettbewerbsrecht, NJW 1992, 1477; *Köhler* Die Begrenzung wettbewerbsrechtlicher Ansprüche durch den Grundsatz der

Verhältnismäßigkeit, GRUR 1996, 82; *König* Zur Harmonisierung des Patentrechts – ein dritter Weg, Mitt 1997, 240; *König* Die Beweisnot des Klägers und der Besichtigungsanspruch nach § 809 BGB bei Patent- und Gebrauchsmusterverletzungen, Mitt 2002, 153; *König* (Anm), Mitt 2002, 457; *U. Krieger* Durchsetzung gewerblicher Schutzrechte in Deutschland und die TRIPS-Standards, GRUR Int 1997, 421; *Kühnen* Die Besichtigung im Patentrecht. Eine Bestandsaufnahme zwei Jahre nach „Faxkarte", GRUR 2005, 185; *Kur* The Enforcement Directive – Rough Start, Happy Landing? IIC 2004, 821; *Ladeur* Der Auskunftsanspruch aus § 101 UrhG und seine Durchsetzung, NJOZ 2010, 1606; *Leppin* Besichtigungsanspruch und Betriebsgeheimnis, GRUR 1984, 552, 695, 770; *Maaßen* Urheberrechtlicher Auskunftsanspruch und Vorratsdatenspeicherung, MMR 2009, 511; *Marshall* Der Besichtigungsanspruch, FS A. Preu (1988), 151; *McGuire* Beweismittelvorlage und Auskunftsanspruch nach der Richtlinie 2004/48/EG zur Durchsetzung der Rechte des geistigen Eigentums, GRUR Int 2005, 15; *Meier-Beck* Probleme des Sachantrags im Patentverletzungsprozeß, GRUR 1988, 276; *Melullis* Zum Besichtigungsanspruch im Vorfeld der Feststellung einer Verletzung von Schutzrechten, FS W. Tilmann (2003), 843; *Mes* Si tacuisses – Zur Darlegungs- und Beweislast im Prozeß des gewerblichen Rechtsschutzes, GRUR 2000, 934; *Mes* Zum „gewerblichen Ausmaß" im gewerblichen Rechtsschutz und Urheberrecht, GRUR 2011, 1083; *Meyer-Dulheuer* Der Vorlegungsanspruch bei biotechnologischen Erfindungen, GRUR Int 1987, 14; *Musiol* Erste Erfahrungen mit der Anwendung des § 101 IX UrhG – wann erreicht die Verletzung ein „gewerbliches Ausmaß"? GRUR-RR 2009, 1; *Nieder* Zur Bekanntgabe von Abnehmern, Abnahmemengen, Lieferdaten und -preisen im Kennzeichenrecht, GRUR 1999, 654; *K. Oppermann* Der Auskunftsanspruch im gewerblichen Rechtsschutz und Urheberrecht, dargestellt unter besonderer Berücksichtigung der Produktpiraterie, Diss Humboldt-Universität Berlin 1995/1997; *Patnaik* Enthält deutsches Recht Mittel zur Bekämpfung von Nachahmungen und Produktpiraterie? GRUR 2004, 191; *Peukert/Kur* Stellungnahme des Max-Planck-Instituts für Geistiges Eigentum, Wettbewerbs- und Steuerrecht zur Umsetzung der Richtlinie 2004/48/EG zur Durchsetzung der Rechte des geistigen Eigentums, GRUR Int 2008, 292; *Pietzner* Auskunft, Rechnungslegung und Schadensersatz bei wettbewerbswidrigen Eingriffen in fremde Firmenrechte, GRUR 1972, 152; *Pitz* Passivlegitimation in Patentstreitverfahren, GRUR 2009, 805; *Raabe* Der Auskunftsanspruch nach dem Referentenentwurf zur Verbesserung der Durchsetzung von Rechten des geistigen Eigentums, ZUM 2006, 439; *Reimann* Quod es in actis, est in mundo? FS P. Mes (2009), 293; *Reinartz* Die vorgerichtliche Beweishilfe im gewerblichen Rechtsschutz und Urheberrecht, Diss Trier 2008; *Rojahn* Praktische Probleme bei der Abwicklung der Rechtsfolgen einer Patentverletzung, GRUR 2005, 623; *Schmaltz/Kuczera* Patentverletzung und Betrug; Kollision von Strafrecht und Zivilprozessrecht bei Auskunft und Rechnungslegung im Patentverletzungsstreit, GRUR 2006, 97; *Schmidhuber* Schadensersatz bei falscher oder unvollständiger Erteilung einer Auskunft, WRP 2008, 296; *Schulz* Von Umsätzen, Angebotsempfängern, Abnehmeradressen, Gestehungskosten und Lieferantennamen, FS R. Klaka (1987), 27; *Seichter* Die Umsetzung der Richtlinie zur Durchsetzung der Rechte des geistigen Eigentums, WRP 2006, 391; *Seichter* Der Auskunftsanspruch nach Artikel 8 der Richtlinie zur Durchsetzung der Rechte des geistigen Eigentums, FS E. Ullmann (2006), 983; *Siebert* Geheimnisschutz und Auskunftsansprüche im Recht des Geistigen Eigentums, 2011; *Spindler/Dorschel* Vereinbarkeit der geplanten Auskunftsansprüche gegen Internet-Provider mit EU-Recht, CR 2006, 341; *A. Stadler* „Was drei wissen, das erfahren hundert" – Auskunftspflichten und Geheimnisschutz im Zivilprozess nach Umsetzung der Richtlinie zur Durchsetzung der Rechte des geistigen Eigentums, FS D. Leipold (2009), 201; *Stauder* Überlegungen zur Schaffung eines besonderen Beweisverfahrens im Europäischen Patentverletzungsrecht, GRUR Int 1978, 230, 236; *Stauder* Umfang und Grenzen der Auskunftspflicht im gewerblichen Rechtsschutz und Urheberrecht, GRUR Int 1982, 226; *Steinbeck* „Windsor Estate" – Eine Anmerkung, GRUR 2008, 110; *Stjerna* Pflicht des Schuldners zur Vorlage von Belegen im Rahmen der Auskunft und Rechnungslegung, GRUR 2011, 789; *Stürner/Stadler* (Anm), JZ 1985, 1101; *Teplitzky* Das Verhältnis des objektiven Besichtigungsanspruchs zum Unterlassungsanspruch im Wettbewerbsrecht, WRP 1984, 365; *Teplitzky* Neue Entwicklungen beim wettbewerbs- und markenrechtlichen Auskunftsanspruch, FS W. Tilmann (2003), 913; *Tilmann* Der Auskunftsanspruch, GRUR 1987, 251 = FS 25 Jahre BPatG (1986), 293; *Tilmann* Zum Anspruch auf Auskunftserteilung wegen Warenzeichenverletzung, GRUR 1990, 160; *Tilmann* Beweissicherung nach Art 7 der Richtlinie zur Durchsetzung der Rechte des geistigen Eigentums, GRUR 2005, 737; *Tilmann/Schreibauer* Beweissicherung vor und im Patentverletzungsprozess, FS W. Erdmann (2002), 901; *Tilmann/Schreibauer* Die neueste BGH-Rechtsprechung zum Besichtigungsanspruch nach § 809 BGB, GRUR 2002, 1015; *van Merveldt* Der Auskunftsanspruch im gewerblichen Rechtsschutz, 2007; *von Gamm* Zur sog. Drittauskunft bei Wettbewerbsverletzungen, FS R. Vieregge (1995), 261; *von Hartz* Beweissicherung im gewerblichen Rechtsschutz und Urheberrecht: Umsetzung internationaler Vorgaben in nationales Recht, Diss Freiburg (Br) 2003; *Wilhelmi* Das gewerbliche Ausmaß als Voraussetzung der Auskunftsansprüche nach dem Durchsetzungsgesetz, ZUM 2008, 942; *Wiume* Der Auskunftsanspruch im Markenrecht, Diss Konstanz 2001; *Wreesmann* Der Drittauskunftsanspruch im gewerblichen Rechtsschutz und Urheberrecht (Teil 1), CIPReport 4/2009, 139.

A. Allgemeines

I. Entstehungsgeschichte

1   Die Bestimmung, die im wesentlichen Art 8 DurchsetzungsRl entspricht, ist in ihrer ursprünglichen Form durch Art 4 Nr 1 des Produktpirateriegesetzes (PrPG) vom 7.3.1990 eingefügt worden, sie entspricht § 24b GebrMG, auf den § 9 Abs 2 HlSchG verweist. Der Auskunftsanspruch besteht nur für die Zeit nach

Inkrafttreten der Vorschrift am 1.7.1990.[2] Die Begr[3] führt aus, dass die zur Verfügung stehenden Möglichkeiten, von einem Schutzrechtsverletzer Informationen zu erlangen, nicht ausreichten, weil der Schutzrechtsinhaber wegen der Abhängigkeit des Auskunftsanspruchs als Hilfsanspruch von einem Hauptanspruch regelmäßig nicht in der Lage sei, auch die Hintermänner zu ermitteln; es müssten nur die zur Durchsetzung des Hauptanspruchs erforderlichen Daten mitgeteilt werden. Ein in besonderen Fällen darüber hinausgehender Auskunftsanspruch setze Verschulden voraus. Höchstrichterlich sei nicht entschieden, ob ein selbständiger Auskunftsanspruch hinsichtlich Dritter auch ohne Verschulden bestehe. Gerade der eigenständige, verschuldensunabhängige Auskunftsanspruch sei zur Aufklärung der Quellen und Vertriebswege der schutzrechtsverletzenden Ware notwendig, da sich der konkret belangte Verletzer in vielen Fällen erfolgreich auf guten Glauben berufen werde und es dann nicht möglich sei, Hersteller und Großhändler in Erfahrung zu bringen. Weiter sei der Auskunftsanspruch regelmäßig nicht durch einstweilige Verfügung und damit nicht schnell und wirkungsvoll durchsetzbar. Die seitherigen Erfahrungen in der Praxis sind überwiegend positiv, betroffen sind vor allem Anlagen- und Ersatzteile; Befürchtungen, dass der Auskunftsanspruch zur Ausforschung von Geschäftsgeheimnissen auch bei weniger schweren Schutzrechtsverletzungen führen könne, haben sich nicht bestätigt.[4] Die im RegE PrPG noch vorgesehene Regelung der Versicherung an Eides Statt ist nicht Gesetz geworden. Der Vorentwurf eines Gesetzes zur Änderung des Patentgesetzes und anderer Gesetze des gewerblichen Rechtsschutzes vom 11.3.2004 sah eine Neufassung von Abs 3 vor; in das Änderungsgesetz wurde dies nicht aufgenommen. Das Gesetz zur Verbesserung der Durchsetzung von Rechten des geistigen Eigentums vom 7.7.2008 hat aufgrund des (allerdings bloß verfahrensrechtl) Art 8 der DurchsetzungsRl Abs 1 geänd und an die Stelle der früheren Absätze 2 bis 5 die Absätze Abs 2 bis 10 gesetzt. Die Auskunft über Preise (Rn 18) ist unmittelbar aus dem Gesetz erst ab 1.9.2008 geschuldet (str; vgl. Rn 1 zu § 140c; das Problem sollte sich inzwischen durch Zeitablauf erledigt haben), die über die Verkaufsstellen (Rn 22) schon vorher.[5] Abs 9 ist durch das FGG-Reformgesetz (FGG-RG) vom 17.12.2008 mWv 1.9.2009 geänd worden; die Frist für die Umsetzung der DurchsetzungsRl war bereits am 29.4.2006 abgelaufen. Danach sind nach Klageerhebung und in Fällen offensichtlicher Rechtsverletzung auch Dritte zur Auskunft verpflichtet. Darin ist eine überschießende Umsetzung der DurchsetzungsRl gesehen worden, die Durchsetzung im Weg der einstweiligen Verfügung gegen Dritte ist als unverhältnismäßig bezeichnet worden.[6] In Abs 9 wurde ein besonderes Verfahren zur Gestattung der Bekanntgabe von Verkehrsdaten betr Rechtverletzungen im Internet eingeführt. Die Anwendung der Vorschrift erfolgt unabhängig von der Richtlinie 2006/24/EG über die Vorratsdatenspeicherung.[7] Die Begründung von DurchsetzungsRl und Umsetzungsgesetz stellen auf die Stärkung der Rechte der Inhaber des geistigen Eigentums im Binnenmarkt durch verbesserte Durchsetzungsmöglichkeiten auch aufgrund erweiterter Auskunftsmöglichkeiten bei Verletzungen ab.[8] Beim neu eingeführten Auskunftsanspruch gegen Dritte wird eine verstärkte Sicherung gegen ungerechtfertigte Auskunftsverpflichtungen betont. Die frühere Fassung der Bestimmung ist in der *6. Aufl* abgedruckt.

II. Sachlicher Anwendungsbereich

Der Anspruch hat wie auch die allg Auskunftsansprüche im gewerblichen Rechtsschutz (Rn 48 ff) seine Grundlage letztlich in § 242 BGB, den er auf besondere Weise ausbildet und den er für die Drittauskunft als Spezialnorm verdrängt.[9] Der materiellrechtl Auskunftsanspruch nach § 140b, dem Art 47 TRIPS-Übk entspricht, besteht außer in den gesetzlich normierten Fällen grds auch bei Verletzung ergänzenden wettbewerbsrechtl Leistungsschutzes; als Grundlage ist hier § 242 BGB iVm § 1 UWG aF angenommen worden.[10] Bei wettbewerbswidriger Rufausbeutung besteht der Anspruch nur, wenn die Auskunft aufgrund

2

---

2 Vgl LG Düsseldorf 11.7.2000 4 O 383/98.
3 BlPMZ 1990, 183 ff.
4 Bericht PrPG S 5.
5 LG Mannheim InstGE 13, 65.
6 *Peukert/Kur* GRUR Int 2006, 292, 296 f.
7 EuGH C-461/10 = GRUR 2012, 703 Bonnier Audio.
8 BTDrs 16/5048, 38 ff, 50; vgl BTDrs 16/8783, 45 ff.
9 Vgl *Jestaedt* VPP-Rdbr 1998, 67 f; *Fitzner/Lutz/Bodewig* Rn 1.
10 BGHZ 125, 322 = GRUR 1994, 630, 632 Cartier-Armreif; BGH GRUR 1994, 635 Pulloverbeschriftung gegen OLG Frankfurt WRP 1992, 797; BGH GRUR 1995, 427 Schwarze Liste; BGHZ 148, 26 = GRUR 2001, 841 Entfernung der

der Schwere des Eingriffs und unter Abwägung der beiderseitigen Interessen geboten erscheint, um künftige Störungen zu unterbinden.[11]

3   **3. Europäisches Patent mit einheitlicher Wirkung.** Art 67 EPG-Übk sieht für das Gericht die Möglichkeit einer Anordnung vor, nach der der Verletzer Auskunft über Ursprung und Vertriebswege der verletzenden Erzeugnisse oder Verfahren und die erzeugten, hergestellten, ausgelieferten, erhaltenen oder bestellten Mengen und die Preise, die für die verletzenden Erzeugnisse gezahlt wurden, sowie die Identität aller an der Herstellung oder dem Vertrieb von verletzenden Erzeugnissen oder an der Anwendung des verletzenden Verfahrens beteiligten dritten Personen erteilt; dies kann unter bestimmten Voraussetzungen auch gegenüber dritten Personen angeordnet werden.

B. Anspruch auf Auskunft über Herkunft und Vertriebsweg (Drittauskunft)

I. Voraussetzungen

4   **1.** Anspruchsauslösende **Tathandlung** ist die unmittelbare oder mittelbare Benutzung der geschützten Erfindung nach den §§ 9–13.[12] Benutzungshandlungen nach § 9 Satz 2 Nr 2 lösen den Anspruch nicht aus.[13] Für die Erfindung muss zum Zeitpunkt der Benutzung Patentschutz bestanden haben; Schutz nch § 33 begründet den Anspruch nicht.[14] Zur Rechtswidrigkeit Rn 14.

5   **2. Berechtigter** (aktiv legitimiert) ist der Verletzte, dh der Schutzrechtsinhaber, oder sein Rechtsnachfolger (Rn 18 ff zu § 139). Aktiv legitimiert ist auch der ausschließliche Lizenznehmer.[15] Hiervon zu unterscheiden ist die Prozessführungsbefugnis (Rn 35 vor § 143).

6   **3. Verpflichteter** (passiv legitimiert) ist im Fall von Abs 1 der Patentverletzer iSd §§ 9 ff. Auch der Lieferant von Mitteln nach § 10 Abs 1 ist verpflichtet;[16] in diesem Fall müssen auch die subjektiven Tatbestandsvoraussetzungen vorliegen.[17] Fehlen eigener Herstellung steht dem Anspruch nicht entgegen.[18] Zumindest eine rechtswidrige Benutzungshandlung iSd § 9 Satz 2 Nr 1, 3 oder des § 10 muss nachgewiesen sein.[19] Passiv legitimiert ist auch der gesetzliche Vertreter.[20] Nicht erfasst sind allerdings Benutzungshandlungen nach § 10 vor Patenterteilung;[21] zwh ist ein Drittauskunftsanspruch gegen den mittelbaren Verletzer, wenn eine unmittelbare Verletzung nicht vorliegt oder fraglich ist.[22]

7   **Dritte.** In Fällen offensichtlicher Rechtsverletzung (Rn 12) und dann, wenn der Verletzte gegen den Verletzer (Hauptsache-)Klage erhoben hat,[23] ist nach Abs 2 auch der passiv legitimiert, der in gewerblichem Ausmaß entweder rechtsverletzende Waren in Besitz hatte (Nr 1) oder rechtsverletzende Dienstleis-

---

Herstellungsnummer II; BGH GRUR 2002, 709, 711 Entfernung der Herstellungsnummer III; *Teplitzky* Kap 38 Rn 35; für die Analogie auch *Asendorf* FS F. Traub (1994), 21, 24, 32, und *Jacobs* GRUR 1994, 634 f; aA *von Gamm* FS R. Vieregge (1995), 261, 264.

11   BGH Pulloverbeschriftung S 637.
12   BGHZ 128, 220 = GRUR 1995, 338, 340 Kleiderbügel; *Fitzner/Lutz/Bodewig* Rn 2; vgl BGH GRUR 2005, 848 Antriebsscheibenaufzug.
13   *Fitzner/Lutz/Bodewig* Rn 2.
14   *Fitzner/Lutz/Bodewig* Rn 2.
15   BGH GRUR 2008, 896 Tintenpatrone; OLG Düsseldorf GRUR 1993, 818, 820; *Fitzner/Lutz/Bodewig* Rn 5.
16   BGHZ 128, 220 = GRUR 1995, 338, 340 Kleiderbügel; *Bodewig* GRUR 2005, 632, 638; *Geschke* FS T. Schilling (2007), 125, 129.
17   *Bodewig* GRUR 2005, 632, 638.
18   LG Mannheim InstGE 4, 107, 114.
19   BGHZ 128, 220, 223 = GRUR 1995, 338 Kleiderbügel; BGH GRUR 2005, 848, 854 Antriebsscheibenaufzug; *Benkard* Rn 2; vgl auch *Meier-Beck* GRUR 2007, 11, 15.
20   OLG Düsseldorf GRUR 1993, 818, 820; vgl auch *Teplitzky* GRUR 1994, 765, 768 und GRUR 1995, 627 ff: Passivlegitimation des Betriebsinhabers nach § 13 Abs 4 UWG aF, soweit der Auskunftsanspruch nicht nur zur Vorbereitung des Schadensersatzanspruchs, sondern zur Mitbeseitigung des Störungszustands dient.
21   BGH GRUR 2006, 570 extracoronales Geschiebe.
22   *Geschke* FS T. Schilling (2007), 125, 131 ff.
23   Hierzu *Fitzner/Lutz/Bodewig* Rn 11 ff.

tungen in Anspruch nahm (Nr 2) oder für rechtsverletzende Tätigkeiten genutzte Dienstleistungen erbrachte (Nr 3) oder nach den Angaben einer solchen Person an der Herstellung, Erzeugung oder am Vertrieb solcher Erzeugnisse oder an der Erbringung solcher Dienstleistungen beteiligt war (Nr 4).[24] Zu beachten ist der ausdrückliche Hinweis auf die gesetzlichen Zeugnisverweigerungsrechte beim Personenkreis des Abs 2 Nr 4.[25]

Hersteller ist im allg der Erzeuger. Es kommen auch Lohnfertigung oder Heimarbeit in Betracht.[26] **8**

Lieferant ist idR der Veräußerer. Die rechtl Qualifikation des Lieferakts (Eigentumsvorbehalt, Kommission) ist ohne Bedeutung; als **Vorbesitzer** erfasst werden auch Spediteure, Frachtführer, Lagerhalter.[27] **9** Mittelbarer Besitz reicht aus;[28] wohl auch Besitzdienerschaft,[29] da es auf die Möglichkeit und Zumutbarkeit der Information ankommt.

Dienstleister in beiden Alternativen des Abs 2 (Nr 2 – kann bei Verfahrenspatenten in Frage kommen – und Nr 3) ist jeder Erbringer unkörperlicher Leistungen nach betriebswirtschaftlichem Verständnis.[30] Das trifft auf Banken zu.[31] Dem Auskunftsanspruch steht kein Zeugnisverweigerungsrecht (Abs 2 aE) der Banken entgegen.[32] Bei Internet-Providern ist im Rahmen des nach Abs 9 vorgeschriebenen Gestattungsverfahrens nicht zu prüfen, ob die Daten beim Provider noch gespeichert sind.[33] **10**

Gewerbliches Ausmaß wurde nach der früheren Rspr der Instanzgerichte für die Rechtsverletzung verlangt. Dabei kam es nicht nur auf die Anzahl der Rechtsverletzungen, sondern auch auf deren Schwere an.[34] Das Tatbestandsmerkmal,[35] das bei der Umsetzung der DurchsetzungsRl in Abs 2 und Abs 9 aufgenommen wurde, ist nach Änderungen im Gesetzgebungsverfahren auf das Urheberrecht zugeschnitten und hier insb auf die massenhaft anfallenden Urheberrechtsverletzungen im Internet durch Tauschbörsenteilnahme Privater, wobei es unterhalb des geschäftlichen Verkehrs liegt.[36] Nach der Definition der DurchsetzungsRl sollen damit nur Handlungen, die in gutem Glauben von Endverbrauchern vorgenommen werden (vgl Erwägungsgrund 14: „In gewerblichem Ausmaß vorgenommene Rechtsverletzungen zeichnen sich dadurch aus, dass sie zwecks Erlangung eines unmittelbaren oder mittelbaren wirtschaftlichen oder kommerziellen Vorteils vorgenommen werden; dies schließt in der Regel Handlungen aus, die in gutem Glauben von Endverbrauchern vorgenommen werden")[37] idR nicht erfasst sein. Dabei ist das gewerbliche Ausmaß gem Abs 2 nach dem Wortlaut der Vorschrift auf die Tätigkeiten des Dritten, nicht auf den Umfang der Rechtsverletzung bezogen,[38] was aber an seinem regelmäßigen Vorliegen bei Patentverletzungen nichts ändert.[39] Allenfalls kann das Problem bei der Auskunft von Dritten nach Abs 2 Nr 1, 2 (nicht bei Nr 3, 4) auftauchen. **11**

Offensichtlichkeit der Rechtsverletzung setzt voraus, dass diese so eindeutig ist, dass eine ungerechtfertigte Belastung des Dritten ausgeschlossen erscheint, also keine Zweifel in tatsächlicher oder **12**

---

24 Vgl *Fitzner/Lutz/Bodewig* Rn 9 und zu den Prüfungspflichten bei der Benennung durch Dritte *Fitzner/Lutz/Bodewig* Rn 21 unter Hinweis auf *Knaak* GRUR Int 2004, 745 und *Seichter*WRP 2006, 391.
25 Hierzu *Fitzner/Lutz/Bodewig* Rn 22; vgl die Ablehnung bei umgekehrter Konstellation (Verwertung von Durchsuchungsergebnissen bei Eltern gegen den Verletzer) in LG Frankfurt/M InstGE 8, 170.
26 Vgl *Eichmann* GRUR 1990, 575, 577.
27 *Eichmann* GRUR 1990, 575, 577.
28 *Benkard* Rn 7.
29 So *Pitz* GRUR 2009, 805, 807 f; aA *Schulte* Rn 18.
30 Zutr *Kühnen* Hdb[8] Rn D 396.
31 BGH GRUR 2016, 497 Davidoff Hot Water II, vorgehend EuGH C-580/13 GRUR 2015, 894 Coty Germany, auf Vorlage BGH GRUR 2013, 1237 Davidoff Hot Water, OLG Naumburg GRUR-RR 2012, 388; s auch OLG Stuttgart GRUR-RR 2012, 73.
32 So OLG Stuttgart GRUR-RR 2012, 73; OLG Naumburg GRUR-RR 2012, 388; vgl *Kühnen* Hdb[8] Rn D 401 Fn 617; *Ströbele/Hacker* § 19 MarkenG Rn 27; hierzu EuGH-Vorlage BGH GRUR 2013, 1237 Davidoff Hot Water I.
33 OLG Düsseldorf ZUM-RD 2013, 330.
34 Vgl die inzwischen überholte umfangreiche Rspr zu Gestattungsanträgen nach § 101 Abs 9 UrhG etwa bei *Dreier/Schulze*, UrhG, § 101 Rn 12; OLG Köln GRUR-RR 2012, 70 gegen OLG München GRUR-RR 2011, 68 = InstGE 13, 267; LG München I 11.7.2011 7 O 1310/11 NJOZ 2011, 546.
35 Hierzu *Fitzner/Lutz/Bodewig* Rn 14; *Benkard* Rn 6.
36 Vgl Bundesrat in BTDrs 16/5048 S 53.
37 Vgl BTDrs 16/5048, S 38.
38 BGH GRUR 2012, 1026 f Alles kann besser werden; BGH WRP 2013, 70 Two Worlds II; eingehend hierzu *Ströbele/Hacker* § 19 MarkenG Rn 21.
39 *Kühnen* Hdb[8] Rn B 169.

rechtl Hinsicht vorliegen.[40] Schon zu Abs 3 aF (jetzt Abs 7) wurde entwickelt, dass die Verletzung hinsichtlich Täter- oder Störereigenschaft, Verletzungstatbestand und auch Schutzrechtslage[41] so eindeutig ist, dass eine Fehlentscheidung oder eine andere Beurteilung im Rahmen des richterlichen Ermessens und damit eine ungerechtfertigte Belastung des Gegners kaum möglich ist.[42] Gesetzliche oder tatsächliche Vermutungen reichen daher grds zur Bejahung der Offensichtlichkeit nicht aus, die Ausräumung der Vermutung muss unwahrscheinlich sein.[43] Die Notwendigkeit, ein Sachverständigengutachten einzuholen, wird der Offensichtlichkeit regelmäßig entgegenstehen.[44]

13   **Klageerhebung** heißt Erhebung einer Hauptsacheklage.[45] Angesichts der möglichen Zweifel an der Zulässigkeit oder Begründetheit einer solchen Klage[46] reicht die Abgabe einer Abschlusserklärung nach Durchführung eines Verfügungsverfahrens wohl aus.[47] Der beim Vorgehen gegen Dritte zu deren Schutz vor übereilten Auskunftsverpflichtungen beim parallelen Merkmal der Offensichtlichkeit geforderten Sicherheit betr die Verletzung muss ggf durch Berücksichtigung der Erfolgsaussichten der Klage bei der Verhältnismäßigkeitsabwägung gem Abs 4 Rechnung getragen werden.

14   **4. Rechtswidrigkeit.** Die Benutzung muss objektiv rechtswidrig sein; auf Verschulden kommt es nicht an;[48] Handeln als Störer wurde bisher als ausreichend angesehen (vgl zur Störerproblematik im Patentrecht Rn 29 ff zu § 139).[49] Die Rspr zur Haftung im Internet mit der besonderen Problematik der Haftung von Diensteanbietern oder Anschlussinhabern für Familienmitglieder[50] wird für Patentverletzungsfälle und hier insb für Auskunftsverpflichtete wenig relevant sein.[51]

15   **5. Verhältnismäßigkeit.**[52] Der Anspruch nach Abs 1, 2 dient der Verhinderung von Verletzungshandlungen Dritter; er besteht schon, wenn es allein um die Vermeidung künftiger Beeinträchtigungen geht.[53] Er entfällt nach Abs 4 nunmehr auch ausdrücklich im Einzelfall bei Unverhältnismäßigkeit, die zugleich eine Schranke für den Anspruchsumfang bildet.[54] Aus dem Charakter als Ausnahmeregelung[55] folgt, dass der Verletzer die Unverhältnismäßigkeit darzulegen und erforderlichenfalls zu beweisen hat.[56] Es ist jedenfalls nicht ausreichend, dass die Parteien Wettbewerber sind und damit Geschäftsdaten dem Konkurrenten offenbart werden.[57] Bei der Interessenabwägung sind Art und Schwere der Rechtsverletzung, Inte-

---

40 Begr BTDrs 16/5948 S 39; vgl *Fitzner/Lutz/Bodewig* Rn 10; *Benkard* Rn 4.

41 OLG Düsseldorf GRUR 1993, 818.

42 Begr BlPMZ 1990, 185; OLG Düsseldorf GRUR 1993, 818, 820 f; *Mes* Rn 20; kr zusätzliche Stellungnahme DVGR GRUR 2007, 765; vgl LG Düsseldorf WRP 1997, 253; OLG Köln GRUR 1999, 346, 349 lässt im Anschluss an *Fezer* § 19 MarkenG Rn 19 hohen Grad an Wahrscheinlichkeit ausreichen; vgl andererseits OLG Hamburg WRP 1997, 103; OLG Hamburg WRP 1997, 106, 113.

43 OLG Braunschweig GRUR 1993, 669.

44 *Fitzner/Lutz/Bodewig* Rn 10.

45 *Schulte* Rn 15.

46 Vgl *Schulte* Rn 15.

47 So *Schulte* Rn 15.

48 BGHZ 166, 233 = GRUR 2006, 504 Parfümtestkäufe; OLG Frankfurt NJW-RR 1998, 1007 f mwN; Begr BlPMZ 1990, 173, 184; vgl *Bodewig* GRUR 2005, 632, 638.

49 Begr BTDrs 16/5048 S 38 f; *Pitz* GRUR 2009, 805, 807; aA nunmehr *Schulte* Rn 11.

50 Vgl etwa *Ingerl/Rohnke* vor §§ 14–19d MarkenG Rn 52 ff.

51 Vgl etwa BGHZ 185, 330 = GRUR 2010, 633 Sommer unseres Lebens, BGH GRUR 2009, 841 (Nr 19) Cybersky.

52 Zur Frage, ob und wieweit der Anspruch entfällt, wenn der Dritte der Gefahr der Strafverfolgung ausgesetzt wird, *Köhler* GRUR 1996, 82, 89; für stärkere Berücksichtigung der Interessen des Verpflichteten gerade bei Patentverletzungen, da der Anspruch insoweit maßgeblich im Interesse der Rechtseinheit eingeführt wurde, *Tilmann* Patentschutzsystem in Europa, GRUR 1998, 325, 329.

53 BGHZ 148, 26 = GRUR 2001, 841 Entfernung der Herstellungsnummer II; vgl BGHZ 125, 322, 329 ff = GRUR 1994, 630 Cartier-Armreif.

54 BGH GRUR 2015, 1248 Tonerkartuschen schränkt die Auskunftspflicht auf Gegenstände ein, bei denen der Auskunftspflichtige über Anhaltspunkte verfügt, dass keine Erschöpfung vorliegt.

55 *Fitzner/Lutz/Bodewig* Rn 24.

56 BGHZ 128, 220 = GRUR 1995, 338, 341 f Kleiderbügel; so auch *Schulte* Rn 38; *Kühnen* Hdb[8] Rn D 415; *Fitzner/Lutz/Bodewig* Rn 26; *Ströbele/Hacker* § 19 MarkenG Rn 46; *Bodewig* GRUR 2005, 632, 638.

57 OLG Düsseldorf InstGE 12, 210.

ressen der Allgemeinheit wie die beiderseitigen Interessen angemessen zu berücksichtigen.[58] Die Würdigung ist Tatfrage.[59] Das Geheimhaltungsinteresse des Verletzers hat hinter dem Auskunftsinteresse des Verletzten zurückzutreten, wenn das Verhalten des Verletzers deutlich macht, dass der Verletzte andernfalls vor weiteren Schutzrechtsverletzungen nicht sicher ist und es sich nicht um eine einzelne Verletzung handelt.[60] Das Auskunftsbegehren kann insb in Fällen unverhältnismäßig sein, in denen der Auskunftsberechtigte kein oder nur ein äußerst geringes Interesse an Auskunft haben kann, etwa weil es sich um einen Einzelfall handelt oder davon auszugehen ist, dass keine weiteren Schutzrechtsverletzungen zu befürchten und eingetretene Schäden ausgeglichen sind.[61]

16 Der Dritte hat einen Anspruch auf Ersatz seiner für die Auskunft erforderlichen **Aufwendungen** (Abs 2 Nr 4 Satz 3), auch für in Anspruch genommene Fremdleistungen und für den Fall der Erfolglosigkeit.[62] Diese Kosten schuldet der Verletzer dem Verletzten als Schadensersatz.[63]

17 Die einen Antrag erfordernde **Aussetzungsmöglichkeit** des Verletzungsrechtsstreits (Abs 2 Nr 4 Satz 2) soll die Verwertung der Erkenntnisse aus dem Auskunftsverfahren im Verletzungsprozess ermöglichen.[64]

II. Inhalt und Umfang

18 **1. Allgemeines.** Der Anspruch ist auf Auskunft über Herkunft und Vertriebsweg des benutzten Erzeugnisses gerichtet. Erfasst ist auch Originalware, bei der keine Erschöpfung eingetreten ist.[65] Anzugeben sind Namen und Anschrift der betroffenen Personen, dh der „auf- und abwärts laufenden Absatzkette, von denen der Verletzer Kenntnis hat".[66] Anzugeben ist nach Abs 3 Nr 2 auch die Menge der hergestellten, ausgelieferten, erhaltenen und bestellten Erzeugnisse. Der Anspruch erfasst auch die Vorlage von Belegen, soweit dem keine schutzwürdigen Geheimhaltungsinteressen des Schuldners entgegenstehen, was idR zu verneinen sein soll.[67] Schriftform der Auskunft wird man nach § 242 BGB als geschuldet ansehen müssen.[68] Ein Anspruch auf Einsicht in die Bücher wird nicht begründet; s aber § 140c Abs 1 Satz 3.[69] Aufgrund der DurchsetzungsRl wurde die Auskunft über die Preise hinzugefügt.[70]

19 Ein **Wirtschaftsprüfervorbehalt** kommt im Anwendungsbereich des § 140b grds nicht in Betracht[71] (vgl aber zum allg Auskunftsanspruch Rn 88).

20 **2.** Über die **Herkunft** sind nach Abs 3 Nr 1 anzugeben Name und Anschrift[72] des Herstellers, des Lieferanten und anderer Vorbesitzer des Erzeugnisses. Der Anspruch bezieht sich auf sämtliche der genannten Personen,[73] nicht nur auf den unmittelbaren Vorbesitzer. Auf Rechtswidrigkeit bei den Vorbesitzern kommt

---

58 BGH Entfernung der Herstellungsnummer II; vgl BGH Cartier-Armreif.

59 Vgl BGH GRUR 2002, 963 Aspirin.

60 OLG Düsseldorf GRUR 1993, 818, 820.

61 BGHZ 166, 233 = GRUR 2006, 504 Parfümtestkäufe unter Hinweis auf die Begr BlPMZ 1990, 173, 184; OLG Düsseldorf InstGE 12, 210; vgl OLG Düsseldorf 14.11. 1996 2 U 28/93; *Schulte* Rn 26 f; *Fitzner/Lutz/Bodewig* Rn 24; *Mes* Rn 39.

62 Einzelheiten bei *Schulte* Rn 47 ff.

63 Begr S 39; *Schulte* Rn 50; *Mes* Rn 31.

64 Begr S 39; vgl *Fitzner/Lutz/Bodewig* Rn 37 ff.

65 BGH Parfümtestkäufe, zu § 19 MarkenG.

66 *Bodewig* GRUR 2005, 632, 638.

67 BGHZ 148, 26, 37 = GRUR 2001, 841 Entfernung der Herstellungsnummer II; BGH GRUR 2002, 709, 712 Entfernung der Herstellungsnummer III; BGHZ 166, 233 = GRUR 2006, 504 Parfümtestkäufe; BGH GRUR 2003, 433 f Cartier-Ring; OLG Düsseldorf InstGE 5, 349; LG Düsseldorf InstGE 4, 291; *Benkard* Rn 15; *Fitzner/Lutz/Bodewig* Rn 32; *Cremer* Mitt 1992, 156; *Knieper* WRP 1999, 1114, 1116 mwN in Fn 18; *Rojahn* GRUR 2005, 623 f; aA OLG Karlsruhe GRUR 1995, 772; OLG Düsseldorf InstGE 5, 89; OLG Köln GRUR 1995, 676 f, zu § 101a UrhG; *Eichmann* GRUR 1990, 575 f; 5. Aufl; grundlegend *Stjerna* GRUR 2011, 789, 792 mwN in Fn 40.

68 *Benkard* Rn 15; *Fitzner/Lutz/Bodewig* Rn 29.

69 *Benkard* Rn 15; *Mes* Rn 42.

70 BTDrs 16/5048 S 39; kr hierzu *Fitzner/Lutz/Bodewig* Rn 31.

71 BGH GRUR 1995, 338 Kleiderbügel; *Fitzner/Lutz/Bodewig* Rn 24; wohl aA *Mes* Rn 43.

72 Vgl LG Bochum 15.4.1993 8 O 62/93 CR 1993, 772 Ls.

73 Vgl *Eichmann* GRUR 1990, 575; *Ernsthaler* GRUR 1992, 273, 278; *Benkard* Rn 12.

es nicht an, auch Handlungen im patentfreien Ausland werden erfasst, auch wenn der Vorbesitzer keine Handlungen im Inland vorgenommen hat.[74]

21   Die Auskunft ist **Wissenserklärung**[75] und erfordert daher nur Kenntnisse über den Personenkreis. Der Anspruch erfasst auch Angaben zu den Personen und Unternehmen, die sämtliche Einzelteile des benutzten Erzeugnisses hergestellt, nicht aber den letzten Akt des Zusammenfügens verwirklicht haben, insb wenn die Einzelteile Mittel darstellen, die sich auf ein wesentliches Element der Erfindung iSv § 10 Abs 1 beziehen.[76] Hinsichtlich sonstiger Teilelieferanten besteht ein Anspruch nicht, da nur über die Herkunft „des benutzten Erzeugnisses" Auskunft geschuldet wird. Der Anspruch kann im Einzelfall auch die Pflicht begründen, Zweifel durch Nachfrage bei den in Betracht kommenden Lieferanten aufzuklären; der Auskunftsschuldner ist aber nicht gehalten, unbekannte Vorlieferanten und den Hersteller zu ermitteln.[77]

22   **3.** Die Auskunft über den **Vertriebsweg** betrifft nach Abs 3 Nr 1 gewerbliche **Abnehmer**, aber nach der geltenden Formulierung nicht mehr die Auftraggeber, sondern die Verkaufsstellen, für die die Erzeugnisse bestimmt sind, sowie die Nutzer von Dienstleistungen.[78] Der Gewerbebegriff des dt Verwaltungsrechts ist dabei nicht zugrundezulegen; auch Freiberufler sind erfasst.[79] Die Auskunft, es habe sich um Barverkäufe gehandelt, reicht allein nicht aus.[80] Über private Abnehmer muss keine Auskunft erteilt werden,[81] jedoch besteht Auskunftspflicht darüber, ob es sich um gewerbliche oder private Abnehmer handelt. Ausgeschlossen sollten nach früherer Rspr Abnehmer sein, bei denen weitere Verbreitungshandlungen nicht zu erwarten waren, also Letztverbraucher, wenn sie Gewerbetreibende oder Freiberufler waren;[82] dies ist nach geltendem Recht nicht mehr aufrechtzuerhalten (vgl Rn 27 zu § 140a).[83] Die DurchsetzungsRl definiert den Endverbraucher als Privaten.[84] Die Verpflichtung trifft nur gewerbliche Verkaufsstellen und Nutzer von Dienstleistungen.[85]

23   Bloße **Angebotsempfänger** sind nicht erfasst,[86] sie sind auch keine Verkaufsstelle.[87]

24   **4.** Die Angaben über die **Menge** erfordern Spezifizierung nach Stückzahl oder anderen üblichen Maßeinheiten. Darauf, ob die Angabe erforderlich ist, die Quellen der Rechtsverletzung zu stopfen, kommt es nicht an, weil der Anspruch den Berechtigten auch in die Lage versetzen soll, die Verletzung zu unterbinden, wofür der Umfang des Bezugs von Bedeutung sein kann.[88] Dem Verpflichteten sind gewisse Nachforschungspflichten auferlegt;[89] dies kann im Einzelfall weitreichende Ermittlungs- und Erkundigungsmaßnahmen erforderlich machen, die längere Zeit in Anspruch nehmen können.[90] Ein weitergehender Anspruch iS vollständiger Ausforschung, etwa über Beschaffenheit, Anschaffungskosten, Preise usw besteht nach der Vorschrift nicht.[91] Das gilt auch für Ermittlungen bei Dritten.[92] Soweit eine derartige Erkundigungspflicht beim allg Auskunftsanspruch aufgrund besonderer Verhältnisse angenommen werden kann (Rn 80), besteht ein Anspruch nur, soweit das Ziel einer zügigen Auskunftserteilung gewahrt wird;

---

74 OLG Karlsruhe Mitt 2015, 384; OLG Köln 11.11.2011 6 U 43/11 GRURPrax 2012, 65 KT, UrhSache.
75 BGHZ 166, 233 = GRUR 2006, 504 Parfümtestkäufe; *Fitzner/Lutz/Bodewig* Rn 29; *Benkard Rn* 11.
76 OLG Düsseldorf GRUR 1993, 818, 821; *Benkard* Rn 12.
77 BGH Parfümtestkäufe; BGH GRUR 2003, 433 Cartier-Ring, Markensache; *Fitzner/Lutz/Bodewig* Rn 29; *Bodewig* GRUR 2005, 632, 638.
78 *Benkard* Rn 7a; *Schulte* Rn 32.
79 *Bodewig* GRUR 2005, 632, 638.
80 LG München I CR 1993, 698, 702.
81 *Bodewig* GRUR 2005, 632, 638.
82 Begr BlPMZ 1990, 184; *Eichmann* GRUR 1990, 575, 577.
83 *Benkard* Rn 13; *Schulte* Rn 33.
84 Erwäggsrund 14; vgl Begr BTDrs 16/5048 S 38.
85 *Schulte* Rn 33.
86 *Schulte* Rn 33.
87 *Schulte* Rn 33.
88 BGH GRUR 2002, 709, 712 Entfernung der Herstellungsnummer III.
89 BGHZ 128, 220, 227 = GRUR 1995, 338 Kleiderbügel; BGH GRUR 2003, 433 f Cartier-Ring; BGHZ 166, 233 = GRUR 2006, 504 Parfümtestkäufe.
90 Vgl OLG Frankfurt OLG-Rep 1997, 72; OLG Frankfurt NJW-RR 1998, 1007 f.
91 BGH GRUR 2008, 796 Hollister.
92 BGH Cartier-Ring; BGH Parfümtestkäufe.

bei zur Vorbereitung des Schadensersatzanspruchs des Verletzten dem Schuldner zumutbaren Anstrengungen wie Prozessführung gegen Dritte wird schon aufgrund des Zeitfaktors für eine Verpflichtung im Rahmen der Drittauskunft das Rechtsschutzbedürfnis fehlen.

5. Zeitlich besteht die Auskunftspflicht wie bei der akzessorischen Auskunft (Rn 76) grds von der Be- **25** kanntmachung der Patenterteilung an (aA *7. Aufl*).[93] Über Lieferungen vor Entstehen des Schutzrechts besteht kein Auskunftsanspruch nach § 140b.[94]

6. Das Auskunftsverlangen muss sich stets auf eine **konkrete Verletzungshandlung** beziehen.[95] Der **26** Anspruch ist auf den konkreten Verletzungsfall einschließlich im Kern gleichartiger Handlungen beschränkt.[96] Jedoch widerspräche es dem mit der Gewährung des selbstständigen Auskunftsanspruchs verfolgten Zweck, dem Verletzten die Aufdeckung der Quellen und Vertriebwege von schutzrechtsverletzender Ware zu ermöglichen, wenn der Anspruchsumfang lediglich auf die festgestellte Verletzungshandlung eingeschränkt würde. Dies wäre auch nur schwer mit der Zielsetzung der DurchsetzungsRl zu vereinbaren.[97] Die bloße Vermutung, es könnten weitere Verletzungshandlungen begangen worden sein, bietet keine ausreichende Grundlage für die Ausdehnung des Auskunftsanspruchs über den konkreten Einzelfall hinaus. Die Vorschrift verpflichtet nicht zu einer Auskunft darüber, ob der Verletzer neben den festgestellten Verletzungshandlungen auch weitere Handlungen vorgenommen hat, die möglicherweise andere Schutzrechte verletzen.[98]

III. Durchsetzung

1. Sie erfolgt grds im Klageweg; zu außerprozessualen Auskunftsverlangen Rn 33, zur Beweissiche- **27** rung durch fotografische Aufnahmen Rn 16 zu § 140c. Die gerichtliche Geltendmachung des Anspruchs ist Patentstreitsache.[99] Die Auskunft ist unverzüglich zu leisten (Abs 1; zu den Folgen Rn 33). Für die **Auskunftsklage** gelten die allg Regeln; sie wird zweckmäßigerweise mit der Klage auf Unterlassung, Schadensersatz und allg Auskunft verbunden.

2. Die **Antragsfassung** soll Unklarheiten über den Umfang der Auskunftspflicht vermeiden; sie hat **28** sich am gesetzlich festgelegten Gegenstand der Auskunftsverpflichtung zu orientieren.[100]
Muster für einen Antrag[101] im Anhang. **29**

3. Der Anspruch kann im Weg der **einstweiligen Verfügung** durchgesetzt werden (Abs 7; Rn 263 ff **30** vor § 143), wenn die Rechtsverletzung offensichtlich ist (Rn 12). Zu eng ist allerdings die Auffassung, dass die Verfügung in aller Regel nur bei wortlautem Verletzung in Betracht kommen soll,[102] jedenfalls wenn die Verletzung unstreitig ist.[103] Die hohe Wahrscheinlichkeit der Rechtsbeständigkeit des Schutzrechts zur

---

93 *Mes* Rn 38; *Schulte* Rn 29; *Kühnen* Hdb[8] Rn D 417; *Fitzner/Lutz/Bodewig* Rn 28, dort auch zu Übergangsfragen.
94 Vgl OLG Frankfurt NJW-RR 1998, 1007 f, Markensache.
95 BGHZ 117, 264 = GRUR 1992, 612 Nicola, SortSache; BGHZ 148, 26, 35 = GRUR 2001, 841 Entfernung der Herstellungsnummer II; BGH 25.2.1992 X ZR 50/90; relativierend allerdings BGHZ 166, 233 = GRUR 2006, 504 Parfümtestkäufe unter Hinweis auf BGH GRUR 2002, 709 f Entfernung der Herstellungsnummer III: bestimmter Zeitraum anstelle bestimmter Lieferungen; *Fitzner/Lutz/Bodewig* Rn 29.
96 BGH Entfernung der Herstellungsnummer II; BGH Entfernung der Herstellungsnummer III; BGH Parfümtestkäufe; vgl BGH GRUR 2000, 907, 910 Filialleiterfehler.
97 BGH Parfümtestkäufe.
98 Vgl auch BGH GRUR 1992, 61, 64 Preisvergleichsliste I; BGH GRUR 1995, 50, 54 Indorektal/Indohexal; OLG Nürnberg 10.12.1996 3 U 1452/96; dagegen will OLG Braunschweig WRP 1992, 486 den Anspruch wie den Hilfsanspruch aus § 242 BGB auch in bezug auf weitere gleichartige Rechtsverletzungen geben, sofern es im Einzelfall naheliegt, dass es nicht bei einer einzelnen konkreten Rechtsverletzung geblieben ist.
99 OLG Düsseldorf InstGE 12, 181; OLG Düsseldorf GRUR-RR 2011, 118.
100 Vgl *Eichmann* GRUR 1990, 575, 579.
101 *Eichmann* GRUR 1990, 580 Fn 80; vgl auch den Formulierungsvorschlag bei *Stjerna* GRUR 2011, 789 f.
102 So aber *Benkard* Rn 20; vgl. *Fitzner/Lutz/Bodewig* Rn 36.
103 Vgl *Eichmann* GRUR 1990, 575, 586.

Zeit der Entscheidung reicht im Verfügungsverfahren aus.[104] Der Auffassung, dass die Anordnung nicht mehr unter dem Vorbehalt der Verhältnismäßigkeit stehe, weil Abs 4 nur auf Abs 1, 2 Bezug nehme,[105] ist nicht zu folgen, weil der Auskunftsanspruch materiellrechtl in Abs 1–4 geregelt ist und Abs 7 die inhaltlich gegenüber Abs 2 unveränderte Definition der Offensichtlichkeit nur deshalb nennt, weil diese eine der beiden Alternativen (und zwar die zuverlässigere) des Abs 2 ist.

31   Das Kriterium der Offensichtlichkeit (Rn 12) begrenzt zugleich den **Umfang** des im Weg der einstweiligen Verfügung durchsetzbaren Auskunftsverlangens. So kann das Bestehen der Auskunftspflicht in Bezug auf Großabnehmer offensichtlich sein, in bezug auf andere Abnehmer nicht.[106] Am Schutz von Geschäftsgeheimnissen auch bei offensichtlichen Rechtsverletzungen ist Kritik geübt worden;[107] die Bedenken werden im übrigen bei der Abwägung zu berücksichtigen sein.

32   **4.** Zu Vollziehung und **Zwangsvollstreckung** Rn 296 ff, 346 ff vor § 143.

33   **5.** Die Notwendigkeit eines **außergerichtlichen Auskunftsverlangens** beurteilt sich nach kostenrechtl Gesichtspunkten (§ 93 ZPO); Besonderheiten ergeben sich hier nicht.[108] Daraus, dass die Auskunft nach Abs 1 unverzüglich zu leisten ist, folgt nicht die Entbehrlichkeit eines vorprozessualen Verlangens, weil der Anspruch auch ohne die Regelung sofort fällig wäre (§ 271 Abs 1 BGB). Einen Kostenerstattungsanspruch soll das vorprozessuale Verlangen nicht auslösen.[109]

34   **IV.** Die **Kosten der Auskunft** nach Abs 1 trägt grds der auskunftspflichtige Verletzer. Zum Erstattungsanspruch des nach Abs 2 in Anspruch genommenen Dritten Rn 16; zu den Kosten der Verwendung von Verkehrsdaten Rn 45.

V. Schadensersatzanspruch (Absatz 5, 6)

35   Erteilt der Auskunftsverpflichtete die Auskunft vorsätzlich oder grob fahrlässig falsch oder unvollständig (dies stellt eine Privilegierung gegenüber der vorherigen Rechtslage dar,[109a] s Rn 83), ist er dem Verletzten zum Ersatz des daraus entstehenden Schadens verpflichtet.[110] Wer eine wahre Auskunft nach Abs 1 oder Abs 2 erteilt, zu der er nicht verpflichtet war, haftet gegenüber einem Dritten nur, wenn er wusste, dass er nicht verpflichtet war (Abs 6).[111]

VI. Versicherung an Eides Statt[112]

36   Unklar ist, ob und auf welcher Grundlage eidesstattliche Versicherung der Vollständigkeit der Auskunft verlangt werden kann. Der RegE PrPG sah eine eigenständige Regelung in Abs 3 vor, die auf Initiative des Rechtsausschusses des Bundestags gestrichen wurde, weil die allg bestehenden Möglichkeiten der §§ 259 ff BGB ausreichend seien. Auch die Begr zur geltenden Bestimmung geht von einer Verpflichtung zur Abgabe der eidesstattlichen Versicherung für den Fall der vermuteten Unrichtigkeit aus.[113] Soweit hiernach § 259 BGB als Grundlage für die Pflicht zur eidesstattlichen Versicherung angesehen wird,[114] be-

---

104   OLG Düsseldorf GRUR 1993, 818; *Mes* Rn 47.
105   So aber OLG Hamburg InstGE 8, 11 mit der Schlussfolgerung, dass die Berechtigung des Verletzungsvorwurfs in einem Maß gesichert sein müsse, dass vernünftige Zweifel nicht verbleiben.
106   *Benkard*[10] Rn 12.
107   Zusätzliche Stellungnahme DVGR GRUR 2007, 765.
108   *Eichmann* GRUR 1990, 575, 588.
109   *Eichmann* GRUR 1990, 575, 589; zum Kostenerstattungsanspruch bei Verfahren gegen einen Internet-Provider auf Auskunft über den Inhaber einer IP-Adresse BGH GRUR 2014, 1239 Deus Ex, UrhSache, m zust Anm *Ladeur* NJW 2015, 71 und kr Anm *Mantz* K&R 2014, 799.
109a   Zutr unter Kritik der Begr in BTDrs 16/5048 S 39 *Schmidhuber* WRP 2008, 296.
110   Vgl *Fitzner/Lutz/Bodewig* Rn 45 ff.
111   Hierzu *Fitzner/Lutz/Bodewig* Rn 49 f.
112   Vgl auch Bericht PrPG S 6 f.
113   BTDrs 16/5048 S 39.
114   BGHZ 148, 26 = GRUR 2001, 841 Entfernung der Herstellungsnummer II; OLG Zweibrücken GRUR 1997, 131; OLG Düsseldorf 21.5.2010 2 W 26/10 GRUR-RR 2011, 118 Ls; OLG Düsseldorf 7.10.2004 2 U 41/04; LG München I CR 1993, 698,

stehen Bedenken.[115] Diese sind im Hinblick auf Art 103 Abs 2 GG auch durch die Herleitung eines allg Grundsatzes aus § 259 Abs 2 BGB, dass der Auskunftsschuldner bei begründetem Verdacht einer unsorgfältig erteilten Auskunft die Ordnungsmäßigkeit der Auskunft an Eides statt zu versichern habe,[116] nicht ausgeräumt, wenn die Folge sein soll, dass dann eine falsche eidesstattliche Versicherung auch zur Strafbarkeit führt. Nach allg Meinung ist nämlich das Tatbestandsmerkmal der zuständigen Behörde in § 156 StGB dahin zu verstehen, dass „zuständig … die Behörde (ist), wenn in dem fraglichen Verfahren eidesstattliche Versicherungen dieser Art zulässig sind, wozu auch gehört, dass die Versicherung über diesen Gegenstand und zu diesem Zweck und von einer Person in der verfahrensrechtl Stellung des Versichernden abgegeben werden darf".[117] Im Zivilprozess kommt über die gesetzlich ausdrücklich vorgesehenen Fälle hinaus eine Zuständigkeit für die Entgegennahme einer eidesstattlichen Versicherung nur bei zwingender Analogie in Betracht.[118] Bdkl in Hinblick auf den Charakter des Auskunftsanspruchs ist es aber aus den gleichen Gründen auch, § 260 BGB in analoger Anwendung als Grundlage heranzuziehen.[119] Auch der gewohnheitsrechtl begründete Rechnungslegungsanspruch bei Schutzrechtsverletzungen scheidet, da er anders als die Drittauskunft an einen Zahlungsanspruch anknüpft, als Anspruchsgrundlage aus.[120] Demnach bestehen nach der geltenden Rechtslage weiter durchgreifende Bedenken, einen Anspruch auf Abgabe der eidesstattlichen Versicherung im Rahmen des § 140b zu bejahen, dies insb in Hinblick auf die strafrechtl Folgen der eidesstattlichen Versicherung;[121] ein Nachbessern des Gesetzgebers wäre wünschenswert.[122] Die Rspr gewährt den Anspruch aber häufig, oft ohne ausdrücklich auf das Problem einzugehen.[123]

VII. Strafrechtliches Verwertungsverbot (Absatz 8)

Der Auskunftsanspruch führt dazu, dass der Verpflichtete zivilrechtl verpflichtet sein kann, Tatsachen zu offenbaren, die ihn oder Angehörige, hinsichtlich derer ihm ein Aussageverweigerungsrecht zusteht, strafrechtl oder nach Ordnungswidrigkeitenrecht belasten können. Hierzu ist im Straf- und Bußgeldverfahren niemand verpflichtet. Dieser Grundsatz hat Verfassungsrang;[124] die Regelung enthält daher als verfassungsrechtl gebotene ausdrückliche Kollisionsregelung ein Verwertungsverbot für derartige Verfahren.[125] Dieses betrifft nur Taten vor Auskunftserteilung.[126] Die Festsetzung von Ordnungsmitteln und Zwangsmitteln in der Zwangsvollstreckung wird nicht berührt.[127] **37**

VIII. Vorbehalt bei Verkehrsdaten

1. Richterliche Anordnung.[128] Der Begriff der Verkehrsdaten ist in § 3 Nr 30 TKG als „Daten, die bei der Erbringung eines Telekommunikationsdienstes erhoben, verarbeitet oder genutzt werden", definiert. Sofern die Auskunft nur unter Verwendung von Verkehrsdaten erteilt werden kann, ist für ihre Erteilung eine vorherige richterliche Anordnung über die Zulässigkeit der Verwendung der Verkehrsdaten erforderlich (Abs 9 Satz 1). Dies betrifft im wesentlichen im Internet anonym begangene Rechtsverletzungen und **38**

702; *Schulte* Rn 41; *Fitzner/Lutz/Bodewig* Rn 40; *Kühnen* Hdb Rn D 249; offengelassen in BGHZ 125, 322, 331 = GRUR 1994, 630, 633 Cartier-Armreif und BGHZ 176, 311= GRUR 2008, 896 Tintenpatrone I; dort wird anders als in der Vorentscheidung OLG Düsseldorf 24.11.2005 2 U 104/03 der Auskunftsanspruch nicht mehr auf § 24b GebrMG gestützt.

115   *Eichmann* GRUR 1990, 575, 582f.

116   So *Benkard* Rn 18.

117   *Schönke-Schröder* StGB § 156 Rn 10.

118   *Schönke-Schröder* StGB § 156 Rn 14 mwN.

119   So aber *Eichmann* GRUR 1990, 575, 583.

120   AA *Benkard* Rn 18; vgl *Mes* Rn 75 ff; für das UrhG *Wandtke/Bullinger* UrhG § 101 Rn 21; für das MarkenG *Ströbele/Hacker* MarkenG § 19 Rdn 58.

121   So im Ergebnis wohl auch *Tilmann* BB 1990, 1565, 1568 f und *Asendorf* NJW 1990, 1283 f; aA *Loth* § 24b GebrMG Rn 30.

122   Vgl auch *Kröger/Bausch* GRUR 1997, 321, 325; *Bodewig* GRUR 2005, 632, 638.

123   So OLG Zweibrücken NJW-RR 1997, 14474; OLG Düsseldorf GRUR-RR 2011, 118.

124   BVerfGE 56, 37, 41 ff = BB 1981, 639.

125   Vgl Begr BlPMZ 1990, 184; kr zusätzliche Stellungnahme DVGR GRUR 2007, 765.

126   *Fitzner/Lutz/Bodewig* Rn 51.

127   *Benkard* Rn 22; *Eichmann* GRUR 1990, 575, 579; aA *von Ungern-Sternberg* WRP 1984, 55.

128   Zum Anordnungsvorbehalt *Peukert/Kur* GRUR Int 2006, 292, 298.

ist daher für Patentverletzungen von untergeordneter Bedeutung.[129] In Betracht werden im allg nur anonyme Angebote im Internet kommen.[130]

39   **2. Antrag.** Die richterliche Anordnung ist vom Verletzten zu beantragen (Abs 9 Satz 1). Für den Antrag besteht kein Anwaltszwang.[131]

40   **3. Entscheidungszuständigkeit.** Für die Entscheidung über den Antrag ist das Landgericht, in dessen Bezirk der zur Auskunft Verpflichtete seinen Wohnsitz, seinen Sitz oder eine Niederlassung hat, ohne Rücksicht auf den Streitwert ausschließlich und unabhängig vom Streitwert zuständig. Nach der Gesetzesbegründung sollen vorrangig die Regelungen zur Zuständigkeitskonzentration wie § 143 Abs 2 anzuwenden sein.[132] Die Entscheidung liegt bei der Zivilkammer (Abs 9 Satz 3). Maßgeblich ist die Geschäftsverteilung.

41   **4.** Für das **Verfahren** gelten die Bestimmungen des Gesetzes über das Verfahren in Familiensachen und in den Angelegenheiten der freiwilligen Gerichtsbarkeit (FamFG) entspr (Amtsermittlung, § 26 FamFG; kein Anwaltszwang, vgl § 10 FamFG; Antragstellung auch zu Protokoll der Geschäftsstelle, § 25 FamFG). Die Entscheidung erfolgt immer durch Beschluss.[133] Mit ihm wird die Verwendung der Telefondaten gestattet, andernfalls wird der Antrag zurückgewiesen. Der Beschluss ist für den Auskunftsanspruch nicht präjudiziell. Die Möglichkeit, die Verkehrsdaten im Weg der einstweiligen Anordnung zu sichern, wird von der Rspr verneint; dagegen wurde die Möglichkeit einer einstweiligen Anordnung, mit der dem Auskunftpflichtigen die Löschung vorhandener Daten bis zum Abschluss des Gestattungsverfahrens verboten wird, als zulässig angesehen.[134]

42   Die Entscheidung ist mit der **Beschwerde** anfechtbar. Diese ist innerhalb einer Frist von zwei Wochen ab Bekanntmachung der Entscheidung an den Beschwerdeführer einzulegen ist (Abs 9 Satz 7). Die Beschwerde kann auch auf neue Tatsachen und Beweismittel gestützt werden (§ 65 Abs 3 FamFG; anders noch vor Inkrafttreten des FGG-RG), sie ermöglicht mithin auch eine Überprüfung der tatsächlichen Feststellungen. Beschwerdebefugt ist auch der Provider.[135]

43   Die **Beschwerdezuständigkeit** liegt beim OLG (§ 567 ff ZPO).

44   Die Entscheidung des OLG ist mit der **Rechtsbeschwerde** zum BGH anfechtbar, wenn diese zugelassen worden ist (§ 70 Abs 1, 2 FamFG).

45   **5. Kosten.** Für eine Anordnung über die Verwendung von Verkehrsdaten wird eine Gebühr von 200 EUR erhoben (§ 128c Abs 1 Nr 1 KostO); dies gilt auch für GbmSachen (§ 24 Abs 9 GebrMG) und über die Verweisung in § 9 Abs 2 HalblG weiter in Halbleitersachen (§ 128c Abs 1 Nr 2 KostO) und in SortSachen (§ 37b Abs 9 SortG; § 128c Abs 1 Nr 6 KostO). Bei Rücknahme des Antrags vor Entscheidung beträgt die Gebühr jeweils 50 EUR (§ 128c Abs 2 KostO). In den bisher praktisch ausschließlich im Bereich des Urheberrechts angefallenen Gestattungsverfahren (2011 monatlich bundesweit mehr als 1.000 Verfahren) ist die Rspr zur Definition des Antrags sehr unterschiedlich; so wird in München die Gebühr einmal pro Antrag erhoben, auch wenn dieser mehrere hundert IP-Adressen und eine zweistellige Anzahl von Werken enthält;[136] anders in Frankfurt, Karlsruhe und Düsseldorf.[137] In Nordrhein-Westfalen hat das Justizministerium durch Erlass vom 2.2.2009 die Kostenbeamten angewiesen sicherzustellen, dass die Gebühr unabhängig von der Zahl der im Antrag bezeichneten IP-Adressen erhoben wird.[138] Im Beschwerdeverfahren wird

---

129   Vgl *Fitzner/Lutz/Bodewig* Rn 53.
130   *Fitzner/Lutz/Bodewig* Rn 54.
131   *Fitzner/Lutz/Bodewig* Rn 59; *Benkard* Rn 27.
132   BTDrs 16/5048 S 40; ebenso *Schulte* Rn 63; *Fitzner/Lutz/Bodewig* Rn 60; die DVGR hatte in ihrer zusätzlichen Stellungnahme GRUR 2007, 765 f wegen des speziellen Sachverstands eine Zuständigkeit des Verletzungsgerichts vorgeschlagen.
133   *Fitzner/Lutz/Bodewig* Rn 63; *Benkard* Rn 27.
134   Nachw und Kritik bei *Fitzner/Lutz/Bodewig* Rn 66.
135   OLG Düsseldorf InstGE 10, 246.
136   OLG München GRUR-RR 2011, 230; vgl OLG München InstGE 13, 296.
137   OLG Karlsruhe GRUR-RR 2012, 230 mwN; OLG Frankfurt GRUR-RR 2009, 407; OLG Düsseldorf CR 2009, 334.
138   Vgl *Fitzner/Lutz/Bodewig* Rn 67.

die gleiche Gebühr erhoben, wenn die Beschwerde verworfen oder zurückgewiesen wird (§ 131a Abs 2 KostO). Im übrigen ist das Beschwerdeverfahren gebührenfrei (§ 131a Abs 2 Satz 3 KostO). Auslagen, die durch eine für begründet befundene Beschwerde entstanden sind, werden nicht erhoben (§ 131a Abs 2 Satz 4 KostO). In Abweichung von § 13a FGG trägt die Kosten der richterlichen Anordnung stets der Verletzte (Abs 9 Satz 5).

6. Datenschutz. Die Vorschriften zum Schutz personenbezogener Daten bleiben im übrigen unberührt (Abs 9 Satz 8). **46**

7. Zitiergebot. Die Klausel in Abs 10 entspricht dem Zitiergebot in Art 19 Abs 1 Satz 2 GG. **47**

C. Allgemeiner Auskunfts- und Rechnungslegungsanspruch

I. Allgemeines

1. Rechtscharakter

a. Akzessorischer Auskunftsanspruch. Um dem Verletzten, der in entschuldbarer Weise über das **48** Bestehen oder den Umfang seines Rechts im Ungewissen ist, die Prüfung zu ermöglichen, ob und in welcher Höhe ihm Ansprüche gegen den Verletzer zustehen, gewährt ihm die Rspr einen Anspruch auf Auskunft und Rechnungslegung nach Maßgabe des § 259 BGB[139] (vgl die ausdrückliche Regelung in § 151 öPatG, die auch eine Überprüfung durch einen Sachverständigen vorsieht). Der Anspruch auf Auskunftserteilung und Rechnungslegung über alle zur Schadensberechnung erforderlichen Angaben ist erstmals 1923 vom RG gewährt worden[140] und als vorbereitender **Hilfsanspruch** gewohnheitsrechtl anerkannt,[141] dasselbe gilt für den Bereicherungsanspruch[142] und den Entschädigungsanspruch nach § 33,[143] jedoch nur, soweit dieser reicht, also nicht für die mittelbare Benutzung vor Patenterteilung.[144] Der Verhältnismäßigkeitsgrundsatz ist zu beachten.[145]

Als Hilfsanspruch ist er **vom Bestehen des Ersatzanspruchs abhängig,**[146] zumindest davon, dass **49** zwischen den Beteiligten eine besondere rechtl Beziehung besteht[147] und dass ein Eingriff in Rechte des Auskunftsberechtigten stattgefunden hat;[148] ein weitergehender abstrakter Anspruch auf Rechnungslegung besteht nicht.[149] Verschulden ist wie beim Hauptanspruch erforderlich, auch soweit kerngleiche Handlungen einbezogen werden.[150] Gegen den mittelbaren Patentverletzer besteht der Rechnungslegungs-

139 BGHZ 95, 274, 276 f = GRUR 1986, 62 GEMA-Vermutung I; BGH GRUR 1988, 604 f Kopierwerk; BGHZ 117, 264 = GRUR 1992, 612 Nicola; BGHZ 149, 165 = GRUR 2002, 238 Auskunftsanspruch bei Nachbau I; BGH GRUR 2002, 602 Musikfragmente; BGH GRUR 2008, 360 f EURO und Schwarzgeld; BGH 25.2. 1992 X ZR 50/90; vgl RGZ 127, 243 f = GRUR 1930, 430 Grubenstempel III, für Ansprüche aus einer Zwangslizenz; BGH GRUR 1982, 723, 725 Dampffrisierstab I; BGH GRUR 1984, 728, 730 Dampffrisierstab II; BGH GRUR 1988, 307 Gaby; *Fitzner/Lutz/Bodewig* § 139 Rn 229 ff; *Benkard* § 139 Rn 88 ff.
140 RGZ 108, 1, 7; vgl *Jestaedt* VPP-Rdbr 1998, 67.
141 BGH GRUR 1962, 398, 400 Kreuzbodenventilsäcke II; BGH GRUR 1984, 728 f Dampffrisierstab II; BGH GRUR 1980, 227, 232 Monumenta Germaniae Historica; BGH GRUR 1988, 307 f Gaby; BGH GRUR 1991, 153, 155 Pizza & Pasta; BGH GRUR 1995, 50, 53 Indorektal/Indohexal; BGHZ 141, 267, 285 = GRUR 1999, 984, 988 Laras Tochter; OLG Karlsruhe 10.2.2010 6 U 19/09; *Benkard* § 139 Rn 88 f; *Fitzner/Lutz/Bodewig* § 139 Rn 229.
142 Vgl BGHZ 107, 46 = GRUR 1990, 997, 1002 Ethofumesat; vgl auch BGHZ 5, 116, 123 f Parkstraße 13; BGH GRUR 1960, 256, 259 Chérie; BGH GRUR 1996, 57, 61 Spielzeugautos; anders die nl Praxis, vgl RB Den Haag BIE 1997, 436, 439.
143 BGHZ 107, 161 = GRUR 1989, 411 Offenendspinnmaschine; BGH 11.4.1989 X ZR 30/88.
144 BGH GRUR 2006, 570 extracoronales Geschiebe; vgl BGHZ 159, 221 = GRUR 2004, 845, 847 Drehzahlermittlung.
145 BGHZ 166, 233 = GRUR 2006, 504, 506 Parfümtestkäufe.
146 Vgl BGH GRUR 1957, 219, 222 Bierbezugsvertrag; BGH GRUR 1958, 149 Bleicherde; BGH Offenendspinnmaschine; BGH GRUR 1997, 116 Prospekthalter; *Benkard* § 139 Rn 88 f; *Fitzner/Lutz/Bodewig* § 139 Rn 232.
147 BGHZ 95, 274, 276 f = GRUR 1986, 62 GEMA-Vermutung I; BGHZ 95, 285, 287 f = NJW 1986, 1247 GEMA-Vermutung II; BGHZ 126, 109, 113 = GRUR 1994, 898 Copolyester I; BGH GRUR 2008, 360 f EURO und Schwarzgeld.
148 BGHZ 149, 165 = GRUR 2002, 238 Auskunftsanspruch bei Nachbau I.
149 RGZ 62, 320 f = BlPMZ 1906, 221 Burns & brennt; vgl BGH GRUR 2000, 907 Filialleiterfehler.
150 BGHZ 166, 233 = GRUR 2006, 504, 507 Parfümtestkäufe.

anspruch nur, soweit der Schadensersatzanspruch gegen diesen reicht (vgl Rn 101 zu § 139);[151] für den Auskunftsanspruch genügt es dagegen, dass der mittelbare Verletzer Mittel iSd § 10 geliefert hat, obwohl deren Bestimmung zur Benutzung der Erfindung zu erwarten war.[152] Es genügt nicht, dass jemand über Sachverhalte informiert ist oder sein könnte, die für einen anderen von Bedeutung sind.[153]

50   Der in der älteren Rspr aus §§ 687 Abs 2, 681, 666 BGB hergeleitete Anspruch[154] findet seine **Grundlage** in der erweiternden Anwendung des § 259 BGB und in § 242 BGB, da der Verletzte in entschuldbarer Weise über den Umfang der Verletzung und damit über Bestehen und Umfang seines Ersatzanspruchs im Unklaren ist, während der Verletzer unschwer Aufklärung geben kann.[155] Ein Auskunftsanspruch über den Tatbestand einer unerlaubten Handlung ist dem dt Recht allerdings fremd.[156]

51   Die Verurteilung zur Auskunft und Rechnungslegung entfaltet keine **Rechtskraftwirkung** für den aufgrund der Rechnungslegung erhobenen Zahlungsanspruch,[157] erst recht nicht das, weil bereits Rechnung gelegt ist, abweisende Urteil.[158]

52   **b. Selbstständiger Auskunftsanspruch.** Neben dem akzessorischen hat die Rspr einen selbstständigen, aus § 249 BGB abgeleiteten Auskunftsanspruch entwickelt, der der Vorbereitung des Vorgehens gegen einen Dritten dient, durch das ein Schaden oder eine Störung beseitigt wird (insb Namhaftmachung von Abnehmern bei Verletzung von Vertriebsbindungsverpflichtungen);[159] nach neuerer Auffassung handelt es sich um einen aus § 242 iVm der verletzten Norm abzuleitenden objektiven Beseitigungsanspruch.[160] Der Anspruch erfasst grds auch die Drittauskunft, hat hier aber kaum praktische Bedeutung.[161]

53   **2. Anwendungsbereich.** Auskunfts- und Rechnungslegungsansprüche bestehen zunächst, soweit **Schadensersatz- oder Entschädigungsansprüche** in Betracht kommen. Auskunftsansprüche kommen auch zur Ermittlung eines Marktverwirrungsschadens oder zur Vorbereitung eines Beseitigungsanspruchs in Betracht.[162] Eine Ausweitung des Anspruchs über die konkret festgestellten Verletzungshandlungen auf eine verallgemeinerte Verletzungsform scheidet aus.[163] Dabei ist auch unter dem Gesichtspunkt unzulässiger Ausforschung zu prüfen, ob ein Auskunftsanspruch materiell begründet ist. Dies ist verneint worden, wenn ein unbekannter Geheimnisverräter ermittelt werden sollte.[164]

54   Der Anspruch auf **Benutzungsvergütung** nach § 13 Abs 3 Satz 1 begründet ebenfalls einen Auskunftsanspruch.[165]

55   Der Auskunftsanspruch steht unter dem Gesichtspunkt von Treu und Glauben auch dem **Miterfinder** zu, der Ansprüche auf Benutzungsvergütung gegen seine Miterfinder geltend machen will.[166]

---

151 BGHZ 170, 338 = GRUR 2007, 679 Haubenstretchautomat; BGH GRUR 2007, 773 Rohrschweißverfahren; *Benkard* § 10 Rn 25.
152 BGH Haubenstretchautomat.
153 BGH Auskunftsanspruch bei Nachbau I, zu § 10a SortG; vgl EuGH 10.4.2003 C-305-00 Slg 2003 I 3525 = GRUR 2003, 868 Schulin/STV.
154 RGZ 46, 14, 18 = BlPMZ 1900, 197 harzartige Körper; RGZ 70, 249, 251 = BlPMZ 1909, 304 Rechnungslegung; RGZ 84, 146, 150 Plättmuster; RGZ 130, 196, 209 = MuW 31, 279 Codex aureus.
155 Vgl BGHZ 10, 385, 387 = NJW 1954, 70; BGH GRUR 1974, 53 Nebelscheinwerfer; BGHZ 95, 274 = GRUR 1986, 62 GEMA-Vermutung I; BGHZ 95, 285 = GRUR 1986, 69 GEMA-Vermutung II; BGH GRUR 1987, 647 Briefentwürfe; BGH GRUR 1988, 604 Kopierwerk; BGHZ 126, 109 = GRUR 1994, 898 Copolyester I; BGHZ 148, 26 = GRUR 2001, 841 Entfernung der Herstellungsnummer II; BGH 11.4.1989 X ZR 30/88.
156 *Peukert/Kur* GRUR Int 2006, 292, 296 unter Hinweis auf OLG Koblenz NJW-RR 2004, 410.
157 BGH GRUR 1970, 202 Handstrickapparat, nicht in BGHZ; BGH GRUR 1991, 873 eidesstattliche Versicherung.
158 Vgl BGH GRUR 1958, 149 Bleicherde.
159 RGZ 148, 364, 374 = GRUR 1935, 990 4711; RG GRUR 1939, 562, 567 Zeiss-Brillengläser; BGH GRUR 1964, 320, 323 Maggi; BGH GRUR 1974, 351 f Frisiersalon; *Teplitzky* GRUR 1994, 765, 768 mwN.
160 *Jestaedt* VPP-Rdbr 1998, 67.
161 *Nieder* Rn 139 mwN; *Bodewig* GRUR 2005, 632, 638.
162 *Benkard* § 139 Rn 92; *Rojahn* GRUR 2005, 823 mwN; BGH GRUR 1996, 78 f Umgehungsprogramm mwN; LG Düsseldorf 30.4.1996 4 O 126/96 Entsch 1996, 39, dort auch zur Durchsetzung im Weg der einstweiligen Verfügung; vgl BGH GRUR 1972, 558, 560 Teerspritzmaschinen.
163 BGHZ 166, 233 = GRUR 2006, 504 Parfümtestkäufe.
164 BGH GRUR 1976, 367 Ausschreibungsunterlagen.
165 *Benkard* § 13 Rn 17; aA 4. *Aufl* § 8 Rn 13.
166 BGH GRUR 2006, 401 Zylinderrohr.

Zum Auskunftsanspruch des **Arbeitnehmererfinders** Rn 41 ff zu § 12 ArbEG; zur **lizenzvertraglichen** 56
Auskunfts- und Rechnungslegungspflicht Rn 137, 148 ff zu § 15.

Der Anspruch auf **Drittauskunft** kann nicht dadurch erweitert werden, dass auf seiner Grundlage 57
nicht geschuldete Angaben im Weg des allg Auskunftsanspruchs verfolgt werden.[167]

3. Auskunftsberechtigter ist der Schutzrechtsinhaber auch dann, wenn er eine ausschließliche Li- 58
zenz vergeben hat.[168] Berechtigt ist auch der Prozessstandschafter, wenn das Auskunftsverlangen von der
Ermächtigung gedeckt ist und ein eigenes Interesse besteht; dies wurde bejaht für den zur Durchsetzung
der Schadensersatzansprüche Ermächtigten.[169]

4. Auskunftsverpflichteter ist der, den die Ersatz- oder Entschädigungspflicht trifft. Die Auskunfts- 59
pflicht ist in Person zu erfüllen, wobei Erklärungen etwa des Prozessbevollmächtigten genügen (Rn 78 f).[170]
Auch der Insolvenzverwalter kann zur Auskunft verpflichtet sein.[171]

II. Voraussetzungen

Der Anspruch setzt grds die Feststellung einer Verletzung des Schutzrechts voraus.[172] Fehlt es daran, 60
ist der als Verletzer Angegriffene grds nicht verpflichtet, dem Schutzrechtsinhaber Auskunft darüber zu
geben, ob die tatsächlichen Voraussetzungen für eine Verletzung vorliegen.[173] Die Entstehung eines Schadens muss wahrscheinlich sein.[174] Ist nur eine Benutzung nach Offenlegung, aber vor Patenterteilung festgestellt, besteht ein Auskunftsanspruch im nur Rahmen des Anspruchs aus § 33, nicht für den Schadensersatzanspruch nach § 139.[175]

III. Ausschluss des Anspruchs

Der Einwand der Unmöglichkeit schließt den Anspruch jedenfalls dann nicht aus, wenn der Schuld- 61
ner die Unmöglichkeit zu vertreten hat.[176] Kollidierende Rechtspflichten (zB ärztliche Schweigepflicht bei
einem zur Therapie oder Diagnose eingesetzten Verfahren, auch wenn dieses nicht dem Patentierungsausschluss nach § 2a Abs 1 Nr 1 unterliegt) können dem Anspruch entgegenstehen.[177]

IV. Umfang

1. Allgemeines (zum Antrag Rn 88 vor § 143).[178] Der Anspruch auf Auskunftserteilung und Rech- 62
nungslegung dient dazu, dem Verletzten eine Berechnung seines Schadens nach jeder der drei möglichen
Berechnungsarten und die Auswahl der für ihn günstigsten Berechnungsart zu ermöglichen.[179] Die An-

---

167 OLG Karlsruhe GRUR 1995, 772 f: Beweismittel für Verfahren gegen etwaige Drittverletzer.
168 BGHZ 176, 311 = GRUR 2008, 896 Tintenpatrone I.
169 BGH GRUR 1995, 216, 219 f Oxygenol II; vgl GRUR 2012, 630 CONVERSE II.
170 Zur wettbewerbsrechtl Zulässigkeit der Inanspruchnahme von Abnehmern OLG Hamburg 16.7.1998 3 U 192/97
GRUR 1999, 97 Ls; zur Rechnungslegungspflicht des Gehilfen öOGH ÖBl 1999, 229, 233 ERINASOLUM.
171 LG Ingolstadt NZI 2002, 390; vgl *Benkard* § 139 Rn 22.
172 BGH GRUR 1964, 496, 498 Formsand II.
173 BGHZ 117, 264 = GRUR 1992, 612 Nicola; BGH 25.2.1992 X ZR 50/90, dort auch zur Bedeutungslosigkeit der
fortgesetzten Handlung; vgl OLG München 22.12.1994 6 U 1849/93 GRUR 1995, 836 Ls.
174 RG MuW 31, 276, 279 Ablaßvorrichtung; RG MuW 32, 187, 191 Naftalan; RG GRUR 1940, 114, 116 Baupfähle; RG
GRUR 1942, 186 f I-Gas; OLG Hamburg GRUR 1953, 123; OLG Düsseldorf GRUR 1953, 285; vgl BGHZ 113, 159 = GRUR 1991,
316 Einzelangebot.
175 Eingehend *Dembowski* FS F. Traub (1994), 49.
176 LG Düsseldorf 16.1.1996 4 O 5/95 Entsch 1996, 1, 6.
177 So LG München I 19.11.1993 21 O 7813/93 hinsichtlich der Nennung der Patienten bei einem Verfahren, das in erster
Linie zur extrakorporalen Aufbereitung von dem kranken Individuum entnommenem Blut zur Eigenblutbehandlung dient.
178 Zu Rechnungslegungsansprüchen wegen Verletzung gewerblicher Schutzrechte im Konkursverfahren
(Insolvenzverfahren) über das Vermögen des Verletzers BGH 10.1.1961 I ZR 144/59.
179 BGH GRUR 1974, 53 Nebelscheinwerfer; BGH GRUR 1982, 723, 725 Dampffrisierstab I; BGHZ 92, 62 = GRUR 1984, 728
Dampffrisierstab II; BGHZ 126, 109 = GRUR 1994, 898 Copolyester I; LG München I InstGE 12, 245; *Benkard* § 139 Rn 89.

tragsfassung im Erkenntnisverfahren ist oft sehr knapp; dabei kann aber nicht davon ausgegangen werden, dass die nicht ausdrücklich erwähnten Auskünfte nicht geschuldet sind.[180] Eine ausführliche Antragsfassung ist aber oft nicht möglich, da der Verletzte die Verhältnisse beim Verletzer vor der Erteilung der ersten Auskunft nicht kennt (Zulieferungen; Kostenfaktoren, Betriebsstruktur), Deshalb muss die konkrete Feststellung der Auskunfts- und Rechnungslegungsverpflichtung im Streitfall oft dem Vollstreckungsverfahren vorbehalten bleiben.[181]

63   Der akzessorische Auskunftsanspruch ist auf die zur Anspruchsdurchsetzung **erforderlichen Informationen** beschränkt, die der Gläubiger selbst nicht anders erlangen kann und deren Erteilung dem Schuldner unschwer möglich und zumutbar ist.[182] Unschwer ist die Auskunft zu erteilen, wenn die mit ihrer Vorbereitung und Erteilung verbundenen Belastungen für den Schuldner entweder nicht ins Gewicht fallen oder, obwohl beträchtlich, ihm in Anbetracht der Darlegungs- und Beweisnot des Gläubigers und der Bedeutung zumutbar sind, die die Auskunft für die Darlegung der für Grund oder Höhe des Hauptanspruchs wesentlichen Umstände hat.[183] Eine Verpflichtung zur Vorlage von Belegen (anders als beim Anspruch nach § 140b; Rn 18) wurde verneint.[184] Vertretbar scheint es aber, in Einzelfällen eine solche Belegvorlage zuzulassen, wenn wenn der Berechtigte darauf angewiesen ist und ihr keine schutzwürdigen Geheimhaltungsinteressen des Schuldners entgegenstehen,[185] wobei solchen mit Schwärzungen Rechnung getragen werden kann.[186] Es überfordert aber das Erkenntnisverfahren, dort derartige Einzelheiten zu klären (s Rn 62).[187]

64   **2.** Die **Rechnungslegung** geht inhaltlich über die Erteilung einer Auskunft hinaus und enthält neben der auch mit der Auskunft verbundenen Unterrichtung die weitergehende genauere Information durch Vorlage einer geordneten Aufstellung der Einnahmen und Ausgabe.[188] Inhalt und Umfang des Rechnungslegungsanspruchs sind als unter dem Grundsatz von Treu und Glauben geschuldet angesehen worden.[189]

3. Geschuldete Angaben

65   **a. Grundsatz.** Die Angaben müssen, wenn zwh ist, ob Gegenstände das Patent verletzen, so genau und vollständig sein, dass sich der Verletzte hierüber ein Urteil bilden kann.[190] Die Rechnungslegung des Patentverletzers über patentverletzende Umstände muss alle Einzelheiten enthalten, die der Verletzte benötigt, um sich für eine der ihm offenstehenden Schadensberechnungen zu entscheiden. Der Verletzte muss die Angaben nachprüfen können. Er braucht sich zunächst nicht auf eine der möglichen Schadensberechnungsarten festzulegen, sondern kann alle zur Schadensberechnung nach jeder der Berechnungsarten und zur Nachprüfung der Richtigkeit der Rechnung notwendigen Angaben verlangen[191] (Rn 62).

66   Unterschiede bzgl des **Arbeitsaufwands** bei den verschiedenen Schadensberechnungsarten rechtfertigen es nicht, den Verletzten auf eine weniger aufwendige Schadensberechnungsart zu verweisen.[192]

---

180   LG München I InstGE 4, 77.
181   LG München I InstGE 12, 245; ebenso BGH GRUR 2013, 1030 File-Hosting-Dienst (Nr 21), BGHZ Vv = GRUR 2016, 268 Störerhaftung des Access-Providers (Nr 14) und BGH 26.11.2015 I ZR 3/14 (Nr 13) zu Prüfpflichten des Störers im Internet.
182   BGH GRUR 2000, 907 Filialleiterfehler; vgl LG München I InstGE 12, 245.
183   BGH GRUR 2007, 532 Meistbegünstigungsvereinbarung.
184   OLG Düsseldorf InstGE 5, 89; bei fehlender Titulierung auch OLG München 14.4.2011 6 U 2706/10 gegen die Vorinstanz LG München I 11.3.2010 7 O 1358/07; *Kühnen* Hdb⁸ Rn D 517.
185   OLG Hamburg GRUR-RR 2005, 265, 269 unter Bezugnahme auf die Gründe von BGH GRUR 2002, 709 Entfernung der Herstellungsnummer III, die allerdings zur rechtl anders gelagerten Drittauskunft ergangen ist; OLG Karlsruhe Mitt 2010, 529, Markensachen; *Benkard* § 139 Rn 89a; *Schramm* PVP Kap 9 Rn 352; *Kühnen* Hdb⁸ Rn D 434 ff; *Stjerna* GRUR 2011, 789, 793 f; *Rojahn* GRUR 2005, 623 f.
186   OLG Karlsruhe Mitt 2010, 529; *Benkard* § 139 Rn 89a.
187   *Benkard* § 139 Rn 89a.
188   BGHZ 93, 327 = GRUR 1985, 472 Thermotransformator; LG München I 11.3.2010 7 O 1358/07.
189   BGH GRUR 1974, 53 f Nebelscheinwerfer; OLG Karlsruhe GRUR 1995, 772; *Rojahn* GRUR 2005, 623 f.
190   BGH GRUR 1962, 398, 400 Kreuzbodenventilsäcke II.
191   BGH GRUR 1957, 336 Rechnungslegung; BGH GRUR 1959, 478 Laux-Kupplung I; BGH GRUR 1962, 354 Furniergitter; BGH 6.2.1976 I ZR 110/74; BGH GRUR 1980, 227, 232 Monumenta Germaniae Historica.
192   BGH GRUR 1982, 723 Dampffrisierstab I; vgl auch BGH GRUR 1974, 53 Nebelscheinwerfer; zum zumutbaren Aufwand BGH GRUR 1992, 61 Preisvergleichsliste I.

Allerdings besteht im dt Recht – anders im US-amerikanischen[193] („discovery") – grds keine Pflicht, **67** dem **Prozessgegner** Material zu liefern, über das dieser nicht verfügt[194] („nemo contra se edere tenetur"). Das US-amerikanische Recht stellt darüber hinaus in 28 U.S.C. § 1782 weitergehende Möglichkeiten zur Verfügung, die für ausländ Rechtsstreitigkeiten nutzbar gemacht werden können.[195] § 142 ZPO sieht eine prozessrechtl Vorlagepflicht auch von Urkunden im Besitz eines Dritten vor; mit der DurchsetzungsRl sind Besichtigungs- und Urkundenvorlageansprüche entspr der frz saisie-contrefaçon und der Anton-Piller-order im Recht des VK eingefügt worden (vgl § 140c, § 140d).

b. Einzelne Angaben.[196] Vom Verletzer eines erteilten Patents kann die Angabe der nach den einzel- **68** nen Kostenfaktoren aufgeschlüsselten **Gestehungs- und Vertriebskosten** verlangt werden (Art, Menge, Einstandspreis des Materials, Sach- und Lohnkosten); dabei ist die Notwendigkeit der Einzelangaben zu prüfen, ggf sind das Informationsinteresse des Gläubigers und ein etwa schutzwürdiges Geheimhaltungs-interesse des Schuldners gegeneinander abzuwägen.[197] Weiter ist der Gewinn mitzuteilen, der nicht durch Abzug von Gemeinkosten und variablen Fixkosten gemindert ist, es sei denn, diese Kosten könnten aus-nahmsweise den schutzrechtsverletzenden Gegenständen unmittelbar zugerechnet werden.[198] Der Verlet-zer hat die Angaben über seine Gestehungs- und Vertriebskosten so vollständig zu machen, wie er dazu in der Lage ist.[199]

Es ist auch über Rechnungsposten Auskunft zu erteilen, die der **Ermittlung der** für den erzielten Ge- **69** winn maßgebenden **Gestehungskosten dienen;**[200] diese erfassen beim Hersteller jedenfalls in den Grund-zügen Angaben darüber, welches Material und welche Arbeitszeit zu welchen Kosten wofür aufgewendet worden sind, nicht aber vollständige Kalkulation unter Angabe jedes Kleinteils.[201] Kommt für die Scha-densermittlung eine Schätzung in Betracht, muss der Verletzer nicht über Einzelheiten seiner Kalkulation Auskunft erteilen, denn die Schätzung kann auch hinsichtlich des Verletzergewinns auf der Grundlage der Umsätze und ggf des grob ermittelten Gewinns erfolgen.[202]

Für die Berechnungsart der **Gewinnherausgabe** muss der Beklagte Angaben über alle Gegenstände **70** machen, die die patentierten Erzeugnisse enthalten; mit der Verurteilung zur Rechnungslegung hierüber ist aber nicht gesagt, dass sich die spätere Entschädigung nach dem Wert des ganzen Gegenstands be-rechnet; das kann erst im Rahmen der Leistungsklage entschieden werden.[203] Bei Gestehungskosten rei-chen Nennung und Bezifferung nicht aus, sondern die für die unmittelbare Zuordnung relevanten Um-stände müssen nachprüfbar mitgeteilt werden.[204]

Einbezogen sind grds auch Handlungen, bei denen sich der Verletzer auf ihre **Zulässigkeit** (Erschöp- **71** fung des Patentrechts) beruft.[205]

Der Anspruch umfasst die namentliche **Nennung von Lieferanten oder Abnehmern**, soweit diese **72** Angaben zur Schadensberechnung erforderlich sind,[206] grds nicht bei Zeichenverletzungen.[207] Wenn der

193 Vgl *Mayer* Anwaltsschutz in USA – Attorney Client Privilege und Patentassessoren, VPP-Rdbr 1998, 1; District Court Southern District of New York Mitt 2000, 432; Court of Appeals for the Second Circuit GRUR Int 2002, 361 = IIC 2002, 75.
194 Vgl BGH NJW 1990, 3151.
195 *Fellas* EIPR 2000, 546.
196 Überblick bei *Schmaltz/Kuczera* GRUR 2006, 97.
197 BGH GRUR 1982, 723, 726 Dampffrisierstab I; BGHZ 107, 161 = GRUR 1989, 411 Offenendspinnmaschine; OLG Düsseldorf 20.4.1998 2 W 12/98; OLG Düsseldorf InstGE 3, 176; LG Düsseldorf Entsch 1997, 122 f; vgl auch *Brändel* GRUR 1985, 619; *Schmaltz/Kuczera* GRUR 2006, 97; OLG Hamburg GRUR 1995, 432; OG Tokio GRUR Int 1998, 620.
198 OLG Düsseldorf InstGE 3, 176.
199 BGH Dampffrisierstab I.
200 BGHZ 92, 62 = GRUR 1984, 728 Dampffrisierstab II.
201 LG Düsseldorf 1.10.1997 4 O 161/92 Entsch 1997, 122.
202 BGH GRUR 2006, 419 Noblesse, Markensache.
203 BGH GRUR 1962, 354, 356 Furniergitter.
204 OLG Düsseldorf InstGE 13, 226.
205 OLG Düsseldorf GRUR 1978, 588 f.
206 BGH GRUR 1976, 367 Ausschreibungsunterlagen; LG Düsseldorf GRUR 1990, 117; aA BGH GRUR 1958, 288, 290 Dia-Rähmchen I; zur mittelbaren Patentverletzung LG Düsseldorf 3.12.1998 4 O 321/97 Entsch 1999, 5, 8.
207 BGH GRUR 1995, 50, 54 Indorektal/Indohexal mwN.

Verpflichtete die Auskünfte nicht selbst erteilen kann, muss er die Abnehmer befragen.[208] Der Nennung von Patientendaten steht die ärztliche Schweigepflicht grds auch dann entgegen, wenn der Arzt bei ihrer Behandlung fremde Schutzrechte verletzt.[209]

73   **c. Einschränkungen.** Soweit nur ein **Entschädigungsanspruch** in Betracht kommt, kann grds keine Auskunft über die konkreten Herstellungs- und Vertriebskosten verlangt werden, weil sich die nach der Lizenzanalogie zu bemessende Entschädigung unabhängig von der konkreten Kostensituation berechnen lässt.[210]

74   Gleiches muss gelten, soweit nur ein **Bereicherungsanspruch** in Betracht kommt, weil auch hier nur die Lizenzgebühr geschuldet wird. Will sich der Verletzer auf eine ungünstige Kostensituation berufen, bleibt es ihm unbenommen, weitergehende Angaben zu machen.[211] Auskunft über den Gewinn kann hier nicht verlangt werden.[212]

75   Auch soweit sonst die Haftung beschränkt ist, können sich **Einschränkungen der Auskunftspflicht** ergeben.[213] Entspr kann bei sensiblen Daten gelten, an deren Geheimhaltung ein besonderes Interesse besteht und die für die Schadensberechnung oder -schätzung von untergeordneter Bedeutung sind.[214]

76   **4. Zeitliche Grenzen.** Anders als nach früherer Rspr im Marken- und Wettbewerbsrecht, nach der der Anspruch auf Rechnungslegung im Gegensatz zur Rspr im Patentrecht erst mit der ersten Verletzungshandlung einsetzte,[215] kommt es im gewerblichen Rechtsschutz und im Urheberrecht auf diese Handlung nicht an;[216] der Anspruch ist vielmehr ohne zeitliche Grenze hinsichtlich seines Beginns gegeben,[217] aber durch die Schutzdauer und die tatsächliche Möglichkeit der Verletzung begrenzt, nicht durch die letzte mündliche Verhandlung (Rn 88 vor § 143).[218] Daraus wird eine eingeschränkte Akzessorietät des Anspruchs abgeleitet.[219]

77   Der Rechnungslegungsanspruch endet erst, wenn die Verletzungshandlungen nicht mehr als rechtswidrig zu qualifizieren oder endgültig eingestellt sind; der Antrag ist daher jedenfalls mangels abw Anhaltspunkte auch auf künftige Rechnungslegung gerichtet.[220] Für die Praxis empfiehlt es sich jedenfalls klarzustellen, dass der Antrag auch in die Zukunft gerichtet ist. Jedoch kann, wenn die weitere Vollstreckung aus einem bereits erwirkten Titel scheitert, erneut geklagt werden; Rechtskraft des Ersturteils und fehlendes Rechtsschutzbedürfnis stehen dem nicht entgegen.[221] Einer zeitlichen **Abgrenzung bedarf es**

---

208   OLG Düsseldorf InstGE 4, 21, Lizenzvertragssache.

209   BGH 25.4.2001 X ZR 50/99 autohomologe Immuntherapie 01, insoweit nicht im Druck veröffentlicht, dort offengelassen, ob es genügt, die Angaben an eine zur Verschwiegenheit verpflichtete Person zu übermitteln.

210   BGHZ 107, 161 = GRUR 1989, 411 Offenendspinnmaschine; kr *U. Krieger* GRUR 2001, 965, 967.

211   Vgl BGHZ 107, 161 = GRUR 1989, 411 Offenendspinnmaschine.

212   BGH GRUR 1998, 376, 379 Coverversion, Urh Sache; vgl LG Mannheim InstGE 4, 107, 115.

213   Vgl BGHZ 60, 206 = GRUR 1973, 375, 377 Miss Petite; BGH GRUR 1977, 491, 494 Allstar; BGH GRUR 1981, 592, 594 Championne du Monde; BGH GRUR 1987, 364 f Vier-Streifen-Schuh; BGH GRUR 1991, 153 Pizza & Pasta; BGH GRUR 1991, 921 Sahnesiphon; BGH GRUR 1995, 50, 54 Indorektal/Indohexal; kr *Nieder* GRUR 1999, 654.

214   Vgl BGH GRUR 1965, 313, 315 Umsatzauskunft; BGH GRUR 1981, 286, 288 Goldene Karte I; BGH 20.12. 2001 I ZR 152/99.

215   BGH GRUR 1988, 307 Gaby; BGH GRUR 1992, 523, 525 Betonsteinelemente; BGH GRUR 1992, 61 Preisvergleichsliste I.

216   BGH GRUR 2007, 877 Windsor Estate, unter Aufgabe der früheren Rspr des I. Zivilsenats des BGH.

217   RGZ 107, 251, 255 = GRUR 1923, 220 Lotdraht II; BGH GRUR 1956, 265, 269 Rheinmetall-Borsig I; BGHZ 159, 66, 73 = GRUR 2004, 755 Taxameter; BGHZ 117, 264 = GRUR 1992, 612 Nicola und BGH 25.2.1992 X ZR 50/90, SortSachen; LG Düsseldorf GRUR 1990, 117; *Meier-Beck* GRUR 1998, 276, 279 f; *Grosch/Schilling* FS G. Eisenführ (2003), 131 ff; aA öOGH 12.6.1990 4 Ob 85/90; *Fitzner/Lutz/Bodewig* § 139 Rn 239; *Benkard* § 139 Rn 88a.

218   BGHZ 159, 66 = GRUR 2004, 755 Taxameter; BGH GRUR 2012, 45 Diglycidverbindung; aA OLG Düsseldorf Mitt 2001, 424 = InstGE 1, 254.

219   *Steinbeck* GRUR 2008, 110, 112.

220   BGHZ 159, 66 = GRUR 2004, 755 Taxameter; OLG Karlsruhe Mitt 2003, 309; *Meier-Beck* GRUR 1998, 276, 280; aA OLG Düsseldorf Mitt 2001, 424, 428 f; vgl zur Problematik *Grosch/Schilling* FS G. Eisenführ (2003), 131, 140 ff, die auch auf die Möglichkeit der Titelfeststellungsklage bei Gefahr unterschiedlicher Auslegung des rechtskräftigen Urteils hinweisen; *Benkard* § 139 Rn 88b; *Fitzner/Lutz/Bodewig* § 139 Rn 239.

221   BGH Taxameter.

nur, wenn das Patent bei Erlass des Urteils bereits abgelaufen ist, hinsichtlich des Zeitpunkts des Erlöschens, oder wenn die Benutzung erst von einem bestimmten Zeitpunkt ab rechtswidrig und schuldhaft ist. Der Einwand, die Verletzungshandlungen von einem bestimmten Zeitpunkt an eingestellt zu haben, ist regelmäßig unbeachtlich.[222]

V. Erteilung der Auskunft

1. Form. Die Auskunft erfolgt in Form der Mitteilung einer **geordneten Zusammenstellung**, die Verpflichtung erschöpft sich aber idR nicht hierin.[223] Die Mitteilung muss vom Auskunftsverpflichteten zumindest verantwortet sein.[224] **78**

Die Auskunft kann auch durch **Schriftsätze im Prozess** erteilt werden;[225] dies gilt selbst für eine Verneinung einer Verletzungshandlung, die aber häufig bloßes Bestreiten sein wird.[226] Eine solche Verneinung bedarf grds keiner weiteren Erläuterungen.[227] Erklärungen, die im Prozess unter anderen Gesichtspunkten als zur Auskunftserteilung abgegeben werden, können den Auskunftsanspruch nicht erfüllen.[228] **79**

2. Angaben. Die Angaben des Auskunftsverpflichteten müssen nach bestem Wissen vollständig und richtig sein.[229] Allerdings ist die Auskunftspflicht auf ein zumutbares Maß beschränkt (Rn 369 vor § 143).[230] Die Zumutbarkeit ist aufgrund einer Abwägung aller Fallumstände zu beurteilen; dabei können auch ein schützenswertes Geheimhaltungsinteresse des Schuldners wie eine ohnehin bestehende Offenbarungspflicht Bedeutung gewinnen.[231] Bei Fehlen genauer Unterlagen können Angabe der maßgeblichen Tatsachen und Schätzung auf dieser Grundlage verlangt werden.[232] Es widerspricht allerdings dem Sinn der Rechnungslegung, sich mit geschätzten Angaben zu begnügen und die Bekanntgabe weiterer tatsächlicher Angaben der Versicherung an Eides statt zu überlassen.[233] Der Anspruch kann sich auf Umstände erstrecken, die der Berechtigte benötigt, um die Verlässlichkeit der Auskunft zu überprüfen.[234] Verfügt nicht die zur Auskunftserteilung verurteilte Konzerngesellschaft, sondern ein anderes Konzernunternehmen über die benötigten Kenntnisse, hat die verurteilte Konzerngesellschaft alles Zumutbare bis hin zur Klage zu tun, um sich diese Kenntnisse zu beschaffen.[235] Werden in den Gründen einer zu vollstreckenden Entscheidung die Geschäfte eines Tochterunternehmens als mit umfasst bezeichnet, erstreckt sich die Auskunftsverpflichtung des verurteilten Mutterunternehmens auf diese.[236] Da eine Holding für verletzende Tätigkeiten eines weisungsgebundenen Tocherunternehmens haftet, sind auch die Handlungen des Tochterunternehmens von der Auskunftsverpflichtung erfasst.[237] Wird die Patentverletzung im Betrieb eines Dritten begangen, ist idR nur der Betriebsinhaber auskunftsverpflichtet.[238] Wissen eines Dritten, bei dem Daten archiviert sind, kann nicht dem Schuldner zugerechnet werden, dieser kann allerdings verpflichtet sein, diesen Dritten gerichtlich in Anspruch zu nehmen, wenn dies erfolgversprechend ist.[239] **80**

---

222 BGH Rheinmetall-Borsig I; RG Mitt 1931, 72, 74 Preßhefe IV; aA RG GRUR 1940, 196 f Kurbelapparate.
223 RGZ 127, 243, 244 = GRUR 1930, 430 Grubenstempel II.
224 BGH GRUR 1961, 288, 291 Zahnbürsten.
225 BGH 17.3.1961 I ZR 140/59.
226 Vgl BGH 21.5.1963 I a ZR 75/63; BGH GRUR 1967, 419 Favorit I.
227 Vgl BGH GRUR 1999, 928 f Telefaxgeräte, nicht in BGHZ; OLG Düsseldorf GRUR 1963, 78.
228 BGH GRUR 1999, 522 f Datenbankabgleich mwN.
229 *Schmaltz/Kuczera* GRUR 2006, 97; vgl BGH GRUR 1982, 723 ff Dampffrisierstab I.
230 BGH GRUR 2000, 907 Filialleiterfehler; BGH GRUR 1992, 61, 64 Preisvergleichsliste I; vgl LG Düsseldorf InstGE 4, 291.
231 BGH GRUR 2007, 532 Meistbegünstigungsvereinbarung.
232 BGHZ 92, 62, 68 = GRUR 1984, 728 Dampffrisierstab II.
233 BGH GRUR 1982, 723 Dampffrisierstab I.
234 BGHZ 148, 26 = GRUR 2001, 841 Entfernung der Herstellungsnummer II.
235 BGH GRUR 2009, 794 Auskunft über Tintenpatronen.
236 BGH GRUR 2014, 605 Flexitanks II; *Benkard* § 139 Rn 90.
237 OLG Düsseldorf GRUR-RR 2013, 273.
238 Vgl öOGH ÖBl 2008, 30 Sales Manager Austria III.
239 OLG Düsseldorf GRUR-RR 2009, 190: wenn der Schuldner als Lagerhalter oder Handelsvertreter für Dritte tätig war.

81   Für eine Schätzung muss erforderlichenfalls ein **Wirtschaftsprüfer** zugezogen werden,[240] uU sind auch Erkundigungen bei Lieferanten geboten.[241] Ein gesetzlicher Anspruch auf Überprüfung einer gelegten Rechnung durch einen Wirtschaftsprüfer besteht aber nicht.[242]

82   Auch eine **negative Erklärung** kann ausreichen (vgl Rn 85).[243] Die Auskunft, wegen fehlender Unterlagen könne keine Auskunft über eigene Verkäufe als Handelsvertreter erteilt werden, ist nicht ernstlich, da über eigene Handlungen wenigstens in groben Zügen Erinnerungen vorhanden sein müssen.[244] Eine Negativauskunft, die sich auf die Wiederholung des im Urteil widerlegten Bestreitens der Verletzung im Erkenntnisverfahren beschränkt, ist ebenfalls nicht ernstlich.[245] Bei einer Verurteilung wegen mittelbarer Patentverletzung reicht eine Negativauskunft aus, wenn dem Schuldner die Verwendung der von ihm gelieferten, nicht nur für verletzende Verwendung geeigneten Gegenstände nicht bekannt ist.[246]

83   **3.** Für die Erfüllung der Auskunftspflicht kommt es auf die inhaltliche **Richtigkeit und Vollständigkeit** grds nicht an; ein Anspruch auf Vervollständigung der Auskunft besteht nur unter besonderen Umständen (s Rn 97); idR ist der Berechtigte auf den Anspruch auf eidesstattliche Versicherung beschränkt, wenn er die Unrichtigkeit der Auskunft vermutet.[247] Bei nachträglicher Feststellung der Unrichtigkeit kann wohl auch Schadensersatz verlangt werden.[247a] Die gegenteilige Auffassung der Begr zu § 140b[247b] dürfte nicht haltbar sein.[247c] Auch die Anwendbarkeit von § 280 BGB scheint nicht ausgeschlossen, weil es sich um eine Nebenpflicht aus einem gesetzlichen Schuldverhältnis handeln dürfte.[247d]

84   Der Verletzer hat die Möglichkeit, unzureichende oder unrichtige Angaben zu **vervollständigen** oder zu berichtigen; das folgt schon daraus, dass er für die Richtigkeit seiner Angaben einzustehen hat.[248] Dabei ist ein pauschaler Widerruf nicht zulässig, sondern es muss substantiiert vorgetragen werden, in welchem Umfang Korrekturbedarf besteht.[249]

85   Eine zur Erfüllung der Auskunftspflicht abgegebene Erklärung genügt nicht, wenn sie **nicht ernst gemeint, von vornherein unglaubhaft oder unvollständig** ist; dabei ist auf die objektiv gegebenen Umstände abzustellen, nicht darauf, ob der Berechtigte die Auskunft für wahr und vollständig hält.[250] Der bloße Verdacht, dass der Verletzer bewusst oder unbewusst seine Erinnerungsfähigkeit unterdrückt, reicht allein nicht aus, die Erklärung als nicht abgegeben anzusehen.[251] Ein mit Zwangsmitteln durchsetzbarer Anspruch auf Vervollständigung der Auskunft kann gegeben sein, wenn weitere Tatsachen zutage treten, die die erteilte Auskunft als unvollständig erscheinen lassen,[252] oder wenn die Auskunft auf einer falschen tatsächlichen Grundlage gegeben wurde.[253]

---

240   BGH GRUR 1982, 723 Dampffrisierstab I.

241   LG Düsseldorf GRUR 1990, 117, 120.

242   BGHZ 92, 62, 68 = GRUR 1984, 728 Dampffrisierstab II.

243   BGH GRUR 1958, 149 Bleicherde; BGHZ 125, 322 = GRUR 1994, 630 ff Cartier-Armreif; BGHZ 148, 26 = GRUR 2001, 841 Entfernung der Herstellungsnummer II; *Benkard* § 139 Rn 90; *Fitzner/Lutz/Bodewig* § 139 Rn 242.

244   LG München I InstGE 11, 294, bestätigt durch OLG München InstGE 11, 301.

245   *Benkard* § 139 Rn 90; *Kühnen* Hdb[8] Rn H 194.

246   OLG Karlsruhe InstGE 11, 61.

247   BGH GRUR 1958, 150 Bleicherde; BGH GRUR 1960, 247 Krankenwagen I; BGH 17.3.1961 I ZR 140/59.

247a   *Schmidhuber* WRP 2008, 296, zu möglichen Fällen dort S 298 ff; die Frage wird in Lit und Rspr sonst kaum aufgegriffen.

247b   BTDrs 16/5048 S 39.

247c   *Schmidhuber* WRP 2008, 296.

247d   Vgl BGHZ 201, 380 = GRUR 2014, 902 Ärztebewertungsportal; BGHZ 125, 322 = GRUR 1994, 1958, 1960 Cartier-Armreif; aA *Schmidhuber* S 299 f; zu den Voraussetzungen bei vertraglicher Auskunftspflicht BGH GRUR 2016, 526 irreführende Lieferantenangabe.

248   BGH GRUR 1962, 398, 400 Kreuzbodenventilsäcke II; BGH GRUR 1982, 723 Dampffrisierstab I; vgl auch OLG Düsseldorf GRUR 1963, 78.

249   OLG Frankfurt InstGE 7, 162.

250   BGHZ 125, 322 = GRUR 1994, 630 ff Cartier-Armreif; BGHZ 148, 26 = GRUR 2001, 841 Entfernung der Herstellungsnummer II; OLG Hamburg GRUR-RR 2001, 197.

251   BGH Cartier-Armreif.

252   BGHZ 92, 62, 69 = GRUR 1984, 728 Dampffrisierstab II; BGH Cartier-Armreif.

253   RGZ 84, 41, 44; BGH Cartier-Armreif; OLG Düsseldorf GRUR 1963, 78; zu einer erneuten Verurteilung in einem solchen Fall RG GRUR 1940, 146, 149 Statoren.

4. Beweisfragen. Die Rechnungslegung durch einen Patentverletzer über den Umfang seiner Verlet- **86** zungshandlungen hat die **Vermutung der Richtigkeit** für sich, soweit der Verletzte sich die erteilte Rechnung zur Ermittlung seines Schadensersatzanspruchs zu eigen macht.

Im Ersatzprozess trägt der Verletzer die **Darlegungs- und Beweislast**, wenn er geltend machen will, **87** die von ihm erteilte Rechnung weise eine Unrichtigkeit zu seinem Nachteil auf.[254] Für abzugsfähige Gemeinkosten ist der Verletzer darlegungs- und beweispflichtig.[255]

5. Wirtschaftsprüfervorbehalt; „In-camera"-Verfahren.[256] Nach früherer stRspr konnte der Verlet- **88** zer mit Rücksicht auf die Wettbewerbslage nach Abwägung der beiderseitigen Interessen die Lieferanten und Abnehmer statt dem Verletzten einem von diesem benannten Wirtschaftsprüfer angeben, der auf Befragen des Verletzten zur stichprobenartigen Überprüfung Auskunft darüber geben darf, ob ein bestimmter Abnehmer oder eine bestimmte Lieferung in der Rechnungslegung enthalten ist.[257] Nach neuerer Düsseldorfer Rspr kann der Beklagte hinsichtlich der Namen und Anschriften der Angebotsempfänger den Wirtschaftsprüfervorbehalt beanspruchen.[258] Die Berufung auf den Vorbehalt kann rechtsmissbräuchlich sein, wenn der Gläubiger im Höheprozess auf die Angaben angewiesen ist und die Parteien seit längerem in keinem Wettbewerbsverhältnis mehr stehen.[259] Der Wirtschaftsprüfervorbehalt gibt keinen Anspruch auf Durchführung einer Buchprüfung beim Verletzten.[260]

Der Vorbehalt kommt grds **nicht in Betracht**, soweit die Abnehmer selbst Patentverletzer sind.[261] **89** Auch bei einer Auskunftsverpflichtung, bei der es auf die namentliche Angabe der Empfänger nicht ankommen kann, ist er ausgeschlossen.[262] Er ist auch ausgeschlossen, wenn der Verletzer aufgrund der Markt- und Vertriebssituation keine relevanten Geschäftsgeheimnisse offenbaren muss.[263]

Auch im **Anwendungsbereich des § 140b**[264] oder wenn die Auskunft dazu dient und notwendig ist, **90** den Unterlassungsanspruch gegenüber weiteren Verletzern durchzusetzen,[265] kommt der Vorbehalt nicht in Betracht, was ihn seit Inkrafttreten des PrPG weitgehend obsolet macht. Er behält aber seine Bedeutung, wo der Anspruch nach § 140b wegen Unverhältnismäßigkeit nicht zum Tragen kommt oder nicht eingreift, etwa hinsichtlich der Namen und Anschriften nichtgewerblicher Abnehmer,[266] oder nicht geltend gemacht wird.[267] Die Düsseldorfer Rspr versagt den Vorbehalt grds auch im Rahmen des auf § 242 gestützten Rechnungslegungsanspruchs, soweit der Verletzer nicht im Einzelfall Gründe darlegt, aus denen sich die Unzumutbarkeit der Offenbarung ergibt.[268]

Ob die Aufnahme des Wirtschaftsprüfervorbehalts zur teilweisen Klageabweisung führt, ist str.[269] **91** Weder wenn er als bloße nach § 242 BGB gebotene **Modifizierung des Klagebegehrens** angesehen wird,

---

254   BGH GRUR 1993, 897 Mogul-Anlage; LG Düsseldorf 25.6.1996 4 O 217/95 Entsch 1996, 69 Ls.
255   *Rojahn* GRUR 2005, 623 ff unter Hinweis auf LG Düsseldorf 5.3.2003 4 O 17/02.
256   Vgl *Benkard* § 1349 Rn 89c; *Fitzner/Lutz/Bodewig* § 139 Rn 241.
257   BGH GRUR 1957, 336 Rechnungslegung; BGH GRUR 1958, 346 Spitzenmuster; BGH GRUR 1962, 354, 356 Furniergitter; BGH GRUR 1976, 367 Ausschreibungsunterlagen; BGHZ 92, 62 = GRUR 1984, 728 Dampffrisierstab II; BGH GRUR 1980, 227, 233 Monumenta Germaniae Historica; BGH GRUR 2000, 226 f Planungsmappe; BGH 10.7.1959 I ZR 73/58; RG GRUR 1942, 153 Bekanntgabe der Abnehmer; RG GRUR 1942, 207, 209 Seifenherstellung II; vgl auch RGZ 127, 243 = GRUR 1930, 430 Grubenstempel III; vgl *Mes* Rn 43.
258   OLG Düsseldorf InstGE 3, 176; *Mes* Rn 43; vgl *Reimann* FS P. Mes (2009), 293, 297.
259   LG Düsseldorf InstGE 4, 156.
260   BGH Dampffrisierstab II; aA *Rojahn* GRUR 2005, 623 ff.
261   BGH GRUR 1966, 198 Plastikflaschen.
262   BGH GRUR 1992, 117 IEC-Publikation.
263   OLG München Mitt 1997, 100.
264   BGHZ 128, 220 = GRUR 1995, 338, 341 Kleiderbügel; BGH GRUR 2002, 709, 713 Entfernung der Herstellungsnummer III, zu § 19 MarkenG; *Benkard* § 139 Rn 89c; *Fitzner/Lutz/Bodewig* § 139 Rn 241; *Mes* Rn 43; *Nieder* GRUR 1999, 654, 655 f; *Bodewig* GRUR 2005, 632, 638; vgl OLG Düsseldorf 14.11.1996 2 U 28/93; dass sich die Parteien als direkte Konkurrenten auf gleicher Handelsstufe gegenüberstehen, steht der vorbehaltlosen Auskunftspflicht nach dieser Bestimmung daher nicht entgegen: OLG Düsseldorf 29.6.2000 2 U 76/99; LG Düsseldorf 23.1.1996 4 O 91/95.
265   OLG Düsseldorf GRUR 1993, 903, 907.
266   *Benkard* § 139 Rn 89c.
267   BGH Entfernung der Herstellungsnummer III.
268   ZB LG Düsseldorf 19.1.1999 4 O 424/97; OLG Düsseldorf 29.6.2000 2 U 76/99.
269   Bejahend *Benkard* § 139 Rn 89c, verneinend BGH GRUR 1978, 52 Fernschreibverzeichnisse.

noch wenn er als minus gilt, ist ein Antrag des Klägers oder ein solcher des Beklagten erforderlich, sofern nur die Umstände des Falls seine Berechtigung erkennen lassen;[270] die Darlegungs- und Beweislast für die maßgeblichen Umstände trägt die Partei, die die Beschränkung erstrebt.[271] Die Behauptung, praktisch ausschließlich an Endverbraucher zu liefern, begründet nicht den Vorbehalt für Lieferungen an gewerbliche Abnehmer, weil Verweigerung des Vorbehalts den Verpflichteten nicht wesentlich beeinträchtigt.[272] Der Wirtschaftsprüfervorbehalt kann im Rahmen eines Antrags auf **Einstellung der Zwangsvollstreckung** der Annahme entgegenstehen, dass ein nicht zu ersetzender Nachteil droht.[273]

92   Über den Wirtschaftsprüfervorbehalt hinausgehend ist zu erwägen, ob sich der Antragsteller, der sonst wegen berechtigter Geheimhaltungsinteressen der Gegenseite seine Ansprüche nicht durchsetzen könnte, mit einem Geheimverfahren (**„In-camera"-Verfahren**) einverstanden erklären kann. Die Rspr hat dies früher unter Berufung auf Art 103 Abs 1 GG abgelehnt.[274] Die Rspr des BVerfG differenziert danach, ob die Einschränkung des rechtlichen Gehörs erst den durch Art 19 Abs 4 GG gebotenen effektiven Rechtsschutz ermöglicht, und sieht sie in diesem Fall als zulässig an.[275] Dies kann insb im Bereich des Vorlegungsanspruchs (§ 140c) von Bedeutung sein (Rn 15, 31 zu § 140c).

VI. Versicherung an Eides statt

93   Besteht Grund zur Annahme, dass die geschuldeten Angaben nicht mit der erforderlichen Sorgfalt gemacht worden sind, hat der Verpflichtete[276] auf Verlangen zu Protokoll an Eides Statt zu versichern, dass sie nach bestem Wissen und Gewissen so vollständig wie möglich gemacht worden sind (§ 259 Abs 2 BGB, § 260 Abs 2 BGB; zur Drittauskunft Rn 36). Unvollständigkeit oder Unrichtigkeit früherer, inzwischen berichtigter oder vervollständigter Angaben kann Anspruch auf eidesstattliche Versicherung begründen, anders, wenn der Verdacht mangelnder Sorgfalt durch Umstände entkräftet wird, die die Annahme begründen, dass die Mängel auf unverschuldeter Unkenntnis oder entschuldbarem Irrtum des Verpflichteten beruhen.[277] § 259 Abs 2 BGB gilt auch für die wegen Patentverletzung geschuldete Rechnungslegung, und zwar nicht nur bzgl der „Einnahmen", sondern auch bzgl aller die Patentverletzung betr und für die Schadensberechnung erheblichen Umstände.[278] In der Praxis setzt der Patentinhaber dem Patentverletzer eine angemessene, aus wichtigem Grund verlängerbare Frist zur Rechnungslegung; bleibt dies erfolglos, führt er das Zwangsmittelverfahren durch, andernfalls überprüft er die Angaben auf Vollständigkeit und Richtigkeit. Gibt sich der Patentinhaber mit den Angaben zufrieden, errechnet er den Schadensersatzbetrag und fordert zu dessen Zahlung auf, erforderlichenfalls erhebt er Klage im Höheverfahren; andernfalls verlangt er korrigierte Angaben.[279] Die eidesstattliche Versicherung muss entweder die Angabe umfassen, dass die (bei mehreren, welche) erteilte Auskunft richtig ist oder bei bisher unrichtigen Angaben eine Korrektur, deren Richtigkeit versichert wird, auch wenn häufig die Versicherung der Richtigkeit einer bestimmten erteilten Auskunft tenoriert wird.

94   Führt eine **Bucheinsicht** voraussichtlich leichter und schneller zum Ziel, dem Berechtigten Gewissheit über lizenzpflichtige Geschäfte zu verschaffen, kann das im Einzelfall zum Fehlen des Rechtsschutzbedürfnisses für die Heranziehung des Schuldners zur Abgabe der Versicherung an Eides Statt führen.[280]

95   Die **Abgabe** der eidesstattlichen Versicherung kann freiwillig vor dem Amtsgericht des Wohnorts oder des Erfüllungsorts erfolgen (§ 261 BGB, § 410 Nr 1 und § 411 Abs 1 FamFG), aber auch im Weg der Zwangsvollstreckung nach § 888 ZPO.[281]

---

270   BGH GRUR 1963, 640, 642 Plastikkorb; BGH Fernschreibverzeichnisse; BGH GRUR 1976, 579, 583 Tylosin; vgl auch BGH GRUR 1958, 346, 348 Spitzenmuster; BGH GRUR 1980, 227, 233 Monumenta Germaniae Historica.

271   BGH GRUR 1981, 535 Wirtschaftsprüfervorbehalt.

272   OLG Düsseldorf 14.11.1996 2 U 28/93.

273   BGH GRUR 1978, 726 Unterlassungsvollstreckung; BGH GRUR 1979, 807 Schlumpfserie; vgl auch BGH 22.4.1998 X ZR 6/98.

274   ZB BGHZ 116, 47, 58 f = GRUR 1992, 191 Amtsanzeiger.

275   BVerfGE 101, 108 = NJW 2000, 1175.

276   Hierzu *Brandi-Dohrn* GRUR 1999, 131.

277   LG Düsseldorf 28.8.1997 4 O 6/92 Entsch 1997, 75, 83.

278   BGH GRUR 1962, 398, 400 Kreuzbodenventilsäcke II.

279   *Schmaltz/Kuczera* GRUR 2006, 97 ff.

280   BGHZ 92, 62 = GRUR 1984, 728 Dampffrisierstab II.

281   Vgl zu Einzelheiten *Eichmann* GRUR 1990, 575, 582.

VII. Erneute Auskunft; prozessuale Fragen

Grds steht die Erfüllung des Auskunftsanspruchs einem Anspruch auf erneute Auskunftserteilung **96** entgegen.[282] Der Verletzte ist durch ein rechtskräftiges Urteil auf Auskunftserteilung, das eine Berechnung des Schadens nach der entgangenen Lizenzgebühr ermöglicht, nicht gehindert, eine **weitere Klage** auf Rechnungslegung zu erheben, um die zur Berechnung nach einer anderen Methode benötigten zusätzlichen Informationen zu erhalten.[283]

Zwangsvollstreckung. Wird die Auskunftsverpflichtung nicht oder nicht ordnungsgemäß erfüllt, **97** kann auf Antrag des Gläubigers ein Zwangsmittelverfahren nach § 888 ZPO durchgeführt werden[284] (vgl Rn 297, 369 vor § 143). Das Zwangsmittel soll den Patentverletzer dazu veranlassen, Auskunft und Rechnungslegung sorgfältig zu erteilen.[285] In der Praxis bereitet die Abgrenzung der unrichtigen von der unvollständigen Auskunft Probleme: Ist die Auskunft im Vergleich mit der Tenorierung und den sonstigen berechtigten Anforderungen des Gläubigers (Rn 62f, 65ff) unvollständig, fehlen also Angaben zu Faktoren, auf die der Gläubiger Anspruch hat, ist ein Fall des § 888 ZPO gegeben. Hat der Gläubiger den Verdacht, die Auskunft sei unrichtig (etwa wegen sich ändernder oder widersprüchlicher oder unplausibler Angaben), muss er die Abgabe der eidesstattlichen Versicherung beantragen.[286] Dass die vorläufige Vollstreckung von tenorierten Auskunftsverpflichtungen regelmäßig das Prozessergebnis vorwegnimmt (Rn 369 vor § 143), begründet allein den nicht zu ersetzenden Nachteil iSv § 719 Abs 2 Satz 1 ZPO nicht.[287]

Im Fall der **Stufenklage** umfasst die Rechtshängigkeit den Zahlungsanspruch nicht nur mit dem Be- **98** trag, der sich aus der gelegten Rechnung ergibt; daher hat die Abweisung des Rechnungslegungsanspruchs die des Zahlungsanspruchs auch dann nicht zur notwendigen Folge, wenn die vom Kläger als ungenügend angesehene Rechnungslegung vom Gericht als Erfüllung dieses Anspruchs angesehen wird und die sich aufgrund dieser Rechnungslegung ergebenden Zahlungsansprüche getilgt sind.[288]

Ein Auskunftsanspruch, der den Gläubiger in die Lage versetzen soll, die für eine Schadensschätzung **99** erforderlichen Anhaltspunkte für einen entgangenen Gewinn darzulegen, darf grds nicht mit der Begründung verneint werden, es sei **unwahrscheinlich**, dass der Gläubiger mit Hilfe der erhaltenen Angaben entgangene Umsatzgeschäfte konkret darlegen könne.[289]

Eine entspr Anwendung des § 101a Abs 3 UrhG aF (**Durchsetzung im Weg der einstweiligen Verfü-** **100** **gung**) auf einen vom Gläubiger geltend gemachten Auskunftsanspruch nach § 242 BGB kommt zwar grds nicht in Betracht.[290] Im Anwendungsbereich der DurchsetzungsRl gilt aber die Spezialvorschrift des § 140c; bei Fehlen der Voraussetzungen des § 140d wird kaum Dringlichkeit vorliegen, die nur in Betracht kommt, wenn der Zugriff auf inländ Vermögen des Verletzers gefährdet ist (Rn 268 vor § 143; Rn 10 zu § 140d).

VIII. Strafrechtliches Vorgehen[291]

Liegen Anhaltspunkte dafür vor, dass sich der Auskunftsverpflichtete, insb wegen eines Vergehens **101** des (versuchten) Betrugs strafbar gemacht hat, kann eine Strafanzeige angezeigt sein, der die Staatsanwaltschaft im Rahmen des Legalitätsprinzips nachzugehen hat. Vorgehen nach § 888 ZPO (Zwangsmittel) steht einer strafrechtlichen Verfolgung nicht entgegen. Sieht die Staatsanwaltschaft einen Anfangsverdacht als gegeben an, leitet sie ein Ermittlungsverfahren ein, in dem ihr die strafprozessualen Möglichkeiten dieses Verfahrens, insb Durchsuchung und Beschlagnahme, zur Verfügung stehen; Belegvorlage kann

282 BGH GRUR 1999, 928, 929 Telefaxgeräte, nicht in BGHZ.
283 BGH GRUR 1974, 53 Nebelscheinwerfer; BGHZ 93, 327 = GRUR 1985, 472 Thermotransformator.
284 Näher *Kühnen* Hdb[8] Rn D 493ff, 497; *Benkard* § 139 Rn 90a; *Fitzner/Lutz/Bodewig* § 139 Rn 251; *Schmaltz/Kuczera* GRUR 2006, 97f.
285 OLG Frankfurt GRUR-RR 2002, 120.
286 So OLG Düsseldorf InstGE 13, 113: bei Verdacht, Zugangsdaten seien zur Vereitelung geändert.
287 BGH GRUR 1996, 78 Umgehungsprogramm; BGH 4.8.2008 EnZR 15/08 ZNER 2009, 41; OLG Hamburg 21.12.2012 3 U 96/12 GRUR-RR 2013, 408 Ls.
288 BGH GRUR 1958, 149 Bleicherde.
289 BGH GRUR 2007, 532 Meistbegünstigungsvereinbarung.
290 OLG Hamburg GRUR-RR 2007, 29.
291 Näher *Schmaltz/Kuczera* GRUR 2006, 97, 99ff.

einem Anfangsverdacht uU entgegenstehen. Das Ermittlungsverfahren ist der Disposition des Anzeigeerstatters entzogen, soweit es nicht um geringwertige Schäden (§ 248a StGB) geht, die aber bei Patentverletzung die Ausnahme sein werden. Das Ermittlungsverfahren wird mit Anklageerhebung (§ 170 Abs 1 StPO), Einstellung mangels hinreichenden Tatverdachts (§ 170 Abs 2 StPO), Einstellung nach § 153 StPO oder vorläufiger Einstellung (§ 153a StPO) abgeschlossen; der Patentinhaber hat lediglich bei der Einstellung nach § 170 Abs 2 StPO ein Beschwerderecht. Von Bedeutung ist das Recht des Verletzten, unter Berufung auf ein berechtigtes Interesse über seinen Rechtsanwalt Akteneinsicht nach § 406e StPO zu beantragen; diese ist zu versagen, wenn ihr überwiegende schutzwürdige Interessen des Beschuldigten entgegenstehen. Hieraus ergibt sich ein gewisses Spannungsverhältnis zu den zivilrechtl Auskunftsansprüchen.

§ 140c
(Vorlage und Besichtigung)

(1) ¹Wer mit hinreichender Wahrscheinlichkeit entgegen den §§ 9 bis 13 eine patentierte Erfindung benutzt, kann von dem Rechtsinhaber oder einem anderen Berechtigten auf Vorlage einer Urkunde oder Besichtigung einer Sache, die sich in seiner Verfügungsgewalt befindet, oder eines Verfahrens, das Gegenstand des Patents ist, in Anspruch genommen werden, wenn dies zur Begründung von dessen Ansprüchen erforderlich ist. ²Besteht die hinreichende Wahrscheinlichkeit einer in gewerblichem Ausmaß begangenen Rechtsverletzung, erstreckt sich der Anspruch auch auf die Vorlage von Bank-, Finanz- und Handelsunterlagen. ³Soweit der vermeintliche Verletzer geltend macht, dass es sich um vertrauliche Informationen handelt, trifft das Gericht die erforderlichen Maßnahmen, um den im Einzelfall gebotenen Schutz zu gewährleisten.

(2) Der Anspruch nach Absatz 1 ist ausgeschlossen, wenn die Inanspruchnahme im Einzelfall unverhältnismäßig ist.

(3) ¹Die Verpflichtung zur Vorlage einer Urkunde oder zur Duldung der Besichtigung einer Sache kann im Wege der einstweiligen Verfügung nach den §§ 935 bis 945 der Zivilprozessordnung angeordnet werden. ²Das Gericht trifft die erforderlichen Maßnahmen, um den Schutz vertraulicher Informationen zu gewährleisten. ³Dies gilt insbesondere in den Fällen, in denen die einstweilige Verfügung ohne vorherige Anhörung des Gegners erlassen wird.

(4) § 811 des Bürgerlichen Gesetzbuchs sowie § 140b Abs. 8 gelten entsprechend.

(5) Wenn keine Verletzung vorlag oder drohte, kann der vermeintliche Verletzer von demjenigen, der die Vorlage oder Besichtigung nach Absatz 1 begehrt hat, den Ersatz des ihm durch das Begehren entstandenen Schadens verlangen.

MarkenG: § 19a; **DesignG:** § 46a; **UrhG:** § 101a; **SortG:** § 37c
Ausland: Frankreich: Art 615-5 CPI (saisie contrefaçon); **Italien:** Art 128 CDPI (descrizione); **Litauen:** Art 41² PatG; **Niederlande:** Bewijsbeslag; beschrijving; monsterneming; vgl Art 1019a, 1019b, 1019c, 1019d, 1019e Wetboek van Burgerlijke Rechtsvordering; **Schweiz:** Art 77, 80 (Schadensersatz) PatG; **VK:** Search order (Anton Piller order)

Schrifttum: *Battenstein* Instrumente zur Informationsbeschaffung im Vorfeld von Patent- und Urheberrechtsverletzungsverfahren, 2006; *Birk* Effiziente Beweissicherung für den Urheberrechtsprozeß, NJW 1997, 1665; *Casucci* The Enforcement of Patent Rights in Italy, IIC 2000, 692; *Deichfuß* Rechtsdurchsetzung unter Wahrung der Vertraulichkeit von Geschäftsgeheimnissen GRUR 2015, 436; *Dörre/Maaßen* Gesetz zur Verbesserung der Durchsetzung von Rechten des geistigen Eigentums, GRUR-RR 2008, 220; *Eck/Dombrowski* Rechtsschutz gegen Besichtigungsverfügungen im Patentrecht, GRUR 2008, 367; *Eck/Dombrowski* Wenn der Sachverständige zwei mal klingelt: Probleme der wiederholten Besichtigung im Verfügungsverfahren am Beispiel des Patentrechts, FS 50 Jahre BPatG (2011), 169; *Gniadek* Die Beweisermittlung im gewerblichen Rechtsschutz und Urheberrecht, 2011; *Götting* Die Entwicklung neuer Methoden der Beweisbeschaffung von Schutzrechtsverletzungen – Die Anton-Piller-Order – ein Modell für das deutsche Recht? GRUR Int 1988, 729; *Grabinski* Die Zwangsvollstreckung der Duldungsverfügung im patentrechtlichen Besichtigungsverfahren, FS P. Mes (2009), 129; *Haedicke* Urkundenvorlagepflichten des vermeintlichen Patentverletzers im Gesetz zur Verbesserung der Durchsetzung von Rechten des geistigen Eigentums, FS D. Leipold (2009), 53; *Ibbeken* Das TRIPS-Übereinkommen und die vorgerichtliche Beweishilfe im gewerblichen Rechtsschutz, 2004; *Kather/Fitzner* Der Patentinhaber, der Berechtigte, der Gutachter und sein Gutachten, Mitt 2010, 325; *Köklü/Müller-Stoy* Zum Dringlichkeitserfordernis im Besichtigungsverfahren, Mitt 2011, 109; *König* Die Beweisnot des Klägers und der Besichtigungsanspruch nach § 809 BGB bei Patent- und Gebrauchsmusterverletzungen, Mitt 2002, 153; *König* (Anm), Mitt 2002, 457; *Kreye* Der Besichtigungsanspruch nach § 140c PatG im Spannungsfeld von Informations- und Geheimhaltungsinteressen, FS W. von Meibom (2010), 241; *U. Krieger* Durchsetzung gewerblicher Schutzrechte in Deutschland und die TRIPS-Standards, GRUR Int 1997, 421; *Kröger/Bausch* Produktpiraterie im Patentwesen, GRUR 1997, 321; *Kühnen* Die Besichtigung im Patentrecht. Eine Bestandsaufnahme zwei Jahre nach „Faxkarte", GRUR 2005, 185; *Kühnen* Update zum Düsseldorfer Besichtigungsverfahren, Mitt 2009, 211; *Leppin* Besichtigungsanspruch und Betriebsgeheimnis, GRUR 1984, 552, 695, 770; *Marshall* Der Besichtigungsanspruch, FS A. Preu (1988), 151; *Melullis* Zum Besichtigungsanspruch im Vorfeld der Feststellung einer Verletzung von Schutzrechten, FS W. Tilmann (2003), 843; *Mes* Si tacuisses – Zur Darlegungs- und Beweislast im Prozeß des gewerblichen Rechtsschutzes, GRUR 2000, 934; *Mes* Zum „gewerblichen Ausmaß" im gewerblichen Rechtsschutz und Urheberrecht, GRUR 2011, 1083; *Meyer-Dulheuer* Der Vorlegungsanspruch bei biotechnologischen Erfindungen, GRUR Int 1987, 14; *Müller-Stoy* Nachweis und Besichtigung des Verletzungsgegenstandes im deutschen Patentrecht, 2008; *Müller-Stoy* Durchsetzung des Besichtigungsanspruchs, GRUR-RR 2009, 161; *Müller-Stoy* Der Besichtigungsanspruch gemäß § 140c PatG in der Praxis: Voraussetzungen und Reichweite des Anspruchs, Mitt 2009, 361; *Müller-Stoy* Der Besichtigungsanspruch gemäß § 140c PatG in der Praxis: Der Schutz der Interessen des Anspruchsgegners, Mitt 2010, 267; *Nordemann-Schiffel* Kein Freibrief zur Ausforschung: Der Besichtigungsanspruch nach § 101a UrhG im einstweiligen Verfügungsverfahren, FS A.-A. Wandtke (2013), 385; *Peukert/Kur* Stellungnahme des Max-Planck-Instituts für Geistiges Eigentum, Wettbewerbs- und Steuerrecht zur Umsetzung der Richtlinie 2004/48/EG zur Durchsetzung der Rechte des geistigen Eigentums in deutsches Recht, GRUR Int 2006, 292; *Rauschhofer* Quellcodebesichtigung im Eilverfahren: Softwarebesichtigung nach § 809 BGB, GRUR-RR 2006, 249; *Rauschhofer* Beweismittelbeschaffung bei Softwareverletzung, JurPC 2010 Web-Dok 44/2010; *Ringer/Wiedemann* Die Durchsetzung des Besichtigungsanspruchs nach § 19a MarkenG im einstweiligen Verfügungsverfahren, GRUR 2014, 229; *Rinken* Der Wegfall von Besitz und Eigentum an patentierten Erzeugnissen nach Rechtshängigkeit – kein Fall des § 265 II 1 ZPO, GRUR 2015, 745; *Seitz* Fact-Gathering in Patent Infringement Cases: Rule 34 Discovery and the Saisie-Contrefacon, 2009; *Stadler* Geheimnisschutz im Zivilprozess aus deutscher Sicht, ZZP 123 (2010), 261; *Stauder* (Anm) GRUR 1985, 518; *Stephan* Die Streitwertbestimmung im Patentrecht, Diss TU München 2015; *Stjerna* (Anm) Mitt 2010, 187; *Stjerna* Das Dringlichkeitserfordernis im Besichtigungsverfahren, Mitt 2011, 271; *Stjerna* Pflicht des Schuldners zur Vorlage von Belegen im Rahmen der Auskunft und Rechnungslegung, GRUR 2011, 789; *Stürner/Stadler* (Anm), JZ 1985, 1101; *Teplitzky* Das Verhältnis des objektiven Besichtigungsanspruchs zum Unterlassungsanspruch im Wettbewerbsrecht, WRP 1984, 365; *Tilmann* Beweissicherung nach europäischem und deutschem Recht, FS E. Ullmann (2006), 1013; *Tilmann/Schreibauer* Die neueste BGH-Rechtsprechung zum Besichtigungsanspruch nach § 809 BGB, GRUR 2002, 1015; *Tilmann/Schreibauer* Beweissicherung vor und im Patentverletzungsprozess, FS W. Erdmann (2002), 901; *Tilmann/Schreibauer* (Entscheidungsanm), GRUR 2006, 967; *Ubertazzi* Die EG-Beweisaufnahmeverordnung und die Beschreibung einer Verletzung des geistigen Eigentums, GRUR Int 2008, 807; *Véron* Saisie-Contrefaçon² (2005); *von Hartz* Beweissicherung im gewerblichen Rechtsschutz und Urheberrecht: Umsetzung internationaler Vorgaben in nationales Recht (Br) 2003; *Werner* Beweissicherung bei Schutzrechtsverletzungen in Belgien, Frankreich und Deutschland, VPP-Rdbr 2003, 76; *Wilhelmi* Das gewerbliche Ausmaß als Voraussetzung der Auskunftsansprüche nach dem Durchsetzungsgesetz, ZUM 2008, 942; *Zekoll/Bolt* Die Pflicht zur Vorlage von Urkunden im Zivilprozess – Amerikanische Verhältnisse in Deutschland? NJW 2002, 3129; *Zöllner* Der Vorlage- und Besichtigungsanspruch im gewerblichen Rechtsschutz – Ausgewählte Probleme, insbesondere im Eilverfahren, GRURPrax 2010, 74.

A. Allgemeines

1 Aufgrund der restriktiven Rspr zum Vorlageanspruch nach § 809 BGB[1] spielte dieser in Deutschland – anders als etwa in Frankreich – früher nur eine geringe Rolle; dies hat sich infolge der auf der DurchsetzungsRl beruhenden Neuregelung grundlegend geänd.[2] Art 6 DurchsetzungsRl, der durch die durch das Gesetz zur Verbesserung der Durchsetzung von Rechten des geistigen Eigentums vom 7.7.2008[3] neu eingestellte Bestimmung umgesetzt wird, betrifft Beweise, der durch sie ebenfalls umgesetzte Art 7 DurchsetzungsRl die Beweissicherung, nach dem die Mitgliedstaaten schnelle und wirksame einstweilige Maßnahmen zur Beweissicherung sicherzustellen haben, die die ausführliche Beschreibung mit und ohne Einbehaltung von Mustern oder die dingliche Beschlagnahme der rechtsverletzenden Ware und der für deren Herstellung und/oder Vertrieb notwendigen Werkstoffe und Geräte und der zugehörigen Unterlagen umfassen.[4] Die geltende Regelung ist zwar erst am 1.7.2008 in Kraft getreten, aber aufgrund der verspäteten Umsetzung der DurchsetzungsRl, die zu Anwendung nach Ablauf der Umsetzungsfrist führen kann,[5] auf nach dem 29.4.2006 entstandene Sachverhalte anwendbar;[6] letztlich wird es darauf ankommen, ob die DurchsetzungsRl für die Begründung eines Anspruchs aufgrund eines definierbaren Mindeststandards hinreichend deutlich ist. Das Problem sollte sich inzwischen durch Zeitablauf erledigt haben. Eingeschlossen sind dabei auch Substanzeingriffe. Die Bestimmung lässt die Regelung in §§ 809, 810 BGB (Rn 47 ff) unberührt,[7] hat sie aber mit Ausnahme von Ansprüchen gem § 33[8] praktisch überholt.

B. Vorlage- und Besichtigungsanspruch

I. Grundsatz

2 Die Bestimmung begründet einen Anspruch auf Vorlage von Urkunden[9] oder Besichtigung einer Sache oder eines Verfahrens[10] und nach Abs 1 Satz 2 auf Vorlage von Bank-, Finanz- oder Handelsunterlagen. Eine „pre-trial discovery" ermöglicht die Regelung nicht.[11] Ebenfalls gewährt sie keine Nachforschungs- und Durchsuchungsrechte („fishing expedition").[12] Zum Urkundenbegriff Rn 18. Der Begriff der Sache ist weit zu verstehen; er erfasst auch technische Aufzeichnungen und Abbildungen.[13]

II. Anspruchsberechtigter

3 Aktivlegitimiert ist der Rechtsinhaber, dh der Patentinhaber oder Inhaber eines ergänzenden Schutzzertifikats, oder ein sonstiger Berechtigter, insb ein Lizenznehmer.[14] Auch wenn die Definition des An-

---

1 BGHZ 93, 191 = GRUR 1985, 512 Druckbalken.

2 Vgl *Grabinski* FS P. Mes (2009), 129 f.

3 BGBl I 1191.

4 *Peukert/Kur* GRUR Int 2006, 292, 299 ff sehen darin eine überschießende Umsetzung.

5 EuGH Slg 1979, 1629 = NJW 1979, 1764 Ratti; EuGH Slg 1982, 53 = NJW 1982, 499 Becker; weitere Nachw bei *Gundel* NVwZ 1998, 910 Fn 13; BVerfGE 75, 223 = NJW 1988, 1459, 1460 f.

6 Sehr str; vgl die vorstehend zitierte Rspr des EuGH und des BVerfG; BGHZ 183, 153 = GRUR 2010, 318 f Lichtbogenschnürung in Anlehnung an §§ 809 ff BGB; BGH GRUR 2013, 316 Rohrmuffe; OLG Düsseldorf InstGE 13, 15; LG Düsseldorf 12.2.2008 4a O 427/06; LG Düsseldorf 25.11.2008 4a O 219/07, zu § 140b; *Kühnen* Hdb[8] Rn D 380, der § 1004 BGB für den Zeitraum vorher richtlinienkonform iS unmittelbarer Geltung auslegt; aA *Mes* Rn 17: 1.7.2008; *Benkard* Rn 3; OLG München 21.12.2006 29 U 4407/06 NJOZ 2007, 5784 = GRUR-RR 2007, 393 Ls; LG Hamburg 13.5.2008 416 O 194/07; BGH GRUR 2009, 515 Motorradreiniger (Nr 22) lässt die Frage ausdrücklich offen; vgl LG Mannheim InstGE 12, 200; *Fitzner/ Lutz/Bodewig* Rn 1 und § 140a Rn 2; vgl BGH GRUR 2007, 708 Internet-Versteigerung II für die GemeinschaftsmarkenVO.

7 Vgl *Mes* Rn 3; *Kühnen* Mitt 2009, 211; aA *Fitzner/Lutz/Bodewig* Rn 3.

8 *Fitzner/Lutz/Bodewig* Rn 3, 12.

9 Kr die zusätzliche Stellungnahme der DVGR GRUR 2007, 765 f, die elektronische Dokumente auch erfasst sehen möchte.

10 Die zusätzliche Stellungnahme der DVGR GRUR 2007, 765 f hatte vorgeschlagen, statt des Terminus „Besichtigung" den Begriff „Untersuchung" zu verwenden.

11 Vgl Begr RegE S 63, 95.

12 BGH GRUR 2004, 420 Kontrollbesuch, UrhSache.

13 *Ströbele/Hacker* MarkenG § 19a Rn 10.

14 Vgl *Benkard* Rn 5; *Fitzner/Lutz/Bodewig* Rn 4; *Mes* Rn 7 und *Schulte* Rn 9.

spruchsberechtigten in § 140c von der in §§ 139, 140, aber auch in §§ 140a, 140b und 140e abweicht (die Gesetzesbegr äußert sich dazu nicht; vgl aber Art 4b der DurchsetzungsRl) wird es grds auf die Art der Berechtigung nicht ankommen, da idR jedenfalls eine Abtretung vorgelegt werden kann.[15]

III. Verpflichteter

Der Anspruch richtet sich nur gegen den Benutzer der Erfindung, nicht auch gegen Dritte.[16] Der Be- **4** nutzer ist nur passivlegitimiert, wenn er (im Entscheidungszeitpunkt)[17] Verfügungsgewalt am Gegenstand der Besichtigung oder Vorlage hat.[18] Allein- oder Mitbesitz kann ausreichen. Selbst mittelbarer Besitz genügt, sofern ein Herausgabeanspruch gegen den unmittelbaren Besitzer besteht.[19]

IV. Anspruchsvoraussetzungen

1. Benutzung entgegen den §§ 9 bis 13. Eine Benutzung, die in den Schutzbereich des Patents fällt, **5** sollte ausreichen.[20] Mittelbare Benutzung reicht aus.[21] Nach dem Wortlaut der Vorschrift sind nur der Verletzer und der Bereicherungsansprüchen ausgesetzte Benutzer der patentierten Erfindung passiv legitimiert, dagegen nicht der Benutzer der einstweiligen Schutz genießenden veröffentlichten Patentanmeldung.[22] Die Haftung des Störers wird überwiegend bejaht;[23] im Hinblick auf die Rspr des X. Zivilsenats des BGH[24] ist aber für das Patentrecht zu relativieren[25] (vgl auch Rn 30 zu § 139).

Die Benutzung entgegen diesen Bestimmungen muss – anders als beim Anspruch nach § 809 BGB – **6** **rechtswidrig** sein,[26] Benutzung der Anmeldung nach § 33 oder Art II § 1 IntPatÜG reicht daher nicht aus.[27] Schuldhaftes Handeln ist dagegen – anders als bei § 140d (Rn 6 zu § 140d) – nicht erforderlich. Der Anspruch besteht nicht, wenn sich der Benutzer im Rahmen eines ihm zustehenden Benutzungsrechts hält (zB Lizenz oder Vorbenutzungsrecht).

2. Wahrscheinlichkeit der Benutzung. Der Anspruch setzt voraus, dass die Benutzung hinreichend **7** wahrscheinlich ist (Abs 1).[28] Die Möglichkeit einer Besichtigung ins Blaue hinein zu Ausforschungszwecken wird damit ausgeschlossen. Erforderlich sind konkrete tatsächliche Anhaltspunkte. Diese hat der Anspruchsteller darzulegen.[29] Anknüpfungstatsachen können sich aus der Beschaffenheit von Parallelprodukten ergeben, die im patentfreien Ausland vertrieben werden, aus in der Werbung herausgestellten Vorteilsangaben, die eine bestimmte technische Beschaffenheit nahelegen oder aus Industriestandards, von deren Einhaltung in Bezug auf den Besichtigungsgegenstand bei wertender Betrachtung ausgegangen werden kann.[30] Auch Beweisvermutungen wie in § 139 Abs 3 sind geeignet, die hinreichende Wahrscheinlichkeit zu begründen. Voraussetzungen der Schutzrechtsverletzung wie Rechtsinhaberschaft müssen nachgewiesen, im Verfügungsverfahren glaubhaft gemacht sein.[31] Aus der Natur des Anspruchs ergibt

---

15 *Mes* Rn 7 und *Schulte* Rn 9 nennen ausdrücklich den einfachen Lizenznehmer, verweisen iü aber wie *Benkard, Fitzner/Lutz/Bodewig* und *Kühnen* Hdb[8] Rn B 22f die Kommentierung zu § 139.

16 Abw GH Amsterdam 24.4.2012 LJN: BW4100 GRURPrax 2012, 270 KT = BeckRS 2012, 10864: Verfahren vor ausländ Gericht, in dem Gültigkeit eines ausländ Patents im Mittelpunkt steht.

17 Dazu ausführlich *Rinken* GRUR 2015, 745, 751 f.

18 Vgl *Benkard* Rn 6; *Fitzner/Lutz/Bodewig* Rn 13; *Ströbele/Hacker* MarkenG § 19a Rn 11.

19 LG Nürnberg-Fürth InstGE 5, 153.

20 OLG Düsseldorf InstGE 10, 198; *Mes* Rn 37; vgl die zusätzliche Stellungnahme der DVGR GRUR 2007, 765 f.

21 *Schulte* Rn 16.

22 *Schulte* Rn 10; *Kühnen* Hdb[8] Rn B 24; *Schramm* PVP Kap 9 Rn 113; *Fitzner/Lutz/Bodewig* Rn 5.

23 *Kühnen* Hdb[8] Rn B 23; *Schramm* PVP Kap 9 Rn 113 mit erwägenswerter Argumentation bzgl § 140c unter Bezugnahme auf Erwägungsgrund 23 DurchsetzungsRl; *Fitzner/Lutz/Bodewig* Rn 5.

24 BGH GRUR 2009, 1142 MP3-Player-Import (Nr 38).

25 Zutr *Benkard* Rn 6.

26 *Fitzner/Lutz/Bodewig* Rn 12, vgl aber dort Rn 5; *Benkard* Rn 6.

27 *Kühnen* Hdb[8] Rn B 24; *Fitzner/Lutz/Bodewig* Rn 12.

28 Vgl *Benkard* Rn 7 ff; *Fitzner/Lutz/Bodewig* Rn 7; *Ströbele/Hacker* MarkenG § 19a Rn 7.

29 BGHZ 93, 191 = GRUR 1985, 512 Druckbalken.

30 Vgl *Schulte* Rn 12.

31 *Ströbele/Hacker* MarkenG § 19a Rn 8.

sich, dass ein Beweis der Verletzung selbst nicht verlangt werden kann; an Umstände, die außerhalb des Besichtigungsthemas liegen, sind aber strengere Anforderungen bzgl Darlegung und Glaubhaftmachung zu stellen.[32]

8 Darüber, ob die Wahrscheinlichkeit **hinreichend** ist, ist aufgrund der konkreten Fallumstände zu entscheiden.[33] Dies wird idR eine Interessenabwägung zwischen den Interessen des Anspruchstellers und denen des Verpflichteten erfordern, bei der zu berücksichtigen ist, wieweit dem Anspruchsteller andere Aufklärungsmöglichkeiten zur Verfügung stehen, deren Beschreiten ihm zumutbar ist, weiter der Grad der Wahrscheinlichkeit der Benutzung, die Art und der Umfang der begehrten Maßnahme, das Geheimhaltungsbedürfnis des Verpflichteten und mögliche Schutzanordnungen.[34] Steht fest, dass die mit dem Antrag verfolgten Ansprüche aus der Verletzung nicht bestehen, scheidet der Besichtigungsanspruch aus.[35] Steht die rechtl Beurteilung im Zweifel, muss vorab eine Klärung herbeigeführt werden.[36]

9 **3. Erforderlichkeit.** Der Anspruch setzt weiter voraus, dass Vorlage oder Besichtigung zur Begründung der Ansprüche des Berechtigten erforderlich ist. Die DVGR hatte folgende Umformulierung vorgeschlagen: „soweit dies zur Klärung des Verdachts der Schutzrechtsverletzung erforderlich ist".[37] Erforderlichkeit kann sich auf die Sachaufklärung oder die Beweissicherung beziehen. Es genügt, wenn sie die Anspruchshöhe erfasst.[38] Erforderlichkeit ist nicht gegeben, wenn der Anspruchsteller zur selben Zeit über andere und einfachere Aufklärungs- oder Beweissicherungsmöglichkeiten verfügt, die objektiv zumindest gleich geeignet sind und deren Benutzung dem Anspruchsteller zugemutet werden kann.[39] In Betracht kommen hier zB Nachforschungen im Internet, die Durchsicht von Werbematerial, der Erwerb eines Musters (sofern im Einzelfall nicht preislich unzumutbar) oder Erkundigungen bei den Abnehmern und freiwillige Besichtigung bei diesen.[40] Die entspr Umstände sind vom Anspruchsteller darzulegen. Es wird vertreten, dass es ausreicht, wenn der Berechtigte Ansprüche gegenüber Dritten durchsetzen will, solange auch gegen den Besichtigungsschuldner Ansprüche in Betracht kommen.[41]

10 **4. Verhältnismäßigkeit.** Unverhältnismäßigkeit der Inanspruchnahme, dh der Besichtigung im Einzelfall, schließt den Anspruch aus (Abs 2). § 275 BGB wird anwendbar sein.[42] Unverhältnismäßigkeit einer Besichtigung wird im Rahmen der vorzunehmenden Interessenabwägung nur selten anzunehmen sein.[43] Das Rechtsverfolgungsinteresse muss im Verhältnis zu den den Besichtigungsschuldner treffenden Nachteilen derart gering sein, dass die Anspruchsdurchsetzung im Ergebnis missbräuchlich erscheint. Das kommt insb bei umfangreichen Vorlageansprüchen wegen geringfügiger Verletzungen, bei weitem überwiegendem Geheimhaltungsinteresse, dem nicht durch Maßnahmen nach Abs 1 Satz 3 oder Abs 3 Satz 2 Rechnung getragen werden kann, in Betracht.[44]

11 Für Unverhältnismäßigkeit kann auf Seiten des **Anspruchstellers** zB sprechen, dass er selbst das Patent nur mit geringer Intensität nutzt,[45] dass ihm im Einzelfall ein Unterlassungsanspruch nicht zusteht

---

32 *Deichfuß* GRUR 2015, 436, 438; *Benkard* Rn 9 und *Kühnen* Hdb⁸ Rn B 25 verlangen insoweit Beweis bzw Glaubhaftmachung; vgl OLG Karlsruhe 16.10.2012 6 W 72/12; OLG Hamburg InstGE 5, 294.

33 Vgl *Fitzner/Lutz/Bodewig* Rn 8, 11; *Benkard* Rn 9; *Schulte* Rn 13.

34 Vgl *Melullis* FS W. Tilmann 2003, 843 ff.

35 OLG Düsseldorf InstGE 11, 298.

36 Zutr *Mes* Rn 10; *Fitzner/Lutz/Bodewig* Rn 10; OLG Düsseldorf 20.1.2010 2 W 62/09 InstGE 11, 298 Ls stellt auf tatsächliche Unsicherheiten bei den Anknüpfungstatsachen für die rechtl Beurteilung ab und nicht auf die Beurteilung von Rechtsfragen selbst, ebenso *Kühnen* Hdb⁸ Rn B 31; s auch OLG Karlsruhe 16.10.2012 6 W 72/12, zu product-by process-Ansprüchen, auf den *Benkard* Rn 11 Bezug nimmt, und OLG Frankfurt 10.6.2010 15 U 192/09, UrhSache; aA *Deichfuß* GRUR 2015, 436, 438.

37 GRUR 2007, 765 f.

38 Vgl *Fitzner/Lutz//Bodewig* Rn 15; *Schulte* Rn 19; *Ströbele/Hacker* MarkenG § 19a Rn 15.

39 Vgl *Fitzner/Lutz/Bodewig* Rn 15; *Ströbele/Hacker* MarkenG § 19a Rn 13.

40 Vgl *Schulte* Rn 12.

41 *Schulte* Rn 21; *Fitzner/Lutz/Bodewig* Rn 16; *Schramm* PVP Kap 9 Rn 115.

42 Vgl BGH NJW 2008, 3122.

43 *Benkard* Rn 15; vgl OLG Düsseldorf 28.4.2011 2 U 16/10; OLG München 3.1.2011 6 U 2007/10.

44 Vgl *Mes* Rn 20 ff unter Hinweis auf die Begr; *Benkard* Rn 15; *Ströbele/Hacker* MarkenG § 19a Rn 26.

45 *Kühnen* Hdb⁸ Rn B 46.

oder dass der Besichtigung oder Vorlage für die Durchsetzung seiner Rechte nur geringe Bedeutung zukommt.

Auf Seiten des **Anspruchsgegners** kann der Umfang des vorzulegenden Materials oder die Schwere **12** des mit der Besichtigung verbundenen Eingriffs[46] der Verhältnismäßigkeit entgegenstehen. Die Art des benutzten Gegenstands kann bestimmte Maßnahmen unverhältnismäßig machen, so größere Eingriffe bei industriellen Großanlagen. Auch der Schutz wertvoller Betriebsgeheimnisse und Geheimhaltungsinteressen Dritter sind zu berücksichtigen; solche Interessen können aber idR bei richtiger Sachbehandlung durch geeignete Maßnahmen auch bei Durchführung der Besichtigung gewahrt werden.[47] Weiter kann geringes Verschulden die Inanspruchnahme unverhältnismäßig werden lassen.[48]

Objektiv sind erhebliche Zweifel an der Rechtsbeständigkeit des Patents zu berücksichtigen.[49] Dabei **13** sollten keine zu hohen Anforderungen an den Rechtsbestand gestellt werden,[50] insb nicht die strengen, die bei Unterlassungsverfügungen gelten (Rn 277 vor § 143), da der Eingriff in die Rechte des Gegners deutlich geringer ist.[51] Daneben ist heranzuziehen, dass Schutzanordnungen (Rn 15) zugunsten des Anspruchsgegners oder betroffener Dritter nicht oder nur in geringem Umfang möglich sind. Etwaige Angriffe auf das Patent darf der Antragsteller nicht verschweigen.[52]

V. Erweiterter Anspruch

Bei hinreichender Wahrscheinlichkeit einer in gewerblichem Ausmaß begangenen Rechtsverletzung **14** erfasst der Anspruch auch die Vorlage von Bank-, Finanz- und Handelsunterlagen (Abs 1 Satz 2). Der Begriff des gewerblichen Ausmaßes geht auf Art 6 Abs 2 DurchsetzungsRl zurück, zu dessen Verständnis Erwägungsgrund 14 zur DurchsetzungsRl heranzuziehen ist. Dies ist nicht mit gewerbsmäßigem Handeln gleichzusetzen, verlangt aber ein Handeln zwecks Erlangung eines unmittelbaren oder mittelbaren wirtschaftlichen oder kommerziellen Vorteils. Dies soll idR zu bejahen sein, wenn der Bereich der Privilegierung nach § 11 Nr 1 (vgl Rn 7 ff zu § 11) verlassen wird.[53] Bank-, Finanz- und Handelsunterlagen (zB Buchführungsdokumente, Bilanzen und Jahresabschlüsse) können idR nur Aufschluss über die Höhe eines Ausgleichs- oder Ersatzanspruchs oder über die Tatsache, ob ein bestimmter Verletzungsgegenstand vertrieben wurde, geben. Hier ist den Geheimhaltungsinteressen des Schuldners in besonderer Weise Rechnung zu tragen. Die unmittelbare Herausgabe an den Gläubiger allein zur Klärung der Anspruchshöhe wird idR unverhältnismäßig sein, solange die Patentverletzung nur wahrscheinlich ist. Die Inverwahrungnahme durch einen zur Verschwiegenheit verpflichteten Treuhänder (zB Gerichtsvollzieher) stellt insoweit das mildere Mittel dar.

VI. Der **Schutz vertraulicher Unterlagen**, die unter den Schutz des Art 12 GG fallen,[54] ist in Abs 1 **15** Satz 3 geregelt. Das Geheimhaltungsinteresse muss geltend gemacht werden, anders bei Durchsetzung mittels einstweiliger Verfügung mit Duldungsanordnung (Abs 3 Satz 2), wo es vAw zu berücksichtigen ist.[55] Das Gericht hat demnach die erforderlichen Maßnahmen zu treffen, um den im Einzelfall gebotenen Schutz zu gewährleisten. Der Begriff der „erforderlichen Maßnahmen" ist ein unbestimmter Rechtsbegriff, der im Einzelfall zu konkretisieren ist.[56] In Betracht kommt ein Ausschluss der „Parteiöffentlichkeit", der allerdings seine Grenzen im Verfassungsrecht findet (vgl Rn 31 ff). In Betracht kommt insb ein vorher erklärter Verzicht des Antragstellers auf die Teilnahme an der Besichtigung durch den Sachverständigen.[57]

---

46 *Kühnen* Hdb[8] Rn B 51.
47 *Benkard* Rn 15; vgl *Deichfuß* GRUR 2015, 436, 438 f.
48 Vgl *Fitzner/Lutz/Bodewig* Rn 18; *Kühnen* Hdb[8] Rn B 54.
49 *Deichfuß* GRUR 2015, 436, 438; *Benkard* Rn 8; *Fitzner/Lutz/Bodewig* Rn 18; *Kühnen* Hdb[8] Rn B 21.
50 Vgl *Mes* Rn 6; *Kühnen* Mitt 2009, 211.
51 Vgl *Kühnen* Hdb[8] Rn B 21; *Benkard* Rn 7.
52 *Deichfuß* GRUR 2015, 436, 438.
53 *Benkard* Rn 19; *Schulte* Rn 41; *Mes* Rn 16; *Schramm* PVP Kap 9 Rn 134; *Fitzner/Lutz/Bodewig* Rn 26.
54 BVerfGE 115, 205 = NVwZ 2006, 1041.
55 *Mes* Rn 19; *Fitzner/Lutz/Bodewig* Rn 29 f.
56 Kr die zusätzliche Stellungnahme der DVGR GRUR 2007, 765 f, die eine konkretisierende gesetzgeberische Regelung vermisst.
57 Vgl *Kühnen* GRUR 2005, 185; *Ahrens* GRUR 2005, 837, 839; zusätzliche Stellungnahme der DVGR GRUR 2007, 765 f.

Kaess

VII. Durchsetzung

1. Materiell

16   **a. Besichtigung** ist eine Maßnahme, die in Abhängigkeit von der Eigenart des zu besichtigenden Gegenstands oder Verfahrens und in Abhängigkeit von den aufklärungsbedürftigen Tatsachen die erforderliche Gewissheit vermitteln kann. Über die bloße Inaugenscheinnahme können je nach den Fallumständen auch die (fachkundige) Untersuchung des Gegenstands, sein Auseinanderbau sowie die Fertigung von Aufnahmen oder Screenshots in Betracht kommen. Soweit berechtigte Integritätsinteressen nicht entgegenstehen, sind auch chemische Analysen möglich, die den untersuchten Stoff zerstören. [58] Auch eine Probenentnahme zum Zweck der Analyse an einem anderen Ort kann hier vom Besichtigungsanspruch erfasst sein. Die Besichtigung muss sich jedoch noch auf einen bestimmten, umgrenzbaren Besichtigungsgegenstand beziehen. Ein Recht zur allg Nachforschung und Durchsuchung gibt die Bestimmung nicht. [59] Da es sich beim Besichtigungsanspruch im wesentlichen um einen Duldungsanspruch handelt, lässt sich aus ihm auch kein Recht auf Benennung eines Standorts herleiten, an dem eine Besichtigung durchgeführt werden kann. [60] Auf den materiellrechtl Besichtigungsanspruch hat es keinen Einfluss, wenn die in einem parallelen selbstständigen Beweisverfahren getroffene Beweisanordnung einen unzulässigen Inhalt hat. [61]

17   **Beweissicherung durch fotografische Aufnahmen** von Messexponaten auf Messen mit Zutrittsbeschränkung ist als unlautere Sicherung einer geheimhaltungsbedürftigen Tatsache angesehen worden. [62]

18   **b.** Die **Urkundenvorlage** umfasst Urkunden aller Art, nämlich verkörperte Gedankenerklärungen, durch deren Inhalt eine Patentverletzung aufgeklärt und bewiesen werden kann, dh nicht nur „Absichtsurkunden", sondern auch „Zufallsurkunden". Erfasst sind zB Bedienungsanleitungen, Angebote, aber auch Konstruktionszeichnungen, da auch sie für den Fachmann eine – technisch abstrakte – Gedankenerklärung enthalten können.

19   Eine **Aushändigung** von Urkunden wird grds nicht zum endgültigen, sondern nur zum vorübergehenden Verbleib erfolgen können. Auch eine Aushändigung von Kopien kann im Einzelfall ausreichen. [63] Letzteres muss allerdings ausdrücklich angeordnet werden. Besichtigung und Vorlage richten sich im einzelnen nach § 811 BGB (Abs 4). Der Schuldner hat die erforderlichen Mitwirkungshandlungen zu erbringen (Rn 27).

20   **c.** Zu **Bankunterlagen** s die Kommentierung zu § 140d.

2. Verfahren

21   **a. Allgemeines; Besichtigungsanordnung.** Die Besichtigungsanordnung verpflichtet den Besichtigungsschuldner zur Duldung der Besichtigung oder Vorlage einer Sache oder Urkunde (Abs 1 Satz 1). [64] Gestattet der Besichtigungsschuldner das für die Durchführung der Besichtigung notwendige Betreten seiner Betriebs- und Geschäftsräume nicht, bedarf es einer zusätzlichen richterlichen Durchsuchungsanordnung nach § 758a ZPO (im Hinblick auf Art 13 Abs 1 GG ist insoweit die Einhaltung des Zitiergebots des Art 19 Abs 1 Satz 2 GG eingefordert worden). [65] Die Zuständigkeit hierfür liegt ausschließlich beim Amtsgericht der belegenen Sache (§ 802 ZPO). [66] Welcher Richter hierfür zuständig ist, ergibt sich aus der gerichtlichen Geschäftsverteilung. Deswegen kann nicht der Richter hierfür für zuständig erklärt werden, der auch

58 *Benkard* Rn 16; *Kühnen* Hdb⁸ Rn B 65; vgl *Fitzner/Lutz/Bodewig* Rn 20.
59 Vgl BGH GRUR 2004, 420 Kontrollbesuch; *Deichfuß* GRUR 2015, 436, 438; vgl auch OLG München InstGE 13, 298.
60 Vgl aber OLG Düsseldorf GRUR-RR 2003, 327.
61 LG München I InstGE 13, 181.
62 *Brandau/Gal* Strafbarkeit des Fotografierens von Messe-Exponaten, GRUR 2009, 118.
63 Vgl *Ströbele/Hacker* MarkenG § 19a Rn 16.
64 *Benkard* Rn 27.
65 Zusätzliche Stellungnahme der DVGR GRUR 2007, 765 f.
66 Zutr LG Hamburg GRUR-RR 2014, 47 gegen OLG Hamburg NJWE-WettbR 2000, 19, 21, das eine Durchbrechung der ausschließlichen Zuständigkeit über § 938 ZPO für geboten hielt.

für die Anordnung der Vorlage und der Besichtigung zuständig ist.[67] Der Erlass von Durchsuchungsanordnungen auf Vorrat kommt nicht in Betracht. Der Streitwert beträgt idR 1/10 bis 1/4 des Streitwerts des Hauptanspruchs.[68]

b. Antrag. Die Besichtigungsanordnung ergeht nur auf Antrag. Dieser muss die zu besichtigende Sa- **22** che usw[69] und den Lageort genau bezeichnen; die gestaffelte Angabe mehrerer Lageorte dürfte aber möglich sein. Außerdem müssen die begehrten Maßnahmen genau bezeichnet werden, zB Augenscheinseinnahme, Anfertigung von Kopien, Ausbau von Teilen, Probeentnahme.[70] Die Anordnung hat sich auf die notwendigen Maßnahmen zu beschränken.[71]

c. Die Durchsetzung kann grds im Klageweg und im Weg der einstweiligen Verfügung erfolgen. Die **23** Durchsetzung des Anspruchs wird idR, nachdem die an sich mögliche Hauptsacheklage (Stufenklage)[72] wegen ihrer Schwerfälligkeit wenig praktikabel ist,[73] in Durchbrechung des Verbots der Vorwegnahme der Hauptsache[74] im Weg der **einstweiligen Verfügung** angeordnet (Abs 3). Inzwischen durchgesetzt hat sich die Kombination des selbstständigen Beweisverfahrens mit einer Duldungsverfügung; so die „Düsseldorfer Besichtigungspraxis", aber auch die Praxis in München und Mannheim.[75] Die Duldungsverfügung enthält eine Kostenentscheidung zu Lasten des Antragsgegners.[76] Danach ist ein nachfolgendes Hauptsacheverfahren über die Besichtigung grds entbehrlich.[77] Unklar ist, ob der Verfügungsbeklagte als Hauptsacheverfahren den Verfügungskläger unmittelbar zur Erhebung der Verletzungsklage zwingen kann.[78] Die Verfügung kann ohne Anhörung des Gegners erlassen werden (Abs 3 Satz 3).[79] Muster der patentverletzenden Waren können auf entspr Anordnung beschlagnahmt oder sistiert werden (vgl die Regelung in § 101 UrhG).[80]

Der Verfügungsantrag kann auf Besichtigung durch die Partei oder durch einen **Parteigutachter** ge- **24** richtet sein. Letzteres wird idR dann erforderlich sein, wenn auf Seiten des Antragsgegners schützenswerte Betriebsgeheimnisse vorliegen.

d. Außerhalb des Hauptsacheverfahrens werden die Tätigkeit des Sachverständigen und die Aufbe- **25** reitung des Besichtigungsergebnisses im **selbstständigen Beweisverfahren** (§§ 485 ff ZPO) angeordnet.[81] Das ist in der Praxis üblich, weil das anzufertigende Gutachten in einem späteren Hauptsacheprozess grds als vollwertiges Gerichtsgutachten verwertet werden kann. Voraussetzung ist entweder, dass ein Beweismittelverlust durch Entfernung oder Veränderung der Sache droht (§ 485 Abs 1 ZPO) oder, wie idR gegeben,[82] ein rechtliches Interesse an der Beweissicherung besteht (§ 485 Abs 2 ZPO). Eine Schlüssigkeitsprüfung findet hinsichtlich des Beweissicherungsantrags nicht statt. Ohne Bedeutung ist auch, ob der Besichtigungsgegenstand öffentlich zugänglich ist.[83] Dass § 485 Abs 1 ZPO die Vorlage von Urkunden nicht vorsieht, sollte angesichts der klaren Regelung des § 140c Abs 3 deren Anordnung im Verfügungsbeschluss nicht hindern.[84]

---

67   AA wohl *Tilmann* GRUR 2005, 737, 739; vgl auch die zusätzliche Stellungnahme der DVGR GRUR 2007, 765 f.
68   BGH 31.3.2010 I ZR 27/09, UrhSache; vgl *Ströbele/Hacker* MarkenG § 19a Rn 32.
69   *Fitzner/Lutz/Bodewig* Rn 28; vgl *Benkard* Rn 25.
70   *Benkard* Rn 27.
71   *Deichfuß* GRUR 2015, 436, 438.
72   Vgl LG Düsseldorf InstGE 8, 103; OLG Düsseldorf 30.6.2011 2 U 50/10; *Mes* Rn 36 f.
73   *Fitzner/Lutz/Bodewig* Rn 32 ff; *Kühnen* Hdb[8] Rn B 77, 80; vgl aber *Benkard* Rn 20.
74   *Ströbele/Hacker* MarkenG § 19a Rn 28.
75   Vgl LG Düsseldorf 9.9.2003 4a OH 2/03; LG Mannheim 20.2.2006 2 O 27/06; BGHZ 183, 153 = GRUR 2010, 318, 319 Lichtbogenschnürung; *Eck/Dombrowski* GRUR 2008, 387; *Grabinski* FS P. Mes (2009), 129 ff; *Fitzner/Lutz/Bodewig* Rn 38.
76   *Grabinski* FS P. Mes (2009), 129, 133.
77   Zusätzliche Stellungnahme der DVGE GRUR 2007, 765 f.
78   Zusätzliche Stellungnahme der DVGR GRUR 2007, 765 f.
79   Kr *Eck/Dombrowski* GRUR 2008, 387.
80   Vgl die zusätzliche Stellungnahme der DVGR GRUR 2007, 765 f.
81   Vgl *Kühnen* GRUR 2005, 185.
82   *Kühnen* Hdb[8] Rn B 86; vgl *Benkard* Rn 23; vgl weiter *Schramm* PVP Kap 9 Rn 137.
83   Vgl *Kühnen* GRUR 2005, 185.
84   Vgl LG München I InstGE 13, 181.

26   Fallweise kann auch Mitwirkung des Verpflichteten verlangt werden; eine Auskunftspflicht über die Ausgestaltung des Gegenstands wird jedoch verneint.[85] Aus der Beweissicherungsanordnung ergibt sich jedoch keine **Duldungspflicht** des Antragsgegners.[86] Erforderlich wird hier idR eine einstweilige Verfügung auf Duldung der Besichtigung sein, die Abs 3 Satz 1 einschränkungslos vorsieht. Eine begleitende Duldungsverfügung wird in der Praxis nur dann entbehrlich sein, wenn die Begutachtung durch bloße Inaugenscheinnahme an einem Ort stattfinden kann, zu dem der Besichtigungsschuldner den Zutritt nicht unterbinden kann.

27   Die Pflicht zur Duldung der Besichtigung kann auch ein **positives Tun** des Schuldners einschließen, wenn nur auf diese Weise die Besichtigung durchgeführt werden kann (zB Zugänglichmachen verschlossener Maschinenteile, Eingabe von Passwörtern, Mitteilung des Quellcodes).[87] Insoweit handelt es sich um eine Frage des Einzelfalls, jedoch dürfen die Anforderungen an ein Tätigwerden des Besichtigungsschuldners nicht überspannt werden. Insb besteht kein allg Anspruch auf (technische) Vorführung des Besichtigungsgegenstands.

28   Die Duldungsverfügung setzt einen **Verfügungsanspruch** voraus, der sich bei wahrscheinlicher Patentverletzung aus § 140c sowie aus §§ 809, 810 BGB ergibt. Der **Verfügungsgrund** (§ 935 ZPO) stellt beim Patent anders als bei der Unterlassungsverfügung (Rn 277 vor § 143) keine besonderen Anforderungen an den Rechtsbestand des Schutzrechts (vgl auch Rn 12); Angriffe müssen allerdings mitgeteilt werden.[88] Ob dies beim Gebrauchsmuster (vgl § 24c GebrMG) ebenso ist, ist schon deshalb zwh, weil jeder an sich gbm-fähige Gegenstand ohne Prüfung der Schutzvoraussetzungen eingetragen wird. Daher ist hierzu Glaubhaftmachung erforderlich, wenn auch wohl nicht in dem Umfang wie bei Unterlassungsverfügungen (dazu Rn 278 vor § 143). **Dringlichkeit** wird nach der Regelung in Abs 3 Satz 1 grds auch bei nicht zu verzögerlicher Rechtsverfolgung zu bejahen sein. Ob die Bestimmung die im Verfügungsverfahren erforderliche Dringlichkeit fingiert[89] oder grds entbehrlich macht[90] oder ob sie aufgrund des Charakters des Besichtigungsanspruchs tatsächlich vermutet wird,[91] kann im Ergebnis dahinstehen. Allerdings kann die Dringlichkeit durch Zuwarten entfallen, wobei die Maßstäbe deutlich weniger streng sind als bei der Unterlassungsverfügung.[92]

29   **Muster** für eine Beweissicherungsanordnung mit Duldungsverfügung („Düsseldorfer Besichtigungspraxis") im Anh.[93]

30   **Zuständig** für die Beweisanordnung ist das Prozessgericht der Hauptsache (§ 486 Abs 1, 2 ZPO), dh das Gericht, bei dem die Patentverletzungsklage anhängig gemacht werden kann, im Eilfall das Amtsgericht der Belegenheit (§ 486 Abs 3 ZPO). Für eine begleitende Duldungsverfügung gilt eine entspr Zuständigkeitsregelung (§ 937 Abs 1 ZPO).[94] Eine Schiedsabrede, mit der in wirksamer Weise ein ausschließlicher ausländ Gerichtsstand vereinbart wird, steht der Zulässigkeit eines inländ Besichtigungsverfahrens entgegen.[95] Zur Durchsuchung Rn 19.

31   Der Antrag auf Erlass einer einstweiligen Verfügung auf Duldung der Besichtigung und der Antrag auf Einholung eines Sachverständigengutachtens im selbstständigen Beweisverfahren sind in getrennten Verfahren zu führen und zu bescheiden;[96] allein wegen der nicht einheitlichen Rechtbehelfsregelung[97] –

---

85   *Fitzner/Lutz/Bodewig* Rn 20; *Benkard* Rn 16.

86   *Eck/Dombrowski* GRUR 2008, 387, 390.

87   Vgl *Ströbele/Hacker* MarkenG § 19a Rn 18; vgl auch BGH NJW-RR 2007, 863.

88   *Deichfuß* GRUR 2015, 436, 438; *Benkard* Rn 8; *Schulte* Rn 8.

89   So *Schulte* Rn 47; *Kühnen* Hdb[8] Rn B 81; aA *Eck/Dobrowski* GRUR 2008, 387, 392.

90   So *Tilmann* FS E. Ullmann (2006), 1013, 1020; *Tilmann* GRUR 2005, 737f; OLG Düsseldorf Mitt 2011, 300; OLG Düsseldorf Mitt 2011, 151 = InstGE 12, 105; OLG Düsseldorf InstGE 13, 126; *Mes* Rn 35; *Ströbele/Hacker* MarkenG § 19a Rn 30; aA OLG Köln OLGR 2009, 258; *Peuckert/Kur* GRUR Int 2006, 292, 300; *Eck/Dombrowski* GRUR 2008, 387, 393.

91   LG München I InstGE 13, 182; *Benkard* Rn 21; *Schramm* PVP Kap 9 Rn 148f.

92   *Benkard* Rn 21; *Fitzner/Lutz/Bodewig* Rn 35; *Schramm* PVP Kap 9 Rn 148f; OLG Karlsruhe 18.5.2010 6 W 28/10; OLG Köln OLGR 2009, 258; LG München I InstGE 13, 181; aA OLG Düsseldorf InstGE 13, 126; LG Düsseldorf Mitt 2011, 151.

93   Weiteres Muster einer Beweisanordnung bei *Kühnen* Hdb[8] Rn B 100.

94   *Kühnen* Mitt 2009, 211, 215.

95   OLG Düsseldorf InstGE 9, 41.

96   *Benkard* Rn 31; OLG Frankfurt InstGE 13, 254; vgl BGHZ 183, 153 = GRUR 2010, 318f Lichtbogenschnürung; aA *Schramm* PVP Kap 9 Rn 150; *Kühnen* Hdb[8] Rn B 100.

97   Vgl *Benkard* Rn 35f.

Widerspruch gegen die einstweilige Verfügung, nur bzgl einzelner Anordnungen sofortige Beschwerde[98] im selbständigen Beweisverfahren – erscheint dies sinnvoll; anders die Düsseldorfer Praxis (Rn 29).[99] Im Rahmen der **Beweissicherung** wird ein Verfahren („Düsseldorfer Besichtigungspraxis") praktiziert, in dem neben dem gerichtlich bestellten Sachverständigen auch den durch das Gericht zur Verschwiegenheit verpflichteten anwaltlichen Vertretern des Auskunftsberechtigten bestimmte Überprüfungsmöglichkeiten verschafft werden.[100] Hiergegen sind unter dem Gesichtspunkt der Verbürgung des rechtl Gehörs und wegen schützenswerter Geheimhaltungsinteressen des vermeintlichen Verletzers auch verfassungsrechtl begründete Bedenken geltend gemacht worden.[101] Nicht nur in Düsseldorf[102] wird dem Besichtigungsschuldner häufig Gelegenheit gegeben, anwaltliche Berater zuzuziehen, und deshalb ein Aufschub von idR 2 Stunden zwischen Bekanntgabe des Besichtigungsbeschlusses und dem Beginn der Besichtigung – ggf mit Anordnung einer Veränderungssperre – gewährt. Die Teilnahme des Sachverständigen am Termin ohne den Antragsteller selbst kann anders als bei einseitigem Termin im („normalen") Beweissicherungsverfahren[103] die Ablehnung nicht begründen. Nur der Antrag (vgl § 486 Abs 4 ZPO, § 78 Abs 5 ZPO) und der Beitritt als Nebenintervenient, nicht aber eine mündliche Verhandlung vor einem dem Anwaltszwang ausgesetzten Gericht[104] stehen – wie bei Arrest und allg bei einstweiliger Verfügung (Rn 291 vor § 143) – außer Anwaltszwang.[105]

32 Für die Tätigkeit des Sachverständigen ist ein **Vorschuss** erforderlich (§ 314 ZPO, § 17 Abs 1 GKG), der zweckmäßig mit dem Beweissicherungsbeschluss festgesetzt wird[106] und dessen Festsetzung wie dieser unanfechtbar ist.[107] Wird der Vorschuss nicht fristgemäß geleistet, ist (nur) bei entspr Hinweis in der Fristsetzung die Annahme des Nichtweiterbetreibens gerechtfertigt.[108] Rechnet der Sachverständige gegenüber seinen sonstigen Auftraggebern zu hohen Stundensätzen ab, kann es erforderlich sein, dass das Gericht einem Satz zustimmt, der deutlich über dem gesetzlichen Höchstsatz liegt.[109] Die Duldung unterliegt der Zwangsvollstreckung nach §§ 887 ff, wobei zweckmäßigerweise nicht nach § 890 ZPO[110] vorgegangen wird, sondern nach § 892 mit unmittelbarem Zwang.[111] Die Vorlage wird gem § 883 vollstreckt.[112]

33 e. Eine **Aushändigung des Beweissicherungsgutachtens** kommt nicht in Betracht, wenn die Beweisanordnung fehlerhafterweise von einem unzuständigen Gericht getroffen worden ist[113] Wird der Besichtigungsgegenstand für jedermann verfügbar, stehen der Aushändigung keine Gründe entgegen.[114] Im übrigen können der Aushändigung[115] Geheimhaltungsinteressen des Anspruchsgegners entgegenstehen,

---

98   *Benkard* Rn 35.

99   *Schulte* Rn 49; vgl *Mes* Rn 35.

100   Vgl zB BGHZ 183, 153 = GRUR 2010, 318 Lichtbogenschnürung mAnm *Stjerna* Mitt 2010, 187; LG München I 25.9.2007 21 OH 17787/07; *Mes* Rn 35; abw OLG München InstGE 10, 186 = GRUR-RR 2009, 191; vgl *Mes* Rn 38; OLG Düsseldorf InstGE 112, 298, wo wegen zweifelhafter Schutzbereichslage Besichtigung nur durch den Sachverständigen erörtert wurde.

101   *Eck/Dombrowski* GRUR 2008, 387; OLG München GRUR-RR 2009, 191, nachg BGH Lichtbogenschnürung; dagegen *Müller-Stoy* GRUR-RR 2009, 161; vgl auch BVerfGE 101, 106 = NJW 2000, 1175; BVerfGE 115, 205 = NVwZ 2006, 1041 und BGH GRUR 2006, 962, 967 Restschadstoffentfernung (zur – auch verfassungsrechtl – Rechtslage vor Umsetzung der DurchsetzungsRl); OLG Düsseldorf 13.8.2015 15 U 3/14, 15 U 4/14, 15 U 5/14; vgl auch *Schramm* PVP Kap 9 Rn 175 ff, 181.

102   Zur dortigen Praxis *Deichfuß* GRUR 2015, 436, 439.

103   OLG Saarbrücken MDR 2014, 180.

104   *Zöller* ZPO § 486 Rn 1.

105   BGHZ 194, 68 = NJW 2012, 2810 in teilweiser Abw von OLG Koblenz IBR 2012, 366.

106   Vgl *Kühnen* Hdb⁸ Rn B 100 mit Beschlussmuster.

107   *Zöller* ZPO³⁰ § 490 Rn 4.

108   OLG Düsseldorf NJW-RR 2013, 346; vgl OLG Düsseldorf BauR 2012, 1989.

109   LG München I InstGE 13, 63.

110   HM; *Benkard* Rn 27 ff; *Schulte* Rn 47; *Grabinski* FS P. Mes (2009), 129; *Mes* Rn 26; vgl aber LG München I InstGE 13, 181; aA *Schramm* PVP Kap 9 Rn 167.

111   *Schramm* PVP Kap 9 Rn 167; vgl *Benkard* Rn 31, der § 892 ZPO zur Duldung der Durchsuchung nicht der Besichtigung nennt.

112   *Fitzner/Lutz/Bodewig* Rn 61.

113   OLG Düsseldorf InstGE 9, 41; *Kühnen* Mitt 2009, 211, 216.

114   OLG Düsseldorf InstGE 11, 256.

115   Hierzu näher *Kühnen* Hdb⁸ Rn B 110; Bedenken bei *Eck/Dombrowski* GRUR 2008, 387, 389 unter Hinweis auf OLG Frankfurt GRUR-RR 2006, 295 wegen Vorwegnahme der Hauptsacheentscheidung.

so, wenn dieser erfinderische Weiterentwicklungen getätigt hat oder wenn betriebsinternes Know-how betroffen ist. Wertende Äußerungen des Sachverständigen (insb das Ergebnis des Gutachtens zur Verletzungsfrage) sind nicht geheimhaltungsbedürftig, sofern sie keinen zwingenden Rückschluss auf einen bestimmten geheimhaltungsbedürftigen tatsächlichen Umstand zulassen[116] und führen auch nicht zur Unverwertbarkeit des Gutachtens.[117] Dem Vertraulichkeitsschutz dienen auch die Regelungen in Abs 3 Satz 2, 3. Danach trifft das Gericht die erforderlichen Maßnahmen, um den Vertraulichkeitsschutz zu gewährleisten, insb in den Fällen, in denen – was die Regel sein wird – die Verfügung ohne vorherige Anhörung des Gegners erlassen wird. Eine Aushändigung von Teilen des Gutachtens, die eine Überschreitung des Besichtigungsauftrags behandeln, darf nicht erfolgen; dies gilt, wenn ausgelagerte Dateien nicht ausdrücklich im Beschluss als Besichtigungsobjekt genannt sind.[118]

34 Den Geheimhaltungsinteressen des Antragsgegners wird insb durch **Schwärzungen** in dem dem Antragsteller auszuhändigenden Gutachten Rechnung zu tragen sein. Dabei muss der Sinn des Gutachtens, den Verletzungsverdacht zu bestätigen oder zu verneinen, stets im Blick bleiben. Formulierungsänderungen oder -anpassungen durch das Gericht sind grds nicht möglich, da hierin ein unzulässiger Eingriff in den allein vom Sachverständigen zu verantwortenden Gutachteninhalt läge.[119]

35 Den durch das Gericht zur Verschwiegenheit verpflichteten anwaltlichen Vertretern des Besichtigungsberechtigten ist das Gutachten vollständig, dh ungeschwärzt, zur Verfügung zu stellen. Kann der Besichtigungsschuldner hinsichtlich des Gutachteninhalts keine berechtigten **Geheimhaltungsinteressen** geltend machen, ist auch dem Besichtigungsberechtigten das Gutachten einschränkungslos zur Kenntnis zu bringen und seine anwaltlichen Vertreter sind (jedenfalls insoweit) von ihrer Verschwiegenheitspflicht zu entbinden. Ob sich der Verdacht der Schutzrechtsverletzung durch das Gutachten erhärtet hat oder sogar widerlegt worden ist, spielt hierbei keine Rolle.[120] Entspr gilt im Fall eines berechtigten Geheimhaltungssachverhalts, wenn diesem durch Schwärzung oder Auslassung (zB bestimmter Lichtbilder) eines Teils des Gutachtens Rechnung getragen werden kann und wenn dieser Teil für die Beurteilung der Verletzungsfrage nicht von entscheidender Bedeutung ist. Das Beweisverfahren endet hier mit der Übermittlung des geschwärzten (Teil-)Gutachtens. Ist der geheimhaltungsbedürftige Teil für die Frage der Patentbenutzung entscheidungserheblich (zB weil die erfindungsgem Lehre in abhängiger erfinderischer Weise weiterentwickelt wurde), wird im Rahmen der durchzuführenden Interessenabwägung regelmäßig der Frage entscheidende Bedeutung zukommen, ob nach dem Parteivortrag um dem Inhalt des Gutachtens tatsächlich von einer Patentbenutzung auszugehen ist. Im zuerst genannten Fall kommt der Durchsetzung des Ausschließlichkeitsrechts des Patentinhabers Vorrang zu, wohingegen im zweiten Fall idR die Geheimhaltungsbedürfnisse des Besichtigungsschuldners vorrangig sind.[121] Zur Verhinderung der Offenlegung des ungeschwärzten Gutachtens hat der vermeintliche Verletzer auch aufzuzeigen, welche Bedeutung den Geheimhaltungsinteressen im Wettbewerb zukommt und welche Nachteile ihm aus der Offenlegung erwachsen können.[122] Allerdings kann im Einzelfall auch ausreichen, wenn sich der Besichtigungsberechtigte strafbewehrt zur Geheimhaltung der Besichtigungsergebnisse gegenüber Dritten verpflichtet.[123] Schützenswerte Interessen des Besichtigungsschuldners sind auch bei über den Verletzungstatbestand hinausgehenden Informationen nicht verletzt, wenn der Besichtigungsgläubiger bei inzwischen unstr Verletzung aufgrund von § 140b einen Anspruch auf Herausgabe der entspr Informationen auch im Weg der einstweiligen Verfügung hat.[124] Kann das Gericht mangels eigener Fachkunde den technischen Hintergrund der Erfindung und damit die Frage der Patentbenutzung nicht ausreichend beurteilen, ist regelmäßig eine Gutachtenergänzung oder eine mündliche Anhörung des Sachverständigen in Betracht zu ziehen.[125] Zweifel an der Schutzfähigkeit des Streitpatents sind bei der Prüfung der Herausgabe des Gut-

---

116 Vgl OLG Düsseldorf InstGE 10, 198.
117 OLG München InstGE 13, 286.
118 OLG München InstGE 13, 298.
119 LG Düsseldorf InstGE 6, 189; *Kühnen* Mitt 2009, 211, 216; vgl *Mes* Rn 45 ff.
120 OLG Düsseldorf 2.10.2009 2 W 23/09.
121 Vgl OLG Düsseldorf InstGE 10, 198; LG Düsseldorf InstGE 6, 189.
122 LG München I InstGE 13, 187; vgl BGHZ 183, 153 = GRUR 2010, 318 Lichtbogenschnürung.
123 *Kühnen* Hdb[8] Rn B 130.
124 LG München I InstGE 13, 187; zust *Schramm* PVP Kap 9 Rn 159.
125 Vgl OLG Düsseldorf InstGE 10, 198.

achtens an den Antragsteller, nicht aber an deren Anwälte zu berücksichtigen.[126] IdR wird das Geheimhaltungsinteresse im nachfolgenden Hauptsacheverfahren keine Maßnahmen wie Ausschluss der Öffentlichkeit oder beschränkte Teilnahme von Personen der Klägerseite[127] erfordern, da bei Bejahung des Verletzungsvorwurfs kein überwiegendes Interesse des Schuldners an der Geheimhaltung insoweit wesentlicher Passagen des Gutachtens besteht.

f. Rechtsbehelfe. Die **selbstständige Beweisanordnung** kann nicht angefochten werden (§ 490 **36** Abs 2 Satz 2 ZPO).[128] Auch die Anhörungsrüge ist nicht eröffnet, jedoch kommt eine Gegenvorstellung mit dem Ziel in Betracht, die Besichtigungsanordnung vAw aufzuheben oder abzuändern.[129] Der Antragsgegner kann auch beantragen, dass dem Antragsteller eine Frist zur Klageerhebung gesetzt wird (§ 494a Abs 1 ZPO).[130]

Gegen die **Duldungsverfügung** kann Widerspruch (§ 924 ZPO) eingelegt werden, der nach Vollzug **37** der Verfügung aber nurmehr kostenrechtl Bedeutung hat und bei übereinstimmender Erledigungserklärung zu einer Kostenentscheidung nach § 91a ZPO führt.[131] Es kommt auch isolierter Kostenwiderspruch in Betracht.[132] Die Aufforderung an den Antragsgegner zur freiwilligen Duldung der Besichtigung kann dabei bereits dann entbehrlich sein, wenn ohne konkrete Anhaltspunkte allein die Möglichkeit bestand, dass die Vorrichtung in der durch die Abmahnung eröffneten Zeit geänd wird.[133] Hat die Besichtigung keinen Verletzungsnachweis ergeben, hat der Antragsteller die Kosten zu tragen, es kommt dann nicht darauf an, ob die Besichtigungsanordnung zum Zeitpunkt ihres Erlasses angesichts hinreichender Anhaltspunkte für eine Verletzung zu Recht ergangen ist.[134]

Die **Entscheidung über die Aushändigung des Gutachtens** (Rn 30) ist mit der binnen zwei Wochen **38** schriftlich beim Ausgangsgericht oder beim Beschwerdegericht einzulegenden sofortigen Beschwerde anfechtbar (§§ 567, 569 ZPO), die auf neue Angriffs- und Verteidigungsmittel gestützt werden kann (§ 571 Abs 2 Satz 1 ZPO).[135] Damit diese Rechtsschutzmöglichkeit nicht faktisch ins Leere läuft, ist in die Entscheidung über die Gutachtenaushändigung aufzunehmen, dass erst nach Rechtskraft des Beschlusses das Gutachten tatsächlich herausgegeben und die Verschwiegenheitspflicht aufgehoben wird.[136] Durch die gesondert ohne Antrag angeordnete Aufrechterhaltung der Verschwiegenheitspflicht ist der Antragsgegner nicht beschwert.[137]

Gegen die Beschwerdeentscheidung kann **Rechtsbeschwerde** zum BGH eingelegt werden, wenn die- **39** se in der Beschwerdeentscheidung zugelassen worden ist (§ 574 Abs 1 Nr 2 ZPO).[138] Die Rechtsbeschwerde ist zuzulassen, wenn die Rechtssache grundsätzliche Bedeutung hat oder die Fortbildung des Rechts oder die Sicherung einer einheitlichen Rspr eine Entscheidung des Rechtsbeschwerdegerichts erfordert (§ 574 Abs 3 Satz 1, Abs 2 ZPO). Die Rechtsbeschwerde ist innerhalb einer Notfrist von einem Monat ab Zustellung des angefochtenen Beschlusses schriftlich beim BGH einzulegen (§ 575 Abs 1 ZPO) und innerhalb derselben, aber wie die Frist zur Begründung der Revision (§ 551 Abs 2 Satz 5, 6) verlängerbaren Frist zu begrün-

---

126 OLG München InstGE 12, 192 und InstGE 13, 286 im selben Verfahren.

127 Vgl aber dazu *Müller-Stoy* GRUR-RR 2009, 161, 163.

128 *Benkard* Rn 35; *Fitzner/Lutz/Bodewig* Rn 55; *Kühnen* Hdb[8] Rn B 137; aA *Eck/Dombrowski* GRUR 2008, 387, 389 f unter Hinweis auf OLG Frankfurt GRUR-RR 2006, 295, OLG Nürnberg OLGR 2005, 521, KG GRUR-RR 2001, 118, nach denen das Verfahren umfassend mit dem Widerspruch angefochten werden kann.

129 *Benkard* Rn 36; LG Düsseldorf InstGE 5, 236; *Kühnen* Hdb[8] Rn B 137; vgl *Fitzner/Lutz/Bodewig* Rn 55.

130 *Kühnen* Hdb[8] Rn B 139, *Mes* Rn 53; zu den kostenrechtl Konsequenzen vgl BGH NJW 2007, 3357; OLG Karlsruhe MDR 2008, 526.

131 *Kühnen* Hdb[8] Rn B 141; *Grabinski* FS P. Mes (2009), 129, 133; OLG München InstGE 12, 186; LG Düsseldorf InstGE 11, 35; vgl *Fitzner/Lutz/Bodewig* Rn 56; aA *Eck/Dombrowski* GRUR 2008, 387, 391, die unter Hinweis auf OLG Frankfurt GRUR-RR 2006, 295, KG GRUR-RR 2001, 118 ff und OLG Nürnberg OLGRep 2005, 521 ein erledigendes Ereignis verneinen; vgl *Schramm* PVP Kap 9 Rn 164 ff.

132 *Grabinski* FS P. Mes (2009), 129, 133; *Mes* Rn 55.

133 LG Düsseldorf InstGE 6, 294; vgl *Fitzner/Lutz/Bodewig* Rn 59.

134 OLG München InstGE 13, 293; *Schulte* Rn 80.

135 *Benkard* Rn 37; *Kühnen* Hdb[8] Rn B 135; Anfechtbarkeit wurde wegen § 490 ZPO noch verneint von OLG Düsseldorf InstGE 7, 191 und InstGE 7, 256, dies aufgegeben in OLG Düsseldorf InstGE 8, 186; ebenso OLG München InstGE 12, 192.

136 *Kühnen* Hdb[8] Rn B 122.

137 OLG München InstGE 12, 192.

138 BGHZ 183, 153 = GRUR 2010, 318 Lichtbogenschnürung.

den (§ 575 Abs 2 ZPO). Sie kann nur auf eine Rechtsverletzung gestützt werden (§ 576 ZPO). Postulationsfähig sind nur beim BGH zugelassene Anwälte.

VIII. Vorlegungsort; Verwertungsverbot

40 Die Vorlegung hat grds an dem Ort zu erfolgen, an dem sich die Unterlagen befinden (Abs 4 iVm § 811 Abs 1 Satz 1 BGB). § 811 BGB ist auch wegen der Gefahr und der Kosten anwendbar. Wegen des strafrechtl Verwertungsverbots (Abs 4 iVm § 140b Abs 8) s Rn 37 zu § 140b. Wenn die Duldungsverfügung etwa gem § 926 Abs 2 ZPO aufgehoben wird, dürfte ein Verwertungsverbot im nachfolgenden Verletzungsprozess bestehen.[139]

IX. Kosten; Streitwert

41 Eine Entscheidung über die Kosten des selbstständigen Beweisverfahrens ergeht nur nach § 494a ZPO (Antrag auf Fristsetzung für die Erhebung der Haupsacheklage und Versäumung der Frist),[140] also nicht etwa im Anordnungsbeschluss. Dabei kann es sich nur um die Kosten handeln, die dem Antragsgegner entstanden sind; dies gilt auch für die Kosten eines Privatgutachtens.[141] Sonst sind die Kosten Teil der Kosten des folgenden Hauptsacheverfahrens,[142] wenn dieses nur ein Teil des Gegenstands des selbstständigen Beweisverfahrens betrifft, nur zu diesem Teil;[143] eine Entscheidung über den Rest ergeht dann nach § 96 ZPO, nicht nach § 494 ZPO. Der Streitwert entspricht dem des Hauptsacheverfahrens;[144] der des Verfügungsverfahrens beträgt einen Bruchteil hiervon.[145] Die Gerichtsgebühren entstehen dabei neu,[146] die Verfahrensgebühr des Rechtsanwalts wird angerechnet (Vorbem 3 VergVerz).[147] Bei einer Rücknahme des Antrags gilt § 296 ZPO entspr.[148] Zum Auskunftsanspruch Rn 338 vor § 143.

X. Schadensersatzanspruch

42 **1. Allgemeines; Anspruchsvoraussetzungen.** Abs 5 gibt dem vermeintlichen Verletzer gegenüber dem, der die Vorlage oder Besichtigung begehrt hat, einen Anspruch auf Ersatz des ihm durch das Begehren entstandenen Schadens, wenn keine Verletzung vorlag oder drohte.[149] Der Anspruch ist auch dann gegeben, wenn das Patent im Einspruchs- oder im Nichtigkeitsverfahren widerrufen oder für nichtig erklärt wird. Beim Gebrauchsmuster wird im Schadensersatzprozess die Rechtsbeständigkeit des Titels selbstständig zu prüfen sein. An einer Verletzung fehlt es auch, wenn es an einer Handlung iSd §§ 9, 10 fehlt oder wenn der Besichtigungsschuldner zur Benutzung berechtigt war (zB aufgrund Lizenz oder Vorbenutzungsrechts).[150]

43 Die Haftung ist als **Gefährdungshaftung** ausgestaltet, setzt also kein Verschulden voraus. Darauf, ob die einstweilige Verfügung von Anfang an ungerechtfertigt war, kommt es nicht an.[151] Die Regelung geht der Bestimmung des § 945 ZPO als lex specialis vor.[152]

---

139 *Deichfuß* GRUR 2015, 436, 442 mwN; vgl *Schramm* PVP Kap 9 Rn 175 ff, 181.

140 *Benkard* Rn 31; *Mes* Rn 56.

141 BGH NJW 2013, 1820, Bausache.

142 BGH NJW-RR 2006, 810, Bausache, mit Ausführungen zur Identität des Streitgegenstands; OLG Düsseldorf NJW-RR 1998, 358, Bausache; *Benkard* Rn 31.

143 BGH NJW 2004, 3488; OLG Düsseldorf NJW-RR 1998, 358.

144 *Benkard* Rn 31; *Stephan* Die Streitwertbestimmung im Patentrecht Rn 369.

145 *Benkard* Rn 31.

146 *Zöller* § 490 ZPO Rn 9, auch zu weiteren gebührenrechtl Fragen.

147 *Zöller* § 490 ZPO Rn 9.

148 BGH NJW 2015, 2590.

149 Vgl *Fitzner/Lutz/Bodewig* Rn 63; *Benkard* Rn 39.

150 *Kühnen* Hdb⁸ Rn B 149.

151 Zusätzliche Stellungnahme der DVGR GRUR 2007, 765 f.

152 Vgl auch die zusätzliche Stellungnahme der DVGR GRUR 2007, 765 f; *Mes* Rn 60 ff sieht § 945 ZPO als nicht einschlägig an, weil es nicht auf die Anordnung der einstweiligen Verfügung, sondern auf die Durchführung der Besichtigungsanordnung ankomme, meint aber, dass § 945 ZPO Bedeutung erlange, wenn die Besichtigung ergebe, dass keine Patentverletzung stattgefunden habe, und durch die Duldungsanordnung ein gesonderter Schaden neben dem

2. Die Beweislast für das Vorliegen der Anspruchsvoraussetzungen liegt beim Anspruchsteller. Ver- **44** bleiben Unklarheiten, scheidet ein Schadensersatzanspruch aus.

3. Schaden. Zu ersetzen ist nur der kausal durch das Besichtigungsbegehren verursachte Schaden. In **45** Betracht kommen insb Rechtsverteidigungskosten im Besichtigungsverfahren, weiter Schäden durch Produktionsausfälle während der Besichtigung. Nicht erfasst sind Schäden aufgrund einer freiwilligen Betriebseinstellung im Anschluss an die Besichtigung.

C. Sonstige Vorlage- und Besichtigungsansprüche

I. Allgemeines; Konkurrenzen

Vorlage- und Besichtigungsansprüche können sich aufgrund von Bestimmungen des bürgerlichen **46** (§ 809 BGB; Rn 47 ff) wie des Prozessrechts (§§ 142, 144 ZPO; Rn 54 ff) ergeben. Diese Anspruchsgrundlagen werden von § 140c nicht verdrängt.[153] Auf § 809 BGB kann für die Aufklärung von Ansprüchen nach § 33 zurückgegriffen werden, für die § 140c nicht gilt.[154]

II. Anspruch nach § 809 BGB

1. Grundsatz. Die Bestimmung begründet einen zivilrechtl Anspruch auf Vorlegung einer Sache zur **47** Besichtigung oder auf Gestattung der Besichtigung einer Sache für den, der gegen den Besitzer der Sache einen Anspruch „in Ansehung" der Sache hat oder sich Gewissheit verschaffen will, ob ihm ein derartiger Anspruch zusteht.[155] Mittelbarer Besitz ist ausreichend.[156] Dass sich der Besichtigungsgegenstand in gemieteten Räumlichkeiten auf dem Betriebsgelände eines Dritten befinden, macht diesen noch nicht zu mittelbaren Besitzer.[157] Die Judikatur zu § 809 BGB sollte zu dem Anspruch aus § 140c übernommen werden.[158] Der Anspruch, der auch die Benennung eines Besichtigungsstandorts umfassen kann,[159] aber kein Durchsuchungsrecht an Geschäftsräumen des Schuldners begründet[160] (anders jetzt § 54f UrhG)[161] und sich auf eine konkrete Sache oder Sachgesamtheit beziehen muss,[162] steht grds auch dem aus einem Patent Berechtigten zu, wenn er sich vergewissern möchte, ob ihm gegen den Besitzer der Sache wegen der bei deren Herstellung benutzten patentgeschützten Merkmale Ansprüche wegen Patentverletzung zustehen.[163] Er sollte nach früherer Rspr voraussetzen, dass bereits ein erheblicher Grad an Wahrscheinlichkeit dargetan ist, dass die Sache unter Anwendung der geschützten Lehre hergestellt worden ist,[164] mit der neueren Rspr des BGH[165] dürften sich jedoch auch insoweit die Anforderungen gelockert haben und auch hier dürfte eine gewisse Wahrscheinlichkeit ausreichen.[166] § 809 BGB ist im Anwendungsbereich des TRIPS-Übk möglichst TRIPS-konform auszulegen.[167] Die Rspr lässt es ua unter Hinweis auf Art 43 (Rn 49), 50 TRIPS-Übk grds ausreichen, dass das Vorliegen einer Rechtsverletzung ungewiss ist, weil der Anspruch

---

Schaden des Abs 5 entstanden sei; vgl auch *Ströbele/Hacker* MarkenG § 19a Rn 35 unter Hinweis darauf, dass Abs 5 auch den Hauptsacheprozess erfasst.

153 Vgl *Ströbele/Hacker* MarkenG § 19a Rn 3 f; *Schulte* Rn 6; *Benkard* Rn 3.
154 *Kühnen* Hdb⁸ Rn B 19 Fn 17; *Schulte* Rn 6; *Benkard* Rn 3.
155 Vgl LG Hamburg InstGE 4, 293, 294 und nachfolgend OLG Hamburg InstGE 5, 294; zur Frage, ob der Anspruch auch bei Verfahrenspatenten in Betracht kommt, *Meyer-Dulheuer* GRUR Int 1987, 14, 16.
156 LG Nürnberg-Fürth InstGE 5, 153.
157 LG Düsseldorf InstGE 8, 103.
158 Vgl die zusätzliche Stellungnahme der DVGR GRUR 2007, 765 f.
159 OLG Düsseldorf GRUR-RR 2003, 327.
160 BGH GRUR 2004, 420 Kontrollbesuch, UrhSache.
161 Vgl BVerfG (Kammerbeschluss) GRUR-RR 2008, 377.
162 BGH Kontrollbesuch.
163 BGHZ 93, 191, 207 = GRUR 1985, 512 Druckbalken; BGHZ 150, 377, 384 = GRUR 2002, 1046 Faxkarte; vgl LG Hamburg InstGE 4, 293, 295; vgl auch OLG Düsseldorf GRUR 1983, 741; OLG Düsseldorf GRUR 1983, 745; *Mes* GRUR 2000, 934, 941.
164 BGH Druckbalken; LG Hamburg InstGE 4, 293, 295 und nachfolgend OLG Hamburg InstGE 5, 294.
165 BGH Faxkarte.
166 LG Erfurt 5.10.2006 3 O 317/06, unter Hinweis auf BGH Faxkarte.
167 Näher *Tilmann/Schreibauer* GRUR 2002, 1015, 1017 f.

im dt Recht Funktionen zu erfüllen habe, die in anderen Rechtsordnungen durch entspr prozessuale Rechtsinstitute erfüllt werden, vorausgesetzt wird jedoch weiter ein gewisser Grad an Wahrscheinlichkeit.[168] Dabei ist aber eine Abwägung der Interessen der Beteiligten vorzunehmen.[169] Ggf kann Sicherheitsleistung angeordnet werden (§ 811 Abs 2 Satz 2 BGB).[170]

48   Das **schutzwürdige Interesse** an der Vorlegung einer angeblich patentverletzenden Sache ist Tatbestandsvoraussetzung des Anspruchs und deshalb allein bei der Begründetheitsprüfung zu berücksichtigen.[171] Es fehlt auch nach rechtskräftiger Abweisung der Schadensersatzklage nicht, wenn noch ein Unterlassungsanspruch in Betracht kommt.[172] Es ist zu verneinen, wenn der Vorlegungsgläubiger unschwer in der Lage ist, anderweitig vom Aussehen der Sache in dem Umfang Kenntnis zu erlangen, in dem der Vorlegungsanspruch eine Kenntnisnahme allenfalls ermöglicht.[173] Besondere Beweisschwierigkeiten ergeben sich bei nur innerbetrieblich verwendeten Erzeugnissen, insb, wenn diese nicht neu sind und deshalb die Vermutung des § 139 Abs 3 nicht gilt.[174]

49   Weitergehend als die frühere Rspr[175] ist die Vorgabe in dem Beweise betr **Art 43 TRIPS-Übk.** Die „nicht ohne weiteres unmittelbar anwendbar(e)"[176] Bestimmung lautet in der amtlichen Übersetzung:[177]

> (1) Hat eine Partei alle vernünftigerweise verfügbaren Beweismittel zur hinreichenden Begründung ihrer Ansprüche vorgelegt und rechtserhebliche Beweismittel zur Begründung ihrer Ansprüche, die sich in der Verfügungsgewalt der gegnerischen Partei befinden, bezeichnet, so sind die Gerichte befugt anzuordnen, daß diese Beweismittel von der gegnerischen Partei vorgelegt werden, gegebenenfalls unter Bedingungen, die den Schutz vertraulicher Informationen gewährleisten.
>
> (2) In Fällen, in denen eine Prozeßpartei aus eigenem Willen und ohne stichhaltigen Grund den Zugang zu notwendigen Informationen verweigert oder diese nicht innerhalb einer angemessenen Frist vorlegt oder ein Verfahren zur Durchsetzung eines Rechts wesentlich behindert, kann ein Mitglied die Gerichte ermächtigen, auf der Grundlage der ihnen vorgelegten Informationen, einschließlich der Klageschrift oder des Vorbringens der durch die Verweigerung des Zugangs zu den Informationen beschwerten Partei, bestätigende oder abweisende Entscheidungen vorläufiger und endgültiger Art zu treffen, sofern die Parteien die Gelegenheit hatten, zu dem Vorbringen und den Beweisen Stellung zu nehmen.

50   **2. Umfang.** Der Anspruch soll **Substanzeingriffe** wie Ein- und Ausbau von Teilen und Inbetriebsetzen auch dann nicht umfassen, wenn diese voraussichtlich nicht zu dauernden Schäden führen.[178] Art 43 TRIPS-Übk legt insoweit, wie bereits für das UrhRecht von der BGH-Rspr vollzogen, auch für das Patentrecht eine Neubewertung nahe,[179] wiewohl einer Übernahme der brit Praxis[180] („Anton-Piller-Order") ver-

---

168 BGH Faxkarte, allerdings offen lassend, ob dies auch für Patentverletzungen angezeigt ist, und nachfolgend OLG Hamburg 29.4.2004 3 U 120/00 WRP 2005, 522 Ls; weiter LG Nürnberg-Fürth CR 2004, 890; OLG Düsseldorf GRUR-RR 2003, 327 lässt es ausreichen, dass der zur Beweisaufnahme zugezogene Sachverständige schriftlichen Unterlagen über die angegriffene Vorrichtung konkrete Anhaltspunkte für eine Rechtsverletzung entnimmt.

169 Vgl LG Hamburg InstGE 4, 293, 295 und nachfolgend OLG Hamburg InstGE 5, 294; *Tilmann/Schreibauer* GRUR 2002, 1015, 1018; *Melullis* FS W. Tilmann (2003), 843.

170 BGH Faxkarte.

171 BGHZ 150, 377 = GRUR 2002, 1046 Faxkarte.

172 BGH Faxkarte mNachw zum Streitstand.

173 BGHZ 93, 191, 207 = GRUR 1985, 512 Druckbalken.

174 Vgl *Meyer-Dulheuer* GRUR Int 1987, 14.

175 Vgl *König* Zur Harmonisierung des Patentrechts – ein dritter Weg, Mitt 1997, 240, 244; *Krieger* GRUR Int 1997, 426 Fn 44; *Schäfers* GRUR Int 1996, 775, 776; *Mes* GRUR 2000, 934, 940.

176 BGHZ 150, 377, 385 = GRUR 2002, 1046 Faxkarte; die unmittelbare Anwendbarkeit der Art 9 und 13 TRIPS-Übk als einfaches nat Recht hat bereits BGHZ 141, 13, 35 = GRUR 1999, 707 Kopierversanddienst bejaht.

177 BGBl 1994 II 1438 = BlPMZ 1995, 23.

178 BGHZ 93, 191, 198 ff = GRUR 1985, 512 Druckbalken; differenzierend OLG Düsseldorf GRUR 1983, 745, 747; abl für das UrhRecht BGHZ 150, 377, 385 = GRUR 2002, 1046 Faxkarte, wo darauf abgestellt wird, dass das Integritätsinteresse des Schuldners nicht unzumutbar beeinträchtigt werden darf; kr auch *Stauder* (Urteilsanmerkung) GRUR 1985, 518; *Stürner/Stadler* (Urteilsanmerkung) JZ 1985, 1101; *Marshall* FS A. Preu (1988), 151, 159 f; *Götting* GRUR Int 1988, 729, 739; *König* Mitt 2002, 153, 162 f; *Tilmann/Schreibauer* FS W. Erdmann (2002), 901, 906 f; bei Mikroorganismen auch *Meyer-Dulheuer* GRUR Int 1987, 14, 17.

179 Vgl *U. Krieger* GRUR Int 1997, 421, 424 f; vgl auch *Kröger/Bausch* GRUR 1997, 321, 328; zurückhaltend allerdings OLG Hamburg GRUR 2003, 873, SortSache.

180 Vgl *Götting* GRUR Int 1988, 729; vgl auch *HoL* GRUR 1982, 262; *OG Tokio* IIC 1999, 452.

---

fassungsrechtl Bedenken entgegenstehen dürften.[181] In einer zum UrhRecht ergangenen Entscheidung hat der BGH den Anspruch auch dann zuerkannt, wenn das Bestehen der Ansprüche des Gläubigers von der Existenz oder Beschaffenheit abhängt, und den hinter einer Software stehenden Quellcode einbezogen.[182] Dies gilt auch im Patentrecht,[183] jedenfalls soweit den Interessen des Verpflichteten durch Sicherheitsleistung nach § 811 BGB Rechnung getragen werden kann.[184] Der vermeintliche Verletzer soll aber allenfalls dann verpflichtet sein, einen Standort zu benennen, an dem die Vorrichtung besichtigt werden kann, wenn die Voraussetzungen des § 809 BGB vorliegen, dh zumindest eine gewisse Wahrscheinlichkeit einer Rechtsverletzung gegeben ist.[185]

Der Anspruch kann wegen glaubhaft gemachter **Geheimhaltungsinteressen** des Vorlegungsschuld- 51 ners auf die durch einen Sachkundigen zu treffende Feststellung beschränkt sein, ob die angeblich patentverletzenden Merkmale bei der Herstellung der Sache benutzt worden sind.[186] In diesem Fall darf dem Sachkundigen nicht die Entscheidung über den Umfang seiner Feststellungen überlassen werden, insb nicht in der Weise, dass ihm aufgegeben wird, auch über etwaige äquivalente Abweichungen von der geschützten Lehre zu berichten.[187]

3. Einstweiliger Rechtsschutz. Zur Sicherung des Anspruchs können Sequestration und Be- 52 sichtigung durch einen neutralen Sachverständigen durch **einstweilige Verfügung** angeordnet werden.[188]

4. Die Vollstreckung des Anspruchs erfolgt nach hM[189] nach § 883 ZPO, nicht nach § 888 ZPO. Isolier- 53 te Besichtigungsansprüche können im Weg des selbstständigen Beweisverfahrens (§§ 485 ff ZPO) durchgesetzt werden, wobei der Beweissicherungsbeschluss mit einer Duldungsverfügung kombiniert wird, wenn die Sache nicht frei zugänglich ist.[190] Die Vollstreckung der Duldungsverpflichtung erfolgt nach §§ 890, 892 ZPO (Rn 32).[191] Geheimhaltungsinteressen des Besichtigungsschuldners haben zurückzustehen, wenn das geheime Know-how darin bestehen soll, dass ein Merkmal des Patent- oder Schutzanspruchs in konstruktiv neuer oder sogar erfinderischer Weise verwirklicht wird.[192]

III. Weitere Rechtsgrundlagen für Vorlageanordnungen enthalten insb §§ 142, 144 ZPO,[193] die – 54 auch im Licht von Art 6 DurchsetzungsRl – im Bereich unterschiedlicher Rechtsmaterien differenzierend zu betrachten und anzuwenden sind,[194] und § 258 HGB. Die Bestimmung erfasst nicht nur Schutzrechtsverletzungen, sondern auch sonstige Streitigkeiten aus Schutzrechten (vgl Art 28 Abs 2 TRIPS-Übk).[195]

181 Vgl BVerfG NJW 1981, 1431; *Fitzner/Lutz/Bodewig* Rn 68; für Beweiserleichterungen in solchen Fällen *U. Krieger* GRUR Int 1997, 421, 424 f.
182 BGHZ 150, 377, 383 f = GRUR 2002, 1046 Faxkarte.
183 BGH GRUR 2013, 316 Rohrmuffe mwN.
184 Vgl *König* (Anm) Mitt 2002, 457, 458; *Tilmann/Schreibauer* GRUR 2002, 1015, 1019.
185 OLG Düsseldorf 3.1.2003 2 U 71/00 Mitt 2003, 333 Ls.
186 BGHZ 93, 191 = GRUR 1985, 512 Druckbalken; BGHZ 150, 377 = GRUR 2002, 1046 Faxkarte; OLG Düsseldorf GRUR 1983, 741; OLG Düsseldorf GRUR 1983, 745; RB Den Haag BIE 2000, 317; *Tilmann/Schreibauer* GRUR 2002, 1015, 1020; *Tilmann/Schreibauer* FS W. Erdmann (2002), 901, 907.
187 BGH Druckbalken.
188 OLG Düsseldorf GRUR 1983, 745; KG NJW 2001, 233; LG Erfurt 5.10.2006 3 O 317/06; OLG Frankfurt GRUR-RR 2006, 295, wonach das besondere Interesse an einer Herausgabe vor Abschluss des Hauptsacheverfahrens dargelegt werden muss; vgl *Rauschhofer* GRUR-RR 2006, 249.
189 *Thomas/Putzo* § 883 ZPO Rn 3; *Baumbach/Lauterbach/Albers/Hartmann* § 883 ZPO Rn 16 mwN; vgl BGH WuM 2006, 632; OLG Zweibrücken JurBüro 2004, 160; *Fitzner/Lutz/Bodewig* Rn 61; *Grabinski* FS P. Mes (2009), 129, 135 f.
190 *Kühnen* GRUR 2005, 185, 187 f mit Muster; Bedenken bei *Melullis* FS W. Tilmann (2003), 843, 853 ff.
191 *Grabinski* FS P. Mes (2009), 129, 139.
192 LG Düsseldorf InstGE 6, 189.
193 Hierzu neben den einschlägigen ZPO-Kommentaren insb *Benkard* Rn 40 und § 139 Rn 115; *Fitzner/Lutz/Bodewig* Rn 65; *Tilmann/Schreibauer* FS W. Erdmann (2002), 901, 909 ff.
194 BGHZ 169, 30 = GRUR 2006, 962 Restschadstoffentfernung.
195 BGH Restschadstoffentfernung.

55   Die Bestimmungen sind im Bereich der technischen Schutzrechte iSd im Inland nicht ohne weiteres unmittelbar anwendbaren[196] **Art 43 TRIPS-Übk** (Rn 49) zu interpretieren, jedoch sind die Bestimmungen des dt Rechts in einer Weise auszulegen, dass mit ihrer Hilfe den Anforderungen des TRIPS-Übk genügt wird.[197]

56   §§ 142, 144 ZPO[198] sind wie die materiellrechtl Norm des § 809 BGB ein Mittel, einem **Beweisnotstand** des Berechtigten zu begegnen, wie er sich gerade im Bereich der besonders verletzlichen technischen Schutzrechte in besonderem Maß ergeben kann.[199]

57   Die Verpflichtung nach Art 43 TRIPS-Übk erfasst anders als die §§ 142, 144 ZPO nach ihrem Wortlaut nur Beweismittel, die sich in den **Händen des Gegners**, und nicht auch solche, die sich in den Händen von Dritten befinden.[200] Jedoch kommt der Bestimmung im Bereich des gewerblichen Rechtsschutzes eine Funktion zu, die Maßnahmen zu verwirklichen, die nach Art 6 DurchsetzungsRl zur Vorlage von Beweismitteln vorgesehen sind und die etwa der frz „saisie contrefaçon" oder der brit „Search order" („Anton Piller Order") entsprechen.[201]

58   Eine **Vorlage von Urkunden** und sonstigen Unterlagen kann nach § 142 ZPO bei Streitigkeiten über technische Schutzrechte angeordnet werden, wenn die Vorlegung zur Aufklärung des Sachverhalts geeignet und erforderlich, weiter verhältnismäßig und angemessen, dh dem zur Vorlage Verpflichteten bei Berücksichtigung seiner rechtlich geschützten Interessen nach Abwägung der kollidierenden Interessen zumutbar ist.[202]

59   Entspr gilt für § 144 ZPO, der insoweit die Anordnung einer **Inaugenscheinnahme** eines Gegenstands, seiner **Begutachtung** durch einen Sachverständigen und der Vorlage des Gegenstands zu diesem Zweck ermöglicht.

60   Die Anordnung kann grds auch gegenüber **Dritten** ergehen. Allerdings sind die Grenzen der § 142 Abs 3, § 144 Abs 3 ZPO zu beachten.

61   Im Patentverletzungsprozess ist das Gericht allenfalls dann verpflichtet, die Vorlage einer Urkunde durch die nicht beweisbelastete Partei nach § 142 ZPO oder § 144 ZPO anzuordnen, wenn die Voraussetzungen für einen entspr Anspruch des Gegners aus § 140c erfüllt sind.[203] Dem Tatrichter steht ein **Ermessen** zu.[204] Eines förmlicher Antrag ist nicht notwendig. Zieht das Gericht eine Vorlageanordnung nicht in Betracht, handelt es ermessensfehlerhaft.[205] Die Anordnung kann nicht im selbstständigen Beweisverfahren ohne Duldungsanordnung, zB im Weg der einstweiligen Verfügung, ergehen.[206]

62   **Zumutbarkeit.** Das Zumutbarkeitserfordernis ergibt sich bei Anordnungen gegenüber dem Prozessgegner (anders als gegenüber Dritten) nicht ausdrücklich aus der Bestimmung, ist aber unmittelbar aus verfassungsrechtl Vorgaben wie Art 12 Abs 1 GG abzuleiten.[207] Belangen des Dritten kann erforderlichenfalls dadurch Rechnung getragen werden, dass diesem gestattet wird, die Unterlagen soweit unkenntlich zu machen, als rechtlich geschützte Interessen der Vorlage entgegenstehen.[208]

63   **Wahrscheinlichkeit der Benutzung.** Als Anlass für eine Vorlageanordnung kann es ausreichen, dass eine Benutzung des Gegenstands des Schutzrechts wahrscheinlich ist.[209] Die Anwendung der §§ 142,

---

196   BGHZ 150, 377, 385 = GRUR 2002, 1046 Faxkarte.
197   BGH Faxkarte.
198   Zur zeitlichen Anwendbarkeit *Zöller* ZPO Art 26 EGZPO Rn 2.
199   BGHZ 169, 30 = GRUR 2006, 962, 966 Restschadstoffentfernung mAnm *Tilmann/Schreibauer* GRUR 2006, 967; *Tilmann/Schreibauer* FS W. Erdmann (2002), 901 ff.
200   BGHZ 169, 30 = GRUR 2006, 962, 966 Restschadstoffentfernung.
201   BGHZ 150, 377, 385 = GRUR 2002, 1046 Faxkarte; BGH Restschadstoffentfernung.
202   BGHZ 169, 30 = GRUR 2006, 962 Restschadstoffentfernung; OLG München 23.12.2010 6 U 4719/08; vgl *Benkard* § 139 Rn 40.
203   BGH Restschadstoffentfernung; BGH GRUR 2013, 316 Rohrmuffe; vgl *Fitzner/Lutz/Bodewig* vor § 139 Rn 126 ff.
204   Vgl BGH 23.7.2009 X a ZR 146/07 und vorangehend OLG München 20.9.2007 6 U 3231/00 NJOZ 2008, 660 = GRUR-RR 2008, 142 Ls.
205   BGH NJW 2007, 2989.
206   OLG Karlsruhe 12.8.2013 6 W 56/13 GRURPrax 2014, 184 KT.
207   BGH Restschadstoffentfernung unter Hinweis auf BVerfG NVwZ 2006, 1041.
208   BGH Restschadstoffentfernung.
209   BGH Restschadstoffentfernung; vgl BGHZ 150, 377, 386 = GRUR 2002, 146 Faxkarte, wo ein „gewisser Grad" an Wahrscheinlichkeit als ausreichend angesehen wurde, ebenso LG Nürnberg-Fürth InstGE 5, 153, 155; OLG Düsseldorf GRUR-RR 2003, 327; LG Hamburg InstGE 4, 293, 295 und nachfolgend OLG Hamburg InstGE 5, 294, 299.

144 ZPO darf aber nach hM nicht zu einer Ausforschung führen.[210] Sie kann aber auch der Bereitstellung von Beweismitteln dienen.[211] Der Anordnung steht es entgegen, wenn der Unterlassungsantrag abgewiesen wird.[212]

D. Verwertung ausländischer Beweissicherungsergebnisse

Europarechtl ergeben sich Möglichkeiten aus der in allen Mitgliedstaaten außer Dänemark geltenden 　**64** VO (EG) 1206/2001 des Rats über die Zusammenarbeit zwischen den Gerichten der Mitgliedstaaten auf dem Gebiet der Beweisaufnahme in Zivil- und Handelssachen,[213] deren nationale Durchführung in §§ 1072–1075 ZPO geregelt ist. Für die Staaten außerhalb der EU und Dänemark ist weiterhin das Haager Beweisübereinkommen aus dem Jahr 1970 mßgebend.

Dagegen ist **Art 35** (Art 31 aF) **VO 1215/2012** nicht anwendbar, weil diese Bestimmung nicht der Siche-　**65** rung des materiellen Anspruchs dient.[214]

Die Verwendung von Material, das in einem anderen Verfahren im Weg der „discovery" erhalten 　**66** worden ist („collateral use of evidence"), ist auch unter der EU-Verordnung 1206/2001 grds als nicht zulässig angesehen worden.[215] Dies dürfte auch nationalrechtl nach § 328 Abs 1 Nr 4 ZPO gelten, jedoch könnten hier neben der Änderung der § 142, 144 ZPO auch Art 43, 50 TRIPS-Übk, die DurchsetzungsRl und der Umstand zu berücksichtigen sein, dass das Material in einem rechtsstaatlich geführten Verfahren gewonnen wurde.

§ 140d
(Vorlage von Bankunterlagen)

(1) [1]**Der Verletzte kann den Verletzer bei einer in gewerblichem Ausmaß begangenen Rechtsverletzung in den Fällen des § 139 Abs. 2 auch auf Vorlage von Bank-, Finanz- oder Handelsunterlagen oder einen geeigneten Zugang zu den entsprechenden Unterlagen in Anspruch nehmen, die sich in der Verfügungsgewalt des Verletzers befinden und die für die Durchsetzung des Schadensersatzanspruchs erforderlich sind, wenn ohne die Vorlage die Erfüllung des Schadensersatzanspruchs fraglich ist.** [2]**Soweit der Verletzer geltend macht, dass es sich um vertrauliche Informationen handelt, trifft das Gericht die erforderlichen Maßnahmen, um den im Einzelfall gebotenen Schutz zu gewährleisten.**

(2) Der Anspruch nach Absatz 1 ist ausgeschlossen, wenn die Inanspruchnahme im Einzelfall unverhältnismäßig ist.

(3) [1]**Die Verpflichtung zur Vorlage der in Absatz 1 bezeichneten Urkunden kann im Wege der einstweiligen Verfügung nach den §§ 935 bis 945 der Zivilprozessordnung angeordnet werden, wenn der Schadensersatzanspruch offensichtlich besteht.** [2]**Das Gericht trifft die erforderlichen Maßnahmen, um den Schutz vertraulicher Informationen zu gewährleisten.** [3]**Dies gilt insbesondere in den Fällen, in denen die einstweilige Verfügung ohne vorherige Anhörung des Gegners erlassen wird.**

(4) § 811 des Bürgerlichen Gesetzbuches sowie § 140b Abs. 8 gelten entsprechend.

MarkenG: § 19b; **DesignG:** § 46b; **UrhG:** § 101b; **SortG:** § 37d
Ausland: Litauen: Art 41[3] PatG; **Österreich:** vgl § 151b PatG

---

210 LG Düsseldorf InstGE 2, 231, 236 f; vgl *Zekoll/Bolt* NJW 2002, 3129; kr BGHZ 169, 30 = GRUR 2006, 962, 967 Restschadstoffentfernung.
211 BGH 26.10.2006 III ZB 2/06 unter Hinweis auf BGH NJW 2000, 3488, 2390.
212 OLG München 23.12.2010 6 U 4719/08.
213 ABl EG L 174 vom 27.6.2001, hierzu *Fitzner/Lutz/Bodewig* Rn 66; *Kühnen* Hdb[8] Rn B 160; *Grabinski* FS T. Schilling 2007, 191; *Ubertazzi* GRUR Int 2008, 807; vgl die Schlussanträge der Generalanwältin *Kokott* in der EuGH-Rechtssache C-175/06 Tedesco/Tomasoni.
214 Vgl die Schlussanträge der Generalanwältin *Kokott* in der EuGH-Rechtssache C-175/06 Tedesco/Tomasoni.
215 PatentsC FSR 2004, 8; PatentsC 16.3.2004, referiert in EIPR 2004 N-137.

Schrifttum: *Ahrens* Gesetzgebungsvorschlag zur Beweisermittlung bei Verletzung von Rechten des geistigen Eigentums, GRUR 2005, 837; *Dörre/Maaßen* Das Gesetz zur Verbesserung der Durchsetzung von Rechten des geistigen Eigentums, GRUR-RR 2008, 217; *Mes* Zum „gewerblichen Ausmaß" im gewerblichen Rechtsschutz und Urheberrecht, GRUR 2011, 1083; *Peukert/Kur* Stellungnahme des Max-Planck-Instituts für Geistiges Eigentum, Wettbewerbs- und Steuerrecht zur Umsetzung der Richtlinie 2004/48/EG zur Durchsetzung der Rechte des geistigen Eigentums in deutsches Recht, GRUR Int 2006, 292; *Stjerna* Pflicht des Schuldners zur Vorlage von Belegen im Rahmen der Auskunft und Rechnungslegung, GRUR 2011, 789; *Tilmann/Schreibauer* Die neueste BGH-Rechtsprechung zum Besichtigungsanspruch nach § 809 BGB, GRUR 2002, 1015; *Tilmann/Schreibauer* Beweissicherung vor und im Patentverletzungsprozess, FS W. Erdmann (2002), 901; *Tilmann/Schreibauer* (Entscheidungsanm), GRUR 2006, 967; *von Hartz* Beweissicherung im gewerblichen Rechtsschutz und Urheberrecht: Umsetzung internationaler Vorgaben in nationales Recht, Diss Freiburg (Br) 2003. *Wilhelmi* Das gewerbliche Ausmaß als Voraussetzung der Auskunftsansprüche nach dem Durchsetzungsgesetz, ZUM 2008, 942

A. Allgemeines

1 Die durch das Gesetz zur Verbesserung der Durchsetzung von Rechten des geistigen Eigentums vom 7.7.2008 mWv 1.9.2008 neu eingestellte, jedoch bisher in der Praxis wenig bedeutsame Vorschrift setzt Art 9 Abs 2 der DurchsetzungsRl um. Ihr Ziel ist es, die zwangsweise Durchsetzung und Erfüllung eines bestehenden Schadensersatzanspruchs, also die Zwangsvollstreckung,[1] wegen Patent- und Schutzzertifikatsverletzung zu ermöglichen;[2] Die Bestimmung ergänzt damit die prozessualen Regelungen über den Arrest (§§ 916 ff ZPO).[3] Ziel ist dagegen nicht die Beweismittelbeschaffung. Gegen die Regelung wurde eingewandt, dass ein Systembruch von der RL vorgegeben sei; ein materiellrechtl Anspruch ohne Zahlungstitel schütte das Kind mit dem Bad aus. Konsequent sei nur eine Ergänzung der Arrestvorschriften.[4] Die geltende Regelung ist zwar erst am 1.7.2008 in Kraft getreten, aber aufgrund der verspäteten Umsetzung[5] der DurchsetzungsRl auf nach dem 29.4.2006 entstandene Sachverhalte anwendbar[6] (vgl Rn 1 zu § 140c). Das Problem sollte sich inzwischen durch Zeitablauf erledigt haben. Der praktische Nutzen der Bestimmung wird als gering bezeichnet.[7]

B. Anwendungsbereich; Konkurrenzen

2 Die Bestimmung gilt nach § 16a Abs 1 auch für ergänzende Schutzzertifikate. Sie ist nach Art 64 EPÜ auch auf eur Patente anwendbar.

3 **Konkurrenzen.** § 810 BGB ist neben § 140d anwendbar, hat durch die neu eingeführte Bestimmung im gewerblichen Rechtsschutz aber weitgehend seine Bedeutung verloren.[8] § 142 ZPO wird schon auf Grund seiner prozessualen Ausrichtung nicht verdrängt.

---

1 *Benkard* Rn 3; *Ströbele/Hacker* § 19a MarkenG Rn 6.
2 *Schulte* Rn 4.
3 *Ströbele/Hacker* § 19b MarkenG Rn 2; *Kraßer* S 886 (§ 36 III b cc).
4 *Peukert/Kur* GRUR Int 2006, 292, 303.
5 EuGH Slg 1979, 1629 = NJW 1979, 1764 Ratti; EuGH Slg 1982, 53 = NJW 1982, 499 Becker; weitere Nachweise bei *Gundel* NVwZ 1998, 910 Fn 13; BVerfGE 75, 223 = NJW 1988, 1459 ff.
6 LG Düsseldorf 13.1.2009 4a O 279/07 (richtlinienkonforme Auslegung von § 259 BGB).
7 *Mes* Rn 7.
8 Vgl *Schulte* Rn 1.

C. Anspruch auf Vorlage von Bank-, Finanz- oder Handelsunterlagen (Absatz 1)

I. Anspruchsberechtigter ist der Verletzte. Der Begriff des Verletzten ist nicht anders als im Rahmen **4** von § 139 Abs 2 zu verstehen (Rn 18 ff zu § 139). Anspruchsberechtigt können also insb der Patentinhaber oder der Inhaber eines ergänzenden Schutzzertifikats (§ 16a Abs 2) sowie der Nehmer einer ausschließlichen Lizenz sein.[9]

II. Verpflichteter ist der Verletzer. Auch hier kann auf die Grundsätze zurückgegriffen werden, die **5** zum Schadensersatzanspruch nach § 139 Abs 2 entwickelt worden sind (Rn 29 ff zu § 139).

III. Anspruchsvoraussetzungen sind das Vorliegen eines Falls des § 139 Abs 2 (schuldhafte Benut- **6** zung einer durch ein Patent oder Schutzzertifikat geschützten Lehre entgegen den §§ 9–13), eine Rechtsverletzung in gewerblichem Ausmaß (Rn 14 zu § 140c), Erforderlichkeit der Unterlagen für die Durchsetzung der Schadensersatzansprüche des Verletzten und Verfügungsgewalt des Verletzers über die Unterlagen. Das Bestehen des Schadensersatzanspruchs wegen Patent- oder Schutzzertifikatsverletzung muss festgestellt werden.[10] Anders als bei § 140c genügt das Vorliegen einer hinreichenden Wahrscheinlichkeit für das Bestehen eines Anspruchs nicht.[11]

Die **schuldhafte Benutzung** des Patents/Schutzzertifikats entspricht der nach § 140c vorausgesetz- **7** ten (vgl Rn 5 f zu § 140c) mit der Maßgabe, dass hier Verschulden erforderlich ist. Das Verschulden beurteilt sich wie beim Schadensersatzanspruch nach § 139 Abs 2.[12]

Der Anspruch setzt voraus, dass die Unterlagen für die Durchsetzung der Schadensersatzansprüche **8** des Verletzten **erforderlich** sind und dass ohne die Vorlage die Durchsetzung der Ansprüche fraglich ist (Abs 1 Satz 1).[13] Erforderlichkeit der Unterlagen für die Anspruchsdurchsetzung besteht, wenn diese zur Aufdeckung von unbekannten Vermögenswerten objektiv geeignet und zur Erleichterung der Rechtsverfolgung notwendig sind. Sie fehlt, soweit der Gläubiger über ausreichende andere Erkenntnisquellen verfügt, deren vorrangige Ausschöpfung zumutbar ist.[14] Die kumulative Vorlage von Unterlagen, deren Aussagegehalt für die Durchsetzung des Schadensersatzanspruchs derselbe ist, kann grds nicht verlangt werden.

Das Vorliegen eines **vollstreckbaren Titels** ist nicht erforderlich.[15] **9**

Der Vorlageanspruch setzt weiter voraus, dass die **Durchsetzung des Anspruchs** gefährdet ist. Das **10** ist zu bejahen, wenn der Gläubiger den Schuldner ernsthaft zur Erfüllung aufgefordert hat, der Schuldner die Schadensersatzleistung (auch konkludent) zumindest teilweise zurückgewiesen hat, der verbleibende Schadensersatzanspruch nach den Verhältnissen des Schuldners mindestens teilweise realisierbar ist, der Gläubiger über keine ausreichenden Kenntnisse über das der Zwangsvollstreckung im Inland unterliegende Vermögen im Inland verfügt und die Prognose gerechtfertigt ist, dass der Gläubiger seinen Schadensersatzanspruch im Inland zumindest teilweise nicht verwirklichen kann.[16] Str ist, ob ein beziffertes Schadensersatzverlangen gestellt werden muss.[17]

Schließlich ist Voraussetzung, dass sich die Unterlagen in der **Verfügungsgewalt des Verletzers** be- **11** finden. Eigentum oder Besitz des Verletzers ist nicht erforderlich.[18] Unterlagen in der Verfügungsgewalt Dritter, zB der Bank, sind nicht erfasst.

Verhältnismäßigkeit. Der Anspruch ist ausgeschlossen, wenn die Inanspruchnahme im Einzelfall **12** unverhältnismäßig ist (vgl Rn 10 ff zu § 140c). Für Unverhältnismäßigkeit kann iSd Bestimmung sprechen,

---

9 Vgl. *Schulte* Rn 6; *Schulte* § 139 Rn 19; vgl allerdings zur Rechtslage im Markenrecht *Ströbele/Hacker* § 19b MarkenG Rn 3.
10 *Schulte* Rn 5.
11 *Benkard* Rn 2; *Schulte* Rn 5.
12 *Benkard* Rn 2; *Fitzner/Lutz/Bodewig* Rn 3.
13 *Benkard* Rn 3; vgl *Stjerna* GRUR 2011, 789, 793.
14 *Schulte* Rn 11.
15 *Fitzner/Lutz/Bodewig* Rn 3; *Kraßer* S 887; kr *Peukert/Kur* GRUR Int 2006, 292, 302; *Benkard* Rn 1.
16 *Benkard* Rn 3; vgl *Schulte* Rn 10; *Ströbele/Hacker* § 19b MarkenG Rn 6.
17 Bejahend *Mes* Rn 8; nunmehr auch *Schulte* Rn 10; *Benkard* Rn 3 fordert Mindestschaden; verneinend wohl *Ströbele/Hacker* § 19b MarkenG Rn 6.
18 *Benkard* Rn 9; *Ströbele/Hacker* § 19b MarkenG Rn 9; *Dörre/Maaßen* GRUR-RR 2008, 217, 221.

dass der zu sichernde Schadensersatzbetrag gering oder die Bedeutung der Unterlagen für die Durchsetzung des Anspruchs gering, der Rechtsbestand des Schutzrechts zwh ist, weiter, dass das vorzulegende Material umfangreich oder der Eingriff schwerwiegend ist, weiter ein geringer Verschuldensgrad.[19] § 275 BGB wird auch hier anwendbar sein.[20]

IV. Rechtsfolgen

13   Der Anspruch ist auf Vorlage von Bank-, Finanz- und Handelsunterlagen gerichtet. Dabei muss es sich um körperliche Gegenstände handeln, an denen Verfügungsgewalt möglich ist und die sich in der Verfügungsgewalt des Verletzers befinden. Sind diese Daten auf Datenträgern verkörpert, bezieht sich der Anspruch auf die Datenträger. Erfasst sind insb Kontoauszüge, Buchhaltungsunterlagen, Buchungsbelege, die Bilanz, Jahres- und Einzelabschlüsse, das Inventar, Handelsbriefe, Kreditverträge, Kosten- und Gewinnkalkulationen. Es genügt jeder, nicht nur ein unmittelbarer Bezug zu den verletzenden Gegenständen.[21] Bloße Einsichtnahme wird regelmäßig nicht ausreichen.[22] Da die Vorlage der Ausweitung der Unterlagen zur Durchsetzung des Schadensersatzanspruchs dient, beinhaltet sie vielmehr auch die vorübergehende Überlassung der Unterlagen. Jedenfalls dann, wenn Vorlage nicht in Betracht kommt (zB bei umfangreichen Datensätzen), ist Zugang zu den Unterlagen zu gewähren (vgl aber Rn 15).[23] Hierunter ist jede Maßnahme zu verstehen, die geeignet ist, dem Gläubiger den Unterlageninhalt in nachvollziehbarer Weise zur Kenntnis zu bringen.[24]

V. Darlegungs- und Beweislast

14   Während der Berechtigte grds die Anspruchsvoraussetzungen (auch die Erforderlichkeit) darzulegen hat, trifft die Darlegungslast für die Unverhältnismäßigkeit wie für den vertraulichen Charakter (Rn 18) den Verletzer.

VI. Durchsetzung

15   **1. Materiell.** Der Anspruch geht auf Vorlage der Unterlagen oder auf Eröffnung eines geeigneten Zugangs. Dies dürfte für den Schuldner grds eine Wahlschuld (§§ 262 ff BGB) begründen.

16   **2. Verfahren.** Der Anspruch kann sowohl im Klageweg als auch im Weg der einstweiligen Verfügung (Abs 3 Satz 1) durchgesetzt werden. In letzterem Fall ist Voraussetzung, dass der Anspruch offensichtlich besteht.[25] Dies dürfte auch im Rahmen der Bestimmung voraussetzen, dass vernünftige Zweifel nicht verbleiben und eine andere Entscheidung in einem späteren Hauptsacheverfahren praktisch nicht möglich ist;[26] Glaubhaftmachung der Offensichtlichkeit wird daher nicht genügen.[27] Ob im Verfügungsverfahren die Dringlichkeit fingiert wird, wird wie bei § 140c zu beurteilen sein (vgl Rn 28 zu § 140c). Solange der Verletzungstatbestand unklar ist, soll Herausgabe nur an den Gerichtsvollzieher verlangt werden können.[28] Zum Streitwert Rn 338 vor § 143.

17   Der **Antrag** muss die Unterlage so eindeutig bezeichnen, dass der Tenor der Zwangsvollstreckung zugänglich ist. Auch die begehrten Maßnahmen (Ablichtungen, Zugang) sind konkret zu bezeichnen.[29] Im

---

19 *Benkard* Rn 5; *Schulte* Rn 12 f.
20 Vgl BGH NJW 2008, 3122.
21 OLG Jena GRUR-RR 2015, 463, zu § 101a Abs 1 Satz 2 UrhG (Parallelvorschrift zu § 140c), auch zur Bestimmtheit des Tenors.
22 *Schulte* Rn 14.
23 *Schulte* Rn 16; *Ströbele/Hacker* § 19b MarkenG Rn 11.
24 Vgl *Kühnen* Hdb[8] Rn B 185.
25 Vgl *Schulte* Rn 22.
26 Vgl zu § 140b aF OLG Hamburg InstGE 8, 11; *Schulte* Rn 22.
27 Vgl OLG Frankfurt MarkenR 2002, 296, 299; *Ströbele/Hacker* § 19b MarkenG Rn 17; jetzt auch *Ekey/Bender/Fuchs-Wissemann* § 19 MarkenG Rn 58.
28 Noch weitergehend *Ströbele/Hacker* § 19b MarkenG Rn 18.
29 *Benkard* Rn 10; Schulte Rn 20.

Hinblick auf Daten, die dem Vorlageberechtigten nicht ohne weiteres zugänglich sind, dürfen die Anforderungen an die Antragsfassung jedoch nicht überspannt werden. Ein allg Auskunftsanspruch, der solcher Unkenntnis abhelfen könnte, ist der Vorschrift nicht zu entnehmen.[30]

Vertrauliche Informationen, die nicht öffentlich zugängliche Bank-, Finanz- und Handelsunterla- **18** gen in aller Regel enthalten, sind zu schützen (Abs 1 Satz 2, Abs 3 Sätze 2, 3), soweit dadurch das berechtigte Informationsverlangen des Gläubigers nicht vereitelt wird.[31] Der Schutz vertraulicher Informationen wird sich danach in aller Regel im Unkenntlichmachen solcher Informationen erschöpfen, die für die Durchsetzung des Schadensersatzanspruchs nicht von (wesentlicher) Bedeutung sind.[32] Soweit die Vorlageanordnung ohne Anhörung des Betroffenen ergeht, muss für den Geheimnisschutz vAw gesorgt werden, etwa durch Vorlage zunächst nur an das Gericht oder Einschaltung eines zur Verschwiegenheit verpflichteten Sachverständigen. Endgültig kann der Geheimnisschutz durch Schwärzen bestimmter Passagen erfolgen.[33]

Vorlegungsort; Verwertungsverbot. Zum Vorlegungsort (Abs 4 iVm § 811 BGB) Rn 40 zu § 140c. **19** Zum Verwertungsverbot s Rn 37 zu § 140b.

Vollstreckung; Arrest. Liegt bereits ein zumindest vorläufig vollstreckbarer Zahlungstitel vor, kann **20** auf Vermögenswerte, die durch die Vorlage zur Kenntnis des Gläubigers gelangen, im Weg der Zwangsvollstreckung zugegriffen werden. Andernfalls kann die Vollstreckung durch dinglichen Arrest (§§ 916 ff ZPO) gesichert werden.[34]

D. Zum **Vorlageanspruch nach § 142 ZPO** s Rn 54 ff zu § 140c. **21**

§ 140e
(Urteilsbekanntmachung)

[1]**Ist eine Klage auf Grund dieses Gesetzes erhoben worden, so kann der obsiegenden Partei im Urteil die Befugnis zugesprochen werden, das Urteil auf Kosten der unterliegenden Partei öffentlich bekannt zu machen, wenn sie ein berechtigtes Interesse darlegt.** [2]**Art und Umfang der Bekanntmachung werden im Urteil bestimmt.** [3]**Die Befugnis erlischt, wenn von ihr nicht innerhalb von drei Monaten nach Eintritt der Rechtskraft des Urteils Gebrauch gemacht wird.** [4]**Der Ausspruch nach Satz 1 ist nicht vorläufig vollstreckbar.**

MarkenG: § 19c; **DesignG:** § 47; **UrhG:** § 103; **SortG:** § 37e
Ausland: Italien: Art 126 CDPI; **Litauen:** Art 41[6] PatG; **Österreich:** § 149 PatG; **Schweiz:** Art 70 PatG

Schrifttum: *Dörre/Maaßen* Das Gesetz zur Verbesserung der Durchsetzung von Rechten des geistigen Eigentums, GRUR-RR 2008, 217; *Kolb* Der Anspruch auf Urteilsbekanntmachung im Markenrecht, GRUR 2014, 513; *Th. Kühnen* Das Erlöschen des Patentschutzes während des Verletzungsprozesses, GRUR 2009, 288; *Maaßen* Urteilsveröffentlichung in

---

30 Vgl *Benkard* Rn 10; anders *Kühnen* Hdb[8] Rn B 187.
31 *Schulte* Rn 17 f; *Ströbele/Hacker* 19b MarkenG Rn 14.
32 *Benkard* Rn 5; *Fitzner/Lutz/Bodewig* Rn 18 f.
33 *Benkard* Rn 5; Schulte Rn 17 f.
34 *Schulte* Rn 25 ff; aA *Mes* Rn 15.

Kennzeichensachen, MarkenR 2008, 417; *Steigüber* Der „neue" Anspruch auf Urteilsbekanntmachung im Immaterialgüterrecht? GRUR 2011, 295; *Tonninger* Urteilsveröffentlichung jenseits des Talionsprinzips? ecolex 2008, 1139; *Walchner* Der Beseitigungsanspruch im gewerblichen Rechtsschutz und Urheberrecht: Widerruf – Vernichtung – Urteilsveröffentlichung, Diss München 1996.

A. Allgemeines

I. Entstehungsgeschichte

1   Eine Veröffentlichungsbefugnis ergab sich im früheren dt Recht außer auf strafrechtlicher Grundlage (§ 142 Abs 6; vgl Rn 39 zu § 142) seit 8.7.2004 aus § 12 Abs 3 Satz 1 UWG (zuvor in § 13 Abs 2 UWG aF)[1] und seit 1965 aus § 103 UrhG, der auch nach der Umsetzung der DurchsetzungRl wie zuvor die Möglichkeit der Veröffentlichung nicht rechtskräftiger Urteile umfasst.[2] Die auch im ausländ Recht zT enthaltene Bestimmung ist durch das Gesetz zur Verbesserung der Durchsetzung von Rechten des geistigen Eigentums vom 7.7.2008 in Umsetzung von Art 15 DurchsetzungsRl, hinter dem sie jedoch zurückbleibt,[3] neu eingestellt worden. Sie ist § 12 Abs 3 UWG nachempfunden.[4]

II. Anwendungsbereich

2   Die Bestimmung gilt auch für eur Patente,[5] weiter für ergänzende Schutzzertifikate. Im GbmRecht enthält § 24e GebrMG eine Parallelbestimmung, die auch im HalblG Anwendung findet.

3   **Zeitlich.** Wegen Fehlens einer anderweitigen Überleitungsbestimmung findet § 140e nur auf nach dem Inkrafttreten der Vorschrift am 1.9.2008 verwirklichte Sachverhalte Anwendung.[6] Ein Teil der Lit bejaht allerdings die Anwendbarkeit für die Zeit ab Ablauf der Umsetzungsfrist für die DurchsetzungsRl (29.4.2006).[7] Zutr wird man hier einen Anspruch zumindest in entspr Anwendung des § 1004 BGB in richtlinienkonformer Anwendung zu bejahen haben (vgl Rn 1 zu § 140c).[8]

III. Regelungszweck

4   Die Bestimmung, die einen materiellrechtl Anspruch begründet,[9] dient der Aufklärung des Publikums über einen bestimmten Gesetzesverstoß, der in Zukunft nachteilige Wirkungen besorgen lässt.[10] Die Veröffentlichung soll dazu beitragen, die Folgen einer Patentverletzung zu beseitigen, auch iS einer Wiedergutmachung des Schadens.[11] Die DurchsetzungsRl weist in Erwägungsgrund 27 auch auf den abschreckenden Charakter der Regelung hin.[12] Die Urteilsveröffentlichung konnte schon früher auch auf privater Grundlage vorgenommen werden,[13] sofern dadurch nicht gegen gesetzliche Bestimmungen verstoßen wird (insb nach UWG),[14] allerdings grds, aber nicht immer[15] auf Kosten der veröffentlichenden Partei.[16] Die wesentliche Bedeutung der Bestimmung liegt nicht nur in der Regelung über die Kostentragung (Rn 22),[17]

---

1   *Köhler/Bornkamm* UWG[32] § 12 Rn 4.1.

2   *Wandtke/Bullinger* UrhG[4] § 103 Rn 1 f.

3   *Dörre/Maaßen* GRUR-RR 2008, 217, 222.

4   Vgl *Dörre/Maaßen* GRUR-RR 2008, 217, 222.

5   *Schulte* Rn 2.

6   BGH GRUR 2009, 515 Motorradreiniger (Nr 22); *Benkard* Rn 1.

7   So *Kühnen* Hdb[8] Rn E 288.

8   *Benkard* Rn 1.

9   *Ströbele/Hacker* § 19c MarkenG Rn 3; im Ergebnis auch *Fitzner/Lutz/Bodewig* Rn 3; zwd *Mes* Rn 2 f; rein prozessualen Charakter nimmt *Schulte* Rn 4 unter Hinweis auf BGH GRUR 1967, 362 Spezialsalz I (zu § 23 Abs 2 UWG aF) an.

10   ÖOGH ÖBl 2007, 275, 280 Almdudler II; vgl *Ekey/Bender/Fuchs-Wissemann* § 19c MarkenG Rn 3.

11   *Schulte* Rn 4; vgl *Ströbele/Hacker* § 19c MarkenG Rn 4.

12   Vgl *Schulte* Rn 4; *Dörre/Maaßen* GRUR-RR 2008, 217, 222; *Steigüber* GRUR 2011, 295, 300.

13   *Palandt* BGB § 824 Rn 7; BGHZ 70, 39 = NJW 1978, 210 Alkoholtest.

14   Vgl *Köhler/Bornkamm* UWG § 12 Rn 4.20; *Wandtke/Bullinger* UrhG[4] § 103 Rn 2.

15   S *Köhler/Bornkamm* UWG § 12 Rn 4.20; BGH GRUR 1979, 804 Falschmeldung, zu § 824 BGB.

16   *Ströbele/Hacker* § 19c MarkenG Rn 2 .

17   *Benkard* Rn 1; *Ströbele/Hacker* § 19c MarkenG Rn 2.

sondern auch in der Vermeidung des Risikos, wegen Wettbewerbs- oder Persönlichkeitsrechtsverstoßes in Anspruch genommen zu werden.[18]

IV. Konkurrenzen

Bei Patentverletzungen (und auch bei den anderen im Zug der Umsetzung der DurchsetzungsRl eingeführten Bestimmungen) wird eine Veröffentlichungsbefugnis nach §§ 823, 1004 BGB, die ebenfalls (vgl Rn 13) eine Abwägung der Interessen der Beteiligten voraussetzt,[19] seit Inkrafttreten des § 140e grds nicht mehr in Betracht kommen,[20] weil diese Bestimmungen grds abschließende Spezialregelungen sind (str, vgl Rn 4 zu § 140a).[21] Die wohl unberührt bleibenden Ansprüche nach § 824 BGB und aus dem allg Persönlichkeitsrecht setzen andere Lebenssachverhalte voraus, die mit § 103 UrhG und § 12 Abs 3 UWG konkurrieren können, aber kaum mit § 140e; zum MarkenG vgl § 19e MarkenG.[22] **5**

B. Die Urteilsbekanntmachung

I. Berechtigter ist, wer in einem Klageverfahren aufgrund des PatG obsiegt hat; das kann auch der erfolglos wegen Patentverletzung Beklagte sein.[23] Der beigetretene Nebenintervenient ist allerdings nicht Berechtigter, da er eine Hauptsacheverurteilung nicht selbstständig erreichen kann.[24] Es kann sich nach dem sehr weit gefassten Wortlaut der Bestimmung um jede Klage nach dem Gesetz handeln, die zu einem kontradiktorischen Rechtsstreit führt, nicht nur um einen Verletzungsprozess. Erfasst sind grds auch Übertragungs- und Nichtigkeitsklagen, nicht aber Verwaltungsverfahren. Die Lit will zT zu Unrecht Entschädigungsklagen nach § 33 und Art II § 1 IntPatÜG ausschließen, weil diese von der DurchsetzungsRl nicht erfasst seien,[25] setzt sich damit aber über den eindeutigen Gesetzeswortlaut hinweg. Der Ausgleich wird über die Bestimmung des berechtigten Interesses (Rn 12) zu erfolgen haben. Der Gesetzeswortlaut erfasst auch strafrechtliche Privatklagen (vgl Rn 45 zu § 142), jedoch wird insoweit § 142 Abs 6 als Spezialregelung vorgehen. **6**

II. Ausspruch im Urteil

In dem Klageverfahren muss ein Urteil zugunsten des Berechtigten ergangen sein. Eine einstweilige Verfügung im Beschlussweg ist mithin nicht ausreichend.[26] In Betracht kommt jede Art von Urteil, auch ein Versäumnis, Vorbehalts-, Grund- oder Teilurteil. Auf die Parteirollen kommt es nicht an, weshalb bei teilweisem Obsiegen der Parteien in der Hauptsache auch jeder Partei die Veröffentlichungsbefugnis zustehen kann.[27] Entspr dem Zweck der Regelung muss ein Obsiegen in der Hauptsache vorliegen. Eine günstige Kostenentscheidung nach § 93 ZPO oder nach § 91 ZPO ist für sich allein nicht ausreichend.[28] **7**

---

18 *Köhler/Bornkamm* UWG § 4 Rn 7.16 aE: Veröffentlichung setzt Mitbewerber idR herab; *Fitzner/Lutz/Bodewig* Rn 22; OLG Hamm 7.2.2008 4 U 154/07 GRUR-RR 2009, 31 Ls, Wettbewerbssache; LG Hamburg MMR 2010, 60.
19 Vgl BGH GRUR 1956, 558, 563 Regensburger Karmelitengeist.
20 Differenzierend *Mes* Rn 10; aA *Ekey/Bender/Fuchs-Wissemann* § 19c MarkenG Rn 31 f, der den materiellrechtl Anspruch nach § 1004 BGB dem prozessualen nach § 19c MarkenG gegenüberstellt; *Schulte* Rn 4; *Fitzner/Lutz/Bodewig* Rn 22; *Wandtke/Bullinger* § 103 UrhG Rn 2.
21 AA *Fitzner/Lutz/Bodewig* Rn 22; *Mes* Rn 4.
22 *Ströbele/Hacker* § 19e MarkenG Rn 2.
23 *Benkard* Rn 3; *Dörre/Maaßen* GRUR-RR 2008, 217, 222; *Mes* Rn 7; vgl *Ekey/Bender/Fuchs-Wissemann* § 19c MarkenG Rn 8; aA *Steigüber* GRUR 2011, 295.
24 *Kühnen* Hdb[8] Rn E 291; *Schulte* Rn 7.
25 *Benkard* Rn 2; *Fitzner/Lutz/Bodewig* Rn 4; *Mes* Rn 5; vgl *Schulte* Rn 5; *Kühnen* Hdb[8] Rn E 289.
26 *Benkard* Rn 2; *Schulte* Rn 6, der Verfügungsverfahren generell als Grundlage ausnehmen will, auch für den Fall, dass eine Abschlusserklärung abgegeben wurde; hier diffenzierend *Kühnen* Hdb[8] Rn E 289; auch *Ströbele/Hacker* § 19c MarkenG Rn 5 schließt das Verfügungsverfahren generell aus; dagegen will *Ekey/Bender/Fuchs-Wissemann* § 19c MarkenG Rn 28 Entscheidungen nach Abschlusserklärung einbeziehen, ebenso Fitzner/Lutz/Bodewig Rn 5; *Fezer* § 19c MarkenG Rn 5; dazu *Köhler/Bornkamm* UWG § 12 Rn 4.9: materiellrechtl Anspruch; OLG Düsseldorf NJW-RR 2001, 922, Wettbewerbssache, zur früheren Rechtslage.
27 *Schulte* Rn 7; *Kühnen* Hdb[8] Rn E 291.
28 *Kühnen* Hdb[8] Rn E 290.

8 In der Lit wird teilweise vertreten, dass auch **Schiedssprüche** einzubeziehen sind.[29]

9 In dem Urteil muss dem Berechtigten (Rn 6) die **Befugnis** zugesprochen sein, das Urteil zu öffentlich bekannt zu machen (Satz 1; Rn 15).

10 Das setzt einen entspr **Antrag** voraus,[30] den der Nebenintervenient nicht wirksam stellen kann.[31] Der Antrag kann noch in der Berufungsinstanz gestellt werden.[32] Er bildet mit dem ihn begründenden Sachverhalt einen eigenen Streitgegenstand.[33] Zwar steht dem Gericht hinsichtlich der Art und des Umfangs der Bekanntmachung ein Ermessen zu. Aus Bestimmtheitsgründen (auch im Hinblick auf die Problematik der möglichen Beeinträchtigung des Gegners durch eine zu weit gehende Veröffentlichung bei unklarem Tenor) und im Hinblick darauf, dass das Gericht regelmäßig keinen hinreichenden Überblick über die auf dem relevanten Markt einschlägige Fachpresse hat, sollte der Antrag die genaue Bezeichnung des Veröffentlichungsmediums, der Form und des Umfangs der Bekanntmachung enthalten (Rn 17).[34] Er kann zB wie folgt formuliert werden:[35]

> *„Es wird der Klägerin gestattet, den Urteilskopf und Urteilstenor, soweit er die Sachentscheidung enthält, auf Kosten der Beklagten durch jeweils eine halbseitige Anzeige in drei aufeinanderfolgenden Ausgaben des von X veröffentlichten Fachmagazins „J" öffentlich bekannt zu machen."*

11 Aus Satz 3 und Satz 4 folgt, dass die Bekanntmachung des Urteils dessen **Rechtskraft** voraussetzt.[36]

III. Berechtigtes Interesse

12 **1. Grundsatz.** Der Berechtigte muss zum Zeitpunkt der letzten mündlichen Verhandlung[37] ein berechtigtes Interesse an der öffentlichen Bekanntmachung des Urteils haben.[38] Ein allg Interesse an der Bestrafung oder an Generalprävention[39] ist nicht ausreichend.[40] Ein berechtigtes Interesse kann vielmehr nur vorliegen, wenn die öffentliche Bekanntmachung bei objektiver Betrachtung geeignet und erforderlich erscheint, einer durch die sonstigen Urteilswirkungen nicht hinreichend zu beseitigenden Beeinträchtigung des Anspruchsinhabers in seinen berechtigten Belangen entgegenzuwirken.[41]

13 Zwischen den Belangen des Verletzten und des Verletzers ist **abzuwägen**.[42] In die Abwägung sind insb Art, Dauer und Ausmaß der Beeinträchtigung, die Gefahr von Nachwirkungen der Verletzungshandlungen in der Öffentlichkeit, die Schwere der Schuld, das Zeitmoment, das Informationsinteresse der Öffentlichkeit und die Folgen der Veröffentlichung für den Antragsgegner einzubeziehen.[43] Dabei ist auch zu berücksichtigen, wie sich die Verletzung auf die zukünftige Wettbewerbssituation auswirken kann und welche Publizität der Patentstreit vor dem Urteil erlangt hat.[44] Einzubeziehen ist auch die Eignung der Urteilsbekanntmachung, Nachwirkungen der Verletzungshandlung in der Öffentlichkeit entgegenzuwir-

---

29 *Fitzner/Lutz/Bodewig* Rn 6.

30 *Mes* Rn 8; *Ströbele/Hacker* § 19c MarkenG Rn 4; vgl *Ekey/Bender/Fuchs-Wissemann* § 19c MarkenG Rn 9.

31 *Schulte* Rn 7.

32 *Fitzner/Lutz/Bodewig* Rn 12.

33 *Fitzner/Lutz/Bodewig* Rn 20.

34 Vgl aber *Kühnen* Hdb[8] Rn E 313, wonach für den Klageantrag auch ausreichen soll, Art und Umfang der Veröffentlichung in das Ermessen des Gerichts zu stellen.

35 Modifiziert nach LG Düsseldorf 19.4.2011 4a O 236/09.

36 *Ströbele/Hacker* § 19c MarkenG Rn 5; vgl *Kühnen* Hdb[8] Rn E 290; kr *Maaßen* MarkenR 2008, 417, 422.

37 OLG Celle GRUR 2002, 799, 801; *Fitzner/Lutz/Bodewig* Rn 11; *Dörre/Maaßen* GRUR-RR 2008, 217, 222; vgl BGHZ 151, 15 = GRUR 2002, 799 Stadtbahnfahrzeug, UrhSache.

38 Vgl *Schulte* Rn 9; Bsp LG Düsseldorf 7.4.2009 4a O 109/08: Teilnahme des Verletzers an öffentlicher Ausschreibung.

39 Hierzu OLG Frankfurt GRUR 2014, 296.

40 Vgl *Benkard* Rn 4; *Fitzner/Lutz/Bodewig* Rn 8.

41 Vgl *Fitzner/Lutz/Bodewig* Rn 8; *Mes* Rn 9; LG Düsseldorf 27.8.2009 4b O 67/08; LG Düsseldorf 9.6.2009 4b O 172/08; vgl auch *Kühnen* Hdb[8] Rn E 292ff; vgl BGH GRUR 1971, 588 Disney-Parodien: der Verletzer berühmt sich öffentlich des Rechts, zu verletzen.

42 *Fitzner/Lutz/Bodewig* Rn 9; vgl LG München I 24.11.2011 7 O 22100/10 CIPR 2012, 22 Ls.

43 *Schulte* Rn 9; LG München I 24.11.2011 7 O 22100/10 CIPR 2012, 22 Ls; vgl *Ekey/Bender/Fuchs-Wissemann* § 19c MarkenG Rn 12.

44 HG Bern sic! 2006, 348, 356f.

ken. Ein berechtigtes Interesse an der Veröffentlichung kann bereits dann vorliegen, wenn der Verurteilte patentverletzende Gegenstände vertrieben hat,[45] nicht aber, wenn Beeinträchtigungen[46] nur drohen. In Betracht kommen insb Pirateriefälle.[47] Der Beklagte kann im Fall der Klageabweisung insb dann Veröffentlichung verlangen, wenn der Fall größere Aufmerksamkeit erlangt hat.[48] Erlischt das Patent während des Verletzungsstreits, spricht dies grds gegen ein berechtigtes Interesse an einer Urteilsbekanntmachung, da der geschützte Gegenstand ab diesem Zeitpunkt von jedermann, auch dem Verletzer, bezogen werden darf, was dem Fortdauern der Beeinträchtigung regelmäßig entgegenstehen wird.[49]

2. Darlegungslast. Die Umstände, die das berechtigte Interesse begründen, hat der Antragsteller dar- **14** zulegen und erforderlichenfalls zu beweisen, die Umstände, die dagegen sprechen, der Antragsgegner.[50] An die Darlegungslast dürfen keine überzogenen Anforderungen gestellt werden.[51]

IV. Veröffentlichungsbefugnis

1. Grundsatz. Aus dem Regelungszusammenhang folgt, dass der Berechtigte (Rn 6) die Befugnis er- **15** hält, das Urteil zu veröffentlichen. Die Veröffentlichung erfolgt mithin nicht durch das Gericht. Liegen die Voraussetzungen vor, hat der Berechtigte Anspruch darauf, dass ihm die Veröffentlichungsbefugnis zugesprochen wird.[52]

Die Veröffentlichungsbefugnis begründet **keine Verpflichtung** des Berechtigten zur Veröffentli- **16** chung. Die Veröffentlichung ist private Vollstreckungsmaßnahme.[53]

2. Art und Umfang der Veröffentlichung werden durch das Urteil bestimmt. Dies betrifft neben der **17** Frage, ob nur der Urteilstenor oder Teile davon oder auch Teile der Urteilsgründe zu veröffentlichen sind,[54] das Veröffentlichungsmedium, die Anzahl der Veröffentlichung, deren Größe, Aufmachung, Positionierung und Inhalt im einzelnen,[55] nicht aber das genaue Veröffentlichungsdatum, da dieses auch von Kapazitäten und Bereitschaft Dritter abhängen kann[56] (vgl zur Frist Rn 19). Als Veröffentlichungsmedien kommen nicht nur Printmedien, sondern auch elektronische Medien (Funk, Fernsehen, Internet-Publikationen) in Betracht.[57] Insoweit besteht keine Bindung an den Antrag.[58] Welche Art und und welchen Umfang die Veröffentlichung im Einzelfall annehmen kann, ist in Wechselwirkung zum berechtigten Interesse des Anspruchsinhabers und den dortigen Abwägungsgesichtspunkten zu bestimmen (vgl Rn 13).[59] Bei der Veröffentlichung von Ordnungsmittelandrohungen ist Vorsicht geboten.[60]

An das Begehren der Veröffentlichung in **bestimmten Medien** soll das Gericht nach Auffassung des **18** öOGH gebunden sein.[61] Für das dt Recht wird das wegen Satz 2 nicht gelten. Jedoch wurde es in der Rspr

---

45 ÖOGH 26.6.1997 4 Ob 182/97m Urteilsveröffentlichung; aA LG München I 24.11.2011 7 O 22100/10 (Nr 126).

46 BGHZ 23, 100 = GRUR 1957, 231 Taeschner-Pertussin I, WzSache, zum Anspruch aus § 1004 BGB.

47 Vgl *Ströbele/Hacker* § 19c MarkenG Rn 7.

48 *Ströbele/Hacker* § 19c MarkenG Rn 8; vgl *Ekey/Bender/Fuchs-Wissemann* § 19c MarkenG Rn 15.

49 AA wohl *Kühnen* GRUR 2009, 288, 293.

50 *Benkard* Rn 4; *Schulte* Rn 12; *Fitzner/Lutz/Bodewig* Rn 13; *Kühnen* Hdb[8] Rn E 311.

51 *Dörre/Maaßen* GRUR-RR 2008, 217, 222; vgl aber LG Düsseldorf 27.8.2013 4a O 181/12 (Nr 76): Vortrag zu den Voraussetzungen erforderlich.

52 *Mes* Rn 11; vgl *Kühnen* Hdb[8] Rn E 312: kein Ermessen; ebenso *Benkard* Rn 5; dagegen sieht *Schulte* Rn 14 einen Beurteilungsspielraum als eröffnet an.

53 *Fitzner/Lutz/Bodewig* Rn 17.

54 Vgl *Fitzner/Lutz/Bodewig* Rn 16; BGH GRUR 1998, 568 Beatles-Doppel-CD.

55 Ebenso *Benkard* Rn 5.

56 Vgl auch *Fitzner/Lutz/Bodewig* Rn 15; aA wohl *Schulte* Rn 15.

57 Vgl *Schulte* Rn 14; *Ströbele/Hacker* § 19c MarkenG Rn 10; öOGH ÖBl 2003, 31, 34 BOSS-Zigaretten IV; kr *Ekey/Bender/Fuchs-Wissemann* § 19c MarkenG Rn 17; vgl auch OLG Frankfurt GRUR 2014, 296, 298.

58 AA *Benkard* Rn 5.

59 *Benkard* Rn 5; vgl auch *Kühnen* Hdb[8] Rn E 314 ff.

60 *Benkard* Rn 5; *Fitzner/Lutz/Bodewig* Rn 16.

61 ÖOGH ÖBl 2007, 275, 280 Almdudler II.

als zulässig angesehen, ohne Anschlussrechtsmittel die Art und den Umfang der Veröffentlichung zu ändern.[62] Die Lit nimmt teilweise an, dass es ausreiche, das Medium als solches zu bezeichnen.[63]

19   **3. Frist.** Wird von der Befugnis nicht innerhalb von drei Monaten nach Eintritt der Rechtskraft des Urteils Gebrauch gemacht, erlischt die Veröffentlichungsbefugnis (Satz 3). Die Frist ist Ausschlussfrist; ihre Einhaltung ist vAw zu beachten.[64] Innerhalb der Frist muss der Berechtigte alle erforderlichen Schritte zur alsbaldigen Bekanntmachung unternehmen.[65]

20   **4.** Der Anspruch auf Veröffentlichung unterliegt der **Verjährung** nach § 141.[66]

21   **5. Keine vorläufige Vollstreckbarkeit.** Eine vorläufige Vollstreckung vor Eintritt der Rechtskraft wird durch Satz 4 ausdrücklich ausgeschlossen.[67]

V. Kosten der Veröffentlichung

22   Die Veröffentlichung erfolgt auf Kosten der unterliegenden Partei (Satz 1). Dies ist im Urteil anzuordnen. Eine Vorschusspflicht ist nicht vorgesehen.[68] Unklar ist, ob sich der Anspruch des Berechtigten auf Kostenerstattung durch den Gegner bereits aus dem Gesetz oder erst aus dem Urteilsausspruch ergibt. § 788 ZPO ist anwendbar, da es sich um Kosten der Zwangsvollstreckung handelt.[69]

§ 141
(Verjährung)

[1] Auf die Verjährung der Ansprüche wegen Verletzung des Patentrechts finden die Vorschriften des Abschnitts 5 des Buches 1 des Bürgerlichen Gesetzbuchs entsprechende Anwendung. [2] Hat der Verpflichtete durch die Verletzung auf Kosten des Berechtigten etwas erlangt, findet § 852 des Bürgerlichen Gesetzbuchs entsprechende Anwendung.

MarkenG: § 20; **DesignG:** § 49; **UrhG:** § 102; **SortG:** § 37c
Ausland: Belgien: Art 54 PatG 1984; **Frankreich:** Art L 615-8 CPI; **Luxemburg:** Art 82 PatG 1992/1998; **Österreich:** § 154 öPatG; **Polen:** Art 289 RgE 2000; **Spanien:** Art 71 PatG; **Türkei:** Art 145 VO 551

---

62   OLG Frankfurt GRUR 2014, 296; hierzu *Kühnen* Hdb[8] Rn E 320.
63   *Ekey/Bender/Fuchs-Wissemann* § 19c MarkenG Rn 18 f; aA *Fitzner/Lutz/Bodewig* Rn 15.
64   *Schulte* Rn 19; *Kühnen* Hdb[8] Rn E 322.
65   *Benkard* Rn 6; *Schulte* Rn 20; *Fitzner/Lutz/Bodewig* Rn 19; *Ströbele/Hacker* § 19c MarkenG Rn 13; *Ekey/Bender/Fuchs-Wissemann* § 19c MarkenG Rn 25.
66   *Fitzner/Lutz/Bodewig* § 141 Rn 11; vgl *Mes* § 141 Rn 20.
67   Vgl *Benkard* Rn 6; *Schulte* Rn 18; *Kühnen* Hdb[8] Rn E 290; *Ströbele/Hacker* § 19c MarkenG Rn 11; *Ekey/Bender/Fuchs-Wissemann* § 19c MarkenG Rn 26 ff, wonach dies nicht für Ansprüche entspr 1004 BGB gelten soll.
68   *Benkard* Rn 5; *Schulte* Rn 16; *Fitzner/Lutz/Bodewig* Rn 18; *Ströbele/Hacker* § 19c MarkenG Rn 12; *Dörre/Maaßen* GRUR-RR 2008, 217, 222.
69   *Benkard* Rn 5; *Kühnen* Hdb[8] Rn E 321.

Schrifttum: *Ann* Schuldrechtsmodernisierung und gewerblicher Rechtsschutz, VPP-Rdbr 2003, 1; *Ann/Barona* Schuldrechtsmodernisierung und gewerblicher Rechtsschutz, 2002; *Bär-Bouyssiere* Anspruchsverjährung bei Verstoß gegen wettbewerbsrechtliche Unterwerfungserklärung, NJW 1996, 1657; *Borck* Zur Verjährung wettbewerbsrechtlicher Unterlassungsansprüche, WRP 1979, 341; *Dittmann* Die Verjährungsunterbrechung wettbewerblicher Unterlassungsansprüche durch Urteil und einstweilige Verfügung, GRUR 1979, 208; *Ebert* Der deliktische „Rest-Schadensersatzanspruch" nach der Schuldrechtsreform, NJW 2003, 3035; *Fellmer* Die aktuelle höchstrichterliche Rechtsprechung zum Verjährungsrecht, MDR 2009, 670; *Foth* Fortgesetzte Handlung und Verjährung, FS R. Nirk (1992), 293; *Greuner* Welche Bedeutung hat § 48 Satz 2 des Patentgesetzes? GRUR 1961, 108; *Hase* Verjährung von wettbewerbsrechtlichen Unterlassungsansprüchen und Erledigung der Hauptsache im einstweiligen Verfügungsverfahren, WRP 1985, 254; *Heermann* Schadensersatz und Bereicherungsausgleich bei Patentrechtsverletzungen, GRUR 1999, 625; *Hillinger* Nochmals zur Verjährung von Unterlassungsansprüchen, GRUR 1973, 254; *Hülsewig* Der Restschadensersatzanspruch im Patentrecht: beschränkt auf die angemessene Lizenzgebühr? GRUR 2011, 673; *Karnell* Gedanken zur Bemessung von Schadensersatzansprüchen bei Patentverletzungen, GRUR Int 1996, 335; *U. Krieger* Zur Verjährung von Unterlassungsansprüchen auf dem Gebiet des gewerblichen Rechtsschutzes, GRUR 1972, 696; *Maurer* Verjährungshemmung durch vorläufigen Rechtsschutz, GRUR 2003, 208; *Meier-Beck* Ersatzansprüche gegen den mittelbaren Patentverletzer, GRUR 1993, 1; *Messer* Neue Rechtsfragen zur Verjährung des wettbewerblichen Unterlassungs- und Schadensersatzanspruchs, FS H. Helm (2002), 111; *Möller* Der Umfang des Schadensersatzes nach § 47 Abs. 2 PG, GRUR 1938, 221; *Neu* Die Verjährung der gesetzlichen Unterlassungs-, Beseitigungs- und Schadensersatzansprüche im Wettbewerbs- und Warenzeichenrecht, GRUR 1985, 335; *Nieder* Restschadenersatz-, Restentschädigungs- und Bereicherungsansprüche im Patentrecht, Mitt 2009, 540; *Nieder* Europäische Bündelpatente – Restschadensersatzanspruch adé? Mitt 2016, 1; *Omsels* Verjährung von Schadensersatzansprüchen aus Schutzrechts- und Wettbewerbsrechtsverletzungen nach § 852 BGB („Motorradteile"), jurisPR-WettbR 7/2015 Anm 1; *Pietzcker* Feststellungsprozeß und Anspruchsverjährung, GRUR 1998, 293; *Pross* Zum Umfang des Restschadensersatzanspruches im Patentrecht, FS T. Schilling (2007), 333; *D. Rogge* Zur Frage der Verjährung von Unterlassungsansprüchen nach § 21 UWG, GRUR 1963, 345; *Schabenberger* Zur Hemmung nach § 204 Abs. 1 Nr. 9 BGB in wettbewerbsrechtlichen Auseinandersetzungen, WRP 2002, 293; *Sterner* Zum Bereicherungsbegriff des neuen Patentgesetzes (§ 48 Satz 2 PG), GRUR 1937, 339; *Teplitzky* Zur Unterbrechung und Hemmung der Verjährung wettbewerbsrechtlicher Ansprüche; GRUR 1984, 307; *H. Tetzner* Verjährung zivilrechtlicher Ansprüche wegen Patentverletzung, Mitt 1982, 61; *Tilmann* Schuldrechtsreform und gewerblicher Rechtsschutz, Mitt 2001, 282; *Traub* Unterbrechung der Verjährung durch Antrag auf Erlaß einer einstweiligen Verfügung, WRP 1997, 903; *Ullmann* Die Verschuldenshaftung und die Bereicherungshaftung des Verletzers im gewerblichen Rechtsschutz und Urheberrecht, GRUR 1978, 615; *Ulrich* Die analoge Anwendung des § 21 UWG, WRP 1996, 371.

A. Allgemeines

I. Entstehungsgeschichte, zeitliche Geltung

Die Verjährungsvorschriften waren im PatG 1877/1891 als § 38/§ 39 eingestellt. Sie wurden durch das **1** PatG 1936 als § 48 der Regelung in § 852 BGB angepasst. Die frühere Verweisung auf § 852 Abs 2 BGB ist durch Art 8 Nr 63 GPatG mWv 1.1.1981 eingefügt worden. Das SchuldRModG hat die Vorschrift im Rahmen der Reform des Verjährungsrechts neu gefasst.[1] § 147 Abs 1 trifft hierzu eine Übergangsregelung. Für vor dem 1.1.2002 entstandene Ansprüche aus dem PatG ist § 141 in seiner nunmehr geltenden Fassung anzuwenden.[2]

2   Für das Gebrauchsmuster trifft § 24f GebrMG eine **parallele Regelung**; für den Topographieschutz § 9 Abs 2 HlSchG, für den Sortenschutz § 37c SortG.

II. Verhältnis zur allgemeinen zivilrechtlichen Verjährungsregelung

3   Die allg Regeln zur Verjährung zivilrechtl Ansprüche, auf die die Bestimmung verweist, sind in den §§ 194–218 BGB enthalten, die ihrerseits an das Modell der Principles of European Contract Law anknüpfen, das die Kommission für Europäisches Vertragsrecht im Februar 2001 verabschiedet hat.[3] Die Norm ist an sich überflüssig, weil ohne sie die §§ 194 ff BGB unmittelbar gälten.[4] Vereinbarungen über die Verjährung sind in weiterem Umfang als früher möglich[5] (§ 202 BGB). Verjährung begründet ein Leistungsverweigerungsrecht (§ 214 Abs 1 BGB) in Form einer rechtshemmenden Einrede;[6] sie ist nicht vAw zu beachten. Den Verjährungsvorschriften liegt der Gedanke zugrunde, dass gewisse tatsächliche Zustände, die längere Zeit hindurch unangefochten bestanden haben, im Interesse des Rechtsfriedens und der Rechtssicherheit als zu Recht bestehend anerkannt werden.[7] Da der Rechtsverkehr klare Verhältnisse erfordert, ist es grds geboten, sich bei der Auslegung der Verjährungsvorschriften eng an deren Wortlaut zu halten.[8] Das schließt allerdings nach der Rspr des BGH die Berücksichtigung des Gesetzeszwecks und die analoge Anwendung von Vorschriften des Verjährungsrechts nicht aus.[9] Die allg Regeln werden in § 852 BGB für Schadensersatzansprüche aus unerlaubter Handlung ergänzt, auf die Satz 2 für den Fall verweist, dass der Verpflichtete durch die Verletzung auf Kosten des Berechtigten etwas erlangt hat.

III. Verhältnis zur wettbewerbsrechtlichen Verjährungsregelung

4   § 11 UWG normiert für die Ansprüche aus §§ 8, 9 und 12 Abs 1 Satz 2 UWG eine kurze sechsmonatige Verjährung; diese beginnt, wenn der Anspruch entstanden ist und der Gläubiger von den den Anspruch begründenden Umständen und der Person des Schuldners Kenntnis erlangt oder ohne grobe Fahrlässigkeit erlangen müsste (§ 11 Abs 2 UWG). Die Ultimoverjährung (Rn 46) gilt hier nicht.[10] Schadensersatzansprüche verjähren ohne Rücksicht auf die Kenntnis oder grob fahrlässige Unkenntnis in zehn Jahren von ihrer Entstehung an, spätestens in 30 Jahren von der den Schaden auslösenden Handlung an (§ 11 Abs 3 UWG). Andere Ansprüche verjähren ohne Rücksicht auf die Kenntnis oder grob fahrlässige Unkenntnis in drei Jahren von der Entstehung an (§ 11 Abs 4 UWG).

5   Wieweit die Regelung zum Tragen kommen kann, hängt zunächst von der **rechtlichen Einordnung des Anspruchs** ab; dies gilt insb für auf unberechtigte Verwarnung gestützte Ansprüche (Rn 25). Bei Verstößen gegen die Strafbestimmungen des §§ 16–18 UWG gelten die §§ 195, 199 BGB.[11] Wird sowohl ein Schutzgesetz verletzt als auch gegen eine Marktverhaltensregelung verstoßen, wird auf den Schwerpunkt des Unrechtsgehalts abgestellt; liegt er auf dem Wettbewerbsverstoß, kommt § 11 UWG zur Anwendung.[12] Soweit gleichzeitig die §§ 824, 826 BGB anzuwenden sind, gelten die §§ 195, 199 BGB.[13] Dagegen richtet sich

---

1   Hierzu *Tilmann* Mitt 2001, 282; *Ann/Barona* Rn 29–31.
2   LG Düsseldorf 31.1.2012 4a O 106/08.
3   Begr BTDrs 14/6040 S 103.
4   *Fitzner/Lutz/Bodewig* Rn 10; *Ströbele/Hacker* § 20 MarkenG Rn 1.
5   Hierzu *Tilmann* Mitt 2001, 282, 284 f.
6   *Fitzner/Lutz/Bodewig* Rn 57.
7   BGH GRUR 1993, 469 Mauerrohrdurchführungen; vgl *Fitzner/Lutz/Bodewig* Rn 2; *Mes* Rn 1.
8   BGHZ 53, 43, 47 = NJW 1970, 419.
9   BGH Mauerrohrdurchführungen; vgl BGHZ 95, 238, 242 = NJW 1985, 2324; BGHZ 98, 59, 63 = NJW 1986, 2103.
10   Vgl *Köhler/Bornkamm* § 11 UWG Rn 1.18.
11   BGH GRUR 2008, 818 strafbare Werbung im Versandhandel; *Köhler/Bornkamm* § 11 UWG Rn 1.9.
12   BGH GRUR 2011, 444 Flughafen Hahn; abw noch *Fitzner/Lutz/Bodewig* Rn 15.
13   *Köhler/Bornkamm* § 11 UWG Rn 1.10 f; vgl BGHZ 36, 252, 257 = GRUR GRUR 1962, 310 Gründerbildnis; BGH GRUR 1977, 539, 543 Prozeßrechner.

bei gleichzeitiger Verletzung eines Schutzgesetzes die Verjährung nach § 11 UWG, soweit der Schwerpunkt des Unrechtsgehalts im Wettbewerbsverstoß liegt;[14] dies gilt auch bei Verletzung des Rechts am eingerichteten und ausgeübten Gewerbebetrieb.[15] Bei Ansprüchen aus ergänzendem Leistungsschutz gilt allein § 11 UWG (str).[16]

B. Verjährungsregelung

I. Anwendungsbereich

6 Satz 1 verweist hinsichtlich der Ansprüche wegen Verletzung des Patentrechts auf die allg Verjährungsregelung des BGB. Ansprüche sind die zivilrechtl iSd § 194 BGB. Damit scheiden strafrechtl, öffentlich-rechtl und sonstige nichtzivilrechtl Folgen aus dem Anwendungsbereich der Bestimmung aus.[17]

7 Die Regelung gilt auch für Ansprüche aus **ergänzenden Schutzzertifikaten** (§ 16a Abs 2).

8 Auf **europäische Patente** findet sie nach Art 2, Art 64 EPÜ Anwendung.

9 Für das **EU-Patent mit einheitlicher Wirkung** regelt Art 72 EPG-Übk die Verjährung dahin, dass unbeschadet des Art 24 Abs 2 und 3 des Übk (Anwendung nationaler Rechtsvorschriften) Klagen im Zusammenhang mit allen Formen der finanziellen Entschädigung nicht später als fünf Jahre, nachdem der Antragsteller von dem letzten Ereignis, das Veranlassung zur Klage bietet, Kenntnis erlangte oder vernünftigerweise hätte erlangen müssen, erhoben werden können.

10 Satz 1 betrifft die Verjährung auf der „ersten Stufe".[18] Satz 2 verweist für die Verjährung „auf zweiter Stufe"[19] auf **§ 852 BGB**, der wie folgt lautet:

> [1]Hat der Ersatzpflichtige durch eine unerlaubte Handlung auf Kosten des Verletzten etwas erlangt, so ist er auch nach Eintritt der Verjährung des Anspruchs auf Ersatz des aus einer unerlaubten Handlung entstandenen Schadens zur Herausgabe nach den Vorschriften über die Herausgabe einer ungerechtfertigten Bereicherung verpflichtet. [2]Dieser Anspruch verjährt in zehn Jahren von seiner Entstehung an, ohne Rücksicht auf die Entstehung in 30 Jahren von der Begehung der Verletzungshandlung oder dem sonstigen, den Schaden auslösenden Ereignis an.

Näher zum Restbereicherungsanspruch Rn 49 ff.

II. Einzelne Ansprüche

11 **1.** Der **Schadensersatzanspruch** aus § 139 Abs 2 verjährt nach drei Jahren (§ 195 BGB), unabhängig vom Eintritt der subjektiven Voraussetzungen 10 Jahre ab Entstehung des Anspruchs (Rn 31).

12 **2. Unterlassungs- und Beseitigungsanspruch** (§ 139 Abs 1) unterliegen ebenfalls der Verjährung,[20] wie sich schon aus der Gesetzesformulierung – auch in den anderen Gesetzen des Immaterialgüterrechts (§ 24c GebrMG; § 9 Abs 3 HalblG; § 20 MarkenG; § 37c SortG; § 102 UrhG; § 49 DesignG) ergibt (jetzt für den Beseitigungsanspruch allgM und für den Unterlassungsanspruch hM); auch hier gilt die allg dreijährige Verjährungsregelung.[21] Das gilt auch für den Rückrufanspruch und den Vernichtungsanspruch aus § 140a[22] sowie für den Anspruch auf Urteilsbekanntmachung nach § 140e.[23] § 197 Abs 1 Nr 1 BGB ist nicht anwendbar. Zu beachten ist, dass nach § 199 Abs 5 BGB die Verjährung nicht mit der Entstehung des An-

---

14 Vgl BGH Flughafen Hahn; *Köhler/Bornkamm* § 11 UWG Rn 1.9.
15 BGH Gründerbildnis; BGH GRUR 1974, 99 f Brünova; BGH GRUR 1981, 517, 520 Rollhocker; vgl *Köhler/Bornkamm* § 11 UWG Rn 1.8.
16 Vgl BGH GRUR 1999, 751, 754 Güllepumpen; *Köhler/Bornkamm* § 11 UWG Rn 1.12.
17 Vgl *Benkard* Rn 3.
18 Vgl *Fitzner/Lutz/Bodewig* Rn 5.
19 *Fitzner/Lutz/Bodewig* Rn 9.
20 *Tetzner* Mitt 1982, 61, 62 f; *Benkard* Rn 2; *Ann/Barona* Rn 42; *Ann* VPP-Rdbr 2003, 1 f; vgl zum Beseitigungsanspruch nach Kartellrecht BGHZ 133, 177 = NJW 1996, 3005 Kraft-Wärme-Kopplung I; zur abw gegenteiligen Auffassung *5. Aufl.*
21 Vgl Begr BTDrs 14/6040 S 105 f; nach *Benkard* Rn 3 nach § 195 BGB, soweit sich der Anspruch auf § 1004 BGB stützt; vgl zu vertaglichen Unterlassungsansprüchen *Mes* Rn 21.
22 *Schulte* Rn 4.
23 Vgl *Fitzner/Lutz/Bodewig* Rn 12.

spruchs, sondern mit der Zuwiderhandlung beginnt. Der Unterlassungsanspruch kann trotz fortbestehender Wiederholungsgefahr verjähren,[24] nach der Rspr des BGH allerdings nicht, solange die Verletzungshandlung andauert.[25] Allerdings entsteht mit erneuter Begehung ein neuer Unterlassungsanspruch (Rn 31 ff).

13 Ein deklaratorisches **Anerkenntnis**, etwa im Vergleichsweg, wirkt sich auf die Verjährungsfrist nicht aus.[26]

14 Geht die gesetzliche Unterlassungsverpflichtung durch Abgabe einer zur Beseitigung der Wiederholungsgefahr geeigneten **Unterlassungserklärung** unter, entstehen selbstständige vertragliche Ansprüche. Dies soll bei wettbewerbsrechtl Unterlassungsverpflichtungen grds auch gelten, wenn die Wiederholungsgefahr nicht entfällt und der ursprüngliche Anspruch bestehen bleibt, allerdings ist die kurze Verjährungsfrist des § 11 UWG im Analogieweg auf gesetzliche Unterlassungsansprüche aus § 8 UWG anzuwenden.[27]

15 Für **Vertragsstrafeansprüche** gilt anders als früher[28] nach der Neuregelung die regelmäßige dreijährige Verjährungsfrist.

16 3. Für den **Entschädigungsanspruch aus der offengelegten Patentanmeldung** (§ 33) gilt die Regelung im BGB mit der Maßgabe, dass der Anspruch nicht vor Ablauf eines Jahrs nach Erteilung des Patents verjährt (§ 33 Abs 3). Die dreijährige Verjährung (§ 195 BGB) beginnt mit dem Schluss des Jahrs, in dem der Anmelder von der Benutzung der Erfindung und der Person des Benutzers Kenntnis erlangt hat, wobei grob fahrlässige Unkenntnis der Kenntnis gleichsteht. Damit kann der Berechtigte zunächst die Klärung der Patentfähigkeit abwarten.[29] Nach Eintritt der Verjährung kommt der Restentschädigungsanspruch nach § 33 Abs 3 Satz 2 in Betracht. Zur früheren Rechtslage s 6. Aufl. Str war, ob sich die Verweisung in § 33 aF auch auf Abs 3 aF bezog.[30] Für das ab 2002 geltende Recht ist dies durch die Gesetzesformulierung positiv geklärt. Zur Anwendbarkeit auf eur Patentanmeldungen Rn 7 zu Art II § 1 IntPatÜG.

17 4. Der (allg) **Auskunftsanspruch** sollte nach älterer Auffassung als lediglich vorbereitender Anspruch keiner eigenen Verjährung unterliegen; diese sollte sich nach der Verjährung des Anspruchs richten, den er vorbereiten soll.[31] Nach neuerer Auffassung verjährt er selbstständig nach § 195 BGB.[32]

18 Der Anspruch auf **Drittauskunft** nach § 140b verjährt selbstständig nach drei Jahren.

5. Sonstige Ansprüche

19 **a. Grundsatz.** Andere Ansprüche im Zusammenhang mit Patenten verjähren ebenfalls nach den allg Vorschriften.

20 **b.** Demnach verjährt der **ursprüngliche Bereicherungsanspruch** nach drei Jahren (§ 195 BGB).[33]

---

24 *Kraßer* S 873 (§ 35 VII 2); *Benkard* Rn 5; *Mes* Rn 6.
25 BGH GRUR 2003, 448, 450 Gemeinnützige Wohnungsbaugesellschaft; OLG Düsseldorf GRUR-RR 203, 21 f; vgl *Ströbele/Hacker* § 20 MarkenG Rn 10; überwiegend abw die Lit, Nachw bei *Teplitzky* GRUR 2007, 177 f.
26 BGHZ 130, 288 = GRUR 1995, 678 f kurze Verjährungsfrist.
27 BGHZ 130, 288 = GRUR 1995, 678, 680 kurze Verjährungsfrist; *Köhler/Bornkamm* § 11 UWG Rn 1.15.
28 BGH GRUR 1992, 61 Preisvergleichsliste I mwN; BGHZ 130, 288 = GRUR 1995, 678, 680 kurze Verjährungsfrist; OLG Hamm GRUR 1989, 67: 30 Jahre.
29 Vgl *Büscher/Dittmer/Schiwy* § 33 Rn 14.
30 Bejahend LG Düsseldorf Mitt 2000, 458, 462; LG Düsseldorf InstGE 1, 33, 37; LG Mannheim InstGE 4, 107, 113; verneinend OLG München 27.7.2006 6 U 4349/04 Mitt 2009, 559.
31 BGH GRUR 1972, 558, 560 Teerspritzmaschinen; BGH WM 1992, 1437 Windsurfausstattungen (Nr 30); eingehend OLG Düsseldorf 20.12.2007 2 U 40/07, SortSache; *Fitzner/Lutz/Bodewig* Rn 11; *Mes* Rn 17; *Ströbele/Hacker* § 20 MarkenG Rn 17; vgl RG MuW 25, 281 Grabenbagger.
32 *Köhler/Bornkamm* § 11 UWG Rn 1.17, ua unter Hinweis auf BGH GRUR 1988, 533, 536 Vorentwurf II, ebenso *Ahrens/Bornkamm* Kap 34 Rn 20; *Teplitzky* Kap 38 Rn 37 und die Kommentarlit zum BGB, so *Erman* § 199 Rn 4 und § 666 Rn 52; *Palandt* § 199 Rn 8, *MünchKomm* § 199 BGB Rn 7; BGHZ 108, 393, 399 = NJW 1990, 180; *Ann* VPP-Rdbr 2003, 1, 3: § 199 Abs 4 BGB anwendbar; vgl auch LG Düsseldorf Mitt 2008, 26, SortSache.
33 *Schulte* Rn 8; vgl Begr BTDrs 14/6040 S 105.

c. Der **Übertragungs- und Abtretungsanspruch nach § 8** unterliegt der dreißigjährigen Verjährung, **21** wenn man ihn als im Eigentum oder einem sonstigen dinglichen Recht begründet ansieht (§ 197 Abs 1 Nr 1 BGB).[34] Die dreißigjährige Verjährung spielt allerdings gegenüber dem gutgläubigen Verpflichteten wegen der Ausschlussfrist in § 8 Satz 3, 4 keine wesentliche Rolle. Nimmt man auch für den Übertragungs- und Abtretungsanspruch zutr eine bereicherungsrechtl Grundlage an (vgl Rn 9 zu § 8), ist § 195 BGB (dreijährige Verjährung) anwendbar. Konkurrierende deliktische Ansprüche verjähren grds nach drei Jahren (§ 195 BGB), jedoch ist § 852 BGB zu beachten. Der Bereicherungsanspruch nach Erlöschen des Patents (Rn 30 zu § 8) verjährt ebenfalls nach § 195 BGB (vgl Rn 20).[35]

d. Ansprüche aus Lizenzverträgen verjähren nach drei Jahren (§ 195 BGB).[36] Vor Inkrafttreten des **22** SchuldRModG verjährten sie grds in 30 Jahren;[37] auch der Anspruch auf Vergütung für die Überlassung neuer technischer Ideen an einen anderen zum Zweck der gewerblichen Auswertung und zum Erwerb eigener Rechte unterlag der dreißigjährigen Verjährungsfrist des § 195 BGB aF,[38] jedoch verjährten zu regelmäßig wiederkehrenden Terminen fällig werdende Lizenzansprüche und Gewinnteilansprüche aus Patentverwertungsverträgen nach § 197 BGB aF in vier Jahren;[39] dies galt auch für den Anspruch aus einem Vorvertrag auf Begründung des Lizenzgebührenanspruchs.[40]

e. Benutzungsanordnung; Lizenzbereitschaft; Zwangslizenz; Geheimhaltungsanordnung. Ent- **23** schädigungs- und Vergütungsansprüche nach §§ 13 Abs 3, 23 Abs 4, 24 Abs 1, 55 unterliegen der regelmäßigen dreijährigen Verjährung.[41] Bis zum Inkrafttreten der Neuregelung durch das SchuldRModG galt die dreißigjährige Verjährung,[42] s *5. Aufl.*

f. Auf prozessrechtlich begründete Schadensersatzansprüche im PatG (§ 85 Abs 5, Abs 6 Satz 2, **24** § 142a Abs 5), im GebrMG (§ 20 GebrMG iVm § 85 PatG) und außerhalb (§ 717 ZPO, § 945 ZPO) findet § 195 BGB mit der Maßgabe in § 852 BGB Anwendung.[43]

g. Ansprüche wegen unberechtigter Verwarnung und wegen Patentverrufs verjähren nach § 195 **25** BGB in drei Jahren; dies entspricht im Ergebnis der schon früher von der Rspr entwickelten Grundsätzen.[44] Jedoch gilt § 11 UWG entspr, wenn dem Abmahnverhältnis ein UWG-Verstoß zugrunde liegt.[45] Dies ist wegen des Verhältnisses zu wettbewerbsrechtl Ansprüchen nicht ganz unproblematisch (vgl Rn 5). Nach Eintritt der Verjährung verbleibt dem Geschädigten der Anspruch nach § 852 BGB. Auch der auf Kosten des Geschädigten dem Schädiger über einen Vertragspartner zugeflossene Vermögenszuwachs ist danach herauszugeben, wenn die Vermögensverschiebung durch die unerlaubte Handlung des Schädigers verursacht ist.[46] Zum Beginn der Verjährung Rn 31 ff.

h. Zur Verjährung des **Anspruchs** des ArbN **auf Erfindervergütung** Rn 20 ff zu § 9 ArbEG, zur Verjäh- **26** rung des Auskunftsanspruchs des ArbNErfinders Rn 48 zu § 12 ArbEG.

---

34 Vgl *Ann/Barona* Rn 30; *Ann* VPP-Rdbr 2003, 1; *Fitzner/Lutz/Bodewig* Rn 12.

35 So zum primären Bereicherungsanspruch *Benkard* Rn 3; *Schulte* Rn 7.

36 *Schulte* Rn 7; näher *B. Bartenbach* Mitt 2003, 102, 112.

37 BGH 5.1.1962 I ZR 81/60: Schadensersatzanspruch des Lizenzgebers wegen Nichtausübung.

38 BGH GRUR 1979, 800, 802 f Mehrzweckfrachter.

39 BGHZ 28, 144 = GRUR 1959, 125 Pansana; BGH GRUR 1993, 469 f Mauerrohrdurchführungen; vgl BGH GRUR 2006, 401 Zylinderrohr.

40 LG Düsseldorf 24.9.1996 4 O 44/96 Entsch 1996, 92 Ls.

41 *Schulte* Rn 7; *Ann/Barona* Rn 30; *Ann* VPP-Rdbr 2003, 1.

42 Vgl RGZ 161, 387, 390 = GRUR 1940, 26 Herbeirufungssignale, für Ansprüche aus enteignungsgleichem Eingriff.

43 *Ann/Barona* Rn 31; *Ann* VPP-Rdbr 2003, 1 f; vgl *Schulte* Rn 7; zum früheren Recht BGHZ 75, 116 = GRUR 1979, 869 Oberarmschwimmringe; BGH NJW 1992, 2297.

44 BGHZ 71, 86, 94 = GRUR 1978, 492 Fahrradgepäckträger; BGH 25.4.1968 X ZR 72/65; vgl BGH WRP 1968, 50 f Spielautomat I; *Fitzner/Lutz/Bodewig* Rn 12.

45 *Köhler/Bornkamm* § 11 UWG Rn 1.16; BGH GRUR 1992, 176 f Abmahnkostenverjährung.

46 BGH Fahrradgepäckträger.

27 **i.** Zur Verjährung von **Schadensersatzansprüchen wegen Verfallenlassens von Patenten** durch den ArbGb Rn 29 zu § 16 ArbEG. Bei Verletzung einer lizenzvertraglichen Pflicht zur Aufrechterhaltung des Schutzrechts gilt die dreijährige Verjährungsfrist (Rn 22).

28 **j. Gebührenansprüche des Patentanwalts** verjähren in drei Jahren.[47]

29 **k.** Ob der **Auskunftsanspruch nach § 146** der regelmäßigen Verjährung[48] oder der sechsmonatigen Verjährung nach § 11 Abs 1 UWG[49] unterliegt, ist str.

30 **6.** Die Verjährung von **Ansprüchen aus ausländischen Patenten** richtet sich grds nach ausländ Recht, soweit nicht Art 12 EGBGB eingreift.[50]

III. Beginn der Verjährung

31 **1. Allgemeines.**[51] Die regelmäßige Verjährungsfrist beginnt mit dem Schluss des Jahrs, in dem der Anspruch entstanden ist (§ 199 Abs 1 Nr 1 BGB). Dies setzt jedoch voraus, dass der Gläubiger von den den Anspruch begründenden Umständen und der Person des Schuldners Kenntnis erlangt oder ohne grobe Fahrlässigkeit erlangen müsste[52] (§ 199 Abs 1 Nr 2 BGB). Ist dies nicht der Fall, läuft die Frist 10 oder 30 Jahre (§ 199 Abs 3, 4 BGB; „absolute Verjährung").[53] Bei Schadensersatzansprüchen beginnt die zehnjährige Verjährungsfrist mit Entstehen des Anspruchs. Die dreißigjährige Verjährungsfrist beginnt vom Zeitpunkt der Handlung, Pflichtverletzung oder des sonstigen, den Schaden auslösenden Ereignisses an. Maßgeblich ist das Setzen der Schadensursache, auch wenn der Schaden später eintritt;[54] bei wiederholten einzelnen Handlungen beginnt für jeden dadurch bewirkten Schaden eine neue Verjährungsfrist zu laufen. Nach dem Grundsatz der Schadenseinheit beginnt die Verjährung jedenfalls mit dem Zeitpunkt zu laufen, in dem irgendein Teilschaden entstanden ist.[55] Andere Ansprüche verjähren nach zehn Jahren seit ihrer Entstehung (§ 199 Abs 4 BGB). Bei Unterlassungsansprüchen tritt an die Stelle des Entstehens die Zuwiderhandlung (§ 199 Abs 5 BGB).

32 Bei **Dauerhandlungen** wurde vertreten, dass die Verjährung während der Dauer der Handlung nicht beginnen kann.[56] Nunmehr ist die Auffassung im Vordringen, dass zu differenzieren sei: bei Unterlassungs- und Beseitigungsansprüchen beginne die Verjährung nicht, solange der Eingriff fortdauere, bei Schadensersatzansprüchen sei in Teilakte zu zerlegen.[57]

33 Die **ausgeklagte oder sonst titulierte Forderung** verjährt nach 30 Jahren (§ 197 Abs 1 BGB). Bei titulierten Forderungen beginnt die Verjährung grds mit Rechtskraft (§ 201 BGB).

34 Bei **wiederholten Verletzungshandlungen** verkörpert jede einzelne, auch wenn sie eine „fortgesetzte Handlung" darstellen (vgl Rn 37 zu § 142), den Verletzungstatbestand; damit beginnt auch der Lauf der Verjährungsfrist für den aus ihr fließenden Schadensersatzanspruch neu.[58] Dies gilt wohl auch für die dreißigjährige Frist;[59] vgl auch Rn 12.

---

47 Nach früherem Recht in zwei Jahren, BGH NJW 1982, 2733.

48 So *Fitzner/Lutz/Bodewig* § 146 Fn 29.

49 So LG Düsseldorf Magazindienst 2004, 254, 258 (zu § 21 UWG aF).

50 Vgl LG Düsseldorf GRUR Int 1968, 101; BGHZ 22, 1, 13 = GRUR 1957, 215 Flava-Erdgold.

51 Vgl *Tilmann* Mitt 2001, 282, 283 f.

52 LG Düsseldorf WuW/E DE-R 2120; vgl zur früheren Rechtslage BGH 25.4.1968 X ZR 72/65, zur Verjährung nach § 852 BGB bei Verwarnung; BGH VersR 1971, 154 f.

53 Vgl *Fitzner/Lutz/Bodewig* Rn 34 ff.

54 Vgl BGHZ 117, 287, 292 = NJW 1992, 1884.

55 BGH NJW-RR 2006, 694, 696; *Fitzner/Lutz/Bodewig* Rn 33.

56 BGH GRUR 1974, 99 f Brünova; BGH NJW-RR 2002, 1256 Vertragshändleralleinvertriebsrecht; BGH GRUR 2003, 448, 450 Gemeinnützige Wohnungsgesellschaft; *Ströbele/Hacker* § 20 MarkenG Rn 9.

57 *Köhler/Bornkamm* § 11 UWG Rn 1.21 mwN; *Fitzner/Lutz/Bodewig* Rn 19; LG Düsseldorf 5.11.2013 4a O 8/13; vgl *Messer* FS H. Helm (2002), 111, 119 ff; vgl BGH GRUR 1999, 751 Güllepumpen.

58 Vgl BGH GRUR 1978, 492, 495 Fahrradgepäckträger; BGH GRUR 1974, 99 f Brünova; BGH GRUR 1984, 820, 822 Intermarkt II; BGH GRUR 1992, 61, 63 Preisvergleichliste I; BGH GRUR 1999, 751, 754 Güllepumpen; *Fitzner/Lutz/Bodewig* Rn 18; *Mes* Rn 7; *Köhler/Bornkamm* § 11 UWG Rn 1.22; *Ströbele/Hacker* § 20 MarkenG Rn 13; vgl *Benkard* Rn 5 f; zur Verwirkung BGH GRUR 2012, 928 Honda-Grauimport; BGHZ 198, 159 = GRUR 2013, 1161, 1164 Hard Rock Cafe; str.

59 Offen gelassen in BGH Preisvergleichliste I; vgl auch BGH Intermarkt II, UWGSachen, jeweils zur früheren Rechtslage.

2. Kenntnis der Person des Schuldners ist eine der Voraussetzungen für den Beginn der regelmäßi- **35** gen Verjährungsfrist (§ 199 Abs 1 Nr 2 BGB). Bloßer Verdacht oder Vermutung genügt nicht.[60] Auf die zutr rechtl Würdigung kommt es grds nicht an, anders uU bei unübersichtlicher und verwickelter Rechtslage.[61]

Abzustellen ist grds auf den **verletzten Rechtsinhaber** (nach § 199 BGB auf den Gläubiger); Kenntnis **36** des Lizenznehmers setzt den Lauf der Verjährungsfrist zu Lasten des Lizenzgebers nur bei Beauftragung des Lizenznehmers zur Geltendmachung von Rechten aus dem Patent in Gang;[62] Wissenszurechnung des Mitarbeiters kommt nur in Betracht, wenn dieser mit der Geltendmachung von Rechten beauftragt war.[62a] Das Wissen der gesetzlichen Vertreter oder auch nur eines von ihnen muss sich das Unternehmen grds zurechnen lassen.[63] Kenntnis des mit der Vorbereitung der Geltendmachung des Anspruchs befassten Beschäftigten reicht auch dann aus, wenn für die Geltendmachung betriebsintern eine andere Stelle zuständig ist.[64] Kenntnis des rechtsgeschäftlichen Vertreters reicht grds nicht aus,[65] anders ausnahmsweise, wenn der Verletzte diesen mit der Erledigung bestimmter Angelegenheiten in eigener Verantwortung betraut hat.[66] Es genügt nicht, dass der Vertreter für das Anmeldeverfahren, der nicht mit der Geltendmachung von Rechten aus dem Schutzrecht befasst ist, dabei Kenntnisse erlangt hat.[67] Kenntnisse bloßer Informanten sind unbaeachtlich.[68]

Kenntnis von der **Person des Schuldners** setzt Bekanntsein von Namen und Anschrift voraus;[69] **37** Kenntnis nur einer ausländischen Geschäftsanschrift genügt nicht.[70]

Bei Schadensersatzansprüchen wegen **unberechtigter Verwarnung** ist auch Kenntnis der Wider- **38** rechtlichkeit der Verwarnung erforderlich, die sich mit hinreichender Sicherheit uU erst aus einem Beschränkungsbeschluss oder einem Nichtigkeitsurteil ergibt.[71] Unterlässt es der Patentinhaber pflichtwidrig, eine unberechtigt ausgesprochene Verwarnung zu widerrufen, beginnt der Lauf der Verjährungsfrist für jeden infolge der Nichtbeseitigung eingetretenen Schaden gesondert mit dem Zeitpunkt, in dem der Geschädigte von diesem Schaden Kenntnis erlangt.[72]

3. Grobfahrlässige Unkenntnis steht der Kenntnis gleich. Sie liegt vor, wenn sie auf einer Verlet- **39** zung der im Verkehr erforderlichen Sorgfalt in besonders schwerem Maß beruht, ganz nahe liegende Überlegungen nicht angestellt oder beiseite geschoben wurden und das unbeachtet geblieben ist, was im gegebenen Fall jedem hätte einleuchten müssen.[73]

IV. Hemmung, Ablaufhemmung und Neubeginn der Verjährung

1. Hemmung der Verjährung kommt insb bei Verhandlungen, durch Rechtsverfolgung,[74] bei Beste- **40** hen eines Leistungsverweigerungsrechts und bei höherer Gewalt in Betracht (§§ 203–208 BGB).[75] Der Begriff der Verhandlung ist weit auszulegen.[76] Die Hemmung endet mit der klaren und eindeutigen Verwei-

---

60 *Fitzner/Lutz/Bodewig* Rn 22.
61 BGH NJW-RR 2008, 1237; *Schulte* Rn 12; *Fitzner/Lutz/Bodewig* Rn 23.
62 BGH GRUR 1998, 133, 137 Kunststoffaufbereitung; vgl *Fitzner/Lutz/Bodewig* Rn 26.
62a LG Düsseldorf 26.7.2012 4a O 11/11; *Kühnen* Hdb[8] Rn E 491.
63 *Fitzner/Lutz/Bodewig* Rn 26; *Mes* Rn 13; *Köhler/Bornkamm* § 11 UWG Rn 1.27.
64 BGH NJW 1994, 1150.
65 LG Düsseldorf 30.11.2006 4b O 346/05 WuW/E DE-R 2120.
66 BGH Kunstoffaufbereitung; LG Düsseldorf 30.11.2006 4b O 346/05 WuW/E DE-R 2120; LG Düsseldorf InstGE 7, 70; *Benkard* Rn 7; *Schulte* Rn 12; vgl *Fitzner/Lutz/Bodewig* Rn 27.
67 BGH Kunststoffaufbereitung.
68 Vgl *Fitzner/Lutz/Bodewig* Rn 28; OLG Bamberg GRUR 2007, 167, zur Verbandsklage nach Wettbewerbsrecht.
69 BGH VersR 1995, 551f.
70 BGH NJW 1998, 988 Geschäftsanschrift im Ausland.
71 BGH 25.4.1968 X ZR 72/65; *Fitzner/Lutz/Bodewig* Rn 29.
72 BGHZ 71, 86 = GRUR 1978, 492 Fahrradgepäckträger.
73 Vgl Begr BTDrs 14/6040 S 108; BGH NJW-RR 2002, 1108 mwN; *Benkard* Rn 7; *Fitzner/Lutz/Bodewig* Rn 31; *Ströbele/Hacker* § 20 MarkenG Rn 32; *Köhler/Bornkamm* § 11 UWG Rn 1.28.
74 Zur Wirkung der Feststellungsklage nach früherem Recht BGH GRUR 1972, 180, 183f Cheri; zum Feststellungsurteil *Pietzcker* GRUR 1998, 293, 294f; zur Anrufung eines Schiedsgerichts vgl BGH GRUR 1993, 469 Mauerrohrdurchführungen.
75 Vgl *Tilmann* Mitt 2001, 282, 284; *Ann* VPP-Rdbr 2003, 1, 3.
76 BGH NJW 1983, 2075; *Fitzner/Lutz/Bodewig* Rn 49; *Mes* Rn 26.

gerung der Fortsetzung der Verhandlungen;[77] Verjährung tritt frühestens drei Monate nach dem Ende der Hemmung ein (§ 203 Satz 2 BGB). Der Zeitraum der Hemmung wird in die Frist nicht eingerechnet (§ 209 BGB). Die Hemmung endet 6 Monate nach rechtskräftiger Entscheidung oder anderweitiger Erledigung des sie auslösenden Verfahrens bzw bei Untätigkeit der Parteien der letzten Verfahrenshandlung der Parteien oder des Gerichts. Verfahrensaussetzung durch das Gericht (§ 148 ZPO) beendet die Hemmung daher anders als nach der Rechtslage vor dem 1.1.2002 nicht mehr.[78]

41   Ob **Erhebung der Klage** die Verjährung hemmt, richtet sich nicht danach, welche Tragweite den Klageanträgen beizumessen ist, sondern nach dem Willen des Klägers, wie er in den aus der Klagebegründung ausgelegten Klageanträgen nach außen, dh für das Gericht und den Prozessgegner erkennbar, in Erscheinung getreten ist.[79] Die Hemmung ist auf den geltend gemachten Anspruch beschränkt,[80] dabei ist auf den gestellten Antrag iVm dem vorgetragenen Lebenssachverhalt abzustellen.[81] Die Erhebung der Zahlungsklage durch einen anderen als den Gläubiger hemmt jedenfalls vor Offenlegung einer gewillkürten Prozessstandschaft nicht.[82] Die Geltendmachung von Auskunfts- und Rechnungslegungsansprüchen hemmt für Schadensersatz- und Entschädigungsansprüche nicht.[83]

42   Anders als nach früherer Rechtslage[84] bewirkt die Zustellung, uU schon der Antrag auf Arrest oder **einstweilige Verfügung** Hemmung (§ 204 Abs 1 Nr 9 BGB).[85] Auch der Prozesskostenhilfeantrag bewirkt unter bestimmten Voraussetzungen Hemmung (§ 204 Abs 1 Nr 14 BGB).[86]

43   **2. Ablaufhemmung** kann bei nicht voll Geschäftsfähigen und in Nachlassfällen eintreten (§§ 210, 211 BGB).

44   **3. Neubeginn** der Verjährung ist an die Stelle der früheren Unterbrechung getreten. Er tritt durch Anerkenntnis[87] und durch Vornahme einer Vollstreckungsmaßnahme und einen hierauf gerichteten Antrag ein (§ 212 BGB).

45   In der Abgabe einer **Unterlassungserklärung** liegt ein die Verjährung unterbrechendes Anerkenntnis. Neubeginn tritt auch ein, wenn die Unterlassungserklärung wegen einer zu geringen Vertragsstrafensicherung zur Beseitigung der Wiederholungsgefahr nicht geeignet ist und deshalb nicht angenommen wird.[88] Mit Abgabe der Unterlassungserklärung beginnt die Verjährung auch dann neu, wenn die Verletzung eine Dauerhandlung war.[89]

V. Eintritt der Verjährung

46   Wegen des Grundsatzes der Ultimoverjährung bei der Regelverjährung (§ 201 Abs 1 BGB), nach dem die Verjährungsfrist mit dem Schluss des Jahres beginnt, in dem der Anspruch entstanden ist und der Gläubiger Kenntnis von den den Anspruch begründenden Tatsachen und der Person des Schuldners Kenntnis erlangt hat oder ohne grobe Fahrlässigkeit erlangen müsste, kann bei dieser im allg auf die taggenaue Ermittlung der subjektiven Voraussetzungen verzichtet werden.[90]

---

77   Vgl BGH VersR 1991, 1345; OLG Düsseldorf InstGE 8, 117: nicht schon mit Verneinung der Einstandspflicht.
78   *Benkard-EPÜ* Art 64 Rn 38; *Fitzner/Lutz/Bodewig* Rn 56; zur früheren Rechtslage BGH GRUR 1979, 421 Verjährungsunterbrechung.
79   BGH 12.1.1984 X ZR 79/82; vgl BGH WM 1978, 461, 464, jeweils zum früheren Recht, nach dem die Klageerhebung unterbrach.
80   Vgl BGH 12.1.1984 X ZR 79/82.
81   Vgl BGH GRUR 1990, 221, 223 Forschungskosten, nicht in BGHZ; BGH GRUR 1995, 608 f beschädigte Verpackung II; BGH GRUR 1998, 1041 f Verkaufsveranstaltung in Aussiedlerwohnheim.
82   OLG München GRUR-RR 2008, 139, zur Unterbrechung nach früherem Recht.
83   Vgl *Mes* Rn 28.
84   BGH GRUR 1979, 121 Verjährungsunterbrechung, UWGSache.
85   Vgl *Ann* VPP-Rdbr 2003, 1, 3.
86   Anders nach früherem Recht: BGH GRUR 1993, 469 Mauerrohrdurchführungen.
87   Hierzu näher *Fitzner/Lutz/Bodewig* Rn 46.
88   KG GRUR 1990, 546, zur früheren Rechtslage (Unterbrechung).
89   BGH GRUR 1992, 61 Preisvergleichsliste I.
90   Vgl *Ströbele/Hacker* § 20 MarkenG Rn 5, 35; *Fitzner/Lutz/Bodewig* Rn 16.

VI. Ausschluss der Verjährungseinrede

Dem Verpflichteten ist es verwehrt, sich auf Verjährung zu berufen, wenn in der Erhebung der Einrede eine unzulässige Rechtsausübung liegt (§ 242 BGB). Der Zweck der Verjährungsregelung gebietet es, strenge Maßstäbe anzulegen und den Einwand nur gegenüber einem groben Verstoß gegen Treu und Glauben durchgreifen zu lassen,[91] etwa, wenn der Verpflichtete den Berechtigten durch sein Verhalten von der rechtzeitigen Klageerhebung abgehalten oder ihn nach objektiven Maßstäben zu der Annahme veranlasst hat, auch ohne Rechtsstreit werde eine vollständige Befriedigung seiner Ansprüche zu erzielen sein. Es genügt nicht, dass der Anspruchsberechtigte glaubte, mit seiner Klage noch zuwarten zu können; Unkenntnis oder Irrtum über Beginn und Dauer der Verjährungsfrist gehen grds zu seinen Lasten.[92] **47**

Verzicht auf die Verjährungseinrede ist möglich. Mit seiner Erklärung beginnt die Verjährungsfrist erneut zu laufen.[93] **48**

VII. Restschadensersatzanspruch (Satz 2)

1. Rechtscharakter. Nach Verjährung des Schadensersatzanspruchs und jedenfalls nach neuem Recht des Entschädigungsanspruchs nach § 33 (vgl Rn 16) und des Art II § 1 IntPatÜG (Rn 7 zu Art II § 1 IntPatÜG) gewährt Satz 2 iVm § 852 BGB noch einen Anspruch aus ungerechtfertigter Bereicherung („Verjährung auf zweiter Stufe"). Der Anspruch behält seinen Charakter als Schadensersatzanspruch („Restschadensersatzanspruch") bzw im Fall des § 33 und des Art II § 1 IntPatÜG als Entschädigungsanspruch, die §§ 812 ff BGB sind nur für den Umfang des Bereicherungsanspruchs, nicht auch wegen seiner Voraussetzungen bestimmend.[94] Verschulden ist daher Anspruchsvoraussetzung, soweit es dies für den Primäranspruch ist.[95] **49**

2. Anspruchsumfang. Erlangt sein kann grds nur die angemessene Lizenzgebühr, nicht auch der Verletzergewinn (str);[96] die Bestimmung begrenzt nämlich den Anspruch auf das durch die Patentverletzung Erlangte, ist also keine reine Rechtsfolgenverweisung,[97] sondern weist insoweit einen eigenständigen Regelungsgehalt auf.[98] Auch der Rechnungslegungsanspruch besteht nur in diesem Umfang.[99] Der Anspruch erfasst auch die mittelbare Patentverletzung. **50**

Gleichwohl kann die Bereicherungshaftung des Deliktsschuldners im Einzelfall weiter reichen als die des schuldlosen Benutzers eines Schutzrechts.[100] Der Schadensersatz ist in seiner Höhe auf das beschränkt, was nach Bereicherungsrecht herauszugeben wäre.[101] Auch der auf Kosten des Geschädigten dem Schädiger über einen Vertragspartner zugeflossene Vermögenszuwachs ist herauszugeben, wenn die **51**

---

91   *Mes* Rn 39; vgl auch *Fitzner/Lutz/Bodewig* Rn 59.

92   BGH GRUR 1993, 469 Mauerrohrdurchführungen; zur Frage, ob der Verwarnte gegenüber der Verjährungseinrede des Patentinhabers den Einwand unzulässiger Rechtsausübung mit der Begründung geltend machen kann, er habe wegen eines schwebenden Verletzungsprozesses Anlass gehabt, mit der Erhebung der Schadensersatzklage zuzuwarten, BGHZ 71, 86 = GRUR 1978, 492 Fahrradgepäckträger.

93   *Fitzner/Lutz/Bodewig* Rn 60; *Köhler/Bornkamm* § 11 UWG Rn 1.51.

94   BGHZ 71, 86, 98 ff = GRUR 1978, 492 Fahrradgepäckträger; BGH GRUR 1995, 678, 681 kurze Verjährungsfrist, nicht BGHZ; BGH GRUR 1999, 751, 754 Güllepumpen; BGH GRUR 2015, 780 Motorradteile; LG Düsseldorf Mitt 2000, 458; LG Mannheim InstGE 4, 107, 113; vgl *Benkard* Rn 9; *Mes* Rn 41; *Köhler/Bornkamm* § 11 UWG Rn 1.49; *Hülsewig* GRUR 2011, 673 f.

95   *Benkard* Rn 9.

96   *Benkard*[10] Rn 8; *Schulte* Rn 21; *Kraßer* S 873 f (§ 35 VII 3); *Mes* Rn 41; *Kühnen* Hdb Rn 1373; OLG Hamburg GRUR-RR 2006, 219, 223; aA *Benkard* Rn 9; *Meier-Beck* GRUR 1993, 1, 5; *Fitzner/Lutz/Bodewig* Rn 40; *Fezer* § 14 MarkenG Rn 1054; *Tilmann* Mitt 2001, 282 f; *Pross* FS T. Schilling (2007), 333, 337 f; *Nieder* Mitt 2009, 540; *Hülsewig* GRUR 2011, 673, 676 f; LG Düsseldorf Mitt 2000, 458, 461; vgl LG Düsseldorf InstGE 1, 33, 37 und LG Mannheim InstGE 4, 107, 112: Kappung durch den Anspruch nach § 33/Art II § 1 IntPatÜG.

97   So aber die ganz hM, zB *Benkard*[10] Rn 8, allerdings jetzt differenzierend in *Benkard* Rn 9; *Schulte* Rn 21; *Fitzner/Lutz/Bodewig* Rn 38; *Mes* Rn 41; *Ströbele/Hacker* § 20 MarkenG Rn 49, alle unter Verweis auf BGHZ 71, 86 = GRUR 1978, 492 Fahrradgepäckträger.

98   Zur Dogmatik *Hülsewig* GRUR 2011, 673, 677.

99   BGHZ 183, 182 = GRUR 2010, 223 Türinnenverstärkung; *Kühnen* Hdb Rn 1373.

100 Noch offengelassen in BGHZ 68, 90, 96 = GRUR 1977, 250 Kunststoffhohlprofil I.

101 *NK-BGB/Katzenmeier* § 852 BGB Rn 6.

Keukenschrijver

Vermögensverschiebung durch die unerlaubte Handlung des Schädigers verursacht worden ist.[102] Auf die Vermögensverschiebung zwischen Schädiger und Geschädigtem kommt es somit nicht an;[103] daraus folgt, dass auch die mittelbare oder nur vermittelte Schädigung zum Ausgleich verpflichtet.[104] Auch wenn nur der Anspruch nach Satz 2 nachgewiesen ist, kann die Feststellung der unbeschränkten Verpflichtung des Verletzers zum Schadensersatz für die unverjährte Zeit gerechtfertigt sein.[105]

52   **3. Wegfall des Anspruchs.** Die Verpflichtung entfällt, soweit der Verletzer nicht mehr bereichert ist (§ 818 Abs 3 BGB; vgl Rn 179 zu § 139) und nicht die Regelungen der §§ 818 Abs 4 oder 819 BGB eingreifen.[106]

53   **4. Verjährung.** Der Anspruch verjährt nach der Neuregelung in 10 Jahren von seiner Entstehung an, ohne Rücksicht auf seine Entstehung in 30 Jahren von der Verletzungshandlung oder dem sonstigen, den Schaden auslösenden Ereignis an[107] (§ 852 Satz 2 BGB; zur Problematik bei eur Patenten Rn 7 zu Art II § 1 IntPatÜG). Die ab Entstehung des Anspruchs laufende Zehnjahresfrist dürfte mit der Verjährung des Grundanspruchs beginnen.[108]

54   **5. Konkurrenzen.** Neben dem Anspruch nach Satz 2 kommt der originäre Bereicherungsanspruch nach § 812 Abs 1 BGB nach der Neuregelung praktisch nicht mehr in Betracht, da nunmehr auch dieser der dreijährigen Regelverjährungsfrist unterliegt.[109]

§ 141a
(Andere Anspruchsgrundlagen)

Ansprüche aus anderen gesetzlichen Vorschriften bleiben unberührt.

MarkenG: § 19d; **DesignG:** § 50; **UrhG:** § 102a

Übersicht

---

102 BGHZ 71, 86 = GRUR 1978, 492 Fahrradgepäckträger.

103 *Fitzner/Lutz/Bodewig* Rn 39; vgl auch LG Düsseldorf Mitt 2000, 458, 461.

104 Vgl *Meier-Beck* GRUR 1993, 5 mNachw; *NK-BGB/Katzenmeier* § 852 BGB Rn 5 unter Hinweis auf BGH NJW 1965, 1914 und BGHZ 71, 86, 101 = GRUR 1978, 492 Fahrradgepäckträger.

105 LG Düsseldorf 7.1.1997 4 O 10/96 Entsch 1997, 5 f.

106 BGH GRUR 1962, 509, 511 Dia-Rähmchen II.

107 Vgl *Tilmann* Mitt 2001, 282, 284; *Ann/Barona* Rn 58 sowie zur früheren Rechtslage – dreißigjährige Verjährung – BGH DB 1986, 2017.

108 *Ann* VPP-Rdbr 2003, 1.

109 Anders nach früherer Rechtslage, LG Düsseldorf Mitt 2000, 458, 461.

Schrifttum: *Aigner/Müller-Broich* Der Schutz von Prestige-Produkten gemäß § 4 Nr 9b) UWG, WRP 2008, 438; *Altmeppen* Zur Unlauterkeit des „Einschiebens in eine fremde Serie", ZIP 1997, 2069; *Arnet* Die Formmarke, Diss Zürich 1993; *Arnet* Markenschutz für Formen, sic! 2004, 829; *Artmann* Nachahmen und Übernahme fremder Leistung im Wettbewerbsrecht, ÖBl 1999, 3; *Aschemann* Wie werden Formmarken verwechselt? sic! 2000, 571; *Bartenbach/Fock* Das neue nicht eingetragene Geschmacksmuster – Ende des ergänzenden wettbewerbsrechtlichen Leistungsschutzes oder dessen Verstärkung? WRP 2002, 1119; *Bartenbach/Jung/Renvert* Aktuelle Rechtsprechung und Entwicklungen im Wettbewerbsrecht, Mitt 2014, 266; *Baumann* Die Übernahme fremder Leistung im Wettbewerb, WRP 1975, 693; *Baums* Wettbewerbsrechtlicher Schutz von Computerprogrammen, DB 1988, 429; *Beater* Nachahmen im Wettbewerb, 1995; *Böhmann* Der Schutz der dreidimensionalen Marke, 2001, zugl Diss Osnabrück; *Bopp* Sklavischer Nachbau technischer Erzeugnisse, GRUR 1997, 34; *Bornkamm* Die Schnittstellen zwischen gewerblichem Rechtsschutz und UWG, GRUR 2011, 1; *Brandi-Dohrn* Softwareschutz durch Wettbewerbsrecht, Mitt 1993, 77; *Brem* Der ergänzende wettbewerbsrechtliche Leistungsschutz in Europa, Diss Berlin (Humboldt-Universität) 2004; *Büttner* Sittenwidrige Wettbewerbshandlung durch Gesetzesverstoß in der neueren Rechtsprechung des BGH, FS W. Erdmann (2002), 545; *Burmann* Das Ausbeuten des guten Rufes fremder Waren – Anlehnen an fremde Waren und Warengestaltung, WRP 1971, 6; *Bunte* Wettbewerbsrechtlicher Schutz von Produkt-Systemen gegenüber kompatiblen Nachahmungen, BB 1999, 113; *Daniels* Die dreidimensionale Marke, Diss Hamburg 1999; *Dembowski* Schutzumfang der Warenformmarke, FS W. Erdmann (2002), 251; *Di Cataldo* Das Verbot der sklavischen Nachahmung im italienischen Recht, GRUR Int 1983, 162; *Derenberg* Sklavische Nachahmung – Recht oder Unrecht? GRUR Int 1965, 341; *Dobler* Der lauterkeitsrechtliche Schutz von Produktausstattungen, Diss 2015; *Doepner* Unlauterer Wettbewerb durch Rechtsbruch – quo vadis? GRUR 2003, 825; *Drexl/Hilty/Kur* Designschutz für Ersatzteile – Der Kommissionsvorschlag zur Einführung einer Reparaturklausel, GRUR Int 2005, 449 = Design Protection for Spare Parts ..., 36 IIC (2005), 448; *Eichmann* Das europäische Geschmacksmusterrecht auf Abwegen? GRUR Int 1996, 859; *Eichmann* Kein Geschmacksmusterschutz für must-match-Teile? GRUR Int 1997, 595; *Eichmann* Schutz von industriellem Design: Stand der europäischen Rechtsentwicklung, Mitt 1998, 252; *Eichmann* Technizität von Erfindungen – Technische Bedingtheit von Marken und Mustern, GRUR 2000, 751, auch in VPP-Rdbr 2000, 47; *Eichmann* Schutzvoraussetzungen und Schutzwirkungen von Abbildungsmarken, GRUR Int 2000, 483; *Erdmann* Die zeitliche Begrenzung des ergänzenden wettbewerbsrechtlichen Leistungsschutzes, FS R. Vieregge (1995), 197; *Fezer* Der wettbewerbsrechtliche Schutz der unternehmerischen Leistung, FS 100 Jahre GRUR (1991), 939; *Fezer* Der wettbewerbsrechtliche Leistungsschutz, GRUR 1992, 802; *Fezer* Leistungsschutz im Wettbewerbsrecht, WRP 1993, 63; *Fezer* Modernisierung des deutschen Rechts gegen den unlauteren Wettbewerb auf der Grundlage einer Europäisierung des Wettbewerbsrechts, WRP 2001, 988; *Fiedler* Der Computerprogrammschutz und die Schutzrechtskumulation von Urheber- und Patentrecht, 2013; *Fischer* Wie frei ist der freie Stand der Technik? Wettbewerbsrechtlicher Nachahmungsschutz bei technischen Erzeugnissen, GRUR 2015, 1160; *Folliard-Monguiral/Rogers* The Protection of Shapes by the Community Trade Mark, EIPR 2003, 169; *Fournier* Bereicherungsausgleich bei Eingriffen in Wettbewerbspositionen, 1998; *Fritze* Verderben die Juristen die guten Sitten im Wettbewerb? GRUR 1982, 520; *Gerbrandy* Die sklavische Nachahmung technischer Erzeugnisse, GRUR Int 1964, 553; *Gewiese* Sklavische Nachahmung, GRUR 1936, 296; *Glöckner* Form und Farbe im Marken-, Design- und Lauterkeitsrecht (Tagungsbericht), GRUR Int 2001, 446; *Golaz* L'imitation servile des produits et de leur présentation, 1992; *Gorny* Zum Schutz neuartiger Lebensmittel (Novel Foods), GRUR 1995, 721; *Götte* Die Schutzdauer im wettbewerbsrechtlichen Leistungsschutz, 2000, zugl Diss Feiburg/Br 1999; *Götting* Ergänzender wettbewerbsrechtlicher Leistungsschutz: ein Überblick, Mitt 2005, 12; *Grabrucker* Zur Schutzfähigkeit von Produktformen als Marke, Mitt 2004, 106; *Gruber* Wettbewerbsrechtlicher Nachahmungsschutz gegen kompatible Produkte? wbl 2000, 145; *Hager* Die Verletzung von Formmarken, GRUR 2002, 566 = Infringement of Shape Trademarks, IIC 2003, 403; *Hammann* Über den sogenannten „sklavischen Nachbau" technischer Konstruktionen, GRUR 1961, 171; *Harder* Dem Markterschließer ein Monopol? Bemerkungen zu den BGH-Urteilen „Klemmbausteine" und Buntstreifensatin", GRUR 1969, 659; *Harte-Bavendamm* Wettbewerbsrechtlicher Schutz von Computerprogrammen, CR 1986, 615; *Hartwig* Verfassungsrechtliche Anforderungen an die Fallgruppenbildung in § 1 UWG, NJW 2002, 38; *Haß* Gedanken zur sklavischen Nachahmung, GRUR 1979, 361; *Hayn* Zur Frage des unlauteren Wettbewerbs im Patentwesen, MuW 29, 201; *Hayn* Mittelbare Patentbenutzung oder unlauterer Wettbewerb? MuW 29, 531; *Heinrich/Ruf* Markenschutz für Produktformen? sic! 2003, 395; *Heiseke* Grenzfälle von Schutzrechtsverletzungen und unlauterem Wettbewerb, WRP 1969, 50; *Hellenbreuch* Die unmittelbare Leistungsübernahme, Diss München 1980; *Hellenschmidt* Die unmittelbare Leistungsübernahme: ein Unterfall der sklavischen Nachahmung, 1980; *Henning-Bodewig* Relevanz der Irreführung, UWG-Nachahmungsschutz und die Abgrenzung Lauterkeitsrecht/IP-Rechte, GRUR Int 2007, 986; *Heyers* Wettbewerbsrechtlicher Schutz gegen das Einschieben in fremde Serien, GRUR 2006, 23; *Hubmann* Die sklavische Nachahmung, GRUR 1975, 230; *Hugenholtz* Over cumulatie gesproken, BIE 2000, 240; *Jacobs* Von Pumpen, Noppenbahnen und Laubheftern – Zum wettbewerbsrechtlichen Leistungsschutz bei technischen Erzeugnissen, FS H. Helm (2002), 71; *Jaenich* „Automobilplagiate": zum Schutz des Designs von Kraftfahrzeugen vor Nachahmung, GRUR 2008, 873; *Jenny* Die Nachahmungsfreiheit, Zürich 1997; *Jersch* Ergänzender Leistungsschutz und Computersoftware, 1993; *Keller* Der wettbewerbsrechtliche Leistungsschutz – vom Handlungsschutz zur Immaterialgüterrechtsähnlichkeit, FS W. Erdmann (2002), 595; *Kiethe/Groeschke* Der Designschutz dreidimensionaler Marken nach dem Markengesetz, WRP 1998, 541; *Kiethe/Groeschke* – „Jeans": Verteidigung wettbewerblicher Eigenart von Modeneuheiten, WRP 2006, 794; *Klawitter* Kein Geschmacksmusterschutz für „unsichtbar verbaute" Ersatzteile? FS P. Hertin (2000), 545; *Knies* Der wettbewerbsrechtliche Leistungsschutz – eine unzulässige Rechtsfortbildung? Diss 1996; *Köhler* Erweiterung des gewerblichen Rechtsschutzes durch UWG-Normen, in *Ott/Schäfer* (Hrsg) Ökonomische Analyse der rechtlichen Organisation von Innovationen (1994), 245, mit Kommentar *Eger*

S 270; *Köhler* Der ergänzende Leistungsschutz: Plädoyer für eine gesetzliche Regelung, WRP 1999, 1075; *Köhler* Das Verhältnis des Wettbewerbsrechts zum Recht des geistigen Eigentums, GRUR 2007, 548; *Köhler* Die Unlauterkeitstatbestände des § 4 UWG und ihre Auslegung im Lichte der Richtlinie über unlautere Geschäftspraktiken, GRUR 2008, 841; *Köhler* Der Schutz vor Produktnachahmung im Markenrecht, Geschmacksmusterrecht und neuen Lauterkeitsrecht, GRUR 20098, 445; *Köhler* Der „Mitbewerber", WRP 2009, 499; *König* Der wettbewerbsrechtliche Schutz von Computerprogrammen vor Nachahmung, NJW 1990, 2233; *Körner* Befristete und unbefristete Unterlassungstitel bei Wettbewerbsverstößen, GRUR 1985, 909; *Körner* Schadensausgleich bei Verletzung gewerblicher Schutzrechte und bei ergänzendem Leistungsschutz, FS E. Steindorff (1990), 877; *Körner* Die notwendige Europäisierung des deutschen Richterrechts, FS K.P. Mailänder (2006), 141; *Körner* Das allgemeine Wettbewerbsrecht als Auffangtatbestand für fehlgeschlagenen oder abgelaufenen Sonderrechtsschutz, FS E. Ullmann (2006), 701; *Körner/Gründig-Schnelle* Markenrecht und Produktschutz durch die dreidimensionale Marke, GRUR 1999, 535; *Koschtial* Die Einordnung des Designschutzes in das Geschmacksmuster-, Urheber-, Marken- und Patentrecht, Habilitationsschrift München 2003; *U. Krieger* Das Ersatzteil- und Zubehörgeschäft nach dem Marken- und Wettbewerbsrecht, WRP 2000, 927; *Kroher* Kein Designschutz für Ersatzteile? Zum Harmonisierungsvorschlag der EG-Kommission, GRUR 1994, 158; *Krüger* Produktformmarken im Verletzungsprozess, FS W. Erdmann (2002), 357; *Chr. Krüger* Der Schutz kurzlebiger Produkte gegen Nachahmungen (Nichttechnischer Bereich), GRUR 1986, 115; *Chr. Krüger/E.-I. von Gamm* Die „Noppenbahnen-Doktrin" – ein Irrweg? WRP 2004, 978; *Kunz-Hallstein* Der Schutz von Form- und Farbmarken in der neueren deutschen Praxis, MarkenR 2000, 389; *Kur* Der wettbewerbliche Leistungsschutz, GRUR 1990, 1; *Kur* Wettbewerbsrechtlicher Nachahmungsschutz gegen kompatible Produkte? GRUR Int 1995, 469; *Kur* Gedanken zur Systemkonformität einer Sonderregelung für must-mach-Ersatzteile im künftigen europäischen Geschmacksmusterrecht, GRUR Int 1996, 876; *Kur* Die Zukunft des Designschutzes in Europa – Musterrecht, Urheberrecht, Wettbewerbsrecht, GRUR Int 1998, 353; *Kur* Ansätze zur Harmonisierung des Lauterkeitsrechts im Bereich des wettbewerbsrechtlichen Leistungsschutzes, GRUR Int 1998, 771; *Kur* „Freeze Plus" Melts the Ice – Observations on the European Design Directive, IIC 1999, 620; *Kur* Nachahmungsschutz und Freiheit des Warenverkehrs: der wettbewerbsrechtliche Leistungsschutz aus der Perspektive des Gemeinschaftsrechts, FS E. Ullmann (2006), 717; *Kur* Ersatzteilfreiheit zwischen Marken- und Designrecht, GRUR 2016, 20; *Lehmann* Der wettbewerbsrechtliche Schutz von Computerprogrammen gemäß § 1 – sklavische Nachahmung und unmittelbare Leistungsübernahme, in *Lehmann* (Hrsg) Schutz und Verwertung von Computerprogrammen, 1988; *Lindenmaier* Die besondere Bedeutung des lauteren Wettbewerbsgedankens auf dem Gebiete des gewerblichen Rechtsschutzes, FS 75 Jahre Pro Honore (2000), 72; *Loewenheim* Möglichkeiten des Rechtsschutzes für Computerprogramme, CR 1988, 799; *Lubberger* Grundsatz der Nachahmungsfreiheit? FS E. Ullmann (2006), 737; *Luchsinger* Dreidimensionale Marken, Formmarken und Gemeingut, sic! 1999, 195; *Luchterhandt* Die Rechtsprechung zur Sittenwidrigkeit der unmittelbaren Ausnutzung fremder Leistung, GRUR 1969, 581; *Maierhöfer* Geschmacksmusterschutz und UWG-Leistungsschutz, 2006; *Martin* Imitationsanreiz und Schutz vor der Nachahmung im Gesetz gegen unlauteren Wettbewerb, 1981; *Mayrhofer* Rufausbeutung im Recht des unlauteren Wettbewerbs, 1995; *McGuire* Kumulation und Doppelschutz, GRUR 2011, 767; *Mees* Verbandsklagebefugnis in Fällen des ergänzenden wettbewerbsrechtlichen Leistungsschutzes, WRP 1999, 62; *Meisser/Bohren* Perpetuierter Patentschutz durch Formmarken? SMI 1995, 225; *Möhring* Die wettbewerbsrechtliche Beurteilung der sklavischen Nachahmung, FS H. Hämmerle (1972), 231; *Mountstephens* Der markenrechtliche Schutz von Warenform und naturgetreuer Warenabbildungen nach der Ersten Markenrichtlinie 89/104/EWG, GRUR Int 2000, 393; *Müller* Die sklavische Nachahmung im deutschen und amerikanischen Wettbewerbsrecht, Diss Köln 1973; *Müller-Laube* Wettbewerbsrechtlicher Schutz gegen Nachahmung und Nachbildung gewerblicher Erzeugnisse, ZHR 1992, 480; *Musker* Hidden Meaning? UK Perspectives on „Invisible in Use" Designs, EIPR 2003, 450; *Nemeczek* Gibt es einen unmittelbaren Leistungsschutz im Lauterkeitsrecht? WRP 2010, 1204; *Nemeczek* Wettbewerbliche Eigenart und die Dichotomie des unmittelbaren Leistungsschutzes, WRP 2010, 1315; *Nemeczek* Rechtsübertragungen und Lizenzen beim wettbewerblichen Leistungsschutz, GRUR 2011, 292; *Nerreter* Sklavische Nachahmung, GRUR 1936, 290; *Nerreter* Wettbewerbsrechtlicher Schutz technischer und ästhetischer Arbeitsergebnisse, GRUR 1957, 408; *Nirk* Zur Rechtsfigur des wettbewerbsrechtlichen Leistungsschutzes, GRUR 1993, 247; *Nirk/Rörig* Nicht eingetragenes EG-Geschmacksmuster und ergänzender Leistungsschutz, FS K.P. Mailänder (2006), 161; *A. Nordemann* Ergänzender wettbewerbsrechtlicher Leistungsschutz im Spannungsfeld zwischen geistigem Eigentum und Irreführung durch Produktverwechslung, FS D. Stauder (2011), 173; *Ohly* Klemmbausteine im Wandel der Zeit: ein Plädoyer für eine strikte Subsidiarität des UWG-Nachahmungsschutzes, FS E. Ullmann (2006), 795; *Ohly* Designschutz im Spannungsfeld von Geschmacksmuster-, Kennzeichen- und Lauterkeitsrecht, GRUR 2007, 731; *Orou* Der Schutz des Industrial Design im deutschsprachigen Raum, Diss Innsbruck 1996; *Ortner* Zum gewerblichen Rechtsschutz bei Nachahmung von Modeerzeugnissen, WRP 2006, 189; *Osterloh* Die Ware als Marke, FS W. Erdmann (2002), 445; *Osterrieth* Geschmacksmuster-Schutz: neuere Entwicklungen der Rechtsprechung zum Schutz für Kfz-Ersatzteile und neuere Entwicklungen bei der Schadensberechnung, VPP-Rdbr 2001, 52; *Osterrieth* Der Nachahmungsschutz beim nicht eingetragenen Geschmacksmuster und beim ergänzenden Leistungsschutz, FS W. Tilmann (2003), 221; *Otero Lastres* Zur Rechtsfigur der sklavischen Nachahmung, GRUR Int 1986, 232; *Otero Lastres* Gedanken zur Richtlinie 98/71/EG über den Rechtsschutz von Mustern und Modellen, GRUR Int 2000, 408; *Ott* Die sklavische Nachahmung im anglo-amerikanischen Wettbewerbsrecht, GRUR Int 1961, 317; *Quiring* Zum wettbewerbsrechtlichen Schutz von kurzlebigen Erzeugnissen gegen Nachahmung, WRP 1985, 684; *Quiring* Die sklavische Nachahmung im italienischen Wettbewerbsrecht, 1989; *Pahud* Zur Kritik der Umwegtheorie, sic! 2004, 804; *Petry* „Nachwirkender" UWG-Nachahmungsschutz, WRP 2007, 1045; *Pilla* Der Schutz von Ersatzteilen zwischen Geschmacksmuster- und Kartellrecht, Diss Konstanz 1999; *Plaß* Die Probleme der Formmarke in der neuen

Rechtsprechung, WRP 2002, 181; *Plasser* Immaterialgüterrechtlicher Schutz von Warenformen, ÖBl 2013, 4; *Pluta* Der ergänzende wettbewerbsrechtliche Leistungsschutz mit Blick auf die Rechtslage in England, USA, Frankreich und Italien, 1977; *Priester* Nachahmungsschutz für Dienstleistungsmodelle, 1965; *Rahlf/Gottschalk* Neuland: das nicht eingetragene Gemeinschaftsgeschmacksmuster, GRUR Int 2004, 821; *Rauda* Abschied des BGH vom „Einschieben in eine fremde Serie"? GRUR 2002, 38; *Reichman* Legal Hybrids between the Patent and Copyright Paradigms, 1994 Vol 94 Issue 8 Columbia Law Review 2432; *Reimer* Einige Bemerkungen zum Leistungsschutz des § 1, FS W. Wendel (1969), 98; *Rengshausen* Markenschutz von Gerüchen: Untersuchung des deutschen, französischen und europäischen Rechts mit Ausblicken ins Patent- und Urheberrecht, 2004, zugl Diss Kiel 2003; *Renck/Petersen* Das Ende dreidimensionaler Marken in der EU? WRP 2004, 440; *Reuter* Die Original-Ersatzteile der Kraftfahrzeughersteller, DB 1978, 293; *Riesenhuber* Lego-Stein des Anstoßes, WRP 2005, 1118; *Ring* Der ergänzende wettbewerbliche Leistungsschutz nach § 1 UWG, in *Ring* (Hrsg) Gewerblicher Rechtsschutz in der Praxis (Tagungsband 1. Freiberger Seminar zur Praxis des Gewerblichen Rechtsschutzes, 1999), 69; *Ritscher* Formmarken und andere Markenformen, sic! 2002, 453; *Rohnke* Zum Prüfungsmaßstab bei Formmarken, MarkenR 2001, 199; *Rohnke* Schutz der Produktgestaltung durch Formmarken und wettbewerbsrechtlicher Leistungsschutz, FS W. Erdmann (2002), 455; *Sack* Die Schmarotzerkonkurrenz in der deutschen Rechtsprechung, in: La concurrence parasitaire en droit comparé (1981), 35; *Sack* Nachahmen im Wettbewerb, ZHR 160 (1996), 493; *Sack* Das Einschieben in eine fremde Serie: Sonderfall oder Normalfall des ergänzenden wettbewerbsrechtlichen Leistungsschutzes? FS W. Erdmann (2002), 697; *Sambuc* Die Eigenart der „wettbewerblichen Eigenart", GRUR 1986, 130; *Sambuc* Tatbestand und Bewertung der Rufausbeutung durch Produktnachahmung, GRUR 1996, 675; *Sambuc* Der UWG-Nachahmungsschutz, 1996; *Scherer* Das Verhältnis des lauterkeitsrechtlichen Nachahmungsschutzes nach § 4 Nr. 9 UWG zur europarechtlichen Vollharmonisierung der irreführenden oder vergleichenden Werbung, WRP 2009, 1446; *Schmid* Die Eintragungsfähigkeit von Formen im europäischen Markenrecht, Diss Freiburg/Br 2001; *Schmidt/Eidenmüller* Zur Schutzdauer wegen vermeidbarer Herkunftstäuschung bei technischen Produkten, GRUR 1990, 337; *Schmidt-Szalewski* Der Unterschied zwischen der Klage wegen Verletzung gewerblicher Schutzrechte und der Wettbewerbsklage in der französischen Rechtsprechung, GRUR Int 1997, 11; *Schönherr* Die sklavische Nachahmung in der Praxis der deutschen, der österreichischen und der Schweizer Gerichte, GRUR Int 1975, 237; *Schönherr* Die sklavische Nachahmung in der neueren österreichischen Praxis, GRUR Int 1983, 575; *Schrader* Begrenzung des ergänzenden wettbewerbsrechtlichen Leistungsschutzes, WRP 2005, 562; *Schütz* Nachahmungsgefahr und Unlauterkeit, WRP 1993, 168; *Schulte-Beckhausen* Das Verhältnis des § 1 UWG zu den gewerblichen Schutzrechten und zum Urheberrecht, Diss Bonn 1993; *Seibt* Die dreidimensionale Marke unter besonderer Berücksichtigung der Abgrenzung zu den Produktschutzrechten, Diss Berlin 2002; *Seiler* Zum Tatbestand der sogenannten sklavischen Nachbildung, BB 1967, 257; *Sessinghaus* Geruchs- und Geschmacksmarken, 2004, zugl Diss Würzburg 2003; *Simon* Formmarke und Design, in: *Baudenbacher/Simon* (Hrsg) Drittes St. Galler Internationales Immaterialgüterrechtsforum 1999 (2000), 145; *Spätgens* Produktausstattung und ästhetisch wirkende Produktgestaltung – Möglichkeiten und Grenzen des ergänzenden wettbewerbsrechtlichen Schutzes vor Nachahmung gem § 1 UWG, FS W. Oppenhoff (1985), 407; *Spätgens* Gedanken zur Klageberechtigung und zum Herstellerbegriff beim ergänzenden Leistungsschutz, FS W. Erdmann (2002), 727; *Spengler* Gesetzesüberschneidungen im gewerblichen Rechtsschutz, GRUR 1950, 545; *Steckler* Unfair Trade Practices under German Law: ‚Slavish Imitation' of Commercial and Industrial Activities, EIPR 1996, 390; *Stieper* Das Verhältnis von Immaterialgüterrechtsschutz und Nachahmungsschutz nach neuem UWG, WRP 2006, 291; *Stolz* Geschmacksmuster- und markenrechtlicher Designschutz, 2002, zugl Diss Tübingen 2001; *Straus* Design Protection for Spare Parts Gone in Europe? EIPR 2005, 391; *Streuli-Youssef* Zur Schutzfähigkeit von Formmarken, sic! 2002, 794; *Ströbele* Die Eintragungsfähigkeit neuer Markenformen, GRUR 1999, 1041; *H. Tetzner* Neue Urteile zu § 1 UWG, JZ 1975, 88; *Thewes* Der Schutz der dreidimensionalen Marke nach dem Markengesetz, Diss München 1998; *Thewes* Rado-Uhren vor dem BGH, WRP 2004, 168; *Thomasberger* Rufausbeutung im Wettbewerbsrecht. Ein Problem des ergänzenden wettbewerbsrechtlichen Leistungsschutzes, 1993; *Thouvenin* Funktionale Systematisierung von Wettbewerbsrecht und Immaterialgüterrecht, 2007; *Tilmann* Der wettbewerbsrechtliche Schutz vor Nachahmungen, GRUR 1987, 865; *Traub* Zur Ausweitung des Innovationsschutzes durch Immaterialgüterrechte im europäischen Bereich: Gibt es Auswirkungen dieser Tendenz bei dem ergänzenden wettbewerbsrechtlichen Leistungsschutz? FS A. Söllner (2000), 1213; *Ullmann* Die Form einer Ware als Marke – Illusion oder Chance? NJW-Sonderheft 100 Jahre Markenverband (2003), 83; *Ulrich* BGH-Rechtsprechung aktuell: Der ergänzende wettbewerbsrechtliche Leistungsschutz, NJW 1994, 1201; *Völp* Der Einfluß des Kartellrechts auf den gewerblichen Rechtsschutz, WuW 1959, 89; *von Bassewitz* Trade Dress and Functionality – Ein Vergleich des marken- und wettbewerbsrechtlichen Schutzes von Produktformen in den USA und Deutschland, GRUR Int 2005, 390; *von Falckenstein* Markenrecht versus Geschmacksmusterrecht – Zur ausreichenden Offenbarung dreidimensionaler Marken, GRUR 1999, 881; *von Gamm* Die sklavische Nachahmung, GRUR 1978, 453; *von Harder* Dem Markterschließer ein Monopol? GRUR 1969, 659; *Wahl* Das Einschieben in eine fremde Serie; 2008; *Waibel* Warenzeichenrechtliche und wettbewerbsrechtliche Fragen des Ersatzteile-, Zubehör- und Reparaturgewerbes, 1977; *Walch* Ergänzender Leistungsschutz nach § 1 UWG: „Ersatz-Ausschließlichkeitsrechte" bei Computerprogrammen und ästhetischen Formschöpfungen, 1992, auch Diss Bayreuth 1990; *Wang* Die schutzfähige Formgebung: eine Untersuchung der materiellen Voraussetzungen des muster-, urheber- und markenrechtlichen Schutzes von Warenformen, Diss St. Gallen 1998; *Watts* Trade Marks for the Shape of Goods, EIPR 1998, 147; *Weihrauch* Der unmittelbare Leistungsschutz im UWG, 2001, zugl Diss Berlin (Humboldt-Universität) 1999; *Wiebe* Unmittelbare Leistungsübernahme im neuen Wettbewerbsrecht, FS G. Schricker (2005), 773; *Wilde* Technische Gestaltung im Ausstattungs- und Wettbewerbsrecht, FS W. Hefermehl (1971), 223; *Wilhelm* Der Schutz kurzlebiger Produkte gegen Nachahmung (Technische Produktgestaltungen), GRUR 1986, 126; *Windisch* Beziehungen zwischen Urheber-,

Erfinder-, Programmier- und Tonaufnahmeleistungen, GRUR 1980, 587; *Wippermann* Der urheberrechtliche Schutz von Mikrochips, 1993; *Witte* Mikroprozessoren und Patentschutz, GRUR 1978, 511; *Würtenberger* Schutzumfang bei Warenformmarken, GRUR 2003, 671; *Würtenberger* Waren als Marken, GRUR 2003, 912.

A. Allgemeines

1   Durch die durch das Gesetz zur Verbesserung der Durchsetzung von Rechten des geistigen Eigentums vom 7.7.2008 neu eingestellte Bestimmung, die auch für eur Patente gilt,[1] soll klargestellt werden, dass die §§ 139 ff andere Anspruchsgrundlagen bei Eingriffen in das Patentrecht nicht grds ausschließen.[2] Die besonderen Vorschriften des Patentrechts enthalten keine abschließende Regelung, weshalb Anspruchskonkurrenz mit anderen gesetzlichen Anspruchsgrundlagen in Betracht kommt (zu Ansprüchen aus dem BGB Rn 4). Zur wettbewerbsrechtl Behandlung der Werbung mit Patentschutz Rn 14 ff zu § 146.

2   Die Ansprüche nach den anderen Anspruchsgrundlagen **verjähren** nach den dort jeweils geltenden Bestimmungen.[3]

B. Andere Anspruchsgrundlagen für Unterlassungs- und Schadensersatzansprüche

I. Allgemeines

3   § 139 schließt andere Anspruchsgrundlagen bei Eingriffen in das Patentrecht nicht grds aus.[4] Jedoch verdrängt die Bestimmung in ihrem Anwendungsbereich die des § 1004 BGB in analoger Anwendung. Tateinheitlich vorliegen kann § 139 mit §§ 824, 826 BGB[5] sowie mit den Bestimmungen des UWG.[6] § 826 BGB kommt bei angemeldeten Erfindungen vor Eintritt des Schutzes nur bei Hinzutreten besonderer Umstände in Betracht.[7]

II. Ansprüche aus § 812 BGB, § 823 BGB, § 1004 BGB

4   Zu bereicherungsrechtlichen Ansprüchen Rn 199 ff zu § 139. Ein **Eingriff in den Gewerbebetrieb** kann im Patentverruf (Rn 309 zu § 139) liegen.[8] Auch nicht durch Schutzrechte geschützte Betriebsgeheimnisse können in diesem Rahmen Schutz genießen.[9] Eine Verletzung des **Erfinderpersönlichkeitsrechts** kann unerlaubte Handlung nach § 823 Abs 1 BGB sein.[10] Soweit die Voraussetzungen des § 139 vorliegen, geht dieser Ansprüchen aus § 823 Abs 1 BGB oder aus § 823 Abs 2 BGB iVm § 142 vor und schließt als erschöpfende Spezialregelung deren Anwendung aus.[11] Für die in § 139 nicht geregelten Beseitigungsansprüche kommt nach ganz hM § 1004 als Anspruchsgrundlage in Betracht, soweit nicht schon § 140a eingreift (vgl Rn 4 ff zu § 140a); nach der hier vertretenen Auffassung wird er durch § 139 und § 140a verdrängt.[12]

III. Ergänzender wettbewerbsrechtlicher Leistungsschutz

5   **1. Zur früheren Rechtslage** (§ 1 UWG aF) *7. Aufl.*

---

1   *Schulte* Rn 2.
2   Begr BTDrs 16/5048 S 42 = BlPMZ 2008, 303; *Benkard* Rn 1; vgl *Schulte* Rn 3; *Fitzner/Lutz/Bodewig* Rn 1.
3   Begr BTDrs 16/5048 S 42 = BlPMZ 2008, 303; *Mes* Rn 3.
4   RGZ 62, 320 f = BlPMZ 1906, 221 Burns es brennt; RG BlPMZ 1912, 224 f Lichteffekte.
5   Vgl zu § 826 BGB OLG München NJWE-VHR 1997, 187, UrhSache; aA *Benkard* Rn 2 unter Hinweis auf BGHZ 149, 191, 195 f = GRUR 2002, 622 GRUR shell.de; BGH GRUR 2005, 163 Aluminiumräder; BGH GRUR 2005, 583 Lila Postkarte, jeweils zum Markenrecht.
6   Zur „Umwegtheorie" *Pahud* sic! 2004, 804.
7   RG Lichteffekte; BGHZ 3, 365, 368 = GRUR 1952, 562 Schuhsohle; OLG Oldenburg 15.10.1999 6 U 65/99.
8   Vgl Begr BTDrs 16/5048 S 42 = BlPMZ 2008, 303; vgl *Mes* Rn 2.
9   BGHZ 107, 117, 122 = GRUR 1990, 221 f Forschungskosten; vgl BGHZ 16, 172, 175 f = GRUR 1955, 388 f Dücko; BGHZ 17, 41, 51 = GRUR 1955, 468, 472 Kokillenguß; BGHZ 38, 391, 395 = GRUR 1963, 367, 369 Industrieböden.
10   Vgl BGH 25.5.1973 I ZR 2/72.
11   Vgl zum Markenrecht BGH GRUR 2005, 163 Aluminiumräder; BGH GRUR 2005, 583 Lila-Postkarte.
12   AA wohl auch *Benkard* Rn 2.

2. Geltendes Recht.[13] Nach § 3 Abs 1 UWG sind unlautere geschäftliche Handlungen unzulässig. Die **6** durch das in Klarstellung zur EU-Richtlinie 2005/29/EG erlassene 2. Gesetz zur Änderung des Gesetzes gegen den unlauteren Wettbewerb vom 2.12.2015[14] neu gefasste und auf jegliche unlautere geschäftliche Handlung ausgedehnte Generalklausel erfasst damit jegliche geschäftliche Handlung. Schon die seit 2009 geltende Vorgängerregelung unterschied sich in vierfacher Hinsicht von der des § 1 UWG aF: Sie betraf Wettbewerbshandlungen, ersetzte den Begriff des Verstoßes gegen die guten Sitten durch den der Unlauterkeit, setzte eine nicht nur unerhebliche Verfälschung des Wettbewerbs zum Nachteil der Mitbewerber, der Verbraucher oder der sonstigen Marktteilnehmer voraus und sprach keine konkrete Rechtsfolgenanordnung aus. § 3a UWG bestimmt nunmehr, dass unlauter handelt, wer einer gesetzlichen Vorschrift zuwiderhandelt, die auch dazu bestimmt ist, im Interesse der Marktteilnehmer das Marktverhalten zu regeln, und der Verstoß geeignet ist, die Interessen von Verbrauchern, sonstigen Marrktteilnehmern oder Mitbewerbern spürbar zu beeinträchtigen; nach dem neuen § 4a UWG werden aggressive geschäftliche Handlungen als unlauter definiert. §§ 3a–7 UWG konkretisieren den Katalog mit (nicht abschließenden) Beispieltatbeständen.[15] In der Sache hat sich durch die Gesetzesänderung für den Tatbestand des Rechtsbruchs nichts geänd.[16] Die Nachahmung eines Erzeugnisses kann danach wettbewerbswidrig sein, wenn das nachgeahmte Produkt wettbewerbliche Eigenart besitzt und besondere Umstände hinzutreten, die die Nachahmung als unlauter erscheinen lassen.[17] Ein Erzeugnis besitzt wettbewerbliche Eigenart, wenn seine konkrete Ausgestaltung oder bestimmte Merkmale geeignet sind, die interessierten Verkehrskreise auf seine betriebliche Herkunft oder seine Besonderheiten hinzuweisen;[18] Originalität ist nicht erforderlich.[19] Dabei ist von der Verkehrsauffassung auszugehen.[20] Dass der Verkehr mit der Leistung eine besondere Gütevorstellung verbindet, reicht für die Annahme wettbewerblicher Eigenart aus.[21] Der Grad der wettbewerblichen Eigenart kann durch die tatsächliche Bekanntheit im Verkehr verstärkt werden.[22] Die Unlauterkeit kann sich daraus ergeben, dass das Angebot des nachahmenden Erzeugnisses eine vermeidbare Täuschung der Abnehmer über die betriebliche Herkunft herbeiführt oder die Wertschätzung der nachgeahmten Ware unangemessen ausnutzt (Rn 7).

Als Beispiel unlauteren Verhaltens ist insb **§ 4 Nr 3 UWG** (vor Inkrafttreten des 2. Gesetzes zur Ände- **7** rung des Gesetzes gegen den unlauteren Wettbewerb Nr 9) von Bedeutung, der wie folgt lautet:

Unlauter handelt, wer
…
3. Waren oder Dienstleistungen anbietet, die eine Nachahmung der Waren oder Dienstleistungen eines Mitbewerbers sind, wenn er
    a) eine vermeidbare Täuschung der Abnehmer über die betriebliche Herkunft herbeiführt,
    b) die Wertschätzung der nachgeahmten Ware oder Dienstleistung unangemessen ausnutzt oder beeinträchtigt oder
    c) die für die Nachahmung erforderlichen Kenntnisse oder Unterlagen unredlich erlangt hat;
…

3. Verhältnis zum Patentschutz. Der patentrechtl **Sonderrechtsschutz** ist gegenüber ergänzendem **8** wettbewerbsrechtl Leistungsschutz, aus dem keine weiterreichenden Rechtsfolgen hergeleitet werden,

---

13 Zum Übergangsrecht BGH GRUR 2005, 166 f Puppenausstattungen; BGH GRUR 2005, 442 Direkt ab Werk; BGH GRUR 2005, 603 f Kündigungshilfe; BGH GRUR 2005, 690 Internet-Versandhandel; BGH GRUR 2005, 1059 Quersubventionierung von Laborgemeinschaften; BGH GRUR 2005, 1061 telefonische Gewinnauskunft; BGH GRUR 2005, 877 Werbung mit Testergebnis; BGH GRUR 2005, 1067 Konsumentenbefragung; BGHZ 164, 153 = GRUR 2006, 75 Artenschutz; BGH GRUR 2006, 82 Betonstahl; BGH GRUR 2006, 426 Direktansprache am Arbeitsplatz II.

14 BGBl I 2158 = BIPMZ 2016, 77.

15 Zu deren Konkretisierung *Köhler/Bornkamm* § 3 UWG Rn 6 ff.

16 BGH GRUR 2016, 516 Wir helfen im Trauerfall.

17 BGH GRUR 2010, 80 LIKEaBIKE; BGH NJW-RR 2012, 174, 176 Lernspiele; vgl BGHZ 138, 143 = GRUR 1998, 830, 833 Les-Paul-Gitarren; BGH GRUR 1999, 1106, 1108 f Rollstuhlnachbau.

18 BGH LIKEaBIKE; BGH Lernspiele.

19 Vgl BGH GRUR 2012, 1155 Sandmalkasten; BGH GRUR 2013, 1052 Einkaufswagen III.

20 Vgl BGH Sandmalkasten.

21 BGH WRP 1976, 370, 372 Ovalpuderdose; BGH GRUR 1996, 210, 212 Vakuumpumpen; BGHZ 141, 329, 341 = GRUR 1999, 923, 927 Tele-Info-CD; BGH 6.5.1999 I ZR 210/96; BGH 6.5.1999 I ZR 211/96; BGH 6.5.1999 I ZR 5/97.

22 BGH GRUR 2005, 600, 602 Handtuchklemmen; vgl BGH GRUR 2001, 251, 253 Messerkennzeichnung.

vorrangig und schließt diesen aus.[23] Der Patentschutz erfasst aber nicht alle Tatbestände der unmittelbaren oder nachahmenden Übernahme fremder Leistungen. Die technische Lehre und der StdT sind frei; sie und Merkmale, die unter Berücksichtigung des Gebrauchszwecks, der Verkäuflichkeit sowie der Verbrauchererwartung der angemessenen Lösung einer technischen Aufgabe dienen, können übernommen werden.[24] Ein Verstoß kommt nur in Betracht, soweit die übernommene Leistung wettbewerbliche Eigenart besitzt[25] und die Wettbewerbswidrigkeit nicht allein in der Patentverletzung begründet liegt,[26] sondern besondere Umstände hinzutreten, die den Nachbau unlauter erscheinen lassen.[27] Bloße Ideen oder technische Verfahren sind dem ergänzenden wettbewerbsrechtl Leistungsschutz nicht zugänglich, sondern nur – und auch das nur in Ausnahmefällen – konkrete Gestaltungen;[28] auch eine gestalterische Grundidee, die einem Sonderschutz nicht zugänglich ist, kann nicht als solche wettbewerbsrechtl geschützt werden.[29]

9 Auch im Wettbewerbsprozess ist das **Patent mit seinem erteilten Inhalt hinzunehmen**.[30]

10 **Nach Ablauf des Patentschutzes** und soweit Patentschutz nicht besteht, soll die technische Lehre der Allgemeinheit zugute kommen.[31] Das gilt auch, wenn der Patentinhaber seine Kalkulation auf den Patentschutz abgestellt hatte.[32] Der Schutz jeder technischen Leistung über die Grenzen der Schutzrechte hinaus führte zu einer unerträglichen Behinderung des Wirtschaftslebens.[33] Schutzverlängerung über das Wettbewerbsrecht ist ausgeschlossen.[34] Die Rspr des BGH verneint jedoch[35] feste zeitliche Grenzen für den ergänzenden wettbewerbsrechtl Schutz.[36] Die Beurteilung der zeitlichen Begrenzung erfordert vielmehr eine einzelfallbezogene Gesamtwürdigung unter Abwägung der betroffenen Interessen; dabei ist zu be-

---

23 Vgl BGHZ 26, 52, 59 = GRUR 1958, 354 Sherlock Holmes; BGHZ 44, 288, 295 = GRUR 1966, 503 Apfel-Madonna; BGHZ 118, 394 = GRUR 1992, 697 Alf, UrhSachen; BGHZ 138, 349, 351 = GRUR 1999, 161 MAC Dog; BGHZ 140, 183 = GRUR 1999, 325 elektronische Pressearchive; BGH GRUR 2002, 240, 242 Fabergé; BGH GRUR 2002, 629 Blendsegel; BGH GRUR 2003, 359 Pflegebett; BGH GRUR 2006, 879 Flüssiggastank; BGH 6.4.2000 I ZR 205/97; OLG Hamburg Mitt 2001, 440, 443; poln OG GRUR Int 2000, 809 mAnm *Szwaja*; *Köhler/Bornkamm* § 4 UWG Rn 11.43; vgl *Benkard* Rn 3; dagegen bejaht der öOGH wettbewerbsrechtl Ansprüche, wenn sich der Wettbewerber durch Missachtung von Patenten einen ungerechtfertigten Vorsprung verschafft, öOGH GRUR Int 2002, 350, 352 pressetext.austria I mwN; *Köhler* GRUR 2007, 548 geht von Gleichrang aus.
24 BGHZ 50, 125, 128 f = GRUR 1968, 591 Pulverbehälter; BGH GRUR 1996, 210 f Vakuumpumpen; BGH GRUR 1999, 1106, 1108 Rollstuhlnachbau; BGH GRUR 2002, 86, 90 Laubhefter; BGH GRUR 2002, 275 f Noppenbahnen; BGH GRUR 2002, 820, 822 Bremszangen; BGH GRUR 2008, 794 Rillenkoffer; BGH GRUR 2013, 1161 Hard Rock Cafe; zur Prüfung der Verhältnismäßigkeit im Wettbewerbsrecht BGH GRUR-RR 2014, 201 Peek & Cloppenburg IV.
25 BGHZ 141, 329, 340 = GRUR 1999, 923, 926 f Tele-Info-CD; BGH Rollstuhlnachbau; BGH GRUR 2001, 251, 253 Messerkennzeichnung; BGH 6.5.1999 I ZR 210/96; BGH 6.5.1999 I ZR 211/96; BGH 6.5.1999 I ZR 5/97; für das UWG 2004 *Köhler/Bornkamm* § 4 UWG Rn 9.24.
26 Vgl – insb zum Verhältnis Urheberrecht – Wettbewerbsrecht – RGZ 120, 94, 97 = GRUR 1928, 289 Huthaken; RG GRUR 1941, 116, 119 Torpedo; BGH Sherlock Holmes; BGH GRUR 1958, 402, 404 Lili Marleen; BGH Apfel-Madonna; BGH GRUR 1990. 528 Rollenclips; BGH GRUR 1991, 223 finnischer Schmuck; BGH Alf; BGHZ 121, 157 = GRUR 1993, 767 Zappelfisch; BGH GRUR 1994, 191 Asterix-Persiflagen; BGH GRUR 1995, 581, 583 Silberdistel; BGHZ 138, 143 = GRUR 1998, 830 Les-Paul-Gitarren; öOGH ÖBl 1991, 213 Cartes Classiques; öOGH ÖBl 1994, 58 Makramee-Spitzen; öOGH ÖBl 1994, 107 Österreichische Kinder-Weltspiele; OLG Düsseldorf GRUR 1999, 72; OLG Frankfurt Mitt 1999, 232.
27 BGH Vakuumpumpen; BGH GRUR 1999, 751, 752 Güllepumpen; BGH Rollstuhlnachbau; BGH GRUR 2000, 521, 523 Modulgerüst; BGH Laubhefter; BGH Noppenbahnen; BGH GRUR 2003, 356 Präzisionsmeßgeräte; BGHZ 153, 131 = GRUR 2003, 332 Abschlußstück.
28 OLG Düsseldorf 21.12.1995 2 U 242/94.
29 BGH Blendsegel.
30 OLG München GRUR 1994, 137, allerdings mit unzutr Folgerungen hinsichtlich Aufgliederung in Oberbegriff und Kennzeichen.
31 BGHZ 50, 125, 128 = GRUR 1968, 591 Pulverbehälter; BGH GRUR 1981, 517, 519 Rollhocker; BGH GRUR 1990, 528 Rollenclips; BGH GRUR 1996, 210 f Vakuumpumpen; BGH GRUR 1999, 1106, 1108 Rollstuhlnachbau; BGH GRUR 2002, 86, 90 Laubhefter; vgl OLG Düsseldorf WRP 1978, 216, 218; *Heydt* (Entscheidungsanm) GRUR 1964, 621, 626; vgl auch RG GRUR 1941, 238, 240 Klebpflaster; andererseits stellt BGH GRUR 1956, 265, 270 Rheinmetall-Borsig I bei Erlöschen des Patents und Wiedereinsetzungsfähigkeit auf wettbewerbsrechtl Anspruchsgrundlagen ab, Rn 98 zu § 123.
32 BGH Rollenclips.
33 Vgl BGH GRUR 1967, 315, 317 skai-cubana; BGH GRUR 1969, 618 Kunststoffzähne.
34 RGZ 144, 41, 44 = GRUR 1934, 370 Hosenträgerband; RG GRUR 1941, 116, 119 Torpedo.
35 Im Anschluss an *Erdmann* FS R. Vieregge (1995), 197, 208 f.
36 BGH GRUR 1999, 751, 754 Güllepumpen.

rücksichtigen, dass der Leistungsschutz grds fortbesteht, solange das Verhalten des Verletzers mit dem Makel der Wettbewerbswidrigkeit behaftet ist.[37] Einem Wettbewerber ist es grds nicht zuzumuten, auf die Übernahme von Merkmalen des Produkts eines Mitbewerbers, die dem freien StdT angehören und der angemessenen Lösung einer technischen Aufgabe dienen, zu verzichten, um die Gefahr einer Herkunftstäuschung oder Rufausnutzung zu vermeiden; würde die Übernahme solcher Merkmale allerdings zu einer (nahezu) identischen Nachahmung des Produkts führen, ist von einem Wettbewerber regelmäßig zu verlangen, auf eine andere angemessene technische Lösung auszuweichen, wenn er der Gefahr einer Herkunftstäuschung oder Rufausnutzung nicht auf andere Weise – etwa durch eine (unterscheidende) Kennzeichnung seiner Produkte – entgegenwirken kann.[38]

Ergänzender wettbewerbsrechtl Leistungsschutz kann von einem **Angehörigen eines PVÜ-Verbandslands** auch für ein im Inland neu einzuführendes Erzeugnis beansprucht werden. Die Zubilligung des Schutzes setzt nicht voraus, dass das Unternehmen des Verbandslands sich im Inland über den Vertrieb seiner Ware einen wettbewerblichen Besitzstand bereits geschaffen hat, weil anders als bei der Verletzung von territorialen Schutz erfordernden Rechten des Immaterialgüterrechts nicht das verkörperte Leistungsergebnis, sondern die Art und Weise der Verwertung einer fremden Leistung Gegenstand des wettbewerbsrechtl Schutzes ist.[39] **11**

4. Nachahmung. Der Begriff der Nachahmung wird von § 4 Nr 3 UWG nicht definiert. Erfasst sind die **12** früheren **Fallgruppen** der unmittelbaren, der fast identischen und der nachschaffenden Leistungsübernahme. Die unmittelbare Übernahme des Leistungsergebnisses ist keine Nachahmung.[40] Liegt ein Fall der § 4 Nr 3 Buchst a–c UWG nicht vor, kommt nur in Ausnahmefällen Unlauterkeit in Betracht, so uU, wenn Wettbewerber durch die Nachahmung wettbewerbswidrig behindert werden.[41]

5. Fallgruppen

a. Fast identische Leistungsübernahme. Übernahme fremder Leistungsergebnisse, die unter Ein- **13** satz beträchtlicher Arbeit und Kosten erzielt wurden und für die ein Sonderschutz nicht zu erreichen war, ohne ins Gewicht fallende eigene Leistung (technische Vervielfältigungsverfahren), kann wettbewerbswidrig sein.[42] Bloße Nachbildung reicht hierfür nicht aus;[43] anders bei „schmarotzerischer Ausbeutung"[44] oder Rufausbeutung.[45] Bei nur teilweiser Übernahme muss sich die wettbewerbliche Eigenart gerade aus dem übernommenen Teil ergeben.[46] Die Umgestaltung rechtmäßig erworbener Gegenstände ist wettbewerbsrechtl grds erlaubt.[47] Dem Hersteller muss, insb bei Saisonware, ausreichend Zeit für einen exklusiven Vertrieb zur Verfügung stehen.[48] Die Übernahme schutzwürdiger, wettbewerbliche Eigenart aufweisender Erzeugnisse ist nicht unlauter, wenn der Wettbewerber gezwungen wäre, selbst erfinderisch tätig

37 BGH GRUR 2003, 356 Präzisionsmeßgeräte.
38 BGH GRUR 2015, 909 Exzenterzähne.
39 BGH GRUR 1992, 523 Betonsteinelemente; BGH GRUR 1991, 223 finnischer Schmuck.
40 BGH GRUR 2011, 436 Hartplatzhelden.de.
41 BGH GRUR 2007, 795 Handtaschen.
42 BGHZ 28, 387, 396 = GRUR 1959, 240 Nelkenstecklinge; BGHZ 33, 20, 28 = GRUR 1960, 614 Rundfunksendung „Figaros Hochzeit"; BGHZ 37, 1, 19 = GRUR 1962, 470 AKI; BGHZ 44, 288, 296 = GRUR 1966, 503 Apfel-Madonna; BGH GRUR 1966, 617, 619 Saxophon; BGHZ 50, 125 = GRUR 1968, 591 Pulverbehälter; BGHZ 51, 41, 46 = GRUR 1969, 186 Reprint; BGH GRUR 1969, 618, 620 Kunststoffzähne; BGH GRUR 1970, 244, 246 Spritzgußengel; BGH GRUR 1972, 127 Formulare; BGHZ 57, 116, 120 = GRUR 1972, 189 Wandsteckdose II; BGHZ 60, 168, 170 f = GRUR 1973, 478, 480 Modeneuheit; BGH WRP 1976, 370 Ovalpuderdose; BGH GRUR 1977, 666 Einbauleuchten; BGH GRUR 1984, 453 Hemdblusenkleid; BGH GRUR 1986, 895 Notenstichbilder; BGH GRUR 1988, 308 Informationsdienst; BGH GRUR 1990, 669, 674 Bibelreproduktion; BGH Tele-Info-CD: selbst bei missbräuchlicher Preisgestaltung; BGH 6.10.1978 I ZR 94/76; BGH 6.5.1999 I ZR 210/96; BGH 6.5.1999 I ZR 211/96; BGH 6.5.1999 I ZR 5/97; OLG Düsseldorf WRP 1978, 216, 218; OLG Düsseldorf GRUR 1990, 535; OLG München GRUR 1965, 196; LG Düsseldorf GRUR 1981, 122.
43 BGH GRUR 1963, 633, 635 Rechenschieber; BGH Apfel-Madonna; BGH Saxophon; AG Hamburg GRUR 1991, 384.
44 ÖOGH ÖBl 1998, 225 Haftgel.
45 BGH Tele-Info-CD; BGH 6.5.1999 I ZR 210/96; BGH 6.5.1999 I ZR 211/96; BGH 6.5.1999 I ZR 5/97.
46 BGH Tele-Info-CD; BGH 6.5.1999 I ZR 210/96; BGH 6.5.1999 I ZR 211/96; BGH 6.5.1999 I ZR 5/97.
47 BGH 8.3.1973 X ZR 67/71.
48 OLG Karlsruhe GRUR 1994, 450.

zu werden, um den erforderlichen Abstand in der Gestaltungsform zu erzielen; der Kläger ist beweispflichtig dafür, dass dem Wettbewerber eine technisch gleichwertige Lösung ohne größere wirtschaftliche Aufwendungen zur Verfügung steht.[49] Die auch maßstabsgetreue Nachbildung ungeschützter Gegenstände war ohne Hinzutreten besonderer Umstände nicht sittenwidrig iSd § 1 UWG aF.[50] Dabei ist eine Gesamtbetrachtung unter Berücksichtigung der mit den zeitlichen und inhaltlichen Grenzen des Sonderrechtsschutzes verfolgten Zwecke anzustellen.[51] Die Übernahme von Gestaltungselementen ist zulässig, wenn ein vernünftiger Gewerbetreibender, der auch den Gebrauchszweck und die Verkäuflichkeit des Erzeugnisses berücksichtigt, die Gestaltung dem offenbarten StdT einschließlich der praktischen Erfahrung als angemessene technische Lösung entnehmen kann.[52] Auch der Vertrieb der nachgebauten Erzeugnisse ist grds nicht zu beanstanden.[53] Die Benutzung technisch notwendiger, funktionell bedingter und landläufiger Merkmale ist nicht wettbewerbswidrig.[54] Auch Merkmale, die sich aus dem freien StdT ergeben, können grds mitbenutzt werden.[55] Es kann aber uU eine deutliche Herstellerangabe erforderlich sein,[56] anders, wenn dies den Vertrieb unter einer Händlermarke verhindert.[57]

14   Die Nachahmung ist wettbewerbswidrig, wenn das Verhalten des Nachahmers die Grenze des **Anstößigen** überschreitet.[58] Bei nahezu vollständiger Nachbildung ohne technische Gründe sind idR nur geringe Anforderungen an die besonderen wettbewerblichen Umstände zu stellen, die Unlauterkeit begründen;[59] zwischen dem Grad wettbewerblichen Eigenart, der Art und Weise der Übernahme und den besonderen wettbewerblichen Umständen besteht eine Wechselwirkung (Rn 4). Nachträgliche Kenntniserlangung von den die Unlauterkeit begründenden Umständen genügt.[60]

15   **b. Nachschaffende Leistungsübernahme. Herkunftstäuschung.** Der Vertrieb von Erzeugnissen, die ohne Notwendigkeit einem anderen Erzeugnis, das bei den maßgeblichen Verkehrskreisen eine gewisse Bekanntheit erlangt hat,[61] nahezu identisch nachgeahmt sind, das durch seine wettbewerbliche Eigenart[62]

---

49   OLG Karlsruhe GRUR 1995, 495.
50   Vgl RG MuW 17, 159, 160 X-Haken; RG GRUR 1932, 317 Lichtpausmaschine; RGZ 144, 41, 44 f = GRUR 1934, 370 Hosenträgerband; RG GRUR 1936, 66 Hindenburg-Brille; RG GRUR 1938, 68 f Massengalanteriewaren; RG GRUR 1940, 489, 491 Schichtenfilter; RG GRUR 1941, 238, 240 Leukoplast; BGH GRUR 1962, 470 AKI; BGHZ 39, 306 = GRUR 1963, 633, 635 Rechenschieber; BGHZ 41, 55, 57 = GRUR 1964, 621 Klemmbausteine I; BGH Apfel-Madonna; BGH Pulverbehälter; BGH GRUR 1966, 97, 100 Zündaufsatz; BGH Saxophon; BGH GRUR 1967, 315, 317 skai-cubana; BGH GRUR 1968, 419 feuerfest I; BGH Kunststoffzähne; BGH Spritzgußengel; BGH GRUR 1972, 546 Trainingsanzug; BGH GRUR 1976, 434, 436 Merkmalklötze; BGH Einbauleuchten; BGH GRUR 1979, 705 Notizklötze; BGH GRUR 1981, 517, 519 Rollhocker; BGH GRUR 1983, 377 Brombeermuster; BGH GRUR 1984, 453 f Hemdblusenkleid; BGH GRUR 1985, 876 Tchibo/Rolex I; BGH GRUR 1986, 673 Beschlagprogramm; BGH GRUR 1988, 907 f Hufeisenuhren; BGH GRUR 1990, 528 Rollenclips; BGH GRUR 1992, 329 AjS-Schriftenreihe; BGHZ 121, 157 = GRUR 1993, 767 Zappelfisch; BGHZ 126, 208 = GRUR 1994, 732, 734 McLaren; BGH GRUR 1995, 581 Silberdistel; BGH GRUR 2000, 521, 523 Modulgerüst: auch bei Kompatibilität mit Erzeugnissen des Mitbewerbers; BGH GRUR 2001, 251, 253 Messerkennzeichnung; BGH GRUR 2001, 443 Viennetta; BGH 8.4. 1976 X ZR 36/73; OLG Düsseldorf WRP 1978, 216, 218; OLG Düsseldorf 21.12.1995 2 U 242/94; OLG Hamburg WRP 1973, 280, 282; OLG Karlsruhe 1980, 792; OLG Frankfurt GRUR Int 1993, 962, 967; öOGH ÖBl 1999, 12 Gamma; vgl RB Den Haag BIE 2000, 391.
51   BGH GRUR 1970, 250, 252 Hummel III; vgl BGH Pulverbehälter.
52   BGH Laubhefter; BGH Pulverbehälter; BGH Modulgerüst.
53   BGH Pulverbehälter; vgl OLG Düsseldorf WRP 1978, 216, 218.
54   BGH feuerfest I; BGH Trainingsanzug; BGH 22.5.1970 I ZR 74/68; LG Düsseldorf 16.12.1997 4 O 426/96 Entsch 1998, 22, 23.
55   Vgl BGH Pulverbehälter; BGH GRUR 1969, 292 Buntstreifensatin II; BGH 3.12.1969 I ZR 12/68; BGH 22.5.1970 I ZR 74/68.
56   BGH GRUR 1954, 121, 123 Zählkassetten; BGH GRUR 1954, 337, 340 Radschutz; BGH Pulverbehälter; BGH GRUR 1970, 510 Fußstützen; BGH Merkmalklötze; BGH Einbauleuchten.
57   BGH Saxophon.
58   BGH GRUR 1970, 250, 253 Hummel III; vgl öOGH ÖBl 1999, 12 Gamma.
59   BGH GRUR 1996, 210 ff Vakuumpumpen; BGHZ 138, 143 = GRUR 1998, 830, 833 Les-Paul-Gitarren; BGH GRUR 1999, 1106, 1108 Rollstuhlnachbau; BGH GRUR 2002, 86, 90 Laubhefter.
60   ÖOGH ÖBl 1997, 167 Astoria; öOGH ÖBl 2000, 118 f Metallgußtisch „M".
61   BGHZ 50, 125, 130 f = GRUR 1968, 591 Pulverbehälter; BGH GRUR 2002, 275 Noppenbahnen mwN, BGH GRUR 2002, 820, 822 f Bremszangen; BGH GRUR 2005, 166 f Puppenausstattungen; BGH GRUR 2005, 600, 602 Handtuchklemmen; BGH GRUR 2006, 79 Jeans I; BGH GRUR 2007, 339, 343 Stufenleitern; str.
62   BGH GRUR 2002, 820, 822 Bremszangen; BGH Jeans I; BGH Stufenleitern; BGH GRUR 2007, 984 Gartenliege; vgl OLG Köln GRUR-RR 2004, 21.

(wie Besonderheiten psychologischer, ästhetischer oder technischer[63] Art) Herkunfts-[64] und Gütevorstellungen (die nicht objektiv begründet sein müssen)[65] auslöst, ist wettbewerbsrechtl unzulässig, wenn sich der Nachahmer nicht um die Verwechslungsgefahr kümmert oder ihm zumutbare notwendige Maßnahmen[66] zur Vermeidung oder Minderung der Verwechslungsgefahr unterlässt.[67] Für die Frage, ob für ein Erzeugnis wettbewerbsrechtl Leistungsschutz entstehen kann, kommt es nicht darauf an, ob es an einem bestimmten Ort oder in einer bestimmten Region traditionell bereits im privaten Bereich hergestellt und verwendet worden ist.[67a] Bei der Beurteilung der Ähnlichkeit ist auf die Gesamtwirkung abzustellen.[68] Marktgeltung für das nachgeahmte Erzeugnis wird nicht vorausgesetzt, Einführung im Verkehr genügt bei Vorliegen unterscheidender Gestaltungsmerkmale,[69] auf die Schwierigkeit der Unterscheidung kommt es nicht an.[70] Bei dem Erzeugnis muss der Verkehr auf die betriebliche Herkunft Wert legen.[71] Es ist aber nicht erforderlich, dass der Verkehr das Unternehmen, dem es die Ware zuschreibt, namentlich kennt.[72] Dass Schutz für ein nicht eingetragenes Gemeinschaftsgeschmacksmuster nach Art 3 ff der VO (EG) Nr 6/2002 des Rates vom 12.12.2001 über das Gemeinschaftsgeschmacksmuster[73] besteht oder bestanden hat, schließt Ansprüche aus ergänzendem wettbewerbsrechtl Leistungsschutz nicht aus.[74] Herkunftstäuschung scheidet aus, wenn die übernommenen Gestaltungsmerkmale nicht geeignet sind, im Verkehr auf die Herkunft aus einem bestimmten Unternehmen hinzuweisen,[75] oder wenn die übernommenen Gestaltungsmerkmale dem freizuhaltenden StdT angehören und unter Berücksichtigung des Gebrauchszwecks, der Verkäuflichkeit der Ware sowie der Verbrauchererwartung der angemessenen Lösung einer technischen Aufgabe dienen.[76] Der Gesichtspunkt der vermeidbaren Herkunftstäuschung versagt bei einem Nachbau urheberrechtl nicht mehr geschützter Möbel, die unverkennbar die Handschrift des Designers tragen; die Eigenart weist hier auf den Schöpfer und nicht auf die betriebliche Herkunftsstätte hin.[77] Massen- und Durchschnittserzeugnisse werden nicht er-

---

63 BGH GRUR 1999, 1106, 1108 Rollstuhlnachbau; BGH GRUR 2000, 521, 523 Modulgerüst; BGH GRUR 2002, 86, 89 f Laubhefter; BGH GRUR 2002, 629 Blendsegel; anders bei technisch notwendigen Merkmalen, BGH Modulgerüst, BGH Noppenbahnen, sowie bei Merkmalen, die dem „freizuhaltenden StdT" angehören und der angemessenen Lösung einer technischen Aufgabe dienen, BGH Pulverbehälter, BGH GRUR 1981, 517, 519 Rollhocker, BGH GRUR 1996, 210, 213 Vakuumpumpen.

64 Vgl BGH GRUR 1998, 934, 937 Wunderbaum.

65 OLG Hamburg NJOZ 2004, 478 = GRUR-RR 2004, 116 Ls.

66 Hierzu BGHZ 21, 266, 277 = GRUR 1957, 37 Uhrenrohwerk; BGH GRUR 1962, 299, 304 Sportschuh; BGH GRUR 1963, 152, 156 Rotaprint; BGH GRUR 1963, 423, 428 coffeinfrei; öOGH 23.11.1999 4 Ob 243/99k; öOGH 22.3.2001 4 Ob 6/01p.

67 BGH GRUR 1954, 337, 339 Radschutz; BGH Uhrenrohwerk; BGH GRUR 1958, 351 Deutschlanddecke; BGH GRUR 1960, 232, 234 Feuerzeug; BGH GRUR 1961, 581, 583 Hummel-Figuren II; BGH GRUR 1962, 409, 411 Wandsteckdose I; BGH coffeinfrei; BGHZ 41, 55, 57 = GRUR 1964, 621 Klemmbausteine I; BGH Pulverbehälter; BGH GRUR 1966, 97, 100 Zündaufsatz; BGH GRUR 1966, 617, 619 Saxophon; BGH GRUR 1967, 315, 317 skai-cubana; BGH GRUR 1968, 419 feuerfest I; BGH GRUR 1969, 618 Kunststoffzähne; BGH GRUR 1970, 244 Spritzgußengel; BGH GRUR 1979, 119 Modeschmuck; BGH GRUR 1982, 305, 307 Büromöbelprogramm; BGH GRUR 1984, 453 Hemdblusenkleid; BGH GRUR 1984, 597 vita programm; BGH GRUR 1985, 876 Tchibo/Rolex I; BGH GRUR 1990, 528 Rollenclips; BGH GRUR 1992, 523 f Betonsteinelemente; BGH GRUR 1999, 751, 753 Güllepumpen; BGH Rollstuhlnachbau; BGH Modulgerüst, auch zum Minderwertigkeitsgesichtspunkt; BGH GRUR 2001, 443, 445 Viennetta; BGH Noppenbahnen; BGH Bremszangen; BGH GRUR 2004, 941 Metallbett; BGH Puppenausstattungen; BGH Jeans I; BGH Stufenleitern; OLG Düsseldorf GRUR 1990, 207, 209; OLG Frankfurt GRUR 1979, 466; OLG Karlsruhe GRUR 1980, 792; LG Düsseldorf 21.5.1996 4 O 309/95 Entsch 1996, 59 Ls; öOGH GRUR Int 1989, 64 Drehstapelbehälter; öOGH ÖBl 1994, 58 f Makramee-Spitzen; öOGH ÖBl 1998, 17, 21 Schokobananen; öOGH ÖBl 1998, 225 Haftgel; HG Zürich GRUR Int 1992, 66.

67a BGH GRUR 2016, 730 Herrnhuter Stern.

68 BGH GRUR 1981, 273, 275 Leuchtenglas; BGH GRUR 2002, 629, 632 Blendsegel; BGH Puppenausstattungen; BGH Handtuchklemmen; vgl BGH Bremszangen.

69 BGH 11.5.1973 I ZR 56/72.

70 BGH Saxophon.

71 BGH Pulverbehälter.

72 BGH Gartenliege.

73 ABl EU L 3/1 vom 5.1.2002.

74 BGH Jeans I.

75 BGHZ 141, 329, 340 = GRUR 1999, 923 Tele-Info-CD; BGH GRUR 2001, 251 Messerkennzeichnung; BGH Puppenausstattungen; BGH Handtuchklemmen.

76 BGH Bremszangen; BGH Handtuchklemmen; zum Kompatibilitätsinteresse optischer Art BGH GRUR 2013, 951 Regalsystem.

77 OLG Frankfurt GRUR Int 1993, 962, 967.

fasst,[78] aber besonders originelle Gestaltung.[79] Die Merkmale und die Gestaltung eines Produkts sind regelmäßig nicht geeignet, einen Rückschluss auf seine betriebliche Herkunft zu ermöglichen, wenn es sich bei dem angesprochenen Verkehr um den Endverbraucher handelt und identische Produkte unter verschiedenen Herstellermarken angeboten werden.[79a] Ist die Gefahr von Herkunftstäuschungen dadurch begründet, dass besondere Gestaltungsmerkmale in zulässiger Weise übernommen werden, muss ihr durch zumutbare Maßnahmen, erforderlichenfalls durch Herkunftshinweise auch auf dem Erzeugnis selbst, entgegengewirkt werden.[80] Wird Herkunftstäuschung vermieden oder in zumutbarem Maß verringert, begründet die Ausnutzung von Gütevorstellungen für sich keinen Wettbewerbsverstoß.[81] Abzustellen ist auf die Verkehrsauffassung.[82] Bei hochwertigen Erzeugnissen können weitergehende Maßnahmen erforderlich sein.[83] Der Nachahmer muss die die Sittenwidrigkeit begründenden Tatumstände kennen, fahrlässige Unkenntnis genügt nicht,[84] wohl aber bewusstes Sichverschließen, insb bei starken Verdachtsmomenten;[85] der gegenüber dem Nachahmer zum Tragen kommende Anscheinsbeweis ist auf einen Händler nicht übertragbar.[86] Auf subjektive Momente kommt es sonst nicht an.[87] Herkunftstäuschung fehlt bei Herstellung auf Bestellung des Abnehmers.[88] Bei Händlern beginnt Unlauterkeit von der Kenntnis der Imitation an.[89] Auf Kollisionsfälle durch die Verschmelzung von Märkten in der EWG finden die Grundsätze keine Anwendung.[90]

16   **c. Die Anlehnung an eine fremde Leistung** ist, auch wenn sie in der Schaffung eines guten Rufs besteht, nicht ohne weiteres wettbewerbswidrig.[91] Auch das bewusste Anhängen an den guten Ruf des nachgeahmten Erzeugnisses ist zulässig, solange nicht durch minderwertige Verarbeitung die Erwartungen des Publikums enttäuscht werden,[92] allerdings lässt die neuere Rspr des BGH Rufausbeutung zumindest zusammen mit weiteren Umständen ausreichen.[93] Bei Zubehör-, Zusatz- oder Ersatzteilen, deren Herstellung Dritten grds gestattet ist, kann die Bezugnahme auf das Hauptgerät wettbewerbswidrig sein, soweit sie sachlich nicht geboten ist.[94] Wettbewerbswidrig kann auch ein Eindringen in den vom Ausgangsprodukt

---

78   BGH Radschutz; BGH Uhrenrohwerk; BGH Rotaprint; BGH Zündaufsatz; BGH Saxophon; BGH skai-cubana.

79   BGH GRUR 1998, 477, 478 Trachtenjanker; vgl zum Schutz von Modeneuheiten BGH Hemdblusenkleid.

79a   BGH GRUR 2016, 720 Hot Sox.

80   BGH Pulverbehälter; BGH Güllepumpen; BGH Noppenbahnen; BGH Bremszangen; vgl BGH GRUR 2003, 359 Pflegebett.

81   BGH Pulverbehälter; BGH GRUR 1968, 698, 702 Rekordspritzen.

82   Vgl *Benkard* vor § 9 Rn 6 mwN.

83   Vgl RG GRUR 1938, 854, 858 Ariston; BGH Rotaprint; BGH 6.10.1978 I ZR 94/76.

84   BGH GRUR 1991, 914 Kastanienmuster.

85   BGH GRUR 1995, 693, 695 Indizienkette; vgl zur Unbeachtlichkeit des fahrlässigen Irrtums über die Rechtswidrigkeit BGH Rollstuhlnachbau.

86   BGH Kastanienmuster.

87   BGH Pulverbehälter.

88   ÖOGH ÖBl 1999, 14 Longarone.

89   BGH GRUR 1992, 448, 450 Pullovermuster; öOGH ÖBl 1997, 167 Astoria und öOGH ÖBl 2000, 118 f Metallgußtisch „M", unter Aufgabe der früheren Rspr, ua öOGH ÖBl 1983, 74 Autolautsprecher; öOGH ÖBl 1985, 24 Mart-Sam-Stuhl.

90   BGH GRUR 1972, 122 Schablonen.

91   BGH GRUR 1995, 57, 59 Markenverunglimp-fung II; BGH GRUR 1997, 311, 313 Yellow Phone; BGH GRUR 1998, 697, 699 Venus Multi; zur Ausnutzung des Ansehens einer fremden Ware vgl auch BGH GRUR 1985, 550 ff, 553 Dimple, in BGHZ 93, 96 ff, 99 nur teilweise; BGHZ 96, 90, 94 = GRUR 1983, 247 Rolls Royce; BGHZ 113, 82, 84 = GRUR 1991, 465 Salomon; BGHZ 125, 91, 99 = GRUR 1994, 808, 810 Markenverunglimpfung I; BGHZ 126, 208 = GRUR 1994, 732, 734 McLaren; BGH Markenverunglimpfung II; BGHZ 138, 143 = GRUR 1998, 830, 833 Les-Paul-Gitarren; LG Düsseldorf 10.3. 1998 4 O 168/97 Entsch 1998, 40 f; sehr weitgehend OLG München GRUR 1995, 429, 431, wonach sich der Hersteller, der integrierende Ersatzteile minderer Qualität (unverzinkte PKW-Kotflügel) als der bekannten Qualität der Hauptware liefert, wettbewerbswidrig an den guten Ruf der Hauptware anhänge.

92   BGH GRUR 1966, 617, 620 Saxophon; vgl BGHZ 50, 125, 129 = GRUR 1968, 591 Pulverbehälter; zum Minderwertigkeitsgesichtspunkt auch BGH GRUR 1987, 903, 905 Le-Corbusier-Möbel; öOGH GRUR Int 1999, 89 Betonschalungselemente.

93   BGHZ 141, 329, 342 = GRUR 1999, 923, 927 Tele-Info-CD; BGH 6.5.1999 I ZR 210/96; BGH 6.5.1999 I ZR 211/96; BGH 6.5.1999 I ZR 5/97.

94   BGH GRUR 1956, 553, 557 Coswig; BGH GRUR 1958, 351, 353 Deutschlanddecke; BGH GRUR 1962, 537, 542 Radkappe; BGH 26.4.1968 I ZR 65/66; BGH 16.10.1968 I ZR 7/65; schweiz BG GRUR Int 1991, 314 Kotflügel; vgl BGH GRUR 2013, 1052 Einkaufswagen III.

---

erst geschaffenen Ergänzungsbedarf sein;[95] nicht schon bei Kompatibilität oder Austauschbarkeit.[96] Die Ausnutzung ist regelmäßig nur unzulässig, wenn eine Beziehung zu der fremden Ware nur hergestellt wird, um vom fremden guten Ruf zu profitieren.[97] Mit den Sonderschutzrechten kann der Schutz des guten Rufs nicht gleichgesetzt werden.[98] Die Herstellung eines Spielzeugmodells eines Objekts der Erwachsenenwelt ist ohne Hinzutreten besonderer Umstände in diesem Sinn nicht anstößig.[99]

d. Auch das **unredliche Erlangen von Kenntnissen und Unterlagen** wird von § 4 Nr 3 Buchst c **17** UWG erfasst. Dies beruht auf der Behinderung des Herstellers des Originalprodukts bei der Vermarktung („Fruchtziehungsverbot").[100] Die Bestimmung findet unabhängig vom Bestehen von Sonderrechtsschutz Anwendung.[101] Erfasst sind die Fälle strafbaren Verhaltens (zB §§ 242, 246 StGB; §§ 17, 18 UWG).[102] Weiter erfasst werden Fälle der Täuschung und des Vertrauensbruchs.[103]

Benutzung fremder technischer Zeichnungen kann im Einzelfall wettbewerbswidrig sein, ohne **18** weiteres ist sie es nicht;[104] uU kann Vernichtung verlangt werden.[105]

Unredlich erworbene Kenntnis kann, etwa im Fall der Werkspionage, Wettbewerbswidrigkeit be- **19** gründen,[106] nicht schon bloße Ausnutzung von Vertragsbruch[107] oder Lieferanfrage[108] (zum Verleiten zum Vertragsbruch Rn 69 zu § 15), anders bei hinzutretenden die Unlauterkeit begründenden Umständen und zumindest bedingt vorsätzlichem Handeln.[109] Verletzung nachvertraglicher Pflichten kann ausreichen.[110]

e. **Systematischer und zielstrebiger Nachbau** kann als sittenwidrige Behinderung im Ein- **20** zelfall wettbewerbswidrig sein,[111] so, wenn der Mitbewerber lahmgelegt,[112] der gute Ruf des Mitbe-

---

95 BGHZ 41, 55, 58 = GRUR 1964, 621 Klemmbausteine I; BGH GRUR 1968, 698, 700 Rekordspritzen; BGH GRUR 1976, 434, 436 Merkmalklötze; BGH Prospekthalter.

96 OLG Köln GRUR 1999, 765; vgl OLG Celle GRUR-RR 2001, 38.

97 BGH Rolls Royce; BGH McLaren; BGH Yellow Phone.

98 BGH GRUR 1996, 508, 509 Cartier-Uhren-Applikation.

99 BGH McLaren.

100 Vgl BGH GRUR 1961, 40, 42 Wurftaubenpresse; BGH GRUR 2003, 356 f Präzisionsmeßgeräte; *Köhler* GRUR 2007, 548, 553; *Köhler/Bornkamm* § 4 UWG Rn 9.60.

101 *Köhler/Bornkamm* § 4 UWG Rn 9.60.

102 BGH Präzisionsmeßgeräte.

103 Vgl BGH GRUR 1983, 377, 379; BGH GRUR 1964, 31 Petromax III; BGH GRUR 1956, 284, 286 Rheinmetall-Borsig II; BGH GRUR 1992, 523 f Betonsteinelemente; *Köhler/Bornkamm* § 4 UWG Rn 9.62.

104 BGH GRUR 1956, 284, 286 Rheinmetall-Borsig II; BGH GRUR 1964, 31 Petromax III.

105 BGH Rheinmetall-Borsig II; vgl zum Umfang des Unterlassungsanspruchs auch RGZ 109, 272, 277 ff Gerbereimaschinen.

106 RG GRUR 1938, 784, 786 Kernstützen; RG GRUR 1942, 352, 357 Quarzlampe; BGH GRUR 1960, 554, 556 Handstrickverfahren; BGH GRUR 1955, 424 Möbelpaste: BGH GRUR 1961, 40, 42 Wurftaubenpresse; BGHZ 38, 391, 397 = GRUR 1963, 367 Industrieböden; BGH GRUR 1983, 179, 181 Stapelautomat; BGH GRUR 1985, 294, 296 Füllanlage; BGH GRUR 2002, 91 f Spritzgießwerkzeuge; BGH GRUR 2003, 356 Präzisionsmeßgeräte; BGH 28.4.1967 I b ZR 26/65; BGH 13.11.1970 I ZR 102/68; OLG Dresden MuW 26, 57; öOGH ÖBl 1998, 225 Haftgel; zum wettbewerbsrechtl Geheimnisschutz *Fezer* Der zivilrechtliche Geheimnisschutz im Wettbewerbsrecht, FS F. Traub (1994), 81.

107 BGH GRUR 1956, 273, 275 Drahtverschluß; BGH GRUR 1958, 351, 353 f Deutschlanddecke; BGH GRUR 1969, 474 f Bierbezug I; BGH GRUR 1976, 372, 374 Möbelentwürfe; BGH GRUR 1991, 449, 453 Betriebssystem, nicht in BGHZ; BGH GRUR 1992, 310, 312 Taschenbuchlizenz; BGH GRUR 2002, 795, 798 Titelexklusivität; vgl zum Schleichbezug BGH GRUR 1999, 1113 Außenseiteranspruch I; BGHZ 143, 232 = GRUR 2000, 724, 726 Außenseiteranspruch II; BGH GRUR 2005, 940 Marktstudien, auch zum UWG 2004; zum Entfernen von Kontrollnummern auch BGHZ 142, 192 = GRUR 1999, 1109 Entfernung der Herstellungsnummer I; BGH GRUR 2001, 448 Kontrollnummernbeseitigung II; BGHZ 148, 26 = GRUR 2001, 841 Entfernung der Herstellungsnummer II; BGH GRUR 2002, 709 Entfernung der Herstellungsnummer III; öOGH ÖBl 1995, 24 Alpin-Ski-Weltcup-Werbung; vgl Cour de justice Genf sic! 2000, 714.

108 OLG Düsseldorf GRUR-RR 2003, 89.

109 BGH Deutschlanddecke; BGH GRUR 1976, 372 Möbelentwürfe; BGH GRUR 1980, 296 f Konfektionstylist; BGH Titelexklusivität mwN: Verletzung branchenüblich mwN für eine wirtschaftlich sinnvolle Auswertung erforderlicher Ausschließlichkeitsbindungen; BGH 28.4.1967 Ib ZR 26/65; LG München I WRP 1978, 571.

110 BGH GRUR 1956, 93, 96 Bioglutan; BGH 13.2. 1970 I ZR 21/68; öOGH 5.7.2001 8 ObA 122/01a mwN.

111 BGH GRUR 1996, 210, 212 Vakuumpumpen; BGH GRUR 1999, 751, 753 Güllepumpen; BGH GRUR 2002, 820, 823 Bremszangen.

112 OLG Düsseldorf MuW 35, 156.

werbers ausgenutzt[113] oder der Absatz qualitativ minderwertiger Imitationen gefördert werden soll.[114]

21　　Das **Ersatz- und Zubehörteilgeschäft** ist generell nicht wettbewerbswidrig,[115] anders uU bei auf Fortsetzungsbedarf zugeschnittener Ware,[116] Ausnutzung von Werbebemühungen,[117] Beeinträchtigung des Qualitäts- und Sicherheitsstandards der Originalware[118] oder bei erheblichen Gefahren für Verbraucher.[119]

22　　**f. Anlehnende und vergleichende Werbung.** Zur früheren Rechtslage *5. Aufl.* Die grds Zulässigkeit vergleichender Werbung auf Grund der Änderung der EU-Irreführungsrichtlinie durch die Richtlinie 97/55/EG vom 6.10.1997[120] hat zu einer Wandlung geführt.[121] Umsetzung in das nat Recht ist durch das Gesetz zur vergleichenden Werbung und zur Änderung wettbewerbsrechtlicher Vorschriften vom 1.9.2000[122] erfolgt, nach der die Fälle unzulässiger vergleichender Werbung enumerativ aufgezählt werden; jedoch sieht der darin darin enthaltene § 10 Abs 3 des Gesetzes über die Werbung auf dem Gebiete des Heilwesens bei Arzneimitteln zur Anwendung bei Menschen außerhalb der Fachkreise ein Verbot der Werbung mit Angaben vor, die nahelegen, dass die Wirkung des Arzneimittels einem anderen Arzneimittel entspricht oder überlegen ist. Der Begriff der vergleichenden Werbung in § 2 Abs 1 UWG ist in einem weiten Sinn zu verstehen.[123] Vergleichende Werbung ist nur zulässig, wenn die objektiv verglichenen Eigenschaften für die Waren zugleich wesentlich, relevant, nachprüfbar und typisch sind (§ 2 Abs 2 Nr 2 UWG); der Begriff der Eigenschaft ist weit zu verstehen; es ist nicht erforderlich, dass der Verkehr die im Werbevergleich angeführten Eigenschaften ohne jeden Aufwand nachprüfen kann.[124] Unlauteres Ausnutzen der Wertschätzung iSd § 2 Abs 2 Nr 4 UWG setzt voraus, dass der angesprochene Verkehr mit der vergleichenden Nennung der eigenen Produkte und der Produkte des fremden Herstellers die Vorstellung verbindet, deren guter Ruf werde auf die beworbenen Produkte übertragen.[125]

113　BGH GRUR 1960, 244, 246 Similischmuck.
114　BGH GRUR 1985, 876 Tchibo/Rolex I; vgl auch BGHZ 44, 288, 300 = GRUR 1966, 503 Apfel-Madonna; BGH GRUR 1969, 618, 620 Kunststoffzähne; BGHZ 60, 168 f = GRUR 1973, 478, 480 Modeneuheit; BGH GRUR 1979, 119 Modeschmuck; BGH 6.10.1978 I ZR 94/76; OLG Köln GRUR 1979, 172, 174.
115　BGH GRUR 1956, 553, 558 Coswig; BGH GRUR 1958, 343 Bohnergerät; BGH GRUR 1962, 537 Radkappe; BGHZ 41, 55, 60 = GRUR 1964, 621 Klemmbausteine I; BGH GRUR 1968, 49, 51 Zentralschloßanlagen; BGH GRUR 1968, 698, 700 Rekordspritzen; BGH GRUR 1977, 666, 668 Einbauleuchten; BGH GRUR 1984, 282 Telekonverter; BGH GRUR 1996, 781 Verbrauchsmaterialien; BGH GRUR 1997, 116, 118 Prospekthalter; OLG Karlsruhe GRUR 1980, 792; vgl auch BGH GRUR 2003, 444 „ersetzt".
116　BGH Klemmbausteine I; BGH GRUR 1992, 619 Klemmbausteine II („Einschieben in fremde Serie"), offengelassen, ob auch noch nach neuem Wettbewerbsrecht, aber jedenfalls mit zeitlicher Begrenzung (kein Innovationsschutz mehr nach rund 50 Jahren ungehinderter Marktpräsenz) in BGHZ 161, 204 = GRUR 2005, 369 Klemmbausteine III; vgl BGH GRUR 1997, 116, 118 Prospekthalter; BGH GRUR 2000, 521 Modulgerüst; OLG Celle Mitt 1998, 477; kr *Kur* GRUR Int 1995, 469; vgl hierzu auch *Meisser/Bohren* Perpetuierter Patentschutz durch Formmarken? SMI 1995, 225, mit rechtsvergleichenden Hinweisen; *Heyers* GRUR 2006, 23, 27: „Anachronismus".
117　BGH GRUR 1998, 943 Farbkennnummern.
118　BGH Modulgerüst.
119　BGH Rekordspritzen.
120　ABl EG Nr L 290/18.
121　Vgl EuGH C-112/99 Slg 2001 I 7945 = GRUR 2002, 354 Toshiba/Katun; BGHZ 138, 55 = GRUR 1998, 824, 826 f Testpreisangebot; BGH GRUR 1999, 69, 71 Preisvergleichsliste II; BGHZ 139, 378 = GRUR 1999, 501 Vergleichen Sie; BGH GRUR 1999, 1100 Generika-Werbung; BGH GRUR 2001, 350 OP-Lampen; BGH GRUR 2001, 752 Eröffnungswerbung; BGH GRUR 2003, 444 „Ersetzt"; BGHZ 158, 26 = GRUR 2004, 607 Genealogie der Düfte; BGH 23.11.2000 I ZR 78/98; *Henning-Bodewig* BIE 1999, 198; Vorlagebeschluss LG Düsseldorf 19.1.1999 4 O 8/99 Entsch 1999, 17, zur Verwendung von Artikelbezeichnungen – „OEM-Nummern".
122　BGBl I 1374.
123　EuGH Toshiba/Katun; BGH Genealogie der Düfte.
124　BGH Vergleichen Sie; BGH „Ersetzt"; BGH Genealogie der Düfte.
125　BGH Vergleichen Sie; BGH Genealogie der Düfte.

g. Weitere Fälle. Benutzung eines zeitweise erloschenen Patents kann wettbewerbswidrig sein.[126] **23**
Verstöße gegen außerwettbewerbsrechtl Normen, die keine Marktverhaltensregelungen sind, sind nicht
allein wegen ihrer Gesetzeswidrigkeit als unlauter anzusehen.[127]

6. Wettbewerbsrechtlicher Schutz wurde **während der patentamtslosen Zeit** erwogen.[128] **24**

IV. Andere Gesetze des gewerblichen Rechtsschutzes

1. Allgemeines. Zu anderen Leistungsschutzrechten sowie zu Kennzeichnungsrechten ergeben sich **25**
vielfältige Berührungen (besonders augenfällig etwa beim Ersatzteil- und Spielzeugmodellschutz).

2. Das Gesetz über **Urheberrecht** und verwandte Schutzrechte (UrhG) gewährt den Urhebern von Wer- **26**
ken der Literatur, Wissenschaft und Kunst Schutz für ihre Werke (§ 1 UrhG). Werke sind persönliche geistige
Schöpfungen[129] (§ 2 Abs 2 UrhG). Das Urheberrecht[130] entsteht anders als das Recht aus dem Patent mit der
Schöpfung des Werks; es umfasst das Urheberpersönlichkeitsrecht und Verwertungsrechte; es erlischt im
Regelfall 70 Jahre nach dem Tod des Urhebers. Die Urheberrechtsschutzfähigkeit setzt Gestaltungshöhe
voraus; das ist ein deutliches Überragen der Durchschnittsgestaltung.[131] Bei einem Gebrauchsgegenstand
können nur Merkmale Urheberrechtsschutz als Werk der angewandten Kunst (§ 2 Abs 1 Nr 4 UrhG) begründen, die nicht allein technisch bedingt, sondern auch künstlerisch gestaltet sind.[132] Daneben gewährt das
UrhG „verwandte" Schutzrechte für Leistungen, die keine Werke sind. Gemeinsam sind Patent- und Urheberrecht, dass unkörperliche Gegenstände, die auf einer schöpferischen Leistung beruhen, bestimmten
Personen zugeordnet werden. Auch Darstellungen wissenschaftlicher und technischer Art sind urheber-
rechtsschutzfähig, wenn ihre Formgestaltung als persönliche geistige Schöpfung anzusehen ist; dagegen
kommt es nicht auf den schöpferischen Gehalt des wissenschaftlichen und technischen Inhalts der Darstellung an; so ist die allein auf technischen Überlegungen beruhende Planung eines Flughafens ohne künstlerische Ausdrucks- und Gestaltungsform einem Urheberrechtsschutz nach § 2 Abs 1 Nr 4 UrhG (Entwürfe für
Werke der Baukunst) nicht zugänglich.[133] Für die Urheberrechtsschutzfähigkeit kommt es mithin allein darauf an, ob eine persönliche geistige Schöpfung in der Formgestaltung (und nicht im wissenschaftlichen oder
technischen Inhalt, der im urheberrechtl Sinn per se nicht schöpferisch ist) liegt. Eine andere Auslegung des
§ 2 Abs 1 Nr 7 UrhG würde sich in Widerspruch zur Abgrenzung des Urheberrechtsschutzes gegenüber den
technischen Schutzrechten setzen. Technische Konstruktionsteile können nicht herangezogen werden,[134]
ebenso ist die Verwendung eines bestimmten Werkstoffs als solche nicht schutzfähig.[135] Die wissenschaftliche und technische Lehre als solche ist nicht Gegenstand des Urheberrechtsschutzes[136] (zur Urheberrechtsschutzfähigkeit biologischer Informationen *5. Aufl* § 2 Rn 66). Anders als § 2 Abs 1 Nr 4 UrhG gewährt § 2 Abs 1
Nr 7 UrhG keinen Schutz gegen Nachbau.[137] Dem Kunstschutz steht nicht entgegen, dass ein Gegenstand in
erster Linie für Gebrauchszwecke geschaffen und bestimmt ist.[138]

---

126 BGH GRUR 1956, 265 Rheinmetall-Borsig I; zum Einsatz von Maschinen, die sich der Wettbewerber unredlich
verschafft hat, zur Erzeugung eines Konkurrenzprodukts BGH NJW 1993, 1991 Maschinenbeseitigung.
127 BGH GRUR 2016, 513 Eizellspende mwN; vgl auch OLG Katlsruhe AUR 2015, 460.
128 Vgl LG Berlin GRUR 1948, 209, im Ergebnis allerdings abl, m kr Anm *Ruschke*; OLG Frankfurt BlPMZ 1949, 330, 332f.
129 BGHZ 112, 243, 247 = GRUR 1991, 523 Grabungsmaterialien; BGH GRUR 1999, 230 f Treppenhausgestaltung.
130 Zur Kumulierung mit Geschmacksmusterschutz EuGH C-168/09 GRUR 2011, 216 Flos/Semerano.
131 BGH GRUR 1995, 581 f Silberdistel; BGHZ 138, 143, 147 = GRUR 1998, 830 Les-Paul-Gitarren; BGH GRUR 2004, 941
Metallbett.
132 BGH GRUR 2012, 58 Seilzirkus.
133 BGHZ 73, 288 = GRUR 1979, 464 Flughafenpläne; vgl BGHZ 24, 55 = GRUR 1957, 391 Ledigenheim; BGH GRUR 2002,
958 technische Lieferbedingungen; BGHZ 151, 15 = GRUR 2002, 799 Stadtbahnfahrzeug; OLG Hamburg GRUR-RR 2001,
289: Hardwarekonfiguration einer Faxkarte für einen Rechner.
134 BGH GRUR 1982, 305, 307 Büromöbelprogramm.
135 BGH GRUR 1980, 235 f Play-family; BGH Metallbett.
136 BGH Flughafenpläne; BGH GRUR 1985, 129 Elektrodenfabrik.
137 BGH Elektrodenfabrik.
138 RGZ 124, 68, 72 = GRUR 1929, 733 Bestecksmuster; RG GRUR 1938, 137 Stuhlmodelle; BGHZ 16, 4 = GRUR 1955, 445
Mantelskizze; BGHZ 22, 209, 215 = GRUR 1957, 291 Europapost; OLG Düsseldorf GRUR 1954, 417; vgl OG Luzern sic! 1998,
567; OG Luzern sic! 1998, 568.

27   **3. Computerprogramme** können urheberrechtl geschützt sein. Sie wurden als „text which performs" charakterisiert.[139] Die Möglichkeit von Doppelschutz wird insoweit nicht auszuschließen sein.[140] Urheberrechtl Schutz war grds schon vor der Änderung des UrhG aufgrund der EG-RatsRl 92/250 vom 14.5.1991[141] anerkannt und ist seit 1985 in § 2 Abs 1 Nr 1 UrhG geregelt, allerdings hat die Rspr die Schutzfähigkeit an enge Voraussetzungen geknüpft.[142] Dem Urheberrechtsschutz ist die im Computerprogramm berücksichtigte, sich auf einen vorgegebenen Rechner beziehende Rechenregel (der Algorithmus; Rn 55 zu § 1) ebenso wenig zugänglich wie andere bei der Erstellung des Programms herangezogene mathematische oder technische Lehren oder Regeln, die als Bestandteil der wissenschaftlichen Lehre frei und jedermann zugänglich sein müssen.[143] Für grafische Benutzeroberflächen kommt Schutz nach der Richtlinie nicht in Betracht.[144] Eine Systemsoftware (Betriebssystem) wurde als dem Urheberrechtsschutz nach § 2 Abs 1 Nr 1 UrhG grds zugänglich angesehen. Patentschutz steht dem Urheberrechtsschutz nicht notwendig entgegen, bezieht sich jedoch auf andere Aspekte des Programms.[145] Daneben kommt ergänzender wettbewerbsrechtl Leistungsschutz in Betracht.[146]

28   Die **Urheberrechtsschutzfähigkeit von Computerprogrammen** ist durch das Zweite Gesetz zur Änderung des UrhG in Umsetzung der EG-RatsRl (Rn 27) in §§ 69a–69g (letzterer durch das MarkenRRefG geänd), § 137d UrhG näher geregelt worden. Die §§ 69a[147] und 69g Abs 1 UrhG lauten:

§ 69a Gegenstand des Schutzes
     (1) Computerprogramme im Sinne dieses Gesetzes sind Programme jeder Art, einschließlich des Entwurfsmaterials.
     (2) [1]Der gewährte Schutz gilt für alle Ausdrucksformen eines Computerprogramms. [2]Ideen und Grundsätze, die einem Element eines Computerprogramms zugrunde liegen, einschließlich der den Schnittstellen zugrundeliegenden Ideen und Grundsätze, sind nicht geschützt.
     (3) [1]Computerprogramme werden geschützt, wenn sie individuelle Werke in dem Sinne darstellen, daß sie das Ergebnis der eigenen geistigen Schöpfung ihres Urhebers sind. [2]Zur Bestimmung ihrer Schutzfähigkeit sind keine anderen Kriterien, insbesondere nicht qualitative oder ästhetische, anzuwenden.
     (4) Auf Computerprogramme finden die für Sprachwerke geltenden Bestimmungen Anwendung, soweit in diesem Abschnitt nichts anderes bestimmt ist.

§ 69g Abs 1 Anwendung sonstiger Rechtsvorschriften; Vertragsrecht
     (1) Die Bestimmungen dieses Abschnitts lassen die Anwendung sonstiger Rechtsvorschriften auf Computerprogramme, insbesondere über den Schutz von Erfindungen, Topographien von Halbleitererzeugnissen, Marken und den Schutz gegen unlauteren Wettbewerb einschließlich des Schutzes von Geschäfts- und Betriebsgeheimnissen, sowie schuldrechtliche Vereinbarungen unberührt.

29   Nach der Umsetzung der EG-Richtlinie sind bei Computerprogrammen nurmehr **geringe Schutzanforderungen** zu stellen.[148] Bei komplexen Computerprogrammen spricht eine tatsächliche Vermutung für eine hinreichende Individualität der Programmgestaltung.[149] Dies gilt nach § 137d Abs 1 UrhG auch für die vor dem Inkrafttreten der Gesetzesänderung (24.6.1993) geschaffenen Computerprogramme.[150] Die Rückwirkung erstreckt sich jedoch nicht auf die vor diesem Zeitpunkt liegenden Verletzungshandlungen, die grds nach altem Recht zu beurteilen sind.[151] Erforderlich für den Schutz nach UrhG ist nur, dass das Programm als Ergebnis der eigenen geistigen Schöpfung seines Urhebers ein individuelles Werk darstellt;

---

139 *Kingston* EIPR 2004, 447, 452 unter Bezugnahme auf *Reichman* Columbia Law Review 1994, 2432 ff.
140 Vgl, auch zu Abgrenzungsmöglichkeiten, *Eichmann* GRUR 2000, 751, 755 f.
141 ABl EG L 122/42 = GRUR Int 1991, 336.
142 BGH GRUR 1985, 1041 Inkassoprogramm; BGHZ 112, 264 = GRUR 1991, 449 Betriebssystem.
143 BGH Inkassoprogramm.
144 EuGH C-393/09 GRUR 2011, 220 BSA/Kulturministerium.
145 Vgl zur Problematik *Melullis* GRUR 1998, 843.
146 Vgl OLG Frankfurt GRUR 1983, 757 f; OLG Frankfurt GRUR 1984, 509.
147 Geänd durch das Gesetz zur Regelung des Urheberrechts in der Informationsgesellschaft vom 10.9.2003, BGBl I 1774.
148 Vgl OLG Karlsruhe GRUR 1994, 726, 729 zur Schutzfähigkeit von Bildschirmmasken.
149 BGH GRUR 2005, 860 Fash 2000.
150 Anders für Österreich öOGH ÖBl 1999, 5 f „einzigartiges" EDV-Programm.
151 BGHZ 123, 208 = GRUR 1994, 39 Buchhaltungsprogramm; vgl OLG Karlsruhe GRUR 1994, 726, 729; vgl zur eingeschränkten Rückwirkung BGH GRUR 2000, 866 Programmfehlerbeseitigung; BGH 17.5.2001 I ZR 68/00.

andere, insb qualitative oder ästhetische Kriterien, wie sie die Rspr bisher verlangt hatte, dürfen nicht angewendet werden (§ 69a Abs 3 UrhG). Damit sind die Probleme, die sich dabei aus der Bestimmung der erforderlichen Gestaltungshöhe („Eigentümlichkeit") nach der Rspr des BGH ergeben hatten, ausgeräumt. § 69a UrhG schützt Computerprogramme in jeder Gestalt und Ausdrucksform.[152] Die Anwendung sonstiger Rechtsvorschriften, insb des PatG und des HlSchG, auf Computerprogramme bleibt unberührt (§ 69g Abs 1 UrhG). Es bleibt allerdings weiterhin die Schwäche, dass sich der Schutz auf das Verbot unberechtigter Vervielfältigung und Dekompilierung beschränkt und die Programmidee nicht schützbar ist, daneben – mangels Formulierung von Schutzansprüchen – die Unsicherheit über den Schutzumfang.[153]

4. Design (früher Geschmacksmuster). Der national zunächst im Gesetz betr das Urheberrecht an **30** Mustern und Modellen und jetzt in Designgesetz umbenannten Geschmacksmustergesetz vom 12.3.2004,[154] und EU-weit in der VO (EG) Nr 6/2002 des Rates über das Gemeinschaftsgeschmacksmuster vom 12.12.2001[155] geregelte Geschmacksmusterschutz (gemeinschaftsrechtl Regelung in der Richtlinie 98/71 des Parlaments und des Rates vom 13.10.1998 über den rechtlichen Schutz von Mustern und Modellen)[156] erfasste früher nicht die technischen, sondern die ästhetisch-geschmacklichen Eigenschaften gewerblicher Erzeugnisse; dies hat sich durch das Gemeinschaftsgeschmacksmuster und das neue dt Geschmacksmustergesetz grds geändert, durch das – von gewissen Ausnahmen (unsichtbare Teile, Merkmale von Verbindungsteilen) – jeder industrielle oder handwerkliche Gegenstand geschützt werden kann. Schutzgegenstand des Designs ist allerdings nicht eine ästhetische „Lehre"; der Inhalt des Schutzrechts wird vielmehr durch die im niedergelegten Muster konkret zum Ausdruck kommende Gestaltung bestimmt;[157] die ästhetische Formgebung muss geeignet sein, als Vorbild für die äußere Gestaltung gewerblicher Erzeugnisse zu dienen (früher „Eigentümlichkeit";[158] jetzt und nach EU-Recht „Eigenart"). Ein Erzeugnis kann zugleich technische, dem Patent- oder GbmSchutz zugängliche, als auch ästhetische, dem Designschutz zugängliche Merkmale aufweisen. Beide Schutzrechte sind dann je für sich zu beurteilen. Die für einen Geschmacksmusterschutz früher erforderliche Eignung, das ästhetische Formempfinden anzusprechen, wurde bei einer objektiv nicht ausschließlich technisch bestimmten Gestaltung nicht dadurch ausgeschlossen, dass der Verkehr diese als einem technischen Zweck dienend auffasst.[159] Designschutz scheidet nur aus, soweit es sich um Formgestaltungen handelt, die objektiv ausschließlich technisch bedingt sind[160] (vgl § 3 Abs 1 Nr 1 GeschmMG 2004; Art 8 VO über das Gemeinschaftsgeschmacksmuster); der Geschmacksmusterfähigkeit stand schon nach früherer Rechtslage bei einem Gebrauchszwecken dienenden Erzeugnis nicht entgegen, dass seine Gestaltung in dem maßgeblichen Merkmal zugleich oder sogar in erster Linie dem Gebrauchszweck diente und ihn förderte, dass der ästhetische Gehalt demnach in die ihrem Zweck gem gestaltete Gebrauchsform eingegangen war.[161] Zum besonders umstrittenen Schutz bei „must-match"-Ersatzteilen und „must-fit"-Teilen s die Hinweise *5. Aufl*;[162] eine Übergangsregelung („freeze plus") enthält Art 111 der VO über das Gemeinschaftsgeschmacksmuster. § 3 Abs 1 Nr 2 GeschmMG 2004 schließt Erscheinungsmerkmale von Erzeugnissen, die zwangsläufig in ihrer genauen Form und ihren genauen Abmessungen nachgebildet werden müssen, unter bestimmten Voraussetzungen vom Designschutz aus. Nach dem Vorschlag einer Änderungsrichtlinie zur Richtlinie 98/71[163] soll die Bestimmung in Art 14 der Richtlinie durch eine Regelung ersetzt werden, wonach Geschmacksmusterschutz für Bestandteile eines komplexen Erzeugnisses aus-

---

152 OLG Karlsruhe GRUR 1994, 726, 729.

153 Vgl *Ullrich* Technologieschutz nach TRIPS: Prinzipien und Probleme, GRUR Int 1995, 623, 629 Fn 49.

154 BGBl I 390 = BlPMZ 2004, 207.

155 ABl EG 2002 L 3/1 = BlPMZ 2002, 152 = GRUR Int 2002, 221.

156 ABl EG 1998 L 289/34 = GRUR Int 1998, 959 = BlPMZ 1999, 24.

157 BGH GRUR 1974, 406 Elektroschalter.

158 BGHZ 50, 340, 350 = GRUR 1969, 90 Rüschenhaube; BGH GRUR 1962, 144, 146 Buntstreifensatin I, nicht in BGHZ; BGH GRUR 1996, 57 Spielzeugautos; vgl auch BGH GRUR 1996, 767 Holzstühle; BGH GRUR 2000, 1023 3-Speichen-Felgenrad; BGH GRUR 2001, 503 Sitz-Liegemöbel; BGH GRUR 2004, 427 Computergehäuse.

159 BGH GRUR 1966, 97, 99 Zündaufsatz; BGH GRUR 1975, 81, 83 Dreifachkombinationsschalter.

160 Vgl BGH 3-Speichen-Felgenrad.

161 BGH GRUR 1981, 269, 271 Haushaltsschneidemaschine II.

162 Zur Geschmacksmusterfähigkeit von Kraftfahrzeugersatzteilen BGH GRUR 1987, 518 Kotflügel; OLG Düsseldorf GRUR Int 1997, 646; it Corte di Cassazione GRUR Int 1997, 650; Audiencia Provincial de Bizkaja GRUR Int 1997, 656; Vorlage CA Turin an den EuGH vom 19.11.1997 (EuGH C-38/98) GRUR Int 1998, 990 mAnm *Floridia/Lamandini*.

163 Dok KOM (2004) 582 final.

scheidet, die zur Reparatur des Erzeugnisses durch Wiederherstellung des ursprünglichen Erscheinungsbilds dienen.

31   **5. Kennzeichnungsrechte.** Von den zuvor behandelten Rechten, die technische, schöpferische und gestalterische Leistungen schützen, sind grds die Kennzeichnungsrechte (Marken, Ausstattungsrechte, Firmen- und Geschäftsbezeichnungen usw) zu unterscheiden. Auch bei der Marke tritt der eur (hier: EU) Schutz gegenüber dem nationalen mehr und mehr in den Vordergrund; die neu gefasste EU-Markenrechtsrichtlinie (Richtlinie (EU) 2015/2436 des Parlaments und des Rates vom 16.12.2015 zur Angleichung der Rechtsvorschriften der Mitgliedstaaten über die Marken)[164] und die Neufassung der EU-GemeinschaftsmarkenVO durch die VO (EU) 2015/2424 des Parlaments und des Rates vom 16.12.2015[165] (in Kraft seit 23.3.2016) haben einige Änderungen mit sich gebracht, ua die Bezeichnung als Unionsmarke statt als Gemeinschaftsmarke und die Umbenennung des HABM in Amt der Europäischen Union für geistiges Eigentum. Anders als jene gewähren sie ein Ausschlussrecht für wörtliche, bildliche, gegenständliche oder andere Hinweise auf einen bestimmten Wettbewerber. Ihr Schutzzweck ist nicht die Belohnung des Schöpfers für seine Leistung, sondern sie sollen verhindern, dass andere die gewerbliche Leistung eines Wettbewerbers und das dadurch begründete, in dem Kennzeichen verkörperte Vertrauen des Verkehrs durch Verwendung gleicher oder verwechselbarer Kennzeichen ausbeuten und dieses Vertrauen dadurch uU sogar gefährden;[166] darüber hinaus ist durch die zunächst auch geschützte unbenutzte Marke auch die Entwicklungschance geschützt.

32   Gewisse **Überschneidungen** ergeben sich daraus, dass das Produkt und seine Kennzeichnung zwar normalerweise, jedoch nicht zwangsläufig verschieden sind, vielfach vielmehr das Produkt selbst in seiner spezifischen Gestalt zugleich Gegenstand des Patents oder Gebrauchsmusters ist[167] und aufgrund seiner besonderen Gestaltung herkunftskennzeichnend wirken kann. Hinzu kommt, dass häufig ein Interesse daran besteht, die zeitliche Begrenztheit des Schutzrechts oder Schutzfähigkeitshürden zu überwinden.[168] Daraus ist das Bedürfnis erwachsen, die verschiedenen Schutzrechte sachgerecht gegeneinander abzugrenzen. Dies ist in der Rspr vor allem im Verhältnis von Ausstattung zu den technischen Schutzrechten unternommen worden.

33   Danach war **Ausstattungsschutz** ausgeschlossen, soweit eine technisch bedingte Formgebung vorlag.[169] Bei einer Ware, die technischen Gebrauchszwecken dient, waren Elemente des äußeren Gesamtbilds, die nach der Verkehrsauffassung eine wesensbestimmende Eigenschaft der Ware ausdrückten, dem Ausstattungsschutz nicht zugänglich.[170] Dagegen war eine willkürlich gewählte Form oder Farbe ausstattungsfähig.[171] Auf die Absicht des Formgebenden kam es nicht an. Nur die technisch bedingte, dh technisch notwendige, durch eine andere zumutbare Gestaltung nicht ersetzbare Ausstattung war mithin vom Ausstattungsschutz ausgeschlossen.[172] Das Bestehen technischer Schutzrechte konnte als Beweisanzeichen für eine technisch bestimmte Ausgestaltung gewertet werden,[173] als mehr aber nicht.[174]

34   Im **Markenrecht** hat die Frage, solange es keinen Markenschutz für dreidimensionale Gegenstände einschließlich der Form der Ware gab, nur eine geringe Rolle gespielt (vgl *5. Aufl*). Mit der Eröffnung der Eintragungsmöglichkeit für dreidimensionale Gestaltungen einschließlich der Form der Ware durch § 3 MarkenG hat die Abgrenzungsproblematik auch für das markenrechtl Registerverfahren Bedeutung gewonnen. Sie stellt sich nicht nur im Verhältnis der dreidimensionalen Marken,[175] sondern auch im Verhältnis der

164   ABl EU L 336/1 vom 23.12.2015.
165   ABl EU L 340/21 vom 24.12.2015.
166   Vgl *Kraßer* S 18 ff (§ 2 II d).
167   Vgl für das VK HighC 22.12.1997 Philips v. Remington, referiert bei *Watts* EIPR 1998, 147.
168   Vgl *Meisser/Bohren* SMI 1995, 225.
169   RG BlPMZ 1929, 41 posamentierte Kleiderbügel; RG GRUR 1941, 238 Leukoplast; BGHZ 11, 119 = GRUR 1954, 121 Zählkassetten; BGH GRUR 1954, 337 Radschutz; BGH GRUR 1962, 299 Sportschuh; KG BlPMZ 1929, 153.
170   BGH GRUR 1972, 122 Schablonen; vgl auch BayObLG NJW 1995, 1767.
171   BGH GRUR 1957, 603 Taschenstreifen; BGH GRUR 1960, 233 Feuerzeug; BGH GRUR 1962, 409 Wandsteckdose; BGH GRUR 1962, 459 Lichtkuppeln; BGH GRUR 1964, 621 Klemmbausteine I; OLG Köln GRUR-RR 2001, 26: Einfärbung.
172   Vgl *Wilde* MA 1956, 742; weitergehend RGZ 100, 250, 253 = BlPMZ 1921, 16 Gasmessergehäuse; KG GRUR 1932, 311.
173   BGH Taschenstreifen.
174   AA wohl *4. Aufl; Busse/Stark* WZG § 25 Rn 14 unter Bezugnahme auf RGZ 120, 94, 98 = GRUR 1928, 289 Huthaken.
175   Vgl ua BGH GRUR 2001, 56 Likörflasche; BGH GRUR 2001, 416 Omega; BGH GRUR 2001, 413 Swatch; EuGH-Vorlagen BGH GRUR 2001, 334 Gabelstapler I; BGH BlPMZ 2001, 149 Stabtaschenlampen I; BGH WRP 2001, 269 Rado-Uhr I; BGH GRUR 2001, 418 Montre; BGH GRUR 2003, 712 Goldbarren; BGH GRUR 2004, 502 Gabelstapler II; BGH GRUR

zweidimensionalen Bildmarken[176] – auch solchen, die die Herkunft der Dienstleistungen bezeichnen sollen[177] – zu Patenten und Gebrauchsmustern ebenso wie zu Geschmacksmustern[178] (vgl Rn 30). Der Schutz des Markenrechts richtet sich auch bei dreidimensionalen Marken gegen die Beeinträchtigung der Herkunftsfunktion, nicht gegen die Übernahme ästhetischer Gestaltungsgedanken durch Mitbewerber.[179] In der bestimmten Formgestaltung der Ware sieht der Verkehr nur dann einen Herkunftshinweis, wenn er dies Form nicht einer konkreten Funktion der Ware oder dem Bemühen zuschreibt, ein ästhetisch ansprechendes Produkt zu schaffen; für einen Herkunftshinweis spricht dabei eine willkürliche Formgebung, die sich von anderen Gestaltungen durch wiederkehrende charakteristische Merkmale unterscheidet.[180] Eine eigentümliche oder originelle Form ist für die Schutzfähigkeit nicht erforderlich;[181] bei der Beurteilung der Unterscheidungskraft darf bei dreidimensionalen Marken kein strengerer Maßstab angelegt werden als bei anderen Markenformen.[182] Die Formgestaltung der Ware wird aber vom Verkehr regelmäßig nicht in gleicher Weise wie Wort- oder Bildmarken als Herkunftshinweis aufgefasst, weil es dabei zunächst um die funktionelle und ästhetische Ausgestaltung der Ware selbst geht; etwas anderes kann dann gelten, wenn der Verkehr auf Grund der Kennzeichnungsgewohnheiten auf dem einschlägigen Warengebiet geneigt ist, auch einzelnen Formelementen in einer Gesamtaufmachung eine eigenständige Kennzeichnungsfunktion zuzuerkennen.[183] Liegt die Form im Rahmen einer auf dem betr Markengebiet üblichen Formenvielfalt und sind die Variationsmöglichkeiten beschränkt, kann dies dafür sprechen, dass die beanspruchte Form im Interesse der Allgemeinheit freizuhalten ist.[184] § 3 Abs 2 MarkenG bezeichnet als dem Markenschutz nicht zugänglich Zeichen, die ausschließlich aus einer Form bestehen, die durch die Art der Ware selbst bedingt oder zur

2004, 506 Stabtaschenlampen II; BGH GRUR 2004, 505 Rado-Uhr II; BGH GRUR 2004, 507 Transformatorengehäuse; BGH GRUR 2007, 973 Rado-Uhr III; BGH 20.11.2003 I ZB 19/98; BGH 20.11.2003 I ZB 20/98; BGH 20.11.2003 I ZB 21/98; BPatGE 38, 89; BPatGE 39, 65 = GRUR 1998, 712; BPatGE 39, 128 = GRUR 1998, 584; BPatGE 39, 132 = GRUR 1998, 581; BPatGE 39, 136 = GRUR 1998, 582; BPatGE 39, 158 = GRUR 1998, 580; BPatGE 40, 17 = GRUR 1998, 1018; BPatG BlPMZ 1998, 531; BPatG BlPMZ 1998, 533; BPatGE 41, 211 = BlPMZ 2000, 194; BPatGE 43, 122; BPatGE 43, 153 = GRUR 2001, 341; BPatG GRUR 2001, 521; BPatGE 44, 140 = GRUR 2002, 163; EuGH C-218/01 Slg 2004 I 1725 = GRUR 2004, 428 Waschmittelflasche, auf Vorlage BPatG GRUR 2001, 737; EuG I. Inst T 122/99 IIC 2001, 214; EuG I. Inst IIC 2002, 634, EuG I. Inst GRUR Int 2002, 531; EuG I. Inst 12.12.2002 T-63/01; EuG I. Inst GRUR Int 2003, 944; EuG I. Inst GRUR Int 2003, 754; EuG I. Inst GRUR Int 2003, 126; EuG I. Inst GRUR Int 2004, 326; EuG I. Inst. IIC 2004, 436; HABM GRUR Int 2000, 260; HABM GRUR Int 2000, 359; HABM GRUR Int 2000, 363; HABM GRUR Int 2000, 549; HABM GRUR-RR 2001, 211; HABM 23.9.2003 R 772/2001-1 IIC 2005, 442 Ls; OLG Frankfurt GRUR 1999, 591; OLG Frankfurt GRUR 1999, 593; öOGH ÖBl 1999, 194 Magic Joy; öVGH öPBl 2001, 69; schweiz BG BGE 120 II 307 The Original; schweiz BG sic! 2003, 892 Lego III; schweiz ERGE sic! 1998, 300; sic! 1998, 399, sic! 2000, 701, sic! 2003, 804 und sic! 2004, 405; US-SuprC GRUR Int 2000, 812 Wal-Mart v. Samara; *Kiethe/Groeschke* WRP 1998, 541; *Eichmann* GRUR 2000, 751, 756 ff.
176 Vgl ua BGH Füllkörper; BGH Autofelge; BGH GRUR 2001, 239 Zahnpastastrang; BGH GRUR 2001, 734 Jeanshosentasche; BGH GRUR 2004, 331 f Westie-Kopf; BGHZ 159, 57 = GRUR 2004, 683 farbige Arzneimittelkapsel; BGH GRUR 2005, 257 Bürogebäude; BPatGE 37, 208; BPatGE 35, 90 = GRUR 1995, 814; BPatGE 44, 83 = GRUR 2001, 737 – EuGH-Vorlage, und nachfolgend EuGH Waschmittelflasche; EuGH 29.4.2004 C-468-472/01 Slg 2004 I 5141 = GRUR Int 2004, 635 Tablettenform II; EuGH 29.4.2004 C-473-474/01 Slg 2004 I 5173 = GRUR Int 2004, 639 Tablettenform III; EuG I. Inst GRUR Int 2002, 75; HighC RPC 1998, 283 = GRUR Int 2000, 439 Philips/Remington; CA England/Wales RPC 1999, 809 = GRUR Int 2000, 444 Philips/Remington (EuGH-Vorlage; hierzu *Mountstephens* GRUR Int 2000, 393); HABM GRUR Int 2000, 365; schweiz ERGE sic! 2000, 313; *Eichmann* GRUR Int 2000, 483.
177 BGH Bürogebäude.
178 Vgl ua BPatGE 38, 89; BPatGE 39, 128 = GRUR 1998, 584; BPatGE 39, 132 = GRUR 1998, 581; BPatGE 39, 158 = GRUR 1998, 580; *Bauer* GRUR 1996, 319; kr *Sambuc* GRUR 1997, 403, 407; vgl auch schweiz BG GRUR Int 1995, 738 The Original; BPatGE 39, 219 = GRUR 1999, 56; BPatG BlPMZ 1997, 389; BPatGE 39, 238; BPatG GRUR 1998, 706; BPatG NJWE-WettbR 1998, 120; BPatG 6.5.1998 29 W (pat) 61/97 BlPMZ 1999, 118 Ls; vgl aber BPatG BlPMZ 1998, 541, wonach es dem Markenanmelder verwehrt sei, in Form der Marke in Wahrheit ein anderes, die Ware selbst betr Schutzrecht zu erwerben.
179 BGHZ 153, 131 = GRUR 2003, 332 Abschlußstück; vgl EuG I. Instanz GRUR Int 2003, 944, 946 Zigarrenform.
180 BGH GRUR 2004, 329 Käse in Blütenform; BPatGE 40, 98; vgl BGH GRUR 2000, 388 MAG-LITE; schweiz BG GRUR Int 2004, 262 LEGO-Formmarke II gegen HG Zürich GRUR Int 2004, 258.
181 BGH Likörflasche; BGH Autofelge; BGH Etiketten; BGH Zahnpastastrang; EuGH 18.6.2002 C-299/99 Slg 2002 I 5475 = GRUR 2002, 804 Philips/Remington.
182 EuGH C-53-55/01 Slg 2003 I 3161 = GRUR Int 2003, 632 Fahrzeugform; EuGH 29.4.2004 C-456-457/01 Slg 2004 I 5089 = GRUR Int 2004, 631 Tablettenform I; BGH 35 IIC (2004), 964 Käse in Blütenform 01; BGH Stabtaschenlampen; BGH Rado-Uhr; EuG GRUR Int 2004, 664.
183 BGH Abschlußstück.
184 BGH Käse in Blütenform.

Erreichung einer technischen Wirkung erforderlich ist oder der Ware einen wesentlichen Wert verleiht.[185] Wegen der Einzelheiten ist auf die markenrechtl Literatur zu verweisen. Markenrechtl Anspruchsgrundlagen können auch beim Anbieten von Nachfüllpackungen berührt sein.[186]

§ 142
(Strafbestimmung, strafrechtliche Einziehung, Veröffentlichungsbefugnis)

(1) [1] **Mit Freiheitsstrafe bis zu drei Jahren oder mit Geldstrafe wird bestraft, wer ohne die erforderliche Zustimmung des Patentinhabers oder des Inhabers eines ergänzenden Schutzzertifikats (§§ 16a, 49a)**

1. **ein Erzeugnis, das Gegenstand des Patents oder des ergänzenden Schutzzertifikats ist (§ 9 Satz 2 Nr. 1), herstellt oder anbietet, in Verkehr bringt, gebraucht oder zu einem der genannten Zwecke entweder einführt oder besitzt oder**

2. **ein Verfahren, das Gegenstand des Patents ist (§ 9 Satz 2 Nr. 2), anwendet oder zur Anwendung im Geltungsbereich dieses Gesetzes anbietet.**
[2] **Satz 1 Nr. 1 ist auch anzuwenden, wenn es sich um ein Erzeugnis handelt, das durch ein Verfahren, das Gegenstand des Patents oder des ergänzenden Schutzzertifikats ist, unmittelbar hergestellt worden ist (§ 9 Satz 2 Nr. 3).**

(2) Handelt der Täter gewerbsmäßig, so ist die Strafe Freiheitsstrafe bis zu fünf Jahren oder Geldstrafe.

(3) Der Versuch ist strafbar.

(4) In den Fällen des Absatzes 1 wird die Tat nur auf Antrag verfolgt, es sei denn, daß die Strafverfolgungsbehörde wegen des besonderen öffentlichen Interesses an der Strafverfolgung ein Einschreiten von Amts wegen für geboten hält.

(5) [1] **Gegenstände, auf die sich die Straftat bezieht, können eingezogen werden.** [2] **§ 74a des Strafgesetzbuches ist anzuwenden.** [3] **Soweit den in § 140a bezeichneten Ansprüchen im Verfahren nach den Vorschriften der Strafprozeßordnung über die Entschädigung des Verletzten (§§ 403 bis 406c) stattgegeben wird, sind die Vorschriften über die Einziehung nicht anzuwenden.**

(6) [1] **Wird auf Strafe erkannt, so ist, wenn der Verletzte es beantragt und ein berechtigtes Interesse daran dartut, anzuordnen, daß die Verurteilung öffentlich bekanntgemacht wird.** [2] **Die Art der Bekanntmachung ist im Urteil zu bestimmen.**

MarkenG: §§ 143, 143a (Gemeinschaftsmarke), 144 (geographische Herkunftsangaben); **DesignG:** § 51; **UrhG:** § 106; **SortG:** § 39

Ausland: Dänemark: § 57 PatG 1996; **Frankreich:** Art L 615-12–16 CPI; **Italien:** Art 136 CDPI; **Kosovo:** Art 125 PatG; **Niederlande:** Art 79 ROW 1995; **Österreich:** §§ 159 (geänd 2004) – 162 öPatG; **Polen:** vgl die Straftatbestände in Art 303ff RgE 2000 (nicht für Patentverletzung); **Schweden:** § 57 PatG; **Schweiz:** Art 66, 81–86 PatG; **Türkei:** Art 73A VO 551

---

185 Vgl zum letztgenannten Ausschlussgrund BPatG BlPMZ 2002, 228 und Parallelentscheidungen.
186 Vgl BGHZ 100, 51 = GRUR 1987, 438 Handtuchspender; OLG Hamburg GRUR-RR 2003, 101; OLG Köln GRUR-RR 2003, 104.

Schrifttum: *Barfuß* Die Beurteilung von Markeneingriffen und Patenteingriffen nach dem neuen Strafrecht, FS 75 Jahre öPA (1974), 100; *Beukelmann* Der strafrechtliche Schutz des geistigen Eigentums, NJW-Spezial 2008, 664; *Bittner* Produktpiraterie auf inländischen Fachmessen: Vorgehen gegen patentverletzende Ware, GRURPRax 2015, 142; *Blakeney* Criminal Enforcement of IPRs, FS D. Stauder (2011), 15; *Bosch/Bung/Klippel* (Hrsg) Geistiges Eigentum und Strafrecht, 2011; *Braun* Produktpiraterie (1993), S 300 ff; *Braun* Produktpiraterie, CR 1994, 726; *Cremer* Strafrechtliche Sanktionen bei der Verletzung von Rechten des geistigen Eigentums, Bericht der dt AIPPI-Landesgruppe zu Q 168, GRUR Int 2002, 511; *Daum* Abschöpfung der Bereicherung und Einstweilige Verfügung in Privatklageverfahren wegen Produktpiraterie, Medien und Recht 1999, 84; *Deumeland* Die Bekanntgabe einer strafrechtlichen Verurteilung wegen Verletzung des Urheberrechtes, MR-Int 2006, 136; *Deumeland* Einziehungsmöglichkeit bei strafbarer Urheberrechtsverletzung wie im Markenrecht und im Patentrecht, Mitt 2009, 24; *Eckstein/Fröba/Häser* Strafbarkeit der Verwendung nicht zugelassener Ausgangsstoffe bei der Herstellung von Zytostatikarezepturen, Strafverteidiger Forum 2011, 344; *Falke* Schärferes Strafrecht, MA 2009, 46; *Fontaine* Grund- und Strukturprobleme des § 142 PatG, 2011; *Hansen* Der Staatsanwalt, Dein Freund und Helfer: Durchsetzung von Schadensersatzansprüchen wegen Marken- und Produktpiraterie, GRURPrax 2014, 295; *Hansen* Strafverfahren wegen Verletzung von Patenten, Gebrauchsmustern, Warenzeichen oder Urheberrechten, GRUR 1983, 349; *Hansen/Wolff-Rojczyk* Effiziente Schadenswiedergutmachung für geschädigte Unternehmen der Marken- und Produktpiraterie, GRUR 2007, 468; *Hansen/Wolff-Rojczyk* Schadenswiedergutmachung für geschädigte Unternehmen der Marken- und Produktpiraterie: das Adhäsionsverfahren, GRUR 2009, 644; *Hees* Zurückgewinnungshilfe zu Gunsten der Opfer von Marken- und Produktpiraterie, GRUR 2002, 1037; *Heinrich* Die Strafbarkeit der unbefugten Vervielfältigung und Verbreitung von Standardsoftware, Diss Tübingen 1992; *Hesse* Strafbare Patentverletzung und Irrtum, GoldtArch 1968, 225; *Hilty/Kur/Peukert* Statement of the Max Planck Institute for Intellectual Property, Competition and Tax Law on the Proposal for a Directive of the European Parliament and of the Council on Criminal Measures Aimed at Ensuring the Enforcement of Intellectual Property Rights, IIC 37 (2006), 970; *Hoppe-Jänisch* Die straflose Vermeidung des patentrechtlichen Vernichtungsanspruchs, GRUR 2014, 1163; *Käbisch* Markenschutz im Strafrecht (2006); *Kessler* Probleme der Geschädigtenvertretung in Strafverfahren gegen Schutzrechtsverletzer, ZGE 2010, 75; *Keukenschrijver* Zur Notwendigkeit der Übersetzung europäischer Patentschriften in Deutschland, FS D. Stauder (2011), 117; *Köklü/Kuhn* Die strafprozessuale Beschlagnahme in Patentsachen, WRP 2011, 1411; *König* Mittelbare Patentverletzung, Mitt 2000, 10; *U. Krieger* Durchsetzung gewerblicher Schutzrechte in Deutschland und die TRIPS-Standards, GRUR Int 1997, 421; *Kröger/Bausch* Produktpiraterie im Patentwesen, GRUR 1997, 321; *Locher* Neuerungen im Immaterialgüter-Strafrecht, sic! 2008, 601; *Lührs* Verfolgungsmöglichkeiten im Fall der „Produktpiraterie" unter besonderer Betrachtung der Einziehungs- und Gewinnabschöpfungsmöglichkeiten (bei Ton-, Bild- und Computerprogrammträgern), GRUR 1994, 264; *Lunze* Grenzbeschlagnahme: ein zu scharfes Schwert? In: *Götting/Lunze* (Hrsg) Überproduktion durch Geistiges Eigentum? 2009, 167; *Melullis* Zur Auslegung von Patenten, zum Begriff des Fachmanns im Patentrecht und zur Funktion des Sachverständigen im Patentprozess, FS E. Ullmann (2006), 503; *Mengden* 3D-Druck – Droht eine „Urheberrechtskrise 2.0"? Schutzumfang und drohende Rechtsverletzungen auf dem Prüfstand, MMR 2014, 79; *Mes* Si tacuisses – Zur Darlegungs- und Beweislast im Prozeß des gewerblichen Rechtsschutzes, GRUR 2000, 934; *Müller/Wabnitz* Die veränderte Stellung des Staatsanwalts im heutigen Wirtschaftsleben, ZRP 1990, 429; *Müller/Wabnitz/Janovsky* Wirtschaftskriminalität[4], 1997; *Müller-Gugenberger/Bieneck* (Hrsg) Wirtschaftsstrafrecht[6], 2014; *Pfaffinger* Rechtsgüter und Verhältnismäßigkeit im Strafrecht des geistigen Eigentums, 2015; *Riedo* Zur Strafantragsberechtigung bei Eingriffen in Immaterialgüterrechte, insbesondere bei Patentverletzungen, sic! 2004, 549; *Schomburg* Die öffentliche Bekanntmachung einer strafrechtlichen Verurteilung, ZRP 1986, 65; *Schramm* Privatklage und öffentliches Interesse, GRUR 1954, 384; *Seydel* Einzelfragen der Urteilsveröffentlichung, GRUR 1965, 650; *Sieber* Computerkriminalität und Informationsstrafrecht, CR 1995, 100; *Treacy/Wray* IP Crimes: The Prospect for EU-Wide Criminal Sanctions – A Long Road Ahead? EIPR 2006, 1; *von Gravenreuth* Das Plagiat in strafrechtlicher Sicht, 1986; *von Gravenreuth* Strafverfahren wegen Verletzung von Patenten, Gebrauchsmustern, Warenzeichen oder Urheberrechten, GRUR 1983, 349; *von Gravenreuth* Erste Strafentscheidungen zur Software-Piraterie, GRUR 1985, 416; *Wintermeier* Patentstrafrecht, angekündigt für November 2015; *Witte* Irrtum und Vertreterhaftung im Rahmen des § 49 Abs. 1 PatG, GRUR 1958, 419; *Worm/Gärtner* Möglichkeiten zur Bekämpfung von Produktpiraterie (Teil III); Mitt 2008, 212; *Wronka* Veröffentlichungsbefugnis von Urteilen, WRP 1975, 644.

A. Allgemeines

I. Strafrechtlicher Schutz

1 Die Bestimmung ergänzt den zivilrechtl Schutz des Patentinhabers gegen Patentverletzungen durch einen strafrechtl. Eine parallele Strafvorschrift enthält § 25 GebrMG. Die praktische Bedeutung ist heute gering.[1] Höchstrichterliche Rspr zu der Strafnorm ist letztmals 1933 veröffentlicht worden.[2] Wegen der älteren Rspr, deren Heranziehung wegen der Änderungen des Gesetzes, aber auch wegen der grundlegend gewandelten Strafrechtsdogmatik problematisch ist, wird auf die *4. Aufl* (§ 49) verwiesen. Zu Konkurrenzen der Patentverletzung mit anderen Deliktstatbeständen Rn 47. Eine Regelung enthält auch Art 61 TRIPS-Übk.[3]

II. Unionsrecht

2 Auf eur Ebene ist ein Richtlinienvorschlag zur strafrechtlichen Sanktionierung der Verletzung geistigen Eigentums vorgelegt worden, der aber nur vorsätzliche und gewerblich begangene Handlungen erfassen sollte.[4] Die Kompetenz der Union ist aus einem Urteil des EuGH[5] abgeleitet worden. Die Union kann danach Maßnahmen in bezug auf das Strafrecht ihrer Mitgliedstaaten ergreifen, wenn dies notwendig ist, die volle Wirksamkeit von Regeln, die wichtige Gemeinschaftspolitiken betreffen, durchzusetzen. Der Vorschlag ist nach einer Mitteilung der Kommission an den Rat und das Europäische Parlament vom 24.11.2005 (KOM(2005) 583 endg) zurückgezogen worden. Jedoch ist eine unionsrechtl Festlegung von Straftatbeständen in einer weiteren Richtlinie zum Schutz der Rechte des Geistigen Eigentums vorgesehen (KOM(2006) 168 endg vom 26.4.2006).[6]

III. Entstehungsgeschichte

3 Eine Strafbestimmung enthielt schon § 34 PatG 1877. Auch § 36 PatG 1891 sah Strafbarkeit der Patentverletzung vor; ebenso **§ 49 PatG 1936**. Die hinsichtlich der Strafdrohung durch das 1. ÜberlG durch Wiedereinführung der 1936 abgeschafften Geldstrafendrohung geänd, durch Art 4, 5 Abs 4 des Ersten Gesetzes zur Reform des Strafrechts vom 25.6.1969 ohne ausdrückliche Änderung des Wortlauts auf „Freiheitsstrafe" statt „Gefängnis" übergeleitete und durch das EGStGB vom 23.3.1974 entspr geänd Strafnorm ist durch

---

1 Rechtstatsächliches bei *von Gravenreuth* GRUR 1983, 349; zur strafrechtl Verfolgung von Schutzrechtsverletzungen (eingeleitete Ermittlungsverfahren, Einstellungen und Verurteilungen) 1992 und 1993, allerdings ohne Aufschlüsselung nach verletzten Gesetzen, s die Antwort der Bundesregierung auf die Anfrage des Abgeordneten *van Essen*, BTDrs 12/8387 S 7 = GRUR 1994, 706; in BPatG 15.4.1999 2 Ni 66/97 (EU) undok findet sich ein Hinweis auf eine rechtskräftig gewordene Verurteilung im Strafbefehlsweg; Hinweise auch bei *Fitzner/Lutz/Bodewig* Rn 1 ff mwN.

2 RG GRUR 1933, 288 Kühlhaus; in jüngerer Zeit zu Leistungsschutzrechten BGH (2. Strafsenat) BGHSt 49, 93 = GRUR 2004, 421 Tonträgerpiraterie durch CD-Export.

3 Bedenken zur Vereinbarkeit des geltenden Strafrahmens mit dieser Vorgabe äußert *Cremer* GRUR Int 2002, 511, 513.

4 Vgl den aktuellen Bericht von *Weiden* GRUR 2005, 741 f.

5 EuGH 13.9.2005 C-176/03 Slg I 7879 = NVwZ 2005, 1289 Kommission/Rat.

6 http://eur-lex.europa.eu/LexUriServ/LexUriServ.do?uri=COM:2006:0168:FIN:DE:PDF; *Ahrens* GRUR 2006, 617, 621; Stellungnahme der DVGR GRUR 2006, 1011; *Hilty/Kur/Peukert* Stellungnahme des Max-Planck-Instituts für Geistiges Eigentum, Wettbewerbs- und Steuerrecht zum Vorschlag für eine Richtlinie des Europäischen Parlaments und des Rates über strafrechtliche Maßnahmen zur Durchsetzung des Rechts des geistigen Eigentums, KOM(2006) 168 endgültig, im Internet unter http://www.ip.mpg.de/files/pdf2/Stellungnahme-StrafrechtDurchsetzungGeistigesEigentum.pdf.

Art 8 Nr 64 GPatG mWv 1.1.1981 neu gefasst worden (Art 17 Abs 3 GPatG), sie hat durch die Neubek 1981 ihre geltende Bezeichnung erhalten. Durch Art 4 Nr 2 des Produktpirateriegesetzes (PrPG) vom 7.3.1990 ist in Abs 1 die Strafdrohung von einem Jahr auf drei Jahre heraufgesetzt worden; die früheren Abs 2 und 3 sind durch die geltenden Abs 2–6 ersetzt worden. Damit haben sich gegenüber dem früheren Rechtszustand folgende weitere Änderungen ergeben: Einführung eines qualifizierten Tatbestands, Begründung der Strafbarkeit des Versuchs, Umwandlung in ein relatives Antragsdelikt und im qualifizierten Fall in ein Offizialdelikt, strafrechtl Einziehungsmöglichkeit. Durch Art 1 Nr 6 PatÄndG 1993 ist auch das ergänzende Schutzzertifikat in den strafrechtl Schutz einbezogen.

IV. Zeitliche Geltung und Übergangsrecht *6. Aufl* Rn 4.   **4**

V. Das Patentrecht enthält **weitere Straftatbestände** in § 52 Abs 2 und Art II § 14 IntPatÜG. Diese **5** Strafnormen betreffen unzulässige Anmeldungen geheimhaltungsbedürftiger Erfindungen im Ausland und beim EPA.

B. Strafbarkeit der Patent- und Schutzzertifikatsverletzung

I. Tathandlung

1. Die Bestimmung ist iS eines Blankettstrafgesetzes[7] verstanden worden; erst die Strafnorm und das **6** ausfüllende Gebot aus § 9 in Verbindung mit dem erteilten Patent ergäben danach die Vollvorschrift; nach aA[8] ist das Patent tatbestandsausfüllender Verwaltungsakt und damit selbst nicht Bestandteil der Strafnorm; dieser Auffassung ist der Vorzug zu geben (vgl Rn 20). Die Strafbarkeit knüpft an das (mit Wirkung für die Bundesrepublik Deutschland) **erteilte Patent** und an das ergänzende Schutzzertifikat (Rn 15) an.[9] Auch die Lieferung ins Ausland kann den Tatbestand ausfüllen.[10] Die Tat ist sowohl nach Abs 1 als auch nach Abs 2 Vergehen iSd § 12 StGB.[11] Zur Frage, ob den Patentansprüchen des erteilten Patents Rechtsnormqualität zukommt, Rn 97 zu § 1.

2. Grundtatbestand

a. Der **objektive Tatbestand** in Abs 1 umfasst zwei Alternativen, von denen die erste (Abs 1 Nr 1) § 9 **7** Satz 2 Nr 1, die zweite objektiv § 9 Satz 2 Nr 2 entspricht. In die erste Alternative ist (parallel zu § 9 Satz 2 Nr 3) auch das unmittelbare Verfahrenserzeugnis einbezogen. Die ausdrückliche Wiedergabe ist „mit Rücksicht auf die notwendige hinreichende Bestimmtheit der Strafdrohung" erfolgt.[12]

b. Von einer Einbeziehung der **mittelbaren Verletzung** nach § 10 ist abgesehen worden, weil die **8** Vorschriften über Anstiftung, Beihilfe und Mittäterschaft einen hinreichenden strafrechtl Schutz gewährleisteten (Begr GPatG;[13] vgl Rn 24).

c. Der Gegenstand des Patents ergibt sich aus den Patentansprüchen unter Heranziehung von Be- **9** schreibung und Zeichnungen (vgl § 14; Art 69 EPÜ). Zwar verweist § 142 nicht ausdrücklich auf § 14. Gleichwohl wird allg angenommen, dass alle Handlungen, die den **Schutzbereich** des Patents verletzen, iSv § 142 tatbestandsmäßig sind.[14]

Die Bestimmung ist in dieser Auslegung verfassungsrechtl nicht unproblematisch. Die Einbeziehung **10** nicht einmal wortsinnnem Verletzungsformen in den Straftatbestand steht in einem Spannungsverhältnis

---

7 Vgl *Witte* GRUR 1958, 419; vgl auch *Melullis* FS E. Ullmann (2006), 503 f.
8 *Hesse* GoltdArch 1968, 225, 230, 236; vgl auch *König* Mitt 2000, 10, 15.
9 Vgl *Müller-Gugenberger/Bieneck* § 55 Rn 47; *Benkard* Rn 3.
10 Vgl BGH (2. Strafsenat) BGHSt 49, 93 = GRUR 2004, 421 Tonträgerpiraterie durch CD-Export, zu Leistungsschutzrechten.
11 Zum Verhältnis der Kunstfreiheit zu immaterialgüterrechtl Straftatbeständen (Urheber- und Warenzeichenrecht) LG München I NJW 1994, 2630.
12 Begr GPatG BlPMZ 1979, 266, 290.
13 Begr GPatG BlPMZ 1979, 266, 290; vgl *König* Mitt 2000, 10, 14 f.
14 *Benkard* Rn 2; *Schulte* Rn 6.

mit dem strafrechtl **Bestimmtheitsgebot**,[15] das allerdings nicht übersteigert werden darf.[16] Die Einbeziehung auch eines allg Erfindungsgedankens nach früherer Rechtslage in den Straftatbestand (Nachw 6. *Aufl*) begegnete unter diesem Gesichtspunkt Bedenken.[17]

11   Auch das strafrechtl **Analogieverbot** (§ 1 StGB, Art 103 Abs 2 GG) lässt es als problematisch erscheinen, alle äquivalenten Ausführungsformen, die in den Schutzbereich des Patents fallen, als vom Tatbestand des § 142 umfasst anzusehen, da strafrechtl der noch mögliche Wortsinn als äußerste Grenze der Auslegung anzusehen ist.[18] Allerdings ergibt sich die Analogie erst durch die Verweisung der Strafnorm auf die zivilrechtl Regelung des Schutzgegenstands und des Schutzumfangs, bei der Analogie uneingeschränkt zulässig ist. In solchen Fällen wird Analogie auch als für das Strafrecht verbindlich angesehen.[19]

12   **d.** Zwh ist, ob das Vorliegen der Tatbestände der §§ 11–13 **tatbestandsausschließend** wirkt oder einen Rechtfertigungsgrund darstellt; dies kann für die Behandlung des Irrtums Konsequenzen haben (Rn 20 f). Die Entstehungsgeschichte der Bestimmung, die früher eine Benutzung entgegen den Bestimmungen der §§ 6 (jetzt 9), 7 (jetzt 12) und 8 (jetzt 13) erfordert hat, spricht dafür, Handlungen im Rahmen eines Vorbenutzungsrechts oder aufgrund einer staatlichen Benutzungsanordnung als nicht vom Tatbestand des § 142 erfasst anzusehen; hieran hat die Neuregelung durch das GPatG ersichtlich nichts ändern wollen.[20] Weiterbenutzungsrechte werden nicht anders behandelt werden können als Vorbenutzungsrechte. Entsprechendes muss für § 11 (früher § 6b) gelten. Benutzung nach Erschöpfung der Rechte aus dem Patent wird als nicht tatbestandsmäßig angesehen werden müssen.[21] Zur Einwilligung Rn 18.

13   **e. Internationaler Verkehr.** Im Urheberrecht ist es einem Mitgliedstaat nicht verboten, die Beihilfe zum unerlaubten Verbreiten von Vervielfältigungsstücken urheberrechtl geschützter Werke in Anwendung seiner nationalen Strafvorschriften strafrechtl zu verfolgen, wenn Vervielfältigungsstücke solcher Werke in dem betr Mitgliedstaat im Rahmen eines Verkaufsgeschäfts an die Öffentlichkeit verbreitet werden, das speziell auf die Öffentlichkeit in diesem Mitgliedstaat ausgerichtet ist und von einem anderen Mitgliedstaat aus abgeschlossen wird, in dem ein urheberrechtl Schutz der Werke nicht besteht oder nicht durchsetzbar ist.[22] Demnach liegt bei einem grenzüberschreitenden Verkauf ein Verbreiten in Deutschland schon dann vor, wenn ein Händler, der seine Werbung auf in Deutschland ansässige Kunden ausrichtet und ein spezifisches Lieferungssystem und spezifische Zahlungsmodalitäten schafft, für sie zur Verfügung stellt oder dies einem Dritten erlaubt und diese Kunden so in die Lage versetzt, sich Vervielfältigungen von Werken liefern zu lassen, die in Deutschland urheberrechtl geschützt sind.[23]

14   **3.** Abs 2 qualifiziert **gewerbsmäßiges Handeln.** In diesem Fall gilt ein erhöter Strafrahmen; die qualifizierte Tat ist Offizialdelikt. Hierfür ist die Absicht des Täters kennzeichnend, sich durch wiederholte Tatbegehung eine fortlaufende Einnahmequelle von einiger Dauer zu verschaffen.[24] Gewerbsmäßigkeit ist nicht gleichbedeutend mit Gewinnsucht.[25]

15   **4. Anwendungsbereich.** Der Tatbestand setzt die Verletzung eines erteilten Patents oder eines ergänzenden Schutzzertifikats[26] voraus. Gleichgültig ist es, ob es sich um ein dt oder eur Patent handelt.

---

15 Bedenken wegen fehlender Bestimmtheit zur Einbeziehung der Warenähnlichkeit in § 143 MarkenG bei *Ströbele/ Hacker* § 143 MarkenG Rn 14; *Käbisch* S 120.

16 Vgl BVerfGE 71, 108, 114 f = NJW 1986, 1671; BVerfGE 73, 206, 235 = NJW 1987, 43.

17 AA, aber zögernd, *Hesse* GoltdArch 1968, 225, 232.

18 BVerfGE 73, 206, 235 = NJW 1987, 43; vgl auch *König* Mitt 2000, 10, 15.

19 *Schönke-Schröder* StGB § 1 Rn 33 mwN; *Benkard* Rn 2.

20 Vgl auch *Müller-Gugenberger/Bieneck* § 55 Rn 46; *Mes* § 9 Rn 95, 97 sieht § 12 und § 13 als Rechtfertigungsgrund an.

21 Vgl *Schulte* Rn 5; *Fitzner/Lutz/Bodewig* Rn 11.

22 EuGH C 5/11 GRUR 2012, 817 auf Vorlage BGH GRUR 2011, 227 italienische Bauhausmöbel, hierzu *Möller* Die urheberrechtliche Unzulässigkeit einer nur in einem Teilakt im Inland vorgenommenen Verbreitungshandlung, GRUR 2011, 397.

23 BGHSt 58, 15 = GRUR 2013, 62 Bauhausstil.

24 BGHSt 1, 383 = NJW 1952, 113 *Fitzner/Lutz/Bodewig* Rn 8; Begr PrPG BTDrs 11/4792 = BlPMZ 1990, 173, 179; vgl BGH (2. Strafsenat) BGHSt 49, 93 = GRUR 2004, 421 Tonträgerpiraterie durch CD-Export.

25 OLG Braunschweig MDR 1947, 136; vgl im einzelnen *Schönke-Schröder* StGB vor § 52 Rn 95.

26 Hierzu BGH NStZ 2004, 457.

Auch das zukünftige EU-Patent mit einheitlicher Wirkung wird erfasst. Die GbmVerletzung ist nach § 25 GebrMG unter Strafe gestellt. Nicht nach dt Recht unter Strafe gestellt ist die Verletzung ausländ Schutzrechte.[27] Vor Erteilung des Patents oder Schutzzertifikats scheidet strafrechtlicher Schutz aus, so insb bei der offengelegten Patentanmeldung.[28]

5. Wegfall des Patents. Das Erlöschen des Patents mit Wirkung ex nunc ist auf die Strafbarkeit ohne **16** Einfluss.[29] Dies folgt schon daraus, dass das Patent immer nur eine zeitlich beschränkte Rechtsposition gewährt, und entspricht dem Rechtsgedanken in § 2 Abs 4 Satz 1 StGB. Dagegen lässt die Beseitigung des Patents mit Wirkung ex tunc (Widerruf, Beschränkung, Nichtigerklärung) die Strafbarkeit (Tatbestandsmäßigkeit) entfallen;[30] zur Wiederaufnahme Rn 56. Das Vorliegen eines Widerrufs- oder Nichtigkeitsgrunds für sich ist auf die Strafbarkeit ohne Einfluss, da das erteilte Patent auch dann zu beachten ist, wenn ihm ein Widerrufs- oder Nichtigkeitsgrund entgegensteht, kann aber bei der Strafzumessung berücksichtigt werden. Zudem kommt Aussetzung des Verfahrens in Betracht (Rn 50).

II. Rechtswidrigkeit

1. Grundsatz. Wie grds überall im Strafrecht indiziert die Tatbestandsmäßigkeit der Patentverletzung **17** ihre Rechtswidrigkeit.

2. Es kommen die allg **Rechtfertigungsgründe**, insb Notwehr (§ 32 StGB) und rechtfertigender Not- **18** stand[31] (§ 34 StGB), in Betracht. Die **Einwilligung** („Zustimmung") des Patentinhabers wird, soweit sie reicht, nicht nur als rechtfertigend, sondern schon als tatbestandsausschließend anzusehen sein;[32] das muss auch gelten, soweit der Lizenznehmer andere als „patentrechtl wirkende Beschränkungen" (Rn 69 zu § 15) verletzt. Die Verletzung „patentrechtl wirkender Beschränkungen" durch den Lizenznehmer ist dagegen nur bei der Prüfung des Verschuldens relevant. Nichterschöpfung stellt kein negatives Tatbestandsmerkmal der (Rn 146 zu § 9). Nicht geklärt ist die Rechtslage beim Testkauf (Rn 271 zu § 139).

III. Verschulden

1. Erforderlich ist wegen § 15 StGB **Vorsatz**, also wissentliches und willentliches Handeln in Bezug auf **19** alle Tatbestandsmerkmale; bedingter Vorsatz reicht aus.[33] Dies bedeutet insb eine Einschränkung der Strafbarkeit beim Anbieten eines patentgeschützten Verfahrens nach § 9 Satz 2 Nr 2. Infolge der Beschränkung auf vorsätzliche Handlungen greift der Straftatbestand hier nicht ein, wenn es nur offensichtlich ist, dass das Verfahren das Patent verletzt; für die Strafbarkeit ist Kenntnis in Form zumindest bedingten Vorsatzes erforderlich.[34]

2. Irrtum

a. Tatbestandsirrtum schließt Vorsatz aus (§ 16 Abs 1 StGB) und führt damit mangels Strafbarkeit **20** fahrlässiger Patentverletzung zur Straflosigkeit. Tatbestandsirrtum ist jeder Irrtum über die gesetzlich vorgesehenen Tatbestandsmerkmale.[35] Ob auch der Irrtum über den Bestand und die Merkmale des ver-

---

27 Ebenso *Benkard* Rn 3.
28 Vgl *Benkard* Rn 3; *Schulte* Rn 5.
29 Vgl *Benkard* Rn 3; *Schulte* Rn 5; *Fitzner/Lutz/Bodewig* Rn 8.
30 *Benkard* Rn 3 mit Nachw der älteren Rspr; *Mes* Rn 4; aA offenbar *Müller-Gugenberger/Bieneck* § 55 Rn 47, wonach durch die Anknüpfung an die Patenterteilung alle Streitigkeiten über die Patentfähigkeit aus dem Bereich der Strafverfolgung herausgehalten seien.
31 Vgl BGHZ 116, 122 = GRUR 1992, 305 Heliumeinspeisung.
32 Vgl OLG Düsseldorf Mitt 1998, 372, 374, Markensache; *Fitzner/Lutz/Bodewig* Rn 11; *Schulte* Rn 5; *Ströbele/Hacker* § 143 MarkenG Rn 18.
33 *Müller-Gugenberger/Bieneck* § 55 Rn 48.
34 Vgl *Mes* Rn 6.
35 Vgl *Witte* GRUR 1958, 419.

letzten Patents Tatbestandsirrtum ist, ist str. Nach der einen Auffassung[36] sind die Merkmale des Patentanspruchs als Bestandteil der Strafnorm anzusehen; der diesbezügliche Irrtum ist als Verbotsirrtum zu behandeln. Die andere Auffassung[37] sieht das Patent nicht als Bestandteil der Strafnorm an; der Irrtum über Existenz und Inhalt (Auslegung) des Patents ist damit Tatbestandsirrtum (vgl Rn 6). Der letztgenannten Auffassung ist aus systematischen und praktischen Gründen zu folgen. Auch irrtümliche Annahme der tatsächlichen Voraussetzungen eines Rechtfertigungsgrunds ist Tatbestandsirrtum; dies nimmt der Frage, ob die Einwilligung tatbestandsausschließend oder rechtfertigend wirkt, die Schärfe.

21 **b. Verbotsirrtum** ist das Fehlen der Einsicht, Unrecht zu tun (vgl zur Nichtkenntnis des Schutzrechts Rn 20). Verbotsirrtum führt bei Unvermeidbarkeit zum Schuldausschluss und bei Vermeidbarkeit zur Schuldmilderung (§ 17 StGB).[38] Es bedarf einer Gesamtwürdigung aller Umstände, die für das Vorstellungsbild des Täters von Bedeutung waren; dieser hat bereits dann ausreichende Unrechtseinsicht, wenn er bei Begehung der Tat mit der Möglichkeit rechnet, Unrecht zu tun, und dies billigend in Kauf nimmt, mithin genügt das Bewusstsein, die Handlung verstoße gegen irgendwelche, wenn auch im einzelnen nicht klar vorgestellte gesetzliche Bestimmungen.[39] Unvermeidbar ist ein Verbotsirrtum erst dann, wenn der Täter alle seine geistigen Erkenntniskräfte eingesetzt und etwa aufkommende Zweifel durch Nachdenken oder erforderlichenfalls durch Einholung verlässlichen und sachkundigen Rechtsrats beseitigt hat; sowohl die Auskunftsperson als auch die Auskunft müssen aus der Sicht des Täters verlässlich sein; die Auskunft selbst muss zudem einen unrechtsverneinenden Inhalt haben.[40] Maßgeblich ist, ob der Rechtsrat aus der Sicht des Anfragenden nach eingehender sorgfältiger Prüfung erfolgt und von der notwendigen Sachkenntnis getragen ist; Gefälligkeitsgutachten scheiden zur Entlastung ebenso aus wie Auskünfte, die erkennbar vordergründig und mangelhaft sind oder nach dem Willen des Anfragenden lediglich eine „Feigenblattfunktion" erfüllen sollen.[41] Insb bei komplexen Sachverhalten und erkennbar schwierigen Rechtsfragen ist regelmäßig ein detailliertes, schriftliches Gutachten erforderlich, um einen unvermeidbaren Verbotsirrtum zu begründen.[42]

22 **3.** Die Schuld als subjektive Vorwerfbarkeit kann durch **Entschuldigungsgründe** ausgeschlossen sein; hier kommt insb der entschuldigende Notstand (§ 35 StGB) in Betracht.

IV. Täterschaft, Teilnahme

23 **1.** Die **Abgrenzung** von Täterschaft (Alleintäterschaft, Mittäterschaft, mittelbarer Täterschaft) und Teilnahme (Anstiftung, Beihilfe) richtet sich nach den allg Kriterien (§§ 25 ff StGB),[43] dies gilt auch für die subjektive Tatseite. Dasselbe gilt für Mittäterschaft und mittelbare Täterschaft. Vorsätzliche Nebentäterschaft ist möglich,[44] nicht aber fahrlässige. Nennung auf einem Briefbogen reicht nicht aus.[45]

24 Die patentrechtl Sonderform der **mittelbaren Patentverletzung (§ 10)** ist als solche nicht unter Strafe gestellt[46] (Rn 8); in ihrem Fall ist deshalb zu prüfen, ob Täterschaft oder Teilnahme nach allg Regeln vorliegt. Die von der Rspr zuvor entwickelten Grundsätze der mittelbaren Patentverletzung füllten für sich die strafrechtl Teilnahmeformen der Anstiftung und Beihilfe nicht aus[47] (Rn 7 zu § 10). Im Fall des Anbietens oder Lieferns sinnfällig hergerichteter Gegenstände beim Verwendungsschutz ist Teilnahme angenommen worden.[48] Zur grds möglichen mittelbaren Täterschaft **im strafrechtlichen Sinn** Rn 40 zu § 10.

---

36 *Witte* GRUR 1958, 419.
37 *Benkard* Rn 7; *Schulte* Rn 9; *Hesse* GoldtArch 1968, 225, 230, 236; *Müller-Gugenberger/Bieneck* § 55 Rn 48.
38 Vgl zum schweiz Recht BezG Bülach/Schweiz sic! 2002, 108.
39 BGHSt 58, 15 = GRUR 2013, 62 Bauhausstil.
40 BGH Bauhausstil.
41 BGH Bauhausstil.
42 BGH Bauhausstil.
43 Bsp meist aus der älteren Rspr bei *Fitzner/Lutz/Bodewig* Rn 20.
44 Unklar *Fitzner/Lutz/Bodewig* Rn 20.
45 Vgl BGHZ 142, 7, 12 f = GRUR 1999, 977 Räumschild gegen OLG Dresden 9.9.1997 14 U 2732/96.
46 Vgl hierzu *König* Mitt 2000, 10, 14 ff.
47 AA *Lindenmaier* § 49 Rn 4, der den mittelbaren Benutzer strafrechtl als unmittelbaren Täter ansieht.
48 *König* Mitt 2000, 10, 25.

2. Täterqualität. Täter kann jeder sein, der nicht Patentinhaber und auch sonst nicht materiell zur **25** Benutzung des Patents berechtigt ist. Nicht als Täter in Betracht kommt angesichts des klaren Wortlauts der Vorschrift der Patentinhaber selbst, selbst wenn er (etwa durch Vergabe einer ausschließlichen Lizenz) gegenüber einem berechtigten Dritten nicht zur Benutzung berechtigt ist[49] (Rn 17 zu § 9, Rn 63 zu § 15). Ebenfalls nicht als Täter in Betracht kommt der Mitinhaber.[50] dies gilt in strafrechtl Hinsicht nicht nur, solange er nicht den Mitgebrauch der übrigen Mitinhaber beeinträchtigt.[51] Auch der Lizenznehmer, der seine Befugnisse überschreitet, kommt als Täter in Betracht.[52] Maßgeblich ist wegen § 30 Abs 3 Nr 3 der Registerstand, jedoch kann sich der Benutzer auf eine nicht im Register vermerkte Benutzungsberechtigung berufen.

Bei Unternehmen, Gesellschaften und **juristischen Personen** richtet sich die Täterschaft nach § 14 **26** StGB.[53]

V. Konkurrenzen

Die Patentverletzung kann mit anderen Strafnormen des gewerblichen Rechtsschutzes und des Wett- **27** bewerbsrechts konkurrieren.[54] Aus dem Kernstrafrecht kommt insb Konkurrenz mit Betrug (§ 263 StGB), aber auch mit Untreue (§ 266 StGB), Begünstigung (§ 257 StGB), Strafvereitelung (§ 258 StGB) oder Urkundenfälschung (§ 267 StGB) in Betracht.[55] Mehrere Patentverletzungen können in Realkonkurrenz stehen; zum Fortsetzungszusammenhang Rn 37.

VI. Strafbarkeit des Versuchs

Der Versuch ist seit der Änderung durch das PrPG (1.7.1990) unter Strafe gestellt (Abs 3).[56] **28**

VII. Strafantrag (Absatz 4)

1. Die Tat war bis zum Inkrafttreten der Neuregelung im PrPG absolutes **Antragsdelikt** (früherer **29** Abs 2). Nunmehr beschränkt Abs 4 das Antragserfordernis auf die nicht qualifizierten Taten nach Abs 1 (und auf die entspr Versuchshandlungen), während die gewerbsmäßige Patentverletzung nach Abs 2 Offizialdelikt ist.

In den Fällen des Abs 1 handelt es sich um ein **„relatives" Antragsdelikt**, bei dem ein Strafantrag **30** nicht erforderlich ist, wenn die Strafverfolgungsbehörde wegen des besonderen öffentlichen Interesses an der Strafverfolgung ein Einschreiten vAw für geboten hält (Rn 31). Hierüber enthält **Nr 261 der „Richtlinien für das Straf- und Bußgeldverfahren" (RiStBV)**,[57] denen keine Rechtsnormqualität zukommt, folgende Regelung:

> 261. Das öffentliche Interesse an der Strafverfolgung von Verletzungen von Rechten des geistigen Eigentums (§ 142 Abs. 1 des Patentgesetzes, § 25 Abs. 1 des Gebrauchsmustergesetzes, § 10 Abs. 1 des Halbleiterschutzgesetzes, § 39 Abs. 1 des Sortenschutzgesetzes, § 143 Abs. 1, § 143a und § 144 Abs. 1 und 2 des Markengesetzes, § 51 Abs. 1 und § 65 Abs. 1 des Designgesetzes, §§ 106 bis 108 und § 108b des Urheberrechtsgesetzes und § 33 des Gesetzes betreffend das Urheberrecht an Werken der bildenden Künste und der Photografie) wird in der Regel zu bejahen sein, wenn eine nicht nur geringfügige Schutzrechtsverletzung vorliegt. Zu berücksichtigen sind dabei insbesondere das Ausmaß der Schutzrechtsverletzung, der eingetretene oder drohende wirtschaftliche Schaden und die vom Täter erstrebte Bereicherung.

---

49 *Fitzner/Lutz/Bodewig* Rn 19; *Benkard* Rn 10.

50 *Benkard* Rn 10 mwN.

51 AA *Fitzner/Lutz/Bodewig* Rn 19 unter Hinweis auf BGHZ 162, 342 = GRUR 2005, 663 gummielastische Masse II, wo allerdings nur die Rechtsfolgen aus dem bürgerlich-rechtl Gemeinschaftsverhältnis angesprochen sind.

52 *Benkard*[9] Rn 8; *Fitzner/Lutz/Bodewig* Rn 19; RG Recht 1902, 537 Nr 2543.

53 *Fitzner/Lutz/Bodewig* Rn 19; vgl schweiz BG sic! 2000, 407, 411 Sammelhefter II.

54 Zur Steuerhinterziehung im Zusammenhang mit verdeckten Gewinnausschüttungen BGH NStZ 2008, 412.

55 Vgl *Braun* CR 1994, 726, 730.

56 Vgl Begr PrPG BTDrs 11/4792 = BlPMZ 1990, 173, 179.

57 BAnz 2007, 7950, geänd mWv 1.8.2015, BAnz AT 31.7.2015 B1.

31   **2.** Auch soweit die Tat weiterhin Antragsdelikt ist, wird der Strafantrag durch die Bejahung des **besonderen öffentlichen Interesses** an der Strafverfolgung durch die Strafverfolgungsbehörde ersetzt (Abs 4 2. Halbs).[58] Hierüber enthält **Nr 261a RiStBV** folgende Regelung:

261a. Ein besonderes öffentliches Interesse an der Strafverfolgung (§ 142 Abs. 4 des Patentgesetzes, § 25 Abs. 4 des Gebrauchsmustergesetzes, § 10 Abs. 4 des Halbleiterschutzgesetzes, § 39 Abs. 4 des Sortenschutzgesetzes, § 143 Abs. 4 des Markengesetzes, §§ 51 Abs. 4, 65 Abs. 2 des Geschmacksmustergesetzes, § 109 des Urheberrechtsgesetzes) wird insbesondere dann anzunehmen sein, wenn der Täter einschlägig vorbestraft ist, ein erheblicher Schaden droht oder eingetreten ist, die Tat den Verletzten in seiner wirtschaftlichen Existenz bedroht oder die öffentliche Sicherheit oder die Gesundheit der Verbraucher gefährdet.

32   **3. Antragsberechtigt** ist der verletzte Patentinhaber[59] (nicht notwendig der Erfinder) sowie sein Erbe.[60] Maßgeblich ist der Registerstand.[61] Daneben sind Nehmer einer ausschließlichen Lizenz,[62] Nießbraucher und Pfandgläubiger[63] und Insolvenzverwalter[64] zur Antragstellung berechtigt. Bei Auswärtigen als Patentinhabern muss (trotz der Abweichung der geltenden Bestimmung von der früheren Regelung in § 25 Satz 2 aF) der Strafantrag nicht durch den Inlandsvertreter gestellt werden; sein Vorhandensein reicht entspr der Konzeption des § 25 aus (in der Begr abw *7. Aufl*).[65] Im übrigen richtet sich die Antragsberechtigung nach §§ 77-77d StGB. Für die verletzte juristische Person sind die gesetzlichen Vertreter antragsberechtigt.[66] Bei Handelsgesellschaften, auch im Liquidationsstadium, sind sämtliche Gesellschafter antragsberechtigt.[67]

33   **4. Die Antragsfrist** beträgt 3 Monate, beginnend mit dem Ablauf des Tags, an dem der Berechtigte von der Tat und der Person des Täters Kenntnis erlangt (§ 77b StGB).

34   **5. Wirkung.** Der Strafantrag umfasst, sofern er nicht auf einzelne Verletzungshandlungen beschränkt ist,[68] iZw alle, auch die dem Berechtigten unbekannten Verletzungshandlungen.[69]

35   **6. Rücknahme.** Der Strafantrag kann bis zum rechtskräftigen Abschluss des Strafverfahrens zurückgenommen werden (§ 77d Abs 1 Satz 1, 2 StGB). Rücknahme ist auch hinsichtlich einzelner Handlungen und Täter/Teilnehmer möglich.[70]

C. Rechtsfolgen der Tat

I. Strafe

36   **1.** Die Strafe ist nach Abs 1 und Abs 2 Geldstrafe oder Freiheitsstrafe. Der **Strafrahmen** reicht bei Taten nach Abs 1 von Geldstrafe (Mindestmaß 5 Tagessätze, Höchstmaß 360 Tagessätze, Tagessatzhöhe von 1 EUR bis 30.000 EUR, § 40 Abs 2 Satz 3 StGB, bis zu Freiheitsstrafe (Mindestmaß ein Monat, § 38 Abs 2

---

58 Fälle der Bejahung bei Urheberrechtsverletzungen (Computerspiele): AG Neumarkt CR 1990, 406; AG Prüm CR 1990, 406.

59 Zur Antragstellung durch gewillkürte Vertreter RGSt 15, 144 Patent-Kameelhaar-Treibriemen; RG BlPMZ 1913, 266 Vertretung bei Strafantrag; RG MuW 12, 566 schriftlicher Strafantrag; zur Rechtslage in der Schweiz *Riedo* sic! 2004, 549.

60 *Schulte* Rn 12.

61 *Benkard* Rn 12; *Kraßer* S 906 (§ 38 I 2); *Schulte* Rn 12; *R. Rogge* Die Legitimation des scheinbaren Patentinhabers nach § 30 Abs 3 Satz 3 PatG, GRUR 1985, 734, 737 mwN in Fn 34.

62 *Benkard* Rn 12; vgl RGSt 11, 266.

63 *Kraßer* S 906 (§ 38 I 2).

64 Vgl RGSt 35, 149 f; *Benkard* Rn 12.

65 AA *Schulte* § 25 Rn 23; *Leßmann/Würtenberger* Sortenschutzrecht² Kap 7 Rn 247 (S 340).

66 *Benkard* Rn 12; vgl RGSt 15, 293.

67 RGSt 41, 103 f; RGSt 41, 377, 379 = BlPMZ 1910, 306 Goldblondchen.

68 RGSt 62, 83, 85 ff; RGSt 74, 203, 205.

69 RGSt 38, 434 f Backöfen.

70 *Benkard* Rn 15.

StGB)[71] von höchstens drei Jahren. Bei Taten nach Abs 2 erhöht sich das Höchstmaß auf fünf Jahre (in Österreich seit 2005 zwei Jahre). Ob dies den Anforderungen von Art 61 TRIPS-Übk entspricht, ist bezweifelt worden.[72]

2. Strafe bei mehreren Gesetzesverletzungen. Verletzt dieselbe Handlung mehrere Gesetze oder **37** dasselbe Gesetz mehrmals (**Tateinheit**), wird nur auf eine Strafe erkannt (Absorptionsprinzip), die sich nach dem Gesetz bestimmt, das die schwerste Strafe androht, aber nicht milder sein darf, als die anderen anwendbaren Gesetze es zulassen (§ 52 StGB). Dieselbe Handlung liegt auch im Fall natürlicher Handlungseinheit und nach früherer Auffassung bei der fortgesetzten Tat vor, dh wenn der Täter aufgrund eines von vornherein auf wiederholte Tatbegehung gerichteten Gesamtfortsatzes handelt, der durch eine Änderung der Ausführungsform nicht notwendigerweise ausgeschlossen werden sollte.[73] Dies ist durch die Rspr des BGH[74] überholt, wonach die Verbindung mehrerer Verhaltensweisen, die je für sich einen Straftatbestand erfüllen, zu einer fortgesetzten Handlung voraussetzt, dass dies zur sachgerechten Erfassung des verwirklichten Unrechts und der Schuld unumgänglich ist; dies gilt insb bei Deliktstatbeständen, die ihrem Sinne nach in erster Linie ein über den Einzelfall hinausreichendes, auf gleichartige Tatwiederholungen gerichtetes Verhalten, also ganze Tatkomplexe treffen sollen. In derartigen Fällen wird über die natürliche Handlungseinheit und die tatbestandliche Bewertungseinheit hinaus jedenfalls im Regelfall eine Zusammenfassung über die Figur der fortgesetzten Tat nicht in Betracht kommen. Dies trifft auch auf den Tatbestand des § 142 zu.[75] Verletzt eine Handlung mehrere Schutzrechte, kann dies bei der Strafzumessung innerhalb des gegebenen Strafrahmens zu Lasten des Täters berücksichtigt werden, regelmäßig aber nicht, wenn diese Schutzrechte (zB Patent und paralleles Gebrauchsmuster) dieselbe Erfindung schützen; das gilt auch bei nach Art II § 8 IntPatÜG konkurrierendem eur und nationalen Patent, soweit hier die Schutzrechte nebeneinander bestehen können.

Liegt **Tatmehrheit** vor, dh hat jemand mehrere Straftaten begangen, die gleichzeitig abgeurteilt (§ 53 **38** Abs 1 StGB) oder zwar nacheinander abgeurteilt werden, wobei die weitere Tat aber vor der früheren Verurteilung begangen ist (§ 55 Abs 1 StGB), wird grds auf eine Gesamtstrafe erkannt, die durch Erhöhung der verwirkten höchsten Strafe gebildet wird, die Summe der Einzelstrafen aber nicht erreichen darf (Asperationsprinzip, §§ 53, 54 StGB).

II. Sonstige Folgen

1. Veröffentlichung der Verurteilung (Abs 6)[76] als Nebenfolge kann im Strafverfahren (zum zivil- **39** rechtl Anspruch auf Urteilsbekanntmachung § 140e) nur angeordnet werden, wenn auf Strafe erkannt wird. Gegen Jugendliche darf sie nicht angeordnet werden (§ 6 Abs 1 Satz 2 JGG). Weiter setzt sie einen Antrag des Verletzten voraus; dies erfordert aber nicht seine förmliche Verfahrensbeteiligung (als Privat- oder Nebenkläger). Der Verletzte muss ein berechtigtes Interesse an der Veröffentlichung dartun, das insb bei Marktverwirrung in Betracht kommt.[77] Daneben können auch andere Beeinträchtigungen des Werts des Patents das berechtigte Interesse begründen.[78] Liegen die Voraussetzungen vor, ist die Anordnung zu treffen; anders als § 12 Abs 3 UWG eröffnet die Regelung dem Gericht kein Ermessen über das „ob", sondern nur hinsichtlich von Art und Umfang der Veröffentlichung; Übergehen des Antrags ist Revisionsgrund.[79] Das Gericht muss den Umfang der Bekanntgabe nach pflichtgem Ermessen bestimmen, wobei

---

71 Kr *Falke* MA 2009, 46.

72 *Fitzner/Lutz/Bodewig* Rn 22.

73 RGSt 49, 202, 207 f Grudeofeneinrichtung.

74 BGHSt 40, 138 = NJW 1994, 1663.

75 Für Steuerhinterziehung BGHSt 40, 195 = NJW 1994, 2368, ebenso BFH NJW 1995, 2872, für Betrug BGH NJW 1994, 2966, 2967; *Benkard* Rn 18.

76 HM in der neueren strafrechtl Lit, zB *Schönke-Schröder/Lenckner* § 165 StGB Rn 1; *LK*[11]/*Häger* vor § 38 StGB Rn 49, auch zum PatG und zum GebrMG; *LK*[11]/*Ruß* § 165 StGB Rn 1; aA – Nebenstrafe – *Benkard* Rn 21; *Ströbele/Hacker* § 143 MarkenG Rn 34; *LK*[10]/*Herdegen* § 165 StGB Rn 1; BGH NStZ 1998, 570 ohne nähere Begründung; vgl *Schomburg* ZRP 1986, 65.

77 Vgl BGHZ 23, 100 = GRUR 1957, 231, 236 Taeschner-Pertussin I; *Fitzner/Lutz/Bodewig* Rn 28; *Schulte* Rn 19.

78 *Benkard*[9] Rn 13.

79 *Schönke-Schröder/Lenckner* § 165 StGB Rn 6.

zwischen dem Genugtuungsinteresse des Verletzten und den berechtigten Belangen des Verurteilten abzuwägen ist; dabei sind unnötige Bloßstellung des Angeklagten, namentlich hinsichtlich der Angaben zu seinen persönlichen Verhältnissen und Vorstrafen sowie übermäßige, durch den Umfang der Veröffentlichung bedingte Kostenbelastung zu vermeiden.[80] Auf die in frühen Entscheidungen des BGH[81] herangezogene Prangerwirkung kann jedenfalls nicht mehr abgestellt werden. Vollzug erfolgt nur auf Antrag des Verletzten, der innerhalb eines Monats nach Zustellung der rechtskräftigen Entscheidung zu stellen ist (§ 463c StPO). Hierzu bestimmt **Nr 261b RiStBV**:

> 261b. Ist die Bekanntmachung der Verurteilung anzuordnen, so hat der Staatsanwalt darauf hinzuwirken, dass der Name des Verletzten in die Urteilsformel aufgenommen wird. Ist die öffentliche Bekanntmachung der Verurteilung zu vollziehen (§ 463c StPO), so ist § 59 der Strafvollstreckungsordnung zu beachten.

40 **2.** Als weitere Folge, die teils Maßnahmen-, teils Nebenstrafcharakter hat, kommt die **Einziehung** der Gegenstände in Betracht, auf die sich die Straftat bezieht (Abs 5). Die mittelbare Patentverletzung ist mangels Strafbarkeit nicht erfasst.[82] Solche Gegenstände können sowohl Tatwerkzeuge als auch Erzeugnisse der patentverletzenden Tätigkeit sein. § 74a StGB,[83] wonach Gegenstände unter bestimmten Voraussetzungen auch dann eingezogen werden können, wenn sie nicht dem Täter oder Teilnehmer gehören oder zustehen, ist anzuwenden. Das Verfahren bei der Einziehung richtet sich nach §§ 430–441 StPO, die Vollstreckung nach § 459g StPO. Die eingezogenen Waren können nicht nur vernichtet, sondern auch karitativen Organisationen überlassen werden (StVollstrO).[84] Als weniger einschneidendes Mittel kann statt der Einziehung auch die Unbrauchbarmachung oder die Änderung der Gegenstände nach § 74b Abs 2 StGB in Betracht kommen und geboten sein.

41 Die Einziehung kann auch im „objektiven" Verfahren angeordnet werden (§ 76a StGB). Sie ist ausgeschlossen, soweit im **Adhäsionsverfahren** (§§ 403–406c StPO, Rn 51) den Ansprüchen nach § 140a (zivilrechtl Vernichtungsanspruch) stattgegeben wird (Abs 5 Satz 2).

42 **3. Verfall** nach §§ 73–73e StGB kommt als Maßnahme eigener Art in Betracht. Er erfasst insb aus der Tat unmittelbar erlangte Vermögensvorteile, gezogene Nutzungen und Surrogate.[85] Die Beweiserleichterung nach § 73d StGB kommt bei Schutzrechtsverletzungen nicht in Betracht. Konkurrierende Ansprüche des Verletzten auf das Verfallsobjekt haben Vorrang (§ 73 Abs 1 Satz 2 StGB).[86] Verfahrensrechtl wird der Verfall grds wie die Einziehung behandelt (§ 442 StPO).[87] Die Sicherstellung kann durch Beschlagnahme oder dinglichen Arrest erfolgen;[88] weiter in Betracht kommt anstelle des Verfalls eine Zurückgewinnungshilfe zugunsten des Verletzten (§ 111b Abs 5 StPO).[89]

43 **4.** Soweit lauterkeitsrechtliche Tatbestände erfüllt sind, ergibt sich bei vorsätzlichem Täterhandeln sowie der Erzielung des Gewinns zu Lasten einer Vielzahl von Abnehmern ein Anspruch auf **Gewinnabschöpfung** zugunsten des Bundeshaushalts aus § 10 UWG.[90] Dabei handelt es sich um einen Anspruch eigener Art, der sich von einem Schadensersatzanspruch dadurch unterscheidet, dass er nicht auf den Ausgleich eines (individuell) erlittenen Schadens gerichtet ist.[91]

---

80 BGH NStZ 1998, 570.

81 BGHSt 1, 152, 155; BGHSt 3, 377, 379; BGHSt 10, 306, 310 f.

82 Vgl *Arnold/Tellmann* GRUR 2007, 353, 356.

83 Vgl auch Bericht PrPG S 16.

84 BAnz 1991, 4260.

85 Vgl *Hees* GRUR 2002, 1037; zur weitergehenden Abschöpfung der Bereicherung nach österr Recht *Daum* MR 1999, 84.

86 Vgl BGHZ 58, 15 = GRUR 2013, 62 Bauhausstil.

87 Zur Beschlagnahme zur Sicherung des Verfalls und der Einziehung und zur „Zurückgewinnungshilfe" zugunsten des Verletzten *Lührs* GRUR 1994, 264, 268 f.

88 Näher *Hees* GRUR 2002, 1037 f.

89 *Hees* GRUR 2002, 1037 ff; *Hansen/Wolff-Rojczyk* GRUR 2007, 468.

90 *Schaub* GRUR 2005, 918, 921.

91 Vgl *Köhler/Bornkamm* § 10 UWG Rn 5; *Pokrant* Zum Verhältnis von Gewinnabschöpfung gemäß § 10 und Schadensersatz nach § 9 UWG, FS R. Ullmann (2006), 813.

D. Verfahren

I. Ermittlungsverfahren[92]

Bei den Polizeibehörden und der Staatsanwaltschaft wird, wo solche Einrichtungen bestehen, die Zu- **44** ständigkeit der Wirtschaftsabteilungen begründet sein.[93] Von der Einleitung von Ermittlungsverfahren als Mittel zum Zweck der Durchsetzung zivilrechtl Ansprüche insb bei Ausstellungen auf Messen ist berichtet worden, auch davon, dass mangelnde Kenntnisse der Ermittlungsbehörden von der Rechtslage zum Unterlaufen zivilrechtl Schutzmechanismen geführt haben. Für die Anordnung der Durchsuchung ist ein (plausibler) Anfangsverdacht erforderlich.[94] Ohne richterliche Anordnung kann die Polizei nur bei Gefahr im Verzug tätig werden (§§ 98, 105 StPO).[95] Durchsuchungs- und Beschlagnahmebeschlüsse können im Ermittlungsverfahren sehr schnell herbeigeführt werden. Es ist auch berichtet worden, dass in Fällen der Produktpiraterie eine Einstellung des Verfahrens (§ 153 StPO) nach Einverständnis mit der Vernichtung der rechtsverletzenden Gegenstände erfolgt ist. Die Zuziehung von sachkundigen Angestellten des Verletzten als Durchsuchungszeugen bei Durchsuchungsmaßnahmen wegen Verdachts der Patentverletzung ist nicht zulässig.[96] Ist die Patentverletzung nicht geklärt, kann die Staatsanwaltschaft das Verfahren bis zur Klärung im Zivilverfahren aussetzen (§ 154d StPO).[97]

II. Öffentliche Klage, Privatklage, Nebenklage

Die Tat nach Abs 1 ist Privatklagedelikt (§ 374 Abs 1 Nr 8 StPO),[98] die nach Abs 2 Offizialdelikt, in die- **45** sem Fall kann ein Klageerzwingungsverfahren durchgeführt werden.[99] Die Tat nach Abs 1 und Abs 2 ist nebenklagefähig (§ 395 Abs 1, Abs 2 Nr 3 StPO).[100]

Öffentliche Klage wird bei Taten nach Abs 1 nur erhoben, wenn dies im öffentlichen Interesse liegt **46** (§ 376 StPO; vgl hierzu Nr 261 RiStBV, Rn 30).

III. Gerichtliche Zuständigkeit

Für Strafverfahren wegen Patentverletzung kommt in erster Instanz im allg das AG (Strafrichter, **47** Schöffengericht oder erweitertes Schöffengericht), daneben – außer im Privatklageverfahren, § 25 Nr 1 GVG – aber auch die Strafkammer des LG in Betracht. Gegen Urteile des Amtsgerichts ist Berufung zum LG (Strafkammer), gegen deren Urteile Revision zum OLG statthaft. Erstinstanzliche landgerichtliche Urteile können mit der Revision zum BGH angefochten werden.

Im Rahmen der Zuständigkeit des LG ist die **Wirtschaftsstrafkammer** zuständig (§ 74c Abs 1 Nr 1 **48** GVG).

Von der **Konzentrationsermächtigung** in § 74c Abs 3 GVG haben verschiedene Länder Gebrauch **49** gemacht, und zwar

Baden-Württemberg durch VO vom 7.9.1998 (GBl S 561) und VO vom 20.11.1998 (GBl S 680), jeweils mit späteren Änderungen

Bayern durch § 55 GZVJU vom 11.6.2012 (GVBl 2012, 295)

Brandenburg durch § 6 GerZV vom 2.9.2014 (GVBl II 2014 Nr 62)

---

92 Fälle der Einstellung des Verfahrens mit und ohne Auferlegung einer Geldbuße im Ermittlungsverfahren und vor dem Amtsgericht berichtet *von Gravenreuth* GRUR 1983, 349 ff.
93 Zu den Möglichkeiten der Staatsanwaltschaft und zur Zusammenarbeit mit den Steuer- und Zollbehörden *Müller/Wabnitz* ZRP 1990, 429; bekannt geworden ist auch die Einschaltung eines Landeskriminalamts (Verfahren 530 Js 43679/09 StA Mühlhausen).
94 Vgl LG Köln GRUR-RR 2013, 380.
95 Vgl LG Köln GRUR-RR 2013, 380.
96 OLG Hamm wistra 1987, 230.
97 Hierzu Bericht PrPG S 15 und *von Gravenreuth* GRUR 1983, 349, 353.
98 Zur Erstattungsfähigkeit der Kosten eines im Privatklageverfahren auf Seiten des Privatbeklagten mitwirkenden Patentanwalts AG Itzehoe Mitt 1986, 174.
99 OLG Celle wistra 2010, 494, auch zu den Anforderungen an den Antrag.
100 Vgl *Fitzner/Lutz/Bodewig* Rn 35.

Bremen durch § 2 StrafKVO idF vom 10.6.2010
Niedersachsen durch § 2 der VO vom 22.1.1998 (GVBl S 66) idF vom 10.6.2009
Nordrhein-Westfalen durch VO vom 25.4.1972 (GV NW S 102) und VO vom 1.11.1978 (GV NW S 566, ber S 590)
Rheinland-Pfalz durch § 3 StrafZustV RP LandesVO vom 19.11.1985 (GVBl S 265) mit späteren Änderungen
Sachsen durch § 23 SächsJOrgVO idF vom 7.3.2016 (GVBl 2016, 103)
Schleswig-Holstein durch § 1 WiStZVO idF vom 1.8.2005
Thüringen § 12 Abs 2 ThürOrdGZVO vom 12.8.1993 (GVBl S 563) mit späteren Änderungen; die Regelung ist wegen Unvereinbarkeit mit § 74c GVG[101] aufgehoben worden.

IV. Gerichtliches Verfahren

50 **1. Allgemeines.** Das Strafverfahren in Patentverletzungssachen folgt den allg Regeln.[102] Der Strafrichter ist an das Patent in seiner geltenden Fassung gebunden; es gelten dieselben Grundsätze wie im zivilrechtl Verletzungsprozess, jedoch ermöglicht § 262 Abs 2 StPO Aussetzung zur Durchführung einer Nichtigkeitsklage[103] (was in bdkl Weise dem vermeintlichen Täter das Risiko und auch das Kostenrisiko aufbürdet; s auch § 161 öPatG, wonach das Strafgericht verpflichtet sein kann, selbst einen Nichtigkeitsantrag zu stellen, sowie Art 86 schweiz PatG, wonach der Angeschuldigte die Einrede der Patentnichtigkeit erheben kann).[104]

51 **2.** Ob das praktisch wenig bedeutsame **Adhäsionsverfahren** (§§ 403–406c StPO) wegen der ausschließlichen landgerichtl Zuständigkeit nach § 143 bei Strafverfahren vor dem Amtsgericht in Betracht kommt, ist str.[105] Zwh ist, ob die Regelung der Zuständigkeitskonzentration in § 143 Abs 2 eine an sich durch § 403 StPO begründete Zuständigkeit eines LG, das für Patentstreitsachen nicht zuständig ist, ausschließt.[106] Wie aus der Regelung in Abs 5 Satz 3 folgt, schließt dagegen die funktionelle Zuständigkeit der Zivilkammer nach § 143 Abs 1 die Durchführung des Adhäsionsverfahrens nicht aus.[107]

52 **V. Strafprozessuale Informationsrechte** des Verletzten können sich insb aus §§ 385, 397, 406d, 406e StPO ergeben.[108]

53 **E.** Seit 1975 ist die in § 36 PatG 1877/§ 37 PatG 1891 und in § 50 PatG 1936 vorgesehene Möglichkeit, dem Geschädigten im Strafverfahren eine jeden weiteren Entschädigungsanspruch ausschließende **Buße** zuzuerkennen, weggefallen.

F. Verjährung

54 **I.** Die **Strafverfolgung** der Patentverletzung verjährt mit Ablauf von drei Jahren nach Beendigung der Tat (§§ 78 Abs 1, Abs 3 Nr 5, 78a StGB).

55 **II.** Die **Vollstreckung** der erkannten Strafe verjährt nach zehn, fünf oder drei Jahren je nach deren Höhe (§ 79 StGB).

---

101 OLG Jena 7.5.2012 1 Ws 111/12.
102 Zur Verteidigung durch einen Patentanwalt *von Gravenreuth* GRUR 1983, 349, 355.
103 Vgl RGSt 48, 419, 422.
104 Schweiz BG BGE 95 II 275; schweiz BG sic! 2000, 407, 411 Sammelhefter II.
105 Verneinend *Wuesthoff*² SortG § 39 Rn 15; bejahend *Leßmann/Würtenberger* Deutsches und europäisches Sortenschutzrecht² Kap 7 Rn 251; *Lührs* GRUR 1994, 264, 267; *Hansen/Wolff-Rojczyk* GRUR 2009, 644, 646.
106 Verneinend *Hansen/Wolff-Rojczyk* GRUR 2009, 644, 646.
107 Zur Geltendmachung der Einziehung im Adhäsionsverfahren Bericht PrPG S 16.
108 Vgl *Fitzner/Lutz/Bodewig* Rn 35; *Braun* CR 1994, 726, 732 mit weiteren Hinweisen; *Cremer* GRUR Int 2002, 511.

G. Wiederaufnahme des Verfahrens

Der Wegfall des Patents mit Wirkung ex tunc (Rn 16) nach rechtskräftigem Abschluss des Strafverfah- **56** rens bildet einen **Wiederaufnahmegrund** (§ 359 Nr 5 StPO).[109]

H. Einheitspatent

Art 72 EPG-Übk sieht nur eine zivilrechtl Verjährungsregelung vor. **57**

I. Verwaltungsrechtliche Sanktionen sind uU im Weg der Gewerbeuntersagung nach § 35 GewO **58** denkbar, denn der Gewerbetreibende, der in Verbindung mit seinem Gewerbe Straftaten begeht, übt dieses nicht ordnungsgem aus.[110]

§ 142a
(Beschlagnahme durch die Zollbehörde)

(1) [1]Ein Erzeugnis, das ein nach diesem Gesetz geschütztes Patent verletzt, unterliegt auf Antrag und gegen Sicherheitsleistung des Rechtsinhabers bei seiner Einfuhr oder Ausfuhr der Beschlagnahme durch die Zollbehörde, sofern die Rechtsverletzung offensichtlich ist und soweit nicht die Verordnung (EU) Nr. 608/2013 des Europäischen Parlaments und des Rates vom 12. Juni 2013 zur Durchsetzung der Rechte geistigen Eigentums durch die Zollbehörden und zur Aufhebung der Verordnung (EG) Nr. 1383/2003 des Rates (ABl. Ĺ 181 vom 29.6.2013, S. 15), in ihrer jeweils geltenden Fassung anzuwenden ist. [2]Dies gilt für den Verkehr mit anderen Mitgliedstaaten der Europäischen Union sowie mit den anderen Vertragsstaaten des Abkommens über den Europäischen Wirtschaftsraum nur, soweit Kontrollen durch die Zollbehörden stattfinden.

(2) [1]Ordnet die Zollbehörde die Beschlagnahme an, so unterrichtet sie unverzüglich den Verfügungsberechtigten sowie den Antragsteller. [2]Dem Antragsteller sind Herkunft, Menge und Lagerort des Erzeugnisses sowie Name und Anschrift des Verfügungsberechtigten mitzuteilen; das Brief- und Postgeheimnis (Artikel 10 des Grundgesetzes) wird insoweit eingeschränkt. [3]Dem Antragsteller wird Gelegenheit gegeben, das Erzeugnis zu besichtigen, soweit hierdurch nicht in Geschäfts- oder Betriebsgeheimnisse eingegriffen wird.

(3) Wird der Beschlagnahme nicht spätestens nach Ablauf von zwei Wochen nach Zustellung der Mitteilung nach Absatz 2 Satz 1 widersprochen, so ordnet die Zollbehörde die Einziehung des beschlagnahmten Erzeugnisses an.

(4) [1]Widerspricht der Verfügungsberechtigte der Beschlagnahme, so unterrichtet die Zollbehörde hiervon unverzüglich den Antragsteller. [2]Dieser hat gegenüber der Zollbehörde unverzüglich zu erklären, ob er den Antrag nach Absatz 1 in bezug auf das beschlagnahmte Erzeugnis aufrechterhält.

1. Nimmt der Antragsteller den Antrag zurück, hebt die Zollbehörde die Beschlagnahme unverzüglich auf.

2. Hält der Antragsteller den Antrag aufrecht und legt er eine vollziehbare gerichtliche Entscheidung vor, die die Verwahrung des beschlagnahmten Erzeugnisses oder eine Verfügungsbeschränkung anordnet, trifft die Zollbehörde die erforderlichen Maßnahmen.

[3]Liegen die Fälle der Nummern 1 oder 2 nicht vor, hebt die Zollbehörde die Beschlagnahme nach Ablauf von zwei Wochen nach Zustellung der Mitteilung an den Antragsteller nach Satz 1 auf; weist der Antragsteller nach, daß die gerichtliche Entscheidung nach Nummer 2 beantragt, ihm aber noch nicht zugegangen ist, wird die Beschlagnahme für längstens zwei weitere Wochen aufrechterhalten.

(5) Erweist sich die Beschlagnahme als von Anfang an ungerechtfertigt und hat der Antragsteller den Antrag nach Absatz 1 in bezug auf das beschlagnahmte Erzeugnis aufrechterhalten oder

---

109 *Benkard* Rn 3; vgl *Schulte* Rn 5; *Fitzner/Lutz/Bodewig* Rn 8.
110 Vgl *Braun* CR 1994, 726, 730 Fn 42 mit weiterführenden Hinweisen.

sich nicht unverzüglich erklärt (Absatz 4 Satz 2), so ist er verpflichtet, den dem Verfügungsberechtigten durch die Beschlagnahme entstandenen Schaden zu ersetzen.

(6) [1]Der Antrag nach Absatz 1 ist bei der Generalzolldirektion zu stellen und hat Wirkung für ein Jahr, sofern keine kürzere Geltungsdauer beantragt wird; er kann wiederholt werden. [2]Für die mit dem Antrag verbundenen Amtshandlungen werden vom Antragsteller Kosten nach Maßgabe des § 178 der Abgabenordnung erhoben.

(7) [1]Die Beschlagnahme und die Einziehung können mit den Rechtsmitteln angefochten werden, die im Bußgeldverfahren nach dem Gesetz über Ordnungswidrigkeiten gegen die Beschlagnahme und Einziehung zulässig sind. [2]Im Rechtsmittelverfahren ist der Antragsteller zu hören. [3]Gegen die Entscheidung des Amtsgerichts ist die sofortige Beschwerde zulässig; über sie entscheidet das Oberlandesgericht.

MarkenG: §§ 146–149; für Gemeinschaftsmarken (Unionsmarken) § 125b Nr 6; **DesignG:** §§ 55–57; **UrhG:** § 111b; **SortG:** § 40a

Ausland: Belgien: vgl Art 53 PatG 1984 (Beschlagnahme); **Frankreich:** vgl Art L 615-7 CPI; **Litauen:** Art 42 PatG; **Luxemburg:** vgl Art 81 (Beschlagnahme) PatG 1992/1998; **Schweiz:** Art 86a–Art 86k PatG; **USA:** Sec 1337 (a) (1) (B) (ii) USC 19 (Verfahren vor der International Trade Commission)

Übersicht

Schrifttum (s auch Schrifttum zum Produktpiraterigesetz in der Einl PatG): *Ahrens* Die europarechtlichen Möglichkeiten der Beschlagnahme von Produktpiraeriewaren an der Grenze unter Berücksichtigung des TRIPS-Abkommens, RIW 1996, 727; *Ahrens* Die gesetzlichen Grundlagen der Grenzbeschlagnahme von Produktpiraeriewaren nach dem deutschen nationalen Recht, BB 1997, 902; *AIPPI (Schweizer Landesgruppe)* Border Measures and other Measures of Customs Intervention against Infringers (Q 208), sic! 2009, 559; *Beußel* Die Grenzbeschlagnahme von Parallelimporten, GRUR 2000, 188; *Blumenröder* Grenzbeschlagnahme bei Parallelimporten, MarkenR 2000, 46; *Braun/Heise* Die Grenzbeschlagnahme illegaler Tonträger in Fällen des Transits, GRUR Int 2001, 28; *Braunböck/Grötschl* Produktpiraten auf der Spur, ÖBl 2007, 106; *Clark* The Use of Border Measures to Prevent International Trade in Counterfeit and Pirated Goods: Implementation and Proposed Reform of Council Regulation 3295/94, EIPR 1998, 414; *Cordes* Die Grenzbeschlagnahme in Patentsachen, GRUR 2007, 483; *Cremer* Die Bekämpfung der Produktpiraterie in der Praxis, Mitt 1992, 153; *Daele* Regulation 1383/2003: A New Step in the Fight against Counterfeit and Pirated Goods at the Borders of the European Union, EIPR 2004, 214; *David* Hilfeleistung der Zollverwaltung zum Schutz des geistigen Eigentums, SMI 1995, 207; *Deumeland* Die Möglichkeit der Grenzbeschlagnahme bei Verletzung des deutschen Urheberrechts, GRUR 2006, 994; *Donath* Die neue Produktpiraterie-Verordnung, ÖBl 2014, 55; *Dörre/Maaßen* Das Gesetz zur Verbesserung der Durchsetzung von Rechten des Geistigen Eigentums (Teil III), GRUR-RR 2008, 269; *Eichelberger* Das vereinfachte Verfahren zur Vernichtung rechtsverletzender Waren bei der Grenzbeschlag-nahme nach der VO (EG) 1383/2003, Mitt 2010, 281; *Eichelberger* Grenzbeschlagnahme nach der VO (EG) 1383/2003, Nichterhebungsverfahren nach Art 84 VO EWG 2913/92 (Zollkodex) und die Verletzung von Rechten geistigen Eigentums, WRP 2012, 285; *Fritze* Die Verordnung (EG) Nr. 3295/94 des Rates der Europäischen Union vom 20. Dezember 1994 über die Zollbeschlagnahme nachgeahmter Waren und unerlaubt hergestellter Vervielfältigungsstücke oder Nachbildungen und ihre Aussichten auf Erfolg, FS H. Piper (1996), 221; *Gamerith* Parallelimport und Markenpiraterie, FS H.-G. Koppensteiner (2001), 365; *Günther/Beyerlein* Die Auswirkungen der Ost-Erweiterung der Europäischen Union auf die Grenzbeschlagnahme im gewerblichen Rechtsschutz, WRP 2004, 452; *Haft/Hacker/Baumgärtel/Grabienski/Grabin-*

ski/Heusch/Joachim/Kefferpütz/Kühnen/Lunze Grenzbeschlagnahme und andere Eingriffsmöglichkeiten der Zollbehörden gegen Verletzer (Q208), GRUR Int 2009, 826; *Hacker* Die Warendurchfuhr zwischen Markenverletzung, Grenzbeschlagnahme und Warenverkehrsfreiheit, MarkenR 2004, 257; *Hacker* Gewerbliche Schutzrechte und internationaler Handel im Spannungsverhältnis, FS 200 Jahre Carl Heymanns Verlag (2015), 363; *Harte-Bavendamm* Handbuch der Markenpiraterie in Europa, 2000; *Heim* Der Transit von Waren als markenrechtsverletzende Benutzungshandlung, WRP 2005, 167; *Heinze/Heinze* Transit als Markenverletzung, GRUR 2007, 740; *Henke* Produktpiraterie und Zoll, in: Rechtsfragen des internationalen Schutzes geistigen Eigentums (2002), 211; *Hermsen* Das neue europäische Grenzbeschlagnahmeverfahren, Mitt 2006, 261; *Hetzer* Mafia und Märkte: Produktpiraterie und organisierte Kriminalität, Zs für Zölle und Verbrauchssteuern 2002, 398; *Hoffmeister* Die Zollverwaltung als Partner der Wirtschaft bei der Bekämpfung der Marken- und Produktpiraterie, DDZ 1998 F 12–15, 17–18, 25–29; *Hoffmeister* Die Zollverwaltung – ein Partner der Wirtschaft bei der Durchsetzung ihrer Rechte, MarkenR 2002, 387; *Hoffmeister* Das Tätigwerden der Zollbehörde (Foliensammlung), VPP-Rdbr 2010, 11; *Hoffmeister/Böhm* Kehren neue Besen gut? Der Vorschlag der Kom-mission für eine Verordnung des Rates über das Tätigwerden der Zollbehörden hinsichtlich Waren, bei denen der Verdacht besteht, dass sie bestimmte Rechte am geistigen Eigentum verletzen, und die hinsichtlich Waren, die bestimmte Rechte am geistigen Eigentum verletzen, zu treffenden Maßnahmen, FS G. Eisenführ (2003), 161; *Jaeger/Grosse Ruse-Khan/Drexl/Hilty* Statement of the Max Planck Institute for Intellectual Property, Competition and Tax Law on the Review of EU Legislation on Customs Enforcement of Intellectual Property Rights, IIC 2010, 674; *Kampf* Aktuelle Fragen zur „Grenzbeschlagnahme" bei Markenrechtsverletzungen, Zs für Zölle 1998, 331; *Kampf* Grenzbeschlagnahmen bei Produktpiraterie, AW-Praxis 1998, 301; *Kampf* Zur Änderung der Produktpiraterieverordnung, Zs für Zölle 1999, 263; *Knaak* Zur Zulässigkeit der Grenzbeschlagnahme von parallelimportierten Waren aus Drittstaaten nach deutschem und europäischem Recht, GRUR Int 2000, 782; *Knaak* (Anm) MarkenR 2000, 52; *Kobiako* Durchfuhr als Verletzungshandlung? GRUR Int 2004, 832; *Kramer* Produktpiraterie: Vorbeugung durch Zollüberwachung, FS 75 Jahre Pro Honore (2000), 121; *Kühnen* Die Haftung wegen unberechtigter oder zu Unrecht unterbliebener Grenzbeschlagnahme nach der VO (EU) Nr. 608/2013, GRUR 2014, 811, 921; *Kumar* Border Enforcement of Intellectual Property Rights against In-Transit Generic Pharmaceuticals: An Analysis, EIPR 2010, 506; *Langfinger* Grenzbeschlagnahme: ein internationaler Vergleich, VPP-Rdbr 2013, 7; *Leitzen* Innergemeinschaftlicher Transit, Markenverletzung und Produktpiraterie, GRUR 2006, 89; *Lunze* Grenzbeschlagnahme: ein zu scharfes Schwert? FS 10 Jahre Studiengang „International Studies in Intellectual Property Law" (2009), 167; *Meister* Aspekte der Produktpiraterie, WRP 1991, 137; *Mes* Si tacuisses – Zur Darlegungs- und Beweislast im Prozeß des gewerblichen Rechtsschutzes, GRUR 2000, 934; *Pickrahn* Die Bekämpfung von Parallelimporten nach dem neuen Markengesetz, GRUR 1996, 383; *Pickrahn* Produkt- und Markenpiraterie: Gesetzliche und rechtliche Grundlagen für Grenzbeschlagnahmungen national und in der EU, VPP-Rdbr 2000, 14; *Rinnert* Beschlagnahme von Generika im Transit, GRUR Int 2011, 901; *Rinnert* Die neue Customs-IP-Enforcement-Verordnung, GRUR 2014, 241; *Rinnert/Witte* Anwendung der Grenzbeschlagnahmeverordnung auf Markenwaren im Zollverfahren, GRUR 2009, 29; *Schaeli* Ausbau der Hilfeleistung der Zollverwaltung im Kampf gegen Nachahmung und Piraterie – Die Vorschläge im Rahmen der laufenden Patentgesetzrevision, sic! 2004, 603; *Scheja* Bekämpfung der grenzüberschreitenden Produktpiraterie durch die Zollbehörden, CR 1995, 714; *Scherbauer* Die Grenzbeschlagnahme von Produktpiraterieware im Immaterialgüterrecht, 2000, zugl Diss Konstanz; *Schöner* Die Bekämpfung der Produktpiraterie durch die Zollbehörden, Mitt 1992, 180; *Tilmann* Der Schutz gegen Produktpiraterie nach dem Gesetz von 1990, BB 1990, 1565; *E. von Gamm/Kobiako* Durchfuhr als Markenverletzungshandlung? MarkenR 2005, 475; *von Welser* Die neue europäische Produktpiraterieverordnung, EWS 2005, 202; *von Welser* Generika im Transit: Welche Neuerungen bringt die geplante Änderung der Grenzbeschlagnahme-Verordnung? FS A.-A. Wandtke (2013), 439; *Weber* Maßnahmen der Zollbehörden zur Bekämpfung der Produkt- und Markenpiraterie = Measures taken by customs authorities to combat piracy and counterfeiting, Vortragsmanuskript Brüssel (CPVO) 5.10.2005; *Weber* Kostenerstattung und Störerhaftung im Grenzbeschlagnahmeverfahren am Beispiel des Markenrechts, WRP 2005, 961; *Worm/Gärtner* Möglichkeiten zur Bekämpfung der Produktpiraterie (Teil II), Mitt 2007, 497.

A. Allgemeines

Die Landesgrenzen sind, soweit dort Kontrollen durch die Zollbehörden stattfinden, ein besonders **1** geeigneter Ort, um schutzrechtsverletzende Waren aufzuspüren und sicherzustellen, sei es bei der Einfuhr oder bei der Ausfuhr. Dem dient das Rechtsinstitut der Grenzbeschlagnahme. Es steht in engem sachlichem Zusammenhang mit den Verletzungstatbeständen der Einfuhr und der Ausfuhr als Form des Inverkehrbringens iSv § 9 Satz 2 Nr 1 (Rn 82, 133 ff zu § 9).

Die Befassung der Zollbehörden mit der Aufdeckung von Patentverletzungen ist sowohl **europa-** **2** **rechtlich** durch die am 1.1.2014 in Kraft getretene **Verordnung (EU) Nr 608/2013** des Europäischen Parlaments und des Rates vom 12.6.2013 zur Durchsetzung der Rechte geistigen Eigentums durch die Zollbehörden[1] (VO 608/2013) als auch national durch § 142a geregelt. Die VO 608/2013 hat die Verordnung (EG)

---

1 ABl EU Nr L 181/15 vom 29.6.2013.

Nr 1383/2003 des Rates vom 22.7.2003 über das Vorgehen der Zollbehörden gegen Waren, die im Verdacht stehen, bestimmte Rechte des geistigen Eigentums zu verletzen, und die Maßnahmen gegenüber Waren, die erkanntermaßen derartige Rechte verletzen[2] (VO 1383/2003) abgelöst. Weitere VorgängerVO war die VO (EG) Nr 3295/94,[3] die durch die VO (EG) Nr 241/1999 vom 25.1.1999[4] neu gefasst und in ihrem Anwendungsbereich auf Patente erstreckt worden war.

3   Ergänzende Bestimmungen enthält die **DurchführungsVO (EG) Nr 1352/2013** vom 4.12.2013.[5]

4   Die nationale Regelung des § 142a ist durch Art 4 Nr 3 des **Produktpirateriegesetzes** (PrPG) vom 7.3.1990 eingefügt worden.[6] Sie ist am 1.7.1990 in Kraft getreten (§ 14 PrPG). Eine deckungsgleiche Vorschrift enthält § 25a GebrMG, auf den § 9 Abs 2 HlSchG verweist (zu den anderen Gesetzen des Immaterialgüterrechts s den Vorspann). Das 2. PatGÄndG hat die Ausnahmeregelung in Abs 1 Satz 2 auf die Vertragsstaaten des EWR-Abk ausgedehnt. Das Wort „Oberfinanzdirektion" in Abs 6 ist durch das 2. G zur Änderung des Finanzverwaltungsgesetzes und anderer Gesetze vom 13.12.2007[7] durch das Wort „Bundesfinanzdirektion" und durch das Gesetz zur Neuorganisation der Zollverwaltung vom 3.12.2015[8] durch das Wort „Generalzolldirektion" ersetzt worden. Das Gesetz zur Verbesserung der Durchsetzung von Rechten des geistigen Eigentums[9] hat Erzeugnisse ausgenommen, die unter die VO (EG) Nr 1383/2003 fallen (s Rn 2). Das Gesetz zur Änderung des Designgesetzes und weiterer Vorschriften des gewerblichen Rechtsschutzes[10] hat die Verweisung in Abs 1 Satz 1 an die geltende VO 608/2013 angepasst.

5   **Völkerrechtlich** ist die Grenzbeschlagnahme in **Art 51–60 TRIPs-Übk** sowie in **Art 9 PVÜ** geregelt, die sich allerdings nur auf Marken-, im Fall des TRIPs-Übk auch auf Urheberrechtsverletzungen beziehen.

B. Vorrang des Gemeinschaftsrechts und Anwendungsbereich der nationalen Regelung

6   Die europarechtl Bestimmungen der VO 608/2013 haben in ihrem Anwendungsbereich gegenüber dem nationalen Recht Vorrang (Abs 1 Satz 1). Das nationale Recht findet insoweit nur ergänzend Anwendung (s hierzu § 142b).

7   Die VO 608/2013 regelt das Tätigwerden der nationalen Zollbehörden an den **Außengrenzen der Europäischen Union** bei Warenbewegungen im Verhältnis zu Drittstaaten. Der Begriff der Außengrenzen ist dabei nicht im Wortsinn zu verstehen. Vielmehr wird der Anwendungsbereich der VO 608/2013 durch die in Art 1 Abs 1 VO 608/2013 aufgeführten zollrechtl Tatbestände eröffnet, die faktisch auch innerhalb des Gemeinschaftsgebiets, zB auf Flughäfen oder Messen und Ausstellungen, verwirklicht werden können.

8   Nach Art 1 Abs 1 iVm Art 2 Nr 1 Buchst e, f und g VO 608/2013 greift diese zunächst gegenüber Waren ein, die nach mitgliedstaatlichen oder Unionsvorschriften ein (nationales oder eur) **Patent** (auch ein solches mit einheitlicher Wirkung) oder ein **ergänzendes Schutzzertifikat** iSd VO (EG) Nr 469/2009 bzw der VO (EG) Nr 1610/96 verletzen. Ebenfalls erfasst werden – anders als noch unter der VorgängerVO 1383/03 – Waren, die ein **Gebrauchsmuster** verletzen (Art 2 Nr 1 Buchst k VO 608/2013).

9   Nach Art 1 Abs 5, 1. Alt findet die VO 608/2013 jedoch **keine Anwendung** auf Waren, die mit Zustimmung des Patentinhabers hergestellt worden sind. Ausgenommen sind damit insb **Parallelimporte von Originalwaren**, die vom Patentinhaber oder mit seiner Zustimmung außerhalb des EWR in Verkehr gebracht worden sind, so dass Erschöpfung nicht eingetreten ist (vgl Rn 146 zu § 9).

10   Von der VO **erfasst** werden hingegen – anders als unter der VorgängerVO 1383/03 – Waren, die unter **Verletzung lizenzvertraglicher Bestimmungen** über die gegenständlichen Grenzen des Lizenzrechts (s Rn 69ff zu § 15) hergestellt worden sind. Etwas anderes gilt gem Art 1 Abs 5, 2. Alt VO 608/2013 lediglich für Waren, mit denen der Lizenznehmer gegen eine vertraglich vereinbarte Mengenobergrenze verstoßen hat (s Rn 72 zu § 15).

---

2   ABl EG Nr L 196/7 vom 2.8.2003.
3   ABl EG Nr L 431 vom 30.12.1994 S 8; zur Rechtsgültigkeit der VO EuGH Slg 2000 I 2519 = GRUR Int 2000, 748, 750 (Nr 31 ff) Polo/Lauren/Dwidua.
4   ABl EG Nr L 27 vom 2.2.1999 S 1.
5   ABl EU Nr L 341/10 vom 18.12.2013.
6   Materialien: Begr BlPMZ 1990, 173, 186 ff.
7   BGBl I 2897 = BlPMZ 2008, 44.
8   BGBl I 2178.
9   BGBl I 1191, 1193.
10   BGBl I 558 = BlPMZ 2016, 161, 163.

Für eine Anwendung der Bestimmung ist daher zunächst Raum, soweit es um ein Tätigwerden der **11** Zollbehörden im **innergemeinschaftlichen Warenverkehr** geht. Insoweit finden allerdings grds keine Zollkontrollen mehr statt (vgl Abs 1 Satz 1). Ferner kann aufgrund der nationalen Regelung – auch an den EU-Außengrenzen – eingegriffen werden, soweit es um die Verletzung von lizenzvertraglichen Mengenbeschränkungen geht.

Umstr ist dagegen, ob die nationalen Bestimmungen auch im Fall von verbotenen **Parallelimporten** **12** zur Anwendung kommen können. Das wird zT mit Rücksicht auf eine dem Art 1 Abs 5, 1. Alt VO 608/2013 entnommene Wertung und eine abschließende Zuständigkeit der EU in dieser Frage verneint.[11] Nach der Rspr des BFH sind die nationalen Vorschriften auf Parallelimporte dagegen uneingeschränkt anwendbar, da der eur Gesetzgeber insoweit von seinen vorrangigen Kompetenzen keinen Gebrauch gemacht habe.[12] Davon geht auch die Bundesregierung aus.[13] Praktikabilitätserwägungen können gegen diese Auffassung wohl nicht ins Feld geführt werden (vgl Rn 20).

C. Materielle Voraussetzungen der Beschlagnahme

I. Patentverletzendes Erzeugnis

Der Beschlagnahme unterliegt nur ein Erzeugnis, das ein nach dem PatG geschütztes Patent verletzt **13** (vgl Art 2 Nr 7 Buchst a VO 608/2013). Dabei kann es sich um ein durch ein dt oder eur Patent (auch mit einheitlicher Wirkung) sowie durch ein ergänzendes Schutzzertifikat geschütztes Erzeugnis handeln. Es muss Erzeugnisschutz bestehen, der auch auf § 9 Satz 2 Nr 3 beruhen kann, Verwendungsschutz reicht nicht aus. Dagegen genügt der durch § 3 Abs 3, Art 54 Abs 5 EPÜ eröffnete Schutz der medizinischen Indikation.[14] Die Patentverletzung muss nicht im Wortlaut oder Wortsinn der Patentansprüche liegen; da die Bestimmung auch den zivilrechtl Vernichtungsanspruch sichert, werden ohne weiteres auch Rechtsverletzungen im Umfang des durch § 14 und Art 69 EPÜ umschriebenen Schutzbereichs erfasst.

Darüber hinaus sind auch **Materialien und Geräte** iSv § 140a Abs 2 als beschlagnahmefähig anzuse- **14** hen. Das ergibt sich zum einen daraus, dass die Grenzbeschlagnahme ua der Sicherstellung des Vernichtungsanspruchs dient,[15] zum andern aus einer Heranziehung von Art 2 Nr 7 Buchst c VO 608/2013.[16]

Handlungen, die nach § 11 erlaubt sind, rechtfertigen die Grenzbeschlagnahme nicht. Dies gilt insb **15** für Handlungen, die im **privaten Bereich** zu nichtgewerblichen Zwecken vorgenommen werden (§ 11 Nr 1; ähnlich Art 1 Abs 4 VO 608/2013; s auch Art 60 TRIPs-Übk).[17] Nach Art 41 ZollbefreiungsVO (EU) Nr 1186/2009[18] iVm Art 7 der Richtlinie 2007/74/EG[19] wird die Grenze, was den Reiseverkehr angeht, bei 430 EUR (für Reisende im Flug- oder Seeverkehr) bzw 300 EUR (für sonstige Reisende) bzw 175 EUR (für Reisende unter 15 Jahren, unabhängig vom Verkehrsmittel), jeweils Einkaufspreis im Ausland, gezogen, sofern nicht Hinweise auf einen kommerziellen Charakter bestehen. Im Postverkehr greifen diese Ausnahmen jedenfalls dann nicht ein, wenn der Versender gewerblich tätig ist, weil insoweit ein Handeln im inländ Geschäftsverkehr vorliegt;[20] besondere Bedeutung hat dies vor allem im Internethandel.

Des weiteren muss eine relevante **Benutzungshandlung** iSv § 9 Satz 2 vorliegen. Dazu zählt in erster **16** Linie die Ein- oder Ausfuhr selbst. Der **Transit** (Durchfuhr) im engeren Sinn kann dagegen nicht als Verletzungshandlung eingestuft werden (dazu im einzelnen Rn 136 f zu § 9). Im Rahmen des § 142a kommt

---

11 *Knaak* GRUR Int 2000, 782 f; *Gamerith* FS H.-G. Koppensteiner (2001), 365, 378 f; *Heim* WRP 2005, 167, 169; *Ingerl/ Rohnke* § 146 MarkenG Rn 2; unter Hinweis auf den 6. Erwägungsgrund zur VO 608/2013 jetzt zwd auch *Benkard* Rn 2; vgl auch *Beußel* GRUR 2000, 188, 190.

12 BFH GRUR Int 2000, 780 ff Jockey, Markensache, m abl Anm *Knaak* MarkenR 2000, 52; *Blumenröder* MarkenR 2000, 46; zust *Fezer* § 146 MarkenG Rn 9; *von Schultz* § 146 MarkenG Rn 15; jetzt auch *Büscher/Dittmer/Schiwy* MarkenG § 146 Rn 7.

13 Vgl Begr zum Entwurf des DurchsetzungsG BTDrs 16/5048, S 34.

14 Ebenso *Benkard* Rn 3.

15 Vgl Begr zum PrPG, BlPMZ 1990, 173, 190.

16 *Fezer* § 146 MarkenG Rn 29; aA *Ingerl/Rohnke* § 146 MarkenG Rn 3.

17 LG Düsseldorf Mitt 1996, 22 f; Begr zum PrPG BlPMZ 1990, 173, 190; *von Schultz* § 146 MarkenG Rn 14.

18 ABl EU Nr L 324/23 vom 10.12.2009.

19 ABl EG Nr L 346/6 vom 29.12.2007.

20 Vgl EuGH GRUR 2014, 283, 285 (Nr 33 ff) Blomqvist/Rolex.

dem freilich keine eigenständige Bedeutung zu, weil der Transit als solcher nach nationalem Recht keinen zollrechtlichen Aufgreiftatbestand darstellt (Rn 22; anders liegt es im Anwendungsbereich der VO 608/2013, Rn 6 f zu § 142b).

17   Patentverletzend sind schließlich auch Erzeugnisse, die vom Rechtsinhaber selbst oder mit seiner Zustimmung hergestellt und in Verkehr gebracht wurden, sofern **Erschöpfung** (wegen Inverkehrbringens außerhalb des EWR) **nicht eingetreten** ist. Dasselbe gilt für Waren, die von einem Lizenznehmer unter Missachtung mit gegenständlicher Wirkung vereinbarter Mengenobergrenzen hergestellt worden sind (vgl Rn 11).

II. Offensichtliche Patentverletzung

18   § 142a sieht die Beschlagnahme nur bei offensichtlicher Rechtsverletzung vor. Die Zollbehörde soll Waren nur beschlagnahmen können, wenn die Rechtsverletzung durch importierte oder exportierte Waren „auf der Hand liegt".[21] Offensichtlich ist die Rechtsverletzung, wenn sie bei Berücksichtigung glaubhafter Angaben des Antragstellers und aller sonstigen für die Zollbehörden erkennbaren Begleitumstände keinem vernünftigen Zweifel unterliegt.[22] Bei Verletzungen im Äquivalenzbereich wird es an der Offensichtlichkeit meist fehlen.[23]

19   Der Rechtsinhaber kann die Auffindung rechtsverletzender Waren erheblich erleichtern, wenn er in seinem Beschlagnahmeantrag (Rn 20) – wie in den Antragsvordrucken vorgesehen – zu folgenden Punkten **Angaben** macht: (1) Werden regelmäßig Originalwaren nur bei bestimmten Zollstellen oder nur in einem bestimmten Verfahren abgefertigt? (2) Welche Vertriebswege nimmt üblicherweise die Ware (etwa über ausschließlich beauftragte ausländ Exporteure oder inländ Importeure)? (3) Können Namen und Anschriften von Firmen und Personen benannt werden, die schon in der Vergangenheit als Patentverletzer aufgetreten sind? (4) Können typische Merkmale der Originalwaren mitgeteilt werden, die bei patentverletzenden Waren oft fehlen, wie zB eingearbeitete Codes, bestimmte Beipackzettel, Garantiezertifikate, Gebrauchsanweisungen etc? Der Antragsteller kann der Zollbehörde auch mitteilen, aus welchen Ländern er die Einfuhr gestattete.[24] In vielen Fällen wird auch der Einfuhrwert des Originalerzeugnisses ein wichtiges Indiz zur Abgrenzung von Piratieware sein, da regelmäßig ein erheblicher Preisunterschied zwischen Original und Fälschung besteht.

20   Schwieriger erscheint die leichte Erkennbarkeit in den Fällen des **Parallelimports**. Auch hier werden aber Angaben zum Transportweg, zum Ausfuhrland, zum Zollwert oder die Angabe bestimmter Importeure die Auffindung iS einer offensichtlichen Rechtsverletzung erleichtern können.[25] Am leichtesten werden verbotene Parallelimporte zu identifizieren sein, wenn der Rechtsinhaber von der Möglichkeit Gebrauch macht, sein Vertriebssystem durch ein Codierungssystem zu schützen. Die verletzende Ware kann dann anhand der Codenummer leicht ausgemacht werden. Wurde die Codenummer beseitigt, wird dies häufig zu Beschädigungen führen, die ebenfalls verhältnismäßig leicht zu erkennen sind.[26]

21   In jedem Fall sollte der Zollbehörde ein **Sachverständiger** aus dem eigenen Firmenbereich oder auch von der Industrie- und Handelskammer oder dem zuständigen Fachverband benannt werden, an den sich die Zollstellen kurzfristig wenden können, wenn Zweifel hinsichtlich der Rechtsverletzung vorliegen.

III. Einfuhr/Ausfuhr

22   Mit dem Tatbestandsmerkmal „bei seiner Einfuhr oder Ausfuhr" nimmt Abs 1 nicht auf den Verletzungstatbestand des § 9 Bezug, sondern **umschreibt die zollrechtlichen Tatbestände**, die ein Eingreifen der Zollbehörden ermöglichen.[27] Einfuhr zur Weiterveräußerung oder Bearbeitung und anschließenden

21   *Cremer* Mitt 1992, 153, 166; *Tilmann* BB 1990, 1565; *Meister* WRP 1991, 137, 140.
22   *Harte-Bavendamm* § 5 Rn 222; *von Schultz* § 146 MarkenG Rn 17; *Büscher/Dittmer/Schiwy* MarkenG § 146 Rn 12.
23   *Benkard* Rn 3; *Fitzner/Lutz/Bodewig* § 142a Rn 5.
24   *Scheja* CR 1995, 714; *Cremer* Mitt 1992, 153.
25   Vgl BFH GRUR Int 2000, 780, 782 Jockey, Markensache.
26   Ähnlich *Fezer* § 146 MarkenG Rn 9.
27   AA *Fezer* § 146 MarkenG Rn 12.

Wiederausfuhr genügt.[28] Mit der Beschränkung auf Einfuhr und Ausfuhr sind die Aufgreiftatbestände des nationalen Rechts bewusst[29] enger gefasst als die Aufgreiftatbestände nach Art 1 Abs 1 VO 608/2013, die zB im Hinblick auf das Versandverfahren gem Art 84 Abs 1 Buchst a VO (EWG) Nr 2913/92 (ZollkodexVO) auch einen Zugriff in Fällen bloßer Durchfuhr ermöglichen.[30] Art 34 AEUV schließt es zudem aus, dass die Zollbehörden nach den Rechtsvorschriften eines Mitgliedstaats Verfahren zur Zurückhaltung solcher Waren durchführen, die in einem anderen Mitgliedstaat rechtmäßig hergestellt wurden und dazu bestimmt sind, nach der Durchfuhr in einem Drittland in Verkehr gebracht zu werden, in dem sie rechtmäßig vertrieben werden dürfen.[31]

D. Formelle Beschlagnahmevoraussetzungen

I. Antrag

Anders als im Anwendungsbereich der VO 608/2013, wo die Zollbehörden unter bestimmten Voraussetzungen (Art 18 VO 608/2013) Waren, bei denen hinreichend begründeter Verdacht auf eine Rechtsverletzung besteht, auch vAw kurzfristig anhalten können, um den Rechtsinhaber zu informieren, setzt eine Beschlagnahme nach Abs 1 Satz 1 stets einen Antrag des Rechtsinhabers voraus, soweit nicht die §§ 370, 372 AO eingreifen. **23**

Adressat des Antrags ist die **Zentralstelle Gewerblicher Rechtsschutz der Generalzolldirektion mit Sitz in München** (Sophienstraße 6, 80333 München), vgl Abs 6. Die Zentralstelle lässt es jedoch zu, dass in eiligen Fällen der Antrag auch unmittelbar bei der Zollstelle gestellt wird, für die eine Anmeldung der Ein- oder Ausfuhr patentverletzender Waren erwartet wird. Der Antrag muss keinen bestimmten Verletzer benennen. Die Generalzolldirektion stellt für den Antrag ein Formular zur Verfügung. **24**

Der Antrag hat gem Abs 6 eine **Geltungsdauer von einem Jahr**, wenn keine kürzere Geltungsdauer beantragt wird. Er kann beliebig wiederholt werden. Durch die Befristung wird vermieden, dass die Zollverwaltung aufgrund überholter Anträge ungerechtfertigte Beschlagnahmen vornimmt.[32] Darüber hinaus wird der Patentinhaber angehalten, vor Ablauf der Geltungsdauer des Antrags zu prüfen, ob der Antrag auf Grenzbeschlagnahme noch erforderlich ist. **25**

Die Behandlung des Antrags ist eine **Abgabenangelegenheit** iSv §§ 209 Abs 1, 347 Abs 1 Nr 1 AO, § 33 Abs 1 Nr 1 FGO. Demzufolge findet im Fall der Ablehnung des Antrags der Einspruch nach §§ 347 ff AO, bei Erfolglosigkeit Klage zum Finanzgericht statt.[33] **26**

II. Antragsteller

Abs 1 Satz 1 verlangt die Antragstellung durch den Rechtsinhaber. Der Begriff des Rechtsinhabers dürfte hier ebenso weit zu verstehen sein wie in Art 3 VO 608/2013.[34] Demzufolge können auch ausschließliche oder einfache Lizenznehmer als Antragsteller auftreten.[35] Der einfache Lizenznehmer benötigt jedoch im weiteren Verlauf für die Herbeiführung einer vollziehbaren gerichtlichen Entscheidung iSv Abs 4 Nr 2 die Zustimmung des Patentinhabers zur Rechtsverfolgung in gewillkürter Prozessstandschaft (vgl Rn 24, 28 zu § 139; Rn 64 zu § 15). Geschäftsführung ohne Auftrag gewährt kein Antragsrecht. **27**

---

28 Begr MarkenRÄndG 1996 BRDrs 888/95 S 16.
29 Vgl Begr MarkenRRefG BlPMZ 1994 Sonderheft S 121, und Begr MarkenRÄndG 1996 BTDrs 13/3841 S 7 f.
30 Für eine Zugriffsmöglichkeit bei bloßer Durchfuhr auch nach nationalem Recht *Ingerl/Rohnke* § 146 MarkenG Rn 5; *von Schultz* § 146 MarkenG Rn 16.
31 EuGH C-115/02 Slg 2003 I 12705 = GRUR Int 2004, 39 Rioglass; vgl EuGH C-23/99 Slg 2000 I 7653 = GRUR Int 2001, 57 Kommission/Frankreich.
32 Vgl Begr zum PrPG BlPMZ 1990, 173, 191.
33 Vgl BFH MarkenR 2000, 52 f Jockey, Markensache (insoweit nicht in GRUR Int).
34 Ebenso *Benkard* Rn 7; *Ingerl/Rohnke* § 146 MarkenG Rn 6; *Fezer* § 146 MarkenG Rn 7; *von Schultz* § 146 MarkenG Rn 8.
35 *Ahrens* BB 1997, 902 f; *Schulte* Rn 5; *Fezer* § 146 MarkenG Rn 13; *von Schultz* § 146 MarkenG Rn 8; *Harte-Bavendamm* § 5 Rn 214.

28   Die Rechtsinhaberschaft wird durch einen Registerauszug nachgewiesen. Gleiches gilt für den Nehmer einer ausschließlichen Lizenz, sofern die Lizenz im Register eingetragen ist (§ 30 Abs 4). Im übrigen müssen Lizenznehmer idR den Lizenzvertrag oder eine Vollmacht des Patentinhabers vorlegen.

III. Inhalt

29   Detaillierte Angaben über Beschaffenheit und Ausstattung der Originalware sowie deren Unterscheidbarkeit von Piraterieware sind zweckmäßig (Rn 19 ff).

IV. Sicherheitsleistung

30   Dem Antrag kann nur stattgegeben werden, wenn der Antragsteller Sicherheit leistet. Diese Sicherheitsleistung muss so bemessen sein, dass die voraussichtlich entstehenden Kosten des Warenverbleibs unter zollamtlicher Überwachung, etwaige Vernichtungskosten sowie die Höhe des Schadens, den der Betroffene verlangen könnte, wenn sich die Grenzbeschlagnahme als von Anfang an ungerechtfertigt erweisen sollte (Abs 5), abgedeckt sind. Als Sicherheit wird regelmäßig eine selbstschuldnerische Bürgschaft einer Bank gegenüber der Bundesrepublik Deutschland gefordert. Alle Fragen der Sicherheitsleistung sind unmittelbar mit der Generalzolldirektion zu klären, die einen Vordruck für die Bürgschaft zur Verfügung stellt. Nach der Praxis der Direktion ist die Sicherheitsleistung keine unabdingbare Voraussetzung für das Weiterleiten des Grenzbeschlagnahmeantrags. Bei Gefahr im Verzug wird der Antrag gegen die Zusicherung, die Sicherheit alsbald zu leisten, sofort bearbeitet.

V. Gebühren und Kosten

31   Nach Abs 6 Satz 2 werden vom Antragsteller für die mit dem Grenzbeschlagnahmeantrag verbundenen Amtshandlungen Kosten nach Maßgabe des § 178 AO erhoben. Einschlägig ist insoweit der auf der Ermächtigungsgrundlage des § 178 Abs 3 AO beruhende § 9 ZollKV vom 6.9.2009[36] in der dzt geltenden Fassung vom 6.5.2014.[37] Nach § 9 Abs 1 Nr 2 Buchst b und Nr 3 ZollKV werden für die Beschlagnahme nach § 142a sowie für die Lagerung und Vernichtung der betroffenen Waren Kosten nach den Pauschalsätzen gem Anlage 2 zur ZollKV erhoben. Die in § 9 Abs 2 ZollKV vorgesehene Möglichkeit, die bei einer Beauftragung von Dritten mit der Lagerung und Vernichtung entstehenden – uU wesentlich höheren – tatsächlichen Kosten festzusetzen, besteht nur im Rahmen des Vorgehens nach der VO 608/2013.

32   Erhebliche Kosten können insoweit insb im Zusammenhang mit der **Einlagerung und Vernichtung beschlagnahmter Waren** entstehen. Kostenschuldner gegenüber dem Zoll ist gem Abs 6 Satz 2 der Antragsteller. Er kann diese Kosten im Weg des Schadensersatzes vom schuldhaft handelnden Verletzer erstattet verlangen.[38] Da jedoch der „eigentliche" Verletzer häufig nicht greifbar ist, stellt sich die Frage, ob Lagerhalter, Spediteure und andere Transportpersonen, bei denen die schutzrechtsverletzenden Erzeugnisse aufgefunden werden, in Anspruch genommen werden können. Insoweit ist zu beachten, dass den genannten Personenkreis eine Prüfungspflicht trifft, sofern er vom Antragsteller oder von der Zollbehörde darauf aufmerksam gemacht wird, dass die gelagerten oder transportierten Erzeugnisse patentverletzend sein könnten; er ist dann gehalten, sich hierüber Klarheit zu verschaffen, soweit dies zumutbar ist. Unterlässt er dies, wird er zum (schuldhaften) Täter oder Teilnehmer einer Patentverletzung,[39] was zwangsläufig eine Haftung für die Lager- und Vernichtungskosten nach sich zieht.[40] Ob unabhängig von einer Verletzung von Prüfpflichten jedenfalls eine Haftung für die Kosten der Vernichtung besteht, hängt davon ab, ob der Lagerhalter usw zumindest als Störer die Vernichtung schuldet, was für das Patentrecht verneint wird.[41]

---

36   BGBl 2009 I 3001.
37   BGBl 2014 I 498.
38   *Ingerl/Rohnke* § 146 MarkenG Rn 8.
39   BGHZ 182, 245 = GRUR 2009, 1142 (Nr 42 ff) MP3-Player-Import.
40   AA OLG Köln WRP 2005, 1294, Markensache.
41   BGH MP3-Player-Import; hinsichtlich der Vernichtungskosten aA *Ingerl/Rohnke* § 146 MarkenG Rn 8.

E. Verfahren

I. Beschlagnahme

Die Beschlagnahmeanordnung trifft die Behörde, in deren Verfügungsgewalt die patentverletzenden **33** Erzeugnisse gelangen, durch Verwaltungsakt, auf den die StPO keine Anwendung findet.[42]

II. Unterrichtung

Wird eine Beschlagnahme angeordnet, hat die Zollbehörde unverzüglich den Antragsteller und den **34** Verfügungsberechtigten zu unterrichten. Verfügungsberechtigter iSd Vorschrift ist der Eigentümer der beschlagnahmten Ware. Ist dieser nicht bekannt, kann entspr § 1006 Abs 1 BGB die Verfügungsberechtigung des unmittelbaren Besitzers (etwa der Transportperson) vermutet werden, so dass die Zollbehörde ihre Unterrichtungspflichten gegenüber diesem wahren kann.[43]

Dem Antragsteller sind Herkunft, Menge und Lagerort der Waren sowie Name und Anschrift des Ver- **35** fügungsberechtigten mitzuteilen (Abs 2 Satz 2). Der Antragsteller wird dadurch in die Lage versetzt, im Fall eines Widerspruchs des Verfügungsberechtigten (Abs 4 Satz 1) eine gerichtliche Entscheidung nach Abs 4 Nr 2 herbeizuführen.[44] Zudem ist ihm Gelegenheit zu geben, die Waren zu **besichtigen**, was auch durch die Übermittlung von Warenmustern oder -proben geschehen kann.[45] Damit erübrigt sich insoweit die Geltendmachung eines Besichtigungsanspruchs nach § 140c. Die Besichtigung kann auch die Untersuchung der Waren umfassen; andererseits ist dem Verfügungsberechtigten Gelegenheit zu geben, berechtigte Geheimhaltungsinteressen vorzubringen.[46] Es empfiehlt sich, von dem Besichtigungsrecht nach Abs 2 Satz 3 Gebrauch zu machen, damit im Fall eines Widerspruchs des Verfügungsberechtigten eine Entscheidungsgrundlage für das weitere, gem Abs 5 mit einem Schadensersatzrisiko verbundene Vorgehen zur Verfügung steht.

III. Kein Widerspruch gegen Beschlagnahme (Absatz 3)

Legt der von der Zollbeschlagnahme Betroffene innerhalb von zwei Wochen nach Zustellung der **36** Mitteilung der Beschlagnahme (Abs 2 Satz 1) keinen Widerspruch gegen die Beschlagnahme ein, werden die beschlagnahmten Waren von der Zollbehörde ohne gerichtliche Entscheidung eingezogen. Anders als für das vereinfachte Vernichtungsverfahren nach Art 23 VO 608/2013 (s § 142b Abs 4 Satz 2 aF und – weniger klar – Art 17 Abs 3 Unterabs 4 VO 608/2013) verlangt das Gesetz nicht ausdrücklich, dass der Verfügungsberechtigte mit der Unterrichtung nach Abs 2 Satz 1 auf die Rechtsfolgen eines unterbliebenen Widerspruchs hingewiesen wird. Jedoch wird hiervon auch im Rahmen des § 142a auszugehen sein.[47]

Dieses **vereinfachte Einziehungsverfahren** beruht auf der Erfahrung, dass in der weit überwiegen- **37** den Zahl der Beschlagnahmen die begangene Rechtsverletzung durch Nichtbeschreiten des Rechtswegs praktisch zugestanden und deshalb auf die beschlagnahmten Waren verzichtet wird.[48] Der Widerspruch ist allerdings kein Rechtsmittel gegen die Beschlagnahme. Unterbleibt er, führt dies nur zur Zulässigkeit des vereinfachten Einziehungsverfahrens, nicht hingegen zur Bestandskraft der Anordnung der Beschlagnahme und der Einziehung. Diese bleiben vielmehr nach Abs 7 anfechtbar, die Beschlagnahmeanordnung mit Antrag auf gerichtliche Entscheidung gem § 62 OWiG, die Einziehungsanordnung mit dem Einspruch nach § 67 OWiG (Rn 55 f). Nach Auffassung des OLG München liegt dabei sowohl in dem Antrag auf ge-

---

42 *Fitzner/Lutz/Bodewig* § 142a Rn 12.

43 Ebenso *Benkard* Rn 11.

44 Vgl EuGH Slg 1999 I 7081 = GRUR Int 2000, 163 (Nr 26 f) Adidas.

45 Vgl Art 19 Abs 2 VO 608/2013 (ex-Art 9 Abs 3 Unterabs 3 VO 1383/2003) und hierzu BGH GRUR 2009, 1142, 1143 (Nr 18) MP3-Player-Import; aA *Deumeland* GRUR 2006, 994 f.

46 *Benkard* Rn 11; *Fitzner/Lutz/Bodewig* § 142a Rn 16.

47 Ebenso *Benkard* Rn 12; *Fezer* § 146 MarkenG Rn 31; *Ingerl/Rohnke* § 146 MarkenG Rn 9; *von Schultz* § 146 MarkenG Rn 19.

48 Begr PrPG BlPMZ 1990, 173, 186.

richtliche Entscheidung nach § 62 OWiG als auch in dem Einspruch nach § 67 OWiG ein Widerspruch iSv Abs 4,[49] so dass in beiden Fällen nach Abs 4 weiter zu verfahren ist.[50]

38   Mit Bestandskraft der Einziehungsanordnung geht das Eigentum an den Waren auf den Staat über. **§ 74e StGB** enthält insoweit einen allg Grundsatz, der auch auf die Einziehung nach Abs 3 anwendbar ist.[51] Die Zollbehörden **vernichten** die Waren in aller Regel nach Eintritt der Bestandskraft und stellen damit sicher, dass sie nicht mehr auf den Markt kommen.[52]

IV. Widerspruch gegen die Beschlagnahme (Absatz 4)

39   **1. Grundsatz.** Der Widerspruch ist an die entsprechende Zollstelle zu richten, die jedoch keine Entscheidung über ihn zu treffen hat. Widerspricht der Verfügungsberechtigte der Beschlagnahme, muss sich der Antragsteller entscheiden, entweder den Grenzbeschlagnahmeantrag zurückzunehmen (Rn 40) oder aufrechtzuerhalten (Rn 41ff). Gleiches gilt im Fall des Antrags auf gerichtliche Entscheidung gegen die Beschlagnahmeanordnung (Abs 7 iVm § 62 OWiG) und des Einspruchs gegen die Einziehungsanordnung (Abs 7 iVm § 67 OWiG), sofern mit dem OLG München beide dem Widerspruch gleichstellt werden (Rn 37).

40   **2. Antragsrücknahme und Aufhebung der Beschlagnahme.** Will der Antragsteller den Antrag – im Hinblick auf die konkrete beschlagnahmte Ware[53] – zurücknehmen (Abs 4 Nr 1; etwa weil er nach Besichtigung gem Abs 2 Satz 3 feststellen musste, dass es sich nicht um schutzrechtsverletzende Ware handelt), muss er dies nach Abs 4 Satz 2 unverzüglich (ohne schuldhaftes Zögern, § 121 BGB) erklären, um einen Schadensersatzanspruch wegen ungerechtfertigter Beschlagnahme (Abs 5) zu vermeiden. Unverzüglich handelt der Antragsteller nur, wenn er sich schon nach Erhalt der Beschlagnahmemitteilung gem Abs 2 – und nicht erst nach Einlegung des Widerspruchs durch den Antragsgegner – bemüht, die beschlagnahmten Waren zu **besichtigen** und entspr zu reagieren. Nimmt der Antragsteller den Antrag zurück, hebt die Zollbehörde die Beschlagnahme unverzüglich auf.

41   **3. Aufrechterhaltung des Antrags.** Entscheidet sich der Antragsteller dafür, den Beschlagnahmeantrag aufrechtzuerhalten, muss er innerhalb von zwei Wochen nach der zollbehördlichen Mitteilung über den Widerspruch (nicht etwa nach Mitteilung über die Beschlagnahme gem Abs 2) eine vollziehbare gerichtliche Entscheidung erwirken, die die Verwahrung der beschlagnahmten Waren oder eine Verfügungsbeschränkung (zB ein Einfuhrverbot)[54] anordnet (Abs 4 Nr 1). Die gerichtliche Entscheidung ist nur Voraussetzung für das weitere Tätigwerden der Zollbehörden; die Bestimmung regelt nicht die Voraussetzungen der Anordnung, die sich danach richten, ob der Sachverhalt einen Vernichtungsanspruch gibt, der der einstweiligen Regelung oder Sicherung bedarf; der Antrag, die Fortdauer der Beschlagnahme anzuordnen, ist als Antrag auf Anordnung der Sequestration auszulegen (vgl Rn 265 vor § 143).[55] In Anbetracht der kurzen Fristen kommt vornehmlich eine einstweilige Verfügung in Betracht. Die Beschlagnahmemitteilung des Zolls ist in diesem Verfahren für sich genommen grds kein geeignetes Glaubhaftmachungsmittel für den zivilrechtlichen Verletzungstatbestand.[56]

42   Auch eine im strafprozessualen Ermittlungsverfahren angeordnete **Beschlagnahme nach §§ 94ff StPO** kann den Anforderungen des Abs 4 Nr 2 genügen.[57] Voraussetzung ist aber, da Abs 4 Nr 2 eine gerichtliche Entscheidung verlangt, dass die Beschlagnahme durch den Richter angeordnet wurde (§ 98 Abs 1 Satz 1 StPO). Eine Anordnung durch die Staatsanwaltschaft oder durch die Polizei, ggf auch durch

---

49   OLG München WRP 1997, 975, 977; ebenso *Büscher/Dittmer/Schiwy* MarkenG § 147 Rn 2.

50   AA *Ingerl/Rohnke* § 147 MarkenG Rn 2; *von Schultz* § 147 MarkenG Rn 2: nur noch Prüfung, ob Voraussetzungen der Einziehung vorgelegen haben, insb die Beschlagnahmeanordnung ordnungsgemäß mitgeteilt und kein Widerspruch eingelegt worden war.

51   Ebenso *Ekey/Bender/Fuchs-Wissemann* § 147 MarkenG Rn 12; *Büscher/Dittmer/Schiwy* MarkenG § 147 Rn 2 aE.

52   Begr zum PrPG BlPMZ 1990, 173, 186; OLG Düsseldorf RIW 1997, 531.

53   *Von Schultz* § 147 MarkenG Rn 4.

54   Vgl LG Düsseldorf GRUR 1996, 66, 68.

55   OLG Karlsruhe GRUR-RR 2002, 278.

56   Vgl *Scheja* CR 1995, 714, 720; ebenso *Harte-Bavendamm* § 5 Rn 232.

57   *Cremer* Mitt 1992, 153, 168; *Scheja* CR 1995, 714, 720; *Ahrens* BB 1997, 902, 904; *Ingerl/Rohnke* § 147 MarkenG Rn 3; *Fezer* § 147 MarkenG Rn 4; *von Schultz* § 147 MarkenG Rn 6; *Büscher/Dittmer/Schiwy* MarkenG § 147 Rn 3.

die Zollbehörden selbst als Ermittlungspersonen der Staatsanwaltschaft (vgl §§ 399 Abs 2 Satz 2, 404 AO iVm § 98 Abs 1 Satz 1 StPO) genügt nicht.[58] Entsprechendes gilt für Sicherungsmaßnahmen nach §§ 111ff StPO. Einschlägige Straftatbestände ergeben sich insbesondere aus § 142, ggf auch § 372 AO.

Soweit nachgewiesen wird, dass zB eine einstweilige Verfügung innerhalb von zwei Wochen nach der **43** Zustellung der Mitteilung nach Abs 4 Satz 1 beantragt wurde, aber noch nicht zugegangen ist, kann die Zweiwochenfrist um weitere zwei Wochen auf eine **Maximalfrist von 4 Wochen** verlängert werden (Abs 4 Satz 4 2. Halbs). Diese Frist gilt auch, wenn das Gericht eine etwaige mündliche Verhandlung über den Antrag auf Erlass der einstweiligen Verfügung erst so spät terminiert, dass die Vierwochenfrist nicht eingehalten werden kann. Es obliegt dem Antragsteller, auf eine fristwahrende gerichtliche Entscheidung zu drängen. UU kommt aber eine einstweilige Sicherstellungsanordnung bis zur Entscheidung über den eigentlichen Verfügungsantrag in Betracht.[59]

Wird rechtzeitig eine gerichtliche Entscheidung iSv Abs 4 Nr 2 vorgelegt, trifft die Zollbehörde die **er-** **44** **forderlichen Maßnahmen**. Sie gibt zB die Waren an den Gerichtsvollzieher zur Verwahrung heraus. Andernfalls erfolgt die Freigabe der Waren (Abs 4 Satz 4 1. Halbs), dh sie werden, soweit sie nicht noch zollamtlich zu behandeln sind, dem Verfügungsberechtigten überlassen.

F. Schadensersatzpflicht des Antragstellers

I. Allgemeines

Abs 5 ist den §§ 945, 717 Abs 2 ZPO nachgebildet.[60] Wie dort handelt es sich um eine verschuldensun- **45** abhängige Haftung ohne Rücksicht darauf, ob der Antragsteller die Unrechtmäßigkeit der Beschlagnahme kannte oder kennen musste.[61] Letzterenfalls kommt zusätzlich eine Haftung nach § 823 Abs 1, bei Vorsatz auch aus § 826 BGB in Betracht.

Die Schadensersatzpflicht führt zu einer angemessenen **Berücksichtigung der Interessen** des von **46** einer ungerechtfertigten Beschlagnahme Betroffenen und stellt zugleich sicher, dass der Antragsteller an einem zügigen Ablauf des Verfahrens interessiert sein muss. Darüber hinaus sichert die Schadensersatzverpflichtung vor einem Missbrauch der Grenzbeschlagnahme zu wettbewerbswidrigen Zwecken.[62]

Hat der Antragsteller mit einer einstweiligen Verfügung ein Verfügungsverbot hinsichtlich der be- **47** schlagnahmten Waren erlangt, steht dem Betroffenen im Fall des später festgestellten unberechtigten Erlasses der einstweiligen Verfügung daneben ein **Schadensersatzanspruch** nach § 945 ZPO zu.

II. Voraussetzungen der Haftung

1. Unrechtmäßige Beschlagnahmeanordnung. Voraussetzung ist zunächst, dass sich die Be- **48** schlagnahme als von Anfang an ungerechtfertigt erweist. Maßgebend sind also die tatsächlichen und rechtl Voraussetzungen im Zeitpunkt des Erlasses der Beschlagnahmeanordnung.[63] Entscheidend ist somit, ob im Zeitpunkt des Erlasses der Beschlagnahmeanordnung eine Patentverletzung nach §§ 9, 14 zu bejahen war. Wird die Rechtsverletzung zur Zeit der Beschlagnahmeanordnung rechtskräftig in einem Hauptsacheprozess als bestehend oder nicht bestehend festgestellt, ist das über den Ersatzanspruch nach Abs 5 entscheidende Gericht im Umfang der materiellen Rechtskraftwirkung gebunden.[64]

Die **„Offensichtlichkeit" der Rechtsverletzung** ist weitere Voraussetzung der Rechtmäßigkeit der Be- **49** schlagnahmeanordnung. Sie legt nur die Eingriffsschwelle im Verhältnis zwischen der Zollbehörde und dem Betroffenen fest; dagegen hat dieses Merkmal im Verhältnis Schutzrechtsinhaber/Betroffener keine Bedeutung, weil es allein auf das Vorliegen einer materiellen Rechtsverletzung ankommt.[65]

---

58 Ebenso *Benkard* Rn 13.
59 *Von Schultz* § 147 MarkenG Rn 7; *Ingerl/Rohnke* § 147 MarkenG Rn 3; *Büscher/Dittmer/Schiwy* MarkenG § 147 Rn 4.
60 Vgl Begr zum PrPG BlPMZ 1990, 173, 187.
61 BGH GRUR 1992, 203, 205 Roter mit Genever.
62 Begr zum PrPG BlPMZ 1990, 173, 187.
63 Ebenso *Kühnen* GRUR 2014, 921, 922.
64 Vgl BGHZ 122, 172, 175 = GRUR 1993, 998 Verfügungskosten.
65 Ebenso *Benkard* Rn 15; *von Schultz* § 149 MarkenG Rn 2; wohl aA *Ingerl/Rohnke* § 149 MarkenG Rn 1.

50   **2. Weitere Haftungsvoraussetzungen.** Zur Bejahung der Schadensersatzhaftung müssen weitere Voraussetzungen vorliegen: Entweder muss der Antragsteller nach Erhalt der Mitteilung über den Widerspruch des Verfügungsberechtigten gegen die zollbehördliche Beschlagnahmeanordnung nach Abs 4 Satz 1 seinen Antrag aufrechterhalten (Abs 5, 1. Alt) oder er muss seine Verpflichtung zur unverzüglichen Rückäußerung (Abs 4 Satz 2) verletzt und dadurch die Freigabe der beschlagnahmten Ware verzögert haben (Abs 5, 2. Alt). Näher zur Unverzüglichkeit der Rückäußerung Rn 40.

51   Die Schadensersatzverpflichtung des Antragstellers tritt demzufolge nicht ein, wenn dieser unverzüglich nach der Unterrichtung über die erfolgte Beschlagnahme oder den Widerspruch den **Beschlagnahmeantrag zurückgenommen** hat und damit die sofortige Aufhebung der Beschlagnahme bewirkt wird. Der Gesetzgeber hat in diesen Fällen von der Festschreibung einer Schadensersatzverpflichtung abgesehen, weil die an der Grenze festgehaltene Ware dann innerhalb kurzer Fristen wieder freigesetzt wird, so dass eine Schadensersatzpflicht unangemessen erscheint.[66] Missbrauchsfälle können über Abs 5 hinausgehend im Einzelfall angemessen über §§ 826, 823 Abs 2 iVm Normen des Strafrechts sanktioniert werden.

52   **III. Ersatzberechtigt** ist der Verfügungsberechtigte.

IV. Anspruchsumfang

53   Zu ersetzen ist der durch die Beschlagnahme entstandene (adäquat kausal verursachte) Schaden.

G. Rechtsmittel

54   Abs 7 regelt die Rechtsmittel des von der Beschlagnahmeanordnung und/oder der Einziehungsverfügung Betroffenen. Die Bedeutung ist gering, weil regelmäßig der eigentliche Streit über die Berechtigung der Beschlagnahmeverfügung in einem zivilrechtl Verletzungsprozess ausgetragen wird.[67] Durch den Widerspruch gegen die Beschlagnahmeanordnung nach Abs 4 Satz 1 zwingt der von der Verfügung Betroffene den Antragsteller, innerhalb von zwei Wochen, maximal vier Wochen (Abs 4 Nr 2, Satz 4), eine vollziehbare gerichtl Entscheidung vorzulegen.

55   Gibt zB trotz nicht fristgem vorgelegter gerichtlicher Entscheidung die Zollverwaltung die Ware nicht frei, kann der Betroffene gegen die Beschlagnahmeanordnung bei der anordnenden Zollstelle eine **gerichtliche Entscheidung** beantragen, über die im Fall der Nichtabhilfe das Amtsgericht zu befinden hat (Abs 7 Satz 1, §§ 62, 46 Abs 1 OWiG iVm §§ 94 ff, 111b ff StPO). Eine Frist ist hierfür nicht vorgesehen.

56   Die Einziehung erfolgt durch Einziehungsbescheid (§ 87 Abs 3 OWiG). Dieser steht gem § 87 Abs 3 Satz 2 OWiG einem Bußgeldbescheid gleich. Demgemäß findet insoweit der **Einspruch** nach § 67 OWiG statt, der binnen zwei Wochen bei der Anordnungsbehörde einzulegen ist. Gegen ablehnende Entscheidungen ist nach Abs 7 Satz 3 die **sofortige Beschwerde** gegeben. Sie ist innerhalb einer Woche einzulegen (§ 46 Abs 1 OWiG iVm § 311 Abs 2 StPO). Zuständig ist das OLG (Abs 7 Satz 3, 2. Halbs). Der Antragsteller ist zu hören (Abs 7 Satz 2), aber nicht am Verfahren direkt zu beteiligen und daher auch nicht beschwerdeberechtigt.[68]

57   Mit der **Vernichtung** der schutzrechtsverletzenden Waren darf die Zollstelle erst nach Ablauf der Rechtsmittelfrist beginnen, so dass ein Fortfall der erforderlichen Beschwer infolge prozessualer Überholung insoweit vermieden wird. Dagegen ist denkbar, dass der Verfügungsberechtigte im Zeitpunkt der zu treffenden gerichtlichen Entscheidung nicht mehr beschwert, das Rechtsmittel mithin unzulässig ist, weil er etwa als Warenempfänger den Vertrag mit dem Lieferanten rückabgewickelt hat.[69]

---

66   Begr zum PrPG BlPMZ 1990, 173, 187.
67   Vgl OLG Hamburg GRUR 1978, 363.
68   *Ingerl/Rohnke* § 148 MarkenG Rn 2.
69   OLG Düsseldorf RIW 1997, 531; s aber insoweit auch BVerfG NJW 1998, 2131.

Hacker

§ 142b
(Verfahren nach der Grenzbeschlagnahmeverordnung)

Für das Verfahren nach der Verordnung (EU) Nr. 608/2013 gilt § 142a Absatz 5 und 6 entsprechend, soweit die Verordnung keine Bestimmungen enthält, die dem entgegenstehen.

MarkenG: § 150; **DesignG:** § 57a; **SortG:** § 40b

Übersicht

Schrifttum s bei § 142a.

A. Allgemeines

Die geltende Fassung des § 142b beruht auf Art 2 Nr 6 des am 1.7.2016 in Kraft getretenen Gesetzes zur **1** Änderung des Designgesetzes und weiterer Vorschriften des gewerblichen Rechtsschutzes vom 4.4.2016.[1] Die Vorschrift trifft für das (gegenüber § 142a vorrangige, vgl Rn 6 ff zu § 142a) Grenzbeschlagnahmeverfahren nach der VO (EU) Nr 608/2013 einige ergänzende Bestimmungen und ordnet insoweit die entspr Anwendung des § 142a an.

Das eur Grenzbeschlagnahmeverfahren war ursprünglich in der VO (EWG) Nr 3842/86,[2] später in der **2** VO (EG) Nr 3295/94[3] geregelt. Auf Patentverletzungen fand erstere überhaupt nicht, letztere erst seit der ÄnderungsVO (EG) Nr 241/1999[4] Anwendung. Die VO (EWG) Nr 3295/94 ist mit Wirkung vom 1.7.2004 durch die VO (EG) Nr 1383/2003 vom 22.7.2003[5] abgelöst worden, die ihrerseits durch die **VO (EU) Nr 608/ 2013** vom 12.6.2013[6] (im folgenden: VO 608/2013) ersetzt worden ist, die nach ihrem Art 40 Abs 2 am 1.1.2014 in Kraft getreten ist.

Ergänzende Bestimmungen zur VO 608/2013 enthält die **DurchführungsVO (EU) Nr 1352/2013** vom **3** 4.12.2013;[7] sie betrifft jedoch nur die zu verwendenden Formblätter.

Eine der wesentlichen Neuerungen der VO 608/2013 besteht in der EU-weiten **Einführung des soge-** **4** **nannten vereinfachten Vernichtungsverfahrens** (Art 23), das in Art 11 der VorgängerVO 1383/2003 nur fakultativ vorgesehen und dementspr nur rudimentär ausgestaltet war. Der Hauptzweck des § 142b in der bis zum 30.6.2016 geltenden Fassung bestand darin, die hierfür erforderlichen Verfahrensvorschriften

---

1 BGBl I 558 = BlPMZ 2016, 161; Materialien in BRDrs 540/15.
2 ABl EG L 357/1 = GRUR Int 1987, 98.
3 ABl EG L 341/8 = BlPMZ 1995, 211.
4 ABl EG L 27/1 = BlPMZ 1999, 251.
5 ABl EG Nr L 196 vom 2.8.2003 S 7.
6 ABl EU Nr L 181/15 vom 29.6.2013.
7 ABl EU Nr L 341/10 vom 18.12.2013.

bereitzustellen. Insoweit wurde diese Bestimmung durch die vorrangigen Vorschriften des Art 23 VO 608/2013 überlagert und war weitgehend überflüssig geworden. Aus diesem Grund hat das Gesetz zur Änderung des Designgesetzes und weiterer Vorschriften des gewerblichen Rechtsschutzes die Vorschrift neu gefasst.

B. Kurzkommentierung der VO 608/2013

I. Anwendungsbereich

5   Die VO 608/2013 betrifft nur Handlungen der Zollbehörden an den Außengrenzen der EU, also im Warenverkehr mit Drittstaaten. Der Begriff der Außengrenzen ist dabei nicht im Wortsinn zu verstehen. Vielmehr wird der Anwendungsbereich der VO 608/2013 durch die in Art 1 Abs 1 VO 608/2013 aufgeführten zollrechtl Tatbestände eröffnet, die faktisch auch innerhalb des Gemeinschaftsgebiets, zB auf Flughäfen oder Messen und Ausstellungen verwirklicht werden können. Maßnahmen im innergemeinschaftlichen Warenverkehr richten sich unmittelbar nach § 142a.

6   Nach Art 1 Abs 1 iVm Art 2 Nr 1 Buchst e, f und g VO 608/2013 greift diese zunächst gegenüber Waren ein, die nach mitgliedstaatlichen oder Unionsvorschriften ein (nationales oder eur) **Patent** (auch ein solches mit einheitlicher Wirkung) oder ein **ergänzendes Schutzzertifikat** iSd VO (EG) Nr 469/2009 bzw der VO (EG) Nr 1610/96 verletzen. Ebenfalls erfasst werden – anders als noch unter der VorgängerVO 1383/2003 – Waren, die ein **Gebrauchsmuster** verletzen (Art 2 Nr 1 Buchst k).

7   Nach Art 1 Abs 5, 1. Alt findet die VO 608/2013 jedoch **keine Anwendung** auf Waren, die mit Zustimmung des Patentinhabers hergestellt worden sind. Ausgenommen sind damit insb Parallelimporte von Originalwaren, die vom Patentinhaber oder mit seiner Zustimmung außerhalb des EWR in Verkehr gebracht worden sind, so dass eine Erschöpfung nicht eingetreten ist (vgl Rn 146 zu § 9). Insoweit kann aber eine Grenzbeschlagnahme im nationalen Verfahren nach § 142a erfolgen (str; im einzelnen Rn 12 zu § 142a).

8   Von der VO **erfasst** werden hingegen – anders als unter der VorgängerVO 1383/2003 – Waren, die unter **Verletzung lizenzvertraglicher Bestimmungen** über die gegenständlichen Grenzen des Lizenzrechts (s Rn 69 ff zu § 15) hergestellt worden sind. Etwas anderes gilt gem Art 1 Abs 5, 2. Alt VO 608/2013 lediglich für Waren, die vom Lizenznehmer unter Überschreitung einer vertraglich vereinbarten Mengenobergrenze hergestellt worden sind (s Rn 72 zu § 15).

II. Rechtsverletzende Waren

9   Die VO 608/2013 betrifft Waren, die ein Recht des geistigen Eigentums verletzen (s Art 17 Abs 1), im vorliegenden Zusammenhang also ein dt oder eur Patent, ein ergänzendes Schutzzertifikat oder ein Gebrauchsmuster. Da die VO 608/2013 lediglich verfahrensrechtl Bestimmungen enthält (Art 1 Abs 6),[8] beurteilt sich die Frage, ob eine Rechtsverletzung vorliegt, ausschließlich nach dem materiellen Recht des Mitgliedstaats, in dem sich die Waren befinden (s Art 2 Nr 7 VO 608/2013). Wegen weiterer Einzelheiten s Rn 13 ff zu § 142a.

III. Zollrechtliche Aufgreiftatbestände

10   Als zollrechtl Aufgreiftatbestände nennt Art 1 Abs 1 VO 608/2013 neben der Anmeldung zur Überführung in den zollrechtl freien Verkehr (Einfuhr), der Ausfuhr und der Wiederausfuhr (Buchst a) bzw der Verbringung der Waren in das oder aus dem Zollgebiet der Union auch die Überführung in ein Nichterhebungsverfahren iSv Art 84 Abs 1 Buchst a der VO (EWG) Nr 2913/92 (ZollkodexVO), Art 1 Abs 1 Buchst c. Mit dem dort ua genannten Versandverfahren, das regelmäßig darin besteht, dass die Ware in einem versiegelten Behältnis durch das Territorium der Gemeinschaft durchgeführt wird, werden auch Fälle bloßer Durchfuhr erfasst.[9] Die zollrechtl Zugriffsmöglichkeiten sind damit weiter gefasst als nach § 142a. Bei bloßer

---

8 *Rinnert* GRUR 2014, 241, 242; zur VorgängerVO 1383/2003 auch EuGH GRUR 2014, 283 f (Nr 25) Blomqvist/Rolex.
9 EuGH Slg 2000 I 2519 = GRUR Int 2000, 748, 750 (Nr 26, 27) Polo/Lauren/Dwidua; vgl auch Begr zum MarkenRÄndG 1996 BTDrs 13/3841 S 7.

Durchfuhr kommt daher ein Zugriff der Zollbehörden nur im Anwendungsbereich und nach Maßgabe der VO 608/2013, nicht aber nach § 142a in Betracht.

Zu beachten ist allerdings, dass die **bloße Durchfuhr** von Nichtgemeinschaftswaren als solche **11** nach der Rspr des EuGH keine Verletzungshandlung darstellt. Eine Patentverletzung liegt vielmehr nur dann vor, wenn über die Durchfuhr hinaus eine konkrete Handlung begangen wird, die notwendig das Inverkehrbringen der Ware in der Gemeinschaft zur Folge hat (s im einzelnen Rn 136 f zu § 9). Dieses Auseinanderfallen von zollrechtlicher Aufgriffsbefugnis und materieller Rechtslage bedeutet, dass den Patentinhaber ein hohes Risiko trifft. Die Zollbehörden dürfen die Waren zwar aufgreifen,[10] kann aber der Patentinhaber keine (zumindest drohende) Verletzung nachweisen, haftet er gem Art 28 VO 608/2013 iVm § 142b, § 142a Abs 5 – ohne Verschulden – auf Schadensersatz. Dieses Risiko verringert sich zwar dadurch, dass schon für den zollbehördlichen Zugriff ein Verdacht des Inverkehrbringens von Transitware erforderlich ist (Rn 19 ff). Die entscheidende Kluft zwischen Verdacht und Nachweis geht aber gleichwohl zulasten des Patentinhabers.

Einen praktisch wichtigen Aufgreiftatbestand stellt auch das Nichterhebungsverfahren der **vorüber-** **12** **gehenden Verwendung** dar (Art 84 Abs 1 Buchst a 5. Spiegelstrich der VO (EWG) Nr 2913/92 (Zollkodex-VO). Hierunter fallen insb Nichtgemeinschaftswaren, die zur Präsentation auf Messen und Ausstellungen ins Inland verbracht werden.[11] Auch insoweit ist jedoch zu beachten, dass die Schaustellung von Waren auf Messen und Ausstellungen nach neuerer Rspr nicht ohne weiteres als Verletzungshandlung eingestuft werden kann, sondern nur dann, wenn damit eine Angebotshandlung verbunden ist.[12] Auch der zollbehördliche Zugriff auf derartigen Veranstaltungen ist daher mit den genannten Schadensersatzrisiken verbunden.

IV. Voraussetzungen für das Tätigwerden der Zollbehörden

1. Antragsverfahren

a. Die VO 608/2013 unterscheidet zwischen **nationalen Anträgen und Unionsanträgen.** Letztere **13** ermöglichen es, mit einem einzigen Antrag das Tätigwerden der Zollbehörden mehrerer oder aller Mitgliedstaaten zu veranlassen (vgl Art 6 Abs 3 Buchst f VO 608/2013). Nach Art 4 VO 608/2013 können Unionsanträge jedoch nur für Schutzrechte gestellt werden, die auf Rechtsvorschriften der Union mit unionsweiter Rechtswirkung beruhen. Daran fehlt es zunächst bei nationalen und eur Patenten, ergänzenden Schutzzertifikaten und Gebrauchsmustern. Aber auch eur Patente mit einheitlicher Wirkung sind einem Unionsantrag nicht zugänglich, weil sie zwar auf Rechtsvorschriften der Union beruhen, nämlich der VO (EU) Nr 1257/2012, die aber keine unionsweite Wirkung hat, sondern nur in den teilnehmenden Mitgliedstaaten gilt. Auch insoweit kommen daher nur nationale Anträge in Betracht.[13]

b. Antrag. Abgesehen von Art 18 VO 608/2013 wird die Zollbehörde wie im nationalen Verfahren nur **14** auf Antrag tätig (Art 17 iVm Art 3 ff VO 608/2013). Zuständig ist auch insoweit die Zentralstelle für Gewerblichen Rechtsschutz der Generalzolldirektion in 80333 München, Sophienstraße 6 (Art 5 Abs 1 VO 608/2013). Art 5 Abs 2 Satz 2 iVm Art 6 VO 608/2013 schreibt für den Antrag zwingend die Verwendung der in Anhang I zur DurchführungsVO (EU) Nr 1352/2013 vorgesehenen **Formulare** vor.

c. Antragsberechtigung. Antragsberechtigt ist der Rechtsinhaber (Art 3 Nr 1 Buchst a VO 608/2013), **15** aber auch jeder Nutzungsberechtigte, zB ein Lizenznehmer, sofern er vom Rechtsinhaber förmlich ermächtigt worden ist, Verfahren zur Feststellung, ob das betreffende Schutzrecht verletzt ist (Sachentschei-

---

10   Vgl *von Gamm/Kobiako* MarkenR 2005, 475, 478; *Heinze/Heinze* GRUR 2007, 740, 746; *Braunböck/Grötschl* ÖBl 2007, 106, 109.

11   *Rinnert/Witte* GRUR 2009, 29, 35; *Haft/Hacker/Baumgärtel/Grabienski/Grabinski/Heusch/Joachim/Kefferpütz/ Kühnen/Lunze* GRUR Int 2009, 826 f.

12   Vgl BGH GRUR 2010, 1103 (Nr 22) Pralinenform II, Markensache; bestätigt durch BGH GRUR 2015, 603, 605 (Nr 21 ff) Keksstangen, UWG-Sache; LG Mannheim GRUR-RR 2011, 83 f „Sauggreifer"; jedoch sehr str, s näher *Hacker* FS 200 Jahre Carl Heymanns Verlag (2015), 363, 367 ff.

13   *Benkard* § 142a Rn 19.

dungsverfahren, s Rn 32ff), einzuleiten (Art 3 Nr 2 Buchst a VO 608/2013). Eine solche Ermächtigung benötigt somit auch der Nehmer einer ausschließlichen Lizenz.

16   **d. Gültigkeitsdauer.** Die Geltungsdauer des Antrags beträgt höchstens ein Jahr ab Stattgabe, sofern keine kürzere Geltungsdauer beantragt wird (Art 11 Abs 1 Unterabs 2). Der Antrag ist wiederholbar (Art 12 VO 608/2013).

17   **e. Gebührenfreiheit; Auslagen; Verpflichtungserklärung.** Art 8 VO 608/2013 schreibt die Gebührenfreiheit des Antrags vor. Die Erhebung von **Auslagen** bleibt davon unberührt (Art 29 VO 608/2013). Nach dem über § 142b, § 142a Abs 6 Satz 2 iVm § 178 Abs 3 AO anzuwendenden § 9 Abs 1 Nr 1 und Nr 3 ZollKV werden für die Aussetzung der Überlassung bzw die Zurückhaltung der Waren sowie für die Lagerung und Vernichtung der betroffenen Waren Kosten nach den in Anlage 2 zur ZollKV vorgesehenen Pauschalsätzen erhoben. Beauftragt jedoch die Zollverwaltung Dritte mit der Lagerung und/oder der Vernichtung (was insb bei großem Warenvolumen in Betracht kommt) und stehen die der Zollverwaltung hierdurch entstandenen Aufwendungen in grobem Missverhältnis zu den Pauschalsätzen, kann die Zollverwaltung die tatsächlich entstandenen Aufwendungen unmittelbar nach Art 29 VO 608/2013 festsetzen (§ 9 Abs 2 ZollKV). Kostenschuldner ist gem § 142b iVm § 142a Abs 6 Satz 2 der Antragsteller (Rn 15). Zum möglichen Regress wegen dieser Kosten Rn 32 zu § 142a.

18   Schon mit der VO 1383/2003 ist die (optionale) Sicherheitsleistung entfallen und durch eine bloße (aber zwingend vorgeschriebene) **Verpflichtungserklärung** ersetzt worden; die VO 608/2013 hat es dabei belassen. Die Verpflichtungserklärung ist mit dem Antrag abzugeben (s Art 6 Abs 3 Buchst o VO 608/2013).

19   **f. Verdacht der Rechtsverletzung.** Ist der Antrag positiv verbeschieden worden, ergreift die Zollbehörde die in Art 17 VO 608/2013 vorgesehenen Maßnahmen, wenn der Verdacht besteht, dass die aufgegriffenen Waren das betr Patent des Rechtsinhabers verletzen. Ein Verdacht besteht nach der Legaldefinition des Art 2 Nr 7 VO 608/2013, wenn es hinreichende Anhaltspunkte dafür gibt, dass die Waren in dem Mitgliedstaat, in dem sie sich befinden, dem Anschein nach als rechtsverletzend einzustufen sind. Die Eingriffsschwelle des Verdachts liegt demnach niedriger als die nach nationalem Recht erforderliche offensichtliche Rechtsverletzung iSv § 142a Abs 1.[14] Ausreichend, aber auch erforderlich ist die überwiegende Wahrscheinlichkeit einer Rechtsverletzung.[15]

20   Dieser Maßstab gilt auch gegenüber Waren, die sich in einem **Nichterhebungsverfahren** befinden, insb **Transitwaren.** Dies bedeutet, da die Durchfuhr als solche keine Verletzungshandlung darstellt (Rn 11), dass ein hinreichender Verdacht bestehen muss, dass die rechtsverletzenden Waren in den Binnenverkehr gelangen. Eine allg Vermutung hierfür besteht jedoch nicht; vielmehr kommt ein zollbehördlicher Zugriff nur in Betracht, wenn für ein solches Einsickern besondere Anhaltspunkte bestehen.[16] Diese können liegen in der Nichtangabe der Bestimmung der Waren, obwohl das beantragte Nichterhebungsverfahren eine entspr Erklärung verlangt, dem Fehlen genauer oder verlässlicher Informationen über Identität oder Anschrift des Herstellers oder des Versenders der Waren, einer mangelnden Zusammenarbeit mit den Zollbehörden oder auch dem Auffinden von Unterlagen oder Schriftverkehr, die die fraglichen Waren betreffen und vermuten lassen, dass ihre Umleitung zu den Verbrauchern im Binnenmarkt eintreten kann.[17]

21   Einen **noch strengeren Maßstab** legt der 11. Erwägungsgrund zur VO 608/2013 an. Insoweit sollen die Zollbehörden „in Bezug auf Arzneimittel, bei denen die Durchfuhr durch das Zollgebiet der EU mit oder ohne Umladung, Einlagerung, Teilung oder Änderung der Beförderungsart oder Wechsel des Verkehrsmittels nur Teil eines gesamten Weges ist, der außerhalb des Zollgebiets der Union beginnt und endet, bei der

---

14 *Cordes* GRUR 2007, 483, 485; *Rinnert/Witte* GRUR 2009, 29, 31; *Benkard* § 142a Rn 20; *Fitzner/Lutz/Bodewig* § 142a Rn 34; *Fezer* § 150 MarkenG Rn 16.
15 *Benkard* § 142a Rn 20; *Haft/Hacker/Baumgärtel/Grabienski/Grabinski/Heusch/Joachim/Kefferpütz/Kühnen/Lunze* GRUR Int 2009, 826, 829; zu weit gehend *Ingerl/Rohnke* § 150 MarkenG Rn 4: bloße Möglichkeit einer Rechtsverletzung reicht aus.
16 EuGH GRUR Int 2012, 134 (Nr 62) Philips und Nokia.
17 EuGH Philips und Nokia (Nr 61).

Einschätzung der Gefahr, dass Rechte geistigen Eigentums verletzt werden, berücksichtigen, ob eine hohe Wahrscheinlichkeit einer Umleitung solcher Arzneimittel auf den EU-Markt besteht."

Zu beachten ist jedoch, dass in einem ggf erforderlich werdenden Sachentscheidungsverfahren **22** (Rn 43 ff) die Rechtsverletzung, bei Transitware das drohende Inverkehrbringen im Schutzland, bewiesen werden muss; **bloßer Verdacht** reicht nicht aus.[18] Gelingt der Nachweis nicht, haftet der Antragsteller – ohne Verschulden – auf Schadensersatz. Der Zugriff auf Waren in einem Nichterhebungsverfahren ist daher für den Antragsteller mit einem hohen Risiko behaftet (Rn 11).

Soweit Transitwaren zwar nicht im Bereich des betreffenden Mitgliedstaats, aber **im Bestimmungs- 23 land** ein Schutzrecht verletzen, kommt nach der Rspr des EuGH eine Beschlagnahme im Rahmen einer internat Zusammenarbeit der Zollbehörden iSv Art 69 TRIPS-Übk in Betracht[19] (s dazu auch Art 1 Abs 2 VO 608/2013).

2. Tätigwerden von Amts wegen. Abw vom nationalen Recht können die Zollbehörden im Anwen- **24** dungsbereich der VO 608/2013 nach Art 18 dieser VO auch vAw tätig werden und die Überlassung der Waren an den Verfügungsberechtigten für längstens drei Arbeitstage aussetzen oder die Waren zurückhalten. Hiervon sind, soweit ermittelbar, antragsberechtigte Personen (s dazu Rn 15) sowie der Anmelder oder Besitzer der Waren gem Art 18 Abs 3 zu unterrichten. Die antragsberechtigte Person hat sodann gem Art 5 Abs 3 Buchst a VO 608/2013 vier Arbeitstage nach der Unterrichtung Zeit, einen Antrag zu stellen.[20]

Voraussetzung für dieses Verfahren ist nicht mehr, wie unter der VorgängerVO (EG) Nr 3295/94, dass **25** die Rechtsverletzung offensichtlich ist; es genügt ein **Verdacht** iSv Art 2 Nr 7 VO 608/2013.

Noch vor der förmlichen Unterrichtung nach Art 18 Abs 3 VO 608/2013 haben die Zollbehörden nach **26** Art 18 Abs 2 VO 608/2013 die Befugnis, den Patentinhaber oder eine andere mutmaßlich zur Antragstellung berechtigte Person aufzufordern, ihnen Informationen zu übermitteln, die ihren Verdacht bestätigen könnten. Für eine solche Aufforderung reicht also bereits ein bloßer **Anfangsverdacht** aus; die erbetenen Informationen dienen dazu, diesen Anfangsverdacht ggf zu einem hinreichend begründeten Verdacht iSv Art 2 Nr 7 VO 608/2013 zu verdichten. Aus Anlass einer solchen Bitte dürfen die Zollbehörden dem Patentinhaber jedoch lediglich Informationen über die tatsächliche oder die geschätzte Zahl und die Art der verdächtigen Gegenstände preisgeben. Die dem EuGH vorgelegte Frage, ob insoweit auch die Übersendung von Warenmustern zulässig ist,[21] dürfte daher zu verneinen sein.

V. Maßnahmen der Zollbehörden

1. Aussetzung der Überlassung/Zurückhaltung der Waren. Nach Art 17 Abs 1 VO 608/2013 kann **27** nicht, wie nach § 142a, eine Beschlagnahme angeordnet werden, sondern die Zollbehörde setzt – im Fall einer Zollanmeldung – die Überlassung der Waren an den Verfügungsberechtigten aus oder hält – in allen anderen Fällen – die Waren zurück.[22]

Gegen die Aussetzung der Überlassung/Zurückhaltung kann nach §§ 347 ff AO **Einspruch** eingelegt **28** werden. Im Einspruchsverfahren ist jedoch nur die Rechtmäßigkeit der Maßnahmen an sich zu prüfen, nicht dagegen, ob eine Schutzrechtsverletzung tatsächlich vorliegt. Dies ist dem Sachentscheidungsverfahren vorbehalten (Rn 43 ff).

2. Unterrichtung der Beteiligten. Die Zollbehörden haben sodann gem Art 17 Abs 3 Unterabs 3 VO **29** 608/2013 den „Inhaber der Entscheidung" (also idR den Antragsteller) und gem dessen Abs 1 den Rechtsinhaber ua über die getroffenen Maßnahmen sowie, falls bekannt, über Namen und Anschrift des Empfängers, des Versenders sowie des Anmelders (zum Begriff Art 2 Nr 15 VO 608/2013) oder des Besitzers (zum Begriff Art 2 Nr 14 VO 608/2013) der Waren zu informieren.

Darüber hinaus ist gem Art 18 Abs 3 Unterabs 1 VO 608/2013 iVm dessen Abs 1 **auch der Anmelder 30 oder der Besitzer der Waren** unverzüglich zu informieren. Diese Unterrichtung ist im Hinblick auf die

---

18   EuGH Philips und Nokia (Nr 68 ff).
19   EuGH Philips und Nokia (Nr 65).
20   Zur Definition des Arbeitstags VO (EWG) Nr 1182/71 ABl EG L 124/1.
21   Vgl Vorlage der Rechtbank van Koophandel Brüssel; vgl ABl EU Nr C 117 v 26.5.2007 S 10 f (EuGH-Az C-132/07); eine Entscheidung in der Sache ist nicht ergangen, vgl EuGH 12.3.2009 ABl EU C 141/34.
22   Vgl *Fezer/Hirsch* Markenpraxis I, 4. Teil Rn 221; *von Schultz* § 150 MarkenG Rn 7.

Zehntagesfrist für die Durchführung des vereinfachten Vernichtungsverfahrens nach Art 23 VO 608/2013 von großer Bedeutung (Rn 32 ff).

C. Vereinfachtes Vernichtungsverfahren; Sachentscheidungsverfahren

I. Allgemeines

31 Die Frage, was mit den angehaltenen Waren des weiteren zu geschehen hat, ist in der VO 608/2013 nur partiell geregelt. Vorgesehen sind das vereinfachte Vernichtungsverfahren als zollbehördliches Verfahren und das Sachentscheidungsverfahren.

II. Vereinfachtes Vernichtungsverfahren

32 **1. Allgemeines.** Als erste Möglichkeit stellt Art 23 VO 608/2013 ein vereinfachtes Vernichtungsverfahren zur Verfügung. Dieses Verfahren ist dadurch gekennzeichnet, dass auf eine gerichtliche Feststellung der Rechtsverletzung verzichtet wird. Während Art 11 der VorgängerVO 1383/2003 den Mitgliedstaaten nur eine Option für ein solches Verfahren eröffnet und einen rechtl Rahmen vorgegeben hatte, führt Art 23 VO 608/2013 das vereinfachte Vernichtungsverfahren für alle Mitgliedsstaaten verpflichtend ein und regelt es im Detail. § 142b trifft hierzu nur wenige ergänzende Regelungen.

33 **2. Voraussetzungen.** Die Durchführung des Verfahrens hängt nach Art 23 Abs 1 VO 608/2013 von drei Voraussetzungen ab: (1.) Zunächst hat der „Inhaber der Entscheidung" (Art 2 Nr 13 VO 608/2013) den Zollbehörden innerhalb von zehn Arbeitstagen (bei verderblichen Waren iSv Art 2 Nr 20 VO 608/2013 innerhalb von drei Arbeitstagen) nach der Mitteilung über die Aussetzung der Überlassung bzw der Zurückhaltung der Waren (Art 17 Abs 3 Unterabs 3, Art 18 Abs 3 Unterabs 3 VO 608/2013) schriftlich zu bestätigen, dass seines Erachtens eine **Schutzrechtsverletzung** vorliegt.

34 (2.) Innerhalb der gleichen Frist muss der Inhaber der Entscheidung den Zollbehörden seine **Zustimmung zur Vernichtung** der Waren schriftlich bestätigen. Eine Zustimmung vor Fristbeginn, etwa schon zusammen mit dem Grenzbeschlagnahmeantrag, ist nicht vorgesehen. Wegen Art 23 Abs 4 VO 608/2013 kommt auch eine Fristverlängerung nicht in Betracht.

35 (3.) Nach Art 23 Abs 1 Buchst c Satz 1 VO 608/2013 muss der **Anmelder oder Besitzer der Waren** gegenüber den Zollbehörden innerhalb von zehn Arbeitstagen (bei verderblichen Waren innerhalb von drei Arbeitstagen) nach seiner Unterrichtung von der Aussetzung der Überlassung bzw der Zurückhaltung der Waren gem Art 17 Abs 3 Unterabs 1 bzw Art 18 Abs 3 Unterabs 1 VO 608/2013 der Vernichtung der Waren schriftlich zustimmen. Zu diesem Zweck ist er nach Art 17 Abs 3 Unterabs 4 bzw Art 18 Abs 3 Unterabs 5 VO 608/2013 über das vereinfachte Vernichtungsverfahren zu belehren.

36 Der Kern des vereinfachten Vernichtungsverfahrens besteht freilich in der **Zustimmungsfiktion** des Art 23 Abs 1 Unterabs 1 Satz 2 VO 608/2013. Danach können die Zollbehörden davon ausgehen, dass der Anmelder oder Besitzer der Waren mit der Vernichtung einverstanden ist, wenn er den Zollbehörden innerhalb der genannten Fristen weder seine Zustimmung zur Vernichtung noch seinen Widerspruch hiergegen bestätigt hat. Obwohl es in Art 17 Abs 3 Unterabs 4 bzw Art 18 Abs 3 Unterabs 5 VO 608/2013 nicht klar geregelt ist, muss gefordert werden, dass der Anmelder oder Besitzer der Waren mit der Unterrichtung über die Aussetzung der Überlassung bzw die Zurückhaltung der Waren auf die Folgen eines unterbliebenen Widerspruchs ausdrücklich hingewiesen wird, wie es in § 142b Abs 4 Satz 2 aF geregelt war.

37 Werden durch die Zollbehörde nicht lediglich der Anmelder oder der Besitzer der Waren, sondern mehrere dieser Personen unterrichtet, tritt die Fiktion nur ein, wenn **keine dieser Personen widerspricht**.

38 **3. Weiteres Verfahren.** Liegt eine ausdrücklich erteilte oder fingierte Zustimmung des Anmelders oder Besitzers zur Vernichtung vor, erfolgt die Vernichtung auf Kosten und Verantwortung des Inhabers der Entscheidung bzw des Rechtsinhabers (Art 23 Abs 2 Satz 1 VO 608/2013, § 142b iVm § 142a Abs 6 Satz 2 iVm § 178 AO iVm § 9 Abs 1 Nr 1 und Nr 3, Abs 2 ZollKV), wobei die örtliche Zollstelle, unter deren Kontrolle die Waren stehen, die organisatorische Abwicklung übernehmen kann.

39 Vor der Vernichtung können nach Art 23 Abs 2 Satz 2 VO 608/2013 **Proben oder Muster** der Waren entnommen werden.

4. Widerspruch. Wird der Vernichtung seitens des Anmelders oder Besitzers der Waren widerspro- **40** chen, kann nach Art 23 Abs 3 VO 608/2013 eine Vernichtung nur noch über ein Sachentscheidungsverfah- ren erreicht werden. Hierzu sieht Art 23 Abs 3 Satz 1 VO 608/2013 zunächst vor, dass die Zollbehörden den Inhaber der Entscheidung unverzüglich davon unterrichten, dass das vereinfachte Vernichtungsverfahren insb wegen eines Widerspruchs des Anmelders oder Besitzers der Waren nicht durchgeführt werden kann. Nach Art 23 Abs 3 Satz 2 VO 608/2013 muss dann der Inhaber der Entscheidung innerhalb von zehn Ar- beitstagen (bei verderblichen Waren innerhalb von drei Arbeitstagen) nach der Mitteilung über die Ausset- zung der Überlassung bzw die Zurückhaltung der Waren ein Verfahren zur Feststellung einleiten, ob eine Schutzrechtsverletzung vorliegt; binnen gleicher Frist ist die Zollbehörde hiervon zu unterrichten (Art 23 Abs 5 VO 608/2013).

Dieses Fristenregime ist – wie schon nach dem alten Recht – ersichtlich verfehlt. Da der Fristbeginn **41** und die Frist für das vereinfachte Vernichtungsverfahren nach Art 23 Abs 1 VO 608/2013 und für die Einlei- tung des Sachentscheidungsverfahrens nach Art 23 Abs 3 VO 608/2013 dieselben sind, müssen im Regel- fall beide Wege parallel beschritten werden.[23] Damit wäre die Effektivität dahin. Aus diesem Dilemma führt nur die Möglichkeit der **Fristverlängerung** nach Art 23 Abs 4 VO 608/2013 heraus. Danach kann (außer bei verderblichen Waren) die Zehntagesfrist des Art 23 Abs 3 Satz 2 VO 608/2013 auf Antrag um höchstens zehn Arbeitstage verlängert werden. Diese Fristverlängerung wird regelmäßig gewährt werden müssen, um den Inhaber der Entscheidung nicht ohne Not aus Gründen der Fristwahrung in das Sachent- scheidungsverfahren zu treiben.

5. Vereinfachte Vernichtung von Kleinsendungen. Für die Vernichtung von Waren in Klein- **42** sendungen (zum Begriff Art 2 Nr 19 VO 608/2013) sieht Art 26 VO 608/2013 ein gegenüber dem Verfahren nach Art 23 VO 608/2013 nochmals vereinfachtes Verfahren vor. In Betracht kommt die Anwendung die- ses Verfahrens vor allem bei rechtsverletzenden Waren aus Drittstaaten an private Endabnehmer in der EU (s Rn 15 zu § 142a); auch der sogenannte „Ameisenverkehr" kann damit effektiv bekämpft werden.

III. Sachentscheidungsverfahren

Kommt ein vereinfachtes Vernichtungsverfahren nicht in Betracht, weil der Anmelder oder Besitzer **43** der Waren einer Vernichtung widersprochen hat, muss in einem Sachentscheidungsverfahren geklärt werden, ob die zurückgehaltenen Waren tatsächlich das Schutzrecht verletzen, das Gegenstand des An- trags ist. Hierzu muss der Inhaber der Entscheidung innerhalb einer Frist von zehn Arbeitstagen[24] ab der Mitteilung über die Aussetzung der Überlassung bzw die Zurückhaltung der Waren gem Art 17 Abs 3 Unter- abs 3, Art 18 Abs 3 Unterabs 3 VO 608/2013 ein entspr Verfahren einleiten (Art 23 Abs 3 Satz 2 VO 608/2013) und die Zollbehörde hiervon in Kenntnis setzen (Art 23 Abs 5 VO 608/2013). Die Frist kann um höchstens zehn Arbeitstage verlängert werden (s hierzu auch Rn 41). Handelt es sich um leicht verderbliche Waren, beträgt die Frist – ohne Verlängerungsmöglichkeit – drei Arbeitstage. Die betreffende Entscheidung muss binnen der genannten Fristen nicht schon vorliegen. Sie muss lediglich beantragt sein.

Insoweit kommt in erster Linie ein zivilprozessuales Verfahren in Betracht, wobei nach ganz hM eine **44** einstweilige Verfügung ausreicht.[25] Dem kann nicht gefolgt werden. Denn eine einstweilige Verfügung führt stets nur zu einer Anspruchssicherung, insb zu einer Sicherung eines etwaigen Vernichtungsan- spruchs. Sinn des Sachentscheidungsverfahrens ist es demgegenüber zu klären, was mit den zurückbehal- tenen Waren endgültig zu geschehen hat, insb diese der Vernichtung zuzuführen. Das ist zivilrechtlich nur über eine **Hauptsacheklage** zu erreichen, mit der ein Vernichtungsanspruch nach § 140a geltend gemacht wird,[26] wobei der Klageantrag zweckmäßigerweise auf Einwilligung in die Vernichtung der Waren durch den Zoll zu richten ist.[27] Besondere Eile ist insoweit nicht geboten, weil Art 23 Abs 3 Satz 2 VO 608/2013

---

23 Zu diesem Dilemma auch *Eichelberger* Mitt 2010, 281, 284 f.
24 Zur Definition des Arbeitstags VO (EWG) Nr 1182/71 ABl EG L 124/1.
25 *Schulte* § 142a Rn 22; *Fitzner/Lutz/Bodewig* § 142a Rn 37; *Ingerl/Rohnke* § 150 MarkenG Rn 12; *Fezer* § 150 MarkenG Rn 19; *Harte-Bavendamm* § 4 Rn 50; *Worm/Gärtner* Mitt 2007, 497, 499; *Cordes* GRUR 2007, 483, 487; s auch *Hermsen* Mitt 2006, 261, 264; offen *Büscher/Dittmer/Schiwy* MarkenG § 150 Rn 8.
26 Wie hier *Haft/Hacker/Baumgärtel/Grabienski/Grabinski/Heusch/Joachim/Kefferpütz/Kühnen/Lunze* GRUR Int 2009, 826, 831 f; s auch *Benkard* § 142a Rn 23: Hauptsacheklage „sinnvoll".
27 *Hermsen* Mitt 2006, 261, 264.

binnen der dortigen sehr knappen Fristen nur die Einleitung des Verfahrens verlangt, nicht (wie § 142a Abs 4 Nr 2 für das nationale Verfahren) die Vorlage einer vollziehbaren gerichtlichen Entscheidung. Nicht zu verkennen ist freilich, dass hierbei nicht unerhebliche Lagerkosten für die angehaltenen Waren auflaufen können, für die letztlich der Rechtsinhaber (Antragsteller) einzustehen hat, wenn der Verletzer nicht greifbar ist (vgl zur Möglichkeit eines Regresses beim Lagerhalter Rn 32 zu § 142a).

45   Die – ggf parallele – Einleitung eines auf **Sequestration** der Waren gerichteten Verfahrens der einstweiligen Verfügung kann allerdings sinnvoll sein, um eine Freigabe der Waren gegen Sicherheitsleistung seitens des Anmelders usw gem Art 24 VO 608/2013 zu verhindern (Rn 48).[28]

46   Durch die Einleitung eines zivilgerichtlichen Verfahrens kann nur erreicht werden, dass die zollrechtl Maßnahmen nach Art 17 Abs 1 VO 608/2013 nicht gem Art 23 Abs 1 Unterabs 2, Abs 5 VO 608/2013 aufgehoben und die **Überlassung der Waren** bewilligt wird. Ob und wie es letztendlich zur Vernichtung der Waren kommt, richtet sich nach nationalem Recht. Es gelten die allg Regeln. Die Einwilligung in die Vernichtung durch den Zoll gilt mit Rechtskraft des Hauptsacheurteils als erteilt (§ 894 ZPO).[29]

47   Ein anderer Weg ist die **Ingangsetzung eines Strafverfahrens**,[30] da auch dieses über die strafrechtl Einziehung nach § 142 Abs 5 Satz 1 oder die Geltendmachung des Vernichtungsanspruchs nach § 140a im Adhäsionsverfahren gem §§ 403–406c StPO (§ 142 Abs 5 Satz 3) zur Vernichtung der Ware führt. Nach Auffassung der Bundesregierung soll allerdings nur ein zivilgerichtliches Verfahren die Anforderungen des ex-Art 13 VO 1383/2003, jetzt Art 23 Abs 3 Satz 2 VO 608/2013 erfüllen.[31] Die Praxis der Zollverwaltung folgt dem.[32] Dem eur Recht kann dies jedoch nicht entnommen werden.[33]

D. Freigabe gegen Sicherheitsleistung

48   Nach Art 24 VO 608/2013 hat der Anmelder oder Besitzer der Waren, die im Verdacht einer Patentverletzung stehen, die Möglichkeit, gegen Sicherheitsleistung die Überlassung der Waren oder die Beendigung ihrer Zurückhaltung zu erwirken. Voraussetzung hierfür ist – neben der Erfüllung der Zollformalitäten (Art 24 Abs 2 Buchst c VO 608/2013) –, dass die befasste Zollstelle über die Einleitung eines Sachentscheidungsverfahrens unterrichtet worden ist und dass bis zum Ablauf der Zehn- (maximal 20-) Tages-Frist (bei leicht verderblichen Waren drei Tage) keine Sicherungsmaßnahmen, zB eine Sequestration oder ein Einfuhrverbot, ergangen sind (Art 24 Abs 2 Buchst b VO 608/2013). Bloße Einleitung eines solchen Verfahrens reicht nicht aus, um die Freigabe zu verhindern.

E. Haftung

49   Art 27 und 28 VO 608/2013 verweisen sowohl für die Staatshaftung gegenüber Rechtsinhaber und Betroffenem als auch für die Haftung des Inhabers der Entscheidung (Antragstellers) wegen ungerechtfertigter Maßnahmen auf das nationale Recht. Bezüglich letzterer gelten über § 142b die Vorschriften des § 142a Abs 5 entspr.[34]

---

28   *Benkard* § 142a Rn 24.

29   Vgl *Braunböck/Grötschl* ÖBl 2007, 106, 110; aA *Worm/Gärtner* Mitt 2007, 497, 499 Fn 19.

30   Ebenso *Fitzner/Lutz/Bodewig* § 142a Rn 37; vgl auch *Harte-Bavendamm* § 4 Rn 52; *Worm/Gärtner* Mitt 2007, 497, 500; *Cordes* GRUR 2007, 483, 487.

31   Begr zum Entwurf des DurchsetzungsG BTDrs 16/5048 S 43.

32   Vgl *Haft/Hacker/Baumgärtel/Grabianski/Grabinski/Heusch/Joachim/Kefferpütz/Kühnen/Lunze* GRUR Int 2009, 826, 831.

33   Vgl EuGH GRUR Int 2014, 621 Sintax Trading.

34   Umfassend hierzu *Kühnen* GRUR 2014, 811 ff, 921 ff.

ZEHNTER ABSCHNITT
Verfahren in Patentstreitsachen

Vor § 143

Übersicht

A. Allgemeines zum Verfahren in Patentstreitsachen

I. Grundsatz

1 §§ 143–145 regeln das **Verfahren in Patentstreitsachen,** allerdings nicht umfassend, sondern nur in einigen Sondervorschriften, die die allg Bestimmungen der ZPO, des GVG und ihrer Nebengesetze ergänzen. Nach dt Recht kommen, abgesehen von der Zuständigkeit der Schieds- und Einigungsstellen, Streitverfahren vor staatlichen Instanzen nur als gerichtliche Verfahren in Betracht (dagegen kennt Österreich ein negatives und positives Feststellungsverfahren über die Patentverletzung auch vor dem ÖPA, § 163 öPatG).[1] § 145 schafft eine besondere Prozessvoraussetzung, § 144 enthält eine kostenrechtl Regelung. Das Verfahrensrecht ist im Zusammenhang hier (Rn 31 ff) erläutert, soweit nicht in anderen Bestimmungen des PatG besondere Regelungen erhalten sind. Die Kommentierung beschränkt sich auf die Darstellung von Grundzügen des allg Verfahrensrechts und der in Patentstreitsachen auftretenden Sonderprobleme. Das nationale Verfahrensrecht sollte, wie Art 52 Vorschlag GPVO klarstellte, auch für in die nationale Zuständigkeit fallende Verfahren gelten, die **Gemeinschaftspatente** betreffen.

2 Wichtigster Fall der Patentstreitsachen ist der **Patentverletzungsprozess.** Dieser ist in Deutschland – anders als in vielen anderen Ländern – bisher streng vom **Nichtigkeitsverfahren** getrennt, für das das BPatG in erster Instanz und der BGH – für ihn untypisch (nunmehr allerdings nurmehr eingeschränkt) als zweite Tatsacheninstanz zuständig ist und dessen Verfahren in den §§ 81 ff und 110 ff eigenständig geregelt ist. Zur Zweispurigkeit des Verletzungsverfahrens und des Patentnichtigkeitsverfahrens Rn 210 ff zu § 139 und Rn 7 ff zu § 140 und Rn 31.

3 Dagegen ist im **GbmVerletzungsverfahren** unbeschadet der Möglichkeit, beim DPMA ein Löschungsverfahren einzuleiten, auch die Gültigkeit des Schutzrechts zu prüfen.

4 **II.** Wegen der verfahrensrechtl Besonderheiten in **Arbeitnehmererfindersachen**, insb der dort vorgesehenen Schiedsstellen, ist auf das ArbEG zu verweisen. Das Schiedsstellenverfahren ist in §§ 28–36

---

1 Vgl *Holzer* Feststellungen zum Feststellungsantrag, ÖBl 1999, 265; öOGH 9.11.1999 4 Ob 271/99b Ethersynthese ÖBl 2000, 213 Ls; abw Entscheidung im Feststellungsverfahren bildet für das Verletzungsverfahren keinen Wiederaufnahmegrund, öOGH ÖBl 2003, 93 Dichtungsmatte II.

ArbEG geregelt, besondere Bestimmungen für das Klageverfahren (Beendigung des Schiedsstellenverfahrens als Prozessvoraussetzung, Klage auf angemessene Vergütung, Abgrenzung der Zuständigkeit der Patentstreitkammer von der des Arbeitsgerichts) enthalten die §§ 37–39 ArbEG.

III. Beteiligung des Patentamts und von technischen Richtern an Patentstreitsachen

Schrifttum: *Ackermann* Techniker oder Jurist für Patentstreitsachen? Mitt 1961, 21; *Altpeter* Der Richter im Patentstreit, ZAkDR 1936, 99; *Barth* Zur Mitwirkung des Reichspatentamtes in Patentsachen vor den ordentlichen Gerichten, JW 1937, 2888; *Deutscher Verein zum Schutz des gewerblichen Eigentums* (Hrsg) Vorschläge über die Einrichtung einer Sondergerichtsbarkeit in Patentsachen, sowie zur Reform des Patentrechts ..., 1903; *Gülland/Queck* Die gesetzgeberische Reform der gewerblichen Schutzrechte, MuW 13, 397; *Herbst* Das Bundespatentgericht als Gericht der ordentlichen Gerichtsbarkeit, FS 25 Jahre BPatG (1986), 47; *Herse* Vorschlag zur Reform unserer Patentrechtsprechung, GRUR 1920, 13; *Holzer* Über die Mitwirkung von österreichischen Patentanwälten bei Patentverletzungsprozessen in Österreich, Mitt 1994, 261; *Holzer* Kein Patentverletzungsprozeß ohne Patentanwälte (Das österreichische Modell) Mitt 2000, 211; *Katz* Sondergerichte, Deutsche Juristenztg 15.10.1901; *Keukenschrijver* Nichtjuristen als Berufsrichter, FS 10 Jahre DVS (1999), 50; *Kunze* „Sachverständige" technische Richter, Mitt 1971, 151; *Magnus* Reformbestrebungen auf dem Gebiete der gewerblichen Schutzrechte, GRUR 1900, 171; *Magnus* Patentgerichte, JW 1907, 665; *Messerli* Ein europäisches Gerichtssystem in Patentsachen, Vortragsmanuskript Dt Richterakademie Trier April 1998; *Pakuscher* Nichtigkeits- und Verletzungsprozeß im deutschen und europäischen Patentrecht, RIW 1975, 305; *Pakuscher* Zur Zuständigkeit des Bundesgerichtshofs und des Bundespatentgerichts in Patentnichtigkeitssachen, GRUR 1995, 705; *Rau* Wie soll ein gerichtliches Patentschutzsystem in Europa unter den nationalen Gerichten unter besonderer Berücksichtigung des „Grünbuch-Gemeinschaftspatent EU" aussehen? Mitt 1998, 241; *Rauter* Zur Frage der technischen Gerichtshöfe, MuW 7, 133; *Ryberg* Procedural Law for Patent Litigation, IIC 1997, 904 = Verfahrensrecht in Patentstreitsachen, GRUR Int 1998, 234; *Schade* Zur Entstehungsgeschichte und den gesetzgeberischen Gründen des Fünften Überleitungsgesetzes, GRUR 1954, 85, 90; *J. Schmidt* Technische Berater für die Gerichte der Verwaltungsgerichtsbarkeit? FS Th. Maunz (1981), 297; *Schmieder* Justizreform und Patentgerichtsbarkeit, GRUR 1972, 682; *Sedemund-Treiber* Strukturen einer europäischen Patentgerichtsbarkeit, Mitt 1999, 121; *Sedemund-Treiber* Braucht ein europäisches Patentgericht einen technischen Richter? GRUR 2001, 1004; *Sendler* Richter und Sachverständige, NJW 1986, 2907; *Spiess* Zum § 52 des Patentgesetzes von 1936, GRUR 1956, 147; *Stauder* Aspekte der Durchsetzung gewerblicher Schutzrechte: Fachkundiger Richter, schnelles Verfahren und europaweites Verletzungsverbot, FS F.-K. Beier (1996), 619; *Trüstedt* Gedanken zur Reform des Patentrechts, Mitt 1958, 122; *Ullrich* Der neue Patentgesetzentwurf und die Vorschläge der Akademie für Deutsches Recht, JW 1936, 151; *von Schütz* Sondergerichte, GRUR 1901, 281; *Willems* Gelijke kappen, een monnikenwerk, BIE 1998, 251; *Zeller* Der Sachverständige als Richter, GRUR 1936, 520.

1. Eine **Beteiligung des Patentamts** in Patentstreitsachen, wie sie § 52 PatG 1936[2] kannte, ist seit der **5** Suspendierung dieser Bestimmung durch das 1. ÜberlG und ihrer Aufhebung durch das 5. ÜberlG – abgesehen von der Regelung in § 29 – nicht mehr vorgesehen.

§ 52 Abs 2 PatG 1936 betraf den „technischen Staatsanwalt", während in Abs 3 eine Mitwirkung des **6** RPA auf Veranlassung des Gerichts als eine Art „amicus curiae" vorgesehen war. Unterstützung durch das **Patentamt** kann heute (außer im Beschwerdeverfahren vor dem BPatG nach §§ 76, 77) durch die Institute des Gutachtens nach § 29 Abs 1 und der Amtshilfe nach Art 35 Abs 1 GG erreicht werden; hiervon wird jedoch in der Praxis kein Gebrauch gemacht. Eine Teilnahme eines etwa zugezogenen Vertreters (wie auch eines Sachverständigen) an der Beratung ist nach § 193 GVG ausgeschlossen.

2. Der Einsatz **technischer Richter** in Patentstreitsachen ist ebenso wie eine Überführung dieser Verfahren auf Sondergerichte oder das BPatG wiederholt erwogen oder befürwortet worden.[3] § 120 DRiG sieht **7** technische Richter nur für das BPatG vor; auch sonst ist die Verwendung von Personen, die nicht die Befähigung zum Richteramt nach dem DRiG erworben haben, als Berufsrichter dem geltenden Recht fremd; ebenso kennt das geltende Gerichtsverfassungsrecht außerhalb der Kammer für Handelssachen und der Landwirtschaftsgerichte keine Mitwirkung ehrenamtlicher Richter in bürgerlichen Rechtsstreitigkeiten.[4]

---

2   Zur Entstehung aus der Sicht der NS-Zeit *Barth* JW 1937, 2888.

3   Leitsätze und Denkschrift zum Kölner Kongress für gewerblichen Rechtsschutz 1901, Beilage zu GRUR 1901; Bericht über den XXX. Deutschen Juristentag JW 1910, 851 f; *Gülland/Queck* MuW 13, 397, 413 ff; *Ullrich* JW 1936, 151; *Trüstedt* Mitt 1958, 122, 126; *Ackermann* Mitt 1961, 21, 26; *Schmieder* GRUR 1972, 682 ff; *Schmieder* 25 Jahre Patentgericht, NJW 1986, 1715, 1717 f.

4   Generell kr zur Heranziehung sachverständiger Richter *Sendler* NJW 1986, 290.

8   Eine Mitwirkung von Patentanwälten als „fachmännische Laienrichter" kennt **Österreich** in Patentverletzungsverfahren vor dem HG Wien und in Verfahren vor den Arbeitsgerichten,[5] auch einzelne
Schweizer Kantone (insb Zürich, Bern, St. Gallen) kannten derartige Modelle („Fachrichter"), das in Patentsachen an die Stelle der kantonalen Gerichte getretene schweiz BPatG setzt sich aus Richtern mit juristischer sowie mit Richtern mit technischer Ausbildung zusammen (Art 8 schweiz PatGG).[6] Ebenso sah das
Recht der ehem DDR ehrenamtliche Richter vor (Nachw 5. Aufl). Technische Richter werden auch beim
Einheitlichen Patentgericht mitwirken.

9   **3. Reformüberlegungen.** Eine Neuregelung der gerichtlichen Zuständigkeit in Patentstreitsachen
könnte durch immer wieder auftauchende Bestrebungen, in der ordentlichen Justiz einen drei- (oder sogar
funktional zwei)gliedrigen Gerichtsaufbau einzuführen, nahegelegt werden, insb wenn damit eine ausschließliche Einzelrichterzuständigkeit im Bereich des Eingangsgerichts verbunden würde. Entspr Überlegungen wurden bereits im RefE eines Gesetzes zur Neugliederung der ordentlichen Gerichtsbarkeit (Erstes
Justizreformgesetz) vom Dezember 1971 angestellt; danach war neben der Regelzuständigkeit des Zivilrich-
ters allerdings eine originäre Zuständigkeit der Zivilrichter ua für Patent-, Gbm-, ArbNErf- und SortStreitsachen vorgesehen (Art I § 10 Abs 1 Nr 2–5 RefE). In der Lit ist auch die Bildung von Fachkammern mit
sachkundiger ehrenamtlicher Beteiligung vorgeschlagen worden.[7] Spätere Überlegungen auf Bundes- und
Länderebene (5. Aufl) sind nicht weiterverfolgt worden; das ZPO-RefG hat keine institutionellen Änderungen vorgenommen, sondern beschränkt sich auf eine Reform des Zivilverfahrensrechts. Nach dem Beschluss der Frühjahrsjustizministerkonferenz 2005 zur „Großen Justizreform" (Nr 3.3) sollte eine erstinstanzliche Zuständigkeit des Oberlandesgerichts ua für Streitigkeiten im Bereich des gewerblichen
Rechtsschutzes geschaffen werden.[8] Auf der Herbstjustizministerkonferenz 2005 ist jedoch beschlossen
worden, dass dies derzeit nicht in Betracht kommt (Nr. I. 4). Gegen Überlegungen aus dem Länderbereich,
den BGH nur noch auf Vorlage der Instanzgerichte tätig werden zu lassen, sind wohlbegründete Bedenken
erhoben worden.

10   Nach **Art 96 GG** wäre eine Zuweisung auch der Patentstreitsachen an das BPatG grds möglich,[9] ein
dahin gehender politischer Wille zeichnet sich jedoch nicht ab.

11   Eine Heranziehung technischer Richter des BPatG in Patentstreitsachen sollte de lege ferenda jedoch
auch bei Beibehaltung der **bestehenden Zuständigkeitsverteilung** nicht von vornherein als ausgeschlossen angesehen werden. Als Modell könnte auf die Spruchkörper für Baulandsachen bei den Landgerichten und Oberlandesgerichten zurückgegriffen werden, bei denen jeweils ein Richter des Verwaltungs-
oder Oberverwaltungsgerichts mitwirkt (§§ 220, 229 Baugesetzbuch). Derartige „Entsendungslösungen"
kommen auch bei einer dezentralen Verletzungszuständigkeit in Betracht.[10]

---

5   *Holzer* Mitt 1994, 261 ff.
6   Näher *Calame/Blumer/Stieger* (Hrsg) Patentgerichtsgesetz, Kommentar, 2013, Kommentierung zu Art 8 PatGG.
7   *Kissel* Der dreistufige Aufbau der ordentlichen Gerichtsbarkeit, 1972, S 60.
8   Hierzu abl Stellungnahme der DVGR GRUR 2006, 39.
9   Sehr str, wie hier *Alternativkommentar GG/Wassermann* Art 96 GG Rn 18; *Pakuscher* RIW 1975, 305, 314 und GRUR
1977, 371 unter Abstellen auf den objektiven Wortlaut der Bestimmung; *Schmieder* GRUR 1972, 682, 684; *Schulte* § 65 Rn 6;
wohl auch *von Münch* Grundgesetzkommentar[2] Art 96 GG Rn 5, und *Stern* Das Staatsrecht der Bundesrepublik
Deutschland, Bd II S 395; vgl *Kuntze* Mitt 1971, 150 f; aA *A. Krieger* Das Bundespatentgericht als „Bundesgericht für
Angelegenheiten des gewerblichen Rechtsschutzes" (Art 96 GG), GRUR 1977, 343, 345 ff, unter Hinweis auf die
Materialien; *A. Krieger* Die Errichtung des Bundespatentgerichts vor 25 Jahren, FS 25 Jahre BPatG (1986), 31, 44;
Lindenmaier Rn 2 vor § 36b unter Hinweis auf die Begr zum Entwurf des 12. Gesetzes zur Änderung des Grundgesetzes
BlPMZ 1961, 122; *Herbst* FS 25 Jahre BPatG (1986), 47, 58; unklar *Herzog* in *Maunz/Dürig* Art 96 GG Rn 8 ff.
10   *Herbst* FS 25 Jahre BPatG (1986), 47, 58; *Keukenschrijver* FS 10 Jahre DVS (1999), 50, 54; vgl *Rau* Mitt 1998, 241, 243
auch für eur Lösungen; *Pakuscher* GRUR 1995, 705, 707 sieht de lege ferenda allerdings auch bei einer Zusammenführung
von Nichtigkeits- und Verletzungsverfahren beim Verletzungsgericht im Hinblick auf die besondere Berufserfahrung der
Verletzungsrichter keine Notwendigkeit für eine Beteiligung technischer Richter; dies führt in der Konsequenz zum
Infragestellen der technischen Richter insgesamt, da auch die Beschwerdesenate des BPatG in gleicher Weise mit
berufserfahrenen Juristen besetzt werden könnten.

B. Internationale und europäische Harmonisierung

I. TRIPS-Übk

Verfahrensrechtl Vorgaben für faire und gerechte Verfahren enthält Art 42 TRIPS-Übk. Art 43 TRIPS-   **12**
Übk betrifft Beweise, Art 44–48 TRIPS-Übk beziehen sich auf Ansprüche des Verletzten, Art 49 TRIPS-Übk
betrifft Verwaltungsverfahren.

In Bezug auf **einstweilige Maßnahmen** enthält **Art 50 TRIPS-Übk** Vorgaben.[11] Die Durchsetzbarkeit   **13**
des Vorlegungsanspruchs (nunmehr § 140c) im Verfügungsverfahren konnte sich bis zur Umsetzung der
DurchsetzungsRl auch hieraus ergeben, seitdem besteht der Anspruch unmittelbar aus der Umsetzung der
RL in § 140c Abs 3; auch im übrigen enthalten die aufgrund der Richtlinie geänd §§ 140a und 140b seitdem
prozessuale Regelungen.

II. Europäische Vereinheitlichung des Prozessrechts jedenfalls für das Gemeinschaftspatent, uU die   **14**
Schaffung eines eigenständigen eur Patentprozessrechts, ist gefordert worden.[12]

Zu den mittlerweile weit fortgeschrittenen Vorbereitungen für eine **europäische Patentgerichtsbar-**   **15**
keit (GPVO; EPLA, EPG) s den Abschnitt Einheitlicher Patentschutz in Europa.

III. Inanspruchnahme europäischer Gerichtsstände

Für die wichtigsten eur Gerichtsstände wurden vor geraumer Zeit folgende durchschnittlichen jährli-   **16**
chen Verfahrenszahlen genannt: LG Düsseldorf 250, TGI Paris 172, PatentsC London 100, RB Den Haag 55.[13]
Für das HG Wien wurden genannt: 1997 24 Verfahren, 2000 14 Verfahren.[14]

C. Alternativen und Ergänzungen zur gerichtlichen Streitregelung

Schrifttum: *Börner/Oehmcke* Schiedsgerichtsklauseln in fortgeltenden deutsch-deutschen Wirtschaftsverträgen, DB
1993, 2217; *Brose* Das Güterichterverfahren in Patentstreitsachen, GRUR 2016, 146; *Chrocziel/Samson-Himmelstjerna* in
Haft/Schliefen Handbuch Mediation, 2002; *Cook/García* International Intellectual Property Arbitration, 2010; *de Gryse*
Quelques propos sur l'arbitrage en matière du brevets d'invention, FS A. Braun (1994); *Creel* Guide to Patent Arbitration
(1987); *Dardel* Schiedsgerichtsbarkeit im Bereich des Geistigen Eigentums (Tagungsbericht), sic! 2010, 830; *Eilmannsber-*
ger Die Bedeutung der Art 81 und 82 EG für Schiedsverfahren, Zs für Schiedsverfahren 2006, 5; *Frost* Schiedsgerichtsbarkeit im Bereich des Geistigen Eigentums nach deutschem und US-amerikanischem Schiedsrecht, Diss München 2001;
Gullikson The choice between arbitration and litigation: a European perspective, FS J. Pagenberg (2006), 289; *Holzner* Die
objektive Schiedsfähigkeit von Immaterialgüterrechtsstreitigkeiten, 2001; *Institut de Recherche en Propriété Intellectuelle*
Henri-Desbois (IRPI) (Hrsg) Arbitrage et propriété intellectuelle, 1994; *Kaboth* Das Schlichtungs- und Schiedsgerichtsver-
fahren der Weltorganisation für geistiges Eigentum (WIPO), Diss Regensburg 1999; *Kingston* The Case for Compulsory
Arbitration: Empirical Evidence, EIPR 2000, 154; *König* Außergerichtliche Konfliktlösung und das neue Schiedsver-
fahrensrecht, Mitt 1999, 347; *Kuner* Die neuen WIPO-Schiedsregeln, RIW 1995, 965; *Kuner* Die WIPO-Schiedsregeln: Ein
Überblick für die Praxis, Forum des internationalen Rechts 1996, 40; *Kurz* Rechtswahl, Wahl des Gerichtsstands und
Schiedsgerichtsvereinbarungen in internationalen Technologielizenzverträgen, Mitt 1997, 345; *Liniger* Immaterialrechtli-

---

11 Vgl *Schloemann* in: Rechtsfragen des internationalen Schutzes geistigen Eigentums (2002), 189; zu den
Auswirkungen auf das nat Recht *Mes* § 139 Rn 1 f; zu den Auswirkungen des Art 50 Abs 6 TRIPS-Übk insb auf die nl
Praxis – Notwendigkeit eines durch den Antragsteller einzuleitenden Hauptsacheverfahrens – EuGH Slg 1998 I 3603 =
GRUR Int 1998, 697 Hermès/FHT (hierzu auch *Cohen Jehoram* BIE 1998, 368; *Kramer/Spoor* BIE 1998, 370; EIPR 1999 N-9;
von Bogdandy NJW 1999, 2088); die Frage nach der unmittelbaren Wirkung von Art 50 Abs 6 TRIPS-Übk stellen RB Den
Haag 25.6.1998 KG 98/611 Dior/Tuk, referiert von *Verkade* BIE 1998, 244 f, nlHR 30.10.1998 Layher/Assco, referiert von
Verkade BIE 1998, 403 und nlHR 5.3.1999 Route 66, referiert von *van Nispen* BIE 1999, 155; hierzu EuGH C-300/98,
C-392/98 GRUR 2001, 235 Layher/Assco, Dior/Tuk und hierzu *Verkade* BIE 2001, 1; zur öst Praxis, im Weg der einstweiligen
Verfügung die Durchsuchung von Geschäftsräumlichkeiten anzuordnen, OLG Wien 25.1.1999 4 R 6/99b, referiert bei
Dittrich ÖBl 1999 219, 223.
12 *Willems* BIE 1998, 251; *Ryberg* GRUR Int 1998, 234; vgl *Leith* Harmonisation of Intellectual Property in Europe, a case
study of patent procedure, 1998.
13 *Schuster* Aktuelle Trends und Strategien aus der Praxis grenzüberschreitender Patentverletzungsverfahren,
Vortragsmanuskript VIPS/VESPA Zürich 18.11.1999.
14 *Wiltschek* (Editorial) ÖBl 2005, 1.

che Streitigkeiten vor internationalen Schiedsgerichten mit Sitz in der Schweiz, Diss Zürich, 2002; *Martin* Arbitrating in the Alps Rather Than Litigating in Los Angeles, Stanford L. Rev. 1997, 917; *Möllering* Die Einigungsstellen für Wettbewerbsstreitigkeiten: ein erfolgreiches Modell für die alternative Streitbeilegung? FS K.-H. Böckstiegel (2001), 545; *Nieder* Außergerichtliche Konfliktlösung im gewerblichen Rechtsschutz, 1998; *Niedostadek* Meditation im Gewerblichen Rechtsschutz, Zs für Konfliktmanagement 2007, 50; *Nixon* Arbitration – a better way to resolve intellectual-property disputes, 15 Trends in Biotechnology (1997), 484; *Nützi* Intellectual Property Arbitration, EIPR 1997, 192; *Ochmann* Das schiedsrichterliche Verfahren unter Berücksichtigung der gewerblichen Schutzrechte und seine Vor- und Nachteile gegenüber dem staatlichen Gerichtsverfahren, GRUR 1993, 255; *Paul* Der erste Einigungsfall nach dem Erstreckungsgesetz – Eine Chronik, Mitt 1994, 141; *Pfaff* Grenzbewegungen der Schiedsfähigkeit – Patentnichtigkeit im Schiedsverfahren, FS H. Nagel (1987), 278; *Ristow* Die Berechtigung von Schiedsgerichten insb bei Verwertungsverträgen des gewerblichen Rechtsschutzes, JW 1936, 1504; *Rojahn* Die Behandlung von vor der Wiedervereinigung eingeräumten vertraglichen Vertriebs- und Verwertungsrechten in den alten und neuen Bundesländern, GRUR 1993, 941; *Ruess* Schiedsgerichtsvereinbarungen im Gewerblichen Rechtsschutz – eine Einführung, SchiedsVZ 2010, 23; *Schäfer* Die Schlichtungs- und Schiedsgerichtsordnungen der World Intellectual Property Organization, BB 1996 Beil 5 S 10; *Schäfer* ADR – Alternative Dispute Resolution, Schiedsgerichtsbarkeit und Mediation im gewerblichen Rechtsschutz, Mitt 2001, 109; *Schäfer/Verbist/Imboos* Die ICC Schiedsgerichtsordnung in der Praxis, 2000; *Schlosser* Schiedsgerichtsbarkeit und gewerblicher Rechtsschutz, Interimstagung der ICCA Wien (1976), Schriftenreihe der Bundeskammer der gewerblichen Wirtschaft, S 20; *Schneider* Mediation im Gewerblichen Rechtsschutz, Diss 2002; *Schweyer* Patentnichtigkeit und Patentverletzung und deren Beurteilung durch internationale private Schiedsgerichte nach dem Recht der Schweiz, Deutschlands, Italiens, Frankreichs, 1980; *Schweyer* Zuständigkeit internationaler Schiedsgerichte zur Entscheidung über Fragen der Nichtigkeit und Verletzung von Patenten, GRUR Int 1983, 149; *Sedemund-Treiber* Gedanken zur Einrichtung eines Schiedsgerichts für Streitigkeiten aus dem Bereich des geistigen Eigentums in Deutschland, FS 50 Jahre VPP (2005), 382; *Small* Offensive and Defensive Insurance Coverage for Patent Infringement Litigation: Who Will Pay? 16 Cardozo Arts & Ent.L.J. 707 (1998); *Smith/Cousté//Hield ua* Arbitration of Patent Infringement and Validity Issues Worldwide, HarvJLawTechn 2006, 299; *Stauder* Zur Mediationsfähigkeit patentrechtlicher Konflikte, FS J. Pagenberg (2006), 351; *Stieger* Konfliktvermeidung und Alternative Konfliktlösung im gewerblichen Rechtsschutz, SMI 1996, 1; *Stieger* Zum Umgang mit technischem Sachverhalt: Beweisführung und Beweiswürdigung in Schiedsverfahren, sic! 2010, 493; *Stumpf* Schiedsgerichtsbarkeit und Verträge über wissenschaftliche, technische und Erfindungsarbeiten, insb Verträge über den Gebrauch von Erfindungen, Know-how, etc, RIW 1973, 292; *van Raden* Außergerichtliche Konfliktregelung im gewerblichen Rechtsschutz, VPP-Rdbr 1998, 47; *van Raden* Außergerichtliche Konfliktregelung im gewerblichen Rechtsschutz, GRUR 1998, 444; *van Raden* Gewerblicher Rechtsschutz, in *Gottwald/Strempel/Beckendorff/Linke* (Hrsg) Außergerichtliche Konfliktregelung, 1997; *van Raden* Außergerichtliche Konfliktregelung im gewerblichen Rechtsschutz, BB 1999 Beil 9, 17; *Wittenzellner* Errichtung eines Schiedszentrums bei der WIPO – Alternative für die Beilegung von Streitigkeiten im Bereich des gewerblichen Rechtsschutzes? Mitt 1995, 168.

I. Allgemeines

17   Gerichtliche Durchsetzung von Schutzrechten kann wirtschaftlich starke Beteiligte begünstigen. Sie kann auch unter Effektivitäts-, Zeit- und Kostengesichtspunkten Nachteile mit sich bringen.[15] Dies führt nicht nur zu einem Ausweichen auf die Schiedsgerichtsbarkeit und zur Einrichtung von Schieds- und Einigungsstellen, sondern darüber hinaus zu Überlegungen in bezug auf obligatorische Schiedsverfahren („compulsory arbitration") wie zur Diskussion von Rechtsschutzversicherungsmodellen.

II. Schiedsgerichtsbarkeit, Mediation, Schiedsstellen und Einigungsstellen in Patentstreitsachen

1. Schiedsgerichtsbarkeit

18   **a. Grundsatz.** Die Anrufung eines Schiedsgerichts anstatt der staatlichen Gerichte ist nach dt Recht[16] in Patentstreitsachen nach Maßgabe der durch das Gesetz zur Neuregelung des Schiedsverfahrensrechts – Schiedsverfahrens-Neuregelungsgesetz, SchiedsVfG – vom 22.12.1997[17] neu gefassten §§ 1025ff ZPO grds möglich.[18] In internat Lizenz- und Vertriebsverträgen sind Schiedsgerichtsklauseln die Regel. Es können sowohl ad-hoc-Schiedsgerichte bestellt als auch die bestehenden institutionellen Schiedsgerichte einge-

---

15   Vgl *Kingston* EIPR 2000, 154.
16   Zur Beurteilung einer dem schweiz Recht unterstellten Schiedsabrede schweiz BG sic! 2003, 826 Secrecy Agreement.
17   BGBl I 3224.
18   Zur Frage, ob durch eine Schiedsgerichtsvereinbarung die Zuständigkeit des zuständigen staatlichen Gerichts für den einstweiligen Rechtsschutz derogiert wird, OLG Köln GRUR-RR 2002, 309.

schaltet werden.[19] Die Zulässigkeit eines schiedsrichterl Verfahrens kann nach § 1031 Abs 2 ZPO beim staatlichen Gericht geklärt werden.[20] Auch gerichtliche Aufhebung oder Nichtigerklärung von Schiedssprüchen im Fall von Mängeln gem § 1059 ist möglich.[21] Zur Vollstreckung von Schiedssprüchen vgl § 1060 ZPO. Da auch Art 1 Abs 2d VO 1215/2012 (EU) die Geltung für Schiedsgerichtsverfahren gleichlautend mit der VO (EG) Nr 44/2001 ausschließt, ist die Kompetenz der staatlichen Gerichte zur Feststellung der Wirksamkeit oder Vollstreckbarkeit auch ausländ Schiedssprüche nicht durch die VO beschränkt.[22]

b. Ausschluss der Schiedsgerichtsbarkeit. Schiedsgerichtsbarkeit ist ausgeschlossen in arbeitsge **19** richtlichen Streitigkeiten (§§ 4, 101 Abs 3 ArbGG).

Sie ist weiter ausgeschlossen bei **Streitigkeiten über Arbeitnehmererfindungen** jedenfalls vor Fer **20** tigstellung der Erfindung, § 22 ArbEG.[23]

Die Frage der **Patentnichtigkeit** ist nach bisheriger dt Auffassung (ebenso ausdrücklich Art 35 Abs 2 **21** GPVÜ für das Gemeinschaftspatentgericht; anders die Praxis in der Schweiz und den USA) nicht schiedsgerichtsfähig[24] (Art VI Abs 2, Art V Abs 2 Buchst a des Europäischen Übk über die Handelsschiedsgerichtsbarkeit); jedenfalls könnte eine schiedsgerichtliche Entscheidung über die Nichtigkeit allenfalls inter partes wirken.[25] Die Begr des Schiedsverfahrens-Neuregelungsgesetzes[26] zu § 1030 ZPO, dass, wenn der Gesetzgeber besondere Gerichte für den Bestand von Rechten eingerichtet habe, die kraft Verwaltungsakt erteilt seien, diese der Disposition der Beteiligten im Weg von Vereinbarungen nicht unterlägen, über diese Rechte also nur durch Gestaltungsurteil zu entscheiden sei, übersieht, dass der Patentinhaber jederzeit über das Schutzrecht dispositionsbefugt ist (abw Rn 2 vor § 81). Im Bereich der **Zwangslizenz** sieht der EuratomV ein Schiedsverfahren vor (Rn 6f Anh II zu § 24).

c. Zu Besonderheiten im früheren Ost-West-Verkehr 5. *Aufl* Rn 89 zu § 143. **22**

d. Schiedsgerichte und Schiedsgerichtsregeln. Für ad-hoc-Schiedsgerichte bietet sich die UN- **23** CITRAL-Schiedsordnung an. Bei der American Arbitration Association (AAA) sind am 1.6.1983 Regeln für Patentstreitigkeiten aufgestellt worden (Patent Arbitration Rules).[27] In Betracht kommen daneben der London Court of International Arbitration (LCIA) und der ICC bei der Internationalen Handelskammer in Paris (International Chamber of Commerce)[28] sowie die Deutsche Institution für Schiedsgerichtsbarkeit (DIS) mit jeweils eigenen Schiedsgerichtsordnungen und Anleitung und Überwachung der Schiedsrichter durch zentrale Verwaltungsinstanzen. Art 35 EGPÜ sieht ein in Lubljana und Lissabon angesiedeltes Zentrum für Mediation und Schiedsgerichtsgerichtsbarkeit (PMAC) vor, dessen Ergebnisse auch nach Art 82 EGPÜ vom Einheitlichen Patentgericht für vollstreckbar erklärt werden können.

Das **„WIPO Arbitration Center"**, 34 chemin des Colombettes, 1211 Genève 20, Schweiz, hat 1994 sei- **24** ne Arbeit aufgenommen.[29] Angeboten werden eine isolierte Schlichtung, ein isoliertes Schiedsverfahren

19 Zum „Senat des geistigen Eigentums (Giurì della proprietà industriale)" in Italien vgl *Reimann* Bericht Q 136 für die Deutsche [AIPPI-]Landesgruppe, Nr 21; *Schiuma* Zum Schutzbereich des italienischen Patents im Vergleich mit der deutschen Rechtslage, GRUR Int 1998, 291.

20 Vgl BGH GRUR 2012, 95 Cross Patent License Agreement, auch zum Erfüllungswahlrecht des Insolvenzverwalters nach § 103 InsO.

21 Näheres bei *Zöller* § 1059 ZPO Rn 1ff, 15ff.

22 Zur früheren Rechtslage EuGH GRUR Int 2015, 266 Gazprom; EuGH Slg 2009 I 686 = NJW 2009, 1655 Allianz SpA/West Tankers Inc.

23 Vgl *Bartenbach/Volz* § 39 ArbEG Rn 36.

24 *Schwab* Schiedsgerichtsbarkeit³, 1979, S 27; differenzierend *Schlosser* Das Recht der internationalen privaten Schiedsgerichtsbarkeit, 1975, Rn 319.

25 *Pfaff* FS H. Nagel (1987) 278, 292; so auch *Thomas/Putzo* ZPO § 1030 Rn 6 (Vermögensrechte, die per Verwaltungsakt erteilt sind, also auch Gebrauchsmuster, Marken, Geschmacksmuster – jetzt Design); in *Musielak* ZPO § 1030 Rn 3 als noch hM bezeichnet; aA mit wohl zutr Begründung *Zöller* ZPO § 1030 Rn 14 mwN, ebenso *Beck Online-Kommentar* ZPO § 1030 Rn 5.

26 BRDrs 211/96.

27 Vgl *Schütze/Tscherning/Wais* Handbuch des Schiedsverfahrens², 1990, Rn 897.

28 Vgl *Kurz* Mitt 1997, 345, 359f; zur Errichtung eines Zentrums für außergerichtliche Schlichtung in Japan GRUR Int 1997, 483.

29 IndProp 1994, 398; vgl auch *Bettinger* (Entscheidungsanm) GRUR Int 2000, 819.

und eine Verbindung beider Verfahren sowie ein beschleunigtes Schiedsverfahren; die Regeln sind (auch in dt Sprache) veröffentlicht. Der Vorteil des WIPO-Schiedsverfahrens soll in der Benennung besonders kompetenter Schiedsrichter liegen.[30]

25   **2. Mediation.** Grundlage für die Mediation, dh den Güteversuch vor dem nicht für den Rechtsstreit zuständigen kommissarischen Richter, ist § 278 Abs 5 Satz 1 ZPO. Die Mediation in Patentstreitsachen wird auf freiwilliger, vertraulicher Basis und von einem einem anderen als dem erkennenden Spruchkörper (idR einem Parallelspruchkörper) angehörenden Richter durchgeführt. Sie wird durch den Beschluss des Spruchkörpers eingeleitet, die Sache dem Güterichter vorzulegen, der selbstständig prüft, ob sich das Verfahren für die Mediation eignet und die Parteien mit ihr einverstanden sind und sie andernfalls an den Spruchkörper zurückgibt: In der Mediation wird ein kurzfristig anberaumtes Mediationsgespräch durchgeführt, in dem zunächst die Verfahrensregeln geklärt werden, sodann eine Bestandsaufnahme zum Streitstand erfolgt, die Interessen der Parteien ermittelt und mögliche Lösungen gesammelt werden, deren Bestandteile dann bewertet werden. Im Erfolgsfall endet die Mediation mit einer Vereinbarung in Form eines vollstreckbaren gerichtlichen Vergleichs. In die Mediation können auch technische Richter des BPatG einbezogen werden. Der Inhalt der Verhandlungen ist je nach ausdrücklicher Verabredung auch bei Scheitern des Mediationsversuchs bei der Fortsetzung des Verfahrens verwertbar; der Mediationsrichter steht idR nicht als Zeuge zur Verfügung. Im Fall des Misserfolgs wird das Verfahren fortgesetzt, wobei für das Streitverfahren kaum Verzögerungen entstehen, wenn der Fortgang für diesen Fall bei den Verhandlungen über den Beschluss des Prozessgerichts vor diesem abgesprochen wird. Zur Mediation beim BPatG Rn 1 zu § 99 PatG.

26   **3. Schiedsstellen; Einigungsstellen.** Verschiedentlich sind Überlegungen über eine Schiedsstelle für allg Erfinderangelegenheiten angestellt worden;[31] das BMJ hat 1997 eine Anhörung hierzu durchgeführt.[32] Das ArbN-Erfinderrecht kennt ein – regelmäßig obligatorisches – Vorschaltverfahren vor Inanspruchnahme gerichtlichen Rechtsschutzes. Zu der beim DPMA errichteten Schiedsstelle für Arbeitnehmererfindungen §§ 28 ff ArbEG.

27   Die **Schiedsstelle nach dem Saareingliederungsgesetz** ist seit 1.1.1995 aufgehoben, die **Einigungsstelle nach dem Erstreckungsgesetz** seit 1.1.2000.

28   **4. Obligatorische Schiedsverfahren** sind dzt nur im Bereich der Schiedsstelle nach dem ArbEG (Rn 26) vorgesehen.[33]

D. Rechtstatsächliches

Schrifttum: *Lemley/Allison* How Federal Circuit Judges Vote in Patent Validity Cases, 27 Florida St. Univ. L.R. (2000) 745; *Moore* Jury Demands? Who's Asking? 17 Berkeley Technology Law Journal (2002) 847; *Moore* Xenophobia in American Courts 97 Northwestern Univ. L.R. (2003), 1497; *Alison/Lemley/Moore/Trunkey* Valuable Patents (Working Paper, 2003), im Internet unter ssrn.com.

29   **Empirische Daten** über den Ausgang von Patentstreitigkeiten sind soweit ersichtlich bisher nur in den USA erhoben worden. Untersucht wurde ua der Einfluss der Jury auf die Entscheidungen. Danach dürften ausländ Verletzer in Entscheidungen vor der Jury signifikant schlechter abschneiden. Überlegungen für eine Rechtsschutzversicherung für Patentinhaber sind angestellt worden (zur Versicherbarkeit patentrechtl Risiken allg Rn 83 Einl).[34] International sind für 1997–2001 folgende Zahlen an Patentverlet-

---

30   Vgl GRUR 1992, 584; 1993, 107; GRUR Int 1994, 85; VPP-Rdbr 1993, 90; IndProp 1994, 425; die Regeln sind in IndProp 1995, 70 ff (WIPO Arbitration Rules) und in IndProp 1995, 117, 121 (WIPO Meditation Rules und Expedited Arbitration Rules) veröffentlicht.

31   *Stock/Wolff/Thünte* Strukturanalyse der Rechtspflege (1996), 46, 92.

32   Vgl GRUR 1997, 725 und Stellungnahme der DVGR GRUR 1998, 356.

33   S zu Überlegungen in diese Richtung im Zusammenhang mit der Einführung des Gemeinschaftspatents und der Vereinheitlichung des GbmRechts *Kingston* EIPR 2000, 154, 157.

34   Bericht GRUR Int 1997, 1035; Folgepapier der EU-Kommission vom 12.2.1999 S 20; Stellungnahme des eur Parlaments (Anoveros-Bericht) ABl EPA 1999, 193, 196 f.

zungsverfahren genannt worden: USA 11.652, VR China 4.894, Deutschland 3.850.[35] Jüngere Erhebungen durch die EU sind, soweit ersichtlich, nicht veröffentlicht worden.

E. Verfahren in Patentstreitsachen

Schrifttum: *Adolphsen* Europäisches und internationales Zivilprozessrecht in Patentsachen, 2005; *Ahrens* Unterlassungsschuldnerschaft beim Wechsel des Unternehmensinhabers – Zur materiellrechtlichen und prozeßrechtlichen Kontinuität des Unterlassungsanspruchs, GRUR 1996, 518; *Ahrens* Die Koordination der Verfahren zur Schutzentziehung und wegen Verletzung von registrierten Rechten des Geistigen Eigentums, GRUR 2009, 196; *Allekotte* (Zwangs-)Vollstreckungsrechtliche Stolperfallen in Patentverletzungsstreitigkeiten, GRURPrax 2014, 119; *Beyerlein* § 57a öPatG – europäische Nachbarschaftshilfe für Patentverletzungsklagen und einstweilige Verfügungen in Deutschland, Mitt 2006, 245; *Beyerlein/Beyerlein* Du sollst nicht lügen! III[1], Mitt 2011, 542; *Bierbach* Probleme der Praxis des Verletzungsverfahrens, GRUR 1981, 458; *Block* Der Sachverständigenbeweis im Patentstreit, GRUR 1936, 524; *Böckenholt* Überproduktion im Prozessrecht: der Schadensersatzanspruch aus § 945 ZPO bei Vollziehung einer Einstweiligen Verfügung aus gem. § 50 MarkenG nichtigen Marken, FS 10 Jahre Studiengang „International Studies in Intellectual Property Law" (2009), 57; *Böhler* Einstweilige Verfügungen in Patentsachen, GRUR 2011, 965; *Borck* Probleme bei der Vollstreckung von Unterlassungstiteln, GRUR 1991, 428; *Borck* Die Vollziehung und Vollstreckung von Unterlassungstiteln, WRP 1993, 374; *Borck* Der Weg zum „richtigen" Unterlassungsantrag, WRP 2000, 824; *Borck* Andere Ansichten in Kostenfragen, WRP 2001, 20; *Bornhäusser* Zur einstweiligen Einstellung der Zwangsvollstreckung im Patentverletzungsverfahren nach erstinstanzlicher Vernichtung des Klagepatents, GRUR 2015, 331; *Brandi-Dohrn* Der Vergleich als Mittel der Streitbeilegung, VPP-Rdbr 1993, 29; *Brandner/Bergmann* Zur Zulässigkeit „gesetzeswiederholender" Unterlassungsanträge, WRP 2000, 842; *Brändle* Der Weg zum Vergleich im Patentprozess, GRUR 2001, 880; *Brinkhof* Prozessieren aus europäischen Patenten, GRUR 1993, 177; *Brunner* Der Patentverletzungsprozeß, SMI 1994, 101, insb 112 ff; *Bühler* Gerichts- und Parteigutachten im Immaterialgüterrechtsprozess, sic! 2007, 607; *Büscher* Klagehäufung im Gewerblichen Rechtsschutz – alternativ, kumulativ, eventuell? GRUR 2012, 16; *Cepl* Zur Durchsetzung von product-by-process-Ansprüchen im Patentverletzungsverfahren, Mitt 2013, 62; *Cohen/Davies* UK Court of Appeal Clarifies ist Position on the Recovery of Damages in Patent Cases during Ongoing Opposition Proceedings at the EPO, EIPR 2007, 466; *Crummenerl* Die Parteierweiterung im Patentverletzungsprozess, GRUR 2009, 245; *Czernik* Der Erschöpfungseinwand im Piratiewarenprozess, FS A.-A. Wandtke (2013), 449; *David* Der Rechtsschutz im Immaterialgüterrecht[2], Basel 1998; *Gassauer-Fleissner* Aufgaben und Grenzen des Sachverständigengutachtens bei Fragen der Patentverletzung, ÖBl 2005, 244; *Girnth* Der Augenscheinsmittler und seine Einordnung in die Beweismittel des Strengbeweises, Mitt 2000, 46; *Grabinski* Grenzüberschreitende Beweisaufnahme im deutschen Patentverletzungsverfahren unter besonderer Berücksichtigung der Verordnung (EG) Nr 1206/2001, FS T. Schilling (2007), 191; *Gramm* Der gerichtliche Sachverständige als Helfer des Richters im Nichtigkeitsberufungsverfahren und im Patentverletzungsprozeß, FS A. Preu (1988), 141; *Grunwald* Die beschränkte Anspruchsfassung im Verletzungsverfahren, Mitt 2010, 549; *Grunwald* Kosten für eine Ausweichtechnik als Vollstreckungsschaden? Mitt 2013, 530; *Haertel* Kostenrecht im gewerblichen Rechtsschutz: Ausgewählte Probleme, GRURPrax 2013, 327; *Hees* Vollstreckung aus erledigten Unterlassungstiteln nach § 890 ZPO: Kein Ende des Streits in Sicht, GRUR 1999, 128; *Heide* Softwarepatente im Verletzungsprozess: prozessuale Schwierigkeiten bei der Durchsetzung von Softwarepatenten, CR 2003, 165; *Heinrich* Die Formulierung patentrechtlicher Unterlassungsbegehren und -urteile, sic! 2006, 48; *Hey-Knudsen* Marken-, Patent- und Urheberrechtsverletzungen im europäischen und internationalen Zivilprozess, 2005; *Holzer/Josi* Die negative Feststellungsklage im schweizerischen Patentprozess: Feststellungsinteresse, Gerichtsstand und Streitgegenstand in internationalen, euro-internationalen sowie nationalen Verhältnissen, GRUR Int 2009, 577; *Horn* Patentverletzungsprozeß und Nichtigkeitsverfahren, GRUR 1969, 169; *Jessnitzer* Der gerichtliche Sachverständige[11], 2007; *Jestaedt* Die Vollstreckung von Unterlassungstiteln nach § 890 ZPO bei Titelfortfall, GRUR 1981, 433; *Jestaedt* Gegenstand und Schutzumfang des Sortenschutzrechts und Probleme des Verletzungsverfahrens, GRUR 1982, 595; *Jestaedt* Anmerkungen zur Zulassung der Revision im Patentverletzungsverfahren, FS 50 Jahre VPP (2005), 313; *Haedicke/Kamlah* Der Wechsel des Klagepatents in der Berufungsinstanz, FS P. Mes (2009), 153; *Kaess* Die Schutzfähigkeit technischer Schutzrechte im Verletzungsverfahren, GRUR 2009, 276; *Karger* Beweisermittlung im deutschen und U.S.-amerikanischen Software-Verletzungsstreit, 1996; *Kather* Neuere Entwicklungen im Patentverletzungsprozess – Vollstreckung und Schadensersatz, Seminarskriptum Patentanwaltskammer 1.4.2003; *Kather* Der Sachverständige im Patentverletzungsprozess – Eine neue Rolle? Eine neue Aufgabe für die Parteivertreter? FS T. Schilling (2007), 281; *Kazemi* Der durch eine Nichtangriffsabrede gebundene Dritte als Zeuge im Löschungsverfahren vor den ordentlichen Gerichten, GRUR 2006, 210; *Keller* Negative Feststellungsklage, gegenläufige Leistungsklage und Verzicht auf deren Rücknahme, WRP 2000, 908; *Keukenschrijver* Die gerichtliche Durchsetzung von gewerblichen Schutzrechten, in *Ring* (Hrsg) Gewerblicher Rechtsschutz in der Praxis (Tagungsband 1. Freiberger Seminar zur Praxis des Gewerblichen Rechtsschutzes, 1999), 9; *Kircher* Der Sequestrationsantrag im einstweiligen Rechtsschutz: Ausweg aus der Obliegenheit zur Abmahnung? FS T. Schilling (2007), 293; *Klemm* Considerations and Strategies in International Patent Litigation: Comparison of Means to Obtain Evidence for Patent Infringement, Diplomarbeit ETH Zürich 2001; *Köhler* „Natürliche

---

35 *Kock* VPP-Rdbr 2004, 124.

Handlungseinheit" und „Fortsetzungszusammenhang" bei Verstößen gegen Unterlassungstitel und strafbewehrte Unterlassungserklärungen, WRP 1993, 666; *Kolle* Das Europäische Patentamt als Sachverständiger im Patentprozeß, GRUR Int 1987, 476; *Köllner* Neuer Streit um den Streitwert: eine kleine Spieltheorie, Mitt 2010, 454; *Köllner/Weber* Rumor has it – Statistische Analyse der Rechtsprechungspraxis bei Patentverletzungsklagen, Mitt 2014, 429; *U. Krieger* Durchsetzung gewerblicher Schutzrechte in Deutschland und die TRIPS-Standards, GRUR Int 1997, 421; *Kühnen* Eine neue Ära bei der Antragsformulierung? GRUR 2006, 180; *Kühnen* Handbuch der Patentverletzung⁷, 2014; Neuaufl im Erscheinen (auch engl Ausgabe: Patent Litigation Proceedings in Germany); *Lenz* Sachantragsfassung im Patentverletzungsprozess, GRUR 2008, 565; *Lieber/Zimmermann* Die einstweilige Verfügung im Gewerblichen Rechtsschutz, 2010; *Marshall* The Enforcement of Patent Rights in Germany, IIC 31 (2000), 646; *Maxeiner* Der Sachverständige in Patentrechtsstreitigkeiten in den USA und in Deutschland, GRUR Int 1991, 85 = The Expert in U.S. and German Patent Litigation, IIC 1991, 565; *Meier-Beck* Probleme des Sachantrags im Patentverletzungsprozeß, GRUR 1998, 276; *Meier-Beck* The Latest Issues in German Patent Infringement Proceedings, IIC 2001, 505; *Meier-Beck* Was denkt der Durchschnittsfachmann? Mitt 2005, 529, 533; *Meier-Beck* Der gerichtliche Sachverständige im Patentprozeß, FS 50 Jahre VPP (2005), 356; *Melullis* Handbuch des Wettbewerbsprozesses³, 2000*Melullis* Zur Unterlassungsvollstreckung aus erledigten Titeln, GRUR 1993, 241; *Melullis* Zur Auslegung von Patenten, zum Begriff des Fachmanns im Patentrecht und zur Funktion des Sachverständigen im Patentprozess, FS E. Ullmann (2006), 503; *Mes* Si tacuisses – Zur Darlegungs- und Beweislast im Prozeß des gewerblichen Rechtsschutzes, GRUR 2000, 934; *Michaels* Intellectual Property Injunctions: Never mind the Width, Feel the Quality? EIPR 1999, 326; *Micsunescu* Der Amtsermittlungsgrundsatz im Patentprozessrecht, Diss Tübingen 2010; *Möhring* Das Verfahren in Patent- und Gebrauchsmustersachen vor dem Reichsgericht, Mitt 1959, 241; *Münster-Horstkotte* Das Trennungsprinzip im deutschen Patentsystem – Probleme und Lösungsmöglichkeiten, Mitt. 2012, 1; *Neuhaus* Der Sachverständige im deutschen Patentverletzungsprozeß, GRUR Int 1987, 483; *Nieder* Anspruchsbeschränkung im Gebrauchsmusterverletzungsprozeß, GRUR 1999, 222; *Nieder* Oberlandesgerichtliche Unterlassungsurteile und Bereicherungsausgleich nach § 717 III ZPO im Patentrecht, GRUR 2013, 32; *Nirk* Der gewerbliche Rechtsschutz und die besondere Anwaltschaft beim BGH, GRUR 1996, 650; *Osterrieth* Die Zivilprozessrechts-Novelle: Auswirkungen auf Patent- und Markenstreitigkeiten in Berufungsverfahren, Mitt 2002, 521; *Pastor* Die Unterlassungsvollstreckung nach § 890 ZPO³, Petri/Tuchscherer/Stadler* Probleme bei der Vollziehung der einstweiligen Verfügung im Gewerblichen Rechtsschutz, Mitt 2014, 65; *Pitz* Passivlegitimation in Patentstreitverfahren, GRUR 2009, 805; *Pitz* Patentverletzungsverfahren², 2010; *Pitz/Kawada/Schwab* Patent Litigation in Germany, Japan and the United States, 2014; *Plasser* Inlandsvollzug von Unterlassungstiteln gegen Verpflichtete aus EuGVVO-Staaten, ÖBl 2006, 258; *Prütting* Geistiges Eigentum und Verfahrensrecht, insbesondere beweisrechtliche Fragen, FS K. Bartenbach (2005), 417; *Reimann* Quod est in actis, est in mundo? FS P. Mes (2009), 293; *Rinken* Der Wegfall von Besitz und Eigentum an patentierten Erzeugnissen nach Rechtshängigkeit – kein Fall des § 265 II 1 ZPO, GRUR 2015, 745; *Rojahn/Lunze* Die Streitwertfestsetzung im Patentrecht: Ein Mysterium? Mitt 2011, 533; *Rojahn/Rektorschek* Europäische Harmonisierung der Kosten im Bereich des gewerblichen Rechtsschutzes – ist RVG noch EU-konform? Mitt 2014, 1; *Scharen* „Catnic" versus Kerntheorie, FS W. Erdmann (2002), 877; *Schiff* Sachverständiger und Beweisbeschluß im Patentprozeß, MuW 10, 87; *Schickedanz* Die Restitutionsklage nach rechtskräftigem Verletzungsurteil und darauffolgender Nichtigerklärung des verletzten Patents, GRUR 2000, 570; *Schneider* Zur Restitutionsklage im Patentrecht, Mitt 2013, 162; *Schramm* Streitwertberechnung im gewerblichen Rechtsschutz, GRUR 1953, 104; *Schramm* Der Patentverletzungsprozess⁷, bearbeitet von Kilchert/Kaess/Schneider/Oldekop/Donle/Ebner, 2013; *Schreiber* Der gerichtliche Sachverständige im Patentverletzungsverfahren, Mitt 2009, 309; *Schuschke* Wiederholte Verletzungshandlungen: Natürliche Handlungseinheit, Fortsetzungszusammenhang und Gesamtstrafe im Rahmen des § 890 ZPO, WRP 2000, 1008; *Schuster* Das Gebot der Anpassung an die konkrete Verletzungsform im Patentrecht – eine unendliche Geschichte, FS J. Pagenberg (2006), 57; *Sendrowski* „Olanzapin" – eine Offenbarung? GRUR 2009, 797; *Spieß* Die Streitwertberechnung in Prozessen des gewerblichen Rechtsschutzes – Umsatz oder Reingewinn? GRUR 1955, 227; *Stauder* Patent- und Gebrauchsmusterverletzungsverfahren in der Bundesrepublik Deutschland, Großbritannien, Frankreich und Italien, 1989; *Stephan* Die Streitwertbestimmung im Patentrecht, Diss TU München 2015; *Stieger* EIPIN Patent Litigation Congress – Pre-Litigation Strategies, IIC 35 (2004), 551; *Stieper* Klagehäufung im Gewerblichen Rechtsschutz – alternativ, kumulativ, eventuell? GRUR 2012, 5; *Stjerna* Die Entscheidung „Du sollst nicht lügen II" des OLG Düsseldorf: Kein „Generalverdacht gegen die Anwaltschaft", Mitt 2011, 546; *Teplitzky* Klageantrag und konkrete Verletzungsform, WRP 1999, 75; *H. Tetzner* Der Strafandrohungsbeschluß bei gerichtlichem Vergleichen, GRUR 1960, 68; *Tilmann* Kostenhaftung und Gebührenberechnung bei Unterlassungsklagen gegen Streitgenossen im gewerblichen Rechtsschutz, GRUR 1986, 691; *Traub* Erhöhungsgebühr oder Streitwertaddition bei Unterlassungsklagen gegen das Unternehmen und seine Organe? WRP 1999, 79; *Ulrich* Abänderungsklage (§ 323 ZPO) oder/und Vollstreckungsabwehrklage (§ 767 ZPO) bei „unrichtig gewordenen" Unterlassungstiteln? WRP 2000, 1054; *Vièl* Der gerichtliche Sachverständige im Patentverletzungsprozess, Mitt 2009, 309; *O. Vogel* Besonderheiten des Immaterialgüterrechtsprozesses im Lichte der neueren Rechtsprechung, SMI 1993, 27; *von der Groeben* Schadensersatzfeststellung im Grundprozess unter Einschluss der Berechnungsfaktoren im Höheprozesses, GRUR 2012, 864; *von Falck* Die Rechtsbehelfe gegen das rechtskräftige Verletzungsurteil nach rückwirkendem Wegfall des Klageschutzrechts, GRUR 1977, 308; *A. von Falck/Gerhardt* Aktuelle Rechtsprechung und Gesetzgebung in Patentverletzungssachen, Mitt 2008, 299; *von Maltzahn* Die Aussetzung im Patentverletzungsprozeß nach § 148 ZPO bei erhobener Patentnichtigkeitsklage, GRUR 1985, 163, 169 f; *von Petersdorff-Campen/Timmann* Der Unterlassungstenor bei der mittelbaren Patentverletzung, FS 50 Jahre BPatG (2011), 449; *von Ungern-Sternberg* Grundfragen des Streitgegenstands bei wettbewerbsrechtlichen Unterlassungsklagen, GRUR 2009, 901, 1009; *von Ungern-Sternberg* Grundfragen des Klageantrags bei urheber- und wettbewerbsrechtlichen Unterlassungsklagen, GRUR 2011, 375, 486; *Walter* Die Tatsachenprüfung durch das BG im Patentprozeß, SMI 1993, 9; *Walz* Patentverletzungsklagen im Lichte des Kartellrechts, GRUR Int 2013, 718; *Wertheimer* Parteivertretung und Zuständigkeit in gewerblichen Rechtsschutzsachen, JW 1909, 639; *G. Winkler* Der Zeuge im Patentprozeß – Glaubwürdigkeit und Vernehmungstechnik; *Witte* Der Streitwert in Streitsachen des Patent- und Gebrauchsmusterrechts, Mitt 1939, 138; *Wuttke* Aktuelles aus dem Bereich der ‚Patent Litigation', Mitt 2013, 483, 488 ff; *Wuttke/Gunz* Wie weit reicht die Privilegierung des Klägers durch das Trennungsprinzip? VPP-Rdbr 2012, 7; *Zürcher* Der Streitwert im Immaterialgüter- und Wettbewerbsprozess, sic! 2002, 493.

I. Allgemeine Grundsätze

Zum Verfahren in **Gebrauchsmusterstreitsachen** ergänzend vor § 27 GebrMG. **30**

Das im dt Patentrecht geltende **Trennungsprinzip**, das getrennte Verfahren und Institutionen für die **31** Erteilung und Prüfung der Rechtsbeständigkeit des Patents und für die Sanktionierung des Patenteingriffs zur Verfügung stellt, wird als Grundlage einer Privilegierung des Klägers angesehen.[36]

Im Verhältnis der an einem Verletzungsstreit beteiligten Parteien gelten die allg Grundsätze des **Ver-** **32** **bots treuwidrigen Handelns.** Erklärungen, die eine Partei in den Verfahren, die der Klärung der Gültigkeit des Schutzrechts dienen (Einspruchs-, Nichtigkeits-, GbmLöschungsverfahren), gegenüber der anderen Partei abgibt, sind deshalb unter dem Gesichtspunkt von Treu und Glauben relevant. Dazu bedarf es nicht der Dokumentation in der betr Entscheidung, vielmehr ist die Feststellung des Erklärungstatbestands auch durch andere Beweismittel möglich.[37]

Für die **Richterausschließung** gelten die allg Grundsätze. § 41 Nr 6 ZPO kann nicht erweiternd ausge- **33** legt werden.[38]

II. Die Verfahrensbeteiligten

1. Kläger

a. Grundsatz. Als Kläger kommt jede parteifähige (natürliche oder juristische) Person (und Handels- **34** gesellschaft) in Betracht.

Fehlen der **materiellen Berechtigung** (Sachbefugnis, Aktivlegitimation) betrifft grds die Begründet- **35** heit der Klage und nicht deren Zulässigkeit (Rn 18 ff zu § 139). Der Registereintrag (§ 30) berührt die Sachbefugnis,[39] nicht die Zulässigkeit der Klage.[40]

b. Zulässigkeit der Klage ist betroffen, soweit die **Prozessführungsbefugnis** fehlt.[41] Dies ist insb im **36** Insolvenzverfahren der Fall; hier ist nur der Insolvenzverwalter prozessführungsbefugt (§§ 80 ff InsO), weitere Fälle sind Testamentsvollstreckung (§§ 2212, 2213 BGB), Nachlassverwaltung (§ 1984 BGB) und Zwangsverwaltung (§ 152 ZVG). Der Ausschluss der Prozessführungsbefugnis erfasste im Konkurs nur das konkursbefallene Vermögen.[42] Nach der Rspr des I. Zivilsenats des BGH handelt es sich dagegen bei einem gegen den Insolvenzschuldner gerichteten gesetzlichen Unterlassungsanspruch wegen Verletzung eines Schutzrechts um einen Passivprozess iSd § 86 InsO.[43] Die Prozessführungsbefugnis ist an die Registerberechtigung geknüpft (vgl Rn 39 zu § 30; Rn 22 zu § 139).

---

36 *Wuttke/Gunz* VPP-Rdbr 2012, 7.

37 BGH GRUR 1993, 886 Weichvorrichtung I; BGH Mitt 1997, 364 Weichvorrichtung II; BGH GRUR 2006, 923 Luftabscheider für Milchsammelanlage.

38 BGH 22.12.2009 X ZR 61/07: Mitwirkung eines Richters aus dem erstinstanzlichen Verfahren beim BGH; vgl BGH GRUR 1976, 440 Textilreiniger, zur Regelung im jetzigen § 86.

39 RGZ 67, 176, 181 = BlPMZ 1908, 164 Überkochverhütungsapparat; RGZ 151, 129, 135 = GRUR 1936, 558 Zeitkartenrahmen II.

40 Vgl auch *R. Rogge* GRUR 1985, 734, 736; *Kraßer* S 884 (§ 36 II 2), der gesetzliche Prozessstandschaft annimmt; OLG Düsseldorf GRUR-RR 2011, 84 Rollenumschreibung.

41 Vgl BGH NJW 1983, 685; BGHZ 149, 165, 167 ff = GRUR 2002, 238 Auskunftsanspruch bei Nachbau I.

42 Vgl BGH GRUR 1966, 218 Dia-Rähmchen III.

43 BGHZ 185, 11 = GRUR 2010, 536 Modulgerüst II unter Aufgabe von BGH Dia-Rähmchen III.

37   **c.** Ein Dritter kann aufgrund einer Ermächtigung des Rechtsinhabers in gewillkürter **Prozessstandschaft** auf Unterlassung klagen, wenn er ein eigenes schutzwürdiges, auch wirtschaftliches, Interesse an der Rechtsverfolgung hat.[44] Dasselbe gilt für die einredeweise Geltendmachung des Rechts.[45] Die Befugnis zur Geltendmachung eines fremden Rechts ist als Voraussetzung der Zulässigkeit der Klage vAw wegen, auch in der Revisionsinstanz, zu prüfen.[46] Gesetzliche Prozessstandschaft (§ 265 Abs 2 ZPO) kommt bei Inhaberwechsel während des Prozesses in Betracht.[47] Wird nach Erhebung der Klage durch den Patentinhaber einem Dritten eine ausschließliche Lizenz am Klagepatent eingeräumt, ist dieser an einer Klage gegen den Verletzer gehindert, solange die erste Klage rechtshängig ist.[48]

38   Gewillkürte Prozessstandschaft scheidet aus, wo die Berechtigung aus **nicht übertragbaren Rechten** wie dem Erfinderpersönlichkeitsrecht abzuleiten ist;[49] anders, wenn Abtretbarkeit zusammen mit den Ansprüchen, die durch die Rechte geschützt werden, vorliegt.[50] In Fällen mit Auslandsberührung beurteilt sich die Zulässigkeit der gewillkürten Prozessstandschaft grds nach der lex fori.[51]

39   **d.** Die Verpflichtung zur **Sicherheitsleistung** für die Prozesskosten beurteilt sich nach § 110 ZPO; sie ist als Einrede zu erheben und gilt nicht für das Verfügungsverfahren (str für das Verfahren ab Widerspruch).[52] Zu den Voraussetzungen vgl § 110 Abs 2 ZPO.[53] Die Meistbegünstigungsklausel in Art 4 TRIPS-Übk befreit nicht; insb für die USA besteht keine Befreiung.[54] Die Befreiung aufgrund verbürgter Gegenseitigkeit[55] ist in der geltenden Regelung ersatzlos entfallen. (vgl Rn 40 ff zu § 81). Die Festsetzung erfolgt nur durch Beschluss, wenn Grund und Höhe unstreitig sind, sonst nach gesonderter Verhandlung durch Zwischenurteil (§ 280 ZPO). Die Erhebung der Einrede wird von der Klagepartei gelegentlich übersehen; dies führt ohne Hinweis des Gerichts dazu, dass im ersten Termin nur über die Prozesskostensicherheit verhandelt werden kann (vgl § 113 ZPO). Die Praxis zur Höhe ist unterschiedlich;[56] vernünftigerweise werden die Kosten für die erste und die Anrufung der zweiten Instanz verlangt.[57] Erweist sich die Sicherheit als nicht ausreichend, kann (auch noch im Revisionsverfahren) die Stellung einer weiteren Sicherheit verlangt werden.[58]

---

44   RGZ 148, 146 f = GRUR 1936, 42, 45 Reißverschluß II; RG GRUR 1939, 826, 828 Sämereiausleser I; BGH GRUR 1978, 364, 366 Golfrasenmäher; BGH GRUR 1983, 379, 381 Geldmafiosi; BGH GRUR 1990, 361 Kronenthaler; BGHZ 119, 235 = GRUR 1993, 151 Universitätsemblem; BGH GRUR 1995, 54, 57 Nicoline; BGH GRUR 1998, 417 f Verbandsklage in Prozeßstandschaft; BGHZ 144, 165, 178 = GRUR 2000, 1089 missbräuchliche Mehrfachverfolgung; BGH WRP 2001, 273 DB-Immobilienfonds; BGHZ 148, 221 = GRUR 2002, 248 Spiegel-CD-ROM; BGHZ 149, 145 = GRUR 2002, 238 Auskunftsanspruch bei Nachbau I, SortSache; BGH GRUR 2006, 329 Gewinnfahrzeug mit Fremdemblem; LG Mannheim GRUR 1955, 292; *Benkard* § 139 Rn 18; *Mes* § 139 Rn 50 ff; vgl BGH GRUR 1956, 279 Olivin; BGH GRUR 1961, 635, 637 Stahlrohrstuhl I; anders in Österreich, öOGH GRUR Int 2002, 350, 353 pressetext.austria II.

45   BGHZ 122, 71 = GRUR 1993, 574 Decker; BGH GRUR 1994, 652 f Virion; BGH GRUR 1998, 1034, 1036 Makalu, Markensache.

46   BGH Kronenthaler; BGH Universitätsemblem; BGH Verbandsklage in Prozeßstandschaft; BGH Auskunftsanspruch bei Nachbau I.

47   Vgl BGH GRUR 2006, 329 Gewinnfahrzeug mit Fremdemblem; vgl *Rinken* GRUR 2015, 745 ff.

48   BGH GRUR 2013, 1269 Wundverband.

49   BGH GRUR 1978, 583 Motorkettensäge; BGH GRUR 1983, 379, 381 Geldmafiosi; vgl BGH NJW 1983, 1561.

50   BGHZ 148, 221 = GRUR 2002, 248 Spiegel-CD-ROM.

51   BGH NJW 1981, 2640; BGH NJW 1994, 2549.

52   Vgl *Zöller* ZPO § 110 Rn 3.

53   Zu den Einzelheiten vgl *Fitzner/Lutz/Bodewig* vor § 139 Rn 110; zu § 110 Abs 2 Nr 1 ZPO (völkerrechtl Verträge) *Zöller* ZPO Anhang V.

54   LG Düsseldorf InstGE 1, 157 und LG Düsseldorf InstGE 3, 215, 217 sowie *A. von Falck/Rinnert* Vereinbarkeit der Prozesskostensicherheitsverpflichtung mit dem TRIPS-Übereinkommen, GRUR 2005, 225, und *Rinnert/A. von Falck* Zur Prozesskostensicherheitsverpflichtung gem § 110 ZPO und dem TRIPS-Übereinkommen, GRUR-RR 2005, 297, je m Nachw der Gegenmeinung; LG München I GRUR-RR 2005, 335 gegen LG Frankfurt/M 4.5.2000 2/03 O 11/00; OLG Frankfurt IPRax 2002, 222 und OLG Wien 25.1.1999 4 R 271/98; zur Rechtslage in Bezug auf die USA *Kühnen* Hdb Rn 1489; *Schramm* PVP Kap 9 Rn 420.

55   Vgl zu den USA LG Düsseldorf 4.3.1997 4 O 362/96 Entsch 1997, 20.

56   Vgl *Kühnen* Hdb Rn 1497; *Schramm* PVP Kap 9 Rn 421.

57   Vgl die Auflistung bei *Kühnen* Hdb Rn 1498 ff.

58   Vgl BGH Mitt 2003, 90 Erhöhung der Prozesskostensicherheit.

2. Beklagter.[59] Auf Seiten des Beklagten gelten die allg Regeln, jedoch kann die passive Parteifähig- **40** keit weiter reichen als die aktive (vgl § 50 Abs 2 ZPO). Zur Passivlegitimation Rn 29 ff zu § 139.

3. Streitgenossenschaft (§§ 59–63 ZPO) bezeichnet die Mehrheit von Parteien in derselben Parteistel- **41** lung in einem Prozess. Sie kann einfache oder „notwendige" sein, letzteres nach dem Gesetzeswortlaut des § 62 Abs 1 1. Alt ZPO, wenn ein Recht allen Streitgenossen gegenüber nur einheitlich festgestellt werden kann. Nur im Fall der notwendigen Streitgenossenschaft kommen dem sonst durch eigene Versäumnisse (Säumnis ist in § 62 ZPO ausdrücklich genannt) benachteiligten Streitgenossen Handlungen des anderen zugute.[60] Ob („echte") notwendige Streitgenossenschaft nur im Fall der Rechtkrafterstreckung vorliegt[61] oder auch bei gemeinsamem Prozess von in einer Rechtsgemeinschaft gebundenen Rechtsinhabern, die auch getrennt klagen und verklagt werden können („unechte" notwendige Streitgenossenschaft),[62] ist höchst str.[63] Der X. Zivilsenat des BGH hat in zwei Entscheidungen aus den 60er Jahren zwar – unterschiedlich – entschieden, zum Meinungsstreit aber nicht umfassend Stellung genommen. Danach sind bei einer Klage auf Zustimmung zur Berichtigung der Erfinderbenennung Anmelder und Miterfinder keine notwendigen Streitgenossen,[64] notwendige Streitgenossenschaft im Verfahren mehrerer Patentinhaber auf Festsetzung der angemessenen Benutzungsvergütung nach § 33 hat er dagegen bejaht.[65] Bei Patentverletzungsklagen ist die Frage nur für den Schadensersatzanspruch bedeutsam, nicht für Unterlassungs- und Auskunftansprüche. Die bisher im Patentrecht vertretene wohl hM[66] erscheint nicht nur zwh, weil der Verletzer schuldrechtl auch im Verhältnis zu einzelnen Mitinhabern berechtigt sein kann, sondern auch, weil die dabei angenommene und notwendige weitere Differenzierung[67] bdkl erscheint. § 62 Abs 1 2. Alt betrifft nur Fälle fehlender Prozessführungsbefugnis des einzelnen Mitberechtigten wie im Passivprozess, wenn eine Verfügung über den gemeinschaftlichen Gegenstand verlangt wird.[68] Für das Nichtigkeitsverfahren hat der BGH seine Position jüngst neu justiert (Rn 55 zu § 81).

4. Beteiligung Dritter am Rechtsstreit kommt in erster Linie im Weg der Nebenintervention (Streit- **42** hilfe) in Betracht. Nicht ausreichend für das rechtl Interesse[68a] für einen Beitritt ist die bloße Absicht einer nach Auffassung des Patentinhabers patentverletzenden Benutzung.[69] Die Akteneinsicht durch Dritte wirft nicht nur wegen der uU notwendigerweise vorgetragenen Betriebsgeheimnisse besondere Probleme auf.[70] Der Versuch der Ausforschung liegt hier nahe; das rechtl Interesse ist nicht schon bei Parallelverfahren zu bejahen. Anders als im Nichtigkeitsverfahren (Rn 25 ff zu § 99) fehlt es an höchstrichterlicher Rspr; bisher hat die Tendenz etwa des OLG München, den Begriff des rechtl Interesses weiter zu fassen, noch nicht dazu geführt, dass das BVerfG unter dem Gesichtspunkt des informationellen Selbstbestimmungsrechts angerufen wurde. Die Umgehungsmöglichkeit über einen Beiziehungsantrag, wenn sich das Interesse des Dritten auf ein anderes anhängiges Verfahren bezieht, und die dann folgende Akteneinsicht dort wird auch genutzt; bei der Aktenübersendung auf eine entspr Anforderung sollten der Vorsitzende und der Betroffene daher diese Konsequenz im Auge haben.

---

59   Zur Frage eines Ausschlusses der Gerichtsbarkeit aufgrund Staatenimmunität CA England/Wales FSR 1997, 165 = GRUR Int 1998, 494 Sicherheitspapier für Banknoten.

60   Zu den Einzelheiten wie Günstigerprinzip *Zöller* § 63 ZPO Rn 22 ff.

61   So der BGH (II., IV., V. und VIII. Zivilsenat) seit 1955 in im wesentlichen stRspr: BGHZ 23, 73 = NJW 1957, 537, BGHZ 30, 195 = NJW 1959, 1683, BGHZ 54, 251 = NJW 1970, 1740, BGHZ 92, 351 = NJW 1985, 385, 386, BGH NJW 1990, 2688.

62   So BPatG GRUR 2004, 685 mit Zitierung marken- und patentrechtl Kommentarlit.

63   *Zöller* § 62 ZPO Rn 11 ff, 16; *Palandt* § 1011 BGB Rn 4.

64   BGH GRUR 1969, 133 Luftfilter.

65   BGH GRUR 1967, 655 Altix.

66   Dagegen *Benkard* § 139 Rn 16 unter Bezugnahme auf BGHZ 92, 351, 353 f = NJW 1985, 385, dafür *Mes* § 139 Rn 55, *Kühnen* Hdb Rn 976.

67   Zu den Folgen vgl nur *Zöller* § 62 ZPO Rn 25.

68   BGH NJW 1984, 2210; BGH GRUR 2014, 1024 VIVA Friseure/VIVA, Markensache.

68a Hierzu BGHZ Vv = GRUR Vv 21.4.2016 I ZR 198/13 Verlegeranteil (Nr 19).

69   RG MuW 33, 419 Nebenintervention im Patentstreitverfahren; zwh, vgl *Tetzner* § 37 Anm 3; BGHZ 166, 18 = GRUR 2006, 438 Carvedilol I betrifft das Nichtigkeitsverfahren.

70   Vgl *Doepner* FS W. Tilmann (2003), 105, 111 f.

5. Vertretung

43   **a. Vertretung Prozessunfähiger.** Prozessunfähige werden nach den Vorschriften des bürgerlichen Rechts durch ihre gesetzlichen Vertreter vertreten. Dies sind bei Aktiengesellschaften der Vorstand (nicht dessen Vorsitzender!), bei der GmbH der Geschäftsführer, bei Handelsgesellschaften die persönlich haftenden Gesellschafter, bei juristischen Personen des öffentlichen Rechts das statusrechtl berufene Organ. Bei ausländ juristischen Personen ist das Recht des Sitzes maßgeblich.

44   **b.** Wer im Inland weder Wohnsitz noch Niederlassung hat, kann Rechte aus einem Patent nur geltend machen, wenn er im Inland einen Patentanwalt oder einen Rechtsanwalt als Vertreter (**Inlandsvertreter**) bestellt hat, § 25. Auf die Erläuterungen zu § 25 wird verwiesen; dort auch zur Anwendbarkeit auf EU- und EWR-Angehörige. Fehlt der Inlandsvertreter, ist die Klage unzulässig.

45   **c. Prozessbevollmächtigte.** Vor dem LG und allen Gerichten des höheren Rechtszugs müssen die Parteien durch einem beim Prozessgericht zugelassenen Rechtsanwalt vertreten sein (§ 78 Abs 1 ZPO). Das Lokalisationsgebot gilt nicht mehr für das Verfahren vor dem LG und dem OLG (Rn 129 zu § 143). Ob die Vertretung mehrerer möglicherweise gesamtschuldnerisch haftender Verletzer in einer Liefer- oder Rechtekette, in der auch Regressansprüche wegen Rechtsmängelhaftung untereinander bestehen können, dann eine Vertretung widerstreitender Interessen darstellt, wenn keine Vereinbarung über die Haftungsverteilung im Innenverhältnis besteht, ist, soweit ersichtlich, bisher nicht entschieden (Rn 321). Jedenfalls tritt auch in einem solchen Fall keine Nichtigkeit der Prozessvollmacht ein.[71]

46   **Umfang des Anwaltszwangs.** Die Erklärung des Verzichts auf die geltend gemachten Ansprüche unterliegt im Anwaltsprozess dem Anwaltszwang.[72] Nicht dem Anwaltszwang unterliegt die Rücknahme eines nicht von einem Anwalt oder von einem nicht postulationsfähigen Anwalt eingelegten und deshalb unzulässigen Rechtsmittels.[73]

47   **d.** Neben Rechtsanwälten, aber nicht allein, können **Patentanwälte** mitwirken (§ 4 PatAnwO), die Regelung in § 157 Abs 2 ZPO ist auf sie nicht anwendbar. Sie sind aber selbst nicht postulationsfähig und können deshalb keine Anträge stellen.[74] Zu den sich aus Abs 3 und den früheren Regelungen ergebenden Besonderheiten Rn 130 ff zu § 143.

III. Klagemöglichkeiten

48   **1. Allgemeines.** Das Prozessrecht stellt verschiedene Klagemöglichkeiten zur Verfügung; grds zu unterscheiden ist zwischen Leistungsklagen, Feststellungsklagen und Gestaltungsklagen. Die erstgenannten dienen der Befriedigung eines Anspruchs des Klägers (auch auf Unterlassung), die zweiten der Feststellung des Bestehens oder Nichtbestehens eines Rechtsverhältnisses, die dritten der Herbeiführung einer Rechtsänderung. Die Tendenz zu Einführung einer umfangreichen Tatsachenbasis und Geltendmachung einer Vielzahl von Schutzrechten führt nicht zu Unzulässigkeit wegen Fülle des Prozessstoffs;[75] nach Düsseldorfer und zunehmend auch Münchener Praxis erfolgt hier Trennung nach § 145 ZPO in jeweils ein Verfahren für jedes Klagepatent; dies gilt auch, wenn ein Fall des § 145 vorliegt (Rn 29 zu § 145).

49   **2. Leistungsklage.** Normalfall der Klage wegen Patentverletzung ist die Leistungsklage auf Unterlassung und auf Zahlung eines bestimmten oder vom Gericht zu bestimmenden[76] Geldbetrags. Sie ist in dieser Form allerdings selten, weil der Verletzte regelmäßig zur Berechnung der Schadensersatzforderung nicht ohne weiteres in der Lage ist.

---

71   BGH NJW-RR 2010, 76 Wirksamkeit der Prozessvollmacht.
72   BGH NJW 1988, 210 Mäher.
73   BGH NJW-RR 1994, 759; vgl BGH NJW 1978, 1262; zur Stellung des Kostenantrags bei Rechtsmittelrücknahme vor Bestellung eines postulationsfähigen Vertreters durch den Rechtsmittelgegner BGH GRUR 1995, 338 Kostenantrag im Rechtsbeschwerdeverfahren.
74   Vgl BGH 18.1.2001 I ZR 93/98.
75   BGH GRUR-RR 2009, 319 Zementkartell (Kartellsache).
76   BGH GRUR 1977, 539, 542 Prozeßrechner; aA LG Düsseldorf 23.1.1996 4 O 42/94 Entsch 1996, 17 f.

Diese Schwierigkeit vermeidet die **Stufenklage** nach § 254 ZPO, in der mit der Klage auf Auskunft/ **50** Rechnungslegung die Klage auf Leistung oder mit diesen oder der Klage auf Feststellung der Schadenersatzpflicht die Klage auf eidesstattliche Versicherung [77] verbunden wird; bei der ersten Variante muss (und kann) die Bezifferung erst erfolgen, wenn die Rechnung mitgeteilt und uU ihre Richtigkeit eidesstattlich versichert ist. Auch in dieser Form wird in Patentverletzungssachen selten geklagt (anders bei Lizenzvertrags- und Erfindervergütungsstreitigkeiten): Hat die Stufenklage in der ersten Stufe Erfolg, ist vor der Entscheidung über den Zahlungsanspruch, der erst nach Erteilung der nach zusprechendem Teilurteil nach § 301 ZPO möglichen Auskunft bezifferbar ist, kein Kostentitel möglich, das Teilurteil bewirkt auch keine prozessuale Bindungswirkung für für die weiteren Stufen, so dass in diesen ohne weiteres neuer Streitstoff, auch neuer StdT, eingeführt werden kann.[78] Ergibt die Auskunft, dass ein Zahlungsanspruch nicht besteht, erweist sich letzterer als unbegründet; Erledigung der Hauptsache tritt nicht ein, ein etwaiger materieller Schadensersatzanspruch wegen der Kosten der unbegründeten Klage kann aber im anhängigen Rechtsstreit geltend gemacht werden.[79] Wird für eine Stufenklage Prozesskostenhilfe (Rn 155 zu § 143) gewährt, ist das Gericht zur Zahlungsstufe nicht in jeder Höhe gebunden; vielmehr kann eine Konkretisierung auf eine vertretbare Höhe veranlasst sein;[80] die Voraussetzungen von § 114 ZPO für den Antrag auf eidesstattliche Versicherung lassen sich erst nach Erteilung der Auskunft beurteilen. Insb die eidesstattliche Versicherung als letzte Stufe bewirkt außer einer geringfügigen Verringerung der Prozesskosten nur eine Verzögerung der Kostenentscheidung.

Für die Leistungsklage bedarf es regelmäßig nicht der Darlegung des **Rechtsschutzbedürfnisses.** **51** Dieses fehlt aber für die auf Unterlassung gerichtete Leistungsklage, wenn der Anspruch auf leichtere Art durchgesetzt werden kann, so, wenn bereits ein Vollstreckungstitel vorliegt,[81] es sei denn, dass erhebliche Zweifel an seiner Durchsetzbarkeit bestehen.[82] Ändert sich die Verletzungshandlung im Tatsächlichen, schließt das Vorliegen des Vollstreckungstitels eine neue Unterlassungsklage nicht aus.[83] Eine einstweilige Verfügung nimmt der Unterlassungsklage regelmäßig nicht das Rechtsschutzbedürfnis.[84] Nimmt der Verletzte eine ihm angebotene Unterlassungserklärung mit angemessener Vertragsstrafe nicht an, entfällt der Unterlassungsanspruch.[85] Rechtsschutzbedürfnis für eine Unterlassungsklage ist grds gegeben, wenn nach Abgabe eines vertragsstrafbewehrten Unterlassungsversprechens vom Schuldner erneut gleichartige Wettbewerbsverstöße begangen werden.[86] Mehrfachverfolgung kann aber rechtsmissbräuchlich sein.[87] Unwirksame Vertragsstrafenverpflichtung im Unterlassungsvertrag begründet Rechtsschutzbedürfnis unabhängig vom Vorliegen einer Begehungsgefahr.[88]

---

77 Hierzu BGH GRUR 2000, 226 f Planungsmappe.

78 Vgl *Meier-Beck* GRUR 1998, 276, 279; *Schramm* PVP Kap 9 Rn 381.

79 BGH GRUR 1994, 666.

80 Vgl. LG München I InstGE 9, 26.

81 Zur notariellen Unterwerfungserklärung OLG Köln GRUR-RR 2015, 405.

82 Vgl BGH GRUR 1958, 359, 361 Sarex; BGH GRUR 2011, 742 Leistungspakete im Preisvergleich; BGH GRUR 2010, 855 Faltenrollos andererseits.

83 OLG Düsseldorf GRUR 1994, 81; LG Düsseldorf 1.8.2000 4 O 164/99 Entsch 2000, 88, 90.

84 BGH GRUR 1964, 274 Möbelrabatt; BGH GRUR 1973, 208 Neues aus der Medizin; aA OLG München GRUR 1964, 226.

85 Nach OLG München GRUR 1980, 1017 (UWGSache) das Rechtsschutzbedürfnis.

86 BGH GRUR 1980, 241 Rechtsschutzbedürfnis.

87 Vgl BGHZ 144, 165 = GRUR 2000, 1089 mißbräuchliche Mehrfachverfolgung; BGH GRUR 2001, 84 Neu in Bielefeld II; BGH GRUR 2001, 82 Neu in Bielefeld I; BGH GRUR 2001, 78 falsche Herstellerpreisempfehlung; BGH GRUR 2002, 713 zeitlich versetzte Mehrfachverfolgung; BGH GRUR 2002, 715 Scanner-Werbung; BGH GRUR 2006, 243 MEGA SALE; BGH 20.12.2001 I ZR 80/99 Mitt 2002, 557 Ls, UWGSachen; vgl aber zu den Grenzen bei nur ähnlichen Verstößen BGH 2.10.2003 I ZR 240/00; BGH 2.10.2003 I ZR 76/01; bei unterschiedlicher Betroffenheit verschiedener Kläger OLG Frankfurt GRUR 2006, 247.

88 LG Düsseldorf 1.8.2000 4 O 164/99 Entsch 2000, 88; zum Rechtsschutzbedürfnis beim Unterlassungsanspruch, wenn die Abschlusserklärung nicht der Aufforderung im Abschlussschreiben entspricht, OLG Hamm GRUR 1993, 100.

Kaess

3. Feststellungsklage

52   **a. Allgemeines.** Feststellungsklagen dienen der Feststellung des Bestehens oder Nichtbestehens eines gegenwärtigen Rechtsverhältnisses.[89] Das Rechtsverhältnis kann bedingt oder betagt sein.[90] Sie setzen grds ein rechtl Interesse des Klägers an der alsbaldigen Feststellung des Rechtsverhältnisses durch richterliche Entscheidung voraus (§ 256 Abs 1 ZPO). Bloße Konzernverbundenheit reicht hierfür nicht aus.[91] Feststellungsklage kommt auch hinsichtlich des (Nicht-)Bestehens eines Verbietungsrechts nach dem „besonderen Mechanismus" (Einl Rn 102 ff) in Betracht.[92] Die Reichweite der Bindungswirkung des Feststellungsurteils ist in erster Linie der Urteilsformel zu entnehmen.[93] In Patentstreitsachen sind Feststellungsklagen häufig. Die Klage auf Feststellung, dass das Streitpatent verletzt wird, ist aber unzulässig.[94]

53   **b. Schadensersatzfeststellungsklage.** Es ist weitgehend üblich und von der Rspr gebilligt, dass die Schadensersatzklage auf die Feststellung der Schadensersatzpflicht gerichtet und mit der Auskunftsklage verbunden wird. Auch die Schadensersatzfeststellungsklage erfordert Rechtsschutzbedürfnis (Feststellungsinteresse) als Prozessvoraussetzung, für das grds die Möglichkeit eines Schadenseintritts ausreicht,[95] und darüber hinaus Wahrscheinlichkeit des Schadenseintritts als Voraussetzung der Begründetheit (Rn 56). In Patentstreitsachen sind Feststellungsklagen häufig. Die Feststellungsklage ist trotz an sich als Stufenklage möglicher Leistungsklage gegeben, wenn sie durch prozessökonomische Erwägungen geboten ist.[96] Das ist im gewerblichen Rechtsschutz im allg der Fall, da selbst nach erteilter Auskunft die Begründung des Schadensersatzanspruchs Schwierigkeiten bereitet und noch einer eingehenden tatsächlichen Prüfung bedarf, während die Feststellungsklage den Verletzten vor einer drohenden Verjährung schützt.[97] Dogmatisch ist diese Auffassung nicht ohne Bedenken, weil auch die Stufenklage die Verjährung für den gesamten Schadensersatzanspruch unterbricht.[98] Da im Patentverletzungsstreit die Schadenshöhe selten ausgestritten wird, erscheint es jedoch vertretbar, das Feststellungsinteresse nach § 256 ZPO unter dem Gesichtspunkt der Prozesswirtschaftlichkeit zu bejahen.[99] Das Rechtsschutzbedürfnis kann allerdings fehlen, wenn der Kläger seinen Anspruch einfacher, etwa aus einem Vertragsstrafeanspruch wegen desselben Verstoßes, im Weg der Leistungsklage geltend machen kann.[100]

54   Wenn nur ein **Teil des Schadens** beziffert werden kann, kann der Geschädigte den Anspruch einheitlich im Weg der Feststellungsklage verfolgen.[101] Wird Bezifferung nach zulässiger Erhebung der Feststellungsklage möglich, braucht der Kläger nicht umzustellen.[102] Kann bereits im Zeitpunkt der Klageeinreichung beziffert werden, fehlt das Feststellungsinteresse.[103]

89   BGH GRUR 2001, 1036 Kauf auf Probe.
90   BGH GRUR 2005, 845 Abgasreinigungsverfahren: ausreichend, dass mit einem Vergleich die Grundlagen für einen Anspruch auf Lizenzvergütung gelegt sind, und unschädlich, dass der Anspruch in bestimmter Höhe erst bei Ausführung von Lieferungen entsteht.
91   Schweiz BG sic! 2007, 281 Internationale Zuständigkeit in Patentsachen II.
92   BGH GRUR 2011, 995 besonderer Mechanismus.
93   BGH GRUR 2008, 933 Schmiermittel.
94   *Fitzner/Lutz/Bodewig* vor § 139 Rn7 unter Bezugnahme auf RGZ 101, 32, 35.
95   Vgl zB BGH NJW-RR 2007, 601.
96   BGH GRUR 1971, 358 Textilspitzen (UWGSache).
97   BGH GRUR 1972, 180, 183 f Cheri; BGH NJW 1996, 2725 f; BGH GRUR 2001, 1177 Feststellungsinteresse II mwN; BGH GRUR 2002, 795 f Titelexklusivität unter Abstellen darauf, dass das Wahlrecht hinsichtlich der Schadensberechnung sinnvoll erst nach Auskunftserteilung ausgeübt werden könne; OLG Düsseldorf 22.9.2000 2 U 129/99; vgl auch BGH 20.12.2001 I ZR 188/98 mwN. Das neue Verjährungsrecht hat hieran nichts geänd, BGH GRUR 2003, 900 Feststellungsinteresse III.
98   BAG NJW 1986, 2527; *Teplitzky* GRUR 1997, 691, 697 weist auf den Vorrang dieser Klagemöglichkeit gegenüber der Schadensersatzfeststellungsklage hin, sieht nunmehr – GRUR 2003, 272, 280 – aber die Verfahrensbesonderheiten als hinreichenden Grund für die Abweichung an; vgl auch *Meier-Beck* GRUR 1998, 276, 279.
99   Vgl BGH 20.5.2008 X ZR 6/06 IIC 2009, 472 Federrückschlagventil; *Fitzner/Lutz/Bodewig* vor § 139 Rn 6.
100   BGH GRUR 1993, 926 Apothekenzeitschriften.
101   BGH GRUR 1969, 373 Multoplane; zur Feststellungsklage hinsichtlich eines bereits entstandenen Schadens, wenn der Beklagte Tatsachen vorträgt, die das Entstandensein eines Schadens ausschließen, RG GRUR 1942, 258, 260 Sämereiausleser II.
102   BGH GRUR 1975, 434, 438 Bouchet; OLG Dresden 9.9.1997 14 U 2732/96.
103   BGH GRUR 2004, 70 Preisbrecher.

Bei der **Stufenklage** nach § 254 ZPO bestehen keine Bedenken, den Antrag auf Feststellung der Scha- **55** densersatzpflicht als letzte Klagestufe zuzulassen.[104] Es besteht keine Pflicht, die Klage auf Verurteilung zur Auskunftserteilung mit dem Feststellungsantrag zu verbinden.[105]

Wahrscheinlichkeit des Schadenseintritts. Für den Anspruch auf Feststellung der Schadensersatz- **56** oder Entschädigungspflicht und den Rechnungslegungsanspruch genügt bloße Verletzungsgefahr nicht, idR ist mindestens ein Verletzungsfall Voraussetzung.[106] Der wahrscheinliche Schaden muss derjenige sein, der zugesprochen wird.[107] Dass die Verletzung schuldhaft erfolgt ist, kann angesichts des von der Rspr bei schuldlosem Eingriff zugebilligten Bereicherungsausgleichs entgegen der älteren Rspr nicht verlangt werden.

Bei **mittelbarer Patentverletzung** kommt es nicht darauf an, dass auch eine unmittelbare Patentver- **57** letzung festgestellt ist.[108] Es genügt, dass eine konkrete Schadensberechnung nach der Lizenzanalogie möglich erscheint.[109] Es genügt idR, dass zumindest eine rechtswidrig und schuldhaft begangene mittelbare Patentverletzung stattgefunden hat;[110] das gilt auch, wenn sie durch das Anbieten von Mitteln nach § 10 erfolgt ist.[111] Die nur ungewisse Möglichkeit eines Schadenseintritts reicht für dessen zur Feststellung der Schadensersatzpflicht erforderliche (einfache) Wahrscheinlichkeit nicht aus; die Entstehung eines Schadens braucht aber weder gegenwärtig noch für die Zukunft endgültig festzustehen. Es ist erforderlich, aber auch genügend, wenn nach den Erfahrungen des Lebens der Eintritt des Schadens in der Zukunft mit einiger Sicherheit zu erwarten steht.[112] Dass Verletzungshandlungen nur in verjährter Zeit festgestellt sind, steht der Feststellung der Schadensersatzverpflichtung für die unverjährte Zeit nicht entgegen.[113]

Die geringen Anforderungen an die Darlegung der Wahrscheinlichkeit eines Schadenseintritts gelten **58** nicht, wo die **Möglichkeit einer Schadensentstehung** eher **fernliegt**.[114] Der Grundsatz, dass für die Feststellung der Schadensersatzpflicht Wahrscheinlichkeit eines Schadenseintritts genügt, kann daher nicht in gleicher Weise auf Ansprüche wegen eines durch Vorenthaltung von Patenten entstandenen „Marktverlustschadens" angewandt werden. Es gibt keinen Erfahrungssatz, dass der Kläger „nach dem gewöhnlichen Lauf der Dinge" die ihm gehörenden oder gebührenden Patente durch Eigenproduktion, Lizenzvergabe oder Verfolgung von Verletzungshandlungen gewinnbringend hätte verwerten können, wenn der Beklagte sie ihm rechtzeitig zur Verfügung gestellt hätte. Es bedarf daher schon für das Feststellungsverfahren einer näheren Darlegung der „besonderen Umstände" des Falls (§ 252 Satz 2 2. Alt BGB), die es wahrscheinlich machen, dass der Kläger durch das Verhalten des Beklagten um einen Gewinn gebracht worden ist. Hierzu gehört insb, ob der Kläger nach seinen finanziellen Möglichkeiten, wirtschaftlichen Beziehungen und organisatorischen Fähigkeiten in der Lage gewesen wäre, eine Eigenproduktion oder

---

104 BGHZ 117, 264 = GRUR 1992, 612 Nicola; BGH 25.2.1992 X ZR 50/90.

105 BGH GRUR 2001, 1177 f Feststellungsinteresse II; BGH GRUR 2004, 855 Hundefigur, UrhSache.

106 RGZ 107, 251, 255 = GRUR 1923, 220 Lotdraht II; RG GRUR 1940, 89, 94 Aluminiumoxydation; BGH GRUR 1964, 496, 498 Formsand II; BGH GRUR 1980, 841 Tolbutamid; BGHZ 130, 259 = GRUR 1996, 109 klinische Versuche I; BGH GRUR 2005, 848, 854 Antriebsscheibenaufzug; BGHZ 166, 253 = GRUR 2006, 421 Markenparfümverkäufe; BGHZ 168, 124 = GRUR 2006, 839, 842 Deckenheizung; BGHZ 197, 196 = GRUR 2013, 713 Fräsverfahren; *Benkard* § 139 Rn 40a.

107 BGH 20.5.2008 X ZR 6/06 IIC 2009, 472 Federrückschlagventil.

108 BGH Deckenheizung unter Klarstellung von BGH Antriebsscheibenaufzug und gegen *Voß* GRUR 2006, 281, 283; vgl hierzu *Scharen* GRUR 2008, 944, 948.

109 BGH klinische Versuche I; BGH GRUR 2006, 839, 842 Deckenheizung; vgl *Mes* § 10 Rn 48.

110 BGH Deckenheizung; BGHZ 197, 196 = GRUR 2013, 713 Fräsverfahren; OLG Karlsruhe GRUR 2014, 59.

111 BGH Fräsverfahren; OLG Karlsruhe GRUR 2014, 59.

112 BGH GRUR 1972, 180, 183 Cheri; WzSache; dort auch zur Unterscheidung von prozessualem Feststellungsinteresse (§ 256 ZPO) und Wahrscheinlichkeit einer tatsächlichen Schadensentstehung als materiellrechtl Anspruchsvoraussetzung; BGH GRUR 1974, 735 Pharmamedan; BGH GRUR 1984, 741 patented; BGHZ 110, 278 = GRUR 1990, 611 Werbung im Programm; BGH GRUR 1992, 61 Preisvergleichsliste I; BGH GRUR 1993, 926 Apothekenzeitschriften; BGHZ 130, 205, 220 f = GRUR 1995, 744 Feuer, Eis & Dynamit I; BGH GRUR 2001, 78 falsche Herstellerpreisempfehlung, UWGSachen; BGH GRUR 2001, 1177 f Feststellungsinteresse II; vgl BGH GRUR 1975, 434, 437 f Bouchet; BGH GRUR 1992, 559; BGH GRUR 1999, 587, 589 f Cefallone: gewisse Wahrscheinlichkeit, bei Marktverwirrung idR gegeben; BGH GRUR 2000, 907 Filialleiterfehler; BGH GRUR 2002, 715 Scanner-Werbung; BGHZ 166, 253 = GRUR 2006, 421 Markenparfümverkäufe: Wahrscheinlichkeit einer Schädigung durch rechtl gleich zu beurteilende Handlungen muss gegeben sein; OLG Düsseldorf 9.12.1997 20 U 29/96: im Einzelfall verneint bei Verfallenlassen des lizenzierten Patents.

113 LG Düsseldorf 7.1.1997 4 O 10/96 Entsch 1997, 5, 6.

114 BGHZ 130, 205, 220 = GRUR 1995, 744 Feuer, Eis & Dynamit I; vgl auch *Teplitzky* GRUR 1997, 691, 694.

Produktion durch einen Lizenznehmer aufzubauen, die ihm zumindest einen Gewinn gebracht hätte, der höher gewesen wäre als das, was er bereits als Entschädigungslizenzgebühr wegen der rechts- oder vertragswidrigen Benutzung des Schutzrechts verlangen kann. Bezieht sich die Erfindung nur auf Einzelteile einer bereits auf dem Markt befindlichen Vorrichtung, ist darzulegen, ob eine Eigenproduktion in Konkurrenz mit anderen „Gesamtvorrichtungen" mit einiger Aussicht auf Erfolg hätte in Angriff genommen werden können, sich für bloße Einzelteile Lizenznehmer gefunden hätten und Verletzungshandlungen in Bezug auf bloße Einzelteile im Hinblick auf ausreichende Ausweichmöglichkeiten nicht schon auf eine Verwarnung hin alsbald unterlassen worden wären.[115]

59   **Prüfungsumfang.** Aus Gründen der Prozessökonomie kann insb nach der Rspr in Wettbewerbssachen, aber auch zum Schutz von Persönlichkeitsrechten, bei Unbegründetheit des Feststellungsbegehrens von der grds prozessual vorrangigen Prüfung des Rechtsschutzbedürfnisses abgesehen werden.[116] Einwendungen, die den Grund des Schadensersatzanspruchs betreffen, wie ein Mitverschulden, müssen, wenn sie sich auf Tatsachen stützen, die schon zum Zeitpunkt der letzten mündlichen Verhandlung vorgelegen haben, mitbeschieden werden.[117] Zur früher wegen der Kannvorschrift in § 139 Abs 2 Satz 2 aF (angemessene Entschädigung statt Schadensersatz bei leichter Fahrlässigkeit) diskutierten Problematik, wann der Fahrlässigkeitsgrad festzustellen sei, vgl *7. Aufl* sowie Rn 103 zu § 139. Bei Altfällen vor dem 1.9.2009 wird ein Verstoß der Vorschrift gegen Art 13 Abs 2 DurchsetzungsRl diskutiert.[118] Durch die Anerkennung des Bereicherungsanspruchs hatte die Frage weitgehend ihre Bedeutung verloren; durch die Aufhebung der Vorschrift ist ein Wiederaufleben ihrer Bedeutung im Hinblick auf die neue Bedeutung des Verletzergewinns[119] verhindert worden.

60   Zur **Wirkung der Feststellung der Schadensersatz- oder Ausgleichspflicht** Rn 263f zu § 139. Die Abweisung der Feststellungsklage wegen Fehlens des Feststellungsinteresses steht einer erneuten Klage nicht entgegen, wenn das Interesse nachträglich entsteht.[120]

61   **c. Sonstige positive Feststellungsklagen** kommen in Betracht zur Feststellung der Pflicht zur Unterlassung einer nur verbalen Störung oder Rechtsberühmung,[121] bei Bestehen eines rechtl Interesses an der Feststellung des Schutzumfangs des Patents[122] oder zur Feststellung der Abhängigkeit eines jüngeren Patents (Rn 39 zu § 9).

62   Auch eine Klage auf **Feststellung der Erfindereigenschaft** ist zulässig (Rn 44 zu § 8). Der ArbN-Erfinder hat ein besonderes rechtl Interesse an der Feststellung seiner Alleinerfindereigenschaft gegenüber dem ArbGb, wenn dieser gegenüber der Schiedsstelle die Miterfindereigenschaft Dritter anerkannt hat.[123]

63   Bei der Prüfung des **rechtlichen Interesses** sollte in solchen Fällen jedoch kein zu milder Maßstab angelegt werden. Feststellungsinteresse für eine Abhängigkeitsklage setzt voraus, dass der Inhaber des jüngeren Patents durch sein Verhalten die Rechte des Inhabers des älteren Patents gefährdet oder dass eine solche Gefährdung droht.[124] Eine Klage auf Feststellung der Rechtsinhaberschaft an einem Patent kann wegen der unterschiedlichen Rechtskraftwirkung neben der Klage auf Umschreibungsbewilligung erhoben werden.[125]

---

115 BGH GRUR 1970, 296, 298 Allzwecklandmaschine.
116 BGH GRUR 1999, 509f Vorratslücken; BGH GRUR 1999, 1119f Rumms! mwN; BGH GRUR 2002, 1095 telefonische Vorratsanfrage; BGH NJW 1978, 2031; BGH GRUR 2004, 442 Feriendomizil II, zum Feststellungsinteresse; vgl BGH GRUR 1996, 804f Preisrätselgewinnauslobung III.
117 BGH 20.5.2008 X ZR 6/06 IIC 2009, 472 Federrückschlagventil.
118 Vgl *Mes* § 139 Rn 193.
119 BGHZ 145, 366 = GRUR 2009, 329 Gemeinkostenanteil.
120 *Zöller* ZPO § 256 Rn 19.
121 RGZ 127, 197, 200 = GRUR 1930, 524 Schraubenmuttern.
122 RG Mitt 1931, 75f Preßhefe V; RG GRUR 1932, 1109f Büchsenöffner I.
123 OLG München GRUR 1993, 661f.
124 Vgl RGZ 95, 304, 306 = BlPMZ 1919, 114 Aluminatsilikate.
125 BGH 23.1.1968 Ia ZR 45/65.

d. Die **negative Feststellungsklage** kommt zur Verneinung der Patentverletzung insb als Reaktion **64** auf eine Verwarnung[126] oder sonstige Berühmung,[127] auf die Geltendmachung von Ansprüchen aus ungerechtfertigter Verwarnung,[128] zur Feststellung eines Vorbenutzungsrechts[129] oder zur Verneinung der Abhängigkeit[130] in Betracht; Berühmung der Abhängigkeit begründet hier das Feststellungsinteresse.[131] Für das Interesse an der Feststellung, dass dem Schutzrechtsinhaber keine Ansprüche aus einem gewerblichen Schutzrecht zustehen, ist eine Verwarnung aus dem Schutzrecht nicht erforderlich; es genügt, dass sich der Rechtsinhaber eines Unterlassungsanspruchs berühmt.[132] Die Behauptung fehlender Rechtsbeständigkeit des Patents rechtfertigt keine Feststellungsklage, weil das Verletzungsgericht hierüber nicht befinden darf.[133] Auch die bloße Ablehnung einer Äußerung darüber, ob der Gegner verletze, begründet kein Feststellungsinteresse, wenn eine Berühmung nicht erfolgt ist;[134] ebenso wenig die bloße Berechtigungsanfrage.[135] Erhebung einer Verletzungsklage aus ausländ Parallelpatent kann Berühmung begründen.[136] Die bloße Zurückziehung der Behauptung, das Patent werde verletzt, lässt das Interesse nicht entfallen.[137]

Das **rechtliche Interesse** an der negativen Feststellung **entfällt** grds, sobald der Verletzer aus der Pa- **65** tentverletzung gerichtlich in Anspruch genommen wird[138] und diese Klage nicht mehr einseitig zurückgenommen werden kann;[139] anders, wenn feststeht, dass, etwa wegen des Prioritätsgrundsatzes der VO 1215/2012 (Rn 117), sachlich über den Anspruch nicht entschieden werden wird.[140]

Es kann **ausnahmsweise** trotz Erhebung einer Leistungsklage umgekehrten Rubrums mit gleichem **66** Streitgegenstand **bestehenbleiben**, wenn nur das Feststellungsverfahren entscheidungsreif ist, sofern aus der Sicht der letzten mündlichen Verhandlung die Entscheidungsreife bereits eingetreten war, als die Leistungsklage nicht mehr einseitig zurückgenommen werden konnte;[141] bei der auf einen Mindestbetrag gerichteten Klage gilt dies, auch soweit mit der Feststellungsklage die über den Mindestbetrag hinausgehende Feststellung begehrt wird, dass die Forderung nicht besteht.[142] Das Feststellungsinteresse besteht aber jedenfalls nicht mehr weiter, wenn im Verfahren über die Leistungsklage eine Sachentscheidung

---

126 RG Mitt 1932, 274, 276 Bierwürzebereitung; RG GRUR 1934, 444 Herdplattenring; BGH GRUR 1969, 479, 481 Colle de Cologne; BGH GRUR 1973, 429, 431 Idee-Kaffee I; BGH GRUR 1973, 667, 669 Rolladenstäbe; BGHZ 99, 340 ff = GRUR 1987, 402 Parallelverfahren I; BGH GRUR 1994, 846, 848 Parallelverfahren II; BGHZ 163, 369 = GRUR 2005, 967 Strahlungssteuerung; BGH GRUR 2008, 360 f EURO und Schwarzgeld: auch bei Ordnungsmittelantrag; BGH 12.7.1995 I ZR 124/93; LG München I InstGE 4, 1: Verwarnung des Vertreibers genügt zur Begründung des rechtl Interesses des Herstellers; vgl BPatGE 20, 186, 188 = Mitt 1978, 173; KG GRUR 1942, 419; OLG Düsseldorf GRUR 1955, 334.
127 BGH GRUR 1995, 697, 699 Funny Paper: ausreichend, dass die Rechtsberühmung des Abmahnenden die wirtschaftlichen und rechtl Interessen des Abgemahnten berührt und der Ernsthaftigkeit des Verlangens des Abmahnenden keine Zweifel bestehen können; BGH GRUR 2001, 242 Classe E; LG Düsseldorf 19.12.1996 4 O 408/95 Entsch 1997, 20, 22; LG Düsseldorf 17.2.1998 4 O 336/96 Entsch 1998, 66, 69; zum Feststellungsinteresse LG Mannheim 23.10.2007 2 O 72/07 NJOZ 2007, 5793 = GRUR-RR 2008, 143 Ls.
128 Vgl OLG Karlsruhe GRUR-RR 2003, 230.
129 RG GRUR 1942, 34 f Stauchfalzmaschine.
130 RGZ 45, 72, 74 = BlPMZ 1900, 60 Kurbelstickmaschine; RG GRUR 1938, 188 Rohrkrümmer.
131 RG Mitt 1927, 48 Feststellung der Abhängigkeit.
132 BGH GRUR 2011, 995 besonderer Mechanismus.
133 Vgl LG Düsseldorf 10.8.2000 4 O 293/99 Entsch 2000, 91, 93; *Benkard* § 139 Rn 95; *Fitzner/Lutz/Bodewig* vor § 139 Rn 10; *Schulte* § 139 Rn 235; *Kühnen* Hdb Rn 2009.
134 LG Düsseldorf 19.11.1996 4 O 408/95 Entsch 1997, 20, 23 f gegen KG GRUR 1942, 419.
135 BGH GRUR 1997, 896 Mecki-Igel III; *Schulte* § 139 Rn 188; *Schramm* PVP Kap 9 Rn 95.
136 OLG Düsseldorf Mitt 2000, 369 gegen LG Düsseldorf 19.1.1999 4 O 428/97 Entsch 1999, 21; LG Düsseldorf 8.6.2000, referiert in EIPR 2000 N-173 unter Abstellen auf den einheitlichen Charakter des eur Patents.
137 BGHZ 1, 194, 199 = GRUR 1951, 314 Motorblock.
138 RG GRUR 1938, 188 Rohrkrümmer; vgl BGHZ 28, 203, 207 = GRUR 1959, 152 Berliner Eisbein.
139 BGHZ 99, 340 ff = GRUR 1987, 402 Parallelverfahren I; BGH GRUR 1994, 846 f Parallelverfahren II mwN; BGH 7.7.1994 I ZR 34/92; BGH Mitt 2002, 23, 25 Nitrangin II; vgl BGH NJW 1995, 1757; *Teplitzky* GRUR 1995, 628, 632; zum Verzicht auf die Rücknahme *Keller* WRP 2000, 908, 911.
140 BGHZ 134, 201 = NJW 1997, 870; zur Verjährungsproblematik in diesem Fall *Teplitzky* GRUR 1997, 691, 696 mwN.
141 BGH GRUR 1985, 41, 44 REHAB; BGHZ 99, 340, 342 f = GRUR 1987, 402 Parallelverfahren I; vgl auch RG GRUR 1938, 188 Rohrkrümmer einerseits und LG Berlin GRUR 1980, 188 andererseits sowie RGZ 151, 65, 69 = GRUR 1936, 900 negative Feststellungsklage; OLG Düsseldorf GRUR 1955, 452.
142 BGHZ 165, 305 = GRUR 2006, 217 Detektionseinrichtung I.

ergangen ist oder diese Klage kommentarlos zurückgenommen wurde;[143] solange kein Verzicht erklärt wird, können aber sonstige Umstände ein Feststellungsinteresse begründen. Ist im Verfahren über die negative Feststellungsklage bereits ein Versäumnisurteil ergangen, gegen das zulässigerweise Einspruch eingelegt wurde, wird sie unzulässig, sofern vor einer Entscheidung nach § 343 ZPO eine Entscheidung über die Leistungsklage, und sei es auch nur dem Grunde nach, ergeht.[144]

67   Ist bereits eine negative Feststellungsklage anhängig, ist der Patentinhaber nicht gehalten, den Unterlassungsanspruch als **Widerklage** geltend zu machen, er kann sie unabhängig von der Feststellungsklage vor einem anderen Gericht geltend machen, ohne dass ihm anderweitige Rechtshängigkeit entgegengehalten werden könnte.[145] Zur Lage im Geltungsbereich der VO 1215/2012 und des LugÜ und des AnerkProt Rn 117.

68   **e.** Für eine **Zwischenfeststellungsklage** ist im Patentverletzungsstreit regelmäßig kein Raum,[146] anders ausnahmsweise etwa zur Geltendmachung des Schadensersatzanspruchs im Weg der Teilklage als Zwischenfeststellungswiderklage.[147] Voraussetzung für die Zulässigkeit der Zwischenfeststellungsklage ist nach § 256 Abs 2 ZPO ein streitiges Rechtsverhältnis, von dessen Bestehen oder Nichtbestehen die Entscheidung des Rechtsstreits ganz oder zum Teil abhängt. Eine besondere Feststellung des Rechtsverhältnisses kommt nicht in Betracht, wenn aus dem Rechtsverhältnis mit der Hauptklage nur ein einziger Anspruch verfolgt wird und bereits feststeht, dass weitere Ansprüche den Parteien daraus nicht erwachsen sind.[148]

69   Ein besonderes „**rechtliches Interesse**" an der Feststellung erfordert die Zwischenfeststellungsklage nicht, es wird durch die Vorgreiflichkeit des festzustellenden Rechtsverhältnisses für die Hauptentscheidung ersetzt. Dazu reicht grds bereits die bloße Möglichkeit aus, dass das inzident zu klärende Rechtsverhältnis zwischen den Parteien über den gegenwärtigen Streitstand hinaus Bedeutung hat oder gewinnen kann.[149] Die Erhebung der Zwischenfeststellungsklage im Berufungsrechtszug bedarf nicht der Zulassung durch das Gericht.[150]

70   Eine **negative Zwischenfeststellungswiderklage** dahin, dass das Patent nicht verletzt wird, wird in der Lit für den Beklagten bejaht, der den „kartellrechtl Zwangslizenzeinwand" (vgl Rn 134 ff zu 24; Rn 234 ff zu § 139) erhebt.[151]

71   **4. Gestaltungsklage** ist regelmäßig die Klage nach § 19 Abs 3 ArbEG (Rn 17 zu § 19 ArbEG). In Patentstreitsachen kommen sonst Gestaltungsklagen mit Ausnahme der vollstreckungsrechtl (§§ 767, 771 ZPO) kaum in Betracht. Gestaltungsklage ist nach dt Recht die Patentnichtigkeitsklage, die aber im Patentstreitverfahren nicht verfolgt werden kann.

IV. Das Klageverfahren

1. Verfahren erster Instanz

72   **a. Klageschrift.** Das Verfahren wird durch Einreichung der Klageschrift eingeleitet. Gleichzeitig ist die erforderliche Gebühr zu zahlen (§ 6 GKG). Den Inhalt der Klageschrift legt **§ 253 ZPO** fest.

73   **Klageanträge.** Ein zu weit gefasster Unterlassungsantrag macht die Klage nicht wegen nicht ausreichender Bestimmtheit unzulässig (s Rn 84).[152] § 139 Abs 1 ZPO gebietet es jedoch, dass das Gericht auf eine an die geltend gemachte angegriffene Ausführungsform zugeschnittene Antragstellung hinwirkt (vgl

---

143   So LG Düsseldorf InstGE 13, 120.
144   BGH Detektionseinrichtung I.
145   BGH GRUR 1994, 846, 848 Parallelverfahren II; BGH GRUR 1994, 823 f Preisrätselgewinnauslobung II; BGH 7.7.1994 I ZR 34/92; vgl auch BGH GRUR 1962, 360 f Trockenrasierer; LG München I GRUR 1952, 228 und *Reimer* Mitt 1960, 185.
146   *Benkard* § 139 Rn 96 mNachw.
147   BGHZ 52, 92 = GRUR 1970, 202 Handstrickapparat.
148   BGH GRUR 1991, 558 Nichtangriffsklausel.
149   BGHZ 69, 37, 42 = NJW 1977, 1637; BGHZ 83, 251, 255 = GRUR 1982, 411 Verankerungsteil.
150   BGH GRUR 1991, 558 Nichtangriffsklausel.
151   *Kühnen* Hdb Rn 1699.
152   BGHZ 162, 365, 368 = GRUR 2005, 569 Blasfolienherstellung; BGH GRUR 1999, 760 Auslaufmodelle II (UWGSache).

Rn 78, 87).[153] Der Kläger ist durch das Prozessrecht nicht gehindert, Ansprüche wegen Patentverletzung nicht nur wegen einer bestimmten angegriffenen Ausführungsform geltend zu machen, sondern auf das Klagepatent umfassende (prozessuale) Ansprüche zu stützen, die auf weitere Ausführungsformen, die sich unter den Patentanspruch subsumieren lassen, bezogene Handlungen des Beklagten erfassen sollen.[154] Dass ein solches umfassendes Klagebegehren zur gerichtlichen Entscheidung gestellt werden soll, kann regelmäßig nicht schon daraus abgeleitet werden, dass es der Kläger unterlässt, einen auf die von ihm vorgetragene angegriffene Ausführungsform zugeschnittenen Klageantrag zu formulieren.[155] Das Gericht ist an den Klageantrag gebunden; es darf nicht über das Begehrte hinausgehen oder etwas anderes zusprechen (§ 308 Abs 1 Satz 1 ZPO); allerdings hat es auf die Stellung sachdienlicher Anträge hinzuwirken (§ 139 Abs 1 Satz 1 ZPO).[156] Das Gericht ist aber weder berechtigt noch verpflichtet, den Kläger auf eine in Betracht kommende andere Anspruchsgrundlage hinzuweisen.[157] Das Vorbringen, auf das sich die Klage stützt, ist neben dem Wortlaut des Klageantrags zur Auslegung heranzuziehen, dies gilt ebenso für die Urteilsgründe neben der Urteilsformel.[158] „Gestaffelte" Klageanträge knüpfen in Patentverletzungssachen anders als im Wettbewerbsrecht[159] regelmäßig an engere Unteransprüche an. Es ist nicht erforderlich, dass dem Antrag die Schutzfähigkeit oder die Zuordnung des Schutzrechts zum Kläger entnommen werden kann.[160] Ist dem Kläger bei Berechnung des Klageanspruchs ein Fehler zu seinem Nachteil mit der Folge unterlaufen, dass er weniger beantragt, als ihm zustehen würde, sind, wenn sich der Fehler keiner Position zuordnen lässt, alle Positionen anteilig zu kürzen.[161] Zum Klageantrag bei der Übertragungsklage Rn 30 ff, 42 zu § 8. Unbezifferte Zahlungsanträge sind nicht nur bei immateriellen Schäden (etwa § 97 Abs 2 Satz 4 UrhG)[162] zulässig, sondern jedenfalls auch in bestimmten Fällen des § 287 ZPO;[163] s weiter die Kommentierung zu § 38 ArbEG.

Beispiel für den Klageantrag bei Klage wegen Patentverletzung:[164] 74

> *I. Die Beklagte wird verurteilt, es bei Meidung von Ordnungsgeld bis zu 250.000 EUR, ersatzweise Ordnungshaft, oder von Ordnungshaft bis zu sechs Monaten, diese zu vollziehen an ihrem Geschäftsführer, für jeden Fall der Zuwiderhandlung zu unterlassen, im Bundesrepublik Deutschland Vorrichtungen zum ... außerhalb des privaten Bereichs herzustellen, anzubieten, in Verkehr zu bringen, zu gebrauchen und/oder zu diesen Zwecken einzuführen oder zu besitzen, die folgende Merkmale aufweisen: ...*
>
> *II. Es wird festgestellt, dass die Beklagte verpflichtet ist, der Klägerin allen Schaden zu ersetzen, der dieser durch Handlungen der Beklagten gemäß Nr I seit dem ... entstanden ist und noch entstehen wird.*
>
> *III. Es wird weiter festgestellt, dass die Beklagte verpflichtet ist, der Klägerin für alle Handlungen gemäß Nr I in der Zeit vom ... bis ... eine angemessene Entschädigung zu leisten.*
>
> *IV. Die Beklagte wird verurteilt, der Klägerin darüber Rechnung zu legen, in welchem Umfang sie Handlungen gemäß Nr I begangen hat*

---

153 BGH Blasfolienherstellung; BGH GRUR 2012, 485 Rohrreinigungsdüse II; BGH GRUR 2014, 852 f Begrenzungsanschlag.
154 BGH Rohrreinigungsdüse II.
155 BGH Rohrreinigungsdüse II.
156 Vgl BGHZ 98, 12, 23 = GRUR 1986, 803 Formstein; BGH Blasfolienherstellung.
157 BGH RdL 2004, 271 Pelargonien, zu § 32 PflSchG; vgl BGHZ 154, 342 = GRUR 2003, 716 Reinigungsarbeiten.
158 BGH GRUR 1991, 774 Anzeigenrubrik II; BGH GRUR 1991, 772 Anzeigenrubrik I; vgl BGH GRUR 1990, 611, 616 Werbung im Programm, nicht in BGHZ; BGH GRUR 1991, 929 fachliche Empfehlung II; BGH GRUR 1992, 561 unbestimmter Unterlassungsantrag II; BGHZ 120, 320 = GRUR 1993, 980 Tariflohnunterschreitung; BGH GRUR 1992, 625 therapeutische Äquivalenz; BGH GRUR 1994, 808, 810 Markenverunglimpfung I, nicht in BGHZ; BGH GRUR 1995, 518 versäumte Klagenhäufung; BGHZ 130, 205 = GRUR 1995, 744 Feuer, Eis & Dynamit I; BGH GRUR 1996, 502, 507 Energiekosten-Preisvergleich I; BGH GRUR 1997, 304 Energiekosten-Preisvergleich II; BGH GRUR 1998, 1045 Brennwertkessel; BGH GRUR 1998, 1041 f Verkaufsveranstaltung in Aussiedlerwohnheim; BGH GRUR 1999, 272, 274 Die Luxusklasse zum Nulltarif.
159 Vgl BGH GRUR 1996, 793 Fertiglesebrillen; BGH GRUR 1997, 672 f Sonderpostenhändler.
160 BGHZ 134, 250 = GRUR 1997, 459 f CB-infobank I; BGH GRUR 1997, 464 f CB-infobank II, UrhSachen.
161 BGH GRUR 2002, 153 Kinderhörspiele.
162 Vgl *BeckOnlineKomm ZPO* § 253 Rn 60.
163 BGH GRUR-RR 2009, 319 Zementkartell; BGH GRUR 2006, 219 Detektionseinrichtung II für Schaden aus Abnehmerverwarnung; abl für Verletzergewinn LG Düsseldorf InstGE 8, 257.
164 Vgl auch die kommentierten Muster bei *Benkard* § 139 Rn 104; *Fitzner/Lutz/Bodewig* vor § 139 Rn 19 ff; *Mes* § 139 Rn 301 ff; *Schramm* PVP Kap 14 Rn 3 (III); *Kühnen* Hdb Rn 1453 ff.

1. in der Zeit vom .... bis ...und
2. seit dem ...,
und zwar unter Angabe des Zeitpunkts, der Menge und der Preise der einzelnen Lieferungen, für die Zeit seit dem ...
auch der Namen und Anschriften der Abnehmer, der Gestehungs- und Vertriebskosten und des erzielten Gewinns.

75 Sofern mangels Verschuldens nur ein **Bereicherungsanspruch** in Betracht kommt, wird dieser vom Schadensersatzfeststellungsantrag als Minus mit umfasst.

76 **Beispiel für den Klageantrag bei negativer Feststellungsklage:**[165]

Es wird festgestellt, dass der Beklagten aufgrund des Patents ... keine Ansprüche gegen die Klägerin oder deren Ab-
nehmer auf Unterlassen des Herstellens, Anbietens, Inverkehrbringens oder Gebrauchens von ... [nähere Angabe des
als patentverletzend in Anspruch genommenen Gegenstands] zustehen.

77 **Anpassung an die Verletzungsform.** Der Unterlassungsanspruch ist an die Verletzungsform anzupassen.[166] Gegenstand der Verurteilung im Verletzungsstreit ist die angegriffene Verletzungsform. Das Unterlassungsgebot ist in engem Anschluss an die konkrete Verletzungsform zu fassen.[167] Zur Kennzeichnung und Beschreibung einer angegriffenen konkreten Verletzungsform genügt regelmäßig eine schematische Darstellung der als patentverletzend angesehenen Teile; unwesentliche Einzelheiten können weggelassen werden.[168] Bei mittelbarer Patentverletzung kann der Unterlassungsanspruch eingeschränkt sein, dies ist aber nicht notwendig der Fall (vgl Rn 52 zu § 139).

78 Allenfalls bei wortlautgem (identischer) Verletzung sollte nach der älteren Rspr der Klageantrag **entsprechend dem Patentanspruch** abgefasst werden können,[169] und zwar auch, wenn der Patentanspruch eine Vielzahl möglicher Verletzungsformen umfasst; anders aber, wenn Unklarheiten über den Umfang der Verurteilung zu erwarten sind,[170] insb, wenn eine Klärung in das Vollstreckungsverfahren verlagert würde.[171] Die neuere Rspr des BGH ist strenger: Streiten die Parteien darüber, ob und mit welchen Mitteln oder mit welcher räumlich-körperlichen Ausgestaltung die angegriffene Ausführungsform Merkmale des Patentanspruchs verwirklicht, hat das Gericht darauf hinzuwirken, dass die Mittel im Klageantrag so konkret bezeichnet werden, dass eine dem Klageantrag entsprechende Urteilsformel die Grundlage für die Zwangsvollstreckung bilden kann; die Wiedergabe des Wortlauts des Patentanspruchs reicht auch dann nicht aus, wenn der Kläger eine wortsinngem Verletzung geltend macht (Rn 73).[172] Die schweiz Rspr verlangt eine Umschreibung durch bestimmte technische Merkmale so, dass es keiner Auslegung rechtl oder technischer Begriffe mehr bedarf, was voraussetzt, dass konkret dargestellt wird, welche Merkmale des Verletzungsgegenstands als Ausführung der technischen Lehre betrachtet werden.[173] Die Änderung der

---

165 Eingehend zu dieser *Kühnen* Hdb Rn 1989 ff.

166 Vgl zur Rechtslage im VK PatentsC 22./29.1.1999 FSR 1999, 437 Coflexip v. Stolt Comex und hierzu *Michaels* EIPR 1999, 326.

167 BGH GRUR 1962, 354, 356 Furniergitter; vgl auch BGH 21.9.1971 X ZR 32/70; öOGH ÖBl 2003, 31 Boss-Brillen IV; öOGH 4.5.2004 4 Ob 38/04y ÖBl 2004, 209 Ls Heimat; abw HG Zürich sic! 2008, 642, wonach die Produktbezeichnung eines pharmazeutischen Produkts ausreicht; aA Kantonsgericht Fribourg sic! 2010, 726, wonach die Verletzungsform als reale technische Handlung so zu umschreiben ist, dass es keiner Auslegung rechtl oder mehrdeutiger technischer Begriffe bedarf.

168 BGH GRUR 1957, 208 Grubenstempel.

169 BGHZ 98, 12, 23 = GRUR 1986, 803, 806 Formstein; vgl BGH 28.10.1965 I a ZR 238/63 Plastikflaschen, nicht in GRUR; schweiz BG sic! 2014, 376 Couronne dentée; *Nieder* Patentverletzung Rn 89; *Bodewig* GRUR 2005, 632; Bedenken schon in BGH NJW-RR 2003, 910 Innungsprogramm, UrhSache.

170 Vgl *Meier-Beck* GRUR 1998, 276 f.

171 Vgl BGH GRUR 1992, 40 f beheizbarer Atemluftschlauch; LG München I Mitt 1999, 466: mehrere angegriffene Ausführungsformen, von denen möglicherweise nicht alle verletzen.

172 BGHZ 162, 365, 373 = GRUR 2006, 569 Blasfolienherstellung; vgl BGH GRUR 2006, 313 Stapeltrockner; ähnlich schweiz BG sic! 2005, 208 Sammelhefter V m kr Anm *Widmer/Degen*: Wiederholung der in der Patentschrift aufgeführten abstrakten Merkmale genügt nicht; schweiz BG sic! 2005, 663 Haftschicht; HG Bern sic! 2006, 348; kr zur Rspr des BGH *Kühnen* GRUR 2006, 180, der insb in Abrede stellt, dass die Konkretisierung Vorteile für die Vollstreckung bringe, mit Replik *Meier-Beck* GRUR 2007, 11, 17; *Fitzner/Lutz/Bodewig* vor § 139 Rn 20; vgl auch *Tilmann* GRUR 2008, 312 ff; kr zur schweiz Praxis auch *Heinrich* sic! 2006, 48.

173 Schweiz BPatG sic! 2013, 171.

Ansprüche kann auch noch im Berufungsverfahren erfolgen, ohne dass es dazu einer Anschlussberufung des Klägers bedarf.[174]

Auch bei Verletzung außerhalb des Identitätsbereichs (Wortsinns), insb im **Äquivalenzbereich**, ist **79** die Verletzungsform genau zu bezeichnen.[175] Aus dem Klageantrag muss sich ergeben, in welchen tatsächlichen Gestaltungen sich die Abweichung von den Vorgaben des Patentanspruchs verkörpert.[176] Fehlt es hieran, hat das Gericht dies im Rahmen der Verpflichtung, auf die Stellung sachdienlicher Anträge hinzuwirken, zu erörtern.[177] In einem zu weit gefassten Unterlassungsbegehren kann als Minus die konkrete Verletzungsform enthalten sein;[178] in der Aufrechterhaltung der weiten Antragsfassung liegt im allg kein Verzicht auf einen Teil des von diesem Antrag umfassten Streitgegenstands.[179]

Die Praxis neigt dazu, Merkmale aus Unteransprüchen oder einem Ausführungsbeispiel, auf die sich **80** die Klage weiter stützt, in den Klageantrag mit einer **„insbesondere"**-Formulierung aufzunehmen.[180] Die Praxis der Instanzgerichte verneint allerdings teilweise ein Rechtsschutzbedürfnis für solche Anträge. Sie werden wegen möglicher Präklusionswirkungen als Reservoir für spätere Entwicklungen betr den Bestand oder den Sach- und Streitstand beim Vorbenutzungseinwand benutzt, ohne dass eine entspr Tenorierung im Urteil angestrebt wird.[181] In der Anpassung eines mit „insbesondere" eingeleiteten Teils des Unterlassungsantrags an die konkrete Verletzungsform handelt es sich nämlich nur um eine teilweise Klagerücknahme, wenn der Antrag eine zulässige Verallgemeinerung enthielt und der angegriffene Gegenstand gleich bleibt (vgl Rn 113).[182] Entspr gilt zB für eine engere Anspruchsfassung, auf die sich der Patentinhaber etwa in einem parallelen Nichtigkeitsverfahren zurückzieht oder die einer nicht rechtskräftigen Entscheidung in einem solchen entspricht; soweit der gleiche Gegenstand als verletzend angegriffen wird, ist eine derartige Änderung keine teilweise Klagerücknahme.[183] Wenn solche Anträge, die allenfalls als vorübergehende prozessuale Hilfsanträge denkbar sind, aber tatsächlich nicht gestellt werden sollten,[184] doch gestellt werden und eine entspr Verurteilung erfolgt, können Missverständnisse hinsichtlich der Reichweite des Tenors entstehen, da hierdurch der Verbotsumfang nicht beeinflusst wird, weil die „insbesondere"-Merkmale nur unverbindliche Beispiele der verbotenen Ausführungsform darstellen. Die Verwirklichung dieser Merkmale ist damit vom Gericht nicht zu prüfen: Das Gericht dürfte aus diesem Grund die Klage nämlich auch nicht teilweise abweisen, wenn es eines „insbesondere" geltend gemachten Unteranspruchs für nicht erfüllt hält.[185] Ob die Rechtskraftwirkung eines solchen Urteilstenors tatsächlich durch Verzicht auf die „insbesondere"-Formulierung bei einer entspr Beschränkung des Patents eine so beschränkte Merkmalskombination umfasst,[186] ist zu bezweifeln. Auch ist bei Stellung eines solchen Antrags im Frühstadium mit anschließender Klageabweisung fraglich, welche Rechtskraftwirkung ein solches Urteil entfaltet. Zweckmäßig ist die Angabe der konkreten Produktgestaltung, die angegriffen wird.[187] Die Änderung der Antragsfassung (und des Streitgegenstands) durch Geltendmachung von vom erteilten Schutzanspruch abw Merkmalskombinationen im Hinblick auf nicht rechtskräftig abgeschlossene Be-

---

174 BGH GRUR 2009, 750 Lemon Symphony, SortSache.

175 Zur Fassung des Klageantrags, wenn die Verletzungsform eine erfinderische Ausgestaltung des im Patent allgemein umschriebenen Merkmals darstellt, *Gesthuysen* GRUR 2001, 909, 915.

176 BGHZ 184, 49 = GRUR 2010, 314 Kettenradanordnung II.

177 BGH Kettenradanordnung II.

178 BGH GRUR 2012, 485 Rohrreinigungsdüse II; BGH GRUR 2014, 852f Begrenzungsanschlag; vgl BGH NJW-RR 1990, 1257 Mietkauf; BGH GRUR 1999, 760 Auslaufmodelle II mwN; BGH GRUR 2001, 446f 1-Pfennig-Farbbild.

179 BGH Auslaufmodelle II.

180 Vgl *Schramm* PVP Kap 9 Rn 334 ff unter Hinweis auf OLG München 22.6.1962 6 U 609/62; *Mes* § 139 Rn 321; *Fitzner/Lutz/Bodewig* vor § 139 Rn 46 unter Bezugnahme auf OLG München Mitt 1995, 73; *Benkard* § 139 Rn 104.

181 So *Kühnen* Hdb Rn 639ff, 1139, 1745; *Mes* § 139 Rn 321; vgl *Fitzner/Lutz/Bodewig* vor § 139 Rn 46.

182 Zutr *Kühnen* Hdb Rn 639ff, 1139, 1745; OLG München Mitt 1995, 73, WzSache; allg zur vom Wettbewerbsrecht abw Bedeutung von „insbesondere"-Anträgen *Meier-Beck* GRUR 1998, 276f, auch im Hinblick auf die durch die ZPO-Reform eingeschränkte Möglichkeit neuen Tatsachenvortrags in der Berufungsinstanz.

183 OLG Karlsruhe 26.3.1997 6 U 264/95; aA für den Wechsel von der eingetragenen zu einer eingeschränkten Fassung *Nieder* GRUR 1999, 222f.

184 So wohl *Fitzner/Lutz/Bodewig* vor § 139 Rn 46; *Kühnen* Hdb Rn 639ff.

185 *Meier-Beck* GRUR 1998, 276ff unter Hinweis auf LG Düsseldorf 29.4.1997 Entsch 1997, 51.

186 Vgl *Schramm* PVP Kap 9 Rn 335 unter Hinweis auf OLG München 22.6.1962 6 U 609/62; *Brunner* Der Schutzbereich europäischer Patente aus schweizerischer Sicht – eine Spätlese, sic! 1998, 348, 351.

187 *Meier-Beck* GRUR 1998, 276, 278.

standsverfahren wird vom BGH nunmehr nach dem GbmStreitverfahren[188] auch im Patentverletzungsprozess für zulässig gehalten (vgl Rn 16 zu § 139).[189]

81   Es ist nicht Sache des Klägers oder des Gerichts, im Klageantrag **Einschränkungen** zu formulieren, durch die der Verletzer Verletzungshandlungen ausschließen kann.[190] Dieser Grundsatz gilt jedoch nur, wenn das Verbot die konkrete Verletzungsform beschreibt; ist es abstrakt gefasst, müssen Einschränkungen in den Tenor aufgenommen werden, weil andernfalls auch erlaubte Verhaltensweisen vom Verbot erfasst würden.[191] Wie auch bei anderen Voraussetzungen, unter denen der Verbotstenor nicht greift, wie Nichtigerklärung, Widerruf oder Ablauf der Schutzdauer,[192] Lizenzierung (insoweit wird teilweise die Formulierung „ohne Zustimmung des Berechtigten" aufgenommen), ist die Aufnahme sämtlicher Privilegierungen des § 11 im Tenor nicht erforderlich; die im Marken- und Wettbewerbsrecht im Gesetz enthaltene Beschränkung des Schutzbereichs des jeweiligen Immaterialgüterrechts auf den geschäftlichen Verkehr, die oft aus Formularhandbüchern auch für Verbotsanträge in Patentverletzungsprozessen übernommen wird, führt zu einer nach der Rechtslage zu engen Fassung des Verbotstenors, der vom Gericht nach § 308 ZPO nicht erweitert werden darf; ein Hinweis nach § 139 ZPO sollte aber möglich sein.

82   Soweit **Erzeugnisschutz nach § 9 Satz 2 Nr 3** geltend gemacht wird, sind nach Möglichkeit die Merkmale des benutzten Verfahrens in den Klageantrag mit aufzunehmen. Soweit dies nicht möglich und infolge der Regelung in § 139 Abs 3 nicht erforderlich ist,[193] ist der Verletzer, der geltend machen will, dass sein Verhalten nicht in den Schutzbereich des Patents fällt, auf die Vollstreckungsabwehrklage nach § 767 ZPO verwiesen, soweit deren Voraussetzungen gegeben sind.[194]

83   Bei **mittelbarer Patentverletzung** muss in den Antrag aufgenommen werden, dass sich das begehrte Verbot nur auf den Geltungsbereich des Patentgesetzes und auf die Nichtberechtigung des Empfängers bezieht.[195] Weiter ist es Sache des Klägers, einen etwa erforderlichen Warnhinweis (vgl Rn 52 zu § 139) zu formulieren.[196] Wieweit hierdurch eine Exkulpation möglich ist, ist Tatfrage;[197] auch die Abwägung, was hierzu erforderlich ist, obliegt dem Tatrichter.[198] Die Merkmale des letzten Halbsatzes des § 10 Abs 1 gehören nicht in die Antragsfassung, sondern in die Begründung.[199] Das Gericht hat auf eine sachgerechte Antragstellung hinzuwirken.[200]

84   **Bestimmtheit des Klageantrags.** Ein Klageantrag, der gegen das Bestimmtheitsgebot des § 253 Abs 2 Nr 2 ZPO verstößt, ist unzulässig.[201] Die Anforderungen an die Bestimmtheit (zur Vollstreckbarkeit Rn 358) sind in Abwägung der zu schützenden Interessen des Beklagten an Rechtssicherheit und Rechtsklarheit hinsichtlich der Entscheidungswirkungen mit dem ebenfalls schutzwürdigen Interesse des Klägers an einem wirksamen Rechtsschutz festzulegen.[202] Die bildliche Darstellung der angegriffenen Ausführungsform kann dem Bestimmtheitserfordernis genügen.[203] Ein Unterlassungsausspruch muss die Frage, welches Verhalten dem Verbot unterfällt, für die Parteien und das Vollstreckungsgericht eindeutig beantwor-

---

188   BGHZ 155, 51 = GRUR 2003, 867 Momentanpol I.

189   BGH GRUR 2010, 904 Maschinensatz; dazu eingehend *Grunwald* Mitt 2010, 549.

190   Vgl BGH GRUR 1989, 445 Professorenbezeichnung in der Arztwerbung I; BGH GRUR 1991, 550 Zaunlasur; BGHZ 118, 53, 56 = GRUR 1992, 525 Professorenbezeichnung in der Arztwerbung II; BGHZ 123, 330 = GRUR 1994, 126 Folgeverträge I; vgl aber BGH GRUR 1994, 310 Mozzarella II, UWGSachen.

191   BGH GRUR 2002, 606, 608 vossius.de; BGH GRUR 2004, 605 Dauertiefpreise.

192   BGHZ 187, 1 = GRUR 2010, 996 Bordako, SortSache; *Fitzner/Lutz/Bodewig* vor § 139 Rn 22.

193   Vgl BGH GRUR 1977, 100 Alkylendiamine I; aA OLG Düsseldorf GRUR 1967, 135.

194   *Benkard* § 139 Rn 124.

195   *Nieder* GRUR 2006, 977, 983.

196   BGHZ 168, 124 = GRUR 2006, 839, 842 Deckenheizung; *Benkard* § 10 Rn 24; *Kühnen* Hdb Rn 298, 1130 f; zum Unterlassungsantrag bei drohender mittelbarer Patentverletzung *Scharen* GRUR 2001, 995.

197   *Mes* § 10 Rn 46 f; OLG Düsseldorf InstGE 2, 115, 123 ff; vgl *Scharen* GRUR 2001, 995, 998; vgl auch LG Mannheim InstGE 4, 107, 109.

198   BGHZ 168, 124 = GRUR 2006, 839 Deckenheizung; BGHZ 170, 338 = GRUR 2007, 679 Haubenstretchautomat.

199   *Nieder* GRUR 2006, 977, 983.

200   BGH GRUR 2005, 407 T-Geschiebe.

201   *Zöller* ZPO vor § 253 Rn 24, § 253 Rn 10 ff.

202   BGH GRUR 2002, 1088 f Zugabenbündel; BGHZ 166, 233 = GRUR 2006, 504 Parfümtestkäufe; zur Bestimmtheit bei Software BGH GRUR 2005, 357 Planfreigabesystem, UrhSache.

203   BGH GRUR 2006, 311 Baumscheibenabdeckung mwN; keine Bedenken haben insoweit die Vorinstanzen LG Hamburg 11.1.2001 315 O 652/99 und OLG Hamburg 4.9.2003 3 U 67/01; vgl hierzu auch *Tilmann* GRUR 2008, 312, 314.

ten.[204] Das erfordert die konkrete Beschreibung des zu untersagenden Verhaltens.[205] Es kommt auf die Fallumstände an.[206] Unvermeidliche Unklarheiten müssen allerdings hingenommen werden.[207] Ein Verbotsantrag darf nicht derart undeutlich gefasst sein, dass sich der Beklagte nicht erschöpfend verteidigen kann und im Vollstreckungsverfahren die Entscheidung darüber, was verboten ist, dem Vollstreckungsgericht überlassen wäre; dies ist vAw zu berücksichtigen.[208] Die fehlende Bezeichnung vom Beklagten zu erfüllender Sorgfalts- und Prüfpflichten macht den Antrag nicht unzulässig, wenn sich diese aus der Begründung ergeben,[209] muss aber auch in das Vollstreckungsverfahren verlagert werden, wenn sie im Erkenntnisverfahren nicht bestimmbar ist.[210] Ein Hinweis nach § 139 ZPO kann geboten sein.[211] Jedoch kann in einem zu weit gefassten Unterlassungsantrag die konkrete Verletzungsform als Minus enthalten sein.[212] Bei ungeklärter Rechtslage kann es aus Gründen der prozessualen Fairness geboten sein, auch durch erneute Eröffnung des Berufungsverfahrens Gelegenheit zu sachdienlicher Anspruchsfassung zu geben.[213] Ist der Unterlassungsantrag auf das Verbot einer konkret begangenen Handlung gerichtet, ist die Bestimmtheit idR unproblematisch.[214] Die Frage, ob der Antrag von der konkreten Verletzungsform zu sehr abstrahiert, wird anders als die der mangelnden Bestimmtheit der Begründetheit der Klage zugeordnet.[215] Die zur Begründung des Unterlassungsantrags angeführten Handlungen sind für das Verständnis des Klageantrags iSd § 253 Abs 2 Nr 2 ZPO und der Reichweite des hierauf gründenden gerichtlichen Verbots

204 BGHZ 156, 1, 8 = GRUR 2003, 958 Paperboy; BGH GRUR 2005, 692 „statt"-Preis mwN; vgl schweiz BG sic! 2005, 208 Sammelhefter V.

205 Zur Konkretisierung durch eine zu den Akten gereichte Videoaufzeichnung BGHZ 142, 388, 390 = GRUR 2000, 228 f Musical-Gala; zur Verwendung auslegungsbedürftiger Begriffe BGH NJWE-WettbR 1998, 169 Loseblattsammlungen; vgl auch BGH GRUR 2003, 786 Innungsprogramm.

206 BGHZ 153, 69 = GRUR 2003, 228 P-Vermerk, UrhSache.

207 BGH P-Vermerk, zur Verurteilung bezügl im Eigentum der Beklagten stehender Verletzungsgegenstände.

208 BGH GRUR 1979, 859 Hausverbot II; BGH GRUR 1986, 898 Frank der Tat; BGH GRUR 1991, 254, 256 unbestimmter Unterlassungsantrag I; BGHZ 115, 105 = GRUR 1991, 917 Anwaltswerbung; BGH GRUR 1992, 463 Anzeigenplazierung; BGH GRUR 1993, 565 Faltenglätter; BGH NJW 1992, 1691 f Ortspreis, nicht in BGHZ; BGH GRUR 1995, 832 ff Verbraucherservice; BGH GRUR 1997, 767 f Brillenpreise II: Bezugnahme auf unleserliche Anlage; BGH GRUR 1998, 489, 491 unbestimmter Unterlassungsantrag III; BGHZ 135, 1, 6 ff = NJW 1997, 3440 Betreibervergütung; BGH GRUR 1998, 471, 474 f Modenschau im Salvatorkeller; BGH GRUR 1999, 1017 Kontrollnummernbeseitigung I; BGHZ 142, 388, 391 = GRUR 2000, 288 Musical-Gala; BGH GRUR 2000, 619 f Orientteppichmuster; BGH GRUR 2000, 337 Preisknaller; BGH GRUR 2000, 438, 440 gesetzeswiederholende Unterlassungsanträge; BGHZ 143, 214 = GRUR 2000, 709, 711 Marlene Dietrich; BGHZ 144, 255 = GRUR 2000, 1076 ff Abgasemissionen; BGH GRUR 2001, 255 Augenarztanschreiben; BGH GRUR 2002, 77 f Rechenzentrum; BGH GRUR 2002, 86, 88 Laubhefter; BGH GRUR 2001, 453 f TCM-Zentrum; BGH GRUR 2001, 529, 531 Herz-Kreislauf-Studie; BGH GRUR 2002, 72 f Preisgegenüberstellung im Schaufenster; BGH GRUR 2002, 985 WISO; BGH GRUR 2002, 987 Wir Schuldenmacher; BGH GRUR 2002, 993 Wie bitte?! BGH GRUR 2002, 996 Bürgeranwalt; BGH NJW 2002, 2884 Ohne Gewähr; BGH GRUR 2002, 1003 Gewinnspiel im Radio; BGHZ 152, 268 = GRUR 2003, 242 Dresdner Christstollen; BGH GRUR 2003, 886 Erbenermittler; BGHZ 156, 1 = GRUR 2003, 958, 960 Paperboy; BGHZ 156, 126 = GRUR 2004, 151 Farbmarkenverletzung I; BGH GRUR 2004, 344 Treuepunkte; BGHZ 156, 174 = GRUR 2004, 696 Direktansprache am Arbeitsplatz I; BGH 7.7.1994 I ZR 69/92, UWGSachen; BGH 14.1.2010 I ZR 82/08. Markensache: LG Düsseldorf 15.9.1998 4 O 35/98 Entsch 1998, 97 f; vgl zur wettbewerbsrechtl Kasuistik *Teplitzky* GRUR 1997, 691, 695 f; *Meier-Beck* GRUR 1998, 276; zu fallbezogenen Besonderheiten BGH Musical-Gala; BGH GRUR 2002, 1088 f Zugabenbündel; zum Bestimmtheitserfordernis bei kartellrechtl Untersagungsverfügungen BGH GRUR 1999, 362 Beanstandung durch Apothekerkammer, mwN.

209 BGH GRUR 2013, 1030 File-Hosting-Dienst (Nr 21), zur hinreichenden Begründung im angefochtenen Urteil; BGH GRUR 2013, 1229 Kinderhochstühle im Internet II (Nr 25); BGHZ Vv = GRUR 2016, 268 Störerhaftung des Access-Providers (Nr 14).

210 BGH File Hosting-Dienst (Nr 21); BGH Störerhaftung des Access-Providers (Nr 14).

211 Vgl BGH unbestimmter Unterlassungsantrag III; BGH NJWE-WettbR 1998, 169 Loseblattsammlungen; BGH GRUR 1999, 235, 238 Wheels Magazine; BGH gesetzeswiederholende Unterlassungsanträge; BGH GRUR 2002, 186, 188 Lieferstörung; BGH Rechenzentrum; BGH Laubhefter; BGHZ 151, 15 = GRUR 2002, 799 Stadtbahnfahrzeug; BGH Erbenermittler; BGH Paperboy; vgl zur zulässigen Verdeutlichung OLG Nürnberg 21.7.1998 3 U 402/98.

212 BGH GRUR 2004, 605 Dauertiefpreise.

213 BGHZ 158, 174 = GRUR 2004, 696, 699 Direktansprache am Arbeitsplatz I; BGH GRUR 2005, 443 Ansprechen in der Öffentlichkeit II; BGH GRUR 2006, 426 Direktansprache am Arbeitsplatz II.

214 BGH GRUR 2001, 453 f TCM-Zentrum; BGH GRUR 2002, 75 f „SOOOO ... BILLIG"?

215 BGH GRUR 2002, 1095 telefonische Vorratsanfrage.

Kaess

gem § 890 ZPO heranzuziehen;[216] vgl auch Rn 73. Der Klageantrag sollte auch angeben, auf welches Schutzrecht er gestützt wird, da mehrere Schutzrechte verschiedene Streitgegenstände darstellen und daher kein einheitliches Klagebegehren vorliegt[217] (Rn 91, 170). Dies folgt schon daraus, dass die selbstverständlichen und daher nicht in den Tenor aufgenommenen Beschränkungen (Rn 81) bei „Mitlesen" bei sämtlichen Klageanträgen betr verschiedene Klageschutzrechte zu unterschiedlichem Umfang der Rechtskraft führt.

85   Ein Klageantrag, „ähnliche" oder „sonstige" Fälle zu untersagen, ist wegen mangelnder Bestimmtheit unzulässig,[218] anders bei bloßem Hinweis auf kerngleiche Handlungen.[219]

86   Gewisse **Verallgemeinerungen** sind zulässig, wenn der charakteristische Kern des konkreten Verletzungstatbestands zum Ausdruck kommt,[220] da eine in bestimmter Form begangene Verletzungshandlung auch eine Vermutung für die Begehung leicht abgewandelter, in ihrem Kern gleicher Handlungen begründet, wobei allerdings eine den Bestimmtheitsanforderungen genügende Grundlage für die Vollstreckung auch bei abw Handlungsformen vorliegen muss.[221] Ist das Verbot eng auf die konkrete Verletzungshandlung beschränkt, sind einer erweiternden Auslegung des Unterlassungsantrags und der Urteilsformel im Hinblick auf kerngleiche Verletzungshandlungen enge Grenzen gesetzt.[222] Ein nicht rechtswidriges Verhalten darf nicht einbezogen werden (vgl aber Rn 81).[223] Eine Bezugnahme auf gesetzlich definierte Begriffe ist jedenfalls dann nicht ausgeschlossen, wenn über deren Auslegung kein Streit besteht.[224]

87   Die bloße **Wiedergabe des gesetzlichen Verbotstatbestands** genügt dem Erfordernis der Bestimmtheit nicht, wenn str ist, welche von mehreren angegriffenen Verhaltensweisen ihm unterfällt (vgl Rn 73, 78).[225]

---

216   BGH GRUR 1988, 776 PPC; BGH GRUR 1991, 138 Flacon; BGH GRUR 1991, 319 Hurricane, WzSachen; BGH GRUR 1997, 761, 763 Politikerschelte, UWGSache; BGH GRUR 1992, 561, 562 unbestimmter Unterlassungsantrag II; BGHZ 156, 126 = GRUR 2004, 151 Farbmarkenverletzung I; BGH GRUR 1995, 832, 834 Verbraucherservice: Engherzigkeit ist nicht angebracht, wenn der Sachvortrag das Begehrte eindeutig umschreibt und sich der Streit der Parteien auf die rechtl Qualifizierung der angegriffenen Verhaltensweise beschränkt; BGH GRUR 2002, 177, 179 Jubiläumsschnäppchen; BGHZ 152, 268 = GRUR 2003, 242 Dresdner Christstollen; vgl BGH – Nichtannahmebeschluss – 1.12.1999 I ZB 219/98, GeschmMSache.
217   BGH GRUR 2012, 485 Rohrreinigungsdüse II, BGHZ 189, 56 = GRUR 2011, 521 TÜV I: BGH GRUR 2011, 1043 TÜV II.
218   BGH GRUR 1963, 430 Erdener Treppchen, UWGSache; vgl BGH GRUR 1991, 254, 257 unbestimmter Unterlassungsantrag I; BGHZ 126, 287 = GRUR 1994, 844, 846 Rotes Kreuz; BGH GRUR 1999, 235, 238 Wheels Magazine; BGH GRUR 2002, 177 Jubiläumsschnäppchen; vgl auch BGHZ 112, 264 = GRUR 1991, 448 Betriebssystem.
219   BGH Jubiläumsschnäppchen; vgl Fitzner/Lutz/Bodewig vor § 139 Rn 18.
220   BGH GRUR 1984, 593 adidas-Sportartikel; BGH GRUR 1979, 859 Hausverbot II mwN; BGH GRUR 1989, 115 Mietwagenmitfahrt; BGH GRUR 1989, 445 Professorenbezeichnung in der Arztwerbung I; BGH GRUR 1990, 835 Rückkehrpflicht III; BGH GRUR 1990, 173 Beförderungsauftrag; BGH NJW 1990, 1366 Rückkehrpflicht IV; BGH GRUR 1991, 254 unbestimmter Unterlassungsantrag I; BGH GRUR 1991, 772 Anzeigenrubrik I; BGH GRUR 1992, 858 Clementinen; BGH GRUR 1994, 304 Zigarettenwerbung in Jugendzeitschriften; BGH GRUR 1998, 483 f Der M.-Markt packt aus; BGHZ 126, 287 = GRUR 1994, 844, 846 Rotes Kreuz; BGH GRUR 1996, 502, 507 Energiekosten-Preisvergleich I; BGH GRUR 1999, 509, 511 Vorratslücken; BGH GRUR 1999, 1017 f Kontrollnummernbeseitigung I; BGH GRUR 2000, 337 f Preisknaller; BGH GRUR 2000, 438, 441 gesetzeswiederholende Unterlassungsanträge; BGH GRUR 2002, 709, 711 f Entfernung der Herstellungsnummer II; BGH GRUR 2003, 250 Massenbriefsendungen aus dem Ausland; BGH GRUR 2000, 616 f Auslaufmodelle III; BGH GRUR 2000, 907, 911 Filialleiterfehler; BGH GRUR 2001, 446 f 1-Pfennig-Farbbild, BGH GRUR 2004, 154 Farbmarkenverletzung II; BGHZ 166, 253 = GRUR 2006, 421 Markenparfümverkäufe (hierzu Ahrens JZ 2006, 181, 184; Berneke WRP 2007, 579; Köhler GRUR-RR 2006, 209, 214; Teplitzky WRP 2007, 1 und GRUR 2007, 177, 180; Tilmann GRUR 2008, 312 f); BGHZ 166, 233 = GRUR 2006, 504 Parfümtestkäufe; Bodewig GRUR 2005, 632 f; vgl OLG München GRUR 1999, 765 zu Auswirkungen auf den Schadensersatzanspruch; Ausnahmefälle behandeln BGH GRUR 1999, 1011, 1014 Werbebeilage und BGH 4.2.1999 I ZR 74/94; kr zur Praxis einzelner Instanzgerichte bei „unerheblichen Abwandlungen" BGH GRUR 2010, 272 Produktionsrückstandsentsorgung.
221   BGH Clementinen.
222   BGH GRUR 2010, 454 Klassenlotterie.
223   Vgl BGH Vorratslücken; BGH GRUR 2000, 436 f ehemalige Herstellerpreisempfehlung; LG München I Mitt 1999, 466.
224   BGH GRUR 2002, 801 f abgestuftes Getriebe.
225   BGHZ 118, 1 = NJW 1992, 1691 Ortspreis; BGH GRUR 2007, 607 Telefonwerbung für „Individualverträge"; BGH GRUR 2000, 438 gesetzeswiederholende Unterlassungsanträge; BGH GRUR 2007, 708 Internet-Versteigerung II; BGH GRUR 2008, 84 Versandkosten; BGH GRUR 2008, 532 Umsatzsteuerhinweis (sämtlich UWGSachen)

Antrag zur Rechnungslegung (Rn 48 ff zu § 140b).[226] Soweit nur ein Entschädigungsanspruch in Be- **88** tracht kommt, ist zu beachten, dass ein Auskunftsanspruch auf Bekanntgabe der konkreten Herstellungs- und Vertriebskosten regelmäßig nicht besteht (Rn 73 zu § 140b). Der Wirtschaftsprüfervorbehalt kann ohne Antrag ausgesprochen werden (Rn 91 zu § 140b). Im Prozess über die Rechnungslegung braucht der Verletzte noch nicht die Wahl zu treffen, nach welcher Berechnungsart er seinen Schaden berechnen will (Rn 65 zu § 140b). Der Anspruch beschränkt sich nicht auf den Zeitpunkt bis zur letzten mündlichen Verhandlung, vorausgesetzt, dass der Antrag keine Befristung enthält.[227] In der Praxis wird als Beginn ein Monat nach Bekanntgabe der Patenterteilung angesetzt, es sei denn, die Verletzungshandlungen aller Beklagten haben unzwh erst später begonnen (vgl auch Rn 122 ff zu § 139 zur Überlegungsfrist). Soweit Belege verlangt werden können (Rn 63 zu § 140b), sind diese soweit möglich genau zu bezeichnen.[228] Zum Klageantrag bei der Drittauskunft Rn 28 f zu § 140b.

Klagehäufung (Anspruchshäufung) ist nach § 260 ZPO zulässig, auch in Form von Haupt- und Hilfs- **89** antrag. Sie liegt nur vor, wenn mehrere prozessrechtl Ansprüche seitens desselben Klägers gegen denselben Beklagten verfolgt werden, mehrere Klageanträge, die getrennte Ziele verfolgen, gestellt sind. Zu der vom I. Zivilsenat des BGH für zulässig erachteten Möglichkeit alternativer Klagehäufung, insb der Stützung eines einheitlichen Klageantrags auf mehrere selbstständige Klagegründe, Rn 91.

Der **Hilfsantrag** ist ein selbstständiger Antrag, der für den Fall des Scheiterns des Hauptantrags ge- **90** stellt ist. Nur das zu seiner Rechtfertigung Vorgetragene darf bei der Entscheidung über ihn berücksichtigt werden.[229]

Mehrheit von Klagegründen (Streitgegenständen; vgl Rn 170; Rn 258 ff zu § 139; zum Streitwert **91** Rn 332). Die nicht unproblemat[230] Rspr des I. Zivilsenats des BGH hat die Geltendmachung eines Unterlassungsanspruchs aus **verschiedenen Rechtsgründen** (Vertrag, Patentverletzung, Zeichenverletzung, Wettbewerbsverstoß)[231] iSd zweigliedrigen Streitgegenstandstheorie[232] jedenfalls dann als verschiedene Klagegründe angesehen, wenn der Kläger dies so geltend macht und er die weitere Anspruchsgrundlage nicht nur beiläufig erwähnt.[233] Das gilt auch, wenn sich der Kläger nur auf eines von mehreren ihm zustehenden Schutzrechten stützt oder wenn neben dem Anspruch aus dem Schutzrecht ein wettbewerbsrechtl Anspruch in Betracht kommt.[234] Dabei hat der I. Zivilsenat des BGH zunächst eine alternative Klagehäufung zugelassen.[235] Später hat er diese Rspr ausdrücklich dahin aufgegeben, dass bei gleichem Klageziel

---

226 Bsp bei *Fitzner/Lutz/Bodewig* vor § 139 Rn 28.

227 BGHZ 159, 66 = GRUR 2004, 755 Taxameter; BGH GRUR 2012, 45 Diglycidverbindung; aA OLG Düsseldorf Mitt 2001, 424 = InstGE 1, 254; vgl auch *Fitzner/Lutz/Bodewig* vor § 139 Rn 25.

228 BGH NJW 1983, 1056; *Fitzner/Lutz/Bodewig* vor § 139 Rn 25.

229 BGH GRUR 1982, 723, 726 Dampffrisierstab I.

230 Vgl *Teplitzky* GRUR 2003, 272, 279.

231 *Benkard* § 142 Rn 3; vgl BGHZ 154, 342 = GRUR 2003, 716 Reinigungsarbeiten: unterschiedliche Streitgegenstände bei einem auf Verletzung kommunalrechtl Bestimmungen gestützten wettbewerbsrechtl Unterlassungsanspruch, wenn die Verurteilung aufgrund der – behaupteten, aber nicht zum Gegenstand eines selbstständigen Unterlassungsbegehrens gemachten – Verletzung ausschreibungsrechtl Bestimmungen erfolgt; vgl aber BGH GRUR 2000, 317, 318 Werbefotos zum Verhältnis von Urheber- und Lichtbildschutz.

232 Hierzu BGH GRUR 1992, 552 Stundung ohne Aufpreis; BGH GRUR 1999, 272, 274 Die Luxusklasse zum Nulltarif; BGH GRUR 2001, 181 f dentalästhetika I; BGH GRUR 2001, 755 f Telefonkarte; BGH GRUR 2002, 725, 727 Haartransplantationen; BGHZ 154, 342, 347 f = GRUR 2003, 716 Reinigungsarbeiten; BGH GRUR 2003, 798, 800 sanfte Schönheitschirurgie; BGH GRUR 2005, 940 Marktstudien; BGH GRUR 2006, 164 f Aktivierungskosten II; BGHZ 166, 253, 259 = GRUR 2006, 421 Markenparfümverkäufe; BGH BGHRep 2006, 666 Ginseng-Präparat; BGH GRUR 2005, 886 Glücksbon-Tage; BGH GRUR 2007, 161 f dentalästhetika II; BGH GRUR 2007, 691 Staatsgeschenk; BGH GRUR 2007, 1066 Kinderzeit; BGH GRUR 2007, 1071 Kinder II; BGHZ 189, 56 = GRUR 2011, 521 TÜV I: BGH GRUR 2011, 1043 TÜV II; erwogen auch bei gleichem Klagebegehren aus demselben Kennzeichnungsrecht, wenn zur Begründung unterschiedliche Lebenssachverhalte vorgetragen werden müssen, wie bei Verwechslungsschutz und Bekanntheitsschutz; weitere Nachw bei *Teplitzky* GRUR 1998, 320 Fn 4.

233 BGH Stundung ohne Aufpreis; vgl auch BGH GRUR 1962, 577 Rosenzüchter; BGH GRUR 1991, 215 Emilio Adani I; BGH GRUR 2013, 397 Peek & Cloppenburg III mwN.

234 BGH Telefonkarte; BGH GRUR 2002, 709, 712 Entfernung der Herstellungsnummer III; BGHZ 158, 236 = GRUR 2004, 360 f Internet-Versteigerung I; *Grosch* FS T. Schilling (2009), 207, 219.

235 BGH GRUR 2001, 453 TCM-Centrum; BGH GRUR 2008, 258 INTERCONNECT; BGH GRUR 2009, 766 Stofffähnchen; BGH GRUR 2010, 642 WM-Marken, Markensachen.

Kaess

eine alternative Klaghäufung unzulässig ist.[236] In der Folge hat er für das Markenrecht die Angabe eines Haupt-/Hilfsverhältnises gefordert.[237] Im Jahr 2013 hat er für das Wettbewerbsrecht diese Rspr ausdrücklich aufgegeben, und zwar durch eine Ausdehnung des Streitgegenstandsbegriffs insb in der Werbung auf komplexe Werbeaussagen, deren einzelne Bestandteile aufgrund verschiedener gesetzlicher Anspruchsgrundlagen angegriffen werden.[238] Er hat sie aber insb für das Markenrecht aufrechterhalten.[239] Richtigerweise liegen bei Geltendmachung verschiedener Schutzrechte,[240] auch von dt und eur Patent oder Patent und parallelem Gebrauchsmuster,[241] verschiedene Streitgegenstände vor. Wie ohne weiteres in Patentstreitsachen angenommen (vgl Rn 111),[242] ist angesichts der Erfolgsquote von Angriffen auf den Rechtsbestand technischer Schutzrechte das Rechtsschutzbedürfnis für eine kumulative Geltendmachung verschiedener Schutzrechte im Hinblick auf denselben Verletzungsgegenstand (vgl auch § 145) zu bejahen. Demnach kann der andere Klagegrund abgetrennt und zum Gegenstand eines gesonderten Rechtsstreits gemacht werden (Rn 29 zu § 145).[243] Der klägerischen Äußerung, zu dem wettbewerbsrechtl Anspruch keine Erklärung abzugeben, kann ein verfahrensrechtl relevanter Verzicht auf ihn nicht entnommen werden.[244] Auch bei der Geltendmachung eigener und übertragener Rechte handelt es sich um verschiedene Streitgegenstände.[245] Es wurde auch angenommen, dass in der Geltendmachung des Unterlassungsbegehrens aufgrund Wiederholungsgefahr (Rn 56 ff zu § 139) und aufgrund Erstbegehungsgefahr (Rn 44 ff zu § 139) verschiedene Streitgegenstände liegen.[246] Der Streitgegenstand ändert sich auch, wenn die Verletzungsform abgewandelt wird, auf die sich der Verbotsausspruch beziehen soll, oder die im Unterlassungsanspruch umschriebene Verletzungsform durch Einfügung zusätzlicher Merkmale auf Verhaltensweisen beschränkt wird, deren Beurteilung die Prüfung weiterer Sachverhaltselemente erfordert.[247] Im übrigen kommt es auf Ort und Zeitpunkt der Verletzungshandlung für die Bestimmung des Streitgegenstands aber nicht an.[248] Es ist unerheblich, ob die Subsumtion unter den Verletzungstatbestand nach Meinung des Klägers eine wortsinngemäße oder eine gleichwertige (äquivalente) Verwirklichung eines oder mehrerer Merkmale der geschützten Erfindung ergibt,[249] das gilt aber nicht für unmittelbare und mittelbare Patentverletzung.[250] Wird in den Entscheidungsgründen eines die Leistungsklage abweisenden Urteils ein bestimmter materiellrechtl Anspruch ausdrücklich als nicht entschieden bezeichnet, ist des dem Kläger nicht verwehrt, diesen in einem weiteren Verfahren geltend zu machen.[251] Ob in der Einführung einer weiteren Verletzungshandlung als Grundlage des Unterlassungsanspruchs die Geltendmachung eines anderen Streitgegenstands liegt,[252] erscheint jedenfalls für den Fall zwh, dass es sich um im Kern gleichartige Handlungen handelt.[253]

---

236 BGHZ 189, 56 = GRUR 2011, 521 TÜV I; BGH GRUR 2011, 1043 TÜV II; vgl *Büscher* GRUR 2012, 16; *Stieper* GRUR 2012, 5; *von Ungern-Sternberg* GRUR 2009, 901 ff, 1009 ff und GRUR 2011, 375 ff, 486 ff.

237 BGH GRUR 2012, 1145 Pelikan, Markensache.

238 BGHZ 194, 314 = GRUR 2013, 401 Bio-Mineralwasser, UWGSache.

239 BGH Bio-Mineralwasser.

240 *Fitzner/Lutz/Bodewig* vor § 139 Rn 44, ohne Behandlung des ParallelGbm, Rn 45 ff; *Benkard* Rn 10a: mit Ausnahme des ParallelGbm.

241 OLG München InstGE 6, 57; *Schramm* PVP Kap 9 Rn 230 ff; wohl auch BGH GRUR 2012, 485 Rohrreinigungsdüse II (Nr 18); vgl *Kühnen* Hdb Rn 1044 ff; aA noch BGH GRUR 1961, 79, 81 Behältersprritzkopf.

242 Vgl OLG München InstGE 6, 57; *Kühnen* Hdb Rn 1044 ff.

243 *Fitzner/Lutz/Bodewig* vor § 139 Rn 49; *Benkard* Rn 3; BGH Rosenzüchtung.

244 BGH Emilio Adani I.

245 BGHZ 153, 69 = GRUR 2003, 228 P-Vermerk.

246 BGH GRUR 2006, 429 Schlank-Kapseln.

247 BGHZ 168, 179 = GRUR 2006, 960 Anschriftenliste. UWGSache.

248 BGHZ 159, 66 = GRUR 2004, 755 Taxameter; BGH Rohrreinigungsdüse II.

249 BGH Rohrreinigungsdüse II.

250 *Fitzner/Lutz/Bodewig* vor § 139 Rn 44 unter Hinweis auf BGH GRUR 2005, 407 T-Geschiebe.

251 BGH GRUR 2002, 787 f Abstreiferleiste; vgl BGH 22.9.2009 X a ZR 77/08, Schenkungssache.

252 Vgl BGH GRUR 2003, 436 Feldenkrais, UWGSache, dort allerdings explizit nur zur Einführung weiterer Verletzungsformen; vgl auch BGH GRUR 2003, 798 sanfte Schönheitschirurgie; BGHZ 166, 253 = GRUR 2006, 421 Markenparfümverkäufe.

253 BGHZ 156, 1 = GRUR 2003, 958 Paperboy stellt darauf ab, ob Verbote verschiedener Handlungen begehrt werden, deren Ausspruch von unterschiedlichen tatsächlichen und rechtlichen Voraussetzungen abhängt.

Die **Klagebegründung** sollte zunächst die Schutzrechtslage hinsichtlich aller Schutzrechte, auf die **92** sich die Klage stützt (wegen § 145), detailliert darstellen.[254] Nicht unbedingt erforderlich, aber empfehlenswert sind Rechtsausführungen, soweit der Fall hierzu Anlass bietet. Es empfiehlt sich, die Merkmale der Patentansprüche aufzugliedern (Merkmalsanalyse); an der Aufteilung in Oberbegriff und Kennzeichen sollte nicht gehaftet werden. Um Wertungsprobleme zu vermeiden, sollte jede selbstständig änderbare Eigenschaft (Element), die der Patentanspruch benennt, ein Merkmal darstellen.[255]

Es folgt idR ein auf das Wesentliche beschränktes **Referat des Stands der Technik**, die Darstellung **93** des gelösten technischen Problems unter Angabe der erzielten Vorteile; zweckmäßig ist eine Erläuterung der technischen und wirtschaftlichen Bedeutung der Erfindung und ihrer praktischen Handhabung. Dabei sollte berücksichtigt werden, dass die Richter idR nicht über eine technische Ausbildung verfügen.

In einem zweiten Teil ist auf den **Verletzungsgegenstand** einzugehen. Dieser Teil soll insb erkennen **94** lassen, ob eine wortlautgem oder eine äquivalente Verletzung geltend gemacht wird. Der Verletzungsgegenstand (die „angegriffene Ausführungsform") sollte so genau wie möglich, vorzugsweise unter Vorlage von Zeichnungen, Fotografien, Prospektmaterial usw, erläutert werden.[256] Die Darlegungslast liegt beim Kläger, dem allerdings Beweiserleichterungen zugute kommen können, wenn er Tatsachen nicht oder nur unter unzumutbaren Erschwerungen spezifizieren kann, während ihre Offenlegung für den Gegner ohne weiteres möglich und zumutbar ist.[257] Pauschale Behauptungen reichen auch iVm Beweisangeboten nicht aus; das Gericht muss in den Stand gesetzt werden, die Relevanz des Vortrags vorab zu prüfen.[258] Die Merkmale des Verletzungsgegenstands sollten in der gleichen Art wie die des Klageschutzrechts aufgegliedert und diesen gegenübergestellt werden.

b. Verfahren bis zum Haupttermin: Klagezustellung. Die Klage wird dem Beklagten zugestellt (vgl **95** die Kommentierung zu § 127 mit den Unterschieden zwischen ZPO und VwZG). Von diesem kann die Benennung eines Zustellungsbevollmächtigten nur im Fall der Auslandszustellung verlangt werden; für Zustellungen im Inland, gleich in welcher Form, ist eine entspr Möglichkeit nicht eröffnet.[259] Soweit ein Inlandsvertreter (§ 25) bestellt ist (Rn 44), ist er jedenfalls, sofern er nicht als Rechtsanwalt vertretungsberechtigt ist, zustellungsbevollmächtigt (praktisch nur noch bedeutsam für Parteien mit Sitz außerhalb der EU und des EWR, vgl § 25 Abs 2). Eine Rechtsbehelfsbelehrung (vgl § 47) ist bei Zustellungen nach der ZPO auch in Verfahren außerhalb des Anwaltszwangs (etwa bei Anträgen auf Erlass einer einstweiligen Verfügung; vgl Rn 291) nicht vorgesehen. Die Entscheidung des Gerichts, an wen zugestellt wird, ist nicht mit der sofortigen Beschwerde anfechtbar.[260] Anlagen, die vom Gegner stammen oder ihm bekannt sind, müssen nicht mit zugestellt werden, § 135 ZPO.[261] Zum elektronischen Schriftverkehr (§ 130a ZPO) s die Kommentierung zu § 125a. Zur Frage der Zustellung an Partei oder Anwalt vgl Rn 297.

Die **Auslandszustellung** (§ 183 ZPO) erfolgt immer über das Prozessgericht. Für Zustellungen inner- **96** halb der EU gilt die VO Nr 1393/2007 (EU), die am 13.11.2007 in Kraft getreten ist (§ 183 Abs 5 ZPO; vgl §§ 1069 ff ZPO; die Sonderstellung von Dänemark[262] ist entfallen).[263] Sie sieht vier Zustellungsarten vor: die förmliche (Art 4–8), durch diplomatische oder konsularische Vertretung (Art 12), Zustellung per Post (Art 14) und die unmittelbare Parteizustellung (Art 15). IdR wird die förmliche Zustellung gewählt.[264] Problematisch ist dabei die nicht zwingend (Art 8 Abs 1a Abs 4 VO 1393/2007) vorgeschriebene Übersetzung.[265] Die Wirksamkeit der Auslandszustellung nach Art 8 Abs 1 VO 1393/2007 bei Verweigerung der Annahme

---

254 Vgl *Kühnen* Hdb Rn 1456 ff.

255 *Kaess* GRUR 2000, 637; aA *Meier-Beck* GRUR 2001, 967; vgl *Schramm* PVP Kap 6 Rn 72 ff.

256 OLG Nürnberg 10.12.1996 3 U 1452/96 sieht regelmäßig die Vorlage eines Exemplars des Verletzungsgegenstands als geboten an.

257 BGH GRUR 2004, 268 f blasenfreie Gummibahn II; BGH GRUR 2006, 313 Stapeltrockner; BGHZ 167, 374, 382 f = GRUR 2006, 927 Kunststoffbügel.

258 OLG Düsseldorf 26.11.1996 U (Kart) 29/96, zum Lizenzvertragsrecht.

259 BGH GRUR 2008, 1030 Zustellungsbevollmächtigter.

260 BGH GRUR 2014, 705 Inländischer Admin-C, Markensache.

261 *Fitzner/Lutz/Bodewig* vor § 139 Rn 96 mwN.

262 *Fitzner/Lutz/Bodewig* vor § 139 Rn 100 Fußn 210.

263 Dänemark hat erklärt, dass es die VO in der geltenden Fassung anwenden will, ABl EU 10.12.2008 Nr L 331/21.

264 *Fitzner/Lutz/Bodewig* vor § 139 Rn 101.

265 Näher *Fitzner/Lutz/Bodewig* vor § 139 Rn 103 ff; vgl *Zöller* ZPO Art 8 VO Rn 2 ff.

ist zunächst vom Ausgangsgericht zu prüfen,[266] vom Gericht oder der zuständigen Behörde des Empfangs-staats dann, wenn ein Urteil im Empfangsstaat zu vollstrecken ist.[267] Außerhalb der EU ist die Rechtshilfe-ordnung in Zivilsachen (ZHRO) heranzuziehen. Im Verkehr mit ua den USA, China (Macau), Japan, Kana-da, der Republik Korea und der Russischen Föderation gilt das Haager Übk vom 15.11.1965 (HZÜ).[268] Die Zustellung in den USA unmittelbar über die Process Forwarding International ist nach Art 10 HZÜ zuläs-sig.[269] Zweckmäßigerweise ist der Beklagte bei Auslandszustellung zur Benennung eines Zustellungsbe-vollmächtigten im Inland aufzufordern (§ 184 ZPO), das gilt aber nur in den Fällen des § 183 Abs 1–4 ZPO,[270] wobei Anordnung durch den Vorsitzenden oder Einzelrichter ausreicht.[271]

97   In erster Instanz stellt das Gesetz zur Vorbereitung des umfassend vorzubereitenden Haupttermins, in dem das Verfahren idR erledigt werden soll (§ 272 Abs 1 ZPO), zwei **Verfahrensarten** zur Verfügung, näm-lich den frühen ersten Termin (§ 275 ZPO) oder das schriftliche Vorverfahren (§ 276 ZPO). Die Wahl der Verfahrensart obliegt dem Vorsitzenden. Die Vorbereitung der mündlichen Verhandlung regelt § 273 ZPO.

98   Die **Praxis** der mit Patentstreitsachen befassten Gerichte tendiert zum frühen ersten Termin.

99   Das Verfahren nach der Praxis in Düsseldorf erläutern die **„Hinweise für das Verfahren in Sachen des gewerblichen Rechtsschutzes vor der 4. Zivilkammer des Landgerichts Düsseldorf"**; die der Patentstreitkammern die Hinweise des LG München I (**„Münchner Modell"**; beide im Anhang).[272]

100   **Einzelrichter.**[273] § 348 Abs 1 Nr 2 Buchst k ZPO nimmt dem Landgericht streitwertunabhängig zuge-wiesene Materien und damit Patent-, Gbm-, Topographie- und SortStreitsachen von der „originären" Ein-zelrichterzuständigkeit aus.[274] Allerdings kommt Übertragung auf den obligatorischen Einzelrichter (§ 348a ZPO) grds in Betracht, aber nur in wenigen Einzelfällen praktisch vor; lediglich in SortStreitsachen wird bei der Nachbauentschädigung von der Übertragungsmöglichkeit häufiger Gebrauch gemacht.[275]

101   **Prozessverbindung** mehrerer Prozesse kann nach § 147 ZPO erfolgen; durch sie lassen sich für Par-teien und Gericht Arbeit und Kosten sparen. Sie kommt nur in Betracht, wenn die Verfahren vor dem glei-chen Gericht schweben; die Bestimmung gestattet insb keine Verweisung an ein ausländ Gericht.[276] Die Verbindung ermöglicht für sich noch nicht die Verwertung tatsächlicher Urteilsgrundlagen des Parallel-prozesses.[277]

102   **Prozesstrennung** (§ 145 ZPO) bei einer Anhäufung von Schutzrechten in einer einzigen Verletzungs-klage ist trotz der Regelung in § 145 PatG möglich.[278] Die Auffassung, sie sei nur bei einer Mehrheit prozes-sualer Ansprüche mit getrennten Zielen zulässig, nicht bei einheitlichem Klagebegehren aufgrund mehre-rer Schutzrechte,[279] ist überholt (Rn 91). Sie ist aber nur eine Notbehelf, der zudem als bdkl angesehen worden ist, soweit damit die Rechtsfolgen des § 145 PatG unterlaufen werden sollen.[280]

103   **Aussetzung des Rechtsstreits** s bei § 140 (Rn 7 ff zu § 140), zur Aussetzung gem Art 29 (27 aF) VO 1215/2012 Rn 117.

---

266   Vgl LG Düsseldorf InstGE 11, 291: Das Ausgangsgericht prüft, ob der Empfänger der dt Sprache mächtig ist; LG München I InstGE 12, 174: Das Ausgangsgericht prüft die Korrektheit der Übersetzung.

267   *Fitzner/Lutz/Bodewig* vor § 139 Rn 105 mwN.

268   BGBl 1977 II 1453 = BlPMZ 1978, 282; *Zöller* § 183 ZPO Rn 93; vgl *Fitzner/Lutz/Bodewig* vor § 139 Rn 108.

269   LG Hamburg GRUR-RR 2013, 230 mit weiteren Einzelheiten; zur Zustellung in der Türkei vgl BGH NJW-RR 2013, 435.

270   BGHZ 188, 164 = NJW 2011, 1885.

271   BGHZ 193, 353 = NJW 2012, 2588; vgl zur Anwendung in der EU *Fitzner/Lutz/Bodewig* vor § 139 Rn 102 mwN.

272   Zu den materiellen Verteidigungsmöglichkeiten des Beklagten *Kühnen* Hdb Rn 1590 ff; zum Ausschluss des Einwands unzulässiger Erweiterung *Kühnen* Hdb Rn 1772; zwd *Schramm* PVP Kap 5 Rn 211; zum Versuch der Patentstreitkammern des LG München I, den Umfang der Schriftsätze zu begrenzen, *Kirchhoff* Schreibwut und rechtliches Gehör, Betrifft Justiz 2015, 73 f.

273   Zur früheren Praxis *Rottleuthner/Böhm/Gasterstädt* Rechtstatsächliche Untersuchung zum Einsatz des Einzelrichters, 1992, S 67 f; danach ist das Patent-, Wettbewerbs-, Geschmacksmuster- und Warenzeichenrecht die Domäne der „Nullkammern" mit weniger als 1,5% Einzelrichteranteil.

274   Unzutr daher *G. Winkler* Auswirkungen der Zivilprozessreform auf das Beschwerdeverfahren vor dem Bundespatentgericht, VPP-Rdbr 2002, 81, 86 f.

275   Vgl *Keukenschrijver* SortG § 38 Rn 23.

276   OLG Düsseldorf 29.6.2000 2 U 76/99.

277   BGH 21.10.1960 I ZR 117/56.

278   AllgM, vgl *Benkard* § 145 Rn 3, *Schulte* § 145 Rn 24; OLG Düsseldorf 3.9.2009 2 U 48/07 CIPR 2010, 25 Ls.

279   BGH GRUR 1961, 79, 81 Behälterspritzkopf.

280   BGH GRUR 1989, 187 Kreiselegge II.

Ruhen des Verfahrens wird bei übereinstimmendem Antrag durch Beschluss angeordnet (§ 251 ZPO), **104** so bei Vergleichsverhandlungen.

Unterbrechung des Verfahrens tritt außer durch Tod des Prozessbevollmächtigten (§ 244 ZPO) insb **105** durch Eröffnung des Insolvenzverfahrens über das Vermögen einer Partei ein,[281] wenn es die Insolvenzmasse betrifft (§ 240 ZPO). Unterbrochen werden auch Verfügungs- und Arrestverfahren,[282] nicht aber Zwangsvollstreckungs-,[283] Prozesskostenhilfe-[284] und Schiedsgerichtsverfahren.[285] Die Aufnahme erfolgt analog § 86 Abs 1 Nr 3 InsO.[286] Unterbrechung bezüglich eines Beklagten steht einem Teilurteil gegen dessen einfache Streitgenossen nicht entgegen.[287]

Grds ist auch der **Unterlassungsanspruch** auf Seiten des Verletzers insolvenzbefangen.[288] Auch so- **106** weit das nicht der Fall ist, unterbricht die Insolvenzeröffnung den Prozess einheitlich, der Gemeinschuldner kann insoweit den Prozess jedoch selbst aufnehmen.[289] Ob insoweit § 85 InsO (Aufnahme von Aktivprozessen) oder § 86 Abs 1 Nr 2 oder Nr 3 InsO (Aufnahme bestimmter Passivprozesse) Anwendung findet, ist str, vom BGH aber in letztgenanntem Sinn beantwortet worden.[290] Die Unterbrechung erfasst nicht den aus einem Wettbewerbsverstoß folgenden Anspruch auf Drittauskunft.[291]

Zur **Auslandsinsolvenz**[292] ist Art 102 EGInsO zu beachten; ob die Insolvenz einer ausländ Partei gem **107** § 352 InsO unterbricht, richtet sich nach § 343 InsO: Voraussetzung ist die Anerkennungfähigkeit.[293]

Der **Tod des Inlandsvertreters** unterbricht nicht.[294] **108**

Klageänderung, also die Änderung des Klagegrunds (Rn 91) ist bei Einwilligung des Gegners und bei **109** Sachdienlichkeit zulässig (§ 263 ZPO). Die Beurteilung der Sachdienlichkeit der Klageänderung ist im wesentlichen dem Tatrichter vorbehalten[295] und wegen § 268 ZPO durch das Rechtsmittelgericht grds nicht überprüfbar.[296]

Die **nachträgliche kumulative Geltendmachung** verschiedener Streitgegenstände, die in den Tat- **110** sacheninstanzen unzulässigerweise nur alternativ verfolgt wurden, ist in der Revisionsinstanz nicht möglich, jedoch kann die gebotene Bestimmung der Reihenfolge noch in der Revisionsinstanz nachgeholt werden. Allerdings kann der auch im Prozessrecht geltende Grundsatz von Treu und Glauben den Kläger in der Wahl der Reihenfolge dahin beschränken, dass er zunächst die vom Berufungsgericht behandelten Streitgegenstände zur Entscheidung des Revisionsgerichts stellen muss.[297] Hat der Kläger in den Tatsacheninstanzen Ansprüche aus verschiedenen Kennzeichenrechten alternativ verfolgt, kann er in der Revi-

---

281 Vgl BGH GRUR 1966, 218 Dia-Rähmchen III sowie zum Nichtigkeitsverfahren BGH 30.11.1978 X ZR 32/76 Überzugsvorrichtung, nicht in GRUR; BGH GRUR 1991, 522 Feuerschutzabschluss; anders bei bloßem Zustimmungsvorbehalt, BGH NJW 1999, 2822; *Benkard* § 139 Rn 106a; *Fitzner/Lutz/Bodewig* vor § 139 Rn 153 ff.

282 *Zöller* ZPO vor § 239 Rn 8; vgl BGH MDR 1962, 400.

283 BGHZ 72, 16 = NJW 2007, 3132; *Zöller* ZPO § 240 Rn 2.

284 *Zöller* ZPO vor § 239 Rn 8.

285 *Zöller* ZPO § 1042 Rn 48; vgl BGHZ 179, 304 = NJW 2009, 1747.

286 BGHZ 185, 11 = GRUR 2010, 536 Modulgerüst II.

287 BGH 14.12.1999 X ZR 128/97.

288 BGH GRUR 2010, 343 Oracle (Nr 17); vgl RGZ 89, 114 f Kläranlagen: gleichzeitige Feststellung der Abhängigkeit; RGZ 132, 362 f = GRUR 1931, 753 drahtlose Telegraphie: Vereitelung der Verwertung von Waren und Herstellungseinrichtungen; RGZ 134, 377, 379 = BlPMZ 1932, 90 Radioempfangsgerät: Anspruch gegen den eingerichteten Gewerbebetrieb; KG GRUR 1933, 637; s auch *Reimer* Der Konkurs des Patent-, Warenzeichen- und Wettbewerbsverletzers, JW 1932, 1805.

289 BGH Dia-Rähmchen III; *Zöller* ZPO § 240 Rn 8.

290 BGHZ 185, 11 = GRUR 2010, 536 Modulgerüst II.

291 BGH Oracle mit ausdr Abgrenzung zur Rspr zur einheitlichen Unterbrechung (Nr 20).

292 Vgl BGH 5.11.1991 X ZR 85/86 (Konkurs eines ital Nichtigkeitsklägers), zur Anerkennung des Auslandskonkurses im Inland und zur Anwendbarkeit des ausländ Konkursrechts in diesem Fall BGHZ 95, 256, 269 f = NJW 1985, 2897; BGHZ 122, 373 = NJW 1993, 2312; BGH NJW 1994, 2549.

293 Vgl *Zöller* ZPO § 240 Rn 6; *Fitzner/Lutz/Bodewig* vor § 139 Rn 159; bejahend für Insolvenz in den USA BGH GRUR 2010, 861 Schnellverschlusskappe.

294 BGHZ 51, 269 = GRUR 1969, 437 Inlandsvertreter.

295 Vgl *Fitzner/Lutz/Bodewig* vor § 139 Rn 51; BGH GRUR 1991, 852, 856 Aquavit, wo Ermessensentscheidung angenommen wird.

296 Vgl BGH GRUR 1987, 351 Mauerkasten II; str.

297 BGHZ 189, 56 = GRUR 2011, 521 TÜV I, Markensache; BGH GRUR 2012, 1145 Pelikan, Markensache.

sionsinstanz zwar zu einer eventuellen, nicht aber zu einer kumulativen Klagehäufung übergehen, um eine Abweisung der Klage als unzulässig zu vermeiden.[298]

111   Klageänderung ist auch die **Einbeziehung eines weiteren Schutzrechts** bei gleichbleibenden Anträgen. Im Hinblick auf § 145 wird eine derartige Klageänderung idR als sachdienlich zuzulassen sein[299] (Rn 26 zu § 145). Maßstab ist hier nicht die abschließende Prüfung, ob die Voraussetzungen des § 145 vorliegen, sondern eine Risikoprüfung, ob deren Bejahung durch eines der befassten Gerichte droht.[300] Werden neben Ansprüchen aus Schutzrechtsverletzung auch solche auf wettbewerbsrechtl Grundlage oder umgekehrt geltend gemacht, handelt es sich ebenfalls um eine Klageänderung.[301]

112   Keine zustimmungs- oder prüfungsbedürftige Klageänderung[302] ist die **Klageerweiterung** ohne Änderung des Klagegrunds, zB der Übergang von der Feststellungs- zur Leistungsklage,[303] vom Rechnungslegungs- zum Zahlungsanspruch, von einem Hilfsantrag auf einen Antrag „und/oder".[304] Auch eine Konkretisierung des ursprünglichen Klageantrags ist keine Klageänderung.[305] Der Übergang von wortsinngem zu äquivalenter Verletzung wird nicht als Klageänderung anzusehen sein (Rn 91).[306] Ist mittelbare Patentverletzung Gegenstand des klägerischen Sachvortrags, der Unterlassungsantrag aber unzutr formuliert, ist die mittelbare Patentverletzung Streitgegenstand, wenn der Sachvortrag erkennen lässt, dass sie untersagt werden soll; das Gericht hat dann auf sachgerechte Antragstellung hinzuwirken[307] und das geänd Klagebegehren unterfällt § 264 ZPO und ist zu bescheiden, ohne dass es auf die Zustimmung des Beklagten oder Sachdienlichkeit ankommt;[308] anders bei Änderung des Sachvortrags von unmittelbarer auf mittelbare Patentverletzung (s Rn 91).[309]

113   Die **teilweise Klagerücknahme** fällt unter § 264 Nr 2 ZPO, ist also nicht zustimmungsbedürftig. Die Antragsänderung bei Beschränkung des Patents auch durch Wegfall einer „insbesondere"-Formulierung (Rn 80) stellt wohl nur dann eine teilweise Klagerücknahme dar, wenn sich dadurch die Reichweite des Titels nach der Kerntheorie (Rn 359) verändert, was bei unverändertem Verletzungsgegenstand nicht der Fall sein dürfte.[310] Die Stützung der Klage nur noch auf eines von mehreren parallelen Schutzrechten stellt immer eine teilweise Klagerücknahme dar, weil ein Streitgegenstand entfällt (vgl Rn 91; Rn 78 zu § 143).

114   **Parteiwechsel** wird entspr der Klageänderung behandelt; die Änderung der Legitimation in Bezug auf eine streitbefangene Patentanmeldung nach Eintritt der Rechtshängigkeit hat auf das Prozessrechtsverhältnis keinen Einfluss.[311]

115   Die **Klagerücknahme** ist ohne Einwilligung des Beklagten nur bis zum Beginn der mündlichen Verhandlung des Beklagten zur Hauptsache möglich (§ 269 Abs 1 ZPO; anders im Nichtigkeitsverfahren). Sie bedeutet ohne ausdrückliche Erklärung des Klägers keinen Verzicht gem § 306 ZPO auf den geltend gemachten Anspruch.[312] Die Erörterung bei Einführung in den Sach- und Streitstand stellt kein Verhandeln

---

298   BGH GRUR 2011, 1043 TÜV II.

299   *Benkard* § 139 Rn 105 und § 145 Rn 2; vgl OLG Düsseldorf GRUR 2007, 223: selbst wenn der Beklagte erklärt, die Einrede aus § 145 nicht erheben zu wollen.

300   OLG Düsseldorf InstGE 11, 167, für neu erteiltes Patent; vgl OLG Düsseldorf 3.9.2009 2 U 48/07 CIPR 2010, 25 Ls; OLG Düsseldorf 20.5.2010 2 U 37/08; OLG Düsseldorf InstGE 10, 248; OLG Düsseldorf 27.10.2011 2 U 84/10 Mitt 2012, 180 Ls: nicht bei Einbeziehung eines Gebrauchsmusters; LG Düsseldorf 3.5.2007 4a O 473/05 CIPR 2010, 25 Ls.

301   BGH GRUR 1998, 697 f Venus Multi, Markensache, dort auch zur Sachdienlichkeit; vgl BGH GRUR 1998, 942 f Alka-Seltzer.

302   *Fitzner/Lutz/Bodewig* vor § 139 Rn 53 sieht § 264 ZPO als Fälle einer gesetzlich normierten zulässigen Klageänderung.

303   RG GRUR 1938, 574 f Dosierpumpe.

304   BGH GRUR 1999, 179 f Patientenwerbung.

305   BGH GRUR 2003, 786 Innungsprogramm.

306   Vgl BGH GRUR 2012, 485 Rohrreinigungsdüse II.

307   So auch BGHZ 168, 124 = GRUR 2006, 839, 842 Deckenheizung.

308   BGH GRUR 2005, 407 T-Geschiebe gegen OLG München 11.10.2001 6 U 1754/01.

309   *Fitzner/Lutz/Bodewig* vor § 139 Rn 53.

310   Vgl OLG München GRUR-RR 2006, 385; *Fitzner/Lutz/Bodewig* vor § 139 Rn 56 und Rn 46 zum „insbesondere"-Antrag.

311   BGHZ 72, 236 = GRUR 1979, 145 Aufwärmvorrichtung; BGHZ 117, 144 = GRUR 1992, 430 Tauchcomputer; vgl auch BGH 14.4.1964 I a ZR 143/63.

312   So *Schramm* PVP Kap 9 Rn 260 mit erwägenswerten Gründen unter Bezugnahme auf *Meier-Beck* GRUR 1998, 276, 279: aA wohl BGH GRUR 2012, 485 Rohrreinigungsdüse II; vgl *Fitzner/Lutz/Bodewig* vor § 139 Rn 53.

dar,[313] anders, wenn Anträge bei Durchlauftermin gestellt werden.[314] Die Klagerücknahme löst die Kostentragungspflicht des Klägers aus.[315] Ist der Anlass zur Klage vor Rechtshängigkeit weggefallen und wird die Klage daraufhin – auch vor Zustellung – zurückgenommen, bestimmt sich die Kostentragungspflicht nach billigem Ermessen (§ 269 Abs 3 Satz 3 ZPO).[316] Dies ist verfassungsrechtl unbdkl.[317]

Anderweitige Rechtshängigkeit und **Rechtskraft**[318] stehen der Zulässigkeit der Klage entgegen **116** (§ 261 Abs 3 Nr 1 ZPO).[319] Rechtshängigkeit von auf wettbewerbsrechtl Leistungsschutz gestützten Ansprüchen steht einer Geltendmachung von Ansprüchen aus Schutzrechten nicht entgegen.[320] Ob ein ausländ Verfahren oder eine ausländ Entscheidung einer Klage im Inland entgegensteht, beurteilt sich nach der lex fori, also insb nach §§ 261, 328 ZPO.[321] Die Streitgegenstände müssen identisch sein, Vertauschung der Parteirollen wie bei Verletzungsklage/negativer Feststellungsklage ist unschädlich.[322] Ausländ Rechtshängigkeit ist nach dem maßgeblichen Recht zu prüfen und zu beachten, soweit das fremde Urteil anzuerkennen ist,[323] nach dem Kollisionsrecht des Anerkennungsstaats muss dafür internat Zuständigkeit gegeben sein.[324] Die Rechtshängigkeit einer Klage auf Vollübertragung eines Patents gegen einen möglichen Miterfinder steht einer Klage auf Einräumung einer Mitberechtigung immer entgegen.[325]

Die Regelung in Art 29–35 (Art 27–31 aF) VO 1250/2012 (Rn 8 zu § 143)[326] geht vor, soweit sie anwend- **117** bar ist; danach hat sich **das später angerufene Gericht** vAw zugunsten des zuerst angerufenen für unzuständig zu erklären;[327] es setzt die Entscheidung bei identischem Klagegrund zwingend (Art 29 VO 1250/2012), bei Sachzusammenhang nach Ermessen (bei Art 30 VO 1250/2012)[328] aus, bis die Zuständigkeit des zuerst angerufenen Gerichts feststeht[329] (vgl auch Art 8 Anerkennungsprotokoll). Dies gilt nicht, wenn das später angerufene Gericht wegen Art 24 (Abs 22 aF) Nr 4 VO 1215/2012 auschließlich zuständig ist.[330] Art 32 (Art 30 aF) VO 1215/2012 stellt nunmehr (zur früheren Rechtslage vgl *7. Aufl*) auf die vertragsautonom zu bestimmende Anhängigkeit (Anrufung des Gerichts) ab, die sich grds danach richtet, wann das verfahrenseinleitende Schriftstück bei Gericht eingereicht worden ist. Dies soll einheitlich nach der ersten Partei für alle Beklagten gelten.[331] Der Begriff „desselben Anspruchs" ist vertragsautonom zu bestimmen, identischer Streitgegenstand wird nicht vorausgesetzt.[332] Dabei ist Parteiidentität Vorausset-

---

313 LG München I InstGE 13, 275, dort auch zum Streit über die Wirksamkeit der Klagerücknahme.

314 LG Düsseldorf InstGE 9, 18, zur Rechtzeitigkeit der Zuständigkeitsrrüge.

315 Vgl BGH 18.3.1997 X ZR 99/92.

316 Vgl *Zöller* ZPO § 269 Rn 18a ff mit Kritik in Rn 18c.

317 Vgl BGH GRUR 2006, 168 unberechtigte Abmahnung.

318 Vgl LG München I Mitt 2011, 474, zur Übertragungsklage: Rechtskraft steht auch entgegen, wenn der Patentanspruch geänd wird.

319 Zur Beurteilung der Einrede der ausländ Rechtshängigkeit nach Art 11 des dt-ital Abkommens über die Anerkennung und Vollstreckung gerichtlicher Entscheidungen in Zivil- und Handelssachen vom 9.3.1936 BGH 18.9.1975 X ZR 43/74.

320 LG Düsseldorf 3.11.1998 4 O 429/97 Entsch 1999, 21 Ls, zum Geschmacksmusterrecht.

321 Vgl zB *Zöller* ZPO IZPR Rn 96 ff; sehr weitgehend US District Court for the Northern District of Illinois 13.11.1997 North Lake Marketing v. Glaverbel, 12 WIPR 16, referiert in GRUR Int 1998, 178 und EIPR 1998 N-48.

322 LG Düsseldorf 17.2.1998 4 O 336/96 Entsch 1998, 66, 68.

323 LG Düsseldorf 17.2.1998 4 O 336/96 Entsch 1998, 66, 68 mwN, str; aA BGH GRUR 1969, 487, 489 Ihagee zu später in Gang gesetztem DDR-Verfahren.

324 LG Düsseldorf 17.2.1998 4 O 336/96 Entsch 1998, 66, 68 f.

325 OLG Düsseldorf GRUR 2015, 299.

326 Zum Begriff „derselben Parteien" EuGH Slg 1998 I 3075 = Mitt 1998, 387 Druot/CMI; vgl *Meier-Beck* GRUR 1999, 379, 381 f.

327 Vgl *Leitzen* GRUR Int 2004, 1010, 1014 f gegen LG Düsseldorf InstGE 3, 8, 14.

328 *Fitzner/Lutz/Bodewig* vor § 139 Rn 86 ff; *Benkard* § 139 Rn 101 f.

329 Zur Aussetzung nach Art 22 EuGVÜ LG Düsseldorf Mitt 1998, 316 ff und GRUR Int 1998, 804 sowie RB Den Haag 26.8.1998 Searle und Monsanto/MSD, referiert bei *van Nispen* BIE 1998, 331; demnach keine Aussetzung, wenn das ausländ Verfahren seinerseits wegen eines eur Einspruchsverfahrens ausgesetzt ist, LG Düsseldorf InstGE 3, 231.

330 BGH NJW 2015, 2437 und nachfolgend EuGH NJW 2014, 1871 Weber/Weber; LG Düsseldorf InstGE 11, 99, wonach vom später angerufenen Gericht nicht zu prüfen sei, ob das zuerst angerufene für die Entscheidung zuständig ist, ist damit zumindest teilweise überholt.

331 OLG München InstGE 2, 78, zur früheren Rechtslage.

332 LG Düsseldorf Mitt 1998, 397; LG Düsseldorf Mitt 1998, 316 f, je unter Hinweis auf EuGH Slg 1987, 4861 = NJW 1989, 665 Gubisch/Palumbo; anders wohl die niederländ Praxis, vgl GH Den Haag 1.10.2000 und 6.2.2001 Therex/Medtronic,

zung.[333] Das Verfahren in einem Vertragsstaat sperrt somit für die anderen; dies gilt auch für eine negative Feststellungsklage gegenüber einer später eingereichten Verletzungsklage,[334] selbst bei zunächst nur hilfsweiser Geltendmachung, wenn nach dem maßgeblichen Recht der Hilfsantrag mit dem Hauptantrag rechtshängig wird (vgl Rn 23 f zu § 143),[335] sowie für die Klage des einfachen Lizenznehmers als Prozessstandschafter,[336] nicht aber bei sonstiger Parteiverschiedenheit.[337] Aus dieser Rechtslage resultiert die (insb belg und ital) „Torpedo"-Problematik, effektive Verfahren durch das Anhängigmachen eines Verfahrens in einem notorisch langsamen Vertragsstaat zu blockieren,[338] die allerdings durch Verbesserungen in diesen Ländern gemildert worden ist, sich aber in den neu beigetretenen Staaten neu stellen kann.[339] Durch die weite Auslegung des Art 24 Abs 4 (Art 22 Abs 4 aF) VO 1215/2012 durch den EuGH[340] ist die Thematik für Verletzungsverfahren und gegenläufige negative Feststellungklagen erledigt. Art 35 (Art 31 aF) VO 1215/2012 lässt die im Recht eines Mitgliedstaats vorgesehenen einstweiligen Maßnahmen einschließlich solcher, die auf eine Sicherung gerichtet sind, ausdrücklich zu (vgl Rn 24 zu § 143).[341] Für andere Patentstreitigkeiten, bei denen der Rechtsbestand nicht im Streit steht, kann sie weiter von Bedeutung sein. Die Strategie der Klage beim Verwaltungsgericht, um wegen der nach früherem Recht uU erst spät eintretenden Rechtshängigkeit zu begegnen und der Sperrwirkung zuvorzukommen, ist durch die VO 1215/2012 obsolet.[342] In der Anrufung offensichtlich unzuständiger Gerichte wird grds jedenfalls im Bereich des gewerblichen Rechtsschutzes[343] Rechtsmissbrauch zu sehen sein; hierüber hat aber das zuständige

---

referiert in EIPR 2001 N-121; zur fehlenden Identität bei territorial begrenztem Unterlassungstitel öOGH GRUR Int 2002, 936 Universal-Stein; zur Problematik *Leitzen* GRUR Int 2004, 1010, 1012.

333 OLG München InstGE 2, 78; LG München I InstGE 2, 72.

334 BGHZ 134, 201 = NJW 1997, 870; OLG München RIW 1994, 511; OLG Hamm IPRax 1995, 104; LG Düsseldorf Mitt 1998, 397: negative Feststellungsklage in Belgien; im Beschwerdeverfahren ist EuGH-Vorlage durch das OLG Düsseldorf (GRUR Int 2000, 776 = Mitt 2000, 419; hierzu *Pitz* GRUR Int 2001, 32) erfolgt, das Verfahren hat sich jedoch erledigt; Vorlagefragen waren Rechtshängigkeit eines Hilfsantrags, Klage des einfachen Lizenznehmers in Prozessstandschaft, Wechsel des Patentinhabers während des Verfahrens; LG Düsseldorf 24.10.2000, referiert bei *Pitz* GRUR Int 2001, 32; LG Hamburg GRUR Int 2002, 1025: Art 21 EuGVÜ geht aber Art 24 EuGVÜ nicht vor; LG Düsseldorf 5.6.2008 4a O 27/07 IIC 2009, 97 sieht in einer negativen Feststellungsklage gegen den früheren Patentinhaber in einem anderen Vertragsstaat nicht dasselbe Verfahren iSd Art 27 Abs 1 EuGVVO.

335 Vgl *Franzosi* EIPR 1997, 382, 384, auch zu sich daraus ergebenden Missbrauchsmöglichkeiten, die unter dem Schlagwort „Italian/Belgian Torpedo" angesprochen worden sind; vgl *von Meibom/Pitz* GRUR Int 1998, 765, 769 mit Hinweis zur Praxis in Belgien; *Brinkhof* BIE 2000, 199; *Franzosi* Mitt 1998, 300 f unter Ablehnung von RB Den Haag Palmax v. Boston Scientific BV vom 29.10.1997, wonach vorläufige Verfahren nicht berührt werden; *Franzosi* IIC 2002, 154; *Pitz* GRUR Int 2001, 32; brit PatentsC 29.1.1999 Separator/Hoechst, auszugsweise in BIE 1999, 87; RB Den Haag 29.9.1999 DSM/Orfa, auszugsweise in BIE 1999, 437, lässt vorläufige Maßnahmen für die Dauer des Hauptsacheverfahrens zu; für Zulässigkeit einstweiliger Maßnahmen, allerdings nicht grenzüberschreitender, *Meier-Beck* GRUR 1999, 379, 382, jedoch rechtfertigt die Sperrwirkung der ausländ negativen Feststellungsklage für das inländische Hauptsacheverfahren den Erlass einer einstweiligen Verfügung für sich allein nicht, LG Düsseldorf GRUR 2000, 692, 697. Das Tribunale Mailand hat seit 2002 wiederholt die internat Zuständigkeit für negative Feststellungsklagen verneint, soweit es sich um Sachverhalte außerhalb Italiens handelt (Entscheidungen Gen Probe/Hoffmann-La Roche ENPR 2003, 189, Optigen/Marchon vom 28.3.2002, Gen Probe/Chiron vom 16.11.2002, Dade Behring/Chiron vom 21.3.2002, referiert in EIPR 2004 N-91, Ratiopharm/Ely Lilly vom 2.12.2003), ebenso Tribunale Turin vom 13.5.2003 GPC/Filterwerk Mann. Entspr haben das TGI Paris am 5.11.2003 (Dijkstra/Saier, referiert in EIPR 2004 N-151) und das Gericht in Brüssel (Röhm Enzyme/DSM vom 12.5.2000 entschieden. Vgl CCass Rom 19.11.2003 BL/Windmoeller und Hoelscher, referiert in EIPR 2004 N-155.

336 LG Düsseldorf Mitt 1998, 397.

337 LG Düsseldorf Mitt 1998, 316 f: früheres Verfahren gegen ausländische Tochtergesellschaft.

338 Vgl ua *Franzosi* EIPR 1997, 382, 384; *Grabinski* FS W. Tilmann (2003), 461; *Véron* 35 IIC (2004), 638, auch zur Bedeutung von EuGH Slg 2003 I 14693 = RIW 2004, 88 Gasser/Misat (Kaufvertragssache); *Rojahn* FS P. Mes (2009), 303; *Fitzner/Lutz/Bodewig* vor § 139 Rn 80 ff.

339 Vgl *Leitzen* GRUR Int 2004, 1010, 1012.

340 EuGH Slg 2006 I 6509 = GRUR 2007, 49 GAT/LuK; EuGH GRUR 2012, 1169 Solvay/Honeywell, dazu Anm *Schacht* GRUR 2012, 1110.

341 EuGH Solvay/Honeywell; so schon zum Verhältnis Art 21–24 EuGVÜ LG Hamburg GRUR Int 2002, 1005.

342 Vgl Anm *Franzosi* zu Tribunale Novara 20.4.2000 in EIPR 2000 N-14 und *Pitz* GRUR Int 2001, 32, 35.

343 Zwd insoweit im Hinblick auf die EuGH-Rspr (EuGH Slg 2003, I-14693 = RIW 2004, 269 Gasser: überlange Verfahrensdauer; EuGH Slg 2004 I 3565 = RIW 2004, 533 Turner: anti-suit injunction) *Leitzen* GRUR Int 2004, 1010, 1013 f; zur Verfahrensdauer auch EGMR 8.10.2009 Kindereit/Deutschland.

Gericht und nicht das zu Unrecht angerufene Gericht zu entscheiden.[344] Die Sperre kann entfallen, wenn Justizgewährung vereitelt oder unzumutbar verzögert wird,[345] jedoch liegt in der bloßen Erhebung negativer Feststellungsklage in einem anderen Mitgliedstaat (auch bei notorisch schleppender Rechtsgewährung) kein Rechtsmissbrauch.[346] Die fakultative Aussetzung gem Art 30 VO 1215/2012 wird auch bei Prozessen über Verletzungen verschiedener Teile eines eur Patents in verschiedenen Mitgliedstaaten durch denselben Verletzungsgegenstand möglich sein.[347]

c. Im Haupttermin (§ 278 ZPO) führt das Gericht in den Sach- und Streitstand ein. Nach § 279 ZPO soll **118** auf eine gütliche Einigung des Rechtsstreits oder einzelner Streitpunkte hingewirkt werden. Die streitige Verhandlung beginnt mit der Antragstellung (§ 137 Abs 1 ZPO). Die Beweisaufnahme soll sich nach Möglichkeit unmittelbar anschließen. Nach Durchführung der Beweisaufnahme ist über das Beweisergebnis streitig zu verhandeln (§§ 285, 370 Abs 1 ZPO). Sach- und Streitstand sind mit den Parteien erneut zu erörtern (§ 278 Abs 2 Satz 2). Anschließend wird die Verhandlung geschlossen (§ 136 Abs 4 ZPO). Die Wiedereröffnung der geschlossenen Verhandlung steht im Ermessen des Gerichts[348] (§ 156 ZPO). Es folgen Beratung und Entscheidungsverkündung. Telefonische Beratung und Abstimmung sind jedenfalls dann unzulässig, wenn die beteiligten Richter nicht gleichzeitig miteinander kommunizieren und auf diese Weise ihre Argumente austauschen können.[349] Ein erforderlicher neuer Termin ist möglichst kurzfristig anzuberaumen (§ 278 Abs 4 ZPO). Das Gericht hat darauf hinzuwirken, dass sich die Parteien zu unmittelbaren Tatumständen, die Anhaltspunkte zB dafür zu geben vermögen, welche technischen Zusammenhänge für das Verständnis der unter Schutz gestellten Lehre bedeutsam sein könnten, wer als Fachmann in Betracht zu ziehen sein und welche Ausbildung seine Sicht bestimmen könnte, vollständig erklären.[350]

Nach § 139 ZPO gelten verstärkte **Hinweispflichten**, wenn Parteien erkennbar Gesichtspunkte über- **119** sehen haben.[351] Derartige Hinweise müssen konkret und unmissverständlich formuliert werden.[352] Sie erstrecken sich aber nicht auf einfache patentrechtl Grundsätze wie den, dass eine Zeichnung in einer Patentschrift als schematische Darstellung und nicht als Konstruktionszeichnung zu verstehen ist.[353]

d. Beweisaufnahme. Wie sich der Tatrichter im Rahmen der beweisrechtl Vorschriften seine Über- **120** zeugung bildet, kann ihm nicht vorgeschrieben werden.[354]

Zur **Beweislastverteilung** im Patentverletzungsprozess Rn 239 ff zu § 139; Rn 19 zu § 140a. **121**

Erforderlichkeit. Beweiserhebung ist erforderlich, wenn für den Verletzungstatbestand oder für im **122** Verletzungsprozess zu beachtende Einwendungen des Beklagten erhebliche Tatsachen streitig sind. Die Feststellung, ob der Vortrag der einen oder der anderen Partei wahr ist, darf, wenn Beweis angeboten ist, nur in Ausnahmefällen ausschließlich aufgrund des streitigen Parteivortrags erfolgen.[355] Für die Beurtei-

---

344 BVerwG Mitt 2001, 136 f; *Musmann/von der Osten* Mitt 2001, 99.
345 BGH NJW 1983, 1269; BGH RIW 1986, 218; LG Düsseldorf GRUR Int 1998, 803; LG Düsseldorf InstGE 3, 8, 14 f und hierzu *Brinkhof* Een Duitse reactie op een Belgische Torpedo, BIE 2003, 152; RB Den Haag 29.9.1999 DSM/Orfa, IER 2000, 39, auch auszugsweise in BIE 1999, 437; vgl TGI Paris GRUR Int 2001, 173; *Ullmann* GRUR 2001, 1027, 1031 f; EuGH-Vorlage des nl HR EWS 2004, 204 und hierzu EuGH Slg 2006 I 6535 = GRUR 2007, 47 Roche Nederland/Primus, Goldenberg; zur Problematik auch *Leitzen* GRUR Int 2004, 1010 ff; zum „italienischen Torpedo" Corte di Cassazione ABl EPA 5/2014, A 55 The General Hospital + Palomar v. Asclepion, und Tribunale Genua 23.4.2014 5763/2012 Agilent v. Oerlikon, die Zuständigkeit hinsichtlich der nicht-ital Benennungen eines eur Patents verneinend, wenn die Gültigkeit angegriffen ist.
346 Vgl OLG Düsseldorf GRUR Int 2000, 776 und kr hierzu *Pitz* GRUR Int 2001, 32, 35; anders wohl TGI Paris 28.4.2000 GR 99/4574, referiert bei *Pitz* GRUR Int 2001, 32, 35 f sowie die dort referierten Entscheidungen ua der RB Brüssel GRUR Int 2001, 170; eingehend zur „Torpedo"-Problematik *Kühnen* Hdb Rn 1550 ff, *Schramm* PVP Kap 9 Rn 280 ff; schweiz BG BGE 129 III 295, 299 = sic! 2003, 518 Pulverlack verneint in Missbrauchsfällen das schutzwürdige Feststellungsinteresse; vgl aber HighC England/Wales GRUR 1999, 784 Telfast und OLG München RIW 1998, 631.
347 *Benkard* § 139 Rn 101 f.
348 Vgl BGH GRUR 1991, 744 Trockenlegungsverfahren.
349 BGH NJW-RR 2009, 286.
350 BGHZ 184, 49 = GRUR 2010, 314 Kettenradanordnung II.
351 *Zöller* ZPO § 139 Rn 1.
352 BGH MDR 2013, 1424; OLG Düsseldorf BauR 2013, 123 mit weiteren Konkretisierungen.
353 BGH GRUR 2012, 1242 Steckverbindung.
354 BGHZ 166, 203 = GRUR 2006, 575 Melanie, SortSache.
355 Vgl BGHZ 82, 13 = GRUR 1982, 95 pneumatische Einrichtung; BGH GRUR 1975, 434 Bouchet, WzSache.

lung, ob Bestreiten mit Nichtwissen zulässig ist, kommt es grds auf den Zeitpunkt an, in dem sich die Partei zu erklären hat; sie ist verpflichtet, die ihr zugänglichen Informationen in ihrem Unternehmen und von den Personen einzuholen, die unter ihrer Anleitung, Aufsicht oder Verantwortung tätig geworden sind,[356] oder von dem Lieferanten, von der sie die Gegenstände bezogen hat.[357] Anderes gilt für den in Anspruch genommenen Spediteur.[358] Tatsachenvortrag darf nicht allein deswegen unberücksichtigt bleiben, weil er zu früherem Vorbringen in Widerspruch steht.[359] Dass das Gegenteil bereits erwiesen sei, rechtfertigt nicht die Nichterhebung eines Beweises.[360] Der Tatrichter hat das Klagepatent eigenständig auszulegen, da die Auslegung eine Rechtsfrage ist;[361] er darf die Ergebnisse eines Sachverständigengutachtens oder Äußerungen sachkundiger Stellen wie der Erteilungsbehörden zum Verständnis des Fachmanns (wie auch im Nichtigkeitsverfahren)[362] nicht unbesehen übernehmen; das Urteil muss erkennen lassen, dass sich der Tatrichter eigenverantwortlich mit ihm auseinandergesetzt hat.[363] Insb darf er die Auslegung des Klagepatents nicht dem Sachverständigen überlassen.[364] Der Tatrichter muss sich aber erforderlichenfalls sachverständiger Hilfe (Rn 134) bedienen, weil das Verständnis des Fachmanns von den im Patentanspruch verwendeten Begriffen und vom Gesamtzusammenhang des Patentanspruchs die Grundlage der Auslegung bildet, so etwa, wenn zu ermitteln ist, welche objektiven technischen Gegebenheiten, welches Vorverständnis der auf dem betreffenden Gebiet tätigen Sachkundigen, welche Kenntnisse, Fähigkeiten und Erfahrungen und welche methodische Herangehensweise dieser Fachleute das Verständnis des Patentanspruchs und der in ihm verwendeten Begriffe bestimmen oder beeinflussen können.[365] Fremdes Recht, Gewohnheitsrecht und Statuten (Satzungen etc) sind vom Gericht erforderlichenfalls vAw zu ermitteln (§ 293 ZPO).[366]

123   **Erheblichkeit.** Der BGH sieht in gefestigter Rspr[367] einen Sachvortrag zur Begründung eines Klageanspruchs als schlüssig und damit erheblich an, wenn der Kläger Tatsachen vorträgt, die in Verbindung mit einem Rechtssatz geeignet und erforderlich sind, das geltend gemachte Recht als in der Person des Klägers entstanden erscheinen zu lassen. Die Angabe näherer Einzelheiten ist nur erforderlich, wenn diese für die Rechtsfolgen von Bedeutung sind. Das Gericht muss nur in der Lage sein, aufgrund des tatsächlichen Vorbringens zu entscheiden, ob die gesetzlichen Voraussetzungen für das Bestehen des geltend gemachten Anspruchs vorliegen. Zergliederungen der Sachdarstellung in Einzelheiten können allenfalls bedeutsam werden, wenn der Gegenvortrag dazu Anlass bietet. Das bedeutet nicht, dass der, der ein Recht beansprucht, schon deshalb, weil der Gegner bestreitet, gezwungen ist, den behaupteten Sachverhalt in allen Einzelheiten wiederzugeben. Dem Grundsatz, dass sich der Umfang der Darlegungslast nach der Einlassung des Gegners richtet,[368] liegt nicht der Gedanke zugrunde, ein Kläger sei zur Förderung der Wahrheitsermittlung und zur Prozessbeschleunigung verpflichtet, um den bestreitenden Gegner in die Lage zu

---

356 BGH GRUR 2002, 190 Die Profis.
357 OLG Düsseldorf GRUR-RR 2011, 121.
358 BGHZ 182, 245 = GRUR 2009, 1143 MP-3-Player-Import; ebenso LG Mannheim InstGE 12, 136.
359 BGH GRUR 1995, 700 Sesamstraße-Aufnäher; BGH GRUR 1997, 360 Profilkrümmer; BGH GRUR 2000, 866 Programmfehlerbeseitigung; BGH NJW 2002, 1276 Durchstanzanker.
360 BGH GRUR 1996, 747 Lichtbogen-Plasma-Beschichtungssystem; vgl BGH GRUR 1981, 185 Pökelvorrichtung.
361 BGH GRUR 2001, 770, 772 Kabeldurchführung II; BGHZ 164, 261, 268 = GRUR 2006, 131, 133 Seitenspiegel; BGH GRUR 2006, 923 Luftabscheider; BGHZ 171, 120, 126 f = GRUR 2007, 410 Kettenradanordnung I; BGH GRUR 2008, 779, 782 Mehrgangnabe; BGHZ 184, 49 = GRUR 2010, 314 Kettenradanordnung II (Nr 25); BGHZ 186, 90 = GRUR 2010, 858 Crimpwerkzeug III (Nr 15); BGH GRUR 2015, 972 Kreuzgestänge; BGHZ 180, 215 = GRUR 2009, 653 Straßenbaumaschine (Nr 16) mwN; BGH GRUR 2016, 265 Kfz-Stahlbauteil (Nr 12); *Schramm* PVP Kap 6 Rn 19; *Benkard* § 139 Rn 125; *Schulte* § 139 Rn 303; *Mes* § 139 Rn 384; vgl auch schweiz BG sic! 2006, 343 Randanschlusskleber.
362 BGH GRUR 2015, 972 Kreuzgestänge.
363 BGH Kabeldurchführung II; BGH Seitenspiegel; BGH Kettenradanordnung I; vgl auch schweiz BG Randanschlusskleber; zwd OLG München 20.9.2007 6 U 3231/00.
364 BGH Seitenspiegel, BGH Kettenradanordnung I.
365 BGH Seitenspiegel; BGH 23.7.2009 X a ZR 146/07; vgl BGH Kettenradanordnung II; BGH GRUR 2011, 610 Webseitenanzeige; *Meier-Beck* Mitt 2005, 529, 532; *Melullis* FS E. Ullmann (2006), 503, 513.
366 BGH NJW 1993, 2305, Familiensache; *Zöller* ZPO § 293 Rn 10, 14 f; *Fitzner/Lutz/Bodewig* vor § 139 Rn 136.
367 Ua BGH NJW 1991, 2707; BGH NJW-RR 1991, 1269; BGH NJW 1992, 2427; BGH NJW 1993, 923; BGH 1.10.1991 X ZR 31/91; BGH GRUR 2003, 702 Gehäusekonstruktion; BGH NJW 2012, 1647; BGH GRUR 2015, 472 Stabilisierung der Wasserqualität.
368 Vgl hierzu BGH GRUR 2000, 317 f Werbefotos.

versetzen, sich möglichst eingehend auf die Klagebehauptungen einzulassen. Er besagt nur, dass der Tatsachenvortrag der Ergänzung bedarf, wenn er infolge der Einlassung des Gegners unklar wird und nicht mehr den Schluss auf die Entstehung des geltend gemachten Rechts zulässt. Eine Missachtung dieser Grundsätze durch das Gericht, so die Ablehnung eines Beweisangebots wegen zu hoch angesetzter Substantiierungsanforderungen, ist ein Verstoß gegen das Grundrecht auf rechtl Gehör.[369]

Beweisbedürftig in diesem Sinn können zB die Ausgestaltung der Verletzungsform, aber – zB im **124** Umfang des Einwands mangelnder Schutzfähigkeit bei nicht wortlautgem Ausführungsformen oder Behauptung eines Vorbenutzungsrechts – auch Fragen des StdT sein. Der Beweiserhebung zugänglich sind auch die tatsächlichen Grundlagen der Äquivalenz, Gleichwirkung und deren Erkennbarkeit durch den Fachmann.[370] Das gilt allerdings nicht für die Gleichwertigkeit der angegriffenen Lösung.[371] Übereinstimmender Sachvortrag ersetzt nicht die dem Gericht vorbehaltene rechtl Bewertung.[372]

Keiner Beweiserhebung bedarf es im Fall eines **Geständnisses**[373] (§ 288 ZPO). Geständnisfähig sind **125** jedoch nur Tatsachen,[374] also die angegriffene Ausführung, nicht die Schutzrechtsverletzung als Rechtsfrage[375] oder das Vorliegen erfinderischer Tätigkeit oder eines erfinderischen Schritts.[376]

Im Einzelfall kann sich eine Beweiserhebung trotz widerstreitenden Sachvortrags der Parteien zu den **126** tatsächlichen Grundlagen der Auslegung des Patents **erübrigen**, wenn sich das Gericht ein ausreichendes Bild davon machen kann, wie die Ausführungen in der Patentschrift zu verstehen sind.[377] Jedoch kann die Einholung eines Gutachtens geboten sein, wenn die Kenntnis der unstreitigen Tatsachen je nach Fall nicht ausreicht, um auf die Sicht des Fachmanns zu schließen oder die technischen Zusammenhänge zuverlässig zu bewerten.[378]

Hinsichtlich der Höhe der Schadensersatzforderung und anderer Forderungen kommt dem Geschä- **127** digten die **Schätzungsmöglichkeit** nach § 287 ZPO zugute. Die Bestimmung dient dazu, dem Geschädigten den Schadensnachweis zu erleichtern. Statt der sonst für die Überzeugungsbildung des Gerichts erforderlichen Gewissheit vom Vorhandensein bestimmter Tatumstände zur Begründung des Ursachenzusammenhangs zwischen schädigender Handlung und Schadenseintritt genügt die bloße Wahrscheinlichkeit eines bestimmten Geschehensablaufs.[379] Das Gericht ist durch § 287 ZPO hinsichtlich der Auswahl der Beweise und ihrer Würdigung freier gestellt ist und erhält in den Grenzen seines pflichtgem[380] Ermessens weiten Spielraum, auch für die Feststellung eines Mindestschadens.[381] Die Bestimmung enthebt den Verletzer zwar der Notwendigkeit, den Schaden genau zu belegen, erspart es ihm aber nicht, eine tatsächliche Grundlage zu unterbreiten, die eine Schätzung ermöglicht.[382] Bei der Schadensschätzung nach unberechtigter Schutzrechtsverwarnung ist auch im Rahmen des § 287 Abs 1 ZPO bei Bestreiten und substantiiertem Vortrag der Gegenseite Beweis über die Grundlagen der Schätzung zu erheben.[383]

Die **Ablehnung einer Beweiserhebung** für eine beweiserhebliche Tatsache ist nur zulässig, wenn **128** die unter Beweis gestellten Tatsachen so ungenau bezeichnet sind, dass ihre Erheblichkeit nicht beurteilt werden kann, oder wenn sie zwar in das Gewand einer bestimmt aufgestellten Behauptung gekleidet, aber aufs Geratewohl gemacht, gleichsam „ins Blaue" aufgestellt, aus der Luft gegriffen sind und sich deshalb als Rechtsmissbrauch darstellen. Bei einer solchen Annahme ist Zurückhaltung geboten; idR wird sie nur

369 BGH BauR 2012, 1822.
370 Vgl BGH GRUR 2006, 313 Stapeltrockner; BGH GRUR 2007, 959 Pumpeinrichtung.
371 BGH Stapeltrockner.
372 Vgl BGH GRUR 1991, 138 Flacon.
373 Vgl BGH GRUR 1992, 594 mechanische Betätigungsvorrichtung; vgl BGH NJW 2002, 1276 Durchstanzanker.
374 *Fitzner/Lutz/Bodewig* vor § 139 Rn 135.
375 *Ullmann* GRUR 1985, 809 f; *Benkard* § 139 Rn 117; RG GRUR 1937, 37, 39 Roto-Riemen; vgl RG JW 1933, 2517 Mischzinn; BGH GRUR 1964, 673 Kasten für Fußabtrittsroste, GbmSache; für das Schweizer Recht *Brunner* SMI 1994, 101, 121.
376 BGH GRUR 2001, 770, 773 Kabeldurchführung II.
377 BGH GRUR 1983, 497 Absetzvorrichtung; überholt, was das Abstellen auf den Fachmann betrifft.
378 BGHZ 184, 49 = GRUR 2010, 314 Kettenradanordnung II.
379 BGHZ 122, 262 = GRUR 1993, 757 Kollektion „Holiday".
380 OLG Düsseldorf 24.6.1999 2 U 163/97.
381 BGHZ 119, 20 = GRUR 1993, 55 Tchibo/Rolex II.
382 BGHZ 77, 16, 19 = GRUR 1980, 841 Tolbutamid; BGH Kollektion „Holiday".
383 BGH GRUR 1997, 741, 743 Chinaherde; vgl OLG Düsseldorf 12.3.1998 2 U 199/93.

das Fehlen jeglicher tatsächlicher Anhaltspunkte rechtfertigen können.[384] Angebotene Gegenbeweise zu entscheidungserheblichen Tatsachen müssen erhoben werden.[385]

129   **Unmittelbarkeit.** Soweit es um die Glaubwürdigkeit geht, muss das erkennende Gericht in seiner Spruchbesetzung einen persönlichen Eindruck von den Zeugen gewinnen oder auf eine aktenkundige und der Stellungnahme durch die Parteien zugängliche Beurteilung zurückgreifen können.[386] Die Verwertung der Aussagen von vom BPatG im vorangegangenen Parallelverfahren vernommenen Zeugen im Weg des Urkundenbeweises ist zulässig;[387] das wird auch im umgekehrten Fall gelten müssen. Ist eine Partei damit nicht einverstanden, kann der Antrag auf Vernehmung dieser Zeugen nur unter den Voraussetzungen abgelehnt werden, unter denen die Erhebung eines Zeugenbeweises überhaupt abgelehnt werden kann.[388]

130   Wiederholt die Partei nach durchgeführter Beweisaufnahme einen Beweisantrag nicht, liegt darin nur dann ein **Verzicht**, wenn sie aus dem Prozessverlauf erkennen konnte, dass das Gericht seine Aufklärungstätigkeit als erschöpft angesehen hat.[389]

131   Als **Beweismittel** kommen nach der ZPO Zeugenbeweis, Augenschein, Urkundenbeweis und Sachverständigenbeweis und subsidiär Parteivernehmung in Betracht. Es gelten die Vorschriften der ZPO über die Beweisaufnahme (§§ 355–455 ZPO) und über das selbstständige Beweisverfahren (§§ 485 ff ZPO). Zur „discovery" vgl Rn 66 zu § 140c.

132   Zum **Augenscheinsbeweis** §§ 371–372a ZPO. Augenscheinseinnahme, die auch die Durchführung von Versuchen umfassen kann, kann vAw angeordnet werden (§ 144 ZPO). Die Zuziehung eines Sachverständigen zum Augenscheinstermin kann geboten sein[390] (§ 372 Abs 1 ZPO), die Augenscheinseinnahme kann aber auch durch einen Sachverständigen als Augenscheinsmittler erfolgen.[391] Eine Duldungspflicht der das Augenscheinsobjekt besitzenden Partei besteht nicht;[392] die Weigerung kann jedoch frei gewürdigt werden.[393]

133   **Zeugenbeweis.**[394] Es gelten die §§ 373–401 ZPO. Zeuge kann sein, wer nicht (im konkreten Prozess) als Partei oder gesetzlicher Vertreter einer Partei zu vernehmen ist. Auch der sachverständige Zeuge ist Zeuge (§ 414 ZPO). Der Zeuge bekundet Tatsachen, dh äußere oder innere Vorgänge in der Vergangenheit oder Gegenwart. Zeugenbeweis und Urkundenbeweis sind gleichwertige Beweismittel.[395] Unterliegt der Zeuge einer Schweigepflicht nach § 383 Nr 6 ZPO oder § 384 Nr 3 ZPO (fremdes Geheimnis, darunter auch Betriebsgeheimnis), kann er vernommen werden, wenn der Geheimnisberechtigte ihn von der Verschwiegenheitsverpflichtung befreit. Ob dies auch für Geheimnisse einer Partei gilt, ist str,[396] auch in der Benennung wird eine Befreiung gesehen.[397]

134   **Sachverständigenbeweis.**[398] Es gelten die §§ 402–413 ZPO, subsidiär die Regelungen über den Zeugenbeweis (§ 402 ZPO). Der Sachverständige vermittelt dem Richter allg Erfahrungssätze aus einem Fachgebiet, aus denen dieser die nötigen Schlüsse zieht;[399] bei der Vertragsauslegung kommt seinen Ausführungen nur eine begrenzte Funktion zu.[400] Die Bedeutung des Sachverständigen hat sich in der Ein-

---

384   BGH GRUR 1992, 559; BGH NJW-RR 1991, 1269; BGH NJW 1992, 2427; BGH NJW 1993, 923; BGH NJW 1995, 2111; BGH 1.10.1991 X ZR 31/91; vgl auch BGH GRUR 1975, 254 ff Ladegerät; *Mes* GRUR 2000, 934, 938 f, auch zur „sekundären Darlegungslast".

385   BGH GRUR 2004, 532, 535 Naßreinigung; BGH GRUR 2006, 223 f autohomologe Immuntherapie 02; BGH 24.4.2007 X ZR 113/05.

386   BGH 2002, 190 Die Profis; vgl BGH GRUR 1993, 472, 474 Filmhersteller, nicht in BGHZ.

387   BGH Liedl 1987/88, 181 ff Mastfuß.

388   BGH GRUR 1965, 411, 415 Lacktränkeinrichtung II.

389   BGH NJW 1994, 329.

390   Vgl RG GRUR 1937, 662 f Garnknäuelschutzhülle; RG GRUR 1939, 189, 191 Einspritzung; RG GRUR 1942, 323, 328 Fleischwolf.

391   Vgl RG GRUR 1937, 1081 f Beweisantritt.

392   OLG Düsseldorf GRUR 1983, 741, 743.

393   RG GRUR 1938, 428 f Pedalachsen.

394   Zur Verwertbarkeit von Lauschzeugenaussagen BGH GRUR 1995, 693, 697 Indizienkette mwN; BGH JZ 1991, 927 f.

395   BGH GRUR 2003, 507 Enalapril unter Hinweis auf BGH GRUR 1975, 254 f Ladegerät.

396   Vgl *Musielak* ZPO § 384 Rn 5 mwN.

397   *MünchKommZPO* § 384 Rn 13.

398   Näher *Kühnen* Hdb Rn 2747 ff; *Schramm* PVP Kap 6 Rn 19 ff und Kap 10 Rn 112 ff.

399   BPatG GRUR 1978, 359.

400   BGH 25.1.2000 X ZR 97/98.

schätzung durch den BGH in jüngerer Zeit deutlich gewandelt; insb ist die Auslegung des Klagepatents grds nicht Sache des Sachverständigen (Rn 122).

Erforderlichkeit.[401] Ein ständig mit Patentstreitsachen befasstes Gericht muss sich sachverständiger **135** Hilfe nicht bedienen, wenn sich weder aus dem Parteivortrag noch aus der Natur der Sache Bedenken gegen seine Kompetenz ergeben.[402] Es kann Fragen, die eine besondere Sachkunde erforderten, zwar uU auch ohne Hinzuziehung eines Sachverständigen entscheiden,[403] muss dann aber grds darlegen, dass es über die erforderliche Sachkompetenz verfügt.[404] Die Rspr des BPatG,[405] dass insoweit keine Auskunftsrechte gegenüber dem Gericht über dessen Sachkunde bestehen, ist wohl nicht übertragbar; ebenso wenig die Verneinung eines Gehörverstoßes des BPatG durch den BGH,[406] wenn nicht die Umstände dargelegt werden, die eine Gutachtenerholung aufgedrängt haben. Im Zweifel ist ein Hinweis erforderlich, wenn sich das Gericht für ausreichend sachkundig hält; Rspr aus anderen Rechtsgebieten[407] ist nur soweit in Patentstreitsachen heranzuziehen, als die eigene Sachkunde des Gerichts über das hinausgeht, was bei ständiger Befassung mit technischen Sachverhalten zu erwarten ist. Das Gericht muss dann auch den technischen Sachverhalt so vollständig wiedergeben und erörtern, dass das Revisionsgericht für die patentrechtl Würdigung eine schlüssige und sichere Grundlage hat.[408] Ein Beweisantrag schließt die Ablehnung der Zuziehung eines Sachverständigen bei eigener Sachkunde nicht aus.[409]

Die Zuziehung eines Sachverständigen ist erforderlich, soweit das Gericht selbst **nicht die erforder-** **136** **liche Sachkunde** besitzt und sich diese auch nicht auf anderem Weg, etwa durch Literaturstudium, verschaffen kann. Wenn der Tatrichter nicht in der Lage ist, alle von den Parteien vorgetragenen Argumente ohne Zuziehung eines Sachverständigen abschließend zu beurteilen, darf es nicht von ihr absehen,[410] so, wenn zwh und auf andere Weise nicht zu klären ist, wie der Fachmann im Patentanspruch oder der Patentschrift verwendete technische Begriffe versteht.[411] Maßgeblich sind grds die Umstände des Einzelfalls.[412] Von der Zuziehung kann nicht abgesehen werden, wenn Erkenntnisse zu beurteilen sind, die ein

---

401   *Reimann* Bericht Q 136 für die Deutsche [AIPPI-] Landesgruppe, AIPPI-Jahrbuch 1998/III, 77 Nr 15 gibt für das LG Düsseldorf ca 90% Entscheidungen ohne Zuziehung eines Sachverständigen an, für das OLG Düsseldorf eine Stützung auf Sachverständige in ca 15–20% der Fälle; in der Schweiz wird die Zuziehung idR als unerlässlich angesehen, schweiz BG sic! 2002, 534 Hüftgelenkprothese.

402   BGH GRUR 1995, 578 f Steuereinrichtung II mwN; BGHZ 155, 8 = GRUR 2003, 789 Abwasserbehandlung; BGH GRUR 2004, 413 Geflügelkörperhalterung.

403   RG GRUR 1938, 593 f Türscharnier für Kraftwagen; RG GRUR 1939, 825 f Strumpfschoner; BGH GRUR 1964, 196, 199 Mischer I, nicht in BGHZ; BGH GRUR 1969, 534, 536 Skistiefelverschluß; BGH GRUR 1983, 497 Absetzvorrichtung; BGH GRUR 1987, 280, 283 Befestigungsvorrichtung I; BGH GRUR 1988, 444, 446 Betonstahlmattenwender; BGHZ 112, 140 = GRUR 1991, 436, 440 Befestigungsvorrichtung II, verneinend zur Frage, ob die Auseinandersetzung mit einer Entscheidung des EPA zur Zuziehung eines Sachverständigen nötigt; polemisch BGH GRUR 1991, 744 Trockenlegungsverfahren; BGH 18.9.1962 I ZR 41/61; BGH 5.12.1968 X ZR 55/66; BGH 27.10.1970 X ZR 9/68; BGH 1.10.1991 X ZR 60/89; BGH 15.5.2001 X ZR 107/98; vgl aber schweiz BG BGE 122 III 81, 84 = GRUR Int 1998, 932 Beschichtungsanlage; schweiz BG sic! 1999, 293, 295 Anschlaghalter.

404   BGHZ 162, 365 = GRUR 2005, 569, 571 Blasfolienherstellung: mit Messungen belegter Parteivortrag; vgl BGH 16.1.1990 X ZR 57/88; vgl auch BGH 11.2.1965 I a ZR 268/63; BGH 10.5.1994 VI ZR 192/93.

405   BPatGE 53, 194 = GRUR 2013, 165; BPatG 28.6.2012 4 Ni 2/11 Mitt 2014, 30 Ls.

406   BGH GRUR 2014, 1235 Kommunikationsrouter.

407   BGH NJW 2015, 2590, Arzthaftungssache; BGH NJW-RR 1997, 1108, Bausache.

408   RG MuW 29, 73 f Kathodenstrahlerrelais; RG GRUR 1935, 797 f Spindelpresse; RG GRUR 1937, 362 f Lautsprecher; BGH Mischer I und öfter.

409   RG GRUR 1939, 363 Widerstand; *Neuhaus* GRUR Int 1987, 483. Bsp für großzügige Beurteilung BGH GRUR 1969, 534 Skistiefelverschluß; BGHZ 112, 140, 150 = GRUR 1991, 436 Befestigungsvorrichtung II; BGH GRUR 1991, 744 Trockenlegungsverfahren; BGH 14.12.1999 X ZR 128/97; für größere Strenge BGHZ 64, 86, 100 = GRUR 1975, 425 Metronidazol; BGH GRUR 1983, 497 Absetzvorrichtung; BGH GRUR 1978, 235, 237 Stromwandler; BGH 23.9.1999 X ZR 57/97 Schulte-Kartei PatG 139.42 Nr 22 Momentanpol 01; vgl auch BGH GRUR 1998, 916, 919 Stadtplanwerk, nicht in BGHZ, UrhSache, wo Notwendigkeit schon wegen einander widersprechender Privatgutachten bejaht wird; schweiz BG Anschlaghalter: unerlässlich, wenn das Gericht selbst nicht fachkundig ist.

410   BGHZ 64, 86, 100 = GRUR 1975, 425 Metronidazol; vgl RG GRUR 1935, 36, 38 Sparbeize; vgl BGH GRUR 2000, 138 Knopflochnähmaschinen; vgl auch BGH GRUR 2000, 1005 Bratgeschirr.

411   BGH Mitt 1999, 365 Sammelförderer, allerdings zu weit gehend, soweit dort der Fall ausreichender eigener Sachkunde des Gerichts nicht ausgenommen wird; BGH GRUR 2004, 413 Geflügelkörperhalterung.

412   BGH Geflügelkörperhalterung.

Fachmann auf einem speziellen Gebiet der Technik beim Studium spezieller Begriffe einer Patentschrift gewinnt, da diese auch in Patentstreitsachen erfahrenen Richtern nur selten zur Verfügung stehen; insb wenn es darum geht zu beurteilen, welche in einer Patentschrift nicht genannten Funktionen oder Wirkungszusammenhänge den Merkmalen eines Patents vom Fachmann zugeschrieben werden, mangelt es ihnen idR an der erforderlichen eigenen Sachkunde.[413] Allein aus § 286 ZPO lässt sich eine Pflicht des Gerichts nicht herleiten, nach §§ 142 ff ZPO die Begutachtung eines Gegenstands anzuordnen, der sich in der Verfügungsgewalt der nicht beweisbelasteten Partei oder eines Dritten befindet.[414] Für die Anordnung der Begutachtung von Gegenständen nach § 144 ZPO gelten dieselben Grundsätze wie für die Anordnung der Urkundenvorlage (Rn 148).[415]

137   Die **Auswahl des Sachverständigen** kann Schwierigkeiten bereiten; Abstimmung mit den Parteien ist idR angebracht, da sie auf dem jeweiligen Fachgebiet mehr Überblick haben als das Gericht, ist oft ein Vorschlag durch die Parteien sinnvoll.[416] Ihren übereinstimmenden Vorschlägen ist zu folgen, § 404 Abs 4 ZPO. Die Auswahl steht im Ermessen des Gerichts. Zur Zuziehung eines Sachverständigen (erst, wie häufig praktiziert) in der Berufungsinstanz Rn 205. Ausnahmsweise können DPMA und EPA nach § 29 und Art II § 13 IntPatÜG und sonstige Fachbehörden als Sachverständige zugezogen werden,[417] sonst nur natürliche Personen,[418] die das Gutachten auch selbst erstatten müssen.[419] Der Sachverständige muss nicht notwendig in allen Punkten die Qualifikation des maßgeblichen Fachmanns besitzen, aber zur sachgerechten Beurteilung der ihm gestellten Fragen in der Lage sein; eingeschränkte Sachkunde erfordert besonders sorgfältige Auseinandersetzung.[420] Er muss mitteilen, wenn er Dritte zuzieht. Als gerichtliche Sachverständige kommen bei entspr Sachkunde durchaus auch Patentanwälte[421] (diese auch zur Höhe des Schadensersatzes,[422] der angemessenen Entschädigung, der Erfindervergütung usw) oder ehemalige Prüfer und technische Richter in Betracht,[423] Das DPMA führt eine nicht amtliche Liste von Sachverständigen.[424] Die Anforderungen sollten aber nicht zu niedrig angesetzt werden. Das gilt nicht nur, wenn mit der Einreichung von Parteigutachten[425] (die keine Beweismittel, sondern qualifizierter Parteivortrag sind)[426] zu rechnen ist. Verzögerte sachliche Auseinandersetzung mit dem Gutachten kann als verspätet zu behandeln sein.[427]

138   Die Zuziehung eines **weiteren Sachverständigen** steht auch bei sich widersprechenden Gutachten grds im Ermessen des Gerichts[428] (§ 412 ZPO); verfügt der weitere Gutachter über überlegene Forschungsmittel, kann die Einholung eines weiteren Gutachtens geboten sein.[429] Bei Widersprüchen zwischen oder innerhalb von Gutachten muss auf Aufklärung hingewirkt werden.[430] Ein zweites Gutachten muss nicht

---

413   BGH 6.5.1986 X ZR 7/85.

414   BGH GRUR 2013, 316 Rohrmuffe.

415   BGH Rohrmuffe.

416   *Schramm* PVP Kap 10 Rn 117.

417   *Zöller* ZPO § 402 Rn 6a, zu weiteren Ausnahmen.

418   *Fitzner/Lutz/Bodewig* vor § 139 Rn 140; *Zöller* ZPO³⁰ § 402 Rn 6.

419   Vgl das Beispiel bei BSG NJW 1965, 368: Beauftragt war der Chefarzt eines Krankenhauses, der die Erstattung delegierte.

420   Zu den Anforderungen an die Qualifikation des gerichtlichen Sachverständigen BGH GRUR 1998, 366 f Ladewagen; vgl BGH Kabeldurchführung II; vgl auch BGH 16.3.2010 X ZR 41/08 (Abweichung von Erfahrungssätzen der SstA).

421   Zur Zuziehung von Patentanwälten *Holzer* Über die Mitwirkung von österreichischen Patentanwälten bei Patentverletzungsprozessen in Österreich, Mitt 1994, 261 f; vgl auch schweiz BG sic! 2002, 534 Hüftgelenkprothese; schweiz BG sic! 2003, 600 Pulverbeschichtungsanlage IV.

422   Vgl *Reimann* Bericht Q 136 für die Deutsche [AIPPI-]Landesgruppe, Nr 46.

423   Vgl OLG München 20.11.1997 6 U 2949/95.

424   *Reimann* Bericht Q 136 für die Deutsche [AIPPI-] Landesgruppe, Nr 18; vgl *Neuhaus* GRUR Int 1987, 483, 485.

425   Zur Verwertung von Parteigutachten BGH GRUR 1997, 741, 744 Chinaherde; BGH Kabeldurchführung II.

426   Vgl schweiz BG sic! 2006, 343 Randanschlusskleber.

427   OLG München InstGE 4, 120.

428   RG GRUR 1937, 352, 354 Verdampf- und Trockenanlage; vgl auch RG GRUR 1937, 375, 377 Schneidschieber II.

429   BGH NJW 1987, 442 mwN.

430   BGH GRUR 1964, 196, 199 Mischer I, nicht in BGHZ; BGH GRUR 2000, 138 Knopflochnähmaschinen: auch bei Gerichtsgutachten widersprechendem Privatgutachten; BGH NJW 1987, 442; BGH NJW 1992, 2291; BGH NJW 1994, 2419; BGH NJW 1997, 1638.

erholt werden, wenn das erste auch nach Anhörung des Sachverständigen (nur) patentrechtl Vorgaben nicht hinreichend berücksichtigte.[431]

Die Zuziehung eines Sachverständigen zu den Tatsachengrundlagen der **Äquivalenz** steht grds im 139 Ermessen des Gerichts.[432]

Der Sachverständige ist gem § 407 ZPO **verpflichtet**, das Gutachten zu erstatten, wenn er im Inland 140 auf dem jeweiligen Gebiet tätig ist; gleichwohl ist es sinnvoll, die Bereitschaft vorher abzuklären,[433] eine Erzwingung ist nur sinnvoll, wenn die Suche nach einem anderen Sachverständigen absehbar schwierig ist.

Anordnung. Bsp für einen Beweisbeschluss (nach OLG Düsseldorf) im Anhang. Die Beweisaufnahme 141 im Ausland richtet sich nach den jeweiligen internat Verträgen. In der EU richtet sich die grenzüberschreitende Beweisaufnahme nach der VO (EG) Nr 1202/2006 (EuBeweisaufnahmeVO).[434] Ziel ist eine schnelle Abwicklung durch direkte und schnelle Übermittlung (vgl Art 2, 7, 10 EuBeweisaufnahmeVO).

Verfahrensrechtliche Fragen. Nach § 144 ZPO ist die Anordnung vAw möglich,[435] in Ausnahmefäl- 142 len auch vor dem ersten Termin gem § 273 ZPO. Das Gericht hat die Tätigkeit des Sachverständigen zu leiten und kann ihm Weisungen für Art und Umfang seiner Tätigkeit erteilen (§ 404a Abs 1 ZPO; vgl Muster im Anh); dabei ist erfahrungsgem aus Gründen der Verständlichkeit Zurückhaltung bei der Darlegung der patentrechtl Rahmenbedingungen geboten. Es bestimmt, in welchem Umfang der Sachverständige zur Aufklärung der Beweisfrage befugt ist, wieweit er mit den Parteien in Verbindung treten darf und wann er ihnen die Teilnahme an seinen Ermittlungen zu gestatten hat (§ 404a Abs 4 ZPO). Derartige Anordnungen sind grds nicht selbstständig anfechtbar.[436] Hat ein Sachverständiger Versuche vorgenommen, um sich im Rahmen der Vorbereitung seines Gutachtens technisch zu unterrichten, handelt es sich nicht um Ermittlungen und Feststellungen tatsächlicher Art, die der Sache nach einen Augenscheinsbeweis darstellen und bei denen nach den Vorschriften über die Parteiöffentlichkeit (§ 357 ZPO) die Zuziehung beider Parteien erforderlich ist.[437] Der Sachverständige wird idR zur schriftlichen Begutachtung aufgefordert (§ 411 Abs 1 ZPO);[438] das Gericht kann aber nach pflichtgemäßem Ermessen auch (nur) mündliche Begutachtung anordnen.[439] Dem Antrag auf Ladung des Sachverständigen zur Erläuterung eines Gutachtens (§ 411 Abs 2 ZPO) hat das Gericht auch dann zu entsprechen, wenn es das Gutachten für überzeugend hält und selbst keine Fragen hat.[440] Aus dem Umstand, dass bestimmte Sachverhaltsbereiche vom Gericht bei der Befragung des gerichtlichen Sachverständigen nicht aufgegriffen werden, kann nicht geschlossen werden, dass das Gericht sie für unerheblich hält, sondern nur, dass das Gericht insoweit keinen (weiteren) Aufklärungsbedarf sieht.[441]

Die **Kosten des Sachverständigen** sind nach § 9 JVEG grds gedeckt; der dort festgeschriebene 143 Höchstsatz von 125 EUR (seit 1.8.2013) wird in Patentverletzungsstreitigkeiten auch unter Berücksichtigung der Möglichkeiten des § 407 ZPO (Zwang zur Gutachtenserstellung, Rn 140) kaum ausreichen; hier bietet § 13 Abs 2 JVEG die Möglichkeit, unter Zustimmung einer Partei höhere Sätze grds bis zu einer Verdopplung festzusetzen, was zweckmäßigerweise[442] schon vor Beginn der Begutachtung erfolgen sollte (Anfrage nach Stundensatz im Gutachtensauftrag).[443] Zwischen der Fachkunde des Sachverständigen, den zu bewältigenden Schwierigkeiten und dem zeitlichen Begutachtungsaufwand muss eine gewisse plausible

---

431 BGH GRUR 2010, 41 Insassenschutzsystemsteuereinheit, zum Nichtigkeitsverfahren.

432 Zur Zuziehung eines Sachverständigen, wenn auf die angegriffene Ausführungsform ein Patent erteilt ist, *Kühnen* Äquivalenzschutz und patentierte Verletzungsform, GRUR 1996, 729, 734.

433 Vgl *Kühnen* Hdb Rn 2759; bei großem Aktenumfang empfiehlt sich ein Hinweis auf den Umfang der für das Gutachten relevanten Aktenteile.

434 ABl EG Nr L 174/1 vom 27.6.2001, Änderung in ABl EG Nr L 304/80 vom 14.11.2008; *Fitzner/Lutz/Bodewig* vor § 139 Rn 150 f.

435 *Kühnen* Hdb Rn 2750.

436 BGH GRUR 2009, 519 Hohlfasermembranspinnanlage.

437 BGH GRUR 1967, 553 Sachverständigenentschädigung I.

438 *Fitzner/Lutz/Bodewig* vor § 139 Rn 142.

439 Vgl zur zur (gelegentlichen) früheren Praxis des BGH im Nichtigkeitsberufungsverfahren *Benkard* Rn 128 mwN.

440 BGH NJW 2009, 3660.

441 BGH GRUR 2011, 461 Formkörper [Anhörungsrüge].

442 BGH GRUR 2013, 863 Sachverständigenentschädigung VI: auch später zulässig.

443 Vgl LG München I InstGE 13, 63.

Proportionalität gewahrt bleiben.[444] Für die Stellungnahme zu einem Ablehnungsantrag soll der Sachverständige keine gesonderte Vergütung erhalten.[445]

144 Für die Tätigkeit des Sachverständigen ist von der beweisbelasteten (Rn 239 ff zu § 139) Partei gem § 17 Abs 1, 3 GKG, ggf § 13 Abs 1 JVEG, ein **Vorschuss** zu verlangen, zweckmäßigerweise nach Abstimmung mit dem Sachverständigen.[446] Wird der Vorschuss nicht rechtzeitig eingezahlt, unterbleibt gem §§ 379 Abs 2, 402 ZPO die Begutachtung mit den Folgen von §§ 296 Abs 2 ZPO. Der Sachverständige hat eine absehbare Überschreitung des durch den Vorschuss gegebenen Kostenrahmens mitzuteilen, damit ein weiterer Vorschuss angefordert werden kann;[447] unterlässt er dies, kann seine Vergütung gekürzt werden.[448]

145 Nach § 411a ZPO kann auch ein **Gutachten** zur Beweisfrage **aus einem anderen Prozess** oder aus einem Ermittlungsverfahren verwertet werden, und zwar nicht nur im Urkundenbeweis (Rn 148). Der Verfahrensablauf nach Bestellung des Sachverständigen und Bekanntgabe des Gutachtens an die Parteien ist derselbe wie nach Einholung eines eigenen Gerichtsgutachtens; insb haben die Parteien die Rechte nach § 406 ZPO (Ablehnung) und § 411 Abs 3, 4 ZPO (Fragen und Anhörung).[449]

146 **Ablehnung des Sachverständigen** wegen Besorgnis der Befangenheit (§ 406 ZPO) kommt zB in Betracht, wenn sich der Sachverständige bei einer Partei Informationen beschafft, ohne der anderen Gelegenheit zu geben, ihrerseits zur Information beizutragen[450] (vgl auch Rn 6 zu § 128a), oder einen Ortstermin durchführt, obwohl eine Partei der Gegenseite den Zutritt verweigert (zur Besichtigung vgl Rn 31 zu § 140c).[451] Wirtschaftliche Verbindung zu einer Partei, so durch frühere Aufträge an den Sachverständigen, kann einen Ablehnunggrund darstellen.[452] Versäumt eine Partei, sich rechtzeitig über mögliche Ablehnungsgründe zu informieren, kann ein späterer Befangenheitsantrag unzulässig sein,[453] insb, wenn die Auswahl des Sachverständigen schwierig ist.[454]

147 **Verfahrensverstöße** bei der Entscheidung über die Ablehnung sind nicht revisibel; dies gilt auch für die Entscheidung über die Ablehnung erst in der Endentscheidung anstatt durch gesonderten Beschluss.[455]

148 **Urkundenbeweis.** Es gelten die §§ 415–444 ZPO. Ein Sachverständigengutachten aus einem anderen Prozess kann urkundenbeweislich verwertet werden.[456] Die Verwertung ist aber nur als Urkunde zulässig, also dahin, dass der Sachverständige das Gutachten so erstattet hat. Wenn eine Partei zu erkennen gibt, dass sie Fragen stellen will, muss ein neues Gutachten erholt oder das Verfahren nach § 411a ZPO durchgeführt werden (Rn 145).[457] Die Ablehnung dieser Verfahrensweise mit der Begründung, das Gericht habe durch das Gutachten ausreichend Sachkunde erworben, ist unzulässig.[458] Im Urkundenprozess (§ 592 ZPO) muss auch die äquivalente Benutzung durch Vorlage von Urkunden nachgewiesen werden; die Sachkunde des Gerichts kann dies nicht ersetzen.[459] Im Patentverletzungsprozess ist das Gericht allenfalls dann verpflichtet, die Vorlage einer Urkunde durch die nicht beweisbelastete Partei nach § 142 ZPO anzuordnen, wenn die Voraussetzungen für einen entspr Anspruch des Gegners aus § 140c erfüllt sind.[460]

---

444 BGH GRUR-RR 2010, 272 Sachverständigenentschädigung 010 [erforderlicher Bearbeitungsaufwand]; BGH Mitt 2013, 247 Sachverständigenentschädigung 020 [Kosten des Sachverständigen].

445 OLG Celle BauR 2012, 1685.

446 Vgl *Kühnen* Hdb Rn 2760.

447 Vgl *Kühnen* Hdb Rn 2764 mit Muster für ein Anschreiben an den Sachverständigen; *Fitzner/Lutz/Bodewig* vor § 139 Rn 146; OLG Koblenz MDR 2005, 1258.

448 *Fitzner/Lutz/Bodewig* vor § 139 Rn 146; vgl *Kühnen* Hdb Rn 2764; OLG Stuttgatt MDR 2008, 652; OLG Düsseldorf 28.11.2002 5 U 198/94 NJOZ 2003, 1410.

449 Begr BTDrs 15/1508 S 20.

450 BGH GRUR 1975, 507 Schulterpolster.

451 OLG Saarbrücken MDR 2014, 180.

452 *Zöller* ZPO § 406 Rn 8(b); BGH GRUR 2013, 100 Sachverständigenablehnung VI; vgl auch *Fitzner/Lutz/Bodewig* vor § 139 Rn 140.

453 BGH GRUR 2012, 855 Sachverständigenablehnung V.

454 BGH GRUR 2009, 92 Sachverständigenablehnung III.

455 Vgl BGH GRUR 1979, 271 Schaumstoffe.

456 Vgl LG Mannheim 12.9.2003 7 O 273/02 undok.

457 Vgl BGH FamRZ 2012, 100.

458 BVerwG NJW 2009, 2614.

459 OLG Karlsruhe GRUR 1994, 263.

460 BGHZ 169, 30 = GRUR 2006, 962 Restschadstoffentfernung; BGH GRUR 2013, 316 Rohrmuffe.

Beweis durch Parteivernehmung.[461] Die Parteivernehmung ist subsidiäres Beweismittel. Es gelten **149** die §§ 445–455 ZPO. Beweisnot allein rechtfertigt die Parteivernehmung nicht.[462] Zu den jeweils nach Sachlage und Situation unterschiedlichen Möglichkeiten, aus einer Weigerung des zu Vernehmenden oder des Gegners Schlüsse zu ziehen, wird auf die einschlägige Kommentierung der ZPO verwiesen.

Ein weiteres selbständiges Beweismittel ist die **amtliche Auskunft**, die auch vAw eingeholt werden **150** kann. Die Auskunft kann – jedenfalls mit Einverständnis der Parteien – auch bei einer ausländ Behörde eingeholt werden.[463]

Berücksichtigung des Beweisergebnisses. In seiner Beweiswürdigung ist das Gericht grds frei **151** (§ 286 ZPO). Mit dem Ergebnis einer Begutachtung hat sich das Gericht auseinanderzusetzen; es darf die Ergebnisse des Sachverständigen nicht kritiklos übernehmen. Auch Privatgutachten, die zwar grds nur – zu berücksichtigenden – Parteivortrag darstellen, aber dem Gericht Sachkunde vermitteln können, worauf bei Widerspruch durch den Gegner hingewiesen werden muss,[464] sind nach § 286 ZPO frei zu würdigen.[465] Legen beide Parteien Privatgutachten vor, die sich in wesentlichen Punkten widersprechen, muss ein Gerichtsgutachten erholt werden, wenn das Gericht nicht ausreichende eigene Sachkunde hat. Diese wird durch die Gutachten nur dann vermittelt sein können, wenn die Widersprüche aus den übereinstimmenden Ausführungen gelöst werden können.[466] Das Gericht hat den Streitstoff auszuschöpfen und darf weder gegen die Denkgesetze noch gegen anerkannte Erfahrungssätze oder Bewertungsregeln verstoßen.[467] Indiztatsachen müssen in die Gesamtbetrachtung einbezogen werden.[468] Ein Gesetzesverstoß liegt nicht in der Würdigung einer Privaturkunde als rechtsgeschäftliche Erklärung.[469] Die Schätzung von Schadensersatzansprüchen gem § 287 Abs 1 ZPO muss auf der Basis einer möglichst sicheren Tatsachengrundlage erfolgen.[470] An Beweisregeln ist das Gericht nur gebunden, soweit dies gesetzlich vorgesehen ist (§ 286 Abs 2 ZPO); eine solche enthält § 139 Abs 3 PatG. Auch eine Beweisvereitelung durch eine Partei (die nicht vorliegen soll, wenn eine Beweissicherung etwa durch ein selbstständiges Beweisverfahren möglich gewesen wäre)[471] führt nicht zur Entbehrlichkeit einer möglichen Beweisaufnahme. Ist die Beweisaufnahme erfolglos iSd beweisbelasteten Partei, ist Umkehr der Beweislast in Betracht zu ziehen und den Beweisangeboten des Gegners nachzugehen.[472] Verweigerung der Entbindung eines Zeugen von einer Schweigepflicht kann unter den Grundsätzen der Beweisvereitelung zur Beweislastumkehr führen.[473]

Liegt die **Stellungnahme eines Sachverständigen** vor, darf das Gericht sie nicht außer acht lassen **152** und seine Feststellungen allein auf eigene Sachkunde stützen; es ist aber nicht an einer Überprüfung des Gutachtens gehindert und kann auch zu einem anderen Ergebnis gelangen, wenn es seine Abweichung hinreichend zu begründen vermag.[474]

Die Rspr des I. Zivilsenats des BGH zur Zulässigkeit des **Gegenbeweises** bei gerichtskundigen Tatsa- **153** chen[475] ist unabhängig von der Frage, ob hier der Gegenbeweis an sich zulässig ist, auf Patentverletzungssachen nicht übertragbar.

---

461   Zur Parteivernehmung nach § 448 ZPO über ein „Vieraugengespräch" BGH GRUR 1999, 367 Vieraugengespräch.
462   BGH GRUR 1998, 650 f Krankenhausmüllentsorgungsanlage.
463   *Reimann* Bericht Q 136 für die Deutsche [AIPPI-]Landesgruppe, Nr 20.
464   OLG Karlsruhe NJW 1990, 192.
465   Vgl BGH GRUR 1998, 366, 368 f Ladewagen; BGH GRUR 2001, 770, 772 Kabeldurchführung II; BPatGE 18, 46 = GRUR 1976, 608.
466   BGH NJW 1998, 2735.
467   Vgl BGH GRUR 1993, 897 Mogul-Anlage; BGH GRUR 1996, 747 Lichtbogen-Plasma-Beschichtungssystem; BGH GRUR 2003, 507 Enalapril.
468   BGH 19.9.2006 X ZR 24/04.
469   BGH 15.6.1965 I a ZR 19/64.
470   Vgl *Zöller* ZPO § 187 Rn 1; *Fitzner/Lutz/Bodewig* vor § 139 Rn 148.
471   BGH GRUR 2016, 88 Deltamethrin.
472   BGH Deltamethrin.
473   *Zöller* ZPO § 385 Rn 13; vgl *Fitzner/Lutz/Bodewig* vor § 139 Rn 148.
474   BGH GRUR 1964, 196, 199 Mischer I, nicht in BGHZ; BGH GRUR 1975, 593, 595 Mischmaschine; BGH 12.10.1993 X ZR 25/92.
475   BGH GRUR 1990, 607 Meister-Kaffee; BGH GRUR 1992, 406 beschädigte Verpackung I; kr *Lindacher* (Urteilsanm) BB 1991, 1524; *Pantle* Beweiserhebung über offenkundige Tatsachen? MDR 1993, 1166.

154   **e. Erledigung der Hauptsache** bedeutet, dass die zunächst zulässige und begründete Klage unzulässig oder unbegründet wird (zB hinsichtlich des Unterlassungsanspruchs durch Erlöschen des Patents, selbst wenn vom Patentinhaber herbeigeführt,[476] oder infolge des Wegfalls des Feststellungsinteresses für eine Feststellungsklage; vgl § 91a ZPO; Rn 159).[477]

155   Erledigung der Hauptsache kommt nur durch **nach Eintritt der Rechtshängigkeit** (Klagezustellung) eintretende Ereignisse in Betracht, nicht durch solche zwischen Einreichung und Zustellung der Klage.[478] Zur Kostenentscheidung bei nachfolgender Klagerücknahme Rn 115.

156   **Entfällt das Patent mit Wirkung von Anfang an**, so durch Widerruf oder Nichtigerklärung, ist kein Raum für Erledigung der Hauptsache; die Klage ist in diesem Fall unbegründet.[479] Gleiches gilt beim Gebrauchsmuster[480] (Löschung, Feststellung der Unwirksamkeit; Rn 12 zu § 19 GebrMG). Verzichtet der Kläger nach Nichtigerklärung des Klagepatents auf die wegen dessen Verletzung erhobenen Ansprüche, hat der Beklagte auch dann keinen Anspruch auf eine Sachentscheidung, wenn noch über die Kosten hinsichtlich rechtskräftig erledigter Teile des Rechtsstreits zu entscheiden ist.[481]

157   Bei **Ablauf des Klagepatents** ist hinsichtlich des Unterlassungsanspruchs für die Vergangenheit die Erledigung nicht im Urteil auszusprechen, da sich sonst für eine noch nicht abgeschlossene Unterlassungsvollstreckung Schwierigkeiten ergeben können.[482] Der Kläger kann in einem solchen Fall die Erledigungserklärung auf die Zeit nach dem Ablauf beschränken.[483] Die Erledigungserklärung wirkt zwar zwar idR ohne weiteres ex tunc (vgl Rn 303); dabei ist allerdings nicht nur auf den Wortlaut der Erklärung abzustellen, sondern auch das zu berücksichtigen, was nach den Maßstäben der Rechtsordnung vernünftig ist und der Interessenlage entspricht,[484] so dass bei anhängigen Ordnungmittelverfahren und einem offensichtlich nach deren Anhängigkeit erledigenden Ereignis von einer Wirkung ex nunc auszugehen ist.[485] Eine Nachfrage des Gerichts ist nicht erforderlich.[486]

158   Eine **Erledigungserklärung** kann nur die klagende Partei abgeben.[487] Eine hilfsweise abgegebene Erledigungserklärung verbietet sich aus prozessualen Gründen.[488] Die einseitige Erklärung umfasst den Antrag festzustellen, dass sich der Rechtsstreit erledigt hat.[489] Die Erklärung ist grds frei widerruflich, solange sich der Beklagte nicht angeschlossen und das Gericht noch keine Entscheidung über die Erledigung getroffen hat, dies gilt auch in der Revisionsinstanz.[490]

159   **Kostenentscheidung.** Nach übereinstimmender Erledigungserklärung ist nur noch nach § 91a ZPO nach billigem Ermessen unter Berücksichtigung des bisherigen Sach- und Streitstands durch Beschluss über die Kosten zu entscheiden.[491] Dass sich der Beklagte in die Rolle des Unterlegenen begeben hat,[492] wird jedenfalls im Patentverletzungsstreit generell nicht ausreichen können.[493] Tilgt der Beklagte die Verbindlichkeit erst kurz vor dem Termin zur mündlichen Verhandlung, bemisst sich die Terminsgebühr des

---

476 Vgl BGH GRUR 1993, 769 ff Radio Stuttgart; OLG Hamburg GRUR 1972, 375 f; Erteilung einer Zwangslizenz, BGHZ 130, 259, 263 = GRUR 1996, 109 klinische Versuche I.

477 BGH GRUR 1998, 1045 Brennwertkessel; BGHZ 165, 305 = GRUR 2006, 217 Detektionseinrichtung I.

478 BGHZ 83, 12 = NJW 1982, 1598; LG München I CR 1993, 698, 700.

479 Vgl RGZ 148, 400 = GRUR 1936, 167 Kostenrevision; *Benkard* § 139 Rn 4, 33.

480 BGH GRUR 1963, 494 Rückstrahlerdreieck; *Benkard* § 19 GebrMG Rn 9.

481 BGHZ 76, 50 = GRUR 1980, 220 Magnetbohrständer II.

482 BGHZ 107, 46 = GRUR 1990, 997 Ethofumesat, insoweit unter Aufgabe der früheren Rspr, BGH GRUR 1958, 179 Resin, BGH GRUR 1964, 221 Rolladen und BGH GRUR 1964, 433, 436 Christbaumbehang I.

483 BGHZ 156, 335 = GRUR 2004, 264 Euro-Einführungsrabatt (UWGSache).

484 BGH GRUR 2009, 83 Ehrensache (Nr 11).

485 BGH Euro-Einführungsrabatt; BGH GRUR 2016, 421 Erledigungserklärung nach Gesetzesänderung.

486 BGH Erledigungserklärung nach Gesetzesänderung.

487 BGH NJW 1994, 2363 greifbare Gesetzwidrigkeit II.

488 BGHZ 106, 359, 368 ff = NJW 1989, 2885; BGH GRUR 1998, 1045 f Brennwertkessel; BGH GRUR 2006, 879 Flüssiggastank.

489 BGH greifbare Gesetzwidrigkeit II; BGH GRUR 2002, 287 Widerruf der Erledigungserklärung; BGH 7.6.2001 I ZR 198/98.

490 BGH Widerruf der Erledigungserklärung; BGH 7.6.2001 I ZR 198/98.

491 Vgl BGHZ 76, 50 = GRUR 1980, 220 Magnetbohrständer II.

492 Hierauf stellen BAG AP Nr 7 zu § 91a ZPO und BGH BGHRep 2004, 923 ab.

493 Vgl für den wettbewerbsrechtl Unterlassungsprozess *Melullis* Hdb des Wettbewerbsrechts³ Rn 722; OLG Koblenz NJW-RR 1999, 943 f.

Klägervertreters nach den bis dahin entstandenen Kosten und nicht nach dem Streitwert der Hauptsache, wenn es noch möglich gewesen wäre, vor Aufruf der Sache eine Erledigungserklärung einzureichen.[494] Für eine Entscheidung über die Kosten nach § 91a ZPO ist kein Raum, wenn die übereinstimmenden Erledigungserklärungen der Parteien aufgrund eines außergerichtlichen Vergleichs erfolgen, in dem die Kosten des Rechtsstreits durch ausdrückliche Vereinbarung geregelt sind.[495] Erhebung von Beweisen und Ausschöpfung rechtl Zweifelsfragen sind nach Erledigung grds nicht geboten.[496] Die Kostenentscheidung nach § 91a ZPO wurde nach früherer Rechtslage auch dann nicht als revisibel angesehen, wenn sie (bei Teilerledigung) im Urteil erfolgt,[497] jedoch soll hier die Zulassung der Rechtsbeschwerde in Betracht kommen,[498] woraus sich Konsequenzen für die Revisibilität ergeben können.

f. Vergleich. Aus der im Zivilprozessrecht herrschenden Dispositionsmaxime folgt, dass die Parteien **160** über den Streitgegenstand verfügungsbefugt sind. Sie können deshalb im Vergleichsweg jede materiellrechtl zulässige Regelung über den Streitgegenstand treffen. Eine vergleichsweise Regelung kann sowohl im Prozess[499] als Prozessvergleich als auch außerprozessual erfolgen.

Der **Prozessvergleich** hat Doppelnatur als privatrechtl Vertrag und Prozesshandlung, letzteres, weil **161** er im Prozess (ganz oder teilweise) beendet.[500] Er kommt im schriftlichen Vorverfahren (§ 278 Abs 6 ZPO) mittels Beschluss oder durch Protokollierung, ggf als Anhang zum Protokoll (§ 160 Abs 3 Nr 1, Abs 5 ZPO) zustande. Unwirksamer Vergleich beendet das Verfahren nicht.[501] Der gerichtliche Vergleich muss nicht vor dem Gericht geschlossen werden, vor dem der Rechtsstreit anhängig ist oder das für den verglichenen Rechtsstreit zuständig ist.[502] Nicht selten wird im Nichtigkeitsverfahren auch eine vergleichsweise Regelung des anhängigen Verletzungsprozesses getroffen; zur Vollstreckungszuständigkeit des Prozessgerichts (§§ 888, 890 ZPO) in diesem Fall Rn 167. Zur Praxis im Einspruchsverfahren,[503] das durch den Vergleich nicht beendet wird, Rn 18 ff zu § 79.

Der **außergerichtliche Vergleich** ist rein materiellrechtl Natur. Er kann allerdings Regelungen über **162** den Prozess enthalten, die im Rechtsstreit einredeweise geltend gemacht werden können. Eine Sonderform des außergerichtlichen Vergleichs ist der Anwaltsvergleich (§§ 796a–796c ZPO), der ebenso wie der Schiedsspruch mit vereinbartem Wortlaut (§ 1053 ZPO) für vollstreckbar erklärt werden kann. Zu beachten ist, dass ein Anwaltsvergleich die Einschaltung von Rechtsanwälten erfordert; ein Vergleich unter Einschaltung von Patentanwälten hat nicht dieselben Wirkungen.

„Bedingter" Vergleich. Häufig werden Vergleiche unter Widerrufsvorbehalt geschlossen. Der Ver- **163** gleich kommt in diesem Fall erst mit Ablauf der Widerrufsfrist zustande.[504]

Inhalt des Vergleichs.[505] In Betracht kommt in erster Linie ein Lizenzvergleich mit Pauschalauskunft **164** und Abgeltung für die Vergangenheit; dabei wird meist ein Risikoabschlag für den ungewissen Verfahrensausgang berücksichtigt. Möglich sind aber auch andere Regelungen wie Unterlassungsverpflichtung[506] unter Vereinbarung einer Aufbrauchsfrist oder Gegenlizenzen[507] (vgl Rn 53 zu § 82). Nicht geregelt

---

494 BGH MDR 2010, 1342 Höhe der Terminsgebühr.

495 BGH MDR 1970, 46 Kostenregelung durch Vergleich.

496 Vgl BGH Liedl 1967/68, 196 ff Mischer 02; BGH GRUR 1986, 531 Schweißgemisch; BGH 22.1.1963 I ZR 56/63; BGH GRUR 2005, 41 Staubsaugersaugrohr.

497 BGHZ 113, 362 = NJW 1991, 2020; BGH GRUR 1992, 61 Preisvergleichsliste I; BGH GRUR 2001, 770 Kabeldurchführung II; BGH GRUR 2003, 507 Enalapril; vgl auch *Teplitzky* GRUR 1990, 393, 398.

498 BGH MDR 2004, 1015; BGH MDR 2010, 1342 Höhe der Terminsgebühr; vgl BGH GRUR 2006, 407, 410 Auskunftsanspruch bei Nachbau III mit der Erwägung, dass sich Entsprechendes auch aus der unbeschränkten Revisionszulassung ergeben könne (im Fall aber verneint).

499 Zur vergleichsweisen Regelung im Rechtsstreit anstelle einer Aussetzung *von Maltzahn* GRUR 1985, 163, 169 f und ihm folgend *R. Rogge* GRUR Int 1996, 286, 389, zur schweiz Praxis *Brunner* SMI 1994, 101, 123.

500 Vgl BGHZ 46, 277 = NJW 1967, 440; BGHZ 61, 394 = NJW 1974, 107; BGHZ 79, 71 = NJW 1981, 823; *Zöller* ZPO § 794 Rn 3; BGH 19.4.2001 I ZA 1/01, zur Unwirksamkeit.

501 BGHZ 28, 171 = NJW 1958, 1970.

502 *Zöller* ZPO § 794 Rn 5: auch Arbeitsgerichte, Strafgerichte oder das BPatG.

503 Vgl *Brandi-Dohrn* VPP-Rdbr 1993, 30, 31.

504 BGHZ 46, 277 = NJW 1967, 440; BGHZ 88, 364 = NJW 1984, 312.

505 Zur Auslegung des Vergleichs RG GRUR 1935, 102 ff Aristos-Dix-Apparat.

506 Vgl OLG Karlsruhe GRUR 1957, 447; OLG Karlsruhe GRUR 1959, 620.

507 Vgl *Brandi-Dohrn* VPP-Rdbr 1993, 30.

werden kann der Gegenstand des Schutzrechts mit allgemeinverbindlicher Wirkung, jedoch kann grds auch insoweit eine schuldrechtl Vereinbarung zwischen den Parteien getroffen werden. Auch ein Streit über eine Kündigung des Lizenzvertrags kann im Vergleichsweg beendet werden; hier empfiehlt sich eine eindeutige Regelung darüber, ob die Nutzung fortgesetzt werden darf.[508]

165   **Kartellrechtliche Grenzen.** Nach dt Praxis sind Vergleiche kartellrechtl nicht zu beanstanden, wenn sich die Parteien innerhalb der Grenzen vergleichen, in denen bei objektiver Beurteilung ernsthafte Zweifel über Bestehen und Nichtbestehen von Ansprüchen bestehen.[509] Der EuGH lehnt ein derartiges „Vergleichsprivileg" allerdings ab (vgl Rn 105 zu § 81; Rn 219 zu § 15).

166   **Kosten.** Haben sich die Parteien im Vergleich nicht über die Kosten geeinigt, gelten diese als gegeneinander aufgehoben (§ 98 ZPO). Dies gilt auch für den außergerichtlichen Vergleich.[510] Es kann jedoch vereinbart werden, dass das Gericht nach § 91a ZPO über die Kosten entscheidet.[511] Der am Vergleichsabschluss mitwirkende Anwalt erhält eine 10/10-Vergleichsgebühr aus dem Vergleichsstreitwert (der vom Verfahrensstreitwert abweichen kann).

167   **Vollstreckung.** Der Prozessvergleich ist Vollstreckungstitel (§ 794 Abs 1 Nr 1 ZPO). Soweit die Vollstreckung durch das Prozessgericht des ersten Rechtszugs zu erfolgen hat (§§ 888, 890 ZPO), ist dies regelmäßig das Gericht, vor dem der Vergleich geschlossen wurde, und zwar auch, wenn dieser Streitfragen geregelt hat, für die es nicht zuständig wäre (zB Unterlassungsverpflichtung in einem im Nichtigkeitsverfahren vor dem BPatG geschlossenen Vergleich;[512] vgl Rn 161). Zur Vollstreckung einer Unterlassungsverpflichtung in einem Vergleich Rn 361.

168   **Unwirksamkeit; Streit über Anwendbarkeit und Auslegung.**[513] Bei ernsthaftem Streit über die Anwendbarkeit eines Prozessvergleichs und der Möglichkeit, dass beim Versuch einer Vollstreckung des Vergleichs Schwierigkeiten entstehen, kann uU ohne Rücksicht auf den Vergleich auf Unterlassung geklagt werden.[514]

169   **g. Urteil. Urteilsarten.** Bei Entscheidungsreife hat das Gericht über den Rechtsstreit durch **Endurteil** zu entscheiden (§ 300 Abs 1 ZPO). Im Fall der Stufenklage kann, wenn nur die erste Stufe verfolgt wird, die Klage insgesamt abgewiesen werden, wenn der geltend gemachte Anspruch dem Grund nach nicht besteht.[515] Ist nur Feststellung begehrt, dass Bereicherungsausgleich geschuldet wird, darf wegen § 308 Abs 1 ZPO nicht festgestellt werden, dass Schadensersatz geschuldet ist.[516] Ist Auskunft mit Wirtschaftsprüfervorbehalt begehrt, darf dieser nicht weggelassen werden, wenn er nicht in Betracht kommt.[517]

170   Bei teilweiser Entscheidungsreife kann durch **Teilurteil** (§ 301) entschieden werden, soweit die Gefahr sich widersprechender Entscheidungen ausgeschlossen ist.[518] Dieses Kriterium ist bei verschiedenen Streitgegenständen (Klagegründen) willkürlich, da diese auch in getrennten Prozessen geltend gemacht werden könnten;[519] auch die Stufenklage stellt insofern eine Durchbrechung dieses Prinzips dar. Auch soweit ein scheinbar (Rn 84) einheitliches Klagebegehren vorliegt, das aber auf mehrere Klagegründe gestützt ist, (zB Patent und Gebrauchsmuster) kann also durch Teilurteil entschieden werden.[520]

---

508   Zur Auslegung in einem solchen Fall LG Berlin 12.10.1999 16 O 235/99.
509   BGHZ 3, 193, 195 = GRUR 1952, 141 Tauchpumpen; BGHZ 65, 147 = GRUR 1976, 323 Thermalquelle.
510   BGH MDR 1970, 46 Kostenregelung durch Vergleich.
511   BGH NJW 1965, 103 Kuttermesser; BGH 14.7.1969 X ZR 40/65 Kostenregelung durch Vergleich, insoweit unveröffentlicht; OLG München MDR 1990, 344.
512   Eingehend hierzu BPatGE 36, 146 = GRUR 1996, 402.
513   Zu den verfahrensrechtl Folgen eines rechtsunwirksamen Prozessvergleichs BGH WM 1985, 673 Carbadox; zur Klage bei Streit um die Auslegung eines ausländ Prozessvergleichs BGH 27.10.1961 I ZR 52/60.
514   BGH GRUR 1958, 359, 361 Sarex; BGH BB 1962, 1223 größte deutsche Spezialzeitschrift.
515   Vgl OLG Nürnberg 10.12.1996 3 U 1452/96.
516   BGH GRUR 2001, 755, 757 Telefonkarte.
517   BGH GRUR 2002, 709, 713 Entfernung der Herstellungsnummer III.
518   BGH GRUR 2001, 54 f Subway/Subwear mwN.
519   StRspr des BGH, so BGH NJW 2004, 1452, wo Teilurteil gegen einen von mehreren als Streitgenossen und Gesamtschuldner Verklagten für unzulässig gehalten wurde.
520   OLG München InstGE 9, 192; vgl auch BGH GRUR 2012, 485 Rohrreinigungsdüse II; aA BGH GRUR 1961, 79, 81 Behälterspritzkopf, allerdings unabhängig von der Frage des prozessualen Anspruchs; vgl auch OLG Karlsruhe 12.11.1997 6 U 238/96; RG GRUR 1935, 925 f Federbürste.

Ist der Anspruch nach Grund und Betrag streitig, kann durch Zwischenurteil über den Grund vorab **171** entschieden werden (**Grundurteil**, § 304). Hinzutreten muss, dass hinsichtlich der Anspruchshöhe noch weitere tatsächliche Feststellungen erforderlich sind und eine hohe Wahrscheinlichkeit dafür besteht, dass der Klageanspruch im Betragsverfahren in irgendeiner Höhe zuerkannt wird.[521] Für die Zuerkennung eines Schadensersatzanspruchs dem Grund nach genügt die Wahrscheinlichkeit eines Schadens; ob und was für Schaden entstanden ist, braucht nicht festgestellt zu werden (vgl Rn 56).[522]

Versäumnisurteile (§§ 330, 331 ZPO) kommen bei Säumnis einer Partei in Betracht. In der Ladung **172** zur mündlichen Verhandlung ist über die Folgen einer Versäumung des Termins zu belehren (§ 215 Abs 1 ZPO, geänd aufgrund des Art 17 VO 805/2004 (EG) über einen europäischen Vollstreckungstitel für unbestrittene Forderungen vom 21.4.2004).[523] Ist die Klage unzulässig[524] oder unschlüssig, ist trotz Säumnis durch streitmäßiges Urteil zu entscheiden (unechtes Versäumnisurteil). Zu Versäumnisurteilen im Revisionsverfahren Rn 259.

Urteilsformel. Die Entscheidung in der Hauptsache entspricht bei Erfolg der Klage den Klageanträgen, **173** bei (teilweiser) Unbegründetheit lautet sie auf Klageabweisung (im übrigen). Ist der Klageantrag hinsichtlich des Unterlassungsbegehrens in „insbesondere"-Form formuliert, braucht dies nicht in den Urteilsausspruch aufgenommen zu werden, wenn bereits von der allgemeineren Formulierung Gebrauch gemacht wird.[525] Ist das Verbot abstrakt gefasst, können sachlich gebotene Einschränkungen in den Tenor aufzunehmen sein, um zu vermeiden, dass auch erlaubte Verhaltensweisen vom Verbot erfasst werden.[526] Wird ein prozessualer Anspruch übergangen, erlischt dessen Rechtshängigkeit mit Ablauf der Frist des § 321 Abs 2 ZPO.[527] Zur Anpassung an die Verletzungsform Rn 77 ff. Der Urteilsausspruch darf wegen der Bedingungsfeindlichkeit von Prozesshandlungen nicht von einem außerprozessualen Ereignis abhängig gemacht werden.[528] Ist die Frage einer Patentverletzung festzustellen, kann die Entscheidung grds nur dahin lauten, dass diese vorliegt oder nicht, nicht (etwa im Fall der Benutzung im Äquivalenzbereich) dahin, dass sie teilweise vorliegt.[529] § 308 ZPO verbietet die Verurteilung über den Antrag hinaus (Rn 206).

Dass das Urteil nur für die **Patentdauer** wirkt, bedarf keines besonderen Ausspruchs (Rn 81). **174**

Unterlassungstitel. Die Verurteilung zur Unterlassung wird regelmäßig mit der Androhung der ge- **175** setzlich vorgesehenen Ordnungsmittel (§ 890 Abs 1, Abs 2 ZPO) verbunden. Eine Androhung der Zwangsmittel des § 888 ZPO findet nicht statt (§ 888 Abs 2 ZPO).

Die angedrohten **Ordnungsmittel**[530] sind wegen der rechtsstaatlich gebotenen Vorhersehbarkeit der **176** Sanktion näher zu bezeichnen; die Androhung „der gesetzlichen Ordnungsmittel des § 890 ZPO" ist nicht ausreichend.[531] Die Androhung von Ersatzordnungshaft gegen eine zur Unterlassung verurteilte GmbH im Urteil mit der Maßgabe, dass die Haft an einem der Geschäftsführer zu vollziehen sei, ist – auch wenn die GmbH mehrere Geschäftsführer hat – grds zulässig und nicht zu unbestimmt.[532] Voraussetzung der Androhung ist nicht, dass das Organ für die Verletzungshandlung verantwortlich ist; es genügt, dass es für künftige Zuwiderhandlungen als verantwortlich in Betracht kommen kann; Eingrenzung und Bestimmung erfolgen im Vollstreckungsverfahren.[533]

---

521 BGH GRUR 1990, 193 Autokindersitz; LG Düsseldorf Mitt 1998, 273, 277 lässt hinreichende Wahrscheinlichkeit ausreichen.

522 BGH GRUR 1960, 423, 426 Kreuzbodenventilsäcke I.

523 ABl EG L 143/15.

524 BGH GRUR 1986, 678 Wettbewerbsverein II; BGH GRUR-RR 2001, 48 Versäumnisurteil bei unzulässiger Klage.

525 OLG Düsseldorf 22.9.2000 2 U 129/99.

526 BGH GRUR 2002, 706, 708 vossius.de.

527 BGH NJW 1991, 1683f; BGH 9.7.1998 I ZR 67/96.

528 BGHZ 130, 259 = GRUR 1996, 109 klinische Versuche I: Erklärung des Verzichts auf die Verwendung klinischer Versuche im arzneimittelrechtl Zulassungsverfahren, dessen Umfang an den Ausgang eines Zwangslizenzverfahrens geknüpft ist.

529 ÖOPM öPBl 1998, 158 f.

530 Zum Verhältnis zwischen Vertragsstrafe und gerichtlichem Ordnungsmittel bei der Durchsetzung einer in einem gerichtlichen Vergleich vereinbarten Unterlassungsverpflichtung BGHZ 138, 67 = GRUR 1998, 1053 Vertragsstrafe/Ordnungsgeld.

531 BGHZ 130, 205 = GRUR 1995, 744 Feuer, Eis & Dynamit I mwN.

532 BGH GRUR 1991, 929 fachliche Empfehlung II; stRspr.

533 BGH fachliche Empfehlung II.

Kaess

177   **Schadensersatz.** Die Feststellung der Schadensersatzpflicht bedarf nur insoweit einer zeitlichen Abgrenzung, als der Zeitraum, innerhalb dessen eine Benutzungshandlung erfolgt ist, für deren Kennzeichnung als schuldhaft rechtswidrige Verletzungshandlung bestimmend ist (zur Auskunft Rn 76 zu § 140b). Im übrigen wird allein auf die Verletzungshandlung abgestellt, ohne dass dabei der Zeitpunkt, zu dem sie vorgenommen worden ist, eine Rolle spielt.[534]

178   Bei der Verurteilung kann die für den Verletzten günstigste **Schadensberechnungsart** zugrunde gelegt werden, wenn nur beachtet wird, dass der zugesprochene Betrag nur nach einer der möglichen Berechnungsarten berechnet sein darf.[535]

179   Nach § 313 ZPO muss das (erstinstanzliche) Urteil **Tatbestand und Entscheidungsgründe** enthalten. Im Tatbestand (vgl Rn 188) sollen die erhobenen Ansprüche und die dazu vorgebrachten Angriffs- und Verteidigungsmittel ihrem wesentlichen Inhalt nach knapp dargestellt werden. Wegen der Einzelheiten soll auf (bestimmte) Schriftsätze, Protokolle und andere Unterlagen (nicht pauschal auf den Akteninhalt, str)[536] verwiesen werden.

180   Die **Entscheidungsgründe** enthalten eine kurze Zusammenfassung der Erwägungen, auf denen die Entscheidung in tatsächlicher und rechtl Hinsicht beruht. Der Tatsachenrichter braucht nicht auf jede Behauptung der Prozessparteien und auf jedes Beweismittel ausführlich einzugehen, er braucht auch nicht alles, was er für erheblich oder unerheblich hält, ausdrücklich zu erörtern, sofern sich aus seinen Ausführungen nur ergibt, dass eine sachentspr Beurteilung überhaupt stattgefunden hat.[537] Es genügt, dass die Entscheidung erkennen lässt, welche tatsächlichen Feststellungen und rechtl Erwägungen ihr zugrunde liegen.[538] Dass die Auslegung des Klagepatents durch den Verletzungsrichter tatsächliche Feststellungen darüber voraussetze, was der Fachmann den durch Beschreibung und Zeichnungen erläuterten Merkmalen der Patentansprüche entnimmt,[539] entspricht nicht der neueren Rspr.

181   **Kostenentscheidung. Unterliegensprinzip.** Die Kostenentscheidung richtet sich nach §§ 91ff ZPO. Für die Erstattungsfähigkeit der Kosten gelten, soweit nicht § 143 Abs 3 Sonderregelungen trifft, die allg Grundsätze.[540] Danach ist grds auf das Ausmaß des Unterliegens und Obsiegens abzustellen. Dies gilt auch hinsichtlich im Verfahren bereits rechtskräftig entschiedener Fragen, solange eine rechtskräftige Sachentscheidung vorliegt, auf das Bestehen eines Restitutionsgrunds kommt es insoweit nicht an.[541] Die Kostenentscheidung hat zwischen dem Gegenstand der Verurteilung, für den gesamtschuldnerische Haftung gilt (idR, aber nicht bei Geltendmachung der Herausgabe des Verletzergewinns,[542] für Schadensersatz und Auskunft, vgl Rn 134 zu § 139) und dem für den Unterlassungsanspruch (vgl Rn 45, 134 zu § 139) zu differenzieren.[543] Bei einem inhaltsgleichen, gegen mehrere Beklagte gerichteten Unterlassungsbegehren handelt es sich nicht um denselben Gegenstand der anwaltlichen Tätigkeit; das gilt auch, wenn eine juristische Person und ihr Organ in Anspruch genommen werden.[544]

182   Die Einschränkung der Verurteilung zur Auskunftserteilung (**Wirtschaftsprüfervorbehalt**) hat auf die Entscheidung über die Kosten nach § 92 Abs 2 ZPO keinen Einfluss.[545] Geringfügige Änderungen des Umfangs der Verurteilung in den Rechtsmittelinstanzen müssen auf die Kostenverteilung nicht durchschlagen.[546]

---

534   BGH GRUR 1956, 265, 269 Rheinmetall-Borsig I; BGHZ 117, 264 = GRUR 1992, 612 Nicola; BGH 25.2.1992 X ZR 50/90; LG Düsseldorf GRUR 1990, 117.
535   BGH GRUR 1962, 509, 512 Dia-Rähmchen II; BGH GRUR 1962, 580, 582 Laux-Kupplung II; RGZ 156, 65, 67 = GRUR 1937, 1072f Scheidenspiegel II.
536   Vgl *Zöller* ZPO § 313 Rn 11 mwN.
537   BGH GRUR 1962, 419, 421 Leona, Wettbewerbssache; BGH 29.4.1965 Ia ZR 260/63 Wellplatten, nicht in GRUR; BGH 6.7.1965 I a ZR 26/64.
538   BGH GRUR 1999, 977, 979 Räumschild; *Fitzner/Lutz/Bodewig* vor § 139 Rn 196 leitet daraus ab, es müsse erkennbar sein, dass der Richter nichts übersehen habe.
539   So BGH GRUR 1983, 497 Absetzvorrichtung.
540   Zur Erstattungsfähigkeit der Kosten eines Unterbevollmächtigten BGH GRUR 2005, 271 Unterbevollmächtigter III.
541   BGHZ 76, 50 = GRUR 1980, 220, 222 Magnetbohrständer II.
542   BGHZ 181, 98 = GRUR 2009, 856 Tripp-Trapp-Stuhl (Nr 61ff, 67ff); *Schramm* PVP Kap 9 Rn 227.
543   *Benkard* § 139 Rn 21; *Schramm* PVP Kap 9 Rn 225; *Tilmann* GRUR 1986, 691 diskutiert noch eine gesamtschuldnerische Haftung auch für den Unterlassungsanspruch.
544   BGH GRUR-RR 2008, 460 Anwaltsgebühren bei mehrfachem Unterlassungsbegehren; *Benkard* § 139 Rn 22.
545   BGH 26.6.1969 X ZR 52/66 Rübenverladeeinrichtung, nicht in GRUR.
546   BGH 18.6.1996 X ZR 102/95.

Sofortiges Anerkenntnis. Ausnahmsweise trägt der Kläger allein die Kosten, wenn der Beklagte den **183** Klageanspruch sofort anerkennt und keine Veranlassung zur Klage gegeben hat. Letztere setzt grds voraus, dass der Beklagte auf eine Verwarnung nicht oder negativ reagiert hat,[547] wobei der Kläger auch den Zugang der Verwarnung nachzuweisen hat.[548] In Ausnahmefällen kann trotz fehlender Verwarnung Verlanlassung zur Klage gegeben sein, wenn die Verwarnung erkennbar erfolglos oder aufgrund der Fallkonstellation (vgl zur einstweiligen Verfügung Rn 307) unzumutbar ist.[549] Die Veranlassung zur Hauptsacheklage kann nicht mit der Begründung verneint werden, der Gläubiger müsse zunächst auf den Erlass der von ihm bereits beantragten einstweiligen Verfügung und eine dann mögliche Abschlusserklärung warten.[550] Wird der Schuldner nach Erlass einer einstweiligen Verfügung im Hauptsacheverfahren nicht zu einer Abschlusserklärung aufgefordert, kommt sofortiges Anerkenntnis im Hauptsacheverfahren in Betracht.[551] Eine begründete und ordnungsgem Verwarnung schließt sofortiges Anerkenntnis aus (Rn 276 zu § 139). Ein unter dem Druck einer durch das Gericht im Termin mitgeteilten, ungünstigen Rechtsauffassung erklärtes Anerkenntnis ist kein sofortiges iSd § 93 ZPO.[552] Sofortiges Anerkenntnis scheidet aus, wenn die Wiederholungsgefahr nicht beseitigt wird, weil der Verletzer sich weigert, die strafbewehrte Unterlassungserklärung im eigenhändig unterschriebenen Original und nicht nur als Telefax zu übersenden.[553]

Klaglosstellung. Wird der Kläger zwischen Anhängigkeit und Rechtshängigkeit der Leistungsklage **184** vom Beklagten klaglos gestellt, kann er seine Klage auf Feststellung der Verpflichtung zur Kostentragung umstellen, ohne dass es insoweit eines bezifferten Antrags bedarf.[554]

Vor Erhebung einer **negativen Feststellungsklage** kann der Kläger gehalten sein, dem Patentinha- **185** ber zur Vermeidung der Kostenfolge nach § 93 ZPO die tatsächlichen Grundlagen für sein Benutzungsrecht mitzuteilen.[555]

Eine **Änderung der Berechnungsweise** des Schadens kann sich nach § 96 ZPO bei der Kostenvertei- **186** lung nachteilig auswirken.[556]

Vorläufige Vollstreckbarkeit. Erstinstanzliche Verletzungsurteile werden nach Maßgabe der allg zi- **187** vilprozessrechtl Bestimmungen idR gegen Sicherheitsleistung (§ 709 ZPO) für vorläufig vollstreckbar erklärt. Die Höhe der Vollstreckungssicherheit bemisst sich nach dem bei Aufhebung des Vollstreckungstitels zu erwartenden Schaden; dies ist insb für den Auskunftstitel zu beachten. Sonst wird sie idR nach dem Streitwert zuzüglich der zu vollstreckenden Anwalts- und Gerichtskosten festgesetzt.[557] Dies kann auch Aufwendungen umfassen, die der Schuldner zeitlich nach dem Zweck macht, die vorübergehend unterbrochenen Vertriebshandlungen wieder aufzunehmen und verlorene Kunden zurückzugewinnen.[558] Die Höhe der Sicherheitsleistung kann nachträglich außerhalb eines Rechtsmittelverfahrens gegen das Urteil nicht geänd werden; es sei denn über § 319 ZPO bei fehlerhafter Berechnung oder über § 709 Satz 2 ZPO bei Unterbleiben der Bestimmung der Höhe.[559] Wird der Vollstreckungstitel aufgehoben, haftet der Vollstreckungsgläubiger ohne Rücksicht auf Verschulden auf Ersatz des (vollen, nicht durch die Höhe der Sicherheitsleistung begrenzten) Schadens. Die Frage der Vollstreckung in der Hauptsache bedarf daher sorgfältiger Erwägung. Die Sicherheitsleistung ist zweckmäßigerweise für jeden Ausspruch des Urteils gesondert festzusetzen, schon um dem Gläubiger eine Teilvollstreckung zu ermöglichen (vgl Rn 362), bei Gesamtschuldnern einheitlich; beim Auskunftsanspruch kann einheitliche Festsetzung auch bei mehreren Schuldnern genügen, wenn die Auskunft einheitlich sein muss.[560] Beim Unterlas-

---

547 *Fitzner/Lutz/Bodewig* vor § 139 Rn 188.
548 LG Düsseldorf GRUR-RR 2006, 143, für das Wettbewerbs- und Markenrecht.
549 *Fitzner/Lutz/Bodewig* vor § 139 Rn 180.
550 OLG Hamm GRUR 1991, 335 unter Aufgabe von OLG Hamm WRP 1986, 111.
551 OLG Celle OLGRep 2001, 88.
552 OLG Hamburg NJW-RR 1991, 116.
553 OLG München NJW 1993, 3146.
554 KG GRUR 1991, 78.
555 Vgl BGH GRUR 1990, 381 Antwortpflicht des Abgemahnten; OLG Düsseldorf GRUR 1940, 487; OLG Frankfurt GRUR 1972, 670; OLG Hamm GRUR 1991, 391; OLG München GRUR 1988, 843.
556 BGHZ 119, 20 = GRUR 1993, 55 Tchibo/Rolex II.
557 *Schulte* § 139 Rn 333; *Kühnen* Hdb Rn 2314 ff, 2316.
558 OLG Düsseldorf 4.5.2016 2 U 112/05 NJOZ 2007, 451 = GRUR-RR 2007, 256 Ls.
559 *Zöller* ZPO § 108 Rn 3; *Benkard* § 139 Rn 136.
560 OLG München InstGE 10, 254.

sungs-, Auskunfts- und Schadensersatzfeststellungsurteil gegen mehrere Schuldner ist konsequenterweise die Sicherheitsleistung teilweise einheitlich, teilweise getrennt festzusetzen (vgl Rn 181; Rn 134 zu § 139).[561] Die Art der Sicherheitsleistung ist nur dann gesondert zu beantragen, wenn von den gesetzlichen Regelfällen des § 108 Abs 1 ZPO (Bankbürgschaft, seit 1.1.2002,[562] oder Hinterlegung) abgewichen werden soll. Für die Einstellung gegen Sicherheitsleistung des Schuldners nach § 712 ZPO ist ein Antrag vor Schluss der mündlichen Verhandlung erforderlich, § 714 ZPO. Sie ist in Patentverletzungsstreitigkeiten nur in Ausnahmefällen veranlasst.[563] Zur Einstellung der Zwangsvollstreckung weiter Rn 351 ff.

188   **Berichtigungen** (§§ 319–321a ZPO; vgl auch § 96) des Urteils sollen die Korrektur relevanter (kein Anspruch auf Perfektionierung des Urteils) Fehler erlauben. Die Berichtigung offenkundiger Fehler kann nach § 319 ZPO jederzeit auch vAw erfolgen, wobei auch gravierende Änderungen des Tenors einschließlich der Hinzufügung von Teilen möglich sind, aber nur, wenn sich dies aus den Gründen eindeutig ergibt. Wenn nicht, kommen die fristgebundenen weiteren Vorschriften in Frage: Bei Tatbestandsberichtigungsanträgen, die wegen § 529 Abs. 1 Nr 2 ZPO, § 531 ZPO häufiger gestellt werden, wird oft die begrenzte Bindungswirkung des Tatbestands übersehen. Weder besteht Anspruch auf eine Verweisung auf den gesamten Akteninhalt (Rn 179), noch entfaltet der Tatbestand Bindungswirkung zwischen den Parteien außerhalb des jeweiligen Verfahrens. Die Entscheidungserheblichkeit des Parteivortrags ist vom Gericht zu entscheiden; Rechtsausführungen sind kein notwendiger Bestandteil des Tatbestands; letztlich bietet der Tatbestand nach § 314 ZPO nur Beweis für das mündliche Parteivorbringen. Ist im Tatbestand wie in den Gründen ein Antrag oder ein selbstständiges Verteidigungsmittel übergangen worden, kann nur der Tatbestand berichtigt werden. Ist über einen Antrag, auch einen Kostenantrag, im Tenor nicht entschieden worden und ist er auch in den Gründen nicht behandelt, kann die Entscheidung nur im Weg der Urteilsergänzung (§ 321 ZPO) nachgeholt werden;[564] sonst bleibt bei falschen Entscheidungen, die nicht berichtigungsfähig sind, nur die Möglichkeit der Berufung. Die Gehörsrüge (§ 321a ZPO) bei nicht anfechtbaren Entscheidungen ist in Patentstreitsachen idR nur im Revisionsrechtzug relevant; das Revisionsurteil unterliegt auch grds nicht der Tatbestandsberichtigung.[565]

189   Die Unterlassung der **Zulassung der Berufung** nach § 511 Abs 4 ZPO bei (nur selten, am ehesten noch bei Prozessen über die Nachbauvergütung usw im SortRecht, zu erwartendem) Nichterreichen der Berufungssumme stellt einen verfassungsrechtl überprüfbaren Gehörsverstoß dar, wenn das Gericht von der Entscheidung eines höherrangigen Gerichts in einer entscheidungserheblichen Rechtsfrage von allg Bedeutung abweicht.[566]

2. Berufungsverfahren

190   **a. Allgemeines.** Zur Rechtslage vor dem 1.1.2002 *7. Aufl.* Das erstinstanzliche Urteil ist nach den allg Bestimmungen der §§ 511–541 ZPO mit der Berufung angreifbar. Das Berufungsverfahren eröffnet grds nicht mehr eine volle Tatsacheninstanz, sondern nurmehr eine Überprüfung auf Rechtsverletzungen unter grds, aber nicht ausschließlicher Bindung an die erstinstanzlich getroffenen Tatsachenfeststellungen;[567] Änderungen des Streitgegenstands sind nurmehr eingeschränkt zulässig. Die Berufungsfrist beträgt einen Monat ab Zustellung des in vollständiger Form abgefassten Urteils,[568] sie beginnt längstens fünf Monate ab Verkündung (§ 517 ZPO).[569] Unterzeichnet der Vorsitzende das Verkündungsprotokoll erst nach Ablauf von

---

561   *Benkard* § 139 Rn *Schramm* PVP Kap 12 Rn 29.

562   BGBl 2001 I 1888; missverständlich insoweit *Benkard* § 139 Rn 136.

563   *Benkard* § 139 Rn 136; vgl *Schulte* § 139 Rn 337.

564   BGH GRUR 2014, 407 Urteilsergänzung; BGH 25.2.2010 I ZR 46/07: Kosten des Streithelfers.

565   BGH 29.5.2012 I ZR 6/10 GRUR-RR 2012, 496 Ls Sicherungs-CD, UrhSache, mwN: Ausnahme bei Zurückverweisung möglich.

566   BVerfG GRUR 2010, 1033 Kartenausschnitt, UrhSache.

567   Vgl zur Praxis in England, nach der das Berufungsgericht nur einschreitet, wenn ein prinzipieller Irrtum unterlaufen ist, und zu seiner Anwendung in der Praxis CA England/Wales 29.11.2004 2004 EWCA 1568 SmithKline Beecham v. Apotex, referiert in EIPR 2005 N-68; zur Rechtslage in den USA bei Tatsachen zur Auslegung vgl SuprC GRUR Int 2015, 239 Teva/Sandoz.

568   Vgl hierzu BGH GRUR 1998, 746; BGH NJW-RR 2005, 1658 mwN (vom Gericht veranlasste erneute Zustellung führte zur Wiedereinsetzung).

569   Zum Beginn des Berufungsrechtzugs BGH DtZ 1995, 443 Anhängigkeit des Berufungsverfahrens.

fünf Monaten nach dem Verkündungstermin, bleibt die bis dahin mangels nachweisbarer Verkündung fristgerechte Berufung weiterhin zulässig.[570] Die Berufung ist schriftlich oder, soweit dies durch das jeweilige Land ermöglicht ist, als elektronisches Dokument (§ 130a ZPO)[571] beim Berufungsgericht durch einen postulationsfähigen Anwalt einzulegen (§ 519 ZPO). Das angefochtene Urteil muss den Berufungsführer zumindest formell beschweren;[572] es genügt nicht, dass lediglich im Weg der Klageänderung ein neuer Anspruch zur Entscheidung gestellt wird, anders uU, wenn das Gericht seine Hinweispflicht verletzt hat.[573] Möglich ist allerdings die Auswechslung des Klageschutzrechts.[574] Der erforderliche Wert der Beschwerdegegenstands (600 EUR) wird in Patentstreitsachen regelmäßig erreicht werden;[575] maßgebend ist das wirtschaftliche Interesse des Rechtsmittelklägers am Erfolg seines Rechtsmittels,[576] nicht der Einfluss der Entscheidung auf andere Rechtsverhältnisse.[577] Wird die Klageabweisung wegen einer von mehreren Anspruchsgrundlagen nicht angefochten, ist der Streitgegenstand des zweitinstanzlichen wie des Revisionsverfahrens entsprechend beschränkt.[578] Ein Zwischenurteil (§ 303 ZPO) über prozessuale Fragen ist nicht selbstständig anfechtbar.[579]

191 Wie bei anderen Notfristen ist bei einer Versäumung der Berufungsfrist (Folge: Ausschluss der betr Prozesshandlung, § 230 ZPO; vgl auch § 83) nur die **Wiedereinsetzung in den vorigen Stand** (§ 233 ZPO) möglich.[580] Zu deren Voraussetzungen, insb zur umfangreichen Rspr zur Entschuldigung von Fehlern bei der Übermittlung von Schriftsätzen, insb per Fax, zur anwaltlichen Überwachung der Fristenkontrolle und Mängeln bei der Unterschrift wird auf die Kommentierung zu § 123 sowie zu § 233 ZPO in der diesbezüglichen Lit Bezug genommen.[581]

192 Die durch einen nicht zugelassenen Rechtsanwalt eingelegte Berufung kann durch diesen wirksam **zurückgenommen** werden.[582]

193 **b. Anschlussberufung** kann bis zum Ablauf eines Monats nach Zustellung der Berufungsbegründungsschrift eingelegt werden[583] (§ 524 Abs 2 Satz 2 ZPO). Sie liegt vor, wenn der Berufungsbeklagte ohne eigenes Rechtsmittel mehr als nur Verwerfung oder Zurückweisung der Hauptberufung erreichen will, kann konkludent eingelegt werden, indem der Berufungsbeklagte eine Abänderung des angefochtenen Urteils beantragt. Sie kann mit dem Ziel einer (auch bedingten, für den Fall, dass die Hauptberufung Erfolg hat) Klageerweiterung (auch Einbeziehung einer weiteren Verletzungsform)[584] eingelegt werden; ihr Gegenstand muss keine Klageänderung sein.[585] Eine Berufungsbegründung ist schriftlich (und nicht als elektronisches Dokument) eingereicht, sobald dem Berufungsgericht ein Ausdruck der elektronisch über-

---

570 BGHZ 172, 298 = GRUR 2007, 1059 Zerfallszeitmessgerät.

571 Vgl BGH GRUR 2008, 838 Berufungsbegründung per E-Mail; BGH 15.7.2008 X ZB 9/08.

572 BGH GRUR 2000, 907 Filialleiterfehler: ausreichend, dass Sachanträge nicht zugesprochen worden sind.

573 BGH NJW 2001, 2548 Hinweispflicht.

574 OLG München GRUR-RR 2006, 385: Patent statt Gebrauchsmuster, und hierzu *Haedicke/Kamlah* FS P. Mes (2009), 153.

575 Anders uU in Lizenzvertrags- und Erfindersachen oder bei bloßen Auskunftsansprüchen; vgl zur Heraufsetzung der Beschwer BGH 24.11.1998 X ZB 18/98.

576 BGH GRUR 2013, 1067 Beschwer des Unterlassungsschuldners, UWGSache: Nachteile aus der Erfüllung des Unterlassungsanspruchs; BGH 18.4.2013 I ZR 199/12 GRUR-RR 2013, 496 Ls ContraWurm: Beschwer kann höher sein als Streitwert des Unterlassungsanspruchs.

577 BGH GRUR 1999, 1132 Bestimmung der Berufungsbeschwer.

578 BGH GRUR 1999, 364 f Autovermietung, unter Hinweis auf BGH GRUR 1991, 929 fachliche Empfehlung II, BGH NJW-RR 1992, 1069 Stundung ohne Aufpreis, BGH GRUR 1995, 518 versäumte Klagenhäufung; zur unterlassenen Urteilsergänzung bei Übergehen eines Antrags BGH GRUR 2001, 755, 757 Telefonkarte.

579 Vgl die Kommentierung zu § 303 ZPO etwa bei *Zöller* ZPO; zu den Konsequenzen LG München I InstGE 13, 275.

580 Vgl BGH NJW 2014, 77; BGH NJW 2012, 2201.

581 Vgl etwa BGH GRUR 2014, 707 Rechtmittelbegründung mittels Telefax; BGH NJW-RR 2012, 1140; BGH NJW-RR 2012, 1269.

582 BGH NJW-RR 1994, 444.

583 Vgl *Osterrieth* Mitt 2002, 521 f; zur Erweiterung des Unterlassungsantrags durch den erstinstanzlich obsiegenden Kläger (nur) im Weg der Anschlussberufung BGH GRUR 1999, 179, 180 Patientenwerbung; BGH GRUR 1991, 772 Anzeigenrubrik I hat eine Anschlussberufung zum Zweck der Neufassung des Unterlassungsantrags als unzulässig, aber in eine Neufassung dieses Antrags umdeutbar angesehen; zur Wiedereinsetzung OLG Düsseldorf GRUR-RR 2006, 118.

584 OLG Düsseldorf 22.12.2008 2 U 65/07.

585 OLG Düsseldorf GRUR-RR 2006, 118.

---

mittelten, die vollständige Berufungsbegründung enthaltenen Bilddatei (zB PDF-Datei) vorliegt; enthält die eingescannte Datei die Unterschrift des Prozessbevollmächtigten, ist auch dem Unterschriftserfordernis genügt.[586]

194   Die erstinstanzlich festgesetzte **Sicherheitsleistung** kann nach § 718 ZPO in der Berufung auf Antrag vorab geänd werden, falls das Erstgericht §§ 708 nicht richtig angewandt hat,[587] aber nicht aufgrund von Tatsachen, die schon erstinstanzlich hätten vorgetragen werden können. Prognosen über Gang und Ausgang des Berufungsverfahrens verbieten sich bei dieser Vorabentscheidung,[588] die durch unanfechtbares Teilurteil erfolgt.

195   § 719 Abs 2 ZPO erlaubt in sehr engen Grenzen eine vorläufige **Einstellung der Zwangsvollstreckung**,[589] das auch gegen Sicherheitsleistung,[590] die grds auch eine Anordnung der Erhöhung der Sicherheit ermöglichen kann; derartige Anträge sind kaum jemals erfolgreich[591] (Rn 353). Der Antrag ist unbefristet möglich; über ihn wird durch (da nicht unter § 574 ZPO fallend) unanfechtbaren[592] Beschluss entschieden.

196   **c. Berufungsbegründung.** Die Berufung ist binnen zweier Monate nach Zustellung des in vollständiger Form abgefassten Urteils, spätestens aber fünf Monate nach dessen Verkündung zu begründen; die Frist kann verlängert werden (§ 520 Abs 2 ZPO).[593] Berufungsbegründung vor Urteilszustellung ist grds unschädlich.[594]

197   Der **Inhalt** der Berufungsbegründung ist in § 520 Abs 3 ZPO geregelt. Die Neuregelung hat die Anforderungen verschärft.[595] Der Berufungskläger hat eine Begründung seines Rechtsmittels zu liefern, die erkennen lässt, in welchen Punkten tatsächlicher oder rechtl Art und aus welchen Gründen das angefochtene Urteil nach seiner Ansicht unrichtig ist.[596] Die Berufung ist insgesamt zulässig, wenn sie zu einem den gesamten Streitgegenstand betreffenden Punkt eine den gesetzlichen Erfordernissen genügende Begründung enthält, so, wenn geltend gemacht wird, der Klageantrag sei wegen Fehlens einer Prozessvoraussetzung (unterlassene Durchführung des Schiedsstellenverfahrens) unzulässig.[597] Bei einer zulässigen Berufung ist im Gegensatz zu Verfahrenrügen die materiellrechtl Beurteilung der Vorinstanz in vollem Umfang auf Rechtsfehler zu überprüfen.[598]

198   **d. Verfahren; Beweisaufnahme.** Das Berufungsgericht kann die Berufung durch unanfechtbaren (nach dem am Gesetz zur Änderung des § 522 der Zivilprozessordnung vom 21.10.2011[599] nur noch bei Streitwerten bis 20.000 EUR, sonst Nichtzulassungsbeschwerde) Beschluss zurückweisen, wenn es einstimmig dafür hält, dass die Berufung (neu: offensichtlich) keine Aussicht auf Erfolg, die Rechtssache keine grundsätzliche Bedeutung hat, eine Fortbildung des Rechts oder die Sicherung einer einheitlichen Rechtsprechung eine Entscheidung des Berufungsgerichts nicht erfordert und eine mündliche Verhandlung nicht geboten ist (§ 522 Abs 2 ZPO).[600] Die Bestimmung ist auch in Patentstreitsachen anwendbar,[601] jedoch werden Streitwerte bis 20.000 EUR in Patentverletzungssachen kaum vorkommen. Aus dem Gebot

---

586   BGH GRUR 2008, 838 Berufungsbegründung per E-Mail; BGH 15.7.2008 X ZB 9/08.

587   *Zöller* ZPO § 718 Rn 3; *Fitzner/Lutz/Bodewig* vor § 139 Rn 220.

588   OLG Düsseldorf InstGE 9, 47.

589   Vgl BGH GRUR 2014, 1028 nicht zu ersetzender Nachteil; BGH 8.7.2014 X ZR 68/13.

590   BGHZ 183, 281 = NJW 2010, 1081.

591   Vgl BGH 27.2.1996 X ZR 2/96.

592   BGH NJW 2002, 1577; *Fitzner/Lutz/Bodewig* vor § 139 Rn 226.

593   Vgl *Osterrieth* Mitt 2002, 521; zur Wiedereinsetzungsmöglichkeit bei Prozesskostenhilfegesuch BGH NJW 2006, 2857.

594   BGH NJW 1999, 3269 Tankstellenhalter.

595   Vgl *Osterrieth* Mitt 2002, 521 f.

596   BGH NJW 1984, 177; BGH NJW 1981, 1620; BGH NJW 1990, 1184; BGH NJW 1990, 2628; BGH NJW 1994, 1481; BGH 25.2.1992 X ZR 97/91; BGH 1.10.1991 X ZB 4/91; s auch BGH GRUR 1995, 693, 695 Indizienkette; zur Zulässigkeit von Bezugnahmen auf erstinstanzlichen Vortrag BGH GRUR 2001, 1181 Telefonwerbung für Blindenwaren, jeweils zum früheren Recht.

597   BGH GRUR 2000, 872 Schiedsstellenanrufung.

598   BGH GRUR 2013, 275 Routenplanung, zur Nichtigkeitsberufung.

599   BGBl I 2082.

600   Vgl *Osterrieth* Mitt 2002, 521 f.

601   KG 23.2.2007 5 U 52/04; vgl hierzu EGMR 20.9.2011 44455/07 Binder/Deutschland.

effektiven Rechtsschutzes unanwendbar ist sie, wenn sich die Entscheidung als objektiv willkürlich erweist und dadurch den Zugang zur nächsten Instanz unvertretbar erschwert, so, wenn eine klärungsbedürftige und -fähige Rechtsfrage entscheidungserheblich ist.[602] Grds gelten sonst die Bestimmungen für das Verfahren erster Instanz entspr (§ 525 ZPO).[603] Einzelrichterentscheidungen sind beim Kammergericht bekannt geworden.[604] Beim OLG Karlsruhe ist es zum Einsatz des vorbereitenden Einzelrichters gekommen, der durch Teilverzichtsurteil entschieden hat.[605]

Regelmäßig soll davon auszugehen sein, dass im Patentverletzungsstreit die Zulassung einer **Beweisaufnahme** durch Zeugenvernehmung über erstmals in der Berufungsinstanz vorgetragene Vorbenutzungshandlungen den Rechtsstreit verzögern würde.[606] Erstmaliger Antrag auf Parteivernehmung in der Berufung ist keine Nachlässigkeit, wenn erstinstanzlich nach dem Vortrag, der Punkt sei bewiesen, kein Hinweis erfolgte.[607] **199**

Die Zulässigkeit einer **Klageänderung** in der Berufungsinstanz ist nach § 533 ZPO zu beurteilen;[608] eine Berufung, deren Begründung ausschließlich eine Klageänderung enthält, ist aber unzulässig.[609] Die Einführung eines Gebrauchsmusters, über dessen Verletzung vorher noch nicht entschieden wurde, in das Berufungsverfahren eines Höheverfahrens über eine Patentverletzung ist nicht sachdienlich.[610] **200**

Neues Vorbringen ist nur in engen Grenzen (§ 531 Abs 2 ZPO) zuzulassen.[611] So wurde es als unzulässig angesehen, eine in erster Instanz unstreitige wortsinngem Benutzung des Erfindungsgegenstands in zweiter Instanz anzugreifen.[612] Erstmaliges Bestreiten der Verwirklichung eines Merkmals durch die angegriffene Ausführungsform ist jedenfalls dann möglich, wenn es allein auf der Auslegung des Klagepatents beruht.[613] Die erstmalige Geltendmachung einer Patentverletzung mit äquivalenten Mitteln stellt die Geltendmachung eines neuen Angriffsmittels iSd § 531 Abs 2 ZPO dar, weil es hierzu tatsächlicher Feststellungen und damit entspr Vortrags (Gleichwirkung, Anregung für den Fachmann)[614] bedarf.[615] Die Vorlage eines Privatgutachtens zur Verdeutlichung bereits in erster Instanz erfolgten Sachvortrags ist zulässig.[616] Wird die Berufung ausschließlich auf neue Tatsachen gestützt, zu deren Zulassungsfähigkeit nach § 531 Abs 2 ZPO Angaben fehlen, kann ohne Rücksicht auf die Zulassungsfähigkeit nach § 522 ZPO verfahren werden.[617] **201**

Grds ist das Berufungsgericht nach neuem Recht an die **erstinstanzlich festgestellten Tatsachen** gebunden; dies gilt nur dann nicht, wenn aufgrund konkreter Anhaltspunkte ernstliche Zweifel an der Richtigkeit oder Vollständigkeit der entscheidungserheblichen Feststellungen bestehen (§ 529 Abs 1 Nr 1 ZPO); nur mit dieser Maßgabe ist die nachfolgend zitierte Rspr noch anwendbar. Auch die Verjährungseinrede muss grds schon in den Tatsacheninstanzen erhoben werden,[618] des X. Zivilsenat des BGH hat die erst in zweiter Instanz erhobene Einrede nur unter den Voraussetzungen des § 531 Abs 2 ZPO als beachtlich angesehen;[619] der Große Senat für Zivilsachen des BGH hat dagegen entschieden, dass die Verjährungseinrede erstmals in der Berufungsinstanz erhoben werden kann, wenn die relevanten Tatsachen unstreitig **202**

---

602 BVerfG – Kammerbeschluss – NJW 2008, 504 f; BVerfG – Kammerbeschluss – 4.11.2008 1 BvR 2587/06.
603 Zur Frage, wieweit eine allg Bezugnahme auf Vortrag erster Instanz zu berücksichtigen ist, vgl BGH GRUR 1964, 606, 610 Förderband.
604 ZB KG 12.9.2003 5 U 9099/99 und 5 U 6683/00.
605 OLG Karlsruhe 16.7.2003 6 U 210/01, zitiert in OLG Karlsruhe Schlussurteil vom 17.12.2003 6 U 210/01.
606 OLG Düsseldorf 21.12.1978 OLGZ 1979, 221, zwh.
607 OLG München InstGE 8, 254.
608 Zur Klageerweiterung (§ 264 Nr 2 ZPO) in der Berufungsinstanz OLG München 11.12.2008 6 U 5365/99 undok.
609 BGH NJW-RR 2012, 516.
610 OLG Düsseldorf 27.10.2011 2 U 84/10 Mitt 2012, 180 Ls.
611 Näher *Osterrieth* Mitt 2002, 521, 523 ff.
612 OLG München InstGE 4, 161, 164.
613 OLG Düsseldorf 6.9.2007 2 U 25/06.
614 Wohl aA *Fitzner/Lutz/Bodewig* vor § 139 Rn 215; vgl aber BGHZ 184, 49 = GRUR 2010, 314 Kettenradanordnung II.
615 Vgl BGH GRUR 2006, 313 Stapeltrockner; BGH GRUR 2007, 959 Pumpeinrichtung; BGHZ 172, 298, 313 = GRUR 2007, 1059 Zerfallszeitmessgerät; BGH Kettenradanordnung II; OLG Düsseldorf 28.8.2008 2 U 75/05; OLG Karlsruhe 20.3.2008 6 U 83/07; vgl auch *Schulte* § 139 Rn 350.
616 BGH GRUR 2012, 1236 Fahrzeugwechselstromgenerator, zur Nichtigkeitsberufung.
617 BGH NJW-RR 2015, 465.
618 BGH 27.11.2012 X ZR 123/09.
619 BGH GRUR 2006, 401, 404 Zylinderrohr.

sind[620] (zur Nichtanwendbarkeit im Nichtigkeitsberufungsverfahren Rn 10 zu § 117). In der Revisionsinstanz ist Nachholung nicht mehr möglich.[621] Die örtliche (nicht internationale) Zuständigkeit ist nicht mehr zu überprüfen (§ 513 Abs 2 ZPO; vgl zum gleichlaufenden § 545 Abs 2 ZPO Rn 230).

203   Ein **Zeuge** ist vom Tatrichter in zweiter Instanz **erneut zu vernehmen,** wenn dieser dessen Glaubwürdigkeit anders beurteilt als der Richter erster Instanz.[622] Dies gilt auch, wenn die Zweifel des Tatrichters zweiter Instanz zur Glaubwürdigkeit in Umständen begründet sind, die dem Erstrichter nicht bekannt waren.[623] Die unterlassene erneute Vernehmung eines in erster Instanz gehörten Zeugen hat zur Folge, dass bei Würdigung eines Sachverständigengutachtens, das zum gleichen Sachverhalt vom Berufungsgericht eingeholt wurde, nicht alle Umstände Berücksichtigung fanden, die bei der Beweiswürdigung berücksichtigt werden müssen[624] (§ 286 ZPO).

204   Nimmt der Kläger seine Berufung gegen das klageabweisende Urteil zurück, kommt die **Fortsetzung des Berufungsverfahrens** durch einen Streithelfer, der selbst keine Berufung eingelegt hat, auch dann nicht in Betracht, wenn dieser als Streitgenosse der Hauptpartei gilt.[625]

205   Auch das Berufungsgericht kann grds aufgrund **eigener Sachkunde** entscheiden.[626] Trotz Erfahrung des Berufungsgerichts in Patentverletzungssachen kann im Einzelfall die Beiziehung eines Sachverständigen angezeigt sein.[627] In der Berufungsinstanz kann in schwierig gelagerten Fällen die Einholung eines weiteren Sachverständigengutachtens erforderlich sein.[628] Hat das Berufungsgericht nach Sachverständigenbeweis in erster Instanz einen neuen Sachverständigen bestellt, muss es ihn auf Antrag laden, wenn er zu einem anderen Ergebnis als der erstinstanzlich tätige kommt[629] (vgl Rn 137, 140).

206   **e.** Die **Entscheidung** kann auf Abänderung des erstinstanzlichen Urteils, auf Zurückweisung der Berufung oder (nach § 538 ZPO nur noch unter engen Voraussetzungen[630] und auf Antrag) auf Zurückverweisung lauten. Jedoch kommt Zurückverweisung an das erstinstanzliche Gericht nicht in Betracht, wenn aufgrund einer abw materiellrechtl Würdigung des Parteivorbringens eine Beweisaufnahme erforderlich wird.[631] Erlass eines unzulässigen Teilurteils stellt einen wesentlichen Verfahrensmangel dar.[632] Bei der Zurückverweisung ist im Rahmen der erforderlichen Ermessensentscheidung zu berücksichtigen, dass bereits einmal zurückverwiesen wurde.[633] Die Bindung des Berufungsgerichts an die der Zurückverweisung zugrunde liegende Rechtsauffassung (Rn 260)[634] kann entfallen, wenn inzwischen erstmalig eine davon abw höchstrichterliche Entscheidung ergangen ist. Das Berufungsgericht ist an die Anträge gebunden (§ 528 ZPO; vgl § 308 ZPO für die erste Instanz).

---

620   BGH (Großer Senat für Zivilsachen) BGHZ 177, 212 = NJW 2008, 3434, auf Vorlage des XI. Zivilsenats des BGH BauR 2008, 666; vgl BGHZ 166, 29, 31 = NJW-RR 2006, 630; BGH NJW 2009, 685: auch wenn zur Frage der Sekundärhaftung weitere Feststellungen zu treffen sind.

621   BGHZ 1, 234, 239 = NJW 1951, 557 f; BGH NJW-RR 2004, 275, 277; BGH 27.11.2012 X ZR 123/09.

622   BGH NZG 2011, 997; BGH NJW-RR 2012, 704.

623   Zur Notwendigkeit einer erneuten Zeugenvernehmung im Berufungsverfahren, wenn Zeugen, deren Aussagen einander widersprechen, im erstinstanzlichen Verfahren durch den beauftragten Richter vernommen worden sind, BGH GRUR 1995, 47 f rosaroter Elefant; vgl auch BGH Bausch BGH 1994–1998, 213, 218 ff Klebe- und Aufspulvorrichtung (zum Nichtigkeitsberufungsverfahren).

624   BGH GRUR 1981, 533 Vorpreßling für Hohlglaskörper; vgl auch BGH 5.12.1974 X ZR 5/72 Softeis, nicht in GRUR.

625   BGH GRUR 2011, 359 Magnetowiderstandssensor, Patentnichtigkeitssache.

626   BGH 13.12.1962 I ZR 42/61 Klebemax, nicht in GRUR; vgl BGH GRUR 2000, 138 Knopflochnähmaschinen; zur Auslegung des Klagepatents durch das Berufungsgericht nach Entscheidung des BGH im Nichtigkeitsverfahren OLG Düsseldorf 13.3.2011 2 U 12/07 NJOZ 2011, 1195 = GRUR-RR 2011, 290 Ls.

627   BGHZ 125, 303 = GRUR 1994, 597 Zerlegvorrichtung für Baumstämme; BGH 4.3.1997 X ZR 12/95.

628   Instruktiv BGH 13.2.1990 X ZR 51/88.

629   BGH NJW-RR 2011, 704.

630   Strenger Maßstab schon nach früherem Recht: BGH NJWE-WettbR 2000, 250 Aussetzungszwang; zum Absehen von Zurückverweisung und Entscheidung durch das Berufungsgericht bei Sachdienlichkeit BGH GRUR 2006, 313 Stapeltrockner.

631   BGH NJW-RR 2012, 1207.

632   BGH GRUR 2001, 54 f Subway/Subwear.

633   BGH NJW-RR 2011, 1365.

634   *Zöller* ZPO § 538 Rn 60, § 563 Rn 3; vgl zur (Rechts-)Beschwerde BGH NJW 2013, 1310.

Verfahrengrundsätze, die nicht nur unverzichtbar, sondern für das Funktionieren des Rechtsschut- **207** zes unerlässlich sind (gesetzlicher Richter, rechtl Gehör, Öffentlichkeit) sind (§ 329 Abs 2 Satz 1) vAw zu berücksichtigen.[635] Dazu gehört auch die Bindung der Vorinstanzen an die Parteianträge. Daher ist etwa ein Unterlassungstitel, der hiergegen verstößt, vAw aufzuheben.[636]

Das Urteil enthält anstelle von Tatbestand und Entscheidungsgründen die **Bezugnahme** auf die tat- **208** sächlichen Feststellungen im angefochtenen Urteil mit Darstellung etwaiger Abweichungen und Ergänzungen sowie eine kurze Begründung für dessen Abänderung, Aufhebung oder Bestätigung (§ 540 Abs 1 ZPO).[637]

Die **Kostenentscheidung** richtet sich nach § 97 ZPO. Danach fallen die Kosten des erfolglos eingeleg- **209** ten Rechtsmittels der Partei zur Last, die es eingelegt hat. Obsiegen im Kostenpunkt allein ändert daran nichts.[638] Soweit eine Partei aufgrund neuen Vorbringens, das sie im ersten Rechtszug geltend zu machen imstande gewesen wäre, obsiegt, sind ihr die Kosten der Berufung aufzuerlegen (§ 97 Abs 2 ZPO); dies gilt auch, wenn die erstinstanzlich mit einem eigenen Anspruch unterlegene Partei im Berufungsverfahren mit einem nunmehr in gewillkürter Prozessstandschaft geltend gemachten Anspruch eines Dritten obsiegt, dessen Ermächtigungserklärung sie im erstinstanzlichen Verfahren bereits hätte beschaffen können.[639] Auch die Änderung der Schadensberechnungsweise in zweiter Instanz kann eine Anwendung von § 97 Abs 2 ZPO rechtfertigen.[640] Wird die Berufung vor Ablauf der Berufungsbegründungsfrist zurückgenommen, steht dem Berufungskläger, der bereits einen Berufungsanwalt bestellt hatte, ein Anspruch auf Erstattung einer $^{13}/_{10}$-Gebühr zu.[641]

Vorläufige Vollstreckbarkeit. Zweitinstanzliche Urteile sind ohne Sicherheitsleistung vorläufig **210** vollstreckbar (§ 708 Nr 10 ZPO), jedoch hat das OLG auszusprechen, dass der Schuldner die Vollstreckung nach § 711 ZPO abwenden darf. Die Entscheidung ist nicht anfechtbar, weil sie nicht von § 574 ZPO erfasst wird.[642] Die Aufhebung des Urteils durch das Revisionsgericht begründet keinen Schadensersatzanspruch, sondern lediglich einen Anspruch aus ungerechtfertigter Bereicherung auf Herausgabe des Erlangten (§ 717 Abs 3 ZPO). Dieser kann im Gerichtsstand der unerlaubten Handlung geltend gemacht werden und setzt nicht voraus, dass vor der Zahlung oder Leistung die Zwangsvollstreckung angedroht worden war.[643]

3. Revisionsverfahren

a. Statthaftigkeit der Revision. Die Revision findet gegen die in der Berufungsinstanz erlassenen **211** Endurteile statt, wenn sie vom Berufungsgericht im Urteil oder vom Revisionsgericht auf Nichtzulassungsbeschwerde zugelassen worden ist (§§ 542, 543 ZPO; Rn 219). Sie ist im Arrest- und Verfügungsverfahren nicht statthaft (§ 542 Abs 2 ZPO). Der Ausschluss der Revision hinsichtlich der Kostenentscheidung[644] ist weggefallen.

Die Revision kann (als **Sprungrevision**) auch gegen erstinstanzliche berufungsfähige Urteile einge- **212** legt werden, wenn der Gegner einwilligt und kumulativ der BGH sie zulässt (§ 566 ZPO). Für das Zulassungserfordernis gelten die allg Grundsätze (Rn 213); der Zulassungsgrund muss benannt und zu seinen Voraussetzungen muss substantiiert vorgetragen werden.[645]

Zulassung. Das Berufungsgericht hat die Revision vAw mit bindender Wirkung für das Revisionsge- **213** richt zuzulassen, wenn einer der Zulassungsgründe des § 543 Abs 2 ZPO vorliegt. Jedoch hat der BGH die zugelassene Revision durch einstimmigen Beschluss zurückzuweisen, wenn er davon überzeugt ist, dass

---

635 *Zöller* ZPO § 529 Rn 13.
636 BGHZ 168, 179 = GRUR 2006, 960 Anschriftenliste (Nr 13); BGH GRUR 2005, 854 Karten-Grundsubstanz mwN; BGH GRUR 2002, 153, 155 Kinderhörspiele; BGH GRUR 2016, 213 Zuweisung von Verschreibungen, stRspr.
637 Vgl zu den Anforderungen BGH NJW-RR 2004, 494.
638 BGH GRUR 1992, 625 therapeutische Äquivalenz.
639 BGH GRUR 1992, 108 Oxygenol I.
640 BGHZ 119, 20 = GRUR 1993, 55 Tchibo/Rolex II.
641 BGH NJW 2003, 756.
642 BGH NJW 2002, 1577; zur früheren Rechtslage BGH 27.2.1996 X ZR 2/96.
643 BGH GRUR 2011, 758 Rückzahlung der Lizenzgebühr.
644 Zum früheren Recht BGH GRUR 1995, 50 f Indorektal/Indohexal; BGH GRUR 1995, 62 Betonerhaltung mwN; BGH GRUR 2001, 770 f Kabeldurchführung II.
645 *Zöller* ZPO § 566 Rn 5; BGH 16.8.2012 I ZR 199/11 GRUR-RR 2013, 312 Ls Zulassung der Sprungrevision.

die Voraussetzungen für die Zulassung der Revision nicht vorliegen und die Revision keine Aussicht auf Erfolg hat (§ 552a ZPO); maßgeblich für die Beurteilung, ob die Zulassungsvoraussetzungen vorliegen, ist der Zeitpunkt der Entscheidung des Revisionsgerichts[646] (anders bei der Nichtzulassungsbeschwerde, Rn 219).

214   **Beschränkte Zulassung** für einen tatsächlich und rechtlich selbstständigen Teil des Gesamtstreitstoffs ist möglich, soweit über den von der Zulassung erfassten Teil gesondert und unabhängig vom übrigen entschieden werden kann.[647] Die Beschränkung kann auch in den Gründen ausgesprochen werden; dies muss jedoch zweifelsfrei geschehen.[648]

215   **Zulassungsgründe** sind grundsätzliche Bedeutung der Rechtssache (§ 543 Abs 2 Nr 1 ZPO) sowie Erforderlichkeit einer Entscheidung des Revisionsgerichts zur Fortbildung des Rechts (§ 543 Abs 2 Nr 2 1. Alt ZPO) oder zur Sicherung einer einheitlichen Rspr (§ 543 Abs 2 Nr 2 2. Alt ZPO). Dies erweitert die Zulassungsmöglichkeiten gegenüber dem früheren Recht.[649]

216   **Grundsätzliche Bedeutung** setzt Klärungsbedürftigkeit und Klärungsfähigkeit der Rechtsfrage, allg Bedeutung („Leitbildcharakter")[650] und Entscheidungserheblichkeit voraus. Das tatsächliche oder wirtschaftliche Gewicht der Sache kann grundsätzliche Bedeutung begründen.[651]

217   Zur **Fortbildung des Rechts** ist die Revision zuzulassen, wenn der Einzelfall Veranlassung gibt, Leitsätze für die Auslegung von Gesetzesbestimmungen des materiellen oder des Verfahrensrechts aufzustellen oder Gesetzeslücken auszufüllen.[652]

218   Zur **Sicherung einer einheitlichen Rechtsprechung** ist die Revision zuzulassen, wenn vermieden werden soll, dass schwer erträgliche Unterschiede in der Rspr entstehen oder fortbestehen, wobei es darauf ankommt, welche Bedeutung die angefochtene Entscheidung für die Rspr im Ganzen hat, darüber hinaus aber auch dann, wenn Fehler bei der Auslegung und Anwendung revisiblen Rechts von erheblichem Gewicht geltend gemacht werden, die geeignet sind, das Vertrauen in die Rspr zu beschädigen; dies trifft namentlich Fälle willkürlicher Entscheidung und der Verletzung von Verfahrensgrundrechten[653] insb des Anspruchs auf rechtl Gehör (zu diesem Rn 49 ff zu § 100, zur verfahrensmäßigen Behandlung Rn 213).[654] Die Zulassung ist in solchen Fällen aber dann nicht notwendig geboten, wenn die Partei verbindlich erklärt, aus der fehlerhaften Entscheidung keine Rechte geltend zu machen.[655] Hierzu rechnet im Interesse eines effektiven Rechtsschutzes und zur Vermeidung unnötiger Wiederaufnahmeverfahren auch der Fall, dass das Klagepatent nach Schluss der mündlichen Verhandlung im Berufungsverfahren ganz oder teilweise widerrufen oder für nichtig erklärt wird, in letzterem Fall allerdings nur, wenn sich dies auf den Verletzungsstreit auswirken kann.[656] Das gilt unter dem Gesichtspunkt der Sicherung einer einheitlichen Rspr auch, wenn dargelegt wird, dass der BGH seiner Entscheidung im Nichtigkeitsberufungsverfahren eine Auslegung des Patents zugrunde gelegt hat, die in einem für den Patentverletzungsprozess entscheidungserheblichen Punkt von der Auslegung abweicht, die das Berufungsgericht seinem mit der Nichtzulassungsbeschwerde angefochtenen Urteil zugrunde gelegt hatte.[657] Dies muss als Zulassungsgrund geltend gemacht werden; ist die Nichtigerklärung durch den BGH erfolgt, kann die ausdrückliche Geltendmachung aber als reine Förmelei behandelt werden; gleichwohl ist auch in diesem Fall dringend zu empfehlen, die Nichtzulassungsbeschwerde ausdrücklich auf sie zu stützen. Ergibt sich der auf Widerruf, Nichtigerklärung oder abw Auslegung beruhende Zulassungsgrund erst nach Ablauf der Beschwerde-

---

646   BGH GRUR 2005, 448 SIM-Lock II.

647   BGH GRUR 2000, 914 Tageszulassung II; BGH GRUR 2012, 1243 Feuchtigkeitsabsorptionsbehälter; BGH GRUR 2014, 605 Flexitanks II.

648   BGH GRUR 2009, 515 Motorradreiniger; BGH Flexitanks II; BGH NJW-RR 2012, 759; BGH 19.11.2015 I ZR 58/14.

649   Vgl Begr BTDrs 14/4722 S 104.

650   *MünchKommZPO* § 543 Rn 34.

651   Begr BTDrs 14/4722 S 105; großzügig OLG Düsseldorf 27.6.2002 2 U 92/99: Zulassung wegen Grundsätzlichkeit zur Klärung der Frage, ob ein Patentanspruch, der von Polyamid spricht, auch eine Ausführung aus Polyethylen erfasst.

652   Begr BTDrs 14/4722 S 104.

653   Begr BTDrs 14/4722 S 104; vgl BGH NJW 2002, 3029; BGHZ 154, 288 = NJW 2003, 1943.

654   Abl zur entspr Anwendung von § 26 Nr 8 Satz 2 EGZPO BGH 27.3.2013 I ZR 87/12 GRUR-RR 2013, 496 Ls Musterwahl.

655   BGH 14.2.2012 X ZR 87/10.

656   Vgl BGH GRUR 2010, 272 Produktionsrückstandsentsorgung.

657   BGHZ 186, 90 = GRUR 2010, 858 Crimpwerkzeug III.

begründungsfrist, muss er mittels Wiedereinsetzungsgesuchs geltend gemacht werden.[658] Nicht erfasst werden Fälle der Divergenz zwischen Berufungsgericht und rechtskräftigen Entscheidungen des Patentgerichts sein, denn es kann nicht Aufgabe des Revisionsgerichts sein, alle Entscheidungen, die dasselbe Patent betreffen, darauf zu überprüfen, ob ein Widerspruch vorliegt. Wird die Nichtzulassung nicht nachvollziehbar begründet, obwohl die Zulassung nahegelegen hätte, verletzt dies den gesetzlichen Richter.[659]

Nichtzulassungsbeschwerde. Die Nichtzulassung kann mit der Beschwerde angefochten werden **219** (§ 544 ZPO). Diese kann nur von einem beim BGH zugelassenen Anwalt eingelegt werden. Die Frist beträgt als Notfrist einen Monat ab Zustellung des in vollständiger Form abgefassten Urteils, sie endet aber spätestens mit Ablauf von sechs Monaten nach der Verkündung des Urteils (§ 544 Abs 1 ZPO). Die Nichtzulassungsbeschwerde ist innerhalb von zwei Monaten nach Zustellung des in vollständiger Form abgefassten Urteils, spätestens aber bis zum Ablauf von sieben Monaten nach der Verkündung zu begründen; in der Begründung müssen die Zulassungsgründe dargelegt werden (§ 544 Abs 2 ZPO). Die Begründungsfrist kann wie die Revisionsbegründungsfrist verlängert werden. Die Nichtzulassungsbeschwerde ist nur zulässig, wenn der Beschwerdeführer durch die angefochtene Entscheidung beschwert ist und das Rechtsmittel dazu dient, die Beschwer zumindest teilweise zu beseitigen.[660] Aus Gründen der Rechtssicherheit ist anders als bei der Zulässigkeitsprüfung der zugelassenen Revision (Rn 213) hierfür der Zeitpunkt der Einlegung maßgeblich.[661] Wird der Beschwerde stattgegeben, wird das Beschwerdeverfahren als Revisionsverfahren fortgesetzt (§ 544 Abs 6 ZPO). Jedoch kann der BGH bei entscheidungserheblicher Verletzung des Anspruchs auf rechtl Gehör durch das Berufungsgericht im Beschlussweg die angefochtene Urteil unmittelbar aufheben, ohne vorher die Revision zuzulassen, und den Rechtsstreit zu neuer Verhandlung und Entscheidung an das Berufungsgericht zurückverweisen (§ 544 Abs 7 ZPO).[662]

Wird das Berufungsurteil mit der **Revision und** hilfsweise wegen desselben Streitgegenstands mit der **220** **Nichtzulassungsbeschwerde** angegriffen, entstehen neben den Gebühren für das Revisionsverfahren keine weiteren Gerichts- oder Anwaltsgebühren, weil das Verfahren über die Nichtzulassungsbeschwerde mit dem Revisionsverfahren eine Einheit bildet.[663] Für die Frage, in welchem Umfang das Berufungsurteil primär mit der Revision und nur hilfsweise mit der Nichtzulassungsbeschwerde angegriffen wird, ist es nicht erheblich, ob und in welchem Umfang das Berufungsgericht die Revision zugelassen hat; maßgeblich ist allein, welches Begehren der Revisionskläger mit einem Rechtsmittel geltend macht.[664]

Übergangsweise bis jetzt 31.12.2016 (die im ZPO-RG ursprünglich bis 31.12.2006 gesetzte Übergangs- **221** frist wurde bereits mehrfach verlängert, eine weitere Verlängerung war bei Abschluss des Manuskripts noch nicht im Gesetzgebungsverfahren) ist die Nichtzulassungsbeschwerde nur zulässig, wenn der Wert der mit der Revision geltend zu machenden **Beschwer** 20.000 EUR übersteigt (§ 26 Nr 8 EGZPO);[665] die Werte der (beschränkt) zugelassenen Revision und der Nichtzulassungsbeschwerde – außer den Teilen des Streitstoffs, für die ein Zulassungsgrund nicht dargelegt wird – sind dabei zusammenzurechnen.[666] Dass der Wert überschritten wird, hat der Beschwerdeführer glaubhaft darzulegen;[667] Zulassungsgründe müssen für alle für das Erreichen der Streitwertgrenze herangezogenen Streitgegenstände dargelegt werden.[668] Bei einem Auskunftsanspruch kommt es auf den erforderlichen Aufwand an;[669] dabei kann auch

---

658 BGH Crimpwerkzeug III.
659 BVerfG (Kammerbeschluss) GRUR 2012, 601 Filesharing; vgl. BGH NJW-RR 2012, 760.
660 BGH GRUR 2005, 886 Glücksbon-Tage.
661 BGH GRUR 2010, 1035 Wert der Beschwer, im Anschluss an BGH GRUR 2004, 712 PEE WEE.
662 Vgl nur BGH GRUR 2007, 172 Lesezirkel II; BGH 21.9.2006 I ZR 40/06; BGH 24.4.2007 X ZR 113/05; BGH GRUR 2011, 853 Treppenlift: Nichtberücksichtigung von Vorbringen, das nicht nach § 531 ausgeschlossen ist; BGH NJW 2005, 2624; BGH BauR 2006, 1782; BGH 16.11.2010 X ZR 104/08: fehlerhafte Annahme des Berufungsgerichts, der BGH habe eine streitige tatsächliche Frage im Revisionsverfahren geklärt; BGH 6.5.2014 X ZR 36/13: Nichtprüfung von in der Berufungsinstanz gehaltenem Vortrag.
663 BGH GRUR 2015, 304 Streitwert der Nichtzulassungsbeschwerde.
664 BGH Streitwert der Nichtzulassungsbeschwerde.
665 Vgl BGH GRUR 2004, 272 rotierendes Schaftwerkzeug.
666 BGH GRUR 2007, 83 Nur auf Neukäufe.
667 BGH NJW 2002, 3180; BGH NJW-RR 2005, 74; BGH 22.5.2013 X ZR 49/11.
668 BGH GRUR-RR 2012, 48 M-Kapseln (UWGSache).
669 BGH 22.5.2013 X ZR 49/11.

das Geheimhaltungsinteresse des Auskunftsverpflichteten einfließen.[670] Gibt der zur Auskunft Verurteilte noch vor Abschluss der Tatsacheninstanzen zur Abwendung der Zwangsvollstreckung Auskunft, ist sein diesbezüglicher Aufwand bei der Berechnung des Werts der mit der Revision geltend zu machenden Beschwer zu berücksichtigen.[671] Dieselben Grundsätze wie beim Auskunftsanspruch können zB bei der Klage auf Abgabe einer Willenserklärung gelten. Wird bei einer Stufenklage dem Auskunftsanspruch stattgegeben und die Sache wegen des Zahlungsanspruchs an die erste Instanz zurückverwiesen, ist für den Wert der Beschwer der Revision des zur Auskunft Verurteilten nur auf den Auskunftsanspruch abzustellen.[672] Bei einer Klage auf Zustimmung zur Nachholung der Nennung als Erfinder kann die Frage des Vergütungsanspruchs nach § 9 ArbEG nicht zur Bestimmung des Gegenstandswerts herangezogen werden.[673]

222   Gegen die Zurückweisung der Nichtzulassungsbeschwerde ist die **Anhörungsrüge** (§ 321a ZPO) nur zulässig, wenn sie sich gegen eine neue und eigenständige Verletzung des Anspruchs auf rechtl Gehör durch den BGH richtet.[674] Eine Partei, der Prozesskostenhilfe (Rn 155 ff zu § 143) für die Nichtzulassungsbeschwerde gewährt worden ist, darf nicht darauf vertrauen, dass ihre Nichtzulassungsbeschwerde nicht ohne vorherigen Hinweis zurückgewiesen wird.[675]

223   **Aussetzung** des Verfahrens über die Nichtzulassungsbeschwerde nach § 148 ZPO kommt in Betracht, wenn ein Nichtigkeitsverfahren anhängig ist (vgl Rn 7 ff zu § 140).[676]

224   **Anschlussrevision** (§ 554 ZPO) kommt erst nach Zulassung der Revision in Betracht. Wieweit sie sich auf den Streitgegenstand der Hauptrevision beziehen muss, ist str.[677]

225   Zur **Einstellung der Zwangsvollstreckung** in der Revisionsinstanz Rn 354.

226   **b. Förmlichkeiten; Revisionsbegründung.** Die Revision kann nur durch einen beim Revisionsgericht postulationsfähigen Anwalt („BGH-Anwalt") eingereicht werden.[678] Unter den Voraussetzungen des § 78b ZPO ist auch im Revisionszug die Beiordnung eines Notanwalts geboten; der Antrag muss die Darlegung der erfolglosen Bemühungen enthalten, selbst einen Anwalt zu finden.[679] Die Revisionsfrist beträgt einen Monat und beginnt mit Zustellung des in vollständiger Form abgefassten Urteils, spätestens mit Ablauf von fünf Monaten nach der Verkündung (§ 548 ZPO). In Verfahren nach der ZPO können beim BGH (wie in Verfahren nach den Gesetzen des gewerblichen Rechtsschutzes) elektronische Dokumente eingereicht werden (Verordnung über den elektronischen Rechtsverkehr beim Bundesgerichtshof und Bundespatentgericht, im Anhang). Zum notwendigen Inhalt der Revisionsschrift § 549 ZPO.

227   Die Revision ist **gebührenpflichtig**, die Gebührenzahlung ist jedoch nicht Voraussetzung der Zulässigkeit.[680]

228   Die Revision ist innerhalb der (verlängerbaren und regelmäßig verlängerten, was ohne Zustimmung des Gegners nach der nicht ganz geglückten Regelung in § 551 Abs 2 Satz 6 ZPO nur noch eingeschränkt möglich ist, wobei Unzuträglichkeiten im Weg der in § 233 ZPO geregelten Wiedereinsetzung[681] (Rn 191) beizukommen sein wird) Frist von zwei Monaten nach Urteilszustellung, spätestens fünf Monaten ab Verkündung, zu begründen. Die **Begründung** muss die Revisionsanträge und der Angabe der Revisionsgrün-

---

670   BGHZ 128, 85, 87 = GRUR 1995, 701 Beschwer bei Auskunftsklage; BGH GRUR 1991, 873 eidesstattliche Versicherung; BGH GRUR 1999, 1037 Wert der Auskunftsklage; vgl *Benkard* § 139 Rn 169.

671   BGH GRUR 2010, 1035 Wert der Beschwer.

672   BGH GRUR 2000, 1111 Urteilsbeschwer bei Stufenklage; BGH 8.9.2009 X ZR 81/08; anders bei Abweisung der Stufenklage insgesamt, BGH NJW 2002, 71; zur Heraufsetzung der Beschwer BGH 16.12.1998 X ZR 43/98 mwN; zur Beschwer bei Geltendmachung eines Auskunftsanspruchs auch OLG Frankfurt 29.3.2004 6 U 25/00 und OLG Frankfurt 29.3.2004 6 U 99/01, SortSachen.

673   BGH GRUR 2004, 272 rotierendes Schaftwerkzeug.

674   BGH GRUR 2008, 932 Gehörsrügenbegründung.

675   BGH NJW-RR 2012, 128 Levitationsanlage.

676   Zum früheren Recht BGHZ 81, 397 = GRUR 1982, 99 Verbauvorrichtung.

677   Vgl einerseits ua BGHZ 148, 156 = NJW 2001, 3543; BGH NJW 2002, 1870 Ionisationsdetektor, Werkvertragssache, mwN; andererseits BGHZ 155, 189 = GRUR 2003, 807 Buchpreisbindung.

678   Zu den Voraussetzungen der Beiordnung eines Notanwalts nach § 78b ZPO BGH 9.6.2010 Xa ZR 18/10.

679   BGH 19.10.2011 I ZR 98/11 GRUR-RR 2012, 96 Ls Notanwalt, Markensache.

680   Zur Einforderung der vorzuschießenden Gebühr nur von einem im Inland ansässigen Mitschuldner BGH AGS 2001, 20 = Schulte-Kartei PatG 139.43 Nr 18 Kostenrechnung.

681   Zu den Sorgfaltsanforderungen bei der Unterzeichnung des Empfangsbekenntnisses und der Notierung der Revisionsbegründungsfrist BGH BGHRep 2005, 1280 Wiedereinsetzung (Revisionsbegründungsfrist).

de enthalten, wobei zwischen materiellrechtl Rügen (Sachrügen), die in allg Form erhoben werden können, und Verfahrensrügen, die die Bezeichnung der Tatsachen erfordern, die den Mangel ergeben, zu unterscheiden ist (§ 551 Abs 3 ZPO). Die Rüge, dass Vortrag übergangen ist, erfordert dessen genaue Bezeichnung.[682] Eine Rüge, die sich in einer vom Berufungsgericht abw tatsächlichen Bewertung erschöpft, ohne eine entspr Verfahrensrüge zu erheben oder einen Rechtsfehler aufzuzeigen, ist unzulässig.[683]

Rücknahme der Revision. Die Revision kann ohne Zustimmung des Gegners und bis zum Beginn der mündlichen Verhandlung über die Hauptsache zurückgenommen werden (§§ 565, 516 Abs 1 ZPO).[684]   **229**

c. Umfang der Überprüfung.[685] Die Zulässigkeitsvoraussetzungen der Klage und des Urteils[686] sind   **230** auch im Revisionsverfahren zu prüfen.[687] Nicht überprüfbar ist jedoch die Zuständigkeit des Gerichts des ersten Rechtszugs (§ 545 Abs 2 ZPO);[688] hierzu rechnet nicht die internat Zuständigkeit.[689] Eine Überprüfung der Kostenentscheidung nach § 91a ZPO ist ausgeschlossen.[690] Der Prüfung des Revisionsgerichts unterliegen mit Ausnahme der unerlässlichen Verfahrensvorschriften (Rn 207), die gem § 557 Abs 3 Satz 2 ZPO vAw zu berücksichtigen sind, nur die von den Parteien gestellten **Anträge**. Die Auslegung von Klageanträgen durch den Tatrichter ist in der Revisionsinstanz uneingeschränkt nachprüfbar.[691] Zur Geltendmachung des allg Erfindungsgedanken nach früherem Recht *7. Aufl*.

Änderungen des Klagebegehrens und des Klagegrunds. Das Klagebegehren kann auch in der Re-   **231** visionsinstanz eingeschränkt werden, wenn eine Änderung der tatsächlichen Klagegrundlage damit nicht verbunden ist.[692] Die Einführung eines neuen Streitgegenstands ist im Revisionsverfahren grds unzulässig.[693] Die erstmalige Geltendmachung des Anspruchs aus § 33 in der Revisionsinstanz ist ausgeschlossen.[694] Übereinstimmende Erledigungserklärung ist auch in der Revisionsinstanz statthaft.[695] Einseitige Erledigungserklärung kommt in Betracht, wenn das erledigende Ereignis als solches außer Streit steht; zu prüfen ist hier, ob die Klage durch das erledigende Ereignis unzulässig oder unbegründet geworden ist.[696]

Der Überprüfung unterliegt **tatsächliches Vorbringen** der Parteien grds nur, soweit es aus dem Tat-   **232** bestand des Berufungsurteils oder aus dem Sitzungsprotokoll ersichtlich ist (§ 559 ZPO).[697] Dem Revisionsgericht ist es verwehrt, weiteres Vorbringen aus den Akten zu entnehmen und seiner rechtl Prüfung zugrunde zu legen.[698] Eine Berücksichtigung tatsächlicher Urteilsgrundlagen einer Parallelsache ist auch nach Prozessverbindung ausgeschlossen.[699] In der Revisionsinstanz kann Tatsachenvortrag grds nicht nachgeholt werden,[700] anders ausnahmsweise, soweit es einen Restitutionsgrund nach § 580 Nr 7 Buchst b

---

682   BGH 13.2.1990 X ZR 51/88.

683   BGHZ 121, 194, 206 = GRUR 1993, 460 Wandabstreifer.

684   Vgl zum Übergangsrecht BGH GRUR 2015, 820 Digibet II, UWGSache.

685   Zur Tatsachenfeststellung durch Rückgriff auf frühere (aufgehobene) Urteile desselben Gerichts in demselben Rechtsstreit BGH 14.4.1964 Ia ZR 143/63.

686   BGH GRUR 2001, 54 f Subway/Subwear: unzulässiges Teilurteil in erster Instanz.

687   BGH GRUR 1999, 509 f Vorratslücken; BGH GRUR 2001, 78 falsche Herstellerpreisempfehlung.

688   Zum früheren Recht BGHZ 110, 30 = GRUR 1990, 515 Marder; zum geltenden Recht BGH BGHRep 2003, 1030.

689   BGH (Großer Senat in Zivilsachen) BGHZ 44, 46 = NJW 1965, 1665; BGH GRUR 1969, 373 Multoplane; BGHZ 115, 90 f = NJW 1991, 3092 mwN; BGH WM 1993, 1109 f; BGH Mitt 2003, 559; zur Rechtslage nach Inkrafttreten des ZPO-RG BGH Mitt 2003, 139; BGH BGHRep 2003, 1111; BGH GRUR 2006, 941 f Tosca Blu, Markensache.

690   BGH GRUR 2001, 770 Kabeldurchführung II; BGH GRUR 2003, 507 Enalapril.

691   BGH GRUR 1992, 561 f unbestimmter Unterlassungsantrag II; BGHZ 115, 286 = GRUR 1994, 844; BGH GRUR 1998, 1041 f Verkaufsveranstaltung in Aussiedlerwohnheim; BGH GRUR 2000, 907 Filialleiterfehler; BGH GRUR 2000, 80 ad-hoc-Meldung; BGH GRUR 2002, 177 Jubiläumsschnäppchen.

692   BGH GRUR 1991, 606 Porzellanmanufaktur mwN.

693   BGH GRUR 2002, 725, 727 Haartransplantationen; BGH GRUR 2003, 436, 439 Feldenkrais; BGH GRUR 2004, 436 f FrühlingsgeFlüge; BGH GRUR 2004, 799 Lebertrankapseln; BGH GRUR 2004, 855 Hundefigur.

694   BGH 8.4.1976 X ZR 36/73.

695   BGH 16.3.1967 Ia ZR 97/64; BGH GRUR 2005, 41 Staubsaugersaugrohr: zu entscheiden ist in diesem Fall über alle bisher entstandenen Kosten.

696   BGH GRUR 2004, 349 Einkaufsgutschein II; BGH GRUR 2004, 701 Klinikpackung II.

697   Vgl BGH 30.1.2008 X ZR 60/06.

698   BGH 30.1.2008 X ZR 60/06.

699   BGH 21.10.1960 I ZR 117/56.

700   BGHZ 40, 332 = GRUR 1964, 196, 199 Mischer I; vgl BGH GRUR 2001, 242 Classe E.

ZPO begründet.[701] Ein offenbarer technischer Irrtum unterliegt aber der Nachprüfung des Revisionsgerichts.[702]

233   Die Berücksichtigung **neuen Vortrags in der Revisionsinstanz** ist ausnahmsweise zulässig, wenn sich die vorgetragenen Tatsachen erst nach dem Schluss der mündlichen Verhandlung in der Berufungsinstanz ereignet haben, sie unstreitig sind und schützenswerte Belange der Gegenseite nicht entgegenstehen.[703]

234   **Gesetzesverletzung.** Die Revision kann nur auf eine Gesetzesverletzung, dh die fehlende oder fehlerhafte Anwendung einer Rechtsnorm, gestützt werden (§§ 545, 556 ZPO). Revisibel sind Bestehen und Inhalt von Bundesgewohnheitsrecht, nicht aber von Gerichts- oder Verwaltungsgebräuchen.[704] Die beschränkte Kognitionsbefugnis des Gerichts verstößt nicht gegen Art 6 EMRK.[705]

235   **Verletzung ausländischen Rechts** ist grds nicht revisibel, kann es aber mittelbar sein, wenn bei der Ermittlung, Auslegung oder Anwendung ausländ Rechts ein Verfahrensfehler unterlaufen ist[706] (§ 293 ZPO). Nach hM ist eur Gemeinschaftsrecht revisibel;[707] die Prüfungsbefugnis ist allerdings durch Art 267 AEUV eingeschränkt.

236   **Einzelne Gesetzesverletzungen.** Stets als auf einer Verletzung des Gesetzes anzusehen ist die Entscheidung, wenn einer der **absoluten Revisionsgründe** nach § 547 ZPO vorliegt (unvorschriftsmäßige Besetzung, Mitwirkung eines ausgeschlossenen oder erfolgreich abgelehnten Richters, fehlende Vertretung der Partei, Verletzung der Vorschriften über die Öffentlichkeit, fehlende Begründung der Entscheidung). Die Regelung entspricht weitgehend der der Rechtsbeschwerdegründe nach § 100 Abs 3. Auf die Kommentierung zu § 100 wird deshalb verwiesen.

237   **Besetzungsmangel.**[708] Mangelnde Erfahrung der Richter auf dem Gebiet des Patentrechts eröffnet nicht die Besetzungsrüge.[709]

238   Der **Begründungsmangel** setzt grds voraus, dass die Gründe insgesamt fehlen (vgl Rn 69 ff zu § 100). Er muss sich auf ein erhebliches Angriffs- oder Verteidigungsmittel beziehen.[710] Der I. Zivilsenat des BGH sieht in bestimmten Fallkonstellationen fehlende Ausführungen zur Zulässigkeit als unschädlich an, wenn die Klage als unbegründet abgewiesen wird;[711] dies wird sich nicht verallgemeinern lassen. Ein Begründungsmangel ist in fehlenden Ausführungen zur Verschuldensfrage bei Verletzung eines allg Erfindungsgedankens[712] oder bei fehlenden tatrichterlichen Feststellungen zur Übertragung von Lizenzverträgen[713] gesehen worden. Wird jegliche Patentverletzung verneint, begründet die Nichtunterscheidung zwischen unmittelbarer und mittelbarer Verletzung keinen Begründungsmangel.[714]

239   Enthielt ein Berufungsurteil **keinen Tatbestand**, war es nach früherem Recht im Revisionsverfahren grds aufzuheben (näher 7. Aufl). Nach der Reform des Zivilprozessrechts richten sich die Anforderungen an den Inhalt des Berufungsurteils nach § 540 ZPO nF.

240   **Sonstige Gesetzesverletzungen.** Überprüfbar ist grds jeder Verstoß gegen das materielle oder das Verfahrensrecht, ein Verfahrensverstoß jedoch nur, wenn der Revisionsführer das Rügerecht nicht verloren hat (§§ 556, 295 ZPO).

---

701   BGH GRUR 2000, 1028 Ballermann mwN.

702   RG GRUR 1936, 562, 564 Druckluftbremse; BGH 27.10.1970 X ZR 9/68.

703   BGHZ 197, 196 = GRUR 2013, 713 Fräsverfahren; BGH NJW-RR 2010, 1162 mwN.

704   BGH GRUR 1966, 50, 53 Hinterachse.

705   Vgl zu einem Schweizer Fall EMRKomm sic! 1997, 225, 227 Slim Cigarette.

706   Vgl BGH 2.5.1978 X ZR 8/75; BGH 12.3.1981 X ZR 79/80; BGH NJW 1995, 2142, 2143; *König* Materiellrechtliche Probleme der Anwendung von Fremdrecht bei Patentverletzungsklagen und Verfügungsverfahren nach der Zuständigkeitsordnung des EuGVÜ, Mitt 1996, 296, 300.

707   Vgl BVerwG EuZW 1993, 263.

708   Zur Überbesetzung des OLG-Senats BGH GRUR 1970, 237, 239 Appetitzügler II; zur Besetzung im schriftlichen Verfahren BGH GRUR 1992, 627 Pajero.

709   BGHZ 71, 86, 89 = GRUR 1978, 492 Fahrradgepäckträger.

710   BGH GRUR 1977, 666 Einbauleuchten; BGH NJW 1982, 2733 Patentanwalthonorar; vgl BGH WRP 2000, 730, 731 rechtsbetreuende Verwaltungshilfe, nicht in BGHZ; BGH GRUR 2004, 949 Regiopost/Regional Post.

711   BGH GRUR 1999, 509 f Vorratslücken; BGH GRUR 2002, 72 f Preisgegenüberstellung im Schaufenster; vgl BGH GRUR 2006, 517 Blutdruckmessungen.

712   BGH GRUR 1961, 26 Grubenschaleisen; BGH GRUR 1975, 422, 425 Streckwalze 02, nicht auch in anderen Fällen.

713   BGH NJW-RR 1990, 1251 Kabelaufwickler 02.

714   BGHZ 115, 204 = GRUR 1992, 40 beheizbarer Atemluftschlauch.

Verletzung materiellen Rechts. An die geltend gemachten Revisionsgründe ist das Revisionsgericht **241** hier nicht gebunden (§ 557 Abs 3 Satz 1 ZPO).

Bei **Verfahrensmängeln** erfolgt Prüfung nur auf Rüge, sofern sie nicht vAw zu beachten sind (§ 557 **242** Abs 3 Satz 2 ZPO). Ob ein Hinweis nach § 139 ZPO gegeben werden muss, ist aufgrund der vom befassten Gericht vertretenen Rechtsauffassung zu beurteilen.[715] Für die Aufklärungsrüge genügt es nicht, dass das prozessuale Verhalten im Fall des als unterlassen gerügten Hinweises bezeichnet wird, es bedarf vielmehr der näheren Erläuterung der Tatsachen, die eingeführt worden wären.[716] Die Nichtzulassung einer Klage-änderung ist nur darauf nachprüfbar, ob der Tatrichter den Begriff der Sachdienlichkeit verkannt und damit die Grenzen seines Ermessens überschritten hat.[717]

Ein Verstoß gegen § 308 ZPO ist **von Amts wegen zu beachten;**[718] ebenso ein unauflösbarer Wider- **243** spruch zwischen Urteilsausspruch und Urteilsbegründung, durch den der Urteilsgegenstand unbestimmt wird,[719] oder die Unzulässigkeit des Klageantrags.[720] Füllt ein Gericht einen auf konkrete Rechtsverletzun-gen gestützten Zahlungsanspruch hinsichtlich eines unaufgeklärt gebliebenen Teils mit Beträgen auf, die einem noch nicht bezifferten Zahlungsanspruch einer gleichzeitig erhobenen Stufenklage entnommen werden, liegt darin grds ein Verstoß gegen § 308 Abs 1 ZPO.[721]

Tat- und Rechtsfragen. Beschränkt nachprüfbar sind Tatfragen, unbeschränkt nachprüfbar alle **244** Rechtsfragen. Die Tatsachenfeststellung des Tatrichters bindet das Revisionsgericht, soweit keine zulässi-gen und begründeten Revisionsrügen erhoben sind.[722]

Tatfrage ist die Feststellung des Sachverhalts im Einzelfall.[723] Hierzu zählen alle Vorgänge im Er- **245** teilungsverfahren[724] sowie die Feststellung, ob und mit welchen konkreten Mitteln die patentgemäßen Wirkungen von der angegriffenen Ausführungsform erreicht werden.[725] Tatfrage ist die dem Fachmann offenbarte Lehre.[726] Als Tatfrage ist das Verständnis des Fachmanns in der Patentschrift verwendeter tech-nischer Begriffe angesehen worden,[727] soweit der Tatrichter den entscheidungserheblichen Sachverhalt ermittelt und festgestellt hat.[728] Das begegnete allerdings schon vom Ansatz her Bedenken, weil der Fach-mann auch im Verletzungsstreit ein bloßes Konstrukt zur Objektivierung des Begriffsverständnisses ist, und ist folgerichtig vom BGH inzwischen aufgegeben worden;[729] dies hat die Auslegung des Patentan-spruchs von der tatrichterlichen Sicht zur rechtl Würdigung verschoben (vgl Rn 249, 134). Keine Tatfragen

---

715 BGH GRUR 2002, 149 Wetterführungspläne II.

716 BGH Mitt 2002, 176 Gegensprechanlage.

717 BGHZ 137, 387 = GRUR 1998, 680 Comic-Übersetzungen; BGH 9.7.1998 I ZR 67/96.

718 BGH GRUR 1998, 673, 679 Popmusikproduzenten, UrhSache; BGH GRUR 2002, 153 Kinderhörspiele; BGHZ 120, 239, 253 = NJW 1993, 925, 928; BGH BB 1961, 494.

719 BGH GRUR 1996, 57, 60 Spielzeugautos.

720 BGHZ 135, 1, 6 = GRUR 1997, 3440 Betreibervergütung; BGHZ 144, 255, 263 = GRUR 2000, 1076 Abgasemissionen; BGH GRUR 2000, 438, 440 gesetzeswiederholende Unterlassungsanträge; BGH GRUR 2002, 77 f Rechenzentrum.

721 BGH GRUR 1990, 353 Raubkopien.

722 BGH GRUR 1999, 909, 911 Spannschraube; BGH GRUR 2004, 413 Geflügelkörperhalterung.

723 Zur Abgrenzung nach schweiz Recht schweiz BG sic! 2005, 215 Textilfarben.

724 BGH GRUR 1964, 132, 134 Kappenverschluß; BGH GRUR 1965, 28 Erntemaschine; BGH GRUR 1964, 606, 609 Förderband; BGHZ 53, 274, 276 = GRUR 1970, 361 Schädlingsbekämpfungsmittel; BGH GRUR 1980, 280 Rolladenleiste; BGH 22.6.1967 I a ZR 1/65.

725 BGH GRUR 2006, 313 Stapeltrockner; weitergehend noch BGH 18.9.1962 I ZR 41/61: Darlegung der Gleichwirkung.

726 BGH GRUR 1963, 563, 566 Aufhängevorrichtung; BGH GRUR 1964, 221, 224 Rolladen; BGH GRUR 1999, 909, 911 Spannschraube; BGHZ 142, 7, 15 = GRUR 1999, 977 Räumschild; BGH 20.2.2001 X ZR 140/98; vgl schweiz BG sic! 2002, 534, 536 Hüftgelenkprothese.

727 BGH GRUR 1952, 562, 564 Schuhsohle; BGH GRUR 1959, 317, 319 Schaumgummi; BGHZ 105, 1, 10 = GRUR 1988, 896 Ionenanalyse; BGH GRUR 1997, 116 f Prospekthalter; BGH GRUR 1999, 909, 911 Spannschraube; BGH GRUR 1999, 977 f Räumschild, nicht in BGHZ; BGH Mitt 1999, 365, 367 Sammelföderer; BGH GRUR 2000, 1015 f Verglasungsdichtung; BGH GRUR 2004, 413 Geflügelkörperhalterung; aA CA England/Wales ENPR 2002, 48 Dyson v. Hoover.

728 Vgl BGH Mitt 1997, 364 Weichvorrichtung II; BGHZ 142, 7, 15 = GRUR 1999, 977, 979 Räumschild; BGH GRUR 1999, 909, 911 Spannschraube.

729 BGHZ 160, 204, 213 = GRUR 2004, 1023, 1025 bodenseitige Vereinzelungseinrichtung; vgl BGH GRUR 2004, 411 Diabehältnis; *Meier-Beck* Mitt 2005, 529, 533; *Meier-Beck* GRUR 2007, 11 f; *Meier-Beck* FS 50 Jahre VPP (2005), 356; *Melullis* FS E. Ullmann (2006), 503; *Tilmann* Neue Überlegungen im Patentrecht, GRUR 2006, 824, 830; abw ÖOGH 20.5.2008 17 Ob 6/08v Bicalutamid, Ls in ÖBl 2008, 275, wonach das Verständnis des Fachmanns ein dem Beweis zugängliches Element ist.

sind bloße Annahmen, weiter das einer Zeichnung Entnehmbare,[730] die Frage, ob der Fachmann eine Lehre auf ein konkretes Ausführungsbeispiel beschränkt, ob Gleichwirkung vorliegt und vom Fachmann erkannt werden kann,[731] ob Kenntnisse aus einem anderen Fachgebiet dem Fachmann zur Verfügung gestanden haben,[732] ob und in welchem Umfang Wissen aus einem anderen Fachgebiet zu berücksichtigen ist.[733] Nach der neueren Rspr des BGH kommt im Hinblick auf die Auslegung des Patentanspruchs durch den Tatrichter eine Bindung des Revisionsgerichts nur insoweit in Betracht, als sich der Tatrichter mit konkreten tatsächlichen Umständen befasst hat, die für die Auslegung von Bedeutung sein können.[734] Zum allg Erfindungsgedanken 6. Aufl. Dazu, wieweit die Beurteilung der erfinderischen Tätigkeit Tatfrage ist, Rn 199 zu § 4. Tatfrage sind die Feststellungen zur angegriffenen Ausführungsform, allerdings nicht zu ihrer Gleichwertigkeit (Rn 249).[735]

246 Die Feststellung der **Erstbegehungs- und Wiederholungsgefahr** ist im wesentlichen Tatfrage;[736] es sind allerdings alle maßgeblichen Umstände zu berücksichtigen;[737] ob ein rechtl zutr Wertungsmaßstab zugrunde gelegt wurde, ist auch ohne Verfahrensrüge nachprüfbar.[738] Tatfrage ist auch die Würdigung der Verhältnismäßigkeit beim Auskunftsanspruch (§ 140b Abs 1).[739]

247 Die (heute im wesentlichen bedeutungslose) Abgrenzung zwischen **grober und leichter Fahrlässigkeit** liegt vorwiegend auf tatrichterlichem Gebiet.[740]

248 Tatfrage ist das Verständnis von Erklärungen der Lizenzvertragsparteien und von Gesellschaftern,[741] insgesamt die Auslegung von Individualvereinbarungen (vgl Rn 251). Im wesentlichen Tatfrage ist die richtige **Berechnung der Lizenz**,[742] ebenso die Bemessung des Ersatzanspruchs im Weg der Lizenzanalogie als Gegenstand einer Schätzung nach § 287 ZPO[743] (vgl Rn 142f, 175 zu § 139). Das Vorliegen eines **wichtigen Grunds** für die Kündigung eines Lizenzvertrags ist im wesentlichen Tatfrage.[744] Die Feststellung einer **Verwirkung**,[745] auch lizenzvertraglicher Ansprüche,[746] ist dem Tatrichter vorbehalten.

249 **Rechtsfrage** ist die richtige Erfassung patentrechtl Begriffe,[747] die richtige Subsumtion des Sachverhalts unter einen Rechtssatz,[748] die Auslegung des Patents im Verletzungsverfahren und aufgrund von § 8 (Rn 122, 245, 253),[749] auch das richtige Erkennen des Rechtsbegriffs der erfinderischen Tätigkeit an

---

730 BGH GRUR 1972, 595 Schienenschalter I.
731 BGH GRUR 1983, 497 Absetzvorrichtung; BGH 3.11.1992 X ZR 29/90; BGH GRUR 2006, 313 Stapeltrockner; BGH GRUR 2007, 959 Pumpeinrichtung.
732 RG GRUR 1935, 799, 803 Registrierkasse.
733 BGH BlPMZ 1989, 133 Gurtumlenkung.
734 BGHZ 160, 204, 213 = GRUR 2004, 1023 bodenseitige Vereinzelungseinrichtung.
735 BGH Stapeltrockner.
736 RGZ 96, 242, 245 = MuW 19, 110 Marlitt; RGZ 171, 380, 382; BGHZ 14, 163, 167 = GRUR 1955, 97 Constanze II; BGH GRUR 1955, 390, 392 Schraubenmutterpresse; BGH GRUR 1983, 186 wiederholte Unterwerfung I; BGH GRUR 1987, 45 Sommerpreiswerbung; BGHZ 117, 264 = GRUR 1992, 612 Nicola; BGH GRUR 1994, 516 f Auskunft über Notdienste; BGHZ 140, 1, 10 f = NJW 1999, 356.
737 BGH GRUR 1990, 687 Anzeigenpreis II.
738 BGH Auskunft über Notdienste.
739 Vgl BGH GRUR 2002, 1063 Aspirin, zu § 19 MarkenG.
740 BGH 21.12.1962 I ZR 129/60.
741 BGH GRUR 2000, 788 Gleichstromsteuerschaltung.
742 BGH GRUR 1969, 677, 679 Rübenverladeeinrichtung.
743 BGH GRUR 1966, 570, 572 Eisrevue III; BGHZ 119, 20 = GRUR 1993, 55 Tchibo/Rolex II; BGH GRUR 1993, 897 Mogul-Anlage.
744 BGH GRUR 1992, 112 pulp-wash; BGH GRUR 1997, 610 Tinnitus-Masker; vgl BGH NJW 1987, 57; BGH GRUR 1990, 443 f Musikverleger IV.
745 BGH GRUR 1994, 597, 601 Zerlegvorrichtung für Baumstämme; BGH GRUR 2001, 323, 325 Temperaturwächter; BGHZ 162, 110 = GRUR 2005, 567 Schweißbrennerreinigung.
746 BGHZ 125, 303 = GRUR 1994, 597 Zerlegvorrichtung für Baumstämme.
747 Vgl RG GRUR 1935, 913, 915 Reißverschluß I; *Benkard* § 139 Rn 140; zur markenrechtl Frage, ob eine kennzeichenmäßige Benutzung vorliegt, BGHZ 156, 126 = GRUR 2004, 151 Farbmarkenverletzung I; BGH 2005, 583 Lila-Postkarte.
748 BGH GRUR 1962, 518, 520 Blitzlichtgerät; BGH GRUR 1987, 510, 512 Mittelohrprothese; vgl RG GRUR 1939, 42, 44 Deckenbaukörper.
749 BGHZ 180, 215 = GRUR 2009, 653 Straßenbaumaschine (Nr 16) mwN; BGH GRUR 2016, 265 Kfz-Stahlbauteil (Nr 12).

sich,[750] die Beurteilung des Naheliegens gegenüber dem StdT als solche (Rn 199 zu § 4); wohl auch die Bestimmung des Fachmanns iSv § 4 (vgl aber Rn 245). Rechtsfrage ist auch, ob eine Erfindung so deutlich und vollständig offenbart ist, dss ein Fachmann sie ausführen kann.[751] Gleiches gilt für die Gleichwertigkeit im Rahmen der Äquivalenzprüfung,[752] auch wenn sie von in der Tatsacheninstanz zu klärenden tatsächlichen Grundlagen abhängt.[753] Das schließt jedoch nicht aus, dass sie vom Revisionsgericht unmittelbar entschieden werden kann, wenn tatsächliche Feststellungen, die die Annahme einer äquivalenten Verletzung tragen könnten, weder getroffen noch zu erwarten sind.[754] Rechtsfrage ist nach Auffassung des BGH auch, was sich aus einem Patentanspruch als geschützter Gegenstand ergibt.[755] Die Merkmalsanalyse (Merkmalsgliederung) als bloßes Hilfsmittel der Prüfung eines Eingriffs in das geschützte Recht kann das Revisionsgericht eigenständig vornehmen.[756] Rechtsfrage ist, ob der Fachmann die abw Ausführungsform aufgrund von Überlegungen als gleichwirkend auffinden konnte, die derart am Sinngehalt des Patentanspruchs orientiert sind, dass er sie als gleichwertige Lösung in Betracht zog.[757]

Überprüfbar in der Revisionsinstanz sind die richtige **Anwendung allgemeiner Begriffe**, die Beachtung der **Denkgesetze**,[758] des allg Sprachgebrauchs und **allgemeiner Erfahrungssätze**,[759] die **Erschöpfung des Sachvortrags und des Beweisergebnisses**.[760] Die Überprüfung der Beweiswürdigung beschränkt sich darauf, ob der Tatrichter sich mit dem Prozessstoff und dem Beweisergebnis umfassend und widerspruchsfrei auseinandergesetzt hat; die Verkennung des Beweismaßes ist revisibel;[761] vertretbare Würdigung ist hinzunehmen. Der uneingeschränkten Überprüfung unterliegt indessen der Entschluss des Berufungsgerichts, die Patentansprüche auszulegen, ohne im Hinblick auf für die Auslegung maßgebliche, dem unmittelbaren Beweis nicht zugängliche Gesichtspunkte einen Sachverständigen hinzuzuziehen.[762]   **250**

Die Nachprüfung einer **Vertragsauslegung** (insb beim Lizenzvertrag) ist nur darauf möglich, ob gesetzliche oder allg anerkannte Auslegungsregeln, die Denkgesetze, Erfahrungssätze oder Verfahrensvorschriften verletzt sind.[763] Die Auslegung ist nicht bindend, wenn sie an revisionsrechtl relevanten Rechtsfehlern leidet,[764] insb weder im Vertragswortlaut noch im tatsächlichen Vorbringen der Parteien eine Stütze findet.[765] Die Auslegung hat in erster Linie den Wortlaut der Vereinbarungen und den diesem zu entnehmenden Parteiwillen zu berücksichtigen, führt dies nicht zu einem eindeutigen Ergebnis, können in einem zweiten Auslegungsschritt die Begleitumstände einzubeziehen sein; späteres Verhalten der Vertragspartner kann indiziell von Bedeutung sein.[766]   **251**

---

750 RG Deckenbaukörper; BGH GRUR 1962, 29, 32 Drehkippbeschlag; BGH 12.11.1963 I a ZR 94/63; vgl RG GRUR 1935, 931, 933 statistische Tabelliermaschine; aA BPatG Mitt 1989, 115.

751 BGH GRUR 2015, 472 Stabilisierung der Wasserqualität.

752 BGH GRUR 2006, 313 Stapeltrockner.

753 BGH Stapeltrockner, BGH GRUR 2011, 313 Crimpwerkzeug IV; BGHZ 189, 330 = GRUR 2011, 501 Okklusionsvorrichtung.

754 BGH Crimpwerkzeug IV; BGH Okklusionsvorrichtung.

755 BGH GRUR 2015, 868 Polymerschaum II unter Hinweis auf BGHZ 142, 7 = GRUR 1999, 977 Räumschild.

756 BGH Stapeltrockner; *Schramm* PVP Kap 6 Rn 79.

757 BGH Stapeltrockner.

758 BGH 20.2.2001 X ZR 140/98; BGH GRUR 2003, 507 Enalapril.

759 Vgl RG GRUR 1939, 783, 785 Handschaumfeuerlöscher.

760 Vgl BGHZ 40, 332 = GRUR 1964, 196, 199 Mischer I; BGHZ 146, 217, 223 = GRUR 2001, 323 Temperaturwächter; BGH GRUR 1992, 112 pulp-wash und BGH 25.3.1965 I a ZR 18/64 für wichtigen Kündigungsgrund bei Lizenzvertrag; BGH GRUR 1990, 443 Musikverleger IV; BGH GRUR 2002, 280 Rücktrittsfrist; BGH GRUR 2004, 939 Klemmhebel, GeschmMSache.

761 BGH Enalapril; vgl BGH GRUR 2004, 936 Barbara, SortSache.

762 BGHZ 184, 49 = GRUR 2010, 314 Kettenradanordnung II.

763 BGH GRUR 1961, 466 Gewinderollkopf II; BGH GRUR 1998, 561 Umsatzlizenz; BGH GRUR 1998, 650 f Krankenhausmüllentsorgungsanlage; BGH GRUR 1999, 566 f Deckelfaß; BGH 25.1.2000 X ZR 97/98; vgl BGH GRUR 2000, 788 Gleichstromsteuerschaltung; BGH GRUR 1998, 673, 676; BGH 25.4.2001 X ZR 50/99 autohomologe Immuntherapie 01, insoweit nicht im Druck veröffentlicht; BGH GRUR 2002, 280 Rücktrittsfrist; BGHZ 150, 32, 39 = GRUR 2002, 532 Unikatrahmen; BGHZ 152, 153 = GRUR 2003, 349 Anwalts-Hotline; BGH GRUR 2003, 173, 175 Filmauswertungspflicht; BGH GRUR 2003, 699 Eterna; BGH GRUR 2005, 860 Fash 2000; BGH GRUR 2007, 693 Archivfotos; BGH GRUR 2010, 418 Neues vom Wixxer, je auch zum Gebot interessengerechter Auslegung; BGH GRUR 2002, 149 Wetterführungspläne II; BGH GRUR 2003, 545 Hotelfoto; vgl BGH 23.7.2009 Xa ZR 146/07; BGH 16.3.2010 X ZR 41/08.

764 BGHZ 150, 32 = GRUR 2002, 532 Unikatrahmen.

765 BGH Rücktrittsfrist.

766 BGH Umsatzlizenz; vgl BGH Unikatrahmen.

252   Sind die maßgeblichen **Tatsachen festgestellt**, kann das Revisionsgericht auch die Frage des Verschuldens abschließend beurteilen.[767]

253   **Behördliche Erklärungen**, zu denen auch die Erteilung, Beschränkung und Nichtigerklärung des Patents gehören, sind wegen ihrer Tatbestandswirkung (Rn 214 zu § 139) bindend.[768] Im übrigen unterliegt das Klageschutzrecht – allerdings nur anhand des in den Tatsacheninstanzen festgestellten technischen Sachverhalts und des Wissensstands, von dem für die rechtl Bewertung auszugehen ist[769] – wie eine Gesetzesnorm[770] der eigenen Auslegung durch das Revisionsgericht und ist schon deshalb voll nachprüfbar.[771] Auslegungsmittel sind neben den Unterlagen des Schutzrechts auch die diese ersetzenden oder ergänzenden Gründe einer Entscheidung des BPatG[772] oder des BGH, bei eur Patenten auch des EPA; die Gründe, aus denen der Angriff zurückgewiesen wird, stehen dem nicht gleich.[773] Als Rechtsfrage darf die Frage, was sich aus einem Patentanspruch als geschützter Gegenstand ergibt, nicht unbeantwortet bleiben.[774] Sie darf auch dann nicht dem Sachverständigen überlassen werden, wenn dieser den Anforderungen an den Durchschnittsfachmann entspricht.[775] Die Auslegung ist als Rechtsfrage Sache des Gerichts (auch der Instanzgerichte) und nicht des Sachverständigen.[776] Grundlage der Auslegung bildet dabei das Verständnis des Fachmanns von den im Patentanspruch verwendeten Begriffen und vom Gesamtzusam-

---

767   BGHZ 68, 90 = GRUR 1977, 250, 252 Kunststoffhohlprofil I.
768   BGHZ 158, 372, 374 f = GRUR 2004, 710 Druckmaschinentemperierungssystem I; BGHZ 180, 215 = GRUR 2009, 653 Straßenbaumaschine; vgl BGH GRUR 1964, 606, 608 Förderband; BGH GRUR 1966, 218, 220 Dia-Rähmchen III; für das Markenrecht BGHZ 156, 112 = GRUR 2003, 1040 Kinder mwN; *Ahrens* GRUR 2009, 196, 198; kr *Tilmann* Neue Überlegungen im Patentrecht, GRUR 2005, 904.
769   BGH GRUR 1997, 116 Prospekthalter; BGH Mitt 1999, 365 Sammelförderer; BGHZ 142, 7, 15 = GRUR 1999, 977, 979 Räumschild; BGHZ 160, 204, 213 = GRUR 2004, 1023 bodenseitige Vereinzelungseinrichtung; BGH GRUR 2005, 848, 851 Antriebsscheibenaufzug; BGH GRUR 2006, 311 f Baumscheibenabdeckung; BGHZ 164, 261 = GRUR 2006, 131, 133 Seitenspiegel; BGH GRUR 2006, 570 extracoronales Geschiebe; BGH GRUR 2006, 923 Luftabscheider für Milchsammelanlage; BGHZ 169, 30 = GRUR 2006 962, 964 f Restschadstoffentfernung; *Melullis* FS E. Ullmann (2006), 503.
770   BGH GRUR 2008, 882 Momentanpol II; BGHZ 180, 215 = GRUR 2009, 653 Straßenbaumaschine; *Melullis* FS E. Ullmann (2006), 503 bezeichnet das Schutzrecht als Teil der Verbotsnorm.
771   RGZ 63, 140, 142 = BlPMZ 1906, 271 zuckerhaltige Margarine; RGZ 148, 400, 402 = GRUR 1936, 167 Kostenrevision; BGH GRUR 1960, 483 Polsterformkörper; BGHZ 40, 332 = GRUR 1964, 196, 198 Mischer I; BGH 17.3.1964 I a ZR 177/63 Erntemaschine, nicht in GRUR; BGHZ 33, 274 = GRUR 1970, 361 Schädlingsbekämpfungsmittel; BGH GRUR 1971, 472 Wäschesack; BGH GRUR 1978, 699 Windschutzblech; BGH GRUR 1980, 280 Rolladenleiste; BGH GRUR 1983, 497 Absetzvorrichtung; BGH Prospekthalter; BGH Sammelförderer; BGH Räumschild; BGH bodenseitige Vereinzelungseinrichtung; BGH Antriebsscheibenaufzug; BGH Baumscheibenabdeckung; BGH Seitenspiegel; BGH extracoronales Geschiebe; BGHZ 168, 124 = GRUR 2006, 839 f Deckenheizung; BGH Luftabscheider für Milchsammelanlage; BGHZ 180, 215, 220 = GRUR 2009, 653 Straßenbaumaschine; BGH GRUR 2010, 410 Insassenschutzsystemsteuereinheit; BGH Restschadstoffentfernung, für das Lizenzpatent, zu Unrecht kr hierzu OLG München 27.10.2006 6 U 2435/01; BGHZ 170, 338 = GRUR 2007, 679 Haubenstretchautomat; BGH GRUR 2007, 959 Pumpeinrichtung; BGH GRUR 2008, 882 Momentanpol II; BGH 21.10.1960 I ZR 153/59; BGH 9.2.1962 I ZR 30/60; BGH 31.1.1967 I a ZR 12/65; BGH 11.7.1995 X ZR 24/93; BGH 19.11.1996 X ZR 111/94; *Benkard* § 139 Rn 140 f.
772   BGH GRUR 1999, 145 f Stoßwellen-Lithotripter; vgl BGH 26.6.1969 X ZR 31/66, GbmSache; BGHZ 152, 84 = GRUR 2003, 169 Fährhafen Puttgarden, zur Auslegung eines kartellrechtl Verwaltungsakts; in den USA wird zwischen „intrinsic evidence" (Ansprüche, Beschreibung und prosecution history) und „extrinsic evidence" (insb Wörterbücher und Sachverständigengutachten) unterschieden, wobei der „intrinsic evidence" das größte Gewicht zukommt, CAFC (en banc) 12.7.2005 Phillips v. AWH Corp, referiert in EIPR 2005 N-229.
773   BGH GRUR 1998, 895 f Regenbecken; BGHZ 172, 88 = GRUR 2007, 778, 780 Ziehmaschinenzugeinheit I; LG Düsseldorf 27.11.2007 4a O 291/06; *Benkard* § 14 Rn 28.
774   BGHZ 180, 215 = GRUR 2009, 653 Straßenbaumaschine, wonach eine Verletzungsklage nicht mit der Begr abgewiesen werden darf, der Sinngehalt des Patentanspruchs sei unauflösbar; vgl zur Ausführbarkeit BGH GRUR 2009, 749 Sicherheitssystem, Nichtigkeitssache.
775   BGH Prospekthalter; BGH Räumschild; BGH bodenseitige Vereinzelungseinrichtung; BGH Seitenspiegel; BGH Straßenbaumaschine; *Tilmann* Neue Überlegungen im Patentrecht, GRUR 2006, 824, 830.
776   BGH Seitenspiegel; BGH GRUR 2001, 770, 772 Kabeldurchführung II; BGH GRUR 2007, 59 Pumpeinrichtung; BGHZ 171, 120 = GRUR 2007, 410 Kettenradanordnung I; BGHZ 172, 298 = GRUR 2007, 1059 Zerfallszeitmessgerät; BGH Restschadstoffentfernung; BGH GRUR 2008, 779 Mehrgangnabe: auch bei Bejahung der Sachkunde des Sachverständigen; BGH GRUR 2010, 602 Gelenkanordnung; vgl OLG München 11.12.2008 6 U 5365/99 undok; *Meier-Beck* FS 50 Jahre VPP (2005), 356, 363 f, 366.

menhang des Patentanspruchs.[777] Diese ist nicht an Parteivortrag gebunden.[778] Die Patentschrift bildet dabei ihr eigenes Lexikon, hinter das das allg Begriffsverständnis erforderlichenfalls zurückzutreten hat.[779] Als nachprüfbar wurde auch das Prioritätsdatum angesehen.[780] Die Ermittlung des Sinngehalts der Patentansprüche sieht der BGH nunmehr als Auslegung und nicht mehr als Tatsachenfeststellung an.[781] Jedoch ist für eigene Auslegung durch das Revisionsgericht, wenn das Berufungsgericht eine Auslegung des Schutzanspruchs unterlassen hat, regelmäßig kein Raum.[782] Die Grundsätze für die Auslegung des Patents gelten auch für die Anmeldeunterlagen, obwohl diese keine behördliche Erklärung darstellen[783] und grds die Offenbarung in den gesamten Anmeldeunterlagen maßgebend ist.[784]

Die **Erteilungsakten** unterliegen der eigenen Würdigung durch das Revisionsgericht.[785]   254

Änderungen der Schutzrechtslage wie Versagung, Widerruf, Beschränkung, (teilweise) Nichtiger-   255 klärung, (Teil-)Löschung bei Gebrauchsmustern, Erlöschen sind, selbst wenn sie nach der letzten mündlichen Verhandlung in den Tatsacheninstanzen ergangen sind, wie Rechtsänderungen[786] auch noch in der Revisionsinstanz zu beachten, so dass uU auch nicht rechtsfehlerhafte Urteile in der Revisionsinstanz aufzuheben sein können (vgl Rn 58 zu § 84).[787] Das gilt jedoch nicht, wenn die Änderung angesichts der Beschaffenheit des Verletzungsgegenstands nicht entscheidungserheblich ist.[788] Auf die Aufnahme der zusätzlichen Merkmale in den Urteilstenor wird es hier nicht ankommen. Gleiches gilt im Regressprozess gegen den anwaltlichen Berater.[789] Dazu, ob bei Wegfall des Schutzrechts mit Wirkung ex nunc geleisteter

---

777 BGH extracoronares Geschiebe.

778 Vgl OLG München 20.3.2008 6 U 4058/03 GRUR-RR 2008, 332 Ls.

779 *Benkard* § 14 Rn 22; *Meier-Beck* GRUR 2007, 11, 13; vgl BGH GRUR 2005, 754 Knickschutz.

780 BGH GRUR 1963, 563, 566 Aufhängevorrichtung.

781 BGH GRUR 2006, 311 Baumscheibenabdeckung, abw noch BGHZ 159, 221, 226 = GRUR 2004, 845 Drehzahlermittlung; unklar die frühere Rspr, vgl BGHZ 150, 149, 153 = GRUR 2002, 515 Schneidmesser I (festzustellen einerseits, zu ermitteln andererseits), eindeutiger noch BGHZ 106, 84, 91 = GRUR 1989, 205 Schwermetalloxidationskatalysator und BGH GRUR 1989, 903 f Batteriekastenschnur (durch Auslegung zu ermitteln).

782 BGHZ 172, 298 = GRUR 2007, 1059 Zerfallszeitmessgerät; BGHZ 180, 215 = GRUR 2009, 653 Straßenbaumaschine; anders im umgekehrten Fall: BGH 23.7.2009 X a ZR 146/07.

783 BGH Momentanpol II.

784 BGH GRUR 2009, 390 Lagerregal.

785 BGH 26.9.1963 I a ZR 194/63; BGH 22.6.1967 I a ZR 1/65.

786 Hierzu insb BGH GRUR 1998, 568, 570 Beatles-Doppel-CD; BGHZ 141, 329 = GRUR 1999, 923, 925 Tele-Info-CD; BGH WRP 2000, 759 Zahnersatz aus Manila; BGH GRUR 2000, 1028 Ballermann; BGH GRUR 2001, 364 Minderheitsbeteiligung im Zeitschriftenhandel; BGH GRUR 2003, 890 Buchclub-Kopplungsangebot mwN; BGHZ 155, 189 = GRUR 2003, 807 Buchpreisbindung; BGH GRUR 2004, 344 Treuepunkte; BGH GRUR 2004, 343 Playstation; BGH GRUR 2005, 62 Citroën mwN; BGH GRUR 2004, 1037 Johanniskraut; BGH GRUR 2005, 443 Ansprechen in der Öffentlichkeit II; BGHZ 161, 204 = GRUR 2005, 249, 352 Klemmbausteine III; BGH GRUR 2005, 603 Kündigungshilfe; BGH GRUR 2005, 600, 601 Handtuchklemmen; BGH GRUR 2005, 1061 telefonische Gewinnauskunft; BGH GRUR 2006, 1044 Kundendatenprogramm; BGH 6.5.1999 I ZR 210/96; BGH 6.5.1999 I ZR 211/96; BGH 6.4.2000 I ZR 205/97, je mwN.

787 RGZ 63, 140, 142 f = BlPMZ 1906, 271 zuckerhaltige Margarine; RGZ 65, 303 f = BlPMZ 1907, 153 Patentversagung; RG GRUR 1935, 741 f Holzbürste; RG GRUR 1935, 804 Rasierklingenabgabe; RGZ 148, 400, 402 = GRUR 1936, 167 Kostenrevision; RGZ 155, 321 = GRUR 1938, 43 Maßbecher; RG GRUR 1939, 791 Hinweismarken; RG GRUR 1940, 262 f Spann- und Schließvorrichtung; RG GRUR 1942, 556 Frisierschleier I; BGH GRUR 1951, 70 Holzverwertung; BGHZ 2, 261 = GRUR 1951, 449 Tauchpumpensatz; BGHZ 3, 365, 367 = GRUR 1952, 562 Schuhsohle; BGH GRUR 1955, 573 Kabelschelle; BGH GRUR 1962, 299, 305 Sportschuh; BGH GRUR 1962, 577 Rosenzüchtung; BGH GRUR 1963, 494 Rückstrahlerdreieck; BGH GRUR 1964, 433, 436 Christbaumbehang I; BGH Mitt 1966, 217 Schalungsstein; BGH GRUR 1968, 606, 198 Plastikflaschen; BGH GRUR 1971, 78 Dia-Rähmchen V; BGH GRUR 1968, 33 Elektrolackieren; BGH GRUR 2004, 268 blasenfreie Gummibahn II; BGH GRUR 2005, 848 Antriebsscheibenaufzug; BGH 30.10.1962 I ZR 26/61; BGH 30.10.1962 I ZR 30/61; BGH 17.9.1964 I a ZR 85/63; BGH 21.10.1965 I a ZR 235/63; BGH 11.10.1988 X ZR 50/82; BGH 2.3.1999 X ZR 76/95; BGH 3.6.2003 X ZR 72/99; BGH 13.1.2004 X ZR 5/00 Schulte-Kartei PatG 139.4 Nr 39 analytisches Testgerät 01; BGH GRUR 2004, 941 Metallbett, GeschmMSache; kr *Hesse* GRUR 1972, 675; dagegen BGH 8.3.1973 X ZR 75/69; aA *Schwerdtner* GRUR 1968, 9, 12 ff für den gutgläubigen Patentinhaber und den Fall einer „faktischen Monopolstellung", sowie *Körner* GRUR 1974, 441 ff und GRUR 1981, 341, 347, der eine Rechtsgrundlage für eine Vergütungspflicht für die Vergangenheit mit der faktischen Vorzugsstellung des Patentverletzers begründet; vgl zur Rechtslage im Ausland CA Paris Dossiers Brevets 1998 II 1; CA England/Wales 20.5.2000 Boston/Palmaz, referiert in EIPR 2000, 115.

788 BGH GRUR 2010, 272 Produktionsrückstandsentsorgung.

789 BGH GRUR 2005, 935 f Vergleichsempfehlung II.

Schadensersatz zurückgefordert werden kann, Rn 256, 211 zu § 139; Rn 46 zu § 84; zur Restitutionsklage Rn 376 ff.

256 Wird das **Schutzrecht geändert** und fehlen tatrichterliche Feststellungen darüber, ob die angegriffene Ausführungsform auch das geänd Schutzrecht verletzt, ist im Revisionsverfahren regelmäßig Zurückverweisung erforderlich;[790] anders ausnahmsweise, wenn die Sache genügend aufgeklärt ist (zur Geltendmachung im Verfahren über die Nichtzulassungsbeschwerde Rn 219).[791] Vor Bestandskraft (Rechtskraft) der Änderung scheidet ihre Berücksichtigung aus.[792]

257 Die **erstmalige Begründung des Patentschutzes** während des Verfahrens in der Revisionsinstanz soll nicht zu beachten sein (str).[793]

258 **d. Erledigung der Hauptsache.** Erledigung kommt auch im Revisionsverfahren und im Verfahren über die Nichtzulassungsbeschwerde in Betracht.[794] Der Kläger kann im Revisionsverfahren jedenfalls dann einseitig die Hauptsache für erledigt erklären, wenn das erledigende Ereignis als solches außer Streit steht; war die Klage von vornherein unzulässig oder unbegründet, ist sie abzuweisen; Änderung der Rspr ist kein erledigendes Ereignis, das Risiko liegt insoweit beim Kläger.[795] Erledigung kann auch im Verfahren über die Nichtzulassungsbeschwerde erklärt werden.[796]

259 **e. Urteil.**[797] Der BGH entscheidet regelmäßig aufgrund mündlicher Verhandlung durch Urteil. Tatbestandsberichtigung ist grds nicht möglich.[798] Bei Säumnis einer Partei (nicht außergewöhnlich wegen der Notwendigkeit, einen beim BGH zugelassenen Anwalt zu bestellen) kommt Versäumnisurteil in Betracht,[799] gegen das innerhalb einer Notfrist von zwei Wochen ab Zustellung Einspruch möglich ist, der durch einen beim BGH zugelassenen Rechtsanwalt einzulegen ist.[800] Die Einspruchsschrift muss die Bezeichnung des Urteils enthalten, gegen das der Einspruch gerichtet ist, sowie die Erklärung, dass gegen dieses Urteil Einspruch eingelegt wird. Soll das Urteil nur zum Teil angefochten werden, ist der Umfang der Anfechtung zu bezeichnen. In der Einspruchsschrift sind die Angriffs- und Verteidigungsmittel sowie Rügen, die die Zulässigkeit der Klage betreffen, vorzubringen. Die Frist hierfür kann vom Vorsitzenden auf Antrag verlängert werden.

260 Das Revisionsgericht kann auch ohne darauf gerichteten Rechtsmittelantrag zugleich den in der unteren Instanz anhängig gebliebenen weiteren Anspruch abweisen, wenn mit seiner Entscheidung dem weiteren Anspruch notwendig die Grundlage entzogen wird.[801] Ist der technische Sachverhalt nicht ausreichend aufgeklärt, muss die Sache an den Tatrichter **zurückverwiesen** werden;[802] andernfalls kann das Revisionsgericht durchentscheiden (§ 563 Abs 3 ZPO; Rn 261).[803] Zurückverweisung ist nur veranlasst,

---

790 Vgl BGH 2.3.1967 I a ZR 115/64; BGH 4.3.1997 X ZR 12/95 Schulte-Kartei PatG 139.43 Nr 16 Sammelhefter 02; BGH GRUR 2004, 268 blasenfreie Gummibahn II; nlHR 6.3.2009 Boston Scientific ./. Medinol, referiert in EIPR 2009 N-61.

791 BGH GRUR 1964, 433, 436 Christbaumbehang I; BGH GRUR 1971, 78, 79 Dia-Rähmchen V; vgl BGH GRUR 2010, 272 Produktionsrückstandsentsorgung.

792 BGH 29.5.1980 X ZR 79/78; vgl LG Düsseldorf 25.3.1999 4 O 198/97 Entsch 1999, 25, 31 f, zum Teilwiderruf eines eur Patents.

793 BGH GRUR 1964, 221 Rolladen; abw für den Zahlungsanspruch bei bereits offengelegter Patentanmeldung *Schulte* § 139 Rn 363; vgl auch *Benkard* § 139 Rn 145: Änderungen der Patentlage sind zu berücksichtigen.

794 Vgl BGH GRUR 2007, 448 LottoT; BGH 11.2.2010 I ZR 154/08.

795 BGH GRUR 2004, 349 Einkaufsgutschein II mwN; BGH 11.3.2004 I ZR 161/01.

796 BGH 30.9.2004 I ZR 30/04; vgl BGH BauR 2003, 1075, 1076.

797 Zur Richterablehnung BGH 5.3.2001 I ZR 58/00; EGMR 20.9.2011 44455/07 Binder/Deutschland (Prüfung der Erfolgsaussichten im PKH-Verfahren ist von der Sachentscheidung zu unterscheiden).

798 BGH 18.1.2001 I ZR 93/98 unter Verweis auf BGH NJW 1999, 796.

799 BGH NJW-RR 1998, 904 Krankenhausmüllentsorgungsanlage, nicht in GRUR; vgl BGHZ 37, 79, 81 = NJW 1962, 1149; BGH NJW 1988, 210; BGH NJW 1967, 2162; BGH 1.2.1983 X ZR 16/82; BGH 3.6.2003 X ZR 72/99; BGH 21.12.2005 X ZR 167/03; BGH GRUR 2016, 634 unberechtigte Schutzrechtsverwarnung II.

800 Vgl BGH GRUR 2002, 149 Wetterführungspläne II.

801 BGH GRUR 1959, 552 Bundfitsche.

802 BGH GRUR 1952, 562, 564 Schuhsohle; BGH GRUR 1957, 20, 22 Leitbleche I; BGH GRUR 1959, 317, 319 Schaumgummi; BGH GRUR 1962, 29, 33 Drehkippbeschlag; BGHZ 40, 332 = GRUR 1964, 196, 200 Mischer I; BGH GRUR 1983, 497 Absetzvorrichtung; BGH 13.1.2004 X ZR 5/00 Schulte-Kartei PatG 139.4 Nr 39 analytisches Testgerät 01; zum Umfang der Bindung bei Zurückverweisung RG GRUR 1936, 607 Stromabnehmerbügel II.

803 BGHZ 164, 261 = GRUR 2006, 131, 134 Seitenspiegel.

wenn im Revisionsverfahren aufgezeigt wird, dass im Berufungsverfahren auf entspr Hinweis die tatsächlichen Voraussetzungen einer äquivalenten Patentverletzung dargetan worden wären und dass diese im wiedereröffneten Berufungsverfahren dargetan werden können, aus denen sich ergibt, dass die angegriffene Ausführungsform nach ihrer ggf durch ergänzenden Tatsachenvortrag zu erläuternden tatsächlichen Ausgestaltung die Voraussetzungen der Äquivalenz erfüllt.[804] Auch eine Änderung der Patentlage kann eine Zurückverweisung dann erforderlich machen, wenn das Fehlen entspr tatrichterlicher Feststellungen eine revisionsgerichtliche Überprüfung unmöglich macht (Rn 255). Zurückverweisung an die erste Instanz kommt in Betracht, wenn diese die Stufenklage vollständig abgewiesen hat und das Revisionsgericht das die Klageabweisung bestätigende Urteil aufhebt und selbst dem Auskunftsantrag stattgibt.[805] Wird das Berufungsurteil insgesamt aufgehoben und zurückverwiesen, fällt der gesamte Streitstoff wieder beim Berufungsgericht an.[806] Bei Zurückverweisung tritt Bindung des Berufungsgerichts an die rechtl Beurteilung des BGH in ihren tragenden Erwägungen ein (§ 563 Abs 2 ZPO), wenn sich die der Prüfung zugrundeliegenden tatsächlichen Feststellungen nicht verändert haben.[807] Wird gegen das neue Berufungsurteil erneut Revision eingelegt, ist das Revisionsgericht an seine der Zurückverweisung zugrundeliegende Rechtsansicht gebunden; diese Selbstbindung ist nicht ausdrücklich geregelt, sondern Folge der Bindung der Vorinstanz nach § 563 Abs 2 ZPO;[808] die Bindung besteht nicht, wenn sich die höchstrichterliche Rspr geänd hat (vgl Rn 206).[809] Zurückverweisung kann bei entscheidungserheblicher Verletzung des Anspruchs auf rechtl Gehör im Verfahren über die Nichtzulassungsbeschwerde auch unmittelbar duch Beschluss nach § 544 Abs 7 ZPO idF des Anhörungsrügengesetzes erfolgen.

261 Aus § 563 Abs 3 ZPO folgt der allg Grundsatz, dass das Revisionsgericht **in der Sache selbst entscheiden** kann, wenn aufgrund des im Zeitpunkt der letzten mündlichen Verhandlung vor dem Berufungsgericht feststehenden Sachverhalts die Sache zur Entscheidung reif ist und eine Zurückverweisung als eine „überflüssige, lediglich verfahrensrechtl doktrinäre Maßnahme erscheint".[810] Der BGH kann das Klagepatent aufgrund der durch das Berufungsgericht getroffenen Feststellungen grds selbst auslegen (Rn 253).

262 Das Urteil des BGH kann mit der **Anhörungsrüge** angegriffen werden, wenn die Entscheidung den Anspruch der Partei auf rechtl Gehör in entscheidungserheblicher Weise verletzt hat (§ 321a ZPO).[811] Verletzung rechtl Gehörs ist zu verneinen, wenn ein Richter des erstinstanzlichen Verfahrens mitwirkt und dies den Parteien zuvor mitgeteilt worden ist.[812] Ein Verstoß gegen die Vorlagepflicht nach Art 267 AEUV betrifft nicht des Gebot rechtl Gehörs, sondern den Anspruch auf den gesetzlichen Richter; er dürfte aber auch die Anhörungsrüge ausfüllen.[813] Mit der Anhörungsrüge kann nicht gerügt werden, bereits in der Nichtzulassungsbeschwerde vorgebrachte Argumente seien in dem gem § 544 Abs 4 ZPO nicht begründungspflichtigen Beschluss nicht berücksichtigt.[814]

V. Die einstweilige Verfügung

Schrifttum: *Alder* Der einstweilige Rechtsschutz im Immaterialgüterrecht, Bern 1993; *Baur* Arrest und einstweilige Verfügung in ihrem heutigen Anwendungsbereich, BB 1964, 607, 610; *Beetz* Die Beschränkung von Patenten und deren erster Anschein, ÖBl 2010, 110; *Berneke* Die einstweilige Verfügung in Wettbewerbssachen[2], 2003; *Bernreuther* Zusammentreffen von Unterlassungserklärung und Antrag auf Erlaß einer einstweiligen Verfügung, GRUR 2001, 400; *Böhler* Einstweilige Verfügungen in Patentsachen, GRUR 2011, 965; *Bopp* Die einstweilige Verfügung in Patentsachen, FS H. Helm (2002), 275; *Boval* Sicherungs- und einstweilige Maßnahmen im Zusammenhang mit Patentverletzungsklagen in Frank-

---

804 BGH GRUR 2011, 312 Crimpwerkzeug IV.
805 BGH GRUR 2000, 715, 717 Der blaue Engel.
806 BGH GRUR 2012, 380 Ramipril II.
807 BGHZ 169, 30 = GRUR 2006, 962 Restschadstoffentfernung; BGH 28.10.2010 X a ZR 70/08; BGHZ 159, 122, 127 = NJW 2004, 1422; BGH 16.11.2010 X ZR 104/08; unzutr OLG München 20.3.2008 6 U 4058/03 GRUR-RR 2008, 332 Ls: auch bezüglich eines Anspruchsmerkmals, das das Revisionsgericht nicht selbst ausgelegt hat.
808 GmS-OGB BGHZ 60, 392 = NJW 1973, 1273.
809 GmS-OGB BGHZ 60, 392 = NJW 1973, 1273.
810 BGH 1.2.1983 X ZR 16/82; vgl BGHZ 10, 350 f = NJW 1953, 1826; BGHZ 33, 398, 401 = NJW 1961, 362.
811 Vgl BGH GRUR 2006, 346 Jeans II; BGH 19.1.2006 X ZR 26/03.
812 BGH 22.12.2009 X ZR 61/07.
813 BGH Jeans II.
814 BGH 21.1.2016 I ZR 159/14.

reich, GRUR Int 1993, 377; *Brinkhof* Das einstweilige Verfügungsverfahren und andere vorläufige Maßnahmen im Zusammenhang mit Patentverletzungen, GRUR Int 1993, 387 = Summary Proceedings and Other Provisionals Measures in Connection with Patent Infringements, IIC 1993, 762; *Brinkhof* Geht das grenzüberschreitende Verletzungsverbot im niederländischen einstweiligen Verfügungsverfahren zu weit? GRUR Int 1997, 489 = Gaat het grensoverschrijdend verbod in kort geding over de schreet? BIE 1996, 258; *Brinkhof* Lessen uit de Europeese toetsing van het kort geding, BIE 2000, 382; *Brinks/Fritze* Einstweilige Verfügungen in Patentverletzungssachen in den USA und Deutschland, GRUR Int 1987, 133; *Conrad* Zulässigkeit und Folgen der Rechtswegrüge nach Erlass einer einstweiligen Verfügung im Beschlusswege, GRUR 2014, 1172; *Ephraim* Einstweilige Verfügungen im gewerblichen Rechtsschutz, MuW 24, 220; *Fritze* Bemerkungen zur einstweiligen Verfügung im Bereich der gewerblichen Schutzrechte und im Wettbewerbsrecht, GRUR 1979, 290; *Fischer* Einstweilige Verfügung in Patentsachen – Zum Verfügungsanspruch, FS F. Traub (1994), 105; *Grabinski* Die gerichtliche Durchsetzung der Duldungsverfügung, FS P. Mes (2009), 129; *Goldmann* Der Marschallstab im Tornister Zum Streitwert der einstweiligen Verfügung beim wettbewerbsrechtlichen Unterlassungsanspruch, WRP 2001, 242; *Holzapfel* Zum einstweiligen Verfügungsverfahren im Wettbewerbs- und Patentrecht, GRUR 2003, 287; *Huber* Die einstweilige Verfügung im Patentstreit, GRUR Int 1965, 607; *Jestaedt* Sortenschutz und einstweilige Verfügung, GRUR 1981, 153; *Klaka* Die einstweilige Verfügung in der Praxis, GRUR 1979, 593; *Klute* Strategische Prozessführung im Verfügungsverfahren, GRUR 2003, 34; *Köklü/Müller-Stoy* Zum Dringlichkeitserfordernis in Besichtigungsverfahren, Mitt 2011, 109; *U. Krieger* Die vorläufige Durchsetzung von Unterlassungsansprüchen wegen Patentverletzung, FS A. Preu (1988), 165; *Kroitzsch* Schadensersatzanspruch beim Wegfall einstweiliger Verfügungen wegen Patentverletzung? GRUR 1976, 509; *Lidle* Das einstweilige Verfügungsverfahren in Patentsachen und die Industriemessen in Hannover, GRUR 1964, 54; *Lidle* Der Bereitschaftsdienst der Patentstreitkammer Braunschweig während der Hannover-Messen, GRUR 1978, 93; *Loth/Kopf* Die Aufhebung einstweiliger Verfügungen gemäß §§ 936, 927 nach Wegfall des Verfügungspatents oder Verfügungsgebrauchsmusters, Mitt 2012, 307; *Marshall* Die einstweilige Verfügung in Patentstreitsachen, FS R. Klaka (1987), 99; *Meier-Beck* Die einstweilige Verfügung wegen Verletzung von Patent- und Gebrauchsmusterrechten, GRUR 1988, 861; *Meier-Beck* Aktuelle Fragen des Patentverletzungsverfahrens, GRUR 1999, 379; *Müller-Stoy/Wahl* Düsseldorfer Praxis der einstweiligen Unterlassungsverfügung wegen Patentverletzung, Mitt 2008, 311; *Müller-Stoy/Bublak/Coehn* (Entscheidungsanmerkung) Mitt 2008, 335; *Pansch* Die einstweilige Verfügung zum Schutze des geistigen Eigentums im grenzüberschreitenden Verkehr, 2003 (auch Diss Universität München); *Peters* Gilt die Dringlichkeitsvermutung des § 25 UWG im Markenrecht? Mitt 1999, 48; *Petri/Tuchscherer/Stadler* Probleme bei der Vollziehung der einstweiligen Verfügung im Gewerblichen Rechtsschutz, Mitt 2014, 65; *Piehler* Einstweiliger Rechtsschutz und materielles Recht. Eine rechtsvergleichende Studie zum einstweiligen Rechtsschutz im Wettbewerbsrecht, Arbeitskampfrecht und Patentrecht in der Bundesrepublik Deutschland und den USA, Diss Freiburg/Br. 1979; *R. Rogge* Einstweilige Verfügungen in Patent- und Gebrauchsmustersachen, FS O.-F. von Gamm (1990), 461; *Rüetschi* Die Verwirkung des Anspruchs auf vorsorglichen Rechtsschutz durch Zeitablauf, sic! 2002, 416; *Schönherr/Adoc* Österreichischer Oberster Gerichtshof entscheidet über Grundsätze des EV-Verfahrens in Patentsachen, insbesondere betreffend Arzneimittel, GRUR Int 2010, 380; *Schultz-Süchting* Einstweilige Verfügungen in Patent- und Gebrauchsmustersachen, GRUR 1988, 571; *Schüssler-Langeheine* Protection of Confidential Information in Patent Litigation in Germany, FS G. Rahn (2011), 377; *J. Seligsohn* Einstweilige Verfügungen im gewerblichen Rechtsschutz, MuW 24, 193; *Sendrowsky* „Olanzapin": eine Offenbarung? GRUR 2009, 797; *Teplitzky* Zur Vollziehung einer auf ein Unterlassen gerichteten einstweiligen Verfügung und zum Schadensersatzanspruch des Schuldners, der eine nicht vollzogene Unterlassungsverpflichtung erfüllt, GRUR 1993, 418; *Teplitzky* Zum Umgang mit Präjudizien in der Instanzrechtsprechung, WRP 1998, 935; *Tiedtke* Einstweilige Verfügungen in Patentsachen, Mitt 1976, 1; *Traub* Verlust der Eilbedürftigkeit durch prozessuales Verhalten des Antragstellers, GRUR 1996, 707; *Traub* Der Anwendungsbereich des § 25 UWG, WRP 2000, 1046; *Traxler* Einstweilige Maßnahmen im Patentverletzungsprozeß nach österreichischem Recht, GRUR Int 1993, 381 = Interim Measures in Patent Infringement Proceedings under Austrian Law, IIC 1993, 751; *Ulrich* Die Beweislast im Verfahren des Arrests und der einstweiligen Verfügung, GRUR 1985, 201; *Ulrich* Ersatz des durch die Vollziehung entstandenen Schadens gemäß § 945 ZPO auch ohne Vollziehung, WRP 1999, 82; *Vohwinkel* Neuer Vollziehungsbegriff für § 945 ZPO: Auswirkungen auf § 929 II ZPO? GRUR 2010, 977; *vom Stein* Zur vorläufigen Durchsetzung von patentrechtlichen Unterlassungsansprüchen, Mitt 1969, 281; *von der Groeben* Zuwiderhandlungen gegen die einstweilige Verfügung zwischen Verkündung und Vollziehung des Unterlassungsurteils, GRUR 1999, 674; *A. von Falck* Einstweilige Verfügungen in Patent- und Gebrauchsmusterstreitsachen, Mitt 2002, 429; *von Meibom/Pitz* Grenzüberschreitende Verfügungen in internationalen Patentverletzungsverfahren, Mitt 1996, 181; *Wertheimer* Einstweilige Verfügungen in Patentverletzungsstreiten, MuW 8, 121; *Wuttke* Die aktuelle gerichtliche Praxis der einstweiligen Unterlassungsverfügung in Patentsachen: zurück zu den Anfängen? Mitt 2011, 393; *Wollner/Gassauer-Fleissner* Der Einwand der Nichtigkeit des Patents im Provisorialverfahren, ÖBl 2000, 207; *Zeller* Die einstweilige Verfügung im Patentstreit, GRUR 1965, 277.

263   **1. Allgemeines.**[815] Vorläufigen Rechtsschutz sieht das Zivilprozessrecht in Form des Arrests (§§ 916 ff ZPO) zur Sicherung der Zwangsvollstreckung wegen Geldforderungen (praktiziert wegen der Verfahrens-

---

815   Vgl *Kühnen* Hdb Rn 2020 ff; *Schramm* PVP Kap 11 Rn 1 ff; zur praktischen Bedeutung der einstweiligen Verfügung *Meier-Beck* GRUR 1988, 861; *Schultz-Süchting* GRUR 1988, 571; *Mes* § 139 Rn 511 ff. S auch Art 50 TRIPS-Übk; zur Rechtslage und Praxis in Frankreich und im VK *von Meibom/Pitz* Mitt 1996, 181, 186 ff; vgl auch CA Nancy PIBD 1998, 649 III 125.

kosten) und im Weg der einstweiligen Verfügung zur Sicherung eines bestehenden Zustands (§ 935 ZPO) oder des Rechtsfriedens (§ 940 ZPO) vor. Art 50 TRIPS-Übk ist in den Vertragsstaaten nicht unmittelbar anwendbar.[816] Der Arrest bietet in Patentstreitsachen keine Besonderheiten. Eine Straftat begründet einen Arrestgrund, wenn sie nach den Fallumständen die Annahme rechtfertigt, der Schuldner werde seine Handlungsweise fortsetzen, um den rechtswidrig erlangten Vermögensvorteil zu behalten.[817] Klage und Antrag auf einstweilige Verfügung sind unabhängig von der zeitlichen Reihenfolge nebeneinander zulässig.[818] Wieweit im Verfügungsverfahren neue Angriffs- und Verteidigungsmittel als verspätet behandelt werden können, ist str.[819] Eine Einschränkung des Schutzes im Beschränkungs-, Einspruchs- oder Nichtigkeitsverfahren kann das Rechtsschutzbedürfnis beseitigen.[820] Die einstweilige Verfügung kommt auch zur Untersagung des Markteintritts und zur Beweissicherung in Betracht. Weit mehr als im Klageverfahren haben sich im Verfügungsverfahren unterschiedliche lokale Praktiken herausgebildet, die ihren Grund mit darin haben, dass der Rechtszug beim OLG endet. Zur Situation in den Niederlanden („kort geding") Rn 31 zu § 143.

2. Anwendungsbereich

a. Die einstweilige Verfügung kommt – generell und nicht nur in Ausnahmefällen[821] – in erster Linie **264** zur Sicherung und vorläufigen Durchsetzung des **Unterlassungsanspruchs** in Betracht. Handlungen, die ein Patent verletzen, können auch im Weg des vorläufigen Rechtsschutzes durch einstweilige Verfügung unterbunden werden.[822] Die Durchsetzung des Unterlassungsanspruchs durch einstweilige Verfügung ist wegen ihres die Hauptsache vorwegnehmenden Charakters, des Risikos des Wegfalls des Schutzrechts und wegen der Schwierigkeiten bei der Prüfung der Voraussetzungen allerdings problematisch.[823] Unter besonderen Umständen kann auch eine Sequestration von Tatwerkzeugen in Betracht kommen.

b. Unerlässlich ist die einstweilige Verfügung für die **Grenzbeschlagnahme** (§ 142a, s dort), weil die **265** erforderliche vollziehbare gerichtliche Entscheidung außer auf strafprozessualem Weg praktisch nur über einen Antrag auf einstweilige Verfügung herbeigeführt werden kann.[824] In Betracht kommt hier in erster Linie eine auf Sequestration der beschlagnahmten Gegenstände oder auf eine sonstige Verfügungsbeschränkung gerichtete Verfügung (§ 938 Abs 2 ZPO).

c. Auch zur Sicherung des **Übertragungsanspruchs** kann im Weg der einstweiligen Verfügung ein **266** Veräußerungsverbot oder Sequestration angeordnet werden (vgl Rn 284; Rn 43 zu § 8; Rn 49 zu § 15; Rn 8 zu Art II § 5 IntPatÜG).

d. Zahlungsansprüche; Schadensersatzanspruch. Zahlungsansprüche können im Weg des Arrests **267** dann geltend gemacht werden, wenn Kostenansprüche[825] oder Schadensersatzansprüche, die aus der Rechtsverletzung folgen oder konkret mit ausreichender Sicherheit zu erwarten sind (für Schadensersatzansprüche war Arrest bisher wohl in der Praxis nicht üblich), im notwendigen Ausmaß gefährdet sind. Soweit ein Schadensersatzanspruch im Weg der Naturalrestitution geboten ist (Beschäftigungsverbote; Rn 135 zu § 139), kann er im Weg der einstweiligen Verfügung gewährt werden.[826]

816 OLG Frankfurt NJOZ 2004, 874 = GRUR-RR 2004, 198 Ls, UrhSache.
817 OLG Frankfurt NJOZ 2004, 874 = GRUR-RR 2004, 198 Ls, UrhSache.
818 OLG Hamm GRUR 1991, 335; OLG Hamm WRP 1992, 397.
819 Zum Streitstand *Klute* GRUR 2003, 34.
820 Vgl OLG Frankfurt GRUR 1988, 686.
821 LG Düsseldorf 15.12.2012 4b O 123/12 Mitt 2013, 461 Ls.
822 Zur Gebrauchsmusterverletzung LG Düsseldorf 1.10.1998 4 O 296/98 Entsch 1998, 101.
823 Vgl *Benkard* § 139 Rn 153a; *Horn* GRUR 1969, 159, 176; KG CR 1994, 738 f; OLG Celle CR 1994, 748 f, UrhSachen; zur Rechtslage in Österreich OLG Wien 30.3.2007 3 R 110/06b ÖBl 2007, 207 Ls.
824 Vgl OLG Karlsruhe GRUR-RR 2002, 278 f.
825 OLG Köln GRUR 2013, 656; *Kühnen* Hdb Rn 2022 f mit dem Hinweis, dass dies insb bei schutzrechtsverletzenden Messeauftritten geboten sein kann.
826 OLG Düsseldorf GRUR 1984, 75, 77.

268   Zur einstweiligen Verfügung zur Durchsetzung des **Anspruchs auf Vernichtung und Rückruf** Rn 21 zu § 140a. Der vorbereitende Auskunftsanspruch nach § 259 BGB kann grds nicht im Weg der einstweiligen Verfügung durchgesetzt werden (Rn 100 zu § 140b). Zum Anspruch auf **Drittauskunft** Rn 7 ff zu § 140b und zur Besichtigung Rn 21 ff zu § 140c.

269   **e. Sonstige Fälle.**[827] Zulässig ist eine einstweilige Verfügung, mit der das Verbot erstrebt wird, zu behaupten, dass der Gläubiger ein Patent verletze.[828]

3. Voraussetzungen

270   **a.** Die einstweilige Verfügung setzt einen **Verfügungsanspruch** voraus. Das sind bei der Unterlassungsverfügung der Unterlassungsanspruch aus § 139, bei der Sequesterverfügung der Vernichtungsanspruch nach § 140a[829] oder ein Übertragungsanspruch und die Ansprüche nach §§ 140b–140d. In Patentverletzungssachen muss der Antragsgegner Gelegenheit gehabt haben, seine Einwendungen vorzubringen; dies erfordert idR Abmahnung mit ausreichender Fristsetzung, sofern nicht, etwa im Rahmen eines Nichtigkeitsverfahrens, anderweitig Gelegenheit zur Stellungnahme bestand.[830] Allein aufgrund einer Folgenabwägung kann nach dt Recht eine einstweilige Verfügung nicht erlassen werden.[831] Ohne Anhörung des Gegners kann die Verfügung grds nur erlassen werden, wenn die Verletzung durch die Äußerung einer sachkundigen Stelle oder durch ein Privatgutachten belegt oder sonst nahezu zweifelsfrei ist. Eine Schutzschrift (Rn 293) wird der Anhörung des Gegners gleichzustellen sein.[832] Bei Antragsgegnern im Ausland können Antrag und Terminsladung uU öffentlich zugestellt werden.[833]

271   Der Verfügungsanspruch müss glaubhaft gemacht werden (§ 936 ZPO iVm § 920 ZPO), die Art der **Glaubhaftmachung** richtet sich nach § 294 ZPO. Danach kommt neben allen präsenten Beweismitteln auch die Versicherung an Eides Statt in Betracht.

272   Der Verfügungsanspruch setzt bei der Unterlassungsverfügung den **Bestand des Schutzrechts** voraus; Offenlegung reicht nicht aus, weil das offengelegte Patent keinen Unterlassungsanspruch und erst recht keinen Vernichtungsanspruch begründet. Der Bestand des Patents bedarf keiner weiteren Glaubhaftmachung[834] (anders für die Beurteilung der Dringlichkeit, Rn 277), die Möglichkeit seines nachträglichen Wegfalls ist für die Prüfung des Verfügungsanspruchs unbeachtlich;[835] anders die Praxis in der Schweiz, die die Glaubhaftmachung der Nichtigkeit als beachtlich ansieht.[836] Wird das Patent nicht wie erteilt, sondern eingeschränkt geltend gemacht, ist der Bestand glaubhaft zu machen.[837] Glaubhaft zu machen ist allerdings bei einem eur Patent, dass die nach dem für Altfälle nach Art XI § 4 IntPatÜG weiter anzuwendenden Art III § 3 IntPatÜG aF erforderliche Übersetzung rechtzeitig eingereicht worden ist.[838] Beim Gebrauchsmuster darf der Verletzer einen Löschungsgrund nicht schlüssig dargetan haben.[839]

273   Die Glaubhaftmachung der **Verletzungshandlung** erfordert, dass die Rechtslage liquide ist, aufgrund der vorgelegten Unterlagen hinreichend sicher beurteilt werden kann, dh die Beurteilung der Schutzrechtslage im Einzelfall keine Schwierigkeiten macht, insb weil der geschützte Gegenstand verhält-

---

827   Zur Frage einer Regelung zugunsten des Verletzers TGI Paris PIBD 1997, 643 III 601.

828   RG BlPMZ 1904, 293 Viktoria-Decken; RG JW 1907, 750 Bezichtigung; RG MuW 8, 245 Freilaufnabe; LG Hamburg GRUR 1952, 31; OLG Düsseldorf GRUR 1959, 606; *Baumbach/Lauterbach/Albers/Hartmann* § 940 ZPO Rn 31 Gewerblicher Rechtsschutz.

829   Vgl OLG Karlsruhe GRUR-RR 2002, 278 f.

830   Vgl LG Düsseldorf GRUR 1980, 989, 991; *Meier-Beck* GRUR 1988, 861; vgl aber OLG Köln GRUR 2001, 424, Markensache.

831   *Bopp* FS H. Helm (2002), 275, 279.

832   *Schramm* PVP Kap 11 Rn 37; *Harte/Henning/Retzer* UWG § 12 Rn 612.

833   OLG Düsseldorf InstGE 3, 238, Markensache.

834   OLG Frankfurt GRUR 1959, 619; OLG Karlsruhe GRUR 1979, 700; OLG Frankfurt GRUR 1981, 905; öOGH 19.11.2009 17 Ob 33/09s ÖBl 2010, 60 Ls; öOGH GRUR Int 2010, 431 = ÖBl 2010, 134 Nebivolol; öOGH ÖBl 2009, 191 Pantoprazol; öOGH 23.3.2010 17 Ob 34/09p ÖBl 2010, 183 Ls; *Müller-Stoy/Wahl* Mitt 2008, 311 f.

835   *Benkard* § 139 Rn 152.

836   Schweiz BG sic! 1997, 408 Erythropoietin IV; OG Zug/Schweiz sic! 1997, 405, 408.

837   Vgl *Beetz* ÖBl 2010, 110; zum „Teilverzicht" öOGH Pantoprazol.

838   LG Düsseldorf GRUR Int 2007, 429.

839   LG Düsseldorf 1.10.1998 4 O 296/98 Entsch 1998, 101.

nismäßig einfach und überschaubar konstruiert ist und Verletzungsform sowie Verwirklichung der Schutzrechtsmerkmale außer Streit oder ohne ernsthafte Schwierigkeiten feststellbar sind (Rn 275); dies kommt insb, aber nicht ausschließlich, bei wortsinnmem Verletzung in Betracht.[840] Liquide ist die Rechtslage idR auch, wenn die Ausführungsform in einem Rechtsstreit unter Äquivalenzgesichtspunkten als in den Schutzbereich des Patents fallend beurteilt worden ist.[841] Gerade wegen der beschränkten Dauer der technischen Schutzrechte und der Bedeutung schnellen Rechtsschutzes für dessen Effektivität darf nicht vorschnell von einer nicht liquiden Rechtslage ausgegangen werden.[842]

b. Als **Verfügungsgrund** erfordert die einstweilige Verfügung **Dringlichkeit** der einstweiligen Regelung (zur Frage, wieweit das auch bei auf § 140c, § 140d gestützten Anträgen gilt, Rn 23 zu § 140c). Für die einstweilige Verfügung gegen die Benutzung eines patentgeschützten Gegenstands kann der Verfügungsgrund des § 12 Abs 2 UWG, wonach Sicherungsverfügungen auch erlassen werden können, wenn die Voraussetzungen des § 940 ZPO nicht vorliegen, nicht herangezogen werden.[843] Allerdings wird sich in der Praxis die Glaubhaftmachung der Eilbedürftigkeit nach § 940 ZPO meist beibringen lassen.[844] Das Dringlichkeitserfordernis gilt weiterhin auch für die Unterlassungsverfügung (vgl Erwägungsgrund 22 zur DurchsetzungsRl).[845] Durch die Veränderung des bestehenden Zustands muss entweder die Verwirklichung der Rechte des Antragstellers vereitelt oder wesentlich erschwert werden können (Sicherungsverfügung, § 935 ZPO) oder die Regelung muss zur Abwendung wesentlicher Nachteile, zur Verhinderung drohender Gewalt oder aus anderen Gründen nötig erscheinen (§ 940 ZPO).[846] Bei der Prüfung der drohenden Nachteile müssen grds die Interessen des Antragsgegners gegen die des Antragstellers abgewogen werden;[847] ist der Verletzungstatbestand glaubhaft gemacht und bestehen keine durchgreifenden Zweifel an der Rechtsbeständigkeit des Schutzrechts, haben aber grds die Interessen des Verletzten Vorrang.[848] Dabei ist auch zu berücksichtigen, dass durch die DurchsetzungsRl die Rechte der Schutzrechtsinhaber gestärkt werden sollten,[849] womit aber das Dringlichkeitserfordernis nicht entfällt.[850]

274

---

840 Vgl KG MuW 24, 109; LG Düsseldorf GRUR 1950, 42; OLG München GRUR 1950, 335; LG Mannheim GRUR 1955, 292; OLG Karlsruhe GRUR 1979, 700; OLG Karlsruhe GRUR 1982, 169; OLG Düsseldorf GRUR 1983, 79; OLG Karlsruhe GRUR 1988, 900; OLG Karlsruhe Mitt 1990, 120; vgl OLG Karlsruhe GRUR-RR 2002, 278 f; *Meier-Beck* GRUR 1988, 861, 865; *Mes* § 139 Rn 464 f; Eignung des Verfügungsverfahrens bei äquivalenten Verletzungen verneint für den Regelfall OLG Frankfurt GRUR-RR 2003, 263; vgl OLG Hamburg GRUR-RR 2002, 244 f.

841 LG Düsseldorf Mitt 1995, 190; vgl auch *Fischer* FS F. Traub (1994), 105, 108: Stellung eines Sachverständigen insb im Berufungstermin; vgl OLG Düsseldorf GRUR Int 1990, 471; OLG Frankfurt GRUR 1988, 686 für den Fall unterschiedlicher sachverständiger Stellungnahmen.

842 Vgl nl HR BIE 1994, 286, 294 Vredo/Veenhuis, auszugsweise auch in GRUR Int 1994, 756; vgl auch LG Düsseldorf Mitt 1995, 190.

843 OLG Düsseldorf Mitt 2009, 929; OLG Düsseldorf GRUR 1935, 371; OLG Düsseldorf Mitt 1980, 117; OLG Düsseldorf GRUR 1983, 79; OLG Düsseldorf GRUR 1994, 508; KG CR 1994, 738 f, UrhSache; KG NJW 1996, 974, UrhSache; OLG Nürnberg Mitt 1993, 118; LG Düsseldorf GRUR 1950, 42; LG Hamburg Mitt 1996, 315, 316; *Benkard* § 139 Rn 153; *Schulte* § 139 Rn 408; *Mes* § 139 Rn 511; *Meier-Beck* GRUR 1988, 861, 865; aA OLG Karlsruhe GRUR 1979, 700; OLG Karlsruhe GRUR 1982, 169, 171; OLG Karlsruhe GRUR 1988, 900; OLG Karlsruhe GRUR 1994, 726, 728 für urheberrechtl Unterlassungsansprüche; OLG München OLGR 1994, 136 für auf UWG und PatG gestützte Unterlassungsansprüche; LG Düsseldorf GRUR 1980, 989, 993; *Schultz-Süchting* GRUR 1988, 571 f; *Bühring* § 24 GebrMG Rn 48; *Pastor/Ahrens* Wettbewerbsprozeß⁴ Kap 49 Rn 44; für das GbmRecht auch *Schuschke/Walker* Vollstreckung und vorläufiger Rechtsschutz² Bd II Rn 76 vor § 935 ZPO; *Traub* WRP 2000, 1046, 1049 für den Fall, dass bei Nichtbestehen von Sonderrechtsschutz ein UWG-Verstoß vorläge; vgl zur Anwendbarkeit im Markenrecht *Peters* Mitt 1999, 48; OLG Köln GRUR 2000, 1073; OLG Köln GRUR 2001, 424, 425; OLG Düsseldorf GRUR-RR 2002, 212; OLG Frankfurt GRUR 2002, 1096; OLG Köln GRUR-RR 2003, 296; zur Praxis der Gerichte auch *Bopp* FS H. Helm (2002), 275 f.

844 *Schultz-Süchting* GRUR 1988, 571 f unter Hinweis auf die Hamburger Praxis.

845 OLG Düsseldorf 22.8.2008 2 W 37/08.

846 Vgl zur Rechtslage in der Schweiz HG Aargau sic! 2002, 353.

847 OLG Düsseldorf Mitt 1980, 117; OLG Düsseldorf Mitt 1982, 230; vgl OLG München IIC 2001, 333, 338; *Holzapfel* GRUR 2003, 287 sieht hierin eine dritte Verfügungsvoraussetzung.

848 LG Düsseldorf 29.4.1999 4 O 133/99 Entsch 1999, 36, 38; Unterbindung andauernder Verletzung gewerblicher Schutzrechte sieht LG München I 8.7.1998 7 O 10918/98 grds als dringlich an, ähnlich LG München I InstGE 1, 121, 126, GeschmMSache.

849 LG Hamburg InstGE 7, 4.

850 OLG Düsseldorf InstGE 10, 60.

---

275   Die Unterlassungsverfügung verlangt idR, dass die Übereinstimmung des **angegriffenen Gegen-stands** mit dem geschützten für das Gericht hinreichend klar zu beurteilen ist und kein Sachverständiger hinzugezogen werden muss.[851] Andernfalls ist die Verletzung nicht glaubhaft gemacht; nicht nur dann fehlende Dringlichkeit anzunehmen, wenn die Beurteilung der Verletzungsfrage im Hauptsacheverfahren einen Sachverständigen erfordern würde,[852] ist bdkl. Auch wenn die rechtl Beurteilung der Verletzungs-frage unsicher ist, ist fraglich, ob der Antrag bei Vorliegen der sonstigen Voraussetzungen wegen fehlen-der Dringlichkeit abgelehnt werden kann,[853] das Gericht muss diese Rechtsfrage entscheiden.

276   Wurde in einem EuGVÜ-Vertragsstaat **negative Feststellungsklage** erhoben, begründete dies grds keinen Verfügungsgrund, wenn der Patentinhaber zuvor bereits längere Zeit eine Verletzungsklage hätte erheben können.[854] Die Rspr legt überwiegend einen strengen Maßstab an, jedoch ist als ausreichend an-gesehen worden, dass der Unterlassungsanspruch für einen bestimmten Zeitraum faktisch verlorengin-ge.[855] Andauernde Verletzungshandlungen werden idR für Dringlichkeit sprechen; die Unterbindung nicht mehr andauernder Verletzungen ist nicht ohne weiteres dringlich.[856] Der Nachteil kann sich auch aus ei-nem Verstoß gegen eine Lizenzvereinbarung ergeben.[857]

277   Bei der Beurteilung der Dringlichkeit (nicht als eigenständige Voraussetzung)[858] berücksichtigt die Praxis auch die **Rechtsbeständigkeit** des Patents oder Schutzzertifikats.[859] Abzuwägen ist zwischen den Nachteilen, die im Fall der Gültigkeit des Patents dem Antragsteller durch die Fortsetzung patentverlet-zender Handlungen und im Fall seines Wegfalls dem Antragsgegner durch die Unterbindung letztlich rechtmäßigen Verhaltens entstehen würden.[860] Dabei spielt neben dem Bestehen und der Realisierbarkeit von Schadensersatzansprüchen[861] die Wahrscheinlichkeit der Rechtsbeständigkeit eine wesentliche Rol-le.[862] Welche Maßstäbe hier anzulegen sind, ist str.[863] Die Rspr reicht von der Auffassung, dass das Patent über jeden Zweifel erhaben sein müsse,[864] über große Wahrscheinlichkeit der Rechtsbeständigkeit[865] bis zur Auffassung, dass einstweilige Verfügungen nicht auf Ausnahmefälle beschränkt bleiben dürften.[866] Zweifel an der Rechtsbeständigkeit können das Vorliegen des Verfügungsgrunds ausschließen,[867] sie sol-len grds nur eingewendet werden können, wenn das Klagepatent tatsächlich durch Einspruch oder Nich-tigkeitsklage angegriffen ist, soweit der Angriff bis zum für die Entscheidung maßgeblichen Zeitpunkt

---

851   OLG Düsseldorf Mitt 2008, 327 = GRUR-RR 2008, 329 „Olanzapin"; vgl zur Rechtslage in der Schweiz Kantonsgericht Basel-Landschaft sic! 2008, 368.

852   So aber OLG Karlsruhe InstGE 2011, 143; s auch OLG Karlsruhe GRUR-RR 2015, 509, wo auf „Schwierigkeiten" abgestellt wird; aA mit zutr Begründung *Kühnen* Hdb Rn 2033.

853   So LG Mannheim InstGE 13, 11.

854   LG Düsseldorf GRUR Int 2002, 157.

855   LG Düsseldorf 24.6.1997 4 O 408/96 Entsch 1997, 100, Markensache; vgl für die Schweiz Appellationshof Fribourg sic! 2000, 114 f.

856   OLG München InstGE 10, 255 unter Bestätigung von LG München I InstGE 10, 240.

857   HG Zürich sic! 2004, 947.

858   LG Düsseldorf 21.12.1999 4 O 499/99 Entsch 2000, 1.

859   Vgl schweiz BPatG sic! 2015, 177 zu einem kurz nach Entscheidung im Einspruchsverfahren eingereichten Antrag; zur Erstreckung der Unterlassungsverfügung auf das sich an das Patent anschließende Schutzzertifikat ÖOGH GRUR Int 2011, 628 Escitalopram.

860   Generell gegen eine Interessenabwägung *Bopp* FS H. Helm (2002), 275, 284 und daran anschließend *Würtenberger* Beweisrechtliche Fragen im Sortenschutzverletzungsverfahren, GRUR 2004, 566, 571.

861   OLG Hamburg GRUR 1950, 76, 81.

862   *Kraßer* S 895 (§ 36 IX 2); vgl LG Hamburg Mitt 1996, 315, 317; zum österr Recht *Wolner/Gassauer-Fleissner* ÖBl 2000, 207.

863   Zur Gerichtspraxis *Bopp* FS H. Helm (2002), 275, 277 f; *Kaess* GRUR 2009, 276 ff.

864   OLG Düsseldorf GRUR 1959, 619; LG Düsseldorf GRUR 1980, 989; OLG Düsseldorf InstGE 12 114; abl OLG Braunschweig GRUR-RR 2012, 97; *Benkard* § 139 Rn 153b und *Meier-Beck* GRUR 1999, 379, 383: „geradezu berühmt-berüchtigt gewordene Formel"; später ist auf geringe Erfolgsaussicht der Nichtigkeitsklage abgestellt worden, LG Düsseldorf Mitt 1995, 190, 192.

865   OLG Hamburg GRUR-RR 2002, 244.

866   OLG Karlsruhe GRUR 1979, 700; OLG Karlsruhe GRUR 1982, 169, 171: keine sich aufdrängenden durchgreifenden Zweifel; OLG Frankfurt GRUR 1981, 905; OLG Hamburg GRUR 1984, 105; OLG Karlsruhe GRUR 1988, 900; OLG Karlsruhe Mitt 1990, 120; vermittelnd OLG Düsseldorf Mitt 1980, 117; OLG Düsseldorf GRUR 1983, 79 f; OLG Düsseldorf Mitt 1996, 87 f: Grundsätze für Aussetzung als Maßstab, da in diesem Fall auch im Hauptsacheverfahren kein Unterlassungstitel ergehe.

867   OLG Düsseldorf Mitt 2008, 327 = GRUR-RR 2009, 329 „Olanzapin".

nicht unzumutbar ist.[868] Auch wurde die Auffassung vertreten, dass bei durchgreifenden Zweifeln an die Schutzfähigkeit eine Eignung für das Verfügungsverfahren zu verneinen sei.[869] Nach der neueren Rspr des LG Düsseldorf müssen Bestand und Verletzung im Ergebnis so eindeutig zu bejahen sein, dass eine fehlerhafte Entscheidung nicht ernstlich zu erwarten ist; die Nichtigerklärung muss dabei nicht überwiegend wahrscheinlich sein.[870] Die Frage kann letztlich nur fallbezogen beantwortet werden.[871] Legt der Antragsgegner erst nach Monaten Widerspruch ein, entfällt die Dringlichkeit nur bei überwiegenden Erfolgsaussichten des eingeleiteten Bestandsverfahrens.[872] Von einer dem Antragsteller günstigen streitigen Rechtsbestandsentscheidung soll abgesehen werden können, wenn außergewöhnliche Umstände vorliegen, die es unzumutbar machen, den Ausgang des Bestandsverfahrens abzuwarten, so idR bei Verletzungshandlungen von Generikaherstellern.[873] Ist Nichtigerklärung zu erwarten, scheidet Dringlichkeit aus;[874] bestehen vernünftige Zweifel an der Rechtsbeständigkeit, kommt es darauf an, ob es dem Antragsteller zugemutet werden kann, auf das Klageverfahren verwiesen zu werden.[875] Überstandenes Einspruchs-, Nichtigkeits- oder Gbm-Löschungsverfahren wird häufig für Rechtsbeständigkeit sprechen, muss dies aber nicht notwendig tun.[876] Dass die Nichtigerklärung nach Abweisung der Nichtigkeitsklage in erster Instanz möglich erscheint, steht dem Erlass der einstweiligen Verfügung nicht ohne weiteres entgegen.[877] Eine Beurteilung der Schutzfähigkeit eingeschränkt verteidigter Schutzansprüche dürfte nun – wie im GbmVerletzungsverfahren – nicht mehr ausscheiden;[878] auch hier wird auf den Einzelfall abzustellen sein (vgl Rn 14 f zu § 140).[879] Andererseits muss Erfolglosigkeit eines früheren Nichtigkeitsverfahrens nicht für Rechtsbeständigkeit sprechen.[880] Auch im Fall erstinstanzlicher, nicht rechtskräftiger Nichtigerklärung kommt – allerdings nur ausnahmsweise im Fall eindeutiger („evidenter") und verlässlich erkennbarer Fehlentscheidung – des Erlass einer einstweiligen Verfügung grds in Betracht.[881]

Beim **Gebrauchsmuster**[882] ist fraglich, ob es sich um eine Frage des Verfügungsgrunds[883] oder des **278** Verfügungsanspruchs[884] handelt, nachdem die Schutzfähigkeit hier nicht vermutet wird (Rn 2 vor § 27

---

868 OLG Düsseldorf GRUR 1983, 79 f; OLG Frankfurt GRUR-RR 2003, 263; OLG Düsseldorf GRUR-RR 2007, 219 = Mitt 2007, 504; *Benkard* § 139 Rn 153b; aA *A. von Falck* Mitt 2002, 429, 433.

869 LG Mannheim GRUR-RR 2006, 348; OLG Düsseldorf Mitt 2008, 327 = GRUR-RR 2009, 329 „Olanzapin": wenn der Verletzungsstreit auszusetzen wäre; OLG Düsseldorf GRUR-RR 2011, 81 = Mitt 2012, 178; vgl OLG Karlsruhe InstGE 11, 143.

870 OLG Düsseldorf InstGE 12, 114; vgl LG Düsseldorf 15.11.2012 4b O 123/12 Mitt 2013, 461 Ls; OLG Düsseldorf GRUR-RR 2013, 236; OLG Düsseldorf 7.11.2013 2 U 94/12 Mitt 2014, 332 Ls; OLG Düsseldorf 24.11.2011 2 U 55/11 Mitt 2012, 413 Ls.

871 So auch *Benkard* § 139 Rn 153b; vgl auch den Kriterienkatalog bei *Meier-Beck* GRUR 1999, 379, 383 sowie LG Düsseldorf 21.12.1999 4 O 499/99 Entsch 2000, 1, wonach eine Reduzierung der Anforderungen nur in Betracht gezogen werden darf, wenn der technische Sachverhalt so schwierig und komplex ist, dass das Verfügungsverfahren ungeeignet erscheint, eine fundierte Abschätzung der Aussichten des Angriffs auf das Patent zu gestatten; LG Hamburg GRUR-RR 2002, 45 lehnt den Erlass ab, wenn durch ein anderes Gericht Vorlage an den EuGH zu einer auch im Verfügungsverfahren streitentscheidenden Rechtsfrage erfolgt ist; LG Düsseldorf 27.5.2011 4b O 84/11: Kenntnis des Beklagten vom Verfügungspatent; LG Düsseldorf 7.11.2013 2 U 94/12 Mitt 2014, 559 Ls: keine besonderen Anforderungen an den Rechtsbestand des Verfügungspatents, wenn die Verteidigungsmöglichkeiten des Verfügungsbeklagten nicht eingeschränkt sind.

872 LG Düsseldorf 8.5.2014 4a O 65/13 U GRURPrax 2014, 302 KT.

873 OLG Düsseldorf GRUR-RR 2013, 236.

874 Vgl OLG München GRUR 1955, 335; OLG Frankfurt GRUR 1971, 515; OLG Frankfurt GRUR-RR 2003, 263: Voraussage mit den Erkenntnismöglichkeiten des Eilverfahrens, dass im Erteilungsverfahren noch nicht berücksichtigtes Material zur Verneinung der Schutzfähigkeit führt.

875 LG Düsseldorf 18.6.1996 4 O 128/96 Entsch 1996, 51 Ls.

876 Vgl OLG Düsseldorf Mitt 2008, 327 = GRUR-RR 2009, 329 „Olanzapin"; OLG Düsseldorf InstGE 12, 114; OLG Düsseldorf GRUR-RR 2011, 81; LG Düsseldorf GRUR-RR 2011, 81; OLG Düsseldorf InstGE 8, 122: Erfolgsaussichten sind zu prüfen.

877 LG Düsseldorf 3.7.1997 4 O 134/97 Entsch 1997, 57.

878 LG Mannheim GRUR-RR 2006, 348.

879 Seit BGH GRUR 2010, 904 Maschinensatz.

880 Vgl LG Düsseldorf 18.6.1996 4 O 128/96 Entsch 1996, 51 Ls.

881 Vgl OLG Düsseldorf Mitt 2008, 327 = GRUR-RR 2008, 329 „Olanzapin" m Anm *Müller-Stoy/Bublak/Coehn* Mitt 2008, 335.

882 *Wuttke* Mitt 2015, 110, 115 f; *Kaess* GRUR 2009, 276, 280 f.

883 So wohl *Benkard* § 139 Rn 153b; *Schulte* § 139 Rn 405; OLG Düsseldorf 15.9.2008 2 U 28/08.

884 So *Schramm* PVP Kap 11 Rn 23.

GebrMG).[885] Jedenfalls muss das Gericht die Schutzfähigkeit eigenständig prüfen;[886] es bedarf dabei ggf der Glaubhaftmachung durch den Antragsteller;[887] Zurückhaltung beim Erlass der Verfügung, vor allem im Beschlussverfahren, ist geboten.[888] Dass regelmäßig (was Sonderfälle zulässt)[889] die Entscheidung eines Spruchkörpers im Löschungsverfahren vorliegen muss,[890] scheint angesichts anderer Möglichkeiten der Glaubhaftmachung wie Vorlage eines Rechercheergebnisses und Gutachten eines neutralen Patentanwalts nicht zwingend.[891] Jedenfalls genügt bei ausreichendem Vortrag des Antragstellers eine Anhörung des Gegners, sei es im Beschlussverfahren, sei es durch Terminierung.[892] Insgesamt ist immer eine Interessenabwägung geboten, was zu einer Einzelfallbetrachtung führt.[893]

279 In die Dringlichkeitsbeurteilung muss im Rahmen der gebotenen Abwägung auch einbezogen werden, welches **Ziel** mit **der Verfügung** verfolgt wird. Wird zB nur die Hinterlegung des Verletzergewinns begehrt, werden die Belange des Verletzers regelmäßig zurücktreten müssen.[894] Die Rspr will den, der sein Patent nur durch Lizenzvergabe verwertet, eher auf eine Klärung im Hauptsacheverfahren verweisen als den, dem es gerade auf die Ausnutzung der Monopolstellung ankommt.[895] Die Sperrwirkung einer ausländ negativen Feststellungsklage für das Hauptsacheverfahren begründet für sich allein den Erlass einer einstweiligen Verfügung nicht.[896] Zur Zubilligung einer Aufbrauchsfrist im Verfügungsverfahren Rn 95 zu § 139.

280 **Längeres Zuwarten** kann Dringlichkeit ausschließen,[897] insb, wenn es dazu dient, den Gegner zu ungelegener Zeit (Messe) zu treffen.[898] Die Münchener Praxis setzt eine starre Einmonatsfrist,[899] außer bei Besichtigungsanträgen;[900] während die Düsseldorfer Gerichte diese nicht streng handhaben[901] und bei Besichtigungsanträgen keine Zeitschranke setzen.[902] Der Zeitaufwand für die Beschaffung der Mittel zur Glaubhaftmachung beeinträchtigt die Dringlichkeit grds nicht;[903] wenn die Verletzung an sich bekannt ist und nur die Glaubhaftmachung fehlt (eigene Untersuchungen, Mittel zur Glaubhaftmachung wie ergänzende Gutachten, Aufstellungen, eidesstattliche Versicherungen zu an sich bekannten Tatsachen) muss nach deren Vorliegen der Antrag unverzüglich gestellt werden.[904] Der Antragsteller darf dabei einen sicheren Weg gehen und alle Glaubhaftmachungsmittel beschaffen, die erforderlich werden können, wobei jede

---

885 AA *Benkard* § 24 GebrMG Rn 18; *Meier-Beck* GRUR 1988, 861, 864; eingeschränkt LG Düsseldorf 13.1.2009 4a O 288/07.

886 *Benkard* § 19 GebrMG Rn 1.

887 *Schultz-Süchting* GRUR 1988, 571, 576 f.

888 *Mes* § 24 GebrMG Rn 84.

889 OLG Karlsruhe 22.9.2010 6 U 104/10: vorherige Bejahung der Schutzfähigkeit in einem Hauptsacheverfahren.

890 So *Benkard* § 139 Rn 153b mwN; OLG Düsseldorf 10.6.2010 2 U 131/09; LG Düsseldorf 13.1.2009 4a O 288/07.

891 OLG Braunschweig GRUR-RR 2012, 97; *Wuttke* Mitt 2015, 110, 116; *Schultz-Süchting* GRUR 1988, 571, 573.

892 Von LG Hamburg GRUR-RR 2015, 137 als Regelfall gesehen.

893 Vgl die Bsp bei *Benkard* § 139 Rn 153b aE.

894 Vgl *Benkard* § 139 Rn 153a; *Fritze* GRUR 1979, 290.

895 LG Düsseldorf GRUR 2000, 692, 697.

896 LG Düsseldorf GRUR 2000, 692, 697.

897 OLG Düsseldorf GRUR 1935, 371; OLG München OLGR 1994, 136; OLG München Mitt 1996, 312 f: grds ein Monat ab Kenntnis der Verletzungsform und des Verletzers, nicht auch sonstiger Handlungen, aus denen nicht auf eine Verletzung geschlossen werden kann – Betreiben des Arzneimittelzulassungsverfahrens, hierzu auch CCass PIBD 1998, 656 III 320; LG Düsseldorf GRUR 1950, 42, dort auch zum baldigen Patentablauf; OLG Frankfurt 28.5.2013 11 W 13/13 GRUR-RR 2013, 496 Ls: Anträge, die zu einer Terminsverlegung um 8 Wochen führen, sind geeignet, den Verfügungsgrund entfallen zu lassen; vgl auch HG St. Gallen SMI 1988, 162; GH Den Haag BIE 1998, 335; vgl RB Den Haag BIE 1999, 161; RB Den Haag BIE 1999, 166; RB Den Haag BIE 2000, 180: grds nicht mehr als 6 Monate ab Kenntnis; BIE 2000, 351; gegen ein Abstellen nur auf den Zeitablauf LG Hamburg Mitt 1996, 315, 317; vgl schweiz BG SMI 1982, 151 Urgence; schweiz Gerichtskreis Bern-Laupen sic! 1997, 409, zur an der Dauer des Hauptsacheverfahrens zu messenden „relativen Dringlichkeit"; generell zur Praxis der schweiz Gerichte *Rüetschi* sic! 2002, 416.

898 LG Braunschweig GRUR 1975, 669; OLG Düsseldorf Mitt 1980, 117; vgl LG Hamburg Mitt 1996, 315 ff.

899 Vgl nur OLG München GRUR 1980, 1017; OLG München GRUR 1992, 328; OLG München NJOZ 2008, 4115.

900 LG München InstGE 13, 181.

901 Vgl OLG Düsseldorf Mitt 2007, 504.

902 OLG Düsseldorf InstGE 13, 126.

903 LG Düsseldorf GRUR 1980, 989; OLG München OLGR 1994, 136; vgl OLG Hamburg GRUR 1987, 899: zwei Monate bei Besorgung und Untersuchung des Verletzungsgegenstands.

904 OLG München Mitt 2001, 85, 89; *Mes* § 139 Rn 544 ff; aA LG Düsseldorf 20.11.2012 4b O 141/12 GRURPrax 2013, 203 KT für den Fall eines vorangegangenen Beweissicherungsverfahrens.

Maßnahme, die er insoweit unternimmt, die Vermutung der Sinnhaftigkeit für sich hat, wenn dies nicht schon ex ante der Fall ist.[905] Der Zeitraum zwischen der Antragstellung und einem früheren erfolglosen Antrag bei einem anderen Gericht kann außer Betracht zu lassen sein[906] (s aber Rn 292). Wird ein Vorgehen gegen den Alleinimporteur[907] oder Hersteller[908] unter Wahrung der Dringlichkeitsvoraussetzungen versäumt, kann auch ein Vorgehen gegen dessen Abnehmer als nicht dringlich zu behandeln sein. Ausschöpfung von Vollziehungsfrist (§ 929 Abs 2 ZPO), Berufungs- und Berufungsbegründungsfrist stehen nicht entgegen,[909] wohl aber die Weiterverfolgung des Verfügungsanspruchs lediglich mit der Anschlussberufung.[910] Die niederländ Praxis lässt bei einem entspr Hinweis des Patentinhabers an den Verletzer grds das Abwarten des Ausgangs des eur Einspruchsverfahrens zu;[911] auch dt Gerichte sehen das Abwarten des Einspruchsverfahrens als unschädlich an.[912] Die Einreichung des Antrags beim sonst zuständigen Gericht sollte die Dringlichkeit nicht entfallen lassen, auch wenn der Antrag beim Konzentrationsgericht nach Ablauf der Frist eingeht.[913]

Beim **Übergang** von Erstbegehungs- zur Wiederholungsgefahr lebt nach richtiger Ansicht die Dringlichkeit wieder auf,[914] bei wiederholten auch qualitativ gleichartigen Verletzungshandlungen dagegen nicht.[915]   **281**

Für den Beginn des maßgeblichen Zeitraums kommt es auf die Kenntnis der für die Verfolgung der Verletzung **zuständigen Mitarbeiter**,[916] nicht notwendig des Vertretungsorgans an.[917] Auch Kenntnis anderer Wissensvertreter kann dringlichkeitschädlich sein.[918] Außerdem können Marktbeobachtungspflichten bestehen.[919] Kenntnis von gleichartigen früheren Verletzungshandlungen einer im Konzern verbundenen Gesellschaft soll die Dringlicheit entfallen lassen.[920]   **282**

Besonderheiten ergeben sich bei der einstweiligen Verfügung in **Messesachen**[921] (vgl auch Rn 280, 289, 297, 303, 307).   **283**

Zur **Sicherung des Übertragungsanspruchs** besteht Dringlichkeit, wenn die konkrete Besorgnis besteht, dass der Anspruch vereitelt oder ernstlich gefährdet werden könnte.[922] Deshalb ist hier im Zweifel eher die Sequestration auszusprechen als bei Unterlassungsanträgen, Gefährdung kommt insb bei wider-   **284**

---

905   OLG Düsseldorf Mitt 2013, 232.

906   LG Hamburg Mitt 1996, 315, 317.

907   OLG München OLGR 1994, 233.

908   OLG München InstGE 12, 184 unter Aufrechterhaltung von LG München I InstGE 12, 175.

909   OLG München Mitt 1996, 312 f; OLG Frankfurt GRUR 2002, 236 f; str, Nachw des Streitstands im Wettbewerbsrecht BGH GRUR 2000, 151 späte Urteilsbegründung.

910   OLG Frankfurt 17.1.2012 6 U 159/11 GRURPrax 2012, 197 KT.

911   GH Den Haag 3.2.1994 Kirin Amgen/Boehringer Mannheim; GH Den Haag BIE 1997, 319 = GRUR Int 1998, 58 Hoffmann La Roche/Organon.

912   OLG Düsseldorf InstGE 10, 124.

913   LG München I InstGE 8, 113; OLG Celle WuW OLG 254; die abw Rspr zur Rechtsmittelfrist (LG Mannheim GRUR-RR 2008, 160; OLG Zweibrücken NJW 2005, 1493) ist abzulehnen.

914   OLG München Mitt 1999, 223; *Schramm* PVP Kap 11 Rn 11; *Ströbele/Hacker* MarkenG § 14 Rn 480; im Fall von OLG München 28.6.2012 29 U 539/12 GRURPrax 2014, 468 KT lag noch keine Zuwiderhandlung vor; aA OLG Frankfurt GRUR-RR 2014, 82; *Köhler/Bornkamm* UWG § 12 Rn 3.19; wohl auch *Kühnen* Hdb Rn 2098 unter Bezugnahme auf OLG Düsseldorf 5.7.2012 2 U 12/12.

915   OLG Stuttgart GRUR-RR 2009, 447; *Köhler/Bornkamm* UWG § 12 Rn 3.19 mwN; BGH GRUR 2012, 928 Honda-Grauimport, Markensache, betrifft die Verwirkung und ist auf die Dringlichkeit nicht anwendbar.

916   OLG Köln WRP 2014, 1085; *Kühnen* Hdb Rn 2106.

917   *Kühnen* Hdb Rn 2106.

918   OLG Frankfurt WRP 2013, 1068: mit der Abwehr einer Abmahnung beauftragter Anwalt stößt im Zug der Bearbeitung auf Rechtsverletzung des Abmahnenden.

919   Wohl generell verneinend *Kühnen* Hdb Rn 2105; verneinend OLG Köln GRUR 2003, 541, Markensache; LG Düsseldorf 16.1.2009 4b O 284/08; vgl OLG Hamburg GRUR-RR 2004, 201: keine Zurechnung der Kenntnis des Importeurs bei ausländ Markeninhaber.

920   So KG 20.2.2015 5 U 150/14 GRUR-RR 2015, 512 Ls, bdkl; zum Streitstand insb im WettbR vgl *Köhler/Bornkamm* § 12 UWG Rn 3.19.

921   Hierzu *Lidle*; *Gramm* GRUR 1981, 466; *Fischer* FS F. Traub (1994), 105, 107; *A. von Falck* Mitt 2002, 429, 432; OLG Düsseldorf BB 1965, 652.

922   OLG Karlsruhe GRUR 1978, 116; OLG Frankfurt GRUR 1978, 636; *Benkard* § 8 Rn 45; vgl auch *Weiss* Die Anmeldung im Tatbestand der widerrechtl Entnahme, GRUR 1955, 455, 459, der abstrakte Gefährdung ausreichen lassen will.

rechtl Entnahme in Betracht.[923] Danach begründet der bevorstehende Ablauf der Beschwerdefrist gegen den Versagungsbeschluss ebenso wie die Absicht, das Schutzrecht zu veräußern, Gefährdung; sie fehlt, soweit der Berechtigte auf den Gang des Erteilungsverfahrens Einfluss nehmen kann, zB durch Stellung des Prüfungsantrags.

285 **4.** Den **Inhalt** der einstweiligen Verfügung bestimmt das Gericht im Rahmen des Antrags nach freiem Ermessen (§ 938 ZPO). In Betracht kommt ein (uU, etwa bei Ausstellungen, beschränktes)[924] Unterlassungsgebot, aber auch die Verpflichtung, die beanstandeten Handlungen nur gegen Sicherheitsleistung oder Hinterlegung fortzusetzen[925] (so ausdrücklich Art 50 Abs 3 TRIPS-Übk). Eine teilweise Vorwegnahme der Hauptsache steht einer Unterlassungsverfügung nicht entgegen.

286 Es ist **auch denkbar**, im Weg der einstweiligen Verfügung allein gegen Preisunterbietungen oder das Anbieten minderwertiger Ware vorzugehen, den Umsatz zu beschränken, die Einhaltung von Sicherheitsstandards durchzusetzen, Verpackungshinweise auf den Patentschutz anbringen zu lassen usw, da all dies ein Minus zum Unterlassungsbegehren ist.

287 UU kann es geboten sein, dem Antragsteller eine **Sicherheitsleistung** aufzuerlegen[926] (§ 937 ZPO; § 921 Satz 2 ZPO; § 921 Satz 1 ZPO ist im Verfügungsverfahren nicht anwendbar); die Aufhebung gegen Sicherheitsleistung ist nach § 939 ZPO nur unter besonderen Umständen im Urteilsverfahren möglich.

288 Eine Verurteilung zur **Auskunftserteilung** kommt im Verfügungsverfahren, auch soweit der Anspruch außerhalb von § 140e bestehen sollte, nur in Fällen offensichtlicher Rechtsverletzung in Betracht (so für die Drittauskunft ausdrücklich § 140b Abs 3).

5. Verfahren

289 **a. Zuständigkeit.** Zuständig ist das **Gericht der Hauptsache** (§ 937 Abs 1 ZPO); ist das Hauptsacheverfahren vor dem OLG anhängig, ist dieses zuständig (§ 943 ZPO). Eine Zuständigkeit des BGH scheidet aus. Der frühere Bereitschaftsdienst auf der Hannover-Messe wird nicht mehr durchgeführt; es kommt auch nur noch selten zur Verhandlung auf dem Messegelände. Ob das Gericht, bei dem eine negative Feststellungsklage anhängig ist, Gericht der Hauptsache sein kann, ist str.[927]

290 In dringenden Fällen kann auch das **Amtsgericht der Belegenheit** angerufen werden (§ 942 ZPO), die Regelung geht § 143 vor.

291 Der Verfügungsantrag (§§ 936, 920 Abs 3 ZPO) und das weitere Verfahren, solange keine mündliche Verhandlung stattfindet, stehen außer **Anwaltszwang,** das gilt nach hM auch für die Beschwerde gegen einen zurückweisenden Beschluss[928] (s auch Rn 32 zu § 140c).

292 **b.** Das **Rechtsschutzbedürfnis** fehlt, wenn gleichzeitig bei verschiedenen Gerichten gleichlautende Verfügungsanträge eingereicht werden[929] oder wenn dies vor Rücknahme des Antrags bei dem einen beim anderen geschieht.[930] Die übliche Praxis, nach entspr Hinweisen des Gerichts den Verfügungsantrag zurückzunehmen und bei einem anderen Gericht einzureichen, führt nach richtiger Ansicht[931] ebenfalls zum

---

923 OLG Karlsruhe GRUR 1954, 259; LG München I GRUR 1956, 415; OLG München GRUR 1951, 157; OLG Frankfurt GRUR 1978, 636; OLG Karlsruhe GRUR 1978, 116; vgl auch OG Luzern sic! 2000, 639; OG Luzern sic! 2000, 641; RB Den Haag BIE 2000, 349 verbietet dem Patentinhaber, sich Dritten gegenüber auf das Patent zu berufen, ohne gleichzeitig schriftlich die Ansicht des Gerichts mitzuteilen, das Patent werde wahrscheinlich widerrufen.

924 *U. Krieger* GRUR Int 1997, 421, 424.

925 Vgl RB Den Haag BIE 1997, 76; GH Den Haag BIE 1998, 335; RB Den Haag BIE 2000, 83, 85; öOGH GRUR Int 2010, 431 = ÖBl 2010, 134 Nebivolol.

926 *Schramm* PVP Kap 11 Rn 20.

927 Bejahend OLG Frankfurt WRP 1996, 27; kr *Fritze* Gut gemeint – Ziel verfehlt, GRUR 1996, 571; verneinend LG Düsseldorf GRUR 2000, 611.

928 *Zöller* ZPO § 922 Rn 13 mwN unter Hinweis auf § 571 Abs 2 ZPO.

929 LG München I InstGE 11, 112; LG Frankfurt/M InstGE 12, 329; *Köhler/Bornkamm* UWG § 12 Rn 3.16a.

930 OLG Hamburg GRUR-RR 2010, 266; *Schramm* PVP Kap 11 Rn 14.

931 OLG Frankfurt 8.8.2013 11 W 29/13 GRURPrax 2014, 214 KT; OLG Hamburg GRUR 2007, 614; *Köhler/Bornkamm* § 12 UWG Rn 316a; *Teplitzky* GRUR 2008, 34, 38 mwN in Fn 50; aA OLG Düsseldorf GRUR 2006, 782, 785; *Kühnen* Hdb Rn 2119 f.

Verlust des Rechtsschutzbedürfnisses. Begeht der Unterlassungsschuldner eine kerngleiche Zuwiderhandlung, entfällt das Rechtsschutzbedürfnis nur, wenn der Schuldner eine Verstoß gegen den bestehenden Titel einräumt.[932]

c. Eine **Schutzschrift**[933] kann hinterlegt werden, wenn – regelmäßig nach Eingang einer Abmahnung – ein Verfügungsantrag befürchtet wird; zweckmäßigerweise auch in Patentstreitsachen im Hinblick auf den Gerichtsstand des § 32 ZPO bei den in Frage kommenden Standorten. Im Aufbau befindlich ist ein Zentrales Schutzschriftenregister im Internet (www.schutzschriftenregister.de; Gebühr dzt 45 EUR), das allerdings noch nicht von allen Landgerichten (von Düsseldorf und Mannheim, nicht von München) abgefragt wird.[934] **293**

d. Mündliche Verhandlung ist in dringenden Fällen und bei Zurückweisung des Antrags in beiden Instanzen entbehrlich (§ 937 Abs 2 ZPO, § 942 Abs 4 ZPO); dementspr gnügt zur Wahrung des rechtl Gehörs bei Erlass einer Beschlussverfügung auch in der 2. Instanz die Möglichkeit, dieses im Widerspruchsverfahren vor dem Landgericht nachzuholen;[935] die Praxis macht hiervon in Patentverletzungssachen zu Recht kaum Gebrauch (zB bei Parallelimporten). Die Fristen für Schriftsätze (§ 133 ZPO) gelten nicht; allerdings ist das rechtl Gehör zu wahren.[936] **294**

Bei besonderer Dringlichkeit kann der **Vorsitzende allein** entscheiden (§ 944 ZPO); dies wird in der Praxis gerade wegen der Gefahren des Eilverfahrens kaum vorkommen. **295**

e. Die **Vollziehung**[937] richtet sich nach der Formel der Verfügung; es gelten die allg Bestimmungen über die Zwangsvollstreckung (Rn 346 ff) und die Regeln über die Arrestvollziehung (§ 936 ZPO, § 928 ZPO). Vollziehung der einstweiligen Verfügung hat binnen eines Monats ab Verkündung der Entscheidung oder ihrer Zustellung an den Antragsteller zu erfolgen (§ 929 Abs 2 ZPO; anders aber für den Auskunftsanspruch nach § 140b), Versäumung der Vollziehungsfrist macht die Vollstreckungsmaßnahme unwirksam;[938] Heilung des Zustellungsmangels kommt bei sanktionsbewehrten Verfügungen nicht in Betracht.[939] Wird die Beschlussverfügung in dem nach Widerspruch ergangenen Urteil ohne inhaltliche Änderung bestätigt, bedarf es keiner neuen Vollziehung;[940] ebenso, wenn sie wegen eines offensichtlichen Fehlers berichtigt, aber nicht inhaltlich geänd wird.[941] Auch eine geringfügige Änderung, insb eine Aufhebung eines eigenständig tenorierten Teils, ist[942] anders bei wesentlichen Änderungen.[943] Wird eine Beschlussverfügung auf Widerspruch aufgehoben und in der Berufungsinstanz neu erlassen,[944] ist erneute Vollziehung erfoderlich.[945] Wenn Lichtbilder Bestandteil des Tenors sind, erfordert eine ordnungsgemäße Vollziehung die Zustellung einer Ausfertigung, die die Lichtbilder enthält[946] und in der die relevanten Details erkennbar sind.[947] Das gleiche gilt, wenn Anlagen, auf die der **296**

---

932   OLG Frankfurt WRP 2014, 101, UWGSache.

933   Vgl *Schramm* PVP Kap 11 Rn 35 ff; *Mes* § 139 Rn 567 ff.

934   Vgl *Wolf/Gass* MMR 2009, IX (Heft 6); *Piper/Ohly/Sosnitza* UWG § 12 Rn 133; *Rinkler* MMR 2006, 269 und MMR 2007, 273.

935   So nunmehr auch OLG Frankfurt 1.12.2014 6 W 103/14 GRURPrax 2015, 242 KT.

936   LG Hamburg GRUR-RR 2014, 137: ausnahmsweise Vertagung erforderlich.

937   *Petri/Tuchscherer/Stadler* Mitt 2014, 65.

938   BGH GRUR 1999, 1038 Vollstreckung nach Zustellfrist.

939   OLG Zweibrücken GRUR-RR 2001, 288.

940   OLG Köln GRUR 1999, 89; KG 28.1.2000 5 W 8802/99 GRUR 2000, 554 Ls: auch bei Änderung der rechtl Begründung.

941   OLG Celle NJWE-WettbR 1998, 19.

942   So LG Berlin 8.5.2013 97 O 149/12 GRURPrax 2013, 393 KT; vgl *Zöller* ZPO § 929 Rn 15.

943   OLG Karlsruhe NJW-RR 2009, 570; *Zöller* ZPO § 929 Rn 15.

944   OLG Frankfurt 3.4.2012 6 W 43/12 GRURPrax 2012, 247 KT: rückwirkende Bestätigung kommt nicht in Betracht.

945   OLG Düsseldorf NJW-RR 2000, 68; *Petri/Tuchscherer/Stadler* Mitt 2014, 65, 67.

946   LG Düsseldorf InstGE 2011, 97.

947   OLG Frankfurt GRUR 2009, 995; OLG Frankfurt GRUR 2011, 856; OLG Hamburg; GRUR-RR 2007, 406; andererseits OLG Köln GRUR 2010, 464.

Beschluss Bezug nimmt, der zugestellten Ausfertigung nicht beigefügt sind;[948] anders, wenn das Fehlen keinen Einfluss auf die Verständlichkeit des Tenors hat.[949]

297   Vollziehung erfordert zunächst **Zustellung**[950] einer beglaubigten Ausfertigung (bei Urteilsverfügung genügt die beglaubigte Kopie einer einfachen Urteilsabschrift nicht)[951] an den Antragsgegner (Verfügungsschuldner)[952] im Parteibetrieb;[953] sie erfolgt nicht bereits durch eine vAw vorgenommene Zustellung. Die Zustellung kann auch am Messestand erfolgen. Zuzustellen ist an die Partei selbst, wenn sich auf die Abmahnung zwar Rechtsanwälte gemeldet, aber nicht mitgeteilt haben, sie hätten für ein Verfügungsverfahren Prozessvollmacht.[954] Hat der Prozessbevollmächtigte oder die Partei dem Gericht oder dem Gegner hinreichend sichere Kenntnis von der Person des Prozessbevollmächtigten verschafft, ist an diesen zuzustellen, sonst ist nicht vollzogen.[955] Parteizustellung einer einstweiligen Verfügung reicht zur Vollziehung nicht aus, wenn sie keine Ordnungsmittelandrohung enthält.[956] Ebensowenig reicht eine mündliche Leistungsaufforderung des Antragstellers unter Bezugnahme auf den vorläufigen Titel aus.[957] Handelt der Antragsgegner nach Zustellung der Unterlassungsverfügung zuwider, wird diese nach § 890 ZPO vollstreckt. Ob bei der Gebotsverfügung (insb auf Erteilung der Auskunft über Herkunft und Vertriebsweg) innerhalb der Frist des § 929 Abs 2 ZPO auch ein Antrag nach § 888 ZPO gestellt werden muss, ist str.[958] Urteilsverfügungen sind bereits ab Verkündung zu beachten (Rn 349);[959] die in Urteilsform erlassene Verfügung bedarf aber zur Erhaltung ihrer Wirksamkeit über die Monatsfrist hinaus der Zustellung.[960]

298   Das **Unterbleiben der Vollziehung** nach Abgabe einer Unterlassungserklärung innerhalb der Frist des § 929 Abs 2 ZPO führt nicht zur Aufhebung der einstweiligen Verfügung mangels Vollziehung.[961]

299   Zur Wahrung der Vollziehungsfrist genügt es, dass der Antrag auf Zustellung im Parteibetrieb vor Fristablauf bei der Gerichtsvollzieherverteilerstelle eingeht und die Zustellung anschließend „demnächst" erfolgt.[962] Soll eine einstweilige Verbotsverfügung **im Ausland vollzogen** werden, ist der Eingang des Gesuchs um Auslandszustellung bei Gericht iSd § 929 Abs 2 ZPO fristwahrend, wenn die Zustellung „demnächst" bewirkt wird.[963] Auch in diesem Fall ist eine Ordnungsmittelandrohung erforderlich.[964]

300   **f.** Die **Aufhebung** der einstweiligen Verfügung kann auf Widerspruch (§ 924 ZPO), Antrag auf Anordnung der Klageerhebung (§ 926 ZPO), Antrag auf Aufhebung wegen veränderter Umstände (§ 927 ZPO)[965] oder Anordnung durch das Amtsgericht, wenn das Rechtfertigungsverfahren nicht eingeleitet wird (§ 942

---

948   OLG Koblenz Magazindienst 2013, 516.

949   OLG Jena NJW-RR 2013, 831.

950   OLG Köln GRUR-RR 2015, 181: nicht durch Faxübermittlung einer unbeglaubigten Kopie.

951   OLG Düsseldorf GRUR-RR 2015, 493; aA OLG München WRP 2013, 674 gegen OLG München MDR 1998, 1243.

952   OLG Hamburg 5 U 199/05 GRUR-RR 2006, 355, UrhSache.

953   OLG Karlsruhe GRUR 1979, 700; OLG Karlsruhe GRUR 1983, 607; OLG Frankfurt NJW-RR 1998, 1007; OLG Hamburg 22.9.1999 3 U 193/99 GRUR 2000, 167 Ls, das aber ausnahmsweise andere Handlungen wie die Einreichung eines Ordnungsmittelantrags gleichachtet, dagegen nicht ein Abschlussschreiben verbunden mit Androhung des Ordnungsmittelantrags; zu den Anforderungen an eine ordnungsgem Zustellung OLG Hamburg GRUR 1990, 151.

954   OLG Hamburg 15.5.1997 3 U 225/96 GRUR 1998, 175 Ls; KG 27.11.1998 5 U 7684/98 GRUR 1999, 778 Ls; zu den Problemen *Petri/Tuchscherer/Stadler* Mitt 2014, 65, 68.

955   OLG Köln GRUR 2001, 456; OLG Köln GRUR-RR 2001, 71: bei Schutzschrift; vgl OLG Celle GRUR 1989, 541 und GRUR 1998, 77.

956   BGHZ 131, 141 = Mitt 1996, 253, 254 f Gebührenüberwachung; OLG Hamburg GRUR 1997, 147, 148; OLG Hamm GRUR 1991, 336 gegen OLG Celle GRUR 1987, 66.

957   BGHZ 120, 73 = GRUR 1993, 415 Straßenverengung.

958   Bejahend OLG Hamburg GRUR 1997, 147, 148; verneinend OLG Frankfurt NJW-RR 1998, 1007 mwN; vgl OLG Hamm NJW-RR 1993, 959.

959   BGHZ 180, 72 = GRUR 2010, 890 Ordnungsmittelandrohung; zu den Einzelheiten *Zöller* § 929 Rn 12, 16.

960   BGH Ordnungsmittelandrohung; ganz hM, so *Teplitzky* GRUR 1994, 765, 773 mwN; *Teplitzky* WRP 1998, 935.

961   OLG München GRUR 1994, 83.

962   OLG Düsseldorf InstGE 1, 255, str.

963   OLG Hamm GRUR 1991, 944; OLG Köln GRUR 1999, 66; einen Sonderfall (Nichtvorlage einer Übersetzung nach Rücksendung der Zustellung wegen Fehlens einer solchen) behandelt OLG Frankfurt GRUR-RR 2015, 183.

964   BGHZ 131, 141 = Mitt 1996, 253, 255 Gebührenüberwachung.

965   *Loth/Kopf* Mitt 2012, 314.

ZPO), erfolgen;[966] s auch Art 50 Abs 6 TRIPS-Übk, der aber kein unmittelbar anwendbares Recht enthält.[967] Die Hauptsacheklage kann auch eine Schiedsklage oder eine Klage im Ausland sein.[968]

Ein **Kostenwiderspruch** mit dem Ziel der Kostenentscheidung nach § 93 ZPO, wenn der Antragsgeg- **301** ner keine Veranlassung zur Beantragung der einstweiligen Verfügung gegeben hat, stellt in der Sache idR ein Anerkenntnis (unter Verwahrung gegen die Kostenlast) dar. Voraussetzung ist eine ordnungsgemäße Verwarnung (Rn 183; Rn 275 ff zu § 139). Das Urteil nach Kostenwiderspruch beendet wie das Anerkenntnisurteil das gesamte Verfahren.[969] Mit dem Kostenwiderspruch fällt auf Seiten des Antragsgegners keine 5/10-Prozessgebühr nach § 31 Abs 1 Nr 1, § 32 Abs 1 BRAGebO aus dem Gegenstandswert des Verfügungsverfahrens an.[970] Ein Übergang vom Kostenwiderspruch zum Vollwiderspruch ist unzulässig; wird gleichwohl die Verfügung durch Urteil bestätigt, ist für die Anwendung des § 93 ZPO kein Raum.[971]

Die Frage, ob **Dringlichkeit** besteht, ist unabhängig von Erwägungen zu beantworten, die den Verfü- **302** gungsanspruch betreffen.[972] Fruchtloser Fristablauf für die Hauptsacheklage lässt für sich die Dringlichkeit nicht entfallen;[973] dies kann aber uU bei einem Vollstreckungsverzicht im Verfügungsverfahren der Fall sein.[974] Der Aufhebungsantrag kann auch begründet sein, wenn die der Unterlassungsverfügung entspr Unterlassungsklage durch ein noch nicht rechtskräftiges Urteil abgewiesen worden ist.[975] Der Eintritt der Rechtskraft des mit dem Titel im Verfügungsverfahren gleichlautenden Hauptsacheurteils ist solange kein zur Aufhebung der Verfügung nötigender veränderter Umstand, wie noch Ordnungsmittelverfahren anhängig sind, denen Vorfälle vor Erlass des Hauptsachetitels zugrunde liegen.[976] Für einen Aufhebungsantrag wegen veränderter Umstände nach §§ 936, 927 ZPO besteht kein Rechtsschutzbedürfnis, wenn das Verfügungsverfahren noch anhängig ist.[977] Der Instanzenfortschritt im Verfahren über den Bestand des Schutzrechts an sich muss keine veränderten Umstände iSd § 927 Abs 1 ZPO begründen, solange dieses Verfahren nicht rechtskräftig abgeschlossen ist.[978] Allerdings ist eine derartige Entscheidung vom Verletzungsgericht in eigener Kompetenz zu bewerten; entfällt danach der Verfügungsgrund, weil sich der Bestand des Schutzrechts nunmehr als zwh erweist, ist die einstweilige Verfügung aufzuheben.[979] Es scheint bdkl, hier von veränderten Umständen auszugehen, da sich letztlich nur die Glaubhaftmachungslage geändert hat. Nachträgliches Bestreiten des Verletzungstatbestands bei Vorliegen entspr Kenntnisse oder Erkenntnismöglichkeiten rechtfertigt die Aufhebung nicht.[980] Im Aufhebungsverfahren wird nicht über die Kosten des Verfügungsverfahrens entschieden.[981]

g. Erledigung der Hauptsache. Das Verfügungsverfahren erledigt sich in der Hauptsache, wenn zu- **303** gunsten des Antragstellers ein rechtskräftiges Urteil im Hauptsacheverfahren ergeht, weil das Rechtsschutzinteresse für die Verfügung entfällt. Der in erster Instanz unterlegene Antragsteller bleibt durch das abweisende Urteil im Verfügungsverfahren beschwert.[982] Ist die Verfügung befristet, bewirkt der Zeitablauf keine Erledigung der Hauptsache.[983] Beendigung der Messe erledigt den Verbotsantrag, auf der Messe

---

966   Zur Abmahnpflicht des Schuldners einer Unterlassungsverfügung vor Einleitung des Aufhebungsverfahrens KG 11.6.1999 5 W 5376/98 GRUR 1999, 1133 Ls.

967   LG Düsseldorf InstGE 1, 160, 164 ff; OLG Hamburg 11.7.2002 3 U 17/02 OLGRep Hamburg 2003, 147 Ls, SortSache.

968   *Zöller* § 926 ZPO Rn 10, 29.

969   OLG Frankfurt 19.7.1995 6 W 61/95 GRUR 1996, 513 Ls; vgl OLG Frankfurt GRUR 2006, 264; zu einem Ausnahmefall LG Erfurt 5.10.2006 3 O 317/06.

970   BGH NJW-RR 2003, 1293 Prozeßgebühr beim Kostenwiderspruch; BGH BGHRep 2003, 1115 Prozeßgebühr beim Kostenwiderspruch 01.

971   OLG Hamm GRUR 1991, 633.

972   OLG Köln GRUR 2005, 1070, Markensache.

973   LG Düsseldorf InstGE 1, 160, 166.

974   OLG Köln GRUR-RR 2010, 448; KG Mitt 2010, 591.

975   OLG Hamburg GRUR-RR 2001, 143.

976   OLG Düsseldorf GRUR 1990, 547.

977   OLG Koblenz GRUR 1989, 75.

978   OLG Köln GRUR 2005, 1070, Markensache.

979   OLG Düsseldorf 8.12.2011 2 U 79/11 GRURPrax 2012, 222 KT.

980   LG Düsseldorf InstGE 1, 160.

981   OLG Koblenz GRUR 1989, 75.

982   KG 11.8.1989 5 U 2900/89 GRUR 1990, 642 Ls.

983   LG Düsseldorf 19.12.1996 4 O 324/96 Entsch 1997, 15, 17, SortSache.

auszustellen, nicht.[984] Wird die Hauptsache übereinstimmend und uneingeschränkt für erledigt erklärt, führt das ohne weiteres zum Wegfall des Titels; dem kann dadurch Rechnung getragen werden, dass der Gläubiger seine Erledigungserklärung auf die Zeit nach dem erledigenden Ereignis beschränkt, was nicht ausdrücklich geschehen muss, sondern sich aus dem Umständen ergeben kann (vgl Rn 157).[985] Eine einseitige Erledigung führt ohne Urteil nicht zum Wegfall des Vollstreckungstitels.[986]

304 Die Abgabe einer strafbewehrten Unterlassungserklärung erledigt nur für den nachfolgenden Zeitraum, für die Aufrechterhaltung für die Zeit zuvor besteht regelmäßig ein Rechtsschutzbedürfnis.[987] Das Rechtsschutzbedürfnis entfällt durch die **Abschlusserklärung** nur, wenn durch sie die Unterlassungsverfügung ebenso effektiv und dauerhaft wirkt wie ein in einem Hauptsacheverfahren erwirkter Titel.[988] Die Abschlusserklärung muss daher dem Inhalt der einstweiligen Verfügung entsprechen und darf allenfalls auf einzelne in der Entscheidung selbstständig tenorierte Streitgegenstände beschränkt werden.[989] Hat der Unterlassungsgläubiger eine einstweilige Verfügung erwirkt und fordert er den Unterlassungsschuldner zur Abgabe der Abschlusserklärung auf, wird er im Regelfall nicht durch deren mündliche Abgabe klaglos gestellt.[990] Das Abschlussschreiben muss eine ausdrückliche Klageandrohung und Fristsetzung nicht notwendig enthalten.[991] Die Kosten für ein Abschlussschreiben sind nach hM nach den Grundsätzen der berechtigten Geschäftsführung ohne Auftrag zu ersetzen;[992] Voraussetzung ist, dass der Gläubiger dem Schuldner binnen einer angemessenen Frist Gelegenheit gelassen hat, die einstweilige Verfügung von sich aus durch Abgabe einer Abschlusserklärung bestandskräftig zu machen, wofür grds eine Frist von 14 Tagen ab Zustellung der einstweiligen Verfügung ausreicht;[993] dem Rechtsanwalt steht, auch wenn er noch keinen Klageauftrag hatte, grds nur eine 5/10-Gebühr zu.[994] Ein materiellrechtl Kostenerstattungsanspruch des über hinreichende Kosten verfügenden betroffenen Anwalts wurde verneint.[995] Ein zweites Abschlussschreiben ist notwendig, wenn der Schuldner nach Zustellung einer Beschlussverfügung ein erstes Abschlussschreiben unbeantwortet gelassen, aber Widerspruch eingelegt hat und sodann durch Urteil entschieden worden ist.[996]

305 Die Erteilung der durch einstweilige Verfügung tenorierten **Auskunft** erledigt nur dann (durch Erfüllung) und macht eine Vollziehung entbehrlich, wenn Vollständigkeit und Richtigkeit ohne weiteres zu beurteilen sind.[997]

306 Der **Wegfall** des Verfügungsschutzrechts (Rn 154 ff) ex tunc ist kein Fall der Erledigung, sondern des Wegfalls des Verfügungsanspruchs von Anfang an; ist kein Widerspruch mehr möglich, kommt ein Aufhebungsantrag nach § 927 in Frage;[998] dies wird zT auch als Spezialregelung zu § 767 ZPO (Rn 352) und § 580 ZPO gesehen.

307 **h.** Für die **Kostenentscheidung** gelten die allg Regeln. Bei Antragsrücknahme hat der Antragsteller die ganzen, auch die durch Säumnis des Antragsgegners entstandenen Kosten des Verfügungsverfahrens zu tragen;[999] ein materiellrechtl Kostenerstattungsanspruch kann nicht eingewandt werden.[1000] Bei Erledigung der Hauptsache nach Abgabe einer Unterlassungserklärung richtet sich die Kostenentscheidung

---

984 OLG Köln GRUR-RR 2002, 309 f, Markensache, mwN, auch der Gegenmeinung.
985 BGHZ 156, 335 = GRUR 2004, 264 Euro-Einführungsrabatt; OLG Köln GRUR 2014, 1032; BGH GRUR 2016, 421 Erledigungserklärung nach Gesetzesänderung.
986 BGH WRP 2012, 829 Ordnungsmittelbeschluss.
987 LG Düsseldorf 16.1.1997 4 O 351/95 Entsch 1997, 47; vgl *Bernreuther* GRUR 2001, 400.
988 BGH GRUR 1991, 76 Abschlußerklärung; BGH GRUR 2005, 692 „statt"-Preis.
989 BGH „statt"-Preis.
990 KG GRUR 1991, 258.
991 OLG Zweibrücken GRUR-RR 2002, 344.
992 AA AG Lahr NJW-RR 2002, 1125 mNachw aus der Lit.
993 Näher OLG Frankfurt GRUR-RR 2003, 294.
994 LG Düsseldorf InstGE 1, 272.
995 BGH NJW 2004, 2448 Selbstauftrag; BGH NJW-RR 2007, 713 f.
996 OLG Düsseldorf GRUR 1991, 482.
997 Vgl. *Kühnen* Hdb Rn 2164 f; *Petri/Tuchscherer/Stadler* Mitt 2014, 65, 69 f.
998 *Kühnen* Hdb Rn 2168 ff; *Loth/Kopf* Mitt 2012, 307.
999 OLG Hamm 17.10.1989 4 U 82/89, GRUR 1990, 642 Ls.
1000 LG Düsseldorf 7.8.2000 4 O 126/00 Entsch 2000, 101.

nach § 91a ZPO, § 93 ZPO ist anwendbar (Rn 183); Verwarnung[1001] ist ausnahmsweise entbehrlich, wenn sie dem Verletzten unzumutbar ist,[1002] so bei der Sequestration schutzrechtsverletzender flüchtiger Ware[1003] (am Sicherungsinteresse fehlt es aber, wenn der Antragsteller vor Zustellung verwarnt),[1004] wenn nach den Umständen eine Vereitelung zu befürchten ist, oder der Antragsgegner eindeutig zu erkennen gegeben hat, dass er das Schutzrecht nicht respektieren werde.[1005] Erwirkt der Gläubiger eine einstweilige Verfügung ohne vorherige Verwarnung und verwarnt vor Zustellung („Schubladenverfügung"), ist regelmäßig Veranlassung für einen Kostenantrag des Schuldners nach § 93 ZPO gegeben, auch wenn sich der Schuldner nicht unterwirft.[1006] Reine Zeitnot ist kein Grund, nicht zu verwarnen.[1007] Bei Messepräsentation kann auch mündlich verwarnt werden[1008] und eine kurze Fristsetzung ausreichend sein.[1009] Vereinbarungen über die Kostentragung sind bei der Kostenentscheidung nach § 91a ZPO zu berücksichtigen.[1010] Ist eine einstweilige Verfügung wegen Vollziehungsmangels nachträglich aufzuheben, sind die Kosten des ursprünglichen Verfügungsverfahrens dem damaligen Antragsteller aufzuerlegen; gegen die erstinstanzliche Entscheidung hierüber ist Berufung statthaft.[1011] Der Antragsteller kann in diesem Fall die Erstattung der Kosten des Verfügungsverfahrens auch dann nicht verlangen, wenn er im Hauptsacheverfahren sachlich obsiegt.[1012] Wird gegen eine einstweilige Verfügung im Beschlussweg Kostenwiderspruch eingelegt, muss über die Kosten auch dann aufgrund mündlicher Verhandlung entschieden werden, wenn der Widerspruch nur wegen eines Teils des ausgesprochenen Verbots eingelegt wird.[1013] Bei der Kostenentscheidung nach § 93 ZPO ist kein Raum für Überlegungen, dass der Antragsgegner auch im Fall einer vorausgegangenen Verwarnung eigene und fremde Rechtsverfolgungskosten hätte tragen müssen.[1014]

Kosten eines Abschlussschreibens sind keine Verfahrenskosten des Verfügungsverfahrens, sie können separat eingeklagt werden (Rn 295), ggf im Hauptsacheverfahren (nach § 670 BGB).[1015] **308**

Führt ein **Antrag nach § 927 ZPO** zur Aufhebung, ist grds nur über die Kosten des Aufhebungsverfahrens zu entscheiden, in besonders klaren Fällen der Unbegründetheit von Anfang an werden Ausnahmen hiervon vertreten.[1016] **309**

i. Rechtsmittel. Die Berufung folgt den allg Regeln. Revision ist ausgeschlossen (§ 542 Abs 2 Satz 1 **310** ZPO); die Bestimmung schließt auch eine Beschwerde oder Rechtsbeschwerde zum BGH aus.[1017]

1001 Zur grds Erforderlichkeit OLG Frankfurt GRUR-RR 2001, 72.

1002 LG Düsseldorf 7.1.1999 4 O 355/98 Entsch 1999, 48 ff: nicht schon bei vorsätzlichem Verstoß; ebenso OLG Düsseldorf InstGE 2, 237 gegen LG Düsseldorf InstGE 2, 227; aA LG Hamburg NJWE-WettbR 2000, 223; vgl OLG Hamburg NJWE-WettbR 1996, 93, UWGSache: unzumutbar bei schwerem Verstoß und/oder vorsätzlichem Handeln.

1003 OLG Karlsruhe GRUR-RR 2013, 182; LG Düsseldorf InstGE 12, 234; vgl OLG Frankfurt 9.7.2015 6 W 59/15 GRURPrax 2015, 447 KT zu dem Fall, dass mehrere Ansprüche geltend gemacht werden und der Sequestrationsanspruch zurückgewiesen wird.

1004 LG Hamburg GRUR-RR 2004, 191; offenbar aA OLG Karlsruhe GRUR-RR 2013, 182.

1005 Vgl LG München I 28.8.1996 7 O 2196/96.

1006 BGH GRUR 2010, 257 Schubladenverfügung, UWGSache; OLG Frankfurt NJW-RR 2012, 1018; bisher sehr umstr; ebenso für das Wettbwerbsrecht *Köhler/Bornkamm* UWG § 12 Rn 1.58 f unter Hinweis auf Missbräuche; OLG Frankfurt GRUR-RR 2001, 72; LG Düsseldorf InstGE 12, 234 mwN; LG Düsseldorf 23.4.2012 4b O 296/06 Mitt 2012, 574 Ls; KG GRUR-RR 2012, 134 für Abmahnkosten, die unter Verschweigen der schon erwirkten einstweiligen Verfügung geltend gemacht wurden; aA wohl OLG München GRUR-RR 2006, 176; *Mes* § 139 Rn 275, beide aber mit Folge der Ablehnung der Erstattbarkeit der Abmahnkosten.

1007 LG München I 5.8.2010 7 O 9590/10 Mitt 2012, 95 Ls.

1008 OLG Frankfurt GRUR 1988, 32; LG München I 9.6.2011 7 O 2403/11: mündliche Abmahnung in dt oder engl Sprache genügt..

1009 LG Düsseldorf InstGE 4, 159.

1010 BGH 5.6.1997 I ZR 22/96.

1011 OLG Hamm GRUR 1990, 714.

1012 BGH GRUR 1995, 169 Kosten des Verfügungsverfahrens bei Antragsrücknahme.

1013 OLG Hamm 19.9.1989 4 W 94/89 GRUR 1990, 642 Ls.

1014 LG München I 5.8.2010 7 O 9590/10 Mitt 2012, 95 Ls.

1015 OLG Hamburg GRUR-RR 2014, 229; LG Düsseldorf InstGE 9, 114.

1016 LG Berlin 8.5.2012 15 O 60/04 GRUR-RR 2012, 495 Ls für den Fall der Aufhebung durch das BVerfG wegen Verfassungswidrigkeit der die Verfügung tragenden rechtl Begründung; zum Problem allg *Kühnen* Hdb Rn 2187; *Zöller* ZPO § 927 Rn 12.

1017 BGHZ 154, 102 = GRUR 2003, 548 Rechtsbeschwerde im Verfügungsverfahren; BGH 29.1.2004 I ZA 7/03.

311   Die **Kostenentscheidung** eines aufgrund eines Kostenwiderspruchs ergangenen Urteils kann entspr § 99 Abs 2 ZPO isoliert mit der sofortigen Beschwerde angefochten werden.[1018]

312   **6. Schadensersatzanspruch nach § 945 ZPO.** Erweist sich die Anordnung der einstweiligen Verfügung als von Anfang an (also zur Zeit ihres Erlasses)[1019] und objektiv, insb bei rückwirkendem Wegfall (Nichtigerklärung, Widerruf, Beschränkung) des Klagepatents[1020] ungerechtfertigt oder wird sie nach § 926 Abs 2 ZPO oder § 942 Abs 3 ZPO aufgehoben, ist der Antragsteller verpflichtet, dem Gegner den Schaden zu ersetzen, der ihm aus der Vollziehung oder dadurch entsteht, dass er zu deren Abwendung oder Aufhebung Sicherheit leistet. Die Bestimmung ist in einer Linie mit den Regelungen in § 302 Abs 4 Satz 3, § 600 Abs 2, § 717 Abs 2 ZPO sowie in § 85 Abs 5, 6 zu sehen. Sie verwirklicht den Gedanken der Gefährdungshaftung und setzt kein Verschulden voraus.[1021] Sie dehnt den Grundsatz, dass der, der von einem noch nicht endgültig rechtsbeständigen Titel Gebrauch macht, aber im weiteren Verlauf des Rechtsstreits unterliegt, dem Gegner Schadensersatz zu leisten hat, auf das Gebiet des einstweiligen Rechtsschutzes aus. Der Anspruch ist daher im wesentlichen an formale, leicht festzustellende Voraussetzungen geknüpft.[1022] Ob die Aufhebung der einstweiligen Verfügung im vorläufigen Verfahren im Schadensersatzprozess hinzunehmen ist und eine erneute Prüfung der Unbegründetheit des einstweiligen Rechtsschutzes ausschließt[1023] oder die Partei zur Darlegung ihrer im einstweiligen Verfahren verfolgten Rechte den Vortrag erweitern und über die Mittel der Glaubhaftmachung hinaus neue Beweisangebote zu unterbreiten kann,[1024] ist str.[1025] Eine Bindungswirkung des die Verfügung aufhebenden Urteils scheidet jedenfalls dann aus, wenn es sich um ein nicht mit Gründen versehenes Verzichtsurteil handelt.[1026]

313   **Berühmt** sich der Antragsgegner eines Schadensersatzanspruchs nach § 945 ZPO, kann sich der Antragsteller mit der negativen Feststellungsklage wehren.[1027]

314   **Ausschluss des Schadensersatzanspruchs.** Unterlassen des Widerspruchs gegen die einstweilige Verfügung kann den Ersatzanspruch ausschließendes Mitverschulden darstellen.[1028] Hat der Antragsteller eine auf Unterlassung gerichtete einstweilige Verfügung erfüllt, ohne dass eine Strafandrohung gem § 890 Abs 2 ZPO ergangen war, kommt ein Anspruch aus § 945 ZPO (nach Aufhebung der einstweiligen Verfügung) nicht in Betracht.[1029] Wird eine im Beschlusswege erlassene Verbotsverfügung vor einer förmlichen Parteizustellung formlos der Gegenseite übermittelt, führt dies noch nicht zu einem Vollstreckungsdruck, der die Schadensersatzpflicht nach § 945 ZPO auslösen kann; mit der Zustellung der mit Ordnungsmittelandrohung versehenen Unterlassungsverfügung muss jedoch der Schuldner damit rechnen, dass der Gläubiger jederzeit von der Vollstreckungsmöglichkeit Gebrauch macht und bei Zuwiderhandlung gegen die in der Beschlussverfügung ausgesprochene Unterlassungsverpflichtung die Festsetzung von Ordnungsmitteln beantragt, so dass grds davon auszugehen ist, dass die Befolgung einer Unterlassungsver-

---

1018 OLG München GRUR 1990, 482 unter Aufgabe von OLG München GRUR 1985, 327.

1019 Vgl RGZ 171, 227, 231 = GRUR 1943, 289 Kohlenstaubmotor.

1020 BGHZ 165, 311 = GRUR 2006, 219 Detektionseinrichtung II; offengelassen in BGHZ 75, 116, 120 = GRUR 1979, 869 Oberarmschwimmringe; aA *Schwerdtner* GRUR 1968, 17; *Kroitzsch* GRUR 1976, 512; *Pietzcker* GRUR 1980, 442, sowie ein Teil der Kommentarlit zu § 945 ZPO.

1021 RG MuW 17, 159, 161 X-Haken; anders nach nl Recht, vgl RB Den Haag BIE 2001, 400, 402.

1022 Vgl auch BGH Detektionseinrichtung II; zur (str) Frage, ob der Anspruch Vollziehung der einstweiligen Verfügung voraussetzt, *von der Groeben* GRUR 1999, 674.

1023 So RGZ 58, 236; BGHZ 62, 7, 10 f = NJW 1974, 642; BGH NJW 1988, 3268 f; BGH NJW 1992, 2297 f.

1024 So BGH GRUR 1992, 203 Roter mit Genever, WzSache.

1025 Kr ua *Teplitzky* Kap 36 Rn 17 ff sowie GRUR 1994, 765, 768, WRP 1987, 149, 151 Fn 38, GRUR 1992, 821, 824 Fn 31 ff; weitere Nachw BGH GRUR 1998, 1010 f WINCAD.

1026 BGH WINCAD.

1027 BGHZ 126, 368 = GRUR 1994, 849 f Fortsetzungsverbot.

1028 OLG München GRUR 1996, 998.

1029 BGHZ 131, 141 = Mitt 1996, 253, 255 Gebührenüberwachung; BGHZ 120, 73 = GRUR 1993, 415 Straßenverengung; vgl auch BGH GRUR 2011, 364 steroidbeladene Körner; aA OLG München OLGR 1994, 189, wonach die Parteizustellung allein für den erforderlichen Vollstreckungsdruck ausreicht; der letztgenannten Auffassung sollte dort gefolgt werden, wo das Fehlen der Strafandrohung auf stichhaltigen Gründen (Auslandszustellung) beruht (aA BGH Gebührenüberwachung).

pflichtung der Abwendung von Vollstreckungsmaßnahmen dient und nicht freiwillig erfolgt.[1030] Auch aus Treu und Glauben kann der Schadensersatzanspruch ausgeschlossen sein.[1031]

Schadensersatz kommt nicht in Betracht, wenn zwar nicht das Patent, aber das parallele Gebrauchs- **315** muster **bestehenbleibt**,[1032] oder wenn zwar die Verfügung zu weit gefasst war, die Verletzungsform aber tatsächlich in den Schutzbereich des Patents fiel.[1033]

Zu ersetzen ist der durch die Vollziehung der Verfügung adäquat kausal verursachte **Schaden.**[1034] Er- **316** fasst sind insb der Schaden durch Produktionsausfall und entgangene Aufträge. Die dem Schuldner aufgrund einer zu Unrecht erlassenen einstweiligen Verfügung entstandenen außergerichtlichen Kosten sind weder in unmittelbarer noch in entspr Anwendung des § 945 als Schaden ersetzbar, allerdings kann im Aufhebungsverfahren nach § 927 Abs 1 ZPO Antrag auf Abänderung der Kostenentscheidung der einstweiligen Verfügung gestellt werden.[1035]

Zur **Verjährung** des Ersatzanspruchs Rn 24 zu § 141. **317**

7. Die (kaum praktische) **einstweilige Verfügung im Zwangslizenzverfahren** folgt eigenen Regeln **318** (§§ 85, 122; s dort).

VI. Das **selbstständige Beweisverfahren** richtet sich nach den §§ 485 ff ZPO.[1036] Hauptanwendungs- **319** fall ist nunmehr die Beweiserhebung im Zusammenhang mit dem Besichtigungsanspruch des § 140c. Die Beweiserhebung folgt den jeweiligen Regeln für das Hauptsacheverfahren (§ 492 Abs 1 ZPO). Ist der Gegner beteiligt, was bei § 140c immer der Fall sein wird, kann die Anhörung des Sachverständigen dort beantragt werden. Im Hauptsacheverfahren kommt eine Wiederholung nur ausnahmsweise in Betracht.[1037] Allerdings muss im selbstständigen Beweisverfahren die Frist nach § 411 Abs 4 ZPO gesetzt worden sein und dem Hauptsachegericht darf die Beweisaufnahme nicht ergänzungsbedürftig erscheinen.[1038] Gegen die Ablehnung der Einholung eines weiteren Gutachtens nach § 412 ZPO ist auch im selbstständigen Beweisverfahren kein Rechtsmittel gegeben.[1039] Außerhalb eines anhängigen Rechtsstreits besteht eine Eilzuständigkeit des Amtsgerichts der Belegenheit (§ 486 Abs 3 ZPO; Rn 91 zu § 143). Nach frz Rspr kommt eine Beschlagnahme zur Beweissicherung nach Ablauf des Patents nicht mehr in Betracht.[1040] Der Stundensatz der Vergütung des Sachverständigen im Beweissicherungsverfahren darf nicht ex post bewertet werden.[1041]

1030 BGH GRUR 2015, 196 Nero.
1031 OLG Frankfurt OLGR 1998, 228: wenn sich der erfolglos abgemahnte Unterlassungsschuldner ohne Präjudiz einseitig strafbewehrt zur Unterlassung verpflichtet.
1032 Vgl RG Mitt 1912, 110, 113 Steinobstentkerner.
1033 RG GRUR 1937, 373 ff Haartrockenhaube.
1034 Zum Umfang vgl RG GRUR 1943, 262 Geschäftsstillegung: entgangener Gewinn und Geschäftswert; BGHZ 15, 356, 358 = GRUR 1955, 346 progressive Kundenwerbung; BGH GRUR 1981, 295 Fotoartikel; LG Düsseldorf InstGE 2, 157, zu frustrierten Aufwendungen; zum mitwirkenden Verschulden (§ 254 BGB) RG MuW 17, 159, 161 X-Haken.
1035 BGHZ 122, 172 = GRUR 1993, 998 Verfügungskosten.
1036 Vgl *Haertel* GRURPrax 2013, 327; zur Rechtslage in der Schweiz schweiz BG BGE 114 II 435 einerseits, OG Zug sic! 2000, 118 andererseits.
1037 BGH NJW 1970, 1919.
1038 Zu den Einzelheiten vgl *Zöller* ZPO § 48 Rn 2 und § 411 Rn 5.
1039 BGH MDR 2010, 767.
1040 TGI Paris PIBD 839 – III 692, Ls auch in GRUR Int 2007, 442.
1041 LG München I InstGE 13, 63.

VII. Kostenerstattung; Streitwert

1. Kostenerstattung

320   **a. Allgemeines.**[1042] Es gelten die allg Regeln (§§ 91, 103–107 ZPO).[1043] Den Ansatz von Patentanwalts-kosten nach der Gebührenordnung für Patentanwälte (Rn 59 zu § 81480; Rn 148 zu § 143) erkennt die Düsseldorfer Rspr weiterhin (mit einem aktuellen Teuerungszuschlag von 340%) an.[1044] Zu den Kosten für einen auswärtigen Rechtsanwalt Rn 129 zu § 143. Prozesskostenhilfe richtet sich nach der ZPO und nicht nach §§ 128 ff PatG;[1045] eine juristische Person erhält sie nur, wenn das Unterbleiben der Rechtsverteidigung allg Interessen zuwiderliefe, was voraussetzt, dass durch die Entscheidung größere Teile der Bevölkerung oder des Wirtschaftslebens angesprochen und die Entscheidung soziale Wirkungen nach sich ziehen kann oder ein allg Interesse an einer richtigen Entscheidung besteht.[1046]

321   Ob die Geltendmachung von inhaltsgleichen gegen mehrere Beklagte gerichteten Unterlassungsansprüchen denselben Gegenstand der anwaltlichen Tätigkeit betrifft (zum Gegenstand iSv § 45 Abs 1 Satz 3 GKG Rn 335), wird unterschiedlich beurteilt. Die Geltendmachung von **Unterlassungsansprüchen gegen verschiedene Beklagte** stellt nach richtiger Ansicht verschiedene Angelegenheiten iSv § 7 Abs 1 RVG dar. Ansprüche gegen zwei Gesellschaften, von denen eine den patentgeschützten Gegenstand herstellt, die andere ihn vertreibt, sollen denselben Gegenstand iSd § 7 Abs 1 RVG betroffen haben.[1047] Nach st, insb höchstrichterlicher Rspr im Presserecht werden Ansprüche gegen Redakteur und Verlag auf der Passivseite wie auch von mehreren durch eine Publikation Verletzte auf der Aktivseite jeweils als dieselbe Angelegenheit angesehen.[1048] Auch wenn dies noch als im Verhältnis zum prozessrechtl Anspruch eigene gebührenrechtl Beurteilung akzeptiert werden kann, ist jedenfalls im Patentrecht nicht mehr eine Angelegenheit gegeben, wenn zwei unterschiedliche Verletzer wegen weitgehend ähnlicher Verletzungstatbestände in Anspruch genommen werden.[1049] Werden dabei ohne ersichtlichen Grund mehrere Prozesse geführt, kommt eine Behandlung der Kostenfestsetzunganträge als rechtsmissbräuchlich in Frage.[1050] Bei mehreren Beklagten erscheint diese Betrachtungsweise schon deshalb bdkl, weil bei der Vertretung mehrerer Verletzer hinsichtlich von Sachverhalten, in denen entweder der unmittelbare Verursacher und sein Geschäftsherr oder mehrere Beteiligte in einer Rechte- oder Verletzerkette in Anspruch genommen werden,[1051] eine Streitverkündigungssituation dieser Verletzer untereinander gegeben ist und deshalb bei ungeklärter interner Haftungsverteilung eine Vertretung widerstreitender Interessen in Frage kommt, wenn sie durch einen Anwalt vertreten werden (Rn 45). Anders verhält es sich bei mehreren Klägern.[1052] Nicht dieselbe Angelegenheit betrifft im gewerblichen Rechtsschutz die Geltendmachung von Unterlassungs- und Auskunftsansprüchen (anders bei Schadensersatzansprüchen, bei denen gesamtschuldnerisch gehaftet wird) gegen juristische Person und Organ.[1053] Bei der im Zusammenhang mit der Entscheidung über die Kosten-

---

1042 Zur Erstattungsfähigkeit der vollen Berufungsgebühr insb bei nur zur Fristwahrung eingelegtem Rechtsmittel und bei Stillhalteabkommen *Traub* Wettbewerbsrechtliche Verfahrenspraxis² S 122 und OLG Frankfurt 13.6.1994 6 W 74/94 Mitt 1995, 81 Ls.

1043 Zu europarechtl Bedenken gegen die dt Praxis, die Erstattung auf die gesetzlichen Gebühren zu begrenzen, *Rojahn*/*Rektorschek* Mitt 2014, 1.

1044 LG Düsseldorf Mitt 2006, 282; OLG Düsseldorf (24. Senat) Mitt 2013, 295; vgl auch OLG Düsseldorf 15.2.2001 2 U 10/98.

1045 Zu dem nach § 116 Nr 2 ZPO erforderlichen Allgemeininteresse an der Rechtsverteidigung BGH 10.1.2011 X ZA 1/10.

1046 BGH 28.9.2011 I ZR 13/11 GRUR-RR 2012, 48 Ls.

1047 LG Düsseldorf 5.12.1997 4 O 97/97 Entsch 1997, 123.

1048 So BGHZ 102, 322, 330 = NJW 1988, 1835; BGHZ 161, 154 = NJW 2005; BGH GRUR 2011, 278 Druckerzeugnis und Onlineberichterstattung; BGH NJW 2011, 782; vgl *Mayer* FD-RVG 2010, 308291.

1049 So aber OLG Hamburg 3.2.2011 4 W 47/11 BeckRS 2011, 21807 zum Presserecht.

1050 BGH NJW 2013, 66; BGH GRUR 2014, 709 Festsetzung von Mehrkosten.

1051 So aber OLG Düsseldorf InstGE 7, 192.

1052 BGH Festsetzung von Mehrkosten, mit Relativierung für den Fall der zeitlichen Staffelung zur Senkung des Prozesskostenrisikos; vgl auch BGH GRUR 2013, 206, Pressesache.

1053 BGH GRUR-RR 2008, 460 Anwaltsgebühren bei mehrfachem Unterlassungsbegehren mwN (Nr 8); OLG Düsseldorf GRUR 2000, 825.

erstattung vorzunehmenden Beurteilung, ob die Rechtsverfolgung missbräuchlich darauf gerichtet war, den Gegner mit möglichst hohen Kosten zu belasten, sind alle Umstände des Einzelfalls abzuwägen.[1054] Beantragt der Prozessbevollmächtigte des Revisionsbeklagten die Zurückweisung der Revision, bevor diese begründet worden ist, ist dem Revisionsbeklagten nur die halbe Prozessgebühr zu erstatten.[1055] Zur Erstattungsfähigkeit von Patentanwalts- und Rechtsanwaltskosten im übrigen Rn 130 ff zu § 143; vgl auch die Hinweise bei § 80.

b. Rechtsgutachten, technische Gutachten. Erstattungsfähigkeit der Kosten für Rechtsgutachten ist **322** regelmäßig zu verneinen,[1056] anders ausnahmsweise, wenn hierdurch Fragen fremden Rechts oder Spezialfragen entlegener Rechtsgebiete geklärt werden sollen.[1057] Auch die Kosten technischer Privatgutachten sind nur ausnahmsweise erstattungsfähig.[1058] Ein mitwirkender Patentanwalt kann nicht zugleich als Privatgutachter liquidieren.[1059] Bei experimentellen Untersuchungen muss sich die Partei zunächst um gerichtliche Begutachtung bemühen.[1060] Sachverständigenkosten für die Besichtigung nach § 140c sind keine Verfahrenskosten;[1061] ebensowenig die Kosten des Gestattungsverfahrens nach § 140b Abs 9.[1062]

c. Die Kosten der **Vorbereitung der Nichtigkeitsklage** sind bei Notwendigkeit iSd § 91 ZPO im Ver- **323** letzungsverfahren erstattungsfähig, wenn die Nichtigkeitsklage nicht eingereicht wurde.[1063]

d. Kosten der Verwarnung (Rn 291 zu § 139) sind nach neuerer Rspr keine erstattungsfähigen Vorbe- **324** reitungskosten mehr,[1064] können aber klageweise geltend gemacht werden, soweit hierfür ein Rechtsschutzbedürfnis besteht;[1065] ggf als Freistellungsanspruch.[1066] Der bei Abmahnungen in einfach gelagerten Fällen im Wettbewerbs- und Urheberrecht oft ausgetragene Streit um den Erhöhungsfaktor der Anwaltsgebühren[1067] dürfte in Patentstreitigkeiten kaum entstehen; hier ist ein Ansatz von 1,3–1,5 für die Geschäftsgebühr nach Nr 2300 VV RVG regelmäßig nicht zu beanstanden.[1068] Die Kosten für ein Abschlussschreiben (Rn 308) sind im Hauptsacheverfahren nach § 670 BGB einzuklagen;[1069] der Erhöhungsfaktor wird hier unterschiedlich bewertet.[1070] Sie sind nur erstattungsfähig, wenn der Gläubiger eine angemes-

---

1054 BGH Mitt 2002, 425 Kostenerstattung bei mißbräuchlicher Mehrfachverfolgung.
1055 BGH NJW 2003, 1324.
1056 Vgl BVerfG NJW 1993, 2793; OLG Koblenz JurBüro 1988, 1026; BayVerfGH VerfGHE 46, 80 = NJW 1993, 2794 mNachw.
1057 BayVerfGH VerfGHE 46, 80 = NJW 1993, 2794; OLG München Mitt 1991, 175; OLG München NJW-RR 2001, 1723; *Benkard* § 80 Rn 49; § 139 Rn 172.
1058 OLG München GRUR 1957, 147; OLG München CR 1991, 34; OLG Düsseldorf Mitt 1972, 179; OLG Düsseldorf GRUR 1952, 227; OLG Celle GRUR 1960, 149; OLG Frankfurt JurBüro 1986, 915; OLG Frankfurt JurBüro 1987, 896; OLG Frankfurt CR 1994, 535; vgl OLG Wien ÖBl 2008, 304; für das Nichtigkeitsverfahren BPatGE 30, 263 = Mitt 1990, 19; BPatGE 25, 155 = BlPMZ 1984, 173; BPatGE 25, 114 = Mitt 1983, 114; BPatGE 24, 30 = GRUR 1981, 815 f; generell großzügiger *Schramm* PVP Kap 12 Rn 270.
1059 OLG Düsseldorf GRUR 1965, 118.
1060 BPatGE 33, 274 = GRUR 1993, 548.
1061 OLG München GRUR 1987, 33, noch zu § 809 BGB.
1062 BGH GRUR 2014, 1239 Deus ex.
1063 LG München I Mitt 2014, 292.
1064 BGH GRUR 2008, 639 Kosten des Abwehrschreibens; BGH GRUR 2006, 439 nicht anrechenbare Geschäftsgebühr; BGH NJW 2010, 1375; jetzt auch *Benkard* § 139 Rn 171; vgl *Mes* § 139 Rn 274 ff; die Widersprüche in der Rspr zu § 15a RVG nF betreffen nicht die Erstattbarkeit, sondern die Anrechnung; OLG Frankfurt GRUR 1985, 328 und OLG Rostock NJW-RR 1996, 1342; anders früher OLG Karlsruhe GRUR 1985, 36; LG München I GRUR 1984, 811; OLG Dresden GRUR 1997, 318 mwN.
1065 OLG Braunschweig Mitt 1999, 314, 315, str; vgl LG Mannheim GRUR-RR 2014, 370: kein Schadensersatz aus § 139 bei falschem Abgemahnten; zu einem Fall der unbrauchbaren Abmahnung OLG Düsseldorf WRP 2012, 595.
1066 OLG Hamm GRUR-RR 2014, 133.
1067 BGH GRUR 2010, 1038 Kosten für Abschlussschreiben: regelmäßig 0,5–2,5, 0,3 bei einfach gelagertem Wettbewerbsfall für Abschlussschreiben.
1068 LG Düsseldorf InstGE 9, 114; aA BGH Kosten für Abschlussschreiben.
1069 OLG Hamburg GRUR-RR 2014, 229; LG Düsseldorf InstGE 9, 114.
1070 LG Düsseldorf InstGE 9, 24.

sene Erklärungsfrist abgewartet hat.[1071] Dagegen wurden Kosten des Verletzungsbeklagten für eine Verzichtsaufforderung zur Vermeidung der Nichtigkeitsklage nicht als Kosten des Verletzungsrechtsstreits (wohl aber uU als materiell erstattungsfähig) angesehen.[1072] Die durch ein vorgerichtliches Abwehrschreiben entstandenen Kosten stellen, soweit sie auf die Verfahrensgebühr nicht anrechenbar sind, keine notwendigen Kosten der Rechtsverteidigung dar.[1073] Für die Antwort auf eine Berechtigungsanfrage können keine Kosten verlangt werden.[1074]

325   **e.** Kosten einer **Schutzschrift** können erstattet werden, wenn ein Verfügungsantrag bei dem Gericht eingeht, bei dem die Schutzschrift eingereicht wurde (Kosten für in derselben Angelegenheit im Hinblick auf den fliegenden Gerichtsstand bei anderen Gerichten eingereichte Schutzschriften werden dabei nicht erstattet)[1075] und erfolglos bleibt, insb, wenn der Antrag zurückgenommen wird und vorher die Schutzschrift vorgelegen hat.[1076] Gegen einen Ansatz der vollen Gebühr von 1,3 nach Nr 3100 VV RVG und nicht 0,8 nach 3101 VV bestehen keine Bedenken.[1077]

326   **f.** Kosten für die Anfertigung und Vorführung von **Modellen** und patentgem Vorrichtungen können in Ausnahmefällen erstattungsfähig sein;[1078] maßgeblich ist die Notwendigkeit. Dasselbe gilt für Recherchekosten und Kosten, die beim Lieferanten bei von der Partei in Auftrag gegebenen Nachforschungen entstehen.[1079]

327   **g.** Die Kosten eines **Testkaufs** sind idR erstattungsfähig,[1080] wobei str ist, ob die Leistung Zug um Zug gegen Herausgabe des Kaufgegenstands erfolgen muss. Der Erwerb des eigenen Erzeugnisses der Partei durch deren Prozessbevollmächtigten ist nicht erstattungsfähig.[1081]

328   **h. Übersetzungskosten** sind bei ausländ Partei auch bei Schriftsätzen notwendig, die von ihren der Fremdsprache mächtigen Anwälten gefertigt werden;[1082] auch telefonische Übersetzung ist, wenn notwendig, als Übersetzerleistung nach § 9 JVEG erstattungsfähig,[1083] auch die Übersetzung der instanzbeendenden Entscheidung.[1084] Bei einer Auslandszustellung im Bereich der VO (EG) Nr 1393/2007 (Rn 95) kann die Kostenminderungspflicht je nach Sachlage nicht erfordern, dass der Kläger das Risiko eingeht, dass der Empfänger bei nicht übersetzter Klage die Annahme verweigert.[1085]

329   **i. Reisekosten** der Partei zum Termin sind idR auch neben einer Informationsreise erstattungsfähig;[1086] dies gilt auch für Kosten des Organs, die der juristischen Person entstehen.[1087] Dies ist auch nicht

---

1071   BGH GRUR 2015, 822 Kosten für Abschlusschreiben II, UWGSache.
1072   OLG Düsseldorf Mitt 1996, 141.
1073   BGH GRUR 2008, 639 Kosten eines Abwehrschreibens.
1074   LG München I InstGE 6, 117; *Mes* § 139 Rn 263.
1075   OLG Hamburg GRUR-RR 2014, 96.
1076   BGH GRUR 2003, 456 Schutzschrift I; BGH GRUR 2007, 727 Kosten der Schutzschrift II; BGH GRUR 2008, 640 Kosten der Schutzschrift III; *Schramm* PVP Kap 12 Rn 241; OLG Bremen JurBüro 1991, 940; OLG München WRP 1992, 811; OLG München JurBüro 1993, 154; OLG Braunschweig JurBüro 1993, 218; OLG München JurBüro 1994, 632; OLG Koblenz GRUR 1995, 171; OLG Düsseldorf GRUR 1995, 171; OLG Frankfurt GRUR 1996, 229; OLG Düsseldorf Mitt 2000, 306.
1077   OLG Düsseldorf InstGE 8, 122.
1078   Vgl die Einzelheiten bei OLG Düsseldorf InstGE 11, 121 = GRUR-RR 2009, 448; OLG Düsseldorf GRUR 1979, 191; vgl auch OLG Frankfurt GRUR 1967, 115.
1079   OLG Düsseldorf InstGE 12, 252.
1080   OLG Frankfurt GRUR-RR 2013, 184; OLG München GRUR-RR 2004, 190: auch bei Kauf vor Abmahnung; LG Düsseldorf NJW-RR 2009, 1422; insgesamt zur Problematik *Mes* GRUR 2013, 767, 771 ff.
1081   OLG Frankfurt GRUR-RR 2013, 184.
1082   OLG Düsseldorf InstGE 12, 177 = GRUR-RR 2010, 448.
1083   OLG Düsseldorf InstGE 13, 252.
1084   OLG Düsseldorf GRUR-RR 2012, 493: auch Protokolle dürfen ggf übersetzt werden.
1085   OLG Düsseldorf InstGE 10, 294.
1086   BPatGE 33, 160; zur Erstattungsfähigkeit der Reisekosten des Rechtsanwalts BGH GRUR 2007, 726 auswärtiger Rechtsanwalt V mwN; BGH GRUR 2015, 509 Flugkosten.
1087   BGH Mitt 2009, 90.

missbräuchlich, wenn eine ausländ Partei weder am Sitz ihres eigenen Prozessbevollmächtigten noch dem des Beklagten klagt.[1088]

k. Die Erstattungsfähigkeit der **Mehrwertsteuer** bei Vorsteuerabzugsberechtigung des Erstattungs- **330** berechtigten war umstr.[1089] Seit Inkrafttreten des KostÄndG 1994 genügt zur Berücksichtigung die Erklärung des Antragstellers, dass er die Beträge nicht als Vorsteuer abziehen kann (§ 104 Abs 2 Satz 3 ZPO). In diesem Fall erfolgt die Berücksichtigung idR ohne weitere Prüfung.[1090] Wenn abgezogen werden kann, wird nicht erstattet (allgM).[1091] Auch ein ausländ Auftraggeber kann die Vorsteuer abziehen (§ 15 Abs 1 Nr 3 UstG).

2. Der **Streitwert**[1092] wird grds durch das Gericht nach billigem Ermessen festgesetzt.[1093] § 51 GKG[1094] **331** geht für den in Patentstreitsachen allein relevanten Gebührenstreitwert § 3 ZPO, der freies Ermessen erlaubt, vor,[1095] § 48 GKG. Er hat in Patentstreitsachen nur für die Rechtsmittelfähigkeit und für die Gebührenberechnung, ggf für die Höhe der Prozesskostensicherheit Bedeutung.[1096] **§ 51 GKG** lautet auszugsweise:

> (1) In Rechtsmittelverfahren des gewerblichen Rechtsschutzes (§ 1 Absatz 1 Satz 1 Nr 14) und in Verfahren über Ansprüche nach dem Patentgesetz, dem Gebrauchsmustergesetz, dem Markengesetz, dem Geschmacksmustergesetz, dem Halbleiterschutzgesetz und dem Sortenschutzgesetz ist der Wert nach billigem Ermessen zu bestimmen.
>
> (2–4) [betreffen Verfahren nach dem UWG]
>
> (5) Die Vorschriften über die Anordnung der Streitwertbegünstigung (§ 12 Absatz 4 des Gesetzes gegen den unlauteren Wettbewerb, § 144 des Patentgesetzes, § 26 des Gebrauchsmustergesetzes, § 142 des Markengesetzes, § 54 des Geschmacksmustergesetzes) sind anzuwenden.

Die Diskussion über die Streitwerte in Patentstreitsachen und die damit verbundenen Kosten (hierzu gab es Beschwerden der kleinen und mittelständischen Unternehmen)[1097] und Kostenrisiken hat in den letzten Jahren zugenommen;[1098] die Rspr war dabei uneinheitlich.[1099]

Maßgeblich für das Verletzungsverfahren ist das Interesse am Obsiegen in diesem Prozess,[1100] nicht **332** der gemeine Wert des Patents (anders im Nichtigkeitsverfahren, vgl Rn 68 ff zu § 84),[1101] das Interesse des Patentinhabers am Patent[1102] oder das Interesse des Beklagten.[1103] Der **Wert der Beschwer** soll den durch das Klägerinteresse bestimmten Streitwert der Vorinstanz übersteigen können.[1104] Dies ist abzulehnen,

---

1088 BGH GRUR 2014, 607 Klageerhebung an einem dritten Ort.

1089 OLG Frankfurt GRUR 1991, 160 (bejahend) einerseits, OLG Schleswig GRUR 1991, 634 (verneinend) andererseits sowie BPatG GRUR 1992, 503 und BPatGE 33, 188.

1090 Vgl BVerfG NJW 1996, 382; BGH NJW 2003, 1534.

1091 BGH Mitt 2012, 473.

1092 Grundlegend *Stephan* Streitwertbestimmung, Diss München (2015); allg *Haertel* GRURPrax 2013, 327; *Köllner* Mitt 2013, 8.

1093 Beispielhaft für eine Streitwertfestsetzung durch den BGH Beschluss vom 27.11.1990 X ZR 15/90; vgl zur Problematik *Stephan* Streitwertbestimmung Rn 463 ff.

1094 IdF des Gesetzes gegen unseriöse Geschäftspraktiken vom 1.10.2013, BGBl I 3714; zuletzt geänd durch Gesetz vom 8.7.2014, BGBl I S 890; zur Entstehungsgeschichte *Stephan* Streitwertbestimmung Rn 139 ff.

1095 Vgl *Zöller* ZPO § 2 Rn 3 und § 3 Rn 16 „Gewerblicher Rechtsschutz".

1096 Ausführlich *Stephan* Streitwertbestimmung Rn 15 ff.

1097 Vgl etwa Maschine+Werkzeug 4/2001; *Wacker* Wildwest-Methoden beim Patentstreit, 040_News-Spezial 10/2012, http://www.kuhnen-wacker.de/kuhnen-wacker/documents/paw_wildwest.pdf.

1098 S die Darstellung bei *Stephan* Streitwertbestimmung Rn 3 ff mwN.

1099 *Stephan* Streitwertbestimmung Rn 7, 14, 39 ff, 177 ff; LG München I InstGE 12, 150; *Schramm* PVP Kap 12 Rn 221; vgl die Beispiele bei *Benkard* § 139 Rn 166.

1100 *Zöller* ZPO § 3 Rn 16 „Gewerblicher Rechtsschutz"; *Benkard* § 139 Rn 166; *Fitzner/Lutz/Bodewig* vor § 139 Rn 199; *Schramm* PVP Kap 12 Rn 225; *Stephan* Streitwertbestimmung Rn 159 ff, 170.

1101 S auch *Stephan* Streitwertbestimmung Rn 286 ff, 294 ff.

1102 Vgl OLG Celle 2.9.1994 13 W 54/94 NJW-CoR 1994, 49 Ls, zu § 69c UrhG.

1103 *Fitzner/Lutz/Bodewig* vor § 139 Rn 198; aA BezG Dresden GRUR 1991, 941: höherer Wert maßgeblich.

1104 BGH 16.6.1988 III ZR 65/88; BGHR ZPO § 2 Beschwerdegegenstand 8 und BGH NJW 1994, 735.

weil die Belange des Beklagten grds unmaßgeblich sind und der Wert der Beschwer nicht höher sein kann als der Streitwert der Vorinstanz.[1105]

333   In den Streitwert gehen somit regelmäßig der über das Interesse am eigenen ungestörten Vertrieb zu schätzende Wert des **Unterlassungsanspruchs**[1106] bei Einleitung der Instanz, der meist ebenfalls nur zu schätzende Wert des Schadensersatzanspruchs oder der demgegenüber etwas (in der Praxis um ein Fünftel)[1107] zu ermäßigende Wert des positiven Feststellungsanspruchs und der Wert des Rechnungslegungsanspruchs (Rn 338) ein.[1108] Das OLG Düsseldorf verwendet eine Lizenzbetrachtung unter Zugrundelegung maximaler Werte.[1109] Feste, allg zuverlässig anwendbare Regeln gibt es auch in anderen Bereichen des gewerblichen Rechtsschutzes und des Urheberrechts nicht.[1110] Grds werden die Umsätze der jeweiligen Kläger mit dem geschützten Gegenstand[1111] zugrundegelegt und mit einem unterschiedlichen Multiplikator hochgerechnet, eine konkrete, allg anerkannte Begründung sowie feste Multiplikatoren werden aber nicht angewandt. Anhaltspunkt ist in erster Linie der Umsatz des Verletzers, nicht dessen Gewinn.[1112] Auch der Zeitfaktor (Restlaufzeit und zukünftige Bedeutung des Patents) sind zu berücksichtigen, nicht aber generalpräventive Gesichtspunkte[1113] Allzu große (Schein-)Genauigkeit und hoher Ermittlungsaufwand sind unangebracht. Die gesetzgeberische Entscheidung bei § 9 ZPO, bei langfristigen Grundlagen für die Streitwertberechnung das Ergebnis zu deckeln, wurde bisher, insb bei Lizenzvertragsüberlegungen, nicht berücksichtigt. Bei Klage gegen Abnehmerverwarnung und Widerklage auf Unterlassung der Schutzrechtsverletzung sind die Werte von Klage und Widerklage zusammenzurechnen.[1114]

334   Nach der Rspr des I. Zivilsenats des BGH ist der Streitwert bei einheitlichem Unterlassungsanspruchanspruch und **hilfsweise geltend gemachten Klagegründen** (Rn 91) grds nicht zu vervielfachen, sondern angemessen zu erhöhen;[1115] dies gilt nur, solange eine wirtschaftliche Werthäufung stattfindet und nicht ein wirtschaftlich identisches Interesse betroffen ist; dann nämlich ist der Gegenstand iSd § 45 GKG nicht identisch mit dem zivilprozessualen Streitgegenstand. Dies ist gegeben, wenn in ein Eventualverhältnis gestellte Ansprüche nicht nebeneinander bestehen könnten.[1116] Bei kumulativer Geltendmachung muss sich der Streitwert wohl auch bei identischem wirtschaftlichem Interesse jedenfalls für die dann geltend gemachten mehreren Unterlassungsansprüche erhöhen.[1117]

335   Der Streitwert der **Verwarnung** entspricht dem des Unterlassungsanspruchs,[1118] der der **einstweiligen Verfügung** ist gem § 35 Abs 1 Nr 1 GKG nach freiem Ermessen zu bestimmen.[1119] Daraus wird geschlos-

---

1105   Vgl BGH GRUR 1990, 530 f Unterwerfung durch Fernschreiben; *Teplitzky* GRUR 1994, 765, 774.

1106   BGH GRUR 2014, 206 Einkaufskühltasche: Prognose, bei der der Wert des Schutzrechts für den Gläubiger als auch die Gefährdung der Realisierung durch den Beklagten abgeschätzt wird; OLG Hamm GRUR-RR 2013, 39, UrhSache: doppelte Lizenzgebühr; vgl *Stephan* Streitwertbestimmung Rn 199; *Schramm* PVP Kap 12 Rn 225.

1107   *Fitzner/Lutz/Bodewig* vor § 139 Rn 200; *Benkard* § 139 Rn 168.

1108   Vgl auch *Mes* § 139 Rn 461 f; zur Berücksichtigung eines Herausgabeanspruchs wegen überlassener Konstruktionsunterlagen BGH 28.6.2000 X ZR 32/00; vgl *Stephan* Streitwertbestimmung Rn 238 ff.

1109   OLG Düsseldorf InstGE 12, 107 f „Du sollst nicht lügen!"; OLG Düsseldorf InstGE 13, 232, polemisch allerdings zum versuchten Betrug bei zu niedrigen Angaben; so auch *Stephan* Streitwertbestimmung Rn 282 ff; vgl *Rojahn/Lunze* Die Streitwertfestsetzung im Patentrecht: ein Mysterium? Mitt 2011, 533, 538, mit berechtigter Kritik an der Maximalberechnung; *Beyerlein/Beyerlein* Mitt 2011, 542; vgl auch BGHZ 52, 2 = NJW 1969, 1117 Einkaufsausweis.

1110   LG München I InstGE 12, 150; vgl die Vorschläge zur Kategorisierung bei *Stephan* Streitwertbestimmung Rn 492 ff und zu Regelstreitwerten Rn 551 ff.

1111   So für das Markenrecht etwa OLG Nürnberg GRUR 2007, 815, OLG Frankfurt GRUR 2003, 232; vgl auch *Schramm* GRUR 1953, 104 und *Spiess* GRUR 1055, 227.

1112   *Benkard* § 139 Rn 167 m Nachw des Streitstands und der zumeist älteren Rspr.

1113   So zutr OLG Schleswig GRUR-RR 2010, 126; OLG Celle GRUR-RR 2012, 270; OLG Frankfurt GRUR-RR 2005, 71, Markensache; OLG Brandenburg NJW-RR 2014, 227; *Stephan* Streitwertbestimmung Rn 247 ff.

1114   OLG Frankfurt GRUR 1994, 667.

1115   BGH WRP 2014, 192 Streitwertaddition; OLG Frankfurt GRUR-RR 2014, 280: 10%, unter Abweichung von OLG Frankfurt GRUR-RR 2012, 367; vgl *Büscher* GRUR 2012, 16; *Labesius* GRUR-RR 2012, 317.

1116   BGH 6.6.2013 I ZR 190/11 GRUR-RR 2013, 528 Ls Testmandant.

1117   Vgl *Stephan* Streitwertbestimmung Rn 121, 157 f.

1118   OLG Frankfurt WRP 1977, 793; *Stephan* Streitwertbestimmung Rn 334 mwN.

1119   Vgl *Stephan* Streitwertbestimmung Rn 355.

sen, dass Abschläge (meist von $^1/_4$–$^1/_3$) vom Hauptsachstreitwert möglich sind.[1120] Bei der Unterlassungsverfügung ist dies im Hinblick auf die hier gegebene Vorwegnahme der Hauptsache str.[1121]

Korrekturen durch einen geringen **Angriffsfaktor** sind möglich,[1122] führen in der Praxis aber nicht zu **336** einer Verringerung um Größenordnungen, sondern allenfalls um Faktoren von 20 bis 50%.[1123] Der Rechtsmittelstreitwert bestimmt sich grds nach den Anträgen des Rechtsmittelführers (§ 14 Abs 1 Satz 1 GKG). Zur **Streitwertherabsetzung** aus wirtschaftlichen Gründen § 144.

Der Streitwert ist nach **einseitiger Erledigungserklärung** durch den Kläger neu zu schätzen, zu be **337** rücksichtigen ist regelmäßig nur noch das Interesse des Klägers an einer günstigen Kostenentscheidung.[1124]

Für den **Auskunftsanspruch** kommt es auf die Prozesssituation an: Für die Geltendmachung durch **338** den Kläger wird ein Prozentsatz (10–25%) der nach Auskunft zu beziffernden Schadensersatzforderung geschätzt,[1125] teilweise auch ein fester Bruchteil des Gesamtstreitwerts.[1126] Für das Rechtsmittel gegen die Verurteilung zur Auskunft sind die Aufwendungen an Arbeitszeit und allg Kosten des Verurteilten für die Auskunft auch im Blick auf eine mögliche Ergänzung (§ 259 Abs 2 BGB) und der Wert eines möglichen Geheimhaltungsinteresses an zu auskunftspflichtigen Tatsachen maßgeblich;[1127] die bisherige Rspr ist vom Großen Senat in Zivilsachen des BGH für den Wert des Beschwerdegegenstands und der Beschwer bei Einlegung eines Rechtsmittels gegen die Verurteilung zur Erteilung der Auskunft usw bestätigt worden.[1128] Maßgeblich ist allein der sich nach dem Tenor des Auskunftsurteils ergebende Aufwand.[1129] Auch bei isoliertem Auskunftsverlangen ist nur auf den Aufwand abzustellen.[1130]

Bei der **eidesstattlichen Versicherung** ist der Wert regelmäßig nach den gleichen Grundsätzen zu **339** bemessen wie im Auskunftsverfahren.[1131]

Der Streitwert beim **Kostenwiderspruch** im Verfügungsverfahren bestimmt sich ausschließlich nach **340** dem Kosteninteresse der Parteien.[1132]

Verfahren. Die für den Gerichtskostenvorschuss maßgebliche vorläufige Streitwertfestsetzung (§ 63 **341** Abs 1 GKG) ist nur vom Kläger über § 12 Abs 1, 2 GKG anfechtbar.[1133] Die endgültige Festsetzung nach § 62 Abs. 2 GKG[1134] ist vAw[1135] und auf (einfache; kein Verfahren nach der ZPO) Beschwerde grds bis 6 Monate nach Rechtskraft oder anderweitiger Erledigung anfechtbar (§§ 62 Abs 3, 68 GKG). Maßgeblich sind die Verhältnisse bei Klageeinreichung oder Klageänderung (§ 40 GKG).[1136] Für eine gesonderte, vom Streitwert der Hauptsache abw Festsetzung des Werts der anwaltlichen Tätigkeit des Prozessbevollmächtigten eines Streithelfers der Hauptpartei im Rechtsmittelverfahren ist auch dann kein Raum, wenn der Streithelfer im betr Rechtszugs keine Anträge gestellt hat.[1137]

1120 *Zöller* ZPO § 3 Rn 16 „Einstweilige Verfügung"; *Benkard* § 139 Rn 168; *Stephan* Streitwertbestimmung Rn 377.

1121 für Abschlag OLG Düsseldorf 29.1.2009 2 W 92/08 (1/4); OLG Rostock GRUR-RR 2009, 39 UWGSache; *Stephan* Streitwertbestimmung Rn 355 ff, 359, 377; dagegen OLG München 26.5.2009 29 W 1498/09.

1122 *Mes* § 139 Rn 459; *Benkard* § 139 Rn 126; *Fitzner/Lutz/Bodewig* vor § 139 Rn 199; *Stephan* Streitwertbestimmung Rn 206 ff.

1123 LG München I InstGE 12, 150; OLG Frankfurt GRUR-RR 2005, 239 Markensache.

1124 BGH GRUR 1990, 530 f Unterwerfung durch Fernschreiben; BGH NJW 1961, 1210; KG GRUR 1995, 135, 137.

1125 *Schulte* § 139 Rn 314 *Schramm* PVP Kap 12 Rn 225.

1126 *Schramm* PVP Kap 12 Rn 226.

1127 BGH GRUR 2010, 1035 Wert der Beschwer; BGH GRUR 1991, 873 eidesstattliche Versicherung; BGH NJW-RR 1992, 697; BGH 9.12.1993 I ZB 38/93; aA BGH NJW 1994, 1222 und Vorlagebeschluss NJW-RR 1994, 1145: Bedeutung des Sache für den Kläger; so auch schon RG GRUR 1936, 696 Furnierschneidemaschine; BGH GRUR 2015, 615 Auskunftsverurteilung, auch zu Kosten für Hilfe bei psychischer Erkrankung des Schuldners.

1128 BGHZ 128, 85 = GRUR 1995, 701 Beschwer bei Auskunftsklage; kr hierzu *Teplitzky* GRUR 1995, 628, 633; *Mes* § 140b Rn 78; s auch BGH 24.11.1998 X ZB 18/98.

1129 BGH NJW-RR 2001, 1571, zu den Anforderungen an die Schätzung, wenn diese auf dem voraussichtlich nötigen Zeitaufwand für eine große Zahl gleichartiger einzelner Handlungen aufbaut, BGH GRUR 1999, 1037 Wert der Auskunftsklage.

1130 BGH NJW 1997, 2528.

1131 BGH GRUR 1991, 873 eidesstattliche Versicherung.

1132 BGH GRUR 2013, 1286 Gegenstandswert des Verfügungsverfahrens; OLG Frankfurt JurBüro 1990, 1332.

1133 *Stephan* Streitwertbestimmung Rn 385 ff, 457 ff.

1134 *Stephan* Streitwertbestimmung Rn 386 f.

1135 So OLG Düsseldorf InstGE 12, 107 f „Du sollst nicht lügen!"; OLG Düsseldorf InstGE 13, 232.

1136 *Zöller* ZPO § 4 Rn 6; OLG Düsseldorf InstGE 11, 175 mit Relativierung; *Stephan* Streitwertbestimmung Rn 183.

1137 BGH 12.1.2016 X ZR 109/12 Vv Wertfestsetzung für Streithelfervertreter.

342 IdR enthält die Klage eine Streitwertangabe (§ 61 GKG: Wertangabe bei jedem Antrag).[1138] Dass frühzeitig[1139] gemachte übereinstimmende **Angaben der Parteien**[1140] ohne nähere Nachprüfung übernommen werden können oder doch zumindest einen Anhaltspunkt bieten,[1141] kann nicht ohne weiteres bejaht werden.[1142] Die Erfahrung zeigt nämlich, dass auch aufgrund der Tatsache, dass die Parteivertreter gegenüber den Parteien nicht nach Streitwert, sondern nach Stunden abrechnen,[1143] gelegentlich der Streitwert zur Minderung des Prozessrisikos deutlich zu niedrig geschätzt wird.[1144] Angesichts der unsicheren Schätzungsgrundlagen ist Zurückhaltung geboten;[1145] bei entspr Anhaltspunkten fragen die Gerichte bei Eingang der Klage oder bei Auftauchen von Zweifeln nach; die Antworten stehen unter Wahrheitspflicht.[1146] Jedenfalls darf das Gericht die Angaben der Parteien nicht ungeprüft übernehmen, sondern hat die Pflicht zur eigenen Ermittlung vAw.[1147] Dafür stehen den Gerichten aber keine brauchbaren Instrumente zur Verfügung,[1148] die Pflicht aus § 61 GKG soll nicht erzwingbar sein,[1149] wird sich aber kaum auf die Tatsachengrundlage beziehen, und die in § 3 Satz 2 ZPO vorgesehene Beweisaufnahme setzt einen Antrag voraus.[1150] Denkbar ist bei Anhaltspunkten für eine zu niedrige Streitwertangabe die Annahme eines zu niedrigen Vorschusses mit der Folge des § 12 Abs 1 Satz 1 GKG (Zustellung erst nach Zahlung des – ausreichenden – Vorschusses). Vertrauliche Angaben der Parteien können nicht benutzt werden; dies folgt schon aus dem Prozessgrundrecht auf rechtl Gehör.[1151]

343 Die in erster Instanz obsiegende Partei ist durch eine zu niedrige Streitwertfestsetzung selbst dann nicht **beschwert**, wenn sie eine Vereinbarung mit ihren Vertretern dahin getroffen hat, dass das Honorar entweder auf der Grundlage des festgesetzten Streitwerts berechnet oder nach dem höheren tatsächlich angefallenen Aufwand auf Stundenbasis abgerechnet wird;[1152] der Anwalt hat aber ein eigenes Beschwerderecht (§ 32 Abs 2 RVG).

344 Die Festsetzung des Werts der Beschwer ist der revisionsrechtl **Überprüfung** nur beschränkt zugänglich. Nachgeprüft werden kann lediglich, ob das Berufungsgericht von seinem Ermessen rechtsfehlerhaft Gebrauch gemacht hat.[1153] Die Neufestsetzung im Verfahren über die Nichtzulassungsbeschwerde ist nicht mehr möglich, wenn der Rechtsmittelkläger die Festsetzung in den Vorinstanzen nicht beanstandet hat.[1154]

VIII. Zwangsvollstreckung[1155]

345 **1. Allgemeines.** Es wird diskutiert, die Zwangsvollstreckung erst dann zuzulassen, wenn das Nichtigkeitsverfahren erstinstanzlich abgeschlossen ist, sofern nicht überwiegende Gläubigerinteressen die Durchsetzung des Urteils erfordern; hierzu wird die Einstellung eines zusätzlichen § 143a angeregt.[1156]

1138 Vgl *Stephan* Streitwertbestimmung Rn 43 ff, 47 ff; *Schramm* PVP Kap 12 Rn 222.

1139 Vgl *Stephan* Streitwertbestimmung Rn 399 ff.

1140 Zu Zweifeln an der Richtigkeit auch in diesem Fall vgl *Stephan* Streitwertbestimmung Rn 84 f.

1141 Hierzu BGH 28.6.2000 X ZR 32/00; BGH GRUR 2012, 1288 vorausbezahlte Telefongespräche II; ausführlich dazu *Köllner* Mitt 2013, 8.

1142 Zu den hierbei auftretenden Problemen ausführlich *Stephan* Rn 49 ff; vgl *Schramm* PVP Kap 12 Rn 222.

1143 OLG Düsseldorf GRUR-RR 2011, 341.

1144 Vgl *Stephan* Streitwertbestimmung Rn 56 ff.

1145 Vgl zum Problemkreis OLG Düsseldorf InstGE 12, 107 f „Du sollst nicht lügen!" und InstGE 13, 232 sowie *Rojahn/Lunze* Mitt 2011, 533; *Beyerlein/Beyerlein* Mitt 2011, 542; *Stjerna* Mitt 2011, 546; *Stephan* Streitwertbestimmung Rn 75 f, jeweils mwN.

1146 Zutr *Stephan* Streitwertbestimmung Rn 391.

1147 AA *Stephan* Streitwertbestimmung Rn 389 ff, mit Hinweis auf die Emittlung vAw, aber unter Verneinung einer dahingehenden Verpflichtung, 606 ff.

1148 *Stephan* Streitwertbestimmung Rn 401 ff, 429 ff; 611.

1149 *Stephan* Streitwertbestimmung Rn 169, 386, 420 f, 428.

1150 Zu den dabei auftretenden Problemen vgl *Stephan* Streitwertbestimmung Rn 442 ff.

1151 Vgl auch OLG Düsseldorf GRUR 1956, 386; OLG Frankfurt GRUR 1963, 446.

1152 OLG Düsseldorf InstGE 2, 299.

1153 BGH GRUR 1986, 93 Berufungssumme; BGH GRUR 1991, 873 eidesstattliche Versicherung mwN.

1154 BGH 8.3.2012 I ZR 160/11 GRUR-RR 2012, 232 Ls rügelose Wertfestsetzung I und BGH 10.5.2012 I ZR 160/11 GRUR-RR 2012, 496 Ls rügelose Wertfestsetzung II; BGH 29.2.2016 I ZR 115/15.

1155 Näher *Kühnen* Hdb Rn 2306 ff; *Schramm* PVP Kap 12 Rn 1 ff.

1156 Vorschlag *Meier-Beck* auf einer Veranstaltung am 27.11.2014 in München.

2. Voraussetzungen

a. Zwangsvollstreckung aus Urteilen findet statt (§ 704 Abs 1 ZPO), wenn das Urteil rechtskräftig **346** oder für vorläufig vollstreckbar erklärt, zugestellt (§ 750 ZPO) und eine etwaige Sicherheit geleistet ist. Sie wird durch ihre Einstellung ausgeschlossen (§§ 707, 719 ZPO; zur Einstellung, wenn das Klagepatent erstinstanzlich für nichtig erklärt wurde, Rn 187, 353). Einschränkungen können sich auch aus Schutzanordnungen nach §§ 712 ff ZPO ergeben. Vor Vollstreckungsmaßnahmen müssen weiter vollstreckbare Ausfertigung und Vollstreckungsklausel vorliegen[1157] (§§ 724, 725 ZPO; Zustellung, § 750 ZPO).

Den Vollstreckungstitel hat das Vollstreckungsorgan erforderlichenfalls **auszulegen**; dabei ist vom **347** Tenor der zu vollstreckenden Entscheidung auszugehen, ergänzend können die Entscheidungsgründe und unter bestimmten Voraussetzungen die Klagebegründung heranzuziehen sein.[1158] Wird nach Erlass eines für vorläufig vollstreckbar erklärten Urteils ein Vertrag mit einer der Verurteilung entspr Verpflichtung des Schuldners geschlossen, ist es Auslegungsfrage, ob noch vollstreckt werden kann[1159] (vgl Rn 361).

Schadensersatzanspruch. Wird aus einem für vorläufig vollstreckbar erklärten landgerichtlichen **348** Urteil vollstreckt und das Urteil später aufgehoben oder abgeändert, können sich hieraus (verschuldensunabhängige) Schadensersatzansprüche des Schuldners nach § 717 Abs 2 ZPO ergeben. Dies gilt nicht bei freiwilliger Befolgung eines nicht mit einer Ordnungsmittelandrohung versehenen Unterlassungsurteils,[1160] und auch nicht, wenn die angeordnete Sicherheitsleistung nicht erbracht ist,[1161] bei Vorliegen beider Voraussetzungen aber auch bei dieser.[1162] Bei Vollstreckung aus einem Urteil des Oberlandesgerichts hat der Schuldner Bereicherungsansprüche nach § 717 Abs 3 ZPO. Wenn der Gläubiger alle Vollstreckungsvoraussetzungen herbeigeführt hat, trifft ihn nur dann keine Haftung nach § 717 Abs 2 ZPO (Rn 374), wenn er gegenüber dem Schuldner deutlich macht, daraus keine Rechte herzuleiten.[1163] Zu § 945 ZPO Rn 312.

b. Die Zwangsvollstreckung findet auch aus **einstweiligen Verfügungen** statt, selbst wenn sie im **349** Beschlussweg erlassen sind. Einwendungen gegen die sachliche Richtigkeit der einstweiligen Verfügung kommen im Vollstreckungsverfahren nicht in Betracht.[1164] Urteilsverfügungen sind ab Urteilsverkündung zu beachten (Rn 297),[1165] die Ahndung von Zuwiderhandlungen kann aber erst nach Vorliegen der sonstigen Voraussetzungen erfolgen (Rn 346, 357). Bei Beschlussverfügungen wird nach § 937 ZPO, § 929 Abs 1 ZPO im Normalfall keine vollstreckbare Ausfertigung erteilt, sondern nur Ausfertigungen, die im Parteibetrieb zugestellt werden müssen (Rn 297). Wird eine einstweilige Verfügung zunächst aufgehoben und dann auf Berufung erneut erlassen (Rn 296), können gegen Zuwiderhandlungen vor dem erneuten Erlass keine Sanktionen verhängt werden.[1166]

c. Weitere Vollstreckungstitel nennt (nicht abschließend) § 794 ZPO. Von Bedeutung sind vor allem **350** Prozessvergleiche (Rn 160 ff), Kostenfestsetzungsbeschlüsse, Vollstreckungsbescheide, für vollstreckbar erklärte Schiedssprüche und schiedsrichterliche Vergleiche, Anwaltsvergleiche (nur Rechtsanwälte, nicht Patentanwälte) und vollstreckbare Urkunden. Die Aufnahme einer Ordnungsmittelbewehrung einer Unterlassungsverpflichtung in einen Vergleich ist nicht wirksam möglich; das gilt auch, wenn das Zustande-

---

1157   Vgl BGH NJW 1963, 1307, 1309 Zustellungserfordernis; zur Erteilung der Vollstreckungsklausel gegen einen „Rechtsnachfolger" des unterliegenden Klägers bei einer negativen Feststellungsklage RGZ 153, 210 = GRUR 1938, 936 Stopfbüchsen; zur Frage der prozessualen und vollstreckungsrechtl Kontinuität des Unterlassungsanspruchs in Richtung auf den Unternehmenserwerber *Ahrens* GRUR 1996, 518, 520 ff, danach sind die §§ 265, 325, 727 ZPO anwendbar.

1158   BGH GRUR 2013, 1071 Umsatzangaben; BGH GRUR 2014, 605 Flexitanks II.

1159   OLG Karlsruhe GRUR-RR 2012, 405.

1160   BGH GRUR 1976, 715 Spritzgießmaschine; vgl BGHZ 131, 141 = Mitt 1996, 253, 255 Gebührenüberwachung, zu § 945 ZPO.

1161   BGHZ 131, 233 = GRUR 1996, 812 f Unterlassungsurteil gegen Sicherheitsleistung, insoweit gegen BGH Spritzgießmaschine.

1162   BGHZ 189, 320 = GRUR 2011, 758,

1163   BGH GRUR 2011, 364 steroidbeladene Körner m kr Anm *Mes*; aA LG Düsseldorf InstGE 10, 108.

1164   BGHZ 156, 335 = GRUR 2004, 264 Euro-Einführungsrabatt.

1165   BGHZ 180, 72 = GRUR 2010, 890 Ordnungsmittelandrohung.

1166   OLG Frankfurt 3.4.2012 6 W 43/12 GRURPrax 2012, 247 KT.

kommer des Vergleichs nach § 278 Abs 6 Satz 2 ZPO festgestellt wird[1167] (zur Vollstreckung in diesem Fall Rn 361). Zur Zwangsvollstreckung aus einem vor dem BPatG geschlossenen Vergleich, durch den Fragen aus dem Verletzungsstreit mit geregelt werden, Rn 167; Rn 12 zu § 99. Die Zwangsvollstreckung aus ausländ Urteilen findet grds nach den Regeln der §§ 722 ff ZPO statt (Anerkennungsverfahren); im Geltungsbereich der VO 1215/2012 (Rn 8 zu § 143) ist das förmliche Anerkennungsverfahren nach ZPO stark eingeschränkt (Art 39 ff VO 1215/2012).[1168]

351 **3. Einstellung** der Zwangsvollstreckung[1169] durch das Prozessgericht erster Instanz ist außer in den in § 707 Abs 1 ZPO genannten Fällen nach § 769 ZPO möglich, wenn eine Vollstreckungsabwehrklage (Rn 352) erfolgversprechend ist; bei Rechtmitteln ist das Rechtsmittelgericht zuständig.

352 Die **Vollstreckungsabwehrklage** (§ 767 ZPO) ist bei Wegfall der Grundlage der Verurteilung, etwa bei Nichtigerklärung des Patents, zwischen Schluss der mündlichen Verhandlung und Rechtskraft[1170] dann zulässig, wenn die Gründe dafür nicht vor Schluss der letzten mündlichen Verhandlung vorgebracht werden konnten.

353 Die Einstellung[1171] in der **Berufungsinstanz** ist nach §§ 719 Abs 1, 707 ZPO grds möglich (Rn 195). Jedenfalls die Düsseldorfer Rspr ist sehr zurückhaltend.[1172] Einzustellen durch das Berufungsgericht ist, wenn die erste Instanz einen entscheidenden Gesichtspunkt ungeprüft gelassen hat, der schwierige, nicht eindeutig zu entscheidende Rechtfragen aufwirft,[1173] wenn das Klagepatent erstinstanzlich mit überzeugender Begründung für nichtig erklärt ist[1174] oder seine Nichtigerklärung zu erwarten ist.[1175] Dabei ist bei der Prognose über den Rechtsbestand auf die tragenden Gründe des Ersturteils abzustellen, wenn dieses einen weiten Schutzbereich angenommen hat.[1176] Einzustellen ist bei Vorliegen eines Lizenzangebots, auf das der Unterlassungsanspruch aus kartellrechtl Gründen entfällt.[1177] Bei einer klagenden Patentverwertungsgesellschaft kann eine Einstellung veranlasst sein, wenn die Berufung bei summarischer Prüfung nicht ohne Erfolgsaussichten ist und auch die Interessenabwägung für den Beklagten spricht.[1178] Hat der Schuldner die Zwangsvollstreckung durch vom Berufungsgericht nach § 711 ZPO festgesetzte Sicherheitsleistung abgewendet, kommt eine Einstellung nach § 719 Abs 2 ZPO durch das Revisionsgericht nicht in Betracht, solange keine Anhaltspunkte vorliegen, dass der Gläubiger seinerseits Sicherheit leisten und die Zwangsvollstreckung einleiten wird.[1179] Auch wenn der Schuldner in erster Instanz keinen Vollstreckungsschutzantrag nach § 712 ZPO gestellt hat, ist, anders als bei § 719 Abs 2, ein Antrag nach § 719 Abs 1 ZPO in der Berufungsinstanz zulässig.[1180]

354 Einstellung in der **Revisionsinstanz** setzt voraus, dass die Vollstreckung dem Schuldner einen nicht zu ersetzenden Nachteil bringen würde (zum Auskunftsanspruch vgl Rn 369; Rn 97 zu § 140b); sie ist ausgeschlossen, wenn ein überwiegendes Interesse des Gläubigers entgegensteht (§ 719 Abs 2 ZPO) und kommt regelmäßig nicht in Betracht, wenn der Schuldner im Berufungsrechtszug einen Schutzantrag nach

---

1167 BGH GRUR 2012, 957 Vergleichsschluss im schriftlichen Verfahren, UWGSache.
1168 *Zöller* ZPO § 722 Rn 1a und Art 1 EuGVVO Rn 9 ff, 12 f; zu den Grenzen des ordre-public-Einwands gegen die Anerkennung wegen Verstoßes gegen Unionsrecht schon nach früherem Recht vgl EuGH GRUR 2015, 1035 Diageo Brands/Simiranda.
1169 Zur Gesamtproblematik vgl *Bornhäusser* GRUR 2015, 331.
1170 *Zöller* ZPO § 767 Rn 4; vgl *Fitzner/Lutz/Bodewig* § 139 Rn 235.
1171 Vgl *vom Stein* Mitt 1969, 281.
1172 *Tilmann* Patentschutzsystem in Europa, GRUR 1998, 325, 329 f, der sich für eine Interessenabwägung im konkreten Fall ausspricht.
1173 OLG Düsseldorf InstGE 11, 164: Verfahrensschritte werden im Ausland vorgenommen; ähnlich OLG Düsseldorf GRUR-RR 2010, 122.
1174 OLG Düsseldorf InstGE 9, 173; weitergehend BGHZ 202, 288 = GRUR 2014, 1237 Kurznachrichten und Parallelentscheidung BGH Mitt 2015, 281; *Bornhäusser* GRUR 2015, 331, 335 f.
1175 OLG Düsseldorf GRUR-RR 2009, 325.
1176 OLG Karlsruhe GRUR-RR 2015, 50.
1177 OLG Karlsruhe InstGE 13, 256; OLG Karlsruhe 27.2.2011 6 U 136/11 BeckRS 2012, 05121.
1178 OLG Karlsruhe InstGE 11, 124.
1179 BGH GRUR 2012, 959 Regalsystem für den Ladenbau.
1180 OLG Hamburg GRUR-RR 2013, 408.

§ 712 ZPO[1181] nicht oder wegen mangelnder Begründung trotz ausreichender Begründbarkeit erfolglos gestellt hat, obwohl der nicht zu ersetzende Nachteil bereits erkennbar und nachweisbar war.[1182] Aussichtslosigkeit des Antrags nach § 712 ZPO kann diesen entbehrlich machen.[1183] Der Nachteil ist mittels eidesstattlicher Erklärung glaubhaft zu machen; einfache Erklärung genügt nicht.[1184] Zweifel am Bestand des angefochtenen Urteils rechtfertigen es idR nicht, von einem Vollstreckungsschutzantrag abzusehen; die Einschätzung der Erfolgsaussichten des Rechtsmittels fällt in den Risikobereich des Rechtsmittelführers.[1185] Allein der Umstand, dass die Vollstreckung des Berufungsurteils das Prozessergebnis vorwegnehmen würde, ist kein unersetzlicher Nachteil iSd § 719 Abs 2 ZPO.[1186] Dasselbe gilt für regelmäßig mit der Vollstreckung eines Titels des betr Inhalts verbundene Nachteile.[1187] Die Einziehung verhängter Ordnungsgelder stellt grds keinen nicht zu ersetzenden Nachteil dar, denn bei späterer Aufhebung des Berufungsurteils müsste die Staatskasse bereits gezahltes Ordnungsgeld zurückerstatten.[1188] Kein Nachteil ist gegeben, wenn der zu vollstreckende Auskunftsaussspruch unter Wirtschaftsprüfervorbehalt steht.[1189] Jedes Hinausschieben der Vollstreckung kann diese weitgehend entwerten.[1190] Fehlerhafte Auslegung des Titels durch das Vollstreckungsgericht kann im Verfahren nach § 719 Abs 2 ZPO nicht gerügt werden.[1191] Die Rückgabe einer geleisteten Sicherheit richtet sich nach § 109 ZPO.[1192] Auch in klaren Fällen ist eine Aufhebung von Vollstreckungsmaßnahmen, etwa einer Kontenpfändung, nach § 707 Abs 2 ZPO nur gegen Sicherheitsleistung möglich; bei erschlichenen oder sonst klar aufhebungsreifen Titeln sollte hiervon unter dem Gesichtspunkt der unzulässigen Rechtsausübung (§§ 226, 826 BGB) abgewichen werden können.[1193]

Die nicht rechtskräftige **Nichtigerklärung** durch das BPatG stellt für sich allein keinen zusätzlichen **355** nicht zu ersetzenden Nachteil dar, der eine vorläufige Einstellung der Zwangsvollstreckung im Revisionsverfahren nach § 719 Abs. 2 ZPO rechtfertigt.[1194] Jedoch ist es dann, wenn der Verletzungsbeklagte durch ein vorläufig vollstreckbares Urteil, gegen das Einspruch oder Berufung eingelegt worden ist, wegen Patentverletzung verurteilt ist, grds geboten, die Zwangsvollstreckung aus diesem Urteil in entspr Anwendung von § 719 Abs 1 und § 707 ZPO gegen Sicherheitsleistung einstweilen einzustellen, wenn das Klagepa-

---

1181 Zu § 712 ZPO OLG Düsseldorf InstGE 8, 117: idR nur bei Unterlassungsanspruch; s auch OLG Düsseldorf InstGE 9, 175.

1182 BGH GRUR 1978, 726 Unterlassungsvollstreckung; BGH GRUR 1979, 807 Schlumpfserie; BGH GRUR 1980, 329 Rote Liste I; BGH GRUR 1980, 755 Acrylstern; BGH NJW 1982, 1821; BGH NJW 1983, 455 f Reibebrett; BGH GRUR 1991, 159 Zwangsvollstreckungseinstellung; BGH GRUR 1991, 943 Einstellungsbegründung; BGH GRUR 1992, 65 fehlender Vollstreckungsschutzantrag I; BGH GRUR 1996, 512 fehlender Vollstreckungsschutzantrag II; BGH GRUR 1997, 545 Einstellungsbegründung 01; BGH GRUR 1999, 70 f fehlender Vollstreckungsschutzantrag III; BGH Mitt 2003, 89 Der Grüne Punkt 01; BGH 20.3.1986 I ZR 239/85; BGH 6.9.1990 X ZR 85/90; BGH 30.7.1998 I ZR 120/98, auch zum übergangenen Antrag nach § 712 ZPO, der fristgerechten Antrag auf Urteilsergänzung nach § 321 ZPO erfordert; BGH 8.1.1999 I ZR 299/98; BGH 22.2.2001 I ZA 1/01; BGH 17.5.2001 I ZA 1/01; BGH 22.7.2002 I ZR 135/02; BGH 21.12.2005 X ZR 13/05; BGH 20.3.2009 X a ZR 19/09; BGH 26.3.2009 X a ZR 19/09; vgl OLG Düsseldorf GRUR 1979, 188; weitere Hinweise bei *Teplitzky* GRUR 1997, 691, 699.

1183 Vgl BGH 26.3.2009 X a ZR 19/09.

1184 BGH 21.12.2005 X ZR 13/05, auch zum notwendigen Inhalt.

1185 BGH fehlender Vollstreckungsschutzantrag I.

1186 BGH Schlumpfserie; BGH Zwangsvollstreckungseinstellung; BGH GRUR 1996, 78, 79 Umgehungsprogramm, dort auch zum überwiegenden Gläubigerinteresse an der raschen Erlangung der Auskunft – Produktpirateriefall –; BGH 22.4.1998 X ZR 6/98; vgl auch OLG Düsseldorf GRUR 1979, 188.

1187 BGH GRUR 2000, 862 Makro-System; BGH 22.4.1998 X ZR 6/98; zur Vollstreckungseinstellung hinsichtlich der Nennung von Abnehmernamen BGH Unterlassungsvollstreckung; BGH Schlumpfserie; BGH Umgehungsprogramm; BGH fehlender Vollstreckungsschutzantrag III: keine Einstellung, wenn der Schuldner nicht auf Aufnahme eines Wirtschaftsprüfervorbehalts in die Verurteilung hingewirkt hat; vgl auch BGH Zwangsvollstreckungseinstellung; BGH 8.1.1999 I ZR 299/98; zur Einstellung bei zeitlich begrenzter Unterlassungsverpflichtung, wenn vor Ablauf der Unterlassungspflicht nicht mehr über die Revision entschieden werden kann, BGH Schlumpfserie.

1188 BGH 21.12.2005 X ZR 13/05 mwN.

1189 OLG Düsseldorf InstGE 9, 117.

1190 BGH Makro-System.

1191 BGH 21.12.2005 X ZR 13/05.

1192 Vgl OLG Düsseldorf GRUR 1982, 168.

1193 Vgl BGH 9.2.2012 I ZB 4/12 GRUR-RR 2012, 232 Ls Titelmissbrauch, zum Vollstreckungsversuch.

1194 BGH GRUR 2014, 1028 nicht zu ersetzender Nachteil; BGH 8.7.2014 X ZR 68/13.

tent im erstinstanzlichen Patentnichtigkeitsverfahren für nichtig erklärt worden ist; das gilt auch im Revisionsverfahren und im Verfahren der Beschwerde gegen die Nichtzulassung der Revision.[1195]

356   Nach Auffassung des OLG Düsseldorf sind bei Nichtigerklärung des Klagepatents nach Rechtskraft auch **rechtskräftige Zwangsmittelbeschlüsse** nicht in das Restitutionsverfahren einzubeziehen, sondern nach § 776, 775 Nr 1 ZPO aufzuheben.[1196]

4. Durchführung

357   **a. Vollstreckungsgericht** ist für die nach §§ 887, 888 und 890 ZPO zu vollstreckenden Ansprüche das Prozessgericht des ersten Rechtszugs, für die anderen (insb Zahlungsansprüche) nach § 764 ZPO und für die Abgabe der eidesstattlichen Versicherung nach § 889 ZPO das Amtsgericht. Bei Vollstreckung durch das Prozessgericht muss die vollstreckbare Ausfertigung dort vorliegen, bevor Zwangs-oder Ordnungsmittel verhängt werden können. Ggf muss der Gläubiger für eine etwaige gleichzeitige Vollstreckung von Geldforderungen außerhalb der Kosten (die mit Kostenfestsetzungsbeschluss tituliert werden) eine weitere auf bestimmte Urteilsaussprüche beschränkte vollstreckbare Ausfertigung einholen. Die Zuwiderhandlung ist ab Nachweis der Sicherheitsleistung, wenn eine solche erforderlich ist, sonst ab Zustellung des Urteils verboten (Rn 349).

358   **b.** Der **Unterlassungstitel** wird nach § 890 ZPO oder wahlweise bei Duldungen nach § 892 ZPO vollstreckt. Im Ordnungsmittelverfahren gilt der Vollbeweis,[1197] auch wenn der Titel im Eilverfahren erlassen wurde.[1198] Bei der Auslegung des Unterlassungstitels dürfen auch Umstände außerhalb des Titels berücksichtigt werden.[1199] Ist der Titel mangels Bestimmtheit (Rn 84) nicht vollstreckbar, kann der Verbotsinhalt im Weg der Auslegung auf einen vollstreckungsfähigen Inhalt beschränkt werden.[1200] Im Ordnungsmittelverfahren ist der Schuldner mit dem Einwand ausgeschlossen, der Gläubiger sei nicht materiell berechtigter Patentinhaber, er kann auch nicht rügen, dass der Prozessbevollmächtigte für das Erkenntnisverfahren nicht ordnungsgem mandatiert sei, wohl aber die Prozessvollmacht für das Vollstreckungsverfahren bestreiten.[1201] Bei klar beweisbarer bloßer Namensänderung muss der Titel nicht umgeschrieben werden.[1202] Hat der Titel mangels Bestimmtheit keinen vollstreckungsfähigen Inhalt, kommt Klage zu seiner Durchsetzung in Betracht.[1203]

359   **Abwandlungen** der Ausführungsform durch den Schuldner können der Vollstreckung entgegenstehen;[1204] der Unterlassungstitel erfasst nur die im Kern gleichartigen Verletzungshandlungen (vgl Rn 77 ff zur Anpassung des Antrags an den Verletzungsgegenstand; Rn 259 zu § 139).[1205] Insoweit kann auch der Einwand des freien StdT beachtlich sein.[1206] Bei Anwendung der Kerntheorie kommt es aber auf den Einzelfall an. Verboten soll sein, was implizit Gegenstand des Erkenntnisverfahrens war.[1207] Wenn ein Schlechthinverbot wegen einer mittelbaren Patentverletzung ergangen ist, weil ein erfindungswesentlicher Gegenstand in einer Verpackungsaufmachung angeboten und vertrieben wurde, die dem Abnehmer

---

1195 BGHZ 202, 288 = GRUR 2014, 1237 Kurznachrichten, und Parallelentscheidung BGH 16.9.2014 X ZR 68/13, jeweils auf als zulässige Gegenvorstellung behandelte unzulässige Anhörungsrüge; ebenso OLG Düsseldorf InstGE 9, 173; vgl *Arnold* GRURPrax 2014, 501.

1196 OLG Düsseldorf 20.5.2014 2 UH 1/14 GRURPrax 2015, 22 KT.

1197 Vgl *Zöller* ZPO § 890 Rn 15.

1198 BGHZ 142, 388 = GRUR 2000, 228 Musical-Gala: Verweisung auch auf inzwischen fehlende Unterlagen und Auslegung aus den Gründen; OLG Frankfurt MMR 2013, 791; BGH 22.11.2012 I ZB 18/12 (Nr 17), zur Zwangsvollstreckung aus einem Vergleich; OLG Köln NJW 1985, 274; eingehend *Zöller* ZPO § 704 Rn 5 mwN.

1199 BGHZ 156, 335 = GRUR 2004, 264 Euro-Einführungsrabatt.

1200 OLG Frankfurt MMR 2013, 791.

1201 LG Düsseldorf InstGE 1, 250.

1202 BGH GRUR-RR 2011, 440 Umfirmierung.

1203 Vgl BPatGE 36, 146 = GRUR 1996, 402, 404.

1204 Vgl OLG Frankfurt GRUR 1978, 532; OLG Karlsruhe GRUR 1984, 197; OLG Düsseldorf GRUR 1994, 81; *Mes* § 139 Rn 439; *Meier-Beck* GRUR 1998, 276; vgl aber LG München I InstGE 3, 63, 66 f.

1205 BGH GRUR 2013, 1071 Umsatzangaben: auch bei einem ausschließlich die konkrete Verletzungshandlung aufgreifenden Verbot.

1206 Vgl LG München I InstGE 3, 67, 71.

1207 OLG München GRUR 2011, 101.

eine patentgem Verwendung nahegelegt hat, verstößt eine geänd Verpackungsaufmachung nur dann gegen das Unterlassungsgebot, wenn der Abnehmer durch sie in vergleichbarer Weise zu der patentgem Verwendung angehalten wird.[1208]

Im Fall der (im strafrechtl Sinn schuldhaften)[1209] **Zuwiderhandlung** ist der Schuldner vom Prozess- **360** gericht des ersten Rechtszugs zu einem Ordnungsgeld und für den Fall, dass dieses nicht beigetrieben werden kann, zu Ordnungshaft (Ersatzordnungshaft, deren Höchstmaß sechs Wochen beträgt, Art 6 Abs 2 EGStGB)[1210] oder zu Ordnungshaft bis zu sechs Monaten zu verurteilen (§ 890 Abs 1 Satz 1 ZPO). Die kumulative Androhung von Ordnungsgeld und Ordnungshaft ist zwar unzulässig, aber wirksam.[1211] Ein Teil der Rspr und der Lit nimmt an, dass die Grundsätze des Fortsetzungszusammenhangs trotz der weitgehenden Aufgabe dieses Instituts im Strafrecht (Rn 37 zu § 142) für das Vollstreckungsverfahren nach § 890 ZPO weiterhin anwendbar bleiben;[1212] Unterbrechung des Fortsetzungszusammenhangs erfolgt erst durch Zustellung des ersten Ordnungsgeldbeschlusses. Die Eröffnung des Insolvenzverfahrens unterbricht das Zwangs- oder Ordnungsmittelverfahren nicht.[1213] Der Vollstreckung des Ordnungsgelds im Ausland, die eine Zivil- und Handelssache iSd Art 2 Abs 1 Satz 1 der Verordnung (EG) Nr 805/2004 des Europäischen Parlaments und des Rates vom 21.4.2004 zur Einführung eines europäischen Vollstreckungstitels für unbestrittene Forderungen (EG-Vollstreckungstitel-VO)[1214] darstellt, steht die Justizbeitreibungsordnung nicht entgegen.[1215]

Ist die **Androhung der Ordnungsmittel** nicht bereits im Titel enthalten, muss sie (durch Beschluss) **361** vom Gericht des ersten Rechtszugs angeordnet werden (§ 890 Abs 2 ZPO). Der nachträgliche Androhungsbeschluss hat nicht zur Voraussetzung, dass der Schuldner dem Verbot bereits zuwidergehandelt hat.[1216] Unterlassungsverpflichtungen in gerichtlichen Vergleichen können auch nach § 890 ZPO vollstreckt werden, wenn sich aus den Umständen kein Verzicht auf diese Möglichkeit ergibt; ein solcher ist nicht ohne weiteres anzunehmen.[1217] Diese Androhung setzt keinen vorangegangenen Verstoß voraus.[1218] Die dadurch mögliche Doppelsanktion durch Geltendmachung der Vertragsstrafe und Verhängung eines Ordnunggelds verstößt nicht gegen überwiegende Schuldnerinteressen, weil bei der Verhängung des jeweils späteren Sanktion die vorhergehende berücksichtigt werden muss.[1219]

Die Zuwiderhandlung gegen einen gegen **Sicherheitsleistung** vorläufig vollstreckbaren Unterlas- **362** sungstitel ist nicht ahndbar, solange der Gläubiger die festgesetzte Sicherheitsleistung nicht erbracht und dies dem Schuldner in formalisierter Form nachgewiesen hat.[1220] Es reicht nicht aus, dass die Sicherheitsleistung bei Festsetzung des Ordnungsmittels erbracht ist.[1221] Erfüllt der Schuldner das Unterlassungsgebot, bevor der Gläubiger die Sicherheitsleistung erbracht hat, leistet er regelmäßig nicht zur Abwendung der Vollstreckung iSd § 717 Abs 2 ZPO.[1222] Auch Teilsicherheiten können geleistet werden, wenn nur einzelne Ansprüche durchgesetzt werden sollen (Rn 187).[1223] Die Sicherheit ist erbracht, wenn die Bürg-

1208   LG Düsseldorf InstGE 6, 289.

1209   BVerfG NJW 1981, 2457; zu Beweiserleichterungen und zur Bedeutung eines „es sei denn"-Ausnahmetatbestands in der Formel vgl OLG Frankfurt GRUR 1994, 918, 919; *Großkomm UWG/Jestaedt* Rn 60 vor § 13 Abschn E; zu Beweiserleichterungen auch OLG Frankfurt GRUR 1999, 371.

1210   OLG Düsseldorf 22.9.2000 2 U 129/99.

1211   BGHZ 156, 335 = GRUR 2004, 264 Euro-Einführungsrabatt.

1212   Ua OLG Frankfurt NJW 1995, 2567; aA OLG Nürnberg NJW 1999, 723; Nachw zum Streitstand bei *Schuschke* WRP 2000, 1008 Fn 4.

1213   LG Düsseldorf InstGE 3, 229.

1214   ABl EU Nr 143/15 vom 30.4.2004.

1215   BGHZ 185, 124 = GRUR 2010, 662 Ordnungsgeldvollstreckung im Ausland.

1216   BGH GRUR 1979, 121 Verjährungsunterbrechung.

1217   BGH GRUR 2014, 909 Ordnungmittelandrohung nach Prozessvergleich, bisher str; wie hier OLG Hamburg GRUR-RR 2013, 495; ähnlich OLG Stuttgart 12.12.2011 2 W 59/11 WRP 2012, 500 Ls; aA OLG Frankfurt GRUR-RR 2013, 494.

1218   BGH Ordnungmittelandrohung nach Prozessvergleich.

1219   BGH Ordnungmittelandrohung nach Prozessvergleich (Nr 11) mwN; BGH GRUR 2010, 355 Testfundstelle; BGHZ 138, 67, 70 = GRUR 1998, 355 Vertragsstrafe/Ordnungsgeld.

1220   BGHZ 131, 233 = GRUR 1996, 812 Unterlassungsurteil gegen Sicherheitsleistung mwN; zur Form der Sicherheitsleistung LG Düsseldorf InstGE 3, 227.

1221   OLG München GRUR 1990, 638.

1222   BGH Unterlassungsurteil gegen Sicherheitsleistung.

1223   Vgl die Fälle bei OLG Düsseldorf InstGE 11, 116.

schaftsurkunde dem gemeinsamen Prozessbevollmächtigten mehrerer Schuldner übersandt wird;[1224] eine beglaubigte Abschrift genügt nicht.[1225]

363 Ordnungshaft bei juristischen Personen[1226] und Handelsgesellschaften ist begrifflich ausgeschlossen;[1227] sie wird nach entspr Androhung, die das Organ nicht namentlich nennen muss,[1228] am handelnden Organ vollstreckt.[1229] Das für die Ordnungsmittel des § 890 ZPO erforderliche **Verschulden** wird durch gerichtliche Vergleichsvorschläge nicht ausgeräumt.[1230] Der Betriebsinhaber muss die ihm zumutbaren Maßnahmen treffen, um Zuwiderhandlungen zu vermeiden, bis hin zum Rückruf.[1231] Verschulden einer Gesellschaft entfällt nicht dadurch, dass der einzige Geschäftsführer zur Zeit des Verstoßes erkrankt war; die Geschäftsführung ist so zu organisieren, dass bei Ausfall des gesetzlichen Vertreters die Gesellschaft nicht führungslos ist.[1232] Schuldhaftes Handeln des Organs, gegen das die Verhängung eines Ordnungsmittels begehrt wird, setzt grds voraus, dass die Handlung in seinen Verantwortungsbereich fällt. Trifft dies für mehrere Organe zu, kommt nach früherer Rspr Anordnung von Ordnungshaft gegen mehrere, konkret namentlich zu benennende Organe in Betracht.[1233] Nunmehr kommt eine Verhängung von Ordnungs- (und wohl auch Zwangs-)mitteln gegen Organe nur dann in Betracht, wenn sie außerhalb der Tätigkeit für die juristische Person handeln,[1234] was angesichts der Möglichkeit von Neugründungen nach Verurteilung nicht fernliegend ist. Die Verhängung eines Ordnungsmittels gegen das Organ wurde dann für möglich gehalten, wenn der Titel gegen dieses rechtskräftig ist, gegen die juristische Person aber nicht, und die Sicherheitsleistung insoweit nicht erbracht ist.[1235] Ein Unterlassungsanspruch, der sich auf den Gewerbebetrieb der offenen Handelsgesellschaft bezieht, ist iZw nicht gegen den einzelnen Gesellschafter persönlich gerichtet, sondern nur gegen die jeweiligen Gesellschafter in ihrer gesamthänderischen Bindung als Inhaber des Gesellschaftsvermögens, zu dem der Gewerbebetrieb gehört. Der Einzelgesellschafter muss zumindest für die Beachtung der Unterlassungspflicht der Gesellschaft einstehen, kann also bei Zuwiderhandlungen im Bereich der offenen Handelsgesellschaft auch mit seinem persönlichen Vermögen zum Schadensersatz und für Ordnungsmittel herangezogen werden.[1236] Ein Ordnungsmittel kann nicht wegen der Zuwiderhandlung einer neu gegründeten juristischen Person festgesetzt werden, wenn Titelschuldnerin eine andere juristische Person (Vorgängergesellschaft) war, anders uU, wenn auch der gesetzliche Vertreter Titelschuldner war.[1237]

364 Bei der Wahl und **Bemessung der Ordnungsmittel** steht dem Tatrichter ein Ermessen zu. Zu berücksichtigen sind insb Art, Umfang und Dauer des Verstoßes, Verschuldensgrad, der Vorteil des Verletzers aus der Verletzungshandlung und die Gefährlichkeit der begangenen und möglicher künftiger Verletzungshandlungen für den Verletzten.[1238] Für die Bemessung des Ordnungsgelds ist der Streitwert des ursprünglichen Unterlassungsverfahrens ohne unmittelbare Aussagekraft, deshalb keine schematische Festsetzung auf einen Bruchteil des Streitwerts.[1239] Umfasst der Ordnungsmittelantrag des Klägers nicht die Bestimmung von Ersatzordnungshaft, ist letztere vAw anzuordnen.[1240]

365 Der **Fortfall des Titels** durch uneingeschränkte übereinstimmende Erledigungserklärung schließt die Vollstreckung wegen einer zuvor begangenen Zuwiderhandlung aus; das gilt nicht für eine auf die Zeit

---

1224 LG Düsseldorf InstGE 13, 116, zu § 110 ZPO.
1225 LG Düsseldorf InstGE 11, 154.
1226 Zur Problematik von Ordnungsmitteln gegen ihre Organe vgl *Borck* GRUR 1991, 428, 430 f.
1227 *Pastor* Unterlassungsvollstreckung S 282 f.
1228 BGH GRUR 1991, 929 fachliche Empfehlung II.
1229 BGH GRUR 2012, 541 Titelschuldner im Zwangsvollstreckungsverfahren.
1230 OLG Zweibrücken GRUR 2000, 921.
1231 OLG Zweibrücken GRUR 2000, 921.
1232 OLG Hamm MDR 1989, 1005.
1233 BGH GRUR 1991, 929 fachliche Empfehlung II.
1234 BGH Titelschuldner im Zwangsvollstreckungsverfahren.
1235 OLG Frankfurt NZG 2013, 510.
1236 BGH 10.1.1961 I ZR 144/59.
1237 OLG Frankfurt GRUR 1994, 668.
1238 BGHZ 156, 335 = GRUR 2004, 264 Euro-Einführungsrabatt.
1239 BGH GRUR 1994, 146 Vertragsstrafebemessung.
1240 BGH GRUR 1993, 62 Kilopreise III.

nach dem erledigenden Ereignis beschränkte Erledigungserklärung (vgl Rn 157).[1241] Rücknahme des Antrags ist in dabei wie auch sonst nur bis zur Rechtskraft möglich, danach muss Aufhebung nach § 775 Nr 1 ZPO, § 776 ZPO erfolgen.[1242] **Entfall des Schutzrechts** nach der Zuwiderhandlung hindert die Verhängung von Ordnungsmitteln nicht,,[1243] ebenso wenig die Verwirkung einer Vertragsstrafe, die neben dem Unterlassungsgebot vereinbart ist.[1244]

Zuwiderhandlungen, die nach § 890 ZPO vollstreckt werden, **verjähren** in zwei Jahren nach Beendi- **366** gung der Handlung (Art 9 Abs 1 EGStGB); die Einleitung des Ordnungsmittelverfahrens unterbricht nicht.[1245] Der Lauf der Verfolgungsverjährung endet jedenfalls mit der Festsetzung eines Ordnungsmittels, auch wenn diese nicht rechtskräftig ist, so dass im weiteren Verlauf des Vollstreckungsverfahrens Verjährung nicht mehr eintreten kann.[1246] Die Vollstreckung verjährt grds zwei Jahre nach Eintritt der Vollstreckbarkeit (Art 9 Abs 2 EGStGB).[1247]

Die Vollstreckung von **Duldungsanordnungen** kann außer durch das Verfahren nach 890 ZPO nach **367** Wahl des Gläubigers[1248] gem § 892 ZPO durch unmittelbaren Zwang erfolgen. Bedeutung hat die Möglichkeit vor allem bei Sicherungsmaßnahmen wie der Duldung der Wegnahme bei Sequestration und die Duldung von Besichtigungen (Rn 26 zu § 140c), bei denen eine Vollstreckung nach §§ 888, 890 ZPO dem Schuldner die Möglichkeit der Vereitelung eröffnen würde.

c. Die Vollstreckung von **Zahlungstiteln** (Schadensersatz, Bereicherung, Lizenzgebühr, Kaufpreis, **368** Erfindervergütung usw) erfolgt nach den allg Vorschriften der §§ 803–882a ZPO.

d. Für die Vollstreckung des **Auskunftsanspruchs** ist § 888 ZPO maßgeblich, wonach der Schuldner **369** zur Vornahme der Handlung durch Zwangsgeld und für den Fall, dass dieses nicht beigetrieben werden kann, durch Zwangshaft anzuhalten ist (Rn 78 ff, 97 zu § 140b). Zuständig ist das Gericht des ersten Rechtszugs. Im Vollstreckungsverfahren ist auch darüber zu entscheiden, ob die Auskunft als Erfüllung der Verpflichtung anzusehen ist.[1249] Ausgeschlossen ist die Vollstreckung nur soweit, als der Schuldner auf bei Aufbietung aller ihm zumutbaren Anstrengungen (Rn 80 zu § 140b) nicht in der Lage ist, die titulierte Verpflichtung zu erfüllen.[1250] Der Einwand des Schuldners, dem dem Erkenntnisverfahren zugrunde liegende Ausführungsform sei nicht verletzend, ist unbeachtlich,[1251] ebenso der Einwand, der durch Auslegung ermittelte Umfang des Auskunftstitels gehe über den dem Gläubiger zustehenden Anspruch hinaus.[1252] Zwangsvollstreckung nach § 887 ZPO durch Ersatzvornahme wird nur ausnahmsweise in Betracht kommen,[1253] aber nicht für die Rechnungslegung.[1254] Die Anordnung eines weiteren Zwangsgelds ist erst zulässig, wenn ein vorheriges vollstreckt oder gezahlt worden ist.[1255] Die dem Schuldner eingeräumte Befugnis, die Beitreibung eines festgesetzten Ordnungsmittels durch Vornahme oder den Nachweis einer Handlung abzuwenden, stellt keine unzulässige Androhung nach § 888 Abs 2 ZPO dar.[1256] Die Rspr zu § 890 ZPO, wonach die Vollstreckung identischer Titel nur gegen die Gesellschaft und nicht gleichzeitig gegen das Organ möglich ist (Rn 363), gilt nicht für § 888 ZPO.[1257]

e. Zur **Zwangsvollstreckung in Rechte an Erfindungen** Rn 45 ff zu § 15. **370**

1241 Zum kontroversen Streitstand vor Klärung durch BGHZ 156, 335 = GRUR 2004, 264 Euro-Einführungsrabatt s 6. *Aufl.*
1242 OLG Düsseldorf InstGE 9, 56.
1243 So zu Recht OLG Düsseldorf InstGE 9, 53 gegen die frühere Rspr.
1244 LG Düsseldorf InstGE 7, 185.
1245 BayObLG WuM 1995, 443; OLG Hamm BB 1978, 574; *Kühnen* Hdb Rn 2440; *Schramm* PVP Kap 12 Rn 83.
1246 BGHZ 161, 60 = GRUR 2005, 269 Ordnungsmittelbeschluß; vgl BFH/NV 1995, 1004.
1247 Vgl BayObLG NZM 2000, 302.
1248 *Zöller* ZPO § 892 Rn 1 mwN.
1249 RGZ 167, 328, 335.
1250 BGH GRUR 2014, 605 Flexitanks II; OLG Köln GRUR-RR 2006, 31 f; OLG Düsseldorf 31.7.2008 2 W 60/06.
1251 LG Düsseldorf 24.7.2000 4 O 313/94 Entsch 2000, 100.
1252 OLG Köln GRUR 2000, 920.
1253 Vgl zum Anspruch auf Drittauskunft *Eichmann* GRUR 1990, 575, 580 f.
1254 LG Düsseldorf InstGE 7, 188.
1255 OLG München InstGE 9, 57; LG Düsseldorf Inst GE 7, 184; *Zöller* ZPO § 888 Rn 8 mwN.
1256 BGH GRUR 2009, 794 Auskunft über Tintenpatronen.
1257 OLG Frankfurt GRUR-RR 2015, 408.

Kaess

371   5. Für **Auslandsvollstreckungen** sind im Verhältnis zu den Mitgliedstaaten der EU einschließlich Dänemarks die VO 1215/2012 (sowie zu den EFTA-Staaten das LugÜ II)[1258] zu beachten, daneben bestehen verschiedene bilaterale Abkommen. Anders als im EuGVVÜ ist Dänemark in Art 1 VO 1215/2012 nicht ausgenommen, der Beitrittsvorbehalt im Abkommen zwischen der EU und Dänemark[1259] ist aufgrund entspr Erklärung Dänemarks entfallen. Zum Europäischen Vollstreckungstitel, der zumindest rechtl Gehör des Schuldners vor Erlass des Titels vorschreibt, § 1079 ZPO ff.[1260] Für Einzelheiten ist auf die einschlägigen Kommentare[1261] zu verweisen.[1262] Die Vollstreckung aus ausländ Titeln erfolgt ebenfalls auf der Grundlage der einschlägigen Übk.[1263] Die Kosten trägt der Schuldner, wenn die Vollstreckung erfolgreich ist.[1264]

372   Gegen Zwangsvollstreckungmaßnahmen ist die fristgebundene **sofortige Beschwerde** nach § 567 ZPO gegeben, die nach § 570 ZPO (nur) bei Festsetzung von Zwangs- oder Ordnungsmitteln aufschiebende Wirkung hat.[1265]

373   6. Über die **Kosten der Zwangsvollstreckung** ist nach § 788 ZPO zu entscheiden.[1266] Bei einem Ordnungsmittelantrag, der einen Mindestbetrag bezeichnet, ist es angemessen, den Gläubiger mit einem entspr Anteil zu belasten, wenn das verhängte Ordnungsgeld unter diesem Betrag bleibt.[1267]

374   7. Wird ein erstinstanzliches Urteil, aus dem vollstreckt wurde, abgeänd oder aufgehoben, besteht ein **Schadensersatzanspruch** des Schuldners aus § 717 Abs 2 ZPO; wird ein Berufungsurteil aufgehoben, muss nur das Geleistete nach bereicherungsrechtl Grundsätzen zurückerstattet werden (§ 717 Abs 3 ZPO).[1268] Voraussetzung ist ausreichender Vollstreckungsdruck.[1269]

IX. Nichtigkeits- und Restitutionsklage

375   Nichtigkeitsklage kommt nach § 579 ZPO in Betracht.[1270]

376   Wird das Klagepatent nach rechtskräftiger Beendigung des Verletzungsprozesses mit Wirkung ex tunc beseitigt, kann der verurteilte Verletzer den Verletzungsprozess durch **Restitutionsklage** (§ 580 Nr 6 ZPO) wieder aufnehmen, da die Wirkung der Patenterteilung der Wirkung eines Urteils gleichkommt.[1271]

1258   *Zöller* ZPO Art 1 EuGVVO Rn 16 f.

1259   ABl EG L 299 vom 16.11.2005 S 0062 ff.

1260   *Zöller* ZPO, Kommentierung zu §§ 1079 ff; BGH NJW 2012, 858 europäischer Vollstreckungstitel.

1261   ZB *Geimer/Schütze* Internationale Urteilsanerkennung; *Kropholler* Europäisches Zivilprozessrecht[7].

1262   Zur Auslandsvollstreckung aus einer Kostenrechnung aufgrund eines Kostenansatzes BGH AGS 2001, 20 Kostenrechnung; EuGH GRUR 2012, 848 Realchemie Nederland/Bayer CropScience AG; zur Problematik der Rüge fehlenden kontradiktorischen Verfahrens bei der Vollstreckung von Ordnungsmittelbeschlüssen im Ausland *Kieser/Sagemann* GRURPrax 2012, 155.

1263   Zur ordre-public-Klausel des Art 27 EuGVÜ EuGH Slg 2001 I 2973 = GRUR Int 2000, 759 Renault/Maxicar, GeschmMSache.

1264   EuGH GRUR Int 2012, 32 Realchemie Nederland; zur Vollstreckung eines ausländ Schiedsspruchs BGH NJW-RR 2014, 64.

1265   BGH GRUR-RR 2012, 496 aufschiebende Wirkung II im Anschluss an BGH GRUR 2012, 427 aufschiebende Wirkung I mit zutr Begr gegen die Vorinstanz LG Karlsruhe 8.8.2011 6 T 13/11.

1266   OLG Hamm GRUR 1994, 83.

1267   BGH GRUR 2015, 511 Kostenquote bei beziffertem Antrag mit Bestätigung OLG Köln 27.6.2013 6 W 77/13 GRUR-RR 2014, 48 Ls; OLG Frankfurt 17.6.2015 6 W 48/15 GRURPrax 2015, 448 KT.

1268   *Allekotte* GRURPrax 2014, 119.

1269   Vgl OLG Düsseldorf 25.3.2010 2 U 142/08; BGH GRUR 2011, 364 steroidbeladene Körner und OLG Düsseldorf 18.1.2015 2 U 142/08 GRURPrax 2015, 143 KT (Instanzenzug), auch zur Frage, ob die Lizenzgebühr an einen Dritten Vollstreckungsschaden sein kann; erneute Nichtzulassungsbeschwerde anhängig unter BGH X ZB 9/15.

1270   BGH NJW 1993, 1596 Mitwirkungsplan I und nachfolgend BGH – Vereinigte Große Senate – BGHZ 126, 63 = GRUR 1994, 659 Mitwirkungsplan II sowie BGH GRUR 1995, 171 Mitwirkungsplan III; vgl auch BGH GRUR 1999, 369 interne Mitwirkungsgrundsätze.

1271   BGHZ 187, 1 = GRUR 2010, 996 Bordako, SortSache, und hierzu *Würtenberger* (Anm) GRUR 2010, 998; OLG Düsseldorf 11.5.2006 2 U 86/06 IIC 2008, 355; OLG Düsseldorf 9.8.2007 2 U 49/06 IIC 2008, 357; LG Düsseldorf GRUR 1987, 628; BPatGE 33, 240, 242 = GRUR 1993, 732; *von Falck* GRUR 1977, 308, 311 f; *Kraßer* S 893 (§ 36 VIII 5); *Benkard* § 22 Rn 88; 139 Rn 149; *Schulte* § 21 Rn 115; *Kühnen* Hdb Rn 2234 ff; *Schramm* PVP Kap 13 Rn 6 f; BPatGE 22, 251 f = GRUR 1980, 852 (Gbm); vgl auch OG Osaka IIC 2008, 228; High Court Tokio IIC 2008, 359; außerhalb des gewerblichen Rechtsschutzes

Dies gilt auch, wenn das Schutzrecht aus einem anderen Grund, etwa durch Verzicht, vorzeitig erlischt, aber nur, wenn das Schutzrecht tatsächlich beseitigt ist und nicht, wenn seine Beseitigung erst bevorsteht.[1272] Unerheblich ist, ob das Schutzrecht durch Dritte nach rechtskräftiger Abweisung einer Nichtigkeitsklage der Verletzungsbeklagten nichtig geklagt wird.[1273] Ob im Restitutionsverfahren sämtliche Merkmale eines Patentanspruchs auszulegen sind und ihre Benutzung zu prüfen ist, hat der BGH offengelassen.[1274] Die Restitutionsklage ist innerhalb einer Notfrist von einem Monat zu erheben (§ 586 Abs 1 ZPO); diese ist nicht von der Verkündung der Entscheidung der Beschwerdekammer, mit der diese die Einspruchsabteilung anweist, das Patent in genau festgelegtem Umfang aufrechtzuerhalten,[1275] sondern von der Kenntnis von der Entscheidung der Einspruchsabteilung an zu berechnen.[1276] Der Beklagte ist dabei nicht gehalten, sich laufend über deren Fortbestand zu vergewissern.[1277] Ungeklärt ist, ob eine auf § 580 Nr 6 ZPO gestützte Restitutionsklage zur Vermeidung des Ablaufs der absoluten Restitutionsfrist des § 586 Abs 2 Satz 2 ZPO nach § 148 ZPO ausgesetzt werden kann, wenn die Entscheidung über den Rechtsbestand des Patents, auf das das angegriffene Verletzungsurteil gegründet ist, noch nicht rechtskräftig und die Restitutionsklage daher nicht statthaft ist.[1278] Hätte der Restitutionskläger die teilweise Nichtigerklärung des Patents noch durch einen Wiedereinsetzungsantrag im Nichtzulassungsbeschwerdeverfahren einführen können, ist die Restitutionsklage unbegründet.[1279] Zur Rechtslage bei Löschung des Gebrauchsmusters Rn 6 vor § 15 GebrMG.

Auch der Restitutionsgrund des § 580 Nr 7b (**Auffinden einer Urkunde**)[1280] kann in Betracht kommen,[1281] nicht aber, wenn besserer StdT, zB in Form einer öffentlichen Druckschrift, aufgefunden wird;[1282] dies hat das RG auch für GbmUnterlagen und Erteilungsakten, in die freie Akteneinsicht bestand, angenommen,[1283] anders bei ausgeschlossener Akteneinsicht.[1284]   **377**

Die erfolgreiche Restitutionsklage führt zu einem Anspruch auf **Rückgewähr** des auf das aufgehobene Urteil Geleisteten nach Bereicherungsgrundsätzen (vgl Rn 55 zu § 84).[1285]   **378**

Das Restitutionsverfahren ist gebührenrechtl eine **neue Instanz**.[1286]   **379**

§ 143
(Patentstreitsachen)

(1) Für alle Klagen, durch die ein Anspruch aus einem der in diesem Gesetz geregelten Rechtsverhältnisse geltend gemacht wird (Patentstreitsachen), sind die Zivilkammern der Landgerichte ohne Rücksicht auf den Streitwert ausschließlich zuständig.

offengelassen in BGHZ 89, 114, 116 = NJW 1984, 438; BGHZ 103, 121, 125 = NJW 1988, 1914; aA ein Teil der älteren Lit: *Reimer* § 13 Rn 33 unter Berufung auf *Kisch* GRUR 1936, 277; 4. Aufl § 47 Rn 45; *Schwerdtner* GRUR 1968, 9, 15 sowie *Schickedanz* GRUR 2000, 570 ff; differenzierend – nur bei Patenterteilung durch das BPatG – *Horn* GRUR 1969, 169, 177; *Pakuscher* RIW 1975, 305, 308.
1272 BGH Bordako.
1273 OLG Düsseldorf 26.6.2014 2 UH 1/14 GRURPrax 2015, 22 KT, Nichtzulassungsbeschwerde zurückgewiesen, BGH 24.3.2015 X ZR 61/14.
1274 BGH 22.5.2012 X ZR 128/10.
1275 LG Düsseldorf GRUR 1987, 628; *Kühnen* FS Th. Reimann (2009), 287, 300.
1276 BGH GRUR 2012, 753 Tintenpatrone III; dazu *Schneider* Mitt 2013, 162.
1277 BGH Bordako; BGH GRUR 2009, 515, 518 Motorradreiniger.
1278 Bei Drucklegung anhängig BGH X ZR 147/10; abl OLG Düsseldorf GRUR-RR 2011, 122; *Kühnen* FS Th. Reimann (2009), 287, 304 f; aA wohl *Stein/Jonas* § 148 ZPO Rn 18; *Bacher* GRUR 2009, 216, 218; vgl BAG NZA 1992, 1073, 1077.
1279 OLG Düsseldorf 17.1.2013 2 UH 1/12 GRUR-RR 2013, 496 Ls.
1280 Zur nachträglichen Änderung des Registers *von Falck* GRUR 1977, 308, 310.
1281 Vgl RG GRUR 1916, 178, 179 Dampfakkumulatoren; RG GRUR 1936, 897, 899 Wiederaufnahme.
1282 RGZ 48, 375, 377 = JW 1901, 228 Tropfenzähler.
1283 RGZ 59, 413 Restitutionsklage und Gebrauchsmuster; RGZ 84, 142, 144 f = JW 1914, 485 Firstmönchnonnenverbundziegel.
1284 RG BlPMZ 1907, 132 Urkunden in Anmeldeakten.
1285 *Schneider* Mitt 2012, 162, 165 mwN; *Zöller* ZPO § 590 Rn 15.
1286 OLG Düsseldorf InstGE 12, 112.

(2) [1]Die Landesregierungen werden ermächtigt, durch Rechtsverordnung die Patentstreitsachen für die Bezirke mehrerer Landgerichte einem von ihnen zuzuweisen. [2]Die Landesregierungen können diese Ermächtigung auf die Landesjustizverwaltungen übertragen. [3]Die Länder können außerdem durch Vereinbarung den Gerichten eines Landes obliegende Aufgaben insgesamt oder teilweise dem zuständigen Gericht eines anderen Landes übertragen.

(3) Von den Kosten, die durch die Mitwirkung eines Patentanwalts in dem Rechtsstreit entstehen, sind die Gebühren nach § 13 des Rechtsanwaltsvergütungsgesetzes und außerdem die notwendigen Auslagen des Patentanwalts zu erstatten.

MarkenG: § 140; **DesignG:** § 52; **UrhG:** § 104, § 104a (ausschließlicher Gerichtsstand), § 105 (Konzentrationsermächtigung); **SortG:** § 38

Ausland: Belgien: Art 73 PatG 1984, Art 1488 GVG; **Dänemark:** vgl §§ 50, 64 PatG 1996; **Frankreich:** Art L 615-17– 20, vgl Art L 615-3, 9, 10 CPI; **Italien:** Art 129, 130 (Beweislast), 140 (inhibitoria) CDPI; **Litauen:** Art 40 Abs 1 Nr 2 PatG; **Luxemburg:** Art 74 (Nichtigkeits- und Übertragungsklage), 79 (vorläufige Maßnahmen), 80 (sachliche Zuständigkeit, Verfahren, Entscheidung) PatG 1992/1998; **Niederlande:** Art 80–89 ROW 1995, zuständig ist in erster Instanz die RB Den Haag; **Österreich:** einstweiliger Patentschutz § 158 öPatG, patentamtliches Feststellungsverfahren nach § 163 öPatG, ausschließliche Zuständigkeit des HG Wien § 162 Abs 1 öPatG; **Polen:** Art 283, 284 RgE 2000; **Russland:** Arbitragegerichte gem Föderalem Gesetz vom 6.12.2011 Nr 4-FKZ ab 1.2.2013; **Schweden:** §§ 59a–59h (Beweissicherung), 61 Abs 2 (Aussetzung) PatG; **Schweiz:** Art 75, 76 (Zuständigkeit), Art 77–80 PatG (vorläufige Maßnahmen); **Serbien:** Art 92–98 PatG 2004; **Slowakei:** § 32 Abs 4, § 33 Abs 1, § 34, § 49 (Feststellungsverfahren) PatG; **Slowenien:** Art 123 (einstweilige Verfügung), 124 (Beweissicherung) GgE; **Spanien:** Art 123, 125–127, 128 (Gültigkeit des Patents), 129–131 (Feststellungsmaßnahmen), 133–139 (vorsorgliche Maßnahmen) PatG; **Tschech. Rep.:** § 75 Abs 3 (Entscheidung durch das Gericht), § 75b, eingefügt 2000 (Sicherheitsleistung) PatG; **Türkei:** Art 137 Abs 2–5, 146, 148 (Klage des Lizenznehmers), 149 (negative Feststellungsklage), 150 (Beweissicherung), 151–153 (vorsorgliche Maßnahmen) VO 551; **VK:** Sec 61, 71, 96 (Patents Court), 98 (Schottland) Patents Act, Sec 287–292 Copyright, Design and Patents Act 1988 (Patents County Court)

Übersicht

A. Allgemeines

I. Entstehungsgeschichte

Die Gesetze von 1877 und 1891 enthielten (in § 37 PatG 1877 und § 38 PatG 1891) lediglich Bestimmungen **1** über die Zuständigkeit des ROHG bzw des RG. Die teilweise noch geltende Regelung ist 1936 als § 51 einge-führt worden.[1] Die VO vom 10.9.1936[2] sah eine Zuständigkeitskonzentration auf die Landgerichte Berlin, Düsseldorf, Frankfurt (Main), Hamburg, Leipzig und Nürnberg-Fürth vor. Abs 1 Satz 2 ist durch die Neufas-sung 1968 gestrichen, die VO-Ermächtigung in Abs 2 durch das 1. ÜberlG vom Reichsjustizminister auf die Landesjustizminister,[3] durch das 5. ÜberlG auf die Landesjustizverwaltungen (mit Subdelegationsmöglich-keit) umgestellt worden. Die Regelung hat 1981 nur insoweit eine Änderung erfahren, als klargestellt wird, dass die Zivilkammern der Landgerichte (nicht auch die Kammern für Handelssachen) funktionell zuständig sind. Die nicht mehr in allen Bundesländern in Kraft getretene Neufassung des Abs 3 aF durch Art 12 des Ge-setzes zur Neuordnung des Berufsrechts der Rechtsanwälte und der Patentanwälte vom 2.9.1994[4] beruhte auf der gleichzeitig in Kraft getretenen Aufhebung des Lokalisationsgebots in § 78 Abs 1 ZPO für das landge-richtliche Verfahren.[5] Das KostRegBerG hat in Abs 5 die Worte „bis zur Höhe einer vollen Gebühr" gestrichen. Eine Übergangsregelung ist nicht erfolgt; zur Anwendbarkeit auf Übergangsfälle *7. Aufl.* Art 3 des OLG-VertrÄndG vom 28.7.2002[6] hat mit Wirkung vom 1.6.2002 im Rahmen der Aufhebung des zweitinstanzlichen Lokalisationsgebots aus Anlass der Entscheidung des BVerfG vom 13.12.2000[7] die Abs 3 und 4 aufgehoben und den bisherigen Abs 5 als Abs 3 eingestellt; die Erstattung der Mehrkosten soll den allg Bestimmungen folgen.[8] Das Geschmacksmusterreformgesetz hat Abs 2 Satz 3 angefügt.[9] Durch das Kostenrechtsmodernisie-rungsgesetz wurde mit Wirkung vom 1.7.2004 die Verweisung auf § 11 BRAGebO in Abs 3 durch eine solche auf § 13 RVG ersetzt. Geltende Paragraphenbezeichnung durch die Neubek 1981.

II. Systematik und Bedeutung der Regelung

Abs 1 definiert den Begriff der Patentstreitsache, er enthält nur eine Regelung der sachlichen Zustän- **2** digkeit.[10] Für die internat Zuständigkeit, die Zulässigkeit des Rechtswegs und die örtliche Zuständigkeit ist, soweit nicht andere spezielle Regelungen wie etwa im Anerkennungsprotokoll zum EPÜ bestehen, auf die allg Regeln zurückzugreifen. Abs 2 ermächtigt die Länder, die örtliche Zuständigkeit bei bestimmten Gerichten zu konzentrieren. Als Folgeregelung enthielt der aufgehobene Abs 3 Bestimmungen über die

---

1 Vgl Begr BlPMZ 1936, 103, 114 f.
2 RGBl II 299.
3 Hierzu stenographisches Protokoll der Vollversammlung des Wirtschaftsrates vom 24.5.1949 BlPMZ 1949, 226 ff.
4 BGBl I S 2278.
5 Zur Verfassungsmäßigkeit vgl BVerfG – Nichtannahmebeschluss – NJW 2000, 1939.
6 BGBl I 2850.
7 1 BvR 335/97, BVerfGE 103, 1 = NJW 2001, 353.
8 Begr BTDrs 14/8763 S 11.
9 Vgl Beschlussempfehlung und Bericht des Rechtsausschusses BlPMZ 2004, 259.
10 *Benkard* Rn 7.

Zulassung von Rechtsanwälten im Fall der Zuständigkeitskonzentration, der ebenfalls aufgehobene Abs 4 regelte die Erstattungsfähigkeit von sich hieraus ergebenden Mehrkosten. Der geltende Abs 3 (früher Abs 5) betrifft ohne näheren Zusammenhang mit den vorangehenden Absätzen[11] die Erstattungsfähigkeit von Kosten des in Patentstreitsachen mitwirkenden Patentanwalts. Die parallele Regelung im GebrMG enthält dessen § 27.

3   Die **Begr 1936** stützt sich darauf, „dass Gerichte, die nur selten mit derartigen Prozessen befasst sind, sich infolge der geringen Berührung mit dem besonders schwierigen Gebiet des Patentrechts und mit Fragen der Technik verschiedentlich nicht in der Lage gezeigt hätten, die Verfahren mit der gebotenen Beschleunigung zu fördern und die Entscheidungen mit der nötigen Sachkunde zu treffen ..., zum anderen, dass die Gerichte gelegentlich den Schutzumfang der Patente in einer Weise auslegten, die für den Verkehr nicht voraussehbar ist, weil dabei der Zusammenhang mit der Auffassung über den Gegenstand des Patents, die das Patentamt im Erteilungsverfahren zum Ausdruck gebracht habe, nicht genügend gewahrt werde. Dadurch werde der Rechtssicherheit Abbruch getan." Nach Übergang der Zuständigkeit für die Konzentration auf die Länder[12] ist der Versuch des Wirtschaftsrats gescheitert, es bei den bisherigen Gerichten (vier Gerichte in den drei Westzonen) zu belassen.[13]

4   **Kritik.** Die zwar der Zuständigkeitsabgrenzung im Bund-Länder-Verhältnis Rechnung tragende, aber halbherzige Regelung, nach der es im Ermessen der Landesregierungen (und zudem nicht des Landesgesetzgebers) steht, ob und wieweit von der Konzentrationsmöglichkeit Gebrauch gemacht wird, hat dazu geführt, dass Patentstreitsachen heute sehr ungleich verteilt sind. Zudem hat sie nicht verhindert, dass in einem Bundesland eine Zuständigkeitskonzentration auf zwei Landgerichte erfolgt ist, und damit die gewünschte Bündelung richterlicher Erfahrung[14] nur unzureichend verwirklicht. Vor allem hat sie nicht verhindert, dass Zuständigkeiten auch dort begründet worden sind, wo kaum Patentstreitsachen anfielen.

B. Gerichtliche Zuständigkeit

Schrifttum: *Adams* Choice of Forum in Patent Disputes, EIPR 1995, 497; *Ann* Verletzungsgerichtsbarkeit – zentral für jedes Patentsystem und doch häufig unterschätzt, GRUR 2009, 905; *Adolphsen* Europäisches und internationales Zivilprozessrecht in Patentsachen (2005); AIPPI-Resolution zur Gerichtszuständigkeit und anwendbarem Recht im Falle grenzüberschreitender Verletzungen (Verletzungshandlungen) der Rechte des geistigen Eigentums (Frage Q174), sic! 2004, 261; *Ann* Verletzungsgerichtsbarkeit – zentral für jedes Patentsystem und doch häufig unterschätzt, GRUR 2009, 205; *Arnold* Can One Sue in England for Infringement of Foreign Intellectual Property Rights? EIPR 1990, 254; *Asendorf* Wettbewerbs- und Patentstreitsachen vor Arbeitsgerichten, GRUR 1990, 229; *Auerswald* Können Ansprüche wegen Verletzung eines ausländischen Patents vor deutschen Gerichten verfolgt werden? FS W. vom Stein (1961), 8; *Barbosa* From Brussels to The Hague – The ongoing process towards effective multinational patent enforcement, IIC 2001, 729; *A. Bartenbach/B. Bartenbach* Die Rechtswegzuständigkeit der Arbeitsgerichte für Streitigkeiten über Arbeitnehmererfindungen und Urheberrechtsstreitigkeiten nach § 2 Abs 2 ArbGG, FS K. Bartenbach (2005), 629; *Binn/Dupuis-Latour* Patentverletzungsverfahren in Frankreich: Ein Überblick aus der Praxis, VPP-Rdbr 1998, 72; *Blasendorff* Der Gerichtsstand der Erfindung, GRUR 1949, 264; *Bertrams* Das grenzüberschreitende Verletzungsverbot im niederländischen Patentrecht, GRUR Int 1995, 193 = The Cross-Border Prohibitory Injunction in Dutch Patent Law, IIC 1995, 618; *Bogdan* Patent och varumärke i den svenska internationella privat- och processrätten, NIR 1980, 269; *Bremer* Handhaving van industriele eigendomsrechten vanuit internationaal perspectief, BIE 1997, 10; *Brinkhof* Inbreuken op industriële eigendomsrechten met een international karakter, BIE 1991, 65; *Brinkhof* Enige opmerkingen over de mogelijkheden van de Haagse President om ordenend op te treden terzake van inbreuken op buitenlandse octrooien, BIE 1992, 279; *Brinkhof* Summary proceedings and other provisional measures in connection with patent infringement, IIC 1993, 762 = Das einstweilige Verfügungsverfahren und andere vorläufige Maßnahmen im Zusammenhang mit Patentverletzungen, GRUR Int 1993, 387; *Brinkhof* Could the President of the District Court of The Hague Take Measures Concerning the Infringement of Foreign Patents? EIPR 1994, 360; *Brinkhof* Het grensoverschrijdend verbod in octrooizaken in kort geding, in: Molengrafica, Europees Privaatrecht, 1995, 225; *Brinkhof* TRIPS-verdrag en het kort geding in zaken over intellectuele eigendom, BIE 1995, 363; *Brinkhof* Between Speed and Toroughness: The Dutch ‚kort Geding' Procedure in Patent Cases, EIPR 1996, 499; *Brinkhof* The desirability, necessity and feasibility of cooperation between courts in the field of european patent law, in FS 10 Jahre Rspr GBK EPA (1996), 49 und EIPR 1997, 226; *Brinkhof* Geht das grenzüberschreitende Verletzungsverbot im niederländischen einstweiligen Verfügungsverfahren zu weit? GRUR Int 1997, 489 = Gaat het grensoverschrijdend verbod in kort geding over de

---

11   *Fitzner/Lutz/Bodewig* Rn 1.
12   Gesetz vom 8.7.1949 BlPMZ 1949, 226.
13   BlPMZ 1949, 226, 227 f; vgl *Munzinger/Traub* GRUR 2006, 33, 35.
14   Vgl OLG Düsseldorf JurBüro 1986, 1904.

schreef? BIE 1996, 258; *Brinkhof* Internationalisation of Patent Law, Transborder Injunctions and Summary Proceedings in the Netherlands, CEIPI-Text Nr 1 (1995); *Brinkhof* De vor- en nadelen van een Ferrari. Over het kort geding in zaken betreffende inbreuken op octrooirechten, BIE 1997, 14; *Brinkhof* De Belgische Torpedo, BIE 2000, 199, 335, 379; *Brinkhof* Lessen uit de Europeese toetsing van het kort geding, BIE 2000, 382; Jan Brinkhof in Conversation with Remco de Ranitz, EIPR 1999, 142; *Bruchhausen* Die widerrechtliche Entnahme im Vorentwurf eines Abkommens über ein europäisches Patentrecht, GRUR Int 1963, 299; *Brunner* Der Patentverletzungsprozeß, SMI 1994, 101, insbes 113 f; *Bukow* Die Entscheidung GAT/LUK und ihre Konsequenzen – Vom Ende der „Cross-Border-Injunctions", FS T. Schilling (2007), 59; *Bumiller* Zur Zuständigkeit der Sozialgerichte für kartellrechtliche Streitigkeiten, GRUR 2000, 484; *Christoforov* Zur Beilegung von Patentstreitigkeiten vor ordentlichen Gerichten und dem zu gründenden Patentgericht der Russischen Föderation, GRUR Int 1994, 44; *Cohen* Intellectual Property and the Brussels Convention, EIPR 1997, 379; *Cohen Jehoram* Artikel 50 lid 6 TRIPs heeft slechts beperkte werking, BIE 1998, 368; *Danckwerts* Örtliche Zuständigkeit bei Urheber-, Marken- und Wettbewerbsverletzungen im Internet, GRUR 2007, 104; *de Ranitz* The Belgian Torpedo disarmed, Managing Intellectual Property – IP Litigation Yearbook 2000; *de Wit* The Dutch Court – injunctive hell for cross-border infringers? Patent World Oktober 1993, 23; *de Wit* Die Anwendungspraxis des EuGVÜ und des LugÜ in Patent- und Markensachen mit internationalem Bezug durch die Gerichte in den Niederlanden, Mitt 1996, 225; *Ebbink* Cross-border Injunctions: Are the Dutch Getting Support? Patent World Oktober 1996, 15; *Ebbink* A Fire-Side Chat on Cross-Border Issues (before the ECJ in GAT v. LUK), FS J. Pagenberg (2006), 255; *Eijsvogels* Bescherming tegen inbreuk op parallele octrooien: Interlas/Lincoln onder de loep, BIE 1994, 79; *Fähndrich/Ibbeken* Gerichtszuständigkeit und anwendbares Recht im Falle grenzüberschreitender Verletzungen (Verletzungshandlungen) der Rechte des geistigen Eigentums, Bericht für die deutsche [AiPPI-]Landesgruppe, GRUR Int 2003, 616; *Fawcett/Torremans* Intellectual Property and Private International Law, 1998; *Feldges* Die Durchsetzung von Patenten in europäischen Streitigkeiten, FS T. Schilling (2007), 111; *Floyd/Purvis* Can an English Court Restrain Infringement of a Foreign Patent? EIPR 1995, 110; *Foyer* La compétence jurisdictionelle en matière de contrefaçon de brevets d'invention dans la C.E.E., Diss Straßburg 1974; *Franzosi* Worldwide Patent Litigation and the Italian Torpedo, EIPR 1997, 382 = Weltweite Patentstreitigkeit und ein italienisches „Torpedo", Mitt 1998, 300; *Franzosi* Torpedoes Are Here to Stay. IIC 2002, 154; *Franzosi/de Sanctis* The Increasing Worldwide Significance of European Patent Litigation, AIPLA Q.J. 25 (1997), 67; *Fricke* Zur Anwendbarkeit des Begriffs der Patentstreitsache auf Klagen aus §§ 1 UWG, 826 BGB, GRUR 1949, 227; *Fuchslocher* Die Gerichtsbarkeit in Patentstreitsachen, SJZ 1949, 402; *Gassauer-Fleissner* Die Rolle Österreichs in multinationalen Patentverletzungsfällen, FS J. Pagenberg (2006), 263; *Gauci* Beware of the Danger which Lurks in the Netherlands: The Pan-European Injunction, EIPR 1998, 361; *Gemander* Die Bedeutung der patentrechtlichen Vorfragen für die Zuständigkeitsregelung nach § 51 PatG, GRUR 1955, 263; *Geschke* Vom EuGVÜ zum EuGVVO – ein Überblick, Mitt 2003, 249; *Gielen* Litigating Patents in the Netherlands: Procedure and Cross-Border Effects; Where do we stand? Patent World Dezember 1997, 27; *Giudicelli* Cross Border Injunctions für Europäische Patente, 2001; *Grabinski* Zur Bedeutung des Europäischen Gerichtsstands- und Vollstreckungsübereinkommens (Brüsseler Übereinkommens) und des Lugano-Übereinkommens in Rechtsstreitigkeiten über Patentverletzungen, GRUR Int 2001, 199; *Grabinski* Angst vor dem Zitterrochen? Zur Verfahrensaussetzung nach Art 27, 28 VO (EG) Nr 44/2001 vor deutschen Gerichten, FS W. Tilmann (2003), 461; *Groß* Wie mache ich im Inland Ansprüche aus Schutzrechten geltend, deren Verletzung im Ausland erfolgt ist? GRUR Int 1957, 346; *Güldenagel* Gehören Lizenzvertragsstreite zu den Patentstreitsachen? GRUR 1938, 474; *Haas* Extra-Territorial Jurisdiction in Infringement Cases, I.P.Q. 2001, 187; *Heinrich* Latest developments in concentration and specialisation of courts on the national level, sic! 2004, 161; *Hellstadius/Meier-Ewert* Jurisdiction and Choice of Law in Intellectual Property Matters – Perspectives fort he Future (EU and World-Wide), IIC 36 (2005), 313; *Hilty/Peukert* Das neue deutsche Urhebervertragsrecht im internationalen Kontext, GRUR Int 2002, 643; *Hölder* Grenzüberschreitende Durchsetzung europäischer Patente, 2004; *Huet* L'incidence de la territorialité des marques et brevets nationaux sur la compétence des tribunaux français en matière de contrefaçon, Mélanges J.-J. Burst (1997) 253; *Inglis/Gringras* Conflict of Intellectual Property Laws: A U.K. Perspective on Europe, EIPR 1997, 396; *Jacob* The Harmonisation of Patent Litigation, BIE 1997, 199; *Jacob* The Cross-Border Injunction: is it here to stay? Vortragsmanuskript Dt. Richterakademie Trier April 1998; *Jandoli* The „Italian Torpedo", IIC 2000, 783; *Jandoli* Cross-border Litigation Again? This Time the Legislator Intervenes, EIPR 2009, 236; *Karet* Suit, Anti-Suit, EIPR 1998, 76; *Kempner/Fricker* Can UK Courts Face the Dutch Challenge on Cross-Border Injunctions in Intellectual Property Cases? EIPR 1996, 377; *Kieninger* Internationale Zuständigkeit bei der Verletzung ausländischer Immaterialgüterrechte: Common Law auf dem Prüfstand des EuGVÜ, GRUR Int 1998, 280; *Kindler* Gerichtsstandsvereinbarungen und Rechtshängigkeitssperre: Zum Schutz vor Torpedo-Klagen nach der Brüssel-Ia-Verordnung, FS D. Coester-Waltjen (2015), 485; *Klaka* Probleme bei Unterlassungsklagen in Patent- und Warenzeichenprozessen, Mitt 1969, 41; *Klink* Cherry Picking in Cross-border Patent Infringement Actions: A Comparative Overview of German and UK Procedure and Practise, EIPR 2004, 493; *I. Koch* Ausschließliche internationale Zuständigkeit der Beschwerdekammern des Europäischen Patentamtes, EPI-Information 1992 Nr 4 42; *König* Materiellrechtliche Probleme der Anwendung von Fremdrecht bei Patentverletzungsklagen und -Verfügungsverfahren nach der Zuständigkeitsordnung des EuGVÜ, Mitt 1996, 296; *Körner* Internationale Rechtsdurchsetzung von Patenten und Marken nach europäischem Prozessrecht, FS K. Bartenbach (2005), 401; *Kramer/Spoor* Het TRIPs-kort geding. Hoe nu verder? BIE 1998, 370; *U. Krieger* Durchsetzung gewerblicher Schutzrechte in Deutschland und die TRIPS-Standards, GRUR Int 1997, 421; *Kubis* Internationale Zuständigkeit bei Persönlichkeits- und Immaterialgüterrechtsverletzungen, 1999; *Kühnen* Kann der Entschädigungsanspruch gemäß §§ 33 PatG 1981, 24 Abs 5 PatG 1968 im besonderen Gerichtsstand der unerlaubten Handlung geltend gemacht werden? GRUR 1997, 19; *Kur* Immaterialgüterrechte in einem weltweiten Vollstreckungs- und Gerichtsstandsübereinkommen – Auf der Suche nach einem

Ausweg aus der Sackgasse, GRUR Int 2001, 908; *Kur* International Hague Convention on Jurisdiction and Foreign Judgments: A Way Forward for I.P.? EIPR 2002, 175; *Kur* A Farewell to Cross-Border Injunctions? IIC 37 (2006), 844; *Kurz* Rechtswahl, Wahl des Gerichtsstands und Schiedsgerichtsvereinbarungen in internationalen Technologielizenzverträgen, Mitt 1997, 345; *Lagarde* Application de la convention d'exécution (de Bruxelles) aux actions en contrefaçon de brevets nationaux, in Droit international et actions en contrefaçon de brevets dans la C.E.E., PIBD Sondernummer 1974, 43; *Lange* Der internationale Gerichtsstand der unerlaubten Handlung nach dem EuGVÜ bei Verletzungen von nationalen Kennzeichen, WRP 2000, 940; *Lange* Der internationale Gerichtsstand der Streitgenossenschaft im Kennzeichenrecht im Lichte der „Roche/Primus"-Entscheidung des EUGH, GRUR 2007, 107; *Leitzen* Comeback des „Torpedo"? GRUR Int 2004, 1010; *Locher* Zum Zivilprozess im Immaterialgüterrecht in der Schweiz: Zuständigkeit, Forum Running, Schiedsfähigkeit – zugleich zur geplanten Reform von Art 109 IPRG, sic! 2006, 242; *Lorenz* Behörden und Gerichte für gewerbliche Schutzrechte, Jura 2010, 46; *Luginbühl* Die schrittweise Entmündigung der nationalen Gerichte in grenzüberschreitenden Patentstreitigkeiten durch den EuGH, FS Kolle/Stauder (2005), 389; *Luginbühl* Weiterentwicklung und Öffnung der Rechtsprechung des Europäischen Gerichtshofs zu grenzüberschreitenden Patentstreitigkeiten, sic! 2012, 838; *Luginbühl/Stauder* Die Anwendung der revidierten Zuständigkeitsregeln nach der Brüssel I-Verordnung auf Klagen in Patentsachen, GRUR Int 2014, 885; *Luginbühl/Wolgast* IP rights in the Hague Convention on Choice of Court Agreements, FS J. Pagenberg (2006), 321; *Lundstedt* Gerichtliche Zuständigkeit und Territorialitätsprinzip im Immaterialgüterrecht – Geht der Pendelschlag zu weit? GRUR Int 2001, 103 = Jurisdiction and the Principle of Territoriality in Intellectual Property Law: Has the Pendulum Swung Too Far in the Other Direction? IIC 2001, 124; *Mäder* Die Anwendung des Lugano-Übereinkommens im gewerblichen Rechtsschutz, ausgehend vom Art 16 Nr 4 LugÜ, Bern 1999, zugl Diss Fribourg; *Mayer* Der Patentverletzungsstreit in Italien aus der Sicht des Patentinhabers und des Patentverletzers, VPP-Rdbr 1991, 57; *Meier-Beck* Aktuelle Fragen des Patentverletzungsverfahrens, GRUR 1999, 379; *Meier-Beck* Aktuelle Fragen des Patentverletzungsverfahrens, GRUR 2000, 355 = The Latest Issues in German Patent Infringement Proceedings, IIC 2001, 505; *Mousseron/Raynard/Véron* L'euro-injonction, Dossiers brevets 1996, 1; *Mousseron/Raynard/Véron* Cross-Border Injunctions – A French Perspective, IIC 1998, 884; *Müller-Feldhammer* Der Deliktsgerichtsstand des Art 5 Nr 3 EuGVÜ im internationalen Wettbewerbsprozeß, EWS 1998, 162; *Neuhaus* Das Übereinkommen über die gerichtliche Zuständigkeit und die Vollstreckung gerichtlicher Entscheidungen in Zivil- und Handelssachen vom 27.9.1968 (EuGVÜ) und das Luganer Übereinkommen vom 16.9.1988 (LugÜ), soweit hiervon Streitigkeiten des gewerblichen Rechtsschutzes betroffen werden, Mitt 1996, 257; *Neumayr* EuGVÜ, LGVÜ: Österreich und die europäischen Zuständigkeits- und Vollstreckungsübereinkommen, 1999; *Nirk* Zum Anwendungsbereich des Territorialitätsprinzips und der lex rei (sitae) im internationalen Patent- und Lizenzrecht, FS B. Heusinger (1968), 224; *Nirk* Grundlagen des deutschen Internationalen Privat- und Zivilprozeßrechts im Patent- und Lizenzrecht, Mitt 1969, 328; *Ohl* Der Rechtsschutz gegen unberechtigte Geltendmachung gewerblicher Schutzrechte, GRUR 1966, 172, 185; *Osterrieth/Haft* Grenzüberschreitende Patentverletzungsverfahren in Europa, FS 50 Jahre VPP (2005), 372; *O'Sullivan* Cross-Border Jurisdiction in Patent Infringement Proceedings in Europe, EIPR 1996, 654; *Pakuscher* Nichtigkeits- und Verletzungsprozeß im deutschen und europäischen Patentrecht, RIW 1975, 305; *Pantuliano* Multinational Patent Litigation, 1996; *Passa* (Entscheidungsanmerkung) Petites affiches 1998 Nr 69, 31; *Picht* Von eDate zu Wintersteiger: Die Ausformung des Art 5 Nr 3 EuGVVO für Internetdelikte durch die Rechtsprechung des EuGH, GRUR Int 2013, 19; *Pinzger* Zum Begriff der Patentstreitsache, GRUR 1940, 523; *Pitz* Torpedos unter Beschuß, GRUR Int 2001, 32; *Prütting* Der Fall Weber und der dingliche Gerichtsstand des Art 22 Nr 1 EuGVVO, FS D. Coester-Waltjen//2015), 631; *Putet* Aspects spécifiques de l'action en contrefaçon de brevet en Pays-Bas: „kort geding" et injonctions transfrontalières, Echanges A.S.P.I, Juni 1997 Nr 54, 1; *Rathenau* Die Patentsondergerichte auf dem 30. Deutschen Juristentag, MuW 10, 2; *Reichardt* Die Auswirkung des Nichtigkeitseinwands auf die internationale Zuständigkeit in Patentstreitigkeiten, GRUR Int 2008, 574; *Reuling* Auslandspatente vor deutschen Gerichten, GRUR 1896, 77; *Reid* Sweet & Maxwell's European Patent Litigation Handbook, 1999; *Ristow* Die sachliche und örtliche Zuständigkeit bei Klagen des gewerblichen Rechtsschutzes, JW 1938, 291; *Roberts* Der Patentverletzungsprozeß in den Vereinigten Staaten, Mitt 1994, 145; *Rößler* The Court of Jurisdiction for Joint Parties in International Patent Disputes, IIC 2007, 380; *Ropski* (Hrsg) Enforcing a Global Patent Portfolio, 1995; *Schaafsma* Industriële Eigendom en de Haagse Conferentie voor International Privaatrecht, BIE 2001, 151; *Schacht* Neues zum internationalen Gerichtsstand der Streitgenossen bei Patentverletzungen, GRUR 2012, 1110; *Schauwecker* Extraterritoriale Patentverletzungsjurisdiktion, 2009; *Schauwecker* Die Entscheidung GAT gegen LUK und drittstaatliche Patente, GRUR Int 2009, 187; *Schlimme* Patentschutz im Weltraum, Mitt 2014, 363; *Schlüter* § 32 ZPO und das Internet: Flugverbot für den „fliegenden Gerichtsstand"? GRURPrax 2014, 272; *Schmidt* Honoraransprüche deutscher Patent- und Rechtsanwälte und ihre Durchsetzung nach dem EuGVÜ/LugÜ, Mitt 1996, 329; *Schmidt-Ernsthausen* Die Regelung der Patentgerichtsbarkeit, GRUR 1936, 845; *Schöttle* Russland: Neues Gericht für Streitigkeiten auf dem Gebiet des Rechts des geistigen Eigentums, GRUR Int 2012, 390; *Schwarze* Die Jurisdiktionsabgrenzung im Völkerrecht, 1994; *Scordamaglia* Die Gerichtsstandsregelung im Gemeinschaftspatentübereinkommen und das Vollstreckungsübereinkommen von Lugano, GRUR Int 1990, 777; *Stauder* Die Anwendung des EWG-Gerichtsstands- und Vollstreckungsabkommens auf Klagen im gewerblichen Rechtsschutz und Urheberrecht, GRUR Int 1976, 465, 510; *Stauder* Die ausschließliche internationale Zuständigkeit in Patentstreitsachen nach dem Brüsseler Übereinkommen, IPRax 1985, 76; *Stauder* Patent- und Gebrauchsmuster-Verletzungsverfahren in der Bundesrepublik Deutschland, Großbritannien, Frankreich und Italien (1989), S 15 ff; *Stauder* Aspekte der Durchsetzung gewerblicher Schutzrechte: Fachkundiger Richter, schnelles Verfahren und europaweites Verletzungsverbot, FS F.-K. Beier (1996), 619; *Stauder* (Entscheidungsanmerkung) GRUR Int 1998, 62; *Stauder* Grenzüberschreitende Verletzungsverbote im gewerblichen Rechtsschutz und das EuGVÜ, IPRax 1998, 317; *Stauder* Die internationale Zuständigkeit in Patentverletzungsklagen – „Nach drei Jahrzehnten", FS G. Schricker (2005), 917; *Stauder/von Rospatt/von Rospatt* Grenzüberschreitender Rechtsschutz für europäische Patente, GRUR Int 1997, 859; *Steenbeek* Kort geding en TRIPs-Verdrag, BIE 1996, 271; *Stelkens* Schützen Patentgesetz und Urheberrechtsgesetz vor rechtswidrigen hoheitlichen Eingriffen in das geistige Eigentum? GRUR 2004, 25; *Stieger* Unklares, Ungereimtes und Unvollendetes beim internationalen Patentprozess (in der Schweiz), in *Spühler* (Hrsg) Internationales Zivilprozess- und Verfahrensrecht III, 2003, 57; *Straus* Patent Litigation in Europe – A Glimmer of Hope? 2 Washington University Journal of Law and Policy (2000), 403; *H. Tetzner* Über Patentstreitsachen und ihre Zuständigkeit, DJ 1941, 886; *H. Tetzner* Zum Begriff der „Patentstreitsache" iSd § 51 PatG, DJ 1943, 401; *V. Tetzner* Die Verfolgung der Verletzung ausländischer Patente vor deutschen Gerichten unter Berücksichtigung des EWG-Gerichtsstands- und Vollstreckungs-Abkommens, GRUR 1976, 669; *Thomas* Litigation Beyond the Technological Frontier: Comparative Approaches to Multinational Patent Enforcement, The International Law Journal of Georgetown University Law Center 1996, 277; *Tilmann/A. von Falck* EU-Patentrechtsharmonisierung II: Forum-Shopping und Torpedo, GRUR 2000, 579; *Torremans* Exclusive Jurisdiction and Cross-border IP (Patent) Infringement: Suggestions for Amendment of the Brussels I Regulation, EIPR 2007, 195; *Ubertazzi* Licence Agreements Relating to IP Rights and the EC Regulation on Jurisdiction, IIC 2009, 912; *Ubertazzi* IP-Lizenzverträge und die EG-Zuständigkeitsverordnung, GRUR Int 2010, 103; *Ulrich* Aufrechnung mit Schadensersatzansprüchen aus Patentverletzung in einem vor dem Amtsgericht geführten Rechtsstreit, NJW 1958, 1128; *van den Horst* Artikel 50 lid 6 TRIPs-verdrag: aanleiding tot wijziging van bestaande rechtspraktijk in I.E. zaken? BIE 1996, 12; *van den Horst* Artikel 50 lid 6 TRIPs-Verdrag in de praktijk, BIE 1996, 267; *van Nispen* Vrij baan voor torpedo's, BIE 1999, 343; *van Nispen* De internationale rechtsmacht van de rechter (i.h.b. in intellectuele eigendoms-zaken), BIE 2000, 244; *Véron* Les „euro-injonctions" devant la justice française; *Véron* L'exequatur des décisions étrangères de cessation de contrefaçon de brevet d'invention, RDPI 1995 Nr 57, 13; *Véron* Torpedos Miss Their Mark in France, Patent World Juni/Juli 1999, 10; *Véron* Thirty Years of Experience with the Brussels Convention in patent infringement litigation, JPTOS 2002, 449; *Véron* ECJ restores Torpedo Power, 35 IIC (2004), 638; *Véron/Véron* The Internet: a fourth procedural dimension for patent infringement litigation, FS J. Pagenberg (2006), 363; *Vivant* Das Europäische Gerichtsstands- und Vollstreckungsübereinkommen und die gewerblichen Schutzrechte, RIW 1991, 26; *Vivant* Juge et loi du brevet, CEIPI 1977 Nr 14; *von Bogdandy* Die Überlagerung der ZPO durch WTO-Recht: Zum Schutz geistigen Eigentums nach dem Hermès-Urteil des EuGH, NJW 1999, 2088; *von Gamm* Die internationale und örtliche Zuständigkeit im gewerblichen Rechtsschutz, Mitt 1959, 212; *von Meibom/Pitz* Grenzüberschreitende Verfügungen in internationalen Patentverletzungsverfahren, Mitt 1996, 181 = Cross-border Injunctions in International Patent Infringement Proceedings, EIPR 1997, 469; *von Meibom/Pitz* Die europäische Transborderrechtsprechung stößt an ihre Grenzen, GRUR Int 1998, 765; *Wadlow* Intellectual Property and the Judgements Convention, European Law Review 1985, 305; *Wadlow* Enforcement of Intellectual Property in European and Intellectual Property Law, 1998; *Warner/Middlemass* Patent Litigation in Multiple Jurisdictions: An End to Cross-Border Relief in Europe? EIPR 2006, 580; *Weigel* Gerichtsbarkeit, internationale Zuständigkeit und Territorialitätsprinzip im deutschen gewerblichen Rechtsschutz, 1973; *Wertheimer* Die Gerichtsbarkeit in gewerblichen Rechtsschutzsachen, MuW 7, 153; *Wertheimer* Parteivertretung und Zuständigkeit in gewerblichen Rechtsschutzsachen, JW 1909, 639; *Wichards* Bemerkungen zum Patentstreitverfahren, GRUR 1938, 280; *Wilderspin* La compétence juridictionnelle en matière de litiges concernant la violation des droits de propriété intellectuelle: les arrêts de la cour de justice dans les affaires C-4/03 ... et C-539/03, Revue critique de droit international privé 2006, 777; *Willems* Behandeling korte gedingen in octrooizaken, BIE 1995, 232; *Willems* Hoe „provisional" is het Nederlandse kort geding, BIE 1996, 11; *Willems* Exercising rights conferred by a European Patent, epi-Information 1997 Sonderheft 3, 37; *Willems* Bericht über die neuere niederländische Rechtsprechung, GRUR Int 1998, 221; *Wilson* International Patent Litigation, 2009; *Wiltschek* Grenzüberschreitende Entscheidungen in Patentverletzungsverfahren, ÖBl 1998, 132; *Wiltschek* Der Gerichtsstand für gewerbliche Schutzrechte, FS W. Sonn (2014), 283; *Wohlmuth* Änderungen bei gerichtlichen Zuständigkeiten in grenzüberschreitenden europäischen Patentverletzungsfällen, sic! 2015, 299; *Zigann* Entscheidungen inländischer Gerichte über ausländische gewerbliche Schutzrechte und Urheberrechte, Diss München 2001.

I. Internationale Zuständigkeit

1. Allgemeines. Ob eine internat Zuständigkeit für Patentstreitsachen überhaupt in Betracht kommt, **5** war aufgrund des Hoheitscharakters der Patenterteilung und der Territorialität der Schutzrechte umstr, ist aber heute nicht nur für Deutschland grds im positiven Sinn geklärt (Rn 26, zur Beurteilung im Ausland Rn 30 ff); ausgenommen sind weiterhin Verfahren, die die Gültigkeit des Patents betreffen, bei denen sich allenfalls die Vorfragenkompetenz und die Frage von Aussetzungsmöglichkeiten stellen (Rn 27). Soweit nicht EU-Recht oder die Bestimmungen internat Übk (Rn 8 f, daneben auch einige zweiseitige Übk) eingreifen, sind für die internat Zuständigkeit, dh die Frage, ob ein dt Gericht zur Entscheidung des Rechtsstreits befugt ist, die Regeln des dt **Internationalen Zivilprozessrechts** maßgeblich. Es handelt sich nicht um eine Frage der örtlichen Zuständigkeit.[15] Die Regeln über die örtliche Zuständigkeit können aber Finger-

---

15 BGH GRUR 1969, 373 Multoplane; vgl KG GRUR Int 2002, 327.

zeige geben, ob eine Angelegenheit der inländ Gerichtsbarkeit unterliegt.[16] Für Klagen aus eur Patenten, die sich gegen Behörden der EU (Europäische Zentralbank) richten, ist eine Zuständigkeit des EuG 1. Instanz nicht begründet.[17]

6   **2. Deutsche internationale Zuständigkeit** ist grds auch bei Streitsachen mit internat Beziehungen gegeben.[18] Ihr Fehlen ist in Deutschland in jeder Lage des Verfahrens, auch in der Revisionsinstanz, vAw zu berücksichtigen.[19] Nach der Rspr ist die internat Zuständigkeit im Revisionsverfahren insgesamt zu prüfen.[20]

7   **3. EPÜ; Anerkennungsprotokoll.** Für Rechtsmittel gegen Entscheidungen der Eingangsstelle, der Rechtsabteilung, der Prüfungsabteilungen und der Einspruchsabteilungen des EPA begründet Art 21 Abs 1 EPÜ eine ausschließliche internat Zuständigkeit des EPA.[21] Internat Zuständigkeit dt Gerichte scheidet aus, soweit ihr vertragliche Regelungen entgegenstehen. Zu beachten sind die Bestimmungen des Protokolls über die gerichtliche Zuständigkeit und die Anerkennung von Entscheidungen über den Anspruch auf Erteilung eines eur Patents (**Anerkennungsprotokoll**, AnerkProt)[22] vom 5.10.1973 (Rn 3 ff zu Art II § 10 IntPatÜG).

4. VO (EU) 1215/2012; EuGVÜ; Lugano-Übereinkommen; EuGVVO; Haager Übereinkommen

8   **a. Allgemeines.** Im Verhältnis zu den EG-Staaten war das Übereinkommen der Europäischen Gemeinschaft über die gerichtliche Zuständigkeit und die Vollstreckung gerichtlicher Entscheidungen in Zivil- und Handelssachen vom 27.9.1968[23] (**EuGVÜ**), zuletzt idF des 4. BeitrittsÜbk, im Verhältnis zu den EFTA-Staaten mit Ausnahme Liechtensteins ist das weitgehend und auch in der Artikelzählung gleichlautende Übereinkommen über die gerichtliche Zuständigkeit und die Vollstreckung gerichtlicher Entscheidungen in Zivil- und Handelssachen (**LugÜ**) vom 16.9.1988[24] zu beachten. Für die EU-Staaten hat die **EuGVVO** (VO (EG) Nr 44/2001 des Rates über die gerichtliche Zuständigkeit und die Anerkennung und Vollstreckung von Entscheidungen in Zivil- und Handelssachen) vom 22.12.2000[25] (Brüssel-I-VO) mit Wirkung vom 1.3.2002 das EuGVÜ abgelöst[26] (Übergangsregelung in Art 66 EuGVVO); für Dänemark das Ab-

---

16   Vgl BGHZ 69, 37, 44 = NJW 1977, 1637; BGHZ 80, 1, 3 = NJW 1981, 1516; BGHZ 94, 151, 157 = NJW 1985, 2090; BGH NJW 1991, 3092 f; zur int Zuständigkeit bei Abnehmerverwarnungen BGH GRUR 1995, 424, 425 Abnehmerverwarnung; zur Frage, ob die Lieferung an den Importeur international den Deliktsgerichtsstand gegenüber dem Lieferanten im Importland begründet, OLG München RIW 1995, 1026; LG Düsseldorf InstGE 1, 154 f; zur Zustellung einer ausländ Klage auf „punitive damages" vgl die einstweilige Anordnung des BVerfG NJW 1994, 3281 und hierzu *Juenger/Reimann* Zustellung von Klagen auf punitive damages nach dem Haager Zustellungsübereinkommen, NJW 1994, 3274; vgl auch *Merkt* Abwehr der Zustellung von „punitive damages"-Klagen, 1995; *Morisse* Die Zustellung US-amerikanischer Punitive-damages-Klagen in Deutschland, RIW 1995, 370; *Heidenberger* Zustellung amerikanischer Punitive-damages-Klagen weiterhin ein Problem, RIW 1995, 705; vgl auch *Griessbach/Cordero* BMW v. Gore – praktische Auswirkungen der Entscheidung des US-Supreme Court auf die Vollstreckbarkeit von „punitive damages" in Deutschland, RIW 1998, 592; vgl zur Rechtslage in Japan jp OGH IIC 1999, 480; zur Frage der Heilung von Zustellungsmängeln durch Zugang OLG München 17.11.1994 6 U 2499/94 GRUR 1995, 836 Ls; zur Wahl des int Gerichtsstands *Kurz* Mitt 1997, 345, 355 ff; zum Rechtsweg bei ausländischen Maßnahmen hoher Hand RGZ 117, 196, 200 = GRUR 1927, 580 Salvarsan; zum Vorentwurf eines (Haager) Übk über die gerichtliche Zuständigkeit in Zivil- und Handelssachen vgl Stellungnahmen der DVGR GRUR 2000, 219 und GRUR 2001, 404 sowie *Schaafsma* BIE 2001, 151.
17   EuG 1. Instanz 5.9.2007 T-295/05 Slg 2007 II 2835 = BeckRS 2010, 90054.
18   BGH GRUR 1958, 189, 196 Zeiss; BGH GRUR 1960, 372, 376 Kodak; vgl OLG München 17.11.1994 6 U 2499/94 GRUR 1995, 836 LS.
19   BGHZ 167, 91 = GRUR 2006, 513 Arzneimittelwerbung im Internet mwN; Rspr zum früheren Rechtszustand 6. *Aufl.*
20   BGH NJW-RR 2004, 497 CMR.
21   *MGK/Gori/Löden* Art 21 EPÜ Rn 1; *I. Koch* EPI-Inf 1992 Nr 4, 42.
22   BGBl 1976 II 982 = BlPMZ 1976, 316.
23   BGBl 1972 II 774 = BlPMZ 1973, 127.
24   BGBl 1994 II, 2658, 3772; zur völkerrechtl umstr Erstreckung auf Gibraltar s die Notifikationen des VK und Spaniens BlPMZ 2000, 28 f; zum sachlichen Anwendungsbereich Cour de Justice Genf sic! 2000, 652; zur Revision *Herren* (Bericht) sic! 2007, 497.
25   ABl EG L 12/1 vom 16.1.2001 = GRUR Int 2002, 414.
26   Vgl *Musielak* ZPO Vorbem Europäisches Zivilprozessrecht Rn 1 ff.

kommen zwischen der Europäischen Gemeinschaft und dem Königreich Dänemark über die gerichtliche Zuständigkeit und die Anerkennung und Vollstreckung von Entscheidungen in Zivil- und Handelssachen.[27] Die Anpassung durch die VO (EU) 2015/263 vom 16.1.2015[28] berücksichtigt die völkerrechtl Anwendbarkeit auf die Beziehungen zwischen der EU und Dänemark sowie die Änderung innerstaatlicher Vorschriften. Die Revision des LugÜ vom 30.10.2007, die am 1.1.2010 für die EG (einschließlich Dänemarks) und Norwegen, am 1.1.2011 für die Schweiz und am 1.5.2011 für Island in Kraft getreten ist, hatte die Parallelität zur EuGVVO wieder hergestellt. Die Neufassung der EuGVVO durch die VO 1215/2012 (Brüssel Ia-VO)[29] ist am 10.1.2015 in Kraft getreten; die VO 2015/281 vom 26.11.2014[30] trägt der Einführung des Euro in Lettland und Litauen, dem Beitritt Kroatiens und der Umsetzung durch Dänemark Rechnung. Sie gilt mit Ausnahme der Art 75, 76 seit 10.1.2015 für an diesem Tag oder später eingeleitete Verfahren (Art 66 Abs 1, Art 81 VO), die alte Fassung wird daher noch lange anzuwenden sein. Da die Neufassung in der Nummerierung wie teilweise sachlich abweicht, ist die Parallelität mit dem LuGÜ bis auf weiteres wieder aufgegeben. Für die hier behandelten Fragen hat sich inhaltlich keine Änderung ergeben. In der Kommentierung wird daher nicht sachlich differenziert; neben den neuen Artikelnummern werden die alten in Klammern angegeben. Ein internat Übk (**Haager Übereinkommen**) wird schon länger verhandelt;[31] bisher wurden nur verschiedene Abk auf dem Gebiet des Familienrechts und das Abk über die Gerichtsstandsvereinbarungen vom 30.6.2005 geschlossen, das auch die Anerkennung und Vollstreckung der dort ergangenen Entscheidungen umfasst,[32] zum Stand des allgemeinen Anerkennungs- und Vollstreckungsabkommens vgl die Homepage der Organisation.[33]

Zwangsvollstreckung. Für die Vollstreckung vertretbarer Handlungen mit Auslandsbezug ist die internat Zuständigkeit dt Gerichte gegeben, wenn die Durchsetzung der Zwangsvollstreckungsmaßnahmen auf das Inland beschränkt ist.[34]   **9**

b. Vgl für den **gemeinschaftlichen Sortenschutz** die auf das LugÜ verweisende Regelung in Art 101– 106 GSortV, für die **Unionsmarke** Art 93 der UnionsmarkenVO sowie den durch das Markenrechtsänderungsgesetz 1996[35] eingefügten § 125g MarkenG.   **10**

c. Zuständigkeit.[36] Für das dt Recht ist internat Zuständigkeit aufgrund der Übk grds zu bejahen.[37]   **11** Eine Vorlage wegen einer Verbietungsklage gegen ein niederländ Verfahren[38] an den EuGH[39] (näher *5.Aufl*) hat sich erledigt (vgl Rn 29). Der Kläger hat auch dann das Wahlrecht zwischen den verschiedenen internat Gerichtsständen, wenn das angerufene Gericht nicht für alle Anspruchsgrundlagen zuständig ist; Zuständigkeit für eine der anzuwendenden konkurrierenden Normen genügt; das angerufene Gericht ist in diesem Fall zur Prüfung unter allen rechtl Gesichtspunkten berufen.[40]

Nach den in Rn 9 genannten Übk und der VO sind international zuständig die Gerichte des **Beklag-**   **12** **tenwohnsitzes** oder -sitzes[41] („forum rei", Art 4 Abs 1, Art 2 Abs 1 aF VO 1250/2012). Der Firmensitz steht dem Wohnsitz gleich (Art 60 VO 1250/2012); für die Bestimmung gilt die lex fori (Art 59 VO 1250/2012). Dies

---

27 ABl EG 2005 L 299, 62.
28 ABl EU 2015 L 45, 2 ff = BlPMZ 2015, 148.
29 ABl EU 2012 L 351, 1 ff, hierzu *Luginbühl/Stauder* GRUR Int 2014, 885.
30 ABl EU 2015 L 54, 1 ff = BlPMZ 2015, 148.
31 Vgl *Kur* GRUR Int 2001, 908; *Kur* EIPR 2002, 175; *Kur* FS W. Tilmann (2003), 827.
32 Vgl *Staudinger* BGB EGBGB/IPR, 4. Teil c 2b.
33 www.hcch.net.
34 BGH NJW-RR 2010, 279 Buchauszug.
35 BGBl I 1014.
36 Zur Zuständigkeit im Vollstreckbarkeitsverfahren (Art 39 VO 1215/2012 iVm Anh II EuGVVO) vgl OLG Köln GRUR-RR 2005, 34.
37 So insb LG Düsseldorf 1.2.1994 4 O 193/87 Entsch 1998, 1, 3, auszugsweise bei *Stauder/von Rospatt/von Rospatt* GRUR Int 1997, 859, 861 f; LG Düsseldorf 16.1.1996 4 O 5/95, Entsch 1996, 1; LG Düsseldorf GRUR Int 1999, 455, 456.
38 RB Den Haag BIE 1999, 55.
39 CA IIC 1998, 927 Fort Dodge Animal Health/Akzo Nobel; hierzu *Karet* EIPR 1998, 76; *Stauder* IPRax 1998, 337, 339.
40 ÖOGH ÖBl 2002, 309 Thousand Clowns II.
41 Vgl hierzu *von Meibom/Pitz* Mitt 1996, 181 f unter Hinweis auf LG Düsseldorf 1.2.1994 4 O 193/87 Entsch 1998, 1, 3; vgl auch RB Den Haag BIE 1999, 296; RB Den Haag BIE 2000, 48, 50: negative Feststellung; RB Den Haag BIE 2000, 355.

gilt auch für negative Feststellungsklagen, solange der Beklagte seinen Sitz in einem Mitgliedstaat der EU hat, auch wenn dies nicht für den Kläger gilt.[42]

13   **Besondere Gerichtsstände.** Die in Art 7 (5 aF) VO 1215/2012 genannten Gerichte sind zB die des **Erfüllungsorts**, der sich nach dem Recht bestimmt, das nach den Kollisionsnormen des mit dem Rechts-streits befassten Gerichts für die streitige Verpflichtung maßgeblich ist;[43] die Zuständigkeit zur Entschei-dung über die mit einem Vertrag zusammenhängenden Fragen schließt die Wirksamkeit des Vertrags-schlusses ein.[44] Die in der VO verwendeten Begriffe „Vertrag oder Ansprüche aus einem Vertrag" sind dabei autonom (also nicht nach lex fori oder lex causae) zu ermitteln;[45] unter die genannten fallen nicht nur primäre vertragliche Ansprüche (wie Zahlung oder Lieferung), sondern auch vertraglicher Schadens-ersatz und Gewährleistung; Vertragsstrafen[46] sowie Neben- bzw Sekundäransprüche wie die Verpflichtung zur Rechnungslegung.[47] Die Klage auf Zahlung der vertraglichen Lizenzvergütung ist kein Vertrag über die Erbringung von Dienstleistungen iSv Art 7 (Art 5 aF) 5 Nr 1 Buchst b VO 1215/2012; hier gilt Art 7 (Art 5 aF) Abs 1 Buchst a VO 1215/2012.[48] Für Klagen wegen Verletzung von in Form einer Rahmenvereinbarung im Lizenzvertrag geregelten Liefer- und Abnahmepflichten ist der Erfüllungsort der Lieferverpflichtung maß-gebend.[49] Für Ansprüche aus **culpa in contrahendo** bei Abschluss eines Lizenzvertrags wurde jedenfalls bei Zustandekommen des Vertrags, aber auch bei Geltendmachung der Verletzung von Aufklärungs- und Hinweispflichten, der Vertragsgerichtsstand des Art 7 (Art 5 aF) Abs 1 VO 1215/2012 bejaht.[50] Bei fehlender Rechtswahl weist ein Vergleich, mit dem Verletzungsvorwürfe von Patenten mehrerer Staaten erledigt werden sollen, nach Art 28 EGBGB die engsten Verbindungen zum Sitz des Anspruchstellers auf.[51]

14   In Betracht kommt weiter der ebenfalls autonom zu bestimmende[52] Gerichtsstand des Orts der **uner-laubten Handlung** („forum delicti",[53] Art 7 (Art 5 aF) Nr 3 VO 1215/2012), jedenfalls, wenn dieser im Inland liegt.[54] In Betracht kommen Handlungs- und Erfolgsort,[55] jedoch kann am Erfolgsort nicht ohne weiteres der gesamte Schaden eingeklagt werden („Mosaiklösung" bei Streudelikten).[56] Aus der Lieferung vom Ausland ins Ausland kann nur dann ein Gerichtsstand am Bestimmungsort der gelieferten Ware abgeleitet werden, wenn dadurch ein Schaden verursacht wurde.[57] So begründet die bestimmungsgem[58] Abrufbar-keit urheberrechtsverletzender Inhalte im Internet einen Gerichtsstand, aber nur für den dort eingetrenen Schaden.[59] Damit ist die Vorlagefrage des BGH, ob Art 7 Nr 2 (Art 5 Abs 3 aF) VO 1250/2012 dahin auszule-gen ist, dass das schädigende Ereignis in einem Mitgliedstaat eingetreten ist, wenn die unerlaubte Hand-lung, die Gegenstand des Verfahrens ist oder aus der Ansprüche abgeleitet werden, in einem anderen Mit-gliedstaat begangen ist und in der Teilnahme an der im erstgenannten Mitgliedstaat erfolgten unerlaubten

---

42   BGH GRUR-RR 2013, 228 Trägermaterial für Kartenformulare 01.

43   EuGH Slg 1976, 1473 = NJW 1977, 491 Industrie Tessili; öOGH IHR 2001, 214 Resitrix; BGH NJW-RR 2003, 1582 mwN; BGH NJW-RR 2005, 1518.

44   EuGH Slg 1982, 825 Effer/Kantner, Patentanwaltshonorarklage.

45   EuGH Slg I 2002, 7357 = NJW 2002, 3159 Tacconi/Wagner Sinto.

46   OLG München 30.6.2011 29 U 5499/10 Mitt 2012, 46 Ls; OLG München 23.12.2009 6 U 3578/08.

47   ÖOGH Resitrix mwN; OLG München 23.12.2009 6 U 3578/08.

48   EuGH Slg I 2009, 3369 = GRUR 2009, 753 Falco-Privatstiftung/Weller-Lindhorst.

49   ÖOGH Resitrix.

50   OLG Düsseldorf 24.9.1996 20 U 156/95; anders bei Fehlen freiwillig eingegangener Verpflichtungen: EuGH Slg I 2002, 7357 = NJW 2002, 3159 Tacconi/Wagner Sinto.

51   BGH GRUR Int 2010, 334 Sektionaltor.

52   OG Zürich sic! 2004, 793, UrhSache; ÖOGH 20.3.2007 17 Ob 2/07d palettenboerse.com II, Ls in ÖBl 2007, 159, str.

53   Hierzu EuGH Slg 1995 I 415 = GRUR Int 1998, 298 Shevill/Presse Alliance.

54   Vgl RB Den Haag BIE 2000, 355.

55   EuGH Slg 1995 I 415 = GRUR Int 1998, 298 Shevill/Presse Alliance; BGHZ 167, 91 = GRUR 2006, 513 Arzneimittelwerbung im Internet; vgl schweiz BPatG sic! 2015, 54.

56   Abl bei Immaterialgüterverletzungen durch die Medien OG Zürich sic! 2004, 793, 795, UrhSache.

57   EuGH GRUR 2014, 806 Coty Germany/First Note (Parfümflakon II).

58   BGH GRUR 2014, 601 englischsprachige Pressemitteilung; zur bestimmungsgem grenzüberschreitenden Verbreitung von Fernsehsendungen BGH GRUR 2012, 621 Oscar, Markensache.

59   EuGH GRUR 2014, 100 Pinckney/KDG Mediatech; EuGH GRUR 2015, 296 Hejduk; EuGH GRUR 2014, 599 Hi Hotel, dazu Anm *Braxl* GRURPrax 2014, 363.

Handlung (Haupttat) besteht,[60] wohl erledigt.[61] Bei Wettbewerbsverletzungen im Internet ist der Erfolgsort im Inland belegen, wenn sich der Internetauftritt bestimmungsgem dort auswirken soll;[62] Die belgische Rspr bejahte Zuständigkeit nur in dem Staat, in dem ein schadensbegründender Umstand hervorgetreten ist.[63] Ein Zulieferer im Ausland, der an einen Abnehmer liefert, der Produktionsstätten im In- und Ausland hat, kann im Inland nur in Anspruch genommen werden, wenn er Prüfungspflichten verletzt.[64] Der Ort, an dem das schädigende Ereignis eingetreten ist oder einzutreten droht,[65] kann der Ort des ursächlichen Geschehens sein, weiter der Ort, an dem der schädigende Erfolg eingetreten ist,[66] nicht aber der Ort, an dem der Geschädigte einen Vermögensschaden infolge eines in einem anderen Vertragsstaat entstandenen und dort von ihm erlittenen Erstschadens erlitten zu haben behauptet.[67] Schlüssige Behauptung unbefugter Einfuhr genügt,[68] ebenso ein Testkauf[69] sowie die Behauptung der Verletzung des geschützten Rechtsguts im Inland, die nicht von vornherein ausgeschlossen ist; darauf, dass die Rechtsverletzung tatsächlich eingetreten ist, kommt es nicht an.[70] Unter den Gerichtsstand fallen Klagen aufgrund unerlaubter Wettbewerbshandlungen.[71] Angebot im Internet kann ausreichen (vgl Rn 131 zu § 9). Verschulden ist nicht erforderlich.[72]

Negative Feststellungsklagen mit dem Antrag festzustellen, dass keine Haftung aus einer unerlaub- **15** ten oder dieser gleichgestellten Handlung besteht, fallen unter die Bestimmung.[73][74] Die Rspr hatte zT die Zulässigkeit von negativen Feststellungsklagen in Drittstaaten generell verneint (näher *7. Aufl*). Dasselbe gilt für die Klage auf Abschluss eines Lizenzvertrags, die auf Kartellrecht gestützt ist.[75] Zur „Torpedo"-Problematik Rn 117 vor § 143.

Ob nicht nur aus Art 4 (Art 2 aF) Abs 1 VO 1215/2012 (forum rei), sondern auch aus Art 7 Nr 2 (Art 5 Nr 3 **16** aF) VO 1215/2012 eine internat Zuständigkeit für **Patentverletzungen in Drittländern** abzuleiten ist,[76] erscheint mit Rücksicht auf den Territorialitätsgrundsatz, der auch für das eur Patent gilt, zwh (wenngleich auch bei einer Inlandstat ein Tatort im Ausland nicht völlig undenkbar ist);[77] die Instanzrspr bejaht, zT unter dem Gesichtspunkt der Belegenheit, internat Zuständigkeit in einem Vertragsstaat, in dem der Beklagte nicht wohnhaft ist, grds nur, wenn nach dem Klagevortrag ein in diesem Staat bestehendes Patent verletzt wird, nicht auch hinsichtlich in anderen Staaten begangener, dort bestehende Patente betr

---

60   BGH GRUR 2012, 1065 Parfümflakon II.

61   *Ströbele/Hacker* § 140 MarkenG Rn 19.

62   BGH GRUR 2005, 431 f Hotel Maritime; BGHZ 167, 91 = GRUR 2006, 513 Arzneimittelwerbung im Internet; OLG Frankfurt CR 1999, 450; OLG Bremen CR 2000, 770; weitergehend OLG München CR 2002, 449 f; vgl *Danckwerts* GRUR 2007, 104.

63   RB Brüssel GRUR Int 2001, 170 = BIE 2000, 211.

64   LG Mannheim 8.3.2013 7 O 139/12 GRURPrax 2013, 294; OLG Karlsruhe 8.5.2013 6 U 34/12 GRURPrax 2013, 423 für Lieferung ins Inland in Kenntnis des Schutzrechts.

65   Hierzu BGH GRUR 2006, 351 Rote Mitte; BGH GRUR 2006, 941 f Tosca Blu.

66   BGH NJW-RR 2008, 516; frz CCass 31.1.2006 03-16980 IIC 2007, 723 Ls.

67   ÖOGH 6.7.2004 4 Ob 146/04 f Stahlreport ÖBl 2004, 261 Ls.

68   KG GRUR Int 2002, 327, Markensache; RB Den Haag BIE 2002, 6; vgl OG Zürich sic! 2004, 793, 795, UrhSache.

69   OLG Düsseldorf GRUR-RR 2010, 368 interframe dropping.

70   BGH GRUR 2005, 431 Hotel Maritime; OLG München 23.12.2009 6 U 3578/08.

71   BGH GRUR 1988, 483, 485 AGIAV; BGHZ 167, 91 = GRUR 2006, 513 Arzneimittelwerbung im Internet.

72   *Fitzner/Lutz/Bodewig* Rn 71; *Zöller* ZPO Art 7 EuGVVO Rn 22.

73   EuGH GRUR Int 2013, 173 Folien Fischer/Ritrama auf Vorlage BGH GRUR 2011, 554 Trägermaterial für Kartenformulare (Kartellsache); nachgehend BGH GRUR-RR 2013, 228 Trägermaterial für Kartenformulare 01 und hierzu *Sujecki* GRUR Int 2012, 18; die Zuständigkeit bejaht hat HighC (Chancery Division) [2012] EWHC 3316 (Pat) GRUR Int 2013, 1024 Actavis/Eli Lilly.

74   *Fitzner/Lutz/Bodewig* vor § 139 Rn 61, 73; *Kühnen* Hdb R 911 f; vgl *Schramm* PVP Kap 9 Rn 272; aA OLG München InstGE 2, 91.

75   LG Leipzig InstGE 9, 167.

76   Vgl *Brinkhof* EIPR 1994, 360, 364; *von Meibom/Pitz* Mitt 1996, 181 ff, die darauf hinweisen, dass als Deliktsort nur das Schutzland in Betracht kommt; *Neuhaus* Mitt 1996, 257, 264 ff; RB Den Haag BIE 2000, 355; *Kühnen* GRUR 1997, 19, 21 f: nicht für den Anspruch aus § 33; *de Wit* Mitt 1996, 225 ff; kr *Stieger* S 68.

77   Vgl schweiz BG sic! 2003, 155 = GRUR Int 2003, 561 Testkassetten: im Ausland erfolgte Einräumung eines Vertriebsrechts für das Inland; öOGH GRUR Int 2000, 795 Thousand Clowns, UrhSache; OLG Hamburg Mitt 2003, 39, Markensache.

Verletzungshandlungen.[78] Insoweit kann sich eine Zuständigkeit für vorläufige Maßnahmen aus Art 35 (Art 31 aF) VO 1215/2012 ergeben, der auf das Recht des jeweiligen Vertragsstaats verweist.[79]

17   Werden Klagen betr **denselben Anspruch** bei Gerichten in verschiedenen Mitgliedsstaaten anhängig gemacht, setzt das später angerufene Gericht den bei ihm anhängigen Teil gem Art 29 (27 aF) VO 1250/2012 zwingend aus (eingehend dazu Rn 117 vor § 143). Dies gilt nicht, wenn beim später angerufenen Gericht ein ausschließlicher Gerichtsstand besteht. Bei Sachzusammenhang besteht nach Art 30 (28 alt) Abs 2 VO 1215/2012 Ermessen des später angerufenen Gerichts.

18   Verfolgt der Kläger in getrennten Klagen vor den Gerichten verschiedener Mitgliedstaaten territorial begrenzten Rechtsschutz aus unterschiedlichen Schutzrechten, liegt nicht **derselbe Anspruch** iSd Art 29 VO 1215/2012 vor.[80] Klagen aus den verschiedenen nationalen Anteilen eines eur Patents sind nicht dieselbe Sache.[81] Auch die Klage des neu eingetragenen Patentinhabers auf Unterlassung und die negative Feststellungsklage gegen den früheren Inhaber in einem anderen Staat sind dies nicht;[82] ebenso Klagen des Lizenzgebers und des Lizenznehmers.[83] Allerdings besteht wohl Sachzusammenhang (Rn 17.[84] Der Gerichtsstand der Widerklage (Art 8 Nr 3 VO 1250/2012) gilt nicht für Drittwiderklagen.[85]

19   Ob **vorbeugende Unterlassungsklagen** unter den Gerichtsstand der unerlaubten Handlung nach Art 5 aF Nr 3 VO 1215/2012 fallen, war str (näher *7. Aufl*). Nach der Formulierung in Art 7 Nr 3 VO 1215/2012 sind sie erfasst;[86] auch bei einem eur Patent muss aber die Verletzung konkret im jeweiligen Staat drohen.[87]

20   Von Bedeutung war bisher weiter der **Gerichtsstand der Beklagtenmehrheit**[88] nach Art 8 (Art 6 aF) Nr 1 VO 1215/2012; dabei muss ein Zusammenhang bestehen, der eine gemeinsame Entscheidung geboten erscheinen lässt, um zu vermeiden, dass in getrennten Verfahren widersprechende Entscheidungen ergehen könnten,[89] wie es ausdrücklich Art 8 (Art 6 aF) Nr 1 VO 1215/201 bestimmt.[90] Solche sind nach Auffassung des EuGH im Zusammenhang mit Klagen wegen Verletzung eines eur Patents, die in verschiedenen

---

78   LG Düsseldorf 25.8.1998 4 O 165/97 Entsch 1998, 92, 94 ff; LG Düsseldorf InstGE 1, 146, 148; LG München I InstGE 1, 236; OLG Düsseldorf 22.7.1999 2 U 127/98, referiert bei *Meier-Beck* GRUR 2000, 355; OLG Düsseldorf 29.6.2000 2 U 76/99; LG Düsseldorf 25.3.1999 4 O 198/97 Entsch 1999, 25, 28; schweiz BG sic! 2007, 279 Internationale Zuständigkeit in Patentsachen I; Lieferung des in diesem Staat hergestellten, dort patentverletzenden Erzeugnisses in das Inland begründet demnach Zuständigkeit wegen Verletzung des Patents in dem anderen Staat nach Art 5 Nr 3 der Regelungen nicht, vgl RB Den Haag IER 1997, 20; RB Den Haag BIE 1999, 213: Angebot im Internet genügt; nicht unter die Regelung fällt der Ort, an dem Folge- oder mittelbare Schäden eintreten.

79   Vgl belg CCass IIC 2002, 71; RB Den Haag BIE 1994, 391 f Braillezellen; CA England/Wales IIC 1998, 927 Fort Dodge Animal Health/Akzo Nobel; *Bertrams* GRUR Int 1995, 194, 197 f; *von Meibom/Pitz* Mitt 1996, 181, 184; *König* Mitt 1996, 296 ff; vgl auch Hof van Beroep Gent 17.11.1995 EIPR 1996 D-66, zu Beweissicherungsanordnungen bei Verletzung ausländischer Patente; einschränkend GH Den Haag 22.1.1998 Evans/Chiron, zum vorbeugenden negativen Feststellungsantrag; GH Den Haag 5.3.1998 Thames Water/Norik, und nachfolgend RB Den Haag 29.4.1998, hierzu jeweils *van Nispen* BIE 1998, 83, 125, 183, sowie GH Den Haag BIE 2002, 25 = FSR 1999, 352 Expandable Grafts/Boston Scientific, wonach Art 24 EuGVÜ keine Grundlage für Maßnahmen im Ausland bildete.

80   BGH GRUR 2011, 1112 Schreibgeräte (GeschmM); vgl zum Urheberrecht BGHSt 49, 93 = GRUR 2004, 421 f Tonträgerpiraterie durch CD-Export; zum Kennzeichenrecht BGH GRUR 2010, 239 BTK.

81   OLG Düsseldorf GRUR-RR 2009, 401 unter Bestätigung der Vorinstanz LG Düsseldorf GRUR-RR 2009, 402; vgl EuGH Slg 2006 I 6535 = GRUR 2007, 47 (Nr 32) Roche Nederland/Primus und Goldenberg.

82   LG Düsseldorf InstGE 9, 246.

83   LG Düsseldorf InstGE 11, 99.

84   EuGH EuZW 1995, 309 Tatry/Raciej Matay; *Fitzner/Lutz/Bodewig* vor § 139 Rn 87 f.

85   OLG München Mitt 2012, 46.

86   EuGH Slg 2002 I 8111 = NJW 2002, 3617 Verein für Konsumenteninformation/Karl Heinz Henkel; BGH GRUR 2006, 941 f Tosca Blu.

87   OLG Düsseldorf GRUR-RR 2013, 241 „HIV-Medikament".

88   Vgl *von Meibom/Pitz* Mitt 1996, 181, 183 unter Hinweis auf LG Düsseldorf 16.1.1996 4 O 5/95 Entsch 1996, 1, 3; *de Wit* Mitt 1996, 225 ff, 232 ebenfalls unter Hinweis auf die Düsseldorfer Praxis; LG Düsseldorf InstGE 3, 8, 16; *U. Krieger* GRUR Int 1997, 421.

89   EuGH Slg 1988, 5565 = NJW 1988, 3088 Kalfelis/Schröder; brit CA IIC 1998, 927 Fort Dodge Animal Health/Akzo Nobel; RB Brüssel GRUR Int 2001, 170 = BIE 2000, 211; GH Den Haag BIE 2002, 25 = FSR 1999, 352, 359 Expandable Grafts/Boston Scientific betont den Ausnahmecharakter der Regelung; vgl *Stieger* S 69.

90   *Franzosi* IIC 2002, 154, 163 verweist in diesem Zusammenhang auf den bisher dem kontinentaleuropäischen Recht fremden Gesichtspunkt des „forum conveniens".

Vertragsstaaten gegen mehrere Personen, die im Hoheitsgebiet dieser Staaten ihren Wohnsitz haben, aufgrund von dort begangenen Handlungen erhoben werden, nicht möglich; folglich läge, wenn bei mehreren Gerichten verschiedener Vertragsstaaten Klagen wegen Verletzung eines in jedem dieser Staaten erteilten eur Patents gegen Personen, die ihren Wohnsitz in diesen Staaten haben, aufgrund von dort angeblich begangenen Handlungen erhoben werden, etwaigen Abweichungen zwischen den Entscheidungen dieser Gerichte nicht dieselbe Rechtslage zugrunde.[91] Der EuGH legt dabei Art 8 (Art 6 aF) Nr 1 VO 1215/2012 so aus, dass er im Rahmen eines Rechtsstreits wegen Verletzung eines eur Patents, der gegen mehrere in verschiedenen Vertragsstaaten ansässige Gesellschaften aufgrund von im Hoheitsgebiet mehrerer Vertragsstaaten begangenen Handlungen geführt wird, auch dann nicht anwendbar ist, wenn die demselben Konzern angehörenden Gesellschaften gem einer gemeinsamen Geschäftspolitik, die eine der Gesellschaften allein ausgearbeitet hat, in derselben oder in ähnlicher Weise gehandelt haben.[92] Relativiert hat er dies für den Fall, dass mehrere in verschiedenen Vertragsstaaten ansässige Gesellschaften eine Verletzung in einem Vertragsstaat begehen.[93] Der Gerichtsstand dürfte damit für Patentverletzungsstreitigkeiten beim eur Bündelpatent seine Bedeutung weitgehend verloren haben. Von Bedeutung mag er für Handlungen in der „Verletzerkette" bleiben.[94] Die frühere Rspr ist daher nur noch von historischer Bedeutung (vgl 6. Aufl). Dies gilt allerdings nur für Hauptsacheverfahren, da vorläufige Maßnahmen nach Art 35 VO 1250/2012 auch bei für Hauptsacheverfahren unzuständigen Gerichten erwirkt werden können.[95]

Auch der Gerichtsstand der **Widerklage** nach Art 8 (Art 6 aF) Nr 3 VO 1215/2012 kommt als Grundlage **21** für grenzüberschreitende Entscheidungen in Betracht.[96]

Unbenommen bleiben nach Art 25, 26 (Art 23, 24 aF) VO 1215/2012 **Gerichtsstandsvereinbarungen**[97] **22** und **rügelose Einlassung.**[98]

Zur Wirkung anderweitiger Rechtshängigkeit, insb zur „Torpedo"-Problematik, Rn 117 f vor § 143 und **23** Rn 24. Verstoß gegen den **ordre public** und nicht ordnungsgem Klagezustellung stehen einer Anerkennung entgegen. Art 45 Abs 1 Buchst a–d (Art 34 aF) VO 1215/2012 erfasst nur noch einen offensichtlichen Verstoß gegen den ordre public. Ergeht eine ausländ Entscheidung, die mit einer im Vollstreckungsstaat ergangenen Entscheidung zwischen denselben Parteien unvereinbar ist, muss die Anerkennung der ausländ Entscheidung abgelehnt werden.[99] Eine Überprüfung der Zuständigkeit des angegangenen Gerichts ist nach Art 45 (Art 35 aF) Abs 3 VO 1215/2012 unstatthaft. Ein Verzichtsurteil gegen den Inhaber eines dt Patents in einem anderen EU-Staat begründet den Einwand der Rechtskraft gegen eine Verletzungsklage zwischen denselben Parteien in Deutschland.[100]

Die ausschließliche Zuständigkeit für **Klagen, die die Eintragung oder die Gültigkeit von Patenten 24 zum Gegenstand haben,**[101] nach Art 24 (Art 22 aF) Nr 4 VO 1215/2012 betrifft jede Entscheidung über die Rechtsbeständigkeit des Schutzrechts auch mit Wirkung inter partes.[102] Danach ist das Gericht der Belegenheit für die Nichtigerklärung ausschließlich zuständig;[103] bei Fehlen einer zentralen Zuständigkeit folgt die örtliche Zuständigkeit aus dem jeweils anzuwendenden nationalen Recht.[104] Der EuGH hat die Zuständigkeitsregel als umfassend angesehen; er hat entschieden, dass sie alle Arten von Rechtsstreitig-

---

91 EuGH Slg 2006 I 6535 = GRUR 2007, 47 Roche Nederland/Primus und Goldenberg; hierzu *Lange* GRUR 2007, 107; *Schauwecker* GRUR Int 2009, 187.

92 EuGH Roche Nederland/Primus und Goldenberg.

93 EuGH GRUR 2012, 1169 Solvay/Honeywell und hierzu *Schacht* GRUR 2012, 1110, *Sujecki* GRUR Int 2013, 201 sowie *Luginbühl* sic! 2012, 838.

94 Vgl BGH GRUR 2007, 705 Aufarbeitung von Fahrzeugkomponenten, Markensache.

95 EuGH Solvay/Honeywell.

96 RB Den Haag BIE 1999, 123, 126; nach RB Den Haag BIE 2000, 310 jedoch nicht, wenn die Validierung des eur Patents nicht feststeht.

97 Zum Umfang der Darlegungspflicht BGH NJW-RR 2004, 935 Produktvermarktung.

98 Zur Einlassung BGH NJW 2015, 2667; OLG Düsseldorf 24.9.1996 20 U 156/95; OLG Düsseldorf 29.6.2000 2 U 76/99.

99 EuGH Slg 2002 I 4995 = GRUR Int 2002, 838 LongLife auf Vorlage BGH WM 2000, 635 LongLife.

100 LG Düsseldorf InstGE 11, 44.

101 Vgl frz CCass 31.1.2006 03-16980 IIC 2007, 723 Ls; eingehend *Kropholler* Europäisches Zivilprozessrecht[7] Art 16 Rn 43 ff; RB Den Haag BIE 2000. 216 bezieht Eintragung und Wirksamkeit von Pfandrechten ein.

102 Vgl *U. Krieger* GRUR Int 1997, 421; HG Zürich GRUR Int 1985, 411 f.

103 Vgl *Stauder* IPRax 1998, 317 mwN.

104 Vgl schweiz BG sic! 1997, 331 Hitzeschutzschild II; *Stieger* S 73 mit näherer Darstellung der Rechtslage nach dem schweiz IPRG.

keiten über die Eintragung oder die Gültigkeit des Patents betrifft, unabhängig davon, ob die Streitfrage klageweise oder einredeweise aufgeworfen wird.[105] Wenn bei Klagen aus ausländ Patenten ein nach dem Recht des Erteilungsstaats zulässiger Nichtigkeitseinwand erhoben wird, wird dadurch die Klage unzulässig, eine Verweisung ist nicht möglich.[106] Zur früheren differenzierten und oft abw europaweiten Rspr *7. Aufl.* Im Verfahren des einstweiligen Rechtsschutzes gilt dies wegen Art 35 (Art 31 aF) VO 1215/2012 nicht.[107]

25 Ob die Klage auf Erteilung einer **Zwangslizenz** unter Art 24 (Art 22 aF) Abs 4 VO 1215/2012 fällt, ist str.[108] Ob man Zwangslizenzsachen als öffentlich-rechtl Streitigkeiten vom Anwendungsbereich der Übk überhaupt ausgenommen ansehen kann,[109] ist zwh. Sachgerecht und auch dogmatisch vertretbar erscheint es, die Zwangslizenz der Gültigkeit des Patents zuzuordnen.

5. Klagen aus ausländischen Patenten

26 **a. Zuständigkeit.** Für Klagen auf Auskunfterteilung, Rechnungslegung und Schadensersatz, die gegen einen Inländer wegen einer im Ausland begangenen Verletzung eines ausländ Patents erhoben werden, ist dt Gerichtsbarkeit grds gegeben.[110] Derartige Prozesse sind aber keine Patentstreitsachen (vgl Rn 74). Die Geltendmachung von Ansprüchen aus Verträgen zwischen Deutschen über die Auswertung ausländ Patente aus unerlaubter Handlung oder Geschäftsführung ohne Auftrag hat bereits das RG zugelassen.[111]

27 Die **Gültigkeit des ausländischen Patents** konnte nach früherer Rspr als Vorfrage geprüft werden, solange nicht die zuständige ausländ Stelle die Ungültigkeit bindend festgestellt hat.[112] Dies ist durch die Rspr des EuGH im eur Bereich überholt (Rn 20). Die niederländ Praxis tendierte im Hauptsacheverfahren zur Aussetzung, im „kort-geding"-Verfahren zur Abweisung des Antrags,[113] die im VK zur Annahme der Unzuständigkeit. Auch in den USA kann die Gültigkeit ausländ Patente nicht überprüft werden.[114]

28 **b. Internationale Verletzungsprozesse („cross border injunction").** Durch die Entscheidung des EuGH[115] zu Art 24 (Art 22 aF) Abs 4 VO 1215/2012 sind cross-border-Prozesse praktisch unmöglich geworden.[116] Eine Ausnahme gilt wegen Art 35 (Art 31 aF) VO 1215/2012 im Verfahren des einstweiligen Recht-

---

105 EuGH Slg 2006 I 6509 = GRUR 2007, 49 GAT/LuK, auf Vorlage OLG Düsseldorf GRUR Int 2003, 223; Schlussanträge des Generalanwalts GRUR Int 2004, 887; vgl aber EuGH GRUR 2012, 2269 Solvay/Honeywell (Nr 19) und dazu Anm *Schacht* GRUR 2012, 1110; RB Utrecht 15.8.2012 KG ZA 12-559 GRURPrax 2012, 498 m Anm *Sujecki.*
106 OLG Köln NJW 1988, 2182; *Kühnen* Hdb Rn 901; *Fitzner/Lutz/Bodewig* vor § 139 Rn 69, 79.
107 EuGH GRUR 2012, 1169 Solvay/Honeywell (Nr 31 ff, 49 ff); dazu Anm *Schacht* GRUR 2012, 111; RB Utrecht 15.8.2012 KG ZA 12-559 GRURPrax 2012, 498 mAnm *Sujecki.*
108 Verneinend *MünchKomm ZPO/Gottwald* Art 16 EuGVÜ Rn 23, bejahend *Stauder* GRUR Int 1976, 513, der vornehmlich aus der Rücksichtnahme der Entscheidung auf nat Interessen argumentiert, sowie *Müller* in *Bülow/Böckstiegel* Internat. Rechtshilfeverkehr in Zivilsachen, 606/137, unter Hinweis auf die enge Berührung mit dem Bestand des Schutzrechts, ebenso *Wieczorek* ZPO² § 23 Anm A I b 1 (in der Folgeauflage nicht mehr enthalten).
109 So *Krophollervon Hein* Europäisches Zivilprozessrecht⁹ Art 22 Rn 49; *Geimer/Schütze* Internationale Urteilsanerkennung Bd I/1 § 90 II 6, XV 3, 4.
110 OLG Düsseldorf GRUR Int 1968, 100; LG Düsseldorf GRUR Int 1958, 430; LG Düsseldorf GRUR Int 1968, 101; LG Düsseldorf 1.2.1994 4 O 193/87 Entsch 1998, 1; vgl HG Zürich GRUR Int 1985, 411; aA RG in stRspr, so RG JW 1890, 280, 281, 282 Nr 24, 26 englisches Patent; RG BlPMZ 1894/95, 1 Feldgeschütze; RG JW 1899, 444 Verletzung ausländischer Patente; RG GRUR 1934, 657, 664 Geschwindigkeitsmesser, nicht in RGZ; *Benkard* § 9 Rn 2.
111 RG MuW 31, 534, 535 Hochfrequenzvakuumröhrengenerator; RG GRUR 1940, 437, 438 Spiegelbildvervielfältigung III; vgl auch RG BlPMZ 1894/95, 3 Schachtabteufungsverfahren; OLG Hamm GRUR 1936, 744, 746; *Benkard* § 9 Rn 14.
112 LG Düsseldorf GRUR Int 1958, 430; RG BlPMZ 1913, 298 f Stickereimaschinen; den Einwand der Ungültigkeit prüft sachlich LG Düsseldorf 1.2.1994 4 O 193/87 Entsch 1998, 1, 5 unter Bezugnahme auf die maßgeblichen Bestimmungen der ausländischen Rechtsordnung und ohne weiteres LG Düsseldorf 16.1.1996 4 O 5/95 Entsch 1996, 1, 4, allerdings bei einem für Deutschland und das VK erteilten eur Patent.
113 GH Den Haag BIE 2002, 25 = FSR 1999, 352 Expandable Grafts/Boston Scientific; anders aber RB Den Haag 26.8.1998 Searle und Monsanto/MSD, referiert bei *van Nispen* BIE 1998, 331.
114 CAFC GRUR Int 2007, 442 Voda/Cordis, auch für die Verletzung.
115 EuGH Slg 2006 I 6905 = GRUR 2007, 49 GAT/LuK; EuGH GRUR 2012, 1169 Solvay/Honeywell; dazu Anm *Schacht* GRUR 2012, 1110.
116 So wohl zutr *Lange* GRUR 2007, 107.

schutzes, wobei sogar die Gefahr widersprechender Entscheidungen iSd Rspr des EuGH[117] in Kauf genommen wird.[118] Verletzungsprozesse über ausländ Patente werfen besondere Probleme auf, insb was die Ermittlung des der Entscheidung zugrunde zu legenden ausländ Rechts und der nach diesem zu beurteilenden Rechtsfolgen,[119] dies gilt auch für die Aktivlegitimation,[120] betrifft.[121] Zur Bedeutung von Art 69 EPÜ im Verhältnis zum jeweiligen nationalen Recht Rn 92 ff zu § 14. Selbst in Bezug auf die Staaten, die Art 69 EPÜ rezipiert haben, können sich relevante Rechtsunterschiede ergeben, etwa bei der Ausgestaltung des Versuchsprivilegs;[122] die Harmonisierungswirkung des Art 69 EPÜ betrifft nur den Schutzbereich, aber weder den Katalog der Verletzungshandlungen als solche noch die Rechtsfolgen der Verletzung. Die unterschiedliche Auslegung und Anwendung harmonisierten Rechts sollte demgegenüber nicht als Hindernis angesehen werden, wenngleich auch hier eine gewisse Gefahr des – aufgrund des Fehlens einer zentralisierten Zuständigkeit auch im Inland möglichen – „forum shopping" nicht von der Hand zu weisen ist.[123] Im übrigen stellen sich im wesentlichen die gleichen Probleme wie bei grenzüberschreitenden Verletzungsprozessen vor ausländ Gerichten (Rn 30 ff). Für Auskunftsansprüche gilt die lex fori, inhaltlich richten sie sich danach, welche Angaben für den nach dem ausländ Recht zu bestimmenden Schadensersatzanspruch von Bedeutung sein können.[124]

Die VO 1215/2012 erlaubt es, ausgenommen von den Fällen seines Art 28, nicht, dass das Gericht eines **29** Mitgliedstaats die Rspr in einem anderen Mitgliedstaat überprüft; **„anti-suit injunctions"** stellen einen Eingriff in die Gerichtsbarkeit des anderen Mitgliedstaats dar, auch wenn der Beklagte in bösem Glauben gehandelt hat. Die US-Gerichte lassen derartige Klagen dagegen zu.[125] Die VO 1215/2012 sieht spezielle Mechanismen zur Vermeidung sich widersprechender Entscheidungen und mehrgleisiger Verfahren vor.[126]

c. Zur Rechtslage im Ausland. Auch im Ausland wurde die Geltendmachung von Ansprüchen aus **30** ausländ Patenten weitgehend als möglich angesehen.[127]

EPÜ-Vertragsstaaten. Niederlande. Von praktischer Bedeutung war insb für Unterlassungsansprü- **31** che aus eur Patenten das „zunehmend zu einer Art Quasi-Hauptsacheverfahren gewordene" „kort geding"-Verfahren vor der RB Den Haag[128] (Art 56 niederländ ROW; näher 6. Aufl Rn 26 f).

---

117 EuGH Slg 2006 I 6535 = GRUR 2007, 47 Roche Nederland/Primus und Goldenberg.
118 EuGH Solvay/Honeywell; vgl RB Utrecht 15.8.2012 KG ZA 12-559 GRURPrax 2012, 498 mAnm *Sujecki*.
119 Vgl LG Düsseldorf 1.2.1994 4 O 193/87 Entsch 1998, 1, 4; RB Den Haag BIE 2003, 185, 186, SortSache.
120 LG Düsseldorf 1.2.1994 4 O 193/87 Entsch 1998, 1, 7.
121 Eingehend *König* Mitt 1996, 296, 299 ff; auch *O'Sullivan* EIPR 1996, 654.
122 *König* Mitt 1996, 296, 305.
123 Vgl *Jacob* BIE 1997, 199, 201; *Ryberg* Verfahrensrecht in Patentstreitsachen, GRUR Int 1998, 234, 237; vgl auch *Stauder/von Rospatt/von Rospatt* GRUR Int 1997, 859, 861 mit dem zutr Hinweis, dass abw ausländ Rspr nicht nur für einen Teil des eur Patents, sondern bei der Auslegung und Anwendung von Art 69 EPÜ insgesamt zu berücksichtigen ist.
124 LG Düsseldorf 16.1.1996 4 O 5/95 Entsch 1996, 1, 5 f.
125 US Court of Appeals 9th Circuit 28.9.2012 GRUR Int 2012, 1078 1149 Ls Microsoft/Motorola mAnm *Kaltner* GRUR Int 2012, 1149; CAFC GRUR Int 2014, 46 Sanofi Aventis/Genentech.
126 EuGH Slg 2004 I 3565 Turner/Grovit auf Vorlage des HoL, vgl Hinweis GRUR Int 2003, 1044.
127 Vgl zur Rechtslage in den USA CAFC GRUR Int 2007, 442 Voda/Cordis; US District Court Seattle 14.5.2012 C 10-1823 JLR Microsoft/Motorola; US Court of Appeals 2nd Circuit 11.9.1987 837 F.2d 1988 A.M.C. 880 China Trade/M. V. Choong Yong; in Japan BG und OG Tokio GRUR Int 2001, 83 mAnm *Petersen*.
128 Vgl *Brinkhof* EIPR 1994, 360; *Brinkhof* GRUR Int 1993, 387; *de Wit* Patent World Oktober 1993, 23; *Eijsvogels* BIE 1994, 79; *Willems* BIE 1995, 232; *Kempner/Fricker* EIPR 1996, 377; nlHR BIE 1991, 86 Interlas zur Verletzung einer Benelux-Marke in Belgien, hierzu auch Benelux-Gerichtshof BIE 1993 Nr 66 und hierzu *de Wit* Mitt 1996, 225, 228 f; in Patentverletzungssachen nlHR BIE 1994, 286 = GRUR Int 1994, 756 Vredo/Veenhuis; GH Den Haag BIE 1993, 44; GH Den Haag GRUR Int 1995, 253 ARS/Organon, unter Beurteilung der materiellrechtl entscheidenden Frage – klinische Versuche – abw von der zeitlich späteren Rspr des BGH, allerdings unter Bezugnahme auf seine Auffassung stützende instanzgerichtliche Entscheidungen; GH Den Haag 1.12.1994 Chiron/Organon, GH Den Haag 7.12.1995 BIE 1998, 87 Murex/Chiron und 12.12.1996 Hoffmann-La Roche/Organon, BIE 1997, 319 = GRUR Int 1998, 58 m Anm *Stauder* = Mitt 1997, 34 f mAnm *König*; RB Den Haag BIE 1992, 315, BIE 1992, 323, BIE 1993, 274, BIE 1994, 286, 288; *Bertrams* GRUR Int 1995, 193, 194 mwN; zur Berücksichtigung des Nichtigkeitseinwands im kort-geding-Verfahren RB Den Haag BIE 1995, 371, 373: zwar ist grds von der Rechtsbeständigkeit des eur Patents auszugehen, wenn kein Einspruch eingelegt ist und lediglich im Erteilungsverfahren berücksichtigtes Material genannt wird, anders aber, wenn bei der Prüfung die entscheidende Stelle ersichtlich übersehen wurde; RB Den Haag BIE 1996, 130; RB Den Haag BIE 1996, 133; GH Den Haag BIE 2002, 25 = FSR 1999, 352 Expandable Grafts/Boston Scientific: im Hauptsacheverfahren Aussetzung, falls es nicht an der Ernsthaftigkeit

32   **Belgien.** Der Kassationshof hat auf der Grundlage des Art 26 (Art 24 aF) VO 1215/2012 eine „saisie-contrefaçon"-Anordnung wegen ausländ Patente mit Wirkung im Ausland gegen einen belgischen Beteiligten bestätigt.[129] Die Rspr ließ grenzüberschreitenden einstweiligen Rechtsschutz durch belgische Gerichte zu; dabei wurde die Rechtsbeständigkeit des Patents nicht geprüft;[130] deshalb soll nur der Richter, der auch die Gültigkeit prüfen kann, auch die Verletzungsfrage prüfen dürfen.[131] Die Zulässigkeit negativer Feststellungsklagen wird einschränkend beurteilt;[132] zum „belgischen" und „italienischen Torpedo" auch Rn 117 vor § 143.

33   **Frankreich.**[133] Zuständigkeit frz Gerichte wurde mehrfach bejaht.[134] In grenzüberschreitenden Fällen („injonction européenne transfrontalière") hat es die frz Justiz abgelehnt, einer „kort geding"-Entscheidung gegen eine in Frankreich ansässige Partei die Anerkennung nach Art 29 (Art 27 aF) VO 1215/2012 zu verweigern;[135] sie verneint auch eine Möglichkeit, in Frankreich gegen das niederländ Verfahren vorzugehen.[136] Jedoch verneint sie auch bei negativer Feststellungsklage und Verletzungsklage das Vorliegen des gleichen Streitgegenstands iSd Art 23 (Art 21 aF) VO 1215/2012.[137] Wurde in Frankreich bereits ein Antrag auf saisie-contrefaçon gestellt, stellt ein nachfolgender Feststellungsantrag in Italien einen Verfahrensmissbrauch dar.[138]

34   **Österreich.** Die Rspr hat sich mit der Zwangsvollstreckung aus (wettbewerbsrechtl) Unterlassungstiteln aufgrund einer einstweiligen Verfügung gegenüber einem Unterlassungsschuldner mit Sitz in Deutschland befasst;[139] weiter mit der inländ Gerichtsbarkeit bei urhebervertragsrechtl Ansprüchen gegen einen Schuldner, der in Österreich weder ein Unternehmen noch Wohnsitz oder Aufenthaltsort hat.[140]

35   Die **Schweiz**[141] erkannte ausländ Verletzungsurteile nur an, wenn sie im Wohnsitzstaat oder im Schutzland ergangen waren, sofern der Beklagte in der Schweiz keinen Wohnsitz hatte (Art 111 schweiz IPRG), so dass ausländ Verletzungsurteile auch wegen Verletzung ausländ Patente gegen Schweizer mit Wohnsitz in der Schweiz dort nicht anerkannt wurden, soweit nicht das LugÜ eingriff (Art 1 Abs 2 IPRG) oder rügelose Einlassung erfolgte.[142] Art 2 Abs 1 LugÜ regelt nur die Staatenzuständigkeit, der Gerichtsstand ist nach nationalem Recht zu bestimmen.[143] Insoweit gilt das IPRG und nicht das Gerichtsstandsgesetz.[144] Für grenzüberschreitende Klagen, die Immaterialgüterrechte betreffen, sind die schweiz Gerichte am Wohnsitz des Beklagten, subsidiär[145] bei fehlendem inländ Wohnsitz am Ort der Schutzbeanspruchung, zuständig, dies gilt für Verletzungs- wie für positive und negative Feststellungsklagen und auch für ausländ Patente; für Klagen betr die Gültigkeit oder die Eintragung von Schweizer Schutzrechten besteht ein subsidiärer Gerichtsstand am Geschäftssitz des eingetragenen Vertreters oder am Sitz der Schweizer

---

des Nichtigkeitseinwands fehlt, im kort-geding-Verfahren hinsichtlich des niederländ Patents Prüfung der Erfolgsaussicht, hinsichtlich der ausländ grds Abweisung; vgl GH Den Haag BIE 1999, 127; GH Den Haag ENPR 2000, 87 Boston Sicientific/Cordis, andererseits RB Den Haag 15.7.1998 98.1851 Augustine/Mallinckrodt.

129   CCass GRUR Int 2001, 73 und hierzu *Pertegás Sender* BIE 2000, 119.
130   RB Brüssel 14.9.2001 Colgate/Unilever, kr referiert von *de Visscher* in EIPR 2002 N-30.
131   RB Brüssel 12.5.2000 IER 2000, 227, vgl *Brinkhof* BIE 2000, 199; RB Brüssel 27.6.2002, referiert von *Brinkhof* BIE 2002, 327.
132   RB Brüssel GRUR Int 2001, 170 = BIE 2000, 211; RB Brüssel IER 2000, 232, auszugsweise BIE 2000, 335; RB Brüssel BIE 2000, 335 f; *Véron* 35 IIC (2004), 638, 640.
133   Zu Italien s Tribunale Brescia RDI 2000 II 236.
134   Ua in CCass PIBD 1995 III 446; TGI Paris PIBD 1996 III 10 (allerdings mit Inlandsbezug); TGI Tours PIBD 1997 III 444; abl noch TGI Paris Rev. crit. D.I.P. 1974, 110 m Anm *Bonet*; vgl auch TGI Paris PIBD 1992 III 577, das Zuständigkeit bei einem europäischen Patent verneint, in dem Frankreich nicht benannt ist; zum Streitstand in Frankreich eingehend *Passa* Petites affiches 1998 Nr 69, 31, 33; zur Anwendung des EuGVÜ TGI Paris PIBD 1985 III 73, 1987 III 196, PIBD 1988 III 277.
135   CA Paris BIE 1994, 395 Braillezellen m Anm *Verkade* = Dossiers Brevets 1996 I 1.
136   TGI Paris PIBD 1997 III 601 m Anm *Passa* in Petites affiches 1998 Nr 69, 31.
137   TGI Paris GRUR Int 2001, 173 m Anm *Treichel.*
138   TGI Paris 33 IIC (2002) 68; TGI Paris 33 IIC (2002), 225 m kr Anm *Véron.*
139   ÖOGH GRUR Int 1997, 53 Unterlassungsvollstreckung gegen ausländische Schuldnerin.
140   ÖOGH GRUR Int 1997, 56 Askalun.
141   Vgl Bericht der schweiz AIPPI-Landesgruppe zu Q 174 sic! 2003, 464; *Stieger* S 67 ff; *Locher* sic! 2006, 242.
142   *Brunner* SMI 1994, 101, 113.
143   Cour de Justice Genf sic! 2000, 652.
144   *Stieger* S 67.
145   Kr hierzu *Stieger* S 75 f.

Registerbehörde[146] (Art 109 IPRG). Das Bundesgericht hat seine Zuständigkeit für negative Feststellungsklagen auf Nichtverletzung ausländ Patente bejaht.[147] Die Zuständigkeit im nationalen Immaterialgüterrecht richtet sich seit 1.1.2001 nach dem Gerichtsstandsgesetz,[148] nach dem anders als in nach dem IPRG zu beurteilenden Fällen der Gerichtsstand am Delikts- oder Erfolgsort alternativ zur Verfügung steht.[149] Eine zentrale Patentgerichtsbarkeit (schweiz BPatG) ist inzwischen geschaffen.[150]

Die Praxis im **Vereinigten Königreich** hat grenzüberschreitende Verfahren unter der seit 1.5.1996 **36** entfallenen „double actionability rule" abgelehnt.[151] Die Praxis hatte sich seither zurückhaltend gewandelt.[152] Nach der „Moçambique Rule" sind Schutzrechte von außerhalb der VO 1215/2012 oder des LugÜ weiterhin im VK nicht klagbar.[153]

II. Zuständigkeit der ordentlichen Gerichte

1. Rechtsweg

a. Grundsatz. Der Zivilrechtsweg ist nicht eröffnet, wo der Rechtsweg zu den Verwaltungsgerichten **37** (§ 40 VwGO; Rn 39 ff), Finanzgerichten (§ 33 FGO; Rn 43), Sozialgerichten (Rn 44), Arbeitsgerichten (§ 48 ArbGG; Rn 45 ff) und zum BPatG (§ 65 PatG) gegeben ist. Zulässigkeit und Überprüfung des Rechtswegs regeln die §§ 17–17b GVG. Die Zulässigkeit des Rechtswegs ist in den höheren Instanzen generell nicht überprüfbar[154] (§ 17a Abs 5 GVG; vgl auch § 545 Abs 2 ZPO).

b. Der **Zivilrechtsweg** ist auch bei schlicht hoheitlichem Handeln des Staats eröffnet. Kraft Zuwei- **38** sung ist er entspr Art 14 Abs 3 Satz 4 GG nach § 13 Abs 3 Satz 2 bei Streitigkeiten über die Höhe der Vergütung bei staatlicher Benutzungsanordnung eröffnet, ebenso nach § 55 Abs 2 Satz 2 wegen der Entschädigung bei Geheimhaltungsanordnungen. Amtshaftungsklagen sind nach Art 34 GG dem Zivilrechtsweg zugewiesen.[155]

c. Verwaltungsrechtsweg. Grundsatz. Der Verwaltungsrechtsweg ist nach § 40 Abs 1 Satz 1 VwGO **39** bei allen öffentlich-rechtl Streitigkeiten nichtverfassungsrechtl Art gegeben, soweit diese nicht durch Bundesgesetz einem anderen Gericht ausdrücklich zugewiesen sind. Zur Abgrenzung öffentlich-rechtl von bürgerlich-rechtl Ansprüchen ist auf die Kommentarlit zu § 13 GVG und zu § 40 VwGO zu verweisen. Maßgeblich ist regelmäßig, ob die an der Streitigkeit Beteiligten in einem hoheitlichen Verhältnis der Über- und Unterordnung stehen und sich der Träger hoheitlicher Gewalt der besonderen, ihm zugeordneten Rechtssätze des öffentlichen Rechts bedient oder ob er sich den für jedermann geltenden zivilrechtl Regelungen unterstellt.[156] Zur Zuständigkeit der Verwaltungsgerichte in Arbeitnehmererfindungssachen Rn 4 zu § 39 ArbEG.

---

146 Schweiz BG BGE 117 II 598 = sic! 1997, 331, 335 = GRUR Int 1999, 187 mAnm *Stauder* Hitzeschutzschild I; zur Revision der Bestimmung iS alternativer statt subsidiärer Zuständigkeit und einer Klagemöglichkeit am Ort der Niederlassung und mit dem Vorschlag eines zusätzlichen Gerichtsstands bei objektiver Klagehäufung *Locher* sic! 2006, 242, 252.
147 Schweiz BG BGE 129 III 295 = sic! 2003, 518 Pulverlack, für negative Feststellungsklagen betr Schweizer Patente schon schweiz BG sic! 1997, 331 Hitzeschutzschild III; zwd bei fehlendem Wohnsitz oder Sitz des Patentinhabers in der Schweiz und für ausländ Patente, soweit das LugÜ anwendbar ist, *Stieger* S 72.
148 Hierzu *Meier* sic! 2001, 377; *Stieger* S 69 f.
149 Näher *Stieger* S 69 f.
150 Näher *Calame/Hess-Blumer/Stieger* (Hrsg) Patentgerichtsgesetz (PatGG), Kommentar, 2013.
151 Zuletzt PatentsC FSR 1995, 325 Chiron/Organon und RPC 1995, 438 Plastus/3M; vgl *Kempner/Fricker* EIPR 1996, 377.
152 HighC (Chancery Division) [2012] EWHC 3316 (Pat) GRUR Int 2013, 1024 Actavis/Eli Lilly; CA England/Wales Pearce/Ove Arup FSR 1999, 525; PatentsC GRUR Int 1998, 317 = FSR 1997, 641 Pearce v. Ove Arup; PatentsC FSR 1997, 660 = GRUR Int 1998, 314 Coin Contols v. Suzo, s EIPR 1997 D-187; *Cohen* EIPR 1997, 379; *Inglis/Gringras* EIPR 1997, 396; *Karet* EIPR 1998, 76; *Kieninger* GRUR Int 1998, 280; *Klink* EIPR 2004, 493.
153 Vgl *Cohen* EIPR 1997, 379; kr *Kieninger* GRUR Int 1998, 280, 284, 289.
154 BGHZ 110, 30 = GRUR 1990, 515 Marder; BAG BB 1997, 2112 Schaufensterdekoration.
155 Vgl zur Lage in Frankreich Tribunal des conflits PIBD 1989, 465 III 552; CCass PIBD 1997 III 423.
156 Gms-OGB BGHZ 97, 312 ff = NJW 1986, 2359; Gms-OGB BGHZ 102, 280, 283 = NJW 1988, 2295; Gms-OGB BGHZ 108, 284, 286 = NJW 1990, 1527.

40   **Einzelheiten.** Als öffentlich-rechtl Streitigkeiten sind in diesem Sinn anzusehen: Klagen wegen Untätigkeit des DPMA (vgl Rn 4 vor § 73 und Rn 217 f zu § 73); Klagen gegen das DPMA auf Unterlassung bestimmter Handlungen, zB Veröffentlichung einer Patentschrift;[157] Klagen des DPMA wegen zu Unrecht erstatteter Gebühren, auch wenn diese auf § 812 BGB gestützt sind (Rn 9 zu § 10 PatKostG); Klagen gegen den Entzug des Geschäftssitzes eines zugelassenen Vertreters (Art II § 12 IntPatÜG). Erfolgt eine Patentbenutzung mit Mitteln der Eingriffsverwaltung durch Verwaltungsakt und nicht bloß durch schlicht hoheitliches Handeln, wird man auch heute noch den Zivilrechtsweg als ausgeschlossen[158] und den Verwaltungsrechtsweg als eröffnet ansehen müssen.[159]

41   Die Anfechtung einer **staatlichen Benutzungsanordnung** hat nach § 13 Abs 2 beim BVerwG zu erfolgen, soweit die Anordnung durch die Bundesregierung oder eine oberste Bundesbehörde getroffen ist; auch sonst ist der Verwaltungsrechtsweg gegen die Anordnung gegeben (Rn 20 zu § 13). Auch für Klagen wegen Genehmigung der Auslandsanmeldung staatsgeheimer Erfindungen (§ 52 Abs 1) ist der Verwaltungsrechtsweg eröffnet.

42   **Zuweisung an das BPatG.** Bedeutsam ist im gewerblichen Rechtsschutz die Zuweisung öffentlichrechtl Streitigkeiten an das BPatG als besonderes Gericht der ordentlichen Gerichtsbarkeit;[160] die Tätigkeit der Beschwerdesenate des BPatG beruht hierauf (vgl auch Rn 49).

43   **d.** Der **Rechtsweg zu den Finanzgerichten** kommt zB in Betracht bei Streitigkeiten über Steuerbegünstigungen für Erfinder oder die Bewertung von Schutzrechten und Erfindungen im Besteuerungsverfahren. Gegen die Ablehnung der Anerkennung der Erfindung als volkswirtschaftlich wertvoll durch die oberste Finanzbehörde des Lands war der Finanzrechtsweg gegeben (*5. Aufl* § 6 Rn 56). Der Finanzrechtsweg ist auch bei Maßnahmen der Finanzbehörden zur Beachtung der Verbote und Beschränkungen für den Warenverkehr über die Grenze (Grenzbeschlagnahme, § 142a) eröffnet (Rn 26 zu § 142a).

44   **e.** Für Streitigkeiten in Angelegenheiten der gesetzlichen Krankenversicherung aufgrund von Verträgen der Krankenkassen ist der **Rechtsweg zu den Sozialgerichten** eröffnet, auch soweit dadurch Dritte betroffen werden.[161] Die mit der seit 2.1.2000 geltenden Regelung eingeführte Zuweisung sämtlicher Kartellstreitigkeiten des SGB (seit 1.1.2002 umfassend) an die Sozialgerichte (§ 51 Abs 2 Satz 2 SGG; § 87 Abs 1 Satz 2, § 96 GWB, § 69 SGB V) ist seit 1.1.2011 mit § 51 Abs 3 SGG für Kartellstreitigkeiten aufgehoben, die Rechtsbeziehungen nach § 69 SGB V betreffen.[162] Sie wird insoweit auch im Verhältnis zu Patentstreitsachen kartellrechtl Charakters gelten müssen.[163] Streitigkeiten über Festbetragsregelungen bei patentgeschützten Arzneimitteln (§ 35 SGB V; vgl Rn 36 f zu § 11) gehören somit vor die Sozialgerichte.

45   **f. Rechtsweg zu den Arbeitsgerichten.** Im Verhältnis ordentliche Gerichtsbarkeit – Arbeitsgerichtsbarkeit handelt es sich seit der Neuregelung 1990 (näher *7. Aufl*) um verschiedene Rechtswege und nicht mehr um die Frage der sachlichen Zuständigkeit.

---

157   LG München I 6.8.2002 7 O 12622/02 und nachfolgend OLG München 16.9.2002 6 W 2090/02; VG München InstGE 2, 242, offen gelassen in Hinblick auf § 65 in der Folgeentscheidung VGH München InstGE 4, 81 = GRUR-RR 2003, 297; Zuständigkeit des BPatG bejaht in VG München BlPMZ 2005, 398 und nachgehend VGH München Mitt 2008, 127, Zivilrechtsweg dagegen bejaht von LG Dresden 18.11.2005 45 O 390/03.
158   Vgl RGZ 77, 14, 17 f = BlPMZ 1912, 155 Säbelträger; RG BlPMZ 1912, 278 Karabinerfutteral; RGZ 79, 427, 429 = BlPMZ 1913, 119 Dampfüberhitzer; RGZ 102, 390 f = GRUR 1922, 218 Kompressionsbinden; RGZ 161, 387, 390 = GRUR 1940, 26 Droschkenbestellung.
159   *Stelkens* GRUR 2004, 25, 32 schlägt vor, in extensiver Auslegung von Abs 1 die Bestimmung auch als Sonderzuweisung öffentlich-rechtl Patentstreitsachen an die ordentlichen Gerichte anzusehen.
160   Vgl VGH München Mitt 2006, 127, 129, VG München BlPMZ 2005, 398, jeweils zum Vorgehen gegen die Veröffentlichung der Patentschrift (bdkl); VGH München 5.11.2007 5 C 07.2351 Mitt 2008, 142 Ls, zur Löschung des Vertreters im Register.
161   Vgl BGH GRUR 2000, 251 f Arzneimittelversorgung; BGH GRUR 2000, 736 Hörgeräteakustik; BGH GRUR 2001, 87 Sondenernährung mwN; BGH 19.12.2002 I ZB 24/02; *Bumiller* Zur Zuständigkeit der Sozialgerichte für kartellrechtliche Streitigkeiten, GRUR 2000, 484; klarstellend zu Übergangsfällen BGH GRUR 2002, 464 LDL-Behandlung; zur früheren Rspr BGHZ 114, 218, 224 = GRUR 1991, 868 Einzelkostenerstattung.
162   Vgl auch zur Rechtslage bis 1.1.2011 BSG NJW 2008, 3238.
163   Vgl zur Beurteilung nach dem UWG BGH GRUR 2006, 517 Blutdruckmessungen.

Für das **Verhältnis zur Arbeitsgerichtsbarkeit** ist insb § 2 Abs 1 Nr 3 Buchst a und d, Abs 2 Buchst a   46
ArbGG maßgeblich.

Auch bei **Streitigkeiten über Arbeitnehmererfindungen** sind grds die Gerichte für Patentstreitsa-   47
chen kraft ausdrücklicher Verweisung (§ 39 Abs 1 Satz 1 ArbEG; vgl auch Art II § 10 Abs 2 IntPatÜG) zuständig;[164] ausgenommen sind lediglich Rechtsstreitigkeiten, die ausschließlich Ansprüche auf Leistung
einer festgestellten oder festgesetzten Vergütung für eine Erfindung (§ 39 ArbEG; s dort) sowie solche, die
technische Verbesserungsvorschläge betreffen.[165] Erfasst sind nicht nur Verletzungsstreitigkeiten, sondern
grds alle, die unter § 143 fallen, mit Ausnahme der von § 39 ArbEG erfassten, mithin auch solche auf erfinderpersönlichkeitsrechtl Grundlage.[166]

Werden nach Beendigung eines Arbeitsverhältnisses die Verletzung von betriebsgeheimem **know-**   48
how geltend gemacht und die entspr Unterlassungs- und Schadensersatzansprüche ausschließlich auf die
Verletzung arbeitsvertraglicher Geheimhaltungspflichten gestützt, sind die Arbeitsgerichte zuständig, die
ordentlichen Gerichte dagegen, wenn die Ansprüche in erster Linie auf § 17 Abs 2 Nr 2 UWG gestützt werden; bei einer auf § 17 UWG gestützten Klage ist die ausschließliche Zuständigkeit der Arbeitsgerichte nur
gegeben, wenn die know-how-Verletzung während des Bestehens des Arbeitsvertrags erfolgt.[167] Das BAG
hat in zwei Entscheidungen, die die Verletzung eines Betriebsgeheimnisses durch einen ausgeschiedenen
ArbN betreffen, die Zuständigkeit der Arbeitsgerichte nicht angesprochen.[168] Ein Eilverfahren vor den Arbeitsgerichten schließt die Zuständigkeit der ordentlichen Gerichte im Hauptsacheverfahren nicht aus.[169]
Ob, soweit hiernach die ordentlichen Gerichte zuständig sind, auch § 143 eingreift, ist Frage der Auslegung
des Begriffs Patentstreitsache (Rn 51 ff).

2. Verhältnis allgemeine ordentliche Gerichte – BPatG. Unter § 143 fallen nicht Verfahren, die vor   49
das BPatG gehören,[170] also Beschwerdeverfahren gegen Entscheidungen des DPMA, Klagen auf Nichtigkeit
und bzgl einer Zwangslizenz, Akteneinsichtsverfahren; zu Vollstreckungsgegenklagen Rn 56. Die Abgrenzung zur Zuständigkeit des BPatG bereitet idR keine Schwierigkeiten; zur Zuständigkeit des BPatG bei der
Zwangsvollstreckung aus vor ihm abgeschlossenen Vergleichen Rn 167 vor § 143; Rn 12 zu § 99. Eine Zuständigkeit des DPMA oder des BPatG für die Feststellung der Verletzung oder der Abhängigkeit kennt das
dt Recht nicht (anders zB in Österreich). Das Verhältnis zwischen BPatG und den allg ordentlichen Gerichten wird entspr dem unterschiedlicher Rechtswege zu behandeln sein.[171] Zum Verhältnis BPatG – Verwaltungsrechtsweg Rn 2 sowie Rn 42 vor § 73.

3. Zivilstreitsache. § 143 erfasst nur Verfahren, die in die Zuständigkeit der streitigen Gerichtsbarkeit   50
fallen, nicht Strafsachen, Bußgeldsachen und Angelegenheiten der freiwilligen Gerichtsbarkeit. Ansprüche aus Patenten im Rahmen eines Insolvenzverfahrens (mit ausschließlicher Zuständigkeit des Amtsgerichts, § 2 Abs 1 InsO; anders, soweit es sich um Forderungen gegen die Masse handelt, § 180 InsO)[172]
werden somit nicht von der Regelung getroffen. Zur Geltendmachung von Ansprüchen aus Patentstreitigkeiten im Adhäsionsverfahren der StPO Rn 51 zu § 142.

164   Vgl *Fitzner/Lutz/Bodewig* Rn 3.
165   Vgl BAG NZA 1997, 1181 Auto-Zero-Regelung; LAG Nürnberg 27.8.2004 9 Ta 62/04 Mitt 2005, 172 Ls.
166   BAG Auto-Zero-Regelung; vgl LAG Frankfurt/M 2.8.2010 7 Ta 203/10 EzA-SD 2010 Nr 21, 16.
167   Vgl zur Problematik *Asendorf* GRUR 1990, 229, 234 ff.
168   BAGE 41, 21 = NJW 1983, 134 Thrombozytenreagenz I; BAG DB 1986, 2289 Thrombozytenreagenz II; ausdrücklich
zur Abgrenzung BAG NZA 1997, 1181 Auto-Zero-Regelung.
169   OLG Frankfurt GRUR 1992, 209.
170   Vgl *Fitzner/Lutz/Bodewig* Rn 16.
171   Vgl BGHZ 115, 275, 284 f = NJW 1992, 2423.
172   Vgl LG München I Beschl vom 27.11.1997 7 O 3724/97, zur Gesamtvollstreckungsordnung.

III. Sachliche Zuständigkeit; Patentstreitsachen

1. Auslegung des Begriffs

51   **a. Allgemeines.**[173] Nach der Legaldefinition in Abs 1 sind Patentstreitsachen alle Klagen, durch die ein Anspruch aus einem der im PatG geregelten Rechtsverhältnisse geltend gemacht wird. Nach hM ist der Begriff der Patentstreitsache weit auszulegen.[174] Dem kann für das Patentrecht jedenfalls nicht uneingeschränkt zugestimmt werden. Insb können angesichts des eindeutigen Wortlauts der Regelung entgegen der hM Rechtsstreitigkeiten über Neuerungen, deren Schutz nicht einmal beabsichtigt ist, nicht einbezogen werden (Rn 67). Zu weit geht auch die Auffassung,[175] dass Verfahren, die mit einer Erfindung nur verknüpft sind, Patentstreitsachen sein sollen. Ein bloßer tatsächlicher Zusammenhang mit patentrechtl Fragen ist ebenfalls nicht ausreichend.[176] Der BGH sieht als Patentstreitsachen alle Klagen an, die einen Anspruch auf eine Erfindung oder aus einer Erfindung zum Gegenstand haben oder sonstwie mit einer Erfindung eng verknüpft sind.[177] Darunter fallen auch Prozesse, bei denen Ansprüche aus einem solchen Rechtsverhältnis nur hilfsweise geltend gemacht werden.[178] Werden patentrechtl Vorschriften in der Klage nur zur Erschleichung der Zuständigkeit genannt, liegt keine Patentstreitsache vor.[179] Soweit die Rspr darauf abstellt, ob zur Beurteilung der Berechtigung der Honorarforderung das Verständnis der Erfindung bedeutsam ist und es deshalb besonderen Sachverstands bedarf (Rn 69), kann sich die Beurteilung im Lauf des Prozesses ändern. Wurde der Rechtsstreit bei einem Gericht anhängig gemacht, das kein Patentstreitgericht ist, ist dies unschädlich, da noch nach § 281 ZPO verwiesen (oder formlos abgegeben, Rn 101) werden kann. Handelt es sich dagegen um ein Patentstreitgericht, wurde aber der Rechtsstreit dort wegen Nichterfüllung der Kriterien (oder versehentlich) nicht der Patentstreitkammer zugewiesen, ist nach den internen Geschäftsverteilungen wohl aller Gerichte eine Abgabe (Rn 82) an die Patentstreitkammer nach Antragstellung nicht mehr möglich; es muss der nicht kompetente Spruchkörper entscheiden.

52   Als **Klage** werden alle zivilrechtl Verfahren[180] wie Anträge auf Arrest und einstweilige Verfügung,[181] Zwangsvollstreckungsverfahren (str, Rn 56), selbstständige Beweisverfahren (Rn 57) und Prozesskostenhilfeverfahren (vgl Rn 155 ff) verstanden.

53   **b.** Nicht jeder **patentrechtliche Bezug** lässt die Sache zur Patentstreitsache werden. So wird man vermögensrechtl Auseinandersetzungen etwa erbrechtl, familienrechtl (insoweit kommt auch eine Kollision mit der Zuständigkeitsregelung in § 621 Abs 1 Nr 8 ZPO in Betracht) oder gesellschaftsrechtl Art, die Vermögensmassen betreffen, zu denen Patente oder Patentanmeldungen gehören, ebenso wenig wie Streitigkeiten aus Vermögensübernahmen als Patentstreitsachen ansehen können; zwh erscheint auch, ob Klagen wegen Ansprüchen, die sich aus der Verpfändung oder Sicherungsabtretung von Patenten ergeben, Patentstreitsachen sind. Auch Klagen aus einem oder gegen ein konstitutives Schuldanerkenntnis wegen Forderungen aus einem Patentlizenzvertrag dürften keine Patentstreitsache sein.[182] Dagegen sind

---

173   Zum Begriff der „patent matters" in Japan, die dort bei den Gerichten in Tokio und Osaka konzentriert sind, BG Osaka 35 IIC (2004), 324.

174   BGHZ 14, 72 = GRUR 1955, 83 Autostadt; BGH GRUR 2011, 662 Patentstreitsache I; KG GRUR 1958, 392; OLG Düsseldorf JurBüro 1986, 1904; *Benkard* Rn 1, *Mes* Rn 4; 4. *Aufl* § 51 Rn 2; *Asendorf* GRUR 1990, 235; *Bartenbach/Volz* § 39 ArbEG Rn 9; *Bühring* § 27 GebrMG Rn 8; vgl zu § 140 Abs 1 MarkenG („Kennzeichenstreitsachen") BGH GRUR 2004, 622 Ritter sowie zur schon dem Wortlaut nach engeren österr Regelung in § 51 Abs 2 Nr 9 Jurisdiktionsnorm öOGH 14.11.2000 4 Ob 271/00g.

175   BGHZ 8, 16, 18 = GRUR 1953, 114 Heizflächenreinigung; OLG Oldenburg 15.10.1999 6 U 65/99.

176   AA OLG Celle GRUR 1958, 292; gegen eine Ausdehnung des Begriffs der Patentstreitsache ins Uferlose auch *Klauer/Möhring* § 51 Rn 1; RB Den Haag BIE 1999, 296 legt die entspr niederländ Bestimmung eng aus.

177   BGH GRUR 2011, 662 Patentstreitsache I.

178   OLG Frankfurt GRUR-RR 2013, 184, GeschmMSache.

179   OLG Köln 31.5.2013 17 W 32/13 NJOZ 1977 = GRUR-RR 2014, 48 Ls, Kennzeichenstreitsache: keine volle Schlüssigkeitsprüfung für die Beurteilung als Kennzeichenstreitsache.

180   Vgl *Benkard* Rn 6; *Fitzner/Lutz/Bodewig* Rn 7.

181   Zu Kennzeichenstreitsachen (§ 140 Abs 1 MarkenG) BGH GRUR 2012, 756 Kosten des Patentanwalts III; OLG Stuttgart GRUR-RR 2009, 79; *Ströbele/Hacker* § 140 MarkenG Rn 6.

182   Vgl LG Aachen 5.12.2000 10 O 167/00.

Streitigkeiten über einen Nießbrauch an einem Patent (§ 1068 BGB) Patentstreitsachen. Zur Prüfung der Patentverletzung im Vergabeverfahren Rn 42 zu § 9.

c. Schutzfähigkeit. Nicht erforderlich ist, dass die geschützte oder zu schützende Lehre tatsächlich **54 patentfähig** ist.[183] Auch kommt es nicht darauf an, ob patentrechtl oder technische Fragen im Verfahren tatsächlich eine Rolle spielen.[184]

d. Einzelheiten. Ist eine Sache Patentstreitsache, bleibt sie es auch für die **nach Erledigung der 55 Hauptsache** zu treffenden Entscheidungen.[185]

Patentstreitsachen sind auch **Vollstreckungsverfahren**, aber nur, soweit das Prozessgericht Voll- **56** streckungsgericht ist,[186] ebenso Vollstreckungsgegenklagen gegen Verurteilungen wegen Patentverletzung;[187] dagegen ist das BPatG für Vollstreckungsgegenklagen gegen Kostenfestsetzungsbeschlüsse des DPMA[188] und des BPatG[189] als Prozessgericht des ersten Rechtszugs zuständig; vgl auch den Geschäftsverteilungsplan des BPatG unter „Zusätzliche Geschäftsaufgaben". Für die Pfändung eines Schutzrechts ist das Amtsgericht als Vollstreckungsgericht zuständig.[190]

Für **selbstständige Beweisverfahren** nach §§ 485 ff ZPO folgt die gerichtliche Zuständigkeit grds der **57** Hauptsachezuständigkeit (§ 486 Abs 1, Abs 2 Satz 1 ZPO). In Fällen dringender Gefahr kann auch die Zuständigkeit des Amtsgerichts begründet sein (§ 486 Abs 3 ZPO), diese Regelung geht der nach Abs 1 wie auf Abs 2 beruhenden Regelungen über die örtliche Zuständigkeit vor.

Das **Kostenfestsetzungsverfahren** soll keine Patentstreitsache sein[191] (zwh; jedenfalls wird die funk- **58** tionelle Zuständigkeit des Rechtspflegers nicht ausgeschlossen).

2. Maßgeblichkeit des Klagegrunds

a. Maßgeblich für die Beurteilung, ob eine Patentstreitsache vorliegt, ist der **Sachvortrag des Klä- 59 gers**[192] (vgl aber Rn 11 zu § 39 ArbEG).

b. Die genannten Grundsätze gelten auch für die **Widerklage.**[193] Die Regelung in § 143 geht der in § 33 **60** ZPO vor, so dass die Widerklage, die selbst Patentstreitsache ist, nur vor dem nach § 143 Abs 1 zuständigen Gericht erhoben werden kann. Ist bereits eine negative Feststellungsklage anhängig, muss die Verletzungsklage umgekehrten Rubrums nicht als Widerklage im Gerichtsstand der Feststellungsklage erhoben werden.[194]

c. Auf die **Einwendungen** des Beklagten kommt es nicht an,[195] also insb nicht auf eine Aufrech- **61** nung[196] oder die patentrechtl Grundlage eines geltend gemachten Zurückbehaltungsrechts.[197]

---

183 BGHZ 14, 72, 77 = GRUR 1955, 83 ff Autostadt, allgM.
184 BGHZ 49, 99, 108 = GRUR 1968, 307, 310 Haftbinde.
185 OLG Düsseldorf Mitt 1982, 175.
186 So OLG Düsseldorf InstGE 11, 299; str, vgl die Nachw bei *Benkard* Rn 6; *Fezer* § 140 MarkenG Rn 5; *Ingerl/Rohnke* § 140 MarkenG Rn 10, sowie OLG Düsseldorf GRUR 1985, 220; OLG Stuttgart GRUR-RR 2005, 334 zum Begriff der Geschmacksmusterstreitsache.
187 OLG Düsseldorf GRUR 1985, 220.
188 BPatG GRUR 1982, 483.
189 Vgl BPatG 7.6.1995 3 Ni 19/95.
190 Eingehend LG Düsseldorf 26.3.1998 4 OH 1/96 Entsch 1998, 50 = NJWE-WettbR 1998, 186, zum Markenrecht, mNachw des Streitstands.
191 OLG Düsseldorf JurBüro 1982, 576; zust *Benkard* Rn 6; *Fitzner/Lutz/Bodewig* Rn 7; *Ingerl/Rohnke* § 140 MarkenG Rn 12.
192 Vgl LG Düsseldorf InstGE 1, 264; aA *Bartenbach/Volz* § 39 ArbEG Rn 12 f; zur Beachtlichkeit einer Erklärung, sich „vorerst" nicht auf patentrechtl Anspruchsgrundlagen stützen zu wollen, vgl LG Baden-Baden GRUR 1961, 32.
193 *Benkard* Rn 3; *Fitzner/Lutz/Bodewig* Rn 4.
194 BGH GRUR 1994, 846 f Parallelverfahren II; BGH 7.7.1994 I ZR 34/92.
195 *Benkard* Rn 3; *Fitzner/Lutz/Bodewig* Rn 8; *Mes* Rn 7; vgl auch OLG Frankfurt Mitt 1977, 98, 100; für das Markenrecht offengelassen in BGH GRUR 2006, 158 segnitz.de.
196 *Ulrich* NJW 1958, 1128; offengelassen in BGH GRUR 1962, 305 f Federspanneinrichtung.
197 AG Berlin-Spandau GRUR 1951, 397; str, Nachw bei *Benkard* Rn 3.

3. Einzelfälle

62   **a. Patentstreitsachen**[198] sind insb Klagen auf Unterlassung, Schadensersatz nach § 139 samt dem vorgeschalteten Auskunftsanspruch und dem Antrag auf Abgabe der eidesstattlichen Versicherung, sei es im Rahmen des Hauptsacheverfahrens, sei es nachträglich;[199] Herausgabe der Bereicherung (jeweils auch Feststellungsklagen[200] und Klagen im Betragsverfahren),[201] Klagen aus §§ 140a–140e und § 142a, § 142b,[202] Klagen auf Entschädigung nach § 33, Schadensersatz nach § 85 Abs 5, Abs 6 Satz 2, wegen Patentberühmung (vgl Rn 34 zu § 146),[203] unberechtigter Verwarnung,[204] auf Übertragung,[205] Umschreibung, Feststellung des Patentumfangs, Abhängigkeitsklagen, Vorbenutzer- und Weiterbenutzerklagen, Klagen auf Übertragung des Patents, der Patentanmeldung und auf Feststellung der Inhaberschaft, über Rechte und Pflichten der Beteiligten bei Lizenzbereitschaft und Zwangslizenz im Rahmen der Zuständigkeit der ordentlichen Gerichte[206] (vgl insoweit aber die Regelung der Vergütung bei Zwangslizenz in §§ 24, 81 durch das 2. PatGÄndG), Klagen über Patentlizenzverträge[207] (nicht Know-how-Lizenzverträge, vgl Rn 51, 67), Klagen auf Feststellung der (Mit-)Erfindereigenschaft, Zustimmung zur Nennung als Erfinder,[208] Einwilligung in die Registereintragung,[209] Auskunft über die Az vorgenommener Anmeldungen und Einwilligung in die Akteneinsicht,[210] Ansprüche aus Schuldanerkenntnissen im Zusammenhang mit patentrechtl Ansprüchen[211] und Vertragsstrafen.[212] Patentstreitsache ist auch der Streit um die Vergütung, wenn der Erfinder Produktion und Vertrieb von Erzeugnissen, die auf der Erfindung beruhen, durch entgeltlichen Vertrag (Gewinnteilung) einem Dritten überlässt, selbst wenn im Vertrag das Patent nicht erwähnt wird und es nicht mehr besteht.[213] Patentstreitsachen sind auch Rückforderungsansprüche wegen geleisteten Schadensersatzes oder geleisteter Entschädigung nach Wegfall des Patents.[214] Ebenfalls Patentstreitsache ist die Mitwirkung bei der Herausgabevollstreckung.[215]

63   Entschädigungsklagen bei staatlicher **Benutzungsanordnung** oder **Geheimhaltungsanordnung** sind Patentstreitsachen.[216]

64   Die Bestimmung erfasst auch **nichtvermögensrechtliche** Streitigkeiten wie Klagen wegen Verletzung des Erfinderpersönlichkeitsrechts.[217]

---

198 Vgl die Auflistungen bei *Schulte* Rn 9; *Fitzner/Lutz/Bodewig* Rn 15 und *Schramm* PVP Kap 9 Rn 288 f sowie *Benkard* Rn 4.

199 OLG Düsseldorf 7.10.2004 2 U 41/04; OLG Düsseldorf 25.6.2010 2 W 26/10 NJW-RR 2011, 118 Ls.

200 OLG Frankfurt MuW 37, 313.

201 Vgl OLG München GRUR 1978, 196.

202 OLG Düsseldorf 21.5.2010 InstGE 12, 181 (zu § 140b).

203 OLG Düsseldorf GRUR 2012, 856; OLG Düsseldorf InstGE 13, 240, für Verfügungsantrag; OLG Düsseldorf JurBüro 1986, 1904; LG Mannheim GRUR 1954, 24.

204 *Klauer/Möhring* Rn 3 mNachw; vgl OLG Frankfurt GRUR-RR 2001, 199.

205 RG GRUR 1939, 53 Armenrechtsversagung; RGZ 170, 226, 229 = GRUR 1943, 64 Explosionsrammen; BGHZ 14, 72, 80 Autostadt; OLG Frankfurt InstGE 2, 167.

206 *Benkard* Rn 4; *Güldenagel* GRUR 1938, 474.

207 BGHZ 8, 16, 18 = GRUR 1953, 114 Heizflächenreinigung; BGHZ 49, 33 = GRUR 1968, 218 Kugelschreiber; zur frz Praxis CA Paris Dossiers Brevets 1996 IV 7.

208 RG Explosionsrammen.

209 KG GRUR 1958, 392.

210 BayVerfGH NJW-RR 1994, 701.

211 BGHZ 49, 99 = GRUR 1958, 307 Haftbinde.

212 OLG Düsseldorf GRUR 1984, 650; LG Mannheim InstGE 12, 240 (Nr 8); LG Mannheim GRUR-RR 2015, 454 (UWG-Sache); OLG Jena GRUR-RR 2011, 199, UWG-Sache; aA OLG Köln 5.6.2014 8 AR 68/14 WRP 2014, 1369 (Divergenzvorlage an den BGH), ohne Stellungnahme zur Vorlagefrage entschieden durch BGH MDR 2015, 51.

213 OLG Hamm 7.11.1989 4 U 90/89, GRUR 1990, 640 Ls.

214 Vgl *Benkard* Rn 4.

215 OLG Düsseldorf InstGE 11, 299.

216 *Benkard* Rn 4 und § 55 Rn 24; *Schulte* Rn 9 Nr 6 und *Schulte* § 55 Rn 9; *Klauer/Möhring* § 30 f Rn 18; *Reimer* § 30 f Rn 12.

217 BGHZ 14, 72, 77, 81 Autostadt; LG Nürnberg-Fürth GRUR 1968, 252; anders für das österr Recht öOGH 14.11.2000 4 Ob 271/00g.

Patentstreitsache ist die Klage über die Anwendbarkeit einer allg Anordnung über die Art der **Ver-** 65
wendung einer Diensterfindung im öffentlichen Dienst, wenn sie sich auf eine konkrete Erfindung
bezieht.[218]

Streitigkeiten über **ergänzende Schutzzertifikate** sind Patentstreitsachen.[219] Zwar wird § 143 in § 16a 66
Abs 2 nicht genannt, jedoch ist die Aufzählung der anwendbaren Bestimmungen in § 16a Abs 2 nicht abschließend.[220]

b. Keine Patentstreitsachen[221] sind angesichts des eindeutigen Wortlauts der Regelung trotz ge- 67
wisser patentrechtl Schutzwirkungen[222] Streitigkeiten im Zusammenhang mit Erfindungen, deren Schutz
durch ein Patent nicht beabsichtigt ist, sondern die als Betriebsgeheimnis verwertet werden sollen (zB
bei reinen Know-how-Lizenzverträgen, vgl Rn 51);[223] die gegenteilige Auffassung ist mit dem Grundsatz
des Vorrangs des Gesetzes nicht vereinbar. Wer sich des Schutzes durch ein Patent freiwillig begibt,
kann nicht beanspruchen, von der Regelung des § 143 erfasst zu werden. Allerdings sind Streitigkeiten
über betriebsgeheime Erfindungen von ArbN, die ihre Grundlage im ArbEG haben, nach § 39 ArbEG
Patentstreitsachen. Keine Patentstreitsachen sind weiter Klagen wegen wettbewerbsrechtl Ansprüche.[224]
Klagen auf Zahlung einer Vertragsstrafe aus einer Unterwerfungserklärung sind keine Patentstreitsachen.[225] Auch Klagen auf Zahlung der Kosten der Verwarnung sind keine Patentstreitsachen.[226] Keine
Patentstreitsachen sind auf Vertrag oder Eigentum gestützte Herausgabeklagen, auch wenn sie sich auf
patentgeschützte Sachen beziehen.[227] Ein Rechtsstreit ist nicht bereits deshalb Patentstreitsache, weil
Ansprüche aus einem Vertrag geltend gemacht werden, in dem sich eine Vertragspartei zur Übertragung
eines Patents verpflichtet hat.[228] Keine Patentstreitsachen sind Klagen auf Feststellung der Unwirksamkeit eines Wettbewerbsverbots, auch wenn dieses in einem „gemischten Erwerbsvertrag", der auch die
Übertragung von Patenten erfasst, vereinbart und auf patentrechtl Gesichtspunkte gestützt wurde.[229]
Ebenfalls keine Patentstreitsache ist die Zwangsvollstreckung in Patente.[230] Zur Zwangsvollstreckung
aus Urteilen in Patentstreitsachen s Rn 56.

Keine Patentstreitsachen sind Streitsachen aus **anderen Schutzrechten** (Gebrauchsmuster mit paral- 68
leler Regelung in § 27 GebrMG, allerdings nicht durchwegs übereinstimmender Ausnutzung der Konzentrationsermächtigung, Design, Halbleitertopographie, geschützte Sorte); zum Zusammentreffen mit Ansprüchen aus Patentstreitsachen Rn 76 ff.

Honorarklagen eines Rechtsanwalts oder Patentanwalts sind nicht notwendig schon deswegen Pa- 69
tentstreitsache, weil sich der Gegenstand des zugrunde liegenden Auftrags auf eine Erfindung bezogen
oder eine Patentanmeldung oder ein Patent betroffen hat; der BGH hat hier darauf abgestellt, ob zur Beurteilung der Berechtigung der Honorarforderung das Verständnis der Erfindung bedeutsam ist und es des-

---

218 VG Hannover AP Nr 1 zu § 39 ArbNErfG m abl Anm *Volmer,* zwh bzgl des Zivilrechtswegs; vgl auch die
Zusammenstellungen bei *Schulte* Rn 9, *Klauer/Möhring* § 51 Rn 2.
219 *Schulte* Rn 9 Nr 1.
220 Vgl *Benkard* Rn 1.
221 Vgl. *Benkard* Rn 5.
222 Vgl dazu *Asendorf* GRUR 1990, 235 mNachw.
223 Vgl OLG Zweibrücken 10.3.1997 7 U 94/93.
224 OLG Düsseldorf GRUR 1954, 115; *Benkard* Rn 5; *Klauer/Möhring* Rn 2 mNachw, auch der Gegenmeinung; aA OLG
Oldenburg 15.10.1999 6 U 65/99, das auch bei Verletzung eines Wettbewerbsverbots und Ausnützen eines Vertragsbruchs
einen patentrechtl Hintergrund ausreichen lassen will.
225 Vgl OLG Rostock GRUR-RR 2005, 176, UWGSache.
226 AA OLG Karlsruhe GRUR-RR 2006, 302, Kennzeichensache; OLG Frankfurt GRUR 2012, 760.
227 ÖOGH 14.11.2000 4 Ob 271/00g.
228 BGH GRUR 2011, 662 Patentstreitsache I.
229 Vgl den LG München I 29.8.2001 7 HKO 10580/01 und nachfolgend OLG München 25.7.2002 U (K) 5342/01 zugrunde
liegenden Fall, in dem das Vorliegen einer Patentstreitsache nicht geprüft wurde.
230 LG Düsseldorf InstGE 6, 129: dinglicher Arrest.

Kaess

halb besonderen Sachverstands bedarf, um die maßgeblichen Umstände zu erfassen und zu beurteilen.[231] Dasselbe gilt für Haftungsklagen gegen einen Rechtsanwalt oder Patentanwalt.[232]

70   Die **Mitwirkung bei der Kostenfestsetzung** ist keine Patentstreitsache.[233]

71   **4. Streitigkeiten über europäische Patente** sind im vorgenannten Umfang Patentstreitsachen (Art II § 10 Abs 2 IntPatÜG; s auch Rn 75).

72   **5.** Zum **Europäischen Patent mit einheitlicher Wirkung** s die Kommentierung Einheitlicher Patentschutz in Europa.

73   **6. Streitigkeiten über DDR-Patente** s 6. *Aufl.*

74   **7. Streitigkeiten über ausländische Patente.** Klagen im Zusammenhang mit ausländ Schutzrechten und Schutzrechtsanmeldungen sind angesichts des klaren Wortlauts der Regelung keine Patentstreitsachen.[234] Dem Umstand, dass dieses Ergebnis nicht sachgerecht erscheint,[235] kann weitgehend dadurch Rechnung getragen werden, dass das Präsidium derartige Streitigkeiten dem für Patentstreitsachen zuständigen Spruchkörper zuweist und dass die Parteien erforderlichenfalls eine Zuständigkeitsvereinbarung treffen.[236] Wird zugleich aus in Deutschland geltenden und ausländ Patenten geklagt, dürfte sich die Zuständigkeit bezüglich des ausländ Patents aus dem Sachzusammenhang ergeben. Dass auch aus dem ausländ Schutzrecht geklagt wird, ist zweifelsfrei klarzustellen.[237]

75   Streitigkeiten, die nur den **ausländischen Anteil europäischer Patente** oder eur Patente, die nicht mit Wirkung für die Bundesrepublik Deutschland erteilt sind, betreffen, sind nach Art II § 10 Abs 2 IntPatÜG als Patentstreitsachen zu behandeln, da diese Bestimmung § 143 einschränkungslos für entspr anwendbar erklärt (vgl Rn 1 zu Art II § 10 IntPatÜG).

76   **8. Zuständigkeitskonkurrenzen.** Soweit Ansprüche aus Patentstreitsachen mit anderen Ansprüchen zusammentreffen, geht die ausschließliche Zuständigkeit in Patentstreitsachen den nichtausschließlichen Zuständigkeiten vor (vgl auch die Kollisionsregelung im Verhältnis zum UWG in § 141 MarkenG); wird vor dem nicht für Patentstreitsachen zuständigen Gericht geklagt, hat dieses nur eine eingeschränkte Entscheidungszuständigkeit, die grds nicht durch rügelose Einlassung ausgeweitet werden kann;[238] zum Gesichtspunkt des Sachzusammenhangs Rn 78.

77   In Kartellsachen besteht (zur Rechtslage vor dem 6. GWBÄndG 1998 s 7. *Aufl*) ausschließliche Zuständigkeit der als Kartellgerichte bestimmten Landgerichte (§§ 87 ff, 95 GWB); danach wird man bei Verfahren, die sowohl Kartellsache als auch Patentstreitsache sind, von einer umfassenden Zuständigkeit des Kartellgerichts unter dem Gesichtspunkt des Sachzusammenhangs ausgehen müssen.[239] Bedeutung hat

---

231   BGH GRUR 2013, 756 Patentstreitsache II; *Benkard* Rn 4.
232   Vgl zum Streitstand *Schulte* Rn 10 und *Ströbele/Hacker* § 140 MarkenG Rn 7, jeweils mwN; dafür OLG Karlsruhe GRUR 1999, 359; OLG Naumburg GRUR-RR 2010, 402, Markensache; wie BGH KG GRUR-RR 2012, 410, bestätigt durch BGH Patentstreitsache II; zum US-Recht SuprC GRUR Int 2013 559 Gunn/Minton.
233   *Benkard* Rn 6.
234   So auch RG GRUR 1938, 325 Patentstreitsache; RGZ 170, 226, 230 = GRUR 1943, 64 Explosionsrammen; *Baumbach/Lauterbach/Albers/Hartmann* ZPO, Rn 1 Anh I nach § 78b GVG; *Klauer/Möhring* Rn 2; aA OLG Düsseldorf GRUR Int 1968, 100; OLG Frankfurt GRUR 1983, 435; LG Düsseldorf GRUR Int 1968, 101; LG Düsseldorf 16.1.1996 4 O 5/95 Entsch 1996, 1, 3; BGH NJW-RR 2004, 497 CMR; *Benkard* Rn 2; differenzierend (Schutzfähigkeit nach dt Recht maßgeblich) *Bartenbach/Volz* § 39 ArbEG Rn 14.
235   So auch *Klauer/Möhring* Rn 2.
236   *Mes* Rn 8 will § 143 analog anwenden, was schon am Fehlen einer Regelungslücke scheitern dürfte; ähnlich *Ingerl/Rohnke* § 140 MarkenG Rn 13.
237   Vgl BGHZ 154, 342, 349 = GRUR 2003, 716 Reinigungsarbeiten; BGH GRUR 2004, 855 Hundefigur.
238   OLG Zweibrücken 10.3.1997 7 U 94/93.
239   Vgl auch Begr BRDrs 852/97 S 70; zur Entscheidungskompetenz der Kartellgerichte BGH NJWE-WettbR 2000, 250 Aussetzungszwang, auch zu übergangsrechtl Fragen; BGH NJW 2005, 1660 f Bezugsbindung; vgl weiter die Entscheidungen des Kartellsenats des BGH in Sortenschutzsachen BGH GRUR 2004, 763 Nachbauvergütung und BGH 11.5.2004 KZR 4/03.

dies vor allem beim „kartellrechtl Zwangslizenzeinwand"[240] (Rn 100 ff zu § 24; Rn 234 ff zu § 139). Das kann, da das Kartellgericht nunmehr durchentscheiden kann und muss, dann zu Schwierigkeiten führen, wenn ihm die erforderliche patentrechtl Sachkunde fehlt; dies wird in der Praxis wohl nur dort, wo das für die Patentstreitsache zuständige Gericht gleichzeitig Kartellgericht ist (das gilt nicht für das LG Braunschweig) und auch hier nur teilweise dadurch ausgeglichen werden können, dass die Spruchkörper für Kartell- und Patentstreitsachen zumindest teilweise mit den gleichen Richtern besetzt werden, da Kartellsachen nach § 87 Abs 2 GWB Handelssachen sind und mithin entgegen der gesetzgeberischen Absicht, die der Regelung im PatG zugrundeliegt, Patentstreitsachen mit kartellrechtl Einschlag (vgl § 87 Abs 1 Satz 2 GWB) nach der Neuregelung zur Kammer für Handelssachen gelangen können. Ist die Berufung gegen das Urteil eines Landgerichts, das einen Anspruch zuständigerweise sowohl unter kartellrechtl als auch unter nichtkartellrechtl Gesichtspunkten geprüft hat, mangels ausreichender Kennzeichnung als Urteil des Kartellspruchkörpers gleichwohl bei dem für Berufungen allg, aber nicht für Kartellsachen zuständigen OLG eingelegt, hat dieses die Berufung auf Antrag an das für Kartellsachen zuständige Berufungsgericht zu verweisen.[241] Lässt sich nach den getroffenen tatrichterlichen Feststellungen im Revisionsverfahren nicht beurteilen, ob eine lizenzvertragliche Abrede unter kartellrechtl Gesichtspunkten nichtig ist, kann von einer Vorlage an den Kartellsenat abgesehen werden.[242] Tatsächlich sind die meisten veröffentlichten Entscheidungen der Instanzgerichte zu diesem Thema von den Patentstreitkörpern getroffen worden. Ein Verstoß gegen die gerichtsinterne Spruchkörperzuständigkeit kann aber nicht gerügt werden.[243] Dieses Zuständigkeitsproblem wird freilich das Rechtsbeschwerdeverfahren (§§ 100 ff) und das Nichtigkeitsverfahren (§§ 81 ff, §§ 110 ff) wegen des anderen Rechtswegs nicht betreffen. Zur Zuständigkeit der Sozialgerichte Rn 44.

Soweit die Zuständigkeit nach § 143 mit der anderer Gesetze konkurriert und sich hieraus verschiede- **78** ne Gerichtsstände ergeben, ist das für eine der geltend gemachten Anspruchsgrundlagen zuständige Gericht unter dem Gesichtspunkt des **Sachzusammenhangs** auch zur Prüfung der übrigen Anspruchsgrundlagen berechtigt.[244] Dies gilt problemlos, solange es sich um einen einheitlichen Streitgegenstand (prozessualen Anspruch) handelt (Rn 91 vor § 143).[245] Andernfalls ist ein Sachzusammenhang auch unter Berufung auf § 17 Abs 2 GVG zu verneinen; vgl auch § 141 MarkenG.[246] Jedenfalls wird etwa bei Geltendmachung patent- und markenrechtl Ansprüche hinsichtlich letzterer die Rüge der Unzuständigkeit der Zivilkammer nach § 95 Abs 1 Nr 4 Buchst c GVG zu einer Verweisung an die Kammer für Handelssachen führen müssen. Zum Zusammentreffen mit GbmStreitsachen Rn 4 zu § 27 GebrMG.

Soweit sonst **ausschließliche Zuständigkeiten** zusammentreffen (etwa mit Familiensachen), wird **79** dem häufig durch entspr engere Auslegung des Begriffs der Patentstreitsache Rechnung getragen werden können. Es wäre jedenfalls vom Ergebnis her wenig einleuchtend, etwa eine Scheidungsfolgesache vor der Patentstreitkammer deshalb zu verhandeln, weil ein Patent in das auszugleichende Vermögen fällt (vgl Rn 53).

9. Ausschließliche Zuständigkeit des Landgerichts und der Zivilkammer; Rüge der sachlichen **80** **Unzuständigkeit.** Die Zuständigkeit der Landgerichte für Patentstreitsachen ist ausschließlich (Abs 1).[247] Eine Zuständigkeit des Amtsgerichts scheidet aus. Die Zuständigkeit ist grds der Disposition durch die Parteien entzogen und kann nur soweit durch Vereinbarung oder rügelose Einlassung abbedungen werden, als dadurch die Zuständigkeit eines anderen für Patentstreitsachen erstinstanzlich zuständigen Ge-

---

240 BGHZ 180, 312 = GRUR 2009, 964 Orange Book Standard.
241 BGHZ 49, 33 = GRUR 1968, 218 Kugelschreiber; OLG Köln NJW-RR 1995, 1389; OLG Rostock 14.9.2000 1 U 187/98.
242 BGH 25.4.2001 X ZR 50/99 BGHRep 2001, 703 Ls autohomologe Immuntherapie 01.
243 *Immenga/Mestmäcker* GWB § 87 Rn 53.
244 *Zöller* ZPO § 12 Rn 21 mwN
245 *Zöller* ZPO § 17 GVG Rn 6.
246 *Zöller* ZPO § 12 Rn 20, 21; *Zöller* § 17 GVG Rn 6, *Fitzner/Lutz/Bodewig* Rn 11 f; *Benkard* Rn 10a für andere gewerbliche Schutzrechte außer GebrM; OLG München InstGE 6, 57; *Schramm* PVP Kap 9 Rn 230 ff; wohl auch BGH GRUR 2012, 485 Rohrreinigungsdüse II (Nr 18); vgl. *Kühnen* Hdb Rn 1044 ff; OLG Köln GRUR 2002, 104, zum im Markenrecht parallelen Fall der Geltendmachung einer Gemeinschaftsmarke und einer nationalen Marke; aA *Benkard* Rn 10a nur für das GebrM; früher BGH GRUR 1961, 79, 81 Behälterspritzkopf; *Loth* § 27 GebrMG Rn 33.
247 BGHZ 8, 16 = GRUR 1953, 114 Heizflächenreinigung; anders für das Markenrecht OLG Dresden GRUR 1998, 69.

richts begründet wird; die Unzuständigkeit eines nicht für Patentstreitsachen zuständigen Gerichts ist vAw zu berücksichtigen[248] (§ 40 Abs 2 ZPO).

81   Für Patentstreitsachen sind die **Zivilkammern der Landgerichte** ohne Rücksicht auf den Streitwert[249] funktionell[250] zuständig. Durch die seit 1981 geltende Gesetzesfassung[251] ist klargestellt, dass Patentstreitsachen (anders Markensachen,[252] Design- und SortSachen) nicht vor die Kammer für Handelssachen (§§ 93ff GVG; anders uU in Kartellsachen patentrechtl Charakters, Rn 77) gehören.[253] Zur Übertragung der Patentstreitsache auf den Einzelrichter der Zivilkammer nach § 348 ZPO Rn 100 vor § 143.

82   Die Zuständigkeit für Patentstreitsachen ist nicht auf eine bestimmte **„Patentstreitkammer"** beschränkt; sie ruht beim LG. Welche Zivilkammer innerhalb des LG Patentstreitsachen bearbeitet, ist Frage der Geschäftsverteilung. Verstoß verletzt das Gebot des gesetzlichen Richters (Art 101 Abs 1 Satz 2 GG, § 16 Satz 2 GVG) im allg nur bei willkürlicher Zuständigkeitsleugnung oder -anmaßung.[254] Sachliche Unzuständigkeit ergibt sich nicht daraus, dass nicht die für Patentstreitsachen nach der Geschäftsverteilung zuständige Zivilkammer, sondern eine andere mit dem Rechtsstreit befasst worden ist.[255]

83   Eine **Prüfung in höherer Instanz** ist nach § 513 Abs 2 ZPO anders als nach der Rechtslage vor dem 27.7.2001[256] auch im Berufungsrechtszug möglich.[257] Verneint das Berufungsgericht die Zuständigkeit des angerufenen erstinstanzlichen Gerichts, weil es sich um eine Patentstreitsache handelt, hebt es das erstinstanzliche Urteil auf und verweist die Sache auf Antrag an das für Patentstreitsachen zuständige erstinstanzliche Gericht.[258] Ist das Berufungsgericht selbst einem für Patentstreitsachen zuständigen Gericht im Instanzenzug übergeordnet, kann es auch in solchen Fällen uU selbst entscheiden.[259]

84   Die Rüge fehlender Zuständigkeit kann für die dritte Stufe einer **Stufenklage** auch dann erhoben werden, wenn sie in den früheren Stufen nicht erhoben wurde. Es genügt, sie erstmals bei oder nach Beginn der mündlichen Verhandlung erster Instanz über die dritte Stufe zu erheben; sie kann dann in der zweiten Instanz weiterverfolgt werden.[260]

85   Die **Verweisung** (Rn 101) an das für Patentstreitsachen zuständige LG ist für dieses grds bindend (§ 281 Abs 2 Satz 5 ZPO); anders nur bei Verletzung rechtl Gehörs, Willkür oder völlig fehlender Begründung.[261]

IV. Örtliche Zuständigkeit

86   **1. Grundsatz.** Die örtliche Zuständigkeit richtet sich nach den §§ 12ff ZPO.[262] Zu unterscheiden ist zwischen gesetzlichen Gerichtsständen, vereinbarten Gerichtsständen und gerichtlich bestimmten Gerichtsständen (§§ 36, 37 ZPO); letztere spielen in Patentstreitsachen in der Praxis keine Rolle. Als gesetzliche Gerichtsstände kommen allgemeine und besondere in Betracht. Wegen der Einzelheiten ist auf die einschlägigen Kommentare zur ZPO zu verweisen.

87   Für den Fall, dass, wie bei Patentstreitsachen idR, mehrere Gerichtsstände in Betracht kommen, gibt **§ 35 ZPO** ein grds unwiderrufliches[263] Wahlrecht.

---

248   BGH Heizflächenreinigung.

249   AA *Fitzner/Lutz/Bodewig* Rn 18, der Zuständigkeit des AG für Patentstreitsachen bei dessen streitwertunabhängigen Zuständigkeiten (§§ 486 Abs 3, 689, 764 und 942 ZPO) annimmt.

250   *Fitzner/Lutz/Bodewig* Rn 19.

251   Zur Geschichte *Fitzner/Lutz/Bodewig* Rn 21.

252   Vgl *Albert* (Entscheidungsanmerkung) GRUR Int 1997, 834.

253   Vgl *Munzinger/Traub* GRUR 2006, 33, 35; *Fitzner/Lutz/Bodewig* Rn 20.

254   BGHZ 144, 68 = WRP 2000, 730 rechtsbetreuende Verwaltungshilfe, nicht in GRUR.

255   BGH GRUR 1962, 305f Federspanneinrichtung.

256   BGHZ 49, 99 = GRUR 1958, 307 Haftbinde; BGH GRUR 1969, 373 Multoplane; OLG Frankfurt 29.1.1997 13 O 359/94; OLG Schleswig 11.1.2000 6 U 61/98; OLG Oldenburg 15.10.1999 6 U 65/99.

257   BGH NJW 2005, 1660f Bezugbindung, Kartellsache.

258   OLG Hamm 7.11.1989 4 U 90/89 GRUR 1990, 640 Ls.

259   OLG Düsseldorf GRUR 1960, 123.

260   OLG Hamm 7.11.1989 4 U 90/89 GRUR 1990, 640 Ls.

261   Vgl etwa BGHZ 102, 338 = NJW 1988, 1794; BGH NJW-RR 2002, 1498; BGHZ 72, 1 = GRUR 1978, 527 Zeitplaner.

262   Vgl *von Gamm* Mitt 1959, 212; *Ohl* GRUR 1961, 521; *Groß* GRUR Int 1957, 346; vgl auch LG Braunschweig GRUR 1969, 135f.

263   *Fitzner/Lutz/Bodewig* vor § 139 Rn 66; BayObLG NJW-RR 1991, 187; relativierend KG NJW-RR 2001, 72 für den Fall, dass der Kläger erst im Prozess von der unerlaubten Handlung Kenntnis erlangt.

2. Gesetzliche Gerichtsstände

a. Allgemeine Gerichtsstände. § 12 ZPO regelt die Zuständigkeit des Gerichts, bei dem der Beklagte **88** seinen allg Gerichtsstand hat.

Wichtige allg Gerichtsstände sind in den **§§ 13 (Wohnsitz), 17 (Sitz juristischer Personen)** und **18 89 (Fiskus) ZPO** geregelt.

Daneben kann der Gerichtsstand des **Aufenthalts** und des letzten Wohnsitzes (§ 16 ZPO) in Betracht **90** kommen.

b. Besondere Gerichtsstände sind insb der der **Niederlassung** (§ 21 ZPO) und des **Vermögens**[264] **91** (§ 23 ZPO), aber nur bei hinreichendem Inlandsbezug[265] und nicht im Anwendungsbereich des EuGVÜ und des LugÜ[266] sowie der VO Nr 1215/2012 (Rn 8), sowie des Amtsgerichts der Belegenheit bei Beweissicherung (§ 486 Abs 3 ZPO).

Insoweit ist die Regelung in **§ 25 Abs 3 PatG** ergänzend zu berücksichtigen, wonach der Ort, an dem **92** der Inlandsvertreter seinen Geschäftsraum, subsidiär seinen Wohnsitz hat, und noch weiter subsidiär der Ort des Sitzes des DPMA die Belegenheit des Vermögens begründet (Rn 55 zu § 25).

Weiter kommen die Gerichtsstände des **Erfüllungsorts** (§ 29 ZPO) und der **Widerklage** (§ 33 ZPO mit **93** der Maßgabe nach § 40 Abs 2 ZPO, dass wegen des sachlich ausschließlichen Gerichtsstands der Landgerichte auch die Widerklage nur vor einem Landgericht erhoben werden kann) in Betracht.

Von besonderer Bedeutung ist der **Gerichtsstand des Tatorts** der unerlaubten Handlung[267] (§ 32 **94** ZPO; nicht deckungsgleich mit dem autonom auszulegenden Art 7 Abs 3 VO Nr 1215/2012; Rn 14), der überall gegeben ist, wo eine Verletzungshandlung begangen ist oder droht.[268] Da dies häufig an verschiedenen Orten der Fall ist, begründet die Zuständigkeitsregelung eine weitgehende Wahlfreiheit für den Kläger; dies eröffnet Möglichkeiten des „forum shopping" mit den sich daraus ergebenden Konsequenzen, wie der Auswahl eines Gerichts, dessen Rechtsprechungspraxis den Interessen des Klägers in besonders starkem Maß entgegenkommt, Berücksichtigung der Zulassung besonders qualifizierter Anwälte oder der voraussichtlichen Verfahrensdauer.[269] Das Angebot der Lieferung patentverletzender Gegenstände oder Verfahren erfolgt idR bundesweit und begründet die Zuständigkeit auch für Unterlassungs- und Schadenersatzansprüche betr andernorts erfolgter Lieferungen; selbst wenn Wiederholungsgefahr nur dort gegeben ist, wo bereits verletzt wurde,[270] kann Erstbegehungsgefahr gegeben sein.[271] Für die Begründung dieses Gerichtsstands genügt die Lokalisierung eines Einzelvorgangs des Gesamtverhaltens.[272] Ein Testkauf genügt (s Rn 14).[273] Durchfuhr kann als Teil einer unerlaubten Handlung den Gerichtsstand nach § 32 ZPO begründen.[274] Abzustellen ist auf den Klagevortrag[275] jedenfalls hinsichtlich doppelt relevanter Tatsachen, die nicht bewiesen werden müssen.[276] Anders ist dies hinsichtlich eines Tatorts bei unstreitiger Verletzung.[277] Es reicht aus, dass der Erfolgsort im Inland liegt, auch wenn der Handlungsort im Ausland liegt.[278] Bei Internetdelikten ist ein Gerichtsstand da gegeben, wo der verletzende Inhalt bestimmungsgemäß abrufbar ist.[279]

---

264 Vgl *Tetzner* GRUR 1976, 672; LG München I GRUR 1959, 156; LG München I GRUR 1962, 165.
265 BGHZ 115, 90 = NJW 1991, 3092; BGH NJW 1993, 2683.
266 *Kühnen* GRUR 1997, 19 Fn 8.
267 Hierzu *Schramm* PVP Kap 9 Rn 297 ff; vgl OLG Hamburg GRUR-RR 2005, 31, UWGSache.
268 Vgl hierzu OLG Hamburg 1987, 403; zu Handlungen im Internet KG GRUR-RR 2002, 343.
269 Vgl *Kühnen* GRUR 1997, 19, 20.
270 OLG Köln MMR 2012, 161.
271 BGHZ 194, 272 = GRUR 2012, 1230 MPEG-2-Videosignalcodierung.
272 BGH GRUR 1958, 189, 197 Zeiss; *Fitzner/Lutz/Bodewig* vor § 139 Rn 62; vgl LG Düsseldorf InstGE 1, 154, 156: Lieferung an eine Verteilstation, unter Hinweis auf OLG Düsseldorf GRUR 1959, 540 und LG Düsseldorf GRUR 1960, 95.
273 BGH117, 264 = GRUR 1992, 612 Nicola; *Fitzner/Lutz/Bodewig* Rn 5 mwN und vor § 139 Rn 63.
274 BGH GRUR 1957, 352 Taeschner-Pertussin II; BGH Zeiss.
275 BGH MPEG-2-Videosignalcodierung; BGHZ 204, 114 = GRUR 2015, 467 Audiosignalcodierung.
276 BGH GRUR 2005, 431 Hotel Maritime; *Fitzner/Lutz/Bodewig* vor § 139 Rn 89.
277 *Zöller* ZPO § 32 Rn 19; LG Düsseldorf InstGE 11, 41.
278 BGH Audiosignalkocodierung mwN.
279 OLG Schleswig NJW-RR 2014, 442; *Schulte* § 139 Rn 241; *Ströbele/Hacker* MarkenG § 140 Rn 33; vgl *Schlüter* GRURPrax 2014, 272.

Der Gerichtsstand gilt auch für negative Feststellungsklagen.[280] Das nach § 32 ZPO zuständige Gericht hat den Rechtsstreit unter allen in Betracht kommenden rechtl Gesichtspunkten zu entscheiden, wenn im Gerichtsstand der unerlaubten Handlung im Rahmen der Darlegung eines Anspruchs aus unerlaubter Handlung ein einheitlicher prozessualer Anspruch geltend gemacht wird.[281] Eine internat Zuständigkeit wird dadurch allerdings nicht begründet.[282] Bei Erstbegehungsgefahr ist ein Gerichtsstand am Ort der drohenden Verletzungshandlung gegeben.[283] Mittäter können am Tatort anderer Mittäter verklagt werden.[284] Die örtliche Zuständigkeit eines mit einer einstweiligen Verfügung befassten Gerichts entfällt nicht durch die Erhebung der Hauptsacheklage an einem anderen Gericht.[285]

95 § 32 ZPO begründet den Gerichtsstand der unerlaubten Handlung auch für **Unterlassungsansprüche**.[286] Der Gerichtsstand der unerlaubten Handlung ist dagegen nicht für den **Anspruch aus § 33** (als solchen) begründet (str).[287]

96 Das im Gerichtsstand der unerlaubten Handlung angerufene Gericht kann auch darüber entscheiden, ob eine Verletzungshandlung aufgrund **vertraglicher Vereinbarungen** rechtmäßig ist,[288] ebenso über den Erstattungsanspruch aus § 711 Abs 3 ZPO,[289] nicht aber über eine Klage auf Zahlung einer Vertragsstrafe.[290]

97 **3. Vereinbarte Gerichtsstände** werden durch § 38 ZPO eingeschränkt zugelassen. § 39 ZPO sieht eine Zuständigkeitsbegründung durch rügelose Verhandlung vor (s aber Rn 80). Zu beachten ist weiter § 40 ZPO, der der Gerichtsstandsvereinbarung die Wirkung abspricht, wenn sie sich nicht auf ein bestimmtes Rechtsverhältnis bezieht, und sie bei anderen als vermögensrechtl Ansprüchen oder bei Eingreifen eines auch aufgrund einer in Anspruch genommenen Konzentrationsermächtigung[291] ausschließlichen Gerichtsstands für unzulässig erklärt.

98 **Gerichtsstandsvereinbarungen** sind damit im Rahmen dieser Bestimmungen zulässig, sofern ein für Patentstreitsachen zuständiges Gericht prorogiert wird.[292] Es kann also zB die Zuständigkeit des LG Mannheim vereinbart werden, auch wenn dieses nicht örtlich zuständig ist, dagegen nicht die des AG Mannheim oder des LG Karlsruhe. Eine Gerichtsstandsvereinbarung ist nicht deshalb unwirksam, weil durch sie ein ausländ ausschließlicher Gerichtsstand beseitigt wird[293] (§ 40 Abs 2 ZPO).

99 **Vereinbarungen über die internationale Zuständigkeit** sind hinsichtlich ihres Zustandekommens nach Internationalem Privatrecht, hinsichtlich ihrer Zulässigkeit und Wirkung nach innerstaatlichem Prozessrecht zu beurteilen;[294] eine Prorogation nach Art 25 VO 1215/2012 bindet auch bei Vereinbarung eines nach Rn 98 unzuständigen Gerichts.[295]

---

280 Str; wohl hM; ebenso OLG Köln NJW 1978, 658; *Benkard* § 139 Rn 99; *Fitzner/Lutz/Bodewig* vor § 139 Rn 61; *Schramm* PVP Kap 9 Rn 310; *Ströbele/Hacker* MarkenG § 140 Rn 33; aA *Zöller* ZPO[30] § 32 Rn 14 mwN; AG Mannheim GRUR-RR 2009, 78.

281 BGHZ 153, 173 = NJW 2003, 828.

282 Vgl BGHZ 132, 105, 112 f = NJW 1996, 1411; BGH NJW 2002, 1425.

283 BGH GRUR 1994, 530 Beta; BGH GRUR 2010, 461 New York Times; OLG Hamburg GRUR-RR 2005, 31; zu weitgehend für mit der vorbeugenden Unterlassungsklage verbundenen Schadensersatzfeststellungsansprüche OLG Hamburg GRUR 2005, 31; vgl. *Fitzner/Lutz/Bodewig* vor § 139 Rn 59.

284 OLG Düsseldorf InstGE 1, 154, Fall der internat Zuständigkeit; *Fitzner/Lutz/Bodewig* vor § 139 Rn 64.

285 OLG Karlsruhe InstGE 12, 125.

286 BGH GRUR 1956, 279 Olivin; OLG Hamburg GRUR 1987, 403, UWG-Sache; *Schulte* § 139 Rn 241; *Mes* Rn 18.

287 Eingehend hierzu *Kühnen* GRUR 1997, 19, der (S 22) auch eine Annexzuständigkeit über den Sachzusammenhang ablehnt, allerdings auf die vielfach praktizierte Möglichkeit rügelosen Verhandelns hinweist; *Kühnen* Hdb Rn 884; *Schulte* § 139 Rn 241; Schramm PVP Kap 9 Rn 297; ebenso *U. Krieger* GRUR 2001, 965, 967; OLG München 23.12.2009 6 U 3578/08; aA LG Mannheim InstGE 13, 65.

288 BGH GRUR 1988, 483 AGIAV.

289 BGHZ 189, 320 = GRUR 2011, 758.

290 LG Mannheim InstGE 12, 140.

291 BGHZ 14, 72 = GRUR 1955, 83, 85 Autostadt; *Fitzner/Lutz/Bodewig* Rn 30.

292 Vgl BGHZ 8, 16 = GRUR 1953, 114 Heizflächenreinigung; *Schramm* PVP Kap 9 Rn 314.

293 BGH GRUR 1969, 373 Multoplane.

294 BGH 5.10.1971 X ZR 68/69 abw von BGH GRUR 1969, 373 Multoplane.

295 EuGH GRUR Int 2015, 1176 Akzo Nobel/Evonik (Nr 59 ff), vgl dazu *Harms/Sanner/Schmidt* EuZW 2015, 584; *Fitzner/Lutz/Bodewig* Rn 30; *Zöller* ZPO Art 25 EuGVVO Rn 3, 33.

Die **fehlende örtliche Zuständigkeit** ist auf Rüge (§ 39 ZPO) zu beachten, aber nur im Rahmen der **100** nach dem Obenstehenden gegebenen ausschließlichen Zuständigkeiten zu berücksichtigen, also nur dahin, dass ein anderes Patentstreitgericht örtlich zuständig ist (vgl Rn 98). Die Rüge muss (außer Anwaltszwang)[296] vor Beginn der mündlichen Verhandlung zur Hauptsache erhoben werden.[297] §§ 282 Abs 3, 296 Abs 3 ZPO gelten nicht.[298] Dagegen ist eine fehlende Protokollierung zwar unschädlich,[299] die Rüge muss aber mündlich erhoben werden, da die Abkehr vom Mündlichkeitsgrundsatz des § 282 Abs 1 ZPO auch nicht über § 282 Abs 3 ZPO möglich ist. Zur Überprüfung im Rechtmittelzug Rn 102, Rn 230 vor § 143.

V. Verweisung an das zuständige Gericht

Ist das angegangene Gericht sachlich oder örtlich unzuständig, kann nach § 281 ZPO auf Antrag[300] **101** Verweisung an das zuständige Gericht erfolgen, sonst ist die Klage abzuweisen.[301] Die Mehrkosten sind dem Kläger auch bei Obsiegen aufzuerlegen, selbst wenn die Verweisung zu Unrecht erfolgt ist.[302] Bei unzweifelhafter Unzuständigkeit des zunächst angerufenen Gerichts wird auch ohne ausdrückliche Rechtsgrundlage (§§ 4 FamFG und §§ 696 ff ZPO regeln Sonderfälle der Abgabe) aus Gründen der Verfahrensbeschleunigung in der Praxis die formlose Abgabe (durch Verfügung des Vorsitzenden) vor Rechtshängigkeit nach entspr Antrag des Klägers (idR nach Hinweis des Gerichts) praktiziert, die keine Bindungswirkung entfaltet;[303] das erfahrungsgem geringe Risiko der Rückverweisung durch das Empfangsgericht wird dabei in Kauf genommen. Die Abgabe durch Beschluss ist grds als – bindende – Verweisung zu behandeln.[304]

VI. Instanzenzug

Das Verfahren in Patentstreitsachen kennt drei Instanzen: LG (Zivilkammer) als Eingangsgericht, OLG **102** (Zivilsenat) als Berufungsgericht, BGH (X. Zivilsenat, zeitweise geteilt, Rn 104) als Revisionsgericht. Die örtliche (nicht internat) Zuständigkeit ist in beiden Rechtmittelzügen nicht überprüfbar (§§ 514 Abs 2, 545 Abs 2 ZPO; Rn 230 vor § 143).

Für die Entscheidung über die **Berufung** (Rn 181 ff vor § 143) gegen ein Urteil eines für Patentstreitsa- **103** chen zuständigen LG ist das diesem allg im Rechtszug übergeordnete OLG ausschließlich zuständig, auch wenn es sich bei dem Rechtsstreit sachlich nicht um eine Patentstreitsache handelt (§ 513 Abs 2 ZPO).[305]

Revisionsinstanz (Rn 211 ff vor § 143). Beim BGH ist in allen Patentstreitsachen die Zuständigkeit des **104** X. Zivilsenats (vom 1.1.2009 bis 31.12.2010 vorübergehend dazu des Xa-Zivilsenats) begründet. Diesem Senat sind ua die Rechtsstreitigkeiten über Patent-, Gbm- und Topographieschutzrecht nebst Verträgen hierüber, die Rechtsstreitigkeiten aus Verträgen über die Benutzung eines Geheimverfahrens oder über die ausschließliche Verwertung nicht geschützter gewerblicher Erzeugnisse, die Rechtsstreitigkeiten auf dem Gebiet der ArbN-Erfindungen, aus dem SortG, soweit es sich nicht um Streitigkeiten über die Sortenbezeichnung handelt, und die Ansprüche eines Patentanwalts und gegen einen Patentanwalt aus Anlass seiner Berufstätigkeit einschließlich von Schadensersatzansprüchen zugewiesen, soweit sie nicht Angelegenheiten betreffen, für die der I. Zivilsenat zuständig ist.[306] Die Unzuständigkeit des erstinstanzlichen

---

296 *Zöller* ZPO § 39 Rn 5, § 78 Rn 28h.

297 *Zöller* ZPO § 39 ZPO Rn 5 f, 8; aA LG Düsseldorf InstGE 11, 41 unter Verweis auf *Zöller*, bdkl; *Fitzner/Lutz/Bodewig* vor § 143 Rn 90, wonach schriftsätzliches Vorbringen genügen soll.

298 *Zöller* ZPO § 39 Rn 5, 8.

299 OLG Düsseldorf NJW 1991, 1493.

300 *Fitzner/Lutz/Bodewig* Rn 31; BGH NJW-RR 2013, 764: Verweisung ist bindend, auch wenn Antrag in der mündlichen Verhandlung nicht gestellt, aber nicht auf Rüge verzichtet wird.

301 *Fitzner/Lutz/Bodewig* Rn 31.

302 BGH 21.5.1963 I a ZR 104/63.

303 Vgl OLG Dresden 23.9.2009 3 AR 0073/09; BGH NJW-RR 2005, 142.

304 Vgl BGH NJW-RR 2005, 142; aA BayObLG InstGE 4, 238, 239, UrhSache, konsequent aus der Auffassung, die Zuständigkeitskonzentration nach § 105 UrhG sei Frage der funktionellen Zuständigkeit

305 BGHZ 72, 1 = GRUR 1978, 527 Zeitplaner; *Fitzner/Lutz/Bodewig* Rn 3: anders als im Kartellrecht.

306 Vgl zu Zuständigkeitsabgrenzung BGH GRUR 2004, 622 Ritter.

Kaess

Gerichts kann in der Revisionsinstanz nicht mehr berücksichtigt werden[307] (§ 545 Abs 2 ZPO). Verfahren wegen herabsetzender Äußerungen über Patente sind von anderen Senaten (I. Zivilsenat;[308] VI. Zivilsenat)[309] entschieden worden.

105   Die Zivilsenate des BGH entscheiden in der vollen Besetzung mit fünf Richtern. Lediglich über die Erinnerung gegen den Kostenansatz entscheidet seit dem Inkrafttreten des 2.KostRModG beim BGH grds der **Einzelrichter** (§ 1 Abs 5, § 66 Abs 6 GKG).[310]

106   **Vorabentscheidung durch den Gerichtshof der Europäischen Union.** Auch in Patentverletzungssachen kommt eine Vorabentscheidung durch den EuGH in Betracht, soweit es um die Auslegung und Anwendung des Gemeinschaftsrechts geht.[311] Allerdings ist die DurchsetzungsRl auf GbmSachen nicht anwendbar.[312]

VII. Zuständigkeitskonzentration (Absatz 2)

Schrifttum: *Fuld* Die Konzentration der Rechtsprechung für erfinderrechtliche Streitigkeiten, JW 1914, 346; *Hase* Die statistische Erfassung von Rechtsstreitigkeiten in Patent-, Gebrauchsmuster und ANErf-Sachen in der BRD im Jahre 1990 – ein Versuch, Mitt 1992, 23; *Hase* Die statistische Erfassung von Rechtsstreitigkeiten in Patent-, Gebrauchsmuster und ANErf-Sachen in der BRD im Jahre 1991 – ein weiterer Versuch, Mitt 1993, 289; *Hase* Die statistische Erfassung von Rechtsstreitigkeiten in Patent-, Gebrauchsmuster und Arbeitnehmererfinder-Sachen in der BRD im Jahre 1992 – der Abschluß einer Versuchsreihe, Mitt 1994, 329; *Kaess/Pecher* Pebb§y oder wie der gewerbliche Rechtsschutz von den Justizverwaltungen bewertet wird, GRUR 2006, 647; *Köllner/Weber* Rumor has it – Statistische Analyse der Rechtsprechungspraxis bei Patentverletzungsklagen, Mitt 2014, 429; *Macke* Gerichtliche Zuständigkeit nach dem berlin-brandenburgischen Staatsvertrag über technische Schutzrechte, NJ 1998, 129; *Munzinger/Traub* Weniger ist Mehr – oder: Deutscher Sonderweg bei Gemeinschaftsgerichten? GRUR 2006, 33; *Pakuscher* Nichtigkeits- und Verletzungsprozeß im deutschen und europäischen Patentrecht, RIW 1975, 305; *von Deines* Sind die landesrechtlichen VOen betreffend Einrichtung besonderer Patentstreitkammern rechtsgültig? GRUR 1955, 71.

107   **1. Konzentrationsermächtigung.** Abs 2 ermächtigt die Landesregierungen, durch RechtsVO die Patentstreitsachen für die Bezirke mehrerer Landgerichte einem von ihnen zuzuweisen; die Landesregierungen können diese Ermächtigung auf die Landesjustizverwaltung übertragen. Vergleichbare Regelungen enthalten auch die übrigen Gesetze im Bereich des gewerblichen Rechtsschutzes (§ 27 GebrMG, § 11 HlSchG iVm § 27 GebrMG, § 52 DesignG, § 38 SortG, § 140 MarkenG) sowie § 105 UrhG.

108   Die Konzentrationsermächtigung ist **verfassungsrechtlich unbedenklich.**[313]

109   **2. Regelungen in Staatsverträgen.** Zwh war, ob die für die Länder Brandenburg, Bremen, Schleswig-Holstein, Mecklenburg-Vorpommern und Rheinland-Pfalz durch Staatsvertrag erfolgte und für das Saarland erwogene[314] Übertragung auf Gerichte anderer Länder durch den Wortlaut der Verordnungsermächtigung („einem von ihnen") gedeckt war (vgl 6. *Aufl*). Das GeschmMRefG hat insoweit in Angleichung an andere Gesetze des gewerblichen Rechtsschutzes eine eindeutige Rechtsgrundlage geschaffen.

110   **3. Übersicht über die Gerichte für Patent-, Gebrauchsmuster- und Halbleiterschutzsachen.** In den Ländern sind folgende Landgerichte für Patentstreitsachen (P), GbmStreitsachen (G) und Topographieschutzstreitsachen (T) zuständig (Hinweise zu früheren Regelungen 5. *Aufl*).[315]

---

307   BGH (Hinweisbeschluss) GRUR 2013, 757 urheberrechtliche Honorarklage; zur früheren Rechtslage (§ 549 Abs 2 ZPO aF) BGH GRUR 1988, 785 f örtliche Zuständigkeit I; BGH GRUR 1996, 800 EDV-Geräte; BGH GRUR 2001, 368 örtliche Zuständigkeit II.
308   BGHZ 183, 309 = GRUR 2010, 253 Fischdosendeckel.
309   BGH GRUR 2015, 289 Hochleistungsmagneten.
310   BGH NJW 2015, 2194; BGH 3.8.2015 I ZB 32/15; BGH MDR 2016, 241 Entscheidungszuständigkeit.
311   Zur Frage, ob der EuGH um Berichtigung seiner Entscheidung zu ersuchen ist, verneinend BGH 27.11.2012 X ZR 123/09.
312   EuGH GRUR 2013, 206 Bericap.
313   Vgl BVerfGE 4, 408; vgl auch zur Gültigkeit der früheren Verordnungsermächtigung *von Deines* GRUR 1955, 71.
314   *Hase* Mitt 1993, 290, *Hase* Mitt 1994, 329, 331.
315   S auch die Übersichten GRUR 2000, 36 und BlPMZ 2001, 306; zur Zuständigkeitskonzentration aufgrund des § 105 UrhG *Schricker/Loewenheim* § 105 UrhG Rn 4.

Baden-Württemberg: P, G, T **Mannheim** (VO vom 20.11.1998);[316] beim Landgericht die 2. und die **111** 7. Zivilkammer.

Bayern: P, G, T **München I** für den OLG-Bezirk München, beim Landgericht die 7. und die 21. Zivil- **112** kammer; **Nürnberg-Fürth** für die OLG-Bezirke Bamberg und Nürnberg (§§ 18–21 GZVJu vom 2.2.1988,[317] zuletzt geänd durch VO vom 10.12.1996).[318]

Berlin: Berlin als einziges LG (s auch Brandenburg). **113**

Brandenburg: P, G **Berlin** (Art 1 Staatsvertrag vom 20.11.1995 und Gesetz vom 15.12.1995,[319] in Kraft **114** seit 1.1.1996).

Bremen: Hamburg (P, G, T § 1 Abk vom 17.11.1992, Gesetz vom 18.5.1993,[320] in Kraft seit 1.2.1994). **115**

Hamburg: Hamburg (P, G, T wie Bremen, Gesetz vom 2.2.1993),[321] seit 2010 zwei Zivilkammern. **116**

Hessen: Frankfurt/M. (P VO vom 26.8.1960,[322] G § 1 VO vom 27.8.1987[323] iVm § 1 VO vom 16.6.1987;[324] **117** T VO vom 17.12.1987).[325]

Mecklenburg-Vorpommern: Hamburg (P, T, G Abk vom 17.11.1992,[326] wie Bremen, Gesetz vom **118** 6.11.1993).[327]

Niedersachsen: Braunschweig (P, G, T § 12 VO vom 22.1.1998).[328] **119**

Nordrhein-Westfalen: Düsseldorf (P, G, T VO vom 13.1.1998);[329] beim Landgericht die Zivilkammern **120** 4a, 4b und 4c.

Rheinland-Pfalz: P **Frankfurt/M.** (Staatsvertrag vom 4.8.1950 und Landesgesetz vom 29.11. 1950),[330] **121** G **Frankenthal** (§ 11 LandesVO über die gerichtliche Zuständigkeit in Zivilsachen und Angelegenheiten der freiwilligen Gerichtsbarkeit vom 22.11.1985,[331] in der durch VO vom 13.4.1987[332] geänd Fassung), T Frankenthal, § 13 VO vom 22.11.1985.[333]

Saarland: Saarbrücken als einziges LG. **122**

Sachsen: Leipzig (P, G, T SächsGerZustVO vom 14.7.1994).[334] **123**

Sachsen-Anhalt: Magdeburg (P, G, T § 6 VO über Zuständigkeiten der Amtsgerichte und Landgerich- **124** te in Zivilsachen vom 1.9.1992 idF der 3. ÄnderungsVO vom 5.12.1995);[335] die Konzentration ist auch für § 39 ArbEG erfolgt.

Schleswig-Holstein: Hamburg (P, T, G wie Bremen, Gesetz vom 27.9.1993).[336] **125**

Thüringen: Erfurt (P, G, T § 5 VO über gerichtliche Zuständigkeiten in der ordentlichen Gerichtsbar- **126** keit vom 12.8.1993 idF der 4. ÄnderungsVO vom 1.12.1995)[337]

4. Die **tatsächliche Inanspruchnahme** der Gerichte für Patentstreitsachen ist sehr unterschied- **127** lich.[338] Nach *Hase* ergaben sich bei Patentsachen für die Jahre 1990, 1991 und 1992 folgende, zT hochge-

---

316 GBl 1998, 680.
317 GVBl S 6 = BlPMZ 1988, 177.
318 GVBl 1996, 558 = BlPMZ 1997, 69.
319 GVBl I S 288.
320 GBl 1993, 154, GVBl Hamburg 1993, 34, GRUR 1994, 350 = BlPMZ 1995, 236.
321 GVBl S 33.
322 GVBl S 175.
323 GVBl I S 163.
324 GVBl I 125 = BlPMZ 1988, 225.
325 GVBl 1987 I 253.
326 GVOBl 1993, 919.
327 GVOBl S 919.
328 GVBl S 66.
329 GV NW S 106.
330 GVBl S 316 = BlPMZ 1951, 66.
331 BS Rheinland-Pfalz Nr 306-1.
332 GVBl S 134, BlPMZ 1987, 333.
333 BS Rheinland-Pfalz Nr 306-1.
334 GVBl S 1313.
335 GVBl S 360.
336 GVBl 1993, 497.
337 GVBl S 404.
338 Vgl *Köllner/Weber* Mitt 2014, 429.

rechnete Zahlen für die erste Instanz[339] (teilweise unvollständig): Düsseldorf 93, 209, 201,[340] München 64, Mannheim 37, 48, 52, Hamburg 32, 28, 25, Frankfurt/M 30, 28, Braunschweig 17, Nürnberg 12, 11, 13, Berlin 1, 2, 5, Saarbrücken 0,0, *Kaess/Pecher*[341] geben (für 2001) an: Hamburg 68, Düsseldorf 400, München 120. Diese Zahlen sind noch gestiegen, so dass 2011 (jeweils ungefähr) in Düsseldorf 500–600, in Mannheim 300–400, in München 150–200, in Hamburg 150 und an den restlichen Standorten zusammen 150–200 Verfahren angefallen sind. Für die **Oberlandesgerichte** gibt *Hase* für 1992 folgende Zahlen an: Düsseldorf 57, München 23, Braunschweig und Frankfurt je 11, Karlsruhe 7, Hamburg 4, Kammergericht Berlin und Nürnberg je 2, Saarbrücken 0. Beim **BGH** sind nach der Gerichtsstatistik 2014 30 (2015 33) Revisionsverfahren (und Nichtzulassungsbeschwerdeverfahren) bzgl Patent-, Gebrauchsmuster- und Topographieschutzrecht eingegangen, weiter 2 Verfahren betr ein Geheimverfahren, 1 Verfahren in ArbNErfSachen und 1 Verfahren in SortSachen.

128   Die **Arbeitsbelastung der Patentstreitkammern** der Landgerichte war im Rahmen einer Gesamtuntersuchung, die zur Personalbedarfsermittlung herangezogen wird, Gegenstand einer Studie der Unternehmensberatung Arthur Andersen (Erhebungszeitpunkt 2001;[342] Nacherhebung 2008, ua erstmals am LG Düsseldorf).

C. Kosten des auswärtigen Rechtsanwalts

129   In Patentstreitsachen besteht Anwaltszwang (Rn 45 f vor § 143). Um Standortnachteile für Parteien und Anwälte zu vermeiden, durchbrach der frühere Abs 3 die Regelung in § 78 Abs 1 ZPO und ließ vor dem nach Abs 2 zuständigen Landgericht auch die Rechtsanwälte aus den Gerichtsbezirken zu, an deren Stelle dieses nach Abs 2 getreten ist.[343] Anwälte aus anderen Gerichtsbezirken wurden dagegen nicht privilegiert (Näheres zur früheren Rechtslage *7. Aufl*).[344] Die Kosten für einen nicht am Ort des Prozessgerichts ansässigen Rechtsanwalt sind nunmehr nur dann zu erstatten, wenn dessen Beauftragung notwendig war.[345] Eine am Ort ihrer Zweigniederlassung verklagte Gesellschaft, deren Rechtsangelegenheiten an ihrem Hauptsitz bearbeitet werden, kann idR die Reisekosten eines an ihrem Hauptsitz ansässigen Rechtsanwalts erstattet verlangen.[346] Wird ein Rechtsanwalt an dem Ort beauftragt, an dem die Sache nach der unternehmensinternen Organisation bearbeitet wird, kann Erstattung wie bei einem am Sitz des Unternehmens ansässigen Rechtsanwalt verlangt werden.[347]

D. Kosten des mitwirkenden Patentanwalts (Absatz 3)

Schrifttum: *Hodapp* Zur Höhe der erstattungsfähigen Patentanwaltsgebühren nach Einführung des Rechtsanwaltsvergütungsgesetzes, Mitt 2006, 22; *Klötzel/Wandel* Zur Anwendung von § 143 Abs 3 nF auf noch nicht abgeschlossene Altverfahren in Patentstreitsachen, Mitt 2003, 497; *H. Tetzner* Doppelzulassung in Warenzeichen- und Patentstreitsachen, GRUR 1952, 490.

---

339   *Pakuscher* RIW 1975, 305, 315 gab ua für 1974 folgende, zT geschätzte Eingangszahlen in erster Instanz an: Berlin 6, Braunschweig 19, Düsseldorf 137, Frankfurt 51, Hamburg 27, Mannheim 32, München 185 für 1972–1974, Nürnberg 12, Saarbrücken 2–3.

340   *U. Krieger* GRUR Int 1997, 421, 426 Fn 45 gibt für das LG Düsseldorf 1995 ca 250 Eingänge und ca 105 Urteile an.

341   *Kaess/Pecher* GRUR 2006, 667.

342   Hierzu kr *Kaess/Pecher* GRUR 2006, 667.

343   Vgl BGHZ 72, 1, 7 f = GRUR 1978, 527 Zeitplaner.

344   *Benkard*[9] Rn 17; vgl OLG Düsseldorf GRUR 1938, 713; LG Mannheim GRUR 1955, 292.

345   BGH GRUR 2004, 447 auswärtiger Rechtsanwalt III: falls sachgerechte Information nur in einem persönlichen mündlichen Gespräch erfolgen kann; BGH GRUR 2004, 448 auswärtiger Rechtsanwalt IV; BGH GRUR 2004, 886 auswärtiger Rechtsanwalt im Berufungsverfahren; anders bei Unternehmen mit Rechtsabteilung, BGH GRUR 2003, 725, 726 auswärtiger Rechtsanwalt III; BGH auswärtiger Rechtsanwalt IV; BGH auswärtiger Rechtsanwalt im Berufungsverfahren; die Kosten für einen Rechtsanwalt am dritten Ort sind nicht auf die Kosten für einen Unterbevollmächtigten beschränkt, BGH GRUR 2005, 1072 auswärtiger Rechtsanwalt V gegen OLG München 22.7.2004 11 W 2541/04 OLGRep 2005, 261, SortSache; bei ausländ Partei vgl BGH GRUR 2014, 607 Klageerhebung an einem dritten Ort.

346   BGH NJW-RR 2005, 922 Zweigniederlassung.

347   BGH GRUR 2007, 726, ber 912 auswärtiger Rechtsanwalt VI.

I. Allgemeines[348]

Durch das OLGVertrÄndG ist die früher in Abs 5 enthaltene Regelung als Abs 3 eingestellt worden. Die **130** Regelung privilegiert in verfassungsrechtl unbdkl Weise nur den mitwirkenden Patentanwalt.[349] Dessen Kosten waren bis 31.12.2001 nur bis zur Höhe einer vollen Gebühr nach § 11 BRAGebO zu erstatten, außerdem die notwendigen Auslagen.[350] Bei Erlaubnisscheininhabern ist Abs 3 unanwendbar, für die Erstattungsfähigkeit kommt es auf die Notwendigkeit der Mitwirkung an, Abs 3 setzt jedoch die Obergrenze für den Erstattungsanspruch.[351]

Seit 1.1.2002 ist die **Begrenzung der Erstattungsfähigkeit** weggefallen, weil sie die tatsächliche Arbeitsleistung in den jeweiligen Verfahren und die Stellung des Patentanwalts nicht berücksichtigte; sie **131** führte in dem Fall, dass der, der in einem Verletzungsprozess unterliegt – sich also rechtsbrüchig verhalten hat – dem obsiegenden Schutzrechtsinhaber nur einen Teil der Prozesskosten zu erstatten hat, der Schadensersatz also dadurch gemindert wurde.[352] Eine Prüfung, ob die durch die Mitwirkung des Patentanwalts entstandenen Gebühren notwendig sind, findet grds nicht statt.[353]

Die Regelung betrifft nur die Erstattungsfähigkeit der Kosten nach §§ 91 ff ZPO, nicht den **Gebühren- 132 anspruch** des Patentanwalts **gegen die eigene Partei.** Dieser richtete sich nach den Regeln der BRA-GebO,[354] jetzt des RVG. Weitergehende Erstattungsansprüche können auch nicht als Schadensersatzansprüche geltend gemacht werden.[355]

II. Anwendungsbereich

Tätig werden muss ein Patentanwalt. Darunter fallen außer den im Inland zugelassenen Patentanwäl- **133** ten auch solche aus anderen Mitgliedstaaten der EU (zu Patentanwälten aus dem EWR und der Schweiz Rn 6, 7 zu § 113), die nach Ausbildung und Tätigkeitsbereich, für den sie im jeweiligen Land zugelassen sind, im wesentlichen einem in Deutschland zugelassenen Patentanwalt gleichgestellt werden können[356] sowie nach Art 134 EPÜ zugelassene Vertreter.[357] Die Mitwirkung von Patentingenieuren, Ingenieuren und anderen technischen Beratern richtet sich nach § 91 ZPO,[358] auch dann, wenn die Partei dafür auf die Mitwirkung eines Patentanwalts verzichtet hat.[359] Bei mehreren, insbes in- und ausländ Patentanwälten,[360] werden Gebühren nur bis zur Höhe eines Patentanwalts erstattet,[361] es sei denn, ein Wechsel ist nicht von der Partei verschuldet[362] oder die Mitwirkung ist aus anderen Gründen notwendig.[363] Die Erstattung erfolgt unabhängig von der Tätigkeit des Rechtsanwalts; die Tätigkeit beider in derselben Sozietät ist aber kein Hindernis,[364] er muss aber ausdrücklich beauftragt sein.[365] Ob das einem Patentanwalt in einer „gemisch-

---

348 Zur Erstattungsfähigkeit der Patentanwaltskosten in der Schweiz KassationsG Zürich sic! 2007, 214.
349 OLG München GRUR-RR 2004, 224.
350 Anders für das niederländ Recht RB Den Haag BIE 1999, 293, 295, wo auf Notwendigkeit abgestellt wird.
351 OLG Düsseldorf GRUR 1967, 326.
352 Begr BTDrs 14/6203, 64 = BlPMZ 2002, 36, 54 f; vgl *Köllner* Mitt 2002, 13 f; vgl *Fitzner/Lutz/Bodewig* Rn 36.
353 BGH GRUR 2003, 639 Kosten des Patentanwalts I, Markensache; zur verfassungsrechtl Unbedenklichkeit OLG München GRUR-RR 2004, 224, Markensache; LG Hamburg 19.10.2004 312 O 798/04 NJOZ 2005, 3684, Ls auch in GRUR-RR 2005, 344, versagt unter dem Gesichtspunkt der Schadensminderungspflicht allerdings in Routinefällen (Markenpiraterie), die keine besonderen Schwierigkeiten aufweisen, die Einschaltung des Patentanwalts, wenn ein Rechtsanwalt mit Erfahrungen im Markenrecht beauftragt ist.
354 LG Düsseldorf Mitt 1995, 78.
355 LG Düsseldorf GRUR 1975, 328.
356 BGH GRUR 2007, 999 Consulente in Marchi, Markensache.
357 OLG Karlsruhe GRUR 2004, 888; *Fitzner/Lutz/Bodewig* Rn 38; *Benkard* Rn 22.
358 *Benkard* Rn 22; vgl *Fitzner/Lutz/Bodewig* Rn 38.
359 *Fitzner/Lutz/Bodewig* Rn 38 unter Bezugnahme auf OLG Nürnberg Mitt 1999, 315.
360 OLG Düsseldorf InstGE 12, 63, auch zur Notwendigkeit nach § 91 ZPO betr den ausländ Patentanwalt.
361 *Fitzner/Lutz/Bodewig* Rn 38.
362 OLG München GRUR 1961, 365, für den Fall des Tods des Patentanwalts.
363 Vgl. OLG Düsseldorf InstGE 12, 63.
364 OLG Düsseldorf GRUR-RR 2003, 30; OLG Karlsruhe GRUR 2004, 888; *Fitzner/Lutz/Bodewig* Rn 39; *Benkard* Rn 22a.
365 *Fitzner/Lutz/Bodewig* Rn 39 unter Bezugnahme auf OLG Frankfurt Mitt 2007, 186.

ten" Sozietät erteilte Mandat iZw die gesamte Sozietät erfasst, ist str.[366] Jedoch fällt auch bei einer solchen die Vergütung des Patentanwalts gesondert an.[367] Zur Doppelqualifikation Rn 64 zu § 80 mNachw des Streitstands; zur Tätigkeit in eigener Sache Rn 145.

134   Die Bestimmung betrifft nur den **prozessualen Kostenerstattungsanspruch**, nicht auch den materiellrechtl.[368] Sie gilt unmittelbar für Patentstreitsachen (Rn 51 ff) in allen Instanzen. Der Begriff der Patentstreitsache soll hier weit auszulegen sein, allerdings werden Missbrauchsfälle und durch sachlich falsche, aber bindende Verweisungsbeschlüsse begründete Zuständigkeiten eines Patentstreitgerichts nicht erfasst.[369] Auch bestehen grds Bedenken, einen in einer Vorschrift identisch verwendeten Begriff unterschiedlich auszulegen;[370] erfasst sind auch Äußerungen eines Wettbewerbers gegenüber Dritten, die in unmittelbarem Bezug zu patentrechtl Auseinandersetzungen zwischen den Parteien stehen,[371] und Klagen aus Vertragsstrafeversprechen,[372] ebenso das Kostenfestsetzungsverfahren.[373]

135   Sie betrifft nicht **vor- und außerprozessuale Tätigkeiten**, also die Tätigkeit bei Verwarnung (vgl Rn 142) im Vorfeld einer Patentstreitsache (abw 6. *Aufl*)[374] oder bei einem Abschlussschreiben.[375] Auch die Mitwirkung im Beschwerdeverfahren wegen Kostenerstattung nach Anerkenntnisurteil ist keine Tätigkeit nach Abs 3;[376] ebenso wenig die Tätigkeit im Rahmen eines reinen Kostenwiderspruchs.[377]

136   Nicht erfasst ist ein Schreiben des Patentanwalts als Vertreters des Verletzungsbeklagten, mit dem die **Nichtigkeitsklage angedroht** wird; die Gebühren hierfür wurden durch Abs 5 aF nicht abgegolten.[378]

137   Bei **Berufungsrücknahme** vor Berufungsbegründung soll für den auf Seiten des Berufungsbeklagten mitwirkenden Patentanwalt jedenfalls dann kein Erstattungsanspruch entstehen, wenn eine Mitwirkungsanzeige des Patentanwalts nicht erfolgt[379] (bdkl, weil es nicht auf die Anzeige, sondern auf die Tatsache der Mitwirkung ankommt, Rn 143 f). Zutr wird die Erstattung aber bei Mitwirkung auf Seiten des Berufungsbeklagten vor Eingang der Berufungsbegründung verneint.[380]

138   Die Bestimmung ist im **Rechtsbeschwerdeverfahren** vor dem BGH entspr anzuwenden[381] (§ 102 Abs 5 Satz 4; vgl Rn 5 zu § 109); gleichlautende Regelungen finden sich auch in zahlreichen anderen Gesetzen des gewerblichen Rechtsschutzes.

139   Im **Patentnichtigkeitsverfahren** ist in beiden Instanzen eine Vertretung durch Rechtsanwälte nicht vorgeschrieben, auch fehlt eine Verweisung auf § 143. Entgegen ihrer früheren Rspr, nach dem im erstinstanzlichen Nichtigkeitsverfahren regelmäßig nur die Kosten eines einzigen Anwalts, in Berufungsverfahren dagegen regelmäßig die Kosten eines Rechtsanwalts und eines Patentanwalts als erstattungsfähig angesehen wurden, war nach der späteren Rspr des BPatG Abs 3 für das Nichtigkeitsverfahren beider Instanzen entspr anzuwenden; hiervon ist das BPatG inzwischen aber abgerückt (Rn 92 f zu § 84; dort auch

---

366   Verneinend LG Düsseldorf Mitt 1995, 78; bejahend unter Hinweis auf BGH NJW 2000, 1333 OLG Düsseldorf GRUR-RR 2003, 30.

367   OLG Düsseldorf GRUR-RR 2003, 30 = InstGE 2, 298, dort offen gelassen, ob auch bei Doppelqualifikation.

368   BGH GRUR 2011, 754 Kosten des Patentanwalts II; BGH GRUR 2016, 526 irreführende Lieferantenangabe; OLG Düsseldorf Mitt 2008, 561 f.

369   *Fitzner/Lutz/Bodewig* Rn 31; OLG Düsseldorf GRUR 1954, 115, zur Streitwertbegünstigung.

370   OLG Köln 31.5.2013 17 W 32/13 NJOZ 2013, 1977 = GRUR-RR 2014, 48 Ls.

371   OLG München OLGRep 1993, 194; vgl weiter KG Mitt 1995, 81; KG Mitt 2000, 423, zu Kennzeichenstreitsachen, sowie Anm *Paul* Mitt 1995, 83 zu OLG Frankfurt 13.6.1994 6 W 74/94.

372   OLG Düsseldorf GRUR 1984, 650.

373   OLG Frankfurt Mitt 1998, 185 f, Markensache.

374   OLG Frankfurt Mitt 2010, 396, Markensache; OLG Karlsruhe GRUR 1999, 343, 346; OLG Frankfurt GRUR 1991, 72. OLG München Mitt 1982, 218. OLG München Mitt 1994, 24; BGH GRUR 2011, 754 Kosten des Patentanwalts; *Schulte* Rn 31; *Möller* Mitt 2011, 399.

375   OLG Düsseldorf InstGE 9, 35, Markensache.

376   OLG Zweibrücken InstGE 10, 256.

377   OLG Frankfurt Mitt 2010, 396.

378   OLG Düsseldorf Mitt 1995, 186.

379   OLG München Mitt 1994, 249.

380   OLG Düsseldorf Mitt 2015, 419; OLG Stuttgart GRUR-RR 2004, 279; *Kühnen* Hdb Rn 674; *Mes* Rn 54; aA *Benkard* Rn 23; bdkl allerdings die Begründung über § 91 ZPO; die Statuierung eines verfahrensrechtl Notwendigkeitserfordernisses (so OLG Stuttgar und *Mes*) kann auf Rechtsmissbrauch gestützt werden.

381   Vgl auch BPatG GRUR 2000, 331, 333.

zur kontroversen, aber inzwischen vom BGH geklärten Frage, wieweit Doppelvertretungskosten im erstinstanzlichen Patentnichtigkeitsverfahren zu erstatten sind).

Bei kumulativer Klagehäufung beschränkt sich die Erstattungspflicht auf die abtrennbaren patentrechtl Ansprüche.[382] In anderen als Patent-, Gbm- und Markenstreitsachen[383] können nach der Rspr die Kosten des Patentanwalts erstattungsfähig sein, wenn **technische** oder markenrechtl[384] **Sachverhalte** zu erörtern sind;[385] das kann auch im Revisionsverfahren gelten.[386] In Wettbewerbssachen sind Patentanwaltskosten nur ausnahmsweise notwendig, so, wenn ohne Bezug zu Sonderschutzrechten schwierige technische Probleme zu klären sind und insoweit erstattungsfähige Kosten eines Privatgutachters erspart werden.[387] Hat der Patentanwalt neben dem Rechtsanwalt bei der Abmahnung mitgewirkt, kann die Erstattung der hierdurch entstandenen Kosten nur verlangt werden, wenn dargelegt und nachgewiesen wird, dass die Mitwirkung des Patentanwalts erforderlich war; dies ist in Markensachen regelmäßig nur der Fall, wenn der Patentanwalt Aufgaben übernommen hat, die zu seinem typischen Aufgabengebiet gehören.[388] Auch wenn im Lauf des Verfahrens eine Beschränkung auf wettbewerbsrechtl Ansprüche erfolgt, kommt Erstattungsfähigkeit in Betracht,[389] ebenso, wenn der Patentanwalt Aufgaben des Verkehrsanwalts übernommen hat.[390] Dagegen kann in Fällen des wettbewerbsrechtl Leistungsschutzes die Erstattungsfähigkeit nicht allein damit gerechtfertigt werden, dass wegen dessen Subsidiarität zunächst das Bestehen von Sonderrechtsschutz geprüft werden muss.[391]

140

Die Kosten der Heranziehung eines Patentanwalts sind im **Eilverfahren** auch dann erstattungsfähig, wenn der Antragsteller sein Unterlassungsbegehren nur auf § 1 UWG stützt und sich die Geltendmachung der Rechte aus einem Schutzrecht für das Hauptsacheverfahren vorbehält, weil der sondergesetzliche Rechtsschutz die Geltendmachung von weitergehenden Ansprüchen aus § 1 UWG möglicherweise ausschloss[392] (vgl aber Rn 140 aE).

141

Die Einschaltung eines Patentanwalts kann auch dann als notwendig (Rn 143)[393] anzusehen sein, wenn dieser nicht im Rahmen eines Prozessauftrags, sondern auf **Verwarnung** im Vorfeld tätig wird.[394] Ist dies nicht der Fall, ist nur eine Geschäftsgebühr erstattungsfähig, auch wenn zuerst der Patentanwalt und dann der Rechtsanwalt zugezogen wurde.[395]

142

III. Mitwirkung erfordert konkrete, die Rechtsverfolgung oder -verteidigung fördernde oder jedenfalls zu fördern geeignete Handlungen,[396] die aber auch dann in Betracht kommen können, wenn ein Rechtsmittel zurückgenommen wird, bevor ein beim Rechtsmittelgericht zugelassener Prozessbevollmächtigter bestellt ist.[397] Mitwirkung liegt schon in der bloßen Teilnahme an der mündlichen Verhandlung.[398] Auf die sachliche Notwendigkeit (die nach den Grundsätzen des § 91 ZPO zu beurteilen ist) der Mitwirkung

143

---

382 Vgl OLG Stuttgart GRUR-RR 2009, 79, zu § 140 MarkenG.

383 Zu Geschmacksmusterstreitsachen OLG Nürnberg GRUR-RR 2003, 29.

384 Vgl KG GRUR 2000, 803.

385 OLG Düsseldorf Mitt 1994, 219.

386 OLG Nürnberg Mitt 1994, 222.

387 KG 26.2.1999 25 W 4721/97 GRUR 2000, 455 Ls; ähnlich OLG Zweibrücken 6.1.1999 2 W 9/98 GRUR 2000, 455 Ls; OLG Köln GRUR 2001, 184; nach aA schon dann, wenn umfangreiche Ausführungen zu technischen Sachverhalten erforderlich sind, OLG Düsseldorf Mitt 2000, 372.

388 BGH GRUR 2011, 754 Kosten des Patentanwalts II; kr hierzu *Vierkötter/Schneider/Thierbach* Mitt 2012, 149, 153 f.

389 OLG Frankfurt WRP 1991, 35; OLG Frankfurt Mitt 1994, 278; vgl OLG Koblenz WRP 1988, 126; OLG Frankfurt 2.2.1989 6 W 166/88 GRUR 1989, 375 Ls; OLG Frankfurt GRUR 1993, 161.

390 OLG Frankfurt WRP 1980, 337; vgl OLG Köln Mitt 2000, 371.

391 OLG Frankfurt Mitt 1998, 39; vgl OLG Jena NJW-RR 2003, 105: Erstattungsfähigkeit nur bei klärungsbedürftigen technischen Vorfragen.

392 OLG Frankfurt Mitt 1991, 173.

393 Zur Darlegungspflicht des Klägers BGH GRUR 2016, 526 irreführende Lieferantenangabe.

394 OLG München Mitt 1982, 218 f; OLG München Mitt 1994, 24; OLG Frankfurt GRUR 1991, 72; zum erforderlichen Vortrag BGH GRUR 2012, 759 Kosten des Patentanwalts IV; vgl *Fitzner/Lutz/Bodewig* Rn 41; *Benkard* Rn 22c.

395 OLG Frankfurt Mitt 2012, 290.

396 OLG München Mitt 2000, 77 f; BPatG 24.10.2013 4 ZA (pat) 35/13; vgl OLG Nürnberg GRUR-RR 2003, 29.

397 KG Mitt 1995, 81; insoweit aA OLG München AnwBl 1994, 198; OLG München Mitt 2000, 77 f.

398 OLG München GRUR 2004, 536, Markensache.

des Patentanwalts kommt es für die Erstattungsfähigkeit nach Abs 3 nicht an;[399] anders bei Tätigwerden nach Verwarnung, Rn 135, 142.

144   Erforderlich ist, dass ein **Gebührenanspruch** des Patentanwalts gegen seinen Auftraggeber entstanden ist;[400] dies ist im Kostenfestsetzungsverfahren glaubhaft zu machen;[401] eine Mitwirkungsanzeige an das Gericht reicht regelmäßig aus,[402] ist aber nicht unbedingt erforderlich.[403] Jedenfalls kann die Mitwirkung auch nachträglich angezeigt werden.[404] Nicht ausreichend ist, dass der Patentanwalt lediglich im Briefkopf aufscheint. Die „beratende" Mitwirkung genügt, eines Auftretens in der mündlichen Verhandlung bedarf es nicht.[405] Teilnahme an einer Verhandlung in einer Patentstreitsache genügt daher, auch wenn der Patentanwalt nicht das Wort ergreift.[406] Die Mitwirkung des Patentanwalts ist iZw nicht nur als solche eines Verkehrsanwalts zu verstehen.[407]

145   Auch der **in eigener Sache tätige Patentanwalt** kann die durch seine Tätigkeit angefallene Gebühr verlangen[408] (vgl § 91 Abs 2 Satz 4 ZPO). Dabei spielt es keine Rolle, ob der Patentanwalt in eigener Sache in einem Verfahren mitwirkt, in dem eine Vertretung durch Rechtsanwälte geboten ist.[409] Ist der Patentanwalt selbst Partei, sind die Kosten für einen auf seiner Seite mitwirkenden weiteren Patentanwalt nicht erstattungsfähig.[410]

146   **Verzicht auf Einschaltung eines Patentanwalts** führt nicht ohne weiteres zur Erstattungsfähigkeit der Kosten eines Verkehrsanwalts.[411]

147   Es kommt nicht darauf an, ob der Patentanwalt im **Gerichtsbezirk** ansässig ist.[412] Ein beim EPA zugelassener Vertreter ist Patentanwalt iSd Bestimmung.[413] Liegt Erstattungsfähigkeit vor, ist es der Partei nicht verwehrt, einen ausländ Patentanwalt zu beauftragen;[414] allerdings sind nur die Kosten für einen Patentanwalt erstattungsfähig, so dass hier eine Erstattung nur im Rahmen des § 91 ZPO möglich ist.[415] Die Erstattungsfähigkeit ergibt sich nicht aus einer fremden Verfahrenssprache.[416] Die Kosten eines Patentassessors sind nur nach § 91 ZPO erstattungsfähig.[417] Fachhochschulen sind keine wissenschaftlichen Hochschulen iSv § 6 Abs 1 Satz 1 PatAnwO.[418] Ein Fachanwalt für gewerblichen Rechtsschutz steht einem Patentwalt gebührenrechtl nicht gleich.[419]

399   KG GRUR 1937, 996; KG GRUR 1958, 392, OLG Frankfurt GRUR 1998, 1034, zu § 140 MarkenG; LG Mannheim Mitt 1961, 158; LG Mannheim Mitt 1977, 37; OLG München GRUR 1961, 375; OLG München GRUR 1978, 196; LG Berlin GRUR 1961, 205.

400   KG GRUR 1958, 392; OLG Düsseldorf InstGE 3, 71.

401   Vgl OLG München 18.11.1996 11 W 3071/96 Mitt 1997, 167 Ls; die Geltendmachung im Kostenfestsetzungsverfahren generell einschränkend OLG Stuttgart 23.1.2006 8 W 20/06 GRUR-RR 2007, 96 Ls, Markensache.

402   KG Mitt 1940, 22; LG Frankfurt/M. Mitt 1957, 19; BPatG 22.12.1997 4 ZA (pat) 7/96; strenger OLG Düsseldorf Mitt 1984, 99; OLG München Mitt 1994, 249.

403   KG GRUR 1939, 55; OLG Frankfurt GRUR-RR 2003, 125.

404   OLG Düsseldorf InstGE 13, 280: bei Nichtzulassungsbeschwerde zum BGH.

405   KG GRUR 1937, 655; OLG Hamburg JW 1937, 2293; OLG Frankfurt GRUR 1965, 505; OLG Düsseldorf GRUR 1956, 193, str, aA OLG Braunschweig GRUR-RR 2012, 132; OLG Düsseldorf InstGE 3, 76 f: Postulationsfähigkeit ist für Anfall der Verhandlungsgebühr nicht maßgeblich.

406   OLG Düsseldorf InstGE 13, 280: Auslagen werden nur erstattet, wenn die Mitwirkung notwendig war.

407   Vgl LG Düsseldorf Mitt 1995, 78.

408   BPatGE 24, 165 gegen OLG Frankfurt RPfleger 1974, 321 und Mitt 1980, 18 sowie OLG Karlsruhe GRUR 1985, 127.

409   AA OLG Karlsruhe GRUR 1985, 127, offen gelassen in BayVerfGH VerfGHE 46, 80 = NJW 1993, 2794 f, wonach eine Gleichbehandlung dieses Falls allerdings verfassungsrechtl nicht geboten ist.

410   OLG München Mitt 1999, 239; *Benkard* Rn 22b mwN; kr *Fitzner/Lutz/Bodewig* Rn 39 mwN.

411   OLG Nürnberg Mitt 1999, 315; zum Erstattungsanspruch bei Anwaltswechsel infolge Todes des Patentanwalts OLG München GRUR 1961, 375.

412   OLG Frankfurt RPfleger 1993, 420; OLG Frankfurt GRUR 1998, 1034, das allenfals Einschränkungen unter dem Gesichtspunkt des Rechtsmissbrauchs erwägt; OLG Braunschweig Mitt 1999, 311: allenfalls für Auslagenerstattung.

413   OLG Karlsruhe GRUR 2004, 888.

414   OLG Düsseldorf GRUR 1988, 761; OLG Frankfurt 17.8.1994 6 W 119/94 GRUR 1994, 852 Ls; OLG Frankfurt GRUR-RR 2006, 422; *Mes* Rn 61.

415   OLG Düsseldorf InstGE 12, 63; OLG Naumburg 18.9.2013 2 W 51/12 (KfB) BeckRS 2013, 22093 = GRUR 2014, 304 Ls.

416   OLG Düsseldorf InstGE 12, 63.

417   OLG Frankfurt Mitt 2014, 97.

418   BGH GRUR 2014, 510 Zulassung zur Patentanwaltsausbildung (Fachhochschüler).

419   OLG Köln Mitt 2013, 199.

IV. Höhe der Gebühr

Auf die Gebührenordnung für Patentanwälte, die ihrerseits auf die inzwischen außer Kraft getretene **148** BRAGebO verweist, sollte nicht mehr zurückgegriffen werden.[420] Eine volle Gebühr nach der BRAGebO war nur zu erstatten, wenn die dem Patentanwalt geschuldeten Gebühren tatsächlich diese Höhe erreichen.[421] Das galt im Grundsatz auch nach Aufhebung der Begrenzungsregelung. Nunmehr sind die Gebühren nach § 13 RVG erstattungsfähig, dh die Gebühren, die in Patentstreitsachen dem Rechtsanwalt nach § 13 RVG iVm dem Vergütungsverzeichnis zustehen,[422] die Terminsgebühr zwar auch, wenn der Anwalt bei einem angekündigten Verzicht nicht zum Termin erscheint,[423] aber nicht, wenn er sich durch einen Rechtsanwalt vertreten lässt.[424]

Die gesetzlichen **übersteigende Gebühren** sind schlechthin nicht erstattungsfähig.[425] Die Erstat- **149** tungsfähigkeit der Kosten eines ausländ Patentanwalts ist auf die Höhe der beim inländ erstattungsfähigen begrenzt.[426]

Erhöhung. Die erstattungsfähige (volle) Prozessgebühr erhöhte sich in der **Rechtsmittelinstanz 150** nach VergVerz Nr 3200 auf die 1,6fache statt 1,3fache Verfahrensgebühr. Im **Rechtsbeschwerdeverfahren** ist insoweit Vorb 3.2.1 Abs 1 Nr 6 VergVerz (Anl 1 zum RVG) anzuwenden (Rn 5 zu § 109).

Im **Revisionsverfahren** wird man nach dem RVG dem mitwirkenden Patentanwalt nach VergVerz **151** 3208 die gleichen Gebührensätze wie dem BGH-Anwalt zubilligen müssen, weil Anknüpfungspunkt das BGH-anwaltspflichtige Verfahren als solches und nicht die Stellung des tätig werdenden Patentanwalts ist.

V. Auslagen (vgl Rn 322ff vor § 143). Mit den Gebühren nach Abs 3 sind nur die typischen patentan- **152** waltlichen Leistungen wie Sichtung, Ordnung und Auswertung von Material zum StdT abgegolten, dazu gehört auch die Einsicht in die Unterlagen des Patents.[427] Reisekosten des Patentanwalts sind neben den Gebühren erstattungsfähig, weil Patentanwälte nicht an einen bestimmten Gerichtsort gebunden sind.[428] Für eine überörtliche Sozietät soll jedoch bei Fehlen besonderer Umstände kein Erstattungsanspruch bestehen, wenn ein Sozius am Gerichtsort ansässig ist.[429] In Betracht kommen weiter die auch bei einem Rechtsanwalt erstattungsfähigen Auslagen.[430]

Für die Notwendigkeit von **Recherchekosten** kommt es auf die Beurteilung zum Zeitpunkt der Re- **153** cherche und nicht auf deren Erfolg an. In Hinblick auf die erhebliche wirtschaftliche Bedeutung einer drohenden Patentverletzungsklage ist für ihre Erstattungsfähigkeit als Kosten zur Vorbereitung der Rechtsverteidigung ein großzügiger Maßstab anzulegen.[431] Eigenrecherche des Vertreters steht der Erstattungsfähigkeit nicht entgegen (Einzelheiten Rn 66ff zu § 80). Umstr ist die Erstattungsfähigkeit von Fotokopiekosten.[432]

---

420 AA OLG Düsseldorf InstGE 3, 71, 73, Markensache; OLG Düsseldorf (24. Senat) GRUR-RR 2012, 181.

421 KG GRUR 1937, 882; OLG Hamburg GRUR 1957, 147; BPatGE 34, 67 = Mitt 1994, 38.

422 OLG Frankfurt GRUR-RR 2005, 104, zu § 140 MarkenG; *Fitzner/Lutz/Bodewig* Rn 45ff.

423 OLG Düsseldorf InstGE 13, 280.

424 OLG Braunschweig GRUR-RR 2012, 133.

425 KG GRUR 1937, 996; OLG München GRUR 1954, 287; zu abw Regelungen in einem Vergleich OLG Nürnberg GRUR 1954, 179; OLG Frankfurt GRUR 1983, 22.

426 OLG Frankfurt 17.8.1994 6 W 119/94 Mitt 1994, 308 Ls.

427 OLG Frankfurt Mitt 1995, 110.

428 OLG Frankfurt Mitt 1993, 371; OLG Frankfurt GRUR 1976, 76; OLG Frankfurt GRUR 1998, 1034; für Einzelfallprüfung OLG München Mitt 1994, 220; vgl auch Begr BlPMZ 1936, 117.

429 OLG München OLGR 1993, 262; OLG München Mitt 1994, 249, bdkl.

430 Einzelheiten bei *Benkard* Rn 26.

431 OLG Frankfurt GRUR 1996, 967; LG Düsseldorf 31.5.1996 4 O 152/95 Entsch 1996, 95 Ls hält aber die von einem wegen wortlautgem Patentverletzung erfolglos in Anspruch Genommenem aufgewendeten Kosten einer Neuheitsrecherche zur Überprüfung der Rechtsbeständigkeit des Klagepatents als Kosten des Verletzungsprozesses nicht für erstattungsfähig.

432 Abl außer in den Fällen des § 27 Abs 1 Nr 2 und § 6 Abs 3 BRAGO OLG München 28.2.2003 11 W 2672/02 GRUR-RR 2003, 328 Ls = NJOZ 2003, 1895 gegen OLG München MDR 1983, 233.

VI. Festsetzung

154   Die Vergütung des Patentanwalts kann nicht im Verfahren nach § 11 RVG gegen den Auftraggeber festgesetzt werden.[433]

E. Besonderheiten bei Prozesskostenhilfe

I. Grundsatz

155   In Patent-, Gebrauchsmuster- und Topographiestreitsachen gelten die Bestimmungen der ZPO über die Prozesskostenhilfe unmittelbar und nicht wie in den Patentverfahren vor dem DPMA, dem BPatG und den entspr Rechtsmittelverfahren vor dem BGH über §§ 129 ff. Bei der Prüfung der Mutwilligkeit, die auch bei Erfolgsaussicht zu prüfen ist, kann es darauf ankommen, ob eine vermögende Partei die gleiche Prozesstaktik wählen würde.[434] Im Berufungsverfahren kann dem Berufungsbeklagten nach Eingang der Berufungsbegründung Prozesskostenhilfe nicht mit der Begründung versagt werden, dass eine Entscheidung über die Zurückweisung der Berufung nach § 522 Abs 2 ZPO noch ausstehe.[435]

II. Beiordnung eines Patentanwalts

156   § 121 Abs 1, 2 ZPO sieht nur die Beiordnung von Rechtsanwälten, nicht auch von Patentanwälten, vor. Eine Beiordnung von Patentanwälten ermöglicht hier § 1 des Gesetzes über die Beiordnung von Patentanwälten bei Prozesskostenhilfe vom 5.2.1938,[436] idF der PatAnwO vom 7.9.1966, zuletzt geänd durch das Gesetz zur Modernisierung des Geschmacksmustergesetzes sowie zur Änderung der Regelungen über die Bekanntmachungen zum Ausstellungsschutz. Die Bestimmung lautet:

> (1) Wird in einem Rechtsstreit, in dem ein Anspruch aus einem der im Patentgesetz, im Gebrauchsmustergesetz, im Halbleiterschutzgesetz, im Markengesetz, im Gesetz über Arbeitnehmererfindungen, im Designgesetz oder im Sortenschutzgesetz geregelten Rechtsverhältnisse geltend gemacht wird, einer Partei Prozeßkostenhilfe bewilligt, so kann ihr auf Antrag zu ihrer Beratung und zur Unterstützung des Rechtsanwalts ein Patentanwalt beigeordnet werden, wenn und soweit es zur sachgemäßen Rechtsverfolgung oder Rechtsverteidigung erforderlich erscheint.
>
> (2) Das gleiche gilt für sonstige Rechtsstreitigkeiten, soweit für die Entscheidung eine Frage von Bedeutung ist, die ein Patent, ein Gebrauchsmuster, den Schutz einer Topographie, eine Marke oder ein sonstiges nach dem Markengesetz geschütztes Kennzeichen, ein eingetragenes Design, eine nicht geschützte Erfindung oder eine sonstige die Technik bereichernde Leistung, einen Sortenschutz oder eine nicht geschützte, den Pflanzenbau bereichernde Leistung auf dem Gebiet der Pflanzenzüchtung betrifft, oder soweit für die Entscheidung eine mit einer solchen Frage unmittelbar zusammenhängende Rechtsfrage von Bedeutung ist.
>
> (3) Die Vorschriften des § 117 Abs. 1, des § 119 Abs. 1 Satz 1, des § 121 Abs. 2 und 3, des § 122 Abs. 1 Nr. 1 Buchstabe b und Nr. 3 und der §§ 124, 126 und 127 der Zivilprozeßordnung gelten entsprechend.

157   **III. Die Kostenerstattung für den beigeordneten Patentanwalt** bestimmt § 2 des Gesetzes über die Beiordnung von Patentanwälten bei Prozesskostenhilfe:

> Auf die Erstattung der Gebühren und Auslagen des beigeordneten Patentanwalts sind die Vorschriften des Rechtsanwaltsvergütungsgesetzes, die für die Vergütung bei Prozesskostenhilfe gelten, sinngemäß mit folgenden Maßgaben anzuwenden:
> 1.   Der Patentanwalt erhält eine Gebühr mit einem Gebührensatz von 1,0 und, wenn er eine mündliche Verhandlung oder einen Beweistermin wahrgenommen hat, eine Gebühr mit einem Gebührensatz von 2,0 nach § 49 des Rechtsanwaltsvergütungsgesetzes.

---

433   BGH GRUR 2015, 1253 Festsetzung der Patentanwaltsvergütung; BGH 25.8.2015 X ZB 6/14; OLG Düsseldorf InstGE 10, 57; OLG München Mitt 2001, 91; BPatGE 18, 164; aA BPatGE 45, 76 = GRUR 2002, 732; *Benkard* Rn 19; *Ströbele/Hacker* § 140 MarkenG Rn 58; *Ingerl/Rohnke* § 140 MarkenG Rn 55; *Kurtz* Mitt 2009, 507.
434   *Zöller* ZPO § 114 Rn 30 mwN; aA schweiz BG sic! 2005, 39 f Tripon.
435   BGH MDR 2010, 828.
436   RGBl I 116 = BlPMZ 1938, 48.

2. Reisekosten für die Wahrnehmung einer mündlichen Verhandlung oder eines Beweistermins werden nur ersetzt, wenn das Prozessgericht vor dem Termin die Teilnahme des Patentanwalts für geboten erklärt hat.

§ 144
(Streitwertherabsetzung)

(1) [1]Macht in einer Patentstreitsache eine Partei glaubhaft, daß die Belastung mit den Prozeßkosten nach dem vollen Streitwert ihre wirtschaftliche Lage erheblich gefährden würde, so kann das Gericht auf ihren Antrag anordnen, daß die Verpflichtung dieser Partei zur Zahlung von Gerichtskosten sich nach einem ihrer Wirtschaftslage angepaßten Teil des Streitwerts bemißt. [2]Die Anordnung hat zur Folge, daß die begünstigte Partei die Gebühren ihres Rechtsanwalts ebenfalls nur nach diesem Teil des Streitwerts zu entrichten hat. [3]Soweit ihr Kosten des Rechtsstreits auferlegt werden oder soweit sie diese übernimmt, hat sie die vom Gegner entrichteten Gerichtsgebühren und die Gebühren seines Rechtsanwalts nur nach dem Teil des Streitwerts zu erstatten. [4]Soweit die außergerichtlichen Gebühren dem Gegner auferlegt oder von ihm übernommen werden, kann der Rechtsanwalt der begünstigten Partei seine Gebühren von dem Gegner nach dem für diesen geltenden Streitwert beitreiben.

(2) [1]Der Antrag nach Absatz 1 kann vor der Geschäftsstelle des Gerichts zur Niederschrift erklärt werden. [2]Er ist vor der Verhandlung zur Hauptsache anzubringen. [3]Danach ist er nur zulässig, wenn der angenommene oder festgesetzte Streitwert später durch das Gericht heraufgesetzt wird. [4]Vor der Entscheidung über den Antrag ist der Gegner zu hören.

MarkenG: § 142; **DesignG:** § 54

Schrifttum: *Armstorff* Die Vergünstigung des Doppelstreitwerts zur Begrenzung des Kostenwagnisses, JW 1938, 3154; *Berthmann* Die Kostenbegünstigung des wirtschaftlich Schwächeren im neuen Patentgesetz, GRUR 1936, 841; *Eberl* Zur Verfassungsmäßigkeit der Regelung der Kostenerstattungsansprüche in Patentstreitsachen, NJW 1960, 1431; *Erdsiek* Beschränkung der Kritik auf einem Gebiet der Warentests durch hohe Streitwerte? NJW 1964, 913; *Gaedecke* Die Vergünstigung des Doppelstreitwerts zur Begrenzung des Kostenwagnisses, JW 1938, 3009; *Mayer* Die Streitwertminderung nach § 12 Abs 4 UWG, WRP 2010, 1126; *Mümmler* Bemerkungen zur Streitwertbegünstigung, JurBüro 1985, 1761; *Pastor* Die Streitwertherabsetzung nach dem Gesetz zur Änderung des Gesetzes gegen den unlauteren Wettbewerb, des Warenzeichengesetzes und des Gebrauchsmustergesetzes vom 21.7.1965, WRP 1965, 271; *Struif* Streitwert und Kostenrisiko im Patentnichtigkeitsverfahren, GRUR 1985, 248; *H. Tetzner* Das Gesetz zur Änderung des UWG, des WZG und des GebrMG vom 21.7.1965, NJW 1965, 1944; *Traub* Die Streitwertfestsetzung für Arbeitnehmer-Erfinder im Lichte verfassungskonformer Auslegung, FS A. Söllner (1990), 577; *Zuck* Verfassungsrechtliche Bedenken zu § 53 PatG, § 23a UWG, § 31a WZG, § 17a GebrMG, § 247 AktG, GRUR 1966, 167.

A. Entstehungsgeschichte; Zweck der Regelung

Die Regelung ist durch das PatG 1936 als § 53 eingeführt worden. Die Begr[1] führt aus, die Erfahrung **1** habe gelehrt, dass beim Streit um die Frage einer Patentverletzung nicht selten das wirtschaftliche Über-

---

[1] BlPMZ 1936, 115.

gewicht der einen über die andere Partei einer gerechten Lösung hinderlich sei, weil es der weniger bemittelten Partei nicht möglich sei, das mit der Einlassung in einen Patentprozess verbundene Kostenwagnis zu übernehmen und sie sich infolgedessen zur Preisgabe ihrer Rechte oder bestenfalls zum Eingehen eines ungünstigen Vergleichs genötigt sehe. Mit den Mitteln des Armenrechts könne hier nicht geholfen werden, weil die Voraussetzungen für seine Gewährung idR nicht erfüllt seien und auch geschäftliche Rücksichten von seiner Gewährung abhielten. Deshalb sei die Möglichkeit geschaffen worden, die eine Partei treffenden gerichtlichen und außergerichtlichen Prozesskosten nach einem Bruchteil des Streitwerts zu bemessen, wenn dies zur Vermeidung einer erheblichen Gefährdung ihrer wirtschaftl Lage gerechtfertigt erscheine.

2 Von einer Übernahme einer § 23a UWG idF der UWG-Novelle 1986 entspr Regelung (wertmindernde Berücksichtigung, wenn bei Unterlassungsansprüchen die Sache nach Art und Umfang **einfach gelagert** ist oder eine Partei untragbar belastet wird, auch ohne Antrag) in das PatG hat der Gesetzgeber abgesehen. § 12 Abs 4, 5 UWG (geänd durch das Gesetz gegen unseriöse Geschäftspraktiken vom 1.10.2013)[2] sieht nurmehr eine Streitwertherabsetzung vor.[3]

3 Die Regelung ist **verfassungsrechtlich unbedenklich**.[4]

B. Anwendungsbereich

I. Sachlich

4 **1.** Die Vorschrift gilt in allen **Patentstreitsachen** (§ 143) aus dt und über Art 64 EPÜ auch aus eur Patenten unmittelbar (Abs 1 Satz 1; § 51 Abs 2 GKG), auch wenn der Klageantrag zugleich auf Bestimmungen des BGB gestützt wird.[5] Erfasst sind auch reine Zahlungsklagen.[6] Der Begriff der Patentstreitsache soll auch Verfahren erfassen, die mit einer Erfindung, für die Patentschutz in Betracht kommt, nur eng verknüpft sind (Rn 51ff zu § 143). Nicht erfasst sind Verfahren vor Verwaltungsbehörden wie dem DPMA (vgl zum Einspruchsverfahren Rn 8).[7] Für Streitigkeiten aufgrund von ergänzenden Schutzzertifikaten gilt die Regelung (wie auch die Bestimmungen über die Verfahrenskostenhilfe) mangels einer Verweisungsnorm nicht. In ArbNErfindersachen ist die Bestimmung über § 39 Abs 1 Satz 2 ArbEG anzuwenden.[8] Verweisung als Patentstreitsache an das für diese zuständige Gericht bindet für die Beurteilung im Rahmen des § 144 nicht.[9] Entspr Regelungen enthalten § 26 GebrMG (mit Verweisung hierauf in § 11 Abs 2 HalblG), § 12 Abs 4 UWG, § 142 MarkenG, § 54 DesignG und § 247 AktG. Das SortG kennt keine parallele Regelung.

5 Die Regelung ist auch im Verfahren der **einstweiligen Verfügung** anwendbar. § 144 macht hierfür keine Ausnahme.[10] Soweit § 26 GebrMG voraussetzt, dass die Streitwertherabsetzung in einer bürgerlichen Rechtsstreitigkeit, in der durch Klage ein Anspruch aus einem im GebrMG geregelten Rechtsverhältnis geltend gemacht wird, schließt dies solche Verfahren nicht aus (str).[11] Die Gegenauffassung[12] ist zu sehr dem Wortlaut der Regelung verhaftet, ohne deren Sinn zu berücksichtigen.

6 **2. Sonstige im PatG geregelte Verfahren.** Im **Rechtsbeschwerdeverfahren** ist die Regelung nach § 102 Abs 2, im **Nichtigkeitsberufungsverfahren** nach § 121 Abs 1 anwendbar. Entspr muss für das zweit-

---

2 BGBl I 3714.

3 Vgl BTDrs 15/1487 S 27, *Benkard* Rn 2.

4 Vgl BVerfG NJW-RR 1991, 1134, zu § 23b UWG aF; BGH GRUR 2009, 1100 Druckmaschinentemperierungssystem III (Nr 8); BPatGE 53, 150 = BlPMZ 2012, 91f mwN; BPatG 24.11.2011 3 ZA (pat) 55/10; OLG Düsseldorf Mitt 1985, 213f; OLG Koblenz GRUR 1989, 764, hauptsächlich zu § 23a UWG aF; *Zuck* GRUR 1966, 167, teilw aA *Eberl* NJW 1960, 1431; *Fitzner/Lutz/Bodewig* Rn 3; weitere Hinweise bei *Benkard* Rn 2; *Ekey/Bender/Fuchs-Wissemann* § 142 MarkenG Rn 2ff; vgl auch *Traub* FS A. Söllner (1990), 577, 581f.

5 BGH GRUR 1968, 333 Faber II.

6 *Fitzner/Lutz/Bodewig* Rn 7.

7 Vgl *Fitzner/Lutz/Bodewig* Rn 9.

8 OLG Düsseldorf InstGE 13, 237 unter Abweichung von OLG Düsseldorf GRUR 1984, 653; *Mes* Rn 2.

9 OLG Düsseldorf GRUR 1954, 115.

10 *Ekey/Bender/Fuchs-Wissemann* § 142 MarkenG Rn 20.

11 *Loth* Rn 2, 5.

12 *Bühring* § 26 GebrMG Rn 2.

instanzliche Zwangslizenzverfahren (einschließlich des Beschwerdeverfahrens nach § 122, soweit hier eine Wertfestsetzung stattfindet) gelten. Zum GbmLöschungsverfahren Rn 3 zu § 26 GebrMG.

Für das **Nichtigkeitsverfahren erster Instanz** und das Verfahren nach § 85 verweist § 2 Abs 2 Satz 4 **7** PatKostG auf die Bestimmung. Die Rspr hat sie bereits vor dessen Inkrafttreten angewandt (s *6. Aufl*).

Im (mehrseitigen) Beschwerdeverfahren vor dem BPatG, soweit hier Kosten eines Beteiligten nach **8** § 80 Abs 1 Satz 2 einem anderen Beteiligten auferlegt werden, kann der materielle Gehalt des § 144 weitgehend im Rahmen der dort vorgesehenen **Billigkeitsentscheidung** berücksichtigt werden, ohne dass es der Einhaltung des Verfahrens nach § 144 bedarf (vgl Rn 3 zu § 26 GebrMG).[13]

II. Persönlich. Die Regelung gilt für jede Partei (Abs 1 Satz 1), ebenso für Nebenintervenienten **9** (allgM).[14] Streitwertherabsetzung ist auch zugunsten einer Partei möglich, der Prozess-(Verfahrens-)Kostenhilfe bewilligt wurde.[15] Bei mehreren verbundenen Nichtigkeitsklagen ist die Bestimmung zum Ausgleich des höheren Kostenrisikos des Beklagten ausreichend.[16]

Einer **juristischen Person** kann die Begünstigung auch gewährt werden, wenn die (besonderen) **10** Voraussetzungen für eine Bewilligung von Prozess- (Verfahrens-)Kostenhilfe nicht vorliegen;[17] Entsprechendes wird für Personengesellschaften[18] und Parteien kraft Amts gelten müssen.[19]

Angehörigen fremder Staaten kann Streitwertbegünstigung auch gewährt werden, wenn Gegensei- **11** tigkeit nicht verbürgt ist.[20]

C. Materielle Voraussetzungen

Die Begünstigung setzt voraus, dass die wirtschaftliche Lage der antragstellenden Partei durch die **12** Belastung mit den Prozesskosten nach dem vollen Streitwert **erheblich gefährdet** würde.[21] Bei Beteiligung an mehreren Verfahren kann auf die insgesamt drohende Kostenbelastung abzustellen sein.[22] Auf die Aussichten der Rechtsverfolgung kommt es grds nicht an[23] (zu Missbrauchsfällen Rn 16). Bei einer BGB-Gesellschaft als Partei wurde auf die Vermögensverhältnisse der Gesellschaft und nicht ihrer Gesellschafter abgestellt.[24] Das Kostenrisiko ist in einem ersten Schritt auf der Grundlage des Regelstreitwerts zu ermitteln.[25] In einem zweiten Schritt ist die wirtschaftliche Lage des Antragstellers zu ermitteln; in einem dritten Schritt deren Gefährdung.[26] Gefährdung kommt bei einer vermögenslosen und nicht mehr tätigen juristischen Person jedenfalls idR nicht in Betracht.[27] Zumutbare Kreditaufnahme kann Gefährdung ausschließen.[28] Bei Parteien kraft Amts wird ausschließlich auf das verwaltete Vermögen abgestellt.[29]

---

13 Vgl für das Markenrecht *Ströbele/Hacker* § 142 MarkenG Rn 12; *Ingerl/Rohnke* § 142 MarkenG Rn 17.

14 Ebenso *Mes* Rn 8.

15 RG GRUR 1938, 39 f Streitwertbelastung; BGH GRUR 1953, 123 Streitwertherabsetzung mwN; *Benkard* Rn 3; *Ströbele/Hacker* § 142 MarkenG Rn 11; aA KG GRUR 1937, 625, 626; KG GRUR 1938, 40; KG GRUR 1939, 346; zum Verhältnis der Institute zueinander RGZ 155, 129, 131 f = GRUR 1937, 631 f Kostenermäßigung.

16 BPatG BlPMZ 2014, 113.

17 Vgl BGH GRUR 1953, 284 Kostenbegünstigung I; BPatG Beschl vom 12.3.2013 2 Ni 26/11; *Benkard* Rn 8.

18 Vgl LG München 1 InstGE 2, 80, zu § 142 MarkenG.

19 Vgl *Benkard* Rn 8.

20 Vgl BGHZ 73, 315 = GRUR 1979, 572 Schaltröhre, zur Rechtslage vor 1981; aA 4. *Aufl* § 53 Rn 2, *Lindenmaier* § 53 Rn 4.

21 Vgl *Mes* Rn 4.

22 OLG Koblenz GRUR 1996, 139 f; *Fitzner/Lutz/Bodewig* Rn 11.

23 OLG Koblenz GRUR 1996, 139 f; BPatG Beschl vom 23.7.2010 4 Ni 50/07 GRURPrax 2010, 441 „Okklusionsvorrichtung – Streitwertbegünstigung"; *Ströbele/Hacker* § 142 MarkenG Rn 15.

24 LG München I InstGE 2, 80; OLG München InstGE 2, 81; *Kühnen* Hdb Rn 2157, zwh, vgl *Mes* Rn 8.

25 OLG Düsseldorf Mitt 1973, 177, 180.

26 *Fitzner/Lutz/Bodewig* Rn 12 f.

27 BGH GRUR 1953, 284 Kostenbegünstigung I; BGH GRUR 2013, 1288 Kostenbegünstigung III; BPatG 2.10.2012 5 Ni 40/10: „schlafende" Gesellschaft; BPatG Beschl vom 12.3.2013 2 Ni 26/11; BPatG Beschl vom 10.4.2013 2 Ni 27/11; *Kühnen* Hdb Rn 2495; *Fitzner/Lutz/Bodewig* Rn 13; vgl *H. Tetzner* NJW 1965, 1944, 1946 Fn 17.

28 *Benkard* Rn 6; strenger *Ekey/Bender/Fuchs-Wissemann* § 142 MarkenG Rn 16.

29 *Fitzner/Lutz/Bodewig* Rn 12.

13   **Bewilligung von Verfahrenskostenhilfe** schließt die Streitwertbegünstigung nicht aus,[30] kann sich aber der Gefährdung der wirtschaftlichen Lage entgegenstehen (vgl Rn 9).

14   **Ein gewisses Kostenrisiko,** das in einem angemessenen Verhältnis zum normalen Risiko, dem erhöhten Risiko der Gegenpartei und den Vermögensverhältnissen der begünstigten Partei stehen muss, soll letzterer verbleiben (vgl auch Rn 27).[31] § 115 ZPO ist – allerdings nicht schematisch – zu berücksichtigen.[32]

15   Zur Vermeidung von Missbrauch kann es erforderlich sein, die **Einkommens- und Vermögensverhältnisse Dritter** einzubeziehen[33] (vgl auch die entspr ausdrückliche Regelung in § 23b UWG aF). Ihre fehlende Offenlegung kann der Ermäßigung entgegenstehen.[34]

16   Einen allg Ausschlusstatbestand des **Rechtsmissbrauchs** sieht die Regelung nicht ausdrücklich vor,[35] jedoch können die Rechtsgedanken der §§ 138, 226, 242 BGB herangezogen werden, so bei Vorschieben einer wirtschaftlich schwachen Person[36] und in Piratefällen,[37] wenn der Antragsteller selbst den Prozess unnötig verteuert[38] oder bei erkennbar aussichtsloser Rechtsverfolgung oder -verteidigung.[39]

17   Dass die Partei sich **vergleichen** will, steht der Begünstigung nicht entgegen.[40] Die Begünstigung kann aber idR nicht gewährt werden, wenn zur Zeit der Entscheidung über den Antrag feststeht, dass der Antragsteller den Rechtsstreit ohne Rücksicht auf den Erfolg des Antrags auf keinen Fall weiterführen wird.[41]

D. Verfahren

I. Antrag

18   **1. Allgemeines; Form.** Streitwertbegünstigung wird nur auf Antrag gewährt (Abs 1 Satz 1). Den Antrag kann – über den Wortlaut der Bestimmung hinaus – jeder Prozessbeteiligte stellen.[42] Er ist schriftlich oder zur Niederschrift der Geschäftsstelle zu stellen (Abs 2 Satz 1), daher besteht für ihn kein Anwaltszwang (§ 78 Abs 3 ZPO). Für jede Instanz muss er besonders gestellt werden.[43]

19   **2. Inhalt; Glaubhaftmachung.** Der Antragsteller hat das Vorliegen der materiellen Voraussetzungen (Rn 12ff) glaubhaft zu machen (Abs 1 Satz 1).[44] Dabei kann auch verlangt werden, dass glaubhaft gemacht

---

30   BPatG 11.7.2013 5 Ni 37/11 (EP).

31   BGH 29.6.1999 X ZR 57/97; BGH 23.7.2009 X a ZR 146/07; BGH 29.7.2010 X a ZR 76/08; OLG Düsseldorf Mitt 1973, 177; OLG Düsseldorf InstGE 5, 70; BPatG Beschl vom 5.8.2003 4 Ni 23/02; BPatG Beschl vom 23.7.2010 4 Ni 50/07 GRURPrax 2010, 441 „Okklusionsvorrichtung – Streitwertbegünstigung"; BPatG 25.7.2012 5 Ni 19/11; *Fitzner/Lutz/Bodewig* Rn 22; *Kühnen* Hdb Rn 2496; vgl OLG Karlsruhe GRUR 1962, 586.

32   OLG Düsseldorf InstGE 5, 70; vgl *Fitzner/Lutz/Bodewig* Rn 13.

33   BGH 20.1.2004 X ZR 133/98 Schulte-Kartei PatG 144 Nr 8 Streitwertherabsetzung 01; BGH 5.7.2011 X ZR 82/09; OLG Düsseldorf Mitt 1973, 177; BPatG 29.8.1994 2 Ni 50/88 (EU) für Dritte, in deren Interesse das Nichtigkeitsverfahren geführt wird; BPatG 2.10.2012 5 Ni 40/10; BPatG Beschl vom 12.3.2013 2 Ni 26/11; *Fitzner/Lutz/Bodewig* Rn 12; *Ströbele/Hacker* § 142 MarkenG Rn 14; aA *Ekey/Bender/Fuchs-Wissemann* § 142 MarkenG Rn 17.

34   BGH 20.1.2004 X ZR 133/98 Schulte-Kartei PatG 144 Nr 8 Streitwertherabsetzung 01; BGH 20.1.2004 X ZR 3/00.

35   Vgl OLG Koblenz GRUR 1996, 139; BPatG Beschl vom 23.7.2010 4 Ni 50/07 GRURPrax 2010, 441 „Okklusionsvorrichtung – Streitwertbegünstigung"; differenzierend *Ekey/Bender/Fuchs-Wissemann* § 142 MarkenG Rn 6.

36   *Ekey/Bender/Fuchs-Wissemann* § 142 MarkenG Rn 6; *Fezer* § 142 MarkenG Rn 10.

37   *Ströbele/Hacker* § 142 MarkenG Rn 16; *Ekey/Bender/Fuchs-Wissemann* § 142 MarkenG Rn 6.

38   Vgl OLG Hamburg GRUR 1957, 146.

39   Vgl OLG Hamburg WRP 1979, 382; KG GRUR 1939, 346; OLG Frankfurt GRUR-RR 2005, 296, zu § 142 MarkenG, *Kraßer* S 889 (§ 36 V 4); *Kühnen* Hdb Rn 2495; aA OLG Frankfurt GRUR 1989, 133; OLG Koblenz NJW-E WettbR 1996, 92, zu § 142 MarkenG; vgl zu Piratefällen *Ströbele/Hacker* § 142 MarkenG Rn 16; zum Nichtreagieren auf vorprozessuale Abmahnung und mutwilliger Klage *Fitzner/Lutz/Bodewig* Rn 22 und *Ströbele/Hacker* § 142 MarkenG Rn 15.

40   *Fitzner/Lutz/Bodewig* Rn 22; *Ingerl/Rohnke* § 142 MarkenG Rn 20; *Fezer* § 142 MarkenG Rn 14; aA *Benkard* Rn 7, *Schulte* Rn 16 unter Hinweis auf RG GRUR 1941, 94 Anwaltswechsel und KG GRUR 1939, 346; *H. Tetzner* NJW 1965, 1944, 1946.

41   Bescheid des RG GRUR 1941, 94 Vergünstigungsantrag.

42   *Ströbele/Hacker* § 142 MarkenG Rn 17; *Fitzner/Lutz/Bodewig* Rn 14.

43   Bescheid des RG GRUR 1941, 94 Vergünstigungsantrag; OLG Karlsruhe GRUR 1962, 586; vgl BGH 23.7. 2009 X a ZR 146/07; so auch *Benkard* Rn 9; *Schulte* Rn 8; *Kühnen* Hdb Rn 2494; *Ströbele/Hacker* § 142 MarkenG Rn 18, str.

44   Vgl *Ströbele/Hacker* § 142 MarkenG Rn 14.

wird, dass die Kosten nicht von dritter Seite getragen werden.[45] Die Vorlage einer Bilanz allein wurde als nicht ausreichend behandelt,[46] ebenso die Vorlage eines Verdienstnachweises allein.[47] Zur Glaubhaftmachung vgl Rn 82 ff zu § 123. Die Herabsetzung kann nach dem Ermessen des Gerichts begehrt werden.[48]

3. Zeitpunkt. Der Antrag ist grds vor der Verhandlung zur Hauptsache zu stellen, Abs 2 Satz 2. Dabei **20** ist jede Instanz gesondert zu betrachten.[49] Im Verfügungsverfahren ist der Antrag bis zum Widerspruchstermin zu stellen;[50] wird kein Widerspruch eingelegt, innerhalb angemessener Frist.[51] Die Begründung kann nachgebracht werden.[52]

Nach diesem Zeitpunkt ist er **ausnahmsweise** noch zulässig, wenn der angenommene oder festge- **21** setzte Streitwert später durch das Gericht heraufgesetzt wird (Abs 2 Satz 3). Dem kann sowohl eine Neubewertung durch das Gericht als auch eine Änderung des Streitgegenstands zugrunde liegen.[53] Streitwertangabe durch den Kläger allein führt nicht zur Verfristung.[54]

Weitere Ausnahmen. Nach Auffassung des BPatG ist der Antrag im **Patentnichtigkeitsverfahren** **22** noch zulässig, wenn die Partei später, auch nach Abschluss der Instanz, mehr an Kosten zu entrichten hätte, als sie vor der Antragstellung mit gutem Grund annehmen konnte.[55] Das ist insb der Fall, wenn der Streitwert nach der Verhandlung zur Hauptsache erstmalig festgesetzt wird und die Geschäftsstelle des Gerichts nicht vorher für die Erhebung von Gebühren einen entspr Streitwert angenommen hat[56] oder wenn von der Angabe des Klägers zu dessen Ungunsten abgewichen wird.[57]

Die Rspr lässt nachträgliche Antragstellung in Patentstreitsachen uU bei einer erheblichen **Verände- 23 rung der wirtschaftlichen Lage der Partei** zu.[58]

Hat sich das Verfahren **ohne Verhandlung zur Hauptsache** erledigt und wird darauf erstmalig der **24** Streitwert festgesetzt, kann der Antrag nur innerhalb angemessener Frist gestellt werden.[59]

II. Anhörung des Gegners ist erforderlich (Abs 2 Satz 4). Daneben sind auch sonstige betroffene Ver- **25** fahrensbeteiligte (zB der Anwalt) zu hören[60] (vgl aber Rn 26). Ob die Einschränkungen für die Einsicht in die Erklärung und in die Belege nach § 117 Abs 2 Satz 2 ZPO entspr heranzuziehen sind, ist bisher nicht entschieden (grds bejahend nach *6. Aufl*). Dafür sprechen der auch hier zu beachtende Persönlichkeitsschutz sowie die mit der Prozesskostenhilfe übereinstimmende Verwurzelung im Sozialstaatsgedanken, dagegen neben der Erweiterung der Rechte des Gegners durch den mWv 1.1.2014 neu gefassten § 118 Abs 1

45 *Ströbele/Hacker* § 142 MarkenG Rn 14: zur Vermeidung von Missbräuchen; *Fezer* § 142 MarkenG Rn 9, 14; aA *Ekey/Klippel/Bender* § 142 MarkenG Rn 12.
46 BGH Beschl vom 23.1.2013 X ZR 66/12.
47 BPatG 2.7.2001 2 Ni 8/00 (EU).
48 *Fitzner/Lutz/Bodewig* Rn 15.
49 KG GRUR 1937, 625.
50 KG WRP 1982, 530, zu § 23a UWG aF; OLG Koblenz GRUR 1996, 139 f; *Fitzner/Lutz/Bodewig* Rn 17; *Ströbele/Hacker* § 142 MarkenG Rn 18.
51 OLG Hamburg WRP 1985, 281.
52 *Fitzner/Lutz/Bodewig* Rn 16.
53 *Fitzner/Lutz/Bodewig* Rn 17.
54 OLG Stuttgart WRP 1982, 489 f, zu § 23b UWG aF; OLG Düsseldorf Mitt 1973, 177, 180; *Fitzner/Lutz/Bodewig* Rn 16.
55 BPatGE 24, 169 = GRUR 1982, 363.
56 RG GRUR 1940, 95 f Streitwertfestsetzung; BGH GRUR 1953, 284 Kostenbegünstigung I; vgl KG GRUR 1938, 41; OLG Koblenz GRUR 1996, 139 f, zu § 142 MarkenG; BPatG Beschl vom 23.7.2010 4 Ni 50/07 GRURPrax 2010, 441 „Okklusionsvorrichtung – Streitwertbegünstigung".
57 BPatG 2.10.2012 5 Ni 40/10 Vv.
58 OLG Düsseldorf GRUR 1985, 219; OLG München 30.1.1991 6 W 2832/90 GRUR 1991, 561 Ls will sie auf die Fälle beschränken, in denen der Eintritt sowohl der wesentlichen Verschlechterung der Vermögensverhältnisse als auch der zusätzlichen Kostenbelastung nach dem maßgeblichen Zeitpunkt liegt; vgl zum Nichtigkeitsverfahren BPatG Beschl vom 23.7.2010 4 Ni 50/07 GRURPrax 2010, 441 „Okklusionsvorrichtung – Streitwertbegünstigung".
59 BGH GRUR 1965, 562 Teilstreitwert; BGH 27.4. 1978 X ZR 51/74; BGH 13.11.1979 X ZR 39/75, dort auch zur Angemessenheit der Frist; OLG Köln GRUR 1995, 446, zu § 23b UWG aF; zur Angemessenheit vgl *Fitzner/Lutz/Bodewig* Rn 18.
60 *Benkard* Rn 10.

ZPO insb der Umstand, dass die Gewährung der Vergünstigung nach § 144 weit stärker in die Position des Gegners eingreift (Rn 29) als die Bewilligung von Prozesskostenhilfe.[61] Bei fehlendem Einverständnis können die Unterlagen zu den wirtschaftlichen Verhältnissen unberücksichtigt bleiben.[62]

E. Entscheidung

I. Form und Inhalt

26   Die Entscheidung ergeht durch **Beschluss**; mündliche Verhandlung ist freigestellt. Zustellung ist nicht zwingend geboten (vgl § 63 Abs 1 Satz 3, 4 GKG).[63] Die Festsetzung kann vorläufig bereits im Rahmen der vorläufigen Streitwertfestsetzung (§ 63 GKG) erfolgen; insoweit bedarf es einer Anhörung nicht. Verfahrenserledigung steht der Entscheidung nicht entgegen.

27   Anders als bei der Prozesskostenhilfe, auf deren Bewilligung bei Vorliegen der Voraussetzungen Anspruch besteht, handelt es sich bei der Streitwertbegünstigung um eine **Kannvorschrift**.[64] Von der Bestimmung haben die Gerichte nach pflichtgem Ermessen Gebrauch zu machen; im Patent- und GbmRecht ist eine Begünstigung eher angebracht als außerhalb dieser Materien. Geboten ist die Begünstigung vielfach auch bei ArbN-Erfindungen. Ein gewisses Kostenrisiko soll dem Begünstigten verbleiben (vgl Rn 14). Wenn der Patentinhaber beim Abschluss einer Vereinbarung über die Finanzierung von Prozesskosten eine Vertragsgestaltung wählt, die ihm und dem Finanzier alle mit dem Rechtsstreit verbundenen Chancen sichert, das Kostenrisiko des Nichtigkeitsverfahrens aber der Gegenseite auferlegt, ist es idR nicht angemessen, ihn von diesem Kostenrisiko nach § 144 noch weitergehend zu entlasten.[65]

28   Die **Entscheidung** geht dahin, dass sich die Verpflichtung der begünstigten Partei zur Zahlung von Gerichtskosten nach einem bestimmten Streitwert („Teilstreitwert") bemisst. Diesen definiert das Gesetz als einen der Wirtschaftslage des Antragstellers angepassten Teil des Streitwerts (Abs 1 Satz 1).[66]

II. Wirkung

29   Die Entscheidung bewirkt, dass die begünstigte Partei Gerichts- und Anwaltsgebühren (die eigenen wie die des Gegners) nur nach dem Teilstreitwert zu entrichten oder zu erstatten hat; dies gilt auch für die Kosten des eigenen wie des gegnerischen Patentanwalts.[67] Die gerichtlichen Auslagen sind, da nicht wertabhängig, nicht betroffen.[68] Bei Kostenteilung erfolgt die Kostenausgleichung nach § 106 ZPO beiderseits nach dem Teilstreitwert.[69] Dies betrifft jedoch allein den Ausgleichsanspruch zwischen den Parteien selbst.[70]

30   Für die nichtbegünstigten Parteien bleibt der volle Streitwert maßgeblich (**„gespaltener Streitwert"**).[71] Für Gebühren nach dem GKG, die den Teilstreitwert übersteigen, können diese als Erstschuldner haften.[72] Der Anwalt der begünstigten Partei kann nach Abs 1 Satz 4 seine Gebühren im eigenen Namen

61   Für Heranziehung von § 117 ZPO *Schulte* Rn 17, der auf die Zustimmung des Antragstellers abstellt; *Ströbele/Hacker* § 142 MarkenG Rn 19; *Fitzner/Lutz/Bodewig* Rn 20; BGH Mitt 2005, 165 und BGH 20.1.2004 X ZR 3/00 lassen Angaben, deren Weitergabe sich der Antragsteller widersetzt hat, unberücksichtigt. Zur Einsicht des Gegners in Aktenteile, die die persönlichen und wirtschaftlichen Verhältnisse des Antragstellers betreffen, vgl BGHZ 89, 65 = NJW 1984, 740 (zu § 117 ZPO).

62   BGH Mitt 2004, 165 Verfahrenskostenhilfe für juristische Person; *Schulte* Rn 17; vgl auch *Kühnen* Hdb Rn 2493.

63   *Fitzner/Lutz/Bodewig* Rn 20; aA *Benkard* Rn 10.

64   *Benkard* Rn 6; *Fitzner/Lutz/Bodewig* Rn 22; *Traub* FS A. Söllner (1990), 577, 583 mwN; vgl RGZ 155, 129 = GRUR 1937, 631 Kostenermäßigung; aA *Hartmann* Kostengesetze GKG Anh I § 51 Rn 13.

65   BGH GRUR 2013, 1288 Kostenbegünstigung III.

66   Näher zu dessen Bestimmung *Fitzner/Lutz/Bodewig* Rn 23 mwN.

67   RG GRUR 1940, 152 f Kostenerstattung bei Streitwertbegünstigung; vgl *Ströbele/Hacker* § 142 MarkenG Rn 23 ff.

68   OLG München GRUR 1960, 79; vgl *Fitzner/Lutz/Bodewig* Rn 24.

69   KG Mitt 1941, 125; BPatGE 53, 150 = BlPMZ 2012, 91 f; BPatG 24.11.2011 3 ZA (pat) 55/10; vgl auch *Fitzner/Lutz/Bodewig* Rn 29 unter Hinweis auf OLG Düsseldorf Mitt 1985, 213.

70   BPatGE 53, 150 = BlPMZ 2012, 91 f; BPatG 24.11.2011 3 ZA (pat) 55/10.

71   BPatGE 53, 150 = BlPMZ 2012, 91 f; BPatG 24.11.2011 3 ZA (pat) 55/10.

72   KG GRUR 1941, 96; OLG Düsseldorf Mitt 1985, 213.

vom Gegner nach dem vollen Streitwert verlangen, soweit dieser zur Kostentragung verpflichtet ist.[73] Dies gilt auch für den Verkehrsanwalt.[74]

Werden einer Partei sowohl **Prozesskostenhilfe** als auch Kostenermäßigung nach § 144 bewilligt, **31** sind die aus der Staatskasse zu entrichtenden Gebühren (Rn 157 ff zu § 143) gleichwohl nach dem vollen Streitwert zu berechnen.[75]

III. Abänderung

Der Beschluss nach § 144 kann geänd werden,[76] so bei Besserung der wirtschaftlichen Lage des Be- **32** günstigten oder bei Erschleichung.[77] Für die Erschleichung wird auf die Grundsätze des § 49 Abs 2 VwVfG zurückgegriffen werden können.

IV. Anfechtung

Die Entscheidung jedenfalls des Landgerichts unterliegt der **Beschwerde** nach § 68 GKG. Für eine **33** Verkürzung der dort vorgesehenen unangemessen langen Frist (grds sechs Monate nach Rechtskraft der Hauptsacheentscheidung oder anderweitiger Verfahrenserledigung, § 63 Abs 3 Satz 2 GKG, mit Wiedereinsetzungsmöglichkeit, § 68 Abs 2 GKG) besteht keine gesetzl Grundlage.[78] Allerdings kann späte Beschwerdeeinlegung im Einzelfall bei der Beurteilung der materiellen Voraussetzungen des § 144 berücksichtigt werden. Die Entscheidung des OLG und des BPatG ist nur mit Gegenvorstellungen angreifbar (§§ 68 Abs 1 Satz 4, 66 Abs 3 Satz 3 GKG; § 33 Abs 4 Satz 3 RVG).[79]

Ein **eigenes Beschwerderecht** steht dem Anwalt der begünstigten Partei (§ 32 Abs 2 RVG), nicht je- **34** doch dem Anwalt des Gegners zu.[80] Auch der Vertreter der Staatskasse ist beschwerdeberechtigt.[81]

Eine **Entscheidung des BPatG**, die sich allein auf die Verpflichtung zur Tragung der Rechtsanwalts- **35** gebühren auswirkte, konnte wegen § 10 Abs 3 Satz 2 BRAGebO nicht mit der Beschwerde an den BGH angefochten werden.[82] Im RVG findet sich eine entspr Bestimmung nicht mehr, jedoch folgt der Ausschluss der Anfechtbarkeit aus § 99 Abs 2 (vgl Rn 16 ff zu § 99). Gegenvorstellungen sind möglich.

§ 145
(Klagenkonzentration)

Wer eine Klage nach § 139 erhoben hat, kann gegen den Beklagten wegen derselben oder einer gleichartigen Handlung auf Grund eines anderen Patents nur dann eine weitere Klage erheben, wenn er ohne sein Verschulden nicht in der Lage war, auch dieses Patent in dem früheren Rechtsstreit geltend zu machen.

Ausland: Schweiz: Art 71 PatG (nur Kostenbelastung)

---

73 BPatGE 53, 150 = BlPMZ 2012, 91 f; BPatG 24.11.2011 3 ZA (pat) 55/10; vgl *Fitzner/Lutz/Bodewig* Rn 26 f mwN.
74 KG Mitt 1941, 125.
75 BGH GRUR 1953, 250 Kostenbegünstigung II.
76 BGH 13.3.1956 I ZR 133/52; offen, ob auch zum Nachteil des Begünstigten, BGH GRUR 1990, 1052 Streitwertbemessung, UWGSache; bejahend OLG Düsseldorf Mitt 1973, 177; *Benkard* Rn 11 mNachw; *Schulte* Rn 20, verneinend *H. Tetzner* NJW 1965, 1944, 1947.
77 *Benkard* Rn 11 mwN.
78 *Benkard* Rn 10 mNachw; *Schulte* Rn 21; aA OLG Düsseldorf Mitt 1973, 177.
79 *Schulte* Rn 23; vgl BGH 18.3.1999 I ZB 63/98.
80 Ebenso *Benkard* Rn 10; vgl *Schulte* Rn 22; *Mes* Rn 14; aA OLG Koblenz GRUR 1996, 139; *Fitzner/Lutz/Bodewig* Rn 28; *Ströbele/Hacker* § 142 MarkenG Rn 21; *Ingerl/Rohnke* § 142 MarkenG Rn 36.
81 KG GRUR 1938, 41.
82 BGH GRUR 1982, 672 Kombinationsmöbel.

Keukenschrijver

Schrifttum: *Benkard* Zur Klagenverbindung in Patentstreitsachen, MuW 37, 229; *Habscheid* Die Sperrvorschrift des § 54 PatG, GRUR 1954, 239; *Haedicke/Kamlah* Der Wechsel des Klagepatents in der Berufungsinstanz, FS P. Mes (2009), 153; *Jüngst/Stjerna* § 145 PatG und die Sachdienlichkeit einer Klageänderung in der Berufungsinstanz, Mitt 2006, 393; *Jüngst/Stjerna* Anmerkung zum BGH-Urteil „Raffvorhang", Mitt 2011, 192; *U. Krieger* Der Zwang zur Klagenkonzentration (§ 145 PatG), GRUR 1985, 694; *Nieder* § 145 ZPO versus § 145 PatG: Zwang zur Klagenkonzentration und Prozesstrennung, GRUR 2010, 402; *Ohl* Gegen den Zwang zur Klagenkonzentration (§ 54 PatG), GRUR 1968, 169; *Pinzger* Die verfahrensrechtliche Wirkung des Verbots weiterer Patentverletzungsklagen aus anderen Patenten (§ 54 PatG), JW 1937, 1851; *Ristow* Das Verbot der Stufenklage (§ 54 PatG), Mitt 1937, 102; *Schramm* Kartell- und Patentmonopol (zur Auslegung des § 54 PatG), JW 1937, 1849; *Stjerna* Die Konzentrationsmaxime des § 145 PatG, Diss Düsseldorf 2008; *Stjerna* Zur (Un)Vereinbarkeit des § 145 PatG mit dem Grundgesetz, GRUR 2007, 17; *Stjerna* Die „Konzentrationsmaxime" des § 145 PatG, GRUR 2007, 194; *Stjerna* Die Konzentrationsmaxime des § 145 PatG und das „Gesetz zur Vereinfachung und Modernisierung des Patentrechts, WRP 2009, 719; *Stjerna* Totgesagte leben länger: zur Beibehaltung von § 145 PatG, GRUR 2010, 35; *Stjerna* § 145 ZPO versus § 145 PatG? GRUR 2010, 964; *Stjerna* (Anm) GRUR 2011, 414; *V. Tetzner* „Gleichartigkeit" der Verletzungshandlung beim Zwang zur Klagenkonzentration, Mitt 1976, 221; *Weber* Kann der § 54 PatG dem Inhaber einer ausschließlichen Lizenz entgegengehalten werden? JW 1937, 1854; *Wichards* Bemerkungen zum Patentstreitverfahren nach dem Patentgesetz vom 5. Mai 1936, GRUR 1938, 280, 286.

A. Allgemeines

I. Entstehungsgeschichte, Zweck der Regelung

1   Die Regelung ist 1936 (als § 54) eingeführt worden, sie hat ihre geltende Fassung (inhaltlich unverändert) durch die Neubek 1981 erhalten. Nach der Begr[1] hat sich eine besondere Form des Missbrauchs wirtschaftlicher Übermacht darin gezeigt, dass der Inhaber mehrerer Patente verwandten Inhalts einen angeblichen Verletzer zunächst nur aufgrund eines dieser Rechte verklage, dann in weiteren Klagen gegen ihn wegen desselben oder eines gleichartigen Tatbestands vorgehe, wodurch dem Angegriffenen wegen der erhöhten Kosten die Verteidigung erschwert werde. Der RegE PatRVereinfModG vom 15.10.2008 sah die ersatzlose Streichung der Bestimmung vor, die vom Rechtsausschuss des Bundestags jedoch abgelehnt wurde, weil das Regelungsziel, wegen der gleichen Verletzungshandlung weitere Klagen zu vermeiden, gegenüber dem Risiko, dass die Anträge und der Vortrag des Patentinhabers überfrachtet würden, vorrangig erscheine.[2] Art 71 schweiz PatG enthält eine vergleichbare Regelung, allerdings mit wesentlich weniger einschneidender Rechtsfolge (Tragung der Gerichts- und Parteikosten des neuen Prozesses).

II. Verfassungsmäßigkeit der Regelung

2   Die Regelung ist auf Kritik gestoßen, weil das Gesetz der auf ein anderes Patent gestützten weiteren Klage den gerichtlichen Rechtsschutz versagt.[3] Verfassungsrechtl ist sie nicht unbdkl.[4] Der BGH hat ausge-

---

1 BlPMZ 1936, 115.
2 Beschlussempfehlung BTDrs 16/13099 S 6.
3 Vgl *Moser von Filseck* (Anm) GRUR 1961, 81; *Ohl* GRUR 1968, 169; *Pietzcker* (Anm) GRUR 1974, 29; *U. Krieger* GRUR 1985, 694; *Stjerna* GRUR 2007, 17; *Kühnen* Hdb Rn 1520.
4 *Stjerna* GRUR 2007, 17, 20 f, 22 hält die Bestimmung als nicht gerechtfertigten Eingriff in das Eigentumsrecht und wegen Verstoßes gegen den Gleichheitsgrundsatz für verfassungswidrig; ebenso *Stjerna* (2008) S 193 ff; vgl *Fitzner/Lutz/Bodewig* Rn 3; hiergegen BGH GRUR 2011, 411 Raffvorhang: nicht zu beanstanden, sofern die Bestimmung mit der gebotenen Rücksicht auf die schutzwürdigen Interessen des Patentinhabers ausgelegt und angewendet wird.

führt, diese in einem Rechtsstaat schwerwiegende Folge, die soweit ersichtlich in keinem anderen Patent-system eine Entsprechung finde, sei nur für den Fall gemindert, dass der Kläger ohne sein Verschulden (hierzu Rn 25) nicht in der Lage war, das andere Patent in dem früheren Rechtsstreit geltend zu machen. Die Berücksichtigung mehrerer Schutzrechte im gleichen Rechtsstreit führe zudem zu einer starken Aus-weitung des Prozessstoffs und der zu prüfenden technischen Probleme; dies steigere sich noch erheblich, wenn Schutzrechte mit sehr unterschiedlichem technischem Inhalt im gleichen Prozess geprüft werden müssten. Bei einer Überlastung des Rechtsstreits mit einer Vielzahl unterschiedlicher Patente bestehe die Gefahr, dass die Prozessbeteiligten wichtige Gesichtspunkte übersähen oder ihnen nicht die sachlich ge-botene Aufmerksamkeit widmeten. Das könne eine schwerwiegende Beeinträchtigung des Rechtsschutzes zur Folge haben, die sich im Einzelfall auch zu Lasten des mit einem unübersichtlichen Prozessstoff kon-frontierten Beklagten auswirken könne, zu dessen Schutz die Regelung eingeführt worden sei. Bei solchen Konsequenzen müsse es als zwh angesehen werden, ob für angedrohten Rechtsverlust angesichts der Eigentumsgarantie des Art 14 GG eine hinreichende sachliche Rechtfertigung bestehe.[5]

Als Ausnahmevorschrift soll § 145 **eng auszulegen** sein.[6]   3

B. Anwendungsbereich

I. Persönlich

Die Bestimmung betrifft alle Personen, die Ansprüche aus § 139 oder Bereicherungsansprüche wegen   4
Patenteingriffs geltend machen können, sofern sie Kläger des früheren und des weiteren Verfahrens sind und ihnen derselbe Beklagte als Verletzer gegenübersteht.[7] Auf die zu Rechtshängigkeit und Rechtskraft entwickelten Grundsätze kann zurückgegriffen werden.[8] Die Regelung betrifft nur den angeblich verletz-ten Patentinhaber, nicht den wegen Patentverletzung Verwarnten.[9]

Auch bei **Rechtsnachfolge** iSd § 325 ZPO auf Kläger- oder Beklagtenseite ist die Bestimmung an-   5
wendbar,[10] jedoch kann der Klageausschluss hier am fehlenden Verschulden (Rn 25) scheitern.[11] Auf eine Klage gegen Personen, die von der Rechtskraftwirkung des auf die frühere Klage ergangenen Urteils nicht betroffen werden, ist die Bestimmung nicht anzuwenden.[12]

Str ist, ob die Regelung die Klage des **Nehmers einer ausschließlichen Lizenz** nach einer Klage des   6
Patentinhabers erfasst; dies wird zu verneinen sein, sofern nicht beide im Ausgangsverfahren als Streitge-nossen vorgehen.[13]

Der „**Strohmann**" muss sich § 145 entgegenhalten lassen.[14]   7

II. Sachlich

1. Die Anwendung der Bestimmung setzt voraus, dass eine **Klage aus** einem **Patent** („Ausgangskla-   8
ge") erhoben ist. Dies betrifft Klagen sowohl aus nach dem PatG erteilten als auch mit Wirkung für die Bundesrepublik Deutschland erteilten eur und während ihrer Laufzeit aus erstreckten DDR-Patenten; Kla-gen aus ergänzenden Schutzzertifikaten müssen einbezogen werden;[15] dies ergab sich bis zum Inkraft-treten des PatRVereinfModG auch aus der Verweisung in § 16a Abs 2, die – wohl infolge eines Redaktionsver-

5   BGH GRUR 1989, 187 Kreiselegge II; vgl BGH GRUR 2011, 411 Raffvorhang m kr Anm *Stjerna*: die Bestimmung hindere den Patentinhaber nicht generell an der Geltendmachung seiner Rechte, sondern halte ihn nur an, seine Angriffe in einer Klage zu bündeln.
6   OLG Düsseldorf 19.11.1987 2 U 150/86; OLG Düsseldorf 24.6.1999 2 U 163/97; *Kühnen* Hdb Rn 1522.
7   OLG Düsseldorf GRUR 1939, 365; eingehend *Stjerna* (2008) S 53 ff; vgl auch *Fitzner/Lutz/Bodewig* Rn 14.
8   *Fitzner/Lutz/Bodewig* Rn 14; BGH GRUR 1974, 28 f Turboheuer.
9   BGH GRUR 1957, 208 Grubenstempel.
10   *Benkard* Rn 5 mwN; str, *Schulte* Rn 12; vgl *Mes* Rn 6; vgl auch LG Düsseldorf 10.5.2001 4 O 375/98 undok.
11   *Fitzner/Lutz/Bodewig* Rn 15.
12   BGH Turboheuer.
13   *Fitzner/Lutz/Bodewig* Rn 14; differenzierend *Stjerna* (2008) S 74 ff; aA *Benkard* Rn 5; noch weitergehend *Weber* JW 1937, 1854; *Reimer* § 54 Rn 6; in BVerfG 10.5.2000 1 BvR 1458/97 undok wegen der Subsidiarität der Verfassungsbeschwerde auch gegenüber Rechtsbehelfen zweifelhafter Zulässigkeit nicht entschieden.
14   *Fitzner/Lutz/Bodewig* Rn 15; *Benkard* Rn 5; *Stjerna* (2008) S 86 f.
15   Vgl *Benkard* Rn 6; *Stjerna* GRUR 2007, 194 f; *Stjerna* (2008) S 30; *Fitzner/Lutz/Bodewig* Rn 3.

sehens im Zusammenhang mit der nicht verwirklichten Aufhebung der Bestimmung – aber gestrichen worden ist.[16] Nicht erfasst ist der Fall der mehrfachen Klage aus ein und demselben Patent oder einem sich an dieses anschließenden ergänzenden Schutzzertifikats.[17]

9   Vom Wortlaut der Bestimmung wird das Patent (erst und schon) **ab Erteilung** erfasst,[18] also auch, solange das Einspruchsverfahren nicht abgeschlossen ist. Ist bis zum Abschluss der Tatsacheninstanzen lediglich die Mitteilung erfolgt, dass das Patent erteilt werden soll, ist es für die Anwendung des § 145 unbeachtlich.[19] Daraus, dass es der Gesetzgeber in Kenntnis der Rspr des BGH, nach der die bekanntgemachte Patentanmeldung nicht unter die Regelung falle,[20] unterlassen hat, mit der Änderung des Rechts des Einspruchs im GPatG die Bestimmung zu ändern, kann nichts Gegenteiliges abgeleitet werden;[21] zum Verschulden in einem solchen Fall Rn 25.

10   Auf die Geltendmachung von **Gebrauchsmustern** ist die Bestimmung schon von ihrem Wortlaut her nicht anwendbar,[22] auch nicht auf nebeneinander bestehende Patente und Gebrauchsmuster.[23]

11   Erst recht ist die Bestimmung nicht auf **Marken, Designs, Urheberrechte und wettbewerbsrechtliche Ansprüche** anwendbar.[24] Das gilt auch für den **Sortenschutz**.

12   **2.** In Betracht kommen grds nur Klagen, die auf einen **Anspruch aus § 139 PatG** (Unterlassung, Rechnungslegung oder Schadensersatz) gestützt sind; entspr Anwendung bei Bereicherungsansprüchen ist geboten.[25] Erfasst sind auch Widerklagen,[26] nicht dagegen Verfügungsverfahren.[27] Die Klage muss iSd § 253 ZPO erhoben sein.[28]

13   Auf **andere Ansprüche** als solche aus § 139,[29] etwa aus § 33,[29] ist die Bestimmung nicht anwendbar, erst recht nicht auf vertragliche Ansprüche.[30] Auch auf die durch das PrPG und die Umsetzung der Durchsetzungsrichtlinie geschaffenen Anspruchsgrundlagen kann sie nicht angewendet werden.

14   **3. Feststellungsklagen.** Die Vorschrift ist auch anwendbar, wenn der angebliche Patentverletzer den Rechtsstreit mit einer negativen Feststellungsklage beginnt und der Patentinhaber die Rechte aus dem Patent im Weg der Widerklage geltend macht.[31] Schon vom Wortlaut der Bestimmung her ist aber der Fall der bloßen negativen Feststellungsklage des angeblichen Verletzers nicht umfasst.[32]

15   **4.** Das **andere Patent** muss mit dem Patent der früheren Klage „verwandten Inhalts" sein (Begr), in rechtl Zusammenhang brauchen sie nicht zu stehen.[33] Abzustellen ist auf den technischen Zusammenhang; ob die Patente unter einen gemeinsamen Ober- oder Gattungsbegriff fallen, ist nicht maßgeblich.[34]

---

16   Für analoge Anwendung hier *Mes* Rn 4.

17   *Benkard* Rn 6.

18   Vgl *Fitzner/Lutz/Bodewig* Rn 6.

19   *Kühnen* Hdb Rn 1527.

20   BGH GRUR 1964, 221 Rolladen; *Stjerna* GRUR 2007, 194 f.

21   Vgl *U. Krieger* GRUR 1985, 694.

22   RG GRUR 1938, 781 f Küchenherd; OLG Düsseldorf GRUR 1959, 538; *Fitzner/Lutz/Bodewig* Rn 6; aA *Tetzner* § 54 Anm 5.

23   BGHZ 128, 220 = GRUR 1995, 338, 342 Kleiderbügel; vgl *Stjerna* GRUR 2007, 194 f; vgl weiter OLG Düsseldorf 2 U 84/10 Mitt 2012, 180 Ls.

24   *Benkard* Rn 4.

25   *Benkard* Rn 6; *Stjerna* GRUR 2007, 194 f; *Stjerna* (2008) S 31.

26   BGH GRUR 1957, 208, 210 f Grubenstempel; *Stjerna* GRUR 2007, 194 f; *Stjerna* (2008) S 30.

27   *Schulte* Rn 7; *Fitzner/Lutz/Bodewig* Rn 5; *Stjerna* GRUR 2007, 194 f.

28   *Fitzner/Lutz/Bodewig* Rn 7.

29   *Benkard* Rn 4, *Kraßer* S 905 (§ 37 10).

30   LG Düsseldorf 28.1.1997 4 O 377/95 Entsch 1997, 1, 2; *Schulte* Rn 8; *Stjerna* GRUR 2007, 194 f.

31   BGH GRUR 1957, 208 Grubenstempel.

32   BGH Grubenstempel; *Stjerna* GRUR 2007, 194 f.

33   Vgl *Benkard* Rn 6, wonach dies eng auszulegen ist.

34   So auch *Benkard* Rn 6.

5. Die Ausgangsklage muss zulässig gewesen sein.[35] Sie darf auch nicht zurückgenommen sein (§ 269 **16** Abs 3 Satz 1 ZPO).[36] Im übrigen kommt es auf ihr Schicksal aber nicht an, weil die Präklusionswirkung der früheren Klage nicht Folge der Rechtskraftwirkung der früheren Entscheidung ist.[37]

6. Als weitere Klage („**Folgeklage**") kommt nur eine Patentverletzungsklage[38] nach § 139 oder wegen **17** Bereicherungsansprüchen[39] in Betracht. Ob hier auch Verfügungsverfahren erfasst sind,[40] erscheint zwh. RefE Art II § 18 Abs 4 IntPatÜG bezieht sie ausdrücklich nicht ein (vgl Rn 28).

Die Folgeklage muss auf **dasselbe Ziel** gerichtet sein wie die Ausgangsklage.[41] Daher werden Fälle **18** nicht erfasst, in denen die eine Klage Unterlassungsansprüche, die andere aber Schadensersatz- oder Bereicherungsansprüche betrifft.[42]

Die weitere Klage muss auf ein **anderes Schutzrecht** als die Ausgangsklage gestützt sein. Aus dem- **19** selben Schutzrecht kann dagegen nochmals geklagt werden; das gilt auch, wenn die Klage auf einen anderen Schutzanspruch gestützt wird als die Ausgangsklage.[43]

Sie muss weiter **dieselbe oder** eine **gleichartige Handlung** betreffen. Die Vorschrift zwingt den Ver- **20** letzten nicht, alle Verletzungen des Patents in einer Klage zu verfolgen.[44] Als Handlung iSd Bestimmung wurde zunächst jede der in § 9 genannten Verletzungsarten angesehen.[45] Verschiedene angegriffene Aus-führungsformen können grds getrennt verfolgt werden; das gilt auch für den Vorwurf unmittelbarer und mittelbarer Patentverletzung und für Angriffe wegen wortsinngemäßer und äquivalenter Patentbenut-zung.[46]

Der BGH hat später als Handlung iSd § 145 bei einer aus mehreren Teilen bestehenden **Gesamtvor- 21 richtung** den mit dem Klageantrag konkret beschriebenen, durch die Ausgestaltung eines bestimmten Teils der Gesamtvorrichtung charakterisierten konkreten Verletzungstatbestand angesehen.[47] Die weitere Klage aus einem anderen Patent, das die Gesamtvorrichtung wegen der besonderen Ausgestaltung eines anderen Teils der Vorrichtung zum Gegenstand hat, betrifft demnach dann nicht dieselbe Handlung, wenn sich der Klageantrag der weiteren Klage auf die durch die konkrete Ausgestaltung des anderen Teils cha-rakterisierte Gesamtvorrichtung bezieht.[48] Für die Bejahung eines engen technischen Zusammenhangs reicht es nicht aus, wenn einzelne Teile einer Gesamtvorrichtung, deren konkrete Ausgestaltung im ersten Rechtsstreit angegriffen worden ist, auch für die Verwirklichung des im zweiten Rechtsstreit geltend ge-machten Verletzungstatbestands von Bedeutung sind. Mindestvoraussetzung ist, dass auch im zweiten Rechtsstreit die konkrete Ausgestaltung dieser Teile in derselben oder in abgewandelter Form angegriffen wird.[49]

Die Beurteilung der **Gleichartigkeit der Handlung,** die iS eines Auffangtatbestands ausreicht,[50] er- **22** fordert eine wertende Betrachtung.[51] Danach sind als gleichartig nur solche weiteren Handlungen zu ver-stehen, die im Vergleich zu der im ersten Rechtsstreit angegriffenen Handlung zusätzliche oder abgewan-delte Merkmale aufweisen, bei denen es sich wegen eines engen technischen Zusammenhangs aufdrängt,

---

35 *Benkard* Rn 6; *Schulte* Rn 9; *Fitzner/Lutz/Bodewig* Rn 7; *Stjerna* (2008) S 48 f.
36 *Fitzner/Lutz/Bodewig* Rn 7; *Stjerna* (2008) S 46 f.
37 Vgl *Stjerna* GRUR 2007, 194 f; *Fitzner/Lutz/Bodewig* Rn 7.
38 *Fitzner/Lutz/Bodewig* Rn 8.
39 *Stjerna* (2008) S 53.
40 So *Fitzner/Lutz/Bodewig* Fn 19.
41 *Fitzner/Lutz/Bodewig* Rn 8.
42 Vgl *Stjerna* (2008) S 52.
43 *Schulte* Rn 14; *Stjerna* (2008) S 52; vgl *Kühnen* Hdb Rn 1524; nicht abschließend entscheiden in OLG Düsseldorf GRUR-RR 2013, 1; aA *Fitzner/Lutz/Bodewig* Rn 12; *Schramm* PVP Kap 9 Rn 241.
44 OLG Düsseldorf 24.6.1999 2 U 163/97.
45 BGH GRUR 1957, 208 Grubenstempel; *Stjerna* GRUR 2007, 194, 196.
46 *Fitzner/Lutz/Bodewig* Rn 13.
47 BGH GRUR 1989, 187 Kreiselegge II; BGH GRUR 2011, 411 Raffvorhang; abw noch BGH Grubenstempel; vgl LG Düsseldorf 26.3.2015 4a O 22/14; *Schulte* Rn 15.
48 BGH GRUR 1989, 187 Kreiselegge II zu OLG Düsseldorf 19.11.1987 2 U 150/86; vgl OLG Düsseldorf Mitt 2010, 476; *Kühnen* Hdb Rn 1326.
49 BGH Raffvorhang gegen OLG Hamburg 17.4.2008 3 U 270/05.
50 *Fitzner/Lutz/Bodewig* Rn 16.
51 BGH Raffvorhang.

sie gemeinsam in einer Klage aus mehreren Patenten anzugreifen.[52] In der Lit wird teils vollständige Übereinstimmung,[53] teils nur teilweise Überdeckung[54] verlangt. Übereinstimmung im Oberbegriff reicht entgegen der älteren Rspr[55] hierfür nicht aus.[56]

C. Wirkung

23 **I.** Die Wirkung des § 145 besteht darin, dass der Verletzte mittelbar gezwungen wird, sich auf alle Patente zugleich zu stützen. Dies geschieht aber rechtstechnisch nicht durch eine Erweiterung der Wirkung der Rechtshängigkeit oder der Rechtskraft,[57] sondern durch Gewährung einer verzichtbaren, nur auf Rüge zu beachtenden **prozesshindernden Einrede** für die weitere Klage (Folgeklage),[58] allerdings nur, soweit diese auf ein Patent oder Schutzzertifikat gestützt ist.[59] Die Einrede betrifft nicht nur die später erhobene Klage, sondern auch weitere, zeitgleich erhobene.[60] Auf die Zulässigkeit der Ausgangsklage hat die Bestimmung keinen Einfluss. Klageänderungen und –erweiterungen der Folgeklage werden von § 145 nicht erfasst (vgl Rn 111 vor § 143).[61]

24 Die Einrede kann vom Beklagten und von seinem Streithelfer erhoben werden; ihre Geltendmachung unterliegt dem Anwaltszwang.[62] Sie muss vor Beginn der mündlichen Verhandlung erhoben werden (§ 282 Abs 2 ZPO); bei **Verspätung** erfolgt Zurückweisung.[63] Prozessverbindung (§ 147 ZPO) der verschiedenen anhängigen Klagen entzieht der Einrede die Grundlage.[64] Die Erhebung der Einrede führt sonst zur Klageabweisung durch Prozessurteil.[65]

25 Der Klageausschluss setzt voraus, dass der Kläger ohne sein Verschulden nicht in der Lage war, das weitere Patent im früheren Rechtsstreit (zu dem auch die Berufungsinstanz gehört)[66] geltend zu machen. Gegenüber der prozesshindernden Einrede kann der Kläger die Gegeneinrede **mangelnden Verschuldens** führen.[67] Für Verschulden genügt leichte Fahrlässigkeit.[68] Verschulden ist untechnisch iS einer Obliegenheitsverletzung zu verstehen.[69] Die Nichtgeltendmachung eines Patents, gegen das ein Einspruchs- oder Nichtigkeitsverfahren anhängig ist, kann im Einzelfall schuldlos sein; dies setzt sorgfältige Abwägung unter Berücksichtigung der Umstände voraus, unter denen eine Abmahnung rechtswidrig sein kann. Die Durchführung des Einspruchsverfahrens schließt aber nicht generell Verschulden aus.[70] Verschulden ist grds nicht gegeben, wenn das weitere Patent erst während des Rechtsstreits nach Abschluss der Tatsacheninstanzen erteilt wird (vgl Rn 21). Wann der Kläger ein neues Patent entstehen lässt, liegt allerdings weitgehend in seinem Belieben.[71]

---

52 BGH Raffvorhang.

53 *Stjerna* GRUR 2007, 194, 196.

54 *Benkard* Rn 6: Überdeckung im wesentlichen; vgl *Schulte* Rn 16.

55 BGH GRUR 1957, 208 Grubenstempel.

56 BGH Raffvorhang.

57 Vgl *Kraßer* S 889 (§ 36 VI 2), *Benkard* Rn 2; *Stjerna* GRUR 2007, 194 f.

58 BGH GRUR 1967, 84, 87 Christbaumbehang II; *Kraßer* S 889 (§ 36 VI 2); *Schulte* Rn 23; *Fitzner/Lutz/Bodewig* Rn 21; *Mes* Rn 1; *Stjerna* GRUR 2007, 194 f.

59 *Fitzner/Lutz/Bodewig* Rn 20.

60 *Benkard* Rn 3; *Fitzner/Lutz/Bodewig* Rn 9; *Stjerna* GRUR 2007, 194, 196; *Stjerna* (2008) S 50.

61 *Fitzner/Lutz/Bodewig* Rn 10; zur Zulässigkeit von Klageänderungen bei Sachverhalten, bei denen die Anwendung von § 145 in Betracht kommt, OLG Düsseldorf InstGE 11, 167, 171.

62 *Fitzner/Lutz/Bodewig* Rn 21.

63 *Kraßer* S 889 (§ 36 VI 2).

64 *Fitzner/Lutz/Bodewig* Rn 22; aA *Stjerna* (2008) S 52, der die Möglichkeit der Verbindung verneint.

65 Vgl *Fitzner/Lutz/Bodewig* Rn 23.

66 OLG Düsseldorf GRUR 2007, 223 und hierzu *Jüngst/Stjerna* Mitt 2006, 393 sowie *Stjerna* GRUR 2007, 194, 197.

67 Vgl *Schulte* Rn 22; *Hesse* GRUR 1972, 675, 682; *Stjerna* GRUR 2008, 194, 196.

68 BGH GRUR 1957, 208, 211 Grubenstempel; BGH GRUR 1989, 187 Kreiselegge II; *Fitzner/Lutz/Bodewig* Rn 17; *Kühnen* Hdb Rn 1523.

69 *Stjerna* GRUR 2007, 194, 197.

70 *Benkard* Rn 7; *Fitzner/Lutz/Bodewig* Rn 17; *Stjerna* (2008) S 122 ff; aA *U. Krieger* GRUR 1985, 694 Fn 7; vgl *Kühnen* Hdb Rn 1523; *Schulte* Rn 20; unentschieden *Mes* Rn 9.

71 Vgl OLG Düsseldorf 3.9.2009 2 U 48/07; *Kühnen* Hdb Rn 1540 Fn 1960.

II. Einer Einführung eines weiteren Klagepatents im Weg der **Klageänderung** (vielfach als Klageer- **26** weiterung bezeichnet, vgl Rn 111 vor § 143) steht die Bestimmung nicht entgegen. Im Gegenteil kann Klageerweiterung im Hinblick auf § 145 der einzige Weg sein, Ansprüche aus einem weiteren Patent noch zur Geltung zu bringen.[72] Jedenfalls dann, wenn die Nichteinführung nicht schuldhaft war, wird die Klageerweiterung zur Gewährleistung effektiven Rechtsschutzes auch unter dem geltenden Berufungsrecht noch in der Berufungsinstanz statthaft sein müssen.[73] Sachdienlichkeit ist zu bejahen, wenn der Patentinhaber ernsthaft damit rechnen muss, dass ihm im Fall einer separaten Klageerhebung aus dem weiteren Schutzrecht mit gewichtigen Argumenten § 145 entgegen gehalten werden kann;[74] sie ist aber zu verneinen, wenn § 145 ersichtlich nicht einschlägig ist.[75] Erklärt der Gegner, die Einrede aus § 145 nicht zu erheben, macht dies die bereits erfolgte Klageerweiterung nicht unzulässig.[76] Ein schutzwürdiges Interesse, zunächst eine Erledigung des ersten Streitverfahrens zu erreichen und danach in einem zweiten Rechtsstreit einen weiteren Unterlassungsanspruch geltend zu machen, ist nach dem Regelungszweck des § 145 nicht anzuerkennen.[77]

D. Die **Beweislast** für das Vorliegen der Voraussetzungen der Einrede liegt beim Beklagten, für das **27** fehlende Verschulden beim Kläger.[78]

E. Europäisches Patent mit einheitlicher Wirkung. Eine Behandlung der Klage aus dem dt Patent **28** als unzulässig auf rechtzeitige Rüge sieht der RefE des Art II § 18 IntPatÜG vor, wenn ein europäisches Patent oder ein europäisches Patent mit einheitlicher Wirkung mit derselben Priorität erteilt worden ist und dieses Gegenstand eines rechtshängigen oder rechtskräftig abgeschlossenen Verfahrens vor dem Einheitlichen Patentgericht oder nach Klageerhebung vor dem dt Gericht zum Gegenstand eines solchen Verfahrens wird, sofern Klage wegen derselben oder einer gleichartigen Handlung zwischen denselben Parteien erhoben wird.

F. Prozesstrennung

Das Prozessgericht trennt die in einer Klage zusammengefassten Ansprüche jedenfalls nach Düssel- **29** dorfer Praxis regelmäßig nach § 145 ZPO in mehrere selbstständige Verfahren auf (vgl Rn 102 vor § 143).[79] Dies wird als zulässig angesehen, um einer übermäßigen Menge an Prozessstoff zu begegnen.[80]

---

72 *Benkard* Rn 2; *Fitzner/Lutz/Bodewig* Rn 18; vgl *Mes* Rn 10 ff; OLG Düsseldorf GRUR 2007, 223; OLG Düsseldorf InstGE 10, 248; OLG Düsseldorf 3.9.2009 2 U 48/07 CIPR 2010, 25 Ls; LG Düsseldorf InstGE 9, 108.
73 Vgl *Kühnen* Hdb Rn 1552 ff; *Schulte* Rn 19 f; *Osterrieth* Mitt 2002, 521, 525; *Haedicke/Kamlah* FS P. Mes (2009), 153; OLG Düsseldorf InstGE 11, 167, differenzierend OLG Düsseldorf InstGE 10, 248; vgl auch OLG Düsseldorf InstGE 6, 47; OLG München InstGE 6, 57.
74 OLG Düsseldorf 3.9.2009 2 U 48/07 CIPR 2010, 25 Ls; LG Düsseldorf 3.5.2007 4a O 473/05 CIPR 2010, 25 Ls.
75 OLG Düsseldorf GRUR-RR 2013, 1; vgl OLG Düsseldorf 27.10.2011 2 U 84/10 Mitt 2012, 180 Ls.
76 OLG Düsseldorf GRUR 2007, 223.
77 LG München I 13.10.1994 7 O 400/94.
78 *Fitzner/Lutz/Bodewig* Rn 19; *Schulte* Rn 22.
79 Zust *Stjerna* (2008) S 189; kr, jedoch zust für den Fall, dass mit der ernsthaften Möglichkeit eines Teilurteils zu rechnen ist, *Nieder* GRUR 2010, 402, 404 f.
80 *Benkard* Rn 3; *Fitzner/Lutz/Bodewig* Rn 24; *Mes* Rn 14; *Stjerna* (2008) S 192 mwN; *Schramm* PVP Kap 9 Rn 242 ff.

ELFTER ABSCHNITT
Patentberühmung

§ 146
(Auskunftsanspruch)

Wer Gegenstände oder ihre Verpackung mit einer Bezeichnung versieht, die geeignet ist, den Eindruck zu erwecken, daß die Gegenstände durch ein Patent oder eine Patentanmeldung nach diesem Gesetz geschützt seien, oder wer in öffentlichen Anzeigen, auf Aushängeschildern, auf Empfehlungskarten oder in ähnlichen Kundgebungen eine Bezeichnung solcher Art verwendet, ist verpflichtet, jedem, der ein berechtigtes Interesse an der Kenntnis der Rechtslage hat, auf Verlangen Auskunft darüber zu geben, auf welches Patent oder auf welche Patentanmeldung sich die Verwendung der Bezeichnung stützt.

MarkenG: vgl § 8 Abs 2 Nr 4 (Schutzhindernis); **DesignG:** § 59

Ausland: Dänemark: §§ 56, 62 (Strafnorm) PatG 1996; **Italien:** Art 127 Abs 2 (Strafnorm) CPI; **Österreich:** § 165 öPatG; **Polen:** Art 307 (Strafnorm) RgE 2000; **Schweden:** §§ 56 Abs 2, 62 (Bußvorschrift), 63 (Feststellungsklage), 64 (Mitteilungspflichten); 65–70 (Zuständigkeit; Verfahren) PatG; **Schweiz:** Art 12, 82 (Strafnorm) PatG; **Spanien:** Art 46 (Pflicht zu Angaben); **Türkei:** Art 69 (Verpflichtung zu Angaben) VO 551; **VK:** vgl Sec 110, 111 Patents Act

Schrifttum: *Barth/Wolhändler* Werbung mit Patentschutz: erfreulicher Ansatz des OLG München zum Schließen einer Regelungslücke, Mitt 2006, 16; *Beil* Der Hinweis auf Patentanmeldungen in der Werbung, CIT 1960, 703; *Biberfeld* Das Vergehen der Patentanmaßung nach § 40 des Patentgesetzes im Verhältnisse zu § 4 des Gesetzes vom 27. Mai 1896 zur Bekämpfung des unlauteren Wettbewerbs, GRUR 1896, 276; *Bogler* Werbung mit Hinweisen auf zukünftigen oder bestehenden Patentschutz, DB 1992, 413; *Bornkamm* Die Werbung mit der Patentanmeldung, GRUR 2009, 227; *Bruchhausen* Der Meinungsaustausch über Patentverletzungen, Mitt 1969, 286; *Bulling* Patentausschlussrechte in der Werbung: eine Untersuchung am Beispiel Deutschlands und der USA, 2002, zugl Diss Berlin, Humboldt-Universität 2001; *Bulling* Werbung mit unveröffentlichten Patentanmeldungen, Mitt 2008, 60; *Deichfuß* Die Antwortpflicht des Abgemahnten und § 146 PatG, FS J. Bornkamm (2014), 1025; *Dietze* Werben mit Patentanmeldungen, GRUR 1956, 492; *Ebert-Weidenfeller/Schmüser* Werbung mit Rechten des geistigen Eigentums – „ges. gesch.", „Pat.", ®, TM, ©&Co., GRURPrax 2011, 74; *Ephraim* Der § 40 des deutschen Patentgesetzes und der unlautere Wettbewerb, MuW 4, 27; *Faust* Patentberühr[m]ung, GRUR 1950, 60; *Faust* Patentberühmung, GRUR 1951, 139; *Faust* Patentberühmung § 55 PatG, GRUR 1954, 289; *Faust* (Anm) Mitt 1954, 67; *Fritze* „DBP angemeldet" nach der Änderung des Patentgesetzes vom 4. September 1967, GRUR 1968, 131; *Geißler* Patent und § 3 UWG, GRUR 1973, 506; *Gloede* Auskunftspflicht bei Patentberühmung, GRUR 1937, 192; *Graf Lambsdorff* Die Werbung mit Schutzrechtshinweisen, in *Amann/Jaspers* Rechtsfragen in Wettbewerb und Werbung, Titel 3.5; *Graf Lambsdorff/Hamm* Zur wettbewerbsrechtlichen Zulässigkeit von Patent-Hinweisen, GRUR 1985, 244; *Graf Lambsdorff/Skora* Die Werbung mit Schutzrechtshinweisen, 1977; *Hermes* Patentberühmung, WRP 1959, 292; *Hubbuch* Schutzberühmung und Auskunftsverpflichtung, Mitt 1958, 106; *Hubbuch* Patentberühmung, Mitt 1959, 47; *Hubbuch* Patentberühmung, WRP 1959, 175; *Hubbuch* Hinweis auf Patentanmeldungen, Mitt 1960, 48; *Hubbuch* Der Bundesgerichtshof zur Patentberühmung und Auskunftsverpflichtung, GRUR 1961, 226; *Hubbuch* Der Schutzhinweis, GRUR 1975, 481 = WRP 1975, 661; *Klug* Die Werbung mit gewerblichen Schutzrechten und Urheberrechten: Eine Bestandsaufnahme, in *Tiefel* (Hrsg) Strategische Aktionsfelder des Patentmanagements (2006), 133; *Kreidel* Der Patentvermerk, 1960; *Moser von Filseck* Deutsche gewerbliche Schutzrechte in der Werbung, BB 1951, 317; *Ottens* Berühmung von technischen gewerblichen Schutzrechten, Mitt 1962, 11; *Pahl* Zur Frage der Auskunftspflicht gem § 22 des Gebrauchsmustergesetzes, Mitt 1938, 131; *Radmann* Ansprüche aufgrund unberechtigter Patentberühmung – ein Fall für die Patentstreitkammer, Mitt 2005, 150; *Rings* Patentmarketing, WRP 2009, 169; *Ritscher/Beutler* Der Schutzvermerk im Immaterialgüterrecht, sic! 1997, 540; *Schack* Die Voraussetzungen des Anspruchs auf Auskunftserteilung nach § 55 PatG, Mitt 1939, 111; *Schliebs* Berühmung aus einem Patent- oder Gebrauchsmusteranmeldung, GRUR 1955, 1; *Schmidhuber* Schadensersatz bei falscher oder unvollständiger Erteilung einer Auskunft, WRP 2008, 296; *Storch* Werben mit Patentanmeldungen, Mitt 1959, 167; *Storch* (Stellungnahme), Mitt 1960, 50; *Sünner* „DRP" und „DBP" – Welche Kurzbezeichnungen sind für aufrechterhaltene alte und für neu erteilte Schutzrechte in Deutschland heute zulässig? GRUR 1951, 188; *Ullmann* Die Berühmung mit einem Patent, FS T. Schilling (2007), 385; *K. von Falck* Fremdsprachige Angaben, wettbewerbsrechtliches Irreführungsverbot und ‚umgekehrte Diskriminierung', FS A.-C. Gaedertz (1992), 141; *von Gravenreuth* Geschichtliche Entwicklung und aktuelle Probleme zum Auskunftsanspruch nach einer Schutzrechtsberühmung, Mitt 1985, 207; *Werner* Werbemäßiger Hinweis auf nicht bekanntgemachte Patentanmeldungen, GRUR 1964, 370; *Zeller* Die Folgen einer Warnung vor Verletzungen und die Auskunftspflicht bei einer Schutzrechtsverletzung, GRUR 1938, 819.

A. Allgemeines

I. Entstehungsgeschichte und Zweck der Vorschrift

1   Die Patentberühmung war im PatG 1877 und im PatG 1891 in § 40 unter Strafe gestellt. Die Regelung ist nicht in das PatG 1936 übernommen worden, weil sie gegenüber den im UWG geregelten Tatbeständen als überflüssig erschien.[1]

2   Dagegen hat das PatG 1936 den **zivilrechtlichen Auskunftsanspruch** als § 55 eingefügt (vgl auch den knapper gefassten § 165 öPatG).

3   Die **Begründung**[2] verweist darauf, dass sich das Bedürfnis herausgestellt habe, „von Personen, die sich eines Patents berühmen, auch Auskunft darüber verlangen zu können, auf welches Patent sich ihre Behauptung stütze. Erfahrungsgemäß wird einem Ersuchen auf solche Auskunft häufig nicht entsprochen. Eine Unterlassungs- oder Feststellungsklage oder eine Strafverfolgung auf Grund der Vorschriften des Wettbewerbsgesetzes in derartigen Fällen einzuleiten, würde umständlich und mit dem Risiko behaftet sein, dass der Gegner dann doch in der Lage ist, sich im Prozess auf ein bestimmtes Schutzrecht zu berufen. Es erschien angemessen, dem, der ein berechtigtes Interesse an der Kenntnis der Rechtslage hat, einen Anspruch auf Auskunftserteilung zu gewähren." Die Bestimmung dient weiter – jedenfalls als Reflex – dazu, den Mitbewerbern die umfassende Aufklärung der Patentschutzlage auf dem betr Markt zu ermöglichen.[3]

II. Anwendungsbereich

4   Die Bestimmung gilt auch für die Berühmung mit einem ergänzenden Schutzzertifikat (§ 16a Abs 2).

5   **Parallele Regelungen.** § 30 GebrMG enthält eine parallele Bestimmung, auf die auch § 11 Abs 2 HalblG verweist. Eine parallele, allerdings knapper gefasste Regelung enthält nunmehr auch § 59 DesignG.[4]

6   Beim **Sortenschutz** dürfte eine Heranziehung im Weg der Rechtsanalogie zu den genannten Bestimmungen geboten sein.

---

1   Vgl BGHZ 13, 210 = GRUR 1954, 391 Prallmühle I; vgl weiter RG GRUR 1939, 541 f Selbstschlußventil; eine Strafnorm enthält noch Art 82 schweiz PatG, vgl hierzu BG Baden/Aargau SMI 1995, 329.
2   BlPMZ 1936, 115.
3   OLG Frankfurt WRP 1974, 159; LG Düsseldorf GRUR 1967, 525; vgl *Benkard* Rn 3; *Fitzner/Lutz/Bodewig* Rn 2; *Reimer* § 55 Anm 6; kr *Klauer/Möhring* Rn 2.
4   Zur entspr Anwendbarkeit auf Geschmacksmuster (jetzt: Design) vor der Regelung in § 59 GeschmMG (jetzt: DesignG) OLG Düsseldorf GRUR 1976, 34; *Benkard* Rn 2; zur entspr Anwendung im Markenrecht bejahend *Ullmann* FS T. Schilling (2007), 385, 388; *Fitzner/Lutz/Bodewig* Rn 3; verneinend *Klauer/Möhring* Rn 3.

B. Ansprüche wegen Patentberühmung

I. Der **Unterlassungsanspruch** gegen die Patentberühmung hat seine Grundlage im UWG[5] und nicht **7** in § 139. Er muss hinreichend bestimmt sein und das Charakteristische der konkreten Verletzungsform erfassen.[6]

II. Der **Auskunftsanspruch** dient als vorbereitender Anspruch für folgende wettbewerbsrechtliche **8** Unterlassungs- und Schadensersatzansprüche dazu, die Grundlage für eine Klage aus dem UWG zu schaffen.[7] Er ermöglicht die Überprüfung der Schutzrechtslage und erleichtert die Prozessführung gegen den Berühmer.[8]

Voraussetzung für den Auskunftsanspruch ist ein Hinweis auf gesetzlichen Schutz in bestimmter **9** Weise. Diese wird als „Patentvermerk" oder **Patentberühmung** bezeichnet (Rn 19 ff). Patentberühmung hat zugleich warnende und werbende Funktion.[9] Ihre Zulässigkeit ist in erster Linie nach Wettbewerbs- und Deliktsrecht zu beurteilen. Zu den **wettbewerbsrechtlichen Ansprüchen** selbst Rn 5 ff zu § 141a; zur **Verwarnung** aus Schutzrechten und den Rechtsfolgen unzulässiger Verwarnungen Rn 268 ff zu § 139; zur **Werbung mit Patentschutz** Rn 14 ff.

Auch die bloße **unberechtigte Patent- oder Gebrauchsmusterberühmung** kann gegen wettbe- **10** werbsrechtl Normen (§§ 3, 5 Abs 1 Nr 3 UWG) verstoßen, wenn über das Bestehen von Patent- oder GbmSchutz getäuscht wird und dadurch Interessenten irregeführt werden.[10] Die markenrechtl Rspr des EuGH zur Verwendung von Schutzhinweisen, wenn Schutz nicht im Importland besteht,[11] dürfte angesichts der Unterschiede zwischen Marken- und Patentschutz auf das Patentrecht nicht ohne weiteres übertragbar sein.[12]

III. Kollisionsrecht

Eine im Ausland begangene oder drohende Patentberühmung mit dt Schutzrechten beurteilt sich je- **11** denfalls dann nach dt Wettbewerbsrecht und nicht nach dem grds anwendbaren Recht des Begehungsorts, wenn beide Wettbewerber Inländer sind.[13] Das wird aber darüber hinaus auch dann gelten müssen, wenn sich die Berühmung (auch) an inländ Verkehrskreise richtet.[14]

IV. Unübertragbarkeit. Die Bestimmung gewährt Dritten gegenüber dem, der sich auf Schutz aus **12** dem PatG beruft, einen Anspruch auf Auskunft. Dieser Anspruch ist grds nicht selbstständig übertragbar und nicht vererblich.[15] Auf Seiten des Verpflichteten kommt Rechtsnachfolge dagegen in Betracht.[16]

V. Die Bestimmung begründet ein **gesetzliches Schuldverhältnis** zwischen dem, der sich des Pa- **13** tentschutzes berühmt und jedem, der ein berechtigtes Interesse an der Auskunft hat.[17] Unrichtige Auskünfte können gegenüber Schadensersatzansprüchen nach § 139 den Mitverschuldenseinwand begründen (Rn 231 zu § 139). Anmeldung und Innehabung von – auch schutzunfähigen – Schutzrechten begründen für sich allein keinen rechtswidrigen Störzustand; Löschungs- oder Verzichtsaufforderung lösen deshalb keine Kostenerstattungsansprüche aus.[18]

---

5 Vgl *Ullmann* FS T. Schilling (2007), 385, 388.
6 Vgl OLG Hamburg InstGE 6, 126.
7 BGHZ 13, 210 = GRUR 1954, 391 Prallmühle I; LG Düsseldorf GRUR-RR 2002, 185 f = InstGE 1, 268 = GRUR-RR 2002, 185; LG Düsseldorf 8.3.2004 4a O 104/01 Mitt 2005, 24 Ls.
8 LG Düsseldorf GRUR-RR 2002, 185, 186 = InstGE 1, 268 = GRUR-RR 2002, 185.
9 *Mes* Rn 1 mwN.
10 Vgl OLG Düsseldorf NJW-RR 1993, 173.
11 EuGH Slg 1990 I 4827 = GRUR Int 1991, 215 Pall Corp./Dahlhausen.
12 Vgl *Ritscher/Beutler* sic! 1997, 540, 548; vgl aber öOGH ÖBl 1999, 186, 190 Pat and Pat pend, wo schon bei Erforderlichkeit der Umgestaltung der Ware Maßnahme gleicher Wirkung angenommen wird.
13 OLG Düsseldorf NJW-RR 1993, 171.
14 *Fitzner/Lutz/Bodewig* Rn 10; vgl *Ullmann* FS T. Schilling (2007) 385, 387; BGH GRUR 2005, 431 Hotel Maritime.
15 *Fitzner/Lutz/Bodewig* Rn 13.
16 *Fitzner/Lutz/Bodewig* Rn 15.
17 Vgl *Benkard* Rn 8; LG Düsseldorf GRUR-RR 2002, 185 f; LG Düsseldorf 8.3.2004 4a O 104/01 Mitt 2005, 24 Ls.
18 LG Düsseldorf 8.7.1999 4 O 422/98 Entsch 1999, 72 f.

14   **C. Die Werbung mit Schutzrechten** ist grds zulässig und verstößt nicht ohne Weiteres gegen wettbewerbsrechtl Bestimmungen.[19] Das gilt auch für offengelegte (veröffentlichte) Patentanmeldungen.[20] Auf die Veröffentlichung der Patenterteilung kommt es für die Zulässigkeit nicht an.[21] Die Zulässigkeit bedarf keiner Begründung über das Benutzungsrecht (Rn 11 ff zu § 9). Dass eine an sich beschreibende Angabe aufgrund von Patentschutz überwiegend in Bezug auf einen Hersteller gebraucht wird, verleiht ihr keinen herkunftskennzeichnenden Charakter.[22] Zum Ausstellen der Erfindung Rn 7 zu § 11. Dass das als geschützt bezeichnete Erzeugnis oder Verfahren vom Schutz des Patents (mit) umfasst wird, reicht aus.[23] Schranke ist die ernsthafte Gefahr einer Irreführung beachtlicher Verkehrskreise.[24] § 3 UWG aF setzte voraus, dass der Eindruck eines besonders günstigen Angebots erweckt wird.[25] Nach § 5 Abs 1 Satz 1, 2, Satz 2 Nr 3 UWG handelt unlauter, wer eine irreführende geschäftliche Handlung vornimmt, die geeignet ist, den Verbraucher oder sonstigen Marktteilnehmer zu einer geschäftlichen Entscheidung zu veranlassen, die er andernfalls nicht getroffen hätte, so wenn sie unwahre oder sonstige zur Täuschung geeignete Angaben über Rechte des Unternehmers einschließlich der Rechte des geistigen Eigentums enthält. Die Täuschung kann sich auf Bestand und Qualität des Schutzes, seine territoriale Reichweite, den Umfang und den Inhaber des Schutzes beziehen.[26] Werbung mit bestehendem Patentschutz ist bei einem erloschenen Patent auch dann unlauter, wenn das Patent durch Wiedereinsetzung wieder auflebt; war die Versäumung der Frist zur Zahlung der Jahresgebühr dem Organ des Werbenden bekannt, ist auch Verschulden zu bejahen.[27] Ungenauigkeiten in der Abbildung des geschützten Gegenstands begründen nicht schon für sich diesen Eindruck.[28] Mit rein formal bestehendem Schutz darf nicht geworben werden (Rn 3 zu § 30 GebrMG). Zu unzulässigen Angaben bei Gbm- und Zeichenschutz Rn 3 zu § 30 GebrMG, bei GbmAnmeldungen Rn 4 zu § 30 GebrMG. Besteht kein inländ Patentschutz, ist die Werbung mit solchem – nicht aber bei klarem Hinweis darauf, dass mit ausländ Schutz geworben wird, wofür die Verwendung einer Fremdsprache im Einzelfall ausreichen kann[29] – wettbewerbsrechtl irreführend;[30] jedoch kann bei notwendiger Umgestaltung der Ware eine Maßnahme gleicher Wirkung iSd Art 34 AEUV vorliegen[31] (zur Verwendung von in anderen EU-Mitgliedstaaten zulässigen Angaben Rn 10).

15   **Einzelfälle.** Beim Rückgriff auf die ältere Rspr ist Vorsicht geboten. Auf ein für die Bundesrepublik Deutschland erteiltes eur Patent darf mit „DBP" hingewiesen werden.[32] „DPa" ist unzulässig bei ungeprüfter Patentanmeldung.[33] „DP und DGM angem." ist bei einem noch nicht erteilten Patent irreführend, weil die Gefahr besteht, dass nicht unerhebliche Verkehrskreise den Hinweis auf eine „Anmeldung" nur auf das Gebrauchsmuster beziehen; „DP angem." ist irreführend, wenn vor Patentanmeldung werbemäßig verwendet.[34] „B.P.a." oder „DBP.a." wurde auch nach Bekanntmachung als irreführend angesehen, sofern sich die Werbung an patentrechtl unerfahrene Kreise richtete.[35] Die Werbung mit dem Hinweis „Pat. Pend." oder mit „patent protected", „weltweit patentiert" oder „patent developed" kann irreführend sein, solange kein Patent erteilt ist,[36] eine Aufschrift „Patent pending" ist irreführend, wenn Patentschutz allen-

19 Fitzner/Lutz/Bodewig Rn 23; eingehend Bulling Patentausschlussrechte in der Werbung, 2002.
20 BGH GRUR 1975, 315 f Metacolor; Fitzner/Lutz/Bodewig Rn 23.
21 Fitzner/Lutz/Bodewig Rn 26; Ullmann FS T. Schilling (2007), 385, 392; Barth/Wolhändler Mitt 2006, 16 ff.
22 BPatGE 37, 44.
23 BGH GRUR 1985, 520 Konterhaubenschrumpfsystem; dass entgegen der Werbung Schutz nicht durch vier, sondern nur durch drei Patente bestand, wurde als unerheblich angesehen, öOGH 25.11.1997 4 Ob 350/97t.
24 Vgl öOGH 11.3.1997 4 Ob 58/97a.
25 Vgl BGH GRUR 1956, 276 DRP angemeldet.
26 Vgl Fitzner/Lutz/Bodewig Rn 25; zur Täuschung über den Inhaber BGH GRUR 2009, 888 Thermoroll, Markensache.
27 OLG Düsseldorf GRUR-RR 2014, 1.
28 RGZ 112, 305, 310 = BlPMZ 1926, 133 Patentprofildraht.
29 Fitzner/Lutz/Bodewig Rn 27.
30 LG Düsseldorf 16.1.1997 4 O 36/96 Entsch 1997, 11 ff; vgl BGH GRUR 1984, 741 patented; OLG Stuttgart NJW 1990, 397; Mes Rn 16.
31 ÖOGH ÖBl 1999, 186 = GRUR Int 1999, 796 Pat and Pat pend.
32 LG Düsseldorf 13.3.1997 4 O 247/96 Entsch 1997, 68.
33 BGH GRUR 1961, 241 Socsil.
34 BGH GRUR 1964, 144 Sintex.
35 BGH GRUR 1966, 92 Bleistiftabsätze.
36 LG Düsseldorf Mitt 1996, 355, 357; LG Düsseldorf 31.7.2008 4b O 210/07 Schulte-Kartei PatG 146 Nr 26; vgl OLG Düsseldorf Mitt 1991, 93.

falls im Herstellungsland, nicht aber im Inland beantragt ist.[37] Bei in anderen EU-Mitgliedstaaten zulässigen Angaben (zB „European patent pending") ist die rechtl Erheblichkeit der Irreführungseignung auch an Art 34 AEUV zu messen.[38] Werbung mit „europaweitem Patentschutz" ist jedenfalls dann als irreführend bezeichnet worden, wenn Schutz nicht für alle Mitgliedstaaten des EPÜ besteht.[39] Hinweis auf „ausländische Patente" ist bei Patentschutz in nur zwei Staaten als irreführend angesehen worden.[40]

Der werbemäßige Hinweis auf eine **offengelegte Patentanmeldung** ist grds zulässig, wenn er in **16** sachlicher Form erfolgt, der Gegenstand der offengelegten Anmeldung benutzt wird und keine offensichtliche Schutzunfähigkeit vorliegt.[41]

Ob Angaben wie „1 DRP" oder „2 DRP" von den beteiligten Verkehrskreisen als Hinweise auf einen **17** patentrechtl **Schutz des ganzen Gegenstands** oder darauf gewertet werden, dass nur ein Teil oder mehrere Teile des Gegenstands geschützt sind, ist Frage des Einzelfalls.[42] Ist nur ein Teil der Vorrichtung geschützt, kann Wettbewerbsrecht verletzt sein, wenn sich das Patent auf eine unerhebliche Verbesserung bezieht,[43] nicht dagegen, wenn der patentierte Teil der Gesamtvorrichtung das maßgebliche Gepräge gibt und ihren Verkehrswert maßgeblich bestimmt.[44] Wenn der Verkehr die Hinweise in dem Sinn wertet, dass nur Teile patentiert sind, ist es – anders als in den Fällen, in denen der ganze Gegenstand als patentiert bezeichnet oder ein Hinweis so aufgefasst wird[45] – nicht erforderlich, dass der patentierte Teil dem Hauptgegenstand ein „eigentümliches Gepräge" verleiht. Der wettbewerbsrechtl Wahrheitspflicht ist genügt, wenn es sich um Patente handelt, die die Brauchbarkeit wesentlicher Teile iSd Zweckbestimmung des Gegenstands in nicht unwesentlichem Umfang erhöhen. Auf die Patentfähigkeit der Erfindung und das Ausmaß des technischen Fortschritts gegenüber dem StdT kommt es dabei nicht an.[46] Der werbemäßige Hinweis auf eine „patentierte Technik" ist wettbewerbswidrig, wenn er von einem nicht unerheblichen Teil des angesprochenen Verkehrskreises nach der Gesamtgestaltung der Werbung auf einen besonders hervorgehobenen Teil bezogen werden kann, der selbst keinen Patentschutz genießt; auf bestehenden Schutz darf mit einer schlagwortartigen Kennzeichnung dessen, worauf sich die Erfindung bezieht, hingewiesen werden, ohne dass der geschützte Gegenstand im einzelnen umschrieben werden müsste.[47] Wer im geschäftlichen Verkehr mit Wirkungsaussagen wirbt, die wissenschaftlich ungesichert sind, hat darzulegen und zu beweisen, dass seine Angaben zutreffend und richtig sind; das gilt auch, wenn Patentschutz besteht.[48]

Die unlautere Werbung mit Schutzrechten löst nach § 8 Abs 1 UWG **Beseitigungs- uns Unterlas-** **18** **sungsansprüche**[49] und bei schuldhaftem Verhalten **Schadensersatzansprüche** nach § 9 UWG aus. Die strafrechtl Folgen ergeben sich aus § 16 Abs 1 UWG.

---

37 OLG Hamburg 18.12.1997 3 U 5/96 GRUR 1999, 373 Ls; zur Irreführung durch die Angabe „patented" BGH GRUR 1984, 741 patented.
38 Vgl *von Falck* FS A.-C. Gaedertz (1992), 141; vgl aber LG Düsseldorf Mitt 1991, 93; OLG Düsseldorf Mitt 1992, 150 f; *Fitzner/Lutz/Bodewig* Rn 26 f.
39 LG Düsseldorf 18.9.1997 4 O 109/97 Entsch 1997, 118; öOGH 12.9.2001 4 Ob 183/01t: Jedenfalls die wesentlichen eur Industriestaaten; zu „international patentiert" OLG Stuttgart NJW 1990, 3097.
40 OLG Düsseldorf Mitt 1992, 150 f; vgl OLG Karlsruhe WRP 1983, 118.
41 Vgl BGH GRUR 1975, 315 Metacolor; OLG Karlsruhe WRP 1974, 215; OLG Hamburg Mitt 1975, 114; *Schulte* Rn 22; *Bornkamm* GRUR 2009, 227, 229; offen gelassen in BGH 10.3.1977 X ZR 3/74.
42 BGH GRUR 1957, 372 2 DRP; zur irreführenden Werbung durch Erwecken eines unrichtigen Eindrucks über den Umfang des Patentschutzes und zum Umfang des Unterlassungsanspruchs auch RG GRUR 1941, 275 ff Betonbohrpfähle; vgl auch *Fitzner/Lutz/Bodewig* Rn 28.
43 RGZ 108, 129, 131 = GRUR 1924, 160 Patentkonservengläser.
44 OLG Frankfurt WRP 1974, 159; OLG Karlsruhe GRUR 1980, 118; *Mes* Rn 23.
45 RG GRUR 1934, 192 f Saneuron; vgl *Fitzner/Lutz/Bodewig* Rn 28.
46 BGH 2 DRP.
47 LG Düsseldorf 13.3.1997 4 O 247/96 Entsch 1997, 68.
48 LG Kempten Magazindienst 2008, 1347.
49 Vgl zur Wiederholungsgefahr LG Düsseldorf InstGE 9, 164, 166.

D. Voraussetzungen und Inhalt des Auskunftsanspruchs

I. Patentberühmung

19   **1. Hinweis auf Schutz nach dem Patentgesetz.** Anspruchsvoraussetzung ist eine Patentberühmung, dh eine Angabe („Patentvermerk"), die auf Schutz nach dem PatG hinweist. Der Schutz kann durch die Patenterteilung, aber auch schon durch die Offenlegung (Veröffentlichung der eur Patentanmeldung) erfolgen (zur Rechtslage vor Offenlegung Rn 21). Durch „dieses Gesetz" geschützt sind auch eur Patente; auf den vorläufigen Schutz eur Patentanmeldungen (Art II § 1 IntPatÜG) ist die Bestimmung entspr anzuwenden. Erfasst waren auch erstreckte DDR-Patente. Gleichfalls erfasst sind ergänzende Schutzzertifikate. Dagegen fällt der Hinweis auf ausländ Patente oder auf andersartige Schutzrechte nicht unter die Bestimmung.[50]

20   **2.** Auch nach nicht bestandskräftigem oder rechtskräftigem **Widerruf** oder nach nicht rechtskräftiger **Nichtigerklärung** des Patents darf noch bis zum Eintritt der Rechtskraft auf den Schutz hingewiesen werden, jedoch ist im Patentvermerk auf den erfolgten Widerruf oder die erfolgte Nichtigerklärung hinzuweisen.[51] Der Hinweis nach Erlöschen des Patents ist jedoch grds rechtswidrig;[52] das gilt jedenfalls dann, wenn das Patent wegen fehlender Schutzfähigkeit unanfechtbar für nichtig erklärt worden ist; bei vorzeitigem Erlöschen, insb wegen Nichtzahlung der Jahresgebühren, wird es auf den Inhalt der Berühmung ankommen.[53] Bei Wiedereinsetzung nach Erlöschen des Patents bleibt die Berühmung bis zur Bewilligung der Wiedereinsetzung trotz § 123 Abs 5 rechtswidrig.[54]

21   **3.** Die Berühmung mit einer noch **nicht offengelegten Patentanmeldung** begründet entg der älteren Rspr,[55] die nur einen quasideliktischen Anspruch aus §§ 3, 5, 8 UWG, § 823 BGB und § 1004 BGB annimmt,[56] grds einen Auskunftsanspruch zumindest in entspr Anwendung der Bestimmung.[57] § 146 stellt zwar ausdrücklich auf den Schutz durch das Gesetz ab, der bei nicht offengelegten Anmeldungen fehlt. Dies hindert es aber nicht, in einem Schutzrechtshinweis die Berühmung mit einem solchen Schutz zu sehen.[58] Zum Umfang der Auskunftspflicht in einem solchen Fall Rn 30.

22   **4.** Die Bestimmung nennt zwei **Tatbestände der Patentberühmung**, nämlich Versehen von Gegenständen oder ihrer Verpackung (zB Flaschen, Fässern, Tuben, Büchsen, Schachteln, Tüten) mit einer Bezeichnung, die (objektiv) geeignet ist, den Eindruck zu erwecken, dass die Gegenstände durch ein Patent oder eine Patentanmeldung nach dem PatG geschützt sind, und Verwendung einer solchen Bezeichnung in öffentlichen Anzeigen, auf Aushängeschildern, auf Empfehlungskarten oder in ähnlichen Kundgebungen. Das Versehen kann in jeder Handlung bestehen, durch die die Bezeichnung mit der Ware räumlich in Verbindung gebracht wird, zB Aufdrucken oder Einprägen.

23   **5.** Als **Bezeichnung** kommen zB in Betracht: „DBP", „patentiert", „pat.", „Patent angemeldet", aber auch Bezeichnungen, die die Art des Schutzes nicht erkennen lassen, wie „ges. gesch.", „patentamtlich geschützt", „Anmeldung sämtlicher Schutzrechte".[59]

---

50   Vgl *Schulte* Rn 24; *Bühring* § 30 GebrMG Rn 4.
51   LG Düsseldorf InstGE 8, 1; *Fitzner/Lutz/Bodewig* Rn 26; *Schulte* Rn 18.
52   *Fitzner/Lutz/Bodewig* Rn 26 unter (zwh) Hinweis auf BGH GRUR 1984, 741 patented.
53   AA offenbar *Fitzner/Lutz/Bodewig* Rn 26.
54   LG Düsseldorf InstGE 13, 193; *Mes* Rn 22.
55   BGHZ 13, 210 = GRUR 1954, 391 Prallmühle I; BGH GRUR 1966, 698 Akteneinsicht IV; OLG Düsseldorf BlPMZ 1954, 192; LG München I GRUR 1964, 258.
56   Ebenso *Schulte* Rn 13.
57   *Benkard* Rn 13 f; *Fitzner/Lutz/Bodewig* Rn 7; *Kraßer* S 910 (§ 39 I 6); *Bulling* Mitt 2008, 60, 63; *Graf Lambsdorff/Skora* Rn 366.
58   Vgl auch *Schulte* Rn 17.
59   *Kraßer* S 909 (§ 39 I 2); zur Aussage „Internationaler Patentschutz sichert technischen Fortschritt" OLG Karlsruhe 9.12.1981 6 U 35/81 WRP 1983, 118 Ls.

6. Die öffentlichen Kundgebungen sind nur beispielhaft aufgezählt.[60] Öffentlich bedeutet, dass sie **24** sich an einen größeren, nicht von vornherein bestimmten Personenkreis richten müssen.[61] Ausreichend ist Aufstempeln auf Zeichnungen, die anfragenden Interessenten zugänglich gemacht werden.[62] Nicht ausreichend sind Verwarnung eines einzelnen Benutzers[63] oder Mitteilung an einen geschlossenen Kundenkreis.[64] Auch mündliche Berühmung kommt in Betracht,[65] zB beim Neuheitenvertrieb.

II. Auskunftsberechtigter ist jeder, der ein berechtigtes Interesse an der Kenntnis der Rechtslage hat **25** (weitergehend § 165 öPatG, nach dem der Auskunftsanspruch jedermann zusteht). Das ist immer der Fall, wenn der Interessent Gefahr läuft, in den Schutz einzugreifen. In Betracht kommen auf der Herstellerebene Konkurrenten, aber auch Vertreiber oder Importeure. Gewerbliche Betätigung ist idR Voraussetzung,[66] das Interesse ist darzutun.[67] Verbandsklagebefugnis (§ 8 Abs 3 Nr 2–4 UWG) reicht aus,[68] privates oder wissenschaftliches Interesse genügt regelmäßig nicht.[69] Der Vertreter muss seinen Auftraggeber nennen, sofern er nicht ein eigenes berechtigtes Interesse dartun kann.

III. Auskunftsverpflichteter ist, wer sich des Schutzes nach dem PatG berühmt, also die genannten **26** oder entspr Handlungen vornimmt. Die Grundsätze des § 8 Abs 2 UWG (Handeln von Mitarbeitern und Beauftragten) und der §§ 831, 31 BGB sind entspr anzuwenden.[70] In Betracht kommt in erster Linie der Hersteller, der Händler oder Importeur nur, wenn er die Handlungen selbst vornimmt, nicht schon bei bloßem Vertrieb;[71] der Lizenznehmer ist nach den gleichen Gesichtspunkten auskunftsverpflichtet.[72]

IV. Ausschluss der Auskunftspflicht

Keine Verpflichtung besteht, wenn die geschuldeten Angaben bereits in der Berühmung vollständig **27** enthalten sind.[73]

V. Der Umfang der Auskunftspflicht ist beschränkt; die Bestimmung gibt keinen umfassenden Aus- **28** kunftsanspruch.[74] Zu nennen sind die Schutzrechte, auf die die Patentberühmung gestützt wird.[75] Diese zu bestimmen, dh zu entscheiden, welches von mehreren Schutzrechten genannt wird, ist Sache des Berühmenden (str).[76] Dies ist nicht unbillig, denn der Auskunftsberechtigte, der ein berechtigtes Interesse an der Auskunft hat, ist grds gehalten, die Schutzrechtslage im Inland umfassend zu recherchieren. Bei Berühmung mit mehreren Schutzrechten besteht Aufklärungspflicht über diese.[77]

---

60 *Fitzner/Lutz/Bodewig* Rn 10.
61 OLG Düsseldorf BlPMZ 1954, 192.
62 LG Düsseldorf GRUR 1967, 525; vgl OLG Frankfurt WRP 1974, 159, 161.
63 *Kraßer* S 909 (§ 39 I 3).
64 OLG Karlsruhe GRUR 1984, 106 f: Angebot einer Zusatzeinrichtung des Herstellers an die Benutzer einer Maschine, nicht jedoch an Dritte; *Fitzner/Lutz/Bodewig* Rn 29.
65 *Benkard* Rn 6 mwN; *Fitzner/Lutz/Bodewig* Rn 10.
66 Vgl OLG Frankfurt GRUR 1967, 88.
67 OLG Düsseldorf Mitt 1957, 155.
68 *Kraßer* S 910 (§ 39 I 4); *Fitzner/Lutz/Bodewig* Rn 12; LG Düsseldorf 9.12.2003 4a O 143/03 Magazindienst 2004, 254.
69 Vgl *Fitzner/Lutz/Bodewig* Rn 12.
70 *Fitzner/Lutz/Bodewig* Rn 14.
71 *Mes* Rn 9.
72 OLG Frankfurt WRP 1974, 159; zur Auskunftspflicht bei Handlungen von dritter Seite vgl OLG Frankfurt GRUR 1967, 88.
73 *Mes* Rn 10; *Fitzner/Lutz/Bodewig* Rn 17.
74 Ganz hM; aA LG Düsseldorf GRUR 1967, 325.
75 *Fitzner/Lutz/Bodewig* Rn 16 stellt unter Hinweis auf OLG Frankfurt WRP 1974, 159, 162 auf das Schutzrecht ab, auf das sich der Verpflichtete zur Rechtfertigung des Patentvermerks stützen will.
76 BGHZ 13, 210 = GRUR 1954, 391 Prallmühle I; BGH 10.3.1977 X ZR 3/74; LG München I GRUR 1964, 258; OLG Frankfurt GRUR 1967, 88; *Kraßer* S 910 (§ 39 I 5); *Benkard* Rn 10; *Schulte* Rn 12; *Mes* Rn 12; zwd OLG Frankfurt WRP 1974, 159; aA *Fitzner/Lutz/Bodewig* Rn 19.
77 OLG Karlsruhe GRUR 1984, 106; *Mes* Rn 12.

29   Ist die Auskunft **unvollständig**, kann sie ergänzt werden, dies hat im Wettbewerbsprozess jedoch regelmäßig Kostennachteile zur Folge;[78] jedenfalls in der Form, dass materiellrechtl Schadensersatzansprüche begründet werden.[79] Ist sie **fehlerhaft**, können sich nach § 280 Abs 1 BGB Schadensersatzansprüche ergeben.[80]

30   Zur Erfüllung des Auskunftsanspruchs ist die Angabe der **Patent-**(Anmeldungs-)**Nummer** erforderlich, aber auch ausreichend;[81] bei eur Patenten genügt alternativ die Angabe der Nummer des eur Patents oder die, unter der das Patent beim DPMA geführt wird. Bei noch nicht offengelegten Anmeldungen genügt Auskunft dahin, dass es sich um eine noch nicht offengelegte Anmeldung handelt, diese ist nach Offenlegung aber ohne weiteres Verlangen durch Angabe des Az zu ergänzen. Die in der Lit[82] geforderten Angaben über Datum/Priorität der Anmeldung sind für den Antragsteller nicht erforderlich, da auch ohne sie Klarheit über den (noch) fehlenden Schutz besteht (vgl aber den weitergehenden Anspruch nach § 56 Abs 1 dän PatG 1996). Ein Anspruch auf Überlassung der Unterlagen wird durch die Bestimmung nicht begründet.[83]

31   **VI.** Für **Einwendungen und Einreden des Verpflichteten** ergeben sich grds keine Besonderheiten[84] (zur Verjährung des Anspruchs Rn 29 zu § 141).

E. Durchsetzung

I. Auskunftsverlangen

32   Auskunftspflicht besteht nur auf Verlangen eines Auskunftsberechtigten. Eine besondere Form ist nicht erforderlich.

33   **II.** Die **prozessuale Geltendmachung** des Auskunftsanspruchs ist Patentstreitsache iSd § 143 (Rn 62 zu § 143);[85] ob dies auch für wettbewerbsrechtl begründete Unterlassungsansprüche wegen unberechtigter Patentberühmung gilt, ist str.[86] Der Gerichtsstand des § 32 ZPO ist jedoch nicht eröffnet.[87]

34   **III. Zwangsvollstreckung** erfolgt nach § 888 ZPO; Abgabe einer eidesstattlichen Versicherung nach (§ 260 Abs 2 BGB) scheidet aus.[88]

35   **IV.** Zum Anspruch auf **Akteneinsicht** Rn 34 ff zu § 31.

---

78   Vgl BGH Prallmühle I; LG Düsseldorf GRUR-RR 2002, 185 f = InstGE 1, 268 = GRUR-RR 2002, 185; LG Düsseldorf 8.3.2004 4a O 104/01 Mitt 2005, 24 Ls.

79   So LG Düsseldorf GRUR-RR 2002, 185 f = InstGE 1, 268 = GRUR-RR 2002, 185 unter Verneinung unmittelbarer kostenrechtl Folgen.

80   LG Düsseldorf GRUR-RR 2002, 185 f = InstGE 1, 268 = GRUR-RR 2002, 185; *Schulte* Rn 14.

81   *Fitzner/Lutz/Bodewig* Rn 17.

82   *Benkard* Rn 15; *Fitzner/Lutz/Bodewig* Rn 18; vgl *Bulling* Mitt 2008, 60, 63.

83   BGHZ 13, 210 = GRUR 1954, 391 Prallmühle I; *Bühring* § 30 GebrMG Rn 8.

84   Vgl *Fitzner/Lutz/Bodewig* Rn 20 sowie zur Verwirkung RG GRUR 1941, 275, 278 Betonbohrpfähle.

85   OLG Düsseldorf InstGE 13, 240 = GRUR-RR 2012, 305; *Fitzner/Lutz/Bodewig* Rn 21.

86   Bejahend BGH GRUR 2009, 888 Thermoroll (zur Markenberühmung), OLG Düsseldorf JurBüro 1986, 1904; OLG Düsseldorf InstGE 13, 240 = GRUR-RR 2012, 305; *Benkard* § 143 Rn 4; *Fitzner/Lutz/Bodewig* Rn 31; *Mes* § 143 Rn 4; differenzierend jetzt *Benkard* Rn 38; verneinend *Radmann* Mitt 2005, 150, 152.

87   *Fitzner/Lutz/Bodewig* Rn 21.

88   *Fitzner/Lutz/Bodewig* Rn 22.

ZWÖLFTER ABSCHNITT
Übergangsvorschriften

Vor § 147

Übersicht

A. Übergangsrecht; Grundsatz

Gesetze haben idR keine rückwirkende Kraft und bezwecken insb nicht, in bestehende Rechte einzugreifen.[1] Deshalb werden abgeschlossene prozessuale Sachverhalte nicht von einem neuen Gesetz erfasst.[2] Jedoch sind Regelungen mit unechter Rückwirkung grds zulässig.[3] Für die Frage, welches Recht auf die Beurteilung der Patentfähigkeit einer Erfindung Anwendung findet, ist zunächst die im Gesetz getroffene Regelung maßgeblich. Ist eine Übergangsregelung nicht erfolgt, können die Gerichte die Regelung finden und anwenden, die sich aus der Natur der Sache und nach allg Gerechtigkeitserwägungen als richtig erweist.[4] Änderungen des Verfahrensrechts finden grds auch auf bereits anhängige Verfahren Anwendung[5] (zu Änderungen des Gebührentarifs §§ 13, 14 PatKostG). **1**

B. Übergangsbestimmungen 1936

Die in der *5. Aufl* abgedruckten, ursprünglich den 7. Abschn des Gesetzes bildenden Bestimmungen der §§ 56–60 PatG 1936 sind in den Neubek des PatG seit 1953 nicht mehr enthalten. Eine ausdrückliche Aufhebung ist zunächst ebenso wenig wie eine Anpassung an die neue Paragraphenzählung erfolgt.[6] Auch den Vorschriften über die Rechtsbereinigung (Gesetz über die Sammlung des Bundesrechts vom 10.7.1958,[7] insb § 2 Abs 2 Nr 5, Abs 3 Satz 2, § 4 Nr 1; Gesetz über den Abschluss des Sammlung des Bundesrechts vom 28.12.1968)[8] war ein Außerkrafttreten nicht zu entnehmen. Jedoch folgt ihr Außerkrafttreten aus Art 10 Abs 3 des Ersten Gesetzes über die Bereinigung von Bundesrecht im Zuständigkeitsbereich des Bundesministeriums der Justiz vom 19.4.2006.[9] Infolge Ablaufs der betroffenen Schutzrechte waren die Bestimmungen schon zuvor nicht mehr von Bedeutung. **2**

---

1 RGZ 80, 375, 376 = BlPMZ 1913, 275 PVÜ.
2 Vgl BGH GRUR 2000, 1040 FRENORM/FRENON, Markensache; BPatGE 35, 180 = GRUR 1996, 133, Markensache; BPatG 8.2.2006 10 W (pat) 704/02, GeschmMSache.
3 BGH FRENORM/FRENON mwN.
4 BGHZ 37, 219 = GRUR 1962, 642 Drahtseilverbindung; einschränkend EPA – Einspruchsabteilung – ABl EPA 2003, 473, 497 f Krebsmaus, wonach Verwaltungs- und Rechtsprechungsorgane es unterlassen sollten, autonom gesonderte Übergangsregeln aufzustellen, es sei denn, die Anwendung der neuen Bestimmungen verstieße eindeutig gegen fundamentale Rechtsprinzipien; zur Frage der Rückwirkung auch BPatGE 49, 164 = GRUR 2006, 580, Geschmacksmustersache.
5 BVerfGE 39, 156, 167 = NJW 1975, 1013, juris-Tz 32; BVerfGE 65, 76, 98, juris-Tz 59; BPatG GRUR 1993, 737 f.
6 Teilweise ist § 18 5. ÜberlG als Aufhebungsvorschrift angesehen worden, so *2. Aufl* S 632.
7 BGBl I 437.
8 BGBl I 1451.
9 BGBl I 866, 867; vgl Begr BTDrs 16/47 S 46 f.

C. Weitere Übergangsregelungen

3 **I. Rechtslage nach dem 7.8.1953** (näher 6. *Aufl*). Die grundlegende Änderung der Beurteilung der Neuheitsschädlichkeit ausgelegter Patentunterlagen und der Unterlagen eingetragener Gebrauchsmuster[10] hat nicht zu Übergangsregelungen des Gesetzgebers geführt. Jedoch hat die Rspr des BGH[11] die Folgen dieser Änderung der Amtspraxis dadurch abgemildert, dass sie der früheren Praxis den Rang von Gewohnheitsrecht zubilligte.

II. Vorabgesetz

4 Ausdrückliche Regelungen enthielt Art 7 § 1 Abs 5 **PatÄndG 1967** anlässlich der Aufhebung des Stoffschutzverbots, wonach unter bestimmten Umständen nachträglich die Einbeziehung des Stoffschutzes (allerdings uU mit Prioritätsverschiebung und Weiterbenutzungsrecht) möglich war. Die Übergangsregelungen in Art 7 §§ 1, 2 (Warenzeichen) und 5 (Berlin-Klausel) PatÄndG 1967 sind durch Art 160 des Ersten Gesetzes über die Bereinigung von Bundesrecht im Zuständigkeitsbereich des Bundesministeriums der Justiz vom 19.4.2006 (Rn 2) aufgehoben worden.

III. Gesetz über Internationale Patentübereinkommen

5 Eine eingehende Regelung enthielt Art XI § 1 und § 3 Abs 6 IntPatÜG; hier war im Grundsatz festgehalten, dass das neue Recht nur auf die nach seinem Inkrafttreten eingereichten Patentanmeldungen und darauf erteilten Rechte anzuwenden war. Im Regelfall wird dies auch die der Sache am besten gerecht werdende Lösung sein; Abweichungen sollten besonderer Begründung bedürfen. Anlässlich des Wegfalls des Übersetzungserfordernisses (Art II § 3 IntPatÜG aF) wurde eine neue Übergangsvorschrift (Art XI § 4 IntPatÜG) aufgenommen.

IV. Gemeinschaftspatentgesetz

6 Das GPatG enthielt in seinem Art 12 keine Übergangsregelung für vor dem 1.1.1981 angemeldete Patente (weitere Hinweise s 6. *Aufl*).

V. Wegfall des Artenverzeichnisses

7 Zur Übergangsregelung anlässlich der Änderung durch das 1. SortÄndG Rn 6 zu § 2, Rn 23 zu § 2a.

VI. Zweites Gesetz zur Änderung des Patentgesetzes

8 S zunächst die Hinweise in der 6. *Aufl*. Art 29 dieses Gesetzes ist durch das Erste Gesetz über die Bereinigung von Bundesrecht im Zuständigkeitsbereich des Bundesministeriums der Justiz vom 19.4.2006[12] aufgehoben worden; etwa noch anhängige Übergangsfälle waren nach früherem Verfahrensrecht zu Ende zu führen.[13]

VII. Änderungen 2002

9 Die Übergangsregelung in § 147 ist zum 1.1.2002 eingeführt worden; in ihrer ursprünglichen Fassung enthielt sie in Abs 2 eine Regelung für Stundungen und in ihrem Abs 3 die zeitweise Übertragung des (erstinstanzlichen) Einspruchsverfahrens auf das BPatG. Zur Übergangsregelung im KostRegBerG und im SchuldRModG s die Kommentierung zu § 147. Zum Übergangsrecht anlässlich der Erweiterung des Gebührenerstattungsanspruchs für den mitwirkenden Patentanwalt Rn 1 zu § 143. Der durch das Gesetz zur Änderung des patentrechtlichen Einspruchsverfahrens und des Patentkostengesetzes mWv 1.7.2006 aufge-

---

10 DPA GRUR 1953, 440.
11 BGHZ 37, 219 = GRUR 1962, 642 Drahtseilverbindung; BGH 9.11.1962 I ZB 10/62.
12 BGBl I 866, 867.
13 Begr BTDrs 16/47 S 77 f.

hobene § 147 Abs 2 ist bei Rn 2 zu § 18 abgedruckt. Der durch dieses Gesetz ebenfalls mWv 1.7.2006 aufgehobene **§ 147 Abs 3** lautete:

(3) [1] Abweichend von § 61 Abs. 1 Satz 1 entscheidet über den Einspruch nach § 59 der Beschwerdesenat des Patentgerichts, wenn
1. die Einspruchsfrist nach dem 1. Januar 2002 beginnt und der Einspruch vor dem 1. Juli 2006 eingelegt worden ist, oder
2. der Einspruch vor dem 1. Januar 2002 erhoben worden ist, ein Beteiligter dies bis zum 30. Juni 2006 beantragt und die Patentabteilung eine Ladung zur mündlichen Anhörung oder die Entscheidung über den Einspruch innerhalb von zwei Monaten nach Zugang des Antrags auf patentgerichtliche Entscheidung noch nicht zugestellt hat. [2] Für das Einspruchsverfahren vor dem Beschwerdesenat des Patentgerichts gelten die §§ 59 bis 62, mit Ausnahme des § 61 Abs. 1 Satz 1, entsprechend. [3] Der Einspruch ist beim Deutschen Patent- und Markenamt einzulegen. [4] Der Beschwerdesenat entscheidet in der Besetzung von einem technischen Mitglied als Vorsitzendem, zwei weiteren technischen Mitgliedern und einem rechtskundigen Mitglied. [5] Gegen die Beschlüsse der Beschwerdesenate findet die Rechtsbeschwerde an den Bundesgerichtshof nach § 100 statt.

Die durch das Gesetz zur Änderung des Patentgesetzes und anderer Vorschriften des gewerblichen **10** Rechtsschutzes vom 9.12.2004[14] verlängerte Geltung der Vorschrift bis zum 30.6.2006 führte die vorübergehende Zuständigkeit des BPatG für das **erstinstanzliche Einspruchsverfahren** nach § 147 Abs 3 ein (hierzu näher *6. Aufl* Rn 14 ff zu § 147). Nach der Rspr des BGH verstieß die Regelung nicht gegen Verfassungsrecht, insb nicht gegen die Rechtsweggarantie (Art 19 Abs 4 GG), den Grundsatz der Gewaltenteilung und den Gleichheitssatz (Art 3 GG).[15] Die danach begründete Zuständigkeit bestand nach dem allg verfahrensrechtl Grundsatz der perpetuatio fori auch nach Aufhebung der Bestimmung fort.[16] Weil kein Beschwerdeverfahren, sondern ein erstinstanzliches Verfahren vorlag, durfte das BPatG auch – wie die Patentabteilung – von sich aus weitere Einspruchsgründe aufgreifen.[17] Die gemeinsamen Vorschriften der §§ 86–99 waren entspr anzuwenden.[18] Die Regelung eröffnete die Rechtsbeschwerde nur bei Zulassung oder nach § 100 Abs 3.[19] Zu weiteren Fragen des Übergangsrechts 2002 sind Entscheidungen des BPatG ergangen.[20] Zur Notwendigkeit einer mündlichen Verhandlung Rn 15 f zu § 61.

VIII. Geschmacksmusterreformgesetz

Die Änderungen der §§ 28, 44 und 102 sind am 19.3.2004 in Kraft getreten, die Änderung des § 143 am **11** 1.6.2004 (Art 6 GeschmMRefG).

IX. Umsetzung der Biotechnologierichtline

Die Einspruchsabteilung des EPA wendet die der Umsetzung dienenden Regeln 23a–23e AOEPÜ (jetzt **12** Regeln 26–29 AOEPÜ), die den Wortlaut des EPÜ unverändert ließen und lediglich eine Interpretation darstellten, auch auf bereits vor deren Inkrafttreten (1.9.1999) erfolgte Anmeldungen an.[21]

---

14   BGBl I 3232 = BlPMZ 2005, 3.
15   BGHZ 172, 108 = GRUR GRUR 2007, 859 Informationsübermittlungsverfahren I; BGHZ 173, 47 = GRUR 2007, 862 Informationsübermittlungsverfahren II; BGH GRUR 2009, 90 Beschichten eines Substrats; im Ergebnis ebenso BPatG Mitt 2006, 511.
16   BGHZ 173, 47 = GRUR 2007, 862 Informationsübermittlungsverfahren II; BGH GRUR 2009, 90 Beschichten eines Substrats; BGH GRUR 2009, 184 Ventilsteuerung; BGH GRUR 2009, 1098 Leistungshalbleiterbauelement; *Benkard* § 147 Rn 17; *Fitzner/Lutz/Bodewig* § 147 Rn 4; BPatG GRUR 2007, 499; BPatGE 49, 238 = GRUR 2007, 907 gegen BPatG GRUR 2007, 904; vgl auch BPatGE 50, 196.
17   So BPatGE 47, 141 = BlPMZ 2004, 59; BPatGE 47, 148 = GRUR 2004, 356.
18   BPatGE 45, 162 = BlPMZ 2003, 29; aA BPatG BlPMZ 2004, 60: Begründungspflicht nach § 47 Abs 1 Satz 3, nicht nach § 94.
19   BGH 26.7.2005 X ZR 37/03; BGH 26.7.2005 X ZR 4/01; vgl BGH 16.9.2008 X ZR 28/07.
20   BPatG 3.11.2004 9 W (pat) 701/04: Wahlrecht für die Zeit bis 26.7.2002; BPatG 2.9.2003 34 W (pat) 703/03; keine Anwendbarkeit auf Fälle, in denen die Einspruchsfrist noch vor dem 1.1.2002 begonnen hatte; BPatGE 47, 148 = GRUR 2004, 356: Anwendbarkeit auf Fälle, in denen nur einer von mehreren Ansprüchen die Voraussetzungen des § 147 Abs 3 Nr 2 aF erfüllte (zwh).
21   EPA – Einspruchsabteilung – ABl EPA 2004, 473, 496 f Krebsmaus.

X. Patentrechtsvereinfachungs- und Modernisierungsgesetz

13   Eine neue Übergangsregelung ist als § 147 Abs 2 eingestellt worden (Rn 13 zu § 147).

14   **XI. Gesetz zur Novellierung patentrechtlicher Vorschriften** s Rn 14 ff zu § 147.

15   **D.** Zum anwendbaren Recht bei **erstreckten DDR-Patenten** und -Patentanmeldungen *6. Aufl* Rn 5 ff vor § 1.

§ 147 (Übergangsbestimmungen)

(1) Artikel 229 § 6 des Einführungsgesetzes zum Bürgerlichen Gesetzbuche findet mit der Maßgabe entsprechende Anwendung, dass § 33 Abs. 3 und § 141 in der bis zum 1. Januar 2002 geltenden Fassung den Vorschriften des Bürgerlichen Gesetzbuchs über die Verjährung in der bis zum 1. Januar 2002 geltenden Fassung gleichgestellt sind.

(2) Für Verfahren wegen Erklärung der Nichtigkeit des Patents oder des ergänzenden Schutzzertifikats oder wegen Erteilung oder Rücknahme der Zwangslizenz oder wegen der Anpassung der durch Urteil festgesetzten Vergütung für eine Zwangslizenz, die vor dem 1. Oktober 2009 durch Klage beim Bundespatentgericht eingeleitet wurden, sind die Vorschriften dieses Gesetzes in der bis zum 30. September 2009 geltenden Fassung weiter anzuwenden.

(3) Für Verfahren, in denen ein Antrag auf ein Zusatzpatent gestellt worden ist oder nach § 16 Absatz 1 Satz 2 dieses Gesetzes in der vor dem 1. April 2014 geltenden Fassung noch gestellt werden kann oder ein Zusatzpatent in Kraft ist, sind § 16 Absatz 1 Satz 2, § 17 Absatz 2, § 23 Absatz 1, § 42 Absatz 2 Satz 1 Nummer 4, Satz 2 und Absatz 3 Satz 1 sowie § 43 Absatz 2 Satz 4 dieses Gesetzes in ihrer bis zum 1. April 2014 geltenden Fassung weiter anzuwenden.

(4) Für Anträge auf Verlängerung der Frist zur Benennung des Erfinders sind § 37 Absatz 2, Satz 2 bis 4 und § 20 Absatz 1 Nummer 2 dieses Gesetzes in der vor dem 1. April 2014 geltenden Fassung weiter anzuwenden, wenn die Anträge vor dem 1. April 2014 beim Deutschen Patent- und Markenamt eingegangen sind und das Patent bereits erteilt worden ist.

(5) Für Anträge auf Anhörung nach § 46 Absatz 1, die vor dem 1. April 2014 beim Deutschen Patent- und Markenamt eingegangen sind, ist § 46 dieses Gesetzes in der bis dahin geltenden Fassung weiter anzuwenden.

MarkenG: § 165; **DesignG:** §§ 72–74

Übersicht

Schrifttum: *Ann* Schuldrechtsmodernisierung und gewerblicher Rechtsschutz, VPP-Rdbr 2003, 1; *Ann/Barona* Schuldrechtsmodernisierung und gewerblicher Rechtsschutz, 2002; *Gsell* Schuldrechtsreform – Die Übergangsregelungen für die Verjährungsfristen, NJW 2002, 1297; *Leenen* Die Neuregelung der Verjährung, JZ 2001, 552; *Mansel* Die Neuregelung des Verjährungsrechts, NJW 2002, 89; *Mansel/Buzikiewicz* Das neue Verjährungsrecht, 2002.

A. Übergangsregelung anlässlich der Änderung durch das des Gesetz zur Modernisierung des Schuldrechts[1]

I. Verjährung

Art 5 Abs 20 Nr 3 SchuldRModG[2] hat den 12. Abschnitt mit der Bestimmung mit ihrem Abs 1 neu einge- **1**
stellt.

Die mit § 31 GebrMG übereinstimmende Bestimmung in Abs 1 ergänzt die Überleitungsvorschrift in **2**
Art 229 § 6 EGBGB, die wie folgt lautet:

> [1] Die Vorschriften des Bürgerlichen Gesetzbuchs über die Verjährung in der seit dem 1. Januar 2002 geltenden Fassung finden auf die an diesem Tag bestehenden und noch nicht verjährten Ansprüche Anwendung. Der Beginn, die Hemmung, die Ablaufhemmung und der Neubeginn der Verjährung bestimmen sich jedoch für den Zeitraum vor dem 1. Januar 2002 nach dem Bürgerlichen Gesetzbuch in der bis zu diesem Tag geltenden Fassung. Wenn nach Ablauf des 31. Dezember 2001 ein Umstand eintritt, bei dessen Vorliegen nach dem Bürgerlichen Gesetzbuch in der vor dem 1. Januar 2002 geltenden Fassung eine vor dem 1. Januar 2002 eintretende Unterbrechung der Verjährung als nicht erfolgt oder als erfolgt gilt, so ist auch insoweit das Bürgerliche Gesetzbuch in der vor dem 1. Januar 2002 geltenden Fassung anzuwenden. [2] Soweit die Vorschriften des Bürgerlichen Gesetzbuchs in der seit dem 1. Januar 2002 geltenden Fassung anstelle der Unterbrechung der Verjährung deren Hemmung vorsehen, so gilt eine Unterbrechung der Verjährung, die nach den anzuwendenden Vorschriften des Bürgerlichen Gesetzbuchs in der vor dem 1. Januar 2002 geltenden Fassung vor dem 1. Januar 2002 eintritt und mit Ablauf des 31. Dezember 2001 noch nicht beendigt ist, als mit dem Ablauf des 31. Dezember 2001 beendigt, und die neue Verjährung ist mit Beginn des 1. Januar 2002 gehemmt. [3] Ist die Verjährungsfrist nach dem Bürgerlichen Gesetzbuch in der seit dem 1. Januar 2002 geltenden Fassung länger als nach dem Bürgerlichen Gesetzbuch in der bis zu diesem Tag geltenden Fassung, so ist die Verjährung mit dem Ablauf der im Bürgerlichen Gesetzbuch in der bis zu diesem Tag geltenden Fassung be-stimmten Frist vollendet. [4] Ist die Verjährungsfrist nach dem Bürgerlichen Gesetzbuch in der seit dem 1. Januar 2002 geltenden Fassung kürzer als nach dem Bürgerlichen Gesetzbuch in der bis zu diesem Tag geltenden Fassung, so wird die kürzere Frist von dem 1. Januar 2002 an berechnet. Läuft jedoch die im Bürgerlichen Gesetzbuch in der bis zu diesem Tag geltenden Fassung bestimmte längere Frist früher als die im Bürgerlichen Gesetzbuch in der seit diesem Tag geltenden Fassung bestimmten Frist ab, so ist die Verjährung mit dem Ablauf der im Bürgerlichen Gesetzbuch in der bis zu diesem Tag geltenden Fassung bestimmten Frist vollendet. [5] Die vorstehenden Absätze sind entsprechend auf Fristen anzuwenden, die für die Geltendmachung, den Erwerb oder den Verlust eines Rechts maßgebend sind. [6] Die vorstehenden Absätze gelten für die Fristen nach dem Handelsgesetzbuch und dem Umwandlungsgesetz entsprechend.

Grds findet Art 229 § 6 EGBGB Anwendung auf alle Ansprüche, seien sie im BGB oder außerhalb gere- **3**
gelt, wenn diese sich verjährungsrechtl ganz oder teilweise nach dem BGB richten. Insoweit bedarf es keiner ausdrücklichen **Verweisung.** Etwas anderes gilt jedoch, wenn in Gesetzen außerhalb des BGB eigenständige Verjährungsregelungen enthalten sind, die durch Bezugnahmen auf Verjährungsvorschriften des BGB ersetzt werden. Insoweit greift die Regelung im EGBGB nicht ein.[3] Deshalb mussten Übergangsvorschriften geschaffen werden, wonach die früheren spezialgesetzlichen Verjährungsregelungen den bisherigen BGB-Verjährungsvorschriften bei der Anwendung der Regelung im EGBGB gleichgestellt sind. § 141 aF und der auf ihn verweisende § 33 Abs 3 aF regelten eigenständig Verjährungsfrist und Verjährungsbeginn. Die übergangsweise weiter bedeutsame Bestimmung des § 141 aF lautete:

> [1] Die Ansprüche wegen Verletzung des Patentrechts verjähren in drei Jahren von dem Zeitpunkt an, in dem der Berechtigte von der Verletzung und der Person des Verpflichteten Kenntnis erlangt, ohne Rücksicht auf diese Kenntnis in dreißig Jahren von der Verletzung an. [2] § 852 Abs. 2 des Bürgerlichen Gesetzbuchs ist entsprechend anzuwenden. [3] Hat der Verpflichtete durch die Verletzung auf Kosten des Berechtigten etwas erlangt, so ist er auch nach Vollendung der Verjährung zur Herausgabe nach den Vorschriften über die Herausgabe einer ungerechtfertigten Bereicherung verpflichtet.

---

1 Hierzu auch *Ann/Barona* Rn 61, 160 f.
2 BGBl I 3138 = BlPMZ 2002, 68.
3 Vgl *Fitzner/Lutz/Bodewig* Rn 6.

Soweit nach Art 229 § 6 EGBGB die bisherigen Vorschriften des BGB auch nach dem 1.1.2002 ihre Wirkung entfalten, soll dasselbe auch für diese beiden Bestimmungen gelten.[4]

4   Art 229 § 6 EGBGB enthält die verjährungsrechtl Übergangsbestimmungen nach dem Vorbild von Art 231 § 6, Art 169 EGBGB. Nach der **Grundregel** in Art 229 § 6 Abs 1 Satz 1 EGBGB findet das neue Verjährungsrecht des BGB auf die am 1.1.2002 bestehenden und noch nicht verjährten Ansprüche Anwendung. Zu diesen gehören nicht nur die sich aus dem BGB ergebenden Ansprüche, sondern auch solche, die in anderen Gesetzen geregelt sind und sich lediglich hinsichtlich der Verjährung ganz oder in bestimmtem Umfang nach den Vorschriften des BGB richten.[5]

5   Die erste **Ausnahme** von der Grundregel findet sich in Art 229 § 6 Abs 1 Satz 2 EGBGB. Danach bestimmen sich Beginn, Hemmung und Neubeginn der Verjährung für den Zeitraum vor dem 1.1.2002 nach dem BGB in der bis zu diesem Tag geltenden Fassung, wobei unter „Neubeginn" nach der früheren Terminologie die Unterbrechung der Verjährung zu verstehen ist.[6]

6   Die früheren Verjährungsvorschriften des BGB sahen vielfach vor, dass bei Vorliegen bestimmter Umstände die **Unterbrechung der Verjährung** als erfolgt galt. Die wichtigste Regelung war § 212 Abs 1 BGB aF. Danach galt die Unterbrechung durch Klageerhebung als nicht erfolgt, wenn die Klage zurückgenommen oder durch ein nicht in der Sache selbst entscheidendes Urteil rechtskräftig abgewiesen wurde. Art 229 § 6 Abs 1 Satz 3 EGBGB stellt klar, dass auch der Fall erfasst ist, dass eine vor dem 1.1.2002 bewirkte Unterbrechung rückwirkend durch einen nach Ablauf des 31.12.2001 eintretenden Umstand entfällt, da es um eine vor dem 1.1.2002 erfolgte Unterbrechung geht. Er enthält eine solche Klarstellung auch für den umgekehrten Fall, dass eine vor dem 1.1.2002 bewirkte Unterbrechung rückwirkend durch einen nach Ablauf des 31.12.2001 eintretenden Umstand als erfolgt gilt. Beispiel hierfür ist § 212 Abs 2 BGB aF: Wenn der Gläubiger nach Klagerücknahme oder -abweisung durch Prozessurteil binnen sechs Monaten von neuem Klage erhebt, gilt die Verjährung als durch die Erhebung der ersten Klage unterbrochen.[7]

7   Art 229 § 6 Abs 2 EGBGB trifft eine klarstellende Regelung für den Übergang von der Verjährungsunterbrechung nach früherem Recht zu der **Verjährungshemmung nach neuem Recht**. Er betrifft den Fall, dass vor dem 1.1.2002 eine Unterbrechung der Verjährung, zB durch Klageerhebung, herbeigeführt wurde und die Unterbrechung mit Ablauf des 31.12.2001 noch nicht beendet war. Eine solche Unterbrechung gilt als mit Ablauf des 31.12.2001 beendet und die neue Verjährung ist mit Beginn des 1.1.2002 gehemmt.[8]

8   Art 229 § 6 Abs 3 EGBGB normiert eine weitere Ausnahme von der Grundregel: Ist die Verjährungsfrist nach dem neuen Verjährungsrecht des BGB länger als nach den bisherigen Vorschriften, verbleibt es bei der **kürzeren Frist**. Diese Vorschrift dient dem Schutz des Schuldners. So verbleibt es bei den am 1.1.2002 bestehenden und noch nicht verjährten kaufvertraglichen Gewährleistungsansprüchen bei der sechsmonatigen Verjährungsfrist nach § 477 Abs 1 BGB aF.[9]

9   Art 229 § 6 Abs 4 EGBGB regelt den Fall, dass die Verjährungsfrist nach dem neuen Verjährungsrecht des BGB kürzer ist als nach den bisherigen Vorschriften. Um zu vermeiden, dass entspr dem grds anzuwendenden neuen Verjährungsrecht die kürzere neue Frist am 1.1.2002 bereits abgelaufen ist, bestimmt Art 229 § 6 Abs 4 Satz 1 EGBGB, dass die kürzere Frist erst am 1.1.2002 zu laufen beginnt. Läuft die nach den bisherigen Vorschriften bestimmte **längere Frist** früher als die des neuen Verjährungsrechts ab, bestimmt Art 229 § 6 Abs 4 Satz 2 EGBGB, dass die Verjährung mit dem Ablauf der längeren früheren Frist vollendet ist.[10]

10   Nach Art 229 § 6 Abs 5 EGBGB sind die Abs 1–3 entspr auf Fristen anzuwenden, die für die Geltendmachung, den Erwerb oder den Verlust eines Anspruchs oder Rechts maßgebend sind. Zu den wichtigsten Anwendungsfällen gehören die **Ausschlussfristen** für die Anfechtung nach den §§ 121, 124 BGB.[11]

---

4   Begr BTDrs 14/6040 S 282 f.
5   Begr BTDrs 14/6040 S 273; vgl *Benkard* Rn 5.
6   Begr BTDrs 14/6040 S 273; vgl *Ann* VPP-Rdbr 2003, 1 f.
7   Bericht Rechtsausschuss BTDrs 14/7052 S 207.
8   Bericht Rechtsausschuss BTDrs 14/7052 S 207.
9   Begr BTDrs 14/6040 S 273; vgl *Ann* VPP-Rdbr 2003, 1 f.
10   Begr BTDrs 14/6040 S 273; vgl *Ann* VPP-Rdbr 2003, 1 f.
11   Begr BTDrs 14/6040 S 273.

II. Anwendbarkeit der Neufassung des § 33

Sofern man den Restbereicherungsanspruch als nach früherem Recht auf den Entschädigungsan- **11** spruch aus § 33 nicht anwendbar ansieht (vgl Rn 16 zu § 141), stellt sich das Problem, auf welchen Zeitpunkt für seine Anwendbarkeit abzustellen ist. Aus Art 229 § 6 Abs 1 Satz 1 EGBGB ist abzuleiten, dass es darauf ankommt, ob der Entschädigungsanspruch aus § 33 am 1.1.2002 bereits nach Maßgabe der Übergangsregelung im EGBGB verjährt war.

III. Weggefallene Übergangsregelungen

Die Regelungen (Stundung; vorübergehende Übertragung des Einspruchsverfahrens auf das BPatG; **12** vgl Rn 2 zu § 18; Rn 9 vor § 147; Rn 5 ff zu § 61) in den ursprünglichen Abs 2 und 3 sind ersatzlos weggefallen. Die Möglichkeit, das Einspruchsverfahren erstinstanzlich vor dem BPatG durchzuführen, sieht jetzt aber § 61 Abs 2 vor.

B. Das Patentrechtsvereinfachungs- und Modernisierungsgesetz hat eine neue Übergangsrege- **13** lung in Abs 2 (neu) eingestellt. Diese betrifft die Änderungen im Patentnichtigkeitsverfahren und Zwangslizenzverfahren erster und zweiter Instanz.[12] Nach der Übergangsregelung gelten für alle Verfahren, die vor dem 1.10.2009 durch Klage beim BPatG eingeleitet wurden, die bis zum 30.9.2009 geltenden Vorschriften weiter.[13] Es kommt dabei auf den Zeitpunkt der Einleitung des Verfahrens, dh die Erhebung der Klage,[14] nicht den der Instanz an. Zum Fall der Verfahrensverbindung, wenn eines der verbundenen Verfahren vor dem 1.10.2009 anhängig geworden ist, Rn 12 vor § 110; die Regelung stand einer Verbindung solcher Verfahren nicht entgegen.[15]

C. Gesetz zur Novellierung patentrechtlicher Vorschriften

I. Die durch das Gesetz zur Novellierung patentrechtlicher Vorschriften und anderer Gesetze des ge- **14** werblichen Rechtsschutzes vom 19.10.2013 eingefügte Übergangsregelung für die aufgehobenen Vorschriften über **Zusatzpatente** (Abs 3) wurde erforderlich, weil diese bis 18 Monate nach dem Tag der Einreichung der eigentlichen Anmeldung beantragt werden können. Für Fälle, in denen diese Frist nach dem Inkrafttreten der Neuregelung (1.4.2014) ablief, und für bestehende Zusatzpatente wurde es dem Anmelder/Patentinhaber ermöglicht, Rechte im Zusammenhang mit dem Zusatzpatent auszuüben; gleiches gilt für Verpflichtungen in Zusammenhang mit einem Zusatzpatent.[16] Zusatzpatente konnten daher innerhalb der Achtzehnmonatsfrist noch zu Patenten beantragt werden, solange diese Frist nicht abgelaufen war (Abs 3 2. Alt). Anträge nach § 16 Abs 1 Satz 2 aF konnten somit noch bis zum 1.4.2014 gestellt werden, sofern die Frist von 18 Monaten noch nicht abgelaufen war, die Regelung brachte aber keine Nachwirkung oder Verlängerung dieser Frist über den 1.4.2014 hinaus; der rechtzeitig und rechtmäßig gestellte Antrag begründet das Zusatzverhältnis auch über den 1.4.2014 hinaus.[17] Die danach hinsichtlich bereits erteilter und noch zu erteilender Zusatzpatente weiterhin anwendbaren Vorschriften der §§ 16, 17 Abs 2, § 23 Abs 1. § 42 Abs 2 Satz 1 Nr 4 und Satz 2 sowie Abs 3 Satz 1 und § 43 Abs 2 Satz 4 aF lauten:

> **§ 16:**
>
> (1) [1]Das Patent dauert zwanzig Jahre, die mit dem Tag beginnen, der auf die Anmeldung der Erfindung folgt. [2]Bezweckt eine Erfindung die Verbesserung oder weitere Ausbildung einer anderen, dem Anmelder durch ein Patent geschützten Erfindung, so kann er bis zum Ablauf von achtzehn Monaten nach dem Tag der Einreichung der Anmeldung oder, sofern für die Anmeldung ein früherer Zeitpunkt als maßgebend in Anspruch genommen wird, nach diesem Zeitpunkt die Erteilung eines Zusatzpatents beantragen, das mit dem Patent für die ältere Erfindung endet.

---

12 Zu Konsequenzen für die anwaltliche Praxis *Mes* Rn 8.
13 Kr *Benkard* Rn 16.
14 *Fitzner/Lutz/Bodewig* Rn 8.
15 BPatGE 52, 187; *Schulte* Rn 8; *Fitzner/Lutz/Bodewig* Rn 10.
16 BTDrs 17/10308 = BlPMZ 2013, 366, 373.
17 *Bernkard* Rn 19.

(2) [1]Fällt das Hauptpatent durch Widerruf, durch Erklärung der Nichtigkeit oder durch Verzicht fort, so wird das Zusatzpatent zu einem selbständigen Patent; seine Dauer bestimmt sich nach dem Anfangstag des Hauptpatents. [2]Von mehreren Zusatzpatenten wird nur das erste selbständig; die übrigen gelten als dessen Zusatzpatente.

§ 17 Abs 2:

(2) [1]Für ein Zusatzpatent (§ 16 Abs. 1 Satz 2) sind Jahresgebühren nicht zu entrichten. [2]Wird das Zusatzpatent zu einem selbständigen Patent, so wird es gebührenpflichtig; Fälligkeitstag und Jahresbetrag richten sich nach dem Anfangstag des bisherigen Hauptpatents. [3]Für die Anmeldung eines Zusatzpatents sind Satz 1 und Satz 2 Halbsatz 1 entsprechend anzuwenden mit der Maßgabe, daß in den Fällen, in denen die Anmeldung eines Zusatzpatents als Anmeldung eines selbständigen Patents gilt, die Jahresgebühren wie für eine von Anfang an selbständige Anmeldung zu entrichten sind.

§ 23 Abs 1:

(1) [1]Erklärt sich der Patentanmelder oder der im Register (§ 30 Abs. 1) als Patentinhaber Eingetragene dem Patentamt gegenüber schriftlich bereit, jedermann die Benutzung der Erfindung gegen angemessene Vergütung zu gestatten, so ermäßigen sich die für das Patent nach Eingang der Erklärung fällig werdenden Jahresgebühren auf die Hälfte. [2]Die Wirkung der Erklärung, die für ein Hauptpatent abgegeben wird, erstreckt sich auf sämtliche Zusatzpatente. [3]Die Erklärung ist im Register einzutragen und im Patentblatt zu veröffentlichen.

§ 42 Abs 2 Satz 1 Nr 4, Satz 2, Abs 3 Satz 1:

(2) [1]Ist offensichtlich, daß der Gegenstand der Anmeldung

4. im Falle des § 16 Abs. 1 Satz 2 eine Verbesserung oder weitere Ausbildung der anderen Erfindung nicht bezweckt,

so benachrichtigt die Prüfungsstelle den Anmelder hiervon unter Angabe der Gründe und fordert ihn auf, sich innerhalb einer bestimmten Frist zu äußern. [2]Das gleiche gilt, wenn im Falle des § 16 Abs. 1 Satz 2 die Zusatzanmeldung nicht innerhalb der vorgesehenen Frist eingereicht worden ist.

(3) [1]Die Prüfungsstelle weist die Anmeldung zurück, wenn die nach Absatz 1 gerügten Mängel nicht beseitigt werden oder wenn die Anmeldung aufrechterhalten wird, obgleich eine patentfähige Erfindung offensichtlich nicht vorliegt (Absatz 2 Nr. 1 bis 3) oder die Voraussetzungen des § 16 Abs. 1 Satz 2 offensichtlich nicht gegeben sind (Absatz 2 Satz 1 Nr. 4, Satz 2).

§ 43 Abs 2 Satz 4:

[4]Wird der Antrag für die Anmeldung eines Zusatzpatents (§ 16 Abs. 1 Satz 2) gestellt, so fordert das Patentamt den Patentsucher auf, bis zum Ablauf eines Monats nach Zustellung der Aufforderung für die Anmeldung des Hauptpatents einen Antrag nach Absatz 1 zu stellen; wird der Antrag nicht gestellt, so gilt die Anmeldung des Zusatzpatents als Anmeldung eines selbständigen Patents.

15   Ist der **Rechercheantrag für eine Zusatzanmeldung** gestellt, fordert das DPMA den Anmelder auf, binnen eines Monats nach Zustellung dieser Aufforderung einen Rechercheantrag für die Anmeldung des Hauptpatents zu stellen.[18] Die Obliegenheit, den Antrag zur Hauptanmeldung zu stellen, trifft den Anmelder auch, wenn ein Dritter den Rechercheantrag zur Zusatzanmeldung gestellt hat. Vor Erlass der Aufforderung und Ablauf der Monatsfrist darf über die Zusatzanmeldung nicht entschieden werden.[19] Wird der Rechercheantrag zur Hauptanmeldung nicht innerhalb der gesetzten Frist gestellt, gilt die Zusatzanmeldung als Anmeldung eines selbstständigen Patents (§ 43 Abs 2 Satz 4 aF; RechRl 2009 unter 2.). Die Zusatzbeziehung wird solange nicht wiederhergestellt werden können, als nicht auch Rechercheantrag für die bisherige Hauptanmeldung gestellt ist.[20]

16   Wurde die Frist zur Stellung des Antrags auf Erteilung eines Zusatzpatents versäumt, aber erfolgreich **Wiedereinsetzung** beantragt, musste dies zur wirksamen Erteilung des Zusatzpatents führen.[21]

17   **II.** Für Anträge auf Verlängerung der **Frist zur Erfinderbenennung** sind nach Abs 4 die Regelungen in § 37 Abs 2 Satz 2–4 und § 20 Abs 2 Nr 2 aF weiter anzuwenden, wenn die Anträge vor dem 1.4.2014 beim DPMA eingegangen sind und das Patent bereits erteilt worden ist;[22] diese Bestimmungen lauten:

---

18   Begr PatÄndG 1967 BlPMZ 1967, 244, 269.
19   BPatG GRUR 1971, 88.
20   Vgl *Benkard* § 43 Rn 22.
21   *Schulte* Rn 10.
22   BTDrs 17/10308 = BlPMZ 2013, 366, 373; vgl *Benkard* Rn 21; *Schulte* Rn 12.

§ 20 Abs 2 Nr 2:

2. die in § 37 Abs. 1 vorgeschriebenen Erklärungen nicht rechtzeitig nach Zustellung der amtlichen Nachricht (§ 37 Abs. 2) abgegeben werden oder

§ 37 Abs 2 Satz 2–4:

(2) [2] Die Frist soll nicht über den Erlaß des Beschlusses über die Erteilung des Patents hinaus verlängert werden. [3] Bestehen zu diesem Zeitpunkt die Hinderungsgründe noch fort, so hat das Patentamt die Frist erneut zu verlängern. [4] Sechs Monate vor Ablauf der Frist gibt das Patentamt dem Patentinhaber Nachricht, daß das Patent erlischt, wenn er die vorgeschriebenen Erklärungen nicht innerhalb von sechs Monaten nach Zustellung der Nachricht abgibt.

III. Für Anträge auf Anhörung vor dem DPMA, die vor dem 1.4.2014 beim DPMA eingegangen sind, **18** ist § 46 aF mit seinem Abstellen auf die Sachdienlichkeit weiter anzuwenden. Die durch Zeitablauf wohl weitgehend gegenstandslose Übergangsregelung wird mit Kapazitätsgründen gerechtfertigt.[23] § 46 aF lautet:

(1) [1] Die Prüfungsstelle kann jederzeit die Beteiligten laden und anhören, Zeugen, Sachverständige und Beteiligte eidlich oder uneidlich vernehmen sowie andere zur Aufklärung der Sache erforderliche Ermittlungen anstellen. [2] Bis zum Beschluß über die Erteilung ist der Anmelder auf Antrag zu hören, wenn es sachdienlich ist. [3] Der Antrag ist schriftlich einzureichen. [4] Wird der Antrag nicht in der vorgeschriebenen Form eingereicht oder erachtete die Prüfungsstelle die Anhörung nicht als sachdienlich, so weist sie den Antrag zurück. [5] Der Beschluß, durch den der Antrag zurückgewiesen wird, ist selbständig nicht anfechtbar.

(2) [1] Über die Anhörungen und Vernehmungen ist eine Niederschrift zu fertigen, die den wesentlichen Gang der Verhandlung wiedergeben und die rechtserheblichen Erklärungen der Beteiligten enthalten soll. [2] Die §§ 160a, 162 und 163 der Zivilprozeßordnung sind entsprechend anzuwenden. [3] Die Beteiligten erhalten eine Abschrift der Niederschrift.

---

23 BTDrs 17/10308 = BlPMZ 2013, 366, 373; vgl *Schulte* Rn 13; vgl auch *Benkard* Rn 22.

Schuster/Keukenschrijver

Gesetz über die Kosten des Deutschen Patent- und Markenamts und des Bundespatentgerichts

(Patentkostengesetz; PatKostG)

vom 13.12.2001

Änderungen des Gesetzes:

Nr.	ändernde Norm	vom	RGBl BGBl	geänd (Ä) eingefügt (E) aufgehoben (A)
PAGebG		04.06.1920	1135	
PAGebG		06.07.1921	826	
PAGebErhG		27.06.1922	II 619	
PAGebG		26.03.1926	II 181	
PAGebG		05.05.1936	II 142	
1	5. ÜberlG	18.07.1953	I 615	
	PAGebG	22.02.1955	I 62	1–9
1	6. ÜberlG	23.03.1961	I 274	1a, 2a E
2	Neufassung	09.05.1961	I 582	1–9
3	PatÄndG 1967	04.09.1967	I 953	1, 1a Ä
4	Neufassung	02.01.1968	I 39	1–9
	PatGebG 1976	18.08.1976	I 2188	1–9, GebVerz
1	DienstlMEintrG	29.01.1979	I 125	GebVerz Ä
2	SortG	11.12.1985	I 2170	GebVerz Ä
3	GebrMÄndG	15.08.1986	I 1446	5, 6, GebVerz Ä
4	GeschmMÄndG	18.12.1986	I 2501	GebVerz Ä
5	HlSchG	22.10.1987	I 2294	6, GebVerz Ä
6	PrPG	07.03.1990	I 422	GebVerz Ä
7	2. GPatG	20.12.1991	II 1354	GebVerz Ä
8	ErstrG	23.04.1992	I 938	GebVerz Ä
9	PatGÄndG	23.03.1993	I 366	GebVerz Ä
10	PatGebÄndG	25.07.1994	I 1739, ber I 2263	3, 4, 5, 7, GebVerz Ä, 2, 8 A, 9 wird 8
11	MarkenRRefG	25.10.1994	I 3082	6, 7, GebVerz Ä
12	MarkenRÄndG	19.07.1996	I 1014	GebVerz Ä
13	2.PatGÄndG	16.07.1998	I 1827	GebVerz Ä
14	HSanG	22.12.1999	I 2534	GebVerz Ä
PatKostG		13.12.2001	I 3656	1–14, GebVerz
1	TransparenzPublG	19.07.2002	I 2681	3, 7, 8, GebVerz Ä
2	IntPatÜGÄndG	10.12.2003	I 2740	GebVerz Ä (nicht in Kraft getreten)
3	GeschmMRefG GebVerz Ä	12.03.2004	I 390	3, 5, 6, 7, 10 Ä, 15 E
4	KostRMoG	05.05.2004	I 718	2, 12 Ä
5	PatGGewRechtsschÄndG-	09.12.2004	I 3232	GebVerz Ä
6	PatrEinsprVerfPatkostG- ÄndG	21.06.2006	I 1318	3, 5, 8, 10, 11, GebVerz Ä
7	EPÜ-Revisionsakte- UmsetzungsG	24.08.2007	I 2166	GebVerz Ä
8	Gesetz zur Verbesserung der Durchsetzung von Rechten des geistigen Eigentums	07.07.2008	I 1191	GebVerz Ä
9	1. GeschmMÄndG	29.07.2009	I 2446	5, 6, GebVerz Ä
10	PatRVereinfModG	31.07.2009	I 2521	3, 5, 6, 13, GebVerz Ä
11	Gesetz zur Modernisierung des GeschmacksmusterG ...	10.10.2013	I 3799	3, 5, 7, 14 Ä, 15 A, GebVerz Ä
12	Gesetz zur Novellierung patentrechtlicher Vorschriften und anderer Gesetze des gewerblichen Rechtsschutzes	19.10.2013	I 3830	GebVerz Ä

Schuster

Nr.	ändernde Norm	vom	RGBl BGBl	geänd (Ä) eingefügt (E) aufgehoben (A)
13	10. Zuständigkeitsanpassungs- VO	31.08.2015	I 1474	1 Ä
14	G zur Änderung des Design- gesetzes und weiterer Vorschriften des gewerblichen Rechtsschutzes	04.04.2016	I 558	3, 5, GebVerz Ä

Einleitung PatKostG

Ausland: Italien: Art 44, 46–51 PatG; **Österreich:** Patentamtsgebührengesetz 2004; **Schweiz:** Art 41 PatG, Art 13 des Bundesgesetzes über Statut und Aufgaben des Eidgenössischen Instituts für geistiges Eigentum (IGEG); **Spanien:** Art 160–162 PatG; **Türkei:** Art 172, 173 VO 551

Übersicht

Schrifttum: *App* Das Vollstreckungsverfahren nach der Justizbeitreibungsordnung: ein Überblick, MDR 1996, 769; *Ballhaus* Das Kostenrecht des Deutschen Patentamts und des Bundespatentgerichts, Mitt 1962, 1, 41; *Becker* Die Patentge-bühren und ihre Systeme, Diss Würzburg 1929; *J. Beier* Die tatsächlichen Patentkosten im europäischen und im nationa-len Verfahren, GRUR Int 1995, 113; *Bendler* Zur Rechtzeitigkeit der Zahlung der Beschwerdegebühr, Mitt 1962, 98; *Bick-mann* Die progressiven Jahresgebühren im Patentrecht, Diss Gießen 1914; *Bruckner* Verjährung von Warenzeichenkosten, Mitt 1979, 161; *Bürglen* Kritische Brennpunkte im RechtsberatungsG, WRP 2000, 846; *Damme* In welchem Zeitpunkte erlischt ein Patent beim Ausbleiben der Gebührenzahlung? GRUR 1897, 3; *Damme* Das Patentgebührenrecht des Bedürfti-gen, GRUR 1897, 122; *Deichfuß* Gebühren im patentrechtlichen Verfahren bei Beteiligung mehrerer Personen, GRUR 2015, 1170; *Eggert* Erhöhte oder nicht erhöhte Prüfungsantragsgebühr nach dem Gebührengesetz 1976? Mitt 1979, 49; *Gall* Kommentierung zu Art 51 EPÜ im Münchner Gemeinschaftskommentar (MGK), 10. Lieferung 1986; *Herden* Kosten der Erinnerung im Akteneinsichtsverfahren, Mitt 1994, 299; *Hüfner* Besteht dem Patentamt gegenüber eine rechtliche Ver-pflichtung des in der Rolle eingetragenen Patentinhabers zur Zahlung der Gebühren? MuW 17, 76; *Jürgensohn* Die Patent-gebühren, GRUR 1907, 160; *Kazi* The Cost of IP Protection: Making Europe More Competetive, EIPR 2011, 189; *Keil* Erhöhte Prüfungsgebühr seit 1. November 1976? Mitt 1977, 64; *Kelbel* Erhöhte Prüfungsantragsgebühr seit 1. November 1976, Mitt 1977, 89; *Kelbel* Verfahrenskostenhilfe im Patenterteilungsverfahren, GRUR 1981, 5; *Kloepfer* Die lenkende Gebühr, AöR 97 (1972), 232; *Kockläuner* Gebühren für vor dem Inkrafttreten des PatGebG 1976 eingereichte Patentanmeldungen, Mitt 1977, 207; *Köllner* Hinweise auf wichtige Gesetzesänderungen: Kostenbereinigungsgesetz, Patentkostengesetz, Patentkosten-zahlungsverordnung, Mitt 2002, 13; *Korf* Sondersteuer auf Geistiges Eigentum in Deutschland? GRUR 2000, 131; *Krabel* Vergleichende Betrachtung des allgemeinen Erfinderrechts und des Urheberrechts, Mitt 1978, 12; *Kraßer* Der Anspruch der Europäischen Patentorganisation auf Beteiligung an den in den Vertragsstaaten für europäische Patente erhobenen Jahresgebühren, GRUR Int 1996, 851; *Pape* Vergleichende Darstellung des Patentgebührenwesens in den wichtigsten Staaten, Diss Erlangen 1912; *Rauh* Die Prüfungsantragsgebühr nach dem Gebührengesetz 1976, Mitt 1979, 86; *Schickedanz* Jahresgebühren für Patente – wozu eigentlich? GRUR 1981, 313; *Schulte* Die neue Verordnung über die Verwaltungskosten beim Deutschen Patentamt, Mitt 1970, 140; *Sennewald* Die Gebühren in Patentsachen, Mitt 1932, 4; *Stuhr* Bemerkungen zu Schickedanz: „Jahresgebühren für Patente – wozu eigentlich?", GRUR 1982, 85; *Zahn* Fälligkeit aufgelaufener Jahresgebühren bei Ausscheidungsanmeldungen, Mitt 1977, 110; *Winterfeldt* Aktuelle Problemfälle im Prüfungs- und Einspruchsverfahren – neue Entwicklungen im DPMA, VPP-Rdbr 2000, 40; *Zeller* Fälligkeit aufgelaufener Jahresgebühren bei Ausscheidungsanmeldungen, Mitt 1971, 44.

A. Allgemeines zum Kostenrecht

I. Kostenrechtliche Vorschriften

Das Bundesgebührengesetz (BGebG), das mWv 15.8.2013 das Verwaltungskostengesetz (VwKostG) **1** abgelöst hat, das grds die Kosten aller Bundesbehörden regelt, gilt nicht für die Patentbehörden (§ 2 Abs 2 Satz 2 Nr 3 BGebG, ebenso § 1 Abs 3 Nr 2, 3 VwKostG). Hier gelten spezielle Gesetze. Bis 31.12.2001 regelten die Einzelgesetze (PatG, GebrMG, MarkenG, GeschmMG, HlSchG, SortG) für das Verfahren vor dem DPMA und dem BPatG die Gebührenpflicht dem Grunde nach. Die Höhe dieser Gebühren bestimmte sich nach dem PatGebG. Seit dem 1.1.2002 gilt das PatKostG,[1] das als erstes Gesetz alle allg gültigen Regelungen zur Erhebung von Kosten beim DPMA und beim BPatG enthält. Weitere Kostenvorschriften für das Verfahren vor dem DPMA enthält die Verordnung über die Verwaltungskosten beim DPMA (DPMA-Verwaltungskostenverordnung, DPMAVwKostV, Rn 1.1) vom 14.7.2006,[2] die die frühere VO aus dem Jahr 1991 abgelöst hat, nebst beigefügtem Kostenverzeichnis (im Anhang).[3]

Die **DPMA-Verwaltungskostenverordnung** hat folgenden Wortlaut: **2**

Auf Grund des § 1 Abs. 2 Nr. 1 des Patentkostengesetzes vom 13. Dezember 2001 (BGBl. I S. 3656) und des § 138 Abs. 5 Nr. 2 des Urheberrechtsgesetzes vom 9. September 1965 (BGBl. I S. 1273), der zuletzt durch Artikel 16 Nr. 3 Buchstabe d Doppelbuchstabe bb des Gesetzes vom 13. Dezember 2001 (BGBl. I S. 3656) geändert worden ist, verordnet das Bundesministerium der Justiz:

§ 1 Geltungsbereich

Für Amtshandlungen des Deutschen Patent- und Markenamts in Patent-, Gebrauchsmuster-, Topographieschutz-, Marken-, Design- und Urheberrechtssachen werden Kosten (Gebühren und Auslagen), über die nicht anderweitig durch Gesetz oder aufgrund gesetzlicher Ermächtigungen Bestimmungen getroffen sind, nur nach den Vorschriften dieser Verordnung erhoben.

§ 2 Kosten

(1) Die Kosten bestimmen sich nach dem anliegenden Kostenverzeichnis.

(2) Soweit sich aus Teil A des Kostenverzeichnisses nichts anderes ergibt, werden neben den Gebühren keine Auslagen nach Teil B des Kostenverzeichnisses erhoben. Wenn eine Gebühr für die Amtshandlung nicht vorgesehen ist, sind jedoch Auslagen zu erheben.

§ 3 Mindestgebühr

Der Mindestbetrag einer Gebühr ist 10 Euro. Centbeträge sind auf volle Eurobeträge aufzurunden.

§ 4 Kostenbefreiung

(1) Von der Zahlung der Kosten sind befreit

---

1 Eingeführt durch das Gesetz zur Bereinigung von Kostenregelungen auf dem Gebiet des geistigen Eigentums vom 13.12.2001 (KostRegBerG), BGBl I 3656 ff.

2 BGBl I 1586, geänd durch Art 1 der VO vom 17.6.2010 (BGBl I 809), das Gesetz zur Modernisierung des Geschmacksmustergesetzes sowie zur Änderung der Regelungen über die Bekanntmachungen zum Ausstellungsschutz vom 10.10.2013 (BGBl I 3799 = BlPMZ 2013, 382), die VO über den elektronischen Rechtsverkehr beim Deutschen Patent- und Markenamt und zur Änderung weiterer Verordnungen für das Deutsche Patent- und Markenamt vom 1.11.2013 (BGBl I 3906 = BlPMZ 2013, 378) und die 10. ZuständigkeitsanpassungsVO vom 31.8.2015 (BGBl I 1474).

3 S auch das Kostenmerkblatt des DPMA, Stand April 2014, im Internet unter http://www.dpma.de/docs/service/formulare/allgemein/a9510.pdf

1. die Bundesrepublik Deutschland und die bundesunmittelbaren juristischen Personen des öffentlichen Rechts, deren Ausgaben ganz oder teilweise aufgrund gesetzlicher Verpflichtung aus dem Haushalt des Bundes getragen werden;
2. die Länder und die juristischen Personen des öffentlichen Rechts, die nach den Haushaltsplänen eines Landes für Rechnung eines Landes verwaltet werden;
3. die Gemeinden und Gemeindeverbände, soweit die Amtshandlungen nicht ihre wirtschaftlichen Unternehmen betreffen;
4. die Weltorganisation für geistiges Eigentum nach Maßgabe von Verwaltungsvereinbarungen des Bundesministeriums der Justiz und für Verbraucherschutz im Rahmen der internationalen Zusammenarbeit auf dem Gebiet des gewerblichen Rechtsschutzes.

(2) Die Befreiung tritt nicht ein, soweit die in Absatz 1 Nr. 1 bis 3 Genannten berechtigt sind, die Kosten Dritten aufzuerlegen oder sonst auf Dritte umzulegen.

(3) Kostenfreiheit nach Absatz 1 besteht nicht für Sondervermögen und Bundesbetriebe im Sinn des Artikels 110 Abs. 1 des Grundgesetzes, für gleichartige Einrichtungen der Länder sowie für öffentlich-rechtliche Unternehmen, an denen der Bund oder ein Land beteiligt ist.

(4) Für die Leistung von Amtshilfe wird keine Gebühr erhoben. Auslagen sind von der ersuchenden Behörde auf Anforderung zu erstatten, wenn sie im Einzelfall 35 Euro übersteigen. Die Absätze 2 und 3 sind entsprechend anzuwenden.

§ 5 Kostenschuldner

(1) Zur Zahlung der Kosten ist verpflichtet,
1. wer die Amtshandlung veranlasst oder zu wessen Gunsten sie vorgenommen wird;
2. wem durch Entscheidung des Deutschen Patent- und Markenamts oder des Bundespatentgerichts die Kosten auferlegt sind;
3. wer die Kosten durch eine gegenüber dem Deutschen Patent- und Markenamt abgegebene oder dem Deutschen Patent- und Markenamt mitgeteilte Erklärung übernommen hat;
4. wer für die Kostenschuld eines anderen kraft Gesetzes haftet.

(2) Mehrere Kostenschuldner haften als Gesamtschuldner.

§ 6 Fälligkeit

(1) Gebühren werden mit dem Eingang des Antrags auf Vornahme der gebührenpflichtigen Amtshandlung fällig, Auslagen sofort nach ihrer Entstehung.

(2) Die Erstattungsgebühr (Nummer 301.500 des Kostenverzeichnisses) wird fällig, wenn das Deutsche Patent- und Markenamt feststellt, dass ein Rechtsgrund zur Zahlung nicht vorliegt.

§ 7 Vorauszahlung, Zahlungsfristen, Zurückbehaltungsrecht

(1) Das Deutsche Patent- und Markenamt kann die Zahlung eines Kostenvorschusses verlangen und die Vornahme der Amtshandlung von der Zahlung oder Sicherstellung des Vorschusses abhängig machen. Bei Verrichtungen von Amts wegen kann ein Vorschuss nur zur Deckung der Auslagen erhoben werden.

(2) Für die Bestimmung der Zahlungsfristen gilt § 18 der DPMA-Verordnung entsprechend.

(3) Bescheinigungen, Ausfertigungen und Abschriften sowie vom Antragsteller anlässlich der Amtshandlung eingereichte Unterlagen können zurückbehalten werden, bis die in der Angelegenheit erwachsenen Kosten bezahlt sind. Von der Zurückbehaltung ist abzusehen,
1. wenn der Eingang der Kosten mit Sicherheit zu erwarten ist,
2. wenn glaubhaft gemacht wird, dass die Verzögerung der Herausgabe einem Beteiligten einen nicht oder nur schwer zu ersetzenden Schaden bringen würde, und nicht anzunehmen ist, dass sich der Schuldner seiner Pflicht zur Zahlung der Kosten entziehen wird, oder
3. wenn es sich um Unterlagen eines Dritten handelt, demgegenüber die Zurückbehaltung eine unbillige Härte wäre.

§ 8 Folgen der Nichtzahlung, Antragsrücknahme

(1) Wird der nach § 7 Abs. 1 Satz 1 angeforderte Kostenvorschuss nicht innerhalb der vom Deutschen Patent- und Markenamt gesetzten Frist gezahlt, gilt der Antrag als zurückgenommen.

(2) Gilt ein Antrag nach Absatz 1 als zurückgenommen oder wird ein Antrag auf Vornahme einer gebührenpflichtigen Amtshandlung zurückgenommen, bevor die beantragte Amtshandlung vorgenommen wurde, entfällt die Gebühr.

§ 9 Unrichtige Sachbehandlung, Erlass von Kosten

(1) Kosten, die bei richtiger Behandlung der Sache nicht entstanden wären, werden nicht erhoben. Das Gleiche gilt für Auslagen, die durch eine von Amts wegen veranlasste Verlegung eines Termins oder Vertagung einer Verhandlung entstanden sind.

(2) Das Deutsche Patent- und Markenamt kann vom Ansatz der Dokumenten- und Datenträgerpauschale ganz oder teilweise absehen, wenn Daten, Ablichtungen oder Ausdrucke für Zwecke verlangt werden, deren Verfolgung überwiegend im öffentlichen Interesse liegt, oder wenn amtliche Bekanntmachungen anderer Bericht erstattenden Medien als den amtlichen Bekanntmachungsblättern auf Antrag zum unentgeltlichen Abdruck überlassen werden.

(3) Kosten werden nicht erhoben, wenn Daten im Internet zur nicht gewerblichen Nutzung bereitgestellt werden.

(4) Im Übrigen gelten für die Niederschlagung und den Erlass von Kosten die Vorschriften der Bundeshaushaltsordnung.

§ 10 Erstattung

(1) Überzahlte oder zu Unrecht erhobene Kosten sind unverzüglich zu erstatten.

(2) Bei der Erstattung von Beträgen, die ohne Rechtsgrund eingezahlt wurden (§ 6 Abs. 2), wird die Erstattungsgebühr einbehalten.

§ 11 Kostenansatz

(1) Die Kosten werden beim Deutschen Patent- und Markenamt angesetzt, auch wenn sie bei einem ersuchten Gericht oder einer ersuchten Behörde entstanden sind.

(2) Die Stelle des Deutschen Patent- und Markenamts, die die Kosten angesetzt hat, trifft auch die Entscheidungen nach den §§ 9 und 10. Die Anordnung nach § 9 Abs. 1, dass Kosten nicht erhoben werden, kann in Patent-, Gebrauchsmuster-, Topographieschutz-, Marken- und Designsachen auch im Aufsichtsweg erlassen werden, solange nicht das Bundespatentgericht entschieden hat.

§ 12 Erinnerung, Beschwerde, gerichtliche Entscheidung

(1) Gegen den Kostenansatz kann der Kostenschuldner Erinnerung einlegen. Sie ist nicht an eine Frist gebunden. Über die Erinnerung oder eine Maßnahme nach den §§ 7 und 9 entscheidet die Stelle des Deutschen Patent- und Markenamts, die die Kosten angesetzt hat. Das Deutsche Patent- und Markenamt kann seine Entscheidung von Amts wegen ändern.

(2) Gegen die Entscheidung des Deutschen Patent- und Markenamts über die Erinnerung in Patent-, Gebrauchsmuster-, Topographieschutz-, Marken- und Designsachen kann der Kostenschuldner Beschwerde einlegen. Eine Beschwerde gegen die Entscheidung des Bundespatentgerichts über den Kostenansatz findet nicht statt.

(3) Erinnerung und Beschwerde sind schriftlich oder zu Protokoll der Geschäftsstelle beim Deutschen Patent- und Markenamt einzulegen. Die Beschwerde ist nicht an eine Frist gebunden. Erachtet das Deutsche Patent- und Markenamt die Beschwerde für begründet, hat es ihr abzuhelfen. Wird der Beschwerde nicht abgeholfen, ist sie dem Bundespatentgericht vorzulegen.

(4) In Urheberrechtssachen kann der Kostenschuldner gegen eine Entscheidung des Deutschen Patent- und Markenamts nach Absatz 1 innerhalb einer Frist von zwei Wochen nach der Zustellung gerichtliche Entscheidung beantragen. Der Antrag ist schriftlich oder zu Protokoll der Geschäftsstelle beim Deutschen Patent- und Markenamt zu stellen. Erachtet das Deutsche Patent- und Markenamt den Antrag für begründet, hat es ihm abzuhelfen. Wird dem Antrag nicht abgeholfen, ist er dem nach § 138 Abs. 2 Satz 2 des Urheberrechtsgesetzes zuständigen Gericht vorzulegen.

§ 13 Verjährung, Verzinsung

Für die Verjährung und Verzinsung der Kostenforderungen und der Ansprüche auf Erstattung von Kosten gilt § 5 des Gerichtskostengesetzes entsprechend.

§ 14 Übergangsregelung

In den Fällen, in denen vor Inkrafttreten dieser Verordnung die gebührenpflichtige Amtshandlung beantragt, aber noch nicht beendet ist, werden die bis zum Inkrafttreten dieser Verordnung geltenden Gebühren erst mit Beendigung der Amtshandlung fällig.

§ 15 Inkrafttreten, Außerkrafttreten

Diese Verordnung tritt am 1. Oktober 2006 in Kraft.

Die **Auslagen** in Verfahren vor dem **Bundespatentgericht** werden nach § 1 Abs 1 Satz 2 PatKostG **3** nach dem Gerichtskostengesetz (GKG), Kosten in Justizverwaltungsangelegenheiten nach der Justizverwaltungskostenverordnung (JVKostVO) erhoben. Die Zahlungsarten und deren Wirksamkeit bestimmt die Patentkostenzahlungsverordnung (PatKostZV) vom 15.10.2003,[4] geänd durch die VO über den elektroni-

---

4 BGBl I 2083 = BlPMZ 2003, 409.

schen Zahlungsverkehr beim Deutschen Patent- und Markenamt und zur Änderung weiterer Verordnungen für das Deutsche Patent- und Markenamt vom 1.11.2013,[5] die die PatKostZV vom 20.12.2001[6] mWv 1.1.2004 abgelöst hat. Werden Gebühren des DPMA oder BPatG durch Einzahlung („Bareinzahlung") bei einem Kreditinstitut entrichtet, handelt es sich nicht um eine Überweisung iSd § 1 Nr 2 PatGebZV, sondern um eine Einzahlung iSd § 1 Nr 3 PatGebZV (jetzt § 1 Nr 2 und 3 PatKostZV), auch wenn das Kreditinstitut kein Konto der Zahlstelle des DPMA führt.[7] Für die **Beitreibung** der Kosten gilt die Justizbeitreibungsordnung (JBeitrO), und zwar auch für das DPMA (§ 1 Abs 5 JBeitrO).

II. Kostenbegriff

4   Vom weiteren **erstattungsrechtlichen Kostenbegriff** (vgl zB §§ 62, 80 PatG; §§ 63, 71 MarkenG), der die gesamten den Verfahrensbeteiligten durch ein Verfahren erwachsenden Kosten umfasst, muss der **gebührenrechtliche Kostenbegriff** unterschieden werden. Er umfasst zunächst die im PatKostG dem Grunde und der Höhe nach geregelten Gebühren, zB die Anmeldegebühr, die Jahresgebühren, Beschwerde-, Klage- und sonstige Antragsgebühren sowie die im Verfahren vor dem BPatG nach § 1 Abs 1 Satz 2 PatKostG iVm dem GKG zu erstattenden gerichtlichen Auslagen. Sodann erfasst er die Kosten (Gebühren und Auslagen), die nach § 1 Abs 2 Nr 1 PatKostG iVm der DPMAVwKostV (vgl dort insb § 1) für Amtshandlungen des DPMA erhoben werden (Gebühren für Beglaubigungen, Bescheinigungen, Akteneinsicht, Auskünfte; Auslagen für Registerauszüge, Abschriften, Schreibleistungen, Fotos, Bekanntmachungen, Druckkosten uä).

III. Kostenpflicht

5   **1. Allgemeines.** Eine Kostenpflicht besteht nur nach Maßgabe der oben genannten gesetzlichen Vorschriften. Dabei ist eine Gebühr idR nur für das Verfahren zu zahlen und nicht für eine bestimmte Handlung des DPMA;[8] sie ist öffentliche Abgabe, nicht Entgelt für eine Gegenleistung.[9] Auslagen iSd Kostenverzeichnisses zur DPMAVwKostV – mit Ausnahme von Telekommunikationsdienstleistungen – sind mit den etwa geschuldeten Gebühren nach dem Kostenverzeichnis abgegolten, wenn nicht ihre gesonderte Erhebung dort ausdrücklich vorgesehen ist (§ 2 DPMAVwKostV).

6   Soweit die Patentbehörden **nichthoheitlich**, fiskalisch tätig werden, zB beim Verkauf von Offenlegungsschriften, Patentschriften, PatBl, gilt diese Gesetzesbindung nicht. Derartige Rechtsgeschäfte regeln sich nach allg bürgerlichem Kaufrecht.[10]

7   **2. Rechtsnatur.** Dass in Bezug auf die Kosten nach DPMAVwKostV eine **echte (beitreibbare) Verbindlichkeit** begründet wird, steht außer Zweifel.

8   Ob Gleiches für die **Gebühren** nach dem PatKostG gilt, erscheint zweifelhaft. Für das frühere Recht war es str.[11] Fest stand nach der früheren Rechtslage, dass die Gebührentatbestände keine von vornherein durchsetzbaren (beitreibbaren) Verbindlichkeiten begründeten. Denn die Gebühren waren durchweg Wirksamkeitsvoraussetzung einer mit ihnen vorzunehmenden Verfahrenshandlung; der Antragsteller hatte es also und sollte es in der Hand haben, ob er seiner Verfahrenshandlung durch die Zahlung Wirksamkeit verlieh oder die verfahrensrechtl Folgen der Nichtzahlung vorzog. Eine Gebührenbeitreibung wäre mit dieser Funktion der Gebühren unvereinbar. Daran hat sich im neuen Recht nichts geänd, wie auch § 10 Abs 2 zeigt. Auf der anderen Seite ging das frühere Recht und geht das PatKostG nach seinem Wortlaut erkennbar von einer echten Verbindlichkeit aus. Es spricht von einer Kostenschuld (§ 4 Abs 1 Nr 4) sowie davon, dass die Gebühren „zu zahlen" (§ 6 Abs 1 Satz 1, 2) bzw „zu entrichten" (§ 17 Abs 1 PatG) sind und regelt nunmehr ausdrücklich ihre Fälligkeit (§ 3). Es sieht die Nachzahlung (§§ 137, 136 PatG iVm § 124

---

5   BGBl I 3906 = BlPMZ 2013, 378.
6   BGBl I 3853, früher: PatGebZV.
7   BPatGE 46,60 = BlPMZ 2003, 118.
8   Begr BlPMZ 2002, 44 liSp.
9   Vgl BPatGE 5, 24 = GRUR 1965, 165; *Klauer/Möhring* § 36l PatG Rn 16; BPatG BlPMZ 2002, 385 f.
10   Vgl *Ballhaus* Mitt 1962, 1; *Schulte* Mitt 1970, 141 f.
11   Bejahend BGH GRUR 1971, 563 Dipolantenne II; BPatG 1, 126, 131 = BlPMZ 1961, 398; BPatGE 11, 222, 224; aA RPA BlPMZ 1928, 301; DPA BlPMZ 1951, 374; DPA BlPMZ 1953, 420; DPA Mitt 1955, 58.

ZPO) bei der Verfahrenskostenhilfe vor. Diese Regelungen und Formulierungen sind nur vor dem Hintergrund einer echten Verbindlichkeit plausibel.

Richtig dürfte eine **differenzierende Betrachtung** sein. Soweit das Gesetz dem Betroffenen ein **9** Wahlrecht[12] einräumt, ob er seine Verfahrenshandlung durch Zahlung oder durch eine zahlungsersetzende Handlung, wie zB einen Verfahrenskostenhilfeantrag, wirksam werden lässt oder nicht, fehlt eine echte Verbindlichkeit. Fehlt jedoch ein solches Wahlrecht oder macht der Betroffene von seinem Wahlrecht positiven Gebrauch, sei es, dass er zahlt oder dass er um Verfahrenskostenhilfe nachsucht, entsteht ein vollgültiger Rechtsgrund für die erbrachte Leistung. Das Gezahlte kann nicht zurückgefordert werden; zur Rückzahlung von Kosten bzw Wegfall von Gebühren vgl im einzelnen die Ausführungen zu § 10.[13] In Bezug auf das – nach früherem Recht – Gestundete bestand nach Wegfall der Vergünstigung eine echte – im Weg der Beitreibung durchsetzbare – Zahlungspflicht.[14]

3. Kostenschuldner. Wer Schuldner der Gebühren ist, regelt § 4. **10**

IV. Fälligkeit

1. Die Fälligkeit der **Gebühren** des DPMA und des BPatG ergibt sich aus § 3. **11**

Die **Gebühren nach DPMAVwKostV** werden mit Beendigung der gebührenpflichtigen Amtshand- **12** lung fällig (§ 6 Abs 1 DPMAVwKostV).

2. Auslagen nach der DPMAVwKostV werden sofort nach ihrer Entstehung fällig (§ 6 Abs 1 DPMAVw- **13** KostV), ebenso die Dokumentenpauschale beim BPatG (§ 1 Abs 1 Satz 2 PatKostG iVm § 9 Abs 3 GKG). Die sonstigen Auslagen des BPatG werden mit Erlass einer Kostenentscheidung oder der Beendigung des Verfahrens fällig (§ 9 GKG).

V. Vorschuss; Zurückbehaltungsrecht

Das DPMA kann die Vornahme der Amtshandlung von der Zahlung eines Vorschusses auf die nach **14** DPMAVwKostV anfallenden Kosten abhängig machen (§ 7 Abs 1 DPMAVwKostV). Es kann zur Sicherung der Zahlung auch ein Zurückbehaltungsrecht an den eingereichten bzw bei der Amtshandlung entstandenen Unterlagen, etwa der beantragten Bescheinigung, geltend machen (§ 7 Abs 3 Satz 1 DPMAVwKostV).

VI. Zahlung der Gebühren und Kosten

1. Allgemeines. In der PatKostZV hat das BMJ (jetzt: BMJV) von der Ermächtigung des § 1 Abs 2 Nr 2 **15** Gebrauch gemacht und bestimmt, in welcher Form die Gebühren des DPMA und des BPatG gezahlt werden können. Die PatKostZV gilt auch für die Zahlung der nach DPMAVwKostV erhobenen Kosten. Eine gesonderte Verweisung ist wegen der geänd Verordnungsermächtigung in § 1 Abs 2 Nr 2 entbehrlich.[15] Die Zahlstelle des DPMA wurde zum 1.1.2004 in eine Geldstelle umgewandelt, die kein eigenes Konto führt. Das Konto wird seit diesem Zeitpunkt von der Bundeskasse Weiden (jetzt Halle/Saale, Rn 18) fortgeführt. Überweisungen oder Bareinzahlungen sind auf das Konto der Bundeskasse bei der Bundesbank München 700 010 54 zu zahlen. Erteilte und auf ein Inlandskonto bezogene Einzugsermächtigen für künftig fällige Gebühren behalten ihre Gültigkeit. Da weiterhin bei Erteilung einer Einziehungsermächtigung der Tag des

---

12   BPatGE 16, 110, 112 = BlPMZ 1974, 196.
13   BPatGE 11, 55 f; BPatGE 11, 222, 224.
14   AA zum früheren Recht BPatGE 20, 89 = BlPMZ 1978, 181 in teilweiser Abkehr von BPatGE 16, 110 = BlPMZ 1974, 196: das Wahlrecht überdauere den Stundungsantrag; gestundete Gebühren seien jedenfalls dann nicht beitreibbar, wenn die Patentanmeldung nach Ablauf der Stundungsfrist wegen Nichtzahlung dieser Gebühren als zurückgenommen gilt. Nach BPatGE 36, 266 = GRUR 1997, 443 konnte das Gestundete jedoch in entspr Anwendung des § 812 Abs 1 Satz 2 2. Alt BGB zurückgefordert werden, wenn es in Unkenntnis des Erlöschens des Patents nachentrichtet worden war; allerdings konnte das DPMA den zurückgezahlten Betrag erneut beitreiben, wenn die Voraussetzungen für einen Erlass der durch die Zurückzahlung wieder aufgelebten Gebührenschuld nicht erfüllt waren. Zur Frage, ob ein Stundungsgesuch vorlag, auch BPatG 1.6.2006 10 W (pat) 45/02.
15   Vgl Begr BlPMZ 2002, 63.

Eingangs beim DPMA oder beim BPatG als Zahlungstag gilt (§ 2 PatKostZV),[16] sind Anträge wie bisher einzureichen.[17]

16   **Nicht ausreichende Zahlung.** Wird in einem Abbuchungsauftrag ein nicht ausreichender Betrag für eine Gebührenzahlung bestimmt, kann die Betragsangabe nicht allein deswegen, weil der Zahlungszweck angegeben ist, durch Auslegung dahin korrigiert werden, dass in Wahrheit der für den Zahlungszweck erforderliche Betrag bestimmt sei.[18] Zum Abzug von Bankspesen Rn 40, 54 zu § 123.

17   **Aufrechnung.** Das DPMA kann wegen der besonderen Rechtsnatur der Patentgebühren (Rn 7 ff) nicht aufrechnen. Der Zahlungspflichtige kann mit einem Bereicherungsanspruch nicht aufrechnen, wenn es an Gegenseitigkeit fehlt und die Aufrechnung überdies erst nach Ablauf der Frist erklärt wird.[19]

18   **2. Die Zahlungswege** sind in § 1 PatKostZV geregelt. Die Aufzählung der Zahlungsarten ist abschließend. Kosten des DPMA können danach durch Bareinzahlung bei den Geldstellen des DPMA, durch Überweisung auf ein Konto der zuständigen Bundeskasse (seit 1.1.2012 Bundeskasse Halle/Saale, Dienstsitz Weiden/Oberpfalz),[20] durch Bareinzahlung auf ein Konto der zuständigen Bundeskasse oder durch ein SEPA-Basislastschriftmandat gezahlt werden, das mWv 1.12.2013 an die Stelle der früheren Erteilung einer Lastschrifteinzugsermächtigung von einem Inlandskonto (§ 1 Abs 1 PatKostZV) getreten ist.[21] Scheckzahlung ist nicht mehr möglich und entfaltet keine Rechtswirkungen.[22] Ein Abbuchungsauftrag muss jedenfalls dann keine Angabe des Gebührenbetrags enthalten, wenn mit ihm die Gebühr für ein Rechtsmittel oder einen Rechtsbehelf entrichtet werden soll.[23] Bei Zahlungen an das DPMA sollen für das SEPA-Basislastschriftmandat die über die Internetseite www.dpma.de bereitgestellten Formulare verwendet werden.[24]

19   **3. Zahlungsempfänger** ist das DPMA. München bzw Berlin oder Jena sind Leistungsort iSv § 193 BGB.[25] In Berlin und Jena sind Geldstellen eingerichtet.

20   **4. Den Zahlungstag** bestimmt § 2 PatKostZV. Bei Gebührenzahlung mit Banküberweisung gilt zB als Einzahlungstag nicht der Tag der Wertstellung auf dem Konto des Antragstellers, sondern der Tag, an dem der Betrag auf dem Konto des DPMA gutgeschrieben wird (§ 2 Nr 2 PatKostZV).[26] Bei Erteilung eines SEPA-Basislastschriftmandats mit Angaben zum Verwendungszweck, der die Kosten umfasst, ist Einzahlungstag der Tag des Eingangs beim DPMA oder beim BPatG, bei zukünftig fällig werdenden Kosten der Tag der Fälligkeit, sofern die Einziehung zugunsten der zuständigen Bundeskasse für das DPMA erfolgt; wird das Mandat per Telefax übermittelt, ist dessen Original innerhalb einer Frist von einem Monat nach Eingang des Telefax nachzureichen, andernfalls gilt als Zahlungstag der Tag des Eingangs des Originals (§ 2 Nr 4 PatKostZV).[27]

21   **5. Zur Fristwahrung** ist also grds der Eingang des Betrags bei der Kasse des DPMA bzw die Gutschrift auf deren Konto erforderlich. Bei Übersendung einer Lastschrifteinzugsermächtigung genügt deren Ein-

---

16   Vgl zur Einspruchsgebühr BPatG 23.10.2006 11 W (pat) 305/03.
17   BekPräsDPMA Nr 9/03 vom 27.8.2003.
18   BPatGE 44, 180 = Mitt 2002, 355.
19   BPatGE 41, 274, zur markenrechtl Widerspruchsgebühr.
20   MittPräsDPMA Nr 4/12 BlPMZ 2012, 37.
21   § 1 Abs 1 Nr 4 PatKostZV idF des Art 4 der VO über den elektronischen Rechtsverkehr beim Deutschen Patent- und Markenamt und zur Änderung weiterer Verordnungen für das Deutsche Patent- und Markenamt vom 1.11.2013, BGBl I 3906 = BlPMZ 2013, 378, 380; vgl MittPräsDPMA Nr 8/13 vom 28.8.2013 BlPMZ 2013, 297.
22   Vgl BPatG 10.11.2003 21 W (pat) 326/03; BPatG 25.5.2004 27 W (pat) 83/04, Markensache: auch für Anmeldungen vor dem 1.1.2002; BPatG 17.6.2004 14 W (pat) 63/03.
23   BPatGE 48, 163 = Mitt 2004, 451.
24   § 1 Abs 2 PatKostZV idF des Art 4 der VO über den elektronischen Rechtsverkehr beim Deutschen Patent- und Markenamt und zur Änderung weiterer Verordnungen für das Deutsche Patent- und Markenamt vom 1.11.2013, BGBl I 3906 = BlPMZ 2013, 378, 380.
25   Vgl BPatGE 21, 106 = GRUR 1979, 393.
26   BPatG 2.12.2009 26 W (pat) 183/09 2.12.2009; zum früheren Recht BPatG 17.4.2000 10 W (pat) 44/99.
27   IdF des Art 4 der VO über den elektronischen Rechtsverkehr beim Deutschen Patent- und Markenamt und zur Änderung weiterer Verordnungen für das Deutsche Patent- und Markenamt vom 1.11.2013, BGBl I 3906 = BlPMZ 2013, 378, 380.

gang beim DPMA oder beim BPatG, sofern die Abbuchung bzw Einziehung zugunsten der Zahlstelle erfolgt (§ 2 Nr 4 PatKostZV). Nicht ausreichende Deckung des Kontos bei Fälligkeit ist unschädlich, wenn diese zum Zeitpunkt der Abbuchung gegeben ist.[28] Bei Verrechnung mit einem beim DPMA bestehenden Guthaben muss die Verrechnungserklärung in der Zahlungsfrist erfolgen.[29] Das DPMA kann wegen der besonderen Rechtsnatur der Patentgebühren (Rn 7 ff) nicht aufrechnen.

Die Frist zur Zahlung einer fälligen Jahresgebühr wird durch die Eröffnung des Insolvenzverfahrens **22** nicht unterbrochen.[30] Zur **Fristberechnung** Rn 81 ff vor § 34.

Mit der Eröffnung der Möglichkeit, nach § 1 Abs 1 Nr 3 PatKostZV an jedem beliebigen Ort (Zahlungs- **23** ort) durch Einzahlung auf das Konto des DPMA fristwahrend zu zahlen, gewinnt die Streitfrage besondere Bedeutung, ob – entspr dem Wortlaut des § 193 BGB – nur ein Sonn- oder gesetzlicher **Feiertag am Leistungsort** (München bzw Berlin oder Jena)[31] den Fristablauf von diesem auf den nächstfolgenden Werktag verschiebt[32] oder ob auch ein Sonn- oder gesetzlicher Feiertag, der nur **am Zahlungsort** gilt, diese Wirkung hat.[33] Der letzteren Auffassung ist der Vorzug zu geben. Sonst würde der Zweck der PatKostZV, die fristwahrende Zahlung möglichst zu erleichtern, gerade für die Zahlungsform verfehlt, die sich für eine fristwahrende Zahlung „im letzten Moment" besonders anbietet.

Nachweis der Zahlung. Aus der Regelung des § 2 Nr 3 PatKostZV, nach der statt dem sonst maß- **24** geblichen Zahlungseingang bzw der Gutschrift auf einem Konto des DPMA bereits die Einzahlung auf ein Konto die Frist wahrt, erwachsen erhebliche Schwierigkeiten bei der Feststellung des fristwahrenden Einzahlungszeitpunkts. Da das DPMA aus den üblicherweise zur Verfügung stehenden Bankbelegen nicht ersehen kann, ob eine Einzahlung auf ein Konto oder eine andere Zahlungsform, zB Überweisung, vorliegt, kann es den rechtlich maßgeblichen Zahlungszeitpunkt von sich aus nicht mehr sicher feststellen. Bis zum Nachweis, dass eine Einzahlung auf ein Konto vorliegt, geht es daher von der Maßgeblichkeit des Buchungsdatums aus und bescheinigt dieses als Zeitpunkt der Gebührenzahlung. Dies kann zu einer (scheinbaren) Verfristung führen. Deren Aufklärung ist stets belastend für alle Beteiligten und kann Schwierigkeiten bereiten, weil Banken dem Einzahler nicht immer ohne weiteres einen beweiskräftigen Einzahlungsbeleg aushändigen. Deshalb sollte der Einzahler bei Einzahlung auf ein Konto auf einer beweiskräftigen Einzahlungsquittung[34] bestehen und möglichst zeitgleich mit der Einzahlung eine Kopie dieses Belegs an die Zahlstelle des DPMA übersenden oder sie sonst der für die Fristprüfung zuständigen Stelle zugänglich machen.[35]

6. Die ausreichende **Angabe des Verwendungszwecks** der Zahlung sollte stets erfolgen, um zeit- **25** raubende Rückfragen und Ermittlungstätigkeit des DPMA zu vermeiden, insb aber auch um Rechtsverlusten vorzubeugen. Angegeben werden sollten die Art der Gebühr, zB „3. Jahresgebühr", das vollständige Az (einschließlich Prüfziffer) bzw die Patentnummer sowie der Name des Einzahlenden.[36]

Die Zweckbestimmung ist **bindend.** Der Einzahler kann sie nur ändern, wenn die Gebühr noch nicht **26** für den ursprünglichen Zweck verfallen ist.[37] Das DPMA kann die Zweckbestimmung nicht ändern; es kann jedoch offenbare Unrichtigkeiten jederzeit berichtigen.[38]

Die Frist ist nicht gewahrt, wenn die Bestimmungsangabe fehlt und nicht nachgeholt wird. Die **Nach- 27 holung der Zweckbestimmung** ist noch nach Fristablauf möglich,[39] allerdings nur binnen Jahresfrist nach Ablauf der Zahlungsfrist[40] und nicht, wenn bis zum Fristablauf zu dem betreffenden Verfahren noch

---

28 BGH Mitt 1960, 59 Wiedereinsetzung II.
29 PA BlPMZ 1912, 217; RPA BlPMZ 1928, 301.
30 BGH GRUR 2008, 551 Sägeblatt.
31 Vgl BPatGE 21, 106 = GRUR 1978, 710.
32 So *Benkard*[10] Rn 12 vor § 17 PatG; in diesem Sinn wohl auch MittPräsDPA Nr 18/95 BlPMZ 1995, 377.
33 So BPatGE 21, 106 = GRUR 1978, 710; PA BlPMZ 1908, 204.
34 Die bei der Postbank dzt übliche Automatenquittung ohne schlüssigen Bezug auf den Einzahlungsvordruck genügt zB nicht.
35 Vgl MittPräsDPA Nr 11/96 BlPMZ 1996, 325; MittPräsDPA Nr 1/92 BlPMZ 1992, 7; Hinweis BlPMZ 1992, 361.
36 MittPräsDPA BlPMZ 1965, 81; MittPräsDPA Nr 13/77 BlPMZ 1977, 345; MittPräsDPA Nr 5/80 BlPMZ 1980, 46.
37 Zur Anfechtung der Zweckbestimmung wegen Irrtums vgl DPA BlPMZ 1957, 367.
38 PA BlPMZ 1904, 394; PA BlPMZ 1906, 247; DPA BlPMZ 1957, 367.
39 Vgl BGH GRUR 1974, 279 Erba; BPatGE 2, 196; BPatGE 18, 121 = GRUR 1976, 363, Wz-Sache; *Bendler* Mitt 1962, 98; *Ballhaus* Mitt 1962, 42; aA DPA BlPMZ 1956, 62; DPA BlPMZ 1957, 367.
40 BPatGE 18, 121 = GRUR 1976, 363.

keinerlei Zahlung erfolgt ist.[41] Reicht der gezahlte Betrag nicht zur Begleichung sämtlicher Gebühren, für die er bestimmt ist, und trifft der Schuldner auch nachträglich keine weitere Bestimmung, hat das DPMA die Zahlung nach Maßgabe des § 366 Abs 2 BGB zu verrechnen.[42]

7. Nichtzahlung der Kosten

28 **a. Allgemeines.** Für die Gebühren des PatKostG sind die Folgen der Nichtzahlung bzw der nicht fristgemäßen Zahlung in §§ 6 und 7 geregelt, vgl dort.

29 **b. Zurückbehaltungsrecht; Vorschussanforderung.** Die Zahlung der Kosten nach DPMAVwKostV sichert das DPMA durch Anforderung von Vorschüssen und durch Ausübung des Zurückbehaltungsrechts (Rn 14). Die Nichtzahlung ist hier also gleichfalls durch die Verweigerung des Erstrebten sanktioniert.

30 **c. Beitreibung.** Schließlich kommt die Kostenbeitreibung in Betracht. Die Ansprüche des DPMA und des BPatG als Justizbehörden des Bunds werden nach der Justizbeitreibungsordnung (JBeitrO) beigetrieben (§ 1 Abs 1 Satz 1, Abs 5 JBeitrO). Vollstreckungsbehörde ist nach Art 4 Abs 13 Nr 2 des Gesetzes zur Errichtung und Regelung der Aufgaben des Bundesamts für Justiz vom 17.12.2006[43] seit 1.1.2007 das Bundesamt für Justiz (§ 2 Abs 2 JBeitrO). Dem Präsidenten des BPatG ist die Befugnis zur Niederschlagung von Kosten gem § 59 Bundeshaushaltsordnung übertragen.[44]

31 Bei den **Gebühren nach PatG iVm PatKostG** kommt die Beitreibung wegen deren besonderer Rechtsnatur (Rn 7 ff) nur ausnahmsweise in Betracht; sie war nach früherem und ist nach geltendem Recht nur statthaft, wenn der Kostenschuldner durch Inanspruchnahme zahlungsersetzender Behelfe wie Verfahrenskostenhilfe sein Wahlrecht ausgeübt und so eine echte Verbindlichkeit begründet hat (Rn 9). Wird die Verfahrenskostenhilfe aufgehoben, sind die Gebühren nachzuentrichten und können beigetrieben werden. Gleiches gilt für die im Verfahrenskostenhilfeverfahren etwa angeordneten Ratenzahlungen. Nach Erlöschen wegen Nichtzahlung der Jahresgebühren verbleibt hinsichtlich der in der Vergangenheit gestundeten Jahresgebühren eine beitreibbare Gebührenschuld.[45] § 10 Abs 2 regelt den Wegfall von Gebühren in den Fällen, in denen zB ein Antrag wegen Nichtzahlung der Gebühr als zurückgenommen gilt, vgl die Kommentierung dort.

VII. Zahlungsvergünstigungen und -befreiungen

32 **1. Kosten nach Patentkostengesetz.** Nach § 9 werden Kosten, die bei richtiger Behandlung der Sache nicht entstanden wären, nicht erhoben. Erleichterung gewährt auch § 130 Abs 5 Satz 1 PatG mit der Möglichkeit, Jahresgebühren in die Verfahrenskostenhilfe einzubeziehen.

33 Die **Kostenvergünstigungen anderer Gesetze**, insb der DPMAVwKostV, der JVKostO und des GKG, finden auf die Gebühren nach PatG wegen deren besonderer Rechtsnatur (Rn 7 ff) keine Anwendung.[46]

34 **2. Kosten nach anderen Bestimmungen.** Nach § 4 DPMAVwKostV sind bestimmte Körperschaften öffentlichen Rechts und die WIPO unter bestimmten Voraussetzungen von der Kostenzahlung befreit.

35 Auch nach § 9 Abs 1 DPMAVwKostV werden Kosten nicht erhoben, die bei **richtiger Sachbehandlung** nicht entstanden wären. Eine unrichtige Sachbehandlung kann in verfahrensrechtl oder materiellrechtl Fehlern liegen, setzt jedoch in jedem Fall voraus, dass eindeutig und offensichtlich gegen gesetzliche Vorschriften verstoßen worden ist.[47]

36 Von der Kostenerhebung kann weiter mit Rücksicht auf die **wirtschaftlichen Verhältnisse** des Pflichtigen oder sonst aus **Billigkeitsgründen** abgesehen oder die Kosten können ermäßigt oder gestun-

---

41 BPatGE 41, 274, zur markenrechtl Widerspruchsgebühr.
42 BPatGE 17, 6 = BlPMZ 1975, 190.
43 BGBl I 2006, 3171.
44 BlPMZ 1975, 57.
45 BPatG GRUR 1997, 443.
46 BPatGE 13, 60, 63.
47 BPatG Mitt 1971, 174, 176.

det werden (§ 9 Abs 4 DPMAVwKostV unter Verweis auf die § 59 BHO). Ein Verzicht auf Beitreibung durch das EPA ist nicht mehr vorgesehen, Rn 49.

Ein **Absehen vom Kostenansatz** kommt bei bestimmten Kosten in Betracht, die im überwiegenden **37** öffentlichen Interesse erwachsen sind (§ 9 Abs 2 DPMAVwKostV).[48] Für Daten, die zur nichtgewerblichen Nutzung im Internet bereitgestellt werden, fallen keine Kosten an (§ 9 Abs 3 DPMAVwKostV).

Nach § 11 JVKostO werden die Kosten **unrichtiger Sachbehandlung** nicht erhoben, nach § 12 JVKostO **38** können Gebühren **ermäßigt** oder es kann **von der Erhebung von Kosten abgesehen** werden, wenn dies mit Rücksicht auf die wirtschaftlichen Verhältnisse des Zahlungspflichtigen oder sonst aus Billigkeitsgründen geboten erscheint.

3. Vergünstigungen nach § 59 Bundeshaushaltsordnung. Das BMJV kann Forderungen **stunden**, **39** wenn die sofortige Einziehung eine Härte wäre, **niederschlagen**, wenn feststeht, dass sie uneinbringlich sind oder ihre Einziehung außer Verhältnis zur Höhe der Kosten steht, und **erlassen**, wenn die Einziehung eine Härte wäre. Diese Befugnisse hat es auf die Präsidenten des BPatG und des DPMA übertragen.[49]

B. Grundzüge der Regelung des Kostenrechts

I. Ziel des KostRegBerG war die Modernisierung von Kostenregelungen zur Vorbereitung einer umfas- **40** senden Modernisierung der Arbeits- und Ablauforganisation in der Schutzrechtsverwaltung beim DPMA. Gleichzeitig erfolgte eine Umstellung aller Gebührenverzeichnisse auf Euro (EUR) zum 1.1.2002 für den Bereich des gewerblichen Rechtsschutzes und des Urheberrechts.[50]

Das PatKostG ist **an die Stelle** des PatGebG, aber auch zahlreicher kostenrechtl Bestimmungen im PatG, **41** im GebrMG, im MarkenG, im GeschmMG (jetzt: DesignG), im HlSchG (zu den sich dort ergebenden besonderen Problemen Rn 4 zu § 3 HlSchG, Rn 4 zu § 5 HlSchG) und im SortG getreten. Es regelt insb die Höhe und Fälligkeit der Gebühren, die nach Fälligkeit einzuhaltende Zahlungsfrist sowie die Folgen der Nichtzahlung der Gebühren. Es enthält auch Bestimmungen über den Kostenansatz einschließlich der Rechtsbehelfsregelung und die Verweisung auf das GKG hinsichtlich der Streitwertfestsetzung für Klage- und einstweilige Verfügungsverfahren vor dem BPatG und der Verjährung bzw Verzinsung der Kostenforderungen und Erstattungsansprüche. Die teilweise unterschiedlichen Regelungen in den Einzelgesetzen (PatG, GebrMG, MarkenG, GeschmMG, IntPatÜG, SortG) sind bis auf wenige schutzrechtsspezifische Regelungen gestrichen bzw durch eine Verweisung auf das PatKostG ersetzt worden. Das Transparenz- und Publizitätsgesetz hat verschiedene Bestimmungen geänd, weitere Änderungen (§§ 3, 5, 6, 7, 10; Einfügung eines neuen § 15) haben das GeschmMRefG,[51] das KostRMoG, das Gesetz zur Änderung des patentrechtlichen Einspruchsverfahrens und des Patentkostengesetzes vom 21.6.2006 sowie das Gesetz zu Vereinfachung und Modernisierung des Patentrechts vom 31.7.2009 gebracht. Das Gesetz zur Änderung des Gesetzes über internationale Patentübereinkommen vom 10.12.2003, das ebenfalls Änderungen vorgesehen hatte, wurde vor Inkrafttreten durch Art 8b Nr 4 des Gesetzes zur Verbesserung der Durchsetzung von Rechten des geistigen Eigentums vom 7.7.2008 aufgehoben. Daneben ist das GebVerz mehrfach geänd worden.

II. Die Vereinfachung des Zahlungsverkehrs geschieht **42**
– durch Angleichung der Vorauszahlungsbedingungen; zB wurden durch das KostRegBerG für Anmeldungen und Anträge Zahlungsfristen für Gebühren eingeführt; ob eine Gebühr erhoben wird, ergibt sich nur aus dem Gebührenverzeichnis zum PatKostG (Anl zu § 2). Mit der Umstellung auf Euro wurde eine Glättung der Gebührenbeträge auf runde Summen vorgenommen.
– durch Wegfall des Zustellerfordernisses von Gebührenbenachrichtigungen; zB ist die Fälligkeit der Verspätungszuschläge gem § 7 Abs 1 Satz 2 nicht mehr an eine vom DPMA zuzustellende Nachricht geknüpft, dieses erinnert nur noch formlos an die Zahlung;
– durch Wegfall der Sonderregelungen über die Stundung von Jahres-, Aufrechterhaltungs- oder Verlängerungsgebühren. Die langfristige Stundungsmöglichkeit des § 18 PatG aF (s 5. *Aufl*) wurde abge-

---

48 Vgl dazu *Kelbel* GRUR 1981, 5, 13.
49 Bek des BMJ BlPMZ 1972, 210; BlPMZ 1975, 57.
50 Vgl Begr BlPMZ 2002, 36 ff; MittPräsDPA Nr 9/98 BlPMZ 1998, 289, MittPräsDPMA Nr 1/02 BlPMZ 2002, 1.
51 BTDrs 15/1075.

schafft und die sonstigen Stundungsvorschriften so vereinheitlicht, dass lediglich Verfahrenskostenhilfe – für alle Jahres-, Aufrechterhaltungs- oder Verlängerungsgebühren[52] – gewährt wird.

III. Weitere Änderungen durch das KostRegBerG

43   Einführung einer Mindestgebühr von 25 EUR durch Anhebung niedriger Gebühren; Einführung der Weiterbehandlungsgebühr ab 1.1.2005, vgl Art 21, 30 Abs 3 KostRegBerG; Einführung einer Gebühr für elektronische Anmeldungen; Streichung der (Umschreibungs-) Gebühren für den Inhaberwechsel; Pauschalierung der Verspätungszuschläge; Streichung der Erteilungsgebühr, dafür Einführung der Einspruchsgebühr in Patentsachen; Einführung der Erinnerungsgebühr und einer Löschungsgebühr wegen Verfalls in Markensachen; Einführung einer Weiterleitungsgebühr in Gemeinschaftsmarkensachen; Wegfall der Verspätungszuschläge bei Anmeldungsgebühren in Markensachen; Streichung der Gebühr für das Verfahren bei Aufschiebung der Bildbekanntmachung in Geschmacksmuster- (jetzt: Design-)sachen; Einführung von streitwertabhängigen Gebühren für Klagen und einstweilige Verfügungen vor dem BPatG; die (unrealistisch angesetzte) Mindestgebühr beträgt nach § 2 Abs 2 Satz 3 121 EUR; Regelung der Rückzahlung von Kosten, vgl § 10.

C. Gebührenrecht der Europäischen Patentorganisation[53]

I. Allgemeines[54]

44   Die gebührenrechtl Regelungen sind im wesentlichen in der Gebührenordnung enthalten. Daneben enthalten das EPÜ und die AOEPÜ Bestimmungen, insb stellen sie Gebührentatbestände auf. Weitere Gebühren ergeben sich aus der Tätigkeit des EPA im Rahmen des Patentzusammenarbeitsvertrags. Abw vom nationalen Recht fallen notwendig Benennungs- und Recherchengebühren an.[55] Barzahlung und Zahlung mittels Postanweisung sind seit 2.3.1999 nicht mehr möglich.[56] Das EPA hat seine Gebühren, Auslagen und Verkaufspreise zum 2.3.1999 in EUR festgesetzt und die frühere Referenzwährung DM durch den Euro abgelöst.[57]

II. Gebührenordnung[58]

45   Die vom Verwaltungsrat der Europäischen Patentorganisation insb aufgrund des Art 33 Abs 2 Buchst d EPÜ erlassene **Gebührenordnung der Europäischen Patentorganisation** vom 20.10.1977 (GebO)[59] gilt seit 13.12.2007 in Gestalt ihrer Neubek vom 7.12.2006,[60] zuletzt geänd am 13.12.2013.[61] In Art 2 sind die

---

52   Auch in Markensachen, vgl BGH GRUR 2009, 88 ATOZ; BGH GRUR 1999, 998 Verfahrenskostenhilfe; BGH BlPMZ 2000, 113 Verfahrenskostenhilfe 02; dagegen BPatGE 45, 56 = GRUR 2002, 735; siehe auch Begr BlPMZ 2002, 38 f.
53   Zusammenstellung der maßgeblichen Bestimmungen ABl EPA 2002, 177.
54   Hinweise für die Zahlung von Gebühren, Auslagen und Verkaufspreisen ABl EPA 1997, 81.
55   Zur Herabsetzung der Gebühr für eine ergänzende eur Recherche Beschlüsse des Verwaltungsrats vom 16.12.2015 ABl EPA Online 1/2016 A1, A2, BeschlPräsEPA über die Neufestsetzung der Gebühr für eine Recherche internationaler Art ABl EPA Online 1/2016 A4.
56   Vgl ABl EPA 1999, 120.
57   Neufestsetzung der Gegenwerte Beil zu ABl EPA Nr 2/2001; Übergangsregelung zum laufenden Konto ABl EPA 1999, 43; Neuregelung Beil zu ABl EPA Nr 2/1999. Die neugefassten Bestimmungen über das laufende Konto sind durch BeschlPräsEPA vom 21.1.2002 neu bekanntgemacht worden, Beil zu ABl EPA Nr 2/2002. Hinweis für die Zahlung von Gebühren, Auslagen und Verkaufspreisen ABl EPA 2000, 241. Beschl des PräsEPA zur Entrichtung von Gebühren und Auslagen in der Informationsstelle München ABl EPA 2002, 162.
58   Zu der bis 13.12.2007 geltenden Fassung: Hinweis für die Zahlung von Gebühren, Auslagen und Verkaufspreisen ABl EPA 2000, 241. Zur Übermittlung von Angaben des Zahlungszwecks per Diskette ABl EPA 1996, 553. Beschl des Verwaltungsrats vom 10.6.2005, klargestellt durch Beschl des Verwaltungsrats vom 27.10.2005, zur Herabsetzung der Gebühr für die ergänzende europäische Recherche, ABl EPA 2005, 548. BeschlPräsEPA vom 1.7.2005 über die Rückerstattung von Recherchengebühren gem Art 10 Abs 2 GebO ABl EPA 2005, 431; MittPräsEPA über die Kriterien für die Rückerstattung von Recherchengebühren ABl EPA 2005, 433.
59   ABl EPA 1978, 20 = BGBl 1978 II 1148 = BlPMZ 1978, 304.
60   BGBl 2007 II 1199, 1292; Beil ABl EPA 11/2007.
61   Änderungen vom 25.10.2007 und 14.12.2007 (BGBl II 2008, 370); vom 9.12.2008 (BGBl II 2009, 417); vom 28.10.2009 (BGBl II 2009, 1303), vom 27.10.2011 (ABl EPA 2011, 616) und vom 13.12.2013 (ABl EPA Februar 2014 = BGBl II 2014, 462 = BlPMZ 2014, 309, 310).

---

an das EPA zu entrichtenden Gebühren (zB Anmelde-, Recherche-, Prüfungsgebühr) festgesetzt. Art 3 behandelt die vom PräsEPA festgesetzten Verwaltungsgebühren und Verkaufspreise für Veröffentlichungen. Nach Art 5 können die Gebühren durch Einzahlung oder Überweisung entrichtet werden. Die Möglichkeit der Scheckzahlung ist zum 1.4.2008 entfallen.[62]

Die Gebührenordnung ist in ihrer **konsolidierten Fassung** im Anh abgedruckt. Die Behandlung ge- **46** ringfügiger Fehlbeträge regelt Art 12 GebO, wobei der PräsEPA bestimmt, bis zu welcher Höhe ein Betrag als Bagatellbetrag anzusehen ist. Zur früheren Regelung haben die Beschwerdekammern Fehlbeträge von ca 10% als geringfügig angesehen.[63] Zur Gebührenprivilegierung nach Art 14 GebO s auch Art 14 EPÜ und Regel 6 AOEPÜ. Zum 1.12.2013 wurde die SEPA-Lastschrift eingeführt. Die Verwaltungsgebühr bei nicht aufgefülltem Abbuchungskonto ist abgeschafft.

III. Die **EPA-Prüfungsrichtlinien** enthalten Ausführungen in **A–XI**. **47**

IV. Die Regelung der **Beendigung von Zahlungsverpflichtungen** in Art 126 EPÜ wurde durch die **48** Akte zur Revision des EPÜ vom 29.11.2000[64] gestrichen.

V. Ein Verzicht auf **Beitreibung** nach Regel 91 AOEPÜ aF ist nach der AOEPÜ 2000 nicht mehr vorge- **49** sehen.

§ 1
Geltungsbereich, Verordnungsermächtigungen

(1) [1]Die Gebühren des Deutschen Patent- und Markenamts und des Bundespatentgerichts werden, soweit gesetzlich nichts anderes bestimmt ist, nach diesem Gesetz erhoben. [2]Für Auslagen in Verfahren vor dem Bundespatentgericht ist das Gerichtskostengesetz anzuwenden.

(2) Das Bundesministerium der Justiz und für Verbraucherschutz wird ermächtigt, durch Rechtsverordnung, die nicht der Zustimmung des Bundesrates bedarf, zu bestimmen,

1. dass in Verfahren vor dem Deutschen Patent- und Markenamt neben den nach diesem Gesetz erhobenen Gebühren auch Auslagen sowie Verwaltungskosten (Gebühren und Auslagen für Bescheinigungen, Beglaubigungen, Akteneinsicht und Auskünfte und sonstige Amtshandlungen) erhoben werden und

2. welche Zahlungswege für die an das Deutsche Patent- und Markenamt und das Bundespatentgericht zu zahlenden Kosten gelten und Bestimmungen über den Zahlungstag zu treffen.

A. Allgemeines

Abs 1 konzentriert die früher in zahlreichen Einzelgesetzen vorhandenen Regelungen der Kostener- **1** hebung dem Grunde nach im PatKostG. Das PatKostG soll mangels ausdrücklicher Regelung im PCT auch für die Erhebung der Gebühren gelten, die vom DPMA als Anmeldeamt erhoben werden, und zwar nicht nur für die Übermittlungsgebühr, die bei ihm verbleibt, sondern auch für die zugunsten des Internationalen Büros bzw der Internationalen Recherchebehörde weiterzuleitenden Gebühren nach den Regeln 15.1 und 16 AOPCT.[1] Für die Auslagen in Verfahren vor dem BPatG galt auch nach früherem Recht das GKG (§ 98 PatG aF; § 82 Abs 1 Satz 3 MarkenG). Das GKG soll dabei nicht nur für die Erhebung von Auslagen nach den Auslagentatbeständen des KostVerz zum GKG Nr 9000 ff gelten, sondern auch für die Erinnerung gegen eine Kostenrechnung, die Auslagen (hier Zeugen- und Sachverständigenkosten) zum Gegenstand

---

62 ABl EPA 2007, 626, Hinweis für die Zahlung von Gebühren, Auslagen und Verkaufspreisen ABl EPA 2007, 627.

63 EPA T 130/82 ABl EPA 1984, 172 Fahrzeugleitsystem; EPA J 11/85 ABl EPA 1986, 1 geringfügiger Fehlbetrag; EPA T 109/86, ausnahmsweise auch 20%, EPA J 27/92 ABl EPA 1995, 288, abgelehnt in EPA T 905/90 ABl EPA 1994, 306, keinesfalls 40%, EPA T 161/96 ABl EPA 1999, 331; vgl *Singer/Stauder* EPÜ² S 1095 f.

64 In Kraft getreten 13.12.2007, BGBl 2007 II 1083.

1 So BPatG BlPMZ 2005, 80.

hat.[2] Dagegen und für eine Anwendung von § 11 spricht, dass sich die Erinnerung nach § 11 gegen den Kostenansatz richtet und der Kostenbegriff Gebühren und Auslagen umfasst (vgl Rn Einl 4).

B. Verordnungsermächtigungen

I. Verwaltungskosten

2   Abs 2 Nr 1 ermächtigt das BMJV (Bezeichnung durch die 10. ZuständigkeitsanpassungsVO), durch Rechtsverordnung die Erhebung von Verwaltungskosten (Gebühren und Auslagen) anzuordnen. Die Vorschrift ist Ermächtigungsgrundlage für die VO über Verwaltungskosten beim Deutschen Patent- und Markenamt (DPMAVwKostV) vom 14.7.2006 (abgedruckt in der Einl PatKostG). Sie ergänzt die gesetzlichen Kostenvorschriften des PatKostG (vgl Rn 1 Einl).

3   Die VO gilt auch für die Kostenerhebung für die **Ausstellung der Apostille** nach Art 3 Abs 1 des Haager Übk vom 5.10.1961 zur Befreiung ausländischer öffentlicher Urkunden von der Legalisation durch den PräsDPMA für die vom BPatG oder dem DPMA aufgenommenen öffentlichen Urkunden. Die Gebühr für Ausstellung und Prüfung beträgt 13 EUR (vgl Art 7 (16) des Gesetzes über Fernabsatzverträge und andere Fragen des Verbraucherrechts sowie zur Umstellung von Vorschriften auf Euro vom 27.6.2000).[3]

4   Die Höhe der Kosten ergibt sich aus dem **Kostenverzeichnis zu § 2 Abs 1 DPMAVwKostV** (im Anhang), zuletzt geänd durch VO vom 17.6.2010.[4]

II. Patentkostenzahlungsverordnung

5   Abs 2 Nr 2 ist Ermächtigungsgrundlage für die **PatKostZV** vom 15.10.2003, die die VO vom 20.12. 2001 abgelöst hat. Zur Neuregelung vgl Einl Rn 15 ff.

§ 2
Höhe der Gebühren

(1) Gebühren werden nach dem Gebührenverzeichnis der Anlage zu diesem Gesetz erhoben.

(2) [1]**Für Klagen und einstweilige Verfügungen vor dem Bundespatentgericht richten sich die Gebühren nach dem Streitwert.** [2]**Die Höhe der Gebühr bestimmt sich nach § 34 des Gerichtskostengesetzes.** [3]**Der Mindestbetrag einer Gebühr beträgt 121 Euro.** [4]**Für die Festsetzung des Streitwerts gelten die Vorschriften des Gerichtskostengesetzes entsprechend.** [5]**Die Regelungen über die Streitwertherabsetzung (§ 144 des Patentgesetzes und § 26 des Gebrauchsmustergesetzes) sind entsprechend anzuwenden.**

A. Allgemeines

1   Abs 1 entspricht der Regelung in § 34 GKG. Ob eine Gebühr für ein Schutzrecht erhoben wird oder nicht und deren Höhe ergibt sich nur aus der Anlage zu diesem Gesetz, die das GebVerz enthält (zu den Änderungen vgl Einl Rn 40 ff).[1]

2   Das **Gebührenverzeichnis** (s Anhang) wurde vervollständigt und neu gegliedert. Dabei folgen die Gebührennummern in ihrer Systematik den Abschnitten des GebVerz. Die das Verfahren vor dem DPMA betreffenden Nummern beginnen unter Teil A mit der Ziffer „3", die des BPatG unter Teil B, der nach dem GeschmMRefG nach Verfahrensarten und nicht mehr nach Sachgebieten gegliedert ist, mit „4". Ua wurden die ermäßigten Gebühren bei Lizenzbereitschaftserklärung mit gesonderter Gebührennummer bei der jeweiligen Gebühr aufgenommen, ebenso die Verspätungszuschläge, die für alle Schutzrechte auf 50 EUR vereinheitlicht wurden. Anreiz für elektronische Anmeldungen soll die Erhöhung der Anmeldegebühr für

---

2   BPatG 30.3.2011 26 W (pat) 24/06: Erinnerung gegen Kostenrechnung, Markensache.
3   BGBl I 897.
4   BGBl I 809.

1   Begr BlPMZ 2002, 37, 41.

die Papierform um 10 EUR sein. Für das 3. bis 5. Patentjahr können Jahresgebühren wahlweise wie bisher als Einzelgebühren oder als eine – um 30 EUR ermäßigte – Gebühr gezahlt werden.

B. Gebührenpflicht im Beschwerdeverfahren

Nach Abs 1 iVm dem GebVerz ist jede Beschwerde gebührenpflichtig.[2] Das galt nach früherer Gesetzes- **3** lage wohl auch für Beschwerden gegen die Versagung der Verfahrenskostenhilfe.[3] Nach dem GeschmMRefG ist die Beschwerde in Verfahrenskostenhilfesachen gebührenfrei.[4] Fraglich war auch die Gebührenpflicht bei Beschwerden gegen Kostenfestsetzungsbeschlüsse des DPMA (vgl *6. Aufl*). Das GeschmMRefG sieht für Beschwerden gegen Kostenfestsetzungsbeschlüsse nunmehr eine Gebühr von 50 EUR vor.[5] Nach dem Pat-KostG beträgt die Gebühr für Beschwerdeverfahren gegen die Entscheidungen der Patentabteilung über den Einspruch, der GbmAbteilung über den GbmLöschungsantrag, in Löschungssachen nach § 66 MarkenG, bei Beschwerden gegen Entscheidungen der Topographieabteilung und des Widerspruchsausschusses gem § 18 Abs 2 Nr 1, 2, 5 und 6 SortG (GebVerz Nr 411100, 421100, 431100, 461100, 471100) 500 EUR. In anderen Fällen sind für alle Schutzrechte 200 EUR zu entrichten (GebVerz Nr 411200, 421200, 431200, 441100, 451100, 461200, 471200).

C. Zum **Übergangsrecht** bei Inkrafttreten der Neuregelungen 1994 und 2000 s §§ 4, 6, 7 PatGebG, bei **4** Inkrafttreten des PatKostG § 14 PatKostG.

D. Klagen und Anträge auf Erlass einer einstweiligen Verfügung (Absatz 2)

I. Streitwertfestsetzung (Abs 2 Satz 1, 4)

In den in Abs 2 genannten Verfahren (Nichtigkeits- und Zwangslizenzklagen sowie Anträge auf Erlass **5** einer einstweiligen Verfügung in Zwangslizenzsachen) ist eine Festsetzung des Streitwerts erforderlich (vgl Rn 74 ff zu § 84). Abs 2 Satz 4 verweist auf das GKG nur hinsichtlich der Festsetzung des Streitwerts und nicht hinsichtlich der Rechtsmittel gegen diese Entscheidung.[6]

II. Höhe der Gebühren (Abs 2 Satz 2, 3)

Die Berechnung der nach Abs 2 eingeführten Wertgebühren erfolgt durch Multiplikation des in der **6** Tabelle zu § 34 GKG enthaltenen Gebührenbetrags mit dem Gebührensatz, der sich aus dem GebVerz ergibt.[7] Er beträgt bei Klagen nach § 81 PatG und § 20 GebrMG iVm § 81 PatG im Allgemeinen 4,5, wenn ein Ermäßigungstatbestand vorliegt (GebVerz Nr 401100, 402200, 401110, 402210), 1,5. Bei einstweiligen Verfügungen nach § 85 PatG bzw § 20 GebrMG iVm § 85 PatG ist der Gebührensatz 1,5, bei mündlicher Verhandlung 4,5 (GebVerz Nr 402300–402320). Die Gebühr für das Verfahren im Allgemeinen beträgt zB bei einem festgesetzten Streitwert von 250.000 EUR: 1756 EUR × 4,5 = 7.902 EUR. Bis zu einem Wert von 5.000 EUR ist eine Mindestgebühr von 121 EUR anzusetzen. Das GeschmMRefG hat zusätzlich Gebührentatbestände für „sonstige Klageverfahren" (zB Vollstreckungsabwehrklagen gegen Kostenfestsetzungsbeschlüsse, Restitutions- oder Nichtigkeitsklagen gegen Urteile des BPatG) eingeführt. Bei verbundenen Verfahren fallen erst ab dem Verbindungsbeschluss Gerichtsgebühren nur noch einfach an, zuvor entrichtete Verfahrensgebühren werden nicht zurückgezahlt.[8]

Zur (str) **Zahl der Gebühren** bei mehreren Klägern Rn 36 zu § 81 PatG. **7**

---

2 Zur früheren Rechtslage, bei der – mit Ausnahme des Markenrechts – Gebührenpflicht nur in bestimmten Fällen vorgesehen war, vgl *5. Aufl* Rn 104 f zu § 73.

3 So BPatGE 46, 192 = BlPMZ 2003, 213; BPatGE 47, 120; aA BPatGE 46, 38 = GRUR 2003, 87; BPatGE 47, 151.

4 Zur Frage der Rückwirkung BPatG 27.9.2005 20 W (pat) 29/04.

5 Vgl BPatG 27.3.2007 10 W (pat) 22/05; BPatG 24.9.2009 10 W (pat) 38/06.

6 BGH Mitt 2012, 41.

7 Vgl Begr BlPMZ 2002, 50.

8 BPatG Mitt 2012, 140.

7   **III. Streitwertherabsetzung** (Abs 2 Satz 5) ist entspr § 144 PatG bzw § 26 GebrMG möglich, wenn die Partei eine erhebliche Gefährdung ihrer wirtschaftlichen Lage durch die Belastung mit den Prozesskosten nach dem vollen Streitwert glaubhaft macht.

§ 3
Fälligkeit der Gebühren

(1) [1] **Die Gebühren werden mit der Einreichung einer Anmeldung, eines Antrags oder durch die Vornahme einer sonstigen Handlung oder mit der Abgabe der entsprechenden Erklärung zu Protokoll fällig, soweit gesetzlich nichts anderes bestimmt ist.** [2] **Eine sonstige Handlung im Sinn dieses Gesetzes sind insbesondere:**
1.   **die Einlegung von Rechtsbehelfen und Rechtsmitteln;**
2.   **der Antrag auf gerichtliche Entscheidung nach § 61 Abs. 2 des Patentgesetzes;**
3.   **die Erklärung eines Beitritts zum Einspruchsverfahren;**
4.   **die Einreichung einer Klage;**
5.   **die Änderung einer Anmeldung oder eines Antrags, wenn sich dadurch eine höhere Gebühr für das Verfahren oder die Entscheidung ergibt.**
[3] **Die Gebühr für die erfolglose Rüge wegen Verletzung des Anspruchs auf rechtliches Gehör wird mit der Bekanntgabe der Entscheidung fällig.** [4] **Ein hilfsweise gestellter Antrag wird zur Bemessung der Gebührenhöhe dem Hauptantrag hinzugerechnet, soweit eine Entscheidung über ihn ergeht; soweit Haupt- und Hilfsantrag denselben Gegenstand betreffen, wird die Höhe der Gebühr nur nach dem Antrag bemessen, der zur höheren Gebühr führt.** [5] **Legt der Erinnerungsführer gemäß § 64 Abs. 6 Satz 2 des Markengesetzes Beschwerde ein, hat er eine Beschwerdegebühr nicht zu entrichten.**

(2) [1] **Die Jahresgebühren für Patente, Schutzzertifikate und Patentanmeldungen und die Verlängerungsgebühren für Marken, sowie die Aufrechterhaltungsgebühren für Gebrauchsmuster und eingetragene Designs sind jeweils jeweils für die folgende Schutzfrist am letzten Tag des Monats fällig, der durch seine Benennung dem Monat entspricht, in den der Anmeldetag fällt.** [2] **Wird ein Gebrauchsmuster, ein Design oder eine Marke erst nach Beendigung der ersten oder einer folgenden Schutzfrist eingetragen, so ist die Aufrechterhaltungsgebühr oder die Verlängerungsgebühr am letzten Tag des Monats fällig, in dem die Eintragung in das Register erfolgt ist.**

1   **A. Frühere Regelung** s 6. Aufl.

B. Geltendes Recht

2   **I.** Abs. 1 ist durch das Gesetz zur Änderung des patentrechtlichen Einspruchsverfahrens und des Patentkostengesetzes vom 21.6.2006 neu gefasst und zuletzt durch das Gesetz zur Änderung des Designgesetzes und weiterer Vorschriften des gewerblichen Rechtsschutzes vom 4.4.2016 geänd worden. Ziel der Neufassung war, zwischen den im PatKostG an verschiedenen Stellen verwendeten Begriffen „Anmeldung", „Antrag" und „Vornahme einer Handlung" eine deutlichere Abgrenzung vorzunehmen, um Unklarheiten hinsichtlich der Rechtsfolge bei Nichtzahlung oder verspäteter Zahlung zu vermeiden.[1] Dies ist mit der Neuformulierung von § 3 Abs 1 Satz 2, in dem die Begriffe zum ersten Mal im PatKostG verwendet werden, geschehen; die Vorschrift umschreibt – nicht abschließend – eine sonstige Handlung. Dazu gehört auch die Änderung einer Anmeldung oder eines Antrags, etwa wenn die Zahl der Patentansprüche erhöht wird (vgl Rn 134 zu § 34 PatG).[2] Abs 1 regelt für **alle Schutzrechte**, welche Handlung zur Fälligkeit einer Gebühr führt, und damit den Beginn der Zahlungsfrist nach § 6. Auch die Beschwerdegebühr ist erst mit Einlegung der Beschwerde fällig.[3] Abs 1 ist Grundlage für die Regelung der Vorauszahlungspflicht (§ 5), da diese die Fällig-

---

1   Begr BlPMZ 2006, 234
2   Vgl Begr BTDrs 16/11339 = BlPMZ 2009, 320.
3   So schon BPatGE 11, 57; aA zum früheren Recht BPatG BlPMZ 2001, 106: Fälligkeitszeitpunkt iSd § 6 Abs 1 PatGebG – jetzt § 14 Abs 5 PatKostG – sei nicht der Zeitpunkt der Einlegung der Beschwerde, sondern der Beginn der Beschwerdefrist.

keit der zu zahlenden Gebühr voraussetzt.[4] Die Bestimmung betrifft allerdings nicht die Gebühren, die in der Anlage zu § 2 Abs 1 DPMAVwKostV geregelt sind. Nach § 6 DPMAVwKostV werden Gebühren mit der Beendigung der gebührenpflichtigen Amtshandlung, Auslagen sofort nach ihrer Entstehung fällig.[5] Die Einreichung der Unterlagen für die Einleitung der nationalen Phase ist kein Antrag iSd § 3 Abs. 1 PatKostG – die nationalen Gebühren nach Art III § 4 Abs 2 IntPatÜG für eine internationale Anmeldung beim Anmeldeamt fallen vielmehr bereits mit Einreichung der internat Anmeldung an.[6]

Zur Gebühr für die erfolglose Anhörungsrüge (§ 122a PatG) Rn 19 zu § 122a PatG. Notwendige Fällig- **3** keitsregelungen **in anderen Gesetzen** (zB bei internat Anmeldungen, bei Teilung oder Umwandlung) sind beibehalten.[7] Nach dem GeschmMRefG sind die Worte „typographische Schriftzeichen" weggefallen. Abs 1 Satz 5 betrifft den Fall, dass ein Beteiligter, der gegen eine Entscheidung Erinnerung eingelegt hat, Beschwerde einlegen kann, weil ein anderer Beteiligter Beschwerde eingelegt hat.[8]

II. Abs 2 enthält die zuvor in den Einzelgesetzen vorhandenen, nunmehr vereinheitlichten Fälligkeits- **4** regelungen für die **Patentjahresgebühren**, die **Verlängerungsgebühren** in Markensachen, die **Aufrechterhaltungsgebühren** in GbmSachen und Designsachen (dieser Terminus durch das Gesetz zur Modernisierung des Geschmacksmustergesetzes pp an die Stelle des Begriffs Geschmacksmuster getreten). Zur Frage, ob Aufrechterhaltungsgebühren für Gebrauchsmuster, die bei Eintragung bereits abgelaufene Schutzfristen betreffen, noch zu zahlen sind, Rn 15 ff zu § 23 GebrMG.

Die Fälligkeit der Jahresgebühren für mit Wirkung für die Bundesrepublik Deutschland erteilte **euro- 5 päische Patente** ergibt sich nach wie vor aus Art II § 7 IntPatÜG (vgl dort).

III. Wird die **Gebühr nicht gezahlt**, gilt die Anmeldung oder der Antrag als zurückgenommen,[9] oder **6** die Handlung als nicht vorgenommen, die Beschwerde als nicht eingelegt,[10] die Klage als nicht erhoben (Abs 1 iVm § 6 Abs 2, dessen Änderung in Abs 2 der RegE des Gesetzes zur Änderung des Designgesetzes und weiterer Vorschriften des gewerblichen Rechtsschutzes vom 6.11.2015[11] vorsieht; vgl Rn 9 zu § 6; Rn 35 zu § 81 PatG); dies stellt die Neufassung des Abs 1 iVm § 6 Abs 2 klar. Voraussetzung hierfür ist bei der Klage nach § 81 PatG allerdings die Mitteilung über die vorläufige Festsetzung des Streitwerts nach § 2 Abs 2 iVm § 63 Abs 1 Satz 1 GKG, die Grundlage für die Fälligkeit der Gebühr ist.[12]

§ 4
Kostenschuldner

(1) Zur Zahlung der Kosten ist verpflichtet,
1. **wer die Amtshandlung veranlasst oder zu wessen Gunsten sie vorgenommen wird;**
2. **wem durch Entscheidung des Deutschen Patent- und Markenamts oder des Bundespatentgerichts die Kosten auferlegt sind;**
3. **wer die Kosten durch eine gegenüber dem Deutschen Patent- und Markenamt oder dem Bundespatentgericht abgegebene oder dem Deutschen Patent- und Markenamt oder dem Bundespatentgericht mitgeteilte Erklärung übernommen hat;**
4. **wer für die Kostenschuld eines anderen kraft Gesetzes haftet.**
(2) **Mehrere Kostenschuldner haften als Gesamtschuldner.**
(3) [1] **Soweit ein Kostenschuldner auf Grund von Absatz 1 Nr. 2 und 3 haftet, soll die Haftung eines anderen Kostenschuldners nur geltend gemacht werden, wenn eine Zwangsvollstreckung in**

---

4   Begr BlPMZ 2002, 42.
5   BPatG GRUR 2006, 174 f.
6   BPatGE 54, 72 = Mitt 2013, 447.
7   Vgl auch *Schulte* § 34 PatG Rn 301.
8   Vgl hierzu *Hacker* GRUR 2010, 199 ff.
9   Vgl BPatG 19.2.2014 28 W (pat) 2/12.
10 BPatG 21.5.2015 24 W (pat) 77/14 und Parallelentscheidungen 24 W (pat) 78/14 und 24 W (pat) 79/14.
11 BRDrs 540/15, vgl Begr S 45.
12 BGH GRUR 2013, 539 Kontaktplatte; vgl *Benkard* § 81 Rn 20.

das bewegliche Vermögen des ersteren erfolglos geblieben ist oder aussichtslos erscheint. [2]Soweit einem Kostenschuldner, der auf Grund von Absatz 1 Nr. 2 haftet, Verfahrenskostenhilfe bewilligt ist, soll die Haftung eines anderen Kostenschuldners nicht geltend gemacht werden. [3]Bereits gezahlte Beträge sind zu erstatten.

Übersicht

1   A. Frühere Regelung s 6. Aufl.

B. Geltendes Recht

2   In Abs 1 und 2 wurden die Regelungen aus § 5 DPMAVwKostV übernommen;[1] Abs 1 entspricht im wesentlichen § 29 GKG, die Abs 2 und 3 entsprechen § 31 GKG. Nach Abs 1 ist Kostenschuldner, wer die Amtshandlung veranlasst hat oder zu dessen Gunsten sie vorgenommen wird, ferner der, dem die Kosten durch Entscheidung des DPMA oder BPatG auferlegt sind oder der für sie kraft Gesetzes oder ausdrücklicher Übernahmeerklärung haftet. Die Haftung nach Abs 1 Nr 1 hängt nicht vom Ausgang des Verfahrens, das in Gang gesetzt worden ist, ab.[2] Erwägungen zur Billigkeit der Kostengrundentscheidung sieht § 4 nicht vor.[3]

3   **Schuldner** der Anmeldegebühr ist somit der Anmelder, Schuldner der Jahresgebühren der Anmelder bzw Schutzrechtsinhaber.[4]

4   Können mehrere der Genannten in Anspruch genommen werden, haften sie als **Gesamtschuldner.**[5]

C. Person des Schuldners

5   Andere als die in Abs 1 Genannten können grds nicht zur Kostenzahlung herangezogen werden, aber, da der Kostenpflichtige nicht in Person leisten muss, durchweg ohne seine Zustimmung (§ 267 Abs 1 BGB),[6] soweit sie ein Recht an einer Anmeldung oder einem Schutzrecht haben, zB als Pfandgläubiger oder Lizenznehmer, die zur Rechtserhaltung notwendigen Gebühren sogar gegen seinen Widerspruch (§ 268 BGB in entspr Anwendung), rechtswirksam zahlen.[7] Steht dem Zahlenden kein solches Recht zur Seite, kann das DPMA die Zahlung bei Widerspruch des Gebührenpflichtigen zurückweisen, ohne hierzu jedoch verpflichtet zu sein (§ 267 Abs 2 BGB).

D. Rangfolge der Haftung

I. Grundsatz

6   Abs 3 begründet eine Rangfolge der haftenden Personen in den Fällen des Abs 1 Nr 2 und 3, er entspricht § 31 Abs 2 Satz 1, Abs 2 Satz 1 Halbs 1 GKG, mit Ausnahme der Sollregelung (frühere Regelung: § 58 Abs 2 Satz 1 GKG aF),[8] so dass die zu dieser Regelung entwickelten Grundsätze herangezogen werden können.[9]

---

1   Begr BlPMZ 2002, 42.
2   BPatGE 47, 207 = BlPMZ 2004, 467.
3   BPatGE 47, 207 = BlPMZ 2004, 467.
4   Vgl OLG Karlsruhe GRUR-RR 2005, 68.
5   Zum Ausgleichsanspruch BPatG 15.11.2005 4 Ni 8/03 (EU), referiert im Jahresbericht 2006 und in GRUR 2007, 538.
6   PA BlPMZ 1900, 16.
7   RPA BlPMZ 1933, 30.
8   Begr BlPMZ 2002, 42.
9   Vgl dazu *Hartmann* Kostengesetze § 31 GKG Rn 7 ff.

II. Es handelt sich um eine **Ordnungsvorschrift**, wie sich aus dem Wort „soll" in Abs 3 Satz 1 ergibt. **7**
Die Staatskasse soll zunächst versuchen, sich an den Entscheidungs- oder Übernahmeschuldner zu halten. Die Vorschrift gewährt dem Kostenbeamten nach dem Grundsatz von Regel („soll") und Ausnahme einen reduzierten Ermessensspielraum,[10] nach aA[11] begründet die Soll-Regelung eine Amts- bzw Rechtspflicht der Behörde. Jedenfalls muss dem als Erstschuldner in Anspruch genommenen sonstigen Schuldner die Erinnerung nach § 11 Abs 1 möglich sein.

III. Haftende Personen

Nach Abs 3 Satz 1 haften neben dem Entscheidungsschuldner (§ 4 Abs 1 Nr 2) und dem Übernahme- **8**
schuldner (§ 4 Abs 1 Nr 3) erst an zweiter Stelle der Antragsschuldner (§ 4 Abs 1 Nr 1) oder die kraft Gesetzes – Privatrecht oder öffentliches Recht – haftende Person (§ 4 Abs 1 Nr 4). Die Hilfshaftung nach Abs 3 tritt ein, wenn entweder die nach § 2 Abs 2c JBeitrO durchzuführende Zwangsvollstreckung (nur) in das bewegliche Vermögen des oder der Erstschuldner(s) erfolglos geblieben ist oder aussichtslos erscheint.[12] Dabei ist die Art der versuchten Zwangsvollstreckung in das bewegliche Vermögen unerheblich, zudem reicht ein einziger Vollstreckungsversuch aus.[13] Die Aussichtslosigkeit der Zwangsvollstreckung ist unter Würdigung aller Umstände zu prüfen. Bei Vollstreckungen im Ausland ist darauf abzustellen, ob diese nach der allg Erfahrung in absehbarer Zeit und mit vertretbarem Kostenaufwand durchgeführt werden können.

IV. Haftung bei Verfahrenskostenhilfe

Soweit dem Entscheidungsschuldner (Abs 1 Nr 2) Verfahrenskostenhilfe bewilligt war, soll nach Abs 3 **9**
Satz 2 ein anderer Kostenschuldner nicht in Anspruch genommen werden. Das Wort „soll" ist dabei wie in Abs 3 Satz 1 (Rn 7) zu verstehen.[14] Damit will der Gesetzgeber verhindern, dass der von der Staatskasse in Anspruch genommene Zweitschuldner (Antragsschuldner) seinerseits die verauslagten Gerichtskosten von dem mittellosen Erstschuldner (Entscheidungsschuldner) erstattet verlangt.[15]

Abs 3 Satz 3 wurde eingefügt, um der **Entscheidung des Bundesverfassungsgerichts** vom **10**
23.6.1999[16] Rechnung zu tragen.[17] Das BVerfG legt § 58 Abs 2 GKG aF, der inhaltlich Abs 2 Satz 2 entspricht, so aus, dass der dort enthaltene Haftungsausschluss sämtliche Gerichtskosten und damit auch schon gezahlte Gerichtskostenvorschüsse umfasst. Diese verfassungskonforme Auslegung führt dazu, dass die Staatskasse einem durch gerichtliche Entscheidung obsiegenden Kläger, dessen Gegner Prozesskostenhilfe bewilligt worden ist, verauslagte Gerichtskostenvorschüsse zurückzuerstatten hat, damit er sie nicht von seinem mittellosen Gegner verlangen kann.

In der Praxis des DPMA und des BPatG kann die Regelung in **allen zweiseitigen Verfahren**, also zB **11**
im Einspruchs-, Widerspruchs- oder Klageverfahren von Bedeutung sein.

§ 5
Vorauszahlung, Vorschuss

(1) [1] **In Verfahren vor dem Deutschen Patent- und Markenamt soll die Bearbeitung erst nach Zahlung der Gebühr für das Verfahren erfolgen; das gilt auch, wenn Anträge geändert werden.**

---

10 BVerwG NJW 1974, 252 zum damals geltenden § 103 GKG; OLG Bamberg Rpfleger 1991, 36 zu § 58 GKG aF.

11 *Hartmann* Kostengesetze § 31 GKG Rn 8; *Markl/Meyer* GKG § 58 Rn 16; nach OLG Braunschweig MDR 1997, 1071 darf der andere Schuldner nicht mehr in Anspruch genommen werden.

12 Vgl BPatG 15.11.2005 4 Ni 8/03 (EU), referiert im Jahresbericht 2006 und in GRUR 2007, 538.

13 OLG Koblenz MDR 2000, 976, zu § 58 GKG aF.

14 OLG Braunschweig MDR 1997, 1072.

15 OLG Düsseldorf Rpfleger 1988, 163; OLG Frankfurt Rpfleger 1989, 40 zur Regelung im GKG; vgl auch *Hartmann* Kostengesetze[33] § 58 GKG Rn 17.

16 BVerfG NJW 1999, 3186.

17 Begr BlPMZ 2002, 42; zur Entscheidung des BVerfG und Kritik vgl *Hartmann* Kostengesetze[33] § 58 GKG Rn 18 mNachw.

[2]Satz 1 gilt nicht für die Anträge auf Weiterleitung einer Anmeldung an das Harmonisierungsamt für den Binnenmarkt (Marken, Muster und Modelle) nach § 125a des Markengesetzes, § 62 des Designgesetzes und die Anträge auf Weiterleitung internationaler Anmeldungen an das Internationale Büro der Weltorganisation für geistiges Eigentum nach § 68 des Designgesetzes. [3]In Verfahren vor dem Bundespatentgericht soll die Klage erst nach Zahlung der Gebühr für das Verfahren zugestellt werden; im Fall eines Beitritts zum Einspruch im Beschwerdeverfahren oder eines Beitritts zum Einspruch im Fall der gerichtlichen Entscheidung nach § 61 Abs. 2 des Patentgesetzes soll vor Zahlung der Gebühr keine gerichtliche Handlung vorgenommen werden.

(2) Die Jahresgebühren für Patente, Schutzzertifikate und Patentanmeldungen, die Verlängerungsgebühren für Marken und die Aufrechterhaltungsgebühren für Gebrauchsmuster und eingetragene Designs dürfen frühestens ein Jahr vor Eintritt der Fälligkeit vorausgezahlt werden, soweit nichts anderes bestimmt ist.

Übersicht

A. Entstehungsgeschichte

1   Das GeschmMRefG, das Gesetz zur Änderung des patentrechtlichen Einspruchsverfahrens und des Patentkostengesetzes und das 1. GeschmMÄndG haben die Bestimmung geänd. Das PatRVereinfModG vom 31.7.2009 hat Abs 1 Satz 1 neu gefasst. Das Gesetz zur Modernisierung des Geschmacksmustergesetzes pp hat den Begriff (Geschmacksmuster(gesetz) durch (eingetragenes) Design ersetzt. Das Gesetz zur Änderung des Designgesetzes und weiterer Vorschriften des gewerblichen Rechtsschutzes vom 4.4.2016[1] sieht die Streichung der Worte „und des Vorschusses für die Bekanntmachungskosten" in Abs 1 Satz 1 vor.

B. Neuregelung von Vorauszahlung und Vorschuss

I. Verfahren vor dem Patentamt

2   Abs 1 Satz 1 enthält für alle Schutzrechte die Voraussetzungen, unter denen das DPMA tätig wird. Die früher unvollständige Aufzählung der Anträge und Rechtsmittel oder Rechtsbehelfe ist wegen der Neufassung des § 3 Abs 1 gestrichen worden. Für die dort beispielhaft aufgezählten Anträge bzw Rechtsmittel, zB die Beschwerde, die nach § 73 Abs 2 Satz 1 PatG oder § 66 Abs 2 MarkenG beim DPMA einzulegen ist, auch wenn die Beschwerdegebühr nach dem GebVerz eine Gebühr des BPatG ist (GebVerz Nr 401.100), ist die Bearbeitung von der Zahlung der Gebühr, die sich aus dem GebVerz ergibt, abhängig (vgl zum Gbm-Löschungsverfahren Rn 22 zu § 16 GebrMG). Die Umwandlung von Abs 1 Satz 1 in eine Sollvorschrift soll Unterbrechungen des Verfahrens verhindern, wenn während des Verfahrens, zB einer Anhörung, gebührenerhöhende Anträge gestellt werden.[2]Bekanntmachungskosten in Geschmacksmuster- und Schriftzeichenverfahren werden nicht mehr erhoben, seit das Geschmacksmusterblatt vollständig im DPMA hergestellt wird (1.10.2010) und externe Veröffentlichungskosten nicht mehr anfallen.[3]Die Vorauszahlungspflicht gilt nach Abs 1 Satz 2 nicht für den Antrag auf Weiterleitung der Anmeldungen von Gemeinschaftsmarken an das HABM nach § 125a MarkenG und § 62 GeschmMG (Abs 1 Satz 2) sowie für die Anträge auf Weiterleitung internat Anmeldungen an das Internationale Büro nach § 68 GeschmMG (jetzt: DesignG).[4]Eine Bearbei-

---

1   BGBl I 558.
2   Begr PatRVereinfModG BlPMZ 2009, 307, 322
3   Vgl *Eichmann/von Falckenstein* GeschmMG § 20 Rn 5; *Günther/Beyerlein* GeschmMG § 20 Rn 8.
4   Änderung zu § 68 GeschmMG durch Art 2 Nr 1 des 1. GeschmMÄndG.

tung durch das DPMA ohne oder vor der Zahlung der Gebühren lässt die Wirksamkeit der getroffenen Entscheidung unberührt.[5]

II. Klageverfahren vor dem Bundespatentgericht (Abs 1 Satz 3 Halbs 1)

In Abs 1 Satz 3 Halbs 1 ist eine Regelung übernommen, die für alle anderen Gerichte bereits gilt (vgl **3** zB § 12 Abs 1 Satz 1 GKG). Ihr Zweck ist die Sicherung der Staatskasse vor Ausfällen an Gebühren und Auslagen.[6] Eine ohne Vorschusseingang erfolgte Zustellung der Klage ist aber nicht wirkungslos; es handelt sich wie bei Abs 1 Satz 1 und § 4 um eine Ordnungsvorschrift, an die sich das Gericht im Rahmen eines Ermessensspielraums[7] idR – von begründeten Ausnahmen abgesehen – halten soll. Im Verfahren auf Erlass einer einstweiligen Verfügung (§ 85 PatG) besteht keine Vorauszahlungspflicht.[8] Eine entspr Regelung gilt nunmehr für den Beitritt im gerichtlichen Einspruchs(beschwerde)verfahren (Abs 1 Satz 3 Halbs 2).

C. Jahres-, Verlängerungs- und Aufrechterhaltungsgebühren (Absatz 2)

I. Grundsatz

Die Gebührenschuld entsteht frühestens mit der Fälligkeit der Jahres-, Verlängerungs- oder Aufrecht- **4** erhaltungsgebühr (§ 3 Abs 2). Nach Abs 2 können Anmelder oder Inhaber der dort genannten Schutzrechte die entsprechenden Gebühren frühestens ein Jahr vor Fälligkeit entrichten.[9] Damit hat der Gesetzgeber dem Grundsatz nach die Regelung des § 47 Abs 3 Satz 3 MarkenG übernommen. Die für Patentanmeldungen und Patente früher geltende Regelung des § 19 Satz 1 PatG aF, der eine unbegrenzte Vorauszahlungsmöglichkeit für Jahresgebühren enthielt, wurde aufgehoben. Der Patentanmelder oder -inhaber hat aber die Möglichkeit, die dritte bis fünfte Jahresgebühr bei Fälligkeit der dritten zu bezahlen (GebVerz Nr 312205–312207) und damit im Vergleich zur Zahlung der Einzelgebühren 30 EUR zu sparen.

Ohne die Regelung des Abs 2 könnte eine Gebührenzahlung vom Fälligkeitstermin vom Zahlen- **5** den bis zum Eintritt der Fälligkeit jederzeit **zurückgefordert**, die Zahlung vom DPMA zurückgewiesen werden; § 271 Abs 2 BGB, der dem Schuldner „im Zweifel" die Leistung vor Fälligkeit gestattet, wäre hier nicht anwendbar, weil er eine bestehende Schuld voraussetzt.[10] Jedenfalls kämen einer solchen vorzeitigen Zahlung nicht ohne weiteres die gesetzlichen Wirkungen der Zahlung einer fälligen Gebühr zu.

Abs 2 stellt nicht nur klar, dass das DPMA die – frühestens ein Jahr vor Eintritt der Fälligkeit – er- **6** brachte Gebührenleistung vereinnahmen muss; aus der Vorschrift folgt darüber hinaus, dass die vorzeitige Zahlung die **gesetzlichen Folgen einer fristgerechten Gebührenzahlung** für den jeweiligen Schutzzeitraum auslöst[11] und so den Fortbestand des Schutzrechts für diesen im Voraus sichert.[12]

II. Die **Höhe der Gebühr** bestimmt sich grds nach dem im Zahlungszeitpunkt geltenden Gebühren- **7**
satz. Fälle der Anwendung der früheren Gebührensätze regelt § 13; § 14 enthält Übergangsvorschriften zum Inkrafttreten des PatKostG (vgl dort).

Eine **Änderung der Gebührensätze zwischen Zahlung und Fälligkeit** lässt die gesetzlichen Wir- **8** kungen der Zahlung, die Aufrechterhaltung des Schutzrechts für den bezahlten Schutzzeitraum unberührt; weder muss bei Ermäßigung der Gebühr der Ermäßigungsbetrag zurückgezahlt noch muss bei Erhöhung der Gebühr die Differenz nachgezahlt werden;[13] so für Erstreckungsfälle ausdrücklich § 53 ErstrG (zum früheren Recht vgl *5. Aufl* Rn 57 vor § 17).

---

5 Vgl auch *Schulte* § 5 PatKostG Rn 6.
6 OLG Düsseldorf NJW-RR 2000, 367; *Hartmann* Kostengesetze § 12 GKG Rn 2.
7 *Hartmann* Kostengesetze § 12 GKG Rn 2; *Meyer* GKG/FamGKG 2012 § 12 Rn 9.
8 Begr BlPMZ 2002, 42, 54.
9 BPatG 6.2.2006 30 W (pat) 197/05.
10 AA *Benkard* Rn 17 vor §§ 17–19 PatG.
11 BGH GRUR 1978, 105, 107 Verlängerungsgebühr I, zu § 19 PatG.
12 BVerwG BlPMZ 1961, 9; BPatGE 2, 17 f = GRUR 1964, 619; BPatGE 15, 22.
13 RPA BlPMZ 1926, 148; RPA Mitt 1932, 255.

9   Etwas anderes gilt nur, wenn und soweit das Gesetz der Gebührenerhöhung **zulässigerweise rück-wirkende Kraft** zuspricht (vgl dazu auch *5. Aufl* Rn 53 vor § 17 PatG).[14] Auch dann berührt die Gebühren-änderung aber nicht die Wirksamkeit der Vorauszahlung, sondern es entsteht lediglich ein (beitreibbarer) Anspruch auf Nachzahlung (vgl dazu *5. Aufl* Rn 6 ff zu § 19 PatG, Rn 33 f vor § 17 PatG). § 13 Abs 3 enthält darüber hinaus eine Regelung für den Fall der Zahlung nach den früheren Gebührensätzen innerhalb von drei Monaten nach Inkrafttreten der Änderung.

10   **III.** Gebühren, die früher als ein Jahr vor Fälligkeit gezahlt wurden, entfalten keine Rechtswirkung und können zurückgefordert werden.[15] Die Regelung zur **Rückerstattung** gesetzeskonform vorausgezahl-ter Jahresgebühren, die nicht mehr fällig werden können (§ 19 Satz 2 PatG aF), enthält § 10, vgl dort.

§ 6
Zahlungsfristen, Folgen der Nichtzahlung

(1) [1]Ist für die Stellung eines Antrages oder die Vornahme einer sonstigen Handlung durch Ge-setz eine Frist bestimmt, so ist innerhalb dieser Frist auch die Gebühr zu zahlen. [2]Alle übrigen Ge-bühren sind innerhalb von drei Monaten ab Fälligkeit (§ 3 Abs. 1) zu zahlen, soweit gesetzlich nichts anderes bestimmt ist.

(2) Wird eine Gebühr nach Absatz 1 nicht, nicht vollständig oder nicht rechtzeitig gezahlt, so gilt die Anmeldung oder der Antrag als zurückgenommen, oder die Handlung als nicht vorgenom-men, soweit gesetzlich nichts anderes bestimmt ist.

(3) Absatz 2 ist auf Weiterleitungsgebühren (Nummern 335100, 344100 und 345100) nicht an-wendbar.

(4) Zahlt der Erinnerungsführer die Gebühr für das Erinnerungsverfahren nicht, nicht rechtzei-tig oder nicht vollständig, so gilt auch die von ihm nach § 64 Abs. 6 Satz 2 des Markengesetzes ein-gelegte Beschwerde als zurückgenommen.

A. Entstehungsgeschichte

1   Abs 3 wurde durch das GeschmMRefG eingefügt und durch das 1.GeschmMÄndG geänd. Das PatRVer-einfModG vom 31.7.2009 hat den lediglich das Markenrecht betr und deshalb nicht kommentierten Abs 4 eingefügt.

B. Zahlungsfrist

I. Gebühren für Anträge oder sonstige fristgebundene Handlungen

2   Abs 1 Satz 1 verlangt für diese die Zahlung der zu entrichtenden Gebühren innerhalb der einzuhalten-den Frist. Das galt schon vor Inkrafttreten des PatKostG zB für den Widerspruch in Markensachen (§ 42 Abs 1, Abs 3 Satz 1 MarkenG aF) oder die Beschwerde zum BPatG (vgl § 73 Abs 3 PatG aF, § 66 Abs 5 Mar-kenG aF).

---

14   BVerwG BlPMZ 1961, 9; BPatGE 20, 61 = BlPMZ 1977, 270.
15   Vgl *Schulte* § 5 PatKostG Rn 17.

Die Regelung betrifft zB   **3**
- die **Einspruchsgebühr** gem § 59 Abs 1 PatG iVm GebVerz Nr 313600 – Zahlung innerhalb von drei Monaten nach Veröffentlichung der Patenterteilung;
- die **Erinnerungsgebühr** gem § 64 Abs 1, 2 MarkenG iVm GebVerz Nr 333000 – Zahlung innerhalb eines Monats nach Zustellung;
- die **Widerspruchsgebühr** gem § 42 Abs 1 MarkenG iVm GebVerz Nr 331600 – Zahlung innerhalb von drei Monaten nach dem Tag der Veröffentlichung der Eintragung der Marke oder
- die **Beschwerdegebühren** gem § 73 Abs 2 PatG; § 18 Abs 1 GebrMG iVm § 73 Abs 2 PatG; § 66 MarkenG; § 23 Abs 2 GeschmMG iVm § 73 Abs 2 PatG; Art 2 Abs 1 SchriftzG iVm § 23 Abs 2 GeschmMG; § 4 Abs 4 Satz 3 HlSchG iVm § 18 Abs 3 GebrMG; § 34 Abs 2 SortG, jeweils iVm GebVerzNr 401100 oder 401300 – Zahlung jeweils innerhalb eines Monats nach Zustellung.

II. Sonstige Gebühren

Die übrigen Gebühren iSd Abs 1 Satz 2 – etwa Anmelde- oder Recherchegebühren, Erfindervergü- **4**
tung – sind innerhalb von drei Monaten nach Einreichung der Anmeldung oder des Antrags (§ 3 Abs 1) zu bezahlen. Ob dies auch auf die Regelung in § 36 Abs 3 MarkenG (Bestimmung der Waren- und Dienstleistungsklassen) anwendbar ist, ist bezweifelt worden.[1] Zu den Recherchegebühren Rn 17 zu § 43, zu den Prüfungsantragsgebühren Rn 24 ff zu § 44.

Das gilt auch für die **Klagegebühren** beim BPatG. Dafür spricht zunächst der Gesetzeswortlaut, der **5**
mit der Formulierung „alle übrigen Gebühren" auch die Klagegebühren umfasst. Die Rechtsfolge des Abs 2 entspricht zudem dem früheren § 81 Abs 6 PatG, nach dem die Klage bei nicht eingezahlter Gebühr als nicht erhoben galt und der durch das KostRegBerG „wegen Übernahme in das Patentkostengesetz"[2] aufgehoben wurde. § 5 Abs 1 Satz 3 1. Halbs steht dem nicht entgegen, da die Rechtsfolge Rücknahmefiktion unabhängig von der Zustellung ist. Die Frist zur Zahlung der mit der Einreichung der Klage fällig werdenden Gebühr beginnt erst zu laufen, wenn das BPatG dem Kläger den nach § 63 Abs 1 Satz 1 GKG vorläufig festgesetzten Streitwert mitteilt.[3] Zur (kontroversen) Frage, ob die Klagegebühr bei mehreren Klägern mehrfach anfällt, Rn 36 zu § 81 PatG. Auch wenn die Klage wegen unterbliebener Gebührenzahlung als nicht erhoben gilt, soll ein Antrag auf Akteneinsicht nach § 99 Abs 3 PatG zulässig sein.[4]

Auch die **Veröffentlichungsgebühren** nach Art II § 2 Abs 1 IntPatÜG, Art II § 3 Abs 1, 4 IntPatÜG sind **6**
innerhalb von drei Monaten ab Fälligkeit zu zahlen (vgl Rn 2 zu Art II § 2 IntPatÜG; Art II § 3 IntPatÜG, der inzwischen aufgehoben wurde). Das gilt auch für die **Übermittlungsgebühr** nach Art III § 1 Abs 2 IntPatÜG (GebVerz 313.900).

Eine andere gesetzliche Bestimmung iSd Abs 1 Satz 2 ist etwa § 7, der die Zahlungsfristen für **Jahres-,** **7**
Aufrechterhaltungs- und Verlängerungsgebühren gesondert regelt. Eine andere Zahlungsfrist nach Abs 1 Satz 2 2. Halbs enthält auch Art III § 4 Abs 2 Satz 1 IntPatÜG: 30 Monate nach Art 22 Abs 1 PCT (vgl Rn 5 zu Art III § 4 IntPatÜG).

III. Feiertage

Fällt der Fristablauf auf einen Sonnabend (Samstag), Sonntag oder gesetzlichen Feiertag, endet die **8**
Frist mit dem nächstfolgenden Werktag (§ 193 BGB).

C. Rechtsfolgen fehlender, nicht vollständiger oder nicht rechtzeitiger Zahlung (Absätze 2, 3)

Nach früherem Recht unterschied man Fälle der Rücknahmefiktion und Fälle der Nichtvornahmefik- **9**
tion, wobei die Gebühr im ersten Fall als verfallen und damit beitreibbar und im zweiten Fall als nicht entstanden angesehen wurde (vgl zB *5. Aufl* Rn 118 zu § 73 PatG). Von der Möglichkeit der Beitreibung ist freilich kein Gebrauch gemacht worden. Es war Absicht des Gesetzgebers, die Unterschiedlichkeit der

1 BPatG GRUR 2006, 172.
2 Begr BlPMZ 2002, 54.
3 BGH GRUR 2013, 539 Kontaktplatte.
4 BPatG 12.7.2011 3 ZA (pat) 14/11.

Rechtsfolgen zu beseitigen und sie iSd Rücknahmefiktion zu **vereinheitlichen.**[5] Dies ist mit der Regelung in Abs 2 nicht gelungen. Denn Abs 2 unterscheidet weiterhin entspr der früheren Rechtslage Fälle der Rücknahmefiktion und Fälle der Nichtvornahmefiktion, die an sich – wie nach früherem Recht – unterschiedliche Rechtsfolgen haben, nämlich das Verfallen der Gebühr im ersten Fall und das Nichtverfallen im zweiten Fall. Dabei war insb unklar, ob Einspruch und Beschwerde iSd Bestimmung als Antrag (Rechtsfolge: Rücknahmefiktion) oder als sonstige Handlung (Rechtsfolge: Nichtvornahmefiktion) anzusehen sind. Für den Einspruch ist dies durch die Rspr im letztgenannten Sinn geklärt.[6] Unklar ist weiter, ob bei Nichtzahlung der Recherche- und der Prüfungsgebühr der Recherche- bzw Prüfungsantrag als nicht gestellt oder als zurückgenommen gilt (Rn 17 zu § 43 PatG, Rn 16, 27, 33 zu § 44 PatG). Geht man vom Wortlaut der Bestimmung aus, gelten Prüfungsantrag wie Rechercheantrag als zurückgenommen.[7] Das gilt allerdings nicht, wenn man den Antrag iSd § 3 Abs 1 Satz 2 PatKostG als sonstige Handlung qualifiziert, was der nicht abschließende Katalog an sich nicht ausschließt. Zwh war das auch für die Klage (vgl *6. Aufl*) und die Beschwerde. Durch die Änderung des § 3 ist die Einreichung der Klage wie die Einlegung von Rechtsbehelfen und Rechtsmitteln, also auch die Beschwerde, nunmehr als sonstige Handlung definiert, so dass die Nichtvornahmefiktion gilt.[8] Ein Abbuchungsauftrag muss jedenfalls dann keine Angabe des Gebührenbetrags enthalten, wenn mit ihm die Gebühr für ein Rechtsmittel oder einen Rechtsbehelf entrichtet werden soll.[9] Wird Abbuchungsauftrag über einen zu geringen Betrag (auch über eine Gebühr nach niedrigerem Tarif) erteilt, kann dies durch das DPMA nicht geänd werden und führt dazu, dass die Gebühr nur teilweise gezahlt ist.[10] Das GeschmMRefG hat Abs 3 eingefügt, nach dem Abs 2 nicht für Weiterleitungsgebühren gilt.[11] Die Rücknahmefiktion des Abs 2 ist untrennbar mit den in Abs 1 geregelten Zahlungsfristen und der in § 3 Abs 1 geregelten Fälligkeit von Gebühren verbunden.[12] Die Zahlung der Beschwerdegebühr ist zwingende Voraussetzung für die Rechtsmitteleinlegung; von ihr hängt ab, ob ein Beschwerdeverfahren überhaupt anhängig wird.[13]

10   Der **Unterscheidung** zwischen Rücknahme- und Nichtvornahmefiktion ist im neuen Recht weitgehend die Wirkung genommen, weil § 10 Abs 2 für beide Fälle das Entfallen der Gebühr anordnet; dies allerdings nicht voraussetzungslos: Das Entfallen wird davon abhängig gemacht, dass die beantragte Amtshandlung nicht vorgenommen wurde (§ 10 Abs 2 letzter Halbs, hierzu im einzelnen Rn 22 zu § 10).

11   Die Gebührenzahlung muss **vollständig** sein. Die zur früheren Rechtslage von Senaten des BPatG[14] kontrovers entschiedene Frage, wie viele Einspruchsgebühren bei mehreren Einsprechenden zu zahlen sind, hat der Gesetzgeber im Gesetz zur Änderung des patentrechtlichen Einspruchsverfahrens und des PatKostG vom 21.6.2006 dahingehend beantwortet, dass die im GebVerz unter A. Abs 2 und B. Abs 2 aufgeführten Gebühren (zB Einspruchs-, Erinnerungs-, Widerspruchs-, Löschungs- oder Beschwerdeverfahren) für jeden Antragsteller gesondert erhoben werden. Der BGH hat ausgesprochen, dass nach früherem Recht die Zahlung einer Gebühr ausreichte.[15] Zur neuen Rechtslage hat der BGH nunmehr entschieden, dass dann, wenn mehrere Patentinhaber gegen eine Entscheidung des DPMA im Einspruchsverfahren Beschwerde einlegen, jeder von ihnen die Beschwerdegebühr nach Nr 401.100 GebVerz entrichten muss.[16] Die Wirkung der nicht vollständigen Zahlung tritt kraft Gesetzes ein.[17] Die Pflicht zur Zahlung der Beschwerdegebühr entfällt nicht im Hinblick auf die – unter falschem Az gezahlte – Anmeldegebühr.[18] Die

---

5   BlPMZ 2002, 42.

6   BGH GRUR 2005, 184 verspätete Zahlung der Einspruchsgebühr; aA BPatGE 48, 5 = GRUR 2005, 85.

7   Für Rücknahmefiktion *Schulte* Rn 8 und § 44 PatG Rn 25; wohl auch *Benkard* vor §§ 17–19 PatG Rn 21; *Büscher/Dittmer/Schiwy* § 44 PatG Rn 10 nehmen an, dass der Antrag als nicht gestellt gilt.

8   BGH GRUR 2015, 1255 Mauersteinsatz; so auch *Benkard* vor §§ 17–19 PatG Rn 23, *Schulte* Rn 14.

9   BPatG Mitt 2004, 451.

10 Vgl BPatGE 44, 180 = Mitt 2002, 357; BPatG 6.8.2003 19 W (pat) 40/03.

11 Vgl Begr BlPMZ 2004, 255.

12 BPatG GRUR 2006, 174.

13 BGHZ 182, 325 = GRUR 2010, 231 Legostein; BGH 25.1.2016 I ZB 15/15.

14 Eine Gebühr nicht ausreichend: BPatG GRUR 2008, 1031; BPatG GRUR 2006, 169; BPatG 4.11.2005 14 W (pat) 364/03; BPatG Mitt 2004, 70; aA BPatG Mitt 2004, 174; BPatG 5.4.2005 17 W (pat) 49/02; s auch *Hövelmann* Mitt 2004, 59.

15 BGH GRUR 2011, 505 Schweißheizung.

16 BGH GRUR 2015, 1255 Mauersteinsatz; zur nicht ausreichenden Zahlung der uU mehrfach anfallenden markenrechtl Widerspruchsgebühr BGH 14.1.2016 I ZB 56/14 Vv BioGourmet unter Hinweis auf BGH GRUR 1974, 279 ERBA.

17 BGHZ 182, 325 = GRUR 2010, 231 Legostein.

18 BPatG 20.10.2005 10 W (pat) 10/05.

Bemessung der für eine Patentanmeldung zu zahlenden Gebühr richtet sich nach der in den Anmeldeunterlagen vom Anmelder angegebenen Anzahl von Patentansprüchen und nicht dem sachlichen Gehalt der Ansprüche.[19]

D. Die **Prüfungszuständigkeit** liegt grds beim Rechtspfleger (§ 23 Abs 1 Nr 4 RPflG; Rn 19 zu § 72 **12** PatG); der Beschwerdesenat des BPatG wird erst auf Vorlage oder Erinnerung befasst.[20] Der Ausspruch des Rechtspflegers hat lediglich deklarative Wirkung.[21]

E. Wiedereinsetzung

Bei Versäumung der Zahlungsfrist ist grds Wiedereinsetzung in den vorigen Stand nach den entspr **13** Vorschriften in den Fachgesetzen möglich (§ 123 PatG, § 91 MarkenG; § 21 Abs 1 GebrMG, § 11 Abs 1 HlSchG, § 23 Abs 1 GeschmMG, jeweils iVm § 123 PatG). Wiedereinsetzung ist ua für die Frist zur Erhebung des Einspruchs in Patentsachen (§ 123 Abs 1 Satz 2 PatG) und des Widerspruchs in Markensachen (§ 91 Abs 1 Satz 2 MarkenG) ausgeschlossen. Nach § 91 Abs 1 Satz 2 MarkenG gilt dies ausdrücklich auch bei Versäumung der Frist zur Zahlung der Widerspruchsgebühr unter Hinweis auf § 6 Abs 1 Satz 1 und nunmehr auch nach § 123 Abs 1 Satz 2 Nr 1, 2 PatG für die Einspruchsgebühr[22] und die Gebühr für die Beschwerde des Einsprechenden (zur Rechtslage vor Inkrafttreten dieser Regelung 6. *Aufl*).

§ 7
Zahlungsfristen für Jahres-, Aufrechterhaltungs- und Schutzrechtsverlängerungsgebühren, Verspätungszuschlag

(1) [1]**Die Jahresgebühren für Patente, Schutzzertifikate und Patentanmeldungen, die Verlängerungsgebühren für Marken und Aufrechterhaltungsgebühren für Gebrauchsmuster und eingetragene Designs sind bis zum Ablauf des zweiten Monats nach Fälligkeit zu zahlen.** [2]**Wird die Gebühr nicht innerhalb der Frist des Satzes 1 gezahlt, so kann die Gebühr mit dem Verspätungszuschlag noch bis zum Ablauf des sechsten Monats nach Fälligkeit gezahlt werden.**

(2) Für eingetragene Designs ist bei Aufschiebung der Bildbekanntmachung die Erstreckungsgebühr innerhalb der Aufschiebungsfrist (§ 21 Abs. 1 Satz 1 des Designgesetzes) zu zahlen.

(3) [1]**Wird die Klassifizierung einer eingetragenen Marke bei der Verlängerung auf Grund einer Änderung der Klasseneinteilung geändert, und führt dies zu einer Erhöhung der zu zahlenden Klassengebühren, so können die zusätzlichen Klassengebühren auch nach Ablauf der Frist des Absatzes 1 nachgezahlt werden, wenn die Verlängerungsgebühr fristgemäß gezahlt wurde.** [2]**Die Nachzahlungsfrist endet nach Ablauf des achtzehnten Monats nach Fälligkeit der Verlängerungsgebühr.** [3]**Ein Verspätungszuschlag ist nicht zu zahlen.**

Übersicht

---

19 BPatG BlPMZ 2014, 144.
20 Vgl BPatG 21.5.2015 24 W (pat) 77/14 und Parallelentscheidungen BPatG 24 W (pat) 78/14 und BPatG 24 W (pat) 79/14; vgl auch BPatG 13.4.2015 29 W (pat) 75/14.
21 BGH 25.1.2016 I ZB 15/15.
22 So bereits BGH GRUR 2005, 184 und BPatG Mitt 2004, 118.

A. Entstehungsgeschichte

1   Durch das GeschmMRefG sind die Worte „typographische Schriftzeichen" weggefallen (Rn 3 zu § 3). Außerdem wurde Abs 2 dahin umformuliert, dass die Erstreckungsgebühr innerhalb der Aufschiebungsfrist (§ 21 Abs 1 Satz 1 GeschmMG, jetzt: DesignG) zu zahlen ist.[1] Das Gesetz zur Modernisierung des Geschmacksmustergesetzes hat den Begriff Geschmacksmuster durch eingetragenes Design und den Terminus Geschmacksmustergesetz durch Designgesetz ersetzt.

B. Vereinheitlichung der Zahlungsfrist für Jahresgebühren uä (Absatz 1)

I. Grundsatz

2   In Abs 1 sind die früheren unterschiedlichen Regelungen aus § 17 Abs 3 PatG, § 16a Abs 2 iVm § 17 Abs 3 PatG, § 47 Abs 3 MarkenG, § 23 Abs 3 GebrMG, § 9 Abs 3 GeschmMG zusammengefasst und vereinheitlicht. Einbezogen sind auch die typographischen Schriftzeichen, für die bisher eine Zahlungsfrist und die Möglichkeit einer verspäteten Zahlung nicht vorgesehen waren (vgl Art 2 Abs 1 Nr 4 SchriftzG aF).

3   Nach Abs 1 Satz 1 sind die genannten Gebühren bis zum Ablauf des zweiten Monats nach Fälligkeit (§ 3) – zuschlagsfrei – zu zahlen. Die Festlegung dieser Zahlungsfrist weicht dem Wortlaut nach von § 17 Abs 3 Satz 2 PatG aF ab, wonach die Gebühr bis zum Ablauf **des letzten Tags** des zweiten Monats nach Fälligkeit entrichtet werden musste, um zuschlagsfrei zahlen zu können. In § 17 Abs 3 Satz 2 PatG aF war durch das 2. PatGÄndG das Ende der Frist auf den „Ablauf des letzten Tages des zweiten Monats nach Fälligkeit" festgeschrieben worden, um den Ablauf der Fristen an je nach Länge des Monats unterschiedlichen Kalendertagen zu vermeiden und somit die Gebührenüberwachung zu erleichtern.[2] Daran sollte die Neuformulierung sachlich nichts ändern (vgl Rn 32 zu § 17 PatG). Gebühren für eine Teilanmeldung sind zu dem Zeitpunkt zu zahlen, zu dem die Jahresgebühr für die Stammanmeldung tatsächlich und letztmöglich zu entrichten ist.[3]

4   Eine Unterbrechung der Zahlungsfristen durch **Insolvenz** des im Register als Schutzrechtinhaber Eingetragenen nach § 240 ZPO tritt nicht ein. Der BGH[4] hat entschieden, dass das Patentrecht nur solange bestehe, wie für die rechtzeitige Zahlung der Jahresgebühren gesorgt werde. Diese Vermögenslage würde durch Anwendung von § 240 ZPO, der nur die prozessuale Durchsetzung bestehender materieller Rechte betreffe, außer Kraft gesetzt.

II. Verspätungszuschlag

5   Eine nicht fristgerechte Zahlung hat zur Folge, dass sich die Gebühr um den Verspätungszuschlag von einheitlich 50 EUR erhöht und noch bis zum Ablauf des sechsten Monats nach Fälligkeit gezahlt werden kann (Abs 1 Satz 2). Nach Fälligkeit des Verspätungszuschlags gibt es nur noch eine formlose Zahlungsaufforderung als Service des DPMA. Die Gebührenbenachrichtigungen (sog Löschungsvorbescheide),[5] die förmlich zuzustellen waren, sind abgeschafft.

III. Rechtsverlust

6   Wird auch die erhöhte Gebühr nicht innerhalb der hierfür geltenden Frist gezahlt, gilt die Anmeldung als zurückgenommen bzw erlischt das Schutzrecht (vgl zB § 58 Abs 3, § 20 Abs 1 Nr 3 PatG, § 47 Abs 6 MarkenG).[6]

---

1   Vgl Begr BlPMZ 2004, 255.
2   Vgl dazu Begr BlPMZ 1998, 393, 398.
3   BPatG BlPMZ 2007, 290.
4   BGH GRUR 2008, 551 Sägeblatt; vgl auch *Schrader* Mitt 2008, 69.
5   Vgl § 17 Abs 3 Satz 3 PatG aF.
6   Anders OLG Düsseldorf Mitt 2007, 143, mit zust Anm *Kreuzkamp*, das ein Erlöschen des Patents mit dem Ablauf des zweiten Monats ab Fälligkeit annimmt; kr hierzu *Hövelmann* Mitt 2007, 540 mit zutr Hinweis auf Art 5bis PVÜ, dessen sechsmonatiger Nachfrist erst die beiden Fristen des § 7 Abs 1 zusammen genügten; so auch *Schulte* § 7 PatKostG Rn 6.

C. Erstreckungsgebühr bei Aufschiebung der Bildbekanntmachung (Absatz 2)

In Abs 2 wurde zunächst die Regelung aus § 8b Abs 2 GeschmMG aF übernommen. Danach konnte **7** man auch nach Ablauf der zwölfmonatigen Zahlungsfrist die Erstreckung durch Zahlung eines Zuschlags innerhalb der Aufschiebungsfrist erreichen. Die früher vorgesehene Nachricht über das Ende der Schutzdauer (§ 8b Abs 2 Satz 3 GeschmMG aF) und die damit verbundene Unklarheit über die Wirkung dieser Nachricht sind abgeschafft.[7] Nunmehr ist klargestellt, dass die Frist zur Zahlung der Erstreckungsgebühr mit Verspätungszuschlag mit Ablauf der Aufschiebungsfrist endet.[8]

D. Klassengebühren bei Änderung der Klassifizierung einer Marke (Absatz 3)

In Abs 3 ist die Regelung aus § 16 Abs 2 MarkenV übernommen, der durch das KostRegBerG aufgeho- **8** ben worden ist. Grund für die Aufhebung ist der Wegfall der Verordnungsermächtigung in § 65 Abs 1 Nr 13 MarkenG, der seinerseits in § 1 Abs 2 PatKostG übernommen worden ist.[9]

E. Feiertage (vgl Rn 8 zu § 6; Rn 36 zu § 17 PatG).[10] **9**

F. Wiedereinsetzung in den vorigen Stand

Die Wiedereinsetzung richtet sich auch hier nach den entspr Vorschriften in den Fachgesetzen, vgl **10** Rn 13 zu § 6; zum Patentrecht vgl Rn 39 zu § 17 PatG.

§ 8
Kostenansatz

(1) Die Kosten werden angesetzt:
1. **beim Deutschen Patent- und Markenamt**
   a) **bei Einreichung einer Anmeldung,**
   b) **bei Einreichung eines Antrags,**
   c) **im Fall eines Beitritts zum Einspruchsverfahren,**
   d) **bei Einreichung eines Antrags auf gerichtliche Entscheidung nach § 61 Abs. 2 des Patentgesetzes sowie**
   e) **bei Einreichung eines Rechtsbehelfs oder Rechtsmittels,**
2. **beim Bundespatentgericht**
   a) **bei Einreichung einer Klage,**
   b) **bei Einreichung eines Antrags auf Erlass einer einstweiligen Verfügung,**
   c) **im Falle eines Beitritts zum Einspruch im Beschwerdeverfahren oder im Verfahren nach § 61 Abs. 2 des Patentgesetzes sowie**
   d) **bei einer erfolglosen Rüge wegen Verletzung des Anspruchs auf rechtliches Gehör,**
auch wenn sie bei einem ersuchten Gericht oder einer ersuchten Behörde entstanden sind.
   (2) Die Stelle, die die Kosten angesetzt hat, trifft auch die Entscheidungen nach §§ 9 und 10.

A. Begriff

Eine Regelung des Kostenansatzes fehlte im PatGebG; sie entspricht der Formulierung in § 10 DPMA- **1** VerwKostV.[1] Abs 1 ist durch das Gesetz zur Änderung des patentrechtlichen Einspruchsverfahrens und des

---

7 Vgl hierzu BPatGE 44, 136: fehlender Zugang der Nachricht hat auf den Ablauf der Aufschiebungs- und Zahlungsfrist keinen Einfluss.
8 Begr BlPMZ 2002, 42.
9 Begr BlPMZ 2002, 43; 57.
10 Noch zum früheren GeschmMRecht vgl BPatG 28.3.2003 10 W (pat) 705/01.

1 Begr BlPMZ 2002, 43.

PatKostG, das auch § 3 Abs 1 neu gefasst hat, sprachlich angepasst , inhaltlich aber nicht geänd worden. Hinzugekommen ist lediglich der Kostenansatz im Fall des Beitritts zum Einspruchsverfahren beim DPMA und beim BPatG, das für den Kostenansatz zuständig ist, wenn das Verfahren bei ihm anhängig ist.[2]

2 Der Kostenansatz besteht für das gerichtliche Verfahren in der **Aufstellung der Kostenrechnung** und hat die Berechnung der Gerichtskosten und Justizverwaltungskosten und die Feststellung der Kostenschuldner zum Gegenstand (§ 4 Abs 1 KostVfG). Der Bund hat im Rahmen der konkurrierenden Gesetzgebung gem Art 74 Nr 1 GG die Kosten des gerichtlichen Verfahrens geregelt. Die Kostenverfügung ist eine Ausführungs- bzw Verwaltungsvorschrift zu diesen Regelungen, die von den Ländern unter Mitwirkung des Bundesministers der Justiz bundeseinheitlich beschlossen worden und deshalb auch bei den Bundesgerichten anwendbar ist.[3] Die Definition gilt entspr für das Verfahren vor dem DPMA und damit für den Kostenansatz nach Abs 1 und nach § 10 DPMAVwKostV.

B. Kostenansatz beim Patentamt (Absatz 1 Nr 1)

3 Für den Kostenansatz beim DPMA kommen nur die Gebühren nach dem GebVerz in Frage; für die Auslagen gilt § 1 Abs 2 Nr 1 iVm § 10 DPMAVwKostV. Für die Gebühren wird sich aber idR ein Kostenansatz erübrigen, da sie bei Eintritt der Rücknahme- bzw der Nichtvornahmefiktion in § 6 Abs 2 gem § 10 Abs 2 Satz 1 ohnehin entfallen, es sei denn, die beantragte Amtshandlung ist bereits vorgenommen worden.

C. Kostenansatz beim Bundespatentgericht (Absatz 1 Nr 2)

4 Gegenstand des Kostenansatzes sind hier die Klage- bzw Antragsgebühr, Schreibauslagen, Telekommunikationsentgelte und Postauslagen. Die Klage- bzw Antragsgebühr ist gem § 3 Abs 1 bereits mit Einreichung der Klage oder des Antrags fällig. Falls der Kläger sie nicht schon selbst aufgrund eines angenommenen Streitwerts berechnet und einzahlt, setzt das BPatG den Streitwert vorläufig fest und fordert den Kläger zur Zahlung der entsprechenden Gebühr auf. Der endgültige Ansatz der Gebühr, die sich zB durch Rücknahme der Klage ermäßigen kann, und der Auslagen erfolgt erst nach Abschluss der Instanz.

5 Die **Erinnerung gegen den Kostenansatz** richtet sich nach § 11 PatKostG und nicht nach § 66 Abs 1 GKG.[4]

6 Nach Abs 2 entscheidet die Stelle, die die Kosten angesetzt hat, auch über die **Nichterhebung von Kosten** nach § 9 und die **Rückzahlung von Kosten** nach § 10.

§ 9
Unrichtige Sachbehandlung

Kosten, die bei richtiger Behandlung der Sache nicht entstanden wären, werden nicht erhoben.

A. Geltungsbereich

1 Die Vorschrift entspricht wörtlich § 9 Abs 1 Satz 1 DPMAVwKostV und auch § 21 Abs 1 Satz 1 GKG (früher § 8 Abs 1 Satz 1 GKG).[1] Sie gilt für die vom PatKostG umfassten Kosten, zunächst also die **Gebühren** des DPMA und des BPatG (§ 1 Abs 1 Satz 1), die im GebVerz aufgeführt sind.

2 Für **Auslagen des DPMA** gilt § 1 Abs 2 Nr 1 iVm § 9 DPMAVerwKostV (vgl Einl Rn 35).

---

2 Begr BlPMZ 2006, 225, 234.

3 Vgl *Hartmann* Kostengesetze VII Rn 1; abw für Entscheidungen über Erinnerungen gegen den Kostenansatz beim BGH: BGH NJW 2015, 2194 Einzelrichter (I. Zivilsenat); BGH MDR 2016, 241 Entscheidungszuständigkeit, vgl hierzu Rn 11.1 zu § 114 PatG.

4 BPatGE 47, 207 = BlPMZ 2004, 467, noch zu § 5 GKG.

1 Dazu BPatG Mitt 1971, 174.

Für die **Auslagen in Verfahren vor dem BPatG** ist nach § 1 Abs 1 Satz 2 nach wie vor das GKG an- **3** wendbar, also auch § 21 Abs 1 GKG.[2] Das GKG gilt, soweit es nicht einer spezielleren Regelung im PatKostG widerspricht (zB § 21 Abs 2 GKG der Zuständigkeitsregelung des § 8 Abs 2).

B. Voraussetzungen für die Nichterhebung

Die Sachbehandlung bei DPMA oder BPatG muss unrichtig gewesen sein. Darunter fällt nicht jede **4** Fehlbehandlung, also nicht schon jede unzweckmäßige Handlung, noch jede unzutreffende, durch die höhere Instanz korrigierte sachlich-rechtl Rechtsauffassung[3] oder verfahrensrechtl Handhabung. Nach herrschender Rspr kommt insoweit nur ein Verstoß gegen eindeutige gesetzliche Normen, der offen zutage tritt, oder ein offenbares Versehen in Betracht,[4] zB wenn die Richterbank unrichtig besetzt war oder rechtliches Gehör versagt worden ist.[5]

Weiter muss die unrichtige Sachbehandlung für die Entstehung der Kosten **ursächlich** gewesen sein. **5** Das ist dann nicht der Fall, wenn sie auch bei richtiger Behandlung der Sache entstanden wären, wenn zB die Entscheidung materiell zutreffend ist[6] oder die Prüfungsgebühr aufgrund wirksamer Stellung des Prüfungsantrags angefallen ist.[7] Eine Rückerstattung fälliger gezahlter Jahresgebühren – wegen schleppender Bearbeitung – kommt grds nicht in Betracht, denn die Gebühren hätten auch bei Erteilung des Patents gezahlt werden müssen.[8]

C. Verfahren

Nach dem Gesetzeswortlaut ist die Entscheidung auf (nicht fristgebundenen) Antrag oder vAw mög- **6** lich, und zwar erst dann, wenn eine rechtskräftige Kostengrundentscheidung vorhanden ist. Denn erst dann steht fest, wer Kostenschuldner ist.[9] Falls die Kosten bereits angesetzt sind, ist der Antrag als Erinnerung nach § 11 anzusehen. Zuständig für die Entscheidung ist die Stelle, die die Kosten gem § 8 Abs 1 angesetzt hat (§ 8 Abs 2, § 11 Abs 1 Satz 1). Die Frage, ob Kosten (teilweise) niederzuschlagen gewesen wären, gehört zum Kostenansatz; ein Angriff mit der Rechtsbeschwerde oder einer weiteren Beschwerde ist daher nicht statthaft.[10] Solange die Unrichtigkeit der Sachbehandlung noch mit der Erinnerung gegen den Kostenansatz oder im Kostenfestsetzungsverfahren geltend gemacht werden kann, soll ein auf § 9 gerichteter Erstattungsantrag unzulässig sein.[11] Weil die Voraussetzungen für die Korrektur eines falschen Kostenansatzes im Rahmen der Erinnerung nach § 11 geringer sind als die des § 9, soll es möglich sein, die Erinnerung hilfsweise für den Fall zu erheben, dass der Erstattungsantrag nach § 9 keinen Erfolg hat.[12]

§ 10
Rückzahlung von Kosten, Wegfall der Gebühr

(1) [1]**Vorausgezahlte Gebühren, die nicht mehr fällig werden können, und nicht verbrauchte Auslagenvorschüsse werden erstattet.** [2]**Die Rückerstattung von Teilbeträgen der Jahresgebühr Nummer 312205 bis 312207 des Gebührenverzeichnisses ist ausgeschlossen.**

---

2 Vgl hierzu BPatGE 26, 34 = GRUR 1984, 340.

3 BGHZ 93, 191, 213 Druckbalken, insoweit nicht in GRUR.

4 BGH NJW 1962, 2107; BPatG Mitt 1971, 174; BPatGE 53, 182 = Mitt 2013, 371 „Bitratenreduktion"; OLG München MDR 1998, 1437; *Hartmann* Kostengesetze § 21 GKG Rn 6.

5 BGHZ 27, 163 = NJW 1958, 1186. Bsp zur Frage einer unrichtigen Sachbehandlung bei *Hartmann* Kostengesetze § 21 GKG Rn 14 ff.

6 BPatG 22.2.2007 10 W (pat) 49/05; vgl im Einzelnen *Hartmann* Kostengesetze § 21 GKG Rn 41 mwN.

7 BPatG GRUR 2006, 261; BPatG BlPMZ 2012, 71.

8 BGH GRUR 2008, 549 Schwingungsdämpfung, wie Vorinstanz BPatG 26.10.2006 10 W (pat) 45/05.

9 Vgl OLG München MDR 1987, 343, zur Nichterhebung von Kosten im Strafverfahren.

10 BGH GRUR 2015, 1144 Überraschungsei.

11 BPatGE 53, 182 = Mitt 2013, 371 „Bitratenreduktion".

12 BPatGE 53, 182 = Mitt 2013, 371 „Bitratenreduktion".

(2) Gilt eine Anmeldung oder ein Antrag als zurückgenommen (§ 6 Abs. 2) oder auf Grund anderer gesetzlicher Bestimmungen als zurückgenommen oder erlischt ein Schutzrecht, weil die Gebühr nicht oder nicht vollständig gezahlt wurde, so entfällt die Gebühr, wenn die beantragte Amtshandlung nicht vorgenommen wurde.

A. Rückzahlung

1   **I. Mit Rechtsgrund nach Fälligkeit** (§ 3, vgl dort) **gezahlte Gebühren** sind verfallen und können grds nicht zurückgefordert werden,[1] zB nicht die Jahresgebühr, wenn die Anmeldung zwar bei Eintritt der Fälligkeit noch bestand, aber kurze Zeit danach entfiel, Anmelde- und Prüfungsgebühr, wenn eine wirksame Anmeldung vorlag und Prüfungsantrag gestellt war, auch wenn die Anmeldung vor Nachreichung des fehlenden Patentanspruchs zurückgenommen wird.[2] Auf die Regelung in der DPMAVwKostV kann nicht zurückgegriffen werden, soweit es sich um in dieser geregelte Kosten handelt.[3] Insb können für die Rückzahlung im Regelfall keine Billigkeitsgründe geltend gemacht werden.[4] Jedoch gelten aufgrund allg gebührenrechtl Grundsätze und verfassungsrechtl Erwägungen dort Ausnahmen, wo die mit der Gebühr abgegoltene Leistung aus Gründen, die ganz überwiegend im Bereich der Behörde liegen, zB Überlastung, nicht erbracht worden ist und nicht mehr erbracht werden kann;[5] im Bereich der technischen Schutzrechte sind solche Fälle nach geltendem Recht kaum denkbar.

2   Das Gleiche galt für **Teilzahlungen,** Abs 2 Satz 2, der durch das GeschmMRefG vom 12.4.2004 aufgehoben wurde (s hierzu Rn 26; zum früheren Recht vgl 5. Aufl Rn 45 vor § 17 PatG).

3   Werden dagegen im Rahmen der **Verfahrenskostenhilfe** als Ratenzahlung erbrachte Gebühren in der irrtümlichen Meinung bezahlt, das Patent sei noch nicht wegen Nichtzahlung erloschen, können die zur Aufrechterhaltung des Patents gezahlten Raten entspr § 812 Abs 1 Satz 2 2. Alt BGB zurückgefordert werden.[6]

4   Eine **Gebührenrückzahlung aus Billigkeitsgründen** erlauben zB § 73 Abs 4 Satz 2 PatG, § 80 Abs 2 PatG, § 66 Abs 5 Satz 3 MarkenG, § 71 Abs 3 MarkenG (Rückzahlung der Beschwerdegebühr).

---

1   BGH GRUR 2008, 549 Schwingungsdämpfung.
2   BPatGE 37, 187.
3   BGH GRUR 2000, 325 Beschleunigungsgebühr; BGH GRUR 2000, 421 Rückzahlung der Beschleunigungsgebühr; BPatGE 13, 60, 63; BPatGE 16, 33f; BPatGE 20, 240, 245 = BlPMZ 1979, 216 und öfter.
4   Vgl BPatGE 10, 143 = GRUR 1970, 136; BPatGE 11, 200, 203 = BlPMZ 1970, 223; BPatGE 13, 12; BPatGE 13, 60, 63; BPatGE 16, 33 = BlPMZ 1974, 169; BPatGE Mitt 1971, 115, 117; BPatGE GRUR 1983, 366; BPatG 17.3.2011 10 W (pat) 11/10: selbst bei Fehler des DPMA, der für das Entstehen der Gebühr ursächlich war.
5   BGH Beschleunigungsgebühr; BGH Rückzahlung der Beschleunigungsgebühr, jeweils Markensachen, gegen BPatGE 37, 112, BPatG 11.12.1997 26 W (pat) 1/97 BlPMZ 1998, 320 Ls, BPatG 25.2.1998 26 W (pat) 25/97 und BPatG 31.3.1998 24 W (pat) 232/96.
6   So zum früheren Recht im Fall der Stundung BPatG GRUR 1997, 343.

II. Schon nach früherem Recht waren **ohne Rechtsgrund gezahlte Gebühren und Auslagen** nach 5
§ 812 BGB[7] zu erstatten.[8] Dies galt auch bei Verzicht auf das Schutzrecht vor gesetzlicher Fälligkeit der
Gebühr[9] und bei Nichteintritt des mit der Gebührenzahlung bezweckten Erfolgs.

Ein **Rechtsgrund fehlt**, wenn kein Gebührentatbestand gegeben[10] oder erfüllt ist, etwa eine Anmel- 6
dung, für die Jahresgebühren zu zahlen wären, nicht (mehr) anhängig ist,[11] zB weil sie vor der Zahlung
zurückgewiesen[12] oder zurückgenommen,[13] wegen Versäumung der Nachfrist zur Zahlung dieser (nachträglich dann doch noch entrichteten) oder einer anderen Jahresgebühr vor der Zahlung erloschen ist (zB
§ 7 Abs 1 PatKostG iVm § 58 Abs 3 PatG, § 20 Abs 1 PatG) oder wenn das Gesetz die Nichterfüllung des Gebührentatbestands fingiert, zB einen gebührenpflichtigen Antrag als nicht gestellt behandelt (zB § 43
Abs 4 Satz 3, Abs 5 PatG), oder auch, wenn der den Rechtsgrund erzeugende Tatbestand, zB die Zahlung
der Jahresgebühr als solche, durch Anfechtung nachträglich, aber mit Rückwirkung beseitigt wird.[14] Die
Rücknahme eines Antrags lässt mangels Rückwirkung den Rechtsgrund für eine frühere Zahlung nicht
entfallen.[15] Das Gleiche gilt für die Rücknahmefiktion des § 6 Abs 2, die die Beitreibung der Gebühr ermöglichen soll.[16]

Der Erstattungsanspruch **ist öffentlich-rechtlicher Natur**.[17] Er ist gegen die Stelle zu richten, an die 7
gezahlt wurde. Lehnt das DPMA die Rückzahlung ab, ist hiergegen die Beschwerde zum BPatG gegeben.[18]

B. Wiedereinzahlung

Wird eine fällige Gebührenschuld beglichen und zahlt das DPMA den Betrag anschließend irrtümlich 8
zurück, lebt die getilgte Gebührenschuld nicht wieder auf. Vielmehr entsteht gegen den Kostenschuldner
ein Anspruch auf Wiedereinzahlung des zurückgezahlten Betrags.[19]

Rechtsnatur. Offen ist, ob es sich dabei um einen Bereicherungsanspruch gem § 812 BGB unmittelbar 9
handelt oder um einen öffentlich-rechtl Erstattungsanspruch, auf den die Bereicherungsvorschriften
entspr anwendbar sind.[20] Der jur Beschwerdesenat des BPatG hat sich zunächst auf den Standpunkt gestellt, diesen Anspruch müsse das DPMA fiskalisch, wie jeder andere Gläubiger, geltend machen. Ein Beschluss der Prüfungsstelle über die Wiedereinzahlung sei unzulässig.[21] Er ist wieder hiervon abgerückt[22]
und hat einen solchen Beschluss für zulässig und die Forderung nach § 1 JBeitrO für vollstreckbar erachtet.
Später ist er jedoch zu seiner früheren Auffassung zurückgekehrt[23] und hat ausgeführt, ein solcher Anspruch könne nicht aufgrund eines Leistungsbescheids durchgesetzt werden, die JBeitrO sei nicht anwendbar.

C. Erstattung vorausgezahlter Gebühren (Absatz 1)

I. Allgemeines (allg zur Vorauszahlung von Kosten vgl § 5; zum früheren Recht vgl 5. *Aufl* Rn 51 vor 10
§ 17 PatG). In Abs 1 Satz 1 wurde die früher in § 19 Satz 2 PatG enthaltene Rückzahlungsregelung für vo-

---

7 Hiergegen BPatG 18.12.1997 5 W (pat) 31/97.

8 BGH GRUR 1971, 563 Dipolantenne II; BPatGE 2, 17 f = GRUR 1964, 619; BPatGE 11, 23, 25; BPatGE 17, 3 = Mitt 1975, 229;
BPatGE 22, 43 = BlPMZ 1980, 21; BPatGE 28, 203, 205 = GRUR 1987, 358; BPatG BlPMZ 1972, 262.

9 BGH GRUR 2000, 328 Verlängerungsgebühr II; BPatGE 37, 130 = GRUR 1997, 58; BPatGE 36, 275, Markensachen.

10 BPatGE 13, 163, 165 = Mitt 1972, 177.

11 BPatGE 2, 17 = GRUR 1964, 619.

12 BPatG Mitt 1972, 236.

13 BPatGE 17, 3 = Mitt 1975, 229.

14 BPatGE 1, 25 f = BlPMZ 1962, 70; BPatGE 2, 17 = GRUR 1964, 619; BPatG BlPMZ 1972, 262.

15 BPatGE 5, 226 = GRUR 1965, 445; BPatGE 11, 55; BPatGE 11, 222.

16 Begr BlPMZ 2002, 42.

17 Vgl *Bruckner* Mitt 1979, 161; BPatG 18.12.1997 5 W (pat) 31/97.

18 Vgl BPatGE 22, 48 = BlPMZ 1979, 381; BPatG GRUR 2001, 144, 149.

19 BPatGE 13, 163, 166 = Mitt 1972, 177; BPatGE 30, 211 = GRUR 1989, 748.

20 Vgl BPatGE 30, 211 = GRUR 1989, 748 f mwN.

21 BPatGE 13, 163, 166 = Mitt 1972, 177.

22 BPatGE 22, 48 = BlPMZ 1979, 381.

23 BPatGE 30, 211 = GRUR 1989, 748.

rausgezahlte Jahresgebühren sinngem übernommen.[24] § 19 PatG aF regelte einen besonderen Fall der Zahlung vor Fälligkeit: er gestattete ausdrücklich die Vorauszahlung der Jahresgebühren vor Fälligkeit, verpflichtete das DPMA also zur Annahme der Vorauszahlung, beschränkte zugleich aber in Satz 2 auch die Rückforderung auf den Fall, dass die Gebühr (zB wegen Rücknahme oder Zurückweisung der Anmeldung oder Nichtigerklärung des Patents) nicht mehr fällig werden konnte.[25] Die Vorauszahlung lässt die mit ihr erstrebte Rechtswirkung, die Aufrechterhaltung der Anmeldung oder des Patents, mit der Entrichtung entstehen (vgl auch Rn 5 zu § 5).[26] Da vor Fälligkeit gezahlte Jahresgebühren an sich rechtsgrundlos entrichtet sind, wären sie ohne die Regelung des § 19 Satz 2 PatG aF, jetzt § 10 Abs 1 Satz 1, jederzeit rückforderbar. Ihre Rückzahlung wäre aber mit den weitgehenden Rechtswirkungen des § 5 Abs 2 unvereinbar (vgl Rn 6 zu § 5). § 10 Abs 1 Satz 1 beschränkt die Rückzahlung vor Fälligkeit entrichteter Jahresgebühren deshalb auf den Fall, dass sie nicht mehr fällig werden können.[27]

II. Voraussetzungen

11 **1. Anwendungsbereich.** Abs 1 Satz 1 betrifft nur vor Fälligkeit gezahlte Jahresgebühren (vgl § 5 Abs 2). Nach Eintritt der Fälligkeit gezahlte Jahresgebühren sind grds verfallen und ihre Rückzahlung ist ausgeschlossen (vgl Rn 1; zum früheren Recht vgl *5. Aufl* Rn 44 ff vor § 17 PatG).

12 **2. Anfängliche Möglichkeit späterer Fälligkeit.** Abs 1 Satz 1 betrifft andererseits nur Jahresgebührenzahlungen, die im Zahlungszeitpunkt noch fällig werden können. Ist die Patentanmeldung oder das Patent oder dessen Gebührenpflicht bereits im Zahlungszeitpunkt weggefallen, ist die Zahlung ohne Rechtsgrund erfolgt und der gezahlte Betrag nach § 812 BGB zu erstatten.

13 **3. Nichteintritt der Fälligkeit.** Abs 1 Satz 1 betrifft nur Gebühren, die nicht fällig geworden sind. Wird die Gebühr nach der Zahlung fällig, treten die gesetzlichen Wirkungen der Zahlung ein und die Gebühr verfällt, selbst wenn die Anmeldung oder das Schutzrecht kurz danach, sei es sogar mit rückwirkender Kraft, zB durch Widerruf oder Nichtigerklärung, wegfällt.

14 **4. Nachträgliche Unmöglichkeit späterer Fälligkeit.** Abs 1 Satz 1 gestattet die Rückzahlung der Jahresgebühr nur, wenn feststeht, dass die gezahlte Gebühr nicht mehr fällig werden kann. Die Rückzahlung ist also ausgeschlossen, solange der Eintritt der Fälligkeit noch möglich ist.[28]

15 Eine Gebühr ist dagegen zurückzuzahlen, wenn die Anmeldung oder das Schutzrecht vor oder **spätestens am Fälligkeitstag**[29] (vgl Rn 16) wegfällt, zB durch Zurückweisung (§ 48 PatG) oder Rücknahme der Anmeldung oder deren Fiktion (§ 58 Abs 3 PatG iVm § 44 Abs 2 PatG), Widerruf (§ 21 PatG), Nichtigerklärung (§ 22 PatG) oder Erlöschen (§ 20 Nr 2 PatG) des Patents bzw Patentverzicht (§ 20 Nr 1 PatG),[30] oder wenn eine Anmeldung zB durch Umwandlung in eine Zusatzanmeldung gebührenfrei wird, ein Fall, der auch nach der Einführung der kurzen Frist für den Umwandlungsantrag (§ 16 Abs 1 Satz 2 PatG aF) denkbar ist, aber wohl kaum noch praktisch werden dürfte.

5. Fälligkeitstag; Zeitpunkt des Wegfalls des Schutzrechts oder der Anmeldung

16 **a.** Der **Fälligkeitstag** ergibt sich aus § 3 Abs 2 Satz 1, der dem früheren § 17 Abs 3 Satz 1 PatG entspricht. Da § 193 BGB auf diese Regelung nicht anwendbar ist (vgl Rn 23 Einl), kommt eine Gebührenerstattung nach Abs 1 Satz 1 nicht in Betracht, wenn Fälligkeitstag ein gesetzlicher Feiertag ist und die Anmeldung am darauffolgenden Werktag zurückgenommen wird.[31]

---

24 Begr BlPMZ 2002, 43.
25 Vgl BPatGE 15, 22.
26 BPatGE 2, 17 = GRUR 1964, 619; BPatGE 11, 23; BPatGE 15, 22.
27 Zum früheren Recht vgl BPatGE 2, 17 = GRUR 1964, 619; BPatGE 15, 25 = Mitt 1973, 173.
28 Zu § 19 PatG aF vgl BPatGE 15, 22.
29 Vgl BPatGE 17, 3 = Mitt 1975, 229, zwh.
30 Vgl dazu zB BPatGE 30, 130 = GRUR 1989, 340.
31 Zum früheren Recht vgl BPatGE 11, 23.

Hingegen soll die **8. Jahresgebühr** rückzahlbar sein, wenn der letzte Tag der Prüfungsantragsfrist **17** (§ 44 Abs 2 PatG) nach § 193 BGB mit dem ersten Tag des 8. Patentjahrs zusammenfällt; denn für Patentanmeldungen, für die kein fristgerechter Prüfungsantrag gestellt wird, gibt es keine achte Jahresgebühr; § 193 BGB soll die volle Ausnutzung der Frist ohne daraus erwachsenden Rechtsnachteil ermöglichen.[32]

b. Zeitpunkt des Wegfalls des Schutzrechts oder der Anmeldung. Eine Anmeldung fällt mit Ein- **18** gang der Rücknahmeerklärung oder ihrer Fiktion (zB § 6 Abs 2; § 40 Abs 5 PatG, § 58 Abs 3 PatG, § 39 Abs 1 MarkenG) fort, eine Teilanmeldung mit der Fiktion der Nichtabgabe der Teilungserklärung (§ 39 Abs 3 PatG). Im Fall der Zurückweisung einer Anmeldung fällt diese mit dem Wirksamwerden der Entscheidung (Rn 60 zu § 47 PatG, Rn 6 zu § 94 PatG) fort, dh mit ihrer Verkündung bzw ihrer Zustellung an den Anmelder.[33]

Ein **Schutzrecht** fällt zB mit dem Eingang der Verzichtserklärung (zB § 20 Nr 1 PatG, § 48 Abs 1 Mar- **19** kenG), nach früherer Rechtslage mit der Versäumung der Nachfrist zur Erfinderbenennung nach früherem Recht (§ 20 Abs 1 Nr 2 PatG aF iVm § 37 Abs 2 Satz 4 PatG aF; vgl Rn 6 zu § 37) bzw mit der Rechtskraft der Entscheidung über den Widerruf (§ 21 PatG), die Nichtigerklärung (§ 22 PatG)[34] oder Löschung (§ 43 Abs 2 MarkenG, § 52 MarkenG) fort.

III. Eine **Rückerstattung von Teilbeträgen** der Patentjahresgebühr für das dritte bis fünfte Jahr (vgl **20** Rn 2 zu § 2) ist nach Abs 1 Satz 2 ausgeschlossen. Die Gebühr ist nach Eintritt der Fälligkeit der 3. Jahresgebühr verfallen. Nur wenn vor diesem Zeitpunkt das Schutzrecht wegfällt, kann sie erstattet werden.[35]

IV. Die Gebührenerstattung nach Abs 1 erfolgt vAw, ein **Antrag** ist nicht erforderlich.[36] **21**

D. Wegfall der Gebühr bei Rücknahme- und Nichtvornahmefiktion

Zum Wegfall der Gebühr in den Fällen, in denen ua ein Antrag oder eine Anmeldung wegen fehlender **22** oder nicht vollständiger Zahlung der Gebühr als zurückgenommen oder die Handlung als nicht vorgenommen gilt, Abs 2 (vgl Rn 9 f zu § 6). Mit der Regelung in Abs 2 (Entfallen der Gebühr) soll vermieden werden, dass in diesen Fällen die an sich verfallene Gebühr beigetrieben wird.[37]

In Fällen, in denen der Antrag oder die Anmeldung als zurückgenommen galt, fand in der Praxis **23** schon nach früherem Recht eine **Beitreibung** der Gebühr nicht statt. Nach § 6 Abs 2 gilt idR die Rücknahmefiktion, bei der die Gebühr verfallen bleibt (Rn 9 zu § 6). Wird eine Patentanmeldung, in der am Anmeldetag zugleich der Prüfungsantrag gestellt wurde, zurückgenommen, besteht kein Anspruch auf Erstattung der Prüfungsantragsgebühr, selbst wenn die Prüfung noch nicht aufgenommen worden ist.[38] Dies gilt auch, wenn das DPMA die Prüfung der Patentanmeldung vor deren Rücknahme über längere Zeit verzögert hat.[39] Demgegenüber wird bei der Nichtvornahmefiktion der Fälligkeit die Grundlage entzogen, so dass die Gebühr nicht verfallen und eine etwa gezahlte Gebühr zu erstatten ist. Die frühere Regelung des Abs 2 („oder die Handlung als nicht vorgenommen"), nach der eine nicht verfallene Gebühr entfallen sollte, ist durch das Gesetz zur Änderung des patentrechtl Einspruchsverfahrens und des PatKostG vom 21.6.2006 gestrichen worden.[40]

Die Gebühr entfällt nach Abs 2 letzter Halbs aber nur, „wenn die beantragte Amtshandlung nicht vor- **24** genommen wurde". Da bei der Rücknahmefiktion die Gebühr verfallen bleibt (Rn 23), kann sie bei vorgenommener Amtshandlung ohne weiteres beigetrieben werden. Dagegen ist bei der Nichtvornahmefiktion

---

32 BPatGE 22, 43 = BlPMZ 1980, 21.
33 BPatGE 1, 15 = BlPMZ 1962, 152; BPatGE 2, 172 = BlPMZ 1963, 12; BPatGE 11, 200, 202 = BlPMZ 1970, 223; BPatG Mitt 1972, 236; BPatGE 17, 3, 5 = Mitt 1975, 229; BPatGE 18, 5 = BlPMZ 1976, 132; BPatG 23.2.1970 4 W (pat) 31/70.
34 PA BlPMZ 1906, 180; RPA Mitt 1931, 308.
35 Vgl *Schulte* § 10 PatKostG Rn 19 f.
36 Vgl Begr BlPMZ 2002, 43.
37 Vgl Begr BlPMZ 2002, 43.
38 BGH GRUR 2014, 710 Prüfungsgebühr in Bestätigung von BPatG 6.6.2013 10 W (pat) 6/09 CIPR 2014, 72 Ls; BPatG 22.2.2007 10 W (pat) 49/05; BPatG BlPMZ 2012, 71.
39 BPatG GRUR 2006, 261.
40 BGBl I 225

Schuster

die Gebühr nicht entstanden und kann folglich – auch bei vorgenommener Amtshandlung – nicht beigetrieben werden. Abs 2 letzter Halbs geht insoweit ins Leere. **Amtshandlung** kann zB die im Vertrauen auf eine eingereichte Einziehungs- oder Abbuchungsermächtigung vorgenommene Eintragung eines Schutzrechts sein, die nicht vAw rückgängig gemacht werden kann, wenn sich später herausstellt, dass die Zahlung nicht erfolgt ist.[41] In solchen Fällen ist eine Beitreibung der weiterhin fälligen Verfahrenskosten möglich, da eine Löschung von Schutzrechten wegen nachträglich festgestellter Nichtzahlung der Verfahrenskosten im Gesetz nicht vorgesehen ist.[42] Zwh ist die Definition der Amtshandlung bei ein besonderes Verfahren einleitenden Anträgen (zB Einspruchs-, Beschwerde- oder GbmLöschungsverfahren) oder auch bei der Klage. Ungeklärt ist, ob bereits die bloße Einleitung des GbmLöschungsverfahrens eine Amtshandlung iSd Abs 2 darstellt.[43] Hiergegen spricht die Regelung in § 5 Abs 1 Satz 1, die zudem selbst in Eilfällen einer Bearbeitung vor Gebührenzahlung entgegenstehen sollte.[44] Nach § 5 Abs 1 Satz 1 wird aber das DPMA idR erst nach Eingang der Gebühr oder des Vorschusses für die Bekanntmachungskosten tätig; auch das Gericht wird wegen § 5 Abs 1 Satz 3 vor Zahlung der Gebühr idR keine Amtshandlung vornehmen. Die vorläufige Festsetzung des Streitwerts, die nur die Grundlage für die Höhe der zu zahlenden Gebühr schafft, ist keine beantragte Amtshandlung iSd Abs 2 letzter Halbs.

25 Zu Entfallen und Rückzahlung der **Recherchegebühr** Rn 17 ff zu § 43 PatG, der **Prüfungsgebühr** Rn 24, 35 ff zu § 44 PatG.

26 **E. Erstattung von Teilzahlungen** war gem Abs 2 Satz 2 aF ausgeschlossen. In der inzwischen aufgehobenen Vorschrift sollten die früheren Regelungen der § 17 Abs 6 Satz 2 PatG, § 23 Abs 5 Satz 2 GebrMG, § 9 Abs 6 Satz 2 GeschmMG zusammengefasst werden.[45] Sie widersprach aber dem Rechtsgedanken des Abs 2 Satz 1 aF, nach dem in bestimmten Fällen die – vollständig gezahlte – Gebühr entfällt. Die Billigkeit gebietet jedoch auch die Rückzahlung einer Teilzahlung, wenn sie den gleichen Rechtsverlust nach sich zieht wie die Nichtzahlung.[46] Der Fall des § 17 Abs 4 und 5 PatG aF, in dem der Betroffene durch zulässige Teilzahlung den erstrebten Erfolg – die Aufrechterhaltung der Anmeldung bzw des Patents – zumindest vorläufig erreichte und deshalb jeder Grund für eine Rückzahlung fehlte, ist nicht mehr von Bedeutung. § 17 Abs 4, 5 und 6 wurden durch das KostRegBerG aufgehoben (Art 7 Nr 4b KostRegBerG). Es fehlte jeder Grund, den Teilzahler hinsichtlich der Rechtsfolgen wie den Nichtzahler zu behandeln (vgl § 6 Abs 2), aber die Teilleistung einzubehalten.[47]

§ 11
Erinnerung, Beschwerde

(1) [1]Über Erinnerungen des Kostenschuldners gegen den Kostenansatz oder gegen Maßnahmen nach den § 5 Abs. 1 entscheidet die Stelle, die die Kosten angesetzt hat. [2]Sie kann ihre Entscheidung von Amts wegen ändern. [3]Die Erinnerung ist schriftlich oder zu Protokoll der Geschäftsstelle bei der Stelle einzulegen, die die Kosten angesetzt hat.

(2) [1]Gegen die Entscheidung des Deutschen Patent- und Markenamts über die Erinnerung kann der Kostenschuldner Beschwerde einlegen. [2]Die Beschwerde ist nicht an eine Frist gebunden und ist schriftlich oder zu Protokoll der Geschäftsstelle beim Deutschen Patent- und Markenamt einzulegen. [3]Erachtet das Deutsche Patent- und Markenamt die Beschwerde für begründet, so hat es ihr abzuhelfen. [4]Wird der Beschwerde nicht abgeholfen, so ist sie dem Bundespatentgericht vorzulegen.

(3) Eine Beschwerde gegen die Entscheidungen des Bundespatentgerichts über den Kostenansatz findet nicht statt.

---

41 Vgl Begr BlPMZ 2002, 43.
42 Vgl Begr BlPMZ 2006, 225, 234.
43 Dies erwägt *Bühring* § 16 GebrMG Rn 13.
44 Insoweit aA *Bühring* § 16 GebrMG Rn 15.
45 Begr BlPMZ 2002, 43.
46 Vgl aber BPatGE 43, 98 = BlPMZ 2000, 347 zu § 36 Abs 3 MarkenG.
47 Vgl Begr BlPMZ 2004, 255 f.

A. Entstehungsgeschichte

Der Kostenansatz konnte schon vor Inkrafttreten des PatKostG angegriffen werden; Grundlage für das **1** Erinnerungsverfahren war § 4 GKG, soweit der Kostenansatz beim BPatG betroffen war.[1] Für das DPMA enthielt lediglich § 10 Abs 1, 2 DPMAVwKostV eine unvollständige Regelung dahin, dass diese Behörde die Kosten anzusetzen hatte und dass dagegen Einwendungen erhoben werden konnten, über die die in der Sache zuständige Stelle des DPMA zu entscheiden hatte.[2] Das PatKostG hat die für das DPMA geltenden Bestimmungen übernommen und (in Anlehnung an § 5 GKG, § 14 KostO idF des ZPO-RG) neu formuliert, da die Änderung bei der Kostenpflicht für Beschwerden in Patentsachen zu einer im Kostenrecht nicht üblichen Gebührenpflicht für Beschwerden gegen Entscheidungen über den Kostenansatz geführt hätte.[3] Das GeschmMRefG hat eine weitere Vereinheitlichung gebracht; danach sind Beschwerden in Verfahrenskostenhilfesachen sowie solche nach Abs 2 und nach § 11 Abs 2 DPMAVwKostV gebührenfrei; Beschwerden gegen einen Kostenfestsetzungsbeschluss erfordern eine Gebühr von 50 EUR (GebVerzNr 401200), im übrigen beträgt die Beschwerdegebühr 200 EUR (GebVerzNr 401300) bzw gegen die Entscheidung der GbmAbteilung über den Einspruch, im markenrechtlichen Löschungsverfahren, gegen die Entscheidung der Topographieabteilung nach § 4 Abs 4 Satz 3 HalblG und in bestimmten sortrechtl Angelegenheiten 500 EUR (GebVerz Nr 401100).

B. Anwendungsbereich

Die Bestimmung regelt die Rechtsbehelfe gegen den Kostenansatz (§ 8 Abs 1) und Maßnahmen nach **2** § 5 Abs 1, also Vorauszahlungen und Vorschüsse, beim DPMA und beim BPatG. Sie gilt sowohl für Kosten, die nach dem PatKostG angesetzt werden, wie für solche, die in der aufgrund der Ermächtigung in § 1 Abs 2 Nr 1 PatKostG erlassenen DPMAVwKostV für Amtshandlungen des DPMA angesetzt werden; insoweit enthält der (ohnehin nicht von der Ermächtigung in § 1 Abs 2 Nr 1 gedeckte) § 12 DPMAVwKostV (Rn 4) eine an sich überflüssige und zudem in der Formulierung nicht übereinstimmende, sachlich jedoch nicht abw Wiederholung.

Die Bestimmung gilt nicht für Gebühren, bei denen ein **Ansatz nicht erfolgt**, weil sie ohne Aufforde- **3** rung gezahlt werden müssen.[4] Nach ihrem klaren Wortlaut und der ausdrücklichen Verweisung auf § 5 Abs 1 kann sich eine Erinnerung nicht gegen Feststellungen des DPMA zur Vorauszahlung von Jahresgebühren nach § 5 richten; hier besteht nur die Möglichkeit einer Beschwerde zum BPatG.[5]

Demgegenüber betrifft **§ 12 DPMAVwKostV**[6] nur die Rechtsbehelfe gegen den Kostenansatz beim **4** DPMA. Die Bestimmung lautet, soweit hier von Interesse:

> (1) [1] Gegen den Kostenansatz kann der Kostenschuldner Erinnerung einlegen. [2] Sie ist nicht an eine Frist gebunden. [3] Über die Erinnerung oder eine Maßnahme nach den §§ 7 und 9 entscheidet die Stelle des Deutschen Patent- und Markenamts, die die Kosten angesetzt hat. [4] Das Deutsche Patent- und Markenamt kann seine Entscheidung von Amts wegen ändern.
>
> (2) [1] Gegen die Entscheidung des Deutschen Patent- und Markenamts über die Erinnerung in Patent-, Gebrauchsmuster-, Topographieschutz-, Marken- und Designsachen kann der Kostenschuldner Beschwerde ein-

1 *Lindenmaier* § 36q Rn 36, § 41n Rn 11.
2 Zur Beschwerde nach früherem Recht gegen den Beschluss des DPMA über Einwendungen gegen den Kostenansatz *Schulte* Mitt 1970, 140, 145.
3 Begr BlPMZ 2002, 36, 43.
4 Begr BlPMZ 2002, 36, 43.
5 Vgl *Schulte* Rn 9.
6 BGBl 2006 I 1586 = BlPMZ 2006, 253 idF des GeschmMModG.

legen. [2]Eine Beschwerde gegen die Entscheidung des Bundespatentgerichts über den Kostenansatz findet nicht statt.

(3) [1]Erinnerung und Beschwerde sind schriftlich oder zu Protokoll der Geschäftsstelle beim Deutschen Patent- und Markenamt einzulegen. [2]Die Beschwerde ist nicht an eine Frist gebunden. [3]Erachtet das Deutsche Patent- und Markenamt die Beschwerde für begründet, so hat es ihr abzuhelfen. [4]Wird der Beschwerde nicht abgeholfen, so ist sie dem Bundespatentgericht vorzulegen.

(4) [betrifft Urheberrechtssachen; nicht abgedruckt]

5 **C.** Die **Erinnerung** richtet sich nach § 11, nicht nach dem GKG.[7] Zur Erinnerung ist der Kostenschuldner (§ 4) berechtigt. Erinnerungen Dritter sind unstatthaft. Die Erinnerung ist schriftlich oder zu Protokoll der Geschäftsstelle beim DPMA (Rn 9) bzw, wenn das BPatG die Kosten angesetzt hat, bei diesem (vgl § 72 PatG), durch den Kostenschuldner nach § 4 einzulegen (Abs 1 Satz 3). Die Stelle kann ihre Entscheidung auch ohne Erinnerung abändern[8] (Abs 1 Satz 2).

6 Die Erinnerung ist wie schon nach früherem Recht **nicht fristgebunden**.[9] Die Neuregelung hat daran nichts geänd. Zum Verhältnis zum Erstattungsantrag nach § 9 PatKostG vgl § 9 Rn 6.

7 Die Erinnerung ist **gerichtsgebührenfrei**. Ein Mindestwert ist nicht vorgesehen. Ein Rechtsanwalt oder Patentanwalt erhält für die Erinnerung nach Anl 1 Nr 3500 RVG eine Gebühr von 0,5 des Satzes der Gebühr nach § 13 RVG.

D. Beschwerde

I. Allgemeines

8 Beschwerde findet nur gegen den Kostenansatz beim DPMA statt; für den Kostenansatz beim BPatG schließt Abs 3 sie ausdrücklich aus. Ebenso ist eine Rechtsbeschwerde gegen eine Entscheidung des BPatG über den Kostenansatz von Gebühren ausgeschlossen, deren Grundlage sich aus dem Gesetz ergibt.[10] Ein Beschwerderecht der Staatskasse ist nicht vorgesehen; dies erklärt sich aus der Stellung des DPMA im Verfahren. Die Beschwerde nach Abs 2 ist anders als die nach § 73 PatG **nicht gebührenpflichtig** (so jetzt ausdrücklich das GebVerz nach Nr 401300).[11] Das gilt auch für die Beschwerde nach § 12 Abs 2 DPMAVwKostV.[12]

II. Form

9 Die Beschwerde ist schriftlich oder zu Protokoll der Geschäftsstelle des DPMA einzulegen (Abs 2 Satz 2). Moderne Übermittlungsformen, insb die elektronische Form (§ 125a PatG), sind auch hier ausreichend.

III. Frist

10 Anders als sonstige Beschwerden, bei denen die Fristen des § 73 PatG bzw des § 62 Abs 2 Satz 4 PatG einzuhalten sind, ist die Beschwerde nicht fristgebunden (Abs 2 Satz 2).

IV. Beschwerdewert

11 Die Beschwerde war nach der bis zur Änderung durch das Gesetz zur Änderung des patentrechtlichen Einspruchsverfahrens und des Patentkostengesetzes geltenden Regelung in Abs 2 Satz 1 nur statthaft, wenn der Wert des Beschwerdegegenstands 50 EUR überstieg. Dies entsprach der Regelung in den ande-

---

7 BPatGE 47, 207 = BlPMZ 2004, 467; aA in Markensachen BPatG 30.3.2011 26 W (pat) 24/06: § 1 Abs 1 Satz 2 PatKostG iVm § 66 Abs 1 Satz 1 GKG.

8 Zur Aufhebung des Kostenansatzes des BPatG BPatGE 26, 34, 36 = GRUR 1984, 340.

9 BPatGE 8, 240 = GRUR 1968, 110.

10 BGH GRUR 2015, 1144 Überraschungsei; BPatG Mitt 2016, 164.

11 Vgl Begr BlPMZ 2002, 36, 43, 54.

12 Begr BlPMZ 2002, 36, 76, zur Vorgängerbestimmung.

ren Kostengesetzen, indessen nicht dem verfassungsrechtl verbürgten Gebot der Eröffnung eines Zugangs zu Gericht[13] (Art 19 Abs 4 GG) und ist deshalb aufgehoben worden;[14] Entsprechendes gilt nunmehr für die Beschwerde nach der DPMAVwKostV.

V. Entscheidung

1. Abhilfe und Vorlage an das Patentgericht. Das DPMA kann der Beschwerde abhelfen (Abs 2 **12** Satz 3). Dies entspricht im Grundsatz der Regelung in § 73 PatG. „Kassatorische" Abhilfe (Rn 149 f zu § 73) wird hier grds nicht in Betracht kommen. Eine Frist schreibt die Regelung für die Abhilfeentscheidung nicht vor. Für das Abhilfeverfahren wird im übrigen nicht auf § 73 PatG, sondern auf die parallelen Regelungen in den Kostengesetzen zurückzugreifen sein.

Vorlage an das BPatG erfolgt nach Abs 2 Satz 4, wenn der Beschwerde nicht abgeholfen wird, und **13** zwar ohne sachliche Stellungnahme. Anders als nach § 73 Abs 3 Satz 3 PatG ist für die Vorlage keine Frist vorgesehen. Nur eine unverzügliche Vorlage entspricht pflichtgem Verwaltungshandeln, zumal weder Erinnerung noch Beschwerde aufschiebende Wirkung zukommt.[15]

2. Beschwerdeentscheidung. Über die Beschwerde entscheidet der Beschwerdesenat in der Beset- **14** zung der Hauptsache[16] durch Beschluss (zur Kostenentscheidung Rn 18 zu § 80; zur Entscheidung ohne mündliche Verhandlung Rn 3 zu § 78).

3. Anfechtung. Ein Rechtsmittel gegen die Erinnerungsentscheidung des BPatG ist nicht eröff- **15** net[17] (Abs 3, der sowohl für erstinstanzliche als auch für Beschwerdeentscheidungen des BPatG gilt; vgl § 12 Abs 2 Satz 2 DPMAVwKostV, der dies deklaratorisch wiederholt; Rn 18 vor § 73). Auch die Rechtsbeschwerde nach § 100 PAtG ist – anders als gegen den Kostenfestsetzungsbeschluss (Rn 41 zu § 80; Rn 42 zu § 62) – ausgeschlossen (Rn 4 zu § 100 PatG); es sei denn, der Rechtsmittelführer wendet sich nicht gegen den Ansatz von Kosten, deren Grundlage sich aus dem Gesetz ergibt, sondern es steht zur Entscheidung an, ob überhaupt eine Grundlage für die Erhebung oder Erstattung der Gebühr besteht (vgl Rn 13 zu § 100).[18]

§ 12
Verjährung, Verzinsung

Für die Verjährung und Verzinsung der Kostenforderungen und der Ansprüche auf Erstattung von Kosten gilt § 5 des Gerichtskostengesetzes entsprechend.

---

13 *Bühring* § 18 GebrMG Rn 52; vgl BPatGE 9, 200 f; *Schulte* Rn 16; *Schulte*[7] Rn 16 hielt noch den Ausschluss wegen der justizförmigen Ausgestaltung des Verfahrens und des Gesichtspunkts „minima non curat praetor" für vertretbar.
14 Begr BTDrs 16/735, 9 ff = BlPMZ 2006, 228, 234.
15 *Schulte* Rn 19.
16 So schon zur früheren Rechtslage *Klauer/Möhring* § 36d Rn 3; BPatGE 2, 95 f = GRUR 1965, 54, vgl BPatGE 8, 43; BPatGE 8, 211, wo jeweils der technische Beschwerdesenat entschieden hat.
17 Vgl Begr BlPMZ 2002, 36, 43.
18 BGH GRUR 2011, 1053 Ethylengerüst; BGH GRUR 2014, 710 Prüfungsgebühr.

A. Allgemeines

1   Die Vorschrift unterscheidet zwischen der Verjährung der Kostenforderungen, also der Ansprüche der Staatskasse auf Zahlung von Gebühren und Auslagen (für letztere gilt das GKG ohnehin, vgl § 1 Abs 1 Satz 2) und der Verjährung von Ansprüchen gegen die Staatskasse auf Rückerstattung von Kosten. § 12 verweist nunmehr auf § 5 GKG (bis zur Änderung durch das KostRMoG auf § 10 GKG aF),[1] der für alle beim DPMA und beim BPatG erhobenen Kosten gelten soll. Das betrifft auch die DPMAVwKostV, deren § 12 aF hinsichtlich der Verjährung auf § 17 KostO verwiesen hatte. Durch Art 25 Nr 4 KostRegBerG wurde iSd beabsichtigten Vereinheitlichung die Verweisung auf die KostO in § 12 DPMAVwKostV durch eine solche auf § 10 GKG, jetzt § 5 GKG, ersetzt.

2   **Verzinsung.** Ansprüche auf Zahlung und Rückerstattung von Kosten wurden nach der neu hinzu gekommenen Regelung des § 10 Abs 4 GKG (angefügt durch Art 9 Abs 1 des Gesetzes über elektronische Register und Justizkosten für Telekommunikation (ERJuKoG) vom 10.12.2001)[2] nicht verzinst.

B. Verjährung von Kostenforderungen der Staatskasse (§ 5 Absatz 1 GKG)

I. Verjährungsfrist

3   Kostenforderungen der Staatskasse verjähren in vier Jahren nach Ablauf des Kalenderjahres, in dem das Verfahren durch rechtskräftige Entscheidung über die Kosten, durch Vergleich oder in sonstiger Weise beendet ist.

II. Beendigung des Verfahrens

4   **1.** Eine Beendigung durch **rechtskräftige Entscheidung über die Kosten** kann nur vorliegen, wenn überhaupt über die Kosten entschieden worden ist und damit ein Entscheidungsschuldner der Kosten feststeht (§ 4 Abs 1 Nr 2), der primär haftet (vgl Rn 6 zu § 4).

5   **2. Beendigung in sonstiger Weise.** Fehlt in der rechtskräftigen Entscheidung ein Kostenausspruch, wie dies in Verfahren vor dem DPMA und Beschlussverfahren vor dem BPatG idR der Fall ist, kann diese das Verfahren in sonstiger Weise beenden. Die Verjährung kann sich dann nur auf den Antragsschuldner (§ 4 Abs 1 Nr 1) beziehen (vgl Rn 6 zu § 4). Eine Beendigung in sonstiger Weise geschieht auch durch Rücknahme des Antrags, der Anmeldung oder der Klage, wenn damit nach dem Willen der Beteiligten das ganze Verfahren beendet sein soll. Weiter kann eine Verfahrensbeendigung auch auf rein tatsächliche Art, zB durch Aussetzung auf unbestimmte Zeit oder durch Ruhen des Verfahrens eintreten. Notfalls muss der Wille der Beteiligten ermittelt werden.[3]

6   **3. Vergleich.** Eine Beendigung durch Vergleich, die in zweiseitigen gerichtlichen Verfahren in Betracht kommt, liegt vor, wenn es sich um einen das Verfahren abschließenden Vergleich, also nicht nur einen Zwischen- oder Teilvergleich handelt. Der das Verfahren beendende Vergleich muss nicht zwingend eine Kostenentscheidung enthalten, in Ermangelung einer Kostenregelung sind die Kosten als gegeneinander aufgehoben anzusehen (§ 98 ZPO iVm § 99 Abs 1 PatG, § 82 Abs 1 MarkenG).

---

1   Vgl im einzelnen *Hartmann* Kostengesetze § 5 GKG; *Markl/Meyer* GKG § 5.
2   BGBl I S 3422.
3   Vgl *Hartmann* Kostengesetze § 10 GKG Rn 3.

C. Verjährung von Rückerstattungsansprüchen (§ 5 Absatz 2 GKG)

I. Verjährungsfrist

Rückerstattungsansprüche verjähren in vier Jahren nach Ablauf des Kalenderjahrs, in dem die Zahlung – zB einer nicht geschuldeten Gebühr – erfolgt ist. Das gilt auch für die Fälle der unrichtigen Sachbehandlung nach § 9, in denen bereits Kosten gezahlt worden sind.[4] **7**

II. Verjährungsbeginn

Die Verjährung beginnt aber nicht vor dem in § 5 Abs 1 GKG bezeichneten Zeitpunkt (§ 5 Abs 2 Satz 2 GKG), also nicht vor Ende des Kalenderjahrs, in dem das Verfahren beendet worden ist. **8**

III. Hemmung

Durch die Einlegung der Erinnerung oder Beschwerde mit dem Ziel der Rückerstattung wird die Verjährung wie durch Klageerhebung gehemmt (§ 5 Abs 2 Satz 3 GKG, der früher geltende § 10 Abs 2 Satz 3 angefügt durch Art 5 Abs 6 SchuldRModG). Die Hemmung beginnt mit Einlegung der Erinnerung oder Beschwerde (§ 204 Abs 1 Nr 1 BGB), sie endet grds 6 Monate nach der rechtskräftigen Entscheidung oder anderweitigen Beendigung des eingeleiteten Verfahrens (§ 204 Abs 2 Satz 1 BGB), an deren Stelle bei Stillstand des Verfahrens die letzte Verfahrenshandlung eines der Beteiligten, des DPMA oder des BPatG tritt (vgl § 204 Abs 2 Satz 2 BGB). Bei Weiterbetreibung des Verfahrens beginnt die Hemmung erneut (§ 204 Abs 2 Satz 3 BGB). **9**

D. Anwendung des BGB; Neubeginn der Verjährung (§ 5 Absatz 3 GKG)

I. Grundsatz

Auf die Verjährung sind die Vorschriften des BGB (§§ 194 ff BGB, Rn 1 ff zu § 147 PatG) anzuwenden (§ 5 Abs 3 Satz 1 1. Halbs GKG). Sie ist nicht vAw zu berücksichtigen, sondern muss durch Einrede – in Form der Erinnerung nach § 11 – geltend gemacht werden (§ 5 Abs 3 Satz 1 2. Halbs GKG, vgl auch § 214 Abs 1 BGB). **10**

II. Neubeginn

1. Allgemeines. § 5 Abs 3 Satz 2 GKG betrifft den Neubeginn (früher: die Unterbrechung) der Verjährung. Ein Neubeginn der Verjährung kann durch einen der Fälle des § 212 BGB eintreten, die in § 5 Abs 3 Satz 2 GKG nicht ausdrücklich genannt, aber über § 5 Abs 3 Satz 1 GKG einbezogen sind. **11**

2. Fallgruppen. Es handelt sich dabei um Neubeginn wegen **Anerkenntnis** des Schuldners durch Abschlagszahlung, Zinszahlung, Sicherheitsleistung oder in anderer Weise (§ 212 Abs 1 Nr 1 BGB) oder Neubeginn durch Vornahme oder Beantragung einer gerichtlichen oder behördlichen **Vollstreckungshandlung.** Dabei sind die Nichteintrittsfiktionen des § 212 Abs 2 und 3 BGB zu beachten.[5] **12**

3. Weitere im Gerichtskostengesetz geregelte Fälle. Nach § 5 Abs 3 Satz 2 GKG beginnt die Verjährung auch durch den Zugang einer Zahlungsaufforderung oder eine dem Schuldner mitgeteilte Stundung neu, wobei nach § 5 Abs 3 Satz 3 GKG bei unbekanntem Aufenthalt des Schuldners die förmliche Zustellung durch Aufgabe zur Post unter seiner letzten bekannten Anschrift genügt.[6] **13**

---

4 Anders zum früheren § 10 Abs 2 Satz 1 GKG, der für den Beginn der Verjährung auf den Zeitpunkt der Entstehung des Anspruchs abstellte, *Hartmann* Kostengesetze § 10 GKG Rn 4: Entstehung des Anspruchs mit Rechtskraft der Entscheidung nach § 8 GKG; vgl auch *Markl/Meyer* GKG § 10 Rn 8, 9.
5 Vgl im Einzelnen *Palandt* BGB § 212 Rn 2 ff.
6 Vgl *Hartmann* Kostengesetze § 5 GKG Rn 8 ff.

14   **4. Ausnahmen.** Nach § 5 Abs 3 Satz 4 GKG (geänd durch Art 1 KostREuroUG vom 27.4.2001)[7] kommt es bei Kostenbeträgen unter 25 EUR weder zu einer Hemmung noch tritt ein Neubeginn der Verjährung ein. Die frühere Regelung schloss bei Beträgen unter 20 DM eine Unterbrechung der Verjährung aus, ließ aber eine Hemmung zu. Die Neuregelung entlastet die Verwaltung bei der Vollstreckung von Kleinbeträgen.

15   **E. Keine Verzinsung der Zahlungs- und Rückerstattungsansprüche (§ 5 Absatz 4 GKG,** mit Ausnahmeregelung für das erstinstanzliche Verfahren nach dem KapMuG). Hintergrund dieser Regelung ist eine Entscheidung des BayObLG vom 9.12.1998,[8] das unter entspr Anwendung des § 818 Abs 1 BGB eine Pflicht zur Verzinsung des Anspruchs auf Erstattung zuviel erhobener Gebühren mit 6% ausgesprochen hat. Durch den Ausschluss der Verzinsung soll ein im Verhältnis zu den eingenommenen oder auszuzahlenden Beträgen hoher Verwaltungsaufwand vermieden werden.[9]

§ 13
Anwendung der bisherigen Gebührensätze

(1) Auch nach dem Inkrafttreten eines geänderten Gebührensatzes sind die vor diesem Zeitpunkt geltenden Gebührensätze weiter anzuwenden,
1. wenn die Fälligkeit der Gebühr vor dem Inkrafttreten des geänderten Gebührensatzes liegt oder
2. wenn für die Zahlung einer Gebühr durch Gesetz eine Zahlungsfrist festgelegt ist und das für den Beginn der Frist maßgebliche Ereignis vor dem Inkrafttreten des geänderten Gebührensatzes liegt oder
3. wenn die Zahlung einer nach dem Inkrafttreten des geänderten Gebührensatzes fälligen Gebühr auf Grund bestehender Vorauszahlungsregelungen vor Inkrafttreten des geänderten Gebührensatzes erfolgt ist.

(2) Bei Prüfungsanträgen nach § 44 des Patentgesetzes und Rechercheanträgen nach § 43 des Patentgesetzes, § 11 des Erstreckungsgesetzes und § 7 des Gebrauchsmustergesetzes sind die bisherigen Gebührensätze nur weiter anzuwenden, wenn der Antrag und die Gebührenzahlung vor Inkrafttreten eines geänderten Gebührensatzes eingegangen sind.

(3) [1]Wird eine innerhalb von drei Monaten nach dem Inkrafttreten eines geänderten Gebührensatzes fällig werdende Gebühr nach den bisherigen Gebührensätzen rechtzeitig gezahlt, so kann der Unterschiedsbetrag bis zum Ablauf einer vom Deutschen Patent-und Markenamt oder Bundespatentgericht zu setzenden Frist nachgezahlt werden. [2]Wird der Unterschiedsbetrag innerhalb der gesetzten Frist nachgezahlt, so gilt die Gebühr als rechtzeitig gezahlt. [3]Ein Verspätungszuschlag wird in diesen Fällen nicht erhoben.

(4) Verfahrenshandlungen, die eine Anmeldung oder einen Antrag ändern, wirken sich nicht auf die Höhe der Gebühr aus, wenn die Gebühr zur Zeit des verfahrenseinleitenden Antrages nicht nach dessen Umfang bemessen wurde.

A. Allgemeines

1   Die „ständige" Übergangsregelung des PatGebG (eingeführt in §§ 4, 6 PatGebG durch das PatGebÄndG vom 25.7.1994,[1] zur Rechtslage vor Inkrafttreten des PatGebÄndG und Rspr-Nachweisen vgl *5. Aufl*) wurde neu formuliert. Sie legt allg fest, unter welchen Voraussetzungen bei künftigen Änderungen der Gebührensätze die vor dem Inkrafttreten der Änderung geltenden Gebührensätze weiter anzuwenden sind.[2]

---

7   BGBl I 751.
8   BayObLG NJW 1999, 1194.
9   Begr BlPMZ 2002, 43.

1   BGBl I 1739, 2263; vgl Begr BlPMZ 1994, 334, 337.
2   Begr BlPMZ 2002, 43.

B. Weiteranwendung der früheren Gebührensätze

Nach Abs 1 ist das der Fall, wenn   **2**
– die Gebühr vor dem Inkrafttreten des geänd Gebührensatzes (nach § 3) fällig geworden ist (Abs 1 Nr 1) oder
– die gesetzlich festgelegte Zahlungsfrist (vgl §§ 6, 7) vor dem Inkrafttreten des geänd Gebührensatzes beginnt (Abs 1 Nr 2) oder
– die Gebühr zwar erst nach Inkrafttreten der Änderung des Gebührensatzes fällig ist (§ 3), aber schon davor nach geltender Vorauszahlungsregelung (zB § 5) gezahlt wurde (Abs 1 Nr 3).

C. Prüfung und Recherche (Abs 2)

Hier gilt der alte Gebührensatz nur, wenn Antrag und Gebühr vor Inkrafttreten der Änderung einge- **3** gangen sind. Die Regelung, die im wesentlichen dem früheren § 4 Abs 3 PatGebG entspricht, weicht von Abs 1 Nr 2 ab. Mit ihr soll vermieden werden, dass für den Prüfungsantrag, der bis zum Ablauf von sieben Jahren nach Einreichung der Anmeldung zu stellen (§ 44 Abs 2 PatG) und für den in derselben Frist auch die Gebühr zu zahlen ist (§ 6 Abs 1), noch nach sieben Jahren der Gebührensatz angewendet wird, der zum Zeitpunkt der Anmeldung maßgeblich war.[3] Wegen der Vergleichbarkeit der Sachverhalte[4] ist die Regelung auch auf die Recherche nach § 43 PatG[5] (vgl Rn 18 zu § 43 PatG) und durch das PatKostG auch auf die § 11 ErstrG und § 7 GebrMG erstreckt worden.

D. Möglichkeit der Nachzahlung des Unterschiedsbetrags (Abs 3)

D. Möglichkeit der Nachzahlung des Unterschiedsbetrags (Abs 3) besteht, wenn eine Gebühr in- **4** nerhalb von drei Monaten nach Inkrafttreten der Gebührensatzänderung fällig und nach alten Gebührensätzen rechtzeitig bezahlt wird. Der Anmelder oder Schutzrechtsinhaber hat die Möglichkeit, den Unterschiedsbetrag zum neuen Gebührensatz innerhalb einer gesetzten Frist nachzuzahlen. Zahlt er nicht fristgerecht, tritt die Rücknahmefiktion des § 6 Abs 2 ein.

E. Übergangsregelung zu den Antragsgebühren

Abs 4, der durch das PatRVereinfModG vom 31.7.2009 eingefügt wurde, schafft eine Übergangsrege- **5** lung, „damit während der Geltung neuen Rechts vorgenommene Verfahrenshandlungen nicht die Höhe der zuvor entstandenen Anmeldegebühr verändern. Andernfalls würden Antragserweiterungen nicht nur die von ihnen verursachte Gebührenänderung auslösen, sondern auch die unter altem Recht eingereichte Anmeldung der Gebührenbemessung nach neuem Recht unterwerfen."[6]

§ 14
Übergangsvorschrift aus Anlass des Inkrafttretens dieses Gesetzes

(1) [1] **Die bisherigen Gebührensätze der Anlage zu § 1 (Gebührenverzeichnis) des Patentgebührengesetzes vom 18. August 1976 in der durch Artikel 10 des Gesetzes vom 22. Dezember 1999 (BGBl. I S. 2534) geänderten Fassung sind auch nach dem 1. Januar 2002 weiter anzuwenden,**
1. **wenn die Fälligkeit der Gebühr vor dem 1. Januar 2002 liegt oder**
2. **wenn für die Zahlung einer Gebühr durch Gesetz eine Zahlungsfrist festgelegt ist und das für den Beginn der Frist maßgebliche Ereignis vor dem 1. Januar 2002 liegt oder**
3. **wenn die Zahlung einer nach dem 1. Januar 2002 fälligen Gebühr auf Grund bestehender Vorauszahlungsregelungen vor dem 1. Januar 2002 erfolgt ist.**

---

3   Begr BlPMZ 1994, 337.
4   So BPatGE 21, 231 = BlPMZ 1979, 244; zwh: der Rechercheantrag ist nicht fristgebunden; aA BPatGE 25, 16 = BlPMZ 1982, 353.
5   BlPMZ 1994, 337.
6   Begr BlPMZ 2009, 301, 322.

[2] Ist in den Fällen des Satzes 1 Nr. 1 nach den bisher geltenden Vorschriften für den Beginn der Zahlungsfrist die Zustellung einer Gebührenbenachrichtigung erforderlich und ist diese vor dem 1. Januar 2002 nicht erfolgt, so kann die Gebühr noch bis zum 31. März 2002 gezahlt werden.

(2) In den Fällen, in denen am 1. Januar 2002 nach den bisher geltenden Vorschriften lediglich die Jahres-, Aufrechterhaltungs- und Schutzrechtsverlängerungsgebühren, aber noch nicht die Verspätungszuschläge fällig sind, richtet sich die Höhe und die Fälligkeit des Verspätungszuschlages nach § 7 Abs. 1 mit der Maßgabe, dass die Gebühren mit dem Verspätungszuschlag noch bis zum 30. Juni 2002 gezahlt werden können.

(3) Die bisher geltenden Gebührensätze sind für eingetragene Designs und typographische Schriftzeichen, die vor dem 1. Januar 2002 angemeldet worden sind, nur dann weiter anzuwenden, wenn zwar die jeweilige Schutzdauer oder Frist nach § 8b Abs. 2 Satz 1 des Geschmacksmustergesetzes vor dem 1. Januar 2002 abgelaufen ist, jedoch noch nicht die Frist zur Zahlung der Verlängerungs- oder Erstreckungsgebühr mit Verspätungszuschlag, mit der Maßgabe, dass die Gebühren mit dem Verspätungszuschlag noch bis zum 30. Juni 2002 gezahlt werden können.

(4) Bei Prüfungsanträgen nach § 44 des Patentgesetzes und Rechercheanträgen nach § 43 des Patentgesetzes, § 11 des Erstreckungsgesetzes und § 7 des Gebrauchsmustergesetzes sind die bisherigen Gebührensätze nur weiter anzuwenden, wenn der Antrag und die Gebührenzahlung vor dem 1. Januar 2002 eingegangen sind.

(5) [1] Wird eine innerhalb von drei Monaten nach dem 1. Januar 2002 fällig werdende Gebühr nach den bisherigen Gebührensätzen rechtzeitig gezahlt, so kann der Unterschiedsbetrag bis zum Ablauf einer vom Deutschen Patent- und Markenamt oder Bundespatentgericht zu setzenden Frist nachgezahlt werden. [2] Wird der Unterschiedsbetrag innerhalb der gesetzten Frist nachgezahlt, so gilt die Gebühr als rechtzeitig gezahlt. [3] Ein Verspätungszuschlag wird in diesen Fällen nicht erhoben.

A. Allgemeines

1   Die Übergangsvorschrift sollte im wesentlichen sicher stellen, dass ab 1.1.2002 mit dem neuen Kostensystem gearbeitet werden konnte und unnötiger Verwaltungsaufwand, wie zB ein Parallelbetrieb von EDV-Systemen sowie Gebührenbenachrichtigungen der Schutzrechtsinhaber oder Anmelder durch das DPMA, vermieden wird.[7] Sie legt in Anlehnung an die ständige Übergangsregelung des § 13 fest, unter welchen Voraussetzungen die bisherigen Gebührensätze auch nach dem 1.1.2002 weiter anzuwenden sind.

B. Weiteranwendung der früheren Gebührensätze

2   Nach Abs 1 Satz 1 Nr 1 ist das der Fall, wenn
- die Gebühr vor dem 1.1.2002 fällig geworden ist (vgl zu früheren Fälligkeitsregelungen 6. *Aufl* Rn 1 zu § 3) oder
- die gesetzlich festgelegte Zahlungsfrist vor dem 1.1.2002 beginnt oder
- die Gebühr nach dem 1.1.2002 (gem § 3) fällig geworden, aber aufgrund bestehender Vorauszahlungsregelungen vor dem 1.1.2002 bezahlt worden ist.

C. Zahlungsfrist bei bis 1.1.2002 nicht erfolgter Gebührenbenachrichtigung

3   In den Fällen des Abs 1 Satz 1 Nr 1, in denen eine nach früherem Recht erforderliche Gebührenbenachrichtigung vor dem 1.1.2002 nicht erfolgt ist, gewährt Abs 1 Satz 2 (in Anlehnung an § 6 Abs 1 Satz 2) eine dreimonatige Zahlungsfrist. Die Übergangsvorschrift betrifft lediglich die Fälle, in denen keine zustellungsfähige Adresse ermittelt werden kann und nicht eine Zustellung bei korrekter Adressermittlung möglich gewesen wäre.[8] In die versäumte Frist des Ab 1 Satz 2 kann Wiedereinsetzung vAw gewährt werden.[9]

---

7   Begr BlPMZ 2002, 43.
8   BPatG 23.3.3005 28 W (pat) 347/03, Markensache.
9   BPatG 5.8.2003 24 W (pat) 99/03, Markensache.

D. Fälligkeit des Verspätungszuschlags nach 1.1.2002 bei vorher fälliger Gebühr (Absatz 2)

In diesen Fällen beträgt der Verspätungszuschlag 50 EUR und ist mit Ablauf des zweiten Monats nach **4** Fälligkeit der jeweiligen Gebühr fällig (§ 7 Abs 1 Satz 1). Der Anmelder bzw Schutzrechtsinhaber erhielt eine Zahlungsfrist bis 30.6.2002. Abs 2 soll nur auf solche Fälle anwendbar sein, in denen nach früherem Recht eine besondere Fälligkeit für Verspätungszuschläge vorgesehen war; die verspätete Zahlung der Schutzrechtsverlängerungsgebühr fällt nicht darunter.[10]

E. Erstreckungsgebühr für vor dem 1.1.2002 angemeldete Geschmacksmuster (jetzt: eingetrage- **5** ne Designs) **und typographische Schriftzeichen (Absatz 3).** Hier sind die früher geltenden Gebührensätze anwendbar, wenn die Zwölfmonatsfrist des § 8b Abs 2 Satz 1 GeschmMG aF vor dem 1.1.2002 abgelaufen ist, nicht aber die Aufschiebungsfrist, die nach früherem Recht 18 Monate, gerechnet von dem Tag an, der auf die Anmeldung folgte, beträgt (§ 8b Abs 1 Satz 1 GeschmMG aF) und innerhalb derer nach altem Recht die Gebühr mit Zuschlag zu zahlen ist. Die Gebühr mit Zuschlag konnte, wie in den Fällen des Abs 2, bis 30.6.2002 gezahlt werden. Nach dem Gesetzeswortlaut richten sich – anders als bei Abs 2 – Höhe und Fälligkeit des Verspätungszuschlags nach altem Recht.

F. Prüfung und Recherche (Absatz 4)

Die Regelung entspricht – auf den Zeitpunkt 1.1.2002 bezogen – der in § 13 Abs 2 (vgl Rn 3 zu § 13). **6**

G. Möglichkeit der Nachzahlung des Unterschiedsbetrags (Absatz 5)

Die Regelung entspricht – auf den Zeitpunkt 1.1.2002 bezogen – der in § 13 Abs 3 (vgl Rn 4 zu § 13).[11] **7**

§ 15
Übergangsvorschriften aus Anlass des Inkrafttretens des Geschmacksmusterreformgesetzes

(aufgehoben)

Die Übergangsbestimmung, die ausschließlich geschmacksmusterrechtl Sachverhalte betraf,[1] ist **1** durch das Gesetz zur Modernisierung des Geschmacksmustergesetzes sowie zur Änderung der Regelungen über die Bekanntmachungen zum Ausstellungsschutz zum 1.1.2014 aufgehoben worden.

---

10 BPatG 2.3.2004 24 W (pat) 210/02 Markensache.
11 Zu den Voraussetzungen des Abs 5 in einem Wiedereinsetzungsfall vgl BPatG 18.12.2008 10 W (pat) 48/05.

1 Vgl Begr BlPMZ 2004, 256.

Gebrauchsmustergesetz

(GebrMG)

vom 5.5.1936

in der Fassung der Bekanntmachung vom 28.8.1986

Änderungen des Gesetzes:

Nr.	ändernde Norm	vom	RGBl BGBl	geänd (Ä) eingefügt (E) aufgehoben (A)
Gebrauchsmustergesetz [1891]		01.06.1891	290	1–14
1	PAGebG	09.07.1923	II 297	3, 8 Ä
2	PAGebVO	29.10.1923	II 399	8 Ä
3	Neubek	07.12.1923	II 437	1–14
Gebrauchsmustergesetz [1936]		05.05.1936	II 130	1–26
1	2. ÜberlG	02.07.1949	WiGBl 179	23 Abs 3 A
2	1. ÜberlG	08.07.1949	WiGBl 175	3, 16 Ä
3	5. ÜberlG	18.07.1953	I 639	2, 4, 8, 10, 12, 21 Ä, 3a E
4	Neufassung	18.07.1953	I 639	
5	6. ÜberlG	23.03.1961	I 274 , ber 316	2, 3a, 4, 9, 10, 12, 14, 19, 20, 21 Ä, 11a E
6	Neufassung	09.05.1961	I 570	
7	UWGÄndG	21.07.1965	I 625	17a E
8	PatÄndG 1967	04.09.1967	I 953	2, 3, 12 Ä
9	Neufassung	02.01.1968	I 24	
10	8. StRÄndG	25.06.1968	I 741	3a Ä
11	KostErmÄndG	23.06.1970	I 805	21 Ä
12	EGStGB	02.03.1974	I 469	16 Ä, 17 A
13	GPatG	26.07.1979	I 1269	3, 3a, 5, 8, 9, 10 Ä
14	ProzKHG	13.06.1980	I 677	12 Abs 2 Ä
15	GebrMÄndG	15.08.1986	I 1466	18 A, 1–3, 3a, 4, 5, 7–10, 11a, 12–16, 19 Ä; 1a, 1b, 2a, 2b, 2c, 5a, 5b E
16	Neubek	28.08.1986	I 1455	neue Paragraphenfolge
17	PrPG	07.03.1990	I 422	1 Abs 1, 2, 4, 5, 6, 23, 25 Ä; 12a, 24a, 24b, 25a E, 24 Abs 3 wird 24c
18	2. GPatG	20.12.1991	II 1354	6 Ä
19	PatGÄndG	23.03.1993	I 366	10 Ä
20	RAPABerRNRegG	02.09.1994	I 2278	27 Ä
21	2. PatGÄndG	16.07.1998	I 1827	4a E; 4, 6, 8, 10, 20, 25a Ä
22	SchuldRModG	26.11.2001	I 3138	31 E, 24c Ä
23	KostRegBerG	13.12.2001	I 3656	4, 7–10, 16, 18, 21, 23, 27, 28, 29 Ä
24	TransparenzPublG	19.07.2002	I 2681	21 Ä
25	OLGVertrÄndG	28.07.2002	I 2850	27 Ä
26	GeschmMRefG	12.03.2004	I 390	27, 29 Ä; 6a E
27	KostRMoG	05.05.2004	I 718	21, 27 Ä
28	BioTRlUmsG	21.01.2005	I 146	1, 2 Ä
29	1. G zur Bereinigung von Bun- desrecht im Zustän- digkeitsbereich des BMJ	19.04.2006	I 866	23–26 GebrMG 1936 A
30	PatrEinsprVerfPatkostG-ÄndG	21.06.2006	I 1318	17, 20 Ä
31	FinanzVerwGÄndG	13.12.2007	I 2897	25a Ä
32	Gesetz zur Verbesserung der Durchsetzung von Rechten des geistigen Eigentums	07.07.2008	I 1191	24, 24a, 24b, 25a Ä, 24c, 24d, 24e, 24g E, 24c wird 24f
33	FGG-RG	17.12.2008	I 2586	24b Ä
34	PatRVereinfModG	31.07.2009	I 2521	21, 28 Ä
35	G über den Rechtsschutz bei überlangen Gerichtsverfahren ...	24.11.2011	I 2302	21 Ä

Nr.	ändernde Norm	vom	RGBl BGBl	geänd (Ä) eingefügt (E) aufgehoben (A)
36	G zur Modernisierung des Geschmacksmustergesetzes sowie zur Änderung der Regelungen über die Bekanntmachungen zum Ausstellungsschutz	10.10.2013	I 3799	6a Ä
37	G zur Novellierung patentrechtlicher Vorschriften und anderer Gesetze des gewerblichen Rechtsschutzes	19.10.2013	I 3830	4a, 7, 8 Ä, 4b E
38	10. Zuständigkeitsanpassungs-VO	31.08.2015	I 1474	4, 4a, 6a, 10, 29 Ä
39	G zur Änderung des Designgesetzes und weiterer Vorschriften des gewerblichen Rechtsschutzes	04.04.2016	I 558	17, 25a Ä, 25b E

Einleitung GebrMG

Ausland: s Rn 16

Übersicht

Schrifttum: bis 1987; Raumform, Arbeitsgerätschaft; Geschichte: *Asendorf* Herkunft und Entwicklung des Raumformerfordernisses im Gebrauchsmusterrecht, GRUR 1988, 83; *Beier* Gebrauchsmusterreform auf halbem Wege: Die überholte Raumform, GRUR 1986, 1; *Bühling* Gebrauchsmusterreform auf halbem Wege: Die überholte Raumform, GRUR 1986, 434; *Bühling* Zum Raumformerfordernis beim Gebrauchsmuster, GRUR 1988, 15; *Bunke* Gebrauchsmusterschutz oder kleines Patent, GRUR 1957, 111; *Cantor* Gebrauchsmustergesetz, 1911; *Chen* Das Gebrauchsmustersystem und sein Nutzen für China, GRUR Int 1982, 660; *Conradt* Gebrauchsmuster nur für Erfindungen? GRUR 1963, 405; *Davidson* Begrenzung des Begriffs „Gebrauchsmuster" im Sinne des Reichsgesetzes vom 1. Juni 1891, GRUR 1898, 225; *Dönges* Gebrauchsmusteranmeldung – leicht gemacht, 1957; *Dörries* Zum Raumformerfordernis beim Gebrauchsmuster, GRUR 1987, 585; *Ephraim* Stoff und Form im Gebrauchsmuster, GRUR 1896, 350; *Ephraim* Über die Grenzen der Schutzfähigkeit von Gebrauchsmustern ..., GRUR 1897, 203; *Ephraim* Die Ausdehnung des Gebrauchsmusterschutzes auf Verfahren, GRUR 1898, 100; *Fischer* 25 Jahre Patent- und Gebrauchsmusterreform – Ein Rückblick, GRUR Int 1989, 717; *Fischer/Pietzcker* Gebrauchsmusterreform auf halbem Weg – eine Erwiderung, GRUR 1986, 208; *Fuld* Die Schutzfähigkeit von Flächenmustern nach Theorie und Praxis, GRUR 1902, 183; *Fürst* Der Gegenstand des Gebrauchsmusterschutzes, Diss 1915; *Gramm* Der Gegenstand eines Gebrauchsmusters nach dem Gesetz zur Änderung des Gebrauchsmustergesetzes, GRUR 1985, 650; *Häußer* Le modèle d'utilité: l'expérience de la République fédérale d'Allemagne, PropInd 1987, 346; *Haertel* Gebrauchsmusterschutz und Straßburger Patentübereinkommen von 1963, GRUR Int 1987, 373; *Hägermann* Die gesetzliche Regelung des Gebrauchsmusterrechts, Mitt 1959, 142; *Hesse* Einheitlichkeit der Raumform im Gebrauchsmusterrecht, GRUR 1967, 329; *Kexel* Kollision von Patent und Gebrauchsmuster, Diss 1936; *Kohler* Über die Grenzen des Gebrauchsmusterschutzes, GRUR 1896, 200; *Kohler* Musterrecht, 1901; *Kulhavy* Ein europäisches „kleines Patent"? Mitt 1980, 206; *Landstorfer/Schlenk/Walther* Sechs gebrauchsmusterrechtliche Entscheidungen des Bundesgerichtshofes, 1965; *Langenhau* Die Grenzen des Gebrauchsmusterschutzes und seine Tragweite, 1902; *Meyer* Maschinen im Gebrauchsmusterrecht, GRUR 1939, 11; *Müller* Novellierter Gebrauchsmusterschutz, GRUR 1979, 453; *Müller-Börner* Zur Problematik des Gebrauchsmusters, GRUR 1974, 511; *Neumann* Zur Beurtheilung des Gesetzes betreffend den Schutz von Gebrauchsmustern vom 1. Juni 1891, GRUR 1896, 273; *Nielsen* Grundfragen einer Reform des deutschen Gebrauchsmusterrechts, 1982; *Olbricht* Raumformerfordernis, GRUR 1986, 435; *Pietzcker* Das Gebrauchsmustergesetz in der Neuordnung, GRUR 1985, 726; *Schanze* Zum Begriffe des Gebrauchsmusters, GRUR 1900, 242; *Schanze* Die Modellfähigkeit als Voraussetzung des Gebrauchsmusterschutzes, GoldtArch 47 (1900), 211; *Schaefer* Neuheit von Gebrauchsmustern, GRUR 1896, 281; *Schlatter* Umfang und Wesen der Vorprüfung von Gebrauchsmustern, MuW 38, 153; *Schlitzberger* Die jüngere Entwicklung auf dem Gebiet des Gebrauchsmusterrechts, Mitt 1968, 101; *Schlitzberger/Dihm/Starck/Bühring* Zu einer Reform des Gebrauchsmusterrechts, GRUR 1979, 193; *Schmid* Genießen auch solche Gegenstände den Schutz des Gebrauchsmustergesetzes, die sich von schon bekannten Gegenständen nicht durch eine Formveränderung, sondern lediglich durch die Anwendung eines für solche Gegenstände bisher nicht verwendeten Stoffes unterscheiden, Mitt 1902, 47; *Schönwald* Die Zulässigkeit technischer Einrichtungen zum Gebrauchsmusterschutz, Diss 1938; *Starck* Aktuelle Fragen des Gebrauchsmusterrechts nach der Neuordnung des Patentrechts, GRUR 1983, 401; *Trüstedt* Die sachliche Prüfung einer Gebrauchsmusteranmeldung auf ihre Eintragungsfähigkeit, GRUR 1954, 137; *Trüstedt* Gebrauchsmuster und ihre Anmeldung, 1957; *Vomhof* Zur Frage der Nachreichung von Zeichnungen im Gebrauchsmustereintragungsverfahren, GRUR 1966, 550; *Weber* Die Grenzen des Gebrauchsmusterrechts, 1934; *R. Wirth* Gebrauchsmusterschutz für Maschinen, GRUR 1897, 329; *R. Wirth* Neue Probleme zur Theorie der Prüfung und Zerstückelung von Gebrauchsmustern, Mitt 1902, 11; *Zeller* Gebrauchsmusterrecht², 1952.

Neueres Schrifttum (zum erfinderischen Schritt bei § 1): *Armitage* EU Industrial Property Policy: Priority for Patents? EIPR 1996, 555; *Asendorf* Gesetz zur Stärkung des geistigen Eigentums und zur Bekämpfung der Produktpiraterie, NJW 1990, 1283; *Beier* The Future of Intellectual Property in Europe – Thoughts on the Development of Patent, Utility Model and Industrial Design Law, IIC 1991, 157; *Bühring* Gebrauchsmustergesetz⁸, 2011, bearbeitet von *Bühring, Braitmayer, Schmid*; *Ensthaler* Produktpirateriegesetz, GRUR 1992, 273, 281; *Eschenbacher* Das Europäische Gebrauchsmuster, rechtliche und politische Entwicklungen, Diplomarbeit ETH Zürich 1997; *Heath* Bedeutet TRIPS wirklich eine Schlechterstellung von Entwicklungsländern? GRUR Int 1996, 1169, 1177 f; *Industrial Property Council of MITI* Subcommittee report on Patent and Utility Model Laws and their practices leading to international harmonization (1991); *Goebel* Schutzansprüche und Ursprungsoffenbarung – Der Gegenstand des Gebrauchsmusters im Löschungsverfahren, GRUR 2000, 477; *Goebel* Schutzwürdigkeit kleiner Erfindungen in Europa – die materiellen Schutzvoraussetzungen für Gebrauchsmuster in den nationalen Gesetzen und dem EU-Richtlinienvorschlag, GRUR 2001, 916; *Gómez Segade* Utility Models – Lost in Transition, IIC 2008, 135; *Janis* Second Tier Patent Protection, 40 Harvard International Law Review (1999), 151; *Jacob* The Stephen Stewart Memorial Lecture: Industrial Property – Industry's Enemy, (1997) 1 Intellectual Property Quarterly, 3; *Kern* Auf dem Wege zu einem europäischen Gebrauchsmusterrecht, GRUR Int 1994, 549 = Towards a European Utility Model Law, IIC 1994, 627; *Kern* Green Paper on the Protection of Utility Models in the Single Market, IIC 1994, 627; *Knittel* Das neue österreichische Gebrauchsmusterrecht, ÖBl 1994, 51; *Königer* Registration without Examination: The Utility Model – A Useful Model? FS J. Straus (2009), 17; *Kraßer* Ein neues Gebrauchsmusterrecht für Deutschland und Europa, in: *Rahn/Scheer* (Hrsg) Gewerblicher Rechtsschutz in Deutschland und Japan (1994), 102; *Kraßer* Die Entwicklung des Gebrauchsmusterrechts, FS 100 Jahre GRUR (1991), 617; *Kraßer* Developments in Utility Model Law, IIC 1995, 950; *Kraßer* Gebrauchsmuster unter internationalem und europäischem Aspekt, in: *Adrian/Nordemann/Wandtke* (Hrsg) Josef Kohler und der Schutz des geistigen Eigentums in Europa, 1996, 73; *Kraßer* Neuere Entwicklungen im Gebrauchsmusterrecht in Europa, GRUR 1999, 527; *Kraßer* Harmonization of Utility Model Law in Europe, IIC 2000, 797; *Kraßer* Wird der Gebrauchsmusterschutz noch gebraucht? FS U. Loewenheim (2009), 157; *U. Krieger* Das deutsche Gebrauchsmusterrecht – eine Bestandsaufnahme, GRUR Int 1996, 354; *Lang* 10 Jahre Gebrauchsmusterschutz in Österreich – Rückblick und Ausblick, ÖBl 2005, 60; *Lees* A light in the twilight zone? Proposed protection for „sub-patentable" inventions, Patent World November 1993 (57), 30; *Llewellyn* Utility Model Second Tier Protection: A Report on the Proposals of the European Commission, 1996; *Llewellyn* The Model Myth: The relevance of the proposed EC Utility Model System to the United Kingdom, Patent World Febr. 1996, 32; *Lim Heng Gee* The Long March – Utility Model Protection for Minor Inventions, Managing Intellectual Property 1993, 37; *Loth* Gebrauchsmustergesetz, 2001; *McGuire* Kumulation und Doppelschutz, GRUR 2011, 767; *Moritz/Christie* Second-Tier Patent Systems: The Australian Experience, (2006) EIPR 230; *Newton* Towards a European Utility Model, EIPR 1996, 446; *Nieder* Anspruchsbeschränkung im Gebrauchsmusterverletzungsprozeß, GRUR 1999, 222; *Pfaffenzeller/Ming Deng/Pfaffenzeller* Die Herausforderung durch chinesische Gebrauchsmuster, Mitt 2014, 101; *Pietzcker* Gebrauchsmuster – das technische Schutzrecht der Zukunft? GRUR Int 1996, 380; *Reichel* Gebrauchsmuster- und Patentrecht – praxisnah³, 1995; *Ruijsenaars* Das „kleine Patent" im neuen niederländischen Patentrecht – eine Alternative für das fehlende Gebrauchsmuster? FS F.-K. Beier (1996), 145; *Schennen* Innere Gebrauchsmusterpriorität und Abzweigung, GRUR 1987, 222; *Steup* Unorthodoxe Gedanken zum Gebrauchsmusterrecht, GRUR Int 1990, 800; *Suthersanen* A Brief Tour of „Utility Model" Law, EIPR 1998, 44; *Tootal* Second Tier Protection, EIPR 1994, 511; *Tronser* Auswirkungen des Produktpirateriegesetzes vom 7. März 1990 auf das Gebrauchsmustergesetz, GRUR 1991, 10; *Ullmann* Die Verletzung von Patent und Gebrauchsmuster nach neuem Recht, GRUR 1988, 333; *van Straelen-Bosma* Naar een Europees gebruiksmodel, IER 1995, 162; *Vocke* German Utility Models: An Effective IP Right, FS G. Rahn (2011), 811; *Vollrath* Praxis der Patent- und Gebrauchsmusteranmeldung⁵, 2002; *Wadle* Zur Vorgeschichte des Musterschutzes im Deutschen Reich, in: *Adrian/Nordemann/Wandtke* (Hrsg) Josef Kohler und der Schutz des geistigen Eigentums in Europa, 1996, 15; *Weinmiller* Europäisches Weiterbenutzungsrecht statt Europäisierung des Gebrauchsmusterrechts, Mitt 1996, 150; *Weitzel* Die wirtschaftliche Bedeutung des Gebrauchsmusterschutzes im europäischen Binnenmarkt, ifo-Schnelldienst 48 (1995), Nr 16, 9; *Westendorp/*

Viktor Das Gebrauchsmuster – eine schärfere Waffe als das Patent? Mitt 1998, 452; *Winkler* Das neue Gebrauchsmustergesetz, Mitt 1987, 3; *Wuttke* Das deutsche Gebrauchsmuster – eine Waffe? VPP-Rdbr 2014, 80 = Mitt 2015, 110.

Materialien: Bericht der XI. Kommission, Reichstags-Drs 1890/91 Nr 398; Entwurf vom 25.11.1890 mit Begr, stenographische Berichte über die Verhandlungen des Reichstages, 8. Legislaturperiode, I. Session 1890/91, zweiter Anlagenband Nr 153, S 978; Begr GebrMG 1936 BlPMZ 1936, 103, 116; Bericht des Unterausschusses Gebrauchsmusterrecht, GRUR
1979, 29; Begr GebrMÄndG BT-Drs 10/3903 = BlPMZ 1986, 320; Sitzungsbericht 225. Sitzung vom 26.6.1986; Bundesratsdrs.
305/86 und 365/86; Rechtliche und wirtschaftliche Bedeutung des Gebrauchsmusters (Bericht), GRUR Int 1986, 334;
Beschlußempfehlung und Bericht des Rechtsausschusses des Bundestags zum PrPG BT-Drs 11/5744 = BlPMZ 1990, 195;
Kurzprotokoll des Ausschusses für Wirtschaft vom 18.10.1989; Sitzungsprotokoll des Rechtsausschusses vom 18.10.1989;
stenographischer Bericht über die Sitzung des Bundestages vom 14.12.1989; Bundesratsdrucksache 39/90; Diskussionsentwurf des Max-Planck-Instituts für ausländisches und internationals Patent-, Urheber- und Wettbewerbsrecht für ein
europäisches Gebrauchsmusterrecht, GRUR Int 1994, 569; AIPPI, Geschäftsführender Ausschuss (1994), GRUR Int 1994,
1023, 1031; *Kunz-Hallstein* AIPPI-Kongress 1995, GRUR Int 1996, 1037, 1039; *Kraßer* Bericht der Deutschen Landesgruppe
der AIPPI für den Kongreß in Montreal 1995 zu Frage Q 117: Einführung neuer und Harmonisierung bestehender Systeme
zum Schutz von Gebrauchsmustern, GRUR Int 1995, 214; EG-Grünbuch: Gebrauchsmusterrecht im Binnenmarkt (EG-
Dokument KOM 95/370 vom 19.7.1995, Ratsdokument 9720/95, BR-Drs 618/95); Stellungnahme des Wirtschafts- und Sozialausschusses ABl EG 1996 C 174/6; Entschließung des Europäischen Parlaments ABl EG 1996 C 347/40; Eingabe zur Europäischen Vereinheitlichung des Gebrauchsmusterschutzes GRUR 1996, 186; *Commission européenne* (Hrsg) L'avenir du
modéle d'utilité dans l'union européenne. Colloque international Grenoble 27.1.1995 (1995); *EU-Kommission* Vorschlag
über eine Richtlinie des Europäischen Parlaments und des Rates über die Angleichung der Rechtsvorschriften betreffend
den Schutz von Erfindungen durch Gebrauchsmuster vom 12.12.1997, Dok. KOM (97) 691 endg.

A. Geschichtliche Entwicklung

1   GbmSchutz ist in Deutschland erstmals durch das GebrMG vom 1.6.1891[1] geschaffen worden. Von seiner Einführung für alle Erfindungen ist seinerzeit abgesehen worden.[2] Für Ausländer stand GbmSchutz vor
1936 nur zur Verfügung, wenn nach einer Bekanntmachung im RGBl Gegenseitigkeit verbürgt war[3] (§ 13
GebrMG 1891). Durch die PVÜ und das Ausführungsgesetz 1913 wurde dieser Ausschluss weitgehend eingeschränkt und 1936 unter Angleichung an das PatG gestrichen.[4] Eine weitgehende Neugestaltung des
GbmRechts ist in zwei Schritten in den Jahren 1986 und 1990 erfolgt.

2   Die **DDR** hatte den GbmSchutz 1963 abgeschafft (Rn 30 Einl PatG). Seit 3.10.1990 ist das GebrMG auch
im Gebiet der ehem DDR anwendbar (vgl Kap III Abschn II § 2 EinigV).

3   **Raumformerfordernis.** Vor dem Inkrafttreten des Gesetzes vom 5.5.1936 war die Einreichung eines
Modells vorgeschrieben, anhand dessen die „Modellfähigkeit" leicht festgestellt werden konnte.[5] Die Praxis hat auch nach 1936 eine bestimmte Raumform verlangt.[6] Das vor 1990 im dt GbmRecht verankerte und
jetzt zT noch im Ausland (Griechenland, Italien, Portugal, Spanien) vorgesehene Raumformerfordernis ist
historisch aus der Entstehung des dt GbmRechts zu erklären, das Schutz nur für Arbeitsgerätschaften und
Gebrauchsgegenstände vorsah. Das GebrMG diente der Schließung der Lücke zwischen dem durch das
Musterschutzgesetz vom 11.1.1876 in Fortsetzung von im Rheinland bereits bestehenden Regelungen eröffneten (Geschmacks-) Muster- (jetzt: Design-) und dem Erfindungsschutz; ein Schutz „kleiner" technischer
Erfindungen nach Geschmacksmusterrecht ist, wie schon das ROHG 1878 entschieden hat,[7] nicht möglich.
Dem GbmSchutz sollten nur einfache Erfindungen zugänglich sein. Musterschutz wurde in diesem Sinn zT
als eigener Gegenstand zwischen Erfindungs- und Kunstschutz angesehen. Erst 1990 ist das Raumformerfordernis gefallen. Näher zum Raumformerfordernis 6. *Aufl* § 1 Rn 20 f.

---

1 RGBl S 290; zur Vorgeschichte auch *Benkard* Vorbem Rn 1.
2 Vgl *Beier* GRUR 1986, 1, 4 Fn 15 m Nachw.
3 Vgl RGSt 34, 275, 277 Benediktiner-Liqueur.
4 Vgl *Benkard*⁹ § 28 GebrMG Rn 1.
5 RPA BlPMZ 1920, 109.
6 Präsidialbeschluss RPA GRUR 1939, 57.
7 ROHG 24, 109, 113 Peitschenkreisel; vgl *Benkard* Vorbem Rn 1; *Loth* Vorb Rn 1 ff.

B. Gebrauchsmuster und Patent

I. Gebrauchsmuster und Patent sind **technische Schutzrechte.** Beide können nebeneinander beste- **4** hen.[8] Das Gebrauchsmuster entspricht seit dem 1.7.1990 weitgehend dem Patent; die Bezeichnung Gebrauchsmuster ist nurmehr im historischen Kontext zu erklären. Dem Gebrauchsmuster kommt wie dem Patent Sperrwirkung gegenüber Dritten zu.[9] Ob das Gebrauchsmuster in seiner derzeitigen Ausgestaltung mit dem StraÜ (Rn 2ff zu Art I IntPatÜG) vereinbar ist, ist in Zweifel gezogen worden (vgl Rn 3 zu § 3).[10]

II. Verhältnis von Patent- und Gebrauchsmusterschutz

1. Allgemeines. Durch das GebrMG ist ein an sich eigenständiges Schutzsystem für technische Erfin- **5** dungen geschaffen worden. Die GbmRegelungen sind im Kern als ein das Patentrecht ergänzendes Schutzrecht für technische Erfindungen, das ohne Überprüfung der Neuheit und erfinderischen Tätigkeit registriert wird, bezeichnet worden.[11] Die früher sehr erheblichen Unterschiede in der Schutzfähigkeit sind durch die 1987 in Kraft getretene Reform des GbmRechts verringert und durch das Produktpiraterieesetz (PrPG) 1990 weitgehend beseitigt, die Schutzvoraussetzungen stark angeglichen worden. Waren bis 1986 nur Arbeitsgerätschaften und Gebrauchsgegenstände sowie Teile davon gbm-fähig, soweit sie dem Arbeits- oder Gebrauchszweck durch eine neue Gestaltung, Anordnung oder Vorrichtung dienen sollten, sieht heute § 1 Abs 1 umfassenden Erfindungsschutz (und nicht etwa Schutz der ästhetischen Wirkung),[12] allerdings ua mit einer wesentlichen Ausnahme beim Verfahrensschutz (§ 2 Nr 3), vor.[13] Das „Raumformerfordernis" (Rn 3) hat damit seine Bedeutung verloren. Problematisch, aber in der Rspr des BGH grds anerkannt, ist nach geltendem Recht noch der Schutz von Verwendungs- und Mittelansprüchen. Die Rspr des BGH hat – entgegen der Absicht des Gesetzgebers, aber verfassungsrechtl geboten und durch das Fehlen handhabbarer Abgrenzungskriterien gefördert – zu einer weitestgehenden Gleichsetzung der im Patentrecht wie im GbmRecht erforderlichen erfinderischen Leistung geführt (Rn 12ff zu § 1). Kennzeichnend für den GbmSchutz ist die leichte und kostengünstige Zugänglichkeit, auf der anderen Seite verbunden mit einer kurzen Schutzdauer. Die Schutzwirkungen entsprechen grds denen des Patents. Vorteilhaft ist auch das Fehlen eines rückwirkenden Wegfalls des Schutzes, soweit ein gesetzlicher Löschungsgrund nicht vorliegt (anders als beim Schutz der offengelegten Patentanmeldung nach § 33 PatG). Ein Doppelschutzverbot besteht (anders als nach Art 170 türk VO 551) nicht.

2. Abzweigung. Aus Patentanmeldungen können GbmAnmeldungen abgeleitet werden, früher über **6** die GbmHilfsanmeldung, nach geltendem Recht über die Abzweigung (§ 5).[14]

3. Innere Priorität. Für eine Patentanmeldung kann nach § 40 Abs 1 PatG die Priorität einer früheren **7** inländischen GbmAnmeldung in Anspruch genommen werden.

4. Gebrauchsmuster und europäisches Patent. Das Nebeneinander von Gebrauchsmuster und eur **8** Patent entspricht grds dem von Gebrauchsmuster und nationalem Patent (s Art 140 EPÜ).

Ein **Doppelschutzverbot,** das Art 140 EPÜ iVm Art 139 Abs 3 EPÜ zugelassen hätte, ist nicht einge- **9** führt worden (Rn 8 zu Art II § 8 IntPatÜG).

5. Gebrauchsmuster und Einheitspatent. Das Verhältnis zum zukünftigen Gemeinschaftspatent **10** wurde im Kommisionsvorschlag in Art 55 GPVO geregelt; danach war ein Doppelschutzverbot wie im Verhältnis zum nationalen Patent vorgesehen (näher *7. Aufl;* zum GPÜ s *5. Aufl).*

Für das **Europäische Patent mit einheitlicher Wirkung bestehen** keine speziellen Regelungen. **11**

---

8 *Benkard* § 4 Rn 61.
9 Vgl *Kraßer* S 8 (§ 1 B I 1).
10 *Bühring*[6] § 1 Rn 11 mNachw.
11 Grünbuch S 73; vgl *Loth* Vorb Rn 4.
12 Vgl OLG Zweibrücken GRUR-RR 2005, 241.
13 Vgl *Loth* Vorb Rn 7, 15.
14 Vgl zu den durch die Abzweigung erreichbaren Vorteilen *Loth* Vorb Rn 27 ff.

C. Das Gebrauchsmuster

I. Rechtsnatur

12 Das Recht auf das Gebrauchsmuster entsteht wie das Recht auf das Patent mit Vollendung der Erfindung.[15] Dagegen hat die Eintragung nicht die gleiche Wirkung wie die Erteilung des Patents. Sie lässt das Recht aus dem Gebrauchsmuster nur entstehen, wenn der Gegenstand der Anmeldung schutzfähig ist.[16]

II. Wirtschaftliche Bedeutung

13 Der GbmSchutz erfreut sich relativ großer Beliebtheit, insb wo ein niedrigeres Schutzniveau zugrundegelegt wird als beim Patentschutz; das Hauptanwendungsgebiet liegt in der EU im Bereich des Maschinenbaus, der Elektroindustrie sowie der Feinmechanik/Optik, und zwar besonders bei der Klein- und Mittelindustrie und den freien Erfindern.[17] Vorteile liegen insb in den geringen Kosten und in der schnellen und leichten Erlangbarkeit. Wirtschaftlich von Bedeutung ist das Gebrauchsmuster auch zur Überbrückung des Zeitraums bis zur Patenterteilung.[18]

14 Der GbmSchutz wurde lange Zeit ganz überwiegend für den **heimischen Markt** benutzt; Auslandsanmeldungen spielten eine untergeordnete Rolle (so 1991 in Deutschland 1633 von 13.920, in Japan 1334 von 113.340, in China 125 von 33.157), allerdings mit steigender Tendenz (1989–1995 von 10,18% auf 12,75%). 2010 (2005) kamen von 17.005 (20418) Anmeldungen 3.249 (3.397) aus dem Ausland (an erster Stelle Taiwan, gefolgt von Schweiz, Österreich und USA). Sehr stark angestiegen ist die Zahl der PCT-Anmeldungen in der internat Phase.

15 **Anmeldungen:** 1995 20.598, 1996 22.276, 1997 23.062, 1998 22.541, 1999 23.584, 2000 22.310, 2001 20.285, 2002 23.428, 2003 23.408, 2004 20.286, 2005 20.418, 2006 19.766, 2007 18.106, 2008 17.089, 2009 17.355, 2010 16.824; 2011 16.040; 2012 15.528; 2013 15.472, 2014 14.738, 2015 14.277, davon Abzweigungen 1994 1.434, 1995 1.394, 1996 1.564, 1997 1.609, 1998 1.652, 1999 1.645, 2000 1.836, 2001 1.664, 2002 1.746, 2003 1.706, 2004 1.761, 2005 1.834, 2006 1.948, 2007 1.744, 2008 1.559, 2009 1.429, 2010 1.443, 2011 1.367, 2012 1.502, 2013 1.359, 2014 1.403, 2015 1.368. In Kraft standen Ende (2007) 85.180 (100.803) Gebrauchsmuster. Löschungsanträge 2010 (2007): 168 (193).

D. Internationale Entwicklung

I. Europäische Gebrauchsmuster

16 **1. Ausgangssituation.** GbmSchutz besteht in den Mitgliedstaaten der EU gegenwärtig nur auf nat Ebene und in sehr unterschiedlichen Ausgestaltungen.[19] Insb Lettland, Litauen, Luxemburg, Malta, Rumänien, Schweden, das VK und Zypern kennen bisher keinen vergleichbaren Schutz, das gilt auch für Island, Liechtenstein, Norwegen und die Schweiz. Die Unterschiede zwischen den Schutzsystemen können den freien Warenverkehr zwischen den Mitgliedstaaten behindern.[20]

17 **2. Unionsgebrauchsmuster.** Überlegungen für ein eur Gebrauchsmuster sind von einer Arbeitsgruppe des Max-Planck-Instituts für ausländisches und internationales Patent-, Urheber- und Wettbewerbsrecht in München angestellt worden, das 1994 einen Diskussionsentwurf veröffentlicht hat.[21] Danach sind an ein eur Gebrauchsmuster folgende Anforderungen zu stellen: keine Prüfung des StdT vor der Eintragung, sondern erst im Prozess; Schutzfähigkeit wie bei Patenten, also auch für Verfahren; alternativ er-

---

15 *Bühring* § 4 Rn 2.
16 Vgl *Schlitzberger* Gegenstand des Antrags und Sachprüfungsgegenstand im Gebrauchsmuster-Löschungsverfahren, FS 25 Jahre BPatG (1986), 249, 251.
17 Grünbuch S 4 f, 24 ff.
18 Vgl Grünbuch S 37; *Loth* Vorb Rn 26.
19 Vgl zum historischen Hintergrund *Gómez Segade* IIC 2008, 135 f.
20 Vgl Grünbuch S 6 f, 48 ff.
21 Vgl GRUR Int 1994, 549 und IIC 1994, 700; Stellungnahme der Patentanwaltskammer Mitt 1995, 263.

finderische Tätigkeit oder ein im Vergleich zum StdT praktisch bedeutsamer Vorteil, aber auch kürzere Schutzdauer von höchstens 10 Jahren; grds kein geringerer Schutzumfang als beim Patent; Doppelschutzmöglichkeit durch Patent und Gebrauchsmuster mit Priorität der jeweils früheren Anmeldung; Übersetzung nur der Schutzansprüche, der Beschreibung erst bei Geltendmachung des Schutzrechts.[22]

Die **EG-Kommission** hat im „Grünbuch" Eckpunkte für eine eur Lösung herausgearbeitet.[23] Als Ziel- **18** setzungen sind Schutz kurzlebiger technischer Erfindungen, Schutz für technische Erfindungen mit kleinen Entwicklungssprüngen, schnell zu erlangendes und kostengünstiges Schutzrecht, schnelle Veröffentlichung und damit schnelle Information der Öffentlichkeit angesprochen.[24] Zur Diskussion gestellt wurde eine Regelung wie im Markenrecht mit einer Kombination aus nationaler Rechtangleichung über eine Richtlinie und Neuschaffung eines einheitlichen Schutzrechts in Form einer VO.[25] Der Kommission erscheinen geringere Erfindungshöhe als bei Patenten, Abschaffung der Raumform, Schutz für Stoffmischungen (offen, ob auch für Stoffe und Verfahrenserfindungen), Neuheitskriterium am StdT (nicht nur im Inland) mit zwölfmonatiger Neuheitsschonfrist, gewerbliche Anwendbarkeit entspr Art 57 EPÜ, an den Art 78–85 EPÜ orientiertes Erteilungsverfahren ohne Überprüfung aller Schutzvoraussetzungen, freiwillige Recherche, Benutzungs- und Verbotsrechte sowie Erschöpfung in Anlehnung an das Patentrecht in den Mitgliedstaaten (uU mit Begrenzung der Zahl der Schutzansprüche), unbeschränkte Übertragung des registrierten Rechts, Erlöschens- und Nichtigkeitsgründe in Anlehnung an das Patentrecht in den Mitgliedstaaten, kurze Schutzdauer von bis zu 10 Jahren in Mehrjahresschritten, Möglichkeit des Gerichts, im Verletzungsfall einen Recherchenbericht zu verlangen sowie entweder Verbot des Doppelschutzes (Patent/Gebrauchsmuster) oder Verbot der Stufenklage sinnvoll. Die Stellungnahme der DVGR[26] sprach sich für ein zusätzliches Gemeinschaftsgebrauchsmuster mit geringerer Erfindungshöhe und Einbeziehung von Verfahrenserfindungen, aber gegen eine Harmonisierungsrichtlinie aus.[27] Das Europäische Parlament hat sich am 22.10.1996 für die Einführung eines gemeinschaftsweiten GbmSchutzes im Verordnungsweg ausgesprochen, wobei eine administrative Zusammenlegung mit dem Geschmacksmusterschutz erfolgen sollte.[28] Das zunächst nicht weiter verfolgte Projekt ist im Jahr 2001 durch ein Arbeitspapier der Kommission wieder aufgenommen worden.[29]

3. EU-Gebrauchsmuster-Richtlinie. Am 12.12.1997 hat die Kommission einen Vorschlag über eine **19** Richtlinie des Europäischen Parlaments und des Rates über die Angleichung der Rechtsvorschriften betr den Schutz von Erfindungen durch Gebrauchsmuster[30] vorgelegt.[31] Am 30.6.1999 hat sie einen geänd Richtlinienvorschlag vorgelegt (KOM(99)309 endg.), der ua einen Ausschluss chemischer und pharmazeutischer Stoffe vom GbmSchutz vorsah.[32] Zum Erlass der Richtlinie ist es nicht gekommen. Die Kommission hat den Richtlinienvorschlag mWv 17.3.2006 zurückgezogen.[33]

---

22 Grds kr hierzu – Laufzeit höchstens sechs Jahre, nur ein von der Beschreibung voll gestützter Schutzanspruch, Schutz beschränkt auf den Wortlaut, kein Unterlassungsanspruch, nur angemessene Entschädigung, keine Kumulierung mit Patentschutz – *Tootal* EIPR 1994, 511.

23 Vgl auch GRUR 1995, 660 f.

24 Grünbuch S 8.

25 Grünbuch S 10, S 60 ff.

26 GRUR 1996, 186 f.

27 Vgl auch *Mühlens* Aktuelle Entwicklungen im nationalen und internationalen gewerblichen Rechtsschutz, VPP-Rdbr 1996, 77, 79.

28 GRUR Int 1997, 72.

29 Dok. SEK 2001/1307 v. 20.7.2001, vgl. *Kretschmer* (Bericht) GRUR 2001, 1120; *Benkard* Vorbem 3d; Zusammenfassung der Antworten in einem Kommissionspapier vom 1.3.2002.

30 ABl EG 1998 C 36/13 = GRUR Int 1998, 245.

31 Zur Kritik VPP-Rdbr 1998, 59; Stellungnahme der DVGR GRUR 1998, 554; zum Verfahrensstand VPP-Rdbr 1998, 92, 111, 1999, 20, 56, 103, dort auch zur Diskussion über die Anforderungen an die Schutzfähigkeit; geänd Richtlinienvorschlag vom 30.6.1999 KOM(99) 309 endg; Stellungnahme der DVGR GRUR 2000, 134; Darstellung auch bei *Goebel* GRUR 2001, 916.

32 Kritik bei *Kraßer* GRUR 1999, 527, 530; *König* GRUR 2001, 948, 954 mwN.

33 KOM(2005)462 endg; vgl *Gómez Segade* IIC 2008, 135, 137.

Keukenschrijver

II. Internationale Gebrauchsmusteranmeldung nach dem PCT

20   Aus Art 11 Abs 3, Art 43 PCT ergibt sich die Möglichkeit internat GbmAnmeldungen, dies allerdings nur, soweit das Bestimmungsland GbmSchutz kennt;[34] insoweit kommt auch Doppelschutz in Betracht (Rn 7 f zu Art III § 1 IntPatÜG). Eine eingehende Regelung enthalten §§ 17–25 dän GebrMG.

21   **III.** Zur **internationalen Harmonisierung** s die AIPPI-Berichte zu Frage 117.[35]

§ 1
(Gebrauchsmusterfähigkeit)

(1) Als Gebrauchsmuster werden Erfindungen geschützt, die neu sind, auf einem erfinderischen Schritt beruhen und gewerblich anwendbar sind.

(2) Als Gegenstand eines Gebrauchsmusters im Sinne des Absatzes 1 werden insbesondere nicht angesehen:

1. **Entdeckungen sowie wissenschaftliche Theorien und mathematische Methoden;**
2. **ästhetische Formschöpfungen;**
3. **Pläne, Regeln und Verfahren für gedankliche Tätigkeiten, für Spiele oder für geschäftliche Tätigkeiten sowie Programme für Datenverarbeitungsanlagen;**
4. **die Wiedergabe von Informationen;**
5. **biotechnologische Erfindungen (§ 1 Abs 2 des Patentgesetzes).**

(3) Absatz 2 steht dem Schutz als Gebrauchsmuster nur insoweit entgegen, als für die genannten Gegenstände oder Tätigkeiten als solche Schutz begehrt wird.

Ausland: Bosnien und Herzegowina: Konsenzualni patent mit Laufzeit von 10 Jahren; **Bulgarien:** Art 73 PatG; **Dänemark:** §§ 1, 2, 3 GebrMG; **Estland:** § 5 GebrMG; **Finnland:** § 2 Abs 1 GebrMG; **Griechenland:** Art 19 Abs 1 Gesetz über Technologietransfer; **Italien:** Art 82 CDPI; **Irland:** Art 53 Abs 4 PatG; **Österreich:** § 1 öGebrMG (nach Abs 2 auch Schutz für Programmlogiken von EDV-Programmen); **Polen:** Art 94, 95 RgE 2000; **Portugal:** § 122 Abs 1 PatG; **Serbien:** Art 134 PatG 2004; **Slowenien:** § 76 Abs 1 GgE; **Spanien:** Art 143, 146 (erfinderische Tätigkeit) PatG; **Tschech. Rep.:** §§ 1, 2, 4 GebrMG; **Türkei:** Art 154 VO 551 (nur Neuheit und gewerbliche Anwendbarkeit erforderlich); **Ungarn:** GebrMG 1991

Übersicht

Schrifttum: *Adocker* Österreichischer Oberster Patent- und Markensenat trifft Grundsatzentscheidung zum Verhältnis zwischen der Erfindungshöhe eines Patents und eines Gebrauchsmusters, GRUR Int 2011, 673; *Bardehle* Erfinderische Tätigkeit, erfinderischer Schritt, GRUR Int 2008, 632; *Beckmann* Der erfinderische Schritt im Gebrauchsmusterrecht: Anmerkungen, GRUR 1997, 513; *Beetz* Zur Erfindungsqualität im Gebrauchsmusterrecht, ÖBl 2007, 148; *Breuer* Der erfinderische Schritt im Gebrauchsmusterrecht, GRUR 1997, 11; *Bruchhausen* Die Revisibilität der Begriffe „persönliche geistige Schöpfungen", „eigentümliche Erzeugnisse", „auf einer erfinderischen Tätigkeit beruhen" und „auf einem erfinderischen Schritt beruhen", FS O.-F. v. Gamm (1990), S 353; *Bunke* Gebrauchsmusterschutz oder kleines Patent, GRUR 1957, 110; *Conradt* Gebrauchsmuster nur für Erfindungen? GRUR 1963, 405; *Eisenführ* Heraus aus dem Demonstrationsschrank! Mitt 2009, 165; *Fromme* Schutzumfang und Erfindungshöhe im Gebrauchsmusterrecht, GRUR 1958, 261; *Goebel* Der erfinderische Schritt nach § 1 GebrMG, 2005; *Goebel* Nicht gangbare Differenzierung? Zur gebrauchsmusterrechtlichen Erfindungshöhe nach der BGH-Entscheidung „Demonstrationsschrank", GRUR 2008, 301; *Goebel* Schutz der kleinen Erfindungen durch das BPatG: zur gebrauchsmusterrechtlichen Rechtsprechung, FS 50 Jahre BPatG (2011), 231; *Hägermann* Die gesetzliche Regelung des Gebrauchsmusterrechts, Mitt 1959, 142; *Heselberger* Erfinderischer Schritt (GebrMG) vs. erfinderische Tätigkeit (PatG) („Demonstrationsschrank"), jurisPR-WettbR 11/2006 Anm 2; *Hüttermann/Storz* Die Entscheidung

---

34   Vgl *Loth* vor § 4 Rn 12.
35   GRUR Int 1994, 1031; 1995, 214 und 1996, 1039.

„Demonstrationsschrank" – eine Revolution im gewerblichen Rechtsschutz? NJW 2006, 3178; *Hüttermann/Storz* Jüngere Änderungen auf dem Gebiet des Gebrauchsmusterrechts, GRUR 2008, 230; *Keukenschrijver* Erfinderische Schritte werden zu Tätigkeiten, VPP-Rdbr 2007, 82; *Keukenschrijver* Zum Verhältnis des erfinderischen Schritts im Gebrauvhsmusterrecht zur erfinderischen Tätigkeit im Patentrecht, Tagungsband 13. und 14. Freiberger Seminar zur Praxis des Gewerblihen Rechtsschutzes (2009), 75; *Keukenschrijver* Zum „erfinderischen Schritt" im deutschen und im österreichischen Gebrauchsmusterrecht, GRUR Int 2008, 665; *I. Koch* Das Merkmal der erfinderischen Tätigkeit als Korrektiv des Patentrechts, GRUR Int 2008, 669; *König* Die erfinderische Leistung – Auslegung oder Rechtsfortbildung, Mitt 2009, 159; *Müller* Zum Begriffe der Erfindungshöhe im Patent- und Gebrauchsmusterrecht, Diss Köln 1968; *Müller* Novellierter Gebrauchsmusterschutz, GRUR 1979, 453; *Nirk* (Entscheidungsanm) GRUR 2006, 847; *Pahlow* Wie klein darf die „kleine Münze" sein? WRP 2007, 739; *Pfaffenzeller/Ming Deng/Pfaffenzeller* Die Herausforderung durch chinesische Gebrauchsnuster, Mitt 2014, 101; *Schrader* Identität des „Stands der Technik" im Patent- und Gebrauchsmusterrecht, Mitt 2013, 1; *Sieckmann* Der Verwendungsanspruch, GRUR 1998, 85; *Smolinski* Der „Demonstrationsschrank" – eine Rechtsfortbildung als erforderlicher Systembruch? Mitt 2011, 58; *Starck* Aktuelle Fragen des Gebrauchsmusterrechts nach der Neuordnung des Patentrechts, GRUR 1983, 401; *Trüstedt* Das Gebrauchsmuster im Verletzungsstreit, GRUR 1954, 244; *Trüstedt* Fortschritt und Erfindungshöhe als Voraussetzung der Patentfähigkeit nach deutscher Rechtsentwicklung, GRUR 1956, 349; *Trüstedt* Zum Thema „Erfindungshöhe beim Patent und Gebrauchsmuster", GRUR 1958, 309; *Trüstedt* Gebrauchsmuster, GRUR 1980, 877; *Übler* Die Schutzwürdigkeit von Erfindungen – Fortschritt und Erfindungshöhe in der Geschichte des Patent- und Gebrauchsmusterrechts, 2014; *Wenzel* Rechtliche Bedenken gegen die BGH-Entscheidung „Demonstrationsschrank", GRUR 2013, 140; *Zeller* Zur Erfindungshöhe von Gebrauchsmustern, GRUR 1956, 532.

A. Entstehungsgeschichte; Anwendungsbereich

Abs 1 Abs 1 idF vom 2.1.1968 schützte „Arbeitsgerätschaften oder Gebrauchsgegenstände oder Teile 1 davon", soweit sie „dem Arbeits- oder Gebrauchszweck durch eine neue Gestaltung, Anordnung oder Vorrichtung dienen sollen." Abs 1 in der auf die nach dem 31.12.1986 eingegangenen GbmAnmeldungen anwendbaren Fassung des GebrMÄndG 1986 bezog neben der neuen Gestaltung, Anordnung oder Vorrichtung auch die neue Schaltung ein. Abs 1 hat seine **geltende Fassung** durch das PrPG erhalten. Abs 2 Nr 1–4 und Abs 3 entsprechen der Fassung des GebrMÄndG 1986. Übergangsrecht s *6. Aufl.*

Das BioTRlUmsG hat mWv vom 28.2.2005 einen (unter dem Aspekt der Angleichung des GbmRechts 2 an das Patentrecht bedauerlichen und wegen der verbleibenden Patentierungsmöglichkeit auch in seiner Wirkung zwh) generellen Ausschluss des Schutzes **biotechnologischer Erfindungen** vom Gebrauchsmusterschutz eingeführt (Abs 2 Nr 5; vgl Rn 10).

B. Schutzvoraussetzungen und Schutzausschlüsse

I. Erfindung

1. Allgemeines. Ebenso wie dem Patentschutz sind dem GbmSchutz nur **technische Erfindungen** 3 zugänglich.[1]

Der **Begriff** der technischen Erfindung ist im GbmRecht nicht enger, aber auch nicht weiter (insoweit 4 anders das öst GbmRecht) als im Patentrecht;[2] allerdings gehen die Schutzausschlüsse weiter als im Patentrecht. Jedenfalls seit 1990 ist der GbmSchutz Erfindungsschutz und nicht mehr Formenschutz.[3]

Weitere Schutzerfordernisse sind gewerbliche Anwendbarkeit (§ 3 Abs 2), Neuheit (§ 3 Abs 1) und 5 erfinderischer Schritt (Rn 12ff).

2. Sachschutz; Verfahrensschutz; Verwendungsschutz. In Betracht kommt anders als im Patent- 6 recht grds nur Sachschutz;[4] der (wörtlich zu verstehende) Ausschluss des Verfahrensschutzes als negatives Abgrenzungskriterium ergibt sich aus § 2 Nr 3 (näher Rn 6ff zu § 2). Damit ist grds auch Stoffschutz (Rn 121ff zu § 1 PatG) möglich.[5]

---

1 BGH GRUR 1975, 549 Buchungsblatt; BGH BlPMZ 1985, 117 Anzeigevorrichtung; BPatG CR 2002, 879 „Objektklasse"; BPatG BlPMZ 2005, 227; BPatG 23.5.2007 5 W (pat) 422/06 Mitt 2007, 562 Ls; *Mes* Rn 4.
2 Vgl BGHZ 158, 142, 149 = GRUR 2004, 495 Signalfolge.
3 Vgl Grünbuch S 73 f.
4 Zum Schutz einer aus dem Internet herunterladbaren Signalfolge BGHZ 158, 142 = GRUR 2004, 495 Signalfolge und nachgehend BPatG 3.11.2004 5 W (pat) 11/01 gegen BPatG 21.3.2003 5 W (pat) 11/01.
5 Vgl *Mes* Rn 4; *Tronser* GRUR 1991, 10 ff; *U. Krieger* GRUR Int 1996, 354 f.

7   **„Product-by-process"-Ansprüche** sind nicht durch das Verbot des Verfahrensschutzes vonm Gebrauchsmusterschutz ausgeschlossen.[6]

8   Ob **Verwendungsschutz** möglich ist, richtet sich grds danach, ob man diesen als Verfahrensschutz ansieht[7] (vgl Rn 145 ff zu § 1 PatG). Ein Schutz der Verwendung bekannter Stoffe im Rahmen einer medizinischen Indikation ist jedenfalls möglich.[8] Verwendungsansprüche, die sich in der Angabe der Verwendung erschöpfen, dürften aber weiterhin nicht gebrauchsmusterfähig sein.[9] Eine in jedem Fall befriedigende Abgrenzung erscheint schon deshalb nicht möglich, weil die Lebenswirklichkeit komplexer ist als die Einteilung der Schutzkategorien.[10]

9   **3. Schutzausschlüsse.** Die Regelung in Abs 2 Nr 1–4 und Abs 3 stimmt mit der in § 1 Abs 3, 4 PatG überein.

10   **Lebende Materie** war früher über den Schutzausschluss für Pflanzensorten und Tierarten nach § 2 hinaus (Rn 4 f zu § 2) nicht vom GbmSchutz ausgeschlossen.[11] Der nunmehr in Abs 2 Nr 5 enthaltene Ausschluss für jegliche biotechnologische Erfindung iSd § 1 Abs 2 PatG hat im PatG keine Parallele.[12] Er ist insoweit wenig schlüssig, als § 1 Abs 2 PatG die biotechnologische Erfindung nicht definiert, sondern lediglich besagt, dass Patente auch dann erteilt werden, wenn sie ein Erzeugnis, das aus biologischem Material besteht oder dieses enthält, oder wenn sie ein Verfahren, mit dem biologisches Material hergestellt oder bearbeitet wird oder bei dem es verwendet wird, zum Gegenstand haben, und dass biologisches Material, das mit Hilfe eines technischen Verfahrens aus seiner natürlichen Umgebung isoliert oder hergestellt wird, auch dann Gegenstand einer Erfindung sein kann, wenn es in der Natur schon vorhanden war. Man wird die Bestimmung abw vom Begriff der Biotechnologie in Art 3 Abs 1 BioTRl dahin auslegen müssen, dass die Erfindung auf der Anwendung der Biotechnologie, dh der Nutzung von Enzymen, Zellen und ganzen Organismen in technischen Anwendungen, beruht und nicht auch biologische Erfindungen erfasst, so dass Pflanzen, Tiere und andere Lebewesen vom Gebrauchsmusterschutz nur ausgeschlossen sind, wenn sie mit Hilfe eines biotechnologischen Schritts, etwa durch Einsatz von Gentechnik, geschaffen sind. Die Neufassung des § 2a Abs 1 Nr 1 PatG im Jahr 2013 (Rn 2 zu § 2a PatG) dürfte daran jedenfalls im Grundsatz nichts geänd haben.

11   **II.** Zur **Neuheit** s § 3.

III. Erfinderischer Schritt

12   Das Erfordernis ist seit 1987 im Gesetz enthalten, es sollte der früheren Rspr entsprechen;[13] das PrPG hat nach zunächst vom BGH geäußerter Auffassung auch mit seiner Ausdehnung der Schutzdauer am Beurteilungsmaßstab nichts geänd.[14]

---

6 *Scharen* FS P. Mes (2009), 319; *Mes* Rn 7.
7 Eine Schutzmöglichkeit bejahend *Benkard* § 2 Rn 15; *U. Krieger* GRUR Int 1996, 354 f, jedoch in *MGK/U. Krieger* Art 64 EPÜ Rn 10 Fn 20 aufgegeben; bejahend auch für die Fälle eingeschränkten Sachschutzes, insb der zweiten und weiterer medizinischer Indikationen, *Loth* Rn 130 ff, 136 sowie § 2 Rn 30; differenzierend auch *Bühring* Rn 198 f, § 2 Rn 45 ff; grds abl EintrRl unter II. 2.; *Benkard*⁹ § 2 Rn 3b; *Tronser* GRUR 1991, 10, 13 f; *Sieckmann* GRUR 1998, 85; BPatG Mitt 2004, 266, 268; vgl RGZ 114, 144, 147 = BlPMZ 1927, 4 Arbeitsrechtskartei; RGZ 115, 128, 133 = GRUR 1927, 181 Registraturmappe; RG BlPMZ 1930, 214 äquivalente Gebrauchsmusterverletzung; BPatGE 11, 96, 102.
8 BGHZ 164, 220 = GRUR 2006, 136 Arzneimittelgebrauchsmuster gegen BPatG Mitt 2004, 266; wie BGH sodann BPatG 27.3.2006 5 W (pat) 25/01; *Mes* § 2a PatG Rn 64; vgl hierzu *Leitzen* Mitt 2006, 201; *Meier-Beck* GRUR 2007, 11 f; *Quodbach* GRUR 2007, 353, 361; *Hüttermann/Storz* GRUR 2008, 330 f.
9 *Meier-Beck* GRUR 2007, 11 f.
10 Vgl OLG Karlsruhe InstGE 2, 177 und hierzu *Mes* Rn 6.
11 Vgl *Loth* Rn 28.
12 Mit Recht kr Stellungnahme DVGR GRUR 2000, 680 mit dem Bsp eines Rollrasens mit eingekapselten Samen; kr auch *Loth* Rn 56; *Hüttermann/Storz* GRUR 2008, 330 f; zu Ungereimtheiten und Unklarheiten der Regelung *Benkard* Rn 22 ff; *Mes* Rn 9 sieht den Ausschluss als konsequent an, weil keine materiell-inhaltliche Prüfung stattfinde; ähnlich Begr BTDrs 15/1709 = BlPMZ 200595, 101.
13 ZB BGH GRUR 1957, 270 Unfallverhütungsschuh; *Bühring* § 3 Rn 73.
14 BGH GRUR 1998, 913, 915 Induktionsofen.

Reform- und Harmonisierungsbemühungen. Die AIPPI hat eine Voraussetzung gefordert, die 13
leichter zu erfüllen ist als die der erfinderischen Tätigkeit, aber über bloße Neuheit hinausgeht.[15] Der Diskussionsentwurf für ein eur Gebrauchsmuster hat außer auf das Beruhen auf erfinderischer Tätigkeit auf
das Vorliegen eines im Vergleich zum StdT praktisch bedeutsamen Vorteils abgestellt.[16]

Die in Art 6 des ursprünglichen **EU-Richtlinienvorschlags** 1997 (Einl Rn 19) vorgesehene Regelung 14
war verunglückt.[17] Der geänd Richtlinienvorschlag hat darauf abgestellt, dass die Erfindung einen Vorteil
aufweist und sich für den Fachmann nicht in sehr naheliegender Weise aus dem StdT ergibt.[18]

Früheres Recht. Str war schon zur früheren Rechtslage und auch zum geltenden Recht, ob an die er- 15
finderische Qualität beim Gebrauchsmuster andere, dh **geringere Anforderungen** zu stellen sind als beim
Patent. Unter dem „erfinderischen Schritt" sollte nach der Rspr des RG[19] das über das rein Handwerksmäßige Hinausgehende zu verstehen sein, das keine technische Selbstverständlichkeit darstellte.[20] An die
Erfindungshöhe eines Gebrauchsmusters sollten geringere Anforderungen zu stellen sein als an die eines
Patents.[21] Der BGH hat sich auf diese Rspr gestützt; an die (grds erforderliche)[22] Erfindungshöhe eines Gebrauchsmusters seien geringere Anforderungen zu stellen als an die eines Patents.[23] Das BPatG und das
DPA sind dem gefolgt.[24] So hat dies auch der überwiegende Teil der Lit gesehen.[25] Die Auffassung war bei
Inkrafttreten des GebrMÄndG 1986 durchaus herrschend,[26] wenngleich nicht unumstritten.[27] Dabei wurde
wohl durchwegs auf das Nichtnaheliegen abgestellt.[28]

Ausland. Die span Regelung (Art 146 Abs 1 span PatG) stellt darauf ab, ob sich die Erfindung „in sehr 16
naheliegender Weise" („de una manera muy evidente") aus dem StdT ergibt.[29] Art 134 Abs 2 des serbisch-
montenegrinischen PatG 2004 stellt wie schon Art 9 des jugoslawischen PatG 1995[30] darauf ab, ob das
Ergebnis der Tätigkeit über den Routinegebrauch des StdT durch den Fachmann hinausgeht, auch wenn
ihm die für ein Patent erforderliche erfinderische Tätigkeit fehlt. Auch in Österreich, wo die erst spät eingeführte gesetzliche Regelung ebenfalls auf einen „erfinderischen Schritt" abstellt, allerdings in § 3 Abs 2
öGebrMG auch das Naheliegen erwähnt, wurde nur eine Erfindungsqualität „in geringerem Ausmaß" verlangt.[31] Dänemark und Finnland verlangen ein deutliches Sich-Unterscheiden vom StdT.[32] Frankreich,
Belgien, die Niederlande und Kroatien differenzieren die Anforderungen bei Patent und Gebrauchsmuster

---

15 Bericht GRUR Int 1994, 1031; zu internat Harmonisierungsbestrebungen auf dieser Linie – „abgeschwächtes
Nichtnaheliegen" – vgl Bericht *Kraßer* GRUR Int 1995, 214, 218; Grünbuch S 79 ff.
16 So wohl schon *Isay* PatG[5] 1931 § 1 Anm 27; vgl *Kern* GRUR Int 1994, 549, 557 f.
17 So wohl auch *Goebel* GRUR 2001, 916, 921; vgl *Loth* Rn 148.
18 Hierzu *Goebel* GRUR 2001, 916, 921 f.
19 Eingehende Herleitung bei *Goebel* (2005) S 25 ff.
20 Vgl insb RGZ 39, 115, 120 = BlPMZ 1897, 175 Filterplatte I; RGZ 48, 21, 25 = BlPMZ 1901, 214 Schuhleisten aus
Aluminium; RGZ 48, 73 = BlPMZ 1901, 218 Arbeiterkasten für Kontrolluhren; RG BlPMZ 1908, 188 f Schartenblende; RGZ
99, 211 f = BlPMZ 1920, 154 Kurbelscheibe; RG MuW 29, 131 Garndocke; RG GRUR 1931, 521, 523 Bandwarenverpackung; RG
GRUR 1933, 494 f Markierzeichen; RG GRUR 1933, 566 f Taschenuhretui; RG GRUR 1934, 314 Rasierklingenlängsschlitz; RG
GRUR 1939, 838, 840 Sturmlaterne; RPA Mitt 1937, 254, 257; RPA MuW 38, 187, 189; RPA MuW 38, 426.
21 RG Kurbelscheibe; RG Sturmlaterne.
22 RGSturmlaterne; BGH GRUR 1962, 575 f Standtank.
23 BGH GRUR 1957, 270 f Unfallverhütungsschuh (in dieser Klarheit vereinzelt geblieben); vgl auch BGH Standtank, wo
sich das Argument „keine handwerkliche Routine" findet.
24 BPatGE 27, 90, 94 = GRUR 1986, 55; BPatG 4.12.1981 5 W (pat) 54/82, undok, zitiert bei *Bühring*[4] § 3 Fn 125; DPA
BlPMZ 1958, 7.
25 *Benkard*[7] Rn 33; *Bühring*[2] Rn 179; 4. Aufl GebrMG § 1 Rn 29.
26 Vgl Begr GebrMÄndG 1986 BTDrs 10/3903, 15 ff = BlPMZ 1986, 320, 322.
27 AA insb *Trüstedt* GRUR 1954, 244, 249, GRUR 1956, 349, 357 und GRUR 1980, 877, 880 sowie in *Reimer* § 1 Rn 23;
Starck GRUR 1983, 401, 404.
28 *Klauer/Möhring* Rn 26; *Reimer* Rn 23.
29 Vergleichende Darstellung des ausländ Rechts bei *Goebel* GRUR 2001, 916, 920 f; Tribunale Mailand ENPR 2002, 38
zieht aus dem Bestehen eines Gebrauchsmustersystems Schlüsse auf die Anforderungen an die Schutzfähigkeit bei
Patenten.
30 Übersetzung BlPMZ 1999, 234; vgl *Goebel* (2005) S 120.
31 ÖOGH ÖBl 1996, 200 = GRUR Int 1997, 164 f Wurfpfeilautomat; öOGH ÖBl 2004, 37 Gleitschichtkühler, öOGH ÖBl
2007, 76 Holzabdeckung; öOPM öPBl 2003, 15, 17 Ladewagen; öOPM öPBl 2005, 39 Präsentationsvorrichtung; ÖPA
(Nichtigkeitsabteilung) öPBl 2001, 104 und 2002, 20.
32 *Goebel* (2005) S 119.

nicht;[33] das gilt wohl auch für Ungarn und Estland.[34] Irland stellt verbal andere Anforderungen auf, ob auch inhaltlich, ist unklar.[35] Nach den chinesischen Prüfungsrichtlinien wird nur StdT herangezogen, der in der niedrigsten IPC-Klasse enthalten ist.[36]

17   **Geltendes Recht.** Im dt Patentrecht ist das Erfordernis der erfinderischen Tätigkeit 1976 erstmals durch das IntPatÜG kodifiziert worden (jetzt § 4 PatG). Damit ist für das Patentrecht das Nichtnaheliegen maßgebliches Kriterium. Darin wurde eine Herabsetzung der Anforderungen gesehen.[37] Auch zur Rechtslage seit 1987 hat die Lit gleichwohl überwiegend an der Auffassung festgehalten, dass im GbmRecht gegenüber dem Patentrecht an die erfinderische Leistung geringere Anforderungen zu stellen seien.[38] Abstufungen beim Nichtnaheliegen wie etwa im span Recht wurden somit für gangbar gehalten. Die Frage einer Differenzierbarkeit in unterschiedliche Ausprägungen des Naheliegens dürfte sich logisch danach beurteilen, ob es (nach dem Bivalenzprinzip) nur ein Naheliegen und ein Nichtnaheliegen oder – etwa iSd „fuzzy-logic" Abstufungen (naheliegend – etwas naheliegend – nicht naheliegend) gibt.[39]

18   **Definition durch das Bundespatentgericht.** Auch das BPatG hat gemeint, zu einer Differenzierung in der Lage zu sein. Es hat jedenfalls seit 1997 darauf abgestellt, ob sich der Fachmann „im Rahmen routinemäßigen Bemühens" hält.[40] In der Folge hat das BPatG auch eine dem Fachmann nahegelegte Lösung bei Notwendigkeit einer eingehenden Auseinandersetzung des Fachmanns mit den technischen Gegebenheiten als einem erfinderischen Schritt nicht entgegenstehend behandelt.[41] Nach einer zeitweise vom BPatG verwendeten Definition wurde eine Erfindung auch dann als gbm-schutzfähig angesehen, wenn sie nicht auf einer „erfinderischen Tätigkeit" beruhte, weil sie für den Fachmann aus dem StdT nahegelegt war, wenn sie der Fachmann nicht bereits auf der Grundlage seines allg Fachkönnens und bei routinemäßiger Berücksichtigung des StdT ohne weiteres finden kann.[42] *Goebel* hat dies ähnlich dahin formuliert, dass eine Erfindung auf einem erfinderischen Schritt beruhe, wenn sie mit dem durchschnittlichen Fachkönnen des Fachmanns einerseits grds zwar auffindbar sei, andererseits sich für ihn aber nicht ohne weiteres aus dem StdT ergebe.[43] Auch in Österreich wurde – in Anlehnung an *Goebel* – eine ähnliche Defini-

---

33   Vgl *Goebel* (2005) S 121.

34   Vgl *Goebel* (2005) S 122 ff.

35   Vgl *Goebel* (2005) S 121 f.

36   *Pfaffenzeller/Ming Deng/Pfaffenzeller* Mitt 2014, 101 ff.

37   BGHZ 168, 142 = GRUR 2006, 842, 844 f Demonstrationsschrank.

38   *Benkard*[10] Rn 12 ff; *Bühring*[6] § 3 Rn 67, 70, 73 ff; *Loth* Rn 160, allerdings ohne genaue Benennung der Unterschiede; *Mes* Rn 13 ff; *Kraßer* S 302 ff (§ 18 I a 2); *U. Krieger* GRUR Int 1996, 356; abw schon *5. Aufl* Rn 16 unter Hinweis ua auf *Cole* Inventive Step: Meaning of the EPO Problem and Solution Approach, and Implications for the United Kingdom, EIPR 1998, 214, 215 Fn 8; abw auch *Breuer* GRUR 1997, 11, 17 f: es sei die gleiche Definition wie im Patentrecht zugrunde zu legen; vgl *Kraßer* S 307 ff (§ 18 I b 3 ff).

39   Vgl *Keukenschrijver* VPP-Rdbr 2007, 82.

40   Vgl zB BPatG 4.12.1997 5 W (pat) 437/96 undok, Vorgängerentscheidung zu BGH GRUR 1999, 920 Flächenschleifmaschine; BPatG 7.9.2000 5 W (pat) 449/99 undok; BPatG Mitt 2001, 361 „innerer Hohlraum": Maßnahmen, die zum handwerklichen Können des Fachmanns gehören, übersteigen nicht den Rahmen fachlicher Routine und können nicht die Annahme eines erfinderischen Schritts begründen, ebenso OLG Düsseldorf Mitt 2006, 435; vgl weiter BPatG GRUR 2006, 489; BPatG 25.7.2001 5 W (pat) 404/00; BPatG 20.7.2001 5 W (pat) 415/00; BPatG 24.7.2002 5 W (pat) 416/01; BPatG 23.10.2002 5 W (pat) 428/01; BPatG 8.1.2003 5 W (pat) 410/02; BPatG 13.3.2003 5 W (pat) 424/02; BPatG 14.1.2004 5 W (pat) 435/02; BPatG 18.2.2004 5 W (pat) 430/03 (Kurzreferate zu den vorgenannten Entscheidungen bei *Goebel* (2005) S 79).

41   BPatG 2.8.2000 5 W (pat) 434/99, Ls in Mitt 2002, 46, und Parallelentscheidung BPatG 5 W (pat) 435/99; vgl hierzu *Goebel* (2005) S 80 f.

42   BPatGE 47, 215 = GRUR 2004, 852 „Materialstreifenpackung" (Zulassung der Rechtsbeschwerde mit der seit Jahren gleichmäßigen Rspr des BPatG verneint), allerdings mit dieser Formulierung nur in Ls; BPatG (13.10.2004) GRUR 2006, 489, 492, nachgehend (nicht zugelassene Rechtsbeschwerde mit Beschränkung auf die Prüfung der gerügten Rechtsbeschwerdegründe Verletzung des rechtl Gehörs und Begründungsmangel) BGH 26.3.2005 X ZB 1/05; BPatG 21.7.2003 5 W (pat) 413/02 (Hinausgehen über fachliche Routine); BPatG 24.6.2004 5 W (pat) 425/03 BlPMZ 2006, 36 Ls stellte allein auf das routinemäßige Vorgehen des Fachmanns ab; ähnlich BPatG 2.8.2000 5 W (pat) 434/99 Mitt 2002, 46 Ls und Parallelentscheidung 5 W (pat) 435/99; LG Düsseldorf 17.4.2007 4b O 287/06; auch *Kraßer*[5] S 305 ließ eine nicht routinemäßige Bereicherung der Technik ausreichen, abw, aber weiterhin kr zur Rspr des BGH jetzt *Kraßer* S 307 ff (§ 18b III).

43   *Goebel* (2005) S 156; vgl seine Kommentierung in *Benkard*[10] § 1 Rn 12 ff.

tion verwendet;[44] dies hat der die österr Rspr inzwischen aber aufgegeben und sich der Linie der „Demonstrationsschrank"-Entscheidung des BGH (Rn 20 ff) angeschlossen.[45] Die seit Ende der 1990er-Jahre bis zum Jahr 2004 vom BPatG vertretene Auffassung lässt sich darauf zuspitzen, ob es beim Gebrauchsmuster wie beim Patent maßgebend auf das Naheliegen gegenüber dem StdT ankommt – mit welchen Abstufungen auch immer –, wie dies der BGH und im Grundsatz auch *Bühring*[46] und *Loth*[47] vertreten, oder auf andere Kriterien, insb die routinemäßige Berücksichtigung des StdT, wie dies von *Goebel*[48] und der von ihm bis 2004 maßgeblich geprägten Rspr des BPatG, aber im Ansatz auch von *Kraßer*[49] und *Mes*[50] gesehen wird. Ob in der zweiten Position allerdings mehr als ein verbales Abgehen vom Kriterium des Naheliegens liegt, erscheint zwh.

Neue Praxis des Bundespatentgerichts. Das BPatG hat schließlich selbst Zweifel an der Richtigkeit **19** seiner Position geäußert: Die gelegentlich von ihm vertretene Rechtsauffassung führe in vielen Fällen zu einem nicht überzeugenden Ergebnis.[51] Eine Gesetzesauslegung, die dazu führe, in jedem Fall einen erfinderischen Schritt zu bejahen, wenn das „routinemäßige" oder fachübliche Handeln überschritten werde, erscheine als bdkl.[52] Es ist wieder zur Prüfung des Naheliegens zurückgekehrt.[53]

Übereinstimmung mit patentrechtlichen Kriterien. Die Rspr des BGH hat sich über die Vorstellun- **20** gen des historischen Gesetzgebers, an die sie ohnehin nicht gebunden war,[54] wie über alternative Denkansätze hinweggesetzt und bei erster sich bietender Gelegenheit die Anforderungen an die erfinderische Tätigkeit im Patentrecht und erfinderischen Schritt im GbmRecht grds übereinstimmend formuliert; sie verlangt nicht zuletzt aus verfassungsrechtl Gründen auch für das Gebrauchsmuster das Nichtnaheliegen gegenüber dem StdT.[55] Maßgeblich hierfür war zum einen die Überlegung, dass verallgemeinerungsfähige Kriterien dafür, die Schwelle des Nichtnaheliegenden zu unterschreiten, gleichzeitig aber eine Monopolisierung trivialer Neuerungen zu vermeiden, bisher weder entwickelt worden noch für sie hinreichend sichere Kriterien zu erkennen sind.[56] Der BGH hat weiter darauf abgestellt, dass die Schutzwirkungen von Patent und Gebrauchsmuster jedenfalls im wesentlichen die gleichen sind und dass das Gebrauchsmuster gegenüber dem Patent abgesehen von der kürzeren Höchstlaufzeit kein minderes Recht darstellt.[57] Die Gegenmeinung beachtet nicht ausreichend, dass die Gerichte zu einer verfassungskonformen, nicht nur die Rechte des GbmInhabers, sondern auch Dritter respektierenden Auslegung des Gesetzes verpflichtet sind; hiermit erscheint es unvereinbar, Rechte wie aus einem Patent schon für Naheliegendes zu gewähren.[58]

Die Betrachtung ist beim Gebrauchsmuster nach geltendem Recht wie beim Patent **qualitativ** und **21** nicht quantitativ; die Bewertungskriterien sind – jedenfalls im wesentlichen – dieselben.[59] In praktikabler

---

44 ÖOGH ÖBl 2007, 76, 78 f Holzabdeckung: über die fachmännische Routine hinausgehende Leistung, die für den Durchschnittsfachmann grds auffindbar ist, genügt für erfinderischen Schritt; ebenso öOPM öPBl 2007, 88 Gong; öOPM öPBl 2008, 54, 61 Werbeträger.
45 ÖOPM Mitt 2011, 476 = öPBl 2011, 71 Teleskopausleger, hierzu Anm *Laufhütte* Mitt 2011, 479; öOPM öPBl 2011, 130, 144 f Navigationsgerät; vgl *Benkard* Rn 16 f.
46 *Bühring*[7] § 3 Rn 85 f; *Bühring* § 3 Rn 75, 89.
47 *Loth* Rn 162.
48 *Goebel* (2005) S 156, ua mit der Formulierung: Leistung, „die über die fachmännische Routine hinausgeht".
49 *Kraßer*[5] S 305 f: „Während es dort" – dh beim Patent – „um das Naheliegen einer Erfindung geht, ist ... bei Gebrauchsmustern nach dem Fehlen eines wenigstens für einen erfinderischen Schritt ausreichenden Unterschieds zum StdT zu fragen."
50 *Mes* Rn 13.
51 BPatG 19.5.2005 5 W (pat) 405/04; BPatG 24.5.2006 5 W (pat) 441/05; vgl BPatG 13.7.2005 5 W (pat) 415/04.
52 BPatG 24.5.2006 5 W (pat) 441/05, Umdruck S 15.
53 BPatG 24.5.2006 5 W (pat) 441/05; vgl BPatG 13.7.2005 5 W (pat) 415/04; *Benkard* Rn 15.
54 So schon BGHZ 42, 263, 291 = GRUR 1965, 239, 246 Verstärker; aA *Bühring* § 3 Rn 92 ff; kr auch *Wenzel* GRUR 2013, 140.
55 BGHZ 168, 142 = GRUR 2006, 842 Demonstrationsschrank mAnm *Nirk*; vgl *Melullis* Offenbarung im Patentrecht, Mitt 2015, 481, 485; vgl auch OLG München 27.10.2006 6 U 2435/01; OLG Düsseldorf 18.1.2007 2 U 115/05; OLG Düsseldorf 19.4.2007 2 U 87/05; OLG Düsseldorf 26.4.2007 2 U 59/03; OLG Düsseldorf 8.10.2008 U (Kart) 43/06; OLG Düsseldorf 8.10.2008 U (Kart) 44/06; jetzt auch BPatG 12.8.2009 35 W (pat) 416/08; *Benkard* Rn 16, 16a ff.
56 BGH Demonstrationsschrank; vgl *Hüttermann/Storz* GRUR 2008, 330.
57 BGH Demonstrationsschrank.
58 BGH Demonstrationsschrank; OLG Düsseldorf 26.4.2007 2 U 59/03.
59 Vgl *Trüstedt* GRUR 1980, 877, 880; ebenso *Starck* GRUR 1983, 401, 404; *Cole* Inventive Step: Meaning of the EPO Problem and Solution Approach, and Implications for the United Kingdom, EIPR 1998, 214 f Fn 8; vgl weiter BGH GRUR 2012, 378 Installiereinrichtung II.

Weise kann kaum zwischen „Naheliegen" und „Nächstliegen" unterschieden werden.[60] Damit handelt es sich auch im GbmRecht um eine Rechtsfrage.[61] Abzustellen ist auf die Kunstfigur des (Durchschnitts-) Fachmanns des betr technischen Fachgebiets.[62] Sind aber die Bewertungskriterien gleich, kann ein qualitativer Begriff hier und da nur schwer unterschiedlich ausgefüllt werden. Auch die Befürworter einer Differenzierung sehen sich weitgehend außerstande, den Unterschied näher zu benennen. Für das Patent kann heute nicht mehr verlangt werden als für das Gebrauchsmuster. Die Beurteilung des erfinderischen Schritts hat demnach gem den zu § 4 PatG entwickelten Kriterien zu erfolgen.[63] Wie im Patentrecht ist maßgeblich, ob der StdT am Prioritätstag dem Fachmann den Gegenstand der Erfindung nahegelegt hat; dies erfordert zum einen, dass der Fachmann mit seinen durch seine Ausbildung und berufliche Erfahrung erworbenen Kenntnissen und Fähigkeiten in der Lage gewesen ist, die erfindungsgemäße Lösung des technischen Problems aus dem Vorhandenen zu entwickeln, und weiter, dass der Fachmann Grund hatte, den Weg der Erfindung zu beschreiten, wozu es idR über die Erkennbarkeit des technischen Problems hinausreichender Anstöße, Anregungen, Hinweise oder sonstiger Anlässe bedarf, denn nur dann kann die notwendigerweise ex post getroffene richterliche Einschätzung, dass der Fachmann ohne erfinderisches Bemühen zum Gegenstand der Erfindung gelangt wäre, in einer Weise objektiviert werden, die Rechtssicherheit für den Schutzrechtsinhaber wie für seine Wettbewerber gewährleistet.[64]

22   Der Wille des Gesetzgebers nach einem Weniger scheitert schon daran, dass auch das Patentrecht dieses Weniger verwirklicht.[65] **Naheliegendes als erfinderisch** einzuordnen, bedeutet zudem einen Widerspruch in sich; den Schutz auf zwar naheliegende, wenngleich einen gewissen gedanklichen Aufwand erfordernde Sachverhalte auszudehnen, erscheint auch rechtspolitisch nicht wünschenswert. Das gilt angesichts der fehlenden Vorprüfung und der leichten Eintragbarkeit umso mehr. Allenfalls denkbar wäre es, die Feststellungslast anders als beim Patent zu verteilen; hierdurch wird im Ergebnis jedoch nichts gewonnen, weil diese auch beim Patent grds beim Angreifer liegt.

23   Der erfinderische Schritt ist an dem für die Neuheitsprüfung **maßgeblichen Stand der Technik** zu messen,[66] dh nach der Wertentscheidung des Gesetzgebers an dem in § 3 Abs 1 GebrMG genannten und nicht an dem des § 4 PatG.[67] Hieraus können sich immerhin fallweise Abweichungen bei der Beurteilung ergeben.[68]

24   **IV. Technischer Fortschritt** ist jedenfalls seit 1987 nicht mehr Schutzvoraussetzung,[69] ob in der Zeit von 1978 bis 1986, war str (Nachw 6. *Aufl*). Ebenso ist **Nützlichkeit** keine Schutzvoraussetzung.[70]

25   **V. Gewerbliche Anwendbarkeit** s Rn 20 zu § 3.

---

60 AA *Mes* Rn 16.
61 BGH Installiereinrichtung II.
62 BGH GRUR 1998, 913, 915 Induktionsofen; vgl BPatG 23.4.1997 5 W (pat) 415/96: Fachhochschulingenieur mit langjähriger Erfahrung; BPatG 12.8.2009 35 W (pat) 416/08; für eine Differenzierung nach dem Niveau des Erfinders weiterhin *Eisenführ* Mitt 2009, 165, 167; in diese Richtung auch *Kraßer* S 307 f (§ 18 I b 3); für Zugrundelegung desselben Fachmanns und gleicher Kriterien für das Nichtnaheliegen auch *Breuer* GRUR 1997, 11, 17 f; differenzierend unter dem Gesichtspunkt der dem Fachmann einzuräumenden Zeit *Beckmann* GRUR 1997, 513.
63 So auch LG Düsseldorf 2.8.2013 4 O 230/10.
64 BGH Installiereinrichtung II.
65 AA *Goebel* (2005) S 97.
66 BGH GRUR 1969, 271 Zugseilführung.
67 Kr hierzu *Schrader* Mitt 2013, 1.
68 Vgl *Breuer* GRUR 1997, 11, 13 ff.
69 *Benkard* Rn 20; *Mes* Rn 22; *Bühring* § 3 Rn 64.
70 *Benkard*[9] Rn 42; *Mes* Rn 22; aA *Bühring*[5] Rn 176.

§ 2
(Schutzausschlüsse)

Als Gebrauchsmuster werden nicht geschützt

1. **Erfindungen, deren Verwertung gegen die öffentliche Ordnung oder die guten Sitten verstoßen würde; ein solcher Verstoß kann nicht allein aus der Tatsache hergeleitet werden, daß die Verwertung der Erfindung durch Gesetz oder Verwaltungsvorschrift verboten ist.**
2. **Pflanzensorten oder Tierarten;**
3. **Verfahren.**

Ausland: Dänemark: § 2 GebrMG; **Österreich:** § 2 öGebrMG (kein genereller Ausschluss von Verfahrenserfindungen, sondern nur von Verfahren zur chirurgischen oder therapeutischen Behandlung von Menschen und von Diagnostizierverfahren an Menschen sowie von im wesentlichen biologischen Züchtungsverfahren); **Spanien:** Art 143 Abs 3 PatG; **Tschech. Rep.:** § 3 GebrMG; **Türkei:** Art 155 VO 551

Schrifttum: *Bühling* Gebrauchsmusterschutz für Verwendungserfindungen. Chancen und Nebenwirkungen des Arzneimittelgebrauchsmusterschutzes, GRUR 2014, 107; *König* Die Verweigerung des Gebrauchsmusterschutzes für Verfahrenserfindungen durch den Gesetzgeber im Lichte des Willkürverbots, GRUR 2001, 948; *Leitzen* Gebrauchsmusterschutz für Arzneimittel, Mitt 2006, 199; *Marly* Gebrauchsmusterfähigkeit von Computerprogrammen, LMK 2004, 142; *Quodbach* Mittelbarer Gebrauchsmusterschutz für Verfahren? GRUR 2007, 357; *Scharen* „Product-by-process"-Anspruch und Gebrauchsmusterschutz, FS P. Mes (2009), 319; *Tronser* Auswirkungen des Produktpirateriegesetzes vom 7. März 1990 auf das Gebrauchsmusterrecht, GRUR 1991, 10; *von Samson-Himmelstjerna/Lippich* Von der Raumform zum Software-Gebrauchsmuster, FS Th. Reimann (2009), 509.

A. Entstehungsgeschichte; zeitliche Geltung

Die durch das PrPG geänd Regelung ist durch das GebrMÄndG 1986 als § 1a eingefügt worden und hat **1** ihre geltende Bezeichnung durch die Neubek 1986 erhalten. Nr 1 und Nr 2 stimmen mit § 2 GebrMG 1987 mit der Maßgabe überein, dass der Begriff „Gegenstand" durch den der „Erfindung" ersetzt worden ist; Nr 3 ist durch das PrPG eingefügt worden. Das BioTRlUmsG hat Änderungen in Nr 1 gebracht (Streichung der Worte „Veröffentlichung und" sowie von Satz 2).

Zeitliche Geltung. Die Regelung ist am 1.1.1987, die Änderung durch das PrPG am 1.7.1990 in Kraft **2** getreten; Übergangsregelungen sind insoweit nicht getroffen.

B. Schutzausschlüsse

I. Verstoß gegen öffentliche Ordnung oder gute Sitten

Nr 1 entspricht der Regelung in § 2 Abs 1 PatG. **3**

II. Pflanzensorten und Tierarten

Der Ausschluss von Pflanzensorten und Tierarten (iSv Tierrassen nach § 2a PatG) vom GbmSchutz in **4** Nr 2 ist uneingeschränkt,[1] die Begriffe sind wie im PatG auszulegen. Ein GbmSchutz für Züchtungsverfahren kommt wegen Nr 3 nicht in Betracht.

Im übrigen sind **Pflanzen, Tiere und andere Lebewesen** von der Ausschlussregelung in Nr 2 nicht **5** erfasst[2] (Rn 7ff, 22ff, 31ff zu § 2a PatG). Die frühere Rspr des BPatG, die zT auf die fehlende Raumform abstellte,[3] kann nicht mehr herangezogen werden. Dasselbe gilt für Mikroorganismen.[4] Allerdings sind nach § 1 Abs 2 Nr 5 biotechnologische Erfindungen (zur Auslegung dieser unglücklich formulierten Bestimmung Rn 10 zu § 1) vom GbmSchutz ausgeschlossen.[5]

---

1 Vgl *Benkard* Rn 5ff.
2 Vgl *Benkard* Rn 7; aA *Bühring* Rn 12f.
3 Vgl *Bühring* Rn 12.
4 Vgl *Bühring* Rn 21ff.
5 Vgl *Bühring* Rn 22.

III. Verfahren

6   Der Schutzausschluss für Verfahren (Arbeits- und Herstellungsverfahren)[6] ist umfassend. Das gilt auch für in die Form von Sachansprüchen eingekleidete Verfahrensansprüche.[7] Der Verfahrensbegriff entspricht der herkömmlichen Verfahrensdefinition bei technischen Schutzrechten.[8] Der Schutzausschluss betrifft aber nur Verfahren als solche und greift nicht schon bei Fehlen eines beständigen körperlichen Substrats wie bei aus dem Internet herunterladbaren Signalfolgen ein.[9] Systemansprüche sind jedenfalls dann nicht ausgeschlossen, wenn sie eine Lehre für den technischen Aufbau (die Konfiguration) der Vorrichtung geben.[10] Zur Rechtslage bei zweckgebundenem Sachschutz und bei Verwendungsansprüchen Rn 8 zu § 1.

7   **Verfahrensmerkmale** in einem Schutzanspruch machen diesen nicht ohne weiteres zum Verfahrensanspruch;[11] eine durch Verfahrensmerkmale (zB Herstellungsschritte; „product-by-process"-Anspruch, Rn 7 zu § 1) beschriebene Sache ist vom Schutz nicht ausgeschlossen.[12] Sie sind auch anders als nichttechnische Merkmale bei der Beurteilung der Schutzfähigkeit nicht außer Betracht zu lassen.[13] Ein neues Herstellungsverfahren, das zu einem bekannten Erzeugnis führt, begründet keine Schutzfähigkeit des Erzeugnisses.[14] Dass eine Vorrichtung für eine bestimmte Verfahrensweise besonders ausgestaltet ist, verleiht der Lehre nicht den Charakter eines auf ein Verfahren gerichteten Schutzrechts.[15] Das geltende Recht schließt auch Stoffschutz durch Gebrauchsmuster nicht aus.[16]

8   **Mittelbarer Verfahrensschutz** wird als möglich angesehen.[17]

9   Der Schutzausschluss beruht darauf, dass sich Verfahrenserfindungen mangels konkreter Darstellbarkeit nicht für ein ungeprüftes Schutzrecht eignen.[18] Die gegen den Ausschluss geäußerten verfassungsrechtl Bedenken[19] erscheinen unbegründet, weil der Bundestag[20] nachvollziehbare Gründe für eine **Ungleichbehandlung** aufgezeigt hat und weil der Erfinder durch die Möglichkeit, Patentschutz zu erlangen,

---

6   Vgl BGHZ 42, 248 = GRUR 1965, 234, 236 Spannungsregler; BGHZ 158, 142, 149 = GRUR 2004, 495 Signalfolge; BGHZ 164, 220 = GRUR 2006, 135 Arzneimittelgebrauchsmuster; BGHZ 168, 142 = GRUR 2006, 842, 845 Demonstrationsschrank; BGH 29.7.2008 X ZB 23/07 CIPR 2008, 130 Ls Telekommunikationsanordnung, insoweit gegen BPatG 20.3.2007 5 W (pat) 454/05; BPatGE 6, 199, 203 = GRUR 1966, 258; BPatGE 9, 54, 56; BPatGE 20, 52, 55; BPatGE 20, 142, 143; BPatG 5.2.1986 5 W (pat) 19/85, undok, zitiert bei *Bühring*[4] Fn 30; BPatG 13.4.2005 5 W (pat) 17/03; BPatG 6.9.2007 5 W (pat) 19/06; BPatG 8.3.2012 35 W (pat) 469/09; RGZ 36, 16, 19 = BlPMZ 1896, 10 Pasteurisierapparat für Faßbiere; RGZ 36, 57, 59 = BlPMZ 1896, 61 edelsteinartige Verzierung; RGZ 39, 6, 8 = BlPMZ 1897, 98 eingeschnittenes Tonrohr; RG MuW 22, 152 Dachplatten; RG MuW 26, 264 f Bremsnaben; RG GRUR 1933, 643 Zigarettenmaschine; DPA BlPMZ 1955, 183; *Benkard* Rn 9; zu seiner Berechtigung Grünbuch S 85 f; vgl auch *Dörries* GRUR 1987, 584, 586; kr auch *Bühring* Rn 29.
7   Vgl BGH Telekommunikationsanordnung; BPatG 13.4.2005 5 W (pat) 17/03 Mitt 2006, 30 Ls „digitales Speichermedium".
8   BGH Signalfolge; BGH Telekommunikationsanordnung.
9   BGH Signalfolge m kr Bespr *Quodbach* GRUR 2007, 353, 360 f und *Marly* LMK 2004, 142 gegen BPatG 21.3.2003 5 W (pat) 11/01, dem BGH folgend BPatG 3.11.2004 5 W (pat) 11/01; BGH Telekommunikationsanordnung; die für die Gegenmeinung zitierte Entscheidung des CAFC 84 USPQ2d 1495 (2007) In re Nuijten betrifft die Patentfähigkeit und nicht die Abgrenzung Erzeugnis-Verfahren.
10   Vgl BPatG 6.9.2007 5 W (pat) 19/06.
11   BPatG 2.6.2004 5 W (pat) 402/03; BPatG 7.11.2002 5 W (pat) 429/01 undok: mittelbare Kennzeichnung eines Erzeugnisses durch Verfahrensmerkmale; *Benkard* Rn 11; aA OLG Karlsruhe Mitt 2001, 124 f; *Bühring* Rn 31, der Verfahrensmerkmale nur als Umschreibung gegenständlichert Merkmale zulassen will, *Bühring* Rn 36.
12   AA OLG Karlsruhe Mitt 2001, 124 f; BPatG 2.6.2004 5 W (pat) 402/03; differenzierend *Scharen* FS P. Mes (2009), 319; vgl *Bühring* Rn 53; vgl auch *Tronser* GRUR 1991, 10, 14.
13   AA offenbar LG München I 19.5.2011 7 O 6033/10.
14   Insoweit zutr OLG Karlsruhe Mitt 2001, 124; aA *König* GRUR 2001, 948, 954 f, dessen Hinweis auf die Rspr des BGH zur Patentfähigkeit von Datenverarbeitungsanlagen nicht weiter führt, weil der Schutz hier an fehlender Neuheit der Vorrichtung scheitert.
15   BGHZ 136, 40 = GRUR 1997, 892 f Leiterplattennutzen.
16   Vgl auch Grünbuch S 84 f.
17   *Bühring* Rn 42, 48.
18   BGH Arzneimittelgebrauchsmuster unter Hinweis auf die Beschlussempfehlung BlPMZ 1990, 195; *Mes* Rn 4.
19   *König* GRUR 2001, 948; vgl auch *Quodbach* GRUR 2007, 357 f.
20   Bericht des Rechtsausschusses BlPMZ 1990, 173, 179.

---

nicht schutzlos gestellt ist.[21] Aus dem letztgenannten Grund kollidiert die Regelung auch nicht mit Art 27 Abs 1 TRIPS-Übk.[22]

§ 3
(Neuheit; gewerbliche Anwendbarkeit)

(1) [1]**Der Gegenstand eines Gebrauchsmusters gilt als neu, wenn er nicht zum Stand der Technik gehört.** [2]**Der Stand der Technik umfaßt alle Kenntnisse, die vor dem für den Zeitrang der Anmeldung maßgeblichen Tag durch schriftliche Beschreibung oder durch eine im Geltungsbereich dieses Gesetzes erfolgte Benutzung der Öffentlichkeit zugänglich gemacht worden sind.** [3]**Eine innerhalb von sechs Monaten vor dem für den Zeitrang der Anmeldung maßgeblichen Tag erfolgte Beschreibung oder Benutzung bleibt außer Betracht, wenn sie auf der Ausarbeitung des Anmelders oder seines Rechtsvorgängers beruht.**

(2) **Der Gegenstand eines Gebrauchsmusters gilt als gewerblich anwendbar, wenn er auf irgendeinem gewerblichen Gebiet einschließlich der Landwirtschaft hergestellt oder benutzt werden kann.**

Ausland: Dänemark: §§ 1, 3 GebrMG; **Österreich:** Neuheit: § 3 öGebrMG (geänd 1998; „absolute" Neuheit); **Spanien:** Art 145 PatG; **Tschech. Rep.:** § 4 GebrMG; **Türkei:** Art 156 VO 551

Schrifttum: *Goebel* Schutzansprüche und Ursprungsoffenbarung – Der Gegenstand des Gebrauchsmusters im Löschungsverfahren, GRUR 2000, 477; *Niedlich* Veröffentlichungen im Internet, Mitt 2004, 349; *Schrader* Identität des „Stands der Technik" im Patent- und Gebrauchsmusterrecht, Mitt 2013, 1; *Stjerna* Die Einrede des älteren Rechts im Patent- und Gebrauchsmusterverletzungsstreit, GRUR 2010, 202; *Stjerna* Die Reichweite der Einrede des älteren Rechts, GRUR 2010, 795.

A. Entstehungsgeschichte; Anwendungsbereich

Die Regelung hat ihre Vorgängerin in § 1 Abs 2 idF vom 2.1.1968.   **1**

Die **geltende Bestimmung** ist durch das GebrMÄndG 1986 als § 1b eingeführt worden und hat ihre   **2** geltende Bezeichnung durch die Neubek 1986 erhalten. Sie ist auf alle seit dem 1.1.1987 eingereichten Anmeldungen anzuwenden. Die Regelung ist (bedauerlicherweise) nur teilweise an das Patentrecht angepasst worden.[1]

B. Neuheit

I. Grundsatz

Die Neuheitsprüfung im GbmRecht erfolgt wie im Patentrecht[2] nach der objektiven Sachlage[3] anhand   **3** des StdT. Dieser wird aber abw vom Neuheitsbegriff im PatG und im StraÜ definiert („relativer Neuheitsbe-

---

21   Vgl BGH Signalfolge; BGH Arzneimittelgebrauchsmuster; BPatG Mitt 2004, 266, 268 f; *Benkard* Rn 9; *Mes* Rn 5.
22   So auch *Mes* Rn 5; zwd *Loth* Rn 25.

1   Vgl BGHZ 136, 40 = GRUR 1997, 892, 894 Leiterplattennutzen.
2   Vgl – in Abgrenzung zum Geschmacksmusterrecht – OLG Zweibrücken GRUR-RR 2005, 241.
3   BGH GRUR 1971, 115 Lenkradbezug; vgl zur Neuheitsprüfung nach österr Recht ÖPA öPBl 2002, 20.

griff";[4] „eingeschränkter internat StdT");[5] er entspricht weitgehend, aber nicht vollständig (keine zeitliche Begrenzung), der Rechtslage im Patentrecht vor der Harmonisierung.[6]

4 Im einzelnen bestehen folgende **Unterschiede** zum Neuheitsbegriff des § 3 PatG:[7]

Zum StdT im gbm-rechtl Sinn rechnen nur **schriftliche Beschreibungen**.

Benutzungshandlungen sind nur relevant, wenn sie **im Inland** stattgefunden haben.

Vorbenutzung **„in sonstiger Weise"** ist nicht vorgesehen.

Nachveröffentlichte ältere Anmeldungen sind für die Neuheitsfrage nicht relevant.

Eine Schutzmöglichkeit für **vorbekannte Erzeugnisse**, Stoffe und Vorrichtungen besteht in keinem Fall.

Die **Neuheitsschonfrist** ist anders als im Patentrecht nicht als Missbrauchstatbestand ausgestaltet.

Für den **Ausstellungsschutz** war zunächst weiterhin das Ausstellungsgesetz 1904 maßgebend, insoweit hat das Geschmacksmusterreformgesetz eine sachlich unveränderte eigenständige Regelung in § 6a geschaffen.

5 **II. Schriftliche Beschreibungen** sind neben „Druckschriften" auch alle anderen Schriftdokumente (vgl Rn 23 ff zu § 3 PatG). Bildliche Darstellungen können erfasst sein.[8] Bloße Ton- oder Datenträgeraufzeichnungen sind nach der zu respektierenden, wenngleich antiquiert erscheinenden Entscheidung des Gesetzgebers keine schriftlichen Beschreibungen.[9] Dagegen wird man etwa Internet-Veröffentlichungen als schriftliche Beschreibung ansehen müssen; hier ist allerdings im Einzelnen vieles str. Der BGH hat an die Rspr zum PatG vor der Harmonisierung angeknüpft und hält insb im Grundsatz daran fest, dass es auf die Kundmachung ankommt, weist jedoch darauf hin, dass nicht jede öffentliche Kundmachung eine rechtl relevante Benutzung darstellt, da andernfalls die bewusst enger gewählte Gesetzesfassung umgangen würde.[10] Es erscheint danach allerdings weder ausgeschlossen, Handlungen als relevant anzusehen, die einer schriftlichen Beschreibung so nahestehen, dass eine Ungleichbehandlung nicht zu rechtfertigen wäre, noch, zusätzliche mündliche Erläuterungen bei als solchen zu berücksichtigenden Benutzungshandlungen im Einzelfall zum Verständnis des Gegenstands der Benutzungshandlung ergänzend mit heranzuziehen.[11]

6 **III. Ton- und Datenträgeraufzeichnungen** können als **Benutzung im Inland** zu berücksichtigen sein, sofern sie geeignet sind, die Erfindung kundbar zu machen.[12] In einem Vortrag mit Demonstrationen kann eine offenkundige Benutzung liegen, wenn dadurch der Gegenstand der Erfindung in seinen wesentlichen Merkmalen kundbar gemacht wurde,[13] verneint wurde dies für einen Vortrag vor 20 ausgewählten Kursteilnehmern.[14] Die Präsentation eines chirurgischen Geräts im Ausland ist für sich nicht relevant, sie hob jedoch die Vertraulichkeitserwartung bei der klinischen Erprobung im Inland auf.[15]

---

4 *Loth* Rn 13; *Stjerna* GRUR 2010, 202, 205; vgl *Benkard* Rn 1.

5 De lege ferenda kr Grünbuch S 87.

6 Vgl BPatG 12.9.2005 5 W (pat) 442/05.

7 Vgl BGHZ 168, 142 = GRUR 2006, 842, 845 Demonstrationsschrank; zur Neuheitsprüfung LG München I 19.5.2011 7 O 6033/10.

8 *Benkard* Rn 8 unter Hinweis auf BPatGE 24, 177 = Mitt 1982, 74; vgl aber BPatG 21.7.2003 5 W(pat) 413/02.

9 *Bühring* Rn 10, 21; aA *Loth* Rn 30.

10 BGH GRUR 1996, 360, 362 Profilkrümmer; vgl die Vorinstanz BPatG 17.8.1995 5 W (pat) 454/94.

11 Gänzlich abl zur Heranziehung mündlicher Verlautbarungen *Benkard* Rn 7; *Mes* Rn 9; so auch LG Düsseldorf 8.9.2011 4a O 96/10.

12 RPA Mitt 1937, 210, 212; BPatGE 16, 96, 98 = GRUR 1975, 17; *Benkard*[10] § 3 PatG Rn 56a, 62c; aA noch *Benkard*[6] § 2 Rn 22; RG Mitt 1934, 62 Deckgebirge; RPA BlPMZ 1935, 8; aA auch 4. *Aufl* § 2 PatG Rn 25; *Klauer/Möhring* § 2 PatG Rn 31; wie hier *Reimer* § 2 PatG Rn 11; vgl *Heydt* (Entscheidungsanmerkung) GRUR 1962, 89 f; *Pfab* Mitt 1973, 1, 3; grds abl BPatG BlPMZ 1986, 256 f und für das geltende GbmRecht dem folgend BPatG 17.8.1995 5 W (pat) 454/94 BlPMZ 1996, 467 Ls, nicht abschließend entschieden in BGH GRUR 1997, 360, 362 Profilkrümmer.

13 *Lindenmaier* § 2 PatG Rn 3; RG MuW 41, 215 Signalsendesystem betrifft allerdings den Fall, dass die mündliche Verlautbarung in der druckschriftlichen Veröffentlichung geschildert war.

14 BPatG Mitt 1970, 17.

15 BPatG 21.7.2003 5 W (pat) 413/02.

Die Beschränkung auf inländ Vorbenutzungshandlungen wurde mit Beweisschwierigkeiten für Hand- **7** lungen im Ausland begründet.[16] Der **Inlandsbegriff** umfasst auch Zollausschlüsse und Freihafengebiete.[17] Nach der Zweckbestimmung der Regelung kommt es nicht auf die völker- und staatsrechtl Zugehörigkeit des jeweiligen Gebiets allein, sondern nur auf den Geltungsbereich des PatG an.[18] Ob das Gebiet der DDR vor dem 3.10.1990 als Inland anzusehen war, blieb str;[19] da der Geltungsbereich des PatG maßgeblich ist, ist dies[20] nicht der Fall.[21] Hieran hat auch der Beitritt für die Zeit vor ihm nichts geänd (vgl Rn 2 Einl). Die Inlandseigenschaft des Saarlands wurde in § 11 SaarEinglG ausdrücklich geregelt. Schiffe unter dt Flagge auf hoher See gelten als im Inland,[22] nicht dagegen solche in fremden Häfen.[23]

Für Fälle mit **Auslandsberührung** kann grds auf die Kommentierung zu § 9 PatG verwiesen werden, **8** jedoch ist die Funktion der Neuheitsregelung zu berücksichtigen.[24]

IV. Keine Neuheitsschädlichkeit älterer Anmeldungen

Eine dem § 3 Abs 2 PatG entspr Regelung fehlt; führt die ältere Anmeldung zu einem Schutzrecht, **9** kann Identität geltend gemacht werden (§§ 13 Abs 1, 15 Abs 1 Nr 2).

V. Schutz für vorbekannte Erzeugnisse, Stoffe und Vorrichtungen

Eine dem § 3 Abs 3 PatG entspr Regelung fehlt ebenfalls. Eine analoge Anwendung dieser Bestim- **10** mung kommt allerdings in Betracht.[25]

VI. Neuheitsschonfrist

Die geltende Regelung entspricht der im PatG 1936/1968, allerdings nunmehr mit der Abweichung, **11** dass die Sechsmonatsfrist vom Prioritätszeitpunkt und nicht vom (späteren) Anmeldezeitpunkt rechnet (Rn 16). Sie gilt nur für das Gebrauchsmuster als solches und erfasst nicht den Fall der Inanspruchnahme des Gebrauchsmusters für die innere Priorität des Patents (§ 40 PatG). Die Bestimmung des Abs 1 Satz 3 soll als Ausnahmevorschrift eng auszulegen sein.[26] Die Schonfrist soll daher nicht für Veröffentlichungen gelten, die auf der Ausarbeitung des Rechtsnachfolgers des (seinerzeitigen) Anmelders beruhen (dh nicht den Fall treffen, dass der Anmelder des späteren Gebrauchsmusters die frühere Anmeldung nachträglich erworben hat), denn der Sinn der Vorschrift, den Erfinder von den Folgen eigener Vorverlautbarungen zu verschonen, erstrecke sich nicht darauf, eine durch eine fremde Vorverlautbarung getroffene Anmeldung eines Dritten dadurch zu heilen, dass der Dritte sie auf den Urheber der Vorverlautbarung als seinen Rechtsnachfolger übertrage.[27] Dem wird zuzustimmen sein.

---

16   Vgl *Klauer/Möhring* § 2 PatG Rn 15.

17   RGZ 45, 147, 150 = BlPMZ 1900, 167 Rückschlagventil; zur Rechtslage bei Gebietsabtretung vgl RG BlPMZ 1930, 42 Milchkalkanstriche, im kriegsbesetzten Gebiet RG GRUR 1934, 187 Leuchtspurgeschoß.

18   Vgl *Benkard*[9] § 3 PatG Rn 130; ähnlich schon *Klauer/Möhring* § 2 PatG Rn 16.

19   Bejahend BGHZ 50, 213, 215 ff, 218 = GRUR 1969, 38 Schwenkverschraubung gegen die Vorinstanz OLG Düsseldorf Mitt 1967, 74 im Jahr 1959; eingehend zur Problematik *Lindenmaier* § 2 PatG Rn 23a.

20   Entgegen BGH Schwenkverschraubung und in Übereinstimmung mit der Vorinstanz OLG Düsseldorf Mitt 1967, 74.

21   Vgl *Benkard*[9] Rn 1 unter Hinweis auf LG Düsseldorf GRUR Int 1988, 594, 595: jedenfalls seit Ratifizierung des Grundlagenvertrags; wie hier *Loth* Rn 40; *Benkard*[10] Rn 10; vgl auch *Bühring* Rn 39, der das Gebiet nur für die Zeit seit Inkrafttreten des GebrMÄndG 1986 vom Inlandsbegriff ausnehmen will.

22   *Benkard* GRUR 1951, 177 f; DPA Mitt 1961, 18.

23   RGZ 168, 1, 11; RGSt 2, 17.

24   Vgl aus der Rspr RGZ 149, 180, 182 = GRUR 1936, 111 Typenkörper I (Einbau einer im Ausland hergestellten Vorrichtung im Inland in eine Maschine als Vorbenutzung der Vorrichtung); BPatG Mitt 1982, 150 f (keine offenkundige Vorbenutzung im Inland, wenn lediglich der ausländ Besteller die Ware beim inländ Hersteller besichtigt); in diesen Fällen steht jedoch die Offenkundigkeit und nicht der Inlandsbezug in Frage.

25   BGHZ 164, 220 = GRUR 2006, 135 Arzneimittelgebrauchsmuster; BPatG 14.7.2004 5 W (pat) 429/03.

26   BPatG 14.7.2004 5 W (pat) 429/03.

27   BPatG 14.7.2004 5 W (pat) 429/03; *Benkard*[10] Rn 18; vgl jetzt *Benkard* Rn 17.

12   **Voraussetzungen.** Die Regelung erfasst frühere **Beschreibungen und Benutzungen.** Die Begriffe sind wie in § 2 Satz 1 PatG 1936/1968 zu verstehen.[28] Die Regelung fand auch auf ältere Schutzrechtsanmeldungen Anwendung,[29] allerdings konnte in diesem Fall das Doppelpatentierungsverbot des § 4 Abs 2 PatG 1936/1968 zum Tragen kommen.[30]

13   Erforderlich ist **Personenidentität** zwischen dem, auf dessen Erfindung die Vorveröffentlichung zurückgeht, und dem Anmelder oder seinem Rechtsvorgänger (vgl Rn 189 zu § 3 PatG).

14   Die Vorbenutzung kann auf Vertrag mit dem Erfinder beruhen,[31] muss dies aber nicht; auf die **Rechtmäßigkeit** kommt es für das Bestehen der Kausalkette nicht an.[32] Auch die rechtswidrige, auf die Erfindung des Anmelders oder seines Rechtsvorgängers zurückgehende Veröffentlichung begründet daher die Neuheitsschonfrist.[33] Ebenso kann sich derjenige, der die Erfindung widerrechtl entnommen hat, auf die Neuheitsschonfrist berufen; auf die materielle Berechtigung des Anmelders kommt es nicht an, dieser ist vielmehr wie der materiell Berechtigte zu behandeln;[34] der durch die Entnahme Verletzte hat die ihm aus der Verletzung zustehenden Rechte, ein Dritter kann sich dagegen nicht auf die Entnahme berufen.[35]

15   **Sachliche Übereinstimmung.** Die Vorveröffentlichung oder Vorbenutzung ist außer Betracht zu lassen, wenn sie sich nicht voll mit dem Gegenstand der späteren Anmeldung deckt;[36] das gilt auch, wenn die frühere Veröffentlichung eine ältere Anmeldung betrifft.[37]

16   **Sechsmonatsfrist.** Die Neuheitsschonfrist ist anders als nach der früheren Regelung im Patentrecht vom Prioritätstag an zu berechnen (Abs 1).[38] Wiedereinsetzung kommt nicht in Betracht.[39] Sie bemisst sich auch dann nach der beanspruchten Priorität einer wirksamen Patentanmeldung, wenn die Patentanmeldung wegen einer nicht den Voraussetzungen des § 3 Abs 4 PatG entspr vorzeitigen Offenbarung der Erfindung nicht zu einem wirksamen Patent führen kann.[40] Für die Fristberechnung sind die Bestimmungen des BGB anzuwenden.[41] Die Frist beginnt mit der Vorveröffentlichung oder (inländ) offenkundigen Vorbenutzung.

17   **Wirkung.** Die Neuheitsschonfrist gewährt – anders als die Ausstellungspriorität – kein Prioritätsrecht,[42] sie nimmt lediglich die Vorveröffentlichung oder Vorbenutzung vom StdT aus. Die Wirkung der Neuheitsschonfrist beschränkt sich nicht auf die Nichtberücksichtigung bei der Neuheitsprüfung, sondern erfasst auch die Beurteilung des erfinderischen Schritts.[43]

18   Die Neuheitsschonfrist wird durch eine Nachanmeldung nicht „**verbraucht**".[44]

19   **VII. Ausstellungsschutz** s § 6a.

---

28   Vgl *Benkard*[9] § 3 PatG Rn 132.

29   AA BPatGE 9, 174.

30   BGH GRUR 1969, 271, 273 Zugseilführung; vgl BPatGE 3, 107 = GRUR 1964, 448, für Haupt- und Zusatzanmeldung; *Benkard*[9] § 3 PatG Rn 136.

31   RG GRUR 1937, 863 f Fahrradständer.

32   BGH GRUR 1980, 713 f Kunststoffdichtung; *Benkard*[9] § 3 PatG Rn 133 gegen *V. Tetzner* Mitt 1974, 121, 123, 125.

33   *Benkard*[9] § 3 PatG Rn 133 mwN.

34   BGH GRUR 1992, 157 Frachtcontainer.

35   BGH Frachtcontainer.

36   AA BPatG GRUR 1965, 421.

37   BGH GRUR 1969, 271 Zugseilführung; vgl auch die vorangegangene Entscheidung BPatG 6.4.1967 5 W (pat) 434/66 BlPMZ 1968, 137 Ls.

38   BGH Mitt 1996, 118 f Flammenüberwachung; *Benkard* Rn 15; *Mes* Rn 14; *Bühring* Rn 58 ff; *U. Krieger* GRUR Int 1996, 356; vgl auch BGH GRUR 1994, 104 f Akteneinsicht XIII.

39   DPA BlPMZ 1950, 52.

40   BGH Flammenüberwachung.

41   BPatGE 28, 90 = BlPMZ 1986, 340 für die Sonn- und Feiertagsregelung.

42   BGH GRUR 1969, 271, 273 Zugseilführung; *Benkard*[9] § 3 PatG Rn 138.

43   Vgl BGH Zugseilführung; vgl auch BPatGE 27, 12 = BlPMZ 1985, 46; BPatG 16.3.1971 15 W (pat) 109/69: wenn der Fachmann ohne erfinderische Bemühungen zum Gegenstand der späteren Anmeldung gelangen könnte; BPatG 15.12.1975 16 W (pat) 19/74.

44   Zutr *Benkard*[9] § 3 PatG Rn 135 gegen BPatGE 9, 174, 176 f.

C. Gewerbliche Anwendbarkeit

Die Regelung in Abs 2 entspricht der in § 5 PatG.[45] Das Vorliegen einer „bloßen Idee" steht der Eintra- **20** gung als solche nicht entgegen.[46] Die gewerbliche Anwendbarkeit kann im Eintragungsverfahren geprüft werden (Rn 5 zu § 8).

§ 4
(Anmeldung; Änderungen; Teilung)

(1) [1] Erfindungen, für die der Schutz als Gebrauchsmuster verlangt wird, sind beim Patentamt anzumelden. [2] Für jede Erfindung ist eine besondere Anmeldung erforderlich.

(2) [1] Die Anmeldung kann auch über ein Patentinformationszentrum eingereicht werden, wenn diese Stelle durch Bekanntmachung des Bundesministeriums der Justiz und für Verbraucherschutz im Bundesgesetzblatt dazu bestimmt ist, Gebrauchsmusteranmeldungen entgegenzunehmen. [2] Eine Anmeldung, die ein Staatsgeheimnis (§ 93 Strafgesetzbuch) enthalten kann, darf bei einem Patentinformationszentrum nicht eingereicht werden.

(3) Die Anmeldung muß enthalten:
1. den Namen des Anmelders;
2. einen Antrag auf Eintragung des Gebrauchsmusters, in dem der Gegenstand des Gebrauchsmusters kurz und genau bezeichnet ist;
3. einen oder mehrere Schutzansprüche, in denen angegeben ist, was als schutzfähig unter Schutz gestellt werden soll;
4. eine Beschreibung des Gegenstands des Gebrauchsmusters;
5. die Zeichnungen, auf die sich die Schutzansprüche oder die Beschreibung beziehen.

(4) [1] Das Bundesministerium der Justiz und für Verbraucherschutz wird ermächtigt, durch Rechtsverordnung Bestimmungen über die Form und die sonstigen Erfordernisse der Anmeldung zu erlassen. [2] Es kann diese Ermächtigung durch Rechtsverordnung auf das Deutsche Patent- und Markenamt übertragen.

(5) [1] Bis zur Verfügung über die Eintragung des Gebrauchsmusters sind Änderungen der Anmeldung zulässig, soweit sie den Gegenstand der Anmeldung nicht erweitern. [2] Aus Änderungen, die den Gegenstand der Anmeldung erweitern, können Rechte nicht hergeleitet werden.

(6) [1] Der Anmelder kann die Anmeldung jederzeit teilen. [2] Die Teilung ist schriftlich zu erklären. [3] Für jede Teilanmeldung bleibt der Zeitpunkt der ursprünglichen Anmeldung und eine dafür in Anspruch genommene Priorität erhalten. [4] Für die abgetrennte Anmeldung sind für die Zeit bis zur Teilung die gleichen Gebühren zu entrichten, die für die ursprüngliche Anmeldung zu entrichten waren.

(7) [1] Das Bundesministerium der Justiz und für Verbraucherschutz wird ermächtigt, durch Rechtsverordnung Bestimmungen über die Hinterlegung von biologischem Material, den Zugang hierzu einschließlich des zum Zugang berechtigten Personenkreises und die erneute Hinterlegung von biologischem Material zu erlassen, sofern die Erfindung die Verwendung biologischen Material beinhaltet oder sie solches Material betrifft, das der Öffentlichkeit nicht zugänglich ist und das in der Anmeldung nicht so beschrieben werden kann, daß ein Fachmann die Erfindung danach ausführen kann (Absatz 3). [2] Es kann diese Ermächtigung durch Rechtsverordnung auf das Deutsche Patent- und Markenamt übertragen.

GbmEintrRl II 7., III 2.
Ausland: Dänemark: §§ 7–12 GebrMG; **Österreich:** §§ 13–15, 20 (freiwillige Teilung), 46 (Anmeldegebühr, Veröffentlichungsgebühr) öGebrMG; **Polen:** Art 97 RgE 2000; **Spanien:** Art 147 PatG; **Tschech. Rep.:** § 8 GebrMG; **Türkei:** Art 159 VO 551

---

[45] Vgl *Benkard* Rn 18; *Bühring* Rn 121.
[46] FG Münster EFG 2011, 1877.

Schrifttum: *Bühling* Anpassung der Ansprüche an die an die angegriffene Ausführungsform im Patent- und Gebrauchsmusterverletzungsprozess: Gedanken nach Momentanpol, FS P. Mes (2009), 47; *Werner* Unzulässige Anspruchsänderung bei eingetragenem Gebrauchsmuster als Löschungsgrund, GRUR 1980, 1045.

A. Entstehungsgeschichte

1   Die Regelung, die ihre Vorgängerin in § 2 GebrMG 1968 hat, ist durch das PrPG geänd worden (näher *6. Aufl*). Das 2. PatGÄndG hat umfangreiche Änderungen sowie die Einfügung eines neuen § 4a gebracht, die im wesentlichen den Regelungen in §§ 34, 35 PatG entsprechen. Das KostRegBerG hat die Bestimmung nochmals geänd (Wegfall des Abs 5 sowie Neubezeichnung des Ermächtigungsadressaten: DPMA statt Präsident). Die 10. ZuständigkeitsanpassungsVO hat jeweils nach dem Wort „Justiz" die Worte „und für Verbraucherschutz" eingefügt.

2   **Zeitliche Geltung.** Zu den Neufassungen durch das GebrMÄndG 1986 und das PrPG s *6. Aufl*. Für die Änderungen des 2. PatGÄndG ist keine Übergangsregelung vorgesehen.[1]

B. Die Gebrauchsmusteranmeldung

I. Allgemeines

3   Die Bestimmung ist weitgehend der Regelung in §§ 34, 38, 39 PatG angepasst, es fehlen aber Vorschriften über die Zusammenfassung (§ 36 PatG) und die Erfinderbenennung (§ 37 PatG). Anmeldungen können beim DPMA, und zwar auch als Abzweigung aus einer nationalen oder eur Patentanmeldung (Rn 6 zu § 5), erfolgen.[2] Art 11 Abs 3 PCT ermöglicht auch internat GbmAnmeldungen (Rn 20 Einl). Dagegen besteht keine Möglichkeit für eur GbmAnmeldungen. Auch in ihrer rechtl Tragweite entspricht die Gbm-Anmeldung der Patentanmeldung, das durch die Anmeldung in Gang gesetzte Verfahren unterscheidet sich jedoch durch das Fehlen der Sachprüfung im GbmRecht grundlegend. Zur Aussetzung des Eintragungsverfahrens Rn 7 zu § 8.

4   **Anmeldeerfordernisse.** Abs 1 entspricht § 34 Abs 1 PatG und der Sache nach § 34 Abs 5 PatG; damit ist auch die Einheitlichkeit der Anmeldung wie im PatG gefordert. Abs 2, 3 entsprechen § 34 Abs 2, 3 PatG. Eine 34 Abs 4 PatG (deutliche und vollständige Offenbarung) entspr ausdrückliche Regelung fehlt im GebrMG; Offenbarungsmängel sind auch nicht als Löschungsgrund genannt.

5   Die **Verordnungsermächtigung** in Abs 4 entspricht der in § 34 PatG. Die Gebührenpflicht ergibt sich seit 1.1.2002 aus dem PatKostG. Die Verordnungsermächtigung in Abs 7 ist durch die VO über die Hinterlegung von biologischem Material in Patent- und Gebrauchsmusterverfahren (BioMatHintV) vom 24.1.2005[3] umgesetzt worden.

6   **Abs 5 (Änderungen)** entspricht im wesentlichen § 38 PatG, jedoch tritt an die Stelle des Beschlusses über die Erteilung des Patents die Verfügung über die Eintragung des Gebrauchsmusters. Die in § 38 PatG

---

1 *Loth* Rn 2 will sie „jedenfalls" auf alle seit dem 1.11.1998 angemeldeten Gebrauchsmuster anwenden.
2 Zur Umwandlung einer eur Patentanmeldung in eine nat Gbm-Anmeldung *Loth* vor § 4 Rn 11.
3 BGBl I 151 = BlPMZ 2005, 102.

vorgesehenen Einschränkungen bis zur Stellung des Prüfungsantrags greifen im GbmRecht nicht Platz. Die Regelung korrespondiert mit dem Löschungsgrund des § 15 Abs 1 Nr 3.

Die Regelung über die **Teilung** (Abs 6) entspricht unter Berücksichtigung der Besonderheiten im **7** GbmRecht der in § 39 Abs 1, 2 PatG.

II. Die mehrfach geänd (vgl *6. Aufl*) GebrauchsmusteranmeldeVO (GebrMAnmV) vom 12.11.1986[4] ist **8** mit Wirkung vom 1.6.2004 durch die **Gebrauchsmusterverordnung (GebrMV)** vom 11.5.2004[5] ersetzt worden, die zuletzt durch die 3. VO zur Änderung der Markenverordnung und anderer Verordnungen vom 10.12.2012[6] geänd worden ist (im Anhang); die GebrMV gilt für alle seit 1.6.2004 eingereichten Anmeldungen (§ 10 GebrMV). Sie ist Gesetz im materiellen Sinn und anders als die Richtlinien für die Eintragung von Gebrauchsmustern nicht bloße verwaltungsinterne Vorschrift. Den Anwendungsbereich regelt § 1 GebrMV.

Die GebrMV entspricht, was die Anmeldeerfordernisse betrifft, **inhaltlich** weitgehend den Regelun- **9** gen in der PatV (im Anhang), weicht aber in den Einzelheiten und in den Formulierungen teilweise ab.

III. Erfüllung der Anmeldeerfordernisse

1. Allgemeines; Form. Die Anmeldung hat schriftlich beim DPMA zu erfolgen (§ 2 GebrMV), jedoch **10** kann sie auch über bestimmte Patentinformationszentren erfolgen, sofern sie nicht ein Staatsgeheimnis enthält (Abs 2; näher Rn 20 f zu § 34 PatG). Anmeldung in elektronischer Form ist entspr der Regelung in § 12 DPMAV möglich.

2. Inhalt der Gebrauchsmusteranmeldung

a. Allgemeines. Neben den Bestimmungen in Abs 3 ist § 3 Abs 1, 2 GebrMV zu beachten; danach ist **11** der Antrag auf Erteilung des Gebrauchsmusters auf zwingend vorgeschriebenem Formblatt („G 6003") einzureichen; weiter haben bestimmte Angaben zum Anmelder zu erfolgen; der Gegenstand des Gebrauchsmusters ist kurz und genau technisch zu bezeichnen (Rn 30 zu § 34 PatG); alle Anmelder oder deren Vertreter haben die Anmeldung zu unterzeichnen. Unterzeichnung durch Dritten mit Zusatz „i.A." wurde als nicht ausreichend angesehen.[7]

Weiter sind **Schutzansprüche, Beschreibung und Zeichnungen** auf gesonderten Blättern einzurei- **12** chen (§ 4 Abs 1 GebrMV). Auf Einzelheiten weist das Merkblatt für Gebrauchsmusteranmelder hin, das kostenlos – auch in englischer Sprache – beim DPMA bezogen werden kann.

Die **Erklärung**, dass die Eintragung eines Gebrauchsmusters beantragt wird (§ 3 Abs 2 Nr 3 GebrMV), **13** muss schriftlich abgegeben werden und ist nicht nachholbar.[8]

b. Die **Schutzansprüche** betrifft § 5 GebrMV. Einteilige Schutzansprüche sind damit auch beim Ge- **14** brauchsmuster möglich.[9] Auf die Erläuterungen zu § 34 PatG ist mit der Maßgabe, dass Verfahrensansprüche nicht in Betracht kommen, zu verweisen. Der im Schutzanspruch umschriebene Gegenstand ist für die Prüfung auf Schutzfähigkeit maßgeblich.[10]

c. Die **Beschreibung** ist in § 6 GebrMV geregelt. **15**

d. Die **Zeichnungen** betrifft § 7 GebrMV. Die Ersetzung der Zeichnung durch die Einreichung eines **16** **Modells** ist seit 1.1.1987 nicht mehr möglich. Zeichnungen zum StdT sind in Abkehr von der früheren Praxis zulässig.

---

4   BGBl I 1739 = BlPMZ 1986, 351.
5   BGBl I 890 = BlPMZ 2004, 314.
6   BGBl I 2690 = BlPMZ 2013, 9.
7   BPatGE 44, 209, 212 = BlPMZ 2002, 220; *Benkard* Rn 16.
8   *Benkard* Rn 15; BPatGE 18, 177, 179 f zur Gbm-Hilfsanmeldung.
9   Vgl *Benkard* Rn 21.
10   BGH GRUR 1997, 360, 362 Profilkrümmer; aA *Goebel* GRUR 2000, 477 ff.

17   **3. Einheitlichkeit.** Das Erfordernis der Einheitlichkeit (Abs 1 Satz 2) entspricht der Rechtslage im Patentrecht vor Inkrafttreten der Änderung durch das 2.PatGÄndG[11] (Rn 116 ff zu § 34 PatG). Es ist im GebrMG seit der Neuregelung durch das GebrMÄndG 1986 ausdrücklich enthalten. Im Eintragungsverfahren kann die Einheitlichkeit geprüft werden.[12] Fehlende Einheitlichkeit begründet die Löschung nicht (Rn 3 zu § 15).

18   **4. Anmeldegebühr.** Die Gebührenpflicht ergibt sich aus dem PatKostG. Die Anmeldegebühr ist bewusst niedrig gehalten. Sie beträgt bei der elektronischen Anmeldung 30 EUR, bei Anmeldung in Papierform 40 EUR (GebVerz Nr 321.000, 321.300). Für die Inanspruchnahme der niedrigeren Gebühr für die elektronische Anmeldung muss der Anmelder konkret und substantiiert darlegen, dass eine solche beabsichtigt war, welche technischen Systeme er hierfür hätte einsetzen können und warum diese nicht mit den vom DPMA unterstützten Betriebssystemen kompatibel waren.[13] Sie ist auch für die internat (PCT-) GbmAnmeldung zu zahlen.[14] Wegen der Einzelheiten s Rn 133 ff zu § 34 PatG sowie allg zum Gebührenrecht Einl PatKostG.

19   Für die **internationale Gebrauchsmusteranmeldung** bestanden Besonderheiten (keine Nachricht nach Abs 5 Satz 2 aF; Rn 6 zu Art III § 4 IntPatÜG).

20   **IV. Rücknahme der Gebrauchsmusteranmeldung** ist bis zur Eintragung frei möglich.[15] Es gelten die gleichen Regeln wie bei der Patentanmeldung (Rn 142 ff zu § 34 PatG). Wird trotz Rücknahme eingetragen, entfaltet dies keine Rechtswirkungen.[16] Das gleichwohl eingetragene Gebrauchsmuster kann vAw gelöscht werden.[17]

21   **V. Verzicht auf einzelne Anmeldungsteile** wird mangels einer Sachprüfung selten in Betracht kommen; sie ist wie im Patentrecht zu beurteilen (Rn 152 ff zu § 34 PatG). Von größerer Bedeutung ist die Einreichung geänd Schutzansprüche (vgl Rn 26 ff; Rn 17 zu § 17).

C. Offenbarung

22   Die Grundsätze sind die gleichen wie im Patentrecht (Rn 233 ff zu § 34 PatG). Die Bedeutung der Zeichnung entspricht seit der Neuregelung durch das PrPG der im Patentrecht.[18] Offenbarung durch Hinterlegung ist auch im GbmRecht grds möglich[19] und durch Abs 7 (mittelbar) anerkannt. Eine Prüfung, ob die Offenbarung ausreicht, erfolgt im Eintragungsverfahren grds nicht (vgl aber Rn 4 zu § 8).[20]

D. Änderungen der Anmeldung

I. Änderungen vor Eintragungsverfügung

23   **1. Grundsatz.**[21] Abs 5 Satz 1 lässt bis zur Verfügung über die Eintragung Änderungen der Anmeldung grds zu und entspricht damit dem Grundsatz in § 38 Satz 1 PatG, allerdings ohne die Einschränkungen in dessen 2. Halbs. Die im Patentrecht entwickelten Grundsätze gelten entspr; es ist daher grds auch die Auf-

---

11   BPatGE 20, 161, 163 f = GRUR 1978, 429; *Bühring* Rn 75.
12   BPatGE 23, 113, 117 = GRUR 1981, 350; *Bühring* Rn 76.
13   BPatG 17.6.2014 35 W (pat) 25/13, Rechtsbeschwerde als unzulässig verworfen, BGH GRUR 2015, 1144 Überraschungsei.
14   BGH GRUR 1985, 37 Schraubenpresse; vgl *Benkard* Rn 30c.
15   BPatGE 8, 188 = Mitt 1967, 119; *Benkard* Rn 62; *Bühring* Rn 201.
16   BPatGE 44, 209, 213 = BlPMZ 2002, 220.
17   BPatGE 44, 209, 213 = BlPMZ 2002, 220; *Benkard* Rn 62.
18   Vgl *Benkard* Rn 5.
19   Vgl *Bühring* § 2 Rn 23 ff.
20   *Benkard* Rn 11; MittPräsDPA BlPMZ 1952, 154.
21   Die MittPräsDPA Nr 9/91 über den Zeitpunkt des Abschlusses der technischen Vorbereitungen für die Eintagung von Gebrauchsmustern, BlPMZ 1991, 146, ist im Zusammenhang mit der Einführung der elektronischen Schutzrechtsakte durch MittPräsDPMA Nr 8/11, BlPMZ 2011, 233 aufgehoben worden.

nahme einzelner Merkmale und nicht nur ganzer Unteransprüche möglich.[22] Es können alle Unterlagen, auch die Beschreibung[23] und die Zeichnungen,[24] geänd werden.

2. Erweiternde Änderungen. Eine Erweiterung über die ursprüngliche Offenbarung hinaus ist unzu- 24 lässig. „Gegenstand der Anmeldung" ist wie in § 38 PatG iSd als zur Erfindung gehörend Offenbarten zu verstehen (Rn 19 zu § 38 PatG).[25] Danach bemisst sich auch, ob nach Anmeldung eines Verfahrens eine Änderung in eine Anmeldung für ein Erzeugnis möglich ist.[26] Aus unzulässigen Erweiterungen können Rechte nicht hergeleitet werden (Abs 5 Satz 2); dies entspricht der Regelung in § 38 Satz 2 PatG und wurde vor der Einführung dieser Regelung durch das GebrMÄndG 1986 schon aus einer entspr Anwendung des § 26 Abs 5 Satz 2 PatG 1968 abgeleitet.[27] Das gilt erst recht, wenn die Erweiterungen in nach Eintragung eingereichten Schutzansprüchen (Rn 26 ff) enthalten sind.[28] Verschiebung des Anmeldetags kommt nicht mehr in Betracht;[29] auch nicht im Weg der Teilung.[30] Eine Prüfung im Eintragungsverfahren auf Erweiterungen findet regelmäßig nicht statt.[31] Es wird vertreten, dass die GbmStelle an einer entspr Beanstandung nicht gehindert sei.[32] Eine unzulässige Änderung steht der Wirksamkeit der GbmEintragung als solche nicht entgegen, erzeugt aber im Umfang der unzulässigen Änderung keine Rechte[33] (vgl auch Rn 12 zu § 8).

Zu Erweiterungen, die – entspr der **Erweiterung des Schutzbereichs** im Patentrecht – nur über den 25 eingetragenen Gegenstand, nicht aber über die ursprüngliche Offenbarung hinausgehen, Rn 5, 17 zu § 15.

II. Änderungen nach Eintragungsverfügung

Nach Eintragung ist nach gefestigter Rspr zwar die Einreichung neugefasster Schutzansprüche, nicht 26 aber die Einreichung neuer Beschreibungsteile zulässig; dies gilt auch für die Zeit zwischen Eintragungsverfügung und Eintragung.[34] Eine solche Änderung stellt eine Selbstbeschränkung dar. Die Praxis lässt – nicht nur zur Beseitigung von Erweiterungen,[35] neben dem Teilverzicht (Rn 31 ff zu § 23), mit dem eine Erweiterung nur ausnahmsweise zu beseitigen sein wird, sondern auch und in erster Linie zur Ausscheidung von nicht Schutzfähigem – die Einreichung neuer Schutzansprüche zu den Akten des Gebrauchsmusters verbunden mit der Erklärung zu, diese sollten allein noch die Grundlage des Gebrauchsmusters bilden, wodurch eine entspr schuldrechtl Verpflichtung gegenüber der Allgemeinheit bewirkt werden soll[36] (vgl Rn 11 zu § 17), dies allerdings nicht, soweit in den Schutzansprüchen eine unzulässige Änderung des Schutzbegehrens zum Ausdruck kommt;[37] in diesem Fall ist eine nachträgliche Beseitigung dieser Erweiterung grds möglich (Rn 35

22 BGH GRUR 2005, 316 Fußbodenbelag gegen die langjährige Praxis des BPatG.

23 *Benkard* Rn 41.

24 *Benkard* Rn 42; *Bühring* Rn 156 f.

25 Im Ergebnis wohl ebenso *Loth* Rn 59.

26 Großzügiger *Loth* § 2 Rn 34.

27 BPatGE 18, 56, 62; vgl *Benkard* Rn 37, 38, 40.

28 RG GRUR 1935, 374, 376 Sicherheitsrasierapparat; RG GRUR 1936, 499 f Hausschuh; BPatG 29.9.2004 5 W (pat) 434/03; vgl *Bühring* Rn 149, 154; vgl RG GRUR 1944, 140 f Einstellvorrichtung.

29 AA 4. *Aufl* § 2 Rn 11.

30 *Bühring* Rn 132.

31 BPatGE 6, 207, 211 = GRUR 1966, 208; eine Prüfungskompetenz des DPMA verneinen BPatG 29.10.2009 35 W (pat) 6/07 und BPatG 21.1.2010, 35 W (pat) 39/09; vgl *Benkard* Rn 46.

32 *Bühring* Rn 149; BPatGE 18, 56, 62; BPatG Mitt 1979, 170 f.

33 Vgl BGH GRUR 1968, 86 landwirtschaftliches Ladegerät; BGH GRUR 1968, 360 Umluftsichter, hinsichtlich Prioritätsverschiebung und Beachtlichkeit im Löschungsverfahren überholt; zu weitgehend allerdings *Loth* Rn 68, wonach das mit einer Erweiterung eingetragene Gebrauchsmuster eine „inhaltsleere Hülse" darstelle.

34 BPatGE 6, 207, 210 = GRUR 1966, 208; vgl *Bühring* Rn 153.

35 Vgl BGH GRUR 1968, 86 landwirtschaftliches Ladegerät; BGH GRUR 1968, 360 Umluftsichter.

36 RG GRUR 1929, 593 f Gewächshausbrettbinder; RG GRUR 1944, 140 f Einstellvorrichtung; BGHZ 137, 60 = GRUR 1998, 910, 912 Scherbeneis; BPatGE 11, 88, 90; BPatGE 11, 96, 100 f; BPatGE 19, 161 f; BPatGE 26, 191 f = BlPMZ 1984, 384; BPatGE 29, 8 f = GRUR 1987, 810; BPatGE 29, 252 = GRUR 1989, 909; BPatGE 30, 177, 180 = GRUR 1989, 587; BPatGE 34, 58, 62 = BlPMZ 1994, 159, wo dieser Praxis gewohnheitsrechtl Rang zugesprochen wird, LG Mannheim 12.9.2003 7 O 273/02 undok; ähnlich BGH Scherbeneis; *Benkard* Rn 54 f; *Bühring* Rn 157: nicht die bloße Einreichung neuer Schutzansprüche; *Reimer* § 2 Rn 14; *Klauer/Möhring* § 3 Rn 22; *Nieder* GRUR 1999, 222; *Kühnen* Hdb Rn 467; *Hellwig* Mitt 2001, 102, 106; Begr GebrMÄndG 1986, BlPMZ 1986, 320, 324; RPA BlPMZ 1940, 102.

37 BGH Scherbeneis; BPatG 4.7.2006 5 W (pat) 419/05.

zu § 17). Die neuere Rspr des BGH hat diesen Ansatz allerdings nicht wieder aufgegriffen; sie stellt zudem die Möglichkeit der beschränkten Geltendmachung des Gebrauchsmusters im Verletzungsstreit zur Verfügung.[38] Wird die Unwirksamkeit im Verletzungsstreit geltend gemacht, kann sich der GbmInhaber dort auf eingeschränkte Schutzansprüche stützen, auch ohne sie beim DPMA einzureichen.[39]

27   **Rechtsnatur.** Die Annahme einer schuldrechtl Verpflichtung gegenüber der Allgemeinheit durch einseitige Erklärung (als eine Art „Negativauslobung") erscheint angesichts des nur ausnahmsweise durchbrochenen Grundsatzes, dass zur Begründung schuldrechtl Pflichten, soweit sich diese nicht aus dem Gesetz ergeben, wie zu deren Erlass ein Vertrag erforderlich ist (§ 311 Abs 1 BGB, § 397 BGB), dogmatisch nicht ganz überzeugend; es läge näher, der Erklärung Verfügungscharakter zuzumessen und eine Parallele zu den sachenrechtl Regelungen über die Eigentumsaufgabe zu erwägen[40] (§§ 929, 958 BGB), was die Nachreichung neben die im gewerblichen Rechtsschutz geläufige Verfügung in Form eines Verzichts oder Teilverzichts stellen würde und auch dem Umstand Rechnung trüge, dass sie als Ersatz für das im GbmRecht nicht vorgesehene Beschränkungsverfahren[41] dient. Allerdings hat die Praxis an die Nachreichung keine Rechtsfolgen geknüpft, die einer dinglichen Wirkung entsprechen.[42] Die Erklärung könnte als Verfügung über das Recht aus dem Gebrauchsmuster ohne unmittelbare Auswirkungen auf die Registerposition verstanden werden. Die Unwirksamkeit der Erklärung mit erweiterndem Inhalt sollte sich dabei schon daraus ergeben, dass diese auf eine unmögliche Rechtsfolge gerichtet ist.[43]

28   **Verfahren.** Die GbmStelle nimmt die nachgereichten Schutzansprüche ohne sachliche Überprüfung zu den Akten.[44] Dies setzt voraus, dass die Einreichung zu diesen und nicht etwa nur zu den Akten des Löschungsverfahrens erfolgt.[45] Die Tatsache der Nachreichung wird in das Register eingetragen.[46] Der GbmInhaber erhält eine Eingangsbestätigung mit Hinweis, dass eine Prüfung nicht erfolgt.

E. Teilung der Anmeldung

29   Die Regelung in Abs 6 ist an § 39 PatG angepasst; nach der Begr[47] soll auch der Fall der Uneinheitlichkeit erfasst werden. Dies steht im Widerspruch zur Rspr des BGH zum PatG[48] und ist deshalb nach verbreiteter Ansicht auch für das GbmRecht nicht zutr.[49] Eine Unterscheidung zwischen Ausscheidung und freier Teilung erscheint für das GbmRecht aber schon wegen der hier andersartigen Regelung des Teilungsverfahrens nicht geboten.

30   Die **Voraussetzungen der Teilung** entsprechen denen in § 39 PatG.[50] Von der Übernahme der Regelung in § 39 Abs 3 PatG ist abgesehen worden, weil der Schwebezustand von drei Monaten für das rasche Eintragungsverfahren nicht angemessen erscheine; die Teilanmeldung gilt als zurückgenommen, wenn bis zum Ablauf eines Monats nach Zustellung der Nachricht die Gebühr nicht entrichtet wird.[51] Nach Wirksamwerden der Eintragungsverfügung ist Teilung ausgeschlossen.[52]

---

38   BGHZ 155, 51 = GRUR 2003, 867 Momentanpol I; vgl *Kühnen* Hdb Rn 465 f.

39   BGH Momentanpol I.

40   Vgl BPatGE 6, 207, 211 = GRUR 1966, 208 und BPatGE 8, 44, 46, wo jeweils von Verzicht die Rede ist; vgl weiter BGH GRUR 1997, 213, 215 Trennwand, wo die rechtl Tragweite einer anlässlich eines Teilverzichts abgegebenen Erklärung offengelassen wird; vgl auch *Loth* Rn 73 und § 17 Rn 13 f; im Wesentlichen wie hier *Kraßer* (§ 26 B V 7) S 625.

41   Vgl hierzu BGHZ 137, 60 = GRUR 1998, 910, 912 Scherbeneis, wo eine Verzichtsmöglichkeit in bezug auf Anspruchsteile verneint wird.

42   Vgl *Bühring*[7] Rn 153.

43   Vgl *Kraßer* (§ 26 B V 7) S 625; vgl auch *Bühring* Rn 160.

44   *Benkard* Rn 52.

45   *Benkard* Rn 55; *Bühring* Rn 161 f.

46   MittPräsDPA BlPMZ 1985, 277.

47   BlPMZ 1986, 320, 325.

48   BGHZ 98, 196 = GRUR 1986, 877 Kraftfahrzeuggetriebe.

49   *Benkard* Rn 58, allerdings unter Hinweis auf die geringe Relevanz der Frage für das GbmRecht; *Loth* Rn 78; zwischen Ausscheidung und Teilung noch differenzierend *Bühring*[6] Rn 155 ff, 159 ff sowie wieder *Bühring* Rn 168 ff sowie die vor Einführung der Regelung in Abs 6 ergangene Rspr, BPatGE 20, 161 = GRUR 1978, 429 und BPatGE 23, 113 = GRUR 1981, 350; vgl BPatG 17.7.1981 5 W (pat) 3/81, undok, zitiert bei *Bühring*[4] § 4 Fn 193.

50   Begr BlPMZ 1986, 320, 325.

51   Begr BlPMZ 1986, 320, 325.

52   Vgl *Benkard* Rn 59; *Bühring* Rn 179.

Die **Form** der Teilungserklärung entspricht der nach § 39 PatG (s die Kommentierung zu dieser Be-   **31** stimmung). Materielle Teilungserfordernisse bestehen auch bei der Teilung der GbmAnmeldung nicht.[53]

Nach der Rspr des BPatG kann die Wirksamkeit der Teilungserklärung im **Löschungsverfahren** über   **32** das Trenngebrauchsmuster überprüft werden.[54]

§ 4a
(Anmeldetag; Nachreichung von Zeichnungen und Beschreibungsteilen)

(1) Der Anmeldetag der Gebrauchsmusteranmeldung ist der Tag, an dem die Unterlagen nach § 4 Abs. 3 Nr. 1 und 2 und, soweit sie jedenfalls Angaben enthalten, die dem Anschein nach als Beschreibung anzusehen sind, nach § 4 Abs. 3 Nr. 4
1. beim Patentamt
2. oder, wenn diese Stelle durch Bekanntmachung des Bundesministeriums der Justiz und für Verbraucherschutz im Bundesgesetzblatt dazu bestimmt ist, bei einem Patentinformationszentrum
eingegangen sind.

(2) [1] Wenn die Anmeldung eine Bezugnahme auf Zeichnungen enthält und der Anmeldung keine Zeichnungen beigefügt sind oder wenn mindestens ein Teil einer Zeichnung fehlt, so fordert das Patentamt den Anmelder auf, innerhalb einer Frist von einem Monat nach Zustellung der Aufforderung entweder die Zeichnungen nachzureichen oder zu erklären, dass die Bezugnahme als nicht erfolgt gelten soll. [2] Reicht der Anmelder auf diese Aufforderung die fehlenden Zeichnungen oder die fehlenden Teile nach, so wird der Tag des Eingangs der Zeichnungen oder der fehlenden Teile beim Patentamt Anmeldetag; anderenfalls gilt die Bezugnahme auf die Zeichnungen als nicht erfolgt.

(3) Absatz 2 gilt entsprechend für fehlende Teile der Beschreibung.

A. Allgemeines

Die durch das 2. PatGÄndG eingeführte Regelung entsprach der im früheren § 35 PatG. Das Gesetz zur   **1** Novellierung patentrechtlicher Vorschriften und anderer Gesetze des gewerblichen Rechtsschutzes hat die Bestimmung auf die §§ 4a und 4b aufgeteilt und neu gefasst; dies entspricht im Grundsatz der Regelung in § 35 PatG und § 35a PatG.[1] Danach betrifft § 4a nur noch den Anmeldetag, das Fehlen in Bezug genommener Zeichnungen oder von Teilen dieser und – neu – die Nachreichung von Beschreibungsteilen. Diese Regelungen entsprechen denen im neu gefassten § 35 PatG. Die 10. ZuständigkeitsanpassungsVO hat in Abs 1 Nr 2 nach dem Wort „Justiz" die Worte „und für Verbraucherschutz" eingefügt.

B. Die Regelung über **fremdsprachige Anmeldungen** ist nunmehr in § 4b eingestellt werden und   **2** dort kommentiert.

C. Anmeldetag

Besonderheiten ergeben sich bei der Inanspruchnahme des Anmeldetags einer früheren Patentan-   **3** meldung im Weg der Abzweigung (§ 5).

Wird mit der GbmAnmeldung ein Anmeldetag in Anspruch genommen, der dem Gebrauchsmuster   **4** **nicht zukommt**, führt dies zur Zurückweisung der Anmeldung.[2]

D. Zur **Nachreichung von Zeichnungen und Beschreibungsteilen** s Rn 24 ff, Rn 29 zu § 35 PatG.   **5**

---

53   Vgl *Bühring* Rn 182; aA *Loth* Rn 82 ff; BPatGE 32, 212 = GRUR 1992, 363: keine „identische" Teilung, wohl auch BPatGE 43, 266; ebenso *Mes* Rn 26.
54   BPatGE 43, 266, 270; *Benkard* Rn 60b; zwh.

1   Vgl Begr BTDrs 17/10308 = BlPMZ 2013, 366, 373.
2   BGH GRUR 2008, 692 Angussvorrichtung für Spritzgießwerkzeuge II; aA *Mes* § 6 GebrMG Rn 3.

§ 4b
(Fremdsprachige Unterlagen)

[1]Ist die Anmeldung nicht oder teilweise nicht in deutscher Sprache abgefasst, so hat der Anmelder eine deutsche Übersetzung innerhalb einer Frist von drei Monaten nach Einreichung der Anmeldung nachzureichen. [2]Wird die deutsche Übersetzung nicht innerhalb der Frist eingereicht, so gilt die Anmeldung als zurückgenommen.

A. Entstehungsgeschichte

1   Das Gesetz zur Novellierung patentrechtlicher Vorschriften und anderer Gesetze des gewerblichen Rechtsschutzes hat im Grundsatz wie in § 35a PatG eine Verselbstständigung der Regelung über die Nachreichung von Übersetzungen (mit einer redaktionellen Änderung in Satz 1) vorgenommen.[1] Die Neuregelung ist am 1.4.2014 in Kraft getreten.

B. Allgemeines

2   Die Regelung geht § 126 PatG vor und verdrängt diesen.[2] Als für den Schutz maßgebliche Unterlagen wird man in jeder Hinsicht die fremdsprachigen ansehen müssen.[3]

3   **C.** Für die Nachreichung der **Übersetzung** der Anmeldung gilt die wiedereinsetzbare[4] Dreimonatsfrist in Satz 1.

4   Deutsche Übersetzungen von Schriftstücken, die zu den **Unterlagen der GbmAnmeldung** zählen, müssen von einem Rechtsanwalt oder Patentanwalt beglaubigt oder von einem öffentlich bestellten Übersetzer angefertigt sein, dessen Unterschrift wie die Tatsache der öffentlichen Bestellung beglaubigt sein müssen (§ 9 Abs 1 GebrMV). Fremdsprachige Schriftstücke, die nicht in engl, frz, it oder span Sprache eingereicht werden, sind in dt Übersetzung innerhalb eines Monats ab Eingang nachzureichen (§ 9 Abs 4 GebrMV). Die Frist ist wiedereinsetzungsfähig.[5] In anderen Fällen sind Übersetzungen nur auf Anforderung einzureichen (§ 9 Abs 2, 3 GebrMV); es gelten die Formvorschriften wie nach § 9 Abs 1 GebrMV, jedoch ohne die Beglaubigungsvorschriften bei Übersetzungen öffentlich bestellter Übersetzer; bei nicht fristgerechter Einreichung gilt das Schriftstück als zum Zeitpunkt des Eingangs der Übersetzung eingereicht (§ 9 Abs 5 GebrMV).

D. Rücknahmefiktion

5   Wie nach der Regelung im PatG tritt die Rücknahmefiktion an die Stelle der Fiktion der Nichteinreichung (vgl die Kommentierung zu § 35a PatG).[6]

6   **E.** Anders als nach § 35a PatG ist eine **Privilegierung englisch- und französischsprachiger Anmeldungen** nicht erfolgt.[7]

---

1   Vgl Begr BTDrs 17/10308 = BlPMZ 2013, 366, 373.
2   BGHZ 153, 1 = GRUR 2003, 226 Läägeünnerloage; vgl *Benkard* Rn 1; aA *Bühring* § 4a Rn 12 einerseits, vgl aber *Bühring* § 4a Rn 2 andererseits.
3   Zwd *Bühring* § 4a Rn 12; vgl BPatG 30.7.2003 5 W (pat) 12/00.
4   *Benkard* Rn 7.
5   *Benkard* Rn 5.
6   Vgl Begr BTDrs 17/10308 = BlPMZ 2013, 366, 373.
7   Vgl Begr BTDrs 17/10308 = BlPMZ 2013, 366, 373.

§ 5
(Abzweigung)

(1) [1] Hat der Anmelder mit Wirkung für die Bundesrepublik Deutschland für dieselbe Erfindung bereits früher ein Patent nachgesucht, so kann er mit der Gebrauchsmusteranmeldung die Erklärung abgeben, daß der für die Patentanmeldung maßgebende Anmeldetag in Anspruch genommen wird. [2] Ein für die Patentanmeldung beanspruchtes Prioritätsrecht bleibt für die Gebrauchsmusteranmeldung erhalten. [3] Das Recht nach Satz 1 kann bis zum Ablauf von zwei Monaten nach dem Ende des Monats, in dem die Patentanmeldung erledigt oder ein etwaiges Einspruchsverfahren abgeschlossen ist, jedoch längstens bis zum Ablauf des zehnten Jahres nach dem Anmeldetag der Patentanmeldung ausgeübt werden.

(2) [1] Hat der Anmelder eine Erklärung nach Absatz 1 Satz 1 abgegeben, so fordert ihn das Patentamt auf, innerhalb von zwei Monaten nach Zustellung der Aufforderung das Aktenzeichen und den Anmeldetag anzugeben und eine Abschrift der Patentanmeldung einzureichen. [2] Werden diese Angaben nicht rechtzeitig gemacht, so wird das Recht nach Absatz 1 Satz 1 verwirkt.

GbmEintrRl II 4.
Ausland: Dänemark: § 6 GebrMG; **Frankreich:** vgl Art L 612-15 Abs 2 CPI; **Italien:** Art 84 CDPI (alternative Patentierung); **Österreich:** Abzweigung § 15a öGebrMG (1998); vgl § 92bPatG (1994, Umwandlung der Patentanmeldung); **Polen:** Art 38 RgE 2000; **Serbien:** Art 137 PatG 2004 (Umwandlung); **Spanien:** vgl Art 42 PatG (Wechsel der Schutzrechtsart); **Tschech. Rep.:** § 10 GebrMG; **Türkei:** Art 65, 167, 168 (Umwandlung), 170 (Doppelschutzverbot) VO 551

Übersicht

Schrifttum: *Baumgärtel/Maikowski* Das abgezweigte Gebrauchsmuster: ein starkes, ein gefährliches Schutzrecht, FS P. Mes (2009), 33; *Brandt* Die Gebrauchsmusterabzweigung – gelöste und ungelöste Probleme, Mitt 1995, 212; *Goebel* Der abgezweigte Gegenstand – zum Begriff „derselben Erfindung" nach § 5 I 1 GebrMG, GRUR 2001, 604; *Häußer* Le modèle d'utilité: l'expérience de la République fédérale d'Allemagne, ProprInd 1987, 346; *Kraßer* Wirksamkeitsvoraussetzungen der Inanspruchnahme des Anmeldetages einer Patentanmeldung für eine spätere Gebrauchsmusteranmeldung („Abzweigung"), GRUR 1993, 223; *Loewenheim* Wirksamkeit und Schutzumfang einer von einer Patentanmeldung abgezweigten Gebrauchsmusteranmeldung. LMK 2003, 193; *Rentzsch* Frist für eine Gebrauchsmuster-Abzweigungserklärung, GRUR 1993, 23; *Schennen* Innere Gebrauchsmusterpriorität und Abzweigung, GRUR 1987, 222; *Vollrath* Abgezweigte Gebrauchsmusteranmeldung nach Patenterteilung, Mitt 1989, 28; *Winkler* Das neue Gebrauchsmustergesetz, Mitt 1987, 3.

A. Allgemeines

I. Entstehungsgeschichte

Die Regelung ist durch das GebrMÄndG 1986 als § 2a eingeführt worden; sie hat ihre geltende Bezeichnung durch die Neubek 1986, ihre geltende Fassung („dieselbe Erfindung" statt „denselben Gegenstand" in Abs 1 Satz 1 sowie „zehnten Jahres" statt „achten Jahres" in Abs 1 Satz 3) durch das PrPG erhalten. **1**

Zeitliche Geltung. Die Abzweigung ist für die seit dem 1.1.1987 angemeldeten Gebrauchsmuster an die Stelle der weggefallenen Möglichkeit der GbmHilfsanmeldung (zu dieser *6. Aufl* Rn 3, 4) getreten[1] (Art 4 **2**

---

1   Zum Übergangsrecht *Bühring*[5] Rn 30.

Nr 2 GebrMÄndG 1986, nunmehr aufgehoben, Rn 3 zu § 31; § 8 Abs 1 Satz 4 GebrMV, nunmehr aufgehoben, vgl Rn 6).

3   Die Abzweigung ermöglicht befristet eine spätere GbmAnmeldung unter Inanspruchnahme des Anmelde- oder Prioritätstags der Patentanmeldung. Ähnlich wie die Inanspruchnahme der inneren Priorität bewahrt die Abzweigung damit den **Zeitrang** einer früheren Patentanmeldung, ohne dies an die Frist für die Inanspruchnahme der Priorität zu binden. Anders als bei der Priorität bemisst sich aber die Laufzeit des Gebrauchsmusters nach dem Anmeldetag des Patents, aus dem abgezweigt wurde (Rn 23). Wegen der sich daraus ergebenden Möglichkeiten auch flankierenden Schutzes ist in der Abzweigung ein wesentliches Element der Attraktivität des GbmSchutzes gesehen worden.[2]

4   Eine **Umwandlung** einer Gebrauchsmusteranmeldung in eine Patentanmeldung sieht das geltende Recht nicht vor[3] (anders § 21 öGebrMG; Art 169 türk VO 551).

5   **II. Die Gebrauchsmusterverordnung** behandelt die Abzweigung in § 8 GebrMV.

B. Die Abzweigung

I. Voraussetzungen

6   **1. Frühere Patentanmeldung.** Die Abzweigung setzt eine frühere[4] (daher nicht: gleichzeitige oder spätere, vgl Rn 12) Patentanmeldung voraus, die mit Wirkung für die Bundesrepublik Deutschland erfolgt ist. Es kann sich um eine nationale oder, soweit die Bundesrepublik Deutschland benannt oder bestimmt ist, eine eur oder internat Patentanmeldung[5] handeln. Die Formvorschriften von EPÜ und PCT sind bei der Benennung zu beachten, weitere Erfordernisse bestehen darüber hinaus aber nicht.[6] Die Anmeldung muss nicht mehr anhängig und kann bereits zurückgewiesen sein.[7] Jedoch darf die vom Eintritt der Rücknahmefiktion an rechnende Zweimonatsfrist im Zeitpunkt der Abzweigungserklärung noch nicht abgelaufen sein, die Aufrechterhaltung der Anmeldung für andere Vertragsstaaten genügt nicht.[8] Die frühere Möglichkeit, die Benennungsgebühr nach Regel 85a Abs 1 AOEPÜ nachzuentrichten, änderte daran nichts, ebensowenig die Notwendigkeit einer Mitteilung über den Rechtsverlust (jetzt Regel 112 Abs 1 AOEPÜ).[9] Auf das weitere Schicksal der früheren Patentanmeldung kommt es insoweit nicht an.[10] Auch im Fall der Umwandlung nach Art II § 9 IntPatÜG kann abgezweigt werden.[11] Die Geltendmachung eines Übertragungsanspruchs genügt wie dessen gerichtliche Geltendmachung nicht (Rn 11).

2. Gebrauchsmusteranmeldung

7   **a. Form.** Es bestehen keine Besonderheiten. § 8 Abs 2 GebrMV bestimmt, dass der Abschrift der fremdsprachigen Patentanmeldung eine deutsche Übersetzung beizufügen ist, sofern die Anmeldungsunterlagen nicht bereits die Übersetzung darstellen.

8   **b. Erfindungsidentität.** Die GbmAnmeldung muss dieselbe Erfindung wie die frühere Patentanmeldung betreffen. Wie dies zu verstehen ist, ist str. In der Lit wurde früher teilweise iSd früheren Praxis zur

---

2   *Loth* Rn 2.

3   Zur Umwandlungsmöglichkeit in Italien vgl Corte di Roma 29.9.1997 Intec/Quasar Line, referiert in EIPR 1998 N-35.

4   *Bühring* Rn 5.

5   Vgl BPatG 22.3.2000 5 W (pat) 408/99.

6   *Benkard* Rn 4; vgl BGH GRUR 1998, 913 f Induktionsofen.

7   *Mes* Rn 2 unter unzutr Bezugnahme auf BGH Mitt 1996, 118 Flammenüberwachung, wo die Abzweigung nicht angesprochen ist.

8   BPatGE 48, 218 = Mitt 2005, 259 mit Hinweis zur Fristberechnung; vgl BPatGE 48, 212 = BlPMZ 2005, 225.

9   BPatG BlPMZ 2005, 225.

10   BGH Mitt 1996, 118, 120 Flammenüberwachung; *Mes* Rn 2; *Bühring* Rn 5; *Schlee* Euro-PCT-Anmeldungen: Fristversäumnis bei der Einleitung der regionalen Phase vor dem EPA – Gibt es ein „Leben danach"? Mitt 1998, 210, 213, wonach es nicht einmal darauf ankommt, ob die Anmeldung in die regionale Phase eingetreten ist.

11   *Loth* Rn 4; vgl ABl EPA 1987, 175.

GbmHilfsanmeldung[12] und aus praktischen Gründen wörtliche Übereinstimmung.[13] Dagegen ist nach aA[14] auf die zur Identitätsprüfung bei der Inanspruchnahme einer Priorität entwickelten Grundsätze (Rn 29 ff zu § 41 PatG) abzustellen. Das BPatG hat als ausschlaggebend angesehen, ob der Gegenstand in der früheren Anmeldung für den Fachmann ohne weiteres erkennbar offenbart ist;[15] die Praxis des DPMA folgt dem.[16] Ein „aliud" schließt Erfindungsidentität jedenfalls aus.[17] Abweichungen bei Angaben, auf die es für die Ausgestaltung der Erfindung nicht ankommt, sind ohne Bedeutung.[18] Allerdings ist der Anmeldetag einer früheren Patentanmeldung nicht schon dann wirksam in Anspruch genommen, wenn sich der Gegenstand der GbmAnmeldung im Gesamtinhalt der Patentanmeldung lediglich wiederfinden lässt. Maßgebend soll sein, ob in den Patentanmeldungsunterlagen zum Ausdruck kommt, dass für diesen Gegenstand ein Patent „nachgesucht" worden ist. Der Anspruch auf den Anmeldetag der früheren Patentanmeldung soll für eine GbmAnmeldung mithin nur im Umfang dessen entstehen können, was bei Einreichung der Patentanmeldung mit dem erkennbaren Willen, dafür ein Patent zu begehren, offenbart wurde. Für die Bestimmung des Gegenstands der Patentanmeldung ist die Gesamtheit der Anmeldungsunterlagen heranzuziehen, so dass auch ein nur in der Beschreibung enthaltener Erfindungsbestandteil einzubeziehen ist.[19] Dazu können im Einzelfall auch solche Abwandlungen gehören, die nach dem Gesamtzusammenhang der Patentanmeldunterlagen für den Fachmann derart naheliegen, dass sie sich ihm bei aufmerksamer, weniger auf die Worte als ihren erkennbaren Sinn achtender Lektüre ohne weiteres erschließen, so dass er sie gewissermaßen in Gedanken gleich als zur Erfindung gehörend und daher mitbeansprucht mitliest.[20] Das BPatG hat die Beschränkung vor Eintragung in der Weise zugelassen, dass der Anmelder neben mit der Patentanmeldung identischen Unterlagen zusätzliche beschränkende Unterlagen einreicht, sofern deutlich gemacht wird, welche Unterlagen die ursprüngliche Offenbarung enthalten und welche Unterlagen der Eintragung zugrunde gelegt werden sollen.[21] Die Übereinstimmung ist anhand der ursprünglich eingereichten GbmAnmeldung zu prüfen; wird diese später geänd, ist dies unbeachtlich.[22] Durch die neuere BGH-Rspr (Rn 10), der das BPatG allerdings in der Sache nicht gefolgt ist, ohne die Rechtsbeschwerde zuzulassen,[23] ist das teilweise überholt. Zur Erfindungsidentität im Fall der Ausscheidung Rn 65 zu § 39 PatG.

Wird aus einer **Ausscheidungsanmeldung** abgezweigt, soll die GbmAnmeldung mit dieser zu vergleichen sein;[24] dies ist bdkl. Ähnliche Probleme stellen sich bei der Abzweigung nach Teilung; dies hier wie dort insb, wenn wegen Verstreichens der Frist in Abs 1 Satz 3 aus der Stammanmeldung nicht mehr abgezweigt werden kann. **9**

Erweiternde Abzweigung. Dass die Abzweigungsanmeldung über die Patentanmeldung hinausgeht, steht der Wirksamkeit der Abzweigung als solcher nach der Rspr des BGH nicht entgegen.[25] Auch ein nur in der Beschreibung enthaltener Teil der Anmeldung kann einbezogen werden.[26] Aus Änderungen, die **10**

---

12 BPatGE 22, 276 = GRUR 1980, 789 mwN; BPatGE 25, 89 = GRUR 1983, 433.

13 *Bühring*[5] Rn 17 ff, jetzt aber aufgegeben, *Bühring*[7] Rn 21, *Bühring* Rn 27 f; *Schennen* GRUR 1987, 222, 226.

14 *Benkard* Rn 5; OLG Düsseldorf 26.4.2007 2 U 59/03: inhaltliche Übereinstimmung.

15 BPatGE 35, 1 = GRUR 1995, 486; BPatGE 39, 10 = GRUR 1998, 725; BPatG 29.1.1997 5 W (pat) 30/94; BPatG GRUR 2006, 1018 f; zust *Benkard* Rn 5; *Mes* Rn 6; *Bühring* Rn 27; vgl *Kraßer* GRUR 1993, 223, 226 f; *Goebel* GRUR 2000, 477, 482 f.

16 MittPräsDPA BlPMZ 1996, 389.

17 Vgl BPatG 18.3.2009 35 W (pat) 405/08.

18 BPatG 5.5.2004 5 W (pat) 403/03.

19 Vgl OLG Düsseldorf 2.9.2010 2 U 24/10 unter Hinweis auf BGH GRUR 2008, 597 Betonstraßenfertiger.

20 BPatG 29.1.1997 5 W (pat) 30/94; ebenso *Loth* Rn 8 f; abw LG Düsseldorf 27.12.2007 4b O 59/07, das unter Hinweis auf *Bühring* Rn 22 Unterschiede, ohne Bedeutung für den Einsatzbereich der Erfindung sind, als unschädlich ansieht; zu veränderten Merkmalen, die keine Bedeutung haben, auch BPatG 5.5.2004 5 W (pat) 403/03.

21 BPatGE 45, 202; BPatG 18.12.2002 5 W (pat) 432/01; vgl *Mes* Rn 14; *Bühring* Rn 34 ff.

22 BPatGE 31, 223, 225 = GRUR 1991, 44; *Mes* Rn 8.

23 BPatG 19.7.2004 5 W (pat) 443/03 Mitt 2005, 308 Ls.

24 BPatG Mitt 1996, 211; dort auch zur Frage der Auswirkung einer unzulässigen Erweiterung der Ausscheidungsanmeldung auf die aus ihr abgezweigte GbmAnmeldung; *Mes* Rn 10; *Loth* Rn 10.

25 BGHZ 155, 51 = GRUR 2003, 867 Momentanpol I; *Kraßer* GRUR 1993, 223, 230; *Benkard* Rn 8; *Bühring* Rn 40; aA BPatGE 34, 14 = GRUR 1993, 963; *Mes* Rn 9; *Loth* Rn 11, die die Inanspruchnahme des Anmeldetags der Patentanmeldung insoweit insgesamt als unwirksam ansehen; so auch weiterhin BPatG 19.7.2004 5 W (pat) 443/03 Mitt 2005, 308 Ls unter Hinweis auf das Abzweigungserfordernis der sachlichen Identität.

26 LG Düsseldorf 15.5.2003 4 O 59/01.

gegenüber der Patentanmeldung eine Erweiterung bedeuten, können jedoch auch hier Rechte nicht hergeleitet werden (vgl Rn 2, 15 zu § 38 PatG);[27] dazu füllt die Erweiterung den Löschungsgrund nach § 15 Abs 1 Nr 3 aus (Rn 17 zu § 15). Deshalb ist es möglich, die Folgen der Erweiterung durch Nachreichen entsprechender Schutzansprüche zu beseitigen (vgl Rn 36 f zu § 38 PatG).

11   **c. Anmelderidentität.** Die GbmAnmeldung muss durch denselben Anmelder erfolgen, Rechtsnachfolge reicht jedoch aus.[28] Ist die Patentanmeldung auf einen Dritten umgeschrieben worden, kann nur der im Register eingetragene Berechtigte abzweigen. Bei Gesamtrechtsnachfolge kommt es dagegen nicht auf den Registerstand, sondern auf die tatsächliche Berechtigung an. Probleme können sich ergeben, wenn eine vom Erfinder vorverlautbarte Erfindung widerrechtl entnommen ist, die Vorverlautbarung aber gbmrechtl unter die Neuheitsschonfrist fällt, weil der Verletzte hier mangels Anmelderidentität nicht abzweigen kann.[29] Ohne einen Übergang des Rechts auf das Patent kann der durch widerrechtl Entnahme Verletzte den für die Patentanmeldung maßgebenden Anmeldetag nicht für eine Abzweigung in Anspruch nehmen; aus dem Begriff des Nachsuchens ergibt sich nichts Abweichendes.[30]

12   **d. Frist.** Die GbmAnmeldung muss zeitlich nach der Patentanmeldung liegen.[31] Die Abzweigungsmöglichkeit besteht längstens bis zum **Ablauf des zehnten Jahrs** nach dem Anmeldetag (nicht Prioritätstag) der Patentanmeldung (Abs 1 Satz 3). Die Fristberechnung folgt den allg Regeln.

13   Vor Ablauf der Zehnjahresfrist endet die Abzweigungsmöglichkeit mit Ablauf von **zwei Monaten** nach dem Ende des Monats, in dem die Patentanmeldung erledigt oder, falls sich ein Einspruchsverfahren anschließt, das Einspruchsverfahren abgeschlossen ist; dies hat nur dann Bedeutung wenn die Zweimonatsfrist vor Ablauf der Zehnjahresfrist (Rn 12) endet.[32] Auf die Art der Erledigung (Patenterteilung, Zurückweisung der Anmeldung, Rücknahme der Anmeldung, Fiktion der Rücknahme, Widerruf nach § 64 und nach EPÜ) kommt es nicht an.[33] Beruht die Erledigung auf einer Entscheidung, ist der Zeitpunkt ihrer Bestandskraft (Rechtskraft) maßgeblich, und zwar auch bei eur und internat Patentanmeldungen;[34] die bloße Möglichkeit der Einspruchseinlegung verlängert daher die Frist nicht.[35] Wird auf die frühere Anmeldung ein Patent erteilt, ist der Zeitpunkt der Bestandskraft (Rechtskraft) des Erteilungsbeschlusses maßgeblich.[36] Die Inanspruchnahme der inneren Priorität der früheren Patentanmeldung für eine spätere Patentanmeldung führt unmittelbar zur Erledigung der Patentanmeldung iSd § 5 Abs 1 Satz 3; spätere Änderungen der Prioritätserklärung sind hierauf ohne Einfluss.[37] § 15 Abs 2 ErstrG enthält eine entspr Regelung.[38]

14   Die Zweimonatsfrist ist **wiedereinsetzungsfähig.**[39]

15   **3. Abzweigungserklärung.** Die Abzweigungsmöglichkeit setzt eine entspr, nach allg Grundsätzen schriftliche Erklärung voraus, die nur zugleich mit der GbmAnmeldung abgegeben werden kann.[40] Elekt-

---

27   BGH Momentanpol I.

28   *Benkard* Rn 9; *Bühring* Rn 23; *Mes* Rn 3; BGH GRUR 2008, 692 Angussvorrichtung für Spritzgießwerkzeuge II; OLG Düsseldorf 2.9.2010 2 U 24/10.

29   *Loth* Rn 13 will dem Verletzten hier einen Anspruch auf Einwilligung in die Abzweigung zubilligen; soweit die deliktsrechtl Voraussetzungen vorliegen, wird an einen auf Vornahme der Abzweigung durch den Nichtberechtigten und Übertragung der GbmAnmeldung gerichteten Anspruch des Berechtigten gegenüber dem Nichtberechtigten zu denken sein.

30   BGH GRUR 2008, 692 Angussvorrichtung für Spritzgießwerkzeuge II; BPatG 12.12.2007 5 W (pat) 2/07; *Mes* Rn 3.

31   *Bühring* Rn 5.

32   Vgl *Mes* Rn 11.

33   *Benkard* Rn 12 f.

34   BPatGE 46, 200, wonach es auf die Erfüllung der Erfordernisse des Art 97 Abs 2 EPÜ aF (jetzt Art 97 Abs 1 EPÜ) nicht ankommt; *Benkard* Rn 13; *Mes* Rn 11.

35   BPatGE 32, 259 = GRUR 1992, 380; BPatG GRUR 1993, 660; BPatG 33, 264 = GRUR 1993, 739; BPatG 22.3.2000 5 W (pat) 408/99, für eur und PCT-Anmeldungen; vgl MittPräsDPA Nr 9/92 BlPMZ 1992, 261; eingehend hierzu *Loth* Rn 18.

36   BPatGE 32, 259, 263 = GRUR 1992, 380; BPatG GRUR 1993, 660; *Mes* Rn 11.

37   BPatGE 31, 160 = GRUR 1991, 46.

38   Vgl *Bühring*[5] Rn 10.

39   *Benkard* Rn 12; *Mes* Rn 12; *Loth* Rn 21; vgl BPatGE 32, 124 = GRUR 1991, 833; BPatG 19.10.2005 5 W (pat) 21/04.

40   BPatGE 31, 43, 47 = GRUR 1990, 435; *Benkard* Rn 10; *Mes* Rn 11; *Bühring* Rn 8; *Loth* Rn 14.

---

ronische Form reicht nach Maßgabe von § 21 Abs 1 iVm § 125a Abs 1 PatG aus. Wird dies versäumt, kommt Wiedereinsetzung mangels Versäumung einer Frist nicht in Betracht.[41]

Das Gesetz enthält kein Verbot **mehrfacher**, auch identischer[42] **Abzweigung** („Doppelabzweigung") **16** aus einer Patentanmeldung, man wird hier jedoch ggf von einem Verbrauch des Eintragungsanspruchs ausgehen müssen[43] (vgl Rn 22, 24 zu § 39 PatG, Rn 45 vor § 34 PatG).

II. Verfahren

1. Allgemeines. Die Regelung in Abs 2, die durch § 8 GebrMV ergänzt wird, ist an die des § 41 PatG **17** angelehnt, jedoch muss die Erklärung bereits mit der GbmAnmeldung abgegeben werden (Rn 15). Für die weiteren Erfordernisse des Abs 2 (Angabe des Az und des Anmeldetags der Patentanmeldung und Einreichung einer Abschrift) entspricht die Regelung (Zweimonatsfrist nach Aufforderung; Rechtsfolgen der Versäumung) der in § 41 Abs 1 Satz 3, 4 PatG (vgl Rn 35 ff zu § 41 PatG). Zur Einreichung von Übersetzungen § 9 Abs 2 GebrMV.

2. Gebühren. Gebührenrechtl ist die Abzweigungsanmeldung als selbstständige Anmeldung zu be- **18** handeln.[44] Aufrechterhaltungsgebühren für Zeiträume, die vor Eingang der Abzweigungserklärung liegen, sind nicht nachzuzahlen.[45]

3. Prüfung der Wirksamkeit; Verwirkung. Die GbmStelle kann die Abzweigung nach der Rspr des **19** BPatG nur auf die Einhaltung der formellen Erfordernisse überprüfen.[46] Dazu gehört nach der umstr Auffassung des BPatG auch, dass die Anmeldung die gleiche Erfindung betrifft wie die frühere Patentanmeldung; dies gilt auch im Eintragungsbeschwerdeverfahren.[47] Bereits früher hatte das BPatG die Auffassung vertreten, dass sich im Eintragungsverfahren die Prüfung der Wirksamkeit auf alle in Betracht kommenden gesetzlichen Voraussetzungen zu erstrecken habe.[48] Allerdings ist die GbmStelle zur Überprüfung des Erfordernisses, ob dieselbe Erfindung vorliegt, schlecht gerüstet.[49]

Im **Löschungsbeschwerdeverfahren** kann das BPatG die Wirksamkeit der Abzweigung prüfen;[50] **20** dies muss erst recht für das **Löschungsverfahren** vor der GbmAbteilung gelten.[51] Daraus folgt aber noch nicht notwendig, dass die Überprüfung bereits im Eintragungsverfahren stattzufinden hat.[52] Jedenfalls auf der Grundlage der Auffassung des BPatG wird auch das Verletzungsgericht als zur Überprüfung der Wirksamkeit berechtigt angesehen werden müssen.[53] Hier bietet sich allerdings die Parallele zur Überprüfbarkeit nur der materiellen, nicht aber auch der formellen Voraussetzungen wie bei der Prioritätsbeanspruchung an (vgl Rn 5 zu § 13).[54] An den im Register angegebenen Anmeldetag sind weder die mit der Löschung noch die mit der Verletzung befassten Stellen gebunden.[55]

Die Abzweigung ist unwirksam (**Verwirkung** tritt ein), wenn die nach Abs 2 Satz 1 erforderlichen An- **21** gaben nicht rechtzeitig gemacht werden; hält das DPMA die Abzweigung für unwirksam und beharrt der Anmelder trotz Aufforderung zur Beseitigung dieses Mangels auf dem beanspruchten Anmeldetag, soll die

---

41 BPatGE 32, 124 = GRUR 1991, 833; *Benkard* Rn 10; *Mes* Rn 11; *Loth* Rn 14.
42 Diese wohl abgelehnt in BPatG 25.7.2007 5 W (pat) 419/06.
43 Kr *Loth* Rn 15; *Benkard* Rn 5 will hier unter Hinweis auf *Goebel* GRUR 2001, 604, 608 idR das Rechtsschutzbedürfnis verneinen.
44 *Benkard* Rn 16.
45 *Benkard* Rn 16.
46 BPatGE 35, 1 = GRUR 1995, 486; *Brandt* Mitt 1995, 212, 218; *Loth* Rn 24.
47 BPatGE 39, 10 = GRUR 1998, 725.
48 BPatGE 34, 87 = BlPMZ 1994, 290; BPatG GRUR 1994, 111; BPatG GRUR 1994, 274 unter Aufgabe von BPatGE 31, 43, 46 = GRUR 1990, 435; nicht ganz klar *Benkard* Rn 20; vgl *Mes* Rn 13.
49 BPatG 22.12.1995 5 W (pat) 424/94 undok; *Benkard* Rn 20.
50 BPatGE 35, 1 = GRUR 1995, 486; BPatG 22.12.1995 5 W (pat) 424/94 undok; *Mes* Rn 15; BGH GRUR 1998, 913 f Induktionsofen lässt offen, in welchen Grenzen.
51 Ebenso *Loth* Rn 25.
52 Hiergegen mit beachtlichen Argumenten *Kraßer* GRUR 1993, 229; vgl auch *Mes* Rn 13.
53 Vgl *Benkard* Rn 20; *Loth* Rn 24; *Mes* Rn 15.
54 So auch *Benkard*[10] Rn 22 unter Hinweis auf BPatGE 31, 43, 45 = GRUR 1990, 435.
55 *Benkard* Rn 20 gegen BPatGE 34, 87 f = BlPMZ 1994, 290.

Anmeldung nach der Rspr zurückzuweisen sein, Vorabentscheidung über den beanspruchten Anmeldetag soll unzulässig sein.[56] Dies ist abzulehnen; Zurückweisung der Anmeldung kommt, jedenfalls was die in Abs 2 genannten Erfordernisse betrifft, nicht in Betracht, da Abs 2 Satz 2 hier als Rechtsfolge nur die Verwirkung des Rechts nach Abs 1 Satz 1 vorsieht (zur vergleichbaren Rechtslage bei der Prioritätsbeanspruchung Rn 48 zu § 41 PatG).[57]

III. Wirkung

22   **1. Zeitrang.** Die GbmAnmeldung erhält bei wirksamer Abzweigung den Anmeldetag, nicht nur die Priorität, der früheren Patentanmeldung.[58] Daneben nimmt sie an der Priorität der früheren Patentanmeldung teil.[59] Benutzungsaufnahme durch Dritte vor Abzweigung begründet jedenfalls für sich kein Weiterbenutzungsrecht.[60] Wenn sich der Anmelder bei der GbmAnmeldung für die Abzweigung und damit für den früheren Anmeldetag aus der zugrundeliegenden Patentanmeldung entscheidet, ist er gegenüber der Allgemeinheit daran grds gebunden.[61] Der in Anspruch genommene Anmeldetag steht ihm nicht zu, wenn die gesetzliche Frist zu dessen Inanspruchnahme bei Einreichung der GbmAnmeldung bereits abgelaufen war; in diesem Fall ist grds gegenüber dem Gebrauchsmuster die vor Einreichung der GbmAnmeldung erfolgte Veröffentlichung des Patents (oder der Patentanmeldung) als StdT zu berücksichtigen, da der Anmeldung jedenfalls ein früherer Zeitrang als der Tag der tatsächlichen Anmeldung nicht zukommt[62] (zu den Auswirkungen auf Löschung oder Feststellung der Unwirksamkeit Rn 9 vor § 15).

23   **2.** Wegen der Verschiebung des Anmeldetags berechnet sich die **Schutzdauer** nach dem Anmeldetag der Patentanmeldung.[63] Dies dürfte selbst dann gelten, wenn die Frist zur Inanspruchnahme dieses Anmeldetags bei Einreichung der GbmAnmeldung bereits abgelaufen war, versehentlich aber doch eingetragen wurde, was insb dann von Bedeutung sein kann, wenn die Patentanmeldung noch nicht veröffentlicht war (vgl Rn 22).

§ 6
(Priorität)

(1) [1]**Dem Anmelder steht innerhalb einer Frist von zwölf Monaten nach dem Anmeldetag einer beim Patentamt eingereichten früheren Patent- oder Gebrauchsmusteranmeldung für die Anmeldung derselben Erfindung zum Gebrauchsmuster ein Prioritätsrecht zu, es sei denn, daß für die frühere Anmeldung schon eine inländische oder ausländische Priorität in Anspruch genommen worden ist.** [2]**§ 40 Abs. 2 bis 4, Abs. 5 Satz 1, Abs. 6 des Patentgesetzes ist entsprechend anzuwenden, § 40 Abs. 5 Satz 1 mit der Maßgabe, daß eine frühere Patentanmeldung nicht als zurückgenommen gilt.**

(2) Die Vorschriften des Patentgesetzes über die ausländische Priorität (§ 41) sind entsprechend anzuwenden.

GbmEintrRl II 5
Ausland: Dänemark: § 5 GebrMG; **Österreich:** §§ 16, 16a, 16b (1998), 17 öGebrMG; **Tschech. Rep.:** § 9 GebrMG, geänd 2000

---

56   BPatGE 34, 87 = BlPMZ 1994, 290; BPatG GRUR 1994, 111; BPatG GRUR 1994, 274; BPatG BlPMZ 1994, 212; BPatG 9.9.1993 5 W (pat) 26/92, BlPMZ 1994, 42 Ls unter Aufgabe von BPatGE 31, 43, 46 = GRUR 1990, 435 und BPatGE 32, 259 = GRUR 1992, 380; *Mes* Rn 16; *Loth* Rn 26.
57   Zutr *Benkard* Rn 19.
58   *Benkard* Rn 15; *Bühring* Rn 55; *Mes* Rn 17; vgl („Priorität") OLG Düsseldorf 2.9.2010 2 U 24/10.
59   BPatGE 31, 217 = GRUR 1991, 42; *Mes* Rn 17.
60   Vgl zur Problematik *Loth* § 11 Rn 47 und *Loth* § 13 Rn 31.
61   BPatGE 35, 1 = GRUR 1995, 486; *Kraßer* GRUR 1993, 223, 229.
62   BGH GRUR 2000, 1018, 1020 Sintervorrichtung.
63   BPatGE 31, 43, 50 = GRUR 1990, 435, 438; *Benkard* Rn 15; *Mes* Rn 18; *Bühring* Rn 55; vgl *Schennen* GRUR 1987, 222, 225 f.

Übersicht

Schrifttum: *Bossung* Innere Priorität und Gebrauchsmuster, GRUR 1979, 661; *Goebel* Die innere Priorität, GRUR 1988, 243; *Schennen* Innere Gebrauchsmusterpriorität und Abzweigung, GRUR 1987, 222; *Winkler* Das neue Gebrauchsmustergesetz, Mitt 1987, 3.

A. Allgemeines

Entstehungsgeschichte. Die Regelung ist durch das GebrMÄndG als § 2b eingefügt worden, hat ihre **1** geltende Bezeichnung durch die Neubek 1986 erhalten und ist durch das PrPG, das 2. GPatG und das 2. PatGÄndG geänd worden.

Priorität im Gebrauchsmusterrecht. Die Regelung ist der im PatG angeglichen. Sachlich abw, aber **2** komplementär zu der im PatG, ist die Regelung der Rücknahmewirkung für die frühere Anmeldung (Rn 8). Besonderheiten ergeben sich weiter beim Ausstellungsschutz (§ 6a).

B. Innere Priorität

I. Grundsatz

Das GebrMÄndG 1986 hat die Möglichkeit der Inanspruchnahme der inneren Priorität im GbmRecht **3** entspr der Regelung in § 40 PatG eingeführt (vgl zur Rechtslage zuvor 6. *Aufl*).

II. Besonderheiten im Gebrauchsmusterrecht

1. Ist für die **frühere Anmeldung** bereits eine **Ausstellungspriorität** in Anspruch genommen, kann **4** diese Anmeldung nicht mehr prioritätsbegründend in Anspruch genommen werden.[1]

Aus einer dt **Geschmacksmusteranmeldung** steht einem GbmAnmelder ein Prioritätsrecht nicht zu.[2] **5**

2. Nachanmeldung. Die Priorität einer GbmAnmeldung kann für eine spätere GbmAnmeldung auch **6** dann wirksam in Anspruch genommen werden, wenn das DPMA die spätere Anmeldung bereits in das Register eingetragen hat; der GbmAnmelder verliert ein Prioritätsrecht nicht durch die Eintragung.[3]

Besonderheiten ergeben sich, wenn die Nachanmeldung eine **internationale Gebrauchsmusteran- 7 meldung** ist (Rn 25 zu § 40 PatG; Rn 12f zu Art III § 4 IntPatÜG).

3. Rücknahmefiktion. Die str gebliebene Frage, ob eine GbmNachanmeldung zur Fiktion der Rück- **8** nahme der früheren Patentanmeldung führt, ist durch das 2. GPatG iSd Rspr des BGH entschieden. Die Rücknahmewirkung für die frühere Patentanmeldung tritt nicht ein, wenn die Nachanmeldung eine GbmAnmeldung ist (Abs 1 Satz 2 2. Halbs), während § 40 Abs 5 Satz 2 PatG eine entspr Rechtsfolge für den umgekehrten Fall (GbmAnmeldung als Voranmeldung, Patentanmeldung als Nachanmeldung) betrifft (Rn 23ff zu § 40 PatG). Dagegen findet die Rücknahmefiktion auf eine frühere GbmAnmeldung Anwendung, sofern Eintragung noch nicht erfolgt ist.[4] Dem Eintritt der Rücknahmefiktion steht nicht im Weg, dass die Inanspruchnahme der Priorität in der Nachanmeldung möglicherweise gegen das Verbot der Kettenpriorität verstößt.[5]

1 BPatGE 29, 262, 264 f = Mitt 1989, 16.
2 BPatGE 31, 196 = GRUR 1991, 47, zum umgekehrten Fall BPatGE 49, 164 = GRUR 2006, 580.
3 BPatGE 32, 71 = GRUR 1991, 752; *Benkard* Rn 3.
4 *Bühring* Rn 26 f, 31.
5 BPPatG Mitt 2015, 137.

C. Ausländische Priorität

I. Grundsatz

9   Die Regelung in § 41 PatG ist entspr anzuwenden (Abs 2). Demnach gelten auch im GbmRecht die Unionspriorität (einschließlich ihrer Ausweitung über Art 2 Abs 1 TRIPS-Übk), die Priorität nach dem EPÜ und die dzt bedeutungslose (Rn 71 zu § 41 PatG) auf Gegenseitigkeit beruhende Priorität; bei letzterer ist zu beachten, ob sich die Prioritätsverbürgung auch auf Gebrauchsmuster erstreckt. Den Vertreter treffen bei der Prüfung der Möglichkeit zur Prioritätsbeanspruchung Sorgfaltspflichten, insb darf er nicht bis kurz vor Ablauf der maßgeblichen Frist zuwarten.[6] Wer in einem Verbandsland die Anmeldung für ein Gebrauchsmuster vorschriftsmäßig hinterlegt hat, kann für die Hinterlegung in anderen Ländern innerhalb von 12 Monaten ein Prioritätsrecht in Anspruch nehmen. Die Priorität kann auch aus einer Patentanmeldung in Anspruch genommen werden.

II. Priorität aus dem EPÜ

10   Die Priorität einer eur Patentanmeldung kann auch für eine GbmAnmeldung beansprucht werden; die Angabe „europäische Patentanmeldung" in der Prioritätserklärung wurde (vor Einführung der inneren Priorität) nicht als ausreichend angesehen;[7] dies trifft indessen zumindest seit 1987 nicht mehr zu (zur Problematik der „Selbstbenennung" Rn 32 zu § 40 PatG). Es ist nicht erforderlich, dass auch ein anderer Mitgliedstaat des EPÜ benannt ist.[8]

III. Verfahrensrechtliche Besonderheiten

11   Bei gleichzeitiger Anmeldung eines Patents und eines Gebrauchsmusters sind getrennte Prioritätserklärungen abzugeben und die Prioritätsunterlagen getrennt einzureichen (Rn 41 zu § 41 PatG); anders bei der Abzweigung (§ 5 Abs 1 Satz 2). Die Gbm-Stelle hat nur die formellen, nicht auch die materiellen Voraussetzungen der Inanspruchnahme zu prüfen.[9]

12   **D.** Zur **Ausstellungspriorität** s § 6a.

§ 6a
(Ausstellungsschutz)

(1)   Hat der Anmelder eine Erfindung
1.   **auf einer amtlichen oder amtlich anerkannten internationalen Ausstellung im Sinne des am 22. November 1928 in Paris unterzeichneten Abkommens über internationale Ausstellungen oder**
2.   **auf einer sonstigen inländischen oder ausländischen Ausstellung**

zur Schau gestellt, kann er, wenn er die Erfindung zum Gebrauchsmuster innerhalb einer Frist von sechs Monaten seit der erstmaligen Zurschaustellung zum Gebrauchsmuster anmeldet, von diesem Tag an ein Prioritätsrecht in Anspruch nehmen.

(2) Die in Absatz 1 Nummer 1 bezeichneten Ausstellungen werden vom Bundesministerium der Justiz und für Verbraucherschutz im Bundesanzeiger bekanntgemacht.

(3) Die Ausstellungen nach Absatz 1 Nummer 2 werden im Einzelfall vom Bundesministerium der Justiz und für Verbraucherschutz bestimmt und im Bundesanzeiger bekanntgemacht.

---

6   OLG Karlsruhe GRUR-RR 2009, 286.
7   Überholt BPatGE 23, 264 = GRUR 1981, 816.
8   Vgl *Bühring* Rn 46.
9   BPatGE 38, 20, 24 = BlPMZ 1998, 369; *Benkard* Rn 7; *Mes* Rn 16; vgl *Loth* Rn 37.

(4) Wer eine Priorität nach Absatz 1 in Anspruch nimmt, hat vor Ablauf des 16. Monats nach dem Tag der erstmaligen Zurschaustellung der Erfindung diesen Tag und die Ausstellung anzugeben sowie einen Nachweis für die Zurschaustellung einzureichen.

(5) Die Ausstellungspriorität nach Absatz 1 verlängert die Prioritätsfristen nach § 6 Abs. 1 nicht.

Schrifttum: *Döring* Vorübergehender Schutz auf Ausstellungen, GRUR 1928, 309; *Hunke* Europäisches Ausstellungs- und Messerecht, 1974; *Vitoria* International Exhibitions, EIPR Oktober 1978, 29; *Walther* Das Prioritätsrecht nach Art 4 des Unionsvertrages. Unter besonderer Berücksichtigung des Ausstellungsschutzes, 1945.

A. Allgemeines

Der Ausstellungsschutz für Gebrauchsmuster richtete sich anders als im PatG noch nach dem zuletzt **1** 1994 geänd Ausstellungsgesetz vom 18.3.1904 (Rn 191 zu § 3 PatG; zu den erfassten Ausstellungen Rn 196 zu § 3 PatG).[1] Das Geschmacksmusterreformgesetz hat das Ausstellungsgesetz aufgehoben und die Regelung sachlich unverändert als § 6a eigenständig in das GebrMG (und inhaltlich übereinstimmend in § 15 GeschmMG sowie in § 35 Abs 1 Nr 2, Abs 3 MarkenG) eingestellt.[2] Das GeschmMModG hat in Angleichung an die Formulierung in § 35 MarkenG die Abs 1–2 durch neue Abs 1–3 ersetzt und die früheren Abs 3 und 4 in Abs 4 und 5 umbenannt. Dabei wurden die internat Ausstellungen ausdrücklich in die Regelung einbezogen.[3] Die 10. ZuständigkeitsanpassungsVO hat jeweils nach dem Wort „Justiz" die Worte „und für Verbraucherschutz" eingefügt.

B. Voraussetzungen

I. Berechtigter

Die Inanspruchnahme der Ausstellungspriorität steht jedermann zu.[4] Auf PVÜ-Zugehörigkeit oder **2** Verbürgung der Gegenseitigkeit kommt es daher nicht an.

II. Zurschaustellung

Schutzvoraussetzung ist, dass die Erfindung auf einer inländ oder ausländ Ausstellung zur Schau ge- **3** stellt worden ist.[5] Zurschaustellung bedeutet, dass die Erfindung der Allgemeinheit zugänglich gemacht wurde.[6]

III. Zur **internationalen Ausstellung** (Abs 1 Nr 1) Rn 194 ff zu § 3 PatG. **4**

Sonstige Ausstellung iSd Abs 1 Nr 2 ist nur eine in einer Bek des BMJV im Bundesanzeiger (vor 2014 **5** im BGBl) bestimmte Ausstellung (Abs 3/2 (alt)).[7] Die Bek über den Schutz von Mustern und Marken auf

---

1   Aufgrund des Ausstellungsgesetzes sind noch die Bek BGBl 2003 I 1687 = BlPMZ 2003, 345; BGBl 2003 I 1989 = BlPMZ 2003, 410; BGBl 2003 I 2761 = BlPMZ 2004, 48; BGBl 2004 I 332 = BlPMZ 2004, 123 und BGBl 2004 I 559 = BlPMZ 2004, 175 ergangen, während die folgenden Bek nur noch auf das GeschmMG und das MarkenG gestützt sind.
2   Vgl Begr BlPMZ 2004, 253.
3   Vgl Begr GeschmMModG BTDrs 17/13428 S 35 f.
4   BGHZ 92, 188 = GRUR 1985, 34 Ausstellungspriorität.
5   Vgl zum AusstG 1904 BGH GRUR 1977, 796 Pinguin; BGH GRUR 1983, 31 Klarsichtbecher.
6   *Bühring* Rn 2.
7   Die von der Bestimmung erfassten Ausstellungen sind veröffentlicht in BGBl 2005 I 2421 = BlPMZ 2005, 333; BGBl 2005 I 2567 = BlPMZ 2005, 333; BGBl 2005 I 3169 = BlPMZ 2006, 6; BGBl 2005 I 3669 = BlPMZ 2006, 55; BGBl 2006 I 275 = BlPMZ 2006, 81; BGBl 2006 I 1163 = BlPMZ 2006.236; BGBl 2006 I 2119 = BlPMZ 2006, 307; BGBl 2006 I 3400 = BlPMZ 2007, 64; BGBl 2006 I 3400 = BlPMZ 2007, 64; BGBl 2007 I 67 = BlPMZ 2007, 98; BGBl 2007 I 312 = BlPMZ 2007, 221, BGBl 2007 I 692 = BlPMZ 2007, 274; BGBl 2007 I 1031 = BlPMZ 2007, 274; BGBl 2007 I 2264 = BlPMZ 2007, 426; BGBl 2007 I 2887 = BlPMZ 2008, 52; BGBl 2007 I 3147 = BlPMZ 2008, 56; BGBl 2008 I 123 = BlPMZ 2008, 74; BGBl 2008 I 156 = BlPMZ 2008, 118; BGBl 2008 I 867 = BlPMZ 2008, 229; BGBl 2009 I 70 = BlPMZ 2009, 93; BGBl 2009 I 461 = BlPMZ 2009, 135; BGBl 2009 I 2129 = BlPMZ 2009, 329; BGBl 2009 I 3178 = BlPMZ 2009, 414; BGBl 2009 I 3863 = BlPMZ 2010, 1; BGBl 2010 I 35 = BlPMZ 2010, 85, BGBl 2010 I 273 = BlPMZ 2010, 180; BGBl I 2010, 379 = BlPMZ 2010, 206, BGBl I 2010, 654 = BlPMZ 2010, 233; BGBl I 2010,

Ausstellungen umfassen den GbmSchutz nur noch, soweit dies dort, wie in den genannten Bek, ausdrücklich bestimmt ist.

IV. Inanspruchnahme

6   **1. Grundsatz.** Die Ausstellungspriorität muss beansprucht werden (vgl Abs 1).[8] Eine besondere Form ist hierfür nicht vorgeschrieben. Jedoch sind für den Inhalt der Erklärung in Abs 3 Vorgaben enthalten (Rn 7).

7   **2. Frist.** Die Inanspruchnahme, die nicht schon mit der Anmeldung erfolgen muss,[9] kann nur bis zum Ablauf des sechzehnten Monats nach dem Tag der erstmaligen Zurschaustellung (der nicht mit dem der Ausstellungseröffnung zusammenfallen muss)[10] erfolgen (Abs 3). Wiedereinsetzung ist möglich.[11]

8   **3. Inhalt.** Innerhalb der 16-Monats-Frist (Rn 7) sind der Tag der erstmaligen Zurschaustellung und die Ausstellung (iS einer der in den maßgeblichen Bek genannten Ausstellungen) anzugeben; weiter ist ein Nachweis für die Zurschaustellung innerhalb dieser Frist einzureichen (Abs 3).

C. Wirkung

I. Kumulierung

9   Ausstellungspriorität und Priorität nach § 6 Abs 1 können nicht kumuliert werden (Abs 4),[12] wohl aber, nachdem sich Abs 5 nur auf § 6 Abs 1 bezieht, Ausstellungspriorität und ausländ Priorität[13] sowie Ausstellungspriorität und Neuheitsschonfrist.[14]

II. Prioritätswirkung

10   Die Ausstellungspriorität wird als Sonderfall der Priorität bezeichnet.[15] Sie bewirkt, dass die Schaustellung oder eine anderweitige spätere Benutzung oder Veröffentlichung der Erfindung der Erlangung des Gbm-Schutzes nicht entgegenstehen, sofern die Gbm-Anmeldung innerhalb einer Frist von 6 Monaten seit der erstmaligen Zurschaustellung (also nicht seit Ausstellungseröffnung)[16] erfolgt. Zugleich begründet die Anmeldung den Zeitrang des Tags der ersten Zurschaustellung (nicht des Beginns der Ausstellung). Der Schutz entfaltet seine Wirkung auch hinsichtlich vor der Eröffnung der Ausstellung erfolgter Benutzungs-

---

1043 = BlPMZ 2010, 307; BGBl I 2010, 1105 = BlPMZ 2010, 307; BGBl 2010 I 1531 = BlPMZ 2011, 2; BGBl 2010 I 2331 = BlPMZ 2011, 44; BGBl 2011 I 241 = BlPMZ 2011, 76; BGBl 2011 I 364 = BlPMZ 2011, 180; BGBl 2011 I 813 = BlPMZ 2011, 208; BGBl 2011 I 1833 = BlPMZ 2011, 332; BGBl 2011 I 2253 = BlPMZ 2012, 2; BGBl 2011 I 3142 = BlPMZ 2012, 48; BGBl 2012 I 123 = BlPMZ 2012, 78; BGBl 2012 I 508 = BlPMZ 2012, 149; BGBl 2012 I 2123 = BlPMZ 2012, 371; BGBl 2012 I 3005 = BlPMZ 2013, 53; BGBl 2013 I 1271 = BlPMZ 2013, 250; BGBl 2013 I 3244 = BlPMZ 2013, 301; BGBl 2013, 4065 = BlPMZ 2014, 70; BGBl 2013, 4089 = BlPMZ 2014, 72; BAnz AT 7.3.2014 B1 = BlPMZ 2014, 133; BAnz AT 30.4.2014 B3 = BlPMZ 2014, 230; BAnz AT 16.6.2014 B1 = BlPMZ 2014, 276; BAnz AT 15.7.2014 B1 = BlPMZ 2014, 277; BAnzAT 21.8.2014 = BlPMZ 2014, 305; BAnz AT 26.11.2014 = BlPMZ 2015, 6; BAnz AT 2.1.2015 = BlPMZ 2015, 41; BAnz AT 16.2.2015 B1 = BlPMZ 2015, 78; BAnz AT 7.4.2015 B1 = BlPMZ 2015, 202; BAnzAT 23.6.2015 B3 = BlPMZ 2015, 225; BAnz AT 17.8.2015 = BlPMZ 2015, 269; BAnz AT 16.10.2015 = BlPMZ 2015, 334; BAnz AT 29.12.2015 = BlPMZ 2016, 45; BAnz AT 12.1.2016 = BlPMZ 2016, 79; BAnz AT 8.3.2016 = BlPMZ 2016, 130; BAnz AT 24.5.2016 B1 = BlPMZ 2016, 218.
8   Vgl *Bühring* Rn 5.
9   *Bühring* Rn 5; *Loth* § 3 Rn 91.
10   *Bühring* Rn 3.
11   *Bühring* Rn 5.
12   BPatGE 29, 262 = GRUR 1988, 911 f; *Benkard* Rn 7; *Bühring* Rn 4; *Loth* § 3 Rn 91.
13   *Bühring*[7] Rn 3, abw jetzt *Bühring* Rn 4.
14   *Benkard* Rn 9; *Bühring* Rn 3; *Loth* § 3 Rn 91.
15   BGHZ 92, 188 = GRUR 1985, 34 Ausstellungspriorität; BPatGE 29, 262 = GRUR 1988, 911; BPatGE 31, 196 = GRUR 1991, 47; *Bühring* Rn 3.
16   So aber *Bühring* Rn 3.

handlungen (Vorbereitungshandlungen der Ausstellung) des Anmelders, wenn sie in einem unmittelbaren zeitlichen und örtlichen Zusammenhang mit der Schaustellung stehen.[17]

Die Zurschaustellung steht damit der Anmeldung durch den Ausstellenden nicht entgegen.[18] Die Tat- **11** sache der Zurschaustellung bleibt sowohl bei der Neuheitsprüfung als auch bei der Beurteilung des erfinderischen Schritts **außer Betracht**.[19] Auch sonstige Handlungen innerhalb des sechsmonatigen Prioritätsintervalls sind privilegiert.[20] Das wird auch für sonstige Anmeldungen zwischen Zurschaustellung und Anmeldung weitergelten müssen, obwohl die geltende Regelung anders als das Ausstellungsgesetz eine ausdrückliche diesbezügl Regelung nicht mehr enthält.[21]

§ 7
(Recherche)

(1) Das Patentamt ermittelt auf Antrag den Stand der Technik, der für die Beurteilung der Schutzfähigkeit des Gegenstandes der Gebrauchsmusteranmeldung oder des Gebrauchsmusters in Betracht zu ziehen ist (Recherche).

(2) [1] Der Antrag kann von dem Anmelder oder dem als Inhaber Eingetragenen und jedem Dritten gestellt werden. [2] Er ist schriftlich einzureichen. [3] § 28 ist entsprechend anzuwenden.

(3) [1] Der Eingang des Antrags wird im Patentblatt veröffentlicht, jedoch nicht vor der Eintragung des Gebrauchsmusters. [2] Hat ein Dritter den Antrag gestellt, so wird der Eingang des Antrags außerdem dem Anmelder oder dem als Inhaber Eingetragenen mitgeteilt. [3] Jedermann ist berechtigt, dem Patentamt Hinweise zum Stand der Technik zu geben, der für die Beurteilung der Schutzfähigkeit des Gegenstandes der Gebrauchsmusteranmeldung oder des Gebrauchsmusters in Betracht zu ziehen ist.

(4) [1] Ist ein Antrag nach Absatz 1 eingegangen, so gelten spätere Anträge als nicht gestellt. [2] § 43 Absatz 4 Satz 2 und 3 des Patentgesetzes ist entsprechend anzuwenden.

(5) Erweist sich ein von einem Dritten gestellter Antrag nach der Mitteilung an den Anmelder oder den als Inhaber Eingetragenen als unwirksam, so teilt das Patentamt dies außer dem Dritten auch dem Anmelder oder dem als Inhaber Eingetragenen mit.

(6) Das Patentamt teilt den nach Absatz 1 ermittelten Stand der Technik dem Anmelder oder dem als Inhaber Eingetragenen und, wenn der Antrag von einem Dritten gestellt worden ist, diesem und dem Anmelder oder dem als Inhaber Eingetragenen ohne Gewähr für Vollständigkeit mit und veröffentlicht im Patentblatt, daß diese Mitteilung ergangen ist.

GbmRechRl vom 31.3.2015 BlPMZ 2015, 145

Ausland: Frankreich: Art R 616-1–3 CPI; **Österreich:** § 19 öGebrMG (obligatorische Recherche); **Serbien:** Art 137 PatG 2004

---

17 BGH GRUR 1975, 254 Ladegerät; vgl RGZ 101, 36, 39 = GRUR 1921, 55 Mischmaschine; OLG Karlsruhe GRUR 1973, 26 f; *Bühring* Rn 3.
18 *Bühring* Rn 3, 6 mit Hinweis, dass eine Nr 2 Satz 2 AusstG (im Intervall zwischen der Schaustellung und der Anmeldung des ausgestellten Gegenstands als Gebrauchsmuster hinterlegte Anmeldungen) entspr Bestimmung fehlt.
19 Vgl *Benkard* Rn 10; OLG Karlsruhe GRUR 1973, 26 f.
20 *Benkard* Rn 11.
21 *Bühring* Rn 6; zwd deshalb *Benkard* Rn 12.

A. Allgemeines

1   Die durch das GebrMÄndG 1986 neu eingeführte Vorschrift entsprach früher weitgehend § 43 PatG. Das KostRegBerG hat sie – wie § 43 PatG – geänd. Da eine Sachprüfung des Gebrauchsmusters nur über das Löschungsverfahren, nicht aber vom Anmelder/GbmInhaber von sich aus herbeigeführt werden kann, ist die GbmRecherche für diesen die einzige Möglichkeit, seitens des DPMA Hinweise zur Schutzfähigkeit des Gebrauchsmusters zu erhalten.[1] Intern bindende Anweisungen ohne Rechtsnormqualität enthalten die an die Stelle der GbmRechRl vom 2.9.2009[2] getretenen GbmRechRl vom 31.3.2015, die zur Unterrichtung der Öffentlichkeit bekannt gemacht worden sind.[3]

2   **Abweichungen von der Recherche nach § 43 PatG** ergaben sich daraus, dass der Rechercheantrag nicht mit einem Prüfungsantrag konkurrieren kann (vgl § 43 Abs 4 PatG), die GbmRecherche also immer „isolierte" oder „selbstständige" Recherche ist, sie nicht auf zwischenstaatliche Einrichtungen übertragen werden kann (vgl § 43 Abs 1 Satz 2, Abs 7 Satz 2, Abs 8 PatG aF) und das frühere Zusatzpatent im GbmRecht keine Parallele hatte (vgl § 43 Abs 2 Satz 5 PatG aF). Materiell ergeben sich Besonderheiten durch die Berücksichtigung des Anmeldetags der zugrunde liegenden Patentanmeldung im Fall der Abzweigung und einer Neuheitsschonfrist (vgl GbmRechRl unter 5.). Die GbmRecherche nimmt zudem anders als die neue Patentrecherche keine vorläufige Beurteilung der Schutzfähigkeit vor.

3   **Reform.** Das Gesetz zur Novellierung patentrechtlicher Vorschriften und anderer Gesetze des gewerblichen Rechtsschutzes hat zunächst terminologische Änderungen vorgenommen (Stand der Technik statt Druckschriften), die für die Patentrecherche erfolgten inhaltlichen Änderungen wegen der fehlenden Prüfung des Gebrauchsmusters nicht nachvollzogen und anders als die im PatG nunmehr verwirklichte Regelung das Antragsrecht Dritter, die anders als im PatG keine Möglichkeit zur Einleitung des Prüfungsverfahrens haben, beibehalten. Die entspr Vorschriften des § 43 PatG aF sind deshalb in den Gesetzestext eingefügt worden.[4] Die Neufassung ist seit 1.4.2014 in Kraft.

4   **Bedeutung der Recherche.** Vgl zunächst *5. Aufl.* Die Zahl der Rechercheanträge zu Gebrauchsmusteranmeldungen betrug in den vergangenen Jahren zu Gebrauchsmusteranmeldungen jeweils knapp 3.000 (2007: 2.826, 2006: 2.952), zu eingetragenen Gebrauchsmustern einige Hundert (2007: 390, 2006: 445). Neuere Zahlen sind nicht publiziert.

B. Verfahren

I. Antrag

5   **1. Allgemeines.** Die GbmRecherche setzt einen Antrag voraus, der von jedermann (das Gesetz spricht vom Anmelder, dem als Inhaber Eingetragenen und jedem Dritten) gestellt (Abs 2 Satz 1) und vom Antragsteller zurückgenommen werden kann. Er kann nur auf Ermittlung des StdT nach Abs 1 gerichtet sein. Rechtsschutzbedürfnis ist nicht erforderlich (zur Verfahrenskostenhilfe Rn 11). Ein bereits vor Teilung des Gebrauchsmusters gestellter unerledigter Rechercheantrag gilt auch für die Teilanmeldung. Ein im Stammverfahren infolge Durchführung der Recherche erledigter Rechercheantrag lebt im Verfahren der Teilanmeldung nicht von selbst wieder auf, sondern muss erneut ausdrücklich gestellt werden, wenn der Trennanmelder eine nochmalige Recherche wünscht.[5] Ein noch wirksamer früherer Rechercheantrag macht einen weiteren unwirksam (Abs 4 Satz 1). Ist die Prüfung der Wirksamkeit des früheren Antrags noch nicht abgeschlossen, wird auch hiervon der spätere Antragsteller zu unterrichten und die Rückzahlung der Antragsgebühr zurückzustellen sein, bis die Prüfung des früheren Antrags zu einem positiven

---

1 Vgl Begr GebrMÄndG 1986, BlPMZ 1986, 320, 326; vgl auch Grünbuch S 89 ff; LG Düsseldorf 22.10.1998 4 O 15/98 Entsch 1998, 123; zur Bedeutung für das Verfügungsverfahren *Loth* Rn 3.
2 BlPMZ 2009, 363.
3 MittPräsDPMA Nr 9/2015 BlPMZ 2015, 145.
4 Vgl Begr BTDrs 17/10308 S 20 = BlPMZ 2013, 366, 373.
5 BPatGE 29, 186 = GRUR 1988, 529, zur Ausscheidung im Patentrecht.

Ergebnis geführt hat und die Gebühr gezahlt ist. Der Antrag unterliegt wegen seines rein verfahrensrechtl Charakters nicht der Irrtumsanfechtung.[6]

2. Form. Der Antrag ist schriftlich einzureichen (Abs 2 Satz 2; zur Schriftform, die auch elektronische 6 Dokumente erfasst,[7] Rn 62 ff vor § 34 PatG). Die Vorschrift über den Inlandsvertreter (§ 28) ist anzuwenden (Abs 2 Satz 3). Da der auswärtige Anmelder bereits nach § 28 für das Anmeldeverfahren einen Inlandsvertreter benötigt, hat Abs 2 Satz 3 nur für den antragstellenden auswärtigen Dritten Bedeutung.

3. Frist. Eine besondere Befristung sieht das Gesetz nicht vor. Der Rechercheantrag kann jedoch nur 7 gestellt werden, solange die GbmAnmeldung anhängig oder das Gebrauchsmuster in Kraft[8] (GbmRechRl Nr 2) und kein anderer, noch wirksamer Rechercheantrag (Abs 4 Satz 1) gestellt ist. Rücknahme der Anmeldung vor Beginn der Recherche hindert deren Durchführung nicht; sie ist auf Verlangen des Anmelders durchzuführen oder fertigzustellen, wenn dieser ein schutzwürdiges Interese an der Erstellung des Rechercheberichts darlegt (GbmRechRl Nr 2).[9]

4. Rücknahme des Rechercheantrags beendet die Recherche. Eine entspr Anwendung des § 44 Abs 4 8 PatG, wonach die Prüfung auch bei Rücknahme des Prüfungsantrags fortgesetzt wird, kommt nicht in Betracht.[10]

II. Gebühr

Der Antrag ist gebührenpflichtig. Die Gebührenpflicht ergibt sich aus dem GebVerz; vgl Rn 17 ff zu 9 § 43 PatG. Die Recherchegebühr beträgt nunmehr 300 EUR (GebVerz Nr 321200). Sie wird als Antragsgebühr mit Stellung des Antrags fällig (§ 3 Abs 1 PatKostG).[11] Die Gebührenzahlung hat der Antragstellung binnen drei Monaten nachzufolgen (§ 6 Abs 1 Satz 2 PatKostG). Wird die Gebühr nicht oder nicht vollständig in dieser Frist entrichtet, gilt der Rechercheantrag als zurückgenommen (§ 6 Abs 2 PatKostG). Zum Übergangsrecht Rn 18 zu § 43 PatG.

Rückzahlung der Recherchegebühr sieht Abs 4 Satz 2 iVm § 43 Abs 4 Satz 3 PatG nur für den Fall 10 vor, dass der Rechercheantrag wegen eines früheren Rechercheantrags als nicht gestellt gilt (näher Rn 19 zu § 43 PatG). Die Rücknahme des Rechercheantrags begründet die Rückzahlung auch dann nicht, wenn es noch nicht zur Durchführung der Recherche gekommen ist.[12] Das gilt idR auch, wenn die Recherche nicht bis zum Ablauf der Prioritätsfrist zur Einreichung einer Nachanmeldung angefertigt wurde.[13]

III. Verfahrenskostenhilfe

III. Verfahrenskostenhilfe kommt für die Recherchegebühr nicht in Betracht[14] (vgl die EintrRl unter 11 III. 2). Verfahrenskostenhilfe für das Eintragungsverfahren umfasst nicht die Recherche.[15]

IV. Beteiligte

Der Anmelder oder der als Inhaber Eingetragene ist an der Recherche ohne weiteres beteiligt.[16] Zu den 12 vorgeschriebenen Mitteilungen Rn 19 ff.

Hingegen wird ein antragstellender **Dritter** durch den Rechercheantrag nicht zum Beteiligten des 13 Eintragungsverfahrens. Auch er muss indessen insoweit als Beteiligter behandelt werden, als es um die

---

6   BPatG 12.11.1998 5 W (pat) 18/96; *Bühring* Rn 4.
7   AA *Mes* Rn 5 unter Hinweis auf die GbmRechRl 2009.
8   *Benkard* Rn 3; aA *Mes* Rn 4; *Loth* Rn 5; *Bühring* Rn 4, die bei abgelaufenem Gebrauchsmuster die Recherche vom Bestehen eines Rechtsschutzbedürfnisses abhängig machen wollen.
9   BPatGE 31, 91 = GRUR 1990, 513; *Mes* Rn 4.
10   BPatGE 13, 195, 198 = Mitt 1972, 117.
11   BPatG BlPMZ 2004, 162; vgl BPatG Mitt 1983, 174.
12   BPatGE 44, 170; BPatGE 46, 207 = BlPMZ 2004, 162; *Mes* Rn 7.
13   BPatGE 44, 170; BPatGE 46, 207 = BlPMZ 2004, 162; näher *Bühring* Rn 13.
14   BPatGE 44, 187 = BlPMZ 2002, 208.
15   BPatGE 44, 187 = BlPMZ 2002, 208.
16   Vgl *Benkard* § 43 PatG Rn 20.

Zulässigkeit seines Rechercheantrags geht. Ihm sind also Beanstandungen mitzuteilen, er ist hierzu zu hören und wo möglich zur Nachbesserung seines Antrags aufzufordern.[17] Eine Beteiligung in Bezug auf die Durchführung der Recherche entsteht dadurch nicht. Dieser bedarf es auch nicht, da der Dritte – wie jeder andere – berechtigt ist, dem DPMA Hinweise zum StdT anzugeben (Abs 3 Satz 3) und eine darüber hinausgehende Erörterung der Anmeldung im Rechercheverfahren nicht stattfindet.[18]

V. Zuständigkeit

14   Die Zuständigkeit der Prüfungsstelle stimmt mit der im PatG überein (GbmRechRl unter 3.), zuständig ist danach die für die Hauptklasse zuständige Prüfungsstelle (§ 27 PatG; vgl Rn 22 ff zu § 43 PatG), nicht die GbmStelle. Die Recherche kann nicht auf eine andere Stelle übertragen werden.

VI. Verfahrensgang; Recherchebericht

15   **1. Allgemeines.** Für die GbmRecherche wurden im wesentlichen die früheren Regelungen über die Patentrecherche beibehalten (vgl Rn 28 ff zu § 43 PatG). Die allg Verfahrensvoraussetzungen müssen, da der Rechercheantrag ein Verfahren einleitet, erfüllt sein, insb muss Beteiligten- und Handlungsfähigkeit des Antragstellers gegeben sein (Rn 28 ff vor § 34 PatG). Für Einzelheiten ist ergänzend auf die GbmRechRl zu verweisen. Nach Eingang eines Rechercheantrags prüft das DPMA dessen Statthaftigkeit sowie die übrigen allg und besonderen Verfahrensvoraussetzungen. Ergeben sich dabei Bedenken, muss der Antragsteller darauf hingewiesen und es muss ihm Gelegenheit zur Stellungnahme gegeben werden. Sind die Mängel behebbar, ist er zu ihrer Behebung unter Fristsetzung aufzufordern. Zur Gebührenzahlung Rn 9.

16   **2. Zurückweisung des Rechercheantrags** erfolgt, wenn er unwirksam ist oder sich sonst als unstatthaft oder unzulässig erweist und seine Mängel nicht behoben werden (können). Die Zurückweisung erfolgt durch Beschluss, der dem Antragsteller zuzustellen ist; beim Anmelder soll formlose Mitteilung genügen.[19] Dies ist inkonsequent, weil allenfalls der Anmelder ein Beschwerderecht haben kann, nicht aber der Dritte (Rn 42 zu § 73 PatG; Rn 19 zu § 74 PatG). Die Mitteilung ist nicht erforderlich, wenn die Mitteilung des Antrags eines Dritten an den Anmelder noch nicht erfolgt war.

17   **3. Verfahren bei zulässigem Antrag.** Erweist sich der Rechercheantrag als zulässig, sind hierzu festgestellte Mängel behoben und etwaige Bedenken ausgeräumt, ergeht hierüber kein besonderer Bescheid. Vielmehr setzt das DPMA das Verfahren fort.

18   Der Eingang des Rechercheantrags wird im PatBl **veröffentlicht** (Abs 3 Satz 1). Dies geschieht, um der Öffentlichkeit Gelegenheit zu geben, durch Benennung von der Schutzfähigkeit entgegenstehendem StadT an deren Beurteilung mitzuwirken (vgl Abs 3 Satz 3). Zugleich soll dadurch weiteren unnötigen Rechercheanträgen vorgebeugt werden (Abs 4 Satz 1). Die Veröffentlichung des Antrags setzt daher die Feststellung seiner Zulässigkeit und der Gebührenzahlung voraus. Um ein vorzeitiges Bekanntwerden der Anmeldung zu verhindern, darf die Veröffentlichung erst nach Eintragung des Gebrauchsmusters erfolgen (Abs 3 Satz 1 2. Halbs). Ein Widerruf der Veröffentlichung, die sich nachträglich als fehlerhaft erweist, ist nicht vorgesehen, wird sich aber empfehlen.[20]

19   **4. Gesetzlich vorgeschriebene Mitteilungen.** Dem Anmelder oder als Inhaber Eingetragenen wird der Eingang des **Rechercheantrags** mitgeteilt, sofern ihn ein Dritter gestellt hat (Abs 3 Satz 2). So wird er als der an der Sache besonders Interessierte über ihren Stand auf dem Laufenden gehalten, ohne genötigt zu sein, deswegen die Veröffentlichungen im PatBl zu verfolgen.

20   Dem Antragsteller, sei er der Anmelder oder als Inhaber Eingetragene oder ein Dritter, dessen Antrag als nicht gestellt gilt, weil bereits **früher ein Rechercheantrag** nach Abs 1 wirksam gestellt ist, wird der

---

17   *Benkard*[10] § 43 PatG Rn 17.
18   *Benkard*[10] § 43 PatG Rn 17.
19   Vgl *Benkard*[10] § 43 PatG Rn 19.
20   Vgl *Benkard*[10] § 43 PatG Rn 23.

Zeitpunkt mitgeteilt, zu dem der frühere Rechercheantrag eingegangen ist (Abs 4 Satz 2 iVm § 43 Abs 4 Satz 3 PatG).

Erweist sich der **von dem Dritten gestellte Rechercheantrag** nach der Mitteilung an den Anmelder 21 als unwirksam oder sonst unzulässig, teilt das DPMA dies außer dem Dritten auch dem Anmelder oder dem als Inhaber Eingetragenen mit (Abs 5). Dadurch wird er in den Stand versetzt, sein Verhalten darauf einzurichten, insb seinerseits Rechercheantrag zu stellen. Gleiches hat zu gelten, wenn der Antrag wegen Ausbleibens der Gebühr als zurückgenommen gilt (§ 6 Abs 2 PatKostG).

5. Durchführung der Recherche. Über die Recherche selbst enthält das Gesetz, von der Bezeichnung 22 ihres Gegenstands in Abs 1 abgesehen, keine näheren Vorschriften. Sie ergeben sich im wesentlichen aus den GbmRechRl.

Formelle Behandlung des Antrags. Der Rechercheantrag wird auf seine Wirksamkeit geprüft. Die zu- 23 ständige Stelle (GbmStelle) veranlasst die Mitteilungen (Rn 19 ff) sowie die Veröffentlichungen im PatBl, letztere jedoch nicht vor der Eintragung des Gebrauchsmusters (Abs 3 Satz 1). Nach Feststellung der Wirksamkeit des Rechercheantrags wird die Akte der für die Hauptklasse zuständigen Prüfungsstelle zur Durchführung der Recherche zugeleitet (GbmRechRl Nr 3). Die Prüfungsstelle prüft alsbald nach Eingang der Akte ihre Zuständigkeit; hält sie sich für nicht zuständig, hat sie unverzüglich Maßnahmen zur Feststellung der zuständigen Prüfungsstelle einzuleiten. Diese ist für die Durchführung der Recherche verantwortlich. Die Recherche wird in der Reihenfolge des zeitlichen Eingangs unverzüglich durchgeführt. Dem Antragsteller soll das Rechercheergebnis rechtzeitig vor Ablauf des Prioritätsjahrs vorliegen; auf begründeten Beschleunigungsantrag kann die Recherche vorgezogen werden. Ein unmittelbarer Schriftwechsel mit dem Anmelder oder dem als Inhaber Eingetragenen oder einem antragstellenden Dritten findet nicht statt.

Gegenstand der Recherche ist das, was nach den Schutzansprüchen unter Schutz gestellt werden 24 soll. Beschreibung und Zeichnungen sind zur Auslegung der Schutzansprüche heranzuziehen. Liegen mehrere Anspruchsfassungen vor, ist der Recherche die zuletzt eingereichte, von der Prüfungsstelle als zulässig erachtete Fassung zugrundezulegen (GbmRechRl Nr 4.).

Umfang der Recherche. Mit der Recherche soll der StdT so ermittelt werden, dass damit die Schutz- 25 fähigkeit der angemeldeten Erfindung vorläufig beurteilt werden kann (GbmRechRl Nr 5.). Jede Anmeldung wird im Rahmen des Rechercheverfahrens nur einmal recherchiert. Die Prüfungsstelle hat sich hierbei der vorhandenen technischen Hilfsmittel sowie der durch diese verfügbaren Informationsquellen zu bedienen, sofern dies erfolgversprechend und der Aufwand vertretbar erscheint; dazu gehört auch das Heranziehen des vom Anmelder selbst genannten StdT (GbmRechRl Nr 5.). Es wird geprüft, ob in anderen Staaten bereits Rechercheergebnisse vorliegen.

Für jeden Schutzanspruch, soweit er nicht nur Selbstverständlichkeiten enthält, ist der ermittelte 26 StdT anzugeben. Die vom Anmelder oder eingetragenen Inhaber genannten Druckschriften sind zu berücksichtigen, dabei sind sie ggf anzufordern. Wird infolge zu weiter Fassung des Hauptanspruchs der Umfang des anzugebenden StdT zu groß, ist der StdT zu nennen, der dem Erfindungsgegenstand unter Berücksichtigung einschränkender Merkmale der Unteransprüche besonders nahe kommt. Es genügt, jeweils nur ein Mitglied der Patentfamilie zu berücksichtigen, es sei denn, es besteht Grund zu der Annahme, dass bei dem Inhalt einzelner Mitglieder der gleichen Patentfamilie wesentliche sachliche Unterschiede bestehen (GbmRechRl Nr 5.).

Es gilt der **Grundsatz der gründlichen, aber nicht übertriebenen Recherche.** Wird bei der Durch- 27 führung der Recherche erkennbar, dass für eine nur noch geringe Verbesserung des Ergebnisses ein unverhältnismäßig großer Arbeitsaufwand erforderlich wäre, ist die Recherche zu beenden (GbmRechRl Nr 5.). Bezugszeitpunkt für die Recherche ist der Anmeldetag und nicht der ggf in Anspruch genommene Prioritätstag. Bei einer Abzweigung ist der Anmeldetag der zugrunde liegenden Patentanmeldung maßgebend (GbmRechRl Nr 5.).

Nachveröffentlichte **Patentanmeldungen und Gebrauchsmuster mit älterem Zeitrang** sind zu nen- 28 nen, sofern sie zum Zeitpunkt der Recherche bereits als StdT vorliegen. Hierbei sind nachveröffentlichte PCT-Anmeldungen und eur Anmeldungen mit älterem Zeitrang anzugeben, wenn das DPMA Bestimmungsamt ist; das gilt auch für eur Patentanmeldungen, in denen die Bundesrepublik Deutschland bestimmt oder benannt ist (GbmRechRl Nr 5.). Eine Neuheitsschonfrist nach § 3 Abs 1 Satz 3 ist zu berücksichtigen.

Bei **Datenbankrecherchen** ist ein der Akte als elektronisches Dokument zuzuführendes Protokoll 29 über den vollständigen Ablauf der Recherche zu erstellen, das die ausgewählten Datenbanken sowie die verwendeten Suchbegriffe enthält.

30   **Sonderfälle.** Ist der Anmeldungsgegenstand oder sind Teile von ihm wegen Mängeln in den Unterlagen als nicht recherchierbar, ist im Recherchebericht anzugeben, zu welchen Ansprüchen nicht recherchiert wurde und aus welchem Grund dies nicht geschehen ist (GbmRechRl Nr 5).

31   **6. Recherchebericht.** Das DPMA teilt den nach Abs 1 ermittelten StdT dem Anmelder oder als Inhaber Eingetragenen und, wenn der Antrag von einem Dritten gestellt worden ist, auch diesem ohne Gewähr für Vollständigkeit mit und veröffentlicht im PatBl, dass die Mitteilung ergangen ist (Abs 6). Diese Mitteilung ist der Recherchebericht (vgl Rn 48 ff zu § 43 PatG). Für ihn sind die vorgesehenen Vordrucke zu verwenden.

32   Im Recherchebericht ist darauf hinzuweisen, dass eine **Gewähr** für die Vollständigkeit der Ermittlung der Druckschriften und für die Richtigkeit der angegebenen Kategorie nicht geleistet werden kann (Abs 6). Demzufolge scheiden Ansprüche auf Ergänzung oder Vervollständigung der Recherche[21] ebenso aus wie Schadensersatzansprüche.

33   Der **Inhalt des Rechercheberichts** entspricht bis auf die fehlende vorläufige Beurteilung der Schutzfähigkeit nahezu vollständig den Vorgaben nach § 43 Abs 7 PatG (Einzelheiten GbmRechRl Nr 6). Weitere, über die Kategorieangabe hinausgehende Hinweise, die auf eine prüfungsähnliche Bewertung des Anmeldungsgegenstands oder des Gebrauchsmusters hindeuten, sind zu unterlassen.

34   **Lieferung des ermittelten Stands der Technik.** Der Anmelder oder der als Inhaber Eingetragene und der Antragsteller erhalten den ermittelten StdT zusammen mit dem Recherchebericht; lediglich Nichtpatentliteratur mit möglicherweise eingeschränkten Druck- und Kopierrechten wird mit gesonderter Post versandt, sie ist in der Online-Akteneinsicht für die Öffentlichkeit nur als Fundstelle verfügbar (GbmRechRl Nr 6).

35   **Fehlerberichtigung.** Wird nach Veröffentlichung des Hinweises auf den Recherchebericht im PatBl auf der Veröffentlichung des Gebrauchsmusters („Gebrauchsmusterschrift") ein schwerwiegender Fehler in Bezug auf den angegebenen StdT festgestellt, wird im PatBl eine entspr Berichtigung veröffentlicht; die Betroffenen sind zu unterrichten. Ist aufgrund des Rechercheberichts ein falsches Dokument übersandt worden, ist das richtige Dokument nachzusenden (GbmRechRl Nr 6).

36   **7. Gebühren.** Für den Anmelder oder den als Inhaber Eingetragenen und den antragstellenden Dritten fallen für das Rechercheverfahren neben der Rechercheantragsgebühr keine weiteren Gebühren an. Für sonstige, am Rechercheverfahren unbeteiligte Dritte ist die für sie früher geltende Pauschalgebühr entfallen. Ihnen stehen die entsprechenden Informationen nach Akteneinsichtsrecht zur Verfügung, dh sie erhalten die Mitteilung des ermittelten StdT in dem in Rn 34 genannten Umfang auf einen entspr Antrag, wofür die Akteneinsichtsgebühr von 30 EUR anfällt (Anl zu § 2 Abs 1 DPMAVwKostV (KostVerz) Nr 301.400, 301.410 idF des Art 25 KostRegBerG). Wenn sie darüber hinaus die Übersendung wünschen, werden dafür die üblichen Auslagen zusätzlich erhoben (Anl zu § 2 Abs 1 DPMAVwKostV (KostVerz) Nr. 302.100 iVm Nr 301.410 idF des Art 25 KostRegBerG).

37   **C. Angaben zum Stand der Technik durch Dritte** sind nach Abs 3 Satz 3 bei Gebrauchsmustern möglich; sie werden im Rahmen einer Recherche, aber auch eines Löschungsverfahrens berücksichtigt.[22] Eingaben dieser Art sind dem Anmelder oder dem als Inhaber Eingetragenen und während eines anhängigen Rechercheverfahrens auch der Prüfungsstelle umgehend zuzuleiten (GbmRechRl Nr 3). Die Angaben werden in den Recherchebericht (Rn 31) aufgenommen, wenn die Prüfungsstelle sie als relevant ansieht.

§ 8
(Eintragung; Register)

(1) [1]**Entspricht die Anmeldung den Anforderungen des §§ 4, 4a, 4b, so verfügt das Patentamt die Eintragung in das Register für Gebrauchsmuster.** [2]**Eine Prüfung des Gegenstandes der Anmel-**

---

21 BPatGE 17, 222 = Mitt 1976, 37.
22 *Bühring* Rn 23.

dung auf Neuheit, erfinderischen Schritt und gewerbliche Anwendbarkeit findet nicht statt. [3]§ 49 Abs. 2 des Patentgesetzes ist entsprechend anzuwenden.

(2) Die Eintragung muß Namen und Wohnsitz des Anmelders sowie seines etwa nach § 28 bestellten Vertreters und Zustellungsbevollmächtigten sowie die Zeit der Anmeldung angeben.

(3) [1]Die Eintragungen sind im Patentblatt in regelmäßig erscheinenden Übersichten bekanntzumachen. [2]Die Veröffentlichung kann in elektronischer Form erfolgen. [3]Zur weiteren Verarbeitung oder Nutzung zu Zwecken der Gebrauchsmusterinformation kann das Patentamt Angaben aus dem Patentblatt an Dritte in elektronischer Form übermitteln. [4]Die Übermittlung erfolgt nicht, soweit eine Einsicht nach Absatz 7 ausgeschlossen ist.

(4) [1]Das Patentamt vermerkt im Register eine Änderung in der Person des Inhabers des Gebrauchsmusters, seines Vertreters oder seines Zustellungsbevollmächtigten, wenn sie ihm nachgewiesen wird. [2]Solange die Änderung nicht eingetragen ist, bleiben der frühere Rechtsinhaber und sein früherer Vertreter oder Zustellungsbevollmächtigter nach Maßgabe dieses Gesetzes berechtigt und verpflichtet.

(5) [1]Die Einsicht in das Register sowie in die Akten eingetragener Gebrauchsmuster einschließlich der Akten von Löschungsverfahren steht jedermann frei. [2]Im übrigen gewährt das Patentamt jedermann auf Antrag Einsicht in die Akten, wenn und soweit ein berechtigtes Interesse glaubhaft gemacht wird.

(6) Soweit die Einsicht in die Register und die Akten nach Absatz 5 Satz 1 jedermann freisteht, kann die Einsicht bei elektronischer Führung des Registers und der Akten auch über das Internet gewährt werden.

(7) Die Einsicht nach den Absätzen 5 und 6 ist ausgeschlossen, soweit eine Rechtsvorschrift entgegensteht oder soweit das schutzwürdige Interesse des Betroffenen im Sinne des § 3 Absatz 1 des Bundesdatenschutzgesetzes offensichtlich überwiegt.

GbmEintrRl I, II 1.–3., 6., 8 –10., III 3., V

Ausland: Dänemark: §§ 14, 16 GebrMG; **Österreich:** §§ 8 (Nennung als Erfinder), 18 (Gesetzmäßigkeitsprüfung), 22–24 (Veröffentlichung und Registrierung), 25 (Gebrauchsmusterschrift), 26 (Gebrauchsmusterurkunde), 27 (beschleunigte Veröffentlichung und Registrierung), 31, 32 (Gebrauchsmusterregister), 38 (Akteneinsicht), 40 (Gebrauchsmusterblatt) öGebrMG; **Polen:** Art 98, 99, 228 RgE 2000; **Spanien:** Art 148 (Prüfung), 149 (Einspruch), 150 (Erteilung) PatG; **Tschech. Rep.:** § 7 GebrMG, geänd 2000 (Registereintrag), § 11, § 20 (Register) GebrMG; **Türkei:** Art 160 (Formalprüfung), 161 (Einspruch), 162 (Erteilung) VO 551

A. Allgemeines

I. Entstehungsgeschichte

Die Bestimmung (§ 3 GebrMG 1936) ist durch Art 1 Nr 5 GebrMÄndG durch Einfügung des Abs 1 Satz 2 **1** entspr der Rechtspraxis klarstellend sowie durch die Aufnahme der Verweisung auf den jetzigen § 49 Abs 2 PatG ergänzt und durch Art 10 Nr 1 GPatG in Abs 4 dahin geänd worden, dass die Gebührenpflicht für die

Eintragung von Änderungen in der Person des Vertreters in das Register entfallen ist (vgl Rn 91 zu § 30 PatG). Das 2. PatGÄndG hat (mit einem Redaktionsversehen)[1] eine Änderung der Verweisung in Abs 1 Satz 1 vorgenommen. Das KostRegBerG hat Änderungen wie in § 30 PatG vorgenommen (insb „Register" statt „Rolle", elektronische Veröffentlichung) sowie die Gebührenregelung in Abs 4 Satz 2 aufgehoben. Das Gesetz zur Novellierung patentrechtlicher Vorschriften und anderer Gesetze des gewerblichen Rechtsschutzes hat die Bestimmung durch die Berücksichtigung der Einfügung des § 4b in Abs 1, eine Parallelregelung zu § 32 Satz 3 PatG sowie zu § 31 Abs 3a, 3b PatG geänd.[2]

II. Übersicht über die Regelung

2   Die Bestimmung enthält Vorschriften über die Voraussetzungen der Eintragung des Gebrauchsmusters (Abs 1), die entspr Veröffentlichungen (Abs 2, 3), die Änderungen im Register (Abs 4) sowie die Akteneinsicht (Abs 5), damit eine parallele Regelung zu § 49 PatG und entspricht im übrigen weitgehend den §§ 30, 31 PatG. Von den patentrechtl Bestimmungen unterscheidet sie sich durch das Fehlen der Sachprüfung.

B. Eintragung; Zurückweisung der Anmeldung

I. Allgemeines

3   Anders als im Patentrecht findet vor der Eintragung grds nur eine Prüfung dahin statt, ob die Anmeldung den formellen Anmeldeerfordernissen genügt. Der Umfang der Prüfung wird durch § 4 abgesteckt. Nur in bestimmtem Umfang werden daneben materielle Schutzvoraussetzungen geprüft (Rn 4 f).

II. Prüfung materieller Schutzvoraussetzungen

4   Geprüft wurde früher – allerdings ohne klare gesetzliche Grundlage –, ob eine gbm-fähige Erfindung vorliegt und ob die Schutzausschlüsse nach § 1 Abs 2 oder § 2 vorliegen („**absolute" Schutzvoraussetzungen**);[3] dies sollte die Prüfung auf Vorliegen einer technischen Lehre[4] ebenso einschließen wie die auf den Schutzausschluss für Computerprogramme[5] oder das Vorliegen eines Verfahrens.[6] Für diese Prüfung war die GbmStelle allerdings nicht gut eingerichtet.[7] Konsequenterweise verneint das BPatG nunmehr eine Prüfung dieser Voraussetzungen.[8] Ob die Erfindung ausreichend offenbart ist, wird nur geprüft, wenn insoweit Mängel offensichtlich sind;[9] ob Abs 1 Satz 2 einer weitergehenden Prüfung entgegensteht, ist unterschiedlich beurteilt worden.[10]

5   Eine Prüfung auf das Vorliegen der **„relativen" Schutzvoraussetzungen** (Neuheit; erfinderischer Schritt) sowie auf die (im GbmRecht idR unproblematische) gewerbliche Anwendbarkeit findet nicht statt.[11] Abs 1 Satz 2 schließt sie auch in offensichtlichen Fällen aus.[12] Bei offensichtlicher Identität des Ge-

---

1   Vgl *Bühring*[7] Rn 2.

2   Vgl Begr BTDrs 17/10308 = BlPMZ 2013, 366, 373.

3   BGHZ 42, 248, 251ff = GRUR 1965, 234ff Spannungsregler; BGH GRUR 1977, 152f Kennungsscheibe; BPatG 1, 145 = GRUR 1965, 84; BPatGE 1, 151 = BlPMZ 1962, 74; BPatGE 20, 33, 36; BPatGE 46, 211, 214; PA BlPMZ 1915, 248; RPA Mitt 1933, 272; vgl BGHZ 158, 142, 149 = GRUR 2004, 495 Signalfolge.

4   BPatG BlPMZ 2000, 55.

5   BGH Signalfolge.

6   BPatG 21.3.2003 5 W (pat) 11/01.

7   Vgl *Meier-Beck* GRUR 2007, 11.

8   BPatG CR 2010, 569, BPatG 29.10.2009 35 W (pat) 6/07 und BPatG 21.1.2010 35 W (pat) 35/09; vgl auch FG Münster EFG 2011, 1877.

9   Vgl BGH Spannungsregler; aA *Benkard* Rn 5; *Loth* vor § 4 Rn 17.

10   Verneinend *Bühring*[7] § 4 Rn 98, bejahend *Bühring* Rn 5, § 4 Rn 117.

11   Vgl BPatG CR 2010, 569.

12   So auch *Loth* Rn 5; *Benkard* Rn 4; *Bühring* Rn 6: Ausnahmen denkbar, wenn Schutzunfähigkeit auf der Hand liegt; aA noch *Bühring*[7] Rn 6.

brauchsmusters mit einem älteren Recht soll Zurückweisung wegen Fehlens des Rechtsschutzbedürfnisses in Betracht kommen;[13] auch dies trifft im Hinblick auf Abs 1 Satz 2 nicht zu.[14]

III. Verfahren

Den Anmelder trifft eine Mitwirkungsobliegenheit.[15] Die Anmeldung wird zunächst in der Dokumen- **6** tenannahmestelle entgegengenommen, wo das Eingangsdatum aufgedruckt und ein Aktenzeichen vergeben werden; sie wird dann durch technische Mitglieder nach der Internationalen Patentklassifikation (IPC; Anh zu § 27 PatG) klassifiziert.[16] Das Vorgehen der GbmStelle ist in den EintrRl vom 25.4.1990/12.8.1996[17] festgehalten (insb unter II. 2.). § 45 PatG (Prüfungsbescheide) ist – in Abs 1, Abs 2 hinsichtlich des Verfahrens – entspr anwendbar,[18] ebenso sind es § 42 PatG,[19] § 46 PatG[20] und § 47 PatG.[21] Die elektronische Aktenführung ist zum 1.6.2011 aufgenommen worden. Vorschläge für geänd Anspruchsfassungen sind nicht vorgeschrieben,[22] aber zulässig.[23]

Eine **Aussetzung des Eintragungsverfahrens** ermöglicht Abs 1 Satz 3 durch die Verweisung auf § 49 **7** Abs 2 PatG (vgl EintrRl II. 3.).[24] Die Aussetzung kann für bis zu 15 Monate nach dem Anmelde- oder Prioritätstag erfolgen; sie setzt einen entspr Antrag voraus, der jederzeit zurückgenommen werden kann.[25] Fehlt es an den Voraussetzungen für eine Aussetzung, ist ein förmlicher Beschluss über die Eintragung zu erlassen, in dem die Ablehnung der Aussetzung begründet werden muss.[26]

IV. Entscheidung

1. Allgemeines

a. Die **Zuständigkeit** liegt bei der GbmStelle. Nach § 2 Abs 1 Nr 1 Buchst f, g, h WahrnV (Rn 12 zu § 10 **8** sowie Rn 50 ff zu § 27 PatG) sind die Zurückweisung der Anmeldung aus formellen Gründen sowie mit Zustimmung des Leiters der GbmStelle auch aus sachlichen Gründen, sofern der Anmelder den Gründen nicht widersprochen hat, und die Eintragungsverfügung den Beamten des gehobenen Diensts und vergleichbaren Tarifbeschäftigten übertragen. Wird aus formellen und sachlichen Gründen beanstandet, kann der Beamte des gehobenen Diensts ohne Zustimmung zurückweisen, er muss aber kenntlich machen, dass die Zurückweisung nur aus formellen Gründen erfolgt.[27] Eine erforderliche Zustimmung ist aktenkundig zu machen.[28]

b. Gegenstand der Entscheidung ist grds die Anmeldung als solche. Liegt eine wirksame Anmeldung **9** nicht vor, ist der Eintragungsantrag und nicht die Anmeldung zurückzuweisen.[29]

---

13 *Bühring* Rn 5 f unter Hinweis auf BGHZ 42, 248 = GRUR 1965, 234 ff Spannungsregler, wo aber nur die Prüfung der absoluten Schutzvoraussetzungen angesprochen ist.
14 *Loth* Rn 5.
15 Vgl *Bühring* Rn 22.
16 Vgl *Bühring* Rn 8.
17 BlPMZ 1990, 211; BlPMZ 1996, 389.
18 *Benkard* Rn 10; vgl BPatGE 20, 33; *Bühring* Rn 10.
19 BPatGE 20, 33; *Bühring* Rn 10 f.
20 BPatGE 22, 29 = GRUR 1979, 704; *Benkard* Rn 11; *Bühring* Rn 24; vgl *Mes* Rn 14.
21 *Bühring* Rn 26.
22 BPatGE 20, 33.
23 BPatGE 23, 113, 116 = GRUR 1981, 350; *Bühring* Rn 11.
24 Näher *Loth* Rn 7.
25 Vgl den Hinweis zur Möglichkeit der Aussetzung bei einer Gebrauchsmusteranmeldung BlPMZ 2013, 53.
26 BPatG GRUR 1980, 786; BPatG 4.11.1982 5 W (pat) 6/82; vgl BGHZ 153, 1 = GRUR 2003, 226 Läägeünnerloage und nachfolgend BPatG 30.7.2003 5 W (pat) 12/00; *Benkard* Rn 15; *Bühring* Rn 40; vgl aber BPatGE 9, 57.
27 *Loth* Rn 8.
28 *Bühring* Rn 16.
29 Vgl zur früheren Rechtslage BPatGE 28, 181 = GRUR 1987, 114 für den Fall, dass nur der Eintragungsantrag in dt Sprache vorliegt.

10   **c. Zeitpunkt.** Bei Entscheidungsreife hat die Entscheidung unverzüglich zu ergehen;[30] jedoch nicht vor Entrichtung der Anmeldegebühr und wegen der Erklärungsfristen für den Zeitrang nicht vor zwei Monaten seit Eingang der Anmeldung beim DPMA (EintrRl II. 10). Die Eintragung kann noch nach Ablauf einer und selbst der längstmöglichen Schutzdauer erfolgen (Rn 6 zu § 23). Zur Aussetzung Rn 7.

2. Eintragung

11   **a. Allgemeines.** Die Eintragung kann – wie die Patenterteilung – nur in Übereinstimmung mit dem Eintragungsantrag und nicht abw von diesem erfolgen.[31] Das betrifft jedoch nur die dem Eintragungsantrag zugrunde liegenden Unterlagen und nicht sonstige Verfahrensanträge, die in Bezug auf die Eintragung gestellt werden, insoweit richtet sich die Eintragung nach den maßgeblichen Rechtsnormen; wird ein hiervon abw Vollzug der Eintragung begehrt, ist nicht die Anmeldung, sondern der diesbezügliche Antrag (durch beschwerdefähige Entscheidung) zurückzuweisen, aber die Eintragung als solche anzuordnen[32] (vgl Rn 7). Zur Anmeldung gehören dabei auch spätere Unterlagen und Eintragungsanträge.[33] Der Anmelder hat es in der Hand, Hilfsanträge zu stellen, wenn er das Risiko einer Zurückweisung vermindern will.[34] In diesem Fall müssen auch für die Hilfsanträge eintragungsreife Unterlagen vorgelegt werden.[35] Über Haupt- und Hilfsantrag ist einheitlich zu entscheiden, Teilbeschlüsse kommen wie beim Patent in Betracht (Rn 20 f zu § 48 PatG).

12   **b. Wirkung.** Anders als beim Patent wirkt erst die Eintragung rechtserzeugend, aber nur, wenn die nicht geprüften materiellen Schutzvoraussetzungen vorliegen.[36] Der Satz, dass die Eintragung auch dann wirksam sei, wenn sie auf Änderungen der ursprünglichen Anmeldeunterlagen beruht, die den Gegenstand der Anmeldung erweitern oder verändern,[37] trifft daher in dieser Allgemeinheit nicht zu[38] (vgl Rn 26 zu § 4). Die Eintragung legt den Gegenstand des Gebrauchsmusters fest.[39] Maßgebliche Fassung des Gebrauchsmusters ist die der Eintragung zugrunde liegende; dies gilt auch, wenn zunächst eine andere Fassung verfilmt wird.[40] Die Legitimationswirkung der Eintragung entspricht der beim Patent (Rn 35 ff zu § 30 PatG).

13   **c. Form.** Soll antragsgem eingetragen werden, bedarf es regelmäßig keines förmlichen Beschlusses, die Anordnung kann in Form einer Verfügung ergehen.[41] Beschluss wie Verfügung bedürfen für den Eintritt der Schutzwirkungen (§ 11) des Vollzugs (vgl Rn 6 zu § 11). Ungeachtet der Form handelt es sich um einen (potentiell rechtsbegründenden) Verwaltungsakt.

14   Die Eintragung hat durch **Beschluss** zu erfolgen, wenn mit ihr gleichzeitig ein Antrag zurückgewiesen wird, so bei Eintragung nach Hilfsantrag[42] oder unter Zurückweisung einer beantragten Aussetzung (Rn 7). Dass sie nach Ablauf der ersten Schutzdauer einen förmlichen Beschluss erfordern soll,[43] erschien schon mit Rücksicht auf § 23 Abs 2 Satz 6 aF nicht zwingend.

---

30   *Bühring* Rn 31.

31   BPatGE 23, 48 = GRUR 1980, 997; BPatGE 24, 149 = GRUR 1982, 367; BPatGE 24, 194, 203 = GRUR 1982, 555.

32   BGHZ 153, 1 = GRUR 2003, 226 Läägeünnerloage und nachfolgend BPatG 30.7.2003 5 W (pat) 12/00.

33   Vgl BGH GRUR 1968, 360 Umluftsichter.

34   Vgl BGH GRUR 1966, 85 f Aussetzung der Bekanntmachung; BGH GRUR 1966, 488 Ferrit; BGH Mitt 1967, 16 Nähmaschinenantrieb; BGH GRUR 1967, 435 Isoharnstofffäther; BGH Mitt 1970, 120 Zonenschmelzverfahren; BGH GRUR 1980, 716 Schlackenbad; BPatGE 24, 194, 200 ff = GRUR 1982, 555.

35   Vgl BPatGE 24, 194, 200 ff = GRUR 1982, 555, *Loth* Rn 11.

36   Unklar *Mes* Rn 17.

37   BGH GRUR 1968, 86 landwirtschaftliches Ladegerät; BGH Umluftsichter.

38   Vgl *Loth* Rn 12.

39   BPatGE 11, 96, 100; RGZ 120, 224, 229 = GRUR 1928, 390 Analysenwagen; RG GRUR 1933, 305 f Haarschneidemaschine; RG GRUR 1934, 666, 668 Flüssigkeitserhitzung; vgl BPatGE 10, 51, 53.

40   BPatG 22.12.1995 5 W (pat) 424/94 undok.

41   Kr *Bühring* Rn 31; *Loth* Rn 13.

42   BPatGE 24, 149 = GRUR 1982, 367; *Bühring* Rn 21, 31; *Loth* Rn 17.

43   BPatGE 10, 253; *Benkard* Rn 13; *Loth* Rn 15.

d. Der **Inhalt** der Eintragung im Register ist in Abs 2 geregelt. Die Bestimmung korrespondiert mit § 30   **15** Abs 1 Satz 2 PatG. Ob bei fremdspachigen Unterlagen (§ 4a) die Eintragung allein oder auch oder nicht mit der fremdspachigen Bezeichnung erfolgen kann oder muss, hat der BGH nicht entschieden; dem DPMA wird insoweit ein Ermessen eröffnet sein, das sich allerdings durch entspr Praxis bis auf Null reduzieren kann.[44] Zum Register Rn 20 ff.

e. Urkunde. § 25 DPMAV regelt die Ausfertigung einer Urkunde. Die Angaben in der Urkunde müssen   **16** mit denen im Register übereinstimmen.[45]

3. Zurückweisung der Anmeldung

a. Grundsatz. Zurückweisung der Anmeldung (zur Zurückweisung des Eintragungsantrags Rn 9) er-   **17** folgt, wenn die in Rn 3 ff genannten Voraussetzungen für die Eintragung nicht erfüllt sind, bei behebbaren Mängeln erst nach erfolgloser Beanstandung, aber auch bei nichtbehebbaren erst nach Beanstandung (EintrRl II. 2.). Die Mängel müssen genau und konkret bezeichnet werden.[46] § 48 PatG ist entspr anwendbar,[47] soweit nicht die „relativen" Schutzvoraussetzungen betroffen sind.

b. Form; Inhalt. Die Zurückweisung erfolgt durch zu begründenden Beschluss. Soweit aus Gründen   **18** zurückgewiesen wird, denen der Anmelder nicht widersprochen hat, genügt eine Bezugnahme auf den entspr Bescheid.[48]

c. Zustellung; Bindung; Anfechtung. Der Beschluss ist zuzustellen[49] und wird mit Zustellung wirk-   **19** sam. Für das DPMA tritt Bindungswirkung wie beim Versagungsbeschluss nach § 48 PatG ein[50] (Rn 62 ff zu § 47 PatG). Anfechtung und Abhilfe richten sich nach den allg Regeln. Der Zurückweisungsbeschluss steht einer erneuten Anmeldung (mit anderem Zeitrang) nicht entgegen.[51]

C. Register; Veröffentlichungen

I. Allgemeines

Das DPMA führt das GbmRegister und macht die Eintragungen in dem seit 2004 nurmehr in elektro-   **20** nischer Form veröffentlichten PatBl (Teil 4; Rn 58 zu § 32 PatG) bekannt. Die GbmUnterlagen rechnen zum StdT (Rn 31 zu § 3 PatG). Ab Eintragung sind Listen der noch nicht bekanntgemachten Gebrauchsmuster verfügbar.[52] Seit August 1995 werden die Titelseiten der Unterlagen im Layout der Patentschriften und Offenlegungsschriften mit Barcode gestaltet, seit 7.10.1999 werden auf ihnen der Hauptanspruch und ggf die Hauptzeichnung (unter der – im Gesetz nicht vorgesehenen[53] – Überschrift „Gebrauchsmusterschrift") wiedergegeben.[54] Die Veröffentlichung erfolgt seit 2004 ausschließlich im Internet fünf Wochen nach der Eintragung.[55] Eine Veröffentlichung von Übersetzungen von nach § 4a eingereichten fremdsprachigen Anmeldungen ist im Gesetz nicht vorgesehen.[56] Jedoch ist es geboten, bei ursprünglich fremdsprachigen

---

44   Vgl BGHZ 153, 1 = GRUR 2003, 226 Läägeünnerloage und nachfolgend BPatG 30.7.2003 5 W (pat) 12/00.

45   BPatGE 19, 136; *Loth* Rn 18.

46   BPatGE 20, 33; *Bühring* Rn 11.

47   BPatGE 15, 200; *Benkard* Rn 12; *Loth* Rn 32.

48   *Bühring* Rn 15; *Loth* Rn 34.

49   BPatG Mitt 1979, 178; BPatGE 34, 149 = GRUR 1982, 367; *Benkard* Rn 12; *Loth* Rn 34.

50   Vgl DPA Mitt 1958, 55.

51   *Bühring* Rn 28; *Loth* Rn 34; vgl RGZ 79, 330 = BlPMZ 1912, 228 Ledernarben; RPA Mitt 1933, 324.

52   MittPräsDPA BlPMZ 1981, 1; MittPräsDPMA BlPMZ 2003, 354; *Bühring* Rn 45.

53   BGH Läägeünnerloage; vgl *Loth* Rn 36; *Bühring* Rn 52.

54   MittPräsDPMA Nr 15/99 BlPMZ 1999, 269; zur rechtl Bedeutung BGHZ 153, 1 = GRUR 2003, 226 Läägeünnerloage.

55   *Bühring* Rn 52 f.

56   Vgl BGH Läägeünnerloage.

Anmeldungen nach § 4a, die in dt Sprache veröffentlicht werden, auf die fremdsprachige Originalfassung und deren Verbindlichkeit hinzuweisen.[57]

21   **II. Das Register** wurde seit 1969 in Karteiform und wird seit 13.3.1981 als elektronische Kartei geführt.[58] Über die in Abs 2 vorgesehenen Angaben hinaus werden Nummer des Gebrauchsmusters[59] (Az der Anmeldung unter Fortlassung der Prüfziffer, seit 2004 mit den vorgesetzten Ziffern 20 für Gebrauchsmuster und 21 für PCT-GbmAnmeldungen, der folgenden Jahreszahl, der lfd Nummer aus dem Anmeldejahr und der Prüfziffer), Klassifizierungs- und Prioritätsangaben, Löschungs- und Erlöschensangaben, nachgereichte Schutzansprüche,[60] Umschreibungen, Vertreterwechsel, Lizenzinteresseerklärung und die Zeit der Eintragung vermerkt. Fehlerhafte Angabe des Anmeldetags ist nicht bindend.[61] Anders als beim Patentregister ist die Eintragung in das GbmRegister für das Entstehen des Schutzrechts konstitutiv. Umschreibungen können rückgängig gemacht werden (vgl Rn 44 ff zu § 30 PatG).[62]

22   **Änderungen.** Die Regelung in Abs 4 entspricht der in § 30 Abs 3 PatG.[63] Das BPatG[64] lässt Berichtigung vAw bei Eintragung einer nach dem zugrunde zu legenden Recht nicht zugelassenen vierten Schutzdauer zu. Die Gebührenpflicht von Registereintragungen ist mWv 1.1.2002 abgeschafft worden.[65]

23   **III.** Die **Veröffentlichung im Patentblatt** (Rn 20) beschränkt sich auf die eingetragenen Tatsachen und die Bezeichnung des Gebrauchsmusters, Abs 3. Seit 1964 werden nichtamtlich die „Auszüge aus den Gebrauchsmustern" veröffentlicht.

D. Register- und Akteneinsicht (Absatz 5)

24   Die Einsicht in das Register, die Akten eingetragener Gebrauchsmuster und die Akten von Löschungsverfahren ist in vollem Umfang frei.[66] Dies gilt auch für die Akten eines sich anschließenden Beschwerde- (Rn 33 zu § 99 PatG) und Rechtsbeschwerdeverfahrens (Rn 48 zu § 99 PatG).[67] Eine Ausnahme bilden nur die Akten von Geheimgebrauchsmustern, § 9 (vgl Rn 64 ff zu § 31 PatG).

25   **Beschränkte Akteneinsicht.** Für die übrigen Akten (insb die Akten von GbmAnmeldungen, aber zB auch die von Kostenfestsetzungsverfahren)[68] entspricht die Regelung der Grundregel in § 31 Abs 1 Satz 1 PatG (vgl Rn 30 ff zu § 31 PatG).[69] Bei Akten nicht oder noch nicht eingetragener Anmeldungen geht das Geheimhaltungsinteresse des Anmelders grds vor,[70] anders etwa bei Abwehr von Wettbewerbsverstößen[71] und Berühmung mit oder Verwarnung aus der Anmeldung; gerichtliche Entscheidung auf Untersagung der Verwarnung oder Berühmung steht der Einsicht nicht entgegen.[72]

---

57   BPatG 30.7.2003 5 W (pat) 12/00 spricht nur von „zweckmäßig".

58   Vgl MittPräsDPA Nr 3/81 BlPMZ 1981, 1.

59   Vgl MittPräsDPA BlPMZ 1968, 4; MittPräsDPA BlPMZ 1990, 3; MittPräsDPA BlPMZ 1993, 413; MittPräsDPMA 1994, 301; MittPräsDPMA 2003, 225.

60   MittPräsDPA BlPMZ 1986, 349.

61   BPatGE 22, 248 f = BlPMZ 1980, 313.

62   BPatGE 53, 26.

63   Zu den Grundsätzen des Umschreibungsverfahrens BPatG 4.4.2007 5 W (pat) 30/06.

64   BPatGE 40, 185.

65   Begr BTDrs 14/6203, 49 = BlPMZ 2002, 36, 44.

66   Vgl BPatGE 1, 44; BPatGE 13, 33, 35; BPatGE 17, 26; *Bühring* Rn 111 f, 114; *Benkard* Rn 24.

67   BGH GRUR 2005, 270 Akteneinsicht XVI.

68   BPatGE 25, 123.

69   Vgl auch *Mes* Rn 22 ff.

70   Vgl *Bühring* Rn 121, 127 ff; *Benkard* Rn 25 unter Hinweis auf BPatG BlPMZ 2015, 22, zu § 31 PatG.

71   BPatGE 20, 15, 16; *Benkard* Rn 25.

72   BPatGE 27, 191 = GRUR 1986, 57.

§ 9
(Geheimgebrauchsmuster)

(1) [1] Wird ein Gebrauchsmuster angemeldet, dessen Gegenstand ein Staatsgeheimnis (§ 93 des Strafgesetzbuches) ist, so ordnet die für die Anordnung gemäß § 50 des Patentgesetzes zuständige Prüfungsstelle von Amts wegen an, daß die Offenlegung (§ 8 Abs. 5) und die Bekanntmachung im Patentblatt (§ 8 Abs. 3) unterbleiben. [2] Die zuständige oberste Bundesbehörde ist vor der Anordnung zu hören. [3] Sie kann den Erlaß einer Anordnung beantragen. [4] Das Gebrauchsmuster ist in ein besonderes Register einzutragen.

(2) [1] Im übrigen sind die Vorschriften des § 31 Abs. 5, des § 50 Abs. 2 bis 4 und der §§ 51 bis 56 des Patentgesetzes entsprechend anzuwenden. [2] Die nach Absatz 1 zuständige Prüfungsstelle ist auch für die in entsprechender Anwendung von § 50 Abs. 2 des Patentgesetzes zu treffenden Entscheidungen und für die in entsprechender Anwendung von § 50 Abs. 3 und § 53 Abs. 2 des Patentgesetzes vorzunehmenden Handlungen zuständig.

Schrifttum: s die Hinweise vor § 50 PatG

A. Entstehungsgeschichte

Die Vorschrift ist durch das 6. ÜberlG eingefügt und durch das GebrMÄndG 1986 sowie das KostReg- 1
BerG geänd worden.

B. Geheimgebrauchsmuster

Die Bestimmung entspricht – unter Berücksichtigung der Besonderheiten des GbmRechts – der in 2
§ 50 PatG.[1] Offenlegung iSv § 8 Abs 5 und Bekanntmachung im PatBl unterbleiben. Die Eintragung erfolgt in das Register für Geheimgebrauchsmuster.

C. Zuständig für die **Geheimhaltungsanordnung** ist seit 1.1.1987 zur Sicherstellung der technischen 3
Sachkunde die nach § 50 PatG zuständige Prüfungsstelle und nicht mehr wie zuvor die GbmStelle.[2] Diese Zuständigkeit ist auch für die Überprüfungen und Entscheidungen nach §§ 50 Abs 2, 3, 53 Abs 2 PatG begründet (Abs 2 Satz 2).

Die Regelung **verweist** im übrigen auf die §§ 31 Abs 5, 50 Abs 2–4 sowie §§ 51–56 PatG. Die Auslands- 4
anmeldung ohne Genehmigung der obersten Bundesbehörde oder unter Verstoß gegen Auflagen ist damit strafbewehrt (vgl § 120 Abs 1 Nr 3 GVG).

D. Für **PCT-Anmeldungen** gilt Art III § 2 IntPatÜG entspr.[3] 5

E. GbmAnmeldungen beim **Europäischen Patentamt** sind nicht vorgesehen. 6

§ 10
(Gebrauchsmusterstelle; Gebrauchsmusterabteilungen; Verordnungsermächtigung)

(1) Für Anträge in Gebrauchsmustersachen mit Ausnahme der Löschungsanträge (§§ 15 bis 17) wird im Patentamt eine Gebrauchsmusterstelle errichtet, die von einem vom Präsidenten des Patentamts bestimmten rechtskundigen Mitglied geleitet wird.

(2) [1] Das Bundesministerium der Justiz und für Verbraucherschutz wird ermächtigt, durch Rechtsverordnung Beamte des gehobenen und des mittleren Dienstes sowie vergleichbare Ange-

---

1 Vgl *Mes* Rn 1; zur Entstehung der Regelung *Breith* (2002), 23 f.
2 Vgl Begr GebrMÄndG 1986 BlPMZ 1986, 320, 325; *Benkard* Anm.
3 *Bühring* Rn 5.

stellte mit der Wahrnehmung von Geschäften zu betrauen, die den Gebrauchsmusterstellen oder Gebrauchsmusterabteilungen obliegen und die ihrer Art nach keine besonderen technischen oder rechtlichen Schwierigkeiten bieten; ausgeschlossen davon sind jedoch Zurückweisungen von Anmeldungen aus Gründen, denen der Anmelder widersprochen hat. [2]Das Bundesministerium der Justiz und für Verbraucherschutz kann diese Ermächtigung durch Rechtsverordnung auf das Deutsche Patent- und Markenamt übertragen.

(3) [1]Über Löschungsanträge (§§ 15 bis 17) beschließt eine der im Patentamt zu bildenden Gebrauchsmusterabteilungen, die mit zwei technischen Mitgliedern und einem rechtskundigen Mitglied zu besetzen sind. [2]Die Bestimmungen des § 27 Abs. 7 des Patentgesetzes gelten entsprechend. [3]Innerhalb ihres Geschäftskreises obliegt jeder Gebrauchsmusterabteilung auch die Abgabe von Gutachten.

(4) [1]Für die Ausschließung und Ablehnung der Mitglieder der Gebrauchsmusterstelle und der Gebrauchsmusterabteilungen gelten die §§ 41 bis 44, 45 Abs. 2 Satz 2, §§ 47 bis 49 der Zivilprozeßordnung über Ausschließung und Ablehnung der Gerichtspersonen sinngemäß. [2]Das gleiche gilt für die Beamten des gehobenen und mittleren Dienstes und Angestellten, soweit sie nach Absatz 2 mit der Wahrnehmung einzelner der Gebrauchsmusterstelle oder den Gebrauchsmusterabteilungen obliegender Geschäfte betraut worden sind. [3] § 27 Abs. 6 Satz 3 des Patentgesetzes gilt entsprechend.

Ausland: Dänemark: § 7 GebrMG; **Österreich:** §§ 33, 34 öGebrMG, § 33 geänd durch die Patent- und Markenrechtsnovelle 2014; **Polen:** Art 101 RgE 2000

Übersicht

Schrifttum: *Grosch* Anmerkung zum Beschluss des BPatG vom 3-5-2002, Az 5 W (pat) 26/01, Mitt 2002, 485; *Wesener* Das „Vorabgesetz" und die Patentabteilung 01, FS K. Haertel (1975), 121.

A. Allgemeines; Entstehungsgeschichte

1   Die Bestimmung, die ihre geltende Bezeichnung durch die Neubek 1986 erhalten hat, entspricht § 4 GebrMG 1936; durch das 6. ÜberlG sind die Abs 2–4 neu gefasst worden, das GebrMÄndG 1986 hat die Verweisungen an die neue Paragraphenzählung im PatG angepasst. Das 2. PatGÄndG hat Abs 1 (entspr der gleichzeitigen Änderung des § 27 Abs 5 PatG) neu gefasst. Das KostRegBerG hat den Ermächtigungsadressaten neu geregelt (DPMA statt dessen Präsident). Die 10. ZuständigkeitsanpassungsVO hat jeweils nach dem Wort „Justiz" die Worte „und für Verbraucherschutz" eingefügt.

2   Die Bestimmung entspricht sachlich der Regelung in **§ 27 PatG.** Die Absätze 1 und 3 enthalten die Regelungen über die GbmStelle und die GbmAbteilung, Abs 2 entspricht § 27 Abs 5 PatG, Abs 4 § 27 Abs 6 PatG. Die Vorschriften über die Beschwerde sind in § 18 enthalten.

3   **B. Die Verordnung über das Deutsche Patent- und Markenamt (DPMAV)** regelt die GbmStelle und die GbmAbteilungen in ihrem § 3.

C. Gebrauchsmusterstelle; Gebrauchsmusterabteilung

I. Allgemeines

Die GbmStelle (die Bezeichnung „Gebrauchsmusterstellen" in Abs 2 ist Redaktionsversehen)[1] und die **4** GbmAbteilung (die GbmAbteilung II wurde zum 1.3.2015 aufgelöst) gehören seit 1.3.2015 nicht mehr zur Hauptabteilung 3 des DPMA, sondern zu Hauptabteilung 1/I (Rn 12 zu § 26 PatG). Die GbmStelle ist zugleich Topographiestelle nach dem HlSchG.

II. Gebrauchsmusterstelle

1. Zuständigkeit. Die GbmStelle ist für GbmAngelegenheiten mit Ausnahme der Geheimhaltungsan- **5** ordnung (Rn 3 zu § 9) umfassend zuständig, soweit nicht nach Abs 3 die Zuständigkeit der GbmAbteilungen begründet ist. Die Zuständigkeit der GbmStelle umfasst insb die Prüfung der Anmeldungen (§ 8), die Registereintragungen, die Überwachung der Gebührenzahlungen und der Schutzfristen. Sie umfasst nicht die Löschungs- und Feststellungsverfahren (§§ 15–17) und die Abgabe von Gutachten.

2. Organisation. Die GbmStelle wird von einem rechtskundigen Mitglied geleitet. Daneben können **6** rechtskundige oder technische Mitglieder tätig werden.[2]

3. Verfahren. Die GbmStelle entscheidet durch ein Mitglied; das Verfahren entspricht dem vor der **7** Prüfungsstelle.

III. Gebrauchsmusterabteilung

1. Die Zuständigkeit ist in Abs 3 abschließend geregelt. Danach ist die GbmAbteilung für Löschungs- **8** (und Feststellungs-)Anträge nach §§ 15 ff sowie für die Erstattung von Gutachten zuständig. Solange zwei GbmAbteilungen bestanden, richtete sich deren Zuständigkeit nach dem Aktenzeichen.

2. Besetzung. Die GbmAbteilung ist mit zwei technischen Mitgliedern und einem rechtskundigen **9** Mitglied besetzt; das rechtskundige Mitglied führt idR den Vorsitz.[3] Als technische Mitglieder wirken regelmäßig der für das Gebiet zuständige Prüfer und sein Vertreter mit. Ein Prüfer übernimmt die Berichterstattung. Eine Hinzuziehung weiterer Mitglieder ist anders als nach § 27 Abs 3 PatG nicht vorgesehen, wohl aber eine Zuziehung weiterer Sachverständiger ohne Stimmrecht[4] (Abs 3 Satz 2 iVm § 27 Abs 7 PatG).

3. Das Verfahren entspricht dem vor der Patentabteilung (Rn 36 ff zu § 27 PatG). Über Löschungsan- **10** träge und bei Gutachten und deren Ablehnung entscheidet die GbmAbteilung grds in einer Sitzung, von der nach § 3 Abs 3 DPMAV ausnahmsweise abgesehen werden kann.

IV. Übertragung von Aufgaben der Gebrauchsmusterstelle und der Gebrauchsmusterabteilung auf Nichtmitglieder

1. Grundsatz. Die Regelung in Abs 2 entspricht der in § 27 Abs 5 PatG (Rn 44 ff zu § 27 PatG). **11**

2. Wahrnehmungsverordnung (WahrnV). Von den Regelungen in der WahrnV sind für das **12** GbmRecht die §§ 2 und 7 maßgeblich.

V. Die Regelung über die **Ausschließung und Ablehnung** in Abs 4 entspricht der in § 27 Abs 6 PatG **13** (Rn 58 ff zu § 27 PatG). Entscheidung über eine der GbmAnmeldung entspr Patentanmeldung begründet

---

1 *Benkard* Rn 2.
2 Vgl *Benkard* Rn 2; einschränkend hinsichtlich der technischen Mitglieder *Loth* Rn 5; *Bühring* Rn 4 f scheint davon auszugehen, dass nur rechtskundige Mitglieder verwendet werden können.
3 Vgl *Bühring* Rn 12; *Loth* Rn 7.
4 Vgl *Benkard* Rn 3; *Bühring* Rn 12; *Mes* Rn 8.

weder einen Ausschließungs- noch einen Ablehnungsgrund.[5] Ein Hinweis der GbmAbteilung in einem Zwischenbescheid auf eine von ihr für geboten erachtete Beschränkung des Schutzanspruchs rechtfertigt für sich die Ablehnung nicht.[6] Jedoch kann sich aus Inhalt und Zustandekommen des Zwischenbescheids im Einzelfall Besorgnis der Befangenheit ergeben.[7]

§ 11
(Wirkung der Eintragung)

(1) [1]Die Eintragung eines Gebrauchsmusters hat die Wirkung, daß allein der Inhaber befugt ist, den Gegenstand des Gebrauchsmusters zu benutzen. [2]Jedem Dritten ist es verboten, ohne seine Zustimmung ein Erzeugnis, das Gegenstand des Gebrauchsmusters ist, herzustellen, anzubieten, in Verkehr zu bringen oder zu gebrauchen oder zu den genannten Zwecken entweder einzuführen oder zu besitzen.

(2) [1]Die Eintragung hat ferner die Wirkung, daß es jedem Dritten verboten ist, ohne Zustimmung des Inhabers im Geltungsbereich dieses Gesetzes anderen als zur Benutzung des Gegenstandes des Gebrauchsmusters berechtigten Personen Mittel, die sich auf ein wesentliches Element des Gegenstandes des Gebrauchsmusters beziehen, zu dessen Benutzung im Geltungsbereich dieses Gesetzes anzubieten oder zu liefern, wenn der Dritte weiß oder es auf Grund der Umstände offensichtlich ist, daß diese Mittel dazu geeignet und bestimmt sind, für die Benutzung des Gegenstandes des Gebrauchsmusters verwendet zu werden. [2]Satz 1 ist nicht anzuwenden, wenn es sich bei den Mitteln um allgemein im Handel erhältliche Erzeugnisse handelt, es sei denn, daß der Dritte den Belieferten bewußt veranlaßt, in einer nach Absatz 1 Satz 2 verbotenen Weise zu handeln. [3]Personen, die die in § 12 Nr. 1 und 2 genannten Handlungen vornehmen, gelten im Sinne des Satzes 1 nicht als Personen, die zur Benutzung des Gegenstandes des Gebrauchsmusters berechtigt sind.

Ausland: Dänemark: § 4 GebrMG; Österreich: § 4 Abs 1 öGebrMG entspricht im wesentlichen Abs 1; Polen: Art 95 RgE 2000; Spanien: Art 152 PatG; Tschech. Rep.: §§ 12, 13 GebrMG

A. Entstehungsgeschichte; Anwendungsbereich

1   Die bis 1986 als § 5 Abs 1 GebrMG eingestellte Bestimmung ist durch das GebrMÄndG 1986 neugefasst worden. Die frühere Regelung gewährte dem GbmInhaber das alleinige Recht, gewerbsmäßig das Muster nachzubilden und die nachgebildeten Gegenstände in Verkehr zu bringen, feilzuhalten und zu gebrauchen. Der früher verwendete Begriff des Nachbildens entsprach dem des Herstellens im Patentrecht.[1] Die geltende Regelung ist auf die seit dem 1.1.1987 angemeldeten Gebrauchsmuster anzuwenden.

B. Benutzungsrecht; vorbehaltene Handlungen

I. Allgemeines

2   Die Wirkung des Gebrauchsmusters ist an den Registereintrag gebunden.[2] Zum Benutzungsrecht und den vorbehaltenen Handlungen (Verbietungsrecht) aus dem Gebrauchsmuster gelten die gleichen Grundsätze wie beim Patent (Rn 11 ff, 40 ff zu § 9 PatG).[3] Abs 1 entspricht dem **Erzeugnisschutz** in § 9

---

5   DPA Mitt 1958, 242; *Benkard* Rn 5; *Bühring* Rn 17; *Loth* Rn 12; vgl BPatGE 2, 85 = BlPMZ 1962, 305.
6   BPatG 12.11.1999 5 W (pat) 18/99 Mitt 2002, 150 Ls; *Benkard* Rn 5.
7   Instruktiv BPatGE 46, 122 = Mitt 2002, 532 und hierzu aus der Sicht eines Beteiligten *Grosch* Mitt 2002, 485: Übermittlung des Zwischenbescheids ohne Erwähnung der Stellungnahme des GbmInhabers dem Anschein nach quasi auf Bestellung für das Verletzungsverfahren.

1   BGH 17.11.1970 X ZR 13/69.
2   BPatGE 43, 1; vgl BGH GRUR 1998, 650 Krankenhausmüllentsorgungsanlage.
3   Vgl *Benkard* Rn 2.

PatG.[4] Bestimmungen über den Verfahrensschutz fehlen, weil Gebrauchsmuster Verfahren nicht zum Gegenstand haben können. Nach der Rspr möglicher Verwendungsschutz kann als eingeschränkter Sachschutz behandelt werden. Zur Kollision mit jüngeren Patenten s § 14. Die Wirkung des § 11 tritt nicht ein, wenn die Eintragung erst nach Ablauf der längstmöglichen Schutzdauer erfolgt (Rn 6 zu § 23).

Abs 2 regelt die **mittelbare Gebrauchsmusterverletzung** (Gebrauchsmustergefährdung) sachlich **3** entspr § 10 PatG.[5]

II. Werbung mit Gebrauchsmusterschutz s Rn 14 ff zu § 146 PatG und Rn 3 f zu § 30. **4**

III. Räumlicher und zeitlicher Schutzumfang

Räumlich erstreckt sich der Schutz auf den Geltungsbereich des GebrMG; er entspricht mithin dem **5** Patent (Rn 118 ff zu § 9 PatG).

Zeitlich beginnt der Schutz mit der Eintragung; eine Rückwirkung auf den Anmeldezeitpunkt findet **6** nicht statt.[6] Vor Eintragung kann ein Schutz grds auch nicht aus § 823 BGB hergeleitet werden.[7] Zum Ablauf des Schutzes Rn 28 ff zu § 23. Im übrigen gelten dieselben Grundsätze wie beim Patent (Rn 45 f zu § 9 PatG).

Der Veröffentlichung der **internationalen Gebrauchsmusteranmeldung** nach Art 21 PCT wird man **7** trotz Art III § 8 Abs 1 Satz 1 IntPatÜG noch keine schutzbegründende Wirkung zusprechen können, weil das GbmRecht einen einstweiligen Schutz entspr § 33 PatG nicht kennt.[8]

§ 12
(Beschränkung der Wirkung)

Die Wirkung des Gebrauchsmusters erstreckt sich nicht auf
1. **Handlungen, die im privaten Bereich zu nichtgewerblichen Zwecken vorgenommen werden;**
2. **Handlungen zu Versuchszwecken, die sich auf den Gegenstand des Gebrauchsmusters beziehen;**
3. **Handlungen der in § 11 Nr. 4 bis 6 des Patentgesetzes bezeichneten Art.**

Ausland: Österreich: vgl § 4 Abs 3 (Monopolrechte des Bundes), Abs 4 (internationaler Verkehr) und Abs 5 öGebrMG, Abs 3 und Abs 5 aufgehoben 1998

A. Allgemeines; Entstehungsgeschichte

Durch die 1986 verselbstständigte Regelung, die an die Stelle der Verweisung in § 5 Abs 4 GebrMG **1** 1968 getreten ist, sollte weitgehende Übereinstimmung mit der in § 11 PatG hergestellt werden.[1] Die Änderungen, die § 11 PatG erfahren hat (Einfügung von Nr 2a und 2b; Rn 4), sind jedoch nicht nachvollzogen worden.

Die Bestimmung entspricht, teils durch Verweisung, **§ 11 Nr 1, 2, 4–6 PatG.** **2**

B. § 11 Nr 3 PatG, wonach die unmittelbare **Einzelzubereitung von Arzneimitteln** in Apotheken auf **3** Grund ärztlicher Verordnung sowie Handlungen, welche die auf diese Weise zubereiteten Arzneimittel betreffen, patentfrei sind, ist nicht übernommen worden, weil Stoff- und Verfahrenserfindungen ohnehin

---

4 Vgl BGHZ 164, 374 = GRUR 2006, 927 Kunststoffbügel; BGH GRUR 2005, 665 Radschützer; OLG Karlsruhe InstGE 4, 115, 117.
5 Vgl BGHZ 128, 220 = GRUR 1995, 338 Kleiderbügel; LG Düsseldorf 3.8.2013 4b O 230/10; *Benkard* Rn 5.
6 *Benkard* Rn 8; *Bühring* Rn 32.
7 RG GRUR 1944, 137, 140 Frisierschleier II.
8 Wie hier *Loth* Rn 22; *Bühring* Rn 33.

1 Begr BlPMZ 1986, 320, 327.

nicht als Gebrauchsmuster hätten geschützt werden können.[2] Für Stofferfindungen trifft dies indessen nicht mehr zu (vgl Rn 6 f zu § 1); die Regelungslücke wird durch entspr Anwendung von § 11 Nr 3 PatG zu schließen sein.[3] Entsprechendes wird für alle vom Schutz nicht ausgeschlossenen Formen zweckgebundenen Stoffschutzes (Verwendungsschutzes) gelten müssen.

C. Pflanzenforschungsprivileg; Bolar-Regelung

4 Auch die Regelung in § 11 Nr 2b PatG wird entspr herangezogen werden können, desgleichen die in § 11 Nr 2a PatG, falls ausnahmsweise der Schutzausschluss in § 1 Abs 2 Nr 5 nicht eingreift.

§ 12a
(Schutzbereich)

[1]**Der Schutzbereich des Gebrauchsmusters wird durch den Inhalt der Schutzansprüche bestimmt.** [2]**Die Beschreibung und die Zeichnungen sind jedoch zur Auslegung der Schutzansprüche heranzuziehen.**

Ausland: Dänemark: § 27 GebrMG; **Österreich:** § 4 Abs 2 öGebrMG; **Polen:** Art 96 RgE 2000; **Türkei:** Art 164 Abs 1 (Schutz wie aus Patent) VO 551

Übersicht

Schrifttum: *Bühling* Anpassung der Ansprüche an die angegriffene Ausführungsform im Patent- und Gebrauchsmusterverletzungsprozess: Gedanken nach „Momentanpol", FS P. Mes (2009), 47; *Goebel* Schutzansprüche und Ursprungsoffenbarung: Der Gegenstand des Gebrauchsmusters im Löschungsverfahren, GRUR 2000, 477; *Goebel* Der erfinderische Schritt nach § 1 GebrMG, 2005; *Hellwig* Zur Änderung der Schutzansprüche eingetragener Gebrauchsmuster, Mitt 2001, 102; *U. Krieger* Das eingetragene Gebrauchsmusterrecht: eine Bestandsaufnahme, GRUR Int 1996, 354; *Nieder* Anspruchsbeschränkung im Gebrauchsmusterverletzungsprozess, GRUR 1999, 222; *Pahlow* Wie klein darf die „kleine Münze" sein? WRP 2007, 739; *Scharen* „Product-by-process"-Anspruch und Gebrauchsmusterschutz, FS P. Mes (2009), 319; *Westendorp/Viktor* Das Gebrauchsmuster – eine schärfere Waffe als das Patent, Mitt 1998, 452.

A. Entstehungsgeschichte

1 Die § 14 PatG (in der bis 2007 geltenden Fassung; die Änderung durch das Gesetz zur Umsetzung der EPÜ-Revisionsakte in Anpassung an die Änderung des EPÜ wurde nicht nachvollzogen) entspr Bestimmung ist durch das Produktpiateriegesetz vom 7.3.1990 eingefügt worden.

B. Der Schutzbereich des Gebrauchsmusters

I. Grundsatz

2 Der Schutzbereich des Gebrauchsmusters bestimmt sich nach den gleichen Grundsätzen wie der eines Patents.[1] Die zu § 14 PatG 1981 entwickelten Grundsätze sind im GbmRecht anwendbar;[2] an der Dreitei-

---

2 Begr BlPMZ 1986, 320, 327; kr *Bühring* Rn 12; *Loth* Rn 8; *Kraßer* S 791 (§ 33 IV c).
3 *Bühring* Rn 12.

1 BGHZ 172, 298 = GRUR 2007, 1059 Zerfallszeitmessgerät; BGH GRUR 2005, 754 Knickschutz.
2 BGH Zerfallszeitmessgerät; vgl BGH GRUR 2001, 770 Kabeldurchführung II; OLG Düsseldorf Mitt 2001, 28 = GRUR-RR 2001, 145; *Mes* Rn 1.

lungslehre kann auch hier nicht festgehalten werden.[3] Die Auslegung durch das BPatG bindet den Verletzungsrichter nicht.[4]

II. Maßgebliche Unterlagen

Maßgeblich sind die der Eintragung zugrunde liegenden Unterlagen, nicht etwa frühere oder später **3** nachgereichte;[5] zur „schuldrechtl" Wirkung solcher Unterlagen Rn 26 f zu § 4.

Wegen der fehlenden Sachprüfung wurde zT eine geringere Bedeutung der **Schutzansprüche** ange- **4** nommen;[6] dies entspricht nicht der Rspr des BGH, die auf den Anspruchswortlaut abstellt.[7] Die Ermittlung des Gegenstands des Gebrauchsmusters folgt grds den gleichen Regeln wie beim Patent.[8] Auch bei der Prüfung der Gebrauchsmusterverletzung ist eine erschöpfende Erläuterung erforderlich, welche Lehre zum technischen Handeln der Fachmann den Schutzansprüchen entnimmt.[9] Weichen Begriffe in den Schutzansprüchen vom allg technischen Sprachgebrauch ab, ist der sich aus Schutzansprüchen und Beschreibung ergebende Begriffsinhalt maßgebend.[10]

Unzulässige Erweiterungen müssen außer acht gelassen werden;[11] wegen des andersartigen Ver- **5** hältnisses zwischen Löschungs- und Verletzungsverfahren stellt sich die Frage der Verfahrenskonkurrenz anders als im Patentrecht nur, soweit § 19 Satz 3 anwendbar ist; in diesem Umfang wird allerdings durch Abweisung des Löschungsantrags die Berücksichtigung abgeschnitten.

Die Bedeutung von **Beschränkungen im Löschungsverfahren** ist im GbmRecht grds keine andere **6** als im Einspruchs-, Beschränkungs- oder Nichtigkeitsverfahren im Patentrecht (Rn 55 f zu § 14 PatG); zu beachten ist aber, dass nur eine Änderung der Schutzansprüche in Betracht kommt (§ 15 Abs 3 Satz 2); schon nach früherem Recht wurde von einem Vorrang der neuen Schutzansprüche ausgegangen.[12] Es ist unzulässig, den Schutzbereich unter Außerachtlassung der Beschränkung auf den ursprünglichen Schutzanspruch auszudehnen.[13]

III. Äquivalenz; Unterkombination; Elementenschutz

Aus dem (vermeintlichen) Unterschied zwischen erfinderischem Schritt hier und erfinderischer Tätig- **7** keit dort kann kein engerer **Äquivalenzbereich** als im Patentrecht abgeleitet werden.[14]

Der **Einwand des freien Stands der Technik** („Formstein"-Einwand, Rn 84 ff zu § 14 PatG) ist grds **8** wie im Patentrecht zugelassen.[15] Da für das Verletzungsverfahren anders als im Patentrecht grds keine Bindung an die Eintragung besteht, ist er hier an sich auch bei wortsinngem Benutzung beachtlich.[16] Wegen § 19 Satz 3 darf er aber nach der Rspr des BGH nicht zu einem Widerspruch mit einer zwischen den Parteien ergangenen Entscheidung in einem Löschungsverfahren führen[17] (zur Problematik Rn 89 zu § 14 PatG).

---

3 *Benkard*[9] Rn 12.
4 OLG München InstGE 9, 192.
5 *Benkard* Rn 7; *Mes* Rn 2; *Bühring* Rn 45; LG Düsseldorf 2.8.2013 4b O 230/10.
6 *Benkard*[9] Rn 9, jetzt aber in *Benkard* Rn 3 ausdrücklich aufgegeben; vgl *Bühring*[5] Rn 6 f, abw *Bühring* Rn 24 ff.
7 BGH GRUR 2001, 770 Kabeldurchführung II; so auch BPatG Mitt 1999, 271; vgl *Loth* Rn 8 f.
8 Vgl BGH GRUR 2005, 754 Knickschutz; zu Unrecht differenzierend unter Berücksichtigung der Auswirkungen auf die Schutzfähigkeit OLG München InstGE 2, 13 und dem folgend *Mes* Rn 8.
9 BGH Knickschutz.
10 BGH Knickschutz.
11 *Benkard* Rn 7 mNachw der Rspr; BGHZ 155, 51 = GRUR 2003, 867 Momentanpol I; BGHZ 137, 60 = GRUR 1998, 910 Scherbeneis.
12 BGH GRUR 1962, 299, 305 Sportschuh; BGH GRUR 1977, 250 f Kunststoffhohlprofil I.
13 BGH Sportschuh.
14 Vgl *Loth* Rn 18; *Kraßer* S 308 (§ 18 I b 4), im Ergebnis auch *Benkard* Rn 10; *Bühring* Rn 62, jedoch de lege ferenda kr in Rn 68; BGHZ 172, 298 = GRUR 2007, 1059 Zerfallsmessgerät; aA *Mes* Rn 16; *U. Krieger* GRUR Int 1996, 354, 355; *Westendorp/Viktor* Mitt 1998, 452; *Goebel* (2005) Rn 428; *Pahlow* WRP 2007, 739, 741.
15 BGHZ 134, 353 = GRUR 1997, 454, 457 Kabeldurchführung I; *Benkard* Rn 14; differenzierend *Mes* Rn 20.
16 *Loth* § 11 Rn 50; zust *Bühring* Rn 67.
17 BGH Kabeldurchführung I; *Benkard* Rn 14; teilweise kr hierzu *Loth* § 11 Rn 50; vgl auch *Loth* Rn 19 sowie § 19 Rn 14 f.

9   **Teilschutz** (Unterkombinationen; Rn 80 zu § 14 PatG) kann auch bei nicht geprüften Gebrauchsmustern nicht anerkannt werden.[18] Auch Elementenschutz[19] kommt grds nicht in Betracht.

10   **Verschlechterte Ausführungsformen** werden wie im Patentrecht erfasst.[20]

§ 13
(Nichteintritt des Schutzes; Entnahme; Verweisungen)

(1) Der Gebrauchsmusterschutz wird durch die Eintragung nicht begründet, soweit gegen den als Inhaber Eingetragenen für jedermann ein Anspruch auf Löschung besteht (§ 15 Abs. 1 und 3).

(2) Wenn der wesentliche Inhalt der Eintragung den Beschreibungen, Zeichnungen, Modellen, Gerätschaften oder Einrichtungen eines anderen ohne dessen Einwilligung entnommen ist, tritt dem Verletzten gegenüber der Schutz des Gesetzes nicht ein.

(3) Die Vorschriften des Patentgesetzes über das Recht auf den Schutz (§ 6), über den Anspruch auf Erteilung des Schutzrechts (§ 7 Abs. 1), über den Anspruch auf Übertragung (§ 8), über das Vorbenutzungsrecht (§ 12) und über die staatliche Benutzungsanordnung (§ 13) sind entsprechend anzuwenden.

Ausland: Dänemark: § 15 GebrMG; **Italien:** Art 84 CDPI (Recht auf den Schutz), Art 86 CDPI (Generalverweisung); **Österreich:** §§ 5 (Vorbenützerrecht), 7 (Anspruch auf Gebrauchsmusterschutz), 9 (Rechtsverhältnis mehrerer Gebrauchsmusterinhaber) öGebrMG; **Spanien:** Art 144, 154 (Generalverweisung) PatG; **Türkei:** Art 157, 158, 166 (Generalverweisung) VO 551

Schrifttum: *Scheffler* Besonderheiten bei der Abwehr von Ansprüchen aus parallelen Gebrauchs- und Geschmacksmustern im Falle widerrechtlicher Entnahme geistigen Eigentums, Mitt 2005, 216.

A. Allgemeines

I. Entstehungsgeschichte

1   Die durch das GebrMÄndG 1986 als § 5b neu eingeführte Bestimmung, die ihre geltende Bezeichnung durch die Neubek 1986 erhalten hat, verselbstständigt die Regelung in § 5 Abs 2–4 GebrMG 1968 unter teilweiser Umgestaltung. Abs 1 verallgemeinert die frühere Regelung (§ 5 Abs 2 GebrMG 1968), die lediglich ein Doppelschutzverbot enthielt, allg auf das Bestehen eines Löschungsgrunds, Abs 2 stimmt mit § 5 Abs 3 GebrMG 1968 überein, Abs 3 entspricht § 5 Abs 4 GebrMG 1968, berücksichtigt aber die neuen eigenständigen Regelungen im GebrMG.

2   **Anwendungsbereich.** Anders als nach öst Recht[1] sind die Regelungen auch auf angemeldete Gebrauchsmuster anwendbar.[2]

II. Verweisung auf Regelungen des PatG

3   Abs 3 erklärt eine Reihe von Bestimmungen des PatG für entspr anwendbar (für das Vorbenutzungsrecht Rn 5 zu § 12 PatG);[3] die übrigen Bestimmungen der §§ 6–15 PatG haben im GbmRecht parallele Regelungen. § 8 Abs 4 PatG ist unanwendbar.[4] Ebenso sind die Bestimmungen über die Erfinderbenennung

---

18   BGHZ 172, 298 = GRUR 2007, 1059 Zerfallszeitmessgerät; differenzierend *Benkard* Rn 13.
19   Vgl auch *Benkard* Rn 13.
20   ÖOGH 19.8.2003 4 Ob 155/03b ÖBl 2003, 265 Ls Gleitschichtkühler.

1   ÖPA öPBl 2001, 107.
2   Vgl *Loth* Rn 16.
3   Vgl BGHZ 182, 231 = GRUR 2010, 47 Füllstoff gegen OLG Jena GRUR-RR 2008, 115; BGH GRUR 2012, 895 Desmopressin; BGH 12.6.2012 X ZR 132/09; OLG Düsseldorf InstGE 11, 193; LG Düsseldorf InstGE 10, 12; LG Düsseldorf InstGE 10, 17; LG Düsseldorf 10.1.2012 4b O 169/09.
4   *Benkard* Rn 15.

und -nennung nicht anwendbar.[5] Der Übertragungsanspruch besteht selbstständig neben dem Löschungsanspruch.[6]

III. Andere Gesetze

Anwendbar ist auch das ArbEG. §§ 26–28 ErstrG enthielten Regelungen, die auch auf Gebrauchsmuster Anwendung fanden. **4**

B. Nichteintritt des Schutzes

I. Grundsatz

Da durch die Eintragung eine bloße Registerposition (oft zu Unrecht als „Scheinrecht" bezeichnet, vgl **5** Rn 2 vor § 15) begründet wird, steht die Wirksamkeit des Gebrauchsmusters durch sie allein nicht fest.[7] Aus Abs 1 folgt, dass bei Geltendmachung von Rechten aus dem Gebrauchsmuster dessen Schutzfähigkeit in den Grenzen der Löschungsgründe nach § 15 Abs 1, 3 festgestellt werden muss. Eine Bindung an die Eintragung tritt auch nicht ein, soweit diese (hinsichtlich „absoluter" Schutzvoraussetzungen) auf einer Prüfung beruht. Deshalb wird auch die Beweislastumkehr nach § 363 BGB beim Gebrauchsmuster nicht in Betracht kommen[8] (vgl Rn 19 zu § 9 PatG). Für die Beurteilung der formellen Voraussetzungen der Prioritätsinanspruchnahme werden dieselben Grundsätze wie im Patentrecht anzuwenden sein; es bietet sich weiter an, diese für die formellen Voraussetzungen der Wirksamkeit der Abzweigung heranzuziehen (vgl Rn 50 zu § 41 PatG).[9]

Abs 1 betrifft die **Wirkung der Eintragung nach § 11** in den Grenzen der §§ 12, 12a und 13 Abs 3, die **6** Regelung lässt sonstige mit der Anmeldung oder Eintragung verbundene Wirkungen, insb die Zurechnung zum StdT oder den Prioritätsschutz, unberührt.

Der Nichteintritt des Schutzes bei Vorliegen eines nicht nur gegenüber dem Verletzten wirkenden Lö- **7** schungsgrunds (Abs 2) ist von der Durchführung eines **Löschungsverfahrens** grds unabhängig, mithin auch im Rahmen eines Verletzungsstreits zu beachten. Eine Bindung an das Ergebnis des Löschungsverfahrens tritt nur im Umfang der Löschung (Rn 3 ff vor § 15) sowie darüber hinaus im Verhältnis der Parteien des Löschungsverfahrens zueinander ein (§ 19 Satz 3). Um Divergenzen zu vermeiden, ermöglicht § 19 Satz 1 eine Aussetzung bzw schreibt § 19 Satz 2 sie vor. Entscheidungen im Verletzungsstreit wirken nur zwischen den Parteien, insoweit stellen sich Divergenzprobleme deshalb nicht.

II. Anspruch auf Löschung gegenüber jedermann

Abs 1 lässt den Schutz nicht eintreten, wenn und soweit einer der Löschungsgründe des § 15 Abs 1 **8** (Fehlen der Schutzfähigkeit, Identität, unzulässige Erweiterungen; s die Kommentierung zu § 15) vorliegt. Das Gebrauchsmuster ist daher, soweit die Voraussetzungen des § 19 Satz 3 nicht vorliegen, auf Nichtvorliegen dieser Löschungsgründe zu prüfen, soweit hierfür Anlass (entspr schlüssiger Parteivortrag) besteht[10] (Rn 4 zu § 24). Besonderheiten ergeben sich beim Schutzausschluss infolge Identität bei Wegfall des älteren Schutzrechts mit Wirkung ex tunc (Rn 4 vor § 15; Rn 12 zu § 15), jedoch kann die Berufung auf die Löschung des älteren Rechts unter besonderen Umständen als arglistig unbeachtlich sein, so bei einem über einen Strohmann geführten eigenen Angriff des Rechtsinhabers.[11] Unzulässige Erweiterungen sind bei der Bestimmung des Gegenstands des Gebrauchsmusters nicht zu berücksichtigen.[12]

---

5 *Bühring* Rn 49; *Loth* Rn 37; vgl *Benkard* Rn 12.
6 BGH GRUR 1962, 140 f Stangenführungsrohre; *Benkard* Rn 15.
7 *Benkard* Rn 2, *Bühring* Rn 1, der zu Unrecht von einer widerlegbaren Vermutung ausgeht; *Mes* Rn 1.
8 So *Möller* Das Patent als Rechtsmangel der Kaufsache, GRUR 2005, 468, 475.
9 Kr *Loth* § 5 Rn 25, § 6 Rn 36 f.
10 BGH GRUR 1957, 270 Unfallverhütungsschuh; BGHZ 75, 116, 118 = GRUR 1979, 869 Oberarmschwimmringe; *Benkard* Rn 3; vgl auch LG Düsseldorf 29.3.2013 4a O 113/10.
11 BGH GRUR 1963, 519, 521 f Klebemax, dort im konkreten Fall verneint; *Benkard* Rn 7; *Bühring* Rn 12.
12 *Benkard* Rn 4; *Bühring* Rn 5.

Keukenschrijver

9   **C. Widerrechtliche Entnahme (Absatz 2)** lässt den Schutz Dritten gegenüber unberührt, verhindert aber den Schutzeintritt gegenüber dem Verletzten. Bei ihr handelt es sich um ein relatives Schutzhindernis.[13] Der Verletzte hat nebeneinander die Möglichkeiten des Löschungsantrags (§ 15 Abs 2; Rn 19 zu § 15), der Geltendmachung des Übertragungsanspruchs („Vindikation") und des Entnahmeeinwands, anders als im Patentrecht aber nicht die der Nachanmeldung mit der Entnahmepriorität nach § 7 Abs 2 PatG.[14] Für die Anwendung des Abs 2 kommt es auf die Schutzfähigkeit des Entnommenen nicht an, str ist allerdings, ob dies auch noch gilt, wenn der Übertragungsanspruch nicht mehr geltend gemacht werden kann[15] (Rn 26 zu § 8 PatG); auch für die Löschung hat die ältere Rspr Schutzfähigkeit verlangt, dies dürfte aber nicht mehr der hM entsprechen (Rn 19 zu § 15). Zum Begriff der widerrechtl Entnahme Rn 40 ff zu § 21 PatG.

§ 14
(Gebrauchsmuster und jüngeres Patent)

Soweit ein später angemeldetes Patent in ein nach § 11 begründetes Recht eingreift, darf das Recht aus diesem Patent ohne Erlaubnis des Inhabers des Gebrauchsmusters nicht ausgeübt werden.

Ausland: Österreich: vgl § 30 öGebrMG (Abhängigerklärung); **Tschech. Rep.:** § 12 Abs 3 GebrMG

Schrifttum: *Bossung* Innere Priorität und Gebrauchsmuster, GRUR 1979, 661; *Schnabel* Gebrauchsmuster und abhängiges Patent nach § 6 GbmG, GRUR 1940, 73; *McGuire* Kumulation und Doppelschutz, GRUR 2011, 767; *Weidlich* Identische Gebrauchsmuster und Patente, ZAkDR 1936, 166; *Wobsa* Patentanmeldung und Gebrauchsmuster mit jüngerer Priorität, GRUR 1936, 776; *Zeller* Älteres Gebrauchsmuster, jüngeres Patent und Weiterbenutzung, GRUR 1953, 235.

A. Allgemeines; Entstehungsgeschichte

1   Die Bestimmung (vor 1987 § 6) enthält eine unvollständige Kollisionsregelung zwischen Patent- und GbmSchutz. Erfasst ist nur der Fall, dass ein später angemeldetes Patent in das durch das Gebrauchsmuster begründete Ausschließlichkeitsrecht (§ 11) eingreift. Zur Kollision ursprungsgleicher Gebrauchsmuster mit eur Patenten Rn 8 zu Art II § 8 IntPatÜG Einl Rn 8 ff.

B. Verhältnis zum jüngeren Patent

I. Allgemeines

2   § 14 enthält eine abschließende Regelung; diese erfasst sowohl identische als auch abhängige Patente.[1] Die Regelung ist insb deshalb von Bedeutung, weil die ältere GbmAnmeldung vor der Bekanntmachung der Eintragung nicht StdT iSd § 3 Abs 2 PatG ist (Rn 149 zu § 3 PatG).

---

13   *Benkard* Rn 9; *Bühring* Rn 19; *Mes* Rn 9; vgl LG München I 19.5.2011 7 O 6033/10.
14   *Bühring* Rn 25 ff.
15   *Benkard* Rn 9; vgl *Bühring* Rn 26.

1   *Benkard* Rn 3; *Bühring* Rn 10.

Die Regelung erfasst das jüngere nat wie das jüngere **europäische**, mit Wirkung für die Bundesre- **3** publik Deutschland erteilte **Patent**[2] (Art 140, 139 Abs 2 EPÜ).

II. Priorität

§ 14 stellt zwar seinem Wortlaut nach auf den Anmeldetag ab, dabei ist ein **Prioritätsrecht** aber so- **4** wohl beim Gebrauchsmuster als auch beim Patent zu berücksichtigen[3] (vgl auch die Regelung in Art 79 Abs 2 GPÜ). Für eur Patente gilt, auch wenn nach dem Wortlaut des Art 89 EPÜ der Prioritätstag nur als Anmeldetag gilt, das gleiche.[4]

III. Rechtsfolgen der Kollision

1. Jüngeres Patent. Das ältere Gebrauchsmuster beschränkt anders als das ältere Patent (über § 3 **5** Abs 2 PatG) nur die Ausübung, nicht aber die Bestandsfähigkeit des jüngeren Patents.[5] Das jüngere Patent darf, soweit es in das ältere Gebrauchsmuster eingreift, nur mit Erlaubnis des GbmInhabers ausgeübt wer- den;[6] dies entspricht der Rechtslage bei abhängigen Patenten (Rn 36 ff zu § 9 PatG).

Dem Inhaber des jüngeren Patents verbleibt sein **Verbietungsrecht** auch gegenüber dem GbmInha- **6** ber im Umfang eines Überschusses und nach Erlöschen des Gebrauchsmusters.[7] Im übrigen wirkt § 14 nicht nur schuldrechtl, sondern macht im Umfang der Übereinstimmung für die Geltungsdauer des Ge- brauchsmusters die Geltendmachung des Verbietungsrechts des Patentinhabers auch gegenüber Dritten von der Erlaubnis des GbmInhabers abhängig, wie sich aus der Formulierung der Bestimmung ergibt (str).[8] Die Gegenmeinung setzt sich über den eindeutigen Gesetzeswortlaut hinweg; das ältere Gebrauchs- muster überlagert demnach die Wirksamkeit des jüngeren Patents und knüpft dessen Durchsetzung an die Erlaubnis des besser berechtigten GbmInhabers.

2. Dem GbmInhaber wie seinem Lizenznehmer steht, solange das Gebrauchsmuster in Kraft ist, weiter **7** ein **Benutzungsrecht** zu, das dem Verbietungsrecht aus dem prioritätsjüngeren Patent einredeweise ent- gegengesetzt werden kann.[9] Das durch das ältere Gebrauchsmuster verliehene „positive" Benutzungsrecht endet mit Erlöschen dieses Schutzrechts[10] (Rn 16 zu § 9 PatG).

Nach Erlöschen des älteren Gebrauchsmusters kann ein **Vorbenutzungsrecht** gegenüber einem **8** (prioritäts-)jüngeren Patent weiterbestehen;[11] gelegentlich wird hier von einem Weiterbenutzungsrecht gesprochen,[12] was ungenau ist, weil das Recht an den Vorbenutzungstatbestand (des § 12 PatG iVm § 13 Abs 3) anknüpft. Das gilt allerdings nur, wenn während des Bestehens des Gebrauchsmusters eine gewerb- liche Nutzung im Inland erfolgt ist oder wenigstens Veranstaltungen hierzu getroffen wurden.[13]

C. Verhältnis zum prioritätsgleichen Patent

I. Allgemeines

Prioritätsgleiche Patente und Gebrauchsmuster können selbst dann nebeneinander bestehen, wenn **9** sie ursprungsgleich sind (Rn 102 zu § 1 PatG); dies gilt auch im Verhältnis eur Patent – nationales Ge-

---

2 *Benkard* Rn 3; *Bühring* Rn 11.

3 *Benkard* Rn 3; *Bühring* Rn 1; vgl *Klauer/Möhring* § 6 Anm.

4 BGH GRUR 1992, 692, 694 Magazinbildwerfer; *Loth* Rn 11.

5 *Benkard* Rn 5; *Bühring* Rn 12; *Loth* Rn 12; *McGuire* GRUR 2011, 767.

6 Vgl schon RGZ 61, 399, 401 = BlPMZ 1906, 257 Holzwebschützen.

7 Vgl *Benkard* Rn 5.

8 So auch *Bühring* Rn 12; aA *Mes* Rn 3; *Loth* Rn 12; offen gelassen in *Benkard* Rn 5.

9 BGH GRUR 1963, 563 Aufhängevorrichtung unter Bezugnahme auf RGZ 159, 11 = GRUR 1939, 178 Dauerwellflachwicklung; RGZ 169, 289 = GRUR 1942, 548 Muffentonrohre; RG GRUR 1940, 23 Wasserrohrkessel.

10 BGH GRUR 1992, 692, 694 Magazinbildwerfer.

11 RGZ 169, 289, 292 = GRUR 1942, 548 Muffentonrohre; BGHZ 47, 132 = GRUR 1967, 477, 482 UHF-Empfänger II; BGH GRUR 1992, 692, 694 Magazinbildwerfer.

12 Vgl *Reimer* § 6 Rn 2.

13 RG Muffentonrohre; BGH 1.10.1991 X ZR 60/89; *Benkard* Rn 6.

brauchsmuster (Rn 8 zu Art II § 8 IntPatÜG). Die Rechte stehen sich nicht schutzhindernd gegenüber.[14] Der Rechtsinhaber kann wahlweise oder kumulativ aus beiden vorgehen; dies ist praktisch bedeutsam, weil das Gebrauchsmuster ab Eintragung Verbietungsrechte gewährt, das Patent aber nicht schon ab Offenlegung, sondern erst ab Erteilung. Die Rechte können unabhängig voneinander übertragen werden.

II. Benutzungsrecht

10 Aus einem prioritätsgleichen Gebrauchsmuster kann nach dem Grundsatz, dass ein Recht Wirkungen nur für den Zeitraum entfalten kann, in dem es in Kraft ist, gegenüber einem Patent ein Benutzungsrecht nur für den zeitlichen Geltungsbereich des Gebrauchsmusters abgeleitet werden.[15] Ein Vorbenutzungsrecht kommt auch hier nach den allg Regeln (§ 12 PatG), die für das Gebrauchsmuster über die Verweisung in § 13 Abs 3 anwendbar sind, in Betracht.[16]

D. Verhältnis zum älteren Patent oder Gebrauchsmuster

I. Schutzhindernis

11 Soweit das ältere Patent oder Gebrauchsmuster zum StdT iSd § 3 gehört, ist es gegenüber dem Gebrauchsmuster bei der Beurteilung der Neuheit und des erfinderischen Schritts zu berücksichtigen (§§ 13 Abs 1, 15 Abs 1 Nr 1). Gehört das Patent (vor der Offenlegung) oder Gebrauchsmuster (vor der Eintragung) nicht zum StdT, ist es zu berücksichtigen, soweit Identität vorliegt (§§ 13 Abs 1, 15 Abs 1 Nr 2).

12 **II. Abhängigkeit** ist auch beim Gebrauchsmuster möglich.[17] Hier gelten dieselben Regeln wie beim Patent (Rn 27 ff zu § 9 PatG).

13 **III.** Ein später angemeldetes Gebrauchsmuster gibt gegenüber einem älteren Patent kein **Benutzungsrecht**; dies gilt auch, wenn die auf das Patent gestützte Löschungsklage gegen das Gebrauchsmuster erfolglos geblieben ist.[18]

Vor § 15

Übersicht

Schrifttum: *Ahrens* Die Koordination der Verfahren zur Schutzentziehung und wegen Verletzung von registrierten Rechten des Geistigen Eigentums, GRUR 2009, 196; *Bender* Eingeschränkte Schutzansprüche und die entsprechende Anwendung von zivilprozessualen Grundsätzen im Gebrauchsmusterlöschungsverfahren, GRUR 1997, 785; *Bindewald* Das patentamtliche Gebrauchsmusterlöschungsverfahren, MuW 39, 334; *Fischer* Zur Kostenentscheidung im Gebrauchsmusterlöschungsverfahren, MuW 40, 182; *Jungblut* Die Nachprüfung der Gebrauchsmusterfähigkeit im neuen Löschungsverfahren, GRUR 1939, 880; *Goebel* Gebrauchsmuster – Beschränkte Schutzansprüche und Kostenrisiko im Löschungsverfah-

---

14 *Benkard* Rn 7; *Bühring* Rn 17; für schutzhinderndes Gegenüberstehen noch PA BlPMZ 1905, 120 f, verneinend für die Prüfung im Nichtigkeitsverfahren, sonst aber offen lassend BGH GRUR 1965, 473 Dauerwellen I.

15 BGH GRUR 1992, 692, 694 Magazinbildwerfer; *Loth* Rn 19; *Bühring* Rn 17.

16 *Bühring* Rn 17.

17 RG BlPMZ 1911, 227 f Schalldecken; RG GRUR 1934, 39 Ruck-Zuck; OLG Düsseldorf GRUR 1952, 192 f; *Benkard* Rn 2; *Bühring* Rn 6 ff; *Mes* Rn 5.

18 BGH GRUR 1964, 606 Förderband; *Loth* Rn 17; *Bühring* Rn 9.

ren, GRUR 1999, 833; *Goebel* Schutzansprüche und Ursprungsoffenbarung: Der Gegenstand des Gebrauchsmusters im Löschungsverfahren, GRUR 2000, 477; *Hellwig* Zur Änderung der Schutzansprüche eingetragener Gebrauchsmuster, Mitt 2001, 102; *Hüttermann/Storz* Zur „Identität" nach § 15 Abs 1 Nr 2 Gebrauchsmustergesetz, Mitt 2006, 343; *Krabel* Gebrauchsmusterlöschungs- und Patenterteilungsverfahren vor dem Deutschen Patentamt, GRUR 1978, 566; *Loesenbeck* Das Löschungsverfahren vor dem Reichspatentamt, Mitt 1939, 254; *Osenberg* Das Gebrauchsmuster-Löschungsverfahren in der Amtspraxis, GRUR 1999, 838; *Paul* Löschungsandrohung vor Löschungsantragstellung bei Gebrauchsmustern, Mitt 1978, 155; *Pinzger* Die Behandlung von „Löschungsanträgen" gegen gelöschte Gebrauchsmuster, JW 1937, 2684; *Rauter* Grund und Aufgabe des GM-Löschungsverfahrens, MuW 40, 23; *Richter* Löschungsanspruch und Löschungsverfahren nach dem Gebrauchsmustergesetz vom 5.5.1936, Diss 1936; *Scheffler* Besonderheiten bei der Abwehr von Ansprüchen aus parallelen Gebrauchs- und Geschmackmustern im Falle widerrechtlicher Entnahme geistigen Eigentums, Mitt 2005, 216; *Schickedanz* Die Kostenentscheidung im Gebrauchsmusterlöschungsverfahren, Mitt 1972, 44; *Schlitzberger* Gegenstand des Antrags und Sachprüfungsgegenstand im Gebrauchsmuster-Löschungsverfahren, FS 25 Jahre BPatG (1986), 249; *Siebert* (Anm) Mitt 1970, 179; *V. Tetzner* Kostenerstattung nach Aufforderung zur Gebrauchsmusterlöschung, Mitt 1961, 210; *Stjerna* Die Reichweite der Einrede des älteren Rechts, GRUR 2010, 795; *K. von Falck* Die Rechtsbehelfe gegen das rechtskräftige Verletzungsurteil nach rückwirkendem Wegfall des Klageschutzrechts, GRUR 1977, 308; *Wanckel* Ist im Gebrauchsmuster-Löschungsverfahren bei Teillöschungen die Beschreibung mit der eingeschränkten Anspruchsfassung in Einklang zu bringen? GRUR 1939, 813; *Weber* Die Kostenverteilung im Gebrauchsmusterlöschungsverfahren, Mitt 1942, 12; *Werner* Unzulässige Anspruchsänderung bei eingetragenem Gebrauchsmuster als Löschungsgrund, GRUR 1980, 1045; *Wichards* Die Rechtskraftwirkungen der Entscheidungen des Reichspatentamtes im Gebrauchsmusterlöschungsverfahren, GRUR 1937, 428; *P. Wirth* Die Zulässigkeit von Gebrauchsmuster betreffenden Feststellungsanträgen beim Reichspatentamt, GRUR 1941, 72; *P. Wirth* Die Zulässigkeit von Löschungsfeststellungsanträgen beim Reichspatentamt, Mitt 1941, 131.

A. Löschung des Gebrauchsmusters

I. Überblick[1]

Die §§ 15–17 regeln die Löschung des Gebrauchsmusters, und zwar § 15 die Löschungsgründe, § 16 den **1** Löschungsantrag und § 17 das Verfahren. § 17 lehnt sich an die §§ 82–84 PatG an; abw ist – neben der Zuständigkeit des DPMA – insb die Wirkung des Nichtwiderspruchs. § 18 betrifft (nunmehr nur noch ua) das Löschungsbeschwerdeverfahren. Anders als das Patentnichtigkeitsverfahren, aber grds übereinstimmend mit dem Einspruchsverfahren (§§ 59 ff PatG) ist das Löschungsverfahren ein behördliches Verfahren vor dem DPMA mit nachgeschaltetem Beschwerdeverfahren,[2] anders als das Einspruchsverfahren, aber übereinstimmend mit dem Patentnichtigkeitsverfahren, ist es kontradiktorisch ausgestaltet[3] (2000 207 Anträge, 2001 199, 2002 190, 2003 182, 2004 231, 2005 218, 2006 227, 2007 189, 2008 219, 2009 156, 2010 162, 2011 157, 2012 154, 2013 153, 2014 130, 2015 109).

II. Rechtsnatur der Löschung

1. Allgemeines. Das GbmLöschungsverfahren ist Verwaltungsverfahren und nicht gerichtliches Ver- **2** fahren, es ist allerdings justizförmig ausgestaltet.[4] Wie das Patentnichtigkeitsverfahren verfolgt das GbmLöschungsverfahren (idealtypisch) allg Belange, nämlich die Beseitigung schutzunfähiger Rechtspositionen (besser: Registerpositionen).[5] Gegenstand des Löschungsverfahrens ist der verfahrensrechtl Anspruch auf Löschung des Gebrauchsmusters.[6] Da anders als beim Patent durch die Patenterteilung der GbmSchutz nicht durch die Eintragung allein, sondern nur dann entsteht, wenn auch die sachlichen Schutzvoraussetzungen vorliegen, führt die Eintragung für sich nur zu einer Registerposition (dem Nachweis der wirksamen Geltendmachung des Schutzbegehrens ohne Rücksicht auf die Schutzfähigkeit an sich),[7] die mit einer materiellen Rechtsposition verbunden sein kann, aber nicht sein muss. Rspr und Lit

---

1 Zur Bedeutung des Löschungsverfahrens *Osenberg* GRUR 1999, 838.
2 Vgl BGH GRUR 1968, 447 Flaschenkasten.
3 BGHZ 135, 58 = GRUR 1997, 625 Einkaufswagen I; *Loth* § 17 Rn 1.
4 BPatGE 51, 55 = GRUR 2009, 703.
5 Vgl BGH GRUR 1983, 725, 728 Ziegelsteinformling I; BGH GRUR 1997, 213 f Trennwand.
6 Vgl *Schlitzberger* FS 25 Jahre BPatG (1986), 249.
7 Vgl *Schlitzberger* FS 25 Jahre BPatG (1986), 249 ff.

sprechen überwiegend vom Entstehen von „Rechtsschein" oder „Scheinrechten";[8] die Eintragung garantiert oder beweist jedoch nicht, dass ein materiell gültiges Schutzrecht entstanden ist, sie begründet auch keine Vermutung dafür[9] und genießt keinen öffentlichen Glauben.

3   **2. Wirkung.** Die Löschung (ebenso innerhalb ihrer Reichweite die Teillöschung) beseitigt die Wirkung der Eintragung gegenüber der Allgemeinheit; sie wirkt wie die Feststellung der Unwirksamkeit gegen jedermann und damit auch für das Verletzungsverfahren[10] (Rn 12 ff zu § 19).

4   **Rückwirkung.** Die Löschung wirkt auf den Zeitpunkt der Eintragung zurück, sie beseitigt das Schutzrecht von Anfang an;[11] dies gilt auch, wenn sie wegen Nichtwiderspruchs und damit möglicherweise entgegen der materiellen Rechtslage erfolgt.[12] Im Fall der Identität des gelöschten Gebrauchsmusters mit einem jüngeren stand das ältere dem jüngeren niemals schutzhindernd entgegen.[13] Folgt die Löschung allerdings erst aus einem ex tunc wirkenden Ereignis (zB fehlende Schutzfähigkeit eines durch Verzicht auf den bisherigen Hauptanspruch selbst zum Haupt- oder Nebenanspruch gewordenen bisherigen Unteranspruchs), kann die Löschung nicht weiter als dieses Ereignis wirken.[14]

5   **Soweit die Schutzvoraussetzungen fehlten**, kommt der Löschung keine konstitutive Wirkung zu, wohl aber, soweit sie bestanden oder (nach § 13 Abs 2) nur dem Verletzten gegenüber nicht bestanden; insoweit wirkt die Löschung wie die Nichtigerklärung des Patents rechtsvernichtend.[15]

6   Die Löschung entzieht **Ansprüchen aus dem Gebrauchsmuster** die Grundlage; die Verletzungsklage wird unbegründet[16] (Rn 8 zu § 24). Sie eröffnet uU die Vollstreckungsgegenklage nach § 767 ZPO,[17] die Restitutionsklage nach § 580 Nr 6 oder Nr 7 Buchst b ZPO[18] (Rn 375 ff vor § 143 PatG; vgl zum Nichtigkeitsverfahren Rn 57 zu § 84 PatG), Bereicherungsansprüche nach §§ 812 ff BGB[19] sowie die prozessualen Schadensersatzansprüche nach §§ 717, 945 ZPO.[20] Außerhalb dieser Anspruchsgrundlagen besteht dagegen grds kein Schadensersatzanspruch.[21]

7   Für **Lizenzverträge** entsprechen die Wirkungen der Löschung denen des Widerrufs oder der Nichtigerklärung des Patents.

8   Eine weitergehende Wirkung haben Löschung und Löschungsverfahren nicht. Insb erfolgt im Löschungsverfahren keine allg bindende Festschreibung der **Rechtsbeständigkeit** des Gebrauchsmusters und auch keine Prüfung desselben iSd Prüfung nach dem PatG; deshalb kann zB auch keine Feststellung über die Rechtsnatur eines Unteranspruchs getroffen werden.[22]

---

8   Vgl RGZ 71, 195 f = BlPMZ 1909, 311 Kondensator; RG GRUR 1930, 805 Schuhspanner; BGH GRUR 1962, 140 f Stangenführungsrohre; BGHZ 64, 155, 158 = GRUR 1976, 30 Lampenschirm; BGH GRUR 1979, 692, 694 Spinnturbine I; BGH GRUR 1997, 213 f Trennwand; BPatG 23.2.2006 5 W (pat) 429/05 Mitt 2006, 271 Ls; LG Hamburg GRUR-RR 2015, 137; öOGH GRUR Int 1999, 164 f = ÖBl 1996, 200, 202 Wurfpfeilautomat; *Benkard* § 15 Rn 2; *Bühring* § 15 Rn 3; *Loth* § 11 Rn 39 und vor § 15 Rn 2; *Lang* ÖBl 2005, 60, 63; *Mes* § 13 Rn 1; zu Recht kr hierzu *Schlitzberger* FS 25 Jahre BPatG (1986), 249, 252 f.

9   Vgl für das nur formal geprüfte schweiz Patent schweiz BG sic! 2007, 641, 644 Citalopram I; aA *Loth* § 11 Rn 39; *Bühring* § 11 Rn 36; öOGH ÖBl 1996, 200 Wurfpfeilautomat und öOGH ÖBl 2004, 37 f Gleitschichtkühler m kr Anm *Wolner*, jeweils zum zivilrechtl Provisionalverfahren.

10   BGH GRUR 1957, 270 Unfallverhütungsschuh; BGH GRUR 1967, 351 f Korrosionsschutzbinde; BGH GRUR 1968, 86, 91 landwirtschaftliches Ladegerät; *Benkard* § 15 Rn 32; *Bühring* § 15 Rn 102 ff; *Mes* § 15 Rn 16.

11   BGH GRUR 1963, 255, 257 Kindernähmaschinen; BGH GRUR 1963, 519, 521 Klebemax; BGH GRUR 1979, 869 Oberarmschwimmringe; BGH GRUR 1997, 213 f Trennwand; *Benkard* § 15 Rn 32; *Bühring* § 15 Rn 3, 103; vgl RGZ 170, 346, 354 = GRUR 1943, 123 Graviermaschine.

12   BGH Klebemax; BGH GRUR 1967, 351 Korrosionsschutzbinde; BPatGE 11, 106, 108; *Benkard* § 17 Rn 6, 6b.

13   BGH Klebemax.

14   Vgl BGH Trennwand.

15   *Loth* § 17 Rn 51.

16   BGH GRUR 1963, 494 Rückstrahlerdreieck; *Bühring* § 15 Rn 103 f.

17   RGZ 155, 321, 327 = GRUR 1938, 43, 45 Maßbecher.

18   Für Nr 6 BPatGE 22, 251 = GRUR 1980, 852 sowie *Loth* § 19 Rn 19, zwh, weil die Wirkung der Eintragung nicht die der Patenterteilung entspricht; für Nr 9 *von Falck* GRUR 1977, 308, 311 f; vgl *Benkard* § 15 Rn 32; BPatGE 33, 240 = GRUR 1993, 732.

19   *Benkard* § 15 Rn 32; *Bühring* § 15 Rn 106 unter Hinweis auf RG BlPMZ 1903, 229 f Entschädigungsanspruch nach Bekanntmachung.

20   Vgl BPatGE 23, 7 = GRUR 1981, 124.

21   Vgl *Bühring* § 15 Rn 106 unter Hinweis auf RGZ 48, 384 = BlPMZ 1901, 172 Flaschenverschluß.

22   BPatG 5.3.1971 5 W (pat) 423/70, zur Anschlussbeschwerde; vgl auch zum umgekehrten Fall BPatG 4.3.1971 5 W (pat) 426/70.

3. Löschung und Feststellung der Unwirksamkeit. Löschung setzt voraus, dass das Gebrauchs- **9** muster nicht schon aus anderem Grund erloschen ist, die Registerposition also fortbesteht;[23] ein – etwa wegen Verzichts oder Ablaufs der Schutzdauer – gelöschtes Gebrauchsmuster kann nicht nochmals gelöscht werden.[24] In diesem Fall kann aber, weil das Erlöschen aus den genannten Gründen nur für die Zukunft wirkt, bei Bestehen eines entspr Rechtsschutzbedürfnisses (hierzu Rn 43 vor § 34 PatG; Rn 68 ff zu § 81 PatG; Rn 16 ff zu § 16) die Feststellung beantragt werden, dass die Eintragung des Gebrauchsmusters unwirksam war.[25] Ein ursprünglicher Löschungsantrag kann nach Erlöschen des Gebrauchsmusters uU in einen Feststellungsantrag umgedeutet werden (Rn 7 zu § 16). Nach geltender Rechtslage kommt der Löschungsantrag (und nicht Feststellungsantrag) in Betracht, solange die Aufrechterhaltungsgebühr (§ 23) noch wirksam entrichtet werden kann (vgl Rn 8 zu § 16).[26] Soweit das Gebrauchsmuster teilweise erloschen ist und noch ein Rechtsschutzbedürfnis für die Feststellung besteht und im Übrigen auch das noch in Kraft stehende Gebrauchsmuster angegriffen wird, können Antrag und Entscheidung über Löschung und Feststellung verbunden werden.

Die Regelungen über das **Löschungsverfahren** sind auch auf das Feststellungsverfahren anzuwen- **10** den; die Wirkung der Feststellung steht im wesentlichen der der Löschung gleich.[27]

4. Registerberichtigung. Soweit eine wirksame Anmeldung nicht vorlag, ein wirksamer Eintra- **11** gungsantrag fehlte[28] oder die Eintragungsanordnung nichtig war, ist vAw zu löschen; es handelt sich dabei aber nicht um ein Verfahren nach §§ 15 ff.[29] In derartigen Fällen kommt es weder auf Löschungsgründe noch auf ein Rechtsschutzbedürfnis des Antragstellers an und es ist auch kein Verfahren nach § 17 Abs 1 durchzuführen.[30] Die Amtslöschung kann auch durchgeführt werden, wenn ein Löschungsantrag gestellt wurde.[31] Das BPatG[32] hat die Möglichkeit eines Feststellungsantrags bejaht, wenn die gesetzlichen Voraussetzungen für das Entstehen des Schutzes nicht gegeben sind (Abzweigungserklärung nach Ablauf der Höchstschutzdauer); dies bestätigt jedenfalls im Ergebnis die BGH;[33] jedoch kann das besser damit begründet werden, dass sich der Anmelder, was die Schutzdauer betrifft, an der Inanspruchnahme des früheren Anmeldetags festhalten lassen muss. Bei Eintragung einer zuvor zurückgenommenen Anmeldung hat das BPatG missverständlich von „deklaratorischer Löschung" gesprochen.[34]

5. Löschungsverfahren und Verletzungsprozess. Die Unwirksamkeit des Gebrauchsmusters kann, **12** anders als die fehlende Rechtsbeständigkeit des Patents, auch im Verletzungsprozess geltend gemacht werden; dies hat seinen Grund nicht in erster Linie im Fehlen der Sachprüfung beim Gebrauchsmuster,[35] sondern in der beschränkten Wirkung der Eintragung (Rn 5 zu § 13). Das Verhältnis von Löschungsverfahren und Verletzungsprozess ist in § 19 geregelt.

---

23 BGH GRUR 2000, 1018 f Sintervorrichtung; BGHZ 168, 142 = GRUR 2006, 842 Demonstrationsschrank; vgl *Benkard* § 15 Rn 3a; *Bühring* § 15 Rn 38; BPatG 8.1.2003 5 W (pat) 411/02.
24 BGHZ 64, 155, 158 = GRUR 1976, 30 Lampenschirm; BPatGE 22, 140 f; BPatGE 33, 142, 146 = GRUR 1993, 113: Eintragung nach Ablauf der Schutzdauer, selbst wenn Verlängerungsgebühr noch gezahlt werden konnte.
25 BGH GRUR 1963, 519, 521 Klebemax; BGH GRUR 1967, 351 Korrosionsschutzbinde; BGH Lampenschirm; BGH GRUR 1995, 342 tafelförmige Elemente; BGH GRUR 2007, 997 Wellnessgerät; BPatG 6.5.1998 5 W (pat) 418/97 undok; *Benkard* § 15 Rn 3a, 4; *Bühring* § 15 Rn 38; *Mes* § 15 Rn 19.
26 *Bühring* § 15 Rn 34.
27 BGH GRUR 1967, 351 f Korrosionsschutzbinde; BGH GRUR 1997, 213 f Trennwand; BGHZ 168, 142 = GRUR 2006, 842 Demonstrationsschrank; *Benkard* § 15 Rn 8; vgl *Bühring* § 15 Rn 39.
28 BPatGE 8, 188 f = Mitt 1967, 119; BPatGE 44, 209 = BlPMZ 2002, 220, 222.
29 *Loth* Rn 5; *Bühring* § 15 Rn 40 f.
30 BPatG 23.2.2006 5 W (pat) 429/05 Mitt 2006, 271 Ls.
31 BPatGE 44, 209 = BlPMZ 2002, 220, 222.
32 BPatG 6.5.1998 5 W (pat) 418/97 undok; BPatG 23.2.2006 5 W (pat) 429/05 Mitt 2006, 271 Ls.
33 BGH Sintervorrichtung.
34 BPatGE 44, 209, 213 = BlPMZ 2002, 220; vgl *Bühring* § 15 Rn 41; abl *Schulte* § 49 PatG Rn 28.
35 Vgl aber RGZ 155, 321 = GRUR 1938, 43 Maßbecher; öOGH GRUR Int 1997, 164 f = ÖBl 1996, 200, 202 Wurfpfeilautomat.

B. Entstehungsgeschichte der Regelung

13　　Bis zum Inkrafttreten des GebrMG 1936 entschieden die ordentlichen Gerichte über die Löschung des Gebrauchsmusters. Durch das GebrMG 1936 wurde das Löschungsverfahren als besonderes Verfahren vor dem RPA eingeführt.[36]

14　　§ 15 (früher § 7) hat seine geltende Fassung in Anlehnung an § 21 PatG durch das GebrMÄndG 1986 erhalten. § 15 Abs 1 ist nur auf seit dem 1.1.1987 angemeldete Gebrauchsmuster anwendbar (Art 4 GebrMÄndG 1986); dies gilt insb für den neu eingeführten Löschungsgrund nach Nr 3. § 15 Abs 2 stimmt sachlich mit der früheren Gesetzesfassung überein. § 15 Abs 3 ist ebenfalls durch das GebrMÄndG 1986 eingeführt worden, schreibt aber nur die frühere Praxis fest.

15　　§ 16 entspricht dem früheren § 8. Das KostRegBerG hat die Gebührenregelung gestrichen und die Verweisung geänd.

16　　§ 17 entspricht dem früheren § 9. Das GebrMÄndG 1986 hat Abs 3 Sätze 2–5 angefügt, damit aber nur die bestehende Praxis festgeschrieben, die sich auf die entspr Regelungen im PatG stützte.[37] Abs 4 übernimmt mit einer Klarstellung die früheren § 9 Abs 3 Sätze 2 und 3. Das Gesetz zur Änderung des Designgesetzes und weiterer Vorschriften des gewerblichen Rechtsschutzes vom 4.4.2016[38] hat eine Änderung in § 17 Abs 3 entspr der für § 47 PatG vorgesehenen Regelung vorgenommen.

§ 15
(Löschungsgründe; Antragsberechtigung; Teillöschung)

(1) Jedermann hat gegen den als Inhaber Eingetragenen Anspruch auf Löschung des Gebrauchsmusters, wenn
1. **der Gegenstand des Gebrauchsmusters nach den §§ 1 bis 3 nicht schutzfähig ist,**
2. **der Gegenstand des Gebrauchsmusters bereits auf Grund einer früheren Patent- oder Gebrauchsmusteranmeldung geschützt worden ist oder**
3. **der Gegenstand des Gebrauchsmusters über den Inhalt der Anmeldung in der Fassung hinausgeht, in der sie ursprünglich eingereicht worden ist.**

(2) Im Falle des § 13 Abs. 2 steht nur dem Verletzten ein Anspruch auf Löschung zu.

(3) ¹Betreffen die Löschungsgründe nur einen Teil des Gebrauchsmusters, so erfolgt die Löschung nur in diesem Umfang. ²Die Beschränkung kann in Form einer Änderung der Schutzansprüche vorgenommen werden.

Ausland: Dänemark: §§ 32–36 GebrMG; **Österreich:** § 28 (Nichtigerklärung), § 29 (Aberkennung) öGebrMG; **Spanien:** Art 153 PatG (Nichtigerklärung); **Tschech. Rep.:** § 17 GebrMG, geänd 2000, § 18 GebrMG (Aberkennung); **Türkei:** Art 163 (Einspruch wegen Formmängeln), 165 (Nichtigkeit) VO 551

Übersicht

36　Zu den Gründen hierfür Begr BlPMZ 1936, 103, 117 f; *Benkard* § 16 Rn 1.
37　*Bühring* § 17 Rn 2.
38　BGBl I 558.

A. Löschungsgründe

I. Allgemeines

1. Überblick. Das GebrMÄndG 1986 hat den Löschungsgrund des Abs 1 Nr 3 neu eingeführt; die Neu- **1** regelung durch dieses Gesetz hat im übrigen im wesentlichen redaktionelle Bedeutung.[1] Mittelbar hat das PrPG durch die Neudefinition der Voraussetzungen der Schutzfähigkeit einschneidende Änderungen beim Löschungsgrund des Abs 1 Nr 1 gebracht. Neben den drei in Abs 1 aufgeführten Löschungsgründen ergibt sich ein weiterer, der der widerrechtl Entnahme, aus § 13 Abs 2, zu diesem enthält Abs 2 eine ergänzende Regelung. Schließlich fehlt eine Regelung, die der in § 22 Abs 1 PatG (Erweiterung des Schutzbereichs) entspricht (vgl Rn 5).

2. Verhältnis zum PatG. Die Regelung ist der im PatG (§§ 21, 22 PatG) zwar angenähert, aber nicht **2** völlig angeglichen; so ist die mangelnde Ausführbarkeit nicht als eigenständiger Löschungsgrund behandelt (Rn 4, 7), der Löschungsgrund des Abs 1 Nr 2 entspricht dem des in das geltende Recht nicht übernommenen § 13 Abs 1 Nr 2 PatG 1936/1968.

3. Abschließende Regelung. Der Katalog der Löschungsgründe ist grds abschließend;[2] deshalb sind **3** im Löschungsverfahren unbeachtlich zB Abhängigkeit,[3] Mangel der Einheitlichkeit,[4] Verfahrensmängel[5] oder Mängel der Anmeldung,[6] Fehler bei der Eintragung wie falsche Datenangabe und sonstige Fehler in den Unterlagen.[7] Erst recht keinen Löschungsgrund begründen Wettbewerbsverstöße.[8]

Mangelnde **Ausführbarkeit** ist im GbmRecht anders als im Patentrecht angesichts des Fehlens eines **4** eigenständigen Widerrufsgrunds weiterhin der mangelnden Schutzfähigkeit zuzuordnen[9] und auch sachlich (maßgeblicher Zeitpunkt) nach den im Patentrecht vor der eur Harmonisierung geltenden Regeln zu behandeln.

Erweiterungen des Schutzbereichs (vgl § 22 Abs 1 PatG) wird man schon deshalb nicht als relevant **5** ansehen können, weil es im GbmRecht an einer „erteilten" Fassung fehlt und somit die ursprünglichen Unterlagen als Vergleichsmaßstab ausreichen.[10] Unzulässige Änderungen in einem Löschungsverfahren müssen vermieden werden;[11] sie können wegen § 4 Abs 5 Satz 2 keine Rechte begründen und sind deshalb in einem späteren Löschungsverfahren außer Betracht zu lassen,[12] begründen aber keinen eigenständigen Löschungsgrund.[13]

4. Bindung an den geltend gemachten **Löschungsgrund** besteht im GbmLöschungsverfahren wie im **6** Patentnichtigkeitsverfahren[14] (Rn 753 zu § 82 PatG). Zum Wechseln des Löschungsgrunds Rn 4 zu § 17.

---

1 Begr BlPMZ 1986, 320, 327.
2 Vgl *Benkard* Rn 10; *Bühring* Rn 5; *Mes* Rn 5.
3 RG JW 1912, 308 Abstaubmaschine.
4 RG GRUR 1932, 72 Befestigungslappen; BPatGE 20, 133, 139: Einheitlichkeit des Erfindungsgedankens, anders die nach früherem Recht erforderliche gegenständliche Einheit; BPatGE 23, 113, 115 = GRUR 1981, 350.
5 OLG Zweibrücken GRUR 1937, 140.
6 RGZ 156, 217 = GRUR 1938, 47 Strumpf; RPA Mitt 1941, 24.
7 *Bühring* Rn 28 ff mwN.
8 RG GRUR 1930, 805 f Schuhspanner.
9 BGH GRUR 1969, 184 f Lotterielos; BGH GRUR 1999, 920 f Flächenschleifmaschine; BPatG 4.12.1997 5 W (pat) 437/96 undok; vgl BPatG 19.4.2006 5 W (pat) 432/05; BPatG 14.1.2009 35 W (pat) 466/07; *Benkard* Rn 11 unter Hinweis auf BGH GRUR 1968, 86, 89 landwirtschaftliches Ladegerät; *Bühring* Rn 10; *Mes* Rn 7.
10 BPatGE 11, 96, 100 spricht nach Eintragung eingereichten Erklärungen schutzbegründende Wirkung ab.
11 Vgl *Bühring* Rn 21.
12 *Benkard* Rn 19a; vgl *Bühring* Rn 21.
13 *Bühring* Rn 21; *Mes* Rn 15.
14 Vgl *Benkard* Rn 10; *Bühring* Rn 5, 73; *Mes* Rn 5; RG BlPMZ 1915, 134 Griessäulenstange; BPatGE 24, 36, 39 = GRUR 1981, 908, jeweils für den Fall fehlender Schutzfähigkeit, wenn widerrechtl Entnahme geltend gemacht ist; DPA Mitt 1957, 149.

II. Die einzelnen Löschungsgründe

7 **1. Fehlen der Schutzfähigkeit.** Der (einheitliche) Löschungsgrund korrespondiert mit den Voraussetzungen der Schutzfähigkeit nach den §§ 1–3, erfasst mangels einer eigenständigen Regelung der ausführbaren Offenbarung als Löschungsgrund aber auch die Ausführbarkeit (Rn 4). Abzustellen ist jeweils auf das für den Zeitpunkt der Anmeldung geltende Recht. Für seit dem 1.7.1990 angemeldete Gebrauchsmuster sind zu prüfen der technische Charakter der Erfindung, Neuheit, erfinderischer Schritt und gewerbliche Anwendbarkeit, daneben die Schutzausschlüsse nach § 1 Abs 2 und § 2 sowie die Ausführbarkeit (Rn 4), der maßgebliche Zeitpunkt kann hier nicht § 21 Abs 1 Nr 2 PatG entnommen werden. Der Prüfung auf Schutzfähigkeit ist der im Schutzanspruch umschriebene Gegenstand zugrunde zu legen; offenbart die Beschreibung eine bestimmte Anwendung des Gegenstands, hat dies außer Betracht zu bleiben;[15] dabei soll eine aufmerksame Lektüre der Beschreibung vorausgesetzt werden, weil sich die Lehre nicht an den oberflächlichen und flüchtigen Leser richte;[16] indessen wird wie beim Patent auf den von den Schutzansprüchen umschriebenen Gegenstand abzustellen sein. Wird auf den Hauptanspruch (auch im Lauf des Löschungsverfahrens) verzichtet, wird ein bisher allein angegriffener (unmittelbar auf den Hauptanspruch zurückbezogener) Unteranspruch zum Haupt- oder Nebenanspruch und ist als solcher auf Schutzfähigkeit zu prüfen.[17]

8 **2. Identität.** Das GbmRecht hat die Regelung im Patentrecht vor Inkrafttreten der eur Harmonisierung ebenso wie den früheren Neuheitsbegriff des GbmRechts bzgl der älteren Anmeldungen beibehalten. Die zur früheren Regelung im Patentrecht (Doppelpatentierungsverbot; § 4 Abs 2 PatG 1968) entwickelten Grundsätze sind anwendbar.[18]

9 Identität hat zur Voraussetzung, dass der Gegenstand des Gebrauchsmusters bereits auf Grund einer früheren Patent- oder GbmAnmeldung geschützt worden ist. Dies setzt zum einen eine zeitrangältere **frühere Anmeldung** voraus,[19] zum anderen muss Schutz zu dem für die Entscheidung über den Löschungsantrag maßgeblichen Zeitpunkt bereits begründet sein; einstweiliger Schutz (§ 33 PatG) genügt nicht.[20]

10 Die Prüfung der Identität geht von den Schutzansprüchen beider Rechte (Patent der Gebrauchsmuster) aus (**„prior claims approach"**),[21] auf die frühere Anmeldung muss ein (nat oder eur) Patent erteilt[22] oder ein Gebrauchsmuster eingetragen sein,[23] ohne dass es auf den Zeitpunkt der Registereintragung oder der Veröffentlichung der Patentschrift ankommt.[24] Unterschiedliche Wort- und Begriffswahl müssen der Identität nicht entgegenstehen.[25] Auf Grundsätze der Dreiteilungslehre kann nicht abgestellt werden;[26] str ist dies hinsichtlich „äquivalenter" Lösungen,[27] die aber ebenfalls nicht einbezogen werden können. Er-

---

15 BGH GRUR 1997, 360, 362 Profilkrümmer.

16 BPatGE 41, 207; vgl *Goebel* GRUR 2000, 477 f.

17 BGH GRUR 1997, 213 f Trennwand gegen BPatG 2.11.1995 5 W (pat) 450/94.

18 *Benkard* Rn 13; *Bühring* Rn 13; vgl BPatG 22.9.2010 35 W (pat) 417/08.

19 *Bühring* Rn 11 f; BGHZ 47, 132 = GRUR 1967, 477 UHF-Empfänger II.

20 *Bühring* Rn 11.

21 Vgl BPatGE 23, 52 = GRUR 1981, 126; *Bühring* Rn 13; zum schweiz Recht, in dem der „prior claims approach" weitergalt, HG Aargau sic! 2004, 331.

22 BGH GRUR 1954, 317, 321 Leitbleche I; BGHZ 47, 132 = GRUR 1967, 477, 479 UHF-Empfänger II; BPatGE 1, 57, 59 = BlPMZ 1962, 181; BPatGE 2, 32, 39 = BlPMZ 1962, 274.

23 *Bühring* Rn 11 ff.

24 BGH UHF-Empfänger II; DPA GRUR 1954, 398 f; RPA Mitt 1938, 292; RPA MuW 39, 74.

25 OLG Düsseldorf GRUR 1952, 192 f; BPatGE 24, 36 f = GRUR 1981, 908.

26 Abw noch BGH GRUR 1955, 244 Repassiernadel II; BGH GRUR 1958, 134 f Milchkanne; BGH Liedl 1961/62, 741, 759 Leitbleche 03; RG BlPMZ 1914, 320 Läutevorrichtung II; RG MuW 29, 502 f Abspannisolator; RG MuW 33, 33 Chromlegierungen; RG GRUR 1939, 331, 334 schwere Kohlenwasserstoffe; RG GRUR 1939, 691, 694 Wassergaserzeugung; RG GRUR 1939, 539 f Rohrformmaschine, jeweils zur „glatten" Äquivalenz; BGHZ 41, 378, 380 = GRUR 1965, 28 Erntemaschine; BGHZ 49, 227, 230 = GRUR 1968, 305 Halteorgan; BGH GRUR 1972, 538 Parkeinrichtung; vgl BPatGE 10, 4, 8; RG GRUR 1942, 349 Strumpfbehandlung, zum allgemeinen Erfindungsgedanken, im Anschluss an die Praxis des RPA, BlPMZ 1933, 263, RPA MuW 39, 207, der das DPA gefolgt ist, vgl DPA BlPMZ 1955, 25 f; DPA BlPMZ 1956, 279 f; DPA Mitt 1957, 59; DPA BlPMZ 1959, 227 f; offengelassen in BGH Repassiernadel II; BGH Leitbleche 03; vgl auch RPA Mitt 1938, 292; RPA MuW 39, 74; RPA MuW 39, 328; anders allerdings DPA BlPMZ 1956, 16, 18; zum Elementenschutz RPA MuW 39, 328.

27 *Bühring* Rn 14.

forderlich ist völlige Merkmalsübereinstimmung,[28] die Übereinstimmung der Lösungsmittel ist dabei funktionsbezogen zu beurteilen.[29] Daneben wurde Übereinstimmung des gelösten technischen Problems verlangt, die sich wiederum nach dem Gegenstand der unter Schutz gestellten Lehre und damit letztlich danach richtet, was die beanspruchte Lösung gegenüber dem als bekannt vorausgesetzten StdT objektiv tatsächlich leistet.[30] Völlig unterschiedliche Aufgabenstellung soll Identität ausschließen.[31] Jedoch soll Teilidentität zu einer Einschränkung des Schutzes führen;[32] dem wird jedoch nur insoweit zuzustimmen sein, als voneinander abgrenzbare, nebengeordnete Erfindungen vorliegen, nicht aber für eine erfinderische Weiterbildung. Ein patentfähiger Überschuss des späteren Gebrauchsmusters schließt jedenfalls Identität aus.[33] Ausreichen können auch für den Fachmann ohne weiteres als notwendig oder sinnvoll erkannte Ergänzungen und Abwandlungen, durch die der Gegenstand der unter Schutz gestellten Lehre gegenüber dem älteren Recht nicht verändert wird.[34]

Die **Verschiedenheit der Erfindungskategorien** ist für die Identität ohne Belang, entscheidend ist **11** die Identität des als zur Erfindung gehörend Offenbarten,[35] dabei ist auf die objektiven Gegebenheiten abzustellen.[36]

Erlöschen des Schutzrechts ex tunc steht anders als ein Wegfall mit Wirkung ex nunc seiner Be- **12** rücksichtigung entgegen (vgl Rn 4 vor § 15);[37] dies gilt auch für eine Löschung des Gebrauchsmusters auf Nichtwiderspruch ohne Sachprüfung.[38] Die Erwartung, dass das Schutzrecht wegfallen werde, kann allenfalls Aussetzung begründen.[39]

Ein **DDR-Patent** bleibt nach § 6 ErstrG anders als vor dem Beitritt[40] nicht mehr außer Betracht. Für die **13** Zeit vor Inkrafttreten des ErstrG gilt § 7 Anl I Kap III Sgb E Abschn II EinigV, wonach DDR-Patente seit dem 3.10.1990 zu berücksichtigen sind.

Außer Betracht bleibt jedoch ein **ausländisches Schutzrecht**.[41] **14**

Erfindungen, die zugleich patent- und gbm-fähig sind, können durch **zeitranggleiches Patent und** **15** **Gebrauchsmuster** geschützt werden (Rn 9 zu § 14).

3. Erweiterung. Der Löschungsgrund entspricht dem Widerrufsgrund des § 21 Abs 1 Nr 4 PatG sowie **16** materiell der mit § 38 PatG korrespondierenden Regelung in § 4 Abs 5.[42] Unter der Geltung des früheren Rechts waren unzulässige Erweiterungen im Löschungsverfahren unzulässig, bildeten aber keinen eigenständigen Löschungsgrund;[43] bei der Prüfung der Schutzfähigkeit mussten sie unberücksichtigt bleiben.[44] Die Frage, ob unzulässige Erweiterungen im Löschungsverfahren weiterhin vAw berücksichtigt werden können, stellt sich seit Einführung des eigenständigen Löschungsgrunds nicht anders als im Patent-

---

28 BGH GRUR 1972, 538 Parkeinrichtung; vgl BGH GRUR 1969, 271 Zugseilführung; RPA MuW 39, 328, „Wesensgleichheit".
29 BGH 17.3.1964 Ia ZR 177/63 Erntemaschine, nicht in GRUR.
30 BGH Bausch BGH 1994–1998, 82, 91 optisches Speichermedium.
31 BGH Liedl 1963/64, 73, 89 Filmspule.
32 *Benkard* § 13 Rn 8; *Bühring* § 13 Rn 13 und § 15 Rn 17; *Hüttermann/Storz* Mitt 2006, 343; vgl auch BPatGE 23, 52 = GRUR 1981, 126, dort zum Fall der Abhängigkeit.
33 Vgl BGH Liedl 1961/62, 741, 760 Leitbleche 03.
34 BPatG 12.9.2006 5 W (pat) 442/05 mwN.
35 BGH Liedl 1959/60, 22, 26 Schieblehre.
36 BGH GRUR 1973, 263, 265 Rotterdam-Geräte.
37 RGZ 123, 113 f = GRUR 1929, 335 Selbstinduktionsspule; BGHZ 18, 81, 96 = GRUR 1955, 393 Zwischenstecker II; BGH GRUR 1958, 134 Milchkanne; BGH GRUR 1963, 519 ff Klebemax; BGH GRUR 2011, 1055 Formkörper mit Durchtrittsöffnungen; DPA Mitt 1958, 56 f.
38 BGH Klebemax.
39 Vgl BGH Formkörper mit Durchtrittsöffnungen.
40 BGHZ 50, 213 = GRUR 1969, 38 Schwenkverschraubung.
41 RG MuW 24, 176 Dichtungsteil für Wasserleitungshähne; RPA BlPMZ 1943, 96.
42 Vgl BGH 6.8.2013 GRUR 2013, 1135 Tintenstrahldrucker; Begr BlPMZ 1986, 320, 327; *Benkard* Rn 13.
43 Vgl BPatGE 6, 207 = GRUR 1966, 208; BPatG 20, 133, 135; BPatG 17.7.1969 5 W (pat) 407/69; *Schlitzberger* FS 25 Jahre BPatG (1986), 249, 262 f, dort auch zu den Auswirkungen der Änderung des PatG zum 1.1.1981.
44 BPatGE 13, 216, 223; BPatG Mitt 1980, 215.

recht[45] (Rn 82 f zu § 21 PatG mit Weiterverweisung). „Erweiterungen" des im Löschungsverfahren verteidigten Gegenstands sind wie im Nichtigkeitsverfahren nicht an dem Löschungsgrund zu messen, weil sie nicht den Gegenstand des Gebrauchsmusters bilden.

17   Die Regelung entspricht nur der unzulässigen Änderung des Gegenstands im Patentrecht, nicht auch der der Erweiterung des Schutzbereichs. Den Vergleichsmaßstab bilden die **ursprünglich eingereichten Unterlagen**,[46] und zwar all das, was als zur Erfindung gehörend offenbart ist,[47] bei Abzweigung die der entspr Patentanmeldung (str);[48] an ihnen ist das Gebrauchsmuster in der Fassung zu messen, die es durch die Eintragungsverfügung erhalten hat. Auch im Fall der Teilung sind die ursprünglichen Unterlagen der ursprünglichen Anmeldung alleiniger Maßstab[49] (s die Kommentierung zu § 39 PatG sowie Rn 9 f zu § 5 für den Fall der Abzweigung nach Teilung oder Ausscheidung). Später nachgereichte Unterlagen können, unabhängig davon, ob sie zu den Akten genommen werden, den Gegenstand des Gebrauchsmusters nicht mehr verändern (Rn 26 ff zu § 4). Einen Löschungsgrund der Erweiterung des Schutzbereichs entspr § 22 Abs 1 PatG kennt das GbmRecht nicht (Rn 5).

18   Wie im Patentrecht erfolgt keine Löschung, wenn der Schutzanspruch zwar ein Merkmal enthält, das in den ursprünglich eingereichten Unterlagen nicht als zur Erfindung gehörend offenbart ist, das aber nur zu einer **Beschränkung des Gegenstands** und nicht zur Erteilung von Schutz für ein „Aliud" führt.[50] Dass das eingefügte Merkmal auch bei nicht offenbarten Ausgestaltungen verwirklicht sein kann, mit denen das Ziel der Erfindung uU nicht erreicht wird, führt nicht zwingend zu einer anderen Beurteilung.[51]

19   **4.** Wie sich aus Abs 2 ergibt, bildet die **widerrechtliche Entnahme** wie im Patentrecht (Rn 40 ff zu § 21 PatG) einen eigenständigen Löschungsgrund, der selbstständig neben dem Übertragungsanspruch aus § 13 Abs 3 iVm § 8 PatG steht.[52] Die Ansprüche schließen sich gegenseitig nicht aus.[53] Die Übertragungsklage geht dem Löschungsantrag nicht vor.[54] Eine Notwendigkeit, sich nur auf diesen Löschungsgrund zu stützen, besteht schon wegen des Fehlens der Entnahmepriorität im GbmRecht nicht.[55] Der Löschungsgrund setzt entgegen der älteren Rspr des BPatG[56] Schutzfähigkeit nicht voraus (vgl Rn 79 zu § 21 PatG).[57]

---

45   Vgl aber BPatGE 43, 266, 270, wonach eine im Zusammenhang mit einer Teilung erfolgte Erweiterung durch Aufnahme eines „Disclaimers" vAw bereinigt werden kann; *Benkard*[10] § 4 Rn 47 f, wonach die vAw zu berücksichtigende Erweiterung zur Teillöschung führe, so nicht mehr in *Benkard*[11].

46   BPatG 4.7.2006 5 W (pat) 419/05; nicht ganz klar OLG Düsseldorf 8.10.2008 U (Kart) 43/06, OLG Düsseldorf 8.10.2008 U (Kart) 44/06.

47   Unbegründete Zweifel im Hinblick auf die unterschiedlichen Formulierungen „Inhalt der Anmeldung" in § 15 und „Gegenstand der Anmeldung" in § 4 Abs 5 bei *Loth* Rn 54 f.

48   Vgl *Bühring* Rn 23; BPatG 9.1.2008 5 W (pat) 416/06; wie hier *Benkard* Rn 13a; aA *Benkard*[10] Rn 14a und BPatGE 35, 1; BPatG 18.12.2002 5 W (pat) 432/01 (zur Eintragung als Gebrauchsmuster eingereichte Anspruchsfassung), BPatG 19.7.2004 5 W (pat) 443/03 Mitt 2005, 308 Ls, wonach auf die zur Eintragung als Gebrauchsmuster eingereichte Anmeldungsfassung abzustellen sein soll, die aber nicht unzulässig erweiternd von der Patentanmeldung abweichen darf; vgl auch BPatG 3.3.2010 35 W (pat) 435/08; *Bühring* Rn 24.

49   *Loth* Rn 53; *Bühring* Rn 25, *Benkard* Rn 13a; aA *Benkard*[10] Rn 14 und BPatGE 43, 266, 270, wonach hier aber eine „Bereinigung" der Schutzansprüche vorgenommen werden kann.

50   BGH GRUR 2013, 1135 Tintenstrahldrucker.

51   BGH Tintenstrahldrucker.

52   *Benkard* Rn 14; *Bühring* Rn 13.

53   RG MuW 30, 242 f Milchkalkanstriche, nicht in BlPMZ; BGH GRUR 1962, 140 f Stangenführungsrohre; vgl BGH Liedl 1981, 263 Sicherheitsgurtbefestigung.

54   *Benkard* § 13 Rn 9; vgl zum Patenterteilungsverfahren BPatGE 24, 54.

55   BPatG 13.9.2007 5 W (pat) 12/06.

56   Für das GbmRecht BPatGE 24, 36, 39 = GRUR 1981, 908; BPatG 13.9.2007 5 W (pat) 417/06.

57   Vgl *Benkard* Rn 14; jetzt auch *Mes* Rn 16 unter Aufgabe der abw Auffassung in *Mes*[3]; für den Übertragungsanspruch BGH GRUR 2001, 823 Schleppfahrzeug mwN aus der Rspr des BGH; Schutzfähigkeit fordert noch *Loth* Rn 61; den Streitstand referierend *Bühring* Rn 17.

B. Antragsberechtigung (Sachbefugnis)

I. Allgemeines

Berechtigt ist grds jedermann. Die Regelung entspricht der der Klagebefugnis im Patentnichtigkeits- **20** verfahren (Rn 56 ff zu § 81 PatG).[58]

Der **Gebrauchsmusterinhaber** kann selbst keinen Löschungsantrag stellen;[59] dies gilt auch für An- **21** tragstellung durch einen Strohmann;[60] selbst wenn diese dazu dienen soll, das Gebrauchsmuster als älteres Recht gegenüber einem eigenen jüngeren Gebrauchsmuster zu beseitigen.[61] Wird die Strohmanneigenschaft verkannt, ist die erfolgte Löschung wirksam, es kommen aber Schadensersatzansprüche nach § 823 Abs 2 BGB iVm § 263 StGB oder § 826 BGB in Betracht.[62] Auch mehrere Inhaber haben gegeneinander keinen Löschungsanspruch.[63]

II. Im Fall der **widerrechtlichen Entnahme** kann nur der Verletzte oder sein Rechtsnachfolger die **22** Löschung beantragen[64] (Rn 67 zu § 81 PatG). Einer Nebenintervention des Verletzten in einem Verfahren, in dem nur andere Löschungsgründe geltend gemacht sind, steht dies entgegen, weil es an der Unterstützung der anderen Partei fehlt.[65]

C. Teillöschung; Klarstellungen

I. Allgemeines

Die Teillöschung, die schon der früheren Praxis entsprach,[66] ist nunmehr in Abs 3 ausdrücklich gere- **23** gelt. Sie kommt in zwei Fällen in Betracht, nämlich, wenn das Gebrauchsmuster nur beschränkt angegriffen ist,[67] und wenn der Angriff nur teilweise begründet ist. Teillöschung erfolgt grds in gleicher Weise wie teilweise Nichtigerklärung des Patents (zur Aufnahme eines Disclaimers Rn 102 f zu § 21 PatG), also insb durch Aufnahme weiterer ursprünglich offenbarter Anspruchsmerkmale,[68] Zusammenfassung von Schutzansprüchen,[69] Streichung alternativer Ausführungsformen[70] ua. Wieweit ein Einverständnis des GbmInhabers mit der geänd Fassung der Schutzansprüche erforderlich ist, mag wie im Patentnichtigkeitsverfahren zwh sein (Rn 76 ff zu § 82 PatG). Die Teillöschung wirkt wie die Löschung zurück (Rn 4 vor § 15); im Verletzungsstreit sind die neugefassten Schutzansprüche zugrunde zu legen.[71]

Anders als im Nichtigkeitsverfahren ist eine Teillöschung durch Änderung der Beschreibung oder der **24** Zeichnungen nicht vorgesehen (vgl Rn 9 zu § 84 PatG).[72]

Bei der Teillöschung treten wie bei der teilweisen Nichtigerklärung die **Entscheidungsgründe** neben **25** die Beschreibung oder ersetzen diese (Rn 20 zu § 19).

Zur **Beseitigung unzulässiger Erweiterungen** Rn 99 ff zu § 21 PatG. **26**

---

58 DPA Mitt 1957, 17; DPA Mitt 1958, 97; *Benkard* Rn 15; *Mes* Rn 3.

59 DPA BlPMZ 1955, 299; *Benkard* Rn 15a; *Bühring* § 16 Rn 40.

60 DPA Mitt 1958, 97; *Benkard* Rn 15a; *Loth* Rn 8.

61 *Benkard* Rn 15a, *Bühring* § 16 Rn 50; in BGH GRUR 1963, 519, 522 Klebemax offengeblieben, da dort nur unter dem verneinten Gesichtspunkt der Arglist relevant.

62 Vgl zur Problematik *Loth* Rn 8; *Bühring* § 16 Rn 50.

63 RGZ 117, 47, 51 = BlPMZ 1927, 189 Blechhohlkörper; *Benkard* Rn 15a; *Bühring* § 16 Rn 50; *Loth* Rn 9.

64 *Benkard* Rn 15a; *Bühring* Rn 16 und § 16 Rn 51; *Mes* Rn 16.

65 Vgl *Benkard* Rn 15a; RPA MuW 39, 329 f.

66 Vgl RPA GRUR 1942, 266; *Benkard* Rn 28.

67 BPatGE 28, 26 = GRUR 1986, 609; *Mes* Rn 17.

68 Vgl RGZ 69, 331 = BlPMZ 1909, 141 Rücklaufbremse I; RPA Mitt 1942, 59.

69 RPA MuW 38, 138.

70 RG GRUR 1932, 72 Befestigungslappen.

71 RG GRUR 1943, 80, 82 f Kombinationsherd; BGH GRUR 1962, 299, 305 Sportschuh; BGHZ 68, 90 = GRUR 1977, 250 f Kunststoffhohlprofil I; *Benkard* Rn 33.

72 Vgl Begr GebrMÄndG 1986 BlPMZ 1986, 320, 327; RPA BlPMZ 1942, 18; *Bühring* Rn 91, 99; kr *Benkard* Rn 28.

27 **II. Im Feststellungsverfahren** erfolgt lediglich ein Ausspruch dahin, dass das Gebrauchsmuster in bestimmtem Umfang nicht rechtsbeständig war, nicht auch, dass es im Übrigen rechtsbeständig war.[73]

III. Beschränkter Angriff

28 Die Löschung kann teilweise im Umfang einzelner Schutzansprüche, aber auch in der Weise beantragt werden, dass Schutzansprüche als solche beschränkt werden.[74] Im letztgenannten Fall muss der Antrag erkennen lassen, auf welches Schutzbegehren der Schutzanspruch zurückgeführt werden soll. Wegen der Gefahr unzulässiger Änderungen ist hier auch bei Nichtwiderspruch die Zulässigkeit zu prüfen.[75]

IV. Teilweise unbegründeter Angriff

29 Erweisen sich die Schutzansprüche als zu weit, ist das Gebrauchsmuster aber in eingeschränktem Umfang schutzfähig, kommt vollständige Löschung nicht in Betracht; soweit Schutzfähigkeit vorliegt, muss der Löschungsantrag grds abgewiesen werden.[76] Im Umfang der Abweisung des Antrags tritt zwischen den Parteien des Löschungsverfahrens die Bindungswirkung nach § 19 Satz 3 ein.

30 **V. Klarstellungen** wurden nach früherer Praxis wie im Patentrecht als statthaft angesehen (Rn 13 zu § 84 PatG);[77] ihnen stehen dieselben Bedenken wie im Patentrecht entgegen.[78] Das BPatG hat zur Klarstellung eines unklaren Merkmals dessen Streichung zugelassen;[79] dies ist nicht zu billigen.

§ 16
(Löschungsantrag)

[1]**Die Löschung des Gebrauchsmusters nach § 15 ist beim Patentamt schriftlich zu beantragen.** [2]**Der Antrag muß die Tatsachen angeben, auf die er gestützt wird.** [3]**Die Vorschriften des § 81 Abs. 6 und des § 125 des Patentgesetzes gelten entsprechend.**

Ausland: Tschech. Rep.: § 18 GebrMG, geänd 2000

Übersicht

---

73 BPatG 18.5.1971 5 W (pat) 465/70.
74 BPatGE 22, 57 f = GRUR 1980, 43; BPatGE 22, 108, 112 = GRUR 1980, 225; BPatGE 22, 114, 116; *Bühring* Rn 69.
75 BPatGE 22, 57 f = GRUR 1980, 43; BPatGE 22, 108, 112 = GRUR 1980, 225.
76 BGH GRUR 1968, 86, 89 landwirtschaftliches Ladegerät; BGH 18.12.1975 X ZR 64/72.
77 Vgl BGH BlPMZ 1973, 259 f Lenkradbezug 02; RPA GRUR 1942, 266; vgl auch *Bühring* Rn 102.
78 *Benkard* Rn 29; vgl BGHZ 103, 262 = GRUR 1988, 757 Düngerstreuer; BPatGE 29, 223, 225 = GRUR 1988, 530; BPatGE 28, 88 f = GRUR 1986, 808: grds keine den Schutzbereich betr Klarstellung.
79 BPatG 15.3.2000 5 W (pat) 461/98.

A. Antragserfordernis

I. Allgemeines; Antragsbindung

Die Löschung kann nur auf Antrag und nicht vAw erfolgen.[1] Prüfung und Entscheidung erfolgen im **1** Rahmen der Sachanträge des Antragstellers, über die grds nicht hinausgegangen,[2] hinter denen aber zurückgeblieben werden darf (Rn 68 ff zu § 82 PatG); das DPMA sieht allerdings mit Recht Erklärungen des Antragstellers, nur an einer vollständigen Löschung interessiert zu sein, als unbeachtlich an.[3] Die Antragsbindung ist insb bei Teillöschungsanträgen (Rn 23 ff zu § 15) zu beachten.[4]

II. Verfahrensbeteiligte

1. Zum **Antragsteller** (Sachbefugnis) Rn 20 ff zu § 15 sowie die Erläuterungen zur Klagebefugnis bei **2** § 81 PatG. Zur subjektiven Antragshäufung gelten die Ausführungen in Rn 62 zu § 81 PatG entspr.

2. Als **Antragsgegner** passiv legitimiert ist der im Register Eingetragene[5] (vgl Rn 118 ff, 124 zu § 81 **3** PatG; Rn 40 zu § 30 PatG), formeller Antragsgegner ist wie bei der Nichtigkeitsklage der in der Antragsschrift Bezeichnete (Rn 118 zu § 81 PatG).[6] Ob § 265 ZPO anwendbar ist, wurde offen gelassen.[7]

3. Nebenintervention (Streithilfe) ist wie im Patentnichtigkeitsverfahren möglich (Rn 126 ff zu § 81 **4** PatG).[8] Nach neuer Auffassung des BGH zum Patentnichtigkeitsverfahren ist auch der Streithelfer, der auf Antragstellerseite beitritt, streitgenössischer Nebenintervenient.[9] Für den Löschungsgrund der widerrechtl Entnahme wird die Möglichkeit der Geltendmachung im Weg der Nebenintervention verneint (vgl Rn 22 zu § 15).[10] Ein Beitritt auf Seiten des GbmInhabers zum Zweck des Widerspruchs ist wegen § 67 ZPO nicht statthaft, wenn jener nicht widersprechen will;[11] anders wohl, wenn der GbmInhaber bereits rechtskräftig zur Einwilligung in die Umschreibung verurteilt ist.[12]

III. Zum **Ausschluss der Antragsbefugnis** Rn 66 ff zu § 81 PatG. Nach Erlöschen des Gebrauchsmus- **5** ters gelten die in Rn 68 ff zu § 81 PatG aufgezeigten Grundsätze entspr.

B. Löschungsantrag und Feststellungsantrag

I. Allgemeines

Löschungsanträgen mehrerer Antragsteller müssen auch dann nicht rechtsmissbräuchlich sein, wenn **6** sie in zeitlichem Zusammenhang oder durch denselben Patentanwalt gestellt werden.[13] Die zum Patent-

---

1 PA Mitt 1916, 86; *Benkard* § 15 Rn 10, 21; *Loth* Rn 5.
2 Vgl RG Mitt 1943, 114 f Mehrfachschelle; BPatGE 26, 191, 193 = BlPMZ 1984, 384; BPatGE 28, 26 = GRUR 1986, 609; BPatGE 32, 18, 22 = GRUR 1991, 313, 315; BPatGE 33, 31 = GRUR 1992, 694; *Benkard* § 15 Rn 21; *Bühring* § 15 Rn 65 ff; *Loth* Rn 9.
3 *Osenberg* GRUR 1999, 838, 841.
4 Vgl BPatGE 22, 57 f = GRUR 1980, 43; BPatGE 22, 108, 112 = GRUR 1980, 225; BPatGE 45, 53, 55; *Benkard* § 15 Rn 22.
5 BPatGE 32, 153, 156 = BlPMZ 1992, 19 unter Aufgabe von BPatGE 26, 126; der letztgenannten Entscheidung folgend *Mes* Rn 9.
6 *Mes* Rn 10.
7 BPatG 29.9.2004 5 W (pat) 434/03; zum Streitstand *Bühring* Rn 62 f.
8 Vgl BGH GRUR 1968, 86 landwirtschaftliches Ladegerät; *Bühring* Rn 64.
9 BGH GRUR 2008, 60 Sammelhefter II; BGH 16.10.2007 X ZR 182/04 gegen BGH GRUR 1998, 382 Schere; so schon BGH GRUR 1968, 86, 91 landwirtschaftliches Ladegerät und BGH GRUR 1995, 394 Aufreißdeckel.
10 *Benkard* § 15 Rn 15a; *Mes* Rn 8; *Loth* § 15 Rn 4.
11 Offen gelassen in BPatGE 22, 285, 288.
12 *Osenberg* GRUR 1999, 838, 840.
13 BPatGE 43, 1.

nichtigkeitsverfahren entwickelten Grundsätze gelten sinngem.[14] Zum Verhältnis Löschung – Feststellung Rn 9 f vor § 15.

II. Übergang vom Löschungsantrag auf den Feststellungsantrag und umgekehrt

7   Löschung oder Erlöschen des Gebrauchsmusters während der Anhängigkeit des Löschungsverfahrens steht der Weiterverfolgung des Löschungsantrags als solchem entgegen, jedoch kann auf einen Feststellungsantrag umgestellt werden.[15] Wurde das Erlöschen übersehen, kann auch noch im Rechtsbeschwerdeverfahren auf Feststellung übergegangen werden; das erforderliche Rechtsschutzbedürfnis kann das Rechtsbeschwerdegericht feststellen.[16] In diesem Fall müssen die strengeren Voraussetzungen für den Feststellungsantrag erfüllt werden[17] (Rn 16 ff). Der Löschungsantrag gegen ein erloschenes Gebrauchsmuster kann in einen Feststellungsantrag umgedeutet werden.[18] Wurde die Antragsgebühr erst nach Erlöschen gezahlt, lag von Anfang an Feststellungsantrag vor.[19] Das Erlöschen des Gebrauchsmusters entzieht dem Löschungsantrag das Rechtsschutzbedürfnis.[20]

8   Da die Voraussetzungen für eine Verlängerung der Schutzdauer nachträglich erfüllt werden konnten (§ 23 aF), kam nach der bis 31.12.2001 geltenden Rechtslage ein Feststellungsantrag auch in Betracht, wenn das Gebrauchsmuster zwar wegen Ablaufs einer Schutzdauer erloschen war, aber wieder aufleben konnte; eine ähnliche Lage besteht auch jetzt noch im Fall einer Wiedereinsetzung. Lebt das Gebrauchsmuster rückwirkend wieder auf, insb weil Wiedereinsetzung gewährt wird, kann ohne weiteres **vom Feststellungsverfahren in das Löschungsverfahren** übergegangen werden, des besonderen Rechtsschutzbedürfnisses (Rn 16 ff) bedarf es nicht.[21] Seit dem seit 1.1.2002 geltenden Recht stellt sich das Problem im wesentlichen aber nicht mehr, weil das Gebrauchsmuster nicht erlischt, solange die Aufrechterhaltungsgebühr noch gezahlt werden kann (Rn 36 zu § 23).

III. Löschungsantrag

9   **1. Allgemeines.** Der Löschungsantrag leitet das Löschungsverfahren ein, er wurde nach dem bis 31.12.2001 geltenden Recht entspr dem patentrechtl Gebührensystem erst mit Zahlung der Gebühr wirksam.[22] Nach geltendem Recht wird der Antrag erst nach Zahlung der Gebühr in Bearbeitung genommen (§ 5 Abs 1 Satz 1 PatKostG). Der Zulässigkeit des Löschungsantrags steht die nicht bestandskräftige Löschung in einem weiteren Löschungsverfahren nicht entgegen.[23] Bei einem in Kraft stehenden Gebrauchsmuster kommt es wie bei der Nichtigkeitsklage gegen ein Patent nicht auf das Bestehen eines Rechtsschutzbedürfnisses an[24] (Rn 68 zu § 81 PatG; zum Feststellungsantrag Rn 16 ff).

10   Dem Löschungsantrag sollte eine **Verzichtsaufforderung** vorangehen, schon um Kostennachteile entspr § 93 ZPO (Rn 51 zu § 17) zu vermeiden.[25]

11   **2. Adressat** des Löschungsantrags ist das DPMA (Abs 1).

---

14   BPatG 22.8.2006 5 W (pat) 421/04: auf identisches Material wie früherer Antrag eines Konzernmitglieds gestützter neuer Löschungsantrag.

15   BGH GRUR 2005, 316, 319 Fußbodenbelag; vgl BPatGE 46, 215, wo insoweit von Auslegung gesprochen wird; RPA BlPMZ 1938, 79; RPA MuW 39, 202, 204; RPA MuW 41, 37; BPatG 7.11.2002 5 W (pat) 429/01; *Benkard* § 15 Rn 7; *Bühring* § 15 Rn 55 ff; *Mes* § 15 Rn 19.

16   BGHZ 168, 142, 144 = GRUR 2006, 842 Demonstrationsschrank; BGH GRUR 2007, 997 Wellnessgerät.

17   BGH GRUR 1967, 351 f Korrosionsschutzbinde; BPatGE 22, 17 = Mitt 1980, 97; BPatGE 23, 7 = GRUR 1981, 124 f; *Bühring* § 15 Rn 58.

18   BPatGE 26, 135 = Mitt 1985, 171: jedenfalls, wenn der Antragsteller ihn „umwandelt"; BPatG 8.1.2003 5 W (pat) 411/02; *Benkard* § 15 Rn 7b; *Loth* Rn 30.

19   BPatGE 29, 237 f.

20   BGHZ 88, 191 = GRUR 1983, 725 Ziegelsteinformling I.

21   BGHZ 64, 155 = GRUR 1976, 30 Lampenschirm; *Bühring* § 15 Rn 56; *Loth* Rn 30.

22   Zur Heilung des Mangels *Osenberg* GRUR 1999, 838 ff unter Hinweis auf BPatG BlPMZ 2002, 170.

23   BGHZ 135, 58, 65 f = GRUR 1997, 625 Einkaufswagen I; BPatGE 43, 1: ebenso bei teilweiser Rücknahme des Widerspruchs.

24   BGH GRUR 1995, 342 f tafelförmige Elemente.

25   Vgl *Mes* Rn 2.

3. Schriftform ist vorgeschrieben. Elektronische Einreichung kommt nach Maßgabe des § 125a PatG **12**
iVm § 21 in Betracht (vgl Rn 2 zu § 125a PatG).[26] Es gelten die allg Grundsätze; Formmängel, auch Mängel
der Unterschrift, können geheilt werden.[27]

4. Vertretung ist im GbmLöschungsverfahren nicht erforderlich, auch nicht im Löschungsbeschwer- **13**
deverfahren, jedoch im Rechtsbeschwerdeverfahren, in dem Vertretung durch einen beim BGH zugelassenen Rechtsanwalt notwendig ist (§ 18 Abs 4 iVm § 102 Abs 5 PatG). Tritt ein Vertreter auf, ist im Verfahren
vor dem DPMA und vor dem BPatG § 28 (Inlandsvertreter) zu beachten, der § 25 PatG entspricht; im Beschwerdeverfahren ist infolge der Verweisung in § 18 Abs 2 § 97 PatG anwendbar; die Vertretung durch
andere Bevollmächtigte außer Rechtsanwälte und Patentanwälte regelt § 97 Abs 2 Satz 2 PatG.

5. Inhalt. Der Antrag muss das Begehren, das Gebrauchsmuster zu löschen, zum Ausdruck bringen, **14**
und dazu das angegriffene Gebrauchsmuster bezeichnen;[28] eine bestimmte Formulierung ist nicht vorgeschrieben. Gegenstand des Antrags können nur die Ansprüche in der eingetragenen Fassung sein; dies
hindert den Antragsgegner aber nicht daran, das Gebrauchsmuster nur beschränkt zu verteidigen, und
auch die GbmAbteilung nicht, das Gebrauchsmuster nur teilweise zu löschen; der Antragsteller kann dann
den Löschungsantrag auf den Überschuss der umfassenderen eingetragenen gegenüber der engeren Fassung eines beschränkten Schutzanspruchs beschränken (vgl zum Gegenstand der Sachprüfung Rn 35 zu
§ 17).[29] Die antragsbegründenden Tatsachen sind anzugeben (Satz 2); mangelnde Substantiierung führt
aber nicht zur Unzulässigkeit des Antrags.[30] Erforderlichenfalls muss das DPMA entspr § 139 ZPO aufklären.[31] Der Löschungsantrag umfasst zugleich als Minus das Begehren, das Gebrauchsmuster auch nicht im
Umfang einer hilfsweise verteidigten Fassung seiner Schutzansprüche „aufrechtzuerhalten"; ein diesbezüglicher Hilfsantrag ist daher sachlich ohne Bedeutung.[32] Das DPMA kann nach § 125 PatG entgegengehaltene Druckschriften anfordern (Satz 4).

6. Die **Rücknahme** des Löschungsantrags ist ohne Zustimmung des GbmInhabers bis zum Ablauf der **15**
Rechtsmittelfrist wirksam und führt zur Beendigung des Verfahrens.[33]

IV. Feststellungsantrag

Der Feststellungsantrag setzt ein besonderes eigenes (individuelles; Rn 68 ff zu § 81 PatG) Rechts- **16**
schutzbedürfnis des Antragstellers für die nachträgliche Feststellung der Rechtsunwirksamkeit des Gebrauchsmusters voraus,[34] das nicht dem rechtl Interesse in § 256 ZPO entspricht[35] und namentlich bei Geltendmachung von Schadensersatzansprüchen gegeben ist,[36] aber auch schon dann, wenn solche bloß
vorbehalten werden.[37] An die Zulässigkeit des Feststellungsantrags sind keine anderen Anforderungen zu

---

26 *Mes* Rn 12.
27 Vgl BPatGE 24, 132 = GRUR 1982, 364; *Bühring* Rn 10; *Mes* Rn 12; *Loth* Rn 6.
28 *Mes* Rn 19.
29 BPatGE 45, 53.
30 *Bühring* Rn 8 unter Hinweis auf BPatG Mitt 1999, 374, 376.
31 BPatGE 26, 196 = BlPMZ 1984, 385.
32 BPatG 10.3.1995 5 W (pat) 39/94; *Loth* Rn 5; vgl *Bühring* Rn 7.
33 BPatGE 51, 212, 214; *Bühring* Rn 34; *Mes* Rn 29.
34 BGH GRUR 1967, 351 Korrosionsschutzbinde; BGHZ 64, 155 = GRUR 1976, 30 Lampenschirm; BGH GRUR 1981, 515
Anzeigegerät; BGH GRUR 1995, 342f tafelförmige Elemente; BGH GRUR 1997, 213 ff Trennwand; BGHZ 168, 142 = GRUR
2006, 842 Demonstrationsschrank; BGH GRUR 2007, 997 Wellnessgerät; RPA Mitt 1937, 253; RPA BlPMZ 1938, 79; RPA Mitt
1940, 115; DPA BlPMZ 1956, 66; BPatGE 19, 58 f = BlPMZ 1977, 118; BPatGE 20, 52; BPatGE 21, 238 = Mitt 1979, 139; BPatG
Mitt 1979, 175; BPatGE 22, 17 = Mitt 1980, 97; BPatGE 23, 41 = GRUR 1980, 1070; BPatGE 34, 17 = GRUR 1993, 961; BPatG Mitt
2004, 76; BPatG 14.12.1983 5 W (pat) 405/81 BlPMZ 1983, 204 Ls, stRspr; *Mes* Rn 22 f.
35 *Bühring* § 15 Rn 46; *Loth* Rn 31.
36 BGH Korrosionsschutzbinde; BGH Lampenschirm.
37 BPatGE 46, 215.

stellen als bei der Nichtigkeitsklage gegen ein erloschenes Patent.[38] Erlöschen des Gebrauchsmusters während eines anhängigen Löschungsverfahrens setzt die Anforderungen nicht herab.[39]

17   **Besorgnis der Inanspruchnahme** genügt (Rn 70 zu § 81 PatG); sie ist grds bereits dann gegeben, wenn der Antragsteller während der Laufzeit des Gebrauchsmusters von dessen Gegenstand Gebrauch gemacht hat und keine Anhaltspunkte gegen die Inanspruchnahme sprechen, so schon bei Nichtreagieren auf Verzichtsaufforderung.[40] Kleinlichkeit ist nicht angebracht.[41] Außergerichtliche Geltendmachung von Schadensersatz- oder Entschädigungsansprüchen wurde auch vom BPatG jedenfalls bei einschlägiger gewerblicher Betätigung des Antragstellers als ausreichend angesehen.[42]

18   **Ausreichend** ist auch die Absicht des Antragstellers, Schadensersatzansprüche nach § 717 ZPO oder § 945 ZPO geltend zu machen, Restitutions- oder Vollstreckungsgegenklage zu erheben.[43] Ebenfalls ausreichend ist die Absicht, Schadensersatzansprüche wegen unberechtigter Verwarnung geltend zu machen.[44]

19   Ein **Rechtsschutzbedürfnis besteht nicht** bei Anerkenntnis der fehlenden Rechtsbeständigkeit von Anfang an[45] oder bei schriftlicher Erklärung, keine Ansprüche erheben zu wollen,[46] generell nicht, wenn der Antragsteller einen anderen Einwand als den mangelnder Schutzfähigkeit im Verletzungsprozess ohne Zweifel erfolgreich geltend machen kann, zB Verzicht[47] oder Verjährung.

20   Die Geltendmachung von Einwendungen, die dem Antragsteller im Verletzungsstreit **abgeschnitten** sind, begründet das Rechtsschutzbedürfnis nicht.[48]

21   Gründe, die **außerhalb des Interesses des Antragstellers** an der Verteidigung gegen eine Inanspruchnahme aus dem Gebrauchsmuster liegen, insb die Anhängigkeit einer parallelen Patentanmeldung, rechtfertigen den Feststellungsantrag nicht.[49]

22   **C.** Nach der Regelung des KostRegBerG folgt die Gebührenpflicht aus § 2 Abs 1 PatKostG iVm dem GebVerz. Die **Gebühr** beträgt 300 EUR (GebVerz Nr 323100). Sie wird mit Einreichung des Antrags fällig und ist innerhalb von drei Monaten ab Fälligkeit zu entrichten (§ 3 Abs 1, § 6 Abs 1 Satz 2 PatKostG). Nach § 6 Abs 2 PatKostG gilt der Antrag als zurückgenommen, wenn die Gebühr nicht gezahlt wird.[50] Die Gebühr verfällt mit der Stellung eines im übrigen wirksamen Antrags;[51] die sich hieraus ergebenden Folgen werden allerdings durch die Regelung in § 10 Abs 2 PatKostG gemildert (s die Kommentierung zu § 10 PatKostG). Zahlung nach Ablauf der Dreimonatsfrist lässt den ursprünglichen Antrag nicht aufleben.[52] Das BPatG sieht Nachholung der Zahlung im Beschwerdeverfahren als nicht auf das erstinstanzliche Verfahren rückwirkend an.[53]

---

38 BGH Anzeigegerät; BGH GRUR 1985, 871 Ziegelsteinformling II.
39 Vgl BPatGE 19, 58, 61 = BlPMZ 1977, 118.
40 *Benkard* § 15 Rn 5; strenger BPatGE 19, 58, 60 = BlPMZ 1977, 118, wonach die Erklärung des GbmInhabers, er beabsichtige, den Antragsteller als Verletzer in Anspruch zu nehmen, nicht ausreichen soll, und BPatGE 20, 52, wo eine ernstliche und gegenwärtige Gefahr verlangt wird; BPatGE 20, 186, 188 = Mitt 1978, 173; BPatGE 21, 238, 240 = Mitt 1979, 139; BPatGE 23, 41 = GRUR 1980, 1070; vgl auch BPatG Mitt 1970, 176; vgl zu den Einzelheiten *Bühring* § 15 Rn 46 ff; nach BPatG 28.3.1980 5 W (pat) 432/79 BlPMZ 1981, 309 Ls soll das Interesse, Bilanzrückstellungen wegen angebliche Verletzung aufzulösen, nicht ausreichen, hiergegen die nachfolgende Entscheidung BGH GRUR 1981, 515 Anzeigegerät.
41 *Benkard* § 15 Rn 5 unter Hinweis auf BGH GRUR 1974, 146 Schraubennahtrohr; vgl *Bühring* § 15 Rn 47; BPatGE 46, 215, 217.
42 BPatG Mitt 1979, 175.
43 BPatGE 23, 7 = GRUR 1981, 124, zu § 945 ZPO; BPatGE 22, 251 = GRUR 1980, 852, zur Restitutionsklage; BPatG Mitt 1984, 34 f; *Benkard* § 15 Rn 5a.
44 *Benkard* § 15 Rn 5a.
45 BPatGE 23, 7 = GRUR 1981, 124, 125.
46 DPA Mitt 1960, 100.
47 Vgl *Benkard* § 15 Rn 5a unter Hinweis auf BGH GRUR 1965, 231, 233 Zierfalten.
48 BGHZ 64, 155 = GRUR 1976, 30 Lampenschirm.
49 BPatG 22, 17, 20 = Mitt 1980, 97, 99; DPA Mitt 1957, 36: Interesse des Gbm-Inhabers an der Klärung der Rechtsbeständigkeit; *Bühring* § 15 Rn 52.
50 *Bühring* Rn 12.
51 *Bühring* Rn 11 ff.
52 *Bühring* Rn 12.
53 BPatGE 42, 233.

Mehrere Antragsteller. Seit 1.7.2006 hat jeder Antragsteller die Gebühr zu entrichten.[54] Werden zu **23** wenig Gebühren gezahlt, ist zu prüfen, ob die gezahlte Gebühr einem einzelnen Antragsteller eindeutig zugeordnet werden kann (vgl Rn 24 zu § 73 PatG).[55]

D. Sicherheitsleistung

Die Regelung in § 81 Abs 6 PatG gilt entspr (Satz 4; Rn 40 ff zu § 81 PatG). **24**

§ 17
(Löschungsverfahren)

(1) [1]Das Patentamt teilt dem Inhaber des Gebrauchsmusters den Antrag mit und fordert ihn auf, sich dazu innerhalb eines Monats zu erklären. [2]Widerspricht er nicht rechtzeitig, so erfolgt die Löschung.

(2) [1]Andernfalls teilt das Patentamt den Widerspruch dem Antragsteller mit und trifft die zur Aufklärung der Sache erforderlichen Verfügungen. [2]Es kann die Vernehmung von Zeugen und Sachverständigen anordnen. [3]Für sie gelten die Vorschriften der Zivilprozessordnung (§§ 373 bis 401 sowie 402 bis 414) entsprechend. [4]Die Beweisverhandlungen sind unter Zuziehung eines beeidigten Protokollführers aufzunehmen.

(3) [1]Über den Antrag wird auf Grund mündlicher Verhandlung beschlossen. [2]Der Beschluß ist in dem Termin, in dem die mündliche Verhandlung geschlossen wird, oder in einem sofort anzuberaumenden Termin zu verkünden. [3]Der Beschluss ist zu begründen und den Beteiligten von Amts wegen in Abschrift zuzustellen; eine Beglaubigung der Abschrift ist nicht erforderlich. [4]Ausfertigungen werden nur auf Antrag eines Beteiligten und nur in Papierform erteilt. [5]§ 47 Abs. 2 des Patentgesetzes ist entsprechend anzuwenden. [6]Statt der Verkündung ist die Zustellung des Beschlusses zulässig.

(4) [1]Das Patentamt hat zu bestimmen, zu welchem Anteil die Kosten des Verfahrens den Beteiligten zur Last fallen. [2]§ 62 Abs. 2 und § 84 Abs. 2 Satz 2 und 3 des Patentgesetzes sind entsprechend anzuwenden.

Ausland: Dänemark: §§ 35, 36 GebrMG; **Österreich:** § 36 öGebrMG (Verfahren vor der Nichtigkeitsabteilung)

Übersicht

---

54 Vorbem A Satz 2 Anlage zu § 2 Abs 1 PatKostG; vgl Begr BTDrs 16/735 = BlPMZ 2006, 234; *Bühring* Rn 16.
55 Vgl BGH GRUR 2015, 1255 Mauersteinsatz, zur Beschwerde; vgl *Benkard* Rn 5; *Fitzner/Lutz/Bodewig* Rn 9.

A. Verfahrensgang

I. Allgemeines

1 Zum Löschungsantrag § 16. Das Verfahren ist als kontradiktorisches, justizförmiges Verfahren vor einer Verwaltungsbehörde ausgestaltet, auf das grds die Vorschriften der ZPO jedenfalls in dem Umfang anwendbar sein werden, wie dies auch im Nichtigkeitsverfahren der Fall ist.[1] Das Verfahren wird mit Eingang des Antrags beim DPMA anhängig;[2] in sinngem Anwendung des § 253 Abs 1 ZPO treten mit Zustellung der Antragsschrift an den Gegner Wirkungen ein, die denen der Rechtshängigkeit im gerichtlichen Verfahren entsprechen.[3] Die GbmAbteilung hat den Antrag dem GbmInhaber mitzuteilen (Rn 2), der ihm widersprechen kann (Rn 11 ff). Dieses „Vorverfahren" entfällt, wenn sich der Antrag gegen eine Registerposition richtet, bei der die (förmlichen) gesetzlichen Voraussetzungen für eine Entstehung des Schutzes nicht gegeben sind.[4] Bei nicht rechtzeitigem Widerspruch erfolgt ohne weiteres Löschung; in dieser Säumnisfolge unterscheidet sich das Löschungsverfahren vom Patentnichtigkeitsverfahren.[5] Zum Verfahren nach Widerspruch Rn 19 ff.

II. Mitteilung des Antrags

2 Die GbmAbteilung teilt, wenn die Gebühr gezahlt ist (Rn 22 f zu § 16), den Antrag dem eingetragenen GbmInhaber unter Setzung der einmonatigen Erklärungsfrist mit (Abs 1 Satz 1). Mitinhabern ist grds gesondert zuzustellen.[6] Die Mitteilung erfolgt auch, wenn der Antrag den gesetzlichen (Mindest-)Anforderungen des § 16 Satz 1 nicht entspricht, die Erklärungsfrist wird in diesem Fall jedoch nicht in Lauf gesetzt.[7] Eine Schlüssigkeitsprüfung ist nicht vorgesehen und wohl auch nicht zweckmäßig.[8] Ein Hinweis auf die Säumnisfolge ist nicht vorgeschrieben,[9] aber gleichwohl angebracht. Auf die Einhaltung der Förmlichkeiten[10] kann nicht verzichtet werden.[11]

---

1 Vgl *Benkard* Rn 1; *Bender* GRUR 1997, 785, 787 mwN; Anwendbarkeit des § 296 ZPO bejaht *Loth* vor § 15 Rn 6.

2 BPatGE 11, 106, 108; *Benkard*[9] § 16 Rn 3.

3 BPatGE 2, 211, 214 = GRUR 1965, 33; BPatGE 8, 47, 53; BPatG Mitt 1979, 98; BPatG 22.3.1983 5 W (pat) 43/82 undok, zitiert nach *Bühring*[4] § 16 Rn 4; *Bühring* § 16 Rn 6; *Loth* Rn 1; implizit auch BGHZ 135, 58 = GRUR 1997, 625 f Einkaufswagen I, vgl hierzu *Bender* GRUR 1997, 785.

4 BPatG 23.2.2006 5 W (pat) 429/05 Mitt 2006, 271 Ls.

5 *Loth* Rn 1.

6 BPatGE 45, 159.

7 BPatGE 24, 132, 135 = GRUR 1982, 364 f; BPatG BlPMZ 2002, 170 f; *Benkard*[9] § 16 Rn 2; *Loth* Rn 2; differenzierend *Bühring* Rn 4 f.

8 *Loth* Rn 2; jetzt auch *Bühring* Rn 4.

9 BGH GRUR 1967, 351, 354 Korrosionsschutzbinde; *Benkard* Rn 2; *Bühring* Rn 9.

10 Zu diesen vgl BPatG Mitt 1974, 158.

11 BPatG 5.4.1982 5 W (pat) 51/81 undok, zitiert nach *Bühring*[7] Fn 25 zu § 16.

Ist ein anderer als der GbmInhaber als Antragsgegner benannt und beharrt der Antragsteller nach **3** Hinweis auf Mitteilung an diesen, ist an den **benannten Gegner** mitzuteilen;[12] der Antrag ist in diesem Fall (außer bei Gesamtrechtsnachfolge, Rn 124 zu § 81 PatG) ohne weiteres abweisungsreif (Rn 120 zu § 81 PatG); Löschung wegen Nichtwiderspruchs kommt auch hier nicht in Betracht.[13] Wird im Löschungsantrag das angegriffene Gebrauchsmuster mit der falschen Nummer genannt, ist aber das richtige zweifelsfrei zu identifizieren, wird der Inhaber des Gebrauchsmusters mit der falschen Nummer, dem der Löschungsantrag zugestellt wird, nicht Verfahrensbeteiligter des Löschungsverfahrens; der falsche Antragsgegner ist zur Geltendmachung seiner Nichtbeteiligung zuzulassen und kann einen Beschluss auf seine förmliche Entlassung aus dem Verfahren erwirken und Kostenerstattung (Rn 48) verlangen.[14]

III. Änderungen und Erweiterungen des Löschungsantrags sind wie Klageänderungen und -er- **4** weiterungen bei der Nichtigkeitsklage möglich[15] (Rn 32 ff zu § 82 PatG). Der die Antragsänderung beinhaltende Schriftsatz ist dem GbmInhaber grds unter Fristsetzung nach Abs 1 Satz 1 mit der Aufforderung zuzustellen, sich innerhalb der Monatsfrist dazu zu erklären.[16]

Wechsel in der Person des Antragstellers ist entspr der Klageänderung zu behandeln[17] (Rn 36 zu **5** § 82 PatG).

IV. Erlärung des Gebrauchsmusterinhabers

1. Die **Erklärungsfrist** beträgt einen Monat; sie wird grds (Ausnahmen Rn 2) durch die Mitteilung des **6** den Anforderungen des § 16 Satz 1 entspr Löschungsantrags unter Aufforderung, sich innerhalb der Monatsfrist zu erklären, in Lauf gesetzt.[18] Dies gilt nicht, wenn die Gebühr nicht gezahlt wurde; erfolgt die Gebührenzahlung später, hat das DPMA einen neuen Fristbescheid zu erlassen.[19] Die Fristberechnung folgt den allg Regeln.

Die Frist ist als gesetzliche Frist **nicht verlängerbar.** Eine Verlängerung entfaltet keine Rechtswir- **7** kungen.[20] Wiedereinsetzung ist möglich[21] (§ 21).

2. Form und Inhalt der Erklärung

a. Form. Die Erklärung ist beachtlich, wenn sie schriftlich abgegeben wird.[22] Telefax und Telekopie **8** sind fristwahrend. Elektronische Dokumente kommen nach Maßgabe des § 125a PatG und der ERVDPMAV in Betracht (vgl Rn 2 zu § 125a PatG).[23]

b. Eine **Begründung** der Erklärung ist nicht vorgeschrieben; für die Begründung des Widerspruchs **9** kann eine Frist eingeräumt werden.[24]

c. Inhalt. Die Erklärung ist erforderlichenfalls auszulegen. Der GbmInhaber kann dem Löschungsan- **10** trag in vollem Umfang oder teilweise widersprechen, er kann auch erklären, dass er nicht widersprechen wolle; die Erklärung, ganz oder teilweise nicht zu widersprechen, führt insoweit nach Abs 1 Satz 2 zur Lö-

---

12 Vgl *Bühring* Rn 7, der von Unzulässigkeit ausgeht.

13 *Loth* Rn 3.

14 BPatGE 37, 135 = GRUR 1997, 535; *Mes* Rn 4; *Loth* Rn 3.

15 Vgl *Benkard* Rn 2; *Bühring* § 16 Rn 21; *Mes* § 16 Rn 41; *Loth* § 16 Rn 26 f; RG BlPMZ 1915, 134 Griessäulenstange; BPatGE 24, 36 = GRUR 1981, 908.

16 BPatGE 25, 85, 87 f = BlPMZ 1983, 152.

17 BPatGE 19, 53, 56; *Loth* Rn 4; BPatG 19.4.1988 5 W (pat) 32/97 nimmt trotz § 268 ZPO volle Überprüfbarkeit im Beschwerdeverfahren an.

18 *Benkard* Rn 3; *Bühring* Rn 10; vgl BPatGE 24, 132 = GRUR 1982, 364.

19 BPatG BlPMZ 2002, 170.

20 BGH GRUR 1967, 351, 354 Korrosionsschutzbinde; *Benkard* Rn 3; *Bühring* Rn 10, der bei gewährter Fristverlängerung zutr allenfalls Wiedereinsetzung als möglich ansieht.

21 Vgl *Benkard* Rn 3 mit Hinweisen auf die ältere Praxis; *Mes* Rn 5; *Loth* Rn 5.

22 Vgl *Benkard* Rn 5b; *Bühring* Rn 13; *Mes* Rn 10; *Loth* Rn 6; RPA MuW 39, 372.

23 *Mes* Rn 10; aA *Bühring* Rn 13.

24 *Benkard* Rn 3; *Bühring* Rn 14; *Loth* Rn 6.

Keukenschrijver

schung,[25] ohne dass es des Rückgriffs auf das Institut des Anerkenntnisses bedarf.[26] Der Verteidigung des GbmInhabers im Löschungsverfahren kommt sachliche Bedeutung zu (Rn 13 f). Der GbmInhaber kann den Widerspruch zurücknehmen oder beschränken, nicht aber vom Nichtwiderspruch zur Verteidigung übergehen; hieraus ergeben sich Abgrenzungsprobleme zwischen beschränkter Verteidigung und Nichtwiderspruch (Rn 14, 17). Inhaltlich hat der GbmInhaber grds dieselben Möglichkeiten wie der Patentinhaber im Widerrufs- und Beschränkungsverfahren (§ 64 PatG) und bei beschränkter Verteidigung im Nichtigkeitsverfahren (Rn 101 ff zu § 82 PatG); das Gebrauchsmuster darf daher nicht auf einen Gegenstand erstreckt werden, der von den ursprünglichen Schutzansprüchen oder der ursprünglichen Offenbarung nicht erfasst ist.[27]

3. Widerspruch

11   **a. Ausschluss des Widerspruchsrechts.** Aus der zu den Akten des Gebrauchsmusters eingereichten Erklärung, dass das Gebrauchsmuster nicht rechtsbeständig sei, hat die Rspr abgeleitet, dass der GbmInhaber durch vorangegangenes Tun am Widerspruch gehindert sei.[28] Auch der BGH hat von einer schuldrechtl bindenden Erklärung an die Allgemeinheit (Rn 26 f zu § 4) gesprochen und insoweit gewohnheitsrechtl verfestigte Rspr angenommen. Nach Ansicht des BPatG macht, soweit nicht ein Prozessvertrag mit dem Antragsteller, in dem sich der GbmInhaber verpflichtet, dem Antrag nicht zu widersprechen, gegenüber dem Widerspruch die Arglisteinrede begründet, eine Erklärung zu den Akten im Widerspruch grds nicht unbeachtlich.[29] Auch der BGH geht davon aus, dass derartige Erklärungen auf die Prüfung im Löschungsverfahren ohne Einfluss sind, sieht jedoch in der Einreichung neuer Schutzansprüche idR einen vorweggenommenen Verzicht auf den Widerspruch; anders, wenn Schutzansprüche eingereicht werden, die eine unzulässige Erweiterung enthalten und deshalb nicht Gegenstand des Gebrauchsmusters werden können.[30] Nur der am Ende der mündlichen Verhandlung gestellte und damit der Entscheidung zugrundeliegende verfahrensrechtl Antrag des GbmInhabers, das Gebrauchsmuster mit einem eingeschränkten Schutzanspruch aufrechtzuerhalten, ist idR als Einschränkung eines zunächst unbeschränkt eingelegten Widerspruchs gegen den Löschungsantrag zu sehen; ein schriftsätzlich gestellter Antrag, der im Lauf des Löschungsverfahrens zusammen mit einer als Formulierungsvorschlag zu betrachtenden beschränkten Verteidigung eingereicht wird, bewirkt diese Bindung nicht.[31]

12   **b. Erklärung.** Der Widerspruch muss eindeutig erklärt werden; eines bestimmten Wortlauts bedarf es nicht. Es muss nur zum Ausdruck kommen, dass das Gebrauchsmuster verteidigt werden soll.[32] Ein Fristverlängerungsantrag ist nicht ausreichend.[33] Verzicht für die Zukunft steht einem Widerspruch nicht entgegen, kann aber als Nichtwiderspruch oder als Rücknahme des Widerspruchs auszulegen sein.[34] Auch eine Verzichterklärung gegenüber dem als Verzichtsadressat unzuständigen BPatG kann als Nichtwiderspruch auszulegen sein.[35]

---

25 Vgl *Benkard* Rn 4; *Mes* Rn 7; *Bühring* Rn 25; BPatGE 22, 57 f = GRUR 1980, 43; BPatGE 22, 108, 112 = GRUR 1980, 225.

26 Insoweit offenbar aA *Benkard* Rn 4; vgl BGHZ 128, 149 = GRUR 1995, 210, 212 Lüfterkappe; *Loth* Rn 8.

27 BGH GRUR 2005, 316, 318 Fußbodenbelag; vgl. BGHZ 155, 51 = GRUR 2003, 867 f Momentanpol I.

28 BPatGE 11, 88, 90 f, 93: Möglichkeit der Selbstbeschränkung; BPatGE 11, 96, 100 f: „schuldrechtl Verpflichtung gegenüber jedermann"; BPatGE 19, 161, 162 f: selbst bei ohne weiteres zu beseitigender unzulässiger Erweiterung, insoweit gegen RG GRUR 1944, 140 f Einstellvorrichtung und BPatGE 8, 44, 46; BPatGE 25, 85 f = GRUR 1983, 152; BPatGE 26, 191 f = BlPMZ 1984, 384; BPatGE 29, 8 f = GRUR 1987, 810: nach Erlöschen des Gebrauchsmusters eingereichte Schutzansprüche; BPatGE 30, 177, 180 = GRUR 1989, 587; *Benkard* § 23 Rn 20; *Benkard*⁹ Rn 5 und § 4 Rn 57; *Bühring* § 15 Rn 63; *Schlitzberger* FS 25 Jahre BPatG (1986), 249, 261 f.

29 BPatGE 34, 58, 63 = BlPMZ 1994, 159.

30 BGHZ 137, 60 = GRUR 1998, 910, 912 f Scherbeneis; vgl *Benkard* Rn 5 und § 23 Rn 20; *Mes* § 16 Rn 34.

31 BPatGE 51, 206 = BlPMZ 2010, 291.

32 *Bühring* Rn 14; vgl *Loth* Rn 9.

33 BGH GRUR 1967, 351, 354 Korrosionsschutzbinde; *Benkard* Rn 5a; *Bühring* Rn 14.

34 BPatGE 11, 106, 108; vgl auch BPatGE 14, 58, 61; *Benkard* Rn 5a, 6a; *Bühring* Rn 19; *Loth* Rn 9.

35 Vgl BPatG GRUR 1988, 761.

c. Wirkung. Mit dem Abstellen auf den Widerspruch, der sich von dem im Patentnichtigkeitsverfah- **13** ren in seiner Wirkung grundlegend unterscheidet,[36] stellt das GebrMG eine Art Säumnisverfahren zur Verfügung. Der Widerspruch eines Mitinhabers wirkt auch für die anderen[37] (§ 62 ZPO).

Nichtwiderspruch innerhalb der Frist führt bei zulässigem Antrag ohne weiteres zur Löschung ohne **14** sachliche Prüfung[38] (Abs 1 Satz 2), die das Verfahren beendet.[39] Er geht in seinen Wirkungen einem während der Widerspruchsfrist erklärten Verzicht vor.[40] Zuständig für die Löschung ist in diesem Fall der Beamte des gehobenen Diensts. Die Mitteilung der GbmAbteilung über die Löschung kann nicht mit der Beschwerde angegriffen werden, wohl aber ein Beschluss der GbmAbteilung, mit dem auf Antrag die Wirksamkeit der Löschung festgestellt wird.[41] Ein beschränkter Widerspruch („Teilwiderspruch"; zum Verhältnis zur beschränkten Verteidigung Rn 17 f) führt zur Teillöschung grds ohne weitere Sachprüfung[42] (Abs 1 Satz 2), er kann aus Kostengründen geboten sein.[43] Im Einzelfall kann die Reichweite des Nichtwiderspruchs zu prüfen sein.[44] Die Regelung ist im Feststellungsverfahren mit der Maßgabe anzuwenden, dass bei Nichtwiderspruch die beantragte Feststellung erfolgt,[45] ohne dass es in einer Prüfung des Rechtsschutzbedürfnisses für den Feststellungsantrag bedarf.[46]

d. Rücknahme; Einschränkung. Der GbmInhaber kann seinen Widerspruch zurücknehmen oder **15** nachträglich einschränken.[47] Im Umfang dieser Rücknahme oder Einschränkung ist das Gebrauchsmuster ohne Sachprüfung zu löschen.[48] Angesichts der weitreichenden Folgen auch teilweiser Widerspruchsrücknahme sind an die Rücknahmeerklärung hinsichtlich ihrer Bestimmtheit strenge Anforderungen zu stellen.[49] In der Einreichung neu gefasster Schutzansprüche allein ist eine Einschränkung des Widerspruchs nicht zu sehen,[50] auch nicht in der Einreichung von Haupt- und Hilfsantrag, mit denen das Gebrauchsmuster aufrechterhalten werden soll, und in denen die Schutzansprüche jeweils in andersartiger, alternativer, einander ausschließender Weise formuliert sind,[51] wohl aber im Antrag auf beschränkte „Aufrechterhaltung" des Gebrauchsmusters aufgrund eindeutiger Unterlagen.[52] In diesem Fall ist zunächst die Zulässigkeit der verteidigten Schutzansprüche zu prüfen.[53] Rücknahme oder Anfechtung der Rücknahme des Widerspruchs als reine Verfahrenshandlung kommt nicht in Betracht;[54] das gilt auch für die teilweise Rücknahme[55] oder Anfechtung.[56]

Die Rücknahme oder Einschränkung des Widerspruchs durch einen **Mitinhaber** wirkt nicht ohne **16** weiteres zu Lasten der übrigen.[57] Sie macht den durch einen anderen Antragsteller gestellten späteren Löschungsantrag nicht unzulässig.[58]

---

36 BGHZ 128, 149 = GRUR 1995, 210 Lüfterkappe.
37 DPA BlPMZ 1955, 298; *Benkard* Rn 5b.
38 *Benkard* Rn 6; *Loth* Rn 18.
39 *Bühring* Rn 25 und § 16 Rn 38.
40 *Bühring* Rn 19, stRspr, vgl BPatGE 11, 106, 108.
41 BPatGE 47, 23 = BlPMZ 2004, 163.
42 BGHZ 128, 149 = GRUR 1995, 210 Lüfterkappe; *Loth* Rn 18.
43 *Bühring* Rn 17.
44 Vgl *Bühring* Rn 17 ff.
45 BGH GRUR 1967, 351 Korrosionsschutzbinde.
46 BPatG GRUR 1980, 1070; *Benkard* Rn 6b.
47 BGHZ 128, 149 = GRUR 1995, 210 Lüfterkappe; *Benkard* Rn 5d; *Mes* Rn 9.
48 BPatGE 22, 131; BPatGE 23, 41, 43 = GRUR 1980, 1070 f; BPatG 7.11.2002 5 W (pat) 429/01 undok; BPatG 22.11.2005 5 W (pat) 401/04; *Bühring* Rn 26; *Loth* Rn 10.
49 BGHZ 135, 58 = GRUR 1997, 625 f Einkaufswagen I.
50 BGH Lüfterkappe; BGH Einkaufswagen I; BPatGE 28, 219, 221 = GRUR 1987, 359; *Bühring* Rn 26; vgl BPatGE 22, 57 f = GRUR 1980, 43; BPatGE 22, 108, 112 = GRUR 1980, 225; *Schlitzberger* FS 25 Jahre BPatG (1986), 249, 261; *Bender* GRUR 1997, 785, 789; *Loth* Rn 11; *Benkard* § 15 Rn 23b; aA BPatGE 34, 64 ff = GRUR 1994, 278; BPatGE 34, 182 ff.
51 BGH Einkaufswagen I.
52 BGH Lüfterkappe; BGH Einkaufswagen I.
53 BPatGE 20, 133, 138; BPatGE 29, 223, 226 = GRUR 1988, 530.
54 BGH Lüfterklappe; BGH Einkaufswagen I; *Mes* Rn 9; *Loth* Rn 10.
55 BGH Lüfterkappe.
56 BPatGE 34, 64 = GRUR 1994, 278.
57 Vgl DPA BlPMZ 1955, 298; RPA BlPMZ 1935, 298; *Benkard* Rn 5f.
58 BPatGE 43, 1.

17   4. Bei der „**beschränkten Verteidigung**" ist der Schutzrechtsinhaber nicht auf die Zusammenfassung von Merkmalen mehrerer eingetragener Schutzansprüche verwiesen, ihm steht es frei, Merkmale aus der Beschreibung aufzunehmen.[59] Die im Patentrecht entwickelten Grundsätze zur beschränkten Verteidigung des erteilten Patents sind anwendbar; deshalb darf der Gegenstand der Anmeldung bei der Aufstellung neuer Schutzansprüche beschränkt werden, solange dadurch das Gebrauchsmuster nicht auf einen Gegenstand erstreckt wird, der von den eingetragenen Schutzansprüchen nicht erfaßt ist und von dem der Fachmann aufgrund der ursprünglichen Offenbarung nicht erkennen kann, daß er von vornherein von dem Schutzbegehren umfaßt sein sollte. Begehrt der Schutzrechtsinhaber unter Beachtung dieser der beschränkten Verteidigung materiell gesetzten Grenzen nur noch für eine bestimmte Ausführungsform der Erfindung Schutz, ist er nicht genötigt, sämtliche Merkmale eines Ausführungsbeispiels in den neuen Schutzanspruch aufzunehmen; er kann sich darauf beschränken, ein oder auch mehrere Merkmale aus der Beschreibung in den Schutzanspruch aufzunehmen, wenn dadurch die zunächst weiter gefaßte Lehre eingeschränkt wird und der so bestimmte Gegenstand des neu gefaßten Schutzanspruchs in der Beschreibung für den Fachmann als zu der beanspruchten Erfindung gehörend zu erkennen war. Deshalb hat er es in der Hand, sein Schutzrecht durch die Aufnahme einzelner oder mehrerer Merkmale, die in der Beschreibung eines Ausführungsbeispiels genannt werden, zu beschränken, wenn und soweit diese Merkmale jedes für sich oder auch zusammen den durch die Erfindung erreichten Erfolg befördern.[60] Nach unzutr Auffassung des BPatG[61] ist die beschränkte Verteidigung nicht in der Weise möglich, dass gegenüber einem auf einen Hauptanspruch beschränkten Löschungsantrag dieser mit dem Gegenstand eines auf ihn bezogenen (nicht angegriffenen) Unteranspruchs geltend gemacht wird (zum Meinungsstand im Patentnichtigkeitsverfahren Rn 106 zu § 82 PatG). Die Beschränkung kann auch in Übereinstimmung mit zur Registerakte eingereichten neuen Schutzansprüchen vorgenommen werden.[62] Beschränkte Verteidigung durch Vorlage einer geänd Beschreibung ist schon deshalb nicht möglich, weil § 15 Abs 3 Satz 2 eine derartige Beschränkung nicht zulässt;[63] auf die Rspr zur Unzulässigkeit der Nachreichung einer geänd Beschreibung[64] braucht hier nicht zurückgegriffen zu werden. Auch eine Verteidigung mit einem Gegenstand, der von den Schutzansprüchen nicht umfasst war, scheidet aus, selbst wenn dieser in der Beschreibung offenbart ist.[65] Dieses Ergebnis rechtfertigt sich jedenfalls dann aus dem Charakter der beschränkten Verteidigung, wenn es an einer Offenbarung als zur Erfindung gehörend fehlt (Rn 9; vgl Rn 101 ff zu § 82 PatG). Erfolgt gleichwohl eine derartige Änderung, die sich im Rahmen der ursprünglichen Offenbarung hält, ist sie mangels Eingreifens der Regelungen in § 4 Abs 5 und des Löschungsgrunds des § 15 Abs 1 Nr 3 beachtlich,[66] begründet aber ihrerseits keine Rechte.

18   Die „beschränkte Verteidigung" kann anders als teilweiser Nichtwiderspruch oder die Einschränkung des Widerspruchs **rückgängig gemacht** werden[67] (zur Rechtslage im Patentnichtigkeitsverfahren, das die materielle Wirkung des Nichtwiderspruchs nicht kennt, Rn 120 zu § 82 PatG). „Beschränkte Verteidigung" kann damit nur noch in der Vorlage geänd Schutzansprüche als „Diskussionsgrundlage" oder „Manövriermasse"[68] gesehen werden.

V. Verfahren nach Widerspruch

19   **1. Allgemeines.** Nach rechtzeitigem Widerspruch wird ein prozessähnliches Verfahren durchgeführt, auf das wie auf das Nichtigkeitsverfahren grds die Regeln der Zivilprozessordnung anwendbar sind, aller-

---

59   BPatG Mitt 2001, 361 „innerer Hohlraum"; BPatG 7.9.2000 5 W (pat) 449/99.

60   BGH GRUR 2005, 316 Fußbodenbelag; vgl BGHZ 135, 28 = GRUR 1997, 625 Einkaufswagen I; vgl *Mes* § 16 Rn 33; zur Zulässigkeit von Verallgemeinerungen BPatG 25.3.2014 35 W (pat) 428/12.

61   BPatGE 32, 18, 22 = GRUR 1991, 313; ebenso *Loth* Rn 16; vgl *Mes* § 16 Rn 30; BPatGE 22, 114.

62   Vgl *Mes* § 16 Rn 30.

63   *Benkard* Rn 5h.

64   BPatGE 11, 88; BPatGE 29, 252 = Mitt 1989, 151; vgl *Loth* Rn 16.

65   BPatGE 29, 223 = GRUR 1988, 530; vgl BPatG Mitt 1999, 271; *Benkard* § 15 Rn 23a; aA *Goebel* GRUR 2000, 477, 484.

66   AA BPatG Mitt 1999, 271.

67   BGHZ 128, 149 = GRUR 1995, 210 Lüfterkappe; vgl BPatG 14.6.1973 5 W (pat) 406/69; *Loth* Rn 16; vgl *Benkard* § 15 Rn 23b; aA BPatGE 34, 64 ff = GRUR 1994, 278; BPatGE 34, 182, 183 f.

68   BGHZ 135, 58 = GRUR 1997, 625 f Einkaufswagen I.

dings entspr den auch für das Nichtigkeitsverfahren geltenden Besonderheiten modifiziert[69] (s die Kommentierung zu § 82 PatG), weiter dadurch, dass es sich nicht um ein gerichtliches Verfahren handelt; insoweit ist es mit dem Einspruchsverfahren (§§ 59 ff PatG) vergleichbar, von dem es sich aber durch seine kontradiktorische Ausgestaltung unterscheidet.

2. Die **Mitteilung des Widerspruchs** (Abs 2 Satz 1) sichert das Recht des Antragstellers auf Anhörung **20** zu diesem, insb zu einer etwaigen Begründung des Widerspruchs.[70]

3. Verfahren bis zur mündlichen Verhandlung. Das Verfahren kann entspr § 148 ZPO ausgesetzt **21** werden.[71] Ein gegen ein paralleles Patent gerichtete Nichtigkeitsklage rechtfertigt regelmäßig keine Aussetzung,[72] desgleichen ein weiterer Löschungsantrag gegen das Gebrauchsmuster,[73] hier wird Verbindung der Verfahren zu prüfen sein.[74] Die Sache ist nach dem aus § 272 ZPO, § 67 Abs 3 VwVfG und § 87 Abs 2 PatG zu entnehmenden allg Rechtsgedanken so vorzubereiten, dass sie möglichst in einem Verhandlungstermin erledigt werden kann.[75] IdR ergeht hierzu ein Zwischenbescheid des Berichterstatters oder der GbmAbteilung, zu dem diese ohne weiteres befugt ist und der auch die nach Ansicht der Abteilung gebotenen konkreten Hinweise, zB auf eine erforderliche Beschränkung, enthalten kann.[76]

Unterbrechung und Ruhen richten sich nach den entspr anwendbaren Bestimmungen der ZPO;[77] **22** das Insolvenzverfahren über das Vermögen des Antragstellers unterbricht nach § 240 ZPO.[78] Verzögert der Insolvenzverwalter die Aufnahme des Verfahrens, wird er zur Aufnahme und zur Verhandlung in der Hauptsache geladen; erscheint er ohne Angabe von Gründen nicht, ist die Aufnahme des Verfahrens durch ihn entspr § 239 Abs 4 ZPO zu unterstellen.[79] Zur Möglichkeit der Aufnahme des Verfahrens durch den Antragstellers bei Untätigkeit des Insolvenzverwalters Rn 65 zu § 81 PatG.

4. Eine **Beweisaufnahme** kann in dem durch die ZPO vorgesehenen Umfang angeordnet werden, **23** ohne dass die GbmAbteilung dabei an Vorbringen und Beweisanträge der Beteiligten gebunden wäre.[80] Sie wird idR mit der mündlichen Verhandlung verbunden, kann aber auch schon vorab oder in einem besonderen Termin zur Beweisaufnahme erfolgen.[81] Von der Zuziehung eines Protokollführers wird in entspr Anwendung der Regelung in der ZPO und in § 92 Abs 1 Satz 2 PatG trotz Abs 2 Satz 4 abgesehen werden können, da diese Bestimmung nur übereinstimmend mit dem Prozessrecht den Grundsatz regelt.[82] Eine Beeidigung von Zeugen und Sachverständigen ist entspr den zivilprozessualen Bestimmungen und § 46 Abs 1 PatG möglich.[83]

5. Mündliche Verhandlung. Über den Löschungsantrag (und den Feststellungsantrag) ist aufgrund **24** mündlicher Verhandlung zu entscheiden (Abs 3 Satz 1); dies gilt auch nach einseitiger Erledigungserklärung. Der Termin wird durch den Vorsitzenden anberaumt, die Ladungsfrist beträgt zwei Wochen (§ 89

---

69 Vgl *Bühring*[7] Rn 22.
70 Vgl *Benkard* Rn 8.
71 *Bühring* § 16 Rn 31.
72 DPA Mitt 1958, 242; *Benkard* Rn 9; *Loth* Rn 21; *Bühring* § 16 Rn 31.
73 *Bühring* § 16 Rn 31; *Loth* Rn 21.
74 Vgl *Bühring* § 16 Rn 23; *Loth* Rn 21 sieht sie als „wenig praktikabel" an.
75 Vgl *Benkard* Rn 10; *Mes* § 16 Rn 36; *Bühring* Rn 29; *Loth* Rn 23 f; DPA BlPMZ 1961, 57.
76 Vgl BPatG 12.11.1999 5 W (pat) 18/99 Mitt 2002, 150 Ls; *Benkard* Rn 10; *Mes* § 16 Rn 37; *Loth* Rn 24; *Bühring* Rn 30.
77 *Bühring* § 16 Rn 31 f, kr zum Ruhen; kr auch *Loth* Rn 22, die insoweit die verfahrensrechtl Dispositionsbefugnis der Parteien nicht hinreichend beachten.
78 BPatG 13.6.2001 5 W (pat) 447/99 Mitt 2002, 150 Ls: soweit er Gewerbetreibender ist und den Antrag mit Rücksicht auf den Gewerbebetrieb gestellt hat; vgl BPatGE 38, 131 = GRUR 1997, 833, Markensache; aA für Schutzrechtsverfahren vor dem DPMA MittPräsDPMA Nr 20/2008 BlPMZ 2008, 413 und für das markenrechtl Widerspruchsverfahren BPatG GRUR 2008, 364 f, kr hierzu für das GbmLöschungsverfahren *Bühring* Rn 32 ff.
79 BPatG 13.6.2001 5 W (pat) 447/99 Mitt 2002, 150 Ls.
80 Vgl *Loth* Rn 27; für das Patentnichtigkeitsverfahren hat der BGH allerdings (zu) restriktive Grundsätze aufgestellt, BGHZ 198, 187 = GRUR 2013, 1272 Tretkurbeleinheit.
81 Vgl *Mes* § 16 Rn 36.
82 AA *Benkard*[10] Rn 11, in *Benkard*[11] nicht mehr enthalten; *Bühring* Rn 33; wohl auch *Mes* Rn 11.
83 So auch *Benkard* Rn 11.

PatG in entspr Anwendung). Entspr § 82 Abs 3 Satz 2 PatG wird man aber bei Zustimmung aller Beteiligten die mündliche Verhandlung als entbehrlich ansehen können.[84] Auch ein späterer Übergang in das schriftliche Verfahren ist möglich.[85] Die isolierte Kostenentscheidung erfordert keine mündliche Verhandlung.[86]

25   **Öffentlichkeit.** Aus der Stellung des DPMA als Verwaltungsbehörde wurde abgeleitet, dass die Verhandlung nicht öffentlich sei[87] (vgl § 68 Abs 1 VwVfG; anders – grds öffentlich, aber Öffentlichkeit ausschließbar – für die Beschlusskammern der Bundesnetzagentur § 135 Abs 3 Telekommunikationsgesetz (TKG) vom 22.6.2004).[88] Zieht man auch hier die Parallele zum Zivilprozess und zum Nichtigkeitsverfahren, bietet sich die entspr Anwendung der §§ 169 ff GVG, 69 Abs 2 PatG an.[89] Dritten kann jedenfalls entspr § 67 Abs 1 Satz 2 VwVfG die Anwesenheit durch den Vorsitzenden gestattet werden, wenn kein Beteiligter widerspricht.[90]

26   **Verfahrensgang.** Der Vorsitzende eröffnet und leitet die Verhandlung (vgl § 90 PatG, § 136 Abs 1 ZPO). Er ruft die Sache auf, stellt die Präsenz fest und lässt die Anträge stellen. Die Parteien erhalten Gelegenheit zum Vortrag und die Sache wird mit ihnen erörtert (vgl §§ 90 Abs 3, 91 PatG, §§ 136, 137 ZPO). Zur Beweisaufnahme Rn 23. Der Vorsitzende schließt die Verhandlung (vgl § 91 Abs 3 PatG, § 136 Abs 4 ZPO). Zur Sitzungsniederschrift § 92 PatG.

VI. Beendigung des Verfahrens

27   **1. Entscheidung.** Das Verfahren endet regelmäßig mit einem abschließenden Beschluss (Abs 3, Rn 38 ff). Die Verkündung der Entscheidung bindet das DPMA, das nicht in die Sache wiedereintreten und anders entscheiden darf.[91]

28   **2. Rücknahme des Antrags** ist in jeder Lage des Verfahrens bis zum Eintritt der Bestandskraft der Entscheidung möglich, Einwilligung des Gegners ist wie im Patentnichtigkeitsverfahren nicht erforderlich[92] (Rn 40 zu § 82 PatG). Sie beendet das Verfahren ohne weiteres.[93] Die Rücknahme macht eine bereits ergangene Entscheidung wirkungslos,[94] dies wird auf Antrag eines GbmInhabers, nicht auch des Antragstellers, ausgesprochen (§ 269 Abs 3 Satz 3 ZPO entspr).

29   **3. Vergleich** ist wie im Patentnichtigkeitsverfahren möglich[95] (Rn 45 ff zu § 82 PatG).

30   **4. Erledigung der Hauptsache** kommt auch im kontradiktorisch ausgestalteten GbmLöschungsverfahren in Betracht.[96] Sie tritt ein, wenn das Gebrauchsmuster während des Löschungsverfahrens aufgrund eines anderen Löschungsverfahrens mit Rückwirkung gelöscht wird,[97] weiter, wenn das Gebrauchsmuster mit Wirkung ex nunc erlischt und der Antragsteller kein Rechtsschutzbedürfnis für die Feststellung der Unwirksamkeit geltend machen kann;[98] auf den Zeitpunkt des erledigenden Ereignisses kommt es dabei

---

84   *Benkard* Rn 12; *Bühring* Rn 34; *Mes* Rn 13; *Osenberg* GRUR 1999, 838, 840.
85   Vgl BPatGE 24, 190 f = BlPMZ 1982, 266, dort auch zum Wechsel in der Mitwirkung nach mündlicher Verhandlung; *Benkard* Rn 12.
86   *Benkard* Rn 12; *Bühring* Rn 34.
87   *Benkard*[10] Rn 12, in *Benkard*[11] als bdkl bezeichnet; *Bühring* Rn 35: „nach bisheriger Übung"; *Mes* Rn 13; zwd *Osenberg* GRUR 1999, 838, 840.
88   BGBl I 1190.
89   Wie hier im Ergebnis *Loth* Rn 25; vgl auch den in BGHZ 135, 58, 60 = GRUR 1997, 625 Einkaufswagen I referierten Sachverhalt.
90   *Bühring* Rn 35; vgl *Benkard* Rn 12.
91   BPatGE 34, 55 = BlPMZ 1994, 124.
92   *Benkard* § 16 Rn 10; *Bühring* § 16 Rn 35; BPatGE 51, 212, 214; aA *Loth* Rn 18 für den Fall des Nichtwiderspruchs.
93   Vgl *Bühring* § 16 Rn 36.
94   BPatGE 20, 64; RPA Mitt 1938, 255; *Benkard* § 16 Rn 10; *Bühring* § 16 Rn 36.
95   Vgl auch *Bühring* Rn 46; *Loth* Rn 40.
96   BGHZ 135, 58 = GRUR 1997, 625 Einkaufswagen I.
97   *Benkard* § 16 Rn 11; *Bühring* § 16 Rn 41.
98   BPatGE 21, 238 f = Mitt 1979, 139.

nicht an.[99] Nichtwiderspruch[100] und Rücknahme des Widerspruchs[101] führen nicht zur Erledigung. Die Erledigung unterliegt als verfahrensrechtl Grundlage der Beschwerdeentscheidung der Nachprüfung im Verfahren über die (zugelassene) Rechtsbeschwerde.[102] Zum Verfahren bei Erledigung Rn 59 ff zu § 82 PatG.

B. Sachprüfung

I. Allgemeines

Sachprüfung erfolgt nur, soweit nicht schon wegen Nichtwiderspruchs zu löschen ist. Die Prüfung im **31** GbmLöschungsverfahren entspricht in diesem Rahmen sachlich grds der im Patentnichtigkeitsverfahren. Auch im Löschungsverfahren ist die GbmAbteilung an den geltend gemachten Löschungsgrund gebunden.[103] Zur Antragsbindung Rn 1 zu § 16. Der geltend gemachte Löschungsgrund und die Reichweite des Löschungsantrags legen den sachlichen Umfang der Überprüfung fest.[104] Die Sachentscheidung setzt neben einem entspr Antrag voraus, dass die Sache im Verhältnis der Parteien nicht schon bindend entschieden ist („res iudicata"). Bei auf widerrechtl Entnahme gestütztem Antrag ist die Antragsbefugnis zu prüfen. Daneben darf dem Antragsteller die Antragsbefugnis nicht fehlen (Nichtangriffsabrede, unzulässige Rechtsausübung). Für den Feststellungsantrag ist weiterhin Rechtsschutzbedürfnis (Rn 16 zu § 16) erforderlich.

Es gilt der **Untersuchungsgrundsatz**[105] (Rn 86 ff zu § 82 PatG; vgl aber Rn 23), der für die erste In- **32** stanz in § 17 Abs 2 Satz 1 normiert ist. Der Grundsatz ermöglicht es innerhalb des geltend gemachten Antrags und Löschungsgrunds auch, auf vom Antragsteller nicht geltend gemachte, den Löschungsgrund aber ausfüllende Sachverhalte zurückzugreifen,[106] wenngleich hierzu nur in Ausnahmefällen Anlass bestehen wird. Nichtbestreiten kann frei gewürdigt werden.[107]

Eine formelle **Beweislast** (Beweisführungslast) besteht wegen des Untersuchungsgrundsatzes **33** nicht.[108] Die materielle Beweislast für das Bestehen eines Löschungsgrunds liegt grds beim Antragsteller.[109] Ob die materielle Beweislast für die Schutzfähigkeit wie für eine widerrechtl Entnahme auch im GbmLöschungsverfahren den Antragsteller trifft,[110] erscheint allerdings zwh[111] (vgl Rn 96 f zu § 82 PatG, auf die dort wiedergegebene Begründung kann angesichts der systematisch fehlenden Prüfung jedenfalls nicht zurückgegriffen werden).

Eine **Überprüfung des Eintragungsverfahrens** erfolgt im Löschungsverfahren nicht,[112] jedoch ist – **34** als Vorfrage – zu prüfen, ob überhaupt eine wirksame Eintragung vorliegt, was zu verneinen ist, wenn diese nach Antragsrücknahme erfolgt ist.[113]

II. Gegenstand der Sachprüfung ist grds das Gebrauchsmuster mit den Unterlagen, die der Eintra- **35** gungsverfügung zugrunde liegen;[114] und zwar in ihrer Gesamtheit, auch dann, wenn verschiedene, selbst

---

99 BPatGE 28, 80 f = GRUR 1986, 808 mwN.

100 BPatG Mitt 1973, 54.

101 BPatGE 15, 63 = Mitt 1973, 195.

102 BGH Einkaufswagen I.

103 BPatGE 24, 36 = GRUR 1981, 908; *Mes* § 16 Rn 28; *Loth* Rn 29; vgl *Benkard* § 15 Rn 18a.

104 BPatGE 26, 191 = BlPMZ 1984, 384; BPatGE 28, 26 = GRUR 1986, 609; *Mes* § 16 Rn 28.

105 *Benkard* § 15 Rn 24; *Bühring* § 16 Rn 24 ff; *Mes* § 16 Rn 26; *Loth* Rn 30.

106 Vgl RPA BlPMZ 1936, 34; einschränkend für das Nichtigkeitverfahren BGHZ 198, 187 = GRUR 2013, 1272 Tretkurbeleinheit.

107 Weitergehend *Loth* Rn 30.

108 BGH GRUR 1999, 920, 922 Flächenschleifmaschine; *Bühring* § 15 Rn 89; *Loth* Rn 31.

109 *Bühring* § 15 Rn 89.

110 So *Benkard* § 15 Rn 25; *Bühring* § 15 Rn 89; *Mes* § 16 Rn 40; *Loth* Rn 31; BPatG 4.12.1997 5 W (pat) 437/96; vgl RG GRUR 1927, 235 Schulterspangen.

111 BGH Flächenschleifmaschine.

112 Vgl BPatG 15.1.1976 5 W (pat) 420/74 zur Wiedereinsetzung in die Frist zur Zahlung der Verlängerungsgebühr; *Loth* Rn 32.

113 BPatGE 44, 209 = BlPMZ 2002, 220.

114 BGHZ 137, 60 = GRUR 1998, 910, 912 Scherbeneis; BPatGE 11, 96, 100; BPatGE 19, 161 f; BPatGE 25, 85 f = BlPMZ 1983, 152; *Bühring* § 15 Rn 61; *Loth* Rn 33 ff.

den Gegenstand der Anmeldung erweiternde Unterlagen eingereicht[115] oder nachgereicht[116] worden sind, in letzterem Fall deshalb, weil die Erklärung des GbmInhabers, dass die nachgereichten Schutzansprüche allein noch Grundlage für den beanspruchten Schutz bilden sollten, unter der stillschweigenden Bedingung stehe, dass das neugefasste Schutzbegehren an die Stelle des bisherigen treten könne.[117] Aus diesem Grund soll es auch nicht darauf ankommen können, ob durch den Rückgriff auf die der Eintragung zugrunde liegende Fassung gegenüber den nachgereichten Schutzansprüchen eine Erweiterung eintreten würde; die Nichtberücksichtigung nachgereichter Unterlagen folgt indes schon daraus, dass die der Eintragung zugrundeliegenden Unterlagen den Gegenstand der Sachprüfung festlegen,[118] soweit nicht bereits eine Teillöschung erfolgt ist (Rn 37). Die Prüfung beschränkt sich auf den Gegenstand des Gebrauchsmusters.[119] Eine Überprüfung des Schutzumfangs erfolgt nicht.[120]

36   Nach **Eintragung des Gebrauchsmusters eingereichte Unterlagen** können den Gegenstand des Gebrauchsmusters und damit der Sachprüfung nicht verändern[121] und unterliegen nicht selbst der Löschung;[122] das gilt auch für solche, die zwar eingereicht waren, der GbmStelle bei Erlass der Eintragungsverfügung aber noch nicht vorgelegen haben.[123] Sie wurden aber als von Bedeutung für die Frage angesehen, in welcher Form der Inhaber das Gebrauchsmuster verteidigen kann (Rn 11).

37   Ist das Gebrauchsmuster in einem früheren **Löschungsverfahren** geänd, insb teilweise gelöscht worden (zur „Klarstellung" Rn 30 zu § 15), ist die geänd Fassung des Gebrauchsmusters zugrunde zu legen.[124] Maßgeblich sind demnach die neuen Schutzansprüche[125] (vgl § 15 Abs 3 Satz 2).

C. Entscheidung

I. Allgemeines

38   **1. Form.**[126] Über den Löschungs- und den Feststellungsantrag entscheidet die GbmAbteilung des DPMA nach Beratung durch Beschluss, der zu verkünden oder an Verkündungs statt zuzustellen (Abs 3 Satz 5), zu begründen und dem eine Rechtsmttelbelehrung beizufügen ist (Abs 3 Satz 4 iVm § 47 Abs 2 PatG); § 315 Abs 1 Satz 2 ZPO ist entspr anzuwenden.[127] Der begründete Beschluss ist zu unterschreiben und innerhalb von fünf Monaten zuzustellen.[128] Zu den technischen und verfahrensrechtl Anforderungen an den abschließenden Beschluss im schriftlichen Verfahren bei elektronischer Aktenführung sind mehrere Entscheidungen des BPatG ergangen, in denen beanstandet wird, dass sich in der vom DPMA vorgelegten elektronischen Akte weder die Urschrift für einen das Verfahren abschließenden Beschluss noch die für das Wirksamwerden einer solchen Urschrift notwendige Zustellung einer Ausfertigung bei den Verfahrensbeteiligten in der erforderlichen Eindeutigkeit feststellen lassen.[129]

---

115   Vgl BGH GRUR 1968, 86, 88 landwirtschaftliches Ladegerät; BGH GRUR 1968, 360, 363 Umluftsichter; BPatGE 6, 207 = GRUR 1966, 208; BPatGE 20, 133 ff; *Benkard* § 15 Rn 19; *Bühring* § 15 Rn 63.

116   BPatGE 19, 161, 163 gegen RG GRUR 1944, 140 f Einstellvorrichtung und BPatGE 8, 44, 46; BPatG 22.2.1994 5 W (pat) 412/93 BlPMZ 1994, 366 Ls; vgl BPatGE 24, 132, 138 = GRUR 1982, 364.

117   BPatGE 19, 161, 163; vgl *Benkard* § 4 Rn 57.

118   BGH Scherbeneis; vgl *Mes* § 16 Rn 34.

119   BPatGE 26, 196 f = BlPMZ 1984, 385 mwN; BPatGE 28, 88 f = GRUR 1986, 808.

120   BPatGE 29, 223, 225 = GRUR 1988, 530, 532 f; RG GRUR 1943, 80, 82 Kombinationsherd; *Benkard* § 15 Rn 18a.

121   BGHZ 137, 60 = GRUR 1998, 910, 912 Scherbeneis; *Benkard* § 15 Rn 19; *Bühring* § 4 Rn 153, 162 und § 15 Rn 63; *Loth* Rn 35.

122   BPatGE 11, 96, 101; BPatGE 19, 161 f; BPatGE 22, 126 f = Mitt 1980, 99; BPatGE 25, 85 f = BlPMZ 1983, 152; BPatGE 26, 196 f = BlPMZ 1984, 385.

123   BPatGE 6, 207, 210 f = GRUR 1966, 208; *Bühring*⁷ § 15 Rn 61.

124   *Bühring* § 15 Rn 62; *Loth* Rn 36.

125   Zum früheren Recht BGH GRUR 1962, 299, 305 Sportschuh; *Benkard* § 15 Rn 20a.

126   Zu Berichtigungen und Ergänzungen des Beschlusses entspr §§ 319–321 ZPO vgl RPA Mitt 1940, 75; RPA Mitt 1942, 183.

127   BPatGE 24, 125 = BlPMZ 1982, 191.

128   *Osenberg* GRUR 1999, 838, 841.

129   BPatG 25.8.2014 35 W (pat) 404/12, 35 W (pat) 408/12, 35 W (pat) 413/12 und 35 W (pat) 418/12.

2. Inhalt. Der Beschluss kann auf Löschung oder Feststellung der Unwirksamkeit, Zurückweisung **39** des Löschungsantrags oder auf teilweise Löschung oder Feststellung der Unwirksamkeit, uU verbunden mit Zurückweisung des Antrags im übrigen, lauten. Daneben ist vAw über die Kosten zu entscheiden. Vorläufige Vollstreckbarkeit ist, wie auch sonst bei Entscheidungen des DPMA, nicht vorgesehen. Neben Rubrum und Entscheidungsformel (Tenor) enthält die Entscheidung die aus Sachbericht und Gründen bestehende Begründung. Der Begründungspflicht unterliegt auch die Löschung von Nebenansprüchen.[130]

II. Sachentscheidung

1. Löschung; Feststellung der Unwirksamkeit. Löschung erfolgt, wenn der zulässige, auf Löschung **40** in vollem Umfang gerichtete Löschungsantrag in der Sache begründet ist, dh ein geltend gemachter Löschungsgrund hinsichtlich des Gegenstands des Gebrauchsmusters insgesamt durchgreift. Entsprechendes gilt für den Feststellungsantrag.

Die Löschung wird mit Bestandskraft des Löschungsbeschlusses **wirksam.**[131] **41**

Zur **Teillöschung** Rn 23 ff zu § 15. Die Teillöschung führt vor ihrem Registereintrag nicht zur Unzuläs- **42** sigkeit eines späteren Löschungsantrags.[132] Unzulässige Erweiterungen werden regelmäßig nur eine Teillöschung rechtfertigen; die Problematik stellt sich grds nicht anders als im Patentrecht dar (Rn 34 ff zu § 38 PatG).

Zur **Wirkung der Löschung** Rn 3 ff vor § 15. **43**

2. Zurückweisung des Antrags erfolgt, wenn dieser unzulässig oder unbegründet ist. Auch die Zu- **44** rückweisung des Antrags als unzulässig ist Sachentscheidung.[133]

Die **Zurückweisung wegen Unzulässigkeit** des Antrags verbraucht den geltend gemachten Lö- **45** schungsgrund anders als die wegen Unbegründetheit (Rn 50, 63 zu § 84 PatG) für den Antragsteller[134] nicht. Nur letztere erwächst in materielle Rechtskraft.

Klarstellungen (Rn 30 zu § 15) werden nicht als vollständige Zurückweisung anzusehen sein.[135] **46**

Im Verhältnis **zwischen den Parteien des Löschungsverfahrens** hat die Zurückweisung die Wir- **47** kung des § 19 Satz 3 (Rn 16 zu § 19).

III. Kostenentscheidung (Absatz 4)

1. Grundsatz. Abs 4 regelt zunächst, dass über die Kostentragung zu entscheiden ist (Satz 1). Die Ent- **48** scheidung erfolgt außer bei Antragsrücknahme (dort entspr § 269 Abs 3, 4 ZPO) vAw. Die Bestimmung verweist weiter auf die Regelungen in § 84 Abs 2 Satz 2, 3 PatG und § 62 Abs 2 PatG, unterscheidet sich aber dadurch von der Regelung in § 62 PatG, dass dort die Kostenauferlegung fakultativ ist und grds jeder Beteiligte seine Kosten selbst trägt. Die Kostenentscheidung erfasst auch die den Beteiligten erwachsenen Kosten.[136] Bei fehlgeleitetem Antrag ist über die Erstattung der dem falschen Antragsgegner entstandenen notwendigen Kosten nach dem Veranlassungsprinzip unter Berücksichtigung der Billigkeit zu entscheiden; sie sind vom Antragsteller zu erstatten, soweit der falsche Antragsgegner sie nicht durch sein Verhalten, insb ein „Hineindrängen" in das Verfahren, mitverursacht hat; ein etwaiges Mitverschulden der GbmAbteilung muss nicht berücksichtigt werden; der Antragsteller kann auf einen Rückgriff bei ihr verwiesen werden.[137]

Wie im Patentnichtigkeitsverfahren richtet sich die Kostentragung grds nach dem **Unterliegensprin-** **49** **zip**[138] (§§ 91 ff ZPO), was durch die Verweisung auf § 84 Abs 2 PatG iSd früheren Rspr des BPatG klargestellt

---

130 Vgl BGH 29.6.1989 X ZB 17/88.
131 Vgl BGHZ 135, 58 = GRUR 1997, 625 ff Einkaufswagen I.
132 BPatGE 43, 1, 5 f.
133 BGH BlPMZ 1985, 339 Besetzungsrüge; *Loth* Rn 53.
134 Vgl BGH GRUR 1957, 270 Unfallverhütungsschuh; BGH GRUR 1962, 299, 304 Sportschuh; OLG Düsseldorf GRUR 1995, 487; *Loth* Rn 53.
135 *Benkard* § 15 Rn 30; vgl *Bühring* § 15 Rn 100.
136 BGHZ 43, 352 f = GRUR 1965, 621 Patentanwaltskosten; BGH 1.4.1965 Ia ZB 234/63.
137 BPatGE 37, 135 = GRUR 1997, 535.
138 BPatGE 15, 68 = Mitt 1973, 195; BPatGE 18, 185 f; BPatGE 20, 64 f; BPatGE 21, 38 f = Mitt 1978, 177; BPatGE 22, 126 f = Mitt 1980, 99; BPatG 11.7.1972 5 W (pat) 12/72; BPatG 7.2.2011 35 W (pat) 8/09; BPatG 2.9.2011 35 W (pat) 20/10; *Loth* Rn 57.

ist. Maßgeblich ist das Verhältnis des Sachantrags, nicht der Sachprüfung, zum Umfang des Löschungsausspruchs.[139] Beschränkte Verteidigung begründet für sich kein volles Unterliegen.[140] Das Kostenrisiko eines zu weit gefassten Antrags trägt regelmäßig der Antragsteller.[141] Die Einreichung beschränkter Schutzansprüche im Vorfeld eines GbmLöschungsverfahrens allein reicht nicht aus, im Löschungsverfahren von den Verfahrenskosten in dem Umfang der erklärten Selbstbeschränkung verschont zu bleiben; widerspricht der Antragsgegner nach einer solchen Selbstbeschränkung der Löschung schlechthin, treffen ihn regelmäßig die anteiligen Verfahrenskosten hinsichtlich der darauf erfolgenden Löschung in diesem Umfang.[142] Der Antragsteller unterliegt auch dann teilweise, wenn er seinen ursprünglich auf vollständige Löschung gerichteten Antrag im Lauf des Verfahrens einschränkt.[143] Hat der Antragsteller nur in dem Umfang Erfolg, in dem sich der Antragsgegner bereits freiwillig durch Einreichung neuer Schutzansprüche zur Registerakte selbst beschränkt und auch später nicht mehr verteidigt hat, entspricht es der Billigkeit, dass der Antragsteller auf weitergehende Löschung die Kosten des insoweit erfolglosen Löschungsverfahrens trägt.[144] Hat der Löschungsantrag über eine vor seiner Stellung zu den Akten eingereichte Selbstbeschränkung hinaus Erfolg, treffen den GbmInhaber insoweit die Kosten; soweit das Gebrauchsmuster durch die Selbstbeschränkung außer Streit gestellt worden ist, bleibt es kostenmäßig außer Betracht.[145] Verzicht (für den durch ihn erledigten Teil, hier im übrigen entspr § 91a ZPO)[146] und erst recht Nichtwiderspruch und Rücknahme des Widerspruchs machen den GbmInhaber zum Unterliegenden entspr § 91 Abs 1 ZPO, § 91a ZPO ist insoweit nicht anwendbar, jedoch § 93 ZPO[147] (Rn 51).

50   § 95 ZPO[148] und § 96 ZPO[149] sind entspr anwendbar, ebenso § 98 ZPO;[150] zu § 97 ZPO Rn 55.

51   2. Besonderheiten ergeben sich für das **sofortige Anerkenntnis**. Der Rechtsgedanke des § 93 ZPO ist anwendbar;[151] Voraussetzung ist nach dieser Bestimmung neben dem sofortigen Anerkenntnis, dass der Antragsgegner nicht durch sein Verhalten zur Antragstellung Veranlassung gegeben hat. Dass der Löschungsantrag von jedermann gestellt werden kann, steht der Anwendung nicht entgegen[152] (Rn 22ff zu § 84 PatG). Verwarnung seitens des GbmInhabers lässt nicht den Schluss zu, dass sich dieser einer Aufforderung zum Verzicht nicht fügen werde; sie gibt noch keine Veranlassung zur Stellung des Löschungsantrags und hat nicht zur Folge, dass der GbmInhaber bei Nichtwiderspruch gegen den Löschungsantrag die Kosten zu tragen hat.[153] Wird im Aufforderungsschreiben zum Verzicht aufgefordert, ist eine ausdrückliche Androhung des Löschungsantrags nicht erforderlich; der Hinweis, bei Unterlassung müsse dem Mandanten Löschungsantrag empfohlen werden, steht der Ersthaftigkeit des Begehrens nicht entgegen.[154] Kommt der GbmInhaber einer Verzichtsaufforderung mit Androhung eines Löschungsverfahrens nicht fristgerecht

139 BPatG 17.12.2009 35 W (pat) 24/08; vgl *Schlitzberger* FS 25 Jahre BPatG (1986), 249, 265.
140 Vgl BPatGE 22, 114.
141 BPatG 17.12.2009 35 W (pat) 24/08.
142 BPatGE 46, 205 = Mitt 2004, 23.
143 BPatGE 12, 193 = Mitt 1972, 75; BPatG 17.12.2009 35 W (pat) 24/08; *Benkard* Rn 19.
144 BPatG 9.2.2000 5 W (pat) 415/99.
145 BPatG 13.2.2002 5 W (pat) 433/00.
146 BPatGE 24, 190 = BlPMZ 1982, 266.
147 BPatGE 8, 171, 173; BPatGE 11, 106, 109; BPatG Mitt 1973, 54; BPatGE 14, 55; BPatGE 15, 68, 72 = Mitt 1973, 195; BPatGE 21, 38 f = Mitt 1978, 175; BPatGE 22, 57, 60 = GRUR 1980, 43; BPatGE 22, 131 f; BPatGE 24, 190 = BlPMZ 1982, 266; BPatGE 26, 139 f = GRUR 1984, 654; BPatG 11.7.1972 5 W (pat) 12/72; BPatG 7.10.2010 35 W (pat) 8/08; *Benkard* Rn 27b.
148 Vgl DPA BlPMZ 1956, 44; *Benkard* Rn 25; *Bühring* Rn 109; *Loth* Rn 58.
149 Vgl RPA MuW 38, 267; *Benkard* Rn 26; *Bühring* Rn 109; *Loth* Rn 58.
150 BPatGE 24, 160 = GRUR 1982, 483; *Bühring* Rn 110; *Loth* Rn 58.
151 BPatG 8.12.2009 35 W (pat) 475/08, auch für das Teilanerkenntnis; *Bühring* Rn 76; *Mes* § 16 Rn 2, der auf die Notwendigkeit einer vorangehenden Löschungsaufforderung verweist; *Loth* Rn 59 ff.
152 BGH GRUR 1982, 364 Gebrauchsmusterlöschungsverfahren.
153 BPatG 22.4.1998 5 W (pat) 30/97; zum Veranlassunggeben bei ohne vorherige Löschungsaufforderung eingereichtem Antrag, wenn es vor der Eintragung des angegriffenen Gebrauchsmusters zwischen den Beteiligten zu Auseinandersetzungen auf dem von seinem Gegenstand berührten Fachgebiet gekommen war, BPatG 14.8.1971 5 W (pat) 27/71, bei Ablehnung der Verzichtsaufforderung und gleichzeitigem Vorschlag, einen Lizenzvertrag abzuschließen, BPatGE 14, 55.
154 BPatG 5.12.1997 5 W (pat) 13/97; weder die Anmeldung noch die bloße Existenz des Schutzrechts geben Anlass zu Löschungsantragstellung, öPA 10.12.2004 ÖBl 2005, 208 Ls.

nach, rechtfertigt dies noch nicht den Schluss auf die Notwendigkeit des Löschungsverfahrens, wenn in der Aufforderung die geltend gemachte Vorbenutzung nicht nachprüfbar substantiiert ist.[155] Im Nichtwiderspruch liegt in jedem Fall ein sofortiges Anerkenntnis iSd § 93 ZPO.[156] In diesem Fall ergeht isolierte Kostenentscheidung.[157] Ob die Einreichung eingeschränkter Schutzansprüche ausreicht, ist zwh,[158] ebenso, ob bei Nachreichung beschränkter Schutzansprüche vor Stellung des Löschungsantrags § 93 ZPO entspr anwendbar ist.[159] Widerspruch vor Verzicht schließt die Anwendung des § 93 ZPO regelmäßig aus;[160] anders uU, wenn der GbmInhaber die maßgeblichen Tatsachen erst nach Ablauf der Widerspruchsfrist erfährt, bei einem unerfahrenen Antragsteller kann aber Nachfrage erforderlich sein.[161]

Für den **Feststellungsantrag** ist eine eigene Aufforderung (Verzicht auf Ansprüche für die Vergangenheit) erforderlich.[162] Keinen Anlass hat der Inhaber des nach Ablauf der Schutzdauer gelöschten Gebrauchsmusters gegeben, wenn er gegenüber dem Inhaber eines jüngeren Gebrauchsmusters den Löschungsgrund des älteren Rechts weder geltend gemacht noch zu erkennen gegeben hat, dass er ihn geltend machen werde.[163] **52**

3. Bei **Rücknahme des Löschungs- oder Feststellungsantrags** (auch im zweiten oder dritten **53** Rechtszug) wird § 269 Abs 3 Satz 2 ZPO entspr angewandt, dh eine Kostenentscheidung zu Lasten des Antragstellers erfolgt hier auf entspr Antrag (§ 269 Abs 4 ZPO).[164] Übergang vom Antrag auf Volllöschung auf Teillöschung macht den Antragsteller zum teilweise Unterliegenden, selbst wenn er mit seinem zuletzt gestellten Antrag vollen Erfolg hat; der Antragsteller trägt das Kostenrisiko für den zu weit gestellten Antrag, dies gilt auch, wenn eine unzulässige Erweiterung Anlass für den Antrag war.[165]

4. Bei **Erledigung der Hauptsache** gelten nach übereinstimmender Erledigungserklärung die **54** Grundsätze des § 91a ZPO[166] (Rn 59 ff zu § 82 PatG). Erlischt das Gebrauchsmuster während des Löschungsverfahrens und erklärt der Antragsteller deshalb das Verfahren für erledigt, trägt der Antragsgegner regelmäßig die Verfahrenskosten, wenn er der Erledigungserklärung zustimmt.[167] Erledigung tritt durch Verzicht auf das Gebrauchsmuster nach Widerspruch ein, wenn nicht der Antragsteller auf einen Feststellungsantrag übergeht;[168] sie führt regelmäßig zur Kostenüberbürdung auf den GbmInhaber.[169] Fehlt das Rechtsschutzbedürfnis an der Feststellung, treffen die Kosten den Antragsteller;[170] das galt auch bei Löschungsantrag gegen ein abgelaufenes, aber noch verlängerungsfähiges Gebrauchsmuster, wenn es nicht zur Verlängerung kam.[171] Dagegen begründet Verfallenlassen des Schutzrechts mit Ablauf einer Schutz-

155 BPatG 2.6.1997 5 W (pat) 35/96.

156 BPatGE 8, 47; BPatG 7.10.2010 35 W (pat) 8/08; BPatG 7.2.2011 35 W (pat) 8/09; BPatG 2.9.2011 35 W (pat) 20/10; vgl BPatG 23.7.2008 5 W (pat) 13/07: bei Fehlen einer Löschungsaufforderung.

157 *Bühring* Rn 48.

158 Bejahend *Benkard* Rn 22; verneinend *Loth* Rn 62 sowie BPatGE 30, 177 = GRUR 1989, 587; nach BPatGE 22, 57, 60 = GRUR 1980, 43 und BPatGE 22, 108 = GRUR 1980, 225 Teilanerkenntnis für den über die neugefassten Schutzansprüche hinausgehenden Teil.

159 Eingehend *Goebel* GRUR 1999, 833, 836 ff.

160 BPatGE 11, 235; BPatG 11.7.1972 5 W (pat) 12/72; BPatG 7.2.2006 5 W (pat) 414/04; BPatG 8.7.2010 35 W (pat) 48/09; BPatG 29.11.2010 35 W (pat) 16/09; *Benkard* Rn 24; *Bühring* Rn 82; vgl BGHZ 135, 58 = GRUR 1997, 625, 627 Einkaufswagen I.

161 BPatG Mitt 1999, 374, 376 mAnm *Grünert*; strenger wohl *Bühring* Rn 82.

162 BPatGE 29, 237, 239.

163 BPatGE 33, 142 = GRUR 1993, 116.

164 BPatGE 20, 64 f; BPatG BlPMZ 2000, 383: der sich aus dem Gesetz ergebenden Kostenfolge geht eine Regelung in einem Vergleich vor, Kostenfestsetzungsantrag stellt nicht notwendig zugleich Kostenantrag dar; *Benkard* Rn 15a; anders im Markenrecht bei Rücknahme des Widerspruchs gegen eine IR-Marke, wo der Kostenausspruch nach billigem Ermessen zu treffen ist, BGH BlPMZ 1998, 367 f Puma.

165 BPatGE 12, 193 = Mitt 1972, 75.

166 *Bühring* Rn 67 ff; *Loth* Rn 65; vgl BGHZ 135, 58 = GRUR 1997, 625 Einkaufswagen I.

167 BPatGE 45, 21.

168 BPatGE 14, 64 = Mitt 1973, 118.

169 BPatGE 1, 181 = Mitt 1962, 118; BPatGE 14, 58; BPatGE 14, 64 = Mitt 1973, 118.

170 BPatGE 22, 17 = Mitt 1980, 97.

171 BPatGE 22, 140.

dauer nicht allein die Kostentragungspflicht, umgekehrt allerdings auch nicht die Erledigungserklärung des Antragstellers nach Löschung in diesem Fall.[172] Bei übereinstimmender Erledigungserklärung nach Einreichung eingeschränkter Schutzansprüche kennzeichnen diese den mutmaßlichen Verfahrensausgang, die Kosten sind so zu teilen, als ob in diesem Umfang Teillöschung erfolgt wäre.[173]

55   5. Für die **Kostenentscheidung in zweiter Instanz** gelten zunächst die allg Regeln für das Beschwerdeverfahren. Dabei ist entspr § 97 ZPO die Obliegenheit des Antragstellers zu berücksichtigen, das gesamte in Betracht kommende Löschungsbegehren so rechtzeitig vorzubringen, wie es nach der Verfahrenslage einer sorgfältigen und auf Förderung des Verfahrens bedachten Verfahrensführung entspricht.[174]

IV. Anfechtung der Entscheidung

56   Die Entscheidung im Löschungsverfahren ist mit der Beschwerde nach § 18 anfechtbar; dies gilt auch für die isolierte Kostenentscheidung und wegen der Rechtswegsgarantie des Art 19 Abs 4 GG für die auf den Kostenpunkt beschränkte Beschwerde, die keine Überprüfung der Sachentscheidung ermöglicht (vgl Rn 28 zu § 62 PatG).[175]

57   Eine **auf Nichtwiderspruch erfolgte Löschung** kann nicht in einem anderen Verfahren auf ihre materielle Richtigkeit nachgeprüft werden.[176]

D. Wertfestsetzung; Kostenerstattung; Kostenfestsetzung

I. Gegenstandswert

58   Vgl zunächst Rn 34 ff zu § 80 PatG. Die Praxis des BPatG sah eine selbstständige Festsetzung für das erstinstanzliche Löschungsverfahren nicht als zulässig an, weil dieses ein Verfahren vor einer Verwaltungsbehörde sei.[177] Die Bestimmung des Werts des Gegenstands der Tätigkeit eines Rechtsanwalts durch den Kostenbeamten des DPMA nach billigem Ermessen gem § 8 Abs 2 Satz 2 BRAGebO wurde aber als geboten angesehen.[178] Nunmehr bestimmt die GbmAbteilung unter Berufung auf die Rspr des BPatG[179] und das RVG den Gegenstandswert innerhalb des Kostenfestsetzungsverfahrens. Für die Festsetzung durch die GbmAbteilung in einem eigenständigen, vom Kostenfestsetzungsbeschluss getrennten Verfahren wird eine gesetzliche Grundlage verneint.[180] Zur Festsetzung eines Teilstreitwerts Rn 3 zu § 26.

59   Für den **Wert** gelten die gleichen Grundsätze wie für das Patentnichtigkeitsverfahren (Rn 68 zu § 84 PatG).

60   Im **Beschwerdeverfahren** sind §§ 32, 33 RVG maßgeblich.[181] Das BPatG hat einen Festsetzungsantrag als unzulässig angesehen, wenn der Antragsteller nicht durch einen Rechtsanwalt vertreten war, selbst wenn dies beim Gegner der Fall ist.[182] Eine Abänderung durch den BGH kommt für das Beschwerdeverfahren in Betracht.[183]

---

172   BPatGE 10, 256, 259; BPatGE 24, 36 = GRUR 1981, 908; vgl *Benkard* Rn 27a; vgl aber auch DPA Mitt 1957, 119.
173   BPatG 14.4.1971 5 W (pat) 55/70.
174   BPatG Mitt 1996, 395; *Loth* Rn 58.
175   *Benkard* Rn 30; vgl BPatGE 7, 134; BPatGE 12, 193, 195 = Mitt 1972, 75; aA *Mes* Rn 26.
176   BGH GRUR 1963, 519, 521 Klebemax.
177   Vgl BPatGE 3, 183 = GRUR 1964, 567; BPatGE 8, 176 = Mitt 1966, 121; BPatGE 13, 151, 153 = GRUR 1973, 281, Wz-Sache; BPatG Mitt 1979, 176 f; BPatGE 22, 10 = GRUR 1979, 702; BPatG Mitt 1982, 77; *Benkard*[10] Rn 32; *Bühring*[7] Rn 92 unter Hinweis auf BPatG 7.1.1997 5 W (pat) 30/96 undok.
178   BPatGE 44, 230; vgl auch BPatG 26.6.2003 10 W (pat) 95/99.
179   BPatGE 49, 26 = BlPMZ 2005, 355; BPatGE 49, 29 = GRUR 2007, 87.
180   BPatGE 51, 55 = GRUR 2009, 703; BPatG 23.7.2008 5 W (pat) 13/07; BPatG 2.9.2008 5 W (pat) 10/07; *Benkard*[10] Rn 32; *Mes* Rn 21; *Bühring* Rn 110.
181   AA zur früheren Rechtslage BGH BlPMZ 1991, 190 Unterteilungsfahne: § 3 ZPO, dies trifft indessen nur für das Rechtsbeschwerdeverfahren zu.
182   BPatG 17.6.1997 5 W (pat) 409/94.
183   Vgl *Benkard* Rn 33; BGH Unterteilungsfahne.

II. Kostenerstattung

Abs 4 verweist auf §§ 62 Abs 2, 84 Abs 4 Satz 2 PatG (vgl Rn 92ff zu § 84 PatG sowie Rn 52ff zu § 80 **61** PatG). Da bereits § 62 Abs 1 PatG einen Billigkeitsvorbehalt enthält, kommt § 84 Abs 2 Satz 2 PatG für die Kostenerstattung keine eigenständige Bedeutung zu.[184]

III. Kostenfestsetzung

1. Allgemeines. Zum Verhältnis zur Kostengrundentscheidung Rn 34 zu § 80 PatG. Die zu erstatten- **62** den Kosten werden vom DPMA auf Antrag festgesetzt (Abs 4 iVm § 62 Abs 2 Satz 2 PatG). § 62 Abs 2 Satz 3 PatG verweist ua für das Kostenfestsetzungsverfahren auf die Bestimmungen der ZPO; lediglich die An- fechtung von Entscheidungen ist in § 62 Abs 2 Satz 4 PatG abw geregelt (Rn 38ff zu § 62 PatG). Die Kosten der Gegenpartei im GbmLöschungsverfahren, die bis zum Kostenfestsetzungsbeschluss des DPMA nicht geltend gemacht wurden, können nachträglich nicht mehr in diesem Verfahren und auch nicht über eine Beschwerde geltend gemacht werden, sondern nur in einem weiteren Kostenfestsetzungsverfahren.[185] Eine Beschwerde gegen die Kostenfestsetzung ist nicht schon deshalb unzulässig, weil eine Partei nach Liqui- dation erloschen ist.[186] Außergerichtliche Kostenvereinbarungen sind nur zu berücksichtigen, wenn sie unstreitig sind.[187] Zum Kostenfestsetzungsverfahren allg Rn 35ff zu § 80 PatG sowie Rn 34f zu § 62 PatG. Zur früheren Anwendung der Gebührenordnung für Patentanwälte Rn 59, 61 zu § 80 PatG.

Im erstinstanzlichen GbmLöschungsverfahren sind wie im Verfahren nach § 59ff PatG **Beamte des** **63** **gehobenen Diensts** des DPMA und vergleichbare Angestellte zuständig (§ 7 Abs 2 Nr 1 WahrnV, vgl Rn 55 zu § 27 PatG). Umschreibung des Gebrauchsmusters führt nicht zu einem Beteiligtenwechsel im Kosten- festsetzungsverfahren.[188]

2. Umfang der zu erstattenden Kosten

a. Allgemeines. Es gelten die gleichen Regeln wie zu § 62 PatG und im Beschwerdeverfahren vor dem **64** BPatG (Rn 52ff zu § 80 PatG).

Zu **Einzelheiten** s die Kommentierung zu § 80 PatG. **65**

b. Doppelvertretungskosten waren nach der Rspr des GbmBeschwerdesenats im GbmLöschungs- **66** und Löschungsbeschwerdeverfahren anders als im Nichtigkeitsverfahren (Rn 93 zu § 84 PatG) nur dann anzuerkennen, wenn über den Bereich des gewerblichen Rechtsschutzes hinaus derart schwierige rechtli- che Fragen zu beurteilen sind, dass für deren Beurteilung das bei einem Patentanwalt vorauszusetzende rechtl Wissen nicht ausreicht, nicht aber schon dann, wenn parallel ein Verletzungsverfahren betrieben wird, dessen Grundlage das angegriffene Gebrauchsmuster bildet.[189] Diese Rspr hat das BPatG aufgege- ben; demnach ist die Rspr des BGH zum Nichtigkeitsverfahren gleichermaßen auf das GbmBeschwerdever- fahren anzuwenden. Auch hier muss die Partei ihr Vorbringen in beiden Verfahren aufeinander abstim- men und bei beschränkter Verteidigung des Schutzrechts die möglichen Auswirkungen auf den Verletzungsrechtsstreit bedenken.[190]

3. Zur Zwangsvollstreckung aus Kostenfestsetzungsbeschlüssen Rn 42 zu § 62 PatG, zu Vollstre- **67** ckungsgegenklagen Rn 43 zu § 62 PatG.

---

184 Vgl auch *Benkard* Rn 34.
185 BPatG 4.3.2002 10 W (pat) 71/00.
186 BPatG 26.6.2003 10 W (pat) 95/99.
187 BPatG 23.10.2000 10 V 1/00.
188 BPatGE 20, 130 = Mitt 1978, 170.
189 BPatGE 51, 81 = GRUR 2010, 556; BPatG 6.3.2008 5 W (pat) 443/03; BPatG 7.1.2009 5 W (pat) 432/06; BPatG 7.4.2010 35 W (pat) 34/09; BPatG 29.6.2010 35 W (pat) 22/09; ebenso BPatG 24.11.2005 10 W (pat) 13/04; vgl BPatGE 45, 129; BPatG 13.4.2005 5 W (pat) 435/02; BPatG 4.8.2005 5 W (pat) 431/03; BPatG 23.2.2006 5 W (pat) 5/06; BPatG 18.9.2006 5 W (pat) 422/05; BPatG 17.10.2006 5 W (pat) 8/06.
190 BPatG Mitt 2014, 235 mAnm *Laufhütte; Mes* Rn 24; aA weiterhin *Benkard* Rn 36 unter Hinweis auf BPatGE 51, 81, 87 = GRUR 2010, 556.

§ 18
(Beschwerde; Rechtsbeschwerde)

(1) Gegen die Beschlüsse der Gebrauchsmusterstelle und der Gebrauchsmusterabteilungen findet die Beschwerde an das Patentgericht statt.

(2) [1]Im übrigen sind die Vorschriften des Patentgesetzes über das Beschwerdeverfahren entsprechend anzuwenden. [2]Betrifft die Beschwerde einen Beschluß, der in einem Löschungsverfahren ergangen ist, so ist für die Entscheidung über die Kosten des Verfahrens § 84 Abs. 2 des Patentgesetzes entsprechend anzuwenden.

(3) [1]Über Beschwerden gegen Beschlüsse der Gebrauchsmusterstelle sowie gegen Beschlüsse der Gebrauchsmusterabteilungen entscheidet ein Beschwerdesenat des Patentgerichts. [2]Über Beschwerden gegen die Zurückweisung der Anmeldung eines Gebrauchsmusters entscheidet der Senat in der Besetzung mit zwei rechtskundigen Mitgliedern und einem technischen Mitglied, über Beschwerden gegen Beschlüsse der Gebrauchsmusterabteilungen über Löschungsanträge in der Besetzung mit einem rechtskundigen Mitglied und zwei technischen Mitgliedern. [3]Der Vorsitzende muß ein rechtskundiges Mitglied sein. [4]Auf die Verteilung der Geschäfte innerhalb des Beschwerdesenats ist § 21g des Gerichtsverfassungsgesetzes anzuwenden. [5]Für die Verhandlung über Beschwerden gegen die Beschlüsse der Gebrauchsmusterstelle gilt § 69 Abs. 1 des Patentgesetzes, für die Verhandlung über Beschwerden gegen die Beschlüsse der Gebrauchsmusterabteilungen § 69 Abs. 2 des Patentgesetzes entsprechend.

(4) [1]Gegen den Beschluß des Beschwerdesenats des Patentgerichts, durch den über eine Beschwerde nach Absatz 1 entschieden wird, findet die Rechtsbeschwerde an den Bundesgerichtshof statt, wenn der Beschwerdesenat in dem Beschluß die Rechtsbeschwerde zugelassen hat. [2]§ 100 Abs. 2 und 3 sowie die §§ 101 bis 109 des Patentgesetzes sind anzuwenden.

GbmEintrRl IV

Ausland: Dänemark: § 37 GebrMG; **Österreich:** Die §§ 35 (Beschwerde), 37 (Berufung in Nichtigkeitssachen) und 37a öGebrMG sind durch die Patent- und Markenrechtsnovelle 2014 entfallen und durch den Rekurs an das OLG Wien und den Revisionsrekurs an den öOGH ersetzt worden, §§ 46–48 öGebrMG idF der Patent- und Markenrechtsnovelle 2014, Nichtigkeitsentscheidungen werden mit der Berufung zum OLG Wien und der Revision zum öOGH angefochten, §§ 49–50a öGebrMG idF der Patent- und Markenrechtsnovelle 2014; **Spanien:** Art 151 (Verwaltungsbeschwerde) PatG

Übersicht

Schrifttum: *Bender* Die Überbesetzung des Gebrauchsmuster-Beschwerdesenats des Bundespatentgerichts mit technischen Richtern, GRUR 1998, 969.

A. Allgemeines; Entstehungsgeschichte

Die Bestimmung (vor 1987 § 10) regelt die Anfechtung von Entscheidungen der GbmStelle und der **1** GbmAbteilungen des DPMA. Bis zum Inkrafttreten des 6. ÜberlG behandelte § 10 nur die Beschwerde gegen Beschlüsse der GbmAbteilungen, während die Beschwerde gegen Beschlüsse der GbmStelle seit 1953 in § 4 geregelt war; vor Inkrafttreten des 5. ÜberlG war gegen Verfügungen der GbmStelle nur die Vorstellung an den Präsidenten des PA vorgesehen. Das 6. ÜberlG hat die Beschwerde entspr den Bestimmungen im PatG (jetzt §§ 73–80 PatG) neu geregelt. Abs 3 ist durch das GebrMÄndG 1986 geänd worden (Verweisung auf das Beschwerdeverfahren statt auf das „Beschwerdeverfahren vor dem Patentgericht", Einfügung von Satz 2, Abs 5 ist an § 100 Abs 1 PatG angepasst worden).[1] Das KostRegBerG hat den früheren Abs 2 (Gebührenpflicht) aufgehoben und den früheren Abs 3–5 die Absatzbezeichnungen 2–4 gegeben.

Überblick. Abs 1 entspricht § 73 Abs 1 PatG, Abs 2 verweist auf die §§ 73–80 PatG, §§ 86–99 PatG (ge- **2** meinsame Verfahrensvorschriften vor dem BPatG, die auch für das Beschwerdeverfahren gelten) sowie für die Kostenentscheidung im Löschungsbeschwerdeverfahren auf § 84 Abs 2 PatG.

Abs 3 enthält eine **gerichtsverfassungsrechtliche Regelung,** die § 67 Abs 1 PatG entspricht, sein **3** Satz 4 eine Verweisung auf § 21g Abs 1 und 2 GVG, Satz 5 verweist auf § 69 PatG.

Abs 4 enthält schließlich für die **Rechtsbeschwerde** eine § 100 Abs 1 PatG entspr Regelung und ver- **4** weist auf die weiteren Bestimmungen des PatG (§ 100 Abs 2, 3 PatG, §§ 101–109 PatG) über die Rechtsbeschwerde. Beschränkte Zulassung der Rechtsbeschwerde kommt auch in Bezug auf einzelne Löschungsgründe in Betracht.[2]

Die **Erinnerung** ist nicht eigens geregelt. Hier ergeben sich gegenüber den Patentverfahren keine Be- **5** sonderheiten. Bedeutung hat die Erinnerung insb gegen Kostenfestsetzungsbeschlüsse in Löschungsbeschwerdeverfahren.

B. Beschwerde

I. Allgemeines

Die Beschwerde nach dem GebrMG ist entspr der nach §§ 73–80 PatG geregelt. Nachfolgend werden **6** nur die Besonderheiten der Beschwerde in GbmSachen behandelt. Diese ergeben sich insb aus der Unterstellung des Löschungsverfahrens unter die Beschwerde, während das dem Löschungsverfahren vergleichbare Patentnichtigkeitsverfahren schon in erster Instanz als gerichtliches Klageverfahren ausgestaltet ist. Zur Akteneinsicht in Beschwerdeakten Rn 25 ff zu § 99 PatG. Im Jahr 2015 sind beim Gebrauchsmuster-Beschwerdesenat 40 Beschwerden eingegangen.

II. Zulässigkeit

1. Statthaftigkeit. Die Beschwerde ist gegen Beschlüsse der GbmStelle und der GbmAbteilungen **7** statthaft (vgl zu parallelen Regelung im PatG Rn 53 ff zu § 73 PatG).[3] Ein Bescheid der GbmStelle, dass sie eine beantragte Rückumschreibung nicht vornehmen werde, ist als Beschluss im materiellen Sinn behandelt worden, da er eine abschließende Regelung einer Stelle des DPMA darstellt, mit der in Verfahrensrechte der Verfahrensbeteiligten eingegriffen wird.[4] Nicht anfechtbar ist dagegen ein Prüfungsbescheid der GbmStelle.[5] Ebenfalls nicht beschwerdefähig ist die Mitteilung über den Eintritt der Wirkung des nicht rechtzeitigen Widerspruchs (§ 17 Abs 1 Satz 2); dagegen kann mit Beschwerde gegen einen Beschluss eingelegt werden, der den Eintritt dieser Wirkung feststellt.[6] Die Kostenentscheidung der GbmAbteilung ist isoliert anfechtbar.[7] Eine vor dem Verwaltungsgericht erhobene Feststellungsklage, mit der die Unwirk-

---

1 Vgl Begr BlPMZ 1986, 320, 328.
2 BGH GRUR 2012, 1243 Feuchtigkeitsabsorptionsbehälter.
3 Kasuistik bei *Bühring* Rn 15; zur Abgrenzung von bloßer Mitteilung BPatG 16.10.2006 5 W (pat) 14/05.
4 BPatGE 53, 26.
5 BPatGE 46, 211; *Mes* Rn 3.
6 BPatGE 47, 23 = BlPMZ 2004, 163.
7 BPatGE 22, 114 f; *Benkard* Rn 3; *Bühring* Rn 15.

samkeit eines Verwaltungsakts der GbmStelle geltend gemacht wird, kann als Beschwerde auszulegen sein.[8]

8   Auch die Beschwerde nach § 18 setzt **Beschwer** voraus.[9]

9   2. Die **Beschwerdefrist** beträgt wie nach dem PatG einen Monat ab Zustellung der angefochtenen Entscheidung (Abs 2 Satz 1 iVm § 73 Abs 2 Satz 1 PatG). Auch die **Form** der Beschwerde entspricht der Regelung im PatG.

10   3. **Beschwerdeberechtigung.** Bei Inhaberwechsel und Registerumschreibung während des Löschungsverfahrens steht, wenn das DPMA den früheren Inhaber weiter als Verfahrensbeteiligten behandelt, sowohl diesem als auch dem eingetragenen Inhaber die Beschwerde zu; das Rechtsmittel ist jedoch unzulässig, wenn die Person des Beschwerdeführers nicht zweifelsfrei erkennbar ist.[10]

11   III. **Rücknahme der Beschwerde** ist auch im Löschungsbeschwerdeverfahren bis zum Eintritt der formellen Rechtskraft der Beschwerdeentscheidung möglich.[11]

IV. Gebührenpflicht

12   Die Beschwerdegebühr beträgt für die Beschwerde gegen die Entscheidung der GbmAbteilung über den Löschungsantrag 500 EUR (GebVerz Nr 401100), in anderen Fällen 200 EUR (GebVerz Nr 401300), die Beschwerde im Verfahrenskostenhilfeverfahren ist gebührenfrei, für die Beschwerde gegen Kostenfestsetzungsbeschlüsse des DPMA beträgt die Gebühr 50 EUR (GebVerz Nr 401200); näher zur Beschwerdegebühr Rn 13 ff zu § 73 PatG, zu ihrer Rückzahlung Rn 30 f zu § 73 PatG. Für Beschwerden mehrerer Beschwerdeführer fallen die Gebühren ebenso wie die Antragsgebühren im Verfahren vor dem DPMA mehrfach an (vgl Rn 24 zu § 73 PatG; Rn 23 zu § 16). Die Gebühr ist innerhalb der Beschwerdefrist zu entrichten.[12] Die verspätet gezahlte Gebühr wird erstattet.[13]

V. Hemmung der Bestandskraft

13   Ein Löschungsbeschluss erwächst auch, wenn der GbmInhaber seinen Widerspruch teilweise zurückgenommen hat, in seiner Gesamtheit erst mit Unanfechtbarkeit in Bestandskraft. Eine auf den Ausspruch im Umfang des eingeschränkten Widerspruchs beschränkte Beschwerde hemmt, wenn nicht im übrigen eindeutig auf die Einlegung des Widerspruchs verzichtet wird, die Bestandskraft auch im übrigen. Bis zum Eintritt der Bestandskraft kann ein anderer Antragsteller in einem weiteren Verfahren auch insoweit noch einen Löschungsantrag stellen.[14]

14   VI. Das **Verfahren** entspricht dem nach den §§ 73 ff PatG. Der Umfang der Überprüfung richtet sich auch hier nach der Anfallwirkung. Auch die §§ 86–97, 99 PatG gelten entspr.[15]

15   Die Notwendigkeit einer **mündlichen Verhandlung** richtet sich im Eintragungsbeschwerdeverfahren nach den Bestimmungen des PatG über das Beschwerdeverfahren; für eine entspr Anwendung der Vorschriften über das Nichtigkeitsverfahren ist kein Raum.[16] Im Löschungsbeschwerdeverfahren wird man sie nach den für das Patentnichtigkeitsverfahren geltenden Grundsätzen als notwendig ansehen müssen. Die Öffentlichkeit richtet sich über die Verweisung in Abs 3 Satz 5 nach § 69 Abs 1 oder Abs 2 PatG, je nachdem, ob die angefochtene Entscheidung von der Gebrauchsmusterstelle oder der Gebrauchsmusterabteilung erlassen wurde. Solange das Gebrauchsmuster nicht eingetragen wurde, ist die Verhandlung dem-

---

8   BPatGE 46, 211.
9   BPatG 18.12.2002 5 W (pat) 432/01; BPatG 2.7.2003 5 W (pat) 409/02; *Mes* Rn 5.
10 BPatGE 33, 260 = GRUR 1993, 549; *Mes* Rn 6 f; *Loth* Rn 15.
11 BPatG 2.6.2010 35 W (pat) 454/08 Mitt 2010, 483 Ls; BPatG 2.6.2010 35 W (pat) 455/08; vgl *Mes* Rn 20.
12 BPatG 28.9.2015 35 W (pat) 12/14.
13 BPatG 28.9.2015 35 W (pat) 12/14; *Bühring* Rn 58.
14 BPatG 22.2.1995 5 W (pat) 418/94 BlPMZ 1996, 465 Ls.
15 *Benkard* Rn 8; *Klauer/Möhring* § 10 GebrMG Rn 6.
16 BGH Mitt 1996, 118 f Flammenüberwachung.

nach nicht öffentlich.[17] Für die sitzungspolizeilichen Befugnisse fehlt eine Verweisung auf § 69 Abs 3 PatG; die Bestimmungen des GVG werden daher unmittelbar anwendbar sein.[18]

VII. Abhilfe ist in mehrseitigen Verfahren ausgeschlossen. Des betrifft in erster Linia das Löschungs- **16** beschwerdeverfahren.[19]

VIII. Entscheidung

1. Allgemeines. Auch für die Entscheidung im Beschwerdeverfahren gelten die allg Grundsätze. Die **17** Entscheidung erfolgt auch im Löschungsbeschwerdeverfahren durch Beschluss. Ersatzloser Wegfall des Beschwerdegegners (Antragstellers) im Löschungsverfahren (nach ausländ Konkursrecht) soll über nachträglichen Wegfall des Löschungsantrags auf Antrag des Beschwerdeführers zu einer entspr Feststellungsentscheidung führen.[20] Ist eine Stellungnahme eines Beteiligten nicht als Beschwerde gewollt und auch nicht als solche zu werten, kann aus Gründen der Rechtssicherheit die deklaratorische Feststellung ergehen, dass keine Beschwerde eingelegt ist.[21]

2. Kostenentscheidung

a. Für das **einseitige Beschwerdeverfahren** ergeben sich gegenüber der Regelung in § 80 PatG keine **18** Besonderheiten. Nach § 80 PatG richtet sich die Kostenentscheidung auch bei einer Beschwerde gegen eine Entscheidung der GbmAbteilung, mit der der Eintritt der gesetzlichen Wirkung des Nichtwiderspruchs (§ 17 Abs 1 Satz 2) festgestellt wird.[22]

b. Mehrseitiges Beschwerdeverfahren. Wird die Beschwerde gegen die Kostenentscheidung in ei- **19** ner Umschreibungssache zurückgenommen, nachdem der Beschwerdegegner durch das Streitgericht verpflichtet worden ist, die Einwilligung in die Umschreibung des Gebrauchsmusters auf den Beschwerdeführer zu erteilen, entspricht es nicht der Billigkeit, die Kosten des Beschwerdeverfahrens dem Beschwerdeführer aufzuerlegen.

c. Für das **Löschungsbeschwerdeverfahren** ist seit 1987 ausdrücklich auf § 84 Abs 2 PatG verwie- **20** sen, so dass wie im Patentnichtigkeitsverfahren grds das Unterliegensprinzip anwendbar ist,[23] auch bei Antragsrücknahme im zweiten Rechtszug.[24] Dies entspricht der Rechtslage in der ersten Instanz (Rn 49 ff zu § 17) und entsprach schon der früheren Praxis.[25] Der Beschwerdeführer trägt die Kosten bei Rücknahme der Beschwerde;[26] in diesem Fall umfasst die Kostenpflicht auch die Kosten einer unselbstständigen Anschlussbeschwerde.[27] Auffinden schutzhindernden Materials erst in zweiter Instanz kann aus Billigkeitsgründen Auferlegung der Kosten des Beschwerdeverfahrens rechtfertigen.[28] Gilt die Beschwerde gegen die Sachentscheidung als nicht erhoben, kann der Gegner keine Kostenentscheidung verlangen.[29]

IX. Zum **Gegenstandswert** im Löschungsbeschwerdeverfahren Rn 60 zu § 17. **21**

---

17 Vgl *Loth* Rn 34.
18 Vgl *Mes* Rn 28.
19 Vgl *Mes* Rn 10, 18 f.
20 BPatGE 48, 74 = BlPMZ 2005, 224.
21 BPatG 16.10.2006 5 W (pat) 14/05.
22 BPatGE 47, 23 = BlPMZ 2004, 163; *Mes* Rn 32.
23 Ebenso *Bühring* Rn 126, auch bei Nebenentscheidungen, BPatG 20.10.2010 35 W (pat) 49/09.
24 BPatGE 20, 64.
25 Vgl BPatGE 1, 175, 181 = BlPMZ 1962, 42; BPatGE 12, 193, 201 = Mitt 1972, 75; *Benkard*[8] § 10 GebrMG Rn 28.
26 BPatG 13.12.1985 5 W (pat) 39/84 undok, zitiert bei *Bühring* Fn 318.
27 BPatG 17.10.1984 5 W (pat) 427/84 undok, zitiert bei *Bühring*[6] Fn 133.
28 BPatGE 44, 178.
29 BPatGE 45, 201; *Mes* Rn 31.

22   X. Zur **Kostenfestsetzung** (Umfang der Erstattungspflicht) Rn 64 ff zu § 17 sowie Rn 52 ff zu § 80 PatG. Der 35. Senat des BPatG wendet die Gebührenordnung für Patentanwälte nicht mehr an[30] (näher Rn 59, 61 zu § 80 PatG).

C. Der Gebrauchsmuster-Beschwerdesenat des Bundespatentgerichts

I. Zuständigkeit

23   Soweit nicht funktionell der Rechtspfleger oder der Urkundsbeamte zuständig ist, entscheidet in Verfahren nach dem GebrMG beim BPatG grds ein Beschwerdesenat. Der GbmBeschwerdesenat (35. Senat, früher 5. Senat) ist für die Entscheidung über die Beschwerden gegen die Beschlüsse der GbmStelle und der GbmAbteilungen zuständig (Abs 3). Lediglich über die Erteilung einer GbmZwangslizenz (§ 20) entscheiden die Nichtigkeitssenate.

24   Daneben ist der GbmBeschwerdesenat für **Verfahren nach dem Halbleiterschutzgesetz** zuständig (vgl § 4 Abs 4 HlSchG).

25   Dem GbmBeschwerdesenat sind außerdem **Zuständigkeiten nach dem Patentgesetz** zugewiesen, nämlich in den Fällen, in denen der Beschwerdesenat mit einem rechtskundigen Vorsitzenden und mindestens einem technischen Mitglied entscheidet. Es handelt sich um Beschwerden gegen Beschlüsse der Prüfungsstellen und Patentabteilungen des DPMA in den Fällen des § 23 Abs 4 PatG 1981, § 24 Abs 3 Satz 1–3 PatG 1968, soweit es sich um die Einsicht in die Akten einer Patentanmeldung handelt, die vor dem 1.10.1968 eingereicht worden ist und soweit nicht daneben die nach Art 7 § 1 Abs 1 und 2 Nr 1 PatÄndG 1967 weiter geltende § 18 DPAV (idF vom 9.5.1961) Anwendung finden kann, § 24 Abs 3 Satz 4 PatG 1968, § 31 Abs 5, § 50 Abs 1 und 2, § 54 Satz 2 PatG 1981, Art II § 4 Abs 2 Nr 2–4 Satz 1, Art III § 2 Abs 1–2 Satz 1 IntPatÜG und Art 7 § 1 Abs 3 PatÄndG 1967, jedoch – soweit vorstehend erfasst – mit Ausnahme der Fälle der Akteneinsicht in noch nicht bekanntgemachte Patentanmeldungen, die vor dem 1.10.1968 vom DPA mit der Begründung zurückgewiesen worden sind, dass eine nach § 1, § 2 und § 4 Abs 2 PatG 1968 patentfähige Erfindung nicht vorliege und bei denen der Zurückweisungsbeschluss bis zu diesem Zeitpunkt keine Rechtskraft erlangt hat (Geschäftsaufgabe c; vgl Rn 13 f zu § 67 PatG). Weiter ist er für Beschlüsse über Ablehnung von Richtern des 7. Senats gem § 86 Abs 3 Satz 2 PatG zuständig, falls der 7. Senat infolge einer Richterablehnung beschlussunfähig geworden ist.

26   Zur Zuständigkeit für **Erinnerungen** Rn 39 zu § 80 PatG.

II. Besetzung

27   Der GbmBeschwerdesenat ist immer mit drei Richtern besetzt.

28   **Vorsitzender** muss ein rechtskundiges Mitglied sein (Abs 3 Satz 3). Ist der geschäftsplanmäßige Vorsitzende verhindert, wirkt sein Vertreter mit.[31]

29   Hinsichtlich der **weiteren Mitglieder** kennt der GbmBeschwerdesenat drei, dh alle denkmöglichen Besetzungen, nämlich mit zwei technischen Mitgliedern, einem rechtskundigen und einem technischen Mitglied und mit zwei rechtskundigen Mitgliedern. Die beiden erstgenannten Besetzungen sind in Abs 3 Satz 2 geregelt, die letztgenannte, die der des juristischen Beschwerdesenats des BPatG entspricht, folgt unmittelbar aus § 67 Abs 1 PatG.[32]

30   Die Besetzung mit **zwei technischen Mitgliedern** greift in Löschungsbeschwerdeverfahren Platz (zur Problematik der Überbesetzung Rn 36). Haben Antragsteller und Antragsgegner Beschwerde eingelegt, der eine in der Hauptsache, der andere über die Kosten, ist nach Auffassung des BPatG in einem einheitlichen Verfahren in der Besetzung mit zwei technischen Mitgliedern zu entscheiden,[33] auch wenn die Beschwerde in der Hauptsache für erledigt erklärt wird;[34] wird die Beschwerde in der Hauptsache zurückgenommen,

---

30   Grundlegend BPatGE 49, 26 = BlPMZ 2005, 355; der 10. Senat des BPatG hat die Patentanwaltsgebührenordnung im Jahr 2003 noch herangezogen, BPatG 26.6.2003 10 W (pat) 95/99.

31   Vgl BGH GRUR 2005, 572 Vertikallibelle.

32   BGH GRUR 1964, 310 f Kondenswasserableiter; BGHZ 105, 222 = BlPMZ 1989, 50 Wassermischarmatur; BGH GRUR 1998, 373 f Fersensporn; *Benkard* Rn 10 f.

33   So in BPatG 9.3.1999 5 W (pat) 407/98, 5 W (pat) 11/98 undok.

34   BPatGE 10, 256, hinsichtlich der Einheitlichkeit des Verfahrens noch abw; BPatGE 13, 216; *Benkard* Rn 12.

ist über die Kostenbeschwerde in der juristischen Besetzung zu entscheiden.[35] Dies erscheint im Hinblick auf den gesetzlichen Richter bdkl.

Die Besetzung mit **einem rechtskundigen Mitglied und einem technischen Mitglied** tritt bei Be- **31** schwerden gegen die Zurückweisung der Anmeldung ein.

In **Verfahrenskostenhilfesachen** folgt die Besetzung der Hauptsachebesetzung.[36] Jedoch soll nach **32** Auffassung des BPatG bei Löschungsverfahren nur ein technisches Mitglied mitwirken.[37]

Die Entscheidung über einen nach Rücknahme der Beschwerde anhängig gebliebenen Antrag auf **33** **Rückzahlung der Beschwerdegebühr** ergeht in der Besetzung für die Hauptsacheentscheidung.[38]

In allen übrigen Beschwerdesachen entscheidet der GbmBeschwerdesenat in rein **juristischer Beset- 34 zung**. Das gilt auch für die Beschwerde gegen eine Entscheidung der GbmAbteilung, mit der der Eintritt der Wirkung des § 17 Abs 1 Satz 2 festgestellt wird.[39]

Zur Besetzung im **Erinnerungsverfahren** Rn 39 zu § 80 PatG. **35**

III. Zuweisung von Richtern

Der GbmBeschwerdesenat des BPatG ist nach ständiger Besetzungspraxis des Präsidiums mit allen **36** technischen Mitgliedern des BPatG (mit Ausnahme der Vorsitzenden Richter) besetzt. Darin liegt wegen der Besonderheiten des Verfahrens vor dem BPatG keine unzulässige Überbesetzung[40] (Rn 21, 51 zu § 68 PatG). Hochproblematisch war dagegen eine Regelung in den senatsinternen Mitwirkungsgrundsätzen (Rn 37), die die Heranziehung nur ausgewählter technischer Richter als zweiten Beisitzer ermöglichte, der BGH hat dies allerdings nicht beanstandet. Es wird dem Präsidium freistehen müssen, die Zuweisung technischer Mitglieder im einzelnen, etwa hinsichtlich bestimmter technischer Fachgebiete (so die Praxis seit 1998) oder der Besetzung mit einem und mit zwei technischen Mitgliedern gesondert zu regeln, und zwar auch in der Form, dass jeweils für den ersten und den zweiten Beisitzer vorgegeben wird, welche Richter heranzuziehen sind.[41]

IV. Senatsinterne Mitwirkungsgrundsätze

Für die Regelung nach § 21g GVG (vgl Abs 4 Satz 4 und Rn 49 ff zu § 68 PatG)[42] besteht keine Bindung **37** an die Zuweisung der technischen Mitglieder an einen bestimmten technischen Beschwerdesenat;[43] dies kann indessen nur im Rahmen der Zuweisung der Richter durch das Präsidium (Rn 36) gelten. Die bis einschließlich 1997 geübte Praxis, in Verfahren, in denen zwei technische Mitglieder mitwirken, lediglich den ersten technischen Beisitzer aus der Gesamtheit der zugewiesenen Mitglieder zu bestimmen und als zweiten Beisitzer nur eine beschränkte Zahl von technischen Mitgliedern heranzuziehen, hat der BGH in ihrer praktizierten Form (Heranziehung von zehn technischen Richtern) als weder gegen das Vollständigkeitsprinzip verstoßend noch erkennbar willkürlich angesehen.[44]

V. Richterausschluss

Die Regelung in § 86 PatG gilt entspr. Mitwirkung im Patenterteilungsbeschwerdeverfahren führt we- **38** der zum Ausschluss noch für sich zu einem Ablehnungsgrund im Löschungsbeschwerdeverfahren für ein paralleles Gebrauchsmuster;[45] dies gilt auch im umgekehrten Fall.[46]

---

35 BPatGE 22, 114; zwd *Benkard* Rn 12.
36 *Bühring* Rn 90; offengelassen in BGH GRUR 1964, 310, 312 Kondenswasserableiter.
37 BPatG 6.7.1998 5 W (pat) 25/97, undok, zitiert bei *Bühring* Fn 227.
38 BPatGE 35, 102 = BlPMZ 1996, 226.
39 BPatGE 47, 23 = BlPMZ 2004, 163; *Mes* Rn 24.
40 Eingehend *Bender* GRUR 1998, 969; vgl *Benkard* Rn 10.
41 Kr *Bender* GRUR 1998, 969.
42 Vgl BGH GRUR 2005, 572 Vertikallibelle.
43 BGH 7.3.1989 X ZB 26/87; BGH GRUR 1998, 373, 376 Fersensporn.
44 BGH GRUR 1998, 373 Fersensporn; vgl auch BGH 7.3.1989 X ZB 26/87.
45 BGH GRUR 1965, 50 f Schrankbett; *Benkard* Rn 13.
46 BGH GRUR 1976, 440 Textilreiniger; BGH 31.3.1965 I a ZB 3/65.

Keukenschrijver

D. Rechtsbeschwerde

I. Allgemeines

39   Die Regelung in Abs 4 übernimmt bzw verweist auf die in §§ 100–109 PatG. Gegen Entscheidungen in GbmZwangslizenzsachen sind die Rechtsmittel wie in Patentzwangslizenzsachen eröffnet.

II. Statthaftigkeit

40   Die Rechtsbeschwerde ist gegen Entscheidungen des Beschwerdesenats des BPatG statthaft, durch die über eine Beschwerde entschieden wird (Rn 4 ff zu § 100 PatG). Zum Kostenfestsetzungsverfahren vgl Rn 11 ff zu § 100 PatG.

III. Zulassung

41   Die Rechtsbeschwerde kann wie in Patentsachen vom BPatG zugelassen werden, sie kann aber auch als zulassungsfreie Rechtsbeschwerde eingelegt werden (s die Kommentierung zu § 100 PatG). Beschränkte Zulassung kommt im Löschungsbeschwerdeverfahren sowohl in Bezug auf einzelne Verfahrensteile (Schutzansprüche und Gegenstände einzelner Anträge des Schutzrechtsinhabers)[47] als auch auf in Bezug auf einzelne Löschungsgründe in Betracht.[48]

IV. Rechtsschutzbedürfnis

42   Das Erlöschen des mit dem Löschungsantrag angegriffenen Gebrauchsmusters während des Rechtsbeschwerdeverfahrens nimmt nicht dem Rechtsmittel, sondern der Weiterverfolgung des Löschungsantrags das Rechtsschutzbedürfnis.[49]

43   **V. Erledigung der Hauptsache** kommt auch im GbmLöschungsverfahren in Betracht; in diesem Fall erfolgt Kostenentscheidung nach den Grundsätzen des § 91a ZPO.[50] Rücknahme der Anmeldung vor Eintritt der formellen Rechtskraft des Beschlusses des Beschwerdesenats im einseitigen Beschwerdeverfahren erledigt das Rechtsbeschwerdeverfahren, ohne dass es zuvor einer Aufhebung des angefochtenen Beschlusses oder einer förmlichen Feststellung bedürfte.[51] Wird, was zulässig ist, allein das Beschwerdeverfahren für erledigt erklärt, ist nur über dessen Kosten zu entscheiden.[52]

VI. Umfang der Überprüfung

44   **1. Allgemeines.** Der Tenor der angefochtenen Entscheidung kann im Rechtsbeschwerdeverfahren berichtigt werden.[53]

45   **2. Zugelassene Rechtsbeschwerde.** Die Zulassung der Rechtsbeschwerde beschränkt die Nachprüfung auch im GbmLöschungsverfahren grds nicht auf eine bestimmte Rechtsfrage, die das BPatG für klärungsbedürftig gehalten hat; eine vom BPatG ausgesprochene Beschränkung auf eine solche Frage ist ohne Wirkung.[54] Der BGH ist befugt, im Rechtsbeschwerdeverfahren die Auslegung des Gebrauchsmusters anhand der Unterlagen selbst vorzunehmen.[55] Die Feststellung, wie der Fachmann die Erfindung versteht,

---

47   BGH 29.7.2008 X ZB 23/07 Telekommunikationsanordnung. Ls in CIPR 2008, 130.
48   BGH GRUR 2012, 1243 Feuchtigkeitsabsorptionsbehälter; *Benkard* Rn 27; *Mes* Rn 37.
49   BGHZ 88, 191 = GRUR 1983, 725 Ziegelsteinformling I.
50   Vgl BGH GRUR 2012, 378 Installiereinrichtung II; BPatGE 45, 21.
51   Schreiben des Berichterstatters des BGH Mitt 1988, 216.
52   BPatGE 45, 21.
53   BGHZ 168, 142 = GRUR 2006, 842 Demonstrationsschrank.
54   BGH GRUR 2012, 378 Installiereinrichtung II; *Benkard* Rn 27.
55   BGH GRUR 1971, 115 f Lenkradbezug.

soll dagegen dem Tatrichter vorbehalten sein;[56] dies trifft allerdings so nicht zu (vgl zum Revisionsverfahren Rn 245 vor § 143 PatG; Rn 199 zu § 4 PatG). Der Überprüfung unterliegt auch die Würdigung, ob das Gebrauchsmuster auf einem erfinderischen Schritt beruht (Rn 199 zu § 4 PatG).

3. Zulassungsfreie Rechtsbeschwerde. Zur Begründung der Rüge der fehlerhaften Besetzung des **46** BPatG ist die Angabe der Einzeltatsachen nötig, aus denen sich der Fehler ergibt; wenn es sich um gerichtsinterne Vorgänge handelt, muss dargelegt werden, daß jedenfalls eine Aufklärung versucht worden ist.[57]

Gehörsverletzung. Die Nichtbeachtung der Pflicht, Entscheidungen, die die Instanzen des EPA oder **47** Gerichte anderer Vertragsstaaten des EPÜ getroffen haben und die eine im wesentlichen gleiche Fragestellung betreffen, zu beachten und sich ggf mit den Gründen auseinanderzusetzen, die bei der vorangegangenen Entscheidung zu einem abw Ergebnis geführt haben, kann auch bei Gebrauchsmustern zu einer Verletzung des rechtl Gehörs führen.[58] Von einer in einem gerichtlichen Hinweis geäußerten Rechtsauffassung darf das BPatG in der Endentscheidung nur abweichen, wenn für die Verfahrensbeteiligten erkennbar wird, dass sich entweder die Grundlage verändert hat, auf der das BPatG den ursprünglichen Hinweis erteilt hat, oder dass das BPatG bei unveränderter Entscheidungsgrundlage nunmehr eine andere rechtl Beurteilung in Erwägung zieht als den Beteiligten angekündigt.[59]

Es stellt keinen **Begründungsmangel** dar, wenn sich das BPatG mit der theoretischen Möglichkeit **48** einer zukünftigen Nichtigerklärung des älteren Patents, auf das es die Löschung des Streitgebrauchsmusters nach § 15 Abs 1 Nr 2 gestützt hat, nicht auseinandersetzt.[60]

§ 19
(Aussetzung des Verletzungsstreits)

[1]Ist während des Löschungsverfahrens ein Rechtsstreit anhängig, dessen Entscheidung von dem Bestehen des Gebrauchsmusterschutzes abhängt, so kann das Gericht anordnen, daß die Verhandlung bis zur Erledigung des Löschungsverfahrens auszusetzen ist. [2]Es hat die Aussetzung anzuordnen, wenn es die Gebrauchsmustereintragung für unwirksam hält. [3]Ist der Löschungsantrag zurückgewiesen worden, so ist das Gericht an diese Entscheidung nur dann gebunden, wenn sie zwischen denselben Parteien ergangen ist.

Übersicht

Schrifttum: *Augenstein/Roderburg* Aussetzung des Patentverletzungsverfahrens nach Änderung der Patentansprüche, GRUR 2008, 457; *Beyerlein* Das Verfahren wird ausgesetzt – Überlegungen zur Reichweite des § 148 ZPO im gewerblichen Rechtsschutz vor europäischem Hintergrund, WRP 2006, 731; *Neumann* Kann die Rechtsgültigkeit eines Gebrauchsmusters im Verletzungsstreit nach dem neuen Gebrauchsmustergesetz vom 5.5.36 noch im Wege der Einrede geltend gemacht werden? GRUR 1937, 102; *Ochs* Aussetzung im Gebrauchsmusterverletzungsverfahren, Mitt 2014, 534; *Wichards* Zusammentreffen von Löschungsverfahren und Verletzungsstreit, GRUR 1937, 99; *Zeller* Zusammentreffen von Löschungsverfahren und Verletzungsstreit, GRUR 1937, 427.

---

56 BGH GRUR 2000, 1015 Verglasungsdichtung.
57 BGH GRUR 2005, 572 Vertikallibelle; *Benkard* Rn 29.
58 BGH GRUR 2015, 199 Sitzplatznummerierungseinrichtung.
59 BPatG GRUR 2011, 851 Werkstück.
60 BGH GRUR 2011, 1055 Formkörper mit Durchtrittsöffnungen.

Keukenschrijver

A. Allgemeines; Entstehungsgeschichte

1   Die Bestimmung (bis 1986 § 11) soll Doppelarbeit und widersprechende Entscheidungen vermeiden, die dadurch entstehen können, dass, anders als im Patentverletzungsprozess, in dem die Geltendmachung der Ungültigkeit des Patents grds nur über die Nichtigkeitsklage möglich ist, im GbmVerletzungsprozess die Ungültigkeit des Gebrauchsmusters vAw zu prüfen ist[1] (vgl Rn 4 zu § 24). Von dieser Prüfung ist das Verletzungsgericht durch die Stellung des Löschungsantrags nicht befreit.[2] Die Bestimmung regelt zum einen die Aussetzung des Rechtsstreits (Rn 2ff), zum anderen die Wirkung der Entscheidung im Löschungsverfahren auf den Rechtsstreit (Rn 12ff). Ob die Regelung noch zeitgemäß ist, ist bezweifelt worden.[3]

B. Aussetzung des Verletzungsstreits

I. Anwendungsbereich

2   Die Regelung ist nach allg Meinung nur auf bürgerliche Rechtsstreitigkeiten anwendbar.[4] Man wird sie auch hier nur auf GbmStreitsachen iSd § 27 Abs 1 anwenden können und bei allen anderen Rechtsstreitigkeiten die allg Regeln des jeweils geltenden Verfahrensrechts anwenden müssen.[5]

II. Voraussetzungen

3   **1. Allgemeines.** Aussetzung nach Satz 1, 2 kommt nur in Betracht, wenn vor einem inländ ordentlichen Gericht eine **Gebrauchsmusterstreitsache** in der Hauptsache anhängig ist.[6] Ist der Rechtsstreit vor einem ausländ Gericht anhängig, richtet sich die Aussetzung nach der lex fori. In welcher Instanz das Verfahren schwebt, ist ohne Belang; die Aussetzungsmöglichkeit besteht auch in der Revisionsinstanz,[7] jedoch wird hier Satz 2 nicht anwendbar sein (Rn 9; vgl Rn 20 zu § 140 PatG).

4   Im Verfahren über den Antrag auf Erlass einer **einstweiligen Verfügung** kommt Aussetzung nicht in Betracht,[8] ebenso nicht im selbstständigen Beweisverfahren.[9]

5   Weiter muss ein **Gebrauchsmusterlöschungsverfahren** spätestens bei Schluss der mündlichen Verhandlung in einer Tatsacheninstanz anhängig sein. Wer den Löschungsantrag gestellt hat, ist ohne Bedeutung.[10] Nichtbetreiben des Löschungsverfahrens steht der Aussetzung entgegen.[11]

6   **Ausgeschlossen** ist die Aussetzung, soweit zwischen den Parteien wegen Zurückweisung des Löschungsantrags Bindung nach Satz 3 besteht (vgl Rn 16).[12]

7   **2. Vorgreiflichkeit.** Der Ausgang des Rechtsstreits muss vom Bestehen des GbmSchutzes abhängen.[13] Dabei ist auf das im Streit stehende Gebrauchsmuster in seiner eingetragenen Fassung[14] abzustellen, ein Löschungsantrag gegen ein anderes, auch übereinstimmendes Gebrauchsmuster ist nicht vorgreiflich,[15] erst recht nicht gegen ein paralleles Patent, solche Verfahren können aber als Argument für die

1 *Bühring* Rn 1; *Loth* Rn 1; vgl OLG Braunschweig GRUR 1961, 84; OLG Düsseldorf GRUR 1952, 192, OLG Düsseldorf GRUR 1995, 487 f; BPatG Mitt 2002, 532, 533.
2 *Benkard* Rn 1; OLG Düsseldorf 24.6.2010 2 U 51/09.
3 BPatGE 51, 212; BPatG 30.4.2009 35 W (pat) 419/07.
4 *Benkard* Rn 2; *Bühring* Rn 3.
5 Ebenso *Loth* Rn 2.
6 *Bühring* Rn 4; *Benkard* Rn 3; *Loth* Rn 4 stellt auf Rechtshängigkeit ab.
7 RGZ 155, 321 f = GRUR 1938, 43 Maßbecher; RG GRUR 1942, 556 Frisierschleier I; *Benkard* Rn 3; *Loth* Rn 4; *Bühring* Rn 4.
8 *Benkard* Rn 3; *Bühring* Rn 4; *Mes* Rn 2; *Loth* Rn 4; OLG Düsseldorf Mitt 1996, 87.
9 Ebenso *Bühring* Rn 4.
10 OLG Braunschweig GRUR 1961, 84; *Benkard* Rn 4; *Loth* Rn 5; vgl OLG Karlsruhe GRUR 2014, 352 f.
11 OLG Braunschweig GRUR 1961, 84; *Loth* Rn 5; *Bühring* Rn 5.
12 BGHZ 134, 353, 360 f = GRUR 1997, 454, 458 Kabeldurchführung I; *Bühring* Rn 9.
13 Kasuistik bei *Loth* Rn 6.
14 OLG München 27.2.2003 6 W 757/03 InstGE 4, 61 Ls; LG München I InstGE 4, 59.
15 OLG Düsseldorf GRUR 1952, 193.

Aussetzung herangezogen werden. Bei Lizenzstreitigkeiten wird regelmäßig keine Vorgreiflichkeit bestehen,[16] bei Übertragungsklagen kommt Vorgreiflichkeit grds nicht in Betracht.[17]

III. Freigestellte Aussetzung

Die Aussetzung ist grds dem pflichtgem Ermessen des Gerichts überlassen[18] (Satz 1); sie hängt nicht **8** von einem Antrag ab.[19] Insoweit kann auf die Grundsätze zur Aussetzung des Patentverletzungsstreits bei Einspruch und Nichtigkeitsklage (Rn 7 ff zu § 140 PatG) zurückgegriffen werden, für die Aussetzung wird allerdings sprechen, dass das Gebrauchsmuster nicht materiell auf Schutzfähigkeit geprüft ist.[20] Zweifel an der Schutzfähigkeit reichen aus.[21] Die Tendenz der Instanzrspr, idR nur auszusetzen, wenn Vorwegnahme vorliegt oder sich ein vernünftiges Argument für eine erfinderische Leistung nicht finden lässt,[22] erscheint zu eng.

IV. Notwendige Aussetzung

Bei Vorliegen der übrigen Voraussetzungen muss das Gericht aussetzen, wenn es die Eintragung für **9** unwirksam hält (Satz 2), allerdings nur, soweit ein gesetzlich vorgesehener und geltend gemachter Löschungsgrund in Betracht kommt (Rn 3 ff zu § 15). Verfahrensmängel, die im Löschungsverfahren nicht überprüft werden können, rechtfertigen die Aussetzung nicht. Soweit eine Frage im Löschungsverfahren als Vorfrage mitgeprüft werden kann (Mängel der Eintragung und der Veröffentlichung), ist Aussetzung nicht geboten. Das Verletzungsgericht muss aussetzen, wenn es die Klage mangels Rechtsbeständigkeit abweisen würde und ein Löschungsverfahren anhängig ist.[23] In der Revisionsinstanz besteht kein Zwang zur Aussetzung (Rn 3).[24]

V. Zum **Verfahren** Rn 22 ff zu § 140 PatG. **10**

VI. Die **Entscheidung** ist aufgrund einer Interessenabwägung zu treffen, wobei das Beschwerdege- **11** richt nur zu prüfen hat, ob die gesetzlichen Voraussetzungen der Aussetzung vorliegen und ob das Erstgericht sein Ermessen fehlerfrei ausgeübt hat; jedenfalls wenn im kontradiktorischen Löschungsverfahren die Schutzfähigkeit des Gebrauchsmusters unter Berücksichtigung des für die Aussetzungsentscheidung maßgeblichen StdT erstinstanzlich bejaht wird, ist zum Schutz des Gebrauchsmusterinhabers die gleiche Zurückhaltung bei der Aussetzung des Verletzungsprozesses geboten wie im Patentverletzungsprozess.[25] Die Einschätzung des DPMA bindet nicht.[26]

16　Vgl BGH GRUR 1962, 140 Stangenführungsrohre; OLG München GRUR 1957, 272; LG München I GRUR 1956, 415; *Benkard* Rn 5; *Bühring* Rn 6.

17　Vgl *Benkard* Rn 5.

18　RGZ 155, 321 f = GRUR 1938, 43 Maßbecher; *Benkard* Rn 6; *Bühring* Rn 7; *Mes* Rn 5; vgl BPatG Mitt 2002, 532 f; OLG Düsseldorf 21.6.2007 2 U 130/05; OLG Karlsruhe GRUR 2014, 352.

19　BPatG Mitt 2002, 532 f.

20　*Bühring* Rn 7; vgl *Loth* Rn 7; aA wohl *Mes* Rn 5, der Zurückhaltung empfiehlt; OLG Karlsruhe GRUR 2014, 352; Aussetzung schon bei Zweifeln an der Schutzfähigkeit bejahen *Benkard* Rn 6 und dem folgend LG Mannheim InstGE 11, 215; vgl auch LG München I 19.5.2011 7 O 6033/10 Mitt 2012, 184 Ls.

21　OLG München GRUR 1957, 272, dort auch zur Aussetzung bei gleichzeitiger Nichtigkeitsklage gegen paralleles Patent; *Benkard* Rn 6; zur Aussetzung, wenn die Möglichkeit der Löschung oder Teillöschung nicht fernliegt, BGH 3.11.1961 I ZR 73/61; BGH 3.11.1961 I ZR 81/61.

22　Vgl LG München I 19.5.2011 7 O 6033/10 Mitt 2012, 184 Ls; vgl auch *Mes* Rn 5.

23　LG Mannheim Mitt 2014, 563.

24　Ebenso *Loth* Rn 8.

25　OLG Karlsruhe GRUR 2014, 352; zur Zurückhaltung tendierend LG München I 19.5.2011 7 O 6033/10 Mitt 2012, 184 Ls; vgl *Ochs* Mitt 2014, 534; kr *Mes* § 24 Rn 84.

26　LG Düsseldorf GRUR-RR 2012, 66; vgl OLG Düsseldorf 24.6.2010 2 U 51/09; *Mes* Rn 6.

C. Bindungswirkung der Entscheidung im Löschungsverfahren

I. Löschung

12   Soweit das Gebrauchsmuster gelöscht oder seine Unwirksamkeit festgestellt wird, wirkt die Entscheidung gegenüber jedermann und damit auch für das Verletzungsverfahren (Rn 3 ff vor § 15). Die Klage ist unbegründet, Erledigung der Hauptsache tritt nicht ein (Rn 156 vor § 143 PatG). Dies geht der Regelung in Satz 3 vor.[27] Der Arglisteinwand kann beachtlich sein (Rn 8 zu § 13).

13   Die **nicht rechtskräftige Entscheidung** des DPMA oder des BPatG über den Rechtsbestand ist für das Verletzungsverfahren nicht bindend, muss jedoch gewürdigt werden.[28]

14   Die Löschung ist noch in der **Revisionsinstanz** zu berücksichtigen, selbst wenn sie nach der letzten mündlichen Verhandlung in den Tatsacheninstanzen ergangen ist; hier gelten die gleichen Grundsätze wie beim Patent (Rn 255 vor § 143 PatG).

15   Zu den Folgen der Löschung **nach rechtskräftigem Abschluss des Verletzungsprozesses** Rn 6 vor § 15.

II. Zurückweisung des Löschungsantrags

16   Die den Löschungs- oder Feststellungsantrag zurückweisende Entscheidung wirkt nur zwischen den Parteien des Löschungsverfahrens[29] (Satz 3; vgl für das Patentnichtigkeitsverfahren Rn 63 zu § 84 PatG), deren Rechtsnachfolger und ausschließliche Lizenznehmer,[30] zwischen den Genannten aber für jeden anderen Rechtsstreit.[31] Der Zurückweisung des Löschungsantrags kommt insoweit feststellende Wirkung zu;[32] dies gilt auch, soweit der Löschungsgrund der unzulässigen Erweiterung (§ 15 Abs 1 Nr 3) erfolglos geltend gemacht worden ist. Der Gesellschafter, gegen den die persönliche Haftung für eine von der Gesellschaft zu verantwortende GbmVerletzung (§ 128 HGB) zur Geltung gebracht wird, kann sich im Verletzungsstreit auf die mangelnde Schutzfähigkeit des Gebrauchsmusters nicht berufen, wenn die Schutzfähigkeit zuvor durch Abweisung eines Löschungsantrags der Gesellschaft im Verhältnis zur Gesellschaft rechtskräftig festgestellt worden ist[33] (§ 129 Abs 1 HGB). Spätere Löschung auf Antrag eines Dritten ist auch in diesem Fall beachtlich[34] (zu „Strohmann"-Fällen Rn 21 zu § 15).

17   Die Bindung wirkt nur im Rahmen ihrer **Rechtskraft**, insb im Rahmen des jeweiligen Löschungsgrunds. Ist über die Schutzfähigkeit rechtskräftig entschieden, kann auch im Verletzungsprozess grds kein neues Material nachgebracht werden.[35]

18   Die Berufung auf den **Einwand des freien StdT** („Formstein"-Einwand) wird durch die Bindungswirkung nicht abgeschnitten, aber eingeschränkt (Rn 8 zu § 12a).

19   Die Zurückweisung eines Löschungsantrags kann Bindungswirkung nach Satz 3 auch entfalten, wenn sie wegen **Unzulässigkeit** erfolgt ist.[36]

20   **III. Teillöschung** ist hinsichtlich des Bestands des Gebrauchsmusters und des daraus folgenden gegenständlichen Schutzes bindend.[37] In diesem Fall sind die Gründe der Entscheidung, soweit sie die Be-

---

27   Vgl BGHZ 134, 353, 363 = GRUR 1997, 454, 458 Kabeldurchführung I.
28   Vgl *Mes* Rn 13 unter Hinweis auf LG Düsseldorf GRUR-RR 2012, 66.
29   BGH GRUR 1962, 299, 304 Sportschuh; BGHZ 134, 353 = GRUR 1997, 454, 457 f Kabeldurchführung I; OLG Düsseldorf GRUR 1995, 487; *Bühring* Rn 12; *Loth* Rn 14; vgl BGH 3.6.2003 X ZR 72/99.
30   BGH GRUR 1969, 681 Hopfenpflückvorrichtung; *Loth* Rn 17.
31   *Bühring* Rn 12 und § 15 Rn 109 f.
32   Vgl RG GRUR 1931, 153 Baggereinrichtung.
33   BGHZ 64, 155 = GRUR 1976, 30 Lampenschirm; *Loth* Rn 17.
34   BGH Kabeldurchführung I; *Loth* Rn 15; aA OLG Karlsruhe Mitt 1941, 152 für die auf Nichtwiderspruch erfolgte Löschung.
35   Vgl BGH GRUR 1972, 597, 599 Schienenschalter II, für die Teillöschung; *Mes* Rn 10; *Loth* Rn 16.
36   OLG Düsseldorf GRUR 1995, 487, dort wegen Verneinung der Antragsbefugnis nach Treu und Glauben; *Mes* Rn 11; *Loth* Rn 16; *Bühring* Rn 12.
37   BGH GRUR 1962, 299, 305 Sportschuh; BGH GRUR 1972, 597, 599 Schienenschalter II; BGHZ 68, 90 = GRUR 1977, 250 f Kunststoffhohlprofil I; *Benkard* § 15 Rn 33; *Loth* Rn 18.

schreibung ergänzen oder ersetzen, zwischen denselben Parteien zur Auslegung des Gebrauchsmusters heranzuziehen;[38] dies gilt auch, wenn neues Material zur Verfügung stände.[39] Äußerungen des DPMA oder des BPatG über den Schutzumfang des Gebrauchsmusters sind im übrigen nicht bindend.[40] Die Entscheidung im Löschungsverfahren enthebt das Verletzungsgericht nicht von der Verpflichtung, den Schutzumfang auf der Grundlage dieser Entscheidung zu bestimmen.[41] Konkret auf den Einzelfall bezogen ist sorgfältig zu prüfen, ob der Benutzer im Zeitpunkt der Verletzungshandlung bei Anwendung der gebotenen Sorgfalt erkennen konnte und musste, dass er ein rechtsbeständiges Klagegebrauchsmuster verletzt; dabei dürfen seine Sorgfaltspflichten nicht überspannt werden.[42]

§ 20
(Gebrauchsmusterzwangslizenz)

Die Vorschriften des Patentgesetzes über die Erteilung oder Zurücknahme einer Zwangslizenz oder wegen der Anpassung der durch Urteil festgesetzten Vergütung für eine Zwangslizenz (§ 24) und über das Verfahren wegen Erteilung einer Zwangslizenz (§§ 81 bis 99, 110 bis 122a) gelten für eingetragene Gebrauchsmuster entsprechend.

Ausland: Dänemark: §§ 30, 31 GebrMG; **Tschech. Rep.:** § 14 GebrMG, aufgehoben 2000

A. Entstehungsgeschichte

Die Bestimmung ist, nachdem zuvor Zwangslizenzen an Gebrauchsmustern nicht vorgesehen waren, als § 11a durch das 6. ÜberlG einstellt[1] und durch das 2. PatGÄndG neu gefasst sowie durch das Gesetz zur Änderung des patentrechtlichen Einspruchsverfahrens und des Patentkostengesetzes durch die Verweisung auf § 122a PatG ergänzt worden. Sie hat die geltende Paragraphenbezeichnung durch die Neubek 1986 erhalten. **1**

B. Gebrauchsmusterzwangslizenz

I. Grundsatz

Die Bestimmung, die bisher keine praktische Bedeutung erlangt hat, regelt die GbmZwangslizenz materiell durch Verweisung auf § 24 PatG und verfahrensrechtl durch Übernahme der Verfahrensbestimmungen in §§ 81–99 PatG für das Verfahren erster Instanz vor dem BPatG und in §§ 110–122a PatG für das Berufungsverfahren vor dem BGH. **2**

II. Die **EU-Zwangslizenzverordnung** (VO Nr 816/2006 (EG) (Anh I zu § 24 PatG) erfasst die Gbm-Zwangslizenz nicht. Deshalb ist § 85a PatG hier nicht anwendbar. **3**

III. Die Regelung über die **Abhängigkeitslizenz** (§ 24 Abs 2 PatG) wird entspr anzuwenden sein, wenn ein jüngeres Patent von einem älteren Gebrauchsmuster abhängig ist und umgekehrt;[2] das gilt auch für die Regelungen in § 24 Abs 4, 5 PatG.[3] **4**

---

38 BGH 12.11.1963 Ia ZR 94/63; *Benkard* Rn 11; *Bühring* Rn 14; vgl BPatGE 19, 161, 164; DPA Mitt 1958, 157; *Loth* Rn 18.
39 BGH Schienenschalter II.
40 BGH 28.6.1960 I ZR 171/58.
41 BGH 21.10.1975 X ZR 41/73.
42 OLG Düsseldorf GRUR-RR 2012, 62.

1 Vgl Begr BTDrs 1749 = BlPMZ 1961, 140, 162.
2 Ebenso *Benkard* Rn 2; *Bühring* Rn 5.
3 *Benkard* Rn 2; vgl *Bühring* Rn 5.

5 Auf das Verhältnis **Gebrauchsmuster – Sortenschutz** wird in entspr Anwendung auf die Regelung in Art 12 EG-BioTRl (Rn 54 ff zu § 24 PatG) und – soweit dies in Betracht kommt – die Folgeregelung in § 12a SortG zurückzugreifen sein.[4]

IV. Zuständigkeit

6 Zuständig für die Erteilung der Zwangslizenz sind wie beim Patent die **Nichtigkeitssenate** des BPatG.

V. Gebühren

7 Nach dem PatKostG ist – wie im Nichtigkeits- und Patentzwangslizenzverfahren – eine feste Klage- oder Antragsgebühr nicht mehr vorgesehen; die streitwertabhängige Gebühr für das Verfahren im allg beläuft sich wie dort auf das 4,5fache, in bestimmten Fällen der Verfahrensbeendigung ermäßigt auf das 1,5fache, des Gebührensatzes (GebVerz Nr 422100, 422110, 422200, 422210, 422220). Für das Beschwerdeverfahren zum BGH ist die Änderung durch Art 1 Abs 1 Nr 15 des Gesetzes zur Umstellung des Kostenrechts und der Steuerberatergebührenverordnung auf Euro vom 27.4.2001[5] (KostREuroUG) vorweggenommen worden (Rn 3 zu § 122 PatG); für das Beschwerdeverfahren fällt eine 2,0fache Gebühr an (Rn 6 vor § 100 PatG).

8 **C.** Eine **Zurücknahme des Gebrauchsmusters** war schon vor Aufhebung der Regelung über die Zurücknahme im PatG durch das 2. PatGÄndG nicht vorgesehen.

D. Rechtsmittel

9 Die Regelung folgt der beim Patent.

§ 21
(Verweisungen auf das Patentgesetz)

(1) Die Vorschriften des Patentgesetzes über die Erstattung von Gutachten (§ 29 Abs. 1 und 2), über die Wiedereinsetzung in den vorigen Stand (§ 123), über die Weiterbehandlung der Anmeldung (§ 123a), über die Wahrheitspflicht im Verfahren (§ 124), über die elektronische Verfahrensführung (§ 125a), über die Amtssprache (§ 126), über Zustellungen (§ 127), über die Rechtshilfe der Gerichte (§ 128), über die Entschädigung von Zeugen und die Vergütung von Sachverständigen (§ 128a) und über den Rechtsschutz bei überlangen Gerichtsverfahren (§ 128b) sind auch für Gebrauchsmustersachen anzuwenden.

(2) Die Vorschriften des Patentgesetzes über die Bewilligung von Verfahrenskostenhilfe (§§ 129 bis 138) sind in Gebrauchsmustersachen entsprechend anzuwenden, § 135 Abs. 3 mit der Maßgabe, daß dem nach § 133 beigeordneten Vertreter ein Beschwerderecht zusteht.

GbmEintrRl III 1., 2.
Ausland: Österreich: § 50b öGebrMG (Verfahrenshilfe), § 50c Abs 1 (Zustellung) idF der Patent- und Markenrechtsnovelle 2014; **Polen:** Art 100 RgE 2000; **Tschech. Rep.:** § 21 Abs 2 GebrMG

Übersicht

---

4 Vgl *Bühring* Rn 6.
5 BGBl I 751.

A. Anwendbarkeit von Bestimmungen des Patentgesetzes

Die durch das GebrMÄndG 1986 insb hinsichtlich der Wiedereinsetzung, das KostRegBerG, das Trans- **1** parenz- und Publizitätsgesetz[1] und das KostRModG und das Gesetz über den Rechtsschutz bei überlangen Gerichtsverfahren geänd Vorschrift (zuvor § 12) erklärt die Regelungen in §§ 29 Abs 1 und 2, 123,[2] 123a, 124, 125a, 126, 127, 128, 128a und 128b PatG sowie die Bestimmungen über die Verfahrenskostenhilfe in den §§ 129–138 PatG für entspr anwendbar.[3] Das PatRVereinfModG vom 31.7.2009[4] hat die Verweisung auf die Regelung über elektronische Dokumente in eine solche auf die elektronische Verfahrensführung geänd.

Anforderung von Entgegenhaltungen. Auf § 125 PatG ist in § 16 Satz 3 für das Löschungsverfahren **2** verwiesen (Rn 14 zu § 16).

Darüber hinaus sind die Bestimmungen des PatG entspr anzuwenden, soweit die Besonderheiten **3** des GbmRechts nicht entgegenstehen.[5] Dies schließt über § 99 Abs 1 PatG einen Rückgriff auf die ZPO ein.[6]

B. Verfahrenskostenhilfe (Absatz 2)

I. Voraussetzungen; Prüfung

Verfahrenskostenhilfe[7] für das Eintragungs- und Löschungsverfahren ist durch das 5.ÜberlG einge- **4** führt worden; das PatÄndG 1967, das Gesetz über die Prozesskostenhilfe und das GebrMÄndG 1986 haben Änderungen gebracht.[8] Verfahrenskostenhilfe kommt auch für die Anmeldegebühr in Betracht.[9] Für die Erfolgsaussicht genügt es, dass die Voraussetzungen der §§ 4, 4a und 8 erfüllt sind; eine Prognose, ob ein Löschungsanspruch nach § 15 ohne weiteres durchgreifen wird, ist nicht zu stellen.[10] Allerdings hat sich das BPatG kr dazu geäußert, dass Verfahrenskostenhilfe im GbmAnmeldeverfahren in bdkl Weise leicht zu erlangen sei, und darauf verwiesen, dass die Übernahme zusätzlicher Kosten wie durch Anwaltsbeiord-nung nicht unter das vom Gesetz geforderte Maß herabgesetzt werden dürfe.[11] Für GbmAnmeldungen, die von mehreren Personen getätigt werden, wird Verfahrenskostenhilfe nur gewährt, wenn die Vorausset-zungen für sämtliche Mitanmelder vorliegen.[12]

Verfahrenskostenhilfe kommt auch für die **Aufrechterhaltungsgebühren** in Betracht; sie wurde **5** hier versagt, weil der GbmInhaber keine erfolgversprechenden Verwertungsbemühungen aufzeigen konn-te.[13]

Im GbmLöschungsverfahren ist § 132 Abs 1 Satz 2 (**Prüfung der Erfolgsaussicht**) nicht entspr an- **6** wendbar. Zwar verweist Abs 2 GebrMG auf die §§ 129–138 PatG, differenziert aber im Fall des § 132 nicht. Bei der Eintragung eines Gebrauchsmusters findet eine Sachprüfung nicht statt, so dass die Eintragung nicht mit der Erteilung eines Patents nach Prüfung gleichgesetzt werden kann; deshalb ist der Rechtsge-danke des § 119 Abs 1 Satz 2 ZPO nicht anwendbar.

Zur **Mutwilligkeit** Rn 47 ff zu § 130 PatG. **7**

Rechercheantrag. Für einen gleichzeitig mit der Anmeldung eingereichten GbmRechercheantrag **8** kann Verfahrenskostenhilfe nicht bewilligt werden.[14]

---

1 Ausschussbericht Begr BTDrs 14/9079 S 19 = BlPMZ 2002, 298 f.
2 Vgl hierzu BPatG 28.9.2015 35 W (pat) 12/14.
3 Zur Frage, wieweit das DPMA Obergutachten zur Schutzfähigkeit erstatten kann, vgl RPA Mitt 1937, 302 und *Benkard* Rn 3; *Bühring* Rn 3.
4 BGBl I 2521 = BlPMZ 2009, 301.
5 BGH GRUR 2002, 52 Vollstreckungsabwehrklage; BPatGE 15, 200; BPatGE 21, 58, 60 = GRUR 1978, 638; *Benkard* Rn 1; *Bühring* Rn 1; *Mes* Rn 2; *Loth* Rn 1.
6 Vgl BPatGE 23, 48 = GRUR 1980, 997; *Bühring* Rn 2; *Loth* Rn 1.
7 Eingehend zu den Besonderheiten im GbmRecht *Bühring* Rn 152 ff.
8 Vgl *Benkard* Rn 9 ff.
9 BPatG 5.11.2004 5 W (pat) 20/04.
10 BPatG 5.11.2004 5 W (pat) 20/04.
11 BPatGE 50, 25 = BlPMZ 2007, 211.
12 BPatG 30.9.2008 35 W (pat) 19/08.
13 BPatG 19.12.2013 35 W (pat) 24/13 undok; Rechtsbeschwerde eingelegt unter BGH X ZB 2/14.
14 BPatGE 44, 187 = BlPMZ 2002, 208; *Benkard* Rn 12.

Keukenschrijver

9   Auch für das **Zwangslizenzverfahren** kann bei Glaubhaftmachung eines eigenen schutzwürdigen Interesses durch den Antragsteller Verfahrenskostenhilfe bewilligt werden (§ 132 Abs 2 PatG).[15]

10   Für das **Rechtsbeschwerdeverfahren** kann Verfahrenskostenhilfe auch in Fällen bewilligt werden, in denen sie im Ausgangsverfahren ausgeschlossen ist, weil auf § 138 PatG ohne Einschränkung verwiesen wird.[16]

II. Verfahren

11   Zur Entscheidung berufen ist die Stelle des DPMA, die für die Bearbeitung der Sache zuständig ist oder, sofern das Gebrauchsmuster bereits eingetragen ist, zuletzt zuständig war, sofern nicht durch RechtsVO etwas anderes bestimmt ist (§ 24 Abs 2 DPMAV). Beiordnung eines Vertreters kann frühestens mit Stellung des Verfahrenskostenhilfe- und Beiordnungsantrags erfolgen,[17] allein im Antrag eines Anwalts, dem Antragsteller im GbmAnmeldeverfahren Verfahrenskostenhilfe zu gewähren, soll aber noch kein Beiordnungsantrag zu sehen sein.[18]

12   Abs 2 2. Halbs bestimmt, dass dem gem § 133 PatG beigeordneten Vertreter trotz der Einschränkungen der Anfechtbarkeit bei Entscheidungen nach den §§ 130–133 PatG ein **Beschwerderecht** gegen seine Beiordnung zusteht, was sich bereits aus einer verfassungskonformen Auslegung der entspr Bestimmungen des PatG hätte ableiten lassen (vgl auch Rn 20 zu § 137 PatG). Die Regelung dient daher nur der Klarstellung.[19]

§ 22
(Übertragung und Lizenz)

(1) [1]Das Recht auf das Gebrauchsmuster, der Anspruch auf seine Eintragung und das durch die Eintragung begründete Recht gehen auf die Erben über. [2]Sie können beschränkt oder unbeschränkt auf andere übertragen werden.

(2) [1]Die Rechte nach Absatz 1 können ganz oder teilweise Gegenstand von ausschließlichen oder nicht ausschließlichen Lizenzen für den Geltungsbereich dieses Gesetzes oder einen Teil desselben sein. [2]Soweit ein Lizenznehmer gegen eine Beschränkung seiner Lizenz nach Satz 1 verstößt, kann das durch die Eintragung begründete Recht gegen ihn geltend gemacht werden.

(3) Ein Rechtsübergang oder die Erteilung einer Lizenz berührt nicht Lizenzen, die Dritten vorher erteilt worden sind.

Ausland: Dänemark: § 29 GebrMG; **Österreich:** §§ 10 (Übertragung), 11 (Pfandrecht) öGebrMG; **Tschech. Rep.:** § 12 Abs 2 GebrMG

A. Allgemeines; Entstehungsgeschichte

1   Die Bestimmung (vor 1987 § 13) entspricht § 15 PatG.

2   **Abs 2 und Abs 3** sind durch das GebrMÄndG 1986 angefügt worden. Zum Übergangsrecht *6. Aufl.*

B. Inhaberwechsel

3   I. Bei Inhaberwechsel durch gesellschaftsrechtl **Gesamtrechtsnachfolge** bedarf es zur Legitimation des neuen Inhabers keines Registereintrags.[1]

---

15 *Benkard* § 20 Rn 3; *Bühring* Rn 167.
16 *Benkard* Rn 12.
17 BPatG Mitt 2003, 310 f; *Benkard* Rn 10a.
18 BPatGE 50, 25 = Mitt 2007, 149 Ls.
19 Begr BTDrs 10/3903 = BlPMZ 1986, 320, 328; vgl *Mes* Rn 14.

1 BPatGE 32, 153 = BlPMZ 1992, 19.

II. Die **Übertragung des Gebrauchsmusters** folgt denselben Regeln wie die eines (nationalen) Patents; sie unterliegt keiner besonderen Form.[2] Übertragbar und vererblich sind entspr zum Patent auch die weiteren in Abs 1 genannten Rechte; unübertragbar ist das Erfinderpersönlichkeitsrecht.   **4**

C. Gebrauchsmusterlizenz

Auch hier gelten die Grundsätze, die auch für die Lizenzierung des Patents gelten. Die Rechtsverbindlichkeit eines Lizenzvertrags über ein Gebrauchsmuster sowie die Verpflichtung des Lizenznehmers zur Zahlung der vereinbarten Lizenzgebühren werden durch das Fehlen der Schutzvoraussetzungen mangels abw Parteivereinbarung so lange nicht berührt, wie das Gebrauchsmuster in Geltung steht und von den Mitbewerbern respektiert wird.[3]   **5**

Die **Löschung** des Gebrauchsmusters (§§ 15 ff) begründet einen Kündigungsgrund nur für die Zukunft;[4] die Verpflichtung zur Lizenzzahlung für die Zeit vor der Löschung entfällt nicht ohne weiteres.[5]   **6**

Der Lizenzvertrag kann schon **gekündigt** werden, wenn Ungültigkeit droht.[6]   **7**

§ 23
(Schutzdauer; Aufrechterhaltung; Erlöschen)

(1) Die Schutzdauer eines eingetragenen Gebrauchsmusters beginnt mit dem Anmeldetag und endet zehn Jahre nach Ablauf des Monats, in den der Anmeldetag fällt.

(2) [1] Die Aufrechterhaltung des Schutzes wird durch Zahlung einer Aufrechterhaltungsgebühr für das vierte bis sechste, siebte und achte sowie das neunte und zehnte Jahr, gerechnet vom Anmeldetag an, bewirkt. [2] Die Aufrechterhaltung wird im Register vermerkt.

(3) Das Gebrauchsmuster erlischt, wenn
1. der als Inhaber Eingetragene durch schriftliche Erklärung an das Patentamt auf das Gebrauchsmuster verzichtet oder
2. die Aufrechterhaltungsgebühr nicht rechtzeitig (§ 7 Abs. 1, § 13 Abs. 3 oder § 14 Absätze 2 und 5 des Patentkostengesetzes) gezahlt wird.

Ausland: Dänemark: § 38, § 46 Abs 2 (Verordnungsermächtigung für Gebühren) GebrMG; **Frankreich:** Art L 611-2 CPI; **Italien:** Art 85 Abs 1 CDPI; **Österreich:** §§ 6 (Schutzdauer längstens 10 Jahre), 12 (Erlöschen), 47 (Jahresgebühren oder Pauschalgebühr) öGebrMG; **Serbien:** Art 139 PatG 2004; **Slowenien:** Art 23 GgE; **Tschech. Rep.:** §§ 15, 16 GebrMG, § 15 geänd 2000; **Türkei:** Art 164 Abs 2, 3 VO 551

---

2 BGH GRUR 1992, 692 Magazinbildwerfer; *Loth* Rn 8; *Mes* Rn 2.
3 BGH GRUR 1977, 107 Werbespiegel; *Benkard* Rn 4; *Mes* Rn 3.
4 RGZ 86, 45, 53 = BlPMZ 1915, 104 Sprungfedermatratze, unter Aufgabe der früheren gegenteiligen Auffassung; *Bühring* Rn 55.
5 BGH 5.2.1963 Ia ZR 3/63.
6 RG BlPMZ 1916, 68, 69 Dacharbeiterschutzgerüst.

Schrifttum: *Bauer* Das Dilemma mit der Schutzdauer, Mitt 1993, 342; *Hövelmann* Die letzte Jahresgebühr, Mitt 2007, 540.

A. Allgemeines; Entstehungsgeschichte

1   Vor Inkrafttreten des KostRegBerG regelte die Vorschrift (vor 1987 § 14) in erster Linie die Schutzdauer und implizit das Erlöschen des Gebrauchsmusters durch deren Ablauf, daneben einen weiteren Fall des Erlöschens des Gebrauchsmusters (Abs 6) sowie Registervermerke (Abs 2 Satz 2) und Veröffentlichungen (Abs 7). Sie hatte ihre Parallele in § 17 PatG aF, von der sie sich in der Systematik der Verlängerungs- (jetzt: Aufrechterhaltungs-)Gebühren für längere Zeiträume anstelle von Jahresgebühren unterschied. Die Neuregelung durch das KostRegBerG hat die Erlöschensregelung (neuer Abs 3) weitgehend an § 20 Abs 1 PatG angepasst, sieht aber eine eigenständige Regelung der Schutzdauer vor.

2   Die ursprünglich höchstens sechsjährige **Schutzdauer** ist durch das GebrMÄndG auf acht und durch das PrPG auf zehn Jahre verlängert worden. Das Grünbuch[1] hatte eine schrittweise bis zur Höchstdauer von zehn Jahren verlängerbare Schutzdauer vorgeschlagen, Art 19 des EU-Richtlinien-Entwurfs sechs Jahre mit zweimaliger Verlängerungsmöglichkeit um je zwei Jahre.

3   Das **Gebrauchsmusteränderungsgesetz 1986** hat Abs 2 und Abs 7 (in der bis 31.12.2001 geltenden Fassung Abs 6) neu gefasst, diese Regelungen galten auch für die vor dem 1.1.1987 angemeldeten Gebrauchsmuster.[2] Das PrPG hat Abs 2 nochmals neu gefasst und den früheren Abs 6 gestrichen. Das KostRegBerG hat die Bestimmung unter weitgehender Umgestaltung insgesamt neu gefasst. Die Neufassung durch das KostRegBerG ist am 1.1.2002 in Kraft getreten und galt auch für bereits zuvor angemeldete Gebrauchsmuster.

B. Schutzdauer

I. Systematik der Regelung

4   Wenn das Gesetz von „Schutzdauer" spricht, meint es die Frist bis zum Ablauf des Schutzes, nicht die effektive Schutzdauer, da der Schutz erst mit Eintragung beginnt, die Schutzfrist aber schon vom Anmeldetag an rechnet.[3]

5   Vom im Grundsatz vergleichbaren **Jahresgebührensystem des PatG** (vgl Rn 4 ff zu § 17 PatG) unterscheidet sich die Regelung (wie schon die zuvor geltende) vor allem durch die mehrjährige Periodisierung, die Verwaltungsaufwand gering hält.

6   Die **Eintragung** kann noch nach Ablauf der Höchstschutzdauer verfügt werden.[4] In diesem Fall führt sie keinen Schutz gegenüber Dritten mehr herbei, wirkt aber prioritätssichernd (vgl Rn 11),[5] ebenso bei Eintragung nach Ablauf einer früheren Schutzdauer, wenn die Aufrechterhaltungsgebühr noch nicht gezahlt ist.[6]

7   **II.** Die **Schutzdauer** beträgt **bei Aufrechterhaltung** maximal zehn Jahre, die vom Anmeldetag an berechnet werden und nach Ablauf des Monats enden, in den der Anmeldetag fällt (Abs 1). Auf den Prioritätstag kommt es nicht an.[7] Die Berechnung erfolgt nach den § 186 ff BGB. § 193 BGB ist unanwendbar, so dass die Schutzdauer auch an Samstagen, Sonntagen und Feiertagen ablaufen kann.[8]

8   Bei der **Abzweigung** rechnet die Schutzdauer vom Anmeldetag der Patentanmeldung an[9] (Rn 23 zu § 5).

---

1   S 93.
2   *Benkard*[9] Rn 1.
3   Nach früherem Recht von dem auf die Anmeldung folgenden Tag an, vgl *Benkard* Rn 2; *Mes* Rn 3 f.
4   BGHZ 47, 132 = GRUR 1967, 477 UHF-Empfänger II gegen BPatGE 2, 110 = GRUR 1965, 33; DPA BlPMZ 1956, 376; DPA BlPMZ 1960, 264.
5   BPatGE 19, 136 f; *Bühring* Rn 12; *Loth* § 11 Rn 3; *Mes* Rn 5; ähnlich *Benkard* § 8 Rn 13.
6   BPatGE 33, 142, 146 = GRUR 1993, 113; *Bühring* Rn 12; *Mes* Rn 5.
7   *Bühring* Rn 3.
8   *Mes* Rn 6.
9   *Bühring* Rn 5; *Benkard* Rn 2; *Mes* Rn 6.

III. Aufrechterhaltung des Schutzes (Absatz 2 Satz 1)

1. Allgemeines. Aufrechterhaltung kommt nur für **eingetragene Gebrauchsmuster** in Betracht 9 (Abs 2 iVm Abs 1), für GbmAnmeldungen bedarf es keiner Aufrechterhaltung.[10]

Ob der Schutz aufrechterhalten wird, ist grds der **Entscheidung des Gebrauchsmusterinhabers** 10 überlassen, jedoch können auch Dritte die Aufrechterhaltungsgebühr wirksam zahlen (vgl Rn 5 zu § 4 PatKostG);[11] Aufrechterhaltung ohne Mitwirken des GbmInhabers oder eines Dritten tritt nicht ein.

Wird das Gebrauchsmuster erst **nach Ablauf der längstmöglichen Schutzdauer eingetragen,** 11 kommt, da ein Schutz nicht mehr begründet wird, eine Aufrechterhaltung nach Abs 2 nicht in Betracht und Aufrechterhaltungsgebühren fallen nicht an,[12] vorausgezahlte Gebühren sind zurückzuzahlen (§ 10 Abs 1 Satz 1 PatKostG).[13]

2. Dauer. Die Dauer der ersten Periode beträgt drei Jahre, die der zweiten drei Jahre und der dritten 12 und vierten zwei Jahre, die jeweils an die vorangegangene Periode unmittelbar anschließen,[14] so dass sich bei Ausschöpfung der Verlängerungsmöglichkeiten eine Schutzdauer von sechs, acht oder höchstens zehn Jahren, jeweils gerechnet vom Anmeldetag, ergibt; in der letzten Periode seit 1.1.2002 mit der Besonderheit, dass diese erst mit Ablauf des Monats endet, in den der Anmeldetag fällt. Die früheren Perioden enden weiterhin ohne diese Besonderheit (zum Erlöschenszeitpunkt Rn 36). Zur Fristberechnung Rn 7.

3. Verfahren

a. Allgemeines. Die Aufrechterhaltung setzt keinen förmlichen Antrag voraus, sie wird durch die 13 ordnungsgem Zahlung der Aufrechterhaltungsgebühr bewirkt.[15]

Eine **Zahlungspflicht** (allg hierzu Rn 8 f Einl PatKostG) wird durch das Gesetz nicht begründet,[16] Bei- 14 treibung ist nicht vorgesehen.[17]

b. Zahlung der Aufrechterhaltungsgebühren. Die Gebühren betragen für die erste Verlängerung 15 210 EUR, für die zweite 350 EUR und für die dritte 530 EUR (GebVerz Nr 322100, 322200, 322300), die Verspätungszuschläge jeweils 50 EUR (GebVerz Nr 322101, 322201, 322301).

Gebührenschuldner ist der im Fälligkeitszeitpunkt eingetragene Inhaber[18] (§ 4 Abs 1 Nr 1 PatKostG); 16 zur Zahlung durch Dritte Rn 10.

Anfechtbarkeit. Die Gebührenzahlung wird als anfechtbar angesehen;[19] dem ist wegen ihrer auch 17 materiellrechtl Natur zuzustimmen.

Die **Fälligkeit** der Aufrechterhaltungsgebühr bestimmt sich nach § 3 Abs 2 PatKostG. Danach sind die 18 Aufrechterhaltungsgebühren jeweils für die folgende Schutzfrist am letzten Tag des Monats fällig, der durch seine Benennung dem Monat entspricht, in den der Anmeldetag fällt.[20]

Ob bei **Eintragung erst nach Ablauf einer Schutzfrist** die Aufrechterhaltungsgebühr am letzten 19 Tag des Monats fällig wird, in dem die Eintragung im Register bekanntgemacht ist (§ 3 Abs 2 Satz 2 PatKostG),[21] oder ob in diesem Fall für bereits abgelaufene Schutzfristen eine Aufrechterhaltungsgebühr überhaupt nicht zu zahlen ist, ist in der Rspr nicht geklärt und wurde auch von der Lit nicht konsistent beantwortet.[22] Das Gesetz zur Änderung des Designgesetzes und weiterer Vorschriften des gewerblichen

---

10 Vgl *Bühring*[7] Rn 9.
11 Vgl *Bühring* Rn 31; *Benkard* Rn 7.
12 *Bühring* Rn 29; *Benkard* Rn 4; vgl BPatGE 19, 136 f.
13 *Bühring* Rn 29; zum früheren Recht vgl BPatGE 20, 86 f = BlPMZ 1978, 53.
14 *Bühring* Rn 16 f.
15 *Benkard* Rn 6; *Bühring* Rn 14.
16 BPatGE 20, 119 = GRUR 1978, 242; *Bühring* Rn 15.
17 *Bühring* Rn 15.
18 *Bühring* Rn 31; *Benkard* Rn 7.
19 BPatGE 1, 25; BPatGE 2, 17, 19; BPatG BlPMZ 1972, 262; *Bühring* Rn 28; *Benkard* Rn 6.
20 *Bühring* Rn 19; *Benkard* Rn 8; *Mes* Rn 7.
21 *Bühring* Rn 19.
22 Vgl *Benkard* Rn 15.

Rechtsschutzes vom 4.4.2016 hat die Frage nunmehr durch den neugefassten § 3 Abs 3 Satz 2 PatKostG geklärt.[23]

20   **Frist; Nachfrist.** Nach § 7 Abs 1 Satz 1 PatKostG können die Aufrechterhaltungsgebühren bis zum Ablauf des zweiten Monats nach Fälligkeit zuschlagsfrei entrichtet werden.

21   **Fristberechnung.** Nach § 7 Abs 1 Satz 1 PatKostG läuft die Zweimonatsfrist am Monatsende ab (Rn 3 zu § 7 PatKostG).[24]

22   Die **Nachfrist**, in der die Aufrechterhaltungsgebühr zuschlagspflichtig nachgezahlt werden kann, ergibt sich aus § 7 Abs 1 Satz 2 PatKostG; einer Benachrichtigung, um sie in Lauf zu setzen, bedarf es nicht mehr (vgl Rn 42 Einl PatKostG; Rn 5 zu § 7 PatKostG).[25] Die Frist endet mit Ablauf des sechsten Monats nach Fälligkeit (§ 7 Abs 1 Satz 2 PatKostG). Sie ist nicht verlängerbar.[26]

23   **Wiedereinsetzung** in die vorstehend genannten Fristen ist möglich (§ 21 Abs 1, § 123 PatG; Rn 10 zu § 7 PatKostG).[27]

24   Die (nach § 5 Abs 2 PatKostG frühestens ein Jahr vor Eintritt der Fälligkeit mögliche) **Vorauszahlung** bewirkt die Aufrechterhaltung;[28] bei Gebührenerhöhungen (auf die nicht hingewiesen werden muss)[29] besteht – jedenfalls mangels abw gesetzlicher Regelung – keine Pflicht zur Nachzahlung des Differenzbetrags[30] (§ 13 Abs 1 Nr 3 PatKostG; vgl Rn 8 zu § 5 PatKostG). Die Zahlung der Aufrechterhaltungsgebühr vor Fälligkeit entfaltet erst mit Ablauf der früheren Schutzdauer Rechtswirkung.[31]

25   **Erstattung von Gebührenzahlungen.** Ereignisse, die zu einem rückwirkenden Wegfall des Schutzes führen, begründen keinen Erstattungsanspruch.[32] Rückerstattung einer Zahlung für die Verlängerung um eine nach dem zugrunde zu legenden Recht nicht vorgesehene weitere Schutzfrist kann als öffentlich-rechtl Erstattungsanspruch geltend gemacht werden;[33] sie richtet sich nach § 10 Abs 1 Satz 1 PatKostG (Rn 10 ff zu § 10 PatKostG).

26   Die **Erstattung von Teilzahlungen** regelte der aufgehobene § 10 Abs 2 Satz 2 PatKostG (Rn 26 zu § 10 PatKostG). Teilzahlungen sind nunmehr zu erstatten, wenn der durch sie erstrebte Erfolg nicht eintritt.[34]

27   **4. Registervermerk.** Die Aufrechterhaltung wird im Register (Abs 2 Satz 2) und auf der Gebrauchsmusterurkunde (§ 25 DPMAV) vermerkt. Sie wird im PatBl bekanntgegeben.[35] Dies gilt freilich nur, wenn Aufrechterhaltung eintritt, also nicht bei Eintragung nach Ablauf der längstmöglichen Schutzdauer (Rn 11).

C. Erlöschen des Gebrauchsmusters

I. Allgemeines; Erlöschensgründe

28   Zu unterscheiden ist wie beim Patent grds zwischen Erlöschen mit Wirkung von Anfang an (ex tunc) und für die Zukunft (ex nunc). Allerdings ist zu beachten, dass anders als beim Patent der Schutz nicht allein durch die Eintragung, sondern nur bei Vorliegen der Voraussetzungen der Schutzfähigkeit begründet wird. Den Erlöschenstatbeständen kommt daher konstitutive Wirkung nur zu, wenn Schutzfähigkeit vorlag.[36]

23   Vgl zu früheren Rechtslage BPatGE 19, 136; vgl auch BPatG 6.4.1994 5 W (pat) 28/93 BlPMZ 1995, 199 Ls.
24   Vgl *Benkard* Rn 9; zum früheren Recht BPatGE 25, 184 = GRUR 1983, 641, zum früheren § 17 Abs 3 PatG.
25   *Benkard* Rn 10.
26   *Mes* Rn 7; vgl zum früheren Recht BPatGE 1, 13 f = BlPMZ 1962, 133.
27   Vgl BPatG 22.11.1999 5 W (pat) 6/99; BPatG 20.7.2006 5 W (pat) 15/06.
28   BPatGE 19, 168 = BlPMZ 1978, 183; BPatGE 20, 45 = BlPMZ 1977, 335; BPatGE 20, 119 = GRUR 1978, 242; BPatGE 20, 167 = BlPMZ 1978, 183; BPatGE 21, 58 = GRUR 1978, 638; *Bühring* Rn 33; *Benkard* Rn 13.
29   *Bühring* Rn 36.
30   Vgl *Bühring* Rn 34 ff; zur früheren Rechtslage BPatG BlPMZ 1976, 409; BPatGE 19, 168 = BlPMZ 1978, 183; BPatGE 20, 119 = GRUR 1978, 242; BPatGE 20, 167 = BlPMZ 1978, 183.
31   BPatG GRUR 1997, 58; BPatGE 37, 275, Markensachen.
32   Vgl *Benkard* Rn 16.
33   BPatGE 40, 185.
34   *Bühring* Rn 49.
35   *Mes* Rn 9.
36   Vgl *Schlitzberger* FS 25 Jahre BPatG (1986), 249, 251.

Erlöschensgründe sind mit Wirkung von Anfang an Löschung und Feststellung der Unwirksam- **29** keit, mit Wirkung für die Zukunft Verzicht und Ablauf der Schutzdauer, soweit keine Aufrechterhaltung erfolgt.[37]

II. Die einzelnen Erlöschensgründe

1. Löschung (§§ 15–17). Die Feststellung der Unwirksamkeit (Rn 9 vor § 15) kann dagegen nur bereits **30** (mit Wirkung für die Zukunft) erloschene Gebrauchsmuster betreffen; sie ist daher kein Erlöschensgrund.[38]

2. Verzicht (Absatz 3 Nr 1)

a. Rechtsnatur. Der Verzicht ist Gestaltungserklärung mit Verfügungscharakter[39] (vgl Rn 14 zu § 20 **31** PatG). Er kann weder bedingt noch befristet erklärt werden.[40] Auch nach der Neuregelung ist Teilverzicht[41] möglich, selbst wenn sich dies (im Gegensatz zur früheren Regelung in Abs 6 „soweit") nicht mehr aus dem Gesetzeswortlaut ergibt.[42] Verzichtet werden kann allerdings nur auf Teile des Gebrauchsmusters, die Gegenstand eines Schutzanspruchs sind[43] oder zumindest sein könnten (nebengeordnete Alternativen in einem Schutzanspruch).[44] Zur Frage, ob der Nachreichung geänd Schutzansprüche materiellrechtl Verzichtswirkung zukommt, Rn 27 zu § 4.

b. Form. Der Verzicht ist schriftlich zu erklären (Rn 15 zu § 20 PatG).[45] Übermittlungsformen wie Tele- **32** fax erfüllen seit 2004 das Erfordernis der Schriftform (Rn 62ff vor § 34 PatG).[46] Elektronische Dokumente kommen nach § 125a Abs 1 PatG iVm § 21 in Betracht (Rn 5ff zu § 125a PatG).[47] Erklärungsempfänger ist das DPMA (Rn 13 zu § 20 PatG, dort auch zum Verzicht gegenüber dem BPatG). Ein bestimmter Wortlaut ist nicht vorgeschrieben (Rn 26 zu § 20 PatG).

c. Stellvertretung ist möglich[48] (Rn 21ff zu § 20 PatG), jedoch nicht Verzicht durch vollmachtlosen **33** Vertreter (Rn 23 zu § 20 PatG).

d. Wirkung. Der Verzicht wirkt – wie der auf das Patent – nur für die Zukunft.[49] Verzicht durch einen **34** Mitinhaber führt zur Anwachsung (str, vgl Rn 51 zu § 6 PatG mit Weiterverweisung).[50] Verzicht mit Wirkung für die Zukunft wird man wie im SortRecht[51] als zulässig ansehen müssen.[52] Verzichtserklärung in einem **Löschungsverfahren** hat die Wirkung einer Rücknahme des Widerspruchs.[53]

---

37   *Benkard* Rn 18, 19f; vgl *Bühring* Rn 53.
38   AA *Mes* Rn 15.
39   Vgl hierzu BGHZ 137, 60 = GRUR 1998, 910, 912 Scherbeneis; BPatGE 13, 15 = Mitt 1972, 19; *Benkard* Rn 19; *Bühring* Rn 55; abw *Mes* Rn 10 unter Hinweis auf BPatGE 5,5 = GRUR 1965, 143.
40   DPA BlPMZ 1961, 175.
41   Hierzu BGH GRUR 1997, 213f Trennwand.
42   *Benkard* Rn 20; *Mes* Rn 13; *Bühring* Rn 59; die Begr zum KostRegBerG schweigt hierzu, vgl BlPMZ 2002, 55.
43   BGH Scherbeneis; *Benkard* Rn 20; *Bühring* Rn 59; *Schlitzberger* FS 25 Jahre BPatG (1986), 249, 259.
44   *Bühring* Rn 59.
45   *Benkard* Rn 19; *Mes* Rn 10; *Bühring* Rn 57.
46   AA *Bühring* Rn 57; *Mes* Rn 10 unter Hinweis auf die überholte ältere Rspr.
47   Vgl *Benkard* § 20 PatG Rn 6; aA *Bühring* Rn 57.
48   Vgl *Benkard* Rn 19; *Bühring* Rn 58.
49   BGH GRUR 1963, 519, 522f Klebemax; BGH 16.3.1962 I ZR 97/60; BGH GRUR 1997, 213f Trennwand; BPatGE 34, 58, 60f = BlPMZ 1994, 159.
50   Ebenso *Bühring* Rn 63; *Benkard* Rn 19.
51   Hierzu BGHZ 187, 1, 6 = GRUR 2010, 996 Bordako.
52   *Bühring* Rn 55; aA wohl *Mes* Rn 10.
53   BPatGE 29, 226 = BlPMZ 1988, 256; zur Auswirkung auf die Kostentragungspflicht im Löschungsverfahren BPatGE 24, 190 = BlPMZ 1982, 266, bei aufforderungsgem Verzicht vor Einleitung des Löschungsverfahrens BPatGE 24, 11 = GRUR 1981, 819.

35   **e. Verfahren.** Die Verzichtserklärung wird mit ihrem Zugang wirksam, ohne dass es eines Tätigwerdens des DPMA bedürfte. Zu Mängeln und Anfechtung der Verzichtserklärung Rn 27 ff zu § 20 PatG. Das BPatG hat ein Rechtsschutzbedürfnis für eine Beschwerde gegen einen Beschluss, durch den das Erlöschen auf Grund Verzichts mit Wirkung für einen bestimmten Tag festgestellt worden ist, verneint.[54]

36   **3. Ablauf der Schutzdauer (Absatz 3 Nr 2).** Das Gebrauchsmuster erlischt bei nicht rechtzeitiger Zahlung der Aufrechterhaltungsgebühr.[55] Die Schutzdauer wird bis zum Ende der Schutzfrist aufrechterhalten und bleibt auch während der Zwei- bzw der weiteren Viermonatsfrist des § 7 Abs 1 PatKostG bestehen.[56]

III. Registervermerk; Bekanntmachung

37   Das Erlöschen wurde nach der vor dem 1.1.2002 geltenden Rechtslage, soweit es nicht auf dem Ablauf der Höchstschutzdauer beruhte, mit dem Erlöschensgrund im Register vermerkt.[57] Nach geltendem Recht besteht eine Verpflichtung hierzu nicht,[58] aber auch kein rechtl Hindernis. Der Registereintrag ist beschwerdefähig.[59]

38   Abs 7 aF, den das KostRegBerG aufgehoben hat, sah daneben **Bekanntmachung** im PatBl vor. Diese Regelung ist ersatzlos weggefallen.[60] Das DPMA veröffentlicht aber nach wie vor das Erlöschen im PatBl entspr der früheren Praxis.[61] Dem steht keine gesetzliche Regelung entgegen; Abs 7 aF begründete eine Verpflichtung zur Veröffentlichung, deren Wegfall eine weiterhin im Interesse der Allgemeinheit vorgenommene Veröffentlichung nicht hindert.[62]

§ 24
(Unterlassungsanspruch; Schadensersatz)

(1) [1]Wer entgegen den §§ 11 bis 14 ein Gebrauchsmuster benutzt, kann von dem Verletzten bei Wiederholungsgefahr auf Unterlassung in Anspruch genommen werden. [2]Der Anspruch besteht auch dann, wenn eine Zuwiderhandlung erstmalig droht.

(2) [1]Wer die Handlung vorsätzlich oder fahrlässig vornimmt, ist dem Verletzten zum Ersatz des daraus entstehenden Schadens verpflichtet. [2]Bei der Bemessung des Schadensersatzes kann auch der Gewinn, den der Verletzer durch die Verletzung des Rechts erzielt hat, berücksichtigt werden. Der Schadensersatzanspruch kann auch auf der Grundlage des Betrages der Vergütung errechnet werden, die der Verletzer hätte entrichten müssen, wenn er die Erlaubnis zur Benutzung der Erfindung eingeholt hätte.

Ausland: Dänemark: § 40 GebrMG; **Österreich:** § 41 öGebrMG; **Polen:** Art 292 RgE 2000

Übersicht

---

54   BPatGE 29, 76.
55   *Mes* Rn 14.
56   Begr zum KostRegBerG BlPMZ 2002, 55.
57   MittPräsDPA BlPMZ 1964, 321.
58   Vgl *Bühring* Rn 65.
59   DPA BlPMZ 1955, 298; *Benkard* Rn 21.
60   Die Begr zum KostRegBerG gibt dazu nichts her, vgl BlPMZ 2002, 55.
61   *Mes* Rn 16.
62   *Bühring* Rn 65.

Schrifttum: *Fromme* Schutzumfang und Erfindungshöhe im Gebrauchsmusterrecht, GRUR 1958, 261; *Kettner* Die Verwarnung wegen Gebrauchsmusterverletzung, GRUR 1939, 878; *Nieder* Anspruchsbeschränkung im Gebrauchsmusterprozess, GRUR 1999, 222; *Schramm* (Anm) GRUR 1964, 225; *Trüstedt* Das Gebrauchsmuster im Verletzungsstreit, GRUR 1954, 244; *Ullmann* Die Verletzung von Patent und Gebrauchsmuster nach neuem Recht, GRUR 1988, 333; *Winkler* Die Gebrauchsmusterverletzung im Vergleich zur Patentverletzung, GRUR 1958, 205; *Zeller* Die Einrede der Schutzunfähigkeit im Gebrauchsmusterverletzungsstreit, GRUR 1966, 421.

A. Entstehungsgeschichte

§ 9 GebrMG 1891 sah nur einen Entschädigungsanspruch bei wissentlicher oder grob fahrlässiger Benutzung vor, das GebrMG 1936 hat eine Angleichung an die Regelung im PatG gebracht. In § 15 Abs 1 GebrMG 1936 ist durch das GebrMÄndG 1986 die Verweisung (früher: §§ 5 und 6) geänd worden. Die Neufassung (Paragraphenbezeichnung durch die Neubek 1986) ist nur auf die nach dem 31.12.1986 angemeldeten Gebrauchsmuster anwendbar (Art 4 Nr 1 GebrMÄndG 1986). Das PrPG hat den früheren Abs 3 verselbstständigt (jetzt § 24f). Das Gesetz zur Verbesserung der Durchsetzung von Rechten des geistigen Eigentums vom 7.7.2008 hat den Wortlaut der Bestimmung neu gefasst und insb die Regelung über die Bemessung des Schadensersatzes bei leichter Fahrlässigkeit (Abs 2 Satz 2) entspr der Neuregelung in § 139 PatG herausgenommen. **1**

B. Ansprüche wegen Gebrauchsmusterverletzung

I. Allgemeines

Die Regelung entspricht § 139 Abs 1, 2 PatG. Eine § 139 Abs 3 PatG entspr Regelung entfällt wegen des fehlenden Verfahrensschutzes im GbmRecht. Der **Bereicherungsanspruch** ist im GbmRecht wie im Patentrecht (Rn 199 ff zu § 139 PatG) anerkannt.[1] **2**

Zu beachten ist, dass **vor Eintragung** des Gebrauchsmusters keine Ansprüche in Betracht kommen, da eine Regelung wie in § 33 PatG fehlt. **3**

II. Verletztes Recht

Der Schutz beginnt erst mit der Eintragung. Besonderheiten ergeben sich im wesentlichen nur aus der fehlenden Prüfung des Gebrauchsmusters. Die GbmVerletzung setzt neben Eintragung des Gebrauchsmusters auch Schutzfähigkeit seines Gegenstands voraus. Deshalb ist die Schutzfähigkeit, sofern sie vom Beklagten bestritten wird, als anspruchsbegründende Tatsache vom GbmInhaber darzulegen; einer besonderen Substantiierung bedarf es dabei aber grds nicht, weil sich die Schutzfähigkeit regelmäßig schon aus dem Nichtvorliegen schutzhindernden StdT ergibt.[2] Soweit die Erhebung einer entspr Einrede verlangt wird,[3] ist dies strenggenommen nicht zutr, jedoch wird in der Geltendmachung der Rechte aus dem Gebrauchsmuster regelmäßig konkludent die Behauptung der Schutzfähigkeit liegen, die der Verletzer zu bestreiten hat.[4] Die Nachprüfung im Verletzungsprozess erfasst auch die sog absoluten Schutzvoraussetzungen, die im Eintragungsverfahren geprüft werden,[5] sowie die Erweiterung (§ 15 Abs 1 Nr 3).[6] **4**

Den Verletzer trifft nach wohl noch hM die (materielle) **Beweislast** für die mangelnde Schutzfähigkeit.[7] Auch dies trifft an sich nicht zu, jedoch trifft die Folge der Nichtfeststellbarkeit schutzhindernden **5**

---

1 Die grundlegende Entscheidung BGHZ 68, 90 = GRUR 1977, 250 Kunststoffhohlprofil I betrifft das GbmRecht; *Benkard* Rn 12; *Mes* Rn 55.

2 Vgl zur Problematik auch BGH GRUR 1957, 270 Unfallverhütungsschuh; BGH GRUR 1962, 299 Sportschuh; BGH GRUR 1963, 494 Rückstrahlerdreieck; BGH GRUR 1964, 221, 223 Rolladen; BGH GRUR 1967, 477, 479 UHF-Empfänger II; BGHZ 51, 8 = GRUR 1969, 184 Lotterielos; *Benkard* Rn 1, 14.

3 BGHZ 136, 40 = GRUR 1997, 892 f Leiterplattennutzen, unter Fortführung der zitierten Rspr.

4 Teilweise abw *Loth* § 11 Rn 39, § 24 Rn 19, unter Zugrundelegung einer Vermutung der Schutzfähigkeit aufgrund der Eintragung, unter Hinweis auf *R. Rogge* FS O. von Gamm (1990), 461, 464, und *Meier-Beck* GRUR 1988, 861, 864.

5 BGH Lotterielos; vgl LG Düsseldorf 22.12.2009 4a O 268/08.

6 Vgl OLG Düsseldorf 8.10.2008 U (Kart) 43/06; OLG Düsseldorf 8.10.2008 U (Kart) 44/06.

7 RG GRUR 1927, 235 Schulterspangen; RGZ 124, 68, 71 = GRUR 1929, 733 f Bestecksmuster; LG Düsseldorf Mitt 2001, 561, 563; öOGH GRUR Int 1997, 164 f = ÖBl 1996, 200, 202 Wurfpfeilautomat, dort auch für das Verfügungsverfahren; *Benkard*

Materials notwendig den Verletzer.[8] Die Erteilung eines parallelen Patents kann als gutachterliche Stellungnahme berücksichtigt werden.

6 Die **Beweiserleichterungen** des § 139 Abs 3 PatG kommen mangels Schutzfähigkeit von Verfahren durch Gebrauchsmuster nicht in Betracht.

7 Ein unanfechtbar **zurückgewiesener Löschungsantrag** schneidet dem Antragsteller, soweit die Entscheidung reicht, die Berufung auf mangelnde Schutzfähigkeit ab (§ 19 Satz 3), nicht aber Dritten.

8 Der **rückwirkende Wegfall** des „Gebrauchsmusters" (dh auch der bloßen Registerposition) durch Löschung, feststellende Entscheidung oder Nichtwiderspruch auf einen Löschungsantrag führt, soweit ein jedermann gegenüber wirksamer Löschungsgrund geltend gemacht war, dazu, dass Ansprüche gegen den „Verletzer" von Anfang an nicht bestanden haben[9] (§ 13 Abs 1).

III. Schadensersatzanspruch

1. Verschulden

9 **a. Grundsatz.** Für das Verschulden bei einer GbmVerletzung kommt es nur auf das Bewusstsein an, dass der Gegenstand rechtsgültig geschützt ist und dass von ihm Gebrauch gemacht wird.[10] Das Verschulden bei Verletzung des allg Raumformgedankens eines Gebrauchsmusters hat der BGH nach früherem Recht nicht anders als bei Patentverletzung behandelt.[11]

10 **b. Besonderheiten im Gebrauchsmusterrecht.** Aus dem ungeprüften Charakter des Gebrauchsmusters ergeben sich Abweichungen gegenüber der Rechtslage beim Patent. Anders als im Patentrecht indiziert Rechtswidrigkeit das Verschulden hier nicht.[12] Die Benutzung eines Gebrauchsmusters ist erst schuldhaft und begründet Schadensersatzansprüche, wenn der Benutzer damit rechnet oder rechnen muss, dass seine Benutzung rechtswidrig ist.[13] Jedoch kommt die Verschuldensindikation dann zum Tragen, wenn der Verletzer keine Zweifel an der Rechtsbeständigkeit äußert.[14] Die Überlegungsfrist von einem Monat (Rn 122ff zu § 139 PatG) rechnet von der Bekanntmachung der Eintragung.[15] Durch die Anerkennung des Bereicherungsausgleichs (Rn 199ff zu § 139 PatG) bei schuldlosen Schutzrechtsverletzungen hat die Verschuldensfrage ihre praktische Bedeutung weitgehend verloren.[16]

11 Verschulden liegt nicht vor, wenn der Benutzer begründete **Zweifel an der Schutzfähigkeit** des Gebrauchsmusters haben konnte.[17] Die Bedenken gegen die Schutzfähigkeit des Gebrauchsmusters können sich aus dem StdT ergeben; begründete Zweifel am Umfang und der Rechtsbeständigkeit des Gegenstands des Gebrauchsmusters können auch daraus herrühren, dass die Fassung der Schutzansprüche den Gegenstand der Erfindung nicht hinreichend erkennen lässt und der für den Verletzungstatbestand interessierende Gegenstand des Schutzrechts „in der Beschreibung eher verborgen als offenbart wird".[18]

Rn 18; *Meier-Beck* GRUR 1988, 861, 864; *Loth* Rn 19, 21 und § 11 Rn 39; differenzierend jetzt *Bühring* § 11 Rn 37; öOGH ÖBl 2004, 37 Gleitschichtkühler. öOGH 14.7.2009 17 Ob 12/09b Transdermalpflaster, Ls in ÖBl 2009, 249: Kläger hat nach allg Beweisregeln sein Gebrauchsmusterrecht und die Eingriffshandlung zu beweisen; im Provisionalverfahren ist die Rechtsbeständigkeit widerlegbare Vermutung.

8 Ähnlich *Schramm* PVP S 378 (Kap 10 Rn 109); vgl auch OLG München 27.10.2006 6 U 2345/01.

9 Vgl BGH GRUR 1963, 494 Rückstrahlerdreieck; zur Wirkung des Doppelschutzverbots BGH GRUR 1963, 519, 522 Klebemax.

10 BGH GRUR 1963, 519 Klebemax, noch auf der Grundlage des früheren Raumformerfordernisses.

11 BGH 28.11.1963 Ia ZR 119/63 Rolladen, nicht in GRUR.

12 *Mes* Rn 46.

13 Vgl BGH GRUR 1977, 250, 252 Kunststoffhohlprofil I, nicht in BGHZ; BGH GRUR 2005, 761f Rasenbefestigungsplatte; OLG Düsseldorf GRUR-RR 2012, 62; *Benkard* vor § 9 PatG Rn 22 mwN.

14 BGH Rasenbefestigungsplatte.

15 LG Düsseldorf InstGE 2, 31f.

16 Vgl LG Düsseldorf InstGE 2, 31f.

17 BGH GRUR 1957, 213 Dipolantenne I: auch wenn im Löschungsverfahren vor dem DPA, an dem er nicht beteiligt war, die Schutzfähigkeit bejaht wurde; BGHZ 68, 90 = GRUR 1977, 250, 252f Kunststoffhohlprofil I; OLG Düsseldorf GRUR-RR 2012, 62, auch zur Möglichkeit der Beschränkung im Verletzungsstreit; vgl *Benkard* Rn 8; *Mes* Rn 48; *Loth* Rn 44; zu einem Fall des Doppelschutzes BGH GRUR 1963, 519 Klebemax.

18 BGH 28.6.1960 I ZR 171/58; seit Inkrafttreten der Regelung in § 12a kaum mehr denkbar.

Der Benutzer kann zum Ausschluss seines Verschuldens gehalten sein, gegen das Gebrauchsmuster **12** mit einem **Löschungsantrag** vorzugehen.[19] UU kann eine Entscheidung in einem Löschungsverfahren, an dem der Benutzer nicht beteiligt war, Verschulden ausschließen[20] (vgl auch Rn 10).

Im übrigen gelten die gleichen **Grundsätze wie im Patentrecht.** Erkennt der GbmInhaber selbst **13** nicht, dass die Verletzungsform von den Merkmalen des Gebrauchsmusters Gebrauch macht, kann dies indiziell gegen Verschulden sprechen.[21]

2. Schaden. Die Schadensberechnung entspricht der im Patentrecht.[22] Der ungeprüfte Charakter des **14** Gebrauchsmusters rechtfertigt keinen Abschlag.[23]

C. Gebrauchsmusterverwarnung ist nach den gleichen Grundsätzen wie bei Patenten statthaft **15** (Rn 272ff zu § 139 PatG). Die Rechtmäßigkeit der Verwarnung setzt aber zusätzlich die Schutzfähigkeit des Gegenstands des Gebrauchsmusters voraus.[24] Löschung des Gebrauchsmusters begründet grds Rechtswidrigkeit der Verwarnung.[25] Die Sorgfaltsanforderungen an den Verwarnenden sind mit Rücksicht auf das Fehlen einer Sachprüfung gesteigert.[26] Patentanwaltskosten für ein Abschlussschreiben können nur dann erstattet verlangt werden, wenn die Zuziehung des Patentanwalts erforderlich war; dies wird insb der Fall sein, wenn der Bestand des Gebrauchsmusters zwh ist.[27]

§ 24a
(Zivilrechtlicher Vernichtungsanspruch)

(1) [1]**Wer entgegen den §§ 11 bis 14 ein Gebrauchsmuster benutzt, kann von dem Verletzten auf Vernichtung der im Besitz oder Eigentum des Verletzers befindlichen Erzeugnisse, die Gegenstand des Gebrauchsmusters sind, in Anspruch genommen werden.** [2]**Satz 1 ist entsprechend auf die im Besitz oder Eigentum des Verletzers stehenden Materialien und Geräte anzuwenden, die vorwiegend zur Herstellung dieser Erzeugnisse gedient haben.**

(2) Wer entgegen den §§ 11 bis 14 ein Gebrauchsmuster benutzt, kann von dem Verletzten auf Rückruf der Erzeugnisse, die Gegenstand des Gebrauchsmusters sind, oder auf deren endgültiges Entfernen aus den Vertriebswegen in Anspruch genommen werden.

(3) [1]**Die Ansprüche nach den Absätzen 1 und 2 sind ausgeschlossen, wenn die Inanspruchnahme im Einzelfall unverhältnismäßig ist.** [2]**Bei der Prüfung der Verhältnismäßigkeit sind auch die berechtigten Interessen Dritter zu berücksichtigen.**

Ausland: Dänemark: § 41, 42 GebrMG

Die durch das PrPG eingeführte Regelung entsprach der in **§ 140a Abs 1** Satz 1 und Abs 2 **PatG.** Das **1** Gesetz zur Verbesserung der Durchsetzung von Rechten des geistigen Eigentums vom 7.7.2008 hat die Bestimmung in Übereinstimmung mit dem neuen § 140a PatG vollständig neu gefasst. § 9 Abs 2 HalblG verweist auf die Bestimmung.

---

19 BGHZ 68, 90 = GRUR 1977, 250, 252f Kunststoffhohlprofil I.

20 Vgl OLG Düsseldorf Mitt 1962, 178; *Benkard* Rn 8; *Bühring* Rn 34.

21 BGH GRUR 1966, 553, 557 Bratpfanne; *Benkard* Rn 9; *Bühring* Rn 34.

22 RGZ 50, 111 = BlPMZ 1902, 133 abhängiges Gebrauchsmuster; *Benkard* Rn 10; *Bühring* Rn 36.

23 Vgl OLG Düsseldorf GRUR 1981, 45, 50f; *Benkard* Rn 10.

24 RGZ 94, 248 = BlPMZ 1919, 8 Socken; *Benkard* Rn 15; *Bühring* Rn 87; vgl OLG Düsseldorf GRUR-RR 2014, 315; LG Düsseldorf 11.2.2014 4a O 88/12 GRURPrax 2014, 387 KT; LG Düsseldorf 12.4.2012, 4a O 17/12.

25 BGHZ 38, 200, 206 = GRUR 1963, 255, 257 Kindernähmaschinen; BPatGE 20, 186, 189 = Mitt 1978, 173; BPatGE 21, 17 = Mitt 1978, 175; *Benkard* Rn 15.

26 BGHZ 62, 29 = GRUR 1974, 290 maschenfester Strumpf; BGH GRUR 1997, 741f Chinaherde; vgl BGH Kindernähmaschinen; RG MuW 30, 480 Fahrradlampen; RG GRUR 1941, 102 Warnschreiben; LG Berlin Mitt 1939, 148; *Benkard* Rn 17; *Bühring* Rn 91; *Loth* Rn 104.

27 OLG Düsseldorf InstGE 9, 55; OLG Düsseldorf 14.4.2011 2 U 21/10 GRURPrax 2011, 255 KT.

2   Der **Vernichtungsanspruch** kann auch in der Weise geltend gemacht werden, dass die betreffenden Gegenstände an einen Gerichtsvollzieher zum Zweck der Vernichtung herausgegeben werden.[1]

3   Der **Entfernungsanspruch** (Abs 2) ist ohne Konkretisierung, welche Entfernungsmaßnahme genau verlangt wird, nicht ausreichend bestimmt und damit unzulässig.[2]

4   Einer § 140a Abs 1 Satz 2 PatG aF entspr Regelung bedurfte es wegen des fehlenden **Verfahrensschutzes** im GbmRecht nicht.

§ 24b
(Auskunft über Herkunft und Vertriebsweg)

(1) Wer entgegen den §§ 11 bis 14 ein Gebrauchsmuster benutzt, kann von dem Verletzten auf unverzügliche Auskunft über die Herkunft und den Vertriebsweg der benutzten Erzeugnisse in Anspruch genommen werden.

(2) [1]**In Fällen offensichtlicher Rechtsverletzung oder in Fällen, in denen der Verletzte gegen den Verletzer Klage erhoben hat, besteht der Anspruch unbeschadet von Absatz 1 auch gegen eine Person, die in gewerblichem Ausmaß**
1. **rechtsverletzende Erzeugnisse in ihrem Besitz hatte,**
2. **rechtsverletzende Dienstleistungen in Anspruch nahm,**
3. **für rechtsverletzende Tätigkeiten genutzte Dienstleistungen erbrachte oder**
4. **nach den Angaben einer in Nummer 1, 2 oder Nummer 3 genannten Person an der Herstellung, Erzeugung oder am Vertrieb solcher Erzeugnisse oder an der Erbringung solcher Dienstleistungen beteiligt war,**

es sei denn, die Person wäre nach den §§ 383 bis 385 der Zivilprozessordnung im Prozess gegen den Verletzer zur Zeugnisverweigerung berechtigt. [2]**Im Fall der gerichtlichen Geltendmachung des Anspruchs nach Satz 1 kann das Gericht den gegen den Verletzer anhängigen Rechtsstreit auf Antrag bis zur Erledigung des wegen des Auskunftsanspruchs geführten Rechtsstreits aussetzen.** [3]**Der zur Auskunft Verpflichtete kann von dem Verletzten den Ersatz der für die Auskunftserteilung erforderlichen Aufwendungen verlangen.**

(3) Der zur Auskunft Verpflichtete hat Angaben zu machen über
1. **Namen und Anschrift der Hersteller, Lieferanten und anderer Vorbesitzer der Erzeugnisse oder der Nutzer der Dienstleistungen sowie der gewerblichen Abnehmer und Verkaufsstellen, für die sie bestimmt waren, und**
2. **die Menge der hergestellten, ausgelieferten, erhaltenen oder bestellten Erzeugnisse sowie über die Preise, die für die betreffenden Erzeugnisse oder Dienstleistungen bezahlt wurden.**

(4) Die Ansprüche nach den Absätzen 1 und 2 sind ausgeschlossen, wenn die Inanspruchnahme im Einzelfall unverhältnismäßig ist.

(5) Erteilt der zur Auskunft Verpflichtete die Auskunft vorsätzlich oder grob fahrlässig falsch oder unvollständig, so ist er dem Verletzten zum Ersatz des daraus entstehenden Schadens verpflichtet.

(6) Wer eine wahre Auskunft erteilt hat, ohne dazu nach Absatz 1 oder 2 verpflichtet gewesen zu sein, haftet Dritten gegenüber nur, wenn er wusste, dass er zur Auskunftserteilung nicht verpflichtet war.

(7) In Fällen offensichtlicher Rechtsverletzung kann die Verpflichtung zur Erteilung der Auskunft im Wege der einstweiligen Verfügung nach den §§ 935 bis 945 der Zivilprozessordnung angeordnet werden.

(8) Die Erkenntnisse dürfen in einem Strafverfahren oder in einem Verfahren nach dem Gesetz über Ordnungswidrigkeiten wegen einer vor der Erteilung der Auskunft begangenen Tat gegen den Verpflichteten oder gegen einen in § 52 Abs. 1 der Strafprozessordnung bezeichneten Angehörigen nur mit Zustimmung des Verpflichteten verwertet werden.

---

1   LG Düsseldorf 17.4.2007 4b O 287/06.
2   LG Düsseldorf 2.8.2013 4b O 230/10.

(9) [1]Kann die Auskunft nur unter Verwendung von Verkehrsdaten (§ 3 Nr. 30 des Telekommunikationsgesetzes) erteilt werden, ist für ihre Erteilung eine vorherige richterliche Anordnung über die Zulässigkeit der Verwendung der Verkehrsdaten erforderlich, die von dem Verletzten zu beantragen ist. [2]Für den Erlass dieser Anordnung ist das Landgericht, in dessen Bezirk der zur Auskunft Verpflichtete seinen Wohnsitz, seinen Sitz oder eine Niederlassung hat, ohne Rücksicht auf den Streitwert ausschließlich zuständig. [3]Die Entscheidung trifft die Zivilkammer. [4]Für das Verfahren gelten die Vorschriften des Gesetzes über das Verfahren in Familiensachen und in den Angelegenheiten der freiwilligen Gerichtsbarkeit entsprechend. [5]Die Kosten der richterlichen Anordnung trägt der Verletzte. [6]Gegen die Entscheidung des Landgerichts ist die Beschwerde statthaft. [7]Die Beschwerde ist binnen einer Frist von zwei Wochen einzulegen. [8]Die Vorschriften zum Schutz personenbezogener Daten bleiben im Übrigen unberührt.

(10) Durch Absatz 2 in Verbindung mit Absatz 9 wird das Grundrecht des Fernmeldegeheimnisses (Artikel 10 des Grundgesetzes) eingeschränkt.

Die durch das PrPG eingeführte Regelung entspricht der in **§ 140b PatG**. § 9 Abs 2 HalbrlG verweist auf **1** die Bestimmung. Der nicht weiter verfolgte Änderungsvorschlag im Vorentwurf eines Gesetzes zur Änderung des Patentgesetzes und anderer Gesetze des gewerblichen Rechtsschutzes vom 11.3.2004 entsprach dem zu § 140b PatG.

Durch das **Gesetz zur Verbesserung der Durchsetzung von Rechten des geistigen Eigentums 2** vom 7.7.2008 wurde die Bestimmung entspr § 140b PatG in ihren Abs 2 bis 10 völlig neu formuliert. Abs 9 ist durch das FGG-ReformG mWv 1.9.2009 geänd worden.

Die nach Abs 7 mögliche Durchsetzung des Anspruchs im Weg der **einstweiligen Verfügung** setzt **3** grds voraus, dass der Gegner die Möglichkeit zur Stellungnahme hatte.[1]

§ 24c
(Vorlage und Besichtigung)

(1) [1]Wer mit hinreichender Wahrscheinlichkeit entgegen den §§ 11 bis 14 ein Gebrauchsmuster benutzt, kann von dem Rechtsinhaber oder einem anderen Berechtigten auf Vorlage einer Urkunde oder Besichtigung einer Sache, die sich in seiner Verfügungsgewalt befindet, in Anspruch genommen werden, wenn dies zur Begründung von dessen Ansprüchen erforderlich ist. [2]Besteht die hinreichende Wahrscheinlichkeit einer in gewerblichem Ausmaß begangenen Rechtsverletzung, erstreckt sich der Anspruch auch auf die Vorlage von Bank-, Finanz- und Handelsunterlagen. [3]Soweit der vermeintliche Verletzer geltend macht, dass es sich um vertrauliche Informationen handelt, trifft das Gericht die erforderlichen Maßnahmen, um den im Einzelfall gebotenen Schutz zu gewährleisten.

(2) Der Anspruch nach Absatz 1 ist ausgeschlossen, wenn die Inanspruchnahme im Einzelfall unverhältnismäßig ist.

(3) [1]Die Verpflichtung zur Vorlage einer Urkunde oder zur Duldung der Besichtigung einer Sache kann im Wege der einstweiligen Verfügung nach den §§ 935 bis 945 der Zivilprozessordnung angeordnet werden. [2]Das Gericht trifft die erforderlichen Maßnahmen, um den Schutz vertraulicher Informationen zu gewährleisten. [3]Dies gilt insbesondere in den Fällen, in denen die einstweilige Verfügung ohne vorherige Anhörung des Gegners erlassen wird.

(4) § 811 des Bürgerlichen Gesetzbuchs sowie § 24b Abs. 8 gelten entsprechend.

A. Allgemeines

Die durch das Gesetz zur Verbesserung der Durchsetzung von Rechten des geistigen Eigentums vom **1** 7.7.2008 eingestellte Regelung entspricht der in § 140c PatG.[1] Auf die Kommentierung dieser Bestimmung ist daher zu verweisen. § 9 Abs 2 HalblG verweist auf die Bestimmung.

---

1 Vgl *Benkard* Anm; LG Hamburg GRUR-RR 2015, 137.

1 Begr BTDrs 16/5048 BlPMZ 2008, 289.

Keukenschrijver

2 Der die Verjährung betr **frühere § 24c** ist nunmehr als § 24f eingestellt.

3 **B. Besonderheiten** ergeben sich beim Gebrauchsmuster aus dessen ungeprüftem Charakter (vgl Rn 28, 42 zu § 140c PatG).[2]

§ 24d
(Vorlage von Unterlagen)

(1) [1]**Der Verletzte kann den Verletzer bei einer in gewerblichem Ausmaß begangenen Rechtsverletzung in den Fällen des § 24 Abs. 2 auch auf Vorlage von Bank-, Finanz- oder Handelsunterlagen oder einen geeigneten Zugang zu den entsprechenden Unterlagen in Anspruch nehmen, die sich in der Verfügungsgewalt des Verletzers befinden und die für die Durchsetzung des Schadensersatzanspruchs erforderlich sind, wenn ohne die Vorlage die Erfüllung des Schadensersatzanspruchs fraglich ist.** [2]**Soweit der Verletzer geltend macht, dass es sich um vertrauliche Informationen handelt, trifft das Gericht die erforderlichen Maßnahmen, um den im Einzelfall gebotenen Schutz zu gewährleisten.**
(2) Der Anspruch nach Absatz 1 ist ausgeschlossen, wenn die Inanspruchnahme im Einzelfall unverhältnismäßig ist.
(3) [1]**Die Verpflichtung zur Vorlage der in Absatz 1 bezeichneten Urkunden kann im Wege der einstweiligen Verfügung nach den §§ 935 bis 945 der Zivilprozessordnung angeordnet werden, wenn der Schadensersatzanspruch offensichtlich besteht.** [2]**Das Gericht trifft die erforderlichen Maßnahmen, um den Schutz vertraulicher Informationen zu gewährleisten.** [3]**Dies gilt insbesondere in den Fällen, in denen die einstweilige Verfügung ohne vorherige Anhörung des Gegners erlassen wird.**
(4) § 811 des Bürgerlichen Gesetzbuches sowie § 24b Abs. 8 gelten entsprechend.

1 Die durch das Gesetz zur Verbesserung der Durchsetzung von Rechten des geistigen Eigentums vom 7.7.2008 eingestellte Regelung entspricht der in **§ 140d PatG.**[1] § 9 Abs 2 HalbIG verweist auf die Bestimmung.

§ 24e
(Urteilsbekanntmachung)

[1]**Ist eine Klage auf Grund dieses Gesetzes erhoben worden, kann der obsiegenden Partei im Urteil die Befugnis zugesprochen werden, das Urteil auf Kosten der unterliegenden Partei öffentlich bekannt zu machen, wenn sie ein berechtigtes Interesse darlegt.** [2]**Art und Umfang der Bekanntmachung werden im Urteil bestimmt.** [3]**Die Befugnis erlischt, wenn von ihr nicht innerhalb von drei Monaten nach Eintritt der Rechtskraft des Urteils Gebrauch gemacht worden ist.** [4]**Der Ausspruch nach Satz 1 ist nicht vorläufig vollstreckbar.**

A. Entstehungsgeschichte

1 Die durch das Gesetz zur Verbesserung der Durchsetzung von Rechten des geistigen Eigentums vom 7.7.2008 eingestellte Regelung entspricht der in **§ 140e PatG.**[1] § 9 Abs 2 HalbIG verweist auf die Bestimmung.

---

2 Vgl *Benkard* Anm.

1 Begr BTDrs 16/5048 BlPMZ 2008, 289.

1 Begr BTDrs 16/5048 BlPMZ 2008, 289.

B. Urteilsveröffentlichung

Es ist angenommen worden, dass die Urteilveröffentlichung bei Gbm-Verletzungen mit größerer Zu- **2** rückhaltung zu praktizieren ist als bei Patentverletzungen.[2]
Zur Urteilsveröffentlichung bei **Strafurteilen** wegen Gbm-Verletzung § 25 Abs 6. **3**

C. Die Entscheidungen im **Gebrauchsmusterlöschungsverfahren** einschließlich des Beschwerde- **4** und Rechtsbeschwerdeverfahrens sine keine Urteile iSd Bestimmung.

§ 24f
(Verjährung)

[1]**Auf die Verjährung der Ansprüche wegen Verletzung des Schutzrechts finden die Vorschriften des Abschnitts 5 des Buches 1 des Bürgerlichen Gesetzbuchs entsprechende Anwendung.** [2]**Hat der Verpflichtete durch die Verletzung auf Kosten des Berechtigten etwas erlangt, findet § 852 des Bürgerlichen Gesetzbuchs entsprechende Anwendung.**

Die durch das PrPG als § 24c verselbstständigte Regelung (zuvor § 24 Abs 3) entspricht der in **§ 141** **1** **PatG.** Das SchuldRModG hat die Vorschrift (entspr § 141 PatG) neu gefasst. Das Gesetz zur Verbesserung der Durchsetzung von Rechten des geistigen Eigentums vom 7.7.2008 hat sie als § 24f eingestellt.

Die Erhebung einer Zahlungsklage durch den **Nichtgläubiger** unterbricht den Lauf der Verjährung **2** auch dann nicht, wenn der Kläger im Lauf des Rechtsstreits vom wahren Gläubiger zur Geltendmachung der Forderung in eigenem Namen ermächtigt wird; die nach Ablauf der Verjährungsfrist erfolgte Ermächtigung des Klägers wirkt nicht auf den Zeitpunkt der Klageerhebung zurück. Wird die Ermächtigung vor Klageerhebung erteilt, unterbricht die Klageerhebung den Lauf der Verjährungsfrist erst ab dem Zeitpunkt, zu dem die gewillkürte Prozessstandschaft offengelegt wird; sie wirkt nicht auf den Zeitpunkt der Klageerhebung zurück.[1]

§ 24g
(Andere Anspruchsgrundlagen)

Ansprüche aus anderen gesetzlichen Vorschriften bleiben unberührt.

Die durch das Gesetz zur Verbesserung der Durchsetzung von Rechten des geistigen Eigentums vom **1** 7.7.2008 neu eingestellte Bestimmung entspricht **§ 141a PatG.**[1] § 9 Abs 4 HalblG verweist auf sie.
Sie ersetzt die Regelung in **§ 24b Absatz 5 aF,** die nur Auskunftsansprüche betraf. **2**

§ 25
(Strafbestimmung; strafrechtliche Einziehung; Veröffentlichungsbefugnis)

(1) **Mit Freiheitsstrafe bis zu drei Jahren oder mit Geldstrafe wird bestraft, wer ohne die erforderliche Zustimmung des Inhabers des Gebrauchsmusters**
1. **ein Erzeugnis, das Gegenstand des Gebrauchsmusters ist (§ 11 Abs. 1 Satz 2), herstellt, anbietet, in Verkehr bringt, gebraucht oder zu einem der genannten Zwecke entweder einführt oder besitzt oder**
2. **das Recht aus einem Patent entgegen § 14 ausübt.**

---

2   *Mes* Rn 1; vgl LG Düsseldorf 22.12.2009 4a O 268/08; *Benkard* Anm.

1   OLG München GRUR-RR 2008, 139.

1   Begr BTDrs 16/5048 BlPMZ 2008, 289; *Bühring* Rn 1.

(2) Handelt der Täter gewerbsmäßig, so ist die Strafe Freiheitsstrafe bis zu fünf Jahren oder Geldstrafe.

(3) Der Versuch ist strafbar.

(4) In den Fällen des Absatzes 1 wird die Tat nur auf Antrag verfolgt, es sei denn, daß die Strafverfolgungsbehörde wegen des besonderen öffentlichen Interesses an der Strafverfolgung ein Einschreiten von Amts wegen für geboten hält.

(5) [1]Gegenstände, auf die sich die Straftat bezieht, können eingezogen werden. [2]§ 74a des Strafgesetzbuches ist anzuwenden. [3]Soweit den in § 24a bezeichneten Ansprüchen im Verfahren nach den Vorschriften der Strafprozeßordnung über die Entschädigung des Verletzten (§§ 403 bis 406c) stattgegeben wird, sind die Vorschriften über die Einziehung nicht anzuwenden.

(6) [1]Wird auf Strafe erkannt, so ist, wenn der Verletzte es beantragt und ein berechtigtes Interesse daran dartut, anzuordnen, daß die Verurteilung öffentlich bekanntgemacht wird. [2]Die Art der Bekanntmachung ist im Urteil zu bestimmen.

Ausland: Dänemark: § 39 GebrMG; **Österreich:** §§ 42 (nur Geldstrafendrohung), 44 Abs 2 (Zuständigkeit des Landesgerichts für Strafsachen Wien) öGebrMG

A. Entstehungsgeschichte

1 Die durch das 1. ÜberlG, das EGStGB und das GebrMÄndG 1986 geänd Regelung (früher § 16) hat ihre geltende Bezeichnung durch die Neubek 1986 erhalten. Die Strafdrohung ist durch das PrPG verschärft worden, Abs 2 und 3 sind durch dieses Gesetz neu eingeführt, der jetzige Abs 4 ist geänd worden.

B. Regelungsgehalt

2 Die Bestimmung stimmt sachlich weitgehend mit **§ 142 PatG** überein.

3 **Tathandlungen** sind nach Abs 1 Nr 1 die nach § 11 Abs 1 Satz 2 und nach Abs 1 Nr 2 die Ausübung der Rechte aus einem später angemeldeten Patent ohne Erlaubnis des GbmInhabers nach § 14.[1]

4 **Mittelbare Verletzung** (§ 11 Abs 2) wird als solche nicht erfasst, jedoch kommen Anstiftung und Beihilfe zu unmittelbarer Verletzung in Betracht.[2]

5 Regelungen, die den **Verfahrensschutz** betreffen, entfallen, weil das GbmRecht einen solchen nicht kennt.

6 Soweit **Verwendungsschutz** in Betracht kommt (vgl Rn 8 zu § 1), ist zu prüfen, ob die jeweiligen Handlungen von den Tatbeständen der Abs 1, 2 erfasst werden.

7 Die **Schutzfähigkeit** hat das Gericht vAw wegen zu prüfen.[3] Sie muss als Wirksamkeitserfordernis des Gebrauchsmusters vom Vorsatz umfasst sein, bedingter Vorsatz reicht allerdings aus.[4]

§ 25a
(Beschlagnahme durch die Zollbehörde)

(1) [1]Ein Erzeugnis, das ein nach diesem Gesetz geschütztes Gebrauchsmuster verletzt, unterliegt auf Antrag und gegen Sicherheitsleistung des Rechtsinhabers bei seiner Einfuhr oder Ausfuhr der Beschlagnahme durch die Zollbehörde, sofern die Rechtsverletzung offensichtlich ist und soweit nicht die Verordnung (EU) Nr. 608/2013 des Europäischen Parlaments und des Rates vom 12. Juni 2013 zur Durchsetzung der Rechte geistigen Eigentums durch die Zollbehörden und zur Aufhebung der Verordnung (EG) Nr. 1383/2003 des Rates (ABl. L 181 vom 29.6.2013, S. 15) in ihrer jeweils geltenden Fassung anzuwenden ist. [2]Dies gilt für den Verkehr mit anderen Mitgliedstaaten der Europäischen Union sowie mit den anderen Vertragsstaaten des Abkommens über den Europäischen Wirtschaftsraum nur, soweit Kontrollen durch die Zollbehörden stattfinden.

---

1 Vgl *Mes* Rn 4.
2 So auch *Bühring* Rn 5.
3 RGSt 46, 92 Grüneberger Brause; *Mes* Rn 3; *Benkard* Anm; *Bühring* Rn 4.
4 *Benkard* Anm; vgl *Mes* Rn 2; *Loth* Rn 5, 9; *Bühring* Rn 7.

(2) [1] Ordnet die Zollbehörde die Beschlagnahme an, so unterrichtet sie unverzüglich den Verfügungsberechtigten sowie den Antragsteller. [2] Dem Antragsteller sind Herkunft, Menge und Lagerort des Erzeugnisses sowie Name und Anschrift des Verfügungsberechtigten mitzuteilen; das Brief- und Postgeheimnis (Artikel 10 des Grundgesetzes) wird insoweit eingeschränkt. [3] Dem Antragsteller wird Gelegenheit gegeben, das Erzeugnis zu besichtigen, soweit hierdurch nicht in Geschäfts- oder Betriebsgeheimnisse eingegriffen wird.

(3) Wird der Beschlagnahme nicht spätestens nach Ablauf von zwei Wochen nach Zustellung der Mitteilung nach Absatz 2 Satz 1 widersprochen, so ordnet die Zollbehörde die Einziehung des beschlagnahmten Erzeugnisses an.

(4) [1] Widerspricht der Verfügungsberechtigte der Beschlagnahme, so unterrichtet die Zollbehörde hiervon unverzüglich den Antragsteller. [2] Dieser hat gegenüber der Zollbehörde unverzüglich zu erklären, ob er den Antrag nach Absatz 1 in bezug auf das beschlagnahmte Erzeugnis aufrechterhält.

1. [3] Nimmt der Antragsteller den Antrag zurück, hebt die Zollbehörde die Beschlagnahme unverzüglich auf.

2. Hält der Antragsteller den Antrag aufrecht und legt er eine vollziehbare gerichtliche Entscheidung vor, die die Verwahrung des beschlagnahmten Erzeugnisses oder eine Verfügungsbeschränkung anordnet, trifft die Zollbehörde die erforderlichen Maßnahmen.

[4] Liegen die Fälle der Nummern 1 oder 2 nicht vor, hebt die Zollbehörde die Beschlagnahme nach Ablauf von zwei Wochen nach Zustellung der Mitteilung an den Antragsteller nach Satz 1 auf; weist der Antragsteller nach, daß die gerichtliche Entscheidung nach Nummer 2 beantragt, ihm aber noch nicht zugegangen ist, wird die Beschlagnahme für längstens zwei weitere Wochen aufrechterhalten.

(5) Erweist sich die Beschlagnahme als von Anfang an ungerechtfertigt und hat der Antragsteller den Antrag nach Absatz 1 in bezug auf das beschlagnahmte Erzeugnis aufrechterhalten oder sich nicht unverzüglich erklärt (Absatz 4 Satz 2), so ist er verpflichtet, den dem Verfügungsberechtigten durch die Beschlagnahme entstandenen Schaden zu ersetzen.

(6) [1] Der Antrag nach Absatz 1 ist bei der Generalzolldirektion zu stellen und hat Wirkung für ein Jahr, sofern keine kürzere Geltungsdauer beantragt wird; er kann wiederholt werden. [2] Für die mit dem Antrag verbundenen Amtshandlungen werden vom Antragsteller Kosten nach Maßgabe des § 178 der Abgabenordnung erhoben.

(7) [1] Die Beschlagnahme und die Einziehung können mit den Rechtsmitteln angefochten werden, die im Bußgeldverfahren nach dem Gesetz über Ordnungswidrigkeiten gegen die Beschlagnahme und Einziehung zulässig sind. [2] Im Rechtsmittelverfahren ist der Antragsteller zu hören. [3] Gegen die Entscheidung des Amtsgerichts ist die sofortige Beschwerde zulässig; über sie entscheidet das Oberlandesgericht.

Die durch das PrPG eingefügte und durch das 2. PatGÄndG in Abs 1 Satz 2 neu gefasste Regelung **1** stimmt mit der in § 142a PatG überein. § 9 Abs 2 HalbLG verweist auf die Bestimmung. Das Wort „Oberfinanzdirektion" in Abs 6 ist durch das 2.Gesetz zur Änderung des Finanzverwaltungsgesetzes und anderer Gesetze vom 13.12.2007 durch das Wort „Bundesfinanzdirektion" ersetzt worden, durch das Gesetz zur Neuorganisation der Zollverwaltung vom 3.12.2015 durch „Generalzolldirektion". Das Gesetz zur Verbesserung der Durchsetzung von Rechten des geistigen Eigentums vom 7.7.2008 hat in Übereinstimmung mit der Regelung im PatG die Frist in Abs 6 Satz 1 von zwei Jahren auf ein Jahr verkürzt.

Die **VO (EG) Nr 1383/2003** des Rates vom 22.7.2003 über das Vorgehen der Zollbehörden gegen Wa- **2** ren, die im Verdacht stehen, bestimmte Rechte geistigen Eigentums zu verletzen, und die Maßnahmen gegenüber Waren, die erkanntermaßen derartige Rechte verletzen,[1] war auf Gebrauchsmuster nicht anwendbar (so auch Rn 4 zu § 142b PatG),[2] jedoch konnte bei Verletzung von Gebrauchsmustern auch an den **EU-Außengrenzen** eingegriffen werden (Rn 8 zu § 142a PatG). Sie ist am 1.1.2014 durch die **VO (EU) Nr 608/2013** abgelöst worden, die auch auf Gebrauchsmuster Anwendung findet.[3] Die stellt die durch das Gesetz zur Änderung des Designgesetzes und weiterer Vorschriften des gewerblichen Rechtsschutzes vom 4.4.2016[4] vorgenommene Einfügung klar.

---

1   ABl EU 2003 L 196/7.
2   *Benkard* Anm; *Loth* Rn 1 (zur Vorgängerbestimmung); zwd *Bühring* Rn 2f; vgl auch *Eichelberger* Mitt 2010, 281.
3   *Benkard* Anm.
4   BGBl I 558.

§ 25b
(Verfahren nach der Grenzbeschlagnahmeverordnung)

Für das Verfahren nach der Verordnung (EU) Nr. 608/2013 gilt § 25a Absatz 5 und 6 entsprechend, soweit die Verordnung keine Bestimmungen enthält, die dem entgegenstehen.

1   Die Regelung, die das Gesetz zur Änderung des Designgesetzes und weiterer Vorschriften des gewerblichen Rechtsschutzes vom 4.4.2016[1] mWv 1.7.2016 vorgenommen hat, entspricht der Neufassung des § 142b PatG (vgl Rn 4 zu § 142 PatG).

§ 26
(Teilstreitwert)

(1) [1] Macht in bürgerlichen Rechtsstreitigkeiten, in denen durch Klage ein Anspruch aus einem der in diesem Gesetz geregelten Rechtsverhältnisse geltend gemacht wird, eine Partei glaubhaft, daß die Belastung mit den Prozeßkosten nach dem vollen Streitwert ihre wirtschaftliche Lage erheblich gefährden würde, so kann das Gericht auf ihren Antrag anordnen, daß die Verpflichtung dieser Partei zur Zahlung von Gerichtskosten sich nach einem ihrer Wirtschaftslage angepaßten Teil des Streitwerts bemißt. [2] Die Anordnung hat zur Folge, daß die begünstigte Partei die Gebühren ihres Rechtsanwalts ebenfalls nur nach diesem Teil des Streitwerts zu entrichten hat. [3] Soweit ihr Kosten des Rechtsstreits auferlegt werden oder soweit sie diese übernimmt, hat sie die von dem Gegner entrichteten Gerichtsgebühren und die Gebühren seines Rechtsanwalts nur nach dem Teil des Streitwerts zu erstatten. [4] Soweit die außergerichtlichen Gebühren dem Gegner auferlegt oder von ihm übernommen werden, kann der Rechtsanwalt der begünstigten Partei seine Gebühren von dem Gegner nach dem für diesen geltenden Streitwert beitreiben.

(2) [1] Der Antrag nach Absatz 1 kann vor der Geschäftsstelle des Gerichts zur Niederschrift erklärt werden. [2] Er ist vor der Verhandlung zur Hauptsache anzubringen. [3] Danach ist er nur zulässig, wenn der angenommene oder festgesetzte Streitwert später durch das Gericht heraufgesetzt wird. [4] Vor der Entscheidung über den Antrag ist der Gegner zu hören.

A. Entstehungsgeschichte

1   Die Regelung ist durch das Gesetz zur Änderung des UWG, des WZG und des GebrMG vom 21.7.1965[1] als § 17a eingefügt worden; sie hat ihre geltende Bezeichnung durch die Neubek 1986 erhalten. Das RG hatte eine analoge Anwendung der Regelung im PatG abgelehnt.[2]

B. Anwendungsbereich

I. Gebrauchsmusterstreitsachen

2   Die Bestimmung stimmt im wesentlichen wörtlich mit der in § 144 PatG überein. Sachlich ergibt sich aus der Umschreibung des erst in § 27 genannten Begriffs „GbmStreitsache" keine Abweichung.[3] Zur Frage, ob auch in GbmVerfahren die einstweilige Verfügung erfasst ist, Rn 5 zu § 144 PatG.

3   **II. Gebrauchsmusterlöschungssachen** fallen nicht unter die Bestimmung.[4] Der materielle Gehalt der Regelung kann hier wie bei allen mehrseitigen Beschwerdeverfahren vor dem BPatG weitgehend im Rahmen der vorgesehenen Billigkeitsentscheidung erfasst werden (Rn 8 zu § 144 PatG).

---

1   BGBl I 558.

1   BGBl I 625.
2   RG GRUR 1938, 781 Küchenherd.
3   *Benkard* Rn 1.
4   Vgl Begr BlPMZ 1965, 294; DPA Mitt 1957, 97; *Benkard* Rn 2; *Mes* Rn 4; *Loth* Rn 5; kr *Bühring* Rn 3.

III. Für das **Rechtsbeschwerdeverfahren** ergibt sich die Anwendbarkeit von § 144 PatG aus der Ver- **4** weisungskette über § 18 Abs 5 Satz 2 GebrMG, § 102 Abs 2 PatG.[5]

Vor § 27
(Verfahren in Gebrauchsmusterstreitsachen)

Schrifttum: *Bühling* Anpassung der Ansprüche an die angegriffene Ausführungsform im Patent- und Gebrauchs- musterverletzungsprozess: Gedanken nach „Momentanpol", FS P. Mes (2009), 47; *Nieder* Anspruchsbeschränkung im Gebrauchsmusterverletzungsprozess, GRUR 1999, 222; *Scheffler* Besonderheiten bei der Abwehr von Ansprüchen aus parallelen Gebrauchs- und Geschmacksmustern im Falle widerrechtlicher Entnahme geistigen Eigentums, Mitt 2005, 216; *von Falck* Die Rechtsbehelfe gegen das rechtskräftige Verletzungsurteil nach rückwirkendem Wegfall des Klageschutz- rechts, GRUR 1977, 308; *Westendorp/Viktor* Das Gebrauchsmuster – eine schärfere Waffe als das Patent, Mitt 1998, 452.

A. Allgemeines

Grds gelten dieselben Grundsätze wie beim Patentverletzungsstreit (s die Kommentierung vor § 143 **1** PatG). Ein Zwang zur **Klagenkonzentration** wie nach § 145 PatG besteht nicht.[1] Zur Frage des einheitli- chen Streitgegenstands beim Zusammentreffen von Patent und Gebrauchsmuster Rn 91 vor § 143 PatG. Das „Grünbuch" (Einl Rn 18) schlug als Voraussetzung für eine Verletzungsklage nach Ermessen des Gerichts eine **Recherche** vor.[2]

B. Prüfung der Verletzung

Die Schutzfähigkeit ist im Verletzungsstreit zu prüfen, soweit nicht Bindung nach § 19 Satz 3 eingetre- **2** ten ist[3] (vgl Rn 4 f zu § 24).

Sind die **Schutzansprüche zu weit** gefasst und deshalb gegenüber der Einrede der mangelnden **3** Schutzfähigkeit nicht beständig, kann im Verletzungsprozess unabhängig von der Frage der Einreichung zu den GbmAkten eingeschränkter Schutz geltend gemacht werden, der sich im Rahmen der ursprüngli- chen Offenbarung wie der der Eintragung zugrunde liegenden Schutzansprüche halten muss.[4] Das gilt auch im Fall unzulässiger Erweiterung, soweit der Schutz auf eine nicht erweiternde Fassung zurückge- führt werden kann und diese geltend gemacht wird.[5]

C. Entscheidung

Die Urteilsformel muss das Verbot klar zum Ausdruck bringen und sich der Verletzungsform anpas- **4** sen.[6] Die Entscheidung soll auch unwesentliche Abweichungen der Verletzungsform erfassen.[7] Auf die im Patentrecht entwickelten Grundsätze (Rn 84 ff vor § 143 PatG) wird indessen zurückzugreifen sein.

D. Für die **einstweilige Verfügung** kann mit der gebotenen Zurückhaltung auf die Grundsätze zum **5** Patentverletzungsprozess zurückgegriffen werden.[8] Auch im Verfahren über einen Antrag auf Erlass einer einstweiligen Verfügung spricht nach dt Recht (anders nach der Rspr in Österreich, Rn 5 zu § 24) keine

---

5   *Mes* Rn 4; nach *Loth* Rn 5 im Analogieweg.

1   OLG Düsseldorf GRUR 1959, 538; *Benkard* § 24 Rn 18; *Stjerna* GRUR 2007, 194 f.
2   Grünbuch S 94.
3   BGH GRUR 1957, 270 Unfallverhütungsschuh.
4   Vgl BGHZ 155, 51 = GRUR 2003, 867 Momentanpol I; vgl schon BGH 18.12.1975 X ZR 64/72; zur Geltendmachung des Gebrauchsmusters in eingeschränkter Form ohne Nachreichung neuer Schutzansprüche zur Akte *Nieder* GRUR 1999, 222 gegen die dort zitierte Praxis des LG München I; aA *Loth* § 12a Rn 13, § 13 Rn 5, 6 unter Hinweis auf diese Praxis.
5   BGH Momentanpol I gegen OLG Karlsruhe 25.10.2000 6 U 197/99.
6   RG GRUR 1933, 494, 496 Markierungszeichen; RG GRUR 1936, 882 f Grasmähmaschine.
7   *Benkard* § 24 Rn 18; nach RG BlPMZ 1911, 227 Schalldecken „alle den Erfindungsgedanken zum Ausdruck bringenden Ausführungsformen".
8   Vgl *Mes* § 24 Rn 83.

Vermutung für die Rechtsbeständigkeit des Gebrauchsmusters.[9] Die Verfügung kann daher idR erst nach Anhörung des Gegners erlassen werden.[10] Problematisch ist weiter, welcher Vortrag zur Verneinung des Verfügungsgrunds erforderlich ist.[11] Näher hierzu Rn 278 vor § 143 PatG.

6   E. Zur **Aussetzung des Verletzungsstreits** s die Kommentierung zu § 19.

F. Wiederaufnahme

7   Das nachträgliche Auffinden eines entgegenstehenden älteren Gebrauchsmusters ist nicht als Restitutionsgrund angesehen worden.[12] Zu den Folgen der Löschung nach rechtskräftigem Abschluss des Verletzungsprozesses Rn 6 vor § 15.

G. Streitwert

8   Dass die Schutzdauer bei Klagerhebung weitgehend abgelaufen ist, führt zu einer Reduzierung des sonst angemessenen Streitwerts.[13]

§ 27
(Gebrauchsmusterstreitsachen)

(1) Für alle Klagen, durch die ein Anspruch aus einem der in diesem Gesetz geregelten Rechtsverhältnisse geltend gemacht wird (Gebrauchsmusterstreitsachen), sind die Zivilkammern der Landgerichte ohne Rücksicht auf den Streitwert ausschließlich zuständig.

(2) [1]Die Landesregierungen werden ermächtigt, durch Rechtsverordnung die Gebrauchsmusterstreitsachen für die Bezirke mehrerer Landgerichte einem von ihnen zuzuweisen, sofern dies der sachlichen Förderung der Verfahren dient. [2]Die Landesregierungen können diese Ermächtigungen auf die Landesjustizverwaltungen übertragen. [3]Die Länder können außerdem durch Vereinbarung den Gerichten eines Landes obliegende Aufgaben insgesamt oder teilweise dem zuständigen Gericht eines anderen Landes übertragen.

(3) Von den Kosten, die durch die Mitwirkung eines Patentanwalts in einer Gebrauchsmusterstreitsache entstehen, sind die Gebühren nach § 13 des Rechtsanwaltsvergütungsgesetzes und außerdem die notwendigen Auslagen des Patentanwalts zu erstatten.

Ausland: Dänemark: § 44 GebrMG; **Österreich:** §§ 44 Abs 1 (Zuständigkeit des HG Wien), 45 (Feststellungsanträge zum Patentamt) öGebrMG

A. Allgemeines; Entstehungsgeschichte

1   Das GebrMÄndG 1986 hat die Regelung in § 18 GebrMG 1936, die die GbmStreitsachen sowohl den Amtsgerichten als auch den Landgerichten zuwies, aufgehoben. Bis zum Inkrafttreten der Neuregelung richtete sich die Zuständigkeit nach dem Streitwert. Die Begr führt aus, dass die Bearbeitung von GbmStreitsachen idR dieselben technischen und rechtl Kenntnisse wie die von Patentverletzungsprozessen erfordere, weil die Entscheidung häufig von der Vorfrage der Schutzfähigkeit und Rechtsbeständigkeit des Gebrauchsmusters abhänge.[1] Die durch das GebrMÄndG 1986 novellierte Regelung in § 19 Abs 5

---

9   Vgl OLG Karlsruhe GRUR 2014, 352, zur Aussetzung.

10   LG Hamburg GRUR-RR 2015, 137.

11   Vgl OLG Düsseldorf 8.12.2011 2 U 79/11 GRURPrax 2012, 222 KT einerseits, LG Düsseldorf GRUR-RR 2012, 66 andererseits; *Mes* § 24 Rn 84.

12   RGZ 59, 413 Restitutionsklage und Gebrauchsmuster; ebenso *Benkard* § 24 Rn 18.

13   OLG Hamburg 30.8.2010 3 W 83/10; zur Reduzierung des Streitwerts gegenüber vergleichbaren Patentverletzungssachen *Mes* § 24 Rn 78.

1   BlPMZ 1986, 320, 329.

GebrMG 1936, die durch das 6. ÜberlG geänd wurde, hat ihre geltende Bezeichnung durch die Neubek 1986 erhalten; sie entspricht der in § 143 PatG; dort auch zur (nur für Rheinland-Pfalz mit der Zuständigkeit des LG Frankenthal von der in Patentstreitsachen abw) Zuständigkeitskonzentration; das Geschmacksmusterreformgesetz hat wie in § 143 PatG Abs 2 Satz 3 angefügt,[2] das KostRModG die Verweisung auf die BRAGebO durch die auf das RVG ersetzt. Art 4 OLGVertrÄndG vom 28.7.2002[3] hat im Rahmen der Aufhebung des zweitinstanzlichen Lokalisationsgebots aus Anlass der Entscheidung des BVerfG vom 13.12.2000[4] Abs 3 und 4 aufgehoben und den bisherigen Abs 5 zu Abs 3 gemacht; die Erstattung der Mehrkosten soll den allg Bestimmungen folgen.[5]

Die **Abweichung im Wortlaut** von Abs 2 gegenüber der Regelung in § 143 Abs 2 PatG (unter Abstellen auf die Verfahrensförderung) ist ohne sachliche Bedeutung.   2

B. Gebrauchsmusterstreitsachen

I. Der **Begriff** entspricht mutatis mutandis dem der Patentstreitsache in § 143 Abs 1 PatG (Rn 51 ff zu   3 § 143 PatG). Dass ein „Anspruch auf oder aus einer Erfindung" unabhängig von der Schutzrechtslage geltend gemacht wird, begründet[6] noch nicht das Vorliegen einer GbmStreitsache.

Beim **Zusammentreffen von Patent- und Gebrauchsmusterstreitsachen** wird die Zuständigkeit   4 der Patentstreitkammer als vorgehend angesehen;[7] Schwierigkeiten können sich nur ergeben, soweit die Zuständigkeit ausnahmsweise auseinanderfällt (dzt in Rheinland-Pfalz). Man wird hier jedoch aufgrund Sachzusammenhangs von einer umfassenden Zuständigkeit des einen wie des anderen Gerichts ausgehen müssen.

II. Zum **Verfahren in Gebrauchsmusterstreitsachen** s vor § 27.   5

C. Doppelvertretungskosten

Die Regelung in Abs 3 entspricht der in § 143 Abs 3 PatG.[8]   6

§ 28
(Inlandsvertreter)

(1) Wer im Inland weder Wohnsitz noch Niederlassung hat, kann an einem in diesem Gesetz geregelten Verfahren vor dem Patentamt oder dem Patentgericht nur teilnehmen und die Rechte aus einem Gebrauchsmuster nur geltend machen, wenn er im Inland einen Rechtsanwalt oder Patentanwalt als Vertreter bestellt hat, der zur Vertretung im Verfahren vor dem Patentamt, dem Patentgericht und in bürgerlichen Rechtsstreitigkeiten, die das Gebrauchsmuster betreffen, sowie zur Stellung von Strafanträgen bevollmächtigt ist.

(2) Staatsangehörige eines Mitgliedstaates der Europäischen Union oder eines anderen Vertragsstaates des Abkommens über den Europäischen Wirtschaftsraum können zur Erbringung einer Dienstleistung im Sinne des Vertrages zur Gründung der Europäischen Gemeinschaft als Vertreter im Sinne des Absatzes 1 bestellt werden, wenn sie berechtigt sind, ihre berufliche Tätigkeit unter einer der in der Anlage zu § 1 des Gesetzes über die Tätigkeit europäischer Rechtsanwälte in Deutschland vom 9. März 2000 (BGBl. I S. 182) oder zu § 1 des Gesetzes über die Eignungsprüfung für die Zulassung zur Patentanwaltschaft vom 6. Juli 1990 (BGBl. I S. 1349, 1351) in der jeweils geltenden Fassung genannten Berufsbezeichnungen auszuüben.

---

2   Vgl Beschlussempfehlung und Bericht des Rechtsausschusses BlPMZ 2004, 259.
3   BGBl I 2850.
4   1 BvR 335/97, BVerfGE 103, 1 = NJW 2001, 353.
5   Begr BTDrs 14/8763 S 11.
6   Entgegen *Loth* Rn 2.
7   *Bühring* Rn 10; *Benkard* Rn 3; vgl RGZ 170, 226, 231 f = GRUR 1943, 64 Explosionsrammen.
8   Vgl auch BPatGE 51, 81 = GRUR 2010, 278.

Keukenschrijver

(3) Der Ort, an dem ein nach Absatz 1 bestellter Vertreter seinen Geschäftsraum hat, gilt im Sinne des § 23 der Zivilprozessordnung als der Ort, an dem sich der Vermögensgegenstand befindet; fehlt ein solcher Geschäftsraum, so ist der Ort maßgebend, an dem der Vertreter im Inland seinen Wohnsitz, und in Ermangelung eines solchen der Ort, an dem das Patentamt seinen Sitz hat.

Ausland: Österreich: vgl § 39 öGebrMG (Vertreter)

1 § 28 (§ 20 GebrMG 1936) entspricht **§ 25 PatG**. Die Änderung der Bestimmung durch das KostRegBerG entspricht der in § 25 PatG. Das PatRVereinfModG vom 31.7.2009 hat die Regelung in Abs 2 Satz 2 (Notwendigkeit des Zustellungsbevollmächtigten) wie im PatG gestrichen. Zuvor hatte das BPatG sie als mit der Dienstleistungsfreiheit nicht vereinbar bezeichnet.[1]

2 **Eintragung.** Der Inlandsvertreter wird in das GbmRegister eingetragen und hierdurch legitimiert.[2]

§ 29
(Verordnungsermächtigung)

Das Bundesministerium der Justiz und für Verbraucherschutz regelt durch Rechtsverordnung, die nicht der Zustimmung des Bundesrates bedarf, die Einrichtung und den Geschäftsgang des Patentamts sowie die Form des Verfahrens in Gebrauchsmusterangelegenheiten, soweit nicht durch Gesetz Bestimmungen darüber getroffen sind.

1 § 29 (§ 21 GebrMG 1936, geänd durch das 6. ÜberlG und durch das KostErmÄndG 1970) entspricht **§ 28 PatG**. Das KostRBerG hat Abs 2 aufgehoben; die früher dort enthaltene Regelung ist jetzt in § 1 Abs 2 PatKostG eingestellt. Das Geschmacksmusterreformgesetz hat die Bestimmung wie § 28 PatG geänd. Die 10. ZuständigkeitsanpassungsVO hat nach dem Wort „Justiz" die Worte „und für Verbraucherschutz" eingefügt.

2 Die Bestimmung ist, was Gebrauchsmuster betrifft, **Ermächtigungsgrundlage** für die DPMAV (im Anh). Die geltende DPMAV vom 1.4.2004[1] hat die frühere, wiederholt geänd vom 5.9.1968[2] abgelöst.

3 Die **Gebrauchsmusterverordnung**, die die Einzelheiten der Anmeldung regelt, hat ihre Grundlage in § 4 Abs 4.[3] Auch die DPMAVerwKostV, die PatKostZV und die WahrnV beruhen nicht auf der Bestimmung.

4 Die **Richtlinien** für die Eintragung von Gebrauchsmustern vom 25.4.1990[4] mit späteren Änderungen[5] wie die Richtlinien für die Durchführung der Druckschriftenermittlung nach § 7 GebrMG (Gbm-Rechercherichtlinien) vom 2.9.2009[6] sind verwaltungsinterne Anordnungen; sie beruhen auf der Organisationshoheit des PräsDPMA, nicht auf der Ermächtigung in § 29.[7]

§ 30
(Auskunftsanspruch)

Wer Gegenstände oder ihre Verpackung mit einer Bezeichnung versieht, die geeignet ist, den Eindruck zu erwecken, daß die Gegenstände als Gebrauchsmuster nach diesem Gesetz geschützt seien, oder wer in öffentlichen Anzeigen, auf Aushängeschildern, auf Empfehlungskarten oder in

---

1 BPatG 2.7.2009 35 W (pat) 17/06.
2 *Benkard* Anm; vgl zur Niederlegung des Mandats BPatGE 28, 219 = GRUR 1987, 359.
1 BGBl I 514 = BlPMZ 2004, 296; zuletzt geänd durch Art 2 der VO über den elektronischen Rechtsverkehr beim Deutschen Patent- und Markenamt und zur Änderung weiterer Verordnungen für das Deutsche Patent- und Markenamt vom 1.11.2013, BGBl I 3906 = BlPMZ 2013, 378.
2 BGBl I 997 = BlPMZ 1968, 278.
3 *Bühring* Rn 1.
4 BlPMZ 1990, 211.
5 BlPMZ 1992, 261; BlPMZ 1996, 389.
6 BlPMZ 2009, 363.
7 Vgl BPatGE 20, 33 f; *Benkard* Anm; *Mes* Rn 2.

ähnlichen Kundgebungen eine Bezeichnung solcher Art verwendet, ist verpflichtet, jedem, der ein berechtigtes Interesse an der Kenntnis der Rechtslage hat, auf Verlangen Auskunft darüber zu geben, auf welches Gebrauchsmuster sich die Verwendung der Bezeichnung stützt.

Ausland: Dänemark: § 38 GebrMG; **Österreich:** § 43 ÖGebrMG

Schrifttum: *Pahl* Zur Frage der Auskunftspflicht gem § 22 des Gebrauchsmustergesetzes, Mitt 1938, 131; *Ebert-Weidenfeller/Schmüser* Werbung mit Rechten des geistigen Eigentums – „ges. gesch.", „Pat.", ®, TM, ©&Co., GRURPrax 2011, 74.

A. Auskunftsanspruch

§ 30 (§ 22 GebrMG 1936) entspricht § 146 PatG. Tathandlung ist eine GbmBerühmung.[1] Als Bezeichnungen kommen zB in Betracht „Gebrauchsmuster", „deutsches Gebrauchsmuster", „DGM", DBGM", aber auch unspezifische Angaben wie „ges. gesch.".[2] **1**

B. Besonderheiten bei Gebrauchsmusterberühmung

Die GbmBerühmung ist auch dann irreführend, wenn das Gebrauchsmuster zwar eingetragen ist, Schutz aber offenkundig nicht besteht,[3] insb bei entspr Rechercheergebnis.[4] **2**

C. Werbung mit Gebrauchsmusterschutz

C. Werbung mit Gebrauchsmusterschutz (s zunächst Rn 14 ff zu § 146 PatG). Mit formal bestehendem GbmSchutz (dh der Tatsache der Eintragung allein) darf nicht geworben werden, wenn zB aufgrund einer Recherche offensichtlich ist, dass neuheitsschädlicher StdT entgegensteht.[5] Bei Gebrauchsmuster- und Zeichenschutz sind Angaben wie „patentamtlich geschützt", „patentiert", „gesetzlich geschützt" (insoweit für Gebrauchsmuster str) oder „im Inland geschützt" grds unzulässig;[6] es darf nicht der Eindruck erweckt werden, dass Patentschutz bestehe.[7] Einen Rechtssatz, dass die Werbung mit ungeprüften Schutzrechten stets wettbewerbswidrig sei, gibt es aber nicht.[8] **3**

Hinweise auf **Gebrauchsmuster** vor deren Eintragung werden regelmäßig als wettbewerbswidrig angesehen.[9] **4**

§ 31
(Übergangsbestimmung)

Artikel 229 § 6 des Einführungsgesetzes zum Bürgerlichen Gesetzbuche findet mit der Maßgabe entsprechende Anwendung, dass § 24c in der bis zum 1. Januar 2002 geltenden Fassung den Vorschriften des Bürgerlichen Gesetzbuchs über die Verjährung in der bis zum 1. Januar 2002 geltenden Fassung gleichgestellt ist.

A. Entstehungsgeschichte

Die Bestimmung ist durch das Schuldrechtsmodernisierungsgesetz vom 26.11.2001 eingefügt worden. **1**

---

1 *Bühring* Rn 2.
2 *Mes* Rn 2; zu Angaben wie „nach DEGM ... geschützt" OLG Düsseldorf GRUR 1984, 883; *Loth* Rn 9.
3 OLG Düsseldorf GRUR 1984, 883; vgl *Mes* Rn 10.
4 *Mes* Rn 10.
5 *Benkard* Rn 2; vgl OLG Düsseldorf GRUR 1984, 883.
6 RGSt 49, 230 = BlPMZ 1916, 151 patentamtlich geschützt; RG GRUR 1938, 828, 831 Braupfanne; BGH GRUR 1957, 358 f Kölnisch Eis; BGH 30.6.1972 I ZR 29/71; OLG Düsseldorf GRUR 1978, 437; OLG Düsseldorf Mitt 1992, 105; OLG München Mitt 1998, 479.
7 Vgl *Bühring* Rn 10, 12; *Fitzner/Lutz/Bodewig* Patentrechtskommentar § 146 PatG Rn 26.
8 *Köhler/Bornkamm* § 5 UWG Rn 5.121; aA offenbar *Fitzner/Lutz/Bodewig* Patentrechtskommentar § 146 PatG Rn 26.
9 Vgl LG Düsseldorf 15.9.1998 4 O 35/98 Entsch 1998, 97, 99; *Bühring* Rn 14; *Köhler/Bornkamm* § 5 UWG Rn 5.121; *Mes* Rn 10.

B. Übergangsregelungen

2   **I.** Die praktisch obsoleten **Übergangsbestimmungen in §§ 23–26 GebrMG 1936** (s *5. Aufl*) sind durch Art 10 Abs 3 des Ersten Gesetzes über die Bereinigung von Bundesrecht im Zuständigkeitsbereich des Bundesministeriums der Justiz vom 19.4.2006 aufgehoben worden.

3   **II.** Von Bedeutung waren weiter die **Übergangsregelungen** in Art 4 GebrMÄndG 1986 und in Art 12 Nr 3 PrPG. Die Übergangsregelungen in Art 4, 6 GebrMÄndG 1986 sind durch Art 160 des Ersten Gesetzes über die Bereinigung von Bundesrecht im Zuständigkeitsbereich des Bundesministeriums der Justiz vom 19.4.2006 aufgehoben worden.

III. Geschmacksmusterreformgesetz, Designgesetz-Änderungsgesetz

4   Die Änderung des § 29 ist am 19.3.2004 in Kraft getreten, die übrigen Änderungen sind es am 1.6.2004 (Art 6 GeschmacksmusterreformG). Die Änderungen durch das Gesetz zur Änderung des Designgesetzes und weiterer Vorschriften des gewerblichen Rechtsschutzes vom 4.4.2016 in §§ 25a, 25b sind am 1.7.2016 in Kraft getreten, die Änderung in § 17 tritt am 1.10.2016 in Kraft (Art 15 Design-ÄndG).

5   **C. Die Regelung in § 31** entspricht der in § 147 Abs 1 PatG, jedoch fehlen mangels Anwendungsbereichs im Gebrauchsmusterrecht die weiteren Übergangsregelungen in § 147 PatG.

Gesetz über den Schutz der Topographien von mikroelektronischen Halbleitererzeugnissen

(Halbleiterschutzgesetz; HlSchG)

vom 22.10.1987

Änderungen des Gesetzes:

Nr.	ändernde Norm	vom	BGBl	geänd (Ä)
	HlSchG	22.10.1987	I 2294	
1	PrPG	07.03.1990	I 422	4, 9, 10 Ä
2	2. PatGÄndG	16.07.1998	I 1827	3 Ä
3	SchuldRModG	26.11.2001	I 3138	9, 26 Ä
4	KostRegBerG	13.12.2001	I 3656	3, 4, 8, 11 Ä
5	TransparenzPublG	19.07.2002	I 2681	11 Ä
6	GeschmMRefG	12.03.2004	I 390	3 Ä
7	Gesetz zur Verbesserung der Durchsetzung von Rechten des geistigen Eigentums	07.07.2008	I 1191	9 Ä
8	PatRVereinfModG	31.07.2009	I 2521	11 Ä
9	G über den Rechtsschutz bei überlangen Gerichtsverfahren ...	24.11.2011	I 2302	11 Ä
10	G zur Novellierung patentrechtlicher Vorschriften und anderer Gesetze des gewerblichen Rechtsschutzes	19.10.2013	I 3830	4 Ä
11	10. ZuständigkeitsanpassungsVO	31.08.2015	I 1474	2, 3 Ä
	G zur Änderung des Designgesetzes und weiterer Vorschriften des gewerblichen Rechtsschutzes	*RegE* 06.11.2015	*BRDrs 540/15 = BTDrs 18/7195*	*4, 9 Ä*

Einleitung HlSchG

Übersicht

Schrifttum: (Schrifttum zum „Reverse Engineering" § 6 HlSchG): *Andreevitch* Rechtsschutz für Mikrochips in Österreich, EDV & Recht 1989, 8; *Arckens/Keustermans* Der US-amerikanische Semiconductor Chip Protection Act of 1984, RIW 1985, 280; *Auer* Schutz von Mikro-Chips, iur 1987, 440; *Auer* Der Schutz von Mikro-Chips nach österreichischem Recht, EDV & Recht 1987, 20; *Blocher* Anpassungserfordernisse österreichischen Rechts im Hinblick auf die Richtlinie des Rates vom 16. Dezember 1986 über den Rechtsschutz der Topographien von Halbleitererzeugnissen (87/54/EWG), in: *Koppensteiner* (Hrsg) Österreichisches und europäisches Wirtschaftsprivatrecht, Teil 2: Geistiges Eigentum (1996), 659; *Bonneau* La loi du 4 novembre 1987 rélative à la protection de topographies du produit semi-conducteurs. Une nouvelle philosophie de la propriété inellectuelle, GazPal 1991, 15; *Chavanne/Azéma* Protection des produits semiconducteurs, Rev.tr.dr.comm. 1988, 45; *Chesser* Semiconductor Chip Protection: Changing Roles for Copyright and Competition, 71 Va.L.Rev. 249 (1985); *Chiu/Shen* A Sui Generis Intellectual Property Right for Layout Designs on Printed Circuit Boards? EIPR 2006, 38; *Christie* Integrated Circuits and their Contents: International Protection, 1995; *Cohen Jehoram* The European Commission pressured into a „dis-harmonising" Directive on chip protection, EIPR 1987, 35; *Cohen Jehoram* Hybriden auf dem Grenzgebiet zwischen Urheberrecht und gewerblichem Rechtsschutz, GRUR Int 1991, 687; *Combaldieu* La protection des circuits intégrés en France, ProprInd 1988, 283; *Correa* Legal Protection of the Layout Designs of Integrated Circuits: The WIPO Treaty, EIPR 1990, 196; *Dreier* 2. Sitzung des Sachverständigenausschusses der WIPO zum Schutz von integrierten Schaltkreisen, GRUR Int 1986, 629; *Dreier* Die Entwicklung des Schutzes integrierter Schaltkreise, GRUR Int 1987, 645 = IIC 1988, 427; *Dreier* Der rechtliche Schutz integrierter Halbleiterschaltkreise, Spektrum der Wirtschaft 1988, 24; *Dreier* Der Schutz von Mikrochips: Internationale Entwicklung und Regelung im Entwurf der III. Expertenkommission zur Revision des schweizerischen Urheberrechtsgesetzes vom 18. Dezember 1987, SMI 1988, 37; *Dreier* National Treatment, Reciprocity and Retorsion – The Case of Computer Programs and Integrated Circuits, in *Beier/Schricker* (Hrsg) GATT or WIPO? (IIC Studies Vol. 11), 63; *Ferry/Hurstel* La protection juridique des semi-conducteurs, JCP E 1986 II 14800; *Flamée/Van-Hees* Une approche européenne de la protection des ‚chips‘, Revue trimestrielle de droit économique 1990 Nr 1, 31; *Flint/Thorne/Williams* Intellectual Property: The New Law, 1999; *Geissler* Halbleiterschutzgesetz/Semiconductor Protection Act, Textausgabe mit Erläuterungen, 1988; *Guglielmetti* Le topografie dei semiconduttori, AIDA 1992, 263; *Hamburger* Gedanken über den Schutz integrierter Schaltungen, ÖBl Juli/August 1986, 89; *Heilein* Die Bedeutung des Rechtsschutzes für integrierte Halbleiterschaltkreise in der Praxis, 2002, zugl Diss München (Universität der Bundeswehr) 2002; *Hein* Der U.S. Semiconductorchip Act von 1984, GRUR Int 1985, 81; *Herberger* Chip-Schutz, iur 1987, 401; *Hoeren* Das deutsche Halbleiterschutzgesetz vom 1.11.1987, BB 1988, 1904; *Hoeren* Der Schutz von Mikrochips in der Bundesrepublik Deutschland, 1988; *Hoeren* Das Washingtoner Abkommen zum Schutz des geistigen Eigentums an integrierten Schaltkreisen, NJW 1989, 2605; *Holzinger* Halbleiterschutz und Urheberrecht: Anmerkungen zum Entwurf eines Halbleiterschutzgesetzes, EDV & Recht 1988, 12; *Karnell* Protection of Layout Designs (Topographies) of Integrated Circuits – R.I.P.? IIC 2001, 648; *Kindermann/Körber/Kolle* Schutz der integrierten Schaltungen (Bericht), GRUR Int 1986, 329; *Kingston* Why Harmonisation is a Trojan Horse, EIPR 2004, 447; *Kitagawa* Protection of the Circuit Layout of Semiconductor Integrated Circuits in Japan, IndProp 1986, 351; *Kitagawa* Legal Protection of Integrated Circuit Layout – Birth of a New Intellectual Property, UFITA 114 (1990), 59; *Kitagawa* Treaty on Intellectual Property in Respect of Integrated Circuits – A Failed Success, FS W. Lorenz (1992), 649; *Koch* Rechtsschutz der Topographien von mikroelektronischen Halbleitererzeugnissen, CR 1987, 77; *Koch* Rechtsschutz der Topographien von mikroelektronischen Halbleitererzeugnissen, NJW 1988, 2446; *Krieger/Dreier* Die Washingtoner Diplomatische Konferenz zum Abschluß eines Vertrages über den Schutz des geistigen Eigentums im Hinblick auf integrierte Schaltkreise (Bericht), GRUR Int 1989, 729; *Kullmann* Der Schutz von Computerprogrammen und -chips in der Bundesrepublik Deutschland und in den USA, 1988; *Ladd/Leibowitz/Joseph* Protection for Semiconductor Chip Masks in the United States – Analysis of the Semiconductor Chip Protection Act of 1984, IIC Studies Vol 8, 1986; *Lemberg* Semiconductor Protection: Foreign Reponses to a US Initiative, 25 Col.J.Transnat'l L. 345 (1987); *Marterer* Halbleiterschutz in Österreich, ÖBl 1987, 1; *Massaguer-Fuentes/Pérez-Frias* Aktuelle Fragen zum Rechtsschutz für mikroelektronische Halbleitererzeugnisse, CR 1988, 368; *McManis* International Protection for Computer Chip Designs and the Standard of Juridical Review of Presidential Proclamations Issued Pursuant to the Semiconductor Protection Act of 1984, 22 Geo.Wash.J.Int'l.L. and Econ. 331 (1988); *Meijboom* Sui generis bescherming voor topografieen van halfgeleiderproducten, BIE 1987, 313; *Meijboom* Das niederländische Gesetz über den Schutz von Halbleitertopographien, GRUR Int 1988, 923; *Meijboom/Prins* (Hrsg) The Law of Information Technology in Europe, 1992; *Oman* Urheberrecht, Computerprogramme und Halbleiterchips, GRUR Int 1992, 886; *Radomsky* (Hrsg) Sixteen Years After the Passage of the U.S. Semiconductor Chip Protection Act: Is International Protection Working? Berkeley Technology Law Journal Bd 15, 2000, im Internet unter www.law.berkeley.edu/journals/btlj/articles/vol15/radomsky.pdf; *Rother* Rechte des Arbeitgebers/Dienstherrn am geistigen Eigentum, Stellungnahme zur AIPPI-Ftage Q 183, GRUR Int 2004, 235; *Röttinger* Aktivitäten zum Halbleiterschutz in Österreich, iur 1987, 445; *Röttinger* Topographie, Maskwork, Circuit Layout, Layout Design, Halbleiterprodukt, Semiconductor Chip. Einige Gedanken zu einem neuen gewerblichen Schutzrecht, iur 1988, 38; *Röttinger* Der Schutz von Computersoftware und Mikrochips in der Schweiz, iur 1988, 240; *Roulet* Une extension du droit français de la propriété intellectuelle: la protection des topographies des produits semi-conducteurs, Petites Affaires 1988 Nr 46, 7; *Rush* Copyright Protection for Computer Software and Semiconductor Chips in Canada – a Canadian Perspective, Journal of the Copyright Society of the USA 33 (1986), 162; *Schroeder* Computer Software Protection and Semiconductor Chips, 1990; *Schwartz* 30 Jahre EG-Rechtsangleichung, FS H. von der Groeben (1987), 333, 361; *Stauder* Entwurf eines Gesetzes über den Schutz der Topographien von mikroelektronischen Halbleitererzeugnissen (Halbleitergesetz), GRUR 1987, 346; *Stern* Conflicts of Law Problems Under the New U.S. Semiconductor Chip Protection Act, IIC 17 (1986), 486; *Steup/Koch* Der Halbleiterschutz nach nationalem, internationalem und europäischem Recht, in: *Lehmann* (Hrsg) Rechtsschutz und Verwertung von Computerprogrammen[1], 1988, 183; *Vandenberghe* La protection du logiciel et des chips aux Etats-Unis un modèle pour l'Europe? Revue internationale du droit d'auteur Oktober 1985, 85; *Vinje* Die EG-Richtlinie zum Schutz von Computerprogrammen und die Frage der Interoperabilität, GRUR Int 1992, 250; *Vivant/Lucas* Chronique Droit de l'informatique, JCP E 1988 II 15093; *Wei Shen* Intellectual Property Protection of Layout Designs on Printed Circuit Boards: From Comparative and Chinese Perspectives, IIC 2014, 6; *von Werdt* Ausgewählte Probleme zum Topographienschutz von mikroelektronischen Halbleitererzeugnissen, Diss Zürich 1991; *von Werdt* Kopierschutz von Computerchips, insbesondere nach ToG, in *Thomann/Rauber* (Hrsg) Softwareschutz, Bern 1998; *Werum* Der Schutz von Halbleitererzeugnissen der Mikroelektronik im deutschen Rechtssystem, 1990; *Wippermann* Der urheberrechtliche Schutz von Mikrochips, 1993; *Wong* The Semiconductor Chip Protection Act: New Laws for new Technology, JPTOS 1985, 530.

Materialien: Begr, Stellungnahme des Bundesrats, Beschlußempfehlung und Bericht des Rechtsausschusses des Bundestags BT-Drs 11/754 vom 1.9.1987, BlPMZ 1987, 374; Merkblatt für Anmelder im Internet unter http://dpma.de/docs/service/formulare/topographie/t6604.pdf abrufbar; Anmeldeformular im Internet unter http://dpma.de/docs/service/formulare/topographie/t6603.pdf abrufbar

A. Entstehungsgeschichte

I. US-Semiconductor Chip Protection Act

Die USA haben durch das Halbleiterschutzgesetz (Semiconductor Chip Protection Act) 1984 im Rah- **1** men ihres Urheberrechtsgesetzes (U.S. Code – Titel 17 – Copyrights, Kapitel 9) den Schutz von Halbleiterchips eingeführt.[1] Nach Sec 902 (a) Nr 1 A, 2, § 914 knüpft der Schutz für Ausländer an ein entspr Abkommen, die Gewährung von Gegenseitigkeit oder eine entspr Verfügung des Handelsministers an. Auf Ersuchen der Kommission im Namen der EWG ist eine entspr Verfügung bis zum 8.11.1987 ergangen.[2] Um den Schutz für Deutsche in den USA zu erhalten, musste die dt Regelung spätestens am 7.11.1987 in Kraft treten. Japan hat 1985 einen ähnlichen Schutz eingeführt, verzichtet aber auf Gegenrecht und lässt den Schutz erst mit der Registrierung des Layouts beginnen.[3] In Europa wurde Schutz zunächst in Schweden eingeführt; eine Registrierung erfolgt dort nicht.

II. EWG-Ratsrichtlinie; Europäischer Wirtschaftsraum

Das dt HlSchG geht auf die Richtlinie des Rates der EWG 87/54 vom 16.12.1986 über den Rechtsschutz **2** der Topographien von Halbleitererzeugnissen[4] zurück, zu deren Umsetzung bis 7.11.1987 die Mitgliedstaaten verpflichtet wurden. Auch das TRIPS-Übk enthält Vorgaben zum Halbleiterschutz (insb Vergütung in Höhe einer angemessenen Lizenzgebühr, Art 37 Abs 1 TRIPS-Übk).

Durch die Richtlinie wurde ein **einheitlicher Rahmen** für den Topographieschutz geschaffen. Die **3** Richtlinie regelt, wer und was geschützt werden soll, welche ausschließlichen Rechte die geschützten Personen haben und welche Schutzdauer vorzusehen ist.

Dabei überlässt es die Richtlinie den **Mitgliedstaaten**, ob sie den Schutz durch eine urheberrechts- **4** ähnliche Gesetzgebung ohne Registrierung oder durch ein gewerbliches Schutzrecht mit Registrierung sicherstellen. Auch die Frage von Zwangslizenzen ist nicht geregelt. Besondere Kennzeichnungen (Art 9 der Richtlinie) sind nicht gebräuchlich[5] und nicht geregelt.

Auf die Entscheidungen des Rates der EG über die **Ausdehnung** des Rechtsschutzes auf Personen aus **5** bestimmten Ländern oder Gebieten ist in der 6. *Aufl* Rn 6 ff zu § 2 verwiesen.

Für den **Europäischen Wirtschaftsraum (EWR)** enthält das **Protokoll 28** über geistiges Eigentum in **6** **Art 4** Regelungen.

III. Internationale Harmonisierung

Der am 26.5.1989 angenommene „**Vertrag über den Schutz des geistigen Eigentums im Hinblick** **7** **auf integrierte Schaltkreise**" („Treaty on Intellectual Property in Respect of Integrated Circuits", IPIC-Übk)[6] lag zur Zeichnung bis zum 25.5.1990 auf.[7] Er stellt Schutz durch ein Sondergesetz oder die bestehenden Schutzrechte frei und sieht für die Angehörigen der Vertragsstaaten Inländerbehandlung vor. Die Schutzdauer soll mindestens acht Jahre betragen. Das von den USA und Japan abgelehnte, bei Inkrafttreten des TRIPS-Übk von acht Staaten (Ägypten, China, Ghana, Guatemala, Indien, Jugoslawien, Liberia, Sambia) unterzeichnete und nur von Ägypten, Bosnien und Herzegowina und Saint Lucia ratifizierte Übk

---

1 BlPMZ 1985, 131; weiterführende Literaturhinweise bei *Hoeren* S 5.

2 ABl EG 1986 C 310 vom 4.12.1986, 3 = BlPMZ 1987, 130; zur Verlängerung des Interimsschutzes BlPMZ 1990, 156.

3 BlPMZ 1956, 356; vgl auch *Kingston* EIPR 2004, 447, 455.

4 ABl EG vom 27.1.1987 L 24/36 = BlPMZ 1987, 127.

5 *Ritscher/Beutler* Der Schutzvermerk im Immaterialgüterrecht, sic! 1997, 540, 545.

6 GRUR Int 1989, 772, WIPO-Dokument IPIC/DC/46; Traités multilatéraux texte 1-011.

7 Vgl *Hoeren* S 13 f; *Werum* S 25 f; *Koch* NJW 1988, 2446; *Dreier* GRUR Int 1987, 645, 649; *Krieger/Dreier* GRUR Int 1989, 729; Hinweise GRUR Int 1987, 440; GRUR Int 1989, 597.

ist nicht in Kraft getreten, aber über Art 35 TRIPS-Übk teilweise, nämlich in seinen Art 2–7 mit Ausnahme des Art 6 Abs 3, 12 und 16 Abs 3, mittelbar anwendbar.

8 Das **TRIPS-Übk** sieht in Art 1 Abs 3 Behandlung nach dem Übk, in Art 3 Inländerbehandlung als Mindeststandard und in Art 4 eine allg Meistbegünstigungsklausel für alle Mitglieder in bezug auf das geistige Eigentum vor. Regelungen über den Topographieschutz enthält darüber hinaus Abschn 6 des Übk in den Art 35–38.

B. Zielsetzung

9 Das Gesetz dient der Umsetzung der Ratsrichtlinie 87/54/EWG über den Rechtsschutz der Topographien von Halbleitererzeugnissen. Es führt ein neues gewerbliches Schutzrecht sui generis ein, das Elemente urheberrechtl Schutzes mit solchen des gewerblichen Rechtsschutzes verbindet. Ähnlich wie das Urheberrecht hat das Schutzrecht nur die Wirkung eines Nachbildungs- und Verwertungsverbots; das „Reverse Engineering" wird nicht erfasst. Im übrigen orientiert sich das Schutzrecht am Geschmacksmusterrecht und verfahrensrechtl am GbmRecht.[8]

10 **Kopierschutz.** Nach der Gesetzesbegr ist die Industrie, die Halbleitererzeugnisse entwickelt und produziert, mit außergewöhnlich zahlreichen und kostenträchtigen Innovationen behaftet und steht national und internat in scharfem Wettbewerb. Kopien der Topographien von Halbleitererzeugnissen können vergleichsweise leicht und in kurzer Zeit zu einem Bruchteil der Kosten hergestellt werden, wodurch den Originalherstellern hohe Verluste entstehen können.[9]

C. Verhältnis zum Patent-, Gebrauchsmuster- und Urheberrecht

11 Durch das Gesetz wurde ein neues Schutzrecht sui generis geschaffen.[10] Patent- und GbmSchutz kommen in Betracht, soweit die jeweiligen Schutzvoraussetzungen vorliegen[11] (vgl Art 10 der Richtlinie; Rn 103 zu § 1 PatG). Gleiches gilt für Urheber- und Softwareschutz,[12] jedoch wird Urheberschutz regelmäßig an fehlender Werkhöhe oder persönlich-geistiger Schöpfung scheitern.[13] Urheberrechtl Charakter hat § 1 Abs 1 Satz 2 2. Alt (Schutzfähigkeit von Darstellungen).

D. Das Schutzrecht im Rechtsverkehr

12 Sowohl das Recht auf den Schutz der Topographie als auch das Recht aus der geschützten Topographie ist übertragbar, lizenzierbar, vererblich[14] und pfändbar. Gutgläubiger Erwerb ist ausgeschlossen und wird (anders als im US-amerikanischen Recht) auch durch die Registereintragung nicht ermöglicht.[15]

E. Bedeutung

13 Bis Ende 1994 sind 671 Topographien angemeldet und 620 Topographien eingetragen worden, was nur wenig über der Erwartung des Gesetzgebers für ein Jahr liegt; die in das Gesetz gestellten Erwartungen haben sich damit nicht erfüllt.[16] Die Zahl der Anmeldungen ist seither stark rückläufig und liegt seit 2004 im einstelligen Bereich. 1994 sind 153 Anmeldungen erfolgt, 1995 106, 1996 76, 1997 99, 1998 54, 1999 64, 2000 62, 2001 59, 2002 41; 2003 12; 2004 4; 2005 6, 2006 2, 2007 2, 2008 1, 2009 4, 2010 0, 2011 2, 2012 9, 2013 3, 2014 1, 2015 0. Die Zahl der Registrierungen lag in diesen Jahren bei 131, 143, 82, 88, 55, 72, 39, 58, 69, 0, 8, 0, 10, 1, 5, 0, 3, 0, 10, 4, 1; Bestand Ende 2002 560, 2003 444, 2004 332, 2005 233, 2006 167, 2007

---

8 Vgl *Geissler* S 7.
9 Begr BlPMZ 1987, 374, 375.
10 Vgl *Loth* Vorb GebrMG Rn 17 f.
11 BPatGE 37, 270 = GRUR 1997, 619.
12 Vgl *Hoeren* S 31; zur Urheberrechtsfähigkeit von Konstruktionszeichnungen und Masken für Mikrochips *Wippermann* S 65, S 89, von Mikrochips als solchen *Wippermann* S 95.
13 *Klopmeier* in *Busche/Stoll* TRIPs Art 35 Rn 2.
14 Vgl Begr BlPMZ 1987, 374, 378.
15 *Geissler* S 11 f.
16 Vgl *Werum* S 96 f; *Braitmayer* FS 50 Jahre BPatG (2011), 129, 131 bezeichnet das Institut als „Totgeburt".

109, 2008 55, 2009 (die in der amtl Statistik angegebene Zahl von 81 kann rechnerisch nicht zutreffen), 2010 46, 2011 26, 2012 30, 2013 26, 2014 23, 2015 19. Nationale **Rechtsprechung** zum HlSchG liegt bisher nicht vor.[17]

ERSTER ABSCHNITT
Der Schutz der Topographien

§ 1
Schutzgegenstand, Eigenart

(1) [1]**Dreidimensionale Strukturen von mikroelektronischen Halbleitererzeugnissen (Topographien) werden nach Maßgabe dieses Gesetzes geschützt, wenn und soweit sie Eigenart aufweisen. [2]Satz 1 ist auch auf selbständig verwertbare Teile sowie Darstellungen zur Herstellung von Topographien anzuwenden.**

(2) **Eine Topographie weist Eigenart auf, wenn sie als Ergebnis geistiger Arbeit nicht nur durch bloße Nachbildung einer anderen Topographie hergestellt und nicht alltäglich ist.**

(3) **Besteht eine Topographie aus einer Anordnung alltäglicher Teile, so wird sie insoweit geschützt, als die Anordnung in ihrer Gesamtheit Eigenart aufweist.**

(4) **Der Schutz nach Absatz 1 erstreckt sich nicht auf die der Topographie zugrundeliegenden Entwürfe, Verfahren, Systeme, Techniken oder auf die in einem mikroelektronischen Halbleitererzeugnis gespeicherten Informationen, sondern nur auf die Topographie als solche.**

Ausland: Belgien: Art 1–3 ToG; **Dänemark:** § 1, § 7 ToG; **Frankreich:** Art L 622-1 CPI; **Italien:** Art 87, 88 CDPI; **Niederlande:** Art 1 ToG; **Österreich:** § 1, 2 HlSchG; **Polen:** Art 196–199 RgE 2000; **Schweiz:** Art 1 ToG

A. Schutzgegenstand

I. Allgemeines

Abs 1 regelt den Schutzgegenstand. Schutzfähig sind demnach dreidimensionale Strukturen (Topographien) von mikroelektronischen Halbleitererzeugnissen (Rn 3), nach Satz 2 deren selbstständig verwertbare Teile (Rn 4) sowie Darstellungen zu ihrer Herstellung (Rn 5). Über einen Schutz für Leiterplatten (gedruckte Schaltungen; printed circuit boards) wurde diskutiert.[1] **1**

II. Mikroelektronische Halbleitererzeugnisse, sog Mikro-Chips, bestehen aus „bedruckten" Halbleiterplättchen, insb Siliziumplättchen, die integrierte elektrische Schaltungen („Integrated Circuits", I.C.) enthalten. Die auf häufig sehr aufwändigen Entwurfprozessen beruhenden Schaltschemata werden idR mit Hilfe eines Satzes von Schablonen (Masken) in einem der Fotolithographie ähnlichen Verfahren scheibchenweise auf die Siliziumchips aufgebracht, so dass dreidimensionale Strukturen (Layouts oder Topographien) entstehen, die nach vorher festgelegtem Muster umfangreiche Schaltungen auf kleinstem Raum verwirklichen. Statt über Masken können die Strukturen auch unmittelbar durch einen computergesteuerten Elektronenstrahl in entspr empfindliche Schichten eingeschrieben werden (Elektronenstrahllithographie). Beide Verfahren erfordern erheblichen Aufwand.[2] Ein Halbleitererzeugnis ist die endgültige Form oder Zwischenform[3] eines Erzeugnisses, das aus einem Materialteil besteht, das eine Schicht aus halbleitendem Material enthält, und mit einer oder mehreren Schichten aus leitendem, isolierendem oder halbleitendem Material versehen ist, wobei die Schichten nach einem vorab festgelegten dreidimensionalen Muster angeordnet sind, und das ausschließlich oder neben anderen Funktionen eine elektronische **2**

---

17 Zu möglichen Ursachen in den veränderten Marktgegebenheiten *Werum* S 97.

1 *Chiu/Shen* EIPR 2006, 38.
2 Begr BlPMZ 1987, 374 f.
3 Vgl *Geissler* S 9, 24; *Werum* S 64; Begr BlPMZ 1987, 374, 376.

Funktion übernehmen soll[4] (Art 1 Abs 1 Buchst a der Richtlinie). Kein Halbleitererzeugnis ist der noch nicht strukturierte Wafer.[5]

III. Dreidimensionale Strukturen (Topographien)

3   Schutzgegenstand ist die dreidimensionale Struktur als Topographie des mikroelektronischen Halbleitererzeugnisses (Abs 1 Satz 1; vgl Art 2 Abs 2 IPIC) als Ganzes.[6] Die Richtlinie definiert den Schutzgegenstand in Art 1 Abs 1 genauer, ebenso das US-amerikanische Recht. Die Regelung in der Richtlinie, von der sich der nationale Gesetzgeber weder absetzen wollte noch durfte, ist zur Auslegung heranzuziehen. Die (mit einer Zeichnung zu vergleichende)[7] Topographie ist eine Reihe in Verbindung stehender Bilder, unabhängig von der Art ihrer Fixierung oder Kodierung, die ein festgelegtes dreidimensionales Muster der Schichten darstellen, aus denen ein Halbleitererzeugnis besteht, wobei die Bilder so miteinander in Verbindung stehen, dass jedes Bild das Muster oder einen Teil des Musters einer Oberfläche des Halbleitererzeugnisses in einem beliebigen Fertigungsstadium aufweist[8] (Art 1 Abs 1 Buchst b Rl).

4   **IV. Selbständig verwertbare Teile** sind wie Endprodukte schutzfähig; sie müssen selbst Eigenart besitzen.[9] Erfasst sind auch Gate arrays und Zellen.[10]

5   **V.** Schutzfähig sind auch **Darstellungen zur Herstellung** von schutzfähigen Gegenständen. Erfasst sind insb Serien von Masken oder Layouts; auf die Art der Darstellung oder Aufzeichnung kommt es nicht an.[11] Eigenart ist auch hier erforderlich.

VI. Grenzen

6   Der Schutz erfasst nur die Topographie als solche, nicht auch darüber hinaus in ihr enthaltene weitere Informationen oder Ideen, Verfahren und Systeme, die ihr zugrunde liegen (Abs 4). Insb ist ein in der Topographie enthaltenes Computerprogramm nicht durch die Topographie geschützt;[12] ebenso wenig ein Herstellungsverfahren, Pflichtenhefte, Systementwürfe usw.[13]

B. Schutzvoraussetzungen

I. Eigenart

7   Schutzfähigkeit setzt Eigenart voraus (Abs 1), der Begriff wird in Abs 2 dahin näher umschrieben, dass die Topographie „als Ergebnis geistiger Arbeit nicht nur durch bloße Nachbildung einer anderen Topographie hergestellt und nicht alltäglich ist".[14] Anders als etwa im US-amerikanischen Recht besteht keine Vermutung für die Schutzfähigkeit.[15] Die Schutzvoraussetzung ist eigenständig entwickelt; sie entspricht weder der Eigentümlichkeit im DesignG[16] noch dem erfinderischen Schritt im GbmRecht oder der erfinderischen Tätigkeit im Patentrecht.[17] Die Negativkriterien Alltäglichkeit („commonplace", „courant")[18] und

---

4   Begr BlPMZ 1987, 374 f.
5   *Werum* S 64.
6   *Geissler* S 24; *Klopmeier* in *Busche/Stoll* TRIPs Art 35 Rn 4.
7   *Klopmeier* in Busche/Stoll TRIPs Art 35 Rn 2.
8   Begr BlPMZ 1987, 374, 377.
9   *Geissler* S 25.
10   Begr BlPMZ 1987, 374, 377; *Geissler* S 24.
11   Begr BlPMZ 1987, 374, 377; *Geissler* S 25; *Werum* S 64 f.
12   *Geissler* S 9, 28.
13   *Werum* S 65.
14   Kr *Hoeren* S 17.
15   *Geissler* S 9.
16   AA *Benkard* Einl GebrMG Rn 5c.
17   Begr BlPMZ 1987, 374, 377.
18   Vgl hierzu CA England/Wales IIC 1999, 958, 962, 964 Target.

bloße Nachbildung schließen jede für sich die Eigenart aus.[19] Alltäglichkeit ist objektiv zu beurteilen;[20] dies wird auch für die Frage der bloßen Nachbildung gelten müssen (Rn 9).

An die Eigenart dürfen **keine hohen Anforderungen** gestellt werden.[21] Für Äquivalenzüberlegungen **8** ist kein Raum.[22] Jedoch ist Entwicklungsaufwand allein nicht ausreichend, um Eigenart zu begründen.[23] Bloße Kopien oder Gestaltungen, die dem im Industriebereich allg üblichen Standard entsprechen, sind nicht schutzfähig.[24] In erster Linie wird auf die technischen Merkmale abzustellen sein.[25] Dass die Topographie mit Hilfe eines Computers entwickelt wurde, steht der Eigenart nicht entgegen.[26] Eigenart kann sich auch aus einer Kombination alltäglicher Teile ergeben, wenn die Kombination Eigenart aufweist (Abs 3).

II. Neuheit ist keine selbständige Schutzvoraussetzung,[27] jedoch wird ihr Fehlen jedenfalls idR Ei- **9** genart ausschließen müssen;[28] das Kriterium der „bloßen Nachbildung" (Rn 7) wird in der Praxis schwerlich anders als anhand der objektiven Übereinstimmung beurteilt werden können.[29] Selbstkollisionen mit Auslandsanmeldungen sind unschädlich.[30]

§ 2
Recht auf den Schutz der Topographie

(1) [1]**Das Recht auf den Schutz der Topographie steht demjenigen zu, der die Topographie geschaffen hat.** [2]**Haben mehrere gemeinsam eine Topographie geschaffen, steht ihnen das Recht gemeinschaftlich zu.**

(2) **Ist die Topographie im Rahmen eines Arbeitsverhältnisses oder im Auftrag eines anderen geschaffen worden, so steht das Recht auf den Schutz der Topographie dem Arbeitgeber oder dem Auftraggeber zu, soweit durch Vertrag nichts anderes bestimmt ist.**

(3) **Inhaber des Rechts auf den Schutz der Topographie nach den Absätzen 1 und 2 kann jeder Staatsangehörige eines Mitgliedstaates der Europäischen Wirtschaftsgemeinschaft sowie jede natürliche oder juristische Person sein, die ihren gewöhnlichen Aufenthalt oder eine Niederlassung in dem Gebiet eines Mitgliedstaates hat, in dem der Vertrag zur Gründung der Europäischen Wirtschaftsgemeinschaft gilt; den juristischen Personen sind Gesellschaften gleichgestellt, die nach dem auf sie anwendbaren Recht Träger von Rechten und Pflichten sein können, ohne juristische Personen zu sein.**

(4) [1]**Das Recht auf den Schutz der Topographie steht unbeschadet der Absätze 1 und 2 auch demjenigen zu, der die Topographie auf Grund eines ausschließlichen Rechts zur geschäftlichen Verwertung in der Europäischen Wirtschaftsgemeinschaft erstmals in einem ihrer Mitgliedstaaten nicht nur vertraulich geschäftlich verwertet und die Voraussetzungen des Absatzes 3 erfüllt.** [2]**Die Topographie darf zuvor von einem anderen noch nicht oder nur vertraulich geschäftlich verwertet worden sein.**

(5) **Die Rechte nach den Absätzen 1 bis 4 stehen auch den jeweiligen Rechtsnachfolgern zu.**

(6) **Anderen Personen steht ein Recht auf den Schutz der Topographie nur zu, wenn**

---

19 Vgl *Werum* S 85.
20 *Werum* S 86.
21 Vgl *Geissler* S 26.
22 Vgl *Werum* S 85.
23 AA offenbar *Geissler* S 26; *Werum* S 67, 89.
24 Begr BlPMZ 1987, 374, 377.
25 *Geissler* S 28.
26 *Geissler* S 28; zwd *Hoeren* S 17 f.
27 Begr BlPMZ 1987, 374, 377; *Geissler* S 28.
28 Offengelassen bei *Geissler* S 28; aA wohl Begr BlPMZ 1987, 374, 377.
29 Vgl – im Kontext des „Reverse Engineering", Rn 6 zu § 6 – auch den Hinweis auf die US-amerikanischen Gesetzesmaterialien bei *Werum* S 88.
30 Vgl Begr BlPMZ 1987, 374, 380.

1. sie auf Grund einer völkerrechtlichen Vereinbarung oder des Rechts der Europäischen Gemeinschaften wie Inländer zu behandeln sind oder
2. der Staat, dem sie angehören oder in dem sich ihr Sitz oder ihre Niederlassung befindet, nach einer Bekanntmachung des Bundesministers der Justiz und für Verbraucherschutz im Bundesgesetzblatt Deutschen im Sinne des Grundgesetzes und Personen mit Sitz oder Niederlassung im Geltungsbereich dieses Gesetzes einen entsprechenden Schutz gewährt.

Ausland: Belgien: Art 4, 6–8 ToG; **Dänemark:** §§ 2, 4 ToG; **Frankreich:** Art L 622-2, 3, R 622-8 CPI; **Italien:** Art 89 CDPI; **Niederlande:** Art 2–4, 26 ToG; **Österreich:** §§ 3, 5 HlSchG; **Polen:** Art 200 RgE 2000; **Schweiz:** Art 2, 3 ToG

A. Berechtigter Personenkreis

I. Grundsatz

1   Anders als sonst im gewerblichen Rechtsschutz, aber vergleichbar mit der Regelung in § 15 SortG, gilt der Grundsatz der Inländerbehandlung nicht. Die Berechtigung ergibt sich aus Abs 3–6.

II. EWG-Inländer

2   Abs 3 gewährt das Recht auf Topographieschutz grds nur Staatsangehörigen der Mitgliedstaaten der EWG (jetzt: EU) sowie natürlichen und juristischen Personen und Handelsgesellschaften mit Sitz oder gewöhnlichem Aufenthalt in einem dieser Staaten.

3   Für den **Europäischen Wirtschaftsraum** (Island, Liechtenstein, Norwegen) gilt dieselbe Regelung wie für EWG-Inländer (vgl Anh XVII – Geistiges Eigentum – zum EWR-Abk).[1]

4   **III. Rechtsnachfolger** von Personen, die die Voraussetzungen nach Abs 3 erfüllen, sind selbst berechtigt, ohne die Voraussetzungen des Abs 3 in eigener Person erfüllen zu müssen[2] (Abs 5). Rechtsnachfolger von nach Abs 6 berechtigten Personen wird man in entspr Anwendung der Bestimmung ebenfalls als berechtigt ansehen müssen.

IV. EWG-Ausländer

5   **1. Grundsatz.** EWG-Ausländer (mit Ausnahme von EWR-Angehörigen, Rn 3) sind nur unter den Voraussetzungen des Abs 6 anmeldeberechtigt. Insoweit gilt weder der Grundsatz der Inländerbehandlung noch tritt ohne weiteres Reziprozität ein.[3] Die Regelung unterscheidet zwei Fallgruppen: Inländerbehandlung auf Grund einer völkerrechtl Vereinbarung oder von EG-Normen (Nr 1) und Gegenrecht (Nr 2).

6   **2. Inländerbehandlung.** Neben EWR-Inländern (Rn 3) wird Inländerbehandlung gewährt, wenn eine völkerrechtl Vereinbarung oder das Recht der EG dies vorsieht (Abs 6 Nr 1). Seit 1.1.1996 gilt Inländerbehandlung für alle Personen, die Angehörige eines Mitgliedstaats der Welthandelsorganisation sind oder dort Sitz oder Niederlassung haben; die Verpflichtung hierzu ergab sich aus Art 35 TRIPS-Übk iVm Art 5 IPIC-Übk. Eine generelle Inländerbehandlung ist erst im Rahmen eines entspr internat Vertrags vorgesehen. Zur Ausdehnung des Rechtsschutzes auf natürliche Personen mit Staatsangehörigkeit oder gewöhnli-

---

1   BlPMZ 1994, 74 f.
2   Begr BlPMZ 1987, 374, 378.
3   *Geissler* S 7, 8.

chem Aufenthalt sowie (zT unter der Voraussetzung der Gegenseitigkeit) Gesellschaften und juristische Personen mit tatsächlicher gewerblicher oder Handelsniederlassung (Scheinniederlassungen sind nach dt Recht keine Niederlassungen im Rechtssinn) in bestimmten Ländern und Gebieten sind zahlreiche Entscheidungen des Rates der EG ergangen (Nachweis 6. *Aufl* Rn 7–19).

3. Gegenrecht (Reziprozität). Die Regelung in Abs 6 Nr 2 beruht auf dem Gedanken, Druck auf die **7** nationalen Gesetzgeber auszuüben, damit Gesetze erlassen werden, die einen ausreichenden Schutz schaffen.[4] Die Anwendung der Bestimmung setzt die Veröffentlichung einer Bek des BMJV (Bezeichnung durch die 10. ZuständigkeitsanpassungsVO) im BGBl voraus; derartige Bekanntmachungen sind bisher nicht erfolgt. Für das Verfahren sind Art 3 Abs 6 und 7 der EWG-Ratsrichtlinie zu beachten.

B. Schöpfer; Arbeitnehmer; Lizenznehmer

I. Grundsatz

Wie das Recht auf das Patent oder auf das Gebrauchsmuster steht auch das Recht auf den Schutz der **8** Topographie grds der Person oder den Personen zu, die die Topographie geschaffen haben; ein über bloße weisungsgebundene Tätigkeit hinausgehender geistiger Beitrag genügt[5] (Abs 1). Bei computergestützten Entwicklungen (vgl zur „Computererfindung" Rn 22 zu § 6 PatG) können sich Zuordnungsprobleme ergeben, die über vertragliche Abreden gelöst werden können.[6]

II. Arbeitnehmer

Abs 2 enthält eine nationale Regelung, die die Anwendung des ArbEG ausschließt. Eine internatio- **9** nalprivatrechtl Kollisionsregelung ist im Gesetz nicht enthalten; insoweit gelten die allg Grundsätze wie im ArbN-Erfinderrecht (Rn 11f Einl ArbEG). Soweit danach dt Recht Anwendung findet, spricht Abs 2 das Recht auf den Schutz der Topographie vorbehaltlich einer abw (kollektivvertraglichen oder individualarbeitsvertraglichen)[7] Regelung dem Regelung dem ArbGb zu; str ist, ob es sich um originären oder um derivativen Erwerb in dessen Person handelt.[8] Für patent- oder gbm-fähige Erfindungen als solche, die sich im Halbleitererzeugnis verkörpern, bleibt das ArbEG anwendbar;[9] für die Entwicklung des Computerprogramms gilt § 69b UrhG (Rn 4f zu § 2 ArbEG).

III. Ausschließlich Verwertungsberechtigte (insb ausschließliche Lizenznehmer, aber auch Nieß- **10** brauchter), die selbst die Voraussetzungen der Inländereigenschaft des Abs 3 erfüllen, sind anmeldeberechtigt, wenn sie die Topographie erstmals, dh als erster, verwerten (Abs 4). Die ausschließliche Berechtigung muss das gesamte Gebiet der EWG erfassen.[10] Dies ermöglicht eine Anmeldung zB über Tochterunternehmen auch für solche ausländ Unternehmen, die selbst nicht anmeldeberechtigt sind, weil sie nicht über eine Niederlassung im Gebiet der EWG verfügen, jedoch nur dann, wenn die erstmalige Verwertung innerhalb der EWG erfolgt. Berechtigung nach Abs 6 reicht hier nach dem klaren Wortlaut der Vorschrift und entspr der Systematik in der EWG-Ratsrichtlinie nicht aus.

---

4 *Geissler* S 8.
5 Hierzu *Werum* S 93 ff.
6 *Werum* S 95.
7 Vgl Begr BlPMZ 1987, 374, 377.
8 Für originären Erwerb *Werum* S 96; *Rother* GRUR Int 2004, 235 sieht in der Regelung nur einen Vermutungstatbestand für eine Übertragung der Vermögensrechte auf den ArbGb.
9 *Geissler* S 32; *Werum* S 69, 96; Begr BlPMZ 1987, 374, 377 f.
10 *Werum* S 69 unter Hinweis auf die Begr.

§ 3
Anmeldung

(1) [1]Eine Topographie, für die Schutz geltend gemacht wird, ist beim Patentamt anzumelden. [2]Für jede Topographie ist eine besondere Anmeldung erforderlich.

(2) Die Anmeldung muß enthalten:

1. einen Antrag auf Eintragung des Schutzes der Topographie, in dem diese kurz und genau bezeichnet ist;

2. Unterlagen zur Identifizierung oder Veranschaulichung der Topographie oder eine Kombination davon und Angaben über den Verwendungszweck, wenn eine Anordnung nach § 4 Abs. 4 in Verbindung mit § 9 des Gebrauchsmustergesetzes in Betracht kommt;

3. das Datum des Tages der ersten nicht nur vertraulichen geschäftlichen Verwertung der Topographie, wenn dieser Tag vor der Anmeldung liegt;

4. Angaben, aus denen sich die Schutzberechtigung nach § 2 Abs. 3 bis 6 ergibt.

(3) [1]Das Bundesministerium der Justiz und für Verbraucherschutz regelt durch Rechtsverordnung, die nicht der Zustimmung des Bundesrates bedarf,

1. die Einrichtung und den Geschäftsgang des Deutschen Patent- und Markenamts sowie die Form des Verfahrens in Topografieangelegenheiten, soweit nicht durch das Gesetz Bestimmungen darüber getroffen sind,

2. die Form und die sonstigen Erfordernisse der Anmeldung.

[2]Es kann diese Ermächtigung durch Rechtsverordnung, die nicht der Zustimmung des Bundesrates bedarf, ganz oder teilweise auf das Deutsche Patent- und Markenamt übertragen.

(4) [1]Sind die Erfordernisse für eine ordnungsgemäße Anmeldung nach Absatz 2 Nr. 1 bis 3 nicht erfüllt, so teilt das Patentamt dem Anmelder die Mängel mit und fordert ihn auf, diese innerhalb einer Frist von zwei Monaten nach Zustellung der Nachricht zu beheben. [2]Wird der Mangel innerhalb der Frist behoben, so gilt der Zeitpunkt des Eingangs des Schriftsatzes beim Patentamt als Zeitpunkt der Anmeldung der Topographie. [3]Das Patentamt stellt diesen Zeitpunkt fest und teilt ihn dem Anmelder mit.

(5) Werden die in Absatz 4 genannten Mängel innerhalb der Frist nach Absatz 4 nicht behoben, so gilt die Anmeldung als zurückgenommen.

Ausland: Dänemark: §§ 3, 5 ToG; **Frankreich:** Art L 622-4, R 622-1, 2, 3 CPI; **Niederlande:** Art 8 ToG; **Österreich:** § 9 HlSchG; **Polen:** Art 202 RgE 2000; **Schweiz:** Art 14 ToG

A. Allgemeines

1 Die Bestimmung ist durch das 2. PatGÄndG geänd worden, auch das KostRegBerG hat Änderungen vorgenommen (Ermächtigungsadressat; Abs 5), ebenso das GeschmMRefG (Abs 3). Die Anmeldung hat beim DPMA zu erfolgen; für jede Topographie ist eine gesonderte Anmeldung erforderlich (Abs 1). Das Anmeldeverfahren entspricht weitgehend dem GbmAnmeldeverfahren; Beschreibung und Schutzansprüche sind jedoch nicht vorgesehen. Für die Eintragung erforderlich sind ein Eintragungsantrag und identifizierendes Material. Als Unterlagen zur Identifizierung oder Veranschaulichung kommen auch Plots oder Mikrofiches in Betracht. Die Unterlagen müssen die Topographie nicht so offenbaren, dass jeder Durchschnittsfachmann sie nachentwickeln kann.[1] Da für jede Topographie eine gesonderte Anmeldung erforderlich ist (Einheitlichkeit des Schutzgegenstands; Abs 1 Satz 2), können selbstständig verwertbare Teile oder Zwischenprodukte in einer Anmeldung mit erfasst werden.[2] Eine Urheberbenennung ist nicht erforderlich.[3] Anders als im GbmRecht hat die Registrierung keine schutzbegründende Wirkung; sie ist lediglich Voraussetzung für die Geltendmachung des Rechts.[4] Zur Prüfung Rn 3 zu § 4.

---

1 Begr BlPMZ 1987, 374, 379; *Hoeren* S 25 f spricht kr von einem „Offenlegungs-Minus".
2 *Geissler* S 42.
3 *Geissler* S 44.
4 Vgl Begr BlPMZ 1987, 374, 378.

B. Halbleiterschutzverordnung

Einzelheiten regelt aufgrund der Ermächtigung (Bezeichnung des Adressaten durch die 10. Zustän- **2** digkeitsanpassungsVO) in Abs 3 und deren Delegation in § 1 Abs 2 DPMAV die durch die VO zur Änderung der MarkenVO und anderer Verordnungen vom 17.12.2004[5] geänd Verordnung zur Ausführung des Halbleiterschutzgesetzes (Halbleiterschutzverordnung; HalblSchV) vom 11.5.2004,[6] die an die Stelle der VO über die Anmeldung der Topographien von mikroelektronischen Halbleitererzeugnissen (HalblSchAnmV) vom 4.11.1987[7] getreten ist. Die Anmeldung muss unter Verwendung des vom DPMA herausgegebenen Formblatts eingereicht werden (§ 2 Abs 2 HalblSchV). Die Unterlagen zur Identifizierung oder Veranschaulichung sind in § 4 HalblSchV näher genannt. § 5 HalblSchV betrifft die Einreichung betriebs- oder geschäftsgeheimer Unterlagen, § 6 HalblSchV Übersetzungen.

C. Verfahren bei formellen Mängeln

Die Regelung in Abs 4 ist der im Geschmacksmusterrecht nachgebildet[8] und entspricht der Praxis im **3** GbmEintragungsverfahren (vgl GbmEintrRl Abschn II.2.); jedoch ist im HlSchG die Regelung auch gesetzlich verankert. Nichtbeseitigung der Mängel führt dazu, dass die Anmeldung als zurückgenommen gilt (Abs 5); zur Wirkung Rn 5 zu § 5.

D. Gebühr

Die Gebühr beträgt bei elektronischer Anmeldung 290 EUR, bei Anmeldung in Papierform 300 EUR **4** (GebVerz Nr 361000, 361100). Es handelt sich um eine Pauschalgebühr für die gesamte Schutzdauer.[9] Die Folgen der Nichtzahlung richten sich nach § 6 Abs 2 PatKostG; demnach gilt bei Nichtzahlung innerhalb von drei Monaten seit Anmeldung diese als zurückgenommen;[10] zur materiellrechtl Wirkung der Rücknahme Rn 5 zu § 5.

E. Zeitrang

Die Anmeldung erhält den Tag des Eingangs als Anmeldetag, wenn nicht einer der in Abs 2 Nr 1–3 **5** genannten Mängel vorliegt. In diesem Fall wird die in Abs 4 vorgesehene Zweimonatsfrist zur Behebung der Mängel gesetzt. Die Frist ist nicht verlängerbar.[11] Rechtszeitige Behebung der Mängel begründet den Zeitrang des Tags, an dem die Behebung erfolgt, andernfalls gilt die Anmeldung als zurückgenommen.

§ 4
Eintragung, Bekanntmachung, Änderungen, Akteneinsicht, Topographiestelle, Topographieabteilung

(1) Entspricht die Anmeldung den Anforderungen des § 3, so verfügt das Patentamt die Eintragung in das Register für Topographien, ohne die Berechtigung des Anmelders zur Anmeldung, die Richtigkeit der in der Anmeldung angegebenen Tatsachen und die Eigenart der Topographie zu prüfen.
(2) Die Vorschriften des Gebrauchsmustergesetzes über die Eintragung in das Register, die Bekanntmachung im Patentblatt und Änderungen im Register [(§ 8 Abs. 2 bis 4)] *[sowie über die Datenübermittlung (§ 8 Absatz 2 bis 4)]* **sind entsprechend anzuwenden.**

---

5   BGBl I 3532 = BlPMZ 2005, 45.
6   BGBl I 894 = BlPMZ 2004, 318.
7   BGBl I 2361 = BlPMZ 1987, 387.
8   Begr BlPMZ 1987, 374, 379.
9   Begr BlPMZ 1987, 374, 379.
10 *Bühring* § 10 GebrMG Rn 29.
11 *Bühring* § 10 GebrMG Rn 34.

(3) [1]Die Vorschriften des Gebrauchsmustergesetzes über die Einsicht in das Register sowie in die Akten eingetragener Gebrauchsmuster einschließlich der Akten von Löschungsverfahren (§ 8 Abs. 5 bis 7) sind mit der Maßgabe anzuwenden, daß Einsicht in Unterlagen, die Betriebs- oder Geschäftsgeheimnisse enthalten und vom Anmelder als solche gekennzeichnet worden sind, nur in einem Löschungsverfahren vor dem Patentamt auf Anordnung der Topographieabteilung oder in einem Rechtsstreit über die Rechtsgültigkeit oder die Verletzung des Schutzes der Topographie auf Anordnung des Gerichts gegenüber den Personen gewährt wird, die an dem Löschungsverfahren oder an dem Rechtsstreit beteiligt sind. [2]Unterlagen, die zur Identifizierung oder Veranschaulichung der Topographie eingereicht worden sind, können nicht in ihrer Gesamtheit als Betriebs- oder Geschäftsgeheimnisse gekennzeichnet werden. [3]Außer in einem Löschungsverfahren vor dem Patentamt oder in einem Rechtsstreit über die Rechtsgültigkeit oder die Verletzung des Schutzes der Topographie wird Einsicht in Unterlagen nur durch unmittelbare Einsichtnahme gewährt.

(4) [1]Für Anträge in Angelegenheiten des Schutzes der Topographien (Topographieschutzsachen) mit Ausnahme der Löschungsanträge (§ 8) wird im Patentamt eine Topographiestelle gebildet, die von einem vom Präsidenten des Patentamts bestimmten rechtskundigen Mitglied geleitet wird. [2]Über Löschungsanträge (§ 8) beschließt eine im Patentamt zu bildende Topographieabteilung, die mit zwei technischen Mitgliedern und einem rechtskundigen Mitglied zu besetzen ist. [3]Im übrigen sind die Vorschriften des Gebrauchsmustergesetzes über die Gebrauchsmusterstelle und die Gebrauchsmusterabteilungen (§ 10), über die Rechtsmittel und Rechtsmittelverfahren (§ 18) und über die Geheimgebrauchsmuster (§ 9) entsprechend anzuwenden.

Ausland: Dänemark: §§ 8–11, 17 (Beschwerden) ToG; **Frankreich:** Art L 622-4, R 622-4, 6CPI; **Italien:** Art 92 CDPI; **Niederlande:** Art 9–11, 20 (Rechtsmittel) ToG; **Österreich:** §§ 10, 11, 14–18 HlSchG; **Polen:** Art 203–207, 228 RgE 2000; **Schweiz:** Art 13, 15, 16, 17 ToG

A. Entstehungsgeschichte

1   Das PrPG hat in Abs 3 Satz 1 eine Unstimmigkeit („Gebrauchsmuster" statt „Topographien") berichtigt. Das KostRegBerG hat durchgehend die Bezeichnung „Rolle" durch „Register" ersetzt. Das Gesetz zur Novellierung patentrechtlicher Vorschriften und anderer Gesetze des gewerblichen Rechtsschutzes vom 19.10.2013 hat die Verweisung in Abs 3 Satz 1 geänd. Der RegE des Gesetzes zur Änderung des Designgesetzes und weiterer Vorschriften des gewerblichen Rechtsschutzes vom 6.11.2015[1] sieht eine Änderung in Abs 2 vor.

2   **B. Eintragung** erfolgt, wenn die Anforderungen des § 3 erfüllt sind, dh Mängel iS dieser Vorschrift nicht bestanden haben oder rechtzeitig behoben sind. Die Eintragung wird im PatBl bekanntgemacht, die Vorschriften des § 8 Abs 2–4 GebrMG über die Eintragung, die Bekanntmachung und über Änderungen im Register sind entspr anwendbar (Abs 2). Die Eintragung dient vorrangig dem Zweck, Dritte über bestehende Schutzrechte zu informieren.[2]

3   **C.** Eine **Prüfung** hinsichtlich der materiellen Eintragungsvoraussetzung der Eigenart findet nicht statt. Auch die Berechtigung des Anmelders wird nicht geprüft. Es werden nur die in § 3 Abs 2 Nr 1–3 genannten Umstände geprüft, also insb das Vorliegen von Eintragungsantrag und Unterlagen sowie die Einhaltung der Zweijahresfrist seit der ersten Verwertung. Nach Art einer Offensichtlichkeitsprüfung werden weiter das Vorhandensein einer Topographie als solcher, die Einheitlichkeit und die Geheimstellung aller Unterlagen geprüft.[3]

4   **D.** Die Ausstellung einer **Urkunde** und einer Schmuckurkunde regelt § 25 DPMAV.

---

1   BRDrs 540/15.
2   Begr BlPMZ 1987, 374, 380.
3   *Bühring* § 10 GebrMG Rn 37.

E. Register- und Akteneinsicht[4]

Die Regelung entspricht der in § 8 Abs 5 GebrMG, jedoch mit der Maßgabe, dass die Einsicht in Unter- **5** lagen, die Betriebs- und Geschäftsgeheimnisse enthalten und vom Anmelder zulässigerweise (Abs 3 Satz 2) als solche gekennzeichnet sind, nur unter den engeren Voraussetzungen des Abs 3 Satz 1 gewährt wird. Das Verfahren bei der Einreichung solcher Unterlagen ist in § 5 HalblSchV geregelt. Nicht als Betriebsgeheimnis können die eingereichten identifizierenden oder veranschaulichenden Unterlagen in ihrer Gesamtheit bezeichnet werden (Abs 3 Satz 2). Die erst im Gesetzgebungsverfahren eingefügte „ungewöhnlichste Regelung des Halbleiterschutzgesetzes"[5] in Abs 3 Satz 3 schränkt darüber hinaus die Art der Akteneinsicht ein; das Kopieren der Unterlagen ist insoweit unzulässig.[6] Akteneinsicht über das Internet ist im HalblSchutz weiterhin nicht möglich, deshalb wurde die Verweisung auf das GebrMG nur um eine solche auf § 8 Abs 7 GebrMG, nicht auch auf § 8 Abs 6 GebrMG ergänzt.[7] Das Ausland kennt eine derartige Einschränkung jedenfalls nicht durchgehend.[8]

F. Topographiestelle; Topographieabteilung

Die Regelung in Abs 5 entspricht im wesentlichen der in § 10 GebrMG. Eine ergänzende Bestimmung **6** enthält § 4 DPMAV.

Das **Tätigwerden von Nichtmitgliedern** regelt § 3 WahrnV. **7**

G. Rechtsmittel

Beschwerde und Rechtsbeschwerde finden in Topographiesachen wie im GbmVerfahren statt. Zu- **8** ständig ist auch hier der GbmBeschwerdesenat des BPatG, für Rechtsbeschwerden ist es der X. Zivilsenat des BGH. Das PatKostG enthält eigene Gebührentatbestände. Die Gebühr beträgt für Beschwerden gegen Entscheidungen der Topographieabteilung 500 EUR, in anderen Fällen grds 200 EUR (näher und Ausnahmen Rn 27 zu § 73 PatG).

H. Geheimtopographien

Die Regelung über das Geheimgebrauchsmuster (§ 9 GebrMG) ist entspr anwendbar.[9] Die Auslands- **9** anmeldung ohne Genehmigung oder unter Verstoß gegen Auflagen ist strafbewehrt (vgl § 120 Abs 1 Nr 3 GVG).

§ 5
Entstehung des Schutzes, Schutzdauer

(1) Der Schutz der Topographie entsteht
1. **an dem Tag der ersten nicht nur vertraulichen geschäftlichen Verwertung der Topographie, wenn sie innerhalb von zwei Jahren nach dieser Verwertung beim Patentamt angemeldet wird, oder**
2. **an dem Tag, an dem die Topographie beim Patentamt angemeldet wird, wenn sie zuvor noch nicht oder nur vertraulich geschäftlich verwertet worden ist.**

(2) Der Schutz der Topographie endet mit Ablauf des zehnten Kalenderjahres nach dem Jahr des Schutzbeginns.

(3) Der Schutz der Topographie kann nur geltend gemacht werden, wenn die Topographie beim Patentamt angemeldet worden ist.

---

4 Zur Durchführung der Rollen- und Akteneinsicht MittPräsDPA Nr 11/88 BlPMZ 1988, 201.
5 *Hoeren* S 27 f, der auch auf die protektionistische Wirkung hinweist.
6 *Geissler* S 12, 48; Beschlussempfehlung des Rechtsausschusses BlPMZ 1987, 386; anders noch der RegE.
7 Begr BTDrs 17/10308 = BlPMZ 2013, 366, 374.
8 Vgl *Hoeren* S 27 f.
9 Vgl Begr BlPMZ 1987, 374, 380.

Keukenschrijver

(4) Der Schutz der Topographie kann nicht mehr in Anspruch genommen werden, wenn die Topographie nicht innerhalb von fünfzehn Jahren nach dem Tag der ersten Aufzeichnung nicht nur vertraulich geschäftlich verwertet oder beim Patentamt angemeldet wird.

TRIPS-Übk Art 38
Ausland: Belgien: Art 9 ToG; **Dänemark:** § 5 ToG; **Frankreich:** Art L 622-6 CPI; **Italien:** Art 93 CDPI; **Niederlande:** Art 7, 12, 13 ToG; **Österreich:** §§ 4, 8 HlSchG; **Polen:** Art 220 RgE 2000; **Schweiz:** Art 9 ToG

A. Entstehung des Schutzes

1   Die Regelung ist an die im US-amerikanischen Recht angelehnt. Abs 1 nennt zwei Entstehungstatbestände. Der Schutz beginnt am frühesten der beiden möglichen Zeitpunkte, nämlich der ersten nicht nur vertraulichen geschäftlichen Verwertung oder der Anmeldung. Die für den gewerblichen Rechtsschutz systemwidrige Regelung war durch die Richtlinie vorgegeben.[1] Voraussetzung ist, dass die Anmeldung innerhalb von zwei Jahren nach der ersten nicht nur vertraulichen geschäftlichen Verwertung erfolgt; dies läuft auf eine zweijährige „Neuheitsschonfrist" hinaus.[2] Die Anmeldung muss in diesem Fall die formellen Erfordernisse des § 3 Abs 2 erfüllen.[3] Allein die nicht nur vertrauliche geschäftliche Verwertung ist damit schutzbegründend, sofern die Anmeldung innerhalb der Zweijahresfrist erfolgt; daneben ist die Anmeldung für sich schutzbegründend, soweit es noch nicht zu einer Verwertung gekommen ist. Dem Anmelder steht mithin hinsichtlich des Schutzbeginns kein Wahlrecht zu. Eine Aussetzung der Eintragung ist nicht vorgesehen, da eine Gefahr der Selbstkollision bei Auslandsanmeldungen nicht besteht.[4]

2   Unter der **ersten geschäftlichen Verwertung** ist auch die Lizenzierung des Layout-Designs zu verstehen.[5]

3   **Schöpfung der Topographie und Eintragung** sind für das Entstehen des Schutzes nicht erheblich.[6]

B. Schutzdauer

4   Die Schutzdauer endet mit Ablauf des zehnten Kalenderjahres nach dem Jahr des Schutzbeginns (Abs 2); der Schutz kann somit längstens elf Jahre weniger einen Tag betragen. Die Regelung entspricht der Vorgabe in Art 38 Abs 1 TRIPS-Übk.

C. Geltendmachung des Schutzes

5   Die Anmeldung – nicht die Eintragung – der Topographie ist – anders als zT im Ausland (zB Belgien) – Voraussetzung für die Geltendmachung des Schutzes (Abs 3); Nichtanmeldung innerhalb von zwei Jahren nach der ersten Verwertung führt somit zum Rechtsverlust. Eine formell ordnungsgemäße Anmeldung wird wegen § 3 Abs 4 auch hier zu verlangen sein. Die Rücknahmefiktion bei Nichtzahlung der Gebühr (Rn 4 zu § 3) dürfte nach dem Gedanken des § 3 Abs 4 zur Folge haben, dass – wie im Fall des § 3 Abs 4 Satz 2 – vor Zahlung eine ordnungsgemäße Anmeldung nicht vorliegt und die Anmeldung deshalb (noch) keine Wirkung entfaltet.[7]

D. Ausschlussfrist

6   Ist die Topographie nicht innerhalb von fünfzehn Jahren nach dem Tag ihrer ersten Aufzeichnung entweder nach Abs 1 Nr 1 verwertet oder beim DPMA angemeldet worden, kann der Schutz nicht mehr in Anspruch genommen werden (Abs 4). Es handelt sich um eine materiellrechtl Ausschlussfrist.[8]

---

1   Begr BlPMZ 1987, 374, 380.
2   *Geissler* S 11.
3   Begr BlPMZ 1987, 374, 380.
4   Vgl Begr BlPMZ 1987, 374, 380.
5   *Klopmeier* in *Busche/Stoll* TRIPS Art 38 Anm.
6   *Bühring* § 10 GebrMG Rn 38.
7   AA *Bühring* § 10 GebrMG Rn 31, 38.
8   Vgl *Werum* S 74; vgl auch Begr BlPMZ 1987, 374, 381.

§ 6
Wirkung des Schutzes

(1) [1]Der Schutz der Topographie hat die Wirkung, daß allein der Inhaber des Schutzes befugt ist, sie zu verwerten. [2]Jedem Dritten ist es verboten, ohne seine Zustimmung

1. die Topographie nachzubilden;
2. die Topographie oder das die Topographie enthaltende Halbleitererzeugnis anzubieten, in Verkehr zu bringen oder zu verbreiten oder zu den genannten Zwecken einzuführen.

(2) Die Wirkung des Schutzes der Topographie erstreckt sich nicht auf

1. Handlungen, die im privaten Bereich zu nichtgeschäftlichen Zwecken vorgenommen werden;
2. die Nachbildung der Topographie zum Zwecke der Analyse, der Bewertung oder der Ausbildung;
3. die geschäftliche Verwertung einer Topographie, die das Ergebnis einer Analyse oder Bewertung nach Nummer 2 ist und Eigenart im Sinne von § 1 Abs. 2 aufweist.

(3) [1]Wer ein Halbleitererzeugnis erwirbt, ohne zu wissen oder wissen zu müssen, daß es eine geschützte Topographie enthält, kann es ohne Zustimmung des Inhabers des Schutzes weiterverwerten. [2]Sobald er weiß oder wissen muß, daß ein Schutz der Topographie besteht, kann der Inhaber des Schutzes für die weitere geschäftliche Verwertung des Halbleitererzeugnisses eine nach den Umständen angemessene Entschädigung verlangen.

TRIPS-Übk Art 36, 37
Ausland: Belgien: Art 3, 10–12 ToG; **Dänemark:** § 6 ToG; **Frankreich:** Art L 622-5 CPI; **Italien:** Art 90, 91 CDPI; **Niederlande:** Art 5, 6, 15, 16 ToG; **Österreich:** § 6, 7 HlSchG; **Polen:** Art 211–219 RgE 2000; **Schweiz:** Art 5–8 ToG

Schrifttum: *Bauer* Reverse Engineering und Urheberrecht, CR 1990, 89; *Grant* The Concept of Reverse Engineering in Copyright Law, 1990; *Haberstrumpf* Die Zulässigkeit des Reverse Engineering, CR 1991, 129; *Hart* Semiconductor Chip: Reverse Engineering Revisited, EIPR 1989, 111; *Harte-Bavendamm* Wettbewerbsrechtliche Aspekte des Reverse Engineering von Computerprogrammen, GRUR 1990, 657; *Ilzhöfer* Reverse-Engineering von Software und Urheberrecht, CR 1990, 578; *Kindermann* Reverse Engineering von Computerprogrammen, CR 1990, 638; *Lehmann* Freie Schnittstellen („interfaces") und freier Zugang zu den Ideen („reverse engineering"), CR 1989, 1057; *Lehmann* Reverse Engineering ist keine Vervielfältigung iSd §§ 16, 53 UrhG, CR 1990, 94; *Schnell/Fresca* Reverse Engineering. Darstellung der Diskussion in der Bundesrepublik Deutschland und in den USA, CR 1990, 157; *Stern* NEC v Intel – A New US Approach to Reverse Engineering of Software? EIPR 1989, 172; *Wiebe* Reverse Engineering und Geheimnisschutz von Computerprogrammen, CR 1992, 134.

A. Allgemeines

Die Regelung ist der in § 9 PatG und in § 11 GebrMG vergleichbar. Der Schutz ist aber nicht so weitgehend wie dort,[1] sondern beschränkt sich auf das Verbot unberechtigter Reproduktion oder Kopie, des Anbietens, des Inverkehrbringens, Verbreitens oder Einführens zu diesen Zwecken. **1**

Besitz, Erwerb und Nutzung als solche sind nicht untersagt.[2] **2**

Die **Beschränkung des Schutzes** nach Abs 2 Nr 1 entspricht der in § 11 Nr 1 PatG und in § 12 Nr 1 GebrMG mit der Abweichung, dass auf nichtgeschäftliche statt auf nichtgewerbliche Zwecke abzustellen ist, was auf Gewinnerzielung gerichtete nichtberufliche Tätigkeiten in den Schutz einbezieht.[3] Abs 2 Nr 2 ist § 11 Nr 2 PatG und § 12 Nr 2 GebrMG nachgebildet, geht aber bis an die Grenze des generellen Verbots der geschäftlichen Verwertung weiter.[4] **3**

---

1 Vgl Begr BlPMZ 1987, 374, 381, die terminologisch zwh davon spricht, dass der Schutz nicht „absolut" sei; kr hierzu *Hoeren* S 26.
2 Vgl *Geissler* S 54.
3 Vgl Begr BlPMZ 1987, 374, 381.
4 Begr BlPMZ 1987, 374, 381.

B. Schutzumfang

4   Der Schutz beschränkt sich nicht auf ein konkretes Werkstück (vgl Art 3 Abs 1 Buchst b IPIC).[5] Verboten ist es, ohne Zustimmung des Rechtinhabers Reproduktionen des Layout-Designs herzustellen (vgl Art 6 IPIC).[6] Ob angesichts des Wortlauts („nachzubilden") nur das, was dem Leitbild fotografischer Reduplikation entspricht, als Verletzungshandlung in Betracht kommt,[7] erscheint zwh; erfasst dürften jedenfalls auch unvollständige Kopien des Layouts sein, soweit der reproduzierte Teil den Originalitätsanforderungen entspricht.[8]

5   Aus **Art 36 TRIPS-Übk** folgt, dass Einfuhr, Verkauf oder sonstiger Vertrieb eines Gegenstands, in den ein geschütztes Layout-Design aufgenommen ist, nur insoweit rechtswidrig sind, als der Gegenstand weiterhin ein rechtswidrig nachgebildetes Layout-Design enthält.[9]

C. „Reverse Engineering"

6   Die Regelung in Abs 2 Nr 2, 3 ist dem US-amerikanischen Recht nachgebildet (17 USC Sec 906 (a)). „Reverse Engineering" wird vom Verbotstatbestand nicht erfasst.[10] Das Ergebnis der Analyse einer geschützten Topographie kann in die eigene Topographie eines Dritten übernommen werden;[11] verboten ist nur die reine Nachbildung; die Abgrenzung kann im Einzelfall Schwierigkeiten bereiten.[12] Die im Weg des „Reverse Engineering"[13] entwickelte Topographie ist selbst schutzfähig, sofern sie ihrerseits Eigenart aufweist.[14] Bei identischen und quasi identischen Topographien wird der Beweis des ersten Anscheins für schlichte Nachbildung sprechen und einem Schutz entgegenstehen.[15] Andererseits können ausreichende Anhaltspunkte für „Reverse Engineering" (insb Dokumente, „paper trail") erhöhte Substantiierungsanforderungen an die Behauptung der Verletzung begründen.[16]

D. Einschränkung der Unterlassungs- und Schadensersatzansprüche

7   Nationales Patentrecht und Urheberrecht billigen dem Rechtsinhaber auch gegenüber dem schuldlos handelnden Verletzer einen Unterlassungsanspruch und bei jeglicher schuldhaften Rechtsverletzung einen Schadenersatzanspruch zu. In Anlehnung an das US-amerikanische Recht (17 USC Sec 907 (a)) ist dieser Grundsatz durch Abs 3 in Hinblick auf das Fehlen der Recherchierbarkeit[17] eingeschränkt, allerdings weicht der Wortlaut von Abs 3 von dem des Art 37 TRIPS-Übk („nicht wusste und keinen hinreichenden Grund zu der Annahme hatte")[18] ab. Der gutgläubige Erwerber ist weitergehend als im Patent- und Urheberrecht privilegiert („innocent infringement").[19] War der Erwerber beim Erwerb im guten Glauben, scheidet ein Unterlassungsanspruch hinsichtlich der weiteren Verwertung der vorhandenen und der be-

---

5   *Klopmeier* in *Busche/Stoll* TRIPs Art 35 Rn 21.
6   *Klopmeier* in *Busche/Stoll* TRIPs Art 35 Rn 22.
7   So *Werum* S 90.
8   Vgl *Klopmeier* in *Busche/Stoll* TRIPs Art 35 Rn 22.
9   Vgl *Klopmeier* in *Busche/Stoll* TRIPs Art 36 Rn 4.
10   *Dreier* GRUR Int 1987, 645, 658; *Klopmeier* in *Busche/Stoll* TRIPs Art 35 Rn 26.
11   Auf die Parallele zum sortenschutzrechtl Weiterzüchtungsvorbehalt ist von *Leßmann* FS R. Lukes (1990), 425, 428 Fn 7 hingewiesen worden.
12   Vgl den bei *Werum* S 88 angeführten Fall zweier Mikrochips, bei denen die Funktionsblöcke für Logik und Speicherung umkonfiguriert sind.
13   Kr zu dieser Bezeichnung *Geissler* S 56.
14   Begr BlPMZ 1987, 374, 381; *Hoeren*, der im übrigen auf die patentrechtl Zulässigkeit derartiger Praktiken verweist, sieht – S 22f – Eigenart als Voraussetzung für die Zulässigkeit des „Reverse Engineering" an sich an; ähnlich *Werum* S 90.
15   Begr BlPMZ 1987, 374, 381, dort allerdings anders für den Nachweis der selbstständigen Schöpfung; für eine Interessenabwägung in solchen Fällen *Geissler* S 55.
16   Vgl US-District Court for the Southern District of California GRUR Int 1989, 594: Nachweis der Übereinstimmung in wesentlichen Punkten.
17   Vgl Begr BlPMZ 1987, 374, 381.
18   Zur letzgenannten Voraussetzung *Klopmeier* in *Busche/Stoll* TRIPs Art 37 Rn 6, der hierin (Rn 9) einen Zurechnungsgrad zwischen positiver Kenntnis und fahrlässiger Unkenntnis in der Nähe der groben Fahrlässigkeit sieht.
19   Vgl *Klopmeier* in *Busche/Stoll* TRIPs Art 37 Rn 2f.

reits bestellten Bestände (vgl Art 37 Abs 1 Satz 2 TRIPS-Übk; nicht hinsichtlich des Kopierens)[20] in jedem Fall aus.[21] Der Begriff der vorhandenen und bestellten Bestände soll dabei eng auszulegen sein.[22]

Nachfolgende Kenntnis oder fahrlässige Unkenntnis begründet ebenfalls keinen Unterlassungsanspruch, sondern lediglich einen Anspruch auf den Umständen nach **angemessene Entschädigung**; insoweit kann auf die zu § 33 PatG entwickelten Grundsätze zurückgegriffen werden[23] (ähnlich Art 37 Abs 1 Satz 2 TRIPS-Übk, wonach diese Entschädigung einer angemessenen Lizenzgebühr, wie sie auf Grund eines frei ausgehandelten Lizenzvertrags zu zahlen wäre, entsprechen muss). **8**

E. Erschöpfung

Eine Erschöpfungsregelung fehlt entgegen Art 5 Abs 5 der Richtlinie, die europaweite Erschöpfung vorsieht (vgl auch Art 6 Abs 5 IPIC). Die für das Patentrecht entwickelten Grundsätze (Rn 143 ff zu § 9 PatG) sind heranzuziehen.[24] **9**

§ 7
Beschränkung der Wirkung des Schutzes

(1) Der Schutz der Topographie wird nicht begründet, soweit gegen den als Inhaber Eingetragenen für jedermann ein Anspruch auf Löschung besteht (§ 8 Abs. 1 und 3).

(2) ¹Wenn der wesentliche Inhalt der Anmeldung einer Topographie eines anderen ohne dessen Einwilligung entnommen ist, tritt dem Verletzten gegenüber der Schutz des Gesetzes nicht ein. ²Die Vorschriften des Patentgesetzes über den Anspruch auf Übertragung (§ 8) sind entsprechend anzuwenden.

Ausland: Frankreich: Art R 622-5 CPI; **Österreich:** § 13 Abs 2 HlSchG

Abs 1 entspricht § 13 Abs 1 GebrMG. **1**

Abs 2 Satz 1 entspricht § 13 Abs 2 GebrMG; Abs 2 Satz 2 entspricht § 13 Abs 3 3. Alt GebrMG. **2**

§ 8
Löschungsanspruch, Löschungsverfahren

(1) Jedermann hat gegen den als Inhaber Eingetragenen Anspruch auf Löschung der Eintragung der Topographie, wenn
1. **die Topographie nach § 1 nicht schutzfähig ist;**
2. **der Anmelder oder der als Inhaber Eingetragene nicht nach § 2 Abs. 3 bis 6 zum Schutz berechtigt ist oder**
3. **die Topographie nicht innerhalb der Frist nach § 5 Abs. 1 Nr. 1 oder nach Ablauf der Frist nach § 5 Abs. 4 angemeldet worden ist.**

(2) Im Falle des § 7 Abs. 2 steht nur dem Verletzten ein Anspruch auf Löschung zu.

(3) Betreffen die Löschungsgründe nur einen Teil der Topographie, so wird die Eintragung nur in diesem Umfang gelöscht.

(4) ¹Die Löschung der Eintragung der Topographie nach den Absätzen 1 bis 3 ist beim Patentamt schriftlich zu beantragen. ²Der Antrag muß die Tatsachen angeben, auf die er gestützt wird. ³Die Vorschriften des § 81 Abs. 6 und des § 125 des Patentgesetzes sind entsprechend anzuwenden.

---

20 *Werum* S 76 f.
21 Vgl *Klopmeier* in *Busche/Stoll* TRIPs Art 37 Rn 15; hierin liegt entgegen *Hoeren* S 24 der eigene Regelungsgehalt der Vorschrift.
22 *Klopmeier* in *Busche/Stoll* TRIPs Art 37 Rn 16.
23 Vgl Begr BlPMZ 1987, 374, 382: übliche Lizenzgebühr.
24 Vgl *Werum* S 92.

(5) Die Vorschriften des Gebrauchsmustergesetzes über das Löschungsverfahren (§ 17) und über die Wirkung des Löschungsverfahrens auf eine Streitsache (§ 19) sind entsprechend anzuwenden.

Ausland: Italien: Art 97 CDPI (Nichtigkeit); **Österreich:** § 13 HlSchG (Nichtigerklärung); § 14 HlSchG (Aberkennung); § 15 HlSchG (Feststellungsanträge); **Schweiz:** Art 15 ToG

A. Allgemeines

1   Die durch Streichung des Abs 4 Satz 3 und Änderung der Verweisung durch das KostRegBerG geänd Regelung über die Löschung ist eng an das GbmRecht angelehnt. Abw geregelt sind die Löschungsgründe. Das PatKostG sieht einen eigenen Gebührentatbestand (GebVerz Nr 362100) vor; die Höhe der Gebühr (300 EUR) entspricht der im GbmLöschungsverfahren.

B. Löschungsgründe

I. Allgemeines

2   Die Regelung lehnt sich an § 15 Abs 1 GebrMG an. Löschungsgründe sind fehlende Schutzfähigkeit, fehlende Schutzberechtigung des Anmelders oder des als Inhaber Eingetragenen, Versäumung der Fristen zur Anmeldung und widerrechtl Entnahme. Mit Ausnahme der widerrechtl Entnahme können die Löschungsgründe von jedermann geltend gemacht werden.

II. Die einzelnen Löschungsgründe

3   **1. Fehlende Schutzfähigkeit.** Löschungsgrund ist das Fehlen der Eigenart. Daneben wird der Löschungsgrund auch dadurch ausgefüllt, dass ein schützbarer Gegenstand nach § 1 Abs 1 nicht vorliegt, dh es sich nicht um eine Topographie in ihrer äußerlich-rezeptiven Erscheinungsform, selbständig verwertbare Teile oder Darstellungen handelt.[1]

4   **2. Fehlende Schutzberechtigung.** Der Löschungsgrund korrespondiert mit der Regelung in § 2.

5   **3. Versäumung der Fristen zur Anmeldung.** Der Löschungsgrund betrifft zum einen die Nichteinhaltung der Zweijahresfrist nach § 5 Abs 1 Nr 1, zum anderen die der Fünfzehnjahresfrist nach § 5 Abs 4.

6   **4. Widerrechtliche Entnahme.** Der Löschungsgrund kann wie im GbmRecht nur vom Verletzten geltend gemacht werden (Abs 2). Zulässiges „Reverse Engineering" stellt keine widerrechtl Entnahme dar.[2]

C. Teillöschung

7   Bei der Teillöschung entfällt die Möglichkeit einer Änderung der Schutzansprüche, weil solche nicht vorgesehen sind; Teillöschung wird daher insb durch Löschung hinsichtlich von mit der Topographie eingetragenen Zwischenprodukten, selbstständig verwertbaren Teilen oder Darstellungen in Betracht kommen.

8   **D.** Eine **Zwangslizenz** ist anders als im GbmRecht und zT im ausländ Recht (zB § 13 dän ToG) nicht vorgesehen, weil die Interessenlage, wie sie bei den „absoluten" (vgl Rn 1 zu § 6) Schutzrechten Patent und Gebrauchsmuster besteht, hier nicht gegeben sei.[3]

---

1   Vgl *Werum* S 84.
2   *Werum* S 81.
3   Begr BlPMZ 1987, 374, 382; vgl *Werum* S 91.

§ 9
Schutzverletzung

(1) [1] Wer den Vorschriften des § 6 Abs. 1 zuwider den Schutz der Topographie verletzt, kann vom Verletzten auf Unterlassung in Anspruch genommen werden. [2] Wer die Handlung vorsätzlich oder fahrlässig vornimmt, ist dem Verletzten zum Ersatz des daraus entstandenen Schadens verpflichtet. [3] § 24 Abs. 2 Satz 2 und 3 des Gebrauchsmustergesetzes gilt entsprechend.

(2) Die §§ 24a bis 24e [und 25a] [, 25a und 25b] des Gebrauchsmustergesetzes gelten entsprechend.

(3) [1] Auf die Verjährung der Ansprüche wegen Verletzung des Schutzrechts finden die Vorschriften des Abschnitts 5 des Buches 1 des Bürgerlichen Gesetzbuchs entsprechende Anwendung. [2] Hat der Verpflichtete durch die Verletzung auf Kosten des Berechtigten etwas erlangt, findet § 852 des Bürgerlichen Gesetzbuchs entsprechende Anwendung.

(4) § 24g des Gebrauchsmustergesetzes gilt entsprechend.

Ausland: Belgien: Art 13–15 ToG; **Dänemark:** §§ 14, 15 ToG; **Italien:** Art 95, 96 CDPI; **Niederlande:** Art 17, 18 ToG; **Österreich:** § 21 HlSchG; **Polen:** Art 293 RgE 2000; **Schweiz:** Art 10 ToG

Die durch das PrPG in Abs 1 geänd und mit Wirkung vom 1.7.1990 um Abs 2 ergänzte sowie durch das **1** Gesetz zur Verbesserung der Durchsetzung von Rechten des geistigen Eigentums um Abs 4 ergänzte sowie in Abs 1 Satz 3 ergänzend zum RegE geänd und in Abs 2 neugefasste Regelung **entspricht § 24 GebrMG;** eine weitere Änderung (Neufassung von Abs 2) sieht der RegE des Gesetzes zur Änderung des Designesetzes und weiterer Vorschriften des gewerblichen Rechtsschutzes vom 6.11.2015[1] vor. Die Bestimmung verweist weiter auf die §§ 24a–24e und 25a sowie § 24g GebrMG, die entspr anwendbar sind. Das SchuldRModG hat zur Vermeidung einer doppelten Verweisung und in sachlicher Übereinstimmung mit den übrigen Gesetzen des gewerblichen Rechtsschutzes Abs 1 Satz 4 (Verweisung auf § 24c GebrMG) aufgehoben und Abs 3 angefügt, der § 24c GebrMG idF des SchuldRModG entspricht.

Abw vom GbmRecht sind die **Verletzungshandlungen** durch Verweisung auf § 6 Abs 1 definiert. **2**

Zur Einschränkung der Unterlassungs- und Schadensersatzansprüche bei **gutgläubigem Erwerb** (§ 6 **3** Abs 3) Rn 7 zu § 6.

§ 10
Strafvorschriften

(1) Mit Freiheitsstrafe bis zu drei Jahren oder mit Geldstrafe wird bestraft, wer
1. entgegen § 6 Abs. 1 Satz 2 Nr. 1 die Topographie nachbildet oder
2. entgegen § 6 Abs. 1 Satz 2 Nr. 2 die Topographie oder das die Topographie enthaltende Halbleitererzeugnis anbietet, in Verkehr bringt, verbreitet oder zu den genannten Zwecken einführt.

(2) Handelt der Täter gewerbsmäßig, so ist die Strafe Freiheitsstrafe bis zu fünf Jahren oder Geldstrafe.

(3) Der Versuch ist strafbar.

(4) In den Fällen des Absatzes 1 wird die Tat nur auf Antrag verfolgt, es sei denn, daß die Strafverfolgungsbehörde wegen des besonderen öffentlichen Interesses an der Strafverfolgung ein Einschreiten von Amts wegen für geboten hält.

(5) Die Vorschrift des Gebrauchsmustergesetzes über die Einziehung (§ 25 Abs. 5) ist entsprechend anzuwenden.

(6) [1] Wird auf Strafe erkannt, so ist, wenn der Verletzte es beantragt und ein berechtigtes Interesse daran dartut, anzuordnen, daß die Verurteilung auf Verlangen öffentlich bekanntgemacht wird. [2] Die Art der Bekanntmachung ist im Urteil zu bestimmen.

Ausland: Dänemark: § 16 ToG; **Niederlande:** Art 24 ToG; **Österreich:** § 22 HlSchG; **Schweiz:** Art 11 ToG

---

1 BRDrs 540/15.

1   **Entstehungsgeschichte.** Die Bestimmung ist durch das PrPG geänd worden. An die Stelle der Strafdrohung von Freiheitsstrafe bis zu einem Jahr in Abs 1 ist Freiheitsstrafe bis zu drei Jahren getreten. Abs 2 und 3 sind durch die geltenden Abs 2–6 ersetzt worden, wobei Abs 6 wörtlich mit dem früheren Abs 3 übereinstimmt.

2   Die **Neufassung** ist am 1.7.1990 in Kraft getreten.

3   Die Bestimmung stimmt sachlich mit **§ 142 PatG** und § 25 GebrMG überein. Tathandlungen sind jedoch die nach § 6 Abs 1 Satz 2 Nr 1 und 2. Auf die Kommentierung zu § 142 PatG kann verwiesen werden.

§ 11
Anwendung von Vorschriften des Patentgesetzes und des Gebrauchsmustergesetzes

(1) Die Vorschriften des Patentgesetzes über die Erstattung von Gutachten (§ 29 Abs. 1 und 2), über die Wiedereinsetzung in den vorigen Stand (§ 123), über die Weiterbehandlung der Anmeldung (§ 123a), über die Wahrheitspflicht im Verfahren (§ 124), über die elektronische Verfahrensführung (§ 125a), über die Amtssprache (§ 126), über Zustellungen (§ 127), über die Rechtshilfe der Gerichte (§ 128) und über den Rechtsschutz bei überlangen Gerichtsverfahren (§ 128b) sind auch für Topographieschutzsachen anzuwenden.

(2) Die Vorschriften des Gebrauchsmustergesetzes über die Bewilligung von Verfahrenskostenhilfe (§ 21 Abs. 2), über die Übertragung und die Lizenz (§ 22), über die Streitwertherabsetzung (§ 26), über die Gebrauchsmusterstreitsachen (§ 27), über die Inlandsvertretung (§ 28), über die Ermächtigungen zum Erlaß von Rechtsverordnungen (§ 29) und über die Schutzberühmung (§ 30) sind entsprechend anzuwenden.

     Ausland: Belgien: Art 6 ToG (Zuständigkeit); **Niederlande:** Art 14, 19 (Zuständigkeit) ToG; **Österreich:** § 12 HlSchG (Übertragung; Lizenz), § 19 HlSchG (Vertreter); § 20 HlSchG (Auskunftspflicht); § 23 HlSchG (Zuständigkeit); **Schweiz:** Art 4 ToG (Rechtsübergang)

1   **Entstehungsgeschichte.** Die Bestimmung ist in Abs 1 durch Art 21 Abs 5 KostRegBerG geänd worden (Verweisung auf die Bestimmung über die Weiterbehandlung); die Änderung ist am 1.1.2005 in Kraft getreten (Art 30 Abs 3 KostRegBerG). Das Transparenz- und Publizitätsgesetz vom 19.7.2002 hat weiter die Verweisung auf § 125a PatG (elektronische Dokumente) eingefügt,[1] an deren Stelle durch das PatRVereinfModG vom 31.7.2009[2] die Verweisung auf die elektronische Verfahrensführung getreten ist. Das Gesetz über den Rechtsschutz bei überlangen Gerichtsverfahren und strafrechtlichen Ermittlungsverfahren vom 24.11.2011 hat eine Verweisung auf den neuen § 128b PatG eingestellt (Rn 1 zu § 128b PatG). Eine Einbeziehung des durch das KostRegBerG neu geschaffenen § 128a PatG ist anders als im GbmRecht nicht erfolgt.

2   **Anwendbare Bestimmungen des PatG.** Anwendbar sind die Bestimmungen über die Erstattung von Gutachten sowie die §§ 123–128 PatG mit Ausnahme des § 125 PatG, dessen entspr Anwendung jedoch § 8 Abs 4 vorsieht. Die Weiterbehandlungsgebühr beträgt 100 EUR (GebVerz Nr 362100).

3   **Weitere anwendbare Bestimmungen des GebrMG.** Die Bestimmung ergänzt die an anderer Stelle enthaltenen Verweisungen auf das GbmRecht. Die Übertragung folgt der Regelung für das Gebrauchsmuster (§ 22 GebrMG); anders als nach Art 8 Abs 1 schweiz ToG ist gutgläubiger Erwerb nicht möglich (s aber den Gutglaubensschutz in § 6 Abs 3; Rn 7 f zu § 6).

---

1   Ausschussbericht BTDrs 14/9079 S 19 = BlPMZ 2002, 298 f.
2   BGBl I 2521 = BlPMZ 2009, 301.

ZWEITER ABSCHNITT
Änderung von Gesetzen auf dem Gebiet des gewerblichen Rechtsschutzes

§§ 12–16

(nicht abgedruckt)

DRITTER ABSCHNITT
Änderung anderer Gesetze

§§ 17–25

(nicht abgedruckt)

VIERTER ABSCHNITT
Übergangs- und Schlußvorschriften

§ 26
Übergangsvorschriften

(1) [1]Der Schutz der Topographie kann nicht für solche Topographien in Anspruch genommen werden, die früher als zwei Jahre vor Inkrafttreten dieses Gesetzes nicht nur vertraulich geschäftlich verwertet worden sind. [2]Rechte aus diesem Gesetz können nur für die Zeit ab Inkrafttreten dieses Gesetzes geltend gemacht werden.

(2) Artikel 229 § 6 des Einführungsgesetzes zum Bürgerlichen Gesetzbuche findet mit der Maßgabe entsprechende Anwendung, dass § 9 Abs. 1 Satz 3 in der bis zum 1. Januar 2002 geltenden Fassung den Vorschriften des Bürgerlichen Gesetzbuchs über die Verjährung in der bis zum 1. Januar 2002 geltenden Fassung gleichgestellt ist.

Ausland: Belgien: Art 19 ToG; **Niederlande:** Art 25, 28 ToG; **Schweiz:** Art 19, 20 ToG

Die Bestimmung enthält in Abs 1 **Übergangsvorschriften** anlässlich des Inkrafttretens (§ 28) des Gesetzes. Das SchuldRModG hat als Übergangsregelung zu dem ab 1.1.2002 geltenden **Verjährungsrecht** Abs 2 angefügt, der sachlich der Regelung in § 147 Abs 1 PatG und § 31 GebrMG entspricht. **1**

Bei Topographien, die länger als zwei Jahre vor Inkrafttreten des Gesetzes, also vor dem 1.11.1985, **2** nicht nur vertraulich verwertet worden sind, war Schutz nach dem Gesetz nicht möglich. Durch Abs 1 Satz 2 wird klargestellt, dass Handlungen Dritter **vor Inkrafttreten des Gesetzes** keine Sanktionen auslösen.[1]

Ein **Interimsschutz** bestand und besteht anders als im US-amerikanischen Recht nicht.[2] **3**

§ 27
Berlin-Klausel

(nicht abgedruckt)

Die **Berlin-Klausel** ist durch den Wegfall der alliierten Vorbehalte in Bezug auf Berlin gegenstandslos. **1**

---

1 Begr BlPMZ 1987, 374, 384.
2 Kr hierzu insb am Bsp Kanada *Hoeren* S 19 f.

§ 28
Inkrafttreten

Dieses Gesetz tritt am 1. November 1987 in Kraft.

1 Die Bestimmung betrifft das Inkrafttreten des Gesetzes in seiner **ursprünglichen Fassung**.

Gesetz über Arbeitnehmererfindungen

(ArbEG)

vom 25.7.1957

Änderungen des Gesetzes:

Nr.	ändernde Norm	vom	RBGl BGBl	geänd (Ä) aufgehoben (A)
	VOErfGefMitgl	12.07.1942	I 466	
	ArbEG	25.07.1957	I 756	
1	6. ÜberlG	23.03.1961	I 274, ber 316	30 Ä
2	PatÄndG 1967	04.09.1967	I 953	17 Ä
3	GebrMÄndG	15.08.1986	I 1446	39 Ä
4	KostRÄndG 1994	24.06.1994	I 1325	39 Ä
5	EGInsO	05.10.1994	I 2911	27 Ä
6	SchiedsVfG	22.12.1997	I 3224	33 Ä
7	2. PatGÄndG	16.07.1998	I 1827	47 A
8	ArbEGÄndG	18.01.2002	I 414	44 A, 42, 43 Ä
9	PatRVereinfModG	31.07.2009	I 2521	10, 21, 48 A, 5, 6, 7, 8, 9, 11, 12, 13, 14, 18, 23, 24, 25, 27, 30, 43 Ä

Einleitung ArbEG

Übersicht

Schrifttum: *Althaus* Das Recht der Arbeitnehmererfindungen in Deutschland und Rußland, 1996; *Aubert* Das Gesetz über Arbeitnehmererfindungen, ZS Post- und Fernmeldewesen 1958, 105; *Bartenbach* Zwischenbetriebliche Forschungs- und Entwicklungskooperation und das Recht der Arbeitnehmererfindung, 1985; *Bartenbach* Grundzüge des Rechts der Arbeitnehmererfindungen, NZA 1990 Teil 2, 21; *Bartenbach* Überlegungen zur Novellierung des Gesetzes über Arbeitnehmererfindungen (ArbEG), VPP-Rdbr 1999, 41; *Bartenbach* Aktuelle Entwicklungen im Arbeitnehmererfindungsrecht (Foliensammlung), VPP-Rdbr 2010, 101; *A. Bartenbach* Arbeitnehmererfindungen im Konzern[3], 2015; *Bartenbach/Goetzmann* Europäisches Arbeitnehmererfindungsrecht vs. Arbeitnehmererfindungsrecht in Europa, VPP-Rdbr 2006, 73; *Bartenbach/Hellebrand* Zur Abschaffung des Hochschullehrerprivilegs (§ 42 ArbEG) – Auswirkungen auf den Abschluss von Forschungsaufträgen, Mitt 2002, 165; *Bartenbach/Volz* Arbeitnehmererfindergesetz[5], 2013; *Bartenbach/Volz* Arbeitnehmererfindervergütung[3], 2009, 4. Aufl für Mai 2016 angekündigt; *Bartenbach/Volz* Arbeitnehmererfindungen[6], 2014; *Bartenbach/Volz* Arbeitnehmererfindungsrecht einschließlich betriebliches Verbesserungsvorschlagswesen, 1996; *Bartenbach/Volz* Geschichtliche Grundlagen und Entwicklung des Arbeitnehmererfindungsrechts – 25 Jahre ArbEG, GRUR 1982, 693; *Bartenbach/Volz* 50 Jahre Gesetz über Arbeitnehmererfindungen, GRUR 2008 Beilage Nr I, 1; *Bartenbach/Volz* Das Arbeitnehmererfindungsrecht auf der Nahtstelle von Arbeitsrecht und gewerblichem Rechtsschutz, GRUR 2009, 220; *Bartenbach/Volz* Die Novelle des Gesetzes über Arbeitnehmererfindungen, GRUR 2009, 997; *Bartenbach-Fock* Arbeitnehmererfindungen im Konzern, Diss Trier 2007; *Bauer* Das Internationale Privatrecht der Arbeitnehmererfindung, Diss Göttingen 1970; *Bauer* Die Arbeitnehmererfindung im internationalen Privatrecht, AWD 1970, 512; *Bayreuther* Zum Verhältnis zwischen Arbeits-, Urheber- und Arbeitnehmererfindungsrecht, GRUR 2003, 570; *Bayreuther* Neue Spielregeln im Arbeitnehmererfinderrecht, NZA 2009, 1123; *Becher* Das Gesetz über Arbeitnehmererfindungen, WiR 1992, 483; *Beckmann* Erfinderbeteiligung, Diss 1926; *Beil* Der zweite Entwurf eines Gesetzes über Erfindungen von Arbeitnehmern und Beamten, CIT 1956, 137; *Beil* Das neue Gesetz über Arbeitnehmererfindungen, CIT 1957, 421, 489, 633, 775; *Belz* Die Arbeitnehmererfindung im Wandel der patentrechtlichen Auffassungen, Diss Nürnberg 1958; *Berger* Die Betriebs- und Angestelltenerfindung in rechtsvergleichender Darstellung, Diss 1939; *Bettini* Attività inventiva e rapporto di lavoro, 1993; *Beyerlein* Die Erfindungsmeldung als Grundlage für die Übergangsregelungen im Patentrechtsmodernisierungsgesetz: praxisrelevante Überlegungen zur Anwendbarkeit des neuen Rechts, Mitt 2010, 524; *Bizozzero* Der Arbeitnehmer als Erfinder, LiechtJZ 1996, 111; *Borrmann* Erfindungsverwertung[4], 1973; *Biberfeld* Der Anspruch des Staates auf die Erfindungen seiner Angestellten, GRUR 1898, 186; *Boemke/Kursawe* (Hrsg) Gesetz über Arbeitnehmererfindungen, 2015; *Brachmann/Menzel* Modernes Ideenmanagement, Arbeit und Arbeitsrecht 2014, 632; *Brede* Das Recht der Arbeitnehmererfindung, Neue Wirtschaftsbriefe 1982, 1361; *Brinkmann/Heidack* Betriebliches Vorschlagswesen, 1982; *Brune* Bewährtes Deutsches Arbeitnehmererfindergesetz? 2010; *Busche* Gesellschaftsorgane als Erfinder, FS Th. Reimann (2009), 37; *Cahn* Der Anspruch des angestellten Erfinders im vorläufigen Entwurf eines Patentgesetzes, 1913; *Danner* Die Behandlung des zu einem geltend zu machenden Monopol führenden Arbeitsergebnisses von Arbeitnehmern – das ArbEG, wie es ist und wie es sein müßte, GRUR 1983, 91; *Dänner* Studie BDI/BDA zum ArbEG, Industrie-Position; Kritik am Iststand, VPP-Rdbr 1999, 31; *Dick* Bewertung und Verwertung von Erfindungen[2], 1968; *Didier* Die Angestelltenerfindung, Diss 1934; *Dirschmied* Der Arbeitnehmer als Erfinder in Recht und Praxis, AuR 1971, 82; *Dittrich* Ausgewählte zivilrechtliche Fragen der Software-Piraterie, ÖBl 1999, 219; *Düwell* Rechtsstreitigkeiten der Arbeitsvertragsparteien über Erfindungen, Verbesserungsvorschläge und Urheberrechte, ZS für die Anwaltspraxis 1998, 2 = Fach 17 S 389; *Egetemeyer* Das Erfinderrecht der Angestellten in den Tarifverträgen, Diss 1931; *Eidenmüller* Die Diensterfindung und ihre wirtschaftlichen Auswirkungen, Diss München 1959; *Eitel* Die Angestelltenerfindung unter Berücksichtigung des neuen Patentgesetzentwurfs, Diss 1933; *Engländer* Die Angestelltenerfindung nach geltendem Recht, 1925; *Englert* L'invention faite par l'employé dans l'entreprise privée, Basel 1960; *Evers* Arbeitnehmererfindungen im Licht moderner Rechtspflege, Diss 1929; *Fischer* Betriebserfindungen, 1921; *Fitzner* Umfangreiche Rechte und Pflichten für Arbeitgeber und Arbeitnehmer: Das deutsche Arbeitnehmererfinderrecht, Chemie in Labor und Biotechnik 2009, 128; *Fleuchaus/Braitmayer* Hochschullehrerprivileg ade? GRUR 2002, 653; *Franke* Darstellung der Ist-Situation ArbEG – Internationaler Vergleich, VPP-Rdbr 1999, 28; *Friedrich* Das neue Gesetz über Arbeitnehmererfindungen, JZ 1957, 696; *Friedrich* Zum Gesetz über Arbeitnehmererfindungen, GRUR 1958, 270; *Friemel/Kammlah* Der Geschäftsführer als Erfinder, BB 2008, 613; *Gärtner/Simon* Reform des Arbeitnehmererfinderrechts: Chancen und Risiken, BB 2011, 1909; *Gareis* Über das Erfindungsrecht von Beamten, Angestellten und Arbeitern, 1879; *Gaul* Wechselwirkungen zwischen Urheberrecht und Arbeitsrecht, insbesondere Grenzfragen des Arbeitnehmererfinderrechts, NJW 1961, 1509; *Gaul* Die Rechtsstellung der Patentabteilung, FS 20 Jahre VVPP (1975), 31; *Gaul* 20 Jahre Arbeitnehmererfinderrecht, GRUR 1977, 686; *Gaul* Die Arbeitnehmererfindung[2], 1990; *Gaul* Betriebliche Regelung des Erfindungswesens mit Mustern für Meldungen und Erklärungen[5], 1991*Gaul/Bartenbach* Arbeitnehmererfindung und Verbesserungsvorschlag[2], 1972; *Gaul/Bartenbach* Betriebliche Regelung des Verbesserungsvorschlagswesens mit Muster und Erläuterungen, 1984; *Geerling* Arbeitnehmererfindungen im europäischen Arbeitsvertragsrecht, Diss 1933; *Geidel* Das Gesetz über Arbeitnehmererfindungen, BlStSozArbR 1958, 121; *Gennen* Softwareerfindungen und Arbeitnehmererfinderrecht, Der IT-Rechts-Berater 2001, 84; *Gennen* Management von Arbeitnehmererfindungen, Der IT-Rechts-Berater 2010, 280; *Gennen* Auswirkungen der Reform des Arbeitnehmererfinderrechts, Der Arbeits-Rechts-Berater 2011, 86; *Georgius* Beitrag zur Frage des Rechts und der Beteiligung der im Dienstverhältnis stehenden Personen an ihren Erfindungen, Diss 1912; *Goldschmidt* Das Recht der Angestellten an ihren Erfindungen, 1909; *Greif* Arbeitnehmer als Erfinder, Der leitende Angestellte 1969, 46; *Groß* Aktuelle Lizenzgebühren in Patentlizenz-, Know-how- und Computerprogrammlizenzverträgen, BB 1995, 885; *Halbach* Gesetz über Arbeitnehmererfindungen, 1958/1962; *Hausmann* Das Arbeitnehmererfindungsrecht in Deuschland und Großbritannien, Diss Hamburg 2011; *Heine* Neuregelung des Rechts der Arbeitnehmererfindung, DB 1957, 549; *Heine/Rebitzki* Arbeitnehmererfindungen[3], 1966; *Hellebrand* Änderungsbedarf für das ArbEG aus der Sicht der Schiedsstellenpraxis, VPP-Rdbr 1999, 34; *Hellwig* Das Recht an den Industrieerfindungen technischer Angestellter, Diss 1926; *Herbst* Gesetz über Arbeitnehmererfindungen, Neue Wirtschaftsbriefe 1957 Fach 26, 383; *Herold* Das Recht der Arbeitnehmererfindung, BlStSozArbR 1957, 297; *Herschel* 25 Jahre Arbeitnehmererfindungsgesetz, RdA 1982, 265; *Hoffmann* Das Gesetz über Arbeitnehmererfindungen – Ein Exot auch für Arbeitsrechtler, NJ 2013, 361; *Hueck* Gedanken zur Neuregelung des Rechts der Arbeitnehmererfindung, FS A. Nikisch (1958), 63; *Hummel* Die Angestelltenerfindung, Diss 1932; *Janert* Betriebliche Verfahrensweisen im Arbeitnehmer-Erfinderrecht und ihre rechtlichen Probleme, Diss Göttingen 1969; *Johannesson* Erfinder – Erfindung – „Betriebserfindung", GRUR 1973, 581; *Johannesson* Arbeitnehmererfindungen, 1979; *Kather* Arbeitgeberwechsel von Know-how-Trägern, VPP-Rundbrief 2005, 108; *Kellerhals* Urheberpersönlichkeitsrechte im Arbeitsverhältnis, Diss Konstanz 2000; *Klaus* Arbeitnehmererfindungen und ihre rechtliche Behandlung, 1964; *Klusmann* – The German Act on Employees' Inventions: Time to Say Goodbye? FS G. Rahn (2011), 735; *Knoblauch* Das Recht der Arbeitnehmererfindung, Der leitende Angestellte 1957, 122; *Koch* Erfindungen aus Rüstungsentwicklungen, BB 1989, 1138; *Kockläuner* Bewährtes deutsches Arbeitnehmererfinderrecht? GRUR 1999, 664; *Körting* Das Arbeitnehmererfindungsrecht und die innerbetriebliche Innovationsförderung, Diss Bayreuth 2006; *Krantz* Zur Frage des Erfinderrechts der Angestellten, Diss 1910; *Krauss* Das betriebliche Vorschlagswesen aus rechtlicher Sicht, 1977; *Kremnitz* Das Arbeitnehmererfinderrecht in der Praxis des Unternehmens, 1977; *U. Krieger* Zum Verhältnis von Monopolrecht und Vergütungsanspruch im Recht der Arbeitnehmer-Erfindung, FS K. Quack (1991), 41; *Kroitzsch* Erfindungen in der Vertragsforschung und bei Forschungs- und Entwicklungsgemeinschaften unter dem Blickpunkt des Arbeitnehmererfindungsgesetzes, GRUR 1974, 177; *Kunze* Arbeitnehmererfinder- und Arbeitnehmerurheberrecht als Arbeitsrecht, RdA 1975, 42; *Kurz* Die historische Entwicklung des Arbeitnehmererfinderrechts in Deutschland, Diss Stuttgart 1991 (Bespr *Bartenbach* Mitt 1992, 300); *Kurz* Geschichte des Arbeitnehmererfindungsrechts, 1997 (Bespr *König* Mitt 1998, 279); *Langloh* Das Angestelltenerfinderrecht, Diss Hamburg 1956; *Laux* Arbeitnehmererfindungen, Verbesserungsvorschläge, betriebliches Vorschlagswesen, in *Stahlhacke* (Hrsg) Handbuch zum Arbeitsrecht Gruppe 14.1; *Leidgens* Das neue Gesetz über Arbeitnehmererfindungen, BlStSozArbR 1957, 280; *Lenhart* Arbeitnehmer- und Arbeitgeberbegriff im Arbeitnehmererfindungsrecht, Diss Leipzig 2002; *Leptien* Anreizsysteme in Forschung und Entwicklung, 1996; *Lewcke* Die Arbeitnehmererfindung, DB 1957, 424; *Lindenmaier/Lüdecke* Die Arbeitnehmererfindungen, 1961; *Lucas* Softwareentwicklung durch Arbeitnehmer. Arbeitsrechtliche und immaterialgüterrechtliche Zuordnungsinteressen, 1993; *Lüdecke* Erfindungsgemeinschaften, 1962; *Lüdecke* Lizenzgebühren für Erfindungen, 1955; *Lüken* Der Arbeitnehmer als Schöpfer von Werken des geistigen Eigentums, Diss Osnabrück 2008; *Lunze/Hessel* Überblick über die wichtigsten Änderungen durch das Gesetz zur Vereinfachung und Modernisierung des Patentrechts, Mitt 2009, 433; *Martin* Les inventions de salariés, 1996; *Meier* Bewährtes deutsches Arbeitnehmererfinderrecht? GRUR 1998, 779; *Mousseron* Les inventions de salariés, 1996; *Müller-Pohle* Erfindungen von Gefolgschaftsmitgliedern, 1943; *Müller-Pohle* Arbeitnehmererfindungen – Gegenwärtiges und künftiges Recht, GRUR 1950, 172; *Neumeyer* Der angestellte Erfinder als Gegenstand der Gesetzgebung, Mitt 1971, 213; *Neumeyer* Das Recht des Arbeitnehmererfinders, RIW 1974, 395; *Oehlrich* Anreizsysteme im Forschungsbereich pharmazeutischer Unternehmen, 2005; *Oehlrich* Arbeitnehmererfindungsgesetz und Innovationsfähigkeit, GRUR 2006, 17; *Opfermann* Die Angestelltenerfindung, Diss 1936; *Petersen-Padberg* Corporate Remuneration Systems for Employees' Inventions in Japan and Germany, FS G. Rahn (2011), 757; *Raif* Neuer Erfindergeist: Wichtige Änderungen beim Arbeitnehmererfindungsrecht, Arbeitsrecht aktuell 2010, 441; *Reichel* Patente, Arbeitnehmererfindungen, 1981; *Reimer* Das Recht der Angestelltenerfindung, 1948; *Reimer/Schade/Schippel* ArbEG – Gesetz über Arbeitnehmererfindungen und deren Vergütungsrichtlinien[8], 2007; bearbeitet von *Himmelmann, Leuze, Rother, Trimborn*; zuvor unter dem Titel Das Recht der Arbeitnehmererfindung; *Reinecke* Das novellierte Arbeitnehmererfindungsrecht, Beilage zu Fachanwalt Arbeitsrecht 2010, 98; *Reitzle/Butenschön/Bergmann* Gesetz über Arbeitnehmererfindungen/Act on Employees' Inventions[3], 2007; *Reitböck* Der Begriff der Diensterfindung und angrenzende Rechtsfragen, Wien 2003; *Riemschneider/Barth* Die Gefolgschaftserfindung[2], 1944; *Röpke* Arbeitsverhältnis und Arbeitnehmererfindungen, Diss Köln 1961; *Röpke* Der Arbeitnehmer als Erfinder, 1966; *Rother* Rechte des Arbeitgebers/Dienstherrn am geistigen Eigentum, Stellungnahme zur AIPPI-Frage Q 183, GRUR Int 2004, 235; *Rüve* Internationales Arbeitnehmererfindungsprivatrecht: die Einzelerfindung und die Gemeinschaftserfindung von Arbeitnehmern im internationalen Privatrecht Deutschlands, Europas und der Vereinigten Staaten von Amerika, Diss Göttingen 2005; *Sack* Probleme der Auslandsverwertung inländischer Auslandsarbeitnehmererfindungen, RIW 1989, 612; *Sautter* Einige Probleme der praktischen Handhabung des Gesetzes über Arbeitnehmererfindungen aus industrieller Sicht, Mitt 1971, 203; *Schade* Zu Fragen des Arbeitnehmererfinderrechts, GRUR 1958, 519; *Schade* Aus der bisherigen Praxis der Schiedsstelle für Arbeitnehmererfindungen in München, Mitt 1959, 253; *Schade* Arbeitnehmererfindungsgesetz und betriebliches Vorschlagswesen, VDI-ZS 1961, 50; *Schade* Arbeitnehmererfindungen, BB 1962, 260; *Schade* Zur Auslegung des Gesetzes über Arbeitnehmererfindungen durch Gerichte und Schiedsstelle, GRUR 1965, 634; *Schade* Aktuelle Probleme auf dem Gebiet des Arbeitnehmererfindungsrechts, GRUR 1970, 579; *Schade* Aktuelle Probleme im Recht der Arbeitnehmererfindung, VDI-Information Nr 27/1971; *Schade* Die gemeinschaftliche und die Doppelfindung von Arbeitnehmern, GRUR 1972, 510; *Schade* Arbeitnehmererfindungen, RdA 1975, 157; *Schade* Der Erfinder, GRUR 1977, 390; *Schippel* Die Entwicklung des Arbeitnehmererfinderrechts, FS 100 Jahre GRUR (1991), 585; *Schippel* Die Grenzen der Privatautonomie im Internationalen Arbeitsvertragsrecht und der Arbeitnehmererfindung, Mitt 1971, 229; *Schneider* Erfinder in der Bundesrepublik. Eine empirische Untersuchung zum Entstehungs-, Entwicklungs- und Verarbeitungsprozeß von Erfindungen, 1973; *Schoden* Das Recht der Arbeitnehmererfindung und das betriebliche Vorschlagswesen, BetrR 1982, 119; *Schoden* Betriebliche Arbeitnehmererfindungen und betriebliches Vorschlagswesen, 1995; *Scholz* Die rechtliche Stellung des Computerprogramme erstellenden Arbeitnehmers nach Urheberrecht, Patentrecht und Arbeitnehmererfindungsrecht, 1989; *Schopp* Arbeitnehmererfindungen, Rpfleger 1971, 203; *Schramm* Auftrags-, Dienst- und Gesellschaftserfindung, BB 1961, 105; *Schreiber* Die rechtliche und wirtschaftliche Bedeutung der Angestelltenerfindung, Diss 1930; *Schreyer-Bestmann/Garbers-von Boehm* Die Änderungen des Arbeitnehmererfindergesetzes durch das Patentrechtsmodernisierungsgesetz, DB 2009, 2266; *Schultze-Rhonhof* Vorschläge für die Reform des Rechts der Arbeitnehmererfinder, GRUR 1956, 140; *Schwab* Das Arbeitnehmererfinderrecht in der Rechtsberatung, Anwaltsblatt 1982, 41; *Schwab* Erfindung und Verbesserungsvorschlag im Arbeitsverhältnis, 1985; *Schwab* Das Arbeitnehmererfinderrecht, AR-Blattei SD 670; *Schwab* Der Arbeiterurheber in der Rechtsprechung des Bundesarbeitsgerichts, in: FS 50 Jahre Bundesarbeitsgericht (2004), 213; *Schwab* Arbeitnehmererfindungsrecht[3], 2014; *Schwab* Der Arbeitnehmer als Erfinder, NZA-RR 2014, 281; *Schwinge* Leistungen von ausübenden Künstlern im Arbeitsverhältnis, 1999; *Skauradszun* Die Reform des Arbeitnehmererfindungsrechts als Vorbild für das Urheberrecht? UFITA 2010, 373; *Straus* Die international-privatrechtliche Beurteilung von Arbeitnehmererfindungen im europäischen Patentrecht, GRUR Int 1984, 1; *Straus* Rechtsvergleichende Bemerkungen zum Begriff des Arbeitnehmererfinders, GRUR Int 1984, 402; *Straus* Der Erfinderschein – Eine Würdigung aus der Sicht der Arbeitnehmererfindung, Arbeitsrechts-Blattei Erfindungen von Arbeitnehmern I; *Straus* Zur Gleichbehandlung aller Diensterfindungen, FS K. Bartenbach (2005), 111; *Teufel* Portfoliomanagement, Innovationsförderung und Arbeitnehmererfindergesetz, FS K. Bartenbach (2005), 97; *Trimborn* Erfindungen während des Auslandseinsatzes, Mitt 2006, 498; *Trimborn* Entwicklungen im Arbeitnehmererfindungsrecht ab 2007, Mitt 2008, 546; *Trimborn* Aktuelles aus dem Arbeitnehmererfindungsrecht ab 2009, Mitt 2010, 461; *Trimborn* Aktuelle Entwicklungen im Arbeitnehmererfindungsrecht ab 2011, Mitt 2013, 537, 2014, 74; *Trimborn* Arbeitnehmererfindungsrecht[3], 2013; *Trimborn* Aktuelle Entwicklungen im Arbeitnehmererfindungsrecht, Mitt 2015, 116; *Ulrici* Vermögensrechtliche Grundfragen des Arbeitnehmerurheberrechts, 2008; *Villinger* Materialien für eine Harmonisierung des Rechts der Arbeitnehmererfindungen, 1994; *Volmer* Das Gesetz über Arbeitnehmererfindungen, RdA 1957, 241; *Volmer* Das Recht der Arbeitnehmererfindung, Arbeitsrechts-Blattei Erfindungen von Arbeitnehmern I; *Volmer* Der Arbeitnehmer als Erfinder in Recht und Praxis, RdA 1971, 368; *Volmer* Arbeitnehmererfindung und Vollbeschäftigung, DB 1978, 209; *Volmer* Begriff des Arbeitgebers im Arbeitnehmererfindungsrecht, GRUR 1978, 329; *Volmer/Gaul* Arbeitnehmererfindungsgesetz², 1983; *von Boehmer* Gebührt das Patent dem dienstverpflichteten Erfinder oder dem Arbeit- oder Auftraggeber? GRUR 1903, 329; *von Bredow* Novellierung des Gesetzes über Arbeitnehmererfindungen, VPP-Rdbr 1999, 47; *von Falckenstein* Arbeitnehmererfindungsgesetz – das Rote Kliff im gewerblichen Rechtsschutz, FS K. Bartenbach (2005), 73; *von Falckenstein* Vereinfachung des Arbeitnehmererfindungsrechts? FS 50 Jahre VPP (2005), 262; *Wandtke* Reform des Arbeitnehmerurheberrechts? GRUR 1999, 390; *Wegner* Erfindungen von Arbeitnehmern, Arbeit und Arbeitsrecht 1991, 40; *Weiß* Die deutsche Arbeitnehmererfindung im Konzern mit ausländischer Leitung, GRUR Ausl 1956, 99; *Wendel* Zur Neuregelung des Rechts der Arbeitnehmererfinder, AuR 1958, 297; *Wenzel* Zum Recht der Erfindungen von Arbeitnehmern und Beamten, DÖD 1957, 221; *Werdermann* Der Begriff der Diensterfindung und die dogmatische Begründung des Inanspruchnahmerechts, Diss Bonn 1960; *Weyer* Rechte an DV-Programmen, ÖVD 1982 Nr 6, 72; *Willecke* Das Recht der Angestellten an ihren Erfindungen in vermögensrechtlicher Hinsicht, Diss 1909; *Windisch* Rechtsprechung im Bereich der Arbeitnehmererfindungen, GRUR 1985, 829; *Witte* Die Betriebserfindung, Diss 1957; *Witte* Die Behandlung von augenscheinlich nicht schutzfähigen Diensterfindungen, GRUR 1965, 586; *Wollwert* Ideenmanagement im Konzern, NZA 2012, 889; *Wunderlich* Die gemeinschaftliche Erfindung, 1962; *Zumbach* Die Angestelltenerfindung im schweizerischen und deutschen Recht, Diss Basel 1959; *Zeller* Erfindervertragsrecht, 1952; *Zirkel* Das Recht des angestellten Urhebers und EU-Recht, Diss München (Univ. der Bundeswehr), 2002.

Datenbank: *Hellebrandt/Schmidt* Aktuelle Schiedsstellenpraxis, Rechtsprechungsdatenbank ArbEG⁵, 2012; Datenbank beim DPMA: http://dpma.de/amt/aufgaben/schiedsstelle_arbeitnehmererfindungen/suche/index/html.

1   **A.** Die große **Bedeutung des Arbeitnehmererfinderrechts** zeigt sich darin, dass wohl mehr als vier Fünftel aller Erfindungen ArbNErfindungen sind.[1] Die Schwierigkeiten der Regelung des ArbNErfinderrechts sind mit darin begründet, dass dieses „zwei verschiedenen Rechtsgebieten mit entgegengesetzten Tendenzen" angehört, einerseits dem Arbeitsrecht, wonach die Erfindung als Arbeitsergebnis dem ArbGb gebührt, und andererseits dem Patentrecht als „technischem Urheberrecht", wonach die Erfindung dem Erfinder zusteht.[2] Die Interessenabwägung ist in Form eines Kompromisses erfolgt. Das ArbEG sucht die beiderseitigen Interessen auszugleichen, indem es dem ArbGb das Recht auf Inanspruchnahme der Diensterfindung einräumt und dem ArbN in diesem Fall den Lohn durch eine angemessene Vergütung gewährt.[3] Das System entspricht den gestuften verfassungsrechtl Anforderungen an Eingriffe in das Verfügungs- und das Verwertungsrecht.[4] Von einer allein arbeits- und dienstrechtl Zuordnung des ArbEG kann dabei keine Rede sein.

B. Entstehungsgeschichte; Änderungen; Reform

2   Eine Regelung des Rechts der Angestelltenerfindung wurde bereits auf dem Deutschen Juristentag 1908 kontrovers diskutiert.[5] Da zunächst eine gesetzliche Regelung fehlte, wurden Erfindungsklauseln oft in Arbeits- und Tarifverträge aufgenommen. Wichtige kollektive Regelungen waren der Chemikertarifvertrag vom 27.4.1920, der Akademikertarifvertrag vom 26.10.1928 und der Tarifvertrag der Berliner Metallindustrie. Nach der Rspr des RG fiel die Diensterfindung unmittelbar in das Eigentum des ArbGb.[6] Dies entsprach auch der Gesetzeslage bis 1936.[7] Normative Regelungen brachten, nachdem ein Gesetzentwurf „über die Erfindungen von Gefolgsmännern" vom 17.3.1939 nicht umgesetzt worden war,[8] die VO über die Behandlung von Erfindungen von Gefolgschaftsmitgliedern vom 12.7.1942[9] und die DurchführungsVO vom

---

1   Vgl *Bartenbach/Volz* Einl Rn 2 mit weiteren Hinweisen in Fn 4; *Fleuchaus/Braitmayer* GRUR 2002, 653; BTDrs 14/8949 S 23.
2   BlPMZ 1957, 2 24.
3   BGHZ 62, 272 = BlPMZ 1974, 291 Anlagengeschäft; BGH GRUR 1990, 667 Einbettungsmasse.
4   BVerfG – Nichtannahmebeschluss – Mitt 1999, 61, 63, unter Hinweis auf das Urheberrecht.
5   Vgl Bericht JW 1908, 620.
6   RGZ 136, 415, 418 f = GRUR 1932, 1028 Holzschrauben; RGZ 139, 52, 56 = BlPMZ 1933, 129 Kunstdarm; RGZ 140, 53, 55 = GRUR 1933, 483 Spannungseisen I; RGZ 154, 309 = JW 1937, 2192 Steilrohrkessel; offengelassen in RGZ 163, 112, 115 f = GRUR 1940, 150 Saatgutbeize.
7   Vgl *Fleuchaus/Braitmayer* GRUR 2002, 653.
8   *Reimer/Schade/Schippel* S 96.
9   RGBl I 466 = BlPMZ 1942, 97.

20.3.1943,[10] die durch Vergütungsrichtlinien vom 20.3.1943 (neu gefasst 10.10.1944) ergänzt wurden. Die Rechte an der Erfindung gingen hiernach erst mit Inanspruchnahme auf den ArbGb über. Die Regelung wurde nach 1949 als fortgeltend angesehen.[11] Die Neuregelung durch das Gesetz über Arbeitnehmererfindungen (ArbEG) ist am 1.10.1957 (im Saarland am 5.7.1959) in Kraft getreten. Die DurchführungsVOen vom 1.10.1957[12] betreffen Einrichtung und Besetzung der Schiedsstelle (SstA). Außerdem hat der Bundesminister für Arbeit Vergütungsrichtlinien für den privaten und den öffentlichen Dienst erlassen.

Änderungen. Das ArbEG ist lange Jahre nicht grundlegend geänd worden. Von Bedeutung sind bis **3** 2009 vor allem die Änderung des § 27 durch das EGInsO sowie die Neuregelung des Rechts der Hochschulerfindungen (§ 42) durch das ArbEGÄndG vom 18.1.2002.

Reform.[13] Das BMJ hat am 25.10.2001 einen RefE eines Gesetzes zur umfassenden Änderung des Ar- **4** bEG vorgelegt.[14] Die danach vorgesehenen Änderungen sind jeweils in der *6. Aufl* abgedruckt. Die Novellierung sollte neue Anreize für mehr Erfindungsmeldungen der ArbN schaffen und das ArbNErfRecht modernisieren. Die zum Teil komplizierten Regelungen des ArbEG sollten vereinfacht und die langwierigen Verfahren beschleunigt werden. Erreicht werden sollten diese Ziele im wesentlichen durch eine frühere Auszahlung und Pauschalierung der Erfindervergütung und durch Erleichterungen bei der Meldung und Inanspruchnahme von Erfindungen sowie durch den Wegfall der Anmeldeverpflichtung des ArbGb. Umstr waren die Vorschläge zur Vergütungshöhe (die pauschalierte erste Vergütung wurde von ArbGbSeite mit 500 EUR, von ArbNSeite mit 1.200 EUR als angemessen angesehen)[15] und die Übergangsregelungen. Kritisiert wurden am früheren Rechtszustand insb Meldepflicht und Inanspruchnahme, Anmeldezwang und Anbietungspflicht, Umfang des Auskunftsanspruchs und Kompliziertheit der Vergütungsermittlung.[16] Nachdem der Entwurf auf Widerstand gestoßen ist, wurde er in der 14. Wahlperiode nicht weiter verfolgt. In der 15. Wahlperiode hat eine Projektgruppe einen „Industrieentwurf" vorgelegt, der von ArbNSeite abgelehnt wurde. Verschiedene ArbGb haben „Incentive"-Programme, zT mit Abkaufregelungen, entwickelt (Rn 3 f zu § 22). Teile der Vorschläge aus dem RefE 2001 sind in dem „kleinen Entwurf" des GRUR-Fachausschusses für Erfinderrecht[17] wieder aufgegriffen worden.

Das **Patentrechtsvereinfachungs- und modernisierungsgesetz** vom 31.7.2009 hat wesentliche Tei- **5** le der Reform umgesetzt (insb Fiktion der Inanspruchnahme). Die sich danach ergebende Rechtslage liegt der Kommentierung zugrunde. Das neue Recht gilt für alle seit dem 1.10.2009 gemeldeten Erfindungen, während es für die vor dem 1.10.2009 gemeldeten Erfindungen und Verbesserungsvorschläge bei dem früheren Recht verbleibt (§ 43 Abs 3; Rn 4 f zu § 43).[18]

C. Die **Gesetzgebungskompetenz** des Bunds wird überwiegend aus Art 79 Abs 1 Nr 9 GG abgeleitet;[19] **6** dies ist verschiedentlich gebilligt,[20] zT jedoch in Zweifel gezogen worden.[21]

D. Charakter der Regelungen

Die Bestimmungen des ArbEG sind bis zur Erfindungsmeldung einseitig, zugunsten des ArbN, zwin- **7** gend, danach disponibel (§ 22). Erhebliche Unbilligkeit von Vereinbarungen und einseitigen Festsetzun-

---

10 RGBl I 257 = BlPMZ 1943, 48.

11 BGH GRUR 1952, 573 Zuckerdiffusor.

12 BGBl I 1679, 1680 = BlPMZ 1957, 333.

13 Zur Reformdiskussion Bericht GRUR 1998, 647; Stellungnahme der DVGR mit Diskussionsentwurf GRUR 2000, 385; Stellungnahme des VPP VPP-Rdbr 2000, 53; Protokoll der Anhörung des BMJ und BMA am 23.3.2000 GRUR 2000, 1000, GRUR 2002, 136 und VPP-Rdbr 2000, 54; *Dänner* VPP-Rdbr 1999, 31 (insb zur BDI/BDA-Studie); *Hellebrand* VPP-Rdbr 1999, 34; *Bartenbach* VPP-Rdbr 1999, 41; *von Bredow* VPP-Rdbr 1999, 47.

14 Vgl *Kretschmer* (Bericht) GRUR 2002, 42 ff; *Vieregge* (Bericht) GRUR 2005, 132; Stellungnahme DVGR GRUR 2002, 136.

15 *Bartenbach/Hellebrand* Mitt 2002, 165 f.

16 Vgl *Bartenbach/Volz* Einl Rn 2.

17 GRUR 2007, 494.

18 Vgl *Beyerlein* Mitt 2010, 524.

19 Begr BTDrs II/1648 S 14 f = BlPMZ 1957, 226; BTDrs 14/5975 S 8.

20 OLG Braunschweig Mitt 2006, 41 m Anm *Beyerlein*; LG Braunschweig 2.2.2005 9 O 1060/03; *Bartenbach/Volz* vor §§ 40–42 Rn 3.

21 *Hübner* Erfindungen von Beschäftigten an Hochschulen, 2003, S 79 ff, 85 f hält § 42 für formell verfassungswidrig.

gen führt zur Unwirksamkeit (§ 23). Sonstige Verpflichtungen aus dem Arbeitsverhältnis bleiben unberührt (§ 25). Das ArbEG ist als Schutzgesetz zugunsten des ArbN bezeichnet worden.[22]

E. Ehemalige DDR

8 **Einigungsvertrag** s 6. Aufl.[23] **Erstreckungsgesetz** s 7. Aufl.

F. EPÜ; Unionspatent; Internationales Privatrecht

Schrifttum: *Abel* Die Diensterfindung im österreichischen Recht, GRUR Int 1962, 117; *Althaus* Das Recht der Arbeitnehmererfindungen in Deutschland und Rußland, Diss München 1995; *Andermatt* Das Recht an im Arbeitsverhältnis geschaffenen immaterialgüterrechtlich geschützten Erzeugnissen, Bern 1999; *Bauer* Das internationale Privatrecht der Arbeitnehmererfindung, Diss Göttingen 1970; *Bauer* Die Arbeitnehmererfindung im internationalen Privatrecht, RIW 1970, 512; *Baumann* Bestrebungen zur gesetzlichen Regelung der Arbeitnehmererfindungen in Frankreich, GRUR Int 1977, 446; *Beck* Die Angestelltenerfindung in der italienischen Gesetzgebung, GRUR Int 1949, 400; *Berger* Arbeitnehmer und Urheberrecht, Diss Wien 1998; *Blanco Jiménez* Patente für Erfindungen aus spanischen Universitäten, GRUR Int 1996, 577; *Bodenhausen* Octrooiverlening voor in buitenlandse dienstbetrekkingen gedane uitvindingen, BIE 1955, 130; *Chandler* Employees' Inventions: Inventory and Ownership, EIPR 1997, 262; *Collin* Dienstnehmererfindungen in Österreich, GRUR Int 1971, 287; *Collin* Die Diensterfindung (1976); *Cornish* Arbeitnehmererfinderrecht im Vereinigten Königreich, GRUR Int 1990, 339; *Croon* De rechtspositie van de ontwerper, de maker en de uitvinder in dienstbetrekking (Inauguralrede Utrecht 1964); *Dessemontet* The Situation of Inventors, with special regard to Employed Inventors, WIPO Academy 1994; *Dolder* Nachwirkende Nicht-Angriffspflichten des Arbeitnehmererfinders im schweizerischen Recht, GRUR Int 1982, 158; *Fabry/Trimborn* Arbeitnehmererfindungsrecht im internationalen Vergleich, 2007; *Gaul/Schmelcher* Das Recht der Arbeitnehmererfindung in den westeuropäischen Ländern, ZfA 1982, 401; *Geppert* Diensterfindung und Verbesserungsvorschlag im österreichischen Recht, RdA 1972, 147 und 287; *Godenhielm* Die internationalen Bestrebungen zur Vereinheitlichung des Rechts der Arbeitnehmererfindung, GRUR Int 1966, 125; *Heath* Zur Vergütung von Arbeitnehmererfindungen in Japan, GRUR Int 1995, 382; *Heerma van Voss* De werknemer als uitvinder, BIE 1997, 29; *Janssens* Uitvindingen in dienstverbond, 1996; *Jonczyk* Gedanken zu Konzeption und Wirkungen des polnischen Erfinderrechts, GRUR Int 1988, 658; *Jonczyk* Arbeitnehmererfinderrecht in Osteuropa, GRUR Int 1990, 348; *Kasznar* Arbeitnehmererfindungen: Recht und Wirklichkeit in Brasilien, GRUR Int 1984, 726; *Leuze* Diensterfindungen von Beamten unter besonderer Berücksichtigung der Rechtsstellung von Universitätsprofessoren Ein Vergleich zwischen der Rechtslage in Österreich und in Deutschland, ÖBl 1997, 3; *Leuze* Urheberrechte im Beamtenverhältnis, ZBR 1997, 37; *Leuze* Der Professor im Arbeitnehmererfindungsrecht unter Berücksichtigung der Rechtslage in Österreich, in FS O. Kimminich (1999), 43; *Leuze* Urheberrechte der Beschäftigten im öffentlichen Dienst und in den Hochschulen, 1999; *Mangalo* Das Recht der Arbeitnehmererfindung in der arabischen Welt, 1982; *Marterer* Forschungs- und Diensterfindung, 1991 (Österreich); *Martin* Droit des inventions de salariés, 2002 (Frankreich); *Mayr* Der Eigentumserwerb an Diensterfindungen und sachenrechtliche bzw. schuldrechtliche Konsequenzen des Erwerbs vom Nichtberechtigten, ÖJZ 1997, 691; *Mayr* Rechtsfragen zum angestellten Erfinder gemäß PatG, RdW 1998, 679; *Mousseron/Schmidt* Les créations d'employés, Mélanges Mathély, 1990, 273; *Nakayama* Das Arbeitnehmererfinderrecht in Japan, GRUR Int 1980, 23; *Neumeyer* Die Arbeitnehmererfindung in rechtsvergleichender Sicht, GRUR Int 1962, 65; *Neumeyer* Der angestellte Erfinder als Gegenstand der Gesetzgebung, Mitt 1971, 213; *Neumeyer* Das Recht der Arbeitnehmererfindung in den Ländern des Gemeinsamen Marktes, DB 1978, 538; *Nowotny* Erfindungen von Universitätslehrern, zugleich ein Beitrag zum Begriff der Diensterfindung, ÖBl 1979, 1; *Nunes* In dienstverbond gedane uitvindigingen: een echt ei van Columbus of een lege dop? Arbeidsrecht 1997, 6; *Oesch* Das Recht auf angemessene Vergütung nach dem finnischen Arbeitnehmererfindungsgesetz, FS F.-K. Beier (1996), 133; *Philipps/Hoolahan* Employees' Inventions in the United Kingdom (1982); *Portmann* Die Arbeitnehmererfindung, 1986 (Schweiz); *Quaedvlieg* De „betrekkelijke waarde van een werknemer voor de vooruitgang", BIE 1996, 121; *Quaedvlieg* Denker im Dienstverhältnis. Kernfragen des Arbeitnehmer-Immaterialgüterrechts, GRUR Int 2002, 901; *Ramm* Vergleichende Untersuchung über das Recht der Arbeitnehmererfindungen in den Mitgliedstaaten der EG, 1977 (Sammlung Studien, Reihe Arbeitsrecht Nr 2); *Rehbinder* Die Arbeitnehmererfindung, FS 100 Jahre eidg. PatG (1988), 71; *Reuter* Die Behandlung der Angestelltenerfindung im französischen, italienischen, englischen und amerikanischem Recht nach Rechtslehre und Rechtsprechung unter Berücksichtigung des deutschen Rechts, Diss 1932; *Rijlarsdam* De vergoeding van de „uitvinder in dienstbetrekking" behoeft verbetering; een voorstel tot wijziging van art 12, lid 6 ROW 1995, BIE 1996, 115; *Rüve* Internationales Arbeitnehmererfinderprivatrecht, Diss München (Universität) 2009; *Sack* Kollisions- und europarechtliche Probleme des Arbeitnehmererfinderrechts, FS R. Steindorff (1990), 1333 *Schippel* Die Grenzen der Privatautonomie im internationalen Arbeitsrecht und die Arbeitnehmererfindung, Mitt 1971, 229; *Schmidt-Szalewski* Arbeitnehmererfinderrecht in Frankreich, GRUR Int 1990, 342; *Spoendlin* Zur Behandlung immaterieller Arbeitsergebnisse im Arbeits- und Auftragsverhältnis, FS F. Vischer (1983), 727

---

22 AG Viersen VersR 2008, 1530; *Bartenbach/Volz* Einl 3.
23 Zum Recht der DDR und zur Überleitung *Bartenbach/Volz* Einl Rn 31 ff.

(Schweiz); *Straus* Die international-privatrechtliche Beurteilung von Arbeitnehmererfindungen im Europäischen Patentrecht, GRUR Int 1984, 1; *Straus* Rechtsvergleichende Bemerkungen zum Begriff des Arbeitnehmererfinders, GRUR Int 1984, 401; *Trimborn/Fabry* Das Recht des Arbeitnehmererfinders in der internationalen Übersicht, Mitt 2009, 529; *Titscher* Verwertung von Erfindungen bei Drittmittelforschung, ÖBl 2008, 316; *Troller* Probleme der Arbeitnehmererfindung im schweizerischen Recht, SMI 1980, 99; *Trueb* Derivativer und originärer Erwerb der Arbeitnehmererfindung durch den Arbeitgeber im internationalen Privatrecht, GRUR Int 1961, 14; *Ubertazzi* Die Zuordnung von Arbeitnehmererfindungen im italienischen Recht, GRUR Int 1986, 365; *Weinmiller* Bemerkungen zum Arbeitnehmererfindungsrecht in der EWG, GRUR Int 1975, 281; *Weiß* Die deutsche Arbeitnehmererfindung im Konzern mit ausländischer Leitung, GRUR Int 1956, 99; *Zumbach* Die Angestelltenerfindung im schweizerischen und deutschen Recht, Diss Basel 1959.

I. EPÜ; Unionspatent

Für eur Patentanmeldungen regelt **Art 60 Abs 1 Satz 2 EPÜ** die ArbNErfindung durch Verweisung auf **9** national Recht. Soweit die Bestimmung auf das dt Recht verweist, kommt vertragliche **Rechtswahl** grds in Betracht.[24]

Das durch das **Europäische Patent mit einheitlicher Wirkung** verliehene Recht ist nach Art 5 Abs 2 **10** VO 1257/2012 einheitlich; die anwendbaren Rechtsquellen sind in Art 24 EPGÜ geregelt (vgl Rn 194 ff Einheitlicher Patentschutz in Europa).

II. Deutsches IPR

Soweit die Anwendung des EPÜ nicht in Betracht kommt, ist für seit dem 17.12.2009 abgeschlossene **11** Arbeitsverträge Art 8 Rom I-VO (Rn 88 ff Einl PatG) anwendbar,[25] der weitgehend dem früheren Art 30 EGBGB[26] entspricht. Danach gilt in Grundsatz freie Rechtswahl, die aber nicht dazu führen darf, dass dem ArbN der Schutz entzogen wird, der ihm durch Bestimmungen gewährt wird, von denen nach dem mangels Rechtswahl anzuwendenden Recht nicht durch Vereinbarung abgewichen werden darf (Art 8 Abs 1 Satz 2 Rom I-VO, wozu auch das ArbNErfindungsrecht gehört);[27] das ist das Recht des Staats, in dem oder von dem aus der ArbN in Erfüllung des Vertrags gewöhnlich seine Arbeit verrichtet (Art 8 Abs 2 Satz 1 Rom I-VO), und der nicht wechselt, wenn der ArbN seine Arbeit vorübergehend in einem anderen Staat verrichtet (Art 8 Abs 2 Satz 2 Rom I-VO). Kann der Staat danach nicht bestimmt werden, unterliegt der Vertrag dem Recht des Staats, in dem sich die Niederlassung befindet, die den ArbN angestellt hat (Art 8 Abs 3 Rom I-VO). Engere Verbindung zu einem anderen Staat, die sich aus der Gesamtheit der Umstände ergibt, ist nach der Ausweichklausel in Art 8 Abs 4 Rom I-VO zu beachten. Bei Abordnungen im Konzern ist das ArbEG anwendbar, solange sich das Arbeitsverhältnis nach dt Recht richtet. Ob eine vorübergehende Entsendung vorliegt, richtet sich nicht nach der Willensrichtung (Rückkehrabsicht). In einer Beendigung des dt Arbeitsverhältnisses bei Begründung eines Anspruchs auf Wiedereinstellung kann uU ein Umgehungsgeschäft liegen.

III. Reform

Die Arbeiten bei der Kommission zur **Rechtsvereinheitlichung in der EG**[28] (*Ramm*-Entwurf) sind zu- **12** nächst eingestellt worden; eine Harmonisierung wurde nicht als vordringlich angesehen und ist auch dzt nicht vorgesehen;[29] Wirtschaftsverbände tendieren zu Deregulierung.[30] Die Rom I-VO hat nur die Rechts-

---

24 Vgl *Straus* GRUR Int 1984, 3; *Kraßer* S 394 (§ 21 I c 1).

25 *MünchKommBGB* Art 8 Rom-I-VO Rn 97 f; *Palandt* Rom I 8 Rn 4.

26 Hierzu *Däubler* RIW 1987, 254; für entspr Anwendung von Art 60 Abs 1 Satz 2 EPÜ *Kraßer* S 394 (§ 21 I c 1); vgl auch *Schwerdtner* ZfA 1987, 163 sowie BGHZ 65, 347, 353 = GRUR 1976, 385 Rosenmutation. Zur Anwendbarkeit dt Rechts bei Tätigkeit eines ArbN einer dt Muttergesellschaft für deren ausl Tochtergesellschaft SstA 19.6.1991 ArbErf 70/90.

27 *Sack* FS E. Steindorff (1990), 1343.

28 Hierzu *Kretschmer* GRUR 1980, 37.

29 Vgl Folgepapier der EU-Kommission vom 12.2.1999 S. 15 f.

30 Vgl VPP-Rdbr 1998, 24; *BDI/BDA* (Hrsg) Studie zu den Auswirkungen des Arbeitnehmererfindungsgesetzes in der Praxis, 1998; vgl auch *Meier* GRUR 1998, 779; *Kockläuner* GRUR 1999, 664; Bericht VPP-Rdbr 1998, 112 und 1999, 19; andererseits grds positiv zum dt Recht *Rijlarsdam* BIE 1999, 346; vgl auch zur Anwendung der dt Vergütungsrichtlinien in

anwendung des nationalen Rechts auf eine einheitliche Grundlage gestellt. Sondergesetze bestehen ua in Deutschland, Dänemark, Finnland, Schweden und Slowenien, eine Regelung im Patentgesetz im VK, in Bulgarien, Estland, Frankreich, Irland, Italien, Lettland, Litauen, Luxemburg, den Niederlanden, Österreich, Polen, Portugal, Rumänien, der Slowakei, Spanien, der Tschechischen Republik und Ungarn, Regelungen fehlen in Belgien. Unterschiede bestehen insb bei Rechtszuordnung (originären Rechtserwerb bei Obliegenheitserfindungen/Auftragserfindungen sehen Belgien, Frankreich, Italien, Litauen, Luxemburg, die Niederlande, Polen, Spanien, Ungarn (mit Rückfallregelung) und das VK vor; Griechenland kennt einen geteilten Rechtserwerb (mit unterschiedlicher Disponibilität) und Vergütung (mit unterschiedlicher Regelungstiefe), ähnlich Österreich.

IV. Ausländisches Arbeitnehmererfindungsrecht[31]

13   Weitgehend übernommen wurde das dt Recht von der Türkei. Auch in Österreich soll eine Anwendung der dt Regelungen weitgehend der Praxis entsprechen, jedoch ist eine Fiktion der Inanspruchnahme nicht vorgesehen.[32] Rechtsübergang ex lege findet außerhalb der EU in Brasilien, Chile, Hongkong, Kanada, Kosovo,[33] Malaysia, Mexiko, Neuseeland, den Philippinen, Serbien, Singapur, Taiwan, Thailand, Vietnam und Weißrussland (Belarus) statt.[34]

ERSTER ABSCHNITT
Anwendungsbereich und Begriffsbestimmungen

§ 1
Anwendungsbereich

Diesem Gesetz unterliegen die Erfindungen und technischen Verbesserungsvorschläge von Arbeitnehmern im privaten und im öffentlichen Dienst, von Beamten und Soldaten.

Schrifttum: *Auer-Reinsdorff* IT-Arbeitsverhältnisse, ITRB 2004, 116; *A. Bartenbach/Fock* Erfindungen von Organmitgliedern – Zuordnung und Vergütung, GRUR 2005, 384; *K. Bartenbach* Erfindungen durch Handelsvertreter, Der Handelsvertreter 1972, 1006, 1068; *K. Bartenbach* Betriebsübergang und Arbeitnehmererfindungsrecht, FS D. Gaul (1980), 9; *K. Bartenbach* Die Rechtsstellung der Erben des Arbeitnehmererfinders, Mitt 1982, 205; *Bartenbach/Volz* Das Arbeitnehmererfindungsrecht auf der Nahtstelle von Arbeitsrecht und gewerblichem Rechtsschutz, GRUR 2009, 220; *Bartenbach/Volz/Goertermann* Effects of the German law on employees inventions when posting employees within the European Union, FS J. Straus (2009), 307; *Becker* Die Zahlung von Erfindervergütungen an Vorstandsmitglieder und ihre Behandlung im Geschäftsbericht – eine Erwiderung, GRUR 1965, 127; *Dirschmied* Der Arbeitnehmer als Erfinder in Recht und Praxis, AuR 1971, 82; *Friemel/Kamlah* Der Geschäftsführer als Erfinder, BB 2008, 613; *Gaul* Die Erfindervergütung bei Vorstandsmitgliedern und ihre Behandlung im Geschäftsbericht, GRUR 1963, 341; *Gaul* Der persönliche Geltungsbereich des Arbeitnehmererfindungsgesetzes, RdA 1982, 268; *Gaul* Zur Behandlung von schutzwürdigen Erfindungen durch

---

der deutschschweizer Industrie *Dessemontet* The situation of Inventors, with special regard to Employed Inventors, WIPO Academy 1994 S 12.

31 S *Bartenbach/Volz* Einl Rn 10 f; *Reimer/Schade/Schippel* S 136 ff; *Volmer/Gaul* Einl Rn 165 ff; zur Rechtslage in den USA, Japan und China *Trimborn/Fabry* Mitt 2009, 529, 532 ff; zur Rechtsstellung des Centre National de la Recherche Scientifique (CRNS) in Frankreich CA Paris IIC 2008, 485.

32 Näher *Fabry* Das Recht des Arbeitnehmererfinders in Österreich, mit weiterführenden Hinweisen.

33 Vgl *Tiede/Bogedain* Immaterialgüterschutz in der Republik Kosovo, GRUR Int 2013, 748, 751.

34 Aufstellung bei *Trimborn/Fabry* Mitt 2009, 529.

GmbH-Geschäftsführer, GmbH-Rundschau 1982, 101; *Gaul* Erfindervergütung an geschäftsführende Gesellschafter? DB 1990, 671; ; *B. Gaul* Arbeitsrechtliche Aspekte einer Beschäftigung im IT-Bereich, FS K. Bartenbach (2005), 505; *Jestaedt* Die Vergütung des Geschäftsführers für unternehmensbezogene Erfindungen, FS R. Nirk (1992), 493; *Kolle* Der angestellte Programmierer, GRUR 1985, 1016; *Kroitzsch* Erfindungen in der Vertragsforschung und bei Forschungs- und Entwicklungsgemeinschaften unter besonderer Berücksichtigung des ArbEG, GRUR 1974, 177; *Lampenius* Geheimhaltungsvereinbarungen mit entliehenen Softwareentwicklern im Spannungsfeld zwischen Arbeits-, AGB-, Wettbewerbs- und Urheberrecht, Kommunikation und Recht 2012, 12; *Lenhart* Arbeitnehmer- und Arbeitgeberbegriff im Arbeitnehmererfindungsrecht, Diss Leipzig 2002; *Meier-Rudolph* Erfindungen von Geschäftsführern und anderen Organmitgliedern, steuer-journal 2007 Nr 8, 43; *Neufeld/Luickhardt* Leiharbeitnehmer im Betrieb, Arbeit und Arbeitsrecht 2012, 72; *Reitböck* Der Begriff der Diensterfindung und angrenzende Rechtsfragen, 2008; *Schippel* Der persönliche Geltungsbereich des Gesetzes über Arbeitnehmererfindungen und seine Ausdehnung durch Analogie und Parteivereinbarung, GRUR 1959, 167; *Schaub* Arbeitnehmererfindung und Betriebsnachfolge, FS K. Bartenbach (2005), 229; *Stern* Erfindungen im Rahmen der Durchführung einer baugewerblichen ARGE, Baurecht 1974, 217; *Trimborn* Erfindungen von Organmitgliedern, 1998; *Volmer* Der Begriff des Arbeitnehmers im Arbeitnehmererfindungsrecht, GRUR 1978, 329; *von Olenhusen* Der Urheber- und Leistungsrechtsschutz der arbeitnehmerähnlichen Personen, GRUR 2002, 11; *Zimmermann* Erfindungen von Organmitgliedern und Gesellschaftern, FS T. Schilling (2007), 415.

A. Sachlicher Anwendungsbereich

Das ArbEG ist auf „Erfindungen und technische Verbesserungsvorschläge" anwendbar. Erfindungen **1** sind solche iSd Patent- und des GbmRechts (§ 2). Der Begriff des technischen Verbesserungsvorschlags wird in § 3 definiert. Der nicht verwirklichte RefE ArbEGÄndG sah die Streichung der Worte „und technischen Verbesserungsvorschläge" vor.

B. Persönlicher Anwendungsbereich

I. Arbeitnehmer

1. Grundsatz. Das ArbEG ist auf ArbN im privaten und im öffentlichen Dienst anwendbar. Es geht **2** vom arbeitsrechtl Begriff des ArbN aus.[1] Es findet auch auf ArbN Anwendung, die im Rahmen einer Arbeitsbeschaffungsmaßnahme für einen ArbGb in abhängiger Tätigkeit aufgrund von Arbeitsverträgen tätig sind.[2] Erfasst sind weiter Berufsausbildungsverhältnisse.[3]

Als solche **keine Arbeitnehmer** sind die gesetzlichen Vertreter juristischer Personen, zB Vor- **3** standsmitglieder einer Aktiengesellschaft,[4] Geschäftsführer einer GmbH,[5] Gesellschafter, soweit sie nicht aufgrund Arbeitsvertrags weisungsgebundene Tätigkeit ausüben,[6] Insolvenzverwalter. Jedoch können solche Personen, insb im Konzern, auch in einem Arbeitsverhältnis tätig sein.[7] In diesem Fall stellt die Lit überwiegend darauf ab, in welcher Eigenschaft die Erfindung getätigt wurde,[8] während die Rspr zu einer Gesamtbetrachtung tendiert.[9] Keine Arbeitnehmer sind Liquidatoren, auch nicht Pensionä-

---

1 BGH GRUR 1965, 302 Schellenreibungskupplung; BGHZ 31, 162 = GRUR 1960, 350 Malzflocken; BGH GRUR 1955, 286 Schnellkopiergerät; BGH GRUR 1990, 193 Autokindersitz.

2 SstA BlPMZ 1987, 362.

3 BAG NZA 1997, 1181 Auto-Zero-Regelung.

4 BGH 11.11.1959 KZR 1/59 Malzflocken, insoweit nicht in BGHZ 31, 162 und GRUR 1960, 350.

5 BGH GRUR 1965, 302 Schellenreibungskupplung; BGH GRUR 1988, 762f Windform; BGH GRUR 1990, 193 Autokindersitz, für den bei der GmbH & Co KG angestellten GmbH-Geschäftsführer, der auch bei der KG ArbGbFunktionen ausübt; zur Vortätigkeit als ArbN vgl BGH GRUR 1990, 515 Marder; BGH 21.5.1963 I a ZR 104/63; OLG Düsseldorf Mitt 1999, 378; OLG Frankfurt DB 1973, 139; OLG Düsseldorf GRUR 2000, 49f; vgl LG Düsseldorf 15.2.1996 4 O 18/96 Entsch 1996, 14 LS; LG Düsseldorf 14.9.1999 4 O 258/98 Entsch 2000, 3, 7; LG Düsseldorf 25.8.2011 4a O 142/10; SstA BlPMZ 1959, 16; SStA 26.6.1997 ArbErf 1/B/96; SstA 1.7.1999 ArbErf 49/97, zur Zuordnung bei mehrfachem Dienstverhältnis; SstA 7.12.1999 ArbErf 42/98; Nachw aus der Lit bei *Jestaedt* FS R. Nirk (1992), 493, 494 ff; dort auch zum Fall, dass der Geschäftsführer der GmbH zugleich Arbeitnehmer der GmbH & Co KG ist; beabsichtigte Geschäftsführerbestellung steht ArbNEigenschaft nicht entgegen, OLG Düsseldorf 13.9.2001 2 U 201/99.

6 Vgl SstA 15.2.1996 ArbErf 67/94; *Bartenbach/Volz* Rn 71.1.

7 Vgl A. *Bartenbach/Fock* GRUR 2005, 384; Kantonsgericht Nidwalden sic! 2010, 41, 44.

8 *Bartenbach/Volz* § 1 Rn 71; A. *Bartenbach/Fock* GRUR 2005, 384.

9 BGH GRUR 1990, 193f Autokindersitz; vgl *Jestaedt* FS R. Nirk (1992), 493, 496; *Busche* FS Th. Reimann (2009), 37, 43f; SstA 1.7.1999 ArbErf 49/97.

re.[10] Keine ArbN sind Doktoranden[11] und Studenten im Praktikum.[12] Die Erfindung des gesetzlichen Vertreters einer juristischen Person unterliegt dessen freier Verfügung und kann nur durch Vereinbarung auf die juristische Person übergehen (vgl aber Rn 27 ff zu § 6 PatG).[13]

4   **2. Arbeitnehmerähnliche Personen** iSd § 5 Abs 1 Satz 2 ArbGG, Heimarbeiter und sog „kleine Einfirmenvertreter" sind nicht ArbN iSd ArbEG.[14]

5   **3.** Wer aufgrund **Werkvertrags** tätig wird, ist grds kein ArbN; dasselbe gilt für Tätigkeiten aufgrund **Dienstvertrags** (Rn 28 f zu § 6 PatG).[15] Hierbei ist jedoch darauf zu achten, ob Umgehungsgeschäfte vorliegen. Die vertragliche Verpflichtung, unter Verwertung getätigter oder zu tätigender Erfindungen eine Maschine zu entwickeln und bei deren Bau mitzuarbeiten, ist einheitlicher Dienstvertrag, uU Arbeitsvertrag, auch wenn der Verpflichtete als Entgelt für seine Tätigkeit neben einer festen monatlichen Vergütung eine „Lizenzgebühr" als Erfolgshonorar für jede verkaufte Maschine erhält; dass der Verpflichtete bei seiner ausschließlich erfinderischen Tätigkeit weisungsfrei ist, steht dem nicht entgegen.[16] Auch freie Mitarbeiter unterliegen grds nicht dem ArbEG (allgM).

6   **4. Privater und öffentlicher Dienst.** Für ArbN im öffentlichen Dienst gilt die Sonderregelung in § 40. Danach findet das Gesetz mit einigen Maßgaben (ua Option des ArbGb auf angemessene Beteiligung am Ertrag der Erfindung anstelle der Inanspruchnahme, Beschränkungen hinsichtlich der Art der Verwertung der Erfindung durch den ArbN) Anwendung. Eine staatliche Forschungseinrichtung hat für eine bei der Durchführung ihrer Aufgaben benutzte Betriebsmittelerfindung eines bei ihr angestellten Wissenschaftlers Erfindungsvergütung zu zahlen.[17]

7   **5. Beamte und Soldaten.** Die Begriffe sind im statusrechtl Sinn zu verstehen. Auch hier gelten die Sonderregelungen des § 40 sowie des § 41.

8   **6. Richter** sind keine Beamten; die Bestimmungen für Beamte werden trotz der Regelung in § 46 DRiG und der entspr landesrechtl Bestimmungen ungeachtet ihrer Stellung als abhängig Beschäftigte[18] auch nicht analog Anwendung finden können, da hierin ein unzulässiger Eingriff in die persönliche Unabhängigkeit (Art 97 GG) läge.[19] Das gilt allerdings nicht für mit Tätigkeiten in der Justizverwaltung betraute oder an eine Verwaltungsbehörde abgeordnete oder dorthin beurlaubte Richter, wohl auch nicht für Richter, die an ein anderes Gericht abgeordnet sind, ohne dort eine richterliche Tätigkeit wahrzunehmen, wie wissenschaftliche Mitarbeiter an den obersten Bundesgerichten (BGH, BAG, BSG, BFH, BVerwG) oder dem BVerfG.

9   **7. Vereinbarungen** über die Anwendung des ArbEG auf Personen, die nicht ArbN sind, sind grds möglich, sofern nicht zwingende Normen entgegenstehen,[20] können aber nur dessen materielle Vorschrif-

---

10   OLG Düsseldorf GRUR 1962, 193; SstA 13.9.1994 ArbErf 20/94; *Bartenbach/Volz* Rn 77 ff.

11   Vgl hierzu *Wimmer* GRUR 1961, 449; vgl auch SstA 13.9.2006 ArbErf 19/05.

12   CCass IIC 37 (2006), 742.

13   BGH 21.5.1963 I a ZR 104/63; zum Geschäftsführer eines eingetragenen Vereins SstA BlPMZ 1989, 57; aA für das schweiz Obligationenrecht Kantonsgericht Nidwalden sic! 2010, 41.

14   *Bartenbach/Volz* Rn 24 ff m Nachw des Streitstands in Fn 103; *Benkard* § 6 PatG Rn 77; *Jestaedt* Patentrecht[2] S 214; aA *Volmer/Gaul* Rn 79.

15   Vgl SstA 5.2.2009 ArbErf 25/08; zur Abgrenzung der freien Erfindung von der Diensterfindung bei Erfindung eines kaufmännischen Angestellten SstA BlPMZ 1973, 144.

16   BAGE 12, 257 = NJW 1962, 1537 Monopol-Maschine.

17   SstA BlPMZ 1973, 205.

18   Vgl hierzu *Oestmann* Betrifft Justiz 2011, 178.

19   AA *Bartenbach/Volz* § 41 Rn 8; *Reimer/Schade/Schippel* § 41 Rn 5; *Groß* RiA 1965, 29.

20   BGH GRUR 2007, 52 Rollenantriebseinheit II; BGH GRUR 1965, 302, 306 Schellenreibungskupplung; BGH GRUR 1988, 762 f Windform; BGH NJW-RR 1998, 1057, 1060 Trias mwN; OLG München 15.3.2007 6 U 5581/05 Mitt 2007, 523 Ls; LG Düsseldorf InstGE 1, 50, 53; LG Düsseldorf 8.8.2002 4a O 153/02; LG Düsseldorf InstGE 5, 100; SstA BlPMZ 1959, 16; SstA 7.12.1999 ArbErf 42/98; *A. Bartenbach/Fock* GRUR 2005, 384 f.

ten erfassen.[21] Sie können auch konkludent erfolgen,[22] jedoch müssen hierfür eindeutige Anhaltspunkte vorliegen.[23] Eine vertragliche Vereinbarung über Erfindervergütungen eines alleinvertretungsberechtigten Geschäftsführers einer GmbH & Co KG mit einem weiteren Geschäftsführer der Komplementär-GmbH bedarf der Zustimmung der Gesellschafterversammlung; das gilt auch, wenn der weitere Geschäftsführer mit der Komplementär-GmbH keinen Anstellungsvertrag abgeschlossen hat, jedoch einen Arbeitsvertrag mit der GmbH & Co KG besitzt.[24]

II. Arbeitgeber

Im privaten Dienst ist ArbGb derjenige iSd Arbeitsrechts.[25] Bei Arbeitnehmerüberlassung trifft **§ 11** **10**
Abs 7 AÜG für Erfindungen und technische Verbesserungsvorschläge (§ 20) des ArbN eine Sonderregelung:[26]

(7) Hat der Leiharbeitnehmer während der Dauer der Tätigkeit bei dem Entleiher eine Erfindung oder einen technischen Verbesserungsvorschlag gemacht, so gilt der Entleiher als Arbeitgeber im Sinne des Gesetzes über Arbeitnehmererfindungen.

Im **öffentlichen Dienst** ist ArbGb die juristische Person, die berechtigt ist, vom ArbN die vertragliche **11**
(oder dienstrechtl geschuldete) Arbeitsleistung zu fordern.[27]

C. Organisationen mit exterritorialem Status

Da das Internationale Privatrecht Exterritorialität nicht kennt,[28] unterliegen Organisationen mit in- **12**
ternationalem Status wie die Europäische Weltraumorganisation ESA der gewöhnlichen internationalprivatrechtl Anknüpfung (Rn 11 Einl).[29]

D. Zur Anwendung des Gesetzes auf **ausgeschiedene Arbeitnehmer** § 26.[30] **13**

§ 2
Erfindungen

Erfindungen im Sinne dieses Gesetzes sind nur Erfindungen, die patent- oder gebrauchsmusterfähig sind.

Ausland: Türkei: Art 16 Abs 1 VO 551

Schrifttum: *Barthel* Arbeitnehmerurheberrechte in Arbeitsverträgen, Tarifverträgen und Betriebsvereinbarungen, Diss Berlin 2001; *Bayreuther* Zum Verhältnis zwischen Arbeits-, Urheber- und Arbeitnehmererfindungsrecht, GRUR 2003, 570; *Benecke* Entwicklung von Computerprogrammen durch Arbeitnehmer, NZA 2002, 883; *A. Brandi-Dohrn* Arbeitnehmererfindungsschutz bei Softwareerstellung, CR 2000, 285; *Brandner* Zur Rechtsstellung eines angestellten Programmierers, GRUR 2001, 883; *Czychowski* Die angemessene Vergütung im Spannungsfeld zwischen Urhebervertrags- und Arbeit-

---

21   *Bartenbach/Volz* Rn 93; *A. Bartenbach/Fock* GRUR 2005, 384 f.
22   LG Düsseldorf Mitt 2002, 534; *A. Bartenbach/Fock* GRUR 2005, 384 f.
23   Vgl BGH GRUR 1990, 193 f Autokindersitz; BGH GRUR 1991, 127 f Objektträger.
24   OLG München Mitt 2007, 523.
25   *Bartenbach/Volz* Rn 95 ff; zur zwischenbetrieblichen Kooperation *Bartenbach/Volz* Rn 106 ff, zu ausländischen ArbGb *Bartenbach/Volz* Rn 108 ff; zum Betriebsübergang *Bartenbach/Volz* Rn 114 ff.
26   Näher *Bartenbach/Volz* Rn 59 ff.
27   *Bartenbach/Volz* Rn 137.
28   Vgl *Prütting/Wegen/Wagenbach* BGB Art 3 EGBGB Rn 42; vgl zum Gebiet ausländ Botschaften BGHZ 82, 34, 44 = NJW 1982, 517.
29   Vgl zur Immunität zwischenstaatlicher Organisationen EGMR NJW 1999, 1173 Waite und Kennedy ./. Deutschland, zur ESA.
30   Zur Rechtsstellung des Erben *Bartenbach* Mitt 1982, 205.

nehmererfindungsrecht, FS W. Nordemann (2004), 157; *Danner* Die Wechselbeziehungen zwischen Erfindungen und technischen Verbesserungsvorschlägen unter dem Aspekt des ArbEG, Mitt 1960, 178; *Fuchs* Der Arbeitnehmerurheber im System des § 43 UrhG, GRUR 2006, 561; *Gaul* Künstlerische Leistungen eines Arbeitnehmers, NJW 1986, 163; *Gaul* Rechtliche Zuordnung und Haftung bei Software-Entwicklungen durch Arbeitnehmer, RDV 1991, 213; *Gaul* Zur Entwicklung des Urheberrechts im Arbeitsverhältnis, RDV 1994, 1; *Gennen* Rechte an Arbeitsergebnissen, ITRB 2001, 138; *Grobys/Foerstl* Die Auswirkungen der Urheberrechtsreform auf Arbeitsverträge, NZA 2002, 1015; *Grunert* Arbeitnehmererfindungen in der technischen Grauzone zwischen Patent- und Urheberrecht: zum BGH-Urteil „Wetterführungspläne", Mitt 2001, 234; *Grzimek* Software-Entwicklungen von Arbeitnehmern im Spannungsfeld von UrhG und ArbEG, Der Syndikus 33, 7; *Hauptmann* Abhängige Beschäftigung und der urheberrechtliche Schutz des Arbeitsergebnisses, 1994; *Hesse* Züchtungen und Entdeckungen neuer Pflanzensorten durch Arbeitnehmer, GRUR 1980, 404; *Hesse* Der Arbeitnehmer als Züchter oder Entdecker neuer Pflanzensorten, Mitt 1984, 81; *Himmelmann* Vergütungsrechtliche Ungleichbehandlung von Arbeitnehmer-Erfinder und Arbeitnehmer-Urheber, Diss München (Univ) 1997; *Himmelmann* Vergütungsrechtliche Ungleichbehandlung von Arbeitnehmer-Erfinder und Arbeitnehmer-Urheber, GRUR 1999, 897; *Hoff* Die Vergütung angestellter Software-Entwickler, 2009; *Holländer* Arbeitnehmerrechte an Software, 1991; *Holländer* Nutzungsrechte an freiwillig erstellter Software im Arbeitsverhältnis, CR 1991, 638; *Kassühlke* Sind geschützte Pflanzenzüchtungen als steuerbegünstigte Arbeitnehmererfindungen anzusehen? Information StW 1979, 106; *Keukenschrijver* Zur Arbeitnehmerzüchtung und -entdeckung im Sortenschutzrecht, FS K. Bartenbach (2005), 243; *Koch* Urheberrechte an Computerprogrammen im Arbeitsverhältnis, CR 1985, 86 und 146; *Leuze* Urheberrechte der Beschäftigten im öffentlichen Dienst[3], 2008; *Loos* Das Urheberrecht des Arbeitnehmers an Computerprogrammen, Diss Bayreuth 2005; *Lüken* Der Arbeitnehmer als Schöpfer von Werken geistigen Eigentums, Diss Osnabrück 2008; *Mathis* Der Arbeitnehmer als Urheber, 1988; *Melullis* Zum Verhältnis von Erfindung und technischem Verbesserungsvorschlag nach dem Arbeitnehmererfindungsgesetz, GRUR 2001, 684; *Müller-Höll* Der Arbeitnehmerurheber in der Europäischen Gemeinschaft, Diss Regensburg 2005; *Poll/Brauneck* Rechtliche Aspekte des Gaming-Markts, GRUR 2001, 389; *Rehbinder* Das Arbeitsverhältnis im Spannungsfeld des Urheberrechts, RdA 1968, 309; *Rehbinder* Der Urheber als Arbeitnehmer, WiB 1994, 460; *Ruzman* Softwareentwicklung durch Arbeitnehmer, 2004; *Sack* Computerprogramme und Arbeitnehmer- Urheberrecht, BB 1991, 2165; *Sack* Arbeitnehmer-Urheberrecht an Computerprogrammen nach der Urheberrechtsnovelle, UFITA 121 (1993), 15; *Schwab* Das Arbeitnehmer-Urheberrecht, Arbeitsrecht im Betrieb 1997, 699; *Schwab* Der Arbeitnehmerurheber in der Rechtsprechung des Bundesarbeitsgerichts, FS 50 Jahre BAG (2004), 213; *Schricker* Zum Verhältnis von ArbnErfG und UrhG, EWiR 2002, 319; *Ullmann* Das urheberrechtlich geschützte Arbeitsergebnis – Verwertungsrecht und Vergütungspflicht, GRUR 1987, 6; *Volmer* Die Computererfindung, Mitt 1971, 256; *von Olenhusen* Der Urheber- und Leistungsschutz der arbeitnehmerähnlichen Personen, GRUR 2002, 11; *von Olenhusen* Der Arbeitnehmerurheber im Spannungsfeld zwischen Urheber-, Vertrags- und Arbeitsrecht, ZUM 2010, 474; *Wandtke* Zum Vergütungsanspruch des Urhebers im Arbeitsverhältnis, GRUR 1992, 139; *Wandtke* Reform des Arbeitnehmerurheberrechts? GRUR 1999, 390; *Wimmers/Rode* Der angestellte Softwareprogrammierer und die neuen urheberrechtlichen Vergütungsansprüche, CR 2003, 399; *Wolff* Die Rechte an durch Arbeitnehmer entwickelter Computer-Software, EDV Recht 1, 1986, 8.

1   **A. Erfindungen** iSd ArbEG sind patent- und gbm-fähige Erfindungen.[1] Es ist gleichgültig, ob die Schutzfähigkeit nach dt Recht oder dem EPÜ gegeben ist.[2] Das „Maß" des erfinderischen Verdiensts ist für die Anwendung des ArbEG ohne Bedeutung.[3] Daneben werden als technische Verbesserungsvorschläge sonstige Neuerungen erfasst (§ 3).

2   Ob eine nur **nach ausländischem Recht bestehende Schutzfähigkeit** die Anwendung des ArbEG eröffnet, ist str.[4] Es sollte hier zwischen Nichterfindungen und vom Patent- oder GbmSchutz im Inland ausgeschlossenen Erfindungen differenziert werden; in letzterem Fall ist die Anwendung des ArbEG gerechtfertigt.

3   Nicht erfasst werden **andere geistige Leistungen**, zB designschutzfähiger (§ 2 DesignG)[5] oder urheberrechtl[6] Art. Urheberschutzfähige Leistungen entstehen zunächst in der Person des Urhebers,[7] jedoch

---

1   Vgl hierzu BGH GRUR 1961, 338 Chlormethylierung mAnm *Danner* GRUR 1962, 25; BGH GRUR 1962, 305 Federspanneinrichtung.

2   Vgl OLG Düsseldorf 9.8.2007 2 U 44/06.

3   BGH GRUR 1952, 573 Zuckerdiffusor.

4   Bejahend SstA BlPMZ 1970, 426, BlPMZ 1977, 202; *Sack* RIW 1989, 612f; *Reimer/Schade/Schippel* § 14 Rn 12; verneinend (zum Reichstarifvertrag Chemie) RGZ 139, 87, 91 = GRUR 1933, 226 Kupferseidenfaden; *Volmer/Gaul* Rn 86; *Bartenbach/Volz* Rn 25; wohl auch OLG Düsseldorf 9.8.2007 2 U 44/06; Nachw bei *Bartenbach/Volz* § 9 Rn 15 Fn 80.

5   Vgl SstA BlPMZ 1967, 159.

6   BGH GRUR 1969, 418 Standesbeamter; BAG BB 1997, 2112 Schaufensterdekoration; vgl *Ahrens* GRUR 2006, 617, 624.

7   Vgl *Bartenbach/Volz* § 1 Rn 3 f; BGH GRUR 1998, 673 Popmusikproduzenten.

stehen die Nutzungsrechte nach § 43 UrhG,[8] wenn auch nur im Rahmen der Zweckübertragungslehre, dem ArbGb zu.[9] Gegen eine Vereinbarung der Anwendung der Regelungen des ArbEG auf designschutzfähige Schöpfungen bestehen grds keine Bedenken, auch wenn es sich nicht um ArbN handelt.[10]

B. Für **Computerprogramme**[11] trifft **§ 69b UrhG** (zur rückwirkenden Anwendung § 137g UrhG) in   4
Umsetzung der Richtlinie 91/250/EWG[12] folgende Regelung:

> **§ 69b UrhG**
> (1) Wird ein Computerprogramm von einem Arbeitnehmer in Wahrnehmung seiner Aufgaben oder nach den Anweisungen seines Arbeitgebers geschaffen, so ist ausschließlich der Arbeitgeber zur Ausübung aller vermögensrechtlichen Befugnisse an dem Computerprogramm berechtigt, sofern nichts anderes vereinbart ist.
> (2) Absatz 1 ist auf Dienstverhältnisse entsprechend anzuwenden.

Die Regelung geht als **späteres Gesetz** in ihrem Anwendungsbereich § 2 vor.[13] Gegenüber § 43 UrhG   5
geht § 69b UrhG iS einer auf Computerprogramme beschränkten Sonderregelung[14] zugunsten des ArbGb hinaus, da dieser iSd Lehre vom Recht des ArbGb auf das Arbeitsergebnis alle Verwertungsrechte erwirbt. Der Rechtsübergang erfolgt nach hM in Form einer gesetzlichen ausschließlichen Lizenz;[15] er erfasst sämtliche vermögensrechtl Nutzungsbefugnisse an dem Programm, jedenfalls soweit nicht ein über den Geltungsbereich der Bestimmung hinausgehender technischer Charakter vorliegt.[16] Eine Vergütung sieht die Regelung nicht vor;[17] abw individuelle oder tarifvertragliche Vereinbarungen sind jedoch möglich. Im Anwendungsbereich des § 69b UrhG kommen aber auch nach der Neuregelung der Vergütungsansprüche durch die UrhG-Novelle vom 22.3.2002[18] weitergehende Ansprüche, jetzt aus §§ 32, 32a, 36 UrhG, in Betracht.[19] Der Vergütungsausschluss verstößt nicht gegen den Gleichheitssatz.[20] Darauf, dass der ArbN die Erstellung der Programme schuldet, kommt es nicht an.[21] Es genügt, dass der ArbN im Rahmen seiner dienstlichen Aufgaben und Weisungen gehandelt hat.[22]

C. Der **Halbleiterschutz** ist nach § 2 Abs 2 HlSchG grds unmittelbar dem ArbGb zugeordnet (Rn 9 zu   6
§ 2 HlSchG).

D. Str ist die Rechtslage beim **Sortenschutz.**[23]   7

---

8   Zur Reform *Wandtke* GRUR 1999, 390; vgl weiter *Bayreuther* GRUR 2003, 570 f.
9   Näher, auch zur Neuregelung im UrhG, *Bartenbach/Volz* FS W. Tilmann (2003), 431, 445 ff.
10 BGH NJW-RR 1998, 1057 Trias mwN.
11 Zur Rechtslage bei Computerspielen *Poll/Brauneck* GRUR 2001, 389, 391.
12 ABl EG L 122 vom 17.5.1991.
13 AA *Brandner* GRUR 2001, 883, 885.
14 Vgl *Schricker/Loewenheim* UrhG § 69b Rn 1.
15 *Schricker/Loewenheim* UrhG § 69b Rn 11; BGH GRUR 2001, 155, 157 Wetterführungspläne I; vgl BGH GRUR 2002, 149, 151 Wetterführungspläne II.
16 BGH Wetterführungspläne I; kr *Grunert* Mitt 2001, 234.
17 Vgl BGH Wetterführungspläne II mwN; kr *Brandi-Dohrn* CR 2001, 285, 291, der eine Klärung durch den EuGH als geboten ansieht; vgl *Bayreuther* GRUR 2003, 570, 572; *Bartenbach/Volz* FS W. Tilmann (2003), 431, 445 ff, die unter Hinweis auf § 69g UrhG einen weitergehenden Ausschluss des Anspruchs auf Erfindervergütung verneinen; *Benecke* NZA 2002, 883, 888.
18 BGBl I 1155 = BlPMZ 2002, 213.
19 BAG GRUR 1961, 491 Nahverkehrschronik; BAG GRUR 1966, 88 Abdampfverwertung; BGH Wetterführungspläne II, eingehend *Bayreuther* GRUR 2003, 570, 572 ff; *Bartenbach/Volz* FS W. Tilmann (2003), 431, 445 ff.
20 BGH Wetterführungspläne II aA *Brandner* GRUR 2001, 883, 885.
21 KG NJW-RR 1997, 1405; vgl aber LG München I CR 1997, 351, 353, das das ArbEG anwenden will, wenn der ArbN nicht ausdrücklich mit der Entwicklung der Software beauftragt war, das Werk aber maßgeblich auf Beiträgen des Dienstherrn beruht.
22 OLG Köln GRUR-RR 2005, 302.
23 Hierzu eingehend *Keukenschrijver* FS K. Bartenbach (2005), 243 mNachw.

§ 3
Technische Verbesserungsvorschläge

Technische Verbesserungsvorschläge im Sinne dieses Gesetzes sind Vorschläge für sonstige technische Neuerungen, die nicht patent- oder gebrauchsmusterfähig sind.

Ausland: Türkei: vgl Art 16 Abs 2 VO 551
Schrifttum bei § 20 ArbEG

A. Allgemeines

1   Der nicht verwirklichte RefE ArbEGÄndG, der die Anwendbarkeit des Gesetzes auf Verbesserungsvorschläge beseitigen wollte, sah die Aufhebung des Bestimmung vor.

2   § 3 enthält eine **Legaldefinition** des technischen Verbesserungsvorschlags. Erfasst sind nur technische Neuerungen;[1] weshalb sie schutzunfähig sind, ist grds unerheblich.[2] Unter die Regelung fallen zB Neuerungen, die die Schwelle der erfinderischen Tätigkeit nicht erreichen, aber auch solche, bei denen ein Schutzausschluss eingreift.[3] Verbesserungsvorschläge erzeugen lediglich Rechtswirkungen im Verhältnis ArbGb – ArbN, jedoch keine Außenwirkungen, insb keine Verbietungsrechte.

B. Anforderungen an den Verbesserungsvorschlag

I. Neuheit

3   Ein Verbesserungsvorschlag liegt vor, wenn eine im Betrieb bisher nicht bekannte Änderung oder Ergänzung angeregt wird, wobei eine individuelle schöpferische Leistung vorausgesetzt wird.[4] Der Vorschlag muss **gegenüber dem innerbetrieblichen Stand der Technik neu** sein,[5] der Erfahrungsstand kooperierender Unternehmen kann uU einzubeziehen sein.[6]

4   **II. Eine schöpferische Leistung** ist erforderlich,[7] Bezugspunkt ist aber nicht der StdT, sondern die Betriebsebene.[8] Auf das Vorliegen eines erfinderischen Schritts kommt es nicht an, es muss aber der innerbetriebliche StdT gehoben und bereichert,[9] zumindest in für den Betrieb vorteilhafter Weise verändert werden, was häufig mit „Fortschrittlichkeit" umschrieben wird. Ob die Neuerung gegenüber dem allg StdT eine Bereicherung darstellt, ist Frage der Vorzugsstellung iSd § 20 (vgl Rn 4 zu § 20).

5   Die Neuerung muss im Unternehmen im weiteren Sinn **gewerblich verwertbar** sein.[10]

6   **C. Die sachliche Regelung** für technische Verbesserungsvorschläge ist in § 20 erfolgt.

---

1   Vgl BAG NZA-RR 2008, 525 Prämie für Verbesserungsvorschlag.
2   *Bartenbach/Volz* Rn 9.
3   Vgl OLG München InstGE 9, 9.
4   BAG 11.1.1983 3 AZR 483/80; zur Abgrenzung Erfindung – Verbesserungsvorschlag OLG Düsseldorf 9.10.1980 2 U 70/80.
5   Ganz hM; *Bartenbach/Volz* Rn 11; *Reimer/Schade/Schippel* Rn 3; *Volmer/Gaul* Rn 18 f; *Mönig* GRUR 1972, 518, 521; *Schultz-Süchting* GRUR 1973, 293, 295; *Danner* GRUR 1984, 565; *Gaul* GRUR 1984, 713; aA *Kumm* GRUR 1967, 621, 624, vgl BGH GRUR1969, 341 f Räumzange.
6   Vgl OLG Braunschweig 17.7.1997 2 U 6/97.
7   BAG 11.1.1983 3 AZR 483/80.
8   *Bartenbach/Volz* Rn 11 mwN in Fn 25.
9   OLG Braunschweig 17.7.1997 2 U 6/97; *Bartenbach/Volz* Rn 13; *Volmer/Gaul* Rn 28; *Dörner* GRUR 1963, 72, 75; *Schultz-Süchting* GRUR 1973, 293 ff.
10   *Bartenbach/Volz* Rn 14.

§ 4
Diensterfindungen und freie Erfindungen

(1) Erfindungen von Arbeitnehmern im Sinne dieses Gesetzes können gebundene oder freie Erfindungen sein.

(2) Gebundene Erfindungen (Diensterfindungen) sind während der Dauer des Arbeitsverhältnisses gemachte Erfindungen, die entweder

1. aus der dem Arbeitnehmer im Betrieb oder in der öffentlichen Verwaltung obliegenden Tätigkeit entstanden sind oder

2. maßgeblich auf Erfahrungen oder Arbeiten des Betriebes oder der öffentlichen Verwaltung beruhen.

(3) [1]Sonstige Erfindungen von Arbeitnehmern sind freie Erfindungen. [2]Sie unterliegen jedoch den Beschränkungen der §§ 18 und 19.

(4) Die Absätze 1 bis 3 gelten entsprechend für Erfindungen von Beamten und Soldaten.

Ausland: Österreich: §§ 6, 7 PatG; **Frankreich:** Art 611-7 CPI; **Litauen:** Art 8 Abs 1 PatG; **Türkei:** Art 17 VO 551

Schrifttum: *Friedrich* Zur Abgrenzung der Diensterfindung, GRUR 1951, 211; *Johannesson* Erfinder – Erfindungen – „Betriebserfindung", GRUR 1973, 581; *Marquardt* Freie Erfindungen im Arbeitsverhältnis, Diss Leipzig (2001); *Pedrazzini* Bemerkungen zur Struktur der Diensterfindung, FS 100 Jahre Schweizer Juristenvereinigung (1961), 103; *Peter* Die „Flucht in die Nebentätigkeit" – ein Schlupfloch aus der Neuregelung des § 42 ArbnErfG bei Erfindungen von Hochschullehrern? Mitt 2004, 396; *Riemschneider* Zur Frage der Betriebserfindung, GRUR 1958, 433; *Schade* Der Erfinder, GRUR 1977, 390; *Volmer* Die Betriebserfindung, NJW 1954, 92; *Volmer* Die Computererfindung, Mitt 1971, 256; *Werdermann* Der Begriff der Diensterfindung und die dogmatische Begründung des Inanspruchnahmerechts, Diss Bonn 1960; *Witte* Die Betriebserfindung, Diss Erlangen 1957; *Witte* Betriebserfindungen, GRUR 1958, 163.

A. Grundsatz

Das Gesetz unterscheidet zwischen Diensterfindungen und freien Erfindungen (Abs 1). Die Entstehung des Rechts auf das Schutzrecht in der Person des Erfinders wird nicht berührt, sondern lediglich dahin eingeschränkt, dass der ArbGb die Diensterfindung in Anspruch nehmen kann.[1] Die Regelung enthält in Abs 2 die Definition der Diensterfindung und bestimmt in Abs 3, dass sonstige Erfindungen von ArbN freie Erfindungen sind. Die Unterscheidung betrifft nicht nur ArbNErfindungen, sondern auch solche von Beamten und Soldaten (Abs 4). **1**

B. Diensterfindungen

I. Allgemeines

Die Erfindung muss während der Dauer des Arbeitsverhältnisses gemacht und zusätzlich entweder aus einer dem ArbN obliegenden Tätigkeit entstanden sein (Abs 2 Nr 1) oder maßgeblich auf Erfahrungen oder Arbeiten des Betriebs oder der öffentlichen Verwaltung beruhen (Abs 2 Nr 2). Für eine (unpersönliche) Betriebserfindung ist kein Raum. Bloß betrieblich angeregte Erfindungen („Anregungserfindungen") sind regelmäßig freie Erfindungen nach Abs 3.[2] **2**

II. Sachliche Voraussetzungen

1. Diensterfindung ist zunächst die **Auftrags- oder Obliegenheitserfindung** (Abs 2 Nr 1). Hat der ArbN ausdrücklich oder stillschweigend einen bestimmten Forschungs- oder Entwicklungsauftrag erhalten, liegt eine Auftragserfindung im engeren Sinn vor.[3] Ausdrücklicher Auftrag ist nicht erforderlich, wenn nur die Erfindung im Rahmen des Pflichtenkreises des ArbN liegt.[4] Die Zuweisung des Pflichtenkreises **3**

---

1 BGHZ 167, 118, 126 = GRUR 2006, 754, 756 f Haftetikett.
2 *Bartenbach/Volz* Rn 5; *Marquardt* (2001), 34; Begr BlPMZ 1957, 228.
3 Vgl LG Düsseldorf GRUR 1974, 275; SstA BlPMZ 1962, 54.
4 BGH GRUR 1952, 573 Zuckerdiffusor; BGH 14.7.1966 I a ZR 58/64; SstA BlPMZ 1962, 54; vgl SstA 18.7.2006 ArbErf 44/05.

kann sich dabei aus der tatsächlichen Stellung des ArbN im Betrieb ergeben.[5] Eine Erfindung, die im Rahmen einer erlaubten Nebentätigkeit entstanden ist, ist nur dann keine Aufgabenerfindung, wenn die Nebentätigkeit außerhalb der arbeitsvertraglichen oder dienstrechtl Verpflichtungen liegt.[6] Wenn der Entleiher dem LeihArbN für die Fertigung der Erfindung eine „Direktive" erteilt hat, ist diese aus der dem LeihArbN im Betrieb des Entleihers obliegenden Tätigkeit entstanden und damit Obliegenheitserfindung.[7]

4   **2.** Diensterfindung ist weiter die maßgeblich auf Erfahrungen oder Arbeiten des Betriebs oder der öffentlichen Verwaltung beruhende Erfindung **(Erfahrungserfindung)** (Abs 2 Nr 2). Abzustellen ist auf das dem Betrieb zuzurechnende Wissen.[8] Zu den Erfahrungen und Arbeiten rechnet auch ein innerer StdT.[9] Der Begriff der betrieblichen Erfahrung ist weit zu fassen.[10] Eine Erfahrungserfindung liegt aber nicht vor, wenn die Erfahrung nicht aus dem Betrieb, sondern von außen her[11] oder aus einem früheren Arbeitsverhältnis rührt.[12] Das wird auf für „Kollegenwissen" gelten müssen.[13] Gehört die Entwicklungsarbeit an der technischen Vorrichtung, an der die Erfindung gemacht worden ist, zum Aufgabengebiet des Erfinders im Betrieb, handelt es sich um eine ArbNErfindung, auch wenn die Erfindung nicht lediglich auf dem innerbetrieblichen StdT aufbaute, sondern einen eigenen neuen Weg ging.[14] Eine Erfahrungserfindung liegt auch vor, wenn der ArbGb die Erfahrungen vom späteren ArbNErfinder vertraglich erworben hat, bevor dieser in das Arbeitsverhältnis eintrat.[15]

5   **3. Ursächlicher Zusammenhang** zwischen Auftrag oder Erfahrungen und Arbeiten und Erfindung ist erforderlich. Bei der Erfahrungserfindung muss der Beitrag des Unternehmens darüber hinausgehend maßgeblich, dh von erheblichem Einfluss, gewesen sein.[16]

III. Zeitliche Voraussetzungen

6   Unanwendbar ist das ArbEG auf vor Eintritt des ArbN gemachte Erfindungen,[17] jedoch genügt es, wenn die Idee des Erfinders auf Grundlage der betrieblichen Bedürfnisse und technischen Gegebenheiten des ArbGb fortentwickelt wird.[18] Maßgeblich ist die Dauer des Arbeitsverhältnisses im Rechtssinn, nicht die tatsächliche Tätigkeit.[19] Die Erfindung muss während des Arbeitsverhältnisses vollendet sein;[20] dass noch das übliche Maß nicht übersteigende orientierende Versuche erforderlich sind, ist unschädlich.[21] Bei Erfindung alsbald nach Ausscheiden kann sich uU eine Übertragungspflicht (als Schadensersatzanspruch)

---

5   RGZ 131, 328, 331 = BlPMZ 1931, 161 Grubenexplosionsbekämpfung II; BGH 14.6.1966 I a ZR 58/64.
6   SstA 10.4.2008 ArbErf 43/06.
7   SstA 15.1.2009 ArbErf 51/07.
8   Vgl *Jestaedt* Patentrecht[2] S 216 mNachw des Streitstands; *Peter* Mitt 2004, 396, 399.
9   *Bartenbach/Volz* Rn 36. Bsp für eine Diensterfindung, die (nur) maßgeblich auf Erfahrungen oder Arbeiten des Betriebs oder der öffentlichen Verwaltung beruht, SstA BlPMZ 1988, 221.
10 SstA 22.5.2001 ArbErf 75/98: Entwicklung eines Zusatzmoduls zu einem vom ArbGb gehandelten Gerät; *Bartenbach/Volz* Rn 38.
11 Vgl *Reimer/Schade/Schippel* Rn 12.
12 Vgl *Bartenbach/Volz* Rn 40.
13 *Peter* Mitt 2004, 396, 398.
14 BGH GRUR 1952, 573 Zuckerdiffusor; OLG Hamburg GRUR 1960, 487.
15 SstA 4.6.1997 ArbErf 82/95.
16 *Bartenbach/Volz* Rn 44.
17 BGH 16.1.1962 I ZR 48/60; OLG Jena Mitt 2012, 364.
18 BAG NZA 1997, 1181 Auto-Zero-Regelung; vgl aber RB Den Haag BIE 2000, 253. Zur Erfindung „zu Hause" oder in der Freizeit BGH 14.7.1966 I a ZR 58/64; SstA BlPMZ 1987, 362; vgl auch schweiz BG sic! 1997, 382, 387 Michelangelo mwN.
19 BGH GRUR 1971, 407 Schlußurlaub.
20 RGZ 105, 315 = BlPMZ 1923, 81 gesellschaftsähnlicher Vertrag; z geteilter Gebundenheit patentrechtl abhängiger Ausführungsformen einer ArbNErfindung SstA 30.9.1993 ArbErf 176/92.
21 BGH GRUR 1971, 210, 212 Wildverbißverhinderung; vgl auch BGH GRUR 1976, 213 f Brillengestelle; RB Den Haag BIE 2000, 321; sehr weitgehend die bei *Bartenbach/Volz* Rn 17 referierte Entscheidung des LG Frankfurt/M vom 23.4.1980 2/6 O 476/76.

aus positiver Vertragsverletzung ergeben, wenn der ArbN Überlegungen während der Vertragszeit pflicht-widrig unterlassen hatte.[22]

C. Freie Erfindungen

Liegen die Voraussetzungen des § 4 nicht vor, handelt es sich um eine freie Erfindung des ArbN, auf **7** die das ArbEG mit Ausnahme seiner §§ 18 und 19 nicht anwendbar ist. Zu den freien Erfindungen zählen auch die Anregungserfindungen (Rn 2).

D. Beamte und Soldaten (Abs 4) sind von der Regelung erfasst; das gilt auch für Wehrpflichtige.[23] **8** Aus den Regelungen im Beamtenrecht ergibt sich keine Zuweisung der Rechte an den ArbNErfinder.[24] Zur str Abgrenzung im Hochschulbereich vgl Rn 8 zu § 42.

E. Die Beweislast für die Behauptung, es liege eine gebundene Erfindung vor, trifft den ArbGb,[25] je- **9** doch kommen die Grundsätze des prima-facie-Beweises in Betracht.[26] Macht der ArbGb gegen den ausge-schiedenen ArbN Ansprüche auf Abtretung später angemeldeter Schutzrechte geltend, spricht der Beweis des ersten Anscheins für die Entwicklung vor Beendigung des Arbeitsverhältnisses, wenn in der Entwick-lungsabteilung des ArbGb, in der sämtliche erforderlichen Hilfsmittel zur Verfügung standen, längere Zeit nicht aufgeklärte Aktivitäten stattfanden, sowie die Anmeldung trotz des Vorhandenseins nur unzurei-chender Hilfsmittel des ausgeschiedenen ArbN bereits kurze Zeit nach dem Ausscheiden erfolgte; es ob-liegt dann dem ArbN, den genauen zeitlichen Ablauf der Entwicklung zu belegen.[27]

ZWEITER ABSCHNITT
Erfindungen und technische Verbesserungsvorschläge von Arbeitnehmern im privaten Dienst

1. Diensterfindungen

Vor § 5

Reform. Der **RefE ArbEGÄndG** (Einl Rn 4) sah weitgehende Änderungen der §§ 5–7 vor (Einzelheiten **1** 6. Aufl).

Das **PatRVereinfModG** vom 31.7.2009 hat diese Änderungsvorschläge teilweise wieder aufgegriffen. **2** In § 5 Abs 1 Satz 1 und Satz 3 ist das Schriftformerfordernis durch das Textformerfordernis ersetzt, in § 6 ist die Inanspruchnahme der Diensterfindung neu geregelt worden, wobei die Möglichkeit der beschränkten Inanspruchnahme entfallen ist; § 7 Abs 1 ist neu formuliert worden und infolge des Wegfalls von Abs 2 ist der bisherige Abs 3 Abs 2 geworden. Als Übergangsregelung gilt § 43 Abs 3 (Rn 4 f zu § 43).

§ 5
Meldepflicht

(1) [1]**Der Arbeitnehmer, der eine Diensterfindung gemacht hat, ist verpflichtet, sie unverzüglich dem Arbeitgeber gesondert in Textform zu melden und hierbei kenntlich zu machen, daß es sich um die Meldung einer Erfindung handelt.** [2]**Sind mehrere Arbeitnehmer an dem Zustandekommen**

---

22 BGHZ 78, 252 = GRUR 1981, 128 Flaschengreifer.
23 Ausschussbericht BlPMZ 1957, 251.
24 SstA 7.7.1998 ArbErf 101/96.
25 Vgl *Bartenbach/Volz* Rn 51.
26 BGHZ 78, 252 = GRUR 1981, 128 Flaschengreifer; vgl BGH GRUR 1955, 286 Schnellkopiergerät; SstA 23.9.2003 ArbErf 8/01; aA wohl CA Paris IIC 2007, 980.
27 OLG München Mitt 1995, 316; vgl OLG München 30.9.2010 6 U 2340/08.

der Erfindung beteiligt, so können sie die Meldung gemeinsam abgeben. [3] Der Arbeitgeber hat den Zeitpunkt des Eingangs der Meldung dem Arbeitnehmer unverzüglich in Textform zu bestätigen.

(2) [1] In der Meldung hat der Arbeitgeber die technische Aufgabe, ihre Lösung und das Zustandekommen der Diensterfindung zu beschreiben. [2] Vorhandene Aufzeichnungen sollen beigefügt werden, soweit sie zum Verständnis der Erfindung erforderlich sind. [3] Die Meldung soll dem Arbeitnehmer dienstlich erteilte Weisungen oder Richtlinien, die benutzten Erfahrungen oder Arbeiten des Betriebes, die Mitarbeiter sowie Art und Umfang ihrer Mitarbeit angeben und soll hervorheben, was der meldende Arbeitnehmer als seinen eigenen Anteil ansieht.

(3) [1] Eine Meldung, die den Anforderungen des Absatzes 2 nicht entspricht, gilt als ordnungsgemäß, wenn der Arbeitgeber nicht innerhalb von zwei Monaten erklärt, daß und in welcher Hinsicht die Meldung einer Ergänzung bedarf. [2] Er hat den Arbeitnehmer, soweit erforderlich, bei der Ergänzung der Meldung zu unterstützen.

Ausland: Frankreich: Art R 611–1–5 CPI; **Litauen:** Art 8 Abs 2 PatG; **Österreich:** § 12 PatG; **Tschech. Rep.:** vgl § 9 Abs 2 PatG; **Türkei:** Art 18 VO 551

Schrifttum: *Bayreuther* Neue Spielregeln im Arbeitnehmererfinderrecht, NZA 2009, 1123; *Beier* Die gemeinschaftliche Erfindung von Arbeitnehmern, GRUR 1979, 669; *Beil* Erfindernennung und Miterfinder, CIT 1953, 533, 633; *Beyerlein* Die Erfindungsmeldung als Grundlage für die Übergangsregelungen im Patentrechtsmodernisierungsgesetz, Mitt 2010, 524; *Datzmann* Meldung und Inanspruchnahme von Diensterfindungen, BB 1976, 1375; *Fricke/Meier-Beck* Der Übergang der Rechte an der Diensterfindung auf den Arbeitgeber, Mitt 2000, 199; *Gaul* Die unvollständige Erfindungsmeldung nach dem Arbeitnehmererfindungsgesetz, DB 1982, 2499; *Gennen* Management von Arbeitnehmererfindungen, ITRB 2010, 280; *Hellebrand* Nochmals: Der Übergang der Rechte an der Diensterfindung auf den Arbeitgeber, Mitt 2001, 195; *Hellebrand* Diensterfindungen ab jetzt mit Haftungsetikett für den Arbeitgeber wegen einer Pflichtverletzung des Arbeitnehmererfinders, Mitt 2006, 486; *Hellebrand* Probleme der Teilhabe an Erfindung und Patent mit besonderem Blick auf das Arbeitnehmererfindungsrecht, Mitt 2006, 486; *Jestaedt* Miterfinder im Unternehmen, FS 400 Jahre Universität Gießen (2007), 469; *König* Problemfelder im Zusammenhang mit der Inanspruchnahme einer Arbeitnehmererfindung unter besonderer Berücksichtigung der Form und Fristvorschriften für die Wirksamkeit einer Erfindungsmeldung, Mitt 2004, 430; *Matthes* Zur Frage des Anspruchs des Arbeitgebers bei Ausbleiben einer Erfindungsmeldung durch einen Arbeitnehmer, Mitt 2009, 135; *May* Der Verbesserungsvorschlag als Erfindungsmeldung, BB 1960, 628; *Rosenberger* Zum 3. Mal: Meldung und Inanspruchnahme von Diensterfindungen, BB 1977, 251; *Schade* Die gemeinschaftliche und die Doppelerfindung von Arbeitnehmern, GRUR 1972, 510; *Scharen* Haftetikett: Zweierlei Maß im Arbeitnehmererfindungsrecht? VPP-Rdbr 2007, 155; *Schreyer-Bestmann/Garbers-von Boehm* Die Änderungen des Arbeitnehmererfindergesetzes durch das Patentrechtsmodernisierungsgesetz, DB 2009, 2266; *Schütt/Böhnke* Rechtsfolgen bei erheblich verspäteter Erfindungsmeldung, GRUR 2013, 789; *Schwab* Anforderungen an die Meldung und Inanspruchnahme einer Arbeitnehmererfindung, AiB 2010, 51; *Seeger/Wegner* Offene Fragen der Miterfinderschaft, Mitt 1975, 108; *Seehaus* Das Erfordernis der Schriftform für Erfindungsmeldungen und Inanspruchnahme bei den Arbeitnehmererfindungen, GRUR 1952, 220; *Spengler* Die gemeinschaftliche Erfindung, GRUR 1938, 231; *Steininger* Neue Tücken bei der Überleitung von Diensterfindungen auf den Arbeitgeber, Mitt 2006, 483; *Volmer* Der Verlust einer Erfindungsmeldung und seine Folgen, RdA 1965, 269; *Volmer* Nochmals: Meldung und Inanspruchnahme von Diensterfindungen, BB 1976, 1513; *von Falckenstein* Vereinfachung des Arbeitnehmererfindungsrechts? FS 50 Jahre VPP (2005), 262; *Zeller* Gemeinschaftserfindungen, GRUR 1942, 247.

A. Pflichten der Beteiligten

I. Allgemeines

Dem ArbNErfinder obliegt in Konkretisierung seiner arbeitsrechtl Verpflichtungen in erster Linie die 1
Meldepflicht nach Abs 1. Die Erfindungsmeldung dient auch als Grundlage für die Schutzrechtsanmeldung.[1] Für beide Seiten ergeben sich Geheimhaltungspflichten (§ 24), auch nach Auflösung des Arbeitsverhältnisses; die Pflichten gehen über die aus dem Wettbewerbsrecht hinaus, die dann zu beachten sind, wenn der ArbGb die Erfindung als Betriebsgeheimnis behandeln will[2] (zum Fall des Freiwerdens Rn 4.1 zu § 8). Der Meldepflicht entspricht ein Auskunftsanspruch des ArbGb, der durch das Verbot gesichert wird, Dritten die während der Beschäftigungszeit gewonnenen Arbeits- und Entwicklungsergebnisse zugänglich zu machen; an die Bestimmtheit eines entspr Unterlassungsantrags können keine strengen Anforderungen gestellt werden.[3]

II. Meldepflicht des Arbeitnehmers

1. Grundsatz. Der ArbN hat die Erfindung zu melden.[4] Ausnahmen ergeben sich im Hochschulbe- 2
reich aus § 42 Nr 2 (vgl Rn 14 f zu § 42). Die Meldung ermöglicht die Entscheidung über die Inanspruchnahme,[5] dagegen dient die Mitteilungspflicht (§ 18) der Klarstellung, ob es sich um eine Diensterfindung handelt, wenn der ArbN das verneint.[6] Die Meldepflicht knüpft bereits an die objektive Möglichkeit der Erteilung eines Schutzrechts an.[7] Sie trifft jeden Miterfinder.[8] Allerdings kann die Meldung gemeinschaftlich abgegeben werden (Abs 1 Satz 2). Meldung durch Miterfinder genügt sonst grds nicht, anders bei eindeutiger Kundgabe eines Vertretungswillens.[9] Der Zweck der Erfindungsmeldung (deren Warnfunktion für den ArbGb, vgl Rn 8) ist erfüllt, wenn der ArbGb über die Entstehung der Diensterfindung in seinem Betrieb sowie deren Gegenstand und Erfinder unterrichtet ist,[10] hierfür gelten aber strenge Anforderungen (vgl auch Rn 19). Die Anmeldung der Erfindung durch den ArbGb jedenfalls unter Angabe der Miterfinder eicht aus,[11] nicht aber die Anmeldung durch den ArbN oder die mündliche Wissensvermittlung.[12] Zur Notwendigkeit erneuter Meldung Rn 4.

Die **Vorenthaltung der Erfindung** kann nach § 823 Abs 2 BGB iVm § 5 (hinsichtlich eines vom ArbGb 3
konkret nachzuweisenden Schadens) schadensersatzpflichtig machen;[13] der ArbN kann aber mit der Meldung zum Ausdruck bringen, dass er die Erfindung für frei hält.[14] Die Meldepflicht entfällt auch mit der Freigabe einer nicht gemeldeten Erfindung (vgl Rn 3 zu § 8). Die arglistig in der Weise erfolgende Anmeldung durch den ArbN, dass der ArbGb abgehalten wird, sie in Anspruch zu nehmen, setzt die Inanspruchnahmefrist nicht in Gang.[15]

---

1 SstA BlPMZ 1989, 368.
2 Vgl BGH GRUR 1977, 539 f Prozeßrechner.
3 OLG München GRUR 1994, 625.
4 Zum Verzicht auf die Meldung LG Düsseldorf EGR § 5 ArbEG Nr 5; SstA 22.4.1992 ArbErf 45/91 und *Bartenbach/Volz* Rn 30.
5 Vgl OLG München Mitt 1993, 285 f.
6 Begr BlPMZ 1957, 229.
7 BGH GRUR 1987, 900, 902 Entwässerungsanlage; *Bartenbach/Volz* Rn 23.
8 BGH GRUR 2006, 141, 143 Ladungsträgergenerator.
9 SstA 15.1.1997 ArbErf 39/95; vgl BGH Ladungsträgergenerator.
10 OLG Düsseldorf GRUR-RR 2004, 163.
11 BGHZ 167, 118 = GRUR 2006, 754 Haftetikett; vgl LG Düsseldorf 11.1.2011 4b O 229/09.
12 BGH GRUR 2011, 733 Initialidee gegen OLG Karlsruhe GRUR 2011, 318 und LG Mannheim Mitt 2009, 133; OLG Frankfurt GRUR-RR 2011, 291.
13 BGH 16.1.1962 I ZR 48/60; vgl auch BGH GRUR 1970, 296, 298 f Allzwecklandmaschine; BGH GRUR 1982, 227, 229 Absorberstabantrieb II; SstA 27.5.2004 ArbErf 12/01, zu Schäden wegen verspäteter Meldung; *Bartenbach/Volz* Rn 96.1.
14 BGH 14.7.1966 I a ZR 58/64.
15 BGH GRUR 2005, 761 Rasenbefestigungsplatte.

4   **2. Zeitpunkt der Meldung.** Die Meldung hat unverzüglich, dh ohne schuldhaftes Zögern (§ 121 Abs 1 Satz 1 BGB) zu erfolgen; dies setzt aber voraus, dass die Erfindung fertiggestellt ist.[16] Ein Zurückbehaltungsrecht des ArbNErfinders kommt nicht in Betracht.[17] Jedenfalls dann, wenn der ArbN eine bereits gemeldete Diensterfindung, an der er als Miterfinder beteiligt ist, in einer Weise fortentwickelt, die den Gegenstand der Erfindung durch zumindest schöpferische Ergänzungen wesentlich verändert, bedarf es erneuter Meldung.[18] Zum Ingangsetzen der Frist nach § 6 Rn 12 f zu § 6.

3. Form der Meldung

5   **a. Grundsatz.** Die Meldung[19] ist keine Willenserklärung; sie dient allein der Wissensvermittlung.[20] Ob sie als „geschäftsähnliche Handlung" zu qualifizieren ist, ist str,[21] ebenso, ob auf sie die §§ 130 ff BGB (Wirksamwerden, insb gegenüber Abwesenden) sowie die Regelungen über die Stellvertretung entspr anwendbar sind.[22] Eine Anfechtung ist ausgeschlossen.[23]

6   **b. Gesonderte Meldung.** Die Meldung hat gesondert[24] zu erfolgen. Dies erfordert eine getrennte, für sich stehende Erklärung.[25] Einfügung in andere Berichte oder allg Unterrichtungsschreiben genügt nicht. Mit dieser Anforderung wird der Zweck verfolgt, der durch die Fülle innerbetrieblichen Schriftverkehrs begründeten Gefahr vorzubeugen, dass eine Erfindungsmeldung vom ArbGb nicht rechtzeitig als solche erkannt wird.[26] Schriftliche Aufzeichnungen eines eingeschalteten Patentanwalts stellen keine Meldung dar.[27]

7   **c. Textform.** Schriftform ist anders als früher[28] nicht mehr erforderlich (ihre Einhaltung aber nicht schädlich),[29] damit entfällt auch die eigenhändige Unterzeichnung. Textform (§ 126b BGB; Rn 64 vor § 34 PatG) reicht nunmehr aus; die Regelung wirkt aber nicht zurück.[30] Die Form ist auch dann nicht entbehrlich, wenn der ArbGb bereits Kenntnis von der Diensterfindung hat.[31] Die Parteien können einverständlich mündliche Meldung als ausreichend behandeln, allerdings ist ein strenger Prüfungsmaßstab geboten.[32]

---

16   Vgl auch BGH GRUR 1951, 404 Wechselstromgeneratoren.
17   BGH GRUR 1958, 334, 337 Mitteilungs- und Meldepflicht; SstA 23.1.1996 ArbErf 42/94.
18   BGH GRUR 2006, 141 Ladungsträgergenerator.
19   Zu den Erfordernissen SstA BlPMZ 1960, 280; SstA 22.4.1992 ArbErf 45/91 (strenger Maßstab); zur zweckmäßigen Gestaltung des Meldeverfahrens SstA BlPMZ 1963, 342.
20   BGHZ 167, 118 = GRUR 2006, 754 Haftetikett; BGH GRUR 2011, 733 Initialidee; OLG Düsseldorf GRUR-RR 2004, 163; OLG Frankfurt GRUR-RR 2009, 291; OLG Karlsruhe GRUR 2011, 318; vgl BGH GRUR 1962, 305 Federspannvorrichtung; LG Düsseldorf 30.5.2006 4b O 206/03; aA *Hellebrand* Mitt 2001, 195 f.
21   Bejahend *Bartenbach/Volz* Rn 5; *Fricke/Meier-Beck* Mitt 2000, 199, 201; *Matthes* Mitt 2009, 135; LG Düsseldorf Entsch 2000, 32, 37; verneinend LG Düsseldorf 30.5.2006 4b O 206/03, vgl auch BGH GRUR 1962, 305 Federspannvorrichtung.
22   Vgl *Bartenbach/Volz* Rn 5 mwN, die dies für § 130 BGB und die Stellvertretung bejahen.
23   LG Düsseldorf 30.5.2006 4b O 206/03.
24   BGH GRUR 2011, 733 Initialidee; LG Düsseldorf 18.5.1972 4 O 213/71; LG Düsseldorf Entsch 2000, 8; LG Düsseldorf 30.5.2006 4b O 206/03; vgl OLG München 18.9.1997 6 U 1781/92: Mitteilung von Versuchsergebnissen genügt nicht; OLG München GRUR-RR 2009, 219 f: Auftragsschreiben des ArbN an Patentanwalt kann genügen, beinhaltet aber keine Übertragung; zur Warnfunktion BGHZ 167, 118 = GRUR 2006, 754 Haftetikett; OLG Frankfurt GRUR-RR 2009, 291.
25   Vgl *Bartenbach/Volz* Rn 40; BGH GRUR 2011, 733 Initialidee; OLG Frankfurt 22.1.2009 6 U 151/06; LG Düsseldorf Mitt 2010, 541, 545; LG Düsseldorf 18.5.1972 4 O 213/71.
26   BGH Initialidee; OLG Frankfurt GRUR-RR 2009, 291; vgl *Scharen* VPP-Rdbr 2007, 155, 158.
27   SstA 13.11.2003 ArbErf 68/01.
28   Vgl LG München I GRUR-RR 2014, 8.
29   Vgl *Bartenbach/Volz* § 8 nF Rn 30.
30   LG München I GRUR-RR 2014, 8.
31   Vgl zu Alterfindungen LG Frankfurt/M InstGE 6, 162, 165; OLG Frankfurt GRUR-RR 2009, 997; *Bartenbach/Volz* Rn 36.
32   BGH GRUR 1962, 305 Federspanneinrichtung; BGH 14.7.1966 I a ZR 58/64; OLG Karlsruhe Mitt 1998, 101; SstA 22.2.1992 ArbErf 45/91; SstA 7.2.1995 ArbErf 6B/93; anders noch BGH 10.7.1959 I ZR 73/58; *Bartenbach/Volz* Rn 39; s auch BGH Haftetikett; OLG Karlsruhe Mitt 1958, 220, 222; OLG Düsseldorf GRUR-RR 2004, 163; LG Braunschweig EGR Nr 14 zu § 5 ArbEG; LG Düsseldorf EGR Nr 15 zu § 5 ArbEG; LG Frankfurt/M InstGE 6, 162; SstA BlPMZ 1960, 280.

Der BGH sieht stillschweigenden einseitigen Verzicht des ArbGb auf Einhaltung der Form als zulässig an.[33] Nach Auffassung der SstA sind dagegen, da gesetzliche Formvorschriften im Interesse der Rechtssicherheit nicht aus bloßen Billigkeitserwägungen außer Acht gelassen werden dürften, Ausnahmen nur zulässig, wenn es nach den Beziehungen der Parteien und den gesamten Umständen mit Treu und Glauben derart unvereinbar wäre, das Rechtsgeschäft am Formmangel scheitern zu lassen, dass das Ergebnis bei Beachtung der gesetzlichen Formvorschrift für die betroffene Partei nicht nur hart, sondern schlechthin untragbar wäre; die Forderung nach Einhaltung der Formvorschrift des Abs 1 durch den Erfinder führe für diesen nicht zu einem schlechthin untragbaren Ergebnis, vielmehr könnten die Rechtsfolgen ihrer Außerachtlassung für den ArbGb untragbar sein.[34]

d. Inhalt (Absatz 2). Die Erfindungsmeldung ist als solche kenntlich zu machen, ohne dass dadurch **8** eine bestimmte Bezeichnung vorgeschrieben wäre.[35] Der ArbN muss in einer gesonderten Meldung (Rn 6) kenntlich machen, dass er das Ergebnis seiner Arbeit für patentrechtl bedeutsam hält.[36] Unsicherheit über Einordnung als Erfindung oder Verbesserungsvorschlag ist unschädlich.[37] Eine Kennzeichnung als Verbesserungsvorschlag ist aber idR nicht ausreichend.[38] Erforderlich ist zumindest der Hinweis, dass der ArbN durchgeführte Versuche für bedeutsam und als Ausdruck eines patentfähigen allg Lösungsprinzips oder einer Erfindung ansieht.[39] Die Meldung soll sicherstellen, dass der ArbGb den Erfindungscharakter erkennen kann und in der Lage ist, sachgerecht über eine Inanspruchnahme oder Freigabe, über den der Erfindung gerecht werdenden Inhalt einer Schutzrechtsanmeldung und über die Festsetzung der Vergütung allen Miterfindern gegenüber zu entscheiden („Hinweis- und Warnfunktion").[40] Vorbereitung der Patentanmeldung für den ArbGb kann ausreichen,[41] jedoch liegt in der Ausarbeitung des Entwurfs nicht ohne weiteres eine Erfindungsmeldung.[42] Auch die Mitteilung, dass es sich um die Ergänzung einer früheren Patentanmeldung handle, wurde als nicht ausreichend angesehen,[43] ebenso die bloße Weitergabe von Wissen.[44] Die Vorlage nur einer unterschriebenen Konstruktionszeichnung genügt regelmäßig nicht;[45] ebenso wenig ein Tätigkeitsbericht ohne näheren Hinweis auf eine mögliche Bedeutung als Erfindung.[46] Die Meldung als „freie Erfindung" ist eine Meldung im Rechtssinn.[47] Fehlt in der Mitteilung einer Erfindung das Stichwort „freie Erfindung" oder eine vergleichbare Wendung, die knapp, rechtl eindeutig und unübersehbar die Ungebundenheit der Erfindung reklamiert, und lässt sie auch sonst in keiner Hinsicht den Vorbehalt einer freien Erfindung erkennen, spricht die Tatsache, dass die mitgeteilte Erfindung auf einem der zentralen Tätigkeitsgebiete des ArbGb gemacht worden ist, nach dem ersten Anschein dafür, dass es sich bei der Mitteilung um eine Erfindungsmeldung handelt.[48] An einen konkludenten Verzicht auf

---

33 BGH Mitt 1996, 16 gummielastische Masse I; LG Frankfurt/M InstGE 6, 162, 165; vgl BPatG 17.10.2005 34 W (pat) 336/03 Mitt 2006, 41 Ls; LG Düsseldorf Mitt 2000, 363, wonach der ArbGb treuwidrig handelt, wenn er sich nach Einreichung der Patentanmeldung auf das Fehlen schriftlicher Meldung beruft; ebenso LG Düsseldorf 29.2.2000 4 O 415/98 Entsch 2000, 32; kr *Hellebrand* Mitt 2001, 195; hiergegen OLG Düsseldorf GRUR-RR 2004, 163, 165.
34 SstA 6.11.2008 ArbErf 39/07.
35 Vgl OLG München Mitt 1977, 239; LG Düsseldorf GRUR 1974, 173 f; SstA EGR Nr 24 zu § 5 ArbEG; SstA 18.1.2005 Arberf 87/03.
36 BGH Mitt 1996, 16 gummielastische Masse I; SstA 25.9.1998 ArbErf 100/96; vgl OLG München Mitt 2009, 417; SstA 12.10.2006 ArbErf 8/05 (Laborbericht mit Anregung der Prüfung auf Patentfähigkeit); *Bartenbach/Volz* Rn 41, 43.
37 SstA 26.6.2004 ArbErf 22/03.
38 Str, wie hier ua SstA EGR Nr 24 zu § 5 ArbEG; SstA 22.10.1991 ArbErf 69/90; SstA 29.4.1992 ArbErf 69/90; *Bartenbach/Volz* Rn 43.1; *Jestaedt* Patentrecht² S 217; aA LG Düsseldorf GRUR 1974, 173 f.
39 BGH gummielastische Masse I; BGH GRUR 2011, 733 Initialidee.
40 BGHZ 167, 118 = GRUR 2006, 754 Haftetikett; BGH Initialidee; vgl BGH GRUR 1958, 334 Mitteilungs- und Meldepflicht; OLG Düsseldorf 26.10.2006 2 U 29/06.
41 OLG München GRUR-RR 2009, 219.
42 SstA 6.5.2003 ArbErf 34/01.
43 OLG Düsseldorf 12.3.2009 2 U 72/06.
44 Vgl SstA 19.1.2006 ArbErf 69/04; SstA 12.10.2006 ArbErf 8/05.
45 OLG Karlsruhe Mitt 1958, 220, 222.
46 BGH gummielastische Masse I; vgl SstA 5.5.1998 ArbErf 37/96.
47 Vgl SstA 10.12.2003 ArbErf 15/03.
48 SstA 18.4.2005 ArbErf 41/04.

die Wirksamkeitserfordernisse sind strenge Anforderungen zu stellen.[49] Verzicht auf die erforderliche Form beinhaltet nicht Verzicht auf die inhaltlichen Anforderungen.[50] Bloße Gespräche sind grds keine Erfindungsmeldung.[51]

9   Die Meldung muss **Aufgabe, Lösung und Zustandekommen der Diensterfindung** beschreiben (Abs 2 Satz 1).[52] Sie ist nicht ordnungsgem, wenn sie keine klaren Angaben über das Zustandekommen enthält.[53] Es reicht nicht aus, nur den Grundgedanken der Erfindung mitzuteilen.[54] Die Beschreibung muss enthalten, was erforderlich ist, um eine für eine Patenterteilung ausreichende Offenbarung der technischen Lehre zu liefern.[55] Stellen Weiterentwicklungen von für den ArbNErf freigewordenen Erfindungsgegenständen gegenüber diesen keine eigenständigen neuen Erfindungen dar, unterliegen sie nicht den Pflichten der Meldung oder Inanspruchnahme.[56]

10   Auch bei den **Vorgaben nach Absatz 2 Satz 3** handelt es sich trotz des Wortlauts („soll") um Erfordernisse, deren Einhaltung nicht im Ermessen des ArbNErfinders steht. Das gilt insb für die Information über die Beteiligung von Mitarbeitern am Zustandekommen der Erfindung.[57] Unter Mitarbeitern sind dabei nicht nur Miterfinder, sondern auch Erfindungsgehilfen zu verstehen.[58]

11   Dagegen handelt es sich bei den **Erfordernissen nach Abs 2 Satz 2** sowie aus § 15 Abs 2 und weiteren, die der ArbGb kraft seines Direktionsrechts gesetzt hat, nicht um solche, deren Nichtbeachtung die Meldung fehlerhaft macht.[59]

12   **4. Adressat** der Meldung ist der ArbGb,[60] der im Rahmen des Zumutbaren bestimmte Empfangsvertreter bestellen kann;[61] Mitteilungen gegenüber Dritten reichen nicht aus, selbst wenn Zugriffsmöglichkeit des ArbGb besteht.[62] Bis zum Zugang der Meldung trägt der ArbN das Übermittlungsrisiko.[63] Nichtbeachtung einer betrieblichen Regelung über den Adressaten führt zur Unwirksamkeit der Meldung.[64]

13   **5. Unvollständigkeit; Ergänzung der Meldung.** Bei Unvollständigkeit[65] kann der ArbGb innerhalb von zwei Monaten Ergänzung verlangen. Beanstandet der ArbGb die Meldung nicht substantiiert innerhalb von zwei Monaten nach Zugang, gilt sie als ordnungsgem (Abs 3), selbst wenn keinerlei Offenbarung erfolgt ist.[66] Die Vermutungswirkung (oder Fiktion) setzt eine Meldung nach Abs 1 voraus, die dessen Voraussetzungen,[67] aber nicht oder nicht voll den Anforderungen des Abs 2 entspricht.[68] Die Meldung gilt auch als ordnungsgem, wenn der ArbGb fristgem erklärt, dass sie der Ergänzung bedürfe, aber nicht sagt, in welcher Richtung.[69] Nach Anerkennung der Meldung als ordnungsgem kann sich der ArbGb nicht auf

---

49 SstA 5.5.1998 ArbErf 37/96: bejaht bei positivem Ausgang betrieblicher Vorprüfung.

50 SstA 23.12.1996 ArbErf 42/95.

51 BPatG 17.10.2005 34 W (pat) 336/03 Mitt 2006, 41 Ls.

52 Vgl LG Frankfurt/M 22.10.2014 6 O 214/14.

53 SstA BlPMZ 1963, 342.

54 SstA BlPMZ 1989, 366, BlPMZ 1989, 368.

55 SstA 4.3.1999 ArbErf 87/97; vgl OLG Nürnberg GRUR 1968, 147 f.

56 SstA 28.1.2009 ArbErf 34/06.

57 BGH GRUR 2003, 702 Gehäusekonstruktion; BGH GRUR 2006, 141 f Ladungsträgergenerator; BGH GRUR 2011, 733 Initialidee; vgl *Bartenbach/Volz* Rn 73.

58 BGH Gehäusekonstruktion mwN.

59 *Bartenbach/Volz* Rn 17.2.

60 Zu Insichgeschäften SstA 21.11.1995 ArbErf 16/94.

61 Vgl SstA 7.10.1999 ArbErf 43/98.

62 *Bartenbach/Volz* Rn 9; zu Sonderkonstellationen wie zwischenbetrieblicher Kooperation *Bartenbach/Volz* Rn 9.1–9.5.

63 *Volmer/Gaul* Rn 66; *Bartenbach/Volz* Rn 13.

64 SstA 26.6.2004 ArbErf 22/03.

65 Hierzu SstA BlPMZ 1989, 366, BlPMZ 1989, 368.

66 OLG München Mitt 1977, 239 f; vgl SstA 18.6.2004 ArbErf 16/03.

67 *Bartenbach/Volz* Rn 85; *Reimer/Schade/Schippel* Rn 34.

68 BGH GRUR 1958, 334, 337 Mitteilungs- und Meldepflicht; BGH GRUR 2003, 702 Gehäusekonstruktion; SstA BlPMZ 1986, 205; SstA 28.1.2009 ArbErf 34/06; vgl BGH GRUR 2006, 141 Ladungsträgergenerator.

69 SstA BlPMZ 1960, 282.

Unvollständigkeit berufen.[70] Nicht ordnungsgem Meldung kann Rechte des ArbGb nach §§ 119, 123 BGB auslösen;[71] das gilt für § 123 BGB trotz der Regelung in Abs 3 auch bei Unrichtigkeit der Angaben nach Abs 2.[72] Zur Wirkung auf den Fristbeginn nach § 6 Rn 13 zu § 6.

Die **Beanstandung** ist an keine Form gebunden,[73] muss aber erkennen lassen, in welcher Hinsicht **14** die Meldung (nach den Erfordernissen des Abs 2)[74] ergänzungsbedürftig ist. Die Zweimonatsfrist ist nicht verlängerungsfähige materiellrechtl Ausschlussfrist.[75]

Die **Ergänzung** unterliegt den Formerfordernissen des Abs 1.[76] Ist sie unvollständig, setzt sie wie- **15** derum die zweimonatige Beanstandungsfrist in Lauf.

III. Pflichten des Arbeitgebers

Der ArbGb hat den Eingang der Meldung unverzüglich in Textform (Rn 7) zu bestätigen (Abs 1 Satz 3). **16** Die Bestätigung hat nur hinsichtlich des Zeitpunkts des Eingangs Beweisfunktion.[77] Behauptet der ArbGb zur Abwehr eines Vergütungsanspruchs, dass ihm keine Erfindung gemeldet, sondern ein Verbesserungsvorschlag mitgeteilt worden sei, kann er damit angesichts des Vorliegens eines schriftlichen „Antrags auf eine Erfindungsmeldung", einer darauf als Erfindungsmeldung Bezug nehmenden schriftlichen Inanspruchnahmeerklärung, der Benennung des ArbN als Erfinder in der Patentanmeldung, einer zusätzlich geleisteten Sonderzahlung und einer schriftlichen Bestätigung, dass diese Sonderzahlung lediglich als Abschlag auf die Vergütung für diese Erfindung zu verstehen sei, nicht gehört werden.[78] Zur Pflicht zur Schutzrechtsanmeldung s § 13; zur Pflicht zur Unterstützung des ArbN (Abs 3 Satz 2) § 21.

B. Miterfinder

I. Grundsatz

Miterfinderschaft ist in § 6 Satz 2 PatG geregelt. Insoweit gelten im ArbNErfindungsrecht keine Beson- **17** derheiten.[79] Sind sich sämtliche am Zustandekommen der Erfindung beteiligte Mitarbeiter einig, besteht für den ArbGb grds kein Anlass zu weiteren Nachforschungen.[80] Bei Anlass zu Zweifeln muss er aber uU nachfassen.[81] Zur Erfindervergütung bei Miterfindern Rn 11 ff zu § 12.

Zur **betrieblichen Mehrfacherfindung** (Doppelerfindung) Rn 54 ff zu § 6 PatG.[82] **18**

II. Bei Beteiligung mehrerer ArbN ist eine **gemeinsame Meldung** möglich (Abs 1 Satz 2), der Meldung **19** durch den Miterfinder bedarf es aber wegen ihrer Rechtsfolgen auch, wenn die Erfindung dem ArbGb bereits durch die Meldung anderer Miterfinder bekannt war.[83]

70 OLG Karlsruhe GRUR 1984, 42 f.
71 *Bartenbach/Volz* Rn 95.
72 BGH GRUR 2003, 702 Gehäusekonstruktion.
73 SstA Mitt 1996, 245.
74 SstA Mitt 1996, 245: nicht hinsichtlich der wirtschaftlichen Verwertbarkeit; vgl SstA 26.6.2006 ArbErf 46/04: erforderlich, dass die Beanstandung rügefähige Gesichtspunkte aufgreift, nicht nur die Schutzfähigkeit.
75 Vgl *Bartenbach/Volz* Rn 88.
76 *Bartenbach/Volz* Rn 89.
77 *Bartenbach/Volz* Rn 61.
78 SstA 12.2.2008 ArbErf 14/05.
79 Vgl auch SstA BlPMZ 1960, 279.
80 BGHZ 126, 109, 123 = GRUR 1994, 898, 902 Copolyester I; *Bartenbach/Volz* Rn 51.1; vgl Ausschussbericht BlPMZ 1957, 251.
81 Vgl auch LG Düsseldorf EGR § 5 ArbEG Nr 5.
82 Vgl *Bartenbach/Volz* Rn 59 f.
83 *Bartenbach/Volz* Rn 9.3; vgl zur früheren Rechtslage OLG Düsseldorf GRUR 1950, 524; SstA BlPMZ 1980, 233.

§ 6
Inanspruchnahme

(1) Der Arbeitgeber kann eine Diensterfindung durch Erklärung gegenüber dem Arbeitnehmer in Anspruch nehmen.

(2) Die Inanspruchnahme gilt als erklärt, wenn der Arbeitgeber die Diensterfindung nicht bis zum Ablauf von vier Monaten nach Eingang der ordnungsgemäßen Meldung (§ 5 Abs. 2 Satz 1 und 3) gegenüber dem Arbeitnehmer durch Erklärung in Textform freigibt.

Ausland: Frankreich: Art R 611-7 CPI; **Polen:** Art 20, 21 RgE 2000; **Türkei:** Art 19 VO 551

Schrifttum: *Ballreich* Die Inanspruchnahme von Diensterfindungen in der Max-Planck-Gesellschaft, Mitteilungen aus der Max-Planck-Gesellschaft 1958, 193; *Bartenbach* Übergang einer Diensterfindung auf den Arbeitgeber trotz Nichtbeachtung von Form und Frist der Inanspruchnahme, Mitt 1971, 232; *Bartenbach/Kunzmann/Kelter* Materiellrechtliche Zuordnung und verfahrensrechtliche Zuständigkeit bei unberechtigter Patentanmeldung im Arbeitsverhältnis, FS 50 Jahre BPatG (2011), 1035; *Dantz* Das Inanspruchnahmerecht an einer Diensterfindung, Diss Saarbrücken 1969; *Datzmann* Meldung und Inanspruchnahme von Diensterfindungen, BB 1976, 1375; *Fricke/Meier-Beck* Der Übergang der Rechte an der Diensterfindung auf den Arbeitgeber, Mitt 2000, 199; *Friedrich* Das Aneignungsrecht des Unternehmens an Gefolgschaftserfindungen, GRUR 1943, 222; *Hellebrand* Nochmals: Der Übergang der Rechte an der Diensterfindung auf den Arbeitgeber, Mitt 2001, 195; *Hellebrand* Diensterfindungen ab jetzt mit Haftungsetikett für den Arbeitgeber wegen einer Pflichtverletzung des Arbeitnehmererfinders, Mitt 2006, 486; *Hofmann* Das Anwartschaftsrecht des Arbeitgebers vor Inanspruchnahme einer Diensterfindung in der Insolvenz, GRUR-RR 2013, 233; *König* Problemfelder im Zusammenhang mit der Inanspruchnahme einer Arbeitnehmererfindung unter besonderer Berücksichtigung der Form und Fristvorschriften für die Wirksamkeit einer Erfindungsmeldung, Mitt 2004, 430; *Kunzmann* Recht zur Inanspruchnahme einer Diensterfindung kein Anwartschaftsrecht, NZI 2012, 995; *Rosenberger* Zum 3. Mal: Meldung und Inanspruchnahme von Diensterfindungen, BB 1977, 251; *Rother* Rechte des Arbeitgebers/Dienstherrn am geistigen Eigentum (Q 183), GRUR Int 2004, 235; *Scharen* Haftetikett: zweierlei Maß im Arbeitnehmererfinderrecht? VPP-Rdbr 2007, 155; *Steininger* Neue Tücken bei der Überleitung von Diensterfindungen auf den Arbeitgeber: Anmerkung zum Urteil des BGH vom 4. April 2006 („Haftetikett"), Mitt 2006, 483; *Schwab* Anforderungen an die Meldung und Inanspruchnahme einer Arbeitnehmererfindung, AiB 2010, 51; *Trueb* Derivativer und originärer Erwerb der Arbeitnehmererfindung durch den Arbeitgeber im internationalen Privatrecht, GRUR Ausl 1961, 14; *Volmer* Nochmals: Meldung und Inanspruchnahme von Diensterfindungen, BB 1976, 1513; *Wündisch* Die Haftetikett-Entscheidung des BGH – Überprotektion des Arbeitnehmererfinders? FS 10 Jahre Studiengang „International Studies in Intellectual Property Law" (2009), 213.

A. Allgemeines

1   Nach dt Recht (anders etwa nach Art 332 schweiz Obligationenrecht) scheidet nach der seit 1936 geltenden Rechtslage originärer Rechtserwerb eines anderen als des Erfinders an einer Erfindung aus.[1] Nach dem Erfinderprinzip entsteht das Recht an der Erfindung in der Person des Erfinders, nach arbeitsrechtl Grundsätzen steht dagegen das Arbeitsergebnis dem ArbGb zu. Das ArbEG modifiziert das Erfinderprinzip durch ein Zugriffsrecht (Inanspruchnahme) des ArbGb, bringt aber das patentrechtl Zuordnungsprinzip durch einen Vergütungsanspruch des ArbN zur Geltung.[2] Die Inanspruchnahme gilt seit der Reform 2009 als erklärt, wenn nicht der ArbGeb die Erfindung nach ihrer Meldung form- und fristgerecht freigibt (Abs 2 nF). Die Wirkungen der Inanspruchnahme sind in § 7 geregelt. Zur Inanspruchnahme einer Ertragsbeteiligung bei ArbN im öffentlichen Dienst § 40 Nr 1.

2   Der ArbGb hatte vor Inkrafttreten des PatRVereinfModG vom 31.7.2009 die **Wahlmöglichkeit** der unbeschränkten oder der beschränkten Inanspruchnahme, jedoch ist die Möglichkeit der (praktisch kaum

---

1   Vgl BGH GRUR 1955, 286 Schnellkopiergerät; *Reimer/Schade/Schippel* Rn 2.
2   OLG München GRUR 1994, 625.

bedeutsamen)[3] beschränkten Inanspruchnahme mit Inkrafttreten des Gesetzes am 1.10.2009 entfallen (zum Übergangsrecht § 43 Abs 3; Rn 4 f zu § 43). Zum Wechsel in der Art der Inanspruchnahme s *7. Aufl.* Ob der ArbGb die Erfindung freigibt, unterliegt seiner **freien Entscheidung.** 3

B. Inanspruchnahme

I. Rechtsnatur

Die Diensterfindung ist von vornherein mit dem Aneignungsrecht als Optionsrecht des ArbGb be- 4 lastet.[4] Die Möglichkeit der Inanspuchnahme ist kein Anwartschaftsrecht, sondern eigener Art, höchstpersönlich, als solche nicht übertragbar, verpfändbar oder pfändbar; sie fällt nicht in die Insolvenzmasse (str).[5] Anders als sonstige Aneignungsrechte führt die Ausübung nicht zu originärem, sondern zu derivativem Rechtserwerb (vom ArbNErfinder).[6]

Die Erklärung des ArbGb,[7] die Diensterfindung in Anspruch zu nehmen, wurde früher als einseitig 5 empfangsbedürftige Willenserklärung (**Gestaltungsrecht**)[8] angesehen, Widerspruch des ArbN war deshalb ohne Bedeutung.[9] Nach der Neuregelung durch das PatRVereinfModG (Rn 2) gilt die Inanspruchnahme als erfolgt, wenn die Erfindung nicht innerhalb bestimmter Frist und in bestimmter Form freigegeben wird (Rn 14). Die nachfolgenden Ausführungen betreffen daher für das geltende Recht nur den Fall, dass die Inanspruchnahmeerklärung ausdrücklich abgegeben wird.

Als Gestaltungsrecht ist die Inanspruchnahmeerklärung **bedingungsfeindlich** (allgM). Da die 6 Schutzfähigkeit keine Bedingung ist, steht es der Wirksamkeit der Inanspruchnahme nicht entgegen, wenn sie von der Schutzfähigkeit abhängig gemacht wird.[10] Die Inanspruchnahme kann auch vorsorglich erfolgen.[11]

Eine Inanspruchnahme als **Mitberechtigter** nach § 741 BGB ist nicht möglich, allerdings eine entspr 7 Abrede nach Erfindungsmeldung[12] oder die Inanspruchnahme gegenüber einzelnen Miterfindern (Rn 1 zu § 7; Rn 2 zu § 8).

Wegen Abs 2 nF spielt das **Verbot des Selbstkontrahierens** gem § 181 BGB anders als nach früherer 8 Rechtslage für die Inanspruchnahme keine Rolle mehr. Es bleibt aber weiterhin für die Freigabe bedeutsam; dies ist insb für Patentsachbearbeiter bei Inanspruchnahme eigener Diensterfindungen zu beachten.[13] Vertretung ist bei der Freigabe möglich.[14] Eine Genehmigung der Freigabeerklärung des vollmachtlosen Vertreters nach Ablauf der Frist zur Freigabe ist ausgeschlossen.[15]

II. Form und Inhalt der Erklärung

Die Erklärung bedarf nach der Neuregelung keiner Form mehr. Schweigen des Berechtigten führt 9 nunmehr nach Abs 2 zur Inanspruchnahme (Rn 14).

---

3 Vgl *Bartenbach/Volz* § 6 nF Rn 2.

4 *Bartenbach/Volz* 6 nF Rn 15 f mwN; zur (ausnahmsweisen) Verwirkung des Rechts auf Inanspruchnahme BGH GRUR 1962, 305 Federspannvorrichtung.

5 OLG Karlsruhe Mitt 2013, 91; aA *Hofmann* GRUR-RR 2013, 233.

6 *Kraßer* S 406 (§ 21 III 7).

7 Zur Inanspruchnahme durch einen Dritten (Muttergesellschaft) SstA 18.6.2004 ArbErf 16/03.

8 BGHZ 167, 118 = GRUR 2006, 754 Haftetikett; vgl BGH GRUR 1977, 784 Blitzlichtgeräte; OLG Nürnberg GRUR 1970, 135; zu Besonderheiten bei Miterfindern *Bartenbach/Volz* § 6 nF Rn 138 ff, bei mehreren ArbGb *Bartenbach/Volz* § 6 nF Rn 145 ff.

9 BGH Haftetikett; OLG München 10.5.2007 6 U 3150/06; OLG Düsseldorf 1.10.2009 2 U 41/07; LG Düsseldorf 11.1.2011 4b O 229/09; *Bartenbach/Volz* § 6 nF Rn 18; SstA BlPMZ 1987, 362 f.

10 OLG Karlsruhe GRUR 1984, 42 f; SstA 18.1.2005 ArbErf 87/03; vgl auch *Bartenbach/Volz* § 6 nF Rn 30.

11 Vgl LG Düsseldorf Mitt 2010, 541; *Bartenbach/Volz* § 6 nF Rn 23.

12 *Bartenbach/Volz* § 6 nF Rn 22.

13 Vgl zu Inanspruchnahmeerklärung nach früherem Recht *Bartenbach/Volz*[4] Rn 6.2.

14 Vgl BGH GRUR 1964, 449, 452 Drehstromwicklung.

15 Vgl zu Inanspruchnahmeerklärung nach früherem Recht *Bartenbach/Volz* § 6 aF Rn 30 mwN; str, offengelassen in BGH 14.7.1966 I a ZR 58/64.

10   **Gegenstand der Inanspruchnahme** ist die Diensterfindung als solche und nicht nur das, was zum Gegenstand der Patentanmeldung gemacht wurde.[16] Der Wille des ArbGb geht idR dahin, sämtliche technischen Erkenntnisse des ArbN zu verwerten, die die ihm mitgeteilte Diensterfindung betrafen und sich zu einer Schutzrechtsanmeldung nutzen ließen.[17]

11   **III.** Die **Frist für die wirksame Freigabe** beträgt vier Monate ab Eingang der ordnungsgem Meldung[18] (näher 6. *Aufl*). Die frühere Frist zur Inansptuchnahme wurde als materiellrechtl Ausschlussfrist behandelt,[19] dies wird für die Frist zur Freigabe nicht gelten können (zur Möglichkeit der Freigabe bei Erfindungen, für die noch keine Schutzrechtsanmeldung getätigt wurde, Rn 9 zu § 8). Rückdatierung machte die Inanspruchnahme unwirksam;[20] für die Freigabe wird dies nicht ohne weiteres gelten können. Bei Hochschulerfindungen führt § 42 Nr 1 zu einer faktischen Verkürzung auf im Regelfall zwei Monate. Fristverlängerung wird nach der Neuregelung nicht mehr in Betracht kommen, jedoch bleibt dem ArbGb die (kompliziertere) Möglichkeit des Aufgebens seiner Rechtspositionen nach § 16 (zur früheren Rechtslage 7. *Aufl*). Ohne ordnungsgem Meldung beginnt die Frist für die Freigabe zu laufen, wenn der ArbGb die Erfindung unter Benennung des ArbN als Erfinder zum Patent anmeldet[21] oder wenn er aus dem dem ArbN erteilten Patent verklagt wird,[22] weil sich darin ausreichende Erkenntnis von der Erfindung dokumentiert, nicht aber schon bei sonstiger Kenntnis von der Erfindung wie mündlicher Mitteilung einzelner Elemente der Erfindung (selbst bei nachfolgender Kenntnis über anschließend durchgeführte Versuche)[23] oder Kenntnis von der Anmeldung durch den ArbN.[24] Zum Fristbeginn bei einer Meldung, die zwar § 5 Abs 1, nicht aber § 5 Abs 2 genügt, Rn 13 zu § 5.

12   Dass die Meldung nicht unverzüglich eingereicht worden ist, nimmt ihr nach Auffassung der SstA nicht den Charakter einer Erfindungsmeldung, die die Frist in Lauf setzen kann.[25] Nach Auffassung des BGH kann eine vorsätzlich **verspätete Meldung** die Frist nicht in Lauf setzen.[26] Wiederholte Meldung setzt die Frist nicht neu in Lauf.[27]

13   Ist die Meldung **nicht formgerecht** nach § 5 Abs 1, löst sie die Frist zur Inanspruchnahme nicht aus.[28] Das gilt auch für die Meldung, die § 5 Abs 2 Satz 1, 3 nicht genügt.[29] Dagegen ist die nicht beanstandete, nach § 5 Abs 2 Satz 2 unvollständige Meldung hinsichtlich des Fristbeginns für die Inanspruchnahmefrist wie die ordnungsgem Meldung zu behandeln.[30] Die Behandlung unvollständiger Meldungen nach § 6 weicht damit von der nach § 5 Abs 3 ab.

---

16   BGHZ 106, 84, 89 = GRUR 1989, 205 Schwermetalloxidationskatalysator; BGH GRUR 2006, 141 f Ladungsträgergenerator.

17   BGH Ladungsträgergenerator.

18   Zum Fristbeginn BGH 14.7.1966 I a ZR 58/64.

19   BGHZ 167, 118 = GRUR 2006, 754 Haftetikett; zur Beweislast für den rechtzeitigen Zugang OLG Frankfurt OLGR 2008, 854.

20   SstA 13.11.2003 ArbErf 68/01.

21   BGH Haftetikett; BGH GRUR 2011, 733 Initialidee; OLG Frankfurt GRUR-RR 2009, 291; OLG München GRUR-RR 2009, 219; LG Mannheim Mitt 2009, 133; wohl weitergehend OLG Düsseldorf GRUR-RR 2004, 163; OLG Düsseldorf Mitt 2004, 418; *Bartenbach/Volz* § 6 nF Rn 130; vgl LG Düsseldorf 17.9.1991 4 O 13/91 Mitt 2000, 363; LG Düsseldorf 29.2.2000 4 O 415/96 Entsch 2000, 32; LG Düsseldorf 8.3.1984 4 O 155/83.

22   OLG München Mitt 2009, 417.

23   BGH Initialidee.

24   BGH Initialidee; vgl OLG Frankfurt GRUR-RR 2009, 291.

25   SstA BlPMZ 1986, 273; vgl auch SstA BlPMZ 1967, 131; SstA 21.7.2005 ArbErf 15/04, jeweils zur Frist zur Inanspruchnahme.

26   BGH GRUR 2005, 761 f Rasenbefestigungsplatte, zur Frist zur Inanspruchnahme.

27   Vgl *Bartenbach/Volz* § 5 Rn 20.1.

28   vgl BGH GRUR 1958, 334 Mitteilungs- und Meldepflicht; LAG Stuttgart DB 1958, 312; LG Düsseldorf EGR § 5 ArbEG Nr 8; SstA BlPMZ 1986, 205; vgl LG München I GRUR-RR 2014, 8; zur Beifügung von Modellen BGH 16.1.1962 I ZR 48/60; *Bartenbach/Volz* § 6 nF Rn 96.

29   *Bartenbach/Volz* § 6 nF Rn 97.

30   *Bartenbach/Volz* § 6 nF Rn 97.

IV. Nichtfreigabe

Nach der Neuregelung durch das PatRVereinfModG gilt (wohl iS einer unwiderleglichen Vermutung)[31] **14** die Inanspruchnahme als erfolgt, wenn der ArbGb die Diensterfindung nicht bis zum Ablauf von 4 Monaten nach Eingang der iSv Rn 13 ordnungsgem Meldung gegenüber dem ArbN durch Erklärung in Textform (Rn 7 zu § 5) freigibt. Die Fiktion der ordnungsgemäßen Meldung nach § 5 Abs 3 trotz Mangelhaftigkeit nach § 5 Abs 2 bei Unterlassen der Beanstandung dürfte dazu führen, dass die Frist bereits mit der mangelhaften Meldung in Lauf gesetzt wird.[32] An der Auffassung in der 7. Aufl, dass die Frist erst mit Ablauf der Beanstandungsfrist zu laufen beginne, wird angesichts des Wortlauts des Abs 2 nF nicht festgehalten. Zur Freigabe s die Kommentierung zu § 8.

C. Eine Vereinbarung über die Überleitung der Rechte an der Erfindung auf den ArbGb nach Ablauf **15** der Frist für die Inanspruchnahme war nach früherer Rechtslage grds zulässig; an ihr Zustandekommen durch schlüssiges Verhalten waren strenge Anforderungen zu stellen.[33] Das wird weiterhin für die Fälle zu gelten haben, in denen der ArbGb freigegeben oder seine Rechte nach § 16 aufgegeben hat. Maßgeblich ist der Rechtsübertragungswille, nicht der bloße Zuordnungswille des Übertragenden.[34] Es genügt daher nicht, wenn die Beteiligten von einer unzutreffenden Rechtslage ausgehen.[35] Ein **Übergang der Diensterfindung durch Vereinbarung** auch ohne ausdrückliche Inanspruchnahme war somit schon nach früherem Recht möglich.[36] In der Information durch den Erfinder mit Hinweis auf die Notwendigkeit einer GbmAnmeldung kann ein Übertragungsangebot liegen.[37] Die Vereinbarung muss nicht notwendig eine Vergütungsregelung nach dem ArbEG enthalten, für die Annahme einer Vereinbarung von Marktlizenzen müssen aber besondere Anhaltspunkte vorliegen.[38]

D. Sonstiges

Anmeldung des ArbN trotz wirksamer Inanspruchnahme begründet **widerrechtliche Entnahme** (vgl **16** Rn 7 zu § 7; Rn 75 zu § 21 PatG). Die ältere Rspr hat angenommen, dass der im Register eingetragene ArbN vom materiell berechtigten ArbG wegen Schutzrechtsverletzung in Anspruch genommen werden kann (Rn 22 zu § 139 PatG); dies erscheint aufgrund der neueren Rspr des BGH[39] nicht mehr haltbar.

Ein **Vorbenutzungsrecht** des ArbGb nach § 12 PatG gegenüber einer von ihm in Anspruch genomme- **17** nen ArbNErfindung durch eine ihm vorher von dritten ArbN offenbarte Erfindung ist begrifflich nicht denkbar.[40]

In der Inanspruchnahme liegt kein **Anerkenntnis der Schutzfähigkeit** (str), das gilt sowohl bei aus- **18** drücklicher Inanspruchnahme als auch bei fingierter nach Abs 2;[41] der ArbGb kann auch bei Zweifeln an der Schutzfähigkeit (zweckmäßigerweise ausdrücklich)[42] in Anspruch nehmen.[43] Stellt sich die Schutzun-

---

31 Begr PatRVereinfModG spricht von „Fiktion".

32 Vgl *Bartenbach/Volz* § 6 nF Rn 97.

33 LG Düsseldorf 1.3.2011 4b O 124/08; SstA Mitt 1996, 245, 246: zur Überprüfung der Erreichbarkeit technischer Vorteile; vgl *Bartenbach/Volz* § 6 aF Rn 55.

34 OLG Düsseldorf GRUR-RR 2004, 163, 167 gegen *Hellebrand* Mitt 2001, 195 f; vgl auch die Revisionsentscheidung BGHZ 167, 118 = GRUR 2006, 754 Haftetikett.

35 OLG Düsseldorf GRUR-RR 2004, 163, 167 gegen SstA BlPMZ 1986, 205, SstA BlPMZ 1986, 207.

36 SstA BlPMZ 1960, 279, BlPMZ 1973, 29; SstA EGR § 6 Nr 35/EGR § 12 Nr 85/EGR § 15 Nr 5: weder in Mitwirkung des ArbN nach § 5 Abs 2 vor förmlicher Meldung noch während Inanspruchnahmefrist noch in Anfrage des ArbNErfinders nach Freiwerden, ob Inanspruchnahme erfolge; SstA 13.12.1993 ArbErf 127/92; SstA 28.6.1994 ArbErf 54/93; SstA 5.3.1998 ArbErf 85/96; vgl auch BFHE 76, 503, 505 = BB 1963, 675; OLG Karlsruhe GRUR 1984, 42, 44; OLG Düsseldorf EGR Nr 6 zu § 6 ArbEG; LG Düsseldorf EGR Nr 7 zu § 6 ArbEG; *Bartenbach/Volz*⁴ Rn 57 ff; zum Übergang ohne ordnungsgem Meldung und Inanspruchnahme durch aus den Umständen zu schließende Einigkeit der Beteiligten SstA Mitt 1974, 137.

37 SstA EGR ArbEG § 12 Nr 80.

38 SstA 30.6.1994 ArbErf 181/92.

39 BGH GRUR 2011, 733 Initialidee.

40 OLG München GRUR 1993, 661.

41 Vgl *Bartenbach/Volz* § 6 nF Rn 26.

42 *Bartenbach/Volz* § 6 nF Rn 27.1.

43 BGH GRUR 1987, 900, 902 Entwässerungsanlage.

fähigkeit (insb durch Versagung, Widerruf oder Nichtigerklärung) endgültig heraus, erweist sich die Inanspruchnahme (auch nach Abs 2) als gegenstandslos, weil das Arbeitsergebnis ohnehin dem ArbGb zusteht;[44] dies ist auf bereits entstandene Vergütungsansprüche aber ohne Auswirkung.[45]

19   Im Unterlassen der Inanspruchnahme kann eine **verdeckte Gewinnausschüttung** zu sehen sein.[46]

§ 7
Wirkung der Inanspruchnahme

(1) Mit der Inanspruchnahme gehen alle vermögenswerten Rechte an der Diensterfindung auf den Arbeitgeber über.

(2) Verfügungen, die der Arbeitnehmer über eine Diensterfindung vor der Inanspruchnahme getroffen hat, sind dem Arbeitgeber gegenüber unwirksam, soweit seine Rechte beeinträchtigt werden.

Ausland: Türkei: Art 20 VO 551

Übersicht

Schrifttum: *Bartenbach/Volz* Die nichtausschließlichen Benutzungsrechte des Arbeitgebers nach dem ArbEG und Veräußerung der Diensterfindung durch den Arbeitnehmer, GRUR 1984, 257; *Bayreuther* Neue Spielregeln im Arbeitnehmererfinderrecht, NZA 2009, 1123; *Fischer* Der Benutzungsvorbehalt nach dem ArbEG im Verfahrens- und Anlagengeschäft, GRUR 1974, 500; *Fricke/Meier-Beck* Der Übergang der Rechte an der Diensterfindung auf den Arbeitgeber, Mitt 2000, 199; *Gaul* Die Schutzrechtsveräußerung durch den Arbeitnehmer und deren Auswirkungen auf das Mitbenutzungsrecht des Arbeitgebers, GRUR 1984, 494; *Gaul/Bartenbach* Das einfache Mitbenutzungsrecht des Arbeitgebers nach Inhalt und Umfang, Mitt 1983, 81; *Gennen* Auswirkungen der Reform des Arbeitnehmererfinderrechts, Der Arbeits-Rechts-Berater 2011, 86; *Kunze* Die nichtausschließlichen Benutzungsrechte des Arbeitgebers in arbeitsrechtlicher Sicht, AuR 1977, 294; *Pakebusch* Zur Problematik der gesetzlichen Regelung der beschränkten Inanspruchnahme einer Diensterfindung, GRUR 1959, 161; *Reinecke* Das novellierte Arbeitnehmererfindungsrecht, Beilage zu Fachanwalt Arbeitsrecht 2010, 98; *Steininger* Neue Tücken bei der Überleitung von Diensterfindungen auf den Arbeitgeber, Mitt 2006, 483; *Volmer* Nochmals: Meldung und Inanspruchnahme von Diensterfindungen, BB 1976, 1513.

A. Wirkung der Inanspruchnahme

I. Allgemeines

1   Das Recht des ArbGb auf Inanspruchnahme ein höchstpersönliches Recht eigener Art, das nicht übertragbar, verpfändbar oder pfändbar ist und damit nicht in die Insolvenzmasse fallen kann (vgl Rn 4 zu § 6).[1] Die Inanspruchnahme hat dingliche Wirkung.[2] Die Rechtswirkungen der Inanspruchnahme treten mit Zugang der Erklärung beim ArbN oder sem Eintritt der Vermutungswirkung (oder Fiktion, Rn 14 zu § 6) ein; einer Mitwirkung des ArbN bedarf es nicht.[3] Die Inanspruchnahme wirkt nur gegenüber dem Erfinder,

---

44 Vgl SstA BlPMZ 1977, 173; *Bartenbach/Volz* § 6 nF Rn 32.
45 *Bartenbach/Volz* § 6 nF Rn 32.
46 BGH NStZ 2004, 575.

1 OLG Karlsruhe Mitt 2013, 91; aA (Anwartschaftsrecht) *Kraßer* S 406 (§ 23 III 7).
2 BGH GRUR 2005, 761 Rasenbefestigungsplatte spricht dementspr von einem dinglichen Aneignungsrecht.
3 *Bartenbach/Volz* § 7 nF Rn 6; *Fricke/Meier-Beck* Mitt 2000, 199; vgl BGH GRUR 1971, 210, 212 Wildverbißverhinderung; OLG Nürnberg GRUR 1970, 135; zum Recht vor Inkrafttreten des ArbEG LG Braunschweig NJW 1955, 994; zu den Grenzen des Anscheinsbeweises in einem solchen Fall OLG München 28.7.2005 6 U 4317/04.

gegenüber dem sie ausgesprochen wird.[4] Der Meldepflicht entspricht ein Auskunftsanspruch des ArbGb.[5] Bei zwischenbetrieblicher Kooperation, bei der mehrere ArbN verschiedener ArbGb beteiligt sind, vermittelt jeder Miterfinder seinem ArbGb – unabhängig von der Höhe seines Miterfinderanteils – eine Nutzungsbefugnis an der gesamten Erfindung, sobald der ArbGb den Erfindungsanteil seines ArbN unbeschränkt in Anspruch genommen hat.[6]

II. Die Wirkungen im einzelnen

1. Rechtsübergang. Die Inanspruchnahme als einseitige rechtsgestaltende Erklärung führt zum **2** Übergang aller vermögenswerten Rechte an der Diensterfindung auf den ArbGb (Abs 1). Dies gilt auch für nicht gemeldete Teile der Diensterfindung; nicht selbstständig schutzfähige Weiterentwicklungen stehen dem ArbGb als nicht schutzfähige Arbeitsergebnisse zu.[7] Teilweise Inanspruchnahme ist nicht möglich.[8]

Durch den Rechtsübergang wird die Erfindung dem **Einflussbereich des Arbeitnehmers** ganz ent- **3** zogen;[9] in Extremfällen kann § 242 BGB eingreifen.[10] Der ArbGb ist berechtigt, eine unbeschränkt in Anspruch genommene Diensterfindung in vollem Umfang zu veräußern.[11] Bei Übertragung der Rechte auf Dritte gehen die – rein schuldrechtl – Verpflichtungen aus dem ArbEG nicht mit über;[12] abw vertragliche Regelungen (zB Schuldmitübernahme) sind möglich.

2. Schutzrechtsanmeldung. Nach der Überleitung der Rechte ist allein der ArbGb berechtigt, die **4** gemeldete Diensterfindung im Inland zur Erteilung eines Schutzrechts anzumelden. Liegen die Ausnahmen des § 13 Abs 2 nicht vor, hat der ArbGb die gemeldete Diensterfindung unverzüglich anzumelden, auch wenn er den Gegenstand der Diensterfindung nicht für schutzfähig hält.[13] Der ArbGb ist alleiniger Herr des Erteilungsverfahrens.[14] Ihm obliegt es, die Schutzansprüche und die zu ihrer Auslegung heranzuziehende Beschreibung sachgerecht so abzufassen, dass sie die gemeldete erfinderische Lehre vollständig umschließen und wiedergeben.[15]

Der Rechtsübergang erfasst auch das Recht zu **Auslandsanmeldungen**.[16] **5**

Anmeldung durch den Arbeitnehmer. Hat der ArbN bereits angemeldet, tritt der ArbGb nicht un- **6** mittelbar in die Anmelderstellung ein; es bedarf vielmehr einer Übertragung (und nicht nur einer Umschreibung) der Rechte (abw 6. Aufl).[17] Ein schlecht betriebenes Erteilungsverfahren kann es angezeigt erscheinen lassen, die sich aus der widerrechtl Entnahme ergebenden Rechte geltend zu machen.[18] Bei Streit über das Vorliegen einer Diensterfindung kann der ArbGb Einspruch einlegen, im Einspruchsverfahren ist auch über das Vorliegen einer Diensterfindung zu entscheiden (Rn 45, 153 zu § 59 PatG m Nachw des Streitstands). Meldet der ArbN nach Inanspruchnahme an, ist er Nichtberechtigter iSd § 7 Abs 2 PatG.[19] Wird die Erfindung nach § 8 oder § 18 Abs 2 frei, entfällt die Widerrechtlichkeit. Für Anmeldungen beim EPA gelten die Art 61 und 138 Abs 1 Buchst e EPÜ; für Auslandsanmeldungen ist das jeweilige Recht des Anmeldestaats maßgeblich.

---

4 SstA BlPMZ 1980, 233.
5 OLG München GRUR 1994, 625.
6 SstA 19.10.2007 ArbErf 14/06.
7 Vgl *Bartenbach/Volz* § 6 nF Rn 41, 32.
8 *Bartenbach/Volz* § 6 nF Rn 22.
9 Vgl BGHZ 61, 153 = GRUR 1973, 649, 651 Absperrventil; SstA BlPMZ 1970, 454.
10 Vgl *Bartenbach/Volz* § 7 nF Rn 22 f.
11 SstA BlPMZ 1973, 366.
12 Begr BlPMZ 1957, 226; SstA BlPMZ 1982, 56; vgl SstA BlPMZ 1988, 349.
13 SstA BlPMZ 1977, 173.
14 *Bartenbach/Volz* § 7 nF Rn 40.
15 BGHZ 106, 84 = GRUR 1989, 205 Schwermetalloxidationskatalysator.
16 SstA BlPMZ 1985, 383; vgl auch SstA BlPMZ 1973, 366.
17 BGH GRUR 2011, 733 Initialidee; vgl BGH Mitt 1996, 16 gummielatische Masse I; OLG Frankfurt OLGR 2008, 854; aA *Bartenbach/Volz* § 7 nF Rn 42; vgl BPatGE 52, 54, 57 = Mitt 2009, 469 Ls; BPatGE 52, 61 = Mitt 2009, 559 Ls; *Benkard* § 8 PatG Rn 3.
18 Vgl *Bartenbach/Volz* § 7 nF Rn 48.
19 Vgl DPA BlPMZ 1959, 115, 117; *Bartenbach/Volz* § 7 nF Rn 66; *Benkard* § 21 PatG Rn 22.

Keukenschrijver

7   Das **Erfinderpersönlichkeitsrecht** verbleibt – wie die Neuregelung durch das PatRVereinfModG klarstellt – als höchstpersönliches Recht dem Erfinder.[20]

8   **3.** Die Inanspruchnahme allein löst schon die **Vergütungspflicht** nach § 9 aus (Rn 13 ff zu § 9).

III. Beschränkte Inanspruchnahme

9   Die Möglichkeit der beschränkten Inanspruchnahme ist seit Inkrafttreten des PatRVereinfModG (Rn 2 zu § 6) entfallen. Der ArbGb erhielt durch sie die Stellung eines einfachen Lizenznehmers. Näheres s *6. Aufl.*

10   **B.** Zur **Freigabe** s die Kommentierung zu § 8.

C. Unwirksamkeit beeinträchtigender Verfügungen

11   Verfügungen, die der ArbN vor der Inanspruchnahme getroffen hat, sind dem ArbGb gegenüber (relativ) unwirksam, soweit seine Rechte beeinträchtigt werden (Abs 2).[21] Nach Freiwerden der Erfindung wird die Verfügung wirksam.[22] Wegen § 7 Abs 1 PatG sind allerdings Verzichte im Erteilungsverfahren wirksam; der ArbGb kann dem über sein Nachanmelderecht aus § 7 Abs 2 PatG begegnen. Verfügungen des ArbN nach Inanspruchnahme sind als Verfügungen eines Nichtberechtigten unwirksam, aber genehmigungsfähig (§ 185 BGB).

12   Verfügungen des ArbN können **Schadensersatzansprüche** des ArbGb wegen Pflichtverletzung (§ 280 BGB) auslösen.[23]

§ 8
Frei gewordene Diensterfindungen

[1] **Eine Diensterfindung wird frei, wenn der Arbeitgeber sie durch Erklärung in Textform freigibt.** [2] **Über eine frei gewordene Diensterfindung kann der Arbeitnehmer ohne die Beschränkungen der §§ 18 und 19 verfügen.**

Ausland: Türkei: Art 21 VO 551

Übersicht

Schrifttum: *Gärtner/Simon* Reform des Arbeitnehmererfinderrechts: Chancen und Risiken, BB 2011, 1909; *Peters* Die Verwertung einer frei gewordenen Diensterfindung, GRUR 1961, 514; *Röpke* Das Recht des Arbeitnehmers auf Verwertung einer frei gewordenen Diensterfindung, GRUR 1962, 127; *Rother* Die Stellung des Arbeitnehmers einer frei gewordenen Diensterfindung, FS K. Bartenbach (2005), 159; *Vollrath* Die freigewordene Diensterfindung und die benutzten geheimen Erfahrungen des Betriebs, GRUR 1987, 670; *von der Groeben* Ausgleich unter Teilhabern nach frei gewordener Diensterfindung, GRUR 2014, 113; *Vorwerk* Kann der Arbeitgeber eine freie Arbeitnehmererfindung benutzen? GRUR 1975, 4.

---

20   Vgl BGH GRUR 1978, 583, 585 Motorkettensäge; *Bartenbach/Volz* § 7 nF Rn 81 ff.
21   Vgl BGH GRUR 2005, 761 Rasenbefestigungsplatte; *Bartenbach/Volz* § 7 nF Rn 95, 103.
22   Vgl *Bartenbach/Volz* § 7 nF Rn 105.
23   *Bartenbach/Volz* § 7 nF Rn 95, 104.

A. Allgemeines

Nach § 8 aF wurde die Erfindung in drei Fällen frei, nämlich bei schriftlicher Freigabe, bei beschränkter **1**
Inanspruchnahme und bei Nichtinanspruchnahme oder nicht fristgerechter Inanspruchnahme.[1] Zu den im
RefE ArbEGÄndG (Einl Rn 4) vorgesehenen Änderungen s *6. Aufl.* Das PatRVereinfModG vom 31.7.2009 hat
infolge des Wegfalls der beschränkten Inanspruchnahme und durch die unwiderlegliche Vermutung (oder
Fiktion, vgl Rn 14 zu § 6) der Innapruchnahme (Rn 5 zu § 6) nur noch ein Freiwerden im ersten Fall beibehalten, wenn sie der ArbGb nach Meldung in der Form des § 6 Abs 2 freigibt. Die Bestimmung regelt damit anders
als früher nur noch den Fall der Freigabe zwischen Meldung und Ablauf der Viermonatsfrist.[2] Der ArbN kann
in diesem Fall über die Erfindung unbeschränkt verfügen (Rn 8), muss allerdings seine Verpflichtungen aus
dem Arbeitsverhältnis beachten (§ 25). § 8 erfasst die Diensterfindung als ganze (hM).[3] § 14 Abs 2 bezieht sich
demgegenüber auf einzelne Auslandsschutzrechte, die Übertragung nach § 16 kann, muss aber nicht die
gesamte Schutzrechtsposition erfassen.[4] Stillschweigende Übertragung einer frei gewordenen Diensterfindung kommt nicht in Betracht, wenn die Unkenntnis des ArbN von der ihm mit dem Freiwerden zugefallenen
Rechtsposition für den ArbGb erkennbar ist;[5] erforderlich ist, dass sich aus dem Verhalten des ArbN nach
außen erkennbar unzweideutig ergibt, dass er seine Erfindung übertragen will.[6]

B. Freigabe

I. Grundsatz

Freigabe bedeutet nach der Neuregelung durch das PatRVereinfModG qualifizierte Nichtausübung **2**
des dem ArbGb zustehenden gesetzlichen Optionsrechts. Sie setzt vorhergehende Meldung voraus.[7] Eine
Aufspaltung nach Art der Anmeldung dürfte innerhalb eines Schutzgebiets nicht möglich sein.[8] Bei Miterfindern ist die Freigabe jedem einzelnen gegenüber zu erklären.[9] Freiwerden nur gegenüber einzelnen
Miterfindern führt zum Eintritt des ArbGb in die Bruchteilsgemeinschaft.[10]

II. Der Fall der Freigabe vor Meldung ist in § 8 nF nicht geregelt; jedoch wird in diesem Fall Satz 1 **3**
entspr anzuwenden sein.[11]

III. Form

Die Freigabe erfolgt durch einseitige Erklärung, Mitwirkung des ArbN ist nicht erforderlich. Die Frei- **4**
gabe ist empfangsbedürftige Willenserklärung; sie ist bedingungsfeindlich.[12] Ein Irrtum über die Schutzfähigkeit berechtigt wegen der gesetzlichen Risikoverteilung grds nicht zur Anfechtung,[13] anders bei arglistiger Täuschung.[14] Das Gesetz schreibt nunmehr Textform (Rn 7 zu § 5) vor; auf dieses Erfordernis kann
nach Meldung einvernehmlich verzichtet werden (§ 22 Satz 2).[15] Ein bestimmter Wortlaut ist nicht erforderlich.[16]

---

1 Zur Rechtslage bei Behandlung als Verbesserungsvorschlag LG München I InstGE 8, 136.
2 *Bartenbach/Volz* § 8 nF Rn 7.
3 So *Bartenbach/Volz* § 8 aF Rn 5; *Volmer/Gaul* Rn 12.
4 *Bartenbach/Volz* § 8 aF Rn 5.
5 LG Düsseldorf Mitt 2000, 363.
6 LG Düsseldorf 29.2.2000 4 O 415/98 Entsch 2000, 32.
7 BPatG 17.10.2005 34 W (pat) 336/03 Mitt 2006, 41 Ls.
8 Nach OLG Karlsruhe 22.1.2003 6 U 134/01 soll eine Freigabe für die Anmeldung beim EPA bei Vorbehalt der nat
Anmeldung der Lebenserfahrung widersprechen.
9 *Bartenbach/Volz* § 8 nF Rn 131.
10 *Bartenbach/Volz* § 8 nF Rn 133; vgl *von der Groeben* GRUR 2014, 113.
11 Vgl *Bartenbach/Volz* § 8 nF Rn 7.
12 *Bartenbach/Volz* § 8 nF Rn 24 f.
13 Str; vgl *Bartenbach/Volz* § 8 nF Rn 47.
14 Vgl SstA BlPMZ 1989, 367.
15 *Bartenbach/Volz* § 8 nF Rn 30.
16 Vgl *Bartenbach/Volz* § 8 nF Rn 22.

IV. Wirkung

5   Die Freigabe (ohne vorhergehende Inanspruchnahme) nach § 8 wirkt anders als die nach § 14 oder § 16 auf den Zeitpunkt der Entstehung des Rechts zurück;[17] es erfolgt also kein Rechtsübergang,[18] die Erfindung ist vielmehr von Anfang an frei.[19] Die Wirkung der Freigabe trat schon nach früherer Rechtslage unabhängig von der Kenntnis der Parteien von Beginn und Ende der Frist zur Inanspruchnahme ein.[20] Die Freigabeerklärung für eine nur teilweise gemeldete Diensterfindung schließt die Inanspruchnahme einer tatsächlich weitergehenden Erfindung des ArbN nicht aus.[21] Jedoch kann der ArbN die Erfindung rechtsgeschäftlich auf den ArbGb übertragen.[22]

6   Auch die an sich **betriebsgeheime Erfindung** (§ 17) wird frei; die Anmeldung durch den ArbN verstößt auch hier nicht gegen § 17 UWG (vgl Rn 1 zu § 5).[23]

7   Dem **Arbeitgeber** stehen keine Rechte, insb kein Vorbenutzungsrecht,[24] zu. Nutzung durch den ArbGb ist rechtswidrig und begründet einen Anspruch auf Ersatz des Werts der Nutzungen[25] sowie grds einen Auskunftsanspruch.[26] Bei Freigabe ohne Inanspruchnahme, aber nach Schutzrechtsanmeldung durch den ArbGb hat der ArbN Anspruch auf Übertragung der Rechte nach § 13 Abs 4 Satz 2 (Rn 23 zu § 13).

8   Der **Arbeitnehmer** kann über die Erfindung verfügen (Abs 2) und sie durch eigene Nutzung verwerten, bestehende Wettbewerbsverbote (etwa aus § 60 HGB) sind aber zu beachten und dürfen nicht unterlaufen werden.[27] Mit dem Freiwerden endet die Pflicht zur Geheimhaltung.[28] An einer Veräußerung oder Lizenzvergabe ist der ArbN grds nicht gehindert. Die Freigabe führt nicht zu einem Vorbenutzungsrecht in der Person des ArbN (Rn 18 zu § 12 PatG). Eine Pflicht des ArbN zur Schutzrechtsanmeldung besteht nicht. Freiwerden schließt für die Zukunft Vergütungsansprüche aus, während sich für die Vergangenheit solche aus dem arbeitsrechtl Sonderleistungsprinzip ergeben können.[29] Im Fall einer Nutzungsberechtigung des ArbGb wird von der Praxis ein Anteilsfaktor (Rn 43 ff zu § 11) berücksichtigt.[30]

V. Freigabe nach Inanspruchnahme

9   Nach ausdrücklicher Inanspruchnahme, aber vor Anmeldung, wurde nach früherer Rechtslage von einem Teil der Lit eine einseitige Freigabe als nicht mehr möglich angesehen (so auch *7. Aufl*).[31] Daran wird nach der geltenden Rechtslage nicht festzuhalten sein; jedenfalls Gründe der Praktikabilität sprechen dafür, eine Freigabe auch noch vor Anmeldung zuzulassen.[32]

---

17 SstA BlPMZ 1965, 66; *Bartenbach/Volz* § 8 nF Rn 14 mwN.

18 *Bartenbach/Volz* § 8 nF Rn 14; aA BFHE 110, 155, 158.

19 SstA BlPMZ 1967, 131.

20 BGH GRUR 1952, 573 Zuckerdiffusor; LG Bremen MDR 1956, 747.

21 OLG Düsseldorf GRUR 1958, 435.

22 Vgl OLG Frankfurt OLGR 2008, 854.

23 Vgl *Bartenbach/Volz* § 17 Rn 33.

24 BGHZ 182, 231 = GRUR 2010, 47 Füllstoff gegen OLG Jena GRUR-RR 2008, 115; OLG München Mitt 2009, 417; vgl RGZ 52, 90 ff = BlPMZ 1903, 187 Zieheisen; RGZ 56, 223, 227 f = BlPMZ 1904, 362 Kugelmühle; RG BlPMZ 1908, 188, 190 Schartenblende; RG GRUR 1939, 300, 304 Verbinderhaken II; BGHZ 121, 194 = GRUR 1993, 460 Wandabstreifer; *Reimer/Schade/Schippel* Rn 25; *Meier-Beck* FS Th. Reimann (2009), 309, 317; *Bartenbach/Volz* § 8 nF Rn 103 ff, abw aber wohl *Bartenbach/Volz* § 20 Rn 74; abw auch *Klauer/Möhring* Anh § 3 PatG Rn 37; anders für Österreich öOPM GRUR Int 1982, 560; zu abw Vereinbarungen *Vollrath* GRUR 1987, 670, 675 f.

25 OLG Düsseldorf GRUR-RR 2004, 163, 168.

26 OLG Düsseldorf GRUR-RR 2004, 163, 168; vgl BGH GRUR 2002, 609 Drahtinjektionseinrichtung.

27 *Bartenbach/Volz* § 8 nF Rn 78 ff

28 OLG Karlsruhe GRUR 2011, 318.

29 LG Düsseldorf Mitt 2000, 363.

30 LG Düsseldorf Mitt 2000, 363, 367; LG Düsseldorf 12.11.1973 4 O 260/74; SstA BlPMZ 1985, 195; SstA 30.6.1994 ArbErf 181/92.

31 *Bartenbach/Volz*⁴ Rn 25 f; *Volmer/Gaul* Rn 14, 54; *Klauer/Möhring* Anh zu § 3 PatG Rn 26; aA *Reimer/Schade/Schippel* Rn 6, 16.

32 *Bartenbach/Volz* § 8 nF Rn 40; aA *Gärtner/Simon* BB 2011, 1909, 1911.

Gilt die Inanspruchnahme als erfolgt (§ 6 Abs 2), kann der ArbGb die Erfindung vor Schutzrechts- **10** anmeldung nach Satz 1 freigeben.[33]

VI. Nach Anmeldung findet das kompliziertere Verfahren nach § 16 Anwendung. **11**

C. Freigabe bei Schutzunfähigkeit

Str ist, wie sich die Freigabe auswirkt, wenn die Neuerung nicht schutzfähig ist. In diesem Fall liegt **12** grds ein dem ArbGb zustehendes Arbeitsergebnis vor, regelmäßig ein (einfacher oder qualifizierter) Verbesserungsvorschlag.[34] Infolge der Freigabe ist der ArbN aber befugt, über die Neuerung zu verfügen. Damit scheiden grds Schadensersatzansprüche des ArbG aus, weil sich der ArbN nicht rechtswidrig verhält.[35] Man wird aber auch Bereicherungsansprüche als ausgeschlossen ansehen müssen, weil § 8 auch die freigegebene nicht schutzfähige Neuerung dem ArbN zuweist.

Vor § 9

Übersicht

A. Reform

Zu den im RefE ArbEGÄndG (Einl Rn 4) vorgesehenen Änderungen der §§ 9–14 s *6. Aufl.* Zu den durch **1** das PatRVereinfModG vom 31.7.2009 erfolgten Änderungen s die Kommentierung zu den einzelnen Bestimmungen.

B. Inanspruchnahme und Vergütungsanspruch

Vergütungsansprüche nach dem ArbEG hat der ArbN erst, wenn der ArbGb die Diensterfindung in **2** Anspruch genommen (§ 9) oder in anderer Weise auf sich übergeleitet hat (die Möglichkeit der beschränkten Inanspruchnahme ist durch das PatRVereinfModG vom 31.7.2009 entfallen) oder wenn es sich um einen qualifizierten Verbesserungsvorschlag iSd § 20 Abs 1 handelt und der ArbGb ihn benutzt.[1] Die Inanspruchnahme lässt den Vergütungsanspruch entstehen, ohne dass sich der ArbGb mit Erfolg auf mangelnde Schutzfähigkeit berufen kann.[2]

Zum **Auskunftsanspruch** des Erfinders Rn 41 ff zu § 12. **3**

Bei der Berechnung der **Betriebsrente** können Erfindervergütungen zu berücksichtigen sein.[3] **4**

Zur **Abdingbarkeit** der für die Vergütung von ArbNErfindungen maßgebenden Vorschriften Rn 9 zu **5** § 22.

---

33 Vgl *Bartenbach/Volz* § 8 nF Rn 7.
34 Vgl *Bartenbach/Volz* § 8 nF Rn 56.
35 *Bartenbach/Volz* § 8 nF Rn 57 ff; vgl auch OLG Karlsruhe GRUR 1984, 42.

1 SstA BlPMZ 1980, 233.
2 BGH GRUR 1990, 667 Einbettungsmasse; BGH GRUR 2002, 609 Drahtinjektionseinrichtung; vgl für die unbeschränkte Inanspruchnahme BGHZ 37, 281 = GRUR 1963, 135 Cromegal und BGH GRUR 1971, 475 Gleichrichter; BGH GRUR 1988, 124 f Vinylpolymerisate mwN.
3 BAG BB 1986, 1228 Versorgungsanwartschaft.

6   **Rechtsschutzversicherung.** Streitigkeiten über die Höhe der Vergütung beruhen auf Ansprüchen aus Arbeitsvertrag, die dem Arbeits- und nicht dem Patentrechtsschutz unterliegen. Deshalb ist die Ausschlussklausel in § 3 Abs 2d ARB 2000 nicht anwendbar.[4]

C. Steuerliche und sozialversicherungsrechtliche Behandlung von Erfindervergütungen für Arbeitnehmererfinder

Schrifttum: *Bartenbach/Fischer* Aktivierungspflicht für Arbeitnehmererfindervergütungen (§ 5 Abs 2 EStG), GRUR 1980, 1025; *Gaul* Die steuerliche und arbeitsrechtliche Behandlung von Erfindungen und Verbesserungsvorschlägen, BB 1988, 2098; *Gehm* Patente und Erfindungen im Steuerrecht: ein Überblick, Mitt 2011, 410; *Gehm* (Anm) Mitt 2013, 150; *Gräber* Zusammentreffen mehrerer tariflicher Begünstigungen im Einkommensteuerrecht, Deutsche Steuer-Zeitung Ausgabe A 1974, 247; *Heger* Lohnsteuererstattung bei abkommenswidriger Lohnsteuerabführung und Erfindervergütung für sog. Diensterfindung als Arbeitslohn (Anm), jurisPR-SteuerR 11/2010 Anm 5; *Klöckner* Erfindervergütungen und Prämien für Verbesserungsvorschläge, Neue Wirtschaftsbriefe Fach 6, 2971 (1988); *Lange* Besteht eine Aktivierungspflicht für Arbeitnehmer-Erfindervergütung im Betriebsvermögensbereich nach § 5 EStG? GRUR 1986, 151; *Littmann* Erfindervergütung an Arbeitnehmer als Betriebsausgabe auch nach Eintritt des Arbeitnehmers als Gesellschafter, DStR 1976, 477; *Lühn* Lohnsteuererstattungsanspruch des Arbeitnehmers bei abkommenswidrigem Lohnsteuerabzug, BB 2010, 1008; *Mingau* Erfindereinkünfte im deutschen Ertragssteuerrecht, Diss Augsburg 2004; *Romanovszky/Slomma* Arbeitnehmererfindungen, StWK Gruppe 19, 709 (1987); *Schick* Steuerliche Behandlung von Erfindervergütungen, StRK EStG § 15 Ziff 2 R 100; *Schwendy/Keßler* Erfindungen, LSW Gruppe 4/97 (1984); *Veigel* Steuerliche Behandlung von Arbeitnehmer-Erfindungen, Information StW 1987, 361; *Wexel* Nochmals: Zur Aktivierung nach § 5 Abs 2 EStG im Zusammenhang mit Arbeitnehmererfindungen, GRUR 1986, 785.

I. Steuerrecht

7   Erfindervergütungen unterliegen dem Steuerabzug vom Arbeitslohn.[5] Für die steuerrechtl Einordnung als nachträglicher Arbeitslohn bei nach Beendigung des Arbeitsverhältnisses gezahlten Vergütungen (§ 19 Abs 1 Satz 1 Nr 2 EStG) ist unerheblich, dass der Zufluss nach Beendigung des Arbeitsverhältnisses erfolgt.[6] Auf vor dem 1.1.1989 zugeflossene Vergütungen war die VO über die steuerliche Behandlung der Vergütungen für Arbeitnehmererfindungen vom 6.6.1951 (ArbNErfV)[7] anwendbar (näher *5. Aufl*).

8   Vergünstigungen bestanden auch **für Prämien für Verbesserungsvorschläge** nach der VO über die steuerliche Behandlung von Prämien für Verbesserungsvorschläge vom 18.2.1957.[8]

9   Seit 1.1.1989 unterliegen Erfindervergütungen der Besteuerung nach den **allgemeinen Vorschriften.**[9] Ein Anspruch des Erfinders auf Ausgleich für den Wegfall der Steuerbegünstigung besteht nicht; soweit die steuerlichen Nachteile durch verspätete Zahlung verursacht sind, können sie bei Vorliegen der Voraussetzungen als Verzugsschaden geltend gemacht werden.[10] Bestehen blieb die Vergünstigung nach § 34 Abs 3 EStG 1975 bei Vergütungen für mehrere Jahre.[11] Zahlungen, die der ArbGb für eine von ihm in Anspruch genommene Diensterfindung zur Abgeltung des ihm zugewachsenen Monopols an den Erfinder leistet, sind nunmehr aber nicht als Vergütung für eine mehrjährige Tätigkeit ermäßigt zu besteuern.[12] Die Vergünstigung nach § 34 Abs 1, Abs 2 Nr 4 EStG bei pauschaler Vergütung für Erfindervergütungen setzt eine vertragliche Regelung voraus, die den Schluss zulässt, dass die Dauer der Tätigkeit des ArbN für den ArbGeb bei der Bemessung der Vergütung von Bedeutung war; eine zur Tarifermäßigung führende Entschädigung nach § 24 Nr 1 Buchst a EStG kommt aber bei fortbestehendem Arbeitsverhältnis und erstmaliger vertraglicher Anerkenntnis des Anspruchs nicht in Betracht.[13] Die Erfindervergütung unterfällt der

---

4   AG Viersen VersR 2008, 1530.
5   BFHE 226, 529 = DB 2010, 87, 89; *Bartenbach/Volz* § 9 Rn 350; aA FG Niedersachsen EFG 2008, 1970.
6   FG München Mitt 2016, 46.
7   BGBl I 388.
8   BGBl I 33.
9   Zur Aktivierungspflicht für Erfindervergütungen *Bartenbach/Fischer* GRUR 1980, 1025; *Lange* GRUR 1986, 151; *Wexel* GRUR 1986, 785.
10   *Bartenbach/Volz*⁴ § 9 Rn 351.
11   BFHE 137, 423 = BB 1983, 1079 unter Aufgabe von BFHE 111, 144 = BB 1974, 265.
12   BFH/NV 2005, 888.
13   FG Münster Mitt 2014, 148.

beschränkten Steuerpflicht nach § 49 Abs 1 Nr 4 Buchst a EStG 2002; das gilt auch, wenn das Arbeitsverhältnis im Augenblick der Zahlung nicht mehr besteht.[14] Gibt der ArbN mit seinem Interesse an einer Weiterführung der ursprünglichen Vereinbarung auf Erfindervergütung im Konflikt mit seinem ArbG nach und nimmt er dessen Abfindungsangebot an, entspricht es dem Zweck des von der Rspr entwickelten Merkmals der Zwangssituation, nicht schon wegen dieser gütlichen Einigung in konfligierender Interessenlage einen tatsächlichen Druck in Frage zu stellen.[15] Eine Besteuerung erfolgt nur im Ansässigkeitsstaat des (früheren) Arbeitnehmers.[16]

II. Erfindervergütungen und Prämien für Verbesserungsvorschläge sind iSd **Sozialversicherungs-** 10 **rechts** Arbeitsentgelt; nach Auslaufen der ArbNErfV sind sie nicht mehr beitragsfrei.[17] Erfasst sind auch Leistungen Dritter; die steuerrechtl Behandlung ist nicht präjudiziell.[18]

§ 9
Vergütung bei Inanspruchnahme

(1) Der Arbeitnehmer hat gegen den Arbeitgeber einen Anspruch auf angemessene Vergütung, sobald der Arbeitgeber die Diensterfindung in Anspruch genommen hat.

(2) Für die Bemessung der Vergütung sind insbesondere die wirtschaftliche Verwertbarkeit der Diensterfindung, die Aufgaben und die Stellung des Arbeitnehmers im Betrieb sowie der Anteil des Betriebes an dem Zustandekommen der Diensterfindung maßgebend.

Ausland: Litauen: Art 8 Abs 4 PatG; **Österreich:** §§ 8, 9, 11 PatG; **Polen:** Art 22 RgE 2000; **Tschech. Rep.:** vgl § 9 Abs 4 PatG; **Türkei:** Art 22 VO 551

Schrifttum (s auch Schrifttum zu § 11): *Bartenbach* Die Erfindervergütung bei benutzten, nichtpatentgeschützten Diensterfindungen, FS 20 Jahre VVPP (1975), 131; *Bartenbach* Der Auskunfts- und Vergütungsanspruch bei Erfindungsnutzung im Konzern, VPP-Rdbr 2003, 102; *Bartenbach/Volz* Zur konkursrechtlichen Behandlung von Vergütungsansprüchen nach dem ArbnErfG, GRUR 1996, 54; *Bengelsdorf* Berücksichtigung von Vergütungen für Arbeitnehmererfindungen und Verbesserungsvorschläge bei der Karenzentschädigung gem § 74 Abs. 2 HGB? DB 1989, 1024; *Bock* Erfindervergütung

---

14 BFHE 226, 529 = HFR 2010, 239.
15 BFHE 237, 56 = Mitt 2013, 149.
16 BFHE 226, 529 = HFR 2010, 239.
17 BSG MDR 1998, 975 Filter mit einem Verschlußstopfen; zur Anrechnung von Erfindervergütung auf betriebliche Versorgungsleistungen BAG BB 1986, 1228 Versorgungsanwartschaft; LAG Frankfurt BB 1984, 278.
18 BSG Filter mit einem Verschlußstopfen: von Fahrzeughersteller an den Beschäftigten eines Vertragshändlers gezahlte Prämie.

für benutzte, nichtgeschützte Diensterfindungen, Mitt 1971, 220; *Brandner* Geschäftsgrundlage und Inhaltskontrolle bei der Regelung der Vergütung für Urheber und Erfinder, GRUR 1993, 173; *Buchner* Die Vergütung für Sonderleistungen des Arbeitnehmers – ein Problem der Äquivalenz der im Arbeitsverhältnis zu erbringenden Leistungen, GRUR 1985, 1; *Burgstaller/Bürscher* Erfindungsvergütung für Dienstnehmer, 2014; *Czychowski* Die angemessene Vergütung im Spannungsfeld zwischen Urhebervertrags- und Arbeitnehmererfindungsrecht, FS W. Nordemann (2004), 157; *E. Fischer* Die Bedeutung der Schutzfähigkeit für die Vergütungspflicht des Arbeitgebers, GRUR 1963, 107; *E. Fischer* Die Erfindervergütung für die Benutzung einer nicht patentfähigen Erfindung, GRUR 1971, 420; *Gaul* Die Vorzugsstellung des Arbeitgebers im Sinne des § 9 ArbEG und deren Bedeutung für die Arbeitnehmererfindervergütung, GRUR 1980, 1029; *Gaul* Betriebsinhaberwechsel und Arbeitnehmererfindungsrecht, GRUR 1981, 379; *Gaul* Der Einfluß des Betriebsübergangs auf Arbeitnehmererfindungen, GRUR 1987, 590; *Gaul* Die Arbeitnehmererfindung nach dem Betriebsübergang, GRUR 1994, 1; *Gaul/Wexel* Der Einfluß des Arbeitsentgelts auf die Erfindervergütung, BB 1984, 2069; *Gennen* Arbeitnehmererfindungsvergütung bei Softwareerfindungen, Der IT-Rechtsberater 2004, 35; *Haas* Der Vergütungsanspruch einer unbeschränkt in Anspruch genommenen Diensterfindung vor Patenterteilung, Diss Würzburg 1975; *Hahne* Die Erfindervergütung im industriellen Rechnungswesen, GRUR 1972, 336; *Heine/Rebitzki* Die Vergütung für Erfindungen von Arbeitnehmern im privaten Dienst, 1960; *Himmelmann* Vergütungsrechtliche Ungleichbehandlung von Arbeitnehmer-Erfinder und Arbeitnehmer-Urheber, 1998, zugl Diss München 1997, Kurzfassung GRUR 1999, 897; *Hoffmann/Bühner* Zur Ermittlung des betrieblichen Nutzens von Arbeitnehmererfindungen, GRUR 1974, 445; *Johannesson* Erfindervergütung unter dem Monopolprinzip des Gesetzes über Arbeitnehmererfindungen, GRUR 1970, 114; *Johannesson* Zur jüngsten Rechtsprechung des BGH zur Erfindervergütung, GRUR 1972, 63; *Karl* Vergütung einer Arbeitnehmererfindung vor der Patenterteilung als technischer Verbesserungsvorschlag, Mitt 1960, 242; *Klimpfbeck* Hilfsmittel für die Bemessung von Erfindervergütungen: Nomogramme, Vereinfachungen und Pauschalen, VPP-Rdbr 2016, 8; *Kraemer* Die Vergütung von (Arbeitnehmer-)Erfindungen am Beispiel von Arzneimitteln, historisch, „de lege lata" und „de lege ferenda", Diss Frankfurt/M 2011; *Kraushaar* Die Vergütung der Arbeitnehmererfinder bei Vergabe einer kostenlosen Lizenz, ZRP 1972, 279; *Kremnitz* Was steht mir an Erfindervergütung zu? 1967; *Kremnitz* Probleme der Vergütung nach dem ArbEG aus der Sicht des Arbeitnehmererfinders, Mitt 1971, 209; *U. Krieger* Zum Verhältnis von Monopolprinzip und Vergütungsanspruch im Recht der Arbeitnehmer-Erfindungen, FS KH. Quack (1991), 41; *Kroitzsch* Zur Verjährung des nicht konkretisierten Vergütungsanspruchs für Arbeitnehmererfindungen, GRUR 1981, 265; *Kunzmann* Von Copolyester bis Abwasserbehandlung, FS K. Bartenbach (2005), 175; *Littmann* Erfindervergütung an Arbeitnehmer als Betriebsausgabe auch nach Eintritt des Arbeitnehmers als Gesellschafter, DStR 1976, 477; *Meier-Beck* Vergütungs- und Auskunftsanspruch des Arbeitnehmers bei der Nutzung einer Diensterfindung im Konzern, FS W. Tilmann (2003), 539; *Meier-Beck* „Abwasserbehandlung" und Monopolprinzip – ein Beitrag zum Recht an der Erfindung, FS Th. Reimann (2009), 309; ; *Rebitzki* Zur Rechtsprechung des BGH in der Frage der Vergütungspflicht für Diensterfindungen, GRUR 1963, 555; *Reimer/Schippel* Die Vergütung von Erfindungen, 1956; *Röpke* Die Vergütungspflicht für Arbeitnehmererfindungen als arbeitsrechtliche Verpflichtung, RdA 1963, 405; *Rosenberger* Zur Auskunftspflicht des Arbeitgebers gegenüber dem Arbeitnehmer-Erfinder im Hinblick auf die Kriterien für den Erfindungswert, GRUR 2000, 25; *Schaub* Arbeitnehmererfindung und Betriebsnachfolge, FS K. Bartenbach (2005), 229; *Schickedanz* Zur Frage der Vergütung von Arbeitnehmererfindungen und technischen Verbesserungsvorschlägen, DB 1975 Beilage 4, 1; *Schwab* Angemessenheit der Arbeitnehmererfindungsvergütung, AR-Blattei ES 670 Nr 12; *Schwab* Vergütungsanspruch des Arbeitnehmererfinders, AR-Blattei ES 670 Nr 14; *Schwab* Berechnung der Erfindervergütung, AiB 1999, 58; *Schwab* Vergütungsanspruch des Arbeitnehmererfinders bei Abschluss eines Lizenzvertrags – Klage auf gerichtliche Festsetzung der angemessenen Vergütung, AiB 2010. 415; *Sikinger* Genießt der Anspruch auf Erfindervergütung den Lohnpfändungsschutz der §§ 850 ff ZPO? GRUR 1985, 785; *Sturm* Zur Angemessenheit von Arbeitnehmererfindungsvergütungen, DB 1989, 1869; *H. Tetzner* Zum Vergütungsanspruch bei Arbeitnehmererfindungen, GRUR 1967, 513; *Trimborn* Pauschalvergütungssysteme für Arbeitnehmererfindungen in Deutschland, Mitt 2006, 160; *Trimborn* Erfindungen beim Betriebsübergang, Mitt 2007, 208; *Trimborn* Ab wann verjährt die Arbeitnehmererfindervergütung? Mitt 2011, 209; *Ulrici* Das Recht am Arbeitsergebnis, RdA 1956, 212; *Ulrici* Das (unechte) Monopolprinzip im Arbeitnehmererfindungsrecht und seine Bedeutung für die Praxis, BB 1964, 1223; *Villinger* Vergütungsansprüche des Arbeitnehmererfinders bei Gesamtrechtsnachfolge und Betriebsinhaberwechsel, GRUR 1990, 169; *Volmer* Das Monopolprinzip und das Leistungsprinzip im Arbeitnehmererfindungsrecht, RdA 1956, 212; *Volmer* Das (unechte) Monopolprinzip im Arbeitnehmererfindungsrecht und seine Bedeutung für die Praxis, BB 1964, 1223; *Volmer* Der Begriff des Arbeitgebers im Arbeitnehmererfindungsrecht, GRUR 1978, 393; *Volmer* Verjährung und Verwirkung des Anspruchs auf Erfindervergütung, AP Nr 3 zu § 9 ArbNErfG; *von Falckenstein* Arbeitnehmererfindungsgesetz – das Rote Kliff im gewerblichen Rechtsschutz, FS K. Bartenbach (2005), 73; *von Falckenstein* Das gegenwärtige deutsche Arbeitnehmererfindungsrecht, VPP-Rdbr 2007, 117; *Werner* Zur Anrechnung des Diensthalts auf die Arbeitnehmererfinder-Vergütung, BB 1983, 839.

A. Allgemeines

I. Die Bestimmung stellt eine zulässige Inhaltsbestimmung des Eigentums dar.[1] Der ArbN hat dem **1** Grund nach einen **Anspruch auf angemessene Vergütung**, sobald die Erfindung in Anspruch genommen ist (Abs 1).[2] Für Personen, die nicht ArbN sind (zB Geschäftsführer), kann die Anwendung der Bestimmung vertraglich vereinbart werden.[3] Seit Inkrafttreten der Neuregelung durch das PatRVereinfModG (Rn 2 zu § 6) ist die Unterscheidung in unbeschränkte und beschränkte Inanspruchnahme weggefallen. Abs 2 nennt (beispielhaft) die maßgeblichen Kriterien für die Höhe der Vergütung.[4] Interessen der Allgemeinheit an der Erfindung und ihrer Auswertung berühren regelmäßig die Höhe der dem ArbNErfinder von seinem privaten Dienstherrn geschuldeten Erfindervergütung nicht.[5] Dem ArbN steht aber weder der volle Ertrag aus der Erfindung zu noch kann außerhalb dessen Anwendungsbereichs auf § 42 zurückgegriffen werden.[6] Den Eigentümerinteressen des ArbNErfinders ist hinreichend Rechnung getragen, wenn die wirtschaftliche Verwertbarkeit nach dem Preis bestimmt wird, den der Erfinder als Rechtsinhaber hätte erzielen können.[7] Vermögensvorteile bei Dritten (zB bei Forschungs- und Entwicklungskooperation, Forschungsaufträgen, Veräußerung der Erfindung oder Vergabe von Nutzungsrechten), die sich beim ArbGb nicht auswirken, bleiben außer Betracht.[8] ArbNErfinder können vom ArbGb nicht wirksam verpflichtet werden, an Dritte, die nicht Miterfinder sind, Anteile an ihrer Erfindervergütung auszukehren.[9] Zu eng erscheint die Aussage, dass der ArbN einen Vergütungsanspruch nur habe, wenn der ArbGb aus dem Schutzrecht wirtschaftliche Vorteile erziele;[10] zu vergüten sind auch nicht ausgenutzte Verwertungsmöglichkeiten des ArbGb. Vergütung ist auch im Stadium der Entwicklung aus einem Entwicklungsauftrag zu zahlen, wenn die Entwicklung Grundlage eines Auftrags zur Weiterentwicklung war, aufgrund dessen Gewinn gezogen werden konnte.[11] Abzustellen ist auf den gesamten Unternehmensbereich des ArbGb;[12] dies ist insb bei Konzernnutzung und bei ArbGb des öffentlichen Dienstes von Bedeutung.[13] Zum in der Praxis verbreiteten Abkauf der Erfindung (sog Incentive-Programme) Rn 3f zu § 22.

II. Monopolprinzip und Sonderleistungsprinzip

Die Verpflichtung zur Zahlung einer Erfindervergütung knüpft daran an, dass der Betrieb ein Aus- **2** schlussrecht erwirkt und dadurch wirtschaftliche Vorteile haben kann; eine außergewöhnliche Leistung des Erfinders braucht nicht vorzuliegen.[14] Dogmatische Grundlage soll nach heute hM das Monopolprinzip (Schutzrechtstheorie) sein,[15] das der Tatsache Rechnung trägt, dass der ArbGb dank der Neuerung in der

---

1 BVerfG – Nichtannahmebeschluss – NJW 1998, 3704 Induktionsschutz von Fernmeldekabeln.

2 Zur angemessenen Vergütung nach österr Recht öOGH 2.2.2005 9 ObA 7/04a L-Fasern, Ls in ÖBl 2005, 171.

3 Vgl OLG Düsseldorf 28.2.2014 2 U 109/11 Mitt 2014, 344 Ls; OLG Düsseldorf 28.2.2014 2 U 110/11 CIPR 2014, 37 Ls; LG Düsseldorf 22.11.2011 4a O 228/10 CIPR 2014, 37 Ls.

4 Vgl *Meier-Beck* FS Th. Reimann (2009), 309, 315.

5 BGH GRUR 1978, 430 Absorberstabantrieb I; OLG Frankfurt EGR Nr 21 zu § 9 ArbEG (VergAnspr.); SstA BlPMZ 1984, 218f, BlPMZ 1988, 264f.

6 BGH GRUR 2012, 605 antimykotischer Nagellack I, zu OLG Frankfurt 19.3.2009 6 U 68/08; SstA BlPMZ 2005, 326.

7 BVerfG – Nichtannahmebeschluss – Mitt 1999, 61, 63f.

8 Vgl SstA BlPMZ 1962, 17; 1993, 114; SstA 20.1.1995 ArbErf 12/94; vgl aber SstA 2.3.1994 ArbErf 77/92.

9 SstA 6.10.2005 ArbErf 51703.

10 So aber SstA 5.8.1999 ArbErf 59/97 mwN.

11 SstA 29.4.1997 ArbErf 80/95; zur Vergütungspflicht bei Benutzungsgestattung an mit der Auftragssumme abgegoltener Entwicklungsleistung SstA 4.4.1995 ArbErf 53/93.

12 Vgl SstA 6.4.2006 ArbErf 98/04.

13 Vgl *Bartenbach/Volz* Rn 2.4; öOGH 2.2.2005 9 ObA 7/04a L-Fasern, Ls in ÖBl 2005, 171.

14 SstA BlPMZ 1964, 233.

15 *Bartenbach/Volz* Einl vor §§ 9–12 Rn 9; *Reimer/Schade/Schippel* Rn 3ff: „abgeschwächte Monopoltheorie"; *Volmer/Gaul* Rn 13ff; *Kraßer* S 410 (§ 21 V 1); *Fischer* GRUR 1963, 107f; *Friedrich* GRUR 1963, 138f; *Johannesson* GRUR 1970, 114f; *Straus* GRUR Int 1990, 353, 361f; *U. Krieger* FS KH. Quack (1991) 41, 50ff; *Bartenbach/Gennen* in Moll Münchener Anwaltshandbuch Arbeitsrecht § 14 Rn 73; *Bartenbach-Fock* Arbeitnehmererfindungen im Konzern S 8; *Kunzmann* FS K. Bartenbach (2005), 175, 196; *Teufel* FS K. Bartenbach (2005), 97, 107; BGH GRUR 1969, 341, 343 Räumzange; BGH GRUR 1981, 263, 265 Drehschiebeschalter; vgl BTDrs II 1648 = BlPMZ 1957, 224; abl *Meier-Beck* FS Th. Reimann (2009), 309, 315, 319.

Lage ist, ein Ausschlussrecht zu erwerben. Danach kann der Erfinder nur an den Erträgen beteiligt werden, die die wettbewerbliche Vorzugsstellung dem ArbGb erbringt und die durch den StdT begrenzt wird.[16] Dagegen stellte die Lehre früher zT auf das Sonderleistungsprinzip ab, nach der die über das nach dem Arbeitsvertrag Geschuldete oder zu Erwartende hinaus erbrachte Leistung honoriert werde.[17] Das Sonderleistungsprizip hatte auch in den VergRl 1944 seinen Niederschlag gefunden.[18] Beider Begründungen bedarf es nicht;[19] die Verpflichtung knüpft vielmehr daran an, dass der ArbGb die schöpferische Leistung nutzt, die der ArbN erbracht hat und die dessen Eigentumssphäre zugeordnet ist,[20] in die der ArbGb nur gegen Zahlung der angemessenen Vergütung eingreifen darf; deshalb bedarf es auch keiner Begründung über das Recht an der Erfindung (§ 6 PatG).[21]

III. Rechtsnatur

3   Der Anspruch auf Erfindervergütung ist schuldrechtl Anspruch eigener Art; die Erfindervergütung ist kein Arbeitsentgelt.[22] Eine andere Betrachtung kann sich allerdings steuer- und sozialversicherungsrechtl ergeben (Rn 7 ff vor § 9).[23]

4   Der Anspruch ist **vererblich** und jedenfalls nach Konkretisierung durch eine Festsetzung (§ 12 Abs 1) oder Feststellung (§ 12 Abs 2 Satz 1) **übertragbar.**[24] Er ist grds auch **pfändbar** (str). Die Pfändungsschutzvorschriften der §§ 850 ff ZPO sind anwendbar (abw *6. Aufl*).[25] Das aufgrund eines Lizenzvertrags für die Benutzung einer freien Erfindung vom ArbG geschuldete Entgelt ist kein Arbeitseinkommen.[26] Unter den Begriff des Arbeitseinkommens iSv § 850 Abs 2 ZPO fallen jedoch ohne Rücksicht auf ihre Bezeichnung oder Berechnung alle in Geld zahlbaren Vergütungen, die dem ArbN aus seiner Arbeitsleistung zustehen.[27]

5   **IV.** Für die **Angemessenheit**[28] ist zunächst auf den allg Vergütungsgrundsatz abzustellen, nach dem der Erfinder grds an allen geldwerten Vorteilen zu beteiligen ist, die dem ArbGb aufgrund der Erfindung zufließen;[29] daneben ist auch die individuelle Sonderleistung zu berücksichtigen. Angemessenheit kann nur unter Abwägung aller Umstände des Einzelfalls festgestellt werden. Dabei müssen die Interessen des Betriebs und des Erfinders als gleichwertig berücksichtigt und gegeneinander abgewogen werden. Es kommt darauf an, ob der Betrieb infolge der Inanspruchnahme wirtschaftliche Vorteile erlangt, wie sie ihm freie Erfinder erfahrungsgem nicht unentgeltlich zur Verfügung stellen.[30] Dabei stehen verschiedene Berechnungsmethoden zur Verfügung (s hierzu § 11 und die VergRl). Die Höhe des Umsatzes ist nicht allein ausschlaggebend.[31] Betriebsverluste des ArbGb haben außer Betracht zu bleiben, wenn sie nicht gera-

---

16   SstA 29.2.1996 ArbErf 20/93.

17   Vgl *Hubmann* RdA 1959, 238; *Gaul* BB 1992, 1710, 1715; *Rehbinder* FS G. Roeber (1973), 481, 490 f; *Ulmer* GRUR 1984, 432; *Ullmann* CR 1986, 564, 568; *Bartenbach/Volz* Einl vor §§ 9–12 Rn 9 f mwN.

18   Vgl *Bartenbach/Volz* vor §§ 9-12 Rn 5 Fn 5 mwN.

19   Vgl die Kombination beider Prinzipien in BGH GRUR 1974, 463 f Anlagengeschäft; *Hueck* FS A. Nikisch (1958), 63, 73; *Hubmann* FS A. Hueck (1959), 43, 49; *Meier-Beck* FS Th. Reimann (2009), 309, 319 f.

20   Insoweit zutr *Meier-Beck* FS Th. Reimann (2009), 309, 320.

21   So aber *Meier-Beck* FS Th. Reimann (2009), 309, 315 ff.

22   BGH GRUR 1977, 784, 786 Blitzlichtgeräte; BGH GRUR 1981, 263, 265 Drehschiebeschalter; BGH GRUR 2003, 237 Ozon; OLG Düsseldorf 12.1.2010 2 U 41/06; OLG Düsseldorf 12.1.2010 2 U 46/06; vgl auch BGH GRUR 1979, 800, 802 Mehrzweckfrachter; BAG BB 1979, 1605 Rauchgasreinigungsanlage; BFHE 118, 430, 433; *Sikinger* GRUR 1985, 785, 787 f; *Bartenbach/Volz* Rn 3.

23   *Bartenbach/Volz* Rn 3 mwN.

24   SstA BlPMZ 1966, 124; SstA 19.10.2007 ArbErf 14/06; *Bartenbach/Volz* Rn 8; allgM.

25   BGH NJW-RR 2004, 644 Pfändungsschutz für Lizenzgebühren; BAG NJW 2009, 167 Pfändungsschutz für Arbeitseinkommen mwN; *Bartenbach/Volz* Anh zu § 27 Rn 8 f mwN; aA *Sikinger* GRUR 1985, 785 ff.

26   BGHZ 93, 82 = NJW 1985, 1031 Fahrzeugsitz.

27   BAG NJW 2009, 167 Pfändungsschutz für Arbeitseinkommen.

28   Zur Angemessenheit eines betrieblichen Vergütungsmodells SstA 10.10.1996 ArbErf 34/94.

29   BGHZ 155, 8, 14 = GRUR 2003, 789 Abwasserbehandlung; *Bartenbach/Volz* Einl vor §§ 9–12 Rn 11, § 9 Rn 2; grds abl zur Anknüpfung an den Gewinn *Rosenberger* GRUR 2000, 25, 28 f.

30   BGHZ 37, 281, 281 = GRUR 1963, 135 Cromegal.

31   Vgl SstA BlPMZ 1959, 16.

de durch die Benutzung der Diensterfindung verursacht sind.[32] Ist das der Fall, kann im Rahmen einer Vergütungsermittlung nach der Lizenzanalogie eine substantielle Minderung des Lizenzsatzes angezeigt sein.[33] Der ArbGb kann grds eine interne Regelung für die Vergütung von Erfindungen und qualifizierten Verbesserungsvorschlägen einführen. Die Anwendung dieser Regelung muss aber zu einer angemessenen Vergütung führen.[34] Stellen innerbetriebliche Vergütungsrichtlinien die ArbN besser als die amtlichen Richtlinien, kann der ArbGb die unternehmenseigenen Richtlinien grds zwar aufheben oder ändern, doch verwehrt ihm der arbeitsrechtl Gleichbehandlungsgrundsatz, einen einzelnen ArbN auf die zwar nach dem ArbEG und den amtlichen Richtlinien angemessene, aber gegenüber den innerbetrieblichen Richtlinie geringere Erfindervergütung zu verweisen.[35] Eine über angemessene Erfindervergütungen deutlich hinausgehende Großzügigkeit der Vergütungspraxis des ArbGb begründet nicht schon als solche eine betriebliche Übung im arbeitsrechtl Sinn.[36]

V. Schutzfähigkeit

Der Vergütungsanspruch setzt weiter voraus, dass die Erfindung schutzfähig ist.[37] Hat der ArbGb ein **6** Schutzrecht (auch ein Gebrauchsmuster) erlangt, kann er sich auf fehlende Schutzfähigkeit nicht berufen.[38] Bringt der ArbGb zum Ausdruck, dass er die Erfindung für schutzfähig hält, kann das dazu führen, dass er sich nicht auf mangelnde Schutzfähigkeit berufen kann;[39] ebenso grds bei Inanspruchnahme.[40] Legt der ArbGb die Anmeldung mit einer anderen zusammen, braucht er sich nicht daran festhalten zu lassen, dass er durch seine getrennte Anmeldung zum Ausdruck gebracht habe, er sehe den Anmeldungsgegenstand für patentfähig an.[41] Ob Auslandsschutzfähigkeit ausreicht, ist str (Rn 2 zu § 2; Rn 37 f zu § 11).

B. Vergütungsschuldner

I. Grundsatz

Schuldner der Vergütung ist der ArbGb.[42] Beim faktischen Arbeitsverhältnis gilt nichts anderes. Auch **7** im Konzern treffen die Rechte und Pflichten aus dem Arbeitsverhältnis nur das Unternehmen, das Vertragspartei des Arbeitsverhältnisses ist, nicht das herrschende Unternehmen oder andere Konzernunternehmen.[43] Bei ArbNÜberlassung besteht das Arbeitsverhältnis zum Überlasser. Mittelbare Arbeitsverhältnisse verpflichten grds den Mittelsmann. Nimmt nach Verkauf der Diensterfindung der beim Verkäufer verbliebene Erfinder die Fortzahlung der Vergütung durch den Verkäufer gem dem Benutzungsumfang beim Käufer, die aufgrund einer Vereinbarung zwischen Käufer und Verkäufer erfolgt, widerspruchslos entgegen, kommen dadurch ein Vertrag hinsichtlich dieser Vergütungsmodalität und demzufolge eine Bindung der Beteiligten hieran nicht zustande, wenn der Erfinder von dem Erfindungsverkauf keine Kenntnis hatte.[44] Tritt der Auftraggeber durch Vereinbarung mit dem ArbGb in alle Rechte und Pflichten ein, die sich zwischen den ArbN und dem ArbGb ergeben, hat der Erfinder gegen das auftraggebende Unternehmen einen eigenständigen Vergütungsanspruch in dem Umfang, der nach dem AebEG dem ArbGb obläge.[45]

---

32 SstA 22.4.1999 ArbErf 51/97; SstA 26.4.2001 ArbErf 3/99.
33 SstA 5.7.2001 ArbErf 10/99; vgl *Bartenbach/Volz VergRl* RL 7 Rn 60 mwN.
34 SstA 25.9.2008 ArbErf 36/07.
35 SstA 25.9.2008 ArbErf 36/07.
36 SstA BlPMZ 2005, 324.
37 *Kraßer* S 410 (§ 21 V 1).
38 Vgl BGH GRUR 1977, 784, 786 f Blitzlichtgeräte.
39 BGH Blitzlichtgeräte; vgl BGH GRUR 1961, 338 f Chlormethylierung.
40 BGH GRUR 1987, 900, 902 Entwässerungsanlage; BGH GRUR 2002, 609 Drahtinjektionseinrichtung.
41 BGH Blitzlichtgeräte.
42 SstA 2.4.2009 ArbErf 58/07; vgl SstA 18.7.2006 ArbErf 44/05.
43 Vgl LG Düsseldorf 29.12.1999 4 O 414/98 Entsch 2000, 8.
44 SstA 2.4.2009 ArbErf 58/07.
45 SstA 6.10.2006 ArbErf 10/06.

8   **Dritte** haften grds nur bei Schuldübernahme;[46] Ausnahmen ergeben sich aus §§ 613a BGB, 419 BGB und 25 HGB (vgl Rn 10). Bei vertraglicher Übernahme aller Verpflichtungen aus dem ArbEG bezüglich bestimmter Erfindungen durch ein Unternehmen gegenüber dem bisher verpflichteten Unternehmen gehen Vergütungspflichten nicht erst erst bei Nutzung der Erfindung auf den Übernehmer über, sondern zu dem vertraglich bestimmten Übernahmezeitpunkt.[47]

II. Mehrere Arbeitgeber

9   Liegt eine Diensterfindung gegenüber mehreren ArbGb vor, wird dies idR zur Bruchteilsgemeinschaft zwischen diesen führen; ist die Erfindung im Verhältnis zu einem der ArbGb frei, ist § 18 zu beachten. Ist der Erfinder ArbN des einen ArbGb, aber Organ des anderen, kommt eine vertragliche Regelung in Betracht, die Vereinbarung der Anwendung der Bestimmungen des ArbGb im Verhältnis zum anderen ist möglich, aber schon wegen der sich daraus ergebenen Formalien uU unzweckmäßig. Unterhalten zwei Tochterunternehmen eines Konzerns in gegenseitigem Einvernehmen gleichzeitig mit demselben ArbN ein Arbeitsverhältnis, ist ein einheitliches Arbeitsverhältnis anzunehmen; für eine Diensterfindung, die von einem der ArbGb in Anspruch genommen, angemeldet und benutzt wurde, ist jedenfalls dieser Schuldner der Erfindervergütung, selbst wenn die Erfindung schon vor Beginn des einheitlichen Arbeitsverhältnisses und während des Arbeitsverhältnisses mit dem anderen Tochterunternehmen gemacht wurde und sich jenes in Konkurs befindet.[48] Zu Konzernnutzung und Kooperation s auch Rn 10 f zu § 11.

III. Betriebsübergang

10   Bei rechtsgeschäftlichem Betriebsinhaberwechsel (§ 613a BGB) erlischt das Arbeitsverhältnis nicht, sondern besteht mangels ausdrücklichen Widerspruchs des ArbN mit dem neuen Betriebsinhaber unverändert fort. Die Rechte aus dem Arbeitsverhältnis bestehen gegenüber dem Erwerber auch fort, wenn der ArbN zum Zeitpunkt des Betriebsübergangs bereits aus dem Betrieb ausgeschieden ist.[49] Der Betriebserwerber ist bei gleichzeitiger Übernahme des Schutzrechts oder lizenzvertraglich begründeter Nutzungsberechtigung verpflichtet, die Vergütungsforderung, die auf Nutzung der Erfindung nach Betriebserwerb beruht, zu erfüllen.[50] Der Betriebsübergang hebt Vergütungsregelungen nicht von selbst auf; der neue Inhaber kann sie uU jedoch ändern.[51] Übernimmt der neue Inhaber Schutzrecht und Nutzungsrecht nicht, haftet er gleichwohl als Gesamtschuldner (§ 613a Abs 2 Satz 1 BGB).[52] Bloßer Schutzrechtsverkauf begründet keine Ansprüche des ArbN gegen den Käufer.[53] § 613a BGB ist nicht anzuwenden, wenn nur ein Fertigungsprogramm verkauft wird und nicht ein Betrieb oder Betriebsteil übergeht.[54] Nichtübernahme der ArbN ist als Indiz gegen das Vorliegen eines Betriebsübergangs gewertet worden, insb, wenn es auf die spezielle Sachkunde der ArbN ankommt.[55]

11   Um den Erwerber nicht mit Kaufpreis und Vergütungzahlung doppelt zu belasten, ist der **Verkaufspreis** dem Veräußerer gegenüber entspr zu kürzen; Maßstab hierfür ist der Anteilsfaktor (Rn 43 ff zu § 11). Am Verkaufserlös ist der ArbNErfinder nicht zu beteiligen. Bereits ausgeschiedene Miterfinder sind dagegen am Verkaufserlös zu beteiligen, der insoweit nicht zu kürzen ist. Widerspricht der ArbNErfinder nach § 613a BGB, erwirbt er ebenfalls einen Anspruch auf anteilige Beteiligung am Verkaufserlös.[56] Die Entlas-

---

46   SstA BlPMZ 1982, 56; SstA 9.1.2001 ArbErf 69/00.
47   SstA 23.11.2000 ArbErf 3/98.
48   SstA GRUR Int 1992, 499.
49   LG Düsseldorf Mitt 2010, 541; aA SstA 15.12.2004 ArbErf 52/02.
50   SstA BlPMZ 1989, 349; SstA 4.7.1989 ArbErf 110/88; SstA 4.7.1995 ArbErf 3B/93; vgl LG Nürnberg-Fürth 27.11.1985 3 O 5382/84.
51   SstA 17.1.2006 ArbErf 45/04.
52   SstA 6.10.2004 ArbErf 7/03.
53   Vgl OLG Düsseldorf InstGE 8, 147; SstA 30.10.1998 ArbErf 10/97.
54   SstA BlPMZ 1989, 225; zur Ausgliederung einer Geschäftseinheit aus dem Betrieb SstA 2.12.1999 ArbErf 45/98.
55   LG Düsseldorf Mitt 2010, 541.
56   *Gaul* GRUR 1994, 1, 6.

tung beim Verkäufer tritt bei Teilübernahme bezüglich dessen Vergütungspflicht nur hinsichtlich des Miterfinderanteils des mit dem Betriebsteil übergegangenen ArbNErfinders ein.[57]

IV. Zum Schicksal der Vergütung in der **Insolvenz** s § 27. **12**

C. Entstehung, Dauer und Wegfall des Vergütungsanspruchs

I. Entstehung

1. Der Vergütungsanspruch entsteht dem Grund nach mit Zugang der Erklärung der **Inanspruch-** **13**
nahme.[58] Greift § 6 Abs 2 nF ein, wird es auf den Ablauf der Viermonatsfrist ankommen (vgl Rn 14 zu § 6). Auf die Verwertung der Erfindung kommt es in diesem Fall nicht an,[59] auch nicht auf die Erwirkung eines Schutzrechts.[60] Im insolvenzrechtl Sinn entsteht der Vergütungsanspruch erst mit Verwirklichung der weiteren Tatbestandsmerkmale, insb Benutzung der Diensterfindung.[61]

Vor diesem Zeitpunkt liegende Verwertungshandlungen waren nach st Praxis der SstA[62] grds vergü- **14**
tungsfrei. Sobald Inanspruchnahme erfolgt, können sie aber bei der Bemessung der angemessenen Vergütung zu berücksichtigen sein.[63] Nunmehr vertritt die SstA die Auffassung, dass bei der Angemessenheit der Vergütung die Zeit ab Erfindungsmeldung berücksichtigt werden kann, wenn später Inanspruchnahme erfolgt.[64] Dies gilt auch für die Zeit vor Meldung, sofern der ArbGb Veranlassung hat, das Vorliegen einer Diensterfindung in Betracht zu ziehen.[65] Erfolgt keine Inanspruchnahme, kann sich eine Vergütungspflicht aus Verletzung des Arbeitsvertrags oder aus ungerechtfertigter Bereicherung ergeben.[66]

2. Fälligkeit. Maßgeblich ist zum einen die Nutzungsaufnahme durch den ArbGb,[67] zum anderen die **15**
Feststellung oder Festsetzung der Vergütung nach § 12. Vom Dreimonatstermin (§ 12 Abs 3 Satz 2) ab ist der Vergütungsanspruch schlechthin, unabhängig von der Höhe der Vergütung, fällig;[68] auch bei einem sog Nullfall[69] (Rn 16 zu § 12) ist eine förmliche Erklärung, dass ein solcher Nullfall vorliege, abzugeben.[70] Bei (unbeschränkter) Inanspruchnahme ist der Vergütungsanspruch grds schon fällig, wenn die Verwertbarkeit der Erfindung feststeht.[71] Die Fälligkeit ist vom Lauf des Erteilungsverfahrens unabhängig; spätestens mit Ablauf von drei Monaten nach Aufnahme der Benutzung ist die Vergütung vorläufig festzusetzen

---

57 SstA 16.12.1996 ArbErf 97/94.
58 BGH GRUR 1961, 338 f Chlormethylierung; BGH GRUR 2003, 237 Ozon; BGH GRUR 2008, 606 Ramipril I; SstA BlPMZ 1984, 301 f, BlPMZ 1985 f, BlPMZ 1985, 383 f; vgl auch BGHZ 37, 281, 285 f = GRUR 1963, 135 Chromegal; BGHZ 106, 84 = GRUR 1989, 205, 207 Schwermetalloxydationskatalysator; BGHZ 126, 109, 117 = GRUR 1994, 898 Copolyester I; aA *von Falckenstein* FS K. Bartenbach (2005), 73, 80, nachdem hierdurch nur Fälligkeit einer weit früher entstandenen Forderung eintrete, und hiergegen *Meier-Beck* FS Th. Reimann (2009), 309, 311 Fn 9.
59 LAG Frankfurt/M GRUR 1961, 135; aA SstA 3.3.1995 ArbErf 90/93; SstA 21.3.1995 ArbErf 57/93; SstA 9.7.1998 ArbErf 51/96 verneint Entstehen „in zahlbarer Höhe".
60 LG Düsseldorf 23.2.1999 4 O 117798 undok.
61 SstA BlPMZ 1995, 223.
62 SstA 8.2.1988 ArbErf 75/87; SstA 26.9.1991 ArbErf 6/91; SstA 21.3.1995 ArbErf 57/93; SstA 25.6.1998 ArbErf 88/96.
63 BGHZ 155, 8 = GRUR 2003, 789 Abwasserbehandlung; vgl *Meier-Beck* FS Th. Reimann (2009), 309; *Bartenbach-Fock* Arbeitnehmererfindungen im Konzern S 148; *Reimer/Schade/Schippel* Rn 20; *Kunzmann* FS K. Bartenbach (2005), 175, 196; aA SstA BlPMZ 2005, 83, 85; SstA 27.5.2004 ArbErf 12/01; SstA 22.10.2004 ArbErf 79/02; SstA 10.11.2005 ArbErf 94/03.
64 SstA 24.1.2008 ArbErf 12/07; SstA 26.2.2008 ArbErf 88/03.
65 *Meier-Beck* FS Th. Reimann (2009), 309, 317 f; aA SstA 24.1.2008 ArbErf 12/07; SstA 26.2.2008 ArbErf 88/03; *von Falckenstein* FS K. Bartenbach (2005), 73, 77, 80; *von Falckenstein* VPP-Rdbr 2007, 117, 121.
66 Vgl zu letzterem LG Düsseldorf InstGE 2, 181 für den Fall der Benutzung ohne wirksame Inanspruchnahme; OLG Düsseldorf WRP 1998, 1202, 1205, 1208 zieht hier einen Vergütungsanspruch unter dem Gesichtspunkt eines qualifizierten Verbesserungsvorschlags (§ 20 Abs 1) heran.
67 BGHZ 37, 281 = GRUR 1963, 135, 138 Cromegal; vgl öOGH ÖBl 1999, 42 f KEMRObus.
68 BGH GRUR 1961, 338 f Chlormethylierung; BGH GRUR 2003, 237 Ozon; zur Fälligkeit auch SstA BlPMZ 1988, 264; zur Fälligkeit nach Bekanntmachung, aber vor Erteilung des Patents SstA BlPMZ 1962, 78.
69 BGH GRUR 1971, 475, 477 Gleichrichter; SstA BlPMZ 1979, 255.
70 BGH Cromegal.
71 *Bartenbach/Volz* Rn 20 und § 12 Rn 57 ff.

(Rn 20 zu § 12). Zinsen können erst ab Verzugseintritt verlangt werden,[72] zuvor auch nicht aus positiver Vertragsverletzung oder aus Bereicherungsrecht;[73] Zustellung des Schiedsantrags kann Verzug begründen;[74] Bezifferung ist nicht erforderlich.[75]

II. Dauer

16   **1. Grundsatz.** Der Vergütungsanspruch besteht grds, solange das Schutzrecht läuft.[76] Nur in besonders gelagerten Ausnahmefällen kann bei Fortbestehen der Monopolstellung ein Vergütungsanspruch über das Erlöschen des Schutzrechts hinaus gerechtfertigt sein[77] (vgl VergRl 42 Satz 4–6). Haben ArbGb und ArbN eine Weitervergütung der fallengelassenen Schutzrechte bei Weiterbenutzung durch den ArbGb vereinbart, hat der ArbN zwar keinen Anspruch aus Abs 1 mehr, wohl aber einen Anspruch auf angemessene Erfindervergütung aus der Vereinbarung.[78] Zur Dauer bei betriebsgeheimen Erfindungen Rn 13 zu § 17.

17   **2. Widerruf, Nichtigerklärung und Löschung** lassen trotz ihrer Rückwirkung den Vergütungsanspruch grds erst ab Rechtskraft der Entscheidung entfallen;[79] ebenso zu behandeln ist die endgültige Schutzrechtsversagung im Erteilungsverfahren.[80] Erst wenn sich aufgrund einer Entscheidung des DPMA oder eines Gerichts die Schutzunfähigkeit herausstellt, entfällt der Vergütungsanspruch für die Zukunft.[81] Anders verhält es sich nur dann, wenn das Schutzrecht, weil offenbar oder wahrscheinlich vernichtbar, von den Konkurrenten des Patentinhabers nicht mehr beachtet wird und dadurch die aufgrund des Ausschließungsrechts gegenüber den Mitbewerbern erlangte Vorzugsstellung verlorengeht.[82] In diesem Fall entfällt der Vergütungsanspruch bereits mit dem tatsächlichen Verlust der Vorzugsstellung;[83] insoweit kann auf die Grundsätze zum Lizenzvertragsrecht zurückgegriffen werden (Rn 143 f zu § 15 PatG). Auch der ArbGb, der mit der Eintragung des Gebrauchsmusters ein Schutzrecht erlangt hat und dieses benutzt, kann sich dem Erfinder gegenüber nicht auf Schutzunfähigkeit berufen, solange diese nicht festgestellt ist.[84]

III. Wegfall, Verjährung, Verwirkung

18   **1. Verzicht; Erlöschen.** Erklärt sich der ArbN gegenüber dem ArbG einverstanden, dass ein Schutzrecht wegen mangelnder Erfolgsaussicht nicht angemeldet wird und stimmt er der Schlussfolgerung des ArbGb zu, dass die Angelegenheit abgeschlossen sei, kann darin ein Verzicht auf die Erfindervergütung zu sehen sein.[85] Antwortet der ArbN auf ein Pauschalvergütungsangebot des ArbG mit dem Hinweis, dass er

---

72 SstA 5.8.1998 ArbErf 103/96; str.

73 SstA 8.6.1994 ArbErf 21/92.

74 SstA Mitt 1996, 220; SstA 23.3.1995 ArbErf 177/92; SstA 24.11.1995 ArbErf 19/94; SstA 9.11.1995 ArbErf 1/94.

75 SstA 31.1.1995 ArbErf 144/92.

76 BGHZ 37, 281 = GRUR 1963, 135, 138 Cromegal; SstA BlPMZ 1983, 159; vgl auch SstA BlPMZ 1970, 426 f; zur Rechtslage in Österreich öOGH 14.9.1994 9 ObA 136/94.

77 *Bartenbach/Volz* Rn 33 mwN; SstA BlPMZ 1988, 293 f; zur ausnahmsweisen Pflicht zur Weiterzahlung der vereinbarten Vergütung auch nach Aufgabe des Schutzrechts mit Vorbehalt zur Benutzung der Diensterfindung und Ausgleich wegen des Wegfalls des in dem zuletzt gezahlten Gehalt liegenden Erfindervergütungsanteils nach billigem Ermessen SstA BlPMZ 1967, 30.

78 SstA 12.11.2008 ArbErf 26/07.

79 BGH GRUR 1977, 784, 786 f Blitzlichtgeräte; BGH GRUR 1987, 900, 902 Einbettungsmasse; BGH GRUR 1990, 667 f Entwässerungsanlage; LG Düsseldorf 3.12.2009 4b O 213/08; *Bartenbach/Volz* Rn 34; *Reimer/Schade/Schippel* Rn 24.

80 OLG Düsseldorf EGR Nr 35 zu § 9 ArbEG (VergHöhe); vgl auch BGH GRUR 1963, 315, 317 Pauschalabfindung; SstA Mitt 1967, 218 f.

81 BGH GRUR 1987, 900 Entwässerungsanlage; BGH GRUR 1990, 667 Einbettungsmasse; BGH GRUR 2002, 609 Drahtinjektionseinrichtung.

82 Vgl BGH GRUR 1988, 123 Vinylpolymerisate; BGH Blitzlichtgeräte; LG Düsseldorf 13.10.1998 4 O 192/94 Entsch 1998, 107, 112; LG Düsseldorf 23.2.1999 4 O 117/98 undok mwN.

83 BGH Einbettungsmasse; vgl SstA BlPMZ 1965, 324.

84 BGH Blitzlichtgeräte.

85 SstA 20.3.2003 ArbErf 65/01 Mitt 2003, 559 Ls.

durch tätige Beteiligung des ArbGb der Unterlagen bezüglich seiner ArbNErfindungen beraubt worden sei und der anschließenden Bemerkung, er betrachte das Schreiben als gegenstandslos, gefolgt von der Aufforderung an den ArbGb, Zahlungen jedweder Art zu unterlassen, ist darin ein Verzicht des ArbN auf seinen Vergütungsanspruch zu sehen.[86] Der Anspruch entfällt, wenn die mangelnde Schutzrechtsfähigkeit der Erfindung bestands- oder rechtskräftig festgestellt wird.[87] Er erlischt nach den allg Regeln des BGB, insb durch Erfüllung. Für den Erlassvertrag sind §§ 22, 23 zu beachten. Aufrechnung mit Gegenforderungen gegen die Verpflichtung zur Zahlung von Erfindervergütung ist wie das Verlangen einer Rückzahlung zu behandeln.[88]

2. Verjährung

a. Frühere Rechtslage s 6. Aufl.   19

b. Geltendes Recht.[89] Seit 1.1.2002 richtet sich die Verjährung nach §§ 195 ff BGB idF des SchuldR-   20
ModG.[90] Der Verjährungsbeginn setzt Kenntnis von Art und Umfang der Nutzung durch den ArbGb voraus, allg Kenntnis von der Nutzung der Erfindung genügt nicht.[91] Dabei reicht es aber aus, dass die Kenntnis für die anspruchsbegründenden Tatsachen zumindest in den wesentlichen Grundzügen gegeben ist, sie müssen nicht im Detail bekannt sein.[92] Hat der ArbN von der Aufrechterhaltung des nicht verwerteten Patents für seine Diensterfindung und der Person des ArbGb unter dem Gesichtspunkt des Vorratspatents Kenntnis, liegen auch die subjektiven Voraussetzungen für die 3-jährige Verjährungsfrist vor.[93] Bei fehlender Kenntnis richtet sich die Verjährung nach § 199 Abs 4 BGB.[94] Erklärt der ArbGb, er „überprüfe" die Ansprüche des ArbN, lehnt er Verhandlungen nicht sofort erkennbar ab, wird der Ablauf der Verjährungsfrist gehemmt (§ 203 Satz 1 BGB); Zuwarten des Erfinders auf das Ergebnis der Überprüfung beendigt die Hemmung nicht.[95] Selbst wenn der ArbGb den Vergütungsanspruch durch Abgabe eines Vergütungsangebots nach eingetretener Verjährung anerkennt, wird dadurch die eingetretene Verjährung nicht beseitigt; das Vergütungsangebot ist nicht als Verzicht auf die Verjährungseinrede aufzufassen, wenn der ArbGb zum Zeitpunkt des Angebots vom Eintritt der Verjährung nichts weiß oder nicht mit ihr rechnet.[96] Zur Hemmung der Verjährung durch Anrufung der SstA Rn 7 zu § 31.

3. Eine (materiellrechtl wirkende) **Verwirkung** von Vergütungsansprüchen ist nach allg Grundsätzen   21
(Erfüllung des Zeitmoments wie des Umstandsmoments) möglich;[97] Unkenntnis steht ihr nicht entgegen,[98] jedoch fehlt es am erforderlichen Vertrauenstatbestand, wenn der Schuldner davon ausgehen muss, dass der Berechtigte seinen Anspruch nicht kennt.[99] Für die Beurteilung des Zeitmoments kann allerdings nicht darauf abgestellt werden, ob endgültige Festsetzung bereits möglich ist.[100] Maßgebliche Gesichtspunkte können sich aus der Stellung des ArbN im Betrieb[101] und aus den kaufmännischen Aufbewahrungsfris-

---

86   SstA 18.12.2003 ArbErf 65/02.
87   OLG Düsseldorf InstGE 7, 210.
88   SstA BlPMZ 1971, 199.
89   Zu Übergangsfällen vgl SstA 13.6.2007 ArbErf 56/05.
90   Vgl OLG Düsseldorf InstGE 7, 210; näher *Bartenbach/Volz* FS W. Tilmann (2003), 431, 436 f; *Trimborn* Mitt 2011, 209.
91   *Trimborn* Mitt 2011, 209.
92   LG Düsseldorf 3.12.2013 4a O 13/11.
93   SstA 12.6.2008 ArbErf 23/06.
94   *Trimborn* Mitt 2011, 209.
95   SstA 3.4.2008 ArbErf 46/06.
96   SstA 13.1.2009 ArbErf 9/06.
97   Vgl BGH GRUR 1977, 784 f Blitzlichtgeräte; LG Düsseldorf 7.4.1998 4 O 398/96 Entsch 1998, 54; LG Düsseldorf 23.2.1999 4 O 117/98 undok; LG Düsseldorf 11.12.2007 4b O 69/07; SstA BlPMZ 1979, 223; SstA BlPMZ 1987, 207 f; SstA 2.5.1995 ArbErf 63/93; SstA 1.2.1996 ArbErf 57/94; SstA 11.11.1998 ArbErf 19/97; SstA 2.4.2003 ArbErf 84/00; SstA 26.7.2004 ArbErf 65/03; ArbErf 45/03; SstA 18.11.2009 ArbErf 28/04; *Bartenbach/Volz* Rn 46 ff; *Reimer/Schade/Schippel* Rn 30.
98   SstA 15.2.1996 ArbErf 67/94; offengelassen in BGH GRUR 2000, 144 Comic-Übersetzungen II, UrhSache.
99   BGH Comic-Übersetzungen II.
100   So aber OLG Düsseldorf 13.9.2001 2 U 201/99.
101   BGH Blitzlichtgeräte.

ten[102] ergeben. Während eines bestehenden Arbeitsverhältnisses kann Verwirkung aber nur ausnahmsweise angenommen werden;[103] so uU, wenn Vergütungsfragen diskutiert wurden.[104] Kommt der ArbGb seiner Verpflichtung, die Vergütung festzusetzen, nicht nach, darf er nicht ohne weiteres darauf vertrauen, der ArbN werde seinen Anspruch nicht mehr geltend machen.[105] Auch die Nichterfüllung der Unterrichtungspflicht nach § 15 kann dem Umstandsmoment entgegenstehen.[106] Arbeitsgerichtlicher Vergleich ohne Regelung der Vergütung begründet schon wegen der Zuständigkeitsabgrenzung des § 39 für den ArbGb keinen Vertrauensschutz.[107] Ist in einer arbeitsrechtl Abfindungsvereinbarung ein Verzicht auf Vergütungsansprüche nicht klar und eindeutig erkennbar formuliert, erfasst die Ausgleichsklausel diesen Verzicht nicht.[108] Werden bei einem arbeitsgerichtlichen Vergleich die Vergütungsansprüche ausdrücklich von der Ausgleichsklausel ausgenommen, und kündigt der ArbN Klage an, kann die Verwirkung nicht auf die in § 23 Abs 2 vorgesehene Halbjahresfrist gestützt werden.[109] Nach endgültigem Ausscheiden wurde Nichtverfolgen des Anspruchs über zehn Jahre als verwirkend angesehen.[110] Nach Auffassung der SstA[111] kann die Tatsache der (Mit)erfinderschaft leichter der Verwirkung unterliegen als der Vergütungsanspruch als solcher.

22   **4. Rechtsmissbrauch.** Die Geltendmachung des Vergütungsanspruchs kann rechtsmissbräuchlich sein, wenn der Anspruch unredlich erworben wurde.[112]

23   **5.** Tarifvertragliche **Ausschlussfristen** gelten iZw nicht für Ansprüche auf Erfindervergütung,[113] sie gelten auch nicht ohne weiteres für Vergütungsansprüche aus schöpferischen Sonderleistungen eines ArbN.[114]

D. Art und Höhe der Vergütung

I. Art

24   Das Gesetz schreibt eine Vergütung in Form einer **Geldzahlung** zwar nicht ausdrücklich vor, geht jedoch von ihr aus. Immaterielle Vorteile stellen nur eine „begleitende" Förderung dar.[115] Sachleistungen kommen allenfalls in Ausnahmefällen in Betracht.[116]

25   Übliche Zahlungsweise ist neben einer einmaligen Zahlung die – zweckmäßigerweise nachkalkulatorisch zu berechnende – **laufende Zahlung** (vgl VergRl 40). Abschlagszahlungen können insb bei zu erwartenden hohen Vergütungen angemessen sein.[117] Grds ist jährlich für das abgelaufene Geschäftsjahr zu zahlen.[118]

---

102 Vgl SstA BlPMZ 1969, 23 f, EGR Nr 8 zu § 9 ArbEG (VergAnspr.).

103 SstA BlPMZ 1974, 178, BlPMZ 1987, 207 f; SstA 26.3.1986 ArbErf 43/85; SstA 2.3.1993 ArbErf 27/92; SstA 17.3.1994 ArbErf 177/92; SstA 2.5.1995 ArbErf 63/93.

104 SstA EGR ArbEG § 9 (VergAnspr.) Nr 85.

105 LG Düsseldorf 14.9.1999 4 O 258/98 Entsch 2000, 3, 6 und nachgehend OLG Düsseldorf 13.9.2001 2 U 201/99, BGH GRUR 2003, 237 Ozon; SstA 18.9.2008 ArbErf 56/07; vgl OLG Düsseldorf 26.3.2009 2 U 6/08.

106 LG Düsseldorf 23.2.1999 4 O 117/98 undok.

107 SstA 29.10.1991 ArbErf 81/90.

108 SstA 25.5.2004 ArbErf 42/03.

109 SstA 21.10.2005 ArbErf 18/04.

110 LG Düsseldorf 7.4.1998 4 O 398/96 Entsch 1998, 54 unter Hinweis auf BGH Blitzlichtgeräte; vgl SstA EGR ArbEG § 9 (VergAnspr.) Nr 8; SstA 2.12.1982 ArbErf 24/82: achteinhalbjähriges Schweigen; SstA 2.5.1995 ArbErf 63/93; vgl auch SstA 5.7.2006 ArbErf 49/05: Geltendmachung über 20 Jahre nach Fallenlassen der Schutzrechte.

111 SstA 2.5.1993 ArbErf 63/93.

112 Vgl BGH GRUR 1977, 784, 787 Blitzlichtgeräte; BGH GRUR 2002, 609 Drahtinjektionseinrichtung.

113 SstA BlPMZ 1969, 23 f.

114 BAG BB 1979, 1605 Rauchgasreinigungsanlage.

115 *Bartenbach/Volz* Rn 53.

116 Vgl *Bartenbach/Volz* Rn 68.

117 Vgl *Bartenbach/Volz* Rn 55.1.

118 Vgl SstA 8.10.2009 ArbErf 50/08; SstA 2.2.2011 ArbErf 8/07; *Bartenbach/Volz* Rn 55.1.

Einmalige (Gesamtabfindung) oder mehrmalige **Pauschalvergütungen**[119] können frühzeitig Unsi- **26** cherheitsfaktoren ausschließen, das Risiko liegt aber überwiegend beim ArbGb.[120] Zweckmäßig können Pauschalabfindungen auch bei Ausscheiden des ArbN sein.[121] Eine pauschalierte Erfindervergütung gilt auch eine innerbetriebliche Benutzung ab, wenn dies im Anschreiben an den Erfinder ausdrücklich angegeben worden ist.[122]

Im Einzelfall kommen auch **Gehaltsanhebungen** und Tantiemeregelungen in Betracht, in diesen Fäl- **27** len muss der ArbGb aber zweifelsfrei zu erkennen geben, dass diese als Erfindervergütung gewährt werden sollen.[123] Im Arbeitsvertrag im voraus vereinbarte und gezahlte monatliche Vergütungen für Erfindungen sind ab dem Zeitpunkt der Meldung einer Diensterfindung anrechenbar, wenn sie nach Meldung als Erfindervergütungen angenommen werden, namentlich, wenn sie als Erfindervergütung versteuert werden.[124] Bei Beendigung des Arbeitsverhältnisses von ArbN erteilte „Ausgleichsquittungen" umfassen nicht ohne weiteres Vergütungsansprüche nach dem ArbEG.[125]

II. Höhe

Abs 2 führt die wesentlichen Kriterien für die Bemessung der angemessenen Vergütung iSd Abs 1 auf. **28** Demnach sind insb die wirtschaftliche Verwertbarkeit der Erfindung, Aufgaben und Stellung des ArbN im Betrieb und der Anteil des Betriebs am Zustandekommen der Erfindung maßgebend. Ausschlaggebende Bedeutung kommt dabei idR der wirtschaftlichen Verwertbarkeit zu.[126] Von einer Mindestvergütung hat der Gesetzgeber im geltenden Recht ausdrücklich abgesehen.[127] Ein sich an der Wahrscheinlichkeit der Patenterteilung orientierender Risikofaktor als Grund für die herabgesetzte vorläufige Erfindervergütung (Risikoabschlag)[128] kommt nur vor nicht mehr mit Einspruch angreifbarer Erteilung in Betracht;[129] Doppelabzug wegen zweifelhafter Schutzfähigkeit und als Patentanmeldung scheidet aus.[130]

Bei der Angemessenheit handelt es sich um einen unter Berücksichtigung aller Umstände des Einzel- **29** falls nach objektiven Kriterien zu beurteilenden, gerichtlich voll überprüfbaren **unbestimmten Rechtsbegriff**.[131] Schätzung nach § 287 Abs 2 ZPO kommt in Betracht.[132]

Grundlage für den Vergütungsanspruch ist die dem ArbGb **gemeldete Diensterfindung**; dass die auf **30** diese erwirkten Schutzansprüche den erfinderischen Gehalt der gemeldeten Erfindung nicht ausschöpfen, hat auf den Umfang der dem ArbNErfinder zustehenden Erfindervergütung keinen Einfluss, wenn und soweit dessen Diensterfindung über den Schutzbereich der Patentansprüche hinausgeht.[133] Dadurch kann

119 Vgl BGHZ 61, 153 = GRUR 1973, 649, 651 Absperrventil; zur Pauschalvergütung für ein bestimmtes Jahr SstA 21.4.1997 ArbErf 75/95; zum Umfang der Abgeltung, wenn die Pauschalvergütung nicht an eine besondere Benutzungshandlung, sondern an ein bestimmtes Anwendungsgebiet geknüpft ist, SstA 6.10.1996 ArbErf 26/95.
120 SstA BlPMZ 1982, 277; *Bartenbach/Volz* Rn 57 ff, 57.2.
121 SstA BlPMZ 1969, 363; weitere typische Anwendungsfälle bei *Bartenbach/Volz* Rn 57.3; zur Frage, ob eine Abfindung verbindlich vereinbart ist und welche vermutliche Laufdauer des Patents bei Ermittlung einer Abfindung zugrunde gelegt werden kann, SstA BlPMZ 1989, 398.
122 SstA BlPMZ 1982, 302.
123 BGH GRUR 1965, 302, 304 Schellenreibungskupplung; SstA BlPMZ 1962, 138, BlPMZ 1964, 233; *Bartenbach/Volz* Rn 63; zur Erklärung von Tantiemezahlungen als Erfindervergütung gegenüber den Finanzbehörden SstA EGR ArbEG § 9 (VergAnspr) Nr 85; zur Rechtslage in Österreich öOGH 14.9.1994 9 ObA 136/94; öOGH 23.1.2002 9 ObA 252/01a.
124 SstA BlPMZ 1973, 289; zur Lage bei vorzeitiger Beendigung des Arbeitsverhältnisses vgl *Bartenbach/Volz* Rn 67.
125 SstA BlPMZ 1979, 220.
126 Vgl Begr BlPMZ 1957, 233; *Bartenbach/Volz* Rn 74.
127 Begr BlPMZ 1957, 232.
128 SstA 14.2.2006 ArbErf 44/04; vgl SstA 26.1.2006 ArbErf 15/05; zum Risikoabschlag bei X-Dokument im internat Recherchebericht SstA 1.2.2005 ArbErf 72/03.
129 LG Düsseldorf 13.10.1998 4 O 192/94 Entsch 1998, 107, 111 f.
130 SstA 14.2.2006 ArbErf 44/04.
131 Vgl *Bartenbach/Volz* Rn 71; *Reimer/Schade/Schippel* Rn 33; *Windisch* GRUR 1985, 829, 831.
132 OLG München Mitt 2009, 419.
133 BGHZ 106, 84 = GRUR 1989, 205 Schwermetalloxidationskatalysator m kr Anm *U. Krieger*; BGH GRUR 2012, 380 Ramipril II gegen OLG Frankfurt 19.3.2009 6 U 58/05; OLG Düsseldorf 26.7.1995 2 U 6/89; OLG Düsseldorf 12.1.2010 2 U 41/06; OLG Düsseldorf 12.1.2010 2 U 44/06; LG München I 25.3.1998 21 O 20044/89; BVerfG – Nichtannahmebeschluss – Mitt 1999, 61, 64; aA *Bartenbach/Volz* Rn 83 ff mit dem Vorschlag eines Ausgleichs nach den Regeln des Schadensersatzes

aber nur der Fall schuldhaften Verhaltens erfasst werden,[134] zudem betrifft die Rspr des BGH nur den Fall des Nichtausschöpfens der Erfindungsmeldung, nicht aber den des „arbeitgeberseitigen Überschusses", für den angenommen wurde, dass der Schutzumfang des Schutzrechts maßgeblich sei.[135] Arbeitet der ArbGb außerhalb der gemeldeten Erfindung in einem Bereich, der mit Einverständnis des ArbN im Zug der Abgrenzung gegen den StdT in den Patentanspruch aufgenommen worden ist, schuldet er keine Vergütung und auch keinen Vergütungsersatz wegen Verletzung der Pflicht zur richtigen und vollständigen Schutzrechtsanmeldung der gemeldeten Diensterfindung.[136] Ob die Erfindungsmeldung auch dann Grundlage für den Vergütungsanspruch ist, wenn der ArbN der eingeschränkten Schutzrechtsanmeldung zugestimmt hat, ist str;[137] es wird auf den Einzelfall ankommen. Zusätze von dritter Seite stehen dem Vergütungsanspruch nicht ohne weiteres entgegen; wird mit dem hinzugefügten Element notwendig die in allgemeinerer Form geschützte Erfindung benutzt, führt dies zur Benutzung der (gemeldeten) Erfindung; andernfalls käme es zu einer unzulässigen Realteilung des Schutzrechts.[138]

31   Abs 2 stellt auf die **Verwertbarkeit** ab. Diese umfasst neben der tatsächlichen Verwertung durch den ArbGb[139] auch die Verwertungsmöglichkeiten, deren Ausnutzung dem ArbGb im konkreten Einzelfall wirtschaftlich und technisch möglich und zumutbar ist.[140] Eine Verpflichtung des ArbGb, alle Verwertungsmöglichkeiten auszunutzen, besteht nicht. Inanspruchnahme öffentlicher Mittel sagt über die Verwertbarkeit nicht notwendig etwas aus.[141] Veräußert der ArbGb die Diensterfindung, kann der ArbN nur an dem Nutzen teilhaben, der aus der Veräußerung erzielt wird.[142] Zur Benutzung des Gegenstands der Erfindung Rn 9 zu § 11.

32   Grds ist eine angemessene Lizenz geschuldet.[143] Die Vergütungslizenz umfasst eine angemessene **Verzinsung** der rückständigen Lizenzbeträge, die iZw für die im Vorjahr angefallenen Lizenzbeträge zum 1.2. des Folgejahrs auf 3,5 Prozentpunkte über dem Basiszinssatz der Europäischen Zentralbank angesetzt worden ist (vgl aber Rn 173 zu § 139 PatG).

33   Was vernünftige Parteien unter angemessener Berücksichtigung der beiderseitigen Interessen vereinbart hätten, wenn sie den gegebenen Benutzungssachverhalt zum Gegenstand einer vertraglichen Übereinkunft gemacht hätten, ist anhand der besonderen Umstände des jeweiligen Streitfalls festzustellen.[144] Wegen der **Einzelheiten** der Vergütungsberechnung mit den wesentlichen Elementen Bestimmung des Erfindungswerts und Eliminierung des Betriebsanteils über den Anteilsfaktor s die Kommentierung zu § 11. Beschränkt sich eine vom ArbGb für einen bestimmten Zeitraum erteilte Vergütungsabrechnung ausdrücklich auf den betreffenden Zeitraum und die darin enthaltenen Berechnungsparameter, wird der ArbGb vertraglich nicht darüber hinaus gebunden; er ist rechtl nicht gehindert, in einem folgenden Abrechnungszeitraum von anderen Berechnungsparametern auszugehen.[145]

34   Im **öffentlichen Dienst** gelten dieselben Grundsätze (§§ 40, 41). Bei nicht verwerteten Schutzrechten öffentlicher Forschungseinrichtungen ist eine Orientierung an der Höhe der Kosten für die Aufrechterhaltung vorgeschlagen worden.[146]

35   **III.** Zur **vorläufigen Festsetzung** der Vergütung Rn 20 f zu § 12.

---

bei Verletzung der Anmeldepflicht im Anschluss an *U. Krieger* GRUR 1989, 205 und FS KH. Quack (1991), 41; ähnlich SstA 22.7.1999 ArbErf 12/97.

134 Vgl LG München I 25.3.1998 21 O 20044/89.

135 Vgl LG Düsseldorf 23.2.1999 4 O 117/98 undok.

136 SstA 26.2.2008 ArbErf 88/03.

137 Unter Abstellen auf die Fallumstände bejahend LG München I 25.3.1998 21 O 20044/89, verneinend SstA BlPMZ 1988, 173; SstA 22.7.1999 ArbErf 12/97; bejahend unter dem Gesichtspunkt des „venire contra factum proprium" SstA 19.10.2001 ArbErf 9/00.

138 Vgl BGH GRUR 2009, 657, 659 Blendschutzbehang; *Bartenbach/Volz* § 5 Rn 53.1; *Reimer/Schade/Schippel* § 12 Rn 25; *Hellebrand* FS K. Bartenbach (2005), 141.

139 Vgl BGHZ 54, 30 = GRUR 1970, 459 f Scheinwerfereinstellgerät.

140 OLG Karlsruhe 25.11.2009 6 U 13/09; SstA BlPMZ 1970, 139; *Bartenbach/Volz* Rn 86 mwN; kr *Hellebrand* VPP-Rdbr 1999, 34, 36; *Bartenbach* VPP-Rdbr 1999, 41, 44 f; im Einzelnen str.

141 Vgl SstA BlPMZ 1977, 53; SstA 28.6.1994 ArbErf 54/93.

142 SstA GRUR 1992, 847 f, BlPMZ 1995, 223 f.

143 Vgl BGHZ 155, 8 = GRUR 2003, 289 Abwasserbehandlung; BGH GRUR 2006, 401 Zylinderrohr.

144 BGH GRUR 2002, 801, 803 abgestuftes Getriebe; BGHZ 155, 8 = GRUR 2003, 789 Abwasserbehandlung.

145 SstA 23.3.2006 ArbErf 60/04.

146 Empfehlungen des Sachverständigenkreises beim BMFT GRUR 1978, 449 f.

§ 10
Vergütung bei beschränkter Inanspruchnahme

[aufgehoben]

Ausland: Türkei: Art 23 VO 551

Zur **Abschaffung** des Instituts der beschränkten Inanspruchnahme Rn 2 zu § 6. **1**

Die seit 1.10.2009 weggefallene Möglichkeit der beschränkten **Inanspruchnahme**, das in der Praxis **2** nur geringe Bedeutung hatte, verschaffte dem ArbGb nur ein nichtausschließliches Benutzungsrecht (§ 7 Abs 2 Satz 1 aF). Die Vergütungsregelung entsprach im Grundsatz der bei unbeschränkter Inanspruchnahme (§ 9). Die Vorschrift kann weiterhin für vor Inkrafttreten der Neuregelung erfolgte beschränkte Inanspruchnahmen von Bedeutung sein (Einzelheiten *6. Aufl*).

§ 11
Vergütungsrichtlinien

Der Bundesminister für Arbeit erläßt nach Anhörung der Spitzenorganisationen der Arbeitgeber und der Arbeitnehmer (§ 12 des Tarifvertragsgesetzes) Richtlinien über die Bemessung der Vergütung.

VergRl: Richtlinien für die Vergütung von Arbeitnehmererfindungen im privaten Dienst im Anhang
Richtlinien für die Vergütung von Arbeitnehmererfindungen im öffentlichen Dienst im Anhang
Ausland: Türkei: Art 24 VO 551

Übersicht

Schrifttum: *Bartenbach* Bestimmung des Erfindungswerts beim Verkauf von Erfindungsrechten (Nr 16 der Vergütungsrichtlinien 1959), FS D. Gaul (1992), 1; *Bartenbach/Volz* Arbeitnehmererfindervergütung³, 2009, 4. Aufl für Mai 2016 angekündigt; *Bartenbach/Volz* Wann kann eine Abstaffelung erfindungsgemäßer Umsätze nach Richtlinie Nr 11 erfolgen? GRUR 2016, 225; *Bartenbach-Fock* Arbeitnehmererfindungen im Konzern, Diss Trier 2007; *Beil* Richtlinien für die Vergütung von Arbeitnehmererfindungen im privaten Dienst, GRUR 1960, 179; *Danner* Führen die amtlichen Richtlinien für Arbeitnehmererfindungen im privaten Dienst vom 20.7.1959 zu angemessenen Vergütungen? GRUR 1961, 381; *Danner* Nochmals: Alte Probleme, neue Vorschläge für die amtlichen Richtlinien 1959, GRUR 1980, 821; *Danner* Der Erfindungswert, das A und O der Erfindervergütung, GRUR 1976, 232; *Derichs* Treu und Glauben und die Nullfälle im Recht der Abeitnehmererfindung, GRUR 1961, 66; *Dick* Berwertung der Arbeitnehmererfindung in der Praxis, GRUR 1962, 226; *E. Fischer* Sind die Lizenzsätze nach Nr 10 der Vergütungsrichtlinien heute noch zeitgemäß? Mitt 1987, 104; *F. Fischer* Ein Vorschlag zur Vereinfachung der Ermittlung des Erfindungswerts von Arbeitnehmererfindungen, GRUR 1971, 131; *F. Fischer* Lizenzanalogie – Kaufanalogie, GRUR 1972, 118; *Gaul* Die Arbeitnehmererfindervergütung bei Gesamtanlagen und das Abstaffelungsproblem, GRUR 1983, 209; *Gaul* Die Arbeitnehmervergütung beim Vorratspatent, Mitt 1984, 144; *Gaul* Der erfaßbare betriebliche Nutzen als Grundlage der Erfindervergütungsberechnung, GRUR 1988, 254; *Gaul/Bartenbach* Die Änderung der Richtlinie Nr 11 – Abstaffelung, GRUR 1984, 11; *Hagen* Formel zur Bemessung der Aufgabenlösungs-Summanden bei dem Anteilsfaktor A der Vergütungsrichtlinien für Arbeitnehmererfindungen, GRUR 1979, 207; *Halbach* Richtlinien für die Vergütung von Arbeitnehmererfindungen, BlStSozArbR 1959, 347; *Halbach* Die Nullfälle im Recht der

Arbeitnehmererfindung, GRUR 1960, 547, GRUR 1961, 338; *Hegel* Zur Ermittlung des betrieblichen Nutzens von Arbeitnehmererfindungen, GRUR 1975, 307; *Heine* Zur Ermittlung des Erfindungswertes nach den Richtlinien für die Vergütung von Arbeitnehmererfindungen im privaten Dienst, GRUR 1960, 321; *Heine/Rebitzki* Die Vergütung für Erfindungen von Arbeitnehmern im privaten Dienst (1960); *Hellebrand* Wann ist bei der Ermittlung des Erfindungswerts nach der Lizenzanalogie zur Berechnung der Arbeitnehmererfindervergütung eine Abstaffelung bei zu hohen Umsätzen zulässig und geboten? GRUR 1993, 449; *Hellebrand* Gewinn und Lizenzgebühr: gibt es einen quantifizierbaren Zusammenhang? GRUR 2001, 678; *Hellebrand* Lizenzanalogie und Angemessenheit der Arbeitnehmererfindervergütung, FS 50 Jahre VPP (2005), 289; *Hellebrand/Himmelmann* Lizenzsätze für technische Erfindungen⁴, 2011; *Henn* Adäquate Kausalität des Erfindungswerts, GRUR 1968, 121; *Herbst* Arbeitnehmererfindungen im privaten Dienst, Bundesarbeitsblatt 1959, 627; *Hoffmann/Bühner* Zur Ermittlung des betrieblichen Nutzens von Arbeitnehmererfindungen, GRUR 1974, 445; *Johannesson* Lizenzbasis, Lizenzsatz und Erfindungswert in Erfindervergütungsregelungen nach der Lizenzanalogie, GRUR 1975, 588; *Johannesson* Zur Anwendung des Monopolprinzips durch die Schiedsstelle nach dem ArbEG bei der Bemessung der Erfindervergütung für benutzte und nichtbenutzte Diensterfindungen, GRUR 1978, 269; *Johannesson* Die Vergütungsformel für die Arbeitnehmererfindung, GRUR 1981, 324; *Karl* Stellungnahme zu den bisherigen Kommentaren über die neuen Vergütungsrichtlinien für Arbeitnehmererfindungen, GRUR 1960, 459; *Karl* Die sog. Millionenstaffelung bei der Vergütung von Arbeitnehmererfindungen, GRUR 1968, 565; *Kaube* Neue Lösungsvorschläge der Schiedsstelle hinsichtlich der Vergütung von nicht benutzten Schutzrechten, GRUR 1986, 15; *Kaube* Zur Staffelung nach Nr 11 der Vergütungsrichtlinien, GRUR 1986, 572; *Knigge* Neuer Anreiz für Erfinder (Neufassung der RL Nr 11), Arbeitsrechts-Blattei AK-7941; *Krekeler* Erfindervergütung nach den Richtlinien bei Lizenzeinnahmen (zu RL Nr 14 Abs 3), GRUR 1978, 576; *Kümmerer* Über die den Richtlinien für die Vergütung von Arbeitnehmererfindungen (RL 1959) zugrunde liegenden mathematischen Beziehungen, Bundesarbeitsblatt 1959, 623; *Leydhecker* Richtlinien zur Vergütung von Arbeitnehmererfindungen, BlStSozArbR 1959, 328; *Osann* Vergütung von Arbeitnehmererfindungen unter Ermittlung des Erfindungswerts nach dem erfaßbaren betrieblichen Nutzen, GRUR 1964, 113; *Pietzcker* Zur adäquaten Kausalität bei der Ermittlung des Erfindungswerts, GRUR 1968, 172; *Rosenberger* Zur Erfindervergütung für nicht benutzte Schutzrechte, GRUR 1986, 782; *Rosenberger* Kriterien für den Erfindungswert, erhebliche Unbilligkeit von Vergütungsvereinbarungen, Vergütung bei zu enger Fassung von Schutzrechtsansprüchen, GRUR 1990, 238; *Rosenberger* Zur Auskunftspflicht des Arbeitgebers gegenüber dem Arbeitnehmer-Erfinder im Hinblick auf die Kriterien für den Erfindungswert, GRUR 2000, 25; *Sack* Probleme der Auslandsverwertung inländischer Arbeitnehmererfindungen, RIW 1989, 612; *Schade* Die neuen Richtlinien für die Vergütung von Arbeitnehmererfindungen, BB 1960, 449; *Schade* Erfindervergütung, GRUR 1962, 125; *Schade* Meinungsstreit zwischen Bundesgerichtshof und der Schiedsstelle beim Deutschen Patentamt? BB 1964, 1381; *Schade* Zur Ermittlung des Erfindungswerts nach dem betrieblichen Nutzen, insbes. zur Problematik der Nr 12 der RL 59, GRUR 1968, 114; *Schade* Ermäßigung des Lizenzsatzes bei besonders hohen Umsätzen und Verwertung des Arbeitnehmererfinders, Mitt 1969, 291; *Schade* Die Bezugsgröße für die Lizenz bei Erfindungen an Teilen einer Vorrichtung oder eines Verfahrens, FS 20 Jahre VVPP (1975), 148; *Schweickhardt* Zur „Abstaffelung" nach den Richtlinien für die Vergütung von Arbeitnehmererfindungen im privaten Dienst, GRUR 1968, 340; *Sturm* Der Erfindungswert und die Angemessenheit von Erfindervergütungen, Mitt 1989, 61; *Volmer* Die Richtlinien für die Vergütung von Arbeitnehmererfindungen im privaten Dienst vom 20.7.1959, RdA 1960, 60; *Volmer* Richtlinien über Vergütungen für Arbeitnehmererfindungen (1964); *Weisse* Die Ermittlung des Erfindungswerts von Arbeitnehmererfindungen, GRUR 1966, 165; *Wendel* Die Richtlinien für die Vergütung von Arbeitnehmererfindungen im privaten Dienst, AuR 1960, 8; *Werner* Die Anrechnung des Dienstgehalts auf die Arbeitnehmererfinder-Vergütung, BB 1983, 839; *Werres* Analoge Anwendung der Staffel der Richtlinien bei Lizenzeinnahmen, GRUR 1977, 139; *Werres* Erwiderung auf den Beitrag „Erfindervergütung nach den Richtlinien bei Lizenzeinnahmen" von *Krekeler*, GRUR 1979, 213; *Willich* Erfindervergütungsanspruch bei außerbetrieblicher Nutzung von Diensterfindungen, GRUR 1973, 406; *Willich/Preisher* Zur Ermittlung des Anteilsfaktors bei der Erfindervergütung, insbes. für in der Forschung und Entwicklung tätige Erfinder, GRUR 1975, 526; *Witte* Vergütungsrechtliche Probleme bei Auftragsdiensterfindungen, Mitt 1962, 195.

A. Rechtscharakter der Richtlinien (VergRl 1)

1   Die vom Bundesminister für Arbeit nach Anhörung der Spitzenorganisationen zu erlassenden Richtlinien[1] (die Verweisung auf § 12 TVG stellt das PatRVereinfModG vom 31.7.2009 richtig) sind keine Rechtsnormen und überhaupt keine verbindlichen Vorschriften.[2] Die Parteien können unter dem Vorbehalt einer angemessenen Vergütung von ihnen abweichen.[3] Der Tatrichter ist grds nicht gehindert, eine andere Regelung als den Umständen des Einzelfalls bessser entspr anzunehmen, insb, wenn ihm bessere Erkenntnis-

---

[1]   Vgl Mitt des BMA GRUR 1959, 477.

[2]   BGH GRUR 1990, 271 Vinylchlorid; BAGE 3, 218 = GRUR 1957, 338 Tonfilmgeräte; BVerfG – Nichtannahmebeschluss – Mitt 1999, 61, 64; OLG München 24.2.2000 6 U 2163/99: Auslegungshilfe; LG München I 22.12.1998 21 O 22876/94; SstA BlPMZ 1961, 434; SstA 9.7.1998 ArbErf 51/96; *Bartenbach/Volz* Rn 2,5; *Reimer/Schade/Schippel* Rn 5 f.

[3]   OLG Düsseldorf 9.8.2007 2 U 41/06.

quellen offen stehen.[4] In der Praxis haben die Richtlinien gleichwohl besondere Bedeutung erlangt. Sie sind auch für die SstA nicht bindend, jedoch wird diese sie nicht ohne triftigen Grund unberücksichtigt lassen.[5] Die Einführung unternehmenseigener Richtlinien ist grds zulässig,[6] die nach ihnen ermittelte Vergütung unterliegt aber der Kontrolle auf Angemessenheit.[7]

B. Zeitliche Anwendung

Die Richtlinie (privater Dienst) ist durch Änderungsrichtlinie vom 1.9.1983[8] in Nr 11 geänd worden **2** (zur Handhabung in Übergangsfällen 6. Aufl).

Die Änderung der Richtlinie in Nr 11, die wegen Vordringlichkeit erfolgte, rechtfertigt nicht den Um- **3** kehrschluss, dass die Richtlinien im übrigen noch in jeder Hinsicht der **heutigen Ansicht** des BMA (jetzt: BMAS) über eine angemessene Vergütung entsprechen.[9]

C. Grundsätze der Vergütungsermittlung

I. Allgemeines (VergRl 2)

Die Vergütungsermittlung erfolgt in drei Schritten, nämlich Ermittlung des Erfindungswerts, des An- **4** teilsfaktors und rechnerische Ermittlung der Vergütung.[10] Bei jeder Ermittlung handelt es sich um eine Schätzung, nicht um eine Berechnung (Rn 23).

Eine **Mehrfachberücksichtigung der gleichen Gesichtspunkte** ist ausgeschlossen (Rn 44). **5**

II. Erfindungswert

1. Begriff (VergRl 2). Erfindungswert bezeichnet den wirtschaftlichen Wert der vom ArbGb in An- **6** spruch genommenen Diensterfindung.[11] Er ist die Gegenleistung, die ein freier Erfinder für die Überlassung der Erfindung vom Unternehmen auf dem Markt im Rahmen eines Lizenzvertrags erhalten würde; dies bedarf allerdings einer betriebsbezogenen Überprüfung.[12] Dabei ist zu unterscheiden zwischen betrieblicher Eigennutzung, außerbetrieblicher Nutzung (Lizenzvergabe oder Veräußerung), Verwertung durch Einsatz als Sperrpatent und Nichtnutzung. Für unterschiedliche Anwendungsbereiche können sich verschiedene Erfindungswerte ergeben.[13] Erfinderische Leistung und innerbetrieblicher StdT sind als solche nicht beim Erfindungswert, sondern ggf beim Anteilsfaktor (Rn 43 ff) zu berücksichtigen.[14] Die Bestimmung des Erfindungswerts aufgrund der Konzernabgabepreise ist jedenfalls nicht von vornherein unbillig.[15]

2. Berechnung

a. Betrieblich benutzte Erfindungen. Bei Eigennutzung kommen als Berechnungsmethoden (bes- **7** ser: Schätzungsmethoden) für den Erfindungswert vorrangig die **Lizenzanalogie** (VergRl 6–11), die als idR besonders geeignetes Kriterium bezeichnet wird, weil sich regelmäßig die Annahme rechtfertige, dass vom

---

4 BGH GRUR 1969, 677 Rübenverladeeinrichtung; BGH Vinylchlorid.
5 SstA BlPMZ 1961, 434.
6 SstA BlPMZ 1989, 289 f; vgl *Bartenbach/Volz* Rn 13 ff.
7 SstA 11.5.1999 ArbErf 68/97, 69/97.
8 BlPMZ 1983, 350.
9 Änderungsrichtlinie BlPMZ 1983, 350.
10 Vgl zur Vergütungsbemessung auch BGH GRUR 1978, 430 Absorberstabantrieb I; OLG Nürnberg GRUR 1979, 234.
11 BGH GRUR 2002, 801 f abgestuftes Getriebe.
12 BGHZ 137, 162 = GRUR 1998, 689, 691 f Copolyester II; BGH GRUR 1998, 684, 687 Spulkopf; kr und für weitgehende Pauschalierung *Hellebrand* VPP-Rdbr 1999, 34, 39 ff; vgl SstA 17.6.1998 ArbErf 86/96.
13 Vgl SstA 22.12.1994 ArbErf 60/93.
14 SstA BlPMZ 1965, 170.
15 Vgl BGH GRUR 2012, 605 antimykotischer Nagellack I.

ArbGb tatsächlich erzielte wirtschaftliche Vorteile den Erfindungswert am besten widerspiegeln,[16] sodann Ermittlung nach dem **erfassbaren betrieblichen Nutzen** (VergRl 12) und subsidiär **Schätzung** (VergRl 13) in Betracht. Als andere Analogiemethode (VergRl 4) kommt die **Kaufpreisanalogie** in Betracht.[17] Die Methode der Lizenzanalogie lässt keinen Raum für die unmittelbare Berücksichtigung von sich beim ArbGb ergebenden innerbetrieblichen Einsparungen; mittelbar allerdings wird sich der erzielbare betriebliche Nutzen in der Erhöhung des anzuwendenden Lizenzsatzes niederschlagen.[18] Die Methode der Kaufpreisschätzung für eine Erfindung, nach der sich der Kaufpreis (einschließlich einzuspielender Entwicklungs- und Schutzrechtskosten) in Höhe von ungefähr der Hälfte der aufsummierten Lizenzgebühren, die für diese Benutzung durch den Erwerber hätten bezahlt werden müssen, wenn dieser eine laufende Lizenz vom Veräußerer genommen hätte, schätzt, ist nach Ansicht der SstA die in den meisten Fällen genaueste Ermittlungsart.[19] Sie kann aber dann keine Orientierung geben, wenn bei innerbetrieblicher Benutzung weder Umsätze anfallen noch Lizenzgebühren gezahlt werden.[20] Bei Verkauf einer Erfindung vor Schutzrechtserteilung ist ein Risikoabschlag idR nicht vorzunehmen, weil der Verkäufer im allg nicht für die Erteilung eines Schutzrechts haftet; das Patenterteilungsrisiko führt idR nur dann zu einem Abschlag, wenn der ArbGb ausnahmsweise bei Nichterteilung des Schutzrechts dem Käufer haftet oder für diesen Fall ein Rücktrittsrecht vereinbart worden ist; dass für die verkaufte Erfindung noch kein Schutzrecht erteilt ist, wirkt sich allerdings mindernd bei der Bewertung des Kaufpreises aus.[21] Ist nach einer innerbetrieblichen Benutzung das Schutzrecht verkauft worden, kann die Kaufpreisanalogie als Schätzmethode auch für die innerbetriebliche Benutzung herangezogen werden, wenn die Ermittlung des Erfindungswerts mit Hilfe der Lizenzanalogie, der Investitionskosten oder des erfassbaren betrieblichen Nutzens nicht möglich ist.[22] Ist bei einer innerbetrieblichen Benutzung Dritten die Benutzung des Schutzrechts gestattet worden, können eingesparte Lizenzgebühren als Methode der Schätzung des Erfindungswerts auch für die innerbetriebliche Benutzung herangezogen werden, wenn die Ermittlung des Erfindungswerts mit Hilfe der Lizenzanalogie, der Investitionskosten oder des erfassbaren betrieblichen Nutzens nicht möglich ist.[23] Bleibt bei der Ermittlung nach dem erfassbaren betrieblichen Nutzen der innerbetriebliche StdT vor Einführung der Erfindung gegenüber dem äußeren StdT zurück, verläuft die Ermittlung des Erfindungswerts in folgenden Schritten: Feststellung des der Erfindung nächstkommenden StdT; Feststellung des Bruttonutzens, also der gegenüber einem Referenzfall nach diesem StdT erzielten Einsparungen; Feststellung des Nettonutzens, also Gegenrechnung jener Kosten, die aufgewendet werden mussten, um diesen Bruttonutzen zu erzielen; Anwendung des Umrechnungsfaktors.[24] Vom ArbGb tatsächlich bezahlte Einzellizenzen für die Benutzung eines die Erfindung enthaltenden Softwarepakets können als Schätzgrundlage für fiktive Lizenzeinnahmen dienen, die das ebenfalls benutzende Drittunternehmen an den ArbGb für die Benutzung der Erfindung hätte zahlen müssen, wenn die Software nicht für den ArbGb, sondern für eine drittes Unternehmen entwickelt worden wäre; aus den fiktiven Lizenzeinnahmen ist der Erfindungswert nach VergRl 14, 15 zu ermitteln.[25] Der nach dem erfaßbaren betrieblichen Nutzen ermittelte Erfindungswert eines innerbetrieblich eingesetzten Gebrauchsmusters bei normalem Schutzumfang und normaler Rechtsbeständigkeit des Schutzrechts beträgt idR 10% des Bruttonutzens.[26]

16   BGH GRUR 2002, 801 f abgestuftes Getriebe; zur Lizenzanalogie bei Arbeitsverfahren (Haldenbegrünung) SstA 7.12.2000 ArbErf 62/97; zur Lizenzanalogie unter Einbeziehung der Umsätze, soweit erst das Schutzrecht die Produktion möglich macht, BGHZ 155, 8 = GRUR 2003, 789 Abwasserbehandlung.

17   Bsp SstA BlPMZ 1982, 57; SstA 10.12.1976 ArbErf 37/76; SstA 5.1.1987 ArbErf 45/86; SstA 24.9.1991 ArbErf 10/91; vergleichende Gegenüberstellung der Ermittlung des Erfindungswerts nach der Ersparnis und nach der Lizenzanalogie SstA BlPMZ 1965, 170; vergleichsweise Ermittlung des Erfindungswerts auf Grund der Berechnung nach dem Nutzen und auf Grund der Lizenzanalogie SstA BlPMZ 1968, 130.

18   SstA 3.6.2005 ArbErf 34/04.

19   SstA 24.6.2008 ArbErf 4/07; vgl SstA 21.10.2003 ArbErf 89/00; zur Abzinsung SstA 13.7.2004 ArbErf 12/03.

20   SstA 21.10.2003 ArbErf 89/00: hier Behandlung der innerbetrieblichen Ersparnisse als Gewinn.

21   SstA 24.6.2008 ArbErf 4/07.

22   SstA 23.7.2009 ArbErf 10/05, auch zur Berechnungsmethode.

23   SstA 28.7.2009 ArbErf 29/06.

24   SstA 15.7.2003 ArbErf 75/01.

25   SstA 28.7.2009 ArbErf 29/06.

26   SstA 3.3.2009 ArbErf 9/07.

Entscheidend ist nicht die Methode, sondern das **Ergebnis**.[27] Die objektiv zu bestimmenden Vorteile, die der ArbGb aus der Benutzung der Erfindung zieht oder ziehen kann, und die Bemessung der Erfindervergütung des ArbN sind betriebsbezogen zu bestimmen.[28] Ein die andere Seite bindendes Wahlrecht hinsichtlich der Berechnungsmethode besteht nicht.[29] **8**

Benutzung des Gegenstands der Erfindung[30] bedeutet tatsächliche Verwertung im Rahmen des Schutzbereichs der Anmeldung oder des Schutzrechts entspr den für die Schutzrechtsverletzung entwickelten Grundsätzen;[31] maßgeblich ist die objektive Lage, nicht die subjektive Vorstellung der Beteiligten.[32] Die Benutzung kann auch in der Abtretung der Rechte an der Erfindung, einer Lizenzvergabe oder im Abschluss von Austauschverträgen liegen.[33] Herstellung ist nicht erforderlich, Gebrauch reicht aus, selbst wenn der Erfinder dem Hersteller die Zustimmung zur Herstellung und zum Vertrieb unentgeltlich erteilt und der ArbGb die Gegenstände zu Marktpreisen erworben hat; auf Erschöpfung kann sich der ArbGb in einem solchen Fall nicht berufen.[34] Außerhalb des Schutzumfangs liegende Ausführungsformen, insb Weiterentwicklungen, die über das Patent hinausgehen, bleiben unberücksichtigt, auch wenn der Beitrag des ArbN als Anregung gedient hat,[35] ebenso Vorbereitungshandlungen.[36] Einsatz als Sperrpatent reicht aus.[37] Bei einer im Betrieb benutzten geänd Vorrichtung ist zu prüfen, ob noch vom Erfindungsgedanken Gebrauch gemacht wird.[38] Zur **Auslandsnutzung** Rn 37 f. **9**

Konzernnutzung.[39] Die Erfindervergütung für die Nutzung der Erfindung durch den ArbGb richtet sich nach der Lizenzanalogie anhand der von ihm selbst gemachten Umsätze einschließlich derjenigen, die er durch direkte Belieferung eines weiteren Unternehmens erhält; soweit er Lizenzeinnahmen erhält, ist die Erfindervergütung hieraus nach den Grundsätzen der VergRl 14, 15 zu ermitteln.[40] Es kommt zunächst darauf an, ob eine Einbeziehung der Konzernnutzung üblicher- oder vernünftigerweise erfolgt wäre, was entspr Festellungen bedarf.[41] Bei Konzernnutzung ist nach der Instanzrspr insb zu beachten, ob der interne Verrechnungspreis dem marktgerechten Abgabepreis entspricht, erforderlichenfalls ist ein Zuschlag anzusetzen.[42] Ähnliches gilt bei Lizenzvergabe.[43] Ist Konzernunternehmen eine Unterlizenz mit umsatzabhängiger Vergütung erteilt, ist grds auf die Lizenzumsätze abzustellen.[44] Wird die Erfindung in einen Patentpool des Konzerns eingebracht, partizipiert der ArbN an den Vorteilen, die der ArbGb aus dem Pool zieht, zunächst nicht, es ist aber darauf abzustellen, wie vernünftige Vertragsparteien dieser Konstel- **10**

---

27 *Bartenbach/Volz* § 9 Rn 107; zur Bemessung des Erfindungswerts im Schiedsverfahren SstA BlPMZ 1959, 15; zur Ermittlung der Erfindervergütung, wenn ein Vergleich mit dem Wert einer entspr freien Erfindung nicht möglich erscheint, SstA BlPMZ 1967, 80.

28 BGHZ 137, 162 = GRUR 1998, 689, 691 f Copolyester II; BGH GRUR 1998, 684, 687 Spulkopf.

29 OLG Düsseldorf EGR Nr 33 zu § 9 ArbEG (VergHöhe).

30 Vgl BGHZ 54, 30 = GRUR 1970, 459 f Scheinwerfereinstellgerät; BGH GRUR 2008, 606 Ramipril I.

31 Vgl *Bartenbach/Volz* § 9 Rn 91 mwN; vgl auch SstA BlPMZ 1988, 173, EGR Nr 6 zu § 10 ArbEG; SstA 19.8.1994 ArbErf 174/92; zur Vergütung für unbeschränkt in Anspruch genommene Diensterfindungen, die vom Betrieb nicht benutzt werden, wenn die vom ArbGb erlangten Patente bald nach Erteilung dem Diensterfinder zur Übertragung angeboten werden, SstA BlPMZ 1970, 456; zum Einsatz in der Forschung SstA BlPMZ 1986, 346 f (Gegenstand der Forschung) einerseits, SstA BlPMZ 1973, 205 f, BlPMZ 1973, 209, BlPMZ 1977, 53, BlPMZ 1985, 344 (Mittel zur Forschung) andererseits.

32 Vgl SstA BlPMZ 1988, 173.

33 BGH Ramipril I.

34 SstA Mitt 1996, 351.

35 BGH Scheinwerfereinstellgerät gegen OLG Düsseldorf BB 1967, 475.

36 Vgl SstA EGR Nr 12 zu § 12 ArbEG, BlPMZ 1984, 301, BlPMZ 1986, 346.

37 *Bartenbach/Volz* § 9 Rn 92; vgl auch SstA BlPMZ 1967, 321.

38 SstA BlPMZ 1967, 80.

39 Näher *Meier-Beck* FS W. Tilmann (2003), 539.

40 SstA 22.4.2004 ArbErf 43/02; vgl auch SstA 22.1.2004 ArbErf 69/02, zur Ermittlung des Erfindungswerts aus Lizenzeinnahmen und zu den abziehbaren Kosten; öOGH 24.1.2013 8 ObA 45/12v ÖBl 2013, 160 Berechnung der Diensterfindungsvergütung im Konzernverhältnis.

41 BGH GRUR 2002, 801, 803 abgestuftes Getriebe; vgl OLG Frankfurt 27.9.2007 6 U 176/06.

42 Vgl *Bartenbach/Volz* § 9 Rn 185 ff; SstA EGR ArbEG § 9 (VergHöhe) Nr 68; OLG München Mitt 2001, 207, 210; OLG Frankfurt 27.9.2007 6 U 176/06; OLG Düsseldorf InstGE 8, 147; SstA 26.7.2006 ArbErf 39/05; vgl auch SstA 22.4.2004 ArbErf 43/02.

43 Vgl SstA 9.5.1995 ArbErf 62/93: Schätzung der Gegenleistung in Form marktüblicher Lizenz.

44 BGH abgestuftes Getriebe.

lation Rechnung getragen hätten.[45] Der Konzernumsatz ist grds nur zugrunde zu legen, wenn der Konzern sich bei wirtschaftlicher Betrachtung als Einheit darstellt[46] und Lizenzvertragsparteien im Einzelfall solches vereinbart hätten.[47] Werden Diensterfindungen alsbald nach Inanspruchnahme auf die ausländ Muttergesellschaft übertragen, die die Patentanmeldungen vornimmt, und agieren die Konzerntöchter arbeitsteilig, beruht die vom dt ArbGb ausgeübte Tätigkeit der Entwicklung und des Vertriebs erfindungsgemäßer Gegenstände auf einer Benutzungsgestattung im Weg der Rücklizenzierung; die Nutzung der Diensterfindungen wirkt sich im wirtschaftlichen Ergebnis wie eine Eigennutzung der Erfindungsrechte aus, so dass die konzernweiten entgeltlichen Nutzungen des ArbGb die Grundlage der Erfindervergütung bilden.[48] Wurde eine Diensterfindung zunächst ua derart verwertet, dass die erfindungsgem Erzeugnisse durch den ArbGb an konzernverbundene Unternehmen verkauft wurden, und werden dann die verbundenen Unternehmen durch eine gemeinsame Holdinggesellschaft von ehemals eigenen Töchtern des ArbGb in Töchter der Holdinggesellschaft und damit Schwesterunternehmen umgewandelt, ist eine Einbeziehung des Umsatzes der verbundenen Unternehmen mit Drittunternehmen in die Erfindungswertberechnung jedenfalls dann nicht mehr gerechtfertigt, wenn der Abgabepreis beim Verkauf an die ehemaligen Töchter mit dem gegenüber nicht verbundenen Unternehmen verlangten Preis identisch ist.[49]

11 Bei der **zwischenbetrieblichen Kooperation** und der Arbeitsgemeinschaft liegt regelmäßig ein Gesellschaftsverhältnis vor; Eigennutzung liegt deshalb auch in der Verwertung durch diese Gesellschaft, nicht aber in eigenständigen Nutzungshandlungen der anderen Kooperationspartner.[50] Ein Kooperationspartnern gemeinschaftlich zustehendes Patent, an dem ein Partner Dritten eine Lizenz erteilt hat, ist auch im Hinblick auf den nicht Lizenz gewährenden Partner im vergütungsrechtl Sinn benutzt, wenn dieser seine Zustimmung zur Lizenzvergabe durch den Kooperationspartner erteilt hat und die Kooperationspartner die Beteiligung an den Einnahmen vereinbart haben.[51] Liefert ein Kooperationspartner dem anderen erfindungsgem Gegenstände und veräußert der andere diese weiter, darf der Erfindungswert für die Benutzung für beide nicht größer sein als bei gemeinsamer Lizenznahme von einem Dritten.[52] Bei innerbetrieblicher Eigennutzung des anderen, in der sich die Verwertung der Erfindung erschöpft, ist abw von dem Grundsatz, dass ein ArbGb lediglich aus dem ihm zugeflossenen wirtschaftlichen Vorteil seinem eigenen Diensterfinder gegenüber vergütungspflichtig ist, der Erfindungswert dieses Nutzungsgeschäfts insgesamt zu betrachten, nach der Lizenzanalogie zu ermitteln und auf die beteiligten Partner aufzuteilen.[53] Bei Forschungsaufträgen erfolgt die Berechnung regelmäßig nach VergRl 14, 15 oder 16, allenfalls kommt Schätzung (VergRl 13) in Betracht.[54] Ist es unmöglich, den wirtschaftlichen Vorteil durch Einbringung von Schutzrechten in Kreuzlizenzverträge und Patentpools auf der Grundlage der Umsätze zu bestimmen, die mit den eingetauschten Fremdrechten erzielt werden, kann die Benutzung der Schutzrechte durch Einbringung in Kreuzlizenzverträge und Patentpools durch eine prozentuale Erhöhung der konkret zu ermittelnden Lizenzeinnahmen des ArbGb berücksichtigt werden.[55]

12 **Lizenzanalogie (VergRl 6–11).** In Betracht kommen konkrete (der grds der Vorzug zu geben ist,[56] sofern sich das konkrete Vergleichsmaterial eignet,[57] anders zB bei Rückstellungen für mögliche Patentver-

---

45 BGH abgestuftes Getriebe; die SstA legt den pauschalierten abstrakten Erfindungswert für benutzte Erfindungen zugrunde, SstA 2.8.2005 ArbErf 88/04.

46 *Bartenbach/Volz* § 9 Rn 188; vgl LG Braunschweig GRUR 1976, 585; OLG München Mitt 2001, 207, 210; OLG Frankfurt 27.9.2007 6 U 176/06; OLG Düsseldorf InstGE 8, 147.

47 BGH abgestuftes Getriebe, unter Nennung hierfür in Betracht kommender Kriterien; kr hierzu *Bartenbach* VPP-Rdbr 2003, 102 ff unter Hinweis darauf, dass eine pauschalierende Bewertung erfolgen müsse, für die der BGH allerdings keine Anhaltspunkte liefere.

48 SstA 21.10.2005 ArbErf 18/04; zur Rücklizenzierung auch SstA 6.12.2004 ArbErf 80/03.

49 SstA GRUR 1992, 390.

50 *Bartenbach/Volz* § 9 Rn 191 ff mwN; vgl SstA BlPMZ 1962, 17; SstA 6.5.2002 ArbErf 57/00.

51 SstA 7.5.2004 ArbErf 30/03.

52 SstA 2.4.1997 ArbErf 61/95; zum Erfindungswert bei Kompensationsgeschäften SstA 1.9.1998 ArbErf 104/96.

53 SstA 16.2.2006 ArbErf 21/03.

54 AA *Bartenbach/Volz* Rn 197.1 unter Hinweis auf SstA 25.11.2008 ArbErf 3/08 und SstA 23.11.2010 ArbErf 33/09.

55 SstA 20.1.2009 ArbErf 40/06, auch zur Bemessung des Aufschlags (dort 5%); SstA 20.12.2004 ArbErf 23/03 (30%); SstA 16.11.2004 ArbErf 1/00 (5%).

56 SstA 7.11.1994 ArbErf 111/93.

57 Vgl ua SstA 30.1.1992 ArbErf 42/91; SstA 4.5.1995 ArbErf 83/93; SStA 2.9.1997 ArbErf 25/96; SstA 3.6.1998 ArbErf 89/96.

letzungen oder bei Einbeziehung einer Marke)[58] wie abstrakte Lizenzanalogie, wenn vergleichbare frei vereinbarte Lizenzsätze nicht zur Verfügung stehen.[59] Dass nicht in allen relevanten Lizenzverträgen identische Lizenzsätze vereinbart wurden, hindert die Anwendung der konkreten Lizenzanalogie nicht.[60] Wird die Erfindung in eine Verwertungsgesellschaft eingebracht, sind deren Umsätze heranzuziehen.[61] Abzustellen ist (als Tatfrage) darauf, an welche tatsächlichen Umstände vernünftige Personen die Gegenleistung geknüpft hätten.[62] Es gelten dieselben Grundsätze wie bei der Schadensersatz- oder Bereicherungslizenz.[63] Der Reingewinn ist nicht allein maßgeblich.[64] Grds muss auch bei Umsatz mit Verlust Vergütung gezahlt werden,[65] dies muss sich jedoch im Lizenzsatz auswirken,[66] zudem kann VergRl 23 anzuwenden sein.[67] Wenn eine Diensterfindung sowohl innerbetrieblich genutzt wird als auch Erfindungsgegenstände verkauft werden, ist die Vergütung nach der Lizenzanalogie zu ermitteln.[68] Kostenlose Garantieleistungen sind nicht vergütungspflichtig, wenn der Garantiefall der Erfindung anzulasten ist.[69] Bei der vorläufigen Vergütungsberechnung ist regelmäßig die Lizenzanalogie zu wählen.[70] Ob Freilizenzen vergütungspflichtig sind, beurteilt sich nicht nur nach den subjektiven Beweggründen des ArbGb für die Freilizenzgewährung, sondern unterliegt der Kontrolle durch die objektiv gegebene Veranlassung; ist sie bei zutr Würdigung des StdT nicht gerechtfertigt, führt sie keine Minderung des Erfindungswerts herbei.[71] Der Erfindungswert ist die mit dem Lizenzsatz (in Prozenten oder in einem bestimmten Geldbetrag je Stück oder Mengeneinheit) multiplizierte Bezugsgröße (Umsatz oder Erzeugung). Es ist regelmäßig nicht angebracht, der Vergütungsberechnung nur einen Bruchteil des Lizenzsatzes zugrunde zu legen, der den „Erfindungsanteil" an der gewählten Bezugsgröße widerspiegeln soll.[72]

Als **Bezugsgröße** (VergRl 7, 8) wird rechnerisch im Regelfall der (tatsächlich erzielte) Umsatz[73] (nicht **13** nur ein Mehrumsatz, Rn 16) vor Steuern zugrunde gelegt. Kosten, die aufgewendet werden, um die Erfindung betriebsreif zu machen, sind im Rahmen der Lizenzanalogie nicht unmittelbar vom erzielten Umsatz abzuziehen, sondern bei der Bestimmung des Lizenzsatzes mindernd zu berücksichtigen.[74] Liegen freie Lizenzverträge für die zu bewertende Erfindung mit einem konkreten Lizenzsatz und einer entspr Bezugsgröße vor, sind sie für die Ermittlung des Erfindungswerts in erster Linie heranzuziehen; VergRl 8 ist dann unanwendbar.[75] Betrifft die Erfindung eine Weiterverarbeitung, bildet der Umsatz für das Bearbeiten der Produkte ohne Rücksicht auf deren Wert die Bezugsgröße,[76] bei der Verfeinerung von Rohstoffen die Differenz zwischen dem Einkaufspreis des zu verfeinernden Stoffs und dem Verkaufspreis des veredelten

---

58 SstA 5.2.1996 ArbErf 49/94; Bsp SstA EGR ArbEG § 9 (VergHöhe) Nr 68.
59 Zu Problemen bei der Ermittlung des Erfindungswerts nach der Lizenzanalogie SstA BlPMZ 1982, 277; zur konkreten Lizenzanalogie im Arzneimittelbereich (Patent auf Verabreichungsform) SStA 2.9.1997 ArbErf 25/96; zur abstrakten Lizenzanalogie, die ein Vergleichsobjekt nicht voraussetze, SstA 20.9.2007 ArbErf 53/05.
60 LG München I CR 2012, 356.
61 SstA 15.3.2005 ArbErf 63/03.
62 BGHZ 155, 8 = GRUR 2003, 789 Abwasserbehandlung; vgl BGH GRUR 2002, 801, 803 abgestuftes Getriebe; OLG Düsseldorf InstGE 4, 165 = Mitt 2005, 453.
63 OLG Düsseldorf InstGE 4, 165 = Mitt 2005, 453.
64 LG München I 22.12.1998 21 O 22876/94.
65 SstA 8.8.1989 ArbErf 90/88; SstA 8.5.2003 ArbErf 15/01.
66 SstA 6.2.1992 ArbErf 49/91; SstA 8.5.2003 ArbErf 15/01; zur Berechnung des Lizenzsatzes *Rosenberger* GRUR 2000, 25, 30 ff.
67 SstA 14.7.1992 ArbErf 58/91.
68 SstA BlPMZ 1988, 171.
69 SstA 19.2.1999 ArbErf 40/97.
70 OLG Düsseldorf EGR Nr 35 zu § 9 ArbEG (VergHöhe).
71 SstA Mitt 1996, 220.
72 LG Düsseldorf 30.4.1996 4 O 101/93 Entsch 1996, 44.
73 Vgl OLG München 13.11.2003 6 U 2464/97; zur Frage, ob öffentliche Zuwendungen als („fiktiver") Umsatz und als Verwertung angesehen werden können, und zu ihren Auswirkungen auf die Erfindervergütung SstA BlPMZ 1977, 53 sowie LG München I 25.3.1998 21 O 20044/89.
74 SstA 8.5.2008 ArbErf 26/06.
75 SstA 30.9.2008 ArbErf 29/07.
76 SstA 24.10.2000 ArbErf 30/97.

Stoffs.[77] Zur Berücksichtigung des Umsatzes mit Ersatzteilen in der Automobilindustrie ist es angemessen, den Umsatz mit Kraftfahrzeugen, in denen die entspr Erstausstattungsteile verbaut werden, um 10% zu erhöhen; da Ersatzteilumsätze erfindungsfremde Anteile für die Amortisierung von Lagerhaltungs- und Vertriebskosten enthalten, ist es weiter angemessen, sich an den reinen Herstellkosten zu orientieren und diese mit dem Erfahrungsfaktor von 1,6 für viele Industriebereiche auf einen Außenumsatz hochzurechnen.[78] Unter besonderen Umständen kommen auch Gegenstände in Betracht, die weder von der Erfindung Gebrauch machen noch deren unmittelbares Verfahrenserzeugnis sind, so Produkte, die nach der tatsächlich praktizierten Herstellung ohne Anwendung des Verfahrens (Abwasserreinigungsverfahren) nicht existent wären.[79] Eine Vergütung von Umsätzen des ArbGb mit einem Mittel, das nicht Gegenstand der Diensterfindung ist, aber neben Mitteln anderer Wettbewerber des ArbGb bei einem diensterfindungsgem Verfahren eingesetzt werden kann, das in Geräten benutzt wird, die von dem ArbGb nicht selbst hergestellt werden, sondern an dem er Lizenzen vergibt, setzt voraus, dass die Erfindung eine vorrangige, entscheidende kausale Bedeutung für die Mittelumsätze hat.[80] Der Zuschlag zur Errechnung einer Lizenzbasis von den Herstellungskosten auf den Verkaufspreis beträgt idR ca 60%.[81] In der Automobil- und Automobilzulieferindustrie hielt die Schiedsstelle einen Aufschlag von 45% auf die Herstellungskosten zur Ermittlung des Verkaufsumsatzes für angemessen,[82] in der Antriebs- und Fahrwerkstechnik von 30%.[83] Es entspricht den Gepflogenheiten des freien Lizenzmarkts, regelmäßig den Nettoverkaufspreis ab Werk unter Abzug von Preisnachlässen, Rabatten, Skonti, Zugaben und Boni zugrundezulegen;[84] abzuziehen sind auch Vertreterprovisionen.[85] Beim Ansatz des marktüblichen Lizenzsatzes ist eine Reduzierung der Nettoumsätze um die Patentkosten nicht zulässig.[86] Lizenzeinnahmen sind auch dann zu berücksichtigen, wenn die Lizenzierung gegen das GWB verstößt.[87] Maßgeblich für das, wodurch die Erfindung ihr kennzeichnendes Gepräge erhält, der technisch-patentrechtl Einfluss der Erfindung auf das verkaufte Produkt.[88] Technisch-wirtschaftlich ist ausschlaggebend, ob die gesamte Vorrichtung oder nur ein Teil zu berücksichtigen ist.[89] Die Praxis der SstA stellt schon bei der Ermittlung der Bezugsgröße auf den Teilwert ab.[90] Obere Grenze ist die Einheit, die der wirtschaftlichen Kalkulationsmacht des ArbGb unterliegt.[91] Bezugsgröße und Lizenzsatz stehen zueinander in einem Wechselverhältnis.[92]

14 Für die Berechnung der Schadensersatzlizenz hat der BGH darauf abgestellt, dass bei **zusammengesetzten Vorrichtungen**, von denen nur ein Teil patentiert ist, die sachgerechte Bezugsgröße unter Berücksichtigung aller Umstände des Einzelfalls vor allem nach Verkehrsüblichkeit und Zweckmäßigkeit zu bestimmen ist. Das entspricht dem allg Grundsatz der Lizenzanalogie, dass ein Schutzrechtsinhaber das schuldet, was vernünftige Parteien bei Abschluss eines fiktiven Lizenzvertrags vereinbart hätten, wenn sie

77 SstA 8.5.2008 ArbErf 26/06.
78 SstA 18.6.2008 ArbErf 3/07.
79 BGHZ 155, 8 = GRUR 2003, 789 Abwasserbehandlung.
80 SstA 5.7.2001 ArbErf 10/99; vgl SstA BlPMZ 1967, 321; SStA BlPMZ 1993, 114 f; *Bartenbach/Volz* VergRl RLNr 7 Rn 94 mwN.
81 SstA 22.11.1991 ArbErf 78/90.
82 SstA 21.4.2009 ArbErf 13/08.
83 SstA 24.7.2008 ArbErf 5/07.
84 SstA Mitt 1996, 220.
85 SstA 10.8.1993 ArbErf 14/92.
86 SstA 26.4.2001 ArbErf 3/99.
87 SstA 15.11.1999 ArbErf 35/98.
88 SstA 28.10.1993 ArbErf 136/92; SstA 30.11.1993 ArbErf 140/92.
89 *Bartenbach/Volz* § 9 Rn 125.1.
90 SstA 4.5.2001 ArbErf 28/99.
91 SstA 16.3.1995 ArbErf 68/93.
92 SstA Mitt 1975, 97; SstA 18.12.1996 ArbErf 34/95, auch zur erforderlichen Genauigkeit bei der Bestimmung der Bezugsgröße; OLG Frankfurt GRUR 1992, 852; zur Bezugsgröße SstA BlPMZ 1965, 280 (besondere Automatik einer Kamera); SstA BlPMZ 1964, 354 (Gesamtvorrichtung – Teilvorrichtung); SstA BlPMZ 1964, 375 (zusammengesetzte Vorrichtung), dort auch zur Bemessung des Lizenzsatzes; SstA BlPMZ 1970, 454; zur kleinsten technisch-wirtschaftlichen Einheit als Bezugsgröße iSd VergRl 7, 8 SstA BlPMZ 1980, 60.

die künftige Entwicklung und namentlich den Umfang der Rechtsverletzung vorhergesehen hätten.[93] Dabei kann es namentlich eine Rolle spielen, ob die Gesamtvorrichtung üblicherweise als Ganzes geliefert wird und ob sie durch den geschützten Teil eine Wertsteigerung erfährt.[94] Erfolgt sowohl eine separate Veräußerung wie auch eine solche in einer größeren Gesamtanlage, soll nach Auffassung des OLG Düsseldorf als Bezugsgröße im Fall des Einzelverkaufs auf den Nettoabgabepreis für das Einzelteil, in den Fällen des Anlagenverkaufs aber auf den Festbetrag abzustellen sein, der sich als Durchschnittspreis aus den Verkaufserlösen für die isoliert vertriebenen Maschinenteile ergibt.[95] Wird eine ein spezielles Verfahren ermöglichende Software als Bestandteil einer Vorrichtung geliefert, können zur Ermittlung des Erfindungswerts der Verfahrenserfindung die Wertsteigerung der Vorrichtung und der mit ihr erzielte Gewinn auch dann herangezogen werden, wenn die Vorrichtung ohne die Software betrieben werden kann.[96] Neuerdings stellt der BGH auf die kleinste technisch-wirtschaftliche Einheit ab, die noch von der Erfindung geprägt wird.[97]

Erhöhung, Ermäßigung des Lizenzsatzes (VergRl 9).[98] Bei einer Vorrichtungserfindung kann sich **15** eine weitere Verfahrenserfindung, die zu günstigeren Benutzungsbedingungen führt, lizenzerhöhend auswirken.[99] Besonders hohe Umsätze des ArbGb mit erfindungsgem Produkten können eine Herabsetzung des angemessenen Lizenzsatzes rechtfertigen, soweit die Annahme begründet ist, dass die Höhe auch der Stellung des Lizenznehmers auf dem Weltmarkt, der damit verbundenen Reputation des Unternehmens und der Wertschätzung seiner Erzeugnisse sowie seinen Bemühungen in Entwicklung, Produktion, Vertrieb, Aufrechterhaltung und Ausbau seiner Marktstellung geschuldet ist.[100] Der Aufwand an geistiger und mechanischer Arbeit, der bei der Durchführung von Löschungsverfahren und Verletzungsverfahren beim ArbGb angefallen ist, kann nicht bei der Ermittlung der Nettolizenzeinnahme berücksichtigt werden.[101] Wird ein Patentanspruch im Lauf des Prüfungsverfahrens erheblich eingeschränkt, ist es angemessen, den Lizenzsatz für die endgültige Vergütung niedriger anzusetzen als bei der vorläufigen Vergütung.[102]

---

93 BGH GRUR 1992, 432 Steuereinrichtung I; BGH GRUR 1992, 599 Teleskopzylinder; vgl auch BGH GRUR 1962, 401, 404 Kreuzbodenventilsäcke III; BGH GRUR 1969, 677, 680 Rübenverladeeinrichtung; BGH GRUR 1978, 430 Absorberstabantrieb I; BGH GRUR 1981, 263 f Drehschiebeschalter; BGH GRUR 1990, 1008 f Lizenzanalogie, zu entspr Grundsätzen im Urheberrecht; für die Bemessung des Erfindungswerts LG Düsseldorf 30.4.1996 4 O 101/93 Entsch 1996, 44, 46.

94 BGH Steuereinrichtung I; BGH Teleskopzylinder; RGZ 144, 187, 192 = GRUR 1934, 438 Beregnungsanlage V; Bsp für die Bemessung der Bezugsgröße, wenn bei einer Erfindung, die nur einen Teil einer Vorrichtung betrifft, sowohl das Anknüpfen am erfindungsgem Teil als auch an der Gesamtvorrichtung zu Unbilligkeiten führen würde, SstA BlPMZ 1974, 385; zur Bemessung der Bezugsgröße bei Umgestaltung eines wesentlichen Teils einer vorhandenen Gesamtvorrichtung für einen neuen Zweck und zur Wahl des als Ausgangspunkt in Betracht kommenden Lizenzsatzes SstA BlPMZ 1971, 170; zur angemessenen Bezugsgröße bei hohem Materialwert SstA EGR ArbEG § 9 (VergHöhe) Nr 69; SstA 12.2.1998 ArbErf 52/96; zu Bezugsgröße und Lizenzfaktor s auch SstA BlPMZ 1973, 29; zur Bezugsgröße bei einem zweiteiligen Röhrenofen SstA BlPMZ 1975, 258; zur Bemessung des Werts der umgesetzten Erzeugnisse bei der Lizenzanalogie und zur Berücksichtigung von nicht mit dem Herstellungsverfahren zusammenhängenden Arbeitsgängen SstA BlPMZ 1962, 51.

95 OLG Düsseldorf InstGE 4, 165 = Mitt 2005, 453.

96 BGH GRUR 1998, 684, 689 Spulkopf.

97 BGHZ 183, 182 = GRUR 2010, 223, 227 Türinnenverstärkung in Bestätigung von OLG Düsseldorf InstGE 8, 147; *Bartenbach/Volz* § 9 Rn 126 mwN.

98 Zu prozentualen Abschlägen bei der globalen Erfindungswertbestimmung bei einer durch Austauschvertrag verwerteten, aber derzeit nicht nutzbaren Diensterfindung mehrerer ArbN verschiedener kooperierender ArbGb SstA BlPMZ 1993, 114; zu den Auswirkungen der Abhängigkeit eines auf eine Diensterfindung erteilten Schutzrechts von einem anderen auf den Erfindungswert SstA BlPMZ 1977, 200; SstA 11.5.1995 ArbErf 101/93 (idR Halbierung, uU aber geringerer Abzug); zu den Auswirkungen der Zurückweisung einer Inlandspatentanmeldung auf die Bewertung eines Auslandspatents SstA BlPMZ 1977, 202; SstA 22.11.1991 ArbErf 78/90.

99 OLG Düsseldorf InstGE 4, 165 = Mitt 2005, 453.

100 LG Düsseldorf 28.8.1997 4 O 6/92 Entsch 1997, 75, 81 f.

101 SstA BlPMZ 1977, 200.

102 SstA BlPMZ 1991, 201.

16   **Üblicher Lizenzsatz (VergRl 10).**[103] Die weitgehend auf die VergRl 1944 zurückgehenden weitgesteckten Rahmen in VergRl 10 werden als zu hoch angesehen.[104] Nach ständiger Übung knüpft die SstA an einen Lizenzsatz an, der auf den tatsächlich erzielten Umsatz bezogen ist, nicht auf eine Umsatzsteigerung.[105] Wird bei der Ermittlung des Erfindungswerts nur am „Mehrumsatz" angeknüpft, sind diesem höhere Lizenzsätze beizuordnen als üblich.[106] Einfluss auf den Lizenzsatz haben der Abstand zum StdT, die sonstige Wertigkeit (Schutzumfang, Beständigkeit, Abhängigkeit) des Schutzrechts, die Bezugsgröße, der Produktionsumfang, der Unternehmensgewinn und die Marktsituation.[107] Dabei muss jedoch Doppelberücksichtigung vermieden werden, zB durch Abstaffelung. Bei einem in seiner Gesamtheit geschützten chemischen Verfahren ist vom Wert des gesamten Verfahrens auszugehen.[108]

17   Der mit der Verwertung der Erfindung zu erzielende **Gewinn** kann nach früherer Rspr des BGH einen Anhaltspunkt geben, weil er den Vorteil widerspiegelt, der durch die Benutzung der Erfindung erreicht wird.[109] Dies ist im Ergebnis zu Recht kritisiert worden (vgl Rn 44 zu § 12). Das Verhältnis des Gewinns des Unternehmens auf Grund der Erfindung zum angemessenen Lizenzsatz (Erfindungswert für die beim Verkauf eines Produktes benutzten Patente) soll nach der älteren Praxis der SstA 1/8–1/3, meist 25%–30% des beim Verkauf des geschützten Produkts erzielten Gewinns vor Steuern betragen.[110]

18   **Abstaffelung (VergRl 11).** Bei Vergütungermittlung im Weg der Lizenzanalogie kann eine Minderung des Lizenzsatzes wegen besonders hoher Umsätze durch Abstaffelung vorgenommen werden, wenn dies der Praxis bei freien Erfindungen im betr Industriezweig entspricht; dies ist im Einzelfall zu prüfen.[111] Abstaffelung soll aber auch in Betracht kommen, wenn sie nicht üblich ist, aber Anlass hierfür besteht, so wenn vernünftige Vertragsparteien entspr Faktoren Rechnung getragen hätten.[112] In der Automobilzulieferindustrie ist die Abstaffelung branchenüblich.[113] Die Abstaffelung ist kein notwendiger Bestandteil der Lizenzanalogie.[114] Der ArbGb kann den Lizenzsatz nur dann auf Grund der VergRl 11 oder einer betriebsinternen Regelung abstaffeln, wenn die Anwendung der Staffel vereinbart oder nach § 12 Abs 3 konkret festgesetzt worden ist.[115] Spätere Feststellung hoher Umsätze berechtigt nach Festsetzung nicht zu nachträgli-

---

103   Zur Höhe des nach der Lizenzanalogie bei der Verbesserung eines chemischen Verfahrens anzunehmenden Lizenzsatzes SstA BlPMZ 1966, 124; zum Lizenzsatz in der Bauindustrie (Bodenverfestigung) SstA BlPMZ 1984, 218, bei Massenprodukt der Baustoffindustrie SstA 30.6.1994 ArbErf 182/92; bei Kunststofferzeugnissen im Automobilbau SstA 22.2.1996 ArbErf 66/94; bei Automobilzulieferteilen SstA 12.6.1997 ArbErf 86/94, SstA 20.1.1997 ArbErf 34/93; bei chemischen Verfahrenserfindungen SstA 24.6.2008 ArbErf 4/07; für chemische Massenprodukte SstA 9.11.1994 ArbErf 13/94 (0,1–0,6%); im Flugzeugbau SstA 19.2.1997 ArbErf 55/95 (hierzu auch OLG München 13.11.2003 6 U 2464/97); in der Medizintechnik SstA 17.4.1997 ArbErf 78/95; Messtechnik und Präparationstechnik SstA 25.3.1997 ArbErf 47/95; Nahrungsmitteltechnik SstA 17.2.1997 ArbErf 53/95; Pharmaindustrie SstA 8.12.1993 ArbErf 11/92; Rohrleitungstechnik SstA 6.3.1997 ArbErf 12/93; zum Lizenzsatz für Massenartikel (Auskleidungsfolie) SstA BlPMZ 1984, 57; für die Inanspruchnahme einer ArbNErfindung durch die Bundesrepublik Deutschland, deren Gegenstand die Ausgestaltung von Sender und Empfänger eines Gerätesatzes zur Simulation von Radioaktivität ist, ist eine Analogielizenz von 3% als angemessen angesehen worden (OLG Frankfurt GRUR 1992, 852); zum Einfluss des Kartellrechts *Bartenbach/Volz* § 9 Rn 136 f.
104   *Bartenbach/Volz* § 9 Rn 122, 131 mwN, dort auch zur Entwicklung seit 2008; vgl BGH GRUR 1995, 578, 580 Steuereinrichtung II; als Orientierungshilfe kann auf *Hellebrand/Himmelmann* Lizenzsätze für technische Erfindungen⁴ (2011) zurückgegriffen werden, wo die Erfahrungen der SstA festgehalten sind.
105   SstA BlPMZ 1964, 233, SstA 25.5.1981 ArbErf 32/78; SstA 10.8.1993 ArbErf 14/92.
106   SstA BlPMZ 1990, 336.
107   Vgl *Bartenbach/Volz* § 9 Rn 134; zum Lizenzsatz bei herausragenden Erfindungen vgl LG Düsseldorf 18.12.2007 4a O 26/98; LG Düsseldorf 23.11.2010 4b O 20/10; SstA 11.1.1994 ArbErf 1/93.
108   SstA BlPMZ 1965, 170.
109   BGH GRUR 1998, 684, 688 Spulkopf; BGH GRUR 2002, 801, 803 abgestuftes Getriebe.
110   SstA BlPMZ 1990, 336; zu den Grundlagen für die Ermittlung eines angemessenen Lizenzfaktors SstA BlPMZ 1974, 178; zu Bezugsgröße und Lizenzfaktor SstA BlPMZ 1973, 29; zur Bemessung des Lizenzsatzes SstA BlPMZ 1962, 78, BlPMZ 1971, 143.
111   BGH GRUR 1990, 271 Vinylchlorid; vgl OLG München 13.11.2003 6 U 2464/97; zur Staffelung wegen besonders hoher Umsätze SstA BlPMZ 1966, 124; zur Ermäßigung auch SstA BlPMZ 1964, 235, BlPMZ 1965, 280.
112   OLG Düsseldorf InstGE 4, 165 = Mitt 2005, 453; aA wohl OLG München 13.11.2003 6 U 2464/97.
113   SstA 8.5.2008 ArbErf 26/06.
114   SstA 21.12.2000 ArbErf 55/98.
115   BGHZ 126, 109 = GRUR 1994, 898 Copolyester I; SstA 8.12.1993 ArbErf 11/92: dass der ArbGb bisher stets abgestaffelt hat, begründet keine betriebliche Übung; SstA 5.8.1998 ArbErf 103/96.

cher Einführung der Staffel.[116] Anwendung der Staffel setzt deren Üblichkeit voraus,[117] auf deren (schwierigen) Nachweis nicht verzichtet werden kann,[118] anders die Praxis der SstA, die auf Angemessenheit abgestellt hatte,[119] bei Ursächlichkeit der Erfindung für die Auftragserteilung aber den Nachweis einer Kausalitätsverschiebung verlangt,[120] aber bei Branchenüblichkeit der Abstaffelung die Kausalitätsverschiebung nicht prüft.[121] Eine solche Kausalitätsverschiebung soll vorliegen, wenn bei besonders hohen Umsätzen mit erfindungsgemäßen Produkten erfindugsneutrale Umstände aus der Sphäre des Unternehmens in entscheidendem Maß ursächlich werden.[122] Die Minderung kann auch vorgenommen werden, wenn sich die Erfindung auf teure Spezialvorrichtungen bezieht und die Höhe des Umsatzes von vornherein abzuschätzen ist; in solchen Fällen kann sie durch einen linearen Abschlag erfolgen.[123] Auch bei der Kaufpreisschätzung auf der Basis aufsummierter fiktiver Lizenzgebühren für die Benutzung durch den Erwerber sind die geschätzten Lizenzgebühren einer Abstaffelung nach den allg für Lizenzsätze geltenden Regeln, insb der Kausalitätsverschiebung als Grund für eine Abstaffelung, zu unterwerfen.[124] Auch bei der Berechnung der Erfindervergütung auf der Grundlage des Gewinns kann bei entspr hohen Umsätzen eine Abstaffelung gerechtfertigt sein.[125] Zu berücksichtigen ist auch die Anzahl der gelieferten Stücke des patentierten Gegenstands.[126]

Maßgebend für das Erreichen der Staffelgrenzen ist der den Erfindungswert bildende, mit der Bezugsgröße erreichte Gesamtumsatz.[127] Sind die Lizenzen bereits **nach einer Umsatzstaffel** berechnet, sind die Nettolizenzen ohne Berücksichtigung der Umsatzstaffel zugrunde zu legen.[128] Ein einheitlich angewandter geringerer Lizenzsatz kann bei überschaubarer Umsatzhöhe anstelle der Abstaffelung zugrunde gelegt werden.[129] **19**

Wird der Erfindervergütung nur ein **Teil der Gesamtvorrichtung** als Bezugsgröße zugrunde gelegt, ist nur der Umsatzanteil der Teilvorrichtung abzustaffeln, und nicht erst nach Durchführung der Abstaffelung vom Gesamtumsatz als Anteil zu berücksichtigen.[130] **20**

Erfassbarer betrieblicher Nutzen (VergRl 12).[131] Die mit erheblichen Unsicherheiten behaftete Methode kommt in Betracht, wenn hinreichende Anhaltspunkte für die Anwendung der Lizenzanalogie fehlen;[132] so ist sie bei ausschließlich innerbetrieblichen Auswirkungen der Erfindung[133] sowie dann, wenn **21**

---

116 SstA 21.12.2000 ArbErf 55/98.

117 BGH Vinylchlorid; LG Düsseldorf 28.8.1997 4 O 6/92 Entsch 1997, 75, 81.

118 OLG Frankfurt GRUR 1992, 852, 854 im Anschluss an *Volmer/Gaul* § 9 Rn 432; LG Düsseldorf 28.8.1997 4 O 6/92 Entsch 1997, 75 sieht die Frage der Abstaffelung als lizenzvertraglicher Natur an; die Abstaffelung könne deshalb nicht mit Erwägungen zur Unangemessenheit einer höheren Vergütung begründet werden.

119 Nachw bei *Bartenbach/Volz* § 9 Rn 142.2 Fn 615, 617.

120 SstA GRUR 1993, 387; SstA 23.6.1993 ArbErf 9/92; SstA 30.11.1993 ArbErf 140/92; SstA 15.9.1994 ArbErf 172/92; SstA 2.4.2009 ArbErf 58/07; SstA 21.4.2009 ArbErf 13/08; SstA 8.10.2009 ArbErf 50/08; SstA 13.10.2009 ArbErf 38/06; SstA 8.12.2010 ArbErf 6/09; SstA ArbErf 18/13 Mitt 2016, 277; vgl *Hellebrand* GRUR 1993, 449, 453; *Bartenbach/Volz* § 9 Rn 142.2 Fn 619; OLG München 24.2.2000 6 U 2163/99; OLG München 13.11.2003 6 U 2464/97; LG München I 22.12.1998 21 O 22876/94: bei Nichtvorhandensein freier Erfinder.

121 SstA 22.2.1996 ArbErf 66/94; SstA 3.6.2005 ArbErf 34/04; SstA 17.4.2007 ArbErf 7/06; *Bartenbach/Volz* § 9 Rn 142.2 Fn 619.

122 *Hellebrand* GRUR 1993, 449 ff; *Bartenbach/Volz* § 9 Rn 142.2-

123 BGH GRUR 1978, 430 Absorberstabantrieb I.

124 SstA 24.6.2008 ArbErf 4/07.

125 Vgl SstA BlPMZ 1961, 434.

126 SstA BlPMZ 1968, 165.

127 SstA GRUR 1995, 664.

128 BGH GRUR 1990, 271 Vinylchlorid; zur Abstaffelung eines Lizenzfaktors, wenn dieser einem die Diensterfindung betr Lizenzvertrag entlehnt ist, der selbst die Staffel nicht aufweist, SstA BlPMZ 1977, 200.

129 BGH GRUR 1969, 677, 680 Rübenverladeeinrichtung; BGH GRUR 1978, 430 Absorberstabantrieb I.

130 SstA BlPMZ 1965, 280; SstA 18.12.1996 ArbErf 34/95; allg zur Zugrundelegung der Bezugsgröße SstA 30.11.1993 ArbErf 140/92; vgl aber bei Erfindungskomplexen SstA BlPMZ 1990, 336.

131 Zur Problematik und Auswahl der einzelnen Methoden zur Ermittlung des Erfindungswerts und zu allg Schwierigkeiten der Ermittlung des Erfindungswerts und dem erfassbaren betrieblichen Nutzen SstA BlPMZ 1982, 57; zur Marktferne der Ermittlungsmethode SstA 29.2.1996 ArbErf 20/93.

132 BGH GRUR 2012, 605 antimykotischer Nagellack I; *Bartenbach/Volz* § 9 Rn 110, 161 f; vgl *Meier-Beck* FS W. Tilmann (2003), 539, 541.

133 OLG Frankfurt EGR Nr 21 zu § 9 ArbEG (VergAnspr.).

mit der Erfindung Ersparnisse erzielt werden[134] anwendbar, ebenso bei Verbesserungserfindungen, wenn die Verbesserung nicht derart ist, dass der mit dem verbesserten Gegenstand erzielte Umsatz als Berechnungsgrundlage dienen kann.[135] Lfd Vergütung nach erfassbarem betrieblichem Nutzen kann auch bei einer durch ein Vorrichtungspatent geschützten Erfindung angemessen sein, wenn die Erfindung auch durch Verfahrensansprüche hätte geschützt werden können, weil es nur auf die Benutzung der Erfindung und nicht auf das Schutzrecht ankommt.[136] Die Einsparungen müssen kausal auf die Erfindung zurückzuführen sein.[137] Maßgeblich ist die durch den Einsatz der Erfindung verursachte Differenz zwischen Kosten und Erträgen, der Vergleich ist nach betriebswirtschaftlichen Grundsätzen vorzunehmen.[138] Führt die Anmeldung zu innerbetrieblichen Einsparungen, ohne dass zunächst bekannt ist, ob sich gegenüber dem StdT ein schutzfähiger Überschuss ergibt, ist diese Ungewißheit bei der Ermittlung des Erfindungswerts nach dem erfaßbaren betrieblichen Nutzen durch einen Risikoabschlag zu berücksichtigen.[139] Die SstA hält in stPraxis die Methode nicht für angemessen, wenn der innerbetriebliche StdT nicht dem äußeren entspricht.[140] Zunächst ist der Bruttonutzen konkret zu ermitteln, aus diesem durch Umrechnung mit dem Faktor 1/3 bis 1/8, im Durchschnitt etwa 1/5, bei geringem Abstand vom äußeren StdT von 15%,[141] der Erfindungswert zu ermitteln; auch hier ist abzustaffeln; der dabei vorgenommene Abzug berücksichtigt den kalkulatorischen Kostenanteil, den kalkulatorischen Unternehmergewinn und das unternehmerische Wagnis.[142] Wird die Lehre eines Schutzrechts bei der Durchführung eines Forschungs- und Entwicklungsauftrags nicht benutzt, war aber die Diensterfindung kausal für die Erteilung des Auftrags, ist der kausal auf die Erfindung zurückgehende Vorteil der Auftragsakquisition zu vergüten; der ArbGb schuldet aber nur dann Erfindervergütung, wenn der kausal auf die Diensterfindung zurückzuführende Forschungsauftrag dem ArbGb Gewinn erbracht hat; der Erfindungswert zur Berechnung der Erfindervergütung nach dem erfassbaren betrieblichen Nutzen idR etwa 20% des erzielten Gewinns.[143]

22   Wird der betriebliche Nutzen, der sich aus dem betriebsinternen Einsatz einer Erfindung ergibt, anhand der **Ersparnis** ermittelt, die ein Betrieb dadurch erzielt, dass keine Lizenzvergütungen abgeführt werden müssen, ist die Ersparnis als echter Erfindungswert einzusetzen.[144] Wird durch die Diensterfindung eine Preisermäßigung für Zulieferungen erzielt, ist diese Erhöhung des Nutzens auch dann als wirtschaftliche Verwertung der Erfindung zu vergüten, wenn weder der ArbGb noch der Zulieferer nach dem Gegenstand des Patents herstellen.[145]

23   **Schätzung (VergRl 13).**[146] Ist mit der zu vergütenden Erfindung kein Umsatz verbunden, ist auch die Ermittlung des erfassbaren betrieblichen Nutzens unmöglich, weil die erforderlichen Rechnungsposten nicht beziffert werden können und der Anteil an einer möglichen Ersparnis durch die Benutzung der Er-

---

134 *Bartenbach/Volz* § 9 Rn 110 mwN; SstA 12.2.2008 ArbErf 14/05.
135 SstA 3.8.1993 ArbErf 22/92; hierbei kein Unterschied zwischen Verfahrens- und Vorrichtungspatenten, vgl OLG Düsseldorf EGR § 9 (VergHöhe) Nr 33.
136 SstA Mitt 1997, 373.
137 SstA BlPMZ 1982, 57, BlPMZ 1988, 181, Mitt 1997, 373 f.
138 *Bartenbach/Volz* § 9 Rn 163 ff.
139 SstA 7.7.2005 ArbErf 41/03.
140 SstA BlPMZ 1973, 261, BlPMZ 1982, 57 f, BlPMZ 1988, 171; SstA 9.5.1985 ArbErf 21/85; SstA 10.5.1988 ArbErf 89/87; SstA 17.10.1991 ArbErf 29/91; SstA 18.11.1993 ArbErf 19/93; SstA 25.3.1994 ArbErf 64/93; SstA 18.4.1996 ArbErf 5/95;SstA 18.12.2001 ArbErf 57/98; SstA 9.12.2008 ArbErf 19/08; SstA 3.3.2009 ArbErf 907,SstA 23. 7.2009 ArbErf 110/05; SstA 28.7.2009 ArbErf 29/06; vgl SstA 12.2.2008 ArbErf 14/05; LG Düsseldorf 19.7.1983 4 O 216/74.
141 SstA 20.11.2008 ArbErf 27/07; *Bartenbach/Volz* Rn 165.
142 SstA 26.8.1997 ArbErf 30/96 mit Berechnungsbsp; vgl BlPMZ 1961, 434; SstA BlPMZ 1985, 222 f, BlPMZ 1987, 306, 308, Mitt 1997, 373 f; *Bartenbach/Volz* § 9 Rn 165; *Rosenberger* GRUR 2000, 25, 28; zur Berechnung des Erfindungswerts nach dem erfassbaren betrieblichen Nutzen auch SstA BlPMZ 1973, 58; Bsp einer solchen Berechnung SstA BlPMZ 1970, 457.
143 SstA 25.9.2008 ArbErf 36/07.
144 SstA BlPMZ 1973, 261; zur Ermittlung des Erfindungswerts auf Grund erzielter Ersparnisse auch SstA BlPMZ 1961, 434, GRUR 1962, 192; zur Berücksichtigung einer Einsparung, wenn durch die Erfindung die Beschäftigung von Behinderten entfällt, SstA 19.6.1998 ArbErf 94/96.
145 SstA BlPMZ 1967, 321.
146 Zur Schätzung der Erfindervergütung SstA BlPMZ 1964, 233; zur (unsicheren) Schätzung des Erfindungswerts nach der Höhe der Investitionskosten SstA Mitt 1974, 137 f; SstA 27.9.1994 ArbErf 76/93 (Faktor 1/3–1/8, bei Gebrauchsmustern 1/6–1/16), im Regelfall 20% (SstA 28.1.1999 ArbErf 37/97, auch zum berücksichtigungsfähigen Teil des Entwicklungsaufwands).

findung, der darauf zurückzuführen ist, dass die Erfindung den äußeren StdT übersteigt, nicht festgestellt werden kann, kann es zweckmäßig sein, den Erfindungswert anhand der Investitionskosten zu schätzen.[147] Bei der Investitionskostenmethode sind zur Ermittlung des Erfindungswerts Investitionen nicht mit einem Analogielizenzsatz zu multiplizieren; die für die Erfindung relevanten Investitionskosten müssen mit einem Umrechnungsfaktor multipliziert werden, der wie nach VergRl 12 regelmäßig zwischen $1/_8$ und $1/_3$ des Investitionskostenaufwands, im Regelfall 20% bei Patenten beträgt.[148] Jede Berechnungsmethode enthält Schätzungselemente.[149] VergRl 13 stellt auf die Globalschätzung des Erwerbspreises der Diensterfindung ab. Die Grundsätze der VergRl 8, 11 und 12 gelten entspr.[150] Mit den bisher aufgewendeten Schutzrechtskosten kann der Erfindungswert nicht gleichgesetzt werden.[151] Weil der Kaufpreisanteil an der Auftragssumme der einzige wirtschaftliche Vorteil ist, den der ArbGb aus der Hingabe der Rechte an der anlässlich des Entwicklungsauftrags entstandenen Erfindung zu erzielen vermag, ist dieser allein die Basis, auf der die Vergütung für die Veräußerung der Erfindungsrechte zu bemessen ist; der nach VergRl 13 geschätzte Erfindungswert beträgt, wenn die Entwicklung einer patentfähigen technischen Lösung für den Auftraggeber nicht im Vordergrund steht, nach den Erfahrungen der Schiedsstelle etwa 1% der Auftragssumme als Kaufpreisanteil.[152] Ist der Erfindungswert aus dem Kaufpreisanteil an der Auftragssumme zu bemessen, ist für eine Schätzung des Erfindungswerts kein Raum; zwar muss der Kaufpreis zur Ermittlung des Erfindungswerts geschätzt werden, aber nicht nach den Regeln und Methoden, die VergRl 13 für die Schätzung des Erfindungswerts für innerbetrieblich benutzte Erfindungen bereithält.[153] Wenn der ArbGb für Benutzungshandlungen vor Verkauf der Schutzrechtsposition einen Risikoabschlag einbehalten hat, ist dieser nachzuzahlen, wenn das Schutzrecht später rechtsbeständig erteilt wird.[154] Zur Kaufpreisanalogie Rn 7.

b. Außerbetriebliche Nutzung (VergRl 14–17). In Betracht kommt die Verwertung durch Lizenz- und Know-how-Vergabe, Verkauf der Erfindung[155] und Verwertung durch Austauschvertrag. VergRl 14, 15 sind auch auf die Verletzerlizenz sowie auf Zwangslizenzen anwendbar.[156]   24

Lizenzvergabe (VergRl 14, 15). Wird ein Schutzrecht versehentlich mitlizenziert, kommt eine Erfindervergütung nicht in Betracht.[157] Die Berechnung der Nettolizenzeinnahme bei Verwertung der Diensterfindungen durch Lizenzvergabe erfolgt entweder nach VergRl 14 oder nach VergRl 15.[158] Abstaffelung scheidet regelmäßig aus. Lieferung von Engineering unter Einschluss der technischen Lehre der Erfindung wird von der SstA als Lizenzvergabe zur Benutzung der technischen Lehre der Diensterfindung behandelt.[159] Zu vergüten ist auch die Überlassung an eine ausländ Muttergesellschaft, selbst wenn dafür keine Gegenleistung ausgewiesen wird, und zwar grds nach den fiktiven Lizenzeinnahmen.[160]   25

Die in **VergRl 15** genannten Richtsätze sind unter Berücksichtigung des dem Unternehmer zustehenden Gewinns gebildet.[161] Wird – was nur zulässig ist, wenn der ArbGb die Diensterfindung nicht selbst nutzt[162] – nach VergRl 15 gerechnet, ist die maßgebliche Bruttolizenzeinnahme[163] nicht auch nach VergRl 14 zu vermindern.[164] Der Nettolizenzfaktor, dh der Prozentsatz, mit dem im Falle der Erfindungsverwer-   26

147 SstA 9.12.2008 ArbErf 19/08.
148 SstA 31.1.2008 ArbErf 1/07.
149 Vgl SstA BlPMZ 1982, 57 f, BlPMZ 1988, 171; BGH GRUR 2002, 801 abgestuftes Getriebe; SstA 24.9.1991 ArbErf 10/91.
150 *Bartenbach/Volz* § 9 Rn 177.
151 SstA 25.1.2001 ArbErf 37/98.
152 SstA 6.10.2006 ArbErf 10/06.
153 SstA 25.11.2008 ArbErf 3/08.
154 SstA 10.2.2009 ArbErf 30/07.
155 Zum Erfindungswert beim Verkauf von Konstruktionszeichnungen *Bartenbach/Volz* § 9 Rn 241; SstA BlPMZ 1989, 306; vgl auch SstA BlPMZ 1989, 289; SstA 25.5.2007 ArbErf 23/05.
156 *Bartenbach/Volz* § 9 Rn 239 ff; vgl SstA BlPMZ 1987, 306 f.
157 BGH GRUR 2008, 606 Ramipril I.
158 Vgl SstA 11.10.2001 ArbErf 61/99.
159 SstA BlPMZ 1987, 306; SstA 24.6.1999 ArbErf 88/97.
160 SstA 29.10.1997 ArbErf 13/96.
161 SstA 16.5.1980 ArbErf 59/79; SstA 21.1.1992 ArbErf 61/90.
162 SstA 16.5.1995 ArbErf 92/93.
163 OLG Frankfurt GRUR 1985, 436 f.
164 SstA BlPMZ 1977, 200.

tung durch Lizenzvergabe gem VergRl 15 der Erfindungswert aus den Bruttolizenzeinnahmen errechnet wird („standardisierter Umrechnungsfaktor"), betrug im Regelfall ca 20%,[165] ein Faktor von 50% ist selten.[166] Der Regelumrechnungsfaktor ist grds angemessen, wenn sich die Kosten und Vertragspflichten, die der ArbGb trägt, im Rahmen des Üblichen bewegen.[167] Bei der Ermittlung sind im Rahmen der Schutzrechtserlangungs- und Aufrechterhaltungskosten auch die Risikobereitschaft und -fähigkeit des ArbGb für den Schutzrechtserwerb in schwierigen Fällen sowie sein Lizenzvertragsabschlussprestige bei Erlangung eines Lizenzvertrags mit einem das Schutzrecht zunächst verletzenden Dritten zu berücksichtigen.[168] Die Praxis der SstA hielt zeitweise den Ansatz eines solchen standardisierten Faktors für zu starr; sie schlug einen Vorwegabzug der ohne Weiteres konkret ermittelbaren oder schätzbaren Kosten wie Entwicklungs- und Schutzrechtskosten sowie des Know-how-Anteils von den Bruttolizenzeinnahmen vor und wollte aus dem verbleibenden Anteil die kalkulatorischen Kostenanteile und den kalkulatorischen Unternehmergewinn durch einen pauschalierten Regelwert berücksichtigen; der nach Abzug des Know-how-Anteils und der konkreten Kosten verbleibende Anteil war demnach mit dem Bruttonutzen aus einem betrieblichen Erfindungseinsatz vergleichbar und der Wertermittlung mit Faktoren im Rahmen von $\frac{1}{8}$–$\frac{1}{3}$ zugänglich, der kalkulatorische Kosten, kalkulatorischen Unternehmergewinn und unternehmerisches Risiko pauschal berücksichtigt; den Regelumrechnungsfaktor sah die SstA bei etwa 30%.[169]

27   **Schutzrechtsverkauf (VergRl 16).** Grds ist jede Veräußerung der Diensterfindung vergütungspflichtige Benutzungshandlung.[170] Mit dem Verkauf der Erfindung hat der ArbGb die Verwertung beendet.[171] Erfindungswert ist nicht der Kaufpreis, dieser ist vielmehr auf den Nettoertrag zurückzuführen; abzuziehen sind dabei alle Aufwendungen für die Entwicklung der Erfindung nach ihrer Fertigstellung, die Betriebsreifmachung, die Kosten der Erlangung und Übertragung des Schutzrechts, die mit dem Verkauf zusammenhängenden Aufwendungen wie Steuern, ein Gemeinkostenanteil und ein kalkulatorischer Unternehmergewinn, und zwar regelmäßig durch Ansatz eines Nettolizenz- oder -verkaufsfaktors, mit dem der Bruttoertrag zu multiplizieren ist.[172] Verbleibt kein Nettoertrag, bestehen keine Vergütungsansprüche.[173] Den Kaufpreis schätzt die SstA auf 1–2% der gesamten zu erwartenden Umsätze oder auf die Hälfte der gesamten zu erwartenden Lizenzerträge, woraus mit einem Faktor von ca 4–8 Promille der Erfindungswert ermittelt wird.[174] Bei Verkäufen von Schutzrechten liegt der Erfindungswert üblicherweise leicht oberhalb des regelmäßigen oberen Bereichs bei ausschließlichen Lizenzverträgen, wenn nicht damit zu rechnen ist, dass noch zukünftige Ausgaben und Belastungen des ArbGb als Verkäufer zu berücksichtigen sind;[175] die SstA geht in ihrer neueren Praxis nicht mehr von 60%, sondern von 50% aus.[176] Aus der Anhebung des Umrechnungsfaktors von $\frac{1}{8}$–$\frac{1}{3}$, im Regelfall 20%, um 50% ergibt sich ein durchschnittlicher Nettoverkaufsfaktor von etwa 40% gegenüber 35% bei lfd Lizenzeinnahmen.[177] In Fällen der Veräußerung von Schutzrechten zusammen mit Know-how, mit Kunden- und Lieferantenlisten, mit Zeichnungen und Fertigungshilfsmitteln sowie mit Wettbewerbsverzicht des Verkäufers entspricht es nach der Erfah-

---

165   *Bartenbach/Volz* § 9 Rn 225 mwN; SstA BlPMZ 1987, 306, 308, BlPMZ 1989, 289, 291, GRUR 1992, 849; SstA 17.3.2005 ArbErf 99/03; SstA 19.3.2009 ArbErf 24/06; SstA 23.4.2009 ArbErf 51/06; SstA 29.4.2010 ArbErf 11/09; SstA 11.7.1991 ArbErf 18/91 zum Faktor 35%; zur Bemessung der Höhe der Erfindervergütung für Lizenzeinnahmen des ArbGb auf Grund der Diensterfindung, Anlehnung an die Bruttolizenzeinnahme SstA BlPMZ 1967, 222.

166   SstA Mitt 1997, 190.

167   SstA 22.7.2008 ArbErf 1/06.

168   SstA 11.7.1991 ArbErf 18/91; SstA Mitt 1997, 190, dort unter Berücksichtigung des Fehlens von Entwicklungskosten 35%.

169   SstA Mitt 1997, 91; SstA 18.9.1996 ArbErf 77/94: dem Vorwegabzug unterliegen danach auch ua Prozesskosten zur Erzielung der Lizenzeinnahmen; SstA 29.10.1997 ArbErf 13/96.

170   SstA 9.9.1993 ArbErf 155/92.

171   SstA 6.11.2001 ArbErf 33/99.

172   SstA Mitt 1996, 176; zur Anwendung eines Umrechnungsfaktors für den Erfindungswert von im Regelfall 40% des Bruttonutzens SstA Mitt 1996, 176 f; SstA 21.1.1999 ArbErf 6/97; SstA 22.4.1999 ArbErf 51/97; vgl SstA 22.3.1994 ArbErf 77/93.

173   SstA 22.6.1999 ArbErf 1B/97.

174   SstA 10.12.1998 ArbErf 73/96 und 115/96; SstA 21.1.1999 ArbErf 6/97; SstA 27.7.1999 ArbErf 31/98; SstA 10.11.1999 ArbErf 46/98; SstA 22.2.2001 ArbErf 69/98; SstA 18.10.2001 ArbErf 37/00.

175   SstA GRUR 1992, 847, BlPMZ 1989, 225, 227.

176   Im Einzelfall SstA BlPMZ 1995, 223, 225; generell SstA Mitt 1996, 176.

177   SstA Mitt 1996, 176 f; SstA 3.4.2001 ArbErf 45/99.

rung der SstA üblicherweise den tatsächlichen Wertverhältnissen, etwa die Hälfte des Kaufpreises als auf das Know-how und die Kunden- und Lieferantenlisten fallend anzusehen.[178] Bei einer veräußerten Betriebs- und Geschäftsausstattung, bestehend aus der gegenständlichen Geschäftseinrichtung ohne Produktionsmaschinen, zwei Patenten (davon ein korrespondierendes Auslandspatent) auf die Diensterfindung, mehreren Warenzeichen, dem Recht auf den Firmennamen, dem Know-how einschließlich der Entwicklungsergebnisse und vorhandenen Informationen und Unterlagen mit technischen Zeichnungen und Plänen sowie den Kundenlisten, wurden etwa 45% des Kaufpreises für die Betriebs- und Geschäftsausstattung als auf Warenzeichen, den Firmennamen und Patente entfallend angesehen.[179] Nach den Erfahrungen der SstA beträgt der Anteil des Know-how bei Schutzrechtsverkäufen üblicherweise 50–70%, je nach dem Gebiet der Technik bis 80%, als Mittelwert 60%, bei Verkauf durch den Konkursverwalter aber deutlich darunter.[180] Besteht der Gegenwert nicht in einem bezifferten Geldbetrag, sondern in anderen vermögenswerten Vorteilen oder fließt kein erkennbarer Gegenwert zu, muss geschätzt werden,[181] uU ist es angemessen, den Erfinder so zu stellen, als sei er ArbN des Käufers.[182]

Austauschverträge (VergRl 17). Die Rl trägt der Situation bei großen Patentpools nur unzureichend **28** Rechnung. Ist eine Diensterfindung Gegenstand eines Austauschlizenzvertrags (Gewährung gegenseitiger Gratislizenzen), ist nach Auffassung der SstA als Grundlage für die Berechnung des Erfindungswerts der eigene Umsatz mit dem Gegenstand des Fremdpatents zugrundezulegen; der Fremdumsatz ist dabei wie Eigenumsatz zu behandeln und bei Anwendung der Lizenzanalogie etwaiger zusätzlicher Eigenumsatz ggf unter Berücksichtigung der Staffel zuzuzählen.[183] Wenn feststeht, dass die Diensterfindung in den nächsten Jahren aus technischen Gründen nicht benutzt werden kann, kann ein prozentualer Abschlag vom paritätischen Wertanteil der Diensterfindung angemessen sein.[184] Gegenleistung für die unentgeltliche Übertragung der Mitinhaberschaft an der Diensterfindung an einen Auftraggeber und Mitinhaber des anderen Teils der Erfindung kann bei Verhältnissen wie in der Automobilzulieferindustrie die Sicherung von Aufträgen und damit die Umsatzsicherung sein. In solchen Fällen ist in die Vergütungsberechnung der gesamte Umsatz einzubeziehen, der durch die Lizenzvergabe gesichert werden soll, selbst wenn der belieferte Auftraggeber Mitanmelder und Mitinhaber des die Diensterfindung absichernden Patents mit eigenem Benutzungsrecht ist.[185] Die Grundsätze der VergRl 17 können bei der Einräumung wechselseitiger Lizenzen im Vergleichsweg zur Beendigung von Schutzrechtsstreitigkeiten entspr angewendet werden.[186]

c. Sperrpatente (VergRl 18).[187] Sie sollen verhindern, dass Wettbewerber die Erfindung verwerten. **29** Erforderlich ist eine objektive Eignung zur Sperrwirkung,[188] hierzu gehören auch die in VergRl 18 Satz 2, 3 genannten Umstände.[189] Von einem Sperrpatent kann wegen der gesetzlichen Wirkungen erst nach Schutzrechtserteilung gesprochen werden;[190] nach dieser bleibt dem ArbGb eine Überlegungsfrist.[191] Die besondere Vergütung als Sperrpatent richtet sich allein nach den Voraussetzungen der VergRl 18; im Übri-

---

178 SstA 24.7.1985 ArbErf 21/84; SstA 6.11.1986 ArbErf 60/86; SstA 18.1.2001 ArbErf 67/98.
179 SstA GRUR 1992, 847; zur Vergütung für ein Schutzrecht, das zusammen mit einem Fertigungsprogramm im Rahmen eines Know-how-Vertrags an ein anderes Unternehmen verkauft worden ist, SstA BlPMZ 1989, 225.
180 SstA Mitt 1996, 176 f: Halbierung; vgl SstA 30.3. 1995 ArbErf 87/93 zum Verkauf im Rahmen einer Liquidation; SstA 16.2.1997 ArbErf 35/96; vgl SstA 1.10.2007 ArbErf 53/04.
181 SstA 9.9.1993 ArbErf 155/92.
182 Vgl SstA BlPMZ 1977, 53 f; SstA 15.1.1989 ArbErf 41/88.
183 SstA BlPMZ 1974, 295; vgl auch SstA BlPMZ 1974, 295; aA – gesonderte Abstaffelung – *Bartenbach/Volz* § 9 Rn 237; zum Grundsatz der anteiligen Gleichwertigkeit aller Erfindungen bei einer globalen Erfindungswertbestimmung, wenn die Diensterfindung durch einen Austauschvertrag gem VergRl 17 verwertet wird, SstA BlPMZ 1988, 351, 353.
184 SstA BlPMZ 1993, 114, dort 40%.
185 SstA GRUR 1993, 387.
186 *Bartenbach/Volz* § 9 Rn 238; vgl auch SstA BlPMZ 1977, 200.
187 Zur Abgrenzung von Sperrschutzrechten zu Vorratsschutzrechten SstA BlPMZ 1974, 294; BlPMZ 1988, 264; SstA 23.11.2000 ArbErf 3/98; maßgeblich ist in erster Linie der verfolgte unternehmerische Zweck (Abhalten von Konkurrenten oder Sicherung zukünftiger Nutzungsmöglichkeiten).
188 *Bartenbach/Volz* § 9 Rn 204; vgl auch SstA 23.11.2000 ArbErf 3/98.
189 SstA 21.1.1992 ArbErf 61/90.
190 SstA BlPMZ 1980, 211.
191 SstA 23.11.2000 ArbErf 3/98.

gen sind nicht genutzte Patente idR Vorratspatente nach VergRl 21.[192] Die jeweils ergänzenden Verbotswirkungen sich ergänzender Parallelpatente machen diese noch nicht zu Sperrpatenten.[193] Der Erfindungswert orientiert sich an dem Umsatz, den das Sperrpatent sichern soll, es erfolgt regelmäßig Schätzung.[194]

30 **d. Schutzrechtskomplexe (VergRl 19).** Zu berücksichtigen sind nur tatsächlich benutzte Schutzrechte, zu denen auch Sperrschutzrechte gehören, nicht aber Vorratsschutzrechte.[195] Zunächst ist der Gesamterfindungswert zu ermitteln, dieser sodann auf die einzelnen Erfindungen aufzuteilen.[196] Dabei muss entspr der Belastbarkeit des Produkts eine Höchstlizenzgrenze festgesetzt werden.[197] Bei Wegfall einzelner Schutzrechte werden nur diese vergütungsfrei; eine Anwachsung des frei gewordenen Anteils zugunsten der übrigen Schutzrechte findet nicht statt,[198] jedoch kann bei Wegfall von Basispatenten der Wert des verbleibenden Komplexes so verringert werden, dass hinsichtlich des vereinbarten Erfindungswerts Vertragsanpassung nach § 12 Abs 6 vorzunehmen ist;[199] auch der Anteil des Erfinders an einem Schutzrechtskomplex ändert sich nicht, wenn Schutzrechte, die auf andere Erfinder zurückgehen, im Lauf des Vergütungszeitraums wegfallen.[200] Treten weitere Schutzrechte hinzu und ist die Höchstbelastung[201] erreicht, sind die Lizenzsätze der bereits benutzten Schutzrechte entspr zu mindern.[202] Solange der ArbGb Erfindungen im Rahmen von Komplexen prüft und erprobt, ist im Regelfall keine Erfindervergütung zu zahlen. Dazu gehören auch Vorführungen von Pilotprojekten auf Ausstellungen.[203]

31 **e. Nicht verwertete Erfindungen (VergRl 20–24).** Nach § 9 Abs 2 reicht Verwertbarkeit zur Begründung des Vergütungsanspruchs aus. Zu den nicht verwerteten Erfindungen gehören die verwertbaren Vorrats- und Ausbauschutzrechte, nicht verwertbare Erfindungen, Erfindungen, deren Verwertbarkeit noch nicht feststellbar ist, und Erfindungen, bei denen die Verwertbarkeit nicht oder nicht voll ausgenutzt ist. Abzustellen ist darauf, ob der ArbGb bei verständiger Würdigung der wirtschaftlichen und technischen Gegebenheiten die Erfindung verwerten könnte.[204]

32 **Vorrats- und Ausbauschutzrechte (VergRl 21).**[205] Die SstA hat sich zunächst an den für die Aufrechterhaltung aufgewendeten Jahresgebühren orientiert.[206] Nunmehr legt sie den durchschnittlichen jährlichen Erfindungswert der vom ArbGb tatsächlich verwerteten Schutzrechte zugrunde.[207] Eine Vergütung kommt wie bei Sperrschutzrechten regelmäßig erst nach Schutzrechtserteilung in Betracht, und zwar nach Ablauf einer nach neuerer Praxis[208] drei- bis fünfjährigen vergütungsfreien Prüfungs- und Erprobungsfrist ab Erteilung oder sieben Jahren ab der Anmeldung gerechnet,[209] bei Nichtbenutzung ab dem

---

192 SstA BlPMZ 2006, 185; SstA 25.7.2007 ArbErf 27/04: bei fehlender Eignung zur Sperrung.
193 SstA BlPMZ 2006, 185.
194 *Bartenbach/Volz* § 9 Rn 206.
195 SstA 22.4.1994 ArbErf 103/92.
196 *Bartenbach/Volz* § 9 Rn 128; vgl OLG Düsseldorf EGR Nr 35 zu § 9 ArbEG (VergHöhe); SstA 11.12.2003 ArbErf 12/02.
197 SstA BlPMZ 1977, 202, 204, BlPMZ 1984, 250 f: Höchstlizenzen auf dem Kamerasektor; SstA BlPMZ 1989, 289 f.
198 SstA 29.6.1999 ArbErf 46/97.
199 SstA 6.11.1996 ArbErf 27/95.
200 SstA BlPMZ 1962, 78.
201 Vgl zu Höchstbelastungsgrenze auch OLG München 13.11.2003 6 U 2464/97.
202 SstA BlPMZ 1984, 250 f; vgl BGHZ 82, 299, 302 f = GRUR 1982, 301 f Kunststoffhohlprofil II.
203 SstA BlPMZ 1986, 346; zu Versuchen im Labormaßstab, im halb- und großtechnischen Maßstab SstA BlPMZ 1985, 344.
204 Vgl SstA BlPMZ 1984, 218, 220, BlPMZ 1984, 378 f, BlPMZ 1985, 307 f, BlPMZ 1988, 264 f.
205 Zur Abgrenzung von Sperrschutzrechten und Vorratsschutzrechten SstA BlPMZ 1988, 264; zum Erfindungswert SstA 20.3.1997 ArbErf 51/95; zur Vergütung für ausländ Vorratspatente SstA BlPMZ 1973, 289.
206 Vgl SstA EGR Nr 3 zu § 9 ArbEG (VergHöhe), BlPMZ 1975, 260, BlPMZ 1977, 173; vgl auch SstA BlPMZ 1982, 302.
207 Die SstA geht von einem Erfindungswert von 1280 EUR bzw bei zusätzlichen unverwerteten Auslandsschutzrechten von 1540 EUR aus, vgl SstA BlPMZ 2006, 185; SstA 24.1.2006 ArbErf 2/05; SstA 10.10.2006 ArbErf 84/04; abw von der Praxis der SstA für eine Einmalzahlung aus einem mittleren Gesamterfindungswert von 2500 EUR–4000 EUR *Bartenbach/Volz* § 9 Rn 207.2.
208 SstA 9.7.1998 ArbErf 1/96.
209 *Bartenbach/Volz* § 9 Rn 205, 212; SstA BlPMZ 1984, 378 f, SstA BlPMZ 1985, 307 f, SstA BlPMZ 1985, 344 f, SstA BlPMZ 1986, 346 f, SstA BlPMZ 1988, 264; SstA BlPMZ 1988, 349; SstA 12.10.2006 ArbErf 8/05, SstA 25.7.2007 ArbErf 27/04 und öfter.

achten Jahr.[210] Hat der ArbGb im Zug der Vergütungsfestsetzung entschieden, dass der Vorratscharakter ab Erteilung des Patents gelten soll, ist die Vergütung als Vorratspatent ohne vergütungsfreie Erprobungsfrist ab Patenterteilung zu zahlen.[211] Mit hoher Wahrscheinlichkeit gegebene Vernichtbarkeit ist zu berücksichtigen.[212] Übt der ArbGb das positive Benutzungsrecht nicht aus, weil es sich nicht aus der Inanspruchnahme der Diensterfindung ergibt, sondern bereits durch einen prämierten Verbesserungsvorschlag vermittelt wurde, und drückt sich der Erfindungswert deswegen ausschließlich im Ausschlusswert gegenüber Dritten aus, ist eine vergleichbare Situation wie bei einem Vorratsschutzrecht gegeben und die verbleibende Monopolwirkung als solche wie bei einem Vorratsschutzrecht zu vergüten.[213] Ein Auslandspatent für eine im Inland mangels erfinderischer Tätigkeit nicht patentfähige Diensterfindung ist bei Nichtbenutzung wie ein Inlandsschutzrecht als Vorratspatent zu vergüten, mit einem Aufschlag von 20% bei Auslandsschutzrechten in mehreren Ländern.[214] Ungeprüfte Vorratsschutzrechte im Ausland sind mit dem halben Erfindungswert zu vergüten, wenn auf Grund der fehlenden Patentfähigkeit in Deutschland, den USA und Japan bei einer Sachprüfung in den nicht prüfenden Ländern des Auslands eine Patentierung unwahrscheinlich erscheint.[215]

Nicht verwertbare Erfindungen (VergRl 22).[216] Die wirtschaftliche Verwertbarkeit ist betriebs- **33** bezogen zu betrachten, es kommt darauf an, ob die Diensterfindung im Unternehmen des ArbGb wirtschaftlich eingesetzt oder sonstwie verwertet, nicht darauf, ob sie überhaupt in irgendeinem Unternehmen eingesetzt werden kann.[217] Der ArbN hat keinen Anspruch auf Übertragung nicht benutzter Schutzrechte.[218]

Erfindungen, deren Verwertbarkeit noch nicht feststellbar ist (VergRl 23).[219] Solange eine in An- **34** spruch genommene Diensterfindung, deren Anmeldung noch nicht zur Erteilung eines Patents geführt hat, nicht verwertet wird, ist eine Vergütung nicht zu zahlen.[220] Den Nachweis der Verwertung hat der ArbN zu führen.[221] Zu den vergütungsfreien Erprobungshandlungen zählen nicht nur Forschungen am Objekt der Erfindung selbst, sondern auch die Erforschung weiterer Komplexe im Rahmen eines umfassenden Forschungsvorhabens mit dem Gegenstand der Erfindung; bei einem Projekt, das aus vielen Einzelkomponenten besteht und das erst kommerziell verwertet werden kann, wenn sämtliche Einzelkomponenten aufeinander abgestimmt sind, kann die teilweise Nutzung einzelner Komponenten nicht als Benutzung im kommerziellen Maßstab verstanden werden; wirtschaftlich ist die Erfindung erst, wenn das System als solches funktioniert.[222] Der ArbN hat aber einen Vergütungsanspruch, wenn die Erfindung nicht mehr selbst Gegenstand der Forschung zur Erlangung von Erkenntnissen ist, sondern der ArbGb sie als Mittel zur Forschung verwendet.[223] Testen und Erprobung des Markts sind bei gelegentlichen Lieferungen oder Verkäufen zu Testzwecken erfasst, wenn der Testzweck eindeutig im Vordergrund steht und der Erlös vernachlässigbar gering ist.[224]

---

210 *Kaube* GRUR 1986, 15; SstA 18.11.1994 ArbErf 97/93.

211 SstA 5.12.2000 ArbErf 30/98.

212 SstA EGR ArbEG § 11 (RL Nr 21) Nr 1.

213 SstA 21.6.2006 ArbErf 38/05.

214 SstA 25.7.2007 ArbErf 27/04.

215 SstA 25.7.2007 ArbErf 27/04.

216 Zur Verwertbarkeit auch SstA BlPMZ 1988, 264; zur Frage, wieweit eine Vergütung von betrieblich noch nicht benutzten Diensterfindungen, deren Anmeldung noch nicht zur Erteilung eines Patents geführt hat, dann angemessen ist, wenn der Prüfungsantrag vom ArbGb erst gegen Ablauf der Siebenjahresfrist gestellt wird, SstA BlPMZ 1977, 173.

217 SstA BlPMZ 1983, 378.

218 SstA 9.7.1998 ArbErf 51/96 mwN.

219 Zur Verwertbarkeit oder Verwertung von Diensterfindungen, wenn sie zu einem Komplex gehören, der sich insgesamt noch im Zustand der Prüfung und Erprobung befindet, SstA BlPMZ 1977, 53.

220 SstA BlPMZ 1975, 257.

221 SstA 5.12.2000 ArbErf 30/98.

222 SstA 25.9.2008 ArbErf 36/07.

223 SstA 25.9.2008 ArbErf 36/07.

224 SstA 8.8.1989 ArbErf 90/88; SstA 6.2.1992 ArbErf 41/91; SstA 14.7.1992 ArbErf 58/91; SstA 13.12.1993 ArbErf 127/92; SstA 25.1.1995 ArbErf 79/93.

35   **Erfindungen, bei denen die Verwertbarkeit nicht oder nicht voll ausgenutzt wird (VergRl 24).**[225] Die bestehenden wirtschaftlichen Möglichkeiten müssen berücksichtigt werden.[226] Solange sich die Verhandlungsergebnisse des ArbGb im Rahmen einer noch nachvollziehbaren Abwägung von Aufwand und Ertrag halten, besteht kein ergänzender Vergütungsanspruch.[227] Wird eine Benutzung auf einem bestimmten Anwendungsgebiet vergütet, kommt Vergütung für Nichtbenutzung auf einem anderen Anwendungsgebiet nicht unter dem Gesichtspunkt des nicht benutzten Vorratsschutzrechts in Betracht.[228] Solange die Berufsgenossenschaft die Benutzung des erfindungsgem Gegenstands nicht genehmigt hat, hat die Erfindung keinen Erfindungswert unter dem Gesichtspunkt unausgenutzter Verwertungsmöglichkeiten.[229] Ein nur mittels eines Rechtsstreits erzielbarer wirtschaftlicher Vorteil kann nur unter ganz besonderen Umständen unter dem Gesichtspunkt der nicht ausgenutzten wirtschaftlichen Verwertbarkeit berücksichtigt werden.[230]

36   **f. Besonderheiten. Beschränkte Inanspruchnahme (VergRl 25).** Die Richtlinie betrifft nur Inanspruchnahmen vor Wegfall des Instituts der beschränkten Inanspruchnahme durch das PatRVereinfModG (hierzu *6. Aufl*).

37   **Absatz im Ausland**[231] **und ausländische Schutzrechte (VergRl 26).** Die Lieferung im Inland hergestellter Gegenstände ins Ausland ist als Inlandsverwertung zu vergüten;[232] Besonderheiten des Auslandsmarkts sind aber zu berücksichtigen. Eine vergütungspflichtige Benutzung im Inland liegt auch vor, wenn der ArbGb die zum Bau des erfindungsgem Gegenstands erforderlichen Vorschriften und Unterlagen ausländischen Firmen zum Nachbau im schutzrechtsfreien Ausland überlässt.[233] Die Verwertung ausländ Schutzrechte verpflichtet auch dann zur Vergütung, wenn das Inlandsschutzrecht bereits abgelaufen ist.[234] Wird ein in Deutschland geschütztes Verfahrenspatent in einem ausländischen Staat, in dem kein Patentschutz besteht, genutzt, liegt in der Übermittlung der Beschreibung des Verfahrens vom Inland aus kein Inverkehrbringen und Anbieten im Inland, so dass eine Vergütungspflicht für eine solche Auslandsnutzung entfällt; nur wenn durch das Inlandspatent nicht nur das Verfahren unter Schutz gestellt ist, sondern auch die Anordnung zur Ausführung des Verfahrens, wird das Schutzrecht benutzt; Herstellung solcher Anordnungen im Inland ist vergütungspflichtig.[235] Sind ein Verfahren und eine zu seiner Durchführung notwendige Vorrichtung im Inland patentgeschützt und wird die Vorrichtung zur Durchführung des Verfahrens in das patentfreie Ausland exportiert, steht die Durchführung des Verfahrens im Ausland vergütungsrechtlich der Inlandsbenutzung gleich, wenn die Installation der im Inland gefertigten Vorrichtung im Ausland, die Aufspielung der notwendigen Software und die dortige Durchführung des Verfah-

---

225 Zur nicht ausgenutzten Verwertbarkeit einer Diensterfindung SstA BlPMZ 1985, 307, BlPMZ 1988, 264; SstA 29.5.1996 ArbErf 9/95; zu wirtschaftlichen Vorteilen, die im Weg eines Rechtsstreits erzielbar sind, SstA 17.1.1996 ArbErf 43/94; zur Vergütung unausgenutzter Möglichkeiten für die Verwertung einer Diensterfindung SstA BlPMZ 1970, 139; zur unausgenutzten Verwertbarkeit einer unbeschränkt in Anspruch genommenen Diensterfindung, deren Verwertung von einem bestimmten Zeitpunkt ab aufgegeben worden ist, SstA BlPMZ 1970, 454; zur Benutzung bei Veräußerung der In- und Auslandsrechte an die Muttergesellschaft SstA 28.11.1991 ArbErf 60/90; zum Erfindungswert bei wirtschaftspolitischem Schutzrechtsverkauf SstA 23.6.1998 ArbErf 82/96.

226 SstA 3.3.1995 ArbErf 90/93: Nichtdurchsetzung von Ansprüchen im Rahmen vernünftiger unternehmerischer Überlegungen; SstA 9.7.1998 ArbErf 1/96 stellt auf sichere Gewinnmöglichkeiten aus unternehmerischer Sicht ab.

227 SstA 3.4.2001 ArbErf 45/99.

228 SstA 6.10.1996 ArbErf 26/95.

229 SstA 3.3.2009 ArbErf 9/07.

230 SstA 12.6.2008 ArbErf 23/06.

231 Zur Benutzung einer Erfindung im Inland oder im Ausland SstA BlPMZ 1987, 306 unter Bezugnahme auf RGZ 124, 368 = GRUR 1929, 1029 Konstruktionszeichnung; dort auch zur Ermittlung der Vergütung, wenn der ArbGb Engineering ins Ausland liefert; zur vergütungspflichtigen Benutzung eines dt Verfahrenspatents in einem Auslandsstaat, in dem kein eigener Patentschutz besteht, SstA BlPMZ 1979, 410; zur Nutzung einer Diensterfindung in einem Land, in dem kein Schutzrecht besteht, SstA BlPMZ 1989, 289.

232 BGHZ 137, 162 = GRUR 1998, 689, 695 Copolyester II; SstA BlPMZ 1970, 426 f, SstABlPMZ 1987, 306 f; *Sack* RIW 1989, 612, 618; *Bartenbach/Volz* § 9 Rn 246.1.

233 SstA BlPMZ 1975, 258.

234 Vgl LG Düsseldorf 23.2.1999 4 O 117/98 undok.

235 SstA 4.7.2007 ArbErf 86/04; vgl SstA 25.5.2007 ArbErf 23/05.

rens integrale Bestandteile sind, so dass es sich um insgesamt exportierte Wirkungen handelt.[236] Besteht für eine Diensterfindung ein Schutzrecht in Deutschland und erfolgt die Herstellung erfindungsgemäßer Produkte durchweg im schutzrechtsfreien Ausland, ist auch das bloße Umverpacken der angelieferten Elemente in Deutschland zur Weiterlieferung ins Ausland zumindest Vorbereitung des Inverkehrbringens von Deutschland aus.[237]

Nutzung im Ausland; Auslandspatente. Auch bei Freigabe der Diensterfindung für das Ausland **38** sind bei der Ermittlung der Vergütung die Umsätze zu berücksichtigen, die durch Lieferung des erfindungsgem hergestellten Gegenstands in das schutzrechtsfreie Ausland entstanden sind.[238] Diese Grundsätze gelten auch, wenn der ArbGb gegen seine Freigabeverpflichtung verstoßen hat.[239] Besonderheiten ergeben sich bei Auslandspatenten.[240]

Betriebsgeheime Erfindungen (VergRl 27) s Rn 12f zu § 17. **39**

Gebrauchsmusterfähige Erfindungen (VergRl 28)[241] unterliegen im Grundsatz den gleichen Regeln **40** wie patentfähige. Die unveränderte Fassung der VergRl 28 berücksichtigt die Änderungen im GbmRecht wie die neuere Rspr des BGH nicht. Die SstA setzte idR die Hälfte des für patentfähige Erfindungen üblichen Erfindungswerts an.[242] Die jüngere Praxis der SstA[243] zeigt insoweit einen Wandel. Danach ist die Differenz auf 100% nachzuzahlen, wenn auf das Gebrauchsmuster verzichtet wird oder es abläuft, ohne dass durch ein Rechercheergebnis oder ein Löschungsverfahren die Wahrscheinlichkeit belegt wäre, dass es in einem Löschungsverfahren auf unter 100% seines Gegenstands eingeschränkt werden würde.[244] Nach den Umständen des Einzelfalls setzt die SstA den Erfindungswert auch höher als auf die Hälfte der patentfähigen Erfindung an.[245] Konkret belegte Bedenken gegen die Bestandsfähigkeit stehen einer Nachzahlung entgegen.[246] Für den Erfindungswert eines Gebrauchsmusters, bei dem der erfinderische Schritt fehlt, ist aber weiterhin ein Risikoabschlag von 50% anzusetzen.[247]

Bei **Sperrgebrauchsmustern** besteht Anspruch auf Vergütung erst ab der ersten Verlängerung der **41** Schutzdauer.[248] Gebrauchsmuster, deren Gegenstände nicht verwertet werden, können idR als Vorratsschutzrechte angesehen werden, wenn die Schutzdauer verlängert wird,[249] Vergütungspflicht besteht hier für die maximale Laufzeit ab der ersten Verlängerung.[250]

Technische Verbesserungsvorschläge (VergRl 29) s bei § 20. **42**

236 SstA 18.3.2004 ArbErf 30/02.

237 SstA 14.2.2006 ArbErf 44/04.

238 SstA BlPMZ 1971, 143; zur Berücksichtigung der für den Gesamtumsatz gezahlten Erfindervergütung bei Lieferungen ins Ausland, wenn insoweit die Erfindung freigegeben wurde und der Erfinder dort Schutzrechte erlangte, SstA BlPMZ 1967, 80.

239 Vgl LG Düsseldorf 23.2.1999 4 O 117/98 undok; OLG Düsseldorf GRUR-RR 2005, 163 leitet die Vergütungspflicht bei Nutzungen im Ausland nicht aus dem ArbEG, sondern aus der Fürsorgepflicht des ArbGb ab.

240 Zur Erfindervergütung für im Ausland erteilte Patente, wenn die entspr dt Patentanmeldung zurückgewiesen wird, SstA BlPMZ 1970, 426; Auswirkungen der Zurückweisung einer Inlandspatentanmeldung auf die Bewertung eines Auslandspatents (Niederlande), SstA BlPMZ 1977, 202; Erfindervergütung für Lieferung patentgeschützter Gegenstände in Auslandsstaaten mit Patentschutz, insb unter dem Aspekt des Urteils des EuGH Slg 1974, 1147 = GRUR Int 1974, 454 Negram II, SstA BlPMZ 1979, 410; zur Indizwirkung der Versagung oder Vernichtung geprüfter Auslandspatente SstA BlPMZ 1977, 202f.

241 Zum Erfindungswert bei Gebrauchsmustern (Höhe der bei Spielzeug üblichen freien Lizenzen) SstA BlPMZ 1967, 159; vgl SstA BlPMZ 1969, 23.

242 Vgl die Nachw bei *Bartenbach/Volz* § 9 Rn 250.

243 SstA 13.11.1997 ArbErf 31/96; SstA 11.11.1998 ArbErf 19/97; SstA 24.1.2008 ArbErf 12/07; vgl SstA 9.3.2006 ArbErf 55/04.

244 SstA 11.11.1998 ArbErf 19/97; SstA 20.11.1998 ArbErf 12/97.

245 SstA 24.1.2008 ArbErf 12/07.

246 SstA 25.7.2007 ArbErf 27/04; *Bartenbach/Volz* § 9 Rn 250.

247 SstA 16.1.2000 ArbErf 56/98.

248 SstA 3.3.2009 ArbErf 9/07; vgl *Bartenbach/Volz* § 9 Rn 250.

249 SstA 11.11.1998 ArbErf 19/97; so schon SstA BlPMZ 1975, 257, BlPMZ 1980, 234; SstA 16.3.1995 ArbErf 68/93.

250 SstA 18.11.1994 ArbErf 97/93; SstA 16.3.1995 ArbErf 68/93.

III. Anteilsfaktor (VergRl 30–38)

43   **1. Grundsatz.** Der Erfindungswert geht nicht in vollem Umfang in die Vergütung ein, sondern nur nach Maßgabe des Anteilsfaktors. Über ihn wird die Beteiligung des Betriebs am Zustandekommen der Erfindung berücksichtigt. Der Anteilsfaktor setzt sich aus den drei Elementen (a) Stellung der Aufgabe (VergRl 31), (b) Lösung der Aufgabe (VergRl 32) und (c) den Aufgaben und der Stellung des ArbN im Betrieb (VergRl 33–36) zusammen, er wird durch die Addition der drei Wertzahlen in den Tabellen der VergRl 31, 32 und 35 ermittelt, wobei Zwischenwerte gebildet werden können.[251] Über die Umrechnungstabelle in VergRl 37 ist sodann der Anteilsfaktor zu bestimmen, dessen Multiplikation mit dem Erfindungswert die Erfinderverütung ergibt. Bei Miterfindern ist der Anteilsfaktor jeweils gesondert festzustellen, demnach können sich selbst bei gleichem Miterfinderanteil unterschiedliche Vergütungsansprüche ergeben.[252] In der Mehrzahl der Fälle liegt der Anteilsfaktor zwischen 15 und 20%.[253]

44   Das Maß der Kenntnisse und des Wissens, die bei der allg Einordnung des Diensterfinders nach seiner Aufgabe und Stellung im Betrieb (Anteilsfaktor c) berücksichtigt werden, kann sich auch auf die Bewertung des Stellung der Aufgabe (Anteilsfaktor a) und der Lösung der Aufgabe (Anteilsfaktor b) auswirken. Hierin liegt keine **mehrfache Berücksichtigung** gleicher Gesichtspunkte für die Erhöhung und Ermäßigung der Vergütung.[254] Die Berücksichtigung des erfinderischen Beitrags eines Miterfinders im Rahmen der Bestimmung der Höhe des Anteilsfaktors verstößt gegen das Verbot der Doppelberücksichtigung.[255]

45   **Maßgeblicher Zeitpunkt.** Meldet ein Diensterfinder eine objektiv bereits früher fertig gewesene Erfindung, obliegt ihm bei der Vergütungsberechnung der Beweis, dass die Erfindung früher zustande gekommen ist, wenn er die früheren Verhältnisse bei Berechnung des Anteilsfaktors als maßgebend beansprucht; maßgeblich ist nicht die Meinung des Erfinders (Erfindungsmeldung), sondern die Erkenntnis des Durchschnittsfachmanns.[256]

46   **2. Stellung der Aufgabe (VergRl 31).**[257] Die Bewertung der Aufgabenstellung soll der Höhe der Initiative des Erfinders Rechnung tragen,[258] auf der anderen Seite wird das Maß der Einflussnahme des Betriebs in Ansatz gebracht.[259] „Aufgabe" kann hier nicht patentrechtl verstanden werden.[260] Die Aufgabenstellung muss nicht ausdrücklich erfolgen.[261] Bei obligatorischer Teilnahme an Produkt-, Entwicklungs- und Konstruktionsbesprechungen ist eine Aufgabe noch nicht gestellt.[262] Die nach VergRl 31 Nr 3 erforderliche kausale Verknüpfung zwischen Betriebszugehörigkeit und Kenntnis von Mängeln und Bedürfnissen ist zu bejahen, auch wenn der ArbNErfinder weder eine unmittelbare Angabe des beschrittenen Lösungswegs kannte noch die Stellung der genauen Aufgabe; es genügt die Kenntnis vom Mangel eines geeigneten Geräts und vom Bedürfnis nach einem solchen Gerät auf Grund der Betriebszugehörigkeit.[263]

---

251   Zur Bemessung des Anteilsfaktors SstA BlPMZ 1962, 51, BlPMZ 1967, 222, BlPMZ 1970, 454.

252   *Bartenbach/Volz* § 9 Rn 266.

253   *Hellebrand* VPP-Rdbr 1999, 34, 39.

254   SstA BlPMZ 1963, 16.

255   SstA 5.3.2009 ArbErf 26/08; SstA 23.4.2009 ArbErf 51/06.

256   SstA Mitt 1975, 97 unter Hinweis auf BGH GRUR 1971, 210 Wildverbißverhinderung.

257   Zu den Anforderungen an die Konkretheit der Aufgabenstellung SstA 21.10.1993 ArbErf 6/93; vgl auch SstA 2.4.1992 ArbErf 44/91; Grundsätze für die Ermittlung der Vergütung einer Dienstfindung, die maßgeblich auf Erfahrungen oder Arbeiten des Betriebs oder der öffentlichen Verwaltung beruht, SstA BlPMZ 1988, 221.

258   SstA BlPMZ 1975, 327.

259   *Bartenbach/Volz* § 9 Rn 267.

260   Vgl LG Düsseldorf 30.4.1996 4 O 101/93 Entsch 1996, 44, 48, wo darauf abgestellt wird, dass nur eine Anregung, die wenigstens irgendeine Hilfestellung für die in der Lösung des zugrundeliegenden Problems liegende erfinderische Leistung bedeutet, es rechtfertigt, unter dem Gesichtspunkt der Mitwirkung an der Stellung der Aufgabe als betrieblicher Anteil an der Dienstfindung gewertet zu werden; SstA 5.12.2000 ArbErf 30/98; aA wohl weiterhin *Bartenbach/Volz* § 9 Rn 268 m Nachw in Fn 942ff.

261   SstA EGR ArbEG § 11 (RL Nr 31) Nr 2: bei herausgehobener Stellung können globale Hinweise genügen; zu Tätigwerden auf Bitten eines nicht vorgesetzten Kollegen SstA 9.4.1992 ArbErf 67/90; zur Berücksichtigung von Reklamationen und Kundenanfragen SstA 3.12.1991 ArbErf 55/90.

262   SstA 5.12.2007 ArbErf 35/06.

263   OLG Frankfurt GRUR 1992, 852.

Wertzahlen. Die sechs Gruppen reichen von reinen Obliegenheitserfindungen bis zu reinen Erfah- 47
rungserfindungen iSd § 4.[264] Ist ein ArbN als kaufmännisch und technisch tätiger Vertriebsleiter nicht in
den klassischen Unternehmensbereichen der Forschung, Entwicklung oder Konstruktion tätig, ist er aber
im Hinblick auf seine Kompetenz zur Lösung bestimmter technischer Schwierigkeiten eingestellt worden,
deutet das darauf hin, dass auch die Lösung technischer Probleme zu seinen Aufgaben gehören sollte, was
bei betrieblicher Anregung zur Aufgabenstellung zur Wertzahl a = 2,5 führt.[265] Hatte der Erfinder als Mitglied eines erweiterten Teams Unterstützungsleistungen kostenkalkulatorischer Art für das Kernteam zu
erbringen und war ihm die Aufgabenstellung der raumsparenden Konstruktion gegenwärtig, stand kraft
allg Aufgabenzuweisung die Randbedingung kostengünstiger Konstruktionsausführung in Zusammenhang mit einer raumsparenden Konstruktion, so dass die Aufgabenstellung mit a = 3 zu bewerten ist.[266]

3. Lösung der Aufgabe (VergRl 32).[267] Der Teilwert berücksichtigt den Umfang der betrieblichen Un- 48
terstützung beim Auffinden der technischen Lehre,[268] nicht bei der Herstellung der Produktionsreife, insoweit ergeben sich Auswirkungen über den Erfindungswert.[269] Abschließend sind drei Merkmale in Betracht zu ziehen (beruflich geläufige Überlegungen, betriebliche Arbeiten und Kenntnisse, technische
Hilfsmittel).[270] Eine Unterstützung mit technischen Hilfsmitteln liegt zumindest teilweise vor, wenn der
ArbGb dem Erfinder einen Teil seiner Aufwendungen für das Zustandekommen der Erfindung in Form
einer Materialkostenerstattung ersetzt, auch wenn dies erst nach Fertigstellung der Erfindung erfolgt.[271]
Die Wertzahl[272] von 1–6 knüpft an das kumulative Vorhandensein dieser Merkmale an. Kommt einem der
Merkmale im Einzelfall besonderes Gewicht zu, kann das berücksichtigt werden.[273] Langjährige Entwicklungstätigkeit des Unternehmens spricht prima facie für Auffinden der Lösung auf Grund betrieblicher
Erfahrungen und Kenntnisse.[274] Unterstützung wird nur berücksichtigt, wenn sie das übliche Maß übersteigt.[275] Relativ abstrakte konstruktive Lehre kann gegen Unterstützung mit technischen Hilfsmitteln
sprechen.[276]

4. Aufgaben und Stellung des Arbeitnehmers im Betrieb (VergRl 33–36).[277] Der das Vergütungs- 49
kriterium in § 9 Abs 2 berücksichtigende Teilwert stellt auf die berechtigten Leistungserwartungen ab, die
an die allg arbeitsvertragliche Stellung des ArbN anknüpfen. VergRl 34 legt acht Gruppen von ArbN fest.
Entscheidend ist die tatsächlich ausgeübte Funktion,[278] nicht nur die Ausbildung vor Antritt der Tätig-

---

264 Wertzahl 2: SstA BlPMZ 1962, 53; SstA 30.9.1996 ArbErf 14/95: immer wenn der technische Themenkreis der
Erfindung im Rahmen der arbeitsvertraglichen Aufgaben liegt; SstA 14.12.2000 ArbErf 49/98; Wertzahl 3: SstA BlPMZ
1984, 218, 219; SstA 8.12.2000 ArbErf 73/97; Wertzahl 4: SstA BlPMZ 1963, 16; SstA 19.8.1996 ArbErf 15/95; LG München I
21.12.1998 21 O 22876/94; Wertzahl 5: SstA BlPMZ 1975, 327, 328; Wertzahl 6: SstA BlPMZ 1988, 221; zur Bewertung der Aufgabe
auch SstA BlPMZ 1962, 192, BlPMZ 1971, 170, BlPMZ 1973, 29, BlPMZ 1980, 29, BlPMZ 1980, 60; zur Bewertung der Stellung
der Aufgabe bei einem Erfinder, der selbständiger Wissenschaftler in einem Forschungsinstitut ist, SstA BlPMZ 1962, 53.
265 SstA 28.2.2008 ArbErf 48/06.
266 SstA 15.9.2005 ArbErf 37/04.
267 Zur Bewertung des Faktors „Lösung der Aufgabe" auch OLG Frankfurt EGR Nr 21 zu § 9 ArbEG (VergAnspr.); SstA
BlPMZ 1961, 434, BlPMZ 1962, 138, BlPMZ 1963, 16, BlPMZ 1967, 321, BlPMZ 1971, 170, BlPMZ 1973, 144, BlPMZ 1982, 277,
BlPMZ 1984, 250, BlPMZ 1988, 171.
268 *Bartenbach/Volz* § 9 Rn 274.
269 Vgl SstA BlPMZ 1980, 60 f; *Bartenbach/Volz* § 9 Rn 274.
270 Zu „beruflich geläufigen Überlegungen" und „betrieblichen Arbeiten und Kenntnissen" SstA BlPMZ 1984, 218; SstA
10.10.1991 ArbErf 79/90; SstA 19.4.1994 ArbErf 105/93; SstA 11.12.1996 ArbErf 31/95; SstA 3.2.1997 ArbErf 41/95.
271 SstA 3.3.2009 ArbErf 9/07.
272 Zur Wertzahl für die Lösung der Aufgabe bei betrieblicher Unterstützung mit technischen Hilfsmitteln SstA BlPMZ
1980, 29; SstA 26.10.1994 ArbErf 154/92.
273 Vgl SstA BlPMZ 1973, 29, 31, BlPMZ 1988, 221 f.
274 SstA 18.12.1996 ArbErf 34/95.
275 SstA 11.1.1994 ArbErf 1/93: Computer.
276 SstA 15.1.1997 ArbErf 39/95.
277 Zum Anteilsfaktor für kaufmännische Angestellte (VergRl 36) SstA BlPMZ 1973, 144; SstA 25.1.1994 ArbErf 178/92
(kaufmännisch tätiger Ingenieur), bei ArbN im öffentlichen Dienst SstA BlPMZ 1973, 58, BlPMZ 1988, 221 f, bei
Meisteranwärter SstA BlPMZ 1990, 336.
278 SstA BlPMZ 1984, 218, 220, BlPMZ 1988, 221 f; vgl SstA 5.8.1993 ArbErf 129/92: Einmannkonstruktionsabteilung; LG
München I 21.12.1998 21 O 22876/94: Fertigungsbereichsleiter.

Keukenschrijver

keit.[279] Ein weder in der Fertigung leitend noch in der Entwicklung tätiger Versuchstechniker, der kein Ingenieur ist, ist der Gruppe 6 zuzurechnen.[280] Der Begriff des Gruppenleiters im Sinne der Gruppe 2 setzt eine echte Leitungsfunktion und damit die Unterstellung von Personen mit zumindest der beruflichen Bildung des Personenkreises der Gruppe 5 voraus; unterstehen dem ArbN nur zwei Gruppenleiter und drei Referenten sowie ein Vorarbeiter, ist die Zahl der dem Erfinder zuarbeitenden hoch qualifizierten Mitarbeiter nicht so groß, dass seine Eingruppierung in die Gruppe 2 angemessen wäre, Ist jedoch davon auszugehen, dass dem in der Forschung als Abteilungsleiter tätigen Erfinder die Vielzahl der ihm in dieser Funktion zukommenden Informationen die Erfindung leichter gemacht haben als einem in die Gruppe 3 einzustufenden Gruppenleiter einer Entwicklungsabteilung oder einem in der Forschung tätigen Ingenieur, erscheint ein Mittelwert für die Wertzahl c von 2,5 angemessen.[281] Ist ein ArbN als Vertriebsleiter nominell nicht im technischen Bereich der Fertigung, sondern im kaufmännischen Bereich tätig, hat er aber im Blick auf die relativ geringe Größe des Unternehmens technische Aufgaben mit zu erledigen, kommt der Gedanke, dass von ArbN, die kaufmännisch tätig sind und keine technische Vorbildung haben, im allg keine technischen Leistungen erwartet werden, nicht zum Tragen.[282]

IV. Berechnung der Vergütung

50   **1. Grundsatz (VergRl 39).**[283] Die zu zahlende Vergütung ist das Produkt aus Erfindungswert und Anteilsfaktor, der Erfindungswert wiederum das Produkt aus Bezugsgröße und Lizenzsatz. Die zu zahlende Vergütung ist mithin das Produkt aus Bezugsgröße, Lizenzsatz und Anteilsfaktor. Zum „Nullfall" Rn 16 zu § 12.

51   **2. Art und Zahlung der Vergütung (VergRl 40, 41).**[284] In Betracht kommt in erster Linie eine lfd Beteiligung, daneben eine Gesamtabfindung (Rn 26 f zu § 9). Dabei kann uU von einer durchschnittlichen Laufdauer[285] auszugehen sein.

52   **3. Für die Berechnung maßgebende Zeit (VergRl 42, 43).**[286] VergRl 42 Satz 1 gilt auch, wenn das Schutzrecht zu einem Komplex gehört und andere zu diesem Komplex gehörende Schutzrechte noch weiterlaufen.[287]

§ 12
Feststellung und Festsetzung der Vergütung

(1) Die Art und Höhe der Vergütung soll in angemessener Frist nach Inanspruchnahme der Diensterfindung durch Vereinbarung zwischen dem Arbeitgeber und dem Arbeitnehmer festgestellt werden.

---

279   SstA 4.2.1999 ArbErf 11/97 mwN.
280   SstA 21.4.2009 ArbErf 13/08.
281   SstA 16.7.2008 ArbErf 49/03.
282   SstA 28.2.2008 ArbErf 48/06: in diesem Fall Gruppe 5; Wertzahl 5 bei Erfinder aus dem kaufmännischen Bereich auch SstA 15.9.2005 ArbErf 37/04.
283   Zur Darlegungspflicht des ArbGb hinsichtlich Umsätzen, Stückzahlen und Preisen SstA 17.6.1999 ArbErf 91/96.
284   Grundsätze für die Ermittlung der Erfindervergütung auf Grund künftiger Umsätze SstA BlPMZ 1962, 78; Stichtag für die Bewertung künftiger Umsätze bei der Ermittlung einer Pauschalvergütung SstA BlPMZ 1970, 139; zur Ermittlung einer Pauschalabfindung für eine noch im Anmeldeverfahren schwebende Erfindung SstA BlPMZ 1971, 170, BlPMZ 1979, 186; zur Ermittlung der Pauschalvergütung auch SstA BlPMZ 1982, 277, BlPMZ 1991, 201; zur Bemessung der Höhe einer Pauschalvergütung für eine schon mehrere Jahre benutzte Erfindung SstA BlPMZ 1969, 363.
285   Vgl zu dieser GRUR 1999, 134; zur Schätzung der voraussichtlichen Patentbenutzungsdauer SstA 22.1.1998 ArbErf 63/96.
286   Zur bei Ermittlung einer Abfindung zugrunde zu legenden vermutlichen Laufdauer des Patents SstA BlPMZ 1989, 398 (vgl auch GRUR 1999, 134); zur Unzumutbarkeit der Vergütungszahlung bei der Vernichtung gleichzustellender Wahrscheinlichkeit der Nichtigkeit (VergRl 43) SstA 12.6.1996 ArbErf 87/94; zur Minderung der Vergütung bei Einräumung von Freilizenzen SstA 10.8.1993 ArbErf 14/92.
287   SstA BlPMZ 1983, 159.

(2) [1]Wenn mehrere Arbeitnehmer an der Diensterfindung beteiligt sind, ist die Vergütung für jeden gesondert festzustellen. [2]Die Gesamthöhe der Vergütung und die Anteile der einzelnen Erfinder an der Diensterfindung hat der Arbeitgeber den Beteiligten bekanntzugeben.

(3) [1]Kommt eine Vereinbarung über die Vergütung in angemessener Frist nach Inanspruchnahme der Diensterfindung nicht zustande, so hat der Arbeitgeber die Vergütung durch eine begründete Erklärung in Textform an den Arbeitnehmer festzusetzen und entsprechend der Festsetzung zu zahlen. [2]Die Vergütung ist spätestens bis zum Ablauf von drei Monaten nach Erteilung des Schutzrechts festzusetzen.

(4) [1]Der Arbeitnehmer kann der Festsetzung innerhalb von zwei Monaten durch Erklärung in Textform widersprechen, wenn er mit der Festsetzung nicht einverstanden ist. [2]Widerspricht er nicht, so wird die Festsetzung für beide Teile verbindlich.

(5) [1]Sind mehrere Arbeitnehmer an der Diensterfindung beteiligt, so wird die Festsetzung für alle Beteiligten nicht verbindlich, wenn einer von ihnen der Festsetzung mit der Begründung widerspricht, daß sein Anteil an der Diensterfindung unrichtig festgesetzt sei. [2]Der Arbeitgeber ist in diesem Falle berechtigt, die Vergütung für alle Beteiligten neu festzusetzen.

(6) [1]Arbeitgeber und Arbeitnehmer können voneinander die Einwilligung in eine andere Regelung der Vergütung verlangen, wenn sich Umstände wesentlich ändern, die für die Feststellung oder Festsetzung der Vergütung maßgebend waren. [2]Rückzahlung einer bereits geleisteten Vergütung kann nicht verlangt werden. [3]Die Absätze 1 bis 5 sind nicht anzuwenden.

Ausland: Litauen: Art 8 Abs 4, 6 PatG; **Österreich:** § 10 PatG **Türkei:** Art 25 VO 551

Schrifttum: *Bährle* Auskünfte des Arbeitgebers, Arbeit und Arbeitsrecht 2004 Nr 11, 19; *Bartenbach/Volz* Der Anspruch des Arbeitnehmers auf Auskunft und Rechnungslegung im Rahmen der Erfindervergütung, FS H. Schippel (1996), 547; *Beck-Mannagetta* Die Bedeutung der veränderten Umstände, § 12 Abs 6 ArbEG, BB 1976, 421; *Bender* Beschränktes Auskunftsrecht des Arbeitnehmererfinders – Die Doppelvermarktung – ein Abgrenzungskriterium von zweifelhafter Tauglichkeit, Mitt 1998, 216; *Derichs* Treu und Glauben und die Haftungslücke im Recht der Arbeitnehmererfindung, GRUR 1961, 66; *Gaul/Bartenbach* Zum einstweiligen Schutz einer offengelegten Patentanmeldung nach § 24 Abs 5 PatG, BB 1968, 1061; *Gaul/Bartenbach* Bedeutsame Auswirkungen der Reform des Patent- und des Warenzeichenrechts, NJW 1968, 1353; *Gaul/Bartenbach* Der Einfluß des neuen Patenterteilungsverfahrens auf die Vergütungsregelung nach § 12 Abs 3 ArbEG, GRUR 1983, 14; *Halbach* Die Nullfälle im Recht der Arbeitnehmererfindung, GRUR 1960, 457 und 1961, 338; *Hellebrand* Änderungsbedarf für das ArbEG aus Sicht der Schiedsstellenpraxis, VPP-Rdbr 1999, 34; *Hellebrand* Gewinn und Lizenzgebühr: Gibt es einen quantifizierbaren Zusammenhang? GRUR 2001, 678; *Himmelmann* Die Reform des ArbEG und die Rechtsprechung des BGH zum Auskunfts- und Rechnungslegungsanspruch im Spiegel der Beiträge der Festschrift für Kurt Bartenbach zum 65. Geburtstag am 9. Dezember 2004, GRUR Int 2006, 670; *Jesgarzewski* Auskunftsansprüche bei Arbeitnehmererfindungen, BB 2011, 2933; *Jestaedt* Die Ansprüche auf Auskunft und Rechnungslegung, VPP-Rdbr 1998, 67; *Kreuzkamp* Rechtsprechungsänderung: Der BGH verneint nun das Recht des Arbeitnehmererfinders auf Auskunft und Rechnungslegung über den erzielten Gewinn und über nach einzelnen Kostenfaktoren aufgeschlüsselte Gestehungskosten, Mitt 2010, 227; *Kunzmann* Von Copolyester bis Abwasserbehandlung: zu Inhalt und Grenzen des arbeitnehmererfinderrechtlichen Auskunfts- und Rechnungslegungsanspruchs, FS K. Bartenbach (2005), 175; *Laskawy* Zum Anspruch des Arbeitnehmererfinders, EWiR 2003, 915; *Meier* Bewährtes deutsches Arbeitnehmererfinderrecht? GRUR 1998, 779; *Meier-Beck* Vergütungs- und Auskunftsanspruch bei der Nutzung der Diensterfindung im Konzrn, FS W. Tilmann (2003), 539: *Rosenberger* Zur Auskunftspflicht des Arbeitgebers gegenüber dem Arbeitnehmer-Erfinder im Hinblick auf die Kriterien für den Erfindungswert, GRUR 2000, 25; *Schwab* Bindung des Arbeitgebers an die Anerkennung der Schutzfähigkeit einer Diensterfindung, AR-Blattei Erfindungen von Arbeitnehmern Entscheidung 8; *Schwab* Vergütungsanspruch des Arbeitnehmererfinders bei Abschluss eines Lizenzvertrags – Klage auf gerichtliche Festsetzung der angemessenen Vergütung, AiB 2010, 415; *Seiz* Zur Neuregelung der Arbeitnehmererfindervergütung bei Vereinbarung oder Festsetzung einer Pauschalabfindung, BB 1985, 808; *H. Tetzner* Neufestsetzung der Vergütung für Diensterfindungen, GRUR 1968, 292; *Volz* Die Grenzen der Auskunfts- und Rechnungslegungspflicht des Arbeitgebers bei Arbeitnehmererfindungen im Lichte des BGH-Urteils „Türinnenverstärkung", GRUR 2010, 865.

A. Allgemeines

1 Die Bestimmung ist durch das PatRVereinfModG vom 31.7.2009 geänd worden (Ersetzung der Schriftform durch die Textform und Wegfall der Regelung für die beschränkte Inanspruchnahme).

2 **Regelungsgehalt.** § 12 regelt als Schutzvorschrift insb für den ArbN,[1] wann und in welcher Weise Art und Höhe der Vergütung festzulegen sind.[2] Die Bestimmung regelt auch die Fälligkeit des Vergütungsanspruchs. In Übereinstimmung mit dem früheren Rechtszustand unterscheidet die Regelung zwischen zwei Verfahren zur Festlegung der Vergütung, nämlich der Feststellung durch Vereinbarung (Abs 1, 2) und der einseitigen Festsetzung durch den ArbGb (Abs 3–5). Die Feststellung von Art und Höhe der Vergütung soll grds durch Vereinbarung erfolgen.[3] Erst wenn eine einvernehmliche Feststellung gescheitert ist, ist der ArbGb zur Festsetzung verpflichtet (Abs 3). Für diesen Fall räumt Abs 4 dem ArbN ein Widerspruchsrecht ein; nach § 23 Abs 1 Satz 2 ist eine unbillige Festsetzung zudem wirkungslos. Bei Abschluss eines Lizenzvertrags ist der Vergütungsanspruch – ggf vorläufig – festzustellen oder festzusetzen.[4]

3 Abs 6 regelt in Anlehnung an das frühere Recht die spätere **Anpassung** an veränderte Umstände.

4 Das Verfahren bei einer **Mehrheit von Erfindern** betreffen die Abs 2 und 5.

5 **Anwendungsbereich.** § 12 gilt für alle Vergütungsansprüche aus der Inanspruchnahme. Die Bestimmung ist weiter auf die in §§ 14 Abs 3 und 16 Abs 3 geregelten Sonderfälle anzuwenden. Sinngem gilt sie für qualifizierte technische Verbesserungsvorschläge (§ 20 Abs 1 Satz 2). Dagegen ist § 12 auf freie Erfindungen nicht anwendbar; hier gilt § 19. Nach §§ 40, 41 ist § 12 auch auf Vergütungsansprüche von ArbN des öffentlichen Diensts, von Beamten und Soldaten anzuwenden.

B. Feststellung der Vergütung

I. Rechtsnatur

6 Die Feststellung ist privatrechtl Vertrag eigener Art, der uU Vergleichscharakter haben kann.[5] Abschlusszwang besteht nicht.[6]

II. Inhalt; Zustandekommen

7 Die Vergütungsvereinbarung kommt wirksam zustande, wenn sich die Parteien über Art und Höhe der Vergütung oder die relevanten Berechnungsfaktoren einigen.[7] Betrifft das Angebot mehrere Schutzrechte, kann es nur für alle angenommen werden (§ 150 Abs 2 BGB).[8] Eine Einigung nur über Art und kon-

---

1 BGHZ 61, 153 = GRUR 1973, 649 Absperrventil; BGH GRUR 2003, 237 Ozon.
2 BGH GRUR 1961, 338 f Chlormethylierung.
3 Vgl *Bartenbach/Volz* Rn 4; LG Düsseldorf 3.12.2009 4b O 213/08.
4 BGH GRUR 2008, 606 Ramipril I.
5 *Bartenbach/Volz* Rn 16; vgl BGHZ 61, 153 = GRUR 1973, 649 f Absperrventil.
6 BGH GRUR 1961, 338, 340 Chlormethylierung; *Bartenbach/Volz* Rn 14.
7 *Bartenbach/Volz* Rn 17; vgl SstA BlPMZ 1985, 222 f; zum Dissens SstA 2.4.2003 ArbErf 84/00.
8 SstA 2.11.2000 ArbErf 56/97.

krete Höhe des Vergütungsbetrags reicht aus.[9] Wird ein Angebot des ArbGb zur Vereinbarung innerbetrieblicher Vergütungsregelungen und zum Abkauf von Informationspflichten des ArbGb hinsichtlich des Verzichts auf diese Informationspflichten vom Erfinder unter Verzicht auf den dafür angebotenen Betrag abgelehnt und im übrigen angenommen und zahlt der ArbGb dem ArbN den angebotenen Betrag, nicht aber den angebotenen Betrag für den Abkauf der Informationspflichten, ist zwischen den Beteiligten eine Vereinbarung innerbetrieblicher Vergütungsregelungen durch konkludentes Handeln des ArbGb zustandegekommen.[10] Aus Feststellungen muss eindeutig erkennbar sein, ob sie sich auch auf die zukünftig zu zahlenden Vergütungen beziehen sollen.[11]

Die Vereinbarung ist **formfrei**; sie kann daher auch telefonisch und selbst durch schlüssiges Verhal- **8** ten getroffen werden.[12] Bloßes Schweigen genügt jedoch nicht.[13] Macht ein ArbGb einen Vergütungsvorschlag, erhebt der ArbNErfinder keine Einwendungen (mehr) gegen ihn und nimmt er die zugesagte Leistung ohne Vorbehalt entgegen, ist die Vergütung durch Vereinbarung festgestellt.[14] Anzeichen für Einigungswillen kann es sein, dass Zahlungen an den ArbN erkennbaren Bezug zur Erfindung haben, etwa durch Anknüpfung an erfindungsgem Umsätze.[15] Eine Einigung durch schlüssiges Verhalten ist anzunehmen, wenn in der Vergütungsberechnung des ArbGb zugleich ein Angebot für eine Vergütungsvereinbarung zu sehen ist und dieses Angebot mit der Zahlung der Vergütung verbunden wird, die der ArbN widerspruchslos entgegennimmt; aus der Entgegennahme der Erfindervergütung kann jedoch nicht auf einen Erklärungswillen des Erfinders geschlossen werden, wenn dieser vorher in einem Verfahren vor der SstA seine von den Berechnungen des ArbGb abweichenden Vorstellungen vorgetragen hat.[16] Das Angebot kann nur so angenommen werden, wie es erfolgt ist, nicht auch hinsichtlich einzelner Berechnungsgrößen (§§ 146, 150 Abs 2 BGB).[17] Der Umfang der Vereinbarung ist durch Auslegung zu bestimmen.[18] Haben ArbGb und ArbN durch Vergütungsangebot und Vergütungsannahme mit im einzelnen genannter Berechnungsmethode und Berechnungsgrößen diese damit auch für die zukünftigen Vergütungsberechnungen stillschweigend vereinbart, ist es dem ArbGb verwehrt, für die zukünftigen Vergütungen die Vergütung einseitig festzusetzen.[19] Sind Vergütungsvereinbarungen nur für bestimmte Abrechnungszeiträume getroffen, binden sie zeitlich nur für diese und der ArbGb ist nicht daran gehindert, künftig andere Werte als in der Vereinbarung zugrunde zu legen.[20]

Die Vereinbarung soll **in angemessener Frist** ab der Inanspruchnahme erfolgen; dabei müssen die **9** Interessen des ArbGb und des Erfinders berücksichtigt und abgewogen werden.[21] Auch der ArbN kann die Initiative ergreifen.[22] Eine feste Endfrist ist (in Abs 3) nur für die Festsetzung bestimmt.

---

9   Vgl BGHZ 61, 153 = GRUR 1973, 649 f Absperrventil; SstA 8.10.2009 ArbErf 50/08; *Bartenbach/Volz* Rn 17.
10   SstA 15.1.2009 ArbErf 51/07; einschränkend wohl *Bartenbach/Volz* Rn 17 unter Hinweis auf VGH München 31-3-1989 in *Schütz* Entscheidungsslg Beamtenrecht Nr 14 zu ES/B I 1.4; vgl SstA 19.3.2009 ArbErf 24/06: Einigung über Einzelfaktoren.
11   SstA BlPMZ 1974, 385.
12   SstA GRUR 1992, 849; SstA 18.7.1991 ArbErf 51/90; SstA 2.3.1994 ArbErf 77/92; SstA 14.6.1994 ArbErf 3/94; SstA 4.12.1996 ArbErf 32/95; SstA 15.12.1999 ArbErf 70/98; SstA 28.3.2007 ArbErf 22/05; SstA 17.4.2008 AbErf 49/06; SstA 16.7.2008 ArbErf 49/03; SstA 29.7.2008 ArbErf 18/07; SstA 6.5.2010 ArbErf 46/08; ArbErf 14.7.2010 ArbErf 53/08; SstA 27.7.2010 ArbErf 40/09; eingehend *Bartenbach/Volz* Rn 18 ff; vgl BGHZ 167, 118 = GRUR 2006, 754 Haftetikett; LG Düsseldorf 12.8.1986 4 O 329/85; LG Düsseldorf 17.9.1991 4 O 335/89 undok; SstA 2.12.1996 ArbErf 10/95; s auch SstA BlPMZ 1982, 302, BlPMZ 1985, 222f; zur Vergütungsvereinbarung durch jahrelanges widerspruchsloses Annehmen von Vergütungsbeträgen und zur Bindung der Beteiligten an solche Vereinbarungen SstA BlPMZ 1984, 57; zur Bindung der Beteiligten an getroffene Vereinbarungen auch SstA BlPMZ 1986, 346.
13   Vgl SstA 6.5.1999 ArbErf 15/94.
14   SstA BlPMZ 1979, 255, ber. 353, BlPMZ 1984, 57, BlPMZ 1986, 346 f, GRUR 1992, 849; SstA 4.12.1996 ArbErf 32/95: ebenso bei Bitte um Überweisung der angebotenen Vergütung, so schon SstA 18.7.1991 ArbErf 51/90; SStA 29.7.1999 ArbErf 16/98: bei Nichtwiderspruch binnen etwa eines Jahres.
15   SstA 18.11.1994 ArbErf 97/93.
16   SstA 16.7.2008 ArbErf 49/03.
17   Vgl SstA 30.1.1996 ArbErf 46/94.
18   Zur Bedeutung eines Hinweises auf lfd Lizenzverhandlungen bei widerspruchsloser Annahme der Zahlung SstA GRUR 1992, 849; dort auch zur Auslegung einer durch schlüssiges Verhalten getroffenen Vereinbarung.
19   SstA 17.4.2008 ArbErf 49/06.
20   SstA 1.4.2008 ArbErf 52/05; SstA GRUR 1992, 849.
21   BGHZ 37, 281 = GRUR 1963, 135, 137 Cromegal.
22   *Bartenbach/Volz* Rn 24.

III. Unwirksamkeit

10   Einschränkungen der Vertragsfreiheit ergeben sich über die allg Regeln des BGB (zB §§ 134, 135 BGB) hinaus insb aus §§ 22, 23 für die Zeit bis zur Erfindungsmeldung und bei erheblicher Unbilligkeit. Anfechtung wegen arglistiger Täuschung kommt in Betracht, wenn der ArbN bei der Meldung eine nicht unerhebliche Mitwirkung von Mitarbeitern am Zustandekommen der Erfindung vorsätzlich verschweigt.[23] Anfechtung gegenüber der SstA wird erst mit Zugang beim Erklärungsgegner wirksam.[24] Für eine Inhaltskontrolle nach den Grundsätzen des Rechts der Allgemeinen Geschäftsbedingungen dürfte kein Raum sein.[25] Nach der Praxis der SstA ist eine Festsetzung, in der der ArbGb nicht erläutert, welche technisch-wirtschaftliche Bezugsgröße er seiner Vergütungsberechnung zugrunde gelegt hat, unwirksam.[26] Zahlung eines Bonus, mit dem auch die Erfindervergütung abgegolten sein soll, ist unwirksam.[27] Bei wirksamer Anfechtung durch den ArbGb kann sich der ArbN nicht darauf berufen, dass seine Alleinerfindereigenschaft wirksam anerkannt sei.[28]

IV. Erfindermehrheit

11   **1. Grundsatz.** S zunächst Rn 16 ff zu § 5. Der Erfinder eines Teils einer zusammengefassten Anmeldung hat nur dann einen Vergütungsanspruch, wenn feststeht, dass der auf ihn zurückgehende Teil einen schöpferischen Beitrag zu dem zusammengelegten Anmeldungsgegenstand darstellt (vgl auch Rn 33 ff zu § 6 PatG).[29] Bei Miterfinderschaft von ArbN verschiedener, kooperierender ArbGb ist der Miterfinderanteil der ArbN des einen ArbGb grds unabhängig von dem der ArbN des anderen ArbGb zu bestimmen; ist aber davon auszugehen, dass sich bei einem entspr großen, dem Austauschvertrag zugrundeliegenden Schutzrechtspool, dem auch die beiden ArbGb gemeinsam zustehende Diensterfindung angehört, Vor- und Nachteile bzgl der Lizenzeinnahmen aus den verschiedenen Schutzrechten ausgleichen, kann eine Berücksichtigung des Miterfinderanteils des ArbN im Verhältnis zu den Miterfindern des anderen ArbGb bei der Bemessung des Erfindungswerts gerechtfertigt sein.[30] Die Berechnung des Erfindungswerts kann bei mehreren bei verschiedenen ArbGb beschäftigten Erfindern für jeden Betrieb gesondert erfolgen, dies kann aber im Einzelfall zu einer unangemessenen Benachteiligung des Miterfinders führen, insb, wenn nur einer der Betriebe an der Verwertung beteiligt ist.[31]

12   **2. Gesonderte Feststellung.** Bei einer Mehrzahl beteiligter ArbNErfinder ist die Vergütung für jeden gesondert festzustellen; Gesamthöhe und Anteile sind bekanntzugeben (Abs 2). Jeder Miterfinder hat gegen den ArbGb einen eigenen, selbstständigen Vergütungsanspruch, den er unabhängig von den übrigen Miterfindern geltend machen kann.[32] Kommt eine einvernehmliche Feststellung der Vergütung nur mit einzelnen Miterfindern zustande, ist gegenüber den übrigen festzusetzen.[33]

13   **3. Miterfinderanteil.**[34] Der Anteil des Miterfinders richtet sich nach Grund und Höhe nach dem Beitrag, den er zu der Erfindung beigesteuert hat; das Gewicht der Einzelbeiträge ist im Verhältnis zueinander

23   BGH GRUR 2003, 702 Gehäusekonstruktion.

24   SstA 15.1.2005 ArbErf 21/02.

25   *Bartenbach/Volz* FS W. Tilmann (2003), 431, 444.

26   SstA 15.1.2009 ArbErf 51/07; zur Nichtigkeit bei Widersprüchlichkeit SstA 23.6.2005 ArbErf 26/04.

27   SstA 17.11.2004 ArbErf 60/03.

28   SstA 12.1.2005 ArbErf 21/02.

29   BGH GRUR 1977, 784 Blitzlichtgeräte; vgl BGH GRUR 1969, 133 Luftfilter.

30   SstA BlPMZ 1993, 114.

31   OLG Frankfurt GRUR 1992, 852, 854.

32   BGH GRUR 1961, 338, 341 Chlormethylierung; BGH GRUR 2003, 702 Gehäusekonstruktion.

33   *Bartenbach/Volz* Rn 39; BGH Gehäusekonstruktion.

34   Zur Bemessung des Miterfinderanteils s auch SstA BlPMZ 1967, 80, BlPMZ 1967, 321; zur Frage des Miterfinderanteils, wenn die Bundesrepublik Deutschland als ArbGb die Diensterfindung zwar unbeschränkt in Anspruch nimmt, sie aber nur für ein Produktionsunternehmen treuhänderisch wahrnimmt, das seinerseits Patentinhaber ist, OLG Frankfurt GRUR 1992, 852, 854; zur Größenbestimmung BGH GRUR 2011, 903 Atemgasdrucksteuerung.

und zur erfinderischen Gesamtleistung abzuwägen.[35] Der Vergütungsanspruch besteht nach Feststellung des Miterfinderanteils unabhängig davon, wieweit von den Merkmalen, die der Miterfinder beigesteuert hat, Gebrauch gemacht wird.[36] Maßgeblich ist nicht allein das Patent, sondern die gesamte Erfindung;[37] anders nur, wenn ausschließlich ein Teil der Erfindung benutzt wird, zu dem der Miterfinder nichts beigetragen hat[38] (vgl Rn 37 zu § 6 PatG). Eine – empfehlenswerte – interne Verständigung der Miterfinder bindet den ArbGb nicht. Kommt es zu ihr, ist sie grds für die Miterfinder bindend. Der Miterfinderanteil wird in einer prozentualen Quote ausgedrückt.[39]

4. Bekanntgabe. Mitzuteilen sind die Gesamthöhe der Vergütung und alle Miterfinderanteile (Abs 2 **14** Satz 2). Einer Mitteilung der Anteilsfaktoren der übrigen Miterfinder bedarf es nicht.[40] Ist keine Vereinbarung über die Vergütung zustande gekommen, steht dem Miterfinder vor Festsetzung der Vergütung kein selbstständiger Anspruch auf Bekanntgabe seines Anteils an der Erfindung zu. Der ArbGb hat die von ihm festzusetzenden Erfinderanteile in der schriftlichen Begründung der Festsetzung anzugeben. Unter Anteil iSd Abs 2 Satz 2 sind nur die Quotenanteile einzelner Miterfinder zu verstehen, nicht dagegen die Geldbeträge, die den einzelnen Erfindern zustehen.[41] Der Anspruch auf Bekanntgabe ist klagbar, sobald eine abschließende Vergütungsregelung mit allen Miterfindern vorliegt.[42]

C. Festsetzung der Vergütung

I. Grundsatz

Kommt eine Feststellung nicht innerhalb angemessener Frist zustande, kann und muss der ArbGb die **15** Vergütung einseitig festsetzen. Im Interesse der Rechtssicherheit soll eine alsbaldige Klärung der Vergütungsfrage herbeigeführt werden.[43] Eines Verlangens des ArbN bedarf es nicht,[44] ebenso wenig eines vorhergegangenen Vergütungsangebots.[45] Weshalb es nicht zu einer Feststellung gekommen ist, ist belanglos.[46] Dem Erfinder erwächst aus Abs 3 neben dem Vergütungsanspruch ein klagbarer Anspruch auf Festsetzung der Vergütung. Das schließt aus, dass der Erfinder seinen Zahlungsanspruch auch sofort unter Verzicht auf vorhergehende Festsetzung (nach Durchführung des Schiedsstellenverfahrens) klageweise geltend macht, wenn der ArbGb seiner Pflicht zur Festsetzung nicht nachkommt.[47] In Verzug kommt der ArbGb regelmäßig erst durch Mahnung.[48] Abs 3 ermächtigt den ArbGb nur zur einmaligen Festsetzung der Vergütung.[49] Fehlt es an einer übergreifenden Feststellung oder Festsetzung, ist der ArbGb nicht gehindert, noch laufende Vergütungsfälle durch jeweils einzelne Vergütungsfestsetzungen zu regeln.[50] Ist die Vergütung verbindlich festgestellt, scheidet eine Festsetzung aus.[51] Abs 3 ist kein Schutzgesetz zugunsten des ArbN.[52]

---

35 BGHZ 73, 337, 343 f = GRUR 1979, 540 f Biedermeiermanschetten; BGH GRUR 2001, 226, 228 Rollenantriebseinheit I; BGH GRUR 2012, 380 Ramipril II.
36 BGH Ramipril II.
37 BGH Biedermeiermanschetten.
38 OLG München 13.11.2003 6 U 2464/97 und nachgehend BGH GRUR 2007, 52 Rollenantriebseinheit II.
39 *Bartenbach/Volz* Rn 34-
40 *Bartenbach/Volz* Rn 38; SstA 5.2.1997 ArbErf 46/95; vgl auch SstA BlPMZ 1985, 385 f.
41 BGH GRUR 1961, 338, 340 Chlormethylierung.
42 BGH Chlormethylierung.
43 *Bartenbach/Volz* Rn 40; vgl SstA GRUR 1985, 383 f.
44 Vgl SstA BlPMZ 1969, 23 f.
45 SstA 26.8.1997 ArbErf 30/96.
46 Vgl BGH GRUR 1961, 338, 340 Chlormethylierung; str.
47 BGH Chlormethylierung; BGHZ 37, 281 = GRUR 1963, 135 Cromegal; BGH GRUR 2008, 606 f Ramipril I.
48 *Bartenbach/Volz* Rn 46.
49 BGHZ 126, 109 = GRUR 1994, 898 Copolyester I; SstA BlPMZ 1985, 118 f; vgl aber OLG Frankfurt EGR Nr 54 zu § 12 ArbEG.
50 SstA 25.3.2003 ArbErf 43/01.
51 SstA 17.4.2008 ArbErf 49/06; *Bartenbach/Volz* Rn 40.
52 SstA 5.12.2007 ArbErf 35/06.

II. „Nullfall"[53]

16   Der Vergütungsanspruch kann ausnahmsweise auf Null reduziert sein, so, wenn die vorbehaltlose Aufgabe des Nutzungsrechts durch einen Lizenznehmer ohne Reduzierung der von ihm zu zahlenden Lizenzgebühren den Schluss zulässt, dass der Lizenznehmer der lizenzierten Erfindung keinen wirtschaftlichen Wert beimisst; hiergegen kann allerdings sprechen, dass sich der ArbGb für die Aufgabe des Nutzungsrechts des Lizenznehmers Beschränkungen bei der zukünftigen Verwertung der Diensterfindung unterwerfen muss.[54] Die Pflicht zur Festsetzung besteht auch, wenn noch keine Vergütung geschuldet wird.[55]

III. Rechtsnatur

17   Die Festsetzung ist einseitige, empfangsbedürftige Willenserklärung;[56] es gelten die allg Regeln des BGB. Bevollächtigung Dritter, zB der zentralen Rechtsabteilung des Konzerns, ist möglich.[57] Anfechtung wegen Motivirrtums kommt nicht in Betracht.[58] Die Festsetzung ist bedingungsfeindlich,[59] jedoch ist die Bereitschaft zur Zahlung einer höheren Vergütung im Fall des Anerkenntnisses der Festsetzung keine unzulässige Bedingung.[60] Die Festsetzung wird erst durch Nichtwiderspruch (Abs 4 Satz 2) verbindlich; die hM sieht deshalb in ihr ein abw von § 147 BGB nicht widerrufbares Vertragsangebot ähnlich einer Auslobung.[61] Im Hinblick auf die sich aus Abs 3 Satz 1 aE nach allgM ergebende unmittelbar rechtsbegründende Wirkung iS einer Mindestzahlungsverpflichtung[62] kommt allerdings bereits der einseitigen Erklärung Gestaltungswirkung zu.

IV. Form; Inhalt

18   Die Festsetzung hat durch begründete Erklärung in Textform (§ 126b BGB; Rn 7 zu § 5) an den ArbN zu erfolgen. Weitergehende Formvorschriften bestehen für seit 1.1.2009 gemeldete Erfindungen nicht. Die Erklärung muss dem ArbN zugehen; Zugang bei der SstA ist für sich nicht ausreichend.[63] Es muss deutlich werden, dass der ArbGb die Vergütung verbindlich festlegt. Festsetzungen müssen für den ArbN eindeutig als solche erkennbar sein; Zweifel gehen zu Lasten des ArbGb.[64] Begründung durch Bezugnahme auf eine dem ArbN bereits zugegangene und ihrerseits die erforderlichen Voraussetzungen erfüllende Berechnung reicht aus.[65] Verweisung auf Unterlagen im Besitz des Erfinders stellt als solche keinen Begründungsmangel dar.[66] Ein Verweis auf einen in einer innerbetrieblichen Vergütungsrichtlinie pauschal angesetzten Anteilsfaktor genügt der Begründungspflicht jedenfalls dann nicht, wenn in der Vergütungsrichtlinie der pauschale Anteilsfaktor nicht begründet wird.[67] Die Festsetzung ist unwirksam, wenn hinsichtlich des zur

53   Zu den Voraussetzungen für die Zahlung einer Vergütung für die einem Gebrauchsmuster zugrunde liegende Diensterfindung (Frage des „Nullfalls") SstA BlPMZ 1964, 166.

54   BGH GRUR 2008, 606 ff Ramipril I.

55   BGHZ 37, 281 = GRUR 1963, 135, 137 Cromegal; SstA BlPMZ 1983, 378; vgl Begr BlPMZ 1957, 233; VergRl 38; BGH GRUR 1971, 475, 477 Gleichrichter; LG Düsseldorf GRUR 1965, 307 f; SstA BlPMZ 1959, 16, BlPMZ 1979, 255, 257, BlPMZ 1985, 307, 309; SstA 30.10.1996 ArbErf 29/95; SstA 18.9.2003 ArbErf 36/01; SstA 18.9.2008 ArbErf 56/07; *Bartenbach/Volz* § 9 Rn 321 ff; kr *Schade* GRUR 1958, 519, 523.

56   BGHZ 37, 281 = GRUR 1963, 135 f Cromegal; SstA 19.7.2001 ArbErf 34/98; *Bartenbach/Volz* Rn 47.

57   ÖLG Düsseldorf 12.1.2010 2 U 44/06; *Bartenbach/Volz* Rn 47.

58   SstA 6.7.1989 ArbErf 108/88; SstA 26.4.1994 ArbErf 2/94; SstA 1.3.1995 ArbErf 66/93.

59   SstA 25.3.1994 ArbErf 64/93.

60   SstA BlPMZ 1985, 383 f.

61   *Bartenbach/Volz* Rn 48; *Volmer* Rn 23; *H. Tetzner* GRUR 1968, 292 f; unklar *Volmer/Gaul* Rn 31 einerseits, Rn 68 andererseits.

62   *Bartenbach/Volz* Rn 75; BGHZ 137, 162 = GRUR 1998, 689, 6925 Copolyester II.

63   SstA 16.10.2001 ArbErf 80/99 gegen SstA BlPMZ 1973, 366; SstA 25.11.1981 ArbErf 17/81; SstA 30.12.1983 ArbErf 1B/82; SstA 22.9.1992 ArbErf 50/91.

64   SstA BlPMZ 1973, 289; SstA 15.3.1994 ArbErf 121/92.

65   SstA 16.2.2006 ArbErf 21/03.

66   SstA EGR ArbEG § 12 Nr 83.

67   SstA 11.3.2008 ArbErf 24/07.

Ermittlung des Erfindungswerts nach der Lizenzanalogie herangezogenen Umsatzes unklar ist, welcher erfindungsbeeinflusste Anteil des Produktumsatzes als Bezugsgröße den Umsatz bildet und ob es sich dabei überhaupt um Außenumsatz oder um Gestehungskosten handelt; Gleiches gilt, wenn für die angegebenen Anteilsfaktoren nicht angegeben wird, auf welchen Wertzahlen diese beruhen.[68] Festsetzung zur Verwendung bei der SstA ist keine Festsetzung iSd Gesetzes.[69] Mitteilung, dass die dem ArbN zustehende Vergütung bereits abgegolten sei, reicht, da sie keine Begründung enthält, nicht aus.[70] Berechnung allein ist keine Festsetzung;[71] sind weder Anteilsfaktor noch Miterfinderanteile oder Erfindungswert bzw Berechnungsgrößen für diesen angegeben, liegt eine ausreichende Begründung nicht vor.[72] Die Vergütungshöhe für Miterfinder muss nicht angegeben werden.[73] Festsetzungen für mehrere Erfindungen können in einer Urkunde zusammengefasst werden.[74] Angebot einer Pauschalabfindung oder Gesamtabfindung macht die Festsetzung nicht unwirksam.[75] Die Begründungspflicht dient der Nachprüfbarkeit. Die Begründung muss daher alle wesentlichen Gesichtspunkte und Bewertungsfaktoren enthalten, damit sich der ArbN ein Urteil darüber bilden kann, ob die Vergütung angemessen ist,[76] und aus sich heraus für den ArbN verständlich und rechnerisch nachvollziehbar sein.[77] Erhebliche Abweichungen von marktüblichen Lizenzsätzen sollen der Begründung bedürfen.[78]

V. Frist; vorläufige Festsetzung

Die Festsetzung hat bis zum Ablauf von drei Monaten nach Schutzrechtserteilung zu erfolgen (zur **19** Frist bei der beschränkten Inanspruchnahme früheren Rechts 6. *Aufl*). Die Frist ist eine äußerste Endfrist. Was als „angemessene Frist" anzusehen ist, ist unter Berücksichtigung aller Fallumstände, insb im Hinblick auf die Verwertbarkeit der Diensterfindung, zu bestimmen.[79] Es kann im Einzelfall angemessen sein, die Vergütung bereits vor Schutzrechtserteilung festzustellen und festzusetzen.[80]

Über den Wortlaut der Regelung hinaus ist bei Benutzung der Erfindung durch den ArbGb in aller Re- **20** gel die Vergütung spätestens bis zum Ablauf von drei Monaten nach Aufnahme der Benutzung jedenfalls **vorläufig festzusetzen**.[81] Der Anspruch auf vorläufige Vergütung für unbeschränkt in Anspruch genommene Diensterfindungen ist grds vom Lauf des Erteilungsverfahrens unabhängig,[82] er besteht dem Grund nach unabhängig von der unsicheren Patentlage. Die vorläufige Vergütung ist bis zum Ablauf der Einspruchsfrist gegen das erteilte Patent, sofern kein Einspruch eingelegt wird, oder bis zur bestandskräftigen

---

68 SstA 1.4.2008 ArbErf 52/05; vgl auch SstA 18.9.2003 ArbErf 36/01.
69 SstA 16.10.2004 ArbErf 61/03.
70 SstA 10.11.2005 ArbErf 94/03.
71 SstA 12.2.1996 ArbErf 10/95; SstA 14.10.2004 ArbErf 29/02.
72 SstA EGR § 12 Nr 83.
73 SstA 29.7.1999 ArbErf 16/98.
74 *Bartenbach/Volz* Rn 51; SstA 8.5.2008 ArbErf 26/06.
75 SstA 22.5.2003 ArbErf 70/00; *Bartenbach/Volz* Rn 50.
76 BGH GRUR 1961, 338, 340 Chlormethylierung; LG Nürnberg-Fürth 27.11.1985 3 O 5382/84; SstA BlPMZ 1985, 385; SstA GRUR 1992, 849 zu einem Risikoabschlag; SstA 29.7.1999 ArbErf 16/98.
77 *Bartenbach/Volz* Rn 52.1.
78 SstA 15.1.2009 ArbErf 51/07.
79 Vgl BGHZ 37, 281 = GRUR 1963, 135 Cromegal; BGH GRUR 2003, 237 Ozon.
80 BGH GRUR 1961, 338 Chlormethylierung; BGH GRUR 1971, 475 Gleichrichter.
81 BGHZ 37, 281 = GRUR 1963, 135 Cromegal; BGH GRUR 1971, 475 Gleichrichter; vgl auch BGH GRUR 1963, 315 f Pauschalabfindung; BGH GRUR 1964, 449, 451 Drehstromwicklung; BGHZ 61, 153 = GRUR 1973, 649, 652 Absperrventil; BGH GRUR 1977, 784, 788 Blitzlichtgeräte; BGH GRUR 1987, 900, 902 Entwässerungsanlage; BGH GRUR 2008, 606 Ramipril I; so auch die Praxis der Instanzgerichte und der SstA, OLG Düsseldorf EGR Nr 35 zu § 9 ArbEG (VergHöhe); OLG Hamburg EGR Nr 23 zu § 9 ArbEG (VergAnspr.); LG Düsseldorf GRUR 1965, 307; LG Nürnberg-Fürth BB 1968, 535; SstA BlPMZ 1963, 341, BlPMZ 1964, 354, BlPMZ 1967, 80, BlPMZ 1968, 130, BlPMZ 1982, 199, BlPMZ 1984, 218, 220, BlPMZ 1989, 289 f, EGR Nr 27 zu § 9 ArbEG (VergHöhe), EGR Nr 19 zu § 9 ArbEG (VergAnspr.); SstA 27.4.1995 ArbErf 35/94: auch in Fällen, in denen der zunächst eingetretene Vorteil wieder vermindert werden kann; BAG BB 1979, 1605 Rauchgasreinigungsanlage; öOGH GRUR Int 1979, 479 = ÖBl 1979, 59 Düngemittelzusatz; kr *Fischer* GRUR 1963, 107; *Friedrich* GRUR 1963, 139; *Rebitzki* GRUR 1963, 555; *Meier* GRUR 1998, 779; *Hellebrand* VPP-Rdbr 1999, 34, 40 f; *Bartenbach* VPP-Rdbr 1999, 41, 45; zum Verhältnis zur Regelung in § 33 PatG auch *Gaul/Bartenbach* BB 1968, 1061, 1063, und *Gaul/Bartenbach* NJW 1968, 1353, 1356.
82 BGH Gleichrichter.

Entscheidung über Widerruf oder Aufrechterhaltung des Patents – im Fall eines Einspruchs – oder bis zur bestandskräftigen Zurückweisung der Patentanmeldung zu zahlen;[83] dies gilt auch für das eur Patenterteilungsverfahren.[84]

21 Bei der Höhe der vorläufigen Vergütung ist (entgegen der älteren Praxis des BGH, die sich an die Vergütung für nicht ausschließliche Lizenzen anlehnte)[85] ein **Risikoabschlag** vorzunehmen (st Praxis der SstA);[86] der vor Patenterteilung regelmäßig bei 50% liegt,[87] aber bis nahe an 100% heranreichen kann,[88] danach regelmäßig bei ca 30%,[89] ebenso nach Inaussichtstellung der Patenterteilung, aber von den Umständen des Falls abhängt.[90] Bei Einigung der Parteien auf einen bestimmten Abschlag ist dieser maßgebend.[91] Hat das Patent das Einspruchsverfahren überstanden oder ist es nicht angegriffen worden, ist der Abschlag grds innerhalb von drei Monaten nach Rechtsbeständigkeit nachzuzahlen (allgM).[92]

VI. Wirkung

22 Vorausgehender Versuch einvernehmlicher Feststellung oder Einhaltung der Frist des Abs 3 sind nicht Wirksamkeitsvoraussetzung.[93] Die Festsetzung wird verbindlich, wenn nicht der ArbN innerhalb von zwei Monaten widerspricht (Abs 4 Satz 2). Eine Festsetzung ist auch während des Schiedsverfahrens zulässig; sie wird ebenfalls wirksam, wenn ihr nicht binnen zwei Monaten widersprochen wird.[94] Nimmt der ArbGb eine erste Festsetzung der maßgeblichen Berechnungsfaktoren für die Erfindervergütung, nämlich des Umsatzes als Ausgangsgröße, der Anwendung der Lizenzanalogie, der Festlegung eines Lizenzsatzes, der Anwendung der Abstaffelung, der Nennung eines Anteilsfaktors, eines Miterfinderanteils und schließlich des Zahlungszeitpunkts der Erfindervergütung vor, ohne einen konkreten Vergütungsbetrag und Abrechnungszeitraum festzulegen, wird die Festlegung eines Vergütungsbetrags in einem nachfolgenden Schreiben für einen bestimmten Nutzungszeitraum als zweite Festsetzung für beide Teile verbindlich, wenn der ArbN zwar der ersten Festsetzung widerspricht, nicht aber dem zweiten.[95] Eine Festsetzung, die in der Vergangenheit wirksam festgesetzte Vergütungsbeträge als überzahlt deklariert, greift in die früheren Vergütungsfestsetzungen ein und verstößt damit gegen die Bindungswirkung für den ArbGb.[96] Eine Festsetzung, der Angaben über Art oder Höhe der Vergütung oder wesentliche Teile der Begründung fehlen, setzt die Frist des Abs 4 nicht in Lauf.[97] Eine unwirksame Festsetzung kann aber uU in ein Vertragsangebot für eine Feststellung umgedeutet werden,[98] wenn in der Vergütungsberechnung zugleich ein Angebot für eine Vergütungsvereinbarung zu sehen ist und dieses Angebot mit der Zahlung der Vergütung verbunden wird, die der ArbN widerspruchslos entgegennimmt.[99]

---

83 Vgl BGH Gleichrichter; BGH Blitzlichtgeräte; BGH Entwässerungsanlage; st Praxis der SstA, so SstA BlPMZ 1982, 199; SstA 16.10.1997 ArbErf 52/94 mit eingehendem Referat der Kritik und Ablehnung der Übertragung auf betriebsgeheim gehaltene Erfindungen; SstA 2.12.1997 ArbErf 81/95; zust *Johannesson* GRUR 1972, 63; *Bartenbach/Volz* Rn 60; aA *Bock* Mitt 1971, 220; *Fischer* GRUR 1971, 430; *Reimer/Schade/Schippel* Rn 17 f; *Schultz-Süchting* GRUR 1973, 293, 296.

84 *Bartenbach/Volz* Rn 65.

85 BGHZ 37, 281 = GRUR 1963, 135 Cromegal; BGH GRUR 1971, 475 Gleichrichter.

86 SstA BlPMZ 1984, 218, 220, BlPMZ 1989, 289 f.

87 SstA 25.3.1994 ArbErf 64/93; SstA 19.6.1996 ArbErf 62/94; vgl LG Frankfurt/M 14.3.2012 6 O 466/10; SstA 24.6.2008 ArbErf 4/07: SstA 9.12.2008 ArbErf 19/08; SstA 10.2.2009 ArbErf 30/07; SstA 12.11.2009 ArbErf 7/08; SstA 4.3.2010 ArbErf 59/08.

88 SstA 25.3.1994 ArbErf 64/93; SstA 2.12.1997 ArbErf 81/95; SstA 9.12.2008 ArbErf 19/08; SstA 23.4.2009 ArbErf 51/06.

89 SstA 25.3.1994 ArbErf 64/93; SstA 12.6.1996 ArbErf 87/94: etwa 30% mit Korrekturen nach oben und unten.

90 Eingehend *Bartenbach/Volz* Rn 67 ff mwN; SstA GRUR 1994, 615 f.

91 LG München I 14.5.2008 21 O 19982/07; *Bartenbach/Volz* Rn 67.

92 *Bartenbach/Volz* Rn 69 mwN; SstA 10.2.2009 ArbErf 30/07; SstA 12.11.2009 ArbErf 7/08.

93 SstA EGR ArbEG § 12 Nr 83.

94 SstA BlPMZ 1991, 253.

95 SstA 24.7.2003 ArbErf 74/01.

96 SstA 15.12.2005 ArbErf 39/04.

97 LG Nürnberg-Fürth 27.11.1985 3 O 5382/84; SstA BlPMZ 1985, 385, SstA GRUR 1992, 849; *Bartenbach/Volz* Rn 53; vgl *Reimer/Schade/Schippel* Rn 33.

98 *Bartenbach/Volz* Rn 53.1; SstA 11.3.2008 ArbErf 24/07.

99 SstA 11.3.2007 ArbErf 24/07; SstA 1.4.2008 ArbErf 52/05; SstA GRUR 1992, 849; vgl auch SstA 6.5.2003 ArbErf 34/01.

VII. Widerspruch

1. Grundsatz. Der Widerspruch ist rechtsgestaltende empfangsbedürftige Willenserklärung.[100] Der **23** ArbN kann mit ihm seine Vergütungsansprüche bis zur Grenze der Verwirkung[101] verfolgen. Selbst im Fall des Vollwiderspruchs hat er aber Anspruch auf Zahlung der festgesetzten Vergütung[102] als anzurechnende und nicht rückforderbare Mindestvergütung; anders nur im Fall des Quotenwiderspruchs nach Abs 5[103] (vgl Rn 28). Widerspruch ist auch bei Festsetzung der Vergütung auf Null erforderlich.[104] Auch wenn sich der ArbN bei den Verhandlungen über die Vereinbarung der Erfindervergütung mit der vom ArbGb vorgeschlagenen Vergütung nicht einverstanden erklärt hat, muss er der vom ArbGb vorgenommenen Festsetzung der Vergütung gem dem nicht angenommenen Vorschlag fristgem widersprechen, wenn er sich damit nicht abfinden will.[105]

Teilwiderspruch hinsichtlich der einzelnen Berechnungsfaktoren Erfindungswert, Anteilsfaktor und **24** Miterfinderanteil ist möglich.[106] Der Vollwiderspruch führt trotz der durch die Festsetzung begründeten Zahlungspflicht (Rn 16) zur Unverbindlichkeit der Festsetzung, bei Teilwiderspruch wird die Festsetzung im übrigen verbindlich.[107] Teilwiderspruch ist unzulässig, sofern Teilpunkte in engem Zusammenhang mit anderen Faktoren stehen, wie Lizenzsatz und Bezugsgröße; der Widerspruch erfasst hier die voneinander abhängigen Größen.[108]

2. Form. Der Widerspruch bedarf der Textform (Rn 7 zu § 5). Inhaltliche Erfordernisse, insb eine Be- **25** gründungspflicht, bestehen nicht, es genügt, wenn das mangelnde Einverständnis des ArbN unzweideutig erkennbar ist.[109] Ablehnung eines – auch mit der Festsetzung übereinstimmenden – Vergütungsangebots reicht allerdings nicht aus.[110]

3. Frist. Der Widerspruch muss innerhalb der Zweimonatsfrist des Abs 4 dem ArbGb zugehen. Die **26** Frist ist materiellrechtl Ausschlussfrist.[111] Eine Belehrungspflicht über die Frist besteht grds nicht,[112] ihre Versäumung ist nicht anfechtbar.[113] Die Anrufung der SstA innerhalb der Widerspruchsfrist kann nur als rechtzeitiger Widerspruch angesehen werden, wenn der Schriftsatz durch die SstA dem ArbGb vor Fristablauf zugestellt wird.[114]

VIII. Erfindermehrheit

Eine besondere Regelung fehlt für die Festsetzung; auf die Grundsätze in Rn 14 kann jedoch zurück- **27** gegriffen werden. Jeder Miterfinder kann gesondert widersprechen. Die Widerspruchsfrist läuft für jeden Miterfinder gesondert.[115] Grds berührt der Widerspruch eines Miterfinders die Festsetzung gegenüber den anderen Miterfindern nicht.[116]

---

100 *Bartenbach/Volz* Rn 78.
101 Vgl *Bartenbach/Volz* Rn 86.
102 Begr BlPMZ 1957, 234; LG Nürnberg-Fürth BB 1969, 535; SstA BlPMZ 1981, 420 f, BlPMZ 1985, 383 f; *Bartenbach/Volz* Rn 75, 87; *Reimer/Schade/Schippel* Rn 35; *Volmer/Gaul* Rn 76; *Volmer* Rn 39; *Lindenmaier/Lüdecke* Anm 8; *Heine/Rebitzki* Anm 6.
103 *Bartenbach/Volz* Rn 75; *Reimer/Schade/Schippel* Rn 35.
104 SstA 15.12.2005 ArbErf 39/04.
105 OLG Frankfurt EGR Nr 29 zu § 12 ArbEG; SstA BlPMZ 1963, 342, BlPMZ 1981, 420 f.
106 SstA 30.11.1989 ArbErf 34/89; SstA 23.6.1993 ArbErf 9/92; SstA 12.1.2005 ArbErf 21/02; SstA 29.6.2010 ArbErf 47/09; *Bartenbach/Volz* Rn 79; *Reimer/Schade/Schippel* Rn 37.
107 *Bartenbach/Volz* Rn 84 f.
108 SstA 23.6.1993 ArbErf 9/92; SstA 28.10.1993 ArbErf 136/92.
109 Vgl OLG Frankfurt EGR Nr 19 zu § 12 ArbEG; OLG Hamburg EGR Nr 31 zu § 12 ArbEG; *Bartenbach/Volz* Rn 79.
110 SstA 19.10.1993 ArbErf 8/93.
111 *Bartenbach/Volz* Rn 81.
112 SstA BlPMZ 1973, 366 f, BlPMZ 1981, 420 f; *Bartenbach/Volz* Rn 82.
113 SstA BlPMZ 1981, 420 f.
114 SstA BlPMZ 1973, 366; SstA 11.3.2008 ArbErf 24/07 unter Aufgabe der zwischenzeitlich abw Praxis.
115 *Bartenbach/Volz* Rn 54.
116 *Bartenbach/Volz* Rn 89; *Volmer/Gaul* Rn 131; *H. Tetzner* GRUR 1968, 292 f.

28   Im Fall des **Quotenwiderspruchs** wird die Festsetzung schon bei Widerspruch eines ArbN hinsichtlich der Anteile und der sich aus deren Neufestsetzung ergebenden Folgen nicht verbindlich (Abs 5 Satz 1); Änderung bei den anderen Berechnungsfaktoren sowie Wechsel der Berechnungsart sind mit Rücksicht auf den Ausnahmecharakter der Regelung nicht möglich,[117] anders, wenn auch insoweit Widerspruch eingelegt wurde. Ein Widerspruch eines Miterfinders gegen die Festsetzung des Quotenanteils gibt dem ArbGb das Recht, auch hinsichtlich der Miterfinder Neufestsetzung der Quoten vorzunehmen, mit denen er sich schon vertraglich geeinigt hat; Abs 5 greift somit in die Vertragsautonomie ein.[118] Eine Klage auf Bekanntgabe des Anteils an der Erfindung setzt die vorherige Festsetzung der Vergütung voraus. Erst wenn der ArbGb es in der Festsetzungserklärung unterlässt, die Quoten der Miterfinder anzugeben, erlangt der Miterfinder einen Anspruch auf deren Bekanntgabe.[119]

29   Haben Miterfinder im Rahmen der Erfindungsmeldung **gemeinsam ihre Anteile genannt**, darf der ArbGb bei Festsetzung der Vergütung von der Richtigkeit jedenfalls dann ausgehen, wenn keine Anhaltspunkte für Unrichtigkeit oder Unverbindlichkeit ersichtlich sind.[120] Erscheint nachträglich ein weiterer Miterfinder, kann die Festsetzung uU nach § 119 BGB oder § 123 BGB angefochten werden;[121] daneben kann sie nach § 23 unwirksam sein.[122]

D. Anpassung bei wesentlich veränderten Umständen

I. Grundsatz

30   Neuregelung der Vergütung kann von beiden Seiten bei wesentlich veränderten Umständen verlangt werden (Abs 6); damit soll dem schwer voraussehbaren Schicksal der Erfindung wie den zukünftigen Verhältnissen des Unternehmens Rechnung getragen werden.[123] Verzicht auf den Anpassungsanspruch ist nach Erfindungsmeldung in den Grenzen des § 23 möglich,[124] muss sich aber klar und eindeutig erkennbar hierauf beziehen[125] und ergibt sich nicht bereits aus der Vereinbarung einer Pauschalabfindung.[126] Einwilligung in eine andere Regelung kann auch verlangt werden, wenn sie Wirkungen für die Zeit vor der Einwilligungserklärung entfaltet.[127] Die Vorschrift wurde als gesetzlich normierter Anwendungsfall der Lehre vom Wegfall der Geschäftsgrundlage (§ 313 BGB) bezeichnet.[128]

31   Abs 6 trifft nur das **nachträgliche Missverhältnis**, bei Prüfung seiner Voraussetzungen ist von der Angemessenheit der ursprünglichen Vereinbarung auszugehen; deshalb keine nachträgliche Berücksichtigung unterlassener Abstaffelung,[129] Ursprüngliche Unangemessenheit kann nur nach § 23 Abs 1[130] und innerhalb der Ausschlussfrist des § 23 Abs 2 geltend gemacht werden.[131]

---

117   *Bartenbach/Volz* Rn 93; *Reimer/Schade/Schippel* Rn 54.
118   BGH GRUR 1961, 338, 340 Chlormethylierung; *Volmer/Gaul* Rn 132 ff; aA *Bartenbach/Volz* Rn 92; *H. Tetzner* GRUR 1968, 292, 294 f.
119   BGH Chlormethylierung.
120   BGHZ 126, 109 = GRUR 1994, 898 Copolyester I; vgl SstA 25.1.1994 ArbErf 139/92; SstA 5.2.1997 ArbErf 46/95.
121   BGH GRUR 2003, 702 Gehäusekonstruktion.
122   *Bartenbach/Volz* Rn 94 mwN.
123   Vgl Begr BlPMZ 1957, 235; BGHZ 61, 153 = GRUR 1973, 649, 651 Absperrventil; LG Nürnberg-Fürth BB 1969, 535 f; *Bartenbach/Volz* Rn 95.
124   *Bartenbach/Volz* Rn 96.1; vgl BGH GRUR 1963, 315 f Pauschalabfindung.
125   SstA 13.6.1991 ArbErf 105/89; SstA 17.3.1994 ArbErf 177/92.
126   *Bartenbach/Volz* Rn 111.
127   BGH GRUR 1976, 91 Softeis; zu Änderungen für die Zukunft auch SstA 25.3.2003 ArbErf 43/01, bdkl.
128   BGH Absperrventil; BGH Softeis; LG Düsseldorf 3.12.2009 4bO 213/08; SstA 25.5.2007 ArbErf 23/05; SstA 12.4.2007 ArbErf 39/06; SstA 8.10.2009 ArbErf 50/06; SstA 6.5.2010 ArbErf 46/08; *Bartenbach/Volz* Rn 97; vgl BGH GRUR 1990, 1005, 1007 Salome I; BGHZ 133, 281, 285 = GRUR 1997, 215 Klimbim; BGHZ 137, 387 = GRUR 1998, 680, 683 Comic-Übersetzungen I, jeweils zu § 36 UrhG.
129   SstA 12.11.2003 ArbErf 1/03; vgl SstA 27.7.2010 ArbErf 40/09; *Bartenbach/Volz* Rn 104; zur Zugrundelegung am Markt nicht durchsetzbarer Lizenzsätze SstA 25.5.2007 ArbErf 23/05; vgl SstA 25.11.2003 ArbErf 27/02
130   BGHZ 61, 153 = GRUR 1973, 649 Absperrventil; BGH GRUR 1976, 91 Softeis; *Bartenbach/Volz* Rn 104; vgl auch LG Frankfurt/M. EGR Nr 18 zu § 12 ArbEG.
131   AA öOGH ÖBl 2010, 72 SO₂-Kompressor: auch wenn die das Missverhältnis begründenden Verhältnisse erst nachträglich bewiesen werden können.

II. Maßgebliche Umstände sind zunächst die von den Parteien bei der Feststellung oder Festsetzung **32** berücksichtigten, iZw alle bei der Ermittlung der Vergütung bedeutsamen Bemessungsfaktoren.[132] Die Darlegungs- und Beweislast liegt nach allg Grundsätzen bei dem, der sich zu seinen Gunsten auf das Missverhältnis beruft.[133] Jedoch kann den Gegner eine sekundäre Darlegungslast treffen.[134]

III. Nicht jede Veränderung muss zu einer Anpassung führen; die Änderung muss wesentlich sein.[135] **33** Ob **wesentliche Änderung** vorliegt, ist aufgrund eines nachträglich eingetretenen auffallenden Missverhältnisses von Leistung und Gegenleistung nach objektiven Kriterien zu beurteilen.[136] Wesentlichkeit verlangt eine Äquivalenzstörung, bei der es der Partei nicht mehr zuzumuten ist, an der bisherigen Regelung festzuhalten.[137] Offenbare Unbilligkeit muss nicht vorliegen.[138] Für einen Anspruch auf Einwilligung in eine andere Regelung kommen alle Fallsituationen in Betracht, die sich auf die Erfindung und deren wirtschaftliche Verwertung auswirken, insb auf die Marktverhältnisse und die Gewinnsituation, doch müssen diese Veränderungen stets einen konkreten Bezug zu der Diensterfindung haben.[139] Veränderungen in den Grenzen üblichen Risikos reichen nicht aus.[140] Die Einführung der Marktzugangssperre nach § 24a AMG wurde nicht als wesentlich angesehen.[141] Es müssen alle Umstände gewürdigt werden.[142] Umsatzschwankungen allein genügen nicht.[143] Beendigung des Arbeitsverhältnisses reicht regelmäßig nicht aus, anders uU, wenn die Vergütungsregelung an dessen Bestand anknüpft.[144]

Der Vergleichscharakter einer **Pauschalierungsabrede** darf nicht völlig beiseite geschoben werden; **34** der Einwand mangelnder Schutzfähigkeit ist dem Grund nach unbeachtlich.[145] Nur Veränderungen, die außerhalb des durch die Pauschalierungsabrede gesteckten weiten Rahmens liegen, können berücksichtigt werden.[146] Beiderseitiger Irrtum kann nach § 779 BGB zur Unwirksamkeit der Regelung führen.[147] Wesentlich längere Nutzung des Schutzrechts als von den Parteien vorgesehen kann Anspruch auf Neuregelung begründen,[148] ebenso nicht vorhersehbarer außerordentlicher Umsatzanstieg;[149] die Einführung ergänzender Schutzzertifikate stellt bei Pauschalabfindung grds eine relevante Änderung dar,[150] jedoch nicht die Laufzeitverlängerung nach der VO (EG) 1901/2006 über Kinderarzneimittel (Rn 177 ff Anh § 16a PatG).[151]

IV. Fallgruppen

1. Änderungen der Schutzrechtslage. Patenterteilung als solche begründet keinen Anpassungsan- **35** spruch.[152] Wegfall und Versagung führen unmittelbar zum Erlöschen des Vergütungsanspruchs (mit Wir-

---

132 Vgl BGHZ 61, 153 = GRUR 1973, 649, 652 Absperrventil; *Bartenbach/Volz* Rn 98.
133 Vgl OLG Düsseldorf 12.3.2009 2 U 72/06; LG Düsseldorf 30.5.2006 4b O 206/03; LG Düsseldorf 24.4.2012 4a O 286/10.
134 BGH GRUR 2004, 268 ff blasenfreie Gummibahn II.
135 BGHZ 61, 153 = GRUR 1973, 649, 652 Absperrventil; OLG Düsseldorf 12.3.2009 2 U 72/06.
136 BGH Absperrventil; *Bartenbach/Volz* Rn 99; vgl LG Düsseldorf 3.12.2009 4b O 213/08.
137 BGH Absperrventil; zur Auswirkung von Rechtsänderungen *Bartenbach/Volz* Rn 141; zu nicht ausreichenden Umständen SstA 25.5.2007 ArbErf 23/05.
138 *Bartenbach/Volz* Rn 101.
139 SstA 28.3.2007 ArbErf 22/05.
140 *Bartenbach/Volz* Rn 102.
141 LG Berlin 21.3.1991 16 O 927/90.
142 BGH GRUR 1963, 315, 317 Pauschalabfindung.
143 Vgl SstA EGR Nr 16 zu § 12 ArbEG.
144 *Bartenbach/Volz* Rn 109; LG Düsseldorf 25.3.2014 4a O 122/12 Mitt 2014, 504 Ls; vgl BGH Pauschalabfindung.
145 BGH GRUR 1963, 315 Pauschalabfindung.
146 BGHZ 61, 153 = GRUR 1973, 649, 652 Absperrventil; BGH Pauschalabfindung; OLG Düsseldorf 12.3.2009 2 U 72/06; LG Düsseldorf 30.5.2006 4b O 206/03; *Reimer/Schade/Schippel* Rn 49 ff.
147 Vgl BGH Absperrventil; *Bartenbach/Volz* Rn 107.
148 SstA BlPMZ 1971, 170 f, BlPMZ 1983, 188, 190.
149 SstA BlPMZ 1971, 170 f einerseits, SstA BlPMZ 1973, 146 f andererseits.
150 *Bartenbach/Volz* Rn 141.
151 *Bartenbach/Volz* Rn 141.
152 SstA EGR ArbEG § 12 Nr 84.

Keukenschrijver

kung ex tunc). Erhebliche Änderungen der Schutzrechtslage können zu berücksichtigen sein; es ist zu würdigen, ob das Patent in wesentlich eingeschränktem Umfang erteilt worden ist und ob die Einschränkung des Schutzes eine so wesentliche Entwertung zur Folge hat, dass bei Würdigung aller Umstände ein Festhalten an der Vergütungsfestsetzung nicht zuzumuten ist. In Betracht kommen zB das Bestehen eines Vorbenutzungsrechts oder die Beschränkung des Schutzumfangs im Nichtigkeits- oder GbmLöschungsverfahren.[153] Dabei ist es von Bedeutung, ob vor Festsetzung der Vergütung bereits der StdT bekannt war, der zur Einschränkung führt.[154] Bei Kenntnis von dem zur Einschränkung führenden StdT kann sich der ArbGb auf die Veränderung nicht berufen, wenn er gleichwohl die Vergütungszahlung unverändert fortgesetzt hat; unwidersprochene Entgegennahme der vereinbarten Vergütung in unveränderter Höhe bei Kenntnis dieses StdT kann im Einzelfall konkludente neue Vergütungsvereinbarung in bisheriger Höhe darstellen,[155] muss dies aber nicht notwendig tun.[156] Die Anerkennung der Schutzfähigkeit einer nicht abschließend geprüften Diensterfindung ist in aller Regel ein gewagtes Geschäft, bei dem für die Anwendung der Grundsätze über das Fehlen oder den Wegfall der Geschäftsgrundlage grds kein Raum ist.[157]

36   **2. Änderungen der Benutzung.** Ungewöhnliche Umsatzsteigerungen können eine Anpassung begründen, wenn sie auf Umstände beruhen, die außerhalb des Unternehmens des ArbGb liegen.[158] Eine Umsatzsteigerung, die vom Zeitpunkt einer Pauschalvergütungsvereinbarung an bei jährlichen Steigerungen von durchschnittlich 15% bis 20% am Ende des betrachteten Vergütungszeitraums nur knapp das Doppelte erreicht, rechtfertigt noch keine Anpassung.[159] Selbst ein ungewöhnlicher Preisverfall führt grds nicht zur Anpassung.[160] Hat der Übergang vom Verkauf von Fertigprodukten zum Verkauf von Halbfertigprodukten eine Umsatzverringerung und gleichzeitige Gewinnerhöhung zur Folge, kann darin eine so wesentliche Änderung der Umstände zu sehen sein, dass die Beteiligten einer getroffenen Vergütungsvereinbarung voneinander die Zustimmung zu einer anderweitigen Regelung verlangen können.[161] Einer Anpassung wegen wesentlicher Entwertung durch Weiterentwicklung des StdT steht entgegen, dass der ArbGb weiterhin die Erfindung benutzt.[162]

V. Geltendmachung

37   Die Veränderung begründet einen nach Durchführung des Schiedsstellenverfahrens klagbaren Anspruch auf Anpassung.[163] Aus Abs 6 Satz 3 folgt, dass der ArbGb nicht durch einseitige Neufestsetzung ändern kann.[164] Gegenüber einer Klage auf Zahlung der festgesetzten Erfindervergütung kann sich der ArbGb mit dem Einwand der wesentlich veränderten Umstände verteidigen.[165]

VI. Anpassung

38   Bei der Neubemessung ist zunächst von der früheren Regelungsgrundlage auszugehen und festzustellen, welche Veränderungen und Entwicklungen von den Parteien bereits in Kauf genommen wurden.[166] Darüber hinausgehende wesentliche Veränderungen sind zu berücksichtigen; erforderlichenfalls

---

153 *Bartenbach/Volz* Rn 117.
154 BGH GRUR 1976, 91 Softeis; *Bartenbach/Volz* Rn 118.
155 SstA 7.1.1993 ArbErf 11/92.
156 So noch SstA GRUR 1993, 388.
157 BGHZ 102, 28 = GRUR 1988, 123 Vinylpolymerisate.
158 Vgl LG Düsseldorf 3.12.2009 4b O 213/08; *Bartenbach/Volz* Rn 131.
159 SstA 20.9.2005 ArbErf 97/03.
160 SstA 28.3.2007 ArbErf 22/05; *Bartenbach/Volz* Rn 132.
161 SstA GRUR 1992, 390; SstA 14.12.1995 ArbErf 41/94; vgl *Bartenbach/Volz* Rn 132 mit weiteren Fallgruppen; zur Frage der späteren Anwendung der Staffel bei stetig steigendem Umsatz SstA BlPMZ 1984, 57 f; zum Anpassungsanspruch wegen gestiegenen Benutzungsumfangs bei Pauschalvergütungsvereinbarung SstA 14.3. 1996 ArbErf 70/94.
162 SstA 12.4.2007 ArbErf 39/06.
163 Vgl BGH GRUR 1963, 315, 317 Pauschalabfindung.
164 BGH GRUR 1976, 91 Softeis; SstA 12.4.2007 ArbErf 39/06; *Bartenbach/Volz* Rn 146.
165 BGH Softeis.
166 *Bartenbach/Volz* Rn 149; vgl BGH GRUR 1963, 315, 317 Pauschalabfindung; BGHZ 61, 153 = GRUR 1973, 649, 651 Absperrventil.

muss eine Fortschreibung der Abstaffelungssätze erfolgen.[167] Unveränderte Bemessungsfaktoren sind weiterhin zugrunde zu legen.[168]

Eine Vergütung wegen wesentlich veränderter Umstände ist nicht erst vom Termin ihrer Geltendma- **39** chung ab zu zahlen, sondern von dem **Zeitpunkt** ab, in dem die Änderung eingetreten ist.[169]

Eine **Rückforderung** bereits geleisteter Vergütungszahlungen seitens des ArbGb ist zum Schutz des **40** ArbN durch Abs 6 Satz 2 ausgeschlossen.[170] Die Rspr entnimmt der Regelung ein generelles Rückforderungsverbot für den Fall der Versagung oder des Wegfalls des Schutzrechts.[171] Dagegen besteht nach hM ein Rückforderungsanspruch nach den Grundsätzen ungerechtfertigter Bereicherung bei unwirksamer Vergütungsfestsetzung.[172] Die Bestimmung steht auch Rechtsgeschäften entgegen, die einer Rückforderung wirtschaftlich gleichkommen, wie Aufrechnung.[173] Das gilt nach der Praxis der SstA aber nicht, soweit es um die Gesamtvergütung für ein und dieselbe Erfindung geht.[174]

E. Auskunfts- und Rechnungslegungsanspruch

I. Grundsatz

Der nach Treu und Glauben[175] und der arbeitsrechtl Fürsorgepflicht aus dem Arbeitsvertrag abzulei- **41** tende Anspruch auf Auskunft und Rechnungslegung (zum Auskunftsanspruch allg Rn 48 ff zu § 140b PatG) ist Hilfsanspruch zum Vergütungsanspruch; er beruht auch darauf, dass dem ArbNErfinder die freie Verfügung über die Erfindung nicht zusteht.[176] Der Auskunftsanspruch richtet sich auch bei Verkauf des Schutzrechts nur gegen den ArbGb, nicht aber gegen den Käufer.[177] Er dient zur Vorbereitung und Berechnung des Vergütungsanspruchs.[178] Dabei wird davon ausgegangen, dass der Auskunftsberechtigte grds schutzwürdiger erscheint als der Verpflichtete.[179] Auf die Möglichkeit unbezifferter Klage nach § 38 braucht sich der ArbN nicht verweisen zu lassen.[180] Voraussetzung ist, dass ein Vergütungsanspruch überhaupt besteht oder mit gewisser Wahrscheinlichkeit bestehen kann.[181] Das gilt auch, wenn der ArbGb dem ArbN Schadensersatz oder Ersatz des Werts der Nutzungen leisten muss.[182] Die Auskunftpflicht hinsichtlich vergütungsrelevanter Umsatzzahlen besteht nach dem Ausscheiden des ArbN aus dem Arbeitsverhältnis fort.[183] Ein Wettbewerbsverhältnis lässt den Auskunftsanspruch grds nicht entfallen,[184] kann seinen Umfang aber einschränken.[185]

---

167   *Bartenbach/Volz* Rn 151.
168   *Bartenbach/Volz* Rn 152.
169   BGH GRUR 1976, 91 Softeis; SstA BlPMZ 1971, 199 f; *Bartenbach/Volz* Rn 153; aA *Volmer/Gaul* Rn 253.
170   Vgl LG Berlin EGR ArbEG § 12 Nr 72; SstA 12.11.2003 ArbErf 1/03; *Bartenbach/Volz* Rn 154.
171   BGH GRUR 1987, 900, 902 Entwässerungsanlage; vgl *Bartenbach/Volz* Rn 156.
172   *Bartenbach/Volz* Rn 157 ff mwN.
173   SstA BlPMZ 1971, 199 f; vgl OLG Frankfurt GRUR 1985, 436 f; *Bartenbach/Volz* Rn 161.
174   SstA 6.7.1989 ArbErf 108/88, seither ständig; vgl *Bartenbach/Volz* Rn 161.
175   Vgl BGH GRUR 2002, 149 Wetterführungspläne II; BGHZ 155, 8 = GRUR 2003, 789 Abwasserbehandlung; die öst Rspr zieht § 151 öPatG entspr heran, öOGH 21.12.2011 O ObA 7/11m ÖBl 2012, 109 Ls m kr Anm *Warbek*.
176   Vgl BGH GRUR 1963, 315 f Pauschalabfindung; BGHZ 126, 109, 115 = GRUR 1994, 898 Copolyester I; BGHZ 137, 162 = GRUR 1998, 689, 692 Copolyester II; BGH GRUR 1998, 684, 687 Spulkopf; BGH GRUR 2002, 609 Drahtinjektionseinrichtung; OLG Düsseldorf WRP 1998, 1202, 1205 f.
177   SstA 2.4.2009 ArbErf 58/07.
178   Vgl öOGH ÖBl 1999, 42 f KEMRObus.
179   BGH Wetterführungspläne II.
180   OLG Hamburg EGR Nr 31 zu § 12 ArbEG.
181   Vgl BGH GRUR 1977, 784, 787 Blitzlichtgeräte; OLG Düsseldorf 8.6.2006 2 U 28/05 Mitt 2006, 471 Ls; LG München I 25.3.1998 21 O 20044/89; LG Düsseldorf 14.9.1999 4 O 258/98 Entsch 2000, 3, 7; LG Düsseldorf 24.4.2012 4a O 186/10.
182   BGH Drahtinjektionseinrichtung; OLG Düsseldorf GRUR-RR 2004, 263.
183   SstA 17.6.1999 ArbErf 91/96.
184   OLG Hamburg EGR Nr 31 zu § 12 ArbEG.
185   *Bartenbach/Volz*⁴ Rn 172.

42   Auch die Unklarheit über das Bestehen eines **Anspruchs auf Neuregelung** nach Abs 6 begründet einen Auskunftsanspruch,[186] Voraussetzung ist hier, dass der ArbN eine konkrete Wahrscheinlichkeit für eine erhebliche Veränderung dartut.[187] Der ArbN kann grds immer dann, wenn aufgrund nachprüfbarer Tatsachen klare Anhaltspunkte für einen Anpassungsanspruch bestehen, Auskunft und ggf Rechnungslegung verlangen, um im einzelnen die weiteren Voraussetzungen dieses Anspruchs ermitteln und die zu zahlende Vergütung berechnen zu können.[188] Die SstA lässt gewisse Wahrscheinlichkeit ausreichen.[189] Sollen erst die Voraussetzungen einer Leistungspflicht festgestellt werden, ist der Verpflichtete in höherem Maß schutzwürdig, idR ist daher zu verlangen, dass der Berechtigte plausibel darlegt, warum ihm eine weitere Spezifizierung der Anspruchsvoraussetzungen nicht möglich ist.[190] Die Auskunftspflicht setzt voraus, dass der Verpflichtete dem Auskunftsverlangen ohne unzumutbaren Aufwand und ohne Beeinträchtigungen berechtigter Interessen nachkommen kann.[191]

43   **II.** Der **Umfang** des Anspruchs bestimmt sich nach den Grundsätzen von Treu und Glauben aus dem Zweck der Rechnungslegung. Er erfasst nach älterer Rspr alle Tatsachen, die für die Bemessung der Vergütung in Betracht kommen.[192] Der ArbGb muss den Erfinder in die Lage versetzen, die Richtigkeit der festgesetzten Vergütung zu überprüfen.[193] Haben sich ArbGb und ArbN über einen bestimmten Abrechnungsmodus geeinigt oder hat der ArbN diesem über längere Zeit nicht widersprochen, kann der ArbN billigerweise nur die Angaben verlangen, die üblicherweise im Rahmen dieses Berechnungsmodus erforderlich sind.[194] Dies erfasst aus der arbeitsrechtl Fürsorgepflicht auch, soweit nach Lizenzanalogie abgerechnet wird und der Erfinder den Lizenzsatz in Zweifel zieht, Angaben über Gestehungs- und Vertriebskosten einschließlich der einzelnen Kostenfaktoren und nach früherer, jetzt jedoch aufgegebener BGH-Rspr (Rn 44) Gewinn;[195] letzteres allerdings nicht, soweit mangels wirksamer Inanspruchnahme nur Bereicherungsansprüche in Betracht kommen.[196] Der Umfang der geschuldeten Angaben wird durch Erforderlichkeit und Zumutbarkeit sowie (darzulegende)[197] Geheimhaltungsinteressen des ArbGb begrenzt; unzumutbarer Aufwand steht dem Anspruch entgegen;[198] dieser umfasst auch nicht alle Angaben, die zur Ermittlung der angemessenen Vergütung irgendwie hilfreich sind oder sein können.[199] Zwischen den Kriterien Erforderlichkeit und Zumutbarkeit besteht Wechselwirkung.[200] Auskunft über die Benutzung des Patents im Konzern sind nur soweit geschuldet, als diese Handlungen für die Bemessung der Vergütung relevant sind. Vom ArbGb kann nicht verlangt werden, dass er ein anderes konzernverbundenes Unter-

---

186   BGH GRUR 1963, 315 Pauschalabfindung; vgl BGHZ 137, 387 = GRUR 1998, 680, 682 Comic-Übersetzungen I, zu § 36 UrhG; vgl auch *Bartenbach/Volz* Rn 170.1.

187   OLG Düsseldorf EGR Nr 13 zu § 12 ArbEG.

188   BGH GRUR 2002, 602 Musikfragmente, zu § 36 UrhG.

189   SstA 12.11.2008 ArbErf 26/07.

190   BGH GRUR 2002, 149 Wetterführungspläne II, zu Ansprüchen nach § 36 UrhG.

191   BGH Musikfragmente.

192   BGHZ 126, 109 = GRUR 1994, 898, 900 Copolyester I; BGHZ 137, 162 = GRUR 1998, 689, 692 Copolyester II; LG Düsseldorf 14.9.1999 4 O 258/98 Entsch 2000, 3, 5 f; vgl SstA EGR Nr 61 zu § 12 ArbEG; OLG Hamburg EGR Nr 62 zu § 12 ArbEG; kr SstA 12.1.1995 ArbErf 37/93, die Umstände seien nicht einbeziehen und, die für eine Schätzung lediglich tendenziell von Bedeutung sein können, sowie *Hellebrand* VPP-Rdbr 1999, 34, 41; *Hellebrand* GRUR 2001, 678; eingehende Kritik bei *Reimer/Schade/Schippel*[7] Rn 62; kr auch *Rosenberger* GRUR 2000, 25, 33; *Meier* GRUR 1998, 779, 782.

193   BGH Copolyester II; BGH GRUR 1998, 684 Spulkopf.

194   BGH Copolyester I.

195   BGH GRUR 1998, 684, 688 Spulkopf; BGH GRUR 2002, 801 f abgestuftes Getriebe; hiergegen grds SstA BlPMZ 2002, 230: auch nicht zur Überprüfung; SstA 6.10.2001 ArbErf 29/00; *Jestaedt* VPP-Rdbr 1998, 67; *Rosenberger* GRUR 2000, 25, der eine Anknüpfung am Gewinn insgesamt ablehnt, *Hellebrand* GRUR 2001, 678 und *Reimer/Schade/Schippel*[7] Rn 62, die frühere Rspr des BGH zu Auskunft über Gestehungskosten, Verwertungskosten und Gewinnen aufgegeben in BGHZ 183, 182 = GRUR 2010, 223 Türinnenverstärkung; BGH 17.11.2009 X ZR 60/07.

196   LG Düsseldorf InstGE 2, 181, 187, auch zur Rechnungslegungspflicht hinsichtlich vergebener Freilizenzen.

197   Auch insoweit aA SstA 12.1.1995 ArbErf 37/92.

198   Vgl BGH GRUR 2002, 149 Wetterführungspläne II: zu berücksichtigen ist, dass es sich um länger zurückliegende Zeiträume handelt; BGHZ 155, 8 = GRUR 2003, 789 Abwasserbehandlung, zu Angaben über Benutzung vor Inanspruchnahme.

199   BGH Copolyester II; BGH Spulkopf; BGH abgestuftes Getriebe; vgl LG Düsseldorf 27.8.1996 4 O 329/95 Entsch 1996, 69.

200   BGH abgestuftes Getriebe.

nehmen und/oder die Muttergesellschaft im Klageweg in Anspruch nimmt, um so die dem ArbN geschuldeten Informationen zu erlangen.[201] Ist verbundenen Konzernunternehmen eine Lizenz zur Nutzung der Diensterfindung mit umsatzabhängiger Vergütung erteilt worden, reicht die Angabe der Lizenzumsätze des ArbGb grds aus; dabei kann im Einzelfall eine Aufschlüsselung erforderlich sein, wie sich die erzielten Lizenzeinnahmen zusammensetzen.[202] Auskunft einmal jährlich reicht hier grds aus.[203] Dem ArbN einer inländ Entwicklungsgesellschaft, die Tochter einer ausländ Muttergesellschaft ist, steht idR kein Anspruch auf Auskunft über die Verwertung durch die Muttergesellschaft zu.[204] Regelmäßig sind die Umsatzerlöse anzugeben; darüber hinaus konnte nach früherer Rspr der zu erzielende Gewinn einen Anhaltspunkt für die zutreffende Bestimmung des Lizenzsatzes geben.[205] Angabe der Abnehmer kann verlangt werden.[206] Wird ein Gegenstand separat und als Teil einer umfassenden Gesamtvorrichtung ohne Ausweisung eines gesonderten Verkaufspreises vertrieben, kann die interne Kostenkalkulation für alle Baugruppen der Gesamtvorrichtung nicht verlangt werden, wenn der erforderliche Aufwand nicht in einem sinnvollen Verhältnis zur erzielbaren genaueren Ermittlung steht;[207] anders, wenn ausschließlich als Teil der Gesamtvorrichtung geliefert wurde.[208] Ist kein Lizenzvertrag zustande gekommen und gibt es demzufolge weder Lizenzberechtigung noch Anspruch auf Lizenzierung oder Lizenzeinnahmen des ArbGb, kann die Vorlage des Vertragsentwurfs vom ArbN nicht verlangt werden.[209]

Den Anspruch auf **Gewinnauskunft** und grds auch auf Mitteilung der Gestehungs- und Vertriebskosten hat der BGH für den Regelfall aufgegeben, weil sich der ArbN besser und einfacher als früher informieren könne und weil die Vorlage von Zahlenmaterial zur Gewinnsituation häufig unzumutbar sei.[210] Nach neuer Rspr kommt Gewinnauskunft nurmehr bei außergewöhnlichen Umständen in Betracht.[211] Solche könnten dann in Betracht zu ziehen sein, wenn der ArbGb die massive Unterschreitung des üblichen Lizenzsatzes damit begründet, dass die Gewinne außergewöhnlich gering seien,[212] **44**

Im Einzelfall kann ein **Wirtschaftsprüfervorbehalt** in Betracht kommen.[213] **45**

Der ArbNErfinder hat keinen Anspruch auf Vorlage des Lizenzvertrags, an dessen Erträgen er zu beteiligen ist.[214] Grds besteht kein Anspruch auf **Einsicht in die Geschäftsunterlagen** des ArbGb.[215] **46**

Der ArbGb muss den ArbN in die Lage versetzen, die **Richtigkeit** der erteilten Auskünfte zur Berechnung der Erfindervergütung nachzuprüfen.[216] Es verstößt daher gegen Treu und Glauben, wenn der ArbGb vom ausgeschiedenen ArbN unter Berufung auf eine Abrede im Anstellungsvertrag die Herausgabe von **47**

201 OLG Düsseldorf InstGE 8, 147.
202 BGH abgestuftes Getriebe gegen OLG Frankfurt 10.6.1999 6 U 52/98; vgl OLG Düsseldorf 24.10.2013 2 U 63/12 Mitt 2014, 95 Ls; LG Düsseldorf 12.7.2011 4a O 52/10; zu den Möglichkeiten der inländ Tochtergesellschaft, Kalkulationsunterlagen der ausländ Muttergesellschaft zu beschaffen, BFHE 194, 360 = NJW 2001, 3286.
203 LG Düsseldorf 12.7.2011 4a O 52/10.
204 OLG München GRUR-RR 2001, 103.
205 BGH abgestuftes Getriebe.
206 BGH Spulkopf; einschränkend SstA BlPMZ 2002, 230: nur bei – zu substantiierenden – berechtigten Zweifeln an der Richtigkeit der Abrechnung, ebenso zu Zahl und Datum der Verkäufe.
207 BGH Spulkopf; kr *Bender* Mitt 1998, 216, 218 f.
208 LG Düsseldorf Mitt 1998, 235, 237.
209 SstA 12.6.2008 ArbErf 23/06.
210 BGHZ 183, 182 = GRUR 2010, 223 Türinnenverstärkung; BGH 17.11.2009 X ZR 60/07; vgl *Volz* GRUR 2010, 865; *Bartenbach/Volz* Rn 198, zu den Gestehungskosten, und 199 ff, zur Gewinnauskunft; zur Gewinnauskunft auch *Trimborn* Mitt 2010, 461 f; *Kunzmann* FS K. Bartenbach (2005), 275, 189 ff; *Teufel* FS K. Bartenbach (2005), 97, 102; abw *Kreuzkamp* Mitt 2010, 227; *Jesgarzewski* BB 2011, 2933.
211 BGH Türinnenverstärkung.
212 *Bartenbach/Volz* Rn 202; vgl auch *Trimborn* Mitt 2010, 461, 463.
213 OLG Düsseldorf 24.10.2013 2 U 63/12 Mitt 2014, 95 Ls; LG Düsseldorf 14.6.22012 4b O 170/11 CIPR 2013, 101 Ls; vgl aber BGHZ 110, 30, 34 = GRUR 1990, 515, 517 Marder, wonach fallweise eine strafbewehrte Unterlassungsverpflichtung ausreichen kann.
214 SstA BlPMZ 1986, 346; vgl *Bartenbach7Volz* Rn 173.1.
215 *Bartenbach/Volz* Rn 175, str; vgl auch OLG Hamburg EGR Nr 62 zu § 12 ArbEG.
216 BGHZ 110, 30, 34 = GRUR 1990, 515 Marder; vgl BGH 10.7.1959 I ZR 73/58; BGH GRUR 1977, 784 Blitzlichtgeräte; BGH GRUR 1961, 338 Chlormethylierung; OLG Hamburg EGR Nr 31 zu § 12 ArbEG; öOGH ÖBl 1999, 42 f KEMRObus.

Kopien geschäftlicher Unterlagen verlangt, auf die der ArbN zur Beweisführung in einem anhängigen Prozess über eine Erfindervergütung für eine in Anspruch genommene Erfindung angewiesen ist.[217]

48   Der Auskunftsanspruch **verjährt** selbstständig, auch wenn er der Bezifferung eines Zahlungsanspruchs dient.[218] Die Verjährungsfrist bemisst sich nach § 195 BGB; soweit die Umsätze, auf die sich das Auskunftsverlangen erstreckt, erst mit Abschluss des Geschäftsjahrs festgestellt werden, beginnt die Verjährungsfrist für den Auskunftsanspruch erst mit Ablauf des entspr Jahrs.[219]

49   **III. Versicherung an Eides statt** kann verlangt werden, wenn Anlass zur Vermutung besteht, dass die Auskunft unrichtig oder unvollständig ist (vgl Rn 93 ff zu § 140b PatG). Der Antrag kann allerdings nicht gleichzeitig mit dem Rechnungslegungsanspruch gestellt werden, weil sich der Anspruch auf die bereits gelegte Rechnung bezieht.[220]

§ 13
Schutzrechtsanmeldung im Inland

(1) [1]**Der Arbeitgeber ist verpflichtet und allein berechtigt, eine gemeldete Diensterfindung im Inland zur Erteilung eines Schutzrechts anzumelden.** [2]**Eine patentfähige Diensterfindung hat er zur Erteilung eines Patents anzumelden, sofern nicht bei verständiger Würdigung der Verwertbarkeit der Erfindung der Gebrauchsmusterschutz zweckdienlicher erscheint.** [3]**Die Anmeldung hat unverzüglich zu geschehen.**

(2) Die Verpflichtung des Arbeitgebers zur Anmeldung entfällt,

1.   wenn die Diensterfindung freigeworden ist (§ 8);
2.   wenn der Arbeitnehmer der Nichtanmeldung zustimmt;
3.   wenn die Voraussetzungen des § 17 vorliegen.

(3) Genügt der Arbeitgeber nach Inanspruchnahme der Diensterfindung seiner Anmeldepflicht nicht und bewirkt er die Anmeldung auch nicht innerhalb einer ihm vom Arbeitnehmer gesetzten angemessenen Nachfrist, so kann der Arbeitnehmer die Anmeldung der Diensterfindung für den Arbeitgeber auf dessen Namen und Kosten bewirken.

(4) [1]Ist die Diensterfindung frei geworden, so ist nur der Arbeitnehmer berechtigt, sie zur Erteilung eines Schutzrechts anzumelden. [2]Hatte der Arbeitgeber die Diensterfindung bereits zur Erteilung eines Schutzrechts angemeldet, so gehen die Rechte aus der Anmeldung auf den Arbeitnehmer über.

Ausland: Litauen: Art 8 Abs 3 PatG; **Türkei:** Art 26 VO 551

Übersicht

---

217   BGH Marder; vgl zur Rechtslage in Österreich öOGH ÖBl 1992, 231 Hauptdatenformblätter, wonach der ArbN seine arbeitsrechtl Pflichten nicht verletzt, wenn er von betrieblichen Unterlagen, die sich auf seine Erfindungen beziehen, Kopien für sich anfertigt, solange er sie Dritten nicht mitteilt.
218   Vgl BGH GRUR 2012, 1248 Fluch der Karibik; *Bartenbach/Volz* Rn 306.
219   OLG Düsseldorf 28.2.2014 2 U 109/11 Mitt 2014, 344 Ls; OLG Düsseldorf 28.2.2014 2 U 110/11 CIPR 2014, 37 Ls.
220   LG Mannheim 13.9.2013 7 O 307/12.

Schrifttum: *Fink* Zahlung von Jahresgebühren bei Freigabe einer Diensterfindung, Mitt 1960, 51; *von Falckenstein* Vereinfachung des Arbeitnehmererfindungsrechts? FS 50 Jahre VPP (2005), 262; *Witte* Die Angabe der Anmeldeberechtigung bei Diensterfindungen (§ 26 Abs 6 Satz 2 PatG), GRUR 1963, 76; *Witte* Jahresgebühren bei Diensterfindungen, Mitt 1963, 45.

A. Allgemeines

Die Bestimmung, die in Abs 2 Nr 1 und in Abs 3 durch das PatRVereinfModG vom 31.7.2009 redaktionell geänd worden ist, lehnt sich an das frühere Recht an. Abs 1 legt die Verpflichtung und alleinige Berechtigung des ArbGb zur unverzüglichen Anmeldung der gemeldeten Diensterfindung im Inland fest. Die Pflicht dient der Sicherung des Prioritätsrechts,[1] aber auch dem Interesse des ArbN;[2] sie entfällt nur bei dessen Zustimmung, Freiwerden der Erfindung und bei Betriebsgeheimnissen (Abs 2). Abs 4 Satz 1 sieht im Fall des Freiwerdens die alleinige Berechtigung des ArbN zur Anmeldung vor, Satz 2 enthält eine Folgeregelung für den Fall, dass der ArbGb bereits angemeldet hat. Abs 3 sichert die Interessen des ArbN durch ein Recht zur Ersatzvornahme, wenn der ArbGb seiner Anmeldepflicht nicht nachkommt. **1**

Nebenpflichten der Parteien bzgl der Anmeldung regelt § 15, die Aufgabe der Anmeldung oder des Schutzrechts durch den ArbGb § 16. Auslandsanmeldungen sind in § 14 geregelt. **2**

B. Anmeldeberechtigung und -pflicht des Arbeitgebers

I. Grundsatz

Der ArbGb ist allein berechtigt, aber auch grds verpflichtet, die Diensterfindung anzumelden. Abs 1 regelt nicht nur das Innenverhältnis der Beteiligten, sondern auch das Außenverhältnis, insb gegenüber dem DPMA; der ArbGb handelt daher gegenüber diesem gegenüber im eigenen Namen als Berechtigter.[3] Die Bestimmung soll dem ArbGb gegenüber dem ArbN keine zusätzlichen Rechte verschaffen.[4] Für die Erklärung nach § 37 Abs 1 Satz 2 PatG genügt regelmäßig der Hinweis auf die ArbNErfindung.[5] Formale und materielle Berechtigung fallen vor Inanspruchnahme auseinander. In der Anmeldung allein liegt keine Inanspruchnahme.[6] Bei Freiwerden entfällt auch das Anmelderecht des ArbGb (Abs 4 Satz 1), bei Zustimmung zur Nichtanmeldung kommt es auf die getroffene Vereinbarung an; iZw wird von einem Fortbestehen des Anmelderechts des ArbGb ausgegangen werden können, anders im Fall der Erklärung zum Betriebsgeheimnis.[7] Weitergehende Pflichten des ArbGb können sich insb aus Nebenbestimmungen im Rahmen öffentlicher Forschungsförderung ergeben (Rn 79 ff Einl PatG). Nichtanmeldung durch den ArbGb kann Schadensersatzansprüche begründen.[8] **3**

II. Ausnahmen

1. Allgemeines. Die Verpflichtung zur Anmeldung entfällt unter den Voraussetzungen des Abs 2. Liegen die dort abschließend aufgezählten Ausnahmen nicht vor, hat der ArbGb die ihm gemeldete Diensterfindung anzumelden, auch wenn er deren Gegenstand für nicht schutzfähig hält,[9] anders nur bei eindeuti- **4**

---

1   Vgl SstA BlPMZ 1984, 301 f; Begr BlPMZ 1957, 235; *Bartenbach/Volz* Rn 2; *Volmer/Gaul* Rn 2.
2   Vgl SstA 16.9.1996 ArbErf 25/95.
3   DPA BlPMZ 1959, 115; *Bartenbach/Volz* Rn 40; str.
4   BGHZ 185, 341, 351 = GRUR 2010, 817 Steuervorrichtung.
5   MittPräsDPA BlPMZ 1972, 61.
6   OLG München InstGE 9, 9; OLG Düsseldorf GRUR-RR 2004, 163.
7   *Bartenbach/Volz* Rn 31.1.
8   Vgl SstA 6.5.2002 ArbErf 57/00.
9   SstA BlPMZ 1977, 173.

ger Schutzunfähigkeit.[10] In der betrieblichen Praxis wird die Anmeldepflicht weitgehend „abgekauft", und zwar häufig gegen Entschädigung in Höhe von 100 EUR bis 400 EUR.

2. Die Fälle des Absatzes 2

5   **a.** Die Anmeldeverpflichtung entfällt bei **Freiwerden der Diensterfindung** nach § 8 (Abs 2 Nr 1).

6   **b.** Die Verpflichtung entfällt weiter bei **Zustimmung** des ArbN (Abs 2 Nr 2).[11] Diese ist empfangsbedürftige Willenserklärung; an eine Zustimmung durch konkludentes Verhalten sind strenge Anforderungen zu stellen.[12] Wegen § 22 kann die Zustimmung erst nach Erfindungsmeldung wirksam erklärt werden. Bei Miterfindern bedarf es der Zustimmung aller.[13] Die Zustimmung kann eingeschränkt erteilt werden, so bezogen auf teilweise Nichtanmeldung, auch durch Einverständnis mit den Anmeldeunterlagen oder mit Verpflichtung zur GbmAnmeldung.[14] Auf Unerfahrenheit kann sich der ArbN grds nicht berufen.[15] Erklärt sich der ArbN wegen mangelnder Erfolgsaussicht einer Schutzrechtsanmeldung gegenüber dem ArbGb mit der Nichtanmeldung einverstanden und stimmt er der Schlussfolgerung des ArbGb zu, dass die Angelegenheit abgeschlossen sei, liegt darin ein Verzicht auf eine Erfindervergütung.[16]

7   **c.** Die Verpflichtung entfällt schließlich bei Vorliegen der Voraussetzungen des § 17 bei **betriebsgeheimen Erfindungen** (Abs 2 Nr 3).

3. Sonderfälle

8   **a.** Die **Übertragung der Rechte** an der Erfindung seitens des ArbGb auf einen Dritten lässt die Anmeldeverpflichtung beim ArbGb nicht entfallen.[17] Die Verpflichtung zur Anmeldung geht nicht auf den Erwerber über. Der Erfinder ist in diesem Fall auf einen Schadensersatzanspruch verwiesen, jedoch wird ein Schaden regelmäßig dadurch ausgeschlossen sein, dass sich sein Vergütungsanspruch nach dem Übertragungsentgelt richtet.[18] Der ArbGb soll nach der Praxis der SstA jedoch bei Bestehen enger konzernrechtl Bindungen zum Erwerber verpflichtet sein, die Muttergesellschaft zur Anmeldung zu veranlassen oder dem ArbN die Anmeldepflicht abzukaufen.[19]

9   **b.** Bei **zwischenbetrieblicher Kooperation** bleibt der jeweilige ArbGb verpflichtet.[20]

III. Zeitpunkt

10   Die Anmeldung hat unverzüglich (ohne schuldhaftes Zögern, § 121 BGB)[21] zu erfolgen (Abs 1 Satz 3); für die Frage, in welchem Umfang Nachforschungen (Neuheitsrecherche, Zuziehung von Beratern) unschädlich sind, kommt es auf die Umstände an;[22] bis zur Klärung der Verwertbarkeit darf keinesfalls zugewartet werden;[23] Einholung der Zustimmung des Erfinders zur Fassung der Anmeldeunterlagen entbin-

---

10   *Bartenbach/Volz* Rn 56 f; vgl BGH GRUR 1987, 900 f Entwässerungsanlage.

11   Vgl SstA 20.3.2003 ArbErf 65/01 Mitt 2003, 559 Ls.

12   *Bartenbach/Volz* Rn 33; vgl SstA EGR ArbEG § 13 Nr 32: ständige Handhabung.

13   *Bartenbach/Volz* Rn 33.5.

14   *Bartenbach/Volz* Rn 33.2.

15   Vgl SstA 2.2.2006 ArbErf 85/04.

16   SstA 20.3.2003 ArbErf 65/01.

17   AA SstA 31.1.2002 ArbErf 90/99; *Bartenbach/Volz* Rn 3.

18   Vgl *Bartenbach/Volz* Rn 3.

19   SstA 31.1.2002 ArbErf 90/99.

20   Vgl *Bartenbach* Zwischenbetriebliche Forschungs- und Entwicklungskooperation und das Recht der ArbNErfindung (1985), 103 ff, sowie *Bartenbach/Volz* Rn 3.1.

21   SstA BlPMZ 1977, 173; *Bartenbach/Volz* Rn 7 f.

22   *Bartenbach/Volz* Rn 8.

23   SstA BlPMZ 1984, 301 f.

det nicht.[24] Die Verpflichtung knüpft an die Meldung, nicht erst an die Inanspruchnahme an;[25] dies gilt nicht für die Auslandsanmeldung (§ 14), was bei eur Patentanmeldungen mit Benennung auch anderer Vertragsstaaten zu Schwierigkeiten führen kann.[26] Sie entsteht mit Zugang der Meldung nach § 5.[27] Fehlt es an einer (ordnungsgem) Meldung, wird die Anmeldepflicht nicht bzw erst mit Ablauf der Frist zur Beanstandung nach § 5 Abs 3 ausgelöst,[28] jedoch kann sich hier unter besonderen Umständen (drohender Prioritätsverlust) eine Anmeldepflicht aus der arbeitsvertraglichen Fürsorgepflicht ergeben.[29]

IV. Art und Umfang

1. Patentanmeldung/Gebrauchsmusteranmeldung. Der Verpflichtung zur Anmeldung wird idR **11** durch Anmeldung eines dt oder eur (mit Benennung Deutschlands)[30] Patents genügt (zur eur Patentanmeldung weiter Rn 6 zu § 14). Auslandsanmeldung genügt nicht, wie sich aus dem eindeutigen Wortlaut des Abs 1 ergibt;[31] infolge ihrer altersrangsichernden Wirkung kann sie jedoch für die Frage, ob die Inlandsanmeldung unverzüglich erfolgt ist, von Bedeutung sein. GbmAnmeldung kommt nur ausnahmsweise in Frage, sofern sie „bei verständiger Würdigung der Verwertbarkeit der Erfindung zweckdienlicher erscheint"; also bei absehbar kurzlebigen Erfindungen; es kommt für die Beurteilung auf den Anmeldezeitpunkt an, abzustellen ist auf die Anschauungen eines vernünftigen Unternehmers; die neuere Praxis der SstA sieht die GbmAnmeldung idR als gleichwertige Alternative an.[32] Wirtschaftlichkeitsbetrachtungen allein rechtfertigen GbmAnmeldung nicht;[33] erforderlichenfalls muss innerhalb des Prioritätsjahrs eine Patentanmeldung nachgeschoben werden.[34] Auf die Unterschiede zwischen Patent- und GbmFähigkeit sollte nach der weitgehenden Angleichung der beiden Institute nicht mehr abgestellt werden.[35] Eine „Freigabe" der Diensterfindung nach Inanspruchnahme und GbmAnmeldung durch den ArbGb für eine Patentanmeldung durch den Erfinder auf dessen Kosten und unter Vorbehalt der Rechte des ArbGb aus dem Gebrauchsmuster ist als Verstoß gegen die dem ArbGb obliegende Anmeldepflicht unzulässig, selbst wenn beim ArbGb Zweifel an der Schutzfähigkeit aufgetreten sind.[36]

2. Umfang. Der ArbGb ist Herr des Anmeldeverfahrens.[37] Er hat die Anmeldung so abzufassen, dass **12** der Gehalt der Erfindung ausgeschöpft wird, dabei gilt der allg typisierte zivilrechtl Sorgfaltsmaßstab.[38] Der ArbGb verletzt seine Verpflichtung zur Anmeldung nicht dadurch, dass er die Erfindung und eine weitere Erfindung zusammengefasst und zur Erteilung eines einzigen Patents anmeldet, wenn die technische Lehre, die der Erfinder gemeldet hat, mit der gemeinsamen Anmeldung voll ausgeschöpft wird.[39] Das Haftungsrisiko kann (unter dem Gesichtspunkt mitwirkenden Verschuldens, § 254 BGB) verringert werden, wenn dem ArbN Gelegenheit gegeben wird, zum Entwurf der Patentanmeldung Stellung zu nehmen. Nach der Praxis der SstA entbindet die Zustimmung zur Fassung der Anmeldeunterlagen von der Verantwortung für die inhaltliche Vollständigkeit der Schutzrechtsanmeldung und enthält regelmäßig die Zustimmung zur Nichtanmeldung von nicht in die Anmeldung aufgenommenen Gegenständen, Ausführungsformen

---

24 SstA 7.5.1998 ArbErf 20/96.
25 *Bartenbach/Volz* Rn 4.
26 Vgl LG Düsseldorf 29.12.1999 4 O 414/98 Entsch 2000, 8, 11.
27 *Bartenbach/Volz* Rn 5.
28 *Bartenbach/Volz* Rn 5 f; aA *Volmer/Gaul* Rn 101 ff.
29 *Bartenbach/Volz* Rn 5.
30 *Bartenbach/Volz* Rn 27.
31 AA *Bartenbach/Volz* Rn 29, dort allerdings auch unter Berücksichtigung der nachfolgenden Inlandsanmeldung.
32 Vgl *Bartenbach/Volz* Rn 12 ff; *Hellebrand* VPP-Rdbr 1999, 34, 36; vgl SstA BlPMZ 1977, 173, BlPMZ 1982, 166, BlPMZ 1991, 317; SstA 12.12.1990 ArbErf 13/90; SstA 28.9.1993 ArbErf 133/92; SstA 17.3.1994 ArbErf 177/92; SstA 23.3.1995 ArbErf 177/92; SstA 13.11.1997 ArbErf 31/96.
33 SstA 16.9.1996 ArbErf 25/95.
34 Vgl SstA 28.9.1993 ArbErf 133/92; zur Frage, wann ein ArbGb eine Patent- oder GbmAnmeldung zu hinterlegen hat, SstA BlPMZ 1982, 166.
35 So aber *Bartenbach/Volz* Rn 11, vgl aber dort Fn 39; *Volmer/Gaul* Rn 25.
36 SstA GRUR 1991, 753.
37 Vgl *Bartenbach/Volz* Rn 41.
38 Vgl auch *Bartenbach/Volz* Rn 10.
39 SstA 21.4.2009 ArbErf 13/08.

oder Merkmalen.[40] Der ArbN ist zur Unterstützung des ArbGb bei der Anmeldung verpflichtet (§ 15 Abs 2); hieraus ergibt sich eine Regelsituation der gemeinsamen sachlichen Verantwortung von ArbGb und ArbN für eine inhaltlich richtige Schutzrechtsanmeldung; entspricht deren einvernehmlich abgefasster Inhalt den Kenntnissen und Erkenntnismöglichkeiten der Beteiligten, ohne den Offenbarungsgehalt der Erfindungsmeldung voll auszuschöpfen, wird weder gegen die Anmeldepflicht noch gegen die Unterstützungspflicht verstoßen.[41]

13   Die Verpflichtung zur Anmeldung schließt die zur sachgerechten **Durchführung des Erteilungsverfahrens** ein,[42] hierzu kann auch die Einlegung von Rechtsmitteln gehören.[43] § 13 verpflichtet den ArbGb aber nicht, unverzüglich Prüfungsantrag zu stellen.[44]

14   Die **Aufgabe der Schutzrechtsanmeldung** sowie Maßnahmen oder Unterlassungen, die ihr gleichkommen, darf der ArbGb nur unter den Voraussetzungen des § 16 vornehmen.[45] Kommt der ArbGb einer Beanstandung der Prüfungsstelle nach, wird dies idR keine Pflichtverletzung darstellen.[46]

15   **V.** Die **Kosten** der Schutzrechtsanmeldung und des Schutzrechts hat bis zum Freiwerden (Abs 4 Satz 2) der ArbGb zu tragen; Kostenerstattung, etwa nach den Grundsätzen der Geschäftsführung ohne Auftrag, kommt nicht in Betracht.[47]

C. Rechte des Arbeitnehmers

16   **I.** Der ArbN kann als Dritter nur bei nationalen, nicht auch bei eur Patentanmeldungen selbst **Prüfungsantrag** stellen. Dabei muss er allerdings schutzwürdige Belange des ArbGb beachten.[48]

17   **II. Weitere Rechte** des ArbN ergeben sich insb aus § 15 Abs 1 (Rn 5 ff zu § 15).

D. Rechtsfolgen bei Pflichtverletzungen

I. Nicht ordnungsgemäße Anmeldung durch den Arbeitgeber

18   Schuldhafte Verstöße gegen die Anmeldepflicht begründen Schadensersatzansprüche nach § 823 Abs 2 BGB iVm § 13 sowie uU aus § 826 BGB und aus Verletzung des Arbeitsvertrags.[49] In Betracht kommt jegliche Nicht- oder Schlechterfüllung der Pflicht zur Anmeldung. Verstößt der ArbGb gegen die Pflicht zur unverzüglichen Anmeldung, ist es Sache des Erfinders, den Schaden darzulegen und ggf nachzuweisen, der ihm durch die Nichtanmeldung entstanden ist.[50] Ein Schadensersatzanspruch kommt insb bei Erlös von Lizenzgebühren durch den ArbGb in Betracht.[51] Es ist jedoch in Umkehrung der Beweislast Sache des ArbGb, der durch Nichtanmeldung die Prüfung der Erfindung verhindert hat, die Umstände darzulegen, aus denen sich das Fehlen der Patentfähigkeit ergeben soll.[52] Die Nichtausschöpfung der gemeldeten

---

40   SstA 5.12.1991 ArbErf 3/90 und SstA Mitt 1997, 120; vgl SstA 19.10.2001 ArbErf 9/00; SstA 22.10.2002 ArbErf 47/00.

41   SstA 5.12.1991 ArbErf 3/90; SstA Mitt 1997, 120; zur Verletzung der Anmeldepflicht durch Erweiterung gegenüber dem gemeldeten Gegenstand SstA 3.12.1991 ArbErf 55/90; zur Zusammenlegung mehrerer Anmeldungen vgl BGH GRUR 1977, 784, 787 Blitzlichtgeräte; SstA 22.10.2002 ArbErf 47/00: auch bei Beteiligung unterschiedlicher Erfindergemeinschaften.

42   *Bartenbach/Volz* Rn 16.

43   Vgl SstA BlPMZ 1960, 279.

44   SstA BlPMZ 1982, 365; vgl auch SstA BlPMZ 1986, 346, 348; *Bartenbach/Volz* Rn 17.

45   SstA BlPMZ 1960, 279 f, BlPMZ 1983, 365; *Bartenbach/Volz* Rn 18, 44; vgl aber BGH GRUR 1988, 762 Windform: Vermögensverfall des ArbGb, zwh; vgl auch LAG München RdA 1961, 500.

46   Vgl SstA 15.5.2001 ArbErf 59/98.

47   *Bartenbach/Volz* Rn 22: „idR"; *Volmer/Gaul* Rn 76, 191; str.

48   *Bartenbach/Volz* Rn 41.1.

49   Vgl OLG Düsseldorf WRP 1998, 1202, 1208; *Bartenbach/Volz* Rn 68.

50   SstA BlPMZ 1984, 301, dort auch zu den Anforderungen an die Darlegung; vgl *Bartenbach/Volz* Rn 70.

51   SstA 22.7.1992 ArbErf 2/92.

52   BGH 14.7.1980 X ZR 1/79, zu § 16, gegen OLG Frankfurt GRUR 1966, 425, das den Einwand mangelnder Patentfähigkeit entspr § 162 BGB als ausgeschlossen ansah.

Diensterfindung ist regelmäßig nicht schadensersatzrechtl auszugleichen, weil der Vergütungsanspruch in diesem Fall nach der gemeldeten Erfindung zu bemessen ist (Rn 30 zu § 9).[53]

GbmAnmeldung statt an sich gebotener Patentanmeldung kann nach § 823 Abs 2 BGB iVm § 13 Abs 1 **19** Satz 2 als Schutzgesetz und wegen Verletzung des Arbeitsvertrags schadensersatzpflichtig machen.[54]

Ersatzvornahme. Der ArbN ist nicht auf Schadensersatzansprüche beschränkt, er kann bei Verlet- **20** zung der Anmeldepflicht vor Inanspruchnahme selbst anmelden und bei Inanspruchnahme den Übertragungsanspruch des ArbGb sogleich anerkennen; des von der hM[55] vorgeschlagenen Wegs über die einstweilige Verfügung bedarf es hierzu ebenso wenig wie der in Abs 3 vorgesehenen Anmeldung auf den Namen des ArbGb.[56] Nichterfüllung der Anmeldeverpflichtung nach Inanspruchnahme berechtigt den ArbN nach erfolgloser Nachfristsetzung (angemessene Frist ist erforderlich, dabei ist der Charakter als Nachfrist zu beachten)[57] zur Anmeldung im Namen und auf Kosten des ArbGb (Abs 3). Herr des Erteilungsverfahrens ist auch in diesem Fall der ArbGb.[58] Der ArbGb ist zur Kostenerstattung unmittelbar aus Abs 3 verpflichtet. Weitergehende Schadensersatzansprüche sind nicht ausgeschlossen.[59] Macht der ArbN von seinem Recht zur Ersatzvornahme keinen Gebrauch, kann dies (untechnisches) Mitverschulden begründen, weil hierfür schon ein Verstoß gegen die Obliegenheit zur Schadensminderung ausreicht.[60]

II. Anmeldung durch den Arbeitnehmer

Anmeldung im eigenen Namen vor Zugang der Meldung verstößt zwar nicht gegen den Wortlaut, aber **21** gegen Sinn und Zweck der Regelung in § 13 und zugleich regelmäßig gegen die Verpflichtung zur unverzüglichen Meldung aus § 5 Abs 1. Die Anmeldung im eigenen Namen ist dem ArbGb gegenüber bei Inanspruchnahme (relativ) unwirksam (§ 7 Abs 3). Der ArbGb hat jedenfalls einen bereicherungsrechtl Anspruch auf Übertragung; weiter liegt im Fall der Inanspruchnahme widerrechtl Entnahme iSd §§ 7, 8, 21 PatG mit den sich daraus ergebenden weiteren Rechtsfolgen (Einspruch, Nichtigkeitsklage, Nachanmeldung) vor (vgl Rn 78 zu § 21 PatG).[61] Der Mangel fällt allerdings weg, sobald der ArbGb die Erfindung nicht mehr in Anspruch nehmen kann; dies kommt nach geltender Rechtslage noch nach Freigabe oder bei nachträglichem Freiwerden in Betracht.[62] Für die Anmeldung auf den Namen des ArbGb gelten, soweit nicht die Voraussetzungen des Abs 3 vorliegen (Rn 20), die allg Grundsätze zur Anmeldung eines Nichtberechtigten (Rn 88 vor § 34 PatG).

Unberechtigte Anmeldung durch den ArbN begründet **Schadensersatz- und Unterlassungansprü- 22 che** des ArbGb nach §§ 823 Abs 1, Abs 2 BGB iVm § 13, § 1004 BGB, sowie auf arbeitsvertraglicher Grundlage nach §§ 280 und 619a BGB; auch § 826 BGB kann in Betracht kommen.[63] Der ArbGb kann ein berechtigtes Interesse an der Einsicht in die Anmeldeunterlagen haben.[64] Im Fall der Anmeldung zusammen mit dem Gegenstand einer freien Erfindung jeweils in ein und derselben Anmeldung zum Patent wie auch zum Gebrauchsmuster hat der ArbN die Teilung der Patentanmeldung auf seine Kosten vorzunehmen und den Gegenstand der die Diensterfindung enthaltenden Teilanmeldung auf den ArbGb zu übertragen sowie Mitinhaberschaft an dem Gebrauchsmuster einzuräumen.[65] Bei Fortführung der Anmeldung des ArbN durch den ArbGb kommen zugunsten des ArbN Ansprüche auf Aufwendungsersatz nach §§ 684, 670 BGB in Betracht.[66]

---

53 BGHZ 106, 84 = GRUR 1989, 205 Schwermetalloxidationskatalysator; str.

54 Vgl *Bartenbach/Volz* Rn 15; SstA 23.3.1995 ArbErf 177/92: ArbN ist hinsichtlich Vergütung zu stellen, wie wenn Patent angemeldet worden wäre; SstA 13.11.1997 ArbErf 31/96 verneint solchenfalls pflichtwidriges Verhalten.

55 *Bartenbach/Volz* Rn 58; *Volmer/Gaul* Rn 236.

56 So *Bartenbach/Volz* Rn 60.

57 *Bartenbach/Volz* Rn 62f.

58 *Bartenbach/Volz* Rn 61.

59 *Bartenbach/Volz* Rn 66.

60 AA *Bartenbach/Volz* Rn 66, 71; *Volmer/Gaul* Rn 273.

61 Nachw des Streitstands bei *Bartenbach/Volz* § 7 nF Rn 51.

62 DPA BlPMZ 1959, 115; *Bartenbach/Volz* Rn 47; vgl SstA BlPMZ 1967, 131f für das nachträgliche Freiwerden.

63 SstA GRUR 1991, 910; vgl *Bartenbach/Volz* Rn 49.

64 BPatGE 23, 278 für den Fall einer Patentanmeldung des ArbN kurz nach Ausscheiden aus dem Betrieb.

65 SstA GRUR 1991, 910.

66 Vgl *Bartenbach/Volz* Rn 50: §§ 683, 670 BGB; SstA BlPMZ 1989, 386, 388: §§ 687 Abs 2, 684 BGB; SstA 15.4.1997 ArbErf 1B/95.

23   E. Bei **Freiwerden der Diensterfindung** hat der ArbN einen Anspruch auf Übertragung der Rechte an ihn; ein gesetzlicher Rechtsübergang tritt nicht ein (abw *7. Aufl*).[67] Denn diese Rechte stehen dem ArbGb nicht aufgrund des Rechts an der Erfindung, sondern aufgrund der formellen Berechtigung des Anmelders oder Patentinhabers zu, die unabhängig von dessen sachlicher Berechtigung an der Erfindung ist.[68] Abs 4 Satz 2 regelt damit nur die materielle Rechtslage, nicht auch die formelle Berechtigung.

24   Ist **noch keine Anmeldung getätigt**, steht das Anmelderecht dem ArbN zu; insoweit hat Abs 4 Satz 1 klarstellende Bedeutung.[69]

§ 14
Schutzrechtsanmeldung im Ausland

(1) Nach Inanspruchnahme der Diensterfindung ist der Arbeitgeber berechtigt, diese auch im Ausland zur Erteilung von Schutzrechten anzumelden.

(2) ¹Für ausländische Staaten, in denen der Arbeitgeber Schutzrechte nicht erwerben will, hat er dem Arbeitnehmer die Diensterfindung freizugeben und ihm auf Verlangen den Erwerb von Auslandsschutzrechten zu ermöglichen. ²Die Freigabe soll so rechtzeitig vorgenommen werden, daß der Arbeitnehmer die Prioritätsfristen der zwischenstaatlichen Verträge auf dem Gebiet des gewerblichen Rechtsschutzes ausnutzen kann.

(3) Der Arbeitgeber kann sich gleichzeitig mit der Freigabe nach Absatz 2 ein nichtausschließliches Recht zur Benutzung der Diensterfindung in den betreffenden ausländischen Staaten gegen angemessene Vergütung vorbehalten und verlangen, daß der Arbeitnehmer bei der Verwertung der freigewordenen Erfindung in den betreffenden ausländischen Staaten die Verpflichtungen des Arbeitgebers aus den im Zeitpunkt der Freigabe bestehenden Verträgen über die Diensterfindung gegen angemessene Vergütung berücksichtigt.

Ausland: Türkei: Art 27 VO 551

Schrifttum: *Bartenbach/Volz* Die nichtausschließlichen Benutzungsrechte des Arbeitgebers nach dem Arbeitnehmererfindungsgesetz und die Veräußerung der Diensterfindung durch den Arbeitnehmer, GRUR 1984, 257; *Fischer* Der Benutzungsvorbehalt nach dem ArbEG im Verfahrens- und Anlagengeschäft, GRUR 1974, 500; *Gaul* Das nichtausschließliche Recht des Arbeitgebers einer im Ausland freigegebenen Diensterfindung, GRUR 1967, 518; *Gaul* Zur Freigabe einer Diensterfindung für das Ausland, Mitt 1971, 241; *Gaul* Die Schutzrechtsveräußerung durch Arbeitnehmer und deren Auswirkungen auf das Mitbenutzungsrecht des Arbeitgebers, GRUR 1984, 494; *Gaul/Bartenbach* Die Vergütungspflicht bei Vorbehalt eines Benutzungsrechts gem § 14 Abs 3 ArbErfG, Mitt 1968, 141; *Grote* Der Vergütungsanspruch im Falle des Vorbehalts eines Benutzungsrechts gem § 14 Abs 3 ArbEG, Mitt 1969, 107; *Koch* Die Auslandsfreigabe nach dem Arbeitnehmererfindungsgesetz, RIW 1986, 824; *Kraft* Die Freigabe der Diensterfindung für das Ausland und die Rechte des

---

67   BGH GRUR 2011, 733 Initialidee; vgl BGH Mitt 1996, 16, 18 gummielastische Masse I; kr OLG Düsseldorf Mitt 2014, 475; aA (gesetzlicher Rechtsübergang) OLG Karlsruhe GRUR 1984, 42; *Kraßer* S 407 (§ 21 IV a 1).

68   BGH Initialidee.

69   Vgl *Bartenbach/Volz* Rn 77.

Arbeitgebers nach § 14 Abs 3 ArbEG, GRUR 1970, 381; *Kunze* Die nichtausschließlichen Benutzungsrechte nach dem Arb-EG in arbeitsrechtlicher Sicht, AuR 1977, 294; *Sack* Probleme der Auslandsverwertung inländischer Arbeitnehmererfindungen, RIW 1989, 612; *Weis* Arbeitnehmererfindung und Schutzrechtsanmeldung im Ausland, GRUR 1958, 64.

A. Allgemeines

Die Bestimmung (das PatRVereinfModG vom 31.7.2009 hat das Wort „unbeschränkter" in Abs 1 gestri- **1** chen; Reformvorschläge im RefE 2001 wurden nicht verwirklicht)[1] regelt die Berechtigung zur Schutzrechtsanmeldung im Ausland (Abs 1) sowie die Rechte des ArbN, soweit eine Anmeldung durch den ArbGb nicht erfolgt (Abs 2), und schließlich die dem ArbGb in diesem Fall verbleibenden Rechte (Abs 3). Zur Anwendbarkeit auf nur nach ausländ Recht schutzfähige Erfindungen Rn 2 zu § 2.

B. Anmelderecht des Arbeitgebers

I. Grundsatz

Zu Auslandsanmeldungen ist der ArbGb nach Inanspruchnahme (anders als bei Inlandsanmeldungen **2** nicht schon zuvor)[2] zwar berechtigt (Abs 1), aber nicht gesetzlich verpflichtet.[3] Das Anmelderecht folgt an sich schon aus der Inanspruchnahme, Abs 1 hat daher insoweit nur klarstellenden Charakter. Fehlt es bereits an einer wirksamen Inanspruchnahme (was nach der Neuregelung kaum mehr in Betracht kommen wird), ist die Bestimmung nicht anwendbar; Ansprüche des ArbN können gleichwohl aus Verletzung der arbeitsvertraglichen Fürsorgepflicht in Betracht kommen.[4]

Das Recht zur Auslandsanmeldung entsteht erst mit (auch fingierter) **Inanspruchnahme,**[5] so dass **3** der ArbGb bis zur Inanspruchnahme Nichtberechtigter ist.[6] Allerdings führt § 7 Abs 1 bei vorzeitiger Anmeldung und nachfolgender Inanspruchnahme zum Übergang der Rechte aus der Auslandsanmeldung auf den ArbGb; wieweit noch eine Umschreibung erforderlich ist, beurteilt sich nach dem Recht des Anmeldestaats.[7]

II. Entscheidungsfreiheit des Arbeitgebers

In seiner Entscheidung, ob und wo die Erfindung im Ausland angemeldet werden soll, ist der ArbGb **4** frei; insoweit ist der ArbN auf seine Rechte aus Abs 2 beschränkt.[8] Soweit sich der ArbGb zur Auslandsanmeldung entschließt, geht ein Nichtausschöpfen der gemeldeten Erfindung wie bei der Inlandsanmeldung im Verhältnis zum ArbN zu seinen Lasten (Rn 18 zu § 13).[9]

III. Veräußerung des Anmelderechts

Der ArbGb ist berechtigt, die Diensterfindung einschließlich des Rechts zur Anmeldung im Ausland **5** zu veräußern.[10]

---

1 Hierzu und zur Kritik von Unternehmerseite *Bartenbach/Volz* Rn 4.1 mit weiterführenden Hinweisen.
2 *Bartenbach/Volz* Rn 6.
3 *Bartenbach/Volz* Rn 3.
4 Vgl BGHZ 167, 118 = GRUR 2006, 754 Haftetikett, unter Hinweis auf BGH GRUR 1990, 542 Aufklärungspflicht des Unterwerfungsschuldners; OLG Düsseldorf GRUR-RR 2004, 163.
5 *Bartenbach/Volz* Rn 5.
6 LG Düsseldorf 29.12.1999 4 O 414/98 Entsch 2000, 8, 11.
7 *Bartenbach/Volz* Rn 9.
8 *Bartenbach/Volz* Rn 5 sehen die Grenze in Willkür und Rechtsmissbrauch.
9 *Volmer/Gaul* Rn 33; aA *Bartenbach/Volz* Rn 5.
10 SstA BlPMZ 1973, 366; vgl zur Übertragung auf eine ausländ Muttergesellschaft SstA 28.11.1991 ArbErf 60/90; SstA 10.2.1998 ArbErf 53/96.

IV. Europäische Patentanmeldungen

6   Soweit in einer eur Patentanmeldung Deutschland als Vertragsstaat benannt wird, handelt es sich um eine Inlandsanmeldung nach § 13, soweit andere Vertragsstaaten benannt werden, um eine Auslandsanmeldung nach § 14. Insoweit ist der ArbGb vor Inanspruchnahme Nichtberechtigter (vgl Art 60 Abs 1 Satz 2 EPÜ, Rn 5 zu § 6 PatG), der ArbN hat zunächst die Rechte aus Art 61 EPÜ, Art II § 5, § 6 IntPatÜG.[11]

7   **V. Anmeldung durch den Arbeitnehmer** im Ausland nach (auch fingierter) Inanspruchnahme ist, soweit nach den kollisionsrechtl Regeln hierauf dt Recht Anwendung findet, Handeln eines Nichtberechtigten; die Rechtsbehelfe für den ArbGb richten sich nach dem Recht des Anmeldestaats.[12]

8   Die Auslandsanmeldung begründet **Schadensersatzansprüche** nach § 823 Abs 2 BGB iVm § 14 Abs 1, die nach § 249 BGB auch auf Übertragung des Schutzrechts oder der Anmeldung gerichtet sein können.[13]

C. Anspruch auf Freigabe

I. Grundsatz

9   Soweit der ArbGb von seinem Auslandsanmelderecht für bestimmte Staaten keinen Gebrauch macht, hat er die Erfindung insoweit so rechtzeitig freizugeben, dass der ArbN noch die Prioritätsfristen ausnützen kann (Abs 2),[13a] er kann sich aber ein nichtausschließliches Recht zur Benutzung vorbehalten (Abs 3).

10   Der Verpflichtung des ArbGb entspricht ein **Anspruch** des ArbN auf Freigabe bei Vorliegen der Voraussetzungen des Abs 2. Der ArbN soll hierdurch eine zusätzliche Verwertungschance erhalten.[14] Das Ausscheiden des ArbN berührt den Anspruch nicht.[15] Unter den Voraussetzungen des § 940 ZPO kommt Durchsetzung im Weg der einstweiligen Verfügung in Betracht, wenn die Zurückweisung des Antrags einer Rechtsverweigerung gleichkäme.[16]

11   Der Anspruch ist **schuldrechtlicher Natur;**[17] er richtet sich nur gegen den ArbGb und dessen Gesamtrechtsnachfolger, nicht gegen dritte Erwerber.[18] Der veräußernde ArbGb ist gegenüber dem ArbN nicht verpflichtet, dessen Anspruch gegenüber dem Erwerber zu sichern.[19] Der Anspruch wird überwiegend als höchstpersönlich angesehen.[20]

II. Grenzen

12   **1.** Der Freigabeanspruch beschränkt sich nach hM gem § 242 BGB auf die Länder, für die die Freigabe die Belange des grds zur Schaffung einer **schutzrechtsfreien Zone** im Ausland berechtigten ArbGb nicht beeinträchtigt;[21] dem ArbN steht in diesem Fall aber ein Vergütungsausgleich zu.[22]

13   **2. Betriebsgeheimnis.** Sofern es die berechtigten Interessen des ArbGb erfordern, die Erfindung betriebsgeheim zu halten, kann Freigabe nicht verlangt werden.[23]

---

11 Vgl auch *Bartenbach/Volz* Rn 7.
12 *Bartenbach/Volz* Rn 10.
13 *Bartenbach/Volz* Rn 11.
13a Zur ausreichenden Frist SstA 16.4.2015 ArbErf 2/13 Mitt 2016, 279 Ls.
14 LG Düsseldorf Mitt 2002, 534 f = InstGE 2, 131; SstA BlPMZ 1973, 366 f, BlPMZ 1975, 258.
15 LG Düsseldorf Mitt 2002, 534 f = InstGE 2, 131.
16 LG Düsseldorf Mitt 2002, 534 f = InstGE 2, 131.
17 LG Düsseldorf Mitt 2002, 534 f = InstGE 2, 131.
18 *Bartenbach/Volz* Rn 20; Begr BTDrs II/1648 = BlPMZ 1957, 236.
19 *Bartenbach/Volz* Rn 21; *Volmer/Gaul* Rn 50; jetzt auch *Reimer/Schade/Schippel* Rn 2, anders dort noch bis 7. Aufl; aA *Koch* RIW 1986, 824.
20 *Bartenbach/Volz* Rn 22 mwN; aA *Volmer/Gaul* Rn 48.
21 *Bartenbach/Volz* Rn 33 f; *Volmer/Gaul* Rn 14, 59 ff, 64; *Reimer/Schade/Schippel* Rn 2; aA *A. Bartenbach-Fock* Arbeitnehmererfindungen im Konzern (2011), Rn 528 ff.
22 *Bartenbach/Volz* Rn 35; *Reimer/Schade/Schippel* Rn 2.
23 *Bartenbach/Volz* Rn 38; *Volmer/Gaul* Rn 91; *Reimer/Schade/Schippel* Rn 4.

3. Ablösung. Vereinbarungen, durch die ein ArbGb die Rechte eines ArbNErfinders nach Abs 2 ablöst **14** (sog Incentive-Regelungen; Rn 3 f zu § 22), sind zulässig, soweit sie nach Erfindungsmeldung geschlossen werden.[24]

III. Freigabeerklärung

Der ArbGb hat die Erfindung freizugeben, ohne dass es eines vorherigen Verlangens des ArbN be- **15** darf.[25] Die praktische Bedeutung ist gering.[26] Die Freigabe ist empfangsbedürftige Willenserklärung, die an keine besondere Wortwahl[27] oder Form[28] gebunden ist; als Gestaltungserklärung ist sie bedingungsfeindlich.[29] Die Freigabe muss unzweideutig erfolgen.[30] Sie soll aber erkennen lassen, auf welche Staaten sie sich bezieht. Eingeschlossen ist die Verpflichtung, den ArbN von der Freigabe von sich aus, dh unaufgefordert und erforderlichenfalls schriftlich in qualifizierter Form, zu unterrichten.[31]

Zeitpunkt. Die Freigabe kann bereits vor Meldung erklärt werden.[32] Nach (auch fingierter) Inan- **16** spruchnahme muss sich der ArbGb alsbald über die Auslandsanmeldung klar werden (vgl Satz 2); dem ArbN soll die Möglichkeit zur Anmeldung innerhalb des Prioritätsjahrs bleiben. Regelmäßig wird ein Zeitraum von zwei bis drei Monaten vor Ablauf der Prioritätsfrist als ausreichend anzusehen sein; dies gilt umso mehr unter den erweiterten Möglichkeiten, internat anzumelden.[33] Zur gemeinschaftsrechtl Erschöpfung bei Freigabe für einen EU-Mitgliedstaat Rn 166 zu § 9 PatG.

IV. Wirkung

Die Freigabe hat Verfügungscharakter.[34] **17**

Die Freigabe erfasst nur die gemeldete Diensterfindung.[35] Anders als im Fall des § 8 betrifft sie die **18** Diensterfindung nicht umfassend, sondern nur hinsichtlich einzelner Rechte zur Anmeldung im Ausland. Hierin ist eine Abspaltung von Teilrechten in Form einer **Rechtsnachfolge** gesehen worden.[36] Im (sachlichen und räumlichen) Umfang der Freigabe ist der ArbN selbst zur Anmeldung berechtigt, er muss aber etwaige Rechte des ArbGb nach Abs 3 beachten.

Eine **Pflicht** des ArbN zur Auslandsanmeldung besteht nicht.[37] **19**

V. Mitwirkungspflicht des Arbeitgebers

Der Anspruch des ArbN erschöpft sich nicht in der Freigabe; der ArbN kann, wie sich aus Abs 2 Satz 1 **20** 2. Halbs ergibt, Unterstützung seitens des ArbGb beim Erwerb der Auslandsschutzrechte beanspruchen. Was verlangt werden kann, bestimmt sich nach den Umständen des Einzelfalls; die Bereitstellung finanzieller oder persönlicher Hilfsmittel kann nicht verlangt werden.[38]

---

24 SstA BlPMZ 1989, 289; *Bartenbach/Volz* Rn 71.
25 BGH GRUR 1978, 430, 434 Absorberstabantrieb I; BGH GRUR 1982, 227 Absorberstabantrieb II; OLG Frankfurt EGR Nr 5 zu § 14 ArbEG; SstA BlPMZ 1975, 258; *Bartenbach/Volz* Rn 32; zur Benutzung SstA BlPMZ 1988, 173.
26 *Bartenbach/Volz* Rn 14.
27 *Bartenbach/Volz* Rn 26.
28 *Bartenbach/Volz* Rn 24; *Volmer/Gaul* Rn 69.
29 *Bartenbach/Volz* Rn 17, 18, 26.
30 LG Düsseldorf Mitt 2002, 534 f.
31 BGH Absorberstabantrieb I gegen OLG Frankfurt EGR Nr 5 zu § 14 ArbEG; BGH Absorberstabantrieb II, dort auch zum Umfang der Mitwirkungspflicht des ArbN; BGH GRUR 1984, 652 Schaltungsanordnung; auf praktische Schwierigkeiten weist *Meier* GRUR 1998, 779 ff hin.
32 *Bartenbach/Volz* Rn 27.
33 Vgl *Bartenbach/Volz* Rn 30.
34 Vgl *Bartenbach/Volz* Rn 19.
35 *Bartenbach/Volz* Rn 33.
36 *Bartenbach/Volz* Rn 16; *Volmer/Gaul* Rn 45.
37 SstA BlPMZ 1975, 258; *Bartenbach/Volz* Rn 36.2; *Volmer/Gaul* Rn 53.
38 Vgl *Bartenbach/Volz* Rn 39 ff.

21   **VI.** Die Verletzung der Freigabepflicht wie auch der Mitteilungspflicht löst ggf **Schadensersatzansprüche des Arbeitnehmers** (jedenfalls nach § 823 Abs 2 BGB iVm § 14 als Schutzgesetz,[39] uU auch aus Vertragsverletzung nach §§ 280, 619a BGB) aus.[40] Anspruch auf Schadensersatz bei fehlender Freigabe kann zu verneinen sein, wenn die Freigabe Angelegenheit eines der Diensterfinder war und die entspr Handlungen durch diesen nicht vorgenommen worden sind.[41] Verschulden ist Voraussetzung; es kann zB bei eigener Inlandsanmeldung des ArbN, verspäteter oder unterlassener Erfindungsmeldung fehlen.[42] Zum Schaden vgl Rn 25 ff zu § 16. Der Anspruch geht zumindest dahin, dass sich der ArbGb gegenüber Vergütungsansprüchen nicht auf das Fehlen von Schutzrechten in den Staaten berufen kann, in denen Umsätze erzielt werden.[43] Ob ein Schaden entstanden ist, hängt auch davon ab, ob auf die Anmeldung ein Patent erteilt worden wäre; die Erteilung im Inland präjudiziert dies nicht ohne weiteres.[44] Mitverschulden des ArbN kann sich anspruchsmindernd auswirken.[45]

D. Rechtsvorbehalt bei Freigabe

I. Grundsatz

22   Der ArbGb kann sich zweierlei Rechte vorbehalten (Abs 3), einmal ein nichtausschließliches Benutzungsrecht, zum anderen die Berücksichtigung seiner Verpflichtungen aus bestehenden Verträgen über die Diensterfindung.

II. Zeitpunkt

23   Die Vorbehalte können nur gleichzeitig mit der Freigabe ausgesprochen werden. Dies erfordert keine Erklärung zugleich mit der Freigabe, aber jedenfalls einen engen zeitlichen Zusammenhang.[46]

III. Benutzungsrecht[47]

24   Das vorbehaltene Benutzungsrecht entspricht dem des früheren, durch das PatRVereinfModG beseitigten § 7 Abs 2. Es ist nichtausschließlich, entspricht also der Stellung des einfachen Lizenznehmers, betriebsgebunden (iS einer Unternehmensgebundenheit, regelmäßig aber nicht iS einer Konzerngebundenheit;[48] hier zeigen sich deutschrechtl Einflüsse) und auf die unmittelbare Benutzung der Diensterfindung abgestellt;[49] ohne Zustimmung des ArbN kann deren Benutzung Dritten nicht – etwa in Form von Unterlizenzen oder durch Weiterübertragung – gestattet werden.[50] Lohnfertigung ist allerdings zulässig.[51] Das Benutzungsrecht umfasst alle Nutzungsarten des § 9 PatG und auch Handlungen im Ausland bei Bestehen von Auslandsschutzrechten des ArbN. Da es nicht übertragbar ist, kann es nicht gepfändet werden (§ 851 ZPO). Eine Ausübungspflicht besteht nicht. Das Benutzungsrecht wirkt nach hM auch gegenüber Dritten. Die Möglichkeit von Auslandsanmeldungen des ArbN kann für den ArbGb Geheimhaltungspflichten aus-

---

39   LG Düsseldorf 23.2.1999 4 O 117/98 undok.

40   BGH GRUR 1978, 430, 434 Absorberstabantrieb I, für vertragliche oder vertragsähnliche Ansprüche dort offengelassen; OLG Frankfurt EGR Nr 5 zu § 14 ArbEG; SstA BlPMZ 1975, 258; SstA 15.11.1994 ArbErf 3/93; SstA 5.12.1995 ArbErf 37/94; *Bartenbach/Volz* Rn 81.

41   *Bartenbach/Volz* Rn 81; vgl SstA Mitt 1974, 137.

42   Vgl SstA 23.1.1996 ArbErf 42/94.

43   SstA 15.11.1994 ArbErf 3/93.

44   Vgl BGH GRUR 1982, 227 Absorberstabantrieb II; *Bartenbach/Volz* Rn 81.

45   Vgl BGH Absorberstabantrieb II.

46   *Bartenbach/Volz* Rn 47, 49 verlangen gleichzeitigen Zugang, lassen aber auch einen vorzeitigen Vorbehalt gelten.

47   Zur Anmeldung von Auslandsschutzrechten und Vorbehalt eines Benutzungsrechts SstA BlPMZ 1960, 279.

48   Vgl *Bartenbach/Volz* § 16 Rn 80.

49   *Bartenbach/Volz* § 16 Rn 84.

50   BGHZ 62, 272 = GRUR 1974, 291 Anlagengeschäft; OLG Frankfurt OLGZ 1971, 373 f; SstA BlPMZ 1968, 349; vgl BGH GRUR 1965, 591, 595 Wellplatten.

51   OLG Frankfurt OLGZ 1971, 373 f; vgl *Bartenbach/Volz* § 16 Rn 83; *Reimer/Schade/Schippel* Rn 12; *Volmer/Gaul* § 16 Rn 229; str.

lösen. Die Unbilligkeitsregelung in § 7 Abs 2 Satz 2 aF war unanwendbar.[52] Der ArbGb ist iZw nicht berechtigt, Unterlizenzen zu erteilen.[53] Die Durchsetzbarkeit im betr Staat richtet sich nach dessen Rechtsordnung.[54]

IV. Berücksichtigung der Verpflichtungen des Arbeitgebers

Die Verpflichtung in Abs 3 2. Alt konkretisiert die arbeitsrechtl Treuepflicht des ArbN.[55] Die Verpflichtung greift nur bei der Verwertung der freigegebenen Erfindung, sei es durch Eigennutzung des ArbN, sei es durch Veräußerung der im Ausland bestehenden Rechtsposition oder durch Vergabe von Nutzungsrechten. Zu berücksichtigen sind die bei Freigabe bestehenden Verpflichtungen des ArbGb, auch wenn sie bedingt oder betagt sind. Auf erst nach Freigabe eingegangene Verpflichtungen braucht der ArbN keine Rücksicht zu nehmen.[56] Wichtigster Anwendungsfall sind Lizenzverträge, die auch zukünftige Erfindungen mit erfassen. Der ArbN kann hier zur Einräumung von Nutzungsrechten an den Lizenznehmer verpflichtet sein, er erwirbt aber keine Vergütungsansprüche gegenüber dem Lizenznehmer. Auch kann die Geltendmachung von Unterlassungs- und Entschädigungsansprüchen ausgeschlossen sein. Auch hier richtet sich die Durchsetzbarkeit im Ausland nach der jeweils maßgeblichen Rechtsordnung.[57] Den ArbGb trifft eine Mitwirkungsobliegenheit dahin, dem ArbN seine Verpflichtungen mitzuteilen. **25**

Verletzung der Pflicht zur Rücksichtnahme begründet **Schadensersatzansprüche** des ArbGb sowohl aus Verletzung des Arbeitsvertrags (§§ 280, 619a BGB) als auch aus § 823 Abs 2 BGB iVm Abs 3.[58] **26**

V. Vergütungspflicht

Der Vorbehalt begründet nach Abs 3 ebenso wie die Berücksichtigung der Auslandsverpflichtungen einen Vergütungsanspruch des ArbN. Geschuldet wird eine Vergütung und nicht eine Marktlizenz.[59] **27**

Ob bei **Vorbehalt des Benutzungsrechts** der Vergütungsanspruch dem Grund nach bereits mit der Erklärung des Vorbehalts entsteht, ohne dass es auf die Nutzungsaufnahme ankäme,[60] ist str.[61] Zur Höhe der Vergütung kann – unter Berücksichtigung der Besonderheiten der Regelung in Abs 3 – auf VergRl 25 und 26 zurückgegriffen werden.[62] **28**

Im Fall der **Berücksichtigung von Auslandsverpflichtungen** entsteht der Vergütungsanspruch erst durch ein entspr tatsächliches Verhalten des ArbN.[63] Angemessen kann (im Rahmen des Anteilsfaktors und eines Miterfinderanteils) eine Beteiligung an den Lizenzeinnahmen des ArbGb sein; die Vereinbarung einer Pauschalierung, etwa in Form einer Beteiligung des ArbGb an den Schutzrechtskosten, kann angebracht sein.[64] **29**

§ 15
Gegenseitige Rechte und Pflichten beim Erwerb von Schutzrechten

(1) [1]**Der Arbeitgeber hat dem Arbeitnehmer zugleich mit der Anmeldung der Diensterfindung zur Erteilung eines Schutzrechts Abschriften der Anmeldeunterlagen zu geben.** [2]**Er hat ihn von**

---

52 *Bartenbach/Volz* Rn 52 mwN in Fn 78.
53 SstA BlPMZ 1968, 349; vgl BGH GRUR 1974, 463, 465 Anlagengeschäft.
54 *Bartenbach/Volz* Rn 51.
55 *Bartenbach/Volz* Rn 53.
56 *Bartenbach/Volz* Rn 56, str.
57 *Bartenbach/Volz* Rn 57.
58 *Bartenbach/Volz* Rn 59.
59 SstA 5.8.1998 ArbErf 103/96.
60 So *Bartenbach/Volz* Rn 62; *Volmer/Gaul* Rn 133.
61 Vgl auch SstA BlPMZ 1973, 366 f, BlPMZ 1986, 75.
62 Vgl im einzelnen *Bartenbach/Volz* Rn 64 f; vgl auch SstA BlPMZ 1967, 30.
63 *Bartenbach/Volz* Rn 67, 69.1.
64 *Bartenbach/Volz* Rn 69.

dem Fortgang des Verfahrens zu unterrichten und ihm auf Verlangen Einsicht in den Schriftwechsel zu gewähren.

(2) Der Arbeitnehmer hat den Arbeitgeber auf Verlangen beim Erwerb von Schutzrechten zu unterstützen und die erforderlichen Erklärungen abzugeben.

Ausland: Türkei: Art 28 VO 551

Übersicht

A. Allgemeines

1   Die Bestimmung ergänzt die §§ 13 und 14. Ihre systematische Einordnung ist str.[1] Die SstA nimmt einen gesetzlich geregelten Teil des zum Vergütungsanspruch akzessorischen Auskunfts- und Rechnungslegungsanspruchs an, der mit Erfüllung des Vergütungsanspruchs entfalle.[2] Die Bestimmung ermöglicht dem ArbN die Kontrolle, ob seine Rechte durch den ArbGb gewahrt werden, dem ArbGb eine sachgerechte Durchführung des Erteilungsverfahrens. Weitere Regelungen enthalten § 14 Abs 2 Satz 1, § 5 Abs 2 Satz 2, Abs 3 Satz 2, ergänzend ist § 25 zu berücksichtigen; weitergehende Pflichten können aus dem Arbeitsvertrag folgen.[3]

2   **Reform.** Der RefE ArbEGÄndG sah vor, Abs 1 redaktionell umzuformulieren (Wortlaut *6. Aufl*). Das PatRVereinfModG hat keine Änderungen vorgenommen.

B. Anwendungsbereich

I. Sachlich

3   Die Bestimmung betrifft nur Diensterfindungen, die weder freigegeben noch aufgegeben sind. Erfasst sind das (in- und ausländ) Erteilungs- oder Eintragungsverfahren einschließlich eines anschließenden Einspruchsverfahrens sowie etwaiger Rechtsmittelverfahren; nicht mehr erfasst sind Widerrufs- und Beschränkungs-, Nichtigkeits-, Löschungs-, Zwangslizenz- oder Verletzungsverfahren; hier können sich Unterrichtungs- und Unterstützungsverpflichtungen aber unmittelbar aus dem Arbeitsverhältnis ergeben.[4]

II. Zeitlich

4   Die Verpflichtung des ArbGb nach Abs 1 setzt mit der Einreichung der Anmeldung ein; sie dauert bis zum Abschluss des Erteilungs- und Einspruchsverfahrens an. Dagegen ist die Unterstützungspflicht des ArbN nach Abs 2 nach ihrem Zweck bereits zeitlich vorgelagert. Sie schließt an die Pflicht zur Erfindungsmeldung an. Ausscheiden des ArbN führt nicht zum Wegfall.[5]

---

1 *Bartenbach/Volz* Rn 2 sehen in ihr eine Konkretisierung der arbeitsrechtl Fürsorge- und Treuepflicht, *Volmer/Gaul* Rn 7 f eine dem gewerblichen Rechtsschutz zugeordnete Verfahrensvorschrift; beides muss sich nicht ausschließen.
2 SstA 21.10.1996 ArbErf 20/95.
3 OLG München GRUR 1994, 625.
4 *Bartenbach/Volz* Rn 7 ff; str.
5 *Bartenbach/Volz* Rn 11, 31; vgl schweiz BG GRUR Int 2016, 21.

C. Pflichten des Arbeitgebers, Rechte des Arbeitnehmers

I. Der ArbGb hat dem ArbN Abschriften der **Anmeldeunterlagen** zu übergeben (Abs 1 Satz 1). Um- **5** fasst sind die gesamten Anmeldeunterlagen, wie sie eingereicht oder nachgereicht wurden.[6] Bei elektronischen Unterlagen wird die Überlassung von elektronischen Dateien, aber auch die Verschaffung eines Zugangs, ausreichen.[7]

II. Der ArbGb hat den ArbN vom **Fortgang des Verfahrens** zu unterrichten (Abs 1 Satz 2). Die Unter- **6** richtung wird unabhängig von einem Verlangen des ArbN geschuldet und durch die Inanspruchnahme nicht berührt.[8] Eine besondere Form ist nicht geschuldet; insb hat der ArbN, wie sich aus der Regelung über die Einsicht in den Schriftwechsel ergibt, keinen Anspruch auf Überlassung der Korrespondenz (die gleichwohl schon zur Erleichterung des Ablaufs zweckmäßig und idR zur Unterrichtung ausreichend sein kann).[9]

III. Schließlich hat der ArbN gegenüber dem ArbGb einen Anspruch auf **Einsicht in den Schrift-** **7** **wechsel** (Abs 1 Satz 2). Da dieser Anspruch nur „auf Verlangen" des ArbN besteht, muss dieser ihn geltend machen. Sofern nicht besondere Gründe entgegenstehen, wird man dem ArbN die Fertigung von Ablichtungen auf eigene Kosten gestatten müssen.[10] Bei elektronischem Schriftverkehr wird es dem ArbN grds zu gestatten sein, die Dateien zu kopieren (vgl Rn 5).

IV. Dem ArbN steht wie jedem Dritten ein Recht auf **Akteneinsicht** in die Akten des DPMA zu. Vor Of- **8** fenlegung ist regelmäßig sein berechtigtes Interesse anzuerkennen (vgl Rn 38 zu § 31 PatG).[11]

D. Pflichten des Arbeitnehmers

Nach Abs 2 treffen den ArbN eine Unterstützungspflicht beim Erwerb von Schutzrechten sowie eine **9** Pflicht zur Abgabe der erforderlichen Erklärungen, etwa von Übertragungserklärungen oder zur Mitunterzeichnung der Erfinderbenennung, wo das für die Anmeldung maßgebliche Recht dies erfordert. Beides setzt ein Verlangen des ArbGb voraus. Der ArbN ist nach Auffassung der SstA auch verpflichtet, Blankounterschriften zu leisten, soweit dies üblich ist.[12] Die Pflichten bestehen nur gegenüber dem ArbGb, nicht gegenüber dem Erwerber oder Lizenznehmer; der Anspruch des ArbGb ist nicht auf sie übertragbar.[13] Die Pflicht erfasst auch die Mitarbeit bei der Erstellung der Anmeldeunterlagen.[14] Wieweit der ArbN Anspruch auf Aufwendungsersatz hat, bestimmt sich grds nach kollektivrechtl Regeln und nach dem Arbeitsvertrag.[15] Der ausgeschiedene ArbN hat Anspruch auf Aufwendungsersatz, auch hinsichtlich des Zeitaufwands.[16]

E. Pflichtverletzungen können Schadensersatzansprüche insb nach § 823 Abs 2 BGB iVm § 15 Abs 1, **10** 2, jedoch auch auf vertraglicher Grundlage, begründen.[17] In besonders gelagerten Fällen kommt auch § 826 BGB als Grundlage in Betracht.[18] Jedoch muss die Pflichtverletzung für den Schaden kausal gewor-

---

6 *Bartenbach/Volz* Rn 16, 17.
7 Vgl *Bartenbach/Volz* Rn 15.
8 *Bartenbach/Volz* Rn 21.
9 Vgl SstA 22.10.2002 ArbErf 47/00: kein Anspruch auf Überlassung des Recherchenberichts sowie von Prüfungsbescheiden.
10 AA *Bartenbach/Volz* Rn 25; *Volmer/Gaul* Rn 89.
11 DPA BlPMZ 1958, 190; *Bartenbach/Volz* § 13 Rn 45; vgl auch DPA BlPMZ 1953, 85.
12 SstA 21.12.1993 ArbErf 73/93; vgl BGHZ 132, 119 = NJW 1996, 1467 einerseits, BGH NJW 1984, 798 andererseits, jeweils zu § 766 BGB.
13 *Bartenbach/Volz* Rn 28.
14 OLG Karlsruhe GRUR 1984, 42, 44.
15 Vgl *Bartenbach/Volz* Rn 33.
16 *Bartenbach/Volz* Rn 33.1.
17 *Bartenbach/Volz* Rn 36.
18 Vgl SstA 2.2.2010 ArbRef 15/09.

den sein; hieran fehlt es, wenn nicht nachgewiesen wird, dass der ArbN das Schutzrecht tatsächlich unter Übernahme auch der entstehenden Kosten übernommen und das Patent verwertet und Nutzen daraus gezogen hätte[19] (vgl jedoch Rn 27 zu § 16) oder wenn die Anregungen des Erfinders, die bei rechtzeitiger Unterrichtung zu erwarten gewesen wären, die Verfahrenslage nicht entscheidend geänd hätten.[20] Weiter können Pflichtverletzungen eine Verwirkung von Ansprüchen des ArbN ausschließen (vgl Rn 21 zu § 9).

F. „Nichtangriffspflicht"

11   Auch aus dem Rechtsverhältnis zwischen ArbNErfinder und ArbGb kann das Recht des ArbNErfinders oder des ArbGb, das Schutzrecht insb mit der Nichtigkeitsklage anzugreifen, ausgeschlossen sein (näher zur „Nichtangriffspflicht" Rn 75 ff zu § 81 PatG; für den ArbN Rn 83, für den ArbGb Rn 84, je zu § 81 PatG).

G. Eigentum und Urheberrecht an Erfindungsunterlagen[21]

12   Ein ArbN ist nicht verpflichtet, urheberrechtl geschützte Darstellungen aus seinem Arbeitsgebiet, die er vor Beginn des Arbeitsverhältnisses geschaffen hat, seinem ArbGb unentgeltlich zu überlassen.[22]

§ 16
Aufgabe der Schutzrechtsanmeldung oder des Schutzrechts

(1) Wenn der Arbeitgeber vor Erfüllung des Anspruchs des Arbeitnehmers auf angemessene Vergütung die Anmeldung der Diensterfindung zur Erteilung eines Schutzrechts nicht weiterverfolgen oder das auf die Diensterfindung erteilte Schutzrecht nicht aufrechterhalten will, hat er dies dem Arbeitnehmer mitzuteilen und ihm auf dessen Verlangen und Kosten das Recht zu übertragen sowie die zur Wahrung des Rechts erforderlichen Unterlagen auszuhändigen.

(2) Der Arbeitgeber ist berechtigt, das Recht aufzugeben, sofern der Arbeitnehmer nicht innerhalb von drei Monaten nach Zugang der Mitteilung die Übertragung des Rechts verlangt.

(3) Gleichzeitig mit der Mitteilung nach Absatz 1 kann sich der Arbeitgeber ein nichtausschließliches Recht zur Benutzung der Diensterfindung gegen angemessene Vergütung vorbehalten.

Ausland: Österreich: § 15 PatG; **Türkei:** Art 29 VO 551

---

19 SstA 8.3.2001 ArbErf 1/99.
20 SstA 15.5.2001 ArbErf 59/98; SstA 16.7.2008 ArbErf 49/03.
21 Vgl BGH 16.1.1962 I ZR 48/60 und BGHZ 112, 243 = GRUR 1991, 523 Grabungsmaterialien.
22 BGH GRUR 1985, 129 Elektrodenfabrik.

Schrifttum: *Bartenbach/Volz* Die Aufgabe eines Schutzrechts bei mehreren Arbeitnehmererfindern nach § 16 ArbEG, GRUR 1978, 668; *Bartenbach/Volz* Die nichtausschließlichen Benutzungsrechte des Arbeitgebers nach dem Arbeitnehmererfindungsgesetz und Veräußerung der Diensterfindung durch den Arbeitnehmer, GRUR 1984, 257; *Bartenbach/Volz* Kostentragungspflicht bei der Schutzrechtsübertragung auf den Arbeitnehmererfinder nach § 16 ArbEG, Mitt 1993, 288; *Flaig* Das nichtausschließliche Recht des Arbeitgebers zur Benutzung einer gebundenen oder freien Erfindung gem dem ArbEG, Mitt 1982, 47; *Fischer* Der Benutzungsvorbehalt nach dem Arbeitnehmererfindungsgesetz im Verfahrens- und Anlagengeschäft, GRUR 1974, 500; *Gaul* Die Schutzrechtsveräußerung durch den Arbeitnehmer und deren Auswirkungen auf das Mitbenutzungsrecht des Arbeitgebers, GRUR 1984, 494; *Gaul/Bartenbach* Das einfache Mitbenutzungsrecht des Arbeitgebers nach Inhalt und Umfang, Mitt 1983, 81; *Horn* Rückzahlung der Beschwerdegebühr aus Gründen des Arbeitnehmererfinderrechts, Mitt 1965, 24; *Kunze* Die nichtausschließlichen Benutzungsrechte des Arbeitgebers in arbeitsrechtlicher Sicht, AUR 1977, 294; *Schwab* Zu den Voraussetzungen der Aufgabe der Schutzrechtsanmeldung oder des Schutzrechts durch den Arbeitgeber nach § 16 ArbNErfG, AR-Blattei Erfindungen von Arbeitnehmern Entscheidung 9; *Werner* Rückzahlung der Beschwerdegebühr nach Zurücknahme einer mit Rücksicht auf § 16 Abs. 2 ArbEG „vorsorglich" erhobenen Beschwerde, GRUR 1966, 236; *Zeppenfeld/Beyerlein* Zu Fragen der Arbeitnehmererfindung, EWiR 2002, 841.

A. Allgemeines

Die Regelung soll dem Umstand Rechnung tragen, dass eine Erfindung oder ein Schutzrecht infolge **1** der Weiterentwicklung der Technik oft schon nach kurzer Zeit derart an Wert verliert, dass sich die Weiterverfolgung oder die Aufrechterhaltung wirtschaftlich nicht lohnt und damit unzumutbar wird.[1] Damit schränkt § 16 die Anmeldepflicht für das Inland (§ 13) ein.[2]

Reform. Der RefE ArbEGÄndG sah vor, die Bestimmung aufzuheben, während das PatRVereinfModG **2** sie unangetastet gelassen, jedoch einen Verweis in § 27 Nr 3 auf die Regelung eingestellt hat (vgl Rn 8 zu § 27).

Die praktische **Bedeutung** des Bestimmung ist gering, weil die Aufgabe der Anmeldung oder des **3** Schutzrechts idR nur erfolgen wird, wo wirtschaftliche Verwertungsperspektiven nicht erkennbar sind.[3] In der Praxis erfolgt häufig eine Ablösung der Rechte des ArbN aus Abs 2 („Abkauf") durch eine einmalige Pauschalzahlung;[4] dies ist nach Erfindungsmeldung unbdkl.[5] Allerdings ist eine Vergütungsvereinbarung, mit der durch eine Pauschalsumme alle Ansprüche auf Erfindervergütung für die Diensterfindung gegenüber dem ArbGb für alle früheren, gegenwärtigen und zukünftigen Verwertungsfälle endgültig abgegolten sein sollen und die Informationspflichten des ArbGb über die Nichtanmeldeabsicht im Ausland nach § 14 und über die Aufgabeabsicht (Abs 1) sowie der Anspruch des ArbN auf Anpassung der Vergütung bei wesentlich veränderten Umständen (§ 12 Abs 6) abgekauft werden sollen, nicht angemessen, wenn die in der Industrie üblichen Abkaufbeträge deutlich unterschritten werden.[6]

B. Rechtsnatur

§ 16 regelt Rechte und Pflichten bei Aufgabe des Schutzrechts oder der Anmeldung im Innenverhält- **4** nis zwischen ArbGb und ArbN.[7] Die Bestimmung begründet ausschließlich schuldrechtl Verpflichtungen zwischen ArbGb und ArbN.[8] Anders als die Freigabe mit ex-tunc-Wirkung wirkt die Aufgabe der Schutzrechtsanmeldung oder des Schutzrechts ex nunc.[9]

---

1 BGH GRUR 1988, 762 Windform; vgl Begr BTDrs 1648 = BlPMZ 1957, 224, 236; *Bartenbach/Volz* Rn 1.
2 BPatGE 7, 113, 118.
3 De lege ferenda für eine Modifizierung des Übertragungsanspruchs *Bartenbach/Volz* Rn 1.1, 1.2.
4 *Bartenbach/Volz* Rn 2; zur Höhe auch SstA 21.3.2006 ArbErf 34/05.
5 SstA BlPMZ 1989, 289.
6 SstA 24.1.2006 ArbErf 2/05.
7 *Bartenbach/Volz* Rn 4.
8 Vgl *Bartenbach/Volz* Rn 4.
9 SstA BlPMZ 1965, 66.

C. Anwendungsbereich

I. Grundsatz

5   § 16 betrifft nur in Anspruch genommene Diensterfindungen, ohne dass es auf die Art der Überleitung ankäme.[10] Die Bestimmung greift nur ein, soweit Schutzrechte angemeldet sind. Zur früheren beschränkten Inanspruchnahme s 7. Aufl. Freie und frei gewordene Diensterfindungen sind nicht erfasst.[11] Hat der ArbGb eine gemeldete Diensterfindung nicht wirksam in Anspruch genommen, kann er dem Übertragungsanspruch des ArbN ein Zurückbehaltungsrecht wegen der ihm zustehenden Kostenerstattungsansprüche entgegenhalten; Abs 1 findet keine Anwendung.[12]

II. Anwendung auf alle Schutzrechtspositionen

6   Erfasst sind alle Schutzrechtspositionen im In- und Ausland,[13] somit auch die Fälle, dass im eur Erteilungsverfahren die Benennung einzelner Vertragsstaaten zurückgenommen oder nur die nat, nicht aber auch die eur Anmeldung oder umgekehrt fortgeführt[14] oder nur das Patent oder ein paralleles Gebrauchsmuster aufgegeben wird.[15]

III. Besonderheiten bei nationalen und europäischen Schutzrechtspositionen

7   Soweit das nat Patent gegenüber dem eur seine Wirkung verliert (Art II § 8 IntPatÜG, ebenso nach belg, frz, griech, ital, lux, monegass, niederl, portugies, schweiz und liechtenst sowie span Recht sowie nach dem Recht Irlands und des VK nach Widerruf des nationalen Patents), wird man den ArbGb als zur Aufgabe des nationalen Patents berechtigt ansehen müssen.[16]

D. Aufgeben der Rechtsposition; Übertragungspflicht

I. Grundsatz

8   § 16 greift ein, wenn der ArbGb die Anmeldung nicht weiterverfolgen oder das Schutzrecht nicht aufrechterhalten will; Abs 2 bezeichnet dies zusammenfassend als „Aufgeben" (Aufgabe) des Rechts. Darunter ist das vollständige Fallenlassen der Rechtsposition zu verstehen;[17] auf die Art und Weise des Aufgebens kommt es nicht an, soweit der ArbGb überhaupt Einflussmöglichkeiten hat,[18] so auch durch Nichteinlegung oder -durchführung von Rechtsmitteln (vgl Rn 139 zu § 80 PatG),[19] selbst bei ungünstiger Sachlage,[20] Nichtausnutzung von Aufrechterhaltungsmöglichkeiten bei Gebrauchsmustern[21] oder Nichterwirken eines ergänzenden Schutzzertifikats (§ 16a PatG).[22] In der Nichtabzweigung eines Gebrauchsmusters liegt kein Aufgeben.[23] Auch bei Aufgeben eines abgezweigten Gebrauchsmusters oder eines ergänzenden Schutzzertifikats ist § 16 anwendbar.[24] Das Aufgeben lässt die Erfindung frei werden und steht Vergütungsansprüchen des ArbN entgegen.[25] § 16 soll allerdings unanwendbar sein, wenn der ArbGb die

10   *Bartenbach/Volz* Rn 5.
11   *Bartenbach/Volz* Rn 6.
12   OLG Frankfurt 25.9.2014 6 U 149/13.
13   BGHZ 62, 272 = GRUR 1974, 463f Anlagengeschäft; allgM.
14   *Bartenbach/Volz* Rn 8.1.
15   Vgl SstA BlPMZ 1982, 166; *Bartenbach/Volz* Rn 8.
16   *Bartenbach/Volz* Rn 8.1; *Volmer/Gaul* Rn 15; SstA 20.11.1998 ArbErf 12/97.
17   *Bartenbach/Volz* Rn 10.
18   Vgl BGH GRUR 1988, 762f Windform; BGH 14.7. 1980 X ZR 1/79.
19   Vgl BPatGE 7, 113, 118; SstA BlPMZ 1979, 279f; aA LAG München RdA 1961, 500.
20   Vgl SstA BlPMZ 1960, 279f.
21   *Bartenbach/Volz* Rn 11; *Volmer/Gaul* Rn 69ff.
22   So jetzt auch *Bartenbach/Volz* Rn 11.2.
23   *Bartenbach/Volz* Rn 11.1.
24   *Bartenbach/Volz* Rn 11.3.
25   OLG Düsseldorf 9.8.2007 2 U 44/06.

Anmeldung nicht fortführt oder das Schutzrecht verfallen lässt, weil ihm die zur Aufrechterhaltung erforderlichen Mittel infolge Vermögensverfalls fehlen;[26] dies ist abzulehnen, weil für seine wirtschaftliche Leistungsfähigkeit jedermann einzustehen hat.[27]

II. Eine **inhaltliche Beschränkung** insgesamt bestehenbleibender Schutzrechtspositionen wird von **9** der Regelung nicht erfasst, wie sich schon aus dem Wortlaut des § 16 ergibt.[28] Entgegen verbreiteter Auffassung[29] gebieten es auch Sinn und Zweck der Regelung nicht, bestimmte Fälle der „teilweisen Aufgabe" dem Aufgeben des Rechts gleichzustellen; insoweit ist der ArbN dadurch geschützt, dass Grundlage für seinen Vergütungsanspruch die gemeldete Diensterfindung und nicht das darauf beantragte oder erwirkte Schutzrecht ist.[30]

III. Recht zum Aufgeben

1. Vor Erfüllung des Vergütungsanspruchs. Da der ArbGb als Herr des Erteilungsverfahrens allein **10** zur Verfügung über das Schutzrecht berechtigt ist, kann er die Anmeldung oder das Schutzrecht jederzeit aufgeben.[31] Vor Erfüllung des Anspruchs des ArbN auf angemessene Vergütung bestehen jedoch schuldrechtl Verpflichtungen des ArbGb gegenüber dem ArbN nach Abs 1 (Rn 13 ff). Soweit der ArbN von seinem Übertragungsanspruch keinen Gebrauch macht oder auf Übertragung verzichtet, kann der ArbGb ohne Pflichtverstoß das Schutzrecht aufgeben.[32] Eine Verpflichtung zum Aufgeben besteht aber nicht.[33] Zustimmung zum Entschluss des ArbGb, die Anmeldung mangels Erfolgsaussicht nicht weiter zu verfolgen, bedeutet Verzicht auf den Übertragungsanspruch.[34]

2. Nach Erfüllung des Vergütungsanspruchs

a. Die **Erfüllung** ist nach allg Grundsätzen zu beurteilen (§ 362 BGB); Änderungen der Sachlage nach **11** Erfüllung bleiben außer Betracht.[35] Grds kommt auch bei Zahlung einer Pauschalvergütung Erfüllung in Betracht, sofern nicht ein Anspruch des ArbN auf Vertragsanpassung nach § 12 Abs 6 objektiv gegeben ist.[36] Volle Erfüllung ist bei Pauschalregelungen nur anzunehmen, wenn auch der in Zukunft liegende vermögensrechtl Wert der Schutzrechtsposition erfasst ist, was bei Pauschalzahlungen für Vorratsschutzrechte idR nicht der Fall ist.[37] Bestehen Lizenzverträge, kommt Erfüllung nur in Betracht, wenn weitere Lizenzeinnahmen nicht zu erwarten sind.[38]

b. Rechtsfolge. Zur Weiterverfolgung der Anmeldung und zur Aufrechterhaltung eines Patents ist der **12** ArbGb, wie sich aus § 16 ergibt, nur solange verpflichtet, bis er den Anspruch des ArbN auf angemessene Vergütung erfüllt hat. Dann kann er seine Rechte aufgeben, ohne die Einwilligung des Erfinders einholen oder ihn befragen zu müssen.[39] Nutzt er nach dem Aufgeben die Erfindung weiter, begründet dies keine Vergütungsansprüche, auch nicht als technischer Verbesserungsvorschlag.[40]

---

26 BGH Windform.
27 Im Ergebnis wie hier *Bartenbach/Volz* Rn 26.
28 AA offenbar SstA 16.9.1996 ArbErf 25/95.
29 Vgl *Bartenbach/Volz* Rn 13; *Volmer/Gaul* Rn 75 ff; *Reimer/Schade/Schippel* Rn 12.
30 BGHZ 106, 84 = GRUR 1989, 205 Schwermetalloxydationskatalysator.
31 Vgl BGH GRUR 1963, 315, 317 Pauschalabfindung; *Bartenbach/Volz* Rn 15.
32 Vgl SstA 5.12.1991 ArbErf 3/90.
33 SstA 30.10.1996 ArbErf 29/95.
34 SstA Mitt 1997, 120.
35 *Bartenbach/Volz* Rn 19.
36 SstA BlPMZ 1988, 351, 353; vgl SstA BlPMZ 1971, 199; *Bartenbach/Volz* Rn 19.
37 SstA BlPMZ 1989, 349; zur Lage bei Sperrschutzrechten vgl *Bartenbach/Volz* Rn 20.
38 *Bartenbach/Volz* Rn 21.
39 BGH GRUR 1963, 315 Pauschalabfindung.
40 OLG Düsseldorf 9.8.2007 2 U 44/06; SstA 12.11.2008 ArbErf 26/07; *Bartenbach/Volz* Rn 24; *Reimer/Schade/Schippel* Rn 11; *Volmer/Gaul* Rn 123: aA *Röpke* Arbeitsverhältnis und Arbeitnehmererfindung S 125.

IV. Pflichten des Arbeitgebers bei Aufgabeabsicht vor Erfüllung des Vergütungsanspruchs

13 **1. Mitteilungspflicht.** Aufgeben vor Erfüllung erfordert Mitteilung (als einseitige, bedingungsfeindliche Absichtserklärung)[41] an den ArbN, bei mehreren Miterfindern an alle;[42] einer Vereinbarung über das Aufgeben bedarf es nicht; die Mitteilung bedarf nicht der Schriftform, es ist aber zweckmäßig, sie aktenkundig zu machen[43] und für einen Zugangsnachweis zu sorgen.[44] Das Übermittlungsrisiko trägt der ArbGb.[45] Der ArbGb kann seine Mitteilung nach Zugang nicht einseitig widerrufen.[46]

14 Ein bestimmter **Inhalt** ist nicht vorgeschrieben; insb müssen die Motive für die Aufgabeabsicht nicht offengelegt werden.[47] Die Mitteilung muss aber den Entschluss des ArbGb zweifelsfrei erkennen lassen, die Frage nach einem Übernahmeinteresse seitens des ArbN genügt nicht.[48] Ein Angebot des ArbGb, dass er bei Annahme eines bestimmten Vergütungsangebots durch den ArbN die Schutzrechtsanmeldungen für die Diensterfindung weiterführen, anderenfalls dem ArbN zur Weiterführung auf dessen Kosten die Schutzrechte übertragen wolle, ist keine wirksame Mitteilung der Aufgabeabsicht.[49]

15 Für eine **Frist** zur Mitteilung fehlt es im Regelfall schon an objektivierbaren Anknüpfungstatsache; der ArbN ist auch dadurch geschützt, dass der ArbGb vor Ablauf der dem ArbN in Abs 2 eingeräumten Frist keine beeinträchtigenden Handlungen vornehmen oder notwendigen Handlungen unterlassen darf.[50] Der ArbGb ist weiter verpflichtet, während der Überlegungsfrist alle ihm zumutbaren Maßnahmen zu treffen, um das Recht in dem Rechtszustand zu erhalten, in dem es sich zum Zeitpunkt der Mitteilung der Aufgabeabsicht befunden hat; droht Widerruf des Patents, muss er alle ihm zur Verfügung stehenden Verteidigungsmöglichkeiten ausschöpfen; wird offenkundige Vorbenutzung geltend gemacht, muss der ArbGb aufklären, ob eine Geheimhaltungsverpflichtung besteht oder Umstände bekannt sind, aus denen sich eine Geheimhaltungspflicht ergibt.[51] Ergänzende Pflichten können sich aus der arbeitsvertraglichen Fürsorgepflicht ergeben.[52] Will der ArbGb vor Erfüllung des Vergütungsanspruchs von einer Beschwerde gegen den Zurückweisungsbeschluss des DPMA absehen, hat er davon dem ArbN unverzüglich Kenntnis zu geben.[53]

16 **2. Übertragungspflicht.** Abs 1 begründet (mit der Möglichkeit des Verzichts nach § 22), ausgelöst durch die Mitteilung, ein Erwerbsrecht des ArbN in Form eines gesetzlichen (schuldrechtl), befristeten Übertragungsanspruchs, in dessen Ausübung der ArbN frei ist.[54] Der Anspruch des ArbN ist nach dem eindeutigen Gesetzeswortlaut nur auf Übertragung an ihn selbst, nicht an Dritte, gerichtet.

17 Die Übertragungspflicht setzt ein entspr **Verlangen** voraus. Dieses ist empfangsbedürftige Willenserklärung; eine besondere Form ist nicht vorgeschrieben.

18 Das Verlangen ist als **Gestaltungserklärung** bedingungsfeindlich.[55] Der Übertragungsanspruch besteht selbstständig für jede Rechtsposition, für die die Aufgabeabsicht mitgeteilt ist. ArbN als Miterfinder sind jeweils selbstständig berechtigt; soweit einzelne Miterfinder von ihrem Recht keinen Gebrauch machen, besteht keine Übertragungsverpflichtung; zum Verhältnis zwischen dem ArbGb und den übrigen Miterfindern Rn 21.

19 Die **Frist** zur Ausübung des Gestaltungsrechts beträgt drei Monate ab Zugang der Mitteilung (Abs 2); sie kann nicht einseitig verkürzt werden.[56] Zu weit greifender und damit unwirksamer Benutzungsvorbe-

---

41 Vgl SstA BlPMZ 1980, 211 f; *Bartenbach/Volz* Rn 33.
42 *Bartenbach/Volz* Rn 93; *Bartenbach/Volz* GRUR 1978, 668.
43 SstA BlPMZ 1965, 66; vgl *Bartenbach/Volz* Rn 28.
44 *Bartenbach/Volz* Rn 29.
45 OLG München Mitt 2003, 229, 231.
46 *Bartenbach/Volz* Rn 31; vgl SstA BlPMZ 1980, 234.
47 *Bartenbach/Volz* Rn 35.
48 SstA 13.12.1993 ArbErf 127/92.
49 SstA 18.11.2008 ArbErf 31/07.
50 Vgl *Bartenbach/Volz* Rn 41; BPatGE 7, 113, 118; SstA BlPMZ 1960, 279.
51 BGH GRUR 2002, 609 Drahtinjektionseinrichtung.
52 *Bartenbach/Volz* Rn 35.
53 SstA BlPMZ 1960, 279.
54 Vgl BGH GRUR 2002, 609 Drahtinjektionseinrichtung; *Bartenbach/Volz* Rn 36.
55 *Bartenbach/Volz* Rn 37.
56 SstA BlPMZ 1983, 378.

halt führt dazu, dass die Frist nicht in Lauf gesetzt wird.[57] Verzicht auf den Übertragungsanspruch führt zur Möglichkeit des Aufgebens ohne Einhaltung der Frist.[58] Die Erklärung des ArbN muss dem ArbGb innerhalb der Frist zugehen. Die Frist ist als materiellrechtl Ausschlussfrist nicht verlängerbar.[59] Für die Fristberechnung gelten die allg Regeln (§§ 187 ff BGB). Die Frist in Abs 2 ist länger als die einmonatige Beschwerdefrist des § 73 PatG; der ArbGb ist daher gehalten, zur Vermeidung etwaiger Schadensersatzansprüche des ArbN gegen einen Zurückweisungsbeschluss des DPMA Beschwerde einzulegen, um zunächst zu klären, ob der ArbN die Übertragung nach Abs 1 verlangt. Macht der ArbN von seinem Recht innerhalb der Dreimonatsfrist des Abs 2 keinen Gebrauch, kann der ArbGb die Beschwerde zurücknehmen. Zur Rückzahlung der Beschwerdegebühr in diesem Fall Rn 139 zu § 80 PatG.

Die **Übertragung** als Erfüllung der sich aus der fristgerechten Abgabe der Gestaltungserklärung ergebenden schuldrechtl Verpflichtung erfolgt nach den allg Regeln (§ 15 PatG). Bis zur Übertragung bleibt der ArbGb Rechtsinhaber.[60] Die Übertragung wirkt nicht zurück.[61] Der Anspruch auf Übertragung wird mit seinem Entstehen fällig.[62] Zur Kostentragung bei der Übertragung Rn 22. Mit der Übertragung wird der ArbN Rechtsinhaber und Rechte des ArbGb entfallen grds für die Zukunft; die Ausnützung des Rechts kann jedoch dem ArbGb gegenüber arbeitsvertraglichen oder nachwirkenden Beschränkungen (insb Wettbewerbsverboten) unterliegen.[63] Zum Vorbehalt eines Benutzungsrechts Rn 29 ff. Forderungen aus Lizenzverträgen sind iZw mit übertragen (§§ 398, 404 BGB). **20**

Soweit die Übertragung nur hinsichtlich einzelner **Miterfinderanteile** erfolgt, bleibt der ArbGb für die übrigen Anteile Rechtsinhaber.[64] Der ArbGb kann (durch entspr Vereinbarung) diese Anteile auf die Miterfinder oder andere Dritte übertragen, man wird ihm aber auch einen Verzicht in der Weise zubilligen müssen, dass die Rechte an den ihm verbleibenden Anteilen bei den übrigen Teilhabern anwachsen[65] (Rn 51 zu § 6 PatG; jetzt auch Rn 85 zu § 30 PatG). **21**

3. Aushändigung der Unterlagen. Die Pflicht ist Nebenpflicht zur Übertragungspflicht, entsteht mit dieser und wird mit ihr fällig; eines besonderen Verlangens bedarf es daher nicht.[66] Auszuhändigen sind alle Unterlagen, die zur Wahrung des Rechts erforderlich sind. Darüber hinaus besteht die Nebenpflicht, auch solche Unterlagen auszuhändigen, die zur Durchsetzung des Rechts gegenüber Dritten erforderlich sind. Der ArbGb ist an der Zurückbehaltung von Kopien nicht gehindert.[67] **22**

V. Kostentragungspflicht des Arbeitnehmers

Der ArbN hat alle für die Rechtsübertragung erforderlichen Kosten zu tragen, aufgrund der Regelung in § 16 aber auch nur diese; Entgelt für den Wert des Schutzrechts oder Ablösung bisher aufgewendeter Gebühren kann der ArbGb nicht verlangen.[68] Die SstA hält es für angemessen, ArbGb und ArbN durch eine Quotierung an der Gebührenpflicht für das lfd Patentjahr zu beteiligen.[69] Maßgebender Zeitpunkt hierfür ist der Abgabezeitpunkt der Übertragungserklärung, der zu quotierende Zeitraum das volle Patentjahr, unabhängig vom Fälligkeitszeitpunkt der Jahresgebühr.[70] **23**

---

57 SstA 16.1.1996 ArbErf 40/94; zur Schadensersatzpflicht SstA 28.4.1993 ArbErf 143/92, je zum entspr DDR-Übergangsrecht.
58 SstA Mitt 1997, 120.
59 *Bartenbach/Volz* Rn 39; *Volmer/Gaul* Rn 16.
60 SstA BlPMZ 1986, 74 f.
61 SstA BlPMZ 1971, 137, 142.
62 BGH GRUR 2002, 609 Drahtinjektionseinrichtung.
63 Vgl SstA BlPMZ 1982, 166; *Bartenbach/Volz* Rn 61.
64 *Bartenbach/Volz* Rn 95.
65 AA *Bartenbach/Volz* Rn 96.
66 Vgl *Bartenbach/Volz* Rn 49.
67 *Bartenbach/Volz* Rn 52.
68 SstA 13.12.1993 ArbErf 127/92.
69 SstA BlPMZ 1986, 74, BlPMZ 1992, 197; aA *Bartenbach/Volz* Rn 57 f; vgl auch SstA BlPMZ 1971, 137.
70 SstA BlPMZ 1992, 197.

E. Rechtsfolgen bei Pflichtverletzungen des Arbeitgebers

I. Grundsatz

24   Die Verletzung der Verpflichtungen aus § 16 macht schadensersatzpflichtig; die Bestimmung ist Schutzgesetz iSd § 823 Abs 2 BGB.[71] Schon die Unterlassung der Mitteilung, nicht erst die Aufgabe der Schutzrechtsposition, begründet Pflichtwidrigkeit.[72] Irrtum des ArbGb über das Interesse des Erfinders am Schutzrecht begründet kein Recht zur Anfechtung des vom ArbGb erklärten Verzichts auf das Schutzrecht nach § 119 Abs 2 BGB (Rn 28 zu § 20 PatG).

II. Schadensersatz

25   **1. Ein Schaden** ist schon dem Grund nach bei Fehlen der Schutzfähigkeit ausgeschlossen.[73] Zur Darlegungs- und Beweislast Rn 28. Der Schadensersatzanspruch begründet einen (akzessorischen) Anspruch auf Auskunft und Rechnungslegung.[74]

26   **2. Schadenshöhe.** Der Schadensersatzanspruch bei Unterlassen der Mitteilung ist auf das Erfüllungsinteresse (positive Interesse) und nicht nur auf das negative Interesse gerichtet.[75] Der ArbN ist so zu stellen, als ob Mitteilung erfolgt wäre; er kann, wenn das Schutzrecht noch nicht erloschen ist (etwa infolge Zahlung der Jahresgebühren durch den ArbN) dessen Übertragung verlangen.[76]

27   Verfällt das Schutzrecht, kann der Schaden im **Ausfall von Vergütungsansprüchen,**[77] aber auch in der Vermögenseinbuße durch den Wegfall der Verwertbarkeit des Schutzrechts[78] liegen. Aufwendungen, die der ArbN hätte tätigen müssen (insb Amtsgebühren), sind im Weg der Vorteilsausgleichung zu berücksichtigen.[79] Bei Weiternutzung durch den ArbGb kann (hypothetisch) zu berücksichtigen sein, dass dieser sich ein Mitbenutzungsrecht vorbehalten hätte.[80] Auch mitwirkendes Verschulden des ArbN (§ 254 BGB) kommt bei Obliegenheitsverletzungen in Betracht.[81]

III. Darlegungs- und Beweislast

28   Unterlässt der ArbGb die Mitteilung, trägt er die Beweislast für das Fehlen der Voraussetzungen für eine Patenterteilung.[82] Für das Entstehen eines Schadens, die Ursächlichkeit des Verhaltens des ArbGb und den Schadensumfang ist der ArbN darlegungs- und beweispflichtig.[83] Es gibt keinen Erfahrungssatz, dass der Berechtigte bei Vorenthaltung oder Verfallenlassen von Schutzrechten diese nach dem gewöhnli-

---

71   *Bartenbach/Volz* Rn 70.
72   BGH 14.7.1980 X ZR 1/79; vgl BGH GRUR 2010, 817 Steuervorrichtung; OLG München Mitt 2003, 229, 231; vgl auch SstA BlPMZ 1982, 166; SstA 25.1.1996 ArbErf 54/94; zum Verschulden SstA 16.9.1996 ArbErf 25/95.
73   BGH GRUR 2002, 609 Drahtinjektionseinrichtung; BGH 14.7.1980 X ZR 1/79; SstA EGR Nr 34 zu § 16 ArbEG; *Reimer/Schade/Schippel* Rn 10; kr *Bartenbach/Volz* Rn 73 unter Hinweis auf OLG Frankfurt GRUR 1966, 425 f.
74   BGH Drahtinjektionseinrichtung; vgl OLG Düsseldorf 9.8.2007 2 U 41/06.
75   Vgl *Bartenbach/Volz* Rn 72 und Fn 255; aA OLG Düsseldorf 17.9.1987 2 U 180/86: nur Aufwendungsersatz.
76   So im Ergebnis auch *Bartenbach/Volz* Rn 72; str; vgl SstA 30.10.1996 ArbErf 29/95.
77   BGH GRUR 2002, 609 Drahtinjektionseinrichtung; OLG Frankfurt GRUR 1966, 425 f; SstA BlPMZ 1982, 166, BlPMZ 1988, 351, 353.
78   *Bartenbach/Volz* Rn 74 mwN.
79   BGH 14.7.1980 X ZR 1/79.
80   *Bartenbach/Volz* Rn 74.
81   Vgl *Bartenbach/Volz* Rn 75.
82   BGH 14.7.1980 X ZR 1/79 und dem folgend SstA BlPMZ 1982, 166; SstA EGR ArbEG § 16 Nr 34 gegen OLG Frankfurt GRUR 1966, 425, wonach der Einwand mangelnder Patentfähigkeit entspr § 162 BGB ganz ausgeschlossen ist, und gegen SstA BlPMZ 1965, 66; vgl auch SstA 16.7.1998 ArbErf 32/96; LAG Bremen DB 1965, 635; *Bartenbach/Volz* Rn 73.
83   SstA BlPMZ 1982, 166; SstA 12.8.1999 ArbErf 19/98; SstA 22.10.2002 ArbErf 47/00; *Bartenbach/Volz* Rn 75.1 mwN; OLG München Mitt 2003, 229, 231 f.

chen Verlauf der Dinge gewinnbringend hätte verwerten können.[84] Hinsichtlich des zukünftigen Verlaufs kommt Schadensschätzung nach § 287 ZPO in Betracht.

IV. Verjährung

Schadensersatzansprüche wegen Verfallenlassens des Patents verjähren grds in drei Jahren ab **29** Kenntniserlangung durch den ArbN (§ 852 BGB). Stellt die Unterlassung der Mitteilung wie regelmäßig zugleich einen Verstoß gegen die arbeitsvertraglich geschuldete (auch nachvertragliche) Fürsorgepflicht dar, verjährten sie nach früherem Recht in 30 Jahren. Ein Auskunftsanspruch verjährte schon wegen des Restschadensersatzanspruchs mit dreißigjähriger Verjährung nicht nach § 852 BGB.[85] Nach der Schuldrechtsmodernisierung gelten die allg Regeln.

F. Vorbehalt eines Benutzungsrechts

I. Grundsatz

Der ArbGb kann sich ein nichtausschließliches Recht zur Benutzung der Diensterfindung vorbehalten **30** (Abs 3); er verhindert damit, dass das übertragene Recht gegen ihn geltend gemacht werden kann.[86] Das Vorbehaltsrecht knüpft an die Mitteilung nach Abs 1, erlangt jedoch nur bei Übertragung der Schutzrechtsposition auf den ArbN Bedeutung, weil es bei Aufgabe der Schutzrechtsposition seinen Anknüpfungsgegenstand verliert und bei Nichtaufgabe entgegen zunächst geäußerter Absicht mit der Schutzrechtsposition selbst zusammenfällt und keine dingliche Belastung am eigenen Recht darstellt. § 16 untersagt dem ArbGb nicht eine differenzierte Handhabung bei der Aufgabe von Schutzrechten (Anmeldungen) mit oder ohne Benutzungsvorbehalt.[87] Zur Anwendbarkeit der Regelung im Insolvenzfall Rn 9 zu § 27.

II. Vorbehalt

1. Förmlichkeiten. Erforderlich ist eine (einseitige) empfangsbedürftige[88] Willenserklärung des **31** ArbGb.[89] Eine bestimmte Form ist nicht erforderlich. Der Vorbehalt hat jedoch gleichzeitig (nicht notwendig durch die gleiche Handlung) mit der Mitteilung nach Abs 1 zu erfolgen.[90] Ein vorhergehender Vorbehalt wird aber uU ausreichen können.

2. Eintritt der Wirkungen. Das nichtausschließliche Benutzungsrecht entsteht ohne weiteres durch **32** Erklärung des Vorbehalts und Übertragung der Schutzrechtsposition auf den ArbN; es handelt sich mithin um einen zweigliedrigen Entstehenstatbestand.[91]

3. Verzicht. Auf das Recht kann nachträglich verzichtet werden.[92]   **33**

III. Inhalt des Benutzungsrechts

Das Benutzungsrecht ist an den Bestand der Schutzrechtsposition geknüpft.[93] Gegen den Erwerber **34** der Schutzrechtsposition wirkt es nach § 15 Abs 3 PatG, § 23 Abs 3 GebrMG.

---

84 BGH GRUR 1970, 296, 298 Allzwecklandmaschine, hinsichtlich des Verfallenlassens nicht in GRUR; vgl auch BGH GRUR 1982, 227, 229 Absorberstabantrieb II.

85 OLG Frankfurt GRUR 1993, 910.

86 Vgl Begr BlPMZ 1957, 237.

87 SstA BlPMZ 1976, 54.

88 *Bartenbach/Volz* Rn 87.

89 Auf deren Feststellung will OLG Karlsruhe 28.4.2004 6 U 209/99 offenbar verzichten.

90 *Bartenbach/Volz* Rn 86ff.

91 AA wohl *Bartenbach/Volz* Rn 88 unter Hinweis auf BGHZ 62, 272 = GRUR 1974, 463, 464 Anlagengeschäft.

92 BGH GRUR 1990, 667 Einbettungsmasse; aA *Bartenbach/Volz* Rn 89.

93 *Bartenbach/Volz* Rn 79, 89.

35   Das Recht nach Abs 3 hat nach hM den gleichen Inhalt wie das Benutzungsrecht nach § 19 Abs 1 oder § 14 Abs 3 und dem weggefallenen § 7 Abs 2; es entspricht damit einer **einfachen Lizenz**.[94] Es ist auf die unmittelbare Benutzung der Diensterfindung abgestellt und betriebsgebunden[95] (Rn 24 zu § 14). Auf Lizenzpartner oder Kunden kann der Vorbehalt nicht ausgedehnt werden.[96]

IV. Kein Übernahme- oder Freigabeanspruch des Arbeitnehmers bei unbilliger Erschwerung der Verwertung

36   Der weggefallene § 7 Abs 2 Satz 2 (unbillige Erschwerung) war nicht analog anzuwenden.[97]

V. Vergütungspflicht

37   Eine Vergütung nach Abs 3 ist nur im Fall der Benutzung zu zahlen und nicht schon für den Vorbehalt an sich.[98] Die Feststellung oder Festsetzung erfolgt nach § 12.

38   Geschuldet ist **angemessene Vergütung**[99] (vgl VergRl 25 Abs 3 Satz 2).

§ 17
Betriebsgeheimnisse

(1) Wenn berechtigte Belange des Betriebes es erfordern, eine gemeldete Diensterfindung nicht bekanntwerden zu lassen, kann der Arbeitgeber von der Erwirkung eines Schutzrechts absehen, sofern er die Schutzfähigkeit der Diensterfindung gegenüber dem Arbeitnehmer anerkennt.

(2) Erkennt der Arbeitgeber die Schutzfähigkeit der Diensterfindung nicht an, so kann er von der Erwirkung eines Schutzrechts absehen, wenn er zur Herbeiführung einer Einigung über die Schutzfähigkeit der Diensterfindung die Schiedsstelle (§ 29) anruft.

(3) Bei der Bemessung der Vergütung für eine Erfindung nach Absatz 1 sind auch die wirtschaftlichen Nachteile zu berücksichtigen, die sich für den Arbeitnehmer daraus ergeben, daß auf die Diensterfindung kein Schutzrecht erteilt worden ist.

Ausland: Türkei: Art 30 VO 551

Übersicht

---

94 BGHZ 62, 272 = GRUR 1974, 463 f Anlagengeschäft; SstA BlPMZ 1968, 349; *Bartenbach/Volz* Rn 79 mit Hinweisen zum Streitstand in Fn 236.
95 *Bartenbach/Volz* Rn 80 ff.
96 SstA 16.1.1996 ArbErf 40/94, zum entspr DDR-Übergangsrecht.
97 SstA BlPMZ 1976, 54; ganz hM; Nachw bei *Bartenbach/Volz* Rn 85 und Fn 254.
98 SstA BlPMZ 1986, 75; *Bartenbach/Volz* Rn 91 nehmen ein Entstehen dem Grunde nach schon mit Ausspruch des Vorbehalts und Fälligkeit mit Benutzung an; ebenso OLG Düsseldorf 9.8.2007 2 U 41/06; noch weitergehend *Volmer/Gaul* Rn 226.
99 *Bartenbach/Volz* Rn 92; SstA BlPMZ 1967, 30 m Anm *Schippel* GRUR 1967, 355; SstA GRUR 1994, 608, 611: Abschlag von ca. 20% vom aussschließlichen Lizenzsatz; zur ausnahmsweisen Pflicht zur Weiterzahlung der vereinbarten Vergütung auch nach Aufgabe des Schutzrechts mit Vorbehalt zur Benutzung der Diensterfindung SstA BlPMZ 1967, 30; zur Frage, ob eine Vergütung für Schutzrechte, die Alternativlösungen schützen, zu zahlen ist, wenn die Schutzrechte binnen angemessener Frist nach Erteilung dem Erfinder angeboten werden, und zur Frage der Koppelung einer Mitteilung nach Abs 1, Abs 3 mit einem Angebot auf Vereinbarung eines übertragbaren Mitbenutzungsrechts SstA BlPMZ 1980, 211; zur ausnahmsweisen Pflicht zur Weiterzahlung der vereinbarten Vergütung auch nach Aufgabe des Schutzrechts mit Vorbehalt zur Benutzung der Diensterfindung und Ausgleich wegen des Wegfalls des in dem zuletzt gezahlten Gehalt liegenden Erfindervergütungsanteils nach billigem Ermessen SstA BlPMZ 1967, 30; zur Bemessung der Erfindervergütung für das bei Aufgabe der Schutzrechtsanmeldung vorbehaltene nichtausschließliche Recht zur Benutzung der Diensterfindung SstA BlPMZ 1971, 137.

Schrifttum: *Bartenbach/Volz* Die betriebsgeheime Diensterfindung und ihre Vergütung gem § 17 ArbEG, GRUR 1982, 133; *Bartenbach/Volz* Zur Schutzfähigkeit einer betriebsgeheim zu behandelnden Arbeitnehmererfindung, GRUR 1988, 125; *Gaul* Die betriebsgeheime Erfindung im Arbeitnehmererfinderrecht, Mitt 1987, 185; *Gaul* Zur Möglichkeit, sich von einem arbeitgeberseitig erteilten Anerkenntnis der Schutzfähigkeit einer betriebsgeheimen Arbeitnehmererfindung wieder zu lösen, NJW 1988, 1217; *Gaul* Der erfolgreiche Schutz von Betriebs- und Geschäftsgeheimnissen, 1994; *Gaul/Bartenbach* Bedeutsame Auswirkungen der Reform des Patent- und des Warenzeichenrechts, NJW 1968, 1953; *Gaul/Bartenbach* Zum einstweiligen Schutz einer offengelegten Patentanmeldung nach § 24 Abs 5 PatG, BB 1968, 1061; *Pohl* Wahrung von Betriebsgeheimnissen durch Arbeitnehmer, Mitt 1981, 114; *Reimann* Einige Überlegungen zur Offenkundigkeit im Rahmen von §§ 17 ff UWG und von § 3 PatG, GRUR 1998, 298; *Schade* Die Auswirkungen der Änderungen des Patentgesetzes vom 4.9.1967 auf die Arbeitnehmererfindung, GRUR 1968, 393; *Schütz* Zur Bindungswirkung der Anerkenntniserklärung nach § 17 ArbEG bei nachträglich festgestellter Schutzunfähigkeit, GRUR 1980, 1038; *Schwab* Bindung des Arbeitgebers an die Anerkennung der Schutzfähigkeit einer Diensterfindung, AR-Blattei Erfindungen von Arbeitnehmern Entsch 8; *Schwab* Psst, geheim! Arbeitsrecht im Betrieb 2011, 512; *Zeller* Patentrechtliche Bestimmungen des Vorabgesetzes unter Berücksichtigung der erfinderrechtlichen Bestimmungen, GRUR 1968, 227.

A. Allgemeines; Reform

Die durch das PatÄndG 1967 geänd Bestimmung nimmt betriebsgeheime Diensterfindungen unter bestimmten Voraussetzungen von der Anmeldepflicht des § 13 aus. Abs 1 betrifft den Fall, dass der ArbGb die Schutzfähigkeit anerkennt, Abs 2 den Fall, dass er das nicht tut. Abs 3 soll Nachteile verhindern, die dem ArbN durch die Behandlung als betriebsgeheim entstehen können. Den typischen Anwendungsfall bilden innerbetrieblich genutzte Verfahrenserfindungen.[1] Der RefE ArbEGÄndG sah, anders als das PatRVereinfModG, das sie unverändert lässt, vor, die Bestimmung insgesamt neu zu fassen (s *6. Aufl*). **1**

B. Betriebsgeheimnis

ISd § 17 ist erforderlich, dass berechtigte Belange des Betriebs es erfordern, die gemeldete Diensterfindung nicht bekannt werden zu lassen. Maßgeblich sind die Umstände des Einzelfalls im Zeitpunkt der Entscheidung über die Geheimhaltungsbedürftigkeit bei wirtschaftlicher Betrachtungsweise.[2] Ein Geheimhaltungsinteresse scheidet aus, wenn sich Dritte ohne größere Schwierigkeiten Kenntnis verschaffen können, so, wenn das auf dem Markt oder sonst für Dritte erhältliche Erzeugnis die Erfindung offenbart.[3] Eine Abwägung mit Belangen des ArbN findet nicht statt.[4] **2**

Voraussetzungen. Die Behandlung als Betriebsgeheimnis erfordert eine Verlautbarung nach außen, die auch konkludent geschehen kann.[5] Rücknahme der Patentanmeldung vor Offenlegung genügt.[5a] Daneben darf die Erfindung nicht frei geworden sein (zum Freiwerden der betriebsgeheimen Erfindung Rn 6 zu § 8).[6] **3**

Fehlerhafte Behandlung als Betriebsgeheimnis verletzt die Pflicht zur unverzüglichen Inlandsanmeldung und kann deshalb eine Schadensersatzverpflichtung auslösen.[7] **4**

Zum nachträglichen **Wegfall der Geheimhaltungebedürftigkeit** Rn 8, 11. **5**

C. Anerkenntnis der Schutzfähigkeit

Der ArbGb kann bei Geheimhaltungebedürftigkeit von der Erwirkung (Anmeldung) eines Schutzrechts absehen, sofern er die Schutzfähigkeit gegenüber dem ArbN anerkennt (Abs 1). Dem Anerkenntnis **6**

---

1 *Bartenbach/Volz* Rn 3.

2 Vgl *Bartenbach/Volz* Rn 6 mit Einzelheiten in Rn 7 ff.

3 Vgl *Bartenbach/Volz* Rn 11.

4 *Bartenbach/Volz* Rn 13.

5 *Bartenbach/Volz* Rn 17 nehmen – offenbar in Gleichbehandlung mit dem Anerkenntnis der Schutzfähigkeit – empfangsbedürftige Willenserklärung an.

5a SstA 1.4.2015 ArbErf 49/11 Mitt 2016, 279 Ls.

6 *Bartenbach/Volz* Rn 20.

7 *Bartenbach/Volz* Rn 22.

kommt konstitutive Gestaltungswirkung zu.[8] Der Zeitpunkt der Anerkennung ist maßgeblicher Prioritätszeitpunkt gegenüber dem StdT.[9] Eine bestimmte Form ist nicht erforderlich.[10] Eine Anmeldung einer betriebsgeheimen Diensterfindung zum Patent vor Geheimstellung ist keine Anerkennung ihrer Schutzfähigkeit durch den ArbGb.[11]

7 **Zeitpunkt.** Die Erklärung muss unverzüglich nach Meldung erfolgen.[12]

8 An das Anerkenntnis ist der ArbGb in gleicher Weise **gebunden**, wie wenn auf die Diensterfindung ein Schutzrecht erteilt worden wäre; der ArbGb kann nicht nachträglich die SstA anrufen[13] oder sich auf Unbilligkeit berufen.[14] Fällt die zunächst bestehende Geheimhaltungsbedürftigkeit weg, bleibt der ArbGb an das Anerkenntnis der Schutzfähigkeit gebunden.[15]

D. Nichtanerkenntnis

9 Erkennt der ArbGb von vornherein die Schutzfähigkeit nicht an, hat er zur Herbeiführung einer Einigung über die Schutzfähigkeit die SstA anzurufen[16] (Abs 2). Der ArbGb kann aber auch zunächst anmelden und erforderlichenfalls die Anmeldung vor Offenlegung zurücknehmen; auch in diesem Fall wird man eine Anrufung der SstA noch als zulässig ansehen müssen.[17] Die SstA kann auch zur Frage der GbmSchutzfähigkeit angerufen werden. Ruft der ArbGb die Schiedsstelle nicht an, kann die Anrufung durch den ArbN erfolgen.

10 Der ArbGb hat die SstA **unverzüglich** anzurufen; § 35 Nr 1, 2 führt hier nicht zur Beendigung des Verfahrens vor der SstA (Rn 2 zu § 35).[18]

11 Die SstA kann nicht mit allgemeinverbindlicher Wirkung entscheiden,[19] sie wird **gutachterlich** tätig.[20] Sie ist bei der gem Abs 2 vorzunehmenden Prüfung der für die Beurteilung der Schutzfähigkeit einer geheimzuhaltenden Diensterfindung maßgeblichen Umstände nicht auf den Inhalt der vom Erfinder vorgelegten Meldung der Diensterfindung beschränkt.[21] Die SstA äußert über die Schutzfähigkeit sich in Form eines Einigungsvorschlags. Diesem kommt, sofern er nicht bindend wird, keine streitentscheidende Wirkung zu, vielmehr steht den Parteien der Weg zu den Gerichten offen.[22]

12 **E. Die Vergütung** richtet sich nach § 9.[23] Behandelt der ArbGb die Diensterfindung als Betriebsgeheimnis, sind bei der Bemessung der Vergütung die sich daraus für den ArbN ergebenden Nachteile zu berücksichtigen. In Betracht kommen insb (VergRl 27), dass kein Schutzrecht erteilt, der Erfinder nicht als solcher bekannt wird, die Erfindung nur in beschränktem Umfang ausgewertet werden kann und die Diensterfindung vorzeitig bekannt und mangels Rechtsschutz durch andere Wettbewerber ausgewertet wird.[24] Ein Risikoabschlag entfällt außer bei Nutzungshandlungen während eines Verfahrens zur Klärung

---

8 *Bartenbach/Volz* Rn 27, 28 und GRUR 1982, 133, 135; vgl LG München I 11.11.2010 7 O 20114/08 undok: str, aA *Volmer/Gaul* Rn 60.

9 SstA 14.6.2005 ArbErf 77/04.

10 *Bartenbach/Volz* Rn 30; zur Auslegung bei Beanstandung der Erfindungsmeldung SstA 17.2.1998 ArbErf 61/96.

11 SstA 18.5.2004 ArbErf 34/02.

12 *Bartenbach/Volz* Rn 31.

13 BGHZ 102, 28 = GRUR 1988, 123 Vinylpolymerisate; OLG Frankfurt EGR Nr 10 zu § 17 ArbEG; *Bartenbach/Volz* Rn 35.2 mNachw in Fn 49; str.

14 OLG Frankfurt EGR Nr 10 zu § 17 ArbEG; vgl dazu *Schütz* GRUR 1980, 1038 ff; zur Anfechtbarkeit eingehend *Bartenbach/Volz* Rn 36.

15 *Bartenbach/Volz* Rn 24; aA *Volmer/Gaul* Rn 52.

16 BGHZ 102, 28 = GRUR 1988, 123 Vinylpolymerisate; OLG Frankfurt EGR Nr 10 zu § 17 ArbEG; *Bartenbach/Volz* Rn 43; aA *Volmer/Gaul* Rn 96 ff.

17 *Bartenbach/Volz* Rn 44 f unter Hinweis auf RegE PatÄndG 1967 BlPMZ 1967, 244, 274; vgl auch SstA 18.5.2004 ArbErf 34/02.

18 *Bartenbach/Volz* Rn 47.1.

19 SstA BlPMZ 1970, 425.

20 Vgl *Bartenbach/Volz* Rn 52; *Schade* GRUR 1970, 579 f.

21 SstA BlPMZ 1970, 425.

22 *Bartenbach/Volz* Rn 54 f mwN.

23 Vgl SstA 30.3.2004 ArbErf 81/02.

24 Zum Erfindungswert bei Verkauf und als Vorrats"schutzrecht" SstA 6.5.1996 ArbErf 1/95.

der Schutzfähigkeit.[25] Verzicht des ArbGb auf die Erwirkung von Auslandsschutzrechten führt bei Verwertung im Ausland zur Vergütungspflicht.[26]

Vergütungspflicht besteht bei nicht benutzten betriebsgeheimen Erfindungen vom achten Jahr nach Anerkennung der Schutzfähigkeit,[27] die Grundsätze über die vorläufige Vergütung (Rn 20 zu § 12) sind nach Ansicht der SstA nicht anwendbar.[28] Sie besteht bei Verwertung über die maximale Laufzeit eines potentiellen Patents,[29] die vom Datum der Inanspruchnahme an rechnet,[30] über die (fiktive) **Schutzrechtsdauer** hinaus aber nicht.[31] Der Verlust der faktischen Monopolstellung kann vom ArbGb eingewandt werden.[32] **13**

2. Freie Erfindungen

Vor § 18

Übersicht

Schrifttum: *Flaig* Das nichtausschließliche Recht des Arbeitgebers zur Benutzung einer gebundenen oder freien Erfindung gemäß dem ArbEG, Mitt 1982, 47; *Henneberger-Sudjana/Henneberger* Arbeitnehmererfindungsrecht in der Schweiz und in Deutschland – anreizorientierte Strukturen? GRUR Int 2013, 985; *Marquardt* Freie Erfindungen im Arbeitsverhältnis, Diss Leipzig 2001; *von der Groeben* Ausgleich unter Teilhabern nach frei gewordener Diensterfindung, GRUR 2014, 113.

A. Freie Erfindungen[1] von ArbN sind solche, die während der Dauer des Arbeitsverhältnisses gemacht, also nicht etwa vor dessen Beginn bereits fertig waren,[2] aber keine Diensterfindungen iSd § 4 Abs 2 sind. Diese Erfindungen sind dem außerbetrieblichen Lebensbereich des ArbN zuzurechnen.[3] **1**

Die §§ 18, 19 finden nur auf solche Erfindungen Anwendung, die nach § 4 Abs 3 schon **bei ihrer Entstehung freie Erfindungen** waren, nicht aber auf später frei gewordene.[4] **2**

Zur Rechtslage bei **Hochschulerfindungen** § 42. **3**

Streit darüber, ob Diensterfindung oder freie Erfindung vorliegt, entscheiden die ordentlichen Gerichte.[5] **4**

B. Das **Verwertungsrecht** bei freien Erfindungen liegt grds beim ArbN, es wird allerdings durch die allg arbeitsrechtl Treuepflicht und die Verpflichtungen aus den §§ 18, 19 eingeschränkt.[6] **5**

---

25 *Bartenbach/Volz* Rn 59 mwN; SstA 14.6.2005 ArbErf 77/04 und SstA 11.5.2006 ArbErf 93/04 gehen von genereller Unzulässigkeit des Risikoabschlags aus.
26 SstA 4.7.2007 ArbErf 86/04.
27 SstA 24.10.1995 ArbErf 21/94.
28 SstA 16.10.1997 ArbErf 52/94.
29 SstA EGR ArbEG § 17 Nr 13, auch zum Fall, dass die Vorzugsstellung weiter besteht; SstA 21.3.1995 ArbErf 57/93.
30 SstA 2.10.1994 ArbErf 18/93.
31 Vgl auch SstA Mitt 1958, 158.
32 BGHZ 102, 28 = GRUR 1988, 123 f Vinylpolymerisate; einschränkend *Bartenbach/Volz* Rn 69 mwN: nur, wenn eine weitere Zahlung mit Treu und Glauben unvereinbar ist.

1 Zur Abgrenzung einer Diensterfindung von einer freien Erfindung SstA BlPMZ 1972, 382, BlPMZ 1973, 29; zur Abgrenzung freie Erfindung/Diensterfindung bei Erfindung eines kaufmännischen Angestellten SstA BlPMZ 1973, 144; zur Zuordnung von Erfindungen bei erlaubter Nebentätigkeit SstA 20.5.1994 ArbErf 149/92.
2 OLG München 18.12.1997 6 U 2366/97.
3 BGHZ 93, 82 = NJW 1985, 1031 Fahrzeugsitz.
4 *Bartenbach/Volz* § 18 Rn 1.
5 Vgl BPatGE 10, 207, 217.
6 Vgl BGHZ 93, 82 = NJW 1985, 1031 f Fahrzeugsitz; *Bartenbach/Volz* § 18 Rn 5.

6   **Verfügungen des Arbeitnehmers** sind dem Arbeitgeher gegenüber auch dann wirksam, wenn sie gegen die Verpflichtungen aus den §§ 18 oder 19 verstoßen;[7] zur Schadensersatzpflicht in diesem Fall Rn 13 zu § 19.

C. Pflichten des Erfinders

7   § 18 sieht bei freien Erfindungen eine Mitteilungspflicht, § 19 eine Pflicht zum Anbieten vor.

D. Reform

8   Der RefE ArbEGÄndG sah Änderungen in §§ 18, 19 vor (s 6. *Aufl*).

9   Das **PatRVereinfModG** vom 31.7.2009 hat Änderungen des § 18 vorgenommen, die bei dieser Bestimmung berücksichtigt sind.

§ 18
Mitteilungspflicht

(1) [1]Der Arbeitnehmer, der während der Dauer des Arbeitsverhältnisses eine freie Erfindung gemacht hat, hat dies dem Arbeitgeber unverzüglich durch Erklärung in Textform mitzuteilen. [2]Dabei muß über die Erfindung und, wenn dies erforderlich ist, auch über ihre Entstehung soviel mitgeteilt werden, daß der Arbeitgeber beurteilen kann, ob die Erfindung frei ist.

(2) Bestreitet der Arbeitgeber nicht innerhalb von drei Monaten nach Zugang der Mitteilung durch Erklärung in Textform an den Arbeitnehmer, daß die ihm mitgeteilte Erfindung frei sei, so kann die Erfindung nicht mehr als Diensterfindung in Anspruch genommen werden (§ 6).

(3) Eine Verpflichtung zur Mitteilung freier Erfindungen besteht nicht, wenn die Erfindung offensichtlich im Arbeitsbereich des Betriebes des Arbeitgebers nicht verwendbar ist.

Ausland: Türkei: Art 31 VO 551

A. Mitteilungspflicht

I. Grundsatz

1   Freie Erfindungen (Rn 7 zu § 4) sind dem ArbGb grds mitzuteilen (Abs 1). Ob die Mitteilungspflicht[1] Konkretisierung der Treuepflicht des ArbN oder originäre gesetzliche Verpflichtung ist, ist str.[2] Auf die Grundsätze zu § 5 kann im allg zurückgegriffen werden. In der Mitteilung können zugleich eine Meldung nach § 5 und ein rechtsgeschäftliches Übertragungsangebot liegen.[3]

---

7 *Bartenbach/Volz* § 18 Rn 5.

1 Zur Mitteilungspflicht bei ausgeschiedenen ArbN OLG München Mitt 1967, 237; *Bartenbach/Volz* Rn 14.
2 Nachw bei *Bartenbach/Volz* Rn 6.
3 OLG München 18.12.1997 6 U 2366/97.

II. Ausnahme

Die Mitteilungspflicht besteht nicht, sofern die Erfindung offensichtlich im Arbeitsbereich des Betriebs des ArbGb unverwendbar ist (Abs 3). Man spricht in diesem Fall auch von „betriebsfremden" freien Erfindungen im Gegensatz zu betriebsbezogenen.[4] Ob unter Betrieb die organisatorisch-technische Einheit oder das Unternehmen zu verstehen ist, ist str.[5] Der Begriff des Arbeitsbereichs ist weit zu fassen, ebenso der der Verwendbarkeit.[6] Für die Offensichtlichkeit kommt es darauf an, dass die Nichtverwendbarkeit objektiv offen zutage tritt; iZw ist nachzufragen.[7] **2**

III. Der **Umfang** der Mitteilungspflicht richtet sich nach den Fallumständen. Die Mitteilung muss den ArbGb in die Lage setzen, zuverlässig zu beurteilen, ob es sich um eine freie oder eine Diensterfindung handelt. Sie kann, wenn der Einzelfall dies erfordert, umfangmäßig der Meldung nach § 5 gleichkommen.[8] Eine Meldung einer Erfindung auf einem betrieblichen Formblatt zur Meldung von gebundenen Erfindungen, in der einerseits die Umstände der Entstehung der Erfindung so umschrieben sind, dass sich ein Anteilsfaktor von 100% ergäbe, der freien Erfindungen zukommt, und in der andererseits in den begleitenden Unterlagen auf Vorentwicklungen der zuständigen Abteilung und auf die von dort zugelieferten Versuchsdaten Bezug genommen ist, und in der sich sonst kein Hinweis auf das Vorliegen einer freien Erfindung findet, kann nicht als Mitteilung einer freien Erfindung angesehen werden.[9] **3**

IV. Form; Frist

Die Mitteilung ist zugangsbedürftige Wissenserklärung;[10] Abs 1 schreibt nunmehr Textform (§ 126b BGB; Rn 7 zu § 5) vor. Empfänger ist der ArbGb. Eine gesonderte Mitteilung ist anders als nach § 5 nicht erforderlich.[11] Auf mangelhafte Mitteilungen ist § 5 Abs 3 nicht entspr anwendbar.[12] **4**

Die Mitteilung hat **unverzüglich**, dh ohne schuldhaftes Zögern (§ 121 BGB), zu erfolgen. Ein Zurückbehaltungsrecht des ArbN kommt nicht in Betracht.[13] **5**

B. Rechtsfolgen der Mitteilung

Der Zugang der Mitteilung löst die **Frist nach Absatz 2** aus, nach deren fruchtlosem Ablauf sich der ArbGb nicht mehr darauf berufen kann, dass eine Diensterfindung vorliege. Nichteinhaltung der gesetzlichen Anforderungen führt zur Unwirksamkeit.[14] **6**

Weiter eröffnet der Zugang der Mitteilung die Anwendung des **§ 22 Absatz 2.** **7**

C. Ausschluss der Inanspruchnahme

I. Grundsatz

Die Inanspruchnahme als Diensterfindung ist ausgeschlossen, wenn der ArbGb nicht innerhalb von drei Monaten bestreitet (zur Form Rn 9), dass die Erfindung frei ist (Abs 2). Zweifel in der Meldung des **8**

---

4   *Bartenbach/Volz* Rn 4, 27 m kr Stellungnahme und mwN; kr auch *Kraßer* S 402 (§ 21 III 3).

5   Nachw bei *Bartenbach/Volz* Rn 28.

6   *Bartenbach/Volz* Rn 29 f.

7   Vgl *Bartenbach/Volz* Rn 31.

8   BGH GRUR 1958, 334, 337 Mitteilungs- und Meldepflicht; BGH 10.7.1959 I ZR 73/58; OLG München Mitt 1967, 237; *Bartenbach/Volz* Rn 24 ff.

9   SstA 23.9.2003 ArbErf 8/01.

10   AA (Willenserklärung) *Volmer/Gaul* Rn 65; *Bartenbach/Volz* Rn 7 und *Reimer/Schade/Schippel* Rn 4 klassifizieren sie als Rechtshandlung.

11   OLG Braunschweig GRUR 1963, 196; str.

12   *Bartenbach/Volz* Rn 23.

13   BGH GRUR 1958, 334, 337 Mitteilungs- und Meldepflicht.

14   SstA 18.1.1994 ArbErf 21/93 unter Aufgabe von SstA 19.2.1962 ArbErf 23/60.

ArbN an der Diensterfindungseigenschaft berühren nicht die Verpflichtung des ArbGb, die Fristen zur Inanspruchnahme und zum Bestreiten einzuhalten.[15]

II. Bestreiten

9   **1. Inhalt der Erklärung; Form; Frist.** Das Bestreiten ist empfangsbedürftige rechtsgeschäftliche Erklärung. Es muss in Textform (§ 126b BGB; Rn 7 zu § 5) erfolgen und zweifelsfrei erkennen lassen, dass der ArbGb die Erfindung als Diensterfindung ansieht; eine Begründung ist nicht erforderlich,[16] kann aber angebracht sein. Freigabe einer als frei gemeldeten Erfindung ist als Bestreiten auszulegen.[17]

10   Die **Dreimonatsfrist** ist materiellrechtl Ausschlussfrist.[18] Sie wird nur durch eine ordnungsgem Mitteilung in Lauf gesetzt.[19] Tarnt der ArbN arglistig eine Diensterfindung als freie Erfindung, wird die Frist ebenfalls nicht in Lauf gesetzt.[20]

11   **2. Rechtsfolge.** Reagiert der ArbGb auf die Mitteilung einer freien Erfindung, mit einer in der Dreimonatsfrist liegenden Inanspruchnahmeerklärung, liegt darin regelmäßig zugleich ein konkludentes Bestreiten der Freiheit der Erfindung.[21] Durch das Bestreiten wahrt der ArbGb seine Rechte an der Diensterfindung, sofern eine solche vorliegt.[22] Im Bestreiten für sich liegt keine Inanspruchnahme, in der ausdrücklichen Inanspruchnahme innerhalb der gesetzlichen Frist liegt aber idR konkludentes Bestreiten.[23]

III. Nichtbestreiten

12   Mit fruchtlosem Fristablauf steht fest, dass die Erfindung frei ist, auch wenn die Meldung vom Erfinder schuldhaft verspätet vorgelegt wurde.[24]

13   **D.** Aus einer **Verletzung der Mitteilungspflicht** folgt ein noch nach Beendigung des Arbeitsverhältnisses durchsetzbarer **Auskunftsanspruch.**[25]

14   § 18 ist zugunsten des ArbGb **Schutzgesetz** iSd § 823 Abs 2 BGB.[26]

15   Meldet der ArbN **nach § 5, anstatt nach § 18** mitzuteilen, kann er sich nicht auf den früheren Fristablauf nach § 18 berufen.[27]

§ 19
Anbietungspflicht

(1) [1]**Bevor der Arbeitnehmer eine freie Erfindung während der Dauer des Arbeitsverhältnisses anderweitig verwertet, hat er zunächst dem Arbeitgeber mindestens ein nichtausschließliches Recht zur Benutzung der Erfindung zu angemessenen Bedingungen anzubieten, wenn die Erfindung im Zeitpunkt des Angebots in den vorhandenen oder vorbereiteten Arbeitsbereich des Be-**

---

15   SstA BlPMZ 1967, 131.

16   *Bartenbach/Volz* Rn 34; vgl SstA 18.4.2005 ArbErf 41/04.

17   SstA 4.6.1997 ArbErf 82/95; SstA 18.4.2005 ArbErf 41/04.

18   *Bartenbach/Volz* Rn 39; *Volmer/Gaul* Rn 114.

19   Vgl OLG Braunschweig GRUR 1963, 196; *Bartenbach/Volz* Rn 40.

20   SstA BlPMZ 1972, 382f; *Bartenbach/Volz* Rn 40.

21   SstA 18.4.2005 ArbErf 41/04.

22   Vgl SstA 18.4.2005 ArbErf 41/04.

23   *Bartenbach/Volz* Rn 35; SstA 18.4.2005 ArbErf 41/04.

24   Zu den besonderen Umständen, unter denen die Berufung auf den Fristablauf gegen die arbeitsrechtl Treuepflicht verstößt, SstA BlPMZ 1967, 131; zum Freiwerden einer an sich gebundenen Erfindung, die als „freie Erfindung" mitgeteilt worden ist, auch SstA BlPMZ 1972, 382.

25   BGH GRUR 1958, 334 Mitteilungs- und Meldepflicht; *Bartenbach/Volz* Rn 45.

26   *Bartenbach/Volz* Rn 46 unter Hinweis auf BGHZ 93, 82 = NJW 1985, 1031 Fahrzeugsitz; unklar *Volmer/Gaul* Rn 47 einerseits, Rn 143 andererseits.

27   Vgl *Bartenbach/Volz* Rn 48.

triebs des Arbeitgebers fällt. [2]Das Angebot kann gleichzeitig mit der Mitteilung nach § 18 abgegeben werden.

(2) Nimmt der Arbeitgeber das Angebot innerhalb von drei Monaten nicht an, so erlischt das Vorrecht.

(3) Erklärt sich der Arbeitgeber innerhalb der Frist des Absatzes 2 zum Erwerb des ihm angebotenen Rechts bereit, macht er jedoch geltend, daß die Bedingungen des Angebots nicht angemessen seien, so setzt das Gericht auf Antrag des Arbeitgebers oder des Arbeitnehmers die Bedingungen fest.

(4) Der Arbeitgeber oder der Arbeitnehmer kann eine andere Festsetzung der Bedingungen beantragen, wenn sich Umstände wesentlich ändern, die für die vereinbarten oder festgesetzten Bedingungen maßgebend waren.

Ausland: Türkei: Art 32 VO 551

Übersicht

A. Allgemeines; Regelungszweck; Rechtsnatur

Vor anderweitiger Verwertung einer freien Erfindung hat der ArbN dem ArbGb unter bestimmten Voraussetzungen mindestens ein nichtausschließliches Benutzungsrecht zu angemessenen Bedingungen anzubieten (Abs 1); das Vorrecht des ArbGb erlischt, wenn das Angebot nicht innerhalb von drei Monaten angenommen wird (Abs 2). Bei Streit über die Angemessenheit der Bedingungen sind diese auf Antrag gerichtlich festzusetzen (Abs 3); bei wesentlicher Änderung der Umstände kann anderweitige Festsetzung verlangt werden (Abs 4). **1**

Nach Mitteilung der Erfindung ist die Regelung dispositiv;[1] die Vereinbarung eines generellen Vorkaufsrechts für künftige freie Erfindungen ist jedoch unzulässig.[2] **2**

Regelungszweck. Die Begr verweist auf das früher häufig in Arbeits- und Tarifverträgen eingeräumte Vorkaufsrecht; nach Erlass der DVO 1943 seien Zweifel entstanden, ob derartige Abreden noch zulässig seien. Die Regelung will sichere Rechtsverhältnisse schaffen. Die Anbietungspflicht ist nur auf ein entgeltliches Benutzungsrecht erstreckt worden, um einerseits den Belangen des ArbGb, der nicht durch monopolartige Verwertungsverträge des ArbN von einer Beteiligung am Wettbewerb oder der Benutzung bestimmter Arbeitsmittel ausgeschlossen, andererseits denen des ArbN, der in seiner Vertragsfreiheit nicht mehr als nötig eingeschränkt werden soll, Rechnung zu tragen. **3**

Rechtsnatur. Die Regelung begründet kein Rechtsverhältnis nach Art eines Vorkaufsrechts,[3] sondern eine schuldrechtl Anbietungspflicht. Da diese einer anderweitigen Verwertung vorgeht, stellt sich die für das schuldrechtl Vorkaufsrecht typische Problematik des rechtmäßigen Alternativverhaltens (Erfüllung der einen oder der anderen Verpflichtung) hier nicht. **4**

B. Voraussetzungen der Anbietungspflicht

I. Betriebsbezogenheit der Erfindung

Die Anbietungspflicht setzt zunächst voraus, dass die Erfindung im Zeitpunkt des Angebots in den vorhandenen oder vorbereiteten Arbeitsbereich des Betriebs des ArbGb fällt. Hierfür kann auf die zum **5**

---

1 *Bartenbach/Volz* Rn 76.
2 *Bartenbach/Volz* Rn 77; str.
3 Wohl allgM, vgl *Bartenbach/Volz* Rn 10 mwN.

Vorbenutzungsrecht des § 12 PatG entwickelten Grundsätze zurückgegriffen werden.[4] Eine Verwertungsmöglichkeit im Konzern oder bei Kooperationspartnern bleibt außer Betracht.[5] Die Darlegungs- und Beweislast liegt nach allg Grundsätzen beim ArbGb.[6]

6   **II.** Die Verpflichtung erfordert weiter, dass es sich um eine **freie Erfindung** handelt.

III. Verwertungsabsicht

7   Den ArbN trifft die Anbietungspflicht nur, wenn er die Erfindung anderweitig verwerten will. Andernfalls folgt sie auch nicht aus der ihn treffenden arbeitsrechtl Treuepflicht.[7] Verwertung ist nur eine gewerbliche Nutzung, auch durch den ArbN selbst.[8]

8   Die Verpflichtung **entfällt** mit der Beendigung des Arbeitsverhältnisses, sie wirkt nicht nach.[9]

C. Umfang der Verpflichtung des Arbeitnehmers

I. Angebot eines Benutzungsrechts

9   Der ArbN hat dem ArbGb mindestens ein nichtausschließliches Benutzungsrecht, dh eine einfache Lizenz,[10] anzubieten. Aus der Gesetzesformulierung folgt, dass der ArbN seiner Pflicht genügt, wenn er ein ausschließliches Benutzungsrecht oder eine Vollübertragung seiner Rechte anbietet.[11] Die Verpflichtung des ArbN ist mithin auf Abgabe eines Vertragsangebots gerichtet.[12] Für dieses und die Annahme gelten grds die allg schuldrechtl Regeln, zu Abweichungen Rn 15 f.

II. Angemessene Bedingungen

10   Der ArbN kommt seiner Verpflichtung nur nach, wenn er das Benutzungsrecht zu angemessenen Bedingungen anbietet. Er muss nicht günstiger anbieten als bei freier Verwertung.[13] Maßgeblich sind die objektiven wirtschaftlichen und rechtl Umstände, dies gilt nicht nur für die Höhe der Benutzungsvergütung, sondern auch für die sonstigen Vereinbarungen.[14] Die kartellrechtl und wettbewerbsrechtl Schranken sind zu beachten.[15]

III. Form

11   Das Angebot bedarf keiner besonderen Form, es kann auch gleichzeitig und in der Mitteilung nach § 18 erfolgen. Erforderlich ist Zugang beim ArbGb.

IV. Zeitpunkt

12   Das Angebot hat vor anderweitiger Verwertung zu erfolgen. Dies erfordert Angebotsabgabe vor Verfügung zugunsten eines Dritten, nicht unbedingt aber vor Eingehen einer rein schuldrechtl Verpflichtung, in diesem Fall aber auf das Risiko von Schadensersatzansprüchen des ArbGb oder des Dritten.[16]

---

4   Vgl *Bartenbach/Volz* Rn 42.
5   *Bartenbach/Volz* Rn 38; *Bartenbach-Fock* Arbeitnehmererfindungen im Konzern (2011), Rn 856.
6   *Volmer/Gaul* Rn 69; aA *Bartenbach/Volz* Rn 42.
7   *Bartenbach/Volz* Rn 34.
8   *Bartenbach/Volz* Rn 35; *Reimer/Schade/Schippel* Rn 10.
9   Vgl *Bartenbach/Volz* Rn 31 f und § 26 Rn 25.
10   Vgl BGHZ 62, 272 = GRUR 1974, 463 f Anlagengeschäft.
11   OLG München 18.12.1997 6 U 2366/97; wohl hM; die Gegenmeinung hält den ArbN aus seiner Treuepflicht für uU zu einem weitergehenden Angebot verpflichtet; vgl *Bartenbach/Volz* Rn 14 ff m Nachw zum Streitstand.
12   Vgl *Bartenbach/Volz* Rn 9 mNachw.
13   Vgl BGHZ 93, 82 = NJW 1985, 1031 f Fahrzeugsitz.
14   *Bartenbach/Volz* Rn 22 ff; vgl auch BGH 1.2.1983 X ZR 16/82.
15   *Bartenbach/Volz* Rn 30.
16   Vgl aber *Bartenbach/Volz* Rn 35 ff, 44.

D. Pflichtverletzungen begründen neben einem Anspruch auf Angebotsabgabe uU Schadensersatz- **13** ansprüche jedenfalls nach § 823 Abs 2 BGB, weil § 19 Schutzgesetz ist.[17] Ist der ArbN nicht mehr in der Lage, seine Pflichten aus § 19 zu erfüllen, bleibt dem ArbGb grds nur der Schadensersatzanspruch, weil die Verfügung des ArbN angesichts der rein schuldrechtl Natur der Angebotspflicht trotz der Pflichtverletzung wirksam ist.[18] Eine Ausnahme kommt nur in Betracht, wenn die Voraussetzungen des § 826 BGB vorliegen.[19] Droht eine Beeinträchtigung der Rechte des ArbGb, kann dieser vorbeugende Unterlassungsansprüche geltend machen.[20]

E. Annahme/Ablehnung des Angebots

Der ArbGb ist nicht verpflichtet, das Angebot anzunehmen.[21] **14**

Überlegungsfrist. Abw von der Regelung in § 147 BGB räumt Abs 2 eine dreimonatige Überlegungs- **15** frist ein. Die materiellrechtl Ausschlussfrist[22] beginnt mit Zugang des Angebots.

Mit der fristgerechten **Annahme** kommt der Vertrag über die Benutzung zustande, und zwar abw von **16** §§ 150 Abs 2, 154, 155 BGB auch dann, wenn der ArbGb zwar annimmt, aber die Unangemessenheit einzelner Vertragsabreden geltend macht (Abs 3); in diesem Fall kann auf Antrag eines der Beteiligten ergänzende Vertragsgestaltung („Vertragshilfe") durch die Schiedsstelle, die grds zunächst anzurufen ist,[23] oder das Gericht erfolgen.

Die Klage nach Abs 3 ist materiellrechtl **Gestaltungsklage**, es kommt, insb für zurückliegende Zeit- **17** räume, aber auch Leistungsklage in Betracht.[24]

F. Vergütung

Wird eine vom ArbN dem ArbGb angebotene freie Erfindung vom ArbGb benutzt, ist eine Vergütung **18** nicht zu zahlen, solange die vom ArbN für die Erfindung eingereichte Patentanmeldung nicht offengelegt ist.[25] Die Vergütung ist kein Arbeitseinkommen.[26]

G. Neufestsetzung der Bedingungen (Absatz 4)

Die Regelung entspricht der in § 12 Abs 6. Der Anspruch ist auf Festsetzung geänd Bedingungen ge- **19** richtet; er kann auch rückwirkend auf den Zeitpunkt der wesentlichen Änderung geltend gemacht werden.[27] Das Rückforderungsverbot des § 12 Abs 6 Satz 2 gilt nicht, jedoch können einer Rückforderung andere Gründe entgegenstehen.[28]

---

17 BGHZ 93, 82 = NJW 1985, 1031 f Fahrzeugsitz; *Bartenbach/Volz* Rn 73.
18 Vgl *Bartenbach/Volz* Rn 74; *Peter* Die „Flucht in die Nebentätigkeit" – ein Schlupfloch aus der Neuregelung des § 42 ArbnErfG bei Erfindungen von Hochschullehrern? Mitt 2004, 396, 400.
19 *Bartenbach/Volz* Rn 74.
20 *Bartenbach/Volz* Rn 75.
21 BGHZ 93, 82 = NJW 1985, 1031 f Fahrzeugsitz.
22 *Bartenbach/Volz* Rn 53.
23 *Bartenbach/Volz* Rn 60 f mNachw zum Streitstand.
24 *Bartenbach/Volz* Rn 66 ff.
25 Vgl SstA BlPMZ 1968, 326 zur Bekanntmachung.
26 BGHZ 93, 82 = NJW 1985, 1031 Fahrzeugsitz; BAG NJW 2009, 167 Pfändungsschutz für Arbeitseinkommen mwN.
27 Vgl *Bartenbach/Volz* Rn 71; SstA BlPMZ 1971, 199.
28 *Bartenbach/Volz* Rn 72; vgl BGHZ 93, 82 = NJW 1985, 1031 f Fahrzeugsitz.

3. Technische Verbesserungsvorschläge

§ 20

(1) [1]Für technische Verbeserungsvorschläge, die dem Arbeitgeber eine ähnliche Vorzugsstellung gewähren wie ein gewerbliches Schutzrecht, hat der Arbeitnehmer gegen den Arbeitgeber einen Anspruch auf angemessene Vergütung, sobald dieser sie verwertet. [2]Die Bestimmungen der §§ 9 und 12 sind sinngemäß anzuwenden.

(2) Im übrigen bleibt die Behandlung technischer Verbesserungsvorschläge der Regelung durch Tarifvertrag oder Betriebsvereinbarung überlassen.

Ausland: Tschech. Rep.: §§ 72–74 PatG; **Türkei:** Art 33 VO 551

Übersicht

Schrifttum: *Allgaier* Beamtenrecht und Betriebliches Vorschlagswesen, DÖD 2006, 123; *Anic* Ideenmanagement, Diss Oldenburg 2001; *Bächle* Schwachstellen im Betrieblichen Vorschlagswesen, DB 1984, 1333; *Becher* Verbesserungsvorschlag und arbeitsrechtliches Sonderleistungsprinzip, BB 1993, 353; *Bengelsdorf* Berücksichtigung von Vergütungen für Arbeitnehmererfindungen und Verbesserungsvorschläge bei der Karenzentschädigung gemäß § 74 Abs 2 HGB? DB 1989, 1024; *Bontrup* Ideenmangagement: Motor für mehr Kontaktfähigkeit, AuA 2001, 436; *Brachmann/Menzel* Modernes Ideenmanagement, AuA 2014, 632; *A. Brandi-Dohrn* Urheberrechtlicher Vergütungsanspruch des Arbeitnehmers, CR 2002, 252; *Brandner* Zur Rechtsstellung eines angestellten Programmierers, GRUR 2001, 883; *Buchner* Die Vergütung für Sonderleistungen des Arbeitnehmers – ein Problem der Äquivalenz der im Arbeitsverhältnis zu erbringenden Leistungen, GRUR 1985, 1; *Danner* Arbeitnehmererfindergesetz, technischer Verbesserungsvorschlag und betriebliches Vorschlagswesen, GRUR 1984, 565; *Dörner* Zum „qualifizierten" technischen Verbesserungsvorschlag, GRUR 1963, 72; *Eck* Der erfundene Verbesserungsvorschlag: Konsequenzen einer Meldung desselben Gegenstandes als technischer Verbesserungsvorschlag sowie als Diensterfindung, Mitt 2009, 367; *Einsele* Abgrenzung Verbesserungsvorschlag zur Erfindung, Betriebliches Vorschlagswesen 1989, 178; *Einsele* Spannungsfeld Verbesserungsvorschläge – Erfindungen im Erfindungsumfeld 200x, FS K. Bartenbach (2005), 89; *Emmert* Technische Verbesserungsvorschläge von Arbeitnehmern in arbeitsrechtlicher Sicht, Diss Bielefeld 1982; *Fiedler-Winter* Das betriebliche Vorschlagswesen im Zeitalter der Mitbestimmung, Arbeit und Sozialpolitik 1984, 18; *Fischer* Ideenmanagement: neuere Entwicklungen und Perspektiven, AiB 2001, 262; *Friemel* Die Betriebsvereinbarung über Arbeitnehmererfindungen und technische Verbesserungsvorschläge, 2004, zugl Diss Leipzig; *Ganz* Verbesserungsvorschläge im Betrieb: eine soziologische Untersuchung über das betriebliche Vorschlagswesen in zwei Industriebetrieben, Diss Mannheim 1962; *Gaugenrieder/Unger-Hellmich* Know-how-Schutz: Genen mit dem Mitarbeiter auch die Unternehmensgeheimnisse, WRP 2011, 1364; *Gaul* Der Verbesserungsvorschlag in seiner Abgrenzung zur Arbeitnehmererfindung, BB 1983, 1357; *Gaul* Gemeinsamkeiten und Unterschiede von schutzwürdigen Erfindungen und Verbesserungsvorschlägen, GRUR 1984, 713; *Gaul* Die Durchsetzung des Schutzes eines betriebsgeheimen Know-how, WRP 1988, 215; *Gaul* Verbesserungsvorschlag und arbeitsrechtliches Sonderleistungsprinzip, BB 1992, 1710; *Gaul/Bartenbach* Arbeitnehmererfindung und Verbesserungsvorschlag[2], 1972; *Gaul/Bartenbach* Individualrechtliche Rechtsprobleme betrieblicher Verbesserungsvorschläge, DB 1978, 1161; *Gaul/Bartenbach* Die kollektivrechtliche Ordnung des betrieblichen Vorschlagswesens, DB 1980, 1843; *Gaul/Bartenbach* Betriebliche Regelungen des Verbesserungsvorschlagswesens, 1984; *Grabinski* Anmerkungen zum Vergütungsanspruch für technische Verbesserungsvorschläge nach § 20 I ArbErfG, GRUR 2001, 922; *Grunert* Arbeitnehmererfindung in der technischen Grauzone zwischen Patent- und Urheberrecht, Mitt 2001, 234; *Hagen* Über technische Verbesserungsvorschläge, GRUR 1959, 163; *Haberkorn* Bedeutung und Aufbau des betrieblichen Vorschlagswesens, BlfStSozARbr 1970, 27; *Halbach* Die Pflicht zur Mitteilung von technischen Verbesserungsvorschlägen, AuR 1960, 371; *Hartung* Die Vergütung der Verbesserungsvorschläge, Diss Köln 1979; *Heilmann/Taeger* Praktische Rechtsfragen des Arbeitnehmererfindungsrechts, BB 1990, 1969; *Herschel* Zum Mitbestimmungsrecht des Betriebsrats bei der Regelung der Grundsätze für ein betriebliches Vorschlagswesen, AP Nr 1 zu § 87 BetrVG 1972 Vorschlagswesen; *Holzmann* Einführung eines Vorschlagswesens bei den Sozialversicherungsträgern, ZfS 1980, 200; *Hubmann* Das Recht am Arbeitsergebnis, FS A. Hueck (1959), 43; *Kather* Arbeitgeberwechsel von Know-how-Trägern, VPP-Rdbr 2005, 108; *Krafft* Das betriebliche Vorschlagswesen als Gruppenaufgabe und Gruppenproblem, 1966; *Krause* Der Schutz des Know-how nach deutschem Recht, GRUR 1970, 587; *Krause* Grundlagen des zivilrechtlichen Schutzes von Geschäfts- und Betriebsgeheimnissen sowie von Know-how, GRUR 1977, 177; *Krauss* Das betriebliche Vorschlagswesen aus rechtlicher Sicht, 1977; *Kumm* Systematische Kennzeichnung der schutzfähigen und der nicht schutzfähigen Erfindungen, GRUR 1967, 621; *Lindenmaier* Definition der technischen Verbesserungsvorschläge, RdA 1957, 1218; *Martin* Die arbeitsrechtliche Behandlung betrieblicher Verbesserungsvorschläge unter Berücksichtigung immaterialgüterrechtlicher Grundlagen, Diss Trier 2002; *May* Der Verbesserungsvorschlag als Erfindungsmeldung, BB 1960, 628; *Melullis* Zum Verhältnis von Erfindung und technischem Verbesserungsvorschlag nach dem Arbeitnehmererfindergesetz, GRUR 2001, 684; *Mönig* Der technische Verbesserungsvorschlag iSd § 20 Abs 1 ArbEG, GRUR 1972, 518; *Rieble/Gistel* Ideenmanagement und betriebliche Mitbestimmung; DB 2005, 1382; *Rinkler* Wetterführungspläne II, MMR 2002, 102; *Röpke* Arbeitsrechtliche Verpflichtungen bei Verbesserungsvorschlägen, DB 1962, 369, 406; *Salger/Breitfeld* Regelungen zum Schutz von betrieblichem Know-how, BB 2005, 154; *Schade* Arbeitnehmererfindungsgesetz und betriebliches Vorschlagswesen, VDI-Zeitschr 1961, 49; *Schickedanz* Zur Frage der Vergütung von Arbeitnehmererfindungen und technischen Verbesserungsvorschlägen, DB Beilage 1975 Nr 4, 1; *Schoden* Die Beteiligungsrechte des Betriebsrats beim betrieblichen Vorschlagswesen, AuR 1980, 73; *Schoden* Das Recht der Arbeitnehmererfindung und des betrieblichen Verbesserungsvorschlagswesens, BetrR 1987, 119; *Schoden* Betriebliche Arbeitnehmererfindung und betriebliches Vorschlagswesen, 1995; *Schricker* Zum Verhältnis von ArbnErfG und UrhG, EWiR 2002, 319; *Schultz-Süchting* Der technische Verbesserungsvorschlag im System des ArbEG, GRUR 1973, 293; *Schwab* Das betriebliche Vorschlagswesen, AR-Blattei (D) Vorschlagswesen I; *Schwab* Betriebsrat und betriebliches Vorschlagswesen, AiB 1999, 445; *Schwab* Betriebliches Vorschlagswesen – Voraussetzungen und Umfang gerichtlicher Nachprüfung paritätischer Kommissionen, AiB 2004, 562; *Schwab* Betriebsrat und betriebliches Ideenmanagement, AiB 2007, 520; *Schwab* Der Arbeitnehmer als Vorschlageinreicher, NZA-RR 2015, 225; *Troidl* Technische Verbesserungsvorschläge, BB 1974, 468; *Voigt* Zum „technischen Verbesserungsvorschlag" nach dem Gesetz über Arbeitnehmererfindungen, BB 1969, 1310; *Volmer* Das Wesen der Erfindung und der technischen Verbesserungsvorschläge, RdA 1957, 166; *Volmer* Zur Problematik des technischen Verbesserungsvorschlags, BB 1960, 1332; *Westermann* Handbuch Know-how-Schutz, 2007; *Wollwert* Ideenmanagement im Konzern, NZA 2012, 889; *Wrieske* Die Organisation des betrieblichen Vorschlagswesens, DB 1971, 2028

A. Allgemeines; qualifizierter und einfacher Verbesserungsvorschlag

Der RefE ArbEGÄndG sah vor, die Bestimmung aufzuheben, während sie das PatRVereinfModG unangetastet lässt. **1**

Technische Verbesserungsvorschläge betreffen nach der Legaldefinition in § 3 nicht patent- und **2** gbm-fähige technische Neuerungen. Abs 1 betrifft den „qualifizierten", Abs 2 den „einfachen" Verbesserungsvorschlag; letzterer unterliegt nicht den Regelungen des ArbEG, auch eine Zuständigkeit der SstA ist nicht begründet.[1] Zu den Voraussetzungen s die Kommentierung zu § 3. Eine besondere Leistung des ArbN, insb eine Leistung schöpferischer Art, die über die übliche Arbeitsleistung hinausgeht und eine echte Sonderleistung darstellt, ist auch ohne besondere Vereinbarung nach Treu und Glauben zusätzlich zu vergüten, wenn sie dem ArbGb einen nicht unerheblichen Vorteil bringt. Auch hier ist wie im Fall des Abs 1 Anspruchsvoraussetzung die Verwertung der Sonderleistung durch den ArbGb.[2]

Ob der Verbesserungsvorschlag einen **Auffangtatbestand** gegenüber der patentfähigen Erfindung **3** bildet, ist str.[3] Verschiedentlich wird ein Stufenverhältnis zwischen beiden Instituten angenommen.[4] Die Rspr billigt den Anspruch auch zu, wenn der Erfindungscharakter nicht erkannt und die Neuerung bestimmungsgem als Arbeitsergebnis in Benutzung genommen wurde;[5] ebenso bei einer Erfindung, deren technischer Charakter zwh war;[6] anders allerdings, wenn die Vorzugsstellung auf sonderrechtl Schutz beruht.[7] Nach Erfindungsmeldung und Anmeldung zum Schutzrecht durch den ArbGb kommt eine Vergütung nach § 20 nicht in Betracht, es sei denn, dass Verwertung einverständlich als Verbesserungsvorschlag erfolgt.[8]

---

1 Kr zur Regelung *Hellebrand* VPP-Rdbr 1999, 34, 37.
2 BAGE 17, 151 = GRUR 1966, 88 Abdampfverwertung.
3 Bejahend wohl *Melullis* GRUR 2001, 684; verneinend *Grabinski* GRUR 2001, 922, 925.
4 Vgl *Schultz-Süchting* GRUR 1973, 293, 299.
5 OLG Braunschweig 17.7.1997 2 U 6/97; vgl auch SstA 25.1.1994 ArbErf 139/92; SstA 26.2.1997 ArbErf 56/95.
6 OLG Düsseldorf WRP 1998, 1202, 1208ff; offengelassen in BGH GRUR 2002, 149 Wetterführungspläne II.
7 BGH Wetterführungspläne II: § 69c UrhG; vgl BGH GRUR 2001, 155 Wetterführungspläne I.
8 BGHZ 185, 341 = GRUR 2010, 817, 821 Steuervorrichtung in Abgrenzung zu BGH GRUR 1964, 449, 452 Drehstromwicklung; *Bartenbach/Volz* Rn 9.

4   Hat der ArbGb die Diensterfindung ausdrücklich **freigegeben** (weil er sie nicht für schutzfähig hielt), ist auch dann keine Vergütung gem Abs 1 zu zahlen, wenn er nach ihrer Lehre der arbeitet und der ArbN seinerseits die Erfindung nicht zum Patent angemeldet hat und nicht verwertet.[9]

B. Vorzugsstellung

5   Der Vergütungsanspruch setzt voraus, dass der Vorschlag dem ArbGb die tatsächliche Möglichkeit bietet, den Gegenstand des Vorschlags unter Ausschluss der Mitbewerber allein zu verwerten.[10] Dies ist nur der Fall, wenn die Verbesserung von Dritten nicht nachgeahmt werden kann.[11] Sie darf nicht vorher Allgemeingut der Technik gewesen sein;[12] nur insoweit ist am allg StdT zu messen[13] (vgl Rn 4 zu § 3). Monopolstellung des ArbGb steht einer Vorzugsstellung nicht ohne weiteres entgegen.[14] Die Vorzugsstellung muss von einer gewissen Beständigkeit sein.[15] Zwischen Verbesserungsvorschlag und ihr muss ein ursächlicher Zusammenhang bestehen.[16]

C. Verwertung

6   Einen Verbesserungsvorschlag darf der ArbGb auch ohne förmliche Inanspruchnahme verwerten.[17] Die Verwertung steht grds im Belieben des ArbGb.[18] Dieser ist lediglich durch das Gebot der guten Sitten und das Verbot von Rechtsmissbrauch und Willkür begrenzt.[19] Wird die Lehre später nochmals als Erfindung gemeldet und als solche frei, bleibt das Benutzungsrecht des ArbGb jedenfalls dann bestehen, wenn der Verbesserungsvorschlag eingeführt und prämiert worden ist.[20] Vorschlag und Ausführungsform müssen derart übereinstimmen, dass ungeachtet der Einzelheiten der Kerngedanke des Vorschlags aufgegriffen und dessen Lösungsweg eingehalten werden.[21]

D. Vergütung

7   Der Anspruch nach Abs 1 setzt das Vorliegen eines Verbesserungsvorschlags iSd § 3, das Bestehen einer Vorzugsstellung iSd Abs 1 und Verwertung durch den ArbGb voraus. Über die Mitteilung des Verbesserungsvorschlags[22] hinaus kommt es auf Meldung oder Inanspruchnahme nicht an.[23] Verwertung unter Ausschluss der Mitbewerber kommt schon bei lediglich betriebsinterner Nutzung in Betracht; Offenkundigwerden ist erst ex tunc schädlich, vermeidbare Preisgabe kann treuwidrig sein.[24] Die Vergütung steht

9   SstA BlPMZ 1983, 107.
10   BGH GRUR 1969, 341, 343 Räumzange; VGH München Mitt 1984, 95, 97; *Bartenbach/Volz* Rn 12; *Reimer/Schade/Schippel* Rn 3; *Schultz-Süchting* GRUR 1973, 293, 300 f; *Hesse* Züchtungen und Entdeckungen neuer Pflanzensorten durch Arbeitnehmer, GRUR 1980, 404, 408.
11   Vgl OLG Düsseldorf WRP 1998, 1202, 1211.
12   SstA BlPMZ 1963, 75.
13   *Schippel* (Anm) GRUR 1963, 523.
14   Vgl OLG Braunschweig 17.7.1997 2 U 6/97; *Volmer* Rn 18 f; aA für den Fall, dass keine Wettbewerber vorhanden sind, *Bartenbach/Volz* Rn 23; *Volmer/Gaul* Rn 32.
15   BGH Räumzange; *Bartenbach/Volz* Rn 18; OLG Braunschweig 17.7.1997 2 U 6/97: bei zwei Jahren „bei weitem erreicht"; zur Frage der schutzrechtähnlichen Vorzugsstellung und eines allg Vorschlagsgedankens SstA BlPMZ 1979, 184.
16   *Reimer/Schade/Schippel* Rn 9; *Volmer/Gaul* Rn 26, 32; *Grabinski* GRUR 2001, 922, 925 f; tendenziell strenger *Bartenbach/Volz* Rn 22.
17   BGH GRUR 1964, 449, 452 Drehstromwicklung.
18   BAGE 17, 151 = GRUR 1966, 88 Abdampfverwertung; BAGE 35, 205 = DB 1981, 1882 f; BAGE 38, 148 = DB 1982, 1468, 1470; LAG München ABl bayer Arbeitsministerium 1971, C 35; LAG Düsseldorf EGR Nr 10 zu § 20 ArbEG; ArbG Heilbronn DB 1987, 541; *Bartenbach/Volz* Rn 31.
19   BAG Abdampfverwertung.
20   SstA 2.2.1999 ArbErf 43/97; SstA 7.10.1999 ArbErf 43/98.
21   OLG Braunschweig 17.7.1997 2 U 6/97, Sachverhalt referiert bei *Grabinski* GRUR 2001, 922 f; vgl *Bartenbach/Volz* Rn 30.
22   Vgl *Bartenbach/Volz* Rn 24.
23   OLG Braunschweig 17.7.1997 2 U 6/97; OLG Düsseldorf WRP 1998, 1202, 1208.
24   OLG Braunschweig 17.7.1997 2 U 6/97.

dem ArbN mithin nur zu, wenn der ArbGb den Vorschlag verwertet hat.[25] Nach der Praxis der SstA muss dies mit Billigung der Geschäftsleitung geschehen.[26] Verwertung kann auch durch Lohnfertigung und Weitergabe von know-how erfolgen.[27] Prüfung und Erprobung des Vorschlags genügen nicht.[28] Ist Gegenstand des Vorschlags eine technische Einrichtung, die zunächst tatsächlich angefertigt und erprobt wird, ist der Zustand der Verwertung erst erreicht, wenn die Einrichtung in ihrem Gebrauch den nach ihrem Zweck allg an sie zu stellenden Anforderungen, mindestens aber den Anforderungen entspricht, die die Vertragsparteien in Aussicht genommen haben, und daraufhin weiter verwendet wird. Ein Vergütungsanspruch kann sich aus einer Mitwirkung an einem technischen Verbesserungsvorschlag ergeben, an dem andere beteiligt sind, wenn das Gesamtergebnis der Entwicklungen den Anforderungen des Abs 1 genügt und der Anspruchsteller hierzu einen wesentlichen Beitrag geleistet hat. Es ist nicht erforderlich, dass die vom Anspruchsteller zunächst allein entwickelte Lösung schon einen qualifizierten Verbesserungsvorschlag darstellte.[29] Im Einzelfall kann die Geltendmachung des Vergütungsanspruchs unzulässige Rechtsausübung sein.[30] Tarifliche Ausschlussfristen sind zu beachten.[31] Aber auch die Berufung auf sie seitens des ArbGb kann treuwidrig sein.[32] Bei einem Verbesserungsvorschlag einerseits und einer ArbNErfindung andererseits macht der ArbGb von Leistungen des ArbN Gebrauch, die hinsichtlich ihres Inhalts, der dem ArbGb vermittelten Vorteile und/oder Rechtsposition wie auch hinsichtlich der Bewertungsmethode der dafür dem ArbN geschuldeten besonderen Prämie und Vergütung so unterschiedlich sind, dass eine Verrechnung einer Prämie nach dem betrieblichen Verbesserungsvorschlagswesen mit einer Diensterfindungsvergütung ausgeschlossen ist.[33] Verrechnung kann im Rahmen der Vertragsfreiheit aber im Rahmen der §§ 22, 23 vereinbart werden.[34] Wegen der rechtssystematischen Unterschiede zwischen Verbesserungsvorschlag und Erfindung schließt bei identischer Benutzungslage die Prämierung eines Verbesserungsvorschlags eine Vergütung der gleichen technischen Lehre aufgrund einer nachfolgenden Meldung als Erfindung aus.[35]

Zur **Höhe der Vergütung** s VergRl 29. Der Anspruch ist auf angemessene Vergütung gerichtet (Abs 1 **8** Satz 1). Zugrunde zu legen ist der tatsächliche Verwertungsumfang als wirtschaftliche Bezugsgröße einschließlich der Verwertung im Ausland.[36] Der Erfindungswert ist grds nach allg Grundsätzen zu berechnen.[37] Fehlender Wettbewerb auf dem fraglichen Markt steht dem Vergütungsanspruch nicht entgegen.[38] Die Prämie für den Verbesserungsvorschlag ist Arbeitsentgelt iSd § 14 Abs 1 SGB IV (vgl Rn 10 vor § 9).[39]

Fälligkeit des Vergütungsanspruchs tritt entspr § 12 Abs 1, 3 ein.[40] **9**

Dauer. Der Vergütungsanspruch besteht grds, solange die tatsächliche Verwertung anhält und die **10** schutzrechtsähnliche Vorzugsstellung fortbesteht, jedoch höchstens auf die maximale Patentlaufzeit,[41] ggf ergänzt um die Dauer eines ergänzenden Schutzzertifikats. Zur Geheimhaltung Rn 13.

Ein **Vergütungsanspruch** besteht **bei „einfachen" Verbesserungsvorschlägen** nach Maßgabe einer Betriebsvereinbarung (Rn 15 ff), ansonsten bei Vorliegen einer Sonderleistung des ArbN.[42] **11**

25 BGH GRUR 1969, 341, 344 Räumzange; BAG GRUR 1966, 88 Abdampfverwertung; OLG Frankfurt BB 1967, 353; LAG München ABl bay Arbeitsministerium 1971, C 35; *Bartenbach/Volz* Rn 25.
26 *Bartenbach/Volz* Rn 25 unter Hinweis auf SstA 6.8.1979 ArbErf 64/78.
27 *Bartenbach/Volz* Rn 27.
28 *Bartenbach/Volz* Rn 28.
29 BGH Räumzange.
30 BAG 18.11.2003 9 AZR 173/03.
31 BAG NZA-RR 2008, 525; LAG Kiel 28.2.2001 2 Sa 549/00 und 2 Sa 550/00.
32 LAG Mainz AR-Blattei ES 1760 Nr 9.
33 SstA 9.12.2008 ArbErf 19/08; vgl SstA 17.4.2007 ArbErf 7/06.
34 SstA 17.4.2007 ArbErf 7/06.
35 SstA 2.11.1999 ArbErf 43/97; SstA 22.10.2004 ArbErf 79/02; SstA 10.11.2005 ArbErf 93/04; SstA 21.6.2006 ArbErf 38/05.
36 *Bartenbach/Volz* Rn 40.
37 Vgl *Bartenbach/Volz* Rn 41 ff; zum Anteilsfaktor *Bartenbach/Volz* Rn 47.
38 OLG Braunschweig 17.7.1997 2 U 6/97.
39 BSG MDR 1998, 975 Filter mit einem Verschlussstopfen.
40 *Bartenbach/Volz* Rn 32.
41 *Bartenbach/Volz* Rn 33.
42 BAG GRUR 1966, 88 Abdampfverwertung; *Bartenbach/Volz* Rn 60 ff mwN und Hinweis zum Streitstand.

E. Mitteilungspflicht

12   Das ArbEG äußert sich nicht zur Form der Mitteilung. Diese kann durch Tarifvertrag, Betriebsvereinbarung oder einzelvertraglich geregelt werden. Ist danach Schriftform vorgeschrieben, gilt sie idR auch für qualifizierte Verbesserungsvorschläge nach Abs 1.[43] Verstoß gegen Formvorschriften sieht die SstA als unschädlich an, wenn die Lehre nicht als technisch erkannt worden war.[44] Nach Ansicht der SstA ist dem ArbGb ein als qualifiziert betrachteter Verbesserungsvorschlag inhaltlich so konkret zu unterbreiten, dass er beurteilen kann, ob es unter den gegebenen technischen, betriebswirtschaftlichen und wettbewerblichen Verhältnissen sinnvoll ist, ihn zu nutzen und damit die besondere Vergütungspflicht einzugehen. Der ArbGb muss daher den qualifizierten Verbesserungsvorschlag nach Art einer Erfindungsmeldung als genügend konkrete Darstellung einer genau umrissenen, erfindungsähnlichen einheitlichen technischen Aufgabe und Lösung begreifen können. Der Vorschlag muss weiterhin eine so weit über den allg zugänglichen StdT hinausgehende technische Qualität aufweisen, dass seine Ausführung dem ArbGb gegenüber dem Wettbewerb eine technisch begründete, monopolähnliche wirtschaftliche Vorzugsstellung verschaffen kann. Schließlich muss der ArbN unmissverständlich deutlich machen, dass er aufgrund dieser besonderen Qualität dafür eine von seinem Arbeitslohn gesonderte Vergütung erwartet.[45] Eine Pflicht des ArbGb, Verbesserungsvorschläge auf ihre Schutzfähigkeit als Patent oder Gebrauchsmuster zu prüfen, besteht ohne entspr betriebliche Übung nicht. Lediglich bei gegebenem Anlass hat der ArbGb die Meldung eines Verbesserungsvorschlags auf ihren sachlichen Gehalt nachzuprüfen und auf eine Berichtigung, ggf das Nachholen einer Erfindungsmeldung zu drängen.[46]

F. Geheimhaltung

13   Aus Abs 1 ist nicht die Verpflichtung des ArbGb herzuleiten, Verbesserungsvorschläge geheimzuhalten. Hierfür muss auf die Bedürfnisse des Betriebs abgestellt werden. Ein Bekanntwerden der Neuerung, das auf betrieblichen Erfordernissen beruht, muss der ArbN gegen sich gelten lassen.[47] Andererseits genügt es nicht, dass die Mitbewerber des ArbGb die Verbesserung trotz Kenntnis lediglich nicht anwenden. Eine mit Schwierigkeiten und Opfern verbundene Möglichkeit, die Verbesserung kennenzulernen, schließt das Bestehen einer schutzrechtsähnlichen Vorzugsstellung nicht aus.[48] Die Vorzugsstellung entfällt nicht schon dadurch, dass Zulieferer nach der Neuerung arbeiten. Der ArbGb muss diese zur Geheimhaltung verpflichten; andernfalls kann er sich auf den Verlust der Vorzugsstellung gem § 242 BGB gegenüber dem ArbN nicht berufen.[49]

14   **G. Die Beweislast** dafür, dass eine schutzrechtsähnliche Vorzugsstellung entstanden ist, trifft regelmäßig den ArbN;[50] der ArbGb hat das Nichtentstehen der Vorzugsstellung zu beweisen, wenn er sich auf einen besonderen Tatbestand beruft, der die Entstehung verhindern könnte. Die Beendigung einer einmal vorhandenen Vorzugsstellung hat der ArbGb zu beweisen.[51]

H. Verfahren

15   Bei „einfachen" Verbesserungsvorschlägen ist die Regelung den Tarifvertragsparteien oder einer Betriebsvereinbarung überlassen.[52] Der qualifizierte Verbesserungsvorschlag ist dagegen im Gesetz

---

43 SstA BlPMZ 1987, 209.
44 SstA 25.1.1994 ArbErf 139/92.
45 SstA 10.5.2001 ArbErf 18/99; SstA 14.2.2002 ArbErf 17/99; SstA 18.10.2002 ArbErf 93/00; vgl schon SstA 23.9.1996 ArbErf 2B/93; SstA 14.11.2000 ArbErf 13/97, bdkl.
46 SstA 28.2.2002 ArbErf 72/98.
47 BGH GRUR 1969, 341 Räumzange; SstA BlPMZ 1987, 133; *Bartenbach/Volz* Rn 35.
48 BGH Räumzange.
49 BGH GRUR 1964, 449 Drehstromwicklung; BGH Räumzange; vgl *Bartenbach/Volz* Rn 35.
50 Vgl BGH GRUR 1969, 341 Räumzange; *Bartenbach/Volz* Rn 37.
51 BGH Räumzange.
52 Vgl LAG Köln Mitt 2000, 72; SstA 25.7.1995 ArbErf 98/93.

abschließend geregelt und unterliegt deshalb nicht der Mitbestimmung, soweit die Vergütung betroffen ist.[53]

Das **Mitbestimmungsrecht** des Betriebsrats zur Regelung der Grundsätze für ein betriebliches Vor- **16** schlagswesen ist nicht davon abhängig, dass der ArbGb zuvor ein betriebliches Vorschlagswesen „errichtet" oder dafür Mittel bereitstellt. Der Betriebsrat hat ein Initiativrecht, sobald für eine allg Regelung ein Bedürfnis besteht. Grundsätze für ein betriebliches Vorschlagswesen umfassen auch Grundsätze für die Bemessung der Prämie. Vom Mitbestimmungsrecht ist jedoch nicht mehr eine Regelung gedeckt, nach der die Prämie einen bestimmten Prozentsatz des Nutzens des Verbesserungsvorschlags betragen müsse, oder dass der ArbGb auch für nicht verwertete Verbesserungsvorschläge eine Anerkennungsprämie zu zahlen hat.[54]

Die Betriebsparteien können zur verbindlichen Beurteilung der Verbesserungsvorschläge paritätisch **17** besetzte Kommissionen einrichten, deren Feststellungen und Bewertungen hinsichtlich Inhalt und Zustandekommen nur beschränkt gerichtlich überprüfbar sind, nämlich auf offensichtlich unrichtiges Ergebnis, grob unbilliges Zustandekommen, das auch bei lückenhafter Begründung in Betracht kommt, und Verstößen gegen die Betriebsvereinbarung.[55] Verfahrensverstöße eröffnen die volle gerichtliche Überprüfbarkeit; eine Zurückverweisung an die paritätische Kommission kommt idR nicht in Betracht.[56] Dabei handelt es sich um einen auch dem ArbN gegenüber wirkenden **Schiedsgutachtervertrag**.[57]

Kollektivrechtliche Regelungen (Tarifverträge) entfalten Sperrwirkung gegenüber Betriebsverein- **18** barungen.[58]

Die **gerichtliche Geltendmachung** von Ansprüchen aus Verbesserungsvorschlägen erfolgt vor den **19** Arbeitsgerichten (§ 2 Abs 1 Nr 3a, Abs 2a ArbGG).[59] Bei qualifizierten technischen Verbesserungsvorschlägen ist grds zunächst die SstA anzurufen (§§ 28 ff).[60]

4. Gemeinsame Bestimmungen

§ 21
Erfinderberater

[aufgehoben]

Schrifttum: *Gaul* Die Rechtsstellung des Erfinderberaters nach dem ArbEG, BB 1981, 1781; *Gaul* Einflußrechte des Betriebsrats bei Arbeitnehmererfindungen, AuR 1987, 359; *Pulte* Beteiligungsrechte des Betriebsrats außerhalb der Betriebsverfassung, NZA 2000, 234 und NZA-RR 2008, 113.

Das PatRVereinfModG hat die als überflüssig angesehene Bestimmung **aufgehoben**.[1] **1**

Die Bestellung von **Erfinderberatern** ist der freien Übereinkunft von ArbGb und Betriebsrat nach § 77 **2** Abs 1 BetrVerfG (im öffentlichen Dienst durch Dienstvereinbarung, zB nach § 73 BPersVG) überlassen.[2] Sinn ist die Bereitstellung eines neutralen und sachkundigen Betreuers.[3] Auswahl der Person wie Tragung der Kosten obliegen dem ArbGb. Mit der Bestellung des Erfinderberaters hat der einzelne ArbN einen Anspruch auf Beratung durch diesen.[4]

---

53 Vgl *Bartenbach/Volz* Rn 50 mwN.
54 BAGE 35, 205 = DB 1981, 1882.
55 BAGE 109, 193 = NZA 2004, 994; BAG 20.1.2004 9 AZR 23/03; vgl LAG Köln Mitt 2000, 72f; LAG Nürnberg AR-Blattei ES 1760 Nr 3; LAG Köln AR-Blattei ES 1760 Nr 6.
56 BAGE 109, 193 = NZA 2004, 994.
57 LAG Köln Mitt 2000, 72f.
58 *Bartenbach/Volz* Rn 54.
59 LAG Nürnberg AR-Blattei ES 1760 Nr 8; *Bartenbach/Volz* Rn 64.
60 *Bartenbach/Volz* Rn 63.

1 Begr RegE PatRVereinfModG S 52, BRDrs 757/08 = BlPMZ 2009, 307, 324.
2 *Bartenbach/Volz* Rn 7.
3 Begr BlPMZ 1957, 240.
4 *Bartenbach/Volz*[4] Rn 18.

3   Der Erfinderberater unterliegt der **Geheimhaltungspflicht** aus § 24.

4   Dem **Betriebsrat** (Personalrat) können in Zusammenhang mit dem ArbEG weitere Rechte zustehen.[5]

§ 22
Unabdingbarkeit

[1]**Die Vorschriften dieses Gesetzes können zuungunsten des Arbeitnehmers nicht abgedungen werden.** [2]**Zulässig sind jedoch Vereinbarungen über Diensterfindungen nach ihrer Meldung, über freie Erfindungen und technische Verbesserungsvorschläge (§ 20 Abs. 1) nach ihrer Mitteilung.**

Ausland: Österreich: § 17 PatG; **Türkei:** Art 34 VO 551

Übersicht

A.	Grundsatz; Anwendungsbereich —— 1		C.	Ausnahme (Satz 2) —— 9
B.	Einzelheiten —— 5		D.	Rechtsfolgen —— 10

Schrifttum: *A. Bartenbach-Fock/K. Bartenbach* Zielvereinbarungen im gewerblichen Rechtsschutz, FS U. Eisenhardt (2007), 185; *Bartenbach/Volz* Schuldrechtsreform und Arbeitnehmererfindungsrecht, FS W. Tilmann (2003), 431; *Bauer* Chancen und Risiken von Ausgleichsklauseln in arbeitsrechtlichen Aufhebungs- und Abwicklungsverträgen, FS K. Bartenbach (2004), 607; *Beyerlein* Umgehungsgeschäfte beim Gesetz über Arbeitnehmererfindungen (ArbEG) durch Vereinbarungen zwischen Arbeitnehmer und Dritten unter besonderer Berücksichtigung der Hochschulkooperationsverträge, Mitt 2005, 152; *Franke* Der lange Weg zur Reform des ArbEG und alternative Incentive-Systeme der Industrie, FS K. Bartenbach/2005), 127; *Franke/Steiling* Novellierung des ArbEG – Kein Ende in Sicht. Die Industrie reagiert mit Incentive-Systemen, FS 50 Jahre VPP (2005), 282; *Franke/Steiling* Incentive- und Abkaufregelungen von Verpflichtungen aus dem Arbeitnehmererfindergesetz, VPP-Rdbr 2005, 89; *Haupt* Die Unabdingbarkeit im ArbEG, GRUR 1956, 405; *Hohagen/Burghart* Incentive-Systeme für Arbeitnehmererfindungen in der betrieblichen Praxis, ArbR 2014, 429; *Karl* Die Unabdingbarkeit im ArbEG, GRUR 1956, 51, 406; *Koch* Erfindungen aus Rüstungsentwicklungen, BB 1989, 1138; *Migsch* Der sogenannte Verzicht des Arbeitnehmers auf Ansprüche aus dem Arbeitsverhältnis, FS R. Strasser (1983), 255; *K. Tetzner* Pauschalabfindungsklauseln für Diensterfindungen in Anstellungsverträgen, Mitt 1962, 194; *V. Tetzner* Die Pauschalabfindung für Diensterfindungen, BB 1963, 649; *Trimborn* Pauschalvergütungssysteme für Arbeitnehmererfindungen in Deutschland, Mitt 2006, 160; *Trimborn* Aktuelle Entwicklungen im Arbeitnehmererfindungsrecht: Aktuelles zu Rechteabkaufvereinbarungen, Pauschalvergütungssystemen und Vergütungsrichtlinien im Mittelstand und (internationalen) Konzernen, Mitt 2015, 116, 308.

A. Grundsatz; Anwendungsbereich

1   Die Bestimmung bringt den Schutzcharakter des ArbEG zugunsten des ArbN dadurch zum Ausdruck, dass sie seine Regelungen einseitig zwingend ausgestaltet; zulässig sind Regelungen, die die Stellung des ArbN gegenüber der gesetzlichen verbessern.[1] Die Wirkung der Regelung endet grds nicht mit dem Arbeitsverhältnis.[2]

2   **Reform.** Der RefE ArbEGÄndG sah anders als das PatRVereinfModG, das die Bestimmung unverändert gelassen hat, vor, aus Satz 2 die Regelung über Verbesserungsvorschläge herauszunehmen.

3   **Anwendungsbereich.** Erfasst ist der gesamte Regelungsbereich des ArbEG, aber auch nur dieser, deshalb sind es nicht die VergRl als solche,[3] auch nicht Erfindungen außerhalb des ArbEG und einfache technische Verbesserungsvorschläge.[4] Die Regelung gilt nicht nur für Individualvereinbarungen, sondern auch für Kollektivregelungen[5] und grds für allg Anordnungen im öffentlichen Dienst (s allerdings § 40 Nr 3 zu Verwertungsbeschränkungen).[6] Betroffen sind insb Anreizsysteme (Incentive-Syteme; Rn 4).

---

5   *Gaul* AuR 1987, 359; *Bartenbach/Volz*[4] Anh zu §§ 20, 21.

1   BGH 10.7.1959 I ZR 73/58: Zubilligung höherer Vergütung; vgl LG Düsseldorf EGR Nr 5 zu § 22 ArbEG.
2   Vgl ÖOGH 27.11.1984 4 Ob 34/84, zu § 17 öPatG.
3   *Bartenbach/Volz* Rn 12.
4   *Bartenbach/Volz* Rn 14.
5   Vgl BAG BB 1979, 1605 Rauchgasreinigungsanlage; SstA BlPMZ 1969, 23, SstA BlPMZ 1979, 184 f; *Bartenbach/Volz* Rn 7.
6   *Bartenbach/Volz* Rn 8.

In der Praxis sind insb bei größeren Unternehmen sog **Incentive-Systeme** (Anreizprogramme) ver- **4** breitet, bei denen dem Erfinder die Rechte an der Erfindung nach der Erfindungsmeldung gegen Prämien- und Pauschalzahlungen abgekauft werden.[7] Dies führt iZw nicht dazu, dass die Ansprüche des ArbN abgegolten werden.[8] Mit der Incentive-Regelung wird vielfach der Abkauf bestimmter Formalpflichten des ArbGb, zB nach §§ 13, 14 und 16, verbunden; dies erfordert die Zahlung eines mrktüblichen Geldausgleichs.[9] Ungeklärt ist, ob solche Vorgaben an den Regeln zu Inhaltskontrolle (§§ 307–309 BGB) zu messen sind.[10] Jedoch muss die auf ihrer Grundlage zustandegekommene Vereinbarung an den §§ 305b, 305c und 306a BGB iVm § 306 BGB gemessen werden.[11]

B. Einzelheiten

Der Verstoß gegen § 22 beurteilt sich danach, ob die Regelung **objektiv** die Stellung des ArbN zu ver- **5** schlechtern geeignet ist und nicht, ob sie im Einzelfall für ihn günstig ist.[12] Eine innerbetriebliche Vergütungssystematik, die sich am Gewinn orientiert, stellt eine massive Abweichung von den VergRl dar und kann insb im Verlustfall zu einer nicht angemessenen Vergütungsbemessung führen.[13]

Gehaltsabgeltungs- und **Pauschalabfindungsvereinbarungen** sind grds unzulässig.[14] Zahlung fes- **6** ter periodischer, bei Entstehen von Vergütungsansprüchen zu verrechnender Beträge ist zulässig.[15]

Bei **Zielvereinbarungen** der Arbeitsvertragsparteien sind die Schranken der §§ 23, 22 zu beachten.[16] **7**

Die **Verwendung von Formularen** und **Allgemeinen Geschäftsbedingungen** kann Schwierigkei- **8** ten bereiten.[17]

C. Ausnahme (Satz 2)

Abw Vereinbarungen sind zulässig, wenn sie zeitlich nach der Meldung der Diensterfindung oder Mit- **9** teilung der freien Erfindung oder des „qualifizierten" Verbesserungsvorschlags getroffen werden[18] (Satz 2). Das gilt auch dann, wenn sich der ArbGb so behandeln lassen muss, als sei die Meldung erfolgt, insb bei Schutzrechtsanmeldung durch den ArbGb.[19] Die Vereinbarung setzt nach allg Regeln Angebot und Annahme voraus.[20] Eine Übertragung der Rechte an einer Diensterfindung auf den ArbGb setzt idR einen Rechtsübertragungswillen der Beteiligten voraus, wobei es für die Annahme eines solchen Willens nicht ausreicht, dass die Beteiligten (unzutr) von einer gesetzlichen Zuordnung der Rechte an einer Diensterfin-

---

7 Vgl *Bartenbach/Volz* § 11 Rn 22; SstA 23.1.2008 ArbErf 13/07; SstA 15.1.2008 ArbErf 23/07; SstA 4.3.2010 ArbErf 59/08.

8 SstA 23.6.2005 ArbErf 26/04; *Bartenbach/Volz* § 11 Rn 24.

9 SstA 24.1.2006 ArbErf 2/05; SstA 21.3.2006 ArbErf 34/05, *Bartenbach7Volz* § 11 Rn 30; dort auch zur Höhe der Pauschalabfindung.

10 Verneinend *Bartenbach/Volz* FS W. Tilmann (2003), 431, 442 ff; *Bartenbach/Volz* § 11 Rn 29.

11 Vgl *Bartenbach* VPP-Rdbr 2005, 92 ff; *Bartenbach/Volz* § 11 Rn 29.

12 SstA BlPMZ 1973, 289; *Bartenbach/Volz* Rn 17, 18 ff; Einzelfälle im Grundsatz ausgeschlossener und zulässiger Regelungen bei *Bartenbach/Volz* Rn 26 f.

13 SstA 26.6.2003 ArbErf 46/01.

14 Vgl *Bartenbach/Volz* Rn 21; öOGH ÖBl 2010, 72 SO₂-Kompressor; zur Wirksamkeit einer im Anstellungsvertrag oder in späteren Vereinbarungen zwischen ArbGb und ArbN vereinbarten Abgeltung von Erfindervergütungen durch jährlich festzusetzende Pauschalvergütungen, wenn die unter Hinweis auf ihren Charakter als Erfindervergütung geleisteten jährlichen Abrechnungen jeweils vom ArbN vorbehaltlos genehmigt wurden, SstA BlPMZ 1971, 137.

15 SstA 3.2.1994 ArbErf 49/93.

16 Vgl A. *Bartenbach-Fock/K. Bartenbach* FS U. Eisenhardt (2007), 185.

17 Eingehend hierzu *Bartenbach/Volz* Rn 41 ff; *Bartenbach/Volz* FS W. Tilmann (2003), 431; *Volz* FS K. Bartenbach (2005), 199.

18 Vgl BGHZ 61, 153 = GRUR 1973, 649 Absperrventil: Pauschalabfindungsvereinbarung in einem Vergleich; vgl auch BGH GRUR 1963, 315 Pauschalabfindung; zur Behandlung des Falls, wenn der ArbGb auf andere Weise Kenntnis erlangt, *Bartenbach/Volz* Rn 40.

19 BGHZ 167, 118 = GRUR 2006, 754 Haftetikett; BGH GRUR 2011, 733 Initialidee; OLG Düsseldorf GRUR-RR 2004, 163; vgl *Scharen* VPP-Rdbr 2007, 155.

20 OLG Düsseldorf GRUR-RR 2004, 163.

dung zum ArbGb ausgehen.[21] Eine besondere Form ist nicht erforderlich.[22] Vereinbarung durch schlüssiges Verhalten ist möglich, muss sich aber nach außen erkennbar unzweideutig ergeben.[23] Gibt eine individuelle Vereinbarung nach Satz 2 genügend Anlass zu der Annahme, dass eine gemeldete Diensterfindung als Verbesserungsvorschlag aufgefasst und ggf vergütet werden soll, richtet sich eine Nutzungsvergütung nach den Regeln für betriebliche Verbesserungsvorschläge.[24] Insoweit greift allerdings der Billigkeitsvorbehalt des § 23 ein. In der betrieblichen Praxis verbreitet sind Vereinbarungen, nach denen die Anmelde- und Anbietungspflichten des ArbGb entfallen. Vereinbarungen, durch die ein ArbGb die Rechte eines ArbNErfinders nach den § 14 Abs 2, § 16 Abs 2 abkauft, sind zulässig, soweit sie nach der Erfindungsmeldung geschlossen werden.[25] Voraussetzung ist ein entspr Übertragungswille.[26] Möglich sind Vereinbarungen über die Übertragung der Diensterfindung auf den ArbGb, auch noch nach Ablauf der Frist zur Inanspruchnahme.[27] Wird ein schriftliches Angebot des ArbGb an den ArbN zur vertraglichen Überleitung der Rechte an der frei gewordenen Diensterfindung zwar nicht schriftlich angenommen, ist sich der ArbN nach Ablauf der Frist zur Inanspruchnahme aber bewusst, dass die Diensterfindung freigeworden ist, und erklärt er sich gleichwohl mit der nachträglichen Zuordnung der Diensterfindung zum ArbGb und ihrer Behandlung als Diensterfindung einverstanden, kommt die Übertragung der Erfindung rechtswirksam zustande; das Einverständnis mit der Übertragung der Rechte kann durch schlüssiges Handeln des ArbN erfolgen.[28] Schlägt der ArbGb unter Hinweis darauf, dass die Erfindung freigeworden sein könnte, vor, dass sich ArbGb und ArbN so stellen, wie sie stünden, wenn die Frist zur Inanspruchnahme noch nicht abgelaufen wäre und die Erfindung wieder uneingeschränkt den im ArbEG genannten Bindungen unterliege und dass er gleichzeitig die Erfindung unbeschränkt in Anspruch nehme, und erklärt sich der ArbN hiermit schriftlich einverstanden, hat der ArbGb die Rechte wirksam auf sich übergeleitet.[29]

D. Rechtsfolgen

10　　Der – objektive – Verstoß gegen Satz 1 führt zur Nichtigkeit, die jedoch nicht die gesamte Abrede erfassen muss.[30] Eine erneute Vereinbarung nach dem in Satz 2 vorgesehenen Zeitpunkt bleibt – mit Wirkung ex nunc – möglich.[31] Nimmt der ArbN ein vertragliches Übertragungsangebot an und kommt der ArbGb seiner Übertragungsverpflichtung nicht nach, sondern lizenziert er die Schutzrechte an einen Dritten, hat der ArbN gegen den ArbGb einen Anspruch auf Herausgabe der vom ArbGb erzielten Lizenzgebühr.[32]

§ 23
Unbilligkeit

(1) ¹Vereinbarungen über Diensterfindungen, freie Erfindungen oder technische Verbesserungsvorschläge (§ 20 Abs. 1), die nach diesem Gesetz zulässig sind, sind unwirksam, soweit sie in erheblichem Maße unbillig sind. ²Das gleiche gilt für die Festsetzung der Vergütung (§ 12 Abs. 4).

(2) Auf die Unbilligkeit einer Vereinbarung oder einer Festsetzung der Vergütung können sich Arbeitgeber und Arbeitnehmer nur berufen, wenn sie die Unbilligkeit spätestens bis zum Ablauf

---

21 OLG Düsseldorf GRUR-RR 2004, 163, OLG Düsseldorf Mitt 2004, 418, aA SstA BlPMZ 1986, 205, 207; BlPMZ 1986, 207 f.
22 LG Düsseldorf EGR Nr 4 zu § 22 ArbEG; vgl SstA BlPMZ 1973, 290, 291.
23 OLG Düsseldorf GRUR-RR 2004, 163, 167 (in der Revisionsentscheidung BGH Haftetikett nicht beanstandet); vgl OLG Karlsruhe GRUR 1984, 42, 44; LG Düsseldorf Mitt 2000, 363.
24 SstA 20.3.2003 ArbErf 65/01 Mitt 2003, 559 Ls.
25 SstA BlPMZ 1989, 289.
26 LG Düsseldorf InstGE 5, 100.
27 OLG Düsseldorf GRUR-RR 2004, 163.
28 SstA 9.12.2008 ArbErf 19/08.
29 SstA 18.11.2008 ArbErf 31/07.
30 AllgM, vgl SstA BlPMZ 1969, 23, 26; *Bartenbach/Volz* Rn 28.
31 *Bartenbach/Volz* Rn 32.
32 SstA 18.11.2008 ArbErf 31/07.

von sechs Monaten nach Beendigung des Arbeitsverhältnisses durch Erklärung in Textform gegenüber dem anderen Teil geltend machen.

Ausland: Österreich: § 10 PatG; **Polen:** Art 23 RgE 2000; **Türkei:** Art 35 VO 551

Schrifttum: *Friemel* Die Betriebsvereinbarung über Arbeitnehmererfindungen und technische Verbesserungsvorschläge, Diss Leipzig 2004; *Rosenberger* Kriterien für den Erfindungswert, erhebliche Unbilligkeit von Vergütungsvereinbarungen, Vergütung bei zu enger Fassung von Schutzansprüchen, GRUR 1990, 238; *Volz* Zur Unbilligkeit im Sinne des § 23 ArbEG, FS K. Bartenbach (2005), 199; *von Hoyningen-Huene* Die Billigkeit im Arbeitsrecht, 1978.

A. Allgemeines

§ 23 ergänzt in erster Linie die Regelung in § 22 Satz 2, ist aber generalklauselartig formuliert.[1] **1**

Entstehungsgeschichte. Der RefE ArbEGÄndG sah vor, in Abs 1 Satz 1 die Worte „Diensterfindungen, **2** freie Erfindungen oder technische Verbesserungsvorschläge (§ 20 Abs. 1)" durch „Diensterfindungen oder freie Erfindungen" zu ersetzen, Abs 1 Satz 2 zu streichen und in Abs 2 die Worte „oder einer Festsetzung der Vergütung" zu streichen. Das PatRVereinfModG vom 31.7.2009 hat in Abs 2 die Wörter „schriftliche Erklärung" durch „Erklärung in Textform" ersetzt.

Anwendungsbereich. Die zwingende[2] Bestimmung betrifft alle Arten zulässiger Vereinbarungen **3** über Diensterfindungen, freie Erfindungen und „qualifizierte" (nicht „einfache") technische Verbesserungsvorschläge, soweit sie nach dem Gesetz zulässig sind,[3] auch zulässige Kollektivregelungen.[4]

Erfasst ist nach Abs 1 Satz 2 die (verbindliche) **einseitige Festsetzung** der Vergütung (§ 12 Abs 4). **4**

Die Regelung muss das **Verhältnis Arbeitnehmer – Arbeitgeber** betreffen. Nicht erfasst werden **5** Vereinbarungen zwischen Miterfindern[5] und solche zwischen dem ArbGb und Dritten;[6] anders, wenn der ArbGb am Zustandekommen der Vereinbarung unter den Miterfindern mitgewirkt oder auf die Höhe der Anteile Einfluss genommen hat.[7]

Zeitliche Anwendbarkeit. Nicht erfasst sind Vereinbarungen vor Abschluss des Arbeitsvertrags oder **6** nach Beendigung des Arbeitsverhältnisses.[8] Auf Erfindungen in Beitrittsgebiet (ehem DDR) vor deren Beitritt ist die Bestimmung nicht anwendbar.[9]

B. Unbilligkeit iSd Bestimmung setzt als unbestimmter Rechtsbegriff[10] objektiv ein erhebliches Miss- **7** verhältnis zwischen der gesetzlich und nach den VergRl geschuldeten und der festgesetzten oder vereinbarten Leistung voraus. Zu berücksichtigen sind die konkreten Fallumstände wie die rechtl und wirtschaftlichen Auswirkungen der Vereinbarung auf die Vertragspartner.[11] Die Vergütung ist nicht deshalb unangemessen, weil ihr nach der in der Vereinbarung gewählten Methode der Lizenzanalogie ein Erfindungswert zugrunde liegt, der erheblich geringer ist als der Gewinn, den der ArbGB durch Herstellung und

---

1 Vgl Begr BlPMZ 1957, 240; Ausschussbericht BlPMZ 1957, 254; kr zur Regelung *Hellebrand* VPP-Rdbr 1999, 34, 40.
2 SstA 9.2.1995 ArbErf 65/93; SstA 21.3.2006 ArbErf 34/05; *Bartenbach/Volz* Rn 2.
3 Zur Regelung in einem Vergleich BGHZ 61, 153 = GRUR 1973, 649 f Absperrventil; SstA EGR Nr 1 zu § 23 ArbEG.
4 *Volmer/Gaul* Rn 21; *Friemel* (2004) S 61 f; insoweit aA *Bartenbach/Volz* Rn 4; *von Hoyningen-Huene* S 185.
5 *Bartenbach/Volz* Rn 4, 7.1; BGHZ 126. 109 = GRUR 1994, 898, 902 Copolyester I.
6 BGH GRUR 2012, 605 antimykotischer Nagellack I; SstA 9.7.2008 ArbErf 45/03; *Bartenbach/Volz* Rn 4, 5.
7 SstA 8.10.1997 ArbErf 27/96 unter Hinweis auf BGH GRUR 1994, 898, 902 Copolyester I.
8 *Bartenbach/Volz* Rn 8.1 mwN, § 26 Rn 26; SstA BlPMZ 1968, 72; SstA BlPMZ 1972, 294; SstA 12.11.2003 ArbErf 1/03, str.
9 *Bartenbach/Volz*ᴬ Rn 3.
10 *Bartenbach/Volz* Rn 10 mNachw.
11 *Bartenbach/Volz* Rn 12; LG München I 21.12.1998 21 O 22867/95.

Vertrieb des erfindungsgem Produkts erwirtschaftet.[12] Auch der Ansatz der konzerninternen Abgabepreise bei Lieferungen an konzernangehörige Unternehmen begründet nicht ohne weiteres erhebliche Unbilligkeit.[13] „Offenbare" Unbilligkeit oder Sittenwidrigkeit ist nicht erforderlich; auch kommt es nicht darauf an, ob das Missverhältnis seine Ursache in einer ermessensfehlerhaften oder nicht vertretbaren Berechnung hat.[14] Erforderlich ist eine Gesamtbetrachtung; die SstA hat auf eine Abweichung von mehr als 50%,[15] aber auch (bei hohen Unterschiedsbeträgen) auf den Absolutbetrag[16] abgestellt. Abweichungen von den geschuldeten Beträgen bei mehreren Erfindungen, die sich im Wesentlichen aufheben, begründen keine Unbilligkeit.[17] Auch bei untergeordnetem Beitrag kann ein relevantes Missverhältnis zu verneinen sein.[18] Subjektive Gesichtspunkte können mit herangezogen werden.[19] Daraus, dass der ArbGb über vergütungsrelevante Faktoren entscheidet, ergibt sich keine Unbilligkeit.[20]

8　　**Verzicht** auf Vergütungsansprüche ist nicht schlechthin unbillig.[21]

9　　Maßgeblich sind die Verhältnisse **zur Zeit des Abschlusses der Vereinbarung**,[22] später eintretende Umstände sind nur über § 12 Abs 6 zu berücksichtigen;[23] dies gilt auch bei Pauschalabfindungen.[24]

10　　In Betracht kommt eine **Ergänzung** einer vom ArbN als in erheblichem Maß unbillig angegriffenen Vereinbarung durch eine zusätzliche Vertragsbestimmung, durch die die nur in einem Einzelpunkt als berechtigt erachteten Bedenken ausgeräumt werden.[25]

C. Berufung auf die Unbilligkeit

I. Allgemeines

11　　Die Unbilligkeit ist nicht vAw, sondern nur auf entspr Rüge, im Prozess auf Einrede, zu berücksichtigen; dies folgt aus Abs 2.[26] Zumindest im Zusammenhang muss die Behauptung eines erheblichen Missverhältnisses von Geleisteten und Angemessenem enthalten sein und sich auf konkret benannte Punkte beziehen.[27] Eine förmliche Begründung ist nicht erforderlich (str), aber empfehlenswert.[28] Die Darlegungs- und Beweislast trägt, wer sich auf die Unbilligkeit beruft;[29] dies gilt auch für die Einhaltung der Frist.[30] Im Verlangen des ArbN nach einer Neuberechnung, weil die bei der Erfindungswertermittlung aus Bruttolizenzeinnahmen zugrunde gelegten Kosten zu hoch seien, liegt ein für das Erheben der Unbilligkeitsrüge ausreichend qualifizierter Angriff auf die Vergütungsvereinbarung.[31] Die Erklärung des Erfinders „Bezugsgröße, Lizenzsatz, Abstaffelung müssen für die Erfinder besser gestaltet werden" erfüllt die inhaltlichen

---

12　BGH GRUR 2012, 605 antimykotischer Nagellack I; Revisionsentscheidung zu OLG Frankfurt 14.5.2009 6 U 68/08.

13　BGH antimykotischer Nagellack I.

14　Vgl BGH GRUR 1990, 271 Vinylchlorid mit Hinweis auf die Materialien.

15　SstA 7.1.1993 ArbErf 11/92; SstA 17.3.1994 ArbErf 177/92; SstA BlPMZ 2003, 400; vgl SstA 28.7.2006 ArbErf 5/05; SstA 9.10.2007 ArbErf 40/05 und öfter; vgl BGH GRUR 2012, 959 antimykotischer Nagellack II; *Bartenbach/Volz* Rn 22.1.

16　BGH Vinylchlorid; SstA 16.4.1996 ArbErf 94/94; SstA 20.1.1997 ArbErf 34/93; SstA 5.2.1998 ArbErf 83/94; SstA 24.7.2003 ArbErf 74/01; SstA 11.3.2008 ArbErf 24/07.

17　SstA 19.12.1995 ArbErf 3B/94; zur Unbilligkeit bei Einbeziehung von Fremdumsätzen SstA 9.11.2000 ArbErf 86/97.

18　Vgl BGHZ 137, 387, 397 = GRUR 1998, 680 Comic-Übersetzungen I; BGH GRUR 2002, 153 Kinderhörspiele, je zu § 36 UrhG.

19　*Bartenbach/Volz* Rn 16; str.

20　BGH antimykotischer Nagellack I.

21　*Volz* FS K. Bartenbach (2005) 199, 215; *Bartenbach/Volz* Rn 21; vgl LG Frankfurt/M 22.11.2000 6 O 239/00; LG Düsseldorf 11.12.2007 4b O 69/07.

22　SstA 17.4.2008 ArbErf 49/06; SstA 29.7.2008 ArbErf 18/07 und öfter; vgl OLG Frankfurt 14.5.2009 6 U 68/08.

23　BGHZ 61, 153 = GRUR 1973, 649, 652f Absperrventil; LG Mannheim 12.5.2000 7 O 412/98; *Bartenbach/Volz* Rn 20.

24　BGH GRUR 1990, 271 Vinylchlorid; OLG München 24.2.2000 6 U 2163/99.

25　Bsp für Unbilligkeit: SstA BlPMZ 1972, 294; weitere Bsp BGH GRUR 1990, 271 Vinylchlorid; SstA BlPMZ 1968, 72, BlPMZ 1970, 454, BlPMZ 1971, 137, BlPMZ 1983, 133, BlPMZ 1984, 250; reichhaltiges Material bei *Bartenbach/Volz* Rn 21ff.

26　*Bartenbach/Volz* Rn 25f, 33.

27　SstA BlPMZ 2003, 400; vgl SstA 1.4.2008 ArbErf 52/05; SstA 17.4.2008 ArbErf 49/06; SstA 16.7.2008 ArbErf 49/03; SstA 29.7.2008 ArbErf 18/07; *Bartenbach/Volz* Rn 26 mwN.

28　OLG Düsseldorf 7.5.1992 2 U 117/91; *Bartenbach/Volz* Rn 26.

29　OLG Karlsruhe 12.12.2001 6 U 100/00; LG Düsseldorf 24.4.2012 4a O 286/10; *Bartenbach/Volz* Rn 26.1 mwN.

30　SstA 27.7.2010 ArbErf 40/09; *Bartenbach/Volz* Rn 31.2.

31　SstA 22.7.2008 ArbErf 1/06.

Anforderungen an ein Geltendmachen der Unbilligkeit der Vergütungsvereinbarung; es kann unter Wahrung von Form und Frist auch innerhalb eines Verfahrens vor der SstA oder vor Gericht abgegeben werden,[32] wenn der die Erklärung enthaltende Schriftsatz noch vor Fristablauf dem Gegner zugestellt wird.[33]

II. Rügeberechtigung

Rügeberechtigt sind nur ArbGb und ArbN (auch einzelne Miterfinder, soweit sie selbst betroffen sind), **12** nicht Dritte.[34] Der ArbGb muss die Unbilligkeit gegenüber allen Miterfindern geltend machen.[35]

III. Adressat ist jeweils die Gegenseite, der die Erklärung nach § 130 BGB zugehen muss.[36] Geltend- **13** machung gegenüber Dritten, insb Anwälten, entfaltet nur Wirkung, wenn diese empfangsbevollmächtigt sind.[37]

IV. Form

Die Erklärung hat in Textform (§ 126b BGB, Rn 7 zu § 5) zu erfolgen. Bei vor dem 1.10.2009 gemeldeten **14** Erfindungen bleibt es beim Schriftformerfordernis (§ 43 Abs 3). Zustellung eines unterzeichneten Schriftsatzes im Verfahren vor der SstA oder vor Gericht reicht aus.[38]

V. Frist

Die Sechsmonatsfrist des Abs 2 knüpft an die Beendigung des Arbeits- (Dienst-) verhältnisses. Maß- **15** geblich ist der Zugang der Erklärung.[39] Die Frist ist materiellrechtl Ausschlussfrist.[40] Nach ihrem Ablauf können weitere Gründe nicht geltend gemacht werden.[41] Die Bestimmung ist nicht analogiefähig.[42]

VI. Verzicht auf die Geltendmachung ist möglich.[43]   **16**

VII. Verwirkung kommt nur in Ausnahmefällen in Betracht.[44] Hat ein Miterfinder seit der Vereinba- **17** rung der Miterfinderanteile mehr als 27 Jahre zugewartet, bevor er sich gegen seinen Miterfinderanteil gewandt hat, hat er einen etwaigen Anspruch auf Änderung seines Miterfinderanteils verwirkt, daran ändert nichts, dass der ArbGb seiner Verpflichtung zur Übergabe von Abschriften der Anmeldeunterlagen nicht nachgekommen ist.[45]

D. Rechtsfolge der Unbilligkeit ist nur bei Berufung auf diese[46] die Unwirksamkeit der Vereinbarung **18** oder Festsetzung.[47] In diesem Fall ist das Verfahren nach § 12 erneut durchzuführen, und zwar aufgrund der Verhältnisse zum Zeitpunkt der Neuregelung.[48] Entspr der Rspr zu § 36 UrhG wird nicht nur die Besei-

---

32 SstA 22.9.1992 EGR Nr 14 zu § 23 ArbEG; SstA 1.4.2008 ArbEG 52/05.
33 SstA 11.3.2008 ArbErf 24/07 unter Aufgabe der früheren Praxis, SstA 16.7.2008 ArbErf 49/03 vgl *Bartenbach/Volz* Rn 29.
34 *Bartenbach/Volz* Rn 27.
35 *Bartenbach/Volz* Rn 27.
36 SstA EGR Nr 14 zu § 23 ArbEG, *Bartenbach/Volz* Rn 25.
37 SstA 8.10.2009 ArbErf 50/08.
38 LG Düsseldorf 17.9.1991 4 O 335/89; weitere Nachw bei *Bartenbach/Volz* Rn 28.
39 Vgl SstA EGR Nr 14 zu § 23 ArbEG.
40 OLG Düsseldorf 9.8.2007 2 U 41/06; OLG Düsseldorf 9.8.2007 2 U 44/06; *Bartenbach/Volz* Rn 30 mwN; *Reimer/Schade/Schippel* Rn 10.
41 Vgl SstA BlPMZ 2003, 400.
42 *Bartenbach/Volz* Rn 31.
43 *Bartenbach/Volz* Rn 26.1; SstA 27.7.2010 ArbErf 40/09.
44 *Bartenbach/Volz* Rn 32 mwN; vgl SstA 7.1.1993 ArbErf 11/92; BGH GRUR 1977, 784 f Blitzlichtgeräte.
45 SstA 9.7.2008 ArbErf 45/03; vgl auch SstA 16.4.1996 ArbErf 94/94.
46 *Bartenbach/Volz* Rn 33.
47 Zur Anwendung des § 138 BGB LAG München DB 1986, 2191.
48 BGH GRUR 1990, 271 Vinylchlorid; *Bartenbach/Volz* Rn 34; vgl SstA BlPMZ 1970, 454 f.

Keukenschrijver

tigung des erheblichen Missverhältnisses erforderlich, sondern die angemessene Vergütung zu gewähren sein.[49] § 23 lässt Rechte aus §§ 119 ff BGB unberührt.[50] Die zugrunde liegenden erfinderrechtl Ansprüche unterliegen der allg Verjährung.[51]

§ 24
Geheimhaltungspflicht

(1) Der Arbeitgeber hat die ihm gemeldete oder mitgeteilte Erfindung eines Arbeitnehmers so lange geheimzuhalten, als dessen berechtigte Belange dies erfordern.

(2) Der Arbeitnehmer hat eine Diensterfindung so lange geheimzuhalten, als sie nicht frei geworden ist (§ 8).

(3) Sonstige Personen, die auf Grund dieses Gesetzes von der Erfindung Kenntnis erlangt haben, dürfen ihre Kenntnis weder auswerten noch bekanntgeben.

Ausland: Österreich: § 13 PatG; **Türkei:** Art 36 VO 551

Schrifttum (zum Know-how-Schutz s auch § 20): *Bartenbach* Der Schutz von Betriebs- und Geschäftsgeheimnissen im Arbeitsleben, FS W. Küttner (2006) 109; *Depenheuer* Zulässigkeit und Grenzen der Verwertung von Unternehmensgeheimnissen durch den Arbeitnehmer, Diss Köln 1995, und Mitt 1997, 1; *Gaul* Der erfolgreiche Schutz von Betriebs- und Geschäftsgeheimnissen, 1994; *Gaul/Bartenbach* Die Geheimhaltungspflicht bei Arbeitnehmererfindungen, Mitt 1981, 207; *Gödde* Die nachvertragliche Verschwiegenheitspflicht des Arbeitnehmers, Diss Bonn 1999; *Grimm* Die Verschwiegenheitspflicht, AR-Blattei SD 770; *Grunewald* Fern der Quelle: Geheimnisschutz und Outsourcing, WRP 2007, 1307; *Krause* Grundlagen des zivilrechtlichen Schutzes von Geschäfts- und Betriebsgeheimnissen sowie von Know-how, GRUR 1977, 177; *Kunz* Betriebs- und Geschäftsgeheimnisse und Wettbewerbsverbot während der Dauer und nach Beendigung des Anstellungsverhältnisses, DB 1993, 2482; *McGuire/Joachim/Künzel/Weber* Der Schutz von Geschäftsgeheimnissen durch Rechte des Geistigen Eigentums und durch das Recht des unlauteren Wettbewerbs, GRUR Int 2010, 829; *Poth* Wahrung von Betriebsgeheimnissen durch Arbeitnehmer, Mitt 1981, 114; *Reinfeld* Verschwiegenheitspflicht und Geheimnisschutz im Arbeitsrecht, 1989; *Richters/Wodtke* Schutz von Betriebsgeheimnissen aus Unternehmenssicht, NZA-RR 2003, 281; *Schwab* Psst, geheim! Arbeitsrecht im Betrieb 2011, 512; *Taeger* Die Offenbarung von Betriebs- und Geschäftsgeheimnissen, 1988; *Vollrath* Die freigewordene Diensterfindung und die benutzten geheimen Erfahrungen des Betriebes, GRUR 1987, 670; *Vorwerk* Kann der Arbeitgeber eine freie Arbeitnehmererfindung benutzen? GRUR 1975, 4.

A. Entstehungsgeschichte

1   Das PatRVereinfModG vom 31.7.2009 hat als Folgeänderung zu der Änderung des § 8 in Abs 2 die Angabe „(§ 8 Abs. 1)" durch die Angabe „(§ 8)" ersetzt.

B. Geheimhaltungspflichten

I. Allgemeines

2   Geheimhaltungspflichten obliegen dem ArbGb (Abs 1), dem ArbN (Abs 2) und Dritten (Abs 3). Die Absätze 1 und 2 konkretisieren die beiderseitigen arbeitsvertraglichen Verpflichtungen, lassen aber weitergehende vertragliche oder gesetzliche Verpflichtungen, etwa aus dem UWG, unberührt.[1] Abs 1 und 2 sind Schutzgesetze iSd § 823 Abs 2 BGB,[2] Abs 3 ist Schutzgesetz zugunsten des ArbGb und des ArbN.[3] Die Geheimhaltungspflicht des Hochschulbeschäftigten ist durch § 42 Nr 1, 2 eingeschränkt. Pflichtverletzungen begründen bei Verschulden Schadensersatzansprüche.

---

49   Vgl BGH GRUR 2002, 153 Kinderhörspiele; vgl auch *Bartenbach/Volz* Rn 34.
50   *Bartenbach/Volz* Rn 35.
51   *Bartenbach/Volz* Rn 37.

1   *Bartenbach/Volz* Rn 2, 38 ff.
2   *Bartenbach/Volz* Rn 23, 44; für Abs 1 str.
3   *Bartenbach/Volz* Rn 56; zur Schadensberechnung bei Verletzung BGH GRUR 1977, 539 Prozeßrechner; SstA 16.7.1998 ArbErf 32/96 (entgangene Erfindervergütung).

II. Pflicht des Arbeitgebers

Die Geheimhaltungspflicht[4] betrifft Diensterfindungen und freie Erfindungen, dagegen nicht techni-   **3**
sche Verbesserungsvorschläge; bei freien und frei gewordenen Erfindungen, die der ArbN selbst anmeldet,
erlischt sie spätestens mit Offenlegung.[5] Inanspruchnahme lässt sie nicht entfallen.[6] Die Pflicht besteht
nur, bis gesicherte Anhaltspunkte dafür vorliegen, dass der ArbN ein Schutzrecht nicht erwirken wird.[7]
Nach Offenlegung entfällt sie.[8] Vertrauliche Information anderer ArbN kann nach Prioritätssicherung gerechtfertigt sein.[9] Auf den Erwerber der Erfindung geht die Pflicht nicht über, Pflichten können sich jedoch
auf vertraglicher Grundlage ergeben.[10]

III. Pflicht des Arbeitnehmers

Die Geheimhaltungspflicht nach Abs 2[11] erfasst nur Diensterfindungen. Nach Offenlegung besteht   **4**
keine Geheimhaltungspflicht mehr.[12]

C. Verpflichtung Dritter

Abs 3 verbietet allen Personen, die aufgrund des ArbEG von der Erfindung Kenntnis erlangt haben,   **5**
eine Auswertung oder Weitergabe ihrer Kenntnisse. Erfasst sind insb Mitarbeiter des Betriebs, Erfinderberater und Angehörige der rechtsberatenden Berufe.[13] Für Angehörige der Patentämter, der Schiedsstellen
und der Gerichte gelten die allg dienstrechtl Regelungen, weshalb § 24 nicht einer gerichtsverfassungs-
oder verfahrensrechtl gebotenen Öffentlichkeit des Verfahrens entgegenstehen kann.[14] Freie Miterfinder
werden nicht erfasst.[15]

§ 25
Verpflichtungen aus dem Arbeitsverhältnis

**Sonstige Verpflichtungen, die sich für den Arbeitgeber und dem Arbeitnehmer aus dem Ar-
beitsverhältnis ergeben, werden durch die Vorschriften dieses Gesetzes nicht berührt, soweit sich
nicht daraus, daß die Erfindung frei geworden ist (§ 8), etwas anderes ergibt.**

Ausland: Österreich: § 16 PatG; **Türkei:** Art 37 Abs 1 VO 551

Schrifttum (zu Nichtangriffspflichten s Schrifttum vor § 81 PatG): *A. Bartenbach-Fock/K. Bartenbach* Zielvereinbarungen im gewerblichen Rechtsschutz, FS U. Eisenhardt (2007), 185; *Depenheuer* Zulässigkeit und Grenzen der Verwertung von Unternehmensgeheimnissen durch den Arbeitnehmer, Mitt 1997, 1; *Moll/Reufels* Ziel-Tantiemen ohne Ende, FS
K. Bartenbach (2005), 559; *Röpke* Arbeitsverhältnis und Arbeitnehmererfindung, Diss Köln 1961.

A. Allgemeines

Das PatRVereinfModG vom 31.7.2009 hat als Folgeänderung zu der Änderung des § 8 die Angabe „(§ 8   **1**
Abs. 1)" durch die Angabe „(§ 8)" ersetzt.

---

4   Zum Umfang *Bartenbach/Volz* Rn 6 ff, zur Dauer *Bartenbach/Volz* Rn 14 ff.
5   *Bartenbach/Volz* Rn 20; vgl OLG Karlsruhe GRUR 2011, 318.
6   *Bartenbach/Volz* Rn 18.
7   SstA 16.7.1998 ArbErf 32/96.
8   SstA 25.1.1996 ArbErf 54/94.
9   Vgl *Bartenbach/Volz* Rn 16 f mwN.
10 *Bartenbach/Volz* Rn 18.
11 Zum Umfang *Bartenbach/Volz* Rn 30 ff, zur Dauer *Bartenbach/Volz* Rn 35 ff.
12 SstA 25.1.1996 ArbErf 54/94.
13 *Bartenbach/Volz* Rn 8.
14 Im Ergebnis ähnlich *Bartenbach/Volz* Rn 49.
15 *Bartenbach/Volz* Rn 50; str.

2   § 25 stellt klar, dass das ArbEG nicht über den Gegenstand seiner Regelungen hinaus in die **arbeits-rechtlichen Verpflichtungen** der Arbeitsvertragsparteien eingreift. So gilt das Benachteiligungsverbot des § 611a BGB; ein „Gleichzahlungsgrundsatz" besteht aber nicht.[1] Der wiederholt kritisierte[2] zweite Halb-satz stellt sicher, dass der ArbN über die freigewordene Erfindung in jedem Fall frei verfügen kann[3] (Rn 4).

3   **B.** Eine Unterrichtungs- oder **Belehrungspflicht** des ArbGb/Dienstherrn über die sich aus dem ArbEG ergebenden Rechte und Pflichten des ArbN besteht grds nicht; eine Belehrungspflicht kann sich unter dem Gesichtspunkt der Fürsorgepflicht im Einzelfall ergeben, wenn sich der ArbN erkennbar über die wahre Rechtslage irrt oder den ArbGb/Dienstherrn ausdrücklich um Auskunft bittet oder ein außergewöhnliches Informationsbedürfnis besteht.[4]

4   **C.** Die **Verwertung freigewordener Erfindungen** ist frei (Rn 2), jedoch schließt das arbeitsrechtl Konkurrenzverbot Eigenverwertung des ArbN aus.[5]

5   **D.** Zur **Zulässigkeit von Nichtigkeitsklagen** des ArbN und des ArbGb gegen Patente, die aus Dienst-erfindungen hervorgegangen sind, Rn 91 f zu § 81 PatG.

§ 26
Auflösung des Arbeitsverhältnisses

Die Rechte und Pflichten aus diesem Gesetz werden durch die Auflösung des Arbeitsverhält-nisses nicht berührt.

Ausland: Tschech. Rep.: § 10 PatG; **Türkei:** Art 37 Abs 2 VO 551

Schrifttum: *Bartenbach* Die Rechtsstellung des Erben eines Arbeitnehmererfinders, Mitt 1982, 205; *Bartenbach/Volz* Nichtangriffspflicht des (ausgeschiedenen) Arbeitnehmererfinders gegenüber seinen in Anspruch genommenen Diensterfindungen, GRUR 1987, 859; *Bartenbach/Volz* Das Arbeitnehmererfindungsrecht auf der Nahtstelle von Arbeitsrecht und gewerblichem Rechtsschutz, GRUR 2009, 220; *Bauer* Chancen und Risiken von Ausgleichsklauseln in arbeitsrechtlichen Aufhebungs- und Abwicklungsverträgen, FS K. Bartenbach (2005), 607; *Bengelsdorf* Berücksichtigung von Vergütungen für Arbeitnehmer erfindungen und Verbesserungsvorschlägen bei der Karenzentschädigung gem. § 74 Abs 2 HGB, DB 1989, 1024; *Gaugenrieder/Unger-Hellmich* Know-how-Schutz – gehen mit dem Mitarbeiter auch die Unternehmensge-heimnisse? WRP 2011, 1364; *Gaul* Die nachvertragliche Geheimhaltungspflicht eines ausgeschiedenen Arbeitnehmers, NZA 1988, 225; *Gaul/Bartenbach* Erfindungen eines gekündigten Arbeitnehmers, GRUR 1979, 750; *Mes* Arbeitsplatzwech-sel und Geheimnisschutz, GRUR 1979, 584; *Vollrath* Die freigewordene Diensterfindung und die benutzten geheimen Erfahrungen des Betriebes, GRUR 1977, 670.

A. Grundsatz

1   Die durch das ArbEG begründeten Verpflichtungen bestehen auch bei Beendigung des Arbeitsver-hältnisses fort. Die im RegE vorgesehene Vermutung, dass eine innerhalb von sechs Monaten nach Auflö-sung des Arbeitsverhältnisses angemeldete Erfindung während des Arbeitsverhältnisses zustandegekom-men sei, ist nicht in das Gesetz aufgenommen worden.[1]

2   **B.** Die **Auflösung des Arbeitsverhältnisses** ist nach allg arbeitsrechtl Grundsätzen zu beurteilen.[2]

---

1   Vgl SstA 8.5.1995 ArbErf 6/92.
2   Nachw bei *Bartenbach/Volz* Rn 3.
3   Vgl Ausschussbericht BlPMZ 1957, 254.
4   SstA 10.4.2008 ArbErf 43/06.
5   *Bartenbach/Volz* Rn 2, 41.

1   *Volmer/Gaul* Rn 6 ff.
2   *Bartenbach/Volz* Rn 3 ff; zur Ausgliederung einer Geschäftseinheit aus dem Betrieb SstA 2.12.1999 ArbErf 45/98.

Zum **rechtsgeschäftlichen Betriebsinhaberwechsel** Rn 10 f zu § 9. Bei einem Betriebsübergang ge- **3**
hen die Rechte und Pflichten aus einer ArbNErfindung, insb das Recht zur Inanspruchnahme der Erfindung, auf den Betriebserwerber über, sofern der ArbNErfinder dem Betriebsübergang nicht nach § 613a
Abs 6 BGB widerspricht; dies gilt auch, wenn der ArbN im Zeitpunkt des Betriebsübergangs bereits aus
dem Betrieb ausgeschieden ist.[3]

C. Fortbestehen der Rechte und Pflichten

Für die Anwendung des § 26 kommt es auf den Beendigungsgrund nicht an. Die Bestimmung erfasst **4**
alle Rechte und Pflichten aus dem ArbEG mit Ausnahme der nach § 19 (Rn 8 zu § 19) und nach Maßgabe
des § 23 Abs 2. Der Vergütungsanspruch des ArbN für die erfinderische Leistung bleibt auch nach der Entlassung erhalten.[4] Zwingende Regelung durch einen Sozialplan kommt nicht in Betracht.[5] Die Auflösung
des Arbeitsverhältnisses kann im Einzelfall einen Anspruch nach § 12 Abs 6 begründen.[6]

Verfahrensrechtlich bedarf es nach dem Ausscheiden nicht mehr der Anrufung der Schiedsstelle[7] **5**
(§ 37 Abs 2 Nr 3).

D. Ausgleichsquittungen

Der ArbN kann auf seine Rechte aus Erfindungen und Verbesserungsvorschlägen grds verzichten.[8] **6**
Bei Beendigung des Arbeitsverhältnisses von ArbN erteilte „Ausgleichsquittungen" umfassen nicht ohne
weiteres Vergütungsansprüche nach dem ArbEG.[9]

§ 27
Insolvenzverfahren

**Wird nach Inanspruchnahme der Diensterfindung das Insolvenzverfahren über das Vermögen
des Arbeitgebers eröffnet, so gilt folgendes:**

1. **Veräußert der Insolvenzverwalter die Diensterfindung mit dem Geschäftsbetrieb, so tritt der
   Erwerber für die Zeit von der Eröffnung des Insolvenzverfahrens an in die Vergütungspflicht
   des Arbeitgebers ein.**

2. **Verwertet der Insolvenzverwalter die Diensterfindung im Unternehmen des Schuldners, so hat
   er dem Arbeitnehmer eine angemessene Vergütung für die Verwertung aus der Insolvenzmasse zu zahlen.**

3. **[1]In allen anderen Fällen hat der Insolvenzverwalter dem Arbeitnehmer die Diensterfindung
   sowie darauf bezogene Schutzrechtspositionen spätestens nach Ablauf eines Jahres nach Eröffnung des Insolvenzverfahrens anzubieten; im Übrigen gilt § 16 entsprechend. [2]Nimmt der
   Arbeitnehmer das Angebot innerhalb von zwei Monaten nach dessen Zugang nicht an, kann
   der Insolvenzverwalter die Erfindung ohne Geschäftsbetrieb veräußern oder das Recht aufgeben. [3]Im Fall der Veräußerung kann der Insolvenzverwalter mit dem Erwerber vereinbaren,
   dass sich dieser verpflichtet, dem Arbeitnehmer die Vergütung nach § 9 zu zahlen. [4]Wird eine
   solche Vereinbarung nicht getroffen, hat der Insolvenzverwalter dem Arbeitnehmer die Vergütung aus dem Veräußerungserlös zu zahlen.**

---

3 LG Düsseldorf Mitt 2010, 541.
4 BAGE 12, 257 = NJW 1962, 1537; vgl *Reimer/Schade/Schippel* Rn 3.
5 SstA 16.12.1996 ArbErf 97/94.
6 Vgl SstA BlPMZ 1967, 30, BlPMZ 1979, 221.
7 OLG Düsseldorf GRUR 1962, 193 f, für Ruhegehaltsempfänger.
8 Näheres bei *Bartenbach/Volz* Rn 56 ff.
9 SstA ArbErf 5/77 und ArbErf 10/77, jeweils BlPMZ 1979, 220; SstA 23.12.1996 ArbErf 42/95; anders noch SstA EGR Nr 8
zu § 9 ArbEG (VergAnspr.); vgl auch BAG BB 1979, 1605 Rauchgasreinigungsanlage; BAG NJW 1982, 1479; BAG NJW 2009,
618; OLG Düsseldorf 9.8.2007 2 U 41/06; *Bartenbach/Volz* GRUR 2009, 220.

4. Im Übrigen kann der Arbeitnehmer seine Vergütungsansprüche nach den §§ 9 bis 12 nur als Insolvenzgläubiger geltend machen.

Ausland: Türkei: Art 38 VO 551 (Vorkaufsrecht)

Schrifttum: *Bartenbach/Volz* Der Arbeitnehmererfinder im Konkurs- und Vergleichsverfahren seines Arbeitgebers, DB 1981, 1121; *Bartenbach/Volz* Zur konkursrechtlichen Behandlung von Vergütungsansprüchen nach dem ArbnErfG, GRUR 1996, 54; *Bartenbach/Volz* Die Novelle des Gesetzes über Arbeitnehmererfindungen, GRUR 2009, 997; *Berger* Immaterielle Wirtschaftsgüter in der Insolvenz, ZInsO 2013, 569; *Gaul* Gedanken zur geplanten Insolvenzreform im Verhältnis zu Erfindervergütungen und zur Erfindungsförderung, GRUR 1986, 405, 498; *Häcker* Verwertungs- und Benutzungsbefugnis des Insolvenzverwalters für sicherungsübertragene gewerbliche Schutzrechte, ZIP 2001, 995; *Hofmann* Das Anwartschaftsrecht des Arbeitgebers vor Inanspruchnahme einer Diensterfindung in der Insolvenz, GRUR-RR 2013, 233; *Kelbel* Die Behandlung der Vergütung für Arbeitnehmererfindungen in der geplanten Reform des Insolvenzrechts, GRUR 1987, 218; *Lakies* Die Vergütungsansprüche des Arbeitnehmers in der Insolvenz, NZA 2001, 521; *Mulch* Arbeitnehmererfindungen in der Insolvenz, IPRB 2010, 232; *Oster* Arbeitnehmererfindungen beim Betriebsübergang in der Insolvenz, GRUR 2012, 467; *Paul* Rechte des Arbeitnehmererfinders in der Insolvenz des Arbeitgebers – Einige Zweifelsfragen zur Anwendbarkeit und zum Regelungsgehalt von § 27 ArbEG, KTS 2005, 445; *Paul* Arbeitnehmererfindungsrechte in der Insolvenz des Arbeitgebers, ZInsO 2009, 1839; *Reinecke* Das novellierte Arbeitnehmererfindungsrecht, Beilage zu Fachanwalt Arbeitsrecht 2010, 98; *W. Schulte* Arbeitnehmeransprüche in der Insolvenz, Der Arbeits-Rechts-Berater 2003, 184; *Schwab* Die Rechtsposition des Arbeitnehmererfinders in der Insolvenz des Arbeitgebers, NZI 1999, 257; *Zeising* Die insolvenzrechtliche Verwertung und Verteidigung von gewerblichen Schutzrechten – Teil III, Mitt 2001, 60; *Zeising* Die Abwicklung von Know-how-Verträgen und Schutzrechtsveräußerungen im Insolvenzverfahren, Mitt 2001, 287; *Zeising* Verfügungs- und Verwertungsbefugnisse des Insolvenzverwalters über gewerbliche Schutzrechte, Mitt 2001, 411; *Zeising* Wettlauf der gewerblichen Schutzrechte im Insolvenzverfahren, KTS 2002, 367; *Zimmermann* Das Erfinderrecht in der Zwangsvollstreckung, GRUR 1999, 121.

A. Entstehungsgeschichte; Geltungsbereich

1   Zum Konkursvorrecht nach der vor dem 1.1.1999 geltenden Fassung *5. Aufl.* Die Bestimmung ist mit Wirkung vom 1.1.1999 durch Art 56 EGInsO neu gefasst worden.[1] Diese Fassung galt nur bei nach dem 31.12.1998 beantragten Insolvenzverfahren.[2] Nachdem bereits die RefE ArbEGÄndG eine völlige Neufassung der Bestimmung vorgesehen hatte, wurde durch das PatRVereinfModG vom 31.7.2009 die geltende Fassung in das Gesetz eingestellt. Zur Vorgängerregelung s die Kommentierung in der *6. Aufl.*[3]

2   **Geltungsbereich.** Die Neuregelung ist am 1.10.2009 in Kraft getreten (Art 9 PatRVereinfModG).

B. Geltende Regelung

I. Übersicht

3   Die Neuregelung hat eine Straffung der bisher geltenden Bestimmung gebracht. Die Regelungen, die die beschränkte Inanspruchnahme betrafen, sind entfallen. Unverändert geblieben ist die Regelung über die Veräußerung der Erfindung mit dem Geschäftsbetrieb (Nr 1). Nr 2 entspricht der bisherigen Nr 3. Die neue Nr 3 umfast alle anderen Fälle und verbindet als Auffangtatbestand die früheren Regelungen in Nr 2 (Veräußerung der Diensterfindung ohne den Geschäftsbetrieb) und Nr 4 (weder Verwertung noch Veräußerung der Diensterfindung), der durch den Verweis auf § 16 ersetzt wurde.[4] Anstelle des als langwierig und schwerfällig angesehenen Vorkaufsrechts des früheren Rechts, das zunächst einen Vertrag des Insol-

---

1 Vgl *Bartenbach/Volz* § 27 (nF) Rn 1 f.
2 *Bartenbach/Volz* § 27 (nF) Rn 2.
3 Ergänzend zum Übergang des Geschäftsbetriebs SstA 24.2.2005 ArbErf 85/03.
4 Begr BTDrs 16/11339 vom 18.12.2008 = BlPMZ 2009, 307, 324.

venzverwalters mit einem Dritten erforderte (vgl *6. Aufl* Rn 5 ff). ist die Diensterfindung nach Ablauf einer Überlegungsfrist des Insolvenzverwalters dem ArbN zur Übernahme anzubieten. Soweit keiner der erfassten Fälle vorliegt, ist der ArbN nicht privilegiert, sondern einfacher Insolvenzgläubiger (Nr 4);[5] dies gilt insb für die bei Verfahrenseröffnung rückständigen Vergütungsforderungen.

II. Eintritt des Erwerbers

Die Regelung für den Fall der Veräußerung der Diensterfindung mit dem Geschäftsbetrieb[6] (Nr 1) **4** sieht einen gesetzlichen Schuldeintritt des Erwerbers für die von der Eröffnung des Insolvenzverfahrens an begründeten Vergütungsansprüche (und nicht wie zuvor erst ab Betriebsübergang) vor.[7] Frühere Vergütungsfestsetzungen oder -vereinbarungen sind damit für den Erwerber soweit bindend, wie sie es für den Gemeinschuldner bzw den Insolvenzverwalter waren.[8] Eine Veräußerung der Diensterfindung mit dem Geschäftsbetrieb ist zu bejahen, wenn ein technisch und organisatorisch eigenständiger Betrieb(steil) veräußert wird, der die Auswertung der Diensterfindung ermöglicht.[9] Die Bestimmung gilt auch, wenn das Arbeitsverhältnis nicht auf den Unternehmenserwerber übergeht.[10] Die Veräußerung durch den Insolvenzverwalter begründet keinen zusätzlichen Vergütungsanspruch.[11]

III. Masseschuld

Die Regelung über die Verwertung durch den Insolvenzverwalter im Unternehmen des Schuldners **5** (Nr 2) entspricht der neueren Praxis der Schiedsstelle zum Recht vor 1999.[12] Erfindungen, die erst nach Eröffnung des Insolvenzverfahrens in Anspruch genommen werden, begründen wie schon nach früherem Recht ohne weiteres Masseschulden. Erfasst ist die inner- wie die außerbetriebliche Verwertung,[13] bloße Verwertbarkeit dagegen nicht.[14] Geschuldet ist Vergütung nach allg Maßstäben.[15]

IV. Anbietungspflicht

Nach der Regelung in Nr 3 hat der Insolvenzverwalter dem ArbN die Diensterfindung (dh das Recht an **6** der Erfindung) sowie auf diese bezogene Schutzrechtspositionen (das Recht auf das Patent/das Gebrauchsmuster, die Rechte aus diesen Schutzrechten sowie das Recht auf ergänzende Schutzzertifikate für das In- und Ausland) anzubieten. Das gilt, wenn ein Fall der Nrn 1, 2 nicht vorliegt, also der Insolvenzverwalter die Diensterfindung nicht mit dem Geschäftsbetrieb veräußert oder im Unternehmen des Schuldners verwertet.[16] Eine vorangegangene Schutzrechtsanmeldung ist nicht erforderlich.[17] Verstoß gegen die Anbietungspflicht führt (nur) zu Schadensersatzansprüchen des ArbN.[18] Str ist, ob die Anbietungspflicht ein Anwartschaftsrecht des ArbGb begründet.[19]

Frist. Das Angebot hat spätestens nach Ablauf eines Jahrs nach Eröffnung des Insolvenzverfahrens **7** zu erfolgen.

---

5 Vgl *Schwab* NZI 1999, 257, 259; *Bartenbach/Volz* § 27 (nF) Rn 187 ff.

6 Zum Begriff SstA BlPMZ 1982, 304.

7 Kr hierzu *Bartenbach/Volz* § 27 (nF) Rn 55.

8 *Bartenbach/Volz* § 27 (nF) Rn 57; *Zeising* Mitt 2001, 60, 66.

9 LG Düsseldorf NZI 2012, 627.

10 LG Düsseldorf NZI 2012, 627 m Anm *Kunzmann*; vgl SstA 26.2.2015 Mitt 2016 279 Ls.

11 *Bartenbach/Volz* § 27 (nF) Rn 58.

12 Zum Zeitpunkt der Benutzungshandlung und zum Vergütungsanspruch bei Konkurseröffnung SstA 13.2.1996 ArbErf 63/94; zur Auskunftspflicht des Konkurs-(Insolvenz-)verwalters SstA 2.4.1996 ArbErf 95/94.

13 *Bartenbach/Volz* § 27 (nF) Rn 106.

14 *Bartenbach/Volz* § 27 (nF) Rn 109.

15 *Bartenbach/Volz* § 27 (nF) Rn 113.

16 Fallgruppen bei *Bartenbach/Volz* § 27 (nF) Rn 125.

17 *Bartenbach/Volz* § 27 (nF) Rn 124.

18 *Bartenbach/Volz* § 27 (nF) Rn 128 unter Hinweis auf *Paul* ZInsO 2009, 1839, 1842.

19 Verneinend OLG Karlsruhe Mitt 2013, 91; bejahend *Hofmann* GRUR-RR 2013, 233.

8   Die Verweisung auf § 16 ersetzt die frühere Regelung in Nr 4.[20] Sie erfasst nach ihrem Wortlaut § 16 in seiner Gesamtheit und verweist nicht nur – wie früher – auf § 16 Abs 1, 2 (vgl Rn 9). Allerdings ist die **Annahmefrist** für den ArbN eigenständig geregelt (zwei Monate ab Zugang). Die Fristbemessung soll dem Umstand Rechnung tragen, dass der Insolvenzverwalter möglichst zeitnah Rechtssicherheit in Bezug auf das verwertbare Vermögen haben soll.[21]

9   **Annahme des Angebots.** Nimmt der ArbN das Angebot innerhalb dieser Frist an, hat er jedenfalls einen schuldrechtl Übertragungsanspruch betr die Schutzrechtsposition. Die Übertragung hat auf Verlangen des ArbN zu erfolgen, der die Kosten zu tragen hat. Gegen den Kostenerstattungsanspruch kann der ArbN mit nicht erfüllten Vergütungsansprüchen aus der zu übertragenden Erfindung aufrechnen. Erfasst werden wie nach früherem Recht auch betriebsgeheime Erfindungen sein.[22] Der Insolvenzverwalter wird sich anders als früher infolge der geänd Verweisung auf den gesamten § 16, also auch dessen Abs 3, ein nichtausschließliches Benutzungsrecht vorbehalten können (aA noch *7. Aufl*).[23]

10   **Nichtannahme des Angebots.** Erfolgt innerhalb der Frist eine Annahme des Angebots nicht, kann der Insolvenzverwalter die Erfindung ohne Geschäftsbetrieb veräußern oder das Recht aufgeben (Nr 3 Satz 2).

11   **Vereinbarung zwischen Insolvenzverwalter und Erwerber; Vergütungsanspruch.** Bei Veräußerung kann – dh muss nicht[24] – mit dem Erwerber vereinbart werden, dass sich dieser verpflichtet, dem ArbN die Erfindervergütung nach § 9 zu zahlen (Nr 3 Satz 3); erfolgt eine derartige Vereinbarung nicht, hat der Insolvenzverwalter dem ArbN die Vergütung aus dem Veräußerungserlös zu zahlen. Dies entspricht im Grundsatz der früheren Regelung in Nr 2.[25] Der Insolvenzverwalter wird zu berücksichtigen haben, dass er nur durch eine solche Vereinbarung den Abfindungsanspruch nach Nr 3 Satz 4 vermeiden kann.[26] Die Vereinbarung mit dem Erwerber wird idR als Vertrag zugunsten Dritter (§ 328 BGB) ausgestaltet werden.[27] Die Vereinbarung unterliegt den Regelungen des ArbEG im übrigen nicht.[28] Auch eine Billigkeitsprüfung nach § 23 kommt hier nicht in Betracht, weil es sich nicht um eine Vereinbarung zwischen ArbGb und ArbN handelt und weil eine Abschlusspflicht nicht besteht (vgl aber Rn 12).[29]

12   Wird eine Vereinbarung nicht getroffen, begründet dies einen Anspruch auf **Vergütung** aus dem Veräußerungserlös und nicht nur gegenüber der Masse (Nr 3 Satz 4).[30] Der Begriff der Vergütung wird nunmehr einheitlich anstelle der früheren Begriffe der angemessenen Abfindung und der angemessenen Vergütung verwendet, da die entspr Ansprüche jeweils denselben Inhalt haben. Der Anspruch besteht auch, wenn die vereinbarte Vergütung in erheblichem Maß unbillig (§ 23) ist.[31]

13   **Bleibt** die zwischen Insolvenzverwalter und Erwerber vereinbarte Vergütung hinter der dem ArbN geschuldeten Vergütung **zurück**, ohne unangemessen niedrig zu sein, besteht insoweit ein ergänzender Anspruch als einfache Insolvenzforderung.[32]

C. Verbesserungsvorschläge

14   Eine insolvenzrechtl Sonderbehandlung kommt insoweit nach geltendem Recht[33] grds nicht in Betracht; jedoch können Vergütungsansprüche bei der Bemessung des Insolvenzgelds (§ 183 Abs 1 Satz 2 SGB III) zu berücksichtigen sein.[34]

---

20   Begr BTDrs 16/11339 vom 18.12.2008 = BlPMZ 2009, 307, 324.
21   Begr BTDrs 16/11339 vom 18.12.2008 = BlPMZ 2009, 307, 324.
22   *Bartenbach/Volz* § 27 (nF) Rn 140; *Zeising* Mitt 2001, 60, 68; *Reimer/Schade/Schippel* Rn 12.
23   *Bartenbach/Volz* § 27 (nF) Rn 143; aA *Reimer/Schade/Schippel* Rn 12; *Zeising* Mitt 2001, 60, 68.
24   *Bartenbach/Volz* § 27 (nF) Rn 164, 166.
25   Vgl *Kelbel* GRUR 1987, 218, 221; *Bartenbach/Volz* § 27 (nF) Rn 164.
26   Vgl *Bartenbach/Volz* § 27 (nF) Rn 166.
27   Vgl *Bartenbach/Volz* § 27 (nF) Rn 169.
28   Vgl *Bartenbach/Volz* § 27 (nF) Rn 172.
29   Diffenezierend *Bartenbach/Volz* § 27 (nF) Rn 173.
30   *Bartenbach/Volz* § 27 (nF) Rn 182; *Zeising* Mitt 2001, 60, 67.
31   *Bartenbach/Volz* § 27 (nF) Rn 181.
32   Vgl auch *Bartenbach/Volz* § 27 (nF) Rn 173, 187 (mit abw Abgrenzung).
33   De lege ferenda kr *Schwab* NZI 1999, 257, 259.
34   *Schwab* NZI 1999, 257, 259; *Reimer/Schade/Schippel* § 27 Fassung 1999 Rn 12; vgl *Bartenbach/Volz* § 27 (nF) Rn 209.

5. Schiedsverfahren

Vor § 28

Schrifttum zu §§ 28–36: *Ayad* Friede im Betrieb? Alternative Konfliktbehandlungen für Rechtskonflikte am Arbeitsplatz, Diss München (Univ.) 2005; *Bürger* Möglichkeiten für den Einsatz der Mediation im Arbeitsrecht unter Einbeziehung des Mediationsgesetzes, Diss Jena 2014; *Hage/Heilmann* Alternative zur Justiz – Betriebliche Konfliktlösung; Arbeit und Arbeitsrecht 2000, 26; *Kaube/Volz* Die Schiedsstelle nach dem Gesetz über Arbeitnehmererfindungen beim Deutschen Patentamt, RdA 1981, 213; *Schade* Aus der bisherigen Praxis der Schiedsstelle für Arbeitnehmererfindungen in München, Mitt 1959, 253; *Schade* Verfahrensvorschriften im Recht der Arbeitnehmererfindung, BB 1963, 1261; *Schippel* Die Schiedsstelle für Arbeitnehmererfindungen, Der Leitende Angestellte 1968, 72; *Tschischgale* Das Schiedsverfahren nach dem Gesetz über Arbeitnehmererfindungen und seine Kosten, JurBüro 1966, 169; *Volmer* Zehn Jahre Tätigkeit der Schiedsstelle für Arbeitnehmererfindungen, BB 1968, 253.

Das vorgeschaltete Schiedsstellenverfahren dient der Erhaltung des **Arbeits- und Rechtsfriedens;**[1] **1** es berücksichtigt die abhängige Lage des ArbN. Die SstA soll versuchen, eine gütliche Einigung zwischen den Beteiligten herbeizuführen[2] (§ 28 Satz 2); sie soll Gerichtsverfahren vermeiden, nicht ersetzen.[3] Eine Entscheidungsbefugnis steht der SstA nicht zu.[4] Besondere Vorteile des Schiedsstellenverfahrens liegen in der Kostenfreiheit (§ 36), der freien Verfahrensgestaltung, der Nichtöffentlichkeit und der besonderen Vertrautheit mit der Materie.[5]

Schiedsstelle. Seit Inkrafttreten des 2. PatGÄndG besteht nur noch die Schiedsstelle in München (zur **2** früheren Rechtslage 6. Aufl). Innerhalb des öffentlichen Diensts besteht eine eigene Schiedsstelle für das Bundesamt für Verfassungsschutz.[6] Für die vergleichbare Schiedsstelle nach dem UrhWarnG ist eine umfassende Neuregelung im Verwertungsgesellschaftengesetz (VGG) vom 24.5.2016[7] erfolgt.

Beim Prüfungsverfahren des DPMA und dem Verfahren vor der SstA handelt es sich um zwei verschiedene **3** und voneinander unabhängige Verfahren vor zwei verschiedenen und voneinander unabhängigen Behörden; die SstA ist dem DPMA lediglich angegliedert.[8] Die SstA ist **Behörde**, sie rechnet nicht zur rechtsprechenden Gewalt,[9] bedient sich aber grds nicht der Mittel der Hoheitsverwaltung. Das Verwaltungsverfahrensrecht des Bundes findet keine Anwendung. Die Ablehnung der Eröffnung des Schiedsstellenverfahrens ist im Verwaltungsrechtsweg anfechtbarer Verwaltungsakt (vgl Rn 6 zu § 35),[10] ebenso die Entscheidung über einen Ablehnungsantrag gegen ein Mitglied der SstA (Rn 19 zu § 33) und die Zurückweisung des Antrags auf Erweiterung der SstA § 30 Abs 4; § 32).

Auch für die SstA gilt der freilich nicht immer beachtete Grundsatz der **Gesetzesbindung.**[11] Die SstA **4** hat grds auch die höchstrichterliche Rspr zu beachten.

Statistik. Bei der Schiedsstelle München sind bis Ende 2002 3.801 Anträge nach § 28 eingegangen, bei **5** der ehem Schiedsstelle Berlin 121. Hinzu kommen 65 übernommene Schlichtungsverfahren (§ 49 ErstrG). In den Schiedsverfahren wurden bis Ende 2002 2.347 (München) und 54 (Berlin) Einigungsvorschläge/Vergleiche unterbreitet.[12] Die Eingangszahlen betragen für 2003 102, 2004 98, 2005 61, 2006 52, 2007 59, 2008 66, 2009 65, 2010 65, 2011 72, 2012 69, 2013 73, 2014 67, 2015 60; die Annahmequote bei den Einigungsvorschlägen lag in den Jahren 2010 bis 2015 zwischen 42% (2012) und 78% (2014).

---

1 SstA BlPMZ 1964, 166; SstA 23.10.1996 ArbErf 36/95; *Bartenbach/Volz* vor § 28 Rn 2.
2 SstA BlPMZ 1964, 166.
3 SstA Mitt 1974, 137 f, EGR Nr 16 zu § 28 ArbEG, BlPMZ 1983, 188 f, BlPMZ 1984, 250 f.
4 BGH GRUR 1964, 449, 452 Drehstromwicklung.
5 Zur Schiedsstelle nach dem UrhWarnG s die Kommentierung von *Reinbothe* zu §§ 14 ff UrhWarnG in *Schricker/ Loewenheim* UrhG[4] (2010).
6 *Bartenbach/Volz* § 28 Rn 4, § 40 Rn 52; *Reimer/Schade/Schippel* § 28 Rn 1; *Jestaedt* Patentrecht[2] S 213.
7 BGBl I 1190.
8 SstA 25.1.2008 ArbErf 8/01.
9 *Bartenbach/Volz* § 28 Rn 7; SstA 25.1.2008 ArbErf 8/01; SstA 8.12.2010 ArbErf 6/09.
10 VG München 18.10.2013 M 17 K 12.3338; LG Mannheim Mitt 1964, 196; *Bartenbach/Volz* § 28 Rn 8; str, aA *Volmer/Gaul* § 28 Rn 105.
11 Vgl SstA 15.12.2005 ArbErf 39/03.
12 Nachweise jeweils im Märzheft von BlPMZ.

6   **Grundzüge des Verfahrens.** Das Schiedsstellenverfahren wird durch schriftlichen Antrag eingeleitet (§ 31). Zur sachlichen Zuständigkeit Rn 2ff zu § 28. Zum Prüfungsumfang Rn 12 zu § 28, zum Verfahrensgang § 33.

§ 28
Gütliche Einigung

[1]**In allen Streitfällen zwischen Arbeitgeber und Arbeitnehmer auf Grund dieses Gesetzes kann jederzeit die Schiedsstelle angerufen werden.** [2]**Die Schiedsstelle hat zu versuchen, eine gütliche Einigung herbeizuführen.**

Ausland: Frankreich: Art L 615-21, R 615-6–31 CPI; **Türkei:** vgl Art 24, 25 VO 551
VGG: § 97 (schriftlicher Antrag), § 102 (gütliche Streitbeilegung, Vergleich)

A. Allgemeines

1   Zwecks gütlicher Einigung ist ein Verfahren vor der SstA geschaffen worden. Satz 2 legt die rein streitschlichtende Rolle der SstA fest (vgl Rn 1 vor § 28). Die SstA nimmt weder gerichtliche noch schiedsgerichtliche oder schiedsgutachterliche Tätigkeiten wahr.[1] Für sie gilt aber der aus Art 20 Abs 3 GG abzuleitende Grundsatz der Gesetzesbindung.[2]

B. Sachliche Zuständigkeit

2   **I.** Die SstA wird nur im **zweiseitigen Verfahren** tätig; sie erteilt weder Auskünfte noch erstattet sie Gutachten; § 29 PatG ist auf sie nicht anwendbar.[3] Auch der umfassenden Beratung der ArbNErfinder dient sie nicht.[4] Die SstA ist kein Überwachungsorgan gegenüber den Arbeitsvertragsparteien.[5]

II. Erfasster Personenkreis

3   Die sachliche Zuständigkeit der SstA erfasst alle Streitfälle zwischen ArbG und ArbN nach dem ArbEG; sie kann nicht durch private Vereinbarung zwischen nicht unter das Gesetz fallenden Personen begründet werden.[6] Für Streitigkeiten zwischen dem Entleiher und einem ihm gewerbsmäßig überlassenen LeihArbN im Hinblick auf dessen Erfindung ist die Schiedsstelle sachlich zuständig.[7] Für arbeitnehmerähnliche Personen, freie Mitarbeiter und Handelsvertreter ist die Schiedsstelle nicht zuständig.[8] Auch

---

1 Vgl BGH GRUR 1964, 449, 452 Drehstromwicklung; SstA BlPMZ 1984, 250f, BlPMZ 1987, 306f.
2 SstA EGR Nr 1 zu § 23 ArbEG; kr zu Nichtbeachtung höchstrichterlicher Rspr durch die Schiedsstelle *Meier-Beck* FS Th. Reimann (2009), 309, 312 Fn 19.
3 *Bartenbach/Volz* Rn 6 mwN; str; zur Amtshilfe durch die SstA *Reimer/Schade/Schippel* Rn 12.
4 SstA 21.12.1993 ArbErf 73/93.
5 SstA 18.11.1994 ArbErf 97/93; SstA 23.11.2004 ArbErf 24/04; *Bartenbach/Volz* Rn 5.
6 SstA BlPMZ 1959, 16, BlPMZ 1985, 195, BlPMZ 1986, 346f; SstA 6.5.1996 ArbErf 1/95; SstA 7.12.1999 ArbErf 42/98; SstA 9.2.2001 ArbErf 69/00; SstA 12.5.2010 ArbErf 38/09; *Bartenbach/Volz* Rn 17; zur Zuständigkeit bei dreiseitigen Verträgen mit Übernahme der Vergütungsverpflichtung durch ein verbundenes Unternehmen SstA 27.1.1998 ArbErf 49/96.
7 SstA 15.1.2009 ArbErf 51/07; *Bartenbach/Volz* Rn 12.
8 *Bartenbach/Volz* Rn 13.1.

ausgeschiedene ArbN und Ruhegehaltsempfänger können die SstA anrufen.[9] Am Verfahren können auch Erben als Gesamtrechtsnachfolger beteiligt sein,[10] Einzelrechtsnachfolge genügt nicht; der Betriebsnachfolger nach § 613a BGB ist als ArbGb anzusehen.[11] Jedoch wirkt der Einigungsvorschlag auch für und gegen Personen, die nach Anhängigkeit des Schiedsstellenverfahrens Rechtsnachfolger des Beteiligten wurden.[12]

Für die Beurteilung, wer Erfinder oder **Miterfinder** ist und wie hoch die Anteile sind, ist die SstA nur **4** zuständig, wenn dies als Vorfrage oder wesentliche Voraussetzung für den Vergütungsanspruch zu klären ist und dieser bei ihr anhängig ist;[13] weiter muss zwischen den Beteiligten unstreitig oder für die SstA ohne Erhebung von Zeugenbeweis aus den Akten ermittelbar sein, was die Erfinder zur technischen Lehre beigetragen haben.[14] Für Streitigkeiten zwischen Miterfindern ist die SstA nicht zuständig,[15] auch nicht für sonstige Streitigkeiten zwischen ArbN.[16]

Keine Zuständigkeit besteht bei Auseinandersetzungen des ArbGb oder des ArbN mit **Dritten**.[17] Inso- **5** weit wirkt auch der Einigungsvorschlag nicht.[18]

III. Streitfälle aufgrund des Arbeitnehmererfindungesesetzes

Nach dem Regelungszweck ist die Voraussetzung weit auszulegen.[19] Erfasst sind Schadensersatzan- **6** sprüche, die ihre Grundlage im ArbEG haben.[20] Die SstA hält sich für sachlich zuständig, den Beteiligten auch hinsichtlich solcher Ansprüche Einigungsvorschläge zu unterbreiten, die nicht ausschließlich im ArbEG geregelt sind, sofern die damit verbundenen Fragen in engem sachlichem und rechtl Zusammenhang mit den von der SstA zu klärenden Fragen stehen und die Behandlung ohne weitere ins einzelne gehende Sachaufklärung möglich ist.[21] Keine Zuständigkeit besteht für reine Zahlungsansprüche hinsichtlich des Vergütungsbetrags,[22] ebenso zur Höhe des Verzugsschadens.[23] Auch für die Beurteilung von aufrechnungsweise entgegengehaltenen Forderungen, die sich nicht aus dem ArbEG ergeben, ist die SstA nicht zuständig.[24] Teilvereinbarungen der Parteien können in den Einigungsvorschlag einbezogen werden.[25]

Weitere Zuständigkeiten. Ausdrücklich geregelt ist die Zuständigkeit der SstA im Fall des § 17 Abs 2. **7** Bei Streitigkeiten mit Ursprung in der ehem DDR bejaht die SstA ihre Zuständigkeit auch für Ansprüche gegen Benutzerbetriebe.[26]

Keine Zuständigkeit der SstA besteht für Ansprüche aus einfachen betrieblichen Verbesserungsvor- **8** schlägen.[27] Für die Beurteilung von Rechten aus oder an Geschmacksmustern (jetzt: Designs) ist die SstA

---

9 OLG Düsseldorf GRUR 1962, 193, 194; nicht bei nach Beendigung des Dienstverhältnisses fertiggestellten Erfindungen: SstA 19.3.2009 ArbErf 24/06; *Bartenbach/Volz* Rn 16.

10 SstA BlPMZ 1966, 124; SstA 19.10.2007 ArbErf 14/06; SstA 12.5.2010 ArbErf 38/09; *Bartenbach/Volz* Rn 14.1; vgl hierzu *Bartenbach* Mitt 1982, 205, 208 f.

11 *Bartenbach/Volz* Rn 14, SstA 18.7.2006 ArbErf 44/05; SstA 20.1.2009 ArbErf 40/06; SstA 3.2.2009 ArbErf 53/07; SstA 9.12.2009 ArbErf 53/06; SstA 26.1.2010 ArbErf 61/08; SstA 4.3.2010 ArbErf 59/08; SstA 22.9.2010 ArbErf 94/04; aA *Volmer/Gaul* Rn 78.

12 SstA 19.10.2007 ArbErf 14/06.

13 SstA BlPMZ 1979, 159; vgl SstA 18.11.2004 ArbErf 24/03.

14 SstA 10.3.1993 ArbErf 3B/92; SstA 21.9.1993 ArbErf 52/92; SstA 13.12.1993 ArbErf 127/92; SstA 3.3.1995 SstA 90/93; SstA 5.2.1996 ArbErf 49/94; SStA 7.11.1997 ArbErf 29/96, st Praxis; vgl auch SstA BlPMZ 1964, 354.

15 SstA 25.7.1995 ArbErf 98/93.

16 *Bartenbach/Volz* Rn 16 mwN; vgl auch LG Nürnberg-Fürth GRUR 1968, 252 f.

17 SstA BlPMZ 1962, 17; *Bartenbach/Volz* Rn 16 mwN.

18 Vgl OLG München 13.11.2003 6 U 2464/97.

19 *Bartenbach/Volz* Rn 19; reichhaltige Kasuistik mwN dort Rn 19.1–22.5; zur Zuständigkeit der SstA für die Beurteilung von Vergütungen für freigewordene Erfindungen SstA BlPMZ 1985, 195.

20 SstA BlPMZ 1965, 66, BlPMZ 1975, 258, GRUR 1991, 910; *Bartenbach/Volz* Rn 20.

21 SstA GRUR Int 1992, 499; vgl auch SstA BlPMZ 1963, 177, BlPMZ 1979, 159, BlPMZ 1980, 233.

22 SstA 28.11.1995 ArbErf 1B/94: Liquidationsquote.

23 SstA 21.11.1995 ArbErf 16/94.

24 SstA BlPMZ 1969, 23.

25 Vgl SstA BlPMZ 1977, 200 f.

26 SstA 3.12.1993 ArbErf 141/92.

27 SstA BlPMZ 1979, 184, BlPMZ 1987, 133; SstA 18.10.1993 ArbErf 72/93; SstA 25.7.1995 ArbErf 98/93.

nicht zuständig.[28] Für Ansprüche des Erfinders für den Zeitraum nach voller Übertragung einer Anmeldung ist die SstA nicht zuständig.[29]

C. Verfahren

9   **I.** Ein – dem Rechtsschutzbedürfnis entspr – **Anrufungsbedürfnis** („Anrufungsinteresse") am Tätigwerden der SstA ist erforderlich;[30] dieses kann ausnahmsweise fehlen, wenn bereits eine bindende Entscheidung vorliegt,[31] die Beteiligten lediglich eine gutachterliche Äußerung begehren, ohne an sie Rechtsfolgen anknüpfen zu wollen[32] oder ein Rechtsnachteil eines Beteiligten nicht ersichtlich ist.[33] Nichtbetreiben des Verfahrens und fehlende Reaktion des Antragstellers wurden als dem Anrufungsbedürfnis entgegenstehend angesehen.[34] Stellt der ArbN mit einer während des Schiedsstellenverfahrens erhobenen Klage denselben Streitgegenstand zur Entscheidung wie im Schiedsstellenverfahren, entfällt dadurch idR das Anrufungsbedürfnis für das Schiedsstellenverfahren.[35] Ein anhängiges Beweissicherungsverfahren steht nicht entgegen.[36] Aussetzung und wiederholte Anrufung der SstA kommen regelmäßig nicht in Betracht (vgl aber die Regelung in § 14e UrhWarnG).[37] Lässt sich der Antragsgegner nicht auf das Verfahren ein und ist dieses deshalb erfolglos beendet, kann aber die SstA nach deren neuerer Praxis erneut angerufen werden.[38] Die SstA ist auch an einen nicht angenommenen Einigungsvorschlag gebunden und kann nicht nochmals entscheiden.[39]

10   **II.** Soweit für Klagen von Beamten oder gegen Beamte verwaltungsrechtl ein **Vorverfahren** vorgeschrieben ist, entfällt dieses, weil § 37 als Spezialnorm vorgeht.[40]

11   **III.** Eine besondere **Anrufungsfrist** besteht nicht; die Anrufung kann noch während eines anhängigen Gerichtsverfahrens erfolgen.[41]

IV. Prüfungsumfang

12   Die SstA hat die Einhaltung und Auslegung von Vorschriften des ArbEG nur unter dem Gesichtspunkt zu untersuchen, ob dadurch ein Beteiligter im Ergebnis einen rechtl Nachteil erleidet.[42] Rein bürgerlichrechtl Fragen wie die des Verzugs fallen nicht in die Prüfungskompetenz der SstA.[43] Ist eine Erfindung durch Zusammenwirken von ArbN mehrerer Unternehmen entstanden und haben diese gemeinschaftlich ein Patent erworben, ist die SstA nicht befugt zu untersuchen, ob einem Erfinder Ansprüche gegen das Unternehmen zustehen, das nicht sein ArbGb ist.[44]

13   Zur **strafrechtlichen Prüfung** und Beurteilung ist die SstA nicht berechtigt.[45]

---

28   SstA BlPMZ 1976, 54; vgl auch SstA BlPMZ 1967, 159.
29   SstA BlPMZ 1979, 255, ber 353.
30   SstA 4.7.2004 ArbErf 14703; SstA 16.12.2005 ArbErf 3/03.
31   *Bartenbach/Volz* Rn 25; SstA 25.2.1999 ArbErf 3/97; SstA 10.6.2008 ArbErf 17/07; SstA 24.7.2008 ArbErf 5/07; SstA 27.11.2008 ArbErf 2/08; SstA 23.7.2009 ArbErf 10/05.
32   SstA BlPMZ 1960, 310; vgl auch SstA BlPMZ 1977, 200 f.
33   *Bartenbach/Volz* Rn 26 m Nachw.
34   SstA 14.7.2004 ArbErf 14703.
35   SstA 16.12.2005 ArbErf 3/03.
36   SstA 24.10.1995 ArbErf 21/94.
37   SstA BlPMZ 1960, 316; *Bartenbach/Volz* § 33 Rn 47.
38   SstA 10.6.2008 ArbErf 17/07.
39   SstA 29.5.1996 ArbErf 9/95; SstA 17.6.1999 ArbErf 91/96.
40   *Bartenbach/Volz* § 37 Rn 1, str; offen gelassen in VGH München GRUR 1982, 559 f.
41   *Bartenbach/Volz* Rn 27 mwN.
42   SstA BlPMZ 1960, 315.
43   SstA 1.10.2007 ArbErf 53/04.
44   SstA BlPMZ 1962, 17.
45   SstA 22.8.2006 ArbErf 8/01; SstA 25.4.2008 ArbErf 95/04.

§ 29
Errichtung der Schiedsstelle

(1) Die Schiedsstelle wird beim Patentamt errichtet.
(2) Die Schiedsstelle kann außerhalb ihres Sitzes zusammentreten.

VGG: vgl § 124

A. Die SstA ist „beim" DPMA errichtet, also selbst organisatorisch **nicht Teil des DPMA.**[1] Sie ist eine 1 eigene, wenn auch rechtl nicht selbstständige Behörde.[2] Anschrift: Zweibrückenstraße 12, 80331 München. Die Dienstaufsicht ist in § 30 Abs 6 geregelt. Die Bildung von Kammern ist anders als nach § 14 Abs 2 UrhWarnG nicht vorgesehen.

B. Über ein **Zusammentreten außerhalb ihres Sitzes** entscheidet die SstA nach freiem Ermessen.[3]　　2

§ 30
Besetzung der Schiedsstelle

(1) Die Schiedsstelle besteht aus einem Vorsitzenden oder seinem Vertreter und zwei Beisitzern.
(2) [1]**Der Vorsitzende und sein Vertreter sollen die Befähigung zum Richteramt nach dem Deutschen Richtergesetz besitzen.** [2]**Sie werden vom Bundesminister der Justiz für die Dauer von vier Jahren berufen.** [3]**Eine Wiederberufung ist zulässig.**
(3) [1]**Die Beisitzer sollen auf dem Gebiet der Technik, auf das sich die Erfindung oder der technische Verbesserungsvorschlag bezieht, besondere Erfahrung besitzen.** [2]**Sie werden vom Präsidenten des Patentamts aus den Mitgliedern oder Hilfsmitgliedern des Patentamts für den einzelnen Streitfall berufen.**
(4) [1]**Auf Antrag eines Beteiligten ist die Besetzung der Schiedsstelle um je einen Beisitzer aus Kreisen der Arbeitgeber und der Arbeitnehmer zu erweitern.** [2]**Diese Beisitzer werden vom Präsidenten des Patentamts aus Vorschlagslisten ausgewählt und für den einzelnen Streitfall bestellt.** [3]**Zur Einreichung von Vorschlagslisten sind berechtigt die in § 11 genannten Spitzenorganisationen, ferner die Gewerkschaften und die selbständigen Vereinigungen von Arbeitnehmern mit sozial- oder berufspolitischer Zwecksetzung, die keiner dieser Spitzenorganisationen angeschlossen sind, wenn ihnen eine erhebliche Zahl von Arbeitnehmern angehört, von denen nach der ihnen im Betrieb obliegenden Tätigkeit erfinderische Leistungen erwartet werden.**
(5) Der Präsident des Patentamts soll den Beisitzer nach Absatz 4 aus der Vorschlagsliste derjenigen Organisation auswählen, welcher der Beteiligte angehört, wenn der Beteiligte seine Zugehörigkeit zu einer Organisation vor der Auswahl der Schiedsstelle mitgeteilt hat.
(6) [1]**Die Dienstaufsicht über die Schiedsstelle führt der Vorsitzende, die Dienstaufsicht über den Vorsitzenden der Präsident des Patentamts.** [2]**Die Mitglieder der Schiedsstelle sind an Weisungen nicht gebunden.**

VGG: § 124

1　Vgl auch Begr 6.ÜberlG BlPMZ 1991, 165 f; SstA 13.10.1993 ArbErf 81/88; SstA 25.1.2008 ArbErf 8/01; SstA 4.5.2009 ArbErf 2/08; SstA 27.7.2010 ArbErf 40/09; *Schricker/Loewenheim* § 14 UrhWarnG Rn 3 mNachw, zur Schiedsstelle nach dem UrhWarnG.
2　*Bartenbach/Volz* Rn 2; *Reimer/Schade/Schippel* Rn 1; SstA 25.1.2008 ArbErf 8/01; SstA 4.5.2009 ArbErf 2/08; SstA 27.7.2010 AebErf 40/09.
3　*Bartenbach/Volz* Rn 4.

A. Allgemeines; Entstehungsgeschichte

1   Die Bestimmung ist durch das 6. ÜberlG geänd worden. Sie regelt die Besetzung der SstA sowie Qualifikation und Auswahl der Mitglieder. Die Mitglieder sind sachlich unabhängig (Rn 7), dies ist durch das PatRVereinfModG vom 31.7.2009 durch die Anfügung des Abs 6 Satz 2 auch im Gesetzeswortlaut verankert worden. Der RefE ArbEGÄndG sah über die durch das PatRVereinfModG vorgenommenen Änderungen in Abs 2 und Abs 6 folgende weitere Änderungen vor: in Abs 3 Satz 1 die Streichung der Worte „oder der technische Verbesserungsvorschlag", in Abs 4 Satz 3 die Ersetzung der Worte „in § 11 genannten Spitzenorganisationen" durch „Spitzenorganisationen der Arbeitgeber und Arbeitnehmer".

B. Besetzung

I. Grundsatz

2   Die SstA besteht in der Regelbesetzung (Abs 1) aus einem (rechtskundigen) Vorsitzenden und zwei (technischen) Beisitzern, in der erweiterten Besetzung treten je ein ArbGb- und ArbNBeisitzer hinzu. Der Vorsitzende wird für vier Jahre berufen, das gleiche gilt für seinen Vertreter. Der Vertreter ist nur für den Verhinderungsfall bestellt;[1] dies ist unbefriedigend, weil dadurch die Einarbeitung erschwert wird. Als Beisitzer werden regelmäßig besonders sachkundige[2] Prüfer ausgewählt; vorangegangene Mitwirkung in einem Verfahren vor dem DPMA führt nicht zum Ausschluss.[3]

3   Der Vorsitzende und sein Vertreter sollen die **Befähigung zum Richteramt** nach dem DRiG, dh nach § 5 DRiG, besitzen; die Befähigung nach § 120 DRiG genügt nicht.[4]

II. Erweiterte Besetzung

4   Die Erweiterung (Rn 2) kann nur, aber hat auf Antrag innerhalb der Frist des § 32 erfolgen.[5] Sie ist insb angezeigt, wenn arbeitsrechtl oder wirtschaftliche Fragen anstehen.[6] Für die Bestellung der Beisitzer ist die 2. DVO ArbEG (Rn 1 zu § 45) maßgeblich. Die gerichtliche Festsetzung der Entschädigung der Beisitzer erfolgt durch das VG München (§ 8 Satz 4 2. DVO ArbEG).

C. Dienstaufsicht

5   Der Vorsitzende der Schiedsstelle führt die **Dienstaufsicht über die Schiedsstelle**. Dies entspricht der organisatorisch selbstständigen Stellung der Schiedsstelle (vgl Rn 1 zu § 29).

6   Die Dienstaufsicht über den **Vorsitzenden der Schiedsstelle** lag bis zum Inkrafttreten der Neuregelung durch das PatRVereinfModG beim Bundesminister der Justiz. Diese Regelung wurde eingeführt, um mit Rücksicht auf die richterliche Unabhängigkeit zu vermeiden, dass dann, wenn ein Richter am BPatG Vorsitzender der Schiedsstelle ist, die Dienstaufsicht bei dem Präsidenten der Verwaltungsbehörde DPA liegt.[7] Das PatRVereinfModG hat die als schwer praktikabel angesehene Regelung dahin geänd, dass die Dienstaufsicht dem PräsDPMA übertragen wurde.[8]

---

1   *Bartenbach/Volz* Rn 7; anders für die ehem Einigungsstelle nach dem ErstrG bei übereinstimmendem Wortlaut dessen Begr BlPMZ 1992, 244 ff.
2   Zur Sachkunde in Fragen der Benutzung der Erfindung SstA 24.10.1995 ArbErf 21/94; zur Auswahlpraxis *Bartenbach/Volz* Rn 9.
3   *Bartenbach/Volz* Rn 9; vgl SstA 25.1.2008 ArbErf 8/01.
4   *Bartenbach/Volz* Rn 4; aA *Reimer/Schade/Schippel* Rn 4.
5   *Volmer* BB 1968, 253 f.
6   *Bartenbach/Volz* Rn 11.
7   Vgl Begr 6. ÜberlG BTDrs 1749 = BlPMZ 1961, 124, 166; Begr PatRVereinfModG BTDrs 16/11339 = BlPMZ 2009, 307, 325.
8   Begr PatRVereinfModG BTDrs 16/11339 = BlPMZ 2009, 307, 325.

D. Weisungsfreiheit

Die sachliche Unabhängigkeit der Mitglieder der Schiedsstelle ist nunmehr im Gesetz verankert (vgl **7** auch § 33 Abs 1).[9] Dies entspricht der Regelung im UrhWarnG (so auch § 125 RegE VGG).

§ 31
Anrufung der Schiedsstelle

(1) [1]**Die Anrufung der Schiedsstelle erfolgt durch schriftlichen Antrag.** [2]**Der Antrag soll in zwei Stücken eingereicht werden.** [3]**Er soll eine kurze Darstellung des Sachverhalts sowie Namen und Anschrift des anderen Beteiligten enthalten.**

(2) Der Antrag wird vom Vorsitzenden der Schiedsstelle dem anderen Beteiligten mit der Aufforderung zugestellt, sich innerhalb einer bestimmten Frist zu dem Antrag schriftlich zu äußern.

VGG: §§ 97, 98

A. Allgemeines

Die SstA wird nicht vAw, sondern nur auf Antrag tätig (Abs 1 Satz 1); mit Eingang des formgerechten **1** Antrags wird das Schiedsstellenverfahren anhängig.

B. Antrag

I. Form

Das Schriftlichkeitserfordernis verlangt eigenhändige Unterschrift des Antragstellers oder seines Vertreters (§ 126 BGB), eine Antragstellung zur Niederschrift[1] oder in Textform ist nicht vorgesehen;[2] auch telefonische Antragstellung wahrt die Form nicht.[3] Die Vollmacht muss spätestens auf Anforderung der SstA vorgelegt werden; Mangel der Vollmacht kann vAw berücksichtigt werden, wenn kein Rechtsanwalt als Bevollmächtigter auftritt.[4] Die „Allgemeine Vollmacht" und die „Angestelltenvollmacht" gegenüber dem DPMA reichen nicht aus.[5] Die Einreichung in zwei Stücken (Abs 1 Satz 2) ist grds sanktionslose Sollvorschrift.

II. Inhalt

Zwingende Erfordernisse bestehen an sich nicht, bei der Regelung in Abs 1 Satz 3 handelt es sich um **3** eine sanktionslose Ordnungsvorschrift, jedoch sind eine Sachverhaltsdarstellung und ein bestimmtes Begehren zu empfehlen. Auch die zur Zustellung erforderliche Angabe der weiteren Beteiligten kann nachgeholt werden.[6] Der Antrag des Anrufenden, die Besetzung der Schiedsstelle zu erweitern, muss mit dem Antrag verbunden werden (§ 32).

Gemeinschaftliche Antragstellung ist nicht ausgeschlossen, auch durch entgegengerichtete Antragsteller.[7] **4**

---

9 *Bartenbach/Volz* Rn 16; *Reimer/Schade/Schippel* Rn 8.

1 *Bartenbach/Volz* Rn 3.
2 *Bartenbach/Volz* Rn 3.
3 SstA 22.8.2006 ArbErf 8/01.
4 *Bartenbach/Volz* Rn 5.
5 *Bartenbach/Volz* Rn 5; SstA 2.12.2009 ArbErf 53/06; SstA 27.7.2010 ArbErf 40/09.
6 *Bartenbach/Volz* Rn 6 ff; vgl aber SstA EGR ArbEG § 31 Nr 1, wonach die Bestimmung insoweit ein zwingendes Erfordernis enthält, und SstA 28.10.1993 ArbErf 188/92, wonach ohne Kenntnis der Beteiligten auf beiden Seiten Durchführung des Verfahrens nicht möglich ist.
7 *Bartenbach/Volz* Rn 3 unter Hinweis auf SstA 11.7.1991 ArbErf 18/91 und SstA 17.9.1991 ArbErf 62/86.

III. Rücknahme

5   Jedenfalls bis zur Gegenäußerung des Antragsgegners ist der Antrag frei rücknehmbar, ob auch danach, ist str.[8] Jedenfalls kann Klage erhoben werden, wenn die SstA nicht innerhalb von 6 Monaten einen Einigungsvorschlag vorgelegt hat (vgl Rn 23 zu § 33), ob es hierfür der Konstruktion über die Rücknahme bedarf, ist zwh.[9] Der zurückgenommene Antrag kann jederzeit wiederholt werden.[10]

C. Zustellung

6   Wegen der Rechtsfolgen bedarf der Antrag der förmlichen Zustellung; es gelten die Bestimmungen des VwZG (unmittelbar, nicht über § 127 PatG).[11] Die gesetzlichen und die vom Vorsitzenden bestimmten Fristen werden erst durch die Zustellung in Lauf gesetzt.[12]

D. Wirkung der Anrufung

7   Die Anrufung der Schiedsstelle hat verjährungshemmende Wirkung, entspr § 204 Abs 1 Nr 4 BGB wie bei einer von der Landesjustizverwaltung eingerichteten oder anerkannten Gütestelle,[13] mangels Entscheidungskompetenz der Schiedsstelle jedoch nicht nach § 204 Abs 1 Nr 12 BGB.[14] § 204 Abs 1 Nr 11 BGB ist unanwendbar.[15]

§ 32
Antrag auf Erweiterung der Schiedsstelle

Der Antrag auf Erweiterung der Besetzung der Schiedsstelle ist von demjenigen, der die Schiedsstelle anruft, zugleich mit der Anrufung (§ 31 Abs. 1), von dem anderen Beteiligten innerhalb von zwei Wochen nach Zustellung des die Anrufung enthaltenden Antrags (§ 31 Abs. 2) zu stellen.

1   Die Regelung legt für den Antrag auf Erweiterung **prozessuale Ausschlussfristen** fest; Wiedereinsetzung in die versäumte Frist kommt nicht in Betracht;[1] das Versäumnis kann auf Seiten des Antragstellers aber durch Antragsrücknahme und erneute Anrufung der SstA geheilt werden.[2]

2   Der Erweiterungsantrag eines ArbN wirkt auch für die **anderen** beteiligten ArbN.[3]

3   Die **Zurückweisung** des Antrags ist verwaltungsgerichtlich überprüfbarer Verwaltungsakt.[4]

---

8 Bejahend *Lindenmaier/Lüdecke* Anm 5; *Volmer* Rn 8; *Volmer/Gaul* Rn 54; verneinend (nur mit Einwilligung des Gegners) *Bartenbach/Volz* Rn 20; jetzt auch *Reimer/Schade/Schippel* Rn 11 und Praxis der SstA, zB SstA 9.4.1997 ArbErf 56/96 und SstA 2.2.2010 ArbErf 15/09.
9 Vgl SstA 9.4.1997 ArbErf 56/96; SstA 16.12.1999 ArbErf 23/99; kr *Bartenbach/Volz* Rn 21.
10 *Bartenbach/Volz* Rn 22.
11 AA insoweit *Bartenbach/Volz* Rn 15.
12 *Bartenbach/Volz* Rn 17.
13 BGH GRUR 2014, 357 Profilstrangpressverfahren.
14 So aber OLG Düsseldorf 9.8.2007 2 U 41/06; OLG Karlsruhe 12.12.2012 6 U 80/11; SstA 3.4.2008 ArbErf 46/06 und öfter; *Bartenbach/Volz* Rn 19.
15 BGH Profilstrangpressverfahren; vgl BGH GRUR 1993, 469 Mauerrohrdurchführungen; aA SstA 3.4.2008 ArbErf 46/06; *Bartenbach/Volz* Rn 19; *Schricker/Loewenheim* § 14 UrhWarnG Rn 15.

1 *Bartenbach/Volz* Rn 3; *Reimer/Schade/Schippel* Rn 2.
2 *Bartenbach/Volz* Rn 3 mwN.
3 *Volmer/Gaul* Rn 7; *Bartenbach/Volz* Rn 4.
4 *Bartenbach/Volz* § 34 Rn 7.

§ 33
Verfahren vor der Schiedsstelle

(1) [1]Auf das Verfahren vor der Schiedsstelle sind §§ 41 bis 48, 1042 Abs. 1 und 1050 der Zivilprozeßordnung sinngemäß anzuwenden. [2]§ 1042 Abs. 2 der Zivilprozeßordnung ist mit der Maßgabe sinngemäß anzuwenden, daß auch Patentanwälte und Erlaubnisscheininhaber *(Artikel 3 des Zweiten Gesetzes zur Änderung und Überleitung von Vorschriften auf dem Gebiet des gewerblichen Rechtsschutzes vom 2. Juli 1949 – WiGBl S. 179)* sowie Verbandsvertreter im Sinne des § 11 des Arbeitsgerichtsgesetzes von der Schiedsstelle nicht zurückgewiesen werden dürfen.

(2) Im übrigen bestimmt die Schiedsstelle das Verfahren selbst.

VGG: vgl §§ 99 ff, 104

Übersicht

A. Allgemeines

Abs 1 ist durch das Schiedsverfahrens-Neuregelungsgesetz (SchiedsVfG) geänd worden. Das Verfahren lehnt sich an das Schiedsverfahren der ZPO an, ohne selbst ein solches zu sein (Rn 1 zu § 28). Das Schiedsstellenverfahren ist auch kein Verwaltungsverfahren, sondern ein Verfahren eigener Art.[1] Von den zwingenden Regelungen nach Abs 1 abgesehen bestimmt die SstA das Verfahren vor ihr selbst. Die in Bezug genommene Bestimmung des 2. ÜberlG ist durch § 188 Abs 2 PatAnwO[2] aufgehoben. **1**

B. Allgemeine Verfahrensgrundsätze

Verfahrensbeteiligte sind der Antragsteller, der die Beteiligtenstellung mit der Antragstellung (und nicht erst mit Zustellung des Antrags)[3] ohne weiteres und ohne Rücksicht auf die materielle Rechtslage erwirbt,[4] und der Antragsgegner. Dem Erfordernis des Rechts auf Äußerung („rechtl Gehörs", so ausdrücklich § 95 Abs 2 Satz 2 VGG) trägt die SstA durch Erlass von Zwischenbescheiden Rechnung.[5] Werden vertrauliche Unterlagen eingereicht, die nur zur Kenntnis der SstA gelangen sollen, kann es geboten sein, dem Gegner Gelegenheit zur Einsichtnahme jedenfalls bei der SstA im Rahmen einer mündlichen Verhandlung zu geben.[6] **2**

Der **Verfahrensgegenstand** bestimmt den Umfang des Einigungsvorschlags. Er ist auch für die Zulässigkeit einer erneuten Anrufung und die Eröffnung des Klagewegs bedeutsam.[7] Er kann im Lauf des Verfahrens geänd werden, seine Erweiterung bedarf aber der Zustimmung der anderen Beteiligten.[8] **3**

Verfahrensverbindung ist – bei übereinstimmender Besetzung der SstA – entspr § 147 ZPO möglich, ebenso Verfahrenstrennung.[9] **4**

Nebenintervention und **Streitverkündung** kommen nicht in Betracht.[10] **5**

Ein **Säumnisverfahren** findet nicht statt.[11] **6**

Unterbrechung. Nimmt der Antragsteller das Verfahren nicht auf, nachdem der Insolvenzverwalter des Antragsgegners nach Unterbrechung durch Eröffnung des Insolvenzverfahrens die Aufnahme abge- **7**

---

1 *Bartenbach/Volz* Rn 2, 3.
2 BGBl 1966 I 557.
3 SstA 19.10.2007 ArbErf 14/06.
4 Vgl SstA 28.1.2003 ArbErf 13/01.
5 Hierzu *Bartenbach/Volz* Rn 44; *Reimer/Schade/Schippel* Rn 4.
6 SstA 28.11.2000 ArbErf 12/98; vgl SstA 16.10.2008 ArbErf 38/07.
7 Vgl *Bartenbach/Volz* Rn 7.
8 *Bartenbach/Volz* Rn 8; SstA 1.10.2007 ArbErf 53/04; SstA 27.11.2008 ArbErf 2/08 und öfter.
9 *Bartenbach/Volz* Rn 10 mwN.
10 *Bartenbach/Volz* Rn 10.
11 *Bartenbach/Volz* Rn 48.

Keukenschrijver

lehnt hat, und äußert er sich auch sonst nicht, ist daraus zu schließen, dass ein Rechtsverfolgungswille nicht besteht, so dass es an einer Zulässigkeitsvoraussetzung für das Schiedsstellenverfahren fehlt (vgl auch Rn 9 zu § 28 zum Anrufungsbedürfnis).[12]

8 **Prozesskostenhilfe** oder Verfahrenskostenhilfe wird vor der SstA nicht gewährt.[13]

9 **Wiederaufnahme** ist im Gesetz nicht vorgesehen,[14] sie kommt allenfalls unter der Voraussetzung in Betracht, dass sich die Umstände, die für die ursprünglichen Feststellungen der SstA maßgebend waren, wesentlich geänd haben.[15]

10 Entspr § 299 ZPO ist den Beteiligten **Akteneinsicht** in die Verfahrensakten zu gewähren,[16] Dritten dagegen nicht ohne Zustimmung der Beteiligten.[17]

11 Vor der SstA besteht **kein Anwaltszwang** (zur Vollmachtsvorlage Rn 2 zu § 31).[18]

12 Der **Untersuchungsgrundsatz** gilt nur eingeschränkt, er ist insb durch die Sachkunde der Mitglieder und das Verhältnis von Aufwand und Ergebnis begrenzt.[19] § 138 Abs 3 ZPO ist entspr anwendbar.[20] Eine Änderung des Gegenstands des Schiedsstellenverfahrens durch einen Beteiligten kann nur mit Zustimmung des anderen erfolgen.[21] Ist der Sachvortrag so unvollkommen, dass die SstA nicht in der Lage ist, den Beteiligten konkrete Vorschläge zur Höhe der Vergütung zu unterbreiten, kann es angebracht sein zu klären, ob im Ansatz Bereitschaft zur gütlichen Einigung besteht oder ob die Beteiligten es für notwendig erachten, die Sache den Gerichten zur Entscheidung zu überlassen.[22] Beweis kann die SstA, ohne an Anträge gebunden zu sein, nach freiem Ermessen erheben, Zwangsmittel stehen ihr aber nicht zur Verfügung.[23] Für die Anwendung des Justizvergütungs- und Entschädigungsgesetzes (JVEG) auf das Schiedsstellenverfahren besteht keine Rechtsgrundlage.

13 Für das Verfahren gilt der **Unmittelbarkeitsgrundsatz.**[24]

14 Das Verfahren ist **nicht öffentlich**, jedoch kann mit Zustimmung der Beteiligten öffentlich verhandelt werden (vgl §§ 99–101 VGG).[25] Bei einer Beweisaufnahme haben die Beteiligten entspr § 357 Abs 1 ZPO ein Anwesenheitsrecht.[26]

15 Insb aus § 37 Abs 2 Nr 2 ist der **Beschleunigungsgrundsatz** abzuleiten; die SstA ist bemüht, die Zeitvorgabe von sechs Monaten einzuhalten.[27]

16 Als **Vertreter** kommen neben Rechtsanwälten und Prozessagenten auch Patentanwälte, Erlaubnisscheininhaber sowie die nach § 11 ArbGG zugelassenen Verbandsvertreter in Betracht. Die SstA verlangt die Vorlage einer schriftlichen Vollmacht.[28]

17 Eine **Bindung** der SstA **an Anträge** besteht grds nicht;[29] dies gilt insb auch bei Streitigkeiten über die Vergütungshöhe.[30] Auch § 308 ZPO findet keine Anwendung.[31]

---

12 SstA 21.1.2004 ArbErf 17/02.

13 *Reimer/Schade/Schippel* Rn 10 unter Hinweis auf SstA ArbErf 30/86.

14 SstA 26.7.2010 ArbErf 11/09.

15 SstA 27.11.2000 ArbErf 98/99.

16 SstA EGR ArbEG § 33 Nr 3.

17 SstA 3.12.1991 ArbErf 21/92.

18 Vgl *Bartenbach/Volz* Rn 38; SstA 22.8.2006 ArbErf 8/01.

19 Vgl SstA BlPMZ 1961, 434, SstA BlPMZ 1964, 354, SstA BlPMZ 1974, 137 f, SstA EGR Nr 16 zu § 28 ArbEG, SstA BlPMZ 1984, 250 f, SstA BlPMZ 1987, 306 f; SstA 6.5.2010 ArbErf 46/08.

20 *Bartenbach/Volz* Rn 14 mwN; stPraxis der SstA.

21 SstA 25.9.2008 ArbErf 36/07.

22 SstA 9.1.2001 ArbErf 29/98; zur Darlegungslast auch SstA 2.11.2000 ArbErf 56/97.

23 *Bartenbach/Volz* Rn 15; vgl SstA BlPMZ 1967, 321.

24 *Bartenbach/Volz* Rn 16 f.

25 *Bartenbach/Volz* Rn 20.

26 *Bartenbach/Volz* Rn 34.

27 Vgl *Kaube/Volz* RdA 1981, 213, 217; *Bartenbach/Volz* Rn 18 f; vgl auch SstA BlPMZ 1964, 235, BlPMZ 1974, 137 f.

28 SstA 25.1.2008 ArbErf 8/01; SstA 22.8.2006 ArbErf 8/01; *Reimer/Schade/Schippel* Rn 7; aA *Kaube/Volz* RdA 1981, 213, 216; *Schricker/Loewenheim* § 14a UrhWarnG Rn 9 mwN.

29 SstA BlPMZ 1980, 60, BlPMZ 1980, 211, 213, BlPMZ 1989, 338 f; vgl auch SstA BlPMZ 1977, 200.

30 *Bartenbach/Volz* Rn 43.

31 *Bartenbach/Volz* Rn 43 mwN.

C. Zwingende Vorschriften

Abs 1 verweist zwingend auf bestimmte Regelungen der ZPO. Weiter zwingend vorgeschrieben ist die **18** Zustellung des Antrags mit Aufforderung zur schriftlichen Gegenäußerung (§ 31).

Für das Verfahren vor der SstA gilt das Gebot des gesetzlichen Richters nicht.[32] Über die **Ablehnung** **19** eines Mitglieds der Schiedsstelle entscheidet diese selbst.[33] Seit der Neuregelung folgt dies aus der Verweisung auf § 45 ZPO. Die Entscheidung ist im Verwaltungsrechtsweg angreifbar; Widerspruchsbehörde ist die SstA.[34]

Zur Entgegennahme **eidesstattlicher Versicherungen** hält sich die SstA nicht berechtigt,[35] ebenso **20** nicht zur eidlichen Parteieinvernahme.[36]

Über nach § 1050 ZPO erforderliche **richterliche Handlungen** entscheidet das für den Wohnsitz des **21** Zeugen oder Sachverständigen zuständige Amtsgericht.[37]

D. Verfahrensgestaltung durch die Schiedsstelle

Nach Abs 2 ist die SstA in ihrer sonstigen Verfahrensgestaltung frei. Es steht ihr frei, ein schriftliches **22** oder mündliches Verfahren durchzuführen.[38] Das mündliche Verfahren ist jedoch nicht die Regel. An Förmlichkeiten des Beweisverfahrens und an Beweisregeln ist die SstA nicht gebunden.[39]

Wenn der Antragsgegner nach seiner Einlassung nicht in die Rücknahme des Antrags (Rn 5 zu § 31) **23** einwilligt, kann die SstA den Einigungsvoschlag nach dem bisherigen Sachstand unterbreiten. Reicht der Sachstand hierfür nicht aus, wird nach erfolgloser Aufforderung, weitere Informationen zu liefern, das **Ruhen des Verfahrens** angeordnet werden können mit der Folge, dass nach Ablauf der 6-Monats-Frist des § 37 Abs 2 Nr 2 Klage erhoben werden kann.[40]

§ 34
Einigungsvorschlag der Schiedsstelle

(1) [1]Die Schiedsstelle faßt ihre Beschlüsse mit Stimmenmehrheit. [2]§ 196 Abs. 2 des Gerichtsverfassungsgesetzes ist anzuwenden.

(2) [1]Die Schiedsstelle hat den Beteiligten einen Einigungsvorschlag zu machen. [2]Der Einigungsvorschlag ist zu begründen und von sämtlichen Mitgliedern der Schiedsstelle zu unterschreiben. [3]Auf die Möglichkeit des Widerspruchs und die Folgen bei Versäumung der Widerspruchsfrist ist in dem Einigungsvorschlag hinzuweisen. [4]Der Einigungsvorschlag ist den Beteiligten zuzustellen.

(3) Der Einigungsvorschlag gilt als angenommen und eine dem Inhalt des Vorschlages entsprechende Vereinbarung als zustande gekommen, wenn nicht innerhalb eines Monats nach Zustellung des Vorschlages ein schriftlicher Widerspruch eines der Beteiligten bei der Schiedsstelle eingeht.

(4) [1]Ist einer der Beteiligten durch unabwendbaren Zufall verhindert worden, den Widerspruch rechtzeitig einzulegen, so ist er auf Antrag wieder in den vorigen Stand einzusetzen. [2]Der Antrag muß innerhalb eines Monats nach Wegfall des Hindernisses schriftlich bei der Schiedsstelle eingereicht werden. [3]Innerhalb dieser Frist ist der Widerspruch nachzuholen. [4]Der Antrag muß die Tatsachen, auf die er gestützt wird, und die Mittel angeben, mit denen diese Tatsachen glaubhaft

---

32 SstA 25.1.2008 ArbErf 8/01.
33 *Bartenbach/Volz* Rn 31, 33; *Reimer/Schade/Schippel* Rn 9; SstA 17.7.1985 ArbErf 31/84; SstA 10.6.2005 ArbErf 68/03.
34 SstA 25.1.2008 ArbErf 8/01; vgl *Bartenbach/Volz* Rn 33.
35 SstA 21.5.1985 ArbErf 14/84; SstA 5.8.1998 ArbErf 103/96; SstA 10.6.2005 ArbErf 68/03; SstA 8.10.2009 ArbErf 50/08.
36 SstA 10.12.1992 ArbErf 81/90.
37 *Bartenbach/Volz* Rn 35; *Reimer/Schade/Schippel* Rn 5; *Volmer* Rn 33; aA – Patentstreitkammer – *Heine/Rebitzki* Anm 2; *Lindenmaier/Lüdecke* Anm 10.
38 Vgl SstA BlPMZ 1980, 60 f; *Bartenbach/Volz* Rn 40.
39 Vgl *Bartenbach/Volz* Rn 42; *Reimer/Schade/Schippel* Rn 4.
40 *Bartenbach/Volz* § 31 Rn 21.

Keukenschrijver

gemacht werden. [5] Ein Jahr nach Zustellung des Einigungsvorschlages kann die Wiedereinsetzung nicht mehr beantragt und der Widerspruch nicht mehr nachgeholt werden.

(5) [1] Über den Wiedereinsetzungsantrag entscheidet die Schiedsstelle. [2] Gegen die Entscheidungen der Schiedsstelle findet die sofortige Beschwerde nach den Vorschriften der Zivilprozeßordnung an das für den Sitz des Antragstellers zuständige Landgericht statt.

VGG: §§ 105, 109

A. Allgemeines

1   § 34 regelt in erster Linie das den Einigungsvorschlag betr Verfahren. Abs 1 hat jedoch übergreifende Bedeutung.

B. Beschlüsse der Schiedsstelle

2   Die Bestimmung betrifft alle sachlichen Entschließungen der SstA, die für die Außenwelt bestimmt sind[1] und damit nicht nur Einigungsvorschläge, sondern insb auch Zwischenbescheide; nicht erfasst sind verfahrensleitende Anordnungen des Vorsitzenden.

3   **Einstweilige Verfügungen** kann die SstA nicht erlassen.[2]

4   Die Beschlüsse sind mit **Stimmenmehrheit** zu fassen; kraft ausdrücklicher Verweisung gilt die allg Regelung in § 196 Abs 2 GVG. Ob die Mitwirkung aller Mitglieder erforderlich ist, ist str.[3] Stimmenthaltung ist unzulässig.[4] Die Beschlussfassung kann auch im Umlaufverfahren erfolgen.[5]

5   Die Beschlüsse werden mit **Bekanntgabe** wirksam, die einer besonderen Form (Zustellung) nur dort bedarf, wo dies gesetzlich vorgeschrieben ist.[6]

C. Einigungsvorschlag

I. Allgemeines

6   Der Einigungsvorschlag ist die „klassische Entscheidungsform der Schiedsstelle".[7] Ihm kommt verfahrensbeendende Wirkung zu,[8] uU nur hinsichtlich eines Teils der Streitsache („Teileinigungsvorschlag");[9] zur Eröffnung des Klagewegs muss ein Einigungsvorschlag auch dann erfolgen, wenn eine Einigung aussichtslos erscheint.[10] Materiell ist der Einigungsvorschlag zunächst ohne Verbindlichkeit.[11]

---

1   *Bartenbach/Volz* Rn 2.
2   *Bartenbach/Volz* § 33 Rn 49; vgl SstUrh BlPMZ 1984, 253.
3   Bejahend *Bartenbach/Volz* Rn 5; *Volmer/Gaul* Rn 9; *Reimer/Schade/Schippel* Rn 1; verneinend *Lindenmaier/Lüdecke* Anm 2; *Volmer* Rn 5.
4   *Bartenbach/Volz* Rn 5; *Lindenmaier/Lüdecke* Anm 2; *Volmer/Gaul* Rn 15.
5   *Bartenbach/Volz* Rn 5; vgl SstA 15.2.1996 ArbErf 3B/93.
6   *Bartenbach/Volz* Rn 6; *Volmer* Rn 7.
7   *Bartenbach/Volz* Rn 1.
8   *Bartenbach/Volz* Rn 8.
9   *Bartenbach/Volz* Rn 9; vgl SstA 12.2.2008 ArbErf 14/05; SstA 8.5.2008 ArbErf 26/06; SstA 18.9.2008 ArbErf 56/07; SstA 28.1.2010 ArbErf 56/08.
10   *Bartenbach/Volz* Rn 17; *Reimer/Schade/Schippel* Rn 1.
11   Vgl BVerfG – Nichtannahmebeschluss – Mitt 1999, 61, 63.

Mangels Regelungscharakters, aber auch mangels verwaltungsrechtl Inhalts ist er kein (privatrechtsgestaltender) Verwaltungsakt, sondern ein – über schlichtes Verwaltungshandeln hinausgehendes – Rechtsinstitut eigener Art.[12] Die rechtsgestaltende Wirkung tritt erst durch die Annahme oder deren Fiktion nach Abs 3 ein (Rn 11). Das wird auch dann gelten müssen, wenn der Einigungsvorschlag fehlerhaft ist, solange nicht das Recht auf Äußerung verletzt ist (vgl Rn 9) oder ein Fall der Nichtigkeit vorliegt (vgl Rn 12).[13]

II. Die **Beschlussfassung** über den Einigungsvorschlag erfolgt bei Entscheidungsreife, die aber nicht   **7** an § 300 Abs 1 ZPO zu messen ist.[14]

III. Form; Inhalt

Wie aus Abs 2 Satz 2 und Satz 4 folgt, ist der Einigungsvorschlag schriftlich abzufassen. Die Bestim   **8** mungen der ZPO zu Form und Inhalt des Urteils gelten nicht.[15] Begründung und Unterzeichnung sind vorgeschrieben. Verzicht auf die Begründung wird als zulässig angesehen.[16] Wird der Einigungsvorschlag als Beschluss bezeichnet, soll dies zu seiner Unwirksamkeit führen, die die SstA durch Beschluss feststellt.[17] Abs 2 Satz 3 schreibt eine Rechtsbelehrung vor. Die SstA hält auch Teileinigungsvorschläge (über den Anspruchsgrund oder einen selbstständigen Teil des Streitstoffs) für statthaft.[18] Tatbestandsberichtigung kommt nicht in Betracht.[19]

Der Schiedsstelle wird beim Einigungsvorschlag ein **Ermessen** zugebilligt (str).[20] Zur Frage der Bin   **9** dung an das Antragsbegehren (ne ultra petita) Rn 17 zu § 33.

IV. Der Einigungsvorschlag bedarf zu seiner Wirksamkeit der **Zustellung** (Abs 2 Satz 4).[21]   **10**

V. Wirkung

Der Einigungsvorschlag ist selbst nicht der formellen oder materiellen Rechtskraft fähig und entfaltet   **11** als solcher keine materiellrechtl Wirkung; diese tritt erst mit seiner Annahme oder mit deren Fiktion ein. Mit dieser wirkt er zwischen den Beteiligten privatrechtsgestaltend, selbst wenn ein Beteiligter nicht ArbGb oder ArbN des anderen ist oder war.[22] Bei nachträglicher Veränderung der Umstände ist § 12 Abs 6 anwendbar.[23] Die Annahme beendet das Verfahren vor der SstA; Weiterführung kann allenfalls bei Unwirksamkeit des Vorschlags wegen Verletzung des Rechts auf Äußerung in Betracht kommen.[24] Der Einigungsvorschlag wirkt für und gegen den Gesamtrechtsnachfolger, wenn die Rechtsnachfolge nach Anhängigkeit des Schiedsstellenverfahrens erfolgt ist.[25] Er ist kein Vollstreckungstitel;[26] Erteilung einer vollstreckbaren Ausfertigung kommt deshalb nicht in Betracht.[27]

Die **Annahme**[28] ist rechtsgeschäftl Erklärung; sie hat dem Gegner gegenüber zu erfolgen (§ 130 Abs 1   **12** Satz 1 BGB); Erklärung gegenüber der SstA reicht nicht aus,[29] dies ist jedoch wegen der an die Nichterklä-

---

12 *Bartenbach/Volz* Rn 11.
13 Vgl *Bartenbach/Volz* Rn 21 für gänzliches Fehlen der Gründe.
14 *Bartenbach/Volz* Rn 14.
15 SstA 15.2.1996 ArbErf 3B/93, zum Rubrum.
16 *Bartenbach/Volz* Rn 21.
17 SstA Mitt 2003, 559; *Reimer/Schade/Schippel* Rn 1.
18 SstA Mitt 1996, 351 f; SstA 12.2.2008 ArbErf 14/05.
19 SstA 15.2.1996 ArbErf 3B/93.
20 *Schricker/Loewenheim* § 14a UrhWarnG Rn 9 unter Hinweis auf SstUrh ZUM 2005, 257, 261.
21 Näher *Reimer/Schade/Schippel* Rn 4.
22 SstA 21.8.1997 ArbErf 15/96.
23 *Bartenbach/Volz* Rn 37.
24 SstA EGR ArbEG § 33 Nr 3.
25 *Bartenbach/Volz* Rn 26; SstA 19.10.2007 ArbErf 14/06.
26 *Bartenbach/Volz* Rn 13; allgM.
27 SstA 15.2.1996 ArbErf 3B/93.
28 Zur materiellrechtl Wirkung des angenommenen Einigungsvorschlags (Bindung an Lizenzsätze) SstA 25.11.2003 ArbErf 27/02; *Reimer/Schade/Schippel* Rn 1.
29 AA *Bartenbach/Volz* Rn 26, die in Rn 36 allerdings zutr die Anfechtung gegenüber dem Gegner verlangen.

rung geknüpften Rechtsfolgen ohne größere praktische Bedeutung. Ein Beteiligter kann sich vertraglich verpflichten, den Einigungsvorschlag auf jeden Fall zu akzeptieren oder keinen Widerspruch einzulegen; Einverständnis des Gegners mit der Anrufung der SstA genügt hierfür nicht.[30]

13 Entgegen der allg Regel, dass Schweigen keine Zustimmung bedeutet, **fingiert** Abs 3 die Annahme und den Abschluss einer entspr Vereinbarung, wenn kein den Erfordernissen des Abs 3 entspr Widerspruch (Rn 16 ff) bei der SstA eingeht.[31]

14 Eine **Anfechtung des Einigungsvorschlags** ist im Gesetz nicht vorgesehen.

15 Ein **nichtiger Einigungsvorschlag** löst keine Rechtswirkungen aus. Nichtigkeit kann aber nur bei besonders schwerwiegenden Mängeln angenommen werden[32] (vgl § 44 VwVfG). Ein Streit über die Wirksamkeit des Vorschlags kann unmittelbar bei der Patentstreitkammer angebracht werden (§ 37 Abs 2 Nr 1), bei Unwirksamkeit ist das Verfahren vor der SstA grds wiedereröffnet.[33]

D. Widerspruch

I. Allgemeines

16 Anders als die Annahme ist der Widerspruch Verfahrenshandlung. Er ist an die SstA zu richten; maßgeblich ist nur der Eingang bei dieser. Erklärung gegenüber anderen Beteiligten entfaltet ebenso wenig Wirkung wie Klageerhebung.[34] Der Widerspruch hat mit dem Rechtsbehelf nach § 69 VwGO nur den Namen gemein.[35] Wirksamer Widerspruch beendet das Verfahren; materiellrechtl Wirkungen entfaltet er nicht.[36] Hatte sich der Widersprechende verpflichtet, nicht zu widersprechen, stellt ein gleichwohl erhobener Widerspruch Pflichtverletzung dar; der Gegner ist so zu stellen, als ob nicht widersprochen worden wäre.[37] Widerruf oder Rücknahme des Widerspruchs sind gesetzlich nicht vorgesehen.[38]

II. Form; Inhalt

17 Der Widerspruch ist schriftlich zu erklären; Telegramm, Fernschreiben, Telefax reichen aus (allgM).[39] Inhaltliche Anforderungen bestehen nicht; Annahme mit Änderungen ist als Widerspruch anzusehen, ebenso Teilwiderspruch.[40]

III. Frist

18 Die Monatsfrist ist Ausschlussfrist; sie beginnt mit Zustellung und läuft uU für verschiedene Beteiligte unterschiedlich. Fehlt die Belehrung oder ist sie fehlerhaft, wird die Frist nicht in Lauf gesetzt; ein gleichwohl erklärter Widerspruch ist wirksam.[41] Gibt die Belehrung eine zu lange Frist an, gilt diese.[42] Unstatthafte Anträge auf Abänderung des Einigungsvorschlags beeinflussen den Fristlauf nicht.[43]

30 Vgl BGH GRUR 2002, 149 Wetterführungspläne II.
31 Näher *Reimer/Schade/Schippel* Rn 5.
32 Zum behaupteten versuchten Prozessbetrug SstA 17.7.1996 ArbErf 57/96.
33 *Bartenbach/Volz* Rn 39.
34 *Bartenbach/Volz* Rn 31.
35 VG München 18.10.2013 M 17 K 12.3338.
36 Vgl *Bartenbach/Volz* Rn 34.
37 OLG Düsseldorf WRP 1998, 1202, 1206, auch zur Frage entspr betrieblicher Übung; kr *Bartenbach/Volz* Rn 30.
38 SstA 21.6.1996 ArbErf 37/94; SstA 17.7.1996 ArbErf 57/96.
39 Vgl SstA 22.8.2006 ArbErf 8/01; SstA 26.7.2010 ArbErf 11/09.
40 *Bartenbach/Volz* Rn 33.
41 Vgl *Bartenbach/Volz* Rn 24.
42 *Bartenbach/Volz* Rn 24.
43 SstA 15.2.1996 ArbErf 3B/93.

IV. Wiedereinsetzung

Die Wiedereinsetzungsmöglichkeit (Abs 4) ist mit Rücksicht auf die Kürze der Frist eingeführt wor- **19** den.[44] Eine Anpassung an neuere Regelungen (§§ 233 ff ZPO, § 123 Abs 1 PatG) ist nicht erfolgt.[45] Anders als diese setzt Abs 5 nach seinem eindeutigen Wortlaut weiterhin unabwendbaren Zufall und nicht nur fehlendes Verschulden voraus.[46] Abw sind auch die Fristregelung und die Glaubhaftmachung mit dem Antrag.

Wegen der Wiedereinsetzungsgründe und des Verfahrens s die Kommentierung zu § 123 PatG. Die **20** **Entscheidung** obliegt der SstA (Abs 5); gegen die Versagung ist sofortige Beschwerde (§ 567 ZPO) an das für den Sitz des Antragstellers zuständige Landgericht (§§ 13, 17 ZPO) zulässig.[47] Die Patentstreitkammern sind nicht zuständig.[48]

Die **Gewährung der Wiedereinsetzung** ist entspr § 238 Abs 3 ZPO unanfechtbar.[49] **21**

§ 35
Erfolglose Beendigung des Schiedsverfahrens

(1) Das Verfahren vor der Schiedsstelle ist erfolglos beendet,
1. wenn sich der andere Beteiligte innerhalb der ihm nach § 31 Abs. 2 gesetzten Frist nicht geäußert hat;
2. wenn er es abgelehnt hat, sich auf das Verfahren vor der Schiedsstelle einzulassen;
3. wenn innerhalb der Frist des § 34 Abs. 3 ein schriftlicher Widerspruch eines der Beteiligten bei der Schiedsstelle eingegangen ist.
(2) Der Vorsitzende der Schiedsstelle teilt die erfolglose Beendigung des Schiedsverfahrens den Beteiligten mit.

A. Allgemeines

Es steht dem Antragsgegner frei, sich auf das Verfahren vor der SstA einzulassen. Keiner der Beteilig- **1** ten ist verpflichtet, den Einigungsvorschlag anzunehmen. Nichterklärung, Nichteinlassung und Widerspruch beenden das Verfahren erfolglos. Die Bestimmung enthält keine abschließende Aufzählung der Beendigungsgründe.

B. Erfolglose Beendigung

I. Nichtäußerung (Abs 1 Nr 1) innerhalb der Frist nach § 31 Abs 2 führt zur erfolglosen Beendigung, **2** allerdings nicht im Verfahren nach § 17 Abs 2.[1] Dies gilt – entgegen früherer Praxis des SstA – auch bei verspäteter Gegenäußerung.[2]

II. Nichteinlassung

Das Verfahren ist auch dann erfolglos beendet, wenn der andere Beteiligte gegenüber der SstA er- **3** klärt, sich nicht auf das Verfahren einzulassen (Abs 1 Nr 2). Erneute Anrufung der SstA ist in diesem Fall möglich (Rn 9 zu § 28). Erfasst ist nur die Nichteinlassung von Anfang an; die Weigerung eines Beteiligten, weiterhin am Schiedsverfahren teilzunehmen, hindert die SstA nicht, einen Einigungsvorschlag zu ma-

---

44 Ausschussbericht BlPMZ 1957, 255.
45 Nach *Bartenbach/Volz* Rn 41 und *Reimer/Schade/Schippel* Rn 10 „wohl versehentlich".
46 AA *Bartenbach/Volz* Rn 41; *Reimer/Schade/Schippel* Rn 10.
47 Berechtigte Kritik bei *Bartenbach/Volz* Rn 43; eine Zuständigkeit des BPatG böte sich an.
48 Ausschussbericht BlPMZ 1957, 255; *Reimer/Schade/Schippel* Rn 14.
49 *Bartenbach/Volz* Rn 43.

1 *Bartenbach/Volz* Rn 3.
2 *Bartenbach/Volz* Rn 4 mwN.

chen, soweit sie den Sachverhalt als hinreichend geklärt erachten.[3] Bei teilbaren Lebenssachverhalten hält die Lit teilweise Einlassung für möglich.[4]

4   **III.** Zum **Widerspruch** (Abs 1 Nr 3) Rn 16 ff zu § 34.

IV. Weitere Beendigungsgründe[5]

5   Bei fehlender Zuständigkeit und bei unzulässiger Anrufung stellt die SstA das Verfahren durch Beschluss ein.[6] Tritt ein dem Einigungsvorschlag entgegenstehendes Ereignis im Lauf des Schiedsverfahrens ein, ist das Verfahren einzustellen.[7] Durch die Einstellung wird der Klageweg nach §§ 37 ff eröffnet.

6   Eine **Anfechtung** des Einstellungsbeschlusses zu den Verwaltungsgerichten ist entg der Auffassung der SstA nach der verwaltungsgerichtlichen Rspr dann nicht eröffnet, wenn der Einstellungsbeschluss neben einem (Teil-)Einigungsvorschlag erfolgt ist, weil er in diesem Fall keinen eigenständigen rechtl Gehalt haben soll; insoweit ist die Zuständigkeit des nach § 39 zuständigen Gerichts unter dem Gesichtspunkt des Sachzusammenhangs begründet.[8] Dagegen ist die Ablehnung der Eröffnung des Schiedsstellenverfahrens wegen Unzulässigkeit ihrer Anrufung ein anfechtbarer Verwaltungsakt.[9]

C. Mitteilung (Abs 2)

7   Die Mitteilungspflicht zielt auf § 37 Abs 1. Wird das Verfahren durch Beschluss eingestellt, tritt dessen Zustellung an die Stelle der Mitteilung.[10]

8   **D.** Eine dem § 14e UrhWarnG entspr Regelung über die **Aussetzung des Schiedsstellenverfahrens** findet sich im ArbEG nicht.

§ 36
Kosten des Schiedsverfahrens

Im Verfahren vor der Schiedsstelle werden keine Gebühren oder Auslagen erhoben.

VGG: detaillierte Regelung in §§ 117–123

1   **A.** Die Bestimmung normiert (anders als bei der Schiedsstelle nach dem Urheberrechtswahrnehmungsgesetz, § 15 UrhWarnG iVm der UrhSchiedsV, und der früheren Einigungsstelle nach dem ErstrG) den Grundsatz der **Kostenfreiheit**.[1] Die Kostenfreiheit betrifft auch das Widerspruchsverfahren bei Ablehnung eines Mitglieds der Schiedsstelle.[2] Die Kosten von Zeugen und Sachverständigen gehen zu Lasten der Bundeskasse.[3]

---

3   SstA BlPMZ 1964, 166; s auch SstA BlPMZ 1983, 188 f, SstA BlPMZ 1985, 222; SstA 9.4.1997 ArbErf 56/96.
4   *Bartenbach/Volz* Rn 7; *Volmer/Gaul* Rn 8; vgl SstA 1.3.1995 ArbErf 66, 67/93; SstA 10.10.1995 ArbErf 36/95; SstA 22.9.2010 ArbErf 94/04; vgl SstA 13.1.2010 ArbErf 38/07; SstA 16.3.2010 ArbErf 31/08, zur Erklärung der Beendigung des Verfahrens.
5   Zur Antragsrücknahme SstA 9.4.1997 ArbErf 56/96.
6   *Bartenbach/Volz* Rn 10 mwN; vgl VG München 18.10.2013 M 17 K 12.3338.
7   SstA BlPMZ 1960, 316.
8   VG München 18.10.2013 M 17 K 12.3338.M vgl die Beschwerdeentscheidung VGH München 11.2.2014 5 C 13.2380.
9   *Bartenbach/Volz* § 28 Abs 8, § 34 Rn 7, § 35 Rn 10; VG München 18.10.2013 M 17 K 12.3338.
10 *Bartenbach/Volz* Rn 18.

1   Vgl SstA BlPMZ 1983, 188; SstA BlPMZ 1984, 250.
2   *Bartenbach/Volz* Rn 2 unter Hinweis auf SstA 25.1.2008 ArbErf 8/01.
3   *Reimer/Schade/Schippel* Rn 1.

B. Im Verfahren vor der SstA findet auch keine **Erstattung von Gebühren und Auslagen** statt,[4] auch **2** nicht der Kosten von Verfahrensbevollmächtigten.[5] Das gilt auch für die Kosten von Zeugen und Sachverständigen, die die Parteien stellen.[6] Über materiellrechtl Kostenerstattungsansprüche, etwa aus dem Gesichtspunkt des Verzugs, hat die SstA nicht zu entscheiden.[7]

Soweit die Durchführung des Schiedsstellenverfahrens nach § 37 Abs 1 **Prozessvoraussetzung** für **3** das Klageverfahren ist, können die Kosten notwendige Kosten der Rechtsverfolgung und nach § 91 Abs 1 ZPO zu erstatten sein.[8]

C. Die **Gebührenansprüche** der Rechts- und Patentanwälte richten sich nach § 17 Nr 7 RVG (aA **4** *7. Aufl*).[9]

6. Gerichtliches Verfahren

Vor § 37

Der Unterabschnitt enthält Regelungen über das **gerichtliche Verfahren** bei Rechtsstreitigkeiten **1** nach dem ArbEG, und zwar in § 37 über die Vorschaltung des Schiedsstellenverfahrens, in § 38 über die Zulässigkeit unbezifferter Klageanträge, in § 39 über die gerichtliche Zuständigkeit.

Daneben sind, soweit die Zuständigkeit der ordentlichen Gerichte begründet ist, die **§§ 143–145 PatG** **2** anwendbar. Im übrigen gelten die allg Regeln des Zivilprozessrechts bzw des arbeitsgerichtlichen Verfahrensrechts und, soweit Zuständigkeit der Verwaltungsgerichte in Betracht kommt, des Verwaltungsprozesses.

Verfahren über ArbNErfindungen können sich uU lange hinziehen; dies hat schon zu einer Beanstan- **3** dung wegen überlanger **Verfahrensdauer** geführt (Erfindungsmeldung 1957, Anrufung der Schiedsstelle 1974, Klage 1985, Nichtannahme der Revision 1988, Nichtannahme der Verfassungsbeschwerde 1998).[1]

§ 37
Voraussetzungen für die Erhebung der Klage

(1) Rechte oder Rechtsverhältnisse, die in diesem Gesetz geregelt sind, können im Wege der Klage erst geltend gemacht werden, nachdem ein Verfahren vor der Schiedsstelle vorausgegangen ist.

(2) Dies gilt nicht,

1. wenn mit der Klage Rechte aus einer Vereinbarung (§§ 12, 19, 22, 34) geltend gemacht werden oder die Klage darauf gestützt wird, daß die Vereinbarung nicht rechtswirksam sei;
2. wenn seit der Anrufung der Schiedsstelle sechs Monate verstrichen sind;
3. wenn der Arbeitnehmer aus dem Betrieb des Arbeitgebers ausgeschieden ist;
4. wenn die Parteien vereinbart haben, von der Anrufung der Schiedsstelle abzusehen. Diese Vereinbarung kann erst getroffen werden, nachdem der Streitfall (§ 28) eingetreten ist. Sie bedarf der Schriftform.

(3) Einer Vereinbarung nach Abs. 2 Nr. 4 steht es gleich, wenn beide Parteien zur Hauptsache mündlich verhandelt haben, ohne geltend zu machen, daß die Schiedsstelle nicht angerufen worden ist.

(4) Der vorherigen Anrufung der Schiedsstelle bedarf es ferner nicht für Anträge auf Anordnung eines Arrestes oder einer einstweiligen Verfügung.

---

4 SstA BlPMZ 1959, 15; SstA 30.6.1994 ArbErf 181/92; SstA 15.12.2009 ArbErf 16/09.
5 *Bartenbach/Volz* Rn 3 mwN.
6 SstA EGR Nr 20 zu § 5 ArbEG; *Bartenbach/Volz* Rn 3.
7 *Bartenbach/Volz* Rn 3 mNachw.
8 *Bartenbach/Volz* Rn 4 mNachw.
9 *Bartenbach/Volz* Rn 5.

1 EGMR 26.9.2002 Becker/Deutschland, zu BVerfG Mitt 1999, 61.

Keukenschrijver

(5) Die Klage ist nach Erlaß eines Arrestes oder einer einstweiligen Verfügung ohne die Beschränkung des Absatzes 1 zulässig, wenn der Partei nach den §§ 926, 936 der Zivilprozeßordnung eine Frist zur Erhebung der Klage bestimmt worden ist.

Ausland: Polen: Art 294 RgE 2000

A. Grundsatz; Anrufung der Schiedsstelle

1   Der RefE ArbEGÄndG sah vor, in Abs 2 Nr 1 die Angabe „(§§ 12, 19, 22, 34)" durch die Angabe „(§§ 19, 22, 34)" zu ersetzen. Die weit auszulegende Bestimmung[1] gilt nur bei Streitigkeiten zwischen den Arbeitsvertragsparteien (auch Betriebsnachfolgern, Rn 3 zu § 28), nicht aber bei solchen mit Dritten.[2] Sie macht Klagen auf Grund des ArbEG grds von der vorangegangenen Anrufung der SstA abhängig. Die Bestimmung gilt nicht für Erfindungen und Verbesserungsvorschläge von Organen von juristischen Personen, weil diese nicht ArbN sind.[3] Die Durchführung des Schiedsstellenverfahrens ist Sachurteilsvoraussetzung,[4] ihr Fehlen macht die Klage unzulässig.[5]

2   Das Schiedsstellenverfahren muss (regelmäßig erfolglos) **beendet** sein; ist dies nicht der Fall, kommt schon aus Gründen der Prozesswirtschaftlichkeit eine Aussetzung des Rechtsstreits in Betracht.[6] Ist eine Einigung zustandegekommen, kann die Klage im Einzelfall wegen fehlenden Rechtsschutzbedürfnisses unzulässig sein.[7]

B. Ausnahmen

3   **I.** Nach **Abs 2 Nr 1** kann bei bestimmten Streitigkeiten aus und über Vereinbarungen, zu denen auch Vergleiche im Schiedsstellenverfahren gehören,[8] ohne vorangegangenes Verfahren vor der SstA geklagt werden; dies gilt nicht bei einseitigen Festsetzungen des ArbGb, es sei denn, diese wären mangels Widerspruchs verbindlich geworden.[9]

4   **II. Abs 2 Nr 2** findet Anwendung, wenn das Verfahren vor der SstA nicht innerhalb von sechs Monaten abgeschlossen ist und bildet damit nur scheinbar eine Ausnahme vom Grundsatz des Abs 1. Die Sechsmonatsfrist beginnt mit Eingang des Antrags bei der SstA.[10]

5   **III. Abs 2 Nr 3** macht die Anrufung der SstA nach – nicht nur vorübergehendem[11] – Ausscheiden des ArbN entbehrlich, aber nicht unzulässig, und trägt damit dem Beschleunigungsinteresse nach Beendigung des Arbeitsverhältnisses Rechnung. Erfasst sind auch Ruhestandsverhältnisse.[12]

6   **IV. Abs 2 Nr 4** ermöglicht unter bestimmten Voraussetzungen eine einvernehmliche Klage ohne Anrufung der SstA; das Schriftformerfordernis für die Vereinbarung hat Warnfunktion. Die Vereinbarung ist

---

1   *Bartenbach/Volz* Rn 4.
2   *Bartenbach/Volz* Rn 5.
3   OLG Düsseldorf 8.6.2006 2 U 28/05 Mitt 2006, 471 Ls.
4   OLG Düsseldorf 8.6.2006 2 U 28/05 Mitt 2006, 471 Ls; *Bartenbach/Volz* Rn 6, 18; *Reimer/Schade/Schippel* Rn 1; vgl BGH GRUR 2000, 872 Schiedsstellenanrufung, BGHZ Vv = GRUR 2016, 71 Ramses: nicht, wenn zum UrhWarnG; nicht, wenn Anwendbarkeit und Angemessenheit des Tarifs nicht entscheidungserheblich sind, beide zum UrhWarnG; aA OLG Düsseldorf GRUR 1962, 193 f unter unzutr Hinweis auf die Begr: prozesshindernde Einrede.
5   Vgl BGH Schiedsstellenanrufung.
6   *Reimer/Schade/Schippel* § 28 Rn 9; *Lindenmaier/Lüdecke* Anm 1; aA *Volmer* Rn 2; kr auch *Bartenbach/Volz* Rn 8; vgl auch BGH GRUR 2000, 872 Schiedsstellenanrufung.
7   Vgl *Bartenbach/Volz* Rn 9.
8   Vgl SstA BlPMZ 1960, 316; zum Streit über die Wirksamkeit einer Vereinbarung vgl BGH GRUR 2000, 872 Schiedsstellenanrufung.
9   *Bartenbach/Volz* Rn 14; aA *Reimer/Schade/Schippel* Rn 9.
10   *Bartenbach/Volz* Rn 16.
11   OLG Düsseldorf GRUR 1962, 193 f.
12   OLG Düsseldorf GRUR 1962, 193 f.

erst nach Entstehen des Streitfalls, aber noch nach Klageerhebung möglich.[13] Der Gegner kann im Schiedsstellenverfahren die Vereinbarung einwenden.[14]

V. Rügelose Einlassung zur Hauptsache (Abs 3) steht einer Vereinbarung gleich. Die Bestimmung ist **7** § 39 ZPO nachgebildet.

VI. Arrest und einstweilige Verfügung

Abs 4 nimmt Verfahren des vorläufigen Rechtsschutzes vom Erfordernis der Anrufung der SstA aus. **8** Abs 5 trifft in diesem Fall eine Folgeregelung für die nachfolgende Hauptsacheklage.

§ 38
Klage auf angemessene Vergütung

Besteht Streit über die Höhe der Vergütung, so kann die Klage auch auf Zahlung eines vom Gericht zu bestimmenden angemessenen Betrages gerichtet werden.

A. Allgemeines

Der RefE ArbEGÄndG sah (anders als das PatRVereinfModG) vor, die Bestimmung aufzuheben. Die **1** Klage auf Erfindervergütung als Alleinerfinder erfasst als minus den Anspruch auf Vergütung als Miterfinder; Klageabweisung führt nach entspr Vortrag auch insoweit zur Rechtskraft.[1]

B. Unbezifferte Klage

I. Zweck; Anwendungsbereich

§ 253 Abs 2 Nr 2 ZPO verlangt für die Klageschrift einen bestimmten Antrag. Die Rspr lässt über einzel- **2** ne gesetzliche Regelungen (wie in § 642 ZPO) hinaus bei Unmöglichkeit oder Unzumutbarkeit der Ermittlung der Höhe des Anspruchs seitens des Klägers einen unbezifferten Zahlungsantrag zu.[2] Die Bestimmung hat im Hinblick auf § 253 ZPO klarstellende Funktion;[3] deshalb erübrigt sich auch der Streit, ob sie auf arbeitnehmerähnliche Personen entspr anzuwenden ist.[4] Der ArbN soll nicht das Kostenrisiko aus einer ihn regelmäßig überfordernden Schätzung tragen müssen.[5]

Erfasst sind alle **Vergütungsansprüche** für Erfindungen und qualifizierte technische Verbesserungs- **3** vorschläge.[6] Voraussetzung ist, dass die Höhe nicht feststeht.[7] Anstelle der unbezifferten Klage kommt auch Stufenklage in Betracht.[8]

---

13 *Bartenbach/Volz* Rn 20.
14 *Bartenbach/Volz* Rn 23.

1 BGH GRUR 2001, 226 Rollenantriebseinheit I.
2 BGH NJW 1967, 1420.
3 Begr BlPMZ 1957, 245.
4 Dies bejahen *Reimer/Schade/Schippel* Rn 2 gegen *Bartenbach/Volz* Rn 7.
5 *Bartenbach/Volz* Rn 1; zur Streitwertbemessung vgl OLG München Mitt 1967, 39 f, ArbG Heide 13.5.1958 Arbeitsrecht in Stichworten XX Nr 399; *Bartenbach/Volz* Rn 2.
6 *Bartenbach/Volz* Rn 4.
7 *Bartenbach/Volz* Rn 5.
8 *Bartenbach/Volz* Rn 8.

II. Wirkung

4   Die Bestimmung stellt nur von der Bezifferung frei, die tatsächlichen Grundlagen und die ungefähre Größenordnung sind anzugeben.[9] Anzugeben sind insb die wirtschaftliche Verwertbarkeit der Erfindung oder des Verbesserungsvorschlags, die Aufgaben und die Stellung des ArbN im Betrieb, der Anteil des Betriebs am Zustandekommen der Erfindung, Miterfinderanteile und eventuelle Vergütungszahlungen an Miterfinder.[10] Angebracht ist die Angabe eines bezifferten Mindestbetrags.[11]

III. Prüfung

5   Das Gericht hat aufgrund des festgestellten Sachverhalts die Höhe der Vergütung zu ermitteln; es kann sich dabei der eigenen Sachkenntnis bedienen oder Sachverständige heranziehen, auch steht ihm die Schätzungsmöglichkeit nach § 287 Abs 2 ZPO zur Verfügung.[12]

IV. Entscheidung; Rechtsmittel

6   Erhebliche Abweichung von den Vorstellungen des Klägers begründet iSd Rechtsmittelrechts Beschwer;[13] in diesem Fall hat teilweise Klageabweisung zu erfolgen.[14]

7   Bei der Bestimmung des **Streitwerts** für eine auf Zahlung von ArbNErfVergütung gerichtete Klage werden die in der Bestimmung niedergelegten sozialen Schutzzwecke nicht mindernd zugunsten des klagenden ArbN berücksichtigt.[15] Bei einem unbezifferten Klageantrag ist der Streitwert, soweit der Kläger nicht einen verbindlichen Mindestbetrag angegeben hat, in freier Schätzung nach § 3 ZPO festzusetzen, wobei grds nach dem Betrag zu bemessen ist, den das Gericht aufgrund des Sachvortrags des Klägers als angemessen erachtet; offensichtlich übertriebene Einschätzungen und Angaben insb zu Umständen, über die der Beklagte erst Auskunft erteilen soll, haben dabei außer Betracht zu bleiben.[16] Zielt das Klagebegehren auf eine grds abw rechtl Beurteilung der Höhe einer angemessenen Vergütung, muss sich dieses Rechtsschutzziel im Streitwert niederschlagen; dabei ist jedoch umso mehr Zurückhaltung geboten, desto fernliegender es erscheint, dass die rechtl Erwägungen des Klägers die Höhe des Vergütungsanspruchs maßgeblich bestimmen könnten.[17]

§ 39
Zuständigkeit

(1) [1] **Für alle Rechtsstreitigkeiten über Erfindungen eines Arbeitnehmers sind die für Patentstreitsachen zuständigen Gerichte (§ 143 des Patentgesetzes) ohne Rücksicht auf den Streitwert ausschließlich zuständig.** [2] **Die Vorschriften über das Verfahren in Patentstreitsachen sind anzuwenden.**

(2) **Ausgenommen von der Regel des Absatzes 1 sind Rechtsstreitigkeiten, die ausschließlich Ansprüche auf Leistung einer festgestellten oder festgesetzten Vergütung für eine Erfindung zum Gegenstand haben.**

---

9   Vgl zu § 253 ZPO BGH GRUR 1977, 539, 542 Prozeßrechner.
10   *Bartenbach/Volz* Rn 8; *Reimer/Schade/Schippel* Rn 2.
11   *Bartenbach/Volz* Rn 3.
12   Zur Beweislast vgl auch OLG Nürnberg GRUR 1979, 234.
13   BGH NJW 1969, 1427.
14   BGH GRUR 1977, 539, 542 Prozeßrechner.
15   OLG Düsseldorf InstGE 13, 237 gegen OLG Düsseldorf GRUR 1984, 653.
16   BGH GRUR 2012, 959 antimykotischer Nagellack II.
17   BGH antimykotischer Nagellack II.

Schrifttum: *Asendorf* Wettbewerbs- und Patentstreitsachen vor Arbeitsgerichten? GRUR 1990, 229; *A. Bartenbach/
B. Bartenbach* Die Rechtswegzuständigkeit der Arbeitsgerichte für Streitigkeiten über Arbeitnehmererfindungen und
Urheberrechtsstreitigkeiten nach § 2 Abs 2 ArbGG, FS K. Bartenbach (2005), 629; *Düwell* Rechtsstreitigkeiten der Arbeitsvertragsparteien über Erfindungen, Verbesserungsvorschläge und Urheberrechte, ZAP Fach 17, 389–402 (1998); *Schultz-
Süchting* Der technische Verbesserungsvorschlag im System des ArbEG, GRUR 1973, 293; *Sievers* Zuständigkeit der Gerichte für Arbeitssachen für betriebliche Verbesserungsvorschläge, jurisPR-ArbR 45/2004 Anm 4; *Traub* Die Streitwertfestsetzung für Arbeitnehmer-Erfinder im Lichte verfassungskonformer Auslegung, FS A. Söllner (1990), 577; *Volmer* Zuständigkeit des Arbeitsgerichts bei Aufrechnung mit Gegenforderung, die in die Zuständigkeit der Patentstreitkammer fällt, AP
Nr 2 zu § 39 ArbNErfG.

A. Allgemeines; Entstehungsgeschichte; Anwendungsbereich

Die Bestimmung wurde durch Art 2 Abs 2 des GebrMÄndG 1986 redaktionell geänd; Abs 1 Satz 3 ist **1**
aufgehoben durch Art 9 Nr 5 KostRÄndG 1994.[1] Der RefE ArbEGÄndG sah vor, in Abs 2 an die Stelle der
Worte „festgestellten oder festgesetzten Vergütung für eine Erfindung" die Worte „Vergütung für eine
Erfindung nach den §§ 9 bis 11" zu setzen. Die Bestimmung, eine Spezialvorschrift zu § 2 ArbGG,[2] löst die
nach früherem Recht bestehende Zuständigkeitsaufteilung für Erfindungsstreitigkeiten ab und weist diese
grds umfassend den sachkundigen Patentstreitkammern zu.[3]

Nach §§ 40, 41 gilt die Bestimmung auch für den **öffentlichen Dienst**. **2**

B. Rechtsweg

I. Grundsatz

In ArbNErfindersachen ist grds der Rechtsweg zu den ordentlichen Gerichten eröffnet (vgl Rn 47 zu **3**
§ 143 PatG; zu den Ausnahmen nachfolgend; zur Rechtslage bei Verletzung von Geheimhaltungsverpflich-
tungen Rn 48 zu § 143 PatG).[4]

II. Ausnahmen

Für die **Ansprüche nach Abs 2**, bei denen spezifisch patentrechtl Fragen nicht im Streit sind, sind **4**
die Arbeitsgerichte zuständig (§ 2 Abs 2a ArbGG), bei Beamten und Soldaten die Verwaltungsgerichte
(§§ 126 BRRG, § 126 BBG, §§ 82ff Soldatengesetz). Erfasst sind in erster Linie die Fälle des § 12 Abs 1–5, daneben die des bindend gewordenen Einigungsvorschlags[5] (§ 34 Abs 3). Ist streitig, ob eine Vergütungsvereinbarung oder Festsetzung vorliegt, hat das angerufene Arbeitsgericht dies bei entspr Vortrag des Klägers
zu prüfen.[6] Wird geltend gemacht, dass die Geschäftsgrundlage für die Vereinbarung weggefallen sei, soll
es bei der Zuständigkeit der Arbeitsgerichte verbleiben.[7]

Dies soll auch für vorbereitende Klagen auf **Auskunft** und Rechnungslegung gelten.[8] selbst wenn die **5**
Ansprüche nicht im Weg der Stufenklage geltend gemacht werden.[9] Für Vergütungsansprüche aus Erfin-

---

1 BGBl I 1325.
2 *Bartenbach/Volz* Rn 1; *A. Bartenbach/B. Bartenbach* FS K. Bartenbach (2005), 629, 631.
3 Vgl Begr BlPMZ 1957, 245.
4 Vgl LAG Frankfurt 2.8.2010 7 Ta 203/10 LAGE § 17a GVG Nr 11.
5 *Bartenbach/Volz* Rn 17.
6 *A. Bartenbach/B. Bartenbach* FS K. Bartenbach (2005), 629, 633 mNachw der unveröffentlichten Rspr.
7 LAG Erfurt 1.8.2011 1 Ta 117/11.
8 BAG DB 1972, 2167 Aufrechnung.
9 *Grunsky* ArbGG[7] § 2 Rn 106; *Germelmann/Matthes/Prütting/Müller-Gloge* ArbGG[7] § 2 Rn 111.

Keukenschrijver

dungen (nicht Verbesserungsvorschlägen) kann aber Zuständigkeit der ordentlichen Gerichte vereinbart werden.[10] Die Arbeitsgerichte entscheiden auch über patentrechtl Vorfragen im Rahmen einer Vergütungsklage.[11]

6 Gleiches gilt für Fragen, die im **Zusammenhang** mit einer Klage nach § 2 Abs 2, 3 ArbGG stehen.[12] Jedoch kann die Zuständigkeit der Arbeitsgerichte nicht dadurch begründet werden, dass erfinderrechtl Ansprüche im Zusammenhang mit einer anderen arbeitsrechtl Streitigkeit geltend gemacht werden.[13]

7 Eine **Anpassung der Vergütung** nach § 12 Abs 6 kann sowohl im Klageweg vor der Patentstreitkammer als auch als Einwendung gegen den Zahlungsanspruch des ArbNErfinders, den dieser vor dem Arbeitsgericht einklagt, geltend gemacht werden.[14]

8 **Aufrechnung.** Rechnet in einem Arbeitsgerichtsprozess der Beklagte mit Ansprüchen auf, für die die Gerichte für Patentstreitsachen zuständig sind, haben die Arbeitsgerichte darüber mitzuentscheiden.[15]

III. Sortenschutz

9 Streitsachen über ArbNZüchtungen und -entdeckungen fallen in die Zuständigkeit der Arbeitsgerichte (§ 2 Abs 1 Nr 3 Buchst a ArbGG) oder, soweit der öffentliche Dienst betroffen ist, der Verwaltungsgerichte.[16]

10 **IV. In Urhebersachen** ist die Zuständigkeit der ordentlichen Gerichte als Gerichte für Urheberstreitsachen (§§ 104, 105 UrhG) begründet, soweit der Streit nicht ausschließlich Ansprüche auf Leistung einer vereinbarten Vergütung zum Gegenstand hat; in letzterem Fall sind die Arbeits- oder Verwaltungsgerichte zuständig (§ 104 Satz 2 UrhG).[17] Das gilt auch für Ansprüche nach § 32 UrhG, wobei das Arbeitsgericht im Streitfall auch die Angemessenheit zu beurteilen hat.[18] Für Vertragsänderungsansprüche nach § 32 Abs 1 Satz 3 UrhG und für Ansprüche nach § 32a UrhG sind dagegen die Gerichte für Urhebersachen zuständig.[19]

11 **C. Die ausschließliche Zuständigkeit** der für Patentstreitsachen zuständigen Gerichte (§ 143 PatG) erfasst auch den Streit, ob eine Diensterfindung vorliegt, dies auch als Vorfrage für den auf widerrechtl Entnahme gestützten Einspruch.[20] Sie gilt nur für Rechtsstreitigkeiten über Erfindungen eines ArbN iSd § 2,[21] nicht dagegen über technische Verbesserungsvorschläge eines ArbN iSd § 3.[22] Für diese sind gem § 2 Abs 1 Nr 3 ArbGG die Gerichte für Arbeitssachen sachlich zuständig;[23] diese Aufspaltung ist auf Kritik gestoßen.[24] Bei Streit über die Schutzfähigkeit wurde vertreten, dass das angerufene Arbeitsgericht vAw die Schutzfähigkeit zu prüfen habe.[25] Dies wäre schwer handhabbar. Für die Zuständigkeitsprüfung sollte besser auf den Sachvortrag des Klägers abgestellt werden (Rn 59 zu § 143 PatG).[26] Nunmehr wird

---

10 *Germelmann/Matthes/Prütting/Müller-Gloge* ArbGG[7] § 2 Rn 113; *Kissel/Mayer* GVG[6] § 13 Rn 167.

11 LAG Hamm AP Nr 1 zu § 2 ArbGG; *Grunsky* ArbGG[7] § 2 Rn 106; *Germelmann/Matthes/Prütting/Müller-Gloge* ArbGG[7] Rn 114.

12 *A. Bartenbach/B. Bartenbach* FS K. Bartenbach (2005), 629, 644; vgl BAG AP Nr 1 zu § 3 ArbGG 1953 Zusammenhangsklage.

13 *Bartenbach/Volz* Rn 19 mwN; dort auch zur Rechtslage, wenn neben der in die Zuständigkeit der Arbeitsgerichte fallenden Zahlungsklage sonstige erfinderrechtl Ansprüche geltend gemacht werden oder die Klage erweitert wird.

14 OLG Jena GRUR-RR 2012, 89 unter Hinweis auf BGH GRUR 1976, 91 Softeis.

15 So schon BAG DB 1972, 2167 Aufrechnung; vgl auch BGH GRUR 1962, 305 Federspanneinrichtung.

16 *Keukenschrijver* FS K. Bartenbach (2005), 243, 256.

17 *A. Bartenbach/B. Bartenbach* FS K. Bartenbach (2005), 629, 635 ff.

18 *A. Bartenbach/B. Bartenbach* FS K. Bartenbach (2005), 629, 639.

19 *A. Bartenbach/B. Bartenbach* FS K. Bartenbach (2005), 629, 640 f, 642 f.

20 BPatGE 10, 207, dort auch zur Aussetzung des Einspruchsverfahrens in einem solchen Fall.

21 Vgl ArbG Rheine BB 1963, 1178.

22 Vgl LAG Hamm 18.9.2003 2 Ta 209/03.

23 BAG GRUR 1966, 88 Abdampfverwertung; LAG Nürnberg 27.8.2004 9 Ta 62/04 AR-Blattei ES 1760 Nr 8; *A. Bartenbach/B. Bartenbach* FS K. Bartenbach (2005), 629, 634.

24 Vgl *Kunze* RdA 1975, 42, 46; *Schultz-Süchting* GRUR 1973, 293, 300.

25 *Bartenbach/Volz*[4] Rn 32 mwN; aA *Grabinski* GRUR 2001, 922 f.

26 Vgl LG Düsseldorf InstGE 1, 264, das die schlüssige Behauptung des Klägers, es liege eine schutzfähige Erfindung vor, ausreichen lässt; BAG NZA 1997, 1181; *Zöller* vor §§ 17–17b GVG Rn 8.

vertreten, dass sich die Prüfung darauf beschränken könne, ob nach dem Klägervortrag ein Verfahren nach dem ArbEG wie Erfindungsmeldung oder Mitteilung als freie Erfindung eingeleitet worden sei; einer gerichtlichen Klärung der Schutzfähigkeit bedürfe es dann nicht.[27] Bei Verneinung der Schutzfähigkeit ist nach hM die Klage durch Prozessurteil abzuweisen, wenn kein Verweisungsantrag gestellt wird. Auch das Landgericht hat seine Zuständigkeit vAw zu prüfen. Für Ansprüche aus behaupteten Pflichtverletzungen des ArbG wegen einer vom ArbN „mitgebrachten", bereits vor dem Arbeitsverhältnis getätigten Erfindung ist der Rechtsweg zu den Arbeitsgerichten eröffnet.[28] Hat das ArbG seine Zuständigkeit bejaht und ist das Verfahren dort bereits in der Berufungsinstanz anhängig, kann die dieselbe Rechtsfrage betr Klage vor dem Landgericht ohne Ermessensfehler ausgesetzt werden.[29]

D. Verfahren

Soweit die Gerichte für Patentstreitsachen zuständig sind, ist auch deren Verfahrensrecht anzuwenden (Abs 1 Satz 2); soweit die Arbeitsgerichte zuständig sind, gelten die besonderen verfahrensrechtl Bestimmungen des ArbGG. Bei der Bestimmung des Streitwerts für die auf Zahlung der Vergütung gerichteten Klage werden die in § 38 niedergelegten sozialen Schutzzwecke nicht mindernd zugunsten des klagenden ArbN berücksichtigt (Rn 7 zu § 38); die Möglichkeit der Streitwertherabsetzung nach § 144 PatG besteht allerdings auch hier.[30] Die Befreiung von der Vorauszahlungsverpflichtung nach § 65 Abs 2 GKG zugunsten des ArbN erstreckt sich nicht auf die nach § 61 GKG fällig gewordenen Gerichtsgebühren.[31] **12**

E. Versicherbarkeit

Bei der Geltendmachung eines Anspruchs auf Zahlung einer angemessenen Vergütung für eine patentfähige und tatsächlich patentierte ArbNErfindung gegen den (früheren) ArbGb soll es sich nicht um eine arbeitsrechtl Streitigkeit handeln, so dass die Ausschlussbestimmung des § 4 Abs 1 Buchst e ARB 1984 eingreift.[32] Der Leistungsausschluss in § 3 Abs 2d ARB 1994 umfasst demnach einen Rechtsstreit zwischen ArbN und ArbG über eine Vergütung für eine zwischenzeitlich patentierte ArbNErfindung, da ein ursächlicher Zusammenhang zwischen dem Vergütungsanspruch und einem Patent besteht.[33] Dem wird in der Lit[34] und teilweise auch in der Rspr[35] widersprochen. **13**

DRITTER ABSCHNITT
Erfindungen und technische Verbesserungsvorschläge von Arbeitnehmern im öffentlichen Dienst, von Beamten und Soldaten

Vor § 40

Schrifttum zu §§ 40, 41 bei § 40, zu § 42 s dort

Reform. Der RefE ArbEGÄndG sah in der Abschnittsüberschrift sowie in § 40 Abs 1 nach dem Wort „Erfindungen" und § 41 die Streichung der Worte „und technische Verbesserungsvorschläge", weiter die Streichung von § 40 Abs 1 Nr 1 Satz 4 und § 40 Abs 1 Nr 2 sowie Neunummerierung der bisherigen Nrn 3–5 in 2–4 vor. Zu den Änderungen beim „Hochschullehrerprivileg" s die Kommentierung zu §§ 42, 43. Das PatRVereinfModG hat die §§ 40–42 nicht geänd. **1**

---

27 *Bartenbach/Volz* Rn 32 unter Hinweis auf *Windisch* GRUR 1985, 829, 832, und *Asendorf* GRUR 1990, 229, 237.
28 LAG Köln 24.3.1997 10 Ta 5/97.
29 OLG Jena GRUR-RR 2012, 89.
30 OLG Düsseldorf InstGE 13, 237 gegen OLG Düsseldorf GRUR 1984, 653.
31 OLG Düsseldorf NJW-RR 2000, 367.
32 LG Coburg 11.11.2011 21 O 489/11.
33 LG Ansbach VersR 2007, 1268.
34 *Bartenbach/Volz* Rn 4 mwN.
35 AG Viersen VersR 2008, 1530.

§ 40
Arbeitnehmer im öffentlichen Dienst

(1) Auf Erfindungen und technische Verbesserungsvorschläge von Arbeitnehmern, die in Betrieben und Verwaltungen des Bundes, der Länder, der Gemeinden und sonstigen Körperschaften, Anstalten und Stiftungen des öffentlichen Rechts beschäftigt sind, sind die Vorschriften für Arbeitnehmer im privaten Dienst mit folgender Maßgabe anzuwenden:

1. [1]An Stelle der Inanspruchnahme der Diensterfindung kann der Arbeitgeber eine angemessene Beteiligung an dem Ertrage der Diensterfindung in Anspruch nehmen, wenn dies vorher vereinbart worden ist. [2]Über die Höhe der Beteiligung können im voraus bindende Abmachungen getroffen werden. [3]Kommt eine Vereinbarung über die Höhe der Beteiligung nicht zustande, so hat der Arbeitgeber sie festzusetzen. [4]§ 12 Abs. 3 bis 6 sind entsprechend anzuwenden.

2. Die Behandlung von technischen Verbesserungsvorschlägen nach § 20 Abs. 2 kann auch durch Dienstvereinbarung geregelt werden; Vorschriften, nach denen die Einigung über die Dienstvereinbarung durch die Entscheidung einer höheren Dienststelle oder einer dritten Stelle ersetzt werden kann, finden keine Anwendung.

3. Dem Arbeitnehmer können im öffentlichen Interesse durch allgemeine Anordnung der zuständigen obersten Dienstbehörde Beschränkungen hinsichtlich der Art der Verwertung der Diensterfindung auferlegt werden.

4. Zur Einreichung von Vorschlagslisten für Arbeitgeberbeisitzer (§ 30 Abs. 4) sind auch die Bundesregierung und die Landesregierungen berechtigt.

5. Soweit öffentliche Verwaltungen eigene Schiedsstellen zur Beilegung von Streitigkeiten auf Grund dieses Gesetzes errichtet haben, finden die Vorschriften der §§ 29 bis 32 keine Anwendung.

Ausland: Frankreich: Art R 611-12–14-1 CPI; **Türkei:** Art 39, 40 (Streitkräfte) VO 551

Schrifttum: *Dünnwald* Der Urheber im öffentlichen Dienst, Diss Freiburg/Br 1998; *Gaul* Die Arbeitnehmererfindung im öffentlichen Dienst und die kollektivrechtlichen Gestaltungsgrenzen, Zs für Tarifrecht 1987, 289; *Gross* Zum Recht der Diensterfindung, RiA 1965, 29; *Hubmann* Urheberrechtsprinzipien für das Verhältnis zwischen Professoren und Mitarbeitern, Patent- und Urheberrecht, Arbeitnehmererfindungs- und Veröffentlichungsrecht, Fortbildungsprogramm für die Wissenschaftsverwaltung, Mitt. Nr 21, 1985, 47; *Kumm* Leitfaden für Erfinder des öffentlichen Dienstes, 1980; *Leuze* Erfindungen und technische Verbesserungsvorschläge von Angehörigen des öffentlichen Dienstes, GRUR 1994, 415; *Leuze* Urheberrechte der Beschäftigten im öffentlichen Dienst², 2003; *Leuze* Die Urheberrechte der wissenschaftlichen Mitarbeiter, GRUR 2006, 552; *Röpke* Beamtenerfindungen, DÖV 1962, 128; *Röpke* Die Verpflichtungen des Erfinders im öffentlichen Dienst, ZBR 1962, 174; *Seewald/Freudling* Der Beamte als Urheber, NJW 1986, 2688; *Titscher* Verwertung von Erfindungen bei Drittmittelforschung, ÖBl 2008, 316; *Volz* Das Recht der Arbeitnehmererfindung im öffentlichen Dienst, 1985; *Wenzel* Zum Recht der Erfindungen von Arbeitnehmern und Beamten, DÖD 1957, 221.

A. Grundsatz

1   Das ArbEG gilt im Grundsatz auch für ArbN im öffentlichen Dienst. Maßgeblich ist die Rechtsform des Unternehmens/der Verwaltung.[1] Eine staatliche Forschungseinrichtung hat für eine Erfindung eines bei ihr angestellten Wissenschaftlers Erfindervergütung zu zahlen.[2] Soweit Dienstverhältnisse mit zwischenstaatlichen Einrichtungen dt Recht unterliegen, werden die Bestimmungen zumindest entspr anzuwenden sein (vgl zu Organisationen mit exterritorialem Status Rn 12 zu § 1).[3]

---

1   *Bartenbach/Volz* Rn 4.
2   SstA BlPMZ 1973, 205.
3   Vgl *Bartenbach/Volz* Rn 4.

B. Besonderheiten bei Arbeitnehmern im öffentlichen Dienst

I. Geltung einzelner Bestimmungen

Uneingeschränkt gelten die §§ 1–4 und 45. Eingeschränkt oder modifiziert gelten die §§ 5–39. **2**

Die **Vergütungsrichtlinien** sind nach den „Richtlinien für die Vergütung von Arbeitnehmererfin- **3** dungen im öffentlichen Dienst" entspr anzuwenden.

II. Nr 1 eröffnet bei Diensterfindungen, soweit es sich nicht um Hochschulerfindungen handelt (§ 42 **4** Nr 5), anstelle der Inanspruchnahme der Erfindung die Inanspruchnahme einer **angemessenen Beteiligung** an deren Ertrag.[4] Diese Inanspruchnahme entfaltet lediglich schuldrechtl Wirkung.[5] Die Regeln des § 6 aF waren zu beachten; ob und wieweit daran nach der Neuregelung noch festgehalten werden kann, wird in Zweifel gezogen.[6] Jedenfalls soll es einer einseitigen empfangsbedürftigen Erklärung der Inanspruchnahme seitens des ArbGb bedürfen und dem ArbN soll die Einwendung abgeschnitten sein, er habe die Erträge verbraucht.[7] Mit der Inanspruchnahme der Beteiligung ist das Wahlrecht des ArbGb verbraucht und die Erfindung wird frei.[8] Zur Berechnung der angemessenen Beteiligung ist die Formel Beteiligung = Ertragswert mal Arbeitsfaktor (Umkehr des Anteilsfaktors) vorgeschlagen worden.[9] Die Höhe der Beteiligung kann vereinbart werden (Nr 1 Satz 2); § 23 Abs 1 ist anzuwenden.[10]

III. Nr 2 ermöglicht die Regelung für „einfache" **technische Verbesserungsvorschläge** durch **5** Dienstvereinbarung.[11]

IV. Nr 3 gestattet die Anordnung von **Verwertungsbeschränkungen** im öffentlichen Interesse durch **6** Verwaltungsvorschrift. Zuständig ist die oberste Dienstbehörde. Solche Beschränkungen bestanden bis 2008 im Bereich des BMVtg und des BMWi und bis 2004 in Nordrhein-Westfalen (vgl *7. Aufl* Rn 7 f).[12]

Die auferlegten Beschränkungen dürfen nicht zu einem **Verwertungsverbot** führen;[13] auch unter **7** diesem Gesichtspunkt daher bdkl das Verbot der Schutzrechtsanmeldung für Beamte des DPMA.[14] Im Streitfall entscheidet auch hier die Patentstreitkammer nach § 39.[15]

V. Nr 4, 5 regeln **Besonderheiten bei der Schiedsstelle.** Zur Möglichkeit, eigene Schiedsstellen ein- **8** zurichten, Rn 2 vor § 28.

§ 41
Beamte, Soldaten

Auf Erfindungen von Beamten und Soldaten sind die Vorschriften für Arbeitnehmer im öffentlichen Dienst entsprechend anzuwenden.

---

4   Zur Berechnung des Ertrags SstA 25.6.1993 ArbErf 175/92; zum öffentlich-rechtl Charakter der österr Regelung öOGH 16.6.1992 4 Ob 65/92.
5   *Bartenbach/Volz* Rn 16.
6   *Bartenbach/Volz* Rn 23.
7   *Bartenbach/Volz* Rn 23.
8   *Bartenbach/Volz* Rn 24.
9   *Bartenbach/Volz* Rn 28 mwN; zur Praxis der SstA *Bartenbach/Volz* Rn 26.
10   SstA 25.6.1993 ArbErf 175/92.
11   Näher *Bartenbach/Volz* Rn 30 ff.
12   Aufstellung bei *Bartenbach/Volz* Rn 49.
13   *Bartenbach/Volz* Rn 42; OLG Düsseldorf 21.1.1970 2 U 11/69 undok.
14   So aber noch BVerwGE 12, 273 = BlPMZ 1961, 400; die einen Sachverhalt vor Inkrafttreten des ArbEG betr Entscheidung des BVerwG nimmt bei dem Verbot einen verwaltungsgerichtlich anfechtbaren Verwaltungsakt an.
15   VG Hannover AP Nr 1 zu § 39 ArbNErfG m abl Anm *Volmer*, zwh bzgl des Zivilrechtswegs.

A. Anwendungsbereich

1 **Beamte und Soldaten** (auch Wehrpflichtige) sind keine ArbN im statusrechtl Sinn; die Bestimmung erklärt die für ArbN im öffentlichen Dienst geltenden Regelungen (§ 40) gleichwohl für anwendbar (Gleichstellungsgrundsatz). Dies steht mit Art 33 Abs 5 GG in Einklang.[1] An die Stelle des ArbGb tritt der Dienstherr. Für Soldaten sind Regelungen in einem Erlass[2] getroffen.

2 Zur (str) Behandlung von **Richtern** Rn 8 zu § 1.

3 Auf zivile **Arbeitskräfte der NATO-Mitgliedstaaten** finden die Bestimmungen für ArbN im privaten Dienst Anwendung (str).[3]

4 Auf frühere **Zivildienstleistende** war § 41 entspr anzuwenden.[4] Durch den Bundesfreiwilligendienst wird dagegen kein Arbeitsverhältnis begründet; das ArbEG ist auch nicht analog anwendbar.[5]

B. Gerichtliche Zuständigkeit

5 Nach allg Grundsätzen (§ 126 BRRG; § 126 BBG; §§ 82 ff Soldatengesetz) ist im Rahmen des § 39 Abs 2 der Verwaltungsrechtsweg gegeben.

§ 42
Besondere Bestimmungen für Erfindungen an Hochschulen

Für Erfindungen der an einer Hochschule Beschäftigten gelten folgende besonderen Bestimmungen:

1. [1]Der Erfinder ist berechtigt, die Diensterfindung im Rahmen seiner Lehr- und Forschungstätigkeit zu offenbaren, wenn er dies dem Dienstherrn, rechtzeitig, in der Regel zwei Monate zuvor, angezeigt hat. [2]§ 24 Abs. 2 findet insoweit keine Anwendung.

2. [1]Lehnt der Erfinder aufgrund seiner Lehr- und Forschungsfreiheit die Offenbarung seiner Diensterfindung ab, so ist er nicht verpflichtet, die Erfindung dem Dienstherrn zu melden. [2]Will der Erfinder seine Erfindung zu einem späteren Zeitpunkt offenbaren, so hat er dem Dienstherrn die Erfindung unverzüglich zu melden.

3. Dem Erfinder bleibt im Fall der Inanspruchnahme der Diensterfindung ein nichtausschließliches Recht zur Benutzung der Diensterfindung im Rahmen seiner Lehr- und Forschungstätigkeit.

4. Verwendet der Dienstherr die Erfindung, beträgt die Höhe der Vergütung 30 vom Hundert der durch die Verwertung erzielten Einnahmen.

5. § 40 Nr. 1 findet keine Anwendung.

Ausland: Finnland: Hochschullehrerprivileg;[1] **Italien:** Art 65 CDPI; **Niederlande:** Art 12 Abs 3 ROW 1995; **Norwegen:** Hochschullehrerprivileg;[2] **Schweden:** Hochschullehrerprivileg;[3] **Türkei:** Art 41 VO 551

---

1 *Bartenbach/Volz* Rn 3 mwN; Röpke DÖV 1962, 128, 130.
2 VMBl 2008, 126.
3 *Bartenbach/Volz* Rn 21 mNachw der Gegenmeinung; *Reimer/Schade/Schippel* Rn 17.
4 *Bartenbach/Volz* Rn 26 und § 1 Rn 90, wohl allgM.
5 *Bartenbach/Volz* § 1 Rn 90.

1 *Trimborn/Fabry* Mitt 2009, 529.
2 *Trimborn/Fabry* Mitt 2009, 529.
3 *Trimborn/Fabry* Mitt 2009, 529.

Schrifttum: *Ballhaus* Rechtliche Bindungen bei Erfindungen von Hochschulangehörigen, GRUR 1984, 1; *Balzer/ Milbradt* Arbeitnehmererfinderrecht: Die Abschaffung des Hochschullehrerprivilegs und ihre Auswirkungen auf Forschungsverträge mit Universitätskliniken, PharmR 2003, 378; *Bartenbach* Auswirkungen der Reform des „Hochschullehrerprivilegs (§ 42 ArbEG nF) auf Forschungsaufträge, VPP-Rdbr 2002, 100; *Bartenbach/Hellebrand* Zur Abschaffung des Hochschullehrerprivilegs (§ 42 ArbEG) – Auswirkungen auf den Abschluss von Forschungsaufträgen, Mitt 2002, 165; *Bartenbach/Volz* Erfindungen an Hochschulen, GRUR 2002, 743; *Bartenbach/Volz* Erfindungsrechtliche Probleme der universitären Auftragsforschung, FS 50 Jahre VPP (2005), 225; *Bartenbach/Volz* Das Arbeitnehmererfindungsrecht auf der Nahtstelle von Arbeitsrecht und gewerblichem Rechtsschutz, GRUR 2009, 220; *Barth* Zum 40. Geburtstag des Hochschullehrerprivilegs nach § 42 ArbNEG, GRUR 1997, 880; *Beaucamp* Aufhebung des „Hochschullehrerprivilegs" im Gesetz über Arbeitnehmererfindungen, DÖD 2003, 99; *Becher/Gering/Lang/Schmoch* Patentwesen an Hochschulen, 1996 (BMBF-Studie I); *Beier* Rechtliche und organisatorische Probleme der wirtschaftlichen Verwertung von Forschungsergebnissen in Hochschulen und außeruniversitären Forschungseinrichtungen, in: Patent- und Urheberrecht, Arbeitnehmererfindungs- und Veröffentlichungsrecht, Fortbildungsprogramm für die Wissenschaftsverwaltung, Materialien Nr 21 (1985), 107; *Bercovitz* Nociones sobre patentes de invención para investigadores universitarios, 1994; *Bergmann* Erfindungen von Hochschulbeschäftigten nach § 42 ArbNEG, Diss Freiburg/Br 2006; *Beyerlein* Der Wegfall des „Hochschullehrerprivilegs" (§ 42 ArbEG) – eine Erleichterung für die Forschung an deutschen Hochschulen? NZA 2002, 1020; *Beyerlein* Zur Verfassungsmäßigkeit von § 42 Nr 1 S 1 HS 2 ArbnErfG, Mitt 2004, 75; *Beyerlein* Umgehungsgeschäfte beim Gesetz über Arbeitnehmererfindungen (ArbEG) durch Vereinbarungen zwischen Arbeitnehmer und Dritten unter besonderer Berücksichtigung der Hochschulkooperationsverträge, Mitt 2005, 152; *Beyerlein* Berliner Vertragsbausteine & Co – Eine Übersicht über Mustervereinbarungen für Forschungs- und Entwicklungskooperationen, Mitt 2008, 498; *Beyerlein* Erfindungen an Hochschulen – Der Wegfall des Hochschullehrerprivilegs: ein Zwischenbericht, Forschung & Lehre 2008, 462; *Beyerlein* Das selbststabilisierende Kniegelenk und die Verfassungsmäßigkeit des § 42 Nr 1 ArbEG, Mitt 2008, 67; *Bodenburg* Verfassungswidrig? Die Änderung des Patentrechts und ihre Folgen, Forschung & Lehre 2003, 601; *Böhringer* Die Novellierung des „Hochschullehrerprivilegs", NJW 2002, 952; *Brune* Bewährtes Deutsches Arbeitnehmererfindergesetz? Diss München (Univ) 2010; *Budach* Die erfinderrechtliche Situation im Hochschulbereich, in: Patentschutz und Patentverwertung, Referate der Seminarveranstaltung der Universität Bayreuth, 1983, 107; *Bund-Länder-Kommission für Bildungsplanung und Forschungsförderung* Förderung von Erfindungen und Patenten im Forschungsbereich, 1997; *Bundesministerium für Bildung und Forschung* Existenzgründungen mit Hochschulpatenten, 2005; *Bundesministerium für Bildung und Forschung* Zur Einführung der Neuheitsschonfrist im Patentrecht – ein USA-Deutschland-Vergleich bezogen auf den Hochschulbereich, 2001; *Bundesministerium für Bildung, Wissenschaft, Forschung und Technologie* Patente schützen Ideen – Ideen schaffen Arbeit, 1996; *Busche* Der Wegfall des Hochschullehrerprivilegs bei Diensterfindungen auf dem Prüfstand des Verfassungsrechts, CIPR 2007, 69; *Ciro* Commoditising University Intellectual Property, EIPR 2007, 274; *Cohausz ua* Untersuchung zum Verwertungsprivileg – Relevanz des so genannten Hochschullehrerprivilegs nach § 42 ArbNErfG, 1999 (BMBF-Studie II); *Crespi* Intellectual Property and the Academic Community, EIPR 1997, 6; *Damme* Die Beteiligung des Fiskus an der Verwertung der von staatlich angestellten Gelehrten gemachten Erfindungen, DJZ 1898, 399; *Dessemontet* Die Universitätserfindungen, GRUR Int 1983, 133; *Dessemontet* Les inventions dans les Universités suisses, Prop.Ind. 1982, 378; *Dzwonnek* Hoffen auf ein Wunder – zu den Hemmnissen im Verhältnis Wirtschaft und Wissenschaft, WissR 2000, 95; *Eberle/Handzik* Forschungskooperationsverträge aus der Sicht der Wirtschaft, in: Gäditz/Pahlow Hochschulerfinderrecht (2011), 297; *Fahse* Das Hochschullehrerprivileg des Arbeitnehmererfindungsgesetzes: beibehalten oder abschaffen? in FS H. Krüger (2001), 93; *Fernández de Córdoba* Patentschutz im universitären Bereich, GRUR Int 1996, 218; *Fernández de Córdoba* Derecho de patentes e investigación científica, 1996; *Fleuchaus/Braitmayer* Hochschullehrerprivileg ade? GRUR 2002, 653; *Frieling* Forschungstransfer: Wem gehören universitäre Forschungsergebisse? GRUR 1987, 407; *Frieling* Hochschulpatente aus der Sicht des DPMA, VPP-Rdbr 2003, 43; *Fritsch* Hochschulpatente aus der Sicht des Deutschen Patent- und Markenamts, VPP-Rdbr 2003, 43; *Gärditz/Pahlow* (Hrsg) Hochschulerfinderrecht, 2011; *Gaum* Patent- und Urheberrecht: Arbeitnehmererfindungen und Hochschullehrerprivileg in Verträgen der Universitäten mit Industriepartnern aus der Europäischen Gemeinschaft – Geltung ausländischen Rechts, GRUR 1991, 805; *Goddar* Vereinbarungen zur Forschungsbeauftragung aus der Industrie an die universitäre Forschung, VPP-Rdbr 2003, 41; *Godt* Patentschutz für Forschungsergebnisse: eine Herausforderung für die Wissenschaft, WissR 2003, 24; *Gramm* Anmerkung zum Aufsatz von Roland Frieling, Forschungstransfer: Wem gehören universitäre Forschungsergebisse? in GRUR 1987, 407, GRUR 1987, 864; *Haase ua* Erfindungen, Patente und Verwertung: Eine empirische Untersuchung an Thüringer Hochschulen, Jenaer Schriftenreihe zur Unternehmensgründung 7/2005, im Internet unter http://www. db-thueringen.de/servlets/Document Servlet?id=4142; *Haase/Lautenschläger* Neues Arbeitnehmererfinderrecht an Hochschulen, WissR 2006, 137; *Heath/Petersen* Hochschulerfindungen in Japan, GRUR Int 1999, 40; *Heerma/Maierhöfer* Drei Fragen zur Vergütung des Hochschulerfinders, GRUR 2010, 682; *Heine/Barker* Probleme der Universitätspatente und ihre Verwertung in Deutschland und Amerika, 1960; *Heerma/Maierhöfer* Drei Fragen zur Vergütung des Hochschulerfinders, GRUR 2010, 682; *Hoeren* Zur Patentkultur an Hochschulen – auf neuen Wegen zum Ziel, WissR 2005, 131; *Hoff* Forschungs- und Entwicklungskooperation zwischen Industrie und Lehre, ITRB 2015, 43; *Hübner* Erfindungen von Beschäftigten an Hochschulen: ein Beitrag zur Reform des § 42 ArbEG, Diss Münster 2002; *Hübner* § 42 Nr 1 ArbEG und die Freiheit der wissenschaftlichen Kommunikation, WissR 2005, 34; *Kitagawa* Academic-industrial cooperation and intellectual property in Japan, in: Das Recht vor den Herausforderungen neuer Technologien, 2006, 247; *Klawitter/Zintler* Neuer Mustervertrag für F&E-Kooperation zwischen Wirtschaft (industriellen Auftraggebern) und Hochschulen, Mitt 2006, 116; *Knudsen* Schutz wissenschaftlicher Leistungen an Hochschulen und Forschungseinrichtungen, 2005; *Körting/Kummer* Von der Hochschullehrererfindung zur Hochschulerfindung, RdA 2003, 279; *Kraßer* Erfindungsrecht des wissenschaftlichen Personals, in: *Hartmer/Detmer* (Hrsg) Hochschulrecht (2004), 451; *Kraßer/Schricker* Patent- und Urheberrecht an Hochschulen (1988); *Kretzer* Die Novellierung des „Hochschullehrerprivilegs" (§ 42 ArbNErfG), Diss Düsseldorf 2007; *Leistner* Farewell to the „Professor's Privilege" – Ownership of Patents for Academic Inventions in Germany Under the Reformed Employees' Inventions Act 2002, IIC 35 (2004), 859; *Leuze* Diensterfindungen von Beamten unter besonderer Berücksichtigung der Rechtsstellung von Universitätsprofessoren – Ein Vergleich zwischen der Rechtslage in Österreich und in Deutschland, ÖBl 1997, 3; *Leuze* Anmerkungen zur Beseitigung des Hochschullehrerprivilegs im Gesetz über Arbeitnehmererfindungen (ArbEG), WissR 2002, 342; *Leuze* Kritische Anmerkungen zu § 42 ArbEG, GRUR 2005, 27; *Levin* Is There a Good Solution For Patenting University Inventions? FS Kolle/Stauder (2005), 207; *Lichti* Zur Verfassungsmäßigkeit von § 42 Nr 1 ArbnErfG, Mitt 2006, 33; *Loughlan* Of Patents and Professors – Intellectual Property, Research Workers and Universities, EIPR 1996, 345; *Lux-Wesener* Die wirtschaftliche Verwertung von Hochschulerfindungen und die Gründung von Technologietransferunternehmen, DAJV-Newsletter 2002, 116; *Mallmann* Veröffentlichungsrecht und Arbeitnehmererfindungsrecht, in *Fläming* Handbuch des Wissenschaftsrechts (1982), 1388; *Matschiner* Erfindungen im Rahmen der Hochschulforschung – zum Patentwesen an deutschen Hochschulen, FS 50 Jahre VPP (2005), 174; *Müller-Meyer* Erfindungen im Hochschulrahmen: Aktuelle Praxis der Schweizer Hochschulen im Vergleich mit ausgewählten Hochschulen Deutschlands, Österreichs und den USA, Diplomarbeit ETH Zürich 2000; *OECD* Turning Science into Business: Patenting and Licensing at Public Research Organisations, 2003; *Ohly* Gewerbliche Schutzrechte und Urheberrechte an Forschungsergebnissen von Forschungseinrichtungen und ihren Wissenschaftlern, GRUR Int 1994, 879; *Otte* Erfindungen im Hochschulrahmen und ihre Verwertung: Eine Bestandesaufnahme des Technologietransfers an Schweizer Hochschulen, Diplomarbeit ETH Zürich 2003; *Pahlow/Gärditz* Konzeptionelle Anforderungen an ein modernes Recht der Hochschulerfindungen, WissR 2006, 48; *Peter* Die „Flucht in die Nebentätigkeit" – ein Schlupfloch aus der Neuregelung des § 42 ArbnErfG bei Erfindungen von Hochschullehrern? Mitt 2004, 396; *Pila* Who Owns the Intellectual Property Rights in Academic Work? EIPR 2010, 609; *Post/Kuschka* Verwertungspflichten der Hochschulen nach Abschaffung des Hochschullehrerprivilegs, GRUR 2003, 494; *Quaedvlieg* Denker im Dienstverhältnis, Kernfragen des Arbeitnehmer-Immaterialgüterrechts, GRUR Int 2002, 901; *Reetz* Erfindungen an Hochschulen; zur Geschichte des sog. Hochschullehrerprivilegs und zur Rechtslage seinem Wegfall aus der Perspektive des Verfassungsrechts, Diss Köln 2006; *Reetz* Die Regelung des § 42 Nr 1 ArbEG auf dem „verfassungsrechtlichen Prüfstand", WissR 2008, 406; *Rehbinder* Zu den Nutzungsrechten an Werken der Hochschulangehörigen, in FS H. Hubmann (1985), 359; *Rieder* Eigentum an Hochschulerfindungen, Zürich 2010; *Rieder* Wem gehört die Hochschulerfindung? sic! 2012, 528; *Rijlarsdam* Art 12 lid 3 ROW 1995 in strijd met een internationaal verdrag en niet verbindend, BIE 2000, 301; *Risch* Hochschulen und Patente, INSTI-Broschüre Nr. 10, 2004; *Sandberger* Verwertungsrechte an Forschungsergebnissen in der Universität, WissR 1988, 225; *Schippan* Über die Abschaffung des Hochschullehrerprivilegs, Forschung und Lehre 2002, 648; *Schmaltz* Anmerkung zu Peter, Die „Flucht in die Nebentätigkeit" ..., Mitt 2004, 504; *Schwarz* Erfindungen an amerikanischen Hochschulen. Patentschutz, rechtliche Zuordnung und wirtschaftliche Verwertung, Diss München 1997; *Sellnick* Die Neuregelung des Rechts der Diensterfindungen an den Hochschulen durch die Abschaffung des Hochschullehrerprivilegs, NVwZ 2002, 1340; *Slopek* Geistiges Eigentum in FuE-Verträgen zwischen Unternehmen und Hochschulen, Mitt 2013, 26; *Slopek/Pausewang/Beye* Auswirkungen der Novellierung des § 42 ArbEG auf den Umgang der nordrhein-westfälischen Hochschulen mit ihrem geistigen Eigentum, WissR 2011, 50; *Soudry* Die Rechtsstellung des Hochschulerfinders nach der Neufassung von § 42 ArbNErfG, Diss Heidelberg 2010; *Stallberg* Anwendungsfragen von § 42 Nr 4 ArbnErfG bei F&E-Verträgen im Hochschulbereich, GRUR 2007, 1035; *Steenbeek* Er is niets mis met art 12, lid 3 ROW 1995, BIE 2000, 415 mit Erwiderung *Rijlarsdam* BIE 2000, 417; *Tettinger/Lux-Wesener* Die Kooperation des Wissenschaftlers mit der Wirtschaft und das Nebentätigkeitsrecht der Professoren, in: *Hartmer/Detmer* (Hrsg) Hochschulrecht (2004), 204; *Titscher* Aufgriff von Erfindungen durch Universitäten nach dem UG 2002, ÖBl 2008, 123; *Ubertazzi* Arbeitnehmererfindungen von Forschern an Universitäten in Italien, GRUR Int 2003, 986; *Uitzetter* Artikel 12, lid 3 Rijksoctrooiwet 1995 is niet in strijd met het Internationaal Verdrag inzake Economische, Sociale en Culturele Rechten, BIE 2000, 418 mit Erwiderung *Rijlarsdam* BIE 2000, 422; *Ullrich* Privatrechtsfragen der Forschungsförderung in der Bundesrepublik Deutschland (1984); *Veddern* Multimediarecht für die Hochschulpraxis, 2004; *Volz* Zur Diensterfindung von Hochschulwissenschaftlern, FS W.D. Müller-Jahncke (2009), 495; *A. von Falck/Schmaltz* Hochschulerfindungen: Zuordnung und Vergütung in Deutschland, den Niederlanden, Frankreich, Großbritannien, den USA und Japan, GRUR 2004, 469 = University Inventions: Classification and Remuneration in Germany, the Netherlands, France, the UK, the U.S., and Japan, IIC 36 (2005), 912; *Wagner/Fischer* (Hrsg) Patentverwertung in Wissenschaft und Wirtschaft nach Wegfall des HHochschullehrerprivilegs, 2004; *Wagner/Ilg* Das Ideenmanagement an Hochschulen, Ideenmanagement 2000, 100; *Walter/Brusch/Hartung* Präferenzen bezüglich Dienstleistungen von Patentverwertungsagenturen, GRUR 2007, 395; *Weedon* Material Transfer Agreements: Observations and Comments, EIPR 2006, 597; *Wei-Lin Wang* A Study on Conflicts of Interest in Academia-Industry Cooperation: The Defence for and Modifications to the Bayh-Dole Act, EIPR 2012, 834; *Weigelt/Schramm* Wem gehört die Hochschulerfindung? Physikalische Blätter 2000, 52; *Weyand/Haase* Der Innovationstransfer an Hochschulen nach Novellierung des Hochschulerfindungsrechts – eine Zwischenbilanz in rechtspolitischer Absicht, GRUR 2007, 28; *Wimmer* Die wirtschaftliche Verwertung von Doktorandenerfindungen, GRUR 1961, 449; *Winzer* Forschungs- und Entwicklungsverträge, 2006; *Wündisch/Hering* Rücklizenzen bei FuE-Aufträgen: Das Nutzungsrecht für Forschung und Lehre, GRUR Int 2009, 106; *Wündisch/Hoffmann* Staatlich finanzierte Erfindungen in den USA – Erwerb und Lizenzierung von Forschungsergebnissen unter Geltung des Bayh-Dole Act, GRUR Int 2011, 789.

A. Entstehungsgeschichte

Das „Hochschullehrerprivileg" wurde als Ausfluss der Wissenschaftsfreiheit angesehen.[4] Die Abschaffung der Regelung wurde seit längerer Zeit diskutiert[5] und hat zu unterschiedlichen Regelungsvorschlägen geführt.[6] Die Neufassung der Bestimmung, die das Recht des Personals an Hochschulen im Grundsatz den allg Regelungen des ArbEG unterstellt hat, ist am 7.2.2002 in Kraft getreten (Art 2 ArbEGÄndG vom 24.1.2002;[7] Übergangsregelung in § 43).   **1**

B. „Hochschullehrerprivileg" nach früherem Recht

Erfindungen von Hochschullehrern waren vor der Neuregelung freie Erfindungen. Sie unterlagen grds keiner Mitteilungs- oder Anbietungspflicht, sofern nicht der Dienstherr besondere Mittel aufgewendet hatte (Abs 2 aF). Auf die Kommentierung in der *5. Aufl* mit Ergänzungen in der *6. und 7. Aufl* ist insoweit zu verweisen.   **2**

C. Geltendes Recht

I. Allgemeines[8]

Der Anteil der Patentanmeldungen aus dem Hochschulbereich wird auf 1,8–5% geschätzt.[9] Publikationen spielen damit eine größere Rolle als Patente.[10] Anregung für die Neuregelung gab der Bayh-Doyle Act in den USA im Jahr 1980 (35 USC 200–212).[11] Ziel der in der Bund-Länderkonferenz für Forschungsförderung und Bildungsplanung vorbereiteten Neuregelung war es, die frühere Regelung an die veränderten Rahmenbedingungen der Hochschulforschung anzupassen und den Wissens- und Technologietransfer an den Hochschulen zu fördern und damit zu mehr Innovation beizutragen.[12] Dazu wurde den Hochschulen die Möglichkeit eröffnet, alle wirtschaftlich nutzbaren Erfindungen in ihrem Bereich schützen zu lassen und auf dieser Basis stärker und effektiver als früher einer industriellen Verwertung zuzuführen. Gleich-   **3**

---

4   *Bartenbach/Volz*⁴ § 42 aF Rn 1; vgl zu internat Verpflichtungen *Rijlarsdam* BIE 2000, 301, 417, 422 einerseits, *Steenbeek* BIE 2000, 415 und *Uitzetter* BIE 2000, 418 andererseits.
5   *Bund-Länder-Kommission für Bildungsplanung und Forschungsförderung* Förderung von Erfindungen und Patenten im Forschungsbereich, 1997, 12 Stellungnahme des Bundesrats zum RegE 2. PatÄndG und Gegenäußerung der Bundesregierung BTDrs 13/9971 = BlPMZ 1998, 415 f.
6   Entwurf des Bundesrats eines Gesetzes zur Förderung des Patentwesens an den Hochschulen vom 9.3.2001, BRDrs 740/00, BTDrs 14/5939 vom 26.4.2001; RegE eines Gesetzes zur Änderung des Gesetzes über Arbeitnehmererfindungen vom 17.8.2001, BRDrs 583/01, und weitgehend textidentischer Entwurf der Regierungsfraktionen BTDrs 14/5975 vom 9.5.2001, der in der Fassung der BTDrs 14/7573 angenommen worden ist; näher zur Entstehungsgeschichte *Bartenbach/Volz* GRUR 2002, 743.
7   BGBl I 414.
8   Zu den Auswirkungen der Neuregelung auf Auftragsforschung und Forschungskooperationen mit Hochschulen *Bartenbach/Volz* § 42 nF Rn 190 ff; *Bartenbach* VPP-Rdbr 2002, 100, 103; *Bartenbach/Hellebrand* Mitt 2002, 165, 168 ff; vgl die Vertragsbausteine „Berliner Vertrag" für Auftragsforschung zwischen Hochschule und Industrie und Kooperationen in Forschung und Entwicklung zwischen Hochschule und Industrie, im Internet unter www.ipal.de/index_de_stat.htm; sowie hierzu *Goddar* VPP-Rdbr 2003, 41.
9   Vgl die *Bartenbach/Hellebrand* Mitt 2002, 165, 168 sowie die Nachw bei *Haase/Lautenschläger* WissR 2006, 137, 140 f.
10   Vgl *Haase/Lautenschläger* WissR 2006, 137, 141.
11   Vgl *Hoeren* WissR 2003, 131 f; *A. von Falck/Schmaltz* GRUR 2004, 469, 473; US-SuprC GRUR Int 2011, 764 Stanford University v. Roche.
12   Bundesratsentwurf BTDrs 14/5939, Entwurf BTDrs 14/5975, RegE BTDrs 14/7565.

zeitig sollten die Hochschulerfinder durch eine Besserstellung bei der Erfindervergütung motiviert werden, aktiv an der Schutzrechtserlangung und Verwertung ihrer Erfindungen mitzuwirken.[13] Die Regelung führte allerdings zu einer Schlechterstellung der Hochschullehrer infolge des Wegfalls des früheren Hochschullehrerprivilegs (Rn 2). Die Gesetzgebungskompetenz des Bunds ist aus Art 73 Nr 9 GG (ausschließliche Kompetenz für den gewerblichen Rechtsschutz) abgeleitet worden (vgl Rn 6 Einl). Eine Regelung zur Drittmittelforschung enthält § 25 des Hochschulgesetzes des Landes Sachsen-Anhalt, nach dessen Abs 2 Satz 2 die Forschungsergebnisse idR in angemessener Zeit veröffentlicht werden sollen, sofern Verwertungsinteressen der Hochschulen entspr § 42 dem nicht entgegenstehen.

4　　　Für Hochschulerfindungen gelten grds die **allgemeinen Bestimmungen**, soweit nicht Nr 1–5 Sonderregelungen enthalten. Sie unterliegen insb der Meldepflicht und dem Recht auf Inanspruchnahme nach den allg Regeln.[14] Grds ist bis zur Patentanmeldung oder Freigabe die Veröffentlichung zurückzustellen.[15] Verstöße gegen diese Pflichten sind Dienstpflichtverletzungen.[15]

5　　　Von einer Streichung der Bestimmung wurde abgesehen, weil die völlige Gleichstellung des Hochschullehrers mit anderen ArbNErfindern wegen der grundrechtl geschützten **Freiheit von Forschung und Lehre** nicht möglich ist.[16] Art 5 Abs 3 GG gebiete zwar nicht die Rechtsinhaberschaft des Hochschullehrers an seinen Forschungsergebnissen, berücksichtigt werden müsse aber das aus der Forschungsfreiheit herzuleitende Recht auf negative Publikationsfreiheit. Auch müsse gewährleistet werden, dass die positive Publikationsfreiheit nicht in unzumutbarer Weise beschränkt werde.[17] Die geltende Regelung ist im Zusammenhang mit der Stärkung der Verwertungsaktivitäten der Hochschulen zu sehen,[18] jedoch als missglückt bezeichnet worden.[19] Die Verwertung erfolgt vielfach über nach Förderrichtlinien des Bundesministeriums für Bildung und Forschung[20] geförderte Patentverwertungsagenturen.[21]

II. Erfasster Personenkreis

6　　　Die geltende Bestimmung erfasst Diensterfindungen aller im Bereich der Hochschule Beschäftigten unabhängig davon, ob es sich um Beamte oder Angestellte, wissenschaftliches oder technisches Personal handelt, einschließlich der Bediensteten in privatrechtl Dienstverhältnissen[22] (wohl allg M); ausgenommen sind nur Personen ohne Beschäftigungsverhältnis wie Honorarprofessoren, außerplanmäßige Professoren, Privatdozenten, Gastdozenten und Lehrbeauftragte, Doktoranden und Studenten, soweit sie nicht zusätzlich bei der Hochschule (und nicht nur bei einem Hochschullehrer)[23] angestellt sind (zB als wissenschaftliche Hilfskräfte).[24] Jedoch setzen Nr 1–3 schon ihrem Wortlaut nach eine Lehr- oder Forschungstätigkeit voraus. Str ist, ob damit auch wissenschaftliche Mitarbeiter erfasst werden.[25] Für Beschäftigte ohne wissenschaftliche Tätigkeit führt die Einbeziehung lediglich in Bezug auf die Vergütung zu einer Besserstellung gegenüber anderen Beamten und ArbN im öffentlichen Dienst. Daraus ist auch unter Gleichbehandlungsgesichtspunkten aber nicht abzuleiten, dass Nr 4 auch für den Vergütungsanspruch nach § 9 maßgeblich wäre.[26]

13　Beschlussempfehlung BTDrs 14/7573 S 2; vgl Begr BTDrs 14/5975 S 5.

14　Vgl Begr BTDrs 14/5975 S 6; *Bartenbach/Volz* § 42 nF Rn 27.

15　Begr BTDrs 14/5975 S 6.

16　Vgl *Bartenbach/Volz* § 42 nF Rn 3; *Maunz/Dürig* Art 5 Abs 3 GG Rn 172; *Leibholz/Rink* Art 5 GG Rn 1166.

17　Begr BTDrs 14/5975 S 6; vgl BVerfGE 35, 80, 113; *Maunz/Dürig* Art 5 Abs 3 GG Rn 84; *Hübner* WissR 2005, 34, 37.

18　Vgl die erste Förderrichtlinie des Bundesministeriums für Bildung und Forschung zur BMBF-Verwertungsoffensive – Verwertungsförderung – vom 27.7.2001, BAnz 2001, 16657.

19　*Pahlow/Gärditz* WissR 2006, 48, 72.

20　Übersicht unter http://www.bmbf.de/de/677.php?hilite=F%C3%B6rderrichtlinien.

21　Zu diesen *Walter/Brusch/Hartung* GRUR 2007, 395.

22　*Bartenbach/Volz* GRUR 2002, 743, 745; *Beyerlein* NZA 2002, 1020, 1023; *Pahlow/Gärditz* WissR 2006, 48, 64.

23　*Bartenbach/Volz* GRUR 2002, 743, 746.

24　Begr BTDrs 14/5975 S 6; *Bartenbach/Volz* § 42 nF Rn 17; *Bartenbach* VPP-Rdbr 2002, 100 f; *Bartenbach/Volz* GRUR 2002, 743, 746; *Beyerlein* NZA 2002, 1020, 1023; *Hoeren* WissR 2003, 131, 136.

25　Bejahend *Bartenbach/Volz* § 42 nF Rn 24; *Bartenbach/Volz* GRUR 2002, 743, 746; *Körting/Kummer* RdA 2003, 279, 282; kr *Leuze* GRUR 2005, 27, 29.

26　Vgl BGH GRUR 2012, 605 antimykotischer Nagellack I.

Hochschulen iSd Vorschrift sind nur staatliche Hochschulen.[27] Anders als nach früherem Recht sind 7 auch Fachhochschulen erfasst.[28] Dass die Hochschule selbst Dienstherr ist, ist nicht erforderlich[29] und nicht einmal die Regel. Die Bestimmung erfasst nach ihrer systematischen Stellung weiterhin nur den öffentlichen Dienst und damit nicht bei staatlich anerkannten[30] **privaten Hochschulen** oder privatrechtl organisierten Einrichtungen wie Max-Planck-Gesellschaft, Fraunhofer-Gesellschaft, Großforschungseinrichtungen oder Einrichtungen der „Blauen Liste" beschäftigte Personen.[31] Jedoch werden die Folgerungen, die sich aus der Wissenschaftsfreiheit ergeben, insb die negative Publikationsfreiheit (Nr 2), sinngem auch in dem nicht erfassten Bereich anzuwenden sein.[32]

III. Erfasste Erfindungen

Die Bestimmung erfasst insgesamt im Grundsatz alle Erfindungen (iSd Patent- und GbmRechts, mit- 8 hin nicht nach dem UrhG, dem HlSchG und dem SortG[33] und auch nicht technische Verbesserungsvorschläge)[34] der an einer Hochschule Beschäftigten unabhängig von der Finanzierung, also Diensterfindungen und freie Erfindungen.[35] Nr 1–3 beziehen sich aber ausdrücklich nur auf Diensterfindungen, für Nr 5 ergibt sich dies aus der in Bezug genommenen Bestimmung. Auf freie Erfindungen ist daher nur Nr 4 anwendbar, wenn der Dienstherr das Angebot nach § 19 angenommen hat (und soweit über die Vergütung keine Vereinbarung getroffen wurde).[36] Diensterfindungen sind solche iSd § 4, also Obliegenheits- oder Erfahrungserfindungen, die bei Hochschullehrern jedenfalls nicht die Regel sein werden.[37] Für die Abgrenzung gelten die allg Grundsätze.[38] Der Hochschullehrer kann wegen Art 5 Abs 3 GG nicht angewiesen werden, beim Forschen auf Erfindungen Bedacht zu nehmen.[39] Probleme können sich insb ergeben, wenn die Erfindung von Miterfindern gemacht wurde, die rechtl unterschiedlich zu behandeln sind.[40] Die Rechte nach Nr 1–3 kommen dem privilegierten Personenkreis grds auch dann zugute, wenn nur einzelne Miterfinder privilegiert sind, jedoch können sich aus dem Gemeinschaftsverhältnis Einschränkungen ergeben.[41] Auch Erfindungen aus über Drittmittel finanzierten Vorhaben sind erfasst, jedenfalls soweit es sich nicht

---

27 *Pahlow/Gärditz* WissR 2006, 48, 63.

28 Begr BTDrs 14/5975 S 6; *Pahlow/Gärditz* WissR 2006, 48, 63; *Fleuchaus/Braitmayer* GRUR 2002, 653, 656 f; *Bartenbach/Volz* § 42 nF Rn 13 sowie *Körting/Kummer* RdA 2003, 279, 282, die sich auch für eine Einbeziehung von Kunsthochschulen uä aussprechen; vgl *Beyerlein* NZA 2002, 1020, 1023.

29 *Bartenbach/Volz* § 42 nF Rn 11; *Pahlow/Gärditz* WissR 2006, 48, 64 f.

30 *Pahlow/Gärditz* WissR 2006, 48, 63; jetzt auch *Bartenbach/Volz* § 42 nF Rn 13 unter Aufgabe der abwM in der 4. Aufl; aA *Reimer/Schade/Schippel* Rn 6; SstA BlPMZ 2005, 324.

31 Vgl SstA BlPMZ 2005, 324; *Bartenbach/Volz* § 42 nF Rn 20; *Wündisch/Hering* GRUR Int 2009, 106, 108; vgl auch Begr BTDrs 14/5975 S 6, wo auf die Besserstellung gegenüber anderen Beamten und ArbN im öffentlichen Dienst verwiesen wird; kr *Fleuchaus/Braitmayer* GRUR 2002, 653, 656.

32 Wohl weitergehend *Leuze* GRUR 2005, 27, 29, der eine Klasse Hochschulwissenschaftler bildet.

33 *Pahlow/Gärditz* WissR 2006, 48, 50; vgl *Bartenbach/Volz* GRUR 2002, 743, 747; zur früheren Rechtslage KG NJW-RR 1996, 1066.

34 *Bartenbach/Volz* § 42 nF Rn 52; *Bartenbach/Volz* GRUR 2002, 743, 747; aA *Beyerlein* NZA 2002, 1020, 1023.

35 *Bartenbach/Volz* § 42 nF Rn 26.

36 AA *Bartenbach/Volz* § 42 nF Rn 156, wonach die Einbeziehung freier Erfindungen wegen der Notwendigkeit einer vertraglichen Vergütungsregelung nach § 19 ausscheide, damit wird aber letztlich der Satz konterkariert, dass die Bestimmung für alle Erfindungen gelte.

37 Vgl *Bartenbach/Volz* § 42 nF Rn 36 ff; *Bartenbach/Hellebrand* Mitt 2002, 165, 167; *Bartenbach/Volz* GRUR 2002, 743, 748 f; noch enger *Leuze* WissR 2002, 348, 351 und GRUR 2005, 27, 29 f; aA *Böhringer* NJW 2002, 952 f; *Kraßer* in *Hartmer/Detmer* (Hrsg) Hochschulrecht (2004) S 463; *A. von Falck/Schmaltz* GRUR 2004, 469 f, deren Argumente für die Einordnung als Diensterfindung aber nichts hergeben; wohl auch *Körting/Kummer* RdA 2003, 279, 281, 283.

38 Begr BTDrs 14/5975 S 6; *Bartenbach/Volz* § 42 nF Rn 31; *Bartenbach* VPP-Rdbr 2002, 100 f.

39 *Bartenbach/Hellebrand* Mitt 2002, 165, 167; vgl *Körting/Kummer* RdA 2003, 279, 283.

40 Vgl *Bartenbach/Volz* § 42 nF Rn 42; *Bartenbach/Hellebrand* Mitt 2002, 165, 168; *Leuze* GRUR 2005, 27, 32 f.

41 Vgl *Bartenbach/Volz* § 42 nF Rn 108 mit Hinweisen zum Streitstand; *Bartenbach* VPP-Rdbr 2002, 100, 102; *Bartenbach/Hellebrand* Mitt 2002, 165, 168; *Bartenbach/Volz* GRUR 2002, 743, 749, 752 f.

um Erfindungen aus Nebentätigkeiten handelt.[42] Bei Erfindungen aus Nebentätigkeiten[43] handelt es sich idR[44] um freie Erfindungen (str).[45]

IV. Besondere Bestimmungen

9   **1. Recht zur Offenbarung (Nr 1).** Die Bestimmung trägt der aus der Forschungsfreiheit folgenden Publikationsfreiheit Rechnung und sichert die positive Publikationsfreiheit.[46] Sie erfasst das gesamte Wissenschaftspersonal iSd Hochschulrahmengesetzes (HRG) vom 26.1.1976,[47] zuletzt geänd am 12.4.2007.[48] Offenbaren wird im patentrechtl Sinn der Zurechnung zum StdT zu verstehen sein,[49] allerdings sind nur Offenbarungen im Rahmen einer Lehr- oder Forschungstätigkeit privilegiert,[50] für andere Offenbarungen gilt die Regel des § 24 Abs 2.[51]

10   Die Bestimmung schränkt die sich aus § 24 Abs 2 ergebende **Geheimhaltungsverpflichtung** ein.[52] Das Recht zur Offenbarung ist im Anwendungsbereich der Bestimmung, die einen Bezug zur Lehr- und Forschungstätigkeit des Erfinders und eine Offenbarung in diesem Zusammenhang voraussetzt,[53] nur dahin eingeschränkt, dass der Erfinder nach Anzeige der Offenbarungsabsicht eine angemessene Zeit – idR zwei Monate – zuwarten muss. Die Regelfrist kann sich verkürzen, wenn die Belange des Erfinders dies erfordern, ohne dass es hierzu eines Handelns des Diensthern bedürfte,[54] aber nicht verlängern, da hierfür angesichts der geringen Anforderungen an die Altersrangsicherung nach § 35 PatG grds kein Bedürfnis besteht.[55] Die Regelung wird überwiegend als verfassungskonform angesehen,[56] sie ist aber vereinzelt als gegen Art 5 Abs 3 GG verstoßend erachtet und die Frage der Verfassungskonformität ist deshalb dem BVerfG vorgelegt worden,[57] das jedoch die Zulässigkeit der Vorlage verneint hat.[58] Ist bereits eine Altersrangsicherung erfolgt oder ist die Erfindung bereits StdT geworden, bleibt kein Raum mehr für die Einschränkung.[59]

11   Die **Anzeige** muss den Empfänger in die Lage versetzen zu erkennen, dass und zu welchem Zeitpunkt eine Veröffentlichung welcher Informationen geplant ist, aber nicht mehr; sonstige formale oder inhaltliche Erfordernisse bestehen nicht.[60] Die Dauer der Regelfrist ist in der parlamentarischen Beratung abw vom ursprünglichen Entwurf bestimmt worden.[61]

---

42 *Bartenbach/Volz* § 42 nF Rn 33; *Bartenbach/Volz* GRUR 2002, 743, 750; vgl *Leuze* WissR 2002, 348, 354 f und GRUR 2005, 27, 30 ff; LG Düsseldorf GRUR 1994, 53, 55; aA *Böhringer* NJW 2002, 952 f; *Kraßer* in *Hartmer/Detmer* (Hrsg) Hochschulrecht (2004) S 462 f; eingehend zur Problematik *Peter* Mitt 2004, 396.

43 Hierzu *Pahlow/Gärditz* WissR 2006, 48, 62 f.

44 Vgl *Peter* Mitt 2004, 396, 400.

45 Begr BTDrs 14/5975 S 6; *Leuze* GRUR 2005, 27, 29; *Bartenbach/Volz* GRUR 2002, 749; aA *Böhringer* NJW 2002, 952 f; *Post/Kuschka* GRUR 2003, 494 f; *Pahlow/Gärditz* WissR 2006, 48, 51; *Kraßer* in *Hartmer/Detmer* (Hrsg) Hochschulrecht (2004) Kap 9 Rn 59.

46 *Bartenbach/Volz* § 42 nF Rn 60.

47 BGBl 1976 I 185.

48 BGBl 2007 I 506; zwd für Lehrkräfte für besondere Aufgaben *Bartenbach/Volz* GRUR 2002, 743, 746.

49 Vgl Begr BTDrs 14/5975 S 6; *Bartenbach/Volz* § 42 nF Rn 76 f.

50 Vgl *Bartenbach/Volz* § 42 nF Rn 77; BVerfG NVwZ 2004, 974 unzulässige Richtervorlage.

51 Begr BTDrs 14/5975 S 6.

52 Allg M, vgl *Böhringer* NJW 2002, 952 f; *Körting/Kummer* RdA 2003, 279, 282.

53 *Bartenbach/Volz* § 42 nF Rn 93; *Bartenbach/Volz* GRUR 2002, 743, 750 f.

54 Vgl *Leuze* GRUR 2005, 27 f.

55 BGHZ 173, 356 = GRUR 2008, 150 selbststabilisierendes Kniegelenk; vgl *Fleuchaus/Breitmayer* GRUR 2002, 653, 655; aA *Beyerlein* NZA 2002, 1020, 1022 und (Anm) Mitt 2006, 44; *Bartenbach/Volz* GRUR 2002, 743, 751; *Hoeren* WissR 2003, 131, 137; kr auch *Beyerlein* Mitt 2008, 65.

56 BGH selbststabilisierendes Kniegelenk; LG Braunschweig 2.2.2005 4 O 1060/03 und OLG Braunschweig Mitt 2006, 41 m Anm *Beyerlein* unter Hinweis darauf, dass es sich nur um eine Regelfrist handelt, ebenso *Bartenbach/Volz* § 42 nF Rn 3; *Post/Gruschka* GRUR 2003, 494 f; *Böhringer* NJW 2002, 952; *Beyerlein* (Anm) Mitt 2004, 75; *Lichti* Mitt 2006, 33; aA *Reetz* WissR 2008, 206; kr auch *Busche* CIPR 2007, 69.

57 LG Braunschweig Mitt 2004, 74 m abl Anm *Beyerlein*; vgl *Leuze* GRUR 2005, 27 f.

58 BVerfG NVwZ 2004, 974 unzulässige Richtervorlage, auf Vorlage LG Braunschweig Mitt 2004, 75.

59 Vgl *Bartenbach/Volz* GRUR 2002, 743, 750.

60 Ähnlich *Bartenbach/Volz* § 42 nF Rn 81 ff; vgl *Beyerlein* NZA 2002, 1020, 1022.

61 Vgl Ausschussbericht BTDrs 14/7573 S 7.

Vorzeitige Offenbarung durch den Erfinder unter Verletzung der Anzeigepflicht macht **schadenser-** 12
satzpflichtig;[62] droht sie, steht dem Dienstherrn ein Unterlassungsanspruch zu.[63]

Den Dienstherrn trifft die **Obliegenheit**, beschleunigt eine Schutzrechtsanmeldung zu betreiben, die 13
neben die Anmeldepflicht nach § 13 tritt, diese aber als solche unberührt lässt.[64]

2. Negative Publikationsfreiheit (Nr 2). Die Regelung sichert die negative Publikationsfreiheit des 14
Hochschulwissenschaftlers, der – im Rahmen seiner Lehr- und Forschungstätigkeit (Rn 9) – die Offenbarung seiner Erfindung ablehnt. Die Entscheidung liegt allein beim Hochschulwissenschaftler.[65] In diesem
Fall ist er von seiner Meldepflicht aus § 5 und bei freien Erfindungen von seiner Mitteilungspflicht nach
§ 18 sowie seiner Anbietungspflicht nach § 19[66] (zunächst) frei. Damit entfällt auch das Recht des Dienstherrn zur Inanspruchnahme.[67] Die Ablehnung der Veröffentlichung eröffnet nicht die Möglichkeit der
Exklusivoffenbarung an bestimmte Dritte.[68] Probleme ergeben sich, wenn sich von mehreren Hochschulwissenschaftlern als Miterfinder nicht alle auf die negative Publikationsfreiheit berufen.[69] Den nicht privilegierten Miterfinder trifft, wenn sich der privilegierte Miterfinder auf die negative Publikationsfreiheit
stützt, gleichwohl die Meldepflicht, die allerdings nur die Mitteilung erfassen wird, dass eine Diensterfindung gemacht wurde und dass dem Anzeigenden nach Nr 2 weitergehende Angaben verwehrt sind.[70]

Spätere Veröffentlichungs- oder Verwertungsabsicht ist in Abs 2 Satz 2 geregelt. Die Verletzung 15
der in diesem Fall jedenfalls auf erfinderrechtl Grundlage[71] bestehenden Meldepflicht ist Dienstpflichtver-
letzung[72] und kann wie auch bei anderen Meldepflichten Schadensersatzansprüche begründen (vgl Rn 3
zu § 5).[73]

3. Benutzungsrecht (Nr 3)

a. Erfinder. Die Bestimmung sichert dem Erfinder ein nichtausschließliches Benutzungsrecht, jedoch 16
nur zu nichtgewerblichen Zwecken.[74] Dieses besteht nur im Rahmen der Forschungs- und Lehrtätigkeit
des Erfinders (Rn 9). Berechtigt ist – unabhängig von der Beurteilung nach dem Gemeinschaftsverhältnis
(vgl Rn 49 zu § 6 PatG) – den einzelne (privilegierte) Miterfinder.[75] Das Recht ist an die Person des Berechtigten gebunden und weder übertragbar noch pfändbar oder vererblich.[76] Jedoch wirkt es auch gegenüber
Dritten.[77] Es kann als gesetzliche Lizenz verstanden werden und haftet am Schutzrecht.[78]

Die Benutzung ist in diesem Fall nicht schon durch § 11 Nr 1 PatG **privilegiert**, weil sie nicht im priva- 17
ten Bereich erfolgt. Über § 11 Nr 2 PatG hinaus erlaubt das Benutzungsrecht nicht nur die Verwendung der
Erfindung als Versuchsgegenstand, sondern auch deren Nutzung als Arbeitsmittel im Rahmen des Lehr-

---

62 *Bartenbach/Volz* § 42 nF Rn 97.
63 *Bartenbach/Volz* GRUR 2002, 743, 751.
64 Vgl BGHZ 173, 356, 365 = GRUR 2008, 150 selbststabilisierendes Kniegelenk; insoweit aA *Bartenbach/Volz* § 42 nF
Rn 91; *Bartenbach/Volz* GRUR 2002, 743, 751, die eine Konkretisierung der Verpflichtung aus § 13 annehmen.
65 Vgl *Haase/Lautenschläger* WissR 2006, 137, 143.
66 *Körting/Kummer* RdA 2003, 279, 283.
67 *Bartenbach/Hellebrand* Mitt 2002, 165, 167; *Pahlow/Gärditz* WissR 2006, 48, 52.
68 *Sellnick* NVwZ 2002, 1340, 2342.
69 *Bartenbach/Hellebrand* Mitt 2002, 165, 168.
70 *Bartenbach/Volz* § 42 nF Rn 108; aA *Leuze* GRUR 2005, 27, 33 mit dem Hinweis, dass damit die negative
Publikationsfreiheit des Hochschullehrers leerlaufe; vgl auch *A. von Falck/Schmaltz* GRUR 2004, 469, 471, die im
wesentlichen auf die vertraglichen Regelungen abstellen wollen.
71 Berechtigte Bedenken gegen die Gesetzgebungskompetenz des Bunds auf beamtenrechtl Grundlage bei *Pahlow/
Gärditz* WissR 2006, 48, 61.
72 Begr BTDrs 14/5975 S 7.
73 *Bartenbach/Volz* § 42 nF Rn 126; *Bartenbach/Volz* GRUR 2002, 743, 753.
74 Vgl Begr BTDrs 14/5975 S 7; *Bartenbach/Volz* § 42 nF Rn 131; *Bartenbach/Volz* GRUR 2002, 743, 754.
75 *Bartenbach/Volz* § 42 nF Rn 132; *Bartenbach/Volz* GRUR 2002, 743, 754; *Beyerlein* NZA 2002, 1020, 1022.
76 *Bartenbach/Volz* § 42 nF Rn 138; *Bartenbach/Volz* GRUR 2002, 743, 754; *Beyerlein* NZA 2002, 1020, 1022.
77 Begr Begr BTDrs 14/5975 S 7; *Bartenbach/Volz* § 42 nF Rn 140; *Bartenbach/Volz* GRUR 2002, 743, 754; *Beyerlein* NZA
2002, 1020, 1022.
78 Vgl *Beyerlein* NZA 2002, 1020, 1022.

und Forschungsbetriebs des Erfinders (zur „research tools"-Problematik vgl Rn 18 zu § 11 PatG).[79] Jedoch wird die Privilegierung insoweit bereits aus dem Grundsatz der Forschungsfreiheit abgeleitet werden können (vgl Rn 41 zu § 11 PatG).

18   **b.** Der **Dienstherr** (Rn 7) kann das Hochschulpatent zur Einwerbung von Drittmitteln benutzen, veräußern, Lizenzverträge abschließen und in Verbindung mit einer Existenzgründung verwerten.[80] Da die Hochschule im allg nicht mit dem Dienstherrn identisch ist, bringt dies die Hochschule bei der Verwertung in eine weitere Abhängigkeit vom Staat.[81] Eine Verwertungspflicht des Dienstherrn wird sich aus der Inanspruchnahme ableiten lassen, weil dem Erfinder für nicht verwertete Erindungen anders als sonst ein Vergütungsanspruch nicht zusteht.[82]

19   **4. Vergütungshöhe (Nr 4).** Die Bestimmung gewährt dem Hochschulerfinder – nicht nur dem Hochschulwissenschaftler[83] – bei Verwertung der Erfindung durch den Dienstherrn (Rn 7, 18) abw von der allg Regelung einen Vergütungsanspruch in Höhe von 30% der durch die Verwertung erzielten Einnahmen; sie greift auf eine im Forschungsbereich bewährte Praxis zurück.[84] Die Anknüpfung an den Verwertungserlös statt wie sonst an den Erfindungswert kann zu Problemen führen.[85]

20   Die Bestimmung ist **Spezialnorm** zur Regelung der Vergütungshöhe in § 9 Abs 2 und verdrängt diese in ihrem Anwendungsbereich.[86]

21   Der Begriff der **Verwertung** ist weit zu verstehen und erfasst auch außerbetriebliche Nutzung, bloße Verwertbarkeit genügt aber nicht.[87]

22   **Bezugsgröße** für die Vergütungsbemessung sind die erzielten Einnahmen; der Begriff ist in einem weiten Sinn dahin zu verstehen, dass alle geldwerten Vorteile erfasst sind, die dem Dienstherrn aus der Verwertung zufließen.[88] Maßgeblich sind die Bruttoeinnahmen nach Abzug der Umsatzsteuer.[89] Zwischen Kosten, die vor Abschluss des Lizenzvertrags anfallen und solchen, die danach anfallen, ist dabei nicht zu differenzieren.[90] Damit sind auch die vom Lizenznehmer zugunsten des Dienstherrn aufgewendeten Kosten der Begründung, Aufrechterhaltung und Verteidigung des Schutzrechts erfasst.[91] Es wird diskutiert, wegen der sich daraus möglicherweise ergebenden erheblichen Härten für die Hochschule insb dann, wenn es ein Lizenznehmer auf eigene Kosten übernimmt, zugunsten der Hochschule ein Schutzrecht zu begründen, aufrecht zu erhalten oder zu verteidigen, zukünftig für die Vergütungsberechnung allein auf die um sämtliche Schutzrechtskosten bereinigten Nettoerlöse der Hochschule abzustellen.

23   Der **Anteilsfaktor** beträgt pauschal 30%. Bei Miterfinderschaft ist die Vergütung nach den Miterfinderanteilen aufzuteilen. Für Miterfinder außerhalb der Hochschule, auf die die Bestimmung nicht anwendbar ist, bleibt des bei den allg Regeln.[92]

---

79   Begr Begr BTDrs 14/5975 S 7; *Bartenbach/Volz* § 42 nF Rn 139; *Bartenbach/Volz* GRUR 2002, 743, 754; *A. von Falck/Schmaltz* GRUR 2004, 469, 471.

80   Vgl *Bundesministerium für Bildung und Forschung* Existenzgründungen mit Hochschulpatenten, 2005, 5; *Bartenbach/Volz* GRUR 2002, 743, 754; zu nichtausschließlichen Lizenzen *Pahlow/Gärditz* WissR 2006, 48, 58 f mwN.

81   Kr daher *Pahlow/Gärditz* WissR 2006, 48, 66 ff mwN.

82   *Post/Kuschka* GRUR 2003, 495 ff, die eine Verwertungspflicht auch aus dem haushaltsrechtl Grundsatz der Wirtschaftlichkeit ableiten.

83   Vgl *Bartenbach/Volz* § 42 nF Rn 153; *Bartenbach/Volz* GRUR 2002, 743, 755; vgl auch *Bartenbach/Hellebrand* Mitt 2002, 165, 168.

84   Begr BTDrs 14//5975 S 7.

85   *Beyerlein* NZA 2002, 1020 ff.

86   OLG Düsseldorf 12.4.2012 2 U 15/11, bestätigt („besondere Regelung") in BGH GRUR 2013, 498 Genveränderungen; vgl *Bartenbach/Volz* § 42 nF Rn 145; *Bartenbach/Volz* GRUR 2002, 743, 754.

87   *Bartenbach/Volz* § 42 nF Rn 160 f; *Bartenbach/Volz* GRUR 2002, 743, 755.

88   BGH GRUR 2013, 498 Genveränderungen; *Bartenbach/Volz* § 42 nF Rn 166 ff; *Bartenbach/Volz* GRUR 2002, 743, 755 f.

89   *Bartenbach/Volz* § 42 nF Rn 168; *Bartenbach/Volz* GRUR 2002, 743, 756.

90   OLG Düsseldorf 12.4.2012 2 U 15/11 gegen *Heerma/Maierhöfer* GRUR 2010, 682, 686.

91   BGH Genveränderungen; OLG Düsseldorf 12.4.2012 2 U 15/11; LG Düsseldorf InstGE 12, 264; SstA Mitt 2016, 140, auch zu den Anforderungen an einen Verzicht auf Beteiligung nach Nr 4; vgl *Heerma/Maierhöfer* GRUR 2010, 682, 685; Begr BTDrs 14/5975 S 7; *Bartenbach/Volz* § 42 nF Rn 168; *Bartenbach* VPP-Rdbr 2002, 100, 103; kr *A. von Falck/Schmaltz* GRUR 2004, 469, 471.

92   *Bartenbach/Volz* § 42 nF Rn 180; *Bartenbach/Volz* GRUR 2002, 743, 756.

5. Ertragsbeteiligung (Nr 5). Die Regelung schließt die Anwendung des § 40 Nr 1 (Freigabe gegen Er- **24** tragsbeteiligung) – nicht aber der anderen Bestimmungen des § 40[93] – im Hochschulbereich aus, weil dies dem Ziel des Aufbaus eines Hochschulpatentwesens widerspreche.[94] Die Möglichkeit, bei Mittelaufwendung für Forschungsarbeiten eine Ertragsbeteiligung nach § 42 Abs 2 aF zu verlangen (vgl *5. Aufl* Rn 7 ff), ist damit ebenfalls entfallen.

VIERTER ABSCHNITT
Übergangs- und Schlußbestimmungen

§ 43
Übergangsvorschrift

(1) [1] § 42 in der am 7. Februar 2002 (BGBl. I S. 414) geltenden Fassung dieses Gesetzes findet nur Anwendung auf Erfindungen, die nach dem 6. Februar 2002 gemacht worden sind. [2] Abweichend von Satz 1 ist in den Fällen, in denen sich Professoren, Dozenten oder wissenschaftliche Assistenten an einer wissenschaftlichen Hochschule zur Übertragung der Rechte an einer Erfindung gegenüber einem Dritten vor dem 18. Juli 2001 vertraglich verpflichtet haben, § 42 des Gesetzes über Arbeitnehmererfindungen in der bis zum 6. Februar 2002 geltenden Fassung bis zum 7. Februar 2003 weiter anzuwenden.

(2) [1] Für die vor dem 7. Februar 2002 von den an einer Hochschule Beschäftigten gemachten Erfindungen sind die Vorschriften des Gesetzes über Arbeitnehmererfindungen in der bis zum 6. Februar 2002 geltenden Fassung anzuwenden. [2] Das Recht der Professoren, Dozenten und wissenschaftlichen Assistenten an einer wissenschaftlichen Hochschule, dem Dienstherrn ihre vor dem 6. Februar 2002 gemachten Erfindungen anzubieten, bleibt unberührt.

(3) [1] Auf Erfindungen, die vor dem 1. Oktober 2009 gemeldet wurden, sind die Vorschriften dieses Gesetzes in der bis zum 30. September 2009 geltenden Fassung weiter anzuwenden. [2] Für technische Verbesserungsvorschläge gilt Satz 1 entsprechend.

A. Entstehungsgeschichte

Die ursprünglich an dieser Stelle eingestellte Bestimmung, die durch das ArbEGÄndG vom 18.2.2002 **1** als durch Zeitablauf obsolet durch Abs 1, 2 der geltenden ersetzt worden ist,[1] betraf vor Inkrafttreten des Gesetzes gemachte Erfindungen und Verbesserungsvorschläge.

B. Übergangsregelung anlässlich des Inkrafttretens der Neufassung des § 42

Das ArbEGÄndG hat eine Übergangsvorschrift zu dem neugefassten § 42 eingestellt. Abs 1 trifft Rege- **2** lungen in Bezug auf nach Inkrafttreten des neuen § 42 gemachte Erfindungen.[2] Zum Zeitpunkt des Inkrafttretens endet für Hochschullehrer, Dozenten und wissenschaftliche Assistenten die Regelung, dass ihre Forschungsergebnisse freie Erfindungen darstellen. Nach Abs 1 Satz 1 unterliegen alle Erfindungen, die nach Inkrafttreten des Gesetzes fertig gestellt worden sind, grds den neuen Vorschriften. Abs 1 Satz 2 sieht eine Ausnahme für Fälle vor, in denen sich Professoren, Dozenten oder wissenschaftliche Assistenten vor dem Zeitpunkt des Kabinettsbeschlusses gegenüber Dritten zur Übertragung der Rechte an ihren Erfindungen verpflichtet haben. Auf die Erfüllung der von diesen Personen abgeschlossenen Kooperationsverträge (Lehrstuhlverträge uä) wirkt sich die Gesetzesänderung insoweit nicht aus, als es in solchen Verträ-

---

93 *Bartenbach/Volz* § 42 nF Rn 186.

94 Begr BTDrs 14/5975 S 7; vgl *Sellnick* NVwZ 2002, 1340, 1342; kr *A. von Falck/Schmaltz* GRUR 2004, 469, 471 mit dem Vorschlag einer „liquiditätsschonenden Lizenzierung"; *Körting/Kummer* RdA 2003, 279, 284 bezeichnen es als Ziel der Regelung, dass Hochschulen eine klare Entscheidung treffen.

1 Vgl zu ihr SstA BlPMZ 1974, 178.

2 Zu Grenzfällen LG Düsseldorf InstGE 12, 264 f, in der Revisionsentscheidung BGH GRUR 2013, 498 Genveränderungen nicht behandelt; vgl *Bartenbach/Volz* Rn 4.

gen um Erfindungen geht, die vor Inkrafttreten des Gesetzes fertig gestellt wurden. Diese Erfindungen bleiben frei und damit der alleinigen Verfügungsgewalt des Hochschullehrers unterworfen. Um die Abwicklung oder Anpassung von Kooperationsverträgen in Bezug auf Erfindungen, die nach Inkrafttreten des Gesetzes fertig gestellt wurden, sachgerecht gestalten zu können, wurde in Abs 1 Satz 2 eine Übergangsregelung geschaffen. Für nach Inkrafttreten des Gesetzes gemachte Erfindungen, die Gegenstand vertraglicher Vereinbarungen sind, galt die frühere Rechtslage noch für ein Jahr lang fort. Der Stichtag (Tag nach dem Kabinettbeschluss) sollte sichern, dass nur solche Verträge erfasst werden, bei denen die Vertragsparteien noch mit einer unveränderten Rechtslage rechnen konnten.[3]

3   Abs 2 trifft Regelungen in Bezug auf **vor Inkrafttreten des neuen § 42 gemachte Erfindungen.** Abs 2 Satz 1 stellt klar, dass alle Erfindungen von Hochschullehrern, die vor Inkrafttreten gemacht worden sind, dem früheren Recht unterfallen und somit frei sind. An solchen Erfindungen bestehen auch nach Inkrafttreten der Neuregelung keine Rechte des Dienstherrn; zu Schutzrechtsanmeldung und Verwertung ist allein der Erfinder berechtigt.[4] An einer Reihe von Hochschulen bestehen Unterstützungsangebote, die Hochschullehrern bei der schutzrechtl Sicherung und Verwertung seiner Erfindung helfen. Eine Reihe solcher Fördermaßnahmen sieht vor, dass der Hochschullehrer an die fördernde Einrichtung im Weg der vertraglichen Vereinbarung Rechte an seiner Erfindung überträgt. Abs 2 Satz 2 stellt – insb mit Blick auf solche Fördermodelle – klar, dass die Möglichkeit vertraglicher Vereinbarungen des Hochschullehrers über seine nach geltendem Recht freien Erfindungen für solche Erfindungen weiterhin möglich bleibt.[5]

C. Übergangsvorschrift aufgrund des Inkrafttretens des Patentrechtsvereinfachungs- und modernisierungsgesetzes

4   Das PatRVereinfModG hat Abs 3 eingefügt. Nach dieser Bestimmung ist der Tag der Meldung für die Anwendbarkeit der Neuregelung maßgebend. Stichtag ist der 1.10.2009. Schon der RefE ArbEGÄndG sah vor, die Bestimmung entspr neu zu fassen.

5   Der Begriff der **Meldung** ist in Abs 3 nicht definiert. Auch die iSd § 5 Abs 1, 2 nicht ordnungsgem Meldung vor dem Stichtag führt zur Anwendbarkeit des früheren Rechts.[6] Jedoch verbietet sich im Fall einer tatsächlich abgegebenen Meldung der Rückgriff auf fiktive Geschehensabläufe oder Zeitpunkte.[7]

§ 44

[aufgehoben]

Die Übergangsvorschrift, die bei Inkrafttreten des Gesetzes anhängige Verfahren betraf, ist durch Art 1 Nr 3 ArbEGÄndG vom 18.2.2002 aufgehoben worden.

§ 45
Durchführungsbestimmungen

[1]**Der Bundesminister der Justiz wird ermächtigt, im Einvernehmen mit dem Bundesminister für Arbeit die für die Erweiterung der Besetzung der Schiedsstelle (§ 30 Abs. 4 und 5) erforderlichen Durchführungsbestimmungen zu erlassen.** [2]**Insbesondere kann er bestimmen,**
1.   **welche persönlichen Voraussetzungen Personen erfüllen müssen, die als Beisitzer aus Kreisen der Arbeitgeber oder der Arbeitnehmer vorgeschlagen werden;**

---

3   Begr BTDrs 14/5975 S 8.
4   Begr BTDrs 14/5975 S 8.
5   Begr BTDrs 14/5975 S 8.
6   BGH GRUR 2011, 733 Initialidee zur entbehrlich gewordenen Meldung, insoweit in Übereinstimmung mit OLG Karlsruhe GRUR 2011, 318; vgl *Beyerlein* Mitt 2010, 524 f; *Bartenbach/Volz* Rn 18 f; LG Düsseldorf Mitt 2010, 541, 544; vgl aber SstA 21.10.2010 ArbErf 21/09; SstA 1.12.2010 ArbErf 47/08.
7   *Bartenbach/Volz* Rn 26.

2. wie die auf Grund der Vorschlagslisten ausgewählten Beisitzer für ihre Tätigkeit zu entschädigen sind.

Von der Ermächtigung ist, soweit noch von Interesse, Gebrauch gemacht durch die **Zweite Verord-** 1 **nung zur Durchführung des Gesetzes über Arbeitnehmererfindungen (2. DVO ArbEG)** vom 1.10.1957,[1] geänd durch VOen vom 22.8.1968,[2] vom 10.10.1969[3] und vom 10.12.1974[4] sowie durch Art 4 Abs 43 Kost-RMoG.[5] Das PatRVereinfModG hat weitere Änderungen der VO vorgenommen, so eine Ergänzung in § 8 (Möglichkeit der Übertragung der Festsetzung der Entschädigung auf das DPMA) und die Aufhebung der überholten §§ 9, 11 (Vorschriften für Berlin) und 12 (Geltung im Saarland).[6]

Die Regelung in der VO lehnt sich an die Vorschriften des ArbGG über die **Beisitzer bei den Arbeits-** 2 **gerichten** an.[7]

§ 46
Außerkrafttreten von Vorschriften

Mit Inkrafttreten dieses Gesetzes werden folgende Vorschriften aufgehoben, soweit sie nicht bereits außer Kraft getreten sind:
1. **die Verordnung über die Behandlung von Erfindungen von Gefolgschaftsmitgliedern vom 12. Juli 1942 (Reichsgesetzbl. I S. 466);**
2. **die Durchführungsverordnung zur Verordnung über die Behandlung von Erfindungen von Gefolgschaftsmitgliedern vom 20. März 1943 (Reichsgesetzbl. I S. 257).**

Die Vorschrift ist heute **ohne Bedeutung**. Sie wurde aber nicht gestrichen, wohl zur vorsorglichen 1 Vermeidung ungewollter Regelungslücken.[1]

§ 47

[aufgehoben]

Die durch das 2. PatGÄndG aufgehobene Vorschrift enthielt besondere Bestimmungen für **Berlin**.   1

§ 48

[aufgehoben]

Die Bestimmung enthielt die **Saarland-Klausel**. Im Saarland ist das ArbEG seit dem 6.7.1959 anzu- 1 wenden (§ 1 SaarEinglG). Das PatRVereinfModG vom 31.7.2009 hat die Bestimmung, die die Geltung des Gesetzes im Saarland zunächst ausschloss, aufgehoben.

---

1 BGBl I 1680 = BlPMZ 1957, 333.
2 BGBl I 994 = BlPMZ 1968, 302.
3 BGBl I 1881 = BlPMZ 1969, 329.
4 BGBl I 3459 = BlPMZ 1975, 12.
5 BGBl 2004 I 718, 842.
6 Begr PatRVereinfModG BTDrs 16/11339 = BlPMZ 2009, 307, 325.
7 *Bartenbach/Volz* Rn 3.

1 *Bartenbach/Volz* Rn 2.

§ 49
Inkrafttreten

Dieses Gesetz tritt am 1. Oktober 1957 in Kraft.

1   Die Bestimmung betrifft das **Inkrafttreten** in der ursprünglichen Fassung. Zum Inkrafttreten im Saarland § 48, in der ehem DDR *6. und 7. Aufl.*

Gesetz zu dem Übereinkommen vom 27. November 1963 zur Vereinheitlichung gewisser Begriffe des materiellen Rechts der Erfindungspatente, dem Vertrag vom 19. Juni 1970 über die internationale Zusammenarbeit auf dem Gebiet des Patentwesens und dem Übereinkommen vom 5. Oktober 1973 über die Erteilung europäischer Patente

(Gesetz über internationale Patentübereinkommen; IntPatÜG)

vom 21.6.1976

Änderungen des Gesetzes:

Nr.	ändernde Norm	vom	BGBl	geänd (Ä) eingefügt (E) aufgehoben (A)
	IntPatÜG	21.06.1976	II 649	
1	GPatG	26.07.1979	I 1269	II § 4 Ä
2	GebrMÄndG	15.08.1986	I 1446	II § 1, § 4, § 7, § 9, § 10, III § 2, § 4, § 5, § 7, § 8 Ä
3	2. GPatG	20.12.1991	II 1354	II § 3, III § 4 Ä, II § 8 Abs 3 A (weitere Änderungen nicht in Kraft)
4	PatGÄndG	23.03.1993	I 366	II § 6a E
5	2. PatGÄndG	16.07.1998	I 1827	Art II § 4, § 9, Art III § 1, § 2, § 4, § 5 Ä
6	KostRegBerG	13.12.2001	I 3656	Art II § 1, 2, 3, 4, 6a, 9, Art III § 1, 2, 3,4, 5, 6, 7, 8, Art XI § 1 Ä
7	IntPatÜGÄndG	10.12.2003	I 2470	II § 3 A (aufgehoben durch Nr 10)
8	GeschmMRefG	12.03.2004	I 390	III § 1 Ä
9	EPÜ-Revisionsakte-UmsetzungsG	24.08.2007	I 2166	II § 1, § 3, § 6, § 8, § 9, § 12, III § 4, VII Ä
10	G zur Verbesserung der Durchsetzung von Rechten des geistigen Eigentums	07.07.2008	I 1191	II § 3 A, XI § 4 E
11	G zur Novellierung patentrechtlicher Vorschriften und anderer Gesetze des gewerblichen Rechtsschutzes	19.10.2013	I 3830	II § 7, III § 4 Ä, II § 3 E
12	10. ZuständigkeitsanpassungsVO	31.08.2015	I 1474	II § 2, § 11 Ä
	G zur Anpassung patentrechtlicher Vorschriften auf Grund der europäischen Patentreform	*RegE 27.05.2016*	*BTDrs 18/8827*	*II § 6, § 8 Ä, §§ 15–20, X Nr 3, XI § 5 E*

Einleitung IntPatÜG

Übersicht

Schrifttum: Allgemein, vor 1945: *Lindenmaier* Die Vereinheitlichung des materiellen europäischen Patentrechts, GRUR 1942, 485; *Osterrieth* Die einheitliche Gestaltung der Patentgesetzgebungen, MuW 10, 200; *Redies* Zur Frage der Vereinheitlichung des Patenterteilungsverfahrens, GRUR 1942, 450; *von Knieriem* Europäische Vereinheitlichung des gewerblichen Rechtsschutzes und des Urheberrrechts, GRUR 1941, 185; *von Knieriem* Europäisches Patent, GRUR 1942, 449; *Wiegandt* Die europäische Vereinheitlichung auf dem Gebiet der Rechtsprechung in Patentangelegenheiten, GRUR 1942, 468.

Seit 1945: *Abbott/Cottier/Gurry* The International Intellectual Property System – Commentary and Materials, 2 Bde, 1999; *Armitage* EU Industrial Property Policy: Priority for Patents? EIPR 1996, 555; *Barbosa* From Brussels to The Hague – The Ongoing Process Towards Effective Multinational Patent Enforcement, IIC 2001, 729; *Baudenbacher/Simon* Neueste Entwicklungen im Europäischen und internationalen Immaterialgüterrecht, 2000/2002; *Beier* Die Zukunft des geistigen Eigentums in Europa, GRUR Int 1990, 675; *Beier* Vom deutschen zum europäischen Patentrecht – 100 Jahre Patentrechtsentwicklung im Spiegel der Grünen Zeitschrift, FS 100 Jahre GRUR (1991), 241; *Bogsch* Les 25 premières années de l'Organisation mondiale de la propriété intellectuelle, Le Droit d'auteur 1992, 259 = Copyright 1992, 248; *Bossung* Rückführung des europäischen Patentrechts in die Europäische Union, GRUR Int 1995, 923 = The return of European patent law to the European Union, IIC 1996, 287; *Bossung* Unionspatent statt Gemeinschaftspatent, GRUR Int 2002, 463 mit Nachtrag GRUR Int 2002, 575 = A Union Patent Instead of the Community Patent, IIC 2003, 1; *Bednarek* Planning a Global Patent Strategy to Maximize Value: Where to Get the Most „Bang for Your Buck", JPTOS 1995, 381; *Bruchhausen* Methodik der Auslegung und Anwendung des europäischen Patentrechts und der harmonisierten nationalen Patentrechte, GRUR Int 1983, 205; *Bruchhausen* Können die bei der Patentverletzung entstehenden Ausgleichsansprüche harmonisiert werden? GRUR Int 1990, 707; *Buck* Geistiges Eigentum und Völkerrecht. Beiträge des Völkerrechts zur Fortentwicklung des Schutzes vom geistigen Eigentum, 1994 (auch Diss Tübingen); *Da Costa e Silva* The Protection of Intellectual Property for Local and Indigenous Communities, EIPR 1995, 546; *Dessemontet* Droit européen de la propriété intellectuelle, 1993; *Dessemontet* Quelques observations à propos de l'avant-projet de l'American Law Institute sur les conflits de juridictions et la propriété intellectuelle, FS J. Druey (2002), 83; *Drexl* Durchsetzungsmechanismen im internationalen Immaterialgüterrecht, FS F.-K. Beier (1996), 593; *Dybdahl* *Österborg* Central Patent Administration in Europe and National Interests, FS F.-K. Beier (1996), 29; *EPA* (Hrsg) EPA-Glossar 98, Verträge auf dem Gebiet des gewerblichen Eigentums, 1998; *Evans* The Principle of National Treatment and the International Protection of Industrial Property, EIPR 1996, 149; *Fichte* Harmonisierung in den verschiedenen Bereichen des Patentwesens, in: *Rafeiner* (Hrsg) Patente, Marken, Muster, Märkte (1993), 18; *Forkel* Das Erfinder- und Urheberrecht in der Harmonisierung – vom nationalen zum internationalen Schutz des „geistigen Eigentums", NJW 1997, 1672; *Geller* Eine Utopie des Internationalen Patentrechts? GRUR Int 2004, 271 = EIPR 2003, 515; *Gruber/von Zumbusch/Haberl/Oldekop* Europäisches und internationales Patentrecht[7], 2012; *Haertel* Die geschichtliche Entwicklung des Europäischen Patentrechts, MGK 1. Lieferung 1984, S 5–49; *Heath* Harmonisation of International Patent Law? A Reply to Straus and Klunker, IIC 2008, 210; *Kingston* Why Harmonisation is a Trojan Horse, EIPR 2004, 447; *Knopp* Internationale Zusammenarbeit im gewerblichen Rechtsschutz: Triumph einer Idee, GRUR Int 1997, 583; *Koenigs* Rechtsfolgen der Einheitlichen Europäischen Akte für den gewerblichen Rechtsschutz, FS A. Preu (1988), 267; *Krneta* Evropsko pravo intelektualnog vlastnistva, 1995; *Kur* A New Framework for Intellectual Property Rights – Horizontal Issues, IIC 35 (2004), 1; *Leith* Harmonisation of Intellectual Property in Europe: A Case Study of Patent Procedure, 1998;; *Lontai* Unification of Law in the field of international industrial property, 1994; *Markovic* Die Übernahme des europäischen Patentrechts in europäischen Ländern im Wandel, FS F.-K. Beier (1996), 125; *Mayer-Dolliner* Das internationale Netzwerk des gewerblichen Rechtsschutzes – die internationalen Verträge, in: *Rafeiner* (Hrsg) Patente, Marken, Muster, Märkte (1993), 50; *Meller* Planning for a Global Patent System, JPTOS 1998, 379; *Mossinghoff/Kuo* World Patent System Circa 20XX, A.D., JPTOS 1998, 523 = 38 IDEA (1998), 529; *E. Reimer* Europäisierung des Patentrechts, BlPMZ 1952, 209; *E. Reimer* Europäisierung des Patentrechts, 1955; *Ryan* Adaption and Change at the World Intellectual Property Organization, 1 JWIP 507 (1998); *Schäfers* Normsetzung zum geistigen Eigentum in internationalen Organisationen: WIPO und WTO – ein Vergleich, GRUR Int 1996, 763; *Schwarze* Die Vereinheitlichung der Patente in der Europäischen Gemeinschaft, RIW 1996, 272; *Sideri* The Harmonisation of the Protection of Intellectual Property: Impact on Third World Countries, 1995; *Straus/Klunker* Harmonisierung des internationalen Patentrechts, GRUR Int 2007, 91 = Harmonisation of International Patent Law, IIC 2007, 907; *Ullrich* Patentschutz im europäischen Binnenmarkt, GRUR Int 1991, 1; *Ulmer* Aufbau, Verfahren und Rechtsstellung der Patentämter, 1960; *Ulmer* Die Immaterialgüterrechte im internationalen Privatrecht, 1975; *van Benthem* Europäisches Patentsystem und Weltpatentsystem, GRUR Int 1990, 685; *von Lewinski* Europäische Integration jenseits der Union – geistiges Eigentum im Netzwerk innereuropäischer Beziehungen, FS F.-K. Beier (1996), 607; *Windisch* Gewerblicher Rechtsschutz und Urheberrecht im zwischenstaatlichen Bereich, 1969.

Zur PVÜ (Lit zur Unionspriorität vor § 40 PatG): *Ballreich* Ist Gegenseitigkeit ein für die Pariser Verbandsübereinkunft maßgebliches Völkerrechtsprinzip? GRUR Int 1983, 470; *Ballreich* Fragen der Rechtsbildung in inhomogenen Staatenverbänden. Der Fall des internationalen Systems zum Schutz des gewerblichen Eigentums, FS K. Doehring (1989), 1; *Ballreich/Kunz-Hallstein* Zur Frage des für Revisionen der Pariser Verbandsübereinkunft geltenden Einstimmigkeitsprinzips, GRUR Int 1977, 251; *Becher* Die Bedeutung der Pariser Verbandsübereinkunft für das Patentwesen, Berlin (Ost) 1967; *Beier* Hundert Jahre Pariser Verbandsübereinkunft. Ihre Rolle in Vergangenheit, Gegenwart und Zukunft, GRUR Int 1983, 339; *Bodenhausen* Guide to the Application of the Paris Convention for the Protection of Industrial Property, 1968; *Boden-*

hausen Pariser Verbandsübereinkunft zum Schutzes des gewerblichen Eigentums, 1971; *Bogsch* Les cent premières années de la convention de Paris pour la protection de la propriété industrielle, PropInd 1983, 205; *Damme* Der Beitritt des Deutschen Reichs zur internationalen Union, betreffend den gewerblichen Urheberrechtsschutz, Deutsche Juristenzeitung 1901 Nr 18; *Jungmann* Das internationale Patentrecht, 1924/1933; *Kühnemann* Deutschland und die Pariser Verbandsübereinkunft zum Schutze des gewerblichen Eigentums, DJ 1936, 856; *Kunz-Hallstein* Patentschutz, Technologietransfer und Entwicklungsländer, GRUR Int 1975, 261; *Kunz-Hallstein* Revision der Pariser Verbandsübereinkunft zu Gunsten der Entwicklungsländer, GRUR Int 1976, 64; *Kunz-Hallstein* Konventionsrechtliche Probleme eines „Präferenzstatuts" für Entwicklungsländer, GRUR Int 1977, 293; *Kunz-Hallstein* Zur Einführung eines „Zwischenbenutzungsrechts" in die Pariser Verbandsübereinkunft, GRUR Int 1978, 183; *Kunz-Hallstein* Die Reform des internationalen Patentschutzes im Interesse der Entwicklungsländer, GRUR Int 1979, 369; *Kunz-Hallstein* Die Genfer Konferenz zur Revision der Pariser Verbandsübereinkunft zum Schutze des gewerblichen Eigentums, GRUR Int 1981, 137; *Kunz-Hallstein* Patentverletzung durch Einfuhr von Verfahrenserzeugnissen, Probleme der Auslegung und Revision des Art 5quater PVÜ, GRUR Int 1983, 548; *Kunz-Hallstein* Vor einhundert Jahren: Beitritt Deutschlands zur Pariser Verbandsübereinkunft, GRUR Int 2003, 528; *Ladas* The International Protection of Industrial Property, 1930; *Manegold* Der Wiener Patentschutzkongreß von 1873, Technikgeschichte 1971, 158; *Mangalo* Patentschutz und Technologietransfer im Nord-Süd-Konflikt, GRUR Int 1977, 349; *Marck* Der internationale Rechtsschutz der Patente, Muster, Warenzeichen und des Wettbewerbs, 1924; *Osterrieth* Die Haager Konferenz 1925 (1926); *Osterrieth/Axster* Kommentar zur Pariser Konvention, 1903; *Pfanner* Bericht von Mitgliedern der deutschen Delegation über die Lissaboner Konferenz zur Revision der Pariser Verbandsübereinkunft, GRUR Int 1959, 60; *Plaisant* De la protection internationale de la propriété industrielle, 1932; *Plaisant* Traité de droit conventionnel international concernant la propriété industrielle, 1949; *Plasseraud/Savignon* Genèse du droit unioniste des brevets, 1983; *Stojan Pretnar* La crise de l'Union de Paris, in: Problemi attuali del diritto industriale, Volume celebrativo del XXV anno della Rivista di Diritto Industriale (1977), 887; *Raible* Pariser Verbandsübereinkunft und nationales Recht, GRUR Int 1970, 137; *Roubier* Le droit unioniste de la propriété industrielle, Journal du droit international 1961, 676, 1040; *Redies* Das neue deutsche Patentgesetz und die zwischenstaatliche Priorität des Unionsvertrages, GRUR Int 1937, 247; *Schwaab/Wegner* Harmonization and Priority of Invention, FS F.-K. Beier (1996), 159; *Straus* Der Beitrag Deutschlands zur Entwicklung des internationalen gewerblichen Rechtsschutzes, GRUR Int 2003, 805; *Troller* Die mehrseitigen völkerrechtlichen Verträge im internationalen gewerblichen Rechtsschutz und Urheberrecht, 1965; *Ulmer/Beier* (Hrsg) Die Stockholmer Konferenz für geistiges Eigentum 1967, Sonderveröffentlichung zu GRUR Int 1969; *Windisch* Gewerblicher Rechtsschutz und Urheberrecht im zwischenstaatlichen Bereich, 1969.

Zum Patentharmonisierungsvertrag und zum TRIPS-Übereinkommen: *Abu-Ghazaleh* Der TRIPS-Vertrag und die Gesetzgebung der arabischen Länder, VPP-Rdbr 1996, 81; *Adelman/Baldia* Prospects and Limits of the Patent Provisions in the TRIPS Agreement: the Case of India, Vanderbilt Journal of Transnational Law 1996, 507; *Armstrong* Trends in Global Science and Technology and What They Mean for Intellectual Property Systems, in *Wallerstein* (Hrsg) Global Dimensions of Intellectual Property Rights in Science and Technology (1993), 192; *Arup* The Prospective GATT Agreement for Intellectual Property Protection, AIPJ 1993, 181; *Arup* TRIPs: Across the Global Field of Intellectual Property, EIPR 2004, 7; *Assmann/Buck* Trade Related Aspects of Intellectual Property Rights: Limitation of the Mandate or Point of Reference for the Further Development of the GATT, in *Oppermann/Molsberger* (Hrsg) A New Gatt for the Nineties and Europe 92, 1991, 261; *Bail* Geistiges Eigentum in der Uruguay-Runde des GATT – Generelle Aspekte, in *Hilf/Oehler* (Hrsg) Der Schutz des geistigen Eigentums in Europa (1991), 139; *Bail* Elaboration of Trade Related Principles, Rules and Disciplines for Intellectual Property Rights, in *Oppermann/Molsberger* (Hrsg) A New Gatt for the Nineties and Europe 92, 1991, 245; *Ballreich* Enthält das GATT den Weg aus dem Dilemma der steckengebliebenen PVÜ-Revision? GRUR Int 1987, 747; *Bardehle* WIPO-Patentharmonisierung, Mitt 1990, 182; *Bardehle* Der WIPO-Harmonisierungsvertrag und die Neuheitsschonfrist, Mitt 1991, 146; *Bardehle* Einbeziehung der Äquivalenzlehre in den WIPO-Patentharmonisierungsvertrag, Mitt 1992, 133; *Bardehle* Der Patent-Harmonisierungsvertrag der WIPO – Erfolg oder vergebliche Hoffnungen, Mitt 1993, 29; *Bardehle* Ende oder Fortgang der Patentharmonisierung, Mitt 1995, 113; *Bardehle* Ein neuer Anlauf zur weltweiten Harmonisierung des Patentrechts, GRUR 1998, 182 = A New Approach to Worldwide Harmonization of Patent Law, IIC 1998, 876; *Barona* TRIPs and access of developing countries to essential medicines: hands tied? Mitt 2006, 402; *Beier/Schricker* (Hrsg) GATT or WIPO? (IIC Studies Vol. 11); *Beier/Schricker* (Hrsg) From GATT to TRIPs (IIC Studies Vol. 18, 1996); *Bennett* TRIPs – a victory for US Industry, Patent World Mai 1994 (62), 31; *Blakeney* The GATT Agreement on Trade-Related Aspects of Intellectual Property Rights, EIPR November 1994, Supplement; *Blakeney* The Impact of the TRIPs Agreement in the Asia Pacific Region, EIPR 1996, 544; *Blakeney* Trade Related Aspects of Intellectual Property Rights: A Concise Guide to the TRIPS Agreement, 1996; *Bourgeois* The EC in the WTO and Advisory Opinion 1/94: An Echternach procession, 32 CMLR (1995), 763; *Bradley* Intellectual Property Rights, Investment, and Trade in Services in the Uruguay Round: Laying the Foundations, 23 Stan.J.Int.L. 57 (1987); *Braga* The Economics of Intellectual Property Rights and the GATT: A View from the South, 22 Vanderbilt Journal of Transnational Law 243 (1989); *Brandi-Dohrn* Durchsetzung von Rechten des geistigen Eigentums – Verletzung und Haftung bei Patenten (TRIPS und das deutsche Recht) (Bericht der deutschen AIPPI-Landesgruppe), GRUR Int 1997, 122; *Braun* Der Schutz ausübender Künstler durch TRIPS, GRUR Int 1997, 427; *Bronckers* The Impact of TRIPS: IntellectualT Property Protection in Developing Countries, CMLR 1994, 1245; *Bronckers/Verkade/MacNelis* Enforcement of Intellectual Property Rights (Veröffentlichung der EU-Kommission), 2001; *Brown* The little recognized connection between intellectual property and economic development in Latin America, IIC 1991, 348; *Bühler* Der neue Patentrechtsvertrag: Ergebnis der diplomatischen Konferenz vom 11. Mai bis zum 2. Juni 2000 in Genf, sic! 2000, 531; *Burchfield* The Effect of United States Trade Legislation on Intellectual Property Rights, IIC 1988, 295; *Busche/Stoll/Wiebe* (Hrsg) TRIPs: Internationales und europäisches Recht des geistigen Eigentums[2], 2013; *Casado Cervino/Cerro Prada* GATT y propriedad industrial, 1994; *Christians* Immaterialgüterrechte und GATT, 1990; *Clark* Die Rolle des GATT/TRIPS, der Weltorganisation für geistiges Eigentum (WIPO) und der AIPPI in der künftigen Entwicklung des Schutzes von geistigem Eigentum, FS AIPPI 1897–1997 (1997), 487; *Cook* Judicial Review of the EPO and the Direct Effect of TRIPs in the European Community, EIPR 1997, 367; *Cordray* GATT v. WIPO, JPTOS 1994, 121; *Correa* The GATT Agreement on Trade-related Aspects of Intellectual Property Rights: New Standards for Patent Protection, EIPR 1994, 327; *Correa* Veränderungen im lateinamerikanischen Patentrecht, GRUR Int 1994, 799; *Correa* Review of the TRIPS Agreement. Fostering the Transfer of Technology to Developing Countries, 2 JWIP 939 (1999); *Correa* Trade Related Aspects of Intellectual Property Rights: A Commentary on the TRIPS Agreement, 2007; *Cottier* The Prospects for Intellectual Property in GATT, CMLR 1991, 383; *Cullet* Revision of the TRIPS Agreement Concerning the Protection of Plant Varieties. Lessons Concerning the Development of a Sui Generis System, 2 JWIP 617 (1999); *de Carvalho* The TRIPS regime of patent rights[2], 2005; *Dhanjee/Boisson de Chazournes* Trade Related Aspects of Intellectual Property Rights (TRIPS): Objectives, Approaches and Basic Principles of the GATT and of Intellectual Property Conventions, 24 (5) J.W.Tr. 5 (1990); *Dörmer* Streitbeilegung und neue Entwicklungen im Rahmen von TRIPS: eine Zwischenbilanz nach vier Jahren, GRUR Int 1998, 919 = Dispute Settlement and New Developments Within the Framework of TRIPS – An Interim Review, IIC 2000, 1; *Dreier* TRIPS und die Durchsetzung von Rechten des geistigen Eigentums, GRUR Int 1996, 205; *Dreier* TRIPS and the enforcement of intellectual property rights, in: *Beier/Schricker* (Hrsg) From GATT to TRIPs (1996), 248; *Dreier* The TRIPs Agreement and the EC: What comes next after joint competence? in: *Beier/Schricker* (Hrsg) From GATT to TRIPs (1996), 18; *Drexl* Nach „GATT und WIPO": Das TRIPS-Abkommen und seine Anwendung in der Europäischen Gemeinschaft, GRUR Int 1994, 777; *Drexl* Unmittelbare Anwendbarkeit des WTO-Rechts in der globalen Privatrechtsordnung, FS W. Fikentscher (1998), 822; *Durán/Michalopoulos* Intellectual Property Rights and Developing Countries in the WTO Millenium Round, 2 JWIP 853 (1999); *Dutfield* Intellectual Property Rights, Trade and Biodiversity, 2000; *Evans* Intellectual Property as a Trade Issue – The Making of the Agreement on Trade-Related Aspects of Intellectual Property Rights, 18 (2) World Comp. 137 (1995); *Faupel* GATT und geistiges Eigentum, GRUR Int 1990, 255; *Fikentscher* GATT Principles and Intellectual Property Protection, in: *Beier/Schricker* (Hrsg) GATT or WIPO? 1989, 102; *Fikentscher* Was bedeutet „self executing"? Überlegungen zur Rechtsnatur des GATT im Blick auf einen GATT-Immaterialgüterschutz, FS E. Steindorff (1990), 1175; *Fikentscher* Wettbewerbsrecht im TRIPS-Agreement der Welthandelsorganisation – Historische Anknüpfung und Entwicklungschancen, GRUR Int 1995, 529; *Fikentscher* Historical origins and opportunities for development of an international competition law in the TRIPs Agreement of the World Trade Organization (WTO) and beyond, in: *Beier/Schricker* (Hrsg) From GATT to TRIPs (1996), 226; *Fikentscher/Lamb* The Principles of Free and Fair Trading and of Intellectual Property Protection in the Legal Framework of a New International Economic Order, in: *Oppermann/Petersmann* Reforming the International Economic Order (1987), 87; *Fikentscher/Lamb* Zur Anerkennung des gewerblichen Rechtsschutzes, Urheberrechts und Wettbewerbsrechts im Rahmen einer neuen Weltwirtschaftsordnung, GRUR Int 1987, 758; *Fikentscher/Theiss* Josef Kohler und das Monopol: Ein Schlüssel für TRIPS vs. WIPO?, in: *Adrian/Nordemann/Wandtke* (Hrsg) Josef Kohler und der Schutz des geistigen Eigentums in Europa, 1996, 55; *Forman/Winland* How Will Existing License Agreements be Affected by Extended Patent Terms under GATT? 22 AIPLA Q.J. (1994), 449; *Franz* Die unmittelbare Anwendbarkeit von TRIPS in Argentinien und Brasilien, GRUR Int 2002, 1001; *Fromm-Russenschuck/Duggal* WTO und Trips, 2004; *Geller* Geistiges Eigentum auf dem Weltmarkt: Welche Bedeutung hat die Streitbeilegung nach TRIPS? GRUR Int 1995, 935; *Geisel* Das TRIPS-Übereinkommen in der WTO-Rechtsordnung, 2003; *Gerstenberger* Financial and other implications of the implementation of the TRIPS agreement for developing countries, WIPO Study 1996, 14; *Gerstenberger* Erweiterter Schutz des geistigen Eigentums durch das TRIPS-Abkommen, Anpassungsbedarf der Entwicklungsländer, ifo-Schnelldienst 49 (1996) Nr 34–35, 17; *Gerster* Patents and Development. A non-Governmental Organization View Prior to Revision of the TRIPS Agreement, 1 JWIP 605 (1998); *Gervais* The TRIPS Agreement: Drafting History and Analysis[3], 2008; *Gervais* The Trips Agreement, EIPR 1999, 157; *Gervais* TRIPS, Doha and Traditional Knowledge, 6 JWIP 403 (2003); *Geuze* Patent Rights in the Pharmaceutical Area and their Enforcement. Experience to the WTO Framework with the Implementation of the TRIPs Agreement, 1 JWIP 585 (1998); *Geuze/Wagner* WTO Dispute Settlement Practice Relating to the TRIPs Agreement, 1999 (3) Journal of International Economic Law 347; *B. Goebel* Pflanzenpatente und Sortenschutzrechte im Weltmarkt, zugleich ein Beitrag zur Revision von Art 27 Abs 2b) TRIPS-Übereinkommen, 2001 (Schriften zum Technikrecht Bd 2), zugl Diss Freiburg/Br 2000; *Goldrian/Schulze-Steinen* Der erste Teil der diplomatischen Konferenz zur Harmonisierung des Patentrechts in Den Haag, GRUR 1991, 731; *Gorlin* An analysis of the Pharmaceutical-Related Provisions of the WTO TRIPS (Intellectual Property) Agreement, 1999; *Gould* Protecting Owners of U.S. Process Patents from the Importation of Pharmaceuticals Made Abroad by Use of the Patented Process: Current Options, Proposed Legislation, and a GATT-Solution, 42 Food Drug Cosmetic Law Journal 346 (1987); *Govaere* Intellectual Property Protection and Commercial Policy, in *Maresceau* (Hrsg) The European Community's Commercial Policy after 1992 – The Legal Dimension (1993), 197; *Groombridge* The TRIPS Trade-Off. Conciling Competing Interests in the Millenium Round, 2 JWIP 991 (1999); *Haas* Das TRIPS-Abkommen: Geistiges Eigentum als Gegenstand des Welthandelsrechts, 2004; *Hamilton* The TRIPS Agreement: Imperialistic, Outdated and Overprotective, 29 Vanderbilt Journal of Transnational Law (1996), 613; *Heath* Bedeutet TRIPS wirklich eine Schlechterstellung von Entwicklungsländern? GRUR Int 1996, 1169; *Heinemann* Das Kartellrecht des geistigen Eigentums im TRIPS-Übereinkommen der Welthandelsorganisation, GRUR Int 1995, 535; *Heinemann* Trade-related aspects of intellectual property rights. Report on the 10th Ringberg Symposium from July 6 to 8,

1995, in: *Beier/Schricker* (Hrsg) From GATT to TRIPs (1996), 401; *Henderson* TRIPs and the Third World: the Example of Pharmaceutical Patents in India, EIPR 1997, 651; *Herrmann* TRIPS: Patentschutz für Medikamente und staatliche Gesundheitspolitik; hinreichende Flexibilität? EuZW 2002, 37; *Hilpert* TRIPS und das Interesse der Entwicklungsländer am Schutz von Immaterialgüterrechten in ökonomischer Sicht, GRUR Int 1998, 91; *Hoffman/Marcou* Intellectual Property Issues in the New Trade Bill, EIPR 1988, 130; *Holtwisch* Der internationale Technologietransfer, 1999; *Hong Xue* An Anatomical Study of the United States versus China at the World Trade Organisation on Intellectual Property Enforcement, EIPR 2009, 292; *Iglesias Prada* Los derechos de propriedad intelectual en la organización mundial del comercio, 2. Bde 1997 (mit Beiträgen von *Lobato García-Mijan* zum Patentrecht und von *Massaguer/Paz Soler* zum Topographieschutz); *International Chamber of Commerce* (Hrsg) Intellectual Property & International Trade. A Guide to the Uruguay Round TRIPS Agreement, 1996; *Katzenberger* TRIPS und das Urheberrecht, GRUR Int 1995, 447; *Katzenberger/Kur* TRIPs and intellectual property, in: *Beier/Schricker* (Hrsg) From GATT to TRIPs (1996), 1; *Khlestov* WTO-WIPO Co-operation: Does It Have a Future? EIPR 1997, 560; *Kingston* Why Harmonisation is a Trojan Horse, EIPR 2004, 447; *Kolker* Patent Protection (Veröffentlichung der EU-Kommission), 2001; *Kreibich* Das TRIPS-Abkommen in der Gemeinschaftsordnung, 2003; *Kretschmer* Sicherung eines weltweiten Mindeststandards für geistiges Eigentum durch die WTO (TRIPS), in: Die Bedeutung der WTO für die europäische Wirtschaft, Referate des XXX. FIW-Symposions (1997), 49; *U. Krieger* Durchsetzung gewerblicher Schutzrechte in Deutschland und die TRIPS-Standards, GRUR Int 1997, 421; *Kumar* Benefits of the Industrial Property System and the African Developing Countries, World Competition Law and Economics Review 16/3 (1993), 71; *Küng* Sui generis System nach TRIPS, Diplomarbeit ETH Zürich 1999; *Kur* The TRIPS Agreement Ten Years Later (Tagungsbericht), GRUR Int 2004, 837 = 36 IIC (2005), 558;*Liebenau/Uhrich/Zech* Erobert der EuGH das Patentrecht durch TRIPS? sic! 2014, 107; *Liebig* Geistige Eigentumsrechte: Motor oder Bremse wirtschaftlicher Entwicklung? Entwicklungsländer und das TRIPS-Abkommen, 2001; *Markfort* Geistiges Eigentum im Zivilprozeß: zur Durchsetzung von Patent- und Urheberrechten in Deutschland und Indien nach dem Übereinkommen über handelsbezogene Aspekte der Rechte des geistigen Eigentums – TRIPS, Diss Berlin (Humboldt-Universität) 2000; *Marks* The Impact of the Patent Term Provisions of the 1994 Uruguay Round Agreement Act on the Drug Price Competition and Patent Term Restoration Act, Food Drug L.J. 1996, 445; *Marshall* Patents, Antitrust, and the WTO:GATT: Using TRIPS as a Vehicle for Antitrust Harmonization, 28 Law & Pol'y Int'l Bus. 1165 (1997); *Maskus/Penubarti* How trade-related are intellectual property rights? Journal of International Economics 39 (1995) Nr 3–4, 227; *Matthews* Globalising Intellectual Property Rights: The TRIPs Agreement, 2002; *McGrath* The Patent Provisions in TRIPs: Protection Reasonable Remuneration for Services Rendered – or the Latest Development in Western Colonialism? EIPR 1996, 398; *Meessen* Intellectual Property Rights in International Trade, 21 J.W.Tr.L. 67 (1987); *Meitinger* Die globale Rahmenordnung für den Schutz von Geschäftsgeheimnissen im TRIPS-Abkommen der WTO und ihre Auswirkungen auf die Rechtslage in der Schweiz, sic! 2002, 145; *Nachane* Intellectual property rights in the Uruguay Round: an Indian perspective, Economic and Political Weekly 30 (1995), 257; *Nolff* TRIPS, PCT and Global Patent Procurement, 2002; *Oddi* TRIPS – Natural Rights and a Polite Form of Economic Imperialism, 29 Vanderbilt Journal of Transnational Law (1996), 413; *Ohlhoff* Entwicklung der Rechtsprechung zum WTO-Recht in den Jahren 2000 und 2001, EuZW 2002, 558; *Oppermann/Baumann* Handelsbezogener Schutz geistigen Eigentums (TRIPS) im GATT, Europaarchiv 1994, 121; *Otten* The TRIPS Agreement – Has It Served ist Purpose Twelve Years On? IIC 2007, 645; *Paas* Compulsory Licensing under the TRIPS Agreement: A Cruel Taunt for Developing Countries? EIPR 2009, 609; *Pacón* Was bringt TRIPS den Entwicklungsländern? GRUR Int 1995, 875; *Pacón* What will TRIPs do for developing countries? in: *Beier/Schricker* (Hrsg) From GATT to TRIPs (1996), 329; *Pagenberg* Zur Harmonisierung des Patentrechts im Rahmen der WIPO, GRUR Int 1990, 267; *Pagenberg* Probleme der Patentharmonisierung im Rahmen der WIPO, FS R. Nirk (1992), 809; *Pagenberg* WIPO-Konferenz vom 6.–10. Mai 2002 zum Substantive Patent Law Treaty, GRUR Int 2002, 736; *Peifer* Brainpower and trade: the impact of TRIPS on intellectual property, German yearbook of international law 39 (1997), 100; *Petersmann* GATT/WTO-Recht: Duplik, EuZW 1997, 651; *Pfanner* Die Zwangslizenzierung von Patenten: Überblick neuere Entwicklungen, GRUR Int 1985, 357; *Pires de Carvalho* The TRIPS Regime of Patent Rights[2], 2005; *Prinz zu Waldeck und Pyrmont* Sechste Sitzung des Standing Committee on the Law of Patents der WIPO in Genf vom 11.–16. Mai 2003, GRUR Int 2003, 824; *Prinz zu Waldeck und Pyrmont* Zehnte Sitzung des Standing Committee on the Law of Patents der WIPO in Genf vom 10.–14. Mai 2004, GRUR Int 2004, 840; *Raggett* GATT and Patent Reform. The Global Strenghtening of Patent Protection and the Implications for the Pharmaceutical Industry, 1996; *Rangel-Ortiz* Intellectual Property and NAFTA with Reference to TRIPs and to Mexican Law, IIC 1996, 771; *Rangel-Ortiz* Patents, Nafta and Trips, Patent World Dez. 1995/Jan. 1996, 38; *Reichman* Securing compliance with the TRIPs agreement after US v. India, 1998 1 New York University Journal of International Economic Law 586; *Reichmann* Intellectual Property in International Trade: Opportunities and Risks of a GATT Connection, 22 Vanderbilt Journal of Transnational Law 747 (1990); *Reinbothe* Geistiges Eigentum in der Uruguay-Runde des GATT: Materiellrechtliche Aspekte aus der Sicht der EG, in *Hilf/Oehler* (Hrsg) Der Schutz des geistigen Eigentums in Europa (1991), 149; *Reinbothe* Der Schutz des Urheberrechts und der Leistungsschutzrechte im Abkommensentwurf GATT/TRIPs, GRUR Int 1992, 707; *Reinbothe/Howard* The State of Play in the Negotiations on TRIPS (GATT/Uruguay Round), EIPR 1991, 157; *Rott* TRIPS-Abkommen, Menschenrechte, Sozialpolitik und Entwicklungsländer, GRUR Int 2003, 103; *Rott* Patentrecht und Sozialpolitik unter dem TRIPS-Abkommen, Diss Erlangen/Nürnberg, 2002; *Sack* Noch einmal: GATT/WTO und europäisches Rechtsschutzsystem, EuZW 1997, 688; *Samuelson* Challenges for the World Intellectual Property Organization and the Trade-related Aspects of Intellectual Property Rights Council in Regulating Intellectual Property Rights in the Information Age, EIPR 1999, 578; *Santarelli* AIPPI und die Harmonisierung des Patentrechts, FS AIPPI 1897–1997 (1997), 207;

Sasdi Das Panelverfahren „Canada – Patent protection of pharmaceutical and agrochemical products", in: *Nettesheim ua* (Hrsg) WTO-Recht und Globalisierung (2003), 273; *Schäfers/Schennen* Der erste Teil der Diplomatischen Konferenz zum Abschluß eines Vertrages zur Harmonisierung des Patentrechts, GRUR Int 1991, 849; *Schäfers* Harmonisierung des Patentrechts: Perspektiven, Chancen und Hindernisse, FS R. Nirk (1992), 949; *Schäfers* Normsetzung zum geistigen Eigentum in internationalen Institutionen: WIPO und WTO – ein Vergleich, GRUR Int 1996, 763; *Schäli* WTO-Streitbeilegungsverfahren: Erster TRIPS-Entscheid, sic! 1998, 233; *Schloemann* Rechtsschutz nach Maßgabe des Art 50 TRIPS, in: Rechtsfragen des internationalen Schutzes geistigen Eigentums (2002), 189; *Schmidt-Diemitz* Geistiges Eigentum und entwicklungspolitischer Wissenstransfer, GRUR Int 1988, 287; *Senftleben* Towards a Horizontal Standard for Limiting Intellectual Property Rights? WTO Panel Reports Shed Light on the Three-Step Test in Copyright Law and Related Tests in Patent and Trademark Law, IIC 3(2006), 407; *Sherwood* Why a Uniform Intellectual Property System Makes Sense for the World, in *Wallerstein* (Hrsg) Global Dimensions of Intellectual Property Rights in Science and Technology (1993), 68; *Signore* Juridic Park – Traps and Illusions of Harmonization, JPTOS 1995, 699; *Simon* U.S. Trade Policy and Intellectual Property Rights, 50 Alb.L.Rev. 501 (1986); *Simon* Remarks made at the Symposium: Trade Related Aspects of Intellectual Property, 22 Vanderbilt Journal of Transnational Law 367 (1989); *Simon* GATT and NAFTA Provisions On Intellectual Property, 4 Fordham Intell. Prop. Media and Ent.L.J. 267 (1993); *Slaughter* TRIPs: The GATT Intellectual Property Negotiations Approach their Conclusion, EIPR 1990, 418; *Smith* Intellectual Property Rights, Developing Countries, and TRIPS. An Overview of Issues for Consideration during the Millenium Round of Multilateral Trade Negotiations, 2 JWIP 969 (1999); *Srinivasan* Developing Countries and the Multilateral Trading System. From the GATT to the Uruguay Round and the Future, 1998; *Staehelin* Das TRIPS-Abkommen. Immaterialgüterrechte im Licht der globalisierten Handelspolitik, 1997; *Stoll* Technologietransfer. Internationalisierungs- und Nationalisierungstendenzen. Die Gestaltung privater Verfügungsrechte und Transaktionen durch die Vereinten Nationen, die UNCTAT, die WIPO und die Uruguay-Runde des GATT, 1994; *Stoll/Schorkopf* WTO – Welthandelsorganisation und Welthandelsrecht, 2003; *Straus* Die Bedeutung von TRIPS für das Patentrecht, GRUR Int 1996, 179; *Straus* Implications of the TRIPS Agreement in the field of patent law, in: *Beier/Schricker* (Hrsg) From GATT to TRIPs (1996), 160; *Straus* TRIPS, TRIPS-plus oder TRIPS-minus. Zur Zukunft des internationalen Schutzes des Geistigen Eigentums, FS G. Schricker (2005), 197; *Tancer/Tancer* TRIPS in the Millenium Round, 2 JWIP 889 (1999); *Taylor* TRIPS, Trade and Growth, International Economic Review 35 (1994), 361; *Ullrich* Technologieschutz nach TRIPS: Prinzipien und Probleme, GRUR Int 1995, 623; *Ullrich* Technology protection according to TRIPs: Principles and Problems, in: *Beier/Schricker* (Hrsg) From GATT to TRIPs (1996), 357; *Ullrich* TRIPS – Adequate Protection – Inadequate Trade – Adequate Competition Policy, 4 Rim.L. and Pol.J. 153 (1994); *Thompson* Reforming the Patent System For the 21st Century, 21 AIPLA Q.J. 1971 (1993); *UNCTAD* (Hrsg) The TRIPS Agreement and Developing Countries, 1996; *Van Horn* Effects of GATT and NAFTA on PTO Practice, JPTOS 1995, 973; *Vandoren* The Implementation of TRIPS Agreement, 2 JWIP 25 (1999); *Vaver/Basheer* Popping Patented Pills: Europe and a Decade's DOse of TRIPs, EIPR 2006. 282; *Verma* TRIPs and Plant Variety Protection in Developing Countries, EIPR 1995, 281; *Verma* TRIPs – Development and transfer of technology, IIC 1996, 331; *Watal* Intellectual Property Rights in the WTO and Developing Countries, 2001; *Weber/Skripsky* TRIPS und Technologietransfer, Sz Zs für internationales und europäisches Recht 2005, 315; *Wegmann* Immaterialgüterrecht und Liberalisierung des internationalen Handels im Wandel, sic! 2003, 775; *Wegner* Patent Harmonization, 1993; *Wegner* The Hague Patent Harmonization Treaty, An Analysis of the „Basic Proposal", 1991; *Werner* The TRIPS Agreement under the Scrutiny of the WTO Dispute Settlement System. The Case of Patent protection for Pharmaceutical and Agricultural Chemical Products in India, 1 JWIP 309 (1998); *WIPO* (Hrsg) Implications of the TRIPS Agreement on Treaties Administered by WIPO, 1997; *Worthy* Intellectual Property Protection After GATT, EIPR 1994, 195; *WTO Dispute Settlement Body* (Hrsg) India – Patent Protection for Pharmaceutical and Agricultural Chemical Products, 10(2) World Trade and Arbitration Materials 35 (1998); *Yusuf* TRIPS: Background, Principles and General Provisions, in *Correa/Yusuf* Intellectual Property and International Trade: The TRIPs Agreement, 1998; *Zaphiriou* Transnational Technology Protection, 40 Am.J.Comp.L. 879 (1992); *Zuccherini/Mittelman* Marcas y patentes en el GATT, 1998; *Zuleeg* Die innerstaatliche Anwendbarkeit völkerrechtlicher Verträge am Beispiel des GATT und der Europäischen Sozialcharta, ZaöRV 1975, 341.

A. Internationale Aspekte

I. Überblick

1   Tendenzen zu internat Zusammenarbeit und Harmonisierung sind etwa so alt wie das einheitliche dt Patentrecht. „Das Recht des Erfindungsschutzes in Europa ... fand seine erste internationale Einbindung im Unionsvertrag von 1883. Ab 1963 strahlte dann das Straßburger „Übereinkommen zur Vereinheitlichung gewisser Begriffe des materiellen Rechts der Erfindungspatente" weltweit aus und beeinflusste nicht nur das EPÜ und die nat Patentrechte in Europa, sondern auch WIPO-Modellrechte für Entwicklungsländer, den PCT, den PLT und TRIPS. Aber auch die großen Patentrechtswerke des 20. Jahrhunderts – also PCT und EPÜ – hatten über sich selbst hinaus gestaltende Kraft. Hinzu kommt ab etwa 1970 das EuGH-Richterrecht zum freien Warenverkehr und ab etwa 1980 patentrechtsnahes EG-Recht in Ver-

ordnungen und Richtlinien".[1] Für den Schutz des geistigen Eigentums spielen zahlreiche Organisationen eine Rolle, wie WTO, UNESCO, UNCTAD, ILO, UNCITRAL, UPOV, UNIDROIT, Haager Konferenz, OECD, EPO, NAFTA, Mercosur.[2]

Das „klassische" Übk ist die **Pariser Verbandsübereinkunft** vom 20.3.1883 (PVÜ),[3] mit der zugleich die Internationale Union begründet wurde (Rn 6 ff). 1920 wurde ein allerdings niemals in Kraft getretenes Übk über die Schaffung eines Zentralpatentamts geschlossen.[4] Auch Bemühungen um ein Patent für das brit Empire blieben erfolglos.[5] **2**

Nach dem Zweiten Weltkrieg kam es zunächst 1949 zur Schaffung des 1978 in das EPA übernommenen **Internationalen Patentinstituts** in Den Haag,[6] sodann zum Abschluss verschiedener Übk im Rahmen des **Europarats** (Rn 22), später zur Gründung der **Europäischen Patentorganisation** (Rn 5 zu Art I). **3**

Im Rahmen der **Internationalen Union** sind neben der PVÜ verschiedene Übk geschlossen worden (Rn 6), während die Arbeiten an einem Patentharmonisierungsvertrag ins Stocken geraten waren und in stark reduziertem Umfang fortgeführt wurden; das hieraus resultierende Übk (PLT) ist am 28.4.2005 in Kraft getreten (Rn 26). **4**

Schließlich ist es im Rahmen der GATT-Uruguay-Runde bei der Gründung der **Welthandelsorganisation** zu einer bedeutenden patentrechtl Vereinbarung (TRIPS; frz ADPIC) gekommen. **5**

II. Internationale Union

1. Allgemeines. Die Union umfasst neben der PVÜ (Rn 7) verschiedene patent-, marken-, geschmacksmuster- und wettbewerbsrechtl Übk, insb, soweit patentrechtl von Bedeutung, das WIPO-Übk (Rn 15), den Patentzusammenarbeitsvertrag (Rn 22 ff zu Art I), den Budapester Vertrag (Rn 18) und das Straßburger Abkommen über die Internationale Patentklassifikation (Rn 20). **6**

2. Der Pariser Verbandsübereinkunft (PVÜ) gehörten am 15.4.2015 176 Staaten an.[7] Die PVÜ wurde revidiert in Brüssel am 14.12.1900, in Washington am 2.6.1911,[8] im Haag am 6.11.1925,[9] in London am 2.6.1934,[10] in Lissabon am 31.10.1958,[11] in Stockholm am 14.7.1967[12] (Rn 15, in Kraft 3.6.1984);[13] weitere Revisionen sind nicht zustandegekommen.[14] **7**

Maßgeblich ist für die Mitgliedsländer jeweils die Stockholmer **Fassung** mit folgenden Ausnahmen: Lissabon für Nigeria; Art 1–12 Lissabon, sonst Stockholm für Argentinien, Bahamas, Malta, Philippinen, Sambia, Tansania; Art 1–12 London, sonst Stockholm für Libanon, Neuseeland, Sri Lanka; Den Haag für Dominikanische Republik. Der PVÜ gehören nicht an Afghanistan, Äthiopien, Eritrea, Fidschi, Kap Verde, Malediven, Myanmar, Somalia (sämtlich WIPO-Mitgliedstaaten); Chinesisch Teipei (Taiwan; Republik China), Kiribati, Marshall-Inseln, Mikronesien, Nauru, Nördliche Marianen, Salomon-Inseln, Tuvalu. **8**

Die **Errichtung des Verbands** regelt Art 1 PVÜ. **9**

Innerhalb der Union gilt der Grundsatz der **Inländerbehandlung** (Art 2, 3 PVÜ); er dient in der PVÜ dem Fremdenschutz (zur Anwendung der Bestimmungen der PVÜ auf Inländer Rn 2 zu § 39 PatG). Der auch in Art 3 TRIPS-Übk enthaltene Grundsatz steht dort in einem anderen Kontext, nämlich dem der Einführung angemessenen Inlandsschutzes.[15] **10**

---

1   *Bossung* GRUR Int 1995, 923, 928.
2   Überblick über die einschlägigen Übk bei *Holeweg* GRUR Int 2001, 141.
3   Übersetzung GRUR 1896, 335.
4   Vgl *MGK/Haertel* Geschichtliche Entwicklung Rn 5.
5   *MGK/Haertel* Geschichtliche Entwicklung Rn 6.
6   *MGK/Haertel* Geschichtliche Entwicklung Rn 9 ff; Übersetzung des 1961 revidierten Abkommens BlPMZ 1949, 135 = GRUR 1950, 232; BlPMZ 1961, 425.
7   Aufstellung BlPMZ 2014, 157.
8   RGBl 1913, 209 = BlPMZ 1913, 146.
9   RGBl 1928 II 175.
10 RGBl 1937 II 583.
11 BGBl 1961 II 273, BTDrs III/1750, 2406.
12 BGBl 1970 II 293, 371, BTDrs VI/401, 520.
13 BGBl 1984 II 799.
14 Zu Reformbemühungen, insb in bezug auf die Entwicklungsländer, *Benkard*[9] Internationaler Teil Rn 74, 75.
15 *Ullrich* GRUR Int 1995, 623, 632, 638.

11   Die PVÜ regelt weiter in Art 4 ua das **Prioritätsrecht** und die Teilung. Art 4bis PVÜ bestimmt, dass die in den verschiedenen Ländern für dieselbe Erfindung erlangten Patente unabhängig voneinander sind. Art 4ter PVÜ betrifft das Recht auf **Erfindernennung**, Art 4^{quater} PVÜ die Auswirkung von Verwertungsbeschränkungen auf die Patentfähigkeit. Art 5 PVÜ regelt, soweit patentrechtl von Belang, Einfuhr und **Zwangslizenzen**. Art 5bis PVÜ regelt die **Nachfrist** bei der Zahlung von Aufrechterhaltungsgebühren. Art 5ter PVÜ betrifft die freie Einfuhr von in **Verkehrsmitteln** eingebauten patentierten Gegenständen, Art 5^{quater} PVÜ den Schutz von **Verfahrenserzeugnissen** bei Einfuhren. Art 11 PVÜ betrifft den **Ausstellungsschutz**. Die Einrichtung besonderer nationaler Ämter regelt Art 12 PVÜ.

12   Die in Stockholm 1967 neu geschaffenen **Art 13–17 PVÜ** enthalten organisatorisch-institutionelle Bestimmungen.

13   Das seither in Art 15 PVÜ geregelte **Internationale Büro** der Staatengemeinschaft zum Schutze des gewerblichen Eigentums in Genf (früher Bern) besteht seit 1883. Bis 1970 lag die Verwaltung der PVÜ und ihrer Nebenabkommen sowie der Berner Übereinkunft bei den Vereinigten Internationalen Büros zum Schutze des gewerblichen, literarischen und künstlerischen Eigentums (Bureaux internationaux réunis pour la protection de la propriété intellectuelle – BIRPI) in Genf; die Mitgliedstaaten hatten der schweizerischen Regierung gleichsam treuhänderisch die Geschäftsführung übertragen.

14   Die **Art 18–30 PVÜ** enthalten schließlich Bestimmungen über Revision, Sonderabkommen, Ratifikation und Beitritt, Hoheitsgebiete und Anwendung der Übereinkunft durch die Vertragsstaaten, Kündigung, Anwendung früherer Fassungen, Streitbeilegung, Unterzeichnung sowie Übergangsbestimmungen.

15   **3. WIPO-Übereinkommen.** Seither wurde für die beiden Staatenverbände der Pariser und der Berner Union durch das 1970 in Kraft getretene Stockholmer Übk zur Errichtung der Weltorganisation für geistiges Eigentum (WIPO-Übk) vom 14.7.1967,[16] dem die Bundesrepublik Deutschland mit dem Gesetz über die am 14. Juli 1967 in Stockholm unterzeichneten Übereinkünfte auf dem Gebiet des geistigen Eigentums vom 5.6.1970,[17] geänd durch Gesetz vom 14.3.2002,[18] zugestimmt hat, eine eigenständige Organisation geschaffen.[19]

16   Sitz der Organisation (**World Intellectual Property Organization – WIPO/Organisation mondiale de la propriété intellectuelle – OMPI**) ist Genf, 32 chemin des Colombettes. Im Internet ist die Organisation unter www.wipo.int und www.ompi.int erreichbar; verfügbar ist auch die PCT-Gazette. Organe der WIPO sind die Generalversammlung der Unionsstaaten (Art 6 WIPO-Übk), die Konferenz (Art 7), der Koordinierungsausschuss (Art 8) und das Internationale Büro (Art 9). Dessen Generaldirektor ist oberstes ausführendes Organ; er vertritt die Organisation nach außen. Er nimmt außerdem die Funktion des Depositars wahr. Die Organisation finanziert sich im wesentlichen aus Beiträgen und Gebühren für Dienstleistungen (Art 11). Dem WIPO-Übk gehörten am 15.4.2015 188 Staaten an.[20]

17   **4.** Ebenfalls zu den Übk der Internationalen Union zählt der **Patentzusammenarbeitsvertrag** (PCT; Rn 28 ff zu Art I).

18   **5.** Auch der **Budapester Vertrag** über die internationale Anerkennung der Hinterlegung von Mikroorganismen für die Zwecke von Patentverfahren vom 28.4.1977 (BV;[21] s Rn 317 f zu § 34 PatG), der die Hinterlegung von Mikroorganismen mit Wirkung für alle Vertragsstaaten ermöglicht, ist ein Übk der Internationalen Union. Dem Budapester Vertrag gehören folgende Staaten an:[22] (in Klammern Datum des Wirksamwerdens der Ratifikation oder des Beitritts): Albanien (19.9.2003), Armenien (6.3.2005), Aserbaidschan (14.10.2003), Australien (7.7.1987), Bahrain (20.11.2012), Belgien (15.12.1983), Bosnien und Herzegowina (27.1.2009), Brunei Darussalam (24.7.2012), Bulgarien (19.8.1980), Chile (5.8.2011), China (1.7.1995), Costa Rica (30.9.2008), Dänemark (1.7.1985), Deutschland (20.1.1981), die Dominikanische Republik (3.7.2007), El Salvador (17.8.2006), Estland (14.9.1996), Finnland (1.9.1985), Frankreich (19.8.1980), Georgien

---

16   BGBl 1970 II 293 = BlPMZ 1970, 231 f.
17   BGBl II 293 = BlPMZ 1970, 231.
18   BGBl II 598.
19   Vgl *Krieger/Tilmann* GRUR Int 1971, 29.
20   Aufstellung BlPMZ 2015, 153.
21   BGBl 1980 II 1531; BGBl 1981 II 331.
22   Aufstellung BlPMZ 2014, 166.

(30.9.2005), Griechenland (30.10.1993), Guatemala (14.10.2006), Honduras (20.6.2006), Indien (17.12.2001), Irland (15.12.1999), Island (23.3.1995), Israel (26.4.1996), Italien (23.3.1986), Japan (19.8.1980), Jordanien (14.11.2008), Kanada (21.9.1996), Kasachstan (24.4.2002), Katar (6.3.2014), Kirgisien (17.5.2003), Korea, Demokratische Volksrepublik (21.2.2002), Korea, Republik (28.3.1988), Kroatien (25.2.2000); Kuba (19.2.1994), Lettland (29.12.1994), Liechtenstein (19.8.1981), Litauen (9.2.1998), Luxemburg (29.7.2010), Marokko (20.7.2011), Mazedonien (30.8.2002), Mexiko (21.3.2001), Moldau (25.12.1991, Erklärung über Weiteranwendung), Monaco (23.1.1999), Montenegro (4.12.2006, Erklärung über Weiteranwendung), Nicaragua (10.8.2006), Niederlande (2.7.1987), Norwegen (1.1.1986), Oman (16.10.2007), Österreich (26.4. 1984), Panama (7.9.2012); Peru (20.1.2009), Philippinen (21.10.1981), Polen (22.9.1993), Portugal (16.10.1997), Rumänien (25.9.1999); Russische Föderation (25.12.1991, 22.4.1981 Sowjetunion), Schweden (1.10.1983), Schweiz (19.8.1981), Serbien (25.2.1994), Singapur (23.2.1995), Slowakei (1.1.1993, Erklärung über Weiteranwendung), Slowenien (12.3.1998), Spanien (19.3.1981), Südafrika (14.7.1997), Tadschikistan (25.12.1991, Erklärung über Weiteranwendung), Trinidad und Tobago (10.3.1994), Tschechische Republik (1.1.1993, Erklärung über Weiteranwendung, Tschechoslowakei 5.8.1989), Tunesien (23.5.2004), Türkei (30.11.1998), Ukraine (2.7.1997), Ungarn (19.8.1980), USA (19.8.1980); Usbekistan (12.1.2002); VK (29.12.1980), Weißrussland (Belarus, 19.10.2001). EPO, EAPO und ARIPO erkennen Hinterlegungen nach dem BV an.

6. Weitere Übereinkommen. Zu beachten ist auch das **Übereinkommen über internationale Aus-** **19** **stellungen** vom 22.11.1928 (IntAusstÜ)[23] idF der Änderungs- und Ergänzungsprotokolle vom 10.5.1948,[24] 16.11.1966[25] und 30.11.1972[26] (in Kraft für die Bundesrepublik Deutschland seit 9.6.1980;[27] am 15.4.2015 124 Staaten).[28]

Weiter von Bedeutung ist das an die Stelle eines entspr Europaratsabkommens (Rn 23) getretene **20** **Straßburger Abkommen über die Internationale Patentklassifikation** vom 24.3.1971 (IPC-Abk);[29] geänd am 2.10.1979[30] (15.4.2015: 62 Mitgliedstaaten),[31] das ein weltweit einheitliches Klassifikationssystem sichern soll.

In Vorbereitung war ein **Vertrag zur zwischenstaatlichen Streitbeilegung auf dem Gebiet des** **21** **gewerblichen Rechtsschutzes.**[32] Das Internationale Büro wird die Möglichkeit eines Systems der internat Hinterlegung von Nukleotid- und Aminosäuresequenzprotokollen prüfen; außerdem wird die Notwendigkeit eines zentralen internat Registriersystems für die Übertragung von Patentanmeldungen und Patenten untersucht.[33]

III. Europaratsübereinkommen

Die Bemühungen um eine eur Harmonisierung haben, nachdem an den damaligen politischen Ver- **22** hältnissen anknüpfende und von geopolitisch-hegemonialen Vorstellungen geprägte Bemühungen in der Zeit der NS-Herrschaft[34] mit dem Ende des Zweiten Weltkriegs obsolet waren, mit der Bestellung eines Sachverständigenkomitees des Europarats 1950 eingesetzt.[35]

Zunächst erfolgte die Einführung der **Neuheitsprüfung** in bisherigen Nichtprüfungsländern durch **23** das seit 1947 bestehende Internationale Patentinstitut (IPI) in Den Haag. Die Anmeldeformalitäten wurden durch die **Europäische Übereinkunft über Formerfordernisse bei Patentanmeldungen** vom 11.12.1953

---

23 RGBl 1930 II 728 = BlPMZ 1957, 346.
24 BGBl 1956 II 2088 = BlPMZ 1957, 347.
25 BGBl 1968 II 510 und 1973 II 1568 = BlPMZ 1968, 346 und 1974, 58.
26 BGBl 1974 II 276 = BlPMZ 1974, 248.
27 Vgl die Bek vom 12.1.1982, BGBl II 90 = BlPMZ 1982, 158.
28 Aufstellung BlPMZ 2015, 185.
29 BGBl 1975 II 283 = BlPMZ 1975, 156.
30 BGBl 1984 II 799 = BlPMZ 1984, 319.
31 Aufstellung BlPMZ 2015, 158.
32 S IndProp 1994, 397 f, ProprInd 1996, 240, 343, Entwurf des Streitbeilegungsvertrags IndProp 1995, 168, der Regeln IndProp 1995, 205; zu Arbeiten des American Law Institute *Dessemontet* FS J. Druey (2002), 83.
33 ProprInd 1996, 370.
34 Vgl *Berber* Lehrbuch des Völkerrechts Bd III § 31.1 S 231.
35 Vgl *Reimer* BlPMZ 1952, 209; *MGK/Haertel* Geschichtliche Entwicklung Rn 14 ff.

(EuroFormÜ;[36] Vertragsstaaten noch Israel, Spanien, Südafrika und Türkei sowie seit 1.3.1998 Mazedonien) vereinheitlicht, die Patentklassifikation durch die seinerzeitige **Europäische Übereinkunft über die Internationale Patentklassifikation** vom 19.12.1954.[37]

24   Der Vereinheitlichung der wichtigsten materiellen Fragen dient das **Straßburger Übereinkommen über die Vereinheitlichung gewisser Begriffe des materiellen Rechts der Erfindungspatente** vom 27.11.1963[38] (StraÜ), dessen Inhalt die späteren Verträge geprägt hat (Rn 2ff zu Art I).

IV. Europäische Patentorganisation; EU-Patent

25   Von herausragender Bedeutung ist das (Münchener) Europäische Patentübereinkommen (EPÜ); zu seiner Entstehungsgeschichte Rn 5 zu Art I, zu seinem Inhalt Rn 7ff zu Art I. Das durch das EPÜ geschaffene eur „Bündelpatent" wird durch ein Patent mit einheitlicher Wirkung für die teilnehmenden Staaten der Europäischen Union ergänzt (s die Kommentierung Einheitlicher Patentschutz in Europa S 2177ff). Dies führt nach dem RegE für ein Gesetz zur Anpassung patentrechtlicher Vorschriften auf Grund der europäischen Patentreform zu umfangreichen Änderungen insb in Art II (§§ 6, 6a sowie die neu einzustellenden §§ 15–20), deren Textvorschlag eingearbeitet, aber noch nicht kommentiert ist. Skandinavische Bemühungen[39] wurden dadurch überholt.

V. Harmonisierung des Patentrechts

26   Der **Patentharmonisierungsvertrag** (Patent Law Treaty, PLT) ist am 28.4.2005 in Kraft getreten; er ist in Kraft für Albanien, Armenien, Australien, Bahrain, Bosnien und Herzegowina, Dänemark, Estland; Finnland, Frankreich, Irland, Kasachstan, Kirgisien, Kroatien, Lettland, Liechtenstein, Litauen, Mazedonien, Moldau, Montenegro, die Niederlande, Nigeria, Oman, Rumänien, Russland, Saudi-Arabien, Schweden, die Schweiz, Serbien, die Slowakei, Slowenien, Spanien, die Ukraine, Ungarn, die USA, Usbekistan und das VK (auch für die Insel Man).[40] Zur Entstehungsgeschichte bis 1994 *5. Aufl.* Infolge verschiedener Meinungsverschiedenheiten und nach Schaffung der Regelungen im Rahmen der WTO (Rn 27) wurde das Vorhaben in eingeschränkter Form (Formalien) fortgeführt (vgl *5. Aufl.*). Der schließlich zustande gekommene Vertrag umfasst 17 Artikel. Weiter gearbeitet wird an Regeln für Patentfähigkeit, ausreichende Offenbarung sowie Struktur und Auslegung der Patentansprüche, Erstanmelder- und Ersterfindergrundsatz, Veröffentlichung der Anmeldungen und Einspruch nach Erteilung[41] (Substantive Patent Law Treaty; SPLT).

27   Im Rahmen des das Allgemeine Zoll- und Handelsabkommen GATT fortsetzenden Übk zur Errichtung der **Welthandelsorganisation (WTO,** frz **OMC)** und der Errichtung der WTO am 1.1.1995 ist nach erfolgreichem Abschluss der GATT-Uruguay-Runde als dessen Bestandteil ein Vertrag über gewerblichen Rechtsschutz ausgearbeitet und am 15.4.1994 auf der Ministerkonferenz in Marrakesch unterzeichnet worden (Übk über handelsbezogene Aspekte der Rechte des geistigen Eigentums; **TRIPS-Übk),** dem die Bundesrepublik Deutschland in Art 1 des Gesetzes zu dem Übereinkommen vom 15. April 1994 zur Errichtung der Welthandelsorganisation und zur Änderung anderer Gesetze[42] zugestimmt hat.[43] Der Vertrag, bei dem nicht abschließend geklärt ist, ob er auch das Sortenschutzrecht erfasst,[44] legt auf hohem Niveau und unter dem Gesichtspunkt des fairen Handels[45] Mindeststandards fest. Daneben sehen bilaterale Verträge,

---

36 BGBl 1954 II 1099, 1100 = BlPMZ 1954, 212.

37 BGBl 1956 II 659, 810 = BlPMZ 1955, 84.

38 BGBl 1976 II 649, 658 = BlPMZ 1976, 270.

39 Zu diesen *MGK/Haertel* Geschichtliche Entwicklung Rn 31ff.

40 Aufstellung BlPMZ 2014, 165.

41 Vgl GRUR Int 2001, 651; 2002, 632; *Klicznik* GRUR Int 2001, 854; *Pagenberg* GRUR Int 2002, 736; *Schneider* GRUR Int 2003, 350.

42 BGBl II 1438ff = BlPMZ 1995, 18.

43 S auch BTDrs 12/7655 (neu) und 12/7986; zum Einfluss von Pressure Groups wie dem Intellectual Property Committee und UNICE vgl *Kingston* EIPR 2004, 447, 456; *Sell* Private Power, Public Law: The Globalization of Intellectual Property (2003), 104ff.

44 Bejahend *Busche/Stoll/Wiebe* TRIPs² (2013) Art 1 Rn 28 mN; verneinend noch *7. Aufl.*

45 Vgl *Wegmann* sic! 2003, 775.

insb der USA, Bestimmungen vor, die über die Mindeststandards hinausgehen („TRIPS-plus"), etwa bei der Schutzdauer, dem Schutz von Lebensformen, Bedingungen von Zwangslizenzen, Parallelimporten, Exklusivität von Testdaten.[46] Der Welthandelsorganisation gehörten am 15.4.2015 160 Staaten und die Europäische Union an (ua nicht Afghanistan, Algerien, Andorra, Aserbaidschan, Äquatorialguinea, Äthiopien, Bahamas, Bosnien und Herzegowina, Irak, Iran, Kasachstan, Libanon, Libyen, Sao Tomé, Serbien, Seychellen, Somalia, Sudan, Südsudan, Syrien, Turkmenistan, Usbekistan, Vatikan, Weißrussland, die aber meist Beobachterstatus haben).[47] Das TRIPS-Übk legt neben den Grundsätzen der Inländerbehandlung (Art 3) und der Meistbegünstigung[48] (Art 4) insb Standards über die Verfügbarkeit, den Umfang und die Ausübung von Rechten des geistigen Eigentums sowie ihre Durchsetzung fest. Art 27 des TRIPS-Übk fällt nach der Rspr des EuGH in den Bereich der gemeinsamen Handelspolitik.[49] Die neuere Rspr des EuGH bejaht insgesamt, dass die Bestimmungen des TRIPS-Übk integraler Bestandteil der Unionsrechtsordnung sind.[50] Das Vertragswerk schafft erstmals ein global – auf den Weltmarkt – ausgerichtetes Übk, das von seinem Abschluss und von seinem Inhalt in ein umfassendes Regelungssystem des internat Wirtschaftsrechts eingebettet ist und bei dem das geistige Eigentum zu einem Teilaspekt umfassender wirtschaftlicher Integration wird und damit seinen fremdenrechtl Charakter verliert (zB Meistbegünstigungsklausel in Art 4 TRIPS-Übk; Inländerbehandlung; Diskriminierungsverbot); zugleich ist ein Paradigmenwechsel von dem kontinentaleuropäischen Traditionen entspr Schutz individueller Rechtspositionen zu gesamtwirtschaftlichen Interessen erfolgt;[51] die Schutzstandards sind internat auf dem von den Industrieländern als notwendig erachteten Niveau angesetzt worden;[52] dies wirkt sich nicht nur auf die Mindeststandards aus, es kann auch „zu hohen" Standards, etwa beim Schutzniveau, entgegenwirken.[53] Das TRIPS-Übk vertraut die Rechtsdurchsetzung einer den Konventionen des geistigen Eigentums bislang fremden Handelskonzessionalität an;[54] es ist „das Ergebnis einer internationalen Politisierung des geistigen Eigentums".[55] Dies hat, etwa beim Schutz von Arzneimitteln in afrikanischen Staaten, zu Schwierigkeiten geführt.[56] Die Kritik am TRIPS-Übk richtet sich ua darauf, dass dieses die Industrieländer begünstige, zu zu hohen Schutzstandards führe, die einheimische Innovation in wenig entwickelten Ländern nicht fördere und Traditionswissen vernachlässige; die Kritik ist im besonders umstrittenen Bereich der Pharmaziepatentierung in der Ministererklärung von Doha vom 14.11.2001[57] aufgegriffen worden (vgl zB Nr 6: „We take note of the efforts by members to conduct national environmental assessments of trade policies on a voluntary basis. We recognize that under WTO rules no country should be prevented from taking measures for the protection of human, animal or plant life or health, or of the environment at the levels it considers appropriate, subject to the requirement that they are not applied in a manner which would constitute a means of arbitrary or unjustifiable discrimination between countries where the same conditions prevail, or a disguised restriction on international trade, and are otherwise in accordance with the provisions of the WTO Agreements").[58] Die EU hat daraufhin die EU-ZwangslizenzVO (Anh I zu § 24 PatG) erlassen. Die Pflicht der am wenigsten entwickelten Länder zur Einführung von Arzneimittelpatenten ist durch den Rat für TRIPS bis

---

46 *Kampf* VPPRdbr 2006, 38; kr *Kingston* EIPR 2004, 447, 460.
47 Aktuelle Liste im Internet abrufbar unter http://www.wto.org/english/thewto_e/whatis_e/tif_e/org6_e.htm; s auch die Aufstellung in BlPMZ 2014, 162.
48 Hierzu EPA J 32/97.
49 EuGH C-414/11 GRUR 2013, 1018 Daiichi Sankyo/DEMO; kr hierzu *Liebenau/Uhrich/Zech* sic! 2014, 107; enger noch EuGH Slg 1994 I 5276 = GRUR Int 1995, 239, 248 TRIPS-Kompetenz; vgl *Drexl* GRUR Int 1994, 777; vgl auch *Bourgeois* 32 CMLR (1995), 763; weitergehend EuGH C-300/98, C-392/98 GRUR 2001, 235 Layher/Assco, Dior/Tuk, wonach sich die Zuständigkeit auf die Gebiete des TRIPS-Übk erstreckt, auf dem die Gemeinschaft bereits Rechtsvorschriften erlassen hat.
50 EuGH C-180/11 GRUR 2013, 206 Bericap; EuGH 9.4.2014 C-583/12 GRUR Int 2014, 621 Zuständigkeit der Zollbehörden.
51 *Drexl* (Literaturbesprechung) GRUR Int 1994, 775.
52 *Ullrich* GRUR Int 1995, 623, 629 ff.
53 Vgl *Ullrich* GRUR Int 1995, 623, 639 Fn 134; Kommission ABl EG 1993 C 51/6.
54 *Ullrich* GRUR Int 1995, 623, 638.
55 *Ullrich* GRUR Int 1995, 623, 639; vgl *Kingston* EIPR 2004, 447, 456; zum Konflikt mit Indien und zum Streitbeilegungsverfahren vor der WTO GRUR Int 1998, 78 und 254; EIPR 1997 D-313, IIC 1998, 245; *Schäli* sic! 1998, 233; *Dörmer* GRUR Int 1998, 919 und die Hinweise im Länderanhang Indien; Bericht des Appelate Body GRUR Int 1998, 997; zu einem weiteren Konflikt mit Kanada sic! 1998, 244.
56 Vgl hierzu *Kongolo* IIC 2002, 185 sowie die Schrifttumshinweise in der Einl PatG.
57 Im Internet unter www.wto.org/english/thewto_e/minist_e/min01_e/mindecl_e.htm.
58 Vgl auch *Arup* EIPR 2004, 7, 15.

2016 hinausgeschoben worden, weitere Übergangsfristen nach Art 66 Abs 1 TRIPS-Übk galten bis zum 1.7.2013. Die unmittelbare Wirksamkeit der TRIPS-Regeln ist, jedenfalls in den patentrechtl relevanten Bereichen, verneint worden.[59] Der BGH hat sie indessen schon zuvor bejaht.[60] Die Fragestellung hat sich durch die Umsetzung der EU-Durchsetzungsrichtlinie (Rn 8 vor § 139 PatG) erledigt.[61]

28   Zwischen **WIPO und WTO** ist am 22.12.1995 ein Abkommen geschlossen worden.[62] Streitbeilegungsverfahren haben insb bezügl Indien und Kanada (beschränkte Ausnahmen in Art 30 TRIPS-Übk, Unzulässigkeit der „stockpiling exception") stattgefunden.[63]

VI. Sonstige Übereinkommen

29   Weitere Verträge über wirtschaftliche, technische und militärische Zusammenarbeit betreffen auch das Patentwesen. Zu nennen sind der **Vertrag zur Gründung der Europäischen Atomgemeinschaft (EuratomV)** vom 25.3.1957[64] (vgl Anh II zu § 24 PatG), bestimmte Übk im Rahmen der **NATO** (Rn 17 ff vor § 50 PatG), das **Abkommen über wissenschaftlich-technische Zusammenarbeit zwischen der Europäischen Gemeinschaft und der Regierung der Vereinigten Staaten von Amerika**[65] und eine Reihe von die Weltraumforschung betr Übk.[66] Das gescheiterte **ACTA**-Übk (Anti-Counterfeiting Trade Agreement)[67] sollte Nachahmung, Piraterie und Verletzung von Urheberrechten ua eindämmen (näher *7. Aufl*). Verhandelt wird über ein **Transatlantisches Freihandelsabkommen (TTIP)** zwischen den USA und der EU, bereits ausverhandelt ist das **Comprehensive Economic and Trade Agreement (CETA)** zwischen der EU und Kanada.

30   Als **regionale Vereinbarungen** sind neben EPÜ der schweizerisch-liechtensteinische Patentschutzvertrag, für Amerika die Übk von Montevideo 1889 (gültig für Argentinien, Bolivien, Paraguay, Uruguay und Peru),[68] Mexiko City, Buenos Aires und Cartagena (Andenpakt), für Afrika die über die frankophone Afrikanische Organisation für geistiges Eigentum (OAPI) und die anglophone Organisation für geistiges Eigentum im englischsprechenden Afrika (ARIPO), für die ehemalige Sowjetunion das Eurasische Patentübereinkommen zu nennen.

B. Zweiseitige Verträge

I. Allgemeines

31   Abkommen patentrechtl Gehalts bestehen mit verschiedenen Staaten; soweit sie die Bereinigung von Kriegsfolgen betreffen, sind sie für technische Schutzrechte nicht mehr von Bedeutung. Im übrigen betreffen sie in erster Linie die Inländerbehandlung und Befreiungen vom Ausführungszwang; auch hier ist eine patentrechtl Bedeutung kaum mehr verblieben. Neben den nachstehend genannten Verträgen bestehen verschiedene Regierungsabkommen über die gegenseitige Geheimhaltung von Anmeldungen verteidigungswichtiger Erfindungen (Rn 20 vor § 50 PatG).

---

59   Nachweis des Streitstands *6. Aufl*; unmittelbare Anwendbarkeit verneint in EuGH C-300/98, C-392/98 Dior/Tuk, Layher/Assco GRUR 2001, 235; offengelassen in BGHZ 150, 377, 385 = GRUR 2002, 1046 Faxkarte; vgl öOGH ÖBl 2009, 196 Losartan (gemischtes Übk, bei dem es das Gemeinschaftsrecht nicht ausschließt, dass die Mitgliedstaaten die unmittelbare Anwendungen einzelner Bestimmungen vorsehen); vgl auch BGH GRUR 1997, 125, 127 Bob Dylan. Vgl zur Inanspruchnahme der Priorität einer Anmeldung in Indien für eur und Euro-PCT-Anmeldungen die GBK-Vorlage EPA J 9/98 und J 10/98 ABl EPA 2003, 184 Indisches Patent. Zur Übergangsregelung in Art 70 Abs 6 TRIPS-Übk hinsichtlich des Diskriminierungsverbots in Art 27 Abs 1 TRIPS-Übk HighC Irland FSR 1997, 1 = IIC 1998, 457.
60   BGHZ 141, 13, 35 = GRUR 1999, 707 Kopierversanddienst, UrhSache.
61   Vgl *McGuire* ÖBl 2004, 255; EuGH 11.9.2007 C-421/05 Merck Genéricos v. Merck, zu Art 33 TRIPS-Übk.
62   IndProp 1996, 77.
63   Näher *Arup* EIPR 2004, 7, 13 mwN; *Senftleben* IIC 37 (2006), 407.
64   BGBl 1957 II 1156.
65   ABl EG Nr L 284/35 vom 22.10.1998 = BlPMZ 1999, 152.
66   Aufstellung bei *Benkard*[8] Einl Int. Rn 70.
67   Text im Internet unter http://trade.ec.europa.eu/doclib/docs/2011/may/tradoc_147937.pdf.
68   Zum Verhältnis zu TRIPS und zur Frage der Revalidierung ausländ Patente in Auseinandersetzung mit der Rspr in Argentinien *Martín/O'Farrell* Revalidation Patents and the Unilever Case, IIC 2003, 119.

II. Der **Patent Prosecution Highway** (PPH) ermöglicht die beschleunigte Bearbeitung von Patent- **32**
anmeldungen durch den Austausch und die gegenseitige Nutzung von Arbeitsergebnissen; er sieht eine
beschleunigte Prüfung in der nat Phase aufgrund eines schriftlichen Bescheids der Internationalen Recherchenbehörde oder eines internationalen Prüfungsberichts vor, wenn in diesen Patentansprüche als
patentierbar bezeichnet werden. Das DPMA hat dzt laufende PPH-Pilotprojekte mit folgenden Ämtern:
Japanisches Patentamt (JPO), US-amerikanisches Patent- und Markenamt (USPTO), Koreanisches Amt für
geistiges Eigentum (KIPO), Kanadisches Amt für geistiges Eigentum (CIPO), Staatliches Amt für geistiges
Eigentum der Volksrepublik China (SIPO), Amt für geistiges Eigentum des Vereinigten Königreichs (UK-
IPO), Finnisches Patent- und Registrieramt (PRH), Österreichisches Patentamt (ÖPA).[69] Voraussetzung für
den Antrag auf eine beschleunigte Prüfung beim DPMA im Rahmen des PPH ist, dass ein Anmelder bei
einem oder mehreren der Partnerämter angemeldet hat und eines der PPH-Partnerämter zumindest einen
Patentanspruch für patentfähig befand. Ausschlaggebend für den PPH-Antrag beim DPMA ist das Arbeitsergebnis des Amts der früheren Prüfung (Prinzip der früheren Prüfung), das nicht jenes der Erstanmeldung sein muss.

Dieselben Möglichkeiten bestehen beim **Europäischen Patentamt** mit den Partnerämtern in Japan, **33**
Korea, China und den USA.

Auch das **Österreichische Patentamt** (ÖPA) bietet den Patent Prosecution Highway an. **34**

III. Einzelne Abkommen

Zu nennen sind die folgenden Verträge:[70] **Deutsch-griechisches Abkommen** wegen Aufhebung des **35**
Ausführungszwangs für Erfindungspatente vom 24.12.1925[71] in Form eines Notenwechsels mit Zustimmungsgesetz vom 12.5.1926; Bek vom 26.7.1926[72] und vom 9.12.1966 über die Weiteranwendung.[73]

Deutsch-iranisches Abkommen über den Schutz von Erfindungspatenten, Fabrik- oder Handels- **36**
marken, von Handelsnamen und Mustern sowie von Werken der Kunst und Literatur vom 24.2.1930[74] mit
Zustimmungsgesetz vom 15.7.1930.

Deutsch-isländisches Protokoll über den Schutz von Urheberrechten und gewerblichen Schutzrech- **37**
ten vom 19.12.1950[75] mit Zustimmungsgesetz vom 25.9.1956.

Deutsch-österreichisches Übereinkommen über Fragen des gegenseitigen gewerblichen Rechts- **38**
schutzes und des gegenseitigen Schutzes des Urheberrechts vom 15.2.1930[76] mit Zustimmungsgesetz vom
28.7.1930, durch Bek vom 9.4.1950[77] wieder in Kraft gesetzt.

Deutsch-paraguayisches Abkommen über die Gewährung der Meistbegünstigung und über ge- **39**
werbliche Schutzrechte vom 30.7.1955[78] mit Zustimmungsgesetz vom 28.8.1957.[79]

Deutsch-schweizerisches Übereinkommen über den gegenseitigen Patent-, Muster- und Marken- **40**
schutz vom 13.4.1892[80] mit Änderungsabk vom 26.5.1902.[81] Allein noch in Kraft stehen Art 5 und 7;[82] sie
gelten auch für PVÜ-Angehörige aus Drittstaaten.[83] Die Benutzung im anderen Vertragsstaat wirkt auch im
Heimatstaat rechtserhaltend.[84] Vgl zur Bedeutung von Art 7 Satz 2 Rn 176 zu § 139 PatG.

---

69 Leitfäden und sonstige Hinweise nachgewiesen unter http://www.dpma.de/patent/verfahren/pph/index.html .
70 S weiter die Übersicht unter Nr 700 des Taschenbuchs des DPMA.
71 RGBl 1926 II 255 = BlPMZ 1926, 132.
72 BlPMZ 1926, 171.
73 BlPMZ 1967, 57.
74 RGBl II 981.
75 BGBl 1956 II 899.
76 RGBl II 1077.
77 BGBl II 436 = BlPMZ 1952, 147.
78 BGBl 1957 II 1273.
79 S auch ABl EG 1993 L 317/61.
80 RGBl 1894, 511.
81 RGBl 1903, 181.
82 Zur Weitergeltung BGHZ 143, 290 = GRUR 2000, 1035, 1037 Playboy, Markensache; vgl *Bugnion* sic! 2001, 448.
83 BGH Playboy; aA die schweiz Rspr, schweiz BG BGE 124 III 277 Nike ; schweiz ERGE sic! 2004, 420.
84 BGH Playboy, auch zu den Anforderungen an die rechtserhaltende Benutzung; von der schweiz Rspr bisher
offengelassen, schweiz BG BGE 101 II 297 Efasit.

41 **Abkommen mit den Vereinigten Staaten von Amerika** über den gegenseitigen gewerblichen Rechtsschutz vom 23.2.1909,[85] wieder anwendbar laut Bek des BMJ vom 5.1.1954.[86] Für die Erlangung und Aufrechterhaltung von gewerblichen Schutzrechten haben die Staatsangehörigen und Gesellschaften des einen Vertragsteils in dem Gebiet des anderen Vertragsteils nach Art X Abs 1 dieses Vertrags nur Anspruch auf Inländerbehandlung.[87] Das Patent eines amerikanischen Staatsangehörigen (auch einer Handelsgesellschaft) kann in irgendeinem Auslandsstaat ausgeführt werden.[88]

Vor Artikel I

1 **Art I** enthält die Zustimmung zum Straßburger Patentübereinkommen (StraÜ), zum Patentzusammenarbeitsvertrag (PCT) und zum Europäischen Patentübereinkommen (EPÜ); die Zustimmung zum (nicht in Kraft getretenen) Gemeinschaftspatentübereinkommen (GPÜ) in der Fassung der Vereinbarung über Gemeinschaftspatente ergab sich aus Art 1 2. GPatG.

2 **Art II** enthält die erforderlichen nat Folgeregelungen für die eur Patentanmeldung und das eur Patent, **Art III** die für die internat Patentanmeldung nach dem Patentzusammenarbeitsvertrag, soweit das DPMA Anmeldeamt, Bestimmungsamt oder ausgewähltes Amt ist. Soweit das EPA als solches Amt tätig wird, s die Hinweise in Einl Art III.

3 **Weitere Regelungen.** Art IV hat das PatG an das eur Patentrecht angepasst, Art V enthält weitere verfahrensrechtl Änderungen des PatG, die nicht in Zusammenhang mit der Angleichung an das EPÜ stehen. Artikel VI ändert als Folge der Vorgaben des StraÜ das (durch das GeschmMRefG aufgehobene) Ausstellungsgesetz. Art VII enthält Regelungen zum Anwaltsrecht, Art VIII eine Änderung der Patentanwaltsordnung, Art IX gebührenrechtl Änderungen. Art X betrifft die Bekanntmachung von Änderungen des EPÜ und des PCT. Der in der Folge geänd Art XI enthält schließlich Übergangs- und Schlussbestimmungen. Die Kommentierung beschränkt sich auf die Art I–III, VII, X und, soweit noch von Interesse, Art XI.

4 Das IntPatÜG ist insb mit seiner Einfädelung der Bestimmungen über das eur Patent die **zweite Säule des deutschen Patentrechts.** Eur Patente sind inzwischen in der Praxis deutlich bedeutsamer als nationale Patente; dies ist aber kein Charakteristikum der Situation in Deutschland, sondern in den anderen Mitgliedstaaten des EPÜ ebenso oder noch stärker der Fall.

5 Für Regelungen zur Einpassung des „**EU-Patentpakets**" ist ein Regierungsentwurf in der parlamentarischen Beratung, die Erste Lesung im Bundestag mit Überweisung an die Ausschüsse hat am 23.6.2016 stattgefunden;[89] die vorgesehenen Regelungen sind in den Text eingearbeitet. Die organisatorischen Vorbereitungen sind angelaufen (ua Freimachung von Räumen im Gebäude des BPatG und Bereitstellung von Räumen an den Standorten der lokalen Kammern).

Artikel I
Zustimmung zu den Übereinkommen

[1]Den folgenden Übereinkommen wird zugestimmt:
1. dem in Straßburg am 27. November 1963 von der Bundesrepublik Deutschland unterzechneten Übereinkommen zur Vereinheitlichung gewisser Begriffe des materiellen Rechts der Erfindungspatente (Straßburger Patentübereinkommen);
2. dem in Washington am 19. Juni 1970 von der Bundesrepublik Deutschland unterzeichneten Vertrag über die internationale Zusammenarbeit auf dem Gebiet des Patentwesens (Patentzusammenarbeitsvertrag);

---

85 RGBl 1909, 895.
86 BGBl II, 13 = BlPMZ 1954, 44.
87 BGH GRUR 2013, 294 dlg.de.
88 RGZ 72, 242 = BlPMZ 1910, 9 Registrierkassen; RG BlPMZ 1910, 116 Übertragung auf Amerikaner.
89 Vgl hierzu die zu Protokoll gegebenen Reden mehrerer Bundestagsabgeordneter im Plenarprotokoll der 179. Sitzung S 17755.

3. den in München am 5. Oktober 1973 von der Bundesrepublik Deutschland unterzeichneten Übereinkommen über die Erteilung europäischer Patente (Europäisches Patentübereinkommen).
[2] **Die Übereinkommen werden nachstehend veröffentlicht.**

Übersicht

Schrifttum: zum StraÜ: *Haertel* Die Harmonisierung des nationalen Patentrechts durch das europäische Patentrecht, GRUR Int 1983, 200; *Pfanner* Vereinheitlichung des materiellen Patentrechts im Rahmen des Europarats, GRUR Int 1962, 545 und GRUR Int 1964, 252; *Reimer* Europäisierung des Patentrechts, 1955; *Ulmer* Europäisches Patentrecht im Werden, GRUR Int 1962, 537.

Zum EPÜ (s auch die Hinweise zu § 126 PatG): *Addor/Luginbühl* Stärkung des europäischen Patentsystems, sic! 2000, 730; *Ammendola* La brevettabilità nella Convenzione di Monaco, Mailand 1981; *Armitage* Anspruchsformulierung und Auslegung nach den Patentgesetzen der europäischen Länder, GRUR Int 1981, 670; *Armitage* Die Auslegung europäischer Patente, GRUR Int 1983, 242; *Armitage* Updating the European Patent Convention, GRUR Int 1990, 662; *Armitage ua* The new european patent system, 1976; *Arnull/Jacob* European Patent Litigation; Out of the Impasse? EIPR 2007, 209; *Artelsmair* Die Internationalisierung des Patentsystems in Europa im Spannungsfeld von Globalisierung, Regionalisierung und nationalen Interessen, Diss 2004; *Artelsmair* Europäische Patentpolitik unter den Bedingungen der Globalisierung, GRUR Int 2004, 1; *Bardehle* Das Europäische Patentsystem, Erwartung, Erfüllung und Ausblick, Mitt 1993, 208; *Bardehle* Zur Situation und Zukunft des europäischen Patentsystems, Mitt 2002, 257; *Beetz/Behrens/Dost/Dreiss/Goetz/Keil/Speiser/Thul* Europäisches Patentrecht[2], 1979; *Beier/Haertel/Schricker* (Hrsg) Europäisches Patentübereinkommen, Münchener Gemeinschaftskommentar (MGK), seit 1984 (bisher 30 Lieferungen); *Benkard* EPÜ[2], 2012; *Benyamini* Patent Infringement in the European Community (IIC Studies Vol. 13, 1993); *Bezzenberger* Gedanken zum europäischen Patentrecht, GRUR Int 1987, 367; *Bielefeldt* Erstreckung des europäischen Patents außerhalb Europas, Diplomarbeit ETH Zürich 1999/2000; *Blind* Révision de la Convention sur le brevet européen: résultats de la Conférence diplomatique du 20 au 29 novembre 2000, Munich, sic! 2001, 54; *Block* EPÜ-Patent und EU-Erbrechtsverordnung: Ein Überblick und Ausblick, Mitt 2015, 440; *Bossung* Grundfragen einer europäischen Gerichtsbarkeit in Patentsachen, 1959; *Bossung* Die Münchner Diplomatische Konferenz über die Einführung eines europäischen Patenterteilungsverfahrens, Mitt 1973, 81; *Bossung* Stand der Technik und eigene Vorverlautbarung im internationalen, europäischen und nationalen Patentrecht, GRUR Int 1978, 381; *Bossung* Rückführung des europäischen Patentrechts in die Europäische Union, GRUR Int 1995, 923; *Bossung* Über den Irrtum des Anmelders im europäischen Patenterteilungsverfahren, FS A. Preu (1988), 219; *Braendli* Die Dynamik des Europäischen Patentsystems, GRUR Int 1990, 699; *Braendli* Die Rolle des europäischen Patentsystems im expandierenden Europa, GRUR Int 1992, 881; *Braendli* Entwicklungsaspekte des europäischen Patentsystems, in: *Rafeiner* (Hrsg) Patente, Marken, Muster, Märkte (1993), 3; *Braendli* The Future of the European Patent System, IIC 1995, 813; *Bremi* The European Patents Convention and Proceedings before the European Patent Office, 2008; *Brinkhof* Prozessieren aus europäischen Patenten – einige prozessuale Aspekte der Internationalisierung des Patentrechts, GRUR 1993, 177; *Brinkhof* The desirability, necessity and feasibility of cooperation between courts in the field of european patent law, in FS 10 Jahre Rspr GBK EPA (1996), 49; *Brinkmann/Tilmann* EPÜ-Handbuch[2], 2009; *Bruchhausen* Die Methodik der Auslegung und Anwendung des europäischen Patentrechts und der harmonisierten nationalen Patentrechte, GRUR Int 1983, 205; *Bruchhausen* Die Auslegung des Europäischen Patentübereinkommens in der Rechtspraxis, FS F. Traub (1994), 33; *Chartered Institute of Patent Agents* (Hrsg) European Patent Handbook[2], 1989; *Chartered Institute of Patent Agents* (Hrsg) European Patents Sourcefinder, 2 Bde 1990; *Coldewey* Besonderheiten des Europäischen Patentübereinkommens, Mitt 1977, 148, Mitt 1978, 45; *Collin* Europäisches Patentübereinkommen[2], 1976; *Cronauer* Das Recht auf das Patent im Europäischen Patentübereinkommen unter besonderer Berücksichtigung des deutschen und englischen Rechts, 1988; *Demaret* Patents, Territorial Restrictions and EEC Law, 1978; *Derby* Perspectives on the European Patent System, 1 JWIP (1998), 949; *Dickels* Die Neuheit der Erfindung im Vorentwurf eines Abkommens über ein europäisches Patentrecht unter besonderer Berücksichtigung der sogenannten älteren Rechte, Diss München 1970; *Dybdahl-Müller* Europäisches Patentrecht[3], 2009 (engl Ausgabe: European Patents, 2002; frz Ausgabe: Les brevets européens, 2005); *Europäisches Patentamt* (Hrsg) Europäisches Patentübereinkommen, Textausgabe[14], 2011; *Frischknecht/Kley* Änderungen ohne Ende an der Ausführungsordnung des EPÜ 2000: Was will der Verwaltungsrat der Europäischen Patentorganisation? sic! 2009, 733; *Fritz/Grünbeck/Hijazi* Schlüssel zum Europäischen Patentübereinkommen 2001, 2002; *Gall* Die europäische Patentanmeldung und der PCT in Frage und Antwort[4],

1997; *Gall* Die Patenterteilung an der Schnittstelle zwischen europäischer und nationaler Phase, GRUR Int 1983, 11; *Gall* Das europäische Patent in der Erteilungsphase, Mitt 1987, 135; *Gall* Die Entwicklung des Rechtsschutzsystems nach dem Europäischen Patentübereinkommen, FS A. Preu (1988), 235; *Gasser/Ritscher* Stärken und Schwächen der Europäischen Patentorganisation (Tagungsbericht), sic! 2008, 689; *Gruszow/Remiche* La protection des inventions, PCT, CBE, CBC, 1978, mit Nachtrag 1982; *Haertel* Studie über die grundsätzlichen Probleme der Schaffung eines europäischen Patents, das neben die nationalen Patente tritt, 1960; *Haertel* Vortrag gehalten am 30.11.1964 auf der Hauptversammlung der Deutschen Vereinigung für gewerblichen Rechtsschutz und Urheberrecht, GRUR Int 1965, 58; *Haertel* Europäisches Patentübereinkommen[2], 1978; *Haertel* Die Harmonisierungswirkung des europäischen Patentrechts, GRUR Int 1981, 479; *Haertel* Die geschichtliche Entwicklung des europäischen Patentrechts, MGK, 1. Lieferung; *Haertel* Die Harmonisierung des nationalen Patentrechts durch das europäische Patentrecht, GRUR Int 1983, 200; *Haertel/Kolle/Strebel* EPÜ, Textausgabe[3], 1998; *Haertel/Singer* Zwei Jahre Europäisches Patentamt und europäisches Patentrecht, GRUR Int 1980, 709; *Haertel/Vossius* European Patent Convention, 1980; *Hess* Rechtsfolgen von Patentverletzungen im europäischen Patentrecht, 1987; *Holzer* Die Reform der Europäischen Patentorganisation, ÖBl 2000, 241; *Jaenichen* The European Patent Office's Case Law on the Patentability of Biotechnology Inventions, 1993; *Kley/Gundlach/Jacobi* Kommentar zum EPÜ 2000, Loseblatt, 2008; *Klopschinski* Die Implementierung von Gemeinschaftsrecht und internationalen Verträgen in das Europäische Patentübereinkommen nach der Revisionskonferenz im Jahr 2000, GRUR Int 2007, 555; *Knütel* Ius commune und Römisches Recht vor Gerichten der Europäischen Union, JuS 1996, 768; *Knütel* Rechtseinheit und römisches Recht, ZEuP 1994, 244; *Kober* Herausforderungen an das europäische Patentsystem, VPP-Rdbr 1997, 1; *Körber* Anmerkungen zu einer möglichen Revision des Europäischen Patentübereinkommens, VPP-Rdbr 1999, 70; *Kraßer* Die Anpassung der nationalen Patentgesetze an das europäische Patentrecht, ÖBl 1982, 1; *Küchler* Die europäische Patentübereinkommen aus schweizerischer Sicht, 1974; *Kunz-Hallstein* Institutionelle Fragen einer Revision des Europäischen Patentübereinkommens – Zur geplanten Änderung von Art 63 EPÜ, GRUR Int 1991, 351; *LaFlame* The European Patent System: An Overview and Critique, Houston Journal of International Law 2010, 605; *Lepêtre* Le brevet européen et les problèmes de l'unification des législations nationales en matière de propriété industrielle, Diss Paris 1971; *Le Tallec* Das Protokoll über die gerichtliche Zuständigkeit und die Anerkennung von Entscheidungen über den Anspruch auf Erteilung eines europäischen Patents (Anerkennungsprotokoll), GRUR Int 1985, 245; *Lettström* Need for Harmonization of European Patent Law, Mitt 1997, 337; *Liuzzo* Inhaberschaft und Übertragung des europäischen Patents, GRUR Int 1983, 20; *Lord* EPC 2000: Filing of Claims after the Filing Date, Mitt 2008, 296; *Luginbühl* Streitregelungsübereinkommen vs. Gemeinschaftspatent? GRUR Int 2004, 357; *Luginbühl* Uniform interpretation of european patent law with a special view on the creation of a common patent court, Diss Utrecht 2009; *Luginbühl* Die neuen Wege zur einheitlichen Auslegung des europäischen Patentrechts, GRUR Int 2010, 97; *Lutz* Revision des Europäischen Patentübereinkommens, VPP-Rdbr 2000, 101; *Mangini* Die rechtliche Regelung der Verletzungs- und Nichtigkeitsverfahren in Patentsachen in den Vertragsstaaten des Münchner Patentübereinkommens, GRUR Int 1983, 226; *Mathély* Le droit européen des brevets d'invention, Paris 1978; *Merz* La revendication en droit européen des brevets, Diss Zürich 1982; *Messerli* Neueste Entwicklungen im europäischen Patentsystem, in: 5. St. Galler Internat Immaterialgüterrechtsforum 2001, 183; *Mestmäcker/Schweitzer* Europäisches Wettbewerbsrecht[2], 2004, § 27 (S 664 ff); *Moser von Filseck* Überlegungen zum Europäischen Patentrecht, GRUR Int 1971, 1; *Nack/Phélip* Diplomatic Conference for the Revision of the European Patent Convention, Munich 20–29 November 2000, IIC 2001, 200; *Nöth* Das Europaapatent[2], 1982; *Oudemans* The draft european patent Convention, 1963; *Nott* „You Did It!" The European Biotechnology Directive At Last, EIPR 1998, 347; *Panel* La protection des inventions en droit européen des brevets, 1977; *Paterson* The European Patent System[2], 2000; *Paterson* A Concise Guide to European Patents: Law and Practice, 1995; *Pedrazzini* Das neue europäische materielle Patentrecht nach dem Übereinkommen über die Erteilung europäischer Patente, 1974; *Pereira da Cruz* The European Patent Convention, Mitt 1997, 335; *Pieters* Europees Octrooiverdrag, 1978; *Pietzcker* EPÜ, GPÜ, PCT, Leitfaden der internationalen Patentverträge, 1977; *Rafeiner* Das Österreichische Patentamt und die Europäische Patentorganisation, FS W. Sonn (2014), 261; *E. Reimer* Europäisierung des Patentrechts, 1955; *Roland* L'avenir du système des brevets in Europe, sic! 1999, 892; *Scherr* Die internationale PCT-Anmeldung, Das europäische Patent. Das Gemeinschaftspatent[7], 1992/3; *Scheuchzer* Nouveauté et activité inventive en droit européen des brevets, 1981; *Schneider* Die Patentgerichtsbarkeit in Europa – Status quo und Reform, 2005; *Singer* Das neue europäische Patentsystem, 1979; *Singer* Das europäische Patenterteilungsverfahren, Mitt 1974, 2; *Singer* Möglichkeiten der Unterrichtung über die Materialien zum europäischen Patentrecht, GRUR Int 1983, 213; *Singer* Wie legt das Europäische Patentamt das Europäische Patentübereinkommen aus? FS A. Preu (1988), 201; *Singer* Die Rechtsfortbildung durch die Große Beschwerdekammer des Europäischen Patentamts, FS M. Pedrazzini (1990), 715; *Singer/Singer* Der Vertrauensschutz im Europäischen Patentrecht, GRUR Int 1990, 788; *Singer/Lunzer* The European Patent Convention, 1995; *Singer/Stauder* Europäisches Patentübereinkommen[7] 2016, engl Ausgabe 2 Bde 2002/2003; *Singleton* European Intellectual Property Law, 1996; *Staehelin* Europäisches Patenterteilungssystem in der Praxis, GRUR Int 1981, 284; *Stauder* Die tatsächliche Bedeutung von Verletzungs- und Nichtigkeitsverfahren in der Bundesrepublik Deutschland, Frankreich, Großbritannien und Italien, GRUR Int 1983, 234; *Straus* Möglichkeiten der Unterrichtung über die Rechtsprechung und die Literatur zum europäischen Patentrecht, GRUR Int 1983, 217; *Straus* Völkerrechtliche Verträge und Gemeinschaftsrecht als Auslegungsfaktoren des Europäischen Patentübereinkommens – dargestellt am Patentierungsausschluß von Pflanzensorten in Artikel 53 (b), GRUR Int 1998, 1; *Straus* A Critical Look at the System of Protection for Patents in Europe, Fordham I.P., Media & Environment L.J. IV, 23, 1 (2000); *Teschemacher* Anmeldetag und Priorität im europäischen Patentrecht, GRUR Int 1983, 695; *Teschemacher* Die Erteilung des europäischen Patents, GRUR 1985, 802; *Teschemacher* Aktuelle Rechtsprechung der Beschwerdekammern des EPA – Notizen für die

Praxis, Mitt 2008, 289; *Ullrich* Standards of Patentability for European Inventors (IIC Studies Vol. 1); *Ullrich* Patent Protection in Europe: Integrating Europe into the Community or he Community into Europe? 8 E.L.J. (2003), 433; *van Benthem* Das europäische Patentsystem muß durch ein nationales System ergänzt werden, GRUR Int 1993, 593; *van Benthem* The European Patent System and European Integration, IIC 1993, 435; *van Empel* The Granting of European Patents, 1975; *van Nispen* Das europäische Patentsystem reicht aus, GRUR Int 1993, 591; *Ventose* In the Footsteps of the Framers of the European Patent Convention: Examining the Travaux Préparatoires, EIPR 2009, 353; *Vohland* Die Voraussetzungen der patentfähigen Erfindung in Italien im Vergleich zum Münchner Patentübereinkommen, 1979; *von der Groeben* Ansprache gehalten auf der Sitzung der für den gewerblichen Rechtsschutz zuständigen Staatssekretäre der EWG-Staaten am 19.11.1959 in Brüssel, GRUR Int 1959, 629; *White/Brown* EPC Appeal Procedures, EIPR 1996, 419; *Zellentin* Anmerkungen zum epi, dem Institut der beim Europäischen Patentamt zugelassenen Vertreter, VPP-Rdbr 1999, 17.

Zum Patentzusammenarbeitsvertrag (PCT): *Anglehart* Extending the International Phase of PCT Applications, JPTOS 1995, 101; *Bardehle* AIPPI und der Vertrag über die internationale Zusammenarbeit auf dem Gebiet des Patentwesens, FS AIPPI 1897–1997 (1997), 195; *Bartels* Die Vorteile des PCT für den Anmelder, Mitt 1983, 182; *Bartels* Vorteile des PCT für den deutschen Patentanmelder, GRUR Int 1986, 523; *Bartels* Die Reform des PCT, sic! 2002, 273; *Bogsch* Summary History of the Patent Cooperation Treaty (1966–1995), IndProp 1995, 412); *Bozic/Düwel/Gabriel/Teufel* EPÜ- und PCT-Tabellen⁴, 2016; *Deutsches Patent- und Markenamt* (Hrsg) PCT-Leitfaden für Anmelder³, Stand 2015; *Europäisches Patentamt* (Hrsg) Leitfaden für Anmelder – Teil 2, PCT-Verfahren vor dem EPA – „Euro-PCT", 2011, im Internet unter http://www.epo.org/applying/international/guide-for-applicants/html/d/index.html; *Fraulob* Neuregelung des internationalen Patentrechts, 1978; *Gall* Die europäische Patentanmeldung und der PCT in Frage und Antwort⁸, 2011; *Gall* Der Rechtsschutz des Patentmelders auf dem Euro-PCT-Weg, GRUR Int 1981, 417; *Gruszow* L'utilisation de la voie Euro-PCT pour l'obtention d'un brevet européen, ProprInd 1985, 229; *Gruszow/Remiche* La protection des inventions, PCT, CBE, CBC, 1978, mit Nachtrag 1982; *Haertel* Der Vertrag über die internationale Zusammenarbeit auf dem Gebiet des Patentwesens und das Bundespatentgericht, FS 10 Jahre BPatG, 1971, 55; *Haertel* Protokoll über die Zentralisierung des europäischen Patentsystems eine Einführung, Mitt 1973, 122; *Hallmann* PCT – Vertrag über die internationale Zusammenarbeit auf dem Gebiet des Patentwesens, Textausgabe mit Einführung³, 1981; *Hübenett* Neuerungen in der PCT-Ausführungsordnung: Bericht über die 24. Sitzung des PCT-Verbandes in Genf vom 16. September bis 1. Oktober 1997, GRUR Int 1998, 100; *Jones* Patent Cooperation Treaty Handbook, 1997 (Loseblatt); *Joppich* Der PCT – Anmeldung und Strategie mit Schnittstellen; *Kolle/Schatz* Das Europäische Patentamt als internationale und regionale Behörde nach dem PCT, GRUR Int 1983, 521; *Köllner* PCT-Handbuch¹⁰, 2016; *Ladas* Patent Cooperation Treaty and the European Patent Convention, IDEA 17 (1975) Nr 4, 25; *Mast* Das europäische Patentsystem und seine Zentralisierung, GRUR Int 1974, 52; *Pfanner* Der Vertrag über die internationale Zusammenarbeit auf dem Gebiet des Patentwesens (PCT) und seine Auswirkung auf die Industrie, GRUR Int 1971, 459 mit weiterer Lit; *Pfanner* Zusammenwirken von PCT und Europapatent, GRUR Int 1973, 383; *Pfanner* Internationale Zusammenarbeit auf dem Gebiet des Patentwesens, DB 1983, 1861; *Pietzcker* EPÜ, GPÜ, PCT, Leitfaden der internationalen Patentverträge, 1977; *Reischle* Ausführliche Darstellung der ab 1. Januar 2004 geltenden Änderungen der PCT-Ausführungsordnung, Mitt 2004, 529; *Scherr* Die internationale PCT-Anmeldung, Das europäische Patent. Das Gemeinschaftspatent⁷, 1992/3; *Singer* Das neue Europäische Patentsystem, 1979, S 159 ff; *Singer/Bernecker* Das Verhältnis des Europäischen Patentübereinkommens zum Übereinkommen über das Gemeinschaftspatent und zum Patent Cooperation Treaty, GRUR Int 1974, 74; *Slate* Filing Strategies Under the Patent Cooperation Treaty, 14(10) Int.Prop. Tech.L.J. 1 (2003); *Trinks* PCT in der Praxis⁴, 2014.

A. Art I enthält die **Zustimmung** zum StraÜ sowie zum EPÜ und zum PCT; zu den beiden letztge- **1** nannten Übk treffen Art II (EPÜ) und Art III (PCT) Folgeregelungen.

B. Straßburger Übereinkommen (StraÜ)

1949 begannen in Straßburg mit dem „Plan Longchambon" die Arbeiten an einem eur Patentrecht, **2** die im StraÜ ihren Abschluss fanden.[1] Das StraÜ gehört zu den Europaratsverträgen; es hat die Reform des frz Patentrechts maßgeblich beeinflusst, besonders aber über das EPÜ auf die weitere Entwicklung eingewirkt, nach seiner Rezeption aber keine eigenständige Bedeutung mehr.[2]

Vertragsstaaten (13) sind (mit Datum des Inkrafttretens) Belgien (24.12.1999); Dänemark (30.12.1989), **3** Deutschland (1.8.1980), Frankreich (1.8.1980), Irland (1.8.1980), Italien (18.5.1981), Liechtenstein (1.8.1980), Luxemburg (1.8.1980), Mazedonien (25.5.1998), Niederlande (3.12.1987), Schweden (1.8.1980), Schweiz (1.8.1980), VK (1.8.1980).

Das StraÜ ist am 1.8.1980 **in Kraft getreten.** **4**

---

1 Vgl *MGK/Haertel* Geschichtliche Entwicklung Rn 14 ff, 25 ff; Denkschrift BTDrs 773712 = BlPMZ 1976, 336.
2 Vgl *MGK/Beier* Europäisches Patentsystem Rn 25.

C. Europäisches Patentübereinkommen (EPÜ)

I. Entstehung

5   Seit 1959 wurde an einem „EWG-Patent" gearbeitet.[3] 1962 kam es zur Vorlage eines Vorentwurfs. Im EWG-Rahmen scheiterten die Arbeiten 1965 an der Frage der Beteiligung des VK. 1969 wurden sie wieder aufgenommen, dabei wurden zunächst im Rahmen der EFTA erwogene Zweiteiligkeitsüberlegungen aufgegriffen.[4] Die Problematik der doppelten Zielsetzung eines Patents für den Gemeinsamen Markt und eines „internationalen" eur Patents führte zur Beteiligung verschiedener nicht der EWG angehöriger Länder an den Arbeiten und zur doppelgleisigen Konzeption eines eur Patents und eines auf den Binnenmarkt ausgerichteten EWG-Gemeinschaftspatents innerhalb des Rahmens des eur Patents. Im Mai 1969 traten 17 (von 22 eingeladenen) Staaten zu einer **Regierungskonferenz** zusammen, und zwar die damaligen sechs EWG-Mitgliedsstaaten, die sieben EFTA-Staaten sowie Irland, Spanien, Griechenland und die Türkei. Das ehem Jugoslawien kam dazu; Zypern und Island sind der Einladung nicht gefolgt. Anfang 1970 wurde der Vorentwurf eines EPÜ gebilligt. Er sah eine eur Patentanmeldung mit freier Anmeldeberechtigung, Formalprüfung, Neuheitsrecherche, Veröffentlichung nach 18 Monaten, aufgeschobene Prüfung und anschließende Erteilung eines eur Bündelpatents mit der Wirkung nat Patente sowie ein nachgeschaltetes Einspruchsverfahren vor. ISd vorgeschlagenen Maximallösung wurde im 2. Vorentwurf 1971 die Patentlaufzeit auf 20 Jahre festgelegt. Die zunächst vorgesehene zentrale Nichtigerklärung hat in das Übk keinen Eingang gefunden.

6   Die **Münchener Diplomatische Konferenz** über die Einführung eines eur Patenterteilungsverfahrens vom 10.9.–5.10.1973 führte zur Unterzeichnung des (Münchener) **Europäischen Patentübereinkommens** vom 5.10.1973[5] (EPÜ) durch 14 Staaten (zwei weitere folgten bis zum 5.4.1974) und damit zur Schaffung der Europäischen Patentorganisation (EPO; frz OEB). Nach Ratifikation durch sechs Unterzeichnerstaaten ist das EPÜ am 7.10.1977 in Kraft getreten. Zur Errichtung des EPA am 1.11.1977 Rn 2 vor § 26 PatG. Das EPÜ ist ein Sonderabkommen iSd Art 19 PVÜ.[6]

II. Inhalt

7   **1.** Das nach Art 177 Abs 1 EPÜ in allen drei Sprachen (Deutsch, Englisch, Französisch) gleichermaßen verbindliche[7] EPÜ enthält zunächst **institutionelle Regelungen** (zu den Organisationsnormen über das EPA im EPÜ vor § 26 PatG).

8   Die Regelung in Art 1 EPÜ ist Programmsatz.[8] Das Recht des EPÜ ist **eigenständiges Recht**,[9] nicht Recht der Europäischen Gemeinschaft. Eine Zuständigkeit der Organe der Gemeinschaft, insb ihrer Gerichte, ist nicht begründet.[10] Nationales Recht besteht daneben fort.[11]

9   Art 4 EPÜ regelt die **Europäische Patentorganisation.** Sie ist eine zwischenstaatliche Organisation iSv Art 24 Abs 1 GG.[12] Die Qualifizierung „am Rande der EG"[13] erscheint problematisch. Sie ist zweigliedrig mit den Organen EPA und Verwaltungsrat (Art 26–36 EPÜ, Art 33 EPÜ – Befugnisse des Verwaltungsrats –

---

3   S auch *von der Groeben* Deutschland und Europa in einem unruhigen Jahrhundert, 1995.

4   Zur Entstehungsgeschichte eingehend *MGK/Haertel* Geschichtliche Entwicklung Rn 36 ff, 49 ff.

5   BGBl 1976 II 649, 826 = BlPMZ 1976, 272; BlPMZ 1979, 176; BlPMZ 1993, 190.

6   EPA G 2/98 ABl EPA 2001, 413, 422 = GRUR Int 2002, 80 Erfordernis für die Inanspruchnahme einer Priorität für „dieselbe Erfindung".

7   Vgl EPA J 9/95.

8   *Singer*[1] Art 1 EPÜ Rn 1.

9   Vgl EPA J 15/80 ABl EPA 1981, 213 = GRUR Int 81, 599 Prioritätsrecht, Geschmacksmuster; EPA J 18/86 ABl EPA 1988, 165 = GRUR Int 1988, 672 Anmeldetag.

10   Vgl BFH/NV 1996, 548: keine Vorlage an den EuGH möglich.

11   Zur Frage, ob nat Patentsysteme gegenüber dem eur noch ihre Berechtigung haben, aus nl Sicht bejahend *van Benthem* GRUR Int 1993, 593 = BIE 1992, 241, verneinend *van Nispen* GRUR Int 1993, 591 = BIE 1992, 240.

12   Vgl BVerwGE 100, 365 = NVwZ 1997, 284; BVerwG DVBl 1997, 999; BVerwG 12.12.1996 2 C 12/95; EPA G 5/88, G 8/88 ABl EPA 1991, 137 = GRUR Int 1991, 297 Verwaltungsvereinbarung; EPA G 1/04 ABl EPA 2006, 334 Diagnostizierverfahren am menschlichen Körper.

13   BVerfG GRUR 2001, 728 f mNachw.

und Art 35 EPÜ – Abstimmungen – geänd durch das EPÜ 2000) aufgebaut,[14] wobei dem Verwaltungsrat neben Überwachungs- auch Rechtssetzungsfunktionen zukommen. Das EPÜ 2000 hat eine Konferenz der Minister der Vertragsstaaten institutionalisiert (Art 4a EPÜ). Die Revisionskonferenz (Art 172 EPÜ) ist nicht Organ der Organisation.

Die **Rechtsstellung** der Europäischen Patentorganisation regelt Art 5 EPÜ. Die Bestimmung enthält **10** eine Statusklausel. Dem EPA sind Hoheitsrechte zur Ausübung übertragen; so ist es berechtigt, Hoheitsakte für das Gebiet seiner Mitgliedstaaten zu setzen.[15] Die Entscheidungen des EPA haben unmittelbare Wirkung in den benannten Vertragsstaaten.[16] Das EPA ist, abgesehen von seinen gerichtsartig ausgestalteten Beschwerdekammern, Verwaltungsbehörde. Finanzierung und Haushalt sind in Art 37–51 EPÜ (teilweise geänd durch das EPÜ 2000) geregelt.

Vorrechte und Immunitäten regelt Art 8 EPÜ. Neben dem Immunitätenprotokoll[17] sind das Sitz- **11** staatabkommen der Organisation mit der Bundesrepublik Deutschland[18] und das Abkommen mit den Niederlanden über die Zweigstelle in Den Haag zu beachten.[19] Immunität kommt auch dem Institut der zugelassenen Vertreter und dem Pensionsreservefonds zu.[20] Die Europäische Patentorganisation hat Personalhoheit und Gerichtshoheit für Streitsachen zwischen der Organisation und den Bediensteten[21] (vgl Art 13 EPÜ, der die Zuständigkeit des Verwaltungsgerichts der Internationalen Arbeitsorganisation begründet; Rn 10 zu Art II § 10).

Die **Einkünfte der Bediensteten** des EPA[22] unterliegen als solche nicht der (inländischen) Besteue- **12** rung, sind aber in die Berechnung des Einkommensteuersatzes einzubeziehen und unterliegen dem Progressionsvorbehalt[23] (§ 32b Abs 1 Nr 2, Abs 2 Nr 2 EStG, Art 16 des Protokolls); ein gemeinsames Handeln aller Vertragsstaaten war hierfür nicht erforderlich.[24]

Die **Haftung** regelt Art 9 Abs 1–3 EPÜ. Schadensersatzansprüche sind immer gegen die Organisation, **13** nie gegen einzelne Bedienstete zu richten.[25] Für sie sind die Beschwerdekammern nicht zuständig.[26] Die gerichtliche Zuständigkeit richtet sich, soweit keine Immunität besteht, nach Art 9 Abs 4 EPÜ, die nationale Folgeregelung enthält Art II § 10 (vgl Rn 9 zu Art II § 10).

2. Geltungsdauer, Revisionen, Auslegungsstreitigkeiten und **Kündigung** sind in Art 171—176 EPÜ **14** geregelt. Das EPÜ ist bisher zweimal revidiert worden[27] (die erste Revision betraf Art 63 Abs 2 EPÜ; vgl Art II § 6a). Die Änderungen der Revisionskonferenz 2000 in München[28] sind am 13.12.2007 in Kraft getreten. Der Verwaltungsrat der EPO hat am 12.12.2002 die Ausführungsordnung zum EPÜ 2000 beschlossen, die bereits mehrfach (Anspruchsgebühren; Zusatzgebühr; einheitliche Benennungsgebühr; Teilanmel-

---

14 Zur Entstehungsgeschichte *MGK/Ballreich* Art 5 EPÜ Rn 4 ff.

15 BVerfG GRUR 2001, 728 f; BGHZ 102, 118, 122 f = GRUR 1988, 290 Kehlrinne; BGHZ 163, 369 = GRUR 2005, 967 Strahlungssteuerung; EPA G 5/88, G 7/88, G 8/88 ABl EPA 1991, 137 = GRUR Int 1991, 297 Verwaltungsvereinbarung.

16 *Kraßer* S 626 (§ 27 I 2).

17 BGBl 1976 II, 985.

18 BGBl 1978 II 337.

19 Vgl zum Verhältnis von Immunitätenprotokoll und Ergänzungsabk *MGK/Kunz-Hallstein* Art 8 EPÜ Rn 19 f; zum Umfang der Immunität GH Den Haag 17.2.2015 200.141.812/01.

20 Vgl *MGK/Kunz-Hallstein* Art 8 EPÜ Rn 27.

21 BVerwGE 102, 320 = DVBl 1997, 999; BVerwG 12.12.1996 2 C 12/95; VG München GRUR Int 1999, 69; vgl zur Immunität zwischenstaatlicher Organisationen EGMR NJW 1999, 1173 Waite und Kennedy ./. Deutschland, zur Europäischen Weltraumorganisation; BAG IPRax 1995, 33, jeweils zur Klagbarkeit.

22 Zum Anspruch von ausländ Angehörigen von Beschäftigten des EPA auf dt Sozialleistungen (Erziehungsgeld) BSG 29.8.1981 4 REg 5/91. Zu den versorgungsrechtl Auswirkungen bei Bediensteten des EPA, die aus einem früheren inländischen Dienstverhältnis Versorgungsansprüche haben, BVerwGE 100, 365 = NVwZ 1997, 284.

23 BFHE 162, 284 = NJW 1991, 655; BFH/NV 1991, 729; BFH/NV 1995, 381; BFH/NV 1996, 548; BFH/NV 2000, 692; BFH 28.2.2000 I B 67/99; FG Berlin EFG 1988, 310; FG München EFG 1989, 232; vgl BFH/NV 2000, 832.

24 BFH/NV 1996, 548.

25 *Singer/Stauder* Art 9 EPÜ Rn 8.

26 EPA J 14/87 ABl EPA 1988, 295 = GRUR Int 1988, 936 Hinweis auf Patenterteilung.

27 Zu den mit einer Revision des Übk verbundenen Schwierigkeiten *Bossung* GRUR Int 1995, 923, 925 f, ua unter Hinweis auf BTDrs 11/3714 S 15, 21, und die Entwicklung einer „alternativen Subkultur" zu den Regelungen in Art 54–57 EPÜ; vgl auch *Straus* GRUR Int 1998, 1, 14.

28 Vgl GRUR Int 2000, 732; *Nack/Phélip* IIC 2001, 200.

dungen; Mängelbeseitigung) geänd wurde.[29] Einige Mitgliedstaaten fordern eine Rückverlagerung von Aufgaben auf nationale Patentämter; dies stieß auf Widerstand der Bundesregierung.[30]

15   **3.** Die Übersetzungen sind durch ein am 1.5.2008 in Kraft getretenes Übk vom 17.10.2000[31] über die Anwendung von Art 65 EPÜ („**Londoner Übereinkommen**") reduziert worden. Dieses bringt ua für die Mitgliedstaaten mit Deutsch, Englisch oder Französisch als Amtssprache den Wegfall des Übersetzungserfordernisses (Art 1 Abs 1 Übk), sofern nicht im Fall von Streitigkeiten der vermeintliche Patentverletzer oder das zuständige Gericht eine Übersetzung verlangt (Art 2 Übk). Deutschland hat dem Übk durch das Gesetz vom 10.12.2003 zugestimmt.[32] Das Übk ist dzt für 21 Staaten in Kraft.[33] In Umsetzung dieses Übk wurden zunächst durch das Gesetz zur Änderung des Gesetzes über internationale Patentübereinkommen vom 10.12.2003[34] die Bestimmung des Art II § 3 und die Übersetzungsverordnung aufgehoben; diese Regelung ist vor ihrem Inkrafttreten durch die in Rn 4 zu Art XI § 4 genannte ersetzt worden.[35] Eine Übergangsregelung für Patente, bei denen der Hinweis auf die Erteilung vor dem 1.5.2008 veröffentlicht worden ist, enthält Art XI § 4.

III. Mitgliedstaaten

16   Dem EPÜ gehören folgende 38 Staaten (mit Datum des Inkrafttretens) an: Albanien (1.5.2010, Nicht-EU-Staat), Belgien (7.10.1977), Bulgarien (1.7.2002), Dänemark (1.1.1990, ohne Grönland und Färöer), Deutschland (7.10.1977), Estland (1.7.2002), Finnland (1.3.1996), Frankreich (7.10.1977, einschließlich Überseeterritorien), Griechenland (1.10.1986), Irland (1.8.1992), Island (1.11.2004; EWR-Mitglied), Italien (1.12.1978), Kroatien (1.1.2008), Liechtenstein (1.4.1980; EWR-Mitglied), Lettland (1.7.2005), Litauen (1.12.2004), Luxemburg (7.10.1977), Mazedonien (1.1.2009; Nicht-EU-Staat); Malta (1.3.2007), Monaco (1.12.1991; Nicht-EU-Staat), Niederlande (7.10.1977, ohne Aruba und Niederländische Antillen), Norwegen (1.1.2008; EWR-Mitglied), Österreich (1.5.1979), Polen (1.3.2004); Portugal (1.1.1992), Rumänien (1.3.2003), San Marino (1.7.2009; Nicht-EU-Staat), Schweden (1.5.1978), Schweiz (7.10.1977; Nicht-EU-Staat), Serbien (1.10.2010, Nicht-EU-Staat); Slowakei (1.7.2002); Slowenien (1.12.2002); Spanien (1.10.1986); Tschechische Republik (1.7.2002), Türkei (1.11.2000; Nicht-EU-Staat), Ungarn (1.1.2003); Vereinigtes Königreich (7.10.1977, einschließlich Insel Man); Zypern (1.4.1998).

17   **Erstreckungsabkommen** (ohne Mitgliedschaft) sind in Kraft mit Bosnien und Herzegowina (1.12.2004) und Montenegro (1.3.2010); mit Andorra[36] wurde ein solches erwogen, aber nicht verwirklicht. S hierzu die EPA-PrRl A-III, 14.[37] Die Abk mit Albanien, Kroatien, Lettland, Litauen, Mazedonien, Rumänien, Serbien und Slowenien sind mit dem Beitritt dieser Staaten hinfällig geworden. Daneben besteht seit 1.3.2015 ein Validierungsabkommen mit Marokko[38] und seit 1.11.2015 ein weiteres mit der Republik Moldau;[39] mit Tunesien ist ein solches Abkommen unterzeichnet, aber noch nicht in Kraft getreten. Der Unterschied zur Erstreckung wurde darin gesehen, dass die Validierungsabkommen nichteuropäische Staaten beträfen, die wegen Art 166 Abs 1 Buchst b EPÜ nicht dem EPÜ beitreten könnten;[40] tatsächlich dürfte bei eur Staaten Abgrenzungskriterium sein, ob der eur Staat vom Verwaltungsrat zum Beitritt eingeladen worden ist.[41]

---

29   ABl EPA 2003, 57 (Text Sonderausgabe 1 zum ABl EPA 2003); kr *Frischknecht/Kley* sic! 2009, 733.

30   Vgl Süddeutsche Zeitung vom 22./23.4.2006 S 23.

31   BGBl 2003 II 1667 = BlPMZ 2004, 55 = ABl EPA 2001, 550; Inkrafttreten: Hinweis BlPMZ 2008, 107; zur verfassungsrechtl Beurteilung in Frankreich Conseil constitionnel IIC 2007, 94.

32   BGBl II 1666 = BlPMZ 2004, 54.

33   Aufstellung BlPMZ 2015, 162.

34   BGBl I 2470 = BlPMZ 2004, 46.

35   Vgl *Schulte* IntPatÜG Rn 17.

36   Vgl ABl EPA 1996, 389.

37   S auch *Y. Busse* Erstreckung europäischer Patente, Mitt 1997, 236.

38   Hierzu BeschlPräsEPA vom 5.2.2015 zur Festlegung des Gebührenbetrags für die Validierung europäischer Patentanmeldungen und Patente in Marokko, im Internet unter http://www.epo.org/law-practice/legal-texts/official-journal/2015/02/a18_de.html.

39   Hierzu http://www.epo.org/news-issues/news/2015/20151008_de.html.

40   *Joos* Erstreckungs- und Validierungsabkommen der Europäischen Patentorganisation, in *Götting/Schlüter* (Hrsg) FS D. Stauder zum 70. Geburtstag, 2011, 108, 116.

41   Vgl *Singer/Stauder* Art 166 EPÜ Rn 5 ff, 21 ff.

Maßgeblich für die Erstreckung oder Validierung ist allein das **Recht des Erstreckungsstaats** (Vali- **18** dierungsstaats), das EPÜ kommt nur zur Anwendung, soweit das Recht des Erstreckungsstaats auf dieses verweist.[42]

IV. Auslegung und Anwendung des EPÜ

1. Auslegung. Das EPÜ ist völkerrechtl Vertrag (vgl Rn 8). Als solcher unterliegt er nicht den für na- **19** tionale Rechtsvorschriften geltenden Auslegungsregeln.[43] Das EPA hat wiederholt auf Grundsätze des Römischen Rechts zurückgegriffen.[44] Das Wiener Übk über das Recht der Verträge (Wiener Vertragsrechtskonvention – WVK) vom 23.5.1969 ist zwar nicht unmittelbar anwendbar, jedoch sind es die in ihm festgelegten Grundsätze als im Völkerrecht allg anerkannte Auslegungsregeln.[45] Entscheidend ist damit zunächst der übereinstimmende Wille der Vertragsschließenden, nachrangig sind es Treu und Glauben, die übliche Bedeutung eines Begriffs, der Zusammenhang, die Vertragsziele und der Vertragszweck sowie allg Regeln des Völkerrechts. Subsidiär ist auf die Vorarbeiten und die Entstehungsumstände zurückzugreifen (vgl Art 32 WVK). Auslegungsbeschlüsse des Verwaltungsrats treten gleichwertig neben die Auslegungsregel des Art 31 Abs 1 WVK.[46]

Zu berücksichtigen sind weiter (Art 31 Abs 3 WVK) jede **spätere Übereinkunft** zwischen den Ver- **20** tragsparteien über die Auslegung des Vertrags oder die Anwendung seiner Bestimmungen, die spätere Vertragspraxis, aus der die Übereinstimmung der Vertragsparteien über seine Auslegung hervorgeht, sowie alle auf den Vertragsgegenstand anwendbaren Normen des Völkerrechts. Danach ist insb zu beurteilen, wieweit Regelungen der Europäischen Union die Auslegung des EPÜ beeinflussen können.[47] Ähnlich wie beim ergänzenden Schutzzertifikat bereitet bei der BioTRl die Begründung der Kompetenz zur Interpretation, wenn nicht (als solche unzulässigen) Modifikation, des EPÜ und des an dieses angepassten nationalen Rechts der Mitgliedstaaten Schwierigkeiten.[48]

2. Anwendung durch nationale Instanzen. In Bezug auf das EPÜ sind die nationalen Instanzen **21** zur – allerdings den Regeln bei internat Übk folgenden – eigenverantwortlichen Rechtsanwendung und -auslegung verpflichtet, ohne dass etwa dem EPA gegenüber den nationalen Instanzen oder umgekehrt diesen gegenüber dem EPA oder einer nationalen Instanz gegenüber einer anderen ein Vorrang zukäme.[49] Das Rechtsschutzsystem des EPÜ entspricht dem Standard, der bei der Übertragung von Hoheitsrechten gem Art 24 Abs 1 GG gewahrt sein muss. Allerdings haben sich hinsichtlich der Unabhängigkeit der Mit-

---

42 EPA J 14/00 ABl EPA 2002, 432 = GRUR Int 2002, 929 Erstreckungsabkommen.

43 Vgl BGH GRUR 1999, 728 f Premiere II, zur Auslegung der PVÜ; BGH 25.3.1999 I ZB 21/96; BGH 25.3.1999 I ZB 23/96; zur Auslegung schweiz BG GRUR Int 1992, 293 Stapelvorrichtung; EPA J 8/82 ABl EPA 1984, 157; zur Heranziehung der vorbereitenden Dokumente EPA J 6/83 ABl EPA 1985, 97, 99 f Erstattung der Prüfungsgebühr; EPA T 128/82 ABl EPA 1984, 164, 170 Pyrolidin-Derivate.

44 ZB EPA G 1/86 ABl EPA 1987, 447 = GRUR Int 1988, 349 Wiedereinsetzung des Einsprechenden; EPA G 1/88 ABl EPA 1989, 189 = GRUR Int 1989, 931 Schweigen des Einsprechenden; EPA G 4/88 ABl EPA 1989, 480 = GRUR Int 1990, 318 Übertragung des Einspruchs; eingehend *Knütel* JuS 1996, 768, 775 ff; *Knütel* ZEuP 1994, 244, 251 ff; vgl *Bossung* FS A. Preu (1988), 219.

45 EPA G 1/83 ABl EPA 1985, 60 = GRUR Int 1985, 193 f zweite medizinische Indikation; EPA G 1/84 ABl EPA 1985, 299 = GRUR Int 1986, 123 f Einspruch des Patentinhabers; EPA J 8/82 ABl EPA 1984, 155, 157 = GRUR 1984, 441 Erfindernennung; *Straus* GRUR Int 1998, 1, 2 mwN.

46 EPA J 16/96 ABl EPA 1998, 347 = GRUR Int 1998, 708 Zusammenschluß von Vertretern.

47 Eingehend hierzu *Straus* GRUR Int 1998, 1 ff, 15.

48 Vgl zu einem – allerdings ausgeräumten – Konfliktfall *MGK/Moufang* Art 53 EPÜ Rn 86; vgl auch *White/Brown* EIPR 1996, 419, 422 f; vgl weiter die bei *Nott* EIPR 1998, 347, 351 referierte Auffassung einer TBK des EPA anlässlich einer Vorlage an die GBK.

49 Auf den nichtbindenden Charakter nat Entscheidungen für das EPA weist an sich zutr EPA T 452/91 hin, berücksichtigt aber nicht ausreichend, dass mangels einer Instanz, die verbindlich für alle Mitgliedstaaten entscheiden kann, eine Rechtsvereinheitlichung nur in der sachlichen Auseinandersetzung mit den unterschiedlichen Auffassungen erreicht werden kann.

glieder der Beschwerdekammern neuerdings Zweifel ergeben (vgl Rn 5 f Anh § 65 PatG). Eine verfassungsgerichtl Überprüfung von Akten des EPÜ hat das BVerfG mehrfach abgelehnt.[50]

D. Patentzusammenarbeitsvertrag (PCT)

22   **Inkrafttreten.** Der am 19.6.1970 von 20 Staaten in Washington unterzeichnete Patentzusammenarbeitsvertrag (**Vertrag über die internationale Zusammenarbeit auf dem Gebiet des Patentwesens**; Patent Cooperation Treaty – PCT)[51] ist seit 29.3.1978 für die Bundesrepublik Deutschland anwendbar.[52] Er ermöglicht den Angehörigen der Vertragsstaaten die internat Patentanmeldung mit Wirkung für mehrere Vertragsstaaten durch Einreichung einer einzigen Anmeldung (Rn 4 ff vor § 34 PatG sowie Art III). Der PCT sieht die Einreichung von Anmeldungen beim Internationalen Büro und Veröffentlichungen in den Sprachen Chinesisch, Deutsch, Englisch, Französisch, Japanisch, Russisch und Spanisch vor, während Anmeldungen bei den Anmeldeämtern in jeder von diesen zugelassenen Sprache eingereicht werden können.[53] Die Ausführungsordnung (AOPCT) wurde mWv 1.7.2011, 1.7.2012, 1.1.2013 und 1.7.2014 geänd.[54]

23   **Beitrittsberechtigt** sind alle PVÜ-Verbandsländer (Art 62 PCT).

24   Dem **Patentzusammenarbeitsvertrag** (PCT) gehören (Stand: 15.4.2015) folgende 148 Staaten an (mit Datum des Inkrafttretens, zweites Datum Anwendbarkeit des Kap II – vorläufige internat Prüfung –): Ägypten (6.9.2003), Albanien (4.10.1995), Algerien (8.3.2000); Angola (27.12.2007); Antigua und Barbuda (17.3.2000); Äquatorialguinea (17.7.2001), Armenien (22.9.1991, Weiteranwendung), Aserbaidschan (25.12.1995), Australien (31.3.1980), Bahrain (18.3.2007), Barbados (12.3.1985), Belarus (27.8.1991, Weiteranwendung), Belgien (14.12.1981), Belize (17.6.2000), Benin (26.2.1987), Bosnien-Herzegowina (7.9.1996), Botsuana (30.10.2003), Brasilien (9.4.1978), Bulgarien (21.5.1984), Brunei (24.7.2012). Burkina Faso (21.3.1989), Chile (2.6.2009), China (1.1.1994, einschließlich Hongkong, aber ohne Macao), Costa Rica (3.8.1999), Cuba (16.7.1996), Dänemark (1.12.1978, 1.11.1988), Deutschland (29.3.1978), Dominica (7.8.1999), Dominikanische Republik (28.5.2007), Ecuador (7.5.2001), El Salvador (17.8.2006), Elfenbeinküste (30.4.1991), Estland (24.8.1994), Finnland (1.10.1980), Frankreich (25.2.1978, 12.6.1981), Gabun (24.1.1978, 29.3.1978), Gambia (9.12.1997), Georgien (9.4.1991, Weiteranwendung), Ghana (26.2.1997), Grenada (22.9.1998), Griechenland (9.10.1990), Guatemala (14.10.2006), Guinea (27.5.1991), Guinea-Bissau (12.12.1997), Honduras (20.6.2006), Indien (7.12.1998), Indonesien (5.9.1997), Iran (4.10.2013); Irland (1.8.1992), Island (23.3.1995), Israel (1.6.1996), Italien (28.3.1985), Japan (1.10.1978), Kamerun (24.1.1978, 29.3.1978), Kanada (2.1.1990), Kasachstan (16.12.1991, Weiteranwendung), Katar (3.8.2011), Kenia (8.6.1994), Kirgisistan (31.8.1991, Weiteranwendung), Kolumbien (28.2.2001), Komoren (3.4. 2005); Kongo (24.1.1978, 29.3.1978), Korea, Demokratische Volksrepublik (8.7.1980), Korea, Republik (10.8.1984, 1.9.1990), Kroatien (1.7.1998), Laos (14.6.2006 mit Erklärung nach Art 64 (5)), Leshoto (21.10.1995), Lettland (7.9.1993), Liberia (27.8.1994), Libyen (15.9.2005), Liechtenstein (19.3.1980, 1.9.1995), Litauen (5.7.1994), Luxemburg (30.4.1978, 15.3.1982), Madagaskar (24.1.1978, 29.3.1978), Malawi (24.1.1978, 29.3.1978), Malaysia (16.8.2006), Mali (19.10.1984), Malta (1.3.2007), Marokko (8.10.1999), Mauretanien (13.4.1983), Mazedonien (10.8.1995), Mexiko (1.1.1995), Moldau (27.8.1991, Weiteranwendung), Monaco (22.6.1979), Mongolei (27.5.1991), Montenegro (4.12.2006, Weiteranwendung), Mosambik (18.5.2000), Namibia (1.1.2004), Neuseeland (1.12.1992), Nicaragua (6.3.2003), Niederlande (10.7.1979), Niger (21.3.1993), Nigeria (8.5.2005), Norwegen (1.1.1980, 1.1.1989); Oman (26.10.2001), Österreich (23.4.1979); Panama (7.9.2012); Papua-Neuguinea (14.6.2003); Peru (6.6.2009); Philippinen (17.8.2001); Polen (25.12.1990), Portugal (24.11.1992), Ruanda (31.8.2011), Rumänien (23.7.1979), Russische Föderation (29.3.1978 – Sowjetunion); San Marino (14.12.2004), St. Kitts und Nevis (27.10.2005), St. Lucia (30.8.1996), St. Vincent und Grenadinen (6.8.2002), Sambia (15.11.2001), Sao Tomé und Principe (3.7.2008), Saudi-Arabien (3.8.2013); Schweden (17.5.1978), Schweiz (24.1.1978, 1.9.1995), Senegal (24.1.1978, 29.3.1978),

---

50 BVerfG (NA) GRUR 2001, 728; BVerfG (NA) 28.11.2005 2 BvR 1751/03, jeweils zur eur Eignungsprüfung; BVerfG (NA) 5.4.2005 1 BvR 2310/05, zur Dauer des eur Einspruchsverfahrens; vgl EMRK 9.9.1998.38817/97 Lenzing AG/Vereinigtes Königreich.

51 BGBl 1976 II 649, 664 = BlPMZ 1976, 200; vgl *Benkard-EPÜ* vor Art 150 Rn 2 ff; Ausführungsordnung (AOPCT) BGBl 1976 II 649, 664, 721 = BlPMZ 1976, 216, seither wiederholt geänd.

52 Bek vom 16.3.1978 BGBl II 485.

53 Näher *Benkard-EPÜ* vor Art 150 Rn 7 ff.

54 Konsolidierte Fassung mWv 1.7.2012 in engl Sprache im Internet unter http://www.wipo.int//pct/en/texts/pdf/ pct_regs2012.pdf; weitere Änderungen BlPMZ 2013, 305, BlPMZ 2014, 197.

Serbien (1.2.1997), Seychellen (7.11.2002), Sierra Leone (17.6.1997), Singapur (23.2.1995), Slowakei (1.1.1993, Weiteranwendung), Slowenien (1.3.1994), Spanien (16.11.1989, 6.9.1997), Sri Lanka (26.2.1982), Südafrika (16.3.1999), Sudan (16.4.1984), Südsudan (14.7.2011, Weiteranwendung), Swasiland (20.9.1994), Syrien (26.6.2003), Tadschikistan (9.9.1991, Weiteranwendung), Tansania (14.9.1999), Thailand (24.12.2009), Togo (24.1.1978, 29.3.1978), Trinidad und Tobago (10.3.1994), Tschad (24.1.1978, 29.3.1978), Tschechische Republik (1.1.1993, Weiteranwendung, Tschechoslowakei 20.6.1991), Tunesien (10.12.2001); Türkei (1.1.1996), Turkmenistan (27.10.1991, Weiteranwendung), Uganda (9.2.1995), Ukraine (24.8.1991, Weiteranwendung), Ungarn (27.6.1980), Usbekistan (1.9.1991, Weiteranwendung), Vereinigte Arabische Emirate (10.3.1999), VK (24.1.1978, 29.3.1978), USA (24.1.1978, 1.7.1987), Vietnam (10.3.1993), Zentralafrikanische Republik (24.1.1978, 29.3.1978), Zypern (1.4.1998).

Anmeldezahlen. 2012 sind 194.400 PCT-Anmeldungen erfolgt (2009 156.398; 2006 149.532; 2001 **25** 103.947; 1999 74.032; 1997 54.422; 1987 9.201; 1979 2.625). Für 2014 wird die Zahl der Anmeldungen mit rund 215.000 angegeben.

Wegen der **innerstaatlichen Anwendung** des PCT s die Kommentierung zu Art III; zum Euro-PCT- **26** Verfahren vor dem EPA Rn 8 ff vor Art III. Zum Verhältnis der verschiedenen Anmeldemöglichkeiten (national, eur, PCT) Rn 1 ff vor § 34 PatG.

Vor Artikel II

Art II setzt das EPÜ in das nationale Recht der Bundesrepublik Deutschland um. Eine Integration der **1** Bestimmungen des Art II in das PatG war zu einem späteren Zeitpunkt vorgesehen (Begr), ist aber nicht in Angriff genommen worden. Der Artikel ist auf **alle europäischen Patentanmeldungen und darauf erteilten Patente** anwendbar, soweit sie nicht den Bestimmungen des „EU-Patentpakets" unterliegen (EU-Patente mit einheitlicher Wirkung); für diese ist die Anfügung der §§ 15 ff vorgesehen.

Die Umsetzung in das Recht der **anderen Mitgliedstaaten** ist deren Rechtsordnungen überlassen. Sie **2** ist zB erfolgt für Frankreich in Art L 614-1–L 614-16 und Art R 614-1–E 614-20 CPI, für Litauen in Art 59–Art 59⁷ PatG, für Luxemburg Art 95 PatG, für Österreich in § 1–§ 14a PatV-RG, für die Schweiz in Art 109–Art 130 PatG.

Die **Sprachenregelung des EPÜ** ist mit Art 24 GG vereinbar, ohne dass die Ermächtigungen der **3** Art 65 und 70 Abs 3, 4 EPÜ ausgeschöpft werden müssten; ein eur Patent, dessen Patentschrift in engl oder frz Sprache abgefasst ist und lediglich die Patentansprüche in dt Übersetzung enthält, ist in Deutschland wirksam.[1] Maßgebliche Fassung des eur Patents ist grds die der Verfahrenssprache (Art 70 EPÜ),[2] nicht eine fehlerhafte deutsche Übersetzung.[3] Art II §§ 1, 2 und der auf Altfälle nach Art XI § 4 weiterhin anzuwendende Art II § 3 aF normieren gewisse Relativierungen.

Das **Londoner Übereinkommen** vom 17.10.2002 über die Anwendung des Artikels 65 EPÜ (Rn 15 zu **4** Art I IntPatÜG) hat die Übersetzungserfordernisse für die Patentschrift entfallen lassen.

Artikel II
Europäisches Patentrecht

§ 1
Entschädigungsanspruch aus europäischen Patentanmeldungen

(1) [1]**Der Anmelder einer veröffentlichten europäischen Patentanmeldung, mit der für die Bundesrepublik Deutschland Schutz begehrt wird, kann von demjenigen, der den Gegenstand der Anmeldung benutzt hat, obwohl er wußte oder wissen mußte, daß die von ihm benutzte Erfindung Gegenstand der europäischen Patentanmeldung war, eine den Umständen nach angemessene Entschädigung verlangen.** [2]**§ 141 des Patentgesetzes ist entsprechend anzuwenden.** [3]**Weitergehende Ansprüche nach Artikel 67 Abs. 1 des Europäischen Patentübereinkommens sind ausgeschlossen.**

---

1   BGHZ 102, 118 = GRUR 1988, 290 Kehlrinne; vgl BPatG BlPMZ 1986, 255.
2   Vgl BGH Bausch BGH 1999-2001, 555 schützenlose Webmaschine.
3   BPatG 23.3.2004 4 Ni 11/03 (EU); vgl BPatG Bausch BPatG 1994–1998, 346, 349; BPatG Bausch BPatG 1994–1998, 705, 711; vgl auch BPatG 26.4.2007 2 Ni 49/04 (EU); BPatG 4.8.2010 2 Ni 36/08 (EU).

(2) Ist die europäische Patentanmeldung nicht in deutscher Sprache veröffentlicht worden, so steht dem Anmelder eine Entschädigung nach Absatz 1 Satz 1 erst von dem Tag an zu, an dem eine von ihm eingereichte deutsche Übersetzung der Patentansprüche vom Deutschen Patent- und Markenamt veröffentlicht worden ist oder der Anmelder eine solche Übersetzung dem Benutzer der Erfindung übermittelt hat.

(3) [1] Die vorstehenden Absätze gelten entsprechend im Falle einer nach Artikel 21 des Patentzusammenarbeitsvertrags veröffentlichten internationalen Patentanmeldung, für die das Europäische Patentamt als Bestimmungsamt tätig geworden ist. [2] Artikel 153 Abs. 4 des Europäischen Patentübereinkommens bleibt unberührt.

Ausland: Belgien: Art 3 § 3 Zustimmungsgesetz, Art 4 VO vom 27.2.1981; **Dänemark:** §§ 82, 83 PatG 1996; **Estland:** § 6 Durchführungsgesetz; **Frankreich:** Art L 614-9, 10, R 614-11–12 CPI; **Italien:** Art 54, 55 CDPI; Art 57 CDPI (Verbindlichkeit der Übersetzung); **Luxemburg:** Art 3– 6, 18 (Aussetzung) EPÜ-Zustimmungsgesetz (Art 4 Abs 1 und Art 6 Abs 1 geänd durch Art 92 PatG 1992/1998; Art 93 PatG 1992/1998 (Vollmachtserforderis für Einreichung der Anspruchsübersetzung); **Niederlande:** Art 72 ROW 1995; **Österreich:** §§ 4, 6 öPatV-EG; **Polen:** Art 4 GEPA; **Schweiz:** Art 110–112 PatG, Art 116 PatV; **Serbien:** Art 120–129 (Erstreckung) PatG 2004; **Slowakei:** § 60 PatG; **Slowenien:** Art 26 GgE; **Tschech. Rep.:** § 35a– § 35 g PatG, eingefügt 2000; **Türkei:** Regeln 8, 9, 16 VOEP; **Ungarn:** Art 84/E PatG; **VK:** Sec 78, 79 Patents Act

Schrifttum (s auch Schrifttum zu § 33 PatG): *Hilty* Vorläufiger Rechtsschutz vor der Rechtsentstehung? sic! 1997, 341; *Nieder* Europäische Bündelpatente – Restschadensersatzanspruch adé? Mitt 2016, 1; *R. Rogge* Abwandlungen eines europäischen Patents in Sprache und Inhalt – Änderungen und Übersetzungen, GRUR 1993, 284; *Romuald Singer/Stein* (Bericht) GRUR Int 1976, 200, 205; *Stohr* Aspekte der Schnittstellen zwischen dem Europäischen Patentübereinkommen und dem nationalen Patentrecht der Vertragsstaaten, Mitt 1993, 156; *Webman* Issues Arising Under an 18 Month Publication Regime: The Initial Public Response in Light of EPC and PCT Practice, JPTOS 1995, 909.

A. Allgemeines

1   Die Bestimmung (zur nicht verwirklichten Änderung durch das 2. GPatG *5 Aufl*) setzt **Art 67 EPÜ** in das nationale Recht um. Die Neufassung durch das GebrMÄndG hat lediglich die Verweisung auf § 48 Satz 1 PatG durch die auf § 141 Satz 1 PatG ersetzt. Das KostRegBerG hat Abs 2 redaktionell geänd. Das Gesetz zur Umsetzung der EPÜ-Revisionsakte hat zwei Verweisungen geänd.

2   Für den Entschädigungsanspruch ist weiter **Art 69 EPÜ** zu beachten. Neben der Regelung in dessen Abs 1, die ihrem Wortlaut nach auch auf eur Patentanmeldungen anwendbar ist, legt Art 69 Abs 2 EPÜ die Maßgeblichkeit der in der veröffentlichten Anmeldung enthaltenen Patentansprüche fest (Rn 5).

B. Entschädigungsanspruch

I. Voraussetzungen

3   Abs 1 enthält eine zu § 33 Abs 1 PatG weitgehend parallele Regelung und gewährt gleichfalls einen Anspruch auf Entschädigung bei Benutzung der veröffentlichten (offengelegten) Patentanmeldung. Die mittelbare Patentverletzung ist wie dort nicht erfasst.[1] Dies entspricht den Erfordernissen des Art 67 Abs 1, 2 EPÜ schon deshalb, weil der Schutz nach Art 64 EPÜ nach Art 67 Abs 2 EPÜ nicht zwingender Mindestmaßstab ist, sondern nur das nationale Schutzniveau und das Schutzniveau des Art 67 Abs 2 Satz 3 EPÜ nicht unterschritten werden dürfen. Dies ist nicht der Fall, weil sich dieser Mindeststandard nur auf die

---

1   BGHZ 159, 221 = GRUR 2004, 845, 848 Drehzahlermittlung; aA *Benkard* § 33 PatG Rn 4b.

Benutzung der Erfindung und nicht auch auf die mittelbare Patentverletzung bezieht, die gerade keine Benutzung der Erfindung darstellt.[2] Da die Veröffentlichung der eur Patentanmeldung nach Art 67 Abs 1 EPÜ über die Regelung für das nationale Patent in § 33 PatG hinausgehend einstweilen den Schutz eines erteilten eur Patents gewährt, wurde von der durch Art 67 Abs 2 EPÜ eröffneten Möglichkeit Gebrauch gemacht, den Schutz soweit einzuschränken, dass der eur Anmelder nicht besser gestellt ist als der nationale. Der Entschädigungsausschluss bei offensichtlich nicht patentfähigem Gegenstand der Anmeldung (§ 33 Abs 2 PatG) konnte wegen des in Art 67 Abs 2 Satz 3 EPÜ vorgesehenen Mindeststandards nicht eingeführt werden.[3] Die Benutzung ist wie nach § 33 PatG zu beurteilen (Rn 8 f zu § 33 PatG).

Abweichend von der dt Regelung gewähren Frankreich, Griechenland, Großbritannien, Irland, Italien, Monaco und Zypern den vollen Schutz des eur Patents, dessen gerichtliche Geltendmachung allerdings nur in Italien möglich ist. Auch Serbien gewährt vollen Patentschutz. Belgien, Dänemark, Luxemburg, die Niederlande,[4] Österreich (§ 4 öPatV-EG), Polen, Portugal, Schweden und Spanien gewähren nur eine den Umständen angemessene Entschädigung, die Schweiz/Liechtenstein Schadensersatz, aber ohne den Schutz nach Art 67 Abs 1 EPÜ,[5] Finnland Entschädigung und Schadensersatz in angemessener Höhe.[6]   **4**

II. Schutzbereich der europäischen Patentanmeldung

Art 69 Abs 2 EPÜ enthält eine Regelung des Schutzbereichs der eur Patentanmeldung. Die § 14 PatG   **5** entspr Regelung in Art 69 Abs 1 EPÜ ist nach dem Wortlaut dieser Bestimmung auch auf die eur Patentanmeldung anwendbar. Art 69 Abs 2 Satz 1 EPÜ erklärt die in der Veröffentlichung der eur Patentanmeldung enthaltenen Patentansprüche für maßgeblich; dies kann allerdings wegen des auch im EPÜ geltenden Verbots unzulässiger Erweiterungen nur insoweit gelten, als die veröffentlichten Patentansprüche durch die ursprüngliche Offenbarung gedeckt sind. Nach Art 69 Abs 2 Satz 2 EPÜ sind (nicht erweiternde) Änderungen im Erteilungs-, Beschränkungs- und Einspruchsverfahren sowie im (nationalen) Nichtigkeitsverfahren rückwirkend maßgeblich. Das wird auch für Änderungen im nationalen Beschränkungsverfahren gelten müssen.

III. Ausschluss des Entschädigungsanspruchs

Der Entschädigungsanspruch ist ausgeschlossen („Wirkungen gelten als von Anfang an nicht eingetreten"), wenn die eur Patentanmeldung zurückgenommen worden ist, als zurückgenommen gilt oder rechtskräftig zurückgewiesen worden ist, ebenso, wenn die Benennung der Bundesrepublik Deutschland zurückgenommen worden ist oder als zurückgenommen gilt (Art 67 Abs 4 EPÜ). Folge des Wegfalls ist aber lediglich, dass die Wirkungen der eur Patentanmeldung als nicht eingetreten gelten, nicht aber, dass sie nicht existiert hat.[7] Einer ausdrücklichen nationalen Regelung (wie sie § 58 Abs 2 PatG enthält) bedurfte es nicht. Gleiches gilt, wenn und soweit das Patent im Einspruchs-, Beschränkungs- oder Nichtigkeitsverfahren widerrufen oder beschränkt wird (Art 68 EPÜ).   **6**

IV. Die **Verjährungsregelung** in § 141 PatG ist anwendbar (Abs 1 Satz 2); dies bezieht sich auch auf   **7** die Regelung des SchuldRModG.[8] Nach allgM erfasste die Verweisung für Anmeldungen seit dem 1.1.1981 den gesamten § 141 PatG (jetzt durch die Änderung von Abs 2 positiv geregelt),[9] weil der Schutz aus der veröffentlichten nationalen Patentanmeldung nicht unterschritten werden darf (Art 67 Abs 2 Satz 2 EPÜ). Dieser Grundsatz gebietet es auch, die Regelung in § 33 Abs 3 PatG, nach der der Anspruch nicht vor Ablauf eines Jahrs nach Erteilung des Patents verjährt, entspr anzuwenden,[10] ebenso die Regelung über den

---

2   AA *Benkard* § 33 PatG Rn 4b; *Holzapfel* GRUR 2006, 881, 885; *Nieder* GRUR 2006, 977, 983.

3   *Schulte* § 33 PatG Rn 23 unter Hinweis auf Begr BlPMZ 1976, 324 und IntPatÜG Rn 8; aA *Kraßer* S 904 (§ 37 8).

4   Vgl Anm *Spoor* zu RB Den Haag BIE 1994, 388.

5   Hierzu *Hilty* sic! 1997, 341; vgl auch HG Zürich sic! 1997, 208.

6   Zur Türkei ABl EPA 2001, 355.

7   EPA G 4/98 ABl EPA 2001, 131 = GRUR Int 2001, 625 Benennungsgebühren; EPA J 25/88 ABl EPA 1989, 486 = GRUR Int 1990, 229; aA EPA J 22/95 ABl EPA 1999, 569; *Schulte* IntPatÜG Rn 6.

8   Vgl Begr EPÜ-Revisionsakte-UmsetzungsG BTDrs 16/4382 = BlPMZ 2007 363 f.

9   LG Mannheim InstGE 4, 107, 112 f; *Schulte* IntPatÜG Rn 9, abw zum Zeitpunkt *Schulte* § 33 PatG Rn 24; *Nieder* GRUR 2006, 977, 983.

10   *Schulte* § 33 PatG Rn 24 und IntPatÜG Rn 5; OLG Düsseldorf InstGE 2, 115, 122.

Restbereicherungsanspruch (Rn 16, 49 ff zu § 141 PatG).[11] Es wird diskutiert, ob sich aus Art 72 EPGÜ eine Begrenzung auf 5 Jahre ergibt.[11a]

V. Aussetzung

8   § 140 PatG kann auf veröffentlichte eur und internat Patentanmeldungen, soweit sie nach Art II § 1 Abs 1 und Abs 3 einen Entschädigungsanspruch begründen, entspr angewendet werden.[12] Da ein Ausschlusstatbestand wegen offensichtlicher Schutzunfähigkeit wie in § 33 Abs 2 fehlt, kommt Aussetzung umso eher in Betracht.

9   Aussetzung im Hinblick auf parallele ausländ **Verletzungsprozesse** wird regelmäßig mangels Vorgreiflichkeit nicht in Betracht kommen, auch wenn internat Übk eine Aussetzungsmöglichkeit an sich vorsehen.[13]

C. Sprachenregelung

10   Der verbindliche Wortlaut der eur Patentanmeldung und des eur Patents ist nach Art 70 Abs 1 EPÜ der in der Verfahrenssprache vor dem EPA (Deutsch, Englisch oder Französisch), und nicht etwa ein aus den unterschiedlichen Fassungen in den Amtssprachen zu ermittelnder Sinn; Art 14 und 177 EPÜ sind nicht anwendbar.[14] Einzelheiten, insb das Übersetzungserfordernis, regelt Art 70 Abs 2–4 EPÜ.

11   Von der **Ermächtigung** in Art 70 Abs 3 EPÜ (Maßgeblichkeit des engeren Schutzbereichs der Übersetzung) haben Bulgarien, Dänemark, Estland, Finnland, Frankreich, Griechenland, Irland, Italien, Luxemburg, Monaco, Österreich, Polen, Portugal, Rumänien, Schweden, Schweiz und Liechtenstein, Slowakei, Slowenien, Spanien, Tschechien, Türkei, Ungarn, VK und Zypern Gebrauch gemacht, nicht aber Belgien, Deutschland und die Niederlande. Vorschriften nach Art 70 Abs 4 Buchst b EPÜ (Fortsetzung der Benutzung) haben Bulgarien, Dänemark, Estland, Finnland, Frankreich, Griechenland, Irland, Italien, Luxemburg, Monaco, Österreich, Polen, Portugal, Rumänien, Schweden, Schweiz und Liechtenstein, Slowakei, Slowenien, Spanien, Tschechien, Türkei, Ungarn, VK und Zypern erlassen. Dass ein eur Patent, bei dem Deutsch nicht die Verfahrenssprache ist, in einem Nichtigkeitsverfahren in dt Fassung der Patentansprüche beschränkt verteidigt wird, ändert nichts daran, dass zur Auslegung der Patentansprüche der übrige Inhalt der Patentschrift in der maßgeblichen Verfahrenssprache heranzuziehen ist.[15]

12   **D.** Abs 2 knüpft den Entschädigungsanspruch an die **Übersetzung** der Patentansprüche, wenn die Veröffentlichung nicht in dt Sprache erfolgt ist. Die Bestimmung hat im PatG schon mangels Anwendungsbereichs keine Entsprechung. Schutzrechte und Schutzrechtsanmeldungen können nur respektiert werden, wenn die Betroffenen sie kennen oder zumutbarerweise kennen können. Es erschien grds unangebracht, den Entschädigungsanspruch schon an eine fremdsprachige Veröffentlichung anzuknüpfen. Abs 2 macht daher vom Vorbehalt in Art 67 Abs 3 EPÜ Gebrauch[16] und wird deshalb durch das Übk vom 17.10.2000 („Londoner Übereinkommen"; Rn 15 f zu Art I IntPatÜG) nicht berührt.

13   Als allg bekannt gelten die Patentansprüche in dt Übersetzung, wenn sie vom DPMA **veröffentlicht** worden sind.[17] Die Veröffentlichung richtet sich nach Art II § 2. Auch im Fall der Veröffentlichung durch das DPMA ist die Beibringung der Übersetzung Sache des Anmelders.[18] An die Stelle der Veröffentlichung durch das DPMA tritt die Übermittlung der Übersetzung durch den Anmelder an den Benutzer der Erfindung. Eine Übermittlung mittels Telefax oder eMail genügt. Mündliche Übermittlung wird dagegen nicht

---

11   Vgl *Benkard* § 141 PatG Rn 2; *Schulte* § 141 PatG Rn 2.

11a   *Nieder* Mitt 2016, 1.

12   *Benkard* § 140 PatG Rn 1; *Mes* § 140 PatG Rn 3.

13   Vgl *Brunner* Der Patentverletzungsprozeß, SMI 1994, 101, 113, 126; vgl auch *Brinkhof* Prozessieren aus europäischen Patenten, GRUR 1993, 177, 181 ff.

14   Vgl BGH GRUR 1999, 909 Spannschraube.

15   BGH GRUR 2010, 904 Maschinensatz.

16   Begr BlPMZ 1976, 324.

17   Begr BlPMZ 1976, 324.

18   Begr BlPMZ 1976, 324.

ausreichen, auch wenn das Gesetz weder Schriftform (§ 126 BGB) noch Textform (§ 126b BGB) vorschreibt, da der Begriff der Übermittlung in Art 67 EPÜ vertragsautonom auszulegen sein wird.

Ist die **Übersetzung fehlerhaft**, kann Verschulden des Verletzers entfallen.[19] Dabei ist nicht schema- **14** tisch vorzugehen, sondern der Einzelfall zu prüfen.

E. Entschädigungsanspruch bei PCT-Anmeldung (Absatz 3)

Abs 3 betrifft die PCT-Anmeldung, bei der das EPA Bestimmungsamt ist. Derartige Anmeldungen gel- **15** ten als eur Patentanmeldungen (Art 153 Abs 2 EPÜ). Die Veröffentlichung der internat Anmeldung nach Art 21 PCT tritt hier an die Stelle der Veröffentlichung der eur Patentanmeldung, sofern die internat Anmeldung in einer der Amtssprachen (Deutsch, Englisch, Französisch) abgefasst ist (Art 153 Abs 3 EPÜ). Ist dies nicht der Fall, veröffentlicht das EPA die ihm in einer seiner Amtssprachen zuzuleitende Anmeldung und nicht die ursprüngliche Anmeldung (Art 153 Abs 4 EPÜ); der Schutz tritt in diesem Fall erst mit der Veröffentlichung in der Amtssprache ein. Die Veröffentlichung durch das DPMA oder die Übermittlung kann den einstweiligen Schutz demnach erst begründen, wenn das EPA die Anmeldung in einer seiner Amtssprachen veröffentlicht hat.[20]

F. Patent mit einheitlicher Wirkung

Für das Patent mit einheitlicher Wirkung regelt Art 32 Abs 1 Buchst f EPGÜ nur die Gerichtszuständig- **16** keit. Materiell ist Art 7 der Verordnung (EU) Nr. 1257/2012 des Europäischen Parlaments und des Rates vom 17.12.2012 über die Umsetzung der Verstärkten Zusammenarbeit im Bereich der Schaffung eines einheitlichen Patentschutzes maßgebend (s dort).

§ 2
Veröffentlichung von Übersetzungen europäischer Patentanmeldungen

(1) Das Deutsche Patent- und Markenamt veröffentlicht auf Antrag des Anmelders die nach § 1 Abs. 2 eingereichte Übersetzung.

(2) [1]Das Bundesministerium der Justiz und für Verbraucherschutz wird ermächtigt, durch Rechtsverordnung ohne Zustimmung des Bundesrates Bestimmungen über die sonstigen Erfordernisse für die Veröffentlichung zu erlassen. [2]Es kann diese Ermächtigung durch Rechtsverordnung ohne Zustimmung des Bundesrates auf das Deutsche Patent- und Markenamt übertragen.

Ausland: Belgien: Art 4 Abs 2 VO vom 27.2.1981; **Dänemark:** §§ 83, 85, 86 PatG 1996; **Estland:** §§ 6, 9 Abs 1 DurchfG; **Frankreich:** Art L 614-8 CPI **Österreich:** §§ 4 Abs 2, 21, 22 öPatV-EG; **Polen:** Art 4 Abs 3 EPG; **Slowakei:** § 52 PatG; **Slowenien:** Art 26 GgE; **VK:** vgl Sec 80 Patents Act

A. Entstehungsgeschichte

Das KostRegBerG hat die Bestimmung geänd, insb die Gebührenbestimmungen gestrichen.[1] Die **1** Vorschrift wird durch das Übk vom 17.10.2000 („Londoner Übereinkommen", Rn 15 zu Art I IntPatÜG) nicht berührt. Die sachliche Bezeichnung des Ermächtigungsadressaten (Bundesministerium) durch die 10. ZuständigkeitsanpassungsVO.

B. Übersetzungen der Patentansprüche europäischer Patentanmeldungen

Bei eur Patentanmeldungen, in denen die Bundesrepublik Deutschland benannt ist, die aber nicht in **2** dt Sprache veröffentlicht sind, kann der Anmelder die in Art II § 1 Abs 1 vorgesehene Entschädigung gegen

---

19 Vgl *R. Rogge* GRUR 1993, 284.
20 Begr BlPMZ 1976, 324.

1 Vgl Begr BTDrs 14/5203 S 58.

einen Erfindungsbenutzer grds erst von dem Tag an geltend machen, an dem das DPMA eine von ihm eingereichte dt Übersetzung der Patentansprüche veröffentlicht oder der Anmelder diese dem Benutzer übermittelt (Art II § 1 Abs 2; Rn 12f zu Art II § 1). Das DPMA veröffentlicht die vom Anmelder eingereichte Übersetzung auf dessen Antrag, sofern die Gebühr (60 EUR, GebVerz Nr 313800; zur Zahlungsfrist Rn 6 zu § 6 PatKostG) gezahlt wird und der Antrag den Voraussetzungen der gem Abs 2 erlassenen VO (Rn 4) entspricht.

3   **Veröffentlichung.** Das DPMA veröffentlicht die Übersetzung der Patentansprüche auf Antrag.[2] („T1-Schrift"), eine Berichtigung als „T8-Schrift" oder als „T9-Schrift".[3]

4   Auf Grund der VO des BMJ vom 27.11.1978[4] hat der PräsDPA die am 28.12.1978 verkündete, durch VO vom 21.10.1993[5] geänd und neu bezeichnete sowie nochmals durch die 2.AnsprÜbersÄndV vom 4.8.2011 geänd[6] **Verordnung über die Übersetzungen der Ansprüche europäischer Patentanmeldungen (AnsprÜbersV)** vom 18.12.1978[7] erlassen. Diese lautet:

§ 1
[1] Der Antrag auf Veröffentlichung der deutschen Übersetzung der Patentansprüche einer europäischen Patentanmeldung ist auf dem vom Deutschen Patent- und Markenamt herausgegebenen Formblatt einzureichen. [2] Der Antrag muß in deutscher Sprache enthalten

1.   den Vor- und Zunamen, die Firma oder die sonstige Bezeichnung des Antragstellers, den Wohnsitz oder Sitz und die Anschrift (Postleitzahl, Ort, Straße und Hausnummer). Bei ausländischen Orten sind auch Staat und Bezirk anzugeben; ausländische Ortsnamen sind zu unterstreichen,
2.   den Vor- und Zunamen und die Anschrift des Erfinders,
3.   die Bezeichnung der Erfindung,
4.   das Aktenzeichen der europäischen Patentanmeldung,
5.   den Anmeldetag der europäischen Patentanmeldung und, falls die Priorität einer früheren Anmeldung in Anspruch genommen wurde, Tag, Staat und Aktenzeichen der Voranmeldung,
6.   den Veröffentlichungstag und die Veröffentlichungsnummer der europäischen Patentanmeldung,
7.   die vom Europäischen Patentamt vergebenen Symbole der internationalen Patentklassifikation,
8.   die Erklärung, daß die Veröffentlichung der Übersetzung der Patentansprüche beantragt wird,
9.   falls ein Vertreter bestellt worden ist, dessen Vor- und Zuname und Anschrift,
10.   die Unterschrift des Antragstellers oder des Vertreters.

§ 2
Die deutsche Übersetzung der Patentansprüche ist dem Antrag nach § 1 als Anlage beizufügen.

§ 3
[1] Die Anlagen müssen deutlich erkennen lassen, zu welchem Antrag sie gehören. [2] Das Aktenzeichen der europäischen Patentanmeldung ist unter Voranstellung der Abkürzung „EP" vollständig auf allen an das Patentamt gerichteten Sendungen mindestens im Kopf des jeweils ersten Blattes anzubringen.

§ 4
[1] Die Blätter der Übersetzung sind mit arabischen Ziffern fortlaufend zu nummerieren. [2] Die Blattnummern sind unterhalb des oberen Randes in der Mitte anzubringen. [3] Im Übrigen gilt für die Übersetzung § 6 Absatz 1 Satz 1, Absatz 2 Satz 2, 5 und 6, Absatz 3 Satz 1, 2 und 6 sowie Absatz 4 und 5 der Patentverordnung entsprechend.

5   Der **Nachweis** erfolgt in Abschnitt 5b des PatBl.

---

2   *Schulte* IntPatÜG Rn 7.
3   MittPräsDPMA Nr 14/03 BlPMZ 2003, 354.
4   BGBl II 1377 = BlPMZ 1979, 1.
5   BGBl II 1989 = BlPMZ 1994, 1.
6   BGBl II 738 = BlPMZ 2011, 285.
7   BGBl II 1469 = BlPMZ 1979, 1; hierzu MittPräsDPA Nr 10/80 BlPMZ 1980, 158; MittPräsDPA Nr 13/80 BlPMZ 1980, 217; näher *Schulte* IntPatÜG Rn 8.

§ 3
Übermittlung von Informationen

[1]Das Deutsche Patent- und Markenamt kann aus den bei ihm geführten Verfahren dem Europäischen Patentamt die für die Erfüllung von dessen Aufgaben in Verfahren nach dem Vierten und Zehnten Teil des Europäischen Patentübereinkommens erforderlichen Informationen einschließlich personenbezogener Daten elektronisch oder in anderer Form übermitteln. [2]Die Übermittlung ist ausgeschlossen, soweit eine Rechtsvorschrift entgegensteht oder soweit das schutzwürdige Interesse des Betroffenen im Sinne des § 3 Absatz 1 des Bundesdatenschutzgesetzes offensichtlich überwiegt.

A. Entstehungsgeschichte

Das Gesetz zur Novellierung patentrechtlicher Vorschriften und anderer Gesetze des gewerblichen **1** Rechtsschutzes vom 19.10.2013 (PatNovG) hat die Bestimmung an der Stelle des durch das Gesetz zur Verbesserung der Durchsetzung von Rechten des geistigen Eigentums (vgl Art XI § 4) aufgehobenen früheren Art II § 3 neu eingefügt. Die alte und die neue Regelung haben inhaltlich keine Berührungspunkte.

B. Regelungsgründe

Als wirksame Maßnahme zum Abbau der Bestände eur Patentanmeldungen sollen die nationalen **2** Ämter dem EPA die relevanten Daten aus ihren Anmeldeverfahren übermitteln. Dem EPA soll damit die Möglichkeit eröffnet werden, im eur Verfahren auf bereits vorliegende Ergebnisse nationaler Patentämter zurückzugreifen. Verwertbare Arbeitsergebnisse liegen in vielen Fällen bei nationalen Ämtern deshalb vor, weil Anmelder häufig in einem ersten Schritt ihre Erfindung zunächst beim nationalen Amt anmelden. Dieses führt dann je nach Antrag und Verfahrensausgestaltung entspr Recherchen oder eine komplette Prüfung durch. Bei positiver Bewertung wird in einem zweiten Schritt die gleiche Erfindung innerhalb der Prioritätsfrist als eur Patentanmeldung eingereicht. In diesem Fall liegen beim nationalen Amt vielfach bereits Erkenntnisse vor, zB der maßgebliche StdT oder eine Entscheidung über die Anmeldung. Durch Verwendung dieser Arbeitsergebnisse im eur Verfahren sollen Ressourcen eingespart und das eur Erteilungsverfahren beschleunigt und in seiner Qualität weiter verbessert werden.[1] Nach Art 124 EPÜ, Regel 141 AOEPÜ muss der Anmelder zusammen mit der eur Anmeldung eine Kopie der Recherchenergebnisse des nationalen Amts einreichen. Kommt der Anmelder einer Aufforderung des EPA, diese Arbeitsergebnisse innerhalb einer bestimmten Frist vorzulegen, nicht nach, gilt die eur Anmeldung als zurückgenommen (Regel 70b AOEPÜ). Da Art 130 EPÜ die Übermittlung von sachdienlichen Angaben lediglich auf Ersuchen eines der beteiligten Ämter vorsieht, war dem DPMA früher keine generelle Befugnis zur umfassenden Datenübermittlung eingeräumt; Gleiches galt für Auskünfte, die das DPMA dem EPA nach § 43 Abs 8 PatG, § 23 DPMAV aus Akten von Patentanmeldungen zur gegenseitigen Unterrichtung über das Ergebnis von Prüfungsverfahren und Ermittlungen zum StdT erteilen kann, die aber ein entspr Ersuchen des EPA im einzelnen Verfahren voraussetzten. Die Neuregelung wurde auch deshalb als erforderlich angesehen, weil eine umfassende generelle elektronische Datenübermittlung wegen der mit ihr verbundenen Eingriffsintensität einer besonderen gesetzlichen Regelung bedürfe.[2]

C. Regelungsgehalt

Die Regelung ermächtigt das DPMA zur Übermittlung von Informationen, und zwar auch personen- **3** bezogenen Daten,[3] an das EPA. Diese Übermittlung kann auch elektronisch erfolgen.

Voraussetzung ist zum einen, dass die Informationen **aus den beim DPMA geführten Verfahren 4** stammen. Dies wird dahin einzugrenzen sein, dass es sich um Verfahren handeln muss, die mit einem beim EPA geführten Verfahren in Zusammenhang stehen. In Betracht kommen Erteilungs-, Einspruchs-,

1 Vgl Begr RefE S 33; Begr BTDrs 17/10308 = BlPMZ 2013, 366, 375.
2 Begr RefE S 33 f; Begr BTDrs 17/10308 = BlPMZ 2013, 366, 375.
3 Vgl *Schulte* IntPatÜG Rn 13.

Keukenschrijver

Widerrufs- und Beschränkungsverfahren, GbmEintragungs- und -löschungsverfahren. Erfasst sind auch Recherchenberichte.[4] Schutzzertifikatsverfahren werden dzt auszuschließen sein.

5 Weiter Voraussetzung ist, dass die Informationen für die Erfüllung der Aufgaben des EPA in Verfahren nach dem Vierten und Zehnten Teil (Euro-PCT-Anmeldungen) des EPÜ **erforderlich** sind. Dies umfasst die Tätigkeit des EPA als Internat Recherchenbehörde und als mit der internat vorläufigen Prüfung befasste Behörde.[5]

6 Ein **Ersuchen** des EPA im Einzelfall ist nicht erforderlich.[6]

7 Die Übermittlung ist **ausgeschlossen**, wenn ihr eine Rechtsvorschrift entgegensteht (Satz 2 1. Alt). Zu den maßgeblichen Rechtsvorschriften wird aus systematischen Gründen § 31 Abs 1 PatG nicht gerechnet werden können; andernfalls beschränkte sich der Regelungsgehalt des § 3 darauf, lediglich die Übermittlung ohnehin frei zugänglicher Informationen anzuordnen.

8 Die im RefE noch nicht enthaltene **Datenschutzbestimmung** in Satz 2 2. Alt entspricht der in § 31 Abs 3b PatG und in § 8 Abs 7 GebrMG.

§ 4
Einreichung europäischer Patentanmeldungen beim Deutschen Patent- und Markenamt

(1) [1]Europäische Patentanmeldungen können auch beim Deutschen Patent- und Markenamt oder gemäß § 34 Abs. 2 des Patentgesetzes über ein Patentinformationszentrum eingereicht werden. [2]Die nach dem Europäischen Patentübereinkommen zu zahlenden Gebühren sind unmittelbar an das Europäische Patentamt zu entrichten.

(2) Europäische Anmeldungen, die ein Staatsgeheimnis (§ 93 des Strafgesetzbuches) enthalten können, sind beim Deutschen Patent- und Markenamt nach Maßgabe folgender Vorschriften einzureichen:

1. In einer Anlage zur Anmeldung ist darauf hinzuweisen, daß die angemeldete Erfindung nach Auffassung des Anmelders ein Staatsgeheimnis enthalten kann.

2. [1]Genügt die Anmeldung den Anforderungen der Nummer 1 nicht, so wird die Entgegennahme durch Beschluß abgelehnt. [2]Auf das Verfahren sind die Vorschriften des Patentgesetzes entsprechend anzuwenden. [3]Die Entgegennahme der Anmeldung kann nicht mit der Begründung abgelehnt werden, daß die Anmeldung kein Staatsgeheimnis enthalte.

3. [1]Das Deutsche Patent- und Markenamt prüft die nach Maßgabe der Nummer 1 eingereichten Anmeldungen unverzüglich darauf, ob mit ihnen Patentschutz für eine Erfindung nachgesucht wird, die ein Staatsgeheimnis (§ 93 des Strafgesetzbuches) ist. [2]Für das Verfahren gelten die Vorschriften des Patentgesetzes entsprechend; § 53 des Patentgesetzes ist anzuwenden.

4. [1]Ergibt die Prüfung nach Nummer 3, daß die Erfindung ein Staatsgeheimnis ist, so ordnet das Deutsche Patent- und Markenamt von Amts wegen an, daß die Anmeldung nicht weitergeleitet wird und jede Bekanntmachung unterbleibt. [2]Mit der Rechtskraft der Anordnung gilt die europäische Patentanmeldung als eine von Anfang an beim Deutschen Patent- und Markenamt eingereichte nationale Patentanmeldung, für die eine Anordnung nach § 50 Abs. 1 des Patentgesetzes ergangen ist. [3]§ 9 Abs. 2 ist entsprechend anzuwenden.

(3) Enthält die Anmeldung kein Staatsgeheimnis, so leitet das Deutsche Patent- und Markenamt die Patentanmeldung an das Europäische Patentamt weiter und unterrichtet den Anmelder hiervon.

Ausland: Belgien: Art 3 Zustimmungsgesetz, Art 1, 2 VO vom 27.1.1981; **Dänemark:** § 75 PatG 1996; **Estland:** § 3 DurchfG; **Frankreich:** Art L 614-2–5, R 614-1–4 CPI; **Luxemburg:** Art 7, 8 EPÜ-Zustimmungsgesetz; **Niederlande:** Art 46, 47 ROW 1995; **Österreich:** § 2 öPatV-EG; **Polen:** Art 3 EPG; **Schweiz:** Art 115 PatV; **Slowakei:** § 66 PatG; **Slowenien:** Art 25 GgE; **Tschech. Rep.:** § 24 Abs 3, 4 PatG; eingefügt 2000; **Türkei:** Regel 6 VOEP; **Ungarn:** Art 84/C PatG

---

4 *Benkard* § 43 PatG Rn 2c.
5 *Schulte* IntPatÜG Rn 12.
6 Vgl *Schulte* § 43 PatG Rn 49.

Schrifttum: *Breith* Patente und Gebrauchsmuster für Staatsgeheimnisse, Diss München, Universität der Bundeswehr, 2002, 124.

A. Entstehungsgeschichte

Die Bestimmung ist durch das GPatG, das GebrMGÄndG 1986 und das 2. PatGÄndG geänd worden. **1**

B. Anmeldung beim DPMA oder beim EPA

Die durch das GPatG auf Initiative des Bundestags eingefügte Regelung in Abs 1 Satz 1 macht von der **2** Ermächtigung in Art 75 Abs 1 Buchst b EPÜ (Rn 169 zu § 34 PatG) Gebrauch, schreibt aber die Einreichung beim nationalen Amt im Regelfall nicht vor, wie sie Bulgarien, Frankreich, Griechenland, Italien, Polen, Portugal, Spanien, das VK und Zypern für eur Erstanmeldungen von Anmeldern mit Wohnsitz oder Sitz im jeweiligen Land grds verlangen.[1] Die Regelung entspricht im wesentlichen der Rechtslage in Belgien, Dänemark, Finnland, Luxemburg und Schweden, während die Niederlande die Einreichung beim nat Amt vorschreiben.[2] Die Anmeldemöglichkeit beim DPMA erfasst nicht eur Teilanmeldungen (Art 75 Abs 3 EPÜ).

Eur Patentanmeldungen können auch bei der **Dienststelle Jena** und der Annahmestelle Berlin des **3** DPMA sowie den dafür vorgesehenen Patentinformationszentren eingereicht werden.[3]

Abs 1 Satz 2 legt fest, dass die bei der Anmeldung zu entrichtenden **Gebühren** auf jeden Fall an das **4** EPA zu entrichten sind.

C. Anmeldungen, die ein Staatsgeheimnis enthalten können

I. Allgemeines; EPÜ

Die durch das GPatG neugefasste Regelung in Abs 2, 3 übernimmt die ursprüngliche; sie schließt an **5** die in Art 77 EPÜ, Regel 37 AOEPÜ über die Übermittlung eur Patentanmeldungen an. Eine Strafbestimmung enthält Art II § 14.

Die Anmeldung ist zwingend **beim DPMA einzureichen**; Verstoß ist durch Art II § 14 unter Strafe ge- **6** stellt.[4] Dies entspricht der Regelung in den anderen Vertragsstaaten mit Ausnahme von Estland, Irland, Monaco, Österreich, Schweiz/Liechtenstein und Slowenien, die eine Einreichung beim EPA in jedem Fall zulassen; Frankreich, Griechenland, Italien, Portugal, Spanien, das VK und Zypern gestatten die Anmeldung beim EPA nur, wenn das nat Amt bereits Gelegenheit hatte, die Geheimhaltungsbedürftigkeit zu prüfen.[5] Das Gebot richtet sich nur an den dem dt Staatsschutzstrafrecht unterworfenen Personenkreis.[6] Eine unzulässigerweise beim EPA eingereichte Anmeldung löst gleichwohl die Hinterlegungswirkung des

---

1 Vgl *MGK/Bossung* Art 75 EPÜ Rn 131 ff; Bericht BlPMZ 1979, 293 f.
2 Vgl *Singer/Stauder* Art 75 EPÜ Rn 11.
3 *Singer/Stauder* Art 75 EPÜ Rn 20; *MGK/Bossung* Art 75 EPÜ Rn 64.
4 S auch *Benkard* § 52 PatG Rn 2.
5 Näher *Singer/Stauder* Art 75 EPÜ Rn 12 ff.
6 Begr BlPMZ 1976, 322, 325.

Art 4 A PVÜ aus.[7] Als ultima ratio ist nicht der Verlust der Anmeldung, sondern die Beendigung des eur Verfahrens vorgesehen („Systemabbruch").[8] Die Einreichung beim DPMA kann in elektronischer Form über die elektronische Annahmestelle erfolgen.[9]

II. Zusätzliches Anmeldeerfordernis

7   Die Anmeldung hat einen Hinweis nach Abs 2 Nr 1 in einer Anlage zu enthalten. Eine bestimmte Form ist nicht vorgeschrieben.

III. Verfahren

8   **1. Die Nichterfüllung des Anmeldeerfordernisses** nach Abs 2 Nr 1 ist praktisch schon deshalb sanktionslos, weil die Anmeldung nach Abs 1 immer beim DPMA eingereicht werden kann. Die (gesetzgeberisch verunglückte) Bestimmung des Abs 2 Nr 2, wonach die Nichterfüllung zur Ablehnung der Entgegennahme der Anmeldung durch nach den allg Regeln anfechtbaren Beschluss führt, ist nur daraus zu erklären, dass der RegE IntPatÜG für den Regelfall eine Einreichungsmöglichkeit beim DPMA nicht vorsah; sie wird nur zum Tragen kommen können, wenn auch dem Hinweis erkannt wird, dass eine geheimhaltungsbedürftige Anmeldung in Betracht kommt. In diesem Fall wird vor Ablehnung der Annahme eine entspr Beanstandung erfolgen müssen.[10] Eine sachliche Prüfung dahin, ob ein Staatsgeheimnis vorliegt, findet in diesem Stadium nicht statt. Das Verfahren folgt den allg Regeln; zuständig ist die Prüfungsstelle.

9   **2. Prüfung auf Staatsgeheimnis.** Das DPMA prüft gem Abs 2 Nr 3 die nach Maßgabe von Abs 2 Nr 1, dh unter Beifügung des dort vorgesehenen Hinweises, eingereichten Anmeldungen unverzüglich auf das Vorliegen eines Staatsgeheimnisses; die auf sechs Monate verlängerbare Viermonatsfrist des § 53 PatG ist einzuhalten, jedoch bindet das Nichttätigwerden innerhalb dieser Fristen ebenso wenig für das weitere Verfahren wie dort. Das BMVtg wird wie im nationalen Verfahren beteiligt.

IV. Entscheidung

10   **1.** Führt die Prüfung zum Ergebnis, dass die Erfindung ein Staatsgeheimnis ist, trifft das DPMA eine **Anordnung,** die der nach § 50 Abs 1 PatG entspricht und weiter zum Inhalt hat, dass die Anmeldung nicht an das EPA weitergeleitet wird. Die Anordnung ist wie die nach § 50 Abs 1 PatG anfechtbar (Rn 9 zu § 50 PatG).

11   **2. Nichterlass der Anordnung** erfolgt, wenn die Anmeldung kein Staatsgeheimnis betrifft; er ist durch den BMVtg anfechtbar (Rn 11 zu § 50 PatG).

V. Wirkung

1. Anordnung

12   **a.** Mit Bestandskraft der Anordnung gilt die Anmeldung als geheimgestellte **nationale Anmeldung** (Abs 2 Nr 4 Satz 2). Die Anordnung kann nach § 50 Abs 2 PatG mit der Wirkung wie bei nationalen Anmeldungen aufgehoben werden; die Anmeldung wird hierdurch aber nicht wieder zur eur Anmeldung.

13   Zugleich wird die nat **Anmeldegebühr** fällig. Hierfür gilt die Regelung in § 6 Abs 1 Satz 2 PatKostG.[11]

14   Für die Einreichung von **Übersetzungen** gilt Art II § 9 Abs 2 entspr (Rn 12 zu Art II § 9).

---

7   *MGK/Bossung* Art 75 EPÜ Rn 134; *Schulte* IntPatÜG Rn 34.

8   *MGK/Bossung* Art 77 EPÜ Rn 5.

9   Vgl BeschlPräsEPA vom 12.7.2007 Sonderausgabe Nr 3 ABl EPA 2007, 12.

10   AA offenbar *Breith* S 124, der nur von der Möglichkeit einer Neuanmeldung mit späterem Altersrang ausgeht.

11   Vgl Begr BTDrs 14/6203, 59 = BlPMZ 2002, 36, 51.

b. Die Anmeldung bleibt nach dem EPÜ daneben **als europäische Anmeldung** bestehen; dies er- 15 möglicht nach Eintritt der Rücknahmefiktion ihre Umwandlung in nationalen Anmeldungen nach Art 135, 137 EPÜ in den übrigen benannten Vertragsstaaten[12] (s die Kommentierung zu Art II § 9).

2. Nichterlass der Anordnung führt zur Weiterleitung der Anmeldung an das EPA. Der Anmelder 16 wird hiervon unterrichtet (Abs 3).

Nähere Regelungen enthält Art 77 EPÜ. Die Weiterleitung hat innerhalb kürzester Frist zu erfolgen 17 (Regel 37 Abs 1 AOEPÜ). Sie soll innerhalb von sechs Wochen nach Einreichung der Anmeldung erfolgen, wenn ihr Gegenstand offensichtlich nicht geheimhaltungsbedürftig ist (Regel 37 Abs 1 Buchst a AOEPÜ), innerhalb von vier Monaten oder, wenn eine Priorität in Anspruch genommen ist, innerhalb von 14 Monaten nach dem Prioritätstag, wenn näher geprüft werden muss, ob die Anmeldung geheimhaltungsbedürftig ist (Regel 37 Abs 1 Buchst b AOEPÜ). Die Vierzehnmonatsfrist ist nicht wiedereinsetzungsfähig.[13]

3. Nicht rechtzeitiger Eingang beim EPA. Geht die Anmeldung nicht innerhalb von 14 Monaten 18 nach dem Anmelde- oder Prioritätstag beim EPA an, gilt sie als zurückgenommen (Art 77 Abs 3 EPÜ; Regel 37 Abs 2 AOEPÜ). Dies betrifft jedoch nur die eur Anmeldung.

Für die eur Anmeldung bereits entrichtete **Gebühren** werden zurückerstattet (Regel 37 Abs 2 Satz 2 19 AOEPÜ).

§ 5
Anspruch gegen den nichtberechtigten Patentanmelder

(1) [1]**Der nach Artikel 60 Abs. 1 des Europäischen Patentübereinkommens Berechtigte, dessen Erfindung von einem Nichtberechtigten angemeldet ist, kann vom Patentsucher verlangen, daß ihm der Anspruch auf Erteilung des europäischen Patents abgetreten wird.** [2]**Hat die Patentanmeldung bereits zum europäischen Patent geführt, so kann er vom Patentinhaber die Übertragung des Patents verlangen.**

(2) Der Anspruch nach Absatz 1 Satz 2 kann innerhalb einer Ausschlußfrist von zwei Jahren nach dem Tag gerichtlich geltend gemacht werden, an dem im Europäischen Patentblatt auf die Erteilung des europäischen Patents hingewiesen worden ist, später nur dann, wenn der Patentinhaber bei der Erteilung oder dem Erwerb des Patents Kenntnis davon hatte, daß er kein Recht auf das europäische Patent hatte.

Ausland: Luxemburg: Art 9 EPÜ-Zustimmungsgesetz

Übersicht

Schrifttum (s auch Schrifttum zu § 8 PatG): *Bruchhausen* Die widerrechtliche Entnahme im Vorentwurf eines Abkommens über ein europäisches Patentrecht, GRUR Int 1963, 299; *Cronauer* Das Recht auf das Patent im EPÜ, 1988; *Liuzzo* Inhaberschaft und Übertragung des europäischen Patents, GRUR Int 1983, 20; *Ohl* Die Patentvindikation im deutschen und europäischen Recht, 1987; *Rapp* Kann eine europäische Patentanmeldung sequestriert werden? Mitt 1998, 347.

---

12 Begr BlPMZ 1976, 322, 325 f.
13 EPA J 3/80 ABl 1980, 92 = GRUR Int 1980, 422 unterbliebene Weiterleitung; *Schulte* IntPatÜG Rn 33; zur Zulässigkeit der Eigenübermittlung *MGK/Bossung* Art 77 EPÜ Rn 32 ff.

A. Allgemeines

1   Die Bestimmung betrifft den Anspruch auf Abtretung der eur Patentanmeldung und des eur Patents. Sie ist in Anlehnung an die Regelung in Art 27 GPÜ 1975 (Art 23 Abs 3 GPÜ 1989) und in Abkehr von dem seinerzeit geltenden § 5 PatG 1968 geschaffen worden. Das GPatG hat eine weitgehende Angleichung der Regelung im PatG (jetzt: § 8 PatG) gebracht. Auf die Kommentierung zu § 8 PatG kann grds verwiesen werden. Die Grundsätze zur Verteilung der Darlegungs- und Beweislast gelten bei eur Patenten wie bei nationalen.[1] Das anzuwendende ausländ Recht ist konkret darzulegen.[2] Die Regelung der Klagefrist entspricht weitgehend der in § 8 PatG (vgl Rn 17 ff zu § 8 PatG).[3]

B. Abweichungen von § 8 PatG

2   **I.** Abw definiert Art II § 5 den **Anspruchsberechtigten** nach Art 60 Abs 1 EPÜ. Anders als nach der Regelung im PatG steht dem durch widerrechtl Entnahme Verletzten, der nicht zugleich Berechtigter oder dessen Rechtsnachfolger ist, der Anspruch nicht zu.[4] Die Abweichung hat dadurch an Schärfe verloren, dass nach der Rspr des BGH bei nationalen Patenten dem Erfindungsbesitzer der Einwand fehlender materieller Berechtigung entgegengesetzt werden kann.[5] Unterschiede können sich aus der abw Regelung der Anmeldeberechtigung für Inlands- und Auslandsanmeldungen in §§ 13, 14 ArbEG ergeben, da der ArbGb die Berechtigung für das Inland bereits durch die Erfindungsmeldung, für das Ausland aber erst mit Inanspruchnahme erwirbt.[6]

3   **II.** Nach dem durch die Revisionsakte 2000 neu gefassten **Art 61 EPÜ** hat der Verletzte ein dreifaches **Wahlrecht**, nämlich Weiterverfolgung der Anmeldung anstelle des Anmelders, Einreichung einer neuen Patentanmeldung (über Art 61 Abs 2 EPÜ iVm Art 76 EPÜ nach den für eine eur Teilanmeldung geltenden Regeln mit dem Prioritätsrecht der früheren Anmeldung) für dieselbe Erfindung und den Antrag, die Anmeldung zurückzuweisen. Art 61 EPÜ knüpft nicht an den Widerruf des Patents, sondern an die Zuerkennung des Erteilungsanspruchs an einen anderen als den Anmelder durch gerichtliche Entscheidung an.[7] Diese Regelung hat im nationalen Recht keine Parallele.

4   Mit der Einreichung einer neuen eur Anmeldung kann anders als bei nationalen Patenten nur der **Anmeldetag** der früheren Anmeldung, nicht aber der Anmeldetag der Nachanmeldung, in Anspruch genommen werden, was zu einer Verkürzung der Höchstlaufzeit des eur Patents führen wird.[8]

5   Ist durch eine Endentscheidung eines nationalen Gerichts entschieden, dass ein anderer als der Anmelder Anspruch auf Erteilung des eur Patents hat, und reicht dieser in Übereinstimmung mit den Erfordernissen des Art 61 Abs 1 EPÜ eine neue eur Patentanmeldung ein, ist es nach der umstr Rspr der GBK nicht erforderlich, dass die unrechtmäßige frühere Anmeldung noch vor dem EPA **anhängig** ist;[9] auf das nationale Verfahren ist dies nicht übertragbar.[10]

6   **III.** Anders als im dt Recht bildet beim eur Patent widerrechtl Entnahme **keinen Einspruchsgrund**.[11] Eine § 8 Satz 4 PatG entspr Regelung fehlt deshalb.[12]

1   BGH GRUR 2001, 823 Schleppfahrzeug.
2   LG München I 4.2.2011 7 O 10417/09 Mitt 2012, 129 Ls.
3   Vgl auch OLG München GRUR-RR 2009, 219, 221.
4   Vgl *Benkard* § 8 PatG Rn 1; *Schulte* IntPatÜG Rn 36; *Fitzner/Lutz/Bodewig* Patentrechtskommentar § 8 PatG Rn 55.
5   BGH GRUR 1991, 127, 128 Objektträger.
6   Vgl LG Düsseldorf 29.12.1999 4 O 414/98 Entsch 2000, 8, 11.
7   Eingehend hierzu *Benkard-EPÜ* Art 61 Rn 1 ff.
8   Vgl *Benkard* § 7 PatG Rn 15c; *Kraßer* § 20 III c 2 (S 381).
9   EPA G 3/92 ABl EPA 1994, 607, 614 ff = GRUR Int 1995, 56 unberechtigter Anmelder („Latchways"), mit Mindermeinung S 623 ff; *Benkard-EPÜ* Art 61 Rn 38; kr hierzu *Schulte*[8] § 7 PatG Rn 4 und Fn 1; *Singer/Stauder* Art 61 EPÜ Rn 6 f, 13 ff; *Kraßer* (§ 20 III c 2) S 381 f.
10   BGHZ 135, 298 = GRUR 1997, 890, 892 Drahtbiegemaschine.
11   Vgl *Singer/Stauder* Art 100 EPÜ Rn 24.
12   Vgl *Fitzner/Lutz/Bodewig* Patentrechtskommentar § 8 PatG Rn 56.

IV. Bösgläubigkeit

Anders als nach § 8 PatG kommt es auf positive Kenntnis an; grobfahrlässige Unkenntnis genügt **7** nicht.[13] Maßgeblicher Zeitpunkt ist die Erteilung oder der Erwerb des Patents (im PatG str; vgl Rn 22 zu § 8 PatG).

C. Das **Verfahren bei fehlender Berechtigung des Anmelders oder Patentinhabers** bestimmt sich **8** nach Regeln 14–18 AOEPÜ. Regel 14 AOEPÜ betrifft die Aussetzung des Verfahrens.[14] Die Aussetzung des Verfahrens bewirkt, dass weder das EPA noch die Beteiligten wirksam Rechtsakte vornehmen können.[15] Der zur Aussetzung nicht gehörte Anmelder kann die Aussetzung anfechten und ist an einem Beschwerdeverfahren des Antragstellers gegen die Zurückweisung des Aussetzungsantrags von Gesetzes wegen beteiligt.[16] Ob eine Sequestration der eur Patentanmeldung durch nationale Gerichte möglich ist, ist im Hinblick auf Art 9 Abs 1 AnerkProt und Regel 14 AOEPÜ bestritten worden.[17] Die Rspr des OLG München lässt auch bei Aussetzung des Verfahrens und Sequestration der Anmeldung für den Fall, dass der Anmelder dem Sequester nicht Vollmacht erteilt, die Verpflichtung zur Vollmachtserteilung an den Sequester im Weg der einstweiligen Verfügung zu.[18]

Die **Rücknahme der europäischen Patentanmeldung** schränkt Regel 15 AOEPÜ für den Fall ein, **9** dass ein Dritter dem EPA nachweist, dass er ein Verfahren zur Geltendmachung des Anspruchs auf Erteilung des eur Patents eingeleitet hat.

Das **Verfahren nach Art 61 Abs 1 EPÜ** (Rn 3) betrifft Regel 16 AOEPÜ, **10**

Die **Einreichung der neuen europäischen Patentanmeldung** durch den Berechtigten richtet sich **11** nach Regel 17 AOEPÜ.

Den **teilweisen Rechtsübergang auf Grund einer Entscheidung** betrifft Regel 18 AOEPÜ. S hierzu **12** die EPA-PrRl A-IV, 2.

D. Zuständigkeit

Für Klagen gegen den Anmelder, mit denen der Anspruch auf Erteilung eines eur Patents geltend ge- **13** macht wird, sind die Gerichte der Vertragsstaaten zuständig, ihnen sind Behörden gleichgestellt, die nach nat Recht für die Entscheidung über solche Klagen zuständig sind (Art 1, 2 Anerkennungsprotokoll), zB der Comptroller des Patentamts des VK.[19] Diesen Gerichten steht eine unmittelbare Abhilfe nicht zu.[20]

E. EU-Patente

Die Regelungen über das Patent mit einheitlicher Wirkung treffen keine besondere Bestimmung. **14**

§ 6
Nichtigkeit

(1) [1]**Das mit Wirkung für die Bundesrepublik Deutschland erteilte europäische Patent wird auf Antrag für nichtig erklärt, *[wenn die deutschen Gerichte nach Maßgabe des Übereinkommens vom 19. Februar 2013 über ein Einheitliches Patentgericht ... [einsetzen Fundstelle des Vertragsgesetzes im Bundesgesetzblatt Teil II und Seitenzahl, an der der Vertragstext beginnt] weiterhin zuständig sind und]* wenn sich ergibt, daß**

---

13 *Fitzner/Lutz/Bodewig* Patentrechtskommentar § 8 PatG Rn 57.
14 Hierzu BeschlPräsEPA ABl EPA 2013, 600.
15 EPA 11.4.1995 J 38/92 und J 39/92.
16 EPA J 28/94 ABl EPA 1997, 400 = GRUR Int 1997, 923 Aussetzung des Verfahrens.
17 *Rapp* Mitt 1998, 347; vgl auch *Fitzner/Lutz/Bodewig* Patentrechtskommentar § 8 PatG Rn 52, 59; *Schramm* PVP Rn 11.28 S 408.
18 OLG München Mitt 1997, 394 mAnm *Gallo*.
19 EPA J 1/91 ABl EPA 1993, 281 = GRUR Int 1993, 694 Anspruch auf ein Patent.
20 EPA Anspruch auf ein Patent.

1. der Gegenstand des europäischen Patents nach den Artikeln 52 bis 57 des Europäischen Patentübereinkommens nicht patentfähig ist,

2. das europäische Patent die Erfindung nicht so deutlich und vollständig offenbart, daß ein Fachmann sie ausführen kann,

3. der Gegenstand des europäischen Patents über den Inhalt der europäischen Patentanmeldung in ihrer bei der für die Einreichung der Anmeldung zuständigen Behörde ursprünglich eingereichten Fassung oder, wenn das Patent auf einer europäischen Teilanmeldung oder einer nach Artikel 61 des Europäischen Patentübereinkommens eingereichten neuen europäischen Patentanmeldung beruht, über den Inhalt der früheren Anmeldung in ihrer bei der für die Einreichung der Anmeldung zuständigen Behörde ursprünglich eingereichten Fassung hinausgeht,

4. der Schutzbereich des europäischen Patents erweitert worden ist,

5. der Inhaber des europäischen Patents nicht nach Artikel 60 Abs. 1 des Europäischen Patentübereinkommens berechtigt ist.

[2] Soweit das europäische Patent für nichtig erklärt worden ist, gelten die Wirkungen des europäischen Patents und der Anmeldung als von Anfang an nicht eingetreten.

(2) Betreffen die Nichtigkeitsgründe nur einen Teil des europäischen Patents, wird das Patent durch entsprechende Änderung der Patentansprüche beschränkt und für teilweise nichtig erklärt.

(3) [1] Der Patentinhaber ist befugt, das europäische Patent in dem Verfahren wegen Erklärung der Nichtigkeit des Patents durch Änderung der Patentansprüche in beschränktem Umfang zu verteidigen. [2] Die so beschränkte Fassung ist dem Verfahren zugrunde zu legen.

(4) Im Falle des Absatzes 1 Satz 1 Nr. 5 ist nur der nach Artikel 60 Abs. 1 des Europäischen Patentübereinkommens Berechtigte befugt, den Antrag zu stellen.

Ausland: Frankreich: Art L 614-12 CPI; **Niederlande:** Art 75 ROW 1995; **Österreich:** § 10–12 öPatV-EG, ergänzende Recherche § 13 öPatV-EG; **Slowakei:** § 65 Abs 5, 6 PatG

Schrifttum: *Armijo* Central Limitation, Re-Examination, Invalidation, epi-Information 1997 Sonderheft 3, 32; *Brinkhof* Prozessieren aus europäischen Patenten, GRUR 1993, 177; *Brinkhof* Die Nichtigerklärung europäischer Patente, GRUR Int 1996, 1115 = Revocation of European Patents, IIC 1996, 225; *Brinkhof/Schutjens* De nietigverklaring van Europese octrooien (1993); *Brinkhof/Schutjens* Revocation of European Patents – A Study of the Statutory Provisions and Legal Practice in the Netherlands and Germany, IIC 1996, 1; *Dihm* Einspruch beim Europäischen Patentamt und Nichtigkeitsklage beim Bundespatentgericht nebeneinander? Mitt 1998, 441; *EPA* (Hrsg) Europäische Nationale Patentrechtsprechung, 2004; *EPA* (Hrsg) Rechtsprechung aus den Vertragsstaaten des EPÜ 2004–2011, ABl EPA Sonderausgabe 3; *Gall* Staatenbenennung und älteres europäisches Recht – die Lage nach dem 1.Juli 1997, Mitt 1998, 161; *den Hartog* Partiele Nietigheid van een octrooi, BIE 1997, 28; *Jacob* Decisions relating to patents granted by the EPO in Great Britain and Germany, VPP-Rdbr 1999, 13; *Jestaedt* Die Prüfungs- und Entscheidungsbefugnis im Nichtigkeitsverfahren über europäische Patente, FS 50 Jahre BPatG (2011), 305; *Karet/Jones* Estoppel stopped, EIPR 1999, 36; *Keukenschrijver* Nichtigkeitsverfahren gegen deutsche, europäische und DD-Patente vor dem BGH, VPP-Rdbr 1993, 49; *Keukenschrijver* Aktuelle BGH-Rechtsprechung zu europäischen Patenten, VPP-Rdbr 2000, 96; *Keukenschrijver* Europäische Patente mit Wirkung für Deutschland – dargestellt anhand jüngerer Entscheidungen des BGH, GRUR 2003, 177 = European patents with effect for Germany in the light of recent Federal Supreme Court Decisions, IIC 2003, 711; *Kühnen/Claessen* Die Durchsetzung von Patenten in der EU: Standortbestimmung vor Einführung des Europäischen Patentgerichts, GRUR 2013, 592; *Kurbel* Nichtigkeitsverfahren gegen deutsche und europäische Patente, VPP-Rdbr 1991, 17; *Mangini* Die rechtliche Regelung des Verletzungs- und Nichtigkeitsverfahrens in Patentsachen in den Vertragsstaaten des Münchener Patentübereinkommens, GRUR Int 1983, 226; *Pagenberg* Different Level of Inventive Step for German and European Patents? The Present Practice of Nullity Proceedings in Germany, IIC 1991, 763; *Pagenberg* Die Zukunft nationaler Patentgerichte im System einer künftigen europäischen Gerichtsbarkeit, GRUR 2009, 314; *Pagenberg* Neue Überlegungen zur europäischen Patentgerichtsbarkeit, GRUR Int 2010, 195; *Pakuscher* Nichtigkeits- und Verletzungsprozeß im deutschen und europäischen Patentrecht, RIW 1975, 305; *Pakuscher* Probleme eines europäischen Berufungsgerichts für Verletzungs- und Nichtigkeitsverfahren aus Gemeinschaftspatenten, FS W. Oppenhoff (1985), 233; *Pitz* Das Verhältnis von Einspruchs- und Nichtigkeitsverfahren nach deutschem und europäischem Patentrecht, Diss München 1994; *Pitz* Die Entwicklung des Nichtigkeitsklage vom patentamtlichen Verwaltungsverfahren zum zivilprozessualen Folgeverfahren gegen europäische Patente, GRUR 1995, 231; *Preu* Probleme der Nichtigerklärung europäischer Patente, GRUR Int 1981, 63; *Raible* Der Einfluß des EuGVÜ auf europäische Einspruchsverfahren und auf nationale Nichtigkeitsverfahren bei europäischen Patenten, EPI-Information 1993, 117; *Raible* Einspruchsverfahren beim Europäischen Patentamt und Nichtigkeitsklage beim Bundespatentgericht nebeneinander? Nein, weder nebeneinander noch nacheinander! Mitt 1999, 141; *R. Rogge* Abwandlungen eines europäischen Patents in Sprache und Inhalt – Änderungen und Übersetzungen, GRUR 1993, 284; *R. Rogge* Nichtigerklärung europäischer Patente in den EPÜ-Vertragsstaaten – Erfahrungen nach 15 Jahren europäisches Patent, 7. Symposium europäischer Patentrichter (1994); *R. Rogge* Die Nichtigerklärung europäischer Patente in Deutschland, GRUR Int 1996, 1111 = The Revocation of European Patents in Germany, IIC 1996, 217; *Sedemund-Treiber* Report on Recent Jurisprudence in Germany, IIC 1997, 884, 885 f; *Stieger* (Entscheidungsanmerkung) GRUR Int 2000, 278 (zum schweiz Nichtigkeitsverfahren); *Tilmann* Harmonisation of Invalidity and Scope-of-Protection Practice of National Courts of EPC Member States, EIPR 2006, 169 = IIC 2006, 62; *von Albert* Probleme des Nichtigkeitsverfahrens im Hinblick auf das neue europäische Patentsystem, GRUR 1981, 451.

A. Deutsche Nichtigkeitsverfahren gegen europäische Patente

I. Grundlage

1. Ermächtigung im EPÜ. Art 138 EPÜ eröffnet neben der zentralen, aber fristgebundenen Angriffs- **1** möglichkeit des eur Einspruchsverfahrens, das einer Überprüfung durch nationale Institutionen nicht unterliegt (vgl Rn 81 vor § 73 PatG), nach Maßgabe des Rechts der Vertragsstaaten eine weitere, dezentrale Angriffsmöglichkeit mit Wirkung nur für den einzelnen Vertragsstaat (allerdings mit der faktischen Möglichkeit der „Ausstrahlung" auch auf andere Vertragsstaaten). Das EPÜ schreibt ein **nationales Nichtigkeitsverfahren** nicht vor, eröffnet aber dem nationalen Gesetzgeber dessen Einführung im Rahmen der in Art 138 EPÜ vorgesehenen und dort abschließend aufgezählten Nichtigkeitsgründe.[1] Diese werden durch das EPÜ und nicht durch etwa abw Regelungen des nationale Rechts ausgefüllt.[2] Klarstellungen kommen auch bei eur Patenten nicht in Betracht.[3]

Von der Ermächtigung hat der dt Gesetzgeber in dem durch das Gesetz zur Umsetzung der EPÜ- **2** Revisionsakte geänd Art II § 6 im weitestmöglichen Umfang **Gebrauch gemacht,** jedoch wurde die Praxis der GBK des EPA zur „unentrinnbaren Falle" in der Rspr des BGH ausdrücklich nicht übernommen (näher Rn 15). Die Änderungen durch das EPÜ 2000 betreffen die ex-tunc-Wirkung der Nichtigerklärung (Abs 1 Satz 2), die Änderung nur der Patentansprüche unter Wegfall der Änderungsmöglichkeit bei Beschreibung und Zeichnungen (Abs 2) und die Möglichkeit der beschränkten Verteidigung, die die bisherige Verfahrenspraxis festschreibt (Abs 3; Rn 19).

2. Die Berücksichtigung älterer nachveröffentlichter nationaler Anmeldungen ist in Art 139 **3** Abs 2 EPÜ geregelt, auf den Art 138 EPÜ Bezug nimmt.

Das **Verhältnis** der Regelung in Art 139 Abs 2 EPÜ zu der in Art 138 EPÜ ist unklar.[4] Ältere nicht vor- **4** veröffentlichte nationale Patentanmeldungen stehen weder der Erteilung eines eur Patents entgegen noch sind sie im eur Einspruchsverfahren zu berücksichtigen. Art 139 Abs 2 EPÜ verleiht der nationalen Patentanmeldung und dem nationalen Patent gegenüber dem eur Patent Neuheitsschädlichkeit nach § 3 Abs 2, § 4 Satz 2 PatG.[5] Art 138 Abs 1 EPÜ zieht diese Regelung in das Nichtigkeitsverfahren gegen eur Patente.

---

1 Vgl *Benkard-EPÜ* Art 138 Rn 6.
2 Schweiz BG GRUR Int 1992, 292, 294 f Stapelvorrichtung, zur Neuheitsschonfrist des schweiz Rechts.
3 *Benkard-EPÜ* Art 138 Rn 22.
4 Vgl *Benkard-EPÜ* Art 138 Rn 20; vgl auch *Gall* Mitt 1998, 161, 173.
5 Vgl BPatGE 46, 242 ff.

Damit steht dem eur Patent im dt Nichtigkeitsverfahren der gleiche StdT neuheitsschädlich gegenüber wie einem entspr dt Patent. Das lässt offen, auf welche Bestimmungen die Berücksichtigung der älteren nachveröffentlichten nationalen Anmeldung im Nichtigkeitsverfahren zu stützen ist. In der Regelung ist ein eigenständiger Nichtigkeitsgrund gesehen worden, auf den über Art 2 Abs 2 EPÜ und § 2 Abs 2 PatG die §§ 22, 21 Abs 1 Nr 1 anzuwenden sein sollen;[6] auch § 10 Abs 3 öPatV-EG behandelt den Fall als eigenständigen (allerdings unmittelbar aus dem EPÜ abzuleitenden)[7] Nichtigkeitsgrund.[8] Dem entsprach auch die in Art 28 Abs 1 Buchst f Vorschlag GPVO vorgesehene Regelung (zur Kritik 5. *Aufl.*), Vorzug verdient demgegenüber die Auffassung, dass Art 139 Abs 2 EPÜ die Reichweite des einheitlichen Nichtigkeitsgrunds der mangelnden Patentfähigkeit erweitert,[9] denn eine Aufspaltung des Nichtigkeitsgrunds hinsichtlich einzelner Entgegenhaltungen oder eine unterschiedliche verfahrensrechtl Behandlung des Nichtigkeitsgrunds je nachdem, welche Entgegenhaltungen zu seiner Begründung herangezogen werden, findet weder im EPÜ noch im PatG eine Stütze.[10]

5   **Blockade des Nichtigkeitsverfahrens.** Die Berufung auf eine neuheitsschädliche ältere nationale Anmeldung ist, solange noch ein eur Einspruchsverfahren anhängig ist, nach § 81 Abs 2 PatG im nationalen Nichtigkeitsverfahren ausgeschlossen. Eine missbräuchliche Ausnutzung dieser Rechtslage seitens des Patentinhabers erscheint im Einzelfall denkbar; auch kann das verfassungsrechtl Gebot der Gewährung effektiven Rechtsschutzes tangiert sein. Es ist erwogen worden, in diesem Fall auf Art 55 Abs 2 GPÜ zurückzugreifen, der eine beschränkte Subsidiarität vorsieht, darüber hinaus aber, die Nichtigkeitsklage insoweit unabhängig vom eur Einspruchsverfahren zuzulassen.[11] Der BGH sieht die Sperre indes auch in diesem Fall als beachtlich an, schützt den Verletzer jedoch dadurch, dass er dem Verletzungsrichter die Aussetzung des Verfahrens nach § 148 ZPO auferlegt, wenn dieser damit rechnet, dass das Einspruchsverfahren erfolglos bleiben wird, eine im Anschluss an dieses erhobene Nichtigkeitsklage wegen einer Entgegenhaltung, die nur im Nichtigkeitsverfahren berücksichtigt werden kann, aber hinreichende Erfolgsaussicht hat.[12] Im Extremfall wird man im Verletzungsstreit den Einwand der Patenterschleichung durchgreifen lassen müssen (Rn 226 zu § 139 PatG).

6   **3. Anwendbarkeit des nationalen Verfahrensrechts.** Das mit Wirkung für die Bundesrepublik Deutschland erteilte eur Patent unterliegt den Vorschriften des PatG, also insb den Vorschriften über das Nichtigkeitsverfahren, soweit das EPÜ nichts anderes bestimmt (Art 2 Abs 2 EPÜ). Die Zuständigkeits- (BPatG) und Verfahrensregeln des dt Nichtigkeitsverfahrens sind anwendbar. Auch bei einem eur Patent mit engl oder frz Verfahrenssprache muss die Nichtigkeitsklage in dt Sprache erhoben werden. Der Registerstand beim DPMA ist auch bei der Nichtigkeitsklage gegen eur Patente maßgeblich.[13] Der Urteilsausspruch lautet bei Nichtigerklärung eines eur Patents:[14]

> *Das europäische Patent ... wird mit Wirkung für das Hoheitsgebiet der Bundesrepublik Deutschland für nichtig erklärt.*

---

6   *Preu* GRUR Int 1981, 63, 67 f; ähnlich *Pitz* GRUR 1995, 231, 239; vgl EPA T 550/88 ABl EPA 1992, 117, 123 älteres nationales Recht; abl BGH GRUR 2011, 848 Mautberechnung.
7   Ähnlich für das dt Recht *Gall* Mitt 1998, 161, 174 Fn 91; *Schulte*[8] § 3 PatG Rn 87; *Singer/Stauder* Art 139 EPÜ Rn 7.
8   Vgl *Benkard-EPÜ* Art 138 Rn 20.
9   BGH Mautberechnung; BPatGE 45, 190 = GRUR 2002, 1045; *Benkard-EPÜ* Art 138 Rn 26; *Kraßer* (§ 30 III a 2) S 698 Fn 127; nicht ganz klar *Schulte* IntPatÜG Rn 46.
10   BGH Mautberechnung.
11   BPatGE 45, 190 = GRUR 2002, 1045 lässt die Bestimmung in diesem Fall der Klage jedenfalls dann nicht entgegenstehen, wenn Identität vorliegt; wohl noch weitergehend *Schulte*[8] § 81 PatG Rn 40 (jetzt aber in Rn 35 wie BGH GRUR 2011, 848 Mautberechnung); vgl zur Problematik *Pitz* GRUR 1995, 232, 238 f; *Gall* Mitt 1998, 161, 174 Fn 91; *Dihm* Mitt 1998, 441 sowie *Benkard-EPÜ* Art 138 Rn 34; vgl *Benkard* § 81 PatG Rn 40.
12   BGH GRUR 2011, 848 Mautberechnung.
13   BPatGE 32, 204.
14   Vgl BGH 18.9.1990 X ZR 29/89 elastische Bandage, insoweit unveröffentlicht; BGH 17.9.1991 X ZR 81/90; BGH 10.12.1998 X ZR 44/96.

Bei fremdsprachigen eur Patenten[15] ist die fremdsprachige Fassung maßgebend.[16] Gleichwohl kann die **7** teilweise **Nichtigerklärung** (Beschränkung) – die im übrigen den allg Regeln folgt –[17] durch neue Patentansprüche **in deutscher Sprache** erfolgen, die an die Stelle der Patentansprüche in der Verfahrenssprache treten,[18] dies ist aber nicht zwingend[19] und kann zu Problemen führen, weil sich aus unrichtigen Übersetzungen eine Schutzbereichserweiterung ergeben kann.[20] Im Einzelfall sind die Patentansprüche auch parallel in der Fassung der Verfahrenssprache und in deutschsprachiger Fassung beschränkt worden;[21] dies wirft das Problem auf, welche Fassung die maßgebliche sein soll und ist daher zu vermeiden. Erfolgt die Beschränkung in der Verfahrenssprache, die nicht deutsch ist, muss eine Übersetzung nur dann vorgelegt werden, wenn das BPatG sie verlangt.[22] Zu einer Erweiterung gegenüber den ursprünglichen Unterlagen und dem erteilten Patent darf es dabei nicht kommen.[23] Da Maßstab für die Prüfung der Erweiterung das Patent in der Verfahrenssprache ist, können dabei auch Übersetzungsfehler im dt Anspruchssatz berichtigt werden.[24] Soweit dadurch Erweiterungen auftreten, sind diese nicht wegen mangelnder Kompetenz der nationalen Behörden oder Gerichte unbeachtlich.[25] Die Gegenmeinung übersieht, dass es sich hier nicht um eine spezifische Frage des Sprachenregimes handelt, denn zu erweiternden Änderungen hat keine Behörde und kein Gericht die Kompetenz; das führt aber nicht ohne weiteres zur (verwaltungsrechtl) Nichtigkeit des erweiternden Akts. Mischformen (Einfügung deutschsprachiger Teile in fremdsprachige Patentansprüche) sollten selbst dann vermieden werden, wenn die dt Übersetzung beanstandenswert ist. Dass ein eur Patent, bei dem Deutsch nicht die Verfahrenssprache ist, in einem Nichtigkeitsverfahren in dt Fassung der Patentansprüche beschränkt verteidigt wird, ändert nichts daran, dass zur Auslegung der Patentansprüche der übrige Inhalt der Patentschrift in der maßgeblichen Verfahrenssprache heranzuziehen ist,[26] das gilt auch für die Prüfung einer Erweiterung.[27] Der BGH hat wiederholt, aber nicht durchgängig,[28] etwa wie folgt tenoriert:[29]

---

15 Vgl zu diesen BGHZ 102, 118 = GRUR 1988, 290 Kehlrinne; BPatG BlPMZ 1986, 255.

16 Vgl zB BPatG Bausch BPatG 1994–1998, 540, 543 (zu weit gehend); BPatG 23.3.2004 4 Ni 11/03 (EU); BPatG 4.8.2010 2 Ni 36/08 (EU); BPatG 28.6.2011 1 Ni 6/09 (EU); BPatG 6.12.2012 2 Ni 40/11 (EP).

17 Vgl BPatGE 32, 225 f = GRUR 1992, 435.

18 BGHZ 118, 221 = GRUR 1992, 839 Linsenschleifmaschine; BGH Bausch BGH 1994–1998, 51, 64 Isothiazolon, insoweit nicht in BlPMZ; BGHZ 133, 79, 81 = GRUR 1996, 862 Bogensegment; BGH GRUR 1999, 145 Stoßwellen-Lithotripter; BGHZ 147, 306, 314 = GRUR 2001, 813 Taxol; BGH Mitt 2002, 16 Filtereinheit; BGH GRUR 2004, 407 Fahrzeugleitsystem; BGH GRUR 2009, 42 Multiplexsystem; BGH 16.6.2009 X ZR 61/05; BPatGE 31, 113; BPatG 6.10.1994 2 Ni 32/93 (EU) Schulte-Kartei PatG 81–85 Nr 253; BPatG 1.10.2002 2 Ni 25/01 (EU); BPatG 12.9.2007 4 Ni 46/05 (EU);); BPatG 8.4.2010 2 Ni 26/08 (EU); BPatG 30.9.2010 2 Ni 12/08 (EU); BPatG 14.10.2010 2 Ni 3/09 (EU); BPatG 9.12.2010 2 Ni 11/09 (EU); BPatG 5.5.2011 2 Ni 25/09 (EU); OLG Düsseldorf 17.4.2008 2 U 127/06.

19 BGH Bausch BGH 1986–1993, 511 Schließvorrichtung/locking device; BGH Fahrzeugleitsystem; BPatG 23.1.2013 1 Ni 1/12 (EP); zu Unrecht differenzierend (im Urteil in Deutsch abzufassen) Singer/Stauder EPÜ Art 138 Rn 7; aA noch BPatGE 32, 225 = GRUR 1992, 435: nur in dt Sprache, und so auch Singer/Stauder[6] EPÜ Art 138 Rn 5; nach BPatG Bausch BPatG 1994–1998, 828 auch durch dt Einfügung in fremdsprachigen Patentanspruch; kr hierzu Keukenschrijver GRUR 2001, 571, 575; zur Tenorierung auch BGH Bausch BGH 1986–1993, 629 Zerkleinern groben Materials, R. Rogge GRUR 1993, 284 und BPatG Bausch BPatG 1994–1998, 36, 39, BPatGE 35, 255 f = GRUR Int 1996, 822 f.

20 BGH Multiplexsystem; BGH 4.11.2008 X ZR 154/05; BGH Fischbissanzeiger; BGH GRUR 2010, 414 thermoplastische Zusammensetzung; BGH GRUR 2010, 904 Maschinensatz; BPatG 22.1.2009 2 Ni 40/06 (EU); vgl Schulte IntPatÜG Rn 43; R. Rogge GRUR 1993, 284, 287; vgl auch BPatG Bausch BPatG 1994–1998, 36, BPatGE 35, 255 f = GRUR Int 1996, 822, 823 f.

21 BPatG 20.2.2014 1 Ni 3/14 (EP), ohne Hinweis auf die maßgebliche Fassung.

22 Vgl BPatG 23.1.2013 1 Ni 1/12 (EP).

23 BGH Linsenschleifmaschine; BGH BlPMZ 1995, 322 Isothiazolon; BGH Bogensegment; BGH Stoßwellen-Lithotripter; BGH Filtereinheit; BGH Fahrzeugleitsystem; BGH 16.6.2009 X ZR 61/05; BGH 6.5. 2010 Xa ZR 16/07; BPatGE 31, 113; BPatG 6.10.1994 2 Ni 32/93 (EU) Schulte-Kartei PatG 81–85 Nr 253; BPatG 1.10.2002 2 Ni 25/01 (EU); BPatG 12.9.2007 4 Ni 4605 (EU); OLG Düsseldorf 17.4.2008 2 U 127/06.

24 BGH 29.2.2002 X ZR 18/99.

25 Vgl aber Benkard-EPÜ Art 138 Rn 30 unter problemat Bezugnahme auf BGH Stoßwellen-Lithotripter, und Art 70 Rn 8 f; R. Rogge GRUR 1993, 284, 287 f.

26 BGH Maschinensatz; Schulte IntPatÜG Rn 43; vgl BPatG 24.5.2011 1 Ni 1/10 (EU); BPatG 28.6.2011 1 Ni 6/09 (EU); BPatG 14.11.2011 1 Ni 3/10 (EU); BPatG 15.5.2012 1 Ni 8/11 (EP).

27 BPatG 8.4.2010 2 Ni 26/08 (EU).

28 Anders („dass Patentanspruch 1 folgende Fassung erhält") in BGH 7.9.2004 X ZR 186/00.

29 Vgl seit Anfang 2000: BGH Bausch BGH 1999–2001, 467 Druckentlastungspaneel; BGHZ 147, 306 = GRUR 2001, 813 Taxol; BGH 28.05.2002 X ZR 18/99; BGH 21.10.2003 X ZR 220/99; BGH 11.11.2003 X ZR 61/99 Schulte-Kartei PatG 4.1

Das europäische Patent ... wird mit Wirkung für das Hoheitsgebiet der Bundesrepublik Deutschland [unter Klageabweisung im übrigen] teilweise für nichtig erklärt, soweit Patentanspruch 1 und in Ansehung von Patentanspruch 1 die Patentansprüche 2 bis 4, 6 und 8 über folgende Fassung seines Patentanspruchs 1 hinausgehen: ...

8   **4. Verfahrenskonkurrenz.** Das EPÜ enthält ebenso wenig wie das IntPatÜG eine Regelung über das Verhältnis des nationalen Nichtigkeitsverfahrens zum eur Einspruchsverfahren. Dies führt in der Praxis zu Schwierigkeiten, weil die verschiedenen Anfechtungsmöglichkeiten auch nicht in letzter Instanz zusammengeführt sind und deshalb die Gefahr divergierender Rechtspraxis besteht. Auch das eur Einspruchsverfahren sperrt grds das dt Nichtigeitsverfahren (Rn 5; Rn 18 zu § 81 PatG). Es ist wiederholt versucht worden, eine Bindung der Gerichte im nat Nichtigkeitsverfahren an die Ergebnisse des eur Einspruchsverfahrens[30] oder allg der Rechtspraxis der Beschwerdekammern[31] zu begründen. Die Verfahrenskonkurrenz ist nach der jeweiligen lex fori des Vertragsstaats zu beurteilen.[32] § 11 öPatV-EG sucht Divergenzen dadurch zu vermeiden, dass das nationale Nichtigkeitsverfahren zu unterbrechen ist, wenn ein dieselbe Sache betr eur Einspruchsverfahren anhängig ist oder gemacht wird, und dass das Nichtigkeitsverfahren nach einer Sachentscheidung im Einspruchsverfahren einzustellen ist, trifft aber keine Regelung in bezug auf ein nach Abschluss des eur Einspruchsverfahrens eingeleitetes Nichtigkeitsverfahren; die Bestimmung zeigt, dass es für eine (weitergehende) Bindungswirkung einer eigenen Regelung bedürfte und dass grds keine Bindungswirkung besteht.[33] Das dt Recht ist diesen Weg nicht gegangen. Es schränkt die Möglichkeit nationaler Nichtigkeitsverfahren über die für eur Patente an sich nicht zwingend gebotene[34] Regelung des § 81 Abs 2 PatG (vgl auch Rn 5) hinaus nicht ein. Der Zulässigkeit der Nichtigkeitsklage gegen ein mit Wirkung für das Hoheitsgebiet der Bundesrepublik Deutschland erteiltes eur Patent steht es daher nicht entgegen, wenn gegen dieses Patent bereits ein eur Einspruchsverfahren stattgefunden hat;[35] das gilt auch, wenn im Nichtigkeitsverfahren kein neues Material genannt wird.[36] Die Beurteilung im Einspruchsverfahren präjudiziert das Nichtigkeitsverfahren nicht, die Nichtigerklärung kann daher auch allein wegen eines StdT erfolgen, der bereits in einem das gleiche Schutzrecht betr Einspruchs(beschwerde)verfahren vor dem EPA berücksichtigt wurde, selbst wenn der Nichtigkeitskläger an ihm beteiligt war.[37] Die franz Rspr ist einen ähnlichen Weg gegangen.[38] Die Einspruchs(beschwerde)entscheidungen stellen nach früherer Rspr allerdings sachverständige Stellungnahmen von erheblichem Gewicht dar, die im Rahmen der Tatsachenfeststellung und Beweiswürdigung zu beachten sind[39] (vgl zur rechtl Bedeutung Rn 15 vor § 1 PatG); dem kann nach der gewandelten Einschätzung der Prüfung auf Naheliegen allerdings mit dieser Begr nicht mehr gefolgt werden. Das Gericht hat sich mit der abw Auffassung in einer Entscheidung des EPA oder eines Gerichts eines anderen Mitgliedstaats der EPO auseinanderzusetzen, die eine im wesentlichen gleiche Fragestellung betrifft;[40] dem kann im Einzelfall dadurch genügt werden, dass in der

---

Nr 98, 99, 5.3 Nr. 23, 81–85 Nr. 318–320 Mikroabschaber; zum Teil auch bei Einschränkung eines eur Patents in der Verfahrenssprache Deutsch: BGH 26.2.2002 X ZR 204/98; BGHZ 156, 179 = GRUR 2004, 47 blasenfreie Gummibahn I.

30 Vgl *Brinkhof* GRUR 1993, 177, 183 f, der für das nat Nichtigkeitsverfahren eine bloß „marginale" Beurteilung zulassen will, hiergegen zu Recht *Pitz* GRUR 1995, 232, 240; abweg *Raible* EPI-Inf 1993, 117, der nat Nichtigkeitsverfahren als durch das eur Einspruchsverfahren ausgeschlossen ansieht; *Raible* Mitt 1999, 241.

31 Vgl PatentsC ENPR 2000, 58, 77, insb für erstinstanzliche nat Gerichte.

32 *Pitz* GRUR 1995, 232, 238 mwN.

33 ÖPA öPBl 2000, 168, 171.

34 Vgl CA England/Wales RPC 1997, 489, 501 ff = GRUR Int 1998, 423 Beloit/Valmet.

35 BGH GRUR 1996, 753 Zahnkranzfräser; BPatG 8.10.1992 3 Ni 50/91; BPatG 24.11.1993 3 Ni 41/92 (EU); vgl Tribunale Mailand ENPR 2002, 38; RB Den Haag BIE 2003, 269.

36 *Preu* GRUR Int 1981, 63; *Teschemacher* GRUR 1985, 802, 808; *Keukenschrijver* VPP-Rdbr 1993, 49 f; *Pitz* GRUR 1995, 231, 239.

37 BGH Zahnkranzfräser; BGH GRUR 1996, 862, 864 Bogensegment, nicht in BGHZ; BGH GRUR 1998, 895 Regenbecken; BPatG 8.10.1992 3 Ni 50/91; CA England/Wales IIC 1999, 312 = RPC 1998, 608 Buehler/Chronos Richardson und hierzu *Karet/Jones* EIPR 1999, 36; *Pitz* GRUR 1995, 231, 239; vgl auch BPatGE 36, 238 = GRUR 1997, 132, Markensache.

38 TGI Paris 7.12.2005 Technogenia, referiert von *Pezard* in ABl EPA 2009 Sonderausgabe 1, 130, nachgehend CA Paris 10.1.2007.

39 BGH Zahnkranzfräser; BGH Regenbecken; vgl HG St. Gallen sic! 1997, 306 und nachgehend Kassationsgericht St. Gallen sic! 1997, 309; HoL RPC 1997, 1 = GRUR Int 1998, 412 Biogen/Medeva; nlHR GRUR Int 1997, 836 ff Recormon; weitergehend wohl RB Den Haag BIE 2003, 266, wo Darlegung der Fehlerhaftigkeit der EPA-Entscheidung verlangt wird.

40 BGH GRUR 2010, 950 Walzenformgebungsmaschine.

Entscheidungsbegründung auf die Erwägungen eingegangen wird, auf denen die abw Beurteilung beruht.[41] Dies gilt auch, soweit es um Rechtsfragen geht, zB um die Frage, ob der StdT den Gegenstand eines Schutzrechts nahegelegt hat.[42] Die für das nationale Nichtigkeitsverfahren zuständigen Gerichte haben damit bei erteilten eur Patenten für das Inland das „letzte Wort", wenn sie insb die Grenzen der Patentfähigkeit und der Ausführbarkeit enger ziehen als das EPA; dies gilt umgekehrt für das EPA, wenn es die Grenzen im Erteilungs- oder eur Einspruchsverfahren enger zieht, als dies nach der nationalen Praxis geboten wäre.[43] Zurückhaltung bei abw Beurteilung ist aber grds geboten.[44] Allerdings ist der Widerspruch im eur Patentsystem angelegt; er kann nicht durch eine Beurteilungsprärogative des EPA oder der nationalen Instanzen ausgeräumt werden.[45] Es besteht jedenfalls regelmäßig beim Abweichen von einer Entscheidung im (eur) Einspruchsverfahren auch kein Grund, ein technisches Gutachten des EPA gem Art 25 EPÜ einzuholen.[46]

Nichtigkeitsverfahren in den anderen Vertragsstaaten stehen dem Nichtigkeitsverfahren in **9** Deutschland nicht entgegen; aus der EuGVVO ergibt sich nichts anderes.[47] Zur internat Zuständigkeit sind Art 22 Nr 4 EuGVVO sowie für die durch die EuGVVO nicht gebundenen Staaten Art 16 Nr 4 LugÜ und Art Vd Protokoll zum EuGVÜ 1982 und zum LugÜ zu beachten.[48]

II. Wirkung der Entscheidung

Die Entscheidung wirkt wie die im Nichtigkeitsverfahren gegen dt Patente zurück. Das stellt auch **10** Art 68 EPÜ nunmehr klar.[49]

III. Nichtigkeitsgründe

1. Allgemeines. Die Nichtigkeitsgründe des Art 138 EPÜ, die das IntPatÜG übernimmt, entsprechen **11** im wesentlichen denen des § 22 Abs 1 PatG iVm § 21 Abs 1 PatG. Die Regelung ist abschließend;[50] kein Nichtigkeitsgrund ist daher die Einreichung der dem Patent zugrunde liegenden eur Teilanmeldung durch einen anderen als den früheren Patentanmelder.[51] Dass die Praxis des EPA einzubeziehen ist,[52] ist eine Selbstverständlichkeit und gilt ebenso für das harmonisierte nationale Recht. Maßstab für die Prüfung von Erweiterungen sind nur die ursprünglichen Unterlagen, das erteilte Patent und die Fassungen, die es durch bestandskräftige Entscheidungen erhalten hat, weshalb „Verzichte" in späteren Verfahrensstadien, die in späteren Fassungen keinen Ausdruck gefunden haben, ebenso ohne Bedeutung sind[53] wie „Erweiterungen" durch die Beschwerdeentscheidung gegenüber der Fassung der im Beschwerdeverfahren ange-

---

41 BGH GRUR 2015, 199 Sitzplatznummerierungseinrichtung.

42 BGH Walzenformgebungsmaschine.

43 Vgl *Benkard-EPÜ* Art 138 Rn 40.

44 Vgl *von Albert* GRUR 1981, 451, 458; *Pitz* GRUR 1995, 231, 240; *Benkard-EPÜ* Art 138 Rn 38; problematisch *Pagenberg* IIC 1990, 376, und IIC 1991, 763.

45 Vgl BGH GRUR 2010, 950 Walzenformgebungsmaschine; für eine Bindung an eine „sub-rule practice" des EPA, die von einer Mehrheit der Vertragsstaaten befolgt wird, auf Grund der Wiener Vertragsrechtskonvention vom 23.5.1969 *Tilmann* IIC 2006, 62.

46 AA *Brinkhof* GRUR 1993, 177, 183.

47 Vgl RB Den Haag BIE 2001, 13 f: „... is de Nederlandse rechter ten aanzien van de geldigheid van het Nederlandse deel van het octrooi exclusief bevoegd net zoals de Duitse rechter ten aanzien van het Duitse deel van het octrooi exclusief bevoegd is"; aA *Brinkhof* GRUR 1993, 177, 183 f, der das erste Nichtigkeitsverfahren in einem Vertragsstaat als präjudiziell für die anderen Vertragsstaaten ansehen will.

48 Hierzu Schlosser-Bericht Nr 173.

49 Vgl *Benkard-EPÜ* Art 138 Rn 44.

50 *Mathély* Le droit européen des brevets d'invention, 1978, 405; so auch zu § 10 öPatV-EG öOPM öPBl 2002, 111.116 f; vgl BGHZ 102, 118 = GRUR 1988, 290 Kehlrinne (Prüfung der Wirksamkeit der Erteilung in Fremdsprache als Vorfrage), BGH GRUR 2010, 701 Nabenschaltung I (keine Prüfung der Wirksamkeit fehlerhafter Übersetzung im Nichtigkeitsverfahren; vgl auch *Schulte* IntPatÜG Rn 41; *Benkard-EPÜ* Art 138 Rn 42); BPatG 29.1.2009 2 Ni 36/07 (EU); BPatG 5.8.2014 2 Ni 34/12 (EP): Anmelderidentität bei eur Teilanmeldung.

51 BPatG 5.8.2014 2 Ni 34/12 (EP).

52 HG Zürich sic! 1999, 52 f.

53 Vgl BGHZ 150, 161 = GRUR 2002, 511 Kunststoffrohrteil.

griffenen Entscheidung, gleichgültig, ob die Änderung im Beschwerdeverfahren nach der Rspr des EPA zulässig war.[54]

2. Abweichungen

12   **a.** Die Voraussetzungen der **Patentfähigkeit** sind in Art 52–57 EPÜ inhaltlich im wesentlichen gleichlaufend mit §§ 1–5 PatG geregelt. Abweichungen vom nationalen Recht können sich im Rahmen des Nichtigkeitsgrunds der mangelnden Patentfähigkeit dort ergeben, wo die materielle Rechtslage nach dem PatG und dem EPÜ nicht übereinstimmt. Dies betraf bis 1992 die Patentfähigkeit von Pflanzensorten; der unterschiedliche Neuheitsbegriff (Neuheitsschädlichkeit älterer nachveröffentlichter nationaler Patentanmeldungen) spielt wegen Art 139 EPÜ für das Nichtigkeitsverfahren im Ergebnis keine Rolle (Rn 5). Unterschiede folgen aus der nicht ganz übereinstimmenden Umsetzung der BioTRl. Weiter sind die Schutzvoraussetzungen für biotechnologische Erfindungen betroffen (vgl § 1a PatG).[55] Unterschiede bestehen uU auch beim Beurteilungsmaßstab für Gesetz- und Sittenwidrigkeit (Rn 21 zu § 2 PatG).[56] Auch bei der Patentierung von durch im wesentlichen biologische Verfahren gewonnenen Pflanzen und Tieren ergeben sich Abweichungen (Rn 2 zu § 2a PatG). Die Vorbehalte nach Art 167 EPÜ, die im dt Recht ohnehin keine Rolle spielten, sind weggefallen. Die Bewertungskriterien für die erfinderische Tätigkeit weichen grds nicht von den nationalen ab.[57] Auch bei eur Patenten bildet das Fehlen der Patentfähigkeit einen einheitlichen Klagegrund.[58] Zur Problematik der „toxischen" Teilanmeldungen („poisonous divisionals") Rn 82 zu § 39 PatG.

13   **b. Sonstige Abweichungen. Ausführbarkeit.** Hier kann die Frage Schwierigkeiten bereiten, welche Nachweise für die Funktion einer DNA-Sequenz offenbart werden müssen, nachdem sich § 1 Abs 3 PatG und Regel 23e Abs 3 AOEPÜ in ihren Anforderungen unterscheiden.[59]

14   **Erweiterung.** Auch die Regelung für Teilanmeldungen oder neue eur Anmeldungen entspricht der im nat Recht.[60] Abzustellen ist allein auf die unzulässige Änderung der Patentansprüche.[61] Zwh ist aber, ob bei eur Patenten das Hinausgehen über die (vom Wortlaut des Nichtigkeitsgrunds nicht erfasste) – im dt Recht außer in § 21 PatG nicht geregelte und nicht erforderliche – Teilanmeldung (Art 76 EPÜ) den Nichtigkeitsgrund ausfüllt.[62] Bejaht man dies, ist die neue eur Patentanmeldung nach Art 61 EPÜ Prüfungsmaßstab für den Nichtigkeitsgrund nach Abs 1 Nr 3.

15   Das BPatG hat zu Unrecht die Anwendbarkeit der vom BGH für die **„uneigentliche"** Erweiterung entwickelten Grundsätze (Rn 82.4 zu § 21 PatG) auf eur Patente (auch unter Rückgriff auf die Grundsätze zur „unentrinnbaren Falle", Art 123 Abs 2, 3 EPÜ) verneint.[63] Der BGH hat demgegenüber in Auseinander-

---

54   BPatG Bausch BPatG 1994–1998, 197, 204.

55   Vgl. *Feldges* GRUR 2005, 977, 981 f; *Kilger/Jaenichen* GRUR 2005, 984, 996.

56   MGK/*Moufang* Art. 53 EPÜ Rn. 28 f.

57   Vgl BPatGE 30, 107 = GRUR 1989, 496 f; hierzu *Pagenberg* IIC 1990, 376 und IIC 1991, 763; *Kurbel* VPP-Rdbr 1991, 21; *Keukenschrijver* VPP-Rdbr 1993, 49; *Pitz* GRUR 1995, 232, 240.

58   *Scheffler* VPP-Rdbr 2005, 60, 63; BGHZ 198, 187 = GRUR 2013, 1272 Tretkurbeleinheit; BPatG Bausch BPatG 1994–1998, 820; BPatG Mitt 2014, 396; BPatG 6.5.2014 4 Ni 22/12 (EP) GRURPrax 2015, 59 KT; zu Missverständnissen Anlass gebend zB BPatG 10.7.2006 3 Ni 3/04 (EU), wo von den geltend gemachten Nichtigkeitsgründen der mangelnden Neuheit und der mangelnden Patentfähigkeit die Rede ist.

59   Vgl *Feldges* Ende des absoluten Stoffschutzes? GRUR 2005, 977, 982.

60   Vgl BPatG 3.7.2012 4 Ni 15/10 (EU) Mitt 2013, 39 Ls, wobei die (zu verneinende) Anwendbarkeit der Grundsätze der Entscheidung des GBK EPA G 1/93 ABl EPA 1994, 541 = GRUR Int 1994, 842 beschränkendes Merkmal in der ein nat Patent betr Entscheidung BGH GRUR 2011, 40 Winkelmesseinrichtung nicht abschließend geklärt ist.

61   BPatG Mitt 2015, 324 „Brustpumpe".

62   So BPatG 7.2.2012 1 Ni 18/10 (EP); offengelassen, jedoch mit Tendenz zur Linie des EPA in EPA G 1/06 ABl EPA 2008, 307 Kette von Teilanmeldungen, und EPA G 1/05 ABl EPA 2008, 271 Wirksamkeit von Teilanmeldungen, wonach bei Teilungsketten die Offenbarung sowohl in der Stammanmeldung als auch in jeder der vorangegangenen Teilanmeldungen enthalten sein muss, in BPatG 28.6.2011 1 Ni 6/09 (EU); nach eingehender Erörterung offengelassen auch in BPatG Mitt 2015, 324, 328 „Brustpumpe"; vgl zum Weglassen eines Merkmals in der Teilanmeldung BPatG 21.7.2004 4 Ni 17/03 (EU); nicht entschieden, aber auch an Teilanmeldung geprüft in BGH 16.1.2014 X ZR 78/12, während BPatG GRUR 2013, 609 und BPatG 15.5.2015 2 Ni 14/13 (EP) nur anhand der Stammanmeldung prüfen.

63   Eingehend BPatG GRUR-RR 2014, 484 „Fettabsaugvorrichtung" gegen die Rspr des BGH (BGH GRUR 2013, 809 Verschlüsselungsverfahren), Berufung eingelegt unter BGH X ZR 84/14.

setzung mit der Rspr des BPatG nochmals ausdrücklich die Anwendbarkeit der Grundsätze der Entscheidung „Winkelmesseinrichtung"[64] auch auf eur Patente herausgestellt, weil hier nicht Art 123 EPÜ, sondern Art II § 6 IntPatÜbkG maßgebend ist und Art 138 EPÜ die Möglichkeit eröffnet, dass das nationale Gericht auch bei Vorliegen eines durch ihn eröffneten Nichtigkeitsgrunds von der Nichtigerklärung abzusehen, ohne dass sich das nationale Gericht damit in Widerspruch zu Art 123 EPÜ setzt, wie er von der GBK des EPA[65] verstanden wird.[66] Maßgeblich ist die Verfahrenssprache, nicht eine fehlerhafte deutsche Übersetzung.[67] Nicht abschließend geklärt ist, ob für die Prüfung der Erweiterung auf die Einreichung der Patentanmeldung in einer zugelassenen Nichtamtssprache (Art 14 Abs 2 EPÜ) abzustellen ist.[68] Art 70 Abs 2 EPÜ regelt dies ausdrücklich nur für das Einspruchsverfahren.

Schutzbereichserweiterung. Auch hier ergeben sich keine Besonderheiten. Mehrfache Änderungen, **16** insb im eur Einspruchsverfahren und im nationalen Beschränkungsverfahren, sind (kumulativ) beachtlich.[69]

Anmeldung durch Nichtberechtigten. Der Nichtigkeitsgrund, dem ein entspr Widerrufsgrund im **17** eur Einspruchsverfahren nicht gegenübersteht, korrespondiert mit dem der widerrechtl Entnahme. Ob der Nichtigkeitsgrund von jedermann oder nur vom wahren Berechtigten geltend gemacht werden kann, ist in Art 138 EPÜ nicht geregelt, sondern der nationalen Regelung überlassen.[70] Insoweit bestimmt Abs 3, dass nur der Berechtigte aktiv legitimiert ist. Weiter trifft die Bestimmung eine autonome Regelung, indem sie nicht auf die Regelungen des dt Rechts, sondern auf die für eur Patentanmeldungen maßgeblichen Art 60 EPÜ verweist.[71]

Nach Art 60 Abs 1 Satz 2 EPÜ bestimmt sich das Recht auf das eur Patent bei **Arbeitnehmererfin- 18 dungen** nach dem Recht des Staats, in dem der ArbN überwiegend beschäftigt ist; sofern dies nicht festzustellen ist, findet das Recht des Staats Anwendung, in dem der ArbGb den Betrieb unterhält, dem der ArbN angehört. Eine Rechtswahlvereinbarung ist zu berücksichtigen, wenn sie vom maßgeblichen nationalen Recht zugelassen wird (vgl Rn 9 Einl ArbEG).[72] Zur Rom-I-VO Rn 11 f Einl ArbEG.

IV. Die Möglichkeit **beschränkter Verteidigung** sieht Abs 3 nunmehr auch für das eur Patent vor; **19** dies entspricht in Deutschland bereits zuvor geübter Praxis. Die Möglichkeit einer Beschränkung in der Beschreibung oder in den Zeichnungen besteht danach aber nicht (mehr),[73] jedoch können Beschreibung und Zeichnungen an die beschränkten Patentansprüche angepasst werden.[74] Ein eur Patent kann im Nichtigkeitsverfahren aber nicht mit Patentansprüchen verteidigt werden, die dem Erfordernis einer deutlichen (klaren) und knappen Anspruchsfassung (Art 84 EPÜ) nicht genügen.[75]

V. Bedeutung des Nichtigkeitsverfahrens gegen europäische Patente

Der Anteil der eur Patente an den Nichtigkeitsverfahren ist seit 1983 nahezu kontinuierlich bis auf ei- **20** nen Wert von fast 80% angestiegen; er lag 1994 erstmals bei über 50%, 1997 bei 58,4%. Eine Auszählung der für das Jahr 2008 in das Internet gestellten Entscheidungen des BPatG ergab einen Anteil von 59 Verfahren bei einer Gesamtzahl von 90 Entscheidungen, 2010 bis 2013 lag der Anteil der erstinstanzlichen Entscheidungen zu eur Patenten bei gut 75%.[76] Bis Ende 2008 hat der Bundesgerichtshof 157 Berufungsverfahren gegen eur Patente durch Sachurteil abgeschlossen, dabei haben sich im Endergebnis 39 Klageabweisungen, 71 Teilnichtigerklärungen und 47 vollständige Nichtigerklärungen ergeben.

---

64 BGH GRUR 2011, 40; s auch BGH GRUR 2011, 1003 Integrationselement; BGH GRUR 2013, 1135 Tintenstrahldrucker.

65 EPA G 1/93 ABl EPA 1994, 541 = GRUR Int 1994, 842 beschränkendes Merkmal.

66 BGHZ 204, 199 = GRUR 2015, 573 Wundbehandlungsvorrichtung.

67 BPatG 23.3.2004 4 Ni 11/03 (EU); vgl BPatG *Bausch* BPatG 1994–1998, 346, 349; BPatG *Bausch* BPatG 1994–1998, 705, 711; vgl auch BPatG 26.4.2007 2 Ni 49/04 (EU); BPatG 4.8.2010 2 Ni 36/08 (EU).

68 So *Singer/Stauder* Art 70 EPÜ Rn 5; *MGK/Haertel* Art 14 EPÜ Rn 102; *Mathély* Le droit européen des brevets d'invention, 1978, 408.

69 Vgl BGHZ 147, 137 = GRUR 2001, 730 Trigonellin; *Benkard-EPÜ* Art 138 Rn 15.

70 Vgl *Benkard-EPÜ* Art 138 Rn 19.

71 Vgl *Singer/Stauder* Art 138 EPÜ Rn 19.

72 *Singer/Stauder* Art 60 EPÜ Rn 14.

73 BPatG 16.12.2014 1 Ni 11/14 (EP).

74 Vgl *Schulte* IntPatÜG Rn 42.

75 BGH GRUR 2010, 709 Proxyserversystem; BPatG 18.6.2015 1 Ni 20/14 (EP); *Schulte* IntPatÜG Rn 44.

76 *Hess/Müller-Stoy/Wintermeier* Mitt 2014, 439.

21   **B. Ausländische Nichtigkeitsverfahren gegen europäische Patente** s *7. Aufl.*

C. EU-Patent; Gemeinschaftspatent

22   Zu den verschiedenen, nicht verwirklichten Vorschlägen und Entwürfen (GPÜ, GPVO, EPLA) s Rn 1 Einheitlicher Patentschutz in Europa. Zur Regelung im Weg der Verstärkten Zusammenarbeit und nach dem Übereinkommen über ein einheitliches Patentgericht s Rn 45 Einheitlicher Patentschutz in Europa. Der RegE für ein Gesetz zur Anpassung patentrechtlicher Vorschriften auf Grund der europäischen Patentreform vom 25.5.2016 sieht eine entspr Einfügung in Abs 1 vor.

§ 6a
Ergänzende Schutzzertifikate

Das Deutsche Patent- und Markenamt erteilt ergänzende Schutzzertifikate nach § 49a des Patentgesetzes auch für das mit Wirkung für die Bundesrepublik Deutschland erteilte europäische Patent.

Schrifttum: s die Hinweise zu § 16a PatG.

A. Allgemeines

1   § 6a ist durch das Gesetz vom 23.3.1993[1] eingefügt worden, das KostRegBerG hat eine redaktionelle Änderung vorgenommen. Die Regelung beschränkt sich auf die Begründung der Zuständigkeit des DPMA für die Erteilung der Schutzzertifikate zu eur Patenten nach § 49a PatG.

2   **B.** Zu der die Einführung der Schutzzertifikate ermöglichenden **Revision des Art 63 EPÜ** *7. Aufl*; zu Übergangsfällen *6. Aufl* Rn 4.

3   **C.** Auf das **Verfahren** finden auch bei Schutzzertifikaten zu eur Patenten die Regelungen in den EG-VOen sowie die Bestimmungen der §§ 16a, 49a PatG Anwendung.

4   **D. Parallele Regelungen in anderen EG-Mitglieds- und Erstreckungsstaaten und EPÜ-Vertragsstaaten** s bei § 16a PatG.

5   **E.** Zu Frage ergänzender Schutzzertifikate beim **Patent mit einheitlicher Wirkung** und beim eur Patent nach Inkrafttreten der Neuregelungen Rn 4 zu § 49a PatG und Rn 208 ff Einheitlicher Patentschutz in Europa.[2]

§ 7
Jahresgebühren

(1) [1] **Für das mit Wirkung für die Bundesrepublik Deutschland erteilte europäische Patent sind Jahresgebühren nach § 17 des Patentgesetzes zu entrichten.** [2] **Sie werden jedoch erst für die Jahre geschuldet, die dem Jahr folgen, in dem der Hinweis auf die Erteilung des europäischen Patents im Patentblatt bekanntgemacht worden ist.**

(2) Hebt die Große Beschwerdekammer des Europäischen Patentamts nach Artikel 112a des Europäischen Patentübereinkommens die Entscheidung einer Beschwerdekammer auf, mit der ein europäisches Patent widerrufen wurde, werden Jahresgebühren für den Zeitraum zwischen Wider-

---

1   BGBl I 366 = BlPMZ 1993, 171.
2   Näher *Schennen* S 45.

ruf des Patents und Aufhebung dieser Entscheidung erst mit dem Tag der Zustellung der Entscheidung der Großen Beschwerdekammer fällig.

Ausland: Belgien: Art 9 VO vom 27.2.1981; **Dänemark:** § 81 PatG 1996; **Estland:** § 10 DurchfG; **Frankreich:** Art R 614-115-17; **Luxemburg:** Art 10 EPÜ-Zustimmungsgesetz. Abs 2 geänd durch Art 92 PatG 1992/1998; **Österreich:** § 8 öPatV-EG; **Polen:** Art 8 EPG; **Schweiz:** Art 119 PatG, Art 118aPatV; **Slowakei:** § 67 PatG; **Slowenien:** Art 29 GgE; **Tschech. Rep.:** § 35gPatG, eingefügt 2000; **Türkei:** Regel 18 VOEP; **Ungarn:** Art 84/L PatG

Schrifttum: *Gall* Jahresgebühren in Sonderverfahren des EPÜ – Teilanmeldungen und internationale Anmeldungen, Mitt 1993, 170; *Kraßer* Der Anspruch der Europäischen Patentorganisation auf Beteiligung an den in den Vertragsstaaten für europäische Patente erhobenen Jahresgebühren, GRUR Int 1996, 851.

A. Entstehungsgeschichte

Das Gesetz zur Novellierung patentrechtlicher Vorschriften und anderer Gesetze des gewerblichen 1 Rechtsschutzes vom 19.10.2013 hat mWv 1.4.2014 Abs 2 angefügt.

B. Allgemeines

Die Jahresgebührenpflicht bei eur Patentanmeldungen und eur Patenten entspricht grds der bei na- 2 tionalen Patentanmeldungen und Patenten. Ein wesentlicher Unterschied liegt jedoch darin, dass zunächst eine (zentrale) Jahresgebührenpflicht gegenüber dem EPA besteht, die später durch eine Pflicht zur Zahlung nat Gebühren abgelöst wird.

C. Gebührenpflicht gegenüber dem Europäischen Patentamt

I. Grundsatz

Die Gebühren sind bei **europäischen Patentanmeldungen** nach Art 86 EPÜ an das EPA zu entrich- 3 ten.

II. Die **Fälligkeit** ist in Regel 51 Abs 1 AOEPÜ geregelt. Fälligkeit für das Folgejahr tritt danach am 4 letzten Tag des Monats ein, in den der Anmeldetag fällt.

III. Ende

Die Jahresgebührenpflicht gegenüber dem EPA endet nach Art 86 Abs 2 EPÜ mit der Zahlung der Jah- 5 resgebühr, die für das Jahr fällig ist, in dem der Hinweis auf die Erteilung des eur Patents im eur PatBl bekannt gemacht wird.

D. Gebührenpflicht gegenüber dem Deutschen Patent- und Markenamt

I. Allgemeines

Art 141 EPÜ betrifft die Erhebung von Jahresgebühren. § 141 Abs 2 EPÜ regelt dabei die Fälligkeit 6 der Jahresgebühren dahin, dass diese, sofern sie innerhalb von zwei Monaten nach Bekanntmachung des Hinweises auf die Erteilung des eur Patents fällig werden, innerhalb dieser Frist gezahlt werden können, wobei eine nach nationalem Recht vorgesehene Zuschlagsgebühr nicht erhoben wird. Die Gebührenermäßigung bei Lizenzbereitschaft (§ 23 Abs 1 Satz 1 PatG) gilt nur für die dem DPMA geschuldeten Gebühren.[1]

7   Eur Patente, die mit Wirkung für die Bundesrepublik Deutschland erteilt sind, unterliegen der **Jahresgebührenpflicht nach § 17 PatG.** Die Jahresgebühren werden jedoch erst für die Jahre geschuldet, die dem Jahr folgen, in dem der Hinweis auf die Erteilung des eur Patents im eur PatBl bekanntgemacht worden ist. Für die vorhergehenden Jahre sind die Jahresgebühren an das EPA zu entrichten (Rn 3 ff). Dem EPA steht nach Maßgabe des Art 39 EPÜ ein Anteil an den Jahresgebühren der Vertragsstaaten zu.[2]

8   Abs 2 bestimmt, dass bei einer **Entscheidung der Großen Beschwerdekammer** nach Art 112a EPÜ, mit der der Widerruf des Patents durch die Beschwerdekammer aufgehoben wird, an das DPMA zu entrichtende Jahresgebühren abw von § 3 Satz 2 PatKostG erst mit dem Tag der Zustellung der Entscheidung der GBK fällig werden.[3] Für dem EPA geschuldete Jahresgebühren trifft Regel 51 Abs 5 AOEPÜ insoweit eine ausdrückliche Regelung.

9   **II.** Wird ein Antrag auf **Umwandlung** einer eur Patentanmeldung in eine dt Anmeldung gestellt (Art 135 EPÜ; Art II § 9), gilt die eur Anmeldung als eine mit Stellung des Umwandlungsantrags beim DPMA eingereichte dt Patentanmeldung und unterliegt damit ab diesem Zeitpunkt den Vorschriften über die Jahresgebührenpflicht nach § 17 PatG.

§ 8
Verbot des Doppelschutzes

(1) Soweit der Gegenstand eines im Verfahren nach dem Patentgesetz erteilten Patents eine Erfindung ist, für die demselben Erfinder oder seinem Rechtsnachfolger mit Wirkung für die Bundesrepublik Deutschland ein europäisches Patent mit derselben Priorität erteilt worden ist, *[das auf Grund der Inanspruchnahme der Ausnahmeregelung des Artikels 83 Absatz 3 des Übereinkommens über ein Einheitliches Patentgericht nicht der ausschließlichen Gerichtsbarkeit des Einheitlichen Patentgerichts unterliegt,]* hat das Patent in dem Umfang, in dem es dieselbe Erfindung wie das europäische Patent schützt, von dem Zeitpunkt an keine Wirkung mehr, zu dem
1.   die Frist zur Einlegung des Einspruchs gegen das europäische Patent abgelaufen ist, ohne daß Einspruch eingelegt worden ist,
2.   das Einspruchsverfahren unter Aufrechterhaltung des europäischen Patents rechtskräftig abgeschlossen ist*[,]* [oder]
[3.   die Inanspruchnahme der Ausnahmeregelung nach Artikel 83 Absatz 3 des Übereinkommens über ein Einheitliches Patentgericht in Bezug auf das europäische Patent wirksam geworden ist, wenn dieser Zeitpunkt nach dem in den Nummern 1 oder 2 genannten Zeitpunkt liegt oder]
[4.   das Patent erteilt wird, wenn dieser Zeitpunkt nach dem in den Nummern 1 bis 3 genannten Zeitpunkt liegt.]
[3.   das Patent erteilt wird, wenn dieser Zeitpunkt nach dem in Nummern 1 oder 2 genannten Zeitpunkt liegt.]
[(2) Der Eintritt der Rechtsfolge nach Absatz 1 ist endgültig.]
[(2) Das Erlöschen, die Erklärung der Nichtigkeit, der Widerruf und die Beschränkung des europäischen Patents lassen die nach Absatz 1 eingetretene Rechtsfolge unberührt.]
(3) (aufgehoben)

Ausland: Belgien: Art 7 Zustimmungsgesetz; **Estland:** § 12 DurchfG; **Frankreich:** Art L 614-13–15 CPI; **Italien:** Art 59 CDPI; **Luxemburg:** Art 15, 16 EPÜ-Zustimmungsgesetz, Art 94 PatG 1992/1998; **Niederlande:** Art 77 ROW 1995; **Schweiz:** Art 125–126 PatG, vgl Art 20a PatG; **Slowakei:** § 64 PatG; **Slowenien:** Art 31 GgE; **Tschech. Rep.:** § 35e PatG, eingefügt 2000; **Türkei:** Regel 21 VOEP

---

1   *Benkard* § 23 PatG Rn 2.
2   Zur Rechtfertigung der Zuweisung der Jahresgebühren an die Vertragsstaaten eingehend *Kraßer* GRUR Int 1996, 851.
3   Vgl Begr BTDrs 17/10308 = BlPMZ 2013, 366, 375 f; *Schulte* IntPatÜG Rn 51.

Schrifttum: *Bardehle* Verbot des Doppelschutzes im europäischen Patentrecht und seine Auswirkungen auf das deutsche Patent, Mitt 1977, 105; *Dürschke/Dürschke* Europäisches und deutsches Patent bei gleichem Erfindungsgehalt, Mitt 1988, 139; *Kühnen* Die Reichweite des Doppelschutzverbotes nach Art II § 8 IntPatÜG, FS R. König (2003), 309; *Kühnen* Das Erlöschen des Patentschutzes während des Verletzungsprozesses, GRUR 2009, 288; *Mes* Zum Doppelschutzverbot des Art II § 8 IntPatÜG, GRUR 2001, 976; *Nieder* Verbot des Doppelschutzes im europäischen Patentrecht, Mitt 1987, 205 = FS R. Klaka (1987), 103; *Thole* Die Durchsetzung von Ansprüchen aus parallelen Schutzrechten des Geistigen Eigentums, ZZP 124, 403 (2011); *Zellentin* Zur Frage der Priorität einer deutschen Patentvoranmeldung, Mitt 1981, 87.

A. Zweck der Regelung

§ 8, dessen Abs 2 durch das Gesetz zur Umsetzung der EPÜ-Revisionsakte geänd und dessen Abs 3 **1** durch Art 15 Abs 2, Art 6 Nr 5 2. GPatG aufgehoben wurde, macht von der dem nationalen Gesetzgeber in **Art 139 Abs 3 EPÜ** eingeräumten Möglichkeit Gebrauch, Doppelschutz auszuschließen. Am Bestand gleichartiger und gleichwertiger Rechte kann der Patentinhaber nach der Begr kein berechtigtes Interesse haben; der Bestand identischer Rechte mit voneinander unabhängigem Schicksal muss die Rechtslage unnötig verkomplizieren. Die Bevorzugung des eur Patents trägt dem Umstand Rechnung, dass diesem iZw die größere wirtschaftliche Bedeutung zukommt.[1] Dagegen hält es die Begr zum öPatV-EG nicht für erwiesen, dass der Doppelschutz schutzrechtspolitisch schädlich ist; sie verweist zudem auf die Konsequenz, dass bei Bestehen des Doppelschutzverbots materiell unwirksame Schutzrechte eingetragen wären und das Register die Schutzrechtslage nicht wiedergebe. Konsequent verzichtet Österreich (ebenso Dänemark, Schweden und Ungarn) auf das Doppelschutzverbot.

B. Doppelschutzverbot

I. Voraussetzungen

Das Doppelschutzverbot tritt ein bei Doppelpatentierung durch nach dem PatG erteiltes dt Patent **2** (zum Gebrauchsmuster Rn 8) und eur Patent mit Benennung der Bundesrepublik Deutschland, (zumindest teilweiser) Übereinstimmung im Schutzumfang, gleichem Altersrang, Schutz für den gleichen Erfinder oder seinen Rechtsnachfolger, also **Ursprungsgleichheit**.

Unter **Doppelpatentierung** wird der Eintritt der Wirkungen nach Art 64 EPÜ zu verstehen sein; Vo- **3** raussetzung ist daher die Bekanntmachung nach Art 97 Abs 3 EPÜ; Rücknahme der Anmeldung für die Bundesrepublik Deutschland vor Bekanntmachung führt in diesem Sinn nicht zur Doppelpatentierung.[2]

Der RegE für ein Gesetz zur Anpassung patentrechtlicher Vorschriften auf Grund der europäischen **4** Patentreform vom 27.5.2016 sieht Anpassungen der Regelung an das **Einheitspatent** vor.

II. Reichweite

Der Wirkungsverlust des dt Patents tritt nach dem Wortlaut der Bestimmung ein, soweit das dt Patent **5** dieselbe Erfindung wie das eur schützt. Eine Beurteilung ist nur mit Blick auf den Verletzungsgegenstand sinnvoll. Die Regelung ist dahin verstanden worden, dass der gesamte Schutzbereich des eur Patents unter Einschluss äquivalenter Verletzungsformen, verschlechterter Ausführungen usw der Wirkung des dt Pa-

---

1 Begr BTDrs 7/3712 = BlPMZ 1976, 322, 327; vgl *Mes* GRUR 2001, 976 f.
2 Vgl BPatG 8.10.2013 1 Ni 7/12.

tents entgegenstehe.[3] Soweit dadurch auch Fälle umfasst sein sollen, in denen der Verletzungsgegenstand eine wortsinngem Verletzung des dt, nicht aber des eur Patents darstellt, trifft diese Auffassung nicht zu. In diesem Fall liegt nämlich mit Rücksicht auf den Einwand der mangelnden Schutzfähigkeit, der zwar dem eur, nicht aber dem dt Patent entgegengesetzt werden könnte, jedenfalls eine Übereinstimmung des Schutzumfangs nicht vor.[4]

III. Wirkung

1. Materiellrechtlich

6 **a.** Nach Abs 1 verliert das nationale **Patent** seine Wirkung, soweit es die gleiche Erfindung wie das eur Patent schützt.[5] Aus dem nationalen Patent können keine Rechte nach § 9 PatG mehr hergeleitet werden. Das Doppelschutzverbot führt nicht zum Verlust des dt Patents schlechthin, sondern lediglich zum Wegfall der Schutzwirkung für die Zukunft, und dies nur im Umfang seiner Übereinstimmung mit dem eur Patent. Es lässt das nationale Patent unberührt, wenn und soweit dieses über das eur hinausgeht.[6] Der Rechtsbestand des dt Patents als solcher bleibt unberührt.[7] Jahresgebühren für das dt Patent sind daher mit Rechtsgrund bezahlt.[8] Anders als das frz Recht (Art L 614-14 CPI) kennt das dt auch kein Verbot getrennter Übertragung.

7 Der Verlust der Wirkungen tritt zu dem in Nr 1–3 genannten **Zeitpunkt** (kein Einspruch bei Ablauf der Einspruchsfrist, Einspruchsverfahren unter Aufrechterhaltung des Patents abgeschlossen, Patenterteilung erst nach einem der vorgenannten Zeitpunkte) ein, ohne dass es eines entspr gerichtlichen Ausspruchs bedarf.[9] Ist bei einem eur Patent, das die gleiche Erfindung wie ein dt Patent schützt, sowohl die Priorität der dt Anmeldung als auch die einer – gegenüber der dt – älteren ausländ Anmeldung in Anspruch genommen, findet Abs 1 im Umfang der ausländ Anmeldung keine Anwendung.[10] Galten die Wirkungen des eur Patents nach Art II § 3 Abs 2 aF als von Anfang an nicht eingetreten, trat der Verlust der Wirkungen des nationalen Patents nicht ein.

8 **b.** Einem Doppelschutz durch eur Patent und nationales **Gebrauchsmuster** steht Art II § 8 nicht entgegen.[11] Der gegenteiligen Auffassung[12] ist zuzugeben, dass Art 140 EPÜ eine Einbeziehung nat Gebrauchsmuster in das Doppelschutzverbot ermöglicht hätte; von dieser Möglichkeit hat der Gesetzgeber aber ersichtlich keinen Gebrauch machen wollen[13] (anders der Vorschlag GPVO). Ebenso wenig kann dem Wortlaut der Regelung im IntPatÜG eine Anwendbarkeit auf Gebrauchsmuster entnommen werden. Sie wäre auch systemwidrig, weil Doppelschutz durch dt Patente und Gebrauchsmuster möglich ist.

9 **2. Verfahrensrechtlich.** Das eur Patenterteilungs- und Einspruchsverfahren lässt ein paralleles nationales Verfahren unberührt.[14] Das Doppelschutzverbot bezieht sich nur auf das Recht aus dem Patent. Durchführung und Abschluss des nat Prüfungsverfahrens können bei vorausgegangener Erteilung eines

---

3 LG Düsseldorf GRUR 1993, 812, 815; *Benkard-EPÜ* Art 64 Rn 4; *MGK/Krieger* Art 64 EPÜ Rn 20; *Kühnen/Geschke*[1] Rn 274.
4 So auch *Kühnen* FS R. König (2003), 309 ff; *Kühnen* Hdb Rn 1591; auch LG Düsseldorf InstGE 3, 8, 11 f stellt auf die Gleichwertigkeit des Schutzes ab, die verneint wird, wenn das eur Patent zusätzliche Anspruchsmerkmale aufweist.
5 *Schulte* IntPatÜG Rn 54; vgl für das nl Recht RB Den Haag BIE 2003, 57, 59.
6 BGH GRUR 1994, 439 Sulfonsäurechlorid.
7 BGH GRUR 2008, 279 Kornfeinung; BPatGE 49, 243 f; BPatG BlPMZ 2000, 165; BPatG 25.10.2010 9 W (pat) 310/05; LG Düsseldorf GRUR 1993, 812; *Benkard-EPÜ* Art 139 Rn 15; *Mes* GRUR 2001, 976, 978.
8 BPatG BlPMZ 2000, 165.
9 Vgl BPatGE 37, 212.
10 BPatGE 30, 126 = GRUR 1989, 499.
11 Zutr *Singer/Stauder*[6] Art 140 EPÜ Rn 14; *Benkard-EPÜ* Art 140 Rn 14.
12 *Benkard*[9] Internat Teil Rn 145; in *Benkard*[10] Internat Teil Rn 145 dahin eingeschränkt, dass der Bestand de jure unberührt bleibe, der Gebrauchsmusterschutz aber de facto auf die Fälle der geringeren Schutzanforderungen beschränkt sei, was abzulehnen ist; in *Benkard*[11] keine Erwähnung mehr.
13 So auch *Nieder* Mitt 1987, 205, 209.
14 BPatGE 29, 214 = GRUR 1988, 683.

eur Patents nicht wegen Fehlens des Rechtsschutzbedürfnisses an der Erteilung des nationalen Patents verweigert werden;[15] ein Doppelpatentierungsverbot besteht nicht.[16]

Das nationale **Einspruchsverfahren** kann mangels Vorgreiflichkeit nicht bis zu einer Entscheidung **10** im parallelen eur Patenterteilungs- oder Einspruchsverfahren ausgesetzt werden.[17] Der BGH hat mit Recht die Auffassung[18] abgelehnt, dass der Einspruch gegen ein Patent nicht statthaft sei, das gem Art II § 8 mit der Erteilung im Umfang der erteilten Fassung keine Wirkung erlangt hat.[19] Aus der Wirkungslosigkeit folgt für die Zulässigkeit des Einspruchs nicht das Erfordernis eines besonderen Rechtsschutzbedürfnisses.[20]

Das Rechtsschutzbedürfnis für eine **Nichtigkeitsklage** gegen das nationale Patent wird jedenfalls **11** dann nicht entfallen, wenn das nationale Patent in seinem sachlichen oder zeitlichen Schutz über das eur hinausgeht[21] oder wenn der Patentinhaber aus diesem weiterhin Rechte geltend macht;[22] die Möglichkeit, die Wirkungslosigkeit im Verletzungsstreit geltend zu machen, stellt nicht ohne weiteres einen einfacheren Weg der Rechtsverteidigung dar. Zu einem Antrag, das nationale Patent insoweit für nichtig zu erklären, als es über den Schutzumfang des eur Patents hinausgeht, Rn 32 zu § 81 PatG.

Zur Behandlung des Rechtsirrtums über das Doppelschutzverbot bei der **Wiedereinsetzung** Rn 40 zu **12** § 123 PatG.

3. Zur Wirkung des Wegfalls der das Zusatzverhältnis begründenden dt Hauptanmeldung nach Art II **13** § 8 auf das **Zusatzpatent** 7. *Aufl* Rn 19 zu § 16 PatG.

IV. Die Wirkungen des nationalen Patents leben bei **Wegfall des europäischen Patents** nicht wieder **14** auf (Abs 2, geänd durch das Gesetz zur Umsetzung der EPÜ-Revisionsakte). Der mit der Regelung in Abs 1 verfolgte Zweck würde verfehlt, wenn es dem Patentinhaber möglich wäre, wieder auf das nationale Patent zurückzugreifen. Damit ist der Patentinhaber gezwungen, den Bestand des Schutzrechts ausschließlich mit den ihm für das eur Patent zustehenden Mitteln zu verteidigen.[23]

C. Geltendmachung der Wirkungslosigkeit

I. Im **Verletzungsprozess** kann sich die beklagte Partei mit dem Einwand verteidigen, das dt Patent **15** habe wegen des eur seine Wirkung ganz oder teilweise verloren.[24] Die Wirkungslosigkeit führt aber nicht zur Unzulässigkeit der Klage aus dem dt Patent.[25]

II. Feststellungsverfahren vor dem Patentgericht

Durch das 2. GPatG ist Abs 3, der die Feststellung der Rechtsfolge nach Abs 1 in einem besonderen **16** Verfahren vor den Nichtigkeitssenaten des BPatG vorsah, mit Wirkung vom 1.6.1992 aufgehoben worden (näher *5. Aufl*).[26] Eine Auffangzuständigkeit des DPMA für solche Verfahren besteht nicht.[27]

---

15 BPatGE 28, 113 = BlPMZ 1986, 343.
16 BPatGE 29, 214 = GRUR 1988, 683; aA *Dürschke/Dürschke* Mitt 1988, 139.
17 BPatGE 28, 4 = GRUR 1986, 602; vgl auch BPatG 26.10.2004 34 W (pat) 12/04.
18 BPatG 20.1.1992 16 W (pat) 51/88 BlPMZ 1992, 506 Ls.
19 BGH GRUR 1994, 439 Sulfonsäurechlorid; ebenso BPatGE 49, 243.
20 BGH GRUR 2008, 279 Kornfeinung.
21 Vgl *Mes* GRUR 2001, 976, 979.
22 BGH 12.11.2002 X ZR 118/99 Schulte-Kartei PatG 81–85 Nr 310 Knochenschraubensatz; BGH 8.9.2009 X ZR 15/07; BGH 20.7.2010 X ZR 17/07 Schulte-Kartei PatG 81–85 Nr 435 Brauchwassererwärmung; BPatG 18.12.1997 2 Ni 27/96; BPatG 12.1.1999 1 Ni 6/98, jeweils undok; BPatG 22.11.2006 4 Ni 15/05; *Mes* GRUR 2001, 976, 979; weitergehend BPatGE 44, 133 = GRUR 2002, 53; *Schulte* IntPatÜG Rn 55.
23 Begr BTDrs 7/3712 = BlPMZ 1976, 322, 327.
24 LG Düsseldorf GRUR 1993, 812; Begr BTDrs 7/3712 = BlPMZ 1976, 322, 327.
25 LG Mannheim 12.9.2003 7 U 273/02 undok.
26 Vgl BPatG 8.10.2013 1 Ni 7/12.
27 BPatG 24.9.2001 10 W (pat) 18/01; *Schulte* IntPatÜG Rn 52.

17   **III.** Im **Nichtigkeitsverfahren** kann die Wirkungslosigkeit nicht geltend gemacht werden, weil keiner der gesetzlich vorgesehenen Nichtigkeitsgründe vorliegt.[28]

§ 9
Umwandlung

(1) Hat der Anmelder einer europäischen Patentanmeldung, mit der für die Bundesrepublik Deutschland Schutz begehrt wird, einen Umwandlungsantrag nach Artikel 135 Abs. 1 Buchstabe a des Europäischen Patentübereinkommens gestellt und hierbei angegeben, daß er für die Bundesrepublik Deutschland die Einleitung des Verfahrens zur Erteilung eines nationalen Patents wünscht, so gilt die europäische Patentanmeldung als eine mit der Stellung des Umwandlungsantrags beim Deutschen Patent- und Markenamt eingereichte nationale Patentanmeldung; Artikel 66 des Europäischen Patentübereinkommens bleibt unberührt.

(2) [1]Der Anmelder hat innerhalb einer Frist von drei Monaten nach Zustellung der Aufforderung des Deutschen Patent- und Markenamts eine deutsche Übersetzung der europäischen Patentanmeldung in der ursprünglichen Fassung dieser Anmeldung einzureichen. [2]Wird die Übersetzung nicht rechtzeitig eingereicht, so wird die Patentanmeldung zurückgewiesen.

(3) (aufgehoben)

EPA-PrRl A-IV 6

Ausland: Belgien: Art 8 Zustimmungsgesetz, Art 10 VO vom 27.2.1981; **Dänemark:** § 88 PatG 1996; **Frankreich:** Art L 614-6, R 614-5–7 CPI; **Italien:** Art 57 CDPI; **Luxemburg:** Art 11–14 EPÜ-Zustimmungsgesetz; **Niederlande:** Art 47–48 ROW 1995; **Österreich:** § 9 öPatV-EG; **Polen:** Art 5 EPG; **Schweiz:** Art 121–124 PatG, Art 118 PatV; **Slowakei:** § 61 PatG; **Slowenien:** Art 30 GgE; **Tschech. Rep.:** § 35b PatG, eingefügt 2000, § 10a GebrMG, eingefügt 2000; **Türkei:** Regeln 19, 20 VOEP; **Ungarn:** Art 84/F PatG; **VK:** Sec 81 Patents Act

A. Entstehungsgeschichte; Anwendungsbereich

1   Das KostRegBerG hat die Bestimmung geänd, insb Abs 1 Satz 2 aufgehoben.[1] Dabei wurde nicht beachtet, dass verschiedene andere Regelungen der Bestimmung obsolet waren; diese (darunter die Bestimmung in Abs 2 Satz 1, nach der eine Übersetzung der in der im Verfahren vor dem EPA geänd Fassung, die der Anmelder dem Verfahren vor dem DPMA zugrunde zu legen wünscht, vorzulegen war) und Abs 3 (Gebührenermäßigung bei Umwandlung nach Art 162 Abs 4 EPÜ 1973) hat das Gesetz zur Umsetzung der EPÜ-Revisionsakte aufgehoben.

2   Vgl zur Umwandlung von **Gemeinschaftsmarken** (jetzt: Unionsmarken) in nationale Marken nach der EG-VO über die Gemeinschaftsmarke den durch das Markenrechtsänderungsgesetz 1996 eingefügten § 125d MarkenG, zur Umwandlung gemeinschaftl **Sortenschutzes** in nationalen § 41 Abs 3 SortG.[2]

---

28   LG Düsseldorf GRUR 1993, 812, 817; vgl BPatGE 46, 118.

1   Vgl Begr BTDrs 14/6203, 59 = BlPMZ 2002, 36, 51.
2   Hierzu *Keukenschrijver* SortG § 41 Rn 11 ff.

B. Umwandlung

I. Allgemeines

Grundlage im EPÜ sind die Art 135 und 137 EPÜ. Die Bestimmung regelt die Überleitung in das natio- **3** nale Verfahren. Das Institut der Umwandlung ermöglicht unter bestimmten Voraussetzungen die Weiterverfolgung einer eur Patentanmeldung, die als zurückgenommen gilt, als nationale Anmeldung. In Betracht kommt nach Art 135 Abs 1 Buchst a EPÜ nur noch der Fall des Art 77 Abs 3 EPÜ (nicht rechtzeitige Weiterleitung von Anmeldungen, die ein Staatsgeheimnis enthalten können; Rn 5 ff zu Art II § 4).

Die frühere Umwandlungsmöglichkeit nach Art 135 Abs 1 Buchst a iVm Art 162 Abs 4 EPÜ (vom **4** Verwaltungsrat übergangsweise beschlossene **Beschränkung des Verfahrens**) war bereits für seit dem 1.12.1979 eingereichte Anmeldungen nicht mehr relevant (vgl *6. Aufl*). Die EPÜ-Revision hat Art 162 EPÜ aufgehoben.

Von der nach Art 135 Abs 1 Buchst b EPÜ eröffneten **weitergehenden Umwandlungsmöglichkeit** ua **5** bei Zurückweisung oder Widerruf der eur Anmeldung ist bewusst kein Gebrauch gemacht worden, um das nationale Verfahren nicht zum „Auffangbecken für fehlgeschlagene eur Patentanmeldungen zu machen".[3] Weitergehende Umwandlungsmöglichkeiten bestehen für Bulgarien, Estland, Finnland, Griechenland, Italien, Kroatien, Lettland, Litauen, Makedonien, Montenegro, Portugal, Rumänien, Schweiz/Liechtenstein (nur bei Anmeldungen in ital Sprache), Slowenien, Spanien, Ungarn und Zypern bei Eintritt der Rücknahmefiktion bei nicht rechtzeitig eingereichter Übersetzung. Polen sieht eine Umwandlungsmöglichkeit außer bei Widerruf in allen Fällen des Art 135 Abs 1 Buchst b EPÜ vor.

II. Verfahren bei Nichtweiterleitung

Die Umwandlung erfolgt nur auf Antrag, der innerhalb der mit der Zustellung der Mitteilung, dass die **6** Anmeldung als zurückgenommen gilt (Regel 112 Abs 1 AOEPÜ), beginnenden Dreimonatsfrist des Art 155 Abs 1 AOEPÜ bei der Zentralbehörde des Vertragsstaats, bei der die Anmeldung eingereicht worden ist (Art 135 Abs 2 EPÜ), zu stellen ist. Der Antrag unterliegt den nationalen Erfordernissen.[4]

Die Zentralbehörde **leitet** den Antrag mit einer Kopie der Akte der eur Patentanmeldung (Regel 155 **7** Abs 2 AOEPÜ) vorbehaltlich der für sie geltenden Vorschriften über die nationale Sicherheit an die Zentralbehörden der vom Anmelder in seinem Antrag bezeichneten Vertragsstaaten **weiter** (Art 135 Abs 2 EPÜ).

Eine **Umwandlungsgebühr** ist (anders als für den Umwandlungsantrag nach Art 135 Abs 1 Buchst b **8** EPÜ) an das EPA nicht zu entrichten, die Entrichtung einer Gebühr an die jeweilige Zentralbehörde richtet sich nach dem jeweiligen nationalen Recht.

III. Wirkung

Die eur Anmeldung gilt vom Zeitpunkt der Stellung des Umwandlungsantrags an als beim DPMA ein- **9** gereichte nationale Patentanmeldung, wenn der Anmelder mit dem Umwandlungsantrag angibt, dass er für die Bundesrepublik Deutschland die Einleitung eines nationalen Patenterteilungsverfahrens wünscht (Abs 1 Satz 1). Eine Umwandlung in eine nationale GbmAnmeldung ist nicht vorgesehen.[5] Die Wirkung des Art 66 EPÜ bleibt zunächst unberührt (klarstellend Abs 1 Satz 1 2. Halbs), so dass der Zeitrang der eur Anmeldung erhalten bleibt,[6] erlischt aber nach Maßgabe des Art 135 Abs 4 EPÜ bei nicht rechtzeitiger Übermittlung des Umwandlungsantrags.

---

3 Begr BTDrs 7/3712, 21 = BlPMZ 1976, 322, 328; vgl *Benkard* Einl Internat Teil Rn 109.
4 Vgl *MGK/Haertel* Art 14 EPÜ Rn 124.
5 Näher *Loth* vor § 4 GebrMG Rn 11.
6 BGHZ 82, 88 = GRUR 1982, 31 Roll- und Wippbrett; vgl *Benkard* § 3 PatG Rn 35 f; *Benkard-EPÜ* Art 66 Rn 10.

IV. Erfordernisse nach Umwandlung

1. Gebühren

10   **a. Anmeldegebühr.** Die nationale Anmeldegebühr ist innerhalb der in § 6 Abs 1 Satz 2 PatKostG vorgesehenen Frist von drei Monaten ab Fälligkeit zu entrichten. Wiedereinsetzung ist möglich.[7]

11   **b. Zur Jahresgebührenpflicht** für umgewandelte Anmeldungen Rn 7, 9 zu Art II § 7.

12   **2. Einreichung einer Übersetzung.** Abs 2 betrifft zum einen den Fall fremdsprachiger beim DPMA eingereichter eur Anmeldungen (Rn 191 zu § 34 PatG; Rn 15 ff zu § 126 PatG), daneben den Fall in anderer als dt Sprache bei der Zentralbehörde eines anderen Vertragsstaats eingereichter eur Anmeldungen, die aufgrund des Art 77 Abs 5 EPÜ umgewandelt werden. Da es sich nunmehr um eine nat Anmeldung handelt, ist es angebracht, dem weiteren Verfahren eine deutschsprachige Anmeldungsunterlage zugrunde zu legen.[8] Die Dreimonatsfrist geht über die Mindestfrist nach Art 137 Abs 2 Buchst b EPÜ hinaus. Sie ist wiedereinsetzungsfähig.[9] Die nicht fristgerechte Einreichung der Übersetzung führt zur – beschwerdefähigen – Zurückweisung der Anmeldung (Abs 2 Satz 2). Die Privilegierung für Anmeldungen in engl und franz Sprache (§ 35a Abs 2 PatG; Rn 16 zu § 35a PatG) dürfte hier nicht eingreifen.

13   **3.** Soweit eine **Erfinderbenennung** nicht in der eur Anmeldung enthalten war, ist sie nach § 37 PatG einzureichen.

14   **V. Die Unterrichtung der Öffentlichkeit** ist in Regel 156 Abs 1 AOEPÜ dahin geregelt, dass die Unterlagen, die dem Umwandlungsantrag beizufügen sind, von der Zentralbehörde unter den gleichen Voraussetzungen und im gleichen Umfang wie die Unterlagen eines nationalen Verfahrens zugänglich zu machen sind; auf der Patentschrift ist die eur Anmeldung anzugeben (Regel 156 Abs 2 AOEPÜ).

§ 10
Zuständigkeit von Gerichten

(1) [1]Ist nach dem Protokoll über die gerichtliche Zuständigkeit und die Anerkennung von Entscheidungen über den Anspruch auf Erteilung eines europäischen Patents die Zuständigkeit der Gerichte im Geltungsbereich dieses Gesetzes begründet, so richtet sich die örtliche Zuständigkeit nach den allgemeinen Vorschriften. [2]Ist danach ein Gerichtsstand nicht gegeben, so ist das Gericht zuständig, in dessen Bezirk das Europäische Patentamt seinen Sitz hat.
(2) § 143 des Patentgesetzes gilt entsprechend.

Übersicht

---

7   *Schulte* IntPatÜG Rn 59.
8   Begr BlPMZ 1976, 322, 328.
9   *Schulte* IntPatÜG Rn 60.

A. Zuständigkeit nach § 10

I. Allgemeines

Streitigkeiten über mit Wirkung für die Bundesrepublik Deutschland erteilte eur Patente sind, soweit **1** sie sich auf den dt Anteil des Patents beziehen, in demselben Umfang wie solche über nat Patente **Patentstreitsachen** (Rn 71 zu § 143 PatG). Über Abs 2 sind auch Streitigkeiten, die sich auf eur Patente ohne Benennung der Bundesrepublik Deutschland beziehen, Patentstreitsachen[1] (Rn 75 zu § 143 PatG).

Das eur Patenterteilungsverfahren ist zur Entlastung des EPA von Streitigkeiten über Fragen der **ma- 2 teriellen Patentberechtigung** freigehalten; Entscheidungen darüber sind den zuständigen nationalen Spruchkörpern überlassen.[2] Soweit eine eur Patentanmeldung auch andere Vertragsstaaten erfasst, ist für den Anspruch auf Übertragung eine inländ Zuständigkeit (jedenfalls bei einem ausländ Anmelder) nicht gegeben.[3] Die Einheit der eur Patentanmeldung (Art 118 EPÜ) steht dem nicht entgegen, weil die Anmeldung auch für einzelne Vertragsstaaten übertragen werden und Gegenstand von Rechten sein kann (Art 71 EPÜ). Prorogation der Gerichte von Nichtvertragsstaaten ist nicht ausgeschlossen.[4]

II. Für die **internationale Zuständigkeit** dt Gerichte bei Verfahren, die eur Patente betreffen, ist das **3** Protokoll über die gerichtliche Zuständigkeit und die Anerkennung von Entscheidungen über den Anspruch auf Erteilung eines eur Patents (**Anerkennungsprotokoll**; AnerkProt)[5] vom 5.10.1973 zu beachten. Art 167 EPÜ ist durch die EPÜ-Revision 2000 gestrichen worden; damit geht Art 1 Abs 3 AnerkProt ins Leere.

Dessen **Abschnitt I** regelt die **Zuständigkeit:** **4**

Art. 1 AnerkProt
(1) Für Klagen gegen den Anmelder, mit denen der Anspruch auf Erteilung eines europäischen Patents für einen oder mehrere der in der europäischen Patentanmeldung benannten Vertragsstaaten geltend gemacht wird, bestimmt sich die Zuständigkeit der Gerichte der Vertragsstaaten nach den Artikeln 2 bis 6.

(2) Den Gerichten im Sinn dieses Protokolls sind Behörden gleichgestellt, die nach dem nationalen Recht eines Vertragsstaats für die Entscheidung über die in Absatz 1 genannten Klagen zuständig sind. Die Vertragsstaaten teilen dem Europäischen Patentamt die Behörden mit, denen eine solche Zuständigkeit zugewiesen ist; das Europäische Patentamt unterrichtet die übrigen Vertragsstaaten hiervon.

(3) Als Vertragsstaaten im Sinn dieses Protokolls sind nur die Vertragsstaaten zu verstehen, die die Anwendung dieses Protokolls nach Artikel 167 des Übereinkommens nicht ausgeschlossen haben.

Art. 2 AnerkProt
Der Anmelder, der seinen Wohnsitz oder Sitz in einem Vertragsstaat hat, ist vorbehaltlich der Artikel 4 und 5 vor den Gerichten dieses Vertragsstaats zu verklagen.

Art. 3 AnerkProt
Wenn der Anmelder seinen Wohnsitz oder Sitz außerhalb der Vertragsstaaten hat und die Person, die den Anspruch auf Erteilung des europäischen Patents geltend macht, ihren Wohnsitz oder Sitz in einem Vertragsstaat hat, sind vorbehaltlich der Artikel 4 und 5 die Gerichte des letztgenannten Staats ausschließlich zuständig.

Art. 4 AnerkProt
Ist der Gegenstand der europäischen Patentanmeldung eine Erfindung eines Arbeitnehmers, so sind vorbehaltlich Artikel 5 für einen Rechtsstreit zwischen dem Arbeitnehmer und dem Arbeitgeber ausschließlich die Gerichte des Vertragsstaats zuständig, nach dessen Recht sich das Recht auf das europäische Patent gemäß Artikel 60 Absatz 1 Satz 2 des Übereinkommens bestimmt.

Art. 5 AnerkProt
(1) Haben die an einem Rechtsstreit über den Anspruch auf Erteilung eines europäischen Patents beteiligten Parteien durch eine schriftliche oder durch eine mündliche, schriftlich bestätigte Vereinbarung bestimmt, dass ein

---

1 Vgl Begr BlPMZ 1976, 322, 329.
2 Zur Zuständigkeit öOGH ÖBl 1993, 8 = GRUR Int 1994, 65 Holzlamellen.
3 ÖOGH MR 1993, 149 = GRUR Int 1993, 876 Abfallbeizen.
4 *MGK/Stauder* Rn 4 zu Art 6 AnerkProt.
5 BGBl 1976 II 982 = BlPMZ 1976, 316.

Keukenschrijver

Gericht oder die Gerichte eines bestimmten Vertragsstaats über diesen Rechtsstreit entscheiden sollen, so sind dieses Gericht oder die Gerichte dieses Staats ausschließlich zuständig.

(2) Handelt es sich bei den Parteien um einen Arbeitnehmer und seinen Arbeitgeber, so ist Absatz 1 jedoch nur anzuwenden, soweit das für den Arbeitsvertrag maßgebliche nationale Recht eine solche Vereinbarung zulässt.

Art. 6 AnerkProt

In den nicht in den Artikeln 2 bis 4 und in Artikel 5 Absatz 1 geregelten Fällen sind die Gerichte der Bundesrepublik Deutschland ausschließlich zuständig.

Art. 7 AnerkProt

Die Gerichte der Vertragsstaaten, die mit Klagen nach Artikel 1 befasst werden, prüfen ihre Zuständigkeit nach den Artikeln 2 bis 6 von Amts wegen.

Art. 8 AnerkProt

(1) Werden bei Gerichten verschiedener Vertragsstaaten Klagen wegen desselben Anspruchs zwischen denselben Parteien anhängig gemacht, so hat sich das später angerufene Gericht von Amts wegen zugunsten des zuvor angerufenen Gerichts für unzuständig zu erklären.

(2) Das Gericht, das sich nach Absatz 1 für unzuständig zu erklären hätte, hat die Entscheidung bis zur rechtskräftigen Entscheidung des zuvor angerufenen Gerichts auszusetzen, wenn der Mangel der Zuständigkeit des anderen Gerichts geltend gemacht wird.

5   **Abschnitt II** regelt die **Anerkennung**:

Art. 9 AnerkProt

(1) Die in einem Vertragsstaat ergangenen rechtskräftigen Entscheidungen über den Anspruch auf Erteilung eines europäischen Patents für einzelne oder alle in der europäischen Patentanmeldung benannte Vertragsstaaten werden vorbehaltlich Artikel 11 Absatz 2 in den anderen Vertragsstaaten anerkannt, ohne dass es hierfür eines besonderen Verfahrens bedarf.

(2) Die Zuständigkeit des Gerichts, dessen Entscheidung anerkannt werden soll, und die Gesetzmäßigkeit dieser Entscheidung dürfen nicht nachgeprüft werden.

Art. 10 AnerkProt

Artikel 9 Absatz 1 ist nicht anzuwenden, wenn:

a)   der Anmelder, der sich auf die Klage nicht eingelassen hat, nachweist, dass ihm das diesen Rechtsstreit einleitende Schriftstück nicht ordnungsgemäß und nicht so rechtzeitig zugestellt worden ist, dass er sich verteidigen konnte;

b)   der Anmelder nachweist, dass die Entscheidung mit einer anderen Entscheidung unvereinbar ist, die zwischen denselben Parteien in einem Vertragsstaat auf eine Klage hin ergangen ist, die früher eingereicht wurde als die Klage, die zu der anzuerkennenden Entscheidung geführt hat.

Art. 11 AnerkProt

(1) Im Verhältnis der Vertragsstaaten zueinander haben die Vorschriften dieses Protokolls Vorrang vor widersprechenden Vorschriften anderer Abkommen, die die gerichtliche Zuständigkeit oder die Anerkennung von Entscheidungen regeln.

(2) Dieses Protokoll steht der Anwendung von Abkommen zwischen Vertragsstaaten und einem nicht durch das Protokoll gebundenen Staat nicht entgegen.

6   **III. Die örtliche Zuständigkeit** richtet sich zunächst nach den allg Regeln (Rn 86 ff zu § 143 PatG). Subsidiär sind die Gerichte zuständig, in deren Bereich das EPA seinen Sitz hat (Abs 1 Satz 1, Satz 2). Das EPA hat seinen Sitz in München (Art 6 EPÜ).

7   **Subsidiär** zuständig ist nach Abs 1 Satz 2 demnach in erster Instanz das LG München I (Abs 2 iVm § 143 Abs 1 PatG). Dies kann insb für Übertragungsklagen von Bedeutung sein. Die subsidiäre Zuständigkeit greift auch ein, wenn die maßgebliche Partei ihren Sitz in einem Hoheitsgebiet eines Mitgliedstaats hat, für das das EPÜ nicht gilt, so für die (ehemaligen) niederl Antillen[6] (jetzt die autonomen Länder Aruba, Curaçao, St. Maarten sowie die besonderen Gemeinden Bonaire, Saba und St. Eustatius), nicht aber für

---

6   RB Den Haag BIE 1999, 40 f Epitope/Tenta.

die vom EPÜ erfassten Gebiete der Französischen Republik außerhalb der EU, für die aber das Europäische Patent mit einheitlicher Wirkung nicht in Betracht kommt (vgl Rn 122 zu § 9 PatG).

IV. Zuständigkeit nach Veröffentlichung der Patenterteilung

Von der Veröffentlichung der Patenterteilung an bestimmt sich die Zuständigkeit nach nationalem **8** Recht.[7]

B. Die Zuständigkeit bei **Haftungsansprüchen gegenüber der Europäischen Patentorganisation 9** ist unmittelbar im EPÜ geregelt (Art 9 Abs 4 EPÜ). Danach sind für vertragliche Haftungsansprüche, soweit in dem Vertrag nicht ein anderes Gericht bestimmt ist, die Gerichte der Bundesrepublik Deutschland, bei außervertraglicher Haftung entweder das in der Bundesrepublik Deutschland zuständige Gericht oder das zuständige Gericht des Staats, in dem sich die Zweigstelle oder Dienststelle des EPA befindet (Niederlande; Österreich), zuständig.

C. Zuständigkeit für Streitsachen zwischen der Europäischen Patentorganisation und den Bediensteten des Europäischen Patentamts

Schrifttum: *Bleckmann* Internationale Beamtenstreitigkeiten vor nationalen Gerichten, 1981; *Gutteridge* The ILO Administrative Tribunal, in: *de Cooker* (Hrsg) International administration: law and management practices in international organisations, 2009; *Hahn* Das Recht des internationalen öffentlichen Dienstes, JböffR 1973, 357; *Seidl-Hohenveldern* Die internationalen Beamten und ihr Recht auf den gesetzlichen Richter, FS F. Matscher (1993), 441; *Seidl-Hohenveldern/ Loibl* Das Recht der Internationalen Organisationen einschließlich der supranationalen Gemeinschaften[7], 2000; *Stjerna* „Einheitspatent" und Gerichtsbarkeit – Schlussanträge des Generalanwalts: Von der Realität überholt (aktualisierte Fassung 5.3.2015), im Internet unter www.stjerna.de; *Ullrich* Der Rechtsschutz für das Personal des internationalen öffentlichen Dienstes, ZBR 1988, 49; *Ullrich* Das Dienstrecht der Internationalen Organisationen, 2009.

Die **Zuständigkeit** regelt Art 13 EPÜ.[8] Die rechtl Bedeutung der Vorschrift ist gering,[9] da sich die **10** Kompetenz des Verwaltungsgerichts der Internationalen Arbeitsorganisation (ILO) mit Wirkung für dieses aus Vereinbarungen zwischen der EPO und der ILO ergibt und Statut und Verfahrensordnung des „Administrative Tribunal" dem Recht der EPO vorgehen.[10] Bis 17.3.2016 hat das Tribunal 742 Urteile in Streitsachen mit der EPO gefällt.[11] Im Fall der Anfechtung einer Verfügung des Präsidenten muss der Beamte eine formelle Entscheidung verlangen, gegen die die befristete interne Beschwerde möglich ist.[12] Wird dieser nicht stattgegeben, kann das Verwaltungsgericht der ILO angerufen werden.

Abgelehnte Bewerber werden von Art 13 EPÜ nicht erfasst.[13] Zwar ist die EPO eine zwischenstaatli- **11** che Einrichtung iSd Art 24 Abs 1 GG und damit eine supranationale Organisation, jedoch ist die Ablehnung der Einstellung am EPA kein mit der Verfassungsbeschwerde angreifbarer Akt der öffentlichen Gewalt.[14]

Das Rechtsschutzsystem der EPO ist der **Kritik** ausgesetzt, ua, weil sich das Verwaltungsgericht der **12** ILO ausschließlich auf die Verfahrenakten stützt, es keine Möglichkeit gibt, vorläufigen Rechtsschutz zu erlangen und weil Rechtsbehelfe keine aufschiebende Wirkung haben.[15]

Für dienstrechtl Streitigkeiten zwischen einem Beamten des EPA und der EPO ist der **Rechtsweg zu 13 den deutschen Gerichten** nicht eröffnet.[16] Das BVerfG übt im Bereich der supranationalen Befugnisse einer internat Organisation seine Gerichtsbarkeit nur unter der Voraussetzung aus, dass die Betroffenen

---

7 Vgl öOGH ÖBl 1991, 153 = ABl EPA 1993, 87 Duschtrennwand; vgl *Fitzner/Lutz/Bodewig* § 8 PatG Rn 61 Fn 68; zur Zuständigkeit bei Übertragungsklagen *Fitzner/Lutz/Bodewig* § 8 PatG Rn 61.

8 Vgl BVerwGE 102, 320 = DVBl 1997, 999; BVerwG 12.12.1996 2 C 12/95; VG München GRUR Int 1999, 69; zum internen Beschwerdeverfahren des EPA *MGK/Kunz-Hallstein/Ullrich* Art 13 EPÜ Rn 44 ff.

9 *MGK/Kunz-Hallstein/Ullrich* Art 13 EPÜ Rn 12.

10 *MGK/Kunz- Hallstein/Ullrich* Art 13 EPÜ Rn 10 mwN, 14.

11 Quelle: http://www.ilo.org/dyn/triblex/triblexmain.byOrg.

12 *Singer/Stauder* Art 13 EPÜ Rn 3f.

13 *Benkard-EPÜ* Art 13 Rn 7.

14 BVerfG (Nichtannahmebeschluss) NVwZ 2006, 1403.

15 *Benkard-EPÜ* Art 13 Rn 15 ff.

16 VG München GRUR Int 1999, 69.

substantiiert vortragen, der als unabdingbar gebotene Grundrechtsschutz sei im Rahmen der Organisation generell nicht gewährleistet.[17] Auch der EGMR[18] und das BVerfG hat bei Streitigkeiten mit internat Organisationen eine Überprüfungsmöglichkeit verneint, anders die Rspr in den Niederlanden.[19] Zur Ausübung des Streikrechts beim EPA Rn 23 vor § 26 PatG.

§ 11
Zentrale Behörde für Rechtshilfeersuchen

Das Bundesministerium der Justiz und für Verbraucherschutz wird ermächtigt, durch Rechtsverordnung ohne Zustimmung des Bundesrates eine Bundesbehörde als zentrale Behörde für die Entgegennahme und Weiterleitung der vom Europäischen Patentamt ausgehenden Rechtshilfeersuchen zu bestimmen.

Ausland: Belgien: Art 9 Zustimmungsgesetz; **Luxemburg:** Art 17 EPÜ-Zustimmungsgesetz; **Schweiz:** Art 130 PatG; **VK:** vgl Sec 94 Patents Act

1   **A.** Die Bezeichnung des Ermächtigungsadressaten ist durch die 10. ZuständigkeitsanpassungsVO geänd worden. Bestimmungen über die **Rechtshilfe** enthalten Art 131 EPÜ und Art 117 EPÜ iVm Regel 120 AOEPÜ (zur Beweisaufnahme durch das EPA Rn 98ff zu § 46 PatG).

2   Der **Verkehr des EPA mit Behörden und Gerichten der Vertragsstaaten** (und sonstigen Organisationen) ist in den Art 130–132 EPÜ geregelt.

3   Weiter betrifft Regel 148 AOEPÜ den **Verkehr des EPA mit Behörden der Vertragsstaaten.**

4   Die **Akteneinsicht durch Gerichte und Behörden** der Vertragsstaaten betrifft Regel 149 AOEPÜ.

5   Das **Verfahren bei Rechtshilfeersuchen** betrifft Regel 150 AOEPÜ (s hierzu die EPA-PrRl E-III 3). Nach Regel 150 Abs 1 AOEPÜ bestimmt jeder Vertragsstaat eine zentrale Behörde, die vom EPA ausgehende Rechtshilfeersuchen entgegenzunehmen und dem zuständigen Gericht oder der zuständigen Behörde zur Erledigung zuzuleiten hat.

B. Zentrale Behörde

6   Durch die **VO über die Zuständigkeit des Deutschen Patentamts für die Übermittlung von Rechtshilfeersuchen des Europäischen Patentamts** vom 22.6.1979[1] ist das DPA (jetzt: DPMA) als zentrale Behörde bestimmt worden.

§ 12
Entzug des Geschäftssitzes eines zugelassenen Vertreters

[1]**Zuständige Behörde für den Entzug der Berechtigung, einen Geschäftssitz nach Artikel 134 Abs. 6 Satz 1 und Absatz 8 des Europäischen Patentübereinkommens zu begründen, ist die Landesjustizverwaltung des Landes, in dem der Geschäftssitz begründet worden ist.** [2]**Die Landesregierungen werden ermächtigt, die Zuständigkeit der Landesjustizverwaltung durch Rechtsverordnung auf den Präsidenten des Oberlandesgerichts des Bezirks zu übertragen, in dem der Geschäftssitz**

---

17   BVerfG 3.7.2006 2 BvR 1458/03 BVerfGK 8, 325 Europäisches Patentamt; BVerfG 28.11.2005 2 BvR 1751/03 BVerfK 6, 368 Patentingenieur; vgl BVerfGE 59, 63, 91f.
18   Vgl EGMR NJW 1979, 1173 Waite und Kennedy/Deutschland; EGMR 28934/95 Beer and Reagan/Germany; EGMR 9.9.2008 Nr 73250/01 Boivin/34 Mitgliedstaaten des Europarats, im Internet unter http://hudoc.echr.coe.int/sites/fra/pages/search.aspx?i=001-88800#{„itemid":[„001-88800"]}.
19   GH Den Haag C/09/453749/KG ZA 13-1239 VEOB und SUEPO/EPO, wonach die Rechtsschutzmöglichkeiten manifeste Defizite aufwiesen, nach Bestätigung durch den CA Den Haag vom 17.2.2015.200.141.812/01 dzt beim Hoge Raad anhängig.

1   BGBl II 742 = BlPMZ 1979, 229.

begründet worden ist. [3] Die Landesregierungen können diese Ermächtigung durch Rechtsverordnung auf die Landesjustizverwaltung übertragen.

A. Allgemeines

Die Verweisungen in Satz 1 sind durch das Gesetz zur Umsetzung der EPÜ-Revisionsakte geänd worden. Zu Vertretung und Vollmacht in den Verfahren vor dem EPA Rn 102ff vor § 34 PatG.[1] Art II § 12 enthält nur eine nat Zuständigkeitsregelung.   **1**

B. Geschäftssitz

Maßgeblich sind die Art 134 Abs 6–8 EPÜ. Nach Art 134 Abs 6 EPÜ ist jede in die Liste der zugelassenen Vertreter beim EPA eingetragene Person berechtigt, zur Ausübung ihrer Tätigkeit vor dem EPA einen Geschäftssitz in jedem Vertragsstaat zu begründen, in dem Verfahren nach dem EPÜ einschließlich des Zentralisierungsprotokolls durchgeführt werden; dies gilt ebenso für jeden Rechtsanwalt, der in einem Vertragsstaat zugelassen ist und dort seinen Geschäftssitz hat (Art 134 Abs 8 EPÜ).   **2**

Entzug. Die dt Behörden können nach der Bestimmung, von der bisher noch nicht Gebrauch gemacht wurde,[2] diese Befugnis nur im Einzelfall und in Anwendung der zum Schutz der öffentlichen Sicherheit und Ordnung erlassenen Vorschriften entziehen (Art 134 Abs 6 Satz 2 EPÜ). Diese Regelung trägt der Souveränität der Vertragsstaaten Rechnung.[3] Für die Entscheidung sind nach Satz 1 grds die Landesjustizverwaltungen zuständig (anders nunmehr für die Rücknahme der Zulassung zur Rechtsanwaltschaft die Rechtsanwaltskammer, § 16 Abs 1 BRAO).   **3**

Die **Verordnungsermächtigung** in Satz 2, 3 soll eine den Gegebenheiten der einzelnen Länder entspr Geschäftszuteilung ermöglichen.   **4**

Gegen den Entzug des Geschäftssitzes ist der **Verwaltungsrechtsweg** gegeben (Art 40 Abs 1 VwGO); der Rechtsweg nach § 23 EGGVG kommt nicht in Betracht.[4]   **5**

Zur Begründung eines **ausländischen Geschäftssitzes** eines inländ Vertreters s Art VII.   **6**

§ 13
Ersuchen um Erstattung technischer Gutachten

Ersuchen der Gerichte um Erstattung technischer Gutachten nach Artikel 25 des Europäischen Patentübereinkommens werden in unmittelbarem Verkehr an das Europäische Patentamt übersandt.

Ausland: Belgien: Art 10 Zustimmungsgesetz; **Luxemburg:** vgl Art 17 EPÜ-Zustimmungsgesetz

Übersicht

Schrifttum: *Barbuto* Erste Anwendung des Art 25 EPÜ in Italien, GRUR Int 1991, 486; *Brinkhof* Prozessieren aus europäischen Patenten, GRUR 1993, 177; *Brinkhof* Die Nichtigerklärung europäischer Patente, GRUR Int 1996, 1115 = Revocation of European Patents, IIC 1996, 225; *Kolle* Das Europäische Patentamt als Sachverständiger im Patentprozeß, GRUR Int 1987, 476, auch in IIC 1987, 632.

---

1   Zum Recht der Vertreter eingehend *Singer/Stauder* Art 133, 134, 134a EPÜ sowie die (allerdings nicht mehr auf dem aktuellen Stand befindliche) Kommentierung bei *MGK/Bernecker* zu Art 163 EPÜ.
2   *Benkard-EPÜ* Art 134 Rn 31; *Singer/Stauder* Art 134 EPÜ Rn 18.
3   *Singer/Stauder* Art 134 EPÜ Rn 18.
4   Vgl BVerwG NJW 1955, 1532.

A. Das EPA als technischer Gutachter

I. Allgemeines

1   Art 25 EPÜ[1] bestimmt, dass auf Ersuchen des mit einer Verletzungs- oder Nichtigkeitsklage befassten zuständigen nat Gerichts das EPA gegen angemessene Gebühr ein technisches Gutachten über das eur Patent zu erstatten hat, das Gegenstand des Rechtsstreits ist; zuständig sind die Prüfabteilungen. Eine vergleichbare, aber engere Regelung für das DPMA ist in § 29 Abs 1 PatG enthalten. Der BGH hat erstmals und bisher einzig im Jahr 2000 in einem Nichtigkeitsberufungsverfahren ein entspr Ersuchen an das EPA gerichtet.[2]

2   Einzelheiten legen die **EPA-PrRl** E-XI fest.[3]

3   Die Regelung schränkt die **Freiheit** der nat Gerichte **bei der Bestellung** des Gutachters nicht ein.[4] Es steht dem Gericht frei, bei Vorliegen der Voraussetzungen ein Gutachten des DPMA oder des EPA einzuholen.[5]

II. Voraussetzungen für die Tätigkeit des EPA

4   Erforderlich ist ein Ersuchen eines mit einer Verletzungs- oder Nichtigkeitsklage befassten Gerichts. Die Bestimmung bildet damit keine Grundlage für Privatgutachten des EPA.[6]

5   Es werden nur Ersuchen der **nationalen Gerichte der Vertragsstaaten** angenommen ((EPA-PrRl E-XI 1).[7] Es ist jedoch nicht Aufgabe des EPA zu prüfen, ob das ersuchende Gericht für die Klage „zuständig" ist. Der Begriff des Gerichts ist weit auszulegen; er umfasst auch nach nat Recht zuständige Behörden (insb Schieds- und Einigungsstellen) und gerichtsähnliche Institutionen (zB den früheren öOPM).

6   Auch der Begriff der **Verletzungs- oder Nichtigkeitsklage** ist weit auszulegen.[8] Das Verfahren muss sich auf ein eur Patent beziehen.[9] Darüber hinaus dürfte es aber auch ausreichen, dass sich das Verfahren auf eine eur Patentanmeldung bezieht,[10] jedenfalls soweit aus dieser Rechte geltend gemacht werden.

III. Gutachten

7   Die Begutachtung beschränkt sich auf technische Fragen, jedoch soll zu allen Fragen Stellung genommen werden, die üblicherweise bei der eur Sachprüfung behandelt werden, auch wenn diese neben dem technischen einen rechtl Aspekt aufweisen (näher EPA-PrRl E-XI 2).[11]

8   Maßgeblich sind die Vorgaben in der **Beweisanordnung.**[12]

9   Zuständig ist die **Prüfungsabteilung**, die sich aus drei technisch vorgebildeten Prüfern zusammensetzt; zusätzlich wird idR ein rechtskundiger Prüfer zugezogen (EPA-PrRl E-XI 3.1).[13] Vorbereitung des Gutachtens erfolgt durch einen beauftragten Prüfer (EPA-PrRl E-XI 3.2).[14] EPA-PrRl E-XI 3.2 sehen bereits

---

1   Zur Entstehungsgeschichte *MGK/Bossung* Art 25 EPÜ Rn 4 ff; zur zukünftigen Umsetzung *MGK/Bossung* Art 25 EPÜ Rn 51 ff.
2   BGH Bausch BGH 1999–2001, 119 Filtereinheit; zu Fällen im Ausland vgl *Barbuto* GRUR Int 1991, 486; RB Den Haag BIE 1997, 76; RB Den Haag BIE 1999, 43, 47.
3   Näher *Kolle* GRUR 1987, 476; kr *MGK/Bossung* Art 25 EPÜ Rn 17; *Brinkhof* GRUR 1993, 177; zur Zuständigkeit für die Entscheidung über Akteneinsichtsanträge EPA J 38/97.
4   Vgl *MGK/Bossung* Art 25 EPÜ Rn 18 ff; GH Den Haag BIE 1999, 49 f; nlHR BIE 1999, 47, 54 Groba/Euro-Agra.
5   *Singer/Stauder* Art 25 EPÜ Rn 18.
6   *MGK/Bossung* Art 25 EPÜ Rn 22.
7   Teilweise abw, insb zu Erstreckungsstaaten, Vgl *MGK/Bossung* Art 25 EPÜ Rn 28; *Singer/Stauder* Art 25 EPÜ Rn 3.
8   *MGK/Bossung* Art 25 EPÜ Rn 23; *Singer/Stauder* Art 25 EPÜ Rn 2.
9   *Schulte* IntPatÜG Rn 65.
10   *MGK/Bossung* Art 25 EPÜ Rn 24.
11   *Singer/Stauder* Art 25 EPÜ Rn 4; für eine weite Auslegung, die auch die voraussichtliche Entscheidung des EPA bei Kenntnis des zusätzlichen Materials einschließt, *Brinkhof* GRUR 1993, 177, 184; vgl *Schulte* IntPatÜG Rn 65.
12   Vgl *MGK/Bossung* Art 25 EPÜ Rn 34; die Einbeziehung koexistierender nat Schutzrechte befürwortet *MGK/Bossung* Art 25 EPÜ Rn 25; zum Verfahren *MGK/Bossung* Art 25 EPÜ Rn 40 ff.
13   *Singer/Stauder* Art 25 EPÜ Rn 7 f.
14   Vgl *Singer/Stauder* Art 25 EPÜ Rn 7.

früher befasste Prüfer grds als ausgeschlossen an. Für das Verfahren enthalten die EPA-PrRl E-XII 5 (übertrieben) detaillierte Vorgaben.[15] Erscheinen vor Gericht ist möglich (vgl EPA-PrRl E-XI 5.6).[16]

Sprache. Grds ist das Gutachten in der Verfahrenssprache des eur Patents abzufassen; auf Antrag des **10** Gerichts kann jedoch auch eine andere Amtssprache des EPA verwendet werden (EPA-PrRl E-XI 4).[17] Übersetzung ist grds Sache der anfordernden Stelle.

Die **Gebühr** beträgt nach Art 2 Abs 1 Nr 20 GebO 3 860 EUR. Sie wird zu $^3/_4$ erstattet, wenn das Ersu- **11** chen zurückgenommen wird, bevor mit der Erstellung des Gutachtens begonnen wurde (Art 10 GebO). Die Gebührenregelung geht dem nat Recht (§ 1 Abs 2 JVEG, vgl § 128a PatG) vor.

B. Art II § 13 regelt nur den **unmittelbaren Verkehr** des nat Gerichts mit dem als Gutachter tätig wer- **12** denden EPA. Die Bestimmung[18] dient der Beschleunigung des Verfahrens (Begr).

§ 14
Unzulässige Anmeldung beim Europäischen Patentamt

Wer eine Patentanmeldung, die ein Staatsgeheimnis (§ 93 des Strafgesetzbuches) enthält, unmittelbar beim Europäischen Patentamt einreicht, wird mit Freiheitsstrafe bis zu fünf Jahren oder mit Geldstrafe bestraft.

A. Strafvorschrift

I. Allgemeines

Die Regelung ergänzt die Bestimmungen in §§ 50–56 PatG, insb § 52 PatG. Sie ist eingeführt worden, **1** weil die Anwendbarkeit der Regelung im PatG fraglich erschien.[1]

II. Objektiver Tatbestand

Die Anmeldung muss ein Staatsgeheimnis iSd § 93 StGB enthalten; hier gilt das gleiche wie in § 52 **2** Abs 2 PatG (Rn 9 zu § 52 PatG; Rn 10 f vor § 50 PatG). Weiter ist eine Patentanmeldung unmittelbar beim EPA Tatbestandsvoraussetzung, dh bei einer beliebigen Dienststelle des EPA, gleichgültig ob im Inland oder im Ausland. Zur Konkurrenz mit sonstigen Auslandsanmeldungen Rn 14 f zu § 52 PatG.

III. Hinsichtlich der **subjektiven Tatseite** ist auf Rn 12 zu § 52 PatG zu verweisen; auch hier kommt – **3** im Fall einer Erstanmeldung beim DPMA – die Anwendung des § 53 PatG in Betracht.

IV. Der **Versuch** ist nicht strafbar (§ 23 Abs 1 StGB). Vollendung setzt die Einreichung der Anmeldung **4** beim EPA voraus; auf die Einhaltung der formellen Anmeldevoraussetzungen kommt es nicht an, jedoch muss die Anmeldung das Staatsgeheimnis offenbaren.

V. Die **Rechtsfolgen** entsprechen denen der Tat nach § 52 Abs 2 PatG (Rn 16 zu § 52 PatG). **5**

B. Verfahren

Anders als für den Tatbestand des § 52 Abs 2 PatG ist eine Zuständigkeitszuweisung weder für das Er- **6** mittlungsverfahren noch für das gerichtliche Verfahren erfolgt. Das Verfahren folgt somit den allg Regeln (vgl Rn 42 ff zu § 142 PatG).

---

15 Einzelheiten auch *Singer/Stauder* Art 25 EPÜ Rn 11 ff; *Benkard-EPÜ* Rn 4 ff.
16 *Singer/Stauder* Art 25 EPÜ Rn 16 f; *Schulte* IntPatÜG Rn 66.
17 Vgl *Singer/Stauder* Art 25 EPÜ Rn 9; *Schulte* IntPatÜG Rn 66; teilweise abw *MGK/Bossung* Art 25 EPÜ Rn 42.
18 Vgl *MGK/Bossung* Art 25 EPÜ Rn 19 und Fn 40.

1 Begr BlPMZ 1976, 322, 329; *MGK/Bossung* Art 75 EPÜ Rn 129.

[§ 15
Europäisches Patent mit einheitlicher Wirkung

(1) [1]*Die §§ 1 bis 4 und 11 bis 14 gelten vorbehaltlich speziellerer Vorschriften auch für das europäische Patent mit einheitlicher Wirkung nach Artikel 2 Buchstabe c der Verordnung (EU) Nr. 1257/2012 des Europäischen Parlaments und des Rates vom 17. Dezember 2012 über die Umsetzung der Verstärkten Zusammenarbeit im Bereich der Schaffung eines einheitlichen Patentschutzes (ABl. L 361 vom 31.12.2012, S. 1; L 307 vom 28.10.2014, S. 83).* [2]*Die §§ 5, 6a und 10 sind vorbehaltlich speziellerer Vorschriften auf europäische Patente mit einheitlicher Wirkung entsprechend anzuwenden.*

(2) Wird die einheitliche Wirkung eines europäischen Patents in das Register für den einheitlichen Patentschutz nach Artikel 2 Buchstabe e der Verordnung (EU) Nr. 1257/2012 eingetragen, so gilt die Wirkung des europäischen Patents für die Bundesrepublik Deutschland als nationales Patent mit dem Tag der Veröffentlichung des Hinweises auf die Erteilung des europäischen Patents im Europäischen Patentblatt durch das Europäische Patentamt als nicht eingetreten.

(3) Wird der Antrag des Inhabers eines europäischen Patents auf einheitliche Wirkung zurückgewiesen, so werden die Jahresgebühren für das mit Wirkung für die Bundesrepublik Deutschland erteilte europäische Patent mit dem Tag der Zustellung der Entscheidung des Europäischen Patentamts fällig oder bei einer Klage nach Artikel 32 des Übereinkommens über ein Einheitliches Patentgericht mit der Zustellung der Entscheidung des Einheitlichen Patentgerichts über die Zurückweisung, die Rechtskraft erlangt, sofern sich nicht nach § 3 Absatz 2 Satz 1 des Patentkostengesetzes eine spätere Fälligkeit ergibt.

[1]   Die Einfügung der Bestimmungen der §§ 15–20 ist im RegE für ein **Gesetz zur Anpassung patentrechtlicher Vorschriften auf Grund der europäischen Patentreform vom 27.5.2016** vorgesehen.

§ 16
Zwangslizenz an einem europäischen Patent mit einheitlicher Wirkung

Ein europäisches Patent mit einheitlicher Wirkung ist in Bezug auf die Vorschriften des Patentgesetzes, die die Erteilung einer Zwangslizenz betreffen, wie ein im Verfahren nach dem Patentgesetz erteiltes Patent zu behandeln.

§ 17
Verzicht auf das europäische Patent mit einheitlicher Wirkung

§ 20 Absatz 1 Nummer 1 des Patentgesetzes findet auf europäische Patente mit einheitlicher Wirkung keine Anwendung.

§ 18
Doppelschutz und Einrede der doppelten Inanspruchnahme

(1) Eine Klage wegen Verletzung oder drohender Verletzung eines im Verfahren nach dem Patentgesetz erteilten Patents ist als unzulässig abzuweisen,
1.   *soweit Gegenstand des Patents eine Erfindung ist, für die demselben Erfinder oder seinem Rechtsnachfolger mit Wirkung für die Bundesrepublik Deutschland ein europäisches Patent oder ein europäisches Patent mit einheitlicher Wirkung mit derselben Priorität erteilt worden ist, und*
2.   *wenn ein Verfahren vor dem Einheitlichen Patentgericht gegen dieselbe Partei wegen Verletzung oder drohender Verletzung des europäischen Patents oder des europäischen Patents mit einheitlicher Wirkung nach Nummer 1 durch die gleiche Ausführungsform rechtshängig ist oder das Einheitliche Patentgericht über ein solches Begehren eine rechtskräftige Entscheidung getroffen hat und*
3.   *sofern der Beklagte dies in dem ersten Termin nach Entstehung der Einrede vor Beginn der mündlichen Verhandlung zur Hauptsache rügt.*

(2) Erhebt der Beklagte eine Einrede nach Absatz 1, kann das Gericht anordnen, dass die Verhandlung bis zur Erledigung des Verfahrens vor dem Einheitlichen Patentgericht auszusetzen sei.

(3) Die Absätze 1 und 2 gelten entsprechend für ergänzende Schutzzertifikate.

(4) Die Absätze 1 und 2 gelten nicht für vorläufige oder sichernde Maßnahmen.

Der Text des **Regierungsentwurfs** ist gegenüber dem des Referentenentwurfs neu gefasst worden.   **1**

§ 19
Anwendung der Zivilprozessordnung für die Zwangsvollstreckung aus Entscheidungen und Anordnungen des Einheitlichen Patentgerichts

(1) [1]Aus Entscheidungen und Anordnungen des Einheitlichen Patentgerichts gemäß Artikel 82 des Übereinkommens über ein Einheitliches Patentgericht, deren Vollstreckung das Einheitliche Patentgericht angeordnet hat, findet die Zwangsvollstreckung im Inland statt, ohne dass es einer Vollstreckungsklausel bedarf. [2]Die Vorschriften über die Zwangsvollstreckung inländischer Entscheidungen sind entsprechend anzuwenden, soweit nicht in den Absätzen 3 und 4 abweichende Vorschriften enthalten sind.

(2) [1]Die Zwangsvollstreckung darf nur beginnen, wenn der Eintritt der für die Vollstreckung erforderlichen Voraussetzungen durch Urkunden belegt ist, die in deutscher Sprache errichtet oder in die deutsche Sprache übersetzt wurden. [2]Die Übersetzung ist von einer in einem Mitgliedstaat der Europäischen Union hierzu befugten Person zu erstellen. [3]Die Kosten der Übersetzung trägt der Vollstreckungsgläubiger.

(3) [1]An die Stelle des Prozessgerichts des ersten Rechtszuges im Sinne des § 767 Absatz 1, des § 887 Absatz 1, des § 888 Absatz 1 Satz 1 und des § 890 Absatz 1 der Zivilprozessordnung tritt ohne Rücksicht auf den Streitwert das Landgericht, in dessen Bezirk der Schuldner seinen Wohnsitz hat, oder, wenn er im Inland keinen Wohnsitz hat, in dessen Bezirk die Zwangsvollstreckung stattfinden soll oder stattgefunden hat. [2]Der Sitz von Gesellschaften oder juristischen Personen steht dem Wohnsitz gleich. [3]Haben die Länder die Zuständigkeit für Patentstreitsachen nach § 143 Absatz 2 des Patentgesetzes bestimmten Landgerichten zugewiesen, so gilt diese Zuweisung für die Bestimmung des nach Satz 1 zuständigen Landgerichts sinngemäß.

(4) Richtet sich die Klage nach § 767 der Zivilprozessordnung in Verbindung mit Absatz 1 Satz 2 gegen die Vollstreckung aus einem gerichtlichen Vergleich, ist § 767 Absatz 2 der Zivilprozessordnung nicht anzuwenden.

§ 20
Anwendung der Justizbeitreibungsordnung für die Beitreibung von Ansprüchen des Einheitlichen Patentgerichts

(1) Die Vorschriften der Justizbeitreibungsordnung sind auf die Beitreibung von Ordnungs- und Zwangsgeldern sowie der sonstigen dem § 1 Absatz 1 der Justizbeitreibungsordnung entsprechenden Ansprüche des Einheitlichen Patentgerichts entsprechend anwendbar.

(2) Vollstreckungsbehörde für Ansprüche nach Absatz 1 ist das Bundesamt für Justiz.]

Vor Artikel III

Übersicht

Schrifttum: *G. Ahrens* Einige Aspekte des PCT, Tagungsband des 13. und 14. Freiberger Seminars zur Praxis des Gewerblichen Rechtsschutzes (2009), 61; *DPMA* (Hrsg) PCT-Leitfaden für Anmelder[3], 2 Bde (Loseblatt); *D'Haemer* Aktuelle und zukünftige Änderungen im PCT-Verfahren, sic! 2003, 758; *EPA* (Hrsg) Euro-PCT-Leitfaden[8], 2015, im Internet abrufbar; *Frischauf* Europäische PCT-Anmeldungen in den Vereinigten Staaten von Amerika, Mitt 1980, 66; *Köllner* PCT-Handbuch[10], 2016; *Körner* Reform of the Patent Cooperation Treaty and Filing Strategy, 36 IIC (2005), 433; *Schlee* Euro-PCT-Anmeldungen: Fristversäumnis bei Einleitung der regionalen Phase vor dem EPA – Gibt es ein „Leben danach"? Mitt 1998, 210 = VPP-Rdbr 1998, 79; *Trinks* PCT in der Praxis[4], 2014; *Winterfeldt* Aktuelle Probleme im Prüfungs- und Einspruchsverfahren, VPP-Rdbr 1996, 37.

A. Allgemeines

1   Der Abschnitt fasst die Regelungen des nat Rechts zur Einbindung des Verfahrens nach dem Patentzusammenarbeitsvertrag (PCT) zusammen; er betrifft sowohl Verfahren, bei denen das DPMA Anmeldeamt, ist als auch solche, bei denen es Bestimmungsamt ist. Dagegen sind die Verfahren, in denen das EPÜ Anmelde- oder Bestimmungsamt ist, nicht in Art III geregelt; zu letzterem Fall enthält Art II § 1 Abs 3 IntPatÜG eine Bestimmung über den Entschädigungsanspruch, der sich hier nach Art II § 1 IntPatÜG und nicht wie bei der nat PCT-Anmeldung nach § 33 PatG richtet.

B. Grundzüge des PCT-Verfahrens

I. Internationale Anmeldung

2   Mit dem Vertrag ist für Angehörige der PCT-Mitgliedstaaten sowie Personen mit Sitz oder Wohnsitz in diesen die Möglichkeit geschaffen, mit einer einzigen („internat") Anmeldung eine nat (oder regionale) Anmeldung in den in der Anmeldung benannten Staaten („Bestimmungsstaaten") zu bewirken. Die internat Anmeldung hat in allen Bestimmungsstaaten die Wirkung einer nat Anmeldung (Art 11 Abs 3 PCT mit von den USA ausgenutzter Vorbehaltsmöglichkeit nach Art 64 Abs 4 PCT hinsichtlich der Zurechnung zum StdT). Die Sprache, in der die internat Anmeldung eingereicht werden kann, bestimmt sich nach den Vorschriften des zuständigen Anmeldeamts. Die internat Anmeldung führt zu einer obligatorischen Recherche und, soweit Kapitel II PCT gilt, zu einer wahlweisen internat vorläufigen Prüfung nach einheitlichen Kriterien. Bis zur internat Veröffentlichung (18 Monate ab Prioritätszeitpunkt) ist die internat Anmeldung grds vertraulich zu behandeln.

II. Internationale und nationale Phase

3   Die internat Anmeldung (vgl Rn 141 vor § 34 PatG, zu den Mindesterfordernissen Art 11 PCT) wird nach ihrem Eingang beim Anmeldeamt an das Internationale Büro der WIPO übermittelt (Art 12 PCT) und zunächst zentral behandelt; diese „internat Phase" umfasst die Formalprüfung, die Erstellung des internat Recherchenberichts und des Recherchenbescheids, der nicht veröffentlicht, aber zu den Akten genommen wird, und die Veröffentlichung der Anmeldung, die 18 Monate nach dem Prioritätsdatum in einer Veröffentlichungssprache (Arabisch, Chinesisch, Deutsch, Englisch, Französisch, Japanisch, Russisch, Spanisch) erfolgt (Art 21 PCT); der Veröffentlichung kommen die gleichen Wirkungen zu wie der einer ungeprüften nat Veröffentlichung (Art 29 PCT). Vor Ablauf von 30 Monaten muss der Anmelder das Verfahren vor den Bestimmungsämtern weiterführen (Eintritt in die „nationale/regionale Phase"); Art 22 PCT. Vor Ablauf der genannten Fristen sind die Voraussetzungen für die Durchführung des nat Verfahrens (Gebührenzahlung, evtl Einreichung von Übersetzungen) zu schaffen.

III. Zuständigkeit

4   Die internat Anmeldung muss beim zuständigen **Anmeldeamt** eingereicht werden (Art 10 PCT, Regel 19 AOPCT). Die Zuständigkeit richtet sich wahlweise nach Staatsangehörigkeit, Sitz oder Wohnsitz des

Anmelders So können dt Staatsangehörige und Personen mit Wohnsitz oder Sitz in Deutschland die internat Anmeldung wahlweise beim DPMA, beim EPA (Art 151 EPÜ) oder beim Internationalen Büro (Regel 19.1 (a) iii AOPCT) einreichen. Andere Personen können nur bei den für sie zuständigen Ämtern anmelden. Art III § 1 regelt nur die Zuständigkeit des DPMA.

Bestimmungsamt ist das Amt des Staats, in dem die Anmeldung Wirkung entfalten soll, oder das für **5** diesen Staat handelnde Amt. Mit der wirksamen Bestimmung fällt die Auslegung des Antrags auf internat vorläufige Prüfung in die Zuständigkeit des Bestimmungsamts.[1] Seit 1.1.2004 sind automatisch alle Vertragsstaaten bestimmt; die Zahlung von Bestimmungsgebühren ist entfallen.

Ausgewähltes Amt ist das Amt des Staats, in dem der Anmelder das Ergebnis der internat vorläufi- **6** gen Prüfung verwenden will; dies ist nur in den Staaten möglich, für die Kapitel II PCT wirksam ist. Ausgewählt werden können nur Staaten, deren Amt Bestimmungsamt ist; soweit für einen Staat sowohl ein nat als auch ein regionales Patent erteilt werden kann, setzt die Auswahl des nat oder des regionalen Amts eine entspr Bestimmung voraus.[2]

Für jede internat Anmeldung wird grds eine internat Recherche durchgeführt (Art 15, 16 PCT). **Inter- 7 nationale Recherchenbehörde** (International Search Authority, ISA) und **mit der internationalen vorläufigen Prüfung beauftragte Behörde** (IPEA) sind entweder nat Ämter oder zwischenstaatliche Organisationen (Art 16, 32 PCT). Aufgrund der Abschn I Nr 2, II des Zentralisierungsprotokolls kommt das DPMA hier nicht in Betracht, wohl aber das EPA,[3] das seine Tätigkeit in diesem Bereich jedoch zugunsten bestimmter Vertragsstaaten eingeschränkt hat (vgl Abschn III und IV des Zentralisierungsprotokolls; die Patentämter Finnlands, Österreichs, Schwedens und Spaniens kommen in bestimmten Fällen als internat Recherchenbehörde in Betracht), weiter das austral, brasil, chin, jp, kanad, korean, russ und US-Patentamt. Nach Erhalt des internat Recherchenberichts kann der Anmelder seine Anmeldung einmal ändern. Seit 1.1.2004 erfolgt eine erweiterte Recherche und vorläufige Prüfung; die bisherige vorläufige internat Prüfung ist auf Antrag weiter möglich.

C. Europäisches Patentübereinkommen

I. Allgemeines[4]

Die Bestimmungen über PCT-Anmeldungen beim EPA als Anmeldeamt, Bestimmungsamt oder aus- **8** gewähltem Amt (Euro-PCT-Anmeldung) sind in Art 150–153 EPÜ sowie in den Regeln 157–165 AOEPÜ enthalten. Die Regelung begründet einen „zweiten Haupttypus" der eur Patentanmeldung.[5] Art 150 Abs 1 EPÜ bestimmt, dass der Patentzusammenarbeitsvertrag nach Maßgabe des 10. Teils des EPÜ anzuwenden ist. Die Bestimmungen des PCT verdrängen teilweise die des EPÜ, letzteres findet ergänzend Anwendung.[6] Bei mangelnder Übereinstimmung gehen die Vorschriften des PCT und der AOPCT vor (Art 150 Abs 2 Satz 3 EPÜ).[7] Jedoch ordnen einige Bestimmungen des PCT (zB Art 27 Abs 2-8 PCT; Regel 51bis AOPCT) den Vorrang des nationalen Rechts an.[8]

II. Das Europäische Patentamt als Anmeldeamt

1. Die **Zuständigkeit** ist in Art 151 EPÜ, Regel 157 AOPCT geregelt. **9**

Anmeldeberechtigt sind die in Rn 3–5 zu Art III § 1 genannten Personen, wobei es aber nicht auf **10** Staatsangehörigkeit, Sitz oder Wohnsitz in Deutschland, sondern in einem Staat ankommt, der zugleich EPÜ-Vertragsstaat und Vertragsstaat des PCT ist.

---

1 EPA 24.3.1995 J 4/94.

2 EPA 28.3.1995 J 3/94.

3 ABl EPA 1987, 515; 1992, 603; 1995, 658; 1998, 85; BlPMZ 1998, 146.

4 Die Darstellung der Regelungen in Art 150–158 EPÜ in *MGK/Gruszow* Euro-PCT, 25. Lieferung (2002) ist durch die EPÜ-Revision weitgehend überholt; eingehende aktuelle Darstellungen bei *Benkard-EPÜ* und *Singer/Stauder*.

5 Vgl *MGK/Bossung* Einleitung zum Dritten Teil Rn 29 ff.

6 Zum Verhältnis von PCT und EPÜ auch *MGK/Beier* Europäisches Patentsystem Rn 56 ff mit ergänzenden Literaturhinweisen in Fn 43.

7 Vgl EPA J 18/09 ABl EPA 2011, 480, zu Regel 36 AOEPÜ; kr hierzu *Singer/Stauder* Art 150 EPÜ Rn 17.

8 Vgl *Singer/Stauder* Art 150 EPÜ Rn 26 ff.

11   **2. Einreichung und Weiterleitung der internationalen Anmeldung** sind in Regel 157 Abs 2–4 AOEPÜ geregelt. Für die internat Anmeldung ist eine Übermittlungsgebühr zu zahlen (Regel 157 Abs 4 AOEPÜ).[9]

12   Die internat Anmeldung ist grds unmittelbar **beim EPA einzureichen**; unter den Voraussetzungen des Art 75 Abs 2 EPÜ kann aber eine Einreichung bei der zuständigen nat Zentralbehörde erforderlich sein (so im Fall des Art II § 4 Abs 2 bei Anmeldungen, die ein Staatsgeheimnis enthalten können). Regel 157 Abs 3 AOEPÜ sieht insoweit eine Verpflichtung der Vertragsstaaten zur Beschleunigung vor. Eine Umwandlung in eine nat Anmeldung kommt im Fall verspäteter Weiterleitung nicht in Betracht.[10]

13   Eine Einreichung in einer **nationalen Amtssprache** nach Art 14 Abs 2 EPÜ ist nicht möglich (vgl Regel 157 Abs 2 Satz 1 AOEPÜ, wo die Einreichung in dt, engl oder franz Sprache ausdrücklich vorgeschrieben wird).[11]

14   Die Einreichung beim **Internationalen Büro** (Rn 4) ist grds immer möglich (vgl aber Rn 12). Die Einreichung ist hier in jeder Sprache möglich.[12]

III. Das Europäische Patentamt als internationale Recherchenbehörde und als mit der internationalen vorläufigen Prüfung beauftragte Behörde

15   Die Tätigkeit des EPA beruht insoweit auf **Art 152 EPÜ** sowie der Vereinbarung der EPO mit der WIPO (Rn 3 zu Art III § 3). Für bestimmte Anmeldungen wird das EPA seit 1.3.2002 nicht mehr als internat Recherchenbehörde und als mit der internat vorläufigen Prüfung beauftragte Behörde tätig. Das gilt ua dann, wenn die Anmeldung lediglich eine Geschäftsmethode betrifft.[13]

16   Das EPA ist internat Recherchenbehörde und mit der internat vorläufigen Prüfung beauftragte Behörde für alle internat Anmeldungen, die bei ihm eingereicht werden, sowie nach Maßgabe des Zentralisierungsprotokolls für in den Vertragsstaaten eingereichte internat Anmeldungen, weiter für internat Anmeldungen bei solchen Ämtern, die das EPA als internat Recherchenbehörde bestimmt haben. In Betracht kommen grds nur Anmeldungen in einer **Amtssprache** des EPA, jedoch erstellt das EPA auch internat Recherchenberichte für in nl Sprache beim nl Patentamt eingereichte Anmeldungen, allerdings nicht wie sonst in der Verfahrenssprache, sondern in englischer Sprache.[14]

17   **Für die** Tätigkeit des EPA als mit der **internationalen vorläufigen Prüfung** beauftragte Behörde gelten die Richtlinien zum PCT, nicht die EPA-Prüfungsrichtlinien.[15] Für jede weitere Erfindung, für die eine zusätzliche Recherche oder eine zusätzliche vorläufige Prüfung durchzuführen ist, ist je eine entspr zusätzliche Gebühr zu entrichten (Regel 158 Abs 1, 2 AOEPÜ). Ist diese Gebühr unter Widerspruch entrichtet worden, nimmt das EPA die Prüfung des Widerspruchs nach den in Rn 14 genannten Bestimmungen des PCT vor, sofern die Widerspruchsgebühr gezahlt wird (Regel 158 Abs 3 AOEPÜ). Eine Beschwerde ist nach dem EPÜ 2000 nicht mehr vorgesehen. Die Möglichkeit, die Anmeldung zu ändern, betrifft Regel 161 AOEPÜ.

IV. Das Europäische Patentamt als Bestimmungsamt oder ausgewähltes Amt

18   **1.** Art 4 Abs 1 Nr ii PCT eröffnet die Möglichkeit, für einen Bestimmungsstaat ein regionales Patent zu erhalten. Dies hat ua zur Voraussetzung, dass die internat Anmeldung auf Erteilung eines eur Patents gerichtet ist. Die **Zuständigkeit** als Bestimmungsamt ergibt sich aus **Art 153 Abs 1 Buchst a EPÜ**. Für den Bestimmungsstaat muss der Patentzusammenarbeitsvertrag in Kraft getreten sein und er muss Vertragsstaat des EPÜ sein, insoweit sind seit 1990 alle EPÜ-Mitgliedstaaten, die Erstreckungsstaaten und der Validierungsstaat gleichermaßen erfasst. Eine Reihe von Vertragsstaaten hat den nat PCT-Weg ausgeschlossen („Schließung des nat PCT-Wegs"; Rn 5 vor § 34 PatG). Die Staatenbestimmung kann nur auf ausdrückli-

---

9   Näher *Singer/Stauder*[6] Art 151 EPÜ Rn 154 ff.

10   Näher *Benkard-EPÜ* Art 151 Rn 35.

11   *MGK/Haertel* Art 14 EPÜ Rn 130.

12   *Singer/Stauder* Art 151 EPÜ Rn 34.

13   Vgl *Singer/Stauder* Art 152 EPÜ Rn 167 ff, 306 ff; *Benkard-EPÜ* Art 152 Rn 8.

14   *MGK/Haertel* Art 14 EPÜ Rn 133.

15   Vgl *Benkard-EPÜ* Art 152 Rn 31.

chen Antrag und bei Nachweis berichtigt werden, dass dem Anmelder ein Fehler unterlaufen ist;[16] insoweit gelten die gleichen Grundsätze wie bei eur Direktanmeldungen.[17] Die Zuständigkeit des EPA als (vermeintliches) Bestimmungsamt gem Artikel 26 PCT erstreckt sich auch auf die Frage, ob eine unterlassene Bestimmung wirksam hinzugefügt werden kann.[18] Auch für die Erstreckungsstaaten kann das EPA Bestimmungsamt sein;[19] das wird auch für Validierungsstaaten (Rn 17 zu Art I) gelten müssen.

Als **ausgewähltes Amt**, dh als Amt, das im Rahmen seines Erteilungsverfahrens den internat vorläu- **19** figen Prüfungsbericht heranziehen kann, kommt das EPA nur in Betracht, wenn im Antrag auf vorläufige Prüfung ein EPÜ-Vertragsstaat ausgewählt wurde (Art 153 Abs 1 Buchst b EPÜ).

2. Verfahren. Art 153 Abs 6 EPÜ betrifft den **internationalen Recherchenbericht.** Dieser tritt grds **20** an die Stelle des eur Recherchenberichts. Jedoch wird nach Art 153 Abs 7 EPÜ regelmäßig ein ergänzender eur Recherchenbericht erstellt, soweit der Verwaltungsrat nicht den Verzicht auf diesen beschlossen hat.[20]

Ein **teilweiser ergänzender Recherchenbericht** wird, sofern das EPA der Auffassung ist, dass die **21** Anmeldungsunterlagen, die der ergänzenden eur Recherche zugrunde zu legen sind, den Anforderungen an die Einheitlichkeit der Erfindung nicht entsprechen, für die Teile der Anmeldung erstellt, diesn sich auf die zuerst in den Patentansprüchen erwähnte Erfindung oder Gruppe von Erfindungen beziehen; das EPA teilt dem Anmelder mit, dass für jede weitere Erfindung innerhalb einer Frist von 2 Monaten eine weitere Recherchengebühr zu entrichten ist, wenn der ergänzende eur Recherchenbericht diese Erfindung erfassen soll, und erstellt den ergänzenden Bericht für die Teile der Anmeldung, die sich auf die Erfindungen beziehen, für die Recherchengebühren entrichtet worden sind (Regel 164 Abs 1 AOEPÜ). Wird auf den ergänzenden eur Recherchenbericht verzichtet und ist die Prüfungsabteilung der Auffassung, dass in den zugrunde zu legenden Anmeldungsunterlagen eine Erfindung oder Gruppe von Erfindungen beansprucht wird, zu der das EPA als Internationale Recherchenbehörde oder als für die ergänzende internationale Recherche bestimmte Behörde keine Recherche durchgeführt hat, teilt sie dem Anmelder mit, dass für solche Erfindungen, für die innerhalb einer Frist von 2 Monaten eine Recherchengebühr entrichtet wird, eine Recherche durchgeführt wird, übermittelt die Ergebnisse der danach durchgeführten Recherche uzusammen mit einer Mitteilung nach Art 94 Abs 3 EPÜ und Regel 71 Abs 1, 2 AOEPÜ, in der dem Anmelder Gelegenheit zur Stellungnahme und zur Änderung der Beschreibung, der Patentansprüche und der Zeichnungen oder einer Mitteilung nach Regel 71 Abs 3 AOEPÜ und fordert ggf den Anmelder in der Mitteilung auf, die Anmeldung auf eine Erfindung oder Gruppe von Erfindungen zu beschränken, für die ein Recherchenbericht erstellt wurde oder für die eine Recherche durchgeführt wurde (Regel 164 Abs 2 AOEPÜ; weitere Einzelheiten – Anwendung der Regeln 62a, 63 AOEPÜ, Nichtanwendung der Regeln 62, 70 Abs 2 AOEPÜ – in Art 164 Abs 3, 4 AOEPÜ, Rückzahlung der Recherchengebühr in Regel 164 Abs 5 AOEPÜ).

Seit 1.7.2010 bietet das EPA jährlich maximal 700 **ergänzende internationale Recherchen** (SIS) **22** nach Regel 45bis AOPCT an.[21]

Die **ergänzende europäische Recherche** („Euro-PCT bis") erfolgt für internat Anmeldungen, die be- **23** reits in der internat Phase recherchiert worden sind, nach Eintritt in die eur Phase.

Kein Sprachwechsel. Ist eine internat Anmeldung in einer Amtssprache des EPA erfolgt und veröf- **24** fentlicht worden, ist es nach Eintritt in die regionale Phase nicht möglich, eine Übersetzung der Anmeldung in einer der anderen Amtssprachen einzureichen.[22]

Art 153 Abs 3–5 EPÜ regelt die **Veröffentlichung der internationalen Anmeldung.** Die internat **25** Veröffentlichung der Euro-PCT-Anmeldung in einer Amtssprache des EPA tritt an die Stelle der eur Anmeldung; sie wird im eur PatBl bekanntgemacht (Art 153 Abs 3 EPÜ). Erfolgt die Veröffentlichung in einer anderen Sprache, ist beim EPA eine Übersetzung in einer seiner Amtssprachen einzureichen; diese wird vom EPA veröffentlicht (Art 153 Abs 4 Satz 1 EPÜ). Der einstweilige Schutz des Art 67 EPÜ tritt vorbehaltlich einer nat Regelung nach Art 67 Abs 3 EPÜ erst mit dem Tag der Veröffentlichung der Übersetzung ein (Art 153 Abs 4 Satz 2 EPÜ). Die Euro-PCT-Anmeldung wird als eur Patentanmeldung behandelt und rechnet

---

16 EPA 15.12.1997 J 19/93.
17 EPA 4.7.2000 J 17/99.
18 EPA J 8/01 ABl EPA 2003, 3 = GRUR Int 2003, 468 Berichtigung.
19 *Benkard-EPÜ* Art 153 Rn 9.
20 Näher *Singer/Stauder* Art 153 EPÜ Rn 146 ff.
21 *Singer/Stauder* Art 92 EPÜ Rn 9.
22 EPA G 4/08 ABl EPA 2010, 572 Verfahrenssprache.

zum („gilt als") StdT, wenn die Erfordernisse des Art 153 Abs 3, 4 und der Regel 165 AOEPÜ erfüllt sind (Art 153 Abs 5 EPÜ). Bei PCT-Anmeldungen beim EPA ist die Anmeldegebühr gesondert zu entrichten.[23]

26   **Regel 159 AOEPÜ** betrifft die vom Anmelder vorzunehmenden Handlungen.[24] Seit 2002 beträgt die Frist für den Eintritt in die regionale Phase für alle Euro-PCT-Anmeldungen 31 Monate ab Anmeldung oder Prioritätszeitpunkt.[25] Das EPA nimmt die Bearbeitung vor Ablauf der Frist von 31 Monaten nur auf, wenn der Anmelder einen ausdrücklichen Antrag gestellt hat.[26] Von der Möglichkeit nach Regel 17.1.c AOPCT macht das EPA keinen Gebrauch; ist die Prioritätsunterlage bei Eintritt in die regionale Phase noch nicht eingereicht, wird dem Anmelder Frist zur Einreichung gesetzt; kommt er der Aufforderung nicht nach, erlischt der Prioritätsanspruch, die Einreichung durch einen Dritten reicht nicht aus.[27] Wiedereinsetzung wegen Versäumung der Frist findet nicht statt.[28] Nichteinreichung der Übersetzung, fehlende Stellung des Prüfungsantrags und Nichtentrichtung der Anmeldegebühr, der Recherchengebühr und der Benennungsgebühr innerhalb offener Frist führen zum Rechtsverlust (Regel 160 AOEPÜ). Die Nachfrist wird aber erst durch eine entspr Mitteilung ausgelöst; wird diese nach Regel 78 Abs 2 AOEPÜ durch Aufgabe zur Post zugestellt, hat das EPA die Aufgabe nachzuweisen.[29] Eine internat Anmeldung, die den Erfordernissen des Art 22 PCT für den Eintritt in die regionale Phase nicht genügt, ist nicht vor dem EPA anhängig; sie ist daher auch keine frühere eur Anmeldung iSd Regel 36 Abs 1 AOEPÜ.[30]

27   Regel 162 AOEPÜ betrifft **Anspruchsgebühren**, wenn die Anmeldungsunterlagen mehr als 15 Ansprüche umfassen; wird eine Anspruchsgebühr nicht rechtzeitig entrichtet, gilt dies als Verzicht auf den Patentanspruch.

28   **D. Für PCT-Anmeldungen in anderen Mitgliedstaaten des EPÜ** sind in deren Recht unterschiedlich umfangreiche Regelungen getroffen (vgl für Frankreich Art L 614-17–L 614-24, Art R 614-21–R 614-35 CPI; für Litauen Art 47–49 PatG; für Österreich §§ 15–20 PatV-EG; für die Schweiz Art 131–140 PatG).

Artikel III
Verfahren nach dem Patentzusammenarbeitsvertrag

§ 1
Das Deutsche Patent- und Markenamt als Anmeldeamt

(1) [1]**Das Deutsche Patent- und Markenamt ist Anmeldeamt im Sinne des Artikels 10 des Patentzusammenarbeitsvertrags. [2]Es nimmt internationale Patentanmeldungen von Personen entgegen, die die deutsche Staatsangehörigkeit besitzen oder im Geltungsbereich dieses Gesetzes ihren Sitz oder Wohnsitz haben. [3]Es nimmt auch internationale Anmeldungen von Personen entgegen, die die Staatsangehörigkeit eines anderen Staates besitzen oder in einem anderen Staat ihren Sitz oder Wohnsitz haben, wenn die Bundesrepublik Deutschland die Entgegennahme solcher Anmeldungen mit einem anderen Staat vereinbart hat und dies durch den Präsidenten des Deutschen Patent- und Markenamts bekanntgemacht worden ist oder wenn das Deutsche Patent- und Markenamt mit Zustimmung seines Präsidenten durch die Versammlung des Verbands für die internationale Zusammenarbeit auf dem Gebiet des Patentwesens als Anmeldeamt bestimmt worden ist.**

(2) [1]**Internationale Anmeldungen können in deutscher Sprache beim Deutschen Patent- und Markenamt oder gemäß § 34 Abs. 2 des Patentgesetzes über ein Patentinformationszentrum eingereicht werden. [2]Die internationale Anmeldung wird dem Internationalen Büro gemäß Artikel 12 Abs. 1 des Patentzusammenarbeitsvertrages übermittelt.**

---

23   Zu den hierbei auftretenden Schwierigkeiten – Übersendung der Gebührenmahnung an den Anmelder selbst – *Winterfeldt* VPP-Rdbr 1996, 40.
24   Vgl zu Einzelheiten *Benkard-EPÜ* Art 153 Rn 27.
25   ABl EPA 2002, 373.
26   Mitt ABl EPA 2003, 509.
27   Vgl EPA 27.11.1997 J 11/95.
28   EPA G 3/91 ABl EPA 1993, 8 = GRUR Int 1992, 230 Wiedereinsetzung.
29   EPA J 9/96 Mitt 1998, 226; hierzu *Schlee* Mitt 1998, 210.
30   EPA J 18/09 ABl EPA 2011, 480.

(3) Auf das Verfahren vor dem Deutschen Patent- und Markenamt als Anmeldeamt sind ergänzend zu den Bestimmungen des Patentzusammenarbeitsvertrags die Vorschriften des Patentgesetzes für das Verfahren vor dem Deutschen Patentamt anzuwenden.

Ausland: Belgien: Art 2 § 1 Zustimmungsgesetz; **Dänemark:** § 28 PatG 1996, §§ 17–25 GebrMG; **Frankreich:** Art L 614-18–23, R 614-21–35 CPI; **Luxemburg:** Rn 33; **Niederlande:** Art 17 ROW 1995; **Österreich:** Rn 33; **Schweden:** §§ 28–38 PatG; **Schweiz:** Rn 33; **Serbien:** Art 130–133 PatG 2004; **Slowakei:** § 58 PatG; **Slowenien:** Art 32 GgE; **Tschech. Rep.:** § 24 Abs 2 PatG; **VK:** Sec 89 Patents Act

Übersicht

Schrifttum: *Gall* Staatenbenennung und älteres europäisches Recht – die Lage nach dem 1. Juli 1997, Mitt 1998, 161; *Hübenett* Neuerungen in der PCT-Ausführungsordnung, GRUR Int 2000, 745; *Schlee* Euro-PCT-Anmeldungen: Fristversäumnis bei der Einleitung der regionalen Phase vor dem EPA. Gibt es ein „Leben danach"? Mitt 1998, 210.

A. Allgemeines

Die Bestimmung betrifft die Tätigkeit des DPMA als Anmeldeamt, dh die Möglichkeit der Einreichung **1** internat Anmeldungen beim DPMA. Neben sie treten die Möglichkeiten der Einreichung beim EPA sowie beim Internationalen Büro der WIPO (Rn 4 vor Art III). Das 2.PatGÄndG hat auch hier die Anmeldemöglichkeit über Patentinformationszentren eingeführt sowie redaktionelle Änderungen gebracht. Das KostRegBerG hat den früheren Abs 3 aufgehoben; Abs 4 ist zu Abs 3 geworden. Das GeschmMRefG hat Abs 2 Satz 2 angefügt.[1]

B. Die internationale Anmeldung beim Deutschen Patent- und Markenamt als Anmeldeamt

I. Zuständigkeit

Die internat Anmeldung ist bei dem vorgeschriebenen Anmeldeamt einzureichen (Art 10 PCT). Abs 1 **2** Satz 1 bestimmt das DPMA als Anmeldeamt. Die Einreichung kann auch über ein Patentinformationszentrum erfolgen (Abs 2 Satz 1). Abs 1 Satz 2 stellt klar, dass das DPMA Anmeldeamt iSd Regel 19.1 AOPCT für dt Staatsangehörige und sonstige Anmelder ist, die im Geltungsbereich des IntPatÜG Sitz oder Wohnsitz haben. Nach Regel 19.1 AOPCT hat der Anmelder die Wahl zwischen verschiedenen zuständigen Ämtern und dem Internationalen Büro. Den Fall einer Mehrheit von Anmeldern betrifft Regel 19.2 AOPCT.

---

1 Vgl Begr BTDrs 15/1075 = BlPMZ 2004, 222, 253.

II. Anmelder

3   Beim DPMA anmelden kann nach der allg Regelung in Art 9, 10 PCT iVm der AOPCT jede natürliche Person, die die dt Staatsangehörigkeit besitzt. Deutsche iSd Art 116 GG stehen gleich. Ebenfalls anmelden kann ohne Rücksicht auf die Staatsangehörigkeit, wer im Inland seinen Wohnsitz hat.

4   Die Bestellung eines **Inlandsvertreters** ist für Auswärtige erforderlich, weil Abs 3 die entspr Anwendung der Bestimmungen des PatG und damit auch des § 25 PatG anordnet (vgl Rn 17 zu § 25 PatG).[2]

5   **Juristische Personen** und Personengesellschaften können beim DPMA anmelden, wenn sie im Inland ihren Sitz haben.

6   Andere natürliche und juristische Personen oder Gesellschaften können nur aufgrund einer **zwischenstaatlichen Vereinbarung** oder einer Entscheidung der Versammlung des Verbands für die Internationale Zusammenarbeit auf dem Gebiet des Patentwesens, die der Zustimmung des PräsDPMA bedarf, beim DPMA anmelden (Abs 1 Satz 3); von diesen Möglichkeiten ist kein Gebrauch gemacht. Die Regelung soll gewährleisten, dass Staatsangehörige von Staaten, die nicht Mitglied des PCT, wohl aber der PVÜ sind, und Personen mit Sitz oder Wohnsitz in solchen Staaten internat Anmeldungen einreichen können.[3]

III. Schutzart

7   Wie sich aus Art 43 PCT, Art 4 Abs 3 PCT ergibt, hat der Anmelder die Möglichkeit, mit der Bestimmung (Rn 12) jeweils für den Bestimmungsstaat die Schutzart zu wählen, sofern es das Recht des jeweiligen Bestimmungsstaats zulässt, dh im Fall einer Bestimmung Deutschlands die Erteilung eines Patents oder die Eintragung eines Gebrauchsmusters. Vgl auch die eingehende Regelung in §§ 17–25 dän GebrMG.

8   Nach Art 44 PCT können, soweit es das nat Recht zulässt, auch **zwei Schutzrechtsarten** beantragt werden. Demnach wird man mit Wirkung für die Bundesrepublik Deutschland auch die Anmeldung eines nat Gebrauchsmusters neben einem eur Patent als zulässig ansehen müssen. Die Wahl der Schutzart wirkt sich auf die Anmeldeerfordernisse nicht aus.

IV. Anmeldeerfordernisse

1. Erfordernisse nach dem Patentzusammenarbeitsvertrag und der Ausführungsordnung

9   **a. Allgemeines.** Art 3 PCT fordert einen Antrag, eine Beschreibung, einen oder mehrere Ansprüche, eine oder mehrere Zeichnungen, soweit erforderlich, sowie eine Zusammenfassung, und verweist im Einzelnen auf die AOPCT.

10   **Art 3 Abs 4 PCT** unterstellt die internat Anmeldung den maßgeblichen Vorschriften über die Sprache, die Formerfordernisse, den Anforderungen über die Einheitlichkeit sowie der Zahlung der Gebühren. Die Regeln 3–13ter, 14–16bis AOPCT (Gebühren), 17 AOPCT (Prioritätsbeleg) bestimmen Näheres. Elektronische Einreichung beim DPMA ist möglich.[4]

11   **b. Antrag.**[5] Regelungen über den Antrag enthält Art 4 PCT. Wesentlich sind ein Gesuch um Behandlung als internat Anmeldung, die Bestimmung der Vertragsstaaten (Rn 12), Namen des Anmelders und seines Anwalts, Bezeichnung der Erfindung sowie uU Erfinderbenennung, wenn das nat Recht mindestens eines Bestimmungsstaats diese schon in der Anmeldung verlangt.[6]

12   **Bestimmung** bezeichnet die Angabe der Staaten, für die Patent- oder sonstiger Schutz begehrt wird (Art 4 Abs 3 PCT); der Begriff entspricht dem der Benennung. Die Bestimmung erfasst alle Vertragsstaaten, für die der Vertrag am internat Anmeldedatum verbindlich ist (Regel 4.9 (a) (i) AOPCT). Näher zur früheren Rechtslage *6. Aufl.*

---

2   *Schulte* § 25 PatG Rn 17.

3   Begr BTDrs 7/3712 = BlPMZ 1976, 329 f.

4   Vgl *Schulte* IntPatÜG Rn 69.

5   Zur Papierfarbe der Formulare Hinweis BlPMZ 2004, 461.

6   Vgl zu Änderungen in der AOPCT *Hübenett* GRUR Int 2000, 745.

c. Gebühren. Die Gebührenpflicht für die **Übermittlungsgebühr** (Regel 14.1 AOPCT) gegenüber dem 13 DPMA folgt unmittelbar aus dem PatKostG. Die Übermittlungsgebühr beträgt 90 EUR (GebVerz Nr 313900), unabhängig davon, ob die Übermittlung in Papierform, als PCT-EASY oder elektronisch erfolgt. Sie wird mit Eingang der Anmeldung fällig (§ 3 Abs 1 PatKostG); es gilt die Dreimonatsfrist des § 6 Abs 1 Satz 2 Pat-KostG (Rn 6 zu § 6 PatKostG) mit Rücknahmefiktion bei Versäumung.

Die **internationale Anmeldegebühr** (Regel 15.2a AOPCT) beträgt, wenn die internat Anmeldung 14 nicht mehr als 30 Blatt umfasst, bei Anmeldungen in Papierform seit 1.7.2015 1.330 CHF, für jedes weitere Blatt 15 CHF, sie ermäßigt sich bei Verwendung bestimmter elektronischer Formen (bei Zeichenkodierung um 200 CHF, andernfalls um 100 CHF, bei Zeichenkodierung von Antrag, Beschreibung, Ansprüchen und Zusammenfassung um 300 CHF), sowie um 90%, wenn der Anmelder ein Angehöriger bestimmter wenig oder am wenigsten entwickelter Staaten ist.[7]

Weiter fällt die **internationale Recherchengebühr** an (Regel 16 Abs 1 AOPCT), die für die internat 15 Recherche beim EPA 1.875 EUR beträgt (Art 2 Nr 1 GebO EPA).

Zahlung. Übermittlungsgebühr, internat Anmeldegebühr und internat Recherchengebühr werden 16 vom DPMA erhoben.[8] Die Fristen für die Zahlung der internat Anmeldegebühr und der Recherchengebühr sind in Regeln 15.3 und 16.1 Buchst f AOPCT festgelegt; sie betragen einen Monat ab Einreichung der internat Anmeldung. Die Zahlungsweise richtet sich mangels ausdrücklicher Regelungen nach dem PatKostG und der PatKostZV.[9] Möglich sind Überweisung, Einziehungsermächtigung und Barzahlung. Scheckzahlung ist nicht möglich.[10] Nichtzahlung der erforderlichen Gebühren (Art 3 Abs 3 (iv) PCT) führt zur Fiktion der Rücknahme der internat Anmeldung (Art 14 Abs 3 PCT).

d. Beschreibung. Nach Art 5 PCT ist in der Beschreibung die Erfindung so deutlich und vollständig 17 zu offenbaren, dass ein Fachmann sie danach ausführen kann. Der Wortlaut unterscheidet sich von dem in Art 83 EPÜ durch das Wort „danach".

e. Schutzansprüche („Ansprüche"). Die Erfordernisse sind in Art 6 PCT enthalten; sie entsprechen 18 fast wörtlich Art 84 EPÜ.

f. Zeichnungen. Die Regelung ist in Art 7 PCT enthalten. Zeichnungen können innerhalb der vorge- 19 schriebenen Fist nachgereicht werden; dies führt aber zur Verschiebung des internat Anmeldedatums (Art 14 Abs 2 PCT).

g. Die **Zusammenfassung** dient wie im nat Recht ausschließlich der technischen Information (Art 3 20 Abs 3 PCT).

h. Eine **Prioritätserklärung** ist in Art 8 PCT fakultativ vorgesehen; Art 8 Abs 2 Buchst b PCT ermög- 21 licht ausdrücklich die Selbstbenennung. Voraussetzungen und Wirkungen der Prioritätserklärung richten sich nach Art 4 PVÜ.[11] Die Rechtsfolge des Verlusts des Prioritätsanspruchs tritt erst in der nat Phase ein; Fristüberschreitungen können daher nur vor dem Bestimmungsamt entschuldigt werden[12] (Art 48 Abs 2 PCT).

2. Erfordernisse nach dem IntPatÜG

a. Sprache. Abs 2 schreibt (strenger als § 126 Satz 1 PatG) in Ausnutzung der in Regel 12.1 AOPCT er- 22 öffneten Möglichkeit die dt Sprache vor.

---

7 Vgl BlPMZ 2015, 274; Gebühren abrufbar unter http://www.dpma.de/patent/patentschutz/europaeischeund internationalepatente/pct-gebuehrenbeimdpma/index.html.
8 *Schulte* IntPatÜG Rn 70.
9 BPatG BlPMZ 2005, 80; *Schulte* IntPatÜG Rn 70.
10 BPatG BlPMZ 2005, 80.
11 Vgl BPatG BlPMZ 1989, 138, zur Prioritätsfrist.
12 ÖPA öPBl 1996, 78.

23 **b. Übermittlung.** Die internat Anmeldung wird dem Internationalen Büro gem Art 12 Abs 1 PCT übermittelt (Abs 2 Satz 2).

V. Anmeldedatum (Zeitrang; Altersrang)

24 Art 11 PCT regelt die Voraussetzungen für die Zuerkennung des Zeitrangs, nämlich Anmeldeberechtigung beim Anmeldeamt, Sprache und inhaltliche Mindesterfordernisse (Hinweis auf internat Anmeldung, Bestimmung eines Vertragsstaats, Namen des Anmelders, Beschreibung und Schutzanspruch) sowie ihre Nachholung (mit Wirkung ex tunc) sowie die Wirkung als nat Anmeldung in den Bestimmungsstaaten und die prioritätsbegründende Wirkung der internat Anmeldung. Nach Art 11 Abs 3 PCT gilt das Datum des Eingangs der internat Anmeldung als das Anmeldedatum in jedem Bestimmungsstaat.

VI. Verfahren vor dem Deutschen Patent- und Markenamt als Anmeldeamt

25 **1. Zuständigkeit.** Für die Anmeldung ist die **Prüfungsstelle** des DPMA zuständig.[13] Für deren Entscheidung, durch die ausgesprochen wird, dass die internat Anmeldung als zurückgenommen gilt, ist der Prüfer zuständig, wenn sie aus Gründen ergeht, denen der Anmelder widersprochen hat.[14]

26 **2. Fristen.** Bestimmungen über Fristen enthält Art 47 PCT, über die Folgen von Fristüberschreitungen Art 48 PCT; Art 48 Abs 2 Buchst a PCT verweist insoweit auf das nat Recht. Eine vom Anmeldeamt gem Art 14 Abs 1 Buchst b 1. Halbs iVm Regel 26.2 der Ausführungsordnung festgesetzte Frist ist verlängerbar; die Entscheidung darüber ist nach pflichtgem Ermessen zu treffen.[15]

27 **3. Wiedereinsetzung** richtet sich nach § 123 PatG.[16] Über einen Wiedereinsetzungsantrag, der eine internat Anmeldung betrifft, hat der Prüfer zu entscheiden.[17]

28 **4.** Grds sind die Vorschriften für das Verfahren vor dem DPMA anwendbar, soweit der Vertrag keine Regelung enthält (Abs 3). Der **Umfang der Prüfung** durch das DPMA als Anmeldeamt ergibt sich aus Art 14 PCT; danach werden nur bestimmte Formalien geprüft. Stellt das DPMA insoweit Mängel fest, beanstandet es diese. Behebt der Anmelder auf Aufforderung diese Mängel nicht, gilt die Anmeldung als zurückgenommen.

29 **5. Vertretung.** Das DPMA als Anmeldeamt verlangt grds nicht die Vorlage einer Vollmachtsurkunde, wenn der Vertreter Staatsangehöriger eines EWR-Staats ist.[18]

30 **6.** Für die Gewährung von **Verfahrenskostenhilfe** für eine internat Patentanmeldung in der vor dem DPMA als Anmeldeamt ablaufenden internat Phase fehlt die Rechtsgrundlage.[19]

31 **7. Zur Anfechtbarkeit von Entscheidungen,** die das DPMA als Anmeldeamt trifft, Rn 76 zu § 73 PatG.

C. Anmeldungen bei sonstigen Ämtern

32 S zur Rechtslage in Luxemburg Art 3, 4 PCT-Zustimmungsgesetz, in Österreich §§ 15 ff öPatV-EG, in der Schweiz Art 132, 133 schweiz PatG und Art 119–122b PatV (Art 122a PatV mWv 1.7.2008 aufgehoben), in Liechtenstein Art 3, 6, 7 des Patentschutzvertrags.

---

13 Vgl *Schulte* § 27 PatG Rn 7.
14 BPatGE 23, 146 = BlPMZ 1981, 242.
15 BPatGE 23, 146 = BlPMZ 1981, 242.
16 Vgl BPatGE 25, 8 = BlPMZ 982, 350; BPatGE 26, 1, 9 = GRUR 1984, 108; *Mes* § 123 PatG Rn 8.
17 BPatGE 23, 146 = BlPMZ 1981, 242.
18 Einzelheiten MittPräsDPMA Nr 19/05 BlPMZ 2005, 217; vgl *Schulte* IntPatÜG Rn 71.
19 BPatG BlPMZ 1990, 34; BPatG 19.1.2000 7 W (pat) 58/99; BPatG 23.2.2000 7 W (pat) 63/99; *Schulte* IntPatÜG Rn 70.

§ 2
Geheimhaltungsbedürftige internationale Anmeldungen

(1) [1] Das Deutsche Patent- und Markenamt prüft alle bei ihm als Anmeldeamt eingereichten internationalen Anmeldungen darauf, ob mit ihnen Patentschutz für eine Erfindung nachgesucht wird, die ein Staatsgeheimnis (§ 93 des Strafgesetzbuches) ist. [2] Für das Verfahren gelten die Vorschriften des Patentgesetzes entsprechend; § 53 des Patentgesetzes ist anzuwenden.

(2) [1] Ergibt die Prüfung nach Absatz 1, daß die Erfindung ein Staatsgeheimnis ist, so ordnet das Deutsche Patent- und Markenamt von Amts wegen an, daß die Anmeldung nicht weitergeleitet wird und jede Bekanntmachung unterbleibt. [2] Mit der Rechtskraft der Anordnung gilt die internationale Anmeldung als eine von Anfang an beim Deutschen Patent- und Markenamt eingereichte nationale Patentanmeldung, für die eine Anordnung nach § 50 Abs. 1 des Patentgesetzes ergangen ist. [3] Die für die internationale Anmeldung gezahlte Übermittlungsgebühr wird auf die für das Anmeldeverfahren nach § 34 des Patentgesetzes zu zahlende Gebühr nach dem Patentkostengesetz verrechnet; ein Überschuß wird zurückgezahlt.

Ausland: Belgien: Art 2 § 2 Zustimmungsgesetz; **Frankreich:** Art L 614–19–23, R 614–15–20 CPI; **Luxemburg:** Art 4 PCT-Zustimmungsgesetz

Art 27 Abs 8 PCT behält den Vertragsstaaten die notwendigen Maßnahmen zum Schutz ihrer **nationa-** 1 **len Sicherheit** vor; hiervon macht die durch das KostRegBerG im wesentlichen redaktionell geänd Bestimmung für geheimhaltungsbedürftige Erfindungen Gebrauch. Die Regelung gilt auch für GbmAnmeldungen nach dem PCT (vgl Rn 5 zu § 9 GebrMG).

Rücknahmefiktion. Regel 22 AOPCT sieht hinsichtlich der Fiktion der Rücknahme der internat An- 2 meldung nach Ablauf von 14 Monaten seit dem Prioritätszeitpunkt eine Nachfrist von drei Monaten vor, innerhalb derer der Anmelder die Möglichkeit der Eigenübermittlung einer beglaubigten Kopie des Aktenexemplars hat, dessen Ausfertigung das Anmeldeamt grds nur verweigern darf, falls die nat Sicherheitsvorschriften die Weiterleitung verbieten. Dies ist in Deutschland nach Abs 2 Satz 1 der Fall.

Nationale Folgeregelung. Die durch das KostRegBerG geänd Abs 1 und Abs 2 Sätze 1 und 2 entspre- 3 chen im wesentlichen der Regelung für eur Patentanmeldungen in Art II § 4. Die Anordnung nach Abs 2 Satz 1 führt zum „Systemabbruch" im PCT und zur Weiterbehandlung als geheimgestellte nat Anmeldung nach §§ 50 ff PatG. Für den Fall, dass Deutschland nicht bestimmt ist, enthält das Gesetz keine Regelung, hier wird von zu fingierender Rücknahme der Anmeldung auszugehen sein. Eine Umwandlung der internat Anmeldung in nat Anmeldungen der Bestimmungsstaaten ist nicht vorgesehen.

Abs 2 Satz 3 regelt die **Verrechnung und Rückzahlung der Übermittlungsgebühr** (Rn 13 zu § 1). 4

§ 3
Internationale Recherchenbehörde

Das Deutsche Patent- und Markenamt gibt bekannt, welche Behörde für die Bearbeitung der bei ihm eingereichten internationalen Anmeldungen als Internationale Recherchenbehörde bestimmt ist.

Ausland: Luxemburg: Art 5 PCT-Zustimmungsgesetz; **Österreich:** § 18 öPatV-EG

A. Entstehungsgeschichte

Das KostRegBerG hat eine (im wesentlichen redaktionelle) Änderung der Bestimmung vorgenom- 1 men.

B. Internationale Recherche bei PCT-Anmeldungen

Der Patentzusammenarbeitsvertrag sieht anders als das nat Recht, aber übereinstimmend mit dem 2 Recht des EPÜ, eine obligatorische Recherche vor (Art 15 PCT).

3 Nach Abschn I Nr 2 des Zentralisierungsprotokolls hat die Bundesrepublik Deutschland auf die Tätigkeit des DPMA als **internationale Recherchenbehörde** zugunsten des EPA verzichtet. Durch Bek vom 24.4.1978[1] ist als internat Recherchenbehörde (Art 16 PCT) das EPA bestimmt. Der Bek bedurfte es, weil internat Recherchenbehörden seinerzeit noch nicht nach Art 16 Abs 3 Buchst a PCT durch die Versammlung bestimmt waren. Zwischen der EPO und der WIPO besteht eine Vereinbarung über die Aufgaben des EPA als internat Recherchenbehörde und mit der internat vorläufigen Prüfung beauftragte Behörde.[2]

4 Das **Verfahren** vor der internat Recherchenbehörde ist in Art 17 PCT geregelt, Bestimmungen über Änderungen der Anmeldung enthält Art 19 PCT. Die Möglichkeit zur Änderung der Patentansprüche vor dem Internationalen Büro betrifft Art 19 PCT.

5 Die internat Recherche wird regelmäßig durch die **Erstellung des internationalen Recherchenberichts** (Art 18 PCT) abgeschlossen. Die Gebühr für die internat Recherche beträgt seit 1.4.2012 1.875 EUR.[3] Die Rückerstattung der internat Recherchengebühr ist in Art 9 GebO geregelt.[4]

6 Seit 1.1.2009 hat der Anmelder die Möglichkeit, nach Regel 45bis AOPCT eine oder mehrere **zusätzliche Recherchen** bei einer anderen als der regulär zuständigen Recherchenbehörde durchführen zu lassen. Derzeit bieten das EPA, das Nordische Patentinstitut, das Nationale Patent- und Registrieramt in Finnland, der Föderale Dienst für geistiges Eigentum, Patente und Marken in Russland sowie das Schwedische Patent- und Registrieramt zusätzliche internat Recherchen an. Sie erstellen idR einen zusätzlichen internat Recherchenbericht. Der Antrag muss vor Ablauf von 19 Monaten ab dem Prioritätsdatum beim Internationalen Büro eingegangen sein, an das auch die zusätzliche Recherchen- und die zusätzliche Bearbeitungsgebühr zu zahlen ist.[5]

C. Recherche internationaler Art

7 Von der in Art 15 Abs 5 PCT vorgesehenen Möglichkeit, bei nat Anmeldungen eine der internat Recherche ähnliche Recherche („Recherche internationaler Art") durchführen zu lassen, ist im geltenden dt Recht kein Gebrauch gemacht (anders zB nach schweiz Recht, Art 126, 127 schweiz PatV, und nach niederl Recht, Art 34 Abs 2 ROW 1995). Das EPA führt solche Recherchen seit 1.7.1999 durch (vgl EPA-PrRl B II-4.5).[6]

§ 4
Das Deutsche Patent- und Markenamt als Bestimmungsamt

(1) [1]Das Deutsche Patent- und Markenamt ist Bestimmungsamt, wenn in einer internationalen Anmeldung die Bundesrepublik Deutschland für ein Patent oder ein Gebrauchsmuster oder beide Schutzrechtsarten bestimmt worden ist. [2]Dies gilt nicht, wenn der Anmelder in der internationalen Anmeldung die Erteilung eines europäischen Patents beantragt hat.

(2) [1]Ist das Deutsche Patent- und Markenamt Bestimmungsamt, so hat der Anmelder innerhalb der in Artikel 22 Abs. 1 des Patentzusammenarbeitsvertrags vorgesehenen Frist die Gebühr nach dem Patentkostengesetz für das Anmeldeverfahren zu entrichten sowie, sofern die internationale Anmeldung nicht in deutscher Sprache eingereicht worden ist, eine Übersetzung der Anmeldung in deutscher Sprache einzureichen. [2]Ist das Deutsche Patent- und Markenamt auch Anmeldeamt, so gilt die Anmeldegebühr mit der Zahlung der Übermittlungsgebühr als entrichtet.

(3) [1]Zur Wahrung der in Artikel 22 Absatz 1 des Patentzusammenarbeitsvertrags vorgesehenen Frist hat der Anmelder eines Patents die Gebühr zu entrichten, die sich nach dem Patentkostenge-

---

1 BlPMZ 1978, 165.
2 ABl EPA 2010, 304 = BlPMZ 2010, 258.
3 Im Internet unter http://www.dpma.de/patent/patentschutz/europaeischeundinternationalepatente/pct-gebuehren beimdpma/index.html.
4 BeschlPräsEPA über die Rückerstattung von Recherchengebühren vom 24.3.2010 ABl EPA 2010, 338; MittEPA vom 9.1.2009 über die Kriterien für die Rückerstattung von Recherchengebühren ABl EPA 2009, 99; BeschlPräsEPA vom 24.3.2010 über die Rückerstattung der internat Recherchengebühr durch das EPA als Internationale Recherchenbehörde ABl EPA 2010, 341.
5 DPMA, Merkblatt für Internationale (PCT-)Anmeldungen, September 2013.
6 Beschluss PräsEPA vom 26.3.1999 ABl EPA 1999, 300.

setz für die ursprünglich eingereichte Fassung der internationalen Anmeldung ergibt. [2]Sind die Ansprüche der internationalen Anmeldung im Verfahren vor dem Internationalen Büro geändert worden und ergibt sich dadurch eine höhere Gebühr nach dem Patentkostengesetz, so wird der Unterschiedsbetrag fällig

1. mit Ablauf der in Artikel 22 Absatz 1 des Patentzusammenarbeitsvertrags bestimmten Frist oder

2. mit Einreichung eines Antrags auf vorzeitige Bearbeitung nach Artikel 23 Absatz 2 des Patentzusammenarbeitsvertrags.

[3]Wird der Unterschiedsbetrag nicht innerhalb von drei Monaten ab Fälligkeit gezahlt, so wird die Änderung der Ansprüche nicht berücksichtigt.

(4) [1]Wird für die internationale Anmeldung die Priorität einer beim Deutschen Patent- und Markenamt eingereichten früheren Patent- oder Gebrauchsmusteranmeldung beansprucht, so gilt diese abweichend von § 40 Abs. 5 des Patentgesetzes oder § 6 Abs. 1 des Gebrauchsmustergesetzes zu dem Zeitpunkt als zurückgenommen, zu dem die Voraussetzungen des Absatzes 2 erfüllt und die in Artikel 22 oder 39 Abs. 1 des Patentzusammenarbeitsvertrags vorgesehenen Fristen abgelaufen sind. [2]Wird für die internationale Anmeldung nach Satz 1 ein Antrag auf vorzeitige Bearbeitung oder Prüfung nach Artikel 23 Abs. 2 oder Artikel 40 Abs. 2 des Patentzusammenarbeitsvertrags gestellt, gilt die frühere Patent- oder Gebrauchsmusteranmeldung zu dem Zeitpunkt als zurückgenommen, zu dem die Voraussetzungen des Absatzes 2 erfüllt sind und der Antrag auf vorzeitige Prüfung oder Bearbeitung beim Deutschen Patent- und Markenamt eingegangen ist.

Ausland: Belgien: Art 2 § 3 Zustimmungsgesetz; **Dänemark:** §§ 29–38 PatG 1996; **Frankreich:** Art L 614–24 CPI; **Luxemburg:** Art 6 (neu gefasst durch Art 95 PatG 1992/1998), 7, 11 PCT-Zustimmungsgesetz; **Österreich:** § 16 öPatV-EG, § 51 öGebrMG; **Schweiz:** Art 134–140 PatG, Art 123–125 PatV

Schrifttum: *Davé/Brett* Benefits of filing English language international patent application claiming benefit from non-English language provisional application files in the United States, Mitt 2006, 533; *Hübenett* Neuerungen in der PCT-Ausführungsordnung, GRUR Int 2000, 745; *Leonhard* (Entscheidungsanmerkung) Mitt 1998, 71; *Winterfeldt* Aktuelle Probleme im Prüfungs- und Einspruchsverfahren, VPP-Rdbr 1996, 37; *Winterfeldt* Aktuelle Problemfälle im Prüfungs- und Einspruchsverfahren – neue Entwicklungen im DPMA, VPP-Rdbr 2000, 40.

A. Entstehungsgeschichte

§ 4 Abs 1 Satz 1 und Abs 2 Satz 1 sind durch Art 6 Nr 6, 7 des 2. GPatG neu gefasst, der frühere Abs 3 **1** Satz 1 (jetzt Abs 4 Satz 1) ist durch Art 6 Nr 8 2. GPatG angefügt; zum Inkrafttreten (1.6.1992) *7. Aufl.* Die beiden erstgenannten Änderungen sind klarstellender Natur. Das 2. PatGÄndG hat Verweisungen sowie Abs 3 (jetzt Abs 4) Satz 1 geänd, weiter redaktionelle Änderungen gebracht. Die als Klarstellung vorgesehene Änderung in Abs 3 Satz 1 (jetzt Abs 4 Satz 1) soll aufgetretenen Interpretationsschwierigkeiten im Fall der Einreichung der PCT-Anmeldung in dt Sprache unter Berufung auf die Priorität einer dt Erstanmeldung über das DPMA als Anmeldeamt Rechnung tragen, wenn zugleich das nat Amt auch als Bestimmungsamt benannt ist und durch Zahlung der Übermittlungsgebühr die Anmeldegebühr als entrichtet gilt[1] (vgl Rn 11). Das KostRegBerG hat im wesentlichen redaktionelle Änderungen vorgenommen. Das Gesetz zur Umsetzung der EPÜ-Revisionsakte hat Abs 3 (jetzt Abs 4) Satz 2 angefügt. Durch das Gesetz zur Novellierung patentrechtlicher Vorschriften und anderer Gesetze des gewerblichen Rechtsschutzes vom 19.10.2013 ist mWv 1.4.2014 ein neuer Abs 3 eingefügt worden; der bisherige Abs 3 ist Abs 4 geworden. Zugleich wur-

---

1 Begr BlPMZ 1998, 393, 409.

den in Abs 2 Satz 1 nach dem Wort „Anmeldeverfahren" die Worte „nach § 34 des Patentgesetzes und, wenn ein Gebrauchsmuster beantragt worden ist, nach § 4 des Gebrauchsmustergesetzes" gestrichen.

2   **B. Bestimmungsamt** ist das nat Amt des Staats, den der Anmelder nach Kapitel I PCT bestimmt hat (Art 2 Nr xiii PCT). Nach Regel 4.9 Buchst a sind dies alle PCT-Vertragsstaaten.[2] Jedoch kann nach Regel 90bis.2 AOPCT die Bestimmung zurückgenommen werden oder nach Regel 4.9 Buchst b AOPCT mit Rücksicht auf die Rücknahmefiktion des Abs 4 eine Ausnahme erfolgen (Rn 12).[3] Die Bestimmung betrifft die Fälle, in denen das DPMA Bestimmungsamt ist, dh über eine internat Anmeldung mit Wirkung für die Bundesrepublik Deutschland ein nationales (nicht eur) Patent erteilt oder ein Gebrauchsmuster eingetragen werden soll. Abs 1 Satz 1 hat insoweit klarstellende Bedeutung, Satz 2 trägt der Möglichkeit Rechnung, ein regionales Patent zu beantragen.

C. Verfahren vor dem Bestimmungsamt

I. Allgemeines

3   Abs 2 betrifft das Verfahren in der auf die internat Phase folgenden nat Phase. Diese wird entweder mit der Übermittlung der Anmeldung und des internat Recherchenberichts an das Bestimmungsamt (Art 20 PCT) oder nach dem geänd Art 22 Abs 1 PCT[4] mit der innerhalb von 30 Monaten seit dem Prioritätsdatum vorgesehenen Zuleitung der Anmeldung seitens des Anmelders eingeleitet. Der Fristablauf hängt nicht von der Erstellung des internat Recherchenberichts ab.[5] Zu den Anforderungen bei der Einreichung der Erfinderbenennung Rn 35 zu § 37 PatG.

II. Übersetzung

4   Abs 2 sieht bei fremdsprachigen Anmeldungen zwingend[6] die Einreichung der Übersetzung innerhalb der Frist des Art 22 Abs 1 PCT[7] oder bei vorläufiger internat Prüfung nach Art III § 6 Abs 2 innerhalb der Frist des Art 39 Abs 2 PCT vor. § 14 PatV ist nur nach Maßgabe der Regel 51bis 1 (d) ii AOPCT anwendbar.[8] Dem Übersetzungserfordernis ist auch dann genügt, wenn bei den Zeichnungen fremdsprachliche Begriffe verwendet werden;[9] Nachfristsetzung kommt nicht in Betracht.[10]

III. Gebührenzahlung

5   Abs 2 Satz 1 schreibt innerhalb der vorstehend genannten Fristen die Zahlung der internat Anmeldegebühr für Patente bzw Gebrauchsmuster vor.[11] Die Gebühr beträgt 60 EUR für Patente (GebVerz Nr 311.150), zuzüglich bei mehr als zehn Patentansprüchen für jeden weiteren Patentanspruch 30 EUR (GebVerz Nr 311.160) bzw 40 EUR für Gebrauchsmuster (GebVerz Nr 321.150).[12] Dabei richtet sich die Höhe der Gebühr nach der Anzahl der Patentansprüche in der ursprünglich eingereichten Fassung der Anmeldung;[13] dies ist jetzt ausdrücklich in Abs 3 Satz 1 geregelt. Danach gilt bei einer Erhöhung der Zahl der Ansprüche die Fälligkeitsregelung des PCT, die grds eine Fälligkeit innerhalb von 30 Monaten seit Priorität und sofortige Fälligkeit bei Antrag auf vorzeitige Bearbeitung durch das Bestimmungsamt, Art 22, 23 Abs 2

---

2 Vgl Bek BGBl 2004 II 790 = BlPMZ 2004, 371.
3 Vgl *Schulte* IntPatÜG Rn 79 ff.
4 BGBl 2002 II 727 = BlPMZ 2002, 216; BGBl 2002 II 728.
5 BPatGE 47, 10 = BlPMZ 2003, 244.
6 Vgl BPatG 5.10.2006 10 W (pat) 4/05 Schulte-Kartei Pat 300 Nr 83.
7 BPatG 4.12.2000 10 W (pat) 104/99.
8 *Hübenett* GRUR Int 2000, 745, 746, zum früheren § 10 PatAnmV.
9 BPatG 11.5.2006 10 W (pat) 17/02; vgl BPatG 15.10.2004 10 W (pat) 31/04; BPatG 15.12.2005 10 W (pat) 17/02.
10 BPatG 5.10.2006 10 W (pat) 4/05 Schulte-Kartei PatG 300 Nr 83; *Schulte* IntPatÜG Rn 76.
11 Vgl zur früheren Rechtslage BGH GRUR 1985, 37 Schraubenpresse.
12 Zur Novellierung der Gebührentatbestände *Schulte* IntPatÜG Rn 77.
13 BPatGE 54, 72 = Mitt 2013, 447.

PCT, vorsieht (Abs 3 Satz 2).[14] Der Unterschiedsbetrag ist spätestens drei Monate nach Fälligkeit zu zahlen, andernfalls wird die Änderung nicht berücksichtigt (Abs 3 Satz 3).[15]

Für eine internat Patentanmeldung ist die Anmeldegebühr innerhalb der **Frist** nach Art 22 Abs 1 PCT **6** zu zahlen.[16] § 6 Abs 1 PatKostG findet insoweit keine Anwendung (vgl Rn 7 zu § 6 PatKostG).[17] Auch für eine internat GbmAnmeldung ist innerhalb der Frist nach Art 22 Abs 1 PCT die Gebühr zu zahlen;[18] dies ist durch die Fassung durch das 2. GPatG klargestellt.[19] Eine Benachrichtigung (näher *7. Aufl*) oder Nachfristsetzung erfolgt nicht.[20]

Die Pflicht zur Zahlung der Anmeldegebühr entfällt, wenn das DPMA bereits **Anmeldeamt** war, weil **7** die Gebühr durch die Übermittlungsgebühr abgegolten ist (Abs 2 Satz 2); nach dem eindeutigen Wortlaut der Bestimmung gilt dies unabhängig davon, ob Patent und/oder Gebrauchsmuster beantragt werden.[21] Insoweit gelten die Bestimmungen des PatKostG und der PatKostZV mangels abw Regelungen im PCT und der AOPCT entspr.[22]

Versäumt der Anmelder die Frist zur Zahlung der (nat) Gebühr für die internat Anmeldung, folgt die **8** Möglichkeit der **Wiedereinsetzung** in den vorigen Stand aus Art 48 Abs 2 Buchst a PCT iVm § 123 Abs 1 PatG.[23] Über einen Antrag auf Wiedereinsetzung in die Frist nach Art 22 Abs 1 PCT hat im Fall einer internat GbmAnmeldung die GbmStelle des DPMA durch ihren rechtskundigen Leiter zu entscheiden.[24] Regel 48.6 AOPCT gilt für die Wiedereinsetzung nicht, weil die Bundesrepublik Deutschland insoweit die Nichtanwendung erklärt hat.[25]

IV. Verfahrensgang

Es gelten zunächst die Bestimmungen in Art 23–28 PCT. Im übrigen findet das nationale Recht Anwen- **9** dung. Für die Entscheidung, ob ein Antrag nach Kapitel II die Formerfordernisse des PCT erfüllt, ist das mit der internat vorläufigen Prüfung befasste Amt zuständig.[26] Hat das Anmeldeamt nach Art 11 Abs 1 PCT ein Anmeldedatum als nicht begründet angesehen, ist das Bestimmungsamt hieran nicht gebunden (Art III § 5). Für die Feststellung, dass die in Art 11 Abs 3 PCT vorgesehene Wirkung einer internat Anmeldung in der Bundesrepublik Deutschland geendet hat, ist die Prüfungsstelle zuständig.[27] Dies gilt auch sonst für das Verfahren.[28]

Die **Vertretung** im Verfahren vor dem Bestimmungsamt richtet sich nach den nationalen Bestim- **10** mungen[29] (Art 27 Abs 7 PCT, Regel 51bis.1 Buchst b AOPCT). Zur Notwendigkeit der Bestellung eines Inlandsvertreters Rn 16 zu § 25 PatG.

D. Jahresgebühren sind nach inländ Recht wie für jede nationale Patentanmeldung zu zahlen. Die **11** dritte Jahresgebühr ist auch dann zu zahlen, wenn die nat Phase erst 30 Monate nach dem Anmeldetag eintritt.[30] Die Zahlungsfristen beginnen erst mit dem Eintritt in die nationale Phase zu laufen.[31]

---

14 Begr BTDrs 17/10308 = BlPMZ 2013, 366, 376.
15 Begr BTDrs 17/10308 = BlPMZ 2013, 366, 376.
16 BPatGE 25, 8 = BlPMZ 1982, 350; BPatGE 26, 1 = GRUR 1984, 108; BPatG BlPMZ 2001, 218; BPatG BlPMZ 2001, 220; BPatG 4.12.2000 10 W (pat) 104/99; *Schulte* IntPatÜG Rn 77.
17 BPatGE 54, 72 = Mitt 2013, 447.
18 BGH GRUR 1985, 37 Schraubenpresse; BPatGE 26, 1 = GRUR 1984, 108; BPatG 2.4.1984 5 W (pat) 7/84 BlPMZ 1984, 331 Ls, jeweils zu § 2 Abs 5 Satz 1 GebrMG 1968; *Benkard* § 4 GebrMG Rn 30c; *Bühring* § 4 GebrMG Rn 104.
19 Vgl Begr BlPMZ 1992, 45, 53.
20 Vgl BPatGE 25, 8 = BlPMZ 1982, 350; BPatGE 26, 1 = GRUR 1984, 108; BPatG BlPMZ 2001, 218; BPatG BlPMZ 2001, 220; BPatG 17.3.2005 10 W (pat) 61/03.
21 Vgl *Bühring* § 4 GebrMG Rn 104.
22 BPatG BlPMZ 2005, 80.
23 BPatGE 25, 8 = BlPMZ 1982, 350; *Schulte* IntPatÜG Rn 76; vgl BPatG 10.9.2009 10 W (pat) 5/07.
24 BPatGE 26, 1 = GRUR 1984, 108.
25 Bek vom 22.5.2003 BGBl II 562 = BlPMZ 2003, 282.
26 EPA J 20/89 ABl EPA 1991, 375 = GRUR Int 1991, 810 Rechtsmittelinstanz (PCT-Fälle); EPA J 14/98.
27 BPatGE 25, 8 = BlPMZ 1982, 350.
28 Vgl BPatG 13.11.2003 10 W (pat) 33/02.
29 *Winterfeldt* VPP-Rdbr 2000, 40, 45 f.
30 BPatG Mitt 2001, 119; BPatG 19.3.2001 10 W (pat) 50/00; BPatG 24.7.2000 10 W (pat) 122/99.
31 BPatG Mitt 2001, 119; *Schulte* IntPatÜG Rn 78.

E. Prioritätsfragen

I. Innere Priorität; Rücknahmefiktion

12   Die innere Priorität ist für eine internat Patentanmeldung erst dann wirksam beansprucht, wenn alle Voraussetzungen nach Abs 2, Art III § 6 Abs 2 erfüllt sind, insb die nat (Anmelde-)Gebühr für die internat Anmeldung innerhalb der Fristen nach Art 22 Abs 1, Art 39 Abs 1 PCT gezahlt ist.[32] Abs 4 Satz 1 schränkt die Rücknahmefiktion des § 40 Abs 5 PatG ein, die wegen Art 8 Abs 2 Buchst b Satz 2 PCT auch hier gilt, um unerwünschte Härten zu vermeiden[33] (Rn 26 zu § 40 PatG). Die Rücknahmewirkung tritt demnach erst ein, wenn die Voraussetzungen für den Eintritt der Anmeldung in die nat Phase nach Abs 2 (Übersetzung und Zahlung der Anmeldegebühr) erfüllt sind. Werden diese nicht erfüllt, gilt nach Art 24 Abs 1 iii PCT in dem betroffenen Bestimmungsstaat die Nachanmeldung als zurückgenommen, so dass eine unerwünschte Doppelpatentierung ausgeschlossen ist. Auch bei Erfüllung der Erfordernisse in Abs 2 gilt die frühere Patentanmeldung aber erst als zurückgenommen, wenn die in Art 22 Abs 1 PCT oder Art 39 Abs 1 PCT vorgesehenen Fristen abgelaufen sind;[34] dies betrifft insb die Fälle, in denen das DPMA Anmelde- und Bestimmungsamt ist, und wird durch die Änderung durch das 2.PatGÄndG klargestellt.[35] Einer Übersetzung bedarf es nicht, wenn die Anmeldung in dt Sprache eingereicht wurde, was in einer Reihe von PCT-Staaten (über die deutschsprachigen hinaus) möglich ist. Eine Mitteilung des DPMA über den Eintritt der Rücknahmefiktion ist nicht beschwerdefähig.[36] Zu beachten ist, dass die Voraussetzungen bei ordnungsgem Einreichung der PCT-Anmeldung beim DPMA – auch bei dort eingereichten Euro-PCT-Anmeldungen – ohne weiteres erfüllt sind.[37] Dem trägt Regel 4.9 Buchst b AOPCT dadurch Rechnung, dass die „Selbstbenennungsstaaten" Deutschland, Korea (Republik) und Russische Föderation durch Ankreuzen von der Bestimmung ausgenommen werden können.[38] Voraussetzung ist hier aber, dass eine dt Priorität tatsächlich in Anspruch genommen wird.[39] Eine weitere Möglichkeit besteht darin, nach Regel 90bis.2 AOPCT die Bestimmung Deutschlands für ein nationale Schutzrecht zurückzunehmen (Rn 2).[40] Ein nachträglicher Verzicht auf die Einleitung der nat Phase in Deutschland ist nicht möglich,[41] zu einem auf Deutschland beschränkten Prioritätsverzicht Rn 16.

13   Die Rücknahmefiktion wirkt sich nur aus, wenn beide Anmeldungen die **gleiche Schutzrechtsart** (Patent oder Gebrauchsmuster) betreffen.[42]

14   Wird für die internat Anmeldung nach Abs 4 Satz 1 ein **Antrag auf vorzeitige Bearbeitung oder Prüfung** nach Art 23 Abs 2 PCT oder Art 40 Abs 2 PCT gestellt, gilt nach Abs 4 (früher Abs 3) Satz 2 die frühere Patent- oder Gebrauchsmusteranmeldung zu dem Zeitpunkt als zurückgenommen, zu dem die Voraussetzungen des Abs 2 (Gebührenzahlung und Einreichung der erforderlichen Übersetzung) erfüllt sind und der Antrag auf vorzeitige Prüfung oder Bearbeitung beim DPMA eingegangen ist. Dadurch wird der Eintritt der Rücknahmefiktion bis zum Ablauf der Fristen nach Art 22 Abs 1 PCT oder Art 39 Abs 1 PCT verzögert.[43]

15   **II.** Auch für eine PCT-Anmeldung (auch GbmAnmeldung) kann die **Unionspriorität** (oder eine sonstige ausländ Priorität nach § 41 PatG) beansprucht werden.[44] Durch die Änderungen der AOPCT 1997 wurde die Prioritätsbeanspruchung liberalisiert.[45]

---

32 BPatG Mitt 2001, 260.
33 Begr 2.GPatG BlPMZ 1992, 45, 54; *Benkard* § 40 PatG Rn 22; vgl *Papke* Mitt 1990, 131.
34 BPatGE 39, 167 = GRUR 1998, 566; hierzu *Leonhard* Mitt 1998, 71; BPatG 27.1.1998 4 W (pat) 62/97.
35 Vgl *Schulte* IntPatÜG Rn 80.
36 BPatGE 47, 10 = BlPMZ 2003, 244.
37 Hierzu *Winterfeldt* VPP-Rdbr 1996, 37, 39.
38 Vgl Hinweis BlPMZ 2006, 117; *Schulte* IntPatÜG Rn 82.
39 Hinweis BlPMZ 2006, 117; *Schulte* IntPatÜG Rn 82 Fn 123.
40 *Schulte* IntPatÜG Rn 82.
41 *Winterfeldt* VPP-Rdbr 1996, 40.
42 MittPräsDPMA Nr 24/04 BlPMZ 2004, 349; *Schulte* IntPatÜG Rn 81.
43 Vgl Begr BTDrs 16/4382 S 10 = BlPMZ 2007, 366; *Schulte* IntPatÜG Rn 80.
44 Vgl BPatG BlPMZ 1989, 138; zur abw Rechtslage vor 1987 BPatG 10.1.1986 5 W (pat) 16/85.
45 Vgl *Hübenett* GRUR Int 1998, 100 f; zu Übersetzungen von Prioritätsbelegen *Hübenett* GRUR Int 2000, 745 f.

Ein in seiner Wirkung auf Deutschland beschränkter **Prioritätsverzicht** kann in der inländ nationa- **16** len Phase des Erteilungsverfahrens wirksam ausgesprochen werden; dies steht nicht im Widerspruch zu Regel 90bis.3 AOPCT, die nur besagt, dass nach Ablauf der dort genannten Frist ein Prioritätsverzicht in der internat Phase – einheitlich für alle Bestimmungsländer – ausgeschlossen ist; die Bestimmung schließt einen Prioritätsverzicht nach Ablauf dieser Frist jedoch nicht prinzipiell aus; ein später erklärter Prioritätsverzicht ist der nat Phase zuzuordnen, er kann deshalb er nur noch gegenüber einzelnen Bestimmungsämtern ausgesprochen werden und entfaltet auch nur gegenüber diesen Ämtern eine dezentrale Wirkung.[46] Der Anmelder soll verlangen können, dass im Weg eines Zwischenbeschlusses eine Entscheidung darüber herbeigeführt wird, ob der von ihm ausgesprochene nat Prioritätsverzicht zulässig und spätestens mit Beginn der nationalen Anmeldephase wirksam geworden ist.[47]

§ 5
Weiterbehandlung als nationale Anmeldung

(1) [1]Übersendet das Internationale Büro dem Deutschen Patent- und Markenamt als Bestimmungsamt eine internationale Anmeldung, der das zuständige Anmeldeamt die Zuerkennung eines internationalen Anmeldedatums abgelehnt hat oder die dieses Amt für zurückgenommen erklärt hat, so prüft das Deutsche Patent- und Markenamt, ob die Beanstandungen des Anmeldeamts zutreffend sind, sobald der Anmelder die Gebühr nach dem Patentkostengesetz für das Anmeldeverfahren nach § 34 des Patentgesetzes gezahlt und, sofern die internationale Anmeldung nicht in deutscher Sprache eingereicht worden ist, eine Übersetzung der internationalen Anmeldung in deutscher Sprache eingereicht hat. [2]Das Deutsche Patent- und Markenamt entscheidet durch Beschluß, ob die Beanstandungen des Anmeldeamts gerechtfertigt sind. [3]Für das Verfahren gelten die Vorschriften des Patentgesetzes entsprechend.

(2) Absatz 1 ist entsprechend auf die Fälle anzuwenden, in denen das Anmeldeamt die Bestimmung der Bundesrepublik Deutschland für zurückgenommen erklärt oder in denen das Internationale Büro die Anmeldung als zurückgenommen behandelt hat.

Ausland: Luxemburg: Art 9 PCT-Zustimmungsgesetz; **Österreich:** § 16 Abs 2–4 öPatV-EG.

A. Entstehungsgeschichte

Das 2. PatGÄndG hat die Verweisung in Abs 1 Satz 1 und die Bezeichnung des DPA geänd, das Kost- **1** RegBerG hat eine weitere Änderung (Verweisung auf das PatKostG) vorgenommen.

B. Voraussetzungen für die Überprüfung der Beanstandung durch das Anmeldeamt

Nach Art 25 Abs 1 PCT übersendet das Internationale Büro auf Antrag des Anmelders dem Bestim- **2** mungsamt unverzüglich Kopien der internat Anmeldung, wenn das Anmeldeamt die Zuerkennung eines internat Anmeldedatums abgelehnt (Art 11 Abs 1 PCT) oder erklärt hat, dass die internat Anmeldung als zurückgenommen gilt (Art 14 Abs 3 Buchst a, Abs 4 PCT). Unter Ausnutzung des Vorbehalts in Art 25 Abs 2 Buchst a PCT macht Abs 1 Satz 1 die Entscheidung darüber, ob die Beanstandungen des Anmeldeamts gerechtfertigt sind, von der Zahlung der Anmeldegebühr und ggf der Einreichung einer Übersetzung abhängig; die Fristen hierfür betragen nach Regeln 51.1, 51.2 AOPCT zwei Monate ab Mitteilung an den Anmelder.

---

46 BPatGE 48, 207 = GRUR 2004, 1025; vgl *Schulte* IntPatÜG Rn 82.
47 BPatGE 48, 207 = GRUR 2004, 1025.

C. Verfahren; Entscheidung

3   Die Rechtsfolgen ergeben sich unmittelbar aus Art 25 PCT. Bei berechtigter Beanstandung erledigt sich mit dem Beschluss des DPMA das Verfahren, andernfalls ist die Anmeldung als nationale weiterzubehandeln[1] („Systemabbruch" im PCT).[2]

D. Entsprechende Anwendung (Absatz 2)

4   Die Regelung in Abs 1 ist entspr auf die Fälle anzuwenden, in denen das Anmeldeamt die Bestimmung der Bundesrepublik Deutschland für zurückgenommen erklärt (Art 14 Abs 3 Buchst b PCT) oder das Internationale Büro die Anmeldung als zurückgenommen behandelt hat (Art 12 Abs 3 PCT).

§ 6
Das Deutsche Patent- und Markenamt als ausgewähltes Amt

(1) Hat der Anmelder zu einer internationalen Anmeldung, für die das Deutsche Patent- und Markenamt Bestimmungsamt ist, beantragt, daß eine internationale vorläufige Prüfung der Anmeldung nach Kapitel II des Patentzusammenarbeitsvertrags durchgeführt wird, und hat er die Bundesrepublik Deutschland als Vertragsstaat angegeben, in dem er die Ergebnisse der internationalen vorläufigen Prüfung verwenden will („ausgewählter Staat"), so ist das Deutsche Patentamt ausgewähltes Amt.

(2) Ist die Auswahl der Bundesrepublik Deutschland vor Ablauf des 19. Monats seit dem Prioritätsdatum erfolgt, so ist § 4 Abs. 2 mit der Maßgabe anzuwenden, daß an die Stelle der dort genannten Frist die in Artikel 39 Abs. 1 des Patentzusammenarbeitsvertrags vorgesehene Frist tritt.

Ausland: Luxemburg: Art 6 PCT-Zustimmungsgesetz in der durch das PatG 1992/1998 geänd Fassung; **Österreich:** § 17 öPatV-EG; **Schweiz:** Art 134, 138 Abs 2 PatG, Art 125a, 125b PatV

A. Entstehungsgeschichte

1   Das KostRegBerG hat in Abs 1 den Begriff „Deutsche Patentamt" ersichtlich aufgrund eines Redaktionsversehens nur einmal durch „Deutsche Patent- und Markenamt" ersetzt (der Wortlaut der Bestimmung wird insoweit in verschiedenen Kommentaren nicht korrekt wiedergegeben).

B. Internationale vorläufige Prüfung

I. Grundsatz

2   Die Bundesrepublik Deutschland hat von der Möglichkeit des Vorbehalts nach Art 64 Abs 1 Buchst a PCT keinen Gebrauch gemacht; die Vorschriften über die internat vorläufige Prüfung (Kap II PCT) sind daher anwendbar. Abs 1 betrifft dementspr das DPMA als ausgewähltes Amt iSv Art 2 xiv PCT.

3   **Gegenstand** der internat vorläufigen Prüfung ist die Erstellung eines vorläufigen und nicht bindenden Gutachtens darüber, ob die beanspruchte Erfindung als neu, auf erfinderischer Tätigkeit beruhend (nicht offensichtlich) und gewerblich anwendbar anzusehen ist (Art 33 Abs 1 PCT). Dieses Gutachten bindet die Bestimmungsämter bei ihrer späteren Entscheidung über die Patentfähigkeit der Erfindung nicht.

4   **II. Der Antrag** (Formblatt PCT/IPEA/401)[1] ist gesondert von der internat Anmeldung zu stellen (Art 31 Abs 3 PCT). Er ist für beim DPMA eingereichte internat Anmeldungen nach Art 31 Abs 6 Buchst a unmittel-

---

1   *Schulte* IntPatÜG Rn 84.

2   Vgl *MGK/Bossung* Art 80 EPÜ Rn 26; zur Umdeutung einer PCT-Anmeldung in eine nat Patentanmeldung BPatGE 25, 68 = BlPMZ 1983, 305; *MGK/Bossung* Art 80 EPÜ Rn 27, 109 ff.

1   Abrufbar unter http://www.wipo.int/export/sites/www/pct/de/forms/demand/ed_demand.pdf.

bar beim EPA zu stellen.[2] Die Bearbeitungsgebühr (Regel 57.1 AOPCT), die seit 1.1.2016 183 EUR beträgt, und die Prüfungsgebühr (Regel 58 AOPCT), die zu diesem Zeitpunkt 1.930 EUR beträgt, sind unmittelbar an das EPA zu zahlen. Zur Notwendigkeit, einen Inlandsvertreter zu bestellen, Rn 18 zu § 25 PatG.

Frist. Der Antrag kann jederzeit vor Ablauf von drei Monaten ab dem Tag, an dem der internat Re- 5
cherchenbericht oder die Erklärung nach Art 17 Abs 2 Buchstabe a PCT und der schriftliche Bericht nach Regel 43bis.1 dem Anmelder übermittelt werden, oder 22 Monate ab dem Prioritätsdatum gestellt werden, je nachdem, welche Frist später abläuft (Regel 54bis Buchst a AOPCT).

Mit Einreichung des Antrags auf internat vorläufige Prüfung werden alle Bestimmungsstaaten, für die 6
Kap II PCT verbindlich ist, als **ausgewählte Staaten** benannt (Regel 53.7 AOPCT).[3]

C. Als mit der internat vorläufigen Prüfung **beauftragtes Amt** kommt das DPMA (das „ausgewählte 7
Amt"), nicht in Betracht, weil die Bundesrepublik Deutschland hierauf nach Abschn II des Zentralisierungsprotokolls zugunsten des EPA verzichtet hat.[4]

D. Nationale Fristenregelung

Abs 2 trägt der Fristregelung in Art 39 Abs 1 Buchst a PCT für die Zahlung der Anmeldegebühr und die 8
Zuleitung einer Übersetzung der Anmeldung an das ausgewählte Amt Rechnung. Die Frist zur Einleitung der nat Phase endet 30 Monate nach dem Prioritätsdatum.[5] Da die Fristen nach Art 22 Abs 1 PCT und nach Art 39 Abs 1 PCT nunmehr übereinstimmen, hat die Unterscheidung für die Fristen keine Bedeutung mehr.[6]

§ 7
Internationaler Recherchenbericht

[1] Liegt für die internationale Anmeldung ein internationaler Recherchenbericht vor, so ermäßigt sich die nach § 44 Abs. 3 des Patentgesetzes zu zahlende Gebühr für die Prüfung der Anmeldung in gleicher Weise, wie wenn beim Deutschen Patent- und Markenamt ein Antrag nach § 43 Abs. 1 des Patentgesetzes gestellt worden wäre. [2] Eine Ermäßigung nach Satz 1 tritt nicht ein, wenn der internationale Recherchenbericht für Teile der Anmeldung nicht erstellt worden ist.

Das KostRegBerG hat eine **redaktionelle Änderung** vorgenommen. 1

Grds wird für jede internat Anmeldung eine internat Recherche durchgeführt. Die Regelung geht da- 2
von aus, dass nur solche Behörden als internat Recherchenbehörden tätig werden, bei denen die Gewähr gegeben ist, dass die von ihnen erstellten Berichte den Anforderungen an eine ordnungsgem erstellte Recherche entsprechen und dem DPMA damit die eigene Recherchenarbeit erspart wird; es erschien daher gerechtfertigt, wie in Art II § 9 Abs 3 Satz 2 den internat Anmelder für die **Zahlung der Prüfungsgebühr** so zu stellen, als ob ein Rechercheantrag nach dem PatG gestellt worden wäre (Satz 1).[1] Die Prüfungsgebühr ist daher um 200 EUR auf 150 EUR ermäßigt (GebVerz 311300).

Die Gebührenermäßigung tritt nicht ein, wenn das DPMA nicht von der Recherchetätigkeit entlastet 3
wird, weil der internat Recherchenbericht für **Teile der Anmeldung** nicht erstellt worden ist (Satz 2), so bei mangelnder Einheitlichkeit; hier kann der internat Recherchenbericht für Teile der internat Anmeldung erstellt werden (Art 17 Abs 3 PCT), sowie in den Fällen, in denen die internat Recherchenbehörde nicht verpflichtet ist, eine Recherche zu bestimmten Schutzansprüchen durchzuführen, und eine Recherche auch nicht durchführen will, oder für einzelne Ansprüche eine sinnvolle Recherche nicht durchge-

---

2 Ebenso *Schulte* IntPatÜG Rn 85.
3 Vgl Bek BGBl 2004 II 1790 = BlPMZ 2004, 371; *Schulte* IntPatÜG Rn 85.
4 Vgl Bek BlPMZ 1978, 165.
5 *Schulte* IntPatÜG Rn 86; zur früheren 25-Monats-Frist BPatGE 25, 8 = BlPMZ 1982, 350: ohne dass es zuvor der Zustellung einer Gebührennachricht nach § 34 Abs 6 Satz 2 PatG aF bedurft hätte; dort auch zur Wiedereinsetzung.
6 Vgl *Schulte* IntPatÜG Rn 86.

1 Begr BTDrs 7/3712 = BlPMZ 1976, 322, 331.

führt werden kann (Art 17 Abs 2 PCT). Dass der internat Recherchenbericht insgesamt nicht erstellt worden ist, wird man für die Anwendung des Satzes 2 gleichachten müssen.[2]

§ 8
Veröffentlichung der internationalen Anmeldung

(1) [1]Die Veröffentlichung einer internationalen Anmeldung nach Artikel 21 des Patentzusammenarbeitsvertrags, für die das Deutsche Patent- und Markenamt Bestimmungsamt ist, hat die gleiche Wirkung wie die Veröffentlichung eines Hinweises nach § 32 Abs. 5 des Patentgesetzes für eine beim Deutschen Patent- und Markenamt eingereichte Patentanmeldung (§ 33 des Patentgesetzes). [2]Ein Hinweis auf die Veröffentlichung wird im Patentblatt bekanntgemacht.

(2) [1]Ist die internationale Anmeldung vom Internationalen Büro nicht in deutscher Sprache veröffentlicht worden, so veröffentlicht das Deutsche Patent- und Markenamt eine ihm zugeleitete Übersetzung der internationalen Anmeldung von Amts wegen. [2]In diesem Falle treten die Wirkungen nach Absatz 1 erst vom Zeitpunkt der Veröffentlichung der deutschen Übersetzung an ein.

(3) Die nach Artikel 21 des Patentzusammenarbeitsvertrags veröffentlichte internationale Anmeldung gilt erst dann als Stand der Technik nach § 3 Abs. 2 des Patentgesetzes, wenn die in § 4 Abs. 2 genannten Voraussetzungen erfüllt sind.

Ausland: Luxemburg: Art 10 PCT-Zustimmungsgesetz; **Schweiz:** Art 123-125 PatV (2006 und 2007 neu gefasst); **Tschech. Rep.:** § 11 Abs 4 PatG, geänd 2000

A. Entstehungsgeschichte; Anwendungsbereich

1   Der durch das das GebrMÄndG und das KostRegBerG redaktionell geänd Abs 1 Satz 1 entspricht Art 29 Abs 1 PCT und hat lediglich klarstellende Bedeutung.[1] Das KostRegBerG hat Abs 2 redaktionell geänd. Das GebrMÄndG hat eine Änderung in Abs 3 vorgenommen. Auf internat GbmAnmeldungen wird die Regelung nicht anwendbar sein (Rn 7 zu § 11 GebrMG).

B. Wirkung der Veröffentlichung

2   Ist die Anmeldung vom Internat Büro in dt Sprache veröffentlicht, tritt die Wirkung der Veröffentlichung nach § 33 PatG bereits mit dieser ein,[2] ist die Veröffentlichung in einer anderen Sprache erfolgt, kommt Abs 2 zur Anwendung (Rn 3).

C. Veröffentlichung der Übersetzung

3   Abs 2 macht in Übereinstimmung mit Art 153 Abs 4 EPÜ von der in Art 29 Abs 2 i PCT vorgesehenen Möglichkeit Gebrauch, den Schutz bei fremdsprachigen Anmeldungen erst nach Veröffentlichung einer Übersetzung eintreten zu lassen (s Art II § 1 Abs 2). Die Übersetzungen veröffentlicht das DPMA vAw (T5-Schrift), sobald sie ihm zugeleitet werden.[3]

D. Weitere Veröffentlichungen

4   Zur besseren Information der Öffentlichkeit weist das DPMA im PatBl auf die vom Internat Büro vorgenommenen Veröffentlichungen hin; Grundlage hierfür ist Abs 1 Satz 2. Zu den im PatBl veröffentlichten internat Anmeldungen in dt Sprache werden seit 2007 vom DPMA Titelseiten herausgegeben, um die Recherchierbarkeit in den Datenbanken wie DEPATISnet zu verbessern; diese führen den Schriftartencode A5

---

2   Vgl *Schulte* IntPatÜG Rn 88.

1   Vgl *Schulte* IntPatÜG Rn 89.
2   *Schulte* IntPatÜG Rn 89.
3   Vgl MittPräsDPA Nr 21/80 BlPMZ 1980, 325.

und den Titel: „Hinweis auf die internationale Veröffentlichung in deutscher Sprache". Zu den Titelseiten können Berichtigungen herausgegeben werden (Schriftartencode A8).[4]

E. Die **Zurechnung zum Stand der Technik** iSd § 3 Abs 2 PatG setzt voraus, dass die in § 4 Abs 2 ge- **5** nannten Voraussetzungen (Gebührenentrichtung; Übersetzung) erfüllt sind (Abs 3; vgl Rn 151 zu § 3 PatG); zur Zurechnung iSd Art 54 Abs 3 EPÜ Rn 161 zu § 3 PatG.

F. Aussetzung kommt entspr § 140 PatG mit der Veröffentlichung der Anmeldung (Abs 1) in Betracht, **6** wenn diese in dt Sprache erfolgt, sonst mit der Veröffentlichung nach Abs 2.[5]

Artikel IV
Anpassung des Patentgesetzes an das Europäische Patentrecht

(nicht abgedruckt)

Artikel V
Verfahrensrechtliche Änderungen des Patentgesetzes

(nicht abgedruckt)

Artikel VI
Änderung des Gesetzes betreffend den Schutz von Erfindungen, Mustern und Warenzeichen auf Ausstellungen

(nicht abgedruckt)

Artikel VII
Einschränkung von Vorschriften der Patentanwaltsordnung und der Bundesrechtsanwaltsordnung

Auf die Begründung eines Geschäftssitzes nach Artikel 134 Abs. 6 und 8 des Europäischen Patentübereinkommens außerhalb des Geltungsbereichs dieses Gesetzes sind § 28 der Patentanwaltsordnung und § 28 der Bundesrechtsanwaltsordnung nicht anzuwenden.

A. Entstehungsgeschichte

Die Bestimmung hat ihre geltende Fassung durch Art 1 Nr 3 des Gesetzes zur Umsetzung der **1** EPÜ-Revisionsakte iVm der Bek vom 19.2.2008[1] erhalten (Änderung der Absatzbezeichnungen zu Art 134 EPÜ).

B. Nach Art 134 Abs 6 EPÜ sind jede in der Liste der zugelassenen Vertreter eingetragene Person und **1.1** jeder der in Art 134 Abs 8 EPÜ genannten Rechtsanwälte berechtigt, zur Ausübung ihrer Tätigkeit als zugelassener Vertreter einen **Geschäftssitz** in jedem Vertragsstaat zu **begründen**, in dem Verfahren nach dem EPÜ durchgeführt werden.

---

4 MittPräsDPMA Nr 12/06 BlPMZ 2006, 338.

5 Vgl *Fitzner/Lutz/Bodewig* § 140 PatG Rn 7.

1 BGBl I 254 = BlPMZ 2008, 150.

2   Wegen des grds **Zweigstellenverbots** und weil als Zweigstelle auch ein ausländ Geschäftssitz angesehen wurde, ist die Freistellungsregelung eingeführt worden, um eine Diskriminierung gegenüber ausländ Kollegen zu vermeiden.[2]

3   Zum **Entzug eines inländischen Geschäftssitzes** eines ausländ Vertreters s Art II § 12.

Artikel VIII
Änderung der Patentanwaltsordnung

(nicht abgedruckt)

Artikel IX
Änderung des Gesetzes über die Gebühren des Patentamts und des Patentgerichts

(nicht abgedruckt)

Artikel X
Bekanntmachung von Änderungen

Im Bundesgesetzblatt sind bekanntzumachen:
1. Änderungen des Europäischen Patentübereinkommens, die der Verwaltungsrat der Europäischen Patentorganisation nach Art 33 Abs. 1 des Europäischen Patentübereinkommens beschließt, und die Gebührenordnung, die nach Artikel 33 Abs. 2 Buchstabe d erlassen wird, sowie deren Änderung;
2. [1]Änderungen des Patentzusammenarbeitsvertrags und der Ausführungsordnung zu diesem Vertrag, die die Versammlung des Verbands für die internationale Zusammenarbeit auf dem Gebiet des Patentwesens nach Artikel 47 Abs. 2, Artikel 58 Abs. 2 und Artikel 61 Abs. 2 des Vertrags beschließt. [2]Das gleiche gilt für Änderungen im schriftlichen Verfahren nach Artikel 47 Abs. 2 des Vertrags[;] [.]
[3. Änderungen der Satzung des Einheitlichen Patentgerichts, die der Verwaltungsausschuss des Einheitlichen Patentgerichts nach Artikel 40 Absatz 2 des Übereinkommens über ein Einheitliches Patentgericht beschließt, die Verfahrensordnung des Einheitlichen Patentgerichts sowie deren Änderung, die der Verwaltungsausschuss des Einheitlichen Patentgerichts nach Artikel 41 Absatz 2 des Übereinkommens über ein Einheitliches Patentgericht beschließt.]

1   Der **Verwaltungsrat der Europäischen Patentorganisation** kann nach Art 33 EPÜ bestimmte Vorschriften des EPÜ ändern und neue Vorschriften erlassen; hinsichtlich der Ausführungsordnung, die nach Art 164 Abs 1 EPÜ Bestandteil des Übereinkommens ist, handelt es sich um eine Generalzuständigkeit zur ergänzenden Rechtssetzung.[1]

2   Die gleiche Befugnis steht der Versammlung des **Verbands für die Internationale Zusammenarbeit auf dem Gebiet des Patentwesens** zu.

3   Soweit Änderungen oder neue Vorschriften Außenwirkung haben, müssen sie **der Öffentlichkeit bekanntgegeben werden,** um die Beachtung durch die Betroffenen sicherzustellen (Begr).

4   Die **Einfügung von Nr 3** ist im RegE für ein Gesetz zur Anpassung patentrechtlicher Vorschriften auf Grund der europäischen Patentreform vom 27.5.2016 vorgesehen.

---

2   BTDrs 7/3712 = BlPMZ 1976, 322, 335.

1   Mitteilung ABl EPA 1999, 573, 575.

Artikel XI
Übergangs- und Schlußbestimmungen

§ 1
Geltungsbereich des Art. IV IntPatÜG

(1) Artikel IV ist nur auf die nach seinem Inkrafttreten beim Deutschen Patent- und Markenamt eingereichten Patentanmeldungen und die darauf erteilten Patente anzuwenden.

(2) [1]Eine innerhalb von sechs Monaten nach dem Inkrafttreten von Artikel IV Nr. 3 eingereichte Patentanmeldung kann nicht deshalb zurückgewiesen und ein darauf erteiltes Patent nicht deshalb für nichtig erklärt werden, weil die Erfindung innerhalb von sechs Monaten vor der Anmeldung beschrieben oder benutzt worden ist, wenn die Beschreibung oder Benutzung auf der Erfindung des Anmelders oder seines Rechtsvorgängers beruht. [2]Satz 1 ist nicht anzuwenden, wenn die Beschreibung oder Benutzung der Erfindung durch den Anmelder oder seinen Rechtsnachfolger selbst erfolgt ist und erst nach Inkrafttreten von Artikel IV Nr. 3 vorgenommen worden ist.

(3) Die vor dem Inkrafttreten von Artikel IV Nr. 7 und Artikel VI entstandenen Wirkungen des zeitweiligen Schutzes bleiben von dem Inkrafttreten der genannten Bestimmungen unberührt.

Die Bestimmung ist durch das KostRegBerG redaktionell **geändert** worden.   **1**

Eine Anwendung der Änderungen des PatG in Art IV auf **vor Inkrafttreten der Änderungen** einge-   **2** reichte Patentanmeldungen und darauf erteilte Patente ist grds ausgeschlossen worden, weil die Änderungen im wesentlichen das materielle Recht und nicht lediglich die verfahrensmäßige Behandlung der Patentanmeldung betreffen. Ohne die Vorschrift würde in Rechtspositionen eingegriffen, die der Anmelder mit der Einreichung der Anmeldung bereits erworben hatte. Der Gesetzgeber hat zu einem solchen Eingriff weder Anlass noch rechtfertigenden Grund gesehen.[1] Die Übergangsregelungen sind wegen Zeitablaufs nicht mehr von Bedeutung. Zu den Einzelheiten s die Kommentierung in der *6. Aufl.*[2]

§ 2
(Berlin-Klausel)

(nicht abgedruckt)

§ 3
(Inkrafttreten)

(nicht abgedruckt)

§ 4
(Geltungsbereich des Übersetzungserfordernisses für europäische Patente)[1]

Für europäische Patente, für die der Hinweis auf die Erteilung vor dem 1. Mai 2008 im Europäischen Patentblatt veröffentlicht worden ist, bleiben Artikel II § 3 dieses Gesetzes, § 2 Abs. 1 des Patentkostengesetzes vom 13. Dezember 2001 (BGBl. I S. 3656), die Verordnung über die Übertragung der Ermächtigung nach Artikel II § 3 Abs. 6 des Gesetzes über internationale Patentübereinkommen vom 1. Juni 1992 (BGBl. 1992 II S. 375) und die Verordnung über Übersetzungen europäischer

---

1   Begr BTDrs 7/3712 = BlPMZ 1976, 322, 336.
2   Vgl zur Anwendbarkeit von §§ 21, 22 PatG auf vor 1981 angemeldete Patente BGH GRUR 2006, 316 Koksofentür; zur Anwendbarkeit der Bestimmungen über die Patentfähigkeit BGH GRUR 2007, 309 Schussfädentransport.

1   Überschrift nicht amtlich.

Patentschriften vom 2. Juni 1992 (BGBl. 1992 II S. 395) jeweils in den Fassungen anwendbar, die im Zeitpunkt der Veröffentlichung des Hinweises gegolten haben.

Ausland: Belgien: Art 5, 6 Zustimmungsgesetz, Art 6 VO vom 27.2.1981; **Dänemark:** §§ 77, 85, 86 PatG 1996; **Estland:** §§ 7, 9 Abs 1 DurchfG; **Frankreich:** Art L 614-7, R 614-8–10 CPI; **Italien:** Art 56 CDPI (Wirkung des eur Patents); Art 57 CDPI (Verbindlichkeit der Übersetzung); **Niederlande:** Art 52 ROW 1995; **Österreich:** §§ 5, 6, 21, 22 öPatV-EG; **Polen:** Art 6, 7 EPG; **Schweiz:** Art 113–116 PatG, Art 116 PatV, aufgehoben mWv 1.5.2008; **Slowakei:** § 63 PatG; **Slowenien:** Art 27, 28 GgE; **Türkei:** Regeln 12, 14–17 VOEP; **Ungarn:** Art 84/H, 84/J PatG; **VK:** vgl Sec 77 Abs 6–9 Patents Act

Schrifttum: *Addor/Luginbühl* Stärkung des europäischen Patentsystems, sic! 2000, 730; *Boff* EPC Translations, EIPR 1995, 319; *Ehlers* (Anm) Mitt 2009, 402; *Grabenwarter* Verfassungs- und völkerrechtliche Aspekte des Verzichts auf Übersetzungserfordernisse im europäischen Patentrecht, FS I. Griss (2011), 205; *Keukenschrijver* Zur Notwendigkeit der Übersetzung europäischer Patentschriften in Deutschland, FS D. Stauder (2011), 116; *Kühnen* Die unvollständige Übersetzung fremdsprachiger europäischer Patentschriften, Mitt 2009, 345; *Rauh* Der Übersetzungsfehler gemäß Art II § 3 Abs 5 IntPatÜG aF, GRUR Int 2011, 667; *Schüssler-Langeheine/Klopschinski* Lost in Translation? Not Any More! The Federal Court of Justice of Germany has Rendered a Decision in Incomlete Translations of European Patents, EIPR 2011, 191; *Sendowski* (Anm) Mitt 2009, 236; *von Michel* Europäische Patente neue Übersetzungsvorgaben ab Mai 2008 nach dem Londoner Protokoll, Mitt 2008, 148; *Voß* Die vollständige Übersetzung einer europäischen Patentschrift gem Art II § 3 I IntPatÜG als (unabdingbare) Wirksamkeitsvoraussetzung, GRUR 2008, 654; *Waage* Mieux vaut tard que jamais: L'entrée en vigeur de l'Accord de Londres après 8 années de tergiversations, sic! 2008, 833; *Wurzer/Grünewald* Das latente Risiko Patentübersetzung, Mitt 2014, 540.

A. Vorbemerkung

1   Die durch Art 8a des Gesetzes zur Verbesserung der Durchsetzung von Rechten des geistigen Eigentums vom 7.7.2008[2] eingefügte Bestimmung schreibt anders als die nicht in Kraft gesetzte Vorgängerregelung im Gesetz zur Änderung des IntPatÜG vom 10.12.2003,[3] die keine **Übergangsregelung** enthielt, die Fortgeltung der Regelung in Art II § 3 nebst Folgeregelungen (insbes ÜbersV) und des § 2 Abs 1 PatKostG für eur Patente vor, bei denen nicht vor dem 1.6.1992, aber vor dem 1.5.2008 der Hinweis auf die Patenterteilung veröffentlicht worden ist.[4] Diese Bestimmung betrifft auch den Fall einer nach dem 30.4.2008 veröffentlichten geänd Aufrechterhaltung im eur Einspruchsverfahren, für den das Übersetzungserfordernis weitergilt, wenn die Veröffentlichung der Patenterteilung vor dem 1.5.2008 erfolgt ist.[5]

2   Die Regelung entspricht Art 9 des **Londoner Übereinkommens** (Rn 15 zu Art I IntPatÜG).[6]

B. Entstehungsgeschichte des früheren Artikels II § 3; Grundlagen; Anwendungsbereich

3   **Entstehungsgeschichte.** Die vor dem 1.6.1992 geltende Fassung der Bestimmung forderte nur in Gerichtsverfahren auf Verlangen des Gerichts die Vorlage einer Übersetzung. Die sodann geltende, auf Art 65 EPÜ (Rn 3) gestützte Regelung war durch Art 6 Nr 4 2. GPatG mWv 1.6.1992 neu gefasst worden;[7] das KostRegBerG hatte im wesentlichen redaktionelle Änderungen vorgenommen sowie die Bestimmungen über die Gebührenpflicht und -zahlung herausgenommen. Das Gesetz zur Umsetzung der EPÜ-Revisionsakte

---

2 BGBl I 1191 = BlPMZ 2008, 274.
3 BGBl I 2470 = BlPMZ 2004, 46.
4 BGH GRUR 2010, 708 Nabenschaltung II; OLG München 28.5.2009 6 U 3322/06.
5 BGH GRUR 2011, 1053 Ethylengerüst; BPatG 9.9.2010 10 W (pat) 19/09 BlPMZ 2011, 231 Ls.
6 BGH Ethylengerüst.
7 Vgl Begr BlPMZ 1992, 45; *Schulte* IntPatÜG Rn 15.

hatte klarstellend[8] mWv 13.12.2007 noch Abs 1 neu gefasst und wegen der Aufhebung der Übergangsvorschrift in Art 12 2. GPatG die Übergangsregelung in Abs 7 angefügt. Sie lautete in der zuletzt geltenden Fassung wie folgt:

(1) [1] *Ist das vom Europäischen Patentamt mit Wirkung für die Bundesrepublik Deutschland erteilte europäische Patent nicht in deutscher Sprache abgefasst, hat der Patentinhaber innerhalb von drei Monaten nach der Veröffentlichung des Hinweises auf die Erteilung des europäischen Patents im europäischen Patentblatt beim Deutschen Patent- und Markenamt eine deutsche Übersetzung des europäischen Patents in der Fassung einzureichen, die der Patenterteilung zugrunde lag.* [2] *Hat das Europäische Patentamt das Patent im Einspruchsverfahren in geänderter Fassung aufrechterhalten oder im Beschränkungsverfahren beschränkt, ist innerhalb von drei Monaten nach der Veröffentlichung des Hinweises auf die Entscheidung über den Einspruch oder über den Antrag auf Beschränkung die deutsche Übersetzung der geänderten Fassung einzureichen.*

(2) Wird die Übersetzung nicht fristgerecht oder in einer eine ordnungsgemäße Veröffentlichung nicht gestattenden Form eingereicht oder die Gebühr nicht fristgerecht entrichtet, so gelten die Wirkungen des europäischen Patents für die Bundesrepublik Deutschland als von Anfang an nicht eingetreten.

(3) [1] *Das Deutsche Patent- und Markenamt veröffentlicht die Übersetzung.* [2] *Ein Hinweis auf die Veröffentlichung der Übersetzung ist im Patentblatt zu veröffentlichen und im Patentregister zu vermerken.*

(4) [1] *Ist die nach Absatz 3 veröffentlichte Übersetzung fehlerhaft, so kann der Patentinhaber eine berichtigte Übersetzung einreichen.* [2] *Die berichtigte Übersetzung wird nach Absatz 3 veröffentlicht.*

(5) Ist die Übersetzung der europäischen Patentschrift fehlerhaft, so darf derjenige, der im Inland in gutem Glauben die Erfindung in Benutzung genommen oder wirkliche und ernsthafte Veranstaltungen zur Benutzung der Erfindung getroffen hat, nach Veröffentlichung der berichtigten Übersetzung die Benutzung für die Bedürfnisse seines eigenen Betriebs in eigenen oder fremden Werkstätten unentgeltlich fortsetzen, wenn die Benutzung keine Verletzung des Patents in der fehlerhaften Übersetzung der Patentschrift darstellen würde.

(6) [1] *Der Bundesminister der Justiz wird ermächtigt, durch Rechtsverordnung Bestimmungen zur Ausführung der Absätze 2 bis 4 zu erlassen.* [2] *Er kann diese Ermächtigung durch Rechtsverordnung auf das Deutsche Patent- und Markenamt übertragen.*

(7) Die vorstehenden Absätze sind nicht auf europäische Patente und im Einspruchsverfahren geänderte europäische Patente anzuwenden, für die der Hinweis auf die Erteilung des europäischen Patents im Europäischen Patentblatt vor dem 1.Juni 1992 veröffentlicht worden ist.

Aufhebung. Diese Regelung wurde durch das Gesetz zur Änderung des Gesetzes über internationale **4** Patentübereinkommen vom 10.12.2003 (Rn 7) mit Wirkung vom ersten Tag des Inkrafttretens des Übk über die Anwendung des Art 65 EPÜ für die Bundesrepublik Deutschland aufgehoben. Diese Regelung ist jedoch nicht wirksam geworden, denn sie wurde durch Art 8b des Gesetzes zur Verbesserung der Durchsetzung von Rechten des geistigen Eigentums vom 7.7.2008 aufgehoben,[9] während Art 8a Nr 1 dieses Gesetzes nunmehr die Aufhebung normiert.[10] Durch Art 10 dieses Gesetzes ist die Aufhebung zum 1.5.2008 (Inkrafttreten des Londoner Übereinkommens) erfolgt; eine unzulässige Rückwirkung liegt hierin nicht.[11] Die Übergangsregelung ist mit der vorliegenden Bestimmung getroffen. Danach ist die Regelung auf Patente, bei denen der Hinweis auf die Erteilung vor dem 1.5.2008 veröffentlicht worden ist, weiter anzuwenden,[12] und zwar auch dann, wenn die Änderung des Patents nach dem 30.4.2008 erfolgt ist.[13] Dies entspricht der Regelung im Londoner Übk, das, ebenfalls auf den Zeitpunkt der Veröffentlichung des Hinweises auf die Erteilung des eur Patents abstellt.

Art 65 EPÜ (geänd durch Beschluss des Verwaltungsrats vom 13.12.1994)[14] eröffnet den Vertragsstaa- **5** ten die Möglichkeit, die Einreichung von Übersetzungen des eur Patents zu verlangen. Von dieser Möglichkeit machte Art II § 3 aF vor dem 1.5.2008 Gebrauch. Die nationale Regelung übernahm die Vorgaben des EPÜ indessen nicht in voller möglicher Strenge, nämlich nicht dahin, dass auf den Schutzbereich der Übersetzung abzustellen ist, wenn dieser enger ist als der Schutzbereich in der Verfahrenssprache.[15]

---

8   Vgl *Voß* GRUR 2008, 654, 661; *Schulte* IntPatÜG Rn 23.
9   Vgl BGH GRUR 2011, 1053 Ethylengerüst.
10 Vgl zum Hintergrund *von Michel* Mitt 2008, 148.
11 BGH Ethylengerüst; BPatG 9.9.2010 10 W (pat) 19/09 BlPMZ 2011, 231 Ls.
12 Vgl BGH GRUR 2015, 361 Kochgefäß.
13 BGH Ethylengerüst.
14 ABl EPA 1995, 409.
15 BGH GRUR 2010, 708 Nabenschaltung II; vgl *MGK/U. Krieger* Art 65 EPÜ Rn 6.

6   Zur **Unanwendbarkeit** der Übersetzungsregelung auf eur Patente, für die der Hinweis auf die Erteilung des eur Patents im eur PatBl vor dem 1.6.1992 veröffentlicht worden war, 7. *Aufl* Rn 4 zu Art 12 II § 3 aF.

7   Auch in der Bundesrepublik Deutschland bestand (wie in anderen Vertragsstaaten bereits früher; vgl § 5 öPatV-EG) vom 1.6.1992 bis 30.4.2008 die **Pflicht zur Einreichung einer Übersetzung** der Patentschrift eines eur Patents, das mit Wirkung für die Bundesrepublik Deutschland erteilt war, aber nicht in dt Sprache vorlag, wenn die Veröffentlichung der Erteilung im eur PatBl vor dem 1.5.2008 veröffentlicht worden war. Die Regelung verstieß nicht gegen den Grundsatz der Warenverkehrsfreiheit.[16] Das DPMA veröffentlichte diese Übersetzung und wies darauf im PatBl und im Register hin (näher 6. *Aufl*).

8   **Regelungszweck.** Die Übersetzung diente azu, im Interesse der Innovations- und Wettbewerbsfähigkeit der dt Wirtschaft die Nutzbarmachung und Verbreitung der Patentinformation in dt Sprache zu fördern und zugleich Wettbewerbsnachteile der dt Unternehmen gegenüber ihrer ausländ Konkurrenz zu beseitigen.[17] Die Regelung berührte damit nicht die schutzwürdigen Interessen einzelner.[18]

C. Übersetzung der Patentschrift

I. Übersetzungsverordnung

9   Der BMJ hatte die Verordnungsermächtigung des Abs 6 auf den PräsDPA übertragen (Nachw 6. *Aufl*, dort auch weitere Hinweise zur Umsetzung). Die Delegation wurde durch Art 8b Nr 2 des Gesetzes zur Verbesserung der Durchsetzung von Rechten des geistigen Eigentums vom 7.7.2008 wieder aufgehoben. Von der Delegation war mit der ÜbersetzungsVO vom 2.6.1992[19] Gebrauch gemacht worden. Die VO ist für Patente, bei denen der Hinweis auf die Erteilung vor dem 1.5.2008 im eur PatBl veröffentlicht worden ist, weiter anzuwenden.

II. Einreichung; Gebührenzahlung

10   Die Pflicht zur Einreichung von Übersetzungen erfasste nicht nur die Patentschrift bei Patenterteilung, sondern auch die spätere geänd Aufrechterhaltung im eur Einspruchsverfahren.[20] Der Übersetzung der Patentansprüche bedurfte es nicht, wenn diese bereits in der eur Patentschrift enthalten war.[21] Es war Sache des Patentinhabers, die Übersetzung zu beschaffen und innerhalb der Dreimonatsfrist dem DPMA einzureichen. Die Frist war nach §§ 187 ff BGB zu berechnen[22] und wiedereinsetzungsfähig.[23] Wurde die eur Patentschrift im eur Einspruchsverfahren geänd, war auch insoweit eine Übersetzung einzureichen (Art II § 3 Abs 1 Satz 2 aF).[24] Der Bestellung eines Inlandsvertreters bedurfte es für die Einreichung der Übersetzung nicht. Die Gebühr betrug 150 EUR (GebVerz, Anl § 2 PatKostG Nr 313820); zur Zahlungsfrist Rn 5 zu § 6 PatKostG.

---

16   EuGH Slg 1999 I 6269 = GRUR Int 2000, 71 BASF/Präsident DPA auf Vorlage BPatGE 39, 177 = GRUR 1998, 563; *Schulte* IntPatÜG Rn 26.

17   Begr BTDrs 12/632 = BlPMZ 1982, 46 ff.

18   BGH GRUR 2010, 708 Nabenschaltung II; BGH 7.7.2015 X ZB 4/14 Verdickerpolymer II.

19   BGBl II 395 = BlPMZ 1992, 290.

20   BGH GRUR 2011, 1053 Ethylengerüst; BPatG 9.9. 2010 10 W (pat) 19/09 BlPMZ 2011, 231 Ls.

21   BPatGE 38, 150 = GRUR 1997, 820; BPatG 24.6. 1997 4 W (pat) 42/96; vgl Begr 2. GPatG BTDrs 12/632 S 18 = BlPMZ 1992, 42, 51.

22   *Voß* GRUR 2008, 654, 656.

23   BPatG 24.6.1997 4 W (pat) 42/96, dort Wiedereinsetzung bei Fehlen der Übersetzung der in den Zeichnungen enthaltenen Begriffe gewährt; vgl *Voß* GRUR 2008, 654, 658; *Schulte* IntPatÜG Rn 26.

24   *MGK/U. Krieger* Art 65 EPÜ Rn 8 unter Hinweis auf HG Zürich 19.2.1996 B 8/HG 910555.

III. Nichteintritt der Schutzwirkungen[25]

Wurde die Übersetzung fristgerecht und in einer eine ordnungsgemäße Veröffentlichung gestatten- **11** den Form eingereicht und wurde die Gebühr fristgerecht entrichtet, traten die Wirkungen des Patents von Anfang an ein.[26] Aus dem Patent konnte, solange die Rechtsfolge des Abs 2 nicht eingetreten, also die Frist noch nicht abgelaufen war, auch dann vorgegangen werden, wenn die Übersetzung noch nicht eingereicht war.[27] Folge der Nichteinhaltung der in Art II § 3 Abs 2 aF genannten Obliegenheiten im Zusammenhang mit der Einreichung der Übersetzung war der Nichteintritt der Schutzwirkungen des eur Patents für die Bundesrepublik Deutschland von Anfang an (Art II § 3 Abs 2 aF).[28] Darin wurde zu Unrecht eine Fiktion ge- sehen, für die es auf die Erheblichkeit des Mangels nicht ankommen sollte.[29] Diese Wirkung trat mit Ablauf der Frist in Art II § 3 Abs 1 aF ein; für die Gewährung einer Nachfrist bestand keine Grundlage.[30] Es wurde angenommen, dass eine Heilung des Rechtsverlusts nicht in Betracht komme.[31] Den Nichteintritt der Schutzwirkungen stellte das DPMA nach § 5 ÜbersV mit deklaratorischer Wirkung im Beschlussweg fest.[32]

IV. Die **Veröffentlichung** der Übersetzung („T2-Schrift", „T3-Schrift", „T8-Schrift", „T9-Schrift")[33] **12** richtete sich nach Art II § 3 Abs 3 aF iVm mit der hierzu nach Art II § 3 Abs 6 aF ergangenen VO (ÜbersV; Rn 9).

V. Fehlerhafte Übersetzung

1. Begriff. Nicht den gesetzlichen Vorgaben genügende („irreguläre") Übersetzungen konnten in un- **13** terschiedlicher Gestalt auftreten. Da Abs 1 eine Frist für die Einreichung der Übersetzung vorsah, ent- sprach die verspätet eingereichte Übersetzung nicht dem Gesetz. Das galt auch für die nicht rechtzeitig beim richtigen Adressaten, dem DPMA, eingegangene Übersetzung. § 3 Abs 2 ÜbersV stellte strenge forma- le Erfordernisse auf (näher *7. Aufl* Rn 12 zu Art II § 3 IntPatÜG aF).

2. Berichtigung. Eine inhaltliche Überprüfung der Übersetzung durch das DPMA erfolgte nicht;[34] der **14** Patentinhaber trug selbst das Risiko. Für fehlerhafte Übersetzungen eröffnete Art II § 3 Abs 4 aF eine (ge- bührenpflichtige) Berichtigungsmöglichkeit.

3. Rechtsfolgen. Die Regelung in Abs 5 machte von der in Art 70 Abs 4 Buchst b EPÜ eingeräumten **15** Möglichkeit Gebrauch und gewährte dem gutgläubigen Benutzer ein Weiterbenutzungsrecht (Rn 19 f).[35] Anders als etwa nach § 6 Abs 1 Satz 1 öPatV-EG, § 7, 8 estn DuchfG, Art 57 ital CDPI oder Art 7 Abs 2 poln EPG, Art 84/J ung PatG, die die in Art 70 Abs 3 EPÜ eingeräumte Möglichkeit ausnützten, den engeren Schutzbereich nach der Übersetzung als maßgeblich anzusehen, schränkte die fehlerhafte Übersetzung den Schutzbereich nicht ein.[36]

Die Wirkungslosigkeit wirkte sich auch im **Verletzungsstreit** aus. Mit ihr bestand das Klageschutz- **16** recht nicht. War der Eintritt der Wirkungen im Verfügungsverfahren nicht glaubhaft gemacht, ging dies zu Lasten des Antragstellers.[37] Es wurde weiter vertreten, dass im Nichtigkeitsverfahren die Frage, ob natio-

---

25 Zur Veröffentlichung einer vom Patentinhaber ohne gesetzl Grundlage eingereichten Übersetzung und zur Frage der Zahlung einer neuerlichen Veröffentlichungsgebühr in Österreich ÖPA öPBl 2005, 111.

26 BGH GRUR 2010, 708 Nabenschaltung II; *Kraßer* S 668 (§ 29 IV 9); vgl CA Versailles Dossiers Brevets 1998 III 6.

27 RB Den Haag BIE 2001, 267, 268, zum nl Recht.

28 Ähnlich für Frankreich TGI Paris GRUR Int 2007, 432.

29 *Voß* GRUR 2008, 654, 658.

30 BPatG BlPMZ 1996, 27 mAnm *Winkler* VPP-Rdbr 1997, 9; *Voß* GRUR 2008, 654, 656; *Schulte* IntPatÜG Rn 26.

31 *Voß* GRUR 2008, 654, 659.

32 BPatGE 39, 177 = GRUR 1998, 563; *Voß* GRUR 2008, 654, 658.

33 Vgl MittPräsDPMA Nr 14/03 BlPMZ 2003, 354.

34 Vgl auch VPP-Rdbr 1996, 59.

35 Vgl LG Düsseldorf 29.3.2012 4a O 184/10.

36 Vgl schweiz BG sic! 2001, 749 Palettenförderer, wonach sich Dritte gegenüber dem Patentinhaber auf die engere Übersetzung berufen können.

37 LG Düsseldorf GRUR Int 2007, 429; *Voß* GRUR 2008, 654, 659 f.

naler Schutz entstanden ist, vorgreiflich zu prüfen sein solle;[38] dies entsprach jedoch nicht der gerichtlichen Praxis, nach der eine derartige Prüfung im Nichtigkeitsverfahren nicht zulässig war.[39] Gegenstand des Patentnichtigkeitsverfahrens ist bei einem eur Patent nämlich der Antrag, das Streitpatent für nichtig zu erklären, weil einer der in Art II § 6 Abs 1 Satz 1 genannten Nichtigkeitsgründe vorliegt. Das Nichtigkeitsverfahren ist aber nicht für das prozessuale Begehren eröffnet, festzustellen, dass die Wirkungen eines (eur) Patents nicht eingetreten sind, als nicht eingetreten gelten oder zu einem späteren Zeitpunkt entfallen sind. Anders als in der Entscheidung „Kehlrinne"[40] ließ sich eine Entscheidungszuständigkeit des BGH hier auch nicht aus einer Vorfragenkompetenz ableiten, wie sie im „Kehlrinne"-Fall herangezogen und ua auf die Kompetenz der Verwaltungsgerichte zur Prüfung, ob der Verwaltungsakt auf einer grundgesetzkonformen rechtl Grundlage beruht, gestützt wurde.

17   **Unrichtige Übersetzung.** Zu unterscheiden sind zum einen inhaltliche Fehler der Übersetzung, zum anderen Auslassungen. Bei inhaltlichen Fehlern konnte der Patentinhaber nach Art II § 3 Abs 4 aF (kostenpflichtig) eine berichtigte Übersetzung einreichen, die zu veröffentlichen war. Die fehlerhafte Übersetzung führte nicht ohne weiteres zur Unwirksamkeit; vielmehr war im Weg der Auslegung eine Klärung herbeizuführen.[41] Zum anderen wurde der gutgläubige Benutzer des Gegenstands der Erfindung nach Art II § 3 Abs 5 aF in der Weise geschützt, dass ihm für den Fall ein kostenloses Weiterbenutzungsrecht (Rn 19 f) zugebilligt wurde, dass die Benutzung keine Verletzung des Patents in der fehlerhaften Übersetzung der Patentschrift dargestellt hätte. Eine Obliegenheit des Patentbenutzers, sich an die Fassung der fremden Verfahrenssprache zu halten, bestand dabei nicht. Ob generell zunächst eine Vermutung für den guten Glauben sprach,[42] war zwh; die Gesetzesformulierung legte dies jedenfalls nicht nahe.

18   **Unvollständige Übersetzung.** Die Instanzrspr hat wie ein Teil der Lit gefordert, dass die Übersetzung vollständig sein müsse;[43] die (immer vorhandene) Übersetzung der Patentansprüche allein stellte demnach keine Übersetzung der Patentschrift in diesem Sinn dar. Ob eine auch rudimentäre Übersetzung ausreichte[44] oder aber geringfügige Unvollständigkeiten, etwa solche, die keine Auswirkungen auf den Schutzbereich hatten,[45] zu tolerieren waren[46] oder jede Unvollständigkeit zur Wirkungslosigkeit des Patents für die Bundesrepublik Deutschland führte,[47] war str. Nach der Rspr des BGH,[48] die in Übereinstimmung mit Instanzentscheidungen[49] und einigen Literaturstimmen[50] steht, richten sich die Rechtsfolgen einer unvollständigen Übersetzung nicht nach Art II § 3 Abs 2 aF, der die Wirkungen des eur Patents für die Bundesrepublik Deutschland nur dann als vor Anfang an nicht eingetreten normiert, wenn die Übersetzung nicht fristgerecht oder in einer eine ordnungsgem Veröffentlichung nicht gestattenden Form eingereicht wurde, sondern grds nach Art II § 3 Abs 4, 5 aF, die ausdrücklich den Fall der fehlerhaften Übersetzung betrafen. Damit behandelt der BGH die unvollständige Übersetzung wie die fehlerhafte, weil die Maßstäbe, die das EPÜ anlegt, verschoben würden, wenn die Vollständigkeit der Übersetzung zur Wirksamkeitsvoraussetzung des Patents erhoben würde. Demgem löst eine unvollständige Übersetzung die Rechtsfolgen des Art II § 3 Abs 2 aF nicht aus, jedenfalls, soweit eine Übersetzung vorgelegt wird, die der Form nach eine ordnungsgem Veröffentlichung gestattet und, wenngleich mit Auslassungen, eine Übertragung der Patentschrift aus der Verfahrenssprache in die deutsche Sprache enthält. Scheinübersetzun-

---

38 *Voß* GRUR 2008, 654 f Fn 3 unter Hinweis auf BGHZ 102, 118 = GRUR 1988, 290 Kehlrinne.
39 BGH GRUR 2010, 701 Nabenschaltung I.
40 BGHZ 102, 118 = GRUR 1988, 290 Kehlrinne.
41 LG Düsseldorf 12.6.2012 4b O 298/10.
42 So *Benkard-EPÜ* Art 70 Rn 12.
43 LG Düsseldorf GRUR Int 2007, 429 = InstGE 7, 136; *Schulte*[8] IntPatÜG Rn 20, jetzt aufgegeben (Rn 27); eingehend *Voß* GRUR 2008, 654, 656.
44 So *Kühnen* Mitt 2009, 345 f.
45 LG Düsseldorf Mitt 2009, 469.
46 LG Düsseldorf GRUR Int 2007, 429 = InstGE 7, 136.
47 OLG München 28.5.2009 6 U 3322/06 (Fehlen der Übersetzung zu einem Ausführungsbeispiel); LG Düsseldorf GRUR Int 2007, 429 = InstGE 7, 136 (Fehlen einer Beschreibungsseite); LG Düsseldorf InstGE 11, 1 = Mitt 2009, 234 (Fehlen von Überschriften); *Voß* GRUR 2008, 654; *Schulte*[8] IntPatÜG Rn 20, jetzt aufgegeben (Rn 27); *Kraßer* S 668 (§ 29 IV 9).
48 BGH GRUR 2010, 708 Nabenschaltung II, auch unter Hinweis auf Begr BTDrs 12/632 = BlPMZ 1982, 42, 46 ff; BGH GRUR 2015, 361 Kochgefäß; ebenso OLG Düsseldorf 24.6.2011 2 U 26/10.
49 Vgl LG Düsseldorf InstGE 2, 112; LG Düsseldorf GRUR Int 2007, 429 = InstGE 7, 136; BPatGE 38, 150 = GRUR 1997, 820; LG Mannheim InstGE 11, 129 = Mitt 2009, 402.
50 *Sendowski* (Anm) Mitt 2009, 236; *Ehlers* (Anm) Mitt 2009, 402; *Kühnen* Mitt 2009, 345.

gen und alles, was sich weit von einer ordentlichen Übersetzung entfernt, werden dadurch nicht erfasst. Maßgebend ist jedenfalls nicht allein, wie umfangreich die Auslassungen sind und ob sie inhaltlich für das Verständnis der Patentschrift bedeutsam sind. Wo die Grenze im Einzelfall liegt, muss von Fall zu Fall entschieden werden.

Unter den Voraussetzungen des Art II § 3 Abs 5 aF begründet die fehlerhafte Übersetzung für den gut- **19** gläubigen Benutzer der Erfindung ein kostenloses **Weiterbenutzungsrecht** (zu diesem Rn 54 ff zu § 12 PatG), das dem des § 8 Abs 4 ErstrG entspricht. Es erfasst nur solche Ausführungsformen, die zwar unter den Schutz des Patents fallen, aber von der fehlerhaften Übersetzung nicht erfasst würden, sofern diese für die Bestimmung des Schutzbereichs maßgeblich wäre.[51] Im Umfang des Weiterbenutzungsrechts ist vor Veröffentlichung der berichtigten Übersetzung bei Vorliegen der sonstigen Voraussetzungen des Art II § 3 Abs 5 aF eine Entschädigung oder Schadensersatz nicht zu leisten. Daneben entfällt beim gutgläubigen Benutzer das für die Strafbarkeit nach § 142 PatG erforderliche Verschulden. Dem Patentinhaber verbleiben allerdings die hiernach ausgeschlossenen Ansprüche vom Wegfall der Gutgläubigkeit an, soweit nicht die Voraussetzungen des Weiterbenutzungsrechts nach Art II § 3 Abs 5 aF erfüllt sind.

Gutglaubensschutz. In den Genuss des Weiterbenutzungsrechts kommt auch der, dem die ihm güns- **20** tige fehlerhafte Übersetzung nicht bekannt war, wenn er in Kenntnis der Übersetzung zu dem Schluss hätte kommen dürfen, dass durch das Patent ein von dem tatsächlich unter Schutz gestellten abweichender Gegenstand geschützt ist.[52] Eine Berufung auf guten Glauben ist dagegen dem verwehrt, dem aufgrund seiner Fachkenntnis bei Lektüre der zunächst eingereichten Übersetzung die Fehlerhaftigkeit ohne weiteres hätte klar sein müssen, und der in der Lage gewesen wäre, den Inhalt des Patents zutreffend zu bestimmen.[53] Eine Obliegenheit des Patentbenutzers, sich an die Fassung der fremden Verfahrenssprache zu halten, besteht nicht.[54] Ob generell zunächst eine Vermutung für den guten Glauben spricht,[55] erscheint zwh; die Gesetzesformulierung legt dies jedenfalls nicht nahe.

[§ 5

[1] *Artikel II §§ 8 und 18 in der ab dem Inkrafttreten nach Artikel 3 Absatz 2 des Gesetzes zur Anpassung patentrechtlicher Vorschriften auf Grund der europäischen Patentreform ...[einsetzen: Datum und Fundstelle dieses Gesetzes] geltenden Fassung gilt nur für nationale Patente, für die der Hinweis auf die Erteilung nach dem Tag des Inkrafttretens veröffentlicht worden ist.* [2] *Für die nationalen Patente, für die der Hinweis auf die Erteilung vor dem Tag des Inkrafttretens nach Satz 1 veröffentlicht worden ist, gilt Artikel II § 8 in der bis zum Inkrafttreten nach Satz 1 geltenden Fassung].*

Die Bestimmung soll nach dem **Regierungsentwurf** für ein Gesetz zur Anpassung patentrechtlicher **1** Vorschriften auf Grund der europäischen Patentreform vom 27.5.2016 eingefügt werden.

---

51 Vgl *Benkard-EPÜ* Art 70 Rn 26.
52 BGH GRUR 2015, 361 Kochgefäß; *R. Rogge* GRUR 1983, 283 ff; *Kühnen Hdb* Rn 1774; OLG Düsseldorf 24.6.2011 2 U 62/04; LG Düsseldorf 12.6.2012 4b O 298/10; *Benkard* § 12 PatG Rn 33; aA *Rauh* GRUR Int 2011, 667, 671.
53 BGH Kochgefäß; OLG Düsseldorf 10.4.2003 2 U 6/02; OLG Düsseldorf 24.6.2011 2 U 62/04, *Rauh* GRUR Int 2011, 667, 672.
54 Vgl *Rauh* GRUR Int 2011, 667.
55 So *Benkard-EPÜ* Art 70 Rn 12.

Einheitlicher Patentschutz in Europa – European Patent Package (EPP)

Schrifttum seit 2010: *Addor/Luginbühl* Die ersten Schritte zu einem fakultativen Protokoll über die Streitregelung im Zusammenhang mit europäischen Patenten (EPLP) im Rahmen des EPÜ, GRUR Int 2000, 733; *Adolphsen* Europäisches und Internationales Zivilprozessrecht in Patentsachen, 2005; *Adolphsen* Renationalisierung von Patentstreitigkeiten in Europa, IPrax 2007, 15; *Artelsmair* Die Internationalisierung des europäischen Patentsystems im Spannungsfeld von Globalisierung, Regionalisierung und nationalen Interessen, Diss TU München 2003; *Bauer* Das Ringen um das Gemeinschaftspatent, ÖBl 2005, 4; *Bossung* Unionspatent statt Gemeinschaftspatent, GRUR Int 2002, 463; *Brändel* Die künftige Rolle des Europäischen Gerichtshofs in Patentstreitigkeiten, GRUR 1977, 294; *Brändle* Die zukünftige Gestaltung des Gerichtswesens in Europa, ABl EPA 1999 Sonderausg S 158; *Bremi/Pedrazzini* Das Gemeinschaftspatent: Kommt es nun doch? sic! 2003, 530; *Brinkhof* Patentstreitigkeiten in Europa bedürfen der Änderung, ABl EPA 1999 Sonderausg S 100; *Brinkhof* Het voorstel van de Europese Commissie voor een verordening betreffende het gemeenschapsoctrooi, BIE 2000, 336; *Bruchhausen* Die Rolle des Gemeinsamen Berufungsgerichts für Gemeinschaftspatente im Verletzungsprozeß, GRUR 1985, 620; *Bruchhausen* Die Institutionen und Verfahren bei Klagen, die Gemeinschaftspatente betreffen, GRUR Int 1987, 497 = IIC 1987, 682; *Bukow* Verletzungsklagen aus gewerblichen Schutzrechten, Diss Mannheim 2003; *Chabanel* Le brevet européen. Convention de Luxembourg, Diss Lyon 1973; *Cohen Jeroham* Harmonising Intellectual Property Law Within the European Community, IIC 1992, 622; *Cole* Centralised Litigation for European Patents: New Proposals for Inclusion in the EPC Revision Package, EIPR 2001, 219; *Collin* EFTA-Staaten und Gemeinschaftspatent, ÖBl 1991, 193; *Cruz* The Community Patent Convention. What Sort of Future? 1 JWIP 819 (1998); *Dreiss* Zehn Gründe für eine Vertretungsbefugnis der Patentanwälte in Europa vor einem künftigen Europäischen Patentgericht, Mitt 2000, 475; *Dreiss* Streitregelungsprotokoll EPLA: Vision oder Utopie? GRUR Int 2004, 712; *Dreiss/Keussen* Zur Streitregelung beim Gemeinschaftspatent, GRUR 2001, 891; *Foglia* Zum Verfahrensrecht des Gemeinschaftspatents – Streitregelung auf dem Gebiet der Gemeinschaftspatente, GRUR

Int 1991, 465 = IIC 1991, 970; *Franzosi* A Community Patent: Three Suggestions for Two Difficulties, 35 IIC (2005), 416; *Gaster* European Community Patent: The quest for a common approach and the revision of the European Patent System, CRi 2002, 39; *Gevers* And why not a real Community Patent? epi-information 2000, 91; *Gruszow/Remiche* La protection des inventions, PCT, CBE, CBC, 1978, mit Nachtrag 1982; *Haardt* Die Errichtung eines Berufsgerichts für Gemeinschaftspatente, GRUR Int 1985, 252; *Haberl/Schallmoser* EU-Patent und einheitliches europäisches Patentgerichtssystem: Rat einigt sich auf wesentliche Vorgaben, GRURPrax 2010, 23; *Haedicke* Rechtsfindung, Rechtsfortbildung und Rechtskontrolle im Einheitlichen Patentsystem, GRUR Int 2013, 609; *Haertel* Die Luxemburger Konferenz über das Gemeinschaftspatent 1985 und ihre wesentlichen Ergebnisse, GRUR Int 1986, 293; *Hilty* Entwicklungsperspektiven des Schutzes Geistigen Eigentums in Europa, 2004; *Hölder* The Community Patent – Break-Through or Set Back? EIPR 2004, 43; *Holzer* Das Grünbuch der Europäischen Kommission, ÖBl 1998, 1; *Hucko* Der Verordnungsvorschlag der EU-Kommission zum Gemeinschaftspatent – aus der Sicht des BMJ, VPP-Rdbr 2000, 105; *Huebner* Community Patent and Translation Costs, EIPR 2003, 543; *Hye-Knudsen* – Marken-, Patent- und Urheberrechtsverletzungen im europäischen Internationalen Zivilprozessrecht, 2005; *Jacob* Die künftige Gestalt des Gerichtswesens in Europa, ABl EPA 1999 Sonderausg S 114; *Jaeger/Hilty/Drexl/Ullrich* Comments of the Max Planck Institute for Intellectual Property, Competition and Tax Law on the 2009 Commission Proposal for the Establishment of a United European Patent Judiciary, IIC 2009, 817; *Kazi* Will We Ever See a Single Patent System Covering the EU, Let Alone Spanning the Atlantic or Pacific? EIPR 2011, 538; *Koch/Stauder* Vereinbarung über Gemeinschaftspatente², Textausgabe mit Einführung, 1997; *Kolle* Braucht Europa ein Gemeinschaftspatent? FS J. Pagenberg (2006), 45; *Kortmann* Die Neuordnung der europäischen Patentgerichtsbarkeit – Entwicklungen und Perspektiven der Streitregelung auf dem Gebiet des europäischen Patentrechts, 2005; *A. Krieger* Die sog. Wirtschaftsklauseln im Bericht der deutschen Delegation über die Luxemburger Konferenz über das Gemeinschaftspatent, GRUR Int 1976, 187, 208; *A. Krieger* Das Luxemburger Übereinkommen über das Gemeinschaftspatent – Herausforderung und Verpflichtung, GRUR Int 1987, 729; *A. Krieger* Das Luxemburger Vertragswerk über Gemeinschaftspatente, in *Hilf/Oehler* (Hrsg) Der Schutz des geistigen Eigentums in Europa (1991), 103; *A. Krieger* Das Gemeinschaftspatent – ein essential des europäischen Binnenmarkts, FS U. Everling (1995), 701; *A. Krieger* Wann endlich kommt das europäische Gemeinschaftspatent? GRUR 1998, 256 = When Will the European Community Patent Finally Arrive? IIC 1998, 855; *Laddie* National I.P. Rights: A Moribund Anachronism in A Federal Europe? EIPR 2001, 402; *Landfermann* Der Verordnungsvorschlag der EU-Kommission zum Gemeinschaftspatent – aus der Sicht der nationalen Patentämter, VPP-Rdbr 2000, 103; *Landfermann* Stand der Diskussionen um ein europäisches Patentgerichtssystem, VPP-Rdbr 2001, 113; *Landfermann* Die Entwicklung der europäischen Gerichtsbarkeit in Patentsachen, Mitt 2003, 341; *Laubinger* Die internationale Zuständigkeit der Gerichte für Patentstreitsachen in Europa, Diss Konstanz 2005; *Laudien* Grünbuch über das Gemeinschaftspatent und das Patentschutzsystem in Europa, VPP-Rdbr 1998, 99; *Le Tallec* La Cour d'appel commune pour les brevets communautaires, GRUR 1993, 231; *Leardini* Das Grünbuch der Europäischen Kommission über das Gemeinschaftspatent und das Patentsystem in Europa, Mitt 1997, 324; *Leith* Harmonisation of Intellectual Property in Europe: A case study of Patent Peocedure, 1998; *Leith* Revision of the EPC, the Community Patent Regulation and „European Technical Judges", EIPR 2001, 250; *Leonard* Proposal for a Regulation creating a Community Patent: Towards a Workable Court System, EIPR 2001, 264; *Liedl* Vorschläge zum Gemeinschaftspatent und zur Streitregelung europäischer Patente, 2007; *Luginbühl* A Stone's Throw Away from a European Patent Court, EIPR 2003, 256; *Luginbühl* A New Court Would Help Resolve the European Patent Mess, European Affairs Winter 2003, 109 ; *Luginbühl* Streitregelungsübereinkommen vs. Gemeinschaftspatent? GRUR Int 2004, 357; *Masaguer* Mercado Común y Patente Nacional, 1989; *Messerli* Ein europäisches Gerichtssystem in Patentsachen, ABl EPA 1999 Sonderausg S 128; *Meyer* EU-Patent und Europäische Patentgerichtsbarkeit, GRUR Int 2012, 332; *Oser* The European Patent Litigation Agreement – Admissibility and Future of a Dispute Resolution for Europe, IIC 37 (2006), 520; *Pagenberg* The First Instance European Patent Court – A Tribunal Without Judges and Attorneys? IIC 31 (2000), 481; *Pagenberg* Community Patent Main Features and Comments, IIC 34 (2003), 281; *Pagenberg* The Patent Litigation Protocol and the Community Patent, IIC 35 (2004), 535; *Pagenberg* Europäische Patentrichter fordern dezentrale europäische Patentverletzungsgerichte für eine harmonisierte Rechtsprechung, GRUR Int 2006, 35; *Pagenberg* Industry, Legal Profession and Patent Judges Press for Adoption of the European Patent Litigation Agreement (EPLA), IIC 37 (2006), 46; *Pagenberg* Looking for future resolution, WORLDextra: IP Supplement, September 2008, 18; *Pagenberg* Another Year of Debates on Patent Jurisdiction in Europe and No End in Sight? IIC 38 (2007), 805; *Pagenberg* Die Zukunft nationaler Patentgerichte im System einer künftigen europäischen Gerichtsbarkeit, GRUR 2009, 232; *Pakuscher* Probleme eines Europäischen Patentgerichts für Verletzungs- und Nichtigkeitsverfahren aus Gemeinschaftspatenten, FS W. Oppenhoff (1985), 233; *Pietzcker* EPÜ, GPÜ, PCT, Leitfaden der internationalen Patentverträge, 1977; *Rau* Wie soll ein gerichtliches Patentschutzsystem in Europa neben den nationalen Gerichten unter besonderer Berücksichtigung des „Grünbuch-Gemeinschaftspatent EU" aussehen? Mitt 1998, 241; *Ryckeboer* The Future of Patent Protection in Europe, epi-Information 1998, 79; *J. Schade* Gerichtliche Regelung der Patentstreitsachen in Europa, GRUR 2000, 101; *J. Schade* Das Streitregelungssystem zum Gemeinschaftspatent nach dem Verordnungs-Vorschlag der Kommission, GRUR 2000, 827; *Schäfers* Das Gemeinsame Berufsgericht für Gemeinschaftspatente: völkerrechtliche und verfassungsrechtliche Aspekte, GRUR 1993, 289; *Schäfers* Anmerkungen zu einem gemeinschaftsrechtlichen Gemeinschaftspatent, GRUR 1999, 820; *Schäfers* Das Gemeinschaftspatent nach der gemeinsamen politischen Ausrichtung vom 3. März 2003, Europa-Blätter 2003, 168; *Scherr* Die internationale PCT-Anmeldung, Das europäische Patent. Das Gemeinschaftspatent⁷, 1992/3; *Schmidt-Szalewski* L'Exploitation du brevet Communitaire, in *Henssler/Kolbeck/Moritz/Rehm* (Hrsg) Europäische Integration und globaler Wettbewerb (1993), 229; *Schmieder* Deutsches Patentrecht in Erwartung des europäischen Gemeinschaftspatents, NJW 1980, 1190; *Schneider* Die Patentgerichtsbarkeit in

Europa – Status quo und Reform, 2005; *Schwartz* Angleichung des Privatrechts in der Europäischen Gemeinschaft, ZEuP 1994, 559; *Scordamaglia* Die Gerichtsstandsregelung im Gemeinschaftspatentübereinkommen und das Vollstreckungs-übereinkommen von Lugano, GRUR Int 1990, 777; *Scordamaglia* The Common Appeal Court and the Future of the Community Patent Following the Luxembourg Conference, IIC 1991, 334, 458; *Sedemund-Treiber* Strukturen einer europäi-schen Patentgerichtsbarkeit, Mitt 1999, 121; *Sedemund-Treiber* Braucht ein europäisches Patentgericht einen technischen Richter? GRUR 2001, 1004; *Stauder* Auf dem Weg zu einem europäischen Patentgericht, GRUR Int 1979, 173; *Stauder* Ein-heitliche Anknüpfung der Verletzungssanktionen im Gemeinschaftspatentübereinkommen, GRUR Int 1983, 586; *Stauder* Die Vereinbarung über Gemeinschaftspatente, das Streitregelungsprotokoll und das Änderungsprotokoll, GRUR Int 1986, 302; *Stauder* Zum materiellen Recht des Gemeinschaftspatents, GRUR Int 1991, 470; *Stauder* Rechtszug und Rechtsmittel im Erteilungs-, Verletzungs- und Nichtigkeitsverfahren, FS 100 Jahre GRUR (1991) Bd I, 503; *Stauder* Auf dem Weg zu einem europäischen Patentverletzungsverfahren, FS R. König (2003), 465; *Stieger* Unklares, Ungereimtes und Unvollende-tes beim internationalen Patentprozess (in der Schweiz), in: *Spühler* (Hrsg) Internationales Zivilprozess- und Verfahrens-recht III (2003), 57; *Straus* The present state of the patent system in the European Union as compared with the situation in the United States of America and Japan, 1997; *Straus* Patent Litigation in Europe – A Glimmer of Hope? 2 Washington University Journal of Law and Policy (2000), 403; *Strobel* Kommt es nun doch, das EU-Patent? sic! 2010, 114; *Strobel* Steht das EU-Patent vor dem Aus? sic! 2011, 60; *Sydow* Die Ausdifferenzierung des Gerichtssystems der EU. Zur Struktur der künftigen europäischen Patentgerichtsbarkeit, GRUR 2001, 689; *Telg gen. Kortmann* Die Neuordnung der europäischen Patentgerichtsbarkeit – Entwicklungen und Perspektiven der Streitregelung auf dem Gebiet des europäischen Patent-rechts, 2005; *Tilmann* Der gewerbliche Rechtsschutz vor den Konturen eines europäischen Patentrechts, GRUR Int 1993, 275; *Tilmann* Patentschutzsystem in Europa, GRUR 1998, 325; *Tilmann* Fortsetzung der bewährten Zusammenarbeit auch vor einem Zentralen Europäischen Patentgericht, Mitt 2001, 163; *Tilmann* Die Zukunft der Patent-Streitregelung in Europa, GRUR 2001, 1079; *Tilmann* Gemeinschaftspatent mit einem zentralen Gericht, GRUR Int 2003, 381; *Tilmann* Community Patent and European Patent Litigation, EIPR 2005, 65; *Tilmann* The Harmonisation of Invalidity and Scope of Protection Practice of the National Courts of EPC Member States, IIC 37 (2006), 62; *Ullmann* Der Schutz von Patent, Marke und Muster als Gemeinschaftsrechte – gemeinsame Prinzipien zum Schutze des Wettbewerbs, in *Henssler/Kolbeck/Moritz/Rehm* (Hrsg) Europäische Integration und globaler Wettbewerb (1993), 613; *Ullrich* Patents and Know-How, Free Trade, Interen-terprise Cooperation and Competition Within the Internal European Market, IIC 1992, 583; *Willems* The EPC: The Empe-ror's Phantom Clothes? IPQ 1998, 1; *Willems* The European Patent Court of First Instance, A problem-solution approach, Mitt 2000, 394; *Willems* Awaiting the Community Patent: A Suggestion for a Flexible Interim Solution, IIC 33 (2002), 561; *Willems* Wege und Hindernisse: das Protokoll über die Lösung von Streitigkeiten im Zusammenhang mit europäischen Patenten und das Gemeinschaftspatent, ABl EPA Sonderausgabe 2, 2003; *Zourek* Aktueller Stand des gewerblichen Rechtsschutzes in der Europäischen Union, ÖBl 1997, 268.

Schrifttum seit 2010: Europäische Union – Rat verabschiedet „Allgemeine Ausrichtung" über die Umsetzung der Verstärkten Zusammenarbeit im Bereich der Schaffung eines einheitlichen Patentschutzes, GRUR Int 2011, 786; Euro-päische Union – Europäische Kommission legt Verordnungsvorschläge über die Umsetzung der „Verstärkten Zusam-menarbeit" im Bereich der Schaffung eines einheitlichen Patentschutzes vor, GRUR Int 2011, 566; Europäische Union – Überarbeiteter Entwurf eines Übereinkommens über ein einheitliches Patentgericht, GRUR Int 2011, 989; *Ackermann/Vissel* Nationale ältere Patente und europäische Patente mit einheitlicher Wirkung. Versteckte Seeminen mit hohem Schadenspotenzial? GRUR 2016, 641; *Adam* Die Harmonisierung von Patentverletzungs- und Patentnichtigkeitsverfahren, 2015; *Ahner* La Compétence Judiciaire relative au contentieux de la propréte intellectuelle dans l'Union Européenne, FS W. Sonn (2014), 1; *Armijo Navarro-Reverter/de Elzaburu* Spain's position on the long road to a System for a Unitary Patent in Europe, FS W. Sonn (2014), 39; *Arntz* Weg frei für das Einheitspatent, EuZW 2015, 544; *Asensio* Regulation (EU) No. 542/2014 and the International Jurisdiction of the Unified Patent Court; IIC 2014, 868; *Bartenbach/Kunzmann* Die rechts-geschäftliche Verwertung von Einheitspatenten und die Anwendung deutschen Rechts, FS 200 Jahre Carl Heymanns Verlag (2015), 329; *Battistelli* The Role of the European Patent Office in the Consolidation of the European Patent System, GRUR Int 2012, 328; *Bernhardt* What are the main elements of the so-called enhanced cooperation and when will it start? epi Information 2013, 21; *Bennett* Das Übereinkommen über ein einheitliches Patentgericht – das Ende des Torpedos? Mitt 2015, 301; *Boos/Kreutzmann* Vertragsgestaltung im Licht des neuen europäischen Patentsystems, GRURPrax 2015, 428; *Brandi-Dohrn* Some Critical Observations on Competence and Procedure of the Unified Patent Court, IIC 2012, 372; *Brink-hof* Some thoughts on the Proposal for a European and European Union Patents Court, FS D. Stauder (2011), 29; *Broß* Einheitspatent und einheitliches Patentgericht im europäischen Integrationsprozess: Verfassungsrechtliche Perspektiven, ZGE 2014, 89; *Callens/Granata* Introduction to the Unitary Patent and the Unified Patent Court, 2013; *Chudziak* Das Ver-hältnis zwischen zukünftigem Einheitspatent und nationalem Patent mit überschneidendem Schutzumfang und gleichem Zeitrang, GRUR 2015, 839; *Cook* The Progress to date on the Unitary European Patent and the Unified Patent Court for Europe, J Intell Prop R 2013, 584; *Coyle* The European Union's New „Patent Package", FS W. Sonn (2014), 155; *de Visscher* European Unified Patent Court: Another More Realistic and More Equitable Approach Should be Examined, GRUR Int 2012, 214; *Drexl* The European Unitary Patent System: On the ‚Unconstitutional' Misuse of Conflict-of-Law Rules, FS D. Coester-Waltien (2015), 361; *Eck*, Europäisches Einheitspatent und Einheitspatentgericht – Grund zum Feiern? GRUR Int 2014, 144; *England* In? Out? What's it all about? Patent opt-out and withdrawal in the UPC, J. Intell. Prop. L. & Pract., 2014, 1; *Fox/Kupecz/van Dam* The Unified Patent Court: Questions & Answers, epi Information 2013, 84; *Fox/Kupecz/van*

Dam Unitary Patent: Questions and Answers, What is a Unitary Patent, epi Information 2014, 37; *Fox/Kupecz/van Dam* What is the Unified Patent Court? epi Information 2014, 37; *Grabinski* Der Entwurf der Verfahrensordnung für das Einheitliche Patentgericht im Überblick, GRUR Int 2013, 310; *Gruber* Das Einheitliche Patentgericht: vorlagebefugt kraft eines völkerrechtlichen Vertrags? GRUR Int 2015, 323; *Haberl/Schallmoser* EU-Patent und einheitliches europäisches Patentgerichtssystem: Rat einigt sich auf wesentliche Vorgaben, GRURPrax 2010, 23; *Haberl/Schallmoser* Auf der Zielgeraden zu einem neuen Europäischen Patentwesen, GRURPrax 2013, 1; *Haberl/Schallmoser* Der aktuelle Entwurf der Verfahrensordnung für das Einheitliche Patentgericht, GRURPrax 2014, 171; *Haberl/Schallmoser* EU-Patent nimmt letzte juristische Hürde: EuGH weist Klagen Spaniens ab, GRURPrax 2015, 221; *Haedicke* Rechtsfindung, Rechtsfortbildung und Rechtskontrolle im Einheitlichen Patentsystem, GRUR Int 2013, 609; *Haedicke* Justizielle Grundrechte im Einheitlichen Patentsystem, GRUR 2014, 119; *Hauck* Der Verletzungsprozess vor dem Einheitlichen Patentgericht: Auskunftsanspruch und Geheimnisschutz nach EPGÜ und Verfahrensordnung des Gerichts, GRUR Int 2013, 713; *Hilty/Jaeger/Lamping/Ullrich* The Unitary Patent Package: Twelve Reasons for Concern, Max Planck Institute for Intellectual Property and Competition Law Research Paper No. 12-12, 17.10.2012; *Hüttermann* Sind einige Patentinhaber gleicher als andere (?) Ältere Rechte im kommenden Einheitspatentsystem, Mitt 2014, 72; *Hüttermann* Art. 32, 1i) des Übereinkommens über ein einheitliches Patentgericht: eine Revolution im europäischen Patentsystem (?), Mitt 2014, 546; *Hüttermann* Die doppelte Zuständigkeit bei Ansprüchen aufgrund mangelnder Berechtigung im kommenden Einheitspatentsystem, Mitt 2015, 100; *Hüttermann* Der EuGH und das Einheitspatentgericht – Erkenntnisse aus den „Spanien"-Urteilen C-146/13 und C-147/13? Mitt 2015, 498; *Hüttermann* Aktuelle Entwicklungen auf dem Gebiet des Einheitspatents/-gerichts, VPP-Rdbr 2016, 1; *Hüttermann* Führen die Verfahrensregeln des Einheitlichen Patentgerichts zu einer Renaissance früherer (überholter) Praktiken? Mitt 2016, 212; *Hüttermann/Kupka* Zur Rolle des Europäischen Gerichtshofs beim zukünftigen Einheitspatentsystem, Mitt 2015, 6; *Interdisziplinäres Zentrum für Geistiges Eigentum, Mannheim* European Patent Package – Das deutsche (Patent-)Recht als Infrastruktur für das neue Unionspatent – Tagungsbericht vom 7.2.2014 verfasst von *Bernzen/Tochtermann*, https://www.grur.org/fileadmin/daten_bilder/aktuelles/2014/2014-03-25_Tagungsbericht_EPP2.pdf; *Jaeger* Back to Square One? An Assessment of the Latest Proposals for a Patent and Court for the Internal Market and Possible Alternatives, IIC 2012, 286; *Jaeger* Einheitspatent: Zulässigkeit der Verstärkten Zusammenarbeit ohne Spanien und Italien, NJW 2013, 1998; *Jaeger* Hieronymus Bosch am Werk beim EU-Patent? EuZW 2013, 15; *Jaeger* Shielding the Unitary Patent from the ECJ: A Rash and Futile Exercise, IIC 2013, 389; *Jaeger* Nach l'Europe à la carte nun la loi européenne à la carte? Zur Erlaubnis der Umgehung der Unionsmethode nach dem Urteil in Rs: C-146/13 u.a., EuR 2015, 461; *Kaisi* Finally a single European right for the EU? An analysis of the substantive provisions of the European patent with unitary effect' EIPR 2014, 170; *Kazi* Will We Ever See a Single Patent System Covering the EU, Let Alone Spanning the Atlantic or Pacific? EIPR 2011, 538; *Köllner* Back to national filings? epi Information 2013, 81; *Köllner* Wieder national anmelden? Mitt 2013, 253; *Kühnen/Claessen* Die Durchsetzung von Patenten in der EU: Standortbestimmung vor Einführung des europäischen Patentgerichts, GRUR 2013, 592; *Luginbühl* Die vorgeschlagenen Übergangsbestimmungen im Entwurf eines Übereinkommens über das Gericht für europäische Patente und EU-Patente: Wie kann der Skepsis der Nutzer gegenüber dem neuen Patentstreitregelungssystem für Europa sinnvoll begegnet werden? FS D. Stauder (2011), 148; *Luginbühl* Das Europäische Patent mit einheitlicher Wirkung, GRUR Int 2013, 305; *Luginbühl* Einheitlicher Patentschutz und einheitliches Patentgericht: Das EU-Patentpaket (2013) http://www.copat.de/aufsaetze/pdf%20Speech_Duesseldorf_13-10-15.pdf; *Luginbühl* Einheitspatent und Einheitliches Patentgericht: Herausforderung oder Chance? (2015) https://www.awsg.at/Content.Node/files/events/20150911_Einheitspatent_Dr.StefanLuginbuehl.pdf; *Lutz* Die neuen Überlegungen der Kommission zur Schaffung eines einheitlichen Patentschutzes in Europa, GRUR Int 2012, 331; *Malaga* The European Patent with Unitary Effect: Incentive to Dominate? IIC 2014, 621; *McGuire* European Patent Package Bestimmung und Relevanz des subsidiär anwendbaren Rechts, GRUR Vortrag Bezirksgruppe Bayern April 2015, http://www.grur.org/uploads/tx_meeting/2015-04-16-GRUR_Vortrag-McGuire_PPP.pdf; *McGuire* European Patent Package: Das Zusammenspiel von EPVO, EPGÜ und nationalem Patentrecht, Mitt 2015, 537; *Meier-Beck* Quo vadis, iudicium unitarium? GRUR 2014, 144; *Meier-Beck* Bifurkation und Trennung: Überlegungen zum Übereinkommen über ein Einheitliches Patentgericht und zur Zukunft des Trennungsprinzips in Deutschland, GRUR 2015, 929; *Meyer* EU-Patent und Europäische Patentgerichtsbarkeit, GRUR Int 2012, 332; *Müller-Stoy/Paschold* Europäisches Patent mit einheitlicher Wirkung als Recht des Vermögens, GRUR Int 2014, 646; *Nieder* Materielles Verletzungsrecht für europäische Bündelpatente in nationalen Verfahren nach Art 83 EPGÜ, GRUR 2014, 627; *Nieder* Zulassung nationaler Torpedos durch Art 83 EPGÜ? Mitt 2015, 97; *Nieder* Materielles Verletzungsrecht für europäische Bündelpatente in nationalen Verfahren nach Art 83 EPGÜ, GRUR 2014, 627; *Nieder* Ergänzender Hinweis zu *Nieder* Materielles Verletzungsrecht für europäische Bündelpatente in nationalen Verfahren nach Art 83 EPGÜ, GRUR 2014, 955; *Nieder* National patent infringement proceedings in the era of the Unified Patent Court: thoughts on the ban on dual protection, J Intell Prop Law & Pract 2015, 559; *Nieder* Strategische Überlegungen zum Einheitsregistereintrag und zum Opt-out in der EPGÜ-Übergangsphase, GRUR 2015, 728; *Nieder* Vindikation europäischer Patente unter Geltung der EPatVO, GRUR 2015, 636; *Nieder* Europäische (Bündel)Patente: Restschadensersatzanspruch ade? Mitt 2016, 1; *Ohly* Auf dem Weg zum Einheitspatent und zum Einheitlichen Patentgericht – Licht am Ende des Tunnel oder Tunnel am Ende des Lichts? ZGE 2012, 419; *Ohly/Brinkhof* Towards a Unified Patent Court in Europe, in: *Ohly/Pila* The Europeanization of Intellectual Property Law, 2013, 199; *Opfer/Ahner/Tilmann/Schmidt/Beldiman* Ordnung ins Verfahren bringen? – Herausforderungen der Verfahrensordnung des Einheitlichen Patentgerichts, Mitt 2015, 904; *Pagenberg* Neue Überlegungen zur europäischen Patentgerichtsbarkeit: Ist Deutschland noch zu retten? GRUR Int 2010, 195; *Pagenberg* Das künftige europäische Patentgerichtssystem, GRUR 2011, 32; *Pagenberg* Back to the Future with EPLA? Compatibility of the Draft Agreement on the European and Community Patents Court denied by the Advocates General, FS D. Stauder (2011), 192; *Pagenberg* Die EU-Patentrechtsreform: zurück auf Los? GRUR 2012, 582; *Pagenberg* Unitary patent and Unified Court: what lies ahead? J Intell Prop L P 2013, 480; *Pagenberg* AIPLA Annual Meeting 2014, Role of the European Court of Justice (CJEU) in UPC proceedings, Issues of the Spanish Action against the UP, and the relationship with the EPO, im Internet unter: Pagenberg 2. CJEU, Spanish Action and EPO.doc (zuletzt eingesehen 15.2.2016); *Pehlivan* The Creation of a Single European Patent System: From Dream to (Almost) Reality, EIPR 2012, 453; *Pila* The European patent: an old and vexing problem, Int Comp L Q, 2013, 62 (4); *Pila/Wadlow* The Unitary EU Patent System, 2015; *Plomer* A Unitary Patent for a (Dis)United Europe: The Long Shadow of History, IIC 2015, 508; *Poore* The European Union Patent System: Off Course or On the Rocks? EIPR 2011, 409; *Rambelli* Poisonous National Priority Application for the Unitary patent, epi Information 2014, 30; *Reetz/Pecnard/Fruscalzo/van der Velden/Marfé* Die Befugnisse der nationalen Gerichte unter dem EPÜ und des Einheitlichen Patentgerichts (EPG) nach Art. 63 (1) EPGÜ zum Erlass von Unterlassungsverfügungen – eine rechtsvergleichende Untersuchung, GRUR Int 2015, 210; *Rodriguez* From national to Supranational Enforcement in the European Patent System, EIPR 2012, 402; *Romandini/Klicznik* The Territoriality Principle and Transnational Use of Patented Inventions: the Wider Reach of a Unitary Patent and the Role of the CJEU, IIC 2013, 524; *Schröer* Einheitspatentgericht: Überlegungen zum Forum-Shopping im Rahmen der alternativen Zuständigkeit nach Art 83 Abs 1 EPGÜ, GRUR Int 2013, 1102; *Stjerna* Die Beratungen zum „Einheitspatent" und der zugehörigen Gerichtsbarkeit: Auf dem Weg ins Desaster, Mitt 2012, 64; *Stjerna* „Einheitspatent" und Gerichtsbarkeit – Neue Probleme voraus? (2014), abrufbar unter www.stjerna.de; *Stjerna* „Einheitspatent" und Gerichtsbarkeit: Die mündliche Verhandlung der Klagen Spaniens beim EuGH (2014), abrufbar unter www.stjerna.de; *Stjerna* „Einheitspatent" und Gerichtsbarkeit – Vereinbar mit dem Grundgesetz? (6.10.2014), im Internet unter http://www.stjerna.de/einheitspatent.htm; *Stjerna* „Einheitspatent" und Gerichtsbarkeit – Schlussanträge des Generalanwalts: Von der Realität überholt (2015, aktualisierte Fassung), im Internet unter www.stjerna.de; *Strobel* Kommt es nun doch, das EU-Patent? sic! 2010, 114; *Strobel* Steht das EU-Patent vor dem Aus? sic! 2011, 60; *Teschemacher* Das Einheitspatent: Zu Risiken und Nebenwirkungen fragen Sie Ihren Anwalt, Mitt 2013, 153; *Tilmann* Das Europäische Patentgericht nach dem Gutachten 1/09 des EuGH, GRUR Int 2011, 499; *Tilmann* Einheitspatent und Einheitliches Gericht: Rechtliche und praktische Fragen, VPP-Rdbr 2013, 56; *Tilmann* The Transitional Period of the UPCA, Mitt 2014, 58; *Tilmann* Glücklich im sicheren Hafen: das Einheitspatent, GRUR 2015, 527; *Tilmann/Plassmann* Einheitspatent, Einheitliches Patentgericht – EPatVO, EPatÜbersVO, EPGÜ, EPGÜVerfO (erscheint 2016); *Trüstedt* Die Zukunft der Patentgerichtsbarkeit in Europa (Bericht), GRUR Int 2010, 1039; *Ullrich*, The European Patent and Its Courts: An Uncertain Prospect and an Unfinished Agenda, IIC 2015, 1; *Ullrich* Select from within the System: The European Patent with Unitary Effect, Max Planck Institute for Intellectual Property and Competition Law Research Paper No. 12-11, 6.11.2012; *Vissel* Die Ahndung der mittelbaren Verletzung Europäischer Patente nach dem Inkrafttreten des EPGÜ, GRUR 2015, 619.

Materialien: Standpunkt des Europäischen Parlaments vom 11.12.2012 und Beschluss des Rates vom 17.12.2012. Alle Dokumente zum Patent mit einheitlicher Wirkung im Internet unter http://www.upc.documents.eu.com/mit den Menüpunkten „Main documents", „All documents" und „Updates".

A. Vorbemerkungen

I. Historische Entwicklung

1. Gemeinschaftspatentübereinkommen. Versuche, zu einem europaweit geltenden Patent zu kommen, reichen weit zurück.[1] Ein erster, ernsthafter Versuch begann mit dem EWG-Übereinkommen über das europäische Patent für den Gemeinsamen Markt (GPÜ), am 15.12.1975 in Luxemburg unterzeichnet[2] – „Luxemburger Übk" in Unterscheidung vom „Münchener Übk". Die Übk konnte nicht in Kraft treten, da eine Ratifikation durch Dänemark und Irland nicht zu erreichen war. Auf der 2. Luxemburger Konferenz vom 4.–18.12.1985 konnten wichtige Fragen (Finanzschlüssel, Übersetzung des Gemeinschaftspatents, Inkrafttreten) noch nicht gelöst werden. Die 3. Luxemburger Regierungskonferenz vom 11.–15.12.1989 brachte schließlich das Vertragswerk der Vereinbarung über Gemeinschaftspatente vom 21.12.1989[3] mit dem geänd GPÜ (GPÜ 1989), der Ausführungsordnung, dem Streitregelungsprotokoll, den Protokollen über Vorrechte und Immunitäten, über die Satzung des Gemeinsamen Berufungsgerichts und über eine etwaige Änderung der Bedingungen für das Inkrafttreten der Vereinbarung. Das Bündel „nationaler",[4] dh territorial beschränkter und rechtl voneinander unabhängiger Patente sollte damit für die EWG-Staaten zu einem ein-

1

---

1   Nach *Beier* GRUR Int 1969, 145 reichen die Diskussionen darüber bis in Jahr 1957 zurück, nach *Plomer* IIC 2015, 508 (509) sogar bis zum Ende des 19. Jahrhunderts.
2   BGBl 1979 II 833 = GRUR Int 1976, 231.
3   BGBl II 1354, 1358 = BlPMZ 1992, 56. Das zugehörige Protokoll ist in BGBl 1991 II 1392 = BlPMZ 1992, 87 veröffentlicht.
4   Kr hierzu *MGK/Beier* Europäisches Patentsystem Rn 9.

heitlichen supranationalen Gemeinschaftspatent zusammengefasst werden. Unabhängig vom nicht zustande gekommenen Inkrafttreten des GPÜ lag dessen Bedeutung in der Vereinheitlichung der nat Patentrechte, die sich am Leitbild des Gemeinschaftspatents orientiert hat (Entschließung über die Anpassung des nat Patentrechts, Anh zum GPÜ).[5] Durch das Gemeinschaftspatentgesetz (GPatG) und das Zweite Gemeinschaftspatentgesetz (2. GPatG) sollte die nat Umsetzung erfolgen; s 5. *Aufl* Rn 22 ff.

2 **2. Verordnung über das Gemeinschaftspatent.**[6] So erfolglos wie das GPÜ blieb ein zweiter Versuch, das Patentrecht zu vereinheitlichen. Die Kommission hat am 25.6.1997 ein Grünbuch über das Gemeinschaftspatent und das Patentschutzsystem in Europa (Dokument KOM 97/314 endg.) vorgelegt.[7] Die Kommission hat nach Scheitern des GPÜ im Juli 2000 auf der Grundlage von Art 308 EGV einen Verordnungsentwurf vorgelegt (Dok KOM 2000/412 endg; s 5. und 6. Aufl). Der gescheiterte Vorschlag GPVO[8] sah für Klagen und Verfahren, die das Gemeinschaftspatent betreffen (Art 31–36 Vorschlag GPVO), die ausschließliche Zuständigkeit des Gemeinschaftspatentgerichts vor (Art 30 Vorschlag GPVO; die Fassung vom 11.6.2003 enthielt hier Klarstellungen bezüglich Klagen wegen drohender Verletzung, Zwangslizenzverfahren und Klagen auf Festsetzung einer Entschädigung). Das zweigleisige System des dt (wie des österr) Rechts sollte dadurch vermieden werden. Das Gericht sollte nach dem ursprünglichen Vorschlag zwei Instanzen besitzen; die überarbeitete Fassung sah als erste Instanz das Gemeinschaftspatentgericht, als zweite Instanz das EuG 1. Instanz vor. Die Kommission sollte zur Erhebung der Nichtigkeitsklage wie zum Beitritt in allen Verfahren berechtigt sein (Art 40 Vorschlag GPVO). Art 41 Vorschlag GPVO sollte die örtliche Zuständigkeit, Art 42 Vorschlag GPVO einstweilige Maßnahmen und Sicherungsmaßnahmen regeln. Eine Zuständigkeit nat Gerichte war nur für einen Übergangszeitraum vorgesehen (Art 53a Vorschlag GPVO; Einzelheiten Art 53b–53i Vorschlag GPVO). Zum Zuständigkeitskatalog und zu weiteren Zuständigkeitsfragen s 7. *Aufl* Anh § 143 PatG Rn 3 ff.

3 **3. Ein fakultatives Streitregelungssystem** innerhalb des EPÜ, das in seinen Grundzügen dem Vorschlag zum GPVO entsprach, war zunächst in Vorbereitung (vgl 6. *Aufl* Anh § 143 PatG).[9] Die Arbeitsgruppe Streitregelung beim EPA hat im Juni 2002 einen Entwurf für ein Übereinkommen über ein Europäisches Streitregelungssystem und einen Entwurf eines Statuts für ein Europäisches Patentgericht vorgelegt;[10] die Konsultationen wurden auf der Ebene der Europäischen Kommission fortgesetzt.[11] Im Binnenmarktrat erfolgte im März 2003 die Einigung auf einen gemeinsamen politischen Standpunkt. Die geschilderten Arbeiten führten aber nicht zu greifbaren Ergebnissen.

4 Ein dritter, großer Versuch, zu einem einheitlichen Patentschutz zu gelangen, sollte auch Nicht-EU-Staaten mit umfassen. Dabei hatten sich in jüngerer Zeit die Überlegungen hin zu einem **European Patent Litigation Agreement (EPLA)** verlagert, die von Seiten der Europäischen Union mit einem Konzept EPLA-plus aufgenommen worden sind.[12] Es war geplant, dass die EU dem EPÜ beitritt und dass als Berufungsinstanz ein EU-Patentgericht errichtet wird, dem auch die Nicht-EU-Staaten beitreten. 2006 fand eine umfassende Überprüfung der Effizienz des eur Patentsystems durch die Kommission statt. Diese Systeme betrafen Verletzung und Gültigkeit von eur Patenten in den Vertragsstaaten, die sich diesem integrierten Gerichtssystem anschließen. Das Europäische Patentgerichtssystem (EPG) sollte aus einem Europäischen Patentgericht (mit zwei Instanzen und Geschäftsstelle) und einem Verwaltungsausschuss bestehen. Das Gericht erster Instanz sollte aus einer dezentralen Eingangsinstanz (zentrale Kammer und bis zu drei regio-

---

5 ABl EG 1976 L 17/41; vgl *Schwartz* ZEuP 1994, 559, 574.

6 Vgl *Nooteboom* FS W. Tilmann (2003), 567.

7 Vgl VPP-Rdbr 1997, 90; 1998, 24, 93, 110 f; Entschließung des Parlaments vom 19.11.1998, Anoveros-Bericht, ABl EPA 1999, 193, im Internet unter www.europarl.eu/plenary/de.default.htm.

8 Eingehende kr Darstellung des ursprünglichen Vorschlags bei *Schade* GRUR 2000, 827; zum späteren Stand *Tilmann* GRUR Int 2003, 381; zur kontroversen Diskussion im Vorfeld *A. Krieger* GRUR 1998, 256, 257; *Sedemund-Treiber* Mitt 1999, 121; *Schäfers* GRUR 1999, 820, 826 ff mwN in Fn 38.

9 Strukturpapier der Arbeitsgruppe „Streitregelung" GRUR Int 2000, 733; Dokument der Regierungskonferenz in London vom 17.10.2000, im Internet ua unter www.ige.ch/D/jurinfo/j12.htm; zum Stand auch www.ge.ch/D/jurinfo/j141.htm; vgl *Addor/Luginbühl* sic! 2000, 730; GRUR Int 2000, 948; sic! 2001, 352, 570; sic! 2002, 207.

10 Dokument SACEPO 9/02.

11 ABl EPA 2006, 3.

12 Vgl *Tilmann* Neue Überlegungen im Patentrecht, GRUR 2006, 824.

nale Kammern je Vertragsstaat) bestehen (Grundlage Art 10 EPLA-Entwurf). Das Berufungsgericht sollte seinen Sitz am Sitz des EPA haben. Das materielle Recht sollte sich eng an das GPÜ 1989 anlehnen. Im November 2006 sind in Venedig Grundlagen für eine Verfahrensordnung erarbeitet worden. Näher zum Inhalt des Entwurfs 7. *Aufl* Anh § 143 PatG Rn 7 f.

Daneben hat sich die Kommission für eine integrierte unionsweite Gerichtsbarkeit für das Europäi- **5** sche Patent mit einheitlicher Wirkung eingesetzt.[13] Die Präsidentschaft hat am 30.10.2007 ein Arbeitsdokument vorgelegt („Towards an EU Patent Jurisdiction – Points for discussion"),[14] in dem eine ausschließliche, spezialisierte und integrierte **Gemeinschaftsgerichtsbarkeit** für Gültigkeit, Verletzung und damit verbundene Verfahren für eur Patente und Gemeinschaftspatente vorgeschlagen wird. Diese sollte eine erste Instanz mit lokalen und regionalen Abteilungen und einer Zentralabteilung, eine zweite Instanz und eine Geschäftsstelle umfassen und mit dem EuGH verknüpft sein. Hinsichtlich des Nichtigkeitseinwands war eine flexible Handhabung vorgesehen. Der Rat legte vor: Am 7.4.2009 den überarbeiteten Vorschlag für eine Verordnung des Rates über das Gemeinschaftspatent[15] und am 23.3.2009 den Entwurf eines Übk über das Gericht für europäische Patente und Gemeinschaftspatente, den Entwurf der Satzung[16] sowie gleichzeitig die Empfehlung zur Ermächtigung der Kommission zur Aufnahme von Verhandlungen über ein internationales Übereinkommen „zur Schaffung eines einheitlichen Patentgerichtssystems" für europäische Patente und Gemeinschaftspatente.[17] Die Kompetenz der EG-Mitgliedstaaten zum Abschluss eines solchen Übk ist von der Kommission bestritten worden.[18]

Nicht-EU-Staaten in eine Gemeinschaftsgerichtsbarkeit einzubeziehen, erwies sich aber als ein nicht **6** gangbarer Weg. Der EuGH erstattete ein Gutachten nach Art 218 Abs 11 AEUV[19] zur Vereinbarkeit des Entwurfs des Übereinkommens von 2009 über das **Gericht für europäische Patente und EU-Patente** (GEPEUP) mit den EU-Verträgen und befand darin, dass das vorgeschlagene Übereinkommen nicht mit EU-Recht vereinbar ist.

Der wichtigste Ablehnungsgrund lautete, dass das geplante Gericht Unionsrecht anwenden und ausle- **7** gen sollte, obwohl es **außerhalb der Union** angesiedelt sei. Der EuGH hat dabei wesentlich darauf abgestellt, dass eine das Unionsrecht verletzende Entscheidung des Patentgerichts weder Gegenstand eines Vertragsverletzungsverfahrens sein noch zu irgendeiner vermögensrechtl Haftung eines oder mehrerer Mitgliedstaaten führen könnte. Das Übereinkommen würde einem außerhalb des institutionellen und gerichtlichen Rahmens der Union stehenden internat Gericht eine ausschließliche Zuständigkeit dafür übertragen, über eine beträchtliche Zahl von Klagen einzelner im Zusammenhang mit dem Gemeinschaftspatent zu entscheiden, sowie Unionsrecht in diesem Bereich auszulegen und anzuwenden. Das Übereinkommen würde folglich den Gerichten der Mitgliedstaaten ihre Zuständigkeiten zur Auslegung und Anwendung des Unionsrechts sowie dem Gerichtshof seine Zuständigkeit, auf die von diesen Gerichten zur Vorabentscheidung vorgelegten Fragen zu antworten, nehmen. Damit würden die Zuständigkeiten verfälscht, die die Verträge den Unionsorganen und den Mitgliedstaaten zuweisen und die für die Wahrung der Natur des Unionsrechts wesentlich sind. Somit kam eine Lösung, die die Nicht-EU-Staaten einbezieht, nicht in Betracht.

4. Europäisches Patent mit einheitlicher Wirkung und das „European Patent Package". Voraus- **8** sichtlich erfolgreich wird ein gegenwärtig stattfindender vierter Versuch sein, zu einem einheitlichen Patentschutz zu gelangen. Mit der Realisierung ist im Jahr 2017 zu rechnen (Stand: 1.3.2016). Wegen des EuGH-Gutachtens sollen wie bei den ersten beiden Versuchen nur EU-Mitgliedstaaten beteiligt werden. Die Kommission verfolgte dazu die früheren Vorschläge auf der Grundlage eines einheitlichen eur Patents für die zunächst teilnahmewilligen 25 Mitgliedstaaten weiter. Vor diesem Hintergrund veröffentlichte die ungar EU-Ratspräsidentschaft eine revidierte Fassung des Übk-Entwurfs („Draft agreement on a Unified Patent Court and draft Statute")[20] über ein nunmehr „Einheitliches Patentgericht" (EPG), im Englischen „Unified Patent Court" (UPC).

---

13 Vgl Bericht GRUR Int 2007, 457.
14 14492/07.
15 Ratsdokument 8588/09.
16 Ratsdokument 7928/09.
17 Ratsdokument 7927/09.
18 Vgl Bericht sic! 2003, 174; *Oser* IIC 37 (2006), 520, 549 f.
19 EuGH Gutachten 1/09 GRUR Int 2011, 309 einheitliches europäisches Patentsystem.
20 http://register.consilium.europa.eu/doc/srv?l=EN&f=ST%2013751%202011%20INIT.

9 Durch Ratsbeschluss 2011/167/EU wurden alle damaligen EU-Mitgliedstaaten mit Ausnahme der seinerzeit nicht teilnehmenden Staaten Italien und Spanien (also 25 EU-Mitgliedstaaten) ermächtigt, untereinander eine **Verstärkte Zusammenarbeit** im Bereich der Schaffung eines einheitlichen Patentschutzes zu begründen.[21] Klagen von Italien und Spanien hiergegen sind erfolglos geblieben.[22] Am 27.6.2011 hat der EU-Ministerrat eine allg Ausrichtung zum einheitlichen Patent für Europa festgelegt,[23] mit je einem Verordnungsvorschlag zu einem einheitlichen Patentschutz[24] und zu den Übersetzungsregelungen.[25] Die bisher nicht teilnehmenden Staaten Italien und Spanien können sich zwar an den Verhandlungen beteiligen, dürfen aber nur dann im EU-Ministerrat über die Verordnungen abstimmen, wenn sie dem Verfahren vorher beitreten; Italien hat dies am 30.9.2015 getan. Damit zeigt sich, dass die als ultima ratio anzusehende verstärkte Zusammenarbeit in der Wirklichkeit das Mehrheitsprinzip in Europa einführt bzw durchsetzt, weil die nichtteilnehmenden Staaten hier einer Mehrheit von 25 Staaten gegenüberstanden, was auf Dauer wohl zu schwerwiegenden Nachteilen führt und kaum durchzuhalten ist.[26] Die EU selbst ist an dem Unternehmen nicht beteiligt. Die Volksabstimmung am 23.6.2016 im Vereinigten Königreich ergab eine Mehrheit für den Austritt aus der Europäischen Union („Brexit"). Nachdem das Parlament dieses Abstimmungsergebnis umsetzen kann, aber nicht muss, ist der Verbleib des VK in der EU ungewiss. Wird der Brexit vollzogen, wie es die Regierung des VK beabsichtigt, so steht das tatsächliche Ausscheiden aus der EU erst am Ende eines jahrelangen Prozesses. In diesen Jahren wäre die Einführung des einheitlichen Patentschutzes in der EU blockiert, weil nach den geltenden Regelungen die Mitwirkung des VK dabei unentbehrlich ist. Beim Verbleib des VK in der EU würde eine mindestens ebenso lange Periode von erheblicher politischer Unsicherheit entstehen, in der die Einführung des einheitlichen Patentschutzes in der EU inopportun sein und deshalb nicht vorzeitig vollzogen werden würde. In beiden möglichen Fällen wird die Volksabstimmung vom 23.6.2016 im VK die Einführung des einheitlichen Patentschutzes zeitlich stark verzögern, aber nicht verhindern. Kommt es zum Brexit, werden einige tiefgreifende Änderungen an den bisherigen Vereinbarungen und Regelungen erforderlich. Es gibt auch Überlegungen, wonach der einheitliche Patentschutz in Europa wie geplant eingeführt werden sollte; das VK müsste im Falle eines Brexit nicht aus dem ganzen System ausscheiden, falls nur einige Anpassungen der Rechtsvorschriften und Vereinbarungen von allen beteiligten Staaten vorgenommen werden. Ob solche Überlegungen tragfähig sind und auch vom EuGH gebilligt werden könnten, muss sich erst zeigen.

10 Am 17.12.2012 wurden **zwei Unionsverordnungen** erlassen, VO (EU) Nr 1257/2012 (einheitlicher Patentschutz) und VO (EU) Nr 1260/2012 (Übersetzungsregelungen). Die VO (EU) Nr 1257/2012 des Europäischen Parlaments und des Rates über die Umsetzung der Verstärkten Zusammenarbeit im Bereich der Schaffung eines einheitlichen Patentschutzes vom 17.12.2012 ist ein besonderes Übk iSv Art 142 EPÜ. Zusätzlich wurde mit der VO (EU) Nr 1215/2012 das Prozessrecht der EU an die neue Situation angepasst.[27]

11 Die VO (EU) Nr 1257/2012 schafft als genuines eur Recht das **europäische Patent mit einheitlicher Wirkung** (EinhP).

12 Das vom Europäischen Rat am 28.6.2012 beschlossene und innerhalb kurzer Zeit von 25 Signatarstaaten (von den teilnehmenden Staaten noch nicht Polen, jedoch seit 30.9.2015 auch von Italien) gezeichnete **Übereinkommen über ein einheitliches Patentgericht (EPGÜ)**,[28] beruht auf einem Entwurf der poln Ratspräsidentschaft im 2. Halbjahr 2011 (Entwurf 2011), der die Beratungen der davorliegenden Monate berücksichtigte. Es ist ein völkerrechtl Vertrag zwischen EU-Mitgliedstaaten. Es tritt vier Monate nach dem

---

21 Beschluss 2011/167/EU, ABl EU L 76, 53 vom 22.3.2011.

22 EuGH C-274/11, C-295/11 GRUR Int 2013, 542; krit Auseinandersetzung mit dem Urteil bzgl der Anwendbarkeit von Art 118 AEUV bei *Jaeger* NJW 2013, 1998 und *Eck* GRUR Int 2014, 114.

23 Im Internet unter http://ec.europa.eu/internal_market/indprop/docs/patent/com2011-215-final_de.pdf.

24 http://www.europarl.europa.eu/meetdocs/2009_2014/documents/com/com_com%282011%290215_/com_com%282011%290215_de.pdf.

25 http://www.europarl.europa.eu/meetdocs/2009_2014/documents/com/com_com%282011%290216_/com_com%282011%290216_de.pdf.

26 Krit dazu auch *Jaeger* NJW 2013, 1998.

27 ABl EU L 351, 1 vom 20.12.2012. Näher zu den Auswirkungen auf das EinhP bei *Luginbühl/Stauder* GRUR Int 2014, 885 und *Bennett* Mitt 2015, 301.

28 Ratsdokument 16351/12 von 13.1.2013, http://register.consilium.europa.eu/doc/srv?l=DE&f=ST%2016351%202012%20INIT, im Internet auch unter http://www.epo.org/law-practice/unitary/patent-court.html; vgl. *Klopschinski* GRUR Int. 2011, 989.

Tag in Kraft, an dem mindestens 13 Signatarstaaten, darunter die drei mit der höchsten Zahl von eur Patenten im vergangenen Jahr (Deutschland, Frankreich und das VK), die Ratifikations- oder Beitrittsurkunde
hinterlegt haben. Bei einem Brexit würde nach den Zahlen des Jahres 2015 Italien (oder ggf die Niederlande) an die Stelle des VK treten.

Das **Wirksamwerden** des Übereinkommens wurde bislang für das Jahr 2017 erwartet, durch die poli- **13**
tische Entwicklung im VK (s Rn 9) ist derzeit aber keine seriöse Prognose mehr möglich. Bisher (Stand
1.3.2016) haben nacheinander neun Mitgliedsstaaten – Österreich, Frankreich, Schweden, Belgien, Dänemark, Malta, Luxemburg, Portugal und zuletzt Finnland – das Übk ratifiziert.[29] In den Niederlanden ist die
Billigung der Ratifizierungsgesetze durch die Regierung erfolgt. Auch zwei weitere Klagen Spaniens gegen
die EU-Verordnungen (s Rn 10 sowie Rn 19 ff und Rn 101 ff) sind erfolglos geblieben.[30] Das BMJV hat am
16.2.2016 den RefE eines Gesetzes zum EPGÜ veröffentlicht,[31] sowie den RefE zur Anpassung patentrechtlicher Vorschriften auf Grund der europäischen Patentreform;[32] damit ist das dt Ratizierungsverfahren ein
wichtiges Stück vorangekommen. Der Gesetzentwurf zum EPGÜ enthält auch eine „Denkschrift" mit einer
Erläuterung des Übk. Anzupassende patentrechtl Vorschriften finden sich in § 30 PatG und umfänglich im
IntPatÜG.

Um den Aufbau des Gerichts vor dem Inkrafttreten des Übk zu ermöglichen, so dass das Gericht un- **14**
mittelbar nach dem Inkrafttreten die Arbeit aufnehmen kann, ist im Wettbewerbsrat am 1.10.2015 ein Protokoll von sieben Staaten, darunter Deutschland, Frankreich und VK über die **vorläufige Anwendung** der
organisatorischen Bestimmungen des Übereinkommens unterzeichnet worden.[33]

II. Inhalt der Regelungen

1. Allgemeines. Das Regelwerk besteht aus den beiden EU-Verordnungen 1257/2012[34] und 1260/2012[35] **15**
sowie einem völkerrechtl Übereinkommen zwischen EU-Mitgliedsstaaten zur Schaffung eines einheitlichen Patentgerichts (EPGÜ).[36]

In ihrer Wirksamkeit sind die drei Rechtsakte durch Art 18 Abs 2 VO 1257/2012 und durch Art 7 Abs 2 **16**
VO 1260/2012 miteinander verknüpft, wonach beide VO (inzwischen) erst ab dem Tag des Inkrafttretens
des EPGÜ gelten. Die drei Rechtsakte werden auch als **European Patent Package** bezeichnet. An der verstärkten Zusammenarbeit, die zum European Patent Package führt, nehmen alle Mitgliedstaaten der EU
mit Ausnahme von Spanien und des damals noch nicht beigetretenen Kroatien teil. Zu dem dt Zustimmungsgesetz liegt seit 27.5.2016 ein Regierungsentwurf vor.[36a]

Ungewöhnlich für EU-Recht sind folgende Umstände: Das EinhP stellt zwar genuines, sekundäres **17**
Unionsrecht dar, basiert aber ganz wesentlich auf Rechtsakten, die nicht dem Unionsrecht unterliegen
bzw nicht zum Unionsrecht gehören. Das EPA als eine nicht zur EU gehörende Behörde ist zusätzlich zur
Erteilung für die Registereintragung und Verwaltung des EinhP zuständig und arbeitet insoweit als Registrieramt für das EinhP. Andererseits führt das EPA die gesamte formelle und die materiellrechtl Prüfung
der Patentanmeldung durch und ist für die Patenterteilung des eur Bündelpatents zuständig, die Voraussetzung für das EinhP ist. Das EPA entscheidet außerdem auch bei einem bereits erteilten EinhP über die
Beschränkung und im Einspruchs- und Einspruchsbeschwerdeverfahren über Widerruf oder Aufrechterhaltung in beschränktem Umfang. Zur Prüfungstätigkeit des EPA gehören auch Patentanmeldungen, die

---

29 Zum aktuellen Stand siehe http://www.consilium.europa.eu/en/documents-publications/agreements-conventions/
agreement/?aid=2013001.
30 EuGH C-146/13 GRUR 2015, 562 und EuGH C-147/13 GRUR 2015, 567; krit zur Vereinbarkeit mit dem Grundgesetz
Stjerna „Einheitspatent" und Gerichtsbarkeit – Vereinbar mit dem Grundgesetz? (6.10.2014), im Internet unter
http://www.stjerna.de/einheitspatent.htm abrufbar; vgl auch *Gruber* GRUR Int 2015, 323.
31 http://www.bmjv.de/SharedDocs/Gesetzgebungsverfahren/Dokumente/RefE_Begleitgesetz_Europaeische
Patentreform.html.
32 http://www.bmjv.de/SharedDocs/Gesetzgebungsverfahren/DE/Anpassung_patentrechtlicher_Vorschriften_nach_
euopaeischer_Patentreform.html.
33 Abrufbar unter http://www.unified-patent-court.org/images/documents/Protocol_to_the_Agreement_on_Unified_
Patent_Court_on_provisional_application.pdf.
34 ABl EU L 361, 1 vom 31.12.2012 = BlPMZ 2013, 59.
35 ABl EU L 361, 89 vom 31.12.2012 = BlPMZ 2013, 56.
36 ABl EU C 175 vom 20.6.2013, S 1–28 Übk.
36a BRDrs 282/16.

zurückgewiesen werden und nach oder mit einem Beschluss der Beschwerdekammer doch erteilt werden, womit sich danach der Weg zum EinhP öffnet. Arbeits- und Rechtsgrundlage des EPA ist das EPÜ, das ebenfalls nicht zum EU-Recht gehört.[37] Ein gut funktionierendes EPA ist für den Erfolg des European Patent Package mit entscheidend.

18   Die beiden EU-Verordnungen werden ausgestaltet durch die **Durchführungsordnung zum einheitlichen Patentschutz (DO),**[38] derzeit noch als Entwurf vom 9.12.2014 und das EPGÜ durch die **Satzung**[39] sowie die **Verfahrensordnung**[40] (dzt in 18. Fassung) des EPG.

19   **2. Verordnung (EU) Nr. 1257/2012 über die Umsetzung der Verstärkten Zusammenarbeit im Bereich der Schaffung eines einheitlichen Patentschutzes (EPVO) vom 17.12.2012.** Einheitlicher Patentschutz wird denkbar einfach zu erhalten sein. Das EPA führt das Anmelde- und Prüfungsverfahren durch wie bisher, ohne dabei zwischen dem weiterhin bestehenden klassischen eur Bündelpatent und dem neuen EinhP zu unterscheiden. Für ein EinhP ist im Fall einer Patenterteilung lediglich ein Antrag auf einheitliche Wirkung zu stellen und zwar spätestens einen Monat nach Bekanntmachung des Hinweises auf die Erteilung des eur Patents im Europäischen Patentblatt, wobei der Antrag schriftlich in der Verfahrenssprache zu stellen ist (Regel 6 Abs 1 und 2 DO). Wiedereinsetzung in die Monatsfrist wird möglich sein. Das EPA beabsichtigt, geeignete (elektronische) Formblätter mit Kästchen zum Ankreuzen bereitzustellen. Neben üblichen formellen Anforderungen hat der Antragsteller für einen Übergangszeitraum von 6 bis maximal 12 Jahren noch eine weitere Übersetzung einzureichen (näher Rn 112ff).

20   Der Antrag auf einheitliche Wirkung eines eur Patents soll **gebührenfrei** sein (vgl Regel 5, I. 5. DO). Nach Erteilung des EinhP ist die Rückkehr zum eur Bündelpatent nicht mehr möglich.

21   Das EPA hat für das EinhP **weitere Aufgaben** wahrzunehmen, insb die Anträge der Patentinhaber auf einheitliche Wirkung zu verwalten, Jahresgebühren zu erheben, verwalten und verteilen; es hat zudem ein Register für die einheitlichen Patente zu führen, das Rechtsstandsdaten zu Lizenzen, Rechtsübertragungen und Beschränkungen sowie zum Widerruf bzw Erlöschen von Patenten enthält (Art 9, 11, 12, 13 EPVO).

22   Die EPVO sieht in Art 3 Abs 1 vor, dass ein eur Patent, das mit den gleichen Ansprüchen für alle teilnehmenden Mitgliedstaaten erteilt wurde, **einheitliche Wirkung** in den teilnehmenden Mitgliedstaaten hat, sofern eine einheitliche Wirkung in dem Register für den einheitlichen Patentschutz eingetragen wurde. Das EinhP wird rückwirkend zum Tag der Veröffentlichung des Hinweises auf die Patenterteilung im Europäischen Patentblatt durch das EPA in den teilnehmenden Mitgliedstaaten wirksam (Art 4 EPVO).

23   Ein eur Patent, das mit unterschiedlichen Ansprüchen für verschiedene teilnehmende Mitgliedstaaten eingetragen wurde, hat **keine einheitliche Wirkung**. Es bleibt damit ein Bündelpatent. Bündelpatente gelangen bei Patentstreitigkeiten ebenso vor das EPG wie das EinhP.[41] Unterschiede zwischen beiden Erscheinungsformen eur Patente bestehen lediglich in der Verwaltungszuständigkeit, der Gebührenhöhe, beim Geltungsbereich und bei den Übersetzungsregeln.

24   Das EinhP hat einen **einheitlichen Charakter**, bietet einheitlichen **Schutz** und hat gleiche **Wirkung** in allen teilnehmenden Mitgliedstaaten; es kann nur für alle teilnehmenden Mitgliedstaaten beschränkt, übertragen, für nichtig erklärt werden oder erlöschen, Lizenzen sind jedoch auch für einen Teil der Hoheitsgebiete der teilnehmenden Mitgliedstaaten möglich (Art 3 Abs 2 EPVO). Art 5 EPVO regelt den einheitlichen Schutz, Art 6 EPVO die Erschöpfung der Rechte. Nach Art 7 EPVO ist das EinhP als Gegenstand des Vermögens in seiner Gesamtheit und in allen teilnehmenden Mitgliedstaaten wie ein nat Patent des teilnehmenden Mitgliedstaats zu behandeln, in dem es einheitliche Wirkung hat, und in dem der Patentinhaber zum Zeitpunkt der Einreichung der Anmeldung seinen Wohnsitz oder den Sitz seiner Hauptniederlassung, hilfsweise eine Niederlassung, und, falls das nicht zutrifft, die EPO ihren Sitz hat. Für das EinhP kann Lizenzbereitschaft erklärt werden (Art 8 EPVO).

25   Bedeutsam ist, dass die EPVO außer dem mehrfach wiederholten Einheitlichkeitsaspekt kaum materiellrechtl Regelungen enthält. Die EPVO stellt zwar die **zentrale EU-Verordnung** für den einheitlichen

---

37   Vgl *Luginbühl* GRUR 2013, 305; krit dazu *Jaeger* IIC 2013, 389 und *Eck* GRUR Int 2014, 114.

38   http://documents.epo.org/projects/babylon/eponet.nsf/0/410C4BE15F77CE58C1257DB10039DB08/$File/draft_rules_unitary_patent_de.pdf.

39   ABl EU C 175 vom 20.6.2013, S 29 ff, s Anhang, S 3033.

40   Zum Entwurf der Verfahrensordnung s https://www.unified-patent-court.org/sites/default/files/UPC-Rules-of-Procedure.pdf.

41   Früheste Festlegung in Ratsdok 5072/09 und 16741/11.

Patentschutz dar, bildet aber gewissermaßen nur eine Hülle.[42] Fast alle wesentlichen materiellrechtl Bestimmungen sind ins EPGÜ ausgelagert worden. Weitere materiellrechtl Bestimmungen finden sich in Art 4 Abs 4 der VO (EU) Nr 1260/2012 und in Regel 118 der Verfahrensordnung des EPG. In der praktischen Arbeit wird das EPGÜ eine viel größere Bedeutung erlangen als die EPVO. Was die Bestandskraft und den Schutzbereich von Patenten betrifft, wird das EinhP durch seine Verankerung im EPÜ keine großen Überraschungen bieten. Wenn es aber um die vermögensrechtl Handhabung von Patenten geht, ergeben sich aus der komplexen und schwer auslegbaren Verweisungstechnik von Art 5 Abs 3 und Art 7 EPVO iVm Art 24 ff EPGÜ eine Fülle von komplizierten Rechtsanwendungsfragen (s Rn 53 ff).[43]

Es wurde immer wieder geäußert, dass den im Patentrecht nicht spezialisierten Richtern des EuGH **26** die erforderliche jahrelange patentrechtl Erfahrung in Patentsachen fehle; eine (unbefriedigende) Rechtsauslegung durch Nichtfachleute wurde befürchtet. Deshalb sollte die **Zuständigkeit des Gerichtshofs der Europäischen Union** (EuGH) für Patentrecht möglichst ausgeschlossen werden. Darüber ließ sich letztlich ein politischer Konsens erreichen, der unionsrechtsskeptischen Stimmen nachgab. Das Vorhaben, den EuGH möglichst zu umgehen,[44] war umstritten,[45] und ob es erfolgreich sein wird bzw ob es die Zustimmung des EuGH finden wird, muss sich erst noch zeigen.[46] In die Erwägungsgründe der EPVO und EPÜbersVO fanden die Überlegungen bzgl der befürchteten mangelnden Kompetenz des EuGH jedenfalls keinen Eingang.[47]

3. Verordnung (EU) Nr. 1260/2012 über die Umsetzung der verstärkten Zusammenarbeit im Be- 27 reich der Schaffung eines einheitlichen Patentschutzes im Hinblick auf die anzuwendenden Übersetzungsregelungen. Die EPÜbersVO bestimmt, dass grds keine weiteren Übersetzungen erforderlich sind (Art 3 Abs 1), wenn die Patentschrift des EinhP gem Art 14 Abs 6 EPÜ veröffentlicht ist (dh in der Verfahrenssprache mit Übersetzung der Ansprüche in die beiden anderen Amtssprachen). Zusätzliche Übersetzungserfordernisse gelten aber während eines Übergangszeitraums (Art 6), s Rn 112 ff. Je nach Lage des Falls können jedoch bei einem Rechtsstreit weitere Übersetzungen erforderlich werden (Art 4). Der Patentinhaber hat auf Antrag des mutmaßlichen Verletzers eine vollständige Übersetzung des Patents in eine Amtssprache des teilnehmenden Mitgliedstaats vorzulegen, in dem die Verletzung stattgefunden hat oder in dem der mutmaßliche Verletzer ansässig ist. Auf Anforderung des zuständigen Gerichts ist außerdem eine vollständige Übersetzung in die Verfahrenssprache vor diesem Gericht vorzulegen. Diese Übersetzungen sollen nicht maschinell erstellt werden und zu Lasten des Patentinhabers gehen (Art 4). Für Patentanmelder, denen eur Patente mit einheitlicher Wirkung erteilt werden und die ihren Wohnsitz oder den Sitz ihrer Hauptniederlassung in einem EU-Mitgliedstaat haben, der keine Amtssprache mit einer der drei Amtssprachen des EPA gemein hat, kommt (dauerhaft) ein System zusätzlicher Kostenerstattungen für die Übersetzung der Anmeldung in die Verfahrenssprache des EPA zum Tragen. Für die Verwaltung dieses Systems ist das EPA zuständig.[48] Qualitativ hochwertige maschinelle Übersetzungen sollen zukünftig das Sprachenproblem entschärfen, das die Einheitspatentdebatte von Beginn an als kaum lösbar erscheinen ließ.

4. Übereinkommen über ein einheitliches Patentgericht. Das Übk regelt die Schaffung eines ein- **28** heitlichen Patentgerichts (EPG) mit ausschließlicher Zuständigkeit für Streitigkeiten betr die Verletzung und Rechtsgültigkeit von einheitlichen und klassischen eur Patenten sowie für Beschwerden gegen Entscheidungen, die das EPA im Rahmen seiner zusätzlichen Aufgaben rund um das EinhP getroffen hat. Das EPG umfasst ein Gericht erster Instanz, ein Berufungsgericht und eine Kanzlei. Zur Entkräftung der Ein-

---

42 Vgl EU-Abgeordneter *Rapkay*, Berichterstatter zur EPVO am 21.11.2011, zitiert von *Stjerna* Mitt 2012, 54, 58; dort auch Hinweise auf Merkwürdigkeiten und Demokratie-Defizite bei der Entstehung des European Patent Package.
43 Besonders informativ hierzu eine Tagung vom 7.2.2014 am Interdisziplinären Zentrum für Geistiges Eigentum, Mannheim https://www.grur.org/fileadmin/daten_bilder/aktuelles/2014/2014-03-25_Tagungsbericht_EPP2.pdf, Tagungsbericht von *Bernzen* und *Tochtermann*.
44 Gesamtdarstellung bei *Luginbühl* GRUR Int 2013, 305, 307 und bei *Plomer* IIC 2015, 508.
45 *Luginbühl* GRUR Int 2010, 97 (102); *Pagenberg* GRUR 2011, 32; *Ohly* ZGE 2012, 419, 436 ff; *Pagenberg* GRUR 2012, 582; *Haedicke* GRUR Int 2013, 609 (614); *Jaeger* IIC 2013, 389; *Jaeger* EuZW 2013,15; *Eck* GRUR Int 2014, 114.
46 Differenzierte Stellungnahme bei *Hüttermann/Kupka* Mitt 2015, 100.
47 Vgl *Haedicke* GRUR Int 2013, 609, 614.
48 Nach http://www.epo.org/law-practice/legislative-initiatives/eu-patent_de.html.

wände, die der EuGH erhoben hat, steht das Übk nur EU-Mitgliedstaaten offen und enthält Bestimmungen, die den Vorrang des EU-Rechts und die Beantragung von Vorabentscheidungen des EuGH regeln. Das Übk enthält weiterhin Regelungen in Bezug auf die Zuständigkeiten der Vertragsstaaten und die Haftung bei Verstößen gegen das EU-Recht. Das Übk ist ein internationaler Vertrag zwischen EU-Mitgliedstaaten. Die EU selbst ist nicht Vertragspartei. Die EPVO und die EPÜbersVO können nur gleichzeitig mit dem EPGÜ in Kraft treten. Zum Inkrafttreten des gesamten European-Patent-Package müssen die erforderlichen Ratifikations- oder Beitrittsurkunden für das EPGÜ hinterlegt sein (Rn 16).

29   Nach dem EPGÜ ist es möglich, dass eine Kammer des Gerichts erster Instanz Fragen der **Verletzung und der Nichtigkeit** eines Patents in einem Verfahren entscheidet (Art 33 Übk). Entscheidungen des Gerichts haben bei eur Patenten in denjenigen Mitgliedstaaten Wirkung, für die das eur Patent Wirkung hat (Art 34 Übk). Betroffene Patente (Art 3 Übk) sind alle eur Patente mit einheitlicher Wirkung, alle ergänzenden Schutzzertifikate und eur Patente, die bei Inkrafttreten des Übk noch nicht erloschen sind oder die nach diesem Zeitpunkt erteilt werden, und alle eur Patentanmeldungen, die zum Zeitpunkt des Inkrafttretens des Übk anhängig sind oder die nach diesem Zeitpunkt eingereicht werden, in den beiden letztgenannten Fällen vorbehaltlich der „opt-out"-Regelung in Art 83 Übk, die während einer Übergangsphase von sieben Jahren besteht. Str ist, ob das „opt-out" lediglich die Zuständigkeit des Gerichts oder auch die materiellen Regelungen des Übk erfasst.

30   Das **einheitliche Patentgericht** (EPG) besteht aus einem Gericht erster Instanz, einem Berufungsgericht und einer Kanzlei (Art 6 Übk). Das Gericht erster Instanz umfasst eine Zentralkammer[49] sowie Lokalkammern und Regionalkammern in den Vertragsstaaten (Art 7 Abs 2 Übk). Die Zentralkammer hat ihren Sitz in Paris (für IPC-Sektionen B, D, E, G und H) und verfügt über eine Abteilung in London (für IPC-Sektionen A und C) und eine Abteilung in München (für IPC-Sektion F), s Rn 138; zur IPC-Klassifikation Anh § 27 PatG. Im Fall eines Brexit muss anstelle von London ein neuer Ort für die entspr Abteilungen der Zentralkammer gefunden werden.

31   Nach einer Entscheidung des BMJV wird **die in München anzusiedelnde Abteilung** der Zentralkammer in bisher vom BPatG genutzten Räumlichkeiten (Modul 1, 2. OG) untergebracht. Dazu müssen insgesamt neun Räume zur Verfügung gestellt werden. Die Herrichtung und Ausstattung der Räume obliegt dem DPMA und wird uU auch bauliche Maßnahmen erfordern.[50] Dagegen soll die Lokalkammer in vom Freistaat Bayern gestellten Räumen untergebracht werden. Die bereits festgelegten Örtlichkeiten der Kammern des EPG sind auf der Website des EPG zu finden.[51]

32   Alle Spruchkörper des Gerichts werden **multinational** zusammengesetzt (Art 8 Abs 1 Übk). Auf Antrag von zwei oder mehr Vertragsstaaten sind Regionalkammern möglich (Art 7 Abs 5 Übk; zu erwarten sind bis zu 4 Regionalkammern). Die Besetzung der Lokalkammern richtet sich nach den Fallzahlen (Art 8 Abs 2, 3 Übk). Die Kammern bestehen grds aus drei Richtern (Art 8 Abs 1 Übk), davon je nach Fallzahl einem oder zwei rechtlich qualifizierten Richtern, die Staatsangehörige des Vertragsmitgliedstaats sind, in dessen Gebiet die Lokalkammer errichtet ist, und einem oder zwei rechtlich qualifizierten Richtern, die nicht Staatsangehörige dieses Vertragsmitgliedstaats sind und aus einem Richterpool zugewiesen werden. Auf Antrag oder auf Initiative des Spruchkörpers wird vom Präsidenten des Gerichts erster Instanz ein qualifizierter technischer Richter zugewiesen (Art 8 Abs 5 Übk). Die Zentralkammern bestehen aus zwei rechtlich qualifizierten Richtern, die Angehörige unterschiedlicher Vertragsmitgliedstaaten sind, und einem technisch qualifizierten Richter, der aus dem Richterpool zugewiesen wird, bei Verfahren nach Art 32 Abs 1 Buchst i des Übk (Klagen gegen Entscheidungen, die das EPA nach Art 9 der EPVO getroffen hat) jedoch aus drei rechtlich qualifizierten Richtern aus unterschiedlichen Staaten. Entscheidung durch den Einzelrichter ist auf Grund einer Vereinbarung der Parteien möglich. Die Spruchkörper des Berufungsgerichts mit Sitz in Luxemburg bestehen aus 5 Richtern, von denen 3 rechtskundige und 2 technische Richter sind (Art. 9 Abs 1 Übk). Es wurde in Zweifel gezogen, ob es für vertragschließende Mitgliedstaaten sinnvoll ist, sich an einer Regionalkammer zu beteiligen, die für Kläger wenig attraktiv erscheine, weil Verfahren im Vergleich zu Verfahren vor Lokalkammern mit einem erheblichen Verzögerungsrisiko behaftet seien.[52]

---

49 ABl EU C 175 vom 20.6.2013, S 40 Geschäftsverteilung der Zentralkammer.

50 BPatG, Hausmitteilungen 7/2014 S 5.

51 https://www.unified-patent-court.org/locations.

52 Vgl die Resolution der Intellectual Property Judges Association vom 1.11.2012 http://ipkitten.blogspot.de/2012/11/ europes-patent-judges-call-for.html und hierzu *Grabinski* GRUR Int 2013, 310, 315.

Das Übk nimmt die zunächst im Kompromissvorschlag für das EinhP vorgesehenen **materiellen Re-** **33** **gelungen** in erweiterter Form auf (Art 25 EPGÜ: Verbot unmittelbarer Patentbenutzung; Art 26 EPGÜ: Verbot mittelbarer Patentbenutzung; Art 27 EPGÜ: Beschränkungen der Wirkung des Patents einschließlich „Farmerprivileg"; Art 28 EPGÜ: Vorbenutzungsrecht; Art 29 EPGÜ: Erschöpfung).

Bei der **Verfahrensordnung** (EPGVerfO)[53] sind insb noch die Regeln 118, 118a (Nichtigkeitswiderkla- **34** ge) sowie 211 (vorläufige Maßnahmen) der Verfahrensordnung in der Diskussion, weiter Regel 14. Die Regel 370 mit den konkreten Gerichtsgebühren wurde im Mai 2015 vom Preparatory Committee for the Unified Patent Court zur Diskussion gestellt und teilweise geänd im Februar 2016 beschlossen, muss aber noch rechtl geprüft werden („legal scrubbing").[54]

Das BMJV hat am 16. Februar 2016 zwei RefE zur **Implementierung** des EPGÜ veröffentlicht, näher **35** Rn 13.

B. Verordnung (EU) Nr. 1257/2012 des Europäischen Parlaments und des Rates vom 17. Dezember 2012 über die Umsetzung der Verstärkten Zusammenarbeit im Bereich der Schaffung eines einheitlichen Patentschutzes (EPVO)

I. Vorbemerkung

Zu Inkrafttreten und Wirksamwerden s Rn 95. **36**

II. Text und Kommentierung der Verordnung

1. Erwägungsgründe **37**

DAS EUROPÄISCHE PARLAMENT UND DER RAT DER EUROPÄISCHEN UNION

gestützt auf den Vertrag über die Arbeitsweise der Europäischen Union, insbesondere auf Artikel 118 Absatz 1,
gestützt auf den Beschluss 2011/167/EU des Rates vom 10. März 2011 über die Ermächtigung zu einer Verstärkten Zusammenarbeit im Bereich der Schaffung eines einheitlichen Patentschutzes,
auf Vorschlag der Europäischen Kommission,
nach Zuleitung des Entwurfs des Gesetzgebungsakts an die nationalen Parlamente,
gemäß dem ordentlichen Gesetzgebungsverfahren,
in Erwägung nachstehender Gründe:

(1) Die Schaffung rechtlicher Rahmenbedingungen, auf deren Grundlage Unternehmen ihre Geschäftstätigkeit in Bezug auf die Herstellung und den Vertrieb von Produkten über nationale Grenzen hinweg anpassen können, und die ihnen eine größere Entscheidungsfreiheit und mehr Geschäftsmöglichkeiten bieten, trägt zur Erreichung der Ziele der Union, die in Artikel 3 Absatz 3 des Vertrags über die Europäische Union festgelegt sind, bei. Zu den den Unternehmen zur Verfügung stehenden Rechtsinstrumenten sollte auch ein einheitlicher Patentschutz gehören, der sich auf den gesamten oder zumindest einen erheblichen Teil des Binnenmarkts erstreckt.

(2) Nach Artikel 118 Absatz 1 des Vertrags über die Arbeitsweise der Europäischen Union (AEUV) sollten im Rahmen der Verwirklichung oder des Funktionierens des Binnenmarkts Maßnahmen zur Schaffung europäischer Rechtstitel über einen einheitlichen Schutz der Rechte am geistigen Eigentum in der Union sowie zur Einführung von zentralisierten Zulassungs-, Koordinierungs- und Kontrollregelungen auf Unionsebene erlassen werden.

(3) Am 10. März 2011 hat der Rat den Beschluss 2011/167/EU erlassen, mit dem Belgien, Bulgarien, die Tschechische Republik, Dänemark, Deutschland, Estland, Irland, Griechenland, Frankreich, Zypern, Lettland, Litauen, Luxemburg, Ungarn, Malta, die Niederlande, Österreich, Polen, Portugal, Rumänien, Slowenien, die Slowakei, Finnland, Schweden und das Vereinigte Königreich (nachstehend „die teilnehmenden Mitgliedstaaten") ermächtigt werden, im Bereich der Schaffung eines einheitlichen Patentschutzes verstärkt zusammenzuarbeiten.

(4) Der einheitliche Patentschutz wird durch einen leichteren, weniger kostspieligen und rechtssicheren Zugang zum Patentsystem den wissenschaftlich-technischen Fortschritt und die Funktionsweise des Binnenmarkts fördern. Er wird auch den Umfang des Patentschutzes verbessern, indem die Möglichkeit geschaffen wird, einen einheitlichen Patentschutz in den teilnehmenden Mitgliedstaaten zu erlangen, so dass sich Kosten und Aufwand für

---

53 Hierzu näher *Grabinski* GRUR Int 2013, 310; Entwurf der Verfahrensordnung www.unified-patent-court.org. Neuester Stand: 18. Entwurf vom 19.10.2015, http://www.unified-patent-court.org/images/documents/UPC-Rules-of-Procedure.pdf.
54 Rules on Court fees and recoverable costs, http://www.unified-patent-court.org/images/documents/court_fees_and_recoverable_costs_consultation.pdf und https://www.unified-patent-court.org/sites/default/files/agreed_and_final_r370_subject_to_legal_scrubbing_to_secretariat.pdf.

die Unternehmen in der gesamten Union verringern. Er sollte Inhabern eines Europäischen Patents sowohl aus den teilnehmenden Mitgliedstaaten als auch aus anderen Staaten, unabhängig von ihrer Staatsangehörigkeit, ihrem Wohnsitz oder dem Ort ihrer Niederlassung, zur Verfügung stehen.

(5) Mit dem Übereinkommen über die Erteilung europäischer Patente vom 5. Oktober 1973, geändert am 17. Dezember 1991 und am 29. November 2000 (im Folgenden „EPÜ"), wurde die Europäische Patentorganisation gegründet und dieser die Aufgabe der Erteilung Europäischer Patente übertragen. Diese Aufgabe wird vom Europäischen Patentamt (im Folgenden „EPA") durchgeführt. Auf der Grundlage dieser Verordnung und auf Antrag des Patentinhabers sollte ein Europäisches Patent, das vom EPA erteilt wurde, einheitliche Wirkung in den teilnehmenden Mitgliedstaaten haben. Ein solches Patent wird im Folgenden als „Europäisches Patent mit einheitlicher Wirkung" bezeichnet.

(6) Gemäß dem Neunten Teil des EPÜ kann eine Gruppe von Vertragsstaaten des EPÜ vorsehen, dass die für diese Staaten erteilten Europäischen Patente einheitlich sind. Diese Verordnung stellt ein besonderes Übereinkommen im Sinne des Artikels 142 EPÜ dar, einen regionalen Patentvertrag im Sinne des Artikels 45 Absatz 1 des Vertrags über die internationale Zusammenarbeit auf dem Gebiet des Patentwesens vom 19. Juni 1970, in der zuletzt am 3. Februar 2001 geänderten Fassung, und ein Sonderabkommen im Sinne des Artikels 19 der Pariser Übereinkunft zum Schutz des gewerblichen Eigentums vom 20. März 1883 in der Fassung vom 28. September 1979.

(7) Der einheitliche Patentschutz sollte erreicht werden, indem Europäischen Patenten nach Erteilung gemäß dieser Verordnung und für alle teilnehmenden Mitgliedstaaten einheitliche Wirkung gewährt wird. Das wichtigste Merkmal eines Europäischen Patents mit einheitlicher Wirkung sollte sein einheitlicher Charakter sein, d.h. es bietet einheitlichen Schutz und hat in allen teilnehmenden Mitgliedstaaten gleiche Wirkung. Folglich sollte ein Europäisches Patent mit einheitlicher Wirkung nur im Hinblick auf alle teilnehmenden Mitgliedstaaten beschränkt, übertragen, für nichtig erklärt oder erlöschen. Es sollte möglich sein, dass ein Europäisches Patent mit einheitlicher Wirkung im Hinblick auf die Gesamtheit oder einen Teil der Hoheitsgebiete der teilnehmenden Mitgliedstaaten lizenziert wird. Um den durch den einheitlichen Patentschutz verliehenen einheitlichen materiellen Schutzbereich zu gewährleisten, sollten nur solche Europäischen Patente einheitliche Wirkung haben, die für alle teilnehmenden Mitgliedstaaten mit den gleichen Ansprüchen erteilt wurden. Schließlich sollte die einem Europäischen Patent verliehene einheitliche Wirkung akzessorischer Art sein und in dem Umfang, in dem das zugrunde liegende Europäische Patent für nichtig erklärt oder beschränkt wurde, als nicht entstanden gelten.

(8) Gemäß den allgemeinen Grundsätzen des Patentrechts und Artikel 64 Absatz 1 EPÜ sollte der einheitliche Patentschutz in den teilnehmenden Mitgliedstaaten rückwirkend ab dem Tag der Veröffentlichung des Hinweises auf die Erteilung des Europäischen Patents im Europäischen Patentblatt wirksam werden. Bei Wirksamwerden eines einheitlichen Patentschutzes sollten die teilnehmenden Mitgliedstaaten sicherstellen, dass die Wirkung eines Europäischen Patents als nationales Patent als noch nicht eingetreten gilt, um einen etwaigen doppelten Patentschutz zu vermeiden.

(9) Das Europäische Patent mit einheitlicher Wirkung sollte seinem Inhaber das Recht verleihen, Dritte daran zu hindern, Handlungen zu begehen, gegen die dieses Patent Schutz bietet. Dies sollte durch die Schaffung eines einheitlichen Gerichts gewährleistet werden. Für Angelegenheiten, die nicht unter diese Verordnung oder Verordnung (EU) Nr. 1260/2012 des Rates vom 17. Dezember 2012 über die Umsetzung der verstärkten Zusammenarbeit bei der Schaffung eines einheitlichen Patentschutzes im Hinblick auf die anzuwendenden Übersetzungsregelungen fallen, sollten den Bestimmungen des EPÜ, des Übereinkommens über ein einheitliches Patentgericht, einschließlich seiner Bestimmungen über den Umfang dieses Rechts und dessen Beschränkungen, sowie des nationalen Rechts, einschließlich der nationalen Vorschriften zum internationalen Privatrecht, gelten.

(10) Zwangslizenzen für Europäische Patente mit einheitlicher Wirkung sollten dem Recht der teilnehmenden Mitgliedstaaten im Hinblick auf ihr jeweiliges Hoheitsgebiet unterliegen.

(11) Die Kommission sollte in ihrem Bericht über das Funktionieren dieser Verordnung die Funktionsweise der geltenden Beschränkungen bewerten und – sofern erforderlich – geeignete Vorschläge vorlegen, wobei der Beitrag des Patentsystems zu Innovation und technischem Fortschritt, die berechtigten Interessen Dritter und übergeordnete Interessen der Gesellschaft berücksichtigt werden sollten. Das Übereinkommen über ein einheitliches Patentgericht hindert die Europäische Union nicht an der Ausübung ihrer Befugnisse auf diesem Gebiet.

(12) Im Einklang mit der ständigen Rechtsprechung des Gerichtshofs der Europäischen Union sollte der Grundsatz des Erlöschens von Rechten auch für Europäische Patente mit einheitlicher Wirkung gelten. Daher sollten sich durch ein Europäisches Patent mit einheitlicher Wirkung verliehene Rechte nicht auf Handlungen erstrecken, die das patentierte Erzeugnis betreffen und die innerhalb der teilnehmenden Mitgliedstaaten vorgenommen werden, nachdem dieses Erzeugnis in der Europäischen Union durch den Patentinhaber in Verkehr gebracht wurde.

(13) Die für Schadensersatz geltende Regelung sollte dem Recht der teilnehmenden Mitgliedstaaten unterliegen, insbesondere den Bestimmungen zur Durchführung des Artikels 13 der Richtlinie 2004/48/EG des Europäischen Parlaments und des Rates vom 29. April 2004 zur Durchsetzung der Rechte des geistigen Eigentums.

(14) Als Gegenstand des Vermögens sollte das Europäische Patent mit einheitlicher Wirkung in seiner Gesamtheit und in allen teilnehmenden Mitgliedstaaten wie ein nationales Patent des teilnehmenden Mitgliedstaats behandelt werden, der nach bestimmten Kriterien, wie dem Wohnsitz des Patentanmelders, dem Sitz seiner Hauptniederlassung oder seinem Geschäftssitz bestimmt werden sollte.

(15) Um die wirtschaftliche Verwertung einer Erfindung, die durch ein Europäisches Patent mit einheitlicher Wirkung geschützt wird, zu fördern und zu vereinfachen, sollte der Inhaber des Patents dieses einem Lizenznehmer gegen angemessene Vergütung anbieten können. Hierzu sollte der Patentinhaber dem EPA eine entsprechende Erklärung vorlegen können, dass er dazu bereit ist, gegen eine angemessene Vergütung eine Lizenz zu gewähren. In diesem Fall sollten die Jahresgebühren für den Patentinhaber ab dem Erhalt einer solchen Erklärung durch das EPA gesenkt werden.

(16) Die Gruppe von Mitgliedstaaten, die von den Bestimmungen des Neunten Teil des EPÜ Gebrauch macht, kann dem EPA Aufgaben übertragen und einen engeren Ausschuss des Verwaltungsrats der Europäischen Patentorganisation (nachstehend „engerer Ausschuss") einsetzen.

(17) Die teilnehmenden Mitgliedstaaten sollten dem EPA bestimmte Verwaltungsaufgaben im Zusammenhang mit Europäischen Patenten mit einheitlicher Wirkung übertragen und zwar insbesondere in Bezug auf die Verwaltung der Anträge auf einheitliche Wirkung, die Eintragung der einheitlichen Wirkung, etwaiger Beschränkungen, Lizenzen, Übertragungen, Nichtigerklärungen oder des Erlöschens von Europäischen Patenten mit einheitlicher Wirkung, die Erhebung und Verteilung der Jahresgebühren, die Veröffentlichung von Übersetzungen zu Informationszwecken während eines Übergangszeitraums und die Verwaltung eines Kompensationssystems für die Erstattung von Übersetzungskosten, die Patentanmeldern entstehen, die Anmeldungen für Europäische Patente in einer Sprache einreichen, die keine Amtssprache des EPA ist.

(18) Im Rahmen des engeren Ausschusses sollten die teilnehmenden Mitgliedstaaten für die Verwaltung und Überwachung der Tätigkeiten im Zusammenhang mit dem EPA von den teilnehmenden Mitgliedstaaten übertragenen Aufgaben, sorgen; sie sollten dafür sorgen, dass Anträge auf einheitliche Wirkung einen Monat nach dem Tag der Veröffentlichung des Hinweises auf die Patenterteilung im Europäischen Patentblatt dem EPA vorliegen, und gewährleisten, dass diese Anträge in der Verfahrenssprache vor dem EPA zusammen mit der Übersetzung eingereicht werden, die für den Übergangszeitraum mit der Verordnung (EU) Nr. 1260/2012 vorgeschrieben wurde. Die teilnehmenden Mitgliedstaaten sollten ferner im Einklang mit den in Artikel 35 Absatz 2 EPÜ festgelegten Abstimmungsregeln dafür sorgen, dass die Höhe der Jahresgebühren und die anteilige Verteilung der Jahresgebühren nach den in dieser Verordnung vorgegebenen Kriterien festgelegt wird.

(19) Patentinhaber sollten eine einzige Jahresgebühr für ein Europäisches Patent mit einheitlicher Wirkung entrichten. Die Jahresgebühren sollten über die gesamte Laufzeit des Patents hinweg progressiv gestaltet sein und zusammen mit den in der Antragsphase an die Europäische Patentorganisation zu entrichtenden Gebühren alle Kosten für die Erteilung des Europäischen Patents und die Verwaltung des einheitlichen Patentschutzes abdecken. Die Höhe der Jahresgebühren sollte so festgelegt werden, dass das Ziel, Innovationen zu erleichtern und die Wettbewerbsfähigkeit europäischer Unternehmen zu stärken, unter Berücksichtigung der Situation bestimmter Einheiten wie kleiner und mittlerer Unternehmen, erreicht wird, beispielsweise in Form geringerer Gebühren. Sie sollte sich auch an der Größe des durch das Patent abgedeckten Marktes und an der Höhe der nationalen Jahresgebühren für ein durchschnittliches Europäisches Patent orientieren, das in den teilnehmenden Mitgliedstaaten zu dem Zeitpunkt wirksam wird, an dem die Höhe der Jahresgebühren erstmals festgelegt wird.

(20) Die angemessene Höhe und Aufteilung der Jahresgebühren sollte so festgelegt werden, dass gewährleistet ist, dass im Zusammenhang mit dem einheitlichen Patentschutz alle Kosten, die dem EPA aus den ihm übertragenen Aufgaben entstehen, vollständig durch die Einnahmen aus den Europäischen Patenten mit einheitlicher Wirkung gedeckt werden, so dass die Einnahmen aus den Jahresgebühren und die an die Europäische Patentorganisation in der Antragsphase zu entrichtenden Gebühren einen ausgeglichenen Haushalt der Europäischen Patentorganisation gewährleisten.

(21) Die Jahresgebühren sollten an die Europäische Patentorganisation entrichtet werden. Das EPA behält einen Betrag ein, um die ihm für die Wahrnehmung der Aufgaben im Zusammenhang mit dem einheitlichen Patentschutz gemäß Artikel 146 EPÜ entstehenden Kosten zu decken. Der Restbetrag sollte auf die teilnehmenden Mitgliedstaaten aufgeteilt und für patentrelevante Zwecke verwenden werden. Der jeweilige Anteil sollte auf der Grundlage fairer, ausgewogener und relevanter Kriterien, nämlich des Umfangs der Patentaktivität, und der Größe des Marktes, festgelegt werden, und sollte sicherstellen, dass allen teilnehmenden Mitgliedstaaten ein Mindestbetrag entrichtet wird, damit ein ausgewogenes und nachhaltiges Funktionieren des Systems gewahrt bleibt. Die Verteilung sollte einen Ausgleich dafür bieten, dass einige teilnehmende Mitgliedstaaten eine andere Amtssprache als eine der Amtssprachen des EPA haben, dass der auf der Grundlage des Europäischen Innovationsanzeigers ermittelte Umfang ihrer Patentaktivität unverhältnismäßig gering ist und/oder sie erst jüngst der Europäischen Patentorganisation beigetreten sind.

(22) Durch die engere Partnerschaft zwischen dem EPA und den Zentralbehörden für den gewerblichen Rechtsschutz der Mitgliedstaaten sollte das EPA in die Lage versetzt werden, bei Bedarf regelmäßig die Ergebnisse von Recherchen zu nutzen, die die Zentralbehörden für den gewerbliche Rechtsschutz bei einer nationalen Patentanmeldung durchführen, deren Priorität in der anschließenden Anmeldung eines Europäischen Patents geltend gemacht wird. Alle diese Zentralbehörden für den gewerblichen Rechtsschutz, einschließlich derjenigen, die keine Recherchen im Zuge eines nationalen Patenterteilungsverfahrens durchführen, können im Rahmen der engeren Partnerschaft eine wesentliche Rolle spielen, indem sie beispielsweise potenzielle Patentanmelder, vor allem kleine und mittlere Unternehmen, beraten, Anmeldungen entgegennehmen, diese an das EPA weiterleiten und die Patentinformationen verbreiten.

(23) Diese Verordnung wird durch die vom Rat gemäß Artikel 118 Absatz 2 AEUV erlassene Verordnung (EU) Nr. 1260/2012 ergänzt.

(24) Es sollte eine Gerichtsbarkeit im Hinblick auf Europäische Patente mit einheitlicher Wirkung geschaffen und in einem Instrument zur Errichtung eines einheitlichen Systems zur Behandlung von Patentstreitigkeiten in Bezug auf Europäische Patente und Europäische Patente mit einheitlicher Wirkung geregelt werden.

(25) Die Einrichtung eines Einheitlichen Patentgerichts für Klagen im Zusammenhang mit dem Europäischen Patent mit einheitlicher Wirkung ist von grundlegender Bedeutung für die Gewährleistung des ordnungsgemäßen Funktionierens eines solchen Patents, für eine kohärente Rechtsprechung und folglich für Rechtssicherheit sowie Kosteneffizienz für Patentinhaber. Es ist deshalb äußerst wichtig, dass die teilnehmenden Mitgliedstaaten das Übereinkommen über ein Einheitliches Patentgericht gemäß ihren nationalen verfassungsrechtlichen und parlamentarischen Verfahren ratifizieren und die notwendigen Schritte unternehmen, damit dieses Gericht sobald wie möglich seine Arbeit aufnehmen kann.

(26) Diese Verordnung berührt nicht das Recht der teilnehmenden Mitgliedstaaten, nationale Patente zu erteilen und sollte das einzelstaatliche Patentrecht der teilnehmenden Mitgliedstaaten nicht ersetzen. Patentanmelder sollten die Wahl haben, entweder ein nationales Patent, ein Europäisches Patent mit einheitlicher Wirkung, ein Europäisches Patent mit Wirkung in einem oder mehreren Vertragsstaaten des EPÜ oder ein Europäisches Patent mit einheitlicher Wirkung, das in einem oder mehreren anderen EPÜ-Vertragsstaaten, die keine teilnehmenden Mitgliedstaaten sind, validiert ist, anzumelden.

(27) Da das Ziel dieser Verordnung, nämlich die Schaffung eines einheitlichen Patentschutzes, auf Ebene der Mitgliedstaaten nicht ausreichend erreicht werden kann und daher wegen des Umfangs und der Wirkungen dieser Verordnung besser auf Unionsebene zu verwirklichen ist, kann die Union im Einklang mit dem in Artikel 5 des Vertrags über die Europäische Union niedergelegten Subsidiaritätsprinzip Maßnahmen, gegebenenfalls auf dem Wege der verstärkten Zusammenarbeit, ergreifen. Entsprechend dem in demselben Artikel genannten Verhältnismäßigkeitsprinzip geht diese Verordnung nicht über das für die Erreichung dieses Ziels erforderliche Maß hinaus –
HABEN FOLGENDE VERORDNUNG ERLASSEN:

2. Artikel 1

38 KAPITEL I
ALLGEMEINE BESTIMMUNGEN
Artikel 1 Gegenstand
(1) Mit dieser Verordnung wird die mit Beschluss 2011/167/EU genehmigte verstärkte Zusammenarbeit im Bereich der Schaffung eines einheitlichen Patentschutzes umgesetzt.
(2) Diese Verordnung stellt ein besonderes Übereinkommen im Sinne von Artikel 142 des Übereinkommens über die Erteilung europäischer Patente vom 5. Oktober 1973, geändert am 17. Dezember 1991 und am 29. November 2000, (im Folgenden „EPÜ") dar.

39 Regel 1 Abs 1 DO definiert **die Zuständigkeit** und die **rechtliche Einbettung** der Tätigkeiten des EPA im Zusammenhang mit der EPVO und der EPÜbersVO.

40 Regel 1 Abs 2 bestimmt den **Vorrang des Unionsrechts** und der beiden VO vor der DO.

3. Artikel 2

41 **Artikel 2 Begriffsbestimmungen**
Für die Zwecke dieser Verordnung gelten die folgenden Begriffsbestimmungen:
a) „Teilnehmender Mitgliedstaat" bezeichnet einen Mitgliedstaat, der an der verstärkten Zusammenarbeit im Bereich der Schaffung eines einheitlichen Patentschutzes auf der Grundlage des Beschlusses 2011/167/EU oder auf der Grundlage eines gemäß Artikel 331 Absatz 1 Unterabsatz 2 oder 3 AEUV gefassten Beschlusses zum Zeitpunkt des in Artikel 9 genannten Antrags auf einheitliche Wirkung teilnimmt.
b) „Europäisches Patent" bezeichnet ein Patent, das vom Europäischen Patentamt (im Folgenden „EPA") nach den Regeln und Verfahren des EPÜ erteilt wird.
c) „Europäisches Patent mit einheitlicher Wirkung" bezeichnet ein Europäisches Patent, das aufgrund dieser Verordnung einheitliche Wirkung in den teilnehmenden Mitgliedstaaten hat.
d) „Europäisches Patentregister" bezeichnet das gemäß Artikel 127 EPÜ beim EPA geführte Register.
e) „Register für den einheitlichen Patentschutz" bezeichnet das zum Europäischen Patentregister gehörende Register, in das die einheitliche Wirkung und etwaige Beschränkungen, Lizenzen, Übertragungen, Nichtigerklärungen oder ein etwaiges Erlöschen eines Europäischen Patents mit einheitlicher Wirkung eingetragen werden.
f) „Europäisches Patentblatt" bezeichnet die in Artikel 129 EPÜ genannte regelmäßige Veröffentlichung.

Zur **territorialen Geltung** des Patents mit einheitlicher Wirkung Rn 122 zu § 9 PatG. Bereits die Be- **42** griffsbestimmungen unter Buchst a machen klar, dass im Fall eines Brexit das VK nicht mehr am EinhP beteiligt sein kann, weil es dann kein teilnehmender Mitgliedsstaat der EU mehr ist. Ob ein „teilnehmender Mitgliedstaat" im Fall eines nachträglichen Ausscheidens aus der EU am EinhP beteiligt bleiben könnte, ist nicht klar (s Rn 9). Das EuGH-Gutachten 1/09 (s Rn 6) hat diesen Fall nicht ausdrücklich behandelt.

Für **PCT-Anmeldungen** ist der nationale Weg (zum nationalen Patentamt) nur dann möglich, wenn **43** ihn der teilnehmende Mitgliedstaat nicht ausgeschlossen hat; dies ist dzt in Belgien, Frankreich, Griechenland, Irland, Italien, Lettland, Litauen, Malta, Monaco, Niederlande, Slowenien und Zypern der Fall.

4. Artikel 3

Artikel 3 Europäisches Patent mit einheitlicher Wirkung **44**

(1) Ein Europäisches Patent, das mit den gleichen Ansprüchen für alle teilnehmenden Mitgliedstaaten erteilt wurde, hat einheitliche Wirkung in den teilnehmenden Mitgliedstaaten, sofern seine einheitliche Wirkung in dem Register für den einheitlichen Patentschutz eingetragen wurde.

Ein Europäisches Patent, das mit unterschiedlichen Ansprüchen für verschiedene teilnehmende Mitgliedstaaten erteilt wurde, hat keine einheitliche Wirkung.

(2) Ein Europäisches Patent mit einheitlicher Wirkung hat einen einheitlichen Charakter. Es bietet einheitlichen Schutz und hat gleiche Wirkung in allen teilnehmenden Mitgliedstaaten.

Es kann nur im Hinblick auf alle teilnehmenden Mitgliedstaaten beschränkt, übertragen oder für nichtig erklärt werden oder erlöschen.

Es kann im Hinblick auf die Gesamtheit oder einen Teil der Hoheitsgebiete der teilnehmenden Mitgliedstaaten lizenziert werden.

(3) Die einheitliche Wirkung eines Europäischen Patents gilt in dem Umfang als nicht eingetreten, in dem das Europäische Patent für nichtig erklärt oder beschränkt wurde.

Art 3 enthält die **entscheidende materiellrechtliche Regelung** des gesamten European Patent Pa- **45** ckage, die Einheitlichkeitsregelung; Art 5 und Art 7 gestalten diese Regelung aus. Die Einheitlichkeit wirkt sich dadurch aus, dass das EinhP nur in Hinblick auf alle teilnehmenden Mitgliedstaaten beschränkt, übertragen oder für nichtig erklärt werden oder erlöschen kann (Abs 2), ferner hinsichtlich Verletzungshandlungen (Art 5). Art 6 (Erschöpfung) und Art 8 (Lizenzbereitschaft) sind weitere materiellrechtl Regelungen. Alle sonstigen materiellrechtl Regelungen zum EinhP finden sich (in einem Gerichtsübereinkommen an sich systemwidrig) im EPGÜ (vgl Rn 25 und 26); hinzu kommen aber noch die Regelungen in Art 4 Abs 4 EPÜbersVO und in Regel 118 EPGVerfO.

5. Artikel 4

Artikel 4 Tag des Eintritts der Wirkung **46**

(1) Ein Europäisches Patent mit einheitlicher Wirkung wird am Tag der Veröffentlichung des Hinweises auf die Patenterteilung im Europäischen Patentblatt durch das EPA in den teilnehmenden Mitgliedstaaten wirksam.

(2) Sofern die einheitliche Wirkung eines Europäischen Patents eingetragen wurde und sich auf ihr Hoheitsgebiet erstreckt, ergreifen die teilnehmenden Mitgliedstaaten die notwendigen Maßnahmen, um sicherzustellen, dass am Tag der Veröffentlichung des Hinweises auf die Erteilung des Europäischen Patents im Europäischen Patentblatt die Wirkung des Europäischen Patents als nationales Patent auf ihrem Hoheitsgebiet als nicht eingetreten gilt.

Art 4 Abs 2 legt das **Doppelschutzverbot** bei einem eur (Bündel-)Patent und einem EinhP fest. **47**
Ein Doppelschutzverbot bei einem EinhP oder einem eur Patent einerseits und einem **nationalen Pa-** **48** **tent** bzw einem Gebrauchsmuster andererseits formuliert die EPVO hingegen nicht.[55] Im RefE des BMJV vom 16.2.2016 wird das positiv ausgedrückt, so dass eine derartige Doppelpatentierung möglich sein soll, dafür wird aber die Einrede der doppelten Inanspruchnahme ins Gesetz aufgenommen.[56]

---

55 Diskussion bei *Chudziak* GRUR 2015, 839.
56 http://www.bmjv.de/SharedDocs/Gesetzgebungsverfahren/Dokumente/RefE_Begleitgesetz_Europaeische Patentreform.html, S 17 ff, 24, 26 f.

6. Artikel 5

49 KAPITEL II

WIRKUNGEN EINES EUROPÄISCHEN PATENTS MIT EINHEITLICHER WIRKUNG

Artikel 5 Einheitlicher Schutz

(1) Das Europäische Patent mit einheitlicher Wirkung verleiht seinem Inhaber das Recht, Dritte daran zu hindern, Handlungen zu begehen, gegen die dieses Patent innerhalb der Hoheitsgebiete der teilnehmenden Mitgliedstaaten, in denen das Patent einheitliche Wirkung besitzt, vorbehaltlich geltender Beschränkungen Schutz bietet.

(2) Der Umfang dieses Rechts und seine Beschränkungen sind in allen teilnehmenden Mitgliedstaaten, in denen das Patent einheitliche Wirkung besitzt, einheitlich.

(3) Die Handlungen, gegen die das Patent Schutz nach Absatz 1 bietet, sowie die geltenden Beschränkungen sind in den Rechtsvorschriften bestimmt, die für Europäische Patente mit einheitlicher Wirkung in dem teilnehmenden Mitgliedstaat gelten, dessen nationales Recht auf das Europäische Patent mit einheitlicher Wirkung als ein Gegenstand des Vermögens nach Artikel 7 anwendbar ist.

(4) Die Kommission bewertet in ihrem Bericht nach Artikel 16 Absatz 1 das Funktionieren der geltenden Beschränkungen und legt – sofern erforderlich – geeignete Vorschläge vor.

50 Art 5 Abs 3 EPVO bezieht sich zunächst auf die Rechtsvorschriften, die **für das Einheitspatent** in einem teilnehmenden Mitgliedstaat gelten, dh auf das EPGÜ. Im abschließenden Nebensatz wird festgelegt, dass auf das EinhP als Gegenstand des Vermögens nach Art 7 ein anderes Recht, nämlich das nationale Recht des teilnehmenden Mitgliedstaats anwendbar ist. Art 5 Abs 3 wurde krit als „eigenartige(n) Verweisungsnorm" bezeichnet,[57] die umstr ist (vgl Rn 25). Die Formulierung dient dazu, dem EuGH die Zuständigkeit für Patentverfahren zu entziehen.[58]

51 Art 5 Abs 3 könnte ua – entgegen den Absichten des Verordnungsgebers – die **Auslegungskompetenz** des EuGH für Fragen des EinhP begründen, was jedoch kontrovers diskutiert wird.[59] Als Sachnormverweisung bezieht sich Art 5 Abs 3 EPVO auf Art 25 ff EPGÜ.[60]

7. Artikel 6

52 **Artikel 6 Erschöpfung der Rechte aus einem Europäischen Patent mit einheitlicher Wirkung**

Die durch das Europäische Patent mit einheitlicher Wirkung verliehenen Rechte erstrecken sich nicht auf Handlungen, die ein durch das Patent geschütztes Erzeugnis betreffen und in den teilnehmenden Mitgliedstaaten vorgenommen werden, in denen dieses Patent einheitliche Wirkung hat, nachdem das Erzeugnis vom Patentinhaber oder mit seiner Zustimmung in der Union in Verkehr gebracht worden ist, es sei denn, der Patentinhaber hat berechtigte Gründe, sich dem weiteren Vertrieb des Erzeugnisses zu widersetzen.

8. Artikel 7

53 KAPITEL III

EIN EUROPÄISCHES PATENT MIT EINHEITLICHER WIRKUNG ALS GEGENSTAND DES VERMÖGENS

Artikel 7 Behandlung des Europäischen Patents mit einheitlicher Wirkung wie ein nationales Patent

(1) Ein Europäisches Patent mit einheitlicher Wirkung als Gegenstand des Vermögens ist in seiner Gesamtheit und in allen teilnehmenden Mitgliedstaaten wie ein nationales Patent des teilnehmenden Mitgliedstaats zu behandeln, in dem dieses Patent einheitliche Wirkung hat, und in dem, gemäß dem Europäischen Patentregister:

a) der Patentanmelder zum Zeitpunkt der Einreichung einer Anmeldung eines Europäischen Patents seinen Wohnsitz oder den Sitz seiner Hauptniederlassung hat oder,

---

57 Vgl *Haedicke* GRUR Int 2013, 609 (614).

58 *Pagenberg* AIPLA Annual Meeting 2014, Role of the European Court of Justice (CJEU) in UPC proceedings, Issues of the Spanish Action against the UP, and the relationship with the EPO, im Internet unter: Pagenberg 2. CJEU, Spanish Action and EPO.doc (zuletzt eingesehen 14.1.2016).

59 Zuständigkeit des EuGH positiv beurteilt: *Tilmann* VPP-Rdbr 2013 („inkorporierende Verweisung"), 56; *Jaeger* IIC 2013, 389; *Romandini/Klicznik* IIC 2013, 524 (537); Zuständigkeit eher verneint: *Haedicke* GRUR Int 2013, 609 (616); Zuständigkeit abgelehnt: *Gruber* GRUR Int 2015, 323; Mittelposition *Ohly* ZGE 2012, 419; *Hüttermann/Kupka* Mitt 2015, 6; *Hüttermann* Mitt 2015, 498. Die Zuständigkeit des EuGH sieht *Tilmann* GRUR 2013,157 durch die Verweiskette von der EPVO zum EPGÜ als gegeben an.

60 Vgl *Haedicke* GRUR Int 2013, 609; *Müller-Stoy/Paschold* GRUR Int 2014, 646; *McGuire* Mitt 2015, 537.

b) sofern Buchstabe a nicht zutrifft, der Patentanmelder zum Zeitpunkt der Einreichung einer Anmeldung eines Europäischen Patents eine Niederlassung hatte.

(2) Sind im Europäischen Patentregister zwei oder mehrere Personen als gemeinsame Patentanmelder eingetragen, so gilt Absatz 1 Buchstabe a für den erstgenannten Anmelder. Ist dies nicht möglich, gilt Absatz 1 Buchstabe a für den nächsten gemeinsamen Anmelder in der Reihenfolge der Eintragung. Ist Absatz 1 Buchstabe a auf keinen der gemeinsamen Anmelder zutreffend, gilt Absatz 1 Buchstabe b sinngemäß.

(3) Hatte für die Zwecke der Absätze 1 oder 2 keiner der Patentanmelder seinen Wohnsitz, den Sitz seiner Hauptniederlassung oder seine Niederlassung in einem teilnehmenden Mitgliedstaat, in dem dieses Patent einheitliche Wirkung hat, so ist ein Europäisches Patent mit einheitlicher Wirkung als Gegenstand des Vermögens in seiner Gesamtheit und in allen teilnehmenden Mitgliedstaaten wie ein nationales Patent des Staates zu behandeln, in dem die Europäische Patentorganisation gemäß Artikel 6 Absatz 1 EPÜ ihren Sitz hat.

(4) Der Erwerb eines Rechts darf nicht von einem Eintrag in ein nationales Patentregister abhängig gemacht werden.

Art 7 betrifft das EinhP „als Gegenstand des Vermögens", also in erster Linie die **rechtsgeschäftliche** **54** **Handhabung und Verwertung** des EinhP. Der Begriff „Gegenstand des Vermögens" wird im Immaterialgüterrecht der Union mehrfach verwendet und zwar im GPÜ, in der GPVO, in der EU-Gemeinschaftsmarken-, Gemeinschaftsgeschmacksmuster- und GemSortV, aber auch im EPÜ selber (Art 39 GPÜ 1975; Art 38 GPÜ 1989; Art 14 GPVO 2009; Art 16 und Art 24 GMVO und Erwägungsgrund 11; Art 27 und Art 34 GGVO; Art 22 und Art 26 GSortVO und Erwägungsgründe, S 3 vorl Abs; Art 74 und 148 EPÜ). Art 7 wird anzuwenden sein auf die Übertragung des EinhP, seine Lizenzierung, auf die Situation bei Insolvenz und Zwangsvollstreckung und in Zusammenhang mit dinglichen Rechten.[61]

Unter **Patentstatut** versteht man das Recht, das für das erteilte Patent als Vermögensgegenstand im **55** betreffenden Schutzland verbindlich gilt (Schutzlandprinzip). Verträge, die das EinhP betreffen **(Vertragsstatut)**, unterliegen dagegen der Parteiautonomie (seit 2009 nach der Rom-I-VO). Bis zur Patenterteilung gelten für das entstehende EinhP dieselben Vorschriften wie für die eur Patentanmeldung (Art 71–74 EPÜ), also das Recht des Sitzstaates der EPO (Bundesrepublik Deutschland).

Aus der subsidiären Anknüpfung in Abs 3 folgt, dass auch für das EinhP als Gegenstand des Vermögens **56** aus nicht teilnehmenden Mitgliedstaaten und aus Drittstaaten **deutsches Recht** anzuwenden sein wird; dies soll für etwa drei Viertel aller Fälle gelten.[62] Das folgt im wesentlichen daraus, dass für große Anmeldeländer (USA, Japan, Schweiz) idR Abs 3 gilt und dass die EPO in Deutschland ihren Sitz hat (was in Abs 3 nur verklausuliert ausgedrückt ist). Damit gilt für die große Mehrheit der EinhP § 15 PatG, der dem Regelungsrahmen der Abs 3 und 4 entspricht. Allerdings sind die nat Regelungen rudimentär („Normenmangel").

Aus Art 7 Abs 1–3 folgt im Ergebnis: Als Vermögensgegenstand wird die Wirkung des EinhP dadurch **57** einheitlich, dass im Gesamtgebiet der teilnehmenden Mitgliedstaaten das **jeweilige nationale Recht** anzuwenden ist, das sich nach dem Sitz oder Wohnsitz des Patentanmelders (Abs 1, 2) oder dem Sitz der EPO (Abs 3) bestimmt; entscheidend ist also Sitz oder Wohnsitz des Anmelders zum Zeitpunkt der Patentanmeldung für die gesamte Laufzeit des EinhP.

Die Regelung kann, sofern man in ihr nicht eine Regelung als Gegenstand des Vermögens, son- **58** dern eine umfassende Regelung sehen will, zu einem **Auseinanderfallen** des nach § 139 Abs 2 EPÜ als neuheitsschädlich zu behandelnden StdT führen, je nachdem, wo der Anmelder zum Anmeldezeitpunkt seinen Wohnsitz oder Sitz hat. Für die Mehrheit der Fälle, die nach dt Recht zu behandeln sind, sind nachveröffentlichte dt Patentanmeldungen mit früherem Anmeldetag als StdT zu berücksichtigen (§ 3 Abs 2 PatG), während in Ländern mit sehr wenigen Patentanmeldungen der zu berücksichtigende StdT zahlenmäßig sehr viel geringer ist.[63] Wendet man dagegen Art 7 auf diese Konstellation nicht an, ergibt sich kein Auseinanderfallen.

Die **Lizenzerteilung** richtet sich bei Patentanmeldern aus nicht teilnehmenden Mitgliedstaaten und **59** aus Drittstaaten nach Abs 3 nach deutschem Recht (statische Verweisung). Grenzen zB nach Kartellrecht nach dem Marktortsprinzip.

Für die **Verwertung** (Übertragung, Lizenzierung) gilt generell Art 7. Die Verweisung auf das nat **60** Recht in Art 7 trägt nur so weit, wie das Regelungsgeflecht des Einheitspatents und das EPÜ keine Rege-

---

61 Zur Frage der Anwendung von Art 7 EPVO vgl *Müller-Stoy/Paschold* GRUR Int 2014, 646, 653 f und *McGuire* Mitt 2015, 537.

62 *McGuire* http://www.grur.org/uploads/tx_meeting/2015-04-16-GRUR_Vortrag-McGuire_PPP.pdf , Folie 15.

63 Vgl *Hüttermann* Mitt 2014, 72 und *Mellet* epi-Information 2014, 115.

lungen treffen. Maßgeblich ist der sich aus dem Europäischen Patentregister ergebende Sitz oder die Niederlassung. Problematisch sind die „negative Lizenz",[64] insb wegen des (fehlenden) Sukzessionsschutzes, die Reichweite des Sukzessionsschutzes nach § 15 Abs 3 PatG sowie das Fortbestehen von Unterlizenzen.[65]

61 Für das **Insolvenzrecht** ist die EUInsVO maßgeblich.

62 Während die **Eintragung** des EinhP **in das Register** für den einheitlichen Patentschutz **konstitutiv** für den einheitlichen Schutz ist (Art 3 Abs 1 EPVO), gilt dies nicht für Eintragungen in nationalen Patentregister hinsichtlich des Erwerbs eines Rechts (Art 7 Abs 4 EPVO).

63 Unklar ist die **Diskrepanz** zwischen der dt und der engl Fassung von Art 7 Abs 1 EPVO („... Zeitpunkt der Einreichung einer Anmeldung eines Europäischen Patents ..." und „... on the date of filing of the application for the European patent ..."), die sich bei Teilanmeldungen auswirken wird.[66]

9. Artikel 8

64 **Artikel 8 Lizenzbereitschaft**
(1) Der Inhaber eines Europäischen Patents mit einheitlicher Wirkung kann dem EPA eine Erklärung vorlegen, dass der Patentinhaber bereit ist, jedermann die Benutzung der Erfindung als Lizenznehmer gegen angemessene Vergütung zu gestatten.
(2) Eine auf der Grundlage dieser Verordnung erworbene Lizenz gilt als Vertragslizenz.

65 In Regel 12 DO finden sich **nähere Angaben** und Vorschriften zur Lizenzbereitschaftserklärung.

66 Die Erklärung der Lizenzbereitschaft führt zu einer **Senkung der Jahresgebühren** von geplant 15% (Art 11 Abs 3). Nachdem die viel beachtlichere Reduktion der Jahresgebühren um 50% in Deutschland nur zu etwa 3% Lizenzbereitschaftserklärungen führt, dürfte die praktische Bedeutung von Art 8 gering sein.

10. Artikel 9

67 KAPITEL IV
INSTITUTIONELLE BESTIMMUNGEN
Artikel 9 Verwaltungsaufgaben im Rahmen der Europäischen Patentorganisation
(1) Die teilnehmenden Mitgliedstaaten übertragen dem EPA im Sinne von Artikel 143 EPÜ die folgenden Aufgaben, die das EPA gemäß seinen internen Regeln ausführt:
a) die Verwaltung von Anträgen von Inhabern Europäischer Patente auf einheitliche Wirkung;
b) die Eingliederung des Registers für den einheitlichen Patentschutz in das Europäische Patentregister und die Verwaltung des Registers für den einheitlichen Patentschutz;
c) die Entgegennahme und Eintragung von Erklärungen über die Lizenzbereitschaft gemäß Artikel 8, deren Rücknahme sowie die Lizenzzusagen des Inhabers des Europäischen Patents mit einheitlicher Wirkung im Rahmen internationaler Normungsgremien;
d) die Veröffentlichung der in Artikel 6 der Verordnung (EU) Nr. 1260/2012 genannten Übersetzungen innerhalb des in jenem Artikel genannten Übergangszeitraums;
e) die Erhebung und Verwaltung der Jahresgebühren für Europäische Patente mit einheitlicher Wirkung in den Folgejahren des Jahres, in dem der Hinweis auf seine Erteilung im Europäischen Patentblatt veröffentlicht wird; im Falle verspäteter Zahlung der Jahresgebühren die Erhebung und Verwaltung der zusätzlichen Gebühren, wenn die verspätete Zahlung innerhalb von sechs Monaten nach Fälligkeit erfolgt, sowie die Verteilung eines Teils der eingenommenen Jahresgebühren an die teilnehmenden Mitgliedstaaten;
f) die Verwaltung des Kompensationssystems für die Erstattung der in Artikel 5 der Verordnung (EU) Nr. 1260/2012 genannten Übersetzungskosten;
g) die Gewährleistung, dass ein Antrag auf einheitliche Wirkung eines Inhabers eines Europäischen Patents in der in Artikel 14 Absatz 3 EPÜ festgelegten Verfahrenssprache spätestens einen Monat nach der Veröffentlichung des Hinweises auf die Erteilung des Europäischen Patents im Europäischen Patentblatt eingereicht wird; und
h) die Gewährleistung, dass für den Fall, dass eine einheitliche Wirkung beantragt wurde, diese im Register für den einheitlichen Patentschutz eingetragen wird, dass während der in Artikel 6 der Verordnung (EU) Nr. 1260/2012 vorgesehenen Übergangszeit die in jenem Artikel geforderte Übersetzung beigefügt wurde und dass das EPA über alle Beschränkungen, Lizenzen, Rechtsübertragungen und Nichtigerklärungen Europäischer Patente mit einheitlicher Wirkung informiert wird;

---

64 Vgl *Benkard* § 15 PatG Rn 111, LG Mannheim GRUR-RR 2011, 49.
65 Vgl BGH GRUR 2012, 916 M2 Trade; BGH GRUR 2012, 914 Take Five.
66 Vgl *Meier* ipweblog vom 4.5.2013, Punkt 2.3 (http://www.ipweblog.de/page/26/, zuletzt eingesehen am 7.1.2016).

(2) Die teilnehmenden Mitgliedstaaten sorgen bei der Erfüllung ihrer im Rahmen des EPÜ eingegangenen internationalen Verpflichtungen für die Einhaltung dieser Verordnung und arbeiten zu diesem Zweck zusammen. Als EPÜ-Vertragsstaaten gewährleisten die teilnehmenden Mitgliedstaaten die Verwaltung und Überwachung der Aktivitäten im Zusammenhang mit den in Absatz 1 dieses Artikels genannten Aufgaben; sie sorgen ferner dafür, dass die Höhe der Jahresgebühren im Einklang mit Artikel 12 dieser Verordnung und die anteilige Verteilung der Jahresgebühren im Einklang mit Artikel 13 dieser Verordnung festgelegt wird.

Hierzu setzen sie im Sinne von Artikel 145 EPÜ einen engeren Ausschuss des Verwaltungsrats der Europäischen Patentorganisation (im Folgenden „engerer Ausschuss") ein.

Der engere Ausschuss setzt sich aus den Vertretern der teilnehmenden Mitgliedstaaten und einem als Beobachter fungierenden Vertreter der Kommission sowie für den Fall ihrer Abwesenheit deren Stellvertretern zusammen. Die Mitglieder des engeren Ausschusses können von Beratern oder Sachverständigen unterstützt werden.

Der engere Ausschuss fasst seine Beschlüsse unter angemessener Berücksichtigung der Position der Kommission und im Einklang mit den in Artikel 35 Absatz 2 des EPÜ festgelegten Regelungen.

(3) Die teilnehmenden Mitgliedstaaten sorgen für einen wirksamen Rechtsschutz vor einem zuständigen Gericht eines teilnehmenden Mitgliedstaats oder mehrerer teilnehmender Mitgliedstaaten gegen Verwaltungsentscheidungen, die das EPA in Ausübung der ihm in Absatz 1 übertragenen Aufgaben trifft.

Das EPA arbeitet bei der Wahrnehmung von Verwaltungsaufgaben nach Art 9 als **Registrieramt** des **68** EinhP. Der Regelungsgehalt von Art 9 wird in der Durchführungsordnung (DO; Entwurf vom 9.12.2014)[67] umfänglich konkretisiert.

Regel 2 DO betrifft die weitreichenden Befugnisse und Pflichten des **Engeren Ausschusses des Ver- 69 waltungsrats** (Art 145 EPÜ). Wichtig ist, dass ein Vertreter der Europäischen Kommission als Beobachter darauf hinwirken kann, dass die Position der Kommission angemessen berücksichtigt wird.

Regel 3 DO behandelt die Rechte und Pflichten des **Präsidenten des EPA** (Art 10 Abs 2 und 3 sowie **70** Art 145 EPÜ). Sie enthält auch den Hinweis auf die jährliche Berichtspflicht des Präsidenten des EPA an den Engeren Ausschuss des Verwaltungsrats.

Regel 4 DO erläutert die Bildung einer **„Abteilung für den einheitlichen Patentschutz"** im EPA und **71** deren Aufgaben (Art 143 EPÜ), die als virtuelle Abteilung arbeiten wird. Ihre Aufgaben sind vom Personal der Rechtsabteilung wahrzunehmen. Für Klagen gegen Entscheidungen dieser Abteilung ist das EPG zuständig (nicht das EPA oder seine Beschwerdekammern).

Die Regeln 5–7 DO behandeln die Anforderungen und Abläufe bei der **Beantragung des einheitli- 72 chen Schutzes**. Regel 5 DO enthält allg Festlegungen; hierzu gehört auch, dass der Antrag auf Erteilung einheitlichen Schutzes gebührenfrei sein soll. Regel 5 DO erläutert zudem die materiellrechtl Erfordernisse des Antrags auf einheitlichen Schutz, Regel 6 DO dessen formalen Erfordernisse. Regel 7 DO betrifft die Prüfung der Anträge.

In Regel 14 DO sind alle Fallkonstellationen des **Erlöschens** eines EinhP zusammenfassend abgehan- **73** delt.

Regel 15 DO beschreibt die Einrichtung des **Registers für den einheitlichen Patentschutz** näher, **74** Regel 16 DO die Eintragungen in dieses Register.

Die **Veröffentlichungen** des EPA zum einheitlichen Patentschutz werden in den Regeln 17–19 DO **75** dargestellt: Regel 17 DO betrifft das Europäische Patentblatt und das ABl EPA, Regel 18 DO die Veröffentlichung von Übersetzungen nach Art 6 Abs 2 EPÜbersVO und Regel 19 DO die Aufnahme von Entscheidungen des EPG in die Akte.

11. Artikel 10

KAPITEL V **76**
FINANZBESTIMMUNGEN
Artikel 10 Grundsatz bezüglich Ausgaben

Ausgaben, die dem EPA bei der Wahrnehmung der zusätzlichen Aufgaben entstehen, die ihm im Sinne von Artikel 143 EPÜ von den teilnehmenden Mitgliedstaaten übertragen wurden, sind durch die Einnahmen aus den Europäischen Patenten mit einheitlicher Wirkung zu decken.

---

67   Im Internet unter http://documents.epo.org/projects/babylon/eponet.nsf/0/658AE58124AC70DBC1257DB10028 B3D4/$File/e_draft_rules_unitary_patent.pdf.

77 Regel 25 erläutert näher, dass durch die erhobenen Gebühren **die Kosten auszugleichen** sind, die dem EPA durch die Verwaltung des EinhP entstehen. Dieser Grundsatz ist außerdem noch in Art 12 Abs 1 Buchst b) und c), Art 14 S 2, Art 16 Abs 2 EPVO festgeschrieben (vgl auch Erwägungsgründe 19–21 EPVO) und beruht auf Art 146 EPÜ.

12. Artikel 11

78 **Artikel 11 Jahresgebühren**

(1) Die Jahresgebühren für Europäische Patente mit einheitlicher Wirkung und die zusätzlichen Gebühren für die verspätete Zahlung der Jahresgebühren für diese Patente sind vom Patentinhaber an die Europäische Patentorganisation zu entrichten. Diese Jahresgebühren sind in den Folgejahren des Jahres fällig, in dem der Hinweis auf die Erteilung des Europäischen Patents mit einheitlicher Wirkung im Europäischen Patentblatt veröffentlicht wird.

(2) Werden die Jahresgebühr und gegebenenfalls eine zusätzliche Gebühr nicht fristgerecht gezahlt, erlischt das Europäische Patent mit einheitlicher Wirkung.

(3) Die Jahresgebühren, die nach Eingang der in Artikel 8 Absatz 1 genannten Erklärung fällig werden, werden gesenkt.

79 In der sehr umfassenden **Regel 13 DO** werden die Bestimmungen erläutert, die im Zusammenhang mit der Zahlung der Jahresgebühren gelten; sie entsprechen weitgehend den im EPA bereits geltenden Bestimmungen.

13. Artikel 12

80 **Artikel 12 Höhe der Jahresgebühren**

(1) Die Jahresgebühren für Europäische Patente mit einheitlicher Wirkung

a) sind über die gesamte Laufzeit des Patents hinweg progressiv gestaltet,

b) sind ausreichend, um sämtliche Kosten für die Erteilung und Verwaltung des einheitlichen Patentschutzes abzudecken, und

c) sind ausreichend, damit sie zusammen mit den an die Europäische Patentorganisation in der Antragsphase zu entrichtenden Gebühren einen ausgeglichenen Haushalt der Organisation sicherstellen.

(2) Die Höhe der Jahresgebühren ist unter anderem unter Berücksichtigung der Situation bestimmter Einheiten wie kleiner und mittlerer Unternehmen im Hinblick auf folgende Ziele festzulegen:

a) Erleichterung von Innovationen und Stärkung der Wettbewerbsfähigkeit europäischer Unternehmen,

b) Orientierung an der Größe des durch das Patent abgedeckten Marktes, und

c) Anlehnung an die Höhe der nationalen Jahresgebühren für ein durchschnittliches Europäisches Patent, das in den teilnehmenden Mitgliedstaaten zu dem Zeitpunkt wirksam wird, zu dem die Höhe der Jahresgebühren erstmals festgelegt wird.

(3) Zur Erreichung der in diesem Kapitel festgelegten Ziele wird die Höhe der Jahresgebühren so festgesetzt, dass:

a) sie der Höhe der Jahresgebühren entspricht, die für die durchschnittliche geografische Abdeckung der üblichen Europäischen Patente zu entrichten sind,

b) sie die Verlängerungsrate gegenwärtiger Europäischer Patente widerspiegelt und

c) die Zahl der Anträge auf einheitliche Wirkung widerspiegelt.

81 Der Engere Ausschuss des Verwaltungsrats der Europäischen Patentorganisation hat in seiner Sitzung vom 24.6.2015 die **Jahresgebühren** für das Europäische Patent mit einheitlicher Wirkung festgelegt.[68] Die Jahresgebühren orientieren sich nach dem „True Top 4"-Vorschlag an den kumulierten Gebühren von Deutschland, Frankreich, dem VK und den Niederlanden. Die Gebühren betragen im 2. Jahr 35 EUR, 3. Jahr 105 EUR, 4. Jahr 145 EUR, 5. Jahr 315 EUR, 6. Jahr 475 EUR, 7. Jahr 630 EUR, 8. Jahr 815 EUR, 9. Jahr 990 EUR, 10. Jahr 1.175 EUR, 11. Jahr 1.460 EUR, 12. Jahr 1.775 EUR, 13. Jahr 2.105 EUR, 14. Jahr 2.455 EUR, 15. Jahr 2.830 EUR, 16. Jahr 3.240 EUR, 17. Jahr 3.640 EUR, 18. Jahr 4.055 EUR, 19. Jahr 4.455 EUR und im 20. Jahr 4.855 EUR. Die Gebühren vom 21. bis zum 26. Jahr sind nicht festgelegt worden, weil die ergänzenden Schutzzertifikate und die pädiatrischen Verlängerungen nicht bedacht wurden (vgl Rn 208 und 209).

---

[68] https://www.epo.org/news-issues/news/2015/20150624_de.html, zuletzt abgerufen am 15.2.2016.

Die jeweiligen Jahresgebühren sind in den ersten elf Jahren **niedriger** als die Gebühren beim EPA, **82** steigen danach aber deutlich an, im 20. Jahr auf das Dreifache der Gebühren beim EPA. Verglichen mit dem ebenfalls diskutierten „Top 3"-Vorschlag sind die festgelegten Gebühren ca 25–30% höher. Das ist deshalb bedeutsam, weil derzeit etwa 50% der eur Patente nur in drei oder weniger Ländern validiert werden. Die Gesamtsumme der Jahresgebühren über die volle Laufzeit liegt nach jetzigem Stand knapp über 35.500 EUR. Im Vergleich ergeben sich in den USA Kosten für die Jahresgebühren von unter 10.000 EUR.[69]

Aufgrund der **Teilnahme von Italien** seit dem 30.9.2015 müssten die Gebühren eigentlich neu be- **83** rechnet werden, weil nunmehr Italien (und nicht mehr die Niederlande) zu den „TrueTop 4" zählt. Ob im Fall eines Brexit die Jahresgebühren ohne das VK neu berechnet werden, kann derzeit nicht eingeschätzt werden.

Die Mitgliedstaaten, in denen schon bisher viele eur Patente validiert wurden, sollten beim EinhP **84** keine Einbußen hinsichtlich der Jahresgebühren hinnehmen und die Staaten mit bislang sehr wenigen Validierungen sollten auch etwas vom Gebührenaufkommen erhalten, so dass die nunmehr hohen Jahresgebühren die **zwangsläufige Folge** sind. Das ist der Inhalt des sog poln Kompromisses, um die Zustimmung möglichst vieler Mitgliedsstaaten zu den Ratsvorschlägen zu erhalten.[70]

14. Artikel 13

Artikel 13 Verteilung **85**
    (1) Das EPA behält 50% der in Artikel 11 genannten Jahresgebühren ein, die für Europäische Patente mit einheitlicher Wirkung entrichtet werden. Der Restbetrag wird entsprechend der nach Maßgabe des Artikels 9 Absatz 2 festgelegten Verteilung der Anteile der Jahresgebühren auf die teilnehmenden Mitgliedstaaten aufgeteilt.
    (2) Zur Erreichung der in diesem Kapitel festgelegten Ziele basiert der auf die teilnehmenden Mitgliedstaaten entfallende Anteil der Jahresgebühren auf den folgenden fairen, ausgewogenen und maßgeblichen Kriterien:
    a) der Anzahl der Patentanmeldungen,
    b) der Größe des Marktes, wobei gewährleistet wird, dass jeder teilnehmende Mitgliedstaat einen Mindestbetrag erhält,
    c) Ausgleichsleistungen an die teilnehmenden Mitgliedstaaten, die
    i) eine andere Amtssprache als eine der Amtssprachen des EPA haben,
    ii) deren Umfang an Patentaktivität unverhältnismäßig gering ist und/oder
    iii) die erst jüngst der Europäischen Patentorganisation beigetreten sind.

Bei einem erteilten eur **Bündelpatent** werden nach der Patenterteilung die Jahresgebühren von den **86** nat Patentämtern erhoben und 50% davon werden an das EPA überwiesen. Beim EinhP erhält das EPA die Gebühren und behält davon 50%; nach Abzug der dem EPA entstehenden Kosten überweist das EPA den entspr verbleibenden Gebührenanteil an die teilnehmenden Mitgliedstaaten (vgl Rn 88).[71]

Die teilnehmenden Mitgliedsstaaten haben für die eigentliche Verwaltung des EinhP nichts aufzu- **87** wenden. Nach den RefE des BMJV (Rn 13, dort jeweils Abschnitt E.3, Erfüllungsaufwand der Verwaltung) entstehen für die Bundesrepublik Deutschland voraussichtlich nur geringe **jährliche Kosten:** Beim BMJV ein Teil der veranschlagten ca. 175.000 EUR und beim DPMA ca 26.500 EUR. Die weiteren Kosten (Bundesamt für Justiz ca. 50.000 EUR, dt Abteilung der Zentralkammer ca. 450.000 EUR, dt Lokalkammern ca. 900.000 EUR und der andere Teil der Kosten des BMJV) werden durch die Tätigkeit des EPG verursacht werden. Dem stehen zu erwartende jährliche Gebühreneinnahmen in der Größenordnung von 100 Millionen EUR gegenüber. Die Erhebung von Jahresgebühren ist insofern diskussionswürdig, andererseits würde ein möglicher Gebührenrückgang die Ratifizierung des EPGÜ zB in Deutschland wegen unmittelbar negativer Auswirkungen auf den Bundeshaushalt gefährden.

Der Verteilungsschlüssel für den 50%-Anteil der Jahresgebühren auf die teilnehmenden Mitglieds- **88** staaten (abzüglich der dem EPA entstehenden Kosten für das EinhP) wurde am 17.11.2015 vom **Engeren Ausschuss des Verwaltungsrats** festgelegt. Die Ergebnisse sind dzt vertraulich und werden voraussicht-

---

69 http://www.wallinger.de/sites/default/files/documents/GP%20SA%20Biotech%202013%20S.%20144-145.pdf.
70 Vgl *Pagenberg* The EU Patent Package, http://www.eplawpatentblog.com/2012/June/Pagenberg%20-%20EU%2020Patent%20%Court%B1%5D.pdf, S 3.
71 *Singer/Stauder* EPÜ Art 146 Rn 5 und Art 147 Rn 2.

lich nach der nächsten Sitzung des Engeren Ausschusses im März 2016 öffentlich bekannt gegeben. Bei einem Brexit wird es unumgänglich sein, den Verteilungsschlüssel neu zu erstellen.

15. Artikel 14

89   KAPITEL VI

SCHLUSSBESTIMMUNGEN

Artikel 14 Zusammenarbeit zwischen der Kommission und dem EPA

Die Kommission arbeitet im Rahmen einer Arbeitsvereinbarung eng mit dem EPA in den unter diese Verordnung fallenden Bereichen zusammen. Diese Zusammenarbeit beinhaltet den regelmäßigen Meinungsaustausch über das Funktionieren der Arbeitsvereinbarung und insbesondere die Frage der Jahresgebühren und die Auswirkungen auf den Haushalt der Europäischen Patentorganisation.

16. Artikel 15

90   **Artikel 15 Anwendung des Wettbewerbsrechts und der Rechtsvorschriften gegen den unlauteren Wettbewerb**

Diese Verordnung berührt weder die Anwendung des Wettbewerbsrechts noch die Rechtsvorschriften in Bezug auf den unlauteren Wettbewerb.

17. Artikel 16

91   **Artikel 16 Bericht über die Durchführung dieser Verordnung**

(1) Die Kommission unterbreitet dem Europäischen Parlament und dem Rat spätestens drei Jahre nachdem das erste Europäische Patent mit einheitlicher Wirkung wirksam geworden ist, und danach alle fünf Jahre einen Bericht über das Funktionieren dieser Verordnung und gegebenenfalls geeignete Vorschläge zu ihrer Änderung.

(2) Die Kommission legt dem Europäischen Parlament und dem Rat regelmäßig Berichte über das Funktionieren der in Artikel 11 festgelegten Jahresgebühren vor und geht dabei insbesondere auf die Einhaltung des Artikels 12 ein.

92   Die **Zeitabstände** – anfangs nach drei Jahren, danach alle fünf Jahre – für zu erstellende Berichte über das Funktionieren des Systems erscheinen realistisch und sinnvoll. Sie dürften von den negativen Erfahrungen mit der Berichtspflicht bei der Richtlinie 98/44/EG (BioTRl)[72] geprägt sein, wo eine an sich jährliche Berichtspflicht nach Art 16 seit dem Jahr 2000 nur zu zwei Berichten geführt hat, ein dritter Bericht geht dzt seiner Fertigstellung entgegen.

18. Artikel 17

93   **Artikel 17 Notifizierung durch die teilnehmenden Mitgliedstaaten**

(1) Die teilnehmenden Mitgliedstaaten notifizieren der Kommission die gemäß Artikel 9 verabschiedeten Maßnahmen bis zum Tag des Geltungsbeginns dieser Verordnung.

(2) Jeder teilnehmende Mitgliedstaat notifiziert der Kommission die gemäß Artikel 4 Absatz 2 verabschiedeten Maßnahmen bis zu dem Tag des Geltungsbeginns dieser Verordnung oder – im Falle eines teilnehmenden Mitgliedstaats, in dem das Einheitliche Patentgericht an dem Tag des Geltungsbeginns dieser Verordnung keine ausschließliche Zuständigkeit für Europäische Patente mit einheitlicher Wirkung hat – bis zu dem Tag, ab dem das Einheitliche Patentgericht über die diesbezügliche ausschließliche Zuständigkeit in diesem teilnehmenden Mitgliedstaat verfügt.

19. Artikel 18

94   **Artikel 18 Inkrafttreten und Anwendung**

(1) Diese Verordnung tritt am zwanzigsten Tag nach ihrer Veröffentlichung im Amtsblatt der Europäischen Union in Kraft.

---

72   ABl EU L 213, 13 vom 30.7.1998 und http://ec.europa.eu/growth/industry/intellectual-property/patents/biotechnological-inventions/index_en.htm.

(2) Sie gilt ab dem 1. Januar 2014 oder ab dem Tag des Inkrafttretens des Übereinkommens über ein Einheitliches Patentgericht (im Folgenden „das Abkommen"), je nachdem, welcher der spätere Zeitpunkt ist.

Abweichend von Artikel 3 Absätze 1 und 2 und Artikel 4 Absatz 1 hat ein Europäisches Patent, dessen einheitliche Wirkung im Register für den einheitlichen Patentschutz eingetragen ist, nur in den teilnehmenden Mitgliedstaaten einheitliche Wirkung, in denen das Einheitliche Patentgericht am Tag der Eintragung über die ausschließliche Zuständigkeit für Europäische Patente mit einheitlicher Wirkung verfügt.

(3) Jeder teilnehmende Mitgliedstaat notifiziert der Kommission seine Ratifizierung des Übereinkommens zum Zeitpunkt der Hinterlegung seiner Ratifikationsurkunde. Die Kommission veröffentlicht im Amtsblatt der Europäischen Union den Tag des Inkrafttretens des Übereinkommens und veröffentlicht ein Verzeichnis der Mitgliedstaaten, die das Übereinkommen am Tag des Inkrafttretens ratifiziert haben. Die Kommission aktualisiert danach regelmäßig das Verzeichnis der teilnehmenden Mitgliedstaaten, die das Übereinkommen ratifiziert haben, und veröffentlicht dieses aktualisierte Verzeichnis im Amtsblatt der Europäischen Union.

(4) Die teilnehmenden Mitgliedstaaten sorgen dafür, dass die in Artikel 9 genannten Maßnahmen bis zum Tag des Geltungsbeginns dieser Verordnung eingeführt wurden.

(5) Jeder teilnehmende Mitgliedstaat sorgt dafür, dass die in Artikel 4 Absatz 2 genannten Maßnahmen bis zum Tag des Geltungsbeginns dieser Verordnung oder – im Falle eines teilnehmenden Mitgliedstaats, in dem das Einheitliche Patentgericht am Tag des Geltungsbeginns dieser Verordnung keine ausschließliche Zuständigkeit für Europäische Patente mit einheitlicher Wirkung hat – bis zum Tag, an dem das Einheitliche Patentgericht über die diesbezügliche ausschließliche Zuständigkeit in diesem teilnehmenden Mitgliedstaat verfügt, eingeführt wurden.

(6) Der einheitliche Patentschutz kann für jedes Europäische Patent beantragt werden, das am oder nach dem Tag des Geltungsbeginns dieser Verordnung erteilt wird.

Diese Verordnung ist in allen ihren Teilen verbindlich und gilt gemäß den Verträgen unmittelbar in den teilnehmenden Mitgliedstaaten.

Geschehen zu Brüssel am 17. Dezember 2012.

In der VO wird zwischen dem **Inkrafttreten** und dem **Wirksamwerden** unterschieden. So ist die VO **95** zwar schon am 20.1.2013 in Kraft getreten, aber bislang nicht wirksam geworden. Der frühestmögliche Zeitpunkt für das Wirksamwerden wäre der 1.1.2014 gewesen, wenn zu diesem Zeitpunkt das EPGÜ bereits in Kraft getreten wäre. Es liegen aber – Stand 1.3.2016 – noch nicht die in Art 89 EPGÜ vorgeschriebenen Ratifizierungs- oder Beitrittsurkunden vor. Die Verknüpfung mit dem EPGÜ erfolgt in Art 18 Abs 2 EPVO, wonach die EPVO (inzwischen) erst ab dem Tag des Inkrafttretens des EPGÜ gilt. Zu den zu erwartenden Verzögerungen des Wirksamwerdens aufgrund der Volksabstimmung im VK s Rn 9.

Der **Ratifizierungsstand** des EPGÜ ist im Internet abrufbar.[73] **96**

Es ist nicht damit zu rechnen, dass zum **Zeitpunkt des Inkrafttretens** des EPGÜ schon alle teilneh- **97** menden Mitgliedstaaten beigetreten sein werden; deshalb werden sich für deren eur Patente je nach Beitrittszeitpunkt unterschiedliche Rechtsfolgen ergeben. Maßgeblich ist die ausschließliche Zuständigkeit des EPG über das EinhP am Tag der Eintragung des Patents. Ein Patentinhaber kann einen Antrag auf ein EinhP erst dann stellen, wenn der eigene Mitgliedstaat dem EPGÜ beigetreten ist. Für ein erteiltes EinhP besteht die einheitliche Wirkung nur in den Mitgliedstaaten, die dem EPGÜ bereits beigetreten sind, während es in erst später beitretenden teilnehmenden Mitgliedstaaten weiterhin als eur Bündelpatent wirkt.

einstweilen frei **98–100**

C. Verordnung (EU) Nr. 1260/2012 des Rates vom 17. Dezember 2012 über die Umsetzung der verstärkten Zusammenarbeit im Bereich der Schaffung eines einheitlichen Patentschutzes im Hinblick auf die anzuwendenden Übersetzungsregelungen (EPÜbersVO)

I. Vorbemerkungen

Die Verordnung enthält gem Art 118 Abs 2 AEUV die **Übersetzungsregelungen** für das **europäische** **101** **Patent mit einheitlicher Wirkung** (EinhP). Gem Art 14 Abs 6 EPÜ werden europäische Patente in einer der Verfahrenssprachen des EPA veröffentlicht, also in Deutsch, Englisch oder Französisch; die Patentansprüche werden in den beiden anderen Amtssprachen des EPÜ übersetzt. Für das EinhP sollen grds keine weiteren Übersetzungen erforderlich sein (Art 3 EPÜbersVO). Zu den möglichen Übersetzungserfordernissen bei einem Rechtsstreit s Rn 27.

---

73 www.unified-patent-court.org, dann „Committees & Ratifications" oder http://www.consilium.europa.eu/en/documents-publications/agreements-conventions/agreement/?aid=2013001.

102 Während eines **Übergangszeitraums** von sechs bis maximal zwölf Jahren gelten Sonderregelungen (Art 6 EPÜbersVO): Ist die Verfahrenssprache vor dem EPA Deutsch oder Französisch, muss eine Übersetzung der gesamten Patentschrift in Englisch eingereicht werden; ist die Verfahrenssprache Englisch, ist eine Übersetzung in eine Amtssprache eines (beliebigen) EU-Mitgliedstaats erforderlich. Diese Übersetzung dient Informationszwecken und wird dazu vom EPA veröffentlicht, hat aber keine rechtl Verbindlichkeit (Art 6 Abs 2 EPÜbersVO). Der Patentinhaber hat sie zusammen mit dem Antrag auf einheitliche Wirkung einzureichen. Die Verwaltung der Übersetzungen obliegt ebenfalls dem EPA. Die Regelung stellt sicher, dass in der Übergangszeit immer eine englische Fassung des EinhP vorliegt. Damit wird anerkannt, dass Englisch die Sprache ist, die in Forschung und Publikationen heute gängig ist. Insofern ist keine Änderung dieser Regelung bei einem Brexit zu erwarten.

103 Weiterhin soll die Einreichung von Patentanmeldungen in Amtssprachen der EU erleichtert werden, die nicht Amtssprachen des EPA sind. Um insb die Verbreitung technischen („technologischen") Wissens zu fördern, sollen so bald wie möglich **maschinelle Übersetzungen** in alle Amtssprachen der EU vorliegen. Die Möglichkeit, maschinelle Übersetzungen einzusetzen und vor allem die Zuversicht auf deren ständig wachsende Qualität (s Erwägungsgründe 11–13) stellten einen Durchbruch in der lange umstrittenen, sehr schwierigen Sprachenfrage dar.

II. Text und Kommentierung der Verordnung

1. Erwägungsgründe

104 DER RAT DER EUROPÄISCHEN UNION –

gestützt auf den Vertrag über die Arbeitsweise der Europäischen Union, insbesondere auf Artikel 118 Absatz 2,
gestützt auf den Beschluss 2011/167/EU des Rates vom 10. März 2011 über die Ermächtigung zu einer Verstärkten Zusammenarbeit im Bereich der Schaffung eines einheitlichen Patentschutzes, auf Vorschlag der Europäischen Kommission, nach Zuleitung des Entwurfs des Gesetzgebungsakts an die nationalen Parlamente, nach Anhörung des Europäischen Parlaments, gemäß einem besonderen Gesetzgebungsverfahren, in Erwägung nachstehender Gründe:

(1) Mit dem Beschluss 2011/167/EU wurden Belgien, Bulgarien, die Tschechische Republik, Dänemark, Deutschland, Estland, Irland, Griechenland, Frankreich, Zypern, Lettland, Litauen, Luxemburg, Ungarn, Malta, die Niederlande, Österreich, Polen, Portugal, Rumänien, Slowenien, die Slowakei, Finnland, Schweden und das Vereinigte Königreich (im Folgenden „teilnehmende Mitgliedstaaten") ermächtigt, untereinander eine verstärkte Zusammenarbeit im Bereich der Schaffung eines einheitlichen Patentschutzes zu begründen.

(2) Gemäß der Verordnung (EU) Nr. 1257/2012 des Europäischen Parlaments und des Rates vom 17. Dezember 2012 über die Umsetzung der verstärkten Zusammenarbeit im Bereich der Schaffung eines einheitlichen Patentschutzes sollten bestimmte Europäische Patente, die vom Europäischen Patentamt (im Folgenden „EPA") gemäß den Regeln und Verfahren des Übereinkommens über die Erteilung europäischer Patente vom 5. Oktober 1973, geändert am 17. Dezember 1991 und am 29. November 2000, (im Folgenden „EPÜ") erteilt wurden, auf Antrag des Patentinhabers in den teilnehmenden Mitgliedstaaten eine einheitliche Wirkung haben.

(3) Die Übersetzungsregelungen für Europäische Patente, die in den teilnehmenden Mitgliedstaaten eine einheitliche Wirkung haben (im Folgenden „Europäisches Patent mit einheitlicher Wirkung"), sollten gemäß Artikel 118 Absatz 2 des Vertrags über die Arbeitsweise der Europäischen Union (AEUV) im Rahmen einer gesonderten Verordnung festgelegt werden.

(4) Gemäß dem Beschluss 2011/167/EU sollten die für Europäische Patente mit einheitlicher Wirkung geltenden Übersetzungsregelungen einfach und kosteneffizient sein. Sie sollten den Regelungen entsprechen, die in dem von der Kommission am 30. Juni 2010 vorgelegten Vorschlag für eine Verordnung des Rates zur Regelung der Übersetzung des Patents der Europäischen Union festgelegt waren und die im November 2010 durch einen vom Vorsitz vorgeschlagenen Kompromiss, der im Rat breite Unterstützung fand, ergänzt wurden.

(5) Solche Übersetzungsregelungen sollten Rechtssicherheit gewährleisten, Innovationen fördern und insbesondere kleinen und mittleren Unternehmen (KMU) zugute kommen. Mit diesen Übersetzungsregelungen sollte der Zugang zum Europäischen Patent mit einheitlicher Wirkung und zum Patentsystem insgesamt leichter, kostengünstiger und rechtssicher gestaltet werden.

(6) Da für die Erteilung Europäischer Patente das EPA zuständig ist, sollten sich die Übersetzungsregelungen für das Europäische Patent mit einheitlicher Wirkung auf das gängige Verfahren des EPA stützen. Ziel dieser Regelungen sollte es sein, hinsichtlich der Verfahrenskosten und der Verfügbarkeit technischer Informationen die notwendige Ausgewogenheit zwischen den Interessen der Wirtschaftsakteure und dem öffentlichen Interesse herzustellen.

(7) Unbeschadet der Übergangsregelungen sollten keine weiteren Übersetzungen notwendig sein, wenn die Patentschrift eines Europäischen Patents mit einheitlicher Wirkung gemäß Artikel 14 Absatz 6 EPÜ veröffentlicht

wurde. Nach Artikel 14 Absatz 6 EPÜ werden europäische Patentschriften in der Verfahrenssprache vor dem EPA veröffentlicht und enthalten eine Übersetzung der Patentansprüche in den beiden anderen Amtssprachen des EPA.

(8) Im Falle eines Rechtsstreits bezüglich eines Europäischen Patents mit einheitlicher Wirkung ist es legitim, vom Patentinhaber auf Antrag des mutmaßlichen Patentrechtsverletzers die Vorlage einer vollständigen Übersetzung des Patents in eine Amtssprache entweder des teilnehmenden Mitgliedstaats zu fordern, in dem die mutmaßliche Patentrechtsverletzung stattgefunden hat oder des Mitgliedstaats, in dem der mutmaßliche Patentrechtsverletzer ansässig ist. Auf Anforderung des in den teilnehmenden Mitgliedstaaten für Streitfälle bezüglich des Europäischen Patents mit einheitlicher Wirkung zuständigen Gerichts sollte der Patentinhaber darüber hinaus eine vollständige Übersetzung des Patents in die im Verfahren vor diesem Gericht verwendete Sprache vorlegen müssen. Diese Übersetzungen sollten nicht maschinell erstellt werden und sollten zu Lasten des Patentinhabers gehen.

(9) Im Falle eines Rechtsstreits bezüglich der Forderung nach Schadenersatz sollte das angerufene Gericht in Betracht ziehen, dass der mutmaßliche Patentrechtsverletzer, bevor ihm eine Übersetzung in seine eigene Sprache vorgelegt wurde, in gutem Glauben gehandelt haben könnte und möglicherweise nicht gewusst hat oder nach vernünftigem Ermessen nicht wissen konnte, dass er das Patent verletzt hat. Das zuständige Gericht sollte die Umstände im Einzelfall beurteilen und unter anderem berücksichtigen, ob es sich bei dem mutmaßlichen Patentrechtsverletzer um ein KMU handelt, das nur auf lokaler Ebene tätig ist, die Verfahrenssprache vor dem EPA sowie –während des Übergangszeitraums – die zusammen mit dem Antrag auf einheitliche Wirkung vorgelegte Übersetzung berücksichtigen.

(10) Um den Zugang zum Europäischen Patent mit einheitlicher Wirkung insbesondere für KMU zu erleichtern, sollten Patentanmelder ihre Patentanmeldungen in einer der Amtssprachen der Union beim EPA einreichen dürfen. Ergänzend hierzu sollten bestimmte Patentanmelder, denen Europäische Patente mit einheitlicher Wirkung erteilt werden und die eine Anmeldung eines Europäischen Patents in einer der Amtssprachen der Union, die nicht Amtssprache des EPA ist, eingereicht und ihren Wohnsitz oder Sitz ihrer Hauptniederlassung in einem Mitgliedstaat haben, zusätzliche Kostenerstattungen für die Übersetzung aus der Sprache der Patentanmeldung in die Verfahrenssprache des EPA erhalten, die über die beim EPA geltenden Erstattungsregeln hinausgehen. Solche Erstattungen sollten gemäß Artikel 9 der Verordnung (EU) Nr. 1257/2012 vom EPA verwaltet werden.

(11) Um die Verfügbarkeit von Patentinformationen und die Verbreitung des technologischen Wissens zu fördern, sollten so bald wie möglich maschinelle Übersetzungen von Patentanmeldungen und Patentschriften in alle Amtssprachen der Union vorliegen. Maschinelle Übersetzungen werden derzeit vom EPA entwickelt und sind ein sehr wichtiges Instrument, um den Zugang zu Patentinformationen zu verbessern und technologisches Wissen weit zu verbreiten. Die baldige Verfügbarkeit qualitativ hochwertiger maschineller Übersetzungen von Europäischen Patentanmeldungen und Patentschriften in alle Amtssprachen der Union wäre von Vorteil für alle Nutzer des europäischen Patentsystems. Maschinelle Übersetzungen sind ein wesentliches Element der Politik der Europäischen Union. Diese maschinellen Übersetzungen sollten allein Informationszwecken dienen und keine Rechtskraft haben.

(12) Während des Übergangszeitraums und bevor ein System qualitativ hochwertiger maschineller Übersetzungen in alle Amtssprachen der Union zur Verfügung steht, ist dem in Artikel 9 der Verordnung (EU) Nr. 1257/2012 genannten Antrag auf einheitliche Wirkung eine vollständige Übersetzung der Patentschrift in die englische Sprache für den Fall beizufügen, dass die Verfahrenssprache vor dem EPA Französisch oder Deutsch ist, oder in eine der Amtssprachen der Mitgliedstaaten, die Amtssprache der Union ist, sofern Englisch die Verfahrenssprache vor dem EPA ist. Diese Regelungen stellen sicher, dass während eines Übergangszeitraums alle Europäischen Patente mit einheitlicher Wirkung in Englisch, der in der internationalen technologischen Forschung und für Veröffentlichung gängigen Sprache, vorliegen. Ferner würden diese Regelungen sicherstellen, dass bei Europäischen Patenten mit einheitlicher Wirkung Übersetzungen in andere Amtssprachen der teilnehmenden Mitgliedstaaten veröffentlicht würden. Diese Übersetzungen sollten nicht maschinell erstellt werden und ihre hohe Qualität sollte dazu beitragen, die Übersetzungsmaschinen des EPA weiter zu verbessern. Ferner würde damit die Verbreitung von Patentinformationen verbessert.

(13) Der Übergangszeitraum sollte enden, sobald qualitativ hochwertige maschinelle Übersetzungen in alle Amtssprachen der Union verfügbar sind, die einer regelmäßigen und objektiven Qualitätsbewertung durch einen unabhängigen Sachverständigenausschuss, der von den teilnehmenden Mitgliedstaaten im Rahmen der Europäischen Patentorganisation eingesetzt wird und sich aus Vertretern des EPA und Nutzern des europäischen Patentsystems zusammensetzt, unterliegen. Angesichts des Stands des technologischen Fortschritts kann nicht davon ausgegangen werden, dass die Entwicklung qualitativ hochwertiger maschineller Übersetzungen länger als 12 Jahre dauern wird. Daher sollte der Übergangszeitraum 12 Jahre nach dem Beginn der Geltung dieser Verordnung enden, sofern kein früherer Zeitpunkt beschlossen wurde.

(14) Da die materiellen Bestimmungen für das Europäische Patent mit einheitlicher Wirkung durch die Verordnung (EU) Nr. 1257/2012 geregelt und durch die Übersetzungsregelungen in dieser Verordnung ergänzt werden, sollte diese Verordnung ab demselben Tag gelten wie die Verordnung (EU) Nr. 1257/2012.

(15) Diese Verordnung berührt nicht die gemäß Artikel 342 AEUV und der Verordnung Nr. 1 vom 15. April 1958 des Rates zur Regelung der Sprachenfrage für die Europäische Wirtschaftsgemeinschaft3 festgelegte Regelung der Sprachenfrage für die Organe der Union. Die vorliegende Verordnung stützt sich auf die Sprachenregelung des EPA;

mit ihr soll keine spezielle Sprachenregelung für die Union oder ein Präzedenzfall für eine beschränkte Sprachenregelung bei künftigen Rechtsinstrumenten der Union geschaffen werden.

(16) Da das Ziel dieser Verordnung, nämlich die Einführung einheitlicher und einfacher Übersetzungsregelungen für Europäische Patente mit einheitlicher Wirkung, auf Ebene der Mitgliedstaaten nicht ausreichend verwirklicht werden kann und daher wegen des Umfangs und der Wirkungen dieser Verordnung besser auf Unionsebene zu verwirklichen ist, kann die Union im Einklang mit dem in Artikel 5 des Vertrags über die Europäische Union niedergelegten Subsidiaritätsprinzip Maßnahmen, gegebenenfalls auf dem Wege der verstärkten Zusammenarbeit, ergreifen. Entsprechend dem in demselben Artikel genannten Grundsatz der Verhältnismäßigkeit geht diese Verordnung nicht über das zur Erreichung dieses Ziels erforderliche Maß hinaus –

HAT FOLGENDE VERORDNUNG ERLASSEN:

2. Artikel 1

105   **Artikel 1 Gegenstand**

Diese Verordnung setzt die mit Beschluss Nr. 2011/167/EU genehmigte verstärkte Zusammenarbeit im Bereich der Schaffung eines einheitlichen Patentschutzes im Hinblick auf die anzuwendenden Übersetzungsregelungen um.

3. Artikel 2

106 . **Artikel 2 Begriffsbestimmungen**

Für die Zwecke dieser Verordnung gelten die folgenden Begriffsbestimmungen:

a) „Europäisches Patent mit einheitlicher Wirkung" bezeichnet ein Europäisches Patent, das gemäß der Verordnung (EU) Nr. 1257/2012 einheitliche Wirkung in den teilnehmenden Mitgliedstaaten hat.

b) „Verfahrenssprache" bezeichnet die Sprache, die im Verfahren vor dem EPA verwendet wird im Sinne des Artikels 14 Absatz 3 des Übereinkommens über die Erteilung europäischer Patente vom 5. Oktober 1973, geändert am 17. Dezember 1991 und am 29. November 2000 (im Folgenden „EPÜ").

4. Artikel 3

107   **Artikel 3 Übersetzungsregelungen für das Europäische Patent mit einheitlicher Wirkung**

(1) Unbeschadet der Artikel 4 und 6 dieser Verordnung sind keine weiteren Übersetzungen erforderlich, wenn die Patentschrift eines Europäischen Patents, das einheitliche Wirkung genießt, gemäß Artikel 14 Absatz 6 EPÜ veröffentlicht wurde.

(2) Anträge auf einheitliche Wirkung gemäß Artikel 9 der Verordnung (EU) Nr. 1257/2012 sind in der Verfahrenssprache einzureichen.

5. Artikel 4

108   **Artikel 4 Übersetzung im Falle eines Rechtsstreits**

(1) Im Falle eines Rechtsstreits bezüglich einer mutmaßlichen Verletzung eines Europäischen Patents mit einheitlicher Wirkung hat der Patentinhaber auf Antrag und nach Wahl eines mutmaßlichen Patentrechtsverletzers eine vollständige Übersetzung des Europäischen Patents mit einheitlicher Wirkung in eine Amtssprache entweder des teilnehmenden Mitgliedstaats vorzulegen, in dem die mutmaßliche Patentrechtsverletzung stattgefunden hat oder des Mitgliedstaats, in dem der mutmaßliche Patentrechtsverletzer ansässig ist.

(2) Im Falle eines Rechtsstreits bezüglich eines Europäischen Patents mit einheitlicher Wirkung hat der Patentinhaber im Laufe des Verfahrens auf Anforderung des in den teilnehmenden Mitgliedstaaten für Streitfälle bezüglich des Europäischen Patents mit einheitlicher Wirkung zuständigen Gerichts eine vollständige Übersetzung des Patents in die im Verfahren vor diesem Gericht verwendete Sprache vorzulegen.

(3) Die Kosten für die in den Absätzen 1 und 2 genannten Übersetzungen sind vom Patentinhaber zu tragen.

(4) Im Falle eines Rechtsstreits bezüglich einer Forderung nach Schadenersatz zieht das angerufene Gericht, insbesondere wenn der mutmaßliche Patentrechtsverletzer ein KMU, eine natürliche Person, eine Organisation ohne Gewinnerzielungsabsicht, eine Hochschule oder eine öffentliche Forschungseinrichtung ist, in Betracht und beurteilt, ob der mutmaßliche Patentrechtsverletzer, bevor ihm die Übersetzung gemäß Absatz 1 vorgelegt wurde, nicht gewusst hat oder nach vernünftigem Ermessen nicht wissen konnte, dass er das Europäische Patent mit einheitlicher Wirkung verletzt hat.

109   Art 4 Abs 4 enthält keine Übersetzungsregelungen, sondern materiellrechtl **Streitregelungen**. Es wird hierin dem Gericht bei einem Rechtsstreit um Schadenersatzforderungen aufgegeben, bei möglicherweise unbeabsichtigten Verletzungshandlungen das Fehlen von Übersetzungen in die Amtssprache des Mitgliedstaats zu berücksichtigen. Außerdem hat das Gericht zu beachten, ob der mutmaßliche Patentverletzer zu den natürlichen Personen oder den in Abs 4 genannten juristischen Personen gehört.

6. Artikel 5

Artikel 5 Verwaltung des Kompensationssystems   **110**

(1) In Anbetracht dessen, dass Europäische Patentanmeldungen gemäß Artikel 14 Absatz 2 EPÜ in einer beliebigen Sprache eingereicht werden können, übertragen die teilnehmenden Mitgliedstaaten gemäß Artikel 9 der Verordnung (EU) Nr. 1257/2012 und im Sinne des Artikels 143 EPÜ dem EPA die Aufgabe, ein Kompensationssystem zur Erstattung aller Übersetzungskosten zu verwalten, durch das den Patentanmeldern, die beim EPA ein Patent in einer Amtssprache der Union einreichen, die keine Amtssprache des EPA ist, diese Kosten bis zu einem Höchstbetrag erstattet werden.

(2) Das in Absatz 1 genannte Kompensationssystem wird durch die in Artikel 11 der Verordnung (EU) Nr. 1257/2012 genannten Gebühren finanziert und steht nur KMU, natürlichen Personen, Organisationen ohne Gewinnerzielungsabsicht, Hochschulen und öffentlichen Forschungseinrichtungen zur Verfügung, die ihren Wohn- oder Geschäftssitz in einem Mitgliedstaat haben.

Das **Kompensationssystem** soll natürlichen Personen und den in Absatz (2) genannten juristischen **111** Personen den Zugang zum Einheitpatentsystem finanziell erleichtern; es wird über die Jahresgebühren des EinhP finanziert und vom EPA verwaltet. In der DO des EPA (Rn 18) befassen sich die Regeln 8–11 mit dem Kompensationssystem (vgl Art 9 Art 1 Buchst f EPVO).

7. Artikel 6

Artikel 6 Übergangsmaßnahmen   **112**

(1) Während eines Übergangszeitraums, der an dem Tag des Geltungsbeginns dieser Verordnung beginnt, ist gemeinsam mit dem Antrag auf einheitliche Wirkung gemäß Artikel 9 der Verordnung (EU) Nr. 1257/2012 Folgendes beizufügen:

a) sofern die Verfahrenssprache Französisch oder Deutsch ist, eine vollständige Übersetzung der Patentschrift des Europäischen Patents ins Englische oder

b) sofern die Verfahrenssprache Englisch ist, eine vollständige Übersetzung der Patentschrift des Europäischen Patents in eine andere Amtssprache der Union.

(2) Gemäß Artikel 9 der Verordnung (EU) Nr. 1257/2012 übertragen die teilnehmenden Mitgliedstaaten im Sinne des Artikels 143 EPÜ dem EPA die Aufgabe, die in Absatz 1 des vorliegenden Artikels genannten Übersetzungen so bald wie möglich, nach der Vorlage eines Antrags auf einheitliche Wirkung gemäß Artikel 9 der Verordnung (EU) Nr. 1257/2012, zu veröffentlichen. Der Wortlaut dieser Übersetzung hat keine Rechtswirkung und dient allein Informationszwecken.

(3) Sechs Jahre nach dem Geltungsbeginn dieser Verordnung und danach alle zwei Jahre ist durch einen unabhängigen Sachverständigenausschuss eine objektive Bewertung durchzuführen, inwieweit vom EPA entwickelte, qualitativ hochwertige maschinelle Übersetzungen von Patentanmeldungen und Patentschriften in alle Amtssprachen der Union zur Verfügung stehen. Dieser Sachverständigenausschuss wird von den teilnehmenden Mitgliedstaaten im Rahmen der Europäischen Patentorganisation eingesetzt und besteht aus Vertretern des EPA und der nichtstaatlichen Organisationen, die Nutzer des Europäischen Patentsystems vertreten und die vom Verwaltungsrat der Europäischen Patentorganisation nach Maßgabe des Artikels 30 Absatz 3 EPÜ als Beobachter eingeladen werden.

(4) Ausgehend von der ersten in Absatz 3 dieses Artikels genannten Bewertung und danach alle zwei Jahre wird die Kommission dem Rat auf der Grundlage der nachfolgenden Bewertungen einen Bericht vorlegen und gegebenenfalls die Beendigung des Übergangszeitraums vorschlagen.

(5) Wird der Übergangszeitraum nach einem Vorschlag der Kommission nicht beendet, läuft er 12 Jahre nach dem Geltungsbeginn dieser Verordnung aus.

Im **Übergangszeitraum** sind ggf vorzulegen nach Art 6 Abs 1 eine Übersetzung ins Englische, nach **113** Art 4 Abs 1 bei Rechtstreitigkeiten eine Übersetzung in eine Sprache, die vom mutmaßlichen Patentverletzer abhängt und nach Art 4 Abs 2 eine Übersetzung in die Sprache des zuständigen Gerichts, so dass im ungünstigen Fall drei vollständige Übersetzungen erforderlich werden könnten.

Mit der Regelung in Art 6 Abs 1 ist im Übergangszeitraum die **Gleichberechtigung der drei Verfah-** **114** **renssprachen** des EPA aufgegeben worden. Die dt (auch die franz) Sprache hat damit im Rahmen der EU an Bedeutung verloren. Noch bei den Vorbereitungsarbeiten für die dt Patentrechtsnovelle[74] im Jahr 2012 war, um das Primat der deutschen Sprache zu sichern, verhindert worden, dass englisch- oder französischsprachige Patentanmeldungen erst bei einer bevorstehenden Patenterteilung durch das DPMA ins Deutsche hätten übersetzt werden müssen.

115   **Regel 18** DO erläutert die Veröffentlichungspflicht des EPA hinsichtlich der Übersetzungen nach Art 6 Abs 2 EPÜbersVO.

8. Artikel 7

116   **Artikel 7 Inkrafttreten**
> (1) Diese Verordnung tritt am zwanzigsten Tag nach ihrer Veröffentlichung im Amtsblatt der Europäischen Union in Kraft.
> (2) Sie gilt ab dem 1. Januar 2014 oder ab dem Tag des Inkrafttretens des Übereinkommens über ein Einheitliches Patentgericht, je nachdem, welcher der spätere Zeitpunkt ist.
> Diese Verordnung ist in allen ihren Teilen verbindlich und gilt gemäß den Verträgen unmittelbar in den teilnehmenden Mitgliedstaaten.
> Geschehen zu Brüssel am 17. Dezember 2012

117   Auch in dieser VO wird zwischen dem **Inkrafttreten** und dem **Wirksamwerden** unterschieden (näher Rn 95).

D. Übereinkommen über ein einheitliches Patentgericht (EPGÜ)

I. Vorbemerkungen

118   Das EPGÜ umfasst **89 Artikel**.

119   Dazu gehören weiterhin die im Anh abgedruckte **Satzung** des EPG mit 38 Artikeln[75] und die **Verfahrensordnung** (EPGVerfO, Rn 122).[76]

120   Das EPGÜ (Agreement on a Unified Patent Court) enthält **fünf Teile**: Teil I – Allgemeine und institutionelle Bestimmungen (Art 1–35), Teil II – Finanzvorschriften (Art 36–39), Teil III – Organisation und Verfahrensvorschriften (Art 40–82), Teil IV – Übergangsbestimmungen (Art 83) und Teil V – Schlussbestimmungen (Art 84–89).

121   Die **Satzung** des EPG (Statute of the Unified Patent Court) gliedert sich nach Art 1 mit dem Geltungsbereich der Satzung in insgesamt vier Kapitel: Kapitel I – Richter (Art 2–12), Kapitel II – Organisatorische Vorschriften (Art 13–25), Kapitel III – Finanzvorschriften (Art 26–33) und Kapitel V – Verfahrensvorschriften (Art 34–38).

122   Das EPGÜ wird ausgestaltet durch die **Verfahrensordnung** (EPGVerfO, Rules of Procedure of the Unified Patent Court), dzt mit den Regeln 1–382 (mit einigen frei gelassenen Nummern). Die EPGVerfO in der jetzigen 18. Fassung ist noch nicht endgültig verabschiedet; der Entwurf liegt bislang nur in englischer Sprache vor. Näher Rn 241 ff.

II. Text des Übereinkommens

123   Erwägungsgründe
> Die Vertragsmitgliedstaaten –
> IN DER ERWÄGUNG, dass die Zusammenarbeit zwischen den Mitgliedstaaten der Europäischen Union auf dem Gebiet des Patentwesens einen wesentlichen Beitrag zum Integrationsprozess in Europa leistet, insbesondere zur Schaffung eines durch den freien Waren- und Dienstleistungsverkehr gekennzeichneten Binnenmarkts innerhalb der Europäischen Union und zur Verwirklichung eines Systems, mit dem sichergestellt wird, dass der Wettbewerb im Binnenmarkt nicht verzerrt wird,
> IN DER ERWÄGUNG, dass der fragmentierte Patentmarkt und die beträchtlichen Unterschiede zwischen den nationalen Gerichtssystemen sich nachteilig auf die Innovation auswirken, insbesondere im Falle kleiner und mitt-

---

74   BGBl I 2013, 3830 = BlPMZ 2013, 362.
75   ABl EU C 175 vom 20.6.2013, S 1 ff Übk und S 29 ff Satzung.
76   18. Entwurf der Verfahrensordnung (Rules of Procedure) vom 19.10.2015 s www.unified-patent-court.org.

lerer Unternehmen, für die es schwierig ist, ihre Patente durchzusetzen und sich gegen unberechtigte Klagen und Klagen im Zusammenhang mit Patenten, die für nichtig erklärt werden sollten, zu wehren,

IN DER ERWÄGUNG, dass das Europäische Patentübereinkommen (EPÜ), das von allen Mitgliedstaaten der Europäischen Union ratifiziert worden ist, ein einheitliches Verfahren für die Erteilung europäischer Patente durch das Europäische Patentamt vorsieht,

IN DER ERWÄGUNG, dass Patentinhaber nach der Verordnung (EU) Nr. 1257/20121 eine einheitliche Wirkung ihrer europäischen Patente beantragen können, damit sie in den Mitgliedstaaten der Europäischen Union, die an der Verstärkten Zusammenarbeit teilnehmen, einen einheitlichen Patentschutz genießen,

IN DEM WUNSCH, durch die Errichtung eines Einheitlichen Patentgerichts für die Regelung von Rechtsstreitigkeiten über die Verletzung und Rechtsgültigkeit von Patenten die Durchsetzung von Patenten und die Verteidigung gegen unbegründete Klagen und Klagen im Zusammenhang mit Patenten, die für nichtig erklärt werden sollten, zu verbessern und die Rechtssicherheit zu stärken,

IN DER ERWÄGUNG, dass das Einheitliche Patentgericht in der Lage sein sollte, rasche und hochqualifizierte Entscheidungen sicherzustellen und dabei einen angemessenen Interessenausgleich zwischen den Rechteinhabern und anderen Parteien unter Berücksichtigung der erforderlichen Verhältnismäßigkeit und Flexibilität zu gewährleisten,

IN DER ERWÄGUNG, dass das Einheitliche Patentgericht ein gemeinsames Gericht der Vertragsmitgliedstaaten und somit Teil ihres Rechtswesens sein sollte und dass es mit einer ausschließlichen Zuständigkeit für europäische Patente mit einheitlicher Wirkung und für die nach dem EPÜ erteilten Patente ausgestattet sein sollte,

IN DER ERWÄGUNG, dass der Gerichtshof der Europäischen Union die Einheitlichkeit der Rechtsordnung der Union und den Vorrang des Rechts der Europäischen Union sicherzustellen hat,

UNTER HINWEIS AUF die Verpflichtungen der Vertragsmitgliedstaaten im Rahmen des Vertrags über die Europäische Union (EUV) und des Vertrags über die Arbeitsweise der Europäischen Union (AEUV), einschließlich der Verpflichtung zur loyalen Zusammenarbeit nach Artikel 4 Absatz 3 EUV und der Verpflichtung, durch das Einheitliche Patentgericht die uneingeschränkte Anwendung und Achtung des Unionsrechts in ihrem jeweiligen Hoheitsgebiet und den gerichtlichen Schutz der dem Einzelnen aus diesem Recht erwachsenden Rechte zu gewährleisten,

IN DER ERWÄGUNG, dass das Einheitliche Patentgericht, wie jedes nationale Gericht auch, das Unionsrecht beachten und anwenden und in Zusammenarbeit mit dem Gerichtshof der Europäischen Union – dem Hüter des Unionsrechts – seine korrekte Anwendung und einheitliche Auslegung sicherstellen muss; insbesondere muss es bei der ordnungsgemäßen Auslegung des Unionsrechts mit dem Gerichtshof der Europäischen Union zusammenarbeiten, indem es sich auf dessen Rechtsprechung stützt und ihn gemäß Artikel 267 AEUV um Vorabentscheidungen ersucht,

IN DER ERWÄGUNG, dass nach der Rechtsprechung des Gerichtshofs der Europäischen Union zur außervertraglichen Haftung die Vertragsmitgliedstaaten für Schäden, die durch Verstöße des Einheitlichen Patentgerichts gegen das Unionsrecht einschließlich des Versäumnisses, den Gerichtshof der Europäischen Union um eine Vorabentscheidung zu ersuchen, entstanden sind, haften sollten,

IN DER ERWÄGUNG, dass Verstöße des Einheitlichen Patentgerichts gegen das Unionsrecht, einschließlich des Versäumnisses, den Gerichtshof der Europäischen Union um eine Vorabentscheidung zu ersuchen, unmittelbar den Vertragsmitgliedstaaten anzulasten sind und daher gemäß den Artikeln 258, 259 und 260 AEUV gegen jeden Vertragsmitgliedstaat ein Verletzungsverfahren angestrengt werden kann, um die Achtung des Vorrangs des Unionsrechts und seine ordnungsgemäße Anwendung zu gewährleisten,

UNTER HINWEIS auf den Vorrang des Unionsrechts, das den EUV, den AEUV, die Charta der Grundrechte der Europäischen Union, die vom Gerichtshof der Europäischen Union entwickelten allgemeinen Grundsätze des Unionsrechts, insbesondere das Recht auf einen wirksamen Rechtsbehelf vor einem Gericht und das Recht, von einem unabhängigen und unparteiischen Gericht in einem fairen Verfahren öffentlich und innerhalb angemessener Frist gehört zu werden, sowie die Rechtsprechung des Gerichtshofs der Europäischen Union und das Sekundärrecht der Europäischen Union umfasst,

IN DER ERWÄGUNG, dass dieses Übereinkommen jedem Mitgliedstaat der Europäischen Union zum Beitritt offenstehen sollte; Mitgliedstaaten, die beschlossen haben, nicht an der Verstärkten Zusammenarbeit im Bereich der Schaffung eines einheitlichen Patentschutzes teilzunehmen, können sich in Bezug auf europäische Patente, die für ihr jeweiliges Hoheitsgebiet erteilt wurden, an diesem Übereinkommen beteiligen,

IN DER ERWÄGUNG, dass dieses Übereinkommen am 1. Januar 2014 in Kraft treten sollte oder aber am ersten Tag des vierten Monats nach Hinterlegung der 13. Ratifikations- oder Beitrittsurkunde , sofern dem Kreis der Vertragsmitgliedstaaten, die ihre Ratifikations- oder Beitrittsurkunden hinterlegt haben, die drei Staaten angehören, in denen es im Jahr vor dem Jahr der Unterzeichnung des Übereinkommens die meisten gültigen europäischen Patente gab, oder aber am ersten Tag des vierten Monats nach dem Inkrafttreten der Änderungen der Verordnung (EU) 1215/20121, die das Verhältnis zwischen jener Verordnung und diesem Übereinkommen betreffen, je nachdem. welcher Zeitpunkt der späteste ist –

SIND WIE FOLGT ÜBEREINGEKOMMEN:

TEIL I – ALLGEMEINE UND INSTITUTIONELLE BESTIMMUNGEN

Artikel 1

124   KAPITEL I – ALLGEMEINE BESTIMMUNGEN

Artikel 1 Einheitliches Patentgericht

Es wird ein Einheitliches Patentgericht für die Regelung von Streitigkeiten über europäische Patente und europäische Patente mit einheitlicher Wirkung errichtet.

Das Einheitliche Patentgericht ist ein gemeinsames Gericht der Vertragsmitgliedstaaten und unterliegt somit denselben Verpflichtungen nach dem Unionsrecht wie jedes nationale Gericht der Vertragsmitgliedstaaten.

125   Das EPG ist nur zuständig für die Regelung von Streitigkeiten der **Vertragsmitgliedstaaten** über Patente, die vom EPA erteilt wurden, also für Bündelpatente und EinhP; Vertragsmitgliedstaaten sind die EU-Staaten, die Vertragspartei des EPGÜ sind (Art 2 Buchst c). Das EPG hat jedoch keine Zuständigkeit für die Regelung von Streitigkeiten über Patente der Mitgliedstaaten des EPÜ, die dem EPGÜ nicht beigetreten sind oder die ihm nicht beitreten können, obwohl Art 1 Satz 1 vom Wortlaut her diese Zuständigkeiten nicht ausschließt. Diese Verdeutlichung ist auch bei Art 3 zu beachten, s Rn 127 ff, gilt aber für das EPGÜ im Ganzen und damit auch für das European Patent Package.

Artikel 2

126   ### Artikel 2 Begriffsbestimmungen

Für die Zwecke dieses Übereinkommens bezeichnet der Ausdruck

a) „Gericht" das Einheitliche Patentgericht, das mit diesem Übereinkommen errichtet wird,

b) „Mitgliedstaat" einen Mitgliedstaat der Europäischen Union,

c) „Vertragsmitgliedstaat" einen Mitgliedstaat, der Vertragspartei dieses Übereinkommens ist,

d) „EPÜ" das Übereinkommen über die Erteilung europäischer Patente vom 5. Oktober 1973 mit allen nachfolgenden Änderungen,

e) „europäisches Patent" ein nach dem EPÜ erteiltes Patent, das keine einheitliche Wirkung aufgrund der Verordnung (EU) Nr. 1257/2012 hat,

f) „europäisches Patent mit einheitlicher Wirkung" ein nach dem EPÜ erteiltes Patent, das aufgrund der Verordnung (EU) Nr. 1257/2012 einheitliche Wirkung hat,

g) „Patent" ein europäisches Patent und/oder ein europäisches Patent mit einheitlicher Wirkung,

h) „ergänzendes Schutzzertifikat" ein nach der Verordnung (EG) Nr. 469/2009 oder der Verordnung (EG) Nr. 1610/962 erteiltes ergänzendes Schutzzertifikat,

i) „Satzung" die als Anhang I beigefügte Satzung des Gerichts, die Bestandteil dieses Übereinkommens ist,

j) „Verfahrensordnung" die gemäß Artikel 41 festgelegte Verfahrensordnung des Gerichts

Artikel 3

127   ### Artikel 3 Geltungsbereich

Dieses Übereinkommen gilt

a) für alle europäischen Patente mit einheitlicher Wirkung,

b) für alle ergänzenden Schutzzertifikate, die zu einem durch ein Patent geschützten Erzeugnis erteilt worden sind,

c) unbeschadet des Artikels 83 für alle europäische Patente, die zum Zeitpunkt des Inkrafttretens dieses Übereinkommens noch nicht erloschen sind oder die nach diesem Zeitpunkt erteilt werden und

d) unbeschadet des Artikels 83 für alle europäischen Patentanmeldungen, die zum Zeitpunkt des Inkrafttretens dieses Übereinkommens anhängig sind oder die nach diesem Zeitpunkt eingereicht werden.

128   Auch für Art 3 gilt, dass der **Geltungsbereich** des EPGÜ nur die Vertragsmitgliedstaaten umfasst (Rn 125).

129   Buchst b betrifft **ergänzende Schutzzertifikate**. Die entspr Regelungen betreffen unmittelbar Unionsrecht; näher Rn 208 f.

130   Nach Buchst b erstrecken sich die Regelungen des EPGÜ auf alle erteilten ergänzenden Schutzzertifikate und nach den Buchst c und d auf alle erteilten (aber noch nicht erloschenen) **europäischen (Bündel)Patente**, obwohl sie national validiert worden sind, und alle eur Patentanmeldungen aus den

Vertragsmitgliedstaaten zum Zeitpunkt des Inkrafttretens des EPGÜ. Damit wird dem European Patent Package eine gewaltige Schubkraft verliehen, denn auf einen Schlag werden dann Hunderttausende von Schutzrechten unter das Recht des EinhP (EPGÜ, EPVO und EPÜbersVO) und die Zuständigkeit des EPG fallen. Das zeigt einmal mehr den dzt starken politischen Willen zu einem einheitlichen Patentschutz in Europa.

Buchst c und d betreffen daneben aber das sog „opt-out" (Art 83), welches einer raschen Wirkungsentfaltung des European Patent Package direkt entgegensteht. Näher Rn 336 ff. **131**

Artikel 4

Artikel 4 Rechtsstellung **132**

(1) Das Gericht besitzt in jedem Vertragsmitgliedstaat Rechtspersönlichkeit und die weitestgehende Rechts- und Geschäftsfähigkeit, die juristischen Personen nach dessen Rechtsvorschriften zuerkannt wird.

(2) Das Gericht wird vom Präsidenten des Berufungsgerichts vertreten, der im Einklang mit der Satzung gewählt wird.

Artikel 5

Artikel 5 Haftung **133**

(1) Die vertragliche Haftung des Gerichts unterliegt dem für den betreffenden Vertrag geltenden Recht gemäß der Verordnung (EG) Nr. 593/2008 (Rom I), sofern anwendbar, oder andernfalls gemäß dem Recht des Mitgliedstaats des befassten Gerichts.

(2) Die außervertragliche Haftung des Gerichts für durch das Gericht oder sein Personal in Ausübung seiner Amtstätigkeit verursachte Schäden – sofern es sich dabei nicht um eine Zivil- und Handelssache im Sinne der Verordnung (EG) Nr. 864/2007 (Rom II)1 handelt – richtet sich nach dem Recht des Vertragsmitgliedstaats, in dem der Schaden eingetreten ist. Diese Bestimmung lässt Artikel 22 unberührt.

(3) Die Zuständigkeit für die Beilegung von Rechtsstreitigkeiten nach Absatz 2 liegt bei einem Gericht des Vertragsmitgliedstaats, in dem der Schaden eingetreten ist.

Art 5 behandelt die **Haftung** des EPG als Institution. Für die politisch umstrittene Frage, inwieweit **134** der EuGH auf das eur Patentrecht Einfluss nehmen sollte (s Rn 26), wird Art 22 mit den darin geregelten Haftungsfragen aus psychologischen Gründen eine ungleich größere Rolle spielen als Art 5; näher Rn 185 und Art 22.

Artikel 6

KAPITEL II – INSTITUTIONELLE BESTIMMUNGEN **135**
Artikel 6 Gericht

(1) Das Gericht besteht aus einem Gericht erster Instanz, einem Berufungsgericht und einer Kanzlei.

(2) Das Gericht nimmt die ihm mit diesem Übereinkommen übertragenen Aufgaben wahr.

Das nur in Art 15 Satzung genannte **Präsidium** ist für die Verwaltung des Gerichts zuständig; es be- **136** steht nach Art 15 Abs 1 Satzung aus dem Präsidenten des Berufungsgerichts (Vorsitz), dem Präsidenten des Gerichts erster Instanz, aus je zwei Richtern, die vom Gericht erster Instanz bzw dem Berufungsgericht gewählt werden, sowie dem Kanzler (nicht stimmberechtigt). Die vielfältigen Aufgaben und Befugnisse des Präsidiums sind in Art 15 Abs 3 Satzung geregelt. Das Präsidium ist nach Art 15 Abs 3 Buchst f Satzung auch für die Stellungnahme nach Art 83 Abs 5 EPGÜ zuständig, aufgrund derer der Verwaltungsausschuss die Verlängerung der Übergangszeit um weitere sieben Jahre beschließen kann.

Artikel 7

Artikel 7 Gericht erster Instanz **137**

(1) Das Gericht erster Instanz umfasst eine Zentralkammer sowie Lokalkammern und Regionalkammern.

(2) Die Zentralkammer hat ihren Sitz in Paris und verfügt über eine Abteilung in London und eine Abteilung in München. Die Verfahren vor der Zentralkammer werden gemäß Anhang II, der Bestandteil dieses Übereinkommens ist, verteilt.

(3) Eine Lokalkammer wird in einem Vertragsmitgliedstaat auf dessen Antrag hin in Einklang mit der Satzung errichtet. Ein Vertragsmitgliedstaat, in dessen Gebiet eine Lokalkammer errichtet wird, benennt deren Sitz.

(4) In einem Vertragsmitgliedstaat wird auf seinen Antrag hin eine zusätzliche Lokalkammer für jeweils einhundert Patentverfahren errichtet, die in diesem Vertragsmitgliedstaat pro Kalenderjahr vor oder nach dem Inkrafttreten dieses Übereinkommens in drei aufeinanderfolgenden Jahren eingeleitet worden sind. Die Anzahl der Lokalkammern je Vertragsmitgliedstaat darf vier nicht überschreiten.

(5) Für zwei oder mehr Vertragsmitgliedstaaten wird auf deren Antrag hin im Einklang mit der Satzung eine Regionalkammer errichtet. Diese Vertragsmitgliedstaaten benennen den Sitz der betreffenden Kammer. Die Regionalkammer kann an unterschiedlichen Orten tagen.

138   Die weitgehende **Aufspaltung** des Gerichts erster Instanz in **Zentralkammer** und in **Lokal-** sowie **Regionalkammern** auf viele verschiedene Standorte steht im Widerspruch zum Einheitlichkeitsgedanken, soll aber der Benutzerfreundlichkeit und Akzeptanz des European Patent Package dienen. Zu beachten ist, dass die Zentralkammer derzeit in ihren zwei Abteilungen (London und München) und an ihrem Sitz (Paris) getrennt nach technischen Gebieten arbeiten soll, obwohl das mit dem Begriff einer Zentralkammer nicht leicht zu vereinbaren ist.[77] In London werden Patentstreitigkeiten aus den Sektionen A (Täglicher Lebensbedarf) und C (Chemie und Hüttenwesen) behandelt, im München aus den Sektionen F (Maschinenbau; Beleuchtung; Heizen; Waffen; Sprengen) und in Paris aus den Sektionen B (Arbeitsverfahren; Transportieren), D (Textilien; Papier), E (Bauwesen; Erdbohren; Bergbau), G (Physik) und H (Elektrotechnik); s auch Rn 30. Die Lokal- und Regionalkammern behandeln dagegen jeweils alle technischen Gebiete. Bei einem Brexit muss für London ein neuer Ort gefunden werden.

139   **Lokalkammern** werden in der Bundesrepublik Deutschland in Düsseldorf, Hamburg, Mannheim und München eingerichtet (JUVE-Meldung vom 19.3.2014).[78] Deutschland ist damit der einzige Vertragsmitgliedstaat, der mehr als eine Lokalkammer errichten wird, was an der hohen Zahl an Patentverfahren liegt, die in Deutschland eingeleitet werden (Abs 4). Weitere Lokalkammern sind in Brüssel, Den Haag, Dublin, Helsinki, Kopenhagen, London, Mailand, Paris und Wien geplant.[79] Damit werden in London, München und Paris neben den Lokalkammern zusätzlich die jeweiligen Abteilungen der Zentralkammer entstehen (s für München Rn 31). Auch hier muss ein Brexit für London ein neuer Ort gefunden werden.

140   Schweden, Estland, Lettland und Litauen werden gemeinsam eine **Regionalkammer** mit Sitz in Stockholm bilden. Englisch soll die einzige Verfahrenssprache sein.[80] Bis zu drei weitere Regionalkammern sind geplant, eine davon von Bulgarien, Rumänien, Griechenland und Zypern.

141   In **Luxemburg** wird keine Lokalkammer errichtet; Luxemburg beteiligt sich auch nicht an einer Regionalkammer. Patentverletzungen in Luxemburg können damit nur vor der Zentralkammer geltend gemacht werden.

142   Der Verwaltungsausschuss (Art 12) ist für die **Errichtung und Auflösung** von Lokal- und Regionalkammern zuständig (Art 18 Satzung).

143   Art 14 Satzung regelt die **Bestellung des Präsidenten** des Gerichts erster Instanz und seine Aufgaben. Er wird aus der Mitte des Gerichts für drei Jahre gewählt und kann zweimal wiedergewählt werden (Art 14 Abs 1 Satzung).

144   S in der **Verfahrensordnung** Regel 17, 346 EPGVerfO.

Artikel 8

145   **Artikel 8 Zusammensetzung der Spruchkörper des Gerichts erster Instanz**
(1) Alle Spruchkörper des Gerichts erster Instanz sind multinational zusammengesetzt. Unbeschadet des Absatzes 5 und des Artikels 33 Absatz 3 Buchstabe a bestehen sie aus drei Richtern.
(2) Jeder Spruchkörper einer Lokalkammer in einem Vertragsmitgliedstaat, in dem vor oder nach dem Inkrafttreten dieses Übereinkommens in drei aufeinanderfolgenden Jahren durchschnittlich weniger als fünfzig Patentver-

---

77 ABl EU C 175 vom 20.6.2013, S 40.

78 http://www.juve.de/nachrichten/namenundnachrichten/nachrichtrecht/2014/03/eu-patentgericht-vier-deutsche-gerichte-erhalten-zuschlag-als-lokalkammern

79 http://www.intellectualproperty-magazin.de/2015/07/22/auf-der-zielgeraden/ und https://www.awsg.at/Content. Node/files/events/20150911_Einheitspatent_Dr.StefanLuginbuehl.pdf.

80 http://www.zacco.com/de/nachrichten/stockholm-gets-regional-unified-patent-court.

fahren je Kalenderjahr eingeleitet worden sind, besteht aus einem rechtlich qualifizierten Richter, der Staatsangehöriger des Vertragsmitgliedstaats ist, in dessen Gebiet die betreffende Lokalkammer errichtet worden ist, und zwei rechtlich qualifizierten Richtern, die nicht Staatsangehörige dieses Vertragsmitgliedstaats sind und ihm gemäß Artikel 18 Absatz 3 von Fall zu Fall aus dem Richterpool zugewiesen werden.

(3) Ungeachtet des Absatzes 2 besteht jeder Spruchkörper einer Lokalkammer in einem Vertragsmitgliedstaat, in dem vor oder nach dem Inkrafttreten dieses Übereinkommens in drei aufeinanderfolgenden Jahren durchschnittlich mindestens fünfzig Patentverfahren je Kalenderjahr eingeleitet worden sind, aus zwei rechtlich qualifizierten Richtern, die Staatsangehörige des Vertragsmitgliedstaats sind, in dessen Gebiet die betreffende Lokalkammer errichtet worden ist, und einem rechtlich qualifizierten Richter, der nicht Staatsangehöriger dieses Vertragsmitgliedstaats ist und der ihm gemäß Artikel 18 Absatz 3 aus dem Richterpool zugewiesen wird. Dieser dritte Richter ist langfristig in der Lokalkammer tätig, wo dies für eine effiziente Arbeit von Kammern mit hoher Arbeitsbelastung notwendig ist.

(4) Jeder Spruchkörper einer Regionalkammer besteht aus zwei rechtlich qualifizierten Richtern, die aus einer regionalen Liste mit Richtern ausgewählt werden und Staatsangehörige eines der betreffenden Vertragsmitgliedstaaten sind, und einem rechtlich qualifizierten Richter, der nicht Staatsangehöriger eines der betreffenden Vertragsmitgliedstaaten ist und ihm gemäß Artikel 18 Absatz 3 aus dem Richterpool zugewiesen wird.

(5) Auf Antrag einer der Parteien ersucht jeder Spruchkörper einer Lokal- oder Regionalkammer den Präsidenten des Gerichts erster Instanz, ihm gemäß Artikel 18 Absatz 3 aus dem Richterpool einen zusätzlichen technisch qualifizierten Richter zuzuweisen, der über eine entsprechende Qualifikation und Erfahrung auf dem betreffenden Gebiet der Technik verfügt. Überdies kann jeder Spruchkörper einer Lokal- oder Regionalkammer nach Anhörung der Parteien auf eigene Initiative ein solches Ersuchen unterbreiten, wenn er dies für angezeigt hält. Wird ihm ein solcher technisch qualifizierter Richter zugewiesen, so darf ihm kein weiterer technisch qualifizierter Richter nach Artikel 33 Absatz 3 Buchstabe a zugewiesen werden.

(6) Jeder Spruchkörper der Zentralkammer besteht aus zwei rechtlich qualifizierten Richtern, die Staatsangehörige unterschiedlicher Vertragsmitgliedstaaten sind, und einem technisch qualifizierten Richter, der ihm gemäß Artikel 18 Absatz 3 aus dem Richterpool zugewiesen wird und über eine entsprechende Qualifikation und Erfahrung auf dem betreffenden Gebiet der Technik verfügt. Jeder Spruchkörper der Zentralkammer, der mit Klagen nach Artikel 32 Absatz 1 Buchstabe i befasst ist, besteht jedoch aus drei rechtlich qualifizierten Richtern, die Staatsangehörige unterschiedlicher Vertragsmitgliedstaaten sind.

(7) Ungeachtet der Absätze 1 bis 6 und im Einklang mit der Verfahrensordnung können die Parteien vereinbaren, dass ihre Rechtsstreitigkeit von einem rechtlich qualifizierten Richter als Einzelrichter entschieden wird.

(8) Den Vorsitz in jedem Spruchkörper des Gerichts erster Instanz führt ein rechtlich qualifizierter Richter.

In den erstinstanzlichen Spruchkörpern sind grds **drei Richter** vorgesehen (Abs 1). Abw davon kann durch Vereinbarung der Parteien ein Einzelrichter entscheiden (Abs 7); ebenfalls abw davon kann in den Lokal- und Regionalkammern auf Antrag einer der Parteien oder vAw (nur) ein technisch qualifizierter Richter hinzugezogen werden (Abs 5). In den Spruchkörpern der Zentralkammer ist hingegen immer neben zwei juristisch qualifizierten Richtern (mit unterschiedlicher Staatsangehörigkeit) ein technisch qualifizierter Richter aus dem Richterpool vorgesehen (Abs 6). Bei Nichtigkeitswiderklagen ist die fakultative Zuweisung eines technisch qualifizierten Richters in Art 33 Abs 3 Buchst a gesondert vorgesehen, wobei das aber nicht zu mehr als einem technischen Richter in einer Lokal- oder Regionalkammer führen darf (Abs 5). **146**

Nur für Lokalkammern gilt, dass zwei der drei juristisch qualifizierten Richter **aus dem Vertragsmitgliedstaat** stammen, in dem die Lokalkammer errichtet ist (Sitzstaat), wenn im Sitzstaat regelmäßig mehr als fünfzig Patentverfahren eingeleitet werden (Abs 3); bei weniger als fünfzig jährlichen Patentverfahren im Sitzstaat darf nur ein Richter aus dem Sitzstaat stammen (Abs 2). Die hierbei entscheidende Zahl der Patentverfahren berechnet sich aus der Durchschnittszahl in drei aufeinanderfolgenden Jahren vor oder nach dem Inkrafttreten dieses Übereinkommens. Der oder die fehlenden Richter werden aus dem Richterpool (Art 18) zugewiesen. In den Regionalkammern werden zwei Richter aus einer regionalen Liste ausgewählt, der dritte Richter wird wiederum aus dem Richterpool zugewiesen (Abs 4). **147**

Bei Klagen gegen Entscheidungen des EPA **nach Art 9 EPVO** sind drei rechtlich qualifizierte Richter mit unterschiedlicher Staatsangehörigkeit vorgesehen (Abs 6). **148**

Durch die Regelungen in Art 8 wird beim Gericht der ersten Instanz sehr sorgfältig auf gemischte Nationalitäten bei den juristisch qualifizierten Richtern geachtet. Die Regelung von Abs 5 hingegen, wonach ein **technisch** qualifizierter Richter **nur nach Anforderung** den Lokal-oder Regionalkammern zugewiesen wird, erscheint fragwürdig. Dadurch werden grds unterschiedlich qualifizierte Kammern beim Gericht erster Instanz entstehen, was sich negativ auf die Qualität und Einheitlichkeit der Spruchtätigkeit auswirken kann. Die Anforderungen an das technische Verständnis im erstinstanzlichen (Nichtigkeits)Verfahren **149** sind regelmäßig erhöht, weil der Prozessstoff noch nicht entspr aufgearbeitet worden ist. Beim Berufungsgericht sind hingegen immer zwei technisch qualifizierte Richter vorgesehen (Art 9).

150 Den **Vorsitz** führt in jeder Kammer ein juristisch qualifizierter Richter (Abs 8).

151 Zu den **Spruchkörpern** s Art 19 Satzung, s außerdem Regel 1 EPGVerfO.

Artikel 9

152 **Artikel 9 Berufungsgericht**

(1) Jeder Spruchkörper des Berufungsgerichts tagt in einer multinationalen Zusammensetzung aus fünf Richtern. Er besteht aus drei rechtlich qualifizierten Richtern, die Staatsangehörige unterschiedlicher Vertragsmitgliedstaaten sind, und zwei technisch qualifizierten Richtern, die über eine entsprechende Qualifikation und Erfahrung auf dem betreffenden Gebiet der Technik verfügen. Die technisch qualifizierten Richter werden dem Spruchkörper vom Präsidenten des Berufungsgerichts aus dem Richterpool gemäß Artikel 18 zugewiesen.

(2) Ungeachtet des Absatzes 1 besteht ein Spruchkörper, der mit Klagen nach Artikel 32 Absatz 1 Buchstabe i befasst ist, aus drei rechtlich qualifizierten Richtern, die Staatsangehörige unterschiedlicher Vertragsmitgliedstaaten sind.

(3) Den Vorsitz in jedem Spruchkörper des Berufungsgerichts führt ein rechtlich qualifizierter Richter.

(4) Die Spruchkörper des Berufungsgerichts werden im Einklang mit der Satzung gebildet.

(5) Das Berufungsgericht hat seinen Sitz in Luxemburg.

153 Beim **Berufungsgericht** in Luxemburg sind in jedem Spruchkörper fünf Richter vorgesehen, davon drei juristisch qualifizierte Richter unterschiedlicher Nationalität und zwei technisch qualifizierte Richter (Abs 1). Wie im Gericht der ersten Instanz sind aber bei Klagen gegen Entscheidungen des EPA nach Art 9 EPVO drei rechtlich qualifizierte Richter mit unterschiedlicher Staatsangehörigkeit mit der Bearbeitung der Fälle befasst.

154 Nach Art 21 Abs 2 Satzung kann das Berufungsgericht Rechtsstreitigkeiten von außergewöhnlicher Bedeutung dem **Plenum** vorlegen.

155 Den **Vorsitz** führt in jedem Spruchkörper des Berufungsgerichts ein juristisch qualifizierter Richter (Abs 3).

156 Art 13 Satzung regelt die Bestellung des **Präsidenten des Berufungsgerichts** und seine Aufgaben. Er wird aus der Mitte des Gerichts für drei Jahre gewählt und kann zweimal wiedergewählt werden (Art 13 Abs 1 Satzung). Er ist ua für die Festsetzung der Gerichtsferien des EPG zuständig (Art 17 Satzung).

157 Zu den **Spruchkörpern** s Art 19 Satzung.

Artikel 10

158 **Artikel 10 Kanzlei**

(1) Am Sitz des Berufungsgerichts wird eine Kanzlei eingerichtet. Sie wird von Kanzler geleitet und nimmt die ihr durch die Satzung zugewiesenen Aufgaben wahr. Vorbehaltlich der in diesem Übereinkommen festgelegten Bedingungen und der Verfahrensordnung ist das von der Kanzlei geführte Register öffentlich.

(2) An allen Kammern des Gerichts erster Instanz werden Nebenstellen der Kanzlei eingerichtet.

(3) Die Kanzlei führt Aufzeichnungen über alle vor dem Gericht verhandelten Verfahren. Nach der Einreichung unterrichtet die betreffende Nebenstelle die Kanzlei über jedes Verfahren.

(4) Das Gericht ernennt im Einklang mit Artikel 22 der Satzung den Kanzler und legt die Bestimmungen zu dessen Amtsführung fest.

159 Art 22 Satzung regelt die Ernennung und die Entlassung des **Kanzlers**. In der Satzung sind ferner die Aufgaben des Kanzlers konkretisiert (Art 23), gesondert die Registerführung (Art 24) und Nebenstellen der Kanzlei und Hilfskanzler (Art 25).

160 Näher in der **Verfahrensordnung** Regel 17, 47 und 262 EPGVerfO.

Artikel 11

161 **Artikel 11 Ausschüsse**

Zur Sicherstellung einer effektiven Durchführung und Funktionsweise dieses Übereinkommens werden ein Verwaltungsausschuss, ein Haushaltsausschuss und ein Beratender Ausschuss eingesetzt. Diese nehmen insbesondere die in diesem Übereinkommen und in der Satzung vorgesehenen Aufgaben wahr.

Artikel 12

Artikel 12 Verwaltungsausschuss

162

(1) Der Verwaltungsausschuss setzt sich aus je einem Vertreter der Vertragsmitgliedstaaten zusammen. Die Europäische Kommission ist bei den Sitzungen des Verwaltungsausschusses als Beobachter vertreten.

(2) Jeder Vertragsmitgliedstaat verfügt über eine Stimme.

(3) Der Verwaltungsausschuss fasst seine Beschlüsse mit Dreiviertelmehrheit der vertretenen Vertragsmitgliedstaaten, die eine Stimme abgeben, sofern in diesem Übereinkommen oder der Satzung nicht etwas anderes bestimmt ist.

(4) Der Verwaltungsausschuss gibt sich eine Geschäftsordnung.

(5) Der Verwaltungsausschuss wählt aus seiner Mitte einen Vorsitzenden für eine Amtszeit von drei Jahren. Die Wiederwahl ist zulässig.

Die **Aufgaben und Zuständigkeiten** des Verwaltungsausschusses sind vielfältig: Ernennung der Richter (Art 16), die Regelungen über die Befähigungsnachweise für die Vertretung vor dem EPG (Art 48 Abs 2), Festlegung der Beiträge der Mitgliedsstaaten für Haftungskosten (Art 22 Abs 3), Gerichtsgebühren (Art 36), Verfahrensordnung (Art 41), Prozesskostenhilfe (Art 71), Konsultation der Nutzer des EPG und Vorschlag für die Verlängerung der Übergangszeit(Art 83 Abs 5), Revision (Art 87) und Sprachen des Abkommens (Art 88), sowie laut Satzung detaillierte Aufgaben im Zusammenhang mit der Ernennung der Richter (Art 3), Statut der Beamten und sonstigen Beschäftigten des Gerichts (Art 16 Abs 2), Vergütung (Art 12), Errichtung und Auflösung von Lokal- und Regionalkammern (Art 18) und Finanzordnung (Art 33).

163

Artikel 13

Artikel 13 Haushaltsausschuss

164

(1) Der Haushaltsausschuss setzt sich aus je einem Vertreter der Vertragsmitgliedstaaten zusammen.

(2) Jeder Vertragsmitgliedstaat verfügt über eine Stimme.

(3) Der Haushaltsausschuss fasst seine Beschlüsse mit der einfachen Mehrheit der Vertreter der Vertragsmitgliedstaaten. Zur Feststellung des Haushaltsplans ist jedoch eine Dreiviertelmehrheit der Vertreter der Vertragsmitgliedstaaten erforderlich.

(4) Der Haushaltsausschuss gibt sich eine Geschäftsordnung.

(5) Der Haushaltsausschuss wählt aus seiner Mitte einen Vorsitzenden für eine Amtszeit von drei Jahren. Die Wiederwahl ist zulässig.

Artikel 14

Artikel 14 Beratender Ausschuss

165

(1) Der Beratende Ausschuss

a) unterstützt den Verwaltungsausschuss bei der Vorbereitung der Ernennung der Richter des Gerichts,

b) unterbreitet dem in Artikel 15 der Satzung genannten Präsidium Vorschläge zu den Leitlinien für den in Artikel 19 genannten Schulungsrahmen für Richter und

c) übermittelt dem Verwaltungsausschuss Stellungnahmen zu den Anforderungen an die in Artikel 48 Absatz 2 genannte Qualifikation.

(2) Dem Beratenden Ausschuss gehören Patentrichter und auf dem Gebiet des Patentrechts und der Patentstreitigkeiten tätige Angehörige der Rechtsberufe mit der höchsten anerkannten Qualifikation an. Sie werden gemäß dem in der Satzung festgelegten Verfahren für eine Amtszeit von sechs Jahren ernannt. Die Wiederernennung ist zulässig.

(3) Die Zusammensetzung des Beratenden Ausschusses muss ein breites Spektrum an einschlägigem Sachverstand und die Vertretung eines jeden Vertragsmitgliedstaats gewährleisten. Die Mitglieder des Beratenden Ausschusses üben ihre Tätigkeit in völliger Unabhängigkeit aus und sind an keine Weisungen gebunden.

(4) Der Beratende Ausschuss gibt sich eine Geschäftsordnung.

(5) Der Beratende Ausschuss wählt aus seiner Mitte einen Vorsitzenden für eine Amtszeit von drei Jahren. Die Wiederwahl ist zulässig

Näher Art 5 Satzung.

166

Artikel 15

167 KAPITEL III – RICHTER DES GERICHTS
Artikel 15 Auswahlkriterien für die Ernennung der Richter
(1) Das Gericht setzt sich sowohl aus rechtlich qualifizierten als auch aus technisch qualifizierten Richtern zusammen. Die Richter müssen die Gewähr für höchste fachliche Qualifikation bieten und über nachgewiesene Erfahrung auf dem Gebiet der Patentstreitigkeiten verfügen.
(2) Die rechtlich qualifizierten Richter müssen die für die Berufung in ein richterliches Amt in einem Vertragsmitgliedstaat erforderliche Qualifikation haben.
(3) Die technisch qualifizierten Richter müssen über einen Hochschulabschluss und nachgewiesenen Sachverstand auf einem Gebiet der Technik verfügen. Sie müssen auch über nachgewiesene Kenntnisse des für Patentstreitigkeiten relevanten Zivil- und Zivilverfahrensrechts verfügen.

168 Näher Art 2 Satzung. Es ist vorgesehen, das Richteramt auch **Patentanwälten** zu öffnen, was zwar nach dt Recht grds auch für das BPatG möglich ist, jedoch aus statusrechtl Gründen in der Praxis nicht vorkommt.[81] Ein Aufruf des Preparatory Committee nach technisch oder juristisch vorgebildeten Richterkandidaten erbrachte rund 1.300 Interessensbekundungen.

169 Nach Art 4 Abs 1 Satzung werden die Richter für sechs Jahre **ernannt**, Wiederwahl ist zulässig.

Artikel 16

170 **Artikel 16 Ernennungsverfahren**
(1) Der Beratende Ausschuss erstellt im Einklang mit der Satzung eine Liste der Kandidaten, die am besten geeignet sind, um zu Richtern des Gerichts ernannt zu werden.
(2) Der Verwaltungsausschuss ernennt auf Grundlage dieser Liste einvernehmlich die Richter des Gerichts.
(3) Die Durchführungsbestimmungen für die Ernennung der Richter werden in der Satzung festgelegt.

171 Näher Art 3 **Satzung**; zum Richtereid s Art 6 Satzung.

Artikel 17

172 **Artikel 17 Richterliche Unabhängigkeit und Unparteilichkeit**
(1) Das Gericht, seine Richter und der Kanzler genießen richterliche Unabhängigkeit. Bei der Ausübung ihrer Amtstätigkeit sind die Richter an keine Weisungen gebunden.
(2) Rechtlich qualifizierte Richter und technisch qualifizierte Richter, die Vollzeitrichter des Gerichts sind, dürfen keine andere entgeltliche oder unentgeltliche Berufstätigkeit ausüben, es sei denn, der Verwaltungsausschuss hat eine Ausnahme von dieser Vorschrift zugelassen.
(3) Ungeachtet des Absatzes 2 schließt die Ausübung des Richteramtes die Ausübung einer anderen richterlichen Tätigkeit auf nationaler Ebene nicht aus.
(4) Die Ausübung des Amtes eines technisch qualifizierten Richters, bei dem es sich um einen Teilzeitrichter des Gerichts handelt, schließt die Ausübung anderer Aufgaben nicht aus, sofern kein Interessenkonflikt besteht.
(5) Im Fall eines Interessenkonflikts nimmt der betreffende Richter nicht am Verfahren teil. Die Vorschriften für die Behandlung von Interessenkonflikten werden in der Satzung festgelegt.

173 Dieser Artikel erlaubt die gleichzeitige Ausübung eines nationalen Richteramts oder anderer, nicht kollidierender Tätigkeiten und sieht ausdrücklich Teilzeitrichter vor.[82] Näher Art 7 **Satzung**. In der Satzung werden außerdem geregelt die Amtszeit der Richter (Art 4), die Immunität (Art 8), die Vergütung (Art 12), das Ende der Amtszeit (Art 9) und die Entlassung aus dem Amt (Art 10).

174 Näher in der **Verfahrensordnung** Regel 342 EPGVerfO.

---

81 *Hiersemenzel* Mitt 1981, 185.
82 http://www.bmjv.de/SharedDocs/Gesetzgebungsverfahren/Dokumente/RefE_Begleitgesetz_Europaeische
Patentreform.pdf?__blob=publicationFile&v=3, S 10 ff.

Artikel 18

Artikel 18 Richterpool 175

(1) Nach Maßgabe der Satzung wird ein Richterpool eingerichtet.

(2) Dem Richterpool gehören alle rechtlich qualifizierten Richter und alle technisch qualifizierten Richter des Gerichts erster Instanz an, die Vollzeitrichter oder Teilzeitrichter des Gerichts sind. Dem Richterpool gehört für jedes Gebiet der Technik mindestens ein technisch qualifizierter Richter mit einschlägiger Qualifikation und Erfahrung an. Die technisch qualifizierten Richter des Richterpools stehen auch dem Berufungsgericht zur Verfügung.

(3) Wenn in diesem Übereinkommen oder in der Satzung vorgesehen, werden die Richter aus dem Richterpool vom Präsidenten des Gerichts erster Instanz der betreffenden Kammer zugewiesen. Die Zuweisung der Richter erfolgt auf der Grundlage ihres jeweiligen rechtlichen oder technischen Sachverstands, ihrer Sprachkenntnisse und ihrer einschlägigen Erfahrung. Die Zuweisung von Richtern gewährleistet, dass sämtliche Spruchkörper des Gerichts erster Instanz mit derselben hohen Qualität arbeiten und über dasselbe hohe Niveau an rechtlichem und technischem Sachverstand verfügen.

Die Bildung eines **Richterpools**, der alle Richter des EPG umfasst, ist als qualitätssichernde Maß- 176 nahme zu begrüßen. Wenn sie allerdings zu häufig wechselnder Besetzung der Spruchkörper führt, wird sie die Qualität der Rechtsprechung des Gerichts nicht fördern, weil dann die Spruchkörper in einer bestimmten Besetzung zu wenige Fälle zu bearbeiten haben, um zu einer kontinuierlichen Rspr zu finden. Hinsichtlich dieses Punkts sowie der Erfolgsaussichten der erforderlichen Schulungsmaßnahmen (s Art 19 EPGÜ) wird auch Besorgnis über den Erfolg des European Patent Package geäußert.

Näher Art 20 **Satzung**. 177

Artikel 19

Artikel 19 Schulungsrahmen 178

(1) Um den verfügbaren Sachverstand auf dem Gebiet der Patentstreitigkeiten zu verbessern und zu vermehren und eine geografisch breite Streuung dieser speziellen Kenntnisse und Erfahrungen sicherzustellen, wird ein Schulungsrahmen für Richter geschaffen, der im Einzelnen in der Satzung festgelegt wird. Die Einrichtung für diesen Schulungsrahmen befindet sich in Budapest.

(2) Der Schulungsrahmen weist insbesondere folgende Schwerpunkte auf:

a) Praktika bei nationalen Patentgerichten oder bei Kammern des Gerichts erster Instanz mit einem hohen Aufkommen an Patenstreitsachen;

b) Verbesserung der Sprachkenntnisse;

c) technische Aspekte des Patentrechts;

d) Weitergabe von Kenntnissen und Erfahrungen in Bezug auf das Zivilverfahrensrecht für technisch qualifizierte Richter;

e) Vorbereitung von Bewerbern für Richterstellen.

(3) Der Schulungsrahmen leistet eine kontinuierliche Schulung.

Es werden regelmäßige Sitzungen aller Richter des Gerichts veranstaltet, um die Entwicklungen im Patentrecht zu erörtern und die Einheitlichkeit der Rechtsprechung des Gerichts zu gewährleisten.

Näher Art 11 Satzung. Art 15 Abs 1 fordert höchste **fachliche Qualifikation** und nachgewiesene Erfah- 179 rung auf dem Gebiet der Patentstreitigkeiten für die Richter des EPG; diese Forderung steht im Widerspruch zu den Absichten von Art 19 Abs 1, ua den Sachverstand auf dem Gebiet der Patentstreitigkeiten geografisch breit zu streuen. Ob sich dieser Widerspruch durch die vorgesehenen Schulungen auflösen lassen wird, muss sich erst noch zeigen.[83]

Regelmäßige Sitzungen aller Richter des Gerichts, um die Entwicklungen im Patentrecht zu erörtern 180 und die **Einheitlichkeit der Rechtsprechung** des Gerichts zu gewährleisten, sind für dt Gerichte ein Novum. Diese Maßnahme könnte sich aber besonders im Zusammenhang mit dem EPG als segensreich erweisen, sie stellt jedoch große organisatorische Anforderungen (Terminkoordination, Anwesenheitspflicht) und besonders hohe Anforderungen an die Verantwortlichen für diese Maßnahme.

Näher in der **Verfahrensordnung** Regel 208 und 345 EPGVerfO. #181

---

[83] Krit auch *Meier-Beck* GRUR 2014, 144, Fn 5; *Meier-Beck* GRUR 2015, 929, 936.

KAPITEL IV – VORRANG DES UNIONSRECHTS SOWIE HAFTUNG UND VERANTWORTLICHKEIT DER
VERTRAGSMITGLIEDSTAATEN

Artikel 20

182   **Artikel 20 Vorrang und Achtung des Unionsrechts**
Das Gericht wendet das Unionsrecht in vollem Umfang an und achtet seinen Vorrang.

183   Kapitel IV (Art 20–23) regelt ua die **Zusammenarbeit** des EPG mit den EuGH; s zudem Art 24 Abs 1 Buchst a. Wie der EuGH die Versuche des Verordnungsgebers beurteilt, ihn vom Patentverfahren beim EinhP möglichst fernzuhalten, muss sich erst zeigen (vgl Rn 25, 26, 50 und 51);[84] das ist die große Unbekannte für das European Patent Package.

184   Die untrennbare Verbindung zwischen EPVO und EPÜbersVO mit dem EPGÜ (s Rn 95 und 116, 117), die auch zur Bezeichnung European Patent Package geführt hat, spricht eher **für eine Zuständigkeit** des EuGH für die Patentverfahren des EinhP.

185   Die **Haftungsvorschriften** in Art 22 und 23 werden dazu führen, dass auch Zweifelsfälle eher dem EuGH vorgelegt werden als dass ohne Vorlage beim EuGH entschieden werden wird; auch deshalb kann es sein, dass der Versuch, den EuGH von Patentverfahren möglichst fernzuhalten, nicht erfolgreich sein wird.

186   Die BioTRl, die DurchsetzungsRl und die VOen über ergänzende Schutzzertifikate sind ausschließlich **Unionsrecht** und fallen ohnehin in die Zuständigkeit des EuGH. Zu Schutzzertifikaten vgl Rn 210.

Artikel 21

187   **Artikel 21 Vorabentscheidungsersuchen**
Als gemeinsames Gericht der Vertragsmitgliedstaaten und Teil ihres Gerichtssystems arbeitet das Gericht – wie jedes nationale Gericht – mit dem Gerichtshof der Europäischen Union zur Gewährleistung der korrekten Anwendung und einheitlichen Auslegung des Unionsrechts insbesondere im Einklang mit Artikel 267 AEUV zusammen. Entscheidungen des Gerichtshofs der Europäischen Union sind für das Gericht bindend.

188   **Vorlageberechtigt** ist das das Gericht erster Instanz.[85]
189   **Vorlageverpflichtet** ist das Berufungsgericht. Näher Art 38 Satzung.

Artikel 22

190   **Artikel 22 Haftung für durch Verstöße gegen das Unionsrecht entstandene Schäden**
(1) Die Vertragsmitgliedstaaten haften gesamtschuldnerisch für Schäden, die durch einen Verstoß des Berufungsgerichts gegen das Unionsrecht entstanden sind, gemäß dem Unionsrecht über die außervertragliche Haftung der Mitgliedstaaten für Schäden, die durch Verstöße ihrer nationalen Gerichte gegen das Unionsrecht entstanden sind.

(2) Eine Klage wegen solcher Schäden ist gegen den Vertragsmitgliedstaat, in dem der Kläger seinen Wohnsitz oder den Sitz seiner Hauptniederlassung oder – in Ermangelung derselben – seinen Geschäftssitz hat, bei der zuständigen staatlichen Stelle dieses Vertragsmitgliedstaats zu erheben. Hat der Kläger seinen Wohnsitz oder den Sitz seiner Hauptniederlassung oder – in Ermangelung derselben – seinen Geschäftssitz nicht in einem Vertragsmitgliedstaat, so kann er seine Klage gegen den Vertragsmitgliedstaat, in dem das Berufungsgericht seinen Sitz hat, bei der zuständigen staatlichen Stelle dieses Vertragsmitgliedstaats erheben. Die zuständige staatliche Stelle wendet bei allen Fragen, die nicht im Unionsrecht oder in diesem Übereinkommen geregelt sind, die lex fori mit Ausnahme ihres internationalen Privatrechts an. Der Kläger hat Anspruch darauf, von dem Vertragsmitgliedstaat, den er geklagt hat, die von der zuständigen staatlichen Stelle zuerkannte Schadenssumme in voller Höhe erstattet zu bekommen.

(3) Der Vertragsmitgliedstaat, der für die Schäden aufgekommen ist, hat einen Anspruch darauf, von den anderen Vertragsmitgliedstaaten anteilige Beiträge zu erlangen, die gemäß der Methode nach Artikel 37 Absätze 3 und 4 festzusetzen sind. Die Einzelheiten bezüglich der Beiträge der Vertragsmitgliedstaaten nach diesem Absatz werden vom Verwaltungsausschuss festgelegt.

---

84   Zur Rolle des EuGH *Haedicke* GRUR Int 2013, 609, *Hüttermann/Kupka* Mitt 2015, 6 und *Gruber* GRUR Int 2015, 323.
85   Krit zur Vorlageberechtigung *Gruber* GRUR Int 2015, 323.

Art 37 Abs 3 und 4 (Rn 235) betreffen die Regeln für die **Finanzierung des Gerichts** im Übergangs- **191**
zeitraum.

Artikel 23

Artikel 23 Verantwortlichkeit der Vertragsmitgliedstaaten **192**

Handlungen des Gerichts sind jedem Vertragsmitgliedstaat einzeln, einschließlich für die Zwecke der Artikel
258, 259 und 260 AEUV, und allen Vertragsmitgliedstaaten gemeinsam unmittelbar zuzurechnen.

KAPITEL V – RECHTSQUELLEN UND MATERIELLES RECHT

Artikel 24

Artikel 24 Rechtsquellen **193**

(1) Unter uneingeschränkter Beachtung des Artikels 20 stützt das Gericht seine Entscheidungen in Rechtsstreitigkeiten, in denen es nach diesem Übereinkommen angerufen wird, auf

a) das Unionsrecht einschließlich der Verordnung (EU) Nr. 1257/2012 und der Verordnung (EU) Nr. 1260/2012[1],

b) dieses Übereinkommen,

c) das EPÜ,

d) andere internationale Übereinkünfte, die für Patente gelten und für alle Vertragsmitgliedstaaten bindend
sind, und

e) das nationale Recht.

(2) Soweit das Gericht seine Entscheidungen auf nationale Rechtsvorschriften stützt, gegebenenfalls auch auf
das Recht von Nichtvertragsstaaten, wird das anwendbare Recht wie folgt bestimmt:

a) durch unmittelbar anwendbare Vorschriften des Unionsrechts, die Bestimmungen des internationalen Privatrechts enthalten, oder

b) in Ermangelung unmittelbar anwendbarer Vorschriften des Unionsrechts oder in Fällen, in denen diese
nicht anwendbar sind, durch internationale Rechtsinstrumente, die Bestimmungen des internationalen Privatrechts
enthalten, oder

c) in Ermangelung von Vorschriften im Sinne der Buchstaben a und b durch nationale Vorschriften zum internationalen Privatrecht nach Bestimmung durch das Gericht.

(3) Das Recht von Nichtvertragsstaaten gilt insbesondere in Bezug auf die Artikel 25 bis 28 und die Artikel 54,
55, 64, 68 und 72, wenn es in Anwendung der in Absatz 2 genannten Vorschriften als anwendbares Recht bestimmt
wird.

Art 24 ist von zentraler Bedeutung für die Bestimmung des jeweils **anwendbaren Rechts** im EPGÜ **194**
und ist im Zusammenhang mit Art 3 und Art 5 EPVO zu lesen, s Rn 49 ff und 53 ff. Das Unionsrecht steht
dabei an erster Stelle. Zum Unionsrecht gehört auch die nicht gesondert genannte Grundrechte-Charta der
EU.[86] Abs 1 zählt die relevanten Normen auf, Abs 2 erläutert deren **Rangfolge.**

Die Bestimmungen des **Internationalen Privatrechts** (Abs 2) erscheinen an dieser Stelle als notwen- **195**
dige Folge der Einführung eines Patents mit einheitlicher Wirkung in den Vertragsmitgliedstaaten.[87]

Das **Europäische Patentübereinkommen** gehört zu den anwendbaren Rechtsakten (Abs 1). Im Ge- **196**
gensatz zur EPVO enthält das EPÜ umfassende Regelungen und verleiht dem European Patent Package
deshalb eine sehr solide Basis. Das gilt besonders für Nichtigkeitsklagen, die den rechtl Bestand des EinhP
betreffen. Aufgrund Art 69 EPÜ und Auslegungsprotokoll ist auch der Schutzbereich von Patenten weitgehend harmonisiert, so dass für Verletzungsklagen die solide Basis ebenfalls existiert. Die Regelungen für
materielles Recht in Art 25–30 entsprechen zwar weitgehend nat Bestimmungen, werden aber dennoch
nach EPGÜ auszulegen und anzuwenden sein. Daneben sind aber viele Bereiche ungeregelt (vgl Art 7
EPVO), für die das bei Abs 1 Buchst e genannte nationale Recht einschl des jeweiligen Internat Privatrechts
anzuwenden bleibt.

Zur Absicht, den EuGH von der Zuständigkeit für Patentverfahren **fernzuhalten**, s Rn 25, 26, 50, 51 **197**
und 183 ff.

---

86   ABl EU C 326, 391 vom 26.10.2012.
87   Zur Anwendung des Internationalen Privatrechts beim EinhP *Haedicke* GRUR Int 2013, 609; *McGuire* Mitt 2015, 537;
Müller-Stoy/Paschold GRUR Int 2014, 646.

198　　Abgesehen von Art 24 befasst sich Kapitel V mit **materiellem Recht** (Art 25–30). Diese Regelungen wurden weitgehend aus der EPVO herausgenommen und ins EPGÜ transferiert, um das European Patent Package schnüren zu können, Rn 25, 26 und 50.

Artikel 25

199　　**Artikel 25 Recht auf Verbot der unmittelbaren Benutzung der Erfindung**
Ein Patent gewährt seinem Inhaber das Recht, Dritten zu verbieten, ohne seine Zustimmung
a) ein Erzeugnis, das Gegenstand des Patents ist, herzustellen, anzubieten, in Verkehr zu bringen, zu gebrauchen oder zu den genannten Zwecken einzuführen oder zu besitzen;
b) ein Verfahren, das Gegenstand des Patents ist, anzuwenden, oder, falls der Dritte weiß oder hätte wissen müssen, dass die Anwendung des Verfahrens ohne Zustimmung des Patentinhabers verboten ist, zur Anwendung im Hoheitsgebiet der Vertragsmitgliedstaaten, in denen dieses Patent Wirkung hat, anzubieten;
c) ein durch ein Verfahren, das Gegenstand des Patents ist, unmittelbar hergestelltes Erzeugnis anzubieten, in Verkehr zu bringen, zu gebrauchen oder zu den genannten Zwecken einzuführen oder zu besitzen.

Artikel 26

200　　**Artikel 26 Recht auf Verbot der mittelbaren Benutzung der Erfindung**
(1) Ein Patent gewährt seinem Inhaber das Recht, Dritten zu verbieten, ohne seine Zustimmung im Hoheitsgebiet der Vertragsmitgliedstaaten, in denen dieses Patent Wirkung hat, anderen als zur Benutzung der patentierten Erfindung berechtigten Personen Mittel , die sich auf ein wesentliches Element der Erfindung beziehen, zur Benutzung der Erfindung in diesem Gebiet anzubieten oder zu liefern, wenn der Dritte weiß oder hätte wissen müssen, dass diese Mittel dazu geeignet und bestimmt sind, für die Benutzung der Erfindung verwendet zu werden.
(2) Absatz 1 gilt nicht, wenn es sich bei den Mitteln um allgemein im Handel erhältliche Erzeugnisse handelt, es sei denn, dass der Dritte den Belieferten bewusst veranlasst, in einer nach Artikel 25 verbotenen Weise zu handeln.
(3) Personen, die die in Artikel 27 Buchstaben a bis e genannten Handlungen vornehmen, gelten nicht als zur Benutzung der Erfindung berechtigte Personen im Sinne des Absatzes 1.

Artikel 27

201　　**Artikel 27 Beschränkungen der Wirkungen des Patents**
Die Rechte aus einem Patent erstrecken sich nicht auf
a) Handlungen, die im privaten Bereich zu nichtgewerblichen Zwecken vorgenommen werd
b) Handlungen zu Versuchszwecken, die sich auf den Gegenstand der patentierten Erfindung beziehen;
c) die Verwendung biologischen Materials zum Zwecke der Züchtung, Entdeckung oder Entwicklung anderer Pflanzensorten;
d) erlaubte Handlungen nach Artikel 13 Absatz 6 der Richtlinie 2001/82/EG1 oder Artikel 10 Absatz 6 der Richtlinie 2001/83/EG2, im Hinblick auf alle Patente, die das Erzeugnis im Sinne einer dieser Richtlinien erfassen;
e) die unmittelbare Einzelzubereitung von Arzneimitteln in Apotheken aufgrund ärztlicher Verordnung und auf Handlungen, welche die auf diese Weise zubereiteten Arzneimittel betreffen;
f) den Gebrauch des Gegenstands der patentierten Erfindung an Bord von Schiffen der jenigen Länder des Internationalen Verbands zum Schutz des gewerblichen Eigentums (Pariser Verband) oder Mitglieder der Welthandelsorganisation, die nicht zu den Vertragsmitgliedstaaten gehören, in denen das Patent Wirkung hat, im Schiffskörper, in den Maschinen, im Takelwerk, an den Geräten und sonstigem Zubehör, wenn die Schiffe vorübergehend oder zufällig in die Gewässer eines Vertragsmitgliedstaats gelangen, in dem das Patent Wirkung hat, vorausgesetzt, dieser Gegenstand wird dort ausschließlich für die Bedürfnisse des Schiffs verwendet;
g) den Gebrauch des Gegenstands der patentierten Erfindung in der Bauausführung oder für den Betrieb von Luft- oder Landfahrzeugen oder sonstigen Transportmitteln derjenigen Länder des Internationalen Verbands zum Schutz des gewerblichen Eigentums (Pariser Verband) oder Mitglieder der Welthandelsorganisation, die nicht zu den Vertragsmitgliedstaaten gehören, in denen das Patent Wirkung hat, oder des Zubehörs solcher Luft- oder Landfahrzeuge, wenn diese vorübergehend oder zufällig in das Hoheitsgebiet eines Vertragsmitgliedstaats gelangen, in dem das Patent Wirkung hat;
h) die in Artikel 27 des Abkommens vom 7. Dezember 1944 über die Internationale Zivilluftfahrt genannten Handlungen, wenn diese Handlungen ein Luftfahrzeug eines Vertragsstaats jenes Abkommens betreffen, der nicht zu den Vertragsmitgliedstaaten gehört, in denen das Patent Wirkung hat;
i) die Verwendung seines Ernteguts durch einen Landwirt zur generativen oder vegetativen Vermehrung durch ihn selbst im eigenen Betrieb, sofern das pflanzliche Vermehrungsmaterial vom Patentinhaber oder mit dessen Zustimmung zum landwirtschaftlichen Anbau an den Landwirt verkauft oder auf andere Weise in Verkehr gebracht

wurde. Das Ausmaß und die Modalitäten dieser Verwendung entsprechen denjenigen des Artikels 14 der Verordnung (EG) Nr 2100/94;

j) die Verwendung von geschützten landwirtschaftlichen Nutztieren durch einen Landwirt zu landwirtschaftlichen Zwecken, sofern die Zuchttiere oder anderes tierisches Vermehrungsmaterial vom Patentinhaber oder mit dessen Zustimmung an den Landwirt verkauft oder auf andere Weise in Verkehr gebracht wurden. Diese Verwendung erstreckt sich auch auf die Überlassung der landwirtschaftlichen Nutztiere oder des anderen tierischen Vermehrungsmaterials zur Ausübung der landwirtschaftlichen Tätigkeit des Landwirts, jedoch nicht auf seinen Verkauf mit dem Ziel oder im Rahmen einer Vermehrung zu Erwerbszwecken;

k) Handlungen und die Verwendung von Informationen, die gemäß den Artikeln 5 und 6 der Richtlinie 2009/24/EG, insbesondere den Bestimmungen betreffend Dekompilierung und Interoperabilität, erlaubt sind und

l) Handlungen, die gemäß Artikel 10 der Richtlinie 98/44/EG erlaubt sind.

Die Beschränkungen sind in den **einzelnen Vertragsmitgliedstaaten** nicht einheitlich geregelt (Versuchsprivileg, BioTRl), so dass hier das EPGÜ auch mit nationalen Gesetzgebungsakten in Konflikt kommen kann. **202**

Artikel 28

Artikel 28 Recht des Vorbenutzers der Erfindung **203**

Wer in einem Vertragsmitgliedstaat ein Vorbenutzungsrecht oder ein persönliches Besitzrecht an einer Erfindung erworben hätte, wenn ein nationales Patent für diese Erfindung erteilt worden wäre, hat in diesem Vertragsmitgliedstaat die gleichen Rechte auch in Bezug auf ein Patent, das diese Erfindung zum Gegenstand hat.

Artikel 29

Artikel 29 Erschöpfung der Rechte aus einem europäischen Patent **204**

Die durch das europäische Patent verliehenen Rechte erstrecken sich nicht auf Handlungen, die ein durch das Patent geschütztes Erzeugnis betreffen, nachdem das Erzeugnis vom Patentinhaber oder mit seiner Zustimmung in der Europäischen Union in Verkehr gebracht worden ist, es sei denn, der Patentinhaber hat berechtigte Gründe, sich dem weiteren Vertrieb des Erzeugnisses zu widersetzen.

Art 29 betrifft nur „europäische Patente", das sind nach Art 2 Buchst e eur **Bündelpatente**. Für das **205** EinhP findet sich die entspr, fast deckungsgleiche Regelung in Art 6 EPVO.

Artikel 30

Artikel 30 Wirkung von ergänzenden Schutzzertifikaten **206**

Das ergänzende Schutzzertifikat gewährt die gleichen Rechte wie das Patent und unterliegt den gleichen Beschränkungen und Verpflichtungen.

Dieser Artikel ist nur marginal ausgeführt, denn er **wiederholt** lediglich den Wortlaut von Art 5 der **207** Arzneimittel- und der Pflanzenschutzmittel-**Zertifikatsverordnung**; nur der dort notwendige Hinweis auf Art 4 der Zertifikatsverordnungen wurde weggelassen. Es wird damit lediglich geltendes Unionsrecht bestätigt, das aber durch einen völkerrechtl Vertrag wie das EPGÜ ohnehin nicht geänd werden könnte. Das EPGÜ gilt schon gem Art 3 für ergänzende Schutzzertifikate (s auch Art 32 EPGÜ).

Angesichts der enormen wirtschaftlichen Bedeutung der ergänzenden Schutzzertifikate ist das Fehlen **208** von Regelungen schwer verständlich. Es bleibt offen, ob basierend auf dem EinhP ein **einziges Schutzzertifikat** erteilt werden kann (mit einheitlicher Wirkung in Analogie zum EinhP), oder ob das EinhP die Basis für national zu erteilende Schutzzertifikate sein kann.[88] Die Industrie braucht dringend solche Regelungen; es gibt dazu auch den Vorschlag, in einem virtuellen Amt Schutzzertifikate von Fachleuten aus natio-

---

[88] S auch http://www.bmjv.de/SharedDocs/Gesetzgebungsverfahren/Dokumente/RefE_Begleitgesetz_Europaeische_Patentreform.html, S 23 und http://www.bmjv.de/SharedDocs/Gesetzgebungsverfahren/DE/Anpassung_patentrechtlicher_Vorschriften_nach_euopaeischer_Patentreform.html, S 21/22.

nalen Ämtern erteilen zu lassen.[89] Die Europäische Kommission hat das Problem mit den Schutzzertifikaten aber inzwischen erkannt und im Oktober 2015 auf ihre Agenda genommen.[90]

209 Die **pädiatrischen Verlängerungen** (Verordnung (EG) 1901/2006) fehlen im EPGÜ vollständig.

210 Schutzzertifikate werden in der **Verfahrensordnung** in den Regeln 2, 5 und 295 EPGVerfO angesprochen. Nach Regel 5.2 EPGVerfO führt das Opt-out für ein eur Patent auch zum Opt-out eines korrespondierenden Schutzzertifikats. Nicht zur Rechtslage passend ist Regel 5.2d EPGVerfO mit dem Hinweis auf
Schutzzertifikate basierend auf dem EinhP, weil es solche Zertifikate zumindest dzt aus rechtl Gründen
nicht geben kann.

KAPITEL VI – INTERNATIONALE UND SONSTIGE ZUSTÄNDIGKEIT DES GERICHTS

Artikel 31

211 **Artikel 31 Internationale Zuständigkeit**
   Die internationale Zuständigkeit des Gerichts wird im Einklang mit der Verordnung (EU) Nr. 1215/2012 oder ge-
gebenenfalls auf Grundlage des Übereinkommens über die gerichtliche Zuständigkeit und die Anerkennung und
Vollstreckung von Entscheidungen in Zivil- und Handelssachen (Lugano-Übereinkommen)1 bestimmt.

Artikel 32

212 **Artikel 32 Zuständigkeit des Gerichts**
   (1) Das Gericht besitzt die ausschließliche Zuständigkeit für
   a) Klagen wegen tatsächlicher oder drohender Verletzung von Patenten und ergänzenden Schutzzertifikaten
und zugehörige Klageerwiderungen, einschließlich Widerklagen in Bezug auf Lizenzen,
   b) Klagen auf Feststellung der Nichtverletzung von Patenten und ergänzenden Schutzzertifikaten,
   c) Klagen auf Erlass von einstweiligen Maßnahmen und Sicherungsmaßnahmen und einstweiligen Verfügungen,
   d) Klagen auf Nichtigerklärung von Patenten und Nichtigerklärung der ergänzenden Schutzzertifikate,
   e) Widerklagen auf Nichtigerklärung von Patenten und Nichtigerklärung der ergänzenden Schutzzertifikate,
   f) Klagen auf Schadenersatz oder auf Entschädigung aufgrund des vorläufigen Schutzes, den eine veröffentlichte Anmeldung eines europäischen Patents gewährt,
   g) Klagen im Zusammenhang mit der Benutzung einer Erfindung vor der Erteilung eines Patents oder mit einem Vorbenutzungsrecht,
   h) Klagen auf Zahlung einer Lizenzvergütung aufgrund von Artikel 8 der Verordnung (EU) Nr. 1257/2012 und
   i) Klagen gegen Entscheidungen, die das Europäische Patentamt in Ausübung der in Artikel 9 der Verordnung
(EU) Nr. 1257/2012 genannten Aufgaben getroffen hat.
   (2) Für Klagen im Zusammenhang mit Patenten und ergänzenden Schutzzertifikaten, die nicht in die ausschließliche Zuständigkeit des Gerichts fallen, sind weiterhin die nationalen Gerichte der Vertragsmitgliedstaaten
zuständig.

213 Durch Abs 1 Buchst i werden erstmals **Entscheidungen des Europäischen Patentamts** der Kontrolle
durch ein externes Gericht unterworfen.[91] Eine externe Entscheidung über die Gültigkeit erteilter Patente
des EPA und seiner Beschwerdekammern findet schon jetzt bei den Nichtigkeitsverfahren der nat Gerichte
statt, die dabei das EPÜ anzuwenden haben. Das EPA handelt autonom, weil es zwar die nationale Rspr
beachten muss, aber keiner einzelnen nationalen Rspr, sondern nur dem EPÜ verpflichtet sein darf.[92] Das
EPG muss für den Bestand von Bündelpatenten und EinhP auf der Basis des EPÜ eine eigene Rspr entwickeln, die einheitliche Wirkung für die Vertragsmitgliedsstaaten haben wird. Das European Patent Package wird in jedem Vertragsmitgliedstaat im Ergebnis zu vier (statt bisher drei) nebeneinander bestehenden
Jurisdiktionen führen – national auf Basis der nationalen Patentgesetze, national auf Basis EPÜ, EPA-
Rechtsprechung auf Basis EPÜ und EPG-Rechtsprechung auf Basis EPÜ. Von größtem Interesse wird sein,

---

89 Blog-Beitrag von *Lunze*, 21.11.2015 http://kluwerpatentblog.com/2015/11/21/initiatives-to-include-spcs-in-unitary-
patent-system/, zuletzt eingesehen am 15.2.2016.
90 COM(2015) 550 final vom 28.10.2015, S 18.
91 *Hüttermann* Mitt 2014, 546.
92 Vgl *Singer/Stauder* EPÜ Art 138 Rn 20.

ob die Rspr des EPG eine vereinheitlichende Wirkung auch auf die Rechtsprechung des EPA und der nationalen Gerichte haben wird.

Weiterhin völlig unabhängig – weil nicht kontrollierbar – von externen Gerichten bleibt aber die Praxis des EPA und seiner Beschwerdekammern bei **Zurückweisung und Widerruf.**   214

Eine wesentliche Änderung gegenüber dem dt Recht ist die **Widerklage** auf Nichtigkeit im Rahmen   215
eines Verletzungsverfahrens. Negative Feststellungsklagen (Abs 1 Buchst b) sind auch im dt Verletzungsverfahren zulässig; sie sind aber nicht im PatG geregelt, sondern in § 256 ZPO.

Die **Übertragungsklage** („Vindikationsklage") ist im EPGÜ nicht erwähnt.[93]   216

Die Aufzählung der Zuständigkeiten des EPG in Abs 1 ist **abschließend.** Damit bleiben die dt Gerichte   217
zuständig für Arbeitnehmererfindungen und Zwangsvollstreckungen.

Artikel 33

Artikel 33 Zuständigkeit der Kammern des Gerichts erster Instanz   219

(1) Unbeschadet des Absatzes 7 sind die in Artikel 32 Absatz 1 Buchstaben a, c, f und g genannten Klagen zu erheben bei

a) der Lokalkammer in dem Vertragsmitgliedstaat, in dessen Gebiet die tatsächliche oder drohende Verletzung erfolgt ist oder möglicherweise erfolgen wird, oder bei der Regionalkammer, an der dieser Vertragsmitgliedstaat beteiligt ist, oder

b) der Lokalkammer in dem Vertragsmitgliedstaat, in dessen Gebiet der Beklagte oder, bei mehreren Beklagten, einer der Beklagten seinen Wohnsitz oder den Sitz seiner Hauptniederlassung oder – in Ermangelung derselben – seinen Geschäftssitz hat, oder bei der Regionalkammer, an der dieser Vertragsmitgliedstaat beteiligt ist. Eine Klage gegen mehrere Beklagte ist nur dann zulässig, wenn zwischen diesen eine Geschäftsbeziehung besteht und die Klage denselben Verletzungsvorwurf betrifft.

Die in Artikel 32 Absatz 1 Buchstabe h genannten Klagen sind gemäß Unterabsatz 1 Buchstabe b bei der Lokal- oder Regionalkammer zu erheben.

Klagen gegen Beklagte, die ihren Wohnsitz oder den Sitz ihrer Hauptniederlassung oder – in Ermangelung derselben – ihren Geschäftssitz nicht im Gebiet der Vertragsmitgliedstaaten haben, sind gemäß Unterabsatz 1 Buchstabe a bei der Lokal- oder Regionalkammer zu erheben oder bei der Zentralkammer. Ist im betreffenden Vertragsmitgliedstaat keine Lokalkammer errichtet worden und ist dieser Vertragsmitgliedstaat nicht an einer Regionalkammer beteiligt, so sind die Klagen bei der Zentralkammer zu erheben.

(2) Ist eine Klage im Sinne des Artikels 32 Absatz 1 Buchstaben a, c, f, g oder h bei einer Kammer des Gerichts erster Instanz anhängig, so darf zwischen denselben Parteien zum selben Patent keine Klage im Sinne des Artikels 32 Absatz 1 Buchstaben a, c, f, g oder h bei einer anderen Kammer erhoben werden. Ist eine Klage im Sinne des Artikels 32 Absatz 1 Buchstabe a bei einer Regionalkammer anhängig und ist die Verletzung im Gebiet von mindestens drei Regionalkammern erfolgt, so verweist die betreffende Regionalkammer das Verfahren auf Antrag des Beklagten an die Zentralkammer.

Wird bei mehreren Kammern eine Klage erhoben, die dieselben Parteien und dasselbe Patent betrifft, so ist die zuerst angerufene Kammer für das gesamte Verfahren zuständig und jede später angerufene Kammer erklärt die Klage im Einklang mit der Verfahrensordnung für unzulässig.

(3) Im Fall einer Verletzungsklage im Sinne des Artikels 32 Absatz 1 Buchstabe a kann eine Widerklage auf Nichtigerklärung im Sinne des Artikels 32 Absatz 1 Buchstabe e erhoben werden. Die betreffende Lokal- oder Regionalkammer kann nach Anhörung der Parteien nach eigenem Ermessen beschließen,

a) sowohl die Verletzungsklage als auch die Widerklage auf Nichtigerklärung zu verhandeln und den Präsidenten des Gerichts erster Instanz zu ersuchen, ihr aus dem Richterpool gemäß Artikel 18 Absatz 3 einen technisch qualifizierten Richter zuzuweisen, der über entsprechende Qualifikation und Erfahrung auf dem betreffenden Gebiet der Technik verfügt,

b) die Widerklage auf Nichtigerklärung zur Entscheidung an die Zentralkammer zu verweisen und das Verletzungsverfahren auszusetzen oder fortzuführen oder

c) den Fall mit Zustimmung der Parteien zur Entscheidung an die Zentralkammer zu verweisen.

(4) Die in Artikel 32 Absatz 1 Buchstaben b und d genannten Klagen sind bei der Zentralkammer zu erheben. Wurde jedoch bereits bei einer Lokal- oder Regionalkammer eine Verletzungsklage im Sinne des Artikels 32 Absatz 1 Buchstabe a zwischen denselben Parteien zum selben Patent erhoben, so dürfen diese Klagen nur vor derselben Lokal- oder Regionalkammer erhoben werden.

(5) Ist eine Klage auf Nichtigerklärung im Sinne des Artikels 32 Absatz 1 Buchstabe d bei der Zentralkammer anhängig, so kann gemäß Absatz 1 des vorliegenden Artikels bei jeder Kammer oder bei der Zentralkammer zwi-

---

[93] Näher zur Rechtslage *Hüttermann* Mitt 2015, 100; *Nieder* GRUR 2015, 936.

schen denselben Parteien zum selben Patent eine Verletzungsklage im Sinne des Artikels 32 Absatz 1 Buchstabe a erhoben werden. Die betreffende Lokal- oder Regionalkammer kann nach ihrem Ermessen gemäß Absatz 3 des vorliegenden Artikels verfahren.

(6) Eine Klage zur Feststellung der Nichtverletzung im Sinne des Artikels 32 Absatz 1 Buchstabe b, die bei der Zentralkammer anhängig ist, wird ausgesetzt, wenn innerhalb von drei Monaten nach Klageerhebung vor der Zentralkammer bei einer Lokal- oder Regionalkammer zwischen denselben Parteien oder zwischen dem Inhaber einer ausschließlichen Lizenz und der Partei, die die Feststellung der Nichtverletzung beantragt hat, zum selben Patent eine Verletzungsklage im Sinne des Artikels 32 Absatz 1 Buchstabe a erhoben wird.

(7) Die Parteien können bei Klagen im Sinne des Artikels 32 Absatz 1 Buchstaben a bis h übereinkommen, ihre Klage bei der Kammer ihrer Wahl, auch bei der Zentralkammer, zu erheben.

(8) Die in Artikel 32 Absatz 1 Buchstaben d und e genannten Klagen können erhoben werden, ohne dass der Kläger zuvor Einspruch beim Europäischen Patentamt einlegen muss.

(9) Die in Artikel 32 Absatz 1 Buchstabe i genannten Klagen sind bei der Zentralkammer zu erheben.

(10) Die Parteien unterrichten das Gericht über alle beim Europäischen Patentamt anhängigen Nichtigerklärungs-, Beschränkungs- oder Einspruchsverfahren und über jeden Antrag auf beschleunigte Bearbeitung beim Europäischen Patentamt. Das Gericht kann das Verfahren aussetzen, wenn eine rasche Entscheidung des Europäischen Patentamts zu erwarten ist.

220   Die Klagen nach Art 32 Buchst a, c, f und g haben alle eine **territoriale Komponente** und sind vermutlich deshalb nach Art 33 Abs 1 vor den Lokal- oder Regionalkammern zu erheben. Mehrfachklagen sind nicht zulässig; bei Verletzungshandlungen im Gebiet von mindestens drei Regionalkammern wird an die Zentralkammer verwiesen (Abs 2).

221   Die Nichtigkeitswiderklage kann zusammen mit dem Verletzungsprozess bei der Lokal- oder Regionalkammer geführt, abgetrennt und an die Zentralkammer verwiesen werden; schließlich kann der gesamte Fall an die Zentralkammer verwiesen werden (Abs 3 und 7). Das dt **Trennungsprinzip** (Bifurkation) ist damit im Prinzip erhalten geblieben, jedoch dürfte es vor dem EPG keine größere Rolle mehr spielen.[94] Die Vertragsmitgliedstaaten, die keine eigenen Erfahrungen mit dem Trennungsprinzip haben, sind von den Vorzügen des Trennungsprinzips nicht überzeugt, was zT auf eine – verglichen mit Deutschland – stark abw rechtl Ausgangslage in diesen Staaten zurückzuführen ist. Vielmehr bestehen dort große Befürchtungen wegen der Wirkung der sog „injunction gap". Die Leichtigkeit, eine Nichtigkeitswiderklage zu erheben, dürfte aber zu einer viel höheren Zahl von zeitaufwändigen Nichtigkeitsverfahren führen, was neben den ansteigenden Kosten auch die ambitionierte Zeitplanung gefährdet,[95] wonach die Verfahren rasch, möglichst innerhalb eines Jahres abgeschlossen sein sollen.

222   Ist noch kein Verletzungsverfahren anhängig, sind **Nichtigkeitsklagen** und Klagen zur Feststellung der Nichtverletzung (Art 33 Abs 1 Buchst b und d) **vor der Zentralkammer** zu erheben, andernfalls ist die Lokal- oder Regionalkammer zuständig, die bereits mit einer Verletzungsklage befasst ist (Abs 4).

223   Nichtigkeitsklagen und Widerklagen auf Nichtigkeit können erhoben werden, ohne dass zuvor beim EPA **Einspruch** eingelegt worden sein muss (Abs 8). Das EPG ist über Verfahren zu informieren, die vor dem EPA bezüglich eines EinhP anhängig sind (Abs 10).

224   Klagen nach Art 9 EPVO sind bei der **Zentralkammer** zu erheben (Abs 9).

225   Näher in der **Verfahrensordnung** Regel 47 und 88 EPGVerfO.

Artikel 34

226   **Artikel 34 Räumlicher Geltungsbereich von Entscheidungen**
Die Entscheidungen des Gerichts gelten im Falle eines europäischen Patents für das Hoheitsgebiet derjenigen Vertragsmitgliedstaaten, für die das europäische Patent Wirkung hat.

227   Zur **territorialen Geltung** des Patents mit einheitlicher Wirkung Rn 121.1 zu § 9 PatG.

---

94 Vgl *Meier-Beck* GRUR 2014, 144, 146 zum Schicksal des Trennungsprinzips und zu verfahrensrechtl Problemen; *Meier-Beck* GRUR 2015, 929 ausführlich zum Trennungsprinzip.
95 *Pagenberg* GRUR 2011, 32; *Pagenberg* GRUR 2012, 582.

KAPITEL VII – MEDIATION UND SCHIEDSVERFAHREN IN PATENTSACHEN

Artikel 35

Artikel 35 Mediations- und Schiedszentrum für Patentsachen   228

(1) Es wird ein Mediations- und Schiedszentrum für Patentsachen (im Folgenden „Zentrum") errichtet. Es hat seine Sitze in Laibach und Lissabon.

(2) Das Zentrum stellt Dienste für Mediation und Schiedsverfahren in Patentstreitigkeiten, die unter dieses Übereinkommen fallen, zur Verfügung. Artikel 82 gilt für jeden Vergleich, der durch die Inanspruchnahme der Dienste des Zentrums, auch im Wege der Mediation, erreicht worden ist, entsprechend. In Mediations- und in Schiedsverfahren darf ein Patent jedoch weder für nichtig erklärt noch beschränkt werden

(3) Das Zentrum legt eine Mediations- und Schiedsordnung fest.

(4) Das Zentrum stellt ein Verzeichnis der Mediatoren und Schiedsrichter auf, die die Parteien bei der Streitbeilegung unterstützen.

Welche Rolle das **Mediations- und Schiedszentrum** innerhalb des gesamten Einheitspatentsystems   229 einnehmen wird, lässt sich dzt nicht sagen. Das Zentrum darf zwar nicht Befugnisse des Gerichts übernehmen (Abs 2 Satz 3), könnte aber die raschesten und kostengünstigsten Verfahren gewährleisten.

Näher in der **Verfahrensordnung** Regel 11 und 350 EPGVerfO. Das Preparatory Committee hat am   230 15.2.2016 den Regeln zur Mediation vom 27.11.2015 zugestimmt.[96]

TEIL II – FINANZVORSCHRIFTEN

Artikel 36

Artikel 36 Haushalt des Gerichts   231

(1) Der Haushalt des Gerichts wird aus den eigenen Einnahmen des Gerichts und erforderlichenfalls – zumindest in der Übergangszeit nach Artikel 83 – aus Beiträgen der Vertragsmitgliedstaaten finanziert. Der Haushaltsplan muss ausgeglichen sein.

(2) Die eigenen Einnahmen des Gerichts bestehen aus den Gerichtsgebühren und den sonstigen Einnahmen.

(3) Die Gerichtsgebühren werden vom Verwaltungsausschuss festgesetzt. Sie umfassen eine Festgebühr in Kombination mit einer streitwertabhängigen Gebühr oberhalb einer vorab festgesetzten Schwelle. Die Höhe der Gerichtsgebühren wird so festgesetzt, dass ein angemessenes Gleichgewicht zwischen dem Grundsatz eines fairen Zugangs zum Recht – insbesondere für kleine und mittlere Unternehmen, Kleinstunternehmen, natürliche Personen, Organisationen ohne Erwerbszweck, Hochschulen und öffentliche Forschungseinrichtungen – und einer angemessenen Beteiligung der Parteien an den dem Gericht entstandenen Kosten gewährleistet ist, wobei der wirtschaftliche Nutzen für die beteiligten Parteien und das Ziel der Eigenfinanzierung und ausgeglichener Finanzmittel des Gerichts berücksichtigt werden. Die Höhe der Gerichtsgebühren wird vom Verwaltungsausschuss regelmäßig überprüft. Für kleine und mittlere Unternehmen und Kleinstunternehmen können gezielte Unterstützungsmaßnahmen in Betracht gezogen werden.

(4) Ist das Gericht nicht in der Lage, mit seinen Eigenmitteln einen ausgeglichenen Haushalt zu erzielen, so stellen ihm die Vertragsmitgliedstaaten besondere Finanzbeiträge zur Verfügung.

Der Entwurf der **Gerichtsgebühren** wurde im Februar 2016 festgelegt, vgl Rn 34.[97]   232

Der **Streitwert** wird bei 50 Mio EUR gedeckelt.   233

Die **Satzung** regelt den Haushalt in Kapitel III: Haushaltsplan (Art 26), Genehmigung von Ausgaben   234 (Art 27), Mittel für unvorhersehbare Ausgaben (Art 28), Rechnungslegungszeitraum (Art 29), Erstellung des Haushaltsplans (Art 30), vorläufiger Haushaltsplan (Art 31), Rechnungsprüfung (Art 32) und Finanzordnung (Art 33). Näher Regel 15 EPGVerfO.

---

96 https://www.unified-patent-court.org/sites/default/files/upc_mediation_rules.pdf.
97 Rules on Court fees and recoverable costs, http://www.unified-patent-court.org/images/documents/court_fees_and_recoverable_costs_consultation.pdf.

Artikel 37

235 **Artikel 37 Finanzierung des Gerichts**

(1) Die Betriebskosten des Gerichts werden gemäß der Satzung vom Haushalt des Gerichts gedeckt. Vertragsmitgliedstaaten, die eine Lokalkammer errichten, stellen die hierfür erforderlichen Einrichtungen zur Verfügung. Vertragsmitgliedstaaten mit einer gemeinsamen Regionalkammer stellen gemeinsam die hierfür erforderlichen Einrichtungen zur Verfügung. Vertragsmitgliedstaaten, in denen die Zentralkammer, deren Abteilungen oder das Berufungsgericht errichtet werden, stellen die hierfür erforderlichen Einrichtungen zur Verfügung. Während eines ersten Übergangszeitraums von sieben Jahren ab Inkrafttreten dieses Übereinkommens stellen die betreffenden Vertragsmitgliedstaaten zudem Verwaltungspersonal zur Unterstützung zur Verfügung; das für dieses Personal geltende Statut bleibt hiervon unberührt.

(2) Die Vertragsmitgliedstaaten leisten am Tag des Inkrafttretens dieses Übereinkommens die ersten finanziellen Beiträge, die zur Errichtung des Gerichts erforderlich sind.

(3) Während des ersten Übergangszeitraums von sieben Jahren ab Inkrafttreten dieses Übereinkommens bemessen sich die Beiträge der einzelnen Vertragsmitgliedstaaten, die das Übereinkommen bereits vor seinem Inkrafttreten ratifiziert haben oder ihm beigetreten sind, nach der Zahl der europäischen Patente, die zum Zeitpunkt des Inkrafttretens dieses Übereinkommens in ihrem jeweiligen Hoheitsgebiet Wirkung haben, und der Zahl der europäischen Patente, zu denen bei ihren nationalen Gerichten in den drei Jahren vor dem Inkrafttreten dieses Übereinkommens Verletzungsklagen oder Klagen auf Nichtigerklärung erhoben worden sind.

Während dieses ersten Übergangszeitraums von sieben Jahren bemessen sich die Beiträge der Mitgliedstaaten, die das Übereinkommen nach seinem Inkrafttreten ratifizieren oder ihm beitreten, nach der Zahl der europäischen Patente, die zum Zeitpunkt der Ratifikation oder des Beitritts im Hoheitsgebiet des jeweiligen ratifizierenden oder beitretenden Mitgliedstaats Wirkung haben, und der Zahl der europäischen Patente, zu denen bei ihren nationalen Gerichten in den drei Jahren vor der Ratifikation oder dem Beitritt Verletzungsklagen oder Klagen auf Nichtigerklärung erhoben worden sind.

(4) Werden nach Ablauf des ersten Übergangszeitraums von sieben Jahren – der Zeitpunkt, zu dem erwartet wird, dass das Gericht die Eigenfinanzierung erreicht – Beiträge der Vertragsmitgliedstaaten erforderlich, so werden diese nach dem Verteilerschlüssel für die Jahresgebühren für europäische Patente mit einheitlicher Wirkung festgelegt, der zu dem Zeitpunkt gilt, zu dem die Beiträge nötig werden.

236 Näher in der **Verfahrensordnung** Regel 356 EPGVerfO.

Artikel 38

237 **Artikel 38 Finanzierung des Schulungsrahmens für Richter**

Der Schulungsrahmen für Richter wird aus dem Haushalt des Gerichts finanziert.

Artikel 39

238 **Artikel 39 Finanzierung des Zentrums**

Die Betriebskosten des Zentrums werden aus dem Haushalt des Gerichts finanziert.

TEIL III – ORGANISATION UND VERFAHRENSVORSCHRIFTEN
KAPITEL I – ALLGEMEINE BESTIMMUNGEN

Artikel 40

239 **Artikel 40 Satzung**

(1) In der Satzung werden die Einzelheiten der Organisation und der Arbeitsweise des Gerichts geregelt.

(2) Die Satzung ist diesem Übereinkommen als Anhang beigefügt. Die Satzung kann auf Vorschlag des Gerichts oder auf Vorschlag eines Vertragsmitgliedstaats nach Konsultation des Gerichts durch einen Beschluss des Verwaltungsausschusses geändert werden. Diese Änderungen dürfen jedoch weder im Widerspruch zu diesem Übereinkommen stehen, noch zu seiner Änderung führen.

(3) Die Satzung gewährleistet, dass die Arbeitsweise des Gerichts so effizient und kostenwirksam wie möglich organisiert wird und dass ein fairer Zugang zum Recht sichergestellt ist.

240 Die **Satzung** ist im Anh abgedruckt.

Artikel 41

Artikel 41 Verfahrensordnung   241

(1) Die Verfahrensordnung regelt die Einzelheiten der Verfahren vor dem Gericht. Sie steht mit diesem Übereinkommen und der Satzung im Einklang.

(2) Die Verfahrensordnung wird nach eingehender Konsultation der Beteiligten vom Verwaltungsausschuss angenommen. Zuvor ist eine Stellungnahme der Europäischen Kommission zur Vereinbarkeit der Verfahrensordnung mit dem Unionsrecht einzuholen. Die Verfahrensordnung kann auf Vorschlag des Gerichts und nach Konsultation der Europäischen Kommission durch einen Beschluss des Verwaltungsausschusses geändert werden. Diese Änderungen dürfen jedoch weder im Widerspruch zu diesem Übereinkommen oder der Satzung stehen, noch zur Änderung dieses Übereinkommens oder der Satzung führen.

(3) Die Verfahrensordnung gewährleistet, dass die Entscheidungen des Gerichts höchsten Qualitätsansprüchen genügen und dass die Verfahren so effizient und kostenwirksam wie möglich durchgeführt werden. Sie gewährleistet einen fairen Ausgleich zwischen den berechtigten Interessen aller Parteien. Sie verschafft den Richtern den erforderlichen Ermessensspielraum, ohne die Vorhersagbarkeit des Verfahrens für die Parteien zu beeinträchtigen.

Die EPGVerfO[98] enthält **drei Teile** mit allg Regelungen: Preamble und Application and Interpretation   242
of the Rules (Rule 1–9), sowie Part 5 – General Provisions (Rule 260–365) und Part 6 – Fees and Legal Aid
(Rule 370–382) und dazu weitere Teile, die die Gerichtsverfahren betreffen.

Die Gerichtsverfahren selbst werden in der EPGVerfO in **vier Teilen** behandelt: In Part 1 – Procedures   243
before the Court of First Instance (Rule 10–159), Part 2 – Evidence (Rule 170–202), Part 3 – Provisional
Measures (Rule 205–213) und Part 4 – Procedures before the Court of Appeal (Rule 220–255).

Die EPVO ist zwar die entscheidende Verordnung, die das eur Patent mit einheitlicher Wirkung be   244
gründet, sie bleibt aber weitgehend unbestimmt. In völligem Gegensatz dazu regelt die EPGVerfO viele
Sachverhalte **bis ins letzte Detail** („regulatorischer Overkill").[99] In Regel 118 enthält sie auch materiellrechtl Regelungen für das EinhP.

Die **18. Version der Verfahrensordnung** wurde am 19.10.2015 beschlossen (Änderungen gegenüber   245
17. Version insb beim „opt-out", bei der Sprachenregelung (Regel 14) und bei einer Vereinheitlichung der
Fristen für das schriftliche Verfahren).[100] Wesentliche Einblicke in den Meinungsbildungsprozess zur 17.
Version gibt das Trier Hearing vom 26.11.2014.[101]

Vor der endgültigen Verabschiedung der EPGVerfO hat der Verwaltungsausschuss des EPG ein **Kon**   246
sultationsverfahren mit der Europäischen Kommission zur Vereinbarkeit mit Unionsrecht durchzuführen.[102]

Artikel 42

Artikel 42 Verhältnismäßigkeit und Fairness   247

(1) Das Gericht führt die Verfahren auf eine ihrer Bedeutung und Komplexität angemessene Art und Weise durch.

(2) Das Gericht gewährleistet, dass die in diesem Übereinkommen und in der Satzung vorgesehenen Vorschriften, Verfahren und Rechtsbehelfe auf faire und ausgewogene Weise angewandt werden und den Wettbewerb nicht verzerren.

Art 42 ist lediglich als moralisch-ethischer **Auftrag an die Richter** des EPG zu verstehen, der aber nur   248
insoweit Wirkung haben kann, wie die ausgewählten Richter aufgrund ihrer Persönlichkeit und Erfahrung
einen solchen Auftrag auch erfüllen können.

---

98   Zur Entstehung der EPGVerfO *Grabinski* GRUR Int 2013, 310.
99   *Meier-Beck* GRUR 2015, 929, 935.
100 18. Entwurf der Verfahrensordnung (Rules of Procedure) vom 19.10.2015 siehe http://www.unified-patent-court.
org/images/documents/UPC-Rules-of-Procedure.pdf (zuletzt eingesehen am 10.1.2016).
101 http://www.upc.documents.eu.com/.%5CPDFs%5C2014-10-31_Agreement_UPC_DE-EN-FR_and_Rules_Procedure_
UPC_DE-EN-FR_Draft_17_and_Trier_hearing.pdf, S 445-491.
102 http://register.consilium.europa.eu/doc/srv?l=EN&f=ST%206572%202013%20INIT, Ziff 6.

Artikel 43

249   **Artikel 43 Fallbearbeitung**
Das Gericht leitet die bei ihm anhängige Verfahren aktiv nach Maßgabe der Verfahrensordnung, ohne das Recht der Parteien zu beeinträchtigen, den Gegenstand und die ihren Vortrag stützenden Beweismittel ihrer Rechtsstreitigkeit zu bestimmen.

250   Näher in der **Verfahrensordnung** Regel 101 EPGVerfO.

Artikel 44

251   **Artikel 44 Elektronische Verfahren**
Das Gericht macht nach Maßgabe der Verfahrensordnung den bestmöglichen Gebrauch von elektronischen Verfahren, wie der elektronischen Einreichung von Parteivorbringen und Beweisantritten, sowie von Videokonferenzen.

252   Näher in der **Verfahrensordnung** Regel 4 und 106 EPGVerfO.

Artikel 45

253   **Artikel 45 Öffentlichkeit der Verhandlungen**
Die Verhandlungen sind öffentlich, es sei denn, das Gericht beschließt, soweit erforderlich, sie im Interesse einer der Parteien oder sonstiger Betroffener oder im allgemeinen Interesse der Justiz oder der öffentlichen Ordnung unter Ausschluss der Öffentlichkeit zu führen.

Artikel 46

255   **Artikel 46 Parteifähigkeit**
Jede natürliche oder juristische Person oder jede einer juristischen Person gleichgestellte Gesellschaft, die nach dem für sie geltenden nationalen Recht berechtigt ist, ein Verfahren anzustrengen, kann in Verfahren, die beim Gericht anhängig sind, Partei sein.

Artikel 47

256   **Artikel 47 Parteien**
(1) Der Patentinhaber ist berechtigt, das Gericht anzurufen.
(2) Sofern in der Lizenzvereinbarung nichts anderes bestimmt ist, hat der Inhaber einer ausschließlichen Lizenz in Bezug auf ein Patent das Recht, in gleicher Weise wie der Patentinhaber das Gericht anzurufen, vorausgesetzt, der Patentinhaber wurde zuvor unterrichtet.
(3) Der Inhaber einer nicht ausschließlichen Lizenz ist nicht berechtigt, das Gericht anzurufen, es sei denn, der Patentinhaber wurde zuvor unterrichtet und die Lizenzvereinbarung lässt dies ausdrücklich zu.
(4) Dem von einem Lizenzinhaber angestrengten Verfahren kann der Patentinhaber als Partei beitreten.
(5) Die Rechtsgültigkeit eines Patents kann im Rahmen einer Verletzungsklage, die vom Inhaber einer Lizenz erhoben wurde, nicht angefochten werden, wenn der Patentinhaber nicht an dem Verfahren teilnimmt. Die Partei, die im Rahmen einer Verletzungsklage die Rechtsgültigkeit eines Patents anfechten will, muss eine Klage gegen den Patentinhaber erheben.
(6) Jede andere natürliche oder juristische Person oder jede Vereinigung, die von einem Patent betroffen und nach dem für sie geltenden nationalen Recht berechtigt ist, Klage zu erheben, kann nach Maßgabe der Verfahrensordnung Klage erheben.
(7) Jede natürliche oder juristische Person und jede Vereinigung, die nach dem für sie geltenden nationalen Recht berechtigt ist, ein Verfahren anzustrengen, und die von einer Entscheidung betroffen ist, die das Europäische Patentamt in Ausübung der in Artikel 9 der Verordnung (EU) Nr. 1257/2012 genannten Aufgaben getroffen hat, ist berechtigt, eine Klage nach Artikel 32 Absatz 1 Buchstabe i zu erheben.

257   Näher in der **Verfahrensordnung** Regel 42, 84, 85 und 88 EPGVerfO.

Artikel 48

Artikel 48 Vertretung 258

(1) Die Parteien werden von Anwälten vertreten, die bei einem Gericht eines Vertragsmitgliedstaats zugelassen sind.

(2) Die Parteien können alternativ von einem europäischen Patentanwalt vertreten werden, der gemäß Artikel 134 EPÜ befugt ist, vor dem Europäischen Patentamt als zugelassener Vertreter aufzutreten, und die erforderliche Qualifikation hat, beispielsweise ein Zertifikat zur Führung europäischer Patentstreitverfahren.

(3) Die Anforderungen an die Qualifikation gemäß Absatz 2 werden vom Verwaltungsausschuss festgelegt. Der Kanzler führt ein Verzeichnis europäischer Patentanwälte, die befugt sind, Parteien vor Gericht zu vertreten.

(4) Die Vertreter der Parteien können sich von Patentanwälten unterstützen lassen, die in Verhandlungen vor Gericht im Einklang mit der Verfahrensordnung das Wort ergreifen dürfen.

(5) Die Vertreter der Parteien genießen nach Maßgabe der Verfahrensordnung die zur unabhängigen Wahrnehmung ihrer Aufgaben erforderlichen Rechte und Befreiungen, darunter das Recht, Mitteilungen zwischen einem Vertreter und der Partei oder jeder anderen Person im gerichtlichen Verfahren nicht offenlegen zu müssen, sofern die betreffende Partei nicht ausdrücklich auf dieses Recht verzichtet.

(6) Die Vertreter der Parteien dürfen Fälle oder Sachverhalte vor dem Gericht weder wissentlich noch aufgrund fahrlässiger Unkenntnis falsch darstellen.

(7) Eine Vertretung gemäß den Absätzen 1 und 2 des vorliegenden Artikels ist in Verfahren nach Artikel 32 Absatz 1 Buchstabe i nicht erforderlich.

Vor dem EPG besteht Vertretungspflicht, außer bei Beschwerden gegen Entscheidungen des EPA 259 (Abs 7). Für die **Vertretung** vor dem EPG wird ein European Patent Litigation Certificate eingeführt (vgl Regel 286 EPGVerfO), es sind großzügige Übergangsregelungen vorgesehen.[103]

Näher in der **Verfahrensordnung** Regel 8, 88, 284, 287–289 und 292 EPGVerfO. 260

KAPITEL II – VERFAHRENSSPRACHE

Artikel 49

Artikel 49 Verfahrenssprache vor dem Gericht erster Instanz 261

(1) Verfahrenssprache vor einer Lokal- oder Regionalkammer ist eine Amtssprache der Europäischen Union, die die Amtssprache oder eine der Amtssprachen des Vertragsmitgliedstaats ist, in dessen Gebiet sich die betreffende Kammer befindet, oder die Amtssprache(n), die von den Vertragsmitgliedstaaten mit einer gemeinsamen Regionalkammer bestimmt wird/werden.

(2) Ungeachtet des Absatzes 1 können die Vertragsmitgliedstaaten eine oder mehrere der Amtssprachen des Europäischen Patentamts als Verfahrenssprache(n) ihrer Lokal- oder Regionalkammer bestimmen.

(3) Die Parteien können vorbehaltlich der Billigung durch den zuständigen Spruchkörper vereinbaren, die Sprache, in der das Patent erteilt wurde, als Verfahrenssprache zu verwenden. Billigt der betreffende Spruchkörper die Wahl der Parteien nicht, so können die Parteien beantragen, dass der Fall an die Zentralkammer verwiesen wird.

(4) Mit Zustimmung der Parteien kann der zuständige Spruchkörper aus Gründen der Zweckmäßigkeit und Fairness beschließen, dass die Sprache, in der das Patent erteilt wurde, als Verfahrenssprache verwendet wird.

(5) Auf Ersuchen einer der Parteien und nach Anhörung der anderen Parteien und des zuständigen Spruchkörpers kann der Präsident des Gerichts erster Instanz aus Gründen der Fairness und unter Berücksichtigung aller erheblichen Umstände – einschließlich der Standpunkte der Parteien und insbesondere des Standpunkts des Beklagten – beschließen, dass die Sprache, in der das Patent erteilt wurde, als Verfahrenssprache verwendet wird. In diesem Fall prüft der Präsident des Gerichts erster Instanz, inwieweit besondere Übersetzungs- und Dolmetschvorkehrungen getroffen werden müssen.

(6) Verfahrenssprache vor der Zentralkammer ist die Sprache, in der das betreffende Patent erteilt wurde.

Bei den Lokalkammern bestimmt sich die **Verfahrenssprache** nach dem jeweiligen Vertragsmit- 262 gliedstaat. Bei den Regionalkammern kann darüber hinaus eine freie Wahl getroffen werden (Abs 1); bei der Regionalkammer in Stockholm haben sich die vier Vertragsmitgliedstaaten auf Englisch geeinigt, das in keinem der Staaten Amtssprache ist. Bei Lokal- und Regionalkammern können die Vertragsmitglied-

---

103 Vgl http://www.unified-patent-court.org/images/documents/Explanatory-memorandum-EPLC-2015-07-01-final-clear.pdf.

staaten außerdem auf die Verfahrenssprachen des EPA zurückgreifen (Abs 2); stimmt der zuständige Spruchkörper dieser Sprachenwahl nicht zu, können die Parteien beantragen, den Fall an die Zentralkammer zu verweisen (Abs 3). Daneben können im jeweiligen Verfahren die Parteien oder das Gericht Vereinbarungen bzgl der Verfahrenssprache treffen (Abs 3–5). Nur beim Verfahren vor der Zentralkammer ist die Verfahrenssprache beim EPA immer zugleich die Verfahrenssprache vor dem Gericht (Abs 6).

263 Das Verfahren vor den Lokal- und Regionalkammern beim Gericht erster Instanz zeichnet sich also hinsichtlich der Verfahrenssprache durch Vielfalt und **Wahlmöglichkeiten** aus; das EPGÜ ist damit sehr benutzerfreundlich gestaltet.

264 Näher in der **Verfahrensordnung** Regel 45, 88 und 321–323 EPGVerfO.

Artikel 50

265 **Artikel 50 Verfahrenssprache vor dem Berufungsgericht**

(1) Verfahrenssprache vor dem Berufungsgericht ist die Verfahrenssprache vor dem Gericht erster Instanz.

(2) Ungeachtet des Absatzes 1 können die Parteien vereinbaren, die Sprache, in der das Patent erteilt wurde, als Verfahrenssprache zu verwenden.

(3) In Ausnahmefällen und soweit dies angemessen erscheint, kann das Berufungsgericht mit Zustimmung der Parteien eine andere Amtssprache eines Vertragsmitgliedstaats als Verfahrenssprache für das gesamte Verfahren oder einen Teil des Verfahrens bestimmen.

266 Die Wahlmöglichkeiten hinsichtlich der **Verfahrenssprache vor dem Berufungsgericht** sind stark eingeschränkt, wobei vor dem Berufungsgericht im Regelfall die Verfahrenssprache der ersten Instanz weiter verwendet wird (Abs 1).

267 Näher in der **Verfahrensordnung** Regel 227 und 232 EPGVerfO.

Artikel 51

268 **Artikel 51 Weitere Sprachenregelungen**

(1) Alle Spruchkörper des Gerichts erster Instanz und das Berufungsgericht können auf eine Übersetzung verzichten, soweit dies angemessen erscheint.

(2) Alle Kammern des Gerichts erster Instanz und das Berufungsgericht sehen, soweit dies angemessen erscheint, auf Verlangen einer der Parteien eine Verdolmetschung vor, um die betreffenden Parteien bei mündlichen Verfahren zu unterstützen.

(3) Wird bei der Zentralkammer eine Verletzungsklage erhoben, so hat ein Beklagter, der seinen Wohnsitz, den Sitz seiner Hauptniederlassung oder seinen Geschäftssitz in einem Mitgliedstaat hat, ungeachtet des Artikels 49 Absatz 6 Anspruch darauf, dass relevante Dokumente auf seinen Antrag hin in die Sprache des Mitgliedstaats, in dem er seinen Wohnsitz oder den Sitz seiner Hauptniederlassung oder – in Ermangelung derselben – seinen Geschäftssitz hat, übersetzt werden, sofern

a) die Zuständigkeit gemäß Artikel 33 Absatz 1 Unterabsatz 3 oder 4 bei der Zentralkammer liegt,

b) die Verfahrenssprache vor der Zentralkammer keine Amtssprache des Mitgliedstaats ist, in dem der Beklagte seinen Wohnsitz oder den Sitz seiner Hauptniederlassung oder – in Ermangelung derselben – seinen Geschäftssitz hat, und

c) der Beklagte nicht über ausreichende Kenntnisse der Verfahrenssprache verfügt.

269 Art 51 regelt im Grundsatz **Übersetzungsfragen** und den Einsatz von Dolmetschern. Nähere Erläuterungen zu Art 49–51 in Regeln 109 und 321–324 EPGVerfO.

KAPITEL III – VERFAHREN VOR DEM GERICHT

Artikel 52

270 **Artikel 52 Schriftliches Verfahren, Zwischenverfahren und mündliches Verfahren**

(1) Das Verfahren vor dem Gericht umfasst nach Maßgabe der Verfahrensordnung ein schriftliches Verfahren, ein Zwischenverfahren und ein mündliches Verfahren. Alle Verfahren werden auf flexible und ausgewogene Weise durchgeführt.

(2) Im Rahmen des sich an das schriftliche Verfahren anschließenden Zwischenverfahrens obliegt es gegebenenfalls und vorbehaltlich eines Mandats des gesamten Spruchkörpers dem als Berichterstatter tätigen Richter, eine Zwischenanhörung einzuberufen. Dieser Richter prüft zusammen mit den Parteien insbesondere die Möglichkeit ei-

nes Vergleichs, auch im Wege der Mediation, und/oder eines Schiedsverfahrens unter Inanspruchnahme der Dienste des in Artikel 35 genannten Zentrums.

(3) Im Rahmen des mündlichen Verfahrens erhalten die Parteien Gelegenheit zur ordnungsgemäßen Darlegung ihrer Argumente. Das Gericht kann mit Zustimmung der Parteien ohne mündliche Anhörung entscheiden.

Die **Dreiteilung des Verfahrens** (Abs 1) gibt dem Berichterstatter eine große Verantwortung für den   **271**
Erfolg des jeweiligen Verfahrens und für die Einhaltung der zeitlichen Vorgaben. Das schriftliche Verfahren und das Zwischenverfahren dürften nämlich in aller Regel vom Berichterstatter allein zu führen sein. Erst die mündliche Verhandlung wird vom Vorsitzenden Richter geführt. Die Sachentscheidung ist innerhalb von sechs Wochen zu begründen; zur Sachentscheidung des Gerichts näher Regel 118 EPGVerfO.

Innerhalb eines Monats nach Klagezustellung kann ein **einstweiliger Einspruch** erhoben werden,   **272**
der sich gegen die Zuständigkeit des Gerichts oder der Kammer und gegen die gewählte Verfahrenssprache richten kann (Regel 19 EPGVerfO). Auf die Klage ist innerhalb drei Monaten zu erwidern (Regel 23 EPGVerfO).

Das **schriftliche Verfahren** ist in Regeln 12–98 EPGVerfO geregelt, das Zwischenverfahren in Re   **273**
geln 101–110 und das mündliche Verfahren in Regeln 111–119. Vgl insb Regeln 10, 11, 101, 104 und 112 EPGVerfO.

Bei entspr Nutzung von Regel 102 iVm Regel 333 EPGVerfO können voraussichtlich die **engen Zeit**   **274**
vorgaben für das Gerichtsverfahren kaum eingehalten werden.[104]

Artikel 53

Artikel 53 Beweismittel   **275**
(1) In den Verfahren vor dem Gericht sind insbesondere folgende Beweismittel zulässig:
a) Anhörung der Parteien;
b) Einholung von Auskünften;
c) Vorlage von Urkunden;
d) Vernehmung von Zeugen;
e) Gutachten durch Sachverständige;
f) Einnahme des Augenscheins;
g) Vergleichstests oder Versuche;
h) Abgabe einer schriftlichen eidesstattlichen Erklärung (Affidavit).
(2) Die Verfahrensordnung regelt das Verfahren zur Durchführung der Beweisaufnahme. Die Vernehmung der Zeugen und Sachverständigen erfolgt unter der Aufsicht des Gerichts und beschränkt sich auf das notwendige Maß.

In Regeln 170–191 EPGVerfO finden sich die Bestimmungen zu den **Beweismitteln** und zur **Beweis**   **276**
erhebung.

Artikel 54

Artikel 54 Beweislast   **277**
Die Beweislast für Tatsachen trägt unbeschadet des Artikels 24 Absätze 2 und 3 die Partei, die sich auf diese Tatsachen beruft.

Artikel 55

Artikel 55 Umkehr der Beweislast   **278**
(1) Ist der Gegenstand eines Patents ein Verfahren zur Herstellung eines neuen Erzeugnisses, so gilt unbeschadet des Artikels
24 Absätze 2 und 3 bis zum Beweis des Gegenteils jedes identische ohne Zustimmung des Patentinhabers hergestellte Erzeugnis als nach dem patentierten Verfahren hergestellt.
(2) Der Grundsatz des Absatzes 1 gilt auch, wenn mit erheblicher Wahrscheinlichkeit das identische Erzeugnis nach dem patentierten Verfahren hergestellt wurde und es dem Patentinhaber trotz angemessener Bemühungen nicht gelungen ist, das tatsächlich für solch ein identisches Erzeugnis angewandte Verfahren festzustellen.

---

104   Vgl *Meier-Beck* GRUR 2014, 144, 147.

(3) Bei der Führung des Beweises des Gegenteils werden die berechtigten Interessen des Beklagten an der Wahrung seiner Produktions- und Geschäftsgeheimnisse berücksichtigt.

KAPITEL IV – BEFUGNISSE DES GERICHTS

Artikel 56

279   **Artikel 56 Allgemeine Befugnisse des Gerichts**
(1) Das Gericht kann die in diesem Übereinkommen festgelegten Maßnahmen, Verfahren und Abhilfemaßnahmen anordnen und seine Anordnungen nach Maßgabe der Verfahrensordnung von Bedingungen abhängig machen.
(2) Das Gericht trägt den Interessen der Parteien gebührend Rechnung und gewährt den Parteien vor Erlass einer Anordnung rechtliches Gehör, es sei denn, dies ist mit der wirksamen Durchsetzung der Anordnung nicht vereinbar.

Artikel 57

280   **Artikel 57 Gerichtssachverständige**
(1) Das Gericht kann unbeschadet der für die Parteien bestehenden Möglichkeit, Sachverständigenbeweise vorzulegen, jederzeit Gerichtssachverständige bestellen, damit diese Gutachten zu bestimmten Aspekten einer Rechtsstreitigkeit abgeben. Das Gericht stellt dem bestellten Sachverständigen alle Informationen zur Verfügung, die er benötigt, um sein Gutachten erstatten zu können.
(2) Hierzu erstellt das Gericht nach Maßgabe der Verfahrensordnung ein nicht verbindliches Verzeichnis von Sachverständigen. Dieses Verzeichnis wird vom Kanzler geführt.
(3) Die Gerichtssachverständigen müssen die Gewähr für Unabhängigkeit und Unparteilichkeit bieten. Die für Richter geltenden Vorschriften des Artikels 7 der Satzung für die Regelung von Interessenkonflikten gelten für die Gerichtssachverständigen entsprechend.
(4) Die dem Gericht von den Gerichtssachverständigen vorgelegten Gutachten werden den Parteien zur Verfügung gestellt; diese erhalten Gelegenheit zur Stellungnahme.

281   Näher in der **Verfahrensordnung** Regel 188 EPGVerfO.

Artikel 58

282   **Artikel 58 Schutz vertraulicher Informationen**
Das Gericht kann zum Schutz von Geschäftsgeheimnissen, personenbezogenen Daten oder sonstigen vertraulichen Informationen einer Verfahrenspartei oder eines Dritten oder zur Verhinderung eines Missbrauchs von Beweismitteln anordnen, dass die Erhebung und Verwendung von Beweisen in den vor ihm geführten Verfahren eingeschränkt oder für unzulässig erklärt werden oder der Zugang zu solchen Beweismitteln auf bestimmte Personen beschränkt wird.

283   Näher in der **Verfahrensordnung** Regel 262 EPGVerfO.

Artikel 59

284   **Artikel 59 Anordnung der Beweisvorlage**
(1) Auf Antrag einer Partei, die alle vernünftigerweise verfügbaren Beweismittel zur hinreichenden Begründung ihrer Ansprüche vorgelegt und die in der Verfügungsgewalt der gegnerischen Partei oder einer dritten Partei befindlichen Beweismittel zur Begründung ihrer Ansprüche bezeichnet hat, kann das Gericht die Vorlage dieser Beweismittel durch die gegnerische Partei oder eine dritte Partei anordnen, sofern der Schutz vertraulicher Informationen gewährleistet wird. Eine solche Anordnung darf nicht zu einer Pflicht zur Selbstbelastung führen.
(2) Das Gericht kann auf Antrag einer Partei unter den Voraussetzungen des Absatzes 1 die Übermittlung von in der Verfügungsgewalt der gegnerischen Partei befindlichen Bank-, Finanz- oder Handelsunterlagen anordnen, sofern der Schutz vertraulicher Informationen gewährleistet wird.

285   Näher in der **Verfahrensordnung** Regel 190 EPGVerfO.

Artikel 60

Artikel 60 Anordnung der Beweissicherung und der Inspektion von Räumlichkeiten   **286**

(1) Auf Ersuchen des Antragstellers, der alle vernünftigerweise verfügbaren Beweismittel zur Begründung der Behauptung, dass das Patent verletzt worden ist oder verletzt zu werden droht, vorgelegt hat, kann das Gericht selbst vor Einleitung eines Verfahrens in der Sache schnelle und wirksame einstweilige Maßnahmen zur Sicherung der rechtserheblichen Beweismittel hinsichtlich der behaupteten Verletzung anordnen, sofern der Schutz vertraulicher Informationen gewährleistet wird.

(2) Diese Maßnahmen können die ausführliche Beschreibung mit oder ohne Einbehaltung von Mustern oder die dingliche Beschlagnahme der verletzenden Erzeugnisse sowie gegebenenfalls der für die Herstellung und/oder den Vertrieb dieser Erzeugnisse verwendeten Materialien und Geräte und der zugehörigen Unterlagen umfassen.

(3) Das Gericht kann selbst vor Einleitung eines Verfahrens in der Sache auf Ersuchen des Antragstellers, der Beweismittel zur Begründung der Behauptung, dass das Patent verletzt worden ist oder verletzt zu werden droht, vorgelegt hat, die Inspektion von Räumlichkeiten anordnen. Eine Inspektion von Räumlichkeiten wird von einer vom Gericht nach Maßgabe der Verfahrensordnung bestellten Person vorgenommen.

(4) Der Antragsteller ist bei der Inspektion der Räumlichkeiten nicht zugegen; er kann sich jedoch von einem unabhängigen Fachmann vertreten lassen, der in der gerichtlichen Anordnung namentlich zu nennen ist.

(5) Die Maßnahmen werden nötigenfalls ohne Anhörung der anderen Partei angeordnet, insbesondere dann, wenn durch eine Verzögerung dem Inhaber des Patents wahrscheinlich ein nicht wiedergutzumachender Schaden entstünde, oder wenn nachweislich die Gefahr besteht, dass Beweise vernichtet werden.

(6) Werden Maßnahmen zur Beweissicherung oder Inspektion von Räumlichkeiten ohne Anhörung der anderen Partei angeordnet, so sind die betroffenen Parteien unverzüglich, spätestens jedoch unmittelbar nach Vollziehung der Maßnahmen davon in Kenntnis zu setzen. Auf Antrag der betroffenen Parteien findet eine Prüfung, die das Recht zur Stellungnahme einschließt, mit dem Ziel statt, innerhalb einer angemessenen Frist nach der Mitteilung der Maßnahmen zu entscheiden, ob diese abgeändert, aufgehoben oder bestätigt werden müssen.

(7) Die Maßnahmen zur Beweissicherung können davon abhängig gemacht werden, dass der Antragsteller eine angemessene Kaution stellt oder eine entsprechende Sicherheit leistet, um gemäß Absatz 9 eine Entschädigung des Antragsgegners für den von diesem erlittenen Schaden sicherzustellen.

(8) Das Gericht stellt sicher, dass die Maßnahmen zur Beweissicherung auf Antrag des Antragsgegners unbeschadet etwaiger Schadensersatzforderungen aufgehoben oder auf andere Weise außer Kraft gesetzt werden, wenn der Antragsteller nicht innerhalb einer Frist – die 31 Kalendertage oder 20 Arbeitstage nicht überschreitet, wobei der längere der beiden Zeiträume gilt – bei dem Gericht eine Klage anstrengt, die zu einer Sachentscheidung führt.

(9) Werden Maßnahmen zur Beweissicherung aufgehoben oder werden sie aufgrund einer Handlung oder Unterlassung des Antragstellers hinfällig, oder wird in der Folge festgestellt, dass keine Verletzung oder drohende Verletzung des Patents vorlag, so kann das Gericht auf Antrag des Antragsgegners anordnen, dass der Antragsteller dem Antragsgegner angemessen Ersatz für einen aufgrund dieser Maßnahmen entstandenen Schaden zu leisten hat.

Näher in der **Verfahrensordnung** Regeln 192, 195–199, 212, 213 und 262 EPGVerfO.   **287**

Artikel 61

Artikel 61 Arrest   **288**

(1) Auf Ersuchen des Antragstellers, der alle vernünftigerweise verfügbaren Beweismittel zur Begründung der Behauptung, dass das Patent verletzt worden ist oder verletzt zu werden droht, vorgelegt hat, kann das Gericht selbst vor Einleitung eines Verfahrens in der Sache einer Partei untersagen, Vermögensgegenstände aus seinem Zuständigkeitsbereich zu verbringen oder über Vermögensgegenstände zu verfügen, unabhängig davon, ob sie sich in seinem Zuständigkeitsbereich befinden oder nicht.

(2) Artikel 60 Absätze 5 bis 9 gelten für die in diesem Artikel genannten Maßnahmen entsprechend.

Näher in der **Verfahrensordnung** Regel 200 EPGVerfO.   **289**

Artikel 62

Artikel 62 Einstweilige Maßnahmen und Sicherungsmaßnahmen   **290**

(1) Das Gericht kann im Wege einer Anordnung gegen einen angeblichen Verletzer oder eine Mittelsperson, deren Dienste der angebliche Verletzer in Anspruch nimmt, Verfügungen erlassen, um eine drohende Verletzung zu verhindern, die Fortsetzung der angeblichen Verletzung einstweilig und gegebenenfalls unter Androhung von Zwangsgeldern zu untersagen oder die Fortsetzung an die Stellung von Sicherheiten zu knüpfen, durch die eine Entschädigung des Rechtsinhabers gewährleistet werden soll.

(2) Das Gericht wägt nach Ermessen die Interessen der Parteien gegeneinander ab und berücksichtigt dabei insbesondere den möglichen Schaden, der einer der Parteien aus dem Erlass der Verfügung oder der Abweisung des Antrags erwachsen könnte.

(3) Das Gericht kann auch die Beschlagnahme oder Herausgabe der Erzeugnisse, bei denen der Verdacht auf Verletzung des Patents besteht, anordnen, um deren Inverkehrbringen und Umlauf auf den Vertriebswegen zu verhindern. Das Gericht kann die vorsorgliche Beschlagnahme beweglichen und unbeweglichen Vermögens des angeblichen Verletzers einschließlich der Sperrung der Bankkonten und der Beschlagnahme sonstiger Vermögenswerte des angeblichen Verletzers anordnen, wenn der Antragsteller glaubhaft macht, dass die Erfüllung seiner Schadensersatzforderung fraglich ist.

(4) Im Falle der Maßnahmen nach den Absätzen 1 und 3 kann das Gericht dem Antragsteller auferlegen, alle vernünftigerweise verfügbaren Beweise vorzulegen, um sich mit ausreichender Sicherheit davon überzeugen zu können, dass der Antragsteller der Rechtsinhaber ist und dass das Recht des Antragstellers verletzt wird oder dass eine solche Verletzung droht.

(5) Artikel 60 Absätze 5 bis 9 gelten für die in diesem Artikel genannten Maßnahmen entsprechend.

291 „Einstweilige Maßnahmen" werden im dt Recht als „einstweilige Verfügungen" bezeichnet. Näher in der **Verfahrensordnung** Regeln 205–213 EPGVerfO; zur Hinterlegung einer Schutzschrift Regel 207.

Artikel 63

292 **Artikel 63 Endgültige Verfügungen**

(1) Wird eine Patentverletzung festgestellt, so kann das Gericht gegen den Verletzer eine Verfügung erlassen, durch die die Fortsetzung der Verletzung untersagt wird. Das Gericht kann auch eine Verfügung gegen Mittelspersonen erlassen, deren Dienste von einem Dritten zwecks Verletzung eines Patents in Anspruch genommen werden.

(2) Gegebenenfalls werden bei Nichteinhaltung der Verfügung nach Absatz 1 an das Gericht zu zahlende Zwangsgelder verhängt.

293 Art 63 beinhaltet eine für dt Recht gravierende Abweichung: An die Stelle des grds uneingeschränkt geltenden (vgl Rn 80 zu § 139 PatG) dt privatrechtlichen Unterlassungsanspruchs in § 139 Abs 1 PatG tritt im EPGÜ richterliches Ermessen, eine entsprechende „Verfügung" (**Anordnung eines Unterlassungsgebots**) zu erlassen.[105] Das wird auch als „injunction gap" bezeichnet.

Artikel 64

294 **Artikel 64 Abhilfemaßnahmen im Rahmen von Verletzungsverfahren**

(1) Das Gericht kann auf Antrag des Antragstellers anordnen, dass in Bezug auf Erzeugnisse, die nach seinen Feststellungen ein Patent verletzen, und gegebenenfalls in Bezug auf Materialien und Geräte, die vorwiegend zur Schaffung oder Herstellung dieser Erzeugnisse verwendet wurden, unbeschadet etwaiger Schadensersatzansprüche der geschädigten Partei aus der Verletzung sowie ohne Entschädigung irgendwelcher Art geeignete Maßnahmen getroffen werden.

(2) Zu diesen Maßnahmen gehört
a) die Feststellung einer Verletzung,
b) der Rückruf der Erzeugnisse aus den Vertriebswegen,
c) die Beseitigung der verletzenden Eigenschaft des Erzeugnisses,
d) die endgültige Entfernung der Erzeugnisse aus den Vertriebswegen oder
e) die Vernichtung der Erzeugnisse und/oder der betreffenden Materialien und Geräte.

(3) Das Gericht ordnet an, dass die betreffenden Maßnahmen auf Kosten des Verletzers durchgeführt werden, es sei denn, es werden besondere Gründe geltend gemacht, die dagegen sprechen.

(4) Bei der Prüfung eines Antrags auf Anordnung von Abhilfemaßnahmen nach diesem Artikel berücksichtigt das Gericht das Erfordernis der Verhältnismäßigkeit zwischen der Schwere der Verletzung und den anzuordnenden Abhilfemaßnahmen, die Bereitschaft des Verletzers, das Material in einen nichtverletzenden Zustand zu versetzen, sowie die Interessen Dritter.

295 In Art 64 ff finden sich weitere **materiellrechtliche Bestimmungen,** obwohl sie weitgehend als Verfahrensrecht formuliert sind.

---

105 *Meier-Beck* GRUR 2014, 144 Fn 1.

Artikel 65

Artikel 65 Entscheidung über die Gültigkeit eines Patents   **296**

(1) Das Gericht entscheidet über die Gültigkeit eines Patents auf der Grundlage einer Klage auf Nichtigerklärung oder einer Widerklage auf Nichtigerklärung.

(2) Das Gericht kann ein Patent nur aus den in Artikel 138 Absatz 1 und Artikel 139 Absatz 2 EPÜ genannten Gründen entweder ganz oder teilweise für nichtig erklären.

(3) Betreffen die Nichtigkeitsgründe nur einen Teil des Patents, so wird das Patent unbeschadet des Artikels 138 Absatz 3 EPÜ durch eine entsprechende Änderung der Patentansprüche beschränkt und teilweise für nichtig erklärt.

(4) Soweit ein Patent für nichtig erklärt wurde, gelten die in den Artikeln 64 und 67 EPÜ genannten Wirkungen als von Anfang an nicht eingetreten.

(5) Erklärt das Gericht ein Patent in einer Endentscheidung ganz oder teilweise für nichtig, so übersendet es eine Abschrift der Entscheidung an das Europäische Patentamt und im Falle eines europäischen Patents an das nationale Patentamt des betreffenden Vertragsmitgliedstaats.

Nach Abs 2 können auch ältere nationale Rechte zur Nichtigkeit des EinhP führen; bei eur Patenten   **297** mit unterschiedlich erteilten Ansprüchen aufgrund älterer Rechte kann es kein EinhP geben (Art 3 Abs 1 EPVO). Näher zu Art 65 in der **Verfahrensordnung** Regel 42 EPGVerfO.

Artikel 66

Artikel 66 Befugnisse des Gerichts in Bezug auf Entscheidungen des Europäischen Patentamts   **298**

(1) Bei Klagen nach Artikel 32 Absatz 1 Buchstabe i kann das Gericht alle Befugnisse ausüben, die dem Europäischen Patentamt nach Artikel 9der Verordnung (EU) Nr. 1257/2012 übertragen wurden, einschließlich der Berichtigung des Registers für den einheitlichen Patentschutz.

(2) Bei Klagen nach Artikel 32 Absatz 1 Buchstabe i tragen die Parteien abweichend von Artikel 69 ihre eigenen Kosten.

Näher in der **Verfahrensordnung** Regeln 84, 85 EPGVerfO.   **299**

Artikel 67

Artikel 67 Befugnis, die Erteilung einer Auskunft anzuordnen   **300**

(1) Das Gericht kann auf einen begründeten und die Verhältnismäßigkeit wahrenden Antrag des Antragstellers hin nach Maßgabe der Verfahrensordnung anordnen, dass der Verletzer dem Antragsteller über Folgendes Auskunft erteilt:

a) Ursprung und Vertriebswege der verletzenden Erzeugnisse oder Verfahren,

b) die erzeugten, hergestellten, ausgelieferten, erhaltenen oder bestellten Mengen und die Preise, die für die verletzenden Erzeugnisse gezahlt wurden und

c) die Identität aller an der Herstellung oder dem Vertrieb von verletzenden Erzeugnissen oder an der Anwendung des verletzenden Verfahrens beteiligten dritten Personen.

(2) Das Gericht kann nach Maßgabe der Verfahrensordnung ferner anordnen, dass jede dritte Partei, die

a) nachweislich verletzende Erzeugnisse in gewerblichem Ausmaß in ihrem Besitz hatte oder die ein verletzendes Verfahren in gewerblichem Ausmaß angewandt hat,

b) nachweislich für verletzende Tätigkeiten genutzte Dienstleistungen in gewerblichem Ausmaß erbracht hat oder

c) nach den Angaben einer unter den Buchstaben a und b genannten Person an der Erzeugung, Herstellung oder am Vertrieb verletzender Erzeugnisse oder Verfahren bzw. an der Erbringung solcher Dienstleistungen beteiligt war,

dem Antragsteller die in Absatz 1 genannten Auskünfte erteilt.

Auch hier ist (ähnlich wie in Art 63) an die Stelle eines Auskunftsanspruchs im dt Recht die gerichtliche Befugnis zur **Auskunftsanordnung** getreten.[106]   **301**

Näher in der **Verfahrensordnung** Regel 191 EPGVerfO.   **302**

---

106   *Meier-Beck* GRUR 2014, 144 Fn 2.

Artikel 68

303   **Artikel 68 Zuerkennung von Schadenersatz**

(1) Das Gericht ordnet auf Antrag der geschädigten Partei an, dass der Verletzer, der wusste oder vernünftigerweise hätte wissen müssen, dass er eine Patentverletzungshandlung vornahm, der geschädigten Partei zum Ausgleich des von ihr wegen der Verletzung erlittenen tatsächlichen Schadens angemessenen Schadenersatz zu leisten hat.

(2) Die geschädigte Partei ist soweit wie möglich in die Lage zu versetzen, in der sie sich ohne die Verletzung befunden hätte. Dem Verletzer darf kein Nutzen aus der Verletzung erwachsen. Der Schadenersatz hat jedoch keinen Strafcharakter.

(3) Bei der Festsetzung des Schadenersatzes verfährt das Gericht wie folgt:

a) Es berücksichtigt alle in Frage kommenden Aspekte, wie die negativen wirtschaftlichen Auswirkungen, einschließlich der Gewinneinbußen für die geschädigte Partei und der zu Unrecht erzielten Gewinne des Verletzers, sowie in geeigneten Fällen auch andere als wirtschaftliche Faktoren, wie den immateriellen Schaden für die geschädigte Partei, oder

b) es kann stattdessen in geeigneten Fällen den Schadenersatz als Pauschalbetrag festsetzen, und zwar auf der Grundlage von Faktoren wie mindestens dem Betrag der Vergütung oder Gebühr, die der Verletzer hätte entrichten müssen, wenn er die Erlaubnis zur Nutzung des betreffenden Patents eingeholt hätte.

(4) Für Fälle, in denen der Verletzer die Verletzungshandlung vorgenommen hat, ohne dass er dies wusste oder vernünftigerweise hätte wissen müssen, kann das Gericht die Herausgabe der Gewinne oder die Zahlung einer Entschädigung anordnen.

304   Im Zusammenhang mit Art 68 hat das Gericht auch Art 4 Abs 4 EPÜbersVO zu beachten (vgl Rn 109). Damit kann anders als sonst im geltenden Recht die **mangelnde Kenntnis des Inhalts** eines fremdsprachigen Patents bei den Rechtsfolgen einer Patentverletzung berücksichtigt werden.

305   Näher in der **Verfahrensordnung** Regeln 10, 126 EPGVerfO.

Artikel 69

306   **Artikel 69 Kosten des Rechtsstreits**

(1) Die Kosten des Rechtsstreits und sonstigen Kosten der obsiegenden Partei werden in der Regel, soweit sie zumutbar und angemessen sind, bis zu einer gemäß der Verfahrensordnung festgelegten Obergrenze von der unterlegenen Partei getragen, sofern Billigkeitsgründe dem nicht entgegenstehen.

(2) Obsiegt eine Partei nur teilweise oder liegen außergewöhnliche Umständen vor, so kann das Gericht anordnen, dass die Kosten nach Billigkeit verteilt werden oder die Parteien ihre Kosten selbst tragen.

(3) Eine Partei, die dem Gericht oder einer anderen Partei unnötige Kosten verursacht hat, soll diese tragen.

(4) Auf Antrag des Beklagten kann das Gericht anordnen, dass der Antragsteller für die Kosten des Rechtsstreits und sonstigen Kosten des Beklagten, die der Antragsteller möglicherweise tragen muss, angemessene Sicherheiten zu leisten hat, insbesondere in den in den Artikeln 59 bis 62 genannten Fällen.

307   Näher in der **Verfahrensordnung** Regeln 10, 157 und 158 EPGVerfO. Das Preparatory Committee hat neben den Gerichtsgebühren (Rn 34 und 309) im Februar 2016 auch die erstattungsfähigen Kosten der obsiegenden Partei vorläufig festgelegt.[107] Zu beachten sind weiterhin die „Guidelines" des Administrative Committee zu den Verfahrensgebühren.[108] Bis zu einem Streitwert von 250.000 EUR sind als Obergrenze der erstattungsfähigen Kosten bis zu 38.000 EUR vorgesehen, bis zu einem Streitwert von 1.000.000 EUR bis zu 112.000 EUR und oberhalb eines Streitwerts von 50 Millionen EUR bis zu 2 Millionen EUR.

Artikel 70

308   **Artikel 70 Gerichtsgebühren**

(1) Die Verfahrensparteien haben Gerichtsgebühren zu entrichten.

(2) Sofern in der Verfahrensordnung nicht anderweitig festgelegt, sind die Gerichtsgebühren im Voraus zu entrichten. Eine Partei, die eine vorgeschriebene Gerichtsgebühr nicht entrichtet hat, kann von der weiteren Beteiligung am Verfahren ausgeschlossen werden.

---

107 https://www.unified-patent-court.org/sites/default/files/agreed_and_final_r370_subject_to_legal_scrubbing_to_secretariat.pdf.

108 https://www.unified-patent-court.org/sites/default/files/guidelines_for_court_fees_and_recoverable_costs.pdf.

Die Höhe der **Gerichtsgebühren** wurde vom Preparatory Committee im Februar 2016 vorläufig festge- **309** legt und durch die Explanatory Note erläutert (Rn 34). Die Gerichtskosten sollen in beiden Instanzen eine feste Gebühr und eine streitwertabhängige Gebühr umfassen, die aber bei einem Streitwert von 50 Millionen EUR gedeckelt ist; die Deckelung kann vom Gericht in Grenzen verändert werden. Bei einem Streitwert von 1.000.000 EUR sollen die Gerichtsgebühren 4.000 EUR betragen, um bei einem Streitwert von über 50 Millionen EUR auf 325.00 EUR anzusteigen. Bei Nichtigkeitsklagen sind nur feste Gebühren vorgesehen. Für kleine und mittlere Unternehmen ist ein Gebührenerlass um 40% möglich.

Näher in der **Verfahrensordnung** Regel 15, 46 und 371 EPGVerfO. **310**

Artikel 71

Artikel 71 Prozesskostenhilfe **311**

(1) Ist eine Partei, die eine natürliche Person ist, außerstande, die Kosten des Verfahrens ganz oder teilweise zu bestreiten, so kann sie jederzeit Prozesskostenhilfe beantragen. Die Bedingungen für die Gewährung von Prozesskostenhilfe werden in der Verfahrensordnung festgelegt.

(2) Das Gericht entscheidet nach Maßgabe der Verfahrensordnung, ob die Prozesskostenhilfe ganz oder teilweise bewilligt oder versagt werden soll.

(3) Der Verwaltungsausschuss legt auf Vorschlag des Gerichts die Höhe der Prozesskostenhilfe und die Regeln für die diesbezügliche Kostentragung fest.

Näher in der **Verfahrensordnung** Regeln 15, 46 und Regeln 375–382 EPGVerfO. Prozesskostenhilfe ist **312** nur für natürliche Personen vorgesehen.

Artikel 72

Artikel 72 Verjährungsfrist **313**

Unbeschadet des Artikels 24 Absätze 2 und 3 können Klagen im Zusammenhang mit allen Formen der finanziellen Entschädigung nicht später als fünf Jahre, nachdem der Antragsteller von dem letzten Ereignis, das Veranlassung zur Klage bietet, Kenntnis erlangte oder vernünftigerweise hätte erlangen müssen, erhoben werden.

KAPITEL V – RECHTSMITTEL

Artikel 73

Artikel 73 Berufung **314**

(1) Eine Partei, die mit ihren Anträgen ganz oder teilweise unterlegen ist, kann beim Berufungsgericht innerhalb von zwei Monaten ab dem Tag, an dem die Entscheidung zugestellt worden ist, Berufung gegen eine Entscheidung des Gerichts erster Instanz einlegen.

(2) Eine Partei, die mit ihren Anträgen ganz oder teilweise unterlegen ist, kann gegen eine Anordnung des Gerichts erster Instanz beim Berufungsgericht Berufung einlegen, und zwar

a) bei den Anordnungen gemäß Artikel 49 Absatz 5 sowie den Artikeln 59 bis 62 und 67 innerhalb von 15 Kalendertagen nach Zustellung der Anordnung an den Antragsteller;

b) bei anderen als der unter Buchstabe a genannten Anordnungen

i) zusammen mit der Berufung gegen die Entscheidung oder

ii) wenn das Gericht die Berufung zulässt, innerhalb von 15 Tagen nach Zustellung der entsprechenden Entscheidung des Gerichts.

(3) Die Berufung gegen eine Entscheidung oder eine Anordnung des Gerichts erster Instanz kann auf rechtliche und tatsächliche Gesichtspunkte gestützt werden.

(4) Neue Tatsachen und neue Beweismittel können nur vorgelegt werden, wenn dies mit der Verfahrensordnung im Einklang steht und vernünftigerweise nicht davon ausgegangen werden konnte, dass die betreffende Partei diese Tatsachen und Beweismittel im Verfahren vor dem Gericht erster Instanz hätte vorlegen können.

Die Regelung in Abs 2 birgt **Probleme**.[109] **315**

Die **Präklusionsvorschriften** von Abs 4 stellen ein scharfes Instrument zur Verfahrensbeschleuni- **316** gung und -konzentrierung dar, auch wenn über das Wort „vernünftigerweise" Streit möglich ist. Wie im

---

109 Hierzu *Meier-Beck* GRUR 2014, 144.

Verfahren der ersten Instanz trägt im Berufungsverfahren der Berichterstatter eine große Aufgabenlast und Verantwortung (vgl Regel 239 EPGVerfO); Regeln 101–110 EPGVerfO sind mutatis mutandis anzuwenden.

317   Insgesamt zur Berufung in der **Verfahrensordnung** Regel 220–255 EPGVerfO; besonders Regeln 220, 222 und 224 EPGVerfO.

Artikel 74

318   **Artikel 74 Wirkung der Berufung**

(1) Die Berufung hat keine aufschiebende Wirkung, sofern das Berufungsgericht auf begründeten Antrag einer der Parteien nicht etwas anderes beschließt. In der Verfahrensordnung wird sichergestellt, dass ein solcher Beschluss unverzüglich gefasst wird.

(2) Ungeachtet des Absatzes 1 hat die Berufung gegen eine Entscheidung im Zusammenhang mit Klagen oder Widerklagen auf Nichtigerklärung und im Zusammenhang mit Klagen aufgrund von Artikel 32 Absatz 1 Buchstabe i stets aufschiebende Wirkung.

(3) Die Berufung gegen eine Anordnung gemäß Artikel 49 Absatz 5 oder den Artikeln 59 bis 62 oder 67 hindert nicht die Fortsetzung des Ausgangsverfahrens. Bis zu einer Entscheidung des Berufungsgerichts über die angefochtene Anordnung darf das Gericht erster Instanz jedoch keine Entscheidung im Ausgangsverfahren erlassen.

319   Näher in der **Verfahrensordung** Regel 223 EPGVerfO.

Artikel 75

320   **Artikel 75 Entscheidung über die Berufung und Zurückverweisung**

(1) Ist eine Berufung gemäß Artikel 73 begründet, so hebt das Berufungsgericht die Entscheidung des Gerichts erster Instanz auf und erlässt eine Endentscheidung. In Ausnahmefällen und im Einklang mit der Verfahrensordnung kann das Berufungsgericht die Sache an das Gericht erster Instanz zur Entscheidung zurückverweisen.

(2) Wird eine Sache gemäß Absatz 1 an das Gericht erster Instanz zurückverwiesen, so ist dieses an die rechtliche Beurteilung in der Entscheidung des Berufungsgerichts gebunden.

321   Näher in der **Verfahrensordnung** Regeln 242, 243 EPGVerfO.

KAPITEL VI – ENTSCHEIDUNGEN

Artikel 76

322   **Artikel 76 Entscheidungsgrundlage und rechtliches Gehör**

(1) Das Gericht entscheidet nach Maßgabe der von den Parteien gestellten Anträge und darf nicht mehr zusprechen, als beantragt ist.

(2) Sachentscheidungen dürfen nur auf Gründe, Tatsachen und Beweismittel gestützt werden, die von den Parteien vorgebracht oder auf Anordnung des Gerichts in das Verfahren eingebracht wurden und zu denen die Parteien Gelegenheit zur Stellungnahme hatten.

(3) Das Gericht würdigt die Beweise frei und unabhängig.

323   Nach Art 37 Satzung ist eine **Versäumnisentscheidung** auf Antrag möglich.

Artikel 77

324   **Artikel 77 Formerfordernisse**

(1) Die Entscheidungen und Anordnungen des Gerichts sind im Einklang mit der Verfahrensordnung zu begründen und schriftlich abzufassen.

(2) Die Entscheidungen und Anordnungen des Gerichts werden in der Verfahrenssprache abgefasst.

325   Näher in der **Verfahrensordnung** Regel 118 EPGVerfO.

Artikel 78

Artikel 78 Entscheidungen des Gerichts und abweichende Meinungen   326

(1) Die Entscheidungen und Anordnungen des Gerichts trifft der Spruchkörper mit Mehrheit nach Maßgabe der Satzung. Bei Stimmengleichheit ist die Stimme des vorsitzenden Richters ausschlaggebend.

(2) In Ausnahmefällen kann jeder Richter des Spruchkörpers eine abweichende Meinung getrennt von der Entscheidung des Gerichts zum Ausdruck bringen.

Näher Art 35 und 36 Satzung. Art 34 Satzung regelt zudem das **Beratungsgeheimnis**.   327

Ob die Formulierung von Abs 2 („in Ausnahmefällen") disziplinierende Wirkung haben soll oder ob   328
sie das Vertrauen auf ohnehin ganz überwiegend einstimmig gefasste Entscheidungen ausdrücken soll,
muss offen bleiben. Die Veröffentlichung einer **abweichenden Meinung** (Sondervotum) ist in Deutschland nur bei den Verfassungsgerichten des Bunds und der Länder und der Schiedsgerichtsbarkeit zulässig;
anders im angelsächsischen Recht.

Artikel 79

Artikel 79 Vergleich   329

Die Parteien können im Laufe des Verfahrens jederzeit ihren Rechtsstreit im Wege eines Vergleichs beenden,
der durch eine Entscheidung des Gerichts bestätigt wird. Ein Patent kann jedoch durch einen Vergleich weder für
nichtig erklärt noch beschränkt werden.

Näher in der **Verfahrensordnung** Regeln 11 und 365 EPGVerfO.   330

Artikel 80

Artikel 80 Veröffentlichung von Entscheidungen   331

Das Gericht kann auf Antrag des Antragstellers und auf Kosten des Verletzers geeignete Maßnahmen zur Verbreitung von Informationen über die betreffende Entscheidung des Gerichts einschließlich der Bekanntmachung der
Entscheidung sowie ihrer vollständigen oder teilweisen Veröffentlichung in den Medien anordnen.

Artikel 81

Artikel 81 Wiederaufnahme des Verfahrens   332

(1) Nach einer Endentscheidung des Gerichts kann das Berufungsgericht ausnahmsweise einem Antrag auf
Wiederaufnahme des Verfahrens stattgeben, wenn

a) die die Wiederaufnahme beantragende Partei einer Tatsache von entscheidender Bedeutung gewahr wird,
die der Wiederaufnahme beantragenden Partei vor Verkündung der Entscheidung unbekannt war; einem solchen Antrags darf nur wegen einer Handlung stattgegeben werden, die durch eine Endentscheidung eines nationalen Gerichts als Straftat qualifiziert wurde, oder

b) eingrundlegender Verfahrensfehler vorliegt, insbesondere wenn einem nicht vor Gericht erschienenen Beklagten das verfahrenseinleitende Schriftstück oder ein gleichwertiges Schriftstück nicht so rechtzeitig und in einer
Weise zugestellt worden ist, dass er sich verteidigen konnte.

(2) Der Wiederaufnahmeantrag ist binnen zehn Jahren ab dem Zeitpunkt der Entscheidung, spätestens jedoch zwei Monate ab dem Zeitpunkt des Bekanntwerdens der neuen Tatsache oder des Verfahrensfehlers einzureichen. Ein solcher Antrag hat keine aufschiebende Wirkung, es sei denn, das Berufungsgericht entscheidet anders.

(3) Im Einklang mit der Verfahrensordnung hebt das Berufungsgericht die zu überprüfende Entscheidung ganz
oder teilweise auf und ordnet die Wiederaufnahme des Verfahrens zur neuen Verhandlung und Entscheidung an,
wenn der Wiederaufnahmeantrag begründet ist.

(4) Personen, die in gutem Glauben Patente nutzen, die Gegenstand einer zu überprüfenden Entscheidung
sind, soll gestattet werden, die Patente auch weiterhin zu nutzen.

Näher in der **Verfahrensordnung** Regeln 245, 251, 252 und 255 EPGVerfO.   333

Artikel 82

334 **Artikel 82 Vollstreckung der Entscheidungen und Anordnungen**

(1) Die Entscheidungen und Anordnungen des Gerichts sind in allen Vertragsmitgliedstaaten vollstreckbar. Eine Anordnung zur Vollstreckung einer Entscheidung wird der Entscheidung des Gerichts beigefügt.

(2) Gegebenenfalls kann die Vollstreckung einer Entscheidung davon abhängig gemacht werden, dass eine Sicherheit oder gleichwertige Garantien gestellt werden, die insbesondere im Falle von Verfügungen eine Entschädigung für erlittenen Schaden sicherstellen.

(3) Unbeschadet dieses Übereinkommens und der Satzung unterliegt das Vollstreckungsverfahren dem Recht des Vertragsmitgliedstaates, in dem die Vollstreckung erfolgt. Entscheidungen des Gerichts werden unter den gleichen Bedingungen vollstreckt wie Entscheidungen, die in dem Vertragsmitgliedstaat, in dem die Vollstreckung erfolgt, ergangen sind.

(4) Leistet eine Partei einer Anordnung des Gerichts nicht Folge, so kann sie mit an das Gericht zu zahlenden Zwangsgeldern belegt werden. Das einzelne Zwangsgeld muss im angemessenen Verhältnis zu der Bedeutung der zu vollstreckenden Anordnung stehen und lässt das Recht der Partei, Schadenersatz oder eine Sicherheit zu fordern, unberührt.

335 Näher in der **Verfahrensordnung** Regel 354 EPGVerfO.

TEIL IV – ÜBERGANGSBESTIMMUNGEN

Artikel 83

336 **Artikel 83 Übergangsregelung**

(1) Während einer Übergangszeit von sieben Jahren nach dem Inkrafttreten dieses Übereinkommens können Klagen wegen Verletzung bzw. auf Nichtigerklärung eines europäischen Patents oder Klagen wegen Verletzung bzw. auf Nichtigerklärung eines ergänzenden Schutzzertifikats, das zu einem durch ein europäisches Patent geschützten Erzeugnis ausgestellt worden ist, weiterhin bei nationalen Gerichten oder anderen zuständigen nationalen Behörden erhoben werden.

(2) Klagen, die am Ende der Übergangszeit vor einem nationalen Gericht anhängig sind, werden durch den Ablauf der Übergangszeit nicht berührt.

(3) Ist noch keine Klage vor dem Gericht erhoben worden, so kann ein Inhaber oder Anmelder eines europäischen Patents, das vor Ablauf der Übergangszeit nach Absatz 1 und gegebenenfalls Absatz 5 erteilt oder beantragt worden ist, sowie ein Inhaber eines ergänzenden Schutzzertifikats, das zu einem durch ein europäisches Patent geschützten Erzeugnis erteilt worden ist, die ausschließliche Zuständigkeit des Gerichts ausschließen. Zu diesem Zweck muss er der Kanzlei spätestens einen Monat vor Ablauf der Übergangszeit eine Mitteilung über die Inanspruchnahme dieser Ausnahmeregelung zukommen lassen. Die Inanspruchnahme der Ausnahmeregelung wird mit der Eintragung der entsprechenden Mitteilung in das Register wirksam.

(4) Sofern noch keine Klage vor einem nationalen Gericht erhoben worden ist, können Inhaber oder Anmelder europäischer Patente oder Inhaber ergänzender Schutzzertifikate, die zu einem durch ein europäisches Patent geschützten Erzeugnis erteilt worden sind, die die Ausnahmeregelung nach Absatz 3 in Anspruch genommen haben, jederzeit von dieser Ausnahmeregelung zurücktreten. In diesem Fall setzen sie die Kanzlei davon in Kenntnis. Der Verzicht auf die Inanspruchnahme der Ausnahmeregelung wird mit der Eintragung der entsprechenden Mitteilung in das Register wirksam.

(5) Fünf Jahre nach dem Inkrafttreten dieses Übereinkommens führt der Verwaltungsausschuss eine eingehende Konsultation der Nutzer des Patentsystems und eine Erhebung durch, um die Zahl der europäischen Patente und der ergänzenden Schutzzertifikate, die zu einem durch ein europäisches Patent geschützten Erzeugnis erteilt worden sind, derentwegen weiterhin nach Absatz 1 Klagen wegen Verletzung oder auf Nichtigerklärung bei den nationalen Gerichten erhoben werden, die Gründe dafür und die damit verbundenen Auswirkungen zu ermitteln. Auf Grundlage dieser Konsultation und einer Stellungnahme des Gerichts kann der Verwaltungsausschuss beschließen, die Übergangszeit um bis zu sieben Jahre zu verlängern.

337 Art 83 enthält die sog **Opt-out**-Regelungen. Sie gelten nur für **europäische Bündelpatente**, die nach Art 3 Buchst c und d an sich vom Geltungsbereich des EPGÜ umfasst sind, bei denen aber aus Gründen des Vertrauensschutzes die Möglichkeit eröffnet wird, für eine Übergangszeit die Zuständigkeit des EPG auszuschließen.

338 Die **Übergangszeit** beträgt sieben Jahre nach dem Inkrafttreten des Übk (Abs 1) und kann einmalig um bis zu weitere sieben Jahre verlängert werden (Abs 5).

339 Für erteilte **Einheitspatente** gibt es keine Opt-out-Möglichkeiten, weder für den Inhaber noch für einen möglichen Kläger (Nichtigkeit, Verletzung).

Abs 1 und 2 geben die (nicht-förmliche) Opt-out-Möglichkeit bei **Klagen** auf Verletzung oder auf Nich-   **340**
tigkeit hinsichtlich von eur Patenten und von Schutzzertifikaten. Klagen können bei den bisher zuständigen nationalen Gerichten (oder einer anderen zuständigen nationalen Behörde) erhoben werden. Der Ablauf der Übergangszeit ändert nichts an der Zuständigkeit des gewählten nationalen Gerichts (oder
nationalen Behörde).

Nach seinem Wortlaut ist Abs 1 auf Klagen wegen Nichtigkeit und Verletzung beschränkt; die anderen   **341**
Klagearten von Art 32 Abs 1 dürften aber ebenfalls dem Opt-out nach Abs 1 zugänglich sein (fraglich bei
negativen Feststellungsklagen nach Art 32 Abs 1 Buchst b). Ein Forum-Shopping zwischen nationalen
Gerichten und dem EPG erscheint möglich (keine Blockadewirkung für nachfolgende Klagen).[110]

Abs 3 eröffnet die Möglichkeit, durch ein förmliches Opt-out die **Zuständigkeit des EPG** für ein   **342**
Bündelpatent oder ein Schutzzertifikat durch Mitteilung an die Kanzlei **auszuschließen**, allerdings nur
dann, wenn noch keine Klage beim EPG erhoben worden ist (Abs 3); es gibt jederzeit die Möglichkeit für
ein Opt-in (Abs 4), wiederum durch Mitteilung an die Kanzlei des EPG. Beide Mitteilungen werden erst
mit Eintragung ins Register wirksam. Nach Regel 5.13 EPGVerfO kann die Mitteilung über das Opt-out
schon vor dem Inkrafttreten des Übk abgegeben werden, so dass die Registereintragung mit dem Inkrafttreten des Übk als erfolgt gilt. Offen ist, ob ein einmal erklärtes Opt-out für die ganze Lebenszeit
eines Patents oder Schutzzertifikats gilt, oder ob das Opt-out mit dem Ende der Übergangszeit endet.
Das Opt-out muss spätestens einen Monat vor Ablauf der Übergangszeit der Kanzlei mitgeteilt worden
sein.

Die Opt-out-**Gebühr** sollte nach Regel 5 Abs 5 und Regel 370 EPGVerfO 80 EUR betragen.[111] Die   **343**
Rechtsgrundlage für diese Gebühr war aber mehr als fraglich und die geplante Gebühr wird aufgrund des
Konsultationsverfahrens mit Beschluss des Preparatory Committee vom Februar 2016 voraussichtlich
fallengelassen werden.[112]

Das Opt-out hat nach Auffassung des Preparatory Committee zur Folge, dass für das Patent oder   **344**
Schutzzertifikat wie bisher nationales Recht anzuwenden ist und nicht das EPGÜ (str).[113] Die **unterschiedlichen Rechtsauffassungen** werden sich in der Praxis aber nicht in wesentlichem Umfang auswirken.

Näher zum Opt-out in der **Verfahrensordnung** in Regeln 5 und 260 EPGVerfO.   **345**

TEIL V – SCHLUSSBESTIMMUNGEN

Artikel 84

Artikel 84 Unterzeichnung, Ratifikation und Beitritt   **346**
    (1) Dieses Übereinkommen liegt für alle Mitgliedstaaten am 19. Februar 2013 zur Unterzeichnung auf.
    (2) Dieses Übereinkommen bedarf der Ratifikation nach Maßgabe der jeweiligen verfassungsrechtlichen Erfor-
dernisse der Mitgliedstaaten. Die Ratifikationsurkunden werden beim Generalsekretariat des Rates der Europäischen Union (im Folgenden „Verwahrer") hinterlegt.
    (3) Jeder Mitgliedstaat, der dieses Übereinkommen unterzeichnet hat, notifiziert der Europäischen Kommissi-
on seine Ratifikation des Übereinkommens zum Zeitpunkt der Hinterlegung seiner Ratifikationsurkunde gemäß Artikel 18 Absatz 3 der Verordnung (EU) Nr. 1257/2012.
    (4) Dieses Übereinkommen steht allen Mitgliedstaaten zum Beitritt offen. Die Beitrittsurkunden werden beim
Verwahrer hinterlegt.

---

110   Vgl *Schröer* GRUR Int 2013, 1102.
111   Preparatory Committee for the Unified Patent Court, Consultation Document May 2015, Rules on Court fees and
recoverable costs http://www.unified-patent-court.org/images/documents/court_fees_and_recoverable_costs_
consultation.pdf.
112   https://www.unified-patent-court.org/sites/default/files/agreed_and_final_r370_subject_to_legal_scrubbing_
to_secretariat.pdf, S 17.
113   http://www.unified-patent-court.org/news/71-interpretative-note-consequences-of-the-application-of-%20section-
83-upca; so auch der dt RefE zur Anpassung patentrechtlicher Vorschriften, http://www.bmjv.de/SharedDocs/
Gesetzgebungsverfahren/Dokumente/RefE_Begleitgesetz_EuropaeischePatentreform.pdf?__blob=publicationFile&v=3,
S 25; aA *Nieder* GRUR 2014, 627; *Nieder* GRUR 2014, 955; *Tilmann* Mitt 2014, 58, die auf die Anwendbarkeit der
materiellrechtl Normen in Art 25 – 30 EPGÜ hinweisen, auch beim Opt-out nach Abs 1.

347 Nach Abs 2 ist das EPGÜ in nationales Recht umzusetzen (**Ratifikation**); hierzu gibt es den dt RefE (Rn 13).[114]

Artikel 85

348 **Artikel 85 Aufgaben des Verwahrers**

(1) Der Verwahrer erstellt beglaubigte Abschriften dieses Übereinkommens und übermittelt sie den Regierungen aller Mitgliedstaaten, die das Übereinkommen unterzeichnen oder ihm beitreten.

(2) Der Verwahrer notifiziert den Regierungen der Mitgliedstaaten, die das Übereinkommen unterzeichnen oder ihm beitreten,

a) jede Unterzeichnung;

b) die Hinterlegung jeder Ratifikations- oder Beitrittsurkunde;

c) den Zeitpunkt des Inkrafttretens dieses Übereinkommens.

(3) Der Verwahrer lässt dieses Übereinkommen beim Sekretariat der Vereinten Nationen registrieren.

Artikel 86

349 **Artikel 86 Geltungsdauer des Übereinkommens**

Dieses Übereinkommen wird auf unbegrenzte Zeit geschlossen.

Artikel 87

350 **Artikel 87 Revision des Übereinkommens**

(1) Entweder sieben Jahre nach Inkrafttreten dieses Übereinkommens oder sobald 2000 Verletzungsverfahren vom Gericht entschieden worden sind – je nachdem, was später eintritt – und sofern erforderlich in der Folge in regelmäßigen Abständen, führt der Verwaltungsausschuss eine eingehende Konsultation der Nutzer des Patentsystems durch, die folgenden Aspekten gewidmet ist: Arbeitsweise, Effizienz und Kostenwirksamkeit des Gerichts sowie Vertrauen der Nutzer des Patentsystems in die Qualität der Entscheidungen des Gerichts. Auf Grundlage dieser Konsultation und einer Stellungnahme des Gerichts kann der Verwaltungsausschuss beschließen, dieses Übereinkommen zu überarbeiten, um die Arbeitsweise des Gerichts zu verbessern.

(2) Der Verwaltungsausschuss kann dieses Übereinkommen ändern, um es mit einem internationalen Vertrag auf dem Gebiet des Patentwesens oder mit dem Unionsrecht in Einklang zu bringen.

(3) Ein aufgrund der Absätze 1 und 2 gefasster Beschluss des Verwaltungsausschusses wird nicht wirksam, wenn ein Vertragsmitgliedstaat binnen zwölf Monaten ab dem Zeitpunkt des Beschlusses auf Grundlage seiner einschlägigen nationalen Entscheidungsverfahren erklärt, dass er nicht durch den Beschluss gebunden sein will. In diesem Fall wird eine Überprüfungskonferenz der Vertragsmitgliedstaaten einberufen.

351 Die Möglichkeit einer **Kündigung** des Übk ist nicht vorgesehen. Lediglich das Verlassen der EU durch einen der Vertragsmitgliedsstaaten (s die gegenwärtige Situation im VK) kommt in der Wirkung einer Kündigung des Abkommens gleich.

Artikel 88

352 **Artikel 88 Sprachen des Übereinkommens**

(1) Dieses Übereinkommen ist in einer Urschrift in deutscher, englischer und französischer Sprache abgefasst, wobei jeder Wortlaut gleichermaßen verbindlich ist.

(2) Die in anderen als den in Absatz 1 genannten Amtssprachen von Vertragsmitgliedstaaten erstellten Wortlaute dieses Übereinkommens werden als amtliche Fassungen betrachtet, wenn sie vom Verwaltungsausschuss genehmigt wurden. Bei Abweichungen zwischen den verschiedenen Wortlauten sind die in Absatz 1 genannten Wortlaute maßgebend.

353 Die durchgängige inhaltliche **Übereinstimmung** der drei Sprachfassungen des Übk ist bezweifelt worden.[115]

---

114 Vgl *McGuire* Mitt 2015, 537 Fn 39 und http://www.bmjv.de/SharedDocs/Gesetzgebungsverfahren/Dokumente/ RefE_Uebereinkommen_EinheitlichesPatentgericht.pdf?__blob=publicationFile&v=2.

115 *Meier-Beck* GRUR 2014, 144 in der sehr umfänglichen Fn 1, erläutert anhand der Rechtsbegriffe „Berufung/appeal" und „Unterlassungsanspruch/permanent injunction".

Artikel 89

Artikel 89 Inkrafttreten

(1) Dieses Übereinkommen tritt am 1. Januar 2014 in Kraft oder am ersten Tag des vierten Monats nach Hinterlegung der dreizehnten Ratifikations- oder Beitrittsurkunde gemäß Artikel 84, einschließlich der Hinterlegung durch die drei Mitgliedstaaten, in denen es im Jahr vor dem Jahr der Unterzeichnung des Übereinkommens die meisten geltenden europäischen Patente gab, oder am ersten Tag des vierten Monats nach dem Inkrafttreten der Änderungen der Verordnung (EU) Nr. 1215/2012, die das Verhältnis zwischen jener Verordnung und diesem Übereinkommen betreffen, je nachdem, welcher Zeitpunkt der späteste ist.

(2) Jede Ratifikation bzw. jeder Beitritt nach Inkrafttreten dieses Übereinkommens wird am ersten Tag des vierten Monats nach Hinterlegung der Ratifikations- oder Beitrittsurkunde wirksam.

Zu Urkunde dessen haben die hierzu gehörig befugten Unterzeichneten dieses Übereinkommen unterzeichnet.

Geschehen zu Brüssel am 19. Februar 2013 in einer Urschrift in deutscher, englischer und französischer Sprache, wobei jeder Wortlaut gleichermaßen verbindlich ist; die Urschrift wird im Archiv des Generalsekretariats des Rates der Europäischen Union hinterlegt.

Mit dem **Inkrafttreten** des Übk tritt zugleich das European Patent Package in Kraft.

E. Ausblick

Das European Patent Package ist inzwischen in einem so weit **fortgeschrittenen Zustand**, dass ein Scheitern des Gesamtunternehmens fast ausgeschlossen werden kann. Ob es ein Erfolg werden wird, dürfte sich aber erst nach etwa fünfzehn bis fünfundzwanzig Jahren ab Inkrafttreten sagen lassen. Das zeigen die Erfahrungen mit anderen internat Übereinkommen wie dem EPÜ und besonders dem PCT. Das Nebeneinander der Rechtsprechung der nationalen Gerichte, des EPA und des EPG wird sich dann etabliert haben. Die große Unsicherheit über die komplizierte Anwendung diverser Rechtsvorschriften und über die Rolle des EuGH wird ebenso der Vergangenheit angehören, wie das Opt-out und die jetzt noch sehr berechtigte Sorge über die Qualifikation der Richter des EPG. Bis dahin werden auch die ergänzenden Schutzzertifikate und die pädiatrischen Verlängerungen befriedigend geregelt sein. Das System wird dann funktionieren. Ein Brexit würde das EinhP in seiner Bedeutung schmälern, so wie auch den Einfluss der angelsächsischen Rechtstradition auf die Rechtsentwicklung beim EinhP.

Dzt ist aber festzustellen, dass die Absicht, ein einfach zugängliches und kostengünstigeres Patentrecht für die EU, dh konkret für die Vertragsmitgliedstaaten bereitzustellen (EPVO, Erwägungsgrund 4), als ambitioniert, aber als eher nicht erreicht zu bezeichnen ist. Die schwierige und äußerst ungewöhnliche Konstruktion des European Patent Package ist zwar vielfältigen politischen und sonstigen **Kompromissen** geschuldet, dass sie aber zu einer Vereinheitlichung oder Vereinfachung des Patentwesens auf eur Ebene geführt hätte, lässt sich nicht mit gutem Gewissen sagen. Der Europaabgeordnete *Berlinguer* sprach von „juristische(n) Kühnheiten und salti mortali" beim System des einheitlichen Patentschutzes, verband das aber letztlich mit der Zuversicht auf Gelingen.[116]

Sorge bereitet neben der Kompliziertheit des Systems die **Kostenfrage**. Schon die jetzt festgelegten Jahresgebühren sind hoch (True Top 4) und im Vergleich mit dem eur Bündelpatent in vielen Fällen zu hoch. Die Kostenfrage bei den Jahresgebühren entzieht sich allerdings simplifizierenden Feststellungen, die allenfalls im politischen Bereich hinnehmbar sind.[117] Die Übersetzungskosten sind seit dem Londoner Abkommen[118] gesunken und je nach benannten Mitgliedstaaten unterschiedlich, also in allg Form nicht zu beziffern. Ebenso wenig lassen sich die jeweiligen Jahresgebühren in allg verbindlicher Form bestimmen, die beim eur Bündelpatent ja direkt von der Zahl der vorgenommenen Validierungen abhängen und immer auch vom Zeitraum der Aufrechterhaltung.[119] Jeder Fall kann anders liegen und andere Zahlen ergeben.

354

355

356

357

358

---

116 Zitiert nach *Eck* GRUR Int 2014, 114, 118 und Fn 48.

117 Eine Ermäßigung von 78% proklamiert das EPA in https://www.epo.org/news-issues/news/2015/20150624_de. html für die Jahresgebühren. Dagegen eine unabhängige Berechnung: http://www.cohausz-florack.de/en/press/press-releases/eu-patent-kostenreduzierungen-deutlich-uebertrieben/.

118 ABl EPA 2001, 549; BlPMZ 2004, 55.

119 Vgl *Teschemacher* Mitt 2013, 153, 156, 157.

Schwerwiegender im konkreten Fall eines Rechtsstreits sind aber die Gerichtskosten und die Kosten der Vertretung (die bei der unterliegenden Partei ja doppelt anfallen), zumal wenn beim EinhP viel häufiger als bisher via Nichtigkeitswiderklage der Umfang und die Komplexität der Verfahren entspr ansteigt. Erste Kostenanalysen zeigen, dass bei einem Rechtsstreit das neue System dramatisch höhere Gesamtkosten verursacht, verglichen mit den Kosten dzt in Deutschland.[120] Deutschland als Vergleichsmaßstab zu nehmen ist sinnvoll, denn in Deutschland werden viele Verfahren geführt, deren Ausgang sich oft genug als präjudizierend für andere Länder herausstellt und dort weitere Verfahren entbehrlich macht. Wenn sich aber nunmehr Kosten im Millionenbereich ergeben, fünf- bis zehnmal höher als bisher in Deutschland, ist das sehr bedenklich. Alle beteiligten Firmen werden dadurch stark belastet. ZB können auch wirtschaftlich gesunde kleine und mittlere Unternehmen in die Knie gezwungen werden bzw nach einem der Geschäftsmodelle von Trollen zu ungerechtfertigten Vergleichen genötigt werden; dabei gilt diesen Unternehmen die besondere Aufmerksamkeit der Kommission (s Erwägungsgründe des EPGÜ); ob die vorgesehenen Ausnahmeregelungen (s geplante Regel 370 EPGVerfO und Kompensationssystem bei Übersetzungen) hinreichen werden, bleibe dahingestellt. Die Gebührenpolitik wird einen wichtigen Erfolgsfaktor für das European Patent Package darstellen. Der nationale Weg ermöglicht immer noch ein Ausweichen und kann unter – jeweils neu zu bestimmenden – Umständen auch den besseren Weg darstellen.

---

120 *Hüttermann* Vortrag beim VPP in Köln am 23.10.2015, Folien 33–40, s VPP-Rdbr 2016, 1.

ANHANG

Anlage zu § 2 Abs. 1 PatKostG (Gebührenverzeichnis) (Auszug)

Nr.	Gebührentatbestand	Gebühr in Euro

A. Gebühren des Deutschen Patent- und Markenamts

(1) Sind für eine elektronische Anmeldung geringere Gebühren bestimmt als für eine Anmeldung in Papierform, werden die geringeren Gebühren nur erhoben, wenn die elektronische Anmeldung nach der jeweiligen Verordnung des Deutschen Patent- und Markenamts zulässig ist.

(2) Die Gebühren Nummer 313600, 323100, 331600, 333000, 333300 und 362100 werden für jeden Antragsteller gesondert erhoben.

I. Patentsachen

1. Erteilungsverfahren

Anmeldeverfahren

Nationale Anmeldung (§ 34 PatG)
- bei elektronischer Anmeldung

Nr.		Gebühr
311000	– die bis zu zehn Patentansprüche enthält	40
311050	– die mehr als zehn Patentansprüche enthält: Die Gebühr 311000 erhöht sich für jeden weiteren Anspruch um jeweils	
311100	– bei Anmeldung in Papierform: Die Gebühren 311000 und 311050 erhöhen sich jeweils auf das 1,5fache.	

Internationale Anmeldung (Artikel III § 4 Abs. 2 Satz 1 IntPatÜbkG)

Nr.		Gebühr
311150	– die bis zu zehn Patentansprüche enthält	60
311160	die mehr als zehn Patentansprüche enthält: Die Gebühr 311150 erhöht sich für jeden weiteren Anspruch um jeweils	
311200	Recherche (§ 43 PatG)	300

Prüfungsverfahren (§ 44 PatG)

Nr.		Gebühr
311300	– wenn ein Antrag nach § 43 PatG bereits gestellt worden ist	150
311400	– wenn ein Antrag nach § 43 PatG nicht gestellt worden ist	350
311500	Anmeldeverfahren für ein ergänzendes Schutzzertifikat (§ 49a PatG)	300

Verlängerung der Laufzeit eines ergänzenden Schutzzertifikats (§ 49a Abs. 3 PatG)

Nr.		Gebühr
311600	– wenn der Antrag zusammen mit dem Antrag auf Erteilung des ergänzenden Schutzzertifikats gestellt wird	100
311610	– wenn der Antrag nach dem Antrag auf Erteilung des ergänzenden Schutzzertifikats gestellt wird	200

2. Aufrechterhaltung eines Patents oder einer Anmeldung

Jahresgebühren gem. § 17 Abs. 1 PatG

Nr.		Gebühr
312030	für das 3. Patentjahr	70
312031	– bei Lizenzbereitschaftserklärung (§ 23 Abs. 1 PatG)	35
312032	– Verspätungszuschlag (§ 7 Abs. 1 Satz 2)	50
312040	für das 4. Patentjahr	70
312041	– bei Lizenzbereitschaftserklärung (§ 23 Abs. 1 PatG)	35
312042	– Verspätungszuschlag (§ 7 Abs. 1 Satz 2)	50
312050	für das 5. Patentjahr	90
312051	– bei Lizenzbereitschaftserklärung (§ 23 Abs. 1 PatG)	45
312052	– Verspätungszuschlag (§ 7 Abs. 1 Satz 2)	50
312060	für das 6. Patentjahr	130
312061	– bei Lizenzbereitschaftserklärung (§ 23 Abs. 1 PatG)	65
312062	– Verspätungszuschlag (§ 7 Abs. 1 Satz 2)	50
312070	für das 7. Patentjahr	180
312071	– bei Lizenzbereitschaftserklärung (§ 23 Abs. 1 PatG)	90
312072	– Verspätungszuschlag (§ 7 Abs. 1 Satz 2)	50

Nr.	Gebührentatbestand	Gebühr in Euro
312080	für das 8. Patentjahr	240
312081	– bei Lizenzbereitschaftserklärung (§ 23 Abs. 1 PatG)	120
312082	– Verspätungszuschlag (§ 7 Abs. 1 Satz 2)	50
312090	für das 9. Patentjahr	290
312091	– bei Lizenzbereitschaftserklärung (§ 23 Abs. 1 PatG)	145
312092	– Verspätungszuschlag (§ 7 Abs. 1 Satz 2)	50
312100	für das 10. Patentjahr	350
312101	– bei Lizenzbereitschaftserklärung (§ 23 Abs. 1 PatG)	175
312102	– Verspätungszuschlag (§ 7 Abs. 1 Satz 2)	50
312110	für das 11. Patentjahr	470
312111	– bei Lizenzbereitschaftserklärung (§ 23 Abs. 1 PatG)	235
312112	– Verspätungszuschlag (§ 7 Abs. 1 Satz 2)	50
312120	für das 12. Patentjahr	620
312121	– bei Lizenzbereitschaftserklärung (§ 23 Abs. 1 PatG)	310
312122	– Verspätungszuschlag (§ 7 Abs. 1 Satz 2)	50
312130	für das 13. Patentjahr	760
312131	– bei Lizenzbereitschaftserklärung (§ 23 Abs. 1 PatG)	380
312132	– Verspätungszuschlag (§ 7 Abs. 1 Satz 2)	50
312140	für das 14. Patentjahr	910
312141	– bei Lizenzbereitschaftserklärung (§ 23 Abs. 1 PatG)	455
312142	– Verspätungszuschlag (§ 7 Abs. 1 Satz 2)	50
312150	für das 15. Patentjahr	1 060
312151	– bei Lizenzbereitschaftserklärung (§ 23 Abs. 1 PatG)	530
312152	– Verspätungszuschlag (§ 7 Abs. 1 Satz 2)	50
312160	für das 16. Patentjahr	1 230
312161	– bei Lizenzbereitschaftserklärung (§ 23 Abs. 1 PatG)	615
312162	– Verspätungszuschlag (§ 7 Abs. 1 Satz 2)	50
312170	für das 17. Patentjahr	1 410
312171	– bei Lizenzbereitschaftserklärung (§ 23 Abs. 1 PatG)	705
312172	– Verspätungszuschlag (§ 7 Abs. 1 Satz 2)	50
312180	für das 18. Patentjahr	1 590
312181	– bei Lizenzbereitschaftserklärung (§ 23 Abs. 1 PatG)	795
312182	– Verspätungszuschlag (§ 7 Abs. 1 Satz 2)	50
312190	für das 19. Patentjahr	1 760
312191	– bei Lizenzbereitschaftserklärung (§ 23 Abs. 1 PatG)	880
312192	– Verspätungszuschlag (§ 7 Abs. 1 Satz 2)	50
312200	für das 20. Patentjahr	1 940
312201	– bei Lizenzbereitschaftserklärung (§ 23 Abs. 1 PatG)	970
312202	– Verspätungszuschlag (§ 7 Abs. 1 Satz 2)	50
	Zahlung der 3. bis 5. Jahresgebühr bei Fälligkeit der 3. Jahresgebühr:	
312205	Die Gebühren 312.030 bis 312.050 ermäßigen sich auf	200
312206	– bei Lizenzbereitschaftserklärung (§ 23 Abs. 1 PatG)	100
312207	– Verspätungszuschlag (§ 7 Abs. 1 Satz 2)	50
	Jahresgebühren gem. § 16a PatG	
312210	für das 1. Jahr des ergänzenden Schutzes	2 650
312211	– bei Lizenzbereitschaftserklärung (§ 23 Abs. 1 PatG)	1 325
312212	– Verspätungszuschlag (§ 7 Abs. 1 Satz 2)	50
312220	für das 2. Jahr des ergänzenden Schutzes	2 940
312221	– bei Lizenzbereitschaftserklärung (§ 23 Abs. 1 PatG)	1 470
312222	– Verspätungszuschlag (§ 7 Abs. 1 Satz 2)	50
312230	für das 3. Jahr des ergänzenden Schutzes	3 290
312231	– bei Lizenzbereitschaftserklärung (§ 23 Abs. 1 PatG)	1 645
312232	– Verspätungszuschlag (§ 7 Abs. 1 Satz 2)	50
312240	für das 4. Jahr des ergänzenden Schutzes	3 650
312241	– bei Lizenzbereitschaftserklärung (§ 23 Abs. 1 PatG)	1 825
312242	– Verspätungszuschlag (§ 7 Abs. 1 Satz 2)	50
312250	für das 5. Jahr des ergänzenden Schutzes	4 120
312251	– bei Lizenzbereitschaftserklärung (§ 23 Abs. 1 PatG)	2 060
312252	– Verspätungszuschlag (§ 7 Abs. 1 Satz 2)	50

Nr.	Gebührentatbestand	Gebühr in Euro
312260	– für das 6. Jahr des ergänzenden Schutzes	4 520
312261	– bei Lizenzbereitschaftserklärung (§ 23 Abs. 1 PatG)	2 260
312262	– Verspätungszuschlag (§ 7 Abs. 1 Satz 2)	50

3. Sonstige Anträge

313000	– Weiterbehandlungsgebühr (§ 123a PatG)	100
	Erfindervergütung	
313200	– Festsetzungsverfahren (§ 23 Abs. 4 PatG)	60
313300	– Verfahren bei Änderung der Festsetzung (§ 23 Abs. 5 PatG)	120
	Recht zur ausschließlichen Benutzung der Erfindung	
313400	– Eintragung der Einräumung (§ 30 Abs. 4 Satz 1 PatG)	25
313500	– Löschung dieser Eintragung (§ 30 Abs. 4 Satz 3 PatG)	25
313600	Einspruchsverfahren (§ 59 Abs. 1 und Abs. 2 PatG)	200
313700	Beschränkungs- oder Widerrufsverfahren (§ 64 PatG)	120
	Veröffentlichung von Übersetzungen oder berichtigten Übersetzungen	
313800	– der Patentansprüche europäischer Patentanmeldungen (Artikel II § 2 Abs. 1 Int-PatÜbkG)	
313810	– der Patentansprüche europäischer Patentanmeldungen, in denen die Vertragsstaaten der Vereinbarung über Gemeinschaftspatente benannt sind (Artikel 4 Abs. 2 Satz 2 des Zweiten Gesetzes über das Gemeinschaftspatent)	
313820	*– europäischer Patentschriften (Artikel II § 3 Abs. 1, Abs. 4 IntPatÜbkG)*	*150**
313900	Übermittlung der internationalen Anmeldung (Artikel III § 1 Abs. 2 IntPatÜbkG)	90

4. Anträge im Zusammenhang mit der Erstreckung gewerblicher Schutzrechte

314100	Veröffentlichung von Übersetzungen oder berichtigten Übersetzungen von ererstreckten Patenten (§ 8 Abs. 1 und 3 ErstrG)	150
314200	Recherche für ein erstrecktes Patent (§ 11 ErstrG)	250

5. Anträge im Zusammenhang mit ergänzenden Schutzzertifikaten

315100	Antrag auf Berichtigung der Laufzeit	150
315200	Antrag auf Widerruf der Verlängerung der Laufzeit	200

II. Gebrauchsmustersachen

1. Eintragungsverfahren

Anmeldeverfahren
Nationale Anmeldung (§ 4 GebrMG)

321000	– bei elektronischer Anmeldung	30
321100	– bei Anmeldung in Papierform	40
321150	Internationale Anmeldung (Artikel III § 4 Abs. 2 Satz 1 IntPatÜbkG)	40
321200	Recherche (§ 7 GebrMG)	250,

2. Aufrechterhaltung eines Gebrauchsmusters

Aufrechterhaltungsgebühren gem. § 23 Abs. 2 GebrMG

322100	für das 4. bis 6. Schutzjahr	210
322101	– Verspätungszuschlag (§ 7 Abs. 1 Satz 2)	50
322200	für das 7. und 8. Schutzjahr	350
322201	– Verspätungszuschlag (§ 7 Abs. 1 Satz 2)	50
322300	für das 9. und 10. Schutzjahr	530
322301	– Verspätungszuschlag (§ 7 Abs. 1 Satz 2)	50

3. Sonstige Anträge

323000	Weiterbehandlungsgebühr (§ 21 Abs. 1 GebrMG i.V.m. § 123a PatG)	100
323100	Löschungsverfahren (§ 16 GebrMG)	300

Nr.	Gebührentatbestand	Gebühr in Euro

III. Marken; geographische Angaben und Ursprungsbezeichnungen
(nicht abgedruckt)

IV. Designsachen *(nicht abgedruckt)*

V. Typographische Schriftzeichen *(weggefallen)*

VI. Topografieschutzsachen

1. Anmeldeverfahren
Anmeldeverfahren (§ 3 HalblSchG)

361000	– bei elektronischer Anmeldung	290
361100	– bei Anmeldung in Papierform	300

2. Sonstige Anträge

362000	Weiterbehandlungsgebühr (§ 11 Absatz 1 HalblSchG i.V.m. § 123a PatG)	100
362100	Löschungsverfahren (§ 8 HalblSchG)	300

Nr	Gebührentatbestand	Gebührenbetrag/ Gebührensatz nach § 2 Abs. 2 i.V.m. § 2 Abs. 1 PatKostG*

B. Gebühren des Bundespatentgerichts

(1) Die Gebühren Nummer 400000 bis 401300 werden für jeden Antragsteller gesondert erhoben.
(2) Die Gebühr Nummer 400000 ist zusätzlich zur Gebühr für das Einspruchsverfahren vor dem Deutschen Patent- und Markenamt (Nummer 313600) zu zahlen.

400000	Antrag auf gerichtliche Entscheidung nach § 61 Abs. 2 PatG	300 EUR

I. Beschwerdeverfahren

Beschwerdeverfahren

401100	1. gemäß § 73 Abs. 1 PatG gegen die Entscheidung der Patentabteilung über den Einspruch,	
	2. gemäß § 18 Abs. 1 GebrMG gegen die Entscheidung der Gebrauchsmusterabteilung über den Löschungsantrag,	
	3. gemäß § 66 MarkenG in Löschungsverfahren,	
	4. gemäß § 4 Abs. 4 Satz 3 HalblSchG i.V.m. § 18 Abs. 2 GebrMG gegen die Entscheidung der Topografieabteilung,	
	5. gemäß § 34 Absatz 1 SortSchG gegen die Entscheidung des Widerspruchsausschussausschusses in den Fällen des § 18 Absatz 2 Nr. 1, 2, 5 und 6 SortSchG	
	6. gemäß § 23 Absatz 4 Satz 1 DesignG gegen die Entscheidung der Designabteilung über den Antrag auf Feststellung oder Erklärung der Nichtigkeit	500 EUR
401200	gegen einen Kostenfestsetzungsbeschluss	50 EUR
401300	in anderen Fällen	200 EUR

Beschwerden in Verfahrenskostenhilfesachen, Beschwerden nach § 11 Abs. 2 PatKostG und nach § 11 Abs. 2 DPMAVwKostV sind gebührenfrei.

---

* Anm.: Nach § 2 PatKostG richten sich die Gebühren für Klagen und einstweilige Verfügungen vor dem BPatG nach dem Streitwert. Die Höhe der Gebühr bestimmt sich nach § 3 des Gerichtskostengesetzes; der Mindestbetrag beträgt 121 Euro. Für die Festsetzung des Streitwerts gelten die Vorschriften des Gerichtskostengesetzes entsprechend.

Nr	Gebührentatbestand	Gebührenbetrag/ Gebührensatz nach § 2 Abs. 2 i.V.m. § 2 Abs. 1 PatKostG˙

II. Klageverfahren

1. Klageverfahren gemäß § 81 PatG, § 85a in Verbindung mit § 81 PatG und § 20 GebrMG in Verbindung mit § 81 PatG

402100	Verfahren im Allgemeinen	4,5
402110	Beendigung des gesamten Verfahrens durch	

    a)   Zurücknahme der Klage
–   vor dem Schluss der mündlichen Verhandlung,
–   im Falle des § 83 Abs. 2 Satz 2 PatG i.V.m. § 81 PatG, in dem eine mündliche Verhandlung nicht stattfindet, vor Ablauf des Tages, an dem die Ladung zum Termin zur Verkündung des Urteils zugestellt oder das schriftliche Urteil der Geschäftsstelle übergeben wird,
–   im Falle des § 82 Abs. 2 PatG i.V.m. § 81 PatG vor Ablauf des Tages, an dem das Urteil der Geschäftsstelle übergeben wird,
    b)   Anerkenntnis- und Verzichtsurteil,
    c)   Abschluss eines Vergleichs vor Gericht,
wenn nicht bereits ein Urteil vorausgegangen ist:
Die Gebühr 402100 ermäßigt sich auf   **1,5**
Erledigungserklärungen stehen der Zurücknahme nicht gleich. Die Ermäßigung tritt auch ein, wenn mehrere Ermäßigungstatbestände erfüllt sind.

2. Sonstige Klageverfahren

402200	Verfahren im Allgemeinen	4,5
402210	Beendigung des gesamten Verfahrens durch	

    a)   Zurücknahme der Klage vor dem Schluss der mündlichen Verhandlung,
    b)   Anerkenntnis- und Verzichtsurteil,
    c)   Abschluss eines Vergleichs vor Gericht,
wenn nicht bereits ein Urteil vorausgegangen ist:
Die Gebühr 402200 ermäßigt sich auf   **1,5**
Erledigungserklärungen stehen der Zurücknahme nicht gleich. Die Ermäßigung tritt auch ein, wenn mehrere Ermäßigungstatbestände erfüllt sind.

3. Erlass einer einstweiligen Verfügung wegen Erteilung einer Zwangslizenz (§ 85 PatG, § 85a in Verbindung mit § 85 PatG und § 20 GebrMG in Verbindung mit § 81 PatG)

402300	Verfahren über den Antrag	1,5
402310	In dem Verfahren findet eine mündliche Verhandlung statt:	
	Die Gebühr 402300 erhöht sich auf	4,5
402320	Beendigung des gesamten Verfahrens durch	

    a)   Zurücknahme des Antrags vor dem Schluss der mündlichen Verhandlung,
    b)   Anerkenntnis- und Verzichtsurteil,
    c)   Abschluss eines Vergleichs vor Gericht,
wenn nicht bereits ein Urteil vorausgegangen ist:
Die Gebühr 402310 ermäßigt sich auf   **1,5**
Erledigungserklärungen stehen der Zurücknahme nicht gleich. Die Ermäßigung tritt auch ein, wenn mehrere Ermäßigungstatbestände erfüllt sind.

III. Rüge wegen Verletzung des Anspruchs auf rechtliches Gehör

403100	Verfahren über die Rüge wegen Verletzung des Anspruchs auf rechtliches Gehör nach § 321a ZPO i.V.m. § 99 Abs. 1 PatG, § 82 Abs. 1 MarkenG	
	Die Rüge wird in vollem Umfang verworfen oder zurückgewiesen	50 EUR

Anlage zu § 2 Abs. 1 DPMA-Verwaltungskostenverordnung (Kostenverzeichnis)

Nr	Gebührentatbestand	Gebührenbetrag/ Gebührensatz nach § 2 Abs. 2 i.V.m. § 2 Abs. 1 PatKostG*

Teil A. Gebühren

I. Registerauszüge und Eintragungsscheine

Erteilung von

301100	– beglaubigten Registerauszügen	20
301110	– unbeglaubigten Registerauszügen sowie Eintragungsscheinen nach § 4 der WerkeRegV	15

Die Datenträgerpauschale wird gesondert erhoben.

II. Beglaubigungen

301200	Beglaubigung von Ablichtungen und Ausdrucken für jede angefangene Seite	0,50
		– mindestens 5

(1) Die Beglaubigung von Ablichtungen und Ausdrucken der vom Deutschen Patent- und Markenamt erlassenen Entscheidungen und Bescheide ist gebührenfrei.

(2) Auslagen werden zusätzlich erhoben.

III. Bescheinigungen, schriftliche Auskünfte

301.300	Erteilung eines Prioritätsbelegs	20
	Auslagen werden zusätzlich erhoben.	
301310	Erteilung einer Bescheinigung oder schriftlichen Auskunft	10
	Auslagen werden zusätzlich erhoben.	
301320	Erteilung einer Schmuckurkunde (§ 25 Abs. 2 DPMAV)	15

(1) Gebührenfrei ist
– die Erteilung von Patent-, Gebrauchsmuster-, Topographie-, Marken- und Designurkunden (§ 25 Abs. 1 DPMAV)
und
– das Anheften von Unterlagen an die Schmuckurkunde.
(2) Auslagen werden zusätzlich erhoben.

301330	Erteilung einer Heimatbescheinigung	15

Auslagen werden zusätzlich erhoben.

IV. Akteneinsicht, Erteilung von Ablichtungen und Ausdrucken

301400	Verfahren über Anträge auf Einsicht in Akten	90

Die Akteneinsicht in solche Akten, deren Einsicht jedermann freisteht, in die Akten der eigenen Anmeldung oder des eigenen Schutzrechts ist gebührenfrei.

301410	Verfahren über Anträge auf Erteilung von Ablichtungen und Ausdrucken aus Akten	90

(1) Gebührenfrei ist
– die Erteilung von Ablichtungen und Ausdrucken aus solchen Akten, deren Einsicht jedermann freisteht, aus Akten der eigenen Anmeldung oder des eigenen Schutzrechts, oder wenn
– der Antrag im Anschluss an ein Akteneinsichtsverfahren gestellt wird, für das die Gebühr nach Nummer 301400 gezahlt worden ist.
(2) Auslagen werden zusätzlich erhoben.

V. Erstattung

301500	Erstattung von Beträgen, die ohne Rechtsgrund eingezahlt wurden	10

---

* Anm.: Nach § 2 PatKostG richten sich die Gebühren für Klagen und einstweilige Verfügungen vor dem BPatG nach dem Streitwert. Die Höhe der Gebühr bestimmt sich nach § 3 des Gerichtskostengesetzes; der Mindestbetrag beträgt 121 Euro. Für die Festsetzung des Streitwerts gelten die Vorschriften des Gerichtskostengesetzes entsprechend.

Nr	Gebührentatbestand	Gebührenbetrag/ Gebührensatz nach § 2 Abs. 2 i.V.m. § 2 Abs. 1 PatKostG˙

Teil B. Auslagen

I. Dokumenten- und Datenträgerpauschale

302100 Pauschale für die Herstellung und Überlassung von Dokumenten:

1. Ausfertigungen, Ablichtungen und Ausdrucke, die auf Antrag angefertigt, per Telefax übermittelt oder die angefertigt worden sind, weil die Beteiligten es unterlassen haben, die erforderliche Zahl von Mehrfertigungen Beizufügen (Dokumentenpauschale):

für die ersten 50 Seiten je Seite .... 0,50 EUR
für jede weitere Seite .... 0,15 EUR

2. Überlassung von elektronisch gespeicherten Dateien anstelle der in Nummer 1 genannten Ausfertigungen, Ablichtungen und Ausdrucke:

je Datei .... 2,50 EUR

3. Pauschale für die Überlassung von elektronisch gespeicherten Daten auf CD oder DVD (Datenträgerpauschale):

je CD .... 7 EUR
je DVD .... 12 EUR

(1) Frei von der Dokumentenpauschale sind für jeden Beteiligten und deren bevollmächtigte Vertreter jeweils

– eine vollständige Ausfertigung oder Ablichtung oder ein vollständiger Ausdruck der Entscheidungen und Bescheide des Deutschen Patent- und Markenamts,
– eine Ablichtung oder ein Ausdruck jeder Niederschrift über eine Sitzung.

(2) Die Datenträgerpauschale wird in jedem Fall erhoben.

(3) Für die Abgabe von Schutzrechtsdaten über die Dienste DPMAdatenabgabe und EPATISconnect wird eine Dokumenten- oder Datenträgerpauschale nicht erhoben.

II. Auslagen für Fotos, graphische Darstellungen

302200 Die Auslagen für die Herstellung von Fotos oder Duplikaten von Fotos oder Farbkopien betragen für den ersten Abzug
oder die erste Seite .... 2 EUR
für jeden weiteren Abzug oder jede weitere Seite .... 0,50 EUR

302210 Anfertigung von Fotos oder graphischen Darstellungen durch Dritte im Auftrag des Deutschen Patent- und Markenamts .... in voller Höhe

III. Öffentliche Bekanntmachungen, Kosten eines Neudrucks

302340 Bekanntmachungskosten in Urheberrechtsverfahren .... in voller Höhe
302360 Kosten für den Neudruck oder die Änderung einer Offenlegungsschrift oder Patentschrift, soweit sie durch den Anmelder veranlasst sind ... 80 EUR

IV. Sonstige Auslagen

Als Auslagen werden ferner erhoben:

302400 – Auslagen für Zustellungen mit Zustellungsurkunde oder Einschreiben gegen Rückschein .... in voller Höhe
302410 – Auslagen für Telegramme .... in voller Höhe
302420 – die nach dem Justizvergütungs- und -entschädigungsgesetz (JVEG) zu zahlenden Beträge; erhält ein Sachverständiger aufgrund des § 1 Abs. 2 Satz 2 JVEG keine Vergütung, ist der Betrag zu erheben, der ohne diese Vorschrift nach dem JVEG zu zahlen wäre; sind die Auslagen durch verschiedene Verfahren veranlasst, werden sie auf die mehreren Verfahren angemessen verteilt .... in voller Höhe
302430 – die bei Geschäften außerhalb des Deutschen Patent- und Markenamts den Bediensteten aufgrund gesetzlicher Vorschriften gewährte Vergütung (Reisekosten, Auslagenersatz) und die Kosten für die Bereitstellung von Räumen; sind die Auslagen durch verschiedene Verfahren veranlasst, werden sie auf die mehreren Verfahren angemessen verteilt .... in voller Höhe

Nr	Gebührentatbestand	Gebührenbetrag/ Gebührensatz nach § 2 Abs. 2 i.V.m. § 2 Abs. 1 PatKostG*
302440	– die Kosten der Beförderung von Personen – die Kosten für Zahlungen an mittellose Personen für die Reise zum Ort einer Verhandlung, Vernehmung oder Untersuchung und für die Rückreise	in voller Höhe bis zur Höhe der nach dem JVEG an Zeugen zu zahlenden Beträge
302450	– die Kosten für die Beförderung von Tieren und Sachen mit Ausnahme der für Postdienstleistungen zu zahlenden Entgelte, die Verwahrung von Tieren und Sachen sowie die Fütterung von Tieren	in voller Höhe
302460	– Beträge, die anderen inländischen Behörden, öffentlichen Einrichtungen oder Bediensteten als Ersatz für Auslagen der in den Nummern 302420 bis 302450 bezeichneten Art zustehen; die Beträge werden auch erhoben, wenn aus Gründen der Gegenseitigkeit, der Verwaltungsvereinfachung oder aus vergleichbaren Gründen keine Zahlungen zu leisten sind	begrenzt durch die Höchstsätze für die Auslagen 302420 bis 302450
302470	– Beträge, die ausländischen Behörden, Einrichtungen oder Personen im Ausland zustehen, sowie Kosten des Rechtshilfeverkehrs mit dem Ausland; die Beträge werden auch dann erhoben, wenn aus Gründen der Gegenseitigkeit, der Verwaltungsvereinfachung oder aus vergleichbaren Gründen keine Zahlungen zu leisten sind	in voller Höhe

Auszug aus der Verordnung vom 9. Dezember 1997 über die Ausstellung der Apostille nach Artikel 3 des Haager Übereinkommens, zuletzt geändert durch Art. 7 Abs. 16 des Gesetzes vom 27. Juni 2000 (BGBl. I S. 897)

§ 2

Die Gebühr für die Ausstellung der Apostille und für die Prüfung gemäß Artikel 7 Abs. 2 des Übereinkommens beträgt je 13 Euro.

Vergütungsrichtlinien für Arbeitnehmererfindungen

Richtlinien für die Vergütung von Arbeitnehmererfindungen im privaten Dienst

vom 20.Juli 1959[1]
geändert durch Richtlinie vom 1. September 1983[2]

Nach § 11 des Gesetzes über Arbeitnehmererfindungen vom 25. Juli 1957 (BGBl I S. 756) erlasse ich nach Anhörung der Spitzenorganisationen der Arbeitgeber und der Arbeitnehmer folgende Richtlinien über die Bemessung der Vergütung für Diensterfindungen von Arbeitnehmern im privaten Dienst.

Einleitung

(1) Die Richtlinien sollen dazu dienen, die angemessene Vergütung zu ermitteln, die dem Arbeitnehmer für unbeschränkt oder beschränkt in Anspruch genommene Diensterfindungen (§ 9 Abs. 1 und § 10 Abs. 1 des Gesetzes) und für technische Verbesserungsvorschläge im Sinne des § 20 Abs. 1 des Gesetzes zusteht; sie sind keine verbindlichen Vorschriften, sondern geben nur Anhaltspunkte für die Vergütung. Wenn im Einzelfall die bisherige betriebliche Praxis für die Arbeitnehmer günstiger war, sollen die Richtlinien nicht zum Anlaß für eine Verschlechterung genommen werden.

(2) Nach § 9 Abs. 2 des Gesetzes sind für die Bemessung der Vergütung insbesondere die wirtschaftliche Verwertbarkeit der Diensterfindung, die Aufgaben und die Stellung des Arbeitnehmers im Betrieb sowie der Anteil des Betriebs am Zustandekommen der Diensterfindung maßgebend. Hiernach wird bei der Ermittlung der Vergütung in der Regel so zu verfahren sein, daß zunächst die wirtschaftliche Verwertbarkeit der Erfindung ermittelt wird. Die wirtschaftliche Verwertbarkeit (im folgenden als Erfindungswert bezeichnet) wird im Ersten Teil der Richtlinien behandelt. Da es sich hier jedoch nicht um eine freie Erfindung handelt, sondern um eine Erfindung, die entweder aus der dem Arbeitnehmer im Betrieb obliegenden Tätigkeit entstanden ist oder maßgeblich auf Erfahrungen oder Arbeiten des Betriebes beruht, ist ein Abzug zu machen, der den Aufgaben und der Stellung des Arbeitnehmers im Betrieb sowie dem Anteil des Betriebs am Zustandekommen der Diensterfindung entspricht. Dieser Abzug wird im Zweiten Teil der Richtlinien behandelt; der Anteil am Erfindungswert, der sich für den Arbeitnehmer unter Berücksichtigung des Abzugs ergibt, wird hierbei in Form eines in Prozenten ausgedrückten Anteilsfaktors ermittelt. Der Dritte Teil der Richtlinien behandelt die rechnerische Ermittlung der Vergütung sowie Fragen der Zahlungsart und Zahlungsdauer.

Bei jeder Vergütungsberechnung ist darauf zu achten, daß derselbe Gesichtspunkt für eine Erhöhung oder Ermäßigung der Vergütung nicht mehrfach berücksichtigt werden darf.

Die einzelnen Absätze der Richtlinien sind mit Randnummern versehen, um die Zitierung zu erleichtern.

Erfindungswert

Patentfähige Erfindungen
Betrieblich benutzte Erfindungen
Allgemeines

(3) Bei betrieblich benutzten Erfindungen kann der Erfindungswert in der Regel (über Ausnahmen vgl. Nr. 4) nach drei verschiedenen Methoden ermittelt werden:

a) Ermittlung des Erfindungswertes nach der Lizenzanalogie (Nr. 6 ff).
   Bei dieser Methode wird der Lizenzsatz, der für vergleichbare Fälle bei freien Erfindungen in der Praxis üblich ist, der Ermittlung des Erfindungswertes zugrunde gelegt. Der in Prozenten oder als bestimmter Geldbetrag je Stück oder Gewichtseinheit (vgl. Nr. 39) ausgedrückte Lizenzsatz wird auf eine bestimmte Bezugsgröße (Umsatz oder Erzeugung) bezogen. Dann ist der Erfindungswert die mit dem Lizenzsatz multiplizierte Bezugsgröße.

b) Ermittlung des Erfindungswertes nach dem erfaßbaren betrieblichen Nutzen (Nr. 12).
   Der Erfindungswert kann ferner nach dem erfaßbaren Nutzen ermittelt werden, der dem Betrieb aus der Benutzung der Erfindung erwachsen ist.

c) Schätzung des Erfindungswertes (Nr. 13).
   Schließlich kann der Erfindungswert geschätzt werden.

(4) Neben der Methode der Lizenzanalogie nach Nr. 3a) kommen im Einzelfall auch andere Analogiemethoden in Betracht. So kann anstatt von dem analogen Lizenzsatz von der Analogie zum Kaufpreis ausgegangen werden, wenn eine Gesamtabfindung (vgl. Nr. 40) angezeigt ist und der Kaufpreis bekannt ist, der in vergleichbaren Fällen mit freien Erfindern üblicherweise vereinbart wird. Für die Vergleichbarkeit und die Notwendigkeit, den Kaufpreis auf das Maß zu bringen, das für die zu beurteilende Diensterfindung richtig ist, gilt das unter Nr. 9 Gesagte entsprechend.

---

1   Beilage zum Bundesanzeiger Nr 156 vom 18.8.1959; BlPMZ 1959, 300.
2   Bundesanzeiger 1983, 9994; BlPMZ 1983, 350.

(5) Welche der unter Nr. 3 und 4 aufgeführten Methoden anzuwenden ist, hängt von den Umständen des einzelnen Falles ab. Wenn der Industriezweig mit Lizenzsätzen oder Kaufpreisen vertraut ist, die für die Übernahme eines ähnlichen Erzeugnisses oder Verfahrens üblicherweise vereinbart wird, kann von der Lizenzanalogie ausgegangen werden.

Die Ermittlung des Erfindungswertes nach dem erfaßbaren betrieblichen Nutzen kommt vor allem bei Erfindungen in Betracht, mit deren Hilfe Ersparnisse erzielt werden, sowie bei Verbesserungserfindungen, wenn die Verbesserung nicht derart ist, daß der mit dem verbesserten Gegenstand erzielte Umsatz als Bewertungsgrundlage dienen kann; sie kann ferner bei Erfindungen angewandt werden, die nur innerbetrieblich verwendete Erzeugnisse, Maschinen oder Vorrichtungen betreffen, und bei Erfindungen, die nur innerbetrieblich verwendete Verfahren betreffen, bei denen der Umsatz keine genügende Bewertungsgrundlage darstellt. Die Methode der Ermittlung des Erfindungswertes nach dem erfaßbaren betrieblichen Nutzen hat den Nachteil, daß der Nutzen oft schwer zu ermitteln ist und die Berechnungen des Nutzens schwer überprüfbar sind. In manchen Fällen wird sich allerdings der Nutzen aus einer Verbilligung des Ausgangsmaterials, aus einer Senkung der Lohn-, Energie- oder Instandsetzungskosten oder aus einer Erhöhung der Ausbeute errechnen lassen. Bei der Wahl dieser Methode ist ferner zu berücksichtigen, daß sich für den Arbeitgeber auf Grund der Auskunfts- und Rechnungslegungspflichten, die ihm nach § 242 des Bürgerlichen Gesetzbuches obliegen können, eine Pflicht zu einer weitergehenden Darlegung betrieblicher Rechnungsvorgänge ergeben kann als bei der Ermittlung des Erfindungswertes nach der Lizenzanalogie. Der Erfindungswert wird nur dann zu schätzen sein, wenn er mit Hilfe der Methoden unter Nr. 3a) und b) oder Nr. 4 nicht oder nur mit unverhältnismäßig hohem Aufwand ermittelt werden kann (zB bei Arbeitsschutzmitteln oder -vorrichtungen, sofern sie nicht allgemein verwertbar sind). Es kann ferner ratsam sein, eine der Berechnungsmethoden zur Überprüfung des Ergebnisses heranzuziehen, das mit Hilfe der anderen Methoden gefunden ist.

Ermittlung des Erfindungswertes nach der Lizenzanalogie

(6) Bei dieser Methode ist zu prüfen, wieweit man einen Vergleich ziehen kann. Dabei ist zu beachten, ob und wieweit in den Merkmalen, die die Höhe des Lizenzsatzes beeinflussen, Übereinstimmung besteht. In Betracht zu ziehen sind insbesondere die Verbesserung oder Verschlechterung der Wirkungsweise, der Bauform, des Gewichts, des Raumbedarfs, der Genauigkeit, der Betriebssicherheit; die Verbilligung oder Verteuerung der Herstellung, vor allem der Werkstoffe und der Arbeitsstunden; die Erweiterung oder Beschränkung der Verwendbarkeit; die Frage, ob sich die Erfindung ohne weiteres in die laufende Fertigung einreihen läßt oder ob Herstellungs- und Konstruktionsänderungen notwendig sind, ob eine sofortige Verwertung möglich ist oder ob noch umfangreiche Versuche vorgenommen werden müssen; die erwartete Umsatzsteigerung, die Möglichkeit des Übergangs von Einzelanfertigung zu Serienherstellung, zusätzliche oder vereinfachte Werbungsmöglichkeiten, günstige Preisgestaltung. Es ist ferner zu prüfen, welcher Schutzumfang dem Schutzrecht zukommt, das auf den Gegenstand der Erfindung erteilt ist, und ob sich der Besitz des Schutzrechts für den Betrieb technisch und wirtschaftlich auswirkt. Vielfach wird auch beim Abschluß eines Lizenzvertrages mit einem kleinen Unternehmen ein höherer Lizenzsatz vereinbart als beim Abschluß mit einer gut eingeführten Großfirma, weil bei dieser im allgemeinen ein höherer Umsatz erwartet wird als bei kleineren Unternehmen. Außerdem ist bei dem Vergleich zu berücksichtigen, wer in den ähnlichen Fällen, die zum Vergleich herangezogen werden, die Kosten des Schutzrechts trägt.

(7) Wenn man mit dem einem freien Erfinder üblicherweise gezahlten Lizenzsatz vergleicht, so muß von derselben Bezugsgröße ausgegangen werden; als Bezugsgrößen kommen Umsatz oder Erzeugung in Betracht. Ferner ist zu berücksichtigen, ob im Analogiefall der Rechnungswert des das Werk verbessernden Erzeugnisses oder der betriebsinterne Verrechnungswert von Zwischenerzeugnissen der Ermittlung des Umsatzwertes zugrunde gelegt worden ist. Bei der Berechnung des Erfindungswertes mit Hilfe des Umsatzes oder der Erzeugung wird im allgemeinen von dem tatsächlich erzielten Umsatz oder der tatsächlich erzielten Erzeugung auszugehen sein. Mitunter wird jedoch auch von einem vereinbarten Mindestumsatz oder aber von der Umsatzsteigerung ausgegangen werden können, die durch die Erfindung erzielt worden ist.

(8) Beeinflußt eine Erfindung eine Vorrichtung, die aus verschiedenen Teilen zusammengesetzt ist, so kann der Ermittlung des Erfindungswertes entweder der Wert der ganzen Vorrichtung oder nur der wertbeeinflußte Teil zugrunde gelegt werden. Es ist hierbei zu berücksichtigen, auf welcher Grundlage die Lizenz in dem entsprechenden Industriezweig üblicherweise vereinbart wird, und ob üblicherweise der patentierte Teil allein oder nur in Verbindung mit der Gesamtvorrichtung bewertet wird. Dies wird häufig davon abhängen, ob durch die Benutzung der Erfindung nur der Teil oder die Gesamtvorrichtung im Wert gestiegen ist.

(9) Stellt sich bei dem Vergleich heraus, daß sich die Diensterfindung und die zum Vergleich herangezogenen freien Erfindungen nicht in den genannten Gesichtspunkten entsprechen, so ist der Lizenzsatz entsprechend zu erhöhen oder zu ermäßigen. Es ist jedoch nicht gerechtfertigt, den Lizenzsatz mit der Begründung zu ermäßigen, es handele sich um eine Diensterfindung; dieser Gesichtspunkt wird erst bei der Ermittlung des Anteilsfaktors berücksichtigt.

(10) Anhaltspunkte für die Bestimmung des Lizenzsatzes in den einzelnen Industriezweigen können daraus entnommen werden, daß zB im allgemeinen

in der Elektroindustrie ein Lizenzsatz von 1/2–5%,

in der Maschinen- und Werkzeugindustrie ein Lizenzsatz von 1/3–10%,

in der chemischen Industrie ein Lizenzsatz von 2–5%,

auf pharmazeutischem Gebiet ein Lizenzsatz von 2–10%

vom Umsatz üblich ist.

(11 – Fassung vom 1.9.1983 –) Für den Fall besonders hoher Umsätze kann die nachfolgende, bei Umsätzen über 3 Millionen DM einsetzende Staffel als Anhalt für eine Ermäßigung des Lizenzsatzes dienen, wobei jedoch im Einzelfall zu berücksichtigen ist, ob und in welcher Höhe in den verschiedenen Industriezweigen solche Ermäßigungen des Lizenzsatzes bei freien Erfindungen üblich sind:

Bei einem Gesamtumsatz

von 0–3 Millionen DM

keine Ermäßigung des Lizenzsatzes,

von 5–10 Millionen DM

20%ige Ermäßigung des Lizenzsatzes für den 5 Millionen DM übersteigenden Umsatz,

von 10–20 Millionen DM

30%ige Ermäßigung des Lizenzsatzes für den 10 Millionen DM übersteigenden Umsatz,

von 20–30 Millionen DM

40%ige Ermäßigung des Lizenzsatzes für den 20 Millionen DM übersteigenden Umsatz,

von 30–40 Millionen DM

50%ige Ermäßigung des Lizenzsatzes für den 30 Millionen DM übersteigenden Umsatz,

von 40–50 Millionen DM

60%ige Ermäßigung des Lizenzsatzes für den 40 Millionen DM übersteigenden Umsatz,

von 50 – 60 Millionen DM

65%ige Ermäßigung des Lizenzsatzes für den 50 Millionen DM übersteigenden Umsatz,

von 60–80 Millionen DM

70%ige Ermäßigung des Lizenzsatzes für den 60 Millionen DM übersteigenden Umsatz,

von 100 Millionen DM

80%ige Ermäßigung des Lizenzsatzes für den 100 Millionen DM übersteigenden Umsatz.

Beispiel: Bei einem Umsatz von 10 Millionen DM ist der Lizenzsatz wie folgt zu ermäßigen:

Bis 3 Millionen DM keine Ermäßigung,

für den 3 Millionen DM übersteigenden Umsatz von 2 Millionen um 10%, für den 5 Millionen DM übersteigenen Umsatz von 5 Millionen um 20%.

Da bei Einzelstücken mit sehr hohem Wert in aller Regel bereits der Lizenzsatz herabgesetzt wird, ist in derartigen Fällen der Lizenzsatz nicht nach der vorstehenden Staffel zu ermäßigen, wenn schon ein einziges unter Verwendung der Erfindung hergestelltes Erzeugnis oder, sofern dem Erfindungswert nur der von der Erfindung wertbeeinflußte Teil des Erzeugnisses zugrunde gelegt wird, dieser Teil einen Wert von mehr als 3 Millionen DM hat. Dasselbe gilt, wenn wenige solcher Erzeugnisse oder nur wenige solcher Teile des Erzeugnisses einen Wert von mehr als 3 Millionen DM haben.

Ermittlung des Erfindungswertes nach dem erfaßbaren betrieblichen Nutzen

(12) Unter dem erfaßbaren betrieblichen Nutzen (vgl zur Anwendung dieser Methode Nr. 5) ist die durch den Einsatz der Erfindung verursachte Differenz zwischen Kosten und Erträgen zu verstehen. Die Ermittlung dieses Betrages ist durch Kosten- und Ertragsvergleich nach betriebswirtschaftlichen Grundsätzen vorzunehmen. Hierbei sind die Grundsätze für die Preisbildung bei öffentlichen Aufträgen anzuwenden (vgl die Verordnung PR Nr. 30/53 über die Preise bei öffentlichen Aufträgen vom 21. November 1953 und die Leitsätze für die Preisermittlung auf Grund von Selbstkosten), so daß also auch kalkulatorische Zinsen und Einzelwagnisse, ein betriebsnotwendiger Gewinn und gegebenenfalls ein kalkulatorischer Unternehmerlohn zu berücksichtigen sind. Der so ermittelte Betrag stellt den Erfindungswert dar.

Kosten, die vor der Fertigstellung der Erfindung auf die Erfindung verwandt worden sind, sind bei der Ermittlung des Erfindungswertes nicht abzusetzen. Sie sind vielmehr bei der Ermittlung des Anteilsfaktors im Zweiten Teil der Richtlinien zu berücksichtigen, und zwar, soweit es sich um die Kosten der Arbeitskraft des Erfinders selbst handelt, entsprechend der Tabelle c) in Nr. 34, soweit es sich um sonstige Kosten vor der Fertigstellung der Erfindung handelt, entsprechend der Tabelle b) in Nr. 32 (technische Hilfsmittel).

Schätzung

(13) In einer Reihe von Fällen versagen die dargestellten Methoden zur Ermittlung des Erfindungswertes, weil keine ähnlichen Fälle vorliegen oder weil ein Nutzen nicht erfaßt werden kann. In solchen oder ähnlichen Fällen muß der Erfindungswert geschätzt werden (vgl zur Anwendung der Schätzungsmethode den letzten Absatz der Nr. 5). Hierbei kann von dem Preis ausgegangen werden, den der Betrieb hätte aufwenden müssen, wenn er die Erfindung von einem freien Erfinder hätte erwerben wollen.

Lizenz-, Kauf- und Austauschverträge

(14) Wird die Erfindung nicht betrieblich benutzt, sondern durch Vergabe von Lizenzen verwertet, so ist der Erfindungswert gleich der Nettolizenzeinnahme. Um den Nettobetrag festzustellen, sind von der Bruttolizenzeinnahme die Kosten der Entwicklung nach Fertigstellung der Erfindung abzuziehen sowie die Kosten, die aufgewandt wurden, um die Erfindung betriebsreif zu machen; ferner sind die auf die Lizenzvergabe im Einzelfall entfallenden Kosten der Patent- und Lizenzverwaltung, der Schutzrechtsübertragung sowie die mit der Lizenzvergabe zusammenhängenden Aufwendungen (zB Steuern, mit Ausnahme der inländischen reinen Ertragssteuern, Verhandlungskosten) abzuziehen. Soweit solche

Kosten entstanden sind, wird außerdem ein entsprechender Anteil an den Gemeinkosten des Arbeitgebers zu berücksichtigen sein, soweit die Gemeinkosten nicht schon in den vorgenannten Kosten enthalten sind. Ferner ist bei der Ermittlung der Nettolizenzeinnahme darauf zu achten, ob im Einzelfall der Arbeitgeber als Lizenzgeber ein Risiko insofern eingeht, als er auch in der Zukunft Aufwendungen durch die Verteidigung der Schutzrechte, durch die Verfolgung von Verletzungen und aus der Einhaltung von Gewährleistungen haben kann.

Soweit die Einnahmen nicht auf der Lizenzvergabe, sondern auf der Übermittlung besonderer Erfahrungen (know how) beruhen, sind diese Einnahmen bei der Berechnung des Erfindungswertes von der Bruttolizenzeinnahme ebenfalls abzuziehen, wenn diese Erfahrungen nicht als technische Verbesserungsvorschläge im Sinne des § 20 Abs. 1 des Gesetzes anzusehen sind. Bei der Beurteilung der Frage, ob und wieweit die Einnahme auf der Übermittlung besonderer Erfahrungen beruht, ist nicht allein auf den Inhalt des Lizenzvertrages abzustellen; vielmehr ist das tatsächliche Verhältnis des Wertes der Lizenz zu dem der Übermittlung besonderer Erfahrungen zu berücksichtigen.

(15) Macht die Berechnung dieser Unkosten und Aufgaben große Schwierigkeiten, so kann es zweckmäßig sein, in Analogie zu den üblichen Arten der vertraglichen Ausgestaltung zwischen einem freien Erfinder als Lizenzgeber und dem Arbeitgeber als Lizenznehmer zu verfahren. In der Praxis wird ein freier Erfinder wegen der bezeichneten Kosten und Aufgaben eines Generallizenznehmers (Lizenznehmer einer ausschließlichen unbeschränkten Lizenz) mit etwa 20 bis 50%, in besonderen Fällen auch mit mehr als 50% und in Ausnahmefällen sogar mit über 75% der Bruttolizenzeinnahme beteiligt, die durch die Verwertung einer Erfindung erzielt wird. Zu berücksichtigen ist im einzelnen, ob bei der Lizenzvergabe ausschließliche unbeschränkte Lizenzen oder einfache oder beschränkte Lizenzen erteilt werden. Bei der Vergabe einer ausschließlichen unbeschränkten Lizenz behält der Arbeitgeber kein eigenes Benutzungsrecht, wird im allgemeinen auch keine eigenen weiteren Erfahrungen laufend zu übermitteln haben. Hier wird daher der Erfindungswert eher bei 50% und mehr anzusetzen sein. Bei der Vergabe einer einfachen oder beschränkten Lizenz wird bei gleichzeitiger Benutzung der Erfindung durch den Arbeitgeber, wenn damit die laufende Übermittlung von eigenen Erfahrungen verbunden ist, der Erfindungswert eher an der unteren Grenze liegen.

(16) Wird die Erfindung verkauft, so ist der Erfindungswert ebenfalls durch Verminderung des Bruttoertrages auf den Nettoertrag zu ermitteln. Im Gegensatz zur Lizenzvergabe wird hierbei jedoch in den meisten Fällen nicht damit zu rechnen sein, daß noch zukünftige Aufgaben und Belastungen des Arbeitgebers als Verkäufer zu berücksichtigen sind. Bei der Ermittlung des Nettoertrages sind alle Aufwendungen für die Entwicklung der Erfindung, nachdem sie fertiggestellt worden ist, für ihre Betriebsreifmachung, die Kosten der Schutzrechtserlangung und -übertragung, die mit dem Verkauf zusammenhängenden Aufwendungen (zB Steuern, mit Ausnahme der inländischen reinen Ertragssteuern, Verhandlungskosten) sowie ein entsprechender Anteil an den Gemeinkosten des Arbeitgebers, soweit sie nicht schon in den vorgenannten Kosten enthalten sind, zu berücksichtigen.

Soweit der Kaufpreis nicht auf der Übertragung des Schutzrechts, sondern auf der Übermittlung besonderer Erfahrungen (know how) beruht, sind diese Einnahmen bei der Berechnung des Erfindungswertes ebenfalls von dem Bruttoertrag abzuziehen, wenn diese Erfahrungen nicht als technische Verbesserungsvorschläge im Sinne des § 20 Abs. 1 des Gesetzes anzusehen sind. Bei der Beurteilung der Frage, ob und wieweit der Kaufpreis auf der Übermittlung besonderer Erfahrungen beruht, ist nicht allein auf den Inhalt des Kaufvertrages abzustellen; vielmehr ist das tatsächliche Verhältnis des Wertes des Schutzrechts zu dem der Übermittlung besonderer Erfahrungen zu berücksichtigen.

(17) Wird die Erfindung durch einen Austauschvertrag verwertet, so kann versucht werden, zunächst den Gesamtnutzen des Vertrages für den Arbeitgeber zu ermitteln, um sodann durch Abschätzung der Quote, die auf die in Anspruch genommene Diensterfindung entfällt, ihren Anteil am Gesamtnutzen zu ermitteln. Ist dies untunlich, so wird der Erfindungswert nach Nr. 13 geschätzt werden müssen.

Soweit Gegenstand des Austauschvertrages nicht die Überlassung von Schutzrechten oder von Benutzungsrechten, sondern die Überlassung besonderer Erfahrungen (know how) ist, ist dies bei der Ermittlung des Gesamtnutzens des Vertrages zu berücksichtigen, soweit diese Erfahrungen nicht als technische Verbesserungsvorschläge im Sinne des § 20 Abs. 1 des Gesetzes anzusehen sind. Bei der Beurteilung der Frage, ob und wieweit die Übermittlung besonderer Erfahrungen Gegenstand des Austauschvertrages sind, ist nicht allein auf den Inhalt des Vertrages abzustellen; vielmehr ist das tatsächliche Verhältnis des Wertes der Schutzrechte zu dem der Übermittlung besonderer Erfahrungen zu berücksichtigen.

Sperrpatente

(18) Einen besonderen Fall der Verwertung einer Diensterfindung bilden die Sperrpatente. Darunter versteht man im allgemeinen Patente, die nur deshalb angemeldet oder aufrechterhalten werden, um zu verhindern, daß ein Wettbewerber die Erfindung verwertet und dadurch die eigene laufende oder bevorstehende Erzeugung beeinträchtigt. Bei diesen Patenten unterbleibt die Benutzung, weil entweder ein gleichartiges Patent schon im Betrieb benutzt wird oder ohne Bestehen eines Patents eine der Erfindung entsprechende Erzeugung schon im Betrieb läuft oder das Anlaufen einer solchen Erzeugung bevorsteht. Wenn schon eine Erfindung im Betrieb benutzt wird, die mit Hilfe der zweiten Erfindung umgangen werden kann, und wenn die wirtschaftliche Tragweite beider Erfindungen ungefähr gleich ist, werden nach der Verwertung der ersten Erfindung Anhaltspunkte für den Erfindungswert bezüglich der zweiten gefunden werden können. Die Summe der Werte beider Erfindungen kann jedoch höher sein als der Erfindungswert der ersten Erfindung. Durch Schätzung kann ermittelt werden, welcher Anteil des Umsatzes, der Erzeugung oder des Nutzens bei Anwendung der zweiten Erfindung auf diese entfallen würde. Selbst wenn man hierbei zu einer annähernden Gleichwertigkeit der

beiden Erfindungen kommt, ist es angemessen, für die zweite Erfindung weniger als die Hälfte der Summe der Werte beider Erfindungen anzusetzen, weil es als ein besonderer Vorteil benutzter Erfindungen anzusehen ist, wenn sie sich schon in der Praxis bewährt haben und auf dem Markt eingeführt sind. Eine zweite Erfindung, mit der es möglich ist, die erste zu umgehen, kann für den Schutzumfang der ersten Erfindung eine Schwäche offenbaren, die bei der Feststellung des Erfindungswertes für die erste Erfindung nicht immer berücksichtigt worden ist. Deshalb kann der Anlaß für eine Neufestsetzung der Vergütung nach § 12 Abs. 6 des Gesetzes vorliegen.

Schutzrechtskomplexe

(19) Werden bei einem Verfahren oder Erzeugnis mehrere Erfindungen benutzt, so soll, wenn es sich hierbei um einen einheitlich zu wertenden Gesamtkomplex handelt, zunächst der Wert des Gesamtkomplexes, gegebenenfalls einschließlich nicht benutzter Sperrschutzrechte, bestimmt werden. Der so bestimmte Gesamterfindungswert ist auf die einzelnen Erfindungen aufzuteilen. Dabei ist zu berücksichtigen, welchen Einfluß die einzelnen Erfindungen auf die Gesamtgestaltung des mit dem Schutzrechtskomplex belasteten Gegenstandes haben.

Nicht verwertete Erfindungen

(20) Nicht verwertete Erfindungen sind Erfindungen, die weder betrieblich benutzt noch als Sperrpatent noch außerbetrieblich durch Vergabe von Lizenzen, Verkauf oder Tausch verwertet werden. Die Frage nach ihrem Wert hängt davon ab, aus welchen Gründen die Verwertung unterbleibt (vgl Nr. 21–24).

Vorrats- und Ausbaupatente

(21) Vorratspatente sind Patente für Erfindungen, die im Zeitpunkt der Erteilung des Patents noch nicht verwertet werden oder noch nicht verwertbar sind, mit deren späterer Verwertung oder Verwertbarkeit aber zu rechnen ist. Von ihrer Verwertung wird zB deshalb abgesehen, weil der Fortschritt der technischen Entwicklung abgewartet werden soll, bis die Verwertung des Patents möglich erscheint. Erfindungen dieser Art werden bis zu ihrer praktischen Verwertung „auf Vorrat" gehalten. Sie haben wegen der begründeten Erwartung ihrer Verwertbarkeit einen Erfindungswert. Vorratspatente, die lediglich bestehende Patente verbessern, werden als Ausbaupatente bezeichnet.

Der Wert der Vorrats- und Ausbaupatente wird frei geschätzt werden müssen, wobei die Art der voraussichtlichen späteren Verwertung und die Höhe des alsdann zu erzielenden Nutzens Anhaltspunkte ergeben können. Bei einer späteren Verwertung wird häufig der Anlaß für eine Neufestsetzung der Vergütung nach § 12 Abs. 6 des Gesetzes gegeben sein. Ob verwertbare Vorratspatente, die nicht verwertet werden, zu vergüten sind, richtet sich nach Nr. 24.

Nicht verwertbare Erfindungen

(22) Erfindungen, die nicht verwertet werden, weil sie wirtschaftlich nicht verwertbar sind und bei denen auch mit ihrer späteren Verwertbarkeit nicht zu rechnen ist, haben keinen Erfindungswert. Aus der Tatsache, daß ein Schutzrecht erteilt worden ist, ergibt sich nichts Gegenteiliges; denn die Prüfung durch das Patentamt bezieht sich zwar auf Neuheit, Fortschrittlichkeit und Erfindungshöhe, nicht aber darauf, ob die Erfindung mit wirtschaftlichem Erfolg verwertet werden kann. Erfindungen, die betrieblich nicht benutzt, nicht als Sperrpatent oder durch Lizenzvergabe, Verkauf oder Tausch verwertet werden können und auch als Vorratspatent keinen Wert haben, sollten dem Erfinder freigegeben werden.

Erfindungen, deren Verwertbarkeit noch nicht feststellbar ist

(23) Nicht immer wird sofort festzustellen sein, ob eine Erfindung wirtschaftlich verwertbar ist oder ob mit ihrer späteren Verwertbarkeit zu rechnen ist. Dazu wird es vielmehr in einer Reihe von Fällen einer gewissen Zeit der Prüfung und Erprobung bedürfen. Wenn und solange der Arbeitgeber die Erfindung prüft und erprobt und dabei die wirtschaftliche Verwertbarkeit noch nicht feststeht, ist die Zahlung einer Vergütung in der Regel nicht angemessen. Zwar besteht die Möglichkeit, daß sich eine Verwertbarkeit ergibt. Diese Möglichkeit wird aber dadurch angemessen abgegolten, daß der Arbeitgeber auf seine Kosten die Erfindung überprüft und erprobt und damit seinerseits dem Erfinder die Gelegenheit einräumt, bei günstigem Prüfungsergebnis eine Vergütung zu erhalten.

Die Frist, die dem Betrieb zur Feststellung der wirtschaftlichen Verwertbarkeit billigerweise gewährt werden muß, wird von Fall zu Fall verschieden sein, sollte aber drei bis fünf Jahre nach Patenterteilung nur in besonderen Ausnahmefällen überschreiten. Wird die Erfindung nach Ablauf dieser Zeit nicht freigegeben, so wird vielfach eine tatsächliche Vermutung dafür sprechen, daß ihr ein Wert zukommt, sei es auch nur als Vorrats- oder Ausbaupatent.

Erfindungen, bei denen die Verwertbarkeit nicht oder nicht voll ausgenutzt wird

(24) Wird die Erfindung ganz oder teilweise nicht verwertet, obwohl sie verwertbar ist, so sind bei der Ermittlung des Erfindungswertes die unausgenutzten Verwertungsmöglichkeiten im Rahmen der bei verständiger Würdigung bestehenden wirtschaftlichen Möglichkeiten zu berücksichtigen.

Besonderheiten

Beschränkte Inanspruchnahme

(25) Für die Bewertung des nichtausschließlichen Rechts zur Benutzung der Diensterfindung gilt das für die Bewertung der unbeschränkt in Anspruch genommenen Diensterfindung Gesagte entsprechend. Bei der Ermittlung des Erfindungswertes ist jedoch allein auf die tatsächliche Verwertung durch den Arbeitgeber abzustellen; die unausgenutzte wirtschaftliche Verwertbarkeit (vgl Nr. 24) ist nicht zu berücksichtigen.

Wird der Erfindungswert mit Hilfe des erfaßbaren betrieblichen Nutzens ermittelt, so unterscheidet sich im übrigen die Ermittlung des Erfindungswertes bei der beschränkten Inanspruchnahme nicht von der bei der unbeschränkten Inanspruchnahme.

Bei der Ermittlung des Erfindungswertes nach der Lizenzanalogie ist nach Möglichkeit von den für nichtausschließliche Lizenzen mit freien Erfindern üblicherweise vereinbarten Sätzen auszugehen. Sind solche Erfahrungssätze für nichtausschließliche Lizenzen nicht bekannt, so kann auch von einer Erfindung ausgegangen werden, für die eine ausschließliche Lizenz erteilt worden ist; dabei ist jedoch zu beachten, daß die in der Praxis für nichtausschließliche Lizenzen gezahlten Lizenzsätze in der Regel, keinesfalls aber in allen Fällen, etwas niedriger sind als die für ausschließliche Lizenzen gezahlten Sätze. Hat der Arbeitnehmer Lizenzen vergeben, so können die in diesen Lizenzverträgen vereinbarten Lizenzsätze in geeigneten Fällen als Maßstab für den Erfindungswert herangezogen werden. Hat der Arbeitnehmer kein Schutzrecht erwirkt, so wirkt diese Tatsache nicht mindernd auf die Vergütung, jedoch ist eine Vergütung nicht oder nicht mehr zu zahlen, wenn die Erfindung so weit bekannt geworden ist, daß sie infolge des Fehlens eines Schutzrechts auch von Wettbewerbern berechtigterweise benutzt wird.

Absatz im Ausland und ausländische Schutzrechte

(26) Wird das Ausland vom Inlandsbetrieb aus beliefert, so ist bei der Berechnung des Erfindungswertes nach dem erfaßbaren betrieblichen Nutzen der Nutzen wie im Inland zu erfassen. Ebenso ist bei der Berechnung des Erfindungswertes nach der Lizenzanalogie der Umsatz oder die Erzeugung auch insoweit zu berücksichtigen, als das Ausland vom Inland aus beliefert wird. Bei zusätzlicher Verwertung im Ausland (zB Erzeugung im Ausland, Lizenzvergaben im Ausland) erhöht sich der Erfindungswert entsprechend, sofern dort ein entsprechendes Schutzrecht besteht.

Auch im Ausland ist eine nicht ausgenutzte Verwertbarkeit oder eine unausgenutzte weitere Verwertbarkeit nach den gleichen Grundsätzen wie im Inland zu behandeln (vgl Nr. 24). Sofern weder der Arbeitgeber noch der Arbeitnehmer Schutzrechte im Ausland erworben haben, handelt es sich um schutzrechtsfreies Gebiet, auf dem Wettbewerber tätig werden können, so daß für eine etwaige Benutzung des Erfindungsgegenstandes in dem schutzrechtsfreien Land sowie für den Vertrieb des in dem schutzrechtsfreien Land hergestellten Erzeugnisses im allgemeinen eine Vergütung nicht verlangt werden kann.

Betriebsgeheime Erfindungen (§ 17)

(27) Betriebsgeheime Erfindungen sind ebenso wie geschützte Erfindungen zu vergüten. Dabei sind nach § 17 Abs. 4 des Gesetzes auch die wirtschaftlichen Nachteile zu berücksichtigen, die sich für den Arbeitnehmer dadurch ergeben, daß auf die Diensterfindung kein Schutzrecht erteilt worden ist. Die Beeinträchtigung kann u.a. darin liegen, daß der Erfinder nicht als solcher bekannt wird oder daß die Diensterfindung nur in beschränktem Umfang ausgewertet werden kann. Eine Beeinträchtigung kann auch darin liegen, daß die Diensterfindung vorzeitig bekannt und mangels Rechtsschutzes durch andere Wettbewerber angewendet wird.

Gebrauchsmusterfähige Erfindungen

(28) Bei der Ermittlung des Erfindungswertes für gebrauchsmusterfähige Diensterfindungen können grundsätzlich dieselben Methoden angewandt werden wie bei patentfähigen Diensterfindungen. Wird der Erfindungswert nach dem erfaßbaren betrieblichen Nutzen ermittelt, so ist hierbei nach denselben Grundsätzen wie bei patentfähigen Diensterfindungen zu verfahren. Wird dagegen von der Lizenzanalogie ausgegangen, so ist nach Möglichkeit von den für gebrauchsmusterfähige Erfindungen in vergleichbaren Fällen üblichen Lizenzen auszugehen. Sind solche Lizenzsätze für gebrauchsmusterfähige Erfindungen freier Erfinder nicht bekannt, so kann bei der Lizenzanalogie auch von den für vergleichbare patentfähige Erfindungen üblichen Lizenzsätzen ausgegangen werden; dabei ist jedoch folgendes zu beachten: In der Praxis werden vielfach die für Gebrauchsmuster an freie Erfinder üblicherweise gezahlten Lizenzen niedriger sein als die für patentfähige Erfindungen; dies beruht u.a. auf dem im allgemeinen engeren Schutzumfang sowie auf der kürzeren gesetzlichen Schutzdauer des Gebrauchsmusters. Die ungeklärte Schutzfähigkeit des Gebrauchsmusters kann jedoch bei Diensterfindungen nur dann zuungunsten des Arbeitnehmers berücksichtigt werden, wenn im Einzelfall bestimmte Bedenken gegen die Schutzfähigkeit eine Herabsetzung des Analogielizenzsatzes angemessen erscheinen lassen. Wird in diesem Falle das Gebrauchsmuster nicht angegriffen oder erfolgreich verteidigt, so wird im allgemeinen der Anlaß für eine Neufestsetzung der Vergütung nach § 12 Abs. 6 des Gesetzes vorliegen.

Wird eine patentfähige Erfindung nach § 13 Abs. 1 Satz 2 des Gesetzes als Gebrauchsmuster angemeldet, so ist der Erfindungswert wie bei einer patentfähigen Erfindung zu bemessen, wobei jedoch die kürzere gesetzliche Schutzdauer des Gebrauchsmusters zu berücksichtigen ist.

Technische Verbesserungsvorschläge (§ 20 Abs. 1)

(29) Nach § 20 Abs. 1 des Gesetzes hat der Arbeitnehmer für technische Verbesserungsvorschläge, die dem Arbeitgeber eine ähnliche Vorzugsstellung gewähren wie ein gewerbliches Schutzrecht, gegen den Arbeitgeber einen Anspruch auf angemessene Vergütung, sobald dieser sie verwertet. Eine solche Vorzugsstellung gewähren technische Verbesserungsvorschläge, die von Dritten nicht nachgeahmt werden können (zB Anwendung von Geheimverfahren; Verwendung von Erzeugnissen, die nicht analysiert werden können). Der technische Verbesserungsvorschlag als solcher muß die Vorzugsstellung gewähren; wird er an einem Gerät verwandt, das schon eine solche Vorzugsstellung genießt, so ist der Vorschlag nur insoweit vergütungspflichtig, als er für sich betrachtet, also abgesehen von der schon bestehenden Vorzugsstellung, die Vorzugsstellung gewähren würde. Bei der Ermittlung des Wertes des technischen Verbesserungsvorschlages im Sinne des § 20 Abs. 1 des Gesetzes sind dieselben Methoden anzuwenden wie bei der Ermittlung des Erfindungswertes für schutzfähige Erfindungen. Dabei ist jedoch allein auf die tatsächliche Verwertung durch den Arbeitgeber abzustellen; die unausgenutzte wirtschaftliche Verwertbarkeit (Nr. 24) ist nicht zu berücksichtigen. Sobald die Vorzugsstellung wegfällt, weil die technische Neuerung so weit bekannt geworden ist, daß sie auch von Wettbewerbern berechtigterweise benutzt wird, ist eine Vergütung nicht oder nicht mehr zu zahlen.

Anteilsfaktor

(30) Von dem im ersten Teil ermittelten Erfindungswert ist mit Rücksicht darauf, daß es sich nicht um eine freie Erfindung handelt, ein entsprechender Abzug zu machen. Der Anteil, der sich für den Arbeitnehmer unter Berücksichtigung dieses Abzugs am Erfindungswert ergibt, wird in Form eines in Prozenten ausgedrückten Anteilsfaktors ermittelt.

Der Anteilsfaktor wird bestimmt:
a) durch die Stellung der Aufgabe,
b) durch die Lösung der Aufgabe,
c) durch die Aufgaben und die Stellung des Arbeitnehmers im Betrieb.

Die im folgenden hinter den einzelnen Gruppen der Tabellen a), b) und c) eingefügten Wertzahlen dienen der Berechnung des Anteilsfaktors nach der Tabelle unter Nr. 37. Soweit im Einzelfall eine zwischen den einzelnen Gruppen liegende Bewertung angemessen erscheint, können Zwischenwerte gebildet werden (zB 3,5).

a) Stellung der Aufgabe

(31) Der Anteil des Arbeitnehmers am Zustandekommen der Diensterfindung ist um so größer, je größer seine Initiative bei der Aufgabenstellung und je größer seine Beteiligung bei der Erkenntnis der betrieblichen Mängel und Bedürfnisse ist. Diese Gesichtspunkte können in folgenden sechs Gruppen berücksichtigt werden:

Der Arbeitnehmer ist zu der Erfindung veranlaßt worden:
1. weil der Betrieb ihm eine Aufgabe unter unmittelbarer Angabe des beschrittenen Lösungsweges gestellt hat (1);
2. weil der Betrieb ihm eine Aufgabe ohne unmittelbare Angabe des beschrittenen Lösungsweges gestellt hat (2);
3. ohne daß der Betrieb ihm eine Aufgabe gestellt hat, jedoch durch die infolge der Betriebszugehörigkeit erlangte Kenntnis von Mängeln und Bedürfnissen, wenn der Erfinder diese Mängel und Bedürfnisse nicht selbst festgestellt hat (3);
4. ohne daß der Betrieb ihm eine Aufgabe gestellt hat, jedoch durch die infolge der Betriebszugehörigkeit erlangte Kenntnis von Mängeln und Bedürfnissen, wenn der Erfinder diese Mängel und Bedürfnisse selbst festgestellt hat (4);
5. weil er sich innerhalb seines Aufgabenbereichs eine Aufgabe gestellt hat (5);
6. weil er sich außerhalb seines Aufgabenbereichs eine Aufgabe gestellt hat (6).

Bei Gruppe 1 macht es keinen Unterschied, ob der Betrieb den Erfinder schon bei der Aufgabenstellung oder erst später auf den beschrittenen Lösungsweg unmittelbar hingewiesen hat, es sei denn, daß der Erfinder von sich aus den Lösungsweg bereits beschritten hatte. Ist bei einer Erfindung, die in Gruppe 3 oder 4 einzuordnen ist, der Erfinder vom Betrieb später auf den beschrittenen Lösungsweg hingewiesen worden, so kann es angemessen sein, die Erfindung niedriger einzuordnen, es sei denn, daß der Erfinder von sich aus den Lösungsweg bereits beschritten hatte. Liegt in Gruppe 3 oder 4 die Aufgabe außerhalb des Aufgabenbereichs des Erfinders, so wird es angemessen sein, die Erfindung höher einzuordnen.

Ferner ist zu berücksichtigen, daß auch in der Aufgabenstellung allein schon eine unmittelbare Angabe des beschrittenen Lösungsweges liegen kann, wenn die Aufgabe sehr eng gestellt ist. Andererseits sind ganz allgemeine Anweisungen (zB auf Erfindungen bedacht zu sein) noch nicht als Stellung der Aufgabe im Sinne dieser Tabelle anzusehen.

b) Lösung der Aufgabe

(32) Bei der Ermittlung der Wertzahlen für die Lösung der Aufgabe sind folgende Gesichtspunkte zu beachten:
1. Die Lösung wird mit Hilfe der dem Erfinder beruflich geläufigen Überlegungen gefunden;
2. sie wird auf Grund betrieblicher Arbeiten oder Kenntnisse gefunden;
3. der Betrieb unterstützt den Erfinder mit technischen Hilfsmitteln.

Liegen bei einer Erfindung alle diese Merkmale vor, so erhält die Erfindung für die Lösung der Aufgabe die Wertzahl 1; liegt keines dieser Merkmale vor, so erhält sie die Wertzahl 6.

Sind bei einer Erfindung die angeführten drei Merkmale teilweise verwirklicht, so kommt ihr für die Lösung der Aufgabe eine zwischen 1 und 6 liegende Wertzahl zu. Bei der Ermittlung der Wertzahl für die Lösung der Aufgabe sind die

Verhältnisse des Einzelfalles auch im Hinblick auf die Bedeutung der angeführten drei Merkmale (zB das Ausmaß der Unterstützung mit technischen Hilfsmitteln) zu berücksichtigen.

Beruflich geläufige Überlegungen im Sinne dieser Nummer sind solche, die aus Kenntnissen und Erfahrungen des Arbeitnehmers stammen, die er zur Erfüllung der ihm übertragenen Tätigkeiten haben muß.

Betriebliche Arbeiten oder Kenntnisse im Sinne dieser Nummer sind innerbetriebliche Erkenntnisse, Arbeiten, Anregungen, Erfahrungen, Hinweise usw., die den Erfinder zur Lösung hingeführt oder sie ihm wesentlich erleichtert haben.

Technische Hilfsmittel im Sinne dieser Nummer sind Energien, Rohstoffe und Geräte des Betriebes, deren Bereitstellung wesentlich zum Zustandekommen der Diensterfindung beigetragen hat. Wie technische Hilfsmittel ist auch die Bereitstellung von Arbeitskräften zu werten. Die Arbeitskraft des Erfinders selbst sowie die allgemeinen, ohnehin entstandenen Aufwendungen für Forschung, Laboreinrichtungen und Apparaturen sind nicht als technische Hilfsmittel in diesem Sinne anzusehen.

c) Aufgaben und Stellung des Arbeitnehmers im Betrieb

(33) Der Anteil des Arbeitnehmers verringert sich um so mehr, je größer der ihm durch seine Stellung ermöglichte Einblick in die Erzeugung und Entwicklung des Betriebes ist und je mehr von ihm angesichts einer Stellung und des ihm z.Z. der Erfindungsmeldung gezahlten Arbeitsentgeltes erwartet werden kann, daß er an der technischen Entwicklung des Betriebes mitarbeitet. Stellung im Betrieb bedeutet nicht die nominelle, sondern die tatsächliche Stellung des Arbeitnehmers, die ihm unter Berücksichtigung der ihm obliegenden Aufgaben und der ihm ermöglichten Einblicke in das Betriebsgeschehen zukommt.

(34) Man kann folgende Gruppen von Arbeitnehmern unterscheiden, wobei die Wertzahl um so höher ist, je geringer die Leistungserwartung ist:

8. Gruppe: Hierzu gehören Arbeitnehmer, die im wesentlichen ohne Vorbildung für die im Betrieb ausgeübte Tätigkeit sind (zB ungelernte Arbeiter, Hilfsarbeiter, Angelernte, Lehrlinge) (8).

7. Gruppe: Zu dieser Gruppe sind die Arbeitnehmer zu rechnen, die eine handwerklich-technische Ausbildung erhalten haben (zB Facharbeiter, Laboranten, Monteure, einfache Zeichner), sowie sie schon ein kleineren Aufsichtspflichten betraut sind (zB Vorarbeiter, Untermeister, Schichtmeister, Kolonnenführer). Von diesen Personen wird im allgemeinen erwartet, daß sie die ihnen übertragenen Aufgaben mit einem gewissen technischen Verständnis ausführen. Andererseits ist zu berücksichtigen, daß von dieser Berufsgruppe in der Regel die Lösung konstruktiver oder verfahrensmäßiger technischer Aufgaben nicht erwartet wird (7).

6. Gruppe: Hierher gehören die Personen, die als untere betriebliche Führungskräfte eingesetzt werden (zB Meister, Obermeister, Werkmeister) oder eine etwas gründlichere technische Ausbildung erhalten haben (zB Chemotechniker, Techniker). Von diesen Arbeitnehmern wird in der Regel schon erwartet, daß sie Vorschläge zur Rationalisierung innerhalb der ihnen obliegenden Tätigkeit machen und auf einfache technische Neuerungen bedacht sind (6).

5. Gruppe: Zu dieser Gruppe sind die Arbeitnehmer zu rechnen, die eine gehobene technische Ausbildung erhalten haben, sei es auf Universitäten oder technischen Hochschulen, sei es auf höheren technischen Lehranstalten oder in Ingenieur- oder entsprechenden Fachschulen, wenn sie in der Fertigung tätig sind. Von diesen Arbeitnehmern wird ein reges technisches Interesse sowie die Fähigkeit erwartet, gewisse konstruktive und verfahrensmäßige Aufgaben zu lösen (5).

4. Gruppe: Hierher gehören die in der Fertigung leitend Tätigen (Gruppenleiter, dh Ingenieure und Chemiker, denen andere Ingenieure und Chemiker unterstellt sind) und die in der Entwicklung tätigen Ingenieure und Chemiker (4).

3. Gruppe: Zu dieser Gruppe sind in der Fertigung der Leiter einer ganzen Fertigungsgruppe (zB technischer Abteilungsleiter und Werksleiter) zu zählen, in der Entwicklung die Gruppenleiter von Konstruktionsbüros und Entwicklungslaboratorien und in der Forschung die Ingenieure und Chemiker (3).

2. Gruppe: Hier sind die Leiter der Entwicklungsabteilungen einzuordnen sowie die Gruppenleiter in der Forschung (2).

1. Gruppe: Zur Spitzengruppe gehören die Leiter der gesamten Forschungsabteilung eines Unternehmens und die technischen Leiter größerer Betriebe (1).

Die vorstehende Tabelle kann nur Anhaltspunkte geben. Die Einstufung in die einzelnen Gruppen muß jeweils im Einzelfall nach Maßgabe der tatsächlichen Verhältnisse unter Berücksichtigung der Ausführungen in Nr. 33, 35 und 36 vorgenommen werden. In kleineren Betrieben sind zB vielfach die Leiter von Forschungsabteilungen nicht in Gruppe 1, sondern – je nach den Umständen des Einzelfalles – in die Gruppen 2, 3 oder 4 einzuordnen. Auch die Abstufung nach der Tätigkeit in Fertigung, Entwicklung oder Forschung ist nicht stets berechtigt, weil zB in manchen Betrieben die in der Entwicklung tätigen Arbeitnehmer Erfindungen näher stehen als die in der Forschung tätigen Arbeitnehmer.

(35) Wenn die Gehaltshöhe gegenüber dem Aufgabengebiet Unterschiede zeigt, kann es berechtigt sein, den Erfinder in eine höhere oder tiefere Gruppe einzustufen, weil Gehaltshöhe und Leistungserwartung miteinander in Verbindung stehen. Dies ist besonders zu berücksichtigen im Verhältnis zwischen jüngeren und älteren Arbeitnehmern der gleichen Gruppe. In der Regel wächst das Gehalt des Arbeitnehmers mit seinem Alter, wobei weitgehend der Gesichtspunkt maßgebend ist, daß die zunehmende Erfahrung auf Grund langjähriger Tätigkeit eine höhere Leistung erwarten läßt. Hiernach kann also ein höher bezahlter älterer Angestellter einer bestimmten Gruppe eher in die nächstniedrigere einzustufen sein, während ein jüngerer, geringer bezahlter Angestellter der nächsthöheren Gruppe zuzurechnen ist. Es ist weiter zu berücksichtigen, daß zum Teil gerade bei leitenden Angestellten nicht erwartet wird, daß sie sich mit technischen Einzelfragen

befassen. Besonders in größeren Firmen stehen leitende Angestellte zum Teil der technischen Entwicklung ferner als Entwicklungs- und Betriebsingenieure. In solchen Fällen ist daher gleichfalls eine Berichtigung der Gruppeneinteilung angebracht. Auch die Vorbildung wird in der Regel ein Anhaltspunkt für die Einstufung des Arbeitnehmers sein. Sie ist aber hierauf dann ohne Einfluß, wenn der Arbeitnehmer nicht entsprechend seiner Vorbildung im Betrieb eingesetzt wird. Andererseits ist auch zu berücksichtigen, daß Arbeitnehmer, die sich ohne entsprechende Vorbildung eine größere technische Erfahrung zugeeignet haben und demgemäß im Betrieb eingesetzt und bezahlt werden, in eine entsprechend niedrigere Gruppe (also mit niedrigerer Wertzahl, zB von Gruppe 6 in Gruppe 5) eingestuft werden müssen.

(36) Von Arbeitnehmern, die kaufmännisch tätig sind und keine technische Vorbildung haben, werden im allgemeinen keine technischen Leistungen erwartet. Etwas anderes kann mitunter für die sogenannten technischen Kaufleute und die höheren kaufmännischen Angestellten (kaufmännische Abteilungsleiter, Verwaltungs- und kaufmännische Direktoren) gelten. Wie diese Personen einzustufen sind, muß von Fall zu Fall entschieden werden.

Tabelle

(37) Für die Berechnung des Anteilsfaktors gilt folgende Tabelle:

a + b + c =	03	04	05	06	07	08	09	10	11	12	13	14	15	16	17	18	19	(20)
A =	02	04	07	10	13	15	18	21	25	32	39	47	55	63	72	81	90	(100)

In dieser Tabelle bedeuten:

a = Wertzahlen, die sich aus der Stellung der Aufgabe ergeben,
b = Wertzahlen, die sich aus der Lösung der Aufgabe ergeben,
c = Wertzahlen, die sich aus Aufgaben und Stellung im Betrieb ergeben,
A = Anteilsfaktor (Anteil des Arbeitnehmers am Erfindungswert in Prozenten).

Die Summe, die sich aus den Wertzahlen a, b und c ergibt, braucht keine ganze Zahl zu sein. Sind als Wertzahlen Zwischenwerte (zB 3,5) gebildet worden, so ist als Anteilsfaktor eine Zahl zu ermitteln, die entsprechend zwischen den angegebenen Zahlen liegt. Die Zahlen 20 und 100 sind in Klammern gesetzt, weil zumindest in diesem Fall eine freie Erfindung vorliegt.

Wegfall der Vergütung

(38) Ist der Anteilsfaktor sehr niedrig, so kann, wenn der Erfindungswert gleichfalls gering ist, die nach den vorstehenden Richtlinien zu ermittelnde Vergütung bis auf einen Anerkennungsbetrag sinken oder ganz wegfallen.

Die rechnerische Ermittlung der Vergütung
Formel

(39) Die Berechnung der Vergütung aus Erfindungswert und Anteilsfaktor kann in folgender Formel ausgedrückt werden:

$$V = E \times A$$

Dabei bedeuten:

V = die zu zahlende Vergütung
E = den Erfindungswert
A = den Anteilsfaktor in Prozenten.

Die Ermittlung des Erfindungswertes nach der Lizenzanalogie kann in folgender Formel ausgedrückt werden:

$$E = B \times L$$

Dabei bedeuten:

E = den Erfindungswert,
B = die Bezugsgröße,
L = Lizenzsatz in Prozenten.

In dieser Formel kann die Bezugsgröße ein Geldbetrag oder eine Stückzahl sein. Ist die Bezugsgröße ein bestimmter Geldbetrag, so ist der Lizenzsatz ein Prozentsatz (zB 3% von 100.000,– DM). Ist die Bezugsgröße dagegen eine Stückzahl oder eine Gewichtseinheit, so ist der Lizenzsatz ein bestimmter Geldbetrag je Stück oder Gewichtseinheit (zB 0,10 DM je Stück oder Gewichtseinheit des umgesetzten Erzeugnisses).

Insgesamt ergibt sich hiernach für die Ermittlung der Vergütung bei Anwendung der Lizenzanalogie folgende Formel:

$$V = B \times L \times A$$

Hierbei ist für B jeweils die entsprechende Bezugsgröße (Umsatz, Erzeugung) einzusetzen. Sie kann sich auf die gesamte Laufdauer des Schutzrechts (oder die gesamte sonst nach Nr. 42 in Betracht kommmende Zeit) oder auf einen bestimmten periodisch wiederkehrenden Zeitabschnitt (zB ein Jahr) beziehen; entsprechend ergibt sich aus der Formel die Vergütung für die gesamte Laufdauer (V) oder den bestimmten Zeitabschnitt (bei jährlicher Ermittlung im folgenden mit Vj bezeichnet). Wird zB die Vergütung unter Anwendung der Lizenzanalogie in Verbindung mit dem Umsatz ermittelt, so lautet die Formel für die Berechnung der Vergütung:

$$V = U \times L \times A$$

oder bei jährlicher Ermittlung

$$Vj = Uj \times L \times A$$

Beispiel: Bei einem Jahresumsatz von 400.000,– DM, einem Lizenzsatz von 3% und einem Anteilsfaktor von (a + b + c = 8 =) 15% ergibt sich folgende Rechnung:

Vj = 400000 × 3% × 15%

Die Vergütung für ein Jahr beträgt in diesem Falle 1.800,– DM.

Art der Zahlung der Vergütung

(40) Die Vergütung kann in Form einer laufenden Beteiligung bemessen werden. Hängt ihre Höhe von dem Umsatz, der Erzeugung oder dem erfaßbaren betrieblichen Nutzen ab, so wird die Vergütung zweckmäßig nachkalkulatorisch errechnet; in diesem Falle empfiehlt sich die jährliche Abrechnung, wobei – soweit dies angemessen erscheint – entsprechende Abschlagszahlungen zu leisten sein werden. Wird die Diensterfindung durch Lizenzvergabe verwertet, so wird die Zahlung der Vergütung im allgemeinen der Zahlung der Lizenzen anzupassen sein.

Manchmal wird die Zahlung einer einmaligen oder mehrmaligen festen Summe (Gesamtabfindung) als angemessen anzusehen sein. Dies gilt insbesondere für folgende Fälle:

a) Wenn es sich um kleinere Erfindungen handelt, für die eine jährliche Abrechnung wegen des dadurch entstehenden Aufwandes nicht angemessen erscheint;

b) wenn die Diensterfindung als Vorrats- oder Ausbaupatent verwertet wird;

c) ist der Diensterfinder in einer Stellung, in der er auf den Einsatz seiner Erfindung oder die Entwicklung weiterer verwandter Erfindungen im Betrieb einen maßgeblichen Einfluß ausüben kann, so ist zur Vermeidung von Interessengegensätzen ebenfalls zu empfehlen, die Vergütung in Form einmaliger oder mehrmaliger fester Beträge zu zahlen.

In der Praxis findet sich manchmal eine Verbindung beider Zahlungsarten derart, daß der Lizenznehmer eine einmalige Zahlung leistet und der Lizenzgeber im übrigen laufend an den Erträgen der Erfindung beteiligt wird. Auch eine solche Regelung kann eine angemessene Art der Vergütungsregelung darstellen.

(41) Nur ein geringer Teil der Patente wird in der Praxis für die Gesamtlaufdauer von achtzehn Jahren aufrechterhalten. Bei patentfähigen Erfindungen hat es sich bei der Gesamtabfindung häufig als berechtigt erwiesen, im allgemeinen eine durchschnittliche Laufdauer des Patents von einem Drittel der Gesamtlaufdauer, also von sechs Jahren, für die Ermittlung der einmaligen festen Vergütung zugrunde zu legen. Bei einer wesentlichen Änderung der Umstände, die für die Feststellung oder Festsetzung der Vergütung maßgebend waren, können nach § 12 Abs. 6 des Gesetzes Arbeitgeber und Arbeitnehmer voneinander die Einwilligung in eine andere Regelung der Vergütung verlangen.

Die für die Berechnung der Vergütung maßgebende Zeit

(42) Die Zeit, die für die Berechnung der Vergütung bei laufender Zahlung maßgebend ist, endet bei der unbeschränkten Inanspruchnahme in der Regel mit dem Wegfall des Schutzrechts. Dasselbe gilt bei der beschränkten Inanspruchnahme, wenn ein Schutzrecht erwirkt ist. Wegen der Dauer der Vergütung bei beschränkter Inanspruchnahme wird im übrigen auf Nr. 25 verwiesen. In Ausnahmefällen kann der Gesichtspunkt der Angemessenheit der Vergütung auch eine Zahlung über die Laufdauer des Schutzrechts hinaus gerechtfertigt erscheinen lassen. Dies gilt beispielsweise dann, wenn eine Erfindung erst in den letzten Jahren der Laufdauer eines Schutzrechts praktisch ausgewertet worden ist und die durch das Patent während seiner Laufzeit dem Patentinhaber vermittelte Vorzugsstellung auf dem Markt auf Grund besonderer Umstände noch weiter andauert. Solche besonderen Umstände können zB darin liegen, daß die Erfindung ein geschütztes Verfahren betrifft, für dessen Ausübung hohe betriebsinterne Erfahrungen notwendig sind, die nicht ohne weiteres bei Ablauf des Schutzrechts Wettbewerbern zur Verfügung stehen.

(43) Ist das Schutzrecht vernichtbar, bleibt dennoch der Arbeitgeber bis zur Nichtigkeitserklärung zur Vergütungszahlung verpflichtet, weil bis dahin der Arbeitgeber eine tatsächliche Nutzungsmöglichkeit und günstigere Geschäftsstellung hat, die er ohne der Inanspruchnahme nicht hätte. Die offenbar oder wahrscheinlich gewordene Nichtigkeit ist für den Vergütungsanspruch der tatsächlichen Vernichtung dann gleichzustellen, wenn nach den Umständen das Schutzrecht seine bisherige wirtschaftliche Wirkung so weit verloren hat, daß dem Arbeitgeber die Vergütungszahlung nicht mehr zugemutet werden kann. Dies ist besonders dann der Fall, wenn Wettbewerber, ohne eine Verletzungsklage befürchten zu müssen, nach dem Schutzrecht arbeiten.

Richtlinien für die Vergütung von Arbeitnehmererfindungen im öffentlichen Dienst

vom 1. Dezember 1960[3]

Nach Anhörung der Spitzenorganisationen der Arbeitgeber, der Arbeitnehmer, der Beamten und der Soldaten ergänze ich auf Grund des § 11 in Verbindung mit den §§ 40, 41 des Gesetzes über Arbeitnehmererfindungen vom 25. Juli 1957 (BGBl I S. 756) die Richtlinien für die Vergütung von Arbeitnehmererfindungen im privaten Dienst vom 20. Juli 1959 (Beilage zum Bundesanzeiger Nr. 156 vom 18. August 1959) dahin, daß diese Richtlinien auf Arbeitnehmer im öffentlichen Dienst sowie auf Beamte und Soldaten entsprechend anzuwenden sind.

---

3 Bundesanzeiger Nr. 237 vom 8.12.1960; BlPMZ 1961, 69.

Merkblätter, Muster- und Beispieltexte

Zu § 34 PatG:

Beispiel für Patentanspruch (zweiteilige Fassung, nach „Merkblatt für Patentanmelder", Ausgabe 2012)

1. Streuscheibe für eine Signallaterne mit vorgegebener Lichtstärkeverteilung in der Umgebung der optischen Achse insbesondere für Eisenbahn- und/oder Straßenverkehrs-Lichtsignale,
dadurch gekennzeichnet,
dass die Streuscheibe aus einem Halterahmen und mehreren Scheibenausschnitten, die je für sich hergestellt sind und jeweils einen bestimmten Teil der Lichtstreuung hervorrufen, zusammengesetzt ist.
2. Streuscheibe nach Patentanspruch 1,
dadurch gekennzeichnet,
dass die Streuscheibenausschnitte und der zugehörige Halterahmen mit Passstücken zum unverwechselbaren Aneinanderfügen der Scheibenausschnitte versehen sind.

Beispiel für Patentanspruch (einteilige Fassung, aus „Merkblatt für Patentanmelder")

1. Streuscheibe für eine Signallaterne mit vorgegebener Lichtstärkeverteilung in der Umgebung der optischen Achse insbesondere für Eisenbahn- und/oder Straßenverkehrs-Lichtsignale, wobei die Streuscheibe aus einem Halterahmen und mehreren Scheibenausschnitten, die je für sich hergestellt sind und jeweils einen bestimmten Teil der Lichtstreuung hervorrufen, zusammengesetzt ist.
2. Streuscheibe nach Patentanspruch 1, bei der die Streuscheibenausschnitte und der zugehörige Halterahmen mit Passstücken zum unverwechselbaren Aneinanderfügen der Scheibenausschnitte versehen sind.

Beispiel für eine Beschreibung (nach „Merkblatt für Patentanmelder")
Streuscheibe für Signallaternen.

Es ist bekannt, Streuscheiben vor der Signallaternenoptik anzuordnen, die aus dem nach Höhe und Seite scharf begrenzten Lichtbündel ausreichend viel Licht zum Erzeugen der Seitenstreuung abzweigen (DE 31 32 016 A2). Um insbesondere bei Eisenbahn-Lichtsignalen die Verteilung des Fernlichtbündels ohne Beeinträchtigung der Nahlicht-Seitenstreuung abwandeln zu können, je nachdem ob die vor dem Signal befindliche Strecke gerade oder gekrümmt verläuft, ist es ferner bekannt, in die einzelnen Typen von Signallaternen unterschiedliche Streuscheiben mit jeweils anderer Fernlichtstreuung einzusetzen (Zeitschrift „Signal und Draht", Jahrgang ..., Heft ..., Seiten ... bis ...).

Dabei ist es allerdings nötig, eine Vielzahl von Streuscheibenarten bereitzustellen, die sich jeweils nach mehreren Streuungsgraden des Fernlichts und des Nahlichts unterscheiden.

Der im Patentanspruch 1 angegebenen Erfindung liegt das Problem zugrunde, die Vielzahl von Streuscheibenarten zu vermindern und die Lagerhaltung der Streuscheiben zu vereinfachen.

Dieses Problem wird durch die im Patentanspruch 1 aufgeführten Merkmale gelöst.

Die mit der Erfindung erzielten Vorteile bestehen insbesondere darin, dass statt einer Vielzahl von unterschiedlichen kompletten Streuscheiben für die verschiedenen Anwendungen nur ein Halterahmen und einige wenige unterschiedliche Scheibenausschnitte hergestellt und auf Lager gehalten werden müssen. Die jeweils günstigste Zusammensetzung der Scheibenausschnitte braucht gegebenenfalls erst am Ort der Anwendung mit wenigen Handgriffen durch Einsetzen der passenden Scheibenausschnitte gebildet zu werden; sie kann dort sogleich ausprobiert und erforderlichenfalls verändert werden.

Eine vorteilhafte Ausgestaltung der Erfindung ist im Patentanspruch 2 angegeben. Die Weiterbildung nach Patentanspruch 2 ermöglicht es, eine Streuscheibe, die jeweils für eine bestimmte Signallaterne zusammengesetzt wird, auf einfache Weise durch Hilfskräfte zusammenbauen zu lassen.

Ein Ausführungsbeispiel der Erfindung ist in der Zeichnung dargestellt und wird im folgenden näher beschrieben.
Es zeigen
Fig. 1 ...
Fig. 2 ...
...

Zu § 36 PatG:

Beispiel für eine Zusammenfassung (aus „Merkblatt für die Erstellung der gemäß § 36 des Patentgesetzes vorgeschriebenen Zusammenfassung zur Patentanmeldung", Ausgabe 2012)[4]

1. Spreizdübel.

2.1. Die in Mauerwerk für das Einsetzen von Kunststoff-Dübeln durch Bohren hergestellten Löcher besitzen abhängig von der Zusammensetzung des Mauerwerks unterschiedliche Durchmesser. Dies wirkt sich bei den bekannten Dübeln

---

[4] Im Internet unter www.dpma.de/formulare/p2794.pdf; dort auch weitere Bsp.

nachteilig auf die zulässigen Belastungswerte aus. Der neue Dübel soll sich einem möglichst großen Bereich von Bohrungsdurchmessern anpassen.

2.2. Um dem Dübel Federeigenschaften ähnlich einer Spannhülse zu geben, ist einer der üblicherweise im rohrförmigen Dübel vorhandenen vier Längsschlitze (6a) über die ganze Länge des Dübels geführt. In Verbindung mit der sich gegen das Dübelende hin konisch verjüngenden Innenbohrung des Dübels ergibt sich nach Eindrehen der Schraube (3) eine gute Anlage des mit Ringrippen versehenen Dübelmantels an den Wänden der Bohrung (1 bzw. 10).

2.3. Der Dübel eignet sich aufgrund der Verspannungsmöglichkeit über seine ganze Länge für Abstandsmontagen; vgl. Abstand zwischen Brett (9) und Mauerwerk in der Zeichnung.

Zu § 83 PatG:

Beispiel für einen Hinweis nach Abs 1:
Die Parteien werden auf Folgendes hingewiesen:

Nach Beratung ist der Senat der vorläufigen Auffassung, dass der Gegenstand des Streitpatents nicht patentfähig ist, insbesondere nicht auf erfinderischer Tätigkeit beruht. Zur Kennzeichnung der Merkmale des Patentanspruchs 1 wird im Folgenden die Merkmalsgliederung gemäß Anlage NB ... des Schriftsatzes der Beklagten vom 14.1.2010 zugrunde gelegt.

1. Die Parteien streiten über die Auslegung insbesondere des Anspruchs 1 hinsichtlich der Merkmale xx und xy.

a) Hinsichtlich des Begriffs xx geht es darum, ob – wie die Beklagte meint – darunter ein ... zu verstehen ist, oder ob – so die Meinung der Klageseite – ein xx lediglich als ein ... anzusehen ist.

Nach fachmännischem Verständnis – Fachmann ist hier ein ... mit Erfahrung auf dem Gebiet der ... – ist ein xx als ... anzusehen. Ob dieses per Funk oder drahtgebunden mit dem Internet verbindbar ist, ist damit nicht präjudiziert. ... Anspruch 1 ist somit seinem Wortlaut nach nicht auf ... beschränkt. Das beanspruchte xx muss ... sein – dass es sich dabei aber um ... handeln muss, findet im Wortlaut des erteilten Anspruchs 1 keine Stütze. Der Senat verkennt dabei nicht, dass in der Beschreibung des Streitpatents durchgängig von ... die Rede ist. Der Wortlaut des Patentanspruchs ist demgegenüber eindeutig. Eine einengende Auslegung des Anspruchs unterhalb des Wortlauts, weil mit dieser die Schutzfähigkeit eher bejaht werden könnte, kommt in einem solchen Fall nicht in Betracht (BGH GRUR 2004, 47 – blasenfreie Gummibahn I, vgl auch BGH GRUR 2004, 1023 – bodenseitige Vereinzelungseinrichtung.)

b) Bei dem Begriff xy ist fraglich, ob ein solches nicht nur generell ..., oder ob es auch der ... einzelner Funktionen der Verbraucher dient und dementsprechend ausgebildet ist. Zwar mag ein solches Verständnis durch die Beschreibung gestützt werden, jedoch formuliert Anspruch 1 im Merkmal z: ... Die xy müssen also nicht notwendigerweise auch zur ... einzelner Funktionen der Verbraucher dienen, sondern es ist – als Oder-Variante – ausreichend, dass allein die ... eines Zugriffs auf die angeschlossenen Verbraucher durch das xy erfolgt.

2. Zur Patentfähigkeit

a) Die Europäische Patentanmeldung EP 987.654 A2, die inhaltlich im Wesentlichen der EP 987.654 B1 (Anlage K5) entspricht, zeigt die Steuerung von Verbrauchern über ... als xx, vgl. insbesondere Fig. n und die zugehörige Beschreibung .... Nach der solcherart vorgeschlagenen Lösung werden ... Was die Merkmale 5 und 6 (xy) betrifft, war dem Fachmann zum Prioritätszeitpunkt bekannt, dass auf ... verfügt. Die genannte Software stellt somit ein xy dar, wobei ....

Im Übrigen tritt der Senat den Ausführungen des OLG Karlsruhe zu dieser Entgegenhaltung in dessen Beschluss vom 19.12.2009 (Az. 6 U ...) bei.

b) Die bereits im Prüfungsverfahren genannte Abhandlung von ... (Anlage K4) beschreibt eine ....

Figur 1 zeigt insbesondere eine .... Dies ist für den Fachmann aus Fig. 1 offensichtlich, da .... Die gezeigte Figur und der Artikel offenbaren zwar nicht ausdrücklich die Art ..., jedoch neigt der Senat zu der Annahme, dass der Fachmann sowohl eine ... als auch eine ... als eine mögliche Alternative mitliest (sofern diese Konkretisierung durch den erteilten Anspruch 1 überhaupt gefordert ist, Merkmal 3) ... (Merkmal 4). Das xx verfügt auch über xy zur ... – Merkmal 5. Aus der zuletzt zitierten Textpassage ergibt sich für den Fachmann auch, dass die von den xy gelieferten ... (Merkmal 6).

3. Auch der mit den Hilfsanträgen beanspruchte Gegenstand beruht nach derzeitiger Auffassung des Senats zumindest nicht auf erfinderischer Tätigkeit.

Die Beklagte ist der vorstehend dargelegten Problematik bzgl. des xx dadurch entgegengetreten, dass sie in Anspruch 1 nach Hilfsantrag 1a ... das Wort ... aufgenommen hat. Der weiter vorgelegte Hilfsantrag 1b vom ... schränkt den allgemeinen Begriff ... ein auf .... Bezüglich der xy belässt es die Beklagte beim erteilten Anspruch 1, insbesondere dem Wortlaut des Merkmals 6.

Zur ... wird auf die Ausführungen unter 2b) verwiesen. Die mit Hilfsantrag 1b als Verbraucher beanspruchten Geräte des Heim- oder Bürobereichs sind in den Figuren n und p der EP 987.654 A2 gezeigt.

Zu § 114 PatG:

Muster für die prozessleitende Verfügung im Nichtigkeitsberufungsverfahren
Die Parteien werden auf Folgendes hingewiesen:

Die Berufung kann nur darauf gestützt werden, dass die Entscheidung des Patentgerichts auf der Verletzung des Bundesrechts beruht oder nach § 117 PatG zugrunde zu legende Tatsachen eine andere Entscheidung rechtfertigen (§ 111

Abs. 1 PatG). Die Berufungsbegründung muss neben der Erklärung, inwieweit das Urteil des Patentgerichts angefochten und dessen Aufhebung beantragt wird (Berufungsanträge), die Angabe der Berufungsgründe enthalten, und zwar

die Bezeichnung der Umstände, aus denen sich die Rechtsverletzung ergibt;

soweit die Berufung darauf gestützt wird, dass das Gesetz in Bezug auf das Verfahren verletzt sei, die Bezeichnung der Tatsachen, die den Mangel ergeben;

die Bezeichnung neuer Angriffs- und Verteidigungsmittel sowie der Tatsachen, aufgrund deren die neuen Angriffs- und Verteidigungsmittel nach § 117 zuzulassen sind (§ 112 Abs. 3 PatG).

Der Entscheidung des Bundesgerichtshofs sind die vom Patentgericht festgestellten Tatsachen zugrunde zu legen, soweit nicht konkrete Anhaltspunkte Zweifel an der Richtigkeit oder Vollständigkeit der entscheidungserheblichen Feststellungen begründen und deshalb eine erneute Feststellung gebieten. (§ 117 Satz 1 PatG iVm § 529 Abs. 1 Nr. 1 ZPO). Neue Angriffs- oder Verteidigungsmittel sind zuzulassen, wenn sie

einen Gesichtspunkt betreffen, der vom Patentgericht erkennbar übersehen oder für unerheblich gehalten worden ist,

infolge eines Verfahrensmangels im ersten Rechtszug nicht geltend gemacht wurden oder

im ersten Rechtszug nicht geltend gemacht worden sind, ohne dass dies auf einer Nachlässigkeit der Partei beruht (§ 117 Satz 1 PatG iVm § 531 Abs. 2 Satz 1 ZPO).

Eine Klageänderung oder eine Verteidigung mit einer geänderten Fassung des Streitpatents sind nur unter den Voraussetzungen des § 116 Abs. 2 PatG zulässig.

Der Bundesgerichtshof ist bemüht, die erhebliche Zahl der hier anhängigen überjährigen Patentnichtigkeitssachen zu reduzieren. Dieses Ziel kann nur erreicht werden, wenn die Parteien an einer möglichst effektiven Verfahrensgestaltung mitwirken. Es behindert die Erledigung anderer Patentnichtigkeitssachen erheblich, wenn eine Streitsache erst kurz vor der mündlichen Verhandlung verglichen wird. Es wird daher gebeten, die Möglichkeit eines Vergleichs möglichst frühzeitig, spätestens aber umgehend nach Anberaumung des Termins zur mündlichen Verhandlung zu prüfen und dem Senat bereits dann alsbald Mitteilung zu machen, wenn begründete Aussicht auf eine vergleichsweise Einigung besteht.

Aus den gleichen Gründen wird der zur mündlichen Verhandlung bestimmte Termin nur dann verlegt werden können, wenn schwerwiegende Hinderungsgründe glaubhaft gemacht werden.

Den Parteien wird aufgegeben:

Soweit sich eine Partei auf fremdsprachige Druckschriften bezieht, sind Übersetzungen in die deutsche Sprache vorzulegen. Dies gilt auch dann, wenn die Schrift bereits in erster Instanz vorgelegt worden ist. Bei umfangreicheren Druckschriften kann die Übersetzung gegebenenfalls auf die relevanten Textabschnitte beschränkt werden, soweit zu deren Verständnis der übrige Text nicht erforderlich ist.

Sämtliche im Berufungsverfahren eingereichten Anlagen sollen gut sichtbar mit fortlaufenden Anlagenbezeichnungen versehen werden. Eine vom Patentgericht verwendete Nummerierung der Entgegenhaltungen soll fortgeführt werden. Soweit auf Anforderung der Geschäftsstelle Mehrstücke der erstinstanzlichen Anlagen eingereicht werden, wird gebeten, auch an diesen gut sichtbar die im erstinstanzlichen Verfahren verwendete Anlagenbezeichnung anzubringen. Die Anlagenbezeichnung soll auch in den Schriftsätzen zur Bezugnahme auf die jeweiligen Anlagen verwendet werden.

Es wird gebeten, auf gute Lesbarkeit der Anlagen zu achten, insbesondere beim Ausdruck von Patentdokumenten aus PDF-Dateien (etwa aus DEPATISNET) eine Verkleinerung des Druckbereichs nach Möglichkeit zu vermeiden.

Vom Berufungskläger sind innerhalb der Frist zur Berufungsbegründung, vom Berufungsbeklagten sind in der Berufungserwiderung begründete Angaben dazu zu machen, auf welchen Betrag der wirtschaftliche Wert des Streitpatents zum Zeitpunkt der Einlegung der Berufung nach seinem besten Wissen zu bemessen ist. Insbesondere ist mitzuteilen, ob Verletzungsverfahren über das Streitpatent anhängig sind und gegebenenfalls welcher Streitwert in diesen Verfahren festgesetzt oder angegeben worden ist. Ferner ist mitzuteilen, ob sonstige Auseinandersetzungen über das Streitpatent und gegebenenfalls mit welchem wirtschaftlichen Ziel geführt werden und wie dieses Ziel aus der Sicht der Partei zu bewerten ist.

Zu § 129 PatG:

Merkblatt über Verfahrenskostenhilfe vor dem Deutschen Patent- und Markenamt (Ausgabe 2015/5)

Ergänzend zum Vordruck für die Erklärung über die persönlichen und wirtschaftlichen Verhältnisse bei Verfahrenskostenhilfe (Vordruck A 9541) wird in diesem Merkblatt auf die Besonderheiten in Verfahren vor dem Deutschen Patentund Markenamt hingewiesen.

Nach § 129 des Patentgesetzes (PatG) wird in Verfahren vor dem Deutschen Patent- und Markenamt, dem Bundespatentgericht und dem Bundesgerichtshof nach Maßgabe der Vorschriften der §§ 130 bis 138 PatG Verfahrenskostenhilfe bewilligt. Auch in Verfahren nach dem Gebrauchsmustergesetz (GebrMG – § 21 Abs. 2), dem Halbleiterschutzgesetz (HalblSchG – § 11 Abs. 2) und dem Designgesetz (DesignG – § 24) wird entsprechend den Vorschriften der §§ 130 bis 138 PatG vor dem Deutschen Patent- und Markenamt, dem Bundespatentgericht und dem Bundesgerichtshof Verfahrenskostenhilfe gewährt. Der Antrag ist bei der Stelle einzureichen, die für das Hauptverfahren zuständig ist.

I. Wozu Verfahrenskostenhilfe?

Das Verfahren vor dem Deutschen Patent- und Markenamt kostet Geld. Will ein Bürger ein Verfahren einleiten, betreiben oder sich an diesem beteiligen, muss er in der Regel die Verfahrenskosten zahlen. Beauftragt der Bürger einen Patent- oder Rechtsanwalt mit der Wahrnehmung seiner Rechte, muss er auch dessen Vergütung zahlen. Die Verfahrenskostenhilfe will den Bürgern, die diese Kosten nicht oder nur zum Teil aufbringen können, die Verfahrensführung ermöglichen.

II. Für welche Verfahren kann Verfahrenskostenhilfe beantragt werden?

Das Deutsche Patent- und Markenamt gewährt Verfahrenskostenhilfe in
– Patenterteilungsverfahren,
– Einspruchsverfahren,
– Patentbeschränkungs- und –widerrufsverfahren,
– Gebrauchsmustereintragungsverfahren,
– Gebrauchsmusterlöschungsverfahren,
– Topografieeintragungsverfahren (HalblSchG),
– Topografielöschungsverfahren (HalblSchG),
– Designeintragungsverfahren,
– Designnichtigkeitsverfahren

sowie zur Aufrechterhaltung des
– Patentschutzes,
– Gebrauchsmusterschutzes,
– Designschutzes.

Verfahrenskostenhilfe kann nicht gewährt werden in
– Verfahren nach dem Vertrag über die internationale Zusammenarbeit auf dem Gebiet des Patentwesens (PCT) und
– Verfahren vor dem Deutschen Patent- und Markenamt nach dem Markengesetz (MarkenG). (Gemäß § 81a MarkenG kann aber im Verfahren vor dem Bundespatentgericht in Markensachen Verfahrenskostenhilfe gewährt werden.)

III. Welche Kosten können von der Verfahrenskostenhilfe umfasst sein?

Die Bewilligung der Verfahrenskostenhilfe hat zur Folge, dass die Kosten des Verfahrens und die Vergütung eines beigeordneten Anwalts vollständig oder teilweise von der Staatskasse übernommen werden.

Die Gebühren für Verfahren vor dem Deutschen Patent- und Markenamt sind in der Anlage zu § 2 Abs. 1 Patentkostengesetz (PatKostG) festgesetzt worden. Dazu gehören folgende Gebühren:

In Patentsachen
1. Anmeldegebühr (§ 34 PatG),
2. Recherchegebühr (§ 43 PatG),
3. Prüfungsantragsgebühr (§ 44 PatG),
4. Weiterbehandlungsgebühr (§ 123a PatG),
5. Jahresgebühren (§ 17 Abs. 1 PatG),
6. Verfahrenskosten im Einspruchsverfahren (§ 59 PatG) und im Verfahren zur Beschränkung und zum Widerruf des Patents (§ 64 PatG),
7. Beschwerdegebühr (§ 73 PatG).

In Gebrauchsmustersachen
1. Anmeldegebühr (§ 4 GebrMG),
2. Weiterbehandlungsgebühr (§ 21 Abs. 1 GebrMG i.V.m. § 123a PatG),
3. Aufrechterhaltungsgebühren (§ 23 Abs. 2 GebrMG),
4. Verfahrenskosten im Löschungsverfahren (§ 16 GebrMG),
5. Beschwerdegebühr (§ 18 GebrMG).

In Topografieschutzsachen
1. Anmeldegebühr (§ 3 HalblSchG),
2. Weiterbehandlungsgebühr (§ 11 Abs. 1 HalblSchG i.V.m. § 123a PatG),
3. Verfahrenskosten im Löschungsverfahren (§ 8 HalblSchG),
4. Beschwerdegebühr (§ 4 Abs. 4 HalblSchG).

In Designsachen
1. Anmeldegebühr (§ 11 DesignG),
2. Weiterbehandlungsgebühr (§ 17 DesignG),
3. Aufrechterhaltungs- und Erstreckungsgebühren (§§ 28, 21 DesignG),
4. Verfahrenskosten im Nichtigkeitsverfahren (§ 34a DesignG),
5. Beschwerdegebühr (§ 23 DesignG).

Mittellosen Verfahrensbeteiligten können auf Antrag Mittel für die Reise zum Ort einer Verhandlung, Vernehmung oder Untersuchung und für die Rückreise gewährt werden, wenn ihr persönliches Erscheinen notwendig ist. Zu den Reisekosten gehören neben den Fahrtkosten auch unvermeidbare Verpflegungs- und Übernachtungskosten. Die sonstigen

Auslagen eines Beteiligten (z.B. Schreibkosten, Post- und Fernmeldeentgelte, Kosten eines Privatgutachtens) werden dagegen von der Verfahrenskostenhilfe grundsätzlich nicht erfasst. Auch eine Erstattung von Verdienstausfall kommt nicht in Betracht.

IV. Welchen Verfahrensbeteiligten kann Verfahrenskostenhilfe bewilligt werden?
- dem Patentanmelder, wenn hinreichende Aussicht auf Erteilung des Patents besteht (§ 130 Abs. 1 PatG);
- Dritten, die einen Prüfungsantrag gemäß § 44 PatG stellen, wenn der Antrag hinreichende Aussicht auf Erfolg hat und die Dritten ein eigenes schutzwürdiges Interesse glaubhaft machen können (§ 130 Abs. 6 PatG);
- dem Einsprechenden und dem gemäß § 59 Abs. 2 PatG beitretenden Dritten, wenn der Einspruch hinreichende Aussicht auf Erfolg bietet und sie ein eigenes schutzwürdiges Interesse glaubhaft machen (§ 132 Abs. 2 PatG);
- dem Patentinhaber für die Jahresgebühren, im Einspruchsverfahren und im Verfahren zur Beschränkung und zum Widerruf des Patents (§§ 130 Abs. 1, 132 Abs. 1, 131 PatG);
- dem Gebrauchsmusteranmelder, wenn hinreichende Aussicht auf Eintragung des Gebrauchsmusters besteht (§ 21 Abs. 2 GebrMG);
- dem Löschungsantragsteller im Gebrauchsmusterlöschungsverfahren, wenn der Antrag hinreichende Aussicht auf Erfolg bietet und er ein eigenes schutzwürdiges Interesse glaubhaft macht (§ 21 Abs. 2 GebrMG, § 132 PatG);
- dem Gebrauchsmusterinhaber für die Aufrechterhaltungsgebühren und im Gebrauchsmusterlöschungsverfahren (§ 21 Abs. 2 GebrMG i.V.m. §§ 130 Abs. 1, 132 PatG);
- dem Topografieanmelder, wenn hinreichende Aussicht auf Eintragung der Topografie besteht (§ 11 Abs. 2 HalblSchG i.V.m. § 21 Abs. 2 GebrMG, § 130 Abs. 1 PatG);
- dem Löschungsantragsteller im Topografielöschungsverfahren, wenn der Antrag hinreichende Aussicht auf Erfolg bietet und er ein eigenes schutzwürdiges Interesse glaubhaft macht (§ 11 Abs. 2 HalbSchG i.V.m. § 21 Abs. 2 GebrMG, § 132 PatG);
- dem Topografieinhaber im Topografielöschungsverfahren (§ 11 Abs. 2 HalblSchG i.V.m. § 21 Abs. 2 GebrMG, § 132 PatG);
- dem Designanmelder, wenn hinreichende Aussicht auf Eintragung des Designs besteht (§ 24 DesignG);
- dem Designinhaber für Aufrechterhaltungsgebühren (§§ 24, 28 DesignG);
- dem Designinhaber im Designnichtigkeitsverfahren, wenn die Rechtsverteidigung hinreichende Aussicht auf Erfolg bietet (§ 24 DesignG;
- dem Antragsteller und dem gemäß § 34c DesignG beitretenden Dritten im Designnichtigkeitsverfahren, wenn der Antrag hinreichende Aussicht auf Erfolg bietet und er ein eigenes schutzwürdiges Interesse glaubhaft macht (§ 24 Satz 2 DesignG, § 132 Abs. 2 PatG).

V. Wie erhält man Verfahrenskostenhilfe?
Erforderlich ist ein Antrag. Der Antrag auf Bewilligung von Verfahrenskostenhilfe ist schriftlich beim Deutschen Patent- und Markenamt (Anschrift siehe Kopf des Merkblatts) einzureichen und zu unterschreiben. Er muss erkennen lassen, für welches Verfahren die Verfahrenskostenhilfe beansprucht wird.

Die Verfahrenskostenhilfe ist für jeden Verfahrensabschnitt neu zu beantragen. So wirkt z.B. die für das Patenterteilungsverfahren bewilligte Verfahrenskostenhilfe nicht für das Einspruchsverfahren. Soll die Verfahrenskostenhilfe auch die Jahresgebühren bzw. Aufrechterhaltungsgebühren umfassen, so ist dies im Antrag ausdrücklich zu erklären (§ 130 Abs. 1 Satz 2 PatG). Der Antrag muss erkennen lassen, für welches Verfahren bzw. für welche Jahres- und Aufrechterhaltungsgebühren Verfahrenskostenhilfe beantragt wird. Die Verfahrenskostenhilfe muss also für jedes Verfahren bzw. jede Jahres- oder Aufrechterhaltungsgebühr gesondert beantragt werden.

Dem Antrag ist außerdem der amtliche Vordruck „Erklärung über die persönlichen und wirtschaftlichen Verhältnisse" – siehe Anlage zu diesem Merkblatt – beizufügen (§ 136 PatG i.V.m. § 117 Abs. 2 und 4 Zivilprozessordnung). Bei mehreren Mitanmeldern oder Mitinhabern muss zu jedem ein eigener Vordruck eingereicht werden. Diese Erklärung ist bei Anträgen des Patentanmelders oder Patentinhabers auch für den Erfinder vorzulegen, wenn der Antragsteller nicht der Erfinder ist (§ 130 Abs. 4 PatG).

Das Deutsche Patent- und Markenamt verfügt mit der Bewilligung von Verfahrenskostenhilfe über Mittel, die von allen Bürgern durch Steuern aufgebracht werden müssen. Es muss prüfen, ob ein Anspruch auf Verfahrenskostenhilfe besteht. Der Vordruck soll diese Prüfung erleichtern. Wir bitten daher bitte Verständnis dafür, dass Sie Ihre persönlichen und wirtschaftlichen Verhältnisse darlegen müssen. Die Erklärung über die persönlichen und wirtschaftlichen Verhältnisse und die in diesem Zusammenhang gemachten Angaben sind von der Akteneinsicht ausgenommen, es sei denn, ein Dritter kann ein berechtigtes Interesse geltend machen.

Ebenfalls ist bei Anträgen des Patentanmelders die Erfinderbenennung (§ 37 PatG) beizufügen oder glaubhaft zu machen, dass der Anmelder zugleich der Erfinder ist.

Sofern die Beiordnung eines Vertreters gewünscht wird, ist ein entsprechender Antrag zu stellen (vgl. Abschnitt X.).

Wichtig:
Das Deutsche Patent- und Markenamt kann Sie auffordern, fehlende Belege nachzureichen und Ihre Angaben an Eides statt zu versichern. Wenn Sie angeforderte Belege nicht nachreichen, kann dies dazu führen, dass Ihr Antrag auf Bewilligung von Verfahrenskostenhilfe zurückgewiesen wird.

Wenn Sie unvollständige oder unrichtige Angaben machen, kann dies auch dazu führen, dass schon bewilligte Verfahrenskostenhilfe wieder aufgehoben wird und Sie die angefallenen Kosten nachzahlen müssen. Dies droht Ihnen auch dann, wenn Sie während des Verfahrens und innerhalb eines Zeitraums von vier Jahren seit der rechtskräftigen Entscheidung oder der sonstigen Beendigung des Verfahrens dem Deutschen Patent- und Markenamt wesentliche Verbesserungen Ihrer wirtschaftlichen Lage oder eine Änderung Ihrer Anschrift nicht unaufgefordert und unverzüglich mitteilen. Wenn Sie bewusst unrichtige oder unvollständige Angaben machen, kann dies auch als Straftat verfolgt werden.

VI. Folgen der Einreichung des Antrags auf Verfahrenskostenhilfe

Wird der Antrag auf Bewilligung von Verfahrenskostenhilfe vor Ablauf einer für die Zahlung einer Gebühr vorgeschriebenen Frist eingereicht, so wird der Lauf dieser Frist gehemmt bis zum Ablauf von einem Monat nach Zustellung des Beschlusses, mit dem über die Bewilligung der Verfahrenskostenhilfe entschieden wird (§ 134 PatG). Dies bedeutet, dass eine Gebühr, für die Verfahrenskostenhilfe beantragt ist, nicht gezahlt werden muss, bis über den Antrag auf Verfahrenskostenhilfe entschieden ist. Wenn der Antrag auf Verfahrenskostenhilfe abgelehnt wird, so läuft die Frist erst einen Monat nach Zustellung des Beschlusses, mit dem der Antrag abgelehnt wird, weiter.

VII. Wirtschaftliche Voraussetzungen der Bewilligung der Verfahrenskostenhilfe

Verfahrenskostenhilfe wird nur bewilligt, wenn derjenige, der die Verfahrenskostenhilfe beantragt, nach seinen persönlichen und wirtschaftlichen Verhältnissen die Kosten der Verfahrensführung nicht, nur zum Teil oder nur in Raten aufbringen kann (§ 114 Satz 1 ZPO). Maßgebend sind die wirtschaftlichen Verhältnisse zum Zeitpunkt der Entscheidung über den Verfahrenskostenhilfeantrag. Ob ein Antragsteller ganz von der Zahlung der Verfahrenskosten zu entbinden ist oder sich in Form von monatlichen Ratenzahlungen daran beteiligen muss, richtet sich nach § 115 ZPO (nachfolgend abgedruckt). Verfahrenskostenhilfe wird nur bewilligt, wenn die Verfahrenskosten gemäß § 115 Abs. 4 ZPO die Summe von vier Monatsraten übersteigen. Wenn die Verfahrenkosten vier Monatsraten voraussichtlich nicht übersteigen, können (außer in Designsachen) auf gesonderten Antrag so viele Jahresgebühren in die Verfahrenskostenhilfe einbezogen werden, wie notwendig sind, um die Voraussetzung des § 115 Abs. 4 ZPO zu erfüllen (§ 130 Abs. 5 PatG).

Im Folgenden wird § 115 ZPO wiedergegeben:

§ 115 Einsatz von Einkommen und Vermögen

(1) Die Partei hat ihr Einkommen einzusetzen. Zum Einkommen gehören alle Einkünfte in Geld oder Geldeswert. Von ihm sind abzusetzen:

1. a) die in § 82 Abs. 2 des Zwölften Buches Sozialgesetzbuch bezeichneten Beträge;

b) bei Parteien, die ein Einkommen aus Erwerbstätigkeit erzielen, ein Betrag in Höhe von 50 vom Hundert des höchsten Regelsatzes, der für den alleinstehenden oder alleinerziehenden Leistungsberechtigten gemäß der Regelbedarfsstufe 1 nach der Anlage zu § 28 des Zwölften Buches Sozialgesetzbuch festgesetzt oder fortgeschrieben worden ist;

2. a) für die Partei und ihren Ehegatten oder ihren Lebenspartner jeweils ein Betrag in Höhe des um 10 vom Hundert erhöhten höchsten Regelsatzes, der für den alleinstehenden oder alleinerziehenden Leistungsberechtigten gemäß der Regelbedarfsstufe 1 nach der Anlage zu § 28 des Zwölften Buches Sozialgesetzbuch festgesetzt oder fortgeschrieben worden ist;

b) bei weiteren Unterhaltsleistungen auf Grund gesetzlicher Unterhaltspflicht für jede unterhaltsberechtigte Person jeweils ein Betrag in Höhe des um 10 vom Hundert erhöhten höchsten Regelsatzes, der für eine Person ihres Alters gemäß den Regelbedarfsstufen 3 bis 6 nach der Anlage zu § 28 des Zwölften Buches Sozialgesetzbuch festgesetzt oder fortgeschrieben worden ist;

3. die Kosten der Unterkunft und Heizung, soweit sie nicht in einem auffälligen Missverhältnis zu den Lebensverhältnissen der Partei stehen;

4. Mehrbedarfe nach § 21 des Zweiten Buches Sozialgesetzbuch und nach § 30 des Zwölften Buches Sozialgesetzbuch;

5. weitere Beträge, soweit dies mit Rücksicht auf besondere Belastungen angemessen ist; § 1610a des Bürgerlichen Gesetzbuchs gilt entsprechend.

Maßgeblich sind die Beträge, die zum Zeitpunkt der Bewilligung der Prozesskostenhilfe gelten. Das Bundesministerium der Justiz gibt bei jeder Neufestsetzung oder jeder Fortschreibung die maßgebenden Beträge nach Satz 3 Nummer 1 Buchstabe b und Nummer 2 im Bundesgesetzblatt bekannt. Diese Beträge sind, soweit sie nicht volle Euro ergeben, bis zu 0,49 Euro abzurunden und von 0,50 Euro an aufzurunden. Die Unterhaltsfreibeträge nach Satz 3 Nr. 2 vermindern sich um eigenes Einkommen der unterhaltsberechtigten Person. Wird eine Geldrente gezahlt, so ist sie an Stelle des Freibetrages abzusetzen, soweit dies angemessen ist.

(2) Von dem nach den Abzügen verbleibenden Teil des monatlichen Einkommens (einzusetzendes Einkommen) sind Monatsraten in Höhe der Hälfte des einzusetzenden Einkommens festzusetzen; die Monatsraten sind auf volle Euro abzurunden. Beträgt die Höhe einer Monatsrate weniger als 10 Euro, ist von der Festsetzung von Monatsraten abzusehen. Bei einem einzusetzenden Einkommen von mehr als 600 Euro beträgt die Monatsrate 300 Euro zuzüglich des Teils des einzusetzenden Einkommens, der 600 Euro übersteigt. Unabhängig von der Zahl der Rechtszüge sind höchstens 48 Monatsraten aufzubringen.

(3) Die Partei hat ihr Vermögen einzusetzen, soweit dies zumutbar ist. § 90 des Zwölften Buches Sozialgesetzbuch gilt entsprechend.

(4) Prozesskostenhilfe wird nicht bewilligt, wenn die Kosten der Prozessführung der Partei vier Monatsraten und die aus dem Vermögen aufzubringend en Teilbeträge voraussichtlich nicht übersteigen.

VIII. Werden die Kosten für weitere Schutzrechte oder Schutzrechtsanmeldungen bei der Entscheidung über Verfahrenskostenhilfe berücksichtigt?

Gemäß § 115 Abs. 1 Nr. 45 ZPO sind bei der Berechnung weitere Beträge vom Nettoeinkommen abzusetzen, soweit dies mit Rücksicht auf besondere Belastungen angemessen ist. Solche besonderen Belastungen können auch Aufwendungen für weitere Schutzrechte oder Anmeldungen sein, soweit sie angemessen sind. Unangemessen sind allerdings solche Aufwendungen, die in einem deutlichen Missverhältnis zu den Einkommensverhältnissen stehen.

IX. Kann man einen Anwalt nehmen?

Im Falle der Bewilligung von Verfahrenskostenhilfe kann einem Antragsteller auf einen gesonderten Antrag ein zur Übernahme der Vertretung bereiter Patentanwalt, Rechtsanwalt oder Erlaubnisscheininhaber seiner Wahl „beigeordnet" werden. Voraussetzung ist, dass die Beiordnung zur sachdienlichen Erledigung des Verfahrens erforderlich scheint (wobei je nach Schwierigkeit der Verfahren in den einzelnen Schutzrechtsbereichen hieran unterschiedliche Voraussetzungen zu stellen sind) oder ein Beteiligter mit entgegengesetzten Interessen durch einen Patentanwalt, Rechtsanwalt oder Erlaubnisscheininhaber vertreten ist (§ 133 PatG).

X. Welche Rechtsfolgen hat die Bewilligung der Verfahrenskostenhilfe?

Die Bewilligung der Verfahrenskostenhilfe bewirkt, dass die für den Fall der Nichtzahlung von Gebühren vorgesehenen Rechtsfolgen nicht eintreten. Dies gilt nur, wenn die Gebühr von der Verfahrenskostenhilfe erfasst ist (vgl. oben Abschnitt III.) und diese Rechtsfolgen noch nicht eingetreten sind (§ 130 Abs. 2 Satz 1 PatG). Rückständige und künftige Auslagen dürfen nur nach Maßgabe der Bestimmungen des Bewilligungsbeschlusses vom Zahlungsverpflichteten gefordert werden (§ 130 Abs. 2 Satz 2 PatG, § 122 Abs. 1 Nr. 1 ZPO).

Beigeordnete Anwälte können Vergütungsansprüche gegen den Anmelder nicht geltend machen (§ 130 Abs. 2 Satz 2 PatG i.V.m. § 122 Abs. 1 Nr. 3 ZPO).

XI. Kann die Bewilligung der Verfahrenskostenhilfe aufgehoben werden?

Die Verfahrenskostenhilfe kann gemäß § 136 PatG in Verbindung mit § 124 ZPO aufgehoben werden, wenn
– der Antragsteller durch unrichtige Darstellung des Verfahrensgegenstandes die für die Bewilligung der Verfahrenskostenhilfe maßgebenden Voraussetzungen vorgetäuscht hat;
– der Antragsteller absichtlich oder aus grober Nachlässigkeit unrichtige Angaben über die persönlichen oder wirtschaftlichen Verhältnisse gemacht hat oder sich trotz Verlangens des Deutschen Patent- und Markenamts nicht darüber erklärt hat, ob eine Änderung der Verhältnisse eingetreten ist;
– die persönlichen oder wirtschaftlichen Voraussetzungen für die Verfahrenskostenhilfe nicht vorgelegen haben; in diesem Falle ist die Aufhebung ausgeschlossen, wenn seit der rechtskräftigen Entscheidung oder sonstigen Beendigung des Verfahrens vier Jahre vergangen sind;
– der Antragsteller dem Deutschen Patent- und Markenamt wesentliche Verbesserungen seiner Einkommens- und Vermögensverhältnisse oder Änderungen seiner Anschrift entgegen seiner Verpflichtung aus § 120a Absatz 2 Satz 1 bis 3 ZPO absichtlich oder aus grober Nachlässigkeit unrichtig oder nicht unverzüglich mitgeteilt hat;
– der Antragsteller länger als drei Monate mit der Zahlung einer Monatsrate (nach § 115 ZPO) oder mit der Zahlung eines sonstigen Betrags im Rückstand ist.

Die Verfahrenskostenhilfe kann nach § 137 PatG auch aufgehoben werden, wenn die angemeldete oder durch ein Patent geschützte Erfindung oder der Gegenstand eines anderen Schutzrechts, hinsichtlich deren Verfahrenskostenhilfe gewährt worden ist, durch Veräußerung, Benutzung, Lizenzvergabe oder auf sonstige Weise wirtschaftlich verwertet wird und die hieraus fließenden Einkünfte, die für die Bewilligung der Verfahrenskostenhilfe maßgeblichen Verhältnisse so verändern, dass dem betroffenen Beteiligten die Zahlung der Verfahrenskosten zugemutet werden kann. Dies gilt auch, wenn seit der bestandskräftigen Entscheidung oder sonstigen Beendigung des Verfahrens vier Jahre vergangen sind. Der Beteiligte, dem Verfahrenskostenhilfe gewährt worden ist, hat jede wirtschaftliche Verwertung dem Deutschen Patent- und Markenamt anzuzeigen.

Wichtig:

Sie sind während des Verfahrens vor dem Deutschen Patent- und Markenamt und innerhalb eines Zeitraums von vier Jahren seit der rechtskräftigen Entscheidung oder der sonstigen Beendigung des Verfahrens verpflichtet, dem Deutschen Patent- und Markenamt jede wesentliche Verbesserungen Ihrer wirtschaftlichen Verhältnisse oder eine Änderung Ihrer Anschrift unaufgefordert und unverzüglich mitzuteilen. Bei laufenden Einkünften ist jede nicht nur einmalige Verbesserung von mehr als 100 Euro (brutto) im Monat mitzuteilen. Reduzieren sich geltend gemachte Abzüge (Wohnkosten, Unterhalt, Zahlungsverpflichtungen oder besondere Belastungen) oder fallen diese ganz weg, so müssen Sie dies ebenfalls von sich aus mitteilen, wenn die Entlastung nicht nur einmalig 100 Euro im Monat übersteigt. Eine wesentliche Verbesserung der wirtschaftlichen Verhältnisse kann auch dadurch eintreten, dass Sie durch die Rechtsverfolgung oder verteidigung etwas erlangen. Auch dies müssen Sie dem Deutschen Patent- und Markenamt mitteilen. Verstoßen Sie gegen diese Pflichten, kann die Bewilligung nachträglich aufgehoben werden, und Sie müssen die Kosten nachzahlen.

Zu § 140b PatG:

Muster für einen Antrag:
Der Beklagte wird verurteilt, dem Kläger Auskunft über die Herkunft und den Vertriebsweg der … durch Vorlage eines vollständigen Verzeichnisses zu erteilen, das enthält

1. Namen und Anschrift sämtlicher bekannten Hersteller, Vor- und Zulieferanten, Lieferanten und Vorbesitzer (insbesondere Transport- und Lagerunternehmen) und die Stückzahl der bei jedem Lieferanten bestellten Waren;
2. die Stückzahl der von jedem Lieferanten erhaltenen Waren;
3. Namen und Anschrift sämtlicher gewerblicher Abnehmer (bei Dienstleistungen: Nutzer) bis zum letzten gewerblichen Abnehmer, sei es der Endabnehmer und die Stückzahl der an jeden dieser Abnehmer ausgelieferten Waren;
4. Namen und Anschrift sämtlicher Auftraggeber.
5. die Einkaufpreise, die für die Erzeugnisse/Dienstleistungen bezahlt wurden und die Verkaufspreise, die von den jeweiligen Abnehmern bezahlt wurden
Dazu hat der Beklagte die Belege in Form von Kopien der jeweiligen Unterlagen (Bestellungen, Rechnungen, Lieferscheine und ähnlichem) vorzulegen. Dabei darf der Beklagte dort enthaltene Daten, die geheimhaltungsbedürftig sind und für den Nachweis der Auskunft nicht benötigt werden, schwärzen.

Zu § 140c PatG:

Muster für Beweissicherungsbeschluss mit paralleler einstweiliger Verfügung (wie vom LG München I verwendet):

Einstweilige Verfügung:
Zur Sicherung der Grundlagen für das im parallelen selbständigen Beweisverfahren … OH … zu erholende Sachverständigengutachten dahingehend, ob die von der Antragsgegnerin hergestellten …, insbesondere die von der Antragsgegnerin hergestellten und von der … unter der Marke „…" auf dem deutschen Markt vertriebenen …, durch das Verfahren nach Anspruch 1 des europäischen Patents EP … B1 – wie im parallelen Beweisbeschluss des selbständigen Beweisverfahrens … OH … aufgegliedert – hergestellt werden, wird folgendes angeordnet:

1. Die Antragsgegnerin hat es zu dulden, dass der Sachverständige die zur Herstellung der oben genannten …waren verwendeten Vorrichtungen sowie die Materialien und Zutaten, die mit der Herstellung der oben genannten …waren in Zusammenhang stehen, besichtigt und, sofern der Sachverständige dies für geboten hält, untersucht. Dabei hat es die Antragsgegnerin insbesondere zu dulden, dass der Sachverständige die Art …, insbesondere … und die Herkunft …, sowie den Zeitpunkt der Zugabe …und die Temperatur zum Zeitpunkt des Beginns der … untersucht und ggf. Proben … entnimmt.

Des Weiteren hat es die Antragsgegnerin zu dulden, dass der Sachverständige den Ablauf des von der Antragsgegnerin angewendeten Verfahrens zur Herstellung der oben genannten … waren unter Heranziehung technischer Hilfsmittel, wie …, ggf. …, und über betriebliche Überwachungseinrichtungen, wie beispielsweise …, im laufenden Betrieb beobachtet. Die Antragsgegnerin hat ferner das Befüllen und Entleeren sowie das Inbetriebsetzen und Außerbetriebsetzen der zu untersuchenden Vorrichtungen zur Herstellung der oben genannten …waren jeweils nach Anweisung des Sachverständigen zu dulden.

Ferner hat die Antragsgegnerin es zu dulden, dass der Sachverständige sämtliche Unterlagen, die im Zusammenhang mit dem zu untersuchenden Verfahren stehen, einsieht und ggf. kopiert. Die Antragsgegnerin wird die Unterlagen zu diesem Zweck an den Sachverständigen aushändigen. Zu den Unterlagen gehören insbesondere die Bedienungsanleitungen für sämtliche Vorrichtungen, die für das Verfahren zur Herstellung der oben genannten …waren von der Antragsgegnerin verwendet werden, sowie die Verfahrensanweisungen, Rezepturen und Produktionsprotokolle, in denen jeweils der Ablauf des Verfahrens der Antragsgegnerin zur Herstellung der oben genannten … waren beschrieben wird. Zu den Verfahrensanweisungen und Rezepturen gehören insbesondere die Betriebs- und Steueranweisungen sowie sonstige Dokumente zur Herstellung der oben genannten …waren, aus denen insbesondere die … und die Herkunft aus …, die fehlende Zugabe von … sowie der Zeitpunkt der Zugabe … zum Zeitpunkt des Beginns der … herstellung hervorgeht.

Die Antragsgegnerin hat es hierbei zu dulden, dass der Sachverständige Zugang zu Computern, Bedienpanels oder anderen EDV-Einrichtungen zur Steuerung, Auswertung oder Überwachung der zu untersuchenden Vorrichtungen erhält und ihm hierfür ggf. Passwörter, die für den Zugang erforderlich sind, zur Verfügung gestellt werden. Die Antragsgegnerin hat es dabei zu dulden, dass der Sachverständige Ausdrucke von Verfahrensanweisungen, Rezepturen und Produktionsprotokollen einschließlich betreffender Bildschirmdarstellungen (screenshots) anfertigt und diese elektronisch kopiert.

Die Antragsgegnerin hat es ferner zu dulden, dass der Sachverständige zu Dokumentationszwecken Foto- oder Filmaufnahmen anfertigt und für seine Notizen ein Diktiergerät verwendet.

Das Personal der Antragsgegnerin hat die für die Untersuchung erforderliche Unterstützung zu gewähren, insbesondere die zu begutachtenden Vorrichtungen nach Anweisung des Sachverständigen in und außer Betrieb zu setzen und das Verfahren zur Herstellung der oben genannten …waren durchzuführen.

2. Der Antragsgegnerin wird – mit sofortiger Wirkung und für die Dauer der Begutachtung – untersagt, eigenmächtig Veränderungen an den zur Herstellung der oben genannten ...waren verwendeten Vorrichtungen sowie an den Materialien und Zutaten, die mit der Herstellung der oben genannten ...waren in Zusammenhang stehen, vorzunehmen und/oder diese Vorrichtungen, Materialien und Zutaten vom Betriebsgelände der Antragsgegnerin wegzuschaffen.

3. Neben dem Sachverständigen hat die Antragsgegnerin folgenden anwaltlichen Vertretern der Antragstellerin die Anwesenheit während der Begutachtung zu gestatten:

Patentanwalt ...

Rechtsanwälte ...

4. Patentanwalt ... und die Rechtsanwälte ... und ...werden verpflichtet, Tatsachen, die im Zuge des selbstständigen Beweisverfahrens zu ihrer Kenntnis gelangen und den Geschäftsbetrieb der Antragsgegnerin betreffen, geheim zu halten, und zwar auch gegenüber der Antragstellerin und deren Mitarbeitern.

5. Für jeden Fall der Zuwiderhandlung gegen die unter Ziffer 1., 2. und 3. bezeichneten Anordnungen wird der Antragsgegnerin ein Ordnungsgeld bis zu EUR 250.000,00, ersatzweise Ordnungshaft, oder Ordnungshaft bis zu sechs Monaten angedroht, wobei die Ordnungshaft an dem jeweiligen Geschäftsführer der Antragsgegnerin zu vollstrecken ist.

6. Die Antragsgegnerin trägt die Kosten des Rechtsstreits.

7. Der Streitwert wird auf EUR ... festgesetzt.

Beweisbeschluss:

1. Es soll durch Einholung eines schriftlichen Sachverständigengutachtens Beweis darüber erhoben werden, ob die von der Antragsgegnerin hergestellten ...waren mit durchschnittlich, insbesondere die von der Antragsgegnerin hergestellten und von der ... unter der Marke „....“ auf dem deutschen Markt vertriebenen ..., durch das Verfahren nach Anspruch 1 des europäischen Patents EP ... B1 hergestellt werden, welches durch die Kombination folgender Merkmale gekennzeichnet ist:

(folgt Merkmalsaufstellung)

2. Zum gerichtlichen Sachverständigen wird Herr Professor ... bestellt.

3. Der Antragstellerin wird aufgegeben, vor der Vollziehung der parallelen einstweiligen Verfügung die Einzahlung eines Auslagenvorschusses für den Sachverständigen in Höhe von EUR 4.000,00 – vorzugsweise durch Kostenstempler – nachzuweisen.

4. Dem Sachverständigen wird – im Interesse der Wahrung etwaiger Betriebsgeheimnisse der Antragsgegnerin, die bei der Begutachtung zu Tage treten könnten – aufgegeben, jeden unmittelbaren Kontakt mit der Antragstellerin zu vermeiden und notwendige Korrespondenz entweder über das Gericht oder über die in Ziffer 3. der parallelen einstweiligen Verfügung ... bezeichneten anwaltlichen Vertretern der Antragstellerin, Patentanwalt ... und den Rechtsanwälten ... und ..., zu führen. Der Sachverständige hat darüber hinaus auch gegenüber Dritten Verschwiegenheit zu wahren.

5. Auf Verlangen der Antragsgegnerin hat der Sachverständige die Begutachtung für die Dauer von maximal zwei Stunden zurückzustellen, um der Antragsgegnerin Gelegenheit zu geben, ihrerseits einen anwaltlichen Berater hinzuzuziehen. Der Sachverständige hat die Antragsgegnerin vor Beginn der Begutachtung auf dieses Antragsrecht hinzuweisen.

6. Die Begutachtung soll – wegen der besonderen Eilbedürftigkeit – ohne vorherige Ladung und Anhörung der Antragsgegnerin erfolgen.

7. Nach Vorlage des schriftlichen Gutachtens wird die Antragsgegnerin Gelegenheit erhalten, zu etwaigen Geheimhaltungsinteressen, die auf ihrer Seite bestehen, Stellung zu nehmen. Die Kammer wird erst danach darüber entscheiden, ob der Antragstellerin selbst das Gutachten vollständig zur Kenntnis gebracht wird.

Muster für eine Anordnung im selbstständigen Beweisverfahren mit Duldungsverfügung (Düsseldorfer Praxis):

I. Auf den Antrag vom ... wird, da ein Rechtsstreit noch nicht anhängig ist und die Antragstellerin ein rechtliches Interesse daran hat, dass der Zustand einer Sache festgestellt wird, die Durchführung des selbstständigen Beweisverfahrens gem §§ 485 ff ZPO angeordnet.

II. 1. Es soll durch Einholung eines schriftlichen Sachverständigengutachtens Beweis darüber erhoben werden, ob die in der Betriebsstätte der Antragsgegnerin in ... befindlichen ... des Typs „....“ dazu geeignet sind, das Verfahren nach Patentanspruch 1 des europäischen Patents ... auszuführen, das durch die Kombination folgender Merkmale gekennzeichnet ist: ...

2. Zum Sachverständigen wird ... bestellt.

3. Dem Sachverständigen wird zur Wahrung etwaiger Betriebsgeheimnisse der Antragsgegnerin aufgegeben, jeden unmittelbaren Kontakt mit der Antragstellerin zu meiden und notwendige Korrespondenz entweder über das Gericht oder die nachfolgend bezeichneten anwaltlichen Vertreter der Antragstellerin zu führen. Der Sachverständige hat über derartige Betriebsgeheimnisse auch gegenüber Dritten Verschwiegenheit zu wahren.

4. Auf Verlangen der Antragsgegnerin hat der Sachverständige die Begutachtung für die Dauer von maximal 2 Stunden zurückzustellen, um der Antragsgegnerin Gelegenheit zu geben, ihrerseits einen anwaltlichen Berater hinzuzuziehen. Der Sachverständige hat die Antragsgegnerin vor Beginn der Begutachtung auf dieses Recht hinzuweisen.

5. Die Begutachtung soll wegen der besonderen Eilbedürftigkeit ohne vorherige Ladung und Anhörung der Antragsgegnerin erfolgen.

III. Die Durchführung des selbstständigen Beweisverfahrens ist davon abhängig, dass die Antragstellerin vorab einen Auslagenvorschuss von 10000 EUR bei der Gerichtskasse einzahlt.

IV. Der Wert des Streitgegenstands für das selbstständige Beweisverfahren wird auf 250.000 EUR festgesetzt.

V. Im Weg der einstweiligen Verfügung werden darüber hinaus folgende Anordnungen getroffen:

1. Neben dem Sachverständigen hat die Antragsgegnerin folgenden anwaltlichen Vertretern der Antragstellerin sowie ggf ihrem öffentlich bestellten und vereidigten Privatsachverständigen die Anwesenheit während der Begutachtung zu gestatten: Patentanwältin/Patentanwalt ...; Rechtsanwältin/Rechtsanwalt ... sowie ggf dem Privatsachverständigen ....

2. Die anwaltlichen Vertreter werden verpflichtet, Tatsachen, die im Zug des selbstständigen Beweisverfahrens zu ihrer Kenntnis gelangen und den Geschäftsbetrieb der Antragsgegnerin betreffen, geheimzuhalten, und zwar auch gegenüber der Antragstellerin und deren Mitarbeitern.

3. Der Antragsgegnerin wird es mit sofortiger Wirkung und für die Dauer der Begutachtung untersagt, eigenmächtig Veränderungen an den zu begutachtenden ... vorzunehmen, insbesondere ....

4. Für jeden Fall der Zuwiderhandlung gegen das unter 3. bezeichnete Verbot werden der Antragsgegnerin ein Ordnungsgeld bis zu 250.000 EUR, ersatzweise Ordnungshaft, oder Ordnungshaft bis zu sechs Monaten angedroht, wobei die Ordnungshaft an dem Geschäftsführer der Antragsgegnerin zu vollstrecken ist.

5. Die Antragsgegnerin hat es zu dulden, dass der Sachverständige die zu begutachtenden Vorrichtungen in Augenschein nimmt und, sofern er dies für geboten hält, im laufenden Betrieb untersucht. Die Antragsgegnerin hat es ferner zu dulden, dass der Sachverständige von der zu besichtigenden Vorrichtung Foto- und Filmaufnahmen anfertigt und für seine Notizen ein Aufzeichnungsgerät verwendet.

VI. Nach Vorlage des schriftlichen Gutachtens wird die Antragsgegnerin Gelegenheit erhalten, zu etwaigen Geheimhaltungsinteressen, die auf ihrer Seite bestehen, Stellung zu nehmen. Die Kammer wird alsdann darüber entscheiden, ob der Antragstellerin das Gutachten zur Kenntnis gebracht und die Verschwiegenheitsanordnung aufgehoben wird.

VII. Der Wert des Gegenstands des Verfahrens über die einstweilige Verfügung wird auf 25.000 EUR festgesetzt.

VIII. Die Kosten des Verfügungsverfahrens werden der Antragsgegnerin auferlegt.

Vor § 143 PatG:

Prozessleitende Verfügung in Sachen des gewerblichen Rechtsschutzes vor der Patentstreitkammer des Landgerichts Düsseldorf:

Güteverhandlung entbehrlich, da sie erkennbar aussichtslos erscheint.

1. Früher erster Termin wird bestimmt auf ... den ...

2. Die Beklagte wird auf folgendes hingewiesen:

Für den vorliegenden Rechtsstreit besteht Anwaltszwang. Nur ein bei einem Amts- oder Landgericht zugelassener Rechtsanwalt kann wirksame Prozesserklärungen abgeben. Die Beklagte wird daher aufgefordert, einen Rechtsanwalt zu bestellen, wenn sie sich gegen die Klage verteidigen will.

3. Die Parteien werden darauf hingewiesen, dass das Nichterscheinen im Termin zu einem Verlust des Prozesses führen kann. Gegen die nicht erschienene Partei kann auf Antrag des Gegners ein Versäumnisurteil (§§ 330, 332 ZPO) erlassen werden; in diesem Fall hat die säumige Partei auch die Gerichtskosten und die notwendigen Auslagen der Gegenseite zu tragen (§ 91 ZPO). Aus dem Versäumnisurteil kann der Gegner der säumigen Partei gegen diese die Zwangsvollstreckung betreiben (§ 708 Nr. 2 ZPO).

4. Die Parteien werden zum weiteren Verfahren auf folgendes hingewiesen:

a) Im frühen ersten Termin werden

– die Anträge gestellt und erforderlichenfalls ihre zweckmäßige Fassung erörtert

– der Haupttermin bestimmt und

– die zur Vorbereitung des Haupttermins notwendigen Schriftsatzfristen (Klageerwiderungs-, Replik- und Duplikfrist) festgesetzt. Eine schriftliche Klageerwiderung vor diesem frühen ersten Termin ist nicht erforderlich.

Im frühen ersten Termin müssen die Rügen, die die Zulässigkeit der Klage betreffen und auf die die Beklagte verzichten kann, erhoben werden, da sie später nur zugelassen werden dürfen, wenn die Beklagte die Verspätung genügend entschuldigt hat und dies glaubhaft macht (§§ 283, 296 Abs. 3, 4 ZPO).

Angriffs- und Verteidigungsmittel, die erst nach Ablauf der hierfür gesetzten Frist vorgebracht werden, dürfen nur zugelassen werden, wenn nach der freien Überzeugung der Kammer ihr Zulassung die Erledigung des Rechtsstreits nicht verzögern würde oder wenn die Partei die Verspätung genügend entschuldigt (§ 296 Abs. 1 ZPO). Der Entschuldigungsgrund ist glaubhaft zu machen (§ 296 Abs. 4 ZPO).

Angriffs- und Verteidigungsmittel, die entgegen der allgemeinen Prozessförderungspflicht nicht rechtzeitig vorgebracht oder mitgeteilt werden, können zurückgewiesen werden, wenn ihre Zulassung nach der Überzeugung der Kammer den Rechtsstreit verzögern würde und die Verspätung auf grober Nachlässigkeit beruht (§ 296 Abs. 2 ZPO).

In der Klageerwiderung sind alle Verteidigungsmittel vorzubringen, die gegen die Klage vorgebracht werden sollen.

Falls die Beklagte einen auf einen Einspruch, eine Nichtigkeitsklage, einen Löschungsantrag oder sonstigen Rechtsbehelf gegen das Klageschutzrecht gestützten Antrag auf Aussetzung der Verhandlung (§ 148 ZPO) stellen will, ist auch dieser mit der Klageerwiderung zu begründen und der entsprechende Rechtsbehelf vorzulegen. Dementsprechend gilt die

Replikfrist auch für die Gegenäußerung der klägerischen Partei zu dem Aussetzungsantrag und der für diesen gegebenen Begründung.

Ob das Klageschutzrecht den Rechtsbestandsangriffen standhält, liegt nicht in der Entscheidungsbefugnis des Verletzungsgerichts. Dessen Aufgabe ist es allein zu klären, ob ausnahmsweise eine vorübergehende Aussetzung des Verletzungsprozesses deshalb geboten ist, weil die Vernichtung des Klageschutzrechts mit derart hoher, an Sicherheit grenzender Wahrscheinlichkeit zu erwarten steht, dass eine Verurteilung der Beklagten aus dem (aller Voraussicht nach zu vernichtenden) Schutzrecht nicht gerechtfertigt werden kann. Um diese Entscheidung zu treffen, ist es weder notwendig noch gerechtfertigt, das Rechtsbestandsverfahren im Verletzungsprozess in allen Einzelheiten vorwegzunehmen. Es hat vielmehr eine summarische Prüfung auf das Vorliegen offensichtlicher Vernichtungsgründe stattzufinden. Mit Rücksicht darauf wird den Parteien aufgegeben,

– in ihren Schriftsätzen eigenständig (d.h. ohne Bezugnahme auf als Anlage überreichte Schriftsätze aus dem Rechtsbestandsverfahren) und aus sich heraus verständlich zum Rechtsbestandsangriff vorzutragen,

– wobei der diesbezügliche Vortrag auf diejenigen maximal 2–3 Entgegenhaltungen zu beschränken ist, die nach Sicht der Beklagten dem Klageschutzrecht am nächsten kommen.

Im Interesse einer ordnungsgemäßen Vorbereitung des Haupttermins sind die Klageerwiderungs- und die Replikfrist nur mit Zustimmung der Gegenseite, die mit dem Verlängerungsgesuch glaubhaft zu machen ist, verlängerbar. Soweit eine Partei einer Verlängerung der für den Gegner geltenden Schriftsatzfrist zustimmt, folgt daraus kein Anspruch darauf, dass auch die eigene Schriftsatzfrist verlängert wird. Das gilt selbst dann, wenn der Gegner der besagten Verlängerung zustimmt.

Die Fristsetzungen dienen auch der ordnungsgemäßen Terminsvorbereitung durch die Kammer, weswegen es nicht im Belieben der Parteien steht, das Fristenregime durch wechselseitige Zustimmungen zum Nachteil der Kammer zu Fall zu bringen. Die Duplikfrist ist deshalb nicht verlängerbar.

Gehen gleichwohl nach der Duplik Schriftsätze ein, ist eine geordnete Vorbereitung das Haupttermins und damit der Termin selbst gefährdet. Bei der Anwendung der Verspätungsvorschriften ist dies entsprechend zu berücksichtigen. Insbesondere kann sich eine Verspätung aus der Notwendigkeit der Anberaumung einer weiteren Verhandlung zur Erörterung neuen technischen Vorbringens ergeben.

b) Eine zügige Erledigung des Verfahrens ist nur möglich, wenn der Aktenumfang nicht ausufert, sondern in einem angemessenen Umfang gehalten wird. Dies bedeutet keinen Verzicht auf irgendein für notwendig erachtetes Angriffs- oder Verteidigungsargument und auch keine Beschränkung des rechtlichen Gehörs. Die Parteien werden jedoch dringend gebeten, auf Ausführungen zu verzichten, die unnötig sind, weil sie den Sach- und Streitstand über das bereits Geschriebene hinaus nicht vertiefen, sondern für alle Beteiligten bloß zusätzliche Lesearbeit ohne weiteren Erkenntnisgewinn verursachen. Die Kammer erwartet deshalb von beiden Parteien,

– dass sie bei ihrem Vortrag darum bemüht sind, ihre Argumente „auf den Punkt darzustellen" und

– davon absehen, Argumente, die in einem früheren Schriftsatz bereits ausgebreitet worden sind, zu wiederholen.

c) – Mit Rücksicht auf die jede Partei von Gesetzes wegen (§ 138 Abs. 1 ZPO) treffende prozessuale Wahrheitspflicht ist es erforderlich, dass zu technischen Behauptungen, deren Richtigkeit die Kammer voraussichtlich nicht aus eigener Anschauung beurteilen kann,

– mitgeteilt wird, ob sich die Behauptung auf durchgeführte Messungen, Berechnungen oder Untersuchungen stützt und von wem diese durchgeführt wurden, oder welche Grundlage diese Behauptung sonst hat;

– mit vollständigem Namen und ladungsfähiger Anschrift diejenige Person bezeichnet wird, auf deren Information die technische Behauptung beruht.

Hinweise zum Münchener Verfahren in Patentstreitsachen (Stand: Dezember 2015; wird je nach Terminslage und verfahrensspezifischen Umständen, wie zu erwartender langwieriger Auslandsladung, modifiziert):

Kernpunkte des seit Ende 2009 von beiden Patentkammern praktizierten Münchner Verfahrens zur Stärkung des Patentstandortes München sind die Durchführung zweier Verhandlungstermine in der Sache (früher erster Termin und Haupttermin) und ein strenges Fristenregime. Ziel ist es, Patentinhabern in einem fairen und transparenten Verfahren schnellen und effektiven Rechtsschutz bereitzustellen. Hierzu ist vorgesehen, den frühen ersten Termin innerhalb von drei bis sechs Monaten nach Klagezustellung durchzuführen und eine erstinstanzliche Hauptsacheentscheidung in 10 bis 15 Monaten nach Klagezustellung zu treffen. Die Einholung von schriftlichen Sachverständigengutachten sowie die Aussetzung des Rechtsstreits sollen nur ganz ausnahmsweise erfolgen. – Für Gebrauchsmusterstreitigkeiten gelten die nachfolgenden Ausführungen sinngemäß, soweit nicht zwingende gesetzliche Vorschriften eine abweichende Handhabung gebieten. Vindikationsverfahren werden individuell geführt.

Mediation in Patentstreitsachen

In Patentstreitsachen besteht beim Landgericht München I die Möglichkeit einer Mediation unter Anleitung eines Güterichters, der in der Regel Mitglied der anderen Patentstreitkammer ist und ggf. durch einen Güterichter des Bundespatentgerichts unterstützt werden kann. Die Zuweisung erfolgt im Einverständnis der Parteien z.B. im Rahmen des frühen ersten Termins. Der Güterichter terminiert regelmäßig innerhalb von ein bis zwei Monaten. In diesem Verfahren besteht die Möglichkeit, eine umfassende Regelung aller zwischen den Parteien offenen Streitpunkte – unabhängig davon, ob diese bereits rechtshängig sind – oder Zwischenregelungen für die Zeit bis zum streitigen Abschluss des Verfahrens zu vereinbaren.

Güteverhandlung und früher erster Termin

Dem frühen ersten Termin geht regelmäßig eine Güteverhandlung voraus. Kommt keine gütliche Einigung oder die Vereinbarung eines Termins zur Mediation zustande, wird der frühe erste Termin durchgeführt. Hierbei wird auf der Grundlage der Klage sowie der Klageerwiderung ausschließlich über die Fragen der Auslegung des Klagepatents sowie der Patentverletzung verhandelt. Hierzu ist die Benennung des angesprochenen Fachmanns erforderlich. Fragen der Aussetzung sind dem Haupttermin vorbehalten. Im frühen ersten Termin wird auch der Streitwert festgesetzt werden. Für die Güteverhandlung ist die Anwesenheit der Parteien erforderlich. Dies erleichtert die Sachaufklärung, weil die Parteien mit dem technischen Gebiet und der angegriffenen Ausführungsform und ihren Eigenschaften am besten vertraut sind. Soweit Vertreter entsandt werden, ist zu beachten, dass diese auch zu Verhandlungen über eine vergleichsweise Einigung der Parteien hinreichend bevollmächtigt sein müssen, § 141 Abs. 3 S. 2 ZPO. Sofern die Entscheidungszuständigkeit außerhalb der Gesellschaft liegt, die Partei des Rechtsstreits ist, wird darum gebeten, entsprechend befugte Vertreter der zuständigen Einheit (Konzernobergesellschaft, Private-Equity-Gesellschaft etc.) zu entsenden.

Weitere Verfahrensplanung

Am Ende des frühen ersten Termins wird mit den Parteien der weitere Verfahrensablauf besprochen. Ein Haupttermin wird durchgeführt, wenn nicht beide Parteien auf ihn verzichten oder der Kläger durch sein Verhalten anderweitig gezeigt hat, dass er vom Münchner Verfahren Abstand nehmen will. Der Termin für den Haupttermin sowie die Fristen für den weiteren Vortrag werden fest vereinbart oder vom Gericht festgesetzt, wenn keine Vereinbarung zustande kommt. In der Regel erhält jede Partei nur einmal Gelegenheit zu weiteren schriftsätzlichen Ausführungen. Die Fristen werden in der Regel mit jeweils ca. zwei Monaten bemessen. Die Parteien werden regelmäßig gebeten werden, Schriftsätze von Anwalt zu Anwalt zuzustellen und zur Vorbereitung des Haupttermins durch die Kammermitglieder etwa drei Wochen vorher eine kurze Zusammenfassung ihrer wichtigsten Argumente als Anlage (nicht als Schriftsatz!) einzureichen. Diese Zusammenfassung sollte höchstens 10 Seiten (davon höchstens fünf Seiten Fließtext zuzüglich Abbildungen und Schaubilder) umfassen.

Fristverlängerungen/weitere Schriftsätze

Mit den Parteien vereinbarte Fristen sind grundsätzlich nicht verlängerbar. In zu begründenden und ggf. glaubhaft zu machenden Ausnahmefällen kann eine einmalige Verlängerung einer Frist um maximal eine Woche erfolgen. Eine solche Verlängerung führt nicht dazu, dass auch die nachfolgende Frist des Gegners automatisch zu verlängern ist. Die Frist zur Vorlage einer Zusammenfassung ist – weil kurz vor dem Haupttermin – nicht verlängerbar. – Die Einreichung nicht abgesprochener Schriftsätze sollte unterbleiben. In jedem Fall wird darum gebeten, zuvor das Gespräch mit dem Vorsitzenden zu suchen.

Verspätete Anträge

Die beklagte Partei hat alle Verteidigungsmittel, die gegen die Klage eingewandt werden sollen, bereits in der Klageerwiderung vorzubringen. Spätestens im frühen ersten Termin müssen alle Rügen, die die Zulässigkeit der Klage betreffen und auf die die beklagte Partei verzichten kann, erhoben werden.

Klageänderungen

Die Klagepartei möge bedenken, dass Klageänderungen, die Auswechslung oder die Erweiterung des Verletzungsvorwurfs sowie der Übergang vom Vorwurf einer wortsinngemäßen zum Vorwurf einer äquivalenten Patentverletzung in diesem straffen Fristensystem nur dann unter Wahrung angemessener Verteidigungsmöglichkeiten für die beklagte Partei abzuhandeln sein werden, wenn sie spätestens im frühen ersten Termin angekündigt und somit bei der weiteren Verfahrensplanung berücksichtigt werden können.

Prozesskostensicherheit/Vollstreckungssicherheit

Die Höhe einer eventuell zu leistenden Prozesskostensicherheit errechnet sich aus denjenigen Kosten, die einschließlich der etwaigen Einlegung einer Nichtzulassungsbeschwerde beim Bundesgerichtshof voraussichtlich anfallen (BGH NJW 2001, 3630; OLG München, Urt. vom 28.11.2013 – 6 U 187/13).

Soweit kein abweichender substantiierter Vortrag der Parteien erfolgt, wird sich die Bemessung etwaiger Vollstreckungssicherheiten maßgeblich am Streitwert orientieren. Für die Klagepartei empfiehlt es sich, Teilstreitwerte und Teilsicherheiten anzugeben.

Haupttermin

Im Haupttermin werden alle für die Entscheidung relevanten Fragen mit den Parteien und ihren Vertretern – soweit noch erforderlich – abschließend erörtert. Spätestens zum Haupttermin sollten Anträge vorliegen, die den Erfordernissen der höchstrichterlichen Rechtsprechung an die Bestimmtheit des Klageantrages (BGH – Blasfolienherstellung und Rohrreinigungsdüse II) und den Erfordernissen der TÜV-Rechtsprechung gerecht werden.

Übersetzungen

Die Parteien werden gebeten, von als entscheidungserheblich erachteten fremdsprachigen Unterlagen vollständige Übersetzungen vorzulegen.

Umfang von Schriftsätzen

Es wird gebeten, beim Umfang der eingereichten Schriftsätze darauf zu achten, dass die Verfahren bei Wahrung der technischen Verständlichkeit noch handhabbar bleiben und im Rahmen der bestehenden richterlichen Kapazitäten bearbeitet und zur Entscheidung gebracht werden können. Insoweit wird darauf hingewiesen, dass nach dem deutschlandweit gültigen Personalbedarfssystem der Justizverwaltungen „Pebb§y" für Patentstreitverfahren von Klageerhebung bis Abschluss der Zwangsvollstreckung für alle drei Richter zusammen durchschnittlich nur 1.500 Minuten zur Verfügung stehen. Für jede Beratungs- und Verhandlungsstunde als Kammer sind hiervon bereits 180 Minuten abzuziehen. Als Richtwert sollten daher pro zu wechselndem Schriftsatz 25 Seiten Fließtext (ohne Einblendungen von Offenbarungsstellen und Zeichnungen/Fotos) nicht überschritten werden. Hierbei sollte die Schriftgröße der vorliegenden Hinweise nicht unterschritten werden. Wiederholungen in den Schriftsätzen sind nach Möglichkeit zu vermeiden und durch Verweise auf das bisherige schriftsätzliche Vorbringen zu ersetzen.

Weitere formale Fragen

Es wird gebeten, zentrale Anlagen (Klagepatentschrift, kolorierte Zeichnungen zu deren Erläuterung, Schaubilder, Merkmalsanalysen, Merkmalsvergleiche zwischen Patentanspruch und angegriffener Ausführungsform, zentrale Entgegenhaltungen, Zusammenfassungen, etc.) jeweils mit drei Überstücken für die Kammer zuzüglich zu dem Original für die Akte und den Abschriften für den Gegner einzureichen. Die Anlagen sollten durchgängig nummeriert und – wenn sie mehrseitig sind – geheftet sein. Es bietet sich an, Offenbarungsstellen in der Beschreibung des Klagepatents oder anderer Druckschriften, auf die schriftsätzlich Bezug genommen wurde, in der jeweiligen Anlage (sowie deren Übersetzung) farblich durch Umrandung zu kennzeichnen (grün für Kläger, rot für Beklagte).

Aussetzung

Soweit die beklagte Partei die Aussetzung des Rechtsstreits bis zur Klärung der Rechtsbeständigkeit des Klagepatents begehrt, hat sie die hierfür sprechenden Argumente bereits in der Klageerwiderung eigenständig, d.h. – wie auch sonst – ohne Bezugnahme auf die als Anlagen überreichten Schriftsätze und Entgegenhaltungen aus dem Rechtsbestandsverfahren, und aus sich selbst heraus verständlich vorzutragen, wobei der Vortrag auf diejenigen maximal drei Entgegenhaltungen zu beschränken ist, die am meisten Erfolg (siehe nächster Absatz) versprechen. Hierzu sind in die Klageerwiderung Offenbarungsstellen im Original bzw. in deutscher Übersetzung ebenso einzublenden wie Fotos oder Zeichnungen, wenn auf diese Bezug genommen wird. Ferner bietet es sich an, diese Offenbarungsstellen in den Entgegenhaltungen selbst (sowie in deren Übersetzungen) farblich durch Umrandung zu kennzeichnen (grün für Kläger, rot für Beklagte). Soweit die Klageerwiderung keinen zulässigen Aussetzungsantrag enthält, wird ein Haupttermin nur dann durchgeführt werden, wenn dies die Klagepartei ausdrücklich wünscht. Werden in diesem Rahmen Angriffe gegen den Rechtsbestand des Klagepatents erst später vorgebracht, kann die zeitliche Verzögerung im Rahmen der Aussetzungsentscheidung zum Nachteil der beklagten Partei gewürdigt werden. Die erkennende Kammer wird aber auch bei einem Beklagtenvortrag, der diese Grundsätze in formaler und zeitlicher Hinsicht beachtet, regelmäßig nur im Ausnahmefall zu der Wertung gelangen können, dass eine überwiegende Wahrscheinlichkeit dafür besteht, dass das Klagepatent im Rechtsbestandsverfahren vernichtet (oder maßgeblich eingeschränkt) werden wird und das Verfahren daher aussetzen. Die bisherige Erfahrung hat gezeigt, dass hierbei regelmäßig diejenigen Angriffe am meisten Erfolg hatten, die auf Entgegenhaltungen gestützt waren, die im Prüfungsverfahren oder im bisherigen Bestandsverfahren noch nicht vorgelegen haben und der Neuheit des Klagepatents ohne weiteres (also zum Beispiel ohne fachmännisches „Mitlesen" von Merkmalen) entgegengehalten werden konnten. Hingegen waren Angriffe gestützt auf das Fehlen einer erfinderischen Tätigkeit, auf offenkundige Vorbenutzungen sowie auf den Vorwurf der unzulässigen Erweiterung bzw. Schutzbereichserweiterung nur im Ausnahmefall erfolgreich. In diesen seltenen Fällen, in denen die erkennende Kammer das Vorliegen einer überwiegende Wahrscheinlichkeit für eine Vernichtung oder substantielle Beschränkung des Klagepatents bejahen würde, wird sie die Parteien hierauf hinweisen und eine einvernehmliche Aussetzung des Rechtsstreits bis zum Vorliegen einer erstinstanzlichen Entscheidung im Bestandsverfahren anregen.

Beispiel für einen Beweisbeschluss (frei nach LG Düsseldorf)

I.   Über folgende Fragen soll das Gutachten eines gerichtlichen Sachverständigen eingeholt werden:

A

Die im Klagepatent (EP Nr ... mit Priorität vom ...) unter Schutz gestellte Lehre zum technischen Handeln (Gegenstand des Patents)

1. Welchen Ausbildungsstand und welche beruflichen Erfahrungen hatten im Proritätszeitpunkt des Klagepatents diejenigen Personen, die sich in der Praxis mit Entwickungen befassten, wie sie im Klagepatent beschrieben sind.

Hinweis: Dabei ist auf die durchschnittlichen Kenntnisse dieser Personen (Fachmann) abzustellen.

2. Welchen technischen Erfolg bewirkt die im Klagepatent unter Schutz gestellte Lehre und zwar objektiv ohne Rücksicht auf die in der Beschreibung beschriebene Aufgabe.

Hinweis: Es kommt nicht auf die Vorstellungen des Anmelders an, sondern auf den objektiv nach Auffassung des Fachmanns erzielten Erfolg, also welches technische Problem der Patentschrift als zu lösen entnimmt und wie dieses durch die Anspruchsmerkmale im Lichte der Beschreibung gelöst wird. Dabei kann die Beschreibung Hinweise geben, auch durch die Beschreibung der Nachteile des dort behandelten Standes der Technik.

3. Die im selbständigen Patentanspruch formulierte technische Lehre ist derart zu ermitteln und zu erläutern. Dabei empfliehlt es sich, die Anspruchsformulierung in einzelne technische Merkmale aufzugliedern (Merkmalsanalyse). Falls der Sachverständige die vom Gericht folgend vorgenommene Aufgliederung für geeignet hält, kann er sie zugrunde legen.

Hinweis: Dabei ist zu beachten, dass die allgemeine Lehre des oder der selbständigen Patentansprüche maßgeblich ist und nicht die von Beispielen der Beschreibung, seien sie in Unteransprüchen wiedergeben oder nicht. Es ist dabei der Sinnzusammenhang des Anspruchs zu beachten und die Beschreibung und die Zeichnungen sind für das Verständnis heranzuziehen, allerdings nur, soweit sie im Anspruch Niederschlag gefunden haben und zur Klarstellung der dort verwendeten Begriffe geeignet sind. Dabei ist kein rein sprachliches Verständnis zu Grunde zu legen, sondern das Verständnis des Fachmanns, auch wenn es vom allgemeinen Verständnis abweicht. Sollte sich allerdings aus der Beschreibung und/oder den Zeichnungen ein davon abweichendes Verständnis ergeben, geht dieses vor, da die Patentschrift dann ihr eigenes Lexikon darstellt. Bei echten Widersprüchen ist der Anspruch maßgeblich; im Zweifel ist allerdings nicht von solchen auszugehen. Dabei ist auf die patentgemäße Funktion der einzelnen Merkmale abzustellen.

B

Der als Verletzung angegriffene Tatbestand:

Stellt die als verletzend bezeichnete Vorrichtung der Beklagten, wie sie sich aus den Anlagen ... ergibt, eine Benutzung des Klagepatents dar, verwirklicht es also dessen technische Lehre?

1. Wortsinngemäße Verletzung: .

Enthält die angegriffene Ausführungsform sämtliche Merkmale des Patentanspruchs, wie sie der Fachmann nach der oben A angesprochenen Methode versteht und zwar ihrem Sinngehalt nach unverändert?

Hinweis: Die Prüfung soll unter Verwendung der vorgegebenen oder einer abgeänderten Merkmalsgliederung (s.o.) erfolgen. Der Sachverständige soll dabei die von der Beklagten vorgebrachten Einwände gegen eine identische Verwirklichung behandeln. Dabei soll der Sachverständige insbesondere zu folgenden Fragen Stellung nehmen;

2. Äquivalente Verletzung:

a) Falls die angegriffene Ausführungsform ein oder mehrere Merkmale des Patentanspruchs nicht wortsinngemäß enthält: Liegt eine äquivalente Verwirklichung des Patentanspruchs vor?

Hinweis: Äquivalenz ist gegeben, wenn die angegriffene Ausführungsform eines oder mehrere Merkmale des Patentanspruchs nicht wortsinngemäß, aber in einer abweichenden Form benutzt, bei der:

durch das veränderte Merkmal (das auch die patentgemäße Funktion mehrerer patentgemäßer Merkmale ersetzen kann) zumindest im Wesentlichen die gleiche patentgemäße Wirkung erreicht wird, die nach der Lehre des Klagepatents das unveränderte Merkmal aufweist.

der Fachmann muss mit den Kenntnissen, die er zum Prioritätstag hat, das veränderte Merkmal ohne erfinderische Überleugungen auffinden können,

er muss das veränderte Merkmal als zum ursprünglichen patentgemäßen Merkmal gleichwertige Lösung auf Grund von Überlegungen auffinden können, die an der patentgemäßen Lösung anknüpfen.

b) Daraus stellen sich folgende Fragen:

Erreicht die angegriffene Ausführungsform die Vorteile, die sich aus dem Verständnis der Klagepatentschrift aus der patentgemäßen Lösung ergeben?

Woraus ergibt sich die Antwort im Einzelnen?

Wenn ja, konnte der Fachmann auf Grund an die patentgemäße Lösung anknüpfender Überlegungen zu der Lösung der angegriffenen Ausführungsform gelangen?

Wenn ja, welche Überlagungen haben den Fachmann zu diesem Ergebnis geführt?

3. Formstein-Einwand:

Hinweis: Nach der Rechtsprechung liegt eine äquivalente Benutzung nicht vor, wenn die angegriffene Ausführungsform durch eine gegenüber dem Klagepatent prioritätsältere Veröffentlichung nahegelegt ist.

Daraus stellen sich folgende weitere Fragen:

Konnte der Fachmann am Prioritätstag dem damaligen Stand der Technik, insbesondere den Druckschriften gemäß Anlage ... die Lösung der angegriffenen Ausführungsform ohne erfinderische Überlegungen entnehmen?

Welche Lehre zum technischen Handeln entnimmt der Fachmann dieser Druckschrift? Wieweit konnte er ihr jedes einzelne Merkmal der angegriffenen Ausführungsform entnehmen?

II. Der gerichtliche Sachverständige wird gebeten, das Gutachten anhand der Gerichtsakten unter eingehender Würdigung der technischen Ausführungen der Parteien und der von ihnen überreichten Anlagen zu erstatten, und zwar in einer Art und Ausdrucksweise, die für die technisch nicht besonders vorgebildeten Richter des Senats verständlich ist.

III. Die unparteiische Stellung des gerichtlichen Sachverständigen erfordert es, dass er während seiner Gutachtertätigkeit, die erst mit der letzten mündlichen Verhandlung vor dem Senat endet, jegliche Fühlungnahme mit den Parteien oder ihren Vertretern (Rechtsanwälten, Patentanwälten) unterlässt. Falls Rückfragen erforderlich werden sollten, wird der gerichtliche Sachverständige gebeten, sich an das Gericht zu wenden.

IV. Den Parteien wird anheimgegeben, Personen zu benennen, die geeignet erscheinen, als gerichtlicher Sachverständiger bestellt zu werden. Den Parteien wird hierzu eine Frist von einem Monat seit Zugang dieses Beschlusses gesetzt.

V. Die Beauftragung des Sachverständigen wird von der Einzahlung eines Auslagenvorschusses abhängig gemacht, den die Klägerin zu erbringen hat und dessen Höhe festgesetzt wird, sobald sich der in Aussicht genommene Sachverständige über die erforderlichen Kosten erklärt hat.

Verordnung über das Deutsche Patent- und Markenamt (DPMA-Verordnung; Auszug)

vom 1.4.2004

(BGBl 2004 I 514 = BlPMZ 2004, 296; zuletzt geänd durch das Gesetz zur Änderung des Designgesetzes und weiterer Vorschriften des gewerblichen Rechtsschutzes, BGBl I 558)

Abschnitt 1
Organisation

§ 1 Leitung, Aufsicht, Übertragung von Verordnungsermächtigungen

(1) Der Präsident oder die Präsidentin leitet und beaufsichtigt den gesamten Geschäftsbetrieb des Deutschen Patent- und Markenamts und wirkt auf die gleichmäßige Behandlung der Geschäfte und auf die Beachtung gleicher Grundsätze hin.

(2) Die Ermächtigungen in § 27 Abs. 5, § 29 Abs. 3, § 34 Abs. 6 und 8 sowie in § 63 Abs. 4 des Patentgesetzes, in § 4 Abs. 4 und 7 sowie § 10 Abs. 2 des Gebrauchsmustergesetzes, in § 3 Abs. 3 sowie in § 4 Abs. 4 des Halbleiterschutzgesetzes in Verbindung mit § 10 Abs. 2 des Gebrauchsmustergesetzes, in § 65 Abs. 1 Nr. 2 bis 13 sowie § 138 Abs. 1 des Markengesetzes, in § 26 Absatz 1 Nummer 2 bis 9 und Absatz 2 des Designgesetzes werden auf das Deutsche Patent- und Markenamt übertragen.

§ 2 Prüfungsstellen und Patentabteilungen

(1) Der Präsident oder die Präsidentin bestimmt den Geschäftskreis der Prüfungsstellen und Patentabteilungen sowie die Vorsitzenden und stellvertretenden Vorsitzenden der Patentabteilungen und regelt das Verfahren zur Klassifizierung der Anmeldungen.

(2) Die Vorsitzenden der Patentabteilungen leiten die Geschäfte in den Verfahren vor ihren Patentabteilungen. In den Verfahren vor den Patentabteilungen übernimmt, soweit die jeweiligen Vorsitzenden nichts anderes bestimmt haben, ein Prüfer oder eine Prüferin die Berichterstattung. Die Berichterstattung umfasst den Vortrag in der Sitzung und die Vorbereitung der Beschlüsse und Gutachten. Die Vorsitzenden prüfen die Entwürfe der Beschlüsse und Gutachten für ihre Patentabteilung und stellen sie fest. Über sachliche Meinungsverschiedenheiten beschließt die jeweilige Patentabteilung.

(3) In Verfahren vor der Patentabteilung bedarf es der Beratung und Abstimmung in einer Sitzung für

1. Beschlüsse, durch die über die Aufrechterhaltung, den Widerruf oder die Beschränkung des Patents entschieden wird,
2. Beschlüsse über die Erteilung eines ergänzenden Schutzzertifikats oder die Zurückweisung der Zertifikatsanmeldung,
3. die Festsetzung der Vergütung nach § 23 Abs. 4 und 6 des Patentgesetzes,
4. Beschlüsse über die Gewährung von Verfahrenskostenhilfe für Verfahrensgebühren in Beschränkungs- und Einspruchsverfahren sowie über die Beiordnung eines Vertreters nach § 133 des Patentgesetzes,
5. Gutachten und Beschlüsse, durch welche die Abgabe eines Gutachtens abgelehnt wird.

Von einer Sitzung kann ausnahmsweise abgesehen werden, sofern die jeweils zuständigen Vorsitzenden sie nicht für erforderlich halten.

(4) Die Patentabteilungen entscheiden nach Stimmenmehrheit; bei Stimmengleichheit gibt die Stimme ihrer Vorsitzenden den Ausschlag.

§ 3 Gebrauchsmusterstelle und Gebrauchsmusterabteilungen

(1) Der Präsident oder die Präsidentin bestimmt den Geschäftskreis der Gebrauchsmusterstelle und der Gebrauchsmusterabteilungen sowie die Vorsitzenden und stellvertretenden Vorsitzenden der Gebrauchsmusterabteilungen und regelt das Verfahren zur Klassifizierung der Anmeldungen.

(2) Die Vorsitzenden der Gebrauchsmusterabteilungen leiten die Geschäfte in den Verfahren vor ihren Gebrauchsmusterabteilungen. In den Verfahren vor den Gebrauchsmusterabteilungen übernimmt, soweit die jeweiligen Vorsitzenden nichts anderes bestimmt haben, ein Prüfer oder eine Prüferin die Berichterstattung. Die Berichterstattung umfasst den Vortrag in der Sitzung und die Vorbereitung der Beschlüsse und Gutachten. Die Vorsitzenden prüfen die Entwürfe der Beschlüsse und Gutachten für ihre Gebrauchsmusterabteilung und stellen sie fest. Über sachliche Meinungsverschiedenheiten beschließt die jeweilige Gebrauchsmusterabteilung.

(3) In Verfahren vor der Gebrauchsmusterabteilung bedarf es der Beratung und Abstimmung in einer Sitzung für

1. Beschlüsse, durch die über den Löschungsantrag entschieden wird,
2. Gutachten und Beschlüsse, durch welche die Abgabe eines Gutachtens abgelehnt wird.

Von einer Sitzung kann ausnahmsweise abgesehen werden, sofern die jeweils zuständigen Vorsitzenden sie nicht für erforderlich halten.

(4) Die Gebrauchsmusterabteilungen entscheiden nach Stimmenmehrheit; bei Stimmengleichheit gibt die Stimme ihrer Vorsitzenden den Ausschlag.

§ 4 Topografiestelle und Topografieabteilung

(1) Der Präsident oder die Präsidentin bestimmt den Geschäftskreis der Topografiestelle und der Topografieabteilung sowie den oder die Vorsitzende und den oder die stellvertretende Vorsitzende der Topografieabteilung.

(2) Der oder die Vorsitzende der Topografieabteilung leitet die Geschäfte in den Verfahren vor der Topografieabteilung. In den Verfahren vor der Topografieabteilung übernimmt, soweit der oder die Vorsitzende nichts anderes bestimmt hat, ein technisches Mitglied die Berichterstattung. Die Berichterstattung umfasst den Vortrag in der Sitzung und die Vorbereitung der Beschlüsse und Gutachten. Der oder die Vorsitzende prüft die Entwürfe der Beschlüsse und Gutachten für die Topografieabteilung und stellt sie fest. Über sachliche Meinungsverschiedenheiten beschließt die Topografieabteilung.

(3) In Verfahren vor der Topografieabteilung bedarf es der Beratung und Abstimmung in einer Sitzung für

1. Beschlüsse, durch die über den Löschungsantrag entschieden wird, und

2. Gutachten und Beschlüsse, durch welche die Abgabe eines Gutachtens abgelehnt wird.

Von einer Sitzung kann ausnahmsweise abgesehen werden, sofern der oder die Vorsitzende sie nicht für erforderlich hält.

(4) Die Topografieabteilung entscheidet nach Stimmenmehrheit; bei Stimmengleichheit gibt die Stimme des oder der Vorsitzenden den Ausschlag.

§§ 5, 6 (nicht abgedruckt)

Abschnitt 2
Verfahrensvorschriften

§ 7 DIN-Normen

DIN-Normen, auf die in dieser Verordnung verwiesen wird, sind im Beuth-Verlag GmbH, Berlin und Köln, erschienen und beim Deutschen Patent- und Markenamt in München archivmäßig gesichert niedergelegt.

§ 8 Behandlung von Eingängen, Empfangsbestätigung

(1) In den Akten wird der Tag des Eingangs vermerkt.

(2) Bei Schutzrechtsanmeldungen übermittelt das Deutsche Patent- und Markenamt dem Anmelder unverzüglich eine Empfangsbestätigung, die das angemeldete Schutzrecht bezeichnet und das Aktenzeichen der Anmeldung sowie den Tag des Eingangs der Anmeldung angibt.

§ 9 Formblätter

(1) Das Deutsche Patent- und Markenamt gibt für Schutzrechtsanmeldungen und andere Anträge Formblätter heraus, die in Papier oder elektronischer Form zur Verfügung gestellt werden. Die Formblätter sollen verwendet werden, soweit dies nicht ohnehin zwingend vorgeschrieben ist.

(2) Formblätter sollen so ausgefüllt sein, dass sie die maschinelle Erfassung und Bearbeitung gestatten.

(3) Die in Verordnungen des Deutschen Patent- und Markenamts zwingend vorgeschriebenen Formblätter werden über die Internetseite des Deutschen Patent- und Markenamts www.dpma.de bekannt gemacht.

§ 10 Originale

(1) Originale von Anträgen und Eingaben sind unterschrieben einzureichen.

(2) Für die Schriftstücke ist dauerhaftes, nicht durchscheinendes Papier im Format DIN A4 zu verwenden. Die Schrift muss leicht lesbar und dokumentenecht sein. Vom oberen und vom linken Seitenrand jedes Blattes ist ein Randabstand von mindestens 2,5 Zentimeter einzuhalten. Die Blätter eines Schriftstücks sollen fortlaufend nummeriert sein.

§ 11 Übermittlung durch Telefax

(1) Das unterschriebene Original kann auch durch Telefax übermittelt werden.

(2) Das Deutsche Patent- und Markenamt kann die Wiederholung der Übermittlung durch Telefax oder das Einreichen des Originals verlangen, wenn es begründete Zweifel an der Vollständigkeit der Übermittlung oder der Übereinstimmung des Originals mit dem übermittelten Telefax hat oder wenn die Qualität der Wiedergabe den Anforderungen des Deutschen Patent- und Markenamts nicht entspricht.

§ 12 Einreichung elektronischer Dokumente

Elektronische Dokumente sind nach Maßgabe der Verordnung über den elektronischen Rechtsverkehr beim Deutschen Patent- und Markenamt vom 1. November 2013 (BGBl. I S. 3906) in ihrer jeweils geltenden Fassung einzureichen. Deren Bestimmungen gehen insoweit den Bestimmungen dieser Verordnung vor.

§ 13 Vertretung

(1) Beteiligte können sich in jeder Lage des Verfahrens durch Bevollmächtigte vertreten lassen.

(2) Die Bevollmächtigung eines Zusammenschlusses von Vertretern gilt, wenn nicht einzelne Personen, die in dem Zusammenschluss tätig sind, ausdrücklich als Vertreter bezeichnet sind, als Bevollmächtigung aller in dem Zusammenschluss tätigen Vertreter.

§ 14 Mehrere Beteiligte, mehrere Vertreter

(1) Falls mehrere Personen ohne gemeinsamen Vertreter gemeinschaftlich an einem Verfahren beteiligt oder mehrere Vertreter mit unterschiedlicher Anschrift bestellt sind, ist anzugeben, wer für alle Beteiligten als zustellungs- und empfangsbevollmächtigt bestimmt ist; diese Erklärung ist von allen Anmeldern oder Vertretern zu unterzeichnen. Fehlt eine solche Angabe, so gilt die Person als zustellungs- und empfangsbevollmächtigt, die zuerst genannt ist.

(2) Falls von einem Beteiligten mehrere Vertreter bestellt sind, ist anzugeben, welcher dieser Vertreter als zustellungs- und empfangsbevollmächtigt bestimmt ist. Fehlt eine solche Bestimmung, so ist derjenige Vertreter zustellungs- und empfangsbevollmächtigt, der zuerst genannt ist.

(3) Absatz 2 gilt entsprechend, wenn mehrere gemeinschaftlich an einem Verfahren beteiligte Personen mehrere Vertreter als gemeinsame Vertreter bestimmt haben.

(4) Die Absätze 2 und 3 gelten nicht, wenn ein Zusammenschluss von Vertretern mit der Vertretung beauftragt worden ist. In diesem Fall reicht die Angabe des Namens des Zusammenschlusses aus. Hat ein solcher Zusammenschluss mehrere Anschriften, so ist anzugeben, welche Anschrift maßgebend ist. Fehlt eine solche Angabe, so ist diejenige Anschrift maßgebend, die zuerst genannt ist.

§ 15 Vollmachten

(1) Bevollmächtigte, soweit sie nicht nur zum Empfang von Zustellungen oder Mitteilungen ermächtigt sind, haben beim Deutschen Patent- und Markenamt eine vom Vollmachtgeber unterschriebene Vollmachtsurkunde einzureichen. Eine Beglaubigung der Unterschrift ist nicht erforderlich.

(2) Die Vollmacht kann sich auf die Bevollmächtigung zur Vertretung in allen das jeweilige Schutzrecht betreffenden Angelegenheiten erstrecken. Sie kann sich auch auf mehrere Anmeldungen, Schutzrechte oder Verfahren erstrecken. In diesen Fällen muss nur ein Exemplar der Vollmachtsurkunde eingereicht werden.

(3) Vollmachtsurkunden müssen auf prozessfähige, mit ihrem bürgerlichen Namen bezeichnete Personen lauten. Die Bevollmächtigung eines Zusammenschlusses von Vertretern unter Angabe des Namens dieses Zusammenschlusses ist zulässig.

(4) Das Deutsche Patent- und Markenamt hat das Fehlen einer Vollmacht oder Mängel der Vollmacht von Amts wegen zu berücksichtigen, wenn nicht Rechtsanwälte, Patentanwälte, Erlaubnisscheininhaber oder in den Fällen des § 155 der Patentanwaltsordnung Patentassessoren als Bevollmächtigte auftreten.

§ 16 Kennnummern für Anmelder, Vertreter und Angestelltenvollmachten

Zur Erleichterung der Bearbeitung von Anmeldungen teilt das Deutsche Patent- und Markenamt den Anmeldern, den Vertretern und den eingereichten Angestelltenvollmachten Kennnummern zu, die in den vom Deutschen Patent- und Markenamt herausgegebenen Formularen angegeben werden sollen.

§ 17 Sonstige Erfordernisse für Anträge und Eingaben

(1) Nach Mitteilung des Aktenzeichens ist dieses auf allen Anträgen und Eingaben anzugeben. Auf allen Bestandteilen einer an das Deutsche Patent- und Markenamt gerichteten Sendung ist anzugeben, zu welchem Antrag oder zu welcher Eingabe sie gehören.

(2) In mehrseitigen Verfahren vor dem Deutschen Patent- und Markenamt sind allen Schriftstücken Abschriften für die übrigen Beteiligten beizufügen. Kommt ein Beteiligter dieser Verpflichtung nicht nach, steht es im Ermessen des Deutschen Patent- und Markenamts, ob es die erforderliche Zahl von Abschriften auf Kosten dieses Beteiligten anfertigt oder dazu auffordert, Abschriften nachzureichen. Die Sätze 1 und 2 sind nicht anzuwenden auf Patent-, Gebrauchsmuster- und Topografieverfahren; das Deutsche Patent- und Markenamt kann in diesen Fällen die Beteiligten jedoch auffordern, Abschriften nachzureichen.

§ 18 Fristen

(1) Die vom Deutschen Patent- und Markenamt bestimmten oder auf Antrag gewährten Fristen sollen mindestens einen Monat, bei Beteiligten, die im Inland weder Sitz, Niederlassung oder Wohnsitz haben, mindestens zwei Monate betragen.

(2) Eine Fristverlängerung kann bei Angabe von ausreichenden Gründen gewährt werden.

(3) Weitere Fristverlängerungen werden nur gewährt, wenn ein berechtigtes Interesse glaubhaft gemacht wird. In Verfahren mit mehreren Beteiligten soll außerdem das Einverständnis der anderen Beteiligten glaubhaft gemacht werden.

§ 19 Entscheidung nach Lage der Akten

(1) Über Anträge oder Erinnerungen ohne Begründung kann im einseitigen Verfahren nach Ablauf von einem Monat nach Eingang nach Lage der Akten entschieden werden, wenn in dem Antrag oder der Erinnerung keine spätere Begründung oder eine spätere Begründung ohne Antrag auf Gewährung einer Frist nach § 18 angekündigt worden ist.

(2) Über Anträge, Widersprüche oder Erinnerungen ohne Begründung kann im mehrseitigen Verfahren nach Lage der Akten entschieden werden, wenn in dem Antrag, dem Widerspruch oder der Erinnerung keine spätere Begründung oder eine spätere Begründung ohne Antrag auf Gewährung einer Frist nach § 18 angekündigt worden ist und wenn der andere Beteiligte innerhalb der Fristen des § 18 Abs. 1 keine Stellungnahme abgibt oder eine spätere Stellungnahme ohne Antrag auf Gewährung einer Frist nach § 18 ankündigt. Wird der Antrag, der Widerspruch oder die Erinnerung zurückgewiesen, muss eine Stellungnahme der anderen Beteiligten nicht abgewartet werden.

§ 20 Form der Ausfertigungen und Abschriften; formlose Mitteilungen

(1) Ausfertigungen von Dokumenten enthalten in der Kopfzeile die Angabe „Deutsches Patent- und Markenamt", am Schluss die Bezeichnung der zuständigen Stelle oder Abteilung, den Namen und gegebenenfalls die Amtsbezeichnung der Person, die das Dokument unterzeichnet hat. Sie werden von der Person unterschrieben, die die Ausfertigung hergestellt hat. Der Unterschrift steht ein Namensabdruck zusammen mit einem Abdruck des Dienstsiegels des Deutschen Patent- und Markenamts gleich. Für die Ausfertigung elektronischer Dokumente gilt die Verordnung über die elektronische Aktenführung bei dem Patentamt, dem Patentgericht und dem Bundesgerichtshof vom 10. Februar 2010 (BGBl. I S. 83) in ihrer jeweils geltenden Fassung.

(2) Absatz 1 Satz 1 und 4 ist auf Abschriften entsprechend anzuwenden.

(3) Formlose Mitteilungen, die mit Hilfe elektronischer Einrichtungen erstellt werden, enthalten die Angabe „Deutsches Patent- und Markenamt" in der Kopfzeile, den Hinweis, dass die Mitteilung elektronisch erstellt wurde und daher nicht unterschrieben ist, und die Angabe der zuständigen Stelle."

§ 21 Zustellung und formlose Übersendung

(1) Soweit durch Gesetz oder Rechtsverordnung eine Zustellung nicht vorgesehen ist, werden Bescheide und sonstige Mitteilungen des Deutschen Patent- und Markenamts formlos übersandt.

(2) Als formlose Übermittlung gilt auch die Übersendung durch Telefax. Die Übermittlung kann auch elektronisch erfolgen, soweit der Empfänger hierfür einen Zugang eröffnet. § 5 Absatz 1 und 2 der Verordnung über den elektronischen Rechtsverkehr beim Deutschen Patent- und Markenamt bleibt unberührt.

§ 22 Akteneinsicht

(1) Über den Antrag auf Einsicht in die Akten sowie in die zu den Akten gehörenden Muster, Modelle und Probestücke nach § 31 Abs. 1 Satz 1 des Patentgesetzes, § 8 Abs. 5 Satz 2 des Gebrauchsmustergesetzes, § 4 Abs. 3 des Halbleiterschutzgesetzes in Verbindung mit § 8 Abs. 5 Satz 2 des Gebrauchsmustergesetzes, § 62 Abs. 1 und 2 des Markengesetzes sowie § 22 Absatz 1 Satz 2 des Designgesetzes entscheidet die Stelle des Deutschen Patent- und Markenamts, die für die Bearbeitung der Sache, über welche die Akten geführt werden, zuständig ist oder, sofern die Bearbeitung abgeschlossen ist, zuletzt zuständig war, sofern nicht durch Gesetz oder Rechtsverordnung etwas anderes bestimmt ist.

(2) Die Einsicht in das Original der Akten von Anmeldungen und von erteilten oder eingetragenen Schutzrechten, die nicht elektronisch geführt werden, wird nur in den Dienstgebäuden des Deutschen Patent- und Markenamts gewährt. Auf Antrag wird die Akteneinsicht durch die Erteilung von Ablichtungen oder Ausdrucken der gesamten Akte oder von Teilen der Akte gewährt. Die Ablichtungen oder Ausdrucke werden auf Verlangen beglaubigt.

(3) Soweit der Inhalt von Akten des Deutschen Patent- und Markenamts auf Mikrofilm aufgenommen ist, wird Einsicht in die Akten dadurch gewährt, dass der Mikrofilm zur Verfügung gestellt wird.

(4) (nicht abgedruckt, betrifft Designs)

§ 23 (weggefallen)

§ 24 Verfahrenskostenhilfe

(1) Über den Antrag auf Gewährung von Verfahrenskostenhilfe nach § 135 des Patentgesetzes entscheidet nach dessen § 27 Abs. 1 Nr. 2 und Abs. 4 die Patentabteilung.

(2) Über den Antrag auf Gewährung von Verfahrenskostenhilfe nach § 21 Abs. 2 des Gebrauchsmustergesetzes in Verbindung mit § 135 des Patentgesetzes, nach § 11 Abs. 2 des Halbleiterschutzgesetzes in Verbindung mit § 21 Abs. 2 des Gebrauchsmustergesetzes und § 135 des Patentgesetzes sowie nach § 24 des Designgesetzes entscheidet die Stelle des Deutschen Patent- und Markenamts, die für die Bearbeitung der Sache zuständig ist oder, sofern das Schutzrecht bereits eingetragen ist, zuletzt zuständig war, sofern nicht durch Rechtsverordnung etwas anderes bestimmt ist.

§ 25 Urkunden, Schmuckurkunden

(1) Das Deutsche Patent- und Markenamt fertigt für die Schutzrechtsinhaber gedruckte Urkunden über die Erteilung des Patents, die Eintragung des Gebrauchsmusters, der Marke, des Designs sowie des Schutzes der Topografie in das jeweilige Register.

(2) Den Patentinhabern wird auf Antrag eine kostenpflichtige Schmuckurkunde ausgefertigt.

§ 26 Berichtigung der Register und Veröffentlichungen

(1) In dem Berichtigungsantrag sind anzugeben:

1. das Aktenzeichen des Schutzrechts,
2. der Name und die Anschrift des Inhabers des Schutzrechts,
3. falls der Inhaber des Schutzrechts einen Vertreter bestellt hat, der Name und die Anschrift des Vertreters,
4. die Bezeichnung des Fehlers, der berichtigt werden soll,
5. die einzutragende Berichtigung.

(2) Enthalten mehrere Eintragungen von Schutzrechten desselben Inhabers denselben Fehler, so kann der Antrag auf Berichtigung dieses Fehlers für alle Eintragungen gemeinsam gestellt werden.

(3) Die Absätze 1 und 2 sind entsprechend auf die Berichtigung von Veröffentlichungen anzuwenden.

§ 27 Änderungen von Namen oder Anschriften

(1) In dem Antrag auf Eintragung von Änderungen des Namens oder der Anschrift des Inhabers eines eingetragenen Schutzrechts sind anzugeben:

1. das Aktenzeichen des Schutzrechts,
2. der Name, der Sitz und die Anschrift des Inhabers des Schutzrechts in der im Register eingetragenen Form,
3. falls der Inhaber des Schutzrechts einen Vertreter bestellt hat, der Name, der Sitz und die Anschrift des Vertreters,
4. der Name, der Sitz und die Anschrift in der neu in das Register einzutragenden Form.

(2) Betrifft die Änderung mehrere eingetragene Schutzrechte desselben Inhabers, so kann der Antrag auf Eintragung der Änderung für alle Schutzrechte gemeinsam gestellt werden.

(3) Die Absätze 1 und 2 sowie § 13 sind entsprechend auf Anträge zur Eintragung von Änderungen des Namens oder der Anschrift eines Vertreters oder eines Zustellungsbevollmächtigten anzuwenden.

§ 28 Eintragung eines Rechtsübergangs

(1) Der Antrag auf Eintragung eines Rechtsübergangs nach § 30 Abs. 3 des Patentgesetzes, § 8 Abs. 4 des Gebrauchsmustergesetzes, § 4 Abs. 2 des Halbleiterschutzgesetzes in Verbindung mit § 8 Abs. 4 des Gebrauchsmustergesetzes, § 27 Abs. 3 des Markengesetzes und § 29 Abs. 3 des Designgesetzes soll unter Verwendung des vom Deutschen Patent- und Markenamt herausgegebenen Formblatts gestellt werden.

(2) In dem Antrag sind anzugeben:

1. das Aktenzeichen des Schutzrechts,
2. der Name, der Sitz und die Anschrift des Inhabers des Schutzrechts in der im Register eingetragenen Form,
3. Angaben über die Rechtsnachfolger entsprechend § 4 Abs. 2 Nr. 1, Abs. 3 der Patentverordnung, § 3 Abs. 2 Nr. 1, Abs. 3 der Gebrauchsmusterverordnung, § 5 Abs. 1 bis 4 der Markenverordnung, § 5 Abs. 1 bis 4 der Designverordnung und § 3 Abs. 1 Nr. 5, Abs. 2, 5 Nr. 1 und 2 der Halbleiterschutzverordnung,
4. falls die Rechtsnachfolger einen Vertreter bestellt haben, der Name und die Anschrift des Vertreters nach Maßgabe des § 13.

(3) Für den Nachweis des Rechtsübergangs reicht es aus,

1. dass der Antrag von den eingetragenen Inhabern oder ihren Vertretern und von den Rechtsnachfolgern oder ihren Vertretern unterschrieben ist oder
2. dass dem Antrag, wenn er von den Rechtsnachfolgern gestellt wird,
   a) eine von den eingetragenen Inhabern oder ihren Vertretern unterschriebene Erklärung beigefügt ist, dass sie der Eintragung der Rechtsnachfolge zustimmen, oder
   b) Unterlagen beigefügt sind, aus denen sich die Rechtsnachfolge ergibt, wie zum Beispiel ein Übertragungsvertrag oder eine Erklärung über die Übertragung, wenn die entsprechenden Unterlagen von den eingetragenen Inhabern oder ihren Vertretern und von den Rechtsnachfolgern oder ihren Vertretern unterschrieben sind.

(4) Für die in Absatz 3 Nr. 2 genannten Erklärungen sollen die vom Deutschen Patent- und Markenamt herausgegebenen Formblätter verwendet werden. Für den in Absatz 3 Nr. 2 Buchstabe b genannten Übertragungsvertrag kann ebenfalls das vom Deutschen Patent- und Markenamt herausgegebene Formblatt verwendet werden.

(5) In den Fällen des Absatzes 3 ist eine Beglaubigung der Erklärung oder der Unterschriften nicht erforderlich.

(6) Das Deutsche Patent- und Markenamt kann in den Fällen des Absatzes 3 weitere Nachweise verlangen, wenn sich begründete Zweifel an dem Rechtsübergang ergeben.

(7) Der Nachweis des Rechtsübergangs auf andere Weise als nach Absatz 3 bleibt unberührt.

(8) Der Antrag auf Eintragung des Rechtsübergangs kann für mehrere Schutzrechte gemeinsam gestellt werden.

§ 29 Eintragung von dinglichen Rechten

(1) Dem Antrag auf Eintragung einer Verpfändung oder eines sonstigen dinglichen Rechts an dem durch die Eintragung eines gewerblichen Schutzrechts begründeten Recht sind die erforderlichen Nachweise beizufügen.

(2) Beim Übergang von dinglichen Rechten ist § 28 Abs. 2 bis 8 entsprechend anzuwenden

§ 30 Maßnahmen der Zwangsvollstreckung, Insolvenzverfahren

(1) Der Antrag auf Eintragung einer Maßnahme der Zwangsvollstreckung in das Register kann vom Inhaber des eingetragenen Schutzrechts oder von demjenigen, der die Zwangsvollstreckung betreibt, gestellt werden. Dem Antrag sind die erforderlichen Nachweise beizufügen.

(2) Dem Antrag auf Eintragung eines Insolvenzverfahrens in das Register sind die erforderlichen Nachweise beizufügen.

§ 31 Aufbewahrung von eingereichten Gegenständen oder Unterlagen

Über Muster, Modelle, Probestücke und ähnliche Unterlagen, deren Rückgabe nicht beantragt worden ist, verfügt das Deutsche Patent- und Markenamt,

1. wenn die Anmeldung des Patents, der Topografie, der Marke oder des eingetragenen Designs zurückgewiesen oder zurückgenommen worden ist, nach Ablauf eines Jahres nach unanfechtbarer Zurückweisung oder Zurücknahme;
2. wenn das Patent erteilt oder widerrufen worden ist, nach Ablauf eines Jahres nach Eintritt der Unanfechtbarkeit des Beschlusses über die Erteilung oder den Widerruf;
3. wenn die Topografie eingetragen worden ist, nach Ablauf von drei Jahren nach Beendigung der Schutzfrist;
4., 5. (betreffen Marken und Designs)

Abschnitt 3
Schlussvorschriften

§ 32 Übergangsregelung aus Anlass des Inkrafttretens dieser Verordnung

Für Anträge, die vor Inkrafttreten dieser Verordnung eingereicht worden sind, finden die Vorschriften der Verordnung über das Deutsche Patent- und Markenamt vom 5. September 1968 (BGBl. I S. 997), zuletzt geändert durch Artikel

§ 33 Übergangsregelung für künftige Änderungen

Für Anträge, die vor Inkrafttreten von Änderungen dieser Verordnung eingereicht worden sind, gelten die Vorschriften dieser Verordnung jeweils in ihrer bis dahin geltenden Fassung.

§ 34 Inkrafttreten, Außerkrafttreten

(1) Diese Verordnung tritt vorbehaltlich des Absatzes 2 am 1. Juni 2004 in Kraft.

(2) § 1 Abs. 2 tritt am Tage nach der Verkündung in Kraft.

Verordnung zum Verfahren in Patentsachen vor dem Deutschen Patent- und Markenamt (Patentverordnung – PatV)

vom 1.9.2003

(BGBl 2003 I 1709; zuletzt geänd durch die VO zur Änderung der Patentverordnung und der Gebrauchsmusterverordnung vom 26.5.2011, BGBl I 996)

Auf Grund des § 34 Abs. 6 und des § 63 Abs. 4 des Patentgesetzes in der Fassung der Bekanntmachung vom 16. Dezember 1980 (*BGBl. 1981 I S. 1*), von denen § 34 Abs. 6 zuletzt durch Artikel 7 Nr. 16 Buchstabe b und § 63 Abs. 4 durch Artikel 7 Nr. 27 Buchstabe b des Gesetzes vom 13. Dezember 2001 (*BGBl. I S. 3656*) geändert worden sind, jeweils in Verbindung mit § 20 der Verordnung über das Deutsche Patent- und Markenamt vom 5. September 1988 (*BGBl. I S. 997*), der durch Artikel 24 Nr. 2 des Gesetzes vom 13. Dezember 2001 (*BGBl. I S. 3656*) neu gefasst worden ist, verordnet das Deutsche Patent- und Markenamt:

ABSCHNITT 1
Allgemeines

§ 1 Anwendungsbereich

Für die im Patentgesetz geregelten Verfahren vor dem Deutschen Patent- und Markenamt gelten ergänzend zu den Bestimmungen des Patentgesetzes und der DPMA-Verordnung die Bestimmungen dieser Verordnung.

§ 2 DIN-Normen, Einheften im Messwesen, Symbole und Zeichen

(1) DIN-Normen, auf die in dieser Verordnung verwiesen wird, sind im Beuth-Verlag GmbH, Berlin und Köln, erschienen und beim Deutschen Patent- und Markenamt in München archivmäßig gesichert niedergelegt.

(2) Einheiten im Messwesen sind in Übereinstimmung mit dem Gesetz über Einheiten im Messwesen und der hierzu erlassenen Ausführungsverordnung in den jeweils geltenden Fassungen anzugeben. Bei chemischen Formeln sind die auf dem Fachgebiet national oder international anerkannten Zeichen und Symbole zu verwenden.

ABSCHNITT 2
Patentanmeldungen; Patentverfahren

§ 3 Form der Einreichung

(1) Die Anmeldung (§ 34 des Patentgesetzes) und die Zusammenfassung (§ 36 des Patentgesetzes) sind beim Deutschen Patent- und Markenamt schriftlich einzureichen. Für die elektronische Einreichung ist § 12 der DPMA-Verordnung maßgebend.

(2) In den Fällen der §§ 6, 14 bis 21 ist die elektronische Form ausgeschlossen.

(3) [*Aufgehoben*]

§ 4 Erteilungsantrag

(1) Der Antrag auf Erteilung des Patents (§ 34 Abs. 3 Nr. 2 des Patentgesetzes) oder eines Zusatzpatents (§ 16 des Patentgesetzes) ist auf dem vom Deutschen Patent-und Markenamt herausgegebenen Formblatt oder als Datei entsprechend den vom Deutschen Patent- und Markenamt bekannt gemachten Formatvorgaben einzureichen.

(2) Der Antrag muss enthalten:
1. folgende Angaben zum Anmelder:
   a) ist der Anmelder eine natürliche Person, den Vornamen und Familiennamen oder, falls die Eintragung unter der Firma des Anmelders erfolgen soll, die Firma, wie sie im Handelsregister eingetragen ist;
   b) ist der Anmelder eine juristische Person oder eine Personengesellschaft, den Namen dieser Person oder Gesellschaft; die Bezeichnung der Rechtsform kann auf übliche Weise abgekürzt werden. Sofern die juristische Person oder Personengesellschaft in einem Register eingetragen ist, muss der Name entsprechend dem Registereintrag angegeben werden. Bei einer Gesellschaft bürgerlichen Rechts sind auch der Name und die Anschrift mindestens eines vertretungsberechtigten Gesellschafters anzugeben.

   dabei muss klar ersichtlich sein, ob das Patent für eine oder mehrere Personen oder Gesellschaften, für den Anmelder unter der Firma oder unter dem bürgerlichen Namen angemeldet wird;
   c) Wohnsitz oder Sitz und die Anschrift (Straße und Hausnummer, Postleitzahl, Ort);
2. eine kurze und genaue Bezeichnung der Erfindung;
3. die Erklärung, dass für die Erfindung die Erteilung eines Patents oder eines Zusatzpatents beantragt wird;
4. falls ein Vertreter bestellt worden ist, seinen Namen und seine Anschrift;
5. die Unterschrift aller Anmelder oder deren Vertreter,

6.   falls ein Zusatzpatent beantragt wird, so ist auch das Aktenzeichen der Hauptanmeldung oder die Nummer des Hauptpatents anzugeben.

(3) Hat der Anmelder seinen Wohnsitz oder Sitz im Ausland, so ist bei der Angabe der Anschrift nach Absatz 2 Nr. 1 Buchstabe c außer dem Ort auch der Staat anzugeben. Außerdem können gegebenenfalls Angaben zum Bezirk, zur Provinz oder zum Bundesstaat gemacht werden, in dem der Anmelder seinen Wohnsitz oder Sitz hat oder dessen Rechtsordnung er unterliegt.

(4) Hat das Deutsche Patent- und Markenamt dem Anmelder eine Anmeldernummer zugeteilt, so soll diese in der Anmeldung genannt werden.

(5) Hat das Deutsche Patent- und Markenamt dem Vertreter eine Vertreternummer oder die Nummer einer allgemeinen Vollmacht zugeteilt, so soll diese angegeben werden.

(6) Unterzeichnen Angestellte für ihren anmeldenden Arbeitgeber, so ist die Zeichnungsbefugnis glaubhaft zu machen; auf beim Deutschen Patent- und Markenamt für die Unterzeichner hinterlegte Angestelltenvollmachten ist unter Angabe der hierfür mitgeteilten Kennnummer hinzuweisen.

(7) Die Angaben zum geographischen Herkunftsort biologischen Materials nach § 34a Satz 1 des Patentgesetzes sind dem Antrag auf einem gesonderten Blatt beizufügen.

§ 5 Anmeldungsunterlagen

(1) Die Anmeldungsunterlagen und die Zusammenfassung dürfen im Text keine bildlichen Darstellungen enthalten. Ausgenommen sind chemische und mathematische Formeln sowie Tabellen. Phantasiebezeichnungen, Marken oder andere Bezeichnungen, die zur eindeutigen Angabe der Beschaffenheit eines Gegenstands nicht geeignet sind, dürfen nicht verwendet werden. Kann eine Angabe ausnahmsweise nur durch Verwendung einer Marke eindeutig bezeichnet werden, so ist die Bezeichnung als Marke kenntlich zu machen.

(2) Technische Begriffe und Bezeichnungen sowie Bezugszeichen sind in der gesamten Anmeldung einheitlich zu verwenden, sofern nicht die Verwendung verschiedener Ausdrücke sachdienlich ist. Hinsichtlich der technischen Begriffe und Bezeichnungen gilt dies auch für Zusatzanmeldungen im Verhältnis zur Hauptanmeldung.

§ 6 Formerfordernisse der Anmeldung

(1) Die Anmeldungsunterlagen sind in einer Form einzureichen, die eine elektronische Erfassung gestattet. Bei schriftlichen Anmeldungsunterlagen mit mehr als 300 Seiten ist zusätzlich ein Datenträger einzureichen, der die Anmeldungsunterlagen in maschinenlesbarer Form enthält. Für den Datenträger gelten die in Anlage 1 (zu § 11 Abs. 1 Satz 2) Nr. 41 festgelegten Standards entsprechend. Dem Datenträger ist die Erklärung beizufügen, dass die auf dem Datenträger gespeicherten Informationen mit den Anmeldungsunterlagen übereinstimmen.

(2) Die Patentansprüche, die Beschreibung, die Zeichnungen sowie der Text und die Zeichnung der Zusammenfassung sind auf gesonderten Blättern einzureichen. Die Blätter müssen das Format A4 nach DIN 476 haben und im Hochformat verwendet werden. Für die Zeichnungen können die Blätter auch im Querformat verwendet werden, wenn dies sachdienlich ist; in diesem Fall ist der Kopf der Abbildungen auf der linken Seite des Blattes im Hochformat anzuordnen. Entsprechendes gilt für die Darstellung chemischer und mathematischer Formeln wie für Tabellen. Alle Blätter müssen frei von Knicken und Rissen sein und dürfen nicht gefaltet oder gefalzt sein. Sie müssen aus nicht durchscheinendem, biegsamem, festem, glattem, mattem und widerstandsfähigem Papier sein.

(3) Die Blätter dürfen nur einseitig beschriftet oder mit Zeichnungen versehen sein. Sie müssen so miteinander verbunden sein, dass sie leicht voneinander getrennt und wieder zusammengefügt werden können. Jeder Bestandteil (Antrag, Patentansprüche, Beschreibung, Zeichnungen) der Anmeldung und der Zusammenfassung Text, Zeichnung) muss auf einem neuen Blatt beginnen. Die Blätter der Beschreibung sind in arabischen Ziffern mit einer fortlaufenden Nummerierung zu versehen. Die Blattnummern sind unterhalb des oberen Rands in der Mitte anzubringen. Zeilen- und Absatzzähler oder ähnliche Nummerierungen sollen nicht verwendet werden.

(4) Als Mindestränder sind auf den Blättern des Antrags, der Patentansprüche, der Beschreibung und der Zusammenfassung folgende Flächen unbeschriftet zu lassen:

Oberer Rand: 2 Zentimeter
Linker Seitenrand: 2,5 Zentimeter
Rechter Seitenrand: 2 Zentimeter
Unterer Rand: 2 Zentimeter

Die Mindestränder können den Namen, die Firma oder die sonstige Bezeichnung des Anmelders und das Aktenzeichen der Anmeldung enthalten.

(5) Der Antrag, die Patentansprüche, die Beschreibung und die Zusammenfassung müssen einspaltig mit Maschine geschrieben oder gedruckt sein. Blocksatz soll nicht verwendet werden. Die Buchstaben der verwendeten Schrift müssen deutlich voneinander getrennt sein und dürfen sich nicht berühren. Graphische Symbole und Schriftzeichen, chemische oder mathematische Formeln können handgeschrieben oder gezeichnet sein, wenn dies notwendig ist. Der Zeilenabstand muss 1 1/2-zeilig sein. Die Texte müssen mit Schriftzeichen, deren Großbuchstaben eine Mindesthöhe von 0,21 Zentimeter (Schriftgrad mindestens 10 Punkt) besitzen, und mit dunkler, unauslöschlicher Farbe geschrieben sein. Das Schriftbild muss scharfe Konturen aufweisen und kontrastreich sein. Jedes Blatt muss weitgehend frei von Radierstellen, Änderungen, Überschreibungen und Zwischenbeschriftungen sein. Von diesem Erfordernis kann abgesehen werden,

wenn es sachdienlich ist. Der Text soll keine Unterstreichungen, Kursivschreibungen, Fettdruck oder Sperrungen beinhalten.

(6) Die Anmeldungsunterlagen sollen deutlich erkennen lassen, zu welcher Anmeldung sie gehören.

§ 7 Benennung des Erfinders

(1) Der Anmelder hat den Erfinder schriftlich auf dem vom Deutschen Patent- und Markenamt herausgegebenen Formblatt oder als Datei entsprechend den vom Deutschen Patent- und Markenamt bekannt gemachten Formatvorgaben zu benennen.

(2) Die Benennung muss enthalten:

1. den Vor- und Zunamen und die Anschrift (Straße und Hausnummer, Postleitzahl, Ort, gegebenenfalls Postzustellbezirk) des Erfinders;
2. die Versicherung des Anmelders, dass weitere Personen seines Wissens an der Erfindung nicht beteiligt sind (§ 37 Abs. 1 des Patentgesetzes);
3. falls der Anmelder nicht oder nicht allein der Erfinder ist, die Erklärung darüber, wie das Recht auf das Patent an ihn gelangt ist (§ 37 Abs. 1 Satz 2 des Patentgesetzes);
4. die Bezeichnung der Erfindung und soweit bereits bekannt das amtliche Aktenzeichen;
5. die Unterschrift des Anmelders oder seines Vertreters; ist das Patent von mehreren Personen beantragt, so hat jede von ihnen oder ihr Vertreter die Benennung zu unterzeichnen.

§ 8 Nichtnennung des Erfinders; Änderungen der Erfindernennung

(1) Der Antrag des Erfinders, ihn nicht als Erfinder zu nennen, der Widerruf dieses Antrags (§ 63 Abs. 1 Satz 3 und 4 des Patentgesetzes) sowie Anträge auf Berichtigung oder Nachholung der Nennung (§ 63 Abs. 2 des Patentgesetzes) sind schriftlich einzureichen. Die Schriftstücke müssen vom Erfinder unterzeichnet sein und die Bezeichnung der Erfindung sowie das amtliche Aktenzeichen enthalten.

(2) Die Zustimmung des Anmelders oder Patentinhabers sowie des zu Unrecht Benannten zur Berichtigung oder Nachholung der Nennung (§ 63 Abs. 2 des Patentgesetzes) hat schriftlich zu erfolgen.

§ 9 Patentansprüche

(1) In den Patentansprüchen kann das, was als patentfähig unter Schutz gestellt werden soll (§ 34 Abs. 3 Nr. 3 des Patentgesetzes), einteilig oder nach Oberbegriff und kennzeichnendem Teil geteilt (zweiteilig) gefasst sein. In beiden Fällen kann die Fassung nach Merkmalen gegliedert sein.

(2) Wird die zweiteilige Anspruchsfassung gewählt, sind in den Oberbegriff die durch den Stand der Technik bekannten Merkmale der Erfindung aufzunehmen; in den kennzeichnenden Teil sind die Merkmale der Erfindung aufzunehmen, für die in Verbindung mit den Merkmalen des Oberbegriffs Schutz begehrt wird. Der kennzeichnende Teil ist mit den Worten „dadurch gekennzeichnet, dass" oder „gekennzeichnet durch" oder einer sinngemäßen Wendung einzuleiten.

(3) Werden Patentansprüche nach Merkmalen oder Merkmalsgruppen gegliedert, so ist die Gliederung dadurch äußerlich hervorzuheben, dass jedes Merkmal oder jede Merkmalsgruppe mit einer neuen Zeile beginnt. Den Merkmalen oder Merkmalsgruppen sind deutlich vom Text abzusetzende Gliederungszeichen voranzustellen.

(4) Im ersten Patentanspruch (Hauptanspruch) sind die wesentlichen Merkmale der Erfindung anzugeben.

(5) Eine Anmeldung kann mehrere unabhängige Patentansprüche (Nebenansprüche) enthalten, soweit der Grundsatz der Einheitlichkeit gewahrt ist (§ 34 Abs. 5 des Patentgesetzes). Absatz 4 ist entsprechend anzuwenden. Nebenansprüche können eine Bezugnahme auf mindestens einen der vorangehenden Patentansprüche enthalten.

(6) Zu jedem Haupt- bzw. Nebenanspruch können ein oder mehrere Patentansprüche (Unteransprüche) aufgestellt werden, die sich auf besondere Ausführungsarten der Erfindung beziehen. Unteransprüche müssen eine Bezugnahme auf mindestens einen der vorangehenden Patentansprüche enthalten. Sie sind so weit wie möglich und auf die zweckmäßigste Weise zusammenzufassen.

(7) Werden mehrere Patentansprüche aufgestellt, so sind sie fortlaufend mit arabischen Ziffern zu nummerieren.

(8) Die Patentansprüche dürfen, wenn dies nicht unbedingt erforderlich ist, im Hinblick auf die technischen Merkmale der Erfindung keine Bezugnahmen auf die Beschreibung oder die Zeichnungen enthalten, z.B. „wie beschrieben in Teil ... der Beschreibung" oder „wie in Abbildung ... der Zeichnung dargestellt".

(9) Enthält die Anmeldung Zeichnungen, so sollen die in den Patentansprüchen angegebenen Merkmale mit ihren Bezugszeichen versehen sein.

(10) Bei Einreichung in elektronischer Form ist eine Datei entsprechend den vom Deutschen Patent- und Markenamt bekannt gemachten Formatvorgaben zu verwenden.

§ 10 Beschreibung

(1) Am Anfang der Beschreibung nach § 34 Abs. 3 Nr. 4 des Patentgesetzes ist als Titel die im Antrag angegebene Bezeichnung der Erfindung anzugeben.

(2) Ferner sind anzugeben:

1. das technische Gebiet, zu dem die Erfindung gehört, soweit es sich nicht aus den Ansprüchen oder den Angaben zum Stand der Technik ergibt;

2. der dem Anmelder bekannte Stand der Technik, der für das Verständnis der Erfindung und deren Schutzfähigkeit in Betracht kommen kann, unter Angabe der dem Anmelder bekannten Fundstellen;

3. das der Erfindung zugrunde liegende Problem, sofern es sich nicht aus der angegebenen Lösung oder den zu Nummer 6 gemachten Angaben ergibt, insbesondere dann, wenn es zum Verständnis der Erfindung oder für ihre nähere inhaltliche Bestimmung unentbehrlich ist;

4. die Erfindung, für die in den Patentansprüchen Schutz begehrt wird;

5. in welcher Weise der Gegenstand der Erfindung gewerblich anwendbar ist, wenn es sich aus der Beschreibung oder der Art der Erfindung nicht offensichtlich ergibt;

6. gegebenenfalls vorteilhafte Wirkungen der Erfindung unter Bezugnahme auf den bisherigen Stand der Technik;

7. wenigstens ein Weg zum Ausführen der beanspruchten Erfindung im Einzelnen, gegebenenfalls erläutert durch Beispiele und anhand der Zeichnungen unter Verwendung der entsprechenden Bezugszeichen.

(3) In die Beschreibung sind keine Angaben aufzunehmen, die zum Erläutern der Erfindung offensichtlich nicht notwendig sind. Wiederholungen von Ansprüchen oder Anspruchsteilen können durch Bezugnahme auf diese ersetzt werden.

(4) Bei Einreichung in elektronischer Form ist eine Datei entsprechend den vom Deutschen Patent- und Markenamt bekannt gemachten Formatvorgaben zu verwenden.

§ 11 Beschreibung von Nukleotid- und Aminosäuresequenzen

(1) Sind in der Patentanmeldung Strukturformeln in Form von Nukleotid- oder Aminosäuresequenzen angegeben und damit konkret offenbart, so ist ein entsprechendes Sequenzprotokoll getrennt von Beschreibung und Ansprüchen als Anlage zur Anmeldung einzureichen. Das Sequenzprotokoll hat den in der Anlage 1 enthaltenen Standards für die Einreichung von Sequenzprotokollen zu entsprechen.

(2) Wird die Patentanmeldung in schriftlicher Form eingereicht, ist zusätzlich ein Datenträger einzureichen, der das Sequenzprotokoll in maschinenlesbarer Form enthält. Der Datenträger ist als Datenträger für ein Sequenzprotokoll deutlich zu kennzeichnen und hat den in Absatz 1 genannten Standards zu entsprechen. Dem Datenträger ist eine Erklärung beizufügen, dass die auf dem Datenträger gespeicherten Informationen mit dem schriftlichen Sequenzprotokoll übereinstimmen.

(3) Wird das auf dem Datenträger bei der Anmeldung eingereichte Sequenzprotokoll nachträglich berichtigt, so hat der Anmelder eine Erklärung beizufügen, dass das berichtigte Sequenzprotokoll nicht über den Inhalt der Anmeldung in der ursprünglich eingereichten Fassung hinausgeht. Für die Berichtigung gelten die Absätze 1 und 2 entsprechend.

(4) Handelt es sich um eine Anmeldung, die aus einer internationalen Patentanmeldung nach dem Patentzusammenarbeitsvertrag hervorgegangen und für die das Deutsche Patent- und Markenamt Bestimmungsamt oder ausgewähltes Amt ist (Artikel III § 4 Abs. 1, § 6 Abs. 1 des Gesetzes über internationale Patentübereinkommen vom 21. Juni 1976, *BGBl. 1976 II S. 649*), so finden die Bestimmungen der Ausführungsordnung zum Patentzusammenarbeitsvertrag unmittelbar Anwendung, soweit diese den Standard für die Einreichung von Sequenzprotokollen regelt.

(5) Eine Einreichung der Anmeldung in elektronischer Form per E-Mail ist nur möglich, wenn die Anmeldung mit Sequenzprotokoll die für das Übertragungsverfahren zulässige Dateigröße nicht überschreiten würde.

§ 12 Zeichnungen

Eingereichte Zeichnungen müssen den in der Anlage 2 enthaltenen Standards entsprechen.

§ 13 Zusammenfassung

(1) Die Zusammenfassung nach § 36 des Patentgesetzes soll aus nicht mehr als 1500 Zeichen bestehen.

(2) In der Zusammenfassung kann auch die chemische Formel angegeben werden, die die Erfindung am deutlichsten kennzeichnet.

(3) § 9 Abs. 8 ist sinngemäß anzuwenden.

(4) Bei Einreichung in elektronischer Form ist eine Datei entsprechend den vom Deutschen Patent- und Markenamt bekannt gemachten Formatvorgaben zu verwenden.

§ 14 Deutsche Übersetzungen

(1) Deutsche Übersetzungen von Schriftstücken, die zu den Unterlagen der Anmeldung zählen, müssen von einem Rechtsanwalt oder Patentanwalt beglaubigt oder von einem öffentlich bestellten Übersetzer angefertigt sein. Die Unterschrift des Übersetzers ist öffentlich beglaubigen zu lassen (§ 129 des Bürgerlichen Gesetzbuchs), ebenso die Tatsache, dass der Übersetzer für derartige Zwecke öffentlich bestellt ist.

(2) Deutsche Übersetzungen von

1. Prioritätsbelegen, die gemäß der revidierten Pariser Verbandsübereinkunft zum Schutze des gewerblichen Eigentums (*BGBl. 1970 II S. 391*) vorgelegt werden, oder

2. Abschriften früherer Anmeldungen (§ 41 Abs. 1 Satz 1 des Patentgesetzes)

sind nur auf Anforderung des Deutschen Patent- und Markenamts einzureichen.

(3) Deutsche Übersetzungen von Schriftstücken, die
1. nicht zu den Unterlagen der Anmeldung zählen und
2. in englischer, französischer, italienischer oder spanischer Sprache eingereicht wurden,
sind nur auf Anforderung des Deutschen Patent- und Markenamts nachzureichen.

(4) Werden fremdsprachige Schriftstücke, die nicht zu den Unterlagen der Anmeldung zählen, in anderen Sprachen als in Absatz 3 Nr. 2 aufgeführt eingereicht, so sind Übersetzungen in die deutsche Sprache innerhalb eines Monats nach Eingang der Schriftstücke nachzureichen.

(5) Die Übersetzung nach Absatz 3 oder Absatz 4 muss von einem Rechtsanwalt oder Patentanwalt beglaubigt oder von einem öffentlich bestellten Übersetzer angefertigt sein. Wird die Übersetzung nicht fristgerecht eingereicht, so gilt das fremdsprachige Schriftstück als zum Zeitpunkt des Eingangs der Übersetzung zugegangen.

ABSCHNITT 3
Sonstige Formerfordernisse

§ 15 Nachgereichte Anmeldungsunterlagen; Änderung von Anmeldungsunterlagen

(1) Auf allen nach Mitteilung des amtlichen Aktenzeichens eingereichten Schriftstücken ist dieses vollständig anzubringen. Werden die Anmeldungsunterlagen im Laufe des Verfahrens geändert, so hat der Anmelder eine Reinschrift der Anmeldungsunterlagen einzureichen, die die Änderungen berücksichtigt. § 6 Abs. 1 und § 11 Abs. 2 gelten entsprechend.

(2) Werden weitere Exemplare von Anmeldungsunterlagen vom Anmelder nachgereicht, so ist eine Erklärung beizufügen, dass die nachgereichten Unterlagen mit den ursprünglich eingereichten Unterlagen übereinstimmen.

(3) Der Anmelder hat, sofern die Änderungen nicht vom Deutschen Patent- und Markenamt vorgeschlagen worden sind, im Einzelnen anzugeben, an welcher Stelle die in den neuen Unterlagen beschriebenen Erfindungsmerkmale in den ursprünglichen Unterlagen offenbart sind. Die vorgenommenen Änderungen sind zusätzlich entweder auf einem Doppel der geänderten Unterlagen, durch gesonderte Erläuterungen oder in der Reinschrift zu kennzeichnen. Wird die Kennzeichnung in der Reinschrift vorgenommen, sind die Änderungen fett hervorzuheben.

(4) Der Anmelder hat, sofern die Änderungen vom Deutschen Patent- und Markenamt vorgeschlagen und vom Anmelder ohne weitere Änderungen angenommen worden sind, der Reinschrift nach Absatz 1 Satz 2 eine Erklärung beizufügen, dass die Reinschrift keine über die vom Deutschen Patent- und Markenamt vorgeschlagenen Änderungen hinausgehenden Änderungen enthält.

§ 16 Modelle und Proben

(1) Modelle und Proben sind nur auf Anforderung des Deutschen Patent- und Markenamts einzureichen. Sie sind mit einer dauerhaften Beschriftung zu versehen, aus der Inhalt und Zugehörigkeit zu der entsprechenden Anmeldung hervorgehen. Dabei ist gegebenenfalls der Bezug zum Patentanspruch und der Beschreibung genau anzugeben.

(2) Modelle und Proben, die leicht beschädigt werden können, sind unter Hinweis hierauf in festen Hüllen einzureichen. Kleine Gegenstände sind auf steifem Papier zu befestigen.

(3) Proben chemischer Stoffe sind in widerstandsfähigen, zuverlässig geschlossenen Behältern einzureichen. Sofern sie giftig, ätzend oder leicht entzündlich sind oder in sonstiger Weise gefährliche Eigenschaften aufweisen, sind sie mit einem entsprechenden Hinweis zu versehen.

(4) Ausfärbungen, Gerbproben und andere flächige Proben müssen auf steifem Papier (Format A4 nach DIN 476) dauerhaft befestigt sein. Sie sind durch eine genaue Beschreibung des angewandten Herstellungs- oder Verwendungsverfahrens zu erläutern.

§ 17 Öffentliche Beglaubigung von Unterschriften

Auf Anforderung des Deutschen Patent- und Markenamts sind die in § 7 Abs. 2 Nr. 5 und in § 8 genannten Unterschriften öffentlich beglaubigen zu lassen (§ 129 des Bürgerlichen Gesetzbuchs).

§ 18 [aufgehoben]

ABSCHNITT 4
Ergänzende Schutzzertifikate

§ 19 Form der Einreichung

(1) Der Antrag auf Erteilung eines ergänzenden Schutzzertifikats und der Antrag auf Verlängerung der Laufzeit eines ergänzenden Schutzzertifikats (§ 49a des Patentgesetzes) sind auf den vom Deutschen Patent- und Markenamt herausgegebenen Formblättern einzureichen. § 4 Abs. 2 Nr. 1, 4 und 5 sowie § 14 Abs. 1, 3 bis 5 sind entsprechend anzuwenden.

(2) Dem Antrag auf Erteilung eines ergänzenden Schutzzertifikats sind Angaben zur Erläuterung des durch das Grundpatent vermittelten Schutzes beizufügen.

§ 20 Ergänzende Schutzzertifikate für Arzneimittel

Der Antrag auf Erteilung eines ergänzenden Schutzzertifikats für Arzneimittel und der Antrag auf Verlängerung der Laufzeit eines ergänzenden Schutzzertifikats für Arzneimittel müssen jeweils die Angaben und Unterlagen enthalten, die in Artikel 8 der Verordnung (EG) Nr. 469/2009 des Europäischen Parlaments und des Rates vom 6. Mai 2009 über das ergänzende Schutzzertifikat für Arzneimittel *(ABl. L 152 vom 16.6.2009, S. 1)* bezeichnet sind.

§ 21 Ergänzende Schutzzertifikate für Pflanzenschutzmittel

Der Antrag auf Erteilung eines ergänzenden Schutzzertifikats für Pflanzenschutzmittel muss die Angaben und Unterlagen enthalten, die in Artikel 8 der Verordnung (EG) Nr. 1610/96 des Europäischen Parlaments und des Rates vom 23. Juli 1996 über die Schaffung eines ergänzenden Schutzzertifikats für Pflanzenschutzmittel *(ABl. L 198 vom 8.8.1996, S. 30)* bezeichnet sind.

ABSCHNITT 5
Übergangs- und Schlussbestimmungen

§ 22 Übergangsregelung

Für Patentanmeldungen, Erfinderbenennungen und Anträge auf Erteilung eines ergänzenden Schutzzertifikats, die vor Inkrafttreten von Änderungen dieser Verordnung eingereicht worden sind, sind die bisherigen Vorschriften in ihrer bis dahin geltenden Fassung anzuwenden.

§ 23 Inkrafttreten; Außerkrafttreten

Diese Verordnung tritt am 15. Oktober 2003 in Kraft.

Anlage 1
(zu § 11 Abs. 1 Satz 2)
Standards für die Einreichung von Sequenzprotokollen

Definitionen

1. Im Rahmen dieses Standard gelten folgende Definitionen:

i) Unter einem „Sequenzprotokoll" ist ein Teil der Beschreibung der Anmeldung in der eingereichten Fassung oder ein zur Anmeldung nachgereichtes Schriftstück zu verstehen, das die Nucleotid- und/oder Aminosäuresequenzen im Einzelnen offenbart und sonstige verfügbare Angaben enthält.

ii) In das Protokoll dürfen nur unverzweigte Sequenzen von mindestens 4 Aminosäuren bzw. unverzweigte Sequenzen von mindestens 10 Nucleotiden aufgenommen werden. Verzweigte Sequenzen, Sequenzen mit weniger als 4 genau definierten Nucleotiden oder Aminosäuren sowie Sequenzen mit Nucleotiden oder Aminosäuren, die nicht in Nr. 48, Tabellen 1, 2, 3 und 4 aufgeführt sind, sind ausdrücklich ausgenommen.

iii) Unter „Nucleotiden" sind nur Nucleotide zu verstehen, die mittels der in Nr. 48, Tabelle 1 aufgeführten Symbole wiedergegeben werden können. Modifikationen wie z.B. methylierte Basen können nach der Anleitung in Nr. 48, Tabelle 2 beschrieben werden, sind aber in der Nucleotidsequenz nicht explizit auszuweisen.

iv) Unter „Aminosäuren" sind die in Nr. 48, Tabelle 3 aufgeführten gängigen L-Aminosäuren aus den natürlich vorkommenden Proteinen zu verstehen. Aminosäuresequenzen, die mindestens eine D-Aminosäure enthalten, fallen nicht unter diese Definition. Aminosäuresequenzen, die posttranslational modifizierte Aminosäuren enthalten, können mittels der in Nr. 48, Tabelle 3 aufgeführten Symbole wie die ursprünglich translatierte Aminosäure beschrieben werden, wobei die modifizierten Positionen wie z.B. Hydroxylierungen oder Glykosylierungen nach der Anleitung in Nr. 48, Tabelle 4 beschrieben werden, diese Modifikationen aber in der Aminosäuresequenz nicht explizit auszuweisen sind. Unter die vorstehende Definition fallen auch Peptide oder Proteine, die anhand der in Nr. 48, Tabelle 3 aufgeführten Symbole sowie einer an anderer Stelle aufgenommenen Beschreibung, die beispielsweise Aufschluss über ungewöhnliche Bindungen, Quervernetzungen (z.B. Disulfidbrücken) und „end caps", Nicht Peptidbindungen usw. gibt, als Sequenz wiedergegeben werden können.

v) Unter „Sequenzkennzahl" ist eine Zahl zu verstehen, die jeder im Protokoll aufgeführten Sequenz als SEQ ID NO zugewiesen wird.

vi) Die „numerische Kennzahl" ist eine dreistellige Zahl, die für ein bestimmtes Datenelement steht.

vii) Unter „sprachneutralem Vokabular" ist ein festes Vokabular zu verstehen, das im Sequenzprotokoll zur Wiedergabe der vom Hersteller einer Sequenzdatenbank vorgeschriebenen wissenschaftlichen Begriffe verwendet wird (dazu gehören wissenschaftliche Namen, nähere Bestimmungen und ihre Entsprechungen im festen Vokabular, die Symbole in Nr. 48, Tabellen 1, 2, 3 und 4 und die Merkmalschlüssel in Nr. 48, Tabellen 5 und 6).

viii) Unter „zuständiger Behörde" ist die Internationale Recherchenbehörde oder die mit der internationalen vorläufigen Prüfung beauftragte Behörde, die die internationale Recherche bzw. die internationale vorläufige Prüfung zu der internationalen Anmeldung durchführt, oder das Bestimmungsamt bzw. ausgewählte Amt zu verstehen, das mit der Bearbeitung der internationalen Anmeldung begonnen hat.

Sequenzprotokoll

2. Das Sequenzprotokoll im Sinne der Nr. 1 i) ist ans Ende der Anmeldung zu setzen, wenn es mit ihr zusammen eingereicht wird. Dieser Teil ist mit „Sequenzprotokoll" oder „Sequence Listing" zu überschreiben, muss mit einer neuen Seite beginnen und sollte gesondert nummeriert werden. Das Sequenzprotokoll ist Bestandteil der Beschreibung; vorbehaltlich Nr. 35 erübrigt es sich deshalb, die Sequenzen in der Beschreibung an anderer Stelle nochmals zu beschreiben.

3. Wird das Sequenzprotokoll im Sinne der Nr. 1 i) nicht zusammen mit der Anmeldung eingereicht, sondern als gesondertes Schriftstück nachgereicht (siehe Nr. 36), so ist es mit der Überschrift „Sequenzprotokoll" oder „Sequence Listing" und einer gesonderten Seitennummerierung zu versehen. Die in der Anmeldung in der eingereichten Fassung gewählte Nummerierung der Sequenzen (siehe Nr. 4) ist auch im nachgereichten Sequenzprotokoll beizubehalten.

4. Jeder Sequenz wird eine eigene Sequenzkennzahl zugeteilt. Die Kennzahlen beginnen mit 1 und setzen sich in aufsteigender Reihenfolge als ganze Zahlen fort. Gibt es zu einer Kennzahl keine Sequenz, so ist am Anfang der auf die SEQ ID NO folgenden Zeile unter der numerischen Kennzahl 400 der Code 000 anzugeben. Unter der numerischen Kennzahl 160 ist die Gesamtzahl der SEQ ID NOs anzugeben, und zwar unabhängig davon, ob im Anschluss an eine SEQ ID NO eine Sequenzkennzahl oder der Code 000 folgt.

5. In der Beschreibung, in den Ansprüchen und in den Zeichnungen der Anmeldung ist auf die im Sequenzprotokoll dargestellten Sequenzen mit „SEQ ID NO", gefolgt von der betreffenden Kennzahl zu verweisen.

6. Für die Darstellung von Nucleotid- und Aminosäuresequenzen ist zumindest eine der folgenden drei Möglichkeiten zu wählen:

i)   nur Nucleotidsequenz,
ii)   nur Aminosäuresequenz,
iii) Nucleotidsequenz zusammen mit der entsprechenden Aminosäuresequenz.

Bei einer Offenbarung im unter Ziffer iii) genannten Format muss die Aminosäuresequenz als solche im Sequenzprotokoll mit einer eigenen Sequenzkennzahl gesondert offenbart werden.

Nucleotidsequenzen
Zu verwendende Symbole

7. Nucleotidsequenzen sind nur anhand eines Einzelstrangs in Richtung vom 5'-Ende zum 3'-Ende von links nach rechts wiederzugeben. Die Begriffe 3' und 5' werden in der Sequenz nicht dargestellt.

8. Die Basen einer Nucleotidsequenz sind anhand der einbuchstabigen Codes für Nucleotidsequenzzeichen darzustellen. Es dürfen nur die in Nr. 48, Tabelle 1 aufgeführten Kleinbuchstaben verwendet werden.

9. Modifizierte Basen sind in der Sequenz selbst wie die entsprechenden unmodifizierten Basen oder mit „n" wiederzugeben, wenn die modifizierte Base zu den in Nr. 48, Tabelle 2 aufgeführten gehört; die Modifikation ist im Merkmalsteil des Sequenzprotokolls anhand der Codes in Nr. 48, Tabelle 2 näher zu beschreiben. Diese Codes dürfen in der Beschreibung oder im Merkmalsteil des Sequenzprotokolls, nicht jedoch in der Sequenz selbst verwendet werden (siehe auch Nr. 31). Das Symbol „n" steht immer nur für ein einziges unbekanntes oder modifiziertes Nucleotid.

Zu verwendendes Format

10. Bei Nucleotidsequenzen sind höchstens 60 Basen pro Zeile – mit einem Leerraum zwischen jeder Gruppe von 10 Basen – aufzuführen.

11. Die Basen einer Nucleotidsequenz (einschließlich Introns) sind jeweils in Zehnergruppen aufzuführen; dies gilt nicht für die codierenden Teile der Sequenz. Bleiben am Ende nichtcodierender Teile einer Sequenz weniger als 10 Basen übrig, so sind sie zu einer Gruppe zusammenzufassen und durch einen Leerraum von angrenzenden Gruppen zu trennen.

12. Die Basen der codierenden Teile einer Nucleotidsequenz sind als Tripletts (Codonen) aufzuführen.

13. Die Zählung der Nucleotidbasen beginnt bei der ersten Base der Sequenz mit 1. Von hier aus ist die gesamte Sequenz in 5'–3'-Richtung fortlaufend durchzuzählen. Am rechten Rand ist jeweils neben der Zeile mit den einbuchstabigen Codes für die Basen die Nummer der letzten Base dieser Zeile anzugeben. Die vorstehend beschriebene Zählweise für Nucleotidsequenzen gilt auch für Nucleotidsequenzen mit ringförmiger Konfiguration, wobei allerdings die Bestimmung des ersten Nucleotids der Sequenz dem Anmelder überlassen bleibt.

14. Eine Nucleotidsequenz, die aus einem oder mehreren nichtbenachbarten Abschnitten einer größeren Sequenz oder aus Abschnitten verschiedener Sequenzen besteht, ist als gesonderte Sequenz mit eigener Sequenzkennzahl zu nummerieren. Sequenzen mit einer oder mehreren Lücken sind als mehrere gesonderte Sequenzen mit eigenen Sequenzkennzahlen zu nummerieren, wobei die Zahl der gesonderten Sequenzen der Zahl der jeweils zusammenhängenden Sequenzdatenreihen entspricht.

Aminosäuresequenzen
Zu verwendende Symbole

15. Die Aminosäuren einer Protein- oder Peptidsequenz sind in Richtung von der Amino- zur Carboxylgruppe von links nach rechts aufzuführen, wobei die Amino- und Carboxylgruppen in der Sequenz nicht darzustellen sind.

16. Die Aminosäuren sind anhand des dreibuchstabigen Codes mit großem Anfangsbuchstaben entsprechend der Liste in Nr. 48, Tabelle 3 darzustellen. Eine Aminosäuresequenz, die einen Leerraum oder interne Terminatorsymbole

(z.B. „Ter", „*" oder „..") enthält, ist nicht als einzige Aminosäuresequenz, sondern als getrennte Aminosäuresequenzen darzustellen (siehe Nr. 21).

17. Modifizierte und seltene Aminosäuren sind in der Sequenz selbst wie die entsprechenden unmodifizierten Aminosäuren oder mit „Xaa" wiederzugeben, wenn sie zu den in Nr. 48, Tabelle 4 aufgeführten gehören und die Modifikation im Merkmalsteil des Sequenzprotokolls anhand der Codes in Nr. 48, Tabelle 4 näher beschrieben wird. Diese Codes dürfen in der Beschreibung oder im Merkmalsteil des Sequenzprotokolls, nicht jedoch in der Sequenz selbst verwendet werden (siehe auch Nr. 31). Das Symbol „Xaa" steht immer nur für eine einzige unbekannte oder modifizierte Aminosäure.

Zu verwendendes Format

18. Bei Protein- oder Peptidsequenzen sind höchstens 16 Aminosäuren pro Zeile mit einem Leerraum zwischen den einzelnen Aminosäuren aufzuführen.

19. Die den Codonen der codierenden Teile einer Nucleotidsequenz entsprechenden Aminosäuren sind unmittelbar unter den jeweiligen Codonen anzugeben. Wird ein Codon durch ein Intron aufgespalten, so ist das Aminosäuresymbol unter dem Teil des Codons anzugeben, der zwei Nucleotide enthält.

20. Die Zählung der Aminosäuren beginnt bei der ersten Aminosäure der Sequenz mit 1. Fakultativ können die dem reifen Protein vorausgehenden Aminosäuren wie beispielsweise Präsequenzen, Prosequenzen, Präprosequenzen und Signalsequenzen, soweit vorhanden, mit negativem Vorzeichen nummeriert werden, wobei die Rückwärtszählung mit der Aminosäure vor Nummer 1 beginnt. Null (0) wird nicht verwendet, wenn Aminosäuren zur Abgrenzung gegen das reife Protein mit negativem Vorzeichen nummeriert werden. Die Nummern sind im Abstand von jeweils 5 Aminosäuren unter der Sequenz anzugeben. Die vorstehend beschriebene Zählweise für Aminosäuresequenzen gilt auch für Aminosäuresequenzen mit ringförmiger Konfiguration, wobei allerdings die Bestimmung der ersten Aminosäure der Sequenz dem Anmelder überlassen bleibt.

21. Eine Aminosäuresequenz, die aus einem oder mehreren nichtbenachbarten Abschnitten einer größeren Sequenz oder aus Abschnitten verschiedener Sequenzen besteht, ist als gesonderte Sequenz mit eigener Sequenzkennzahl zu nummerieren. Sequenzen mit einer oder mehreren Lücken sind als mehrere gesonderte Sequenzen mit eigenen Sequenzkennzahlen zu nummerieren, wobei die Zahl der gesonderten Sequenzen der Zahl der jeweils zusammenhängenden Sequenzdatenreihen entspricht.

Sonstige verfügbare Angaben im Sequenzprotokoll

22. Die Angaben sind im Sequenzprotokoll in der Reihenfolge anzugeben, in der sie in der Liste der numerischen Kennzahlen für Datenelemente in Nr. 47 aufgeführt sind.

23. Für die Angaben im Sequenzprotokoll sind nur die in Nr. 47 aufgeführten numerischen Kennzahlen, nicht aber die dazugehörigen Beschreibungen zu verwenden. Die Angaben müssen unmittelbar auf die numerische Kennzahl folgen; im Sequenzprotokoll brauchen nur diejenigen numerischen Kennzahlen angegeben zu werden, zu denen auch Angaben vorliegen. Die einzigen beiden Ausnahmen zu dieser Vorschrift bilden die numerischen Kennzahlen 220 und 300, die für die Rubrik „Merkmal" bzw. „Veröffentlichungsangaben" stehen und mit den Angaben unter den numerischen Kennzahlen 221 bis 223 bzw. 301 bis 313 zusammenhängen. Werden unter diesen numerischen Kennzahlen im Sequenzprotokoll Angaben zu den Merkmalen oder zur Veröffentlichung gemacht, so sollte auch die numerische Kennzahl 220 bzw. 300 aufgeführt, die dazugehörige Rubrik aber nicht ausgefüllt werden. Generell sollte zwischen den numerischen Kennzahlen eine Leerzeile eingefügt werden, wenn sich die an erster oder zweiter Position der numerischen Kennzahl stehende Ziffer ändert. Eine Ausnahme von dieser allgemeinen Regel bildet die numerische Kennzahl 310, der keine Leerzeile vorausgehen darf. Auch vor jeder Wiederholung der numerischen Kennzahl ist eine Leerzeile einzufügen.

Obligatorische Datenelemente

24. In das Sequenzprotokoll sind außerdem vor der eigentlichen Nucleotid- und/oder Aminosäuresequenz die folgenden in Nr. 47 definierten Angaben (obligatorische Datenelemente) aufzunehmen:

<110>   Name des Anmelders
<120>   Bezeichnung der Erfindung
<160>   Anzahl der SEQ ID NOs
<210>   SEQ ID NO:x
<211>   Länge
<212>   Art
<213>   Organismus
<400>   Sequenz

Ist der Name des Anmelders (numerische Kennzahl 110) nicht in Buchstaben des lateinischen Alphabets geschrieben, so ist er – im Wege der Transliteration oder der Übersetzung ins Englische – auch in lateinischen Buchstaben anzugeben.

Die Datenelemente mit Ausnahme der Angaben unter den numerischen Kennzahlen 110, 120 und 160 sind für jede im Sequenzprotokoll aufgeführte Sequenz zu wiederholen. Gibt es zu einer Sequenzkennzahl keine Sequenz, so müssen nur die Datenelemente unter den numerischen Kennzahlen 210 und 400 angegeben werden (siehe Nr. 4 und SEQ ID NO:4 in dem am Ende dieses Standards enthaltenen Beispiel).

25. In Sequenzprotokolle, die zusammen mit der dazugehörigen Anmeldung oder vor Vergabe einer Anmeldenummer eingereicht werden, ist neben den unter Nr. 24 genannten Datenelementen auch das Folgende aufzunehmen:

<130>   Bezugsnummer

26. In Sequenzprotokolle, die auf Aufforderung einer zuständigen Behörde oder nach Vergabe einer Anmeldenummer eingereicht werden, sind neben den unter Nr. 24 genannten Datenelementen auch die Folgenden aufzunehmen:

<140>   Vorliegende Patentanmeldung

<141>   Anmeldetag der vorliegenden Anmeldung

27. In Sequenzprotokolle, die zu einer Anmeldung eingereicht werden, die die Priorität einer früheren Anmeldung in Anspruch nimmt, sind neben den unter Nr. 24 genannten Datenelementen auch die Folgenden aufzunehmen:

<150>   Frühere Patentanmeldung

<151>   Anmeldetag der früheren Anmeldung

28. Wird in der Sequenz „n", „Xaa" oder eine modifizierte Base oder modifizierte/seltene L-Aminosäure aufgeführt, so müssen die folgenden Datenelemente angegeben werden:

<220>   Merkmal

<221>   Name/Schlüssel

<222>   Lage

<223>   Sonstige Informationen

29. Ist der Organismus (numerische Kennzahl 213 eine „künstliche Sequenz" oder „unbekannt", so müssen die folgenden Datenelemente angegeben werden:

<220>   Merkmal

<223>   Sonstige Angaben

Fakultative Datenelemente

30. Alle in Nr. 47 definierten Datenelemente, die unter Nr. 24 bis 29 nicht erwähnt sind, sind fakultativ (fakultative Datenelemente).

Angabe von Merkmalen

31. Merkmale, die (unter der numerischen Kennzahl 220) zu einer Sequenz angegeben werden, sind durch die in Nr. 48, Tabellen 5 und 6[1] aufgeführten „Merkmalschlüssel" zu beschreiben.

———————

1) Diese Tabellen enthalten Auszüge aus den Merkmalstabellen „DDBJ/EMBL/Genbank Feature Table" (Nucleotidsequenzen) und „SWISS PROT Feature Table" (Aminosäuresequenzen).

Freier Text

32. Unter „freiem Text" ist eine verbale Beschreibung der Eigenschaften der Sequenz ohne Verwendung des sprachneutralen Vokabulars im Sinne der Nr. 1 vii) unter der numerischen Kennzahl 223 (Sonstige Angaben) zu verstehen.

33. Der freie Text sollte sich auf einige kurze, für das Verständnis der Sequenz unbedingt notwendige Begriffe beschränken. Er sollte für jedes Datenelement nicht länger als 4 Zeilen sein und höchstens 65 Buchstaben pro Zeile umfassen. Alle weiteren Angaben sind in den Hauptteil der Beschreibung in der dort verwendeten Sprache aufzunehmen.

34. Freier Text kann in deutscher oder in englischer Sprache abgefasst sein.

35. Enthält das Sequenzprotokoll, das Bestandteil der Beschreibung ist, freien Text, so ist dieser im Hauptteil der Beschreibung in der dort verwendeten Sprache zu wiederholen. Es wird empfohlen, den in der Sprache des Hauptteils der Beschreibung abgefassten freien Text in einen besonderen Abschnitt der Beschreibung mit der Überschrift „Sequenzprotokoll – freier Text" aufzunehmen.

Nachgereichtes Sequenzprotokoll

36. Ein Sequenzprotokoll, das nicht Teil der eingereichten Anmeldung war, sondern nachträglich eingereicht wurde, darf nicht über den Offenbarungsgehalt der in der Anmeldung angegebenen Sequenzen hinausgehen. Dem nachgereichten Sequenzprotokoll muss eine Erklärung, die dies bestätigt, beigefügt sein. Das heißt, dass ein Sequenzprotokoll, das nachträglich eingereicht wurde, nur die Sequenzen beinhalten darf, die auch in der eingereichten Anmeldung aufgeführt sind.

37. Sequenzprotokolle, die nicht zusammen mit der Anmeldung eingereicht worden sind, sind nicht Teil der Offenbarung der Erfindung. Gemäß § 11 Abs. 3 besteht die Möglichkeit, Sequenzprotokolle, die zusammen mit der Anmeldung eingereicht wurden, im Wege der Mängelbeseitigung zu berichtigen.

Sequenzprotokoll in maschinenlesbarer Form

38. Das in der Anmeldung enthaltene Sequenzprotokoll ist zusätzlich auch in maschinenlesbarer Form einzureichen.

39. Das zusätzlich eingereichte maschinenlesbare Sequenzprotokoll muss mit dem geschriebenen Protokoll identisch sein und ist zusammen mit einer Erklärung folgenden Wortlauts einzureichen: „Die in maschinenlesbarer Form aufgezeichneten Angaben sind mit dem geschriebenen Sequenzprotokoll identisch."

40. Das gesamte ausdruckbare Exemplar des Sequenzprotokolls muss in einer einzigen Datei enthalten sein, die nach Möglichkeit auf einer einzigen Diskette oder einem sonstigen vom Deutschen Patent- und Markenamt akzeptierten elektronischen Datenträger aufgezeichnet sein soll. Diese Datei ist mittels der IBM[2]-Codetabellen (Code Page) 437, 932[3] oder einer kompatiblen Codetabelle zu codieren. Eine Codetabelle, wie sie z.B. für japanische, chinesische, kyrillische, arabische, griechische oder hebräische Schriftzeichen benötigt wird, gilt als kompatibel, wenn sie das lateinische Alphabet und die arabischen Ziffern denselben Hexadezimalpositionen zuordnet, wie die genannten Codetabellen.

---

2) IBM ist eine für die International Business Machine Corporation, Vereinigte Staaten von Amerika, eingetragene Marke.

3) Die genannten Codetabellen gelten für Personal Computer als de facto Standard.

41. Folgende Medientypen und Formatierungen für zusätzlich in maschinenlesbarer Form eingereichte Sequenzprotokolle werden akzeptiert:

Physikalisches Medium	Typ	Formatierung
CD-R	120 mm Recordable Disk	ISO 9660
DVD-R	120 mm DVD-Recordable Disk (4,7 GB)	konform zu ISO 9660 oder OSTA UDF (1.02 oder höher)
DVD+R	120 mm DVD-Recordable Disk (4,7 GB)	konform zu ISO 9660 oder OSTA UDF (1.02 oder höher)

42. Die maschinenlesbare Fassung kann mit beliebigen Mitteln erstellt werden. Sie muss aber den vom Deutschen Patent- und Markenamt angegebenen Formaten entsprechen. Vorzugsweise sollte zum Erstellen eine dafür vorgesehene spezielle Software, wie z.B. Patentin verwendet werden.

43. Bei Verwendung von physikalischen Datenträgern ist eine Datenkompression erlaubt, sofern die komprimierte Datei in einem selbstextrahierenden Format erstellt worden ist, das sich auf einem vom Deutschen Patent- und Markenamt angegebenen Betriebssystem (MS Windows) selbst dekomprimiert. Ebenso können inhaltlich zusammengehörige Dateien in einem sich nicht selbstextrahierenden Format komprimiert sein, wenn die Archivdatei im Zip-Format der Version vom 13. Juli 1998 vorliegt und weder andere Zip-Archive oder eine Verzeichnisstruktur beinhaltet.

44. Auf dem physikalischen Datenträger ist ein Etikett fest anzubringen, auf dem von Hand oder mit der Maschine in Blockschrift der Name des Anmelders, die Bezeichnung der Erfindung, eine Bezugsnummer, der Zeitpunkt der Aufzeichnung der Daten und das Computerbetriebssystem eingetragen sind.

45. Wird der physikalische Datenträger erst nach dem Tag der Anmeldung eingereicht, so sind auf den Etiketten auch der Anmeldetag und die Anmeldenummer anzugeben. Korrekturen oder Änderungen zum Sequenzprotokoll sind sowohl schriftlich als auch in maschinenlesbarer Form einzureichen.

46. Jede Korrektur der ausgedruckten Version des Sequenzprotokolls, die auf Grund der PCT Regel 13ter.1(a)(i) oder 26.3 eingereicht, jede Verbesserung eines offensichtlichen Fehlers in der ausgedruckten Version, die auf Basis der PCT Regel 91 eingereicht und jeder Zusatz, der nach Artikel 34 PCT in die ausgedruckte Version des Sequenzprotokolls eingebunden wurde, muss zusätzlich in einer verbesserten und mit den Zusätzen versehenen Version des Sequenzprotokolls in maschinenlesbarer Form eingereicht werden.

47. Numerische Kennzahlen

In Sequenzprotokollen, die zu Anmeldungen eingereicht werden, dürfen nur die nachstehenden numerischen Kennzahlen verwendet werden. Die Überschriften der nachstehenden Datenelementrubriken dürfen in den Sequenzprotokollen nicht erscheinen. Die numerischen Kennzahlen der obligatorischen Datenelemente, d.h. der Datenelemente, die in alle Sequenzprotokolle aufgenommen werden müssen (siehe Nr. 24 dieses Standards: Kennziffern 110, 120, 160, 210, 211, 212, 213 und 400), und die numerischen Kennzahlen der Datenelemente, die in den in diesem Standard genannten Fällen aufgenommen werden müssen (siehe Nr. 25, 26, 27, 28 und 29 dieses Standards: Kennzahlen 130, 140, 141, 150 und 151 sowie 220 bis 223), sind mit dem Buchstaben „O" gekennzeichnet.

Die numerischen Kennzahlen der fakultativen Datenelemente (siehe Nr. 30 dieses Standards) sind mit dem Buchstaben „F" gekennzeichnet.

Zulässige numerische Kennzahlen

Numerische Kennzahl	Numerische Kennzahl Beschreibung	Obligatorisch (O) oder fakultativ (F)	Bemerkungen
<110>	Name des Anmelders	O	Ist der Name des Anmelders nicht in lateinischen Buchstaben geschrieben, so muss er – im Wege der Transliteration oder der Übersetzung ins Englische – auch in lateinischen Buchstaben angegeben werden
<120>	Bezeichnung der Erfindung	O	

Numerische Kennzahl	Numerische Kennzahl Beschreibung	Obligatorisch (O) oder fakultativ (F)	Bemerkungen
<130>	Bezugsnummer	O in den Fällen nach Nr. 25 Standard	Siehe Nr. 25 Standard
<140>	Vorliegende Patentanmeldung	O in den Fällen nach Nr. 26 Standard	Siehe Nr. 26 Standard; die vorliegende Patentanmeldung ist zu kennzeichnen durch den zweibuchstabigen Code nach dem WIPO-Standard ST.3, gefolgt von der Anmeldenummer (in dem Format, das von der Behörde für gewerblichen Rechtsschutz verwendet wird, bei der diese Patentanmeldung eingereicht wird) oder – bei internationalen Anmeldungen – von der internationalen Anmeldenummer
<141>	Anmeldetag der vorliegenden Anmeldung	O in den Fällen nach Nr. 26 Standard	Siehe Nr. 26 Standard; das Datum ist entsprechend dem WIPO-Standard ST.2 anzugeben (CCYY MM DD)
<150>	Frühere Patentanmeldung	O in den Fällen nach Nr. 27 Standard	Siehe Nr. 27 Standard; die frühere Patentanmeldung ist zu kennzeichnen durch den zweibuchstabigen Code entsprechend dem WIPO-Standard ST.3, gefolgt von der Anmeldenummer (in dem Format, das von der Behörde für gewerblichen Rechtsschutz verwendet wird, bei der die frühere Patentanmeldung eingereicht wurde) oder – bei internationalen Anmeldungen – von der internationalen Anmeldenummer
<151>	Anmeldetag der früheren Anmeldung	O in den Fällen nach Nr. 27 Standard	Siehe Nr. 27 Standard; das Datum ist entsprechend dem WIPO-Standard ST.2 anzugeben (CCYY MM DD)
<160>	Anzahl der SEQ ID NOs	O	
<170>	Software	F	
<210>	Angaben zu SEQ ID NO:x	O	Anzugeben ist eine ganze Zahl, die die SEQ ID NO darstellt
<211>	Länge	O	Sequenzlänge, ausgedrückt als Anzahl der Basen oder Aminosäuren
<212>	Art	O	Art des in SEQ ID NO:x sequenzierten Moleküls, und zwar entweder DNA, RNA oder PRT; enthält eine Nucleotidsequenz sowohl DNA- als auch RNA-Fragmente, so ist „DNA" anzugeben; zusätzlich ist das kombinierte DNA-/RNA-Molekül im Merkmalsteil unter <220> bis <223> näher zu beschreiben
<213>	Organismus	O	Gattung/Art (d. h. wissenschaftlicher Name), „künstliche Sequenz" oder „unbekannt"
<220>	Merkmal	O in den Fällen nach Nr. 28 und 29 Standard	Freilassen; siehe Nr. 28 und 29 Standard; Beschreibung biologisch signifikanter Stellen in der Sequenz gemäß SEQ ID NO:x (kann je nach der Zahl der angegebenen Merkmale mehrmals vorkommen)
<221>	Name/Schlüssel	O in den Fällen nach Nr. 28 Standard	Siehe Nr. 28 Standard; es dürfen nur die in Nr. 48, Tabelle 5 oder 6 beschriebenen Schlüssel verwendet werden
<222>	Lage	O in den Fällen nach Nr. 28 Standard	Siehe Nr. 28 Standard; – von (Nummer der ersten Base/Aminosäure des Merkmals) – bis (Nummer der letzten Base/Aminosäure des Merkmals) – Basen (Ziffern verweisen auf die Positionen der Basen in einer Nucleotidsequenz) – Aminosäuren (Ziffern verweisen auf die Positionen der Aminosäurereste in einer Aminosäuresequenz)

Numerische Kennzahl	Numerische Kennzahl Beschreibung	Obligatorisch (O) oder fakultativ (F)	Bemerkungen
			– Angabe, ob sich das Merkmal auf dem zum Strang des Sequenzprotokolls komplementären Strang befindet
<223>	Sonstige Angaben	O in den Fällen nach Nr. 28 und 29 Standard	Siehe Nr. 28 und 29 Standard; sonstige relevante Angaben, wobei sprachneutrales Vokabular oder freier Text (in deutscher oder in englischer Sprache) zu verwenden ist; freier Text ist im Hauptteil der Beschreibung in der dort verwendeten Sprache zu wiederholen (siehe Nr. 35 Standard); enthält die Sequenz eine der in Nr. 48, Tabellen 2 und 4 aufgeführten modifizierten Basen oder modifizierten/seltenen L-Aminosäuren, so ist für diese Base oder Aminosäure das dazugehörige Symbol aus Nr. 48, Tabellen 2 und 4 zu verwenden
<300>	Veröffentlichungsangaben	F	Freilassen; dieser Abschnitt ist für jede relevante Veröffentlichung zu wiederholen
<301>	Verfasser	F	
<302>	Titel	F	Titel der Veröffentlichung
<303>	Zeitschrift	F	Name der Zeitschrift, in der die Daten veröffentlich wurden
<304>	Band	F	Band der Zeitschrift, in dem die Daten veröffentlich wurden
<305>	Heft	F	Nummer des Hefts der Zeitschrift, in dem die Daten veröffentlicht wurden
<306>	Seiten	F	Seiten der Zeitschrift, auf denen die Daten veröffentlicht wurden
<307>	Datum	F	Datum der Zeitschrift, an dem die Daten veröffentlicht wurden; Angabe nach Möglichkeit entsprechend dem WIPO-Standard ST.2 (CCYY MM DD)
<308>	Eingangsnummer in der Datenbank	F	Von der Datenbank zugeteilte Eingangsnummer einschließlich Datenbankbezeichnung
<309>	Datenbank-Eingabedatum	F	Datum der Eingabe in die Datenbank; Angabe entsprechend dem WIPO-Standard ST.2 (CCYY MM DD)
<310>	Dokumentennummer	F	Nummer des Dokuments, nur bei Patentdokumenten; die vollständige Nummer hat nacheinander Folgendes zu enthalten: den zweibuchstabigen Code entsprechend dem WIPO-Standard ST.3, die Veröffentlichungsnummer entsprechend dem WIPO-Standard ST.6 und den Code für die Dokumentenart nach dem WIPOStandard ST.16
<311>	Anmeldetag	F	Anmeldetag des Dokuments, nur bei Patentdokumenten; Angabe entsprechend WIPO-Standard ST.2 (CCYY MM DD)
<312>	Veröffentlichungsdatum	F	Datum der Veröffentlichung des Dokuments; nur bei Patentdokumenten; Angabe entsprechend WIPO-Standard ST.2 (CCYY MM DD)
<313>	Relevante Reste in SEQ ID NO: x von bis	F	
<400>	Sequenz	O	SEQ ID NO:x sollte in der der Sequenz vorausgehenden Zeile hinter der numerischen Kennzahl stehen (siehe Beispiel)

48. Symbole für Nucleotide und Aminosäuren und Merkmalstabellen

Tabelle 1
Liste der Nucleotide

Symbol	Bedeutung	Ableitung der Bezeichnung
a	a	Adenin
g	g	Guanin
c	c	Cytosin
t	t	Thymin
u	u	Uracil
r	g oder a	Purin
y	t/u oder c	Pyrimidin
m	a oder c	Amino
k	g oder t/u	Keto
s	g oder c	starke Bindungen, 3 H-Brücken
w	a oder t/u	schwache (e: weak) Bindungen, 2 H-Brücken
b	g oder c oder t/u	nicht a
d	a oder g oder t/u	nicht c
h	a oder c oder t/u	nicht g
v	a oder g oder c	nicht t, nicht u
n	a oder g oder c oder t/u, unbekannt oder sonstige	beliebig (e: any)

Tabelle 2
Liste der modifizierten Nucleotide

Symbol	Bedeutung
ac4c	4-Acetylcytidin
chm5u	5-(Carboxyhydroxymethyl)uridin
cm	2'-O-Methylcytidin
cmnm5s2u	5-Carboxymethylaminomethyl-2-thiouridin
cmnm5u	5-Carboxymethylaminomethyluridin
d	Dihydrouridin
fm	2'-O-Methylpseudouridin
gal q	beta,D-Galactosylqueuosin
gm	2'-O-Methylguanosin
i	Inosin
i6a	N6-Isopentenyladenosin
m1a	1-Methyladenosin
m1f	1-Methylpseudouridin
m1g	1-Methylguanosin
m1i	1-Methylinosin
m22g	2,2-Dimethylguanosin
m2a	2-Methyladenosin
m2g	2-Methylguanosin
m3c	3-Methylcytidin
m5c	5-Methylcytidin
m6a	N6-Methyladenosin
m7g	7-Methylguanosin
mam5u	5-Methylaminomethyluridin
mam5s2u	5-Methoxyaminomethyl-2-thiouridin
man q	beta,D-Mannosylqueuosin
mcm5s2u	5-Methoxycarbonylmethyl-2-thiouridin
mcm5u	5-Methoxycarbonylmethyluridin
mo5u	5-Methoxyuridin
ms2i6a	2-Methylthio-N6-isopentenyladenosin
ms2t6a	N-((9-beta-D-Ribofuranosyl-2-methylthiopurin-6-yl)carbamoyl)threonin
mt6a	N-((9-beta-D-Ribofuranosylpurin-6-yl)N-methylcarbamoyl)threonin

Symbol	Bedeutung
mv	Uridin-5-oxyessigsäuremethylester
o5u	Uridin-5-oxyessigsäure(v)
osyw	Wybutoxosin
p	Pseudouridin
q	Queuosin
s2c	2-Thiocytidin
s2t	5-Methyl-2-thiouridin
s2u	2-Thiouridin
s4u	4-Thiouridin
t	5-Methyluridin
t6a	N-((9-beta-D-Ribofuranosylpurin-6-yl)carbamoyl)threonin
tm	2'-O-Methyl-5-methyluridin
um	2'-O-Methyluridin
yw	Wybutosin
x	3-(3-Amino-3-carboxypropyl)uridin, (acp3)u

Tabelle 3
Liste der Aminosäuren

Symbol	Bedeutung
Ala	Alanin
Cys	Cystein
Asp	Asparaginsäure
Glu	Glutaminsäure
Phe	Phenylalanin
Gly	Glycin
His	Histidin
Ile	Isoleucin
Lys	Lysin
Leu	Leucin
Met	Methionin
Asn	Asparagin
Pro	Prolin
Gln	Glutamin
Arg	Arginin
Ser	Serin
Thr	Threonin
Val	Valin
Trp	Tryptophan
Tyr	Tyrosin
Asx	Asp oder Asn
Glx	Glu oder Gln
Xaa	Unbekannt oder sonstige

Tabelle 4
Liste der modifizierten und seltenen Aminosäuren

Symbol	Bedeutung
Aad	2-Aminoadipinsäure
bAad	3-Aminoadipinsäure
bAla	beta-Alanin, beta-Aminopropionsäure
Abu	2-Aminobuttersäure
4Abu	4-Aminobuttersäure, Piperidinsäure
Acp	6-Aminocapronsäure
Ahe	2-Aminoheptansäure

2993

Symbol	Bedeutung
Aib	2-Aminoisobuttersäure
bAib	3-Aminoisobuttersäure
Apm	2-Aminopimelinsäure
Dbu	2,4-Diaminobuttersäure
Des	Desmosin
Dpm	2,2'-Diaminopimelinsäure
Dpr	2,3-Diaminopropionsäure
EtGly	N-Ethylglycin
EtAsn	N-Ethylasparagin
Hyl	Hydroxylysin
aHyl	allo-Hydroxylysin
3Hyp	3-Hydroxyprolin
4Hyp	4-Hydroxyprolin
Ide	Isodesmosin
aIle	allo-Isoleucin
MeGly	N-Methylglycin, Sarkosin
MeIle	N-Methylisoleucin
MeLys	6-N-Methyllysin
MeVal	N-Methylvalin
Nva	Norvalin
Nle	Norleucin
Orn	Ornithin

Tabelle 5
Liste der Merkmalschlüssel zu Nucleotidsequenzen

Schlüssel	Beschreibung
allele	ein verwandtes Individuum oder ein verwandter Stamm enthält stabile alternative Formen desselben Gens und unterscheidet sich an dieser (und vielleicht an anderer) Stelle von der vorliegenden Sequenz
attenuator	1. Region einer DNA, in der die Beendigung der Transkription reguliert wird und die Expression einiger bakterieller Operons gesteuert wird 2. zwischen dem Promotor und dem ersten Strukturgen liegender Sequenzabschnitt, der eine partielle Beendigung der Transkription bewirkt
C-region	konstante Region der leichten und schweren Immunglobulinketten und der Alpha-, Beta- und Gamma-Ketten von T-Zell-Rezeptoren; enthält je nach Kette ein oder mehrere Exons
CAAT-signal	Caat-Box; Teil einer konservierten Sequenz, der etwa 75 Basenpaare stromaufwärts vom Startpunkt der eukaryontischen Transkriptionseinheiten liegt und an der RNA-Polymerase-Bindung beteiligt sein kann; Konsensussequenz = GG (C oder T) CAATCT
CDS	codierende Sequenz; Sequenz von Nucleotiden, die mit der Sequenz der Aminosäuren in einem Protein übereinstimmt (beinhaltet Stopcodon); Merkmal schließt eine mögliche Translation der Aminosäure ein
conflict	unabhängige Bestimmungen „derselben" Sequenz unterscheiden sich an dieser Stelle oder in dieser Region voneinander
D-loop	D-Schleife; Region innerhalb der mitochondrialen DNA, in der sich ein kürzeres RNA-Stück mit einem Strang der doppelsträngigen DNA paart und dabei den ursprünglichen Schwesterstrang in dieser Region verdrängt; dient auch zur Beschreibung der Verdrängung einer Region des einen Stranges eines DNA-Doppelstrangs durch eine einzelsträngige Nucleinsäure bei der durch ein recA-Protein ausgelösten Reaktion
D-segment	Diversity-Region der schweren Kette von Immunglobulin und der Beta-Kette eines T-Zell-Rezeptors
enhancer	eine als Cis-Element wirkende Sequenz, die die Aktivität (einiger) eukaryontischer Promotoren verstärkt und in beliebiger Richtung und Position zum Promotor (stromaufwärts oder -abwärts) funktioniert
exon	Region des Genoms, die für einen Teil der gespleißten mRNA codiert; kann 5'UTR, alle CDSs und 3'UTR enthalten
GC-signal	GC-Box; eine konservierte, GC-reiche Region stromaufwärts vom Startpunkt der eukaryontischen Transkriptionseinheiten, die in mehreren Kopien und in beiden Richtungen vorkommen kann; Konsensussequenz = GGGCGG

Schlüssel	Beschreibung
gene	biologisch signifikante Region, codierende Nucleinsäure
iDNA	intervenierende DNA; DNA, die durch verschiedene Arten der Rekombination eliminiert wird
intron	DNA-Abschnitt, der transkribiert, aber beim Zusammenspleißen der ihn umgebenden Sequenzen (Exons) aus dem Transkript wieder herausgeschnitten wird
J-segment	J-Kette (Verbindungskette) zwischen den leichten und den schweren Immunglobulinketten und den Alpha-, Beta- und Gamma-Ketten der T-Zell-Rezeptoren
LTR	lange, sich an den beiden Enden einer gegebenen Sequenz direkt wiederholende Sequenz, wie sie für Retroviren typisch ist
mat-peptide	für ein reifes Peptid oder Protein codierende Sequenz; Sequenz, die für das reife oder endgültige Peptid- oder Proteinprodukt im Anschluss an eine posttranslationale Modifizierung codiert; schließt im Gegensatz zur entsprechenden CDS das Stopcodon nicht ein
misc-binding	Stelle in einer Nucleinsäure, die einen anderen Teil, der nicht durch einen anderen Bindungsschlüssel (primer-bind oder protein-bind) beschrieben werden kann, kovalent oder nicht kovalent bindet
misc-difference	die Merkmalsequenz unterscheidet sich von der im Eintrag und kann nicht durch einen anderen Unterscheidungsschlüssel (conflict, unsure, old-sequence, mutation, Variation, allele bzw. modified-base) beschrieben werden
misc-feature	biologisch signifikante Region, die nicht durch einen anderen Merkmalschlüssel beschrieben werden kann; neues oder seltenes Merkmal
misc-recomb	Stelle, an der ein allgemeiner, ortsspezifischer oder replikativer Rekombinationsvorgang stattfindet, bei dem die DNA-Doppelhelix aufgebrochen und wieder zusammengefügt wird, und die nicht durch andere Rekombinationsschlüssel (iDNA oder Virion) oder den betreffenden Herkunftsschlüssel (/insertions-seq,/transposon,/proviral) beschrieben werden kann
misc-RNA	Transkript oder RNA-Produkt, das nicht durch andere RNA-Schlüssel (prim-transcript, precursor-RNA, mRNA, 5'clip, 3'clip, 5'UTR, 3'UTR, exon, CDS, sig-peptide, transit-peptide, mat-peptide, intron, polyA-site, rRNA, tRNA, scRNA oder snRNA) beschrieben werden kann
misc-signal	Region, die ein Signal enthält das die Genfunktion oder -expression steuert oder ändert, und die nicht durch andere Signalschlüssel (promoter, CAAT-signal, TATA-signal, -35-signal, -10-signal, GC-signal, RBS, polyA-signal, enhancer, attenuator, terminator oder rep-origin) beschrieben werden kann
misc-structure	Sekundär-, Tertiär- oder sonstige Struktur oder Konformation, die nicht durch andere Strukturschlüssel (stem-loop oder D-loop) beschrieben werden kann
modified-base	das angegebene Nucleotid ist ein modifiziertes Nucleotid und ist durch das angegebene Molekül (ausgedrückt durch die modifizierte Base) zu ersetzen
mRNA	messenger-RNA (Boten-RNA); enthält eine 5'-nichttranslatierte Region (5'UTR), codierende Sequenzen (CDS, Exon) und eine 3'-nichttranslatierte Region (3'UTR)
mutation	ein verwandter Stamm weist an dieser Stelle eine plötzliche, erbliche Sequenzveränderung auf
N-region	zusätzliche Nucleotide, die zwischen neu geordnete Immunglobulinabschnitte eingefügt werden
old-sequence	die vorliegende Sequenz stellt eine geänderte Version der früher an dieser Stelle befindlichen Sequenz dar
polyA-signal	Erkennungsregion, die zur Endonuclease-Spaltung eines RNA-Transkripts mit anschließender Polyadenylierung nötig ist; Konsensussequenz: AATAAA
polyA-site	Stelle auf einem RNA-Transkript, an der durch posttranslationale Polyadenylierung Adeninreste eingefügt werden
precursor-RNA	noch nicht gereifte RNA-Spezies; kann eine am 5'-Ende abzuschneidende Region (5'Clip), eine 5'-nichttranslatierte Region (5'UTR), codierende Sequenzen (CDS, Exon), intervenierende Sequenzen (Intron), eine 3'-nichttranslatierte Region (3'UTR) und eine am 3'-Ende abzuschneidende Region (3'Clip) enthalten
prim-transcript	primäres (ursprüngliches, nicht prozessiertes) Transkript; enthält eine am 5'-Ende abzuschneidende Region (5'Clip), eine 5'-nichttranslatierte Region (5'UTR), codierende Sequenzen (CDS, Exon), intervenierende Sequenzen (Intron), eine 3'-nichttranslatierte Region (3'UTR) und eine am 3'-Ende abzuschneidende Region (3'Clip)
primer-bind	nichtkovalente Primer-Bindungsstelle für die Initiierung der Replikation, Transkription oder reversen Transkription; enthält eine oder mehrere Stellen für synthetische Elemente, z.B. PCR-Primärelemente
promoter	Region auf einem DNA-Molekül, die an der Bindung der RNA-Polymerase beteiligt ist, die
protein-bind	nichtkovalente Protein-Bindungsstelle auf der Nucleinsäure
RBS	ribosomale Bindungsstelle
repeat-region	Genomregion mit repetitiven Einheiten
repeat-unit	einzelnes Repeat (repetitive Einheit)
rep-origin	Replikationsursprung; Startpunkt der Duplikation der Nucleinsäure, durch die zwei identische Kopien entstehen

Schlüssel	Beschreibung
rRNA	reife ribosomale RNA; RNA-Komplex des Ribonucleoprotein-Partikels (Ribosom), der Aminosäuren zu Proteinen zusammenfügt
S-region	Switch-Region der schweren Immunglobulinketten; beteiligt am Umbau der DNA von schweren Ketten, der zur Expression einer anderen Immunglobulin-Klasse aus derselben B-Zelle führt
satellite	viele tandemartig hintereinander geschaltete (identische oder verwandte) Repeats einer kurzen grundlegenden repetitiven Einheit; viele davon unterscheiden sich in der Basenzusammensetzung oder einer anderen Eigenschaft vom Genomdurchschnitt und können so von der Hauptmasse der genomischen DNA abgetrennt werden
scRNA	kleine cytoplasmische RNA; eines von mehreren kleinen cytoplasmischen RNA-Molekülen im Cytoplasma und (manchmal) im Zellkern eines Eukaryonten
sig-peptide	für ein Signalpeptid codierende Sequenz; Sequenz, die für eine N-terminale Domäne eines sekretorischen Proteins codiert; diese Domäne spielt bei der Anheftung des nascierenden Polypeptids an die Membran eine·Rolle; Leader-Sequenz
snRNA	kleine Kern-RNA; eine der vielen kleinen RNA-Formen, die nur im Zellkern vorkommen; einige der snRNAs spielen beim Spleißen oder bei anderen RNA-verarbeitenden Reaktionen eine Rolle
source	bezeichnet die biologische Herkunft des genannten Sequenzabschnitts; die Angabe dieses Schlüssel ist obligatorisch; jeder Eintrag muss mindestens einen Herkunftsschlüssel aufweisen, der die gesamte Sequenz umfasst; es dürfen zu jeder Sequenz auch mehrere Herkunftsschlüssel angegeben werden
stem-loop	Haarnadelschleife; eine Doppelhelix-Region, die durch Basenpaarung zwischen benachbarten (invertierten) komplementären Sequenzen in einem RNA- oder DNA-Einzelstrang entsteht
STS	Sequence Tagged Site; kurze, nur als Einzelkopie vorkommende DNA-Sequenz, die einen Kartierungspunkt auf dem Genom bezeichnet und durch PCR ermittelt werden kann; eine Region auf dem Genom kann durch Bestimmung der Reihenfolge der STSs kartiert werden
TATA-signal	TATA-Box; Goldberg-Hogness-Box; ein konserviertes AT-reiches Septamer, das sich rund 25 Basenpaare vor dem Startpunkt jeder eukaryontischen RNA-Polymerase-II-Transkriptionseinheit befindet und bei der Positionierung des Enzyms für eine korrekte Initiation eine Rolle spielen kann; Konsensussequenz = TATA (A oder T) A (A oder T)
terminator	DNA-Sequenz, die entweder am Ende des Transkripts oder neben einer Promotor-Region liegt und bewirkt, dass die RNA-Polymerase die Transkription beendet; kann auch die Bindungsstelle eines Repressor-Proteins sein
transit-peptide	für Transitpeptid codierende Sequenz; Sequenz, die für eine N-terminale Domäne eines im Zellkern codieren Organellen-Proteins codiert; diese Domäne ist an der posttranslationalen Einschleusung des Proteins in die Organelle beteiligt
tRNA	reife transfer-RNA, ein kleines RNA-Molekül (75–85 Basen lang), das die Translation einer Nucleinsäure-Sequenz in eine Aminosäure-Sequenz vermittelt
unsure	der Autor kennt die Sequenz in dieser Region nicht genau
V-region	variable Region der leichten und schweren Immunglobulinketten sowie der Alpha-, Beta- und Gamma-Ketten von T-Zell-Rezeptoren; codiert für das variable Aminoende; kann aus V-, D-, N- und J-Abschnitten bestehen
V-segment	variabler Abschnitt der leichten und schweren Immunglobulinketten sowie der Alpha-, Betaund Gamma-Ketten von T-Zell-Rezeptoren; codiert für den Großteil der variablen Region (V-region) und die letzten Aminosäuren des Leader-Peptids
Variation	ein verwandter Stamm enthält stabile Mutationen desselben Gens (z.B. RFLP(tief)s) Polymorphismen usw.), die sich an dieser (und möglicherweise auch an anderer) Stelle von der vorliegenden Sequenz unterscheiden
3'clip	3'-äußerste Region eines Precursor-Transkripts, die bei der Prozessierung abgeschnitten wird
3'UTR	Region am 3'-Ende eines reifen Transkripts (nach dem Stopcodon), die nicht in ein Protein translatiert wird
5'clip	5'-äußerste Region eines Precursor-Transkripts, die bei der Prozessierung abgeschnitten wird
5'UTR	Region am 5'-Ende eines reifen Transkripts (vor dem Initiationscodon), die nicht in ein Protein translatiert wird
-10-signal	Pribnow-Box; konservierte Region rund 10 Basenpaare stromaufwärts vom Startpunkt der bakteriellen Transkriptionseinheiten, die bei der Bindung der RNA-Polymerase eine Rolle spielt; Konsensussequenz = TAtAaT
-35-signal	konserviertes Hexamer rund 35 Basenpaare stromaufwärts vom Startpunkt der bakteriellen Transkriptionseinheiten; Konsensussequenz = TTGACa oder TGTTGACA

Tabelle 6
Liste der Merkmalschlüssel zu Proteinsequenzen

Schlüssel	Beschreibung
CONFLICT	in den einzelnen Unterlagen ist von verschiedenen Sequenzen die Rede
VARIANT	den Angaben der Autoren zufolge gibt es Sequenzvarianten
VARSPLIC	Beschreibung von Sequenzvarianten, die durch alternatives Spleißen entstanden sind
MUTAGEN	experimentell veränderte Stelle
MOD-RES	posttranslationale Modifikation eines Rests
ACETYLATION	N-terminale oder sonstige
AMIDATION	in der Regel am C-Terminus eines reifen aktiven Peptids
BLOCKED	unbestimmte Gruppe, die das N- oder C-terminale Ende blockiert
FORMYLATION	des N-terminalen Methionin
GAMMA-CARBOXY-GLUTAMIC ACID	von Asparagin, Asparaginsäure, Prolin oder Lysin
HYDROXYLATION	
Methylation	in der Regel von Lysin oder Arginin
PHOSPORYLATION	von Serin, Threonin, Tyrosin, Asparaginsäure oder Histidin
PYRROLIDONE CARBOXYLIC ACID	N-terminales Glutamat, das ein internes cyclisches Lactam gebildet hat
SULFATATION	in der Regel von Tyrosin
LIPID	kovalente Bindung eines Lipidanteils
MYRISTATE	Myristat-Gruppe, die durch eine Amidbindung an den N-terminalen Glycin-Rest der reifen Form eines Proteins oder an einen internen Lysin-Rest gebunden ist
PALMITATE	Palmitat-Gruppe, die durch eine Thioetherbindung an einen Cystein-Rest oder durch eine Esterbindung an einen Serin- oder Threonin-Rest gebunden ist
FARNESYL	Farnesyl-Gruppe, die durch eine Thioetherbindung an einen Cystein-Rest gebunden ist
GERANYL-GERANYL	Geranyl-geranyl-Gruppe, die durch eine Thioetherbindung an einen Cystein-Rest gebunden ist
GPI-ANCHOR	Glykosyl-phosphatidylinositol-(GPI-)Gruppe, die an die alpha-Carboxylgruppe des C-terminalen Rests der reifen Form eines Proteins gebunden ist
N-ACYL DIGLYCERIDE	N-terminales Cystein der reifen Form eines prokaryontischen Lipoproteins mit einer amidgebundenen Fettsäure und einer Glyceryl-Gruppe, an die durch Esterbindungen zwei Fettsäuren gebunden sind
DISULFID	Disulfidbindung; den „VON"- und den „BIS"-Endpunkt bilden die beiden Reste, die durch eine ketteninterne Disulfidbindung verbunden sind; sind der „VON"- und der „BIS"-Endpunkt identisch, ist die Disulfidbindung kettenübergreifend, und die Art der Quervernetzung ist im Beschreibungsfeld anzugeben
THIOLEST	Thiolesterbindung; den „VON"- und den „BIS"-Endpunkt bilden die beiden Reste, die durch die Thiolesterbindung verbunden sind
THIOETH	Thioetherbindung; den „VON"- und den „BIS"-Endpunkt bilden die beiden Reste, die durch die Thioetherbindung verbunden sind
CARBOHYD	Glykosylierungs-Stelle; die Art des Kohlenhydrats (sofern bekannt) ist im Beschreibungsfeld anzugeben
METAL	Bindungsstelle für ein Metallion; die Art des Metalls ist im Beschreibungsfeld anzugeben
BINDING	Bindungsstelle für eine beliebige chemische Gruppe (Coenzym, prosthetische Gruppe usw.); die Art der Gruppe ist im Beschreibungsfeld anzugeben
SIGNAL	Bereich einer Signalsequenz (Präpeptid)
TRANSIT	Bereich eines Transit-Peptids (mitochondriales, chloroplastidäres oder für Microbodies)
PROPEP	Bereich eines Propeptids
CHAIN	Bereich einer Polypeptid-Kette im reifen Protein
PEPTIDE	Bereich eines freigesetzten aktiven Peptids
DOMAIN	Bereich einer wichtigen Domäne auf der Sequenz; die Art dieser Domäne ist im Beschreibungsfeld anzugeben
CA-BIND	Bereich einer Calcium-bindenden Region
DNA-BIND	Bereich einer DNA-bindenden Region
NP-BIND	Bereich einer Nucleotidphosphat-bindende Region; die Art des Nucleotidphosphats ist im Beschreibungsfeld anzugeben
TRANSMEM	Bereich einer Transmembran-Region
ZN-FING	Bereich einer Zink-Finger-Region

Schlüssel	Beschreibung
SIMILAR	Grad der Ähnlichkeit mit einer anderen Proteinsequenz; im Beschreibungsfeld sind genaue Angaben über diese Sequenz zu machen
REPEAT	Bereich einer internen Sequenzwiederholung
HELIX	Sekundärstruktur: Helices, z.B. Alpha-Helix, 3(10)-Helix oder Pi-Helix
STRAND	Sekundärstruktur: Beta-Strang, z.B. durch Wasserstoff-Brückenbindungen stabilisierter Beta-Strang, oder Rest in einer isolierten Beta-Brücke
TURN	Sekundärstruktur: Schleife, z.B. durch Wasserstoff-Brückenbindungen stabilisierte Schleife (3-, 4- oder 5-Schleife)
ACT-SITE	Aminosäure(n), die bei der Aktivität eines Enzyms mitwirkt (mitwirken)
SITE	irgendeine andere wichtige Stelle auf der Sequenz
INIT-MET	die Sequenz beginnt bekanntermaßen mit einem Start-Methionin
NON-TER	der Rest am Sequenzanfang oder -ende ist nicht der Terminalrest; steht er an der Position 1, so bedeutet das, dass diese nicht der N-Terminus des vollständigen Moleküls ist; steht er an letzter Position, so ist diese Position nicht der C-Terminus des vollständigen Moleküls; für diesen Schlüssel gibt es kein Beschreibungsfeld
NON-CONS	nicht aufeinander folgende Reste; zeigt an, dass zwei Reste in einer Sequenz nicht aufeinander folgen, sondern dass zwischen ihnen einige nichtsequenzierte Reste liegen
UNSURE	Unsicherheiten in der Sequenz; mit diesem Schlüssel werden Regionen einer Sequenz beschrieben, bei der sich der Autor bezüglich der Sequenzzuweisung nicht sicher ist

Beispiel:
<110>	Smith, John; Smithgene Inc.
<120>	Beispiel für ein Sequenzprotokoll
<130>	01-00001
<140>	PCT/EP98/00001
<141>	1998-12-31
<150>	US 08/999,999
<151>	1997-10-15
<160>	4
<170>	Patentin Version 2.0
<210>	1
<211>	389
<212>	DNA
<213>	Paramecium sp.
<220>	
<221>	CDS
<222>	(279) ... (389)
<300>	
<301>	Doe, Richard
<302>	Isolation and Characterization of a Gene Encoding a Protease from Paramecium sp.
<303>	Journal of Genes
<304>	1
<305>	4
<306>	1–7
<307>	1988-06-31
<308>	123456
<309>	1988-06-31
<400>	1

agctgtagtc attcctgtgt cctcttctct ctgggcttct caccctgcta atcagatctc						60				
agggagagtg tcttgaccct cctctgcctt tgcagcttca caggcaggca ggcaggcagc						120				
tgatgtggca attgctggca gtgccacagg cttttcagcc aggcttaggg tgggttccgc						180				
cgcggcgcgg cggcccctct cgcgctcctc tcgcgcctct ctctcgctct cctctcgctc						240				
ggacctgatt aggtgagcag gaggaggggg cagttagc atg gtt tca atg ttc agc						296				

						Met	Val	Ser	Met	Phe	Ser
						1					5

ttg	tct	ttc	aaa	tgg	cct	gga	ttt	tgt	ttg	ttt	gtt	tgt	ttg	ttc	caa	344
Leu	Ser	Phe	Lys	Trp	Pro	Gly	Phe	Cys	Leu	Phe	Val	Cys	Leu	Phe	Gln	
			10					15					20			

tgt	ccc	aaa	gtc	ctc	ccc	tgt	cac	tca	tca	ctg	cag	ccg	aat	ctt	389
Cys	Pro	Lys	Val	Leu	Pro	Cys	His	Ser	Ser	Leu	Gln	Pro	Asn	Leu	
		25					30					35			

Anlage 2
(zu § 12)
Standards für die Einreichung von Sequenzprotokollen

A. Schriftliche Einreichung

1. Die Zeichnungen sind auf Blättern mit folgenden Mindesträndern auszuführen:

Oberer Rand:	2,5 cm
linker Seitenrand:	2,5 cm
rechter Seitenrand:	1,5 cm
unterer Rand:	1 cm

Die für die Abbildungen benutzte Fläche darf 26,2 cm × 17 cm nicht überschreiten; bei der Zeichnung der Zusammenfassung kann sie auch 8,1 cm × 9,4 cm im Hochformat oder 17,4 cm × 4,5 cm im Querformat betragen.

2. Die Zeichnungen sind mit ausreichendem Kontrast, in dauerhaften, schwarzen, ausreichend festen und dunklen, in sich gleichmäßigen und scharf begrenzten Linien und Strichen ohne Farben auszuführen.

3. Zur Darstellung der Erfindung können neben Ansichten und Schnittzeichnungen auch perspektivische Ansichten oder Explosionsdarstellungen verwendet werden. Querschnitte sind durch Schraffierungen kenntlich zu machen, die die Erkennbarkeit der Bezugszeichen und Führungslinien nicht beeinträchtigen dürfen.

4. Der Maßstab der Zeichnungen und die Klarheit der zeichnerischen Ausführung müssen gewährleisten, dass nach elektronischer Erfassung (scannen) auch bei Verkleinerungen auf zwei Drittel alle Einzelheiten noch ohne Schwierigkeiten erkennbar sind. Wird der Maßstab in Ausnahmefällen auf der Zeichnung angegeben, so ist er zeichnerisch darzustellen.

5. Die Linien der Zeichnungen sollen nicht freihändig, sondern mit Zeichengeräten gezogen werden. Die für die Zeichnungen verwendeten Ziffern und Buchstaben müssen mindestens 0,32 cm hoch sein. Für die Beschriftung der Zeichnungen sind lateinische und, soweit üblich, griechische Buchstaben zu verwenden.

6. Ein Zeichnungsblatt kann mehrere Abbildungen enthalten. Die einzelnen Abbildungen sind ohne Platzverschwendung, aber eindeutig voneinander getrennt und vorzugsweise im Hochformat anzuordnen und mit arabischen Ziffern fortlaufend zu nummerieren. Den Stand der Technik betreffende Zeichnungen, die dem Verständnis der Erfindung dienen, sind zulässig; sie müssen jedoch deutlich mit dem Vermerk „Stand der Technik" gekennzeichnet sein. Bilden Abbildungen auf zwei oder mehr Blättern eine zusammenhängende Figur, so sind die Abbildungen auf den einzelnen Blättern so anzuordnen, dass die vollständige Figur ohne Verdeckung einzelner Teile zusammengesetzt werden kann. Alle Teile einer Figur sind im gleichen Maßstab darzustellen, sofern nicht die Verwendung unterschiedlicher Maßstabe für die Übersichtlichkeit der Figur unerlässlich ist.

7. Bezugszeichen dürfen in den Zeichnungen nur insoweit verwendet werden, als sie in der Beschreibung und gegebenenfalls in den Patentansprüchen aufgeführt sind und umgekehrt. Entsprechendes gilt für die Zusammenfassung und deren Zeichnung.

8. Die Zeichnungen dürfen keine Erläuterungen enthalten; ausgenommen sind kurze unentbehrliche Angaben wie „Wasser", „Dampf", „offen", „zu" „Schnitt nach A–B" sowie in elektrischen Schaltplänen und Blockschaltbildern oder Flussdiagrammen kurze Stichworte, die für das Verständnis unentbehrlich sind.

B. Einreichung in elektronischer Form

9. Folgende Formate für Bilddateien sind bei einer elektronischen Patentanmeldung beim Deutschen Patent- und Markenamt zulässig:

Grafikformat	Kommpression	Farbtiefe	Beschreibung
TIFF	keine oder LZW oder FAX Group 4	1 bit/p oder(Schwarzweiß)	Maximale Größe DIN A4 und eine Auflösung von 300*300 dpi entsprechend einer Pixelzahl (B*L) von 2480*3508 Pixel
TIFF	keine oder LZW oder FAX Group 4	8 bit/p (256 Graustufen)	Maximale Größe DIN A4 und eine Auflösung von 150*150 dpi entsprechend einer Pixelzahl (B*L) von 1240*1754
JPEG	individuell	24 bit/p	Maximale Größe DIN A4 und eine Auflösung von 150*150 dpi Nur Grauschattierungen werden akzeptiert. Folgende Schriften (Fonts) sind erlaubt: – Times (Serifen-Schrift, proportional) – Helvetica (ohne Serifen, proportional)– Courier
PDF	keine	Nur Schwarzweiß zulässig	– Symbol (Symbole) Farbige Grafiken sind unzulässig. Eine Verwendung von bei PDF-Dateien möglichen Nutzungseinschränkungen auf Dateiebene durch kryptographische Mittel (Verschlüsselung, Deaktivierung der Druckmöglichkeit) ist nicht zulässig.

Verordnung über die Wahrnehmung einzelner den Prüfungsstellen, der Gebrauchsmusterstelle, den Markenstellen und den Abteilungen des Patentamts obliegender Geschäfte (Wahrnehmungsverordnung – WahrnV; Auszug)

vom 14.12.1994 (BGBl I 3812 = BlPMZ 1995, 51), zuletzt geänd durch VO vom 2.1.2014 (BGBl I 18 = BlPMZ 2014, 34)

§ 1 Prüfungsstellen für Patente und Patentabteilungen

(1) Mit der Wahrnehmung folgender Geschäfte der Prüfungsstellen und Patentabteilungen werden auch Beamte des gehobenen Dienstes und vergleichbare Tarifbeschäftigte betraut:

1. formelle Bearbeitung von Patentanmeldungen, insbesondere
   a) Aufforderung zur Beseitigung formeller Mängel und zur Einreichung der Erfinderbenennung,
   b) Zurückweisung der Anmeldung, wenn der Anmelder auf eine Aufforderung nach Buchstabe a die Mängel nicht beseitigt hat, es sei denn aus Gründen, denen der Anmelder widersprochen hat,
   c) Aufforderung, die für die Inanspruchnahme einer Priorität erforderlichen Angaben zu machen und entsprechende Unterlagen einzureichen,
   d) Feststellung, dass die Prioritätserklärung als nicht abgegeben gilt (§ 40 Abs. 4 des Patentgesetzes) oder der Prioritätsanspruch verwirkt ist (§ 41 Abs. 1 Satz 3 des Patentgesetzes) oder die Priorität nicht fristgerecht beansprucht wurde oder die Prioritätserklärung aus sonstigen Gründen formell unwirksam ist,
   e) Mitteilung, dass die frühere Anmeldung wegen Inanspruchnahme einer inländischen Priorität gemäß § 40 Abs. 5 Satz 1 des Patentgesetzes als zurückgenommen gilt,
   f) Feststellung, dass die Anmeldung wegen Nichtzahlung der Gebühr für das Anmeldeverfahren oder einer Jahresgebühr mit Verspätungszuschlag oder wegen nicht fristgerechter Stellung des Prüfungsantrags als zurückgenommen gilt,
   g) Feststellung, dass die Teilungserklärung als nicht abgegeben gilt;
2. Prüfung der Anmelderidentität oder einer wirksamen Rechtsnachfolge bei Inanspruchnahme einer Priorität;
3. formelle Bearbeitung von Recherche- und Prüfungsanträgen einschließlich der Feststellung, dass der Antrag wegen Nichtzahlung der Gebühr als zurückgenommen oder wegen eines früher eingegangenen Antrags als nicht gestellt gilt;
4. Entscheidung über Anträge auf Rückzahlung von nicht fällig gewordenen Gebühren nach § 10 Abs. 1 des Patentkostengesetzes sowie Entscheidung über Anträge auf Rückzahlung von fällig gewordenen und verfallenen Gebühren mit Ausnahme der Beschwerdegebühr und der Einspruchsgebühr;
5. Feststellung, dass das Patent wegen Verzichts des Patentinhabers oder wegen nicht rechtzeitig erfolgter Abgabe der Erfinderbenennung oder wegen nicht rechtzeitiger Zahlung der Jahresgebühr mit dem Verspätungszuschlag erloschen ist;
6. Bearbeitung von Lizenzbereitschaftserklärungen und ihrer Rücknahme mit Ausnahme der Festsetzung oder Änderung der angemessenen Vergütung;
7. Entscheidung über Anträge auf
   a) Änderung einer Registereintragung, die die Person, den Namen oder den Sitz des Anmelders oder Inhabers eines Patents betrifft,
   b) Eintragung oder Löschung eines Registervermerks über die Einräumung eines Rechts zur ausschließlichen Benutzung der Erfindung,
   c) Eintragung eines Registervermerks über die Eröffnung oder die Beendigung eines Insolvenzverfahrens, über eine Maßnahme der Zwangsvollstreckung, über eine Verpfändung oder über ein sonstiges dingliches Recht;
8. Bearbeitung von Verfahren der Akteneinsicht;
9. formelle Bearbeitung des Einspruchsverfahrens;
10. formelle Bearbeitung des Beschränkungs- oder Widerrufsverfahrens einschließlich der Feststellung, dass der Antrag auf Beschränkung oder Widerruf des Patents wegen Nichtzahlung der Gebühr als zurückgenommen gilt;
11. formelle Weiterbearbeitung eines rechtskräftigen Beschlusses des Bundespatentgerichts, insbesondere Weitergabe der vom Bundespatentgericht festgelegten Publikationsunterlagen;
12. Bearbeitung internationaler Anmeldungen, soweit das Deutsche Patent- und Markenamt als Anmeldeamt nach dem Patentzusammenarbeitsvertrag tätig wird, einschließlich der Feststellung, dass die internationale Anmeldung als zurückgenommen gilt;
13. formelle Bearbeitung internationaler Anmeldungen, soweit das Deutsche Patent- und Markenamt als Bestimmungsamt oder als Bestimmungsamt und ausgewähltes Amt nach dem Patentzusammenarbeitsvertrag tätig wird, einschließlich der Feststellung, dass die Wirkung der internationalen Anmeldung als vorschriftsmäßige nationale Anmeldung für Deutschland gemäß Artikel 24 Absatz 1 Ziffer iii oder gemäß Artikel 39 Absatz 2 des Patentzusammenarbeitsvertrags beendet ist, sowie der Mitteilung, dass die frühere Anmeldung wegen Inanspruchnahme einer inländischen Priorität gemäß Artikel III § 4 Absatz 3 des Gesetzes über internationale Patentübereinkommen als zurückgenommen gilt;

14. Entscheidung über den Antrag auf Gewährung von Verfahrenskostenhilfe für Jahresgebühren bei Patentanmeldungen und Patenten, soweit eine Prüfung auf hinreichende Aussicht auf Erteilung des Patents und auf fehlende Mutwilligkeit (§ 130 Abs. 1 Satz 1 des Patentgesetzes) bereits stattgefunden hat.

(2) Mit der Wahrnehmung folgender Geschäfte der Prüfungsstellen und Patentabteilungen werden auch Beamte des mittleren Dienstes und vergleichbare Tarifbeschäftigte betraut:

1. Gewährung der Akteneinsicht, einschließlich der Erteilung von Auskünften über den Akteninhalt und von Abschriften und Auszügen aus den Akten, soweit die Einsicht in die Akten jedermann freisteht oder der Anmelder dem Antrag zugestimmt hat;

2. Aufforderung, Mängel der Patentanmeldung zu beseitigen, soweit die Mängel nur formeller Art und ohne weitere technische oder rechtliche Beurteilung feststellbar sind, sowie Aufforderung, die Zusammenfassung, die Erfinderbenennung und die für geteilte oder ausgeschiedene Anmeldungen erforderlichen Anmeldungsunterlagen einzureichen;

3. Aufforderung, die für die Inanspruchnahme einer inländischen oder ausländischen Priorität erforderlichen Angaben zu machen und entsprechende Unterlagen einzureichen;

4. Aufforderung, einen Recherchen- oder Prüfungsantrag auch für die Anmeldung eines Hauptpatents zu stellen;

5. Bearbeitung von Anträgen auf Aussetzung des Erteilungsbeschlusses;

6. formelle Bearbeitung der Akten im Rahmen der Patenterteilung, insbesondere
   a) formelle Bearbeitung der Erteilungsverfügung,
   b) Vorbereitung der Publikation der Patentschrift;

7. formelle Bearbeitung der Akten im Einspruchsverfahren, einschließlich der Aufforderung, formelle Mängel bei der Einreichung von Schriftsätzen zu beseitigen, soweit diese ohne weitere technische oder rechtliche Beurteilung feststellbar sind;

8. Bearbeitung von Anträgen auf Änderung einer Registereintragung, die den Wohnort des Anmelders oder Inhabers eines Patents, die Änderung von Vertreterangaben oder die Änderung von Angaben zum Zustellungsbevollmächtigten betrifft.

(3) Absatz 1 Nr. 1 und 4 bis 8 sowie Abs. 2 Nr. 1 und 2 sind in Verfahren über ergänzende Schutzzertifikate und Anmeldungen von ergänzenden Schutzzertifikaten entsprechend anzuwenden.

§ 2 Gebrauchsmusterstelle und Gebrauchsmusterabteilungen

(1) Mit der Wahrnehmung folgender Geschäfte der Gebrauchsmusterstelle und der Gebrauchsmusterabteilungen werden auch Beamte des gehobenen Dienstes und vergleichbare Tarifbeschäftigte betraut:

1. Bearbeitung von Gebrauchsmusteranmeldungen, insbesondere
   a) Aufforderung zur Beseitigung sachlicher und formeller Mängel,
   b) Aufforderung, die für die Inanspruchnahme einer Priorität oder des Anmeldetages einer Patentanmeldung erforderlichen Angaben zu machen und entsprechende Unterlagen einzureichen,
   c) Feststellung, dass die Erklärung der Inanspruchnahme des Anmeldetages einer Patentanmeldung oder die Prioritätserklärung als nicht abgegeben gilt oder dass der Prioritätsanspruch verwirkt ist,
   d) Feststellung, dass die Anmeldung wegen Nichtzahlung der Anmeldegebühr oder wegen Inanspruchnahme einer inländischen Priorität als zurückgenommen gilt,
   e) Gewährung von Anhörungen,
   f) Zurückweisung der Anmeldung aus formellen Gründen, denen der Anmelder nicht widersprochen hat,
   g) Zurückweisung der Anmeldung aus sachlichen Gründen, denen der Anmelder nicht widersprochen hat, sofern der Leiter der Gebrauchsmusterstelle der Zurückweisung zugestimmt hat,
   h) Feststellung nach § 4a Abs. 2 des Gebrauchsmustergesetzes, dass eine Eingabe keine rechtswirksame Anmeldung ist, sofern der Leiter der Gebrauchsmusterstelle der Feststellung zugestimmt hat,
   i) Verfügung der Eintragung des Gebrauchsmusters;

2. formelle Bearbeitung von Recherchenanträgen einschließlich der Feststellung, dass der Antrag wegen Nichtzahlung der Gebühr als zurückgenommen gilt;

3. Entscheidung über Anträge auf Änderung einer Registereintragung, die die Person, den Namen oder den Sitz des Anmelders oder Inhabers eines Gebrauchsmusters betrifft;

4. Bearbeitung von Verfahren der Akteneinsicht;

5. formelle Bearbeitung des Löschungsverfahrens, insbesondere
   a) Aufforderung, formelle Mängel des Löschungsantrages oder des Antrags auf Feststellung der Unwirksamkeit des Gebrauchsmusters zu beseitigen sowie im Feststellungsverfahren das besondere Rechtsschutzinteresse nachzuweisen,
   b) Feststellung, dass der Löschungsantrag wegen Nichtzahlung der Gebühr als zurückgenommen gilt,
   c) Festsetzung der Höhe der Sicherheitsleistung,
   d) Löschung, wenn der Inhaber des Gebrauchsmusters dem Löschungsantrag nicht widersprochen hat, den Widerspruch zurückgenommen oder in die Löschung eingewilligt hat;

6. Entscheidung über Anträge auf Gewährung von Verfahrenskostenhilfe im Anmeldeverfahren, einschließlich der Anträge auf Beiordnung eines Vertreters, es sei denn, der Antrag ist aufgrund Fehlens hinreichender Aussicht auf Eintragung des Gebrauchsmusters zurückzuweisen;

7. Entscheidung über den Antrag auf Gewährung von Verfahrenskostenhilfe für Aufrechterhaltungsgebühren bei Gebrauchsmustern.

(2) Mit der Wahrnehmung folgender Geschäfte der Gebrauchsmusterstelle und der Gebrauchsmusterabteilungen werden auch Beamte des mittleren Dienstes und vergleichbare Tarifbeschäftigte betraut:

1. Aufforderung, Mängel der Gebrauchsmusteranmeldung zu beseitigen, soweit die Mängel nur formeller Art und ohne weitere technische oder rechtliche Beurteilung feststellbar sind;
2. Aufforderung, im Falle der Inanspruchnahme einer Priorität oder des Anmeldetages einer Patentanmeldung die erforderlichen Angaben zu machen und entsprechende Unterlagen einzureichen;
3. formelle Bearbeitung von Recherchenanträgen einschließlich der Feststellung, dass der Antrag wegen Nichtzahlung der Gebühr als zurückgenommen gilt;
4. Bearbeitung von Anträgen auf Aussetzung der Eintragung des Gebrauchsmusters;
5. Gewährung von Akteneinsicht, einschließlich der Erteilung von Auskünften über den Akteninhalt und von Abschriften und Auszügen aus den Akten, soweit die Einsicht jedermann freisteht oder der Anmelder dem Antrag zugestimmt hat;
6. formelle Bearbeitung der Akten im Löschungsverfahren, einschließlich der Aufforderung, formelle Mängel bei der Einreichung von Schriftsätzen zu beseitigen, soweit diese ohne weitere technische oder rechtliche Beurteilung feststellbar sind;
7. Bearbeitung von Anträgen auf Änderung einer Registereintragung, die den Wohnort oder die Zustellanschrift des Anmelders oder Inhabers eines Gebrauchsmusters oder die Änderung von Vertreterangaben betrifft.

§ 3 Topografiestelle und Topografieabteilung

Auf die Wahrnehmung der Geschäfte der Topografiestelle und der Topografieabteilung durch Beamte des gehobenen und mittleren Dienstes sowie vergleichbare Tarifbeschäftigte ist § 2 entsprechend anzuwenden.

§ 4 Designstellen und Designabteilungen *(nicht abgedruckt)*

§ 5 Markenstellen und Markenabteilungen *(nicht abgedruckt)*

§ 6 *(weggefallen)*

§ 7 Gemeinsame Vorschriften

(1) Zusätzlich zu den in den §§ 1 bis 4 aufgeführten Geschäften werden auch Beamte des gehobenen Dienstes und vergleichbare Tarifbeschäftigte mit der Wahrnehmung folgender Geschäfte betraut:

1. formelle Bearbeitung von Anträgen auf Wiedereinsetzung in den vorigen Stand und von Anträgen auf Weiterbehandlung und, sofern sie über die nachgeholte Handlung zu entscheiden haben, Prüfung der materiellen Antragsvoraussetzungen und Entscheidung über solche Anträge;
2. Zurückweisung von Anträgen auf Verfahrenskostenhilfe, einschließlich der Anträge auf Beiordnung eines Vertreters, wenn aufgrund der persönlichen und wirtschaftlichen Verhältnisse des Antragstellers oder eines sonstigen Beteiligten keine Verfahrenskostenhilfe gewährt werden kann;
3. formelle Bearbeitung von Anträgen auf Verfahrenskostenhilfe, insbesondere
   a) Zurückweisung des Antrags auf Verfahrenskostenhilfe, einschließlich des Antrags auf Beiordnung eines Vertreters, wenn der Antragsteller einem Auflagenbescheid nicht nachgekommen ist,
   b) Bestimmung des Zeitpunktes für die Einstellung und die Wiederaufnahme der Zahlungen bei bewilligter Verfahrenskostenhilfe,
   c) Festsetzung der Kosten des beigeordneten Vertreters.

(2) Zusätzlich zu den in den §§ 1 bis 5 aufgeführten Geschäften werden Beamte des gehobenen Dienstes und vergleichbare Tarifbeschäftigte mit der Wahrnehmung folgender Geschäfte betraut:

1. Erlass von Kostenfestsetzungsbeschlüssen;
2. Entscheidung über Einwendungen gegen den Kostenansatz oder gegen Maßnahmen nach § 7 der DPMA-Verwaltungskostenverordnung;
3. Entscheidungen nach § 9 der DPMA-Verwaltungskostenverordnung;
4. Bewilligung von Vorschüssen und Berechnung der Entschädigung für Zeugen und Sachverständige sowie Bewilligung von Reisekostenentschädigung für mittellose Beteiligte.

§§ 8, 9 *(betr Aufhebung früherer Bestimmungen, Inkrafttreten; nicht abgedruckt)*

Verordnung
zur Ausführung des Gebrauchsmustergesetzes
(Gebrauchsmusterverordnung – GebrMV)

vom 11.5.2004

(BGBl 2004 I 890; zuletzt geänd durch die VO zur Änderung der Markenverordnung und anderer Verordnungen vom 10.12.2012, BGBl I 2630)

Auf Grund des § 4 Abs. 4 des Gebrauchsmustergesetzes in der Fassung der Bekanntmachung vom 28. August 1986 (*BGBl. II S. 1455*), der zuletzt durch Artikel 8 Nr. 1 Buchstabe a des Gesetzes vom 13. Dezember 2001 (*BGBl. I S. 3656*) geändert worden sind, in Verbindung mit Artikel 29 des Gesetzes vom 13. Dezember 2001 (*BGBl. I S. 3656*) sowie in Verbindung mit § 1 Abs. 2 der DPMA-Verordnung vom 1. April 2004 (*BGBl. I S. 514*) verordnet das Deutsche Patent- und Markenamt:

ABSCHNITT 1
Allgemeines

§ 1 Anwendungsbereich

(1) Für die im Gebrauchsmustergesetz geregelten Verfahren vor dem Deutschen Patent- und Markenamt (Gebrauchsmusterangelegenheiten) gelten ergänzend zu den Bestimmungen des Gebrauchsmustergesetzes und der DPMA-Verordnung die Bestimmungen dieser Verordnung.

(2) DIN-Normen, auf die in dieser Verordnung verwiesen wird, sind im Beuth-Verlag GmbH, Berlin und Köln, erschienen und beim Deutschen Patent- und Markenamt in München archivmäßig gesichert niedergelegt.

ABSCHNITT 2
Gebrauchsmusteranmeldungen

§ 2 Form der Einreichung

Erfindungen, für die der Schutz als Gebrauchsmuster verlangt wird (§ 1 Abs. 1 des Gebrauchsmustergesetzes), sind beim Deutschen Patent- und Markenamt schriftlich anzumelden.

§ 3 Eintragungsantrag

(1) Der Antrag auf Eintragung des Gebrauchsmusters (§ 4 Abs. 3 Nr. 2 des Gebrauchsmustergesetzes) muss auf dem vom Deutschen Patent- und Markenamt vorgeschriebenen Formblatt eingereicht werden. Für die elektronische Einreichung ist § 12 der DPMA-Verordnung maßgebend.

(2) Der Antrag muss enthalten:
1. folgende Angaben zum Anmelder:
   a) ist der Anmelder eine natürliche Person, den Vornamen und Familiennamen oder, falls die Eintragung unter der Firma des Anmelders erfolgen soll, die Firma, wie sie im Handelsregister eingetragen ist;
   b) ist der Anmelder eine juristische Person oder eine Personengesellschaft, den Namen dieser Person oder Gesellschaft; die Bezeichnung der Rechtsform kann auf übliche Weise abgekürzt werden. Sofern die juristische Person oder Personengesellschaft in einem Register eingetragen ist, muss der Name entsprechend dem Registereintrag angegeben werden.
   dabei muss klar ersichtlich sein, ob das Gebrauchsmuster für eine oder mehrere Personen oder Gesellschaften, für den Anmelder unter der Firma oder unter dem bürgerlichen Namen angemeldet wird. Bei einer Gesellschaft bürgerlichen Rechts sind auch der Name und die Anschrift mindestens eines vertretungsberechtigten Gesellschfters anzugeben;
   c) Wohnsitz oder Sitz und die Anschrift (Straße und Hausnummer, Postleitzahl, Ort);
2. eine kurze und genaue technische Bezeichnung des Gegenstands des Gebrauchsmusters (keine Marken- oder sonstige Fantasiebezeichnung);
3. die Erklärung, dass für die Erfindung die Eintragung eines Gebrauchsmusters beantragt wird;
4. falls ein Vertreter bestellt worden ist, seinen Namen und seine Anschrift;
5. die Unterschrift aller Anmelder oder deren Vertreter,
6. falls die Anmeldung eine Teilung (§ 4 Abs. 6 des Gebrauchsmustergesetzes) oder eine Ausscheidung aus einer Gebrauchsmusteranmeldung betrifft, die Angabe des Aktenzeichens und des Anmeldetags der Stammanmeldung;
7. falls der Anmelder für dieselbe Erfindung mit Wirkung für die Bundesrepublik Deutschland bereits früher ein Patent beantragt hat und dessen Anmeldetag in Anspruch nehmen will, eine entsprechende Erklärung, die mit der Gebrauchsmusteranmeldung abgegeben werden muss (§ 5 Abs. 1 des Gebrauchsmustergesetzes – Abzweigung).

(3) Hat der Anmelder seinen Wohnsitz oder Sitz im Ausland, so ist bei der Angabe der Anschrift nach Absatz 2 Nr. 1 Buchstabe c außer dem Ort auch der Staat anzugeben. Außerdem können gegebenenfalls Angaben zum Bezirk, zur Pro-

vinz oder zum Bundesstaat gemacht werden, in dem der Anmelder seinen Wohnsitz oder Sitz hat oder dessen Rechtsordnung er unterliegt.

(4) Hat das Deutsche Patent- und Markenamt dem Anmelder eine Anmeldernummer zugeteilt, so soll diese in der Anmeldung genannt werden.

(5) Hat das Deutsche Patent- und Markenamt dem Vertreter eine Vertreternummer oder die Nummer einer allgemeinen Vollmacht zugeteilt, so soll diese angegeben werden.

(6) Unterzeichnen Angestellte für ihren anmeldenden Arbeitgeber, so ist auf Anforderung der Nachweis der Zeichnungsbefugnis vorzulegen. Auf beim Deutschen Patent- und Markenamt für die Unterzeichner hinterlegte Angestelltenvollmachten ist unter Angabe der hierfür mitgeteilten Kennnummer hinzuweisen.

§ 4 Anmeldungsunterlagen

(1) Die Schutzansprüche, die Beschreibung und die Zeichnungen sind auf gesonderten Blättern einzureichen.

(2) Die Anmeldungsunterlagen müssen deutlich erkennen lassen, zu welcher Anmeldung sie gehören. Ist das amtliche Aktenzeichen mitgeteilt worden, so ist es auf allen später eingereichten Eingaben anzugeben.

(3) Die Anmeldungsunterlagen dürfen keine Mitteilungen enthalten, die andere Anmeldungen betreffen.

(4) Die Unterlagen müssen folgende Voraussetzungen erfüllen.

1. Als Blattgröße ist nur das Format DIN A4 zu verwenden. Die Blätter sind im Hochformat und nur einseitig und mit 11/2-Zeilenabstand zu beschriften. Für die Zeichnungen können die Blätter auch im Querformat verwendet werden, wenn es sachdienlich ist.

2. Als Mindestränder sind auf den Blättern des Antrags, der Schutzansprüche und der Beschreibung folgende Flächen unbeschriftet zu lassen:

Oberer Rand:	2 Zentimeter
Linker Seitenrand:	2,5 Zentimeter
Rechter Seitenrand:	2 Zentimeter
Unterer Rand:	2 Zentimeter

   Die Mindestränder können den Namen, die Firma oder die sonstige Bezeichnung des Anmelders und das Aktenzeichen der Anmeldung enthalten.

3. Es sind ausschließlich Schreibmaschinenschrift, Druckverfahren oder andere technische Verfahren zu verwenden. Symbole, die auf der Tastatur der Maschine nicht vorhanden sind, können handschriftlich eingefügt werden.

4. Das feste, nicht durchscheinende Schreibpapier darf nicht gefaltet oder gefalzt werden und muss frei von Knicke, Rissen, Änderungen, Radierungen und dergleichen sein.

5. Gleichmäßig für die gesamten Unterlagen sind schwarze, saubere, scharf konturierte Schriftzeichen und Zeichnungsstriche mit ausreichendem Kontrast zu verwenden. Die Buchstaben der verwendeten Schrift müssen deutlich voneinander getrennt sein und dürfen sich nicht berühren.

§ 5 Schutzansprüche

(1) In den Schutzansprüchen kann das, was als gebrauchsmusterfähig unter Schutz gestellt werden soll (§ 4 Abs. 3 Nr. 3 des Gebrauchsmustergesetzes), einteilig oder nach Oberbegriff und kennzeichnendem Teil geteilt (zweiteilig) gefasst sein. In beiden Fällen kann die Fassung nach Merkmalen gegliedert sein.

(2) Wird die zweiteilige Anspruchsfassung gewählt, sind in den Oberbegriff die Merkmale der Erfindung aufzunehmen, von denen die Erfindung als Stand der Technik ausgeht; in den kennzeichnenden Teil sind die Merkmale der Erfindung aufzunehmen, für die in Verbindung mit den Merkmalen des Oberbegriffs Schutz begehrt wird. Der kennzeichnende Teil ist mit den Worten „dadurch gekennzeichnet, dass" oder „gekennzeichnet durch" oder einer sinngemäßen Wendung einzuleiten.

(3) Werden Schutzansprüche nach Merkmalen oder Merkmalsgruppen gegliedert, so ist die Gliederung dadurch äußerlich hervorzuheben, dass jedes Merkmal oder jede Merkmalsgruppe mit einer neuen Zeile beginnt. Den Merkmalen oder Merkmalsgruppen sind deutlich vom Text abgesetzte Gliederungszeichen voranzustellen.

(4) Im ersten Schutzanspruch (Hauptanspruch) sind die wesentlichen Merkmale der Erfindung anzugeben.

(5) Eine Anmeldung kann mehrere unabhängige Patentansprüche (Nebenansprüche) enthalten, soweit der Grundsatz der Einheitlichkeit gewahrt ist (§ 4 Abs. 1 Satz 2 des Gebrauchsmustergesetzes). Absatz 4 ist entsprechend anzuwenden.

(6) Zu jedem Haupt- bzw. Nebenanspruch können ein oder mehrere Schutzansprüche (Unteransprüche) aufgestellt werden, die sich auf besondere Ausführungsarten der Erfindung beziehen. Unteransprüche müssen eine Bezugnahme auf mindestens einen der vorangehenden Patentansprüche enthalten. Sie sind so weit wie möglich und auf die zweckmäßigste Weise zusammenzufassen.

(7) Werden mehrere Schutzansprüche aufgestellt, so sind sie fortlaufend mit arabischen Ziffern zu nummerieren.

(8) Die Schutzansprüche dürfen, wenn dies nicht unbedingt erforderlich ist, im Hinblick auf die technischen Merkmale der Erfindung keine Bezugnahmen auf die Beschreibung oder die Zeichnungen enthalten, z.B. „wie beschrieben in Teil ... der Beschreibung" oder „wie in Abbildung ... der Zeichnung dargestellt".

(9) Enthält die Anmeldung Zeichnungen, so sollen die in den Schutzansprüchen angegebenen Merkmale mit ihren Bezugszeichen versehen sein.

§ 6 Beschreibung

(1) Am Anfang der Beschreibung (§ 4 Abs. 3 Nr. 4 des Gebrauchsmustergesetzes) ist als Titel die im Antrag angegebene Bezeichnung des Gegenstands des Gebrauchsmusters (§ 3 Abs. 2 Nr. 2) anzugeben.

(2) In der Beschreibung sind ferner anzugeben:

1. das technische Gebiet, zu dem die Erfindung gehört, soweit es sich nicht aus den Schutzansprüchen oder den Angaben zum Stand der Technik ergibt;
2. der dem Anmelder bekannte Stand der Technik, der für das Verständnis der Erfindung und deren Schutzfähigkeit in Betracht kommen kann, unter Angabe der dem Anmelder bekannten Fundstellen;
3. das der Erfindung zugrunde liegende Problem, sofern es sich nicht aus der angegebenen Lösung oder den zu Nummer 6 gemachten Angaben ergibt, insbesondere dann, wenn es zum Verständnis der Erfindung oder für ihre nähere inhaltliche Bestimmung unentbehrlich ist;
4. die Erfindung, für die in den Schutzansprüchen Schutz begehrt wird;
5. in welcher Weise die Erfindung gewerblich anwendbar ist, wenn es sich aus der Beschreibung oder der Art der Erfindung nicht offensichtlich ergibt;
6. gegebenenfalls vorteilhafte Wirkungen der Erfindung unter Bezugnahme auf den in der Anmeldung genannten Stand der Technik;
7. wenigstens ein Weg zum Ausführen der beanspruchten Erfindung im Einzelnen, gegebenenfalls erläutert durch Beispiele und anhand der Zeichnungen unter Verwendung der entsprechenden Bezugszeichen.

(3) In die Beschreibung sind keine Markennamen, Fantasiebezeichnungen oder solche Angaben aufzunehmen, die zum Erläutern der Erfindung offensichtlich nicht notwendig sind. Wiederholungen von Schutzansprüchen oder Anspruchsteilen können durch Bezugnahme auf diese ersetzt werden.

§ 7 Zeichnungen

(1) Die Zeichnungen sind auf Blättern mit folgenden Mindesträndern auszuführen:

Oberer Rand:	2,5 cm
linker Seitenrand:	2,5 cm
rechter Seitenrand:	1,5 cm
unterer Rand:	1 cm

Die für die Abbildungen benutzte Fläche darf 26,2 cm × 17 cm nicht überschreiten.

(2) Ein Zeichnungsblatt kann mehrere Zeichnungen (Figuren) enthalten. Sie sollen ohne Platzverschwendung, aber eindeutig voneinander getrennt und möglichst im Hochformat angeordnet und mit arabischen Ziffern fortlaufend nummeriert werden. Den Stand der Technik betreffende Zeichnungen, die dem Verständnis der Erfindung dienen, sind zulässig; sie müssen jedoch deutlich mit dem Vermerk „Stand der Technik" gekennzeichnet sein.

(3) Zur Darstellung der Erfindung können neben Ansichten und Schnittzeichnungen auch perspektivische Ansichten oder Explosionsdarstellungen verwendet werden. Querschnitte sind durch Schraffierungen kenntlich zu machen, die die Erkennbarkeit der Bezugszeichen und Führungslinien nicht beeinträchtigen dürfen.

(4) Die Linien der Zeichnungen sollen nicht freihändig, sondern mit Zeichengeräten gezogen werden. Die für die Zeichnungen verwendeten Ziffern und Buchstaben müssen mindestens 0,32 cm hoch sein. Für die Beschriftung der Zeichnungen sind lateinische und, soweit üblich, andere Buchstaben zu verwenden.

(5) Die Zeichnungen sollen mit Bezugszeichen versehen werden, die in der Beschreibung und/oder in den Schutzansprüchen erläutert worden sind. Gleiche Teile müssen in allen Abbildungen gleiche Bezugszeichen erhalten, die mit den Bezugszeichen in der Beschreibung und den Schutzansprüchen übereinstimmen müssen.

(6) Die Zeichnungen dürfen keine Erläuterungen enthalten; ausgenommen sind kurze unentbehrliche Angaben wie „Wasser", „Dampf", „offen", „zu" „Schnitt nach A-B" sowie in elektrischen Schaltplänen und Blockschaltbildern oder Flussdiagrammen kurze Stichworte, die für das Verständnis notwendig sind.

§ 8 Abzweigung

(1) Hat der Anmelder mit Wirkung für die Bundesrepublik Deutschland für dieselbe Erfindung bereits ein Patent angemeldet, so kann er mit der Gebrauchsmusteranmeldung die Erklärung abgeben, dass der für die Patentanmeldung maßgebliche Anmeldetag in Anspruch genommen wird. Ein für die Patentanmeldung beanspruchtes Prioritätsrecht bleibt für die Gebrauchsmusteranmeldung erhalten. Das Recht nach Satz 1 kann bis zum Ablauf von zwei Monaten nach dem Ende des Monats, in dem die Patentanmeldung erledigt oder ein etwaiges Einspruchsverfahren abgeschlossen ist, jedoch längstens bis zum Ablauf des zehnten Jahres nach dem Anmeldetag der Patentanmeldung ausgeübt werden (§ 5 Abs. 1 des Gebrauchsmustergesetzes).

(2) Der Abschrift der fremdsprachigen Patentanmeldung (§ 5 Abs. 2 des Gebrauchsmustergesetzes) ist eine deutsche Übersetzung beizufügen, es sei denn, die Anmeldungsunterlagen stellen bereits die Übersetzung der fremdsprachigen Patentanmeldung dar.

§ 9 Deutsche Übersetzungen

(1) Deutsche Übersetzungen von Schriftstücken, die zu den Unterlagen der Anmeldung zählen, müssen von einem Rechtsanwalt oder Patentanwalt beglaubigt oder von einem öffentlich bestellten Übersetzer angefertigt sein. Die Unter-

schrift des Übersetzers ist öffentlich beglaubigen zu lassen (§ 129 des Bürgerlichen Gesetzbuchs), ebenso die Tatsache, dass der Übersetzer für derartige Zwecke öffentlich bestellt ist.

(2) Deutsche Übersetzungen von

1. Prioritätsbelegen, die gemäß der revidierten Pariser Verbandsübereinkunft zum Schutze des gewerblichen Eigentums (*BGBl. 1970 II S. 391*) vorgelegt werden, oder

2. Abschriften früherer Anmeldungen (§ 6 Abs. 2 des Gebrauchsmustergesetzes in Verbindung mit § 41 Abs. 1 Satz 1 des Patentgesetzes)

sind nur auf Anforderung des Deutschen Patent- und Markenamts einzureichen.

(3) Deutsche Übersetzungen von Schriftstücken, die

1. nicht zu den Unterlagen der Anmeldung zählen und

2. in englischer, französischer, italienischer oder spanischer Sprache eingereicht wurden,

sind nur auf Anforderung des Deutschen Patent- und Markenamts nachzureichen.

(4) Werden fremdsprachige Schriftstücke, die nicht zu den Unterlagen der Anmeldung zählen, in anderen Sprachen als in Absatz 3 Nr. 2 aufgeführt eingereicht, so sind Übersetzungen in die deutsche Sprache innerhalb eines Monats nach Eingang der Schriftstücke nachzureichen.

(5) Die Übersetzung nach Absatz 3 oder Absatz 4 muss von einem Rechtsanwalt oder Patentanwalt beglaubigt oder von einem öffentlich bestellten Übersetzer angefertigt sein. Wird die Übersetzung nicht fristgerecht eingereicht, so gilt das fremdsprachige Schriftstück als zum Zeitpunkt des Eingangs der Übersetzung zugegangen.

ABSCHNITT 3
Schlussvorschriften

§ 10 Übergangsregelung aus Anlass des Inkrafttretens diese Verordnung

Für Gebrauchsmusteranmeldungen, die vor Inkrafttreten dieser Verordnung eingereicht worden sind, gelten die Vorschriften der Gebrauchsmusteranmeldeverordnung vom 12. November 1986 (*BGBl. I S. 1739*), zuletzt geändert durch Artikel 22 des Gesetzes vom 13. Dezember 2001 (*BGBl. I S. 3656*).

§ 11 Übergangsregelung für künftige Änderungen

Für Gebrauchsmusteranmeldungen, die vor Inkrafttreten von Änderungen dieser Verordnung eingereicht worden sind, gelten die Vorschriften dieser Verordnung in ihrer bis dahin geltenden Fassung.

§ 12 Inkrafttreten; Außerkrafttreten

Diese Verordnung tritt am 1. Juni 2004 in Kraft.

Verordnung über den elektronischen Rechtsverkehr beim Deutschen Patent- und Markenamt (ERVDPMAV)

vom 1.11.2013 (BGBl I 3906 = BlPMZ 2013, 378),
zuletzt geänd durch das Gesetz zur Änderung des Designgesetzes und weiterer Vorschriften des gewerblichen Rechtsschutzes vom 4.4.2016 (BGBl I 558)

§ 1 Signaturgebundene elektronische Kommunikation

(1) Beim Deutschen Patent- und Markenamt können elektronische Dokumente in folgenden Verfahren signaturgebunden eingereicht werden:

1. in Patentverfahren für
   a) Anmeldungen nach dem Patentgesetz und dem Gesetz über internationale Patentübereinkommen,
   b) Einsprüche,
   c) Beschwerden,
   d) Rechercheanträge,
   e) Prüfungsanträge,
2. in Gebrauchsmusterverfahren für
   a) Anmeldungen.
   b) Rechercheanträge.
3. in Markenverfahren für
   a) Anmeldungen,
   b) Beschwerden und
4. in Designverfahren für
   a) Anmeldungen,
   b) Anträge auf Feststellung oder Erklärung der Nichtigkeit.

(2) Das Bundesministerium der Justiz und für Verbraucherschutz bestimmt entsprechend dem technischen Fortschritt weitere Verfahrenshandlungen, bei denen Dokumente elektronisch eingereicht werden können, und macht diese im Bundesanzeiger bekannt.

§ 2 Signaturfreie elektronische Kommunikation

(1) In den folgenden Verfahren können elektronische Dokumente beim Deutschen Patent- und Markenamt auch signaturfrei eingereicht werden:

1. in Markenverfahren für Anmeldungen,
2. in Designverfahren für
   a) Anmeldungen,
   b) Anträge auf Feststellung oder Erklärung der Nichtigkeit.

(2) § 1 Absatz 2 gilt entsprechend.

§ 3 Form der Einreichung

(1) Zur Einreichung elektronisch übermittelter Dokumente ist ausschließlich die elektrtonische Annahmestelle des Deutschen Patent- und Markenamts bestimmt. Für die signaturgebundene Einreichung ist die elektronische Annahmestelle über die vom Deutschen Patent- und Markenamz zur Verfügung gestellte Zugangs- und Übertragungssoftware erreichbar. Die Software kann über die Internetseite www.dpma.de unentgeltlich heruntergeladen werden. Für die signaturfreie Einreichung sind Onlineformulare zu verwenden, die auf der in Satz 3 genannten Internetseite bereitgestellt werden.

(2) Ein elektronisches Dokument kann auch auf einem Datenträger eingereicht werden; die zulässigen Datenträgertypen und Formatierungen werden über die Internetseite www.dpma.de bekannt gemacht.

(3) Für die signaturgebundene Einreichung sind die Dokumente mit einer qualifizierten elektronischen Signatur nach dem Signaturgesetz oder mit einer fortgeschrittenen elektronischen Signatur zu versehen, die von einer internationalen, auf dem Gebiet des gewerblichen Rechtsschutzes tätigen Organisation herausgegeben wird und sich zur Bearbeitung durch das Deutsche Patent- und Markenamt eignet. Das Zertifikat, das der verwendeten elektronischen Signatur zugrunde liegt, muss durch das Deutsche Patent- und Markenamt oder durch eine von ihm beauftragte Stelle überprüfbar sein.

(4) Abweichend von den Absätzen 1 bis 3 können Anmeldungen von Patenten beim Deutschen Patent- und Markenamt auch unter Verwendung des für deutsche Patentanmeldungen entwickelten Anmeldesystems (DE-Modul) der vom Europäischen Patentamt herausgegebenen Software epoline eingereicht werden. Die jeweils im Amtsblatt des Europäischen Patentamts bekannt gemachten technischen Bedingungen finden Anwendung.

§ 4 Bekanntgabe der Bearbeitungsvoraussetzungen

Das Deutsche Patent- und Markenamt gibt über die Internetseite www.dpma.de bekannt:

1. die Einzelheiten des Verfahrens der Anmeldung zur Teilnahme am elektronischen Rechtsverkehr sowie der Authentifizierung bei der jeweiligen Nutzung der elektronischen Annahmestelle einschließlich der für die datenschutzgerechte Verwaltung der elektronischen Annahmestelle zu verarbeitenden personenbezogenen Daten,
2. die Einzelheiten des Verfahrens der signaturfreien Einreichung nach § 2,
3. die Zertifikate, Anbieter und Versionen elektronischer Signaturen, die dem in § 3 Absatz 3 und § 5 Absatz 4 festgelegten Standard entsprechen und für die Bearbeitung durch das Deutsche Patent- und Markenamt geeignet sind,
4. die zulässigen Dateiformate für und weitere technische Anforderungen an die nach den §§ 1 und 2 eingereichten Dokumente einschließlich der Anlagen,
5. weitere Angaben, die für die Übermittlung oder Einreichung erforderlich sind, um die Zuordnung und Weiterverarbeitung der Dokumente einschließlich der Anlagen zu gewährleisten.

§ 5 Zustellung elektronischer Dokumente

(1) Im Rahmen einer elektronischen Zustellung sind elektronische Dokumente für die Übermittlung mit einer fortgeschrittenen oder qualifizierten elektronischen Signatur nach dem Signaturgesetz zu versehen. Dabei kann die gesamte elektronische Nachricht mit einer Signatur versehen werden.

(2) Die elektronische Zustellung kann durch Übermittlung der elektronischen Dokumente mittels der Zugangs- und Übertragungssoftware nach § 3 Absatz 1 Satz 2 erfolgen. Ebenso kann sie durch Übermittlung der elektronischen Dokumente mittels De-Mail-Nachricht nach § 5 Absatz 5 des De-Mail-Gesetzes, bei der die Signatur des Dienstanbieters das Deutsche Patent- und Markenamt als Nutzer des De-Mail-Kontos erkennen lässt, erfolgen.

(3) Elektronische Zustellungen, die mittels der Zugangs- und Übertragungssoftware nach § 3 Absatz 1 Satz 2 erfolgen, sind mit dem Hinweis „Zustellung gegen Empfangsbekenntnis" zu kennzeichnen. Die Nachricht muss das Deutsche Patent- und Markenamt als absendende Behörde sowie den Namen und die Anschrift des Zustellungsadressaten erkennen lassen.

(4) Für den Nachweis der Zustellung nach Absatz 2 gilt § 5 Absatz 7 des Verwaltungszustellungsgesetzes mit der Maßgabe, dass das Empfangsbekenntnis bei einer elektronischen Rücksendung mit einer qualifizierten elektronischen Signatur nach dem Signaturgesetz oder mit einer fortgeschrittenen elektronischen Signatur, die von einer internationalen, auf dem Gebiet des gewerblichen Rechtsschutzes tätigen Organisation herausgegeben wird und sich zur Bearbeitung durch das Deutsche Patentund Markenamt eignet, zu versehen ist. § 3 Absatz 3 Satz 2 gilt entsprechend.

(5) Für die Zustellung elektronischer Dokumente findet § 7 Absatz 2 des Verwaltungszustellungsgesetzes keine Anwendung.

Verordnung über den elektronischen Rechtsverkehr beim Bundesgerichtshof und Bundespatentgericht (BGH/BPatGERVV)

vom 24.8.2007 (BGBl I 2130 = BlPMZ 2007, 368),

zuletzt geänd durch die VO vom 10.2.2010 (BGBl I 83 = BlPMZ 2010, 129)

Es verordnen
– auf Grund des § 130a Abs. 2 Satz 1 der Zivilprozessordnung in der Fassung der Bekanntmachung vom 5. Dezember 2005 (BGBl. I S. 3202, 2006 I S. 431), des § 21 Abs. 3 Satz 1 des Gesetzes über die Angelegenheiten der freiwilligen Gerichtsbarkeit, der durch Artikel 5 Nr. 2 des Gesetzes vom 13. Juli 2001 (BGBl. I S. 1542) eingefügt worden ist, des § 81 Abs. 4 Satz 1 der Grundbuchordnung, der durch Artikel 5a Nr. 2 des Gesetzes vom 13. Juli 2001 (BGBl. I S. 1542) eingefügt und durch Artikel 5 Nr. 2 des Gesetzes vom 9. Dezember 2004 (BGBl. I S. 3220) geändert worden ist, des § 89 Abs. 4 Satz 1 der Schiffsregisterordnung, der durch Artikel 5b Nr. 2 des Gesetzes vom 13. Juli 2001 (BGBl. I S. 1542) eingefügt und durch Artikel 6 Nr. 2 des Gesetzes vom 9. Dezember 2004 (BGBl. I S. 3220) geändert worden ist, und des § 41a Abs. 2 Satz 1 der Strafprozessordnung, der durch Artikel 6 Nr. 3 des Gesetzes vom 22. März 2005 (BGBl. I S. 837) eingefügt worden ist, die Bundesregierung und
– auf Grund des § 125a Abs. 2 Satz 1 des Patentgesetzes, der durch Artikel 4 Abs. 1 Nr. 2 des Gesetzes vom 19. Juli 2002 (BGBl. I S. 2681) eingefügt worden ist, des § 21 Abs. 1 des Gebrauchsmustergesetzes, der zuletzt durch Artikel 4 Abs. 42 Nr. 1 des Gesetzes vom 5. Mai 2004 (BGBl. I S. 718) geändert worden ist, in Verbindung mit § 125a Abs. 2 Satz 1 des Patentgesetzes, der durch Artikel 4 Abs. 1 Nr. 2 des Gesetzes vom 19. Juli 2002 (BGBl. I S. 2681) eingefügt worden ist, und des § 95a Abs. 2 Satz 1 des Markengesetzes, der durch Artikel 4 Abs. 3 Nr. 2 des Gesetzes vom 19. Juli 2002 (BGBl. I S. 2681) eingefügt worden ist, das Bundesministerium der Justiz:

§ 1 Zulassung der elektronischen Kommunikation
Bei den in der Anlage bezeichneten Gerichten können elektronische Dokumente in den dort jeweils für sie näher bezeichneten Verfahrensarten und ab dem dort für sie angegebenen Datum eingereicht werden.

§ 2 Form der Einreichung
(1) Zur Entgegennahme elektronischer Dokumente sind elektronische Poststellen der Gerichte bestimmt. Die elektronischen Poststellen sind über die auf den Internetseiten
1. www.bundesgerichtshof.de/erv.html und
2. www.bundespatentgericht.de/bpatg/erv.html
bezeichneten Kommunikationswege erreichbar.

(2) Die Einreichung erfolgt durch die Übertragung des elektronischen Dokuments in die elektronische Poststelle.

(2a) In den Verfahren nach den Nummern 6 bis 13 der Anlage sind elektronische Dokumente mit einer qualifizierten elektronischen Signatur nach dem Signaturgesetz oder mit einer fortgeschrittenen elektronischen Signatur zu versehen, die von einer internationalen Organisation auf dem Gebiet des gewerblichen Rechtsschutzes herausgegeben wird und sich zur Bearbeitung durch das jeweilige Gericht eignet.

(3) Eine elektronische Signatur und das ihr zugrunde liegende Zertifikat müssen durch das adressierte Gericht oder eine andere von diesem mit der automatisierten Überprüfung beauftragte Stelle prüfbar sein. Die Eignungsvoraussetzungen für eine Prüfung werden gemäß § 3 Nr. 2 bekannt gegeben.

(4) Das elektronische Dokument muss eines der folgenden Formate in einer für das adressierte Gericht bearbeitbaren Version aufweisen:
1. ASCII (American Standard Code for Information Interchange) als reiner Text ohne Formatierungscodes und ohne Sonderzeichen,
2. Unicode,
3. Microsoft RTF (Rich Text Format),
4. Adobe PDF (Portable Document Format),
5. XML (Extensible Markup Language),
6. TIFF (Tag Image File Format),
7. Microsoft Word, soweit keine aktiven Komponenten (zum Beispiel Makros) verwendet werden,
8. ODT (OpenDocument Text), soweit keine aktiven Komponenten verwendet werden.
Nähere Informationen zu den bearbeitbaren Versionen der zulässigen Dateiformate werden gemäß § 3 Nr. 3 bekannt gegeben.

(5) Elektronische Dokumente, die einem der in Absatz 4 genannten Dateiformate in der nach § 3 Nr. 3 bekannt gegebenen Version entsprechen, können auch in komprimierter Form als ZIP-Datei eingereicht werden. Die ZIP-Datei darf keine anderen ZIP-Dateien und keine Verzeichnisstrukturen enthalten. Beim Einsatz von Dokumentensignaturen muss sich die Signatur auf das Dokument und nicht auf die ZIP-Datei beziehen.

(6) Sofern strukturierte Daten übermittelt werden, sollen sie im Unicode-Zeichensatz UTF 8 (Unicode Transformation Format) codiert sein.

§ 3 Bekanntgabe der Betriebsvoraussetzungen

Die Gerichte geben auf den in § 2 Abs. 1 Satz 2 genannten Internetseiten bekannt:

1. die Einzelheiten des Verfahrens, das bei einer vorherigen Anmeldung zur Teilnahme am elektronischen Rechtsverkehr sowie für die Authentifizierung bei der jeweiligen Nutzung der elektronischen Poststelle einzuhalten ist, einschließlich der für die datenschutzgerechte Administration elektronischer Postfächer zu speichernden personenbezogenen Daten;
2. die Zertifikate, Anbieter und Versionen elektronischer Signaturen, die nach ihrer Prüfung für die Bearbeitung durch das jeweilige Gericht geeignet sind; dabei ist mindestens die Prüfbarkeit qualifizierter elektronischer Signaturen sicherzustellen, die dem Profil ISIS-MTT (Industrial-Signature-Interoperability-Standard – Mail-TrusT) entsprechen;
3. die nach ihrer Prüfung in den § 2 Abs. 3 und 4 festgelegten Formatstandards entsprechenden und für die Bearbeitung durch das jeweilige Gericht geeigneten Versionen der genannten Formate sowie die bei dem in § 2 Abs. 4 Nr. 5 bezeichneten XML-Format zugrunde zu legenden Definitions- oder Schemadateien;
4. die zusätzlichen Angaben, die bei der Übermittlung oder bei der Bezeichnung des einzureichenden elektronischen Dokuments gemacht werden sollen, um die Zuordnung innerhalb des adressierten Gerichts und die Weiterverarbeitung zu gewährleisten.

§ 4 Inkrafttreten, Außerkrafttreten

Diese Verordnung tritt am 1. September 2007 in Kraft.

Anlage (zu § 1)

Nr.	Gericht	Verfahrensart	Datum
1.	Bundesgerichtshof	Verfahren nach der Zivilprozessordnung	1.9.2007
2.	Bundesgerichtshof	Verfahren nach dem Gesetz über die Angelegenheiten der freiwilligen Gerichtsbarkeit und nach dem Gesetz über das Verfahren in Familiensachen und in den Angelegenheiten der freiwilligen Gerichtsbarkeit	1.9.2007
3.	Bundesgerichtshof	Verfahren nach der Grundbuchordnung	1.9.2007
4.	Bundesgerichtshof	Verfahren nach der Schiffsregisterordnung	1.9.2007
5.	Bundesgerichtshof	Revisionsstrafsachen; dies gilt nur für die Einreichung elektronischer Dokumente durch den Generalbundesanwalt beim Bundesgerichtshof	1.9.2007
6.	Bundesgerichtshof	Verfahren nach dem Patentgesetz	1.9.2007
7.	Bundesgerichtshof	Verfahren nach dem Gebrauchsmustergesetz	1.9.2007
8.	Bundesgerichtshof	Verfahren nach dem Markengesetz	1.9.2007
8a.	Bundesgerichtshof	Verfahren nach dem Halbleiterschutzgesetz	1.3.2010
8b.	Bundesgerichtshof	Verfahren nach dem Geschmacksmustergesetz	1.3.2010
9.	Bundespatentgericht	Verfahren nach dem Patentgesetz	1.9.2007
10.	Bundespatentgericht	Verfahren nach dem Gebrauchsmustergesetz	1.9.2007
11.	Bundespatentgericht	Verfahren nach dem Markengesetz	1.9.2007
12.	Bundespatentgericht	Verfahren nach dem Halbleiterschutzgesetz	1.3.2010
13.	Bundespatentgericht	Verfahren nach dem Designgesetz	1.3.2010

Verordnung über die elektronische Aktenführung bei dem Patentamt, dem Patentgericht und dem Bundesgerichtshof (EAPatV)

vom 10.2.2010 (BGBl I 83 = BlPMZ 2010, 129), zuletzt geänd durch das Gesetz zur Änderung des Designgesetzes und weiterer Vorschriften des gewerblichen Rechtsschutzes vom 4.4.2016 (BGBl I 558)

§ 1 Elektronische Aktenführung

Das Patentamt, das Patentgericht und der Bundesgerichtshof, soweit er für die Verhandlung und Entscheidung über Rechtsmittel gegen Entscheidungen des Patentgerichts zuständig ist, können Verfahrensakten ganz oder teilweise auch elektronisch führen.

§ 2 Verfahrensrecht für das Patentamt

Für das Verfahren vor dem Patentamt gelten die Regelungen der Zivilprozessordnung über die elektronische Aktenführung entsprechend.

§ 3 Vernichtung von Schriftstücken

Werden Schriftstücke oder sonstige Unterlagen in ein elektronisches Dokument übertragen, so dürfen sie nicht vernichtet werden, wenn in Betracht kommt, über ihr Vorhandensein oder ihre Beschaffenheit Beweis zu erheben.

§ 4 Überblick über Aktenbestandteile

(1) Enthält eine Akte sowohl elektronische als auch papiergebundene Bestandteile, so muss beim Zugriff auf jeden der Teile ein Hinweis auf den jeweils anderen Teil sichtbar sein.

(2) Vor jedem Zugriff auf einen elektronischen Aktenbestandteil muss ein vollständiger Überblick über alle anderen elektronischen Aktenbestandteile sichtbar sein.

§ 5 Herkunftsnachweis

(1) Ist eine handschriftliche Unterzeichnung nicht erforderlich, so kann in elektronischen Bestandteilen der Akte statt der elektronischen Signatur ein anderer eindeutiger Herkunftsnachweis verwendet werden, der nicht unbemerkt verändert werden kann.

(2) Ein elektronisches Dokument wird unterzeichnet, indem der Name der unterzeichnenden Person eingefügt wird. Die Dokumente werden durch einen qualifizierten Zeitstempel gesichert.

(3) Eine Niederschrift oder ein Beschluss des Deutschen Patent- und Markenamts wird unterzeichnet, indem der Name der unterzeichnenden Person oder der unterzeichnenden Personen eingefügt und das dokument mit einer fortgeschrittenen oder qualifizierten Signatur nach dem Signaturgesetz versehen wird.

§ 6 Form der Ausfertigungen und Abschriften

(1) Wird die Abschrift eines elektronischen Dokuments gefertigt, das mit einem Herkunftsnachweis nach § 5 Absatz 1 oder Absatz 2 versehen ist, müssen in den Ausdruck keine weiteren Informationen aufgenommen werden.

(2) Wird die Abschrift eines elektronischen Dokuments gefertigt, das mit einem Herkunftsnachweis nach § 5 Absatz 3 versehen ist, genügt es, in den Ausdruck folgende Informationen aufzunehmen:

1. den Namen der Person, die das Dokument unterzeichnet hat, und
2. den Tag, an dem das Dokument mit einer elektronischen Signatur versehen wurde.

(3) Wird eine Ausfertigung eines elektronischen Dokuments gefertigt, ist in den Ausdruck zusätzlich zu den Angaben nach Absatz 2 der Hinweis aufzunehmen, dass die Ausfertigung elektronisch erstellt worden ist und daher nicht unterschrieben ist.

§ 7 Akteneinsicht

(aufgehoben)

§ 8 Vorlegen von Akten

(1) Sind Akten einem Gericht oder einer Behörde vorzulegen, werden alle elektronischen Aktenbestandteile übersandt oder der unbeschränkte Zugriff darauf ermöglicht. Die Aktenbestandteile dürfen keinen Kopierschutz tragen.

(2) Werden Akten in einem Rechtsmittelverfahren vorgelegt, so muss erkennbar sein, auf welchem Stand sich die Akten befanden, als das Rechtsmittel eingelegt wurde.

(3) Kann das Gericht oder die Behörde den Inhalt der Dateien nicht in eine lesbare Form bringen, sind die betreffenden Aktenteile in einer anderen, geeigneten Form zu übersenden.

§ 9 Aufbewahrung

Aktenbestandteile in elektronischer Form sind ebenso lange aufzubewahren wie Aktenbestandteile in Papierform.

Verordnung über die Hinterlegung von biologischem Material in Patent- und Gebrauchsmusterverfahren (Biomaterial-Hinterlegungsverordnung – BioMatHintV)

Vom 24. Januar 2005

(BGBl. I S. 151 = BlPMZ 2005, 102, geänd durch das Gesetz zur Änderung des Designgesetzes und weiterer Vorschriften des gewerblichen Rechtsschutzes vom 4.4.2016, BGBl I 558)

Auf Grund des § 34 Abs. 8 des Patentgesetzes in der Fassung der Bekanntmachung vom 16. Dezember 1980 (BGBl. 1981 I S. 1), der zuletzt durch Artikel 7 Nr. 16 Buchstabe b und c des Gesetzes vom 13. Dezember 2001 (BGBl. I S. 3656) geändert worden ist, und des § 4 Abs. 7 des Gebrauchsmustergesetzes in der Fassung der Bekanntmachung vom 28. August 1986 (BGBl. I S. 1455), der zuletzt durch Artikel 8 Nr. 1 Buchstabe a, c und d des Gesetzes vom 13. Dezember 2001 (BGBl. I S. 3656) geändert worden ist, jeweils in Verbindung mit § 1 Abs. 2 der DPMA-Verordnung vom 1. April 2004 (BGBl. I S. 514), verordnet das Deutsche Patent- und Markenamt:

§ 1 Notwendigkeit der Hinterlegung; biologisches Material

(1) Betrifft eine Erfindung biologisches Material, das der Öffentlichkeit nicht zugänglich ist und in der Patent- oder Gebrauchsmusteranmeldung nicht so beschrieben werden kann, dass ein Fachmann diese Erfindung danach ausführen kann, oder beinhaltet die Erfindung die Verwendung eines solchen Materials, so gilt die Beschreibung für die Anwendung des Patent- oder Gebrauchsmusterrechts nur dann als ausreichend, wenn

1. das biologische Material spätestens am Tag der Anmeldung oder, wenn eine Priorität in Anspruch genommen worden ist, am Prioritätstag bei einer anerkannten Hinterlegungsstelle hinterlegt worden ist,
2. die Anmeldung die einschlägigen Informationen enthält, die dem Anmelder bezüglich der Merkmale des hinterlegten biologischen Materials bekannt sind, und
3. in der Anmeldung die Hinterlegungsstelle und das Aktenzeichen der Hinterlegung angegeben sind.

(2) Biologisches Material im Sinne dieser Verordnung ist ein Material, das genetische Informationen enthält und sich selbst reproduzieren oder in einem biologischen System reproduziert werden kann.

(3) Ist das biologische Material bereits von einem Dritten hinterlegt worden, so bedarf es keiner weiteren Hinterlegung, sofern durch die erste Hinterlegung die Ausführbarkeit der weiteren Erfindung für den in § 7 festgelegten Zeitraum sichergestellt ist.

§ 2 Anerkannte Hinterlegungsstellen

Anerkannt sind die internationalen Hinterlegungsstellen, die diesen Status nach Artikel 7 des Budapester Vertrags vom 28. April 1977 über die internationale Anerkennung der Hinterlegung von Mikroorganismen für die Zwecke von Patentverfahren (BGBl. 1980 II S. 1104) in seiner jeweils geltenden Fassung erworben haben, und solche wissenschaftlich anerkannten Einrichtungen, welche die Gewähr für eine ordnungsgemäße Aufbewahrung und Herausgabe von Proben nach Maßgabe dieser Verordnung bieten und rechtlich, wirtschaftlich und organisatorisch vom Anmelder und vom Hinterleger unabhängig sind.

§ 3 Nachreichen des Aktenzeichens der Hinterlegung

(1) Ist bereits aufgrund der Anmeldeunterlagen eine eindeutige Zuordnung der Anmeldung zu dem hinterlegten biologischen Material möglich, so kann das Aktenzeichen der Hinterlegung nachgereicht werden

1. bei Gebrauchsmusteranmeldungen innerhalb eines Monats nach dem Tag der Einreichung;
2. bei Patentanmeldungen innerhalb einer Frist von 16 Monaten nach dem Tag der Anmeldung oder, wenn eine Priorität in Anspruch genommen worden ist, nach dem Prioritätstag. Die Frist gilt als eingehalten, wenn das Aktenzeichen bis zum Abschluss der technischen Vorbereitungen für die Veröffentlichung des Offenlegungshinweises nach § 32 Abs. 5 des Patentgesetzes mitgeteilt worden ist.

(2) Die Frist zur Nachreichung endet jedoch spätestens einen Monat nach der Mitteilung an den Anmelder, dass ein Recht auf Akteneinsicht nach § 31 Abs. 1 Satz 1 des Patentgesetzes besteht, oder im Fall der vorzeitigen Offenlegung spätestens mit der Abgabe der Erklärung des Anmelders nach § 31 Absatz 2 Satz 1 Nummer 1 des Patentgesetzes.

§ 4 Freigabeerklärung

(1) Der Anmelder hat das hinterlegte biologische Material der Hinterlegungsstelle ab dem Tag der Anmeldung zur Herausgabe von Proben nach § 5 für die in § 7 festgelegte Aufbewahrungsdauer durch Abgabe einer unwiderruflichen Erklärung vorbehaltlos zur Verfügung zu stellen. Im Fall einer Dritthinterlegung muss der Anmelder durch Vorlage von Urkunden nachweisen, dass das hinterlegte biologische Material vom Hinterleger nach Satz 1 zur Verfügung gestellt worden ist.

(2) Der Anmelder hat sich gegenüber der Hinterlegungsstelle unwiderruflich zu verpflichten, eine nach § 9 erforderlich werdende erneute Hinterlegung vorzunehmen oder durch einen Dritten vornehmen zu lassen.

§ 5 Zugang zu biologischem Material

(1) Das hinterlegte biologische Material wird durch Herausgabe einer Probe auf Antrag zugänglich gemacht

1. bis zur Veröffentlichung des Offenlegungshinweises nach § 32 Abs. 5 des Patentgesetzes oder bis zur Eintragung des Gebrauchsmusters nur

   a) für den Hinterleger,

   b) für das Deutsche Patent- und Markenamt auf Anforderung oder

   c) für den Anmelder oder einen sonstigen Dritten, wenn dieser aufgrund einer Entscheidung des Deutschen Patent- und Markenamts nach § 31 Abs. 1 Satz 1 des Patentgesetzes oder § 8 Abs. 5 Satz 2 des Gebrauchsmustergesetzes oder aufgrund der Entscheidung eines Gerichts zum Erhalt einer Probe berechtigt ist oder der Hinterleger in die Abgabe der Probe schriftlich eingewilligt hat;

2. von der Veröffentlichung des Offenlegungshinweises nach § 32 Abs. 5 des Patentgesetzes bis zur Erteilung des Patents für jedermann; auf Antrag des Hinterlegers wird der Zugang zu dem hinterlegten biologischen Material nur durch Herausgabe einer Probe an einen vom Antragsteller benannten unabhängigen Sachverständigen hergestellt;

3. nach der Erteilung des Patents oder eines ergänzenden Schutzzertifikats oder nach Eintragung des Gebrauchsmusters ungeachtet eines späteren Widerrufs oder einer Nichtigerklärung des Patents oder des ergänzenden Schutzzertifikats oder einer späteren Löschung des Gebrauchsmusters für jedermann.

(2) Bei Zurückweisung oder Zurücknahme der Anmeldung wird der in Absatz 1 Nr. 1 Buchstabe c und Nr. 2 geregelte Zugang zu dem hinterlegten biologischen Material auf Antrag des Hinterlegers für die Dauer von 20 Jahren ab dem Tag der Anmeldung nur durch Herausgabe einer Probe an einen vom Antragsteller benannten unabhängigen Sachverständigen hergestellt.

(3) Als Sachverständiger nach Absatz 1 Nr. 2 und Absatz 2 kann benannt werden

1. jede natürliche Person, auf die sich der Antragsteller und der Hinterleger geeinigt haben;

2. jede natürliche Person, die vom Präsidenten des Deutschen Patent- und Markenamts als Sachverständiger anerkannt ist.

(4) Die Anträge des Hinterlegers nach Absatz 1 Nr. 2 und Absatz 2 sind beim Deutschen Patent- und Markenamt zu stellen und können nur bis zu dem Zeitpunkt eingereicht werden, zu dem die technischen Vorbereitungen für die Veröffentlichung des Offenlegungshinweises nach § 32 Abs. 5 des Patentgesetzes oder für die Eintragung des Gebrauchsmusters als abgeschlossen gelten.

(5) Der Antrag auf Zugang zu biologischem Material ist unter Verwendung des hierfür herausgegebenen Formblatts beim Deutschen Patent- und Markenamt zu stellen. Das Deutsche Patent- und Markenamt bestätigt auf dem Formblatt, dass eine Patentanmeldung oder eine Gebrauchsmusteranmeldung eingereicht worden ist, die auf die Hinterlegung des biologischen Materials Bezug nimmt, und dass der Antragsteller oder der von ihm benannte Sachverständige Anspruch auf Herausgabe einer Probe dieses Materials hat. Der Antrag ist auch nach Erteilung des Patents oder des ergänzenden Schutzzertifikats oder nach Eintragung des Gebrauchsmusters beim Deutschen Patent- und Markenamt einzureichen.

(6) Das Deutsche Patent- und Markenamt übermittelt der Hinterlegungsstelle und dem Anmelder oder Schutzrechtsinhaber und im Fall der Dritthinterlegung auch dem Hinterleger eine Kopie des Antrags mit der in Absatz 5 Satz 2 vorgesehenen Bestätigung.

§ 6 Verpflichtungserklärung

(1) Eine Probe wird nur dann herausgegeben, wenn der Antragsteller sich gegenüber dem Anmelder und im Fall der Dritthinterlegung auch gegenüber dem Hinterleger verpflichtet, für die Dauer der Wirkung sämtlicher Schutzrechte, die auf das hinterlegte biologische Material Bezug nehmen,

1. Dritten keine Probe des hinterlegten biologischen Materials oder eines daraus abgeleiteten Materials zugänglich zu machen und

2. keine Probe des hinterlegten biologischen Materials oder eines daraus abgeleiteten Materials zu anderen als zu Versuchszwecken zu verwenden, es sei denn, der Anmelder oder Inhaber des Schutzrechts, im Fall der Dritthinterlegung zusätzlich der Hinterleger, verzichten ausdrücklich auf eine derartige Verpflichtung. Die Verpflichtung, das biologische Material nur zu Versuchszwecken zu verwenden, ist hinfällig, soweit der Antragsteller dieses Material aufgrund einer Zwangslizenz oder einer staatlichen Benutzungsanordnung verwendet.

(2) Wird die Probe an einen unabhängigen Sachverständigen herausgegeben, so hat dieser die Verpflichtungserklärung nach Absatz 1 abzugeben. Gegenüber dem Sachverständigen ist der Antragsteller als Dritter im Sinne des Absatzes 1 Nr. 1 anzusehen.

§ 7 Aufbewahrungsdauer

Das hinterlegte biologische Material ist fünf Jahre ab dem Eingang des letzten Antrags auf Abgabe einer Probe aufzubewahren, mindestens jedoch fünf Jahre über die gesetzlich bestimmte maximale Schutzdauer aller Schutzrechte, die auf das hinterlegte biologische Material Bezug nehmen, hinaus.

§ 8 Hinterlegung nach Maßgabe des Budapester Vertrags

Im Fall einer Hinterlegung nach dem Budapester Vertrag richten sich die Freigabeerklärung, die Herausgabe von Proben, die Verpflichtungserklärung und die Aufbewahrungsdauer ausschließlich nach den Regeln des Budapester

Vertrags und der zu diesem ergangenen Ausführungsordnung (BGBl. 1980 II S. 1104, 1122) in ihrer jeweils geltenden Fassung.

§ 9 Erneute Hinterlegung

(1) Ist das nach dieser Verordnung hinterlegte biologische Material bei der anerkannten Hinterlegungsstelle nicht mehr zugänglich, so ist eine erneute Hinterlegung unter denselben Bedingungen wie denen des Budapester Vertrags zulässig und auf Anforderung der Hinterlegungsstelle vorzunehmen.

(2) Das biologische Material ist innerhalb einer Frist von drei Monaten nach der Anforderung der Hinterlegungsstelle nach Absatz 1 erneut zu hinterlegen.

(3) Jeder erneuten Hinterlegung ist eine vom Hinterleger unterzeichnete Erklärung beizufügen, in der bestätigt wird, dass das erneut hinterlegte biologische Material das Gleiche wie das ursprünglich hinterlegte Material ist.

§ 10 Zusammenarbeit mit dem Deutschen Patent- und Markenamt

Das Deutsche Patent- und Markenamt gibt den Hinterlegungsstellen alle Informationen, die zur Erfüllung ihrer Aufgaben erforderlich sind.

§ 11 Übergangsregelung

Diese Verordnung findet keine Anwendung auf Patent- oder Gebrauchsmusteranmeldungen, die vor ihrem Inkrafttreten eingereicht worden sind.

§ 12 Inkrafttreten

Diese Verordnung tritt am 28. Februar 2005 in Kraft.

Gebührenordnung des Europäischen Patentamts

Artikel 1 – Allgemeines
Nach den Vorschriften dieser Gebührenordnung werden erhoben:
a) die gemäß dem Übereinkommen und seiner Ausführungsordnung an das Europäische Patentamt (nachstehend Amt genannt) zu entrichtenden Gebühren sowie die Gebühren und Auslagen, die der Präsident des Amts aufgrund des Artikels 3 Absatz 1 GebO festsetzt;
b) die Gebühren und Auslagen nach dem Vertrag über die internationale Zusammenarbeit auf dem Gebiet des Patentwesens (PCT), deren Höhe vom Amt festgesetzt werden kann.

Artikel 2 – Im Übereinkommen und seiner Ausführungsordnung vorgesehene Gebühren
(1) Die nach Artikel 1 an das Amt zu entrichtenden Gebühren werden wie folgt festgesetzt, sofern in Absatz 2 nichts anderes vorgesehen ist:

Code		EUR
	1. Anmeldegebühr (Artikel 78 Absatz 2), wenn	
001 (020)	die europäische Patentanmeldung oder, im Falle einer internationalen Anmeldung, das Formblatt für den Eintritt in die europäische Phase (EPA Form 1200) online eingereicht wird	120
001 (020)	die europäische Patentanmeldung oder, im Falle einer internationalen Anmeldung, das Formblatt für den Eintritt in die europäische Phase (EPA Form 1200) nicht online eingereicht wird	210
	1a. Zusatzgebühr	
501 (520)	für eine europäische Patentanmeldung, die mehr als 35 Seiten umfasst (ohne die Seiten des Sequenzprotokolls) (Regel 38 Absatz 2) zuzüglich 15 EUR für die 36. und jede weitere Seite	
	1b. Zusatzgebühr im Fall von Teilanmeldungen zu einer früheren Anmeldung, die ihrerseits eine Teilanmeldung ist (Regel 38 Absatz 4)	
552	Gebühr für eine Teilanmeldung der zweiten Generation	210
553	Gebühr für eine Teilanmeldung der dritten Generation	425
554	Gebühr für eine Teilanmeldung der vierten Generation	635
555	Gebühr für eine Teilanmeldung der fünften oder jeder weiteren Generation	850
	2. Recherchengebühr	
002	für eine europäische Recherche oder eine ergänzende europäische Recherche zu einer ab dem 1. Juli 2005 eingereichten Anmeldung (Artikel 78 Absatz 2, Regel 62, Regel 64 Absatz 1, Artikel 153 Absatz 7, Regel 164 Absätze 1 und 2)	1.300
002	für eine europäische Recherche oder eine ergänzende europäische Recherche zu einer vor dem 1. Juli 2005 eingereichten Anmeldung (Artikel 78 Absatz 2, Regel 64 Absatz 1, Artikel 153 Absatz 7)	885
003	für eine internationale Recherche (Regel 16.1 PCT, Regel 158 Absatz 1)	1.875
	für eine ergänzende internationale Recherche (Regel 45bis.3 a) PCT)	1.875
	3. Benennungsgebühr	
005	für einen oder mehr benannte Vertragsstaaten (Artikel 79 Absatz 2) für eine ab dem 1. April 2009 eingereichte Anmeldung	585
	4. Jahresgebühren für europäische Patentanmeldungen (Artikel 86 Absatz 1), jeweils gerechnet vom Anmeldetag an	
033	für das 3. Jahr	470
034	für das 4. Jahr	585
035	für das 5. Jahr	820
036	für das 6. Jahr	1.050
037	für das 7. Jahr	1.165
038	für das 8. Jahr	1.280
039	für das 9. Jahr	1.395
040–050	für das 10. Jahr und jedes weitere Jahr	1.575
	5. Zuschlagsgebühr	
093–110	für die verspätete Zahlung einer Jahresgebühr für die europäische Patentanmeldung (Regel 51 Absatz 2) 50% der verspätet gezahlten Jahresgebühr	

Code		EUR
	6. Prüfungsgebühr	
	(Artikel 94 Absatz 1)	
006	für eine vor dem 1. Juli 2005 eingereichte Anmeldung	1.825
006	für eine ab dem 1. Juli 2005 eingereichte Anmeldung	1.635
006	für eine ab dem 1. Juli 2005 eingereichte internationale Anmeldung, für die kein ergänzender europäischer Recherchenbericht erstellt wird (Artikel 153 Absatz 7)	1.825
	7. Erteilungsgebühr	
007	einschließlich Veröffentlichungsgebühr für die europäische Patentschrift (Regel 71 Absatz 3) für eine ab dem 1. April 2009 eingereichte Anmeldung	925
	8. Veröffentlichungsgebühr	
009	für eine neue europäische Patentschrift (Regel 82 Absatz 2, Regel 95 Absatz 3)	75
	9. Zuschlagsgebühr	
056	für die verspätete Vornahme von Handlungen zur Aufrechterhaltung des europäischen Patents in geändertem Umfang (Regel 82 Absatz 3, Regel 95 Absatz 3)	120
010	10. Einspruchsgebühr	
	(Artikel 99 Absatz 1, Artikel 105 Absatz 2)	785
	10a. Beschränkungs- oder Widerrufsgebühr	
	(Artikel 105a Absatz 1)	
131	Antrag auf Beschränkung	1.165
141	Antrag auf Widerruf	525
011	11. Beschwerdegebühr	
	(Artikel 108)	1.880
111	11a. Gebühr für den Überprüfungsantrag	
	(Artikel 112a Absatz 4)	2.910
	12. Weiterbehandlungsgebühr	
	(Regel 135 Absatz 1)	
123	bei verspäteter Gebührenzahlung 50% der betreffenden Gebühr	
121	bei verspäteter Vornahme der nach Regel 71 Absatz 3 erforderlichen Handlungen	255
122	in allen anderen Fällen	255
	13. Wiedereinsetzungsgebühr/Gebühr für den Antrag auf Wiederherstellung/Gebühr für den Antrag auf Wiedereinsetzung	
013	(Regel 136 Absatz 1, Regel 26bis.3d) PCT, Regel 49ter.2d) PCT, Regel 49.6d) i) PCT)	640
014	14. Umwandlungsgebühr	
	(Artikel 135 Absatz 3, Artikel 140)	75
067	14a. Gebühr für verspätete Einreichung eines Sequenzprotokolls	
	(Regel 30 Absatz 3)	230
	15. Anspruchsgebühr	
	(Regel 45 Absatz 1, Regel 71 Absatz 4, Regel 162 Absatz 1) für eine ab dem 1. April 2009 eingereichte Anmeldung	
015		
016	für den 16. und jeden weiteren Anspruch bis zu einer Obergrenze von 50	235
015		
016	für den 51. und jeden weiteren Anspruch	585
017	16. Kostenfestsetzungsgebühr	
	(Regel 88 Absatz 3)	75
018	17. Beweissicherungsgebühr	
	(Regel 123 Absatz 3)	75
019	18. Übermittlungsgebühr für eine internationale Anmeldung	
	(Regel 157 Absatz 4)	130
021	19. Gebühr für die vorläufige Prüfung einer internationalen Anmeldung	
	(Regel 58 PCT, Regel 158 Absatz 2)	1.930
060	20. Gebühr für ein technisches Gutachten	
	(Artikel 25)	3 900
062	21. Widerspruchsgebühr	
	(Regel 158 Absatz 3, Regel 40.2e) PCT, Regel 68.3e) PCT)	875
	22. Überprüfungsgebühr	
	(Regel 45bis.6c) PCT) 875	

(2) Für europäische Patentanmeldungen, die vor dem 1. April 2009 eingereicht wurden, und für internationale Anmeldungen, die vor diesem Zeitpunkt in die regionale Phase eingetreten sind, werden die Beträge der Gebühren, die in Artikel 2 Nummern 3, 3a, 7 und 15 der bis zum 31. März 2009 geltenden Gebührenordnung genannt sind, wie folgt festgesetzt:

Code		EUR
	3. Benennungsgebühr	
005	für jeden benannten Vertragsstaat (Artikel 79 Absatz 2) mit der Maßgabe, dass mit der Entrichtung des siebenfachen Betrags dieser Gebühr die Benennungsgebühren für alle Vertragsstaaten als entrichtet gelten	100
	3a. Gemeinsame Benennungsgebühr	
005	für die Schweizerische Eidgenossenschaft und das Fürstentum Liechtenstein	100
	7. Erteilungsgebühr	
	einschließlich Druckkostengebühr für die europäische Patentschrift (Regel 71 Absatz 3) bei einer Seitenzahl der für den Druck bestimmten Anmeldungsunterlagen von	
007	7.1 höchstens 35 Seiten	925
008	7.2 mehr als 35 Seiten	925
	zuzüglich 15 EUR für die 36. und jede weitere Seite	
	15. Anspruchsgebühr	
015		
016	für den sechzehnten und jeden weiteren Patentanspruch (Regel 45 Absatz 1, Regel 71 Absatz 4, Regel 162 Absatz 1)	235

Artikel 3 – Vom Präsidenten des Amts festgesetzte Gebühren, Auslagen und Verkaufspreise

(1) Der Präsident des Amts setzt die in der Ausführungsordnung genannten Verwaltungsgebühren und, soweit erforderlich, die Gebühren und Auslagen für andere als in Artikel 2 genannte Amtshandlungen des Amts fest.

(2) Der Präsident des Amts setzt ferner die Verkaufspreise der in den Artikeln 93, 98, 103 und 129 des Übereinkommens genannten Veröffentlichungen fest.

(3) Die in Artikel 2 vorgesehenen und die nach Absatz 1 festgesetzten Gebühren und Auslagen werden im Amtsblatt und auf der Website des Europäischen Patentamts veröffentlicht.

Artikel 4 – Fälligkeit der Gebühren

(1) Gebühren, deren Fälligkeit sich nicht aus den Vorschriften des Übereinkommens oder des PCT oder der dazugehörigen Ausführungsordnungen ergibt, werden mit dem Eingang des Antrags auf Vornahme der gebührenpflichtigen Amtshandlung fällig.

(2) Der Präsident des Amts kann davon absehen, Amtshandlungen im Sinn des Absatzes 1 von der vorherigen Zahlung der entsprechenden Gebühr abhängig zu machen.

Artikel 5 – Entrichtung der Gebühren

(1) Die an das Amt zu zahlenden Gebühren sind durch Einzahlung oder Überweisung auf ein Bankkonto des Amts in Euro zu entrichten.

(2) Der Präsident des Amts kann zulassen, dass die Gebühren auf andere Art als in Absatz 1 vorgesehen entrichtet werden.

Artikel 6 – Angaben über die Zahlung

(1) Jede Zahlung muss den Einzahler bezeichnen und die notwendigen Angaben enthalten, die es dem Amt ermöglichen, den Zweck der Zahlung ohne Weiteres zu erkennen.

(2) Ist der Zweck der Zahlung nicht ohne Weiteres erkennbar, so fordert das Amt den Einzahler auf, innerhalb einer vom Amt zu bestimmenden Frist diesen Zweck schriftlich mitzuteilen. Kommt der Einzahler der Aufforderung nicht rechtzeitig nach, so gilt die Zahlung als nicht erfolgt.

Artikel 7 – Maßgebender Zahlungstag

(1) Als Tag des Eingangs einer Zahlung beim Amt gilt der Tag, an dem der eingezahlte oder überwiesene Betrag auf einem Bankkonto des Amts tatsächlich gutgeschrieben wird.

(2) Lässt der Präsident des Amts gemäß Artikel 5 Absatz 2 zu, dass die Gebühren auf andere Art als in Artikel 5 Absatz 1 vorgesehen entrichtet werden, so bestimmt er auch den Tag, an dem diese Zahlung als eingegangen gilt.

(3) Gilt eine Gebührenzahlung gemäß den Absätzen 1 und 2 erst nach Ablauf der Frist als eingegangen, innerhalb der sie hätte erfolgen müssen, so gilt diese Frist als eingehalten, wenn dem Amt nachgewiesen wird, dass der Einzahler

a) innerhalb der Frist, in der die Zahlung hätte erfolgen müssen, in einem Vertragsstaat:

    i) die Zahlung des Betrags bei einem Bankinstitut veranlasst hat oder

    ii) einen Auftrag zur Überweisung des zu entrichtenden Betrags einem Bankinstitut formgerecht erteilt hat, und

b) eine Zuschlagsgebühr in Höhe von 10% der betreffenden Gebühr oder Gebühren, höchstens jedoch 150 EUR entrichtet hat; die Zuschlagsgebühr wird nicht erhoben, wenn eine Handlung nach Buchstabe a spätestens zehn Tage vor Ablauf der Zahlungsfrist vorgenommen worden ist.

(4) Das Amt kann den Einzahler auffordern, innerhalb einer vom Amt zu bestimmenden Frist den Nachweis über den Zeitpunkt der Vornahme einer der Handlungen nach Absatz 3 Buchstabe a zu erbringen und gegebenenfalls die Zuschlagsgebühr nach Absatz 3 Buchstabe b zu entrichten. Kommt der Einzahler dieser Aufforderung nicht nach, ist der Nachweis ungenügend oder wird die angeforderte Zuschlagsgebühr nicht rechtzeitig entrichtet, so gilt die Zahlungsfrist als versäumt.

Artikel 8 – Nicht ausreichender Gebührenbetrag

Eine Zahlungsfrist gilt grundsätzlich nur dann als eingehalten, wenn der volle Gebührenbetrag rechtzeitig gezahlt worden ist. Ist nicht die volle Gebühr entrichtet worden, so wird der gezahlte Betrag nach dem Fristablauf zurückerstattet. Das Amt kann jedoch, soweit die laufende Frist es erlaubt, dem Einzahler die Gelegenheit geben, den fehlenden Betrag nachzuzahlen. Es kann ferner, wenn dies der Billigkeit entspricht, geringfügige Fehlbeträge der zu entrichtenden Gebühr ohne Rechtsnachteil für den Einzahler unberücksichtigt lassen.

Artikel 9 – Rückerstattung von Recherchengebühren

(1) Die für eine europäische oder eine ergänzende europäische Recherche entrichtete Recherchengebühr wird in voller Höhe zurückerstattet, wenn die europäische Patentanmeldung zu einem Zeitpunkt zurückgenommen oder zurückgewiesen wird oder als zurückgenommen gilt, in dem das Amt mit der Erstellung des Recherchenberichts noch nicht begonnen hat.

(2) Wird der europäische Recherchenbericht auf einen früheren Recherchenbericht gestützt, den das Amt für eine Patentanmeldung, deren Priorität beansprucht wird, oder für eine frühere Anmeldung im Sinn des Artikels 76 oder der Regel 17 des Übereinkommens erstellt hat, so erstattet das Amt gemäß einem Beschluss seines Präsidenten dem Anmelder einen Betrag zurück, dessen Höhe von der Art der früheren Recherche und dem Umfang abhängt, in dem sich das Amt bei der Durchführung der späteren Recherche auf den früheren Recherchenbericht stützen kann.

Artikel 10 – Rückerstattung der Gebühr für ein technisches Gutachten

Die Gebühr für ein technisches Gutachten nach Artikel 25 des Übereinkommens wird zu 75% zurückerstattet, wenn das Ersuchen um das Gutachten zurückgenommen wird, bevor das Amt mit seiner Erstellung begonnen hat.

Artikel 11 – Rückerstattung der Prüfungsgebühr

Die Prüfungsgebühr nach Artikel 94 Absatz 1 des Übereinkommens wird

a) in voller Höhe zurückerstattet, wenn die europäische Patentanmeldung zurückgenommen oder zurückgewiesen wird oder als zurückgenommen gilt, bevor die Anmeldung in die Zuständigkeit der Prüfungsabteilungen übergegangen ist;

b) zu 75% zurückerstattet, wenn die europäische Patentanmeldung zu einem Zeitpunkt zurückgenommen oder zurückgewiesen wird oder als zurückgenommen gilt, zu dem die Anmeldung bereits in die Zuständigkeit der Prüfungsabteilungen übergegangen ist, die Sachprüfung jedoch noch nicht begonnen hat.

Artikel 12 – Rückerstattung von Bagatellbeträgen

Zu viel gezahlte Gebührenbeträge werden nicht zurückerstattet, wenn es sich um Bagatellbeträge handelt und der Verfahrensbeteiligte eine Rückerstattung nicht ausdrücklich beantragt hat. Der Präsident des Amts bestimmt, bis zu welcher Höhe ein Betrag als Bagatellbetrag anzusehen ist.

Artikel 13 – Beendigung von Zahlungsverpflichtungen

(1) Ansprüche der Organisation auf Zahlung von Gebühren an das Europäische Patentamt erlöschen nach vier Jahren nach Ablauf des Kalenderjahrs, in dem die Gebühr fällig geworden ist.

(2) Ansprüche gegen die Organisation auf Rückerstattung von Gebühren oder von Geldbeträgen, die bei der Entrichtung einer Gebühr zu viel gezahlt worden sind, durch das Europäische Patentamt erlöschen nach vier Jahren nach Ablauf des Kalenderjahrs, in dem der Anspruch entstanden ist.

(3) Die in den Absätzen 1 und 2 vorgesehene Frist wird im Fall des Absatzes 1 durch eine Aufforderung zur Zahlung der Gebühr und im Fall des Absatzes 2 durch eine schriftliche Geltendmachung des Anspruchs unterbrochen. Diese Frist beginnt mit der Unterbrechung erneut zu laufen und endet spätestens sechs Jahre nach Ablauf des Jahres, in dem sie ursprünglich zu laufen begonnen hat, es sei denn, dass der Anspruch gerichtlich geltend gemacht worden ist; in diesem Fall endet die Frist frühestens ein Jahr nach der Rechtskraft der Entscheidung.

(4) Der Präsident des Europäischen Patentamts kann davon absehen, geschuldete Geldbeträge beizutreiben, wenn der beizutreibende Betrag geringfügig oder die Beitreibung zu ungewiss ist.

Artikel 14 – Gebührenermäßigung

(1) Die in Regel 6 Absatz 3 des Übereinkommens vorgesehene Ermäßigung beträgt 30% der Anmeldegebühr bzw. der Prüfungsgebühr.

(2) Hat das Europäische Patentamt einen internationalen vorläufigen Prüfungsbericht erstellt, so wird die Prüfungsgebühr um 50% ermäßigt. Wurde der Bericht nach Artikel 34.3 c) PCT für bestimmte Teile der internationalen Anmeldung erstellt, so wird die Prüfungsgebühr nicht ermäßigt, wenn sich die Prüfung auf einen nicht im Bericht behandelten Gegenstand erstreckt.

Artikel 15 – Inkrafttreten

Diese Gebührenordnung tritt am 20. Oktober 1977 in Kraft.

Satzung des Einheitlichen Patentgerichts

ARTIKEL 1
Geltungsbereich der Satzung
Diese Satzung enthält institutionelle und finanzielle Regelungen für das nach Artikel 1 des Übereinkommens errichtete Einheitliche Patentgericht.

KAPITEL I – RICHTER

ARTIKEL 2
Auswahlkriterien für die Richter
(1) Jede Person, die die Staatsangehörigkeit eines Vertragsmitgliedstaats besitzt und die Voraussetzungen nach Artikel 15 des Übereinkommens und nach dieser Satzung erfüllt, kann zum Richter ernannt werden.

(2) Die Richter müssen mindestens eine Amtssprache des Europäischen Patentamts gut beherrschen.

(3) Die nach Artikel 15 Absatz 1 des Übereinkommens für die Ernennung nachzuweisende Erfahrung auf dem Gebiet der Patentstreitigkeiten kann durch Schulungen nach Artikel 11 Absatz 4 Buchstabe a dieser Satzung erworben werden.

ARTIKEL 3
Ernennung der Richter
(1) Die Richter werden gemäß dem in Artikel 16 des Übereinkommens festgelegten Verfahren ernannt.

(2) Offene Stellen werden unter Angabe der entsprechenden, in Artikel 2 festgelegten Auswahlkriterien öffentlich ausgeschrieben.

Der Beratende Ausschuss gibt eine Stellungnahme zur Eignung der Bewerber für die Ausübung des Amts eines Richters am Gericht ab. Die Stellungnahme enthält eine Liste der geeignetsten Bewerber. Die Zahl der auf der Liste aufgeführten Bewerber ist mindestens doppelt so hoch wie die Zahl der offenen Stellen. Der Beratende Ausschuss kann erforderlichenfalls empfehlen, dass ein Bewerber für eine Richterstelle eine Schulung in Patentstreitigkeiten nach Artikel 11 Absatz 4 Buchstabe a erhält, bevor über seine Ernennung entschieden wird.

(3) Bei der Ernennung der Richter achtet der Verwaltungsausschuss darauf, dass die zu ernennenden Bewerber über das höchste Niveau an rechtlichem und technischem Sachverstand verfügen, sowie auf eine ausgewogene Zusammensetzung des Gerichts, indem die Richter unter den Staatsangehörigen der Vertragsmitgliedstaaten auf möglichst breiter geografischer Grundlage ausgewählt werden.

(4) Der Verwaltungsausschuss ernennt die für den ordnungsgemäßen Geschäftsgang des Gerichts benötigte Zahl von Richtern. Der Verwaltungsausschuss ernennt zunächst die Zahl von Richtern, die erforderlich ist, um zumindest einen Spruchkörper bei jeder der Kammern des Gerichts erster Instanz und mindestens zwei Spruchkörper beim Berufungsgericht bilden zu können.

(5) Der Beschluss des Verwaltungsausschusses zur Ernennung von rechtlich qualifizierten Vollzeit- oder Teilzeitrichtern und technisch qualifizierten Vollzeitrichtern bezeichnet die Instanz des Gerichts und/oder die Kammer des Gerichts erster Instanz, in die dieser einzelne Richter berufen wird, sowie das oder die Gebiete der Technik, für das bzw. die ein technisch qualifizierter Richter ernannt wird.

(6) Technisch qualifizierte Teilzeitrichter werden zu Richtern des Gerichts ernannt und auf der Grundlage ihrer spezifischen Qualifikation und Erfahrung in den Richterpool aufgenommen. Mit der Berufung dieser Richter an das Gericht wird gewährleistet, dass alle Gebiete der Technik abgedeckt sind.

ARTIKEL 4
Amtszeit der Richter
(1) Die Richter werden für eine Amtszeit von sechs Jahren ernannt, die mit dem in der Ernennungsurkunde bestimmten Tag beginnt. Wiederernennung ist zulässig.

(2) In Ermangelung einer Bestimmung über den Tag der Arbeitsaufnahme beginnt die Amtszeit mit dem Ausstellungstag der Ernennungsurkunde.

ARTIKEL 5
Ernennung der Mitglieder des Beratenden Ausschusses
(1) Jeder Vertragsmitgliedstaat schlägt ein Mitglied des Beratenden Ausschusses vor, das die Anforderungen nach Artikel 14 Absatz 2 des Übereinkommens erfüllt.

(2) Die Mitglieder des Beratenden Ausschusses werden vom Verwaltungsausschuss im gegenseitigen Einvernehmen ernannt.

ARTIKEL 6
Richtereid
Die Richter leisten vor Aufnahme ihrer Amtstätigkeit in öffentlicher Sitzung den Eid, ihr Amt unparteiisch und gewissenhaft auszuüben und das Beratungsgeheimnis zu wahren.

ARTIKEL 7
Unparteilichkeit

(1) Unmittelbar nach der Eidesleistung unterzeichnen die Richter eine Erklärung, in der sie die feierliche Verpflichtung übernehmen, während der Ausübung und nach Ablauf ihrer Amtstätigkeit die sich aus ihrem Amt ergebenden Pflichten zu erfüllen, insbesondere die Pflicht, bei der Annahme bestimmter Tätigkeiten oder Vorteile nach Ablauf dieser Tätigkeit ehrenhaft und zurückhaltend zu sein.

(2) Die Richter dürfen nicht an Verhandlungen zu einer Sache teilnehmen, in der sie

a) als Berater mitgewirkt haben,
b) selbst Partei waren oder für eine der Parteien tätig waren,
c) als Mitglied eines Gerichts, einer Beschwerdekammer, einer Schieds- oder Schlichtungsstelle oder eines Untersuchungsausschusses oder in anderer Eigenschaft zu befinden hatten,
d) ein persönliches oder finanzielles Interesse an der Sache oder in Bezug auf eine der Parteien haben oder
e) in verwandtschaftlicher Beziehung zu einer Partei oder einem Vertreter einer Partei stehen.

(3) Ist ein Richte der Auffassung, bei der Entscheidung oder Prüfung einer bestimmten Rechtsstreitigkeit aus einem besonderen Grund nicht mitwirken zu können, so macht er dem Präsidenten des Berufungsgerichts oder – wenn er Richter des Gerichts erster Instanz ist – dem Präsidenten des Gerichts erster Instanz davon Mitteilung. Hält der Präsident des Berufungsgerichts oder – im Falle der Richter des Gerichts erster Instanz – der Präsident des Gerichts erster Instanz die Teilnahme eines Richters an der Verhandlung oder Entscheidung einer bestimmten Sache aus einem besonderen Grund für unangebracht, so begründet der Präsident des Berufungsgerichts oder der Präsident des Gerichts erster Instanz dies schriftlich und setzt den betroffenen Richter hiervon in Kenntnis.

(4) Jede Prozesspartei kann die Teilnahme eines Richters an der Verhandlung aus einem der in Absatz 2 genannten Gründe oder wegen begründeter Besorgnis der Befangenheit ablehnen.

(5) Ergibt sich bei der Anwendung dieses Artikels eine Schwierigkeit, so entscheidet das Präsidium im Einklang mit der Verfahrensordnung. Der betroffene Richter wird angehört, wirkt aber bei der Beschlussfassung nicht mit.

ARTIKEL 8
Immunität der Richter

(1) Die Richter sind keiner Gerichtsbarkeit unterworfen. Bezüglich der Handlungen, die sie im Zusammenhang mit ihrer amtlichen Eigenschaft vorgenommen haben, steht ihnen diese Befreiung auch nach Abschluss ihrer Amtstätigkeit zu.

(2) Das Präsidium kann die Immunität aufheben.

(3) Wird nach Aufhebung der Befreiung ein Strafverfahren gegen einen Richter eingeleitet, so darf dieser im Gebiet jedes Vertragsmitgliedstaats nur vor einem Gericht angeklagt werden, das für Verfahren gegen Richter der höchsten nationalen Gerichte zuständig ist.

(4) Das Protokoll über die Vorrechte und Befreiungen der Europäischen Union findet auf die Richter des Gerichts Anwendung; die Bestimmungen dieser Satzung betreffend die Immunität der Richter von der Gerichtsbarkeit bleiben hiervon unberührt.

ARTIKEL 9
Ende der Amtszeit

(1) Abgesehen von der Neubesetzung nach Ablauf der Amtszeit gemäß Artikel 4 und von Todesfällen endet das Amt eines Richters durch dessen Rücktritt.

(2) Bei Rücktritt eines Richters ist das Rücktrittsschreiben an den Präsidenten des Berufungsgerichts oder – im Falle der Richter des Gerichts erster Instanz – an den Präsidenten des Gerichts erster Instanz zur Weiterleitung an den Vorsitzenden des Verwaltungsausschusses zu richten.

(3) Mit Ausnahme der Fälle, in denen Artikel 10 Anwendung findet, bleibt jeder Richter bis zum Amtsantritt seines Nachfolgers im Amt.

(4) Bei Ausscheiden eines Richters wird ein neuer Richter für die verbleibende Amtszeit seines Vorgängers ernannt.

ARTIKEL 10
Entlassung aus dem Amt

(1) Ein Richter kann nur dann seines Amtes enthoben oder sonstiger gewährter Vergünstigungen für verlustig erklärt werden, wenn er nach dem Urteil des Präsidiums nicht mehr die erforderlichen Voraussetzungen erfüllt oder den sich aus seinem Amt ergebenden Verpflichtungen nicht mehr nachkommt. Der betroffene Richter wird angehört, wirkt aber bei der Beschlussfassung nicht mit.

(2) Der Kanzler des Gerichts übermittelt die Entscheidung dem Vorsitzenden des Verwaltungsausschusses.

(3) Wird durch eine solche Entscheidung ein Richter seines Amtes enthoben, so wird sein Sitz mit dieser Benachrichtigung frei.

ARTIKEL 11
Schulung

(1) Mit dem gemäß Artikel 19 des Übereinkommens geschaffenen Schulungsrahmen wird für eine angemessene und regelmäßige Schulung der Richter gesorgt. Das Präsidium beschließt Schulungsvorschriften zur Gewährleistung der Umsetzung und der Gesamtkohärenz des Schulungsrahmens.

(2) Der Schulungsrahmen bietet eine Plattform für den Austausch von Fachwissen und ein Forum für Diskussionen; dies wird insbesondere durch Folgendes gewährleistet:

a) Veranstaltung von Lehrgängen, Konferenzen, Seminaren, Workshops und Symposien,

b) Zusammenarbeit mit internationalen Organisationen und Bildungseinrichtungen im Bereich des Schutzes des geistigen Eigentums und

c) Förderung und Unterstützung weiterer Fortbildungsmaßnahmen.

(3) Es werden ein jährliches Arbeitsprogramm und Schulungsleitlinien erstellt, die für jeden Richter einen jährlichen Schulungsplan enthalten, in dem sein Hauptbedarf an Schulung gemäß den Schulungsvorschriften ausgewiesen wird.

(4) Ferner gewährleistet der Schulungsrahmen

a) eine angemessene Schulung der Bewerber für Richterstellen und der neu ernannten Richter des Gerichts;

b) die Unterstützung von Projekten, die auf die Förderung der Zusammenarbeit zwischen Parteivertretern, Patentanwälten und dem Gericht abzielen.

ARTIKEL 12
Vergütung

Der Verwaltungsausschuss legt die Vergütung des Präsidenten des Berufungsgerichts, des Präsidenten des Gerichts erster Instanz, der Richter, des Kanzlers, des Hilfskanzlers und des Personals fest.

KAPITEL II – ORGANISATORISCHE BESTIMMUNGEN

ABSCHNITT 1 – GEMEINSAME BESTIMMUNGEN

ARTIKEL 13
Präsident des Berufungsgerichts

(1) Der Präsident des Berufungsgerichts wird von allen Richtern des Berufungsgerichts aus ihrer Mitte für eine Amtszeit von drei Jahren gewählt. Der Präsident des Berufungsgerichts kann zweimal wiedergewählt werden.

(2) Die Wahl des Präsidenten des Berufungsgerichts ist geheim. Gewählt ist der Richter, der die absolute Mehrheit der Stimmen erhält. Erreicht keiner der Richter die absolute Mehrheit, so findet ein zweiter Wahlgang statt, in dem gewählt ist, wer die meisten Stimmen auf sich vereinigt.

(3) Der Präsident des Berufungsgerichts leitet die gerichtlichen Tätigkeiten und die Verwaltung des Berufungsgerichts und führt den Vorsitz des als Plenum tagenden Berufungsgerichts.

(4) Endet die Amtszeit des Präsidenten des Berufungsgerichts vor ihrem Ablauf, so wird das Amt für die verbleibende Zeit neu besetzt.

ARTIKEL 14
Präsident des Gerichts erster Instanz

(1) Der Präsident des Gerichts erster Instanz wird von allen Richtern des Gerichts erster Instanz, die Vollzeitrichter sind, aus ihrer Mitte für eine Amtszeit von drei Jahren gewählt. Der Präsident des Gerichts erster Instanz kann zweimal wiedergewählt werden.

(2) Der erste Präsident des Gerichts erster Instanz ist Staatsangehöriger des Vertragsmitgliedstaats, in dessen Gebiet die Zentralkammer ihren Sitz hat.

(3) Der Präsident des Gerichts erster Instanz leitet die gerichtlichen Tätigkeiten und die Verwaltung des Gerichts erster Instanz.

(4) Artikel 13 Absätze 2 und 4 gilt für den Präsidenten des Gerichts erster Instanz entsprechend.

ARTIKEL 15
Präsidium

(1) Das Präsidium besteht aus dem Präsidenten des Berufungsgerichts, der den Vorsitz führt, dem Präsidenten des Gerichts erster Instanz, zwei Richtern, die die Richter des Berufungsgerichts aus ihrer Mitte gewählt haben, drei Richtern, die die Vollzeitrichter des Gerichts erster Instanz aus ihrer Mitte gewählt haben, und dem Kanzler als nicht stimmberechtigtem Mitglied.

(2) Das Präsidium nimmt seine Aufgaben im Einklang mit dieser Satzung wahr. Unbeschadet seiner eigenen Zuständigkeit kann es bestimmte Aufgaben an eines seiner Mitglieder übertragen.

(3) Da Präsidium ist für die Verwaltung des Gerichts zuständig und hat dabei insbesondere die Aufgabe,

a) Vorschläge zur Änderung der Verfahrensordnung gemäß Artikel 41 des Übereinkommens und Vorschläge zu der Finanzordnung des Gerichts auszuarbeiten;

b) den Jahreshaushalt, die Jahresrechnung und den Jahresbericht des Gerichts zu erstellen nd diese Unterlagen dem Haushaltsausschuss vorzulegen;

c) die Leitlinien für da Programm zur Schulung der Richter festzulegen und die Durchführung dieses Programms zu überwachen;

d) Entscheidungen über die Ernennung des Kanzler und des Hilfskanzlers und über deren Entlassung aus dem Amt zu treffen;

e) die Regelungen für die Kanzlei einschließlich ihrer Nebenstellen festzulegen;

f) Stellungnahmen gemäß Artikel 83 Absatz 5 des Übereinkommens abzugeben.

(4) Die in den Artikeln 7, 8, 10 und 22 genannten Entscheidungen des Präsidiums werden ohne Mitwirkung des Kanzlers getroffen.

(5) Das Präsidium ist nur dann beschlussfähig, wenn alle seine Mitglieder anwesend oder ordnungsgemäß vertreten sind. Beschlüsse werden mit Stimmenmehrheit gefasst.

ARTIKEL 16
Personal

(1) Die Beamten und sonstigen Bediensteten des Gerichts unterstützen den Präsidenten des Berufungsgerichts, den Präsidenten des Gerichts erster Instanz, die Richter und den Kanzler. Sie unterstehen dem Kanzler unter Aufsicht des Präsidenten des Berufungsgerichts und des Präsidenten des Gerichts erster Instanz.

(2) Der Verwaltungsausschuss erlässt das Statut der Beamten und sonstigen Bediensteten des Gerichts.

ARTIKEL 17
Gerichtsferien

(1) Nach Anhörung des Präsidiums legt der Präsident des Berufungsgerichts die Dauer der Gerichtsferien und die Regeln für die Einhaltung der gesetzlichen Feiertage fest.

(2) Während der Gerichtsferien können das Amt des Präsidenten des Berufungsgerichts und das Amt des Präsidenten des Gerichts erster Instanz durch einen Richter wahrgenommen werden, der von dem jeweiligen Präsidenten damit beauftragt wird. In dringenden Fällen kann der Präsident des Berufungsgerichts die Richter einberufen.

(3) Der Präsident des Berufungsgerichts oder der Präsident des Gerichts erster Instanz können den Richtern des Berufungsgerichts bzw. den Richtern des Gerichts erster Instanz in begründeten Fällen Urlaub gewähren.

ABSCHNITT 2 – GERICHT ERSTER INSTANZ

ARTIKEL 18
Errichtung und Auflösung von Lokal- oder Regionalkammern

(1) Anträge eines oder mehrerer Vertragsmitgliedstaaten auf Errichtung einer Lokal- oder Regionalkammer sind an den Vorsitzenden des Verwaltungsausschusses zu richten. Im Antrag ist anzugeben, wo die Lokal- oder Regionalkammer angesiedelt sein soll.

(2) Im Beschluss des Verwaltungsausschusses zur Errichtung einer Lokal- oder Regionalkammer wird die Zahl der Richter angegeben, die an die betreffende Kammer berufen werden; der Beschluss wird öffentlich zugänglich gemacht.

(3) Der Verwaltungsausschuss beschließt auf Antrag des Vertragsmitgliedstaats, in dessen Gebiet die betreffende Lokalkammer errichtet worden ist, oder auf Antrag der Vertragsmitgliedstaaten, die an der betreffenden Regionalkammer beteiligt sind, über die Auflösung einer Lokal- oder Regionalkammer. Im Beschluss über die Auflösung einer Lokal- oder Regionalkammer werden der Zeitpunkt, ab dem bei der betreffenden Kammer keine neuen Fälle mehr anhängig gemacht werden können, sowie der Zeitpunkt angegeben, an dem sie ihre Tätigkeit einstellt.

(4) Ab dem Zeitpunkt, an dem die Lokal- oder Regionalkammer ihre Tätigkeit einstellt, werden die an diese Kammer berufenen Richter an die Zentralkammer berufen, und die noch bei der Lokal- oder Regionalkammer anhängigen Fälle werden gemeinsam mit der Nebenstelle der Kanzlei und den gesamten Unterlagen auf die Zentralkammer übertragen.

ARTIKEL 19
Spruchkörper

(1) Die Verfahrensordnung regelt die Zuweisung von Richtern und die Fallzuweisung innerhalb einer Kammer an ihre Spruchkörper. Ein Richter des Spruchkörpers wird im Einklang mit der Verfahrensordnung zum vorsitzenden Richter bestimmt.

(2) Die Spruchkörper können im Einklang mit der Verfahrensordnung bestimmte Aufgaben an einen oder mehrere ihrer Richter übertragen.

(3) Im Einklang mit der Verfahrensordnung kann für jede Kammer ein ständiger Richter bestimmt werden, der dringende Rechtsstreitigkeiten entscheidet.

(4) In Fällen, in denen die Rechtsstreitigkeit gemäß Artikel 8 Absatz 7 des Übereinkommens von einem Einzelrichter oder gemäß Absatz 3 dieses Artikels von einem ständigen Richter entschieden wird, nimmt dieser alle Aufgaben eines Spruchkörpers wahr.

(5) Ein Richter des Spruchkörpers übernimmt im Einklang mit der Verfahrensordnung die Aufgabe des Berichterstatters.

ARTIKEL 20
Richterpool

(1) Der Kanzler erstellt eine Liste mit den Namen der dem Richterpool angehörenden Richter. Für jeden Richter werden in der Liste mindestens seine Sprachkenntnisse, sein technisches Fachgebiet und seine Erfahrung sowie die Rechtsstreitigkeiten, mit denen er vorher befasst war, angegeben.

(2) Ein an den Präsidenten des Gerichts erster Instanz gerichteter Antrag, einen Richter aus dem Richterpool zu benennen, muss insbesondere folgende Angaben enthalten: den Gegenstand der Rechtssache, die von den Richtern des Spruchkörpers verwendete Amtssprache des Europäischen Patentamts, die Verfahrenssprache und das Gebiet der Technik, für das der Richter qualifiziert sein muss.

ABSCHNITT 3 – BERUFUNGSGERICHT

ARTIKEL 21
Spruchkörper

(1) Die Zuweisung von Richtern und die Fallzuweisung an die Spruchkörper richten sich nach der Verfahrensordnung. Ein Richter des Spruchkörpers wird im Einklang mit der Verfahrensordnung zum vorsitzenden Richter ernannt.

(2) Bei Rechtsstreitigkeiten von außergewöhnlicher Bedeutung, insbesondere wenn die Entscheidung die Einheitlichkeit und Kohärenz der Rechtsprechung des Gerichts berühren könnte, kann das Berufungsgericht auf Vorschlag des vorsitzenden Richters beschließen, die Rechtsstreitigkeit dem Plenum vorzulegen.

(3) Die Spruchkörper können im Einklang mit der Verfahrensordnung bestimmte Aufgaben an einen oder mehrere ihrer Richter übertragen.

(4) Ein Richter des Spruchkörpers übernimmt im Einklang mit der Verfahrensordnung die Aufgabe des Berichterstatters.

ABSCHNITT 4 – KANZLEI

ARTIKEL 22
Ernennung und Entlassung des Kanzlers

(1) Der Kanzler des Gerichts wird vom Präsidium für eine Amtszeit von sechs Jahren ernannt. Die Wiederernennung des Kanzlers ist zulässig.

(2) Der Präsident des Berufungsgerichts unterrichtet das Präsidium zwei Wochen vor dem für die Ernennung des Kanzlers vorgesehenen Zeitpunkt über die eingegangenen Bewerbungen.

(3) Vor Aufnahme seiner Amtstätigkeit leistet der Kanzler vor dem Präsidium den Eid, sein Amt unparteiisch und gewissenhaft auszuüben.

(4) Der Kanzler kann nur aus dem Amt entlassen werden, wenn er den sich aus seinem Amt ergebenden Verpflichtungen nicht mehr nachkommt. Das Präsidium entscheidet nach Anhörung des Kanzlers.

(5) Endet die Amtszeit des Kanzlers vor ihrem Ablauf, so ernennt das Präsidium einen neuen Kanzler für die Dauer von sechs Jahren.

(6) Ist der Kanzler abwesend oder verhindert oder ist sein Amt vakant, so beauftragt der Präsident des Berufungsgerichts nach Anhörung des Präsidiums ein Mitglied des Personals des Gerichts mit der Wahrnehmung der Aufgaben des Kanzlers.

ARTIKEL 23
Aufgaben des Kanzlers

(1) Der Kanzler steht dem Gericht, dem Präsidenten des Berufungsgerichts, dem Präsidenten des Gerichts erster Instanz und den Richtern bei der Ausübung ihres Amtes zur Seite. Der Kanzler ist unter Aufsicht des Präsidenten des Berufungsgerichts für die Organisation und den Geschäftsgang der Kanzlei verantwortlich.

(2) Der Kanzler ist insbesondere verantwortlich für

a) das Führen des Registers, in dem Aufzeichnungen über alle vor dem Gericht verhandelten Verfahren enthalten sind,

b) das Führen und die Verwaltung der nach Artikel 18, Artikel 48 Absatz 3 und Artikel 57 Absatz 2 des Übereinkommens erstellten Listen,

c) das Führen und die Veröffentlichung einer Liste der Mitteilungen über die Inanspruchnahme der Ausnahmeregelung bzw. den Verzicht auf diese Regelung nach Artikel 83 des Übereinkommens,

d) die Veröffentlichung der Entscheidungen des Gerichts unter Wahrung des Schutzes vertraulicher Informationen,

e) die Veröffentlichung der Jahresberichte mit statistischen Daten und

f) die Gewährleistung, dass die Informationen über die Inanspruchnahme der Ausnahmeregelung nach Artikel 83 des Übereinkommens dem Europäischen Patentamt übermittelt werden.

ARTIKEL 24
Registerführung

(1) In den vom Präsidium erlassenen Regelungen für die Kanzlei werden die Einzelheiten über die Führung des Registers des Gerichts festgelegt.

(2) Die Verfahrensordnung regelt den Zugang zu den Akten der Kanzlei.

ARTIKEL 25
Nebenstellen der Kanzlei und Hilfskanzler

(1) Vom Präsidium wird ein Hilfskanzler für eine Amtszeit von sechs Jahren ernannt. Die Wiederernennung des Hilfskanzlers ist zulässig.

(2) Artikel 22 Absätze 2 bis 6 gilt entsprechend.

(3) Der Hilfskanzler ist unter Aufsicht des Kanzlers und des Präsidenten des Gerichts erster Instanz für die Organisation und den Geschäftsgang der Nebenstellen der Kanzlei verantwortlich. Der Hilfskanzler ist insbesondere verantwortlich für

a) die Führung der Akten über alle vor dem Gericht erster Instanz verhandelten Verfahren;

b) die Unterrichtung der Kanzlei über jedes vor dem Gericht erster Instanz verhandelte Verfahren.

(4) Der Hilfskanzler stellt den Kammern des Gerichts erster Instanz Verwaltungs- und Sekretariatsunterstützung zur Verfügung.

KAPITEL III – FINANZVORSCHRIFTEN

ARTIKEL 26
Haushaltsplan

(1) Der Haushaltsplan wird vom Haushaltsausschuss auf Vorschlag des Präsidiums festgestellt. Er wird nach Maßgabe der allgemein anerkannten Rechnungslegungsgrundsätze aufgestellt, die in der gemäß Artikel 33 erlassenen Finanzordnung festgelegt sind.

(2) Innerhalb des Haushaltsplans kann das Präsidium nach Maßgabe der Finanzordnung Mittelübertragungen zwischen den einzelnen Kapiteln oder Unterkapiteln vornehmen.

(3) Der Kanzler ist nach Maßgabe der Finanzordnung für die Ausführung des Haushaltsplans verantwortlich.

(4) Der Kanzler erstellt jedes Jahr eine Jahresrechnung zum abgelaufenen Haushaltsjahr, die die Ausführung des Haushaltsplans darlegt; diese Jahresrechnung wird vom Präsidium genehmigt.

ARTIKEL 27
Genehmigung von Ausgaben

(1) Die im Haushaltsplan ausgewiesenen Ausgaben werden für die Dauer eines Rechnungslegungszeitraums genehmigt, sofern die Finanzordnung nichts anderes bestimmt.

(2) Nach Maßgabe der Finanzordnung dürfen die nicht für Personalausgaben vorgesehenen Mittel, die bis zum Ende eines Rechnungslegungszeitraums nicht verbraucht worden sind, nicht über das Ende des nachfolgenden Rechnungslegungszeitraums hinaus übertragen werden.

(3) Die Mittel werden nach Art und Zweckbestimmung der Ausgabe auf die verschiedenen Kapitel aufgeteilt und nach Maßgabe der Finanzordnung soweit erforderlich weiter unterteilt.

ARTIKEL 28
Mittel für unvorhersehbare Ausgaben

(1) Im Haushaltsplan des Gerichts können Mittel für unvorhersehbare Ausgaben veranschlagt werden.

(2) Die Verwendung dieser Mittel durch das Gericht setzt die vorherige Zustimmung des Haushaltsausschusses voraus.

ARTIKEL 29
Rechnungslegungszeitraum

Der Rechnungslegungszeitraum beginnt am 1. Januar und endet am 31. Dezember.

ARTIKEL 30
Erstellung des Haushaltsplans

Das Präsidium legt dem Haushaltsausschuss den Haushaltsplanentwurf des Gerichts spätestens zu dem in der Finanzordnung vorgegebenen Termin vor.

ARTIKEL 31
Vorläufiger Haushaltsplan

(1) Hat der Haushaltsausschuss zu Beginn eines Rechnungslegungszeitraums den Haushaltsplan noch nicht festgestellt, so können nach der Finanzordnung für jedes Kapitel oder jede sonstige Untergliederung des Haushaltsplans mo-

natliche Ausgaben bis zur Höhe eines Zwölftels der im vorangegangenen Rechnungslegungszeitraum eingesetzten Mittel vorgenommen werden, wobei die dem Präsidium auf diese Weise zur Verfügung gestellten Mittel jedoch ein Zwölftel der entsprechenden Mittelansätze des Haushaltsplanentwurfs nicht überschreiten dürfen.

(2) Der Haushaltsausschuss kann unter Beachtung der sonstigen Bestimmungen des Absatzes 1 Ausgaben genehmigen, die über ein Zwölftel der im vorangegangenen Rechnungslegungszeitraum eingesetzten Mittel hinausgehen.

ARTIKEL 32
Rechnungsprüfung

(1) Der Jahresabschluss des Gerichts wird von unabhängigen Rechnungsprüfern geprüft. Die Rechnungsprüfer werden vom Haushaltsausschuss bestellt und erforderlichenfalls abberufen.

(2) Durch die Rechnungsprüfung, die nach fachgerechten Rechnungsprüfungsgrundsätzen und erforderlichenfalls an Ort und Stelle erfolgt, wird festgestellt, dass der Haushaltsplan rechtmäßig und ordnungsgemäß ausgeführt und die Finanzverwaltung des Gerichts nach den Grundsätzen der Sparsamkeit und der Wirtschaftlichkeit der Haushaltsführung durchgeführt worden sind. Nach Abschluss eines jeden Rechnungslegungszeitraums erstellen die Rechnungsprüfer einen Bericht, der einen unterzeichneten Rechnungsprüfungsvermerk enthält.

(3) Das Präsidium legt dem Haushaltsausschuss den Jahresabschluss des Gerichts und die jährliche Übersicht über die Ausführung des Haushaltsplans für das abgelaufene Haushaltsjahr zusammen mit dem Bericht der Rechnungsprüfer vor.

(4) Der Haushaltsausschuss genehmigt die Jahresrechnung sowie den Bericht der Rechnungsprüfer und erteilt dem Präsidium Entlastung hinsichtlich der Ausführung des Haushaltsplans.

ARTIKEL 33
Finanzordnung

(1) Die Finanzordnung wird vom Verwaltungsausschuss erlassen. Sie wird vom Verwaltungsausschuss auf Vorschlag des Gerichts geändert.

(2) Die Finanzordnung regelt insbesondere

a)   die Art und Weise der Aufstellung und Ausführung des Haushaltsplans sowie der Rechnungslegung und Rechnungsprüfung;

b)   die Art und Weise sowie das Verfahren, wie die Zahlungen und Beiträge, einschließlich der inArtikel 37 des Übereinkommens vorgesehenen ersten finanziellen Beiträge, dem Gericht zur Verfügung zu stellen sind;

c)   die Vorschriften über die Verantwortung der Anweisungsbefugten und der Rechnungsführer sowie die entsprechenden Aufsichtsmaßnahmen und

d)   die dem Haushaltsplan und dem Jahresabschluss zugrunde zu legenden allgemein anerkannten Rechnungslegungsgrundsätze.

KAPITEL IV – VERFAHRENSVORSCHRIFTEN

ARTIKEL 34
Beratungsgeheimnis

Die Beratungen des Gerichts sind und bleiben geheim.

ARTIKEL 35
Entscheidungen

(1) Besteht ein Spruchkörper aus einer geraden Zahl von Richtern, so trifft das Gericht seine Entscheidungen mit der Mehrheit des Spruchkörpers. Im Falle der Stimmengleichheit gibt die Stimme des vorsitzenden Richters den Ausschlag.

(2) Bei Verhinderung eines Richters eines Spruchkörpers kann nach Maßgabe der Verfahrensordnung ein Richter eines anderen Spruchkörpers herangezogen werden.

(3) In den Fällen, in denen diese Satzung vorsieht, dass das Berufungsgericht eine Entscheidung als Plenum trifft, ist diese Entscheidung nur dann gültig, wenn sie von mindestens 3/4 der Richter des Plenums getroffen wird.

(4) In den Entscheidungen des Gerichts werden die Richter, die in der Rechtsstreitigkeit entscheiden, namentlich aufgeführt.

(5) Entscheidungen werden unterzeichnet von den Richtern, die in der Rechtsstreitigkeit entscheiden, sowie bei Entscheidungen des Berufungsgerichts vom Kanzler und bei Entscheidungen des Gerichts erster Instanz vom Hilfskanzler. Sie werden in öffentlicher Sitzung verkündet.

ARTIKEL 36
Abweichende Meinungen

Die von einem Richter eines Spruchkörpers nach Artikel 78 des Übereinkommens vertretene abweichende Meinung ist schriftlich zu begründen und von dem die Meinung vertretenden Richter zu unterzeichnen.

ARTIKEL 37
Versäumnisentscheidung

(1) Auf Antrag einer Prozesspartei kann eine Versäumnisentscheidung nach Maßgabe der Verfahrensordnung ergehen, wenn die andere Partei, der ein verfahrenseinleitendes Schriftstück oder ein gleichwertiges Schriftstück zugestellt worden ist, keine schriftliche Erwiderung einreicht oder nicht zur mündlichen Verhandlung erscheint. Gegen diese Entscheidung kann binnen eines Monats nach Zustellung an die Partei, gegen die die Versäumnisentscheidung ergangen ist, Einspruch eingelegt werden.

(2) Der Einspruch hat keine Aussetzung der Vollstreckung der Versäumnisentscheidung zur Folge, es sei denn, dass das Gericht etwas anderes beschließt.

ARTIKEL 38
Anrufung des Gerichtshofs der Europäischen Union

(1) Es gelten die vom Gerichtshof der Europäischen Union für Vorabentscheidungsersuchen innerhalb der Europäischen Union eingerichteten Verfahren.

(2) Hat das Gericht erster Instanz oder das Berufungsgericht beschlossen, den Gerichtshof der Europäischen Union mit einer Frage zur Auslegung des Vertrags über die Europäischen Union oder des Vertrags über die Arbeitsweise der Europäische Union oder mit einer Frage zur Gültigkeit oder zur Auslegung von Rechtsakten der Organe der Europäischen Union zu befassen, so setzt es sein Verfahren aus.

Das Register enthält folgende Fundstellen: BGHZ, BPatGE, GRUR, GRUR Int, GRUR-RR, ABl EPA, Bausch, BlPMZ, IIC, Liedl, Mitt, NJW und NJW-RR sowie sonstige Nebenausgaben (insb. NJWE-WettbR und DtZ), soweit die Entscheidungen dort nicht nur mit Leitsatz wiedergegeben sind. Sonstige Fundstellen sind angegeben, wenn die Entscheidung nicht anderweit veröffentlicht ist. Unveröffentlichte Entscheidungen sind meist in der Bibliothek des BGH dokumentiert, seit dem Jahr 2000 auch im Internet (www.bundesgerichtshof.de, Ausnahmen: mit ° gekennzeichnete)

Abkürzungen: B: Beschluss (nur bei ZR-Sachen); ber: berichtigt; L: nur Leitsatz; NA: Nichtannahme; U: Urteil (nur bei ZB-Sachen)

1-Pfennig-Farbbild 16.11.2000 I ZR 186/98 GRUR 2001, 446; NJW-RR 2001, 686
2 DRP 02.04.1957 I ZR 29/56 GRUR 1957, 372
3-Speichen-Felgenrad 13.07.2000 I ZR 219/98 GRUR 2000, 1023; IIC 33 (2002), 549; Mitt 2000, 465; NJW-RR 2001, 182
40 Jahre Garantie 26.06.2008 I ZR 221/05 GRUR 2008, 915; NJW 2008, 2995
7-Chlor-6-demethyltetracyclin 20.10.1977 X ZB 8/77 GRUR 1978, 162; BlPMZ 1978, 254

Abänderung der Streitwertfestsetzung 08.10.2012 B X ZR 2/10
Abänderung von Ordnungsmittelbeschlüssen 11.09.2007 X ZR 170/03
Abbauhammer 01.10.1964 KZR 5/64 GRUR 1965, 160; NJW 1965, 499
Abbundanlage 13.02.2014 X ZR 69/12
Abdecken von Schwimmbecken 15.08.1978 X ZR 39/75 Liedl 1978/80, 151
Abdeckplatte 14.12.1999 X ZR 128/97
Abdeckprofil 14.10.1982 X ZR 56/79 GRUR 1983, 169; Liedl 1982/83, 125
Abdeckrostverriegelung 12.09.2000 X ZB 16/99 GRUR 2001, 46; Mitt 2000, 499
Abdichtungsmittel 21.09.1976 X ZR 11/74 Liedl 1974/77, 211
Abfallbeseitigung 27.10.1987 X ZR 89/85 Liedl 1987/88, 274
Abfallförderer 11.12.1973 X ZR 51/70 Liedl 1971/73, 352
Abfallkompostierungsverfahren 18.02.2003 X ZR 151/99
Abfangeinrichtung 12.10.1976 X ZB 18/74 GRUR 1977, 508; BlPMZ 1977, 168; Mitt 1977, 59
Abfördereinrichtung für Schüttgut 11.03.1986 X ZR 17/83 GRUR 1986, 798
Abgasemissionen 11.05.2000 I ZR 28/98 BGHZ 144, 255; GRUR 2000, 1076; NJW 2000, 3351
Abgasreinigungsvorrichtung 05.07.2005 X ZR 14/03 GRUR 2005, 845; Mitt 2005, 502
abgelehnter Berichtigungsantrag 01 20.01.2004 B X ZR 155/99
abgelehnter Berichtigungsantrag 02 02.03.2004 B X ZR 4/00
abgestuftes Getriebe 16.04.2002 X ZR 127/99 GRUR 2002, 801; Mitt 2002, 357; NZA-RR 2002, 594
abgewandelte Verkehrszeichen 22.04.2004 I ZB 15/03 GRUR 2004, 770; BlPMZ 2004, 435; NJW-RR 2004, 1625
Abitz [I] 09.07.1958 B KAR 1/58 – I ZR 185/55 GRUR 1958, 617; NJW 1958, 1395
Ablehnung des Vorsitzenden 25.01.2016 I ZB 15/15
Ableiter 08.01.1963 Ia ZR 67/63
Abmahnkostenersatz 10.06.2008 I ZR 83/06 GRUR 2008, 528; NJW 2008, 2651
Abmahnkostenverjährung 26.09.1991 I ZR 149/89 BGHZ 115, 210; GRUR 1992, 176; NJW 1992, 429
Abnehmerverwarnung 23.02.1995 I ZR 15/93 GRUR 1995, 424; IIC 29 (1998), 225; NJW-RR 1995, 810
Abrufcoupon 07.12.1989 I ZR 237/87 GRUR 1990, 534; NJW 1990, 1906; NJW-RR 1990, 561
Absaugflasche 09.01.2001 X ZR 158/98 Bausch BGH 1999–2001, 520
Abschalteinrichtung 13.03.1979 X ZR 31/76 Liedl 1978/80, 151
Abschlußblende 17.09.1987 X ZR 56/86 GRUR 1988, 287; Liedl 1987/88, 240; Mitt 1988, 68; NJW-RR 1988, 443
Abschlußerklärung 05.07.1990 I ZR 148/88 GRUR 1991, 76; NJW-RR 1991, 297
Abschlußstück 05.12.2002 I ZR 91/00 BGHZ 153, 131; GRUR 2003, 332; BlPMZ 2003, 178; Mitt 2003, 212; NJW-RR 2003, 620
Absetzvorrichtung 22.03.1983 X ZR 9/82 GRUR 1983, 497; BlPMZ 1983, 308
Absetzwagen 01 [II] 04.05.1965 Ia ZR 221/63 Liedl 1965/66, 220
Absetzwagen I 28.01.1965 Ia ZR 273/63 BB 1965, 399
Absetzwagen II 01.02.1977 X ZR 7/73 GRUR 1977, 654 ber 1978, 168; BlPMZ 1977, 303; Mitt 1977, 134
Absorberstabantrieb I 31.01.1978 X ZR 55/75 GRUR 1978, 430; BlPMZ 1978, 345; Mitt 1978, 198
Absorberstabantrieb II 08.12.1981 X ZR 50/80 GRUR 1982, 227; BlPMZ 1982, 220
absorbierende Mehrschichtfolien 01 25.02.2003 X ZR 180/99
absorbierende Mehrschichtfolien 02 03.06.2003 X ZR 72/99
Absperrventil [II] 17.04.1973 X ZR 59/69 BGHZ 61, 153; GRUR 1973, 649; BlPMZ 1973, 315; NJW 1973, 1685
Absperrventil 01 05.02.1960 I ZR 181/57 Liedl 1959/60, 260

Abstandhalter 22.01.1963 Ia ZR 56/63
Abstandshalterstopfen 15.01.1974 X ZR 36/71 GRUR 1974, 335; NJW 1974, 502
Abstreiferleiste 14.05.2002 X ZR 144/00 GRUR 2002, 787; Mitt 2002, 329
Abtastgerät 08.10.1985 X ZB 1/85
Abtastnadel I 29.01.1963 Ia ZR 16/63 Liedl 1963/64, 21
Abtastnadel II 30.06.1964 Ia ZR 10/63 GRUR 1964, 669
Abtastverfahren 28.04.1966 Ia ZB 9/65 GRUR 1966, 583; BlPMZ 1966, 234; NJW 1966, 1318
Abtreibungspraxis 07.12.2004 VI ZR 308/03 BGHZ 166, 266; GRUR 2005, 612; NJW 2005, 592
Abwasserbehandlung 29.04.2003 X ZR 186/01 BGHZ 155, 8; GRUR 2003, 789; Mitt 2003, 466; NJW-RR 2003, 1710
Abwasserkanalisationssystem 22.09.1998 X ZR 15/97 Bausch BGH 1994–1998, 540
Abziehgerät 17.11.1960 I ZR 157/58 Liedl 1959/60, 432
Abziehprägefolien 18.12.1959 I ZR 151/57 Liedl 1959/60, 243
ACERBON 18.10.2007 I ZR 24/05 GRUR 2008, 614; GRUR Int 2008, 759; Mitt 2008, 279
Achat 15.12.1987 X ZR 55/86 BGHZ 102, 373; GRUR 1988, 370; GRUR Int 1988, 681; IIC 20 (1989), 898; NJW 1988, 2110
Achshebevorrichtung 24.09.2003 X ZR 30/00
Ackerwagen 09.12.1969 X ZR 41/67 Liedl 1969/70, 207
Acrylfasern 19.07.1984 X ZB 18/83 BGHZ 92, 129; GRUR 1985, 31; BlPMZ 1985, 28; Mitt 1985, 115; NJW 1985, 493
Active Line 19.06.1997 I ZB 7/95 GRUR 1998, 394; BlPMZ 1998, 150; Mitt 1998, 73; NJW-RR 1998, 475
Active Line 01 19.06.1997 I ZB 8/95 DRsp-ROM 1997/1739
Active Line 02 19.06.1997 I ZB 9/95 DRsp-ROM 1997/1739
Adalat 29.03.2001 I ZR 263/98 GRUR 2002, 57; GRUR Int 2001, 1059; BlPMZ 2001, 352; Mitt 2001, 511; NJW 2002, 221
ad-hoc-Meldung 29.06.2000 I ZR 128/98 GRUR 2001, 80; NJW-RR 2001, 327
Adrema 23.06.1966 Ia ZR 263/63 Liedl 1965/66, 480
Adressenmaterial 07.05.1986 VIII ZR 238/35 GRUR 1986, 679; NJW 1986, 2435
Adsorptionsmittel für Bier 30.09.1980 X ZR 30/77 Liedl 1978/80, 842
Aerosoldose 03.06.1976 X ZR 4/73
AGIAV 11.02.1988 I ZR 201/86 GRUR 1988, 483; GRUR Int 1988, 779; NJW 1988, 1466
AHF-Konzentrat 08.12.1983 B X ZR 7/83 GRUR 1984, 276; Liedl 1982/83, 450
Airbag-Auslösesteuerung 01 30.04.2009 Xa ZR 64/08
Airbag-Auslösesteuerung GRUR 2009, 743 30.04.2009 Xa ZR 56/05 GRUR Int 2009, 937; BlPMZ 2009, 432
AjS-Schriftenreihe 30.11.1989 I ZR 191/87 GRUR 1992, 329; NJW-RR 1990, 538
AKI 27.02.1962 I ZR 118/60 BGHZ 37, 1; GRUR 1962, 470; BlPMZ 1962, 280; NJW 1962, 1295
Akkumulatorprimärelement 09.10.1980 X ZR 74/78 Liedl 1978/80, 858
Akteneinsicht 01 20.07.1962 I ZR 63/60
Akteneinsicht 05 19.12.1967 Ia ZA 1/67 Liedl 1967/68, 304
Akteneinsicht 06 18.05.1971 X ZA 6/70 BlPMZ 1971, 345
Akteneinsicht 08 25.10.1972 I ZA 1/72 GRUR 1973, 491; Mitt 1973, 100
Akteneinsicht 09 04.12.1990 B X ZR 47/88
Akteneinsicht 010 29.01.1991 X ZB 5/90 Schulte-Kartei PatG 31 Nr 24; BGH-DAT Z; J
Akteneinsicht 011 29.01.1991 X ZB 5/90 BGH-DAT Z
Akteneinsicht 012 01.12.1992 X ZB 3/92 BGH-DAT Z
Akteneinsicht 013, 014 15.12.1992 X ZR 72/91
Akteneinsicht 015 21.09.1993 X ZB 24/92 BGH-DAT Z
Akteneinsicht 016 25.02.1997° X ZB 11/96
Akteneinsicht 017 19.05.1998 X ZB 10/98
Akteneinsicht 018 14.07.1999 B X ZR 225/98 Bausch BGH 1999–2001, 617
Akteneinsicht 019 26.09.2000 X ZB 23/99 GRUR 2001, 149
Akteneinsicht 020 28.11.2000 B X ZR 237/98 Bausch BGH 1999–2001, 618; BGHRep 2001, 223
Akteneinsicht 021 25.03.2003 B X ZR 222/01
Akteneinsicht 022 04.05.2004 B X ZR 231/02 Schulte-Kartei PatG 65–80, 86–99 Nr 327
Akteneinsicht 023 04.05.2004 B X ZR 189/03
Akteneinsicht 024 22.11.2005 X ZR 61/05
Akteneinsicht 025 23.05.2006 X ZR 240/02
Akteneinsicht 026 06.03.2007 X ZB 20/06
Akteneinsicht 027 15.05.2007 X ZR 107/05
Akteneinsicht 028 12.06.2007 X ZR 32/03
Akteneinsicht 029 23.10.2007 X ZR 92/05
Akteneinsicht 030 10.06.2008 X ZR 3/08
Akteneinsicht 031 27.05.2009 B Xa ZR 162/07
Akteneinsicht 032 29.07.2010 B Xa ZR 22/10
Akteneinsicht 033 30.08.2010 B X ZR 157/04 GRUR-RR 2011, 31

Akteneinsicht 034 28.09.2010 X ZR 137/09
Akteneinsicht 035 16.12.2010 B Xa ZR 19/10
Akteneinsicht 036 07.12.2011 B X ZR 84/11
Akteneinsicht 037 13.02.2012 B X ZR 114/11 Mitt 2012, 223 L
Akteneinsicht 038 21.01.2013 B X ZR 49/12
Akteneinsicht 039 18.06.2013 B X ZR 11/10
Akteneinsicht 040 24.11.2014 B X ZR 28/13
Akteneinsicht 041 18.12.2014 B X ZR 38/14 CIPR 2015, 16 L
Akteneinsicht 042 16.06.2015 B X ZR 96/14 CIPR 2015, 81 L
Akteneinsicht 043 28.07.2015 X ZR 38/14
Akteneinsicht 044 28.07.2015 X ZR 41/14
Akteneinsicht 045 15.12.2015 B X ZR 96/14
Akteneinsicht 046 22.03.2016 X ZR 96/14
Akteneinsicht I 26.05.1964 Ia ZB 233/63 BGHZ 42, 19; GRUR 1964, 548; BlPMZ 1964, 247; NJW 1964, 1723
Akteneinsicht II 26.05.1964 Ia ZB 18/63 BGHZ 42, 32; GRUR 1964, 602; BlPMZ 1964, 283; NJW 1964, 1728
Akteneinsicht III 27.06.1966 Ia ZA 2/66 GRUR 1966, 639; BlPMZ 1966, 308; NJW 1966, 2060
Akteneinsicht IV 14.07.1966 Ia ZB 9/66 BGHZ 46, 1; GRUR 1966, 698; BlPMZ 1966, 309; NJW 1966, 2056
Akteneinsicht V 27.04.1967 Ia ZA 2/67 GRUR 1967, 498; BlPMZ 1967, 358; Liedl 1967/68, 146; NJW 1967, 2114
Akteneinsicht VI 14.05.1970 B X ZA 1/69 GRUR 1970, 533; BlPMZ 1970, 454; Liedl 1969/70, 355
Akteneinsicht VII 17.07.1970 X ZB 25/69 GRUR 1970, 623; BlPMZ 1971, 168; Mitt 1970, 239
Akteneinsicht VIII 11.06.1971 X ZA 1/71 GRUR 1972, 195; BlPMZ 1971, 371
Akteneinsicht IX [VIII] 16.12.1971 X ZA 1/69 GRUR 1972, 441; BlPMZ 1972, 293; Liedl 1971/73, 108
Akteneinsicht X 18.04.1972 X ZB 16/71 GRUR 1972, 640; BlPMZ 1972, 378; NJW 1972, 1519
Akteneinsicht XI [IX] 17.03.1972 X ZB 25/70 GRUR 1972, 725; BlPMZ 1972, 376; Mitt 1972, 175; NJW 1972, 1895
Akteneinsicht XII 26.09.1972 X ZB 28/71 GRUR 1973, 154; BlPMZ 1973, 173
Akteneinsicht XIII 21.09.1993 X ZB 31/92 GRUR 1994, 104; BlPMZ 1994, 121; Mitt 1994, 123; NJW-RR 1994, 381
Akteneinsicht XIV 08.10.1998 X ZB 12/98 GRUR 1999, 226; Mitt 1999, 34; NJW-RR 1999, 481
Akteneinsicht XV 17.10.2000 B X ZR 4/00 GRUR 2001, 143; Bausch BGH 1999–2001, 62; Mitt 2001, 73
Akteneinsicht XVI 11.10.2004, ber 20.02.2005 X ZB 25/02 GRUR 2005, 270; BlPMZ 2005, 180
Akteneinsicht XVII 10.10.2006 X ZR 133/05 GRUR 2007, 133
Akteneinsicht XVIII 27.06.2007 B X ZR 56/05 GRUR 2007, 815
Akteneinsicht XIX 30.01.2008 X ZR 1/07 GRUR 2008, 633
Akteneinsicht XX 15.04.2008 X ZR 81/03 GRUR 2008, 733
Akteneinsicht XXII 27.10.2011 B X ZR 106/10 GRUR-RR 2012, 87
Akteneinsicht Geheimpatent 21.06.1977 X ZB 8/76 BlPMZ 1977, 310
Akteneinsicht Nichtigkeitsverfahren 11.12.1973 X ARZ 7/73 Mitt 1974, 97
Akteneinsicht Rechtsbeschwerde 08.05.1973 X ARZ 1/73 Mitt 1973, 174
Akteneinsicht Rechtsbeschwerdeakten 08.03.1983 X ARZ 6/82 GRUR 1983, 365; BlPMZ 1983, 187; NJW 1983, 2448
Akteneinsicht Rechtsbeschwerdeakten (Markenrecht) 06.10.2005 I ZB 11/04
Aktenhülle 01 01.07.1958 I ZR 99/56 Liedl 1956/58, 570
Aktenhülle 02 24.01.1961° I ZR 48/59
Aktenhülle 03 19.03.1963 Ia ZR 73/63
Aktenzeichen 02.10.1973 X ZB 7/73 GRUR 1974, 210; BlPMZ 1974, 123; NJW 1974, 48
Aktionärsversammlung 20.12.1983 VI ZR 94/82 BGHZ 89, 198; GRUR 1984, 301; NJW 1984, 1104
Aktivierungskosten II 02.06.2005 I ZR 252/02 GRUR 2006, 164; NJW-RR 2006, 257
akustische Wand 25.01.1972 X ZB 37/70 GRUR 1972, 536; BlPMZ 1972, 354; Mitt 1972, 776; NJW 1972, 1270
Al Di Meola 05.11.2015 I ZR 88/13 GRUR 2016, 493
Alevita 14.04.1983 I ZB 1/83 Mitt 1983, 195
Alf 17.06.1992 I ZR 182/90 BGHZ 118, 394; GRUR 1992, 697; GRUR Int 1993, 257; IIC 24 (1993), 539; NJW 1992, 2824
Algenpulver 22.06.1962 I ZR 2/61
Alkalidiamidophosphite 25.06.1974 X ZB 2/73 GRUR 1974, 774; BlPMZ 1974, 351
Alka-Seltzer 18.06.1998 I ZR 15/96 GRUR 1998, 942; IIC 30 (1999), 945; NJW-RR 1998, 1575
alkoholfreies Bier 20.10.1993 X ZB 4/93 GRUR 1994, 188; NJW-RR 1994, 382
Alkyläther 22.04.1998 X ZB 5/97 GRUR 1998, 907; BlPMZ 1998, 513; NJW-RR 1999, 114
Alkyldiarylphosphin 13.10.1987 X ZB 24/86 BGHZ 102, 53; GRUR 1988, 113; BlMPZ 1988, 185; NJW 1988, 1028
Alkylendiamine I 18.12.1975 X ZR 51/72 BGHZ 66, 17; GRUR 1976, 299; BlPMZ 1975, 192; Liedl 1974/77, 165; NJW 1976, 674
Alkylendiamine II 25.06.1976 X ZR 4/75 BGHZ 67, 38; GRUR 1977, 100; BlPMZ 1976, 433; NJW 1976, 2015
Alle reden vom Klima 12.10.1993 VI ZR 23/93 GRUR 1994, 391; NJW 1994, 124
Alles kann besser werden 19.04.2012 I ZB 80/11 GRUR 2012, 1026
Allgemeininteresse an der Rechtsverteidigung 10.01.2011 X ZA 1/10
Allopurinol 15.10.1974 X ZR 79/72 BGHZ 63, 150; GRUR 1975, 131; NJW 1975, 495

Allopurinol 01 31.05.1994 X ZB 10/93 BGH-DAT Z
Allopurinol 02 11.07.1995 X ZR 24/93
Allradantrieb 27.04.1995 X ZB 12/94
Allstar 14.01.1977 I ZR 170/75 GRUR 1977, 491; BlPMZ 1977, 240
Allzwecklandmaschine 27.11.1969 X ZR 89/65 GRUR 1970, 296
Alone in the Dark 12.07.2012 I ZR 18/11 BGHZ 194, 339; GRUR 2013, 370; NJW 2013, 784
alpha-Aminobenzylpenicillin 30.05.1978 X ZR 16/76 GRUR 1978, 696; BlPMZ 1979, 63; Liedl 1978/80, 108
alphaCAM 30.04.2008 I ZR 4/07 GRUR 2008, 731; BlPMZ 2008, 359
alpi/Alba Moda 08.11.1989 I ZR 102/88 GRUR 1990, 367; NJW-RR 1990, 535
Alpinski 16.06.1998 X ZB 3/97 GRUR 1998, 899; BlPMZ 1998, 517; ENPR 2001, 137; NJW-RR 1998, 1735
Alt Luxemburg 15.05.2003 I ZR 214/00 GRUR 2003, 892; NJW-RR 2003, 1482
Altberliner 28.01.1999 I ZR 178/96 GRUR 1999, 492; NJW-RR 1999, 1202
Altenburger Spielkartenfabrik 29.06.1995 I ZR 24/93 BGHZ 130, 134; GRUR 1995, 754; DtZ 1996, 14; Mitt 1995, 379
alternatives Mobilfunksystem 07.07.2015 X ZB 100/13
Altix 15.06.1967 Ia ZB 13/66 GRUR 1967, 655; Mitt 1967, 216
Altmuster 28.07.2005 I ZB 20/05 GRUR 2005, 1041; BlPMZ 2005, 453; Mitt 2005, 568
Altunterwerfung I 26.09.1996 I ZR 265/95 BGHZ 133, 316; GRUR 1997, 382; NJW 1997, 1702
Altunterwerfung II 26.09.1996 I ZR 194/95 BGHZ 133, 331; GRUR 1997, 386; NJW 1997, 1706
Altunterwerfung III 05.03.1998 I ZR 202/95 GRUR 1998, 953; NJW 1998, 2439
Altunterwerfung IV 06.07.2000 I ZR 243/97 GRUR 2001, 85; NJW 2000, 3645
Altverträge 13.05.1982 I ZR 103/80 GRUR 1982, 727
Aluminiumdraht 12.10.1976 X ZB 20/75 GRUR 1977, 214; BlPMZ 1977, 169
Aluminiumflachfolien 01 20.10.1966 Ia ZR 175/63 Liedl 1965/66, 569
Aluminiumflachfolien I 15.10.1957 I ZR 99/54 GRUR 1958, 177; Liedl 1956/58, 345
Aluminiumflachfolien II 28.09.1965 Ia ZR 176/63 GRUR 1966,109; Liedl 1965/66, 284
Aluminiumräder 15.07.2004 I ZR 37/01 GRUR 2005, 163; NJW-RR 2005, 548
Aluminium-Trihydroxid 10.01.1995 X ZB 11/92 BGHZ 128, 280; GRUR 1995, 333; BlPMZ 1995, 438; Mitt 1995, 243; NJW
    1995, 1901
Alumosilikat 07.03.1989 X ZB 7/88
Ambi-Budd 14.07.1961° I ZR 147/57
ambiente.de 17.05.2001 I ZR 251/99 BGHZ 148, 13; GRUR 2001, 1038; Mitt 2001, 508; NJW 2001, 3265
Amplidect/ampliteq 23.09.2015 I ZR 15/14 GRUR 2016, 83; BlPMZ 2016, 140; Mitt 2016, 30
Amtsanzeiger 12.11.1991 KZR 18/90 BGHZ 116, 47; GRUR 1992, 191; NJW 1992, 1817
Analgin 09.10.1997 I ZR 95/95 GRUR 1998, 412; IIC 30 (1999), 114; NJW-RR 1998, 694
Analog-Digital-Wandler 27.05.2014 X ZR 2/13 GRUR 2014, 1026; IIC 2015, 474
analytisches Testgerät 01 13.01.2004 X ZR 5/00 Schulte-Kartei PatG 139.4 Nr 39
analytisches Testgerät 02 13.01.2004 X ZR 124/02 Schulte-Kartei PatG 110–122 Nr 64
analytisches Testgerät 03 04.11.2008 X ZR 154/05
Anbieten interaktiver Hilfe 19.10.2004 X ZB 33/03 GRUR 2005, 141; BlPMZ 2005, 77
Anbringungsvorrichtung 14.07.2009 X ZR 187/04
Änderungsvertrag 07.07.1992 KZR 28/91 BGHZ 119, 112; GRUR 1993, 149; IIC 25 (1994), 297; NJW-RR 1993, 118
Androhung der Löschung [Zwischenbescheid] 20.01.2004 X ZA 5/03 Schulte-Kartei PatG 65–80, 86–99 Nr. 324
Aneinanderfügen von Profilbrettern 28.03.2006 X ZB 1/05
Anfechtbarkeit der Ablehnung der Wiedereinsetzung 12.07.1995 I ZB 12/95
Anfechtungsfrist 30.01.1962 I ZB 7/61 BPatGE 1, 228; GRUR 1962, 329; BlPMZ 1962, 82; NJW 1962, 963
Anforderung von Übersetzungen 22.07.2003 X ZR 176/01
Anforderung von Übersetzungen 02 29.08.2006 X ZR 155/05
Anforderung von Übersetzungen 03 15.07.2008 X ZR 30/07
Angestelltentätigkeit 21.01.1974 PatAnwZ 1/73 BGHZ 62, 154; BlPMZ 1974, 176; Mitt 1975, 56; NJW 1974, 907
Anginetten 02.03.1973 I ZB 11/72 GRUR 1973, 605; BlPMZ 1973, 315; Mitt 1973, 192
Angussvorrichtung für Spritzgießwerkzeuge I 24.07.2007 X ZB 17/05 GRUR 2007, 996; BlPMZ 2008, 17; Mitt 2007, 501
Angussvorrichtung für Spritzgießwerkzeuge II 10.06.2008 X ZB 3/08 GRUR 2008, 692; BlPMZ 2008, 357; Mitt 2008, 458
Anhängerkrampen 06.05.1958 I ZR 101/56 Liedl 1956/58, 484
Anhängerkupplung 27.04.1956 I ZR 28/54 GRUR 1956, 542; BlPMZ 1956, 282
Anhängigkeit des Berufungsverfahrens 18.05.1995 I ZR 178/93 DtZ 1995, 443
Anhörungsrüge (Escitalopram) 12.11.2009 B Xa ZR 130/07
Anhörungsrüge (Mitwirkung eines Richters der ersten Instanz) 22.12.2009 X ZR 61/07
Anhörungsrüge (Nichtzulassungsbeschwerde) 17.12.2015 B I ZR 256/14
Anhörungsrüge 01 21.02.2006 X ZR 171/01
Anhörungsrüge 02 10.07.2007 X ZB 4/06
Anhörungsrüge 03 12.05.2010 I ZR 203/08

Anhörungsrüge 04 15.07.2010 B I ZR 160/07
Anker Export 12.02.1969 I ZR 30/67 BGHZ 51, 330; GRUR 1969, 348; NJW 1969, 980
Ankerwickelmaschine 19.11.2002, ber 04.12.2002 X ZR 121/99 Mitt 2004, 69 L; Schulte-Kartei PatG 110–122 Nr 60
Anlagengeschäft 23.04.1974 X ZR 4/71 BGHZ 62, 272; BlPMZ 1974, 291; NJW 1974, 1197
Anodenkorb 03.12.1964 Ia ZB 22/64 GRUR 1965, 273; Mitt 1965, 77; NJW 1965, 497
Anschlußberufung 11.11.1952 I ZR 134/51 GRUR 1953, 88; BlPMZ 1953, 64; Liedl 1951/55, 22
Anschlußberufung im Patentnichtigkeitsverfahren 07.06.2005 X ZR 174/04 GRUR 2005, 888
Anschlusskragen 24.03.2011 X ZR 60/09
Anschraubscharnier 19.05.1999 X ZR 67/98 GRUR 1999, 976; Bausch BGH 1999–2001, 430; Mitt 1999, 369; NJW-RR 1999,
    1717
Anschriftenliste 29.06.2006 I ZR 235/03 BGHZ 168, 179; GRUR 2006, 960
Anspinnverfahren 01 08.10.1991 X ZR 28/89 Bausch BGH 1986–1993, 246
Anspinnverfahren 02 10.03.1992 X ZR 76/89 Bausch BGH 1986–1993, 255
Anspinnvorrichtung 23.03.1991 X ZR 36/89 Bausch BGH 1986–1993, 264
Ansprechen in der Öffentlichkeit II 09.09.2004 I ZR 93/02 GRUR 2005, 443
Antennenantriebsvorrichtung 20.05.1960 I ZR 148/58 Liedl 1959/60, 372
Antennenhalter 16.09.2008, ber. 16.12.2008 X ZB 29/07 GRUR 2009, 91; Mitt 2009, 31
Antennenmann 13.05.2003 X ZR 200/01 GRUR 2003, 1065; IIC 34 (2003), 988; NJW-RR 2003, 1285
Anthocyanverbindung 10.12.2013 X ZR 4/11 GRUR 2014, 349; Mitt 2014, 169 L
Anthradipyrazol 24.02.1970 X ZB 3/69 BGHZ 53, 283; GRUR 1970, 408; BlPMZ 1971, 131; IIC 1 (1970), 467; NJW 1970, 1367
Antiblockiersystem 13.05.1980 X ZB 19/78 GRUR 1980, 849; BlPMZ 1981, 70; Mitt 1980, 196
antidiabetische Sulfonamide 22.05.1975 X ZB 25/74 Mitt 1975, 216
Antigenenachweis 22.10.1991 X ZR 73/89 BlPMZ 1992, 308; Bausch BGH 1986–1993, 17
Anti-Helicobacter-Präparat 08.07.2008 X ZB 1/08 GRUR 2008, 890; GRUR Int 2008, 1045; BlPMZ 2008, 393
Antikörperreinigung 13.05.2014 X ZR 133/12
antimykotischer Nagellack I 06.03.2012 X ZR 104/09 GRUR 2012, 605; IIC 2012, 712; Mitt 2012, 285
antimykotischer Nagellack II 12.06.2012 B X ZR 104/09 GRUR 2012, 959; Mitt 2012, 472
Antivirusmittel 16.06.1987 X ZR 51/86 BGHZ 101, 159; GRUR 1987, 794; NJW 1988, 769
Anti-Virus-Software 17.07.2002 VIII ZR 64/01 NJW 2002, 3771
Antriebseinheit für Trommelwaschmaschine 30.08.2011 X ZR 12/10 Mitt 2012, 344
Antriebsscheibenaufzug 07.06.2005, ber 25.07.2005 X ZR 247/02 GRUR 2005, 848
Antwortpflicht des Abgemahnten 19.10.1989 I ZR 63/88 GRUR 1990, 381; NJW 1990, 1905
Anwaltsabmahnung 12.04.1984 I ZR 45/82 GRUR 1984, 691; NJW 1984, 2525
Anwaltsbeiordnung 14.07.1993 X ZB 6/93
Anwaltsgebühren bei mehrfachem Unterlassungsbegehren 15.04.2008 X ZB 12/06 GRUR-RR 2008, 460; WRP 2008, 952
Anwaltshaftung 08.12.2005 IX ZR 188/04 GRUR 2006, 349
Anwalts-Hotline 26.09.2002 I ZR 44/00 BGHZ 152, 153; GRUR 2003, 349; NJW 2003, 819
Anwaltswerbung 04.07.1991 I ZR 2/90 BGHZ 115, 105; GRUR 1991, 917; NJW 1991, 2641
Anwaltszwang 18.10.1966 Ia ZB 12/66 GRUR 1967, 166; Mitt 1967, 20
Anwaltszwang 01 11.07.1989 X ZB 17/89; X ZB 18/89
Anwaltszwang 02 10.03.1998 X ZB 5/98 DRsp-ROM 1998/6587
Anwaltszwang bei Rechtsbeschwerde 15.03.1984 X ZB 23/83 BlPMZ 1984, 367
Anzeigeeinheit 01 17.06.2011 X ZR 101/11
Anzeigeeinheit 02 17.06.2014 X ZR 102/11
Anzeigegerät 12.03.1981 X ZB 16/80 GRUR 1981, 515; BlPMZ 1982, 21; NJW 1981, 2461
Anzeigenauftrag 31.05.1990 I ZR 228/88 GRUR 1990, 1039; NJW 1990, 3204
Anzeigeneinführungspreis 20.01.1994 I ZR 250/91 GRUR 1994, 390; NJW 1994, 1224
Anzeigenplazierung 23.01.1992 I ZR 129/90 GRUR 1992, 463; NJW-RR 1992, 807
Anzeigenpreis II 26.04.1990 I ZR 99/88 GRUR 1990, 687; NJW 1990, 2469
Anzeigenraum 29.06.1982 KVR 5/81 BGHZ 84, 320; GRUR 1982, 691; NJW 1982, 2775
Anzeigenrubrik I 25.04.1991 I ZR 134/90 GRUR 1991, 772; NJW 1991, 3029
Anzeigenrubrik II 25.04.1991 I ZR 192/89 GRUR 1991, 774; NJW 1991,303
Anzeigevorrichtung 10.05.1984 X ZB 16/83 BlPMZ 1985, 117
Apfel-Madonna 13.10.1965 Ib ZR 111/63 BGHZ 44, 288; GRUR 1966, 503; NJW 1966, 542
Apollo-Optik 20.05.2003 KZR 19/02 NJW-RR 2003, 1635
Apothekenzeitschriften 06.05.1993 I ZR 144/92 GRUR 1993, 926; NJW 1993, 2993
Appetitzügler I 03.02.1966 Ia ZB 26/64 BGHZ 45, 102; GRUR 1966, 312; BlPMZ 1966, 201; NJW 1966, 832
Appetitzügler II 29.01.1970 X ZB 20/68 GRUR 1970, 237
Appreturmittel 29.04.1969 X ZB 14/67 GRUR 1969, 562; BlPMZ 1970, 161
Aqua King 08.07.1982 I ZR 110/80 GRUR 1983, 177
Aquavit 29.05.1991 I ZR 204/89 GRUR 1991, 852; NJW-RR 1991, 1512

Arbeitsplatzanordnung für Friseure 19.09.1967 Ia ZR 89/63 Liedl 1967/68, 239
Architektenwettbewerb 10.10.1996 I ZR 129/94 GRUR 1997, 313; NJW 1997, 2180
Armaturengruppe 08.10.1991 X ZB 3/91 BGH-DAT Z
Armutszeugnis 17.01.1964 B Ia ZR 242/63 GRUR 1964, 281; Liedl 1963/64, 282
aromatische Diamine 25.06.1974 X ZB 13/73 GRUR 1974, 722; BlPMZ 1974, 353
Arretiersystem 20.03.2014 X ZR 12812
Artenschutz 22.09.2005 I ZR 55/02 BGHZ 164, 153; GRUR 2006, 75
Arzneimittelgebrauchsmuster 05.10.2005 X ZB 7/03 BGHZ 164, 220; GRUR 2006, 135; 37 IIC (2006), 473; Mitt 2006, 29, 129
Arzneimittelgemisch 13.02.1964 Ia ZB 19/63 BGHZ 41, 231; GRUR 1964, 439; BlPMZ 1964, 277; NJW 1964, 1717
Arzneimittelsubstitution 04.12.2003 I ZB 19/03 GRUR 2004, 444; NJW-RR 2004, 1119
Arzneimittelversorgung 15.09.1999 I ZB 59/98 GRUR 2000, 251; NJW 2000, 874
Arzneimittelwerbung im Internet 30.03.2006 I ZR 24/03 BGHZ 167, 91; GRUR 2006, 513; GRUR Int 2006, 605; NJW 2006, 2630
Arzneimittelzulassung 01.03.1990 B IX ZR 147/89 NJW 1990, 2931
ärztliche Diagnose 11.04.1989 VI ZR 293/88 GRUR 1989, 536; NJW 1989, 2941
Aspirin 11.07.2002 I ZR 35/00 GRUR 2002, 1063; GRUR Int 2003, 250; NJW-RR 2002, 1687
Aspirin II 12.07.2007 I ZR 147/04 BGHZ 173, 217; GRUR 2008, 156; GRUR Int 2008, 515
Asterix-Persiflagen 11.03.1993 I ZR 264/91 GRUR 1994, 191; IIC 25 (1994), 610; NJW-RR 1993, 1002
Astrologie 20.10.1953 I ZR 12/52 GRUR 1954, 80
Atemgasdrucksteuerung 17.05.2011 X ZR 53/08 GRUR 2011, 903; Mitt 2011, 470
Atemgerät 16.03.1962 I ZR 97/60 Liedl 1961/62, 549
Atemgerät 01 10.07.1986 X ZB 2/86
Atlanta 03.03.2005 I ZR 133/02 GRUR 2005, 505; Mitt 2005, 279; NJW 2005, 1581
atmungsaktiver Klebestreifen 20.12.1977 X ZB 10/76 GRUR 1978, 356; BlPMZ 1978, 292; Mitt 1978, 118
Atomschutzvorrichtung 30.01.1962 I ZB 9/61 BPatGE 1, 237; GRUR 1962, 398; BlPMZ 1962, 141
ATOZ I 14.08.2008 I ZA 2/08 GRUR 2009, 88; BlPMZ 2009, 25; Mitt 2008, 517
ATOZ II 18.12.2008 I ZB 83/08 GRUR 2009, 427; BlPMZ 2009, 169
ATOZ III 29.07.2009 I ZB 83/08 GRUR 2010, 270; BlPMZ 2010, 229
Ätzen 21.05.1985 X ZR 56/83 BlPMZ 1985, 374; Liedl 1984/86, 313
Audiosignalcodierung 03.02.2015 X ZR 69/13 BGHZ 204, 114; GRUR 2015, 467; Mitt 2015, 224
Audiosignaldecodiereinrichtung 31.03.2015 X ZR 38/13
Audiosignalübertragungssystem 31.03.2015 X ZR 44/12
Audio-Störgeräuschverminderung 11.03.1982 X ZB 9/81 J
Aufarbeitung von Fahrzeugkomponenten 14.12.2006 I ZR 11/04 GRUR 2007, 705; GRUR Int 2007, 864
Aufbereiter I 30.03.2005 X ZR 191/03 GRUR 2005, 668; AUR 2005, 374
Aufbereiter II 14.02.2006 X ZR 185/03 GRUR 2006, 405
Aufhänger 07.12.1978 X ZR 4/76 BGHZ 73, 40; GRUR 1979, 224; BlPMZ 1979, 349; Liedl 1978/80, 294; Mitt 1979, 196; NJW 1979, 922
Aufhänger für Schleudergardinen 13.11.1979 X ZR 26/76 Liedl 1978/80, 533
Aufhängevorrichtung 30.10.1962 I ZR 46/61 GRUR 1963, 563
Aufhellungsmittel 14.03.1972 X ZB 33/70 GRUR 1972, 638; BlPMZ 1972, 321; Mitt 1972, 196; NJW 1972, 1369
Aufklärung von Verkündungsmängeln 06.06.2002 I ZB 5/02
Aufklärungspflicht des Abgemahnten 19.06.1986 I ZR 65/84 GRUR 1987, 54
Aufklärungspflicht des Unterwerfungschuldners 07.12.1989 I ZR 62/88 GRUR 1990, 542; NJW 1990, 1906
Aufklärungspflicht gegenüber Verbänden 05.05.1988 I ZR 151/86 GRUR 1988, 716; NJW-RR 1988, 1066
Auflage von Gargutträgern 12.09.2006 X ZR 49/02
Auflaufbremse 05.10.1982 X ZB 4/82 BGHZ 85, 116; GRUR 1983, 114; BlPMZ 1983, 131; Mitt 1983, 54; NJW 1983, 671
Aufnahme des Patentnichtigkeitsverfahrens 23.04.2013 X ZR 169/12 BGHZ 197, 177; GRUR 2013, 862; Mitt 2013, 411; NJW-RR 2013, 1267
Aufnahme in die Patentanwaltskammer 25.10.2004 PatAnwZ 1/03 GRUR 2005, 313; NJW-RR 2005, 427
Aufreißdeckel 17.01.1995 B X ZR 118/94 GRUR 1995, 394; NJW-RR 1995, 573
Aufsatteln eines fahrbaren Ladegestells 10.01.1980 X ZR 49/76 Liedl 1978/80, 570
Aufschneiden eines Tierkörpers 08.02.2011 X ZR 22/09
Aufwand für die Auskunft 21.02.2011 B X ZR 51/09
Aufwärmvorrichtung 24.10.1978 X ZR 42/76 BGHZ 72, 236; GRUR 1979, 145; NJW 1979, 26
aufweitbares Element 14.05.2002 X ZB 20/01
Aufzeichnungsmaterial 20.12.1988 X ZB 30/87 GRUR 1990, 346; BlPMZ 1989, 214; NJW-RR 1989, 826
Aufzeichnungsträger 19.05.2005 X ZR 188/01 GRUR 2005, 749; Mitt 2005, 358 37 IIC (2006) 219
Aufzeichnungsträgerklebevorrichtung 10.12.1991 X ZR 8/89 Bausch BGH 1986–1993, 273
Aufzeichnungsvorrichtung 19.09.1985 X ZB 3/85

Aufzugsmultigruppensteuerung 14.05.2013 X ZR 107/10 GRUR 2013, 1022; BlPMZ 2013, 418; IIC 2014, 228
Augenarztanschreiben 28.09.2000 I ZR 141/98 GRUR 2001, 255; NJW-RR 2001, 407
Augentropfen 28.06.1994 X ZR 44/93 GRUR 1996, 865
Ausbeinmesser 02.04.2009 I ZR 199/06 GRUR 2009, 1073; NJW-RR 2010, 53
Ausdrückvorrichtung 21.12.2010 X ZR 91709
Ausgangskontrolle 29.04.2010 B I ZR 147/09 GRUR-RR 2010, 407 L; JurBüro 2010, 504 K
ausgeschlossener Richter 30.06.1998 X ZB 30/97 GRUR 1999, 43; Mitt 1998, 426; NJW-RR 1998, 1660
Auskunft über Notdienste 24.02.1994 I ZR 59/92 GRUR 1994, 516; NJW-RR 1994, 1001
Auskunft über Tintenpatronen 18.12.2008 I ZB 68/08 GRUR 2009, 794
Auskunftsanspruch bei Nachbau 01 14.02.2006 X ZR 70/04
Auskunftsanspruch bei Nachbau I 13.11.2001 X ZR 134/00 BGHZ 149, 165; GRUR 2002, 238; IIC 34 (2003), 92; Mitt 2002, 30
Auskunftsanspruch bei Nachbau II 13.09.2005 X ZR 170/04 GRUR 2006, 47
Auskunftsanspruch bei Nachbau III 14.02.2006 X ZR 149/03 GRUR 2006, 407
Auskunftsverurteilung 17.11.2014 I ZB 31/14 GRUR 2015, 615; NJW-RR 2015, 1017
Auslagenvorschuss durch Bankbürgschaft 04.05.2004 B X ZR 189/03
Ausländeraltpatent 10.12.1954 I ZR 39/53 BlPMZ 1955, 192; Liedl 1951/55, 228
Ausländersicherheit im Patentnichtigkeitsverfahren 25.01.2005 B X ZR 135/04 GRUR 2005, 359; GRUR Int 2005, 517
ausländischer Inserent 19.03.1992 I ZR 166/90 GRUR 1993, 53; NJW 1992, 3093
Auslassventil für Verbrennungsmotor 25.01.2011 X ZR 98/08
Auslaufmodelle II 03.12.1998 I ZR 74/96 GRUR 1999, 760; NJW 1999, 2193
Auslaufmodelle III 06.10.1999 I ZR 92/97 GRUR 2000, 616; NJW-RR 2000, 1204
Auspreßvorrichtung 24.06.1997 X ZR 13/94 Bausch BGH 1994–1998, 327
Auspuffkanal für Schaltgase 07.12.1978 X ZR 63/75 GRUR 1979, 308
Aussageprotokollierung 18.09.1986 I ZR 179/84 GRUR 1987, 65; NJW 1987, 1200
Ausscheidungsanmeldung 07.12.1971 X ZB 31/70 GRUR 1972, 474; BlPMZ 1972, 291; Mitt 1972, 96
Ausschreibung von Ingenieurleistungen 11.11.2004 I ZR 156/02 GRUR 2005, 171; NZBau 2005, 161
Ausschreibung von Vermessungsleistungen 15.05.2003 I ZR 292/00 GRUR 2003, 969; NJW-RR 2003, 1685
Ausschreibungsunterlagen 04.07.1975 I ZR 115/73 GRUR 1976, 367; NJW 1976, 193
Außenseiteranspruch I 15.07.1999 I ZR 130/96 GRUR 1999, 1113; NJWE-WettbR 1999, 217
Außenseiteranspruch II 01.12.1999 I ZR 130/96 BGHZ 143, 232; GRUR 2000, 724; IIC 33 (2002), 662; NJW 2000, 2504
Außenwanddämmung 13.05.1986 X ZB 9/85
außerordentliche Beschwerde 01 18.03.1999 I ZB 63/98
außerordentliche Beschwerde 02 10.10.2002 I ZB 28/02
Aussetzung der Bekanntmachung 01.06.1965 Ia ZB 16/64, Ia ZB 17/64 BPatGE 7, 265; GRUR 1966, 85; BlPMZ 1965, 324; Mitt 1965, 174; NJW 1965, 2155
Aussetzung des Nichtigkeitsberufungsverfahrens [Stent] 16.05.2000 B X ZR 91/98 Bausch BGH 1999–2001, 603 Schulte-Kartei PatG 110–122 Nr 47
Aussetzung des Nichtzulassungsbeschwerdeverfahrens 01 27.07.2004 B X ZR 161/03
Aussetzung des Nichtzulassungsbeschwerdeverfahrens 010 12.11.2009 B Xa ZR 140/08
Aussetzung des Nichtzulassungsbeschwerdeverfahrens 011 27.01.2010 B X ZR 139/08
Aussetzung des Nichtzulassungsbeschwerdeverfahrens 02 22.02.2005 X ZR 162/03
Aussetzung des Nichtzulassungsbeschwerdeverfahrens 03 06.09.2005 X ZR 177/03
Aussetzung des Nichtzulassungsbeschwerdeverfahrens 04 16.05.2006 X ZR 177/04
Aussetzung des Nichtzulassungsbeschwerdeverfahrens 05 16.05.2006 X ZR 13/05
Aussetzung des Nichtzulassungsbeschwerdeverfahrens 06 10.10.2006 B X ZR 11/06
Aussetzung des Nichtzulassungsbeschwerdeverfahrens 07 27.06.2007 B° X ZR 119/06
Aussetzung des Nichtzulassungsbeschwerdeverfahrens 08 07.10.1008 B X ZR 147/06
Aussetzung des Nichtzulassungsbeschwerdeverfahrens 09 10.09.2009 B Xa ZR 148/08
Aussetzung wegen europäischen Einspruchsverfahrens 10.07.2007 X ZR 149/05
Aussetzung wegen Parallelverfahren 30.03.2005 X ZB 26/04 BGHZ 162, 373; GRUR 2005, 615; NJW 2005, 1947
Aussetzung wegen Parallelverfahren 01 30.03.2005 X ZB 20/04 Mitt 2005, 327 L
Aussetzung wegen Parallelverfahren 02 30.03.2005 X ZB 21/04
Aussetzung wegen Parallelverfahren 03 30.03.2005 X ZB 22/04
Aussetzung wegen Parallelverfahren 04 30.03.2005 X ZB 23/04
Aussetzung wegen Parallelverfahren 05 30.03.2005 X ZB 25/04
Aussetzungszwang 09.05.2000 KZR 1/99 WRP 2000, 757; NJWE-WettbR 2000, 250
Aussichtslosigkeit der Rechtsverfolgung 18.01.1977° X ZB (A) 19/76 J
Ausstellungspriorität 27.09.1984 X ZB 6/84 BGHZ 92, 188; GRUR 1985, 34; BlPMZ 1985, 53; IIC 16 (1985), 771; NJW 1985, 557

Auswahl einer Betriebsweise 21.03.2013 B X ZR 61/10
auswärtiger Rechtsanwalt II 10.04.2003 I ZR 36/02 GRUR 2003, 725; NJW 2003, 2027
auswärtiger Rechtsanwalt III 18.12.2003 I ZB 21/03 GRUR 2004, 447
auswärtiger Rechtsanwalt im Berufsverfahren 06.05.2004 I ZB 27/03 GRUR 2004, 886; NJW-RR 2004, 1500
auswärtiger Rechtsanwalt IV 18.12.2003 I ZB 18/03 GRUR 2004, 448; NJW-RR 2004, 856
auswärtiger Rechtsanwalt V 13.09.2005 X ZB 30/04 GRUR 2005, 1072; NJW-RR 2005, 1662
auswärtiger Rechtsanwalt VI 23.01.2007 I ZB 42/06 GRUR 2007, 726, ber 912
Ausweishülle 18.06.1953 I ZR 66/52 GRUR 1953, 438; BlPMZ 1953, 387; Liedl 1951/55, 81
Ausweiskarte 18.07.2000 X ZB 1/00 GRUR 2001, 47; BlPMZ 2000, 412; NJW-RR 2001, 211
Ausweiskarte 01 18.09.2001 X ZB 19/00
Auto F. GmbH 05.11.1987 I ZR 212/85 GRUR 1988, 313; NJW-RR 1988, 554
Autocomplete-Funktion 14.05.2013 VI ZR 269/12 BGHZ 197, 213; GRUR 2013, 751; NJW 2013, 2348
Autodachzelt 03.02.1959 I ZR 170/57 GRUR 1959, 528
Autofelge 10.04.1997 I ZB 1/95 GRUR 1997, 527; BlPMZ 1997, 318; Mitt 1997, 191; NJW-RR 1997, 1263
autohomologe Immuntherapie 01 25.04.2001 X ZR 50/99 BGHRep 2001, 703 L
autohomologe Immuntherapie 02 13.09.2005 X ZR 62/03 GRUR 2006, 223; NJW-RR 2006, 544
Autokindersitz 24.10.1989 X ZR 58/88 GRUR 1990, 193; Mitt 1990, 99; NJW-RR 1990, 349
automatisches Fahrzeuggetriebe 13.03.2003 X ZB 4/02 GRUR 2003, 695; BlPMZ 2003, 241
Autoskooterhalle 03.03.1977 X ZR 22/73 GRUR 1977, 598
Autostadt 22.06.1954 I ZR 225/53 BGHZ 14, 72; GRUR 1955, 83; BlPMZ 1954, 371; NJW 1954, 1568
Autovermietung 13.10.1998 VI ZR 357/97 GRUR 1999, 364; NJW 1999, 279
Autowaschvorrichtung 06.11.1990 X ZR 55/89 BGHZ 113, 1; GRUR 1991, 444; GRUR Int 1991, 375; ABl EPA 1991, 503; IIC
    23 (1992), 120; Mitt 1991, 35; NJW 1991, 1299
Axialventilator 18.05.1982 X ZR 7/79 Liedl 1982/83, 109

B-2 alloy 14.03.2002 I ZB 16/99 GRUR 2002, 884; BlPMZ 2002, 382; Mitt 2002, 470
B-3 alloy 14.03.2002 I ZB 13/99
BachBlüten Ohrkerze 28.08.2003 I ZB 5/00 GRUR 2003, 1067; BlPMZ 2003, 426
Bäckereimaschine 06.07.1954 I ZR 166/52 GRUR 1955, 87; BlPMZ 1954, 442
Bäckerhefe 11.03.1975 X ZB 4/74 BGHZ 64, 101; GRUR 1975, 430; BlPMZ 1975, 171; Mitt 1976, 110; NJW 1975, 1025
Backwarengranulat 29.04.2003 X ZR 218/98
Badeofen 09.06.1959 I ZR 28/58 Liedl 1959/60, 126
Badewanne 12.12.1995 X ZR 69/93 Bausch BGH 1994–1998, 277
Badische Rundschau 30.06.1972 I ZR 1/71 GRUR 1973, 203; NJW 1972, 2303
Bagger 18.11.1980 X ZR 44/79 GRUR 1981, 256; Liedl 1978/80, 920
Bakterienkonzentrat 11.12.1980 X ZB 15/80 GRUR 1981, 263; BlPMZ 1981, 189; IIC 12 (1981), 862
Bali-Gerät 21.11.1972 X ZR 36/69 Liedl 1971/73, 198
Ballenformvorrichtung 21.03.1995 X ZR 111/92 Bausch BGH 1994–1998, 250
Ballenpresse 18.05.2010 X ZR 26/07
Ballermann 24.02.2000 I ZR 168/97 GRUR 2000, 1028; Mitt 2000, 500; NJW-RR 2001, 114
Bandanlage 06.07.1962 I ZR 129/59 Liedl 1961/62, 589
Banddüngerstreuer 11.10.1977 X ZR 24/76 GRUR 1978, 166; NJW 1978, 320
Bandschweißen 06.12.1983 X ZR 33/78 Liedl 1982/83, 391
Bankschalter 26.05.1970 X ZR 73/65 Liedl 1969/70, 358
Barbara 29.06.2004 X ZR 203/01 GRUR 2004, 936; NJW-RR 2004, 1365
Barbarossa 24.10.1991 I ZR 287/89 GRUR 1992, 106; NJW-RR 1992, 174
Barfuß ins Bett 19.04.2001 I ZR 283/98 BGHZ 147, 244; GRUR 2001, 826; GRUR Int 2001, 873; NJW 2001, 2402
Barrierehülle 21.08.2012 X ZR 87/11
Basisstation 29.04.2003 X ZB 4/01 GRUR 2003, 781; Mitt 2003, 388
Basler Haarkosmetik 09.11.2011 I ZR 150/09 GRUR 2012, 304
Batterie 25.11.1965 Ia ZB 28/64 BGHZ 44, 346; GRUR 1966, 251; BlPMZ 1966, 166; NJW 1966, 833
Batteriekastenschnur 03.10.1989 X ZR 33/88 GRUR 1989, 903; ABl EPA 1993, 463; BlPMZ 1990, 240; IIC 22 (1991), 104;
    NJW-RR 1990, 117
Bauhausstil 11.10.2012 1 StR 213/10 BGHSt 58, 15; GRUR 2013, 62; GRUR Int 2013, 158; Mitt 2013, 512; NJW 2013, 93;
    NZWiSt 2013, 16
Bauheizgerät 15.11.2011 I ZR 174/10 GRUR 2012, 730; Mitt 2012, 517
Baumann 27.03.2013 I ZR 93/12 GRUR 2013, 1150; BlPMZ 2014, 218
Baumscheibenabdeckung 25.10.2005 X ZR 136/03 GRUR 2006, 311; Mitt 2006, 124
Bauschalungsstütze 28.05.2009 Xa ZR 140/05 GRUR 2009, 837; GRUR Int 2009, 1038; Mitt 2009, 397
Bauschuttsortieranlage 24.10.2000 X ZR 15/98 GRUR 2001, 407; NJW-RR 2001, 268
Bausteine 19.03.1969 X ZB 12/68 GRUR 1969, 439; BlPMZ 1969, 326

Baustützen 03.06.1958 I ZR 83/57 GRUR 1958, 564; NJW 1958, 1281
Bauteilverbinder 01 23.01.2007 X ZR 235/02
Bauteilverbinder 02 01.04.2008 X ZR 29/04
Bauwerksentfeuchtung 16.02.1982 X ZR 78/80 GRUR 1982, 355; BlPMZ 1982, 226; Liedl 1982/83, 80
Bauziegel 15.04.1958 I ZR 154/56 Liedl 1956/58, 470
Beanstandung durch Apothekerkammer 29.09.1998 KVR 17/97 GRUR 1999, 362; NJW-RR 1999, 262
Bearbeitungszelle 13.10.2009 X ZR 5/06
BearShare 08.01.2014 I ZR 169/12 BGHZ 200, 76; GRUR 2014, 657; NJW 2014, 2360
Beatles 14.10.1993 I ZR 161/91 BGHZ 123, 356; GRUR 1994, 210; GRUR Int 1994, 337; NJW 1994, 1961
Beatles-Doppel-CD 18.12.1997 I ZR 79/95 GRUR 1998, 568; Mitt 1998, 148; NJW 1998, 2144
Bebauungsplan 25.10.1955 I ZR 200/53 BGHZ 18, 319; GRUR 1956, 88; NJW 1955, 1918
Bedienungsanweisung 10.10.1991 I ZR 147/89 GRUR 1993, 34; IIC 23 (1992), 846; Mitt 1993, 115; NJW 1992, 689
bedingte Unterwerfung 01.04.1993 I ZR 136/91 GRUR 1993, 677; NJW-RR 1993, 1000
Befestigung für Eggenzinken 14.02.1984 X ZR 30/82 Liedl 1984/86, 5
Befestigungselement 01 23.10.2001 X ZR 197/98 Bausch BGH 1999–2001, 570
Befestigungselement 02 23.10.2001 X ZR 210/98 Bausch BGH 1999–2001, 579
Befestigungsvorrichtung I 24.10.1986 X ZR 45/85 GRUR 1987, 280; IIC 19 (1988), 243
Befestigungsvorrichtung II 12.07.1990 X ZR 121/88 BGHZ 112, 140; GRUR 1991, 436; ABl EPA 1993, 526; IIC 23 (1992), 111;
  Mitt 1991, 37; NJW 1991, 178
Beförderungsauftrag 05.10.1989 I ZR 201/87 NJW-RR 1990, 173
Befüllung fremder Gastanks 26.02.2007 II ZR 13/06 GRUR 2007, 623
begrenzte Preissenkung 19.12.2002 I ZR 160/00 GRUR 2003, 450
Begrenzungsanschlag 06.05.2014 B X ZR 36/13 GRUR 2014, 852
Begrenzungsanschlag 01 13.12.2011 X ZR 125/08
Behälter 25.09.1975 X ZR 49/73 Liedl 1974/77, 114
Behälterschließvorrichtung 07.10.2009 Xa ZR 131/04 GRUR-RR 2010, 136
Behälterschließvorrichtung – Beweisbeschluss 04.06.2007 X ZR 131/04
Behälterspritzkopf 20.09.1960 I ZR 45/59 GRUR 1961, 79; NJW 1961, 72
Behandeln von Abwassern 03.04.1979 X ZB 12/78 J
beheizbarer Atemluftschlauch 24.09.1991 X ZR 37/90 BGHZ 115, 204; GRUR 1992, 40; ABl EPA 1993, 89; BlPMZ 1992, 109;
  IIC 24 (1993), 259; Mitt 1991, 241; NJW 1992, 1895
Beiladung (Fachhochschule als wissenschaftliche Hochschule) 08.07.2013 PatAnwZ 1/12
Beiordnung eines Patentanwalts im Rechtsbeschwerdeverfahren 13.02.2007 X ZB 13/06
Beiordnung eines Rechtsanwalts 21.08.2008 X ZA 2/08
Beitritt im Berufungsverfahren 14.12.1999 B X ZR 97/97 Bausch BGH 1999–2001, 601
Beleuchtungseinrichtung für Zigarrenanzünder 28.09.1993 X ZR 89/91 Bausch BGH 1986–1993, 162; Schulte-Kartei PatG
  14.2 Nr 8, 81–85 Nr 171
Beloc 11.07.2002 I ZR 194/99
Beloc 12.12.2002 I ZR 133/00 GRUR 2003, 336; Mitt 2003, 216; NJW-RR 2003, 475
Benachrichtigung 28.10.1965 Ia ZB 12/65 BPatGE 7, 270; GRUR 1966, 200; BlPMZ 1966, 73
Benner 14.12.1989 I ZR 17/88 BGHZ 109, 364; GRUR 1990, 601; BlPMZ 1990, 265; NJW 1990, 1605
Benzinwerbung 19.05.1988 I ZR 170/86 GRUR 1988, 832; NJW-RR 1988, 1443
Benzolsulfonylharnstoff 20.01.1977 X ZB 13/75 BGHZ 68, 156; GRUR 1977, 652; BlPMZ 1977, 198; Mitt 1977, 76; NJW 1977,
  1104
Bergbaumaschine 29.10.2013 X ZB 17/12 GRUR 2014, 102; Mitt 2014, 98
Berichtigung des Kostenausspruchs 11.09.2001 X ZR 121/00
Berliner Eisbein 07.10.1958 I ZR 69/57 BGHZ 28, 203; GRUR 1959, 152; NJW 1959, 388
Berodual 11.07.2002 I ZR 244/99
Berotec 11.07.2002 I ZR 245/99
Berufungsbegründung per E-Mail 15.07.2008 X ZB 8/08 GRUR 2008, 838; IIC 2015, 469; Mitt 2008, 426; NJW 2008, 2649
Berufungsbegründung per E-Mail 01 15.07.2008 X ZB 9/08 CIPR 2008, 130
Berufungsfrist [Zustellung] 17.12.2002 X ZR 189/02 GRUR 2003, 724
Berufungsrücknahme 24.10.1969 B X ZR 65/69 GRUR 1970, 151; BlPMZ 1970, 394; Liedl 1969/70, 79
Berufungsverfahren 24.01.1960 B I ZR 135/57 Liedl 1959/60, 257; Mitt 1960, 58
Berühmung 09.10.1986 I ZR 158/84 GRUR 1987, 125; NJW 1987, 1084; NJW-RR 1987, 291
Berühmungsaufgabe 31.05.2001 I ZR 106/99 GRUR 2001, 1174; NJW-RR 2001, 1483
beschädigte Verpackung I 20.02.1992 I ZR 32/90 GRUR 1992, 406; NJW-RR 1992, 804
beschädigte Verpackung II 27.04.1995 I ZR 11/93 GRUR 1995, 608; NJW-RR 1995, 1069
Bescheinigung über Nichtbeteiligung 13.03.1984 B X ZR 45/83 BlPMZ 1984, 367; Liedl 1984/86, 90
Beschichten eines Substrats 16.09.2008 X ZB 28/07 GRUR 2009, 90
Beschichtungsanlage 07.07.1981 X ZR 5/80 Liedl 1981, 239

Beschichtungsanlage 03.11.1992 X ZR 29/90

Beschlag für Kipp-Schwenkflügel von Fenstern 06.06.1978 X ZR 10/75 Liedl 1978/80, 125

beschlagfreie Brillengläser 26.11.1954 I ZR 244/52 GRUR 1955, 338

Beschleunigungsgebühr 17.11.1999 I ZB 1/98 GRUR 2000, 325; BlPMZ 2000, 113; NJW-RR 2000, 859

beschränkte Revisionszulassung 19.11.2015 B I ZR 58/14

beschränkter Bekanntmachungsantrag 13.05.1965 Ia ZB 23/64 BPatGE 7, 244; GRUR 1966, 146; BlPMZ 1966, 127; Mitt 1966, 96; NJW 1966, 50

Beschränkung des Streitgegenstands 06.05.2008 X ZR 81/06

Beschränkungen bei Gebrauchsmusterlizenz 21.06.2016 B X ZR 12/15

beschußhemmende Metalltür 08.01.1991 X ZR 53/90 GRUR 1991, 376; NJW 1991, 3091; Bausch BGH 1986–1993, 283

beschußhemmendes Aluminiumfenster 01.10.1991 X ZR 60/89

Beschwer 29.06.2004 X ZB 11/04 NJW-RR 2004, 1365

Beschwer bei Auskunftsklage 24.11.1994 GSZ 1/94 BGHZ 128, 85; GRUR 1995, 701; NJW 1995, 664

Beschwer bei Auskunftsverpflichtung 24.11.1998 X ZB 18/98

Beschwer bei Rechnungslegung 22.05.2013 B X ZR 49/11

Beschwer des Unterlassungsschuldners 24.01.2013 I ZR 174/11 GRUR 2013, 1077

Beschwerde gegen Kostenentscheidung nach Erledigung 30.01.2007 X ZR 69/02

Beschwerde gegen Vergütungsfestsetzung 08.12.2009B X ZR 139/07

Besetzungsrüge 30.04.1985 X ZB 17/84 BlPMZ 1985, 339

besonderer Mechanismus 12.07.2011 X ZR 56/09 GRUR 2011, 995; GRUR Int 2012, 368

Bestimmung der Berufungsbeschwer 01.07.1999 I ZR 11/97 GRUR 1999, 1132; IIC 33 (2002), 547

Bestimmung der Drehstellung 06.05.2014 X ZR 61/11

Beta 17.03.1994 B I ZR 304/91 GRUR 1994, 530; GRUR Int 1994, 963

beta-Wollastonit 28.11.1978 X ZB 17/77 GRUR 1979, 220; BlPMZ 1979, 254; Mitt 1979, 779

Beteiligtenstellung der Kammer 08.08.2013 B PatAnwZ 1/12 Mitt 2014, 197

Betonaufbereitungsvorrichtung 29.10.1968 X ZR 85/65 Liedl 1967/68, 487

Betonbereitung 13.10.1987 X ZB 11/86 GRUR 1988, 286; BlPMZ 1988, 18; NJW 1988, 1029

Betondosierer 02.07.1968 X ZR 87/65 GRUR 1969, 182; Liedl 1967/68, 414

Betonerhaltung 03.11.1994 I ZR 122/92 GRUR 1995, 62; NJW-RR 1995, 304

Betonfertigteile 26.06.1956 I ZR 168/54 Liedl 1956/58, 100

Betonpumpe 13.04.2010 X ZR 29/07

Betonpumpe (Anhörungsrüge) 20.07.2010 B X ZR 29/07

Betonring 19.04.1994 X ZR 83/91 Bausch BGH 1994–1998, 159

Betonstahl 20.10.2005 I ZR 10/03 GRUR 2006, 82

Betonstahlmattenwender 26.01.1988 X ZR 6/87 GRUR 1988, 444; NJW-RR 1988, 1506

Betonsteinelemente 21.03.1991 I ZR 158/89 GRUR 1992, 523; GRUR Int 1992, 832; IIC 23 (1992), 698; NJW 1991, 2211

Betonstraßenfertiger 30.01.2008 X ZR 107/04 GRUR 2008, 597; GRUR Int 2008, 753; IIC 40 (2009), 340; Mitt 2008, 268

Betreibervergütung 20.02.1997 I ZR 13/95 BGHZ 135, 1; NJW 1997, 3440

Betrieb einer Sicherheitseinrichtung 30.04.2009 Xa ZR 92/05 BGHZ 182, 1; GRUR 2009, 746; BlPMZ 2009, 426; Mitt 2009, 322

Betrieb einer Windenergieanlage 16.04.2013 X ZB 3/12

Betriebsparameteranzeige 21.10.2003 X ZR 198/99 Schulte-Kartei PatG 35.3 Nr 79

Betriebssystem 04.10.1990 I ZR 139/89 BGHZ 112, 264; GRUR 1991, 448; IIC 23 (1992), 723; NJW 1991, 1231

Beugungseffekte 28.09.1976 X ZB 15/73 Mitt 1977, 36

Bewehrungsgitter 01 05.03.2013 X ZR 117/09

Bewehrungsgitter 02 05.03.2013 X ZR 1/12

Beweisgebühr im Nichtigkeitsverfahren 08.06.1956 B I ZR 74/53 Liedl 1956/58, 97; Mitt 1956, 176

BIECO 18.12.1985 I ZB 10/85 BlPMZ 1986, 246

Biedermeiermanschetten 20.02.1979 X ZR 63/77 BGHZ 73, 337; GRUR 1979, 540; IIC 11 (1980), 239; NJW 1979, 1505

Biegemaschine 14.02.1984 X ZB 11/83 J

Biegerollen 06.12.1979 X ZB 9/78 Mitt 1980, 77

Biegevorrichtung 13.11.2001 X ZR 32/99 GRUR 2002, 231; ENPR 2003, 144; IIC 33 (2002) 872

Bierabfüllung 30.06.1964 Ia ZR 109/63 GRUR 1964, 612; BlPMZ 1965, 94; Liedl 1963/64, 471

Bierabfüllung 01 [II] 29.06.1971 X ZR 48/69 Liedl 1971/73, 74

Bierbezugsvertrag 16.10.1956 I ZR 2/55 GRUR 1957, 219

Bierhahn 21.06.1960 I ZR 114/58 GRUR 1960, 546

Bierklärmittel 31.01.1984 X ZR 7/82 GRUR 1984, 425; BlPMZ 1984, 249

Biertrübungsmeßverfahren 08.06.1995 X ZR 132/92 Bausch BGH 1994–1998, 94

Big Bertha 10.10.2002 I ZR 235/00 GRUR 2003, 428

Big Pack 14.01.1999 I ZR 149/96 GRUR 1999, 992; IIC 32 (2001), 579; Mitt 1999, 391; NJW-RR 1999, 1344

Bilanzanalyse 08.02.1994 VI ZR 286/93 GRUR 1994, 394; NJW 1994, 1281

BOSS-Club 21.07.2005 I ZR 312/02 GRUR 2006, 56; NJW-RR 2006, 117
Bouchet 06.12.1974 I ZR 110/73 GRUR 1974, 434
Boy 11.11.1993 I ZB 18/91 GRUR 1994, 215; NJW-RR 1994, 363
Branchenbuch-Nomenklatur 10.04.1997 I ZR 3/95 GRUR 1997, 909; NJW-RR 1997, 1468
Brandschutzglastür 26.05.2010 Xa ZR 50/08
Brand-Target-System 19.12.2002 I ZB 30/02
Bratgeschirr 28.06.2000 X ZR 128/98 GRUR 2000, 1005; IIC 33 (2002), 349
Bratpfanne 24.03.1966 Ia ZR 9/64 GRUR 1966, 553
Brauchwassererwärmung 20.07.2010 X ZR 17/07 Schulte-Kartei PatG 81–85 Nr 435
Brauchwassererwärmung (Anhörungsrüge) 19.10.2010 B X ZR 17/07
Braunkohlenasche 11.02.1992 X ZR 98/89 Bausch BGH 1986–1993, 33
Bräunungsgerät 11.04.1989 X ZR 30/88
Braupfanne 02.12.1958 I ZR 144/57 Liedl 1956/58, 677; Mitt 1962, 74
Bremsmotoren 19.12.1958 I ZR 176/57 GRUR 1959, 293; NJW 1959, 575
Bremsrolle 15.03.1973 KZR 11/72 BGHZ 60, 312; GRUR 1974, 40
Bremszangen 07.02.2002 I ZR 289/99 GRUR 2002, 820; Mitt 2003, 136; NJW-RR 2002, 1332
Brenner 18.09.1984 X ZR 35/82 Liedl 1984/86, 203
Brennwagen für Tunnelöfen 26.05.1961 I ZR 28/59 Liedl 1961/62, 182
Brennwertkessel 19.03.1998 I ZR 264/95 GRUR 1998, 1045; NJW-RR 1998, 1571
Bricanyl I 12.12.2002 I ZR 131/00 GRUR 2003, 338; GRUR Int 2003, 953; IIC 35 (2004), 581; NJW-RR 2003, 477
Brieflocher 07.11.2000, ber. 09.01.2001 X ZR 145/98 GRUR 2001, 232; Bausch BGH 1999–2001, 500; ENPR 2002, 83; IIC 33
    (2002), 647
Brieflocher 01 [II] 07.11.2000 X ZR 144/98 Bausch BGH 1999–2001, 493
Brieftaubenreisekabine 01 [I, II] 14.11.1961 I ZR 146/59 GRUR 1962, 290; BlPMZ 1962, 278; Liedl 1961/62, 370
Brieftaubenreisekabine 02 [I] 14.11.1961 I ZR 146/59 BlPMZ 1962, 81
Brieftaubenreisekabine 03 [II, III] 09.11.1962 I ZR 147/59 Liedl 1961/62, 647
Brieftaubenreisekabine 04 [II] 17.12.1962 B I ZR 146/59 Liedl 1961/62, 723; Mitt 1963, 60
Brieftaubenschutzgitter 01 13.02.1964 Ia ZB 11/63
Brillenbügel 12.01.1978 X ZB 17/76 BlPMZ 1978, 260
Brillengestelle 27.11.1975 X ZR 29/75 GRUR 1976, 213; Liedl 1974/77, 144
Brillenpreise II 28.11.1996 I ZR 197/94 GRUR 1997, 767; NJW-RR 1997, 1133
Brillenselbstabgabestellen 18.12.1981 I ZR 34/80 GRUR 1982, 425; NJW 1982, 2117
Brombeerleuchte 19.01.1979 I ZR 166/76 GRUR 1979, 332; IIC 11 (1980), 116; NJW 1979, 916
Brombeermuster 27.01.1983 I ZR 177/80 GRUR 1983, 377
Brötcheneinkerbevorrichtung 16.01.1968 Ia ZR 55/64 Liedl 1967/68, 306
Bruce Springsteen and his Band 23.04.1998 I ZR 205/95 GRUR 1999, 49; GRUR Int 1999, 62; IIC 31 (2000), 107; NJW 1999,
    139
Bruce Springsteen and his Band 01 23.04.1998 I ZR 204/95
Brückenlegepanzer I 25.01.1983 X ZR 47/82 BGHZ 86, 330; GRUR 1983, 237; IIC 15 (1984), 531; Mitt 1983, 92; NJW 1984,
    2943
Brückenlegepanzer II 12.07.1983 B X ZR 62/81 GRUR 1983, 560
Brünova 28.09.1973 I ZR 136/71 GRUR 1974, 99; NJW 1973, 2285
Brutapparat 21.12.1965 Ia ZR 2/63 Liedl 1965/66, 328
BTK 29.07.2009 I ZR 169/07 GRUR 2010, 239
BTR 20.01.1983 I ZB 4/82 GRUR 1983, 342
Buchauszug 13.08.2009 I ZB 43/08; NJW-RR 2010, 279
Buchclub-Kopplungsangebot 10.04.2003 I ZR 291/00 GRUR 2003, 890
Buchhaltungsprogramm 14.07.1993 I ZR 47/91 BGHZ 123, 208; GRUR 1994, 39; IIC 26 (1995), 127; Mitt 1994, 44; NJW
    1993, 3136
Buchpreisbindung 24.06.2003 KZR 32/02 BGHZ 155, 189; GRUR 2003, 807; IIC 35 (2004), 226; NJW 2003, 2525
Buchstabe „Z" 19.12.2002 I ZB 21/00 GRUR 2003, 343
Buchungsblatt 18.03.1975 X ZB 9/74 GRUR 1975, 549; BlPMZ 1975, 383
Bull-cap 17.11.2005 I ZB 48/05
Bundesdruckerei 01 11.02.2010 B I ZR 154/08
Bundesminister der Verteidigung 03.02.1977 X ZB 4/76 J
Bundfitsche 03.07.1959 B I ZR 169/55 GRUR 1959, 552; NJW 1959, 1827
Bundfitsche 01 07.03.1958 I ZR 92/56 Liedl 1956/58, 410
Bungalowdach 01 18.12.1995 B X ZR 44/95 Bausch BGH 1994–1998, 565
Bungalowdach 02 27.01.1998 X ZR 44/95 Bausch BGH 1994–1998, 456
Buntstreifensatin I 14.07.1961 I ZR 44/59 BGHZ 35, 341; GRUR 1962, 144; NJW 1961, 2107
Buntstreifensatin II 18.12.1968 I ZR 130/66 GRUR 1969, 292

Bürgeranwalt 06.12.2001 I ZR 316/98 GRUR 2002, 996; NJW 2002, 2877
Bürogebäude 12.08.2004 I ZB 1/04 GRUR 2005, 257
Büromöbelprogramm 23.10.1981 I ZR 62/79 GRUR 1982, 305
Bürovorsteher 10.01.1963 Ia ZR 174/63 GRUR 1963, 253; BlPMZ 1963, 160; Liedl 1963/64, 1
Bürstenstromabnehmer 13.01.1998 X ZR 82/94 GRUR 1998, 904; NJWE-WettbR 1999, 33
Bürstenstromabnehmer 01 27.11.1991 X ZR 43/90 Bausch BGH 1986–1993, 170
Buschbohne 12.05.1961 I ZR 12/60 GRUR 1961, 541
Butterkornwascheinrichtung 27.02.1969 X ZR 13/66 Liedl 1969/70, 27
Butterreinfett 22.09.1982 VIII ZR 215/79 GRUR 1983, 41; NJW 1983, 519
BWC 11.07.2002 I ZB 24/99 GRUR 2002, 1077; GRUR Int 2003, 64; BlPMZ 2002, 464; Mitt 2003, 22

C-4 alloy 14.03.2002 I ZB 17/99
Cabergolin I 17.12.2002 X ZB 21/01 GRUR 2003, 599; GRUR Int 2003, 556; BlPMZ 2003, 110
Cabergolin II 25.01.2005 X ZB 21/01 GRUR 2005, 405; GRUR Int 2005, 512; BlPMZ 2005, 197; Mitt 2005, 165
CAD-Software 20.05.2009 I ZR 239/06 GRUR 2009, 864; NJW 2009, 3509
Cafilon 03.06.1970 U X ZB 10/70 GRUR 1972, 471
Calcipotriol-Monohydrat 15.05.2012 X ZR 98/09 GRUR 2012, 803
Canon II 21.01.1999 I ZB 15/94 GRUR 1999, 731; BlPMZ 1999, 314; Mitt 1999, 380; NJW-RR 1999, 1128
Caprolactam 14.03.1985 X ZB 13/83 GRUR 1985, 919; BlPMZ 1985, 301; Mitt 1985, 150; NJW-RR 1986, 352
Capysal 13.07.1956 I ZR 197/54 GRUR 1956, 500
Carbadox 15.01.1985 X ZR 16/83 WM 1985, 673
Carla 21.10.1964 Ib ZR 22/63 GRUR Int 1965, 504
Caroline von Monaco 15.11.1994 VI ZR 56/94 BGHZ 128, 1; GRUR 1995, 224; NJW 1995, 861
Cartier-Armreif 24.03.1994 I ZR 42/93 BGHZ 125, 322; GRUR 1994, 630; IIC 26 (1995), 121; NJW 1994, 1958
Cartier-Ring 23.01.2003 I ZR 18/01 GRUR 2003, 433; NJW-RR 2003, 910
Cartier-Uhren-Applikation 28.03.1996 I ZR 11/94 GRUR 1996, 508; NJW-RR 1996, 805
Carvedilol I 17.01.2006 X ZR 236/01 BGHZ 166, 18; GRUR 2006, 438; Mitt 2006, 213
Carvedilol II 19.12.2006 X ZR 236/01 BGHZ 170, 215; GRUR 2007, 404; GRUR Int 2007, 423; IIC 38 (2007), 479; PharmaRecht 2007, 63
Casino Bremen 03.11.2005 I ZB 14/05
CA-SORT 27.10.1988 I ZB 2/88
Caterina Valente 18.03.1959 IV ZR 182/58 BGHZ 30, 7; GRUR 1959, 430; NJW 1959, 1269
Catwalk 23.06.2005 I ZR 263/02 GRUR 2006, 143; NJW-RR 2006, 184
CB-infobank I 16.01.1997 I ZR 9/95 BGHZ 134, 250; GRUR 1997, 459; NJW 1997, 1363
CB-infobank II 16.01.1997 I ZR 38/96 GRUR 1997, 464; NJW 1997, 1368
CCCP 14.01.2010 I ZR 82/08 GRUR-RR 2010, 359 L; Mitt 2010, 442 L
CD-Behälter 07.10.2008 X ZR 142/07
CD-Behälter 29.07.2010 Xa ZR 85/08
Ceco 12.12.1996 I ZB 8/96 GRUR 1997, 223; Mitt 1997, 95; NJW 1997, 2524
Cefallone 29.10.1998 I ZR 125/96 GRUR 1999, 587; IIC 32 (2001), 345; NJW-RR 1999, 1055
Centerline 06.04.2000 I ZR 205/97
Chanel Nr 5 [I] 18.12.1986 I ZR 111/84 BGHZ 99, 244; GRUR 1987, 520; NJW 1987, 2869
Change 05.02.1998 I ZB 25/95 GRUR 1998, 813; BlPMZ 1998, 366; IIC 31 (2000), 606; Mitt 1998, 265; NJW-RR 1998, 1053
Chefarzt 26.11.1996 VI ZR 323/95 GRUR 1997, 233; NJW 1997, 1148
Chenillefäden 29.01.1957 I ZR 84/55 GRUR 1957, 482; BlPMZ 1957, 186; Liedl 1956/58, 208; NJW 1957, 911
Chenillefädenmaschine 29.01.1957 I ZR 86/55 GRUR 1957, 485; BlPMZ 1957, 188; Liedl 1956/58, 223
Cheri 19.11.1971 I ZR 72/70 GRUR 1972, 180; BlPMZ 1972, 202; NJW 1972, 198
Chérie 18.12.1959 I ZR 27/58 GRUR 1960, 256
Chinaherde 17.04.1997 X ZR 2/96 GRUR 1997, 741; NJW-RR 1998, 331
Chinaherde 01 27.02.1996 B X ZR 2/96
Chinaherde 01 27.02.1996 B X ZR 2/96
chinesische Schriftzeichen 11.06.1991 X ZB 24/89 BGHZ 115, 23; GRUR 1992, 36; ABl EPA 1992, 798; BlPMZ 1991, 388; NJW 1992, 374
Chinolizine 07.05.1974 X ZB 12/73 BGHZ 63, 1; GRUR 1974, 718; BlPMZ 1974, 346; NJW 1974, 1468
Chipkarte 29.04.2003 X ZB 10/02
chirurgische Instrumente 03.06.2003 X ZR 215/01 GRUR 2003, 896
chirurgisches Instrument 25.03.2003 X ZR 48/99
chirurgisches Klammerinstrument 13.07.2010 Xa ZR 129/07
Chloramphenicol 17.03.1964 Ia ZR 178/63 GRUR 1964, 491
Chlorator 21.05.1963 Ia ZR 104/63
Chlormethylierung 02.12.1960 I ZR 23/59 GRUR 1961, 338; BlPMZ 1962, 18

Chlortoluron 13.03.1984 X ZR 24/82 GRUR 1984, 580; BlPMZ 1984, 300; IIC 17 (1986), 267; Liedl 1984/86, 93
Cholinsalicylat 27.06.1972 X ZR 75/68 GRUR 1974, 332; Liedl 1971/73, 170
Christbaumbehang I 17.12.1963 Ia ZR 17/63 GRUR 1964, 433
Christbaumbehang II 14.07.1966 Ia ZR 79/64 GRUR 1967, 84; NJW 1966, 2060
Christbaumständer 08.01.2002 X ZR 225/98 Schulte-Kartei PatG 4.1 Nr 83
Chrom-Nickel-Legierung 12.05.1992 X ZB 11/90 BGHZ 118, 210; GRUR 1992, 842; BlPMZ 1993, 59; Mitt 1992, 247; NJW 1992, 2830
Cigarettenpackung 10.04.2008 I ZB 98/07 GRUR 2008, 1027; BlPMZ 2009, 19; Mitt 2008, 461
Cinch-Stecker 05.04.2011 X ZR 86/10 BGHZ 189, 112; GRUR 2011, 711
Cinzano 02.02.1973 I ZR 85/71 BGHZ 60, 185; GRUR 1973, 468; NJW 1973, 1079
Citroën 13.07.2004 KZR 10/03 GRUR 2005, 62
Clarissa 03.07.1974 I ZR 65/73 GRUR 1975, 85
Classe E 23.11.2000 I ZR 93/98 GRUR 2001, 242; BlPMZ 2001, 97; IIC 33 (2002), 356; Mitt 2001, 75; NJW-RR 2001, 975
Classe E 01 28.06.2001 I ZA 2/00
Clementinen 25.06.1992 I ZR 136/90 GRUR 1992, 858; NJW-RR 1992, 1318
Cliff Richard I 25.06.1992 B I ZR 155/90 GRUR 1992, 845
Cliff Richard II 06.10.1994 I ZR 155/90 GRUR Int 1995, 503; NJW 1995, 868
Climax 16.06.1964 Ia ZR 198/63 GRUR 1964, 682; NJW 1964, 1722
Clinique happy 25.04.2012 I ZR 235/10 GRUR 2012, 1263; GRUR Int 2012, 1137; NJW-RR 2013, 48; RIW 2013, 315
clix-Mann 28.10.1970 I ZR 39/69 GRUR 1971, 223
CMR 20.11.2003 I ZR 102/02 NJW-RR 2004, 497
Coenzym Q10 24.02.2015 X ZR 31/13 GRUR 2015, 768; BlPMZ 2015, 337
coffeinfrei 04.01.1963 Ib ZR 95/61 GRUR 1963, 423; BlPMZ 1963, 348; NJW 1963, 855
COHIBA 28.09.2006 I ZB 100/05 GRUR 2007, 321; BlPMZ 2007, 353; NJW-RR 2007, 1186
Colle de Cologne 16.04.1969 I ZR 59/67; I ZR 60/67 GRUR 1969, 479; NJW 1969, 2046
Comic-Übersetzungen I 22.01.1998 I ZR 189/95 BGHZ 137, 387; GRUR 1998, 680; NJW 1998, 3716
Comic-Übersetzungen II 15.09.1999 I ZR 57/97 GRUR 2000, 144; IIC 32 (2001), 865; NJW 2000, 140
Comic-Übersetzungen III 22.04.2004 I ZR 174/01 GRUR 2004, 938; IIC 36 (2005), 484
CompuNet/ComNet I 15.02.2001 I ZR 232/98 GRUR 2001, 1161; BlPMZ 2001, 318; Mitt 2001, 437
CompuNet/ComNet II 13.10.2004 I ZR 66/02 GRUR 2005, 61
Computer Associates 14.10.1999 I ZB 15/97 GRUR 2000, 512; BlPMZ 2000, 187; NJW-RR 2000, 1289
Computerfax 28.08.2003 I ZB 31/03 GRUR 2003, 1068; BlPMZ 2003, 427; Mitt 2003, 571
Computerfax 01 10.05.2005 XI ZR 128/04 NJW 2005, 2086
Computergehäuse 29.01.2004 I ZR 163/01 GRUR 2004, 427; IIC 36 (2005), 260; NJW-RR 2004, 1118
Computergehäuse 01 29.01.2004 I ZR 164/01
Computerträger 12.12.1989 X ZR 15/87 GRUR 1990, 594 1991, 517; Bausch BGH 1986–1993, 288
comtes/ComTel 14.10.1999 I ZR 90/97 GRUR 2000, 605; IIC 32 (2002) 849; NJW-RR 2001, 118
Constanze I 26.10.1951 I ZR 8/51 BGHZ 3, 270; GRUR 1952, 410; NJW 1952, 660
Constanze II 06.07.1954 I ZR 38/53 BGHZ 14, 163; GRUR 1955, 97; NJW 1954, 1682
Containerbefestigungsvorrichtung 29.05.1979 X ZR 65/77 Liedl 1978/80, 422
Contiflex 29.06.1979 I ZB 24/77 BGHZ 75, 150; GRUR 1980, 52; NJW 1980, 593
Contura 10.11.1999 I ZB 53/98 GRUR 2000, 510; BlPMZ 2000, 188; IIC 32 (2001), 698; NJW-RR 2000, 1568
CONVERSE 01 14.01.2016 B I ZR 107/15
CONVERSE I 15.03.2012 I ZR 52/10 GRUR 2012, 626; GRUR Int 2012, 661; RIW 2012, 487
CONVERSE II 15.03.2012 I ZR 137/10 GRUR 2012, 630; Mitt 2012, 277
Copolyester I 17.05.1994 X ZR 82/92 BGHZ 126, 109; GRUR 1994, 898; Mitt 1994, 265; NJW 1995, 386
Copolyester II 13.11.1997 X ZR 132/95 BGHZ 137, 162; GRUR 1998, 689; BlPMZ 1998, 276; Mitt 1998, 105
Corioliskraft I 20.06.1978 X ZB 6/77 GRUR 1979, 46; BlPMZ 1979, 154
Corioliskraft II 05.12.1995 X ZB 1/94 BGHZ 131, 239; GRUR 1996, 349; ABl EPA 1998, 263; BlPMZ 1996, 313; IIC 29 (1998), 201; NJW 1996, 2375
Coswig 29.06.1956 I ZR 129/54 GRUR 1956, 553; NJW 1956, 1715
Coverdisk 02.02.1999 KZR 51/97 GRUR 1999, 776; NJW-RR 1999, 689
Co-Verlagsvereinbarung 14.05.1998 I ZR 10/96 GRUR 1998, 945; NJW 1998, 2531
Coverversion 11.12.1997 I ZR 170/95 GRUR 1998, 376; NJW 1998, 1393
CPU-Klausel 24.10.2002 I ZR 3/00 BGHZ 152, 233; GRUR 2003, 416
Crackkatalysator I 20.03.1990 X ZB 10/88 BGHZ 111, 21; GRUR 1990, 510; BlPMZ 1990, 366; Mitt 1991, 16; NJW 1990, 3272
Crackkatalysator II 03.12.1991 X ZB 5/91 GRUR 1992, 159; BlPMZ 1992, 278; NJW-RR 1992, 510
Cranpool 26.09.1991 I ZR 177/89 GRUR 1992, 45; BlPMZ 1992, 172; NJW-RR 1992, 172
Crimpwerkzeug (Wiedereinsetzung) 30.08.2010 B X ZR 193/03 Mitt 2011, 24
Crimpwerkzeug I [Vertagung] 13.01.2004 X ZR 212/02 GRUR 2004, 354; Mitt 2004, 232
Crimpwerkzeug II 12.03.2009 Xa ZR 158/04 GRUR 2009, 835; GRUR Int 2009, 863; BlPMZ 2009, 423

Crimpwerkzeug III 29.06.2010 B X ZR 193/03 BGHZ 186, 90; GRUR 2010, 858; Mitt 2010, 526
Crimpwerkzeug IV 14.12.2010 X ZR 193/03 GRUR 2011, 312; Mitt 2011, 125
Cromegal 28.06.1962 I ZR 28/61 BGHZ 37, 281; GRUR 1963, 135; BlPMZ 1962, 354; NJW 1962, 1957
Cross Patent License Agreement 30.06.2011 III ZB 59/10 GRUR 2012, 95
Custodiol I 12.03.2002 X ZB 12/00 GRUR 2002, 523; BlPMZ 2002, 341; Mitt 2002, 220
Custodiol II 12.03.2002 X ZR 73/01 GRUR 2002, 527; BlPMZ 2002, 344; IIC 34 (2003), 197; Mitt 2002, 224
customer prints [I] 15.12.1970 X ZR 32/69 GRUR 1971, 214; BlPMZ 1971, 230; GRUR Int 1971, 399; Liedl 1969/70, 395
customer prints 01 [II] 15.12.1970 X ZR 31/69 Liedl 1969/70, 403
Cybersky 15.01.2009 I ZR 57/07 GRUR 2009, 841

D-205 14.03.2002 I ZB 15/99
Dachbahnenbefestiger 10.10.2000 X ZR 64/98 Bausch BGH 1999–2001, 424
Dachfenster 15.02.2011 X ZR 64/09
Dahlke 08.05.1956 I ZR 62/54 BGHZ 20, 345; GRUR 1956, 427; BlPMZ 1956, 336; NJW 1956, 1554
Damenschuhabsatz 21.04.1964 Ia ZB 218/63 BGHZ 41, 360; GRUR 1964, 519; Mitt 1964, 216; NJW 1964, 1520
Dämmstoffplatte 29.07.2008 X ZB 12/07
Dampferzeuger 26.01.1967 Ia ZB 17/66 GRUR 1967, 476; BlPMZ 1967, 197; Mitt 1967, 112; NJW 1967, 1465
Dampffrisierstab I 16.09.1982 X ZR 54/81 GRUR 1982, 723
Dampffrisierstab II 03.07.1984 X ZR 34/83 BGHZ 92, 62; GRUR 1984, 728; NJW 1984, 2822
Danziger Patent 13.07.1978 IX ZR 85/73 MDR 1979, 53
Darmreinigungsmittel 13.05.1965 Ia ZB 1/64 BPatGE 7, 240; GRUR 1966, 28; BlPMZ 1965, 283; Mitt 1965, 172; NJW 1965, 2014
Datacolor 07.06.1990 I ZR 298/88 GRUR 1990, 1042; NJW-RR 1990, 1318
Datenaustauschsystem 20.10.1992 X ZB 12/91
Datenbankabgleich 21.01.1999 I ZR 135/96 GRUR 1999, 522; NJW 1999, 1337
Datenschutzwiedergabeverfahren 28.05.2013 X ZR 89/12
Datenträger 06.10.1994 X ZB 4/92 GRUR 1995, 113; BlPMZ 1995, 314; Mitt 1995, 104; NJW-RR 1995, 104
Dauerhaftmagnete 03.05.1977 X ZR 56/74 Liedl 1974/77, 337
Dauertiefpreise 11.12.2003 I ZR 50/01 GRUR 2004, 605; NJW 2004, 2235
Dauerwellen I 22.12.1964 Ia ZR 27/63 GRUR 1965, 473; Liedl 1963/64, 676
Dauerwellen II 07.10.1965 Ia ZR 129/63 GRUR 1966, 370
Davidoff Hot Water I 17.10.2013 B I ZR 51/12 GRUR 2013, 1237; GRUR Int 2014, 61; RIW 2014, 80
Davidoff Hot Water II 21.10.2015 I ZR 51/12 GRUR 2016, 497
DB-Immobilienfonds 05.10.2000 I ZR 166/98 BGHZ 145, 279; GRUR 2001, 344; NJW 2001, 1868
d-c-fix/CD-FIX 15.01.2004 I ZR 121/01 GRUR 2004, 600; NJW-RR 2004, 1116
Deck- und Fassadenplatte 24.03.2009 X ZB 7/08
Deckelfaß 24.11.1998 X ZR 21/97 GRUR 1999, 566; NJW-RR 1999, 923
Deckelfugenabdichtung 31.05.1960 B I ZR 112/59 GRUR 1960, 429; BlPMZ 1960, 290; Liedl 1959/60, 390; NJW 1960, 1460
Deckengliedertor 12.11.1996 X ZR 103/94 Bausch BGH 1994–1998, 378
Deckenheizung 13.06.2006 X ZR 153/03 BGHZ 168, 124; GRUR 2006, 839
Deckenheizung 01 13.06.2006 X ZR 197/03
Decker 18.03.1993 I ZR 178/91 BGHZ 122, 71; GRUR 1993, 574; Mitt 1994, 49; NJW 1993, 2236
Deformationsfelder 24.01.2011 X ZB 33/08 GRUR 2011, 409; BlPMZ 2011, 219; Mitt 2011, 233
Dehnungsfugenstreifen 29.11.1977 X ZR 44/77 Schulte-Kartei PatG 81–85 Nr 1
Delan 06.10.2011 I ZR 11/10 GRUR 2011, 401
Deltamethrin 11.06.2015 I ZR 226/13 GRUR 2016, 88
Deltamethrin II 21.01.2016 I ZR 90/14 Vv; Mitt 2016, 351 L
Delta-Sigma-Analog-Digital-Wandler 27.05.2014 X ZR 1/13 N
Demonstrationsschrank 20.06.2006 X ZB 27/05 BGHZ 168, 142; GRUR 2006, 842; BlPMZ 2006, 321; Mitt 2006, 512; NJW 2006, 3208
dentalästhetika I 08.06.2000 I ZR 269/97 GRUR 2001, 181; NJW 2001, 1791
dentalästhetika II 13.07.2006 I ZR 222/03 GRUR 2007, 161; NJW-RR 2007, 337
dentale Abformmasse 22.09.2005 I ZR 188/02 BGHZ 164, 139; GRUR 2005, 1044; Mitt 2006, 30; NJW-RR 2006, 114
Dentalgerätesatz 05.04.2011 X ZR 1/09 GRUR 2011, 707
Dentalschleifwerkzeug 11.12.2007 X ZR 57/03
Dentalverstärkungsstift 18.02.1988 X ZR 69/86 Liedl 1987/88, 447
Der 7. Sinn 25.02.1977 I ZR 165/75 BGHZ 68, 132; GRUR 1977, 543; NJW 1977, 951
Der blaue Engel 01.12.1999 I ZR 226/97 GRUR 2000, 715; NJW 2000, 2201
Der Frosch mit der Maske 28.10.2010 I ZR 18/09 GRUR 2011, 714
Der Grüne Punkt 15.03.2001 I ZR 163/98 GRUR 2001, 1156; Mitt 2001, 505
Der Grüne Punkt 01 10.10.2002 B I ZR 217/02 Mitt 2003, 89

Der Heiligenhof 21.11.1958 I ZR 98/57 GRUR 1959, 200
Der M.-Markt packt aus 10.07.1997 I ZR 62/95 GRUR 1998, 483; NJW-RR 1998, 617
Der Zauberberg 19.05.2005 I ZR 285/02 BGHZ 163, 109; GRUR 2005, 937; GRUR Int 2006, 69; NJW 2005, 3354
Derivate 16.05.1968 X ZB 13/67 GRUR 1969, 84; BlPMZ 1968, 330
derma 13.11.1964 Ib ZB 11/63 BGHZ 42, 307; GRUR 1965, 183; BlPMZ 1965, 152; NJW 1965, 498
Deshydrierungsverfahren 02.05.1978 X ZR 8/75
Desmopressin 12.06.2012 X ZR 131/09 GRUR 2012, 895; Mitt 2012, 403; PharmR 2012, 391
Desmopressin 01 12.06.2012 X ZR 132/09
Detektionseinrichtung 01 23.09.1999 X ZR 50/97 Bausch BGH 1999–2001, 129
Detektionseinrichtung I 21.12.2005 X ZR 17/03 BGHZ 165, 305; GRUR 2006, 217; Mitt 2006, 119
Detektionseinrichtung II 21.12.2005, ber 7.2.2006 X ZR 72/04 BGHZ 165, 311; GRUR 2006, 219; Mitt 2006, 121; NJW-RR 2006, 621
Deus Ex 15.05.2014 I ZB 71/13 GRUR 2014, 1239; NJW 2015, 70
Deutsche Zeitung 08.02.1963 Ib ZR 76/61 GRUR 1963, 378; BlPMZ 1963, 349; NJW 1963, 1004
Deutschlanddecke 14.01.1958 I ZR 40/57 GRUR 1958, 351; BlPMZ 1959, 38
Deutschland-Stiftung 18.06.1974 VI ZR 16/73 NJW 1974, 1762
Diabehältnis 25.11.2003 X ZR 162/00 GRUR 2004, 411; BlPMZ 2004, 160
Dia-Duplikate 24.06.1993 I ZR 148/91 GRUR 1993, 899; NJW-RR 1993, 1321
Dia-Rähmchen I 14.01.1958 I ZR 171/56 GRUR 1958, 288
Dia-Rähmchen II 29.05.1962 I ZR 132/60 GRUR 1962, 509; NJW 1962, 1507
Dia-Rähmchen III 21.10.1965 Ia ZR 144/63 GRUR 1966, 218; NJW 1966, 50
Dia-Rähmchen IV 27.11.1969 Ia ZR 15/66 GRUR 1970, 289; BlPMZ 1970, 422; Liedl 1969/70, 179; Mitt 1970, 113
Dia-Rähmchen V 14.07.1970 X ZR 4/65 GRUR 1971, 78; Mitt 1971, 28
Dia-Rähmchen VI 12.12.1972 X ZR 43/69 GRUR 1973, 411
Dichtungsanordnung 17.12.2009 Xa ZB 38/08 GRUR 2010, 361
Dichtungsanordnung 01 17.12.2009 Xa ZB 39/08 Mitt 2010, 192
Dichtungsanordnung 02 17.12.2009 Xa ZB 40/08
Dichtungsmaterial 06.02.1973 X ZR 40/69 Liedl 1971/73, 248
Dichtungsmatte 22.04.1998 B X ZR 6/98
Die echte Alternative 06.04.1989 I ZR 59/87 GRUR 1989, 602; NJW-RR 1989, 1261
Die Luxusklasse zum Nulltarif 02.07.1998 I ZR 77/96 GRUR 1999, 272; NJW-RR 1999, 404
Die Profis 19.04.2001 I ZR 238/98 GRUR 2002, 190; Mitt 2001, 570; NJW-RR 2002, 612
Diebstahlsicherung 13.03.1973 X ZR 53/69 GRUR 1973, 465
Diebstahlsicherung 01 09.10.2002 X ZR 22/99
DIESEL I 02.06.2005 I ZR 246/02 GRUR 2005, 768; GRUR Int 2005, 850
DIESEL II 21.03.2007 I ZR 246/02 GRUR 2007, 876
Dieselmotor 16.01.1973 X ZR 47/67 Liedl 1971/73, 221
Differentialzylinder 01 05.12.1989 X ZR 19/88
Digesta 06.03.1963 Ib ZB 2/62 BPatGE 3, 234; GRUR 1963, 524; BlPMZ 1963, 184
Digibet II 07.05.2015 B I ZR 171/10 GRUR 2015, 820; NJW-RR 2015, 954
Diglycidverbindung 13.09.2011 X ZR 69/10 GRUR 2012, 45; Mitt 2011, 561
Dilactame 18.06.1970 X ZB 22/69 GRUR 1970, 506; BlPMZ 1971, 165
Dilatationskatheter 19.05.1998 X ZR 20/95 Bausch BGH 1994–1998, 434
DILZEM 03.12.1998 I ZB 14/98 GRUR 1999, 500; Mitt 1999, 111; NJW-RR 1999, 549
Dimple 29.11.1984 I ZR 158/82 BGHZ 93, 96; GRUR 1985, 550; BlPMZ 1985, 298; NJW 1986, 379
D-Info 06.05.1999 I ZR 5/97
Diodenbeleuchtung 29.09.2009 X ZR 169/07 GRUR 2010, 41; GRUR Int 2010, 341
Diodenbeleuchtung (Anhörungsrüge) 16.03.2010 X ZR 169/07
Diodenbeleuchtung 01 19.11.2013 X ZR 60/12
Dipeptidyl-Peptidase-Inhibitoren 11.09.2013 X ZB 8/12 BGHZ 198, 205; GRUR 2013, 1210; IIC 2014, 700; Mitt 2013, 554
Dipolantenne I 20.11.1956 I ZR 11/55 GRUR 1957, 213; BlPMZ 1957, 49; Mitt 1957, 79
Dipolantenne II 13.05.1971 X ZB 24/70 GRUR 1971, 563; BlPMZ 1971, 317; Mitt 1974, 74
Direkt ab Werk 20.01.2005 I ZR 96/02 GRUR 2005, 442; NJW-RR 2005, 684
Direktansprache am Arbeitsplatz I 04.03.2004 I ZR 221/01 BGHZ 158, 174; GRUR 2004, 696; NJW 2004, 2080
Direktansprache am Arbeitsplatz II 09.02.2006 I ZR 73/02 GRUR 2006, 426; NJW 2006, 1665
Disiloxan 27.02.1969 X ZB 11/68 BGHZ 51, 378; GRUR 1969, 265; BlPMZ 1969, 251; IIC 1 (1970), 258
Dispositionsprogramm 22.06.1976 X ZB 23/74 BGHZ 67, 22; GRUR 1977, 96; BlPMZ 1977, 20; NJW 1976, 1936
Distributionsvertrag 10.11.1999 I ZR 183/97 NJW 2000, 743
dlg.de 13.12.2012 I ZR 150/11 GRUR 2013, 294; GRUR Int 2013, 265; NJW-RR 2013, 487
DM-Tassen 20.03.2003 I ZB 27/01 GRUR 2003, 707; BlPMZ 2003, 287
D-Netz-Handies 08.10.1998 I ZR 94/97

Dokumentenauswertungsverfahren 13.11.2012 X ZB 4/12
Dokumentenauswertungsverfahren (Anhörungsrüge) 17.06.2013 X ZB 4/12
Dolmetscherbefähigung 21.01.1974 PatAnwSt(R) 3/73 BGHZ 62, 92
Doppelachsaggregat [II] 04.10.1979 X ZR 3/76 GRUR 1980, 166; Liedl 1978/80, 482
Doppelachsaggregat 01 02.07.1974 X ZR 57/71 Liedl 1974/77, 30
Doppelbett [Bettcouch] 31.01.1961 I ZR 66/59 GRUR 1961, 335
Doppelplüschgewebe 26.01.1999 X ZR 92/93 Bausch BGH 1999–2001, 165
doppelte Tarifgebühr 10.03.1972 I ZR 160/70 BGHZ 59, 286; GRUR 1973, 379; NJW 1973, 96
Doppelvertretung im Nichtigkeitsverfahren 18.12.2012 X ZB 11/12 GRUR 2013, 427; BlPMZ 2013, 151; Mitt 2013, 145
Doppelvertretung im Nichtigkeitsverfahren 01 [Rechtsanwalt im Nichtigkeitsverfahren] 18.12.2012 X ZB 6/12 GRUR 2013, 430
Doppelvertretung im Nichtigkeitsverfahren 02 21.01.2013 X ZB 12/12
Dorf Münsterland I 22.02.2001 I ZR 194/98 GRUR 2001, 1158; BlPMZ 2001, 348
Dorf Münsterland II 09.06.2004 I ZR 31/02 GRUR 2004, 868; Mitt 2004, 520
DORMA 12.02.1998 I ZB 23/97 GRUR 1998, 817; Mitt 1998, 267; NJW-RR 1998, 1261
Dos 03.06.1993 I ZB 9/91 GRUR 1993, 825; GRUR Int 1993, 870; BlPMZ 1993, 482; IIC 26 (1995), 412; Mitt 1993, 307
Dosier- und Mischanlage 14.01.1964 Ia ZR 95/63 BGHZ 41, 13; GRUR 1964, 308; BlPMZ 1964, 243; Liedl 1963/64, 271; NJW 1964, 924
Dosierspender für Flüssigseife 21.01.2009 Xa ZR 138/07
Dosiervorrichtung 26.10.1971 X ZB 15/71 BGHZ 57, 160; GRUR 1972, 196; BlPMZ 1972, 142; NJW 1972, 50
Doxorubicin-Sulfat 14.10.2008 X ZB 4/08 GRUR 2009, 41; GRUR Int 2009, 337
Doxorubicin-Sulfat 01 14.10.2008 X ZB 5/08
Dragiervorrichtung 18.08.1983 X ZR 17/82
Dragon 14.05.1998 I ZB 9/96 GRUR 1998, 938; BlPMZ 1998, 519; NJW-RR 1998, 1506
Drahtbiegemaschine 29.04.1997 X ZB 19/96 BGHZ 135, 298; GRUR 1997, 890; BlPMZ 1997, 396; NJW 1997, 2683
Drahtelektrode 28.03.1995 X ZB 1/95 GRUR 1995, 577; BlPMZ 1995, 370; Mitt 1995, 247; NJW-RR 1995, 1019
Drahtinjektionseinrichtung 06.02.2002 X ZR 215/00 GRUR 2002, 609; NJW-RR 2002, 978
Drahtlegekopf 08.12.2015 X ZR 132/13
Drahtleiterkontaktierung 11.06.2013 X ZR 38/12
Drahtseilverbindung 19.06.1962 I ZB 10/61 BGHZ 37, 219; GRUR 1962, 642; BlPMZ 1962, 280; NJW 1962, 2054
Drahtverbindungsvorrichtung 14.12.2010 X ZR 193/03
Dränagerohr 12.06.1979 X ZR 20/76 Liedl 1978/80, 445
Drehkippbeschlag 14.07.1961 I ZR 17/60 GRUR 1962, 29
Drehkippbeschlag 01 05.05.1970 X ZR 43/67 Liedl 1969/70, 325
Drehkippbeschlag 02 05.05.1970 X ZR 44/67 Liedl 1969/70, 340
Drehklappfensterbeschlag 18.03.1958 I ZR 179/56 Liedl 1956/58, 428
Drehmomenteinstellvorrichtung 27.04.1995 X ZR 60/93 NJW-RR 1995, 936
Drehmomentübertragungseinrichtung 11.09.2001 X ZB 18/00 GRUR 2002, 49; BlPMZ 2002, 111; Mitt 2001, 556
Drehschiebeschalter 25.11.1980 X ZR 12/80 GRUR 1981, 263; Mitt 1981, 127
Drehschwingungsdämpfer 30.10.2007 X ZR 134/03
Drehstromöltransformator 13.02.1979 X ZB 6/78 GRUR 1979, 538; Mitt 1979, 167
Drehstromwicklung 09.01.1964 Ia ZR 190/63 GRUR 1964, 449; BlPMZ 1964, 240
Drehzahlermittlung 03.06.2004 X ZR 82/03 BGHZ 159, 221; GRUR 2004, 845; IIC 36 (2005), 715; Mitt 2004, 412
Dreifachkombinationsschalter 20.05.1974 I ZR 136/72 GRUR 1975, 81
Dreinahtschlauchfolienbeutel 30.07.2009, ber 11.11.2009 Xa ZR 22/06 GRUR 2010, 44; GRUR Int 2010, 162; Mitt 2009, 556
Dreispiegelrückstrahler 20.02.1962 I ZR 166/60 GRUR 1962, 350; BlPMZ 1962, 183; Liedl 1961/62, 495
Dresdner Christstollen 31.10.2002 I ZR 207/00 BGHZ 152, 268; GRUR 2003, 242
Dribeck's Light 02.07.1998 I ZR 273/95 BGHZ 139, 147; GRUR 1999, 155; NJW 1998, 3052
Drillmaschine 17.02.1961 I ZR 133/60 GRUR 1961, 409
DRP angemeldet 02.03.1956 I ZR 161/54 GRUR 1956, 276; NJW 1956, 910
Druckbalken 08.01.1985 X ZR 18/84 BGHZ 93, 191; GRUR 1985, 512; Mitt 1985, 212; NJW-RR 1986, 480
Druckbogensammler 26.05.1998 X ZR 20/96 Bausch BGH 1994–1998, 509
Druckdatenübertragungsverfahren 13.08.2013 X ZR 73/12 GRUR 2013, 1282; BlPMZ 2014, 12; Mitt 2013, 519
druckdichtes Befestigen von Rohren 15.03.1984 X ZR 68/82 Liedl 1984/86, 113
Druckdosierinhalatoren 31.07.2012 X ZR 19/10
Druckentlastungspaneel 12.09.2000 X ZR 110/98 Bausch BGH 1999–2001, 467
Druckflächenbedeckungsdaten 19.11.2009 Xa ZR 170/05
Druckformzylinder 06.02.1979 X ZR 25/75 Liedl 1978/80, 332
Druckguß 12.07.1988 X ZR 22/86 GRUR 1988, 755; Liedl 1987/88, 605
Druckmaschine 04.11.1980 X ZR 73/78 Liedl 1978/80, 894

einteilige Öse 08.12.2009 X ZR 65/05 GRUR 2010, 407; BlPMZ 2010, 217
Eintragung der Berufungsbegründungsfrist 17.09.1998 I ZB 33/98 NJW 1999, 142
Eintritt in Kundenbestellung 20.05.1960 I ZR 93/59 GRUR 1960, 558; NJW 1960, 1853
Einzelangebot 13.12.1990 I ZR 21/89 BGHZ 113, 159; GRUR 1991, 316; IIC 22 (1991), 826; NJW 1991, 1234
Einzelfilamente 10.03.1992 X ZB 11/91
Einzelrichter 23.04.2015 I ZB 73/14 NJW 2015, 2194
Eisabzapfer 28.10.1969 X ZR 39/66 Liedl 1969/70, 82
Eisenbahnkran 27.02.2008 X ZR 75/03
Eisenbahnrad 16.09.2008 X ZR 49/04 CIPR 2008, 130 L
eiserner Grubenausbau 02.06.1953 I ZR 14/52 GRUR 1955, 139; BlPMZ 1955, 261
Eisrevue III 09.03.1966 Ib ZR 36/64 GRUR 1966, 570
Eizellspende 08.10.2015 I ZR 225/13 GRUR 2016, 513
EKV 06.04.1995 IX ZR 61/94 BGHZ 129, 236; DtZ 1995, 285
elastische Bandage 18.09.1990 X ZR 29/89 GRUR 1991, 120; ABl EPA 1991, 533; IIC 22 (1991), 810; NJW 1991, 1174; Bausch
     BGH 1986–1993, 313
elastische Bandage 01 06.04.2004 X ZR 155/00 Mitt 2005, 22 L; Schulte-Kartei PatG 110–122 Nr 69
elastische Dalben 12.04.1960 I ZR 98/58
elektr[on]ische Funktionseinheit 14.10.2003 X ZR 4/00 GRUR 2004, 133; GRUR Int 2004, 335; Mitt 2004, 69
elektrisch betriebenes Bügeleisen 30.11.1993 X ZB 5/93
elektrische Kleinuhr 18.10.1966 Ia ZR 107/64 Liedl 1965/66, 557
elektrische Steckverbindung 17.01.1995 X ZB 15/93 BGHZ 128, 270; GRUR 1995, 330; BlPMZ 1995, 319; IIC 27 (1996), 541;
     Mitt 1995, 220; NJW 1995, 1899
elektrische Widerstände 09.05.1958 I ZR 213/55 Liedl 1956/58, 497
elektrische Zahnbürste 08.05.2012 X ZR 75/11
elektrischer Heizkörper 28.07.2009 X ZB 41/08
elektrisches Gerät 06.04.2004 X ZR 243/00
elektrisches Speicherheizgerät 26.09.1996 X ZB 18/95 GRUR 1997, 120; NJW-RR 1997, 233
Elektrode 12.02.1981 X ZB 20/79 GRUR 1981, 507; BlPMZ 1982, 18
Elektrode für elektrolytische Prozesse 15.06.1982 X ZB 14/81 J
Elektrodenfabrik 10.05.1984 X ZR 85/82 GRUR 1985, 129
Elektroerosionsanlage 17.11.1988 X ZR 18/87 Liedl 1987/88, 644
Elektrohandschleifgerät 28.11.1963 Ia ZB 202/63 BPatGE 4, 233; GRUR 1964, 201; BLPMZ 1964, 189
Elektrokochplatte 01.12.1992 X ZR 13/90 Bausch BGH 1986–1993, 176; BGH-DAT Z
Elektrolackieren [II] 06.07.1967 Ia ZR 59/65 GRUR 1968, 33
Elektrolyseverfahren 05.12.1962 I ZR 46/59 Liedl 1961/62, 700
elektrolytisches Verfahren 17.03.1964 Ia ZR 52/63 Liedl 1963/64, 385
elektromagnetische Rühreinrichtung 23.06.1959 I ZR 177/57 GRUR 1959, 532; BlPMZ 1960, 87; Liedl 1959/60, 15; Mitt
     1959, 180
Elektronenerzeugung 19.10.1954 I ZR 129/53 GRUR 1955, 283; BlPMZ 1955, 69; Liedl 1951/55, 216
Elektronenschweißen 30.10.1969 X ZR 5/66 Liedl 1969/70, 110
Elektronenstrahlsignalspeicherung 16.10.1973 X ZB 10/73 BGHZ 61, 265; GRUR 1974, 214; BlPMZ 1974, 172; NJW 1974, 104
Elektronenstrahltherapiesystem 24.01.2012 X ZR 88/09 GRUR 2012, 475; BlPMZ 2012, 346; Mitt 2012, 218
elektronisch gesteuerte Nähmaschine 15.03.1989 X ZB 14/88
elektronische Pressearchive 10.12.1998 I ZR 100/96 BGHZ 140, 183; GRUR 1999, 325; NJW 1999, 1964
elektronischer Pressespiegel 11.07.2002 I ZR 255/00 BGHZ 151, 300; GRUR 2002, 963; BlPMZ 2002, 424; NJW 2002, 3393
elektronischer Zahlungsverkehr 24.05.2004 X ZB 20/03 BGHZ 159, 197; GRUR 2004, 667; GRUR Int 2004, 874; BlPMZ
     2004, 428; IIC 36 (2005), 242; Mitt 2004, 356
elektronisches Modul 14.09.2004 X ZR 149/01 GRUR 2005, 145
elektronisches Telefonverzeichnis 06.05.1999 I ZR 210/96
Elektroschalter 28.11.1973 I ZR 86/72 GRUR 1974, 406
Elektroschmelzverfahren 09.03.1976 X ZB 17/74 GRUR 1976, 719; BlPMZ 1976, 428; NJW 1976, 1688
Elektroschmelzverfahren 01 09.03.1976 X ZB 19/72 J
elektrostratisches Ladungsbild 03.04.1979 X ZB 14/76 GRUR 1979, 626; BlPMZ 1979, 435; Mitt 1980, 18
E-Mail via SMS 22.11.2011 X ZR 58/10 GRUR 2012, 261
Emil Nolde 08.06.1989 I ZR 135/87 BGHZ 107, 384; GRUR 1995, 668; IIC 22 (1991), 273; NJW 1990, 1986
Emilio Adani I 04.10.1990 I ZR 106/88 GRUR 1991, 215; NJW-RR 1991, 298
Emissionssteuerung 16.12.1986 X ZB 17/86 GRUR 1987, 286; NJW-RR 1987, 570
Empfangsbekenntnis 10.01.1957 B I ZR 110/56 BlPMZ 1957, 350
Empfangsbekenntnis 20.07.2006 I ZB 39/05 GRUR 2007, 261; BlPMZ 2007, 159; NJW 2007, 600
Enalapril 13.03.2003 X ZR 100/00 GRUR 2003, 507; IIC 35 (2004), 81
Endbearbeitungsmaschine 14.01.2003 X ZR 189/99

endloser Schaumstoffstrang 09.07.1980 X ZB 6/79 J
endloses Förderband 10.07.1959 I ZR 73/58
Endoprotheseeinsatz 28.11.2000 X ZB 20/99 GRUR 2001, 321; BlPMZ 2001, 147; IIC 33 (2002), 750; Mitt 2001, 164; NJW-RR 2001, 470
EndoR-freie PNGase F 29.10.2013, ber 24.02.2014 X ZR 141/10
Endotoxin 28.03.1985 X ZB 2/84 BlPMZ 1985, 303; Mitt 1985, 153
endovaskuläre Abstützvorrichtuung 30.03.2004 X ZR 199/00
Energiegewinnungsgerät 27.09.1984 X ZB 5/84 BlPMZ 1985, 117; Mitt 1985, 170
Energieketten 05.06.2003 I ZB 43/02 Mitt 2003, 514
Energieketten 01 05.06.2003 I ZB 44/02
Energiekosten-Preisvergleich I 01.02.1996 I ZR 50/94 GRUR 1996, 502; NJW-RR 1996, 1190
Energiekosten-Preisvergleich II 19.09.1996 I ZR 72/94 GRUR 1997, 304; NJW-RR 1997, 424
Energiezuführungskette 08.01.2008 X ZR 110/04
Engelhardt 21.09.2006 B I ZR 40/06
englisches Recht 12.03.1981 X ZR 79/80
englischsprachige Pressemitteilung 12.12.2013 I ZR 131/12 GRUR 2014, 601; NJW 2014, 2504
Entblendung von Kraftfahrzeugscheinwerfern 20.06.1961 I ZR 21/60 Liedl 1961/62, 217
Entfernung der Herstellungsnummer I 15.07.1999 I ZR 14/97 BGHZ 142, 192; GRUR 1999, 1109; IIC 32 (2001), 712; NJW 1999, 3043
Entfernung der Herstellungsnummer II 17.05.2001 I ZR 291/98 BGHZ 148, 26; GRUR 2001, 841
Entfernung der Herstellungsnummer III 21.02.2002 I ZR 140/99 GRUR 2002, 709; IIC 34 (2003), 219; Mitt 2002, 373; NJW-RR 2002, 1119
Entscheidungsformel 13.05.1971 X ZB 17/70 GRUR 1971, 484; BlPMZ 1971, 316; NJW 1971, 1561
Entscheidungszuständigkeit 19.10.2015 B X ZR 54/11 MDR 2016, 241
Entsorgen flüssiger Medien 01 12.05.2009 X ZR 133/05
Entsorgungsverfahren 24.03.1992 X ZB 15/91 BlPMZ 1992, 496
Entsperrbild 25.08.2015 X ZR 110/13 GRUR 2015, 1184; Mitt 2015, 503
Entwässerungsanlage 02.06.1987 X ZR 97/86 GRUR 1987, 900; IIC 20 (1989), 537; Liedl 1987/88, 151; NJW-RR 1987, 1466
Entwässerungspumpe 23.04.1963 Ia ZR 121/63
Entwicklungsmaschine 30.09.1997 X ZB 23/96 Schulte-Kartei PatG 100–109 Nr 86; DRsp-ROM 1998/1698
Enzymherstellung 11.12.1980 X ZB 1/80 J
EPA als Gutachter 01.02.2000 B X ZR 93/95 Schulte-Kartei PatG 110–122 Nr 53, EPÜ 10–25 Nr 82
Epoxidation 10.12.1987 X ZB 28/86 GRUR 1988, 364; BlPMZ 1988, 250; NJW-RR 1988, 1203
Epoxydverbindungen 27.02.1969 X ZB 8/68 GRUR 1969, 269; BlPMZ 1969, 256
EQUI 2000 10.08.2000 I ZR 283/97 GRUR 2000 1032; IIC 33 (2002), 98; Mitt 2000, 462; NJW-RR 2001, 179
ERBA 30.11.1973 I ZB 14/72 GRUR 1974, 279; BlPMZ 1974, 262; NJW 1974, 279
Erbenermittler 13.03.2003 I ZR 143/00 GRUR 2003, 886
Erbensucher 23.09.1999 III ZR 322/98 NJW 2000, 72
Erdener Treppchen 03.04.1963 Ib ZR 162/61 GRUR 1963, 430
Erdölröhre 14.03.1978 X ZR 18/73 Liedl 1978/80, 19; Mitt 1978, 136
Erdungsschalter 24.01.2013 X ZR 160/11
Erfindernennung 30.10.1959 I ZR 188/57
Erhöhung der Prozesskostensicherheit 02.10.2002 B I ZR 15/02 Mitt 2003, 90
Erhöhung der Sicherheitsleistung 01 19.05.1998 X ZR 95/97 Schulte-Kartei PatG 110–122 Nr 44
Erhöhung der Sicherheitsleistung 02 23.01.2002 X ZR 236/00
Erlaubnisscheininhaber 27.06.1972 X ZB 11/71 BlPMZ 1973, 27
erledigte Beschwerde 16.11.1999 KVR 10/98 NJW-RR 2000, 776
Erledigung der Hauptsache 12.02.1963 Ia ZB 3/63
Erledigung des Prozesskostenhilfeverfahrens 15.07.2009 I ZB 118/08 FamRZ 2009, 1663
Erledigungserklärung nach Gesetzesänderung 20.01.2016 I ZB 102/14 GRUR 2016, 421
erleichterte Patentanwaltsprüfung 24.03.1969 PatAnwZ 1/68 LM PatAO Nr 1
Ermessen bei Verfahrensaussetzung 01 27.01.2016 B I ZR 67/14
Ermessen bei Verfahrensaussetzung 02 27.01.2016 B I ZR 67/14
Ernst Abbé 06.02.1959 I ZR 50/57 GRUR 1959, 374; BlPMZ 1959, 312
Erntemaschine 17.03.1964 Ia ZR 177/63 BGHZ 41, 378; GRUR 1965, 28; BlPMZ 1964, 282; NJW 1964, 1722
Eröffnungswerbung 14.12.2000 I ZR 147/98 GRUR 2001, 752
Ersatzzustellung 12.03.1968 X ZB 12/67 GRUR 1968, 615; BlPMZ 1969, 26
„ersetzt" 02.10.2002 I ZR 90/00 GRUR 2003, 444
Erstattung von Patentanwaltskosten 18.05.2006 I ZB 57/05 GRUR 2006, 702; BlPMZ 2006, 325
Ersttagssammelblätter 22.04.2004 I ZB 16/03 GRUR 2004, 771; BlPMZ 2004, 465; NJW-RR 2004, 1624
Erythronolid 02.06.1981 X ZB 17/80 BGHZ 81, 1; GRUR 1981, 734; BlPMZ 1981, 418; NJW 1981, 2414

Erzeugen von Flüssigkeitströpfchen 02.12.2008 X ZR 145/04
Escitalopram 10.09.2009 Xa ZR 130/07 GRUR 2010, 123
Estrichglättmaschine 24.09.1968 X ZR 100/63 Liedl 1967/68, 469
Eterna 19.12.2002 I ZR 297/99 GRUR 2003, 699
Ethofumesat 21.02.1989 X ZR 53/87 BGHZ 107, 46; GRUR 1990, 997; IIC 22 (1991), 541; NJW 1990, 117
Ethylengerüst 10.08.2011 X ZB 2/11 GRUR 2011, 1053; BlPMZ 2011, 375; Mitt 2011, 463
Etiketten 05.11.1998 I ZB 12/96 GRUR 1999, 495; NJW-RR 1999, 1130
Etikettenhalteranordnung 11.07.1980 X ZB 16/79
Etikettiergerät 15.04.1975 X ZR 18/72 GRUR 1975, 484; Mitt 1975, 137
Etikettiergerät 02 [II] 20.04.1978 X ZR 7/75 BlPMZ 1979, 151; Liedl 1978/80, 55; Mitt 1978, 217
Etikettiermaschine 19.05.1981 X ZB 19/80 BGHZ 80, 323; GRUR 1981, 812; BlPMZ 1982, 52; NJW 1981, 2254
EURO und Schwarzgeld 08.11.2007 I ZR 172/05 GRUR 2008, 360
Euro-Banknoten [Schlüsselanhänger] 20.03.2003 I ZB 1/02 GRUR 2003, 708; BlPMZ 2003, 290; Mitt 2003, 474
Euro-Bauklötze 20.03.2003 I ZB 2/02 BlPMZ 2003, 291; IIC 35 (2004), 330
Euro-Billy 20.03.2003 I ZB 29/01 GRUR 2003, 705; BlPMZ 2003, 288; Mitt 2003, 476
Eurodigina 02.10.1970 I ZB 9/69 GRUR 1971, 86; NJW 1971, 39
Euro-Einführungsrabatt 23.10.2003 I ZB 45/02 BGHZ 156, 335; GRUR 2004, 264; NJW 2004, 506
Europapost 27.11.1956 I ZR 57/55 BGHZ 22, 209; GRUR 1957, 291; NJW 1957, 220
Europareise 28.05.1968 X ZR 42/66 GRUR 1969, 35
Europas Erstes Porzellan 13.01.2011 I ZB 39/10
Evidur 15.01.1957 I ZR 190/55 GRUR 1957, 278; NJW 1957, 827
Ewing 27.01.2000 I ZB 47/97 GRUR 2000, 895; BlPMZ 2000, 327; NJW-RR 2000, 1427
ex works 27.04.2006 I ZR 162/03 GRUR 2006, 863
explosionsgeschütztes elektrisches Schaltgerät 22.08.1978 X ZR 59/75 Liedl 1978/80, 173
Explosionszeichnungen 28.02.1991 I ZR 88/89 GRUR 1991, 529; Mitt 1992, 226; NJW-RR 1991, 1189
extracoronales Geschiebe 22.11.2005 X ZR 79/04 GRUR 2006, 570; Mitt 2006, 213
Extraktionsvorrichtung 23.04.2002 X ZB 5/01
Extrusionskopf 13.04.1999 X ZR 23/97 Bausch BGH 1999–2001, 212; Mitt 2000, 105
Exzenterzähne 22.01.2015 I ZR 107/13 GRUR 2015, 909; Mitt 2015, 470

F.I.C.P.I. 18.12.1995 PatAnwZ 3/95 Mitt 1996, 177; NJW 1996, 1899
f6/R6 23.03.1995 NA I ZR 173/94 WRP 1995, 809
Faber II 01.12.1967 Ib ZR 131/66 GRUR 1968, 333; BlPMZ 1968, 327; NJW 1968, 593
Fabergé 12.07.2001 I ZR 100/99 GRUR 2002, 340; BlPMZ 2002, 349; IIC 33 (2002) 896; NJW-RR 2002, 467
Fächerreflektor 18.06.1963 Ia ZR 13/63 Liedl 1963/64, 157
Fächerreflektor 01 28.11.1963 Ia ZR 18/63
fachliche Empfehlung II 16.05.1991 I ZR 218/89 GRUR 1991, 929; NJW 1992, 749
Fachwerkträger 11.07.1968 X ZR 74/65 Liedl 1967/68, 429
Fadenvlies 01.03.1977 X ZB 22/75 GRUR 1977, 714; BlPMZ 1977, 241
Fahrbahnreinigung 11.11.2008 N X ZR 51/04
Fährhafen Puttgarden 24.09.2002 KVR 15/01 BGHZ 152, 84; GRUR 2003, 169; NJW 2003, 748
Fahrradgepäckträger [II] 14.02.1978 X ZR 19/76 BGHZ 71, 86; GRUR 1978, 492; NJW 1978, 1377
Fahrtzielauswahl 18.12.2012 X ZR 121/11
Fahrzeug mit hydraulischer Kippanlage 20.05.1955 I ZR 114/54 Liedl 1951/55, 295
Fahrzeugaufbau 01.12.1966 Ia ZR 148/63 GRUR 1967, 324; Liedl 1965/66, 629; NJW 1967, 396
Fahrzeugheizsystem 16.11.2010 X ZR 97/08
Fahrzeugkarosserie 15.12.2005 I ZB 32/04 Mitt 2006, 449
Fahrzeugleitsystem 16.12.2003 X ZR 206/98 GRUR 2004, 407; Mitt 2004, 208
Fahrzeugnavigationssystem 23.04.2013 X ZR 27/12 GRUR 2013, 909
Fahrzeugscheibe 16.04.2013 X ZR 49/12 GRUR 2013, 712; Mitt 2013, 337
Fahrzeugsitz 29.11.1984 X ZR 39/83 BGHZ 93, 82; NJW 1985, 1031
Fahrzeugsitz 01 01.02.1983 X ZR 16/82
Fahrzeugwechselstromgenerator 28.08.2012 X ZR 99/11 GRUR 2012, 1236; BlPMZ 2013, 12; Mitt 2012, 500
Fällen von Inhaltsstoffen 14.01.2014 X ZR 169/12
falsche Herstellerpreisempfehlung 24.05.2000 I ZR 222/97 GRUR 2001, 78; NJW 2001, 73
fälschungssicheres Dokument 08.07.2010 Xa ZR 124/07 GRUR 2010, 910; GRUR Int 2010, 1065
Faltbehälter 26.06.1969 X ZB 10/68 GRUR 1970, 258; BlPMZ 1970, 163
Faltenbalg 29.11.2012 X ZR 82/09
Faltenglätter 18.02.1993 I ZR 219/91 GRUR 1993, 565; NJW-RR 1993, 936
Faltenrohre 21.02.1967 Ia ZR 67/64 GRUR 1967, 585; Liedl 1967/68, 37; Mitt 1967, 137
Faltjalousie 17.11.1999 X ZR 65/97 Bausch BGH 1999–2001, 321

Ferrit 24.03.1966 Ia ZB 5/65 GRUR 1966, 488; BlPMZ 1966, 230; NJW 1966, 1317
ferromagnetischer Körper 25.11.1965 Ia ZB 24/64 GRUR 1966, 201; BlPMZ 1966, 76
Fersenabstützvorrichtung 24.11.1981 X ZR 36/80 BGHZ 82, 310; GRUR 1982, 286; IIC 14 (1983), 111; Mitt 1982, 91; NJW 1982, 1151
Fersensporn 30.09.1997 X ZB 17/96 GRUR 1998, 373; NJW-RR 1998, 699
Fertiggaragenhebevorrichtung 01.10.1981 X ZR 68/79 Liedl 1981, 283
Fertiglesebrillen 20.06.1996 I ZR 113/94 GRUR 1996, 793; NJW 1996, 3078
Festsetzung der Patentanwaltsvergütung 25.08.2015 X ZB 5/14 GRUR 2015, 1253; Mitt 2015, 475
Festsetzung der Patentanwaltsvergütung 01 25.08.2015 X ZB 6/14
Feststellungsbeschluss über Vergleich 26.09.2006 X ZR 148/03
Feststellungsinteresse II 17.05.2001 I ZR 189/99 GRUR 2001, 1177; NJW-RR 2002, 834
Feststellungsinteresse III 15.05.2003 I ZR 277/00 GRUR 2003, 900
Festzeltbetrieb 14.05.1969 I ZR 24/68 BGHZ 52, 108; GRUR 1969, 564; NJW 1969, 1532
Fettsäuren 24.09.2013 X ZR 40/12 GRUR 2014, 54; IIC 2014, 590; Mitt 2014, 26
Fettsäurezusammensetzung 15.04.2010 Xa ZR 28/08 GRUR 2010, 607
Feuchtigkeitsabsorptionsbehälter 17.07.2012 X ZB 1/11 GRUR 2012, 1243
Feuer- und Explosionsmelder 26.05.1987 X ZR 27/84 Liedl 1987/88, 134
Feuer, Eis & Dynamit I 06.07.1995 I ZR 58/93 BGHZ 130, 205; GRUR 1995, 744; IIC 28 (1997), 583; NJW 1995, 3177
Feueranzünder 28.10.1952 I ZR 108/51 GRUR 1953, 112; BlPMZ 1953, 16; NJW 1953, 103
feuerfest I 25.10.1967 Ib ZR 62/65 GRUR 1968, 419; BlPMZ 1968, 385
feuerfester Stein 11.03.1971 X ZR 92/65 Liedl 1971/73, 26
Feuerlöschschaum 13.04.1954 I ZR 58/53 Liedl 1951/55, 169
Feuerlöschung 11.01.1957 I ZR 27/56 Liedl 1956/58, 180
Feuerschutzabschluß 23.01.1990 X ZR 75/87 GRUR 1991, 522; Bausch BGH 1986–1993, 341
Feuerwehrgeräte 27.04.1999 KZR 35/97 GRUR 2000, 95; NJW-RR 2000, 773
Feuerzeug als Werbegeschenk 29.04.1958 I ZR 56/57 GRUR 1959, 31
Feuerzeugausstattung 27.10.1959 I ZR 55/58 GRUR 1960, 232; BlPMZ 1960, 265
Fiete Schulze 04.06.1974 VI ZR 68/73 GRUR 1974, 797; NJW 1974, 1371
Figaros Hochzeit 31.05.1960 I ZR 64/58 BGHZ 33, 20; GRUR 1960, 614; BlPMZ 1961, 68; NJW 1960, 2043
Filamente 07.11.1995 X ZR 35/91
Filamentspulaggregat 23.02.2010 X ZR 1/06
File-Hosting-Dienst 15.08.2013 I ZR 80/12 GRUR 2013, 1030; NJW 2013, 3245
Filialleiterfehler 29.06.2000 I ZR 29/98 GRUR 2000, 907; NJW-RR 2001, 620
Filmauswertungspflicht 10.10.2002 I ZR 193/00 GRUR 2003, 173; NJW 2003, 664
Filmfabrik Köpenick 23.01.1963 Ib ZR 78/61 GRUR 1963, 473; NJW 1963, 1543
Filmhersteller 22.10.1992 I ZR 300/90 BGHZ 120, 67; GRUR 1993, 472; NJW 1993, 1470
Filmmusik 22.01.1986 I ZR 194/83 BGHZ 97, 37; GRUR 1986, 376; NJW 1987, 1405
Filmscanner 05.04.2016 X ZR 8/13 GRUR 2016, 745
Filmscanner 01 10.05.2011 X ZR 156/10
Filmspule 26.03.1963 Ia ZR 97/63 Liedl 1963/64, 73
Filmverwertungsvertrag 15.06.1951 I ZR 121/50 BGHZ 2, 331; GRUR 1951, 471; NJW 1951, 705
Filtereinheit 26.07.2001 X ZR 93/95 Bausch 1999–2001, 119; Mitt 2002, 16
Filterpapier 30.09.1958 B I ZR 48/56 GRUR 1959, 102; Liedl 1956/58, 600
Fingerbalkenmähwerk 11.10.1983 B X ZR 62/82 BlPMZ 1984, 213; Liedl 1982/83, 304
finnischer Schmuck 18.10.1990 I ZR 283/88 GRUR 1991, 223; IIC 23 (1992), 291; NJW 1991, 1485
Firmenrufnummer 21.09.1989 I ZR 27/88 GRUR 1990, 463; NJW-RR 1990, 534
First- und Gratabdeckung 14.05.1981 X ZR 19/79 GRUR 1981, 732; Liedl 1981, 137
Firstabdichtung 10.11.1992 X ZR 61/90 Bausch BGH 1986–1993, 353
Firstentlüftung an Dächern 15.12.1993 X ZR 113/89 Bausch BGH 1986–1993, 359
Fischbearbeitungsmaschine 05.05.1967 KZR 1/66 GRUR 1967, 670; NJW 1967, 1715
Fischbissanzeiger 18.06.2009 Xa ZR 138/05 GRUR 2009, 1039; GRUR Int 2009, 1041
Fischdosendeckel 10.12.2009 I ZR 46/07 BGHZ 183, 309; GRUR 2010, 253; GRUR Int 2010, 439; Mitt 2010, 88; NJW-RR 2010, 554
Fischereifahrzeug 24.10.1961 I ZR 92/58 GRUR 1962, 86; BlPMZ 1962, 164; Liedl 1961/62, 290
Fishbone 28.01.2016 B I ZR 236/14
fishtailparka 08.05.2014 I ZR 210/12 GRUR 2014, 797
Fixationssystem 07.10.2014 X ZR 168/12
Flachantenne 06.05.2003 X ZR 113/00
Flachdachabdichtung 03.12.1981 X ZR 61/78 Liedl 1981, 359
Flachdruckplatten 16.07.1964 Ia ZB 6/64 BPatGE 5, 249; GRUR 1964, 634; BlPMZ 1964, 320; NJW 1964, 2255

Flächenentlüftung 04.10.1988 X ZR 3/88 GRUR 1989, 39; BlPMZ 1989, 155; IIC 21 (1990), 416; Liedl 1987/88, 619; NJW-RR 1989, 120

Flächenlautsprecher 03.05.2011 X ZR 59/08

Flächenschleifmaschine 28.04.1999 X ZB 12/98 GRUR 1999, 920; BlPMZ 1999, 311; Mitt 1999, 372; NJW-RR 2000, 920

Flächentransistor 25.11.1965 Ia ZB 13/64 BGHZ 44, 263; GRUR 1966, 309; BlPMZ 1966, 74; GRUR Int 1966, 382; Mitt 1966, 93; NJW 1966, 300

Flachstahlspaltstücke 07.02.1956 I ZR 91/54

Flacon 12.07.1990 I ZR 236/88 GRUR 1991, 138; NJW 1991, 296

Flammenüberwachung 07.02.1995 X ZB 20/93 Mitt 1996, 118; NJW-RR 1995, 700

Flammenwächter für Ölfeuerung 09.11.1978 X ZR 14/76 Liedl 1978/80, 238

Flammkaschierverfahren 05.06.1975 X ZR 37/72 GRUR 1975, 652; NJW 1975, 1969

Flanschkupplung 07.12.1972 X ZR 41/69 Liedl 1971/73, 212

Flaschenblasen 16.03.1965 Ia ZR 295/63 Liedl 1965/66, 77

Flaschenförderung 18.06.1991 X ZR 120/88 Bausch BGH 1986–1993, 368

Flaschengreifer 21.10.1980 X ZR 56/78 BGHZ 78, 252; GRUR 1981, 128; NJW 1981, 345

Flaschenkasten 19.07.1967 Ia ZB 22/66 GRUR 1968, 447

Flaschenpfand I 14.10.1993 I ZR 218/91 GRUR 1994, 222; NJW-RR 1994, 301

Flaschenträger 24.07.2012 X ZR 51/11 BGHZ 194, 194; GRUR 2012, 1226; Mitt 2012, 505

Flava-Erdgold 02.10.1956 I ZR 9/54 BGHZ 22, 1; GRUR 1957, 215; BlPMZ 1957, 44; NJW 1957, 140

Fleckenentfernungsmittel 20.02.1964 Ia ZR 160/63 Liedl 1963/64, 303

Fleischwolf 25.02.1965 Ia ZB 2/64 BlPMZ 1966, 125

Fleischzubereitung 26.10.1962 I ZB 3/62 BPatGE 2, 234; GRUR 1963, 190; BlPMZ 1963, 121

Flexitanks I 25.11.2010 Xa ZR 48/09 GRUR 2011, 455; NJW 2011, 1438

Flexitanks II 25.02.2014 B X ZB 2/13 GRUR 2014, 605

Flonicamid 17.01.2013 I ZR 187/09 GRUR 2013, 414; NJW-RR 2013, 681; RdL 2013, 193

Fluchtsicherung 24.06.2010 Xa ZR 76/08

Flügelradzähler 04.05.2004 X ZR 48/03 BGHZ 159, 76; GRUR 2004, 758; IIC 36 (2005), 963; Mitt 2004, 358

Flügelzellenpumpe 13.02.1990 X ZR 51/88

Flügelzellenvakuumpumpe 16.01.1996 X ZB 28/92 BGH-DAT Z

Flughafenpläne 15.12.1978 I ZR 26/77 BGHZ 73, 288; GRUR 1979, 464; NJW 1979, 1548

Flugkosten 06.11.2014 I ZB 38/14 GRUR 2015, 509

Flugkostenminimierung 11.03.1986 X ZR 65/85 GRUR 1986, 531; IIC 19 (1988), 538; Liedl 1984/86, 405; NJW-RR 1986, 994

Flugzeugbetankung [I] 29.04.1960 I ZR 102/58 GRUR 1960, 542; Liedl 1959/60, 327

Flugzeugbetankung 01 [II] 29.04.1960 I ZR 82/58 GRUR 1960, 545; Liedl 1959/60, 345

Flugzeugzustand 30.06.2015 X ZB 1/15 GRUR 2015, 983; Mitt 2015, 458

Fluidrohrleitungen 15.03.2005 X ZR 97/01

Fluoran 26.01.1988 X ZB 18/86 BGHZ 103, 150; GRUR 1988, 447; BlPMZ 1988, 251

fluoreszierender Antikörper 22.10.1991 X ZR 20/90 Bausch BGH 1986–1993, 46; BGH-DAT Z

Flüssiggastank 16.03.2006 I ZR 92/03 GRUR 2006, 879; NJW-RR 2006, 1378

Flüssigkeitsentnahmevorrichtung 13.11.2001 X ZR 196/98 Bausch BGH 1999–2001, 563

Flüssigkristall 20.01.1983 X ZB 7/82 Mitt 1983, 112

Focus Online 30.06.2009 VI ZR 210/08 GRUR 2009, 1093; NJW-RR 2009, 1413

Folgerecht bei Auslandsbezug 16.06.1994 I ZR 24/92 BGHZ 126, 252; GRUR 1994, 798; GRUR Int 1994, 1044; IIC 26 (1995), 573; NJW 1994, 2888

Folgeverträge I 07.10.1993 I ZR 293/91 BGHZ 123, 330; GRUR 1994, 126; NJW 1993, 3329

Folienrollos 19.05.2010 I ZR 177/07 GRUR 2010, 855

Fondue-Einrichtung 22.09.2015 X ZB 11/14

Förderband 18.06.1964 Ia ZR 173/63 GRUR 1964, 606

Förderbändersystem 26.09.1978 X ZB 16/77 J

Förderrinne 21.11.1958 I ZR 129/57 GRUR 1959, 232

Formausschneideverfahren 30.09.2014 X ZR 158/12

Formkörper [Anhörungsrüge] 18.01.2011 X ZR 165/07 GRUR 2011, 461; BlPMZ 2011, 220; Mitt 2011, 130; NJW-RR 2011, 475

Formkörper 01 19.10.2010 X ZR 165/07

Formkörper mit Durchtrittsöffnungen 10.08.2011, ber. 12.12.2011 X ZA 1/11 GRUR 2011, 1055; Mitt 2011, 475

Formsand I 27.06.1958 I ZR 42/57 Liedl 1956/58, 549

Formsand II 30.04.1964 Ia ZR 224/63 GRUR 1964, 496

Formstein 29.04.1986 X ZR 28/85 BGHZ 98, 12; GRUR 1986, 803; IIC 18 (1987), 795; NJW 1986, 3202

Formteil 18.02.2010 Xa ZR 52/08 GRUR 2010, 599; BlPMZ 2010, 269

Formulare 17.09.1971 I ZR 142/69 GRUR 1972, 127; BlPMZ 1972, 202

formunwirksamer Lizenzvertrag 14.03.2000 X ZR 115/98 GRUR 2000, 685; NJW-RR 2001, 1332

Forschungskosten 09.03.1989 I ZR 189/86 BGHZ 107, 117; GRUR 1990, 221; NJW 1990, 52

Fortsetzungsverbot 07.07.1994 I ZR 63/92 BGHZ 126, 368; GRUR 1994, 849; NJW 1994, 2765

Fortsetzungszusammenhang 10.12.1992 I ZR 186/90 BGHZ 121, 13; NJW 1993, 721

Fotokopiekosten 05.12.2002 I ZB 25/02 NJW 2003, 1127

Fotoleiter 16.07.1964 Ia ZB 214/63 BPatGE 5, 244; GRUR 1964, 697; BlPMZ 1965, 151; Mitt 1965, 19

fotovoltaisches Halbleiterbauelement [Preprint-Versendung] 09.02.1993 X ZB 7/92 GRUR 1993, 466; BlPMZ 1993, 342; IIC 25 (1994), 261

Fotowettbewerb 15.10.1969 I ZR 3/68 BGHZ 52, 393; GRUR 1970, 189

Fourdrinierbandgewebe 12.06.1990 X ZB 16/89

Frachtcontainer 03.12.1991 X ZR 101/89 GRUR 1992, 157; BlPMZ 1992, 358; NJW 1992, 3095; Bausch BGH 1986–1993, 377

Frank der Tat 22.05.1986 I ZR 72/84 GRUR 1986, 898; NJW-RR 1986, 1484

Franzbranntweingel 07.12.2000 I ZR 158/98 GRUR 2001, 450; NJW-RR 2001, 1329

Fräsverfahren 07.05.2013 X ZR 69/11 BGHZ 197, 196; GRUR 2013, 713; Mitt 2013, 334

Fräsverfahren 01 02.03.2010 X ZR 21/07

Freie Erfindungskünstler 01.06.2006 I ZB 121/05

Freischwingerlautsprecher 13.12.1962 I ZR 5/61 Liedl 1961/62, 708

freisprechendes Urteil 30.04.1992 I ZR 301/91

FRENORM/FRENON 15.12.1999 I ZB 29/97 GRUR 2000, 1040; BlPMZ 2000, 320; NJW-RR 2000, 1425

Frequenzzsynthesizereinheit 22.07.2003 X ZB 28/02

Frischhaltegefäß 17.04.1969 KZR 15/68 BGHZ 52, 55; GRUR 1969, 560; NJW 1969, 1810

Friseurübungskopf 01 17.12.1963 Ia ZR 150/63

Frisiersalon 21.12.1973 I ZR 161/71 GRUR 1974, 351

Fristverlängerungsantrag 04.11.1980 X ZB 7/80 J

FROMMIA 02.05.2002 I ZR 300/99 GRUR 2002, 972; GRUR Int 2003, 71; Mitt 2002, 537

Früchtehalter 04.12.1986 X ZR 42/85 Bausch BGH 1986–1993, 388

Fruchtextrakt 22.11.2007 I ZR 77/05 GRUR 2008, 625; GRUR Int 2008, 762

Früchtezerteiler 01.04.1969 X ZR 3/67 GRUR 1969, 532

FrühlingsGeflüge 15.01.2004 I ZR 180/01 GRUR 2004, 435; NJW-RR 2004, 906

Fugenband 27.10.2015 X ZR 11/13 GRUR 2016, 361; Mitt 2016, 125 L; BlPMZ 2016, 272

Fugenglätter GRUR 2010, 814 27.04.2010 X ZR 79/09 GRUR Int 2010, 995

Fugenraster 06.05.1986 X ZR 7/85

Fugenstreifen 17.12.1957 I ZR 163/56 Liedl 1956/58, 376

Führungshülse 18.03.1958 I ZR 170/56 Liedl 1956/58, 436

Führungsschiene 20.11.2012 B X ZR 95/11 GRUR 2013, 164; BlPMZ 2013, 123; Mitt 2013, 188

Füllanlage 19.12.1984 I ZR 133/82 GRUR 1985, 294

Füllen von Gießformen 22.02.2005 X ZR 148/00

Füllhalter 20.10.1964 Ia ZR 58/63 Liedl 1963/64, 580

Füllkörper 06.07.1995 I ZB 27/93 BGHZ 130, 187; GRUR 1995, 732; GRUR Int 1996, 158; BlPMZ 1996, 182; IIC 29 (1998), 91; Mitt 1995, 349; NJW 1996, 128

Füllorgan 10.05.1994 X ZR 101/91 Bausch BGH 1994–1998, 175

Fullplastverfahren 24.09.1979 KZR 14/78 GRUR 1980, 38; IIC 11 (1980), 503; Mitt 1980, 35

Füllstoff 10.09.2009 Xa ZR 18/08 BGHZ 182, 231; GRUR 2010, 47; Mitt 2009, 566

Füllstoff (Anhörungsrüge, PKH) 13.03.2011 B X ZR 7/11 BeckRS 2012, 07174; Schulte-Kartei PatG 129–138 Nr 83

Füllstoff 01 29.11.2011 B X ZR 7/11

Fünf-Streifen-Schuh 11.02.2016 I ZB 87/14 GRUR 2016, 500

Fungizid 18.06.1970 X ZB 2/70 BGHZ 54, 181; GRUR 1970, 601; BlPMZ 1971, 163; IIC 2 (1971), 85; NJW 1970, 2023

Funkarmbanduhr 03.11.2015 X ZR 47/13

Funkkommunikationssystem 11.02.2014 X ZR 146/12 CIPR 2014, 35 L

Funkpeiler 13.07.1971 X ZB 11/70 GRUR 1971, 565; BlPMZ 1971, 347

Funkuhr I 26.02.2002 B NA X ZR 36/01 GRUR 2002, 599; BlPMZ 2002, 348; IIC 34 (2003), 432; Mitt 2002, 416

Funkuhr II 30.01.2007 X ZR 53/04 BGHZ 171, 13; GRUR 2007, 313; IIC 38 (2007), 607

Funny Paper 12.07.1995 I ZR 85/93 GRUR 1995, 697; NJW-RR 1995, 1379

Funny Paper 01 12.07.1995 I ZR 124/93

Furniergitter 23.02.1962 I ZR 114/60 GRUR 1962, 354

Furniergitter 01 17.03.1959 I ZR 99/57 Liedl 1959/60, 47

Furniermessermaschine 23.01.1979 X ZR 38/75 Liedl 1978/80, 316

Fußballtor 26.06.1979 VI ZR 108/78 GRUR 1979, 732; NJW 1979, 2205

Fußbodenbelag 14.09.2004 X ZB 25/02 GRUR 2005, 316

Fußbodenheizung 24.06.1992 X ZR 71/90 Bausch BGH 1986 –1993, 396

Fußbodensystem 18.11.2014 X ZR 143/12

Fußleiste 08.02.1966 Ia ZR 42/65 Mitt 1966, 197

Fußstützen 24.04.1970 I ZR 105/68 GRUR 1970, 510
Futtergarn 09.04.1963 Ia ZR 88/63
Futterzerkleinerungsgerät 10.01.1961° I ZR 144/59

Gabellaschenkette 13.06.1972 X ZR 46/69 Liedl 1971/73, 125
Gabelstapler I 23.11.2000 I ZB 15/98 GRUR 2001, 334
Gabelstapler II 20.11.2003 I ZB 15/98 GRUR 2004, 502
Gaby 26.11.1987 I ZR 123/85 GRUR 1988, 307; NJW-RR 1988, 676
GALLUP 06.10.2005 I ZB 20/03 GRUR 2006, 152; NJW-RR 2006, 260
Garagentor 18.05.1967 Ia ZR 37/65 GRUR 1967, 590; Liedl 1967/68, 148; Mitt 1967, 235; NJW 1967, 2114
Garagentorantriebsvorrichtung 01 02.06.2015 X ZR 55/13 CIPR 2015, 115 L
Garagentorantriebsvorrichtung 02 02.06.2015 X ZR 56/13
Garant-Lieferprogramm 27.01.1981 KVR 4/80 BGHZ 80, 43; GRUR 1981, 605; NJW 1981, 2052
Garant-Möbel 08.12.1994 I ZR 192/92 GRUR 1995, 156; Mitt 1995, 189; NJW-RR 1995, 156
Gardinenklammer 30.01.1964 Ia ZR 201/63
Gardinenrollenaufreiher 23.11.1976 X ZR 42/73 GRUR 1977, 483; Liedl 1974/77, 230
Garmachverfahren 21.12.1967 Ia ZB 14/66 GRUR 1968, 311
Garonor 20.02.1997 I ZR 187/94 GRUR 1997, 903; IIC 30 (1999), 109; NJW 1997, 2952
Gartenliege 24.05.2007 I ZR 104/04 GRUR 2007, 984
Gaselan 19.02.1965 Ib ZB 6/63 GRUR 1965, 502; BlPMZ 1965, 213
Gasfeuerzeug 24.03.1966 Ia ZR 229/63 Liedl 1965/66, 377
Gasheizplatte 14.06.1966 Ia ZR 167/63 GRUR 1967, 56; Liedl 1965/66, 450; NJW 1966, 2059
Gaslaser 29.01.1980 X ZR 23/77 Liedl 1978/80, 629
Gasparone II 02.07.1971 I ZR 58/70 BGHZ 56, 317; NJW 1971, 2023
Gaunerroman 17.04.1953 I ZR 81/52 BGHZ 9, 237; GRUR 1953, 497; NJW 1953, 1062
geänderte Berufungsbegründungsfrist 28.09.2010 B X ZR 57/10 GRUR 2011, 357; BlPMZ 2011, 62
Gebäudefassade 28.01.1977 I ZR 109/75 GRUR 1977, 614
Gebläsegehäuse 16.03.1967 Ia ZR 41/64 Liedl 1967/68, 112; Mitt 1967, 154
Gebrauchsmusterlöschungsverfahren 25.02.1982 X ZB 18/81 GRUR 1982, 364 1982, 417; BlPMZ 1982, 227
Gebührenanrechnung im Nachprüfungsverfahren 29.09.2009 X ZB 1/09; NJW 2010, 76
Gebührenausschreibung 04.10.1990 I ZR 299/88 GRUR 1991, 540; NJW-RR 1991, 363
Gebührendifferenz IV 20.02.1986 I ZR 153/83 GRUR Int 1986, 724
Gebührenüberwachung 02.11.1995 IX ZR 141/94 BGHZ 131, 141; Mitt 1996, 253; NJW 1996, 198
GEDIOS Corporation 14.10.2004 I ZR 245/01 GRUR 2005, 55
gefärbte Jeans 14.12.1995 I ZR 210/93 BGHZ 131, 308; GRUR 1996, 271; GRUR Int 1996, 726; IIC 28 (1997), 131; NJW 1996, 994
Gefäßimplantat 21.12.1989 X ZB 7/89 GRUR 1990, 348; NJW-RR 1990, 509
Geflügelfutter 14.03.1969 X ZR 2/66 GRUR 1969, 531; Liedl 1969/70, 39
Geflügelkörperhalterung 28.10.2003 X ZR 76/00 GRUR 2004, 413
geflügelte Melodien 24.01.1975 I ZR 106/73 GRUR 1975, 323
Gefriertruhe 12.01.2010 X ZR 139/05
Gegenabmahnung 29.04.2004 I ZR 233/01 GRUR 2004, 790
Gegensprechanlage 20.11.2001 X ZB 3/00 Mitt 2002, 176
Gegenstandsträger 22.04.2008 X ZR 84/06
Gegenstandswert des Verfügungsverfahrens 15.08.2013 I ZB 68/12 GRUR 2013, 1286; NJW 2013, 3104
Gegenstandswert Nichtzulassungsbeschwerde 29.02.2016 B I ZR 115/15
Gegenvorstellung (Mitgliederliste) 14.08.2012 B PatAnwZ 3/11
Gegenvorstellung gegen Gegenstandswertfestsetzung 11.02.2014 B X ZR 100/10
Gegenvorstellung gegen Kostenentscheidung und Streitwertbestimmung (Touchscreen) 16.02.2016 B X ZR 110/13
Gegenvorstellung gegen Streitwertfestsetzung 06.06.2006 X ZR 73/03
Gegenvorstellung im Nichtigkeitsberufungsverfahren 14.03.2005 B X ZR 186/00 GRUR 2005, 614
Gegenvorstellung im Nichtigkeitsberufungsverfahren 02 08.11.2005 X ZR 186/00
Gegenvorstellung Prozesskostenhilfe 14.11.2014 B PatAnwZ 3/14
Gegenvorstellungen 15.10.2003 I ZB 36/00
Gehäusekonstruktion 18.03.2003 X ZR 19/01 GRUR 2003, 702
Gehäusestruktur 15.12.2008 X ZB 14/08 GRUR 2009, 521
Geheimhaltungsanordnung 13.07.1971 X ZB 1/70 GRUR 1972, 535; BlPMZ 1972, 30; NJW 1972, 1136
Gehörschutz 01.03.1988 X ZR 83/86 Liedl 1987/88, 492
Gehörsrügenbegründung 13.12.2007 I ZR 47/06 GRUR 2008, 932; NJW 2008, 2126
gelbe Pigmente 27.06.1972 X ZB 13/71 GRUR 1972, 644; BlPMZ 1972, 323
Gelbe Wörterbücher 18.09.2014 I ZR 228/12 GRUR 2014, 1101; BlPMZ 2015, 16; IIC 2015, 372; Mitt 2014, 508

Glasfaser 01.02.1955 I ZR 15/54 Liedl 1951/55, 261
Glasfasererzeugung 10.03.1981 X ZR 76/79 Liedl 1981, 97
Glasfasern I 20.12.2011 X ZR 53/11 GRUR 2012, 373; BlPMZ 2012, 256
Glasfasern II 15.12.2015 X ZR 30/14 BGHZ Vv GRUR 2016, 257; Mitt 2016, 120 L A Dierich
Glasflaschenanalysesystem 04.02.2010 Xa ZR 4/07 GRUR 2010, 660; BlPMZ 2010, 265; Mitt 2010, 299
Glasformen 02.06.1977 X ZB 13/76 J
Glatzenoperation 26.09.1967 Ia ZB 1/65 BGHZ 48, 313; GRUR 1968, 142; BlPMZ 1968, 47; NJW 1968, 197
Gleichrichter 30.03.1971 X ZR 8/68 GRUR 1971, 475; BlPMZ 1971, 309
Gleichstromfernspeisung 02.06.1977 X ZB 11/76 GRUR 1978, 99; BlPMZ 1977, 277
Gleichstromsteuerschaltung 11.04.2000 X ZR 185/97 GRUR 2000, 788; NJW-RR 2001, 472
Gleitlagerüberwachung 31.08.2010 X ZR 73/08 Mitt 2011, 26
Gleitschutzkette 12.11.1957 I ZR 79/56 Liedl 1956/58, 352
Gleitvorrichtung 01.07.2003 X ZR 8/00 Mitt 2004, 213
Gliedermaßstäbe 17.03.1964 Ia ZR 193/63 BGHZ 42, 340; GRUR 1965, 327; NJW 1965, 689
Glimmschalter 14.11.1952 I ZR 3/52 GRUR 1953, 120; BlPMZ 1953, 90; Liedl 1951/55, 34
Glücksbon-Tage 21.07.2005 I ZR 172/04 GRUR 2005, 886
GLÜCKSPILZ 15.10.2015 I ZB 69/14 GRUR 2016, 380; BlPMZ 2016, 239
Glühkerze 07.05.1991 X ZR 72/88 Bausch BGH 1986–1993, 206
Glühsystem 08.09.2009 X ZR 81/08
GmbH-Werbung für ambulante ärztliche Leistungen 14.04.1994 I ZR 12/92 GRUR 1996, 905; NJW-RR 1995, 41
Gnadengesuch 21.09.2004 B X ZR 213/01
Goldabscheidungsbad 26.02.1991 X ZR 52/89 Bausch BGH 1986–1993, 74
Goldbarren 28.11.2002 I ZR 204/00 GRUR 2003, 712; IIC 35 (2004), 99; Mitt 2003, 419; NJW-RR 2003, 1040
Golden Toast 20.09.1967 Ib ZB 13/66 GRUR 1968, 59
Goldene Karte I 14.11.1980 I ZR 138/78 GRUR 1981, 286
Golfrasenmäher 10.02.1978 I ZR 149/75 GRUR 1978, 364; NJW 1978, 2548
Golly Telly 10.12.2009 I ZR 189/07 GRUR 2010, 754
grabenlose Rohrverlegung 14.07.1980 X ZR 1/79
Grabungsmaterialien 27.09.1990 I ZR 244/88 BGHZ 112, 243; GRUR 1991, 523; NJW 1991, 1480
Graustufenbild 28.03.2000 X ZB 36/98 GRUR 2000, 688; BlPMZ 2000, 245; NJW-RR 2000, 1064
Green-IT 19.03.2015 I ZR 4/14 GRUR 2015, 1108
greifbare Gesetzwidrigkeit II 26.05.1994 I ZB 4/94 NJW 1994, 2363
Gretna Green 26.01.1965 VI ZR 204/63 GRUR 1965, 256
Griffband 28.10.1987 I ZR 5/86 GRUR 1988, 213; NJW 1988, 1388
Großhandelshaus 16.11.1973 I ZR 98/72 GRUR 1974, 474; NJW 1974, 460
Großkücheneinrichtungen 26.06.1972 KZR 64/71 GRUR 1974, 742; NJW 1972, 1712
größte deutsche Spezialzeitschrift 16.03.1962 I ZR 144/60 BB 1962, 1223
Grubenschaleisen 10.06.1960 I ZR 107/58 GRUR 1961, 26
Grubenstempel 10.07.1956 I ZR 48/54 GRUR 1957, 208; Mitt 1956, 170
Gründerbildnis 22.12.1961 I ZR 152/59 BGHZ 36, 252; GRUR 1962, 310; NJW 1962, 1103
Grundig-Reporter 18.05.1955 I ZR 8/54 BGHZ 17, 266; GRUR 1955, 492; NJW 1955, 1276
Grundstücksgesellschaft 09.11.1971 VI ZR 57/70 GRUR 1972, 435
grüner Apfel 28.09.2011 I ZB 72/10 MarkenR 2012, 160; GRUR-RR 2012, 232 Ls
Gruppenprofil 22.06.1989 I ZR 120/87 GRUR 1989, 758; NJW-RR 1989, 1313
GRUR 1991, 448 08.01.1991 Entschließung ohne Az (zu X ZR 106/90) BlPMZ 1991, 224; Mitt 1991, 62; NJW 1992, 49
GRUR 2013, 367 X ZR 81/11 Messelektronik für Coriolisdurchflussmesser Mitt 2013, 189
GRUR-Mitgliedschaft 01 17.12.2003 X ZA 6/03 Schulte-Kartei PatG 139.4 Nr 38
GRUR-Mitgliedschaft 02 26.02.2004 X ZA 6/03
GRUR-Mitgliedschaft 03 26.02.2004 X ZA 6/03
GS-Zeichen 23.10.1997 I ZR 98/95 GRUR 1998, 1043; NJW-RR 1998, 1198
GS-Zeichen 01 23.10.1997 I ZR 99/95
Guldenburg 19.11.1992 I ZR 254/90 BGHZ 120, 228; GRUR 1993, 692; IIC 25 (1994), 435; NJW 1993, 852
Güllepumpen 14.01.1999 I ZR 203/96 GRUR 1999, 751; IIC 32 (2001), 704; NJW-RR 1999, 984
gummielastische Masse I 17.01.1995 X ZR 130/93 Mitt 1996, 16; NJW-RR 1995, 696
gummielastische Masse II 22.03.2005 X ZR 152/03 BGHZ 162, 342; GRUR 2005, 663; Mitt 2005, 354; NJW-RR 2005, 1200
Gummiflicken 24.03.1959 I ZR 164/54 Liedl 1959/60, 66
Gurtumlenkung 04.10.1988 X ZB 25/87 BlPMZ 1989, 133
Gute Laune Drops 06.06.2013 B I ZR 176/12 GRUR 2013, 528 L
Gute Laune Drops 10.07.2014 I ZB 18/13 GRUR 2014, 872
Gymnastiksandale 08.06.1967 KZR 2/66 GRUR 1967, 676
Gyromat 11.05.1973 I ZB 2/71 GRUR 1973, 606; BlPMZ 1973, 319

Haarschneidegerät 20.06.1972 X ZR 23/69 Liedl 1971/73, 157
Haartransplantationen 28.03.2002 I ZR 283/99 GRUR 2002, 725; NJW-RR 2002, 1041
Haartrockenhaube 27.03.1990 X ZR 53/86 Bausch BGH 1986–1993, 405
Hafendrehkran 01.12.1961 I ZR 131/56 GRUR 1962, 294; BlPMZ 1962, 182; Liedl 1961/62, 417
Hafendrehkran 01 24.11.1966 Ia ZR 259/63 Liedl 1965/66, 576
Hafenkranportal 25.11.1958 I ZR 141/57 Liedl 1956/58, 666
Haftbinde 30.11.1967 Ia ZR 50/65 BGHZ 49, 99; GRUR 1968, 307; NJW 1968, 596
Haftetikett 04.04.2006 X ZR 155/03 BGHZ 167, 118; GRUR 2006, 754; Mitt 2006, 363; NJW-RR 2006, 1123
Haftung für Hyperlink 18.06.2015 I ZR 74/14 BGHZ 206, 103; GRUR 2016, 209; NJW 2016, 804
Haftungsbeschränkung bei Anwälten 25.06.1992 I ZR 120/90 GRUR 1993, 834; NJW 1992, 3037
Haftverband 19.06.1990 X ZR 43/89 BlPMZ 1991, 159; Mitt 1991, 32; Bausch BGH 1986–1993, 83
Halbleiterdotierung 18.06.2013 X ZR 35/12 GRUR 2013, 1121
Halbleitereinrichtung 16.09.1980 X ZB 2/79 BlPMZ 1981, 136; Mitt 1981, 45
Halbleiterspeichervorrichtung 14.03.2006 X ZB 28/04
Halteorgan 30.11.1967 Ia ZR 54/64 BGHZ 49, 227; GRUR 1968, 305; BlPMZ 1968, 196; Liedl 1967/68, 272; NJW 1968, 889
Halzband 11.03.2009 I ZR 114/06 BGHZ 180, 134; GRUR 2009, 597; NJW 2009, 1960
Hamburger Brauch 14.10.1977 I ZR 119/76 GRUR 1978, 192
Hämofiltration 20.03.2012 X ZR 58/09
Handhabungsgerät 16.09.1997 X ZB 21/94 GRUR 1998, 130; BlPMZ 1998, 81; NJW-RR 1998, 182
Handover-Verfahren 26.02.2015 X ZR 54/11
Handstrickapparat 27.11.1969 X ZR 22/67 BGHZ 53, 92; GRUR 1970, 202; NJW 1970, 425
Handstrickverfahren 17.05.1960 I ZR 34/59 GRUR 1960, 554; NJW 1960, 2000
Handtaschen 11.01.2007 I ZR 198/04 GRUR 2007, 795; NJW-RR 2008, 124
Handtuchklemmen 24.03.2005 I ZR 131/02 GRUR 2005, 600; IIC 37 (2006), 348; Mitt 2005, 322; NJW-RR 2005, 1126
Handtuchspender 10.02.1987 KZR 43/85 BGHZ 100, 51; GRUR 1987, 438; NJW 1987, 2016
Handwerkzeugmaschine 12.12.2000 X ZB 23/99 BGHRep 2001, 310 L; Schulte-Kartei PatG 100–109 Nr 101
Ha-Ra/HARIVA 28.05.1998 I ZR 275/95 GRUR 1999, 183; NJW 1999, 287
Harnstoff 23.02.1965 Ia ZR 63/63 GRUR 1965, 480; Liedl 1965/66, 49; Mitt 1965, 156; NJW 1965, 1332
härtbare Harzzusammensetzung 28.01.2010 Xa ZR 30/06
Hartmetallkopfbohrer 23.03.1982 X ZR 76/80 BGHZ 83, 283; GRUR 1982, 481; IIC 15 (1984), 84; NJW 1982, 2861
Hartplatzhelden.de 28.10.2010 I ZR 60/09 GRUR 2011, 436
Hartschaumplatten 22.06.1993 B X ZR 25/86 GRUR 1993, 895; Bausch BGH 1986–1993, 637; NJW-RR 1993, 1470
Haubenstretchautomat 09.01.2007 X ZR 173/02 BGHZ 170, 338; GRUR 2007, 679
Haus & Grund 01 28.09.2011 B I ZR 13/11 GRUR-RR 2012, 48 Ls
Hausanschlußrahmen 10.07.1984 X ZR 38/83
Haushaltsschneidemaschine II 01.10.1980 I ZR 111/78 GRUR 1981, 269
Haushaltsspüle 09.02.1982 X ZR 77/80 Liedl 1982/83, 50
Hausverbot II 13.07.1979 I ZR 138/77 GRUR 1979, 859; NJW 1980, 700
Hautcreme 29.09.2009 X ZB 19/08
HBV-Familien- und Wohnungsrechtsschutz 25.01.1990 I ZR 19/87 BGHZ 110, 156; GRUR 1990, 522; NJW 1991, 287; NJW-RR 1990, 1514
Heißgasbrenner 10.07.1997 X ZR 23/95 DRsp-ROM 1997/7237
Heißläuferdetektor 18.12.1969 X ZR 52/67 GRUR 1970, 358
Heißschrumpffolie 09.11.1999 X ZR 95/97 Bausch BGH 1999–2001, 330
Heizer 14.05.2009 Xa ZR 148/05 GRUR 2009, 936
Heizer 01 30.09.2010 Xa ZR 57/08
Heizflächenreinigung 07.11.1952 I ZR 43/52 BGHZ 8, 16; GRUR 1953, 114; BlPMZ 1953, 61; NJW 1953, 262
Heizkesselnachbau 29.03.1984 KZR 28/83 GRUR 1984, 753
Heizkörperkonsole 06.07.1993 X ZB 23/92 BGHZ 123, 119; GRUR 1993, 892; BlPMZ 1994, 157; Mitt 1993, 343; NJW 1993, 3071
Heizöldruckzerstäuber 26.05.1959 I ZR 2/58 Liedl 1959/60, 97
Heizpreßplatte 17.10.1958 I ZR 34/57 GRUR 1959, 178; BlPMZ 1959, 127; Liedl 1956/58, 615
Heliumeinspeisung 19.11.1991 X ZR 9/89 BGHZ 116, 122; GRUR 1992, 305; ABl EPA 1992, 686; BlPMZ 1992, 465; IIC 24 (1993), 507; Mitt 1992, 64; NJW 1992, 2702
Heliumeinspeisung 01 13.02.1990 B X ZR 9/89
Hemdblusenkleid 10.11.1983 I ZR 158/81 GRUR 1984, 453
Heparin 26.09.2000 X ZR 33/97 Bausch 1999–2001, 44
Heraufsetzung der Beschwer 16.12.1998 B X ZR 43/98
Herbizidkonzentrate 14.03.1989 X ZR 30/87 Bausch BGH 1986–1993, 93
Herrnhuter Stern 02.12.2015 I ZR 176/14 GRUR 2016, 730
Herstellerkennzeichen auf Unfallwagen 26.04.1990 I ZR 198/88 BGHZ 111, 182; GRUR 1990, 678; NJW-RR 1991, 38

Herstellerleasing 19.01.1993 KVR 25/91 GRUR 1993, 592; GRUR Int 1993, 768
Herstellung von Formteilen 23.07.2009 Xa ZR 84/05
Herzklappenprothese 10.11.1998 X ZR 137/94 Bausch BGH 1994–1998, 416; ENPR 2000, 177, 187; Mitt 1999, 362; NJW-RR 1999, 834
Herz-Kreislauf-Studie 09.11.2000 I ZR 167/98 GRUR 2001, 529; NJW-RR 2001, 1406
heute und morgen 30.09.2004 B I ZR 30/04
Heute wird offen gelogen 17.11.2009 VI ZR 226/08 GRUR 2010, 458; NJW 2010, 760
Heuwender 18.04.1961 I ZR 41/57 Liedl 1961/62, 64
Heuwerbungsmaschine [II] 02.12.1980 X ZR 16/79 GRUR 1981, 259; IIC 13 (1982), 224
Heuwerbungsmaschine 01 23.10.1980 X ZR 44/78 GRUR 1981, 183; Liedl 1978/80, 870; Mitt 1981, 65
Heuwerbungsmaschine 02 24.01.1989 X ZR 60/86 Bausch BGH 1986–1993, 414
Heynemann 10.05.1955 I ZR 120/53 BGHZ 17, 209; GRUR 1955, 490; NJW 1955, 1151
Hi Hotel II 24.09.2014 I ZR 35/11 GRUR 2015, 264, GRUR Int 2015, 375; NJW 2015, 1690
Hi Hotel I 28.06.2012 B I ZR 35/11 GRUR 2012, 1069; GRUR Int 2012, 932
hilfsweise Wiedereinsetzung 27.02.2002 I ZB 23/01 NJW-RR 2002, 1070
Hinterachse 13.05.1965 Ia ZB 27/64 BPatGE 7, 255; GRUR 1966, 50; BlPMZ 1965, 311; Mitt 1965, 216; NJW 1965, 1862
Hinweispflicht 07.12.2000 I ZR 179/98 NJW 2001, 2548
„H.I.V. POSITIVE" II 06.12.2001 I ZR 284/00 BGHZ 149, 247; GRUR 2002, 360; NJW 2002, 1200
Hobelmaschine 10.11.1961° I ZR 51/59
Hochdruckquecksilberdampfentladungslampe 05.05.2009 X ZR 103/04
Hochdruckreiniger 12.02.2003 X ZR 200/99 GRUR 2003, 693
Hochleistungsmagneten 16.12.2014 VI ZR 39/14 GRUR 2015, 289; NJW 2015, 773
Hochmüllereiwalzenstuhl 17.07.2001 X ZR 63/97 Bausch BGH 1999–2001, 300
Höhe der Terminsgebühr 31.08.2010 X ZB 3/09 JurBüro 2010, 651; NJW 2011, 529
höhenverstellbarer Tisch 01 03.11.1961 B° I ZR 36/60
höhenverstellbarer Tisch 02 03.11.1961 B° I ZR 73/61
höhenverstellbarer Tisch 03 03.11.1961 B° I ZR 81/61
Hohlblockmauersteine 28.10.1958 I ZR 20/57 Liedl 1956/58, 623
Hohlfasermembranspinnanlage 18.12.2008 I ZB 118/07 GRUR 2009, 519
Hohlkörper 01 30.11.1982 X ZB 5/82 J
Hohlkörper 02 30.11.1982 X ZB 6/82 J
Hohlwalze 27.10.1966 Ia ZR 86/64 GRUR 1967, 194
Hollister 14.02.2008 I ZR 55/05 GRUR 2008, 796; NJW-RR 2008, 1364
Holzbauträger 05.07.1960 I ZR 63/59 GRUR 1961, 27
Holzbearbeitungsmaschine 15.02.1957 I ZR 187/55 Liedl 1956/58, 244
Holzfässerreinigungsgerät 06.03.1956 I ZR 218/55 Liedl 1956/58, 40
Holzhandelsprogramm 20.01.1994 I ZR 267/91 GRUR 1994, 363; IIC 26 (1995), 720; NJW 1994, 1216
Holzimprägnierung 12.02.1960 I ZR 156/57 GRUR 1961, 24; Liedl 1959/60, 276; Mitt 1960, 153
Holzschleifverfahren 17.09.1996 X ZR 66/94 Bausch BGH 1994–1998, 359
Holzschutzmittel 06.04.1954 I ZR 33/52 GRUR 1954, 584; BlPMZ 1955, 153; Liedl 1951/55, 157
Holzstühle 18.04.1996 I ZR 160/94 GRUR 1996, 767; IIC 29 (1998), 105; NJW-RR 1996, 1187
Holzverwertung 21.11.1950 I ZR 49/50 GRUR 1951, 70; NJW 1951, 70
Honda-Grauimport 18.01.2012 I ZR 17/11 GRUR 2012, 928
Honoraranfrage 02.05.1991 I ZR 227/89 GRUR 1991, 769; NJW-RR 1991, 1258
Honorarvereinbarung 13.06.1980 I ZR 45/78 GRUR 1981, 196
Hopfenextrakt 11.03.1971 X ZB 26/70 BGHZ 56, 7; GRUR 1971, 246; BlPMZ 1971, 196; NJW 1971, 1360
Hopfenpflückvorrichtung 14.07.1969 X ZR 62/66 GRUR 1969, 681
Hörgerät I 29.05.1962 I ZR 137/61 GRUR 1962, 453; BlPMZ 1962, 244; Liedl 1961/62, 580; NJW 1962, 1505
Hörgerät II 29.11.1983 X ZR 87/78 GRUR 1984, 335; BlPMZ 1984, 215; IIC 15 (1984), 766; Liedl 1982/83, 339
Hörgeräteakustik 14.03.2000 KZB 34/99 GRUR 2000, 736; NJW 2000, 2749
Hormonpräparate 03.12.1998 I ZR 119/96 BGHZ 140, 134; GRUR 1999, 1128; NJW 1999, 1424
Horoskopkalender 22.06.1991 I ZR 22/90 BGHZ 115, 63; GRUR 1991, 901; NJW 1991, 3150
Hose mit Gürtel 23.02.1962 I ZR 72/60 Liedl 1961/62, 512
Hot Sox 19.11.2015 I ZR 109/14 GRUR 2016, 720
Hotel Adlon 28.02.2002 I ZR 177/99 BGHZ 150, 82; GRUR 2002, 967; IIC 34 (2003), 673; Mitt 2002, 465; NJW 2002, 3332
Hotel Maritime 13.10.2004 I ZR 163/02 GRUR 2005, 431; GRUR Int 2005, 1433; NJW 2005, 1435
Hotelfoto 13.02.2003 I ZR 281/01 GRUR 2003, 545; NJW-RR 2003, 916
Hotelvideoanlagen 04.07.2002 I ZR 313/99 GRUR 2003, 982; NJW 2002, 3541
HR-120 14.03.2002 I ZB 14/99
H-Trieb 30.10.1962 I ZR 143/61
Hub- und Schwenkvorrichtung 23.09.1999 X ZR 149/96 Bausch BGH 1999–2001, 200

Hubgliedertor I 22.12.2009 X ZR 27/06 GRUR 2010, 509; BlPMZ 2010, 262; Mitt 2010, 188
Hubgliedertor II 22.12.2009 X ZR 28/06 GRUR 2010, 513; Mitt 2010, 192
Hub-Kipp-Vorrichtung 18.02.1998 X ZR 45/96 Bausch BGH 1994–1998, 517
Hubroller 12.01.1961 II ZR 282/59 GRUR 1961, 494
Hubstapler 08.12.1961 I ZR 20/58 Liedl 1961/62, 432
Hubwagen 30.03.1971 X ZR 80/68 GRUR 1971, 403; BlPMZ 1971, 290; Mitt 1971, 114
Hufeisenuhren 01.06.1988 I ZR 22/86 GRUR 1988, 907; NJW-RR 1988, 1442
Hüftgelenkprothese 19.09.1985 X ZB 22/84 BGHZ 96, 3; GRUR 1986, 237; BlPMZ 1986, 176; Mitt 1986, 51; NJW 1986, 3204
Hüftgelenkprothese 01 25.06.1963 Ia ZR 5/63 Liedl 1963/64, 172
Hummel III 18.12.1968 I ZR 85/65 GRUR 1970, 250
Hummel-Figuren I 22.01.1952 I ZR 68/51 BGHZ 5, 1; GRUR 1952, 516; BlPMZ 1952, 354; NJW 1952, 784
Hummel-Figuren II 23.06.1961 I ZR 132/59 GRUR 1961, 581
Hummel-Teller 06.02.1976 I ZR 110/74
Hundefigur 08.07.2004 I ZR 25/02 GRUR 2004, 855; IIC 36 (2005), 871; NJW-RR 2004, 1629
Hundefutterbeutel 17.11.2009 X ZR 49/08
Hunger und Durst 17.12.1998 I ZR 37/96 GRUR 1999, 579; NJW 1999, 1966
Hurricane 15.11.1990 I ZR 245/88 GRUR 1991, 319; BlPMZ 1991, 190; IIC 22 (1991), 823; NJW-RR 1991, 558
Hustenmützchen 14.06.1973 X ZR 3/70 Liedl 1971/73, 261
hydraulische Spannmutter 20.06.2000 X ZR 17/98 Bausch BGH 1999–2001, 373
hydraulischer Kettenbandantrieb 13.12.1977 X ZR 28/75 GRUR 1978, 297; BlPMZ 1978, 257
Hydropyridin 20.09.1983 X ZB 4/83 BGHZ 88, 209; GRUR 1983, 729; BlPMZ 1984, 147; IIC 15 (1984), 215; NJW 1984, 663

ICE 07.04.2011 I ZR 56/09 GRUR 2011, 1117
ICON 26.06.2008 I ZR 170/05 GRUR 2008, 1115
Idarubicin I 17.06.1997 X ZB 13/95 GRUR 1998, 363; BlPMZ 1998, 31; Mitt 1998, 60
Idarubicin II 15.02.2000 X ZB 13/95 BGHZ 144, 15; GRUR 2000, 683; BlPMZ 2000, 280; NJW 2000, 1723
Idarubicin III 25.07.2001 X ZB 21/00 GRUR 2002, 47; Mitt 2001, 560
Idee-Kaffee I 23.02.1973 I ZR 117/71 GRUR 1973, 429; NJW 1971, 803
IEC-Publikation 11.07.1991 I ZR 33/90 GRUR 1992, 117; NJW 1992, 369
Ihagee 30.01.1969 X ZR 66/67 GRUR 1969, 487; BlPMZ 1970, 130
Imidazoline 14.03.1972 X ZB 2/71 BGHZ 58, 280; GRUR 1972, 541; BlPMZ 1972, 319; IIC 3 (1972), 386; Mitt 1972, 168; NJW 1972, 1277
Immunine/Imukin 24.11.1999 I ZB 17/97 GRUR 2000, 890; BlPMZ 2000, 318; NJW-RR 2000, 1487
immunologisches Nachweisverfahren 05.02.2013 X ZR 148/11
immunologisches Verfahren 11.06.1991 X ZB 5/90 BGH-DAT Z
Importsaatgut 29.05.1967 III ZR 191/64 NJW 1967, 1857
Importwerbung 28.10.1993 I ZR 247/91 GRUR 1994, 228; GRUR Int 1994, 631; NJW-RR 1994, 362
Imprägnieren von Tintenabsorbierungsmitteln 16.03.2004 X ZR 185/00 GRUR 2004, 579
Individual 19.06.1997 I ZB 21/95 GRUR 1998, 396; Mitt 1998, 72; NJW-RR 1998, 477
Indizienkette 27.01.1994 I ZR 326/91 GRUR 1995, 693; NJW 1994, 2289
Indorektal II 16.06.1993 I ZB 14/91 BGHZ 123, 30; GRUR 1993, 969; BlPMZ 1994, 34; Mitt 1993, 330; NJW 1993, 2942
Indorektal/Indohexal 29.09.1994 I ZR 114/84 GRUR 1995, 50; BlPMZ 1995, 251; NJW-RR 1995, 424
Induktionsofen 20.01.1998 X ZB 5/96 GRUR 1998, 913; GRUR Int 1998, 721; NJW-RR 1998, 761
induktiver Näherungsschalter 07.12.1999 X ZB 17/98 Schulte-Kartei PatG 100–109 Nr 99
Industrieböden 21.12.1962 I ZR 47/61 BGHZ 38, 391; GRUR 1963, 367; NJW 1963, 856
Informationsaufzeichnungssystem 14.07.2009 X ZR 39/05
Informationssignal 14.05.1996 X ZB 4/95 BGHZ 133, 18; GRUR 1996, 753; BlPMZ 1996, 493; Mitt 1996, 238; NJW 1996, 3214
Informationsträger 22.04.1998 X ZB 19/97 GRUR 1999, 148; BlPMZ 1998, 515; Mitt 1998, 422; NJW-RR 1999, 46
Informationsübermittlungsverfahren I 17.04.2007 X ZB 9/06 BGHZ 172, 108; GRUR 2007, 859; BlPMZ 2008, 9
Informationsübermittlungsverfahren II 27.06.2007 X ZB 6/05 BGHZ 173, 47; GRUR 2007, 862; BlPMZ 2008, 12
Informationsübertragungsverfahren 03.05.2007 X ZR 79/02
Inhalationskapseln 12.01.2016 X ZR 38/14
Initialidee 12.04.2011 X ZR 72/10 GRUR 2011, 733; BlPMZ 2011, 300; NZA-RR 2011, 479
injizierbarer Mikroschaum 22.05.2007 X ZR 56/03 GRUR 2008, 56; Mitt 2007, 411
Inkassoprogramm 09.05.1985 I ZR 52/83 BGHZ 94, 276; GRUR 1985, 1041; NJW 1986, 192
inkrementales Meßsystem 25.06.1987 X ZR 13/86 Liedl 1987/88, 196
Inkrustierungsinhibitoren 07.12.1999 X ZR 40/95 GRUR 2000, 591; GRUR Int 2000, 770; Bausch BGH 1999–2001, 15; NJW-RR 2000, 991
Inlandstochter 10.12.1991 KVR 2/90 GRUR 1992, 195 NJW-RR 1992, 297
Inlandsvertreter 17.12.1968 X ZB 7/68 BGHZ 51, 269; GRUR 1969, 437; BlPMZ 1969, 246; NJW 1969, 984
Innungsprogramm 23.01.2003 I ZR 18/00 GRUR 2003, 786; NJW-RR 2003, 1279

Insassenschutzsystemsteuereinheit 26.01.2010 X ZR 25/06 GRUR 2010, 410; BlPMZ 2010, 320; Mitt 2010, 194
Insiderwissen 17.02.1987 VI ZR 77/86 GRUR 1987, 397; NJW-RR 1987, 754
Installiereinrichtung I 27.02.2008 X ZB 10/07 GRUR-RR 2008, 456
Installiereinrichtung II 20.12.2011 X ZB 6/10 GRUR 2012, 378; BlPMZ 2012, 260
Integrationselement 21.06.2011 X ZR 43/09 GRUR 2011, 1003; Mitt 2011, 515
Interfaceschaltung 18.12.2013 X ZR 66/12
Interferenzstromtherapiegerät 15.10.1981 X ZR 45/79 Mitt 1986, 15
Interleukin-1-Rezeptor-Antagonisten 03.09.2013 X ZR 16/11
Intermarkt II 26.01.1984 I ZR 195/81 GRUR 1984, 820; NJW 1985, 1023
interne Mitwirkungsgrundsätze 17.09.1998 I ZR 93/96 GRUR 1999, 369; NJW 1999, 796
internes Aktenzeichen 29.05.1974 X ZB 21/73 GRUR 1974, 679; BlPMZ 1974, 350
Internetapotheke 19.12.2002 I ZB 24/02
Internet-Versandhandel 07.04.2005 I ZR 314/02 GRUR 2005, 690; NJW 2005, 2229
Internet-Versteigerung I 11.03.2004 I ZR 304/01 BGHZ 158, 326; GRUR 2004, 860; IIC 36 (2005), 573; Mitt 2004, 562; NJW 2004, 3102
Internet-Versteigerung II 19.04.2007 I ZR 35/04 BGHZ 172, 119; GRUR 2007, 708; GRUR Int 2007, 933; Mitt 2007, 420; NJW 2007, 2636
Internet-Versteigerung III 30.04.2008 I ZR 73/05 GRUR 2008, 702; Mitt 2008, 348; NJW-RR 2008, 1136
Internet-Videorecorder 22.04.2009 I ZR 216/06 GRUR 2009, 845; NJW 2009, 3511
Intravaskulärokklusionsvorrichtung 12.03.2013 X ZR 6/10
In-Travel-Entertainment/TRAVELTAINMENT 18.12.2008 I ZB 62/08
In-vivo-Kapsel 24.03.2015 X ZR 40/13
Ionenanalyse 14.06.1988 X ZR 5/87 BGHZ 105, 1; GRUR 1988, 896; GRUR Int 1989, 687; IIC 22 (1991), 249; NJW 1989, 669
Ionisationsdetektor 19.02.2002 X ZR 166/99 NJW 2002, 1870
IP-Attorney (Malta) 12.02.2014 B X ZR 42/13 GRUR 2014, 508; BlPMZ 2014, 217; Mitt 2014, 245
IP-Attorney (Malta) 01 12.02.2014 B X ZR 66/13
irreführende Lieferantenangabe 17.09.2015 I ZR 47/14 GRUR 2016, 526; Mitt 2016, 229
Isoharnstoffäther 09.03.1967 Ia ZB 28/65 GRUR 1967, 435; BlPMZ 1967, 324; Mitt 1967, 138; NJW 1967, 1466
Isokontrastkurven 29.04.2003 X ZR 142/99
Isolierglasscheibenrandfugenfüllvorrichtung 08.12.1983 X ZR 15/82 GRUR 1984, 272; BlPMZ 1984, 246; IIC 16 (1985), 104; Liedl 1982/83, 412
Isomerisierung 29.06.1971 X ZB 22/70 GRUR 1971, 512; BlPMZ 1971, 371; NJW 1971, 2073
Isothiazolon 07.02.1995 X ZR 58/93 Bausch BGH 1994–1998, 51; BlPMZ 1995, 322
Italienische Bauhausmöbel 08.12.2010 1 StR 213/10 GRUR 2011, 227
IUP 28.11.1972 X ZB 22/71 GRUR 1973, 585; BlPMZ 1973, 289; NJW 1973, 1412
Ivadal II 28.10.2010 I ZB 13/10 MarkenR 2011, 177

Jeans I 15.09.2005 I ZR 151/02 GRUR 2006, 79; GRUR Int 2006, 334; IIC 38 (2007), 128; Mitt 2006, 44; NJW-RR 2006, 45
Jeans II 19.01.2006 B I ZR 151/02 GRUR 2006, 346; NJW 2006, 1978
Jeanshosentasche 16.11.2000 I ZR 36/98 GRUR 2001, 734; BlPMZ 2001, 241; Mitt 2001, 295
Jette Joop 07.12.2010 KZR 71/08 GRUR 2011, 641; NJW-RR 2011, 835
Johanniskraut 22.07.2004 I ZR 288/01 GRUR 2004, 1037
JOOP! 29.04.2010 I ZR 3/09 GRUR 2010, 1107
Jubiläumsschnäppchen 07.06.2001 I ZR 115/99 GRUR 2002, 177; NJW 2001, 3710
Jubiläumsverkauf 16.01.1992 I ZR 84/90 GRUR 1992, 318; NJW-RR 1992, 617
jugendgefährdende Medien bei eBay 12.07.2007 I ZR 18/04 BGHZ 173, 188; GRUR 2007, 890

KABE 23.06.1978 I ZR 2/77 GRUR 1978, 591; BlPMZ 1979, 155; Mitt 1978, 188
Kabelabstandsschelle 22.04.1960 I ZR 133/58 Liedl 1959/60, 313
Kabelaufwickler 01 13.07.1989 X ZR 54/88 Bausch BGH 1986–1993, 423
Kabelaufwickler 02 15.05.1990 X ZR 82/88 NJW-RR 1990, 1251
Kabeldurchführung I 04.02.1997 X ZR 74/94 BGHZ 134, 353; GRUR 1997, 454; IIC 30 (1999), 558; NJW 1998, 147
Kabeldurchführung II 07.03.2001 X ZR 176/99 GRUR 2001, 770
Kabeleinziehzange 13.12.1994 X ZR 93/92 Bausch BGH 1994–1998, 236
Kabelfernsehen in Abschattungsgebieten 07.11.1980 I ZR 24/79 BGHZ 79, 350; GRUR 1981, 413; NJW 1981, 1042
Kabelkennzeichnung 16.12.1952 I ZR 39/52 BGHZ 8, 202; GRUR 1953, 175; BlPMZ 1953, 183
Kabelnebenstöreffekte 16.09.1997 X ZR 105/94 Bausch BGH 1994–1998, 394
Kabelschelle 12.07.1955 I ZR 141/53 GRUR 1955, 573; BlPMZ 1955, 336
Kabelschloss 03.09.2013 B X ZR 130/12 GRUR 2013, 1212; IIC 2014, 347; Mitt 2013, 553
Kabelschlosshalterung 02.04.2009 Xa ZR 6/08
Kabelschuh 01.07.1965 Ia ZR 293/63 Liedl 1965/66, 241

Kabelstecker für Koaxialkabel 22.03.1984 X ZR 11/83 Liedl 1984/86, 147
Kabelverteilerschrank 18.09.1986 X ZB 1/86
Kabelverteilerschrank 18.12.1986 X ZB 1/86
Kabelweitersendung 17.02.2000 I ZR 194/97 GRUR 2000, 699; NJW-RR 2001, 38
Kachelofenbauer I 23.02.1989 I ZR 18/87 GRUR 1989, 432; NVwZ-RR 1989, 410
Kaffeemaschine 20.10.1983 X ZR 41/81 Liedl 1982/83, 310
Kaffeeröstverfahren 06.12.1966 Ia ZR 172/63 Liedl 1965/66, 649
Kaffeewerbung 16.06.1972 I ZR 154/70 BGHZ 59, 72; GRUR 1972, 721; NJW 1972, 1460
Kakaopresse 17.04.2012 X ZR 54/09
Kalander 27.03.1962 I ZR 122/59 Liedl 1961/62, 555
Kalifornia-Schuhe 18.10.1955 I ZR 197/53 GRUR 1956, 73; BlPMZ 1956, 44; Liedl 1951/55, 352
Kameraauslösung 08.03.1983 X ZR 14/81 Liedl 1982/83, 229
Kammerrichtline 16.01.1978 PatAnwZ 3/76 BGHZ 70, 348; NJW 1978, 2298
Kammerversammlung 03.07.1972 PatAnwZ 2/72 Mitt 1973, 57
Kanold 02.12.2004 I ZB 14/04
Kappaggregat 17.12.2009 Xa ZR 34/06
Kappenverschluß 11.07.1963 Ia ZR 68/63 GRUR 1964, 132
Karate 14.12.1999 X ZR 61/98 BGHZ 143, 268; GRUR 2000, 299; GRUR Int 2000, 635; IIC 32 (2001), 685; NJW-RR 2000, 569
Karbidofen 07.12.1956 I ZR 135/55 GRUR 1957, 212; BlPMZ 1957, 72; Liedl 1956/58, 157
Kardangruppe 22.03.1977 X ZR 32/74 Liedl 1974/77, 296
Kartoffellegemaschine 09.09.2014 X ZR 14/13
Kartonkern 12.06.2014 X ZR 96/11
kaschierte Platten 20.01.1977 X ZR 1/73
kaschierte Platten I 11.05.1978 X ZR 84/74 Liedl 1978/80, 82
kaschierte Platten II 23.01.1979 B X ZR 84/74 GRUR 1979, 433
Käse in Blütenform 04.12.2003 I ZB 38/00 GRUR 2004, 329; BlPMZ 2004, 191; IIC 35 (2004), 967; NJW-RR 2004, 617
Käse in Blütenform 01 17.07.2003 I ZB 41/00 IIC 35 (2004), 964
Kaskodeverstärker 09.03.1967 Ia ZB 25/65 GRUR 1967, 413; BlPMZ 1967, 299
Kassentisch 17.11.1970 X ZR 12/68 Liedl 1969/70, 385
Kassettenfilm 26.04.1974 I ZR 137/72 GRUR 1974, 786
Kastanienmuster 23.05.1991 I ZR 286/89 GRUR 1991, 914; NJW-RR 1992, 232
Kasten für Fußabtrittsroste 30.06.1964 Ia ZR 206/63 GRUR 1964, 673
Katalysatorreaktortträgerkörper 03.04.2001 X ZR 38/99 Bausch BGH 1999–2001, 109
katalytisches Feuerzeug 30.11.1967 Ia ZR 30/67 Liedl 1967/68, 269
Katheter 01 07.11.1961° I ZR 30/59
Katheter 02 [II] 07.11.1961 I ZR 31/59 Liedl 1961/62, 360
Katheteranschlusssystem 16.06.2009 X ZR 61/05
Katzenstreu [MINKAS] 03.07.2003 I ZB 30/00 GRUR 2003, 903; Mitt 2003, 568
Katzenstreu 01 19.02.1990 II ZR 41/89 NJW-RR 1990, 614
Kauf auf Probe 07.06.2001 I ZR 21/99 GRUR 2001, 1036; NJW 2001, 3789
Kauf im Ausland 15.11.1990 I ZR 22/89 BGHZ 113, 11; GRUR 1991, 463; NJW 1991, 1054
Kautschukrohlinge 09.06.1981 X ZR 62/79 BGHZ 81, 211; GRUR 1981, 736; BlPMZ 1982, 135; Liedl 1981, 195; NJW 1981, 2814
KD 17.03.2011 I ZR 93/09 GRUR 2011, 946
Kehlrinne 03.11.1987 X ZR 27/86 BGHZ 102, 118; GRUR 1988, 290; GRUR Int 1988, 586; BlPMZ 1988, 214; IIC 20 (1989), 730; Liedl 1987/88, 288; NJW 1988, 1464
keltisches Horoskop 27.06.1991 I ZR 7/90 BGHZ 115, 69; GRUR 1993, 40; NJW 1992, 232
Kennungsscheibe 01.07.1976 X ZB 10/74 GRUR 1977, 152; BlPMZ 1977, 144
Keramikbrennverfahren 04.10.1983 X ZR 53/81 Liedl 1982/83, 280
Keramikofen 06.11.1959 I ZR 126/57
Kernblech 10.06.1986 X ZB 13/85 Mitt 1986, 195
Kernbremse 13.07.1967 Ia ZR 156/63 Liedl 1967/68, 204
Kernenergie 04.05.1972 X ZR 6/69 GRUR 1973, 141; BlPMZ 1972, 380
Ketof/ETOP 10.11.1999 I ZB 13/97 GRUR 2000, 603; BlPMZ 2000, 249; IIC 32 (2001), 342; Mitt 2000, 337; NJW-RR 2000, 854
Kettenradanordnung 01 13.02.2007 X ZR 73/05
Kettenradanordnung 02 22.12.2009 X ZR 55/08
Kettenradanordnung I 13.02.2007 X ZR 74/05 BGHZ 171, 120; GRUR 2007, 410; IIC 38 (2007), 726
Kettenradanordnung II 22.12.2009 X ZR 56/08 BGHZ 184, 49; GRUR 2010, 314
Kettenwirkmaschine 19.12.1968 X ZR 16/64 Liedl 1967/68, 563
Kfz-Stahlbauteil 20.10.2015 X ZR 149/12 GRUR 2016, 265; Mitt 2016, 122

Kieselsäure 16.10.1962 KZR 11/61 GRUR 1963, 207
Kilopreise III 21.05.1992 I ZR 9/91 GRUR 1993, 62; NJW-RR 1992, 1453
Kinder 28.08.2003 I ZR 257/00 BGHZ 156, 112; GRUR 2003, 1040; Mitt 2004, 84
Kinderarbeit 06.07.1995 I ZR 110/93 GRUR 1995, 595; NJW 1995, 2490
Kinderhochstühle im Internet I 22.07.2010 I ZR 139/08 GRUR 2011, 152; Mitt 2011, 88
Kinderhochstühle im Internet II 16.05.2013 I ZR 216/11 GRUR 2013, 1229
Kinderhochstühle im Internet III 05.02.2015 I ZR 240/12 GRUR 2015, 485; BlPMZ 2015, 283
Kinderhörspiele 21.06.2001 I ZR 245/98 GRUR 2002, 153; IIC 34 (2003), 329; NJW-RR 2002, 255
Kindernähmaschinen 05.11.1962 I ZR 39/61 BGHZ 38, 200; GRUR 1963, 255; NJW 1963, 531
Kindersaugflaschen 30.06.1961 I ZR 39/60 BGHZ 35, 329; GRUR 1962, 243; NJW 1962, 37
Kindersitz 31.07.2007 X ZR 150/03
Kinderwagen II 12.07.2012 I ZR 102/11 GRUR Int 2013, 280
Kinderwärmekissen 17.07.2008 I ZR 168/05 GRUR 2009, 181; NJW 2009, 1882
Kippbrückenbleche 02.07.1964 Ia ZR 115/63 Liedl 1963/64, 494
Kippträger 09.12.1955 I ZR 113/54 Liedl 1951/55, 394
Klageerhebung an einem dritten Ort 12.09.2013 I ZB 39/13 GRUR 2014, 607; NJW-RR 2014, 886
Klagerücknahme 02.03.1962 I ZR 28/60 GRUR 1962, 489; BlPMZ 1962, 243; Liedl 1961/62, 543; NJW 1962, 1155
Klammernahtgerät 13.07.2010 Xa ZR 126/07 GRUR 2010, 916; GRUR Int 2010, 1071; BlPMZ 2011, 21
Klappleitwerk 17.02.1981 X ZR 51/76 GRUR 1981, 516; Liedl 1981, 69; NJW 1981, 2303
Klappschachtel 01 16.07. 2002 X ZR 195/98
Klappschachtel 02 10.07.2007 X ZR 240/02 Schulte-Kartei PatG 4.2 Nr 58
Klarsichtbecher 09.06.1982 I ZR 85/80 GRUR 1983, 31; NJW 1983, 456
Klarsichtverpackung 29.06.1977 I ZR 186/75 GRUR 1977, 805; NJW 1977, 2313
Klartext 27.01.1998 VI ZR 72/97 GRUR 1998, 504; NJW 1998, 1391
Klasen-Möbel 04.12.1956 I ZR 106/55 GRUR 1957, 348; BlPMZ 1957, 350
Klassenlotterie 29.10.2009 I ZR 58/07 GRUR 2010, 454
Klebe- und Aufspulvorrichtung 06.12.1994 X ZR 92/92 Bausch BGH 1994–1998, 213
Klebebindung 27.01.1961 I ZR 119/59 GRUR 1961, 404
Klebematerial für Verbände 19.04.1988 X ZR 8/86 Liedl 1987/88, 512
Klebemax 13.12.1962 I ZR 42/61 GRUR 1963, 519; BlPMZ 1963, 299
Klebemittel 21.03.1961 I ZR 133/59 GRUR 1961, 432; NJW 1961, 1251
Klebstoff 14.05.1985 X ZB 19/83 BlPMZ 1985, 373
Kleiderbügel 20.12.1994 X ZR 56/93 BGHZ 128, 220; GRUR 1995, 338; IIC 27 (1996), 851; NJW 1995, 1905
Kleidersack 30.01.2003 I ZR 142/00 GRUR 2003, 624
Kleinfilter 11.06.1970 X ZR 23/68 GRUR 1970, 547; NJW 1970, 1503
Kleinkraftwagen 18.02.1955 I ZR 34/54 BGHZ 16, 326; GRUR 1955, 466; BlPMZ 1955, 329; Liedl 1951/55, 270; Mitt 1955, 103; NJW 1955, 831
Kleinparkett 19.07.1963 Ia ZR 29/63 Liedl 1963/64, 191
Klemmbausteine I 06.11.1963 Ib ZR 37/62 BGHZ 41, 55; GRUR 1964, 621; NJW 1964, 920
Klemmbausteine II 07.05.1992 I ZR 162/90 GRUR 1992, 619
Klemmbausteine III 02.12.2004, ber 21.03.2005 I ZR 30/02 BGHZ 161, 204; GRUR 2005, 349; Mitt 2005, 177; NJW-RR 2005, 983
Klemme 31.01.1967 Ia ZR 8/65 Liedl 1967/68, 20
Klemmhebel 09.06.2004 I ZR 70/02 GRUR 2004, 939; Mitt 2004, 525
Klemmkörperfreilaufkupplung 22.01.1980 X ZR 61/76 Liedl 1978/80, 611
Klemmschloß 28.06.1966 Ia ZR 149/63 Liedl 1965/66, 498
Kletterschalung 29.03.1984 X ZR 6/82 Liedl 1984/86, 162
Klimaschrank 28.09.2011 B X ZR 68/10 GRUR 2012, 93; Mitt 2011, 565
Klimbim 04.07.1996 I ZR 101/94 BGHZ 133, 281; GRUR 1997, 215; NJW 1997, 320
Klinik Monopoly 25.11.2003 VI ZR 226/02 NJW 2004, 598
Klinik Sanssouci 10.11.1999 I ZR 121/97 GRUR 2000, 613; NJW 2000, 1789
Klinikdirektoren 22.06.1982 VI ZR 251/80 GRUR 1982, 631; NJW 1982, 2246
Klinik-Geschäftsführer 21.11.2006 VI ZR 259/05 GRUR 2007, 350; NJW-RR 2007, 619
Klinikpackung II 22.04.2004 I ZR 21/02 GRUR 2004, 701; NJW-RR 2004, 1619
klinische Versuche 01 18.03.1997 X ZR 99/92
klinische Versuche I 11.07.1995 X ZR 99/92 BGHZ 130, 259; GRUR 1996, 109; GRUR Int 1996, 58; IIC 28 (1997), 103; Mitt 1995, 274; NJW 1996, 782; RPC 1997, 623
klinische Versuche II 17.04.1997 X ZR 68/94 BGHZ 135, 217; Mitt 1997, 253; NJW 1997, 3092; RPC 1998, 423
Klosterbrauerei 07.11.2002 I ZR 276/99 GRUR 2003, 628
Knickschutz [werkstoffeinstückig] 07.06.2005 X ZR 198/01 GRUR 2005, 754; IIC 37 (2006), 339
Kniegelenkendoprothese [II] 12.12.2000 X ZR 121/97 Bausch BGH 1999–2001, 355

Kniehebelklemmvorrichtung 25.09.2012 X ZR 10/10 GRUR 2013, 160; BlPMZ 2013, 142; Mitt 2013, 71
Knochenschaft 13.10.1987 X ZB 15/86
Knochenschraubensatz 12.11.2002, ber 13.03.2003 X ZR 118/99 Schulte-Kartei PatG 81–85 Nr. 310
Knopflochnähmaschinen 20.07.1999 X ZR 121/96 GRUR 2000, 138; IIC 32 (2001), 448; NJW-RR 2000, 44
Kobo/Kobold 07.05.1998 I ZB 2/96
Kochgefäß 13.01.2015 X ZR 81/13 GRUR 2015, 361; IIC 2015, 721; Mitt 2015, 170
Kochgeschirr 10.12.1998 X ZR 44/96
Kodak 18.12.1959 I ZR 62/58 GRUR 1960, 372
Kohleabbau 17.12.1953 I ZR 150/51 GRUR 1954, 258; BlPMZ 1954, 151; Liedl 1951/55, 112
Kohlenwasserstoffkonzentrationsmeßvorrichtung 12.07.1994 X ZR 75/92 Bausch BGH 1994–1998, 75
Kokille zum Stranggießen 15.12.1998 X ZR 33/96
Kokillenguß 18.03.1955 I ZR 144/53 BGHZ 17, 41; GRUR 1955, 468; Liedl 1951/55, 280; NJW 1955, 829
Koksofentür 15.11.2005 X ZR 17/02 GRUR 2006, 316
Kolben-Zylinder-Einheit 10.02.2004 X ZR 55/00
Kollagenase I 25.02.2014 X ZB 5/13 BGHZ 200, 229; GRUR 2014, 461; BlPMZ 2015, 123; IIC 2015, 470; Mitt 2014, 228
Kollagenase II 25.02.2014 X ZB 6/13 GRUR 2014, 464; BlPMZ 2015, 126; IIC 2015, 472; Mitt 2014, 231
Kollektion „Holiday" 22.04.1993 I ZR 52/91 BGHZ 122, 262; GRUR 1993, 757; NJW 1993, 1989
Kölnisch Eis 08.02.1957 I ZR 157/55 GRUR 1957, 358
Kölsch-Vertrag 14.01.1997 KZR 36/95 GRUR 1997, 543; NJW 1997, 2182
Kombinationsmöbel 22.07.1982 B X ZR 57/81 GRUR 1982, 672; Liedl 1982/83, 122
Kommunikationskanal 11.02.2014 X ZR 107/12 BGHZ 200, 63; GRUR 2014, 542; BlPMZ 2014, 363; IIC 2015, 590; Mitt 2014, 224
Kommunikationsrouter 26.08.2014 X ZB 19/12 GRUR 2014, 1235; BlPMZ 2015, 7; Mitt 2014, 500
Kommunikationsstation 19.05.2015 X ZR 48/13
Kommunikationssystem mit drahtlosem Zugang 26.06.2014 X ZR 6/11
Kommunikationssystem mit drahtlosem Zugang (Nichtzulassungsbeschwerde) 28.04.2015 B X ZR 109/12
Komposthäcksler 10.03.1987 VI ZR 144/86 GRUR 1987, 468; NJW 1987, 2225
Kondensatableitvorrichtung 30.05.2000 X ZR 92/98 Bausch BGH 1999–2001, 447
Kondensator 01 13.06.1958 I ZR 154/55 Liedl 1956/58, 539
Kondensator 02 09.11.1962 I ZB 10/62
Kondenswasserableiter 30.01.1964 Ia ZB 229/63 BPatGE 4, 257; GRUR 1964, 310; BlPMZ 1964, 244
Kondenswasserabscheider 20.10.1966 Ia ZB 11/66 BlPMZ 1967, 137; Mitt 1967, 39
Konditionenanpassung 24.09.2002 KVR 8/01 BGHZ 152, 97; GRUR 2003, 80; NJW 2003, 205
Konditioniereinrichtung 19.02.1963 Ia ZR 64/63 GRUR 1964, 18; BlPMZ 1964, 22; Liedl 1963/64, 45
Konfektionsstylist 23.11.1979 I ZR 60/77 GRUR 1980, 296
Konkurs des Nichtigkeitsklägers 05.11.1991 X ZR 85/86 Bausch BGH 1986–1993, 640; BGH-DAT Z
Konservendosen [II] 28.05.1957 I ZR 46/56 GRUR 1957, 597
Konservierungslösung 12.10.2010 X ZR 91/08
Konsumentenbefragung 21.07.2005 I ZR 94/02 GRUR 2005, 1067
Kontaktfederblock 17.02.1999 X ZR 22/97 GRUR 1999, 914; IIC 32 (2001), 93; NJW-RR 2000, 263
Kontaktfederblock 01 18.01.2000 X ZR 102/97 Bausch BGH 1999–2001, 142
Kontaktmaterial 03.12.1964 Ia ZB 18/64 BGHZ 43, 12; GRUR 1965, 270; BlPMZ 1965, 179; NJW 1965, 495
Kontaktplatte 20.11.2012 X ZR 131/11 GRUR 2013, 539
Konterhaubenschrumpfsystem 12.03.1985 X ZR 3/84 GRUR 1985, 520
Kontrollbesuch 13.11.2003, ber 25.04.2004 I ZR 187/01 GRUR 2004, 420; NJW-RR 2004, 916
Kontrollnummernbeseitigung I 15.07.1999 I ZR 204/96 GRUR 1999, 1017; NJW 1999, 3638
Kontrollnummernbeseitigung II 05.10.2000 I ZR 1/98 GRUR 2001, 448; BlPMZ 2001, 187; Mitt 2001, 213; NJW-RR 2001, 1188
Kontrollsystem 22.09.2009 Xa ZR 72/06
Kontrollsystem für gestohlene Güter 24.02.1981 X ZR 22/79 Liedl 1981, 77
Konzentrationsstörung 03.12.1998 B X ZR 181/98 GRUR 1999, 522; NJW-RR 1999, 938
Konzernpatentanwalt 14.05.1979 B PatAnwZ 1/79 GRUR 1979, 659
Konzertveranstalter 16.06.1971 I ZR 120/69 GRUR 1972, 141; BlPMZ 1972, 171; NJW 1971, 2173
Kopfhörerkennzeichnung 09.07.2015 I ZR 224/13 GRUR 2015, 1021
Kopfkissen 08.10.1998 X ZR 64/95 Bausch BGH 1994–1998, 474
Kopienversanddienst 25.02.1999 I ZR 118/96 BGHZ 141, 13; GRUR 1999, 707; NJW 1999, 1953
Kopierwerk 21.04.1988 I ZR 210/86 GRUR 1988, 604; NJW 1989, 389
Kopplungsangebot I 13.06.2002 I ZR 173/01 BGHZ 151, 84; GRUR 2002, 976; NJW 2002, 3403
Kopsenbelieferungsvorrichtung 07.03.1995 X ZR 136/92 Bausch BGH 1994–1998, 256
Kornfeinung 30.10.2007 X ZB 18/06 GRUR 2008, 279; GRUR Int 2008, 351; BlPMZ 2008, 154; Mitt 2008, 115
Körperaufnahme 07.12.2010 X ZR 97/09

Körperstativ 22.11.1984 X ZR 40/84 GRUR 1985, 369; BlPMZ 1985, 274; Liedl 1984/86, 266; Mitt 1985, 90
Korrekturflüssigkeit 04.03.1982 I ZR 19/80 GRUR 1982, 489; NJW 1982, 2774
Korrespondenzgebühr 23.09.1960 B I ZR 43/57
Korrosionshemmungsverfahren 07.12.1993 X ZR 130/90 Bausch BGH 1986–1993, 103; BGH-DAT Z
Korrosionsschutzbinde 02.03.1967 Ia ZB 10/65 GRUR 1967, 351; BlPMZ 1967, 198; Mitt 1967, 156
Korrosionsschutzverfahren 10.02.1977 X ZR 43/73 Liedl 1974/77, 246
Kosmetikstudio 03.02.1994 I ZR 321/91 GRUR 1994, 441; NJW-RR 1994, 872
kosmetisches Sonnenschutzmittel I 10.12.2002 X ZR 68/99 GRUR 2003, 317
kosmetisches Sonnenschutzmittel II 08.09.2004 B X ZR 68/99 BGHZ 160, 214; GRUR 2004, 1061
kosmetisches Sonnenschutzmittel III 01.03.2011 X ZR 72/08 GRUR 2011, 607; GRUR Int 2011, 625; Mitt 2011, 290
Kosten bei unbegründeter Abmahnung 01.12.1994 I ZR 139/92 GRUR 1995, 167; NJW 1995, 715
Kosten der Schutzschrift II 23.11.2006 I ZB 39/06 GRUR 2007, 727; Mitt 2007, 337; NJW-RR 2007, 1575
Kosten der Schutzschrift III 13.03.2008 I ZB 20/07 GRUR 2008, 640; NJW-RR 2008, 1093
Kosten des Erlaubnisscheininhabers 13.05.1958 B° I ZR 54/56
Kosten des Patentanwalts I 03.04.2003 I ZB 37/02 GRUR 2003, 639; Mitt 2003, 573; NJW-RR 2003, 913
Kosten des Patentanwalts II 24.02.2011 I ZR 181/09 GRUR 2011, 754
Kosten des Patentanwalts III 21.12.2011 I ZR 196/10 GRUR 2012, 756
Kosten des Patentanwalts IV 10.05.2012 I ZR 70/11 GRUR 2012, 759; Mitt 2012, 370
Kosten des Streithelfers 24.06.2008 X ZR 3/08
Kosten des Verfügungsverfahrens bei Antragsrücknahme 19.10.1994 I ZR 187/92 GRUR 1995, 169; NJW-RR 1995, 495
Kosten des Widerspruchsverfahrens 28.11.1961 I ZB 8/61 BPatGE 1, 233; GRUR 1962, 273; BlPMZ 1962, 56
Kosten eines Abwehrschreibens 06.12.2007 I ZB 16/07 NJW 2008, 2040; GRUR 2008, 639; Mitt 2008, 369
Kostenantrag im Rechtsbeschwerdeverfahren 13.12.1994 X ZB 18/94 GRUR 1995, 338; Mitt 1995, 168; NJW-RR 1995, 573
Kostenbegünstigung I 24.02.1953 B I ZR 106/51 GRUR 1953, 284; BlPMZ 1953, 381
Kostenbegünstigung II 24.03.1953 B I ZR 131/51 GRUR 1953, 250
Kostenbegünstigung III 03.09.2013 B X ZR 1/13, X ZR 2/13 GRUR 2013, 1288; Mitt 2013, 518
Kostenentscheidung 01 12.07.1984 B X ZR 10/84 Liedl 1984/86, 201
Kostenentscheidung 02 19.02.2013 B X ZR 61/08
Kostenentscheidung nach Klagerücknahme 07.12.2004 X ZR 40/03
Kostenentscheidung nach teilweiser Klagerücknahme (ArbNErf) 26.10.2010 B X ZR 51/09
Kostenerinnerung (unzulässige Rechtsbeschwerde) 01 16.12.2010 Xa ZB 2/10
Kostenerinnerung (unzulässige Rechtsbeschwerde) 02 16.12.2010 Xa ZB 7/10
Kostenerstattung bei mißbräuchlicher Rechtsverfolgung 04.07.2002 I ZB 11/02 Mitt 2002, 425
Kostenerstattung bei Streitgenossenschaft 12.02.1954 B I ZR 106/51; NJW 1954, 1200
Kostenerstattung für Parteigutachten 06.02.1955 B I ZR 66/52 Liedl 1951/55, 261; Mitt 1955, 67
Kostenfestsetzung I 19.01.1954 I ARZ 189/53 BlPMZ 1954, 152; Liedl 1951/55, 121
Kostenfestsetzung II 20.09.1961 B I ZR 157/58 BlPMZ 1961, 408; Liedl 1961/62, 248
Kostenhaftung mehrerer Nichtigkeitskläger 24.07.1953 B I ZR 56/51 GRUR 1953, 477; BlPMZ 1954, 191; Liedl 1951/55, 96
Kostenquote bei beziffertem Ordnungsmittelantrag 19.02.2015 I ZB 55/13 GRUR 2015, 511
Kostenrechnung 20.06.2000 X ZR 113/99 AGS 2001, 20; Schulte-Kartei PatG 139.43 Nr 18
Kostenregelung durch Vergleich 14.07.1969 X ZR 40/65 MDR 1970,46
Kotflügel 16.10.1986 I ZR 6/85 GRUR 1987, 518; NJW-RR 1987, 499
Kowog 24.06.1992 I ZR 187/91 GRUR 1993, 913; NJW-RR 1993, 1387
Kraftaufnehmer 29.01.1981 X ZR 65/78 Liedl 1981, 53
Kraftfahrzeuggetriebe 10.07.1986 X ZB 29/84 BGHZ 98, 196; GRUR 1986, 877; BlPMZ 1986, 371; NJW 1987, 258
Kraftfahrzeugluftfederung 04.11.1958 I ZR 46/57 Liedl 1956/58, 646
Kraftfahrzeugradiator 14.01.2010 Xa ZR 66/07
Kraft-Wärme-Kopplung I 02.07.1996 KZR 31/95 BGHZ 133, 177; NJW 1996, 3005
Krankenhausmüllentsorgungsanlage 03.02.1998 X ZR 18/96 GRUR 1998, 650; NJW-RR 1998, 904
Krankentrage 24.11.1987 X ZR 45/84 Liedl 1987/88, 326
Krankenwagen I 04.12.1959 I ZR 135/58 GRUR 1960, 247
Krankenwagen II 20.09.1960 I ZR 77/59 BGHZ 33, 163; GRUR 1961,307; NJW 1960, 2332
Kranportal 21.01.1958 I ZR 182/55 GRUR 1958, 389; Liedl 1956/58, 384
Kräuselvorrichtung 11.12.1986 X ZR 61/85 Bausch BGH 1986–1993, 430
Kräutertee 21.01.2010 I ZR 47/09 GRUR 2010, 354; NJW 2010, 1208
Kreiselegge 01 [II] 22.12.1983 X ZR 43/82 Mitt 1984, 31
Kreiselegge 02 07.03.1989 X ZB 26/87 J
Kreiselegge I 15.11.1983 X ZR 27/82 GRUR 1984, 194; BlPMZ 1984, 151; Liedl 1982/83, 325
Kreiselegge II 03.11.1988 X ZR 107/87 GRUR 1989, 187; NJW-RR 1989, 892
Kreiselpumpe 17.10.2000 B X ZR 41/00 GRUR 2001, 271; Bausch BGH 1999–2001, 632
Kreiselpumpe für Haushaltsgeräte 23.03.2000 X ZR 22/98 Bausch BGH 1999–2001, 157

Kreishandwerkerschaft II 12.07.1990 I ZR 278/88 NJW 1990, 1759
Kreismesserhalter 01 20.11.1962 I ZR 29/61 Liedl 1961/62, 669
Kreismesserhalter 02 [II] 19.12.1968 X ZR 76/64 Liedl 1967/68, 523
Kreissäge 01.07.1958 I ZR 91/56 Liedl 1956/58, 557
Kreissägeblatt 21.04.2016 X ZR 2/14
Kreuzbodenventilsäcke I 29.03.1960 I ZR 109/58 GRUR 1960, 423; NJW 1960, 1154
Kreuzbodenventilsäcke II 13.03.1962 I ZR 108/60 GRUR 1962, 398; BlPMZ 1962, 186
Kreuzbodenventilsäcke III 13.03.1962 I ZR 18/61 GRUR 1962, 401
Kreuzgestänge 02.06.2015 X ZR 103/13 GRUR 2015, 972; Mitt 2015, 454
Kreuzleger 03.03.2009 X ZR 53/07
Kristallfiguren 14.04.1988 I ZR 99/86 GRUR 1988, 690; NJW 1989, 383
Kronenkorkenkapsel 25.03.1969 X ZR 29/66 GRUR 1969, 471
Kronenthaler 19.01.1989 I ZR 217/86 GRUR 1990, 361; GRUR Int 1989, 703; IIC 21 (1990), 728; NJW-RR 1989, 690
Krystallpalast Varieté 17.08.2011 I ZB 75/10
Kuchenbesteck-Set 03.02.2011 I ZR 26/10 GRUR 2011, 820
Küchenmaschine 30.09.1964 Ib ZR 65/63 GRUR 1965, 198; BlPMZ 1965, 203
kugelgelagerte Drehverbindung 30.06.1964 Ia ZR 47/63 Liedl 1963/64, 453
Kugelschreiber 09.11.1967 KZR 10/66 BGHZ 49, 33; GRUR 1968, 218; NJW 1968, 351
Kühlvorrichtung 08.05.1980 X ZB 15/79 GRUR 1980, 848
Kühlwasserschlauch 06.07.1993 X ZR 118/90 Bausch BGH 1986–1993, 435
Kundendatenprogramm 27.04.2006 I ZR 126/03 GRUR 2006, 1044; NJW 2006, 3424
Kündigungshilfe 07.04.2005 I ZR 140/02 GRUR 2005, 603; NJW 2005, 2012
Kunstharzschaum 24.03.1966 B Ia ZR 245/63 GRUR 1966, 523; Liedl 1965/66, 400
künstliche Atmosphäre 02.03.1999 X ZB 14/97 GRUR 1999, 571; NJW-RR 1999, 921
künstliche Felsformationen 22.03.2011 X ZR 122/09
künstlicher Backenzahn 23.06.1977 X ZR 68/74 Liedl 1974/77, 368
Kunststoffaufbereitung 29.04.1997 X ZR 101/93 GRUR 1998, 133; NJW-RR 1997, 1196
Kunststoffaufbereitung 01 16.01.1990 X ZR 57/88
Kunststoffbeutelherstellungsmaschine 03.12.1981 X ZR 17/80 Liedl 1981, 331
Kunststoffbügel 16.05.2006 X ZR 169/04 BGHZ 167, 374; GRUR 2006, 927; Mitt 2006, 503; NJW-RR 2006, 1415
Kunststoffdichtung 13.12.1979 X ZR 78/78 GRUR 1980, 713; BlPMZ 1970, 315
Kunststoffflaschenkästen 10.03.1977 X ZR 3/74
Kunststoffgehäuse 26.06.1980 X ZR 20/79 Liedl 1978/80, 776
Kunststoffhohlkörperspritzgießverfahren 09.06.2009 Xa ZR 156/05
Kunststoffhohlprofil I 30.11.1976 X ZR 81/72 BGHZ 68, 90; GRUR 1977, 250; Mitt 1977, 117; NJW 1977, 1194
Kunststoffhohlprofil II 24.11.1981 X ZR 7/80 BGHZ 82, 299; GRUR 1982, 301; NJW 1982, 1154
Kunststofffiguren I 15.12.1953 I ZR 168/53 BGHZ 11, 260; GRUR 1954, 175
Kunststofffolienbeutel 19.05.1976 X ZB 8/75 J
Kunststoffformvorrichtung 14.02.1980 X ZR 39/77 Liedl 1978/80, 663
Kunststoffpreßverfahren 17.12.1963 Ia ZR 81/63 Liedl 1963/64, 250
Kunststoffrad 19.06.1979 X ZB 8/79 GRUR 1979, 696, ber 1980, 280; BlPMZ 1979, 439
Kunststoffrohrmuffen 05.09.1978 X ZR 11/77 Liedl 1978/80, 199
Kunststoffrohrteil 12.03.2002 X ZR 43/01 BGHZ 150, 161; GRUR 2002, 511; GRUR Int 2002, 612; ENPR 2003, 163; IIC 34 (2003), 309; Mitt 2002, 228
Kunststoffschaumbahnen 10.10.1974 KZR 1/74 GRUR 1975, 206
Kunststoffschlauch [II] 12.06.1980 X ZR 36/77 Liedl 1978/80, 743
Kunststofftablett 26.10.1962 I ZB 18/61 BGHZ 38, 166; GRUR 1963, 129; BlPMZ 1963, 41; NJW 1963, 295
Kunststoffteilchenaufbringung 12.01.1988 X ZR 41/83 Liedl 1987/88, 379
Kunststoffverbundmaterial 17.09.2013 X ZR 53/12
Kunststoffzähne 02.07.1969 I ZR 118/67 GRUR 1969, 618; NJW 1969, 61
Kupfer-Nickel-Legierung 01.02.2000 X ZB 27/98 GRUR 2000, 597; NJW-RR 2000, 1207
Kuppelmuffenverbindung 15.03.1967 Ib ZR 25/65 GRUR 1967, 596
Kupplung für optische Geräte 16.09.2003 X ZR 179/02 GRUR 2003, 1031
Kupplungsgewinde 06.09.1979 X ZB 10/78 GRUR 1980, 104; GRUR Int 1980, 118; BlPMZ 1980, 176
Kupplungsvorrichtung I 03.12.1998 X ZB 17/97 GRUR 1999, 485; Mitt 1999, 154; NJW 1999, 1552
Kupplungsvorrichtung II 01.10.2002 X ZR 112/99 GRUR 2003, 223; Mitt 2003, 114
Kurbelwellenausgleichsgewichte 28.04.1959 I ZR 163/57 Liedl 1959/60, 79
Kur-Shampoo-Sets 07.07.1994 I ZR 34/92
kurze Verjährungsfrist 12.07.1995 I ZR 176/93 BGHZ 130, 288; GRUR 1995, 678; NJW 1995, 2788
Kurzhaarwickler 01.12.1966 Ia ZR 56/64 Liedl 1965/66, 635
Kurznachrichten 16.09.2014 B X ZR 61/13 BGHZ 202, 288; GRUR 2014, 1237; Mitt 2014, 574

Kurznachrichten 01 16.09.2014 B X ZR 68/13 IIC 2015, 252
Kuttermesser 06.10.1964 Ia ZR 74/63 NJW 1965, 103
Kuttermesser 01 28.06.2000 B X ZR 32/00
Küvettenanordnung 12.06.2001 X ZR 28/98

L'Orange 05.06.1997 I ZR 38/95 BGHZ 136, 11; GRUR 1997, 749; NJW 1997, 2948
La Perla 13.12.1990 I ZB 9/89 GRUR 1991, 521; BlPMZ 1991, 305; Mitt 1992, 27; NJW-RR 1991, 1277
Läägeünnerloage 19.11.2002 X ZB 23/01 BGHZ 153, 1; GRUR 2003, 226; BlPMZ 2003, 109; NJW 2003, 671
Laborwärmeschrank 14.08.1990 X ZB 30/89 J
Lacktränkeinrichtung I 06.10.1961 I ZR 47/59 Liedl 1961/62, 264
Lacktränkeinrichtung II 07.01.1965 Ia ZR 151/63 GRUR 1965, 411
Lactame 25.04.1972 X ZB 1/71 GRUR 1972, 642; BlPMZ 1972, 322
Lactobacillus Casei 08.10.1985 X ZB 35/84 BlPMZ 1986, 336; IIC 17 (1986), 548
Ladeflächen 16.02.1984 X ZR 53/82 Liedl 1984/86, 17
Ladegerät [II] 11.07.1974 X ZB 9/72 GRUR 1975, 254; IIC 7 (1976), 110; NJW 1974, 2127
Ladewagen 16.09.1997 X ZR 54/95 GRUR 1998, 366; IIC 30 (1999), 310; Mitt 1998, 63; NJW-RR 1998, 1117
Ladewagen 01 09.02.1993 X ZR 40/90 Bausch BGH 1986–1993, 443
Ladungsträgergenerator 05.10.2005 X ZR 26/03 GRUR 2006, 141; NZA-RR 2006, 90
Ladungsträgergenerator (Anhörungsrüge) 19.01.2006 X ZR 26/03
Lagerregal 09.12.2008 X ZR 124/05 GRUR 2009, 390; BlPMZ 2009, 179
Lamellenreinigungsvorrichtung 19.02.2002 X ZR 140/99
Lamellenschrägsteller 15.02.1965 Ia ZR 290/63 Liedl 1965/66, 22
Lamellentreppe 29.04.1969 X ZR 24/66 Liedl 1969/70, 47
laminierte Metalldichtung 09.12.1997 X ZR 87/95 Bausch BGH 1994–1998, 479
Lampengehäuse 09.12.1960 I ZR 121/59 GRUR 1961, 278; Liedl 1959/60, 446; Mitt 1961, 57
Lampenschirm 18.03.1975 X ZB 12/74 BGHZ 64, 155; GRUR 1976, 30; BlPMZ 1976, 25; NJW 1975, 1280
Lampe-Reflektor-Einheit 25.06.2009 Xa ZR 58/05
Landesversicherungsanstalt 10.03.1972 I ZR 30/70 BGHZ 58, 262; GRUR 1972, 614; NJW 1972, 1273
Landkartenverschluß 15.03.1960 I ZR 111/58 GRUR 1960, 474
landwirtschaftliches Ladegerät 30.05.1967 Ia ZB 24/65 GRUR 1968, 86; Mitt 1968, 16
Landwirtschaftsschlepper 01.03.1957 I ZR 159/55 Liedl 1956/58, 301
Längen- und Winkelmeßsystem 11.03.1982 X ZR 66/80
Langzeitstabilisierung 24.06.1982 X ZB 6/81 GRUR 1982, 610
Läppen 28.07.1964 Ia ZR 186/63 GRUR 1964, 676; Liedl 1963/64, 515
Laras Tochter 29.04.1999 I ZR 65/96 BGHZ 141, 267; GRUR 1999, 984; GRUR Int 1999, 884; IIC 31 (2000), 1050; NJW 2000, 2202
Laserblitzlampe 10.06.2008 X ZR 26/04
Lastverstelleinrichtung 11.01.2000 X ZR 20/98 Bausch BGH 1999–2001, 387
Laterne 29.06.1982 KZR 19/81 BGHZ 84, 322, 324; GRUR 1982, 638; NJW 1982, 2872
Latex 30.06.1953 I ZR 133/52 GRUR 1953, 438 1954, 391; BlPMZ 1953, 406 1955, 66; Liedl 1951/55, 92
Latex 01 21.12.1953 B I ZR 133/52 Mitt 1954, 59; Liedl 1951/55, 119
Latex 02 13.03.1956° I ZR 133/52
Laubhefter 12.07.2001 I ZR 40/99 GRUR 2002, 86
Laufbildkamera 01.03.1983 X ZR 75/79 Liedl 1982/83, 214
Laufkranz 03.05.2006 X ZR 45/05 GRUR 2006, 837
Laufrolle 15.10.1974 X ZB 6/74 Mitt 1975, 38
Laux-Kupplung I 19.12.1958 I ZR 138/57 GRUR 1959, 478
Laux-Kupplung II 13.07.1962 I ZR 37/61 GRUR 1962, 580
laxierendes Gemisch 30.06.1992 X ZR 31/90 Bausch BGH 1986–1993, 113
LDL-Behandlung 11.12.2001 KZB 12/01 GRUR 2002, 464; NJW 2002, 1351
Lebertrankapseln 06.05.2004 I ZR 265/01 GRUR 2004, 799; NJW-RR 2004, 1267
Leckanzeigegerät 11.01.1977 X ZB 9/76 GRUR 1977, 559; BlPMZ 1977, 237
Leckanzeigegerät 01 02.12.1976 X ZR 55/74 Mitt 1977, 60
Leckanzeigegerät 02 26.09.1978 B X ZR 30/76
Leckwarngerät 24.01.1978 X ZR 45/73 Liedl 1978/80, 1
LECO 03.04.1985 I ZB 17/84 GRUR 1985, 1052; BlPMZ 1985, 337
Le-Corbusier-Möbel 10.12.1986 I ZR 15/85 GRUR 1987, 903; NJW 1987, 2678
Le-Corbusier-Möbelmodell 31.05.2012 I ZB 29/10 GRUR-RR 2012, 496 Ls
Ledigenheim 29.03.1957 I ZR 236/55 BGHZ 24, 55; GRUR 1957, 391; NJW 1957, 1108
Leflunomid 24.07.2012 X ZR 126/09 GRUR 2012, 1130; BlPMZ 2012, 384; Mitt 2012, 510
Legehennenhaltung 06.07.1995 I ZR 4/93 BGHZ 130, 182; GRUR 1995, 817; NJW 1996, 122

Legostein 16.07.2009 I ZB 53/07 BGHZ 183, 325; GRUR 2010, 231; BlPMZ 2010, 220; Mitt 2010, 82
Legostein 01 16.07.2009 I ZB 54/07
Leichtflüssigkeitsabscheider 11.01.2005 X ZR 20/02 GRUR 2005, 406
Leistungshalbleiter 22.06.1993 X ZB 22/92 GRUR 1993, 896; NJW-RR 1993, 1237
Leistungshalbleiterbauelement 30.07.2009 Xa ZB 28/08 GRUR 2009, 1098; BlPMZ 2010, 28
Leistungspakete im Preisvergleich 07.04.2011 I ZR 34/09 GRUR 2011, 742
Leitbleche 01 21.10.1960° I ZR 153/59
Leitbleche 02 21.10.1960° I ZR 117/56
Leitbleche 03 [IV] 21.12.1962 I ZR 145/59 Liedl 1961/62, 741
Leitbleche I 16.02.1954 I ZR 49/53 GRUR 1954, 317; BlPMZ 1954, 332; Liedl 1951/55, 123; NJW 1954, 1237
Leitbleche II [I] 12.06.1956 I ZR 118/54 GRUR 1957, 20; BlPMZ 1956, 324
Leiter der Patentabteilung 15.12.1986 PatAnwZ 1/85 BGHZ 99, 221; GRUR 1987, 348; NJW 1987, 2447
Leiterplattennutzen 05.06.1997 X ZR 139/95 BGHZ 136, 40; GRUR 1997, 892; NJW 1997, 2820
Leiterteil 18.04.1967 Ia ZR 86/65 Liedl 1967/68, 135
Leitkörper 12.07.1979 X ZB 14/78 BGHZ 75, 143; GRUR 1979, 847; BlPMZ 1980, 25; IIC 12 (1981), 78; Mitt 1980, 37; NJW 1979, 2397
Leitungsverbinder 10.06.1958 I ZR 70/57 Liedl 1956/58, 528
Lemon Symphony 23.04.2009 Xa ZR 14/07 GRUR 2009, 750; GRUR Int 2009, 1044
Lenkhilfe 15.05.1962 I ZR 103/60
Lenkradbezug [I] 27.10.1970 X ZB 23/69 GRUR 1971, 115; BlPMZ 1971, 190; Mitt 1971, 56
Lenkradbezug 01 [II] 14.01.1971 X ZR 41/68 Liedl 1971/73, 1
Lenkradbezug 02 [II] 07.11.1972 X ZB 21/71 BlPMZ 1973, 259
Lenkstangensicherung 09.11.1956 I ZR 155/55 Liedl 1956/58, 131
Leona 09.03.1962 I ZR 149/60 GRUR 1962, 419
Lepo Sumera 29.03.2001 I ZR 182/98 BGHZ 147, 178; GRUR 2001, 1134; GRUR Int 2002, 170; NJW 2002, 596
Lernspiele 01.06.2011 I ZR 140/09 GRUR 2011, 803; NJW-RR 2012, 174
Lesezirkel II 11.10.2006 KZR 45/05 GRUR 2007, 172; NJW 2007, 83
Les-Paul-Gitarren 05.03.1998 I ZR 13/96 BGHZ 138, 143; GRUR 1998, 830; IIC 32 (2001), 238; NJW 1998, 3773
Leuchtenglas 07.11.1980 I ZR 57/78 GRUR 1981, 273
Leuchtensystem 24.05.2005 X ZR 207/01
Leuchter [Kerzenleuchter] 18.11.2003 X ZR 128/03 Mitt 2004, 171 Ls
Leuchtglobus 01 28.04.1966 Ia ZR 30/64 Liedl 1965/66, 411
Leuchtglobus 02 28.04.1966 Ia ZR 31/64 Liedl 1965/66, 430
Leuchtstoff 24.03.1998 X ZR 39/95 GRUR 1998, 1003; ENPR 2002, 212; NJW-RR 1998, 1657
Levitationsanlage [Anhörungsrüge] 25.10.2011 B X ZR 3/11 GRUR 2012, 317; NJW-RR 2012, 128
Levitationsanlage 01 08.06.2011 B X ZR 3/11
Lewapur 03.03.1972 I ZB 7/70 GRUR 1972, 600; BlPMZ 1973, 23; Mitt 1972, 164
Lichtbogen-Plasma-Beschichtungssystem 05.03.1996 X ZB 13/92 GRUR 1996, 747; BlPMZ 1996, 351; Mitt 1996, 160; NJW-RR 1996, 873
Lichtbogenschnürung 16.11.2009 X ZB 37/08 BGHZ 183, 153; GRUR 2010, 318; Mitt 2010, 183
Lichtfleck 16.12.1993 X ZB 12/92 BGHZ 124, 343; GRUR 1996, 42; BlPMZ 1994, 279; Mitt 1994, 75; NJW-RR 1994, 696
Lichtkuppeln 11.05.1962 I ZR 158/60 GRUR 1962, 459
Lichtraster 20.01.1961° I ZR 61/59
Liebestropfen 26.01.1971 VI ZR 95/70 GRUR 1972, 97; NJW 1971, 698
Lied von Kaprun 15.03.1963 Ib ZR 69/62 NJW 1963, 1247
Liedtextwiedergabe II 03.07.1986 I ZR 159/84 GRUR 1987, 36; NJW-RR 1986, 1382
Lieferstörung 16.03.2000 I ZR 229/97 GRUR 2002, 187; NJW-RR 2001, 329
Liegemöbel 26.10.1982 X ZR 12/81 GRUR 1983, 64; Liedl 1982/83, 142
Ligaspieler 20.02.1968 VI ZR 200/66 BGHZ 49, 288; GRUR 1968, 652; NJW 1968, 1091
Lignine 01 23.07.2002 X ZB 13/02 Schulte-Kartei PatG 100–109 Nr 116
Lignine 02 23.07.2002 X ZB 14/02
Lignine 03 23.07.2002 X ZB 15/02
LIKEaBIKE 28.05.2009 I ZR 124/06 GRUR 2010, 80; Mitt 2010, 36
Likörflasche 13.04.2000 I ZB 6/98 GRUR 2001, 56; BlPMZ 2001, 517; Mitt 2000, 506
Lila-Postkarte 03.02.2005 I ZR 159/02 GRUR 2005, 583; IIC 38 (2007), 119; NJW 2005, 2856
Lili 16.03.1966 Ib ZB 11/64 GRUR 1966, 493; BlPMZ 1967, 32
Lili Marleen 04.02.1958 I ZR 48/57 GRUR 1958, 402
LIMES LOGISTIK 24.06.2010 I ZB 40/09 GRUR 2010, 1034; BlPMZ 2011, 26
Linearantrieb 24.11.2011 X ZR 49/10
Linsenschleifmaschine 12.05.1992 X ZR 109/90 BGHZ 118, 221; GRUR 1992, 839; GRUR Int 1993, 324; ABl EPA 1993, 331; Bausch BGH 1986–1993, 216; BlPMZ 1993, 154; IIC 24 (1993), 649; NJW 1993, 71

Literaturrecherche 07.11.2006 X ZR 65/03 GRUR 2007, 264
Lizenz- und Beratungsvertrag 17.03.1998 KZR 42/96 GRUR 1998, 838; NJW-RR 1998, 1502
Lizenzanalogie 22.03.1990 I ZR 59/88 GRUR 1990, 1008; IIC 22 (1991), 423; NJW-RR 1990, 1377
Lizenzbereitschaft für Geheimpatent 01.12.1966 Ia ZB 18/66 BPatGE 8, 246; GRUR 1967, 245; BlPMZ 1967, 82; NJW 1967, 395
Lizenzmangel 15.11.1990 I ZR 254/88 GRUR 1991, 332; NJW 1991, 1109
Löffelbagger 18.11.1982 X ZR 49/81 Liedl 1982/83, 187
Logikverifikation 13.12.1999 X ZB 11/98 BGHZ 143, 255; GRUR 2000, 498; BlPMZ 2000, 273; ENPR 2003, 1; IIC 33 (2002), 231; Mitt 2000, 293; NJW 2000, 1953
Lomapect 18.01.1974 I ZB 3/73 GRUR 1974, 465; BlPMZ 1974, 284
LongLife 10.02.2000 B IX ZR 31/99 WM 2000, 635
Loseblattgrundbuch 23.10.1973 X ZR 47/70 Liedl 1971/73, 315
Loseblattsammlungen 30.09.1997 I ZR 142/95 NJWE-WettbR 1998, 169
Lötmittelschicht 07.07.1988 X ZR 76/86 Liedl 1987/88, 573
Lotterielos 03.10.1968 X ZB 27/67 BGHZ 51, 8; GRUR 1969, 184; BlPMZ 1969, 308; NJW 1969, 186
LottoT 01.03.2007 B I ZR 249/02 GRUR 2007, 448; NJW-RR 2007, 694
L-Thyroxin 25.01.1990 I ZR 83/88 GRUR 1990, 453; NJW-RR 1990, 1192
Luftabscheider für Milchsammelanlage 07.06.2006 X ZR 105/04 GRUR 2006, 923; Mitt 2006, 506
Luftdruckkontrollvorrichtung 11.10.2011 X ZR 107/07
Lüfterkappe 13.12.1994 X ZB 9/94 BGHZ 128, 149; GRUR 1995, 210; BlPMZ 1995, 317; Mitt 1995, 183; NJW 1995, 1680
Lüfterkappe 01 18.01.2005 X ZB 6/04
Luftfilter 30.04.1968 X ZR 67/66 GRUR 1969, 133; BlPMZ 1969, 58; Mitt 1969, 96; NJW 1968, 1720
Luftheizgerät 10.10.2000 X ZR 176/98 GRUR 2001, 228; Mitt 2001, 21
Luftheizung 22.03.1957 I ZR 174/55 Liedl 1956/58, 310
Luftkappensystem 13.10.2015 X ZR 74/14 GRUR 2016, 169; Mitt 2016, 17
Lüftungselement 26.09.1989 X ZR 14/88 Bausch BGH 1986–1993, 450
Lüftungsgitter 05.03.1987 X ZB 7/86
Luftverteiler 11.09.2001 X ZR 168/98 BGHZ 148, 383; GRUR 2002, 146; GRUR Int 2002, 154; ABl EPA 2002, 331; Bausch BGH 1999–2001, 545; IIC 33 (2002) 867; Mitt 2001, 550
Lumineszenzdiode 13.07.1982 X ZB 25/81
Lunette 11.11.1997 I ZR 134/95 GRUR 1998, 379; NJWE-WettbR 1998, 278
Lunkerverhütungsmittel 27.03.1980 X ZB 1/79 GRUR 1980, 846; BlPMZ 1980, 380; NJW 1980, 1794

M2Trade 19.07.2012 I ZR 70/10 GRUR 2012, 916; Mitt 2012, 466
MAC Dog I ZR 268/95 30.04.1998 BGHZ 138, 349; GRUR 1999, 161; NJW 1998, 3781
Magazinbildwerfer 23.06.1992 X ZR 98/90 GRUR 1992, 692; GRUR Int 1993, 548; NJW 1993, 69
Magenband 29.07.2008 X ZR 28/04
Maggi 10.01.1964 Ib ZR 78/62 GRUR 1964, 320; NJW 1964, 917
Magic Print 11.03.1997 KZR 44/95 GRUR 1997, 482; NJW 1997, 2954
MAG-LITE 03.11.1999 I ZR 136/97 GRUR 2000, 888; BlPMZ 2000, 278; NJW-RR 2000, 1485
Magnetbandeinspulvorrichtung 01 02.10.1990 X ZR 117/88 Bausch BGH 1986–1993, 228
Magnetbandeinspulvorrichtung 02 16.06.1992 X ZR 53/89
Magnetbohrständer I 01.03.1979 X ZR 7/76 GRUR 1979, 621; GRUR Int 1979, 422; Liedl 1978/80, 347
Magnetbohrständer II 11.12.1979 X ZR 49/74 BGHZ 76, 50; GRUR 1980, 220; NJW 1980, 838
Magnetfeldkompensation 22.01.1981 X ZR 28/77 GRUR 1981, 338; Liedl 1981, 29
magneto-optischer Speicher 22.10.1991 X ZB 1/91
Magnetowiderstandssensor 16.12.2010 B Xa ZR 110/08 GRUR 2011, 359; NJW-RR 2011, 263
Magnetplättchen 17.02.1977 X ZR 31/74
Magnum 10.10.2002 I ZB 7/02 Mitt 2003, 88
Mäh- und Erntemaschine 17.02.1987 X ZR 81/85 Liedl 1987/88, 103
Mähdrescher 09.07.1974 X ZR 62/71 Liedl 1974/77, 40
Mäher 16.06.1987 X ZR 102/85 NJW 1988, 210
Mähkreiselladewagen 13.10.1987 X ZB 25/86
Mähmaschine 07.03.1978 X ZB 1/77 GRUR 1978, 423; Mitt 1978, 117
Mähmaschine 01 25.09.1956 I ZR 48/55 Liedl 1956/58, 110
Mähmaschine 02 15.10.1987 X ZR 26/86 Liedl 1987/88, 258
Mähmaschine 03 22.12.1987 X ZR 79/86 Liedl 1987/88, 367
Maja 22.01.1964 Ib ZR 92/62 BGHZ 41, 84; GRUR 1964, 372; NJW 1964, 972
Makalu 19.02.1998 I ZR 138/95 GRUR 1998, 1034; NJW-RR 1998, 1499
Makol 24.04.1997 I ZB 1/96 GRUR 1997, 636; NJW-RR 1997, 1195
Makro-System 20.06.2000 B X ZR 88/00 GRUR 2000, 862; NJW 2000, 3008

Malibu 16.12.1993 I ZR 231/91 GRUR 1994, 288; Mitt 1994, 134; NJW-RR 1994, 1068
Mallani/Malina 28.10.1993 I ZB 16/92
Malzflocken 11.11.1959 KZR 1/59 BGHZ 31, 162; GRUR 1960, 350; NJW 1960, 93
Mampe Halb und Halb II 16.10.1962 I ZR 162/60 GRUR 1963, 218
man spricht deutsh 13.10.2004 I ZR 49/03 GRUR 2005, 48; NJW-RR 2005, 191
Managermodell 19.09.2005 II ZR 173/04 BGHZ 164, 98; NJW 2005, 3641
Mantelskizze 14.12.1954 I ZR 65/53 BGHZ 16, 4; GRUR 1955, 445; NJW 1955, 460
Marder 21.12.1989 X ZR 30/89 BGHZ 110, 30; GRUR 1990, 515; NJW 1990, 1289
Maritim 02.02.1989 I ZR 183/86 GRUR 1989, 449; NJW-RR 1989, 808
Markant 09.03.1999 KZR 23/97 GRUR 1999, 602; NJW-RR 1999, 1199
Markenheftchen II 20.06.2013 I ZR 201/11 GRUR 2013, 1268
Markenparfümverkäufe 23.02.2006 I ZR 272/02 BGHZ 166, 253; GRUR 2006, 421; NJW-RR 2006, 1118
Markenverunglimpfung I 10.02.1994 I ZR 79/92 BGHZ 125, 91; GRUR 1994, 808; IIC 26 (1995), 282; NJW 1994, 1954
Markenverunglimpfung II 19.10.1994 I ZR 130/92 GRUR 1995, 57; Mitt 1995, 135; NJW 1995, 871
Markenwert 16.03.2006 I ZB 48/05 GRUR 2006, 704; Mitt 2006, 282
marktfrisch 01.03.2001 I ZB 42/98 GRUR 2001, 1151; BlPMZ 2001, 321; Mitt 2001, 367
Marktstudien 21.04.2005 I ZR 1/02 GRUR 2005, 940; IIC 37 (2006), 489; NJW-RR 2005, 1707
Marlene Dietrich 01.12.1999 I ZR 49/97 BGHZ 143, 214; GRUR 2000, 709; NJW 2000, 2195
Marlene Dietrichs Tochter 14.05.2002 VI ZR 220/01 BGHZ 151, 26; GRUR 2002, 690; NJW 2002, 2317
Marpin 05.06.1968 I ZB 5/67 GRUR 1969, 43; BlPMZ 1969, 60; NJW 1968, 2188
maschenfester Strumpf 11.12.1973 X ZR 14/70 BGHZ 62, 29; GRUR 1974, 290; IIC 6 (1975), 87; NJW 1974, 315
Maschine zum Zerkleinern pflanzlicher Produkte 26.05.1981 X ZR 6/79 Liedl 1981, 173
Maschinenbeseitigung 04.02.1993 I ZR 319/90 NJW 1993, 1991
Maschinensatz 06.05.2010 Xa ZR 70/08 GRUR 2010, 904; GRUR Int 2010, 995; Mitt 2010, 426
Maschinensatz (Anhörungsrüge) 28.10.2010 B Xa ZR 70/08
Maschinensatz 01 06.05.2010 Xa ZR 16/07
Massedurchfluß 23.04.2002 B X ZR 83/01 GRUR 2002,732; Mitt 2002, 378; NJW 2002, 2253
Massenausgleich 26.01.1982 X ZR 27/79 GRUR 1982, 289; IIC 14 (1983), 421
Massenbriefsendungen aus dem Ausland 12.11.2002 KZR 16/00 GRUR 2003, 250
Masterbänder 03.07.1981 I ZR 106/79 GRUR 1982, 102
Mastfuß 09.06.1987 X ZR 70/86 Liedl 1987/88, 181
Materialaustrag aus einem Silo oder Bunker 11.10.1979 X ZR 37/77 Liedl 1978/80, 502
Mauerbilder 23.02.1995 I ZR 68/93 BGHZ 129, 66; GRUR 1995, 673; NJW 1995, 1556
Mauerkasten I 30.01.1986 B X ZR 70/84 GRUR 1986, 731; Liedl 1984/86, 391; NJW-RR 1986, 738
Mauerkasten II 20.01.1987 X ZR 70/84 GRUR 1987, 351; Liedl 1987/88, 44; Mitt 1987, 112; NJW-RR 1987, 1084
Mauerrohrdurchführungen 08.12.1992 X ZR 123/90 GRUR 1993, 469; GRUR Int 1993, 556; NJW-RR 1993, 1059
Mauersteinsatz 18.08.2015 X ZB 3/14 GRUR 2015, 1255; BlPMZ 2016, 119; Mitt 2015, 525
Mautberechnung 19.04.2011 X ZR 124/10 GRUR 2011, 848
MAZ 03.07.2003 I ZB 36/00 GRUR 2003, 901; BlPMZ 2003, 424
McLaren 09.06.1994 I ZR 272/91 BGHZ 126, 208; GRUR 1994, 732; Mitt 1995, 131; NJW-RR 1994, 1323
mechanische Betätigungsvorrichtung 05.05.1992 X ZR 9/91 GRUR 1992, 594
Mecki-Igel II 08.12.1959 I ZR 131/58 GRUR 1960, 251; NJW 1960, 573
Mecki-Igel III 10.07.1997 I ZR 42/95 GRUR 1997, 896; NJW-RR 1997, 1404
Medaillenaufbewahrung 30.04.1991 X ZR 50/89 Bausch BGH 1986–1993, 456
Medicus.log 07.07.2011 I ZB 68/10 GRUR 2012, 314; BlPMZ 2012, 189
medizinische Fußpflege 24.09.2013 I ZR 219/12 GRUR 2013, 1252
MEGA SALE 17.11.2005 I ZR 300/02 GRUR 2006, 243
Mehrfachkleiderbügel 06.12.1988 X ZR 52/88 GRUR 1987/88, 676
Mehrfachschelle 25.09.1953 I ZR 73/52 GRUR 1954, 107; BlPMZ 1954, 24; Liedl 1951/55, 97
Mehrfachsteuersystem 15.12.1998 X ZB 2/98 GRUR 1999, 574; BlPMZ 1999, 194; NJW-RR 1999, 837
Mehrfachverstoß gegen Unterlassungstitel 18.12.2008 I ZR 32/06 GRUR 2009, 427; NJW 2009, 921
mehrfädige Garne 21.06.1977 X ZB 23/73
Mehrgangnabe 12.02.2008 X ZR 153/05 GRUR 2008, 779; IIC 39 (2008), 839
Mehrgangnabe 01 19.04.2011 X ZR 144/07
Mehrkammerfilterpresse 31.10.1967 Ia ZR 80/64 Liedl 1967/68, 253
Mehrschichtplatte 29.11.1966 Ia ZR 11/63 GRUR 1967, 241; Liedl 1965/66, 601
Mehrzweckfrachter 21.06.1979 X ZR 2/78 GRUR 1979, 800
Meißner Dekor I 18.10.2001 I ZR 22/99 GRUR 2002, 618; Mitt 2002, 251; NJW-RR 2002, 832
Meißner Dekor II 07.04.2005 I ZR 221/02 GRUR 2005, 864; NJW-RR 2005, 1489
Meistbegünstigungsvereinbarung 06.02.2007 X ZR 117/04 GRUR 2007, 532; NJW 2007, 1806
Meister-Kaffee 29.03.1990 I ZR 74/88 GRUR 1990, 607; NJW-RR 1990, 1376

Melander/Erlander 25.10.2007 I ZB 97/06 GRUR-RR 2008, 260

Melanie 14.02.2006 X ZR 93/04 BGHZ 166, 203; GRUR 2006, 575

Melissengeist 21.02.2008 I ZB 70/07 Mitt 2008, 282 L

Melkstand 17.10.1985 X ZR 31/82 GRUR 1986, 238; NJW-RR 1986, 353

Melkverfahren 22.02.2011 X ZR 144/08

Melkverfahren (Anhörungsrüge) 18.05.2011 X ZR 144/08

Melkverfahren 01 15.12.1981 X ZR 63/79 Liedl 1981, 375

Melkverfahren 02 22.06.2004 X ZR 136/00

Melkvorrichtung 01 07.10.2008 X ZR 170/03

Melkvorrichtung 02 07.10.2008 X ZR 86/07

Memantin 09.06.2011 X ZR 68/08 GRUR 2011, 999; Mitt 2011, 466

Membranfolien 06.10.1978 I ZR 94/76

Membranpumpenantrieb 30.05.1967 Ia ZR 39/65 Liedl 1967/68, 157

Mengendosierer 22.02.2005 X ZR 183/01 Mitt 2005, 506 L

Mephisto 20.03.1968 I ZR 44/66 BGHZ 50, 133; GRUR 1968, 552; NJW 1968, 1773

Merck 11.05.1966 Ib ZB 8/65 BGHZ 45, 246; GRUR 1966, 499; NJW 1966, 1563

Merkmalklötze 20.02.1976 I ZR 64/74 GRUR 1976, 434

Merktafel 05.10.2004 X ZR 221/02

Meßband 30.09.1965 Ia ZR 256/63 Liedl 1965/66, 290

Meßdatenregistrierung 26.05.1988 X ZB 10/87 BlPMZ 1988, 289

Messerkennzeichnung 15.06.2000 I ZR 90/98 GRUR 2001, 251; Mitt 2001, 215; NJW-RR 2001, 405

Meßfühler 21.06.1977 X ZB 6/75 J

Messgerät für die Prozessmesstechnik 31.05.2011 X ZR 112/10

Meßkopf 07.11.1989 X ZB 24/88 GRUR 1990, 108; BlPMZ 1990, 157; Mitt 1990, 98; NJW-RR 1990, 381

Meßmer-Tee II 12.01.1966 Ib ZR 5/64 BGHZ 44, 372; GRUR 1966, 375; BlPMZ 1967, 133; NJW 1966, 823

Meßventil 11.05.1993 X ZR 104/90 GRUR 1994, 36; Bausch BGH 1986–1993, 465; IIC 27 (1996), 393; NJW-RR 1994, 248

Metacolor 07.02.1975 I ZR 103/73 GRUR 1975, 315; BlPMZ 1975, 349; NJW 1975, 923

Metallabsatz 22.05.1959 I ZR 46/58 GRUR 1959, 616

Metallabsatz 01 05.01.1962° I ZR 81/60

Metallbett 15.07.3004 I ZR 142/01 GRUR 2004, 941

Metallfenster 20.04.1961 I ZR 27/59 GRUR 1961, 572; Liedl 1961/62, 84

Metalloxyd 15.03.1977 X ZB 11/75 GRUR 1977, 780; BlPMZ 1977, 305; Mitt 1977, 135

Metallpulver 05.06.2012 X ZR 65/10

Metallrahmen 17.10.1968 KZR 11/66 GRUR 1969, 409

Metallspritzverfahren 08.11.1960 I ZR 67/59 GRUR 1961, 627

Methylomonas 02.07.1985 X ZB 30/84 BGHZ 95, 162; GRUR 1985, 1035; BlPMZ 1985, 375; NJW 1985, 2759

Metoproloc 19.10.1994 I ZB 10/92 GRUR 1995, 48; BlPMZ 1995, 254; NJW-RR 1995, 494

Metro III 30.11.1989 I ZR 55/87 GRUR 1990, 617; NJW 1990, 1294

Metronidazol 18.02.1975 X ZR 24/74 BGHZ 64, 86; GRUR 1975, 425; BlPMZ 1975, 351; IIC 7 (1976), 407; NJW 1975, 1029

Meurer-Diesel 25.02.1964 Ia ZR 40/63 Liedl 1963/64, 355

Mexitil II 10.04.1997 I ZR 234/91 GRUR Int 1997, 925; IIC 30 (1999), 210

MHZ 19.02.1957 I ZR 13/55 GRUR 1957, 488; BlPMZ 1958, 63

Michel-Nummern 03.11.2005 I ZR 311/02 GRUR 2006, 493; NJW-RR 2006, 1132

Micro Channel 13.05.1993 I ZB 8/91 GRUR 1993, 744; BlPMZ 1993, 443; Mitt 1993, 365; NJW-RR 1993, 1131

Micro-PUR 20.01.2000 I ZB 50/97 GRUR 2000, 894; BlPMZ 2000, 324; Mitt 2000, 417; NJW-RR 2001, 38

Mietkauf 15.03.1990 I ZR 120/88 NJW-RR 1990, 1257

Mikroabschaber 11.11.2003 X ZR 61/99 Schulte-Kartei PatG 4.1 Nr 98, 99 6.2 Nr 23 81–85 Nr 318–320

Mikroküvette 25.11.2010 Xa ZR 84/07

Mikroprozessor 14.03.2006 X ZB 5/04 BGHZ 166, 347; GRUR 2006, 748; GRUR Int 2006, 753; BlPMZ 2006, 285; Mitt 2006, 314

Mikroskop 25.11.1980 X ZB 18/79 Mitt 1981, 105

Mikrotiterplatte 29.07.2014 X ZR 5/13

Mikrotom 03.05.2006 X ZR 24/03 GRUR 2006, 930; GRUR Int 2007, 70

Milburan 19.06.1963 Ib ZB 7/62 BPatGE 4, 214; GRUR 1964, 26; BlPMZ 1964, 123

Milchkanne 14.06.1957 I ZR 103/54 GRUR 1958, 134; Liedl 1956/58, 331

Millionen-Chance II 05.10.2010 I ZR 4/06 BGHZ 187, 231; GRUR 2011, 532; GRUR Int 2011, 537; RIW 2011, 401

Minderheitsbeteiligung im Zeitschriftenhandel 21.11.2000 KVR 16/99 GRUR 2001, 364; NJW-RR 2001, 762

Mindestverzinsung 02.10.2003 I ZR 252/01 GRUR 2004, 162; NJW 2004, 439

Mineralfaserfilzdämmstoffbahn 10.05.2005 X ZR 223/00

Mineralgussauskleidung 28.08.2014 X ZR 26/13

Mineralwolle 28.06.1979 X ZR 13/78 GRUR 1979, 768

Miniaturrelais 23.02.1984 X ZR 72/80 Liedl 1984/86, 75
mini-Preis 07.07.1978 I ZR 38/77 GRUR 1978, 652
Mischbehälterentleerung 05.11.1996 X ZR 53/94 Bausch BGH 1994–1998, 135
Mischer 01 23.11.1962 I ZR 44/61 Liedl 1961/62, 684
Mischer 02 06.07.1967 Ia ZR 88/64 Liedl 1967/68, 196
Mischer I [II] 28.11.1963 Ia ZR 8/63 BGHZ 40, 332; GRUR 1964, 196; NJW 1964, 590
Mischerbefestigung 08.08.2013 X ZR 36/12 GRUR 2013, 1174; BlPMZ 2014, 7
Mischkammerspritzkopf 20.11.1979 X ZR 24/77 Liedl 1978/80, 544
Mischkapsel 08.03.1983 X ZR 32/81 Liedl 1982/83, 252
Mischkopf 16.09.1998 X ZR 1/97 Bausch BGH 1994–1998, 526
Mischmaschine [III] 03.12.1974 X ZR 63/71 GRUR 1975, 593
Mischtrommel 22.12.1961 I ZR 109/57 Liedl 1961/62, 450
Mischventil 07.03.1989 B X ZR 91/88 Bausch BGH 1986–1993, 643
Miss Petite 16.02.1973 I ZR 74/71 BGHZ 60, 206; GRUR 1973, 375; NJW 1973, 622
mißbräuchliche Abmahnung 20.12.2001 I ZR 80/99 BGHRep 2002, 794 L; Mitt 2002, 557 L
mißbräuchliche Mehrfachabmahnung 17.01.2002 I ZR 241/99 BGHZ 149, 371 ; GRUR 2002, 357; NJW 2002, 1494
mißbräuchliche Mehrfachverfolgung 06.04.2000 I ZR 76/98 BGHZ 144, 165; GRUR 2000, 1089; NJW 2000, 3566
Missbräuchliche Vertragsstrafe 31.05.2012 I ZR 45/11 GRUR 2012, 949; NJW 2012, 3577
Miststreuer 20.01.1966 Ia ZR 15/64 Liedl 1965/66, 349
Mit Verlogenheit zum Geld 22.10.1987 I ZR 247/85 GRUR 1988, 402 NJW 1988, 1589
Mitarbeitermodell 19.09.2005 II ZR 342/03 BGHZ 164, 107; NJW 2005, 3644
Mitsubishi 07.11.2002 I ZR 202/00 GRUR 2003, 340; NJW-RR 2003, 1403
Mitteilung der Verfahrensbeteiligten 26.09.2006 B X ZR 115/05
Mitteilungs- und Meldepflicht 25.02.1958 I ZR 181/56 GRUR 1958, 334
Mittelohrprothese 24.03.1987 X ZB 23/85 GRUR 1987, 510; BlPMZ 1987, 354; Mitt 1987, 238; NJW-RR 1987, 1275
mitwirkender Patentanwalt 12.08.2004 I ZB 6/04 GRUR 2004, 1062
Mitwirkungsplan I 30.03.1993 B X ZR 51/92 NJW 1993, 1596
Mitwirkungsplan II 05.05.1994 VGS 1-4/93 BGHZ 126, 63; GRUR 1994, 659; NJW 1994, 1735
Mitwirkungsplan III 22.11.1994 X ZR 51/92 GRUR 1995, 171; NJW 1995, 332
Möbelentwürfe 30.01.1976 I ZR 108/74 GRUR 1976, 372
Möbelklassiker 15.10.1998 I ZR 120/96 GRUR 1999, 418; NJW 1999, 1960
Möbelpaneel 22.09.2015 X ZR 53/13
Möbelrabatt 27.11.1963 Ib ZR 60/62 GRUR 1964, 274
Möbelscharnier 11.07.1995 B X ZR 113/94 Bausch BGH 1994–1998, 557
Möbelwachspaste 15.03.1955 I ZR 111/53 GRUR 1955, 424
Modeneuheit 19.01.1973 I ZR 39/71 BGHZ 60, 168; GRUR 1973, 478; NJW 1973, 800
Modenschau im Salvatorkeller 18.09.1997 I ZR 71/95 GRUR 1998, 471; NJW 1998, 1144
Modeschmuck 20.10.1978 I ZR 160/76 GRUR 1979, 119
modularer Fernseher I 12.04.2011 X ZB 1/10 GRUR 2011, 656
modularer Fernseher II 05.07.2011 X ZB 1/10 GRUR 2011, 852; BlPMZ 2011, 348
Modulgerüst I 08.12.1999 I ZR 101/97 GRUR 2000, 521; NJW-RR 2001, 614
Modulgerüst II 18.03.2010 I ZR 158/07 BGHZ 185, 11; GRUR 2010, 536; NJW-RR 2010, 1053
Mogul-Anlage 25.05.1993 X ZR 19/92 GRUR 1993, 897; NJW-RR 1993, 1261
Molliped 10.07.1973 X ZR 24/70 GRUR 1974, 460; Mitt 1974, 74
Momentanpol 01 23.09.1999 X ZR 57/97 Schulte-Kartei PatG 139.42 Nr 22
Momentanpol 02 02.02.2016 X ZR 8/14
Momentanpol I 13.05.2003 X ZR 226/00 BGHZ 155, 51; GRUR 2003, 867; Mitt 2003, 465
Momentanpol II 08.07.2008 X ZB 13/06 GRUR 2008, 887; BlPMZ 2008, 428; Mitt 2008, 455
Mon Chéri II 20.01.1961 I ZR 110/59 GRUR 1961, 283; BlPMZ 1961, 270; NJW 1961, 829
monoklines Metazachlor [Zulässigkeit der Berufung] 15.03.2011 X ZR 58/08 IIC 43 (2012), 228
Monopräparate 30.10.1997 I ZR 185/95 GRUR 1998, 591; NJW-RR 1998, 693
Montagehaus 04.05.1993 X ZB 29/92 BGH-DAT Z
Montre 14.12.2000 I ZB 25/98 GRUR 2001, 418
Montre 01 14.12.2000 I ZB 28/98
Montre 02 14.12.2000 I ZB 40/98
Montre 03 14.12.2000 I ZB 41/98
Montre 04 14.12.2000 I ZB 44/98
Montre 05 14.12.2000 I ZB 47/98
Montre 06 14.12.2000 I ZB 49/98
Monumenta Germaniae Historica 07.12.1979 I ZR 157/77 GRUR 1980, 227; GRUR Int 1980, 230
MOON 10.04.2007 I ZB 15/06 GRUR 2007, 628; BlPMZ 2007, 322

Neu in Bielefeld II 06.04.2000 I ZR 114/98 GRUR 2001, 84; NJW-RR 2000, 1644
Neues aus der Medizin 22.09.1972 I ZR 19/72 GRUR 1973, 208
Neues vom Wixxer 21.01.2010 I ZR 176/07 GRUR 2010, 418; NJW-RR 2010, 1410
Neugeborenentransporte 10.10.1989 KZR 22/88 GRUR 1990, 474; NJW 1990, 1531
neurale Vorläuferzellen I 17.12.2009 B Xa ZR 58/07 GRUR 2010, 212; GRUR Int 2010, 236
neurale Vorläuferzellen II 27.11.2012 X ZR 58/07 BGHZ 195, 364; GRUR 2013, 272; GRUR Int 2013, 229; BlPMZ 2013, 146
NEURO-VIBOLEX/NEURO-FIBRAFLEX 06.05.2004 I ZR 223/01 GRUR 2004, 783; NJW-RR 2004, 1413
Neutrex 03.11.1994 I ZR 71/92 BGHZ 127, 262; GRUR 1995, 117; NJW 1995, 2724
nicht verbrauchter Vorschuss 11.10.2005 X ZR 135/04
nicht zu ersetzender Nachteil 08.07.2014 B X ZR 61/13 GRUR 2014, 1028; IIC 2015, 249; Mitt 2014, 527
nicht zu ersetzender Nachteil 01 08.07.2014 B X ZR 68/13
Nichtangriffsabrede [Konservendosen I] 20.05.1953 I ZR 52/52 BGHZ 10, 22; GRUR 1953, 385 1954, 23; BlPMZ 1953, 382; Liedl 1951/55, 65; NJW 1953, 1260
Nichtangriffsklausel [II] [kaschierte Hartschaumplatten] 21.02.1989 KZR 18/84 GRUR 1991, 558; GRUR Int 1989, 689 1991, 734; IIC 21 (1990), 883; NJW-RR 1989, 998
Nichtangriffsklausel 01 04.02.1986 KZR 18/84 WuW/E BGH 2255
Nichtigkeitsstreitwert 01 10.05.2011 B X ZR 50/10
Nichtigkeitsstreitwert 02 30.05.2011 B X ZR 143/07
Nichtigkeitsstreitwert 03 04.07.2011 X ZR 102/09
Nichtigkeitsstreitwert I 12.04.2011 B X ZR 28/09 GRUR 2011, 757
Nichtigkeitsstreitwert II 27.08.2013 B X ZR 83/10 GRUR 2013, 1287; BlPMZ 2014, 54; Mitt 2014, 43
Nichtzulassungsbeschwerde 28.11.1961 I ZB 6/61 GRUR 1962, 163; BlPMZ 1962, 56
Nichtzulassungsbeschwerde 10.04.2014 B X ZR 98/12
Nichtzulassungsbeschwerde 01 02.03.1962 I ZB 13/61 BPatGE 1, 227; BlPMZ 1962, 186
Nicola [u.a.] 25.02.1992 X ZR 41/90 BGHZ 117, 264; GRUR 1992, 612; NJW 1992, 2292
Nicoline 13.10.1994 I ZR 99/92 GRUR 1995, 54; Mitt 1995, 70; NJW-RR 1995, 358
Niederdruckkokillengießmaschine 27.04.1993 X ZR 85/86 Bausch BGH 1986–1993, 486
Niederdruckquecksilberdampfentladungslampe 06.02.1996 X ZR 99/93 Bausch BGH 1994–1998, 102
niederländische Auslegeschrift 28.06.1979 X ZB 20/78 J
Niederlegung der Inlandsvertretung 11.02.2009 Xa ZB 24/07 GRUR 2009, 701; BlPMZ 2009, 270; Mitt 2009, 193
Nitrangin II 25.10.2001 I ZR 51/99 Mitt 2002, 23
Nitridhalbleiterlaservorrichtung 01.03.2016 X ZR 19/14
Niveauregelung 04.10.2007 X ZB 21/06 Schulte-Kartei Pat 65–80, 86–99 Nr 357
Nobelt-Bund 11.05.1954 I ZR 208/52 GRUR 1955, 29; BlPMZ 1954, 413
Noblesse 06.10.2005 I ZR 322/02 GRUR 2006, 419; Mitt 2006, 230; NJW-RR 2006, 834
Nocado 07.07.1971 I ZR 38/70 GRUR 1971, 573; NJW 1971, 1936
Nockenschleifverfahren 03.12.2002 X ZR 148/99
Noppenbahnen 08.11.2001 I ZR 199/99 GRUR 2002, 275; Mitt 2002, 248
Nora-Kunden-Rückvergütung 08.05.1990 KZR 23/88 GRUR 1990, 1047; NJW-RR 1990, 1190
Notablaufvorrichtung 02.11.2011 X ZR 23/09 Mitt 2012, 119
Notanwalt 19.10.2011 B I ZR 98/11 GRUR-RR 2012, 98
Notanwalt im NZB-Verfahren 09.06.2010 B Xa ZR 18/10
Notbeleuchtung 26.06.2012 X ZR 84/11
Notizklötze 21.05.1979 I ZR 117/77 GRUR 1979, 705
Notlichtversorgung 19.12.2013 X ZR 125/10
Nur auf Neukäufe 04.10.2006 B I ZR 196/05 GRUR 2007, 83

Obentürschließer 06.09.2005 X ZR 15/02
Oberarmschwimmringe 10.07.1979 X ZR 23/78 BGHZ 75, 116; GRUR 1979, 869; NJW 1979, 2565
Oberflächenbehandlung 01 20.02.1990 X ZR 55/88 Bausch BGH 1986–1993, 121
Oberflächenformung 30.06.2015 X ZR 97/13
Oberflächenmeßgerät 03.03.1977 X ZR 77/74
Oberflächenprofilierung 11.12.1973 X ZB 18/72 GRUR 1974, 419; BlPMZ 1974, 263
Oberflächenprüfer 20.06.1972 X ZR 77/68 Liedl 1971/73, 133
Oberflächenreinigung 23.01.2007 X ZR 13/03
objektive Schadensberechnung 02.02.1995 I ZR 16/93 GRUR 1995, 349; NJW 1995, 1420
Objektträger 30.10.1990 X ZR 16/90 GRUR 1991, 127; IIC 23 (1992), 272; NJW-RR 1991, 444
OEM-Version 06.07.2000 I ZR 244/97 BGHZ 145, 7; GRUR 2001, 153; BlPMZ 2000, 417; NJW 2000, 3571
Offenendspinnmaschine 11.04.1989 X ZR 26/87 BGHZ 107, 161; GRUR 1989, 411; IIC 21 (1990), 241; NJW 1989, 3283
Offenendspinnmaschine 01 10.10.1995 X ZR 51/93 Bausch BGH 1994–1998, 266
Offenendspinnmaschine 02 18.06.1996 X ZR 102/95

Offenlegungsschrift 27.11.1969 X ZB 11/69 GRUR 1970, 300; BlPMZ 1970, 423
öffentliche Fernsehwiedergabe von Sprachwerken 18.12.1962 I ZR 54/61 BGHZ 38, 356; GRUR 1963, 213
Öffnungshinweis 30.10.1981 I ZR 7/80 GRUR 1982, 115
Ohne Gewähr 06.12.2001 I ZR 11/99 NJW 2002, 2884
Ohrclips 04.12.2008 I ZR 3/06 GRUR 2009, 871
Ohrmarke 25.11.1986 X ZR 47/85
Okklusionsvorrichtung 10.05.2011 X ZR 16/09 BGHZ 189, 330; GRUR 2011, 701; IIC 2011, 851
Olanzapin 16.12.2008 X ZR 89/07 BGHZ 179, 168; GRUR 2009, 382; GRUR Int 2009, 330; IIC 40 (2009), 596
Olivin 20.03.1956 I ZR 162/55 GRUR 1956, 279; NJW 1956, 911
Olympiasiegerin 03.07.2003 I ZR 297/00 GRUR 2003, 899; NJW-RR 2003, 1278
Ombudsmann 19.09.1989 X ZB 23/89
Omega 14.12.2000 I ZB 26/98 GRUR 2001, 416; BlPMZ 2001, 215
Omeprazol 01.02.2000 B X ZR 237/98 GRUR 2000, 392; Bausch BGH 1999–2001, 96
Omeprazol 01 22.05.2001 B X ZR 80/00
Omeprazol 02 28.01.2004 B X ZR 237/98
Omeprazol 03 02.03.2004 X ZR 112/00
Omeprazol 04 [Statthaftigkeit einer Gegenvorstellung] 08.09.2004 B X ZR 112/00 Mitt 2005, 43
Opium 30.01.1992 I ZR 54/90 GRUR 1992, 314; GRUR Int 1992, 663; Mitt 1993, 24; NJW 1993, 203; NJW-RR 1992, 806
OP-Lampen 23.11.2000 I ZR 195/98 GRUR 2001, 350
OP-Lampen 01 23.11.2000 I ZR 78/98 BGHRep 2001, 251 L
Optik 17.12.1954 I ZR 222/52 GRUR 1955, 386; BlPMZ 1955, 307; Liedl 1951/55, 230
optisch lesbarer Aufzeichnungsträger 03.04.2007 X ZR 36/04
optische Wellenleiter 11.10.1983 X ZB 16/82 BlPMZ 1984, 211
optisches Speichermedium 22.11.1994 X ZR 115/92 Bausch BGH 1994–1998, 82
Oracle 01.10.2009 I ZR 94/07 GRUR 2010, 343; NJW 2010, 2213
Orange-Book-Standard 06.05.2009 KZR 39/06 BGHZ 180, 312; GRUR 2009, 694; GRUR Int 2009, 747; Mitt 2009, 290; NJW-RR 2009, 1047
Ordnermechanik 06.08.2013 X ZR 8/12
Ordnungsgeld gegen Sachverständigen 16.10.2007° X ZR 206/02
Ordnungsmittelandrohung 22.01.2009 I ZB 115/07 GRUR 2009, 890
Ordnungsmittelbeschluß 05.11.2004 IXa ZB 18/04 BGHZ 161, 60; GRUR 2005, 269; NJW 2005, 509
Ordnungsmittelvollstreckung im Ausland 25.03.2010 I ZB 116/08 BGHZ 185, 124; GRUR 2010, 662; GRUR Int 2010, 746; NJW 2010, 1883
organische Pigmente 29.05.1979 KVR 2/78 BGHZ 74, 322; GRUR 1979, 790; NJW 1979, 2613
Orientteppichmuster 20.10.1999 I ZR 167/97 GRUR 2000, 619; IIC 33 (2002), 93; Mitt 2000, 297; NJW-RR 2000, 1490
Originallizenzvertrag 20.06.2005 II ZR 232/04 BB 2005, 1985; DB 2005, 1956; NZG 2005, 809; WM 2005, 1703; ZIP 2005, 1593
örtliche Zuständigkeit I 28.04.1988 I ZR 27/87 GRUR 1988, 785; NJW 1988, 3267
örtliche Zuständigkeit II 05.10.2000 I ZR 189/98 GRUR 2001, 368
Ortsnetzschaltanlage 12.07.2005 X ZR 229/01
Ortspreis 02.04.1992 I ZR 131/90 BGHZ 118, 1; NJW 1992, 1691
Oscar 08.03.2012 I ZR 75/10 GRUR 2012, 621; GRUR Int 2012, 570; NJW-RR 2012, 943
Ostkontakte 27.05.1986 VI ZR 169/85 GRUR 1986, 683; NJW 1986, 2503
OTTO 21.07.2005 I ZR 293/02 GRUR 2005, 1097; Mitt 2005, 559; NJW-RR 2005, 1628
Ovalpuderdose 19.06.1974 I ZR 20/73 WRP 1976, 370
Oxford-Pipette 08.04.1976 X ZR 36/73
Oxygenol I 07.11.1991 I ZR 272/89 GRUR 1992, 108; NJW-RR 1992, 431
Oxygenol II 15.12.1994 I ZR 121/92 GRUR 1995, 216; BlPMZ 1995, 168; IIC 27 (1996), 878; Mitt 1995, 107; NJW 1995, 1677
Ozon 10.09.2002 X ZR 199/01 GRUR 2003, 237; Mitt 2003, 24; NZA-RR 2003, 253

Pajero 19.03.1992 I ZR 122/90 GRUR 1992, 627; NJW-RR 1992, 1065
Paladon 26.02.1952 B I ZR 120/51 GRUR 1952, 393; BlPMZ 1952, 373
Palettenbehälter I 16.10.2001 X ZR 56/99 Bausch BGH 1999–2001, 587
Palettenbehälter II 17.07.2012 X ZR 97/11 GRUR 2012, 1118; Mitt 2012, 447
Palettenbehälter III 17.07.2012 X ZR 113/11 GRUR 2012, 1122; Mitt 2012, 450
Palettierungsverfahren 30.10.2012 X ZR 143/11
Palmolive 23.10.1963 Ib ZB 40/62 BGHZ 41, 187; GRUR 1964, 454; BlPMZ 1964, 187; NJW 1964, 1370
PALplus 08.09.2015 X ZR 113/13 GRUR 2016, 166; BlPMZ 2016, 133
Paneelelemente 12.10.2004 X ZR 190/00 GRUR 2005, 233
Pankreaplex I 30.05.1978 KZR 12/77 BGHZ 71, 367; GRUR 1978, 658; NJW 1978, 2096
Pankreaplex II 12.02.1980 KZR 7/79 GRUR 1980, 750; Mitt 1981, 25; NJW 1980, 1338

Pansana 23.09.1958 I ZR 106/57 BGHZ 28, 144; GRUR 1959, 125; NJW 1959, 239
Pantogast 29.05.2008 I ZB 55/05 GRUR 2008, 909; BlPMZ 2008, 441; Mitt 2008, 465
Pantoprazol 27.05.2008 X ZB 31/06 GRUR 2008, 891; GRUR Int 2008, 954; Mitt 2008, 405
Paperboy 17.07.2003 I ZR 259/00 BGHZ 156, 1; GRUR 2003, 958; NJW 2003, 3406
Papiermaschinengewebe 15.05.2007 X ZR 273/02 GRUR 2007, 1055; IIC40 (2009), 220
Papiermaschinensieb 14.07.1987 X ZB 1/87 BlPMZ 1988, 111
Papiersackmaschine 11.11.1960 I ZR 36/57
Parallelurteil 08.11.1990 I ZR 49/89 GRUR 1991, 403; NJW-RR 1991, 830
Parallelverfahren I 22.01.1987 I ZR 230/85 BGHZ 99, 340; GRUR 1987, 402; NJW 1987, 2680
Parallelverfahren II 07.07.1994 I ZR 30/92 GRUR 1994, 846; NJW 1994, 3107
Parallelverwendung 10.02.2011 I ZB 63/09 GRUR 2011, 557; NJW-RR 2011, 907
Paraphe 13.07.1967 Ia ZB 1/67 GRUR 1968, 108; BlPMZ 1968, 133; NJW 1967, 2310
Parfumflakon I 04.05.2000 I ZR 256/97 BGHZ 144, 232; GRUR 2001, 51; IIC 32 (2001), 717; NJW 2000, 3783
Parfümflakon II 28.06.2012 B I ZR 1/11 GRUR 2012, 1065; GRUR Int 2012, 925
Parfümflakon III 27.11.2014 I ZR 1/11 GRUR 2015, 689; BlPMZ 2015, 352
Parfümtester 15.02.2007 I ZR 63/04 GRUR 2007, 882; GRUR Int 2008, 62; RIW 2008, 314
Parfümtestkäufe 23.02.2006 I ZR 27/03 BGHZ 166, 233; GRUR 2006, 504; GRUR Int 2006, 755; NJW-RR 2006, 1048
Park & Bike 28.08.2003 I ZB 26/01 GRUR 2004, 77; BlPMZ 2004, 31
Parkeinrichtung 23.02.1972 X ZB 28/70 GRUR 1972, 538; BlPMZ 1972, 267
Parkkarte 24.10.2000 X ZB 6/00 GRUR 2001, 139; Mitt 2001, 90, 135
Parkstraße 13 12.02.1952 I ZR 115/51 BGHZ 5, 116; GRUR 1952, 530; BlPMZ 1952, 357; NJW 1952, 663
Paroxetin 29.07.2003 X ZB 29/01 GRUR 2004, 79; BlPMZ 2003, 423
Paroxetin 01 20.01.2004 X ZB 21/01
Passerkorrektur 05.07.2011 X ZR 112/09
Patentanwalthonorar 13.05.1982 III ZR 1/80 NJW 1982, 2733
Patentanwaltskosten 01.04.1965 Ia ZB 20/64 BGHZ 43, 352; GRUR 1965, 621; Mitt 1966, 52; NJW 1965, 1599
patented 05.07.1984 I ZR 88/82 GRUR 1984, 741
patentierte Rolladenstäbe 16.05.1973 VIII ZR 42/72 GRUR 1973, 667; NJW 1973, 1545
Patentinhaberwechsel im Einspruchsverfahren 17.04.2007 X ZB 41/03 BGHZ 172, 98; GRUR 2008, 87; Mitt 2007, 408; NJW-RR 2008, 487
Patentrolleneintrag 16.07.1965 Ia ZR 261/63 GRUR 1966, 107; BlPMZ 1965, 314; Liedl 1965/66, 275; Mitt 1966, 35; NJW 1965, 1865
Patentsachbearbeiter 17.03.1986 B PatAnwZ 2/85 GRUR 1986, 601; Mitt 1987, 179
Patentstreitsache I 22.02.2011 X ZB 4/09 GRUR 2011, 662; Mitt 2011, 230
Patentstreitsache II 20.03.2013 X ZB 15/12 GRUR 2013, 756; Mitt 2013, 371
Patentverwertung 29.09.1980 PatAnwSt(R) 1/80 GRUR 1981, 147
Patientenwerbung 09.07.1998 I ZR 72/96 GRUR 1999, 179; NJW 1998, 3414
Patrico 12.06.1975 X ZR 25/73 GRUR 1975, 616; NJW 1975, 1774
Pauschalabfindung 20.11.1962 I ZR 40/61 GRUR 1963, 315; BlPMZ 1963, 76
pauschale Rechtseinräumung 27.09.1995 I ZR 215/93 BGHZ 131, 8; GRUR 1996, 121; NJW 1995, 3252
pcb 22.01.2009 I ZR 139/07 GRUR 2009, 502; Mitt 2009, 181; NJW 2009, 2384
Peek & Cloppenburg III 24.01.2013 I ZR 60/11 GRUR 2013, 397; NJW-RR 2013, 748
PEE-WEE 06.05.2004 B I ZR 197/03 GRUR 2004, 712
Pekatex 16.03.1998 II ZR 303/96 NJW 1998, 1951
Pelargonien 03.06.2004 III ZR 56/03 RdL 2004, 271
Pelikan 19.04.2012 I ZR 86/10 GRUR 2012, 1145; NJW-RR 2012, 1506
Pellets 22.07.2008 X ZR 8/04
Perücke 04.12.1990 X ZR 11/88 Bausch BGH 1986–1993, 495
Peter Fechter 06.02.2014 I ZR 86/12 GRUR 2014, 363; NJW 2014, 1888
Petromax III [II] 10.07.1963 Ib ZR 21/62 GRUR 1964, 31; NJW 1963, 2120
Petromax-Lampe 07.01.1958 I ZR 73/57 GRUR 1958, 297; NJW 1958, 671
Pfändungsschutz für Lizenzgebühren 12.12.2003 IXa ZB 165/03 NJW-RR 2004, 644
Pfannendrehturm 23.09.1980 X ZR 21/76 GRUR 1981, 42; BlPMZ 1981, 413; Liedl 1978/80, 805
Pfeffersäckchen 06.03.2012 X ZR 78/09 GRUR 2012, 482; BlPMZ 2012, 253
Pfennigabsatz 25.11.1965 Ia ZR 117/64 GRUR 1966, 484; Liedl 1965/66, 303
Pfennigabsatz 02 [II] 29.10.1968 X ZR 84/67 Liedl 1967/68, 508
Pferdetrensengebiss 25.02.2016 X ZR 18/14
Pflanzerdgerüst 26.11.1987 X ZB 20/86
Pflegebett 12.12.2002 I ZR 221/00 GRUR 2003, 359
Pharmamedan 10.05.1974 I ZR 80/73 GRUR 1974, 735
pharmazeutisches Präparat 04.12.1990 X ZB 6/90 GRUR 1991, 442; NJW-RR 1991, 831

Portionieren einer pastenförmigen Masse 02.10.1984 X ZR 24/81 Liedl 1984/86, 221
Portionierer 21.03.1961 I ZR 108/58 Liedl 1961/62, 48
Porzellanmanufaktur 28.02.1991 I ZR 94/89 GRUR 1991, 680; NJW-RR 1991, 1136
Positionierungsverfahren 22.02.2000 X ZR 111/98 Bausch BGH 1999–2001, 470
POST 01 19.10.2011 I ZB 90/10
POST 02 19.10.2011 I ZB 91/10
Postgutbegleitkarte 19.01.1988 X ZR 46/84 BGHR PatG 1968 § 1 Abs 1 Patentkategorie 1; Liedl 1987/88, 408
Postkalender 13.01.1959 I ZR 47/58 GRUR 1959, 384
PPC 26.05.1988 I ZR 227/86 GRUR 1988, 776; NJW 1988, 2469
Pralinenform II 22.04.2010 I ZR 17/05 GRUR 2010, 1103
Prallmühle I 04.05.1954 I ZR 149/52 BGHZ 13, 210; GRUR 1954, 391; BlPMZ 1954, 334; Mitt 1954, 65; NJW 1954, 1238
Prallmühle II 16.10.1959 I ZR 165/57 GRUR 1960, 179; Liedl 1959/60, 207
Prämixe 17.12.1969 I ZR 152/67 GRUR 1970, 465
Präsentbücher 03.11.1988 I ZR 242/86 BGHZ 105, 374; GRUR 1989, 68; NJW 1989, 456
Präzisionsmeßgeräte 07.11.2002 I ZR 64/00 GRUR 2003, 356; Mitt 2003, 224; NJW-RR 2003, 618
Preisbindung durch Franchisegeber II 20.05.2003 KZR 27/02 GRUR 2003, 1062; NJW-RR 2003, 1624
Preisbrecher 02.10.2003 I ZR 76/01 GRUR 2004, 70; NJW 2004, 290
Preisbrecher 01 02.10.2003 I ZR 240/00
Preisempfehlung für Sondermodelle 14.11.2002 I ZR 137/00 GRUR 2003, 446
Preisgegenüberstellung im Schaufenster 12.07.2001 I ZR 89/99 GRUR 2002, 72; NJW 2002, 376
Preisknaller 15.12.1999 I ZR 159/97 GRUR 2000, 337; NJW-RR 2000, 704
Preislistengestaltung 07.07.1994 I ZR 69/92
Preisrätselgewinnauslobung II 07.07.1994 I ZR 162/92 GRUR 1994, 823; NJW 1994, 2954
Preissturz ohne Ende 15.04.1999 I ZR 83/97 GRUR 1999, 1097; NJW-RR 1999, 1563
Preisvergleichsliste I 20.06.1991 I ZR 277/89 GRUR 1992, 61; NJW-RR 1991, 1318
Preisvergleichsliste II I ZR 2/96 23.04.1998 GRUR 1999, 69; IIC 32 (2001), 354; NJW 1998, 3561
Premiere 01 25.03.1999 I ZB 21/96
Premiere 02 25.03.1999 I ZB 23/96
Premiere II 25.03.1999 I ZB 22/96 GRUR 1999, 728; GRUR Int 1999, 882; BlPMZ 1999, 257; IIC 33 (2002), 80; Mitt 1999, 229;
    NJW-RR 1999, 1057
Pressedienst 20.01.1961 I ZR 79/59 GRUR 1961, 356; NJW 1961, 826
Pressefotos 06.10.2005 I ZR 266/02 GRUR 2006, 136; NJW 2006, 615
Pressefotos 01 06.10.2005 I ZR 267/02
Pressehaftung II 07.05.1992 I ZR 119/90 GRUR 1992, 618; NJW 1992, 2765
Presswerkzeug 10.09.2013 X ZR 41/12
Presszange 09.12.2014 X ZR 6/13 GRUR 2015, 463; BlPMZ 2015, 189; IIC 2015, 719; Mitt 2015, 221
Preußische Gärten und Parkanlagen 17.12.2010 V ZR 45/10 GRUR 2011, 323; NJW 2011, 749
Preußische Gärten und Parkanlagen auf Internetportal 17.12.2010 V ZR 44/10 GRUR 2011, 321; NJW 2011, 753
Prioritätserklärung 04.10.1984 I ZB 7/83 GRUR 1985, 127; GRUR Int 1985, 473; BlPMZ 1985, 55; Mitt 1985, 122; NJW 1985,
    558
Prioritätsverlust 14.01.1972 X ZB 10/71 GRUR 1973, 139; BlPMZ 1972, 171; IIC 4 (1973), 104; NJW 1972, 824
Produktionsrückstandsentsorgung [Entsorgungsverfahren] 10.11.2009 B X ZR 11/06 GRUR 2010, 272; Mitt 2010, 81, 194
Produktvermarktung 30.10.2003 I ZR 59/00 NJW-RR 2004, 935
Professorenbezeichnung in der Arztwerbung I 16.02.1989 I ZR 76/87 GRUR 1989, 445; NJW 1989, 1545
Professorenbezeichnung in der Arztwerbung II 09.04.1992 I ZR 240/90 BGHZ 118, 53; GRUR 1992, 525; NJW 1992, 2358
Profilkrümmer 03.12.1996 X ZB 1/96 GRUR 1997, 360; BlPMZ 1997, 169; Mitt 1997, 89; NJW-RR 1997, 677
Profilstrangpressverfahren 26.11.2013 X ZR 3/13 GRUR 2014, 357; Mitt 2014, 182; NZA-RR 2014, 305
Progona 02.10.2002 I ZR 177/00 GRUR 2003, 162; NJW-RR 2003, 174
Programmfehlerbeseitigung 24.02.2000 I ZR 141/97 GRUR 2000, 866; NJW 2000, 3212
Programmsperre 15.09.1999 I ZR 98/97 GRUR 2000, 249; IIC 33 (2002), 253; NJW-RR 2000, 393
Prospekthalter 26.09.1996 X ZR 72/94 GRUR 1997, 116; GRUR Int 1997, 629; IIC 29 (1998), 207; Mitt 1997, 66; NJW-RR
    1997, 421
Proteintrennung 18.03.2014 X ZR 77/12 GRUR 2014, 758; IIC 2015, 473; Mitt 2014, 322
Proteintrennung (Anhörungsrüge) 17.06.2014 B, ber. 28.07.2014 X ZR 77/12
Proteintrennung 01 13.07.2010 Xa ZR 10/07
PRO-Verfahren 19.05.2005 I ZR 299/02 BGHZ 163, 119; GRUR 2005, 757
Proxyserversystem 18.03.2010 Xa ZR 54/06 GRUR 2010, 709; GRUR Int 2010, 755
Prozeßgebühr beim Kostenwiderspruch 22.05.2003 I ZB 38/02 NJW-RR 2003, 1293
Prozeßgebühr beim Kostenwiderspruch 01 26.06.2003 I ZB 11/03 BGHRep 2003, 1115
Prozesskostenhilfe 24.01.2006 X ZA 4/05
Prozesskostenhilfe für Anhörungsrüge 11.04.2006 X ZA 4/05

Prozesskostenhilfe für Insolvenzverwalter 15.02.2007 I ZB 73/06 MDR 2007, 851; NZI 2007, 348
Prozeßkostenhilfe für Rechtsbeschwerde im Verfügungsverfahren 29.01.2004 I ZA 7/03
Prozeßkostenhilfe für unzulässige Beschwerde 29.01.2004 I ZB 33-37/03, I ZA 6/03
Prozeßrechner 18.02.1977 I ZR 112/75 GRUR 1977, 539; NJW 1977, 1062
Prüfkopfeinstellung 05.10.1982 X ZB 17/81 GRUR 1983, 116; BlPMZ 1983, 50; Mitt 1983, 72
Prüfungsantrag 18.10.1994 X ZB 13/94 GRUR 1995, 45; BlPMZ 1995, 316; NJW-RR 1995, 244
Prüfungsgebühr 06.05.2014 X ZB 11/13 GRUR 2014, 710; BlPMZ 2015, 10; Mitt 2014, 328
Prüfverfahren 07.06.1977 X ZB 20/74 GRUR 1978, 102; BlPMZ 1977, 341; IIC 9 (1978), 363; NJW 1977, 1635
Pulloverbeschriftung 24.03.1994 I ZR 152/92 GRUR 1994, 635; IIC 26 (1995), 570; NJW-RR 1994, 944
Pullovermuster 30.01.1992 I ZR 113/90 BGHZ 117, 115; GRUR 1992, 448; IIC 24 (1993), 405; NJW 1992, 2700
Pulmicort 12.12.2002 I ZR 141/00 GRUR 2003, 434; NJW-RR 2003, 911
pulp-wash 02.05.1991 I ZR 184/89 GRUR 1992, 112; NJW-RR 1991, 1266
Pulsradarsystem 05.11.1991 X ZB 2/91 BGH-DAT Z
Pulverauftragungsverfahren 30.04.2002 X ZR 217/98
Pulverbehälter 03.05.1968 I ZR 66/66 BGHZ 50, 125; GRUR 1968, 591; NJW 1968, 1474
Pulverbehälter 01 12.07.1973 X ZR 17/70 Liedl 1971/73, 302
Puma 02.04.1998 I ZB 22/93 GRUR 1998, 818; BlPMZ 1998, 367; Mitt 1998, 264; NJW-RR 1998, 1203
Pumpeinrichtung 17.04.2007 X ZR 1/05 GRUR 2007, 959; IIC 39 (2008), 832
Pumpeinrichtung 01 22.10.2002 X ZR 115/99
Pumpeinrichtung 02 16.11.2010 X ZR 104/08
Puppenausstattungen 28.10.2004 I ZR 326/01 GRUR 2005, 166; Mitt 2005, 91
P-Vermerk 28.11.2002 I ZR 168/00 BGHZ 153, 69; GRUR 2003, 228; NJW 2003, 668
Pyrolyse 12.06.2012 X ZA 3/11

qm-Preisangaben II 30.03.1988 I ZR 209/86 GRUR 1988, 699; NJW 1988, 2471
Quarzplatten 18.03.1965 Ia ZR 231/63 Liedl 1965/66, 102
Querstreifen 18.09.1962 I ZR 41/61
Quersubventionierung von Laborgemeinschaften 21.04.2005 I ZR 201/02 GRUR 2005, 1059; NJW 2005, 3718
Quersubventionierung von Laborgemeinschaften II 17.12.2009 I ZR 103/07 GRUR 2010, 365; NJW-RR 2010, 1059
Quetiapin 13.01.2015 X ZR 41/13 GRUR 2015, 352; BlPMZ 2015, 239; IIC 2015, 720; PharmR 2015, 190

Radaranlage 25.01.1979 X ZR 40/77 NJW 1979, 1885
Radaufhängung 07.12.1999 X ZR 113/97 Bausch BGH 1999–2001, 341
Radgehäuse 21.12.1962 I ZB 23/62 BPatGE 4, 199; GRUR 1963, 593; BlPMZ 1963, 301
Radio Stuttgart 13.05.1993 I ZR 113/91 GRUR 1993, 769; NJW-RR 1993, 1319
Radiorecorder für 1 DM 11.03.2004 I ZR 161/01
Radkappe 24.05.1962 KZR 4/61 GRUR 1962, 537; BlPMZ 1962, 382; NJW 1962, 1567
Rado-Uhr I 23.11.2000 I ZB 46/98 WRP 2001, 269; MarkenR 2001, 75
Rado-Uhr II 20.11.2003 I ZB 46/98 GRUR 2004, 505
Rado-Uhr III 24.05.2007 I ZB 66/06 GRUR 2007, 973; GRUR Int 2008, 65
Radschutz 12.03.1954 I ZR 201/52 GRUR 1954, 337
Radschützer 15.03.2005 X ZR 80/04 GRUR 2005, 665; Mitt 2005, 372
Raffvorhang 25.01.2011 X ZR 69/08 GRUR 2011, 411; Mitt 2011, 189
Ramipril I 04.12.2007 X ZR 102/06 GRUR 2008, 606; Mitt 2008, 282; NZA-RR 2008, 317
Ramipril II 22.11.2011 X ZR 35/09 GRUR 2012, 380; Mitt 2012, 136
Rammbohrgerät 14.07.1983 X ZB 23/82 GRUR 1983, 561; BlPMZ 1984, 23
Rammbohrgerät 01 [II] 22.12.1983 X ZB 8/83 BlPMZ 1984, 247
Ramses 17.09.2015 I ZR 228/14 BGHZ 206, 365; GRUR 2016, 71; NJW 2016, 807
Randlochkarten 23.09.1960 B I ZR 119/60 BlPMZ 1961, 20; Liedl 1959/60, 415
Rangierkatze 13.12.2005 X ZR 14/02 GRUR 2006, 399
Rasenbefestigungsplatte 19.05.2005 X ZR 152/01 GRUR 2005, 761; NZA 2005, 1246
Rasenbefestigungsplatte 01 26.02.2002 X ZR 204/98
Rasierklingeneinheit 07.04.1992 X ZB 15/90
Rasierscherkopf (Warenformmarke) 21.04.2005 I ZB 10/04
Rastschloß 24.11.1988 X ZR 96/86 Liedl 1987/88, 664
Raubkopien 16.11.1989 I ZR 15/88 GRUR 1990, 353; NJW-RR 1990, 997
Rauchgasklappe 04.06.1996 X ZR 49/94 BGHZ 133, 57; GRUR 1996, 857; NJW 1997, 198
Rauchwagen 28.02.1974 X ZR 17/72 Liedl 1974/77, 10
Rauhreifkerze 07.10.1971 X ZR 57/68 Liedl 1971/73, 85; Mitt 1972, 235
Raumakustikgestaltung 18.10.2011 X ZR 128/08
Räumgerät 20.02.1974 X ZR 50/71 Mitt 1974, 120

Repassiernadel I 06.10.1953 I ZR 220/52 GRUR 1954, 111; BlPMZ 1954, 53; Liedl 1951/55, 112
Repassiernadel II 07.01.1955 I ZR 67/52 GRUR 1955, 244; BlPMZ 1955, 264; Liedl 1951/55, 242
Repassiernadel III 26.04.1955 I ZR 21/53 GRUR 1955, 479
Reprint 30.10.1968 I ZR 52/66 BGHZ 51, 41; GRUR 1969, 186; NJW 1969, 46
Resellervertrag 26.03.2009 I ZR 44/06 GRUR 2009, 660; NJW-RR 2009, 1053
Resin 22.11.1957 I ZR 152/56 GRUR 1958, 179
Restitutionsurteil 22.05.2012 B X ZR 128/10
Restschadstoffentfernung 01.08.2006 X ZR 114/03 BGHZ 169, 30; GRUR 2006, 962; GRUR Int 2007, 157; IIC 38 (2007), 97;
        Mitt 2006, 523; NJW-RR 2007, 106
Restschadstoffentfernung 01 23.07.2009 Xa ZR 146/07
Revisionsteilannahme 02.06.1977 X ZR 58/76 BGHZ 69, 93; GRUR 1978, 115; NJW 1977, 1639
Revisionszulassung 14.05.2013 B X ZR 27/10
Revisionszulassung 14.05.2013 B X ZR 28/10
Revisionszulassung 14.05.2013 B X ZR 31/10
Rezeptortyrosinkinase 19.01.2016 X ZR 141/13 GRUR 2016, 475; BlPMZ 2016, 226
Rheinmetall-Borsig I 16.03.1956 I ZR 62/55 GRUR 1956, 265
Rheinmetall-Borsig II 16.03.1956 I ZR 162/54 GRUR 1956, 284
Richterablehnung 12.11.2002, ber 13.03.2003 B X ZR 176/01 GRUR 2003, 550; Mitt 2003, 206; NJW-RR 2003, 479
Richterablehnung 23.07.2012 B PatAnwZ 3/11
Richterablehnung, Prozesskostenhilfe 19.04.2010 X ZA 1/09
Richterausschließung 01 05.03.2001 I ZR 58/00
Richterausschließung 02 18.01.2005 B X ZR 108/04
Richterbefangenheit 11.12.2002 VI ZA 8/02 GRUR 2003, 368
Richterwechsel I 13.05.1971 X ZB 3/71 GRUR 1971, 532; BlPMZ 1971, 315; NJW 1971, 1936
Richterwechsel II 16.10.1973 X ZB 15/72 GRUR 1974, 294
Richterwechsel III 09.04.1987 I ZB 4/86 GRUR 1987, 515; BlPMZ 1987, 355; NJW-RR 1987, 1147
Riegelstange für Fenster 03.05.1979 X ZR 44/75 Liedl 1978/80, 405
Riemenscheibe 28.11.2000 X ZR 104/98 Bausch BGH 1999–2001, 460; BGHRep 2001, 389
Riesenrad 18.10.2005 X ZR 35/01
Rigg 10.12.1981 X ZR 70/80 BGHZ 82, 254; GRUR 1982, 165; BlPMZ 1982, 222; IIC 13 (1982), 645; NJW 1982, 994
rigidite III 09.12.1993 I ZB 1/92 GRUR 1994, 370; GRUR Int 1994, 531; BlPMZ 1994, 286; Mitt 1994, 78; NJW 1994,
        1218
Rillenschneider 20.01.1961° I ZR 8/59
Ringbuchherstellungsanlage 25.01.2000 X ZR 97/98
Ringkernüberträger 22.04.1980 X ZR 59/77 Liedl 1978/80, 706
Ringknacker 09.12.2008 B X ZR 105/06
Rippenstreckmetall II 08.07.1964 Ib ZB 7/63 BGHZ 42, 151; GRUR 1965, 146; BlPMZ 1964, 357; NJW 1964, 2410
Ritter 04.03.2004 B I ZR 50/03 GRUR 2004, 622
Rödeldraht [I] 15.11.1955 I ZR 169/54 GRUR 1956, 77; BlPMZ 1956, 46; Liedl 1951/55, 372
Rödeldraht 01 15.05.1956 B I ZR 169/54 BlPMZ 1957, 292; Mitt 1957, 95; Liedl 1956/58, 60
Rohrausformer 02.03.1993 X ZB 14/92 GRUR 1993, 655; BlPMZ 1993, 396; NJW-RR 1993, 1023
Rohrbearbeitungsmaschine 25.09.2007 X ZR 198/02
Rohrdichtung 16.06.1961 I ZR 162/57 GRUR 1962, 80; Liedl 1961/62, 197
rohrförmiger Körper 18.10.1994 X ZR 59/92
Rohrhalterung 27.04.1967 Ia ZB 19/66 GRUR 1967, 586; BlPMZ 1967, 225; Mitt 1967, 197; NJW 1967, 2114
Rohrkupplung 30.01.1990 X ZR 60/88 Bausch BGH 1986–1993, 503
Rohrleitungsprüfverfahren 12.07.2006 X ZB 33/05 GRUR 2006, 929; BlPMZ 2006, 411
Rohrmuffe 18.12.2012 B X ZR 7/12 GRUR 2013, 316; Mitt 2013, 200
Rohrreinigungsdüse I 29.11.2011, ber. 26.01.2012 X ZR 23/11 GRUR 2012, 540; BlPMZ 2012, 146
Rohrreinigungsdüse II 21.02.2012 X ZR 111/09 GRUR 2012, 485; Mitt 2012, 173; NJW-RR 2012, 872
Rohrrippenblock 26.07.2005 X ZB 1/04
Rohrschelle 02.12.1952 I ZR 104/51 GRUR 1953, 120; BlPMZ 1953, 227; Liedl 1951/55, 47
Rohrschnellkupplung 27.02.1957 I ZR 56/54 Liedl 1956/58, 287
Rohrschweißverfahren 27.02.2007 X ZR 113/04 GRUR 2007, 773; IIC 39 (2008), 106; Mitt 2007, 317
Rohrtrenneinrichtung 24.02.1970 X ZR 70/67 Liedl 1969/70, 293
Rohrverbindungsstück 07.11.1978 X ZR 8/76 Liedl 1978/80, 211
Rohrverteiler 19.07.2011 X ZR 25/09
Rolex-Uhr mit Brillanten 12.02.1998 I ZR 240/95
Rolex-Uhr mit Diamanten 12.02.1998 I ZR 241/95 GRUR 1998, 696; IIC 31 (2000), 617; NJW 1998, 2045
Rolex-Uhr mit Edelsteinen 01 12.02.1998 I ZR 239/95
Rolex-Uhr mit Edelsteinen 02 12.02.1998 I ZR 242/95

Simvastatin 05.12.2006 X ZR 76/05 BGHZ 170, 115; GRUR 2007, 221
Sintercarbidsubstrate 14.07.1987 X ZB 22/86 BGH-DAT Z
Sintervorrichtung 11.05.2000 X ZB 26/98 GRUR 2000, 1018; BlPMZ 2000, 316
Sintex 27.09.1963 Ib ZR 24/62 GRUR 1964, 144; BlPMZ 1964, 184; NJW 1964, 157
Siroset 11.11.1966 Ib ZR 91/64 GRUR 1967, 304; BlPMZ 1967, 323; NJW 1967, 413
Sitosterylglykoside 03.06.1982 X ZB 21/81 GRUR 1982, 548; BlPMZ 1982, 300; IIC 14 (1983), 283; NJW 1983, 336
Sitzgelenk 13.05.2014 B X ZR 25/13 GRUR 2014, 911; IIC 2015, 248; Mitt 2014, 525
Sitz-Liegemöbel 15.02.2001 I ZR 333/98 GRUR 2001, 503; Mitt 2001, 226; NJW-RR 2001, 1119
Sitzplatznummerierungseinrichtung 02.12.2014 X ZB 1/13 GRUR 2015, 199; IIC 2015, 718; Mitt 2015, 63
Sitzungsschild 17.07.1970 X ZB 17/69 GRUR 1970, 621; Mitt 1970, 175; NJW 1970, 1846
skai-cubana 04.11.1966 Ib ZR 77/65 GRUR 1967, 315; BlPMZ 1967, 331; NJW 1967, 723
Skiabsatzbefestigung 15.05.1975 X ZR 35/72 GRUR 1976, 88; Mitt 1975, 215
Skiliegesitz 13.07.1982 X ZR 50/81
Skischuhkupplung 11.05.1976 X ZR 25/74
Skistiefelauskleidung 18.11.1980 X ZR 11/78 GRUR 1981, 190; Liedl 1978/80, 938
Skistiefelverschluß 24.04.1969 X ZR 54/66 GRUR 1969, 534
Skistockteller 22.05.1989 X ZB 6/88 BPatGE 30, 275 L
Slick 50 01.07.1999 I ZB 48/96 GRUR 2000, 53; NJWE-WettbR 1999, 291
SMD-Widerstand 14.12.2010 X ZR 121/08
Socsil 27.09.1960 I ZR 56/59 GRUR 1961, 241; BlPMZ 1961, 21
sofortige Beschwerde 03.02.1976 X ZB 9/75
sofortige Beschwerde in Zulassungssachen 03.07.1972 PatAnwZ 1/72 BGHZ 59, 217; BlPMZ 1972, 382; Mitt 1973, 56; NJW 1972, 1896
Softeis 05.12.1974 X ZR 5/72 BlPMZ 1975, 204; NJW 1975, 390
Softwarelizenzen 30.09.1996 II ZR 51/95 NJW 1997, 196
Softwarenutzungsrecht 17.11.2005 IX ZR 162/04 GRUR 2006, 435; NJW 2006, 915; NZI 2006, 229
Solara 30.09.2010 B Xa ZR 123/09 GRUR 2010, 1087; GRUR Int 2011, 162; RdL 2011, 13
Solara 01 27.11.2012 X ZR 123/09
Sommer unseres Lebens 12.05.2010 I ZR 121/08 BGHZ 185, 330; GRUR 2010, 633; NJW 2010, 2061
Sommerpreiswerbung 24.04.1986 I ZR 56/84 GRUR 1987, 45; NJW-RR 1986, 1485
Sondenernährung 08.09.2000 I ZB 21/99 GRUR 2001, 87; NJW 2001, 1796
Sondensystem 26.06.2012 X ZB 4/11 GRUR 2012, 1071; BlPMZ 2013, 18
Sonderbetrieb 08.07.2008 X ZB 32/06
Sonderpostenhändler 20.03.1997 I ZR 241/94 GRUR 1997, 672; NJW-RR 1997, 1131
Sonnenblenden 22.07.2003 B X ZR 82/01
Sonnendach 05.02.1987 X ZR 36/85 GRUR 1987, 353; Liedl 1987/88, 80; NJW-RR 1987, 1086
Sonnenkollektorenmontage 06.05.2008 X ZR 174/04
„SOOOO ... BILLIG"? 21.06.2001 I ZR 69/99 GRUR 2002, 75; NJW-RR 2002, 38
Sorbitol 28.11.2012 X ZB 6/11 GRUR 2013, 318; BlPMZ 2013, 149; Mitt 2013, 122
Sortiergerät 23.02.1972 X ZB 6/71 GRUR 1972, 592; BlPMZ 1972, 173; Mitt 1972, 118
SPA 25.01.2001 I ZR 120/98 GRUR 2001, 420; BlPMZ 2001, 244; IIC 33 (2002), 362; NJW-RR 2001, 1047
Spaltrohrpumpe 18.02.1965 Ia ZR 205/63 Liedl 1965/66, 34
Spanholzplatten 06.04.1962 I ZR 121/60
spanlose Verformung 23.02.1959 VII ZR 69/58 GRUR 1960, 182
Spannbeton I 19.11.1964 Ia ZR 108/63 Liedl 1963/64, 626
Spannbeton II 22.06.1966 Ia ZR 108/63 GRUR 1966, 638; Liedl 1965/66, 476; NJW 1966, 2061
Spannglied 21.01.1982 X ZR 43/80 IIC 14 (1983), 419; Liedl 1982/83, 1
Spannschraube 02.03.1999 X ZR 85/96 GRUR 1999, 909; ABl EPA 2001, 259; IIC 30 (1999), 932; Mitt 1999, 304; NJW-RR 2000, 259
Spannungsregler 30.01.1964 Ia ZB 6/63 BGHZ 42, 248; GRUR 1965, 234; BlPMZ 1965, 236; NJW 1965, 633
Spannungsvergleichsschaltung 20.12.1977 X ZB 2/77 BGHZ 71, 152; GRUR 1978, 417; BlPMZ 1978, 258; IIC 10 (1979), 485; NJW 1978, 1057
Spannvorrichtung 21.07.1998 X ZR 15/96 Bausch BGH 1994–1998, 498
Spanplatten 05.05.1966 Ia ZR 110/64 GRUR 1966, 558; NJW 1966, 1316
Spanplattenbindemittel 22.02.1994 X ZR 56/91 Bausch BGH 1994–1998, 19
späte Aufsatzveröffentlichung 06.07.2012 B PatAnwZ 1/11; Mitt 2013, 197
späte Urteilsbegründung 01.07.1999 I ZB 7/99 GRUR 2000, 151; NJW-RR 2000, 209
Speisekartenwerbung 13.07.1977 I ZR 102/75 GRUR 1978, 308
Speisungsregelung 05.06.1984 X ZR 72/82 GRUR 1984, 652; BlPMZ 1985, 25
Spektralapparat 12.07.1990 X ZB 32/89 BGHZ 112, 157; GRUR 1991, 37; NJW 1990, 3276
Spender von kugelförmigen Gegenständen 23.03.2010 X ZR 3/09

Spezialsalz II 10.12.1971 I ZR 65/70 GRUR 1972, 550

Spiegel-CD-ROM 05.07.2001 I ZR 311/98 BGHZ 148, 221; GRUR 2002, 248; IIC 34 (2003), 226; NJW 2002, 896

Spiegelreflexkamera 16.10.1973 X ZB 6/73 BGHZ 61, 257; GRUR 1974, 212; BlPMZ 1974, 175; IIC 5 (1974), 88; NJW 1974, 102

Spiegelteleskop 23.06.1983 X ZR 1/80 Schulte-Kartei PatG 100–122 Nr 10

Spielautomat I 24.05.1963 Ib ZR 213/62 WRP 1968, 50

Spielautomat II 08.03.1973 X ZR 6/70 GRUR 1973, 518; GRUR 1973, 518; NJW 1973, 800

Spielbankaffaire 02.10.1997 I ZR 88/95 BGHZ 136, 380; GRUR 1999, 152; GRUR Int 1998, 427; IIC 30 (1999), 227; NJW 1998, 1395

Spielfahrbahn 01 [schriftliches Verfahren] 11.06.1992 X ZR 50/91

Spielfahrbahn 02 [Vollstreckungskostensicherheit] 16.06.1992 X ZR 50/91 Bausch BGH 1986–1993, 655

Spielfahrbahn 03 [unzulässige Erweiterung] 21.09.1993 X ZR 50/91 Bausch BGH 1986–1993, 551; Mitt 1996, 204

Spielzeugautos 12.10.1995 I ZR 191/93 GRUR 1996, 57; NJW 1996, 260

Spielzeugfahrzeug 05.04.1960 I ZR 153/58 Liedl 1959/60, 302

Spielzeugkasse 22.01.1970 X ZR 21/66 Liedl 1969/70, 272

Spindelanordnung 21.07.2011 X ZR 7/09

Spinnmaschine 10.05.1994 X ZB 7/93 GRUR 1994, 724; BlPMZ 1995, 68; NJW-RR 1994, 1239

Spinnturbine I 06.03.1979 X ZR 60/77 GRUR 1979, 692; NJW 1979, 2210

Spinnturbine II 11.11.1980 X ZR 58/79 BGHZ 78, 358; GRUR 1981, 186; NJW 1981, 986

Spiralbohrer 25.01.2000 X ZB 7/99 GRUR 2000, 792; NJW-RR 2000, 1569

Spitzenhandschuh 20.01.1956 I ZR 153/55 GRUR 1956, 298; BlPMZ 1956, 121; Liedl 1956/58, 8

Spleißkammer 23.01.1990 X ZB 9/89 BGHZ 110, 123; GRUR 1990, 432; BlPMZ 1990, 325; NJW 1990, 3270

Sponsorenverträge 15.05.2000 II ZR 359/98 BGHZ 144, 290; NJW 2000, 2356

Sporthosen 26.09.1985 I ZR 86/83 GRUR 1986, 248; BlPMZ 1986, 199; NJW 1987, 127

Sportschuh 09.01.1962 I ZR 142/60 GRUR 1962, 299

Sportschuh mit Blockierer 09.10.2012 X ZR 2/11

Sportschuhsohle 01.04.2008 X ZR 115/03

Sportübertragungen 14.03.1990 KVR 4/88 BGHZ 110, 371; GRUR 1990, 702; NJW 1990, 2815

Sportwettengenehmigung 11.10.2001 I ZR 172/99 GRUR 2002, 269; NJW 2002, 395

Sprachanalyseeinrichtung 11.05.2000 X ZB 15/98 BGHZ 144, 282; GRUR 2000, 1007; GRUR Int 2000, 930; ABl EPA 2002, 454; BlPMZ 2000, 276; ENPR 2002, 16; IIC 33 (2002), 343; Mitt 2000, 359; NJW 2000, 3282

Spreizdübel 16.01.1990 X ZB 24/87 BGHZ 110, 82; GRUR 1990, 508; BlPMZ 1990, 242; NJW 1990, 3269

Spreizdübel 01 14.03.1974 X ZR 7/71 GRUR 1974, 715; Mitt 1974, 135

sprengwirkungshemmende Bauteile 06.05.1997 KZR 42/95 GRUR 1997, 781; IIC 30 (1999), 122; NJW-RR 1997, 1537

springender Pudel 02.04.2015 I ZR 59/13 BGHZ 205, 22; GRUR 2015, 1114; BlPMZ 2016, 19; Mitt 2015, 519

Spritzgießmaschine 22.06.1976 X ZR 44/74 GRUR 1976, 715; IIC 8 (1977), 154; NJW 1976, 2162

Spritzgießwerkzeuge 03.05.2001 I ZR 153/99 GRUR 2002, 91; IIC 34 (2003), 449

Spritzgußengel 17.12.1969 I ZR 23/68 GRUR 1970, 244

Spritzgußform 28.05.1974 X ZB 11/73 Mitt 1974, 239

Spritzgußmaschine 01 26.09.1963 Ia ZR 194/63

Spritzgußmaschine I 30.05.1956 I ZR 43/55 BGHZ 21, 8; GRUR 1956, 409; BlPMZ 1956, 283; Liedl 1956/58, 76; NJW 1956, 1318

Spritzgußmaschine II 08.06.1962 I ZR 6/61 GRUR 1963, 52; NJW 1962, 1812

Spritzgußmaschine III 14.07.1966 Ia ZR 85/64 GRUR 1967, 25; Liedl 1965/66, 535; Mitt 1967, 11

Spritzgussvorrichtung 26.07.2005 X ZB 37/03

Spritzstreckblasverfahren 09.07.2013 X ZR 145/10

Sprühdose 25.03.2010 Xa ZR 36/07

Sprühturmverfahren 14.02.1995 B X ZR 77/93

Spülbecken 15.04.1955 I ZR 33/54 GRUR 1955, 476; BlPMZ 1955, 330; Liedl 1951/55, 280; Mitt 1955, 105

Spulentransportvorrichtung 11.05.1993 X ZB 19/92 BPatGE 34, 272 L; BGH-DAT Z

Spulenvorrichtung 23.06.1988 X ZB 3/87 BGHZ 105, 40; GRUR 1988, 754; BlPMZ 1988, 318; Mitt 1988, 190; NJW 1988, 2788

Spulkopf 13.11.1997 X ZR 6/96 GRUR 1998, 684; Mitt 1998, 111; NZA 1998, 313; NJW-RR 1998, 1755

Spülmaschine 08.05.1973 X ZR 9/70 GRUR 1973, 669; NJW 1973, 1373

Spülmaschinensteuerungen 14.05.1991 X ZR 2/90 NJW-RR 1991, 1269

Spundfaß 01 09.05.2000 X ZR 45/98 Bausch BGH 1999–2001, 409

Staatsbibliothek 14.11.2002 I ZR 199/00 GRUR 2003, 231; NJW 2003, 665

Staatsgeheimnis 12.01.1999 X ZB 7/98 GRUR 1999, 573; BlPMZ 1999, 196; NJW-RR 1999, 836

Staatsgeheimnis 01 12.01.1999 X ZB 8/98

Staatsgeheimnis 02 12.01.1999 X ZB 9/98

Staatsgeschenk 24.05.2007 I ZR 42/04 GRUR 2007, 691

Stabfräse 23.02.1962 I ZR 19/60 Liedl 1961/62, 524

stabile fließfähige Masse 08.10.1991 X ZB 17/90
Stabilisator 30.10.1969 X ZR 20/65 Liedl 1969/70, 134
Stabilisierung der Wasserqualität 03.02.2015 X ZR 76/13 GRUR 2015, 472; IIC 2015, 975; Mitt 2015, 230
Stabtaschenlampe „MAGLITE" 12.08.2004 I ZB 19/01 GRUR 2005, 158; BlPMZ 2001, 181
Stabtaschenlampen I 23.11.2000 I ZB 18/98 GRUR Int 2001, 462; BlPMZ 2001, 149; IIC 33 (2002) 886; Mitt 2001, 166
Stabtaschenlampen II 20.11.2003 I ZB 18/98 GRUR 2004, 506; 2004, 431
Stadt Geldern 14.06.2006 I ZR 249/03 GRUR 2006, 957
Stadtbahnfahrzeug 08.05.2002 I ZR 98/00 BGHZ 151, 15; GRUR 2002, 799; NJW 2002, 3246
Stadtplan 03.07.1964 Ib ZR 146/62 GRUR 1965, 45; NJW 1964, 2153
Stadtplanwerk 28.05.1998 I ZR 81/96 BGHZ 139, 68; GRUR 1998, 916; IIC 30 (1999), 968
Stahlblech 11.09.2007 X ZR 27/04 GRUR 2008, 145
Stahlblockherstellung 24.03.1981 X ZR 61/77 Liedl 1981, 109
Stahlgliederband 26.05.1961 I ZR 149/56 Liedl 1961/62, 131; Mitt 1961, 199 1962, 110
Stahlrohrstuhl I 27.02.1961 I ZR 127/59 GRUR 1961, 635; NJW 1961, 1210
Stahlrohrstuhl II 27.05.1981 I ZR 102/79 GRUR 1981, 820
Stahlschluessel 22.06.2011 I ZB 9/10 GRUR 2012, 89
Stahlveredlung 01.04.1965 Ia ZR 218/63 GRUR 1966, 141; BlPMZ 1966, 55; Liedl 1965/66, 198
Standard-Spundfaß 13.07.2004 KZR 40/02 BGHZ 160, 67; GRUR 2004, 966; IIC 36 (2005), 741; Mitt 2004, 36; NJW-RR
    2005, 269
Standbeutel 25.06.2013 X ZR 52/12
Standesbeamte 07.03.1969 I ZR 116/67 GRUR 1969, 418; BB 1969, 457
ständiges Dienstverhältnis 22.01.1973 PatAnwZ 3/72 Mitt 1974, 57
Standschirm 28.01.1992 X ZR 33/90 Bausch BGH 1986–1993, 562; Schulte-Kartei PatG 81–85 Nr 149; BGH-DAT Z
Standtank 29.05.1962 I ZR 147/60 GRUR 1962, 575
Stangenführung für Flachbandstangen 10.12.1996 X ZR 9/94 Bausch BGH 1994–1998, 319
Stangenführungsrohre 27.10.1961 I ZR 53/60 GRUR 1962, 140; BlPMZ 1962, 164; NJW 1962, 297
Stangenführungsrohre 01 27.10.1961° I ZR 52/60
Stangenverschluss 09.11.2010 X ZR 67/05
Stapelautomat 19.11.1982 I ZR 99/80 GRUR 1983, 179; NJW 1984, 239
Stapeln von Druckbögen 01 11.07.1995 B X ZR 78/94 Bausch BGH 1994–1998, 554
Stapeln von Druckbögen 02 28.01.1997 B X ZR 78/94 Bausch BGH 1994–1998, 556
Stapelpresse 22.01.1963 Ia ZR 60/63 GRUR 1963, 311; BlPMZ 1963, 181
Stapeltrockner 22.11.2005 X ZR 81/01 GRUR 2006, 313; IIC 37 (2006), 468
Stapelvorrichtung 04.03.1975 X ZR 28/72 GRUR 1975, 598
Starterkerne 16.12.2010 B Xa ZR 32/08
Stationärvertrag 09.06.1969 VII ZR 49/67 BGHZ 52, 171; GRUR 1968, 698; NJW 1969, 1662
„statt"-Preis 04.05.2005 I ZR 127/02 GRUR 2005, 692; NJW 2005, 2250
Staubfilter 23.09.1997 X ZR 64/96 GRUR 1998, 138; NJW-RR 1998, 334
Staubsaugersaugrohr 12.10.2004 B X ZR 176/02 GRUR 2005, 41
Steckmuffenverbindung 15.02.2000 X ZR 53/98 Bausch BGH 1999–2001, 416
Steckverbindergehäuse 21.09.2006 I ZR 6/04 GRUR 2007, 431; Mitt 2007, 238; NJW 2007, 1524
Steckverbindung 16.10.2012 X ZB 10/11 GRUR 2012, 1042; BlPMZ 2013, 120; Mitt 2013, 36
Steigeiseneinbau 19.09.2006 X ZR 24/04
Steinkorb 11.08.2015 X ZR 83/13
Stellhebel für Kontrollkassen 18.12.1956 I ZR 209/55 Liedl 1956/58, 164
Stent 29.04.2014 X ZR 19/11 GRUR 2014, 970
Stent 01 29.04.2014 X ZR 12/11
Stent 02 29.04.2014 X ZR 20/11
Sterilisieren 29.02.1968 Ia ZR 2/65 Liedl 1967/68, 321
Sternbild 13.10.1959 I ZR 58/58 GRUR 1960, 126; BlPMZ 1960, 225
Sternkorunden 09.05.1978 X ZR 17/75
steroidbeladene Körner 16.12.2010 Xa ZR 66/10 GRUR 2011, 364; Mitt 2011, 100; NJW-RR 2011, 338
Steuereinrichtung I 18.02.1992 X ZR 7/90 GRUR 1992, 432 1992, 597; IIC 24 (1993), 503; NJW-RR 1992, 870
Steuereinrichtung II 30.05.1995 X ZR 54/93 GRUR 1995, 578; NJW-RR 1995, 1320
Steuersignalübermittlung 27.10.2011 X ZR 94/09
steuertip 24.01.2002 I ZB 18/01 Mitt 2002, 186
Steuerungseinrichtung für Untersuchungsmodalitäten 20.01.2009 X ZB 22/07 GRUR 2009, 479; GRUR Int 2009, 528;
    BlPMZ 2009, 183; Mitt 2009, 479
Steuervorrichtung 18.05.2010 X ZR 79/07 BGHZ 185, 341; GRUR 2010, 817; Mitt 2010, 443
Stickmuster 22.11.1957 I ZR 144/56 GRUR 1958, 346
Stiftparfüm 17.08.2011 I ZR 57/09 BGHZ 191, 19; GRUR 2011, 1038; GRUR Int 2012, 259

Störche 19.12.1950 I ZR 62/50 BGHZ 1, 31; GRUR 1951, 159; BlPMZ 1951, 157; NJW 1951, 272
Störerhaftung des Access-Providers 26.11.2015 I ZR 174/14 BGHZ Vv GRUR 2016, 268; NJW 2016, 794
Störerhaftung des Access-Providers 01 26.11.2015 I ZR 3/14
Stornierungsentgelt 18.10.2011 KZR 18/10 NVwZ 2012, 189; WM 2012, 622
Störungsbeseitigungspflicht des Zustandsstörers 04.03.2010 V ZB 130/09; NJW-RR 2010, 807
Stoßdämpfer 07.02.2006 X ZR 148/02
Stoßwellen-Lithotripter 12.05.1998 X ZR 115/96 GRUR 1999, 145; ABl EPA 1999, 647; IIC 30 (1999), 805; Mitt 1998, 356;
    NJW-RR 1998, 1732
Stoßwellen-Lithotripter 01 24.07.2007 X ZR 5/03
Strahlapparat 12.05.1961 I ZR 37/59 GRUR 1961, 529; Liedl 1961/62, 100; NJW 1961, 1527
Strahlregler für Wasserleitungszapfhähne 22.12.1966 Ia ZR 289/63 Liedl 1965/66, 712
Strahlungsheizkörper 28.10.2010 Xa ZR 114/08
Strahlungssteuerung 12.07.2005 X ZR 29/05 BGHZ 163, 369; GRUR 2005, 967; GRUR Int 2006, 55; NJW-RR 2005, 1705
Straken 21.04.1977 X ZB 24/74 GRUR 1977, 657; BlPMZ 1977, 276; IIC 9 (1978), 459; NJW 1977, 1636
Strangführung bei Bogenstranggießanlage 05.12.1978 X ZR 42/75 Liedl 1978/80, 279
Strangpresse 28.10.1960 I ZR 71/57 Liedl 1959/60, 418
Strangpreßverfahren 19.12.1968 X ZR 83/64 Liedl 1967/68, 543
Straßen- und Autolobby 05.02.1980 VI ZR 174/78 GRUR 1980, 309; NJW 1980, 1685
Straßenablaufanschlussverfahren 09.02.2010 X ZR 55/06
Straßenbaumaschine 31.03.2009 X ZR 95/05 BGHZ 180, 215; GRUR 2009, 653; GRUR Int 2009, 867; IIC 40 (2009), 868;
    Mitt 2009, 283
Straßenbaumaschine 01 13.03.2007 X ZR 169/02
Straßenbeleuchtung 21.11.1961 I ZR 32/59 Liedl 1961/62, 397
Straßenbrücke 19.07.1967 Ia ZR 280/63 Liedl 1967/68, 223
Straßendecke I 21.09.1978 X ZR 56/77 GRUR 1979, 48; BlPMZ 1979, 219; NJW 1979, 101
Straßendecke II 17.12.1981 X ZR 71/80 BGHZ 82, 369; GRUR 1982, 225; IIC 14 (1983), 546; NJW 1982, 937
Straßenkehrmaschine 01.10.1991 X ZB 34/89 BGHZ 115, 234; GRUR 1992, 38; BlPMZ 1992, 187; IIC 24 (1993), 119; Mitt
    1992, 239; NJW 1992, 435
Straßenverengung 22.10.1992 IX ZR 36/92 BGHZ 120, 73; GRUR 1993, 415; NJW 1993, 1076
Strebeausbau 15.06.1954 I ZR 141/51 Liedl 1951/55, 201
Streckenausbau 14.07.1983 X ZB 20/82 GRUR 1983, 640; BlPMZ 1984, 56; NJW 1984, 2942
Streckenvortrieb 05.10.1982 X ZB 26/81 GRUR 1983, 63; BlPMZ 1983, 132
Streckwalze 01 16.05.1972 X ZR 31/68 GRUR 1972, 707; BlPMZ 1973, 27; Liedl 1971/73, 111; Mitt 1972, 170
Streckwalze 02 [II] 12.11.1974 X ZR 76/68 GRUR 1975, 422; Mitt 1975, 93
Streichgarn 24.03.1987 X ZB 14/86 BGHZ 100, 242; GRUR 1987, 513; BlPMZ 1987, 203; NJW 1987, 2872
Streithilfe bei Kammerbeschlüssen 16.01.1978 PatAnwZ 3/76 BGHZ 70, 345; NJW 1978, 2299
Streitwert 11.10.1956 B I ZR 28/55 GRUR 1957, 79; BlPMZ 1957, 23; Liedl 1956/58, 127; NJW 1957, 144
Streitwert (Gegenvorstellung) 23.04.2013 B X ZR 68/11
Streitwert (getrennte Festsetzung) 17.01.2012 B X ZR 68/08
Streitwert 01 11.11.2009 B Xa ZR 42/09
Streitwert der Nichtzulassungsbeschwerde 09.12.2014 B X ZR 94/13 GRUR 2015, 304
Streitwert im Nichtigkeitsberufungsverfahren 12.07.2005 X ZR 56/04 GRUR 2005, 972
Streitwert im Nichtigkeitsberufungsverfahren 01 10.10.2006° X ZR 3/06
Streitwert standardessentielles Patent 28.10.2014 B X ZR 93/13
Streitwert/Nebenintervention 24.02.1953 B I ZR 106/51 Liedl 1951/55, 62
Streitwertaddition 12.09.2013 B I ZR 58/11 WRP 2014, 192
Streitwertänderung 27.11.1990 B X ZR 5/88 Bausch BGH 1986–1993, 658
Streitwertbemessung 26.04.1990 B I ZR 58/89 GRUR 1990, 1052; NJW-RR 1990, 1322
Streitwertbeschwerde 27.05.2008 X ZR 125/06
Streitwertbeschwerde 30.08.2011 B X ZR 105/08 Mitt 2012, 41
Streitwertermäßigung 01 27.04.1978 B X ZR 51/74
Streitwertermäßigung 02 13.11.1979 B X ZR 39/75
Streitwertfestsetzung 16.10.1984 B X ZR 62/77 Liedl 1984/86, 246
Streitwertherabsetzung 09.01.1953 B I ZR 79/51 GRUR 1953, 123
Streitwertherabsetzung 01 20.01.2004 B X ZR 133/98 Schulte-Kartei PatG 144 Nr 8
Streitwertherabsetzung 02 20.01.2004 B X ZR 3/00
Streitwertherabsetzung 03 23.07.2009 B Xa ZR 146/07
Streitwertherabsetzung 04 29.07.2010 B Xa ZR 76/08
Streitwertherabsetzung 05 29.07.2010 B Xa ZR 80/08
Streitwertherabsetzung 06 05.07.2011 B X ZR 82/09
Streitwertherabsetzung 07 23.01.2013 B X ZR 66/12

Streitwertherabsetzung/Beiordnung 13.08.2012 B X ZR 88/11
Stretchfolienhaube 11.04.2006 X ZR 175/01 GRUR 2006, 666
Stretchfolienumhüllung 09.03.2004 B X ZR 178/01 GRUR 2004, 623
Stretchfolienumhüllung 01 01.04.2003 X ZR 136/99
Stretchfolienumhüllung 02 14.02.2012 B° X ZR 87/10
Stromabnehmer [für Skooter] 14.01.1980 X ZR 40/78 Liedl 1978/80, 599
Stromeinspeisung II 22.10.1996 KZR 19/95 BGHZ 134, 1; GRUR 1997, 774; NJW 1997, 574
Stromrichter 28.10.1965 Ia ZB 11/65 GRUR 1966, 280; BlPMZ 1966, 131; NJW 1966, 1077
Stromversorgungsanlage 18.12.1969 X ZR 66/66 Liedl 1969/70, 250
Stromversorgungseinrichtung 02.10.1973 X ZB 16/72 GRUR 1974, 148; BlPMZ 1974, 208; Mitt 1974, 17
Stromwandler 20.10.1977 X ZR 37/76 GRUR 1978, 235; IIC 10 (1979), 344; NJW 1978, 2094
Stromwandlervorrichtung 27.07.2010 X ZR 65/08
Stückgutlagerung 25.02.2010 Xa ZR 34/08
Stückgutverladeanlage 27.09.1984 B X ZR 53/82 GRUR 1985, 511
Stufenleitern 21.09.2006 I ZR 270/03 GRUR 2007, 339
Stundung der 13. Jahresgebühr 18.02.1992 X ZB 13/91
Stundung ohne Aufpreis 02.04.1992 I ZR 146/90 NJW-RR 1992, 1069
stüssy I 11.05.2000 B I ZR 193/97 GRUR 2000, 879; GRUR Int 2000, 927; NJWE-WettbR 2000, 290
stüssy II 23.10.2003 I ZR 193/97 GRUR 2004, 156; GRUR Int 2004, 440; IIC 35 (2004), 699; Mitt 2004, 82; NJW-RR 2004, 254
Stute 19.10.1966 Ib ZB 9/65 GRUR 1967, 94; BlPMZ 1967, 134; Mitt 1967, 37
Stützimplantat 04.05.1999 X ZR 55/97 Bausch BGH 1999–2001, 223
Substanz aus Kernen oder Nüssen 08.06.2010 X ZR 71/08 Lebensmittel & Recht 2010, 153
Subway/Subwear 13.04.2000 I ZR 220/97 GRUR 2001, 54; Mitt 2000, 504; NJW 2000, 3716
Success 19.10.1994 I ZB 7/94 GRUR 1995, 50; BlPMZ 1995, 255; Mitt 1995, 280; NJW-RR 1995, 574
Suche fehlerhafter Zeichenketten 17.10.2001 X ZB 16/00 BGHZ 149, 68; GRUR 2002, 143; GRUR Int 2002, 323; ABl EPA 2002, 402; BlPMZ 2002, 114; ENPR 2003, 21; IIC 33 (2002), 753; Mitt 2001, 553
Suchwort 30.06.1994 I ZR 40/92 GRUR 1994, 841; NJW 1994, 2827
Sulfonsäurechlorid 22.02.1994 X ZB 15/92 GRUR 1994, 439; GRUR Int 1994, 751; BlPMZ 1994, 284; IIC 25 (1994), 799; NJW 1994, 2157
Sumatriptan 29.01.2002 X ZB 12/01 GRUR 2002, 415; GRUR Int 2002, 609; BlPMZ 2002, 258
Sunsweet 03.05.1963 Ib ZB 30/62 BGHZ 39, 266; GRUR 1963, 626; BlPMZ 1963, 240; NJW 1963, 2122
Superplanar 26.01.1989 I ZB 8/88 GRUR 1989, 425; BlPMZ 1989, 273; NJW-RR 1989, 703
Superstar 31.01.1990 VIII ZR 314/88 BGHZ 110, 196; NJW 1990, 1106
Suppenrezept 23.11.1965 Ia ZB 210/63 GRUR 1966, 249; BlPMZ 1966, 164
Surfsegel 01.07.1993 I ZR 176/91
Surfsegel 07.11.2006 X ZR 213/02
Swatch 14.12.2000 I ZB 27/98 GRUR 2001, 413; BlPMZ 2001, 216; IIC 33 (2002) 892
Sympatol I 29.10.1954 I ZR 23/53 GRUR 1955, 143
Sympatol II [III] 25.10.1957 I ZR 25/57 BGHZ 26, 7; GRUR 1958, 136; NJW 1958, 137
Sympatol III [II] 12.07.1963 Ia ZR 134/63 NJW 1964, 100
Synchronisationsverfahren für Mobilfunktelefone 22.10.2013 X ZR 103/10
Synchronisationsverfahren für Mobilfunktelefone (Anhörungsrüge) 25.02.2014 B X ZR 103/10
Systemunterschiede 16.01.1992 I ZR 20/90 GRUR 1992, 404; IIC 24 (1993), 134; NJW-RR 1992, 618
SZ-Bleche 01.06.1976 X ZR 8/74
Szintillationszähler 30.01.1986 X ZB 8/85 BlPMZ 1986, 247

Tabakdose 29.04.1997 X ZB 13/96 GRUR 1997, 740; BlPMZ 1998, 201; ENPR 2002, 29; NJW-RR 1997, 1329
Tabakwarenherstellung 28.04.1970 X ZR 91/65 Liedl 1969/70, 307
Tabelliermappe 20.02.1979 X ZB 20/77 BGHZ 73, 330; GRUR 1979, 619; BlPMZ 1979, 429; IIC 11 (1980), 369; NJW 1979, 2398
Tablettensprengmittel 14.01.1992 X ZR 124/89 GRUR 1992, 375; NJW-RR 1992, 693; Bausch BGH 1986–1993, 143
Tablettensprengmittel 01 12.06.1990 B X ZR 124/89
Tablettstapler 30.10.1980 X ZR 4/78 Liedl 1978/80, 885
Taco Bell 01 22.02.2001 I ZA 1/01
Taco Bell 02 19.04.2001 I ZA 1/01
Taco Bell 03 19.04.2001 I ZA 4/00
Taco Bell 04 17.05.2001 I ZA 1/01
Taco Bell 05 15.08.2002 I ZB 14/00
Taco Bell 06 15.08.2002 I ZB 16/00
Taeschner-Pertussin I 15.01.1957 I ZR 39/55 BGHZ 23, 100; GRUR 1957, 231; NJW 1957, 910

Telekommunikationseinrichtung (Anhörungsrüge) 29.07.2010 B Xa ZR 69/06
Telekommunikationseinrichtung 01 15.04.2010 Xa ZR 68/06
Telekommunikationseinrichtung 01 (Anhörungsrüge) 29.07.2010 B Xa ZR 68/06
Telekommunikationsverbindung 15.12.2015 X ZR 112/13 GRUR 2016, 365; BlPMZ 2016, 212; Mitt 2016, 171
Telekopie 05.02.1981 X ZB 13/80 BGHZ 79, 314; GRUR 1981, 410; Mitt 1981, 106; NJW 1981, 1618
Teleskopflüssigkeitsstoßdämpfer 05.12.1958 I ZR 146/57 Liedl 1956/58, 689
Teleskopstoßdämpfer 27.10.1961 I ZR 64/60 Liedl 1961/62, 348
Teleskopzylinder 18.02.1992 X ZR 8/90 GRUR 1992, 599; NJW-RR 1992, 872
Temperaturschutzschalter 24.05.2012 X ZR 119/10
Temperatursensor 09.12.2003 X ZR 128/00
Temperaturwächter 19.12.2000 X ZR 150/98 BGHZ 146, 217; GRUR 2001, 323; Mitt 2002, 179
Temperierblock 09.12.2003 X ZB 2/03
Temperierblock 19.08.2014 X ZR 35/13
Tennishallenpacht 24.09.2002 KZR 10/01 GRUR 2004, 353; NJW 2003, 347
Teppich-Fix 11.07.2000 X ZB 9/99 Schulte-Kartei PatG 100–109 Nr 100
Terephthalsäure 17.01.1980 X ZB 4/79 BGHZ 76, 97; GRUR 1980, 283; BlPMZ 1980, 230; NJW 1980, 1280
Terminsladung 16.07.1965 Ia ZB 3/64 GRUR 1966, 160; NJW 1965, 2252
Terminsladung 01 21.10.1997 X ZB 22/97 Schulte-Kartei PatG 100–109 Nr 82; BGH-DAT Z; DRsp-ROM 1998/238
Terroristentochter 05.12.2006 VI ZR 45/05 GRUR 2007, 441; NJW 2007, 686
Testfundstelle 17.09.2009 I ZR 217/07 GRUR 2010, 355; Mitt 2010, 199; NJW 2010, 1127
Testmandant 06.06.2013 B I ZR 190/11 GRUR-RR 2013, 528 L
Testpreisangebot 05.02.1998 I ZR 211/95 BGHZ 138, 55; GRUR 1998, 824; GRUR Int 1998, 891; IIC 30 (1999), 704; NJW
    1998, 2208
Tetrafluoräthylenpolymer 26.02.1985 X ZB 12/84 Mitt 1985, 152
Tetrafluorethan 27.06.1995 X ZR 122/92
tetraploide Kamille 30.03.1993 X ZB 13/90 BGHZ 122, 144; GRUR 1993, 651; BlPMZ 1993, 439; IIC 25 (1994), 580; NJW
    1994, 199
Textdatenwiedergabe 23.09.1997 X ZB 14/96 GRUR 1998, 458; BlPMZ 1998, 199; IIC 30 (1999), 554; Mitt 1998, 15; NJW-RR
    1998, 907
Textdichteranmeldung 25.02.1977 I ZR 67/75 GRUR 1977, 551; NJW 1977, 1777
textile Dachkonstruktiom 25.02.1992 X ZR 97/91
Textilgarn [I, II] 25.04.1956 I ZR 256/52 GRUR 1959, 125; Liedl 1956/58, 45
Textilreiniger 15.12.1975 X ZB 4/75 GRUR 1976, 440; BlPMZ 1976, 192; Mitt 1976, 179
T-Geschiebe 11.01.2005 X ZR 233/01 GRUR 2005, 407; NJW 2005, 2712
The Colour of Elégance 20.01.2005 I ZR 29/02 GRUR 2005, 581; GRUR Int 2005, 722; NJW-RR 2005, 914
Themenkatalog 12.07.1990 I ZR 16/89 GRUR 1991, 130
therapeutische Äquivalenz 11.06.1992 I ZR 226/90 GRUR 1992, 625; NJW 1992, 2969
Thermalquelle [Heilquelle] 22.05.1975 KZR 9/74 BGHZ 65, 147; GRUR 1976, 323; NJW 1976, 194
Thermobimetallschalter 28.11.2013 X ZR 127/10
Thermodynamik 14.05.1996 X ZB 3/96
Thermogasdruckrelais 14.07.1966 Ia ZR 58/64
thermoplastische Formmassen 07.06.1994 X ZR 82/91 Bausch BGH 1994–1998, 27
thermoplastische Zusammensetzung 25.02.2010 Xa ZR 100/05 BGHZ 184, 300; GRUR 2010, 414; GRUR Int 2010, 749
Thermoroll 26.02.2009 I ZR 219/06 GRUR 2009, 888; Mitt 2009, 477; NJW 2009, 2747
Thermotransformator 29.01.1985 X ZR 54/83 BGHZ 93, 327; GRUR 1985, 472; NJW 1985, 1693
Thrombozytenzählung 19.12.1985 X ZR 53/83 GRUR 1986, 372; BlPMZ 1986, 218; NJW-RR 1986, 734
Thyristor 29.08.1978 X ZR 60/76 Liedl 1978/80, 185
Tierarzneimittel 03.07.2003 1StR 453/02 NStZ 2004, 457
Tinnitus-Masker 29.04.1997 X ZR 127/95 GRUR 1997, 610; NJW-RR 1997, 1467
Tintenbehälter 01 04.12.2007 X ZR 69/04
Tintenbehälter für Tintenstrahldrucker 08.05.2012 X ZR 42/10
Tintenpatrone I 20.05.2008 X ZR 180/05 BGHZ 176, 311; GRUR 2008, 896; GRUR Int 2008, 960; IIC 40 (2009), 475; Mitt
    2008, 407
Tintenpatrone II 24.01.2012 X ZR 94/10 GRUR 2012, 430
Tintenpatrone III 17.04.2012 X ZR 55/09 GRUR 2012, 753; GRUR Int 2012, 659; IIC 2012, 855
Tintenstandsdetektor 17.02.2004 X ZR 48/00 GRUR 2004, 583
Tintenstrahlaufzeichnungsvorrichtung 01 04.10.2007 X ZR 182/03
Tintenstrahlaufzeichnungsvorrichtung 02 30.07.2013 X ZR 36/11
Tintenstrahldrucker 06.08.2013 X ZB 2/12 GRUR 2013, 1135; Mitt 2013, 461
Tintentankpatrone 26.02.2002 X ZB 3/01
Tintenversorgungstank 01 21.10.2003 X ZR 220/99

Tintenversorgungstank 02 07.09.2004 X ZR 186/00

Titelexklusivität 06.06.2002 I ZR 79/00 GRUR 2002, 795; NJW-RR 2002, 1565

Titelsetzgerät 15.09.1977 X ZB 16/76 GRUR 1978, 39; BlPMZ 1978, 188

Tolbutamid 06.03.1980 X ZR 49/78 BGHZ 77, 16; GRUR 1980, 841; IIC 11 (1980), 763; NJW 1980, 2522

Tollwutvirus 12.02.1987 X ZB 4/86 BGHZ 100, 67; GRUR 1987, 231; ABl EPA 1987, 429 GRUR Int 1987, 357; BlPMZ 1987, 201; IIC 18 (1987), 396; NJW 1987, 2298

Tomograph 09.07.1980 X ZB 9/79 GRUR 1980, 984; BlPMZ 1981, 135; NJW 1981, 1216

Tonabnehmer 27.11.1956 I ZR 78/55 Liedl 1956/58, 141

Tonbandbeschreibung 10.10.1978 X ZB 8/78 GRUR 1979, 109; BlPMZ 1979, 157

Tonbandgerätehändler 26.06.1963 Ib ZR 127/62 GRUR 1964, 94; NJW 1963, 1739

Tonbandrüge 09.07.1981 X ZB 11/80 BlPMZ 1982, 55; Mitt 1981, 203

Tonerkartuschen 05.03.2015 I ZB 74/14 GRUR 2015, 1248

Tonfilmwand 08.10.1957 I ZR 164/56 GRUR 1958, 75

Tonträgerpiraterie durch CD-Export 03.03.2004 2 StR 109/03 BGHSt 49, 93; GRUR 2004, 421; IIC 36 (2005), 370; NJW 2004, 1674

Top Selection 30.01.1997 I ZB 3/95 GRUR 1997, 637; BlPMZ 1997, 359; NJW-RR 1997, 990

Topfguckerscheck 11.07.1991 I ZR 31/90 GRUR 1992, 116; NJW-RR 1992, 37

Topinasal 30.09.2004 I ZR 207/02 GRUR 2005, 52; GRUR Int 2005, 515; IIC 36 (2005), 985; NJW-RR 2005, 121

Topinasal 01 30.11.1989 I ZB 5/89

Torblatt 12.10.2004 X ZR 49/01

Torblattantreibvorrichtung 13.12.2011 X ZR 135/08

Torres 12.07.1995 I ZR 140/93 BGHZ 130, 276; GRUR 1995, 825; GRUR Int 1996, 63; IIC 27 (1996), 888; Mitt 1995, 384; NJW 1995, 2985

Torsana-Einlage 16.05.1961 I ZR 175/58 GRUR 1962, 34

Tosca Blu 30.03.2006 I ZR 96/03 GRUR 2006, 941; GRUR Int 2006, 1035; RIW 2006, 860

Toscanella 18.12.1959 I ZR 154/58 BGHZ 31, 374; GRUR 1960, 235; BlPMZ 1960, 191; NJW 1960, 1103

Tracheotomiegerät 30.04.1996 X ZR 114/92 GRUR 1996, 757; NJW-RR 1996, 1320

Trachtenjanker 06.11.1997 I ZR 102/95 GRUR 1998, 477; Mitt 1998, 150; NJW-RR 1998, 1048

tragbare Geräteeinheit 18.01.2011 X ZR 147/08

tragbare Navigationseinrichtung 19.06.2012 X ZR 79/11

tragbare Toilette 03.02.1987 X ZR 86/85 Liedl 1987/88, 63

tragbarer Informationsträger 14.09.1999 X ZB 23/98 GRUR 2000, 140; BlPMZ 2000, 30; NJW-RR 2000, 47

tragbares Feuerlöschgerät 03.02.2015 X ZR 114/12

Trägermaterial für Kartenformulare 01.02.2011 KZR 8/10 GRUR 2011, 554; GRUR Int 2011, 544

Trägermaterial für Kartenformulare 01 29.01.2013 KZR 8/10 GRUR-RR 2013, 228; NZKart 2013, 202

Trägerplatte 12.02.2009 Xa ZR 116/07 BGHZ 180, 1; GRUR 2009, 655; Mitt 2009, 459

Traggerüst 13.03.1958 I ZR 172/56 Liedl 1956/58, 416

Tragklammer für Gardinen 13.12.1960 I ZR 112/58 Liedl 1959/60, 450

Traglaschenkette 23.05.2013 X ZR 32/12

Tragplatte [II] 04.03.1971 X ZR 7/68 GRUR 1971, 304; BlPMZ 1971, 286; Mitt 1971, 115

Tragplatte 01 04.03.1971 X ZR 6/68 Liedl 1971/73, 11

Tragsystem für eine Hängebahn 18.01.1983 X ZR 8/82

Tragvorrichtung 20.03.1979 B X ZR 21/76 BB 1979, 912; MDR 1979, 754; Rpfleger 1979, 259; VersR 1979, 718

Trailer-Stabilization-Program 01.07.2010 I ZA 14/10 GRUR-RR 2010, 496 L

Trainingsanzug 15.10.1971 I ZR 25/70 GRUR 1972, 546

Trainingsvertrag 25.01.2001 I ZR 323/98 BGHZ 146, 318; GRUR 2001, 758; NJW 2001, 2622

Traktionsantriebsaufzugssystem 01 13.11.2013 X ZR 79/12

Traktionsantriebsaufzugssystem 02 10.04.2014 X ZR 74/11

Tramadol 22.04.2008 X ZB 13/07 GRUR-RR 2008, 457; BlPMZ 2008, 354

Tramadol-Paracetamol-Verbindung 18.09.2012 X ZR 22/10

Transatlantische 16.05.1991 I ZR 1/90 GRUR 1991, 780; NJW-RR 1991, 1260

transdermales therapeutisches System 21.10.2010 Xa ZR 30/07

Transformatorengehäuse 20.11.2003 I ZB 48/98 GRUR 2004, 507; BlPMZ 2004, 433; Mitt 2004, 269

Transhydrogenase 07.02.2012 X ZR 115/09 GRUR 2012, 479; BlPMZ 2012, 304

Transistorschaltverstärker 06.11.1975 X ZR 39/72 Liedl 1974/77, 123

Transitwaren 25.06.2014 B X ZR 72/13 GRUR 2014, 1189

Transportbehälter 09.01.1986 X ZB 38/84 BGHZ 97, 9; GRUR 1986, 453; BlPMZ 1986, 246; NJW 1986, 3205

Transportfahrzeug I 27.09.1983 X ZB 19/82 GRUR 1984, 36; BlPMZ 1984, 209; Mitt 1985, 154

Transportfahrzeug II 11.11.1986 X ZR 56/85 GRUR 1987, 284

Trassenband 19.04.2005 X ZR 176/01

Trefferermittlung bei Schießübungen 01.03.1979 X ZR 6/76 Liedl 1978/80, 366

Treibladung 02.02.1982 X ZB 5/81 GRUR 1982, 406; BlPMZ 1982, 273
Treloc 11.07.2002 I ZR 198/99
Trennabscheider 20.05.2010 Xa ZR 62/07
Trennwand 17.12.1996 X ZB 4/96 GRUR 1997, 213; NJW-RR 1997, 678
Treppenhausgestaltung 01.10.1998 I ZR 104/96 GRUR 1999, 230; NJW 1999, 790
Treppenkantenprofil 10.02.2009 X ZR 37/07
Treppenlift 17.05.2011 B X ZR 77/10 GRUR 2011, 853; NJW-RR 2012, 110
Tretkurbeleinheit 27.08.2013 X ZR 19/12 BGHZ 198, 187; GRUR 2013, 1272; BlPMZ 2014, 15; IIC 2014, 457; Mitt 2013, 557
Treuepunkte 11.12.2003 I ZR 74/01 GRUR 2004, 344; NJW-RR 2004, 687
Triangle 04.02.1993 I ZR 42/91 BGHZ 121, 242; GRUR 1993, 556; NJW 1993, 2873
Trias 02.04.1998 IX ZR 232/96 NJW-RR 1998, 1057
Tribol/Liebol 03.06.1977 I ZB 11/76 GRUR 1977, 789
Trieure 24.06.1958 I ZR 190/56
Trigonellin 20.03.2001 X ZR 177/98 BGHZ 147, 137; GRUR 2001, 730; Bausch BGH 1999–2001, 87; ENPR 2002, 324; Mitt
    2001, 254
Triosorbin 16.12.1966 Ib ZB 11/65 BPatGE 8, 259; GRUR 1967, 294; BlPMZ 1967, 160; Mitt 1967, 49; NJW 1967, 1188
Trioxan 06.07.1971 X ZB 9/70 BGHZ 57, 1; GRUR 1972, 80; BlPMZ 1971, 374; IIC 3 (1972), 226; NJW 1971, 2309
Tripp-Trapp-Stuhl 14.05.2009 I ZR 98/06 BGHZ 181, 98; GRUR 2009, 856; Mitt 2009, 474; NJW 2009, 3722
Trockenbestäubungsmittel 25.02.1964 Ia ZR 162/63 Liedl 1963/64, 315
Trockenlegungsverfahren 23.04.1991 X ZR 41/89 GRUR 1991, 744; Mitt 1991, 198; NJW-RR 1991, 1274
Trockenrasierer 20.04.1971 X ZR 27/68 Liedl 1971/73, 48; Mitt 1972, 18
Trockenschleuder 21.05.1963 Ia ZR 32/63 GRUR 1963, 518; BlPMZ 1963, 244; Liedl 1963/64, 138
Trockenschleuder 01 [II] 18.12.1969 X ZR 34/66 Liedl 1969/70, 225
Trommelhalter 12.11.1963 Ia ZR 94/63
Tubenverschluß 10.03.1961 I ZR 137/59 Liedl 1961/62, 16
Tuchbreithaltevorrichtung 07.05.1954 I ZR 168/52 GRUR 1955, 29; BlPMZ 1954, 276; Liedl 1951/55, 184
Tupperwareparty 10.04.2003 I ZR 276/00 GRUR 2003, 973; IIC 35 (2004), 459; NJW-RR 2003, 1551
Türanlage 18.05.1993 X ZR 8/92 Bausch BGH 1986–1993, 238
Turbo II 13.03.1997 I ZB 4/95 GRUR 1997, 634; BlPMZ 1997, 433; NJW-RR 1998, 43
Turboheuer 03.07.1973 X ZR 27/70 GRUR 1974, 28; NJW 1973, 1879
Turbo-Tabs 02.10.2002 I ZB 27/00 GRUR 2003, 546
Türinnenverstärkung 17.11.2009 X ZR 137/07 BGHZ 183, 182; GRUR 2010, 223; Mitt 2010, 138
Türkeiflug 12.02.1985 VI ZR 225/83 GRUR 1986, 188; NJW 1985, 1621
turkey & corn 28.08.2003 I ZB 5/03 GRUR 2004, 76; BlPMZ 2004, 29
Turmdrehkran 09.02.1962 I ZR 30/60
Turmdrehkran 01 19.02.1960 I ZR 99/58 Liedl 1959/60, 287
Turmschwingungsüberwachung 23.01.2007 X ZB 3/06
Turnmatte 28.05.1985 X ZR 24/84 Liedl 1984/86, 328
Türscharniere 15.12.2010 VIII ZR 86/09 NJW-RR 2011, 479
Türschließer 01 31.05.1960 I ZR 29/59
Türschloßschalter 19.09.1995 X ZR 14/92 Bausch BGH 1994–1998, 197
TÜV I 24.03.2011 I ZR 108/09 BGHZ 189, 56; GRUR 2011, 521
TÜV II 17.08.2011 I ZR 108/09 GRUR 2011, 1043
Two Worlds II 25.20.2012 I ZB 13/12 WRP 2013, 70
Tylosin 03.06.1976 X ZR 57/73 GRUR 1976, 579; GRUR Int 1976, 535; BlPMZ 1976, 430; IIC 8 (1977), 64
Typensatz 23.03.1965 Ia ZB 10/64 BPatGE 7, 234; GRUR 1965, 533; BlPMZ 1965, 281; Mitt 1965, 114

Überbrückungsprofil 24.04.2007 X ZR 113/05
Überdruckventil 05.02.1991 X ZR 88/88 BlPMZ 1991, 306; Bausch BGH 1986–1993, 570
Überfahrbrücke 29.02.1980 X ZR 11/79 Liedl 1978/80, 675
Überfahrbrücke [02] 03.10.1989 X ZR 5/88 Bausch BGH 1986–1993, 577
Übergang des Vertragsstrafeversprechens 25.04.1996 I ZR 58/94 GRUR 1996, 995; NJW 1996, 2866
Überlappungsnaht 22.12.1983 B X ZR 45/82 GRUR 1984, 339; BlPMZ 1984, 216; Liedl 1982/83, 488
Überlastkupplung 22.01.1991 X ZR 25/89 Bausch BGH 1986–1993, 590
Überraschungsei 25.08.2015 X ZB 8/14 GRUR 2015, 1144; BlPMZ 2015, 355; Mitt 2015, 525
Überströmventil 29.11.1979 X ZR 12/78 GRUR 1980, 219; BlPMZ 1980, 179; Liedl 1978/80, 553
Übertragungspapier für Tintenstrahldrucker CIPR 2015, 115 L 16.06.2015 X ZR 67/13 Mitt 2015, 563 L
Übertragungssystem für Untertitel 17.09.2009 Xa ZR 128/05
Überzugsmasse 29.10.1991 X ZR 81/88 Bausch BGH 1986–1993, 151
Überzugsverfahren 23.02.1967 Ia ZR 7/64 Liedl 1967/68, 53
Überzugsvorrichtung 30.11.1978 X ZR 32/76 GRUR 1979, 222; Liedl 1978/80, 245

Vakuumtransportsystem 28.05.2009 B Xa ZR 10/05
Vakuum-Vulk 29.04.1975 X ZR 10/72
Valium II 12.02.1980 KVR 3/79 BGHZ 76, 142; GRUR 1980, 742; NJW 1980, 1164
Valium Roche 10.11.1983 I ZR 125/81 GRUR 1984, 530
Value 28.04.1994 I ZB 5/92 GRUR 1994, 730; BlPMZ 1995, 36; Mitt 1995, 126; NJW-RR 1994, 1127
Vanal-Patent 14.07.1964 Ia ZR 195/63 GRUR 1965, 135; BlPMZ 1965, 176; Liedl 1963/64, 506; NJW 1965, 491
Vanity-Nummer 21.02.2002 I ZR 281/99 GRUR 2002, 902; IIC 34 (2004), 566; Mitt 2002, 472; NJW 2002, 2642
variable Bildmarke 06.02.2013 I ZB 85/11 GRUR 2013, 1046; BlPMZ 2013, 423
Vasenleuchter 21.05.1969 I ZR 42/67 GRUR 1972, 38
vaskuläres Implantat 01 28.05.2002 X ZR 18/99
vaskuläres Implantat 02 10.12.2002 X ZR 10/99
Venenkompressionszange 20.02.1969 X ZR 26/66 Liedl 1969/70, 12
Ventilbetätigungsvorrichtung 18.05.1999 X ZR 113/96 Bausch BGH 1999–2001, 180
Ventilsteuerung 09.12.2008 X ZB 6/08 GRUR 2009, 184; BlPMZ 2009, 127
Venus Multi 15.01.1998 I ZR 259/95 GRUR 1998, 697; NJW-RR 1998, 1418
Verabschiedungsschreiben 22.04.2004 I ZR 303/01 GRUR 2004, 704; NJW 2004, 2385
Verankerungsteil 23.03.1982 KZR 5/81 BGHZ 83, 251; GRUR 1982, 411; IIC 15 (1984), 371; NJW 1983, 1790
Verbandsklage gegen Vielfachabmahner 05.10.2000 I ZR 224/98 GRUR 2001, 350; NJW 2001, 2089
Verbandsklage in Prozeßstandschaft 09.10.1997 I ZR 122/95 GRUR 1998, 417; NJW 1998, 1148
Verbandszeichen 12.03.1991 KVR 1/90 BGHZ 114, 40; GRUR 1991, 782; NJW 1991, 3152
Verbauvorrichtung 15.10.1981 B X ZR 2/81 BGHZ 81, 397; GRUR 1982, 99; Liedl 1981, 299; NJW 1982, 830
Verbauvorrichtung für Leitungsgraben 20.03.1984 X ZR 33/82 Liedl 1984/86, 130
Verbindungsglied 29.09.1992 X ZR 69/90 GRUR 1993, 383; NJW-RR 1993, 496
Verbindungsklemme 30.06.1959 I ZR 59/57 GRUR 1960, 27; BlPMZ 1960, 264; Liedl 1959/60, 171; NJW 1959, 2256
Verbindungsprofil 17.03.1987 X ZR 101/85 Liedl 1987/88, 118
Verbindungsvorrichtung 20.06.1995 X ZR 123/93 Bausch BGH 1994–1998, 303
Verbraucherservice 29.06.1995 I ZR 137/93 GRUR 1995, 832; NJW 1995, 3187
Verbrauchsmaterialien 28.03.1996 I ZR 39/94 GRUR 1996, 781; NJW-RR 1996, 1196
Verbundnetz II 18.02.2003 KVR 24/01 BGHZ 154, 21; NVwZ 2003, 1140
Verbundrohrherstellung 21.01.2010 Xa ZR 20/06
Verdachtsäußerungen 22.09.2009 VI ZR 19/08; NJW 2009, 3580
verdeckte Gewinnausschüttung 28.11.2002 5 StR 145/02 NStZ 2004, 575
Verdichtungsvorrichtung 17.07.2012 X ZR 77/11 GRUR 2012, 1072
Verdichtungsvorrichtung 01 17.07.2012 X ZR 33/11
Verdickerpolymer I 05.05.2013 X ZR 60/13 GRUR 2015, 1091; BlPMZ 2016, 13; Mitt 2015, 460 L
Verdickerpolymer II 07.07.2015 X ZB 4/14 GRUR 2015, 937; BlPMZ 2016, 17
Vereinbarung über Kostentragungspflicht 05.06.1997 B I ZR 22/96
Verfahren zum Abdichten von Hohlräumen 14.10.1986 X ZR 61/82 Liedl 1984/86, 427
Verfahren zur Herstellung von L-Lysin 08.01.2013 X ZR 138/09
Verfahrensaussetzung 01.06.1951 B I ZR 66/50 GRUR 1951, 397
Verfahrensaussetzung im Revisionsverfahren 22.09.1998 B° X ZR 6/98
Verfahrenskostenhilfe 24.06.1999 I ZA 1/98 GRUR 1999, 998; NJW-RR 1999, 1419
Verfahrenskostenhilfe 01 17.12.1981° X ZB 22/81
Verfahrenskostenhilfe 02 29.01.1991 X ZB 14/90
Verfahrenskostenhilfe 03 (XXL) 03.11.1999 I ZA 1/99 BlPMZ 2000, 113
Verfahrenskostenhilfe 04 11.04.2000 X ZB 28/98
Verfahrenskostenhilfe 05 06.07.2000 I ZB 12/00
Verfahrenskostenhilfe 06 18.11.2009 B Xa ZR 76/08
Verfahrenskostenhilfe 07 18.11.2009 B° Xa ZR 80/08
Verfahrenskostenhilfe 08 04.05.2010 X ZR 135/09
Verfahrenskostenhilfe 09 12.06.2014 B X ZR 100/13
Verfahrenskostenhilfe für das Rechtsbeschwerdeverfahren 14.04.2011 I ZA 21/10 MarkenR 2011, 267
Verfahrenskostenhilfe für juristische Person [im Nichtigkeitsverfahren] 27.07.2004 B X ZR 150/03, X ZB 38/03 Mitt 2005, 165
Verfahrenskostenhilfe für Markenanmeldung 20.03.2003 I ZA 4/02
Verfahrenskostenhilfe im Rechtsbeschwerdeverfahren 11.02.2008 X ZA 2/07
verfristete Rechtsbeschwerde 02.12.2015 I ZB 75/15
Verfügungskosten 01.04.1993 I ZR 70/91 BGHZ 122, 172; GRUR 1993, 998; NJW 1993, 2685
Verglasungsanordnung 21.02.2006 X ZR 21/02
Verglasungsdichtung 20.06.2000 X ZB 5/99 GRUR 2000, 1015; Mitt 2000, 455
Vergleich nach § 278 Abs 6 ZPO 28.10.2009 B Xa ZR 18/06

Vergleichen Sie 15.10.1998 I ZR 69/96 BGHZ 139, 378; GRUR 1999, 501; GRUR Int 1999, 453; IIC 32 (2001), 103; NJW 1999, 948

Vergleichsempfehlung 01 21.12.2005 X ZR 167/03

Vergleichsempfehlung I 30.11.1999 X ZR 129/96 GRUR 2000, 396; Mitt 2000, 307; NJW-RR 2000, 791

Vergleichsempfehlung II 05.07.2005 X ZR 167/03 GRUR 2005, 965

Vergleichskosten 13.06.1972 B X ZR 45/69 GRUR 1972, 726; NJW 1972, 1716

verhüllter Reichstag 24.01.2002 I ZR 102/99 BGHZ 150, 6; GRUR 2002, 605; IIC 34 (2003) 570; NJW 2002, 2394

Verjährungseinrede in der Berufungsinstanz 23.06.2008 B GSZ 1/08 BGHZ 177, 212; NJW 2008, 3434

Verjährungsunterbrechung 29.09.1978 I ZR 107/77 GRUR 1979, 121; NJW 1979, 217

Verjüngungsschulter 26.09.1978 X ZB 19/77 J

Verkaufsfahrten II 07.07.1988 I ZR 36/87 GRUR 1988, 829; NJW-RR 1988, 1309

Verkaufsveranstaltung in Aussiedlerwohnheim 07.05.1998 I ZR 85/96 GRUR 1998, 1041; NJW 1998, 3350

Verkleidungsplatte 14.03.1967 Ia ZR 42/64 Liedl 1967/68, 79

Verkleidungsschürze 08.09.1998 X ZR 7/97 Bausch BGH 1994–1998, 534

Verkranzungsverfahren 16.09.2003 X ZR 142/01 GRUR 2004, 50; IIC 35 (2004), 949

Verkranzungsverfahren 01 28.01.2003 X ZR 199/99 DNotZ 2004, 152; ZEV 2003, 375

Verlagsverschulden II 22.01.1998 I ZR 18/96 GRUR 1998, 963; NJW 1998, 3342

Verlängerungsgebühr II 17.11.1999 I ZB 40/96 GRUR 2000, 328; BlPMZ 2000, 159; NJW-RR 2000, 575

Verlängerungsgebühr I 21.10.1977 I ZB 1/77 GRUR 1978, 105; BlPMZ 1978, 26

Verlegeranteil 21.04.2016 I ZR 198/13 BGHZ Vv; GRUR 2016, 596; WM 2016, 884

Vernichtungsanspruch 10.04.1997 I ZR 242/94 BGHZ 135, 183; GRUR 1997, 899; IIC 30 (1999), 217; NJW 1997, 1189

Veröffentlichungsbefugnis beim Ehrenschutz 25.11.1986 VI ZR 57/86 BGHZ 99, 133; GRUR 1987, 189; NJW 1987, 1400

Verpackungsanlage 10.02.1976 X ZR 29/73 Liedl 1974/77, 191

Verpackungsbehältnis 18.06.2013 X ZR 103/11 Mitt 2013, 551

Verpackungseinlage 30.01.1962 I ZR 172/58 Liedl 1961/62, 468

Verpackungskörper aus Wellpappe 16.09.1998 B X ZR 181/97 DRsp-ROM 1998/19677

Verpackungsmaschine 24.04.2007 X ZR 201/02 GRUR 2008, 90; BlPMZ 2008, 150

Verputzplatte 17.05.2011 X ZR 131/08

Verputzplatte 05.07.2011 X ZR 131/08

Versagung der Prozeßkostenhilfe 25.05.2004 X ZA 6/03

Versandhandel mit Arzneimitteln 20.12.2007 I ZR 205/04 GRUR 2008, 275; RIW 2008, 154

Versäumnisurteil 20.10.1966 Ia ZR 176/63 Liedl 1965/66, 569

Versäumnisurteil bei unzulässiger Klage 08.12.1999 I ZR 254/95 GRUR-RR 2001, 48

versäumte Klagenhäufung 05.04.1995 I ZR 67/93 GRUR 1995, 518; NJW 1995, 2170

verschleißfeste Oberfläche 05.07.1994 X ZR 104/92 Bausch BGH 1994–1998, 242

Verschlüsselungsverfahren 09.04.2013 X ZR 130/11 GRUR 2013, 809; Mitt 2013, 447 L

Verschlußvorrichtung für Gießpfannen 03.11.1988 X ZB 12/86 BGHZ 105, 381; GRUR 1989, 103; BlPMZ 1989, 32; Mitt 1989, 91; NJW 1989, 1863

versenkbarer Verschluß 18.03.1997 X ZR 129/94 Bausch BGH 1994–1998, 406

Versicherungsvermittlung im öffentlichen Dienst 10.02.1994 I ZR 16/92 GRUR 1994, 443; NJW 1994, 2096

verspätet abgesetztes Urteil 15.07.1999 I ZR 118/99

verspätete Berufungsbegründung 16.09.2003 B X ZR 37/03 GRUR 2004, 80; NJW-RR 2004, 282

verspätete Zahlung der Einspruchsgebühr 11.10.2004 X ZB 2/04 GRUR 2005, 184; BlPMZ 2005, 179

Verstärker 30.01.1964 Ia ZB 1/63 BGHZ 42, 263; GRUR 1965, 239

Verstellteiler 29.06.1989 X ZB 17/88

Vertagungsantrag 25.02.1986 X ZB 14/85 BlPMZ 1986, 251; NJW-RR 1986, 1318

Verteilergehäuse 04.02.1982 X ZR 61/80 BGHZ 83, 83; GRUR 1982, 406; BlPMZ 1982, 273; Liedl 1982/83, 24; NJW 1982, 2067

Vertikallibelle 30.03.2005 X ZB 8/04 GRUR 2005, 572; BlPMZ 2005, 307; Mitt 2005, 356

Vertragshändleralleinvertriebsrecht 17.04.2002 VIII ZR 139/01 NJW-RR 2002, 1256

Vertragsstrafe bis zu ... I 12.07.1984 I ZR 123/82 GRUR 1985, 155; NJW 1985, 191

Vertragsstrafe bis zu ... II 14.02.1985 I ZR 20/83 GRUR 1985, 937; NJW 1985, 2021

Vertragsstrafe für versuchte Vertreterabwerbung 01.06.1983 I ZR 78/81 GRUR 1984, 72; NJW 1984, 919

Vertragsstrafe ohne Obergrenze 31.05.1990 I ZR 285/88 GRUR 1990, 1051; NJW-RR 1990, 1390

Vertragsstrafe/Ordnungsgeld 05.02.1998 III ZR 103/97 BGHZ 138, 67; GRUR 1998, 1053; NJW 1998, 1138

Vertragsstrafebemessung 30.09.1993 I ZR 54/91 GRUR 1994, 146; NJW 1994, 45

Vertragsstrafevereinbarung 18.05.2006 I ZR 32/03 GRUR 2006, 878; NJW-RR 2006, 1477

Vertragsstrafeversprechen 07.10.1982 I ZR 120/80 GRUR 1983, 127; NJW 1983, 941

vertragswidriger Testkauf 26.06.1981 I ZR 71/79 GRUR 1981, 827

Vertreterbestellung 11.06.1974 X ZR 28/73 Mitt 1975, 216

Vertretung der Anwalts-GmbH 25.10.2001 I ZR 29/99 GRUR 2002, 717; NJW 2002, 2039

Vertriebener 11.06.1974 X ZB 20/72 BlPMZ 1975, 53 L
Verwandlungstisch 12.04.1957 I ZR 1/56 GRUR 1957, 595; NJW 1957, 1317
Verwarnung aus Kennzeichenrecht I 12.08.2004 B I ZR 98/02 GRUR 2004, 958; Mitt 2005, 40; NJW 2004, 3322
Verwarnung aus Kennzeichenrecht II 19.01.2006 I ZR 98/02 GRUR 2006, 432; NJW-RR 2006, 832
Verzichtsurteil 09.04.2013 X ZR 140/08
Verzinsung des Kostenerstattungsanspruchs 22.09.2015 X ZB 2/15 Mitt 2016, 142 L; NJW 2016, 165
Vibrator 09.06.1970 X ZR 93/67 Liedl 1969/70, 366
Videoanzeigeeinstellung 25.02.2014 X ZR 84/12
Videofilmverwertung 28.02.2002 I ZR 318/99 GRUR 2003, 84; NJW 2002, 2312
Videofilmvorführung 15.05.1986 I ZR 22/84 GRUR 1986, 742; NJW-RR 1986, 1251
Videolizenzvertrag 10.07.1986 I ZR 102/84 GRUR 1987, 37; NJW-RR 1987, 181
Vielfachabmahner 05.10.2000 I ZR 237/98 GRUR 2001, 260; NJW 2001, 371
Viennetta 19.10.2000 I ZR 225/98 GRUR 2001, 443; NJW-RR 2001, 824
Vier Ringe über Audi 17.07.2003 I ZR 256/00 GRUR 2003, 878; IIC 35 (2004), 961; NJW-RR 2003, 1402
Vieraugengespräch 16.07.1998 I ZR 32/96 GRUR 1999, 367; NJW 1999, 363
Vierlinden 20.05.2009 I ZB 107/08 GRUR 2009, 994; RIW 2009, 808
Vier-Streifen-Schuh 12.02.1987 I ZR 70/85 GRUR 1987, 364; NJW-RR 1987, 876
Vinylchlorid 04.10.1988 X ZR 71/86 GRUR 1990, 271; BlPMZ 1989, 135; NJW-RR 1989, 185
Vinylpolymerisate 29.09.1987 X ZR 44/86 BGHZ 102, 28; GRUR 1988, 123; BlPMZ 1988, 131; NJW 1988, 1216
Virion 21.04.1994 I ZR 22/92 GRUR 1994, 652; IIC 26 (1995), 717; Mitt 1994, 300; NJW-RR 1994, 1003
Visper 24.01.1991 I ZR 60/89 GRUR 1991, 607; Mitt 1992, 10; NJW-RR 1991, 863
Vita-Malz 09.03.1966 Ib ZB 2/65 GRUR 1966, 436
Vitasulfal 24.02.1961 I ZR 83/59 BGHZ 34, 320; GRUR 1961, 354; BlPMZ 1961, 407; NJW 1961, 1017
vitra programm 04.04.1984 I ZR 25/82 GRUR 1984, 597
VIVA FRISEURE/VIVA 13.03.2014 I ZB 27/13 GRUR 2014, 1024; BlPMZ 2015, 112
Vollmachtsnachweis 19.05.2010 I ZR 140/08 GRUR 2010, 1120; NJW-RR 2011, 335
Vollstreckung nach Zustellfrist 10.06.1999 VII ZR 157/98 GRUR 1999, 1038; NJW 1999, 3494
Vollstreckungsabwehrklage 22.05.2001 X ZR 204/00 GRUR 2002, 52; BlPMZ 2001, 315; Mitt 2001, 360
Volumensensor 20.02.2001 X ZR 140/98
Voran 29.02.1968 Ia ZR 49/65 BGHZ 49, 331; GRUR 1968, 195; GRUR Int 1969, 129; NJW 1968, 1042
vorausbezahlte Telefongespräche 01 21.02.2012 X ZR 2/10 CR 2012, 513
vorausbezahlte Telefongespräche I 07.03.2006 X ZR 213/01 BGHZ 166, 305; GRUR 2006, 663; GRUR Int 2006, 752; BlPMZ 2006, 320; Mitt 2006, 368
vorausbezahlte Telefongespräche II 08.10.2012 X ZR 110/11 GRUR 2012, 1288; Mitt 2013, 46
vorausgegangenes Verfahren 02.03.1962 I ZB 20/61
Vorbenutzung 20.04.2016 B X ZR 112/14
Vorentwurf 01.03.1984 I ZR 217/81 GRUR 1984, 656; NJW 1984, 2818
Vorhanglamellen 28.05.1968 X ZA 3/68 GRUR 1968, 664; Liedl 1967/68, 370
Vorlagebeschluss (§ 32) 10.02.1981 B X ZR 78/79 BlPMZ 1982, 18
vorläufige Streitwertfestsetzung (ohne Gründe) 11.11.2010 Xa ZR 112/10
Vornapf 17.04.1997 X ZB 10/96 GRUR 1997, 615; BlPMZ 1997, 320; NJW-RR 1997, 1262
Vorpreßling für Hohlglaskörper 10.02.1981 X ZR 78/79 GRUR 1981, 533
Vorratslücken 10.12.1998 I ZR 141/96 GRUR 1999, 509; NJW 1999, 1332
Vorrichtung an Fahrzeugen 06.02.2007 X ZB 4/06
Vorschuss des Berufungsbeklagten 21.09.2009 B° Xa ZR 26/09
Vorschussanforderung 01 16.10.2007° X ZR 124/06
Vorschussanforderung 02 10.02.2009 B° X ZR 121/08
Vorsteckblatt 25.02.1964 Ia ZR 66/63 Liedl 1963/64, 327
Vossius & Partner 28.02.2002 I ZR 195/99 GRUR 2002, 703; Mitt 2002, 294; NJW 2002, 2093
vossius.de 11.04.2002 I ZR 317/99 GRUR 2002, 706; Mitt 2002, 297; NJW 2002, 2096
Vulkanisierungsform 12.07.1966 Ia ZR 14/64 Liedl 1965/66, 515
VUS 03.03.1976 VI ZR 23/72 GRUR 1977, 114; NJW 1976, 799

Wabendecke 01 19.11.1985 B X ZR 26/84 Liedl 1984/86, 384
Wabendecke 02 09.07.1987 X ZR 26/84 Liedl 1987/88, 220
Wagenfeld-Leuchte I 15.02.2007 I ZR 114/04 BGHZ 171, 151; GRUR 2007, 871; GRUR Int 2007, 928; IIC 39 (2008), 854
Wagenfeld-Leuchte II 05.11.2015 I ZR 76/11 GRUR 2016, 487
Wählamt 18.05.1973 I ZR 119/71 BGHZ 61, 88; GRUR 1973, 663; NJW 1973, 1696
Walzenformgebungsmaschine 15.04.2010 Xa ZB 10/09 GRUR 2010, 950; GRUR Int 2010, 761; BlPMZ 2010, 324; Mitt 2010, 307
Walzenformgebungsmaschine (Anhörungsrüge) 12.07.2010 Xa ZB 10/09

Walzenstuhl 13.01.1961° I ZR 71/59
Walzgerüst 01 09.02.1988 X ZR 20/84 Liedl 1987/88, 430
Walzgerüst II [02] 07.09.2010 X ZR 173/07 GRUR 2011, 37; BlPMZ 2011, 114
Walzgutkühlbett 23.10.1984 X ZR 30/79 GRUR 1985, 214; BlPMZ 1985, 220; Liedl 1984/86, 249
Walzstabteilung 16.09.1980 X ZB 6/80 BGHZ 78, 98; GRUR 1981, 39; BlPMZ 1981, 254; NJW 1980, 1617
Walzstraße 28.05.2013 X ZR 21/12 GRUR 2013, 912; BlPMZ 2013, 335
Walzwerk 15.10.1996 X ZR 129/93 Bausch BGH 1994–1998, 311
Wandabstreifer 26.01.1993 X ZR 79/90 BGHZ 121, 194; GRUR 1993, 460; Mitt 1993, 325; NJW 1993, 3200
Wandabstreifer 01 13.10.1992 X ZR 48/90 Bausch BGH 1986–1993, 600; BGH-DAT Z
Wandanschlußstück 10.12.1987 X ZR 33/86 Liedl 1987/88, 340
Wandsteckdose I 05.01.1962 I ZR 107/60 GRUR 1962, 409
Wandsteckdose II 08.10.1971 I ZR 12/70 BGHZ 57, 116; GRUR 1972, 189; BlPMZ 1972, 266; NJW 1972, 102
Wannenofen 17.01.1974 X ZR 19/71 Liedl 1974/77, 1; Mitt 1974, 120
Warenregal 29.02.2000 X ZR 166/97 Bausch BGH 1999–2001, 365
Warenzeichenerwerb 07.07.1992 KVR 14/91 BGHZ 119, 117; GRUR 1992, 877; NJW 1993, 264
Warenzuführvorrichtung 10.01.1967 Ia ZR 101/63 Liedl 1967/68, 1
Wärme fürs Leben 17.10.1996 I ZR 153/94 GRUR 1997, 308; NJW-RR 1997, 741
Wärmeaustauscher I 18.12.1984 X ZB 9/84 GRUR 1985, 519; BlPMZ 1985, 298; Mitt 1985, 116
Wärmeaustauscher II 13.10.1987 X ZB 29/86 GRUR 1988, 115; Mitt 1988, 27; NJW-RR 1988, 381
Wärmedämmplatte 09.07.1998 I ZR 67/96
Wärmekonservierungsverfahren 20.12.2012 X ZR 114/10
Wärmeschreiber [I] 25.03.1965 Ia ZR 9/63 GRUR 1966, 138; BlPMZ 1966, 54; Liedl 1965/66, 137; NJW 1965, 2252
Wärmeschreiber 01 [II] 11.01.1966 Ia ZR 135/63 GRUR 1966, 386
Wärmestau 01.10.1991 X ZR 31/91 Bausch BGH 1986–1993, 611; BGH-DAT Z
Warmpressen 21.12.1962 I ZB 27/62 BGHZ 39, 333; GRUR 1963, 645; BlPMZ 1963, 343; NJW 1963, 2272
Warmwasserbereiter 15.11.1973 X ZB 10/72 BlPMZ 1974, 210
Warnhinweis I 25.11.1993 I ZR 259/91 BGHZ 124, 230; GRUR 1994, 219; NJW 1994, 730
Warnhinweis II 13.07.2006 I ZR 234/03 GRUR 2006, 953
Warnschild 14.04.1965 Ib ZR 72/63 BGHZ 43, 259; GRUR 1965, 612
Wasch- und Bleichmittel 13.01.1956 I ZR 117/54 GRUR 1956, 317; BlPMZ 1956, 280; Liedl 1956/58, 1
Wäschepresse 27.05.1952 I ZR 138/51 GRUR 6, 172; GRUR 1952, 564; BlPMZ 1952, 409; NJW 1952, 1290
Wäschesack 15.04.1971 X ZR 33/68 GRUR 1971, 472; BlPMZ 1971, 313; NJW 1971, 1360
Waschmittel 18.10.1968 X ZB 1/68 BGHZ 51, 131; GRUR 1969, 433; BlPMZ 1969, 311; Mitt 1970, 18; NJW 1969, 1253
Waschverfahren 28.03.1968 X ZR 58/65 Liedl 1967/68, 336
Wasseraufbereitung 19.10.1971 X ZR 34/68 GRUR 1972, 704; Liedl 1971/73, 96; Mitt 1972, 135
Wassermischarmatur 22.09.1988 X ZB 2/88 BGHZ 105, 222; BlPMZ 1989, 50; Mitt 1989, 33; NJW 1989, 1676
Wasser-Öl-Wischtuch 06.10.1994 X ZR 50/93 Bausch BGH 1994–1998, 44
Wasserventil 21.12.1989 X ZB 19/89 BGHZ 110, 25; GRUR 1990, 434; NJW 1990, 3150
Webmaschinendrehereinrichtung 17.09.1991 X ZR 81/90 Bausch BGH 1986–1993, 620; BGH-DAT Z
Webseitenanzeige 24.02.2011 X ZR 121/09 GRUR 2011, 610; BlPMZ 2011, 371; IIC 43 (2012), 222
Wechselstromgeneratoren 30.03.1951 I ZR 58/50 GRUR 1951, 404; NJW 1951, 655
Wegfall der Wiederholungsgefahr I 09.11.1995 I ZR 212/93 GRUR 1996, 290; NJW 1996, 723
Wegfall der Wiederholungsgefahr II 16.11.1995 B I ZR 229/93 GRUR 1997, 379; NJW-RR 1996, 554
Wegwerfwindel 29.06.1993 X ZB 18/92
Weichvorrichtung I 20.04.1993 X ZR 6/91 GRUR 1993, 886; IIC 25 (1994), 420; Mitt 1993, 364; NJW-RR 1993, 1132
Weichvorrichtung II 05.06.1997 X ZR 73/95 Mitt 1997, 364, ber 408; NJW 1997, 3377
Weidepumpe 16.11.1962 I ZB 12/62 BPatGE 2, 244; GRUR 1963, 279; BlPMZ 1963, 124
Weidepumpe 01 23.01.1973 X ZR 58/69 Liedl 1971/73, 238
Weidezaungerät 16.01.1962 I ZR 48/60
Weihnachtsbrief 12.10.1989 X ZB 12/89 GRUR 1990, 109; BlPMZ 1990, 131; NJW-RR 1990, 380
Weisse Flotte 24.04.2008 I ZB 72/07 GRUR 2008, 1126; Mitt 2008, 519
weitere Aufklärung 11.01.1994 B X ZR 80/91
weitere Entschädigung 01.08.2006 X ZR 109/01
weitere Prozesskostensicherheit 09.03.2016 B I ZR 101/15
Weit-Vor-Winter-Schluß-Verkauf 31.05.2001 I ZR 82/99 GRUR 2002, 180; NJW-RR 2002, 608
Wellenlippendichtung 09.07.1981 X ZB 23/80
Wellnessgerät 11.09.2007 X ZB 15/06 GRUR 2007, 997; BlPMZ 2008, 18
Wellplatten 29.04.1965 Ia ZR 260/63 GRUR 1965, 591; NJW 1965, 1861
Wellrohr 29.05.1984 X ZR 64/82 Liedl 1984/86, 183
Wendemanschette I 02.03.1956 I ZR 187/54 GRUR 1956, 264; BlPMZ 1956, 225; Liedl 1956/58, 27
Wendemanschette II 28.06.1957 I ZR 229/55 GRUR 1958, 175

Werbebeilage 04.02.1999 I ZR 71/97 GRUR 1999, 1011; NJW-RR 2000, 340
Werbebeilage 01 04.02.1999 I ZR 74/94
Werbeblocker 24.06.2004 I ZR 26/02 GRUR 2004, 877; IIC 36 (2005), 737; NJW 2004, 3032
Werbedrucksache 01 [I] 18.12.1984 X ZB 20/84 BlPMZ 1985, 299
Werbedrucksache 02 18.12.1984 X ZB 21/84 GRUR 1985, 376
Werbefotos 03.11.1999 I ZR 55/97 GRUR 2000, 317; NJW-RR 2000, 343
Werbegeschenke 09.06.2011 I ZR 41/10 GRUR 2012, 180; Mitt 2012, 32
Werbespiegel 28.09.1976 X ZR 22/75 GRUR 1977, 107; BlPMZ 1977, 165; NJW 1977, 104
Werbung im Programm 22.02.1990 I ZR 78/88 BGHZ 110, 278; GRUR 1990, 611; NJW 1990, 3199
Werbung mit Testergebnis 07.07.2005 I ZR 253/02 GRUR 2005, 877; NJW 2005, 3287
Werkstück 16.06.2011 X ZB 3/10 GRUR 2011, 851; BlPMZ 2011, 348
Werkstückaufspanneinrichtung 14.01.2014 X ZR 148/12
Werkstückbeschichtungsverfahren 01.12.2015 X ZR 133/13
Werkstückverbindungsmaschinen 24.02.1975 KZR 3/74 GRUR 1975, 498; NJW 1975, 1170
Werkstückvorschubsteuerung 11.02.1982 X ZR 21/80 Liedl 1982/83, 62
Werkzeughalterung 13.01.1987 B X ZR 29/86 GRUR 1987, 350; Liedl 1987/88, 20; NJW-RR 1987, 893
Werkzeugkupplung 22.01.2013 X ZR 118/11
Wert der Auskunftsklage 24.06.1999 IX ZR 351/98 GRUR 1999, 1037; NJW 1999, 3050
Wert der Beschwer 29.06.2010 X ZR 51/09 GRUR 2010, 1035
Wertfestsetzung für Streithelfervertreter 12.01.2016 X ZR 109/12 Vv; NJW-RR 2016, 831
WEST 01.03.2007 I ZB 33/06 GRUR 2007, 534; BlPMZ 2007, 277
Westie-Kopf 03.07.2003 I ZB 21/01 GRUR 2004, 331; BlPMZ 2004, 158; NJW-RR 2004, 477
Wettbewerbsverbot in Realteilungsvertrag 16.04.2002 KZR 5/01 GRUR 2002, 915
Wettbewerbsverein II 13.03.1986 I ZR 27/84 GRUR 1986, 678; NJW-RR 1986, 1041
Wetterführungspläne I 24.10.2000, ber. 19.12.2000 X ZR 72/98 GRUR 2001, 155; IIC 33 (2002), 668; NJW-RR 2001, 626
Wetterführungspläne II 23.10.2001 X ZR 72/98 GRUR 2002, 149; Mitt 2002, 232; NJW-RR 2002, 339
Wettschein 21.03.1958 I ZR 160/57 GRUR 1958, 602; BlPMZ 1958, 232; Liedl 1956/58, 452
Wheels Magazine 16.07.1998 I ZR 6/96 GRUR 1999, 235; IIC 31 (2001), 1044; Mitt 1999, 21; NJW-RR 1999, 338
Whistling for a train 02.10.2008 I ZR 6/06 GRUR 2009, 407; NJW-RR 2009, 542
Wickel- und Krempelteil 06.09.2005 X ZB 30/03
Wickelkondensatoren 12.07.1960 I ZR 19/59
Wickelträger für Faden- und Garnwickel 12.02.1985 X ZR 42/83 Liedl 1984/86, 280
Widerruf der Erledigungserklärung 07.06.2001 I ZR 157/98 GRUR 2002, 287; Mitt 2002, 35; NJW 2002, 442
Widerruf der Erledigungserklärung 01 07.06.2001 I ZR 198/98
Widerruf des Klagepatents 06.08.2013 X ZR 81/12
widerrufene Zulassung 12.12.2000 X ZR 119/99 Bausch BGH 1999–2001, 621; BGHRep 2001, 220; Mitt 2001, 137
Widerspruchsunterzeichnung 30.03.1989 I ZB 6/88 BGHZ 107, 129; GRUR 1989, 506; BlPMZ 1989, 318; NJW 1989, 3280
Widerstandspunktschweißvorrichtung 15.12.1970 X ZR 15/68 Liedl 1969/70, 411
Widerstandsschweißvorrichtung 30.06.2009 X ZR 107/05
Widia/Ardia 19.06.1951 I ZR 77/50 BGHZ 2, 394; GRUR 1952, 35; NJW 1951, 843
Wie bitte?! 06.12.2001 I ZR 101/99 GRUR 2002, 993; NJW 2002, 2879
Wie hammas denn? 22.10.1987 I ZB 9/86 GRUR 1988, 211; BlPMZ 1988, 186; NJW 1988, 1674
Wiedereinsetzung (IP Attorney (Malta)) 01 24.11.2014 B X ZR 42/13
Wiedereinsetzung (IP Attorney (Malta)) 02 24.11.2014 B X ZR 66/13
Wiedereinsetzung (Revisionsbegründungsfrist) 21.04.2005 I ZR 45/04 BGHRep 2005, 1280
Wiedereinsetzung 01 17.10.2000 X ZB 25/99 Schulte-Kartei PatG 123 Nr 179
Wiedereinsetzung 02 28.03.2006 X ZR 9/06
Wiedereinsetzung I [II] 17.09.1957 B I ZR 120/57 GRUR 1958, 23; BlPMZ 1957, 369; Liedl 1956/58, 343; NJW 1957, 1677
Wiedereinsetzung II [IIa] 26.05.1959 B I ZR 46/59 Liedl 1959/60, 93; Mitt 1960, 59
Wiedereinsetzung III 17.01.1962 I ZB 12/61 BPatGE 1, 239; GRUR 1962, 384; BlPMZ 1962, 166
Wiedereinsetzung IV 30.04.1964 B Ia ZR 239/63 VersR 1964, 781
Wiedereinsetzung V 19.12.2000 X ZR 128/00 GRUR 2001, 411; Bausch BGH 1999–2001, 637; BlPMZ 2001, 189; NJW-RR 2001, 1502
Wiedereinsetzung in die Berufungsbegründungsfrist 01 14.09.2004 B X ZR 68/04
Wiedereinsetzung in die Berufungsbegründungsfrist 02 14.09.2006 B X ZR 68/04
Wiedereinsetzung in die Berufungsbegründungsfrist 03 21.02.2011 B X ZR 111/10
Wiedereinsetzung in die Berufungsbegründungsfrist 04 19.07.2011 B X ZR 16/11
Wiedergabe topografischer Informationen 26.10.2010 X ZR 47/07 GRUR 2011, 125; GRUR Int 2011, 340; Mitt 2011, 61
wiederholte Unterwerfung I 02.12.1982 I ZR 121/80 GRUR 1983, 186; NJW 1983, 1060
wiederholte Unterwerfung II 13.05.1987 I ZR 79/85 GRUR 1987, 640; NJW 1987, 3251
Wiederholung der Beweisaufnahme 02.11.1995 X ZR 135/93

Wiegevorrichtung 08.09.2009 X ZR 15/07
Wildverbißverhinderung 10.11.1970 X ZR 54/67 GRUR 1971, 210; BlPMZ 1971, 193; NJW 1971, 137
Willkommenspaket 03.07.2003 I ZR 270/01 GRUR 2003, 903; NJW 2003, 2834 2003, 3202
Wimpernfärbestift 25.04.1963 Ia ZR 34/63 GRUR 1963, 568; BlPMZ 1964, 121; Liedl 1963/64, 114
WINCAD 15.01.1998 I ZR 282/95 GRUR 1998, 1010; Mitt 1998, 393; NJW-RR 1998, 1651
Windenergieanlage 24.04.2007 X ZB 16/06
Windenergiekonverter 09.09.2010 Xa ZR 14/10 GRUR 2010, 1084; BlPMZ 2011, 57; Mitt 2010, 579
Windenergiekonverter (Anhörungsrüge) 16.12.2010 B Xa ZR 68/07
Windenergiekonverter 01 29.09.2010 Xa ZR 68/07
Windenergiekonverter 01 (Anhörungsrüge) 16.12.2010 B Xa ZR 14/10
Windform 10.05.1988 X ZR 89/87 GRUR 1988, 762; BlPMZ 1988, 344; NJW-RR 1988, 1142
Windschutzblech 15.06.1978 X ZR 46/76 BGHZ 72, 119; GRUR 1978, 699; BlPMZ 1979, 151; NJW 1978, 2296
Windschutzscheibe 18.12.1959 I ZR 136/55 Liedl 1959/60, 226
Windsichter 29.10.1963 Ia ZR 39/63 Liedl 1963/64, 216
Windsor Estate 19.07.2007 I ZR 93/04 GRUR 2007, 877; Mitt 2007, 468
Windsurfausstattungen 28.04.1992 X ZR 85/89 WM 1992, 1437
Winkelmesseinrichtung 21.10.2010 Xa ZB 14/09 GRUR 2011, 40
Winkelstecker 14.05.1963 Ia ZR 36/63 Liedl 1963/64, 126
Wipp 10.05.1957 I ZR 33/56 GRUR 1957, 499; BlPMZ 1957, 328
Wir helfen im Trauerfall 14.01.2016 I ZR 61/14 GRUR 2016, 516
Wir Schuldenmacher 06.12.2001 I ZR 14/99 GRUR 2002, 987; NJW 2002, 2882
Wirbelschichtbehandlungseinrichtung 29.04.2010 Xa ZR 124/06
wirkungsloser Beschluß 19.03.2002 X ZB 32/01
wirkungsloses Urteil 01 05.10.2004 B X ZR 77/02
wirkungsloses Urteil 02 16.05.2006 X ZR 7/05
Wirtschaftsprüfervorbehalt 13.02.1981 B I ZR 111/78 GRUR 1981, 535
Wirtschaftsregister 26.11.1997 I ZR 109/95 GRUR 1998, 415; NJWE-WettbR 1998, 241
WirtschaftsWoche 27.01.2005 I ZR 119/02 GRUR 2005, 670; NJW 2005, 2698
WISO 06.12.2001 I ZR 214/99 GRUR 2002, 985; NJW 2002, 2880
Wohnanlage 08.05.2002 B I ZR 232/01
Wohnhausneubau 20.03.1975 VII ZR 91/74 BGHZ 64, 145; GRUR 1975, 445; NJW 1975, 1165
Wundbehandlungsvorrichtung 17.02.2015 X ZR 161/12 BGHZ 204, 199; GRUR 2015, 573; BlPMZ 2015, 243; Mitt 2015, 275
Wunderbaum 18.12.1997 I ZR 163/95 GRUR 1998, 934; NJWE-WettbR 1998, 249
Wundheilungsförderung 13.02.2013 X ZR 67/09
Wundverband 19.02.2013 X ZR 70/12 GRUR 2013, 1269; Mitt 2013, 340
Wurftaubenpresse 01.07.1960 I ZR 72/59 GRUR 1961, 40; NJW 1960, 1999
Wurstbrätförderpumpe 02.03.1999 X ZR 76/95

XVIII PLUS 02.10.2012 I ZR 37/10 GRUR-RR 2013, 316 L; GRURPrax 2013, 182 KT

Yellow Phone 05.12.1996 I ZR 157/94 GRUR 1997, 311; NJW-RR 1997, 614
Yoghurt-Gums 09.09.2010 I ZB 81/09 GRUR 2011, 654; Mitt 2011, 302

Zahl „1" 18.04.2002 I ZB 23/99 GRUR 2002, 970; BlPMZ 2002, 383
Zahl „6" 18.04.2002 I ZB 22/99 Mitt 2002, B423
Zahlenlotto 17.10.1961 I ZR 24/60 GRUR 1962, 51
Zählkassetten 30.10.1953 I ZR 94/52 BGHZ 11, 129; GRUR 1954, 121; BlPMZ 1954, 149; NJW 1954, 390
Zahlung der Berufungsgebühr 19.09.1958 B° ZR 44/58
Zählwerkgetriebe 12.07.1955 I ZR 31/54 GRUR 1955, 535; BlPMZ 1955, 360; Liedl 1951/55, 340
Zahnersatz aus Manila 14.03.2000 KZR 15/98 NJW 2000, 3426
Zahnkranzfräser 04.05.1995 X ZR 29/93 GRUR 1996, 757; GRUR Int 1996, 56; IIC 28 (1997), 235; NJW-RR 1996, 293
Zahnpasta 29.10.1981 X ZB 3/80 GRUR 1982, 162; BlPMZ 1982, 197; Mitt 1982, 56
Zahnpastastrang 26.10.2000 I ZB 3/98 GRUR 2001, 239; BlPMZ 2001, 58
Zahnstruktur 11.06.2002 X ZB 27/01 GRUR 2002, 957; BlPMZ 2002, 419; Mitt 2002, 561
Zange zum Verpressen 16.06.2011 X ZR 77/09
Zangendrucker 28.11.1958 I ZR 90/57
Zantac/Zantic 11.07.2002 I ZR 219/99 GRUR 2002, 1059; GRUR Int 2003, 67; IIC 34 (2003), 559; Mitt 2002, 541; NJW-RR 2002, 1585
Zapfwelle 31.03.1981 X ZR 60/79 Liedl 1981, 121
Zappelfisch 21.01.1993 I ZR 25/91 BGHZ 121, 157; GRUR 1993, 767; NJW 1993, 1465
Zaunlasur 04.10.1990 I ZR 39/89 GRUR 1991, 550; NJW 1991, 1229

Zündimpuls für Brennkraftmaschinen 09.07.1985 X ZR 40/83 Liedl 1984/86, 362
Zündkerze 01 11.04.2006 X ZR 275/02
Zündkerze 02 15.08.2006 X ZR 275/02
Zündkerze 03 23.10.2007 X ZR 275/02
Zungenvorrichtung für eine Weiche 24.03.2016 X ZR 47/14
Zurückverweisung 24.11.1971 X ZB 36/70 GRUR 1972, 472; BlPMZ 1972, 289
zusammenklappbarer Tisch 03.10.1974 X ZR 45/71 Liedl 1974/77, 50
zusammenklappbares Kochgerät 04.07.1958 I ZR 22/57
Zusatzeinrichtung für Rollenprüfstand 10.01.1995 X ZR 103/92 Bausch BGH 1994–1998, 234
Zuständigkeitskonzentration 30.06.1992 X ARZ 371/92 DtZ 1992, 330
Zuständigkeitsstreit 29.10.1971 I ZB 11/71 GRUR 1972, 440; BlPMZ 1972, 266
Zustellungsadressat 29.05.1991 I ZB 2/90 GRUR 1991, 814; BlPMZ 1991, 420; NJW-RR 1991, 1533
Zustellungsbevollmächtigter 05.05.2008 X ZB 36/07 GRUR 2008, 1030; NJW-RR 2008, 1082; RIW 2008, 710
Zustellungserfordernis 12.02.1963 Ia ZR 112/63 NJW 1963, 1307
Zustellungswesen 17.12.1992 I ZB 3/91 BGHZ 121, 58; GRUR 1993, 476; GRUR Int 1993, 561; BlPMZ 1993, 227; NJW 1993, 1714
Zuteilvorrichtung 29.05.1973 X ZR 77/69 GRUR 1973, 586
Zuweisung von Verschreibungen 18.06.2015 I ZR 26/14 GRUR 2016, 213
Zwangsmischer 02.12.2014 X ZR 151/12 GRUR 2015, 365; BlPMZ 2015, 274; IIC 2015, 974; Mitt 2015, 124
Zwangsvollstreckungseinstellung 07.09.1990 B I ZR 220/90 GRUR 1991, 159; NJW-RR 1991, 186
Zwangsvollstreckungseinstellung 01 20.03.1986 B I ZR 239/85
Zwangsvollstreckungseinstellung 03 30.07.1998 I ZR 120/98
Zwangsvollstreckungseinstellung 04 22.07.2002 B I ZR 135/02
Zwangsvollstreckungseinstellung 05 21.12.2005 X ZR 13/05
Zwangsvollstreckungseinstellung 06 20.03.2009 Xa ZR 19/09
Zwangsvollstreckungseinstellung 07 26.03.2009 Xa ZR 19/09
Zweibettverbindung 24.02.1966 Ia ZR 3/64 Liedl 1965/66, 363
Zweigniederlassung 03.03.2005 I ZB 24/04; NJW-RR 2005, 922
Zweiriemchenstreckwerk 25.03.1965 Ia ZR 98/63 Liedl 1965/66, 179
Zwilling [Fischermännchen] 22.02.1952 I ZR 117/51 BGHZ 5, 189; GRUR 1952, 577
Zwirnspindel 13.03.2012 X ZR 12/09
Zwischenentscheidung 18.02.2003 B X ZR 209/02
Zwischenstecker I 07.11.1952 I ZR 56/51 GRUR 1953, 384; Liedl 1951/55, 16
Zwischenstecker II 08.07.1955 I ZR 24/55 BGHZ 18, 81; GRUR 1955, 393; BlPMZ 1955, 300; Liedl 1951/55, 324; Mitt 1955, 98; NJW 1955, 1553
Zyklomat 03.06.1976 X ZR 86/74
Zylinderkopfdichtung 02.12.2008 X ZB 33/07
Zylinderrohr 21.12.2005 X ZR 165/04 GRUR 2006, 401; Mitt 2006, 169

Sachregister

Die mageren Zahlen verweisen auf Randnummern, die fetten Ziffern auf Artikel, die fetten arabischen Ziffern auf Paragraphen. Die Gesetze sind mit fetten Buchstaben abgekürzt, Fundstellen ohne Buchstaben verweisen auf das Patentgesetz.

ArbEG = Arbeitnehmererfindergesetz
EPP = Einheitlicher Patentschutz in Europa
    (European Patent Package)
GebrMG = Gebrauchsmustergesetz
HlSchG = Halbleiterschutzgesetz
IntPatÜG = Gesetz über internationale Patentüberein-
    kommen
PatKostG = Patentkostengesetz

Anh. = Anhang
Einl. = Einleitung
vor = Vorbemerkung

A

Abhängigkeit **9** 27 ff.
– Begriff **9** 27
– gegenüber Dritten **9** 38
– Geltendmachung **9** 39
– gleichwertige Abwandlung **9** 31
– Lizenzpflichten **15** 127
– Teilabhängigkeit **9** 34
– unechte **9** 35
– verschlechterte Ausführung **9** 30
– Wechsel der Erfindungskategorie **9** 29
– Wirkung **9** 36 ff.
– Zwangslizenz **24** 46 ff.
Abhilfe
– Beschwerdeverfahren **73** 143 ff.
– Entscheidung **73** 151
– europäisches Beschwerdeverfahren **vor 73** 105
– kassatorische **73** 149
– Rückzahlung **73** 153
– Voraussetzungen **73** 147
Ablehnung
– BPatG **86** 23 ff.
– DPMA **27** 62 ff.
– EPÜ **86** 28
– Sachverständige **128a** 6, **vor 143** 146
Abmahnkosten **vor 143** 324
Abnahmepflicht **15** 216
Abstaffelung **11 ArbEG** 18
Abstimmung **27** 38
Abtretung *s.a.* Übertragung
– Berechtigter **II 5 IntPatÜG** 2
– Bösgläubigkeit **II 5 IntPatÜG** 6.1
– europäische Patentanmeldung **II 5 IntPatÜG** 1 ff.
– europäisches Patent **II 5 IntPatÜG** 1 ff.
– fehlende Berechtigung **II 5 IntPatÜG** 7
– Verjährung **141** 21
– Verletzungsprozess **139** 28
– Wahlrecht **II 5 IntPatÜG** 3
Abweichungen **12** 43
Abzweigung **5 GebrMG** 8 ff.
– Abzweigungserklärung **5 GebrMG** 16
– Anmelderidentität **5 GebrMG** 12
– Ausscheidungsanmeldung **5 GebrMG** 10
– Begriff **5 GebrMG** 3
– Erfindungsidentität **5 GebrMG** 9
– erweiternde **5 GebrMG** 11
– Form **5 GebrMG** 8

– Frist **5 GebrMG** 13
– Gebühren **5 GebrMG** 19
– Patentanmeldung **5 GebrMG** 7
– Prüfung **5 GebrMG** 20
– Verfahren **5 GebrMG** 17 ff.
– Verwirkung **5 GebrMG** 22
– Wirkung **5 GebrMG** 23 f.
– Zeitrang **5 GebrMG** 23
Adjuvans **Anh. 16a** 17
Akten **31** 18 ff.
Akteneinsicht **31** 1 ff.
– Akten **31** 18 ff.
– Anfechtung **99** 47
– Antrag **31** 68 ff., **99** 41
– Auskünfte **31** 89
– Ausnahmen **31** 60 ff.
– Ausschluss **31** 57 ff.
– Begriff **31** 83
– beigezogene Akten des DPMA **99** 28
– berechtigtes Interesse **31** 34 ff.
– beschränkte **31** 16, **31** 30 ff.
– Beschränkungsverfahren **31** 47 f.
– Beteiligte **31** 75
– BPatG **99** 25 ff.
– Diensterfindung **15 ArbEG** 7
– Dritte **99** 25
– Durchführung **31** 83 ff.
– Entscheidung **31** 81, **99** 45
– Entscheidungsabschriften **99** 30
– EPÜ **31** 8
– Erfindernennung **37** 24
– ergänzende Schutzzertifikate **31** 4
– freie **31** 15, **31** 40 ff.
– Gebrauchsmuster **8 GebrMG** 24 f., **31** 7
– Gegenstand **31** 17 ff.
– Geheimpatent **31** 64 ff.
– Glaubhaftmachung **31** 79
– Grenzen **31** 56 ff.
– Halbleitertopographieschutz **4 HlSchG** 5
– innere Priorität **40** 28
– Internet **31** 24, **31** 84
– Kosten **31** 90 ff.
– materielle Voraussetzungen **99** 33 ff.
– Nichtigkeitsverfahren **31** 22, **99** 35
– Nichtnennung des Erfinders **31** 60
– oberste Bundesbehörde **51** 2 ff.
– Patentregister **31** 45